D1726051

Berliner Kommentar
zum Telekommunikationsgesetz

Schriftenreihe
Kommunikation & Recht

Herausgegeben von

Professor Dr. Bernd Holznagel, LL.M., Münster
Professor Dr. Christian Koenig, LL.M., Bonn
Professor Dr. Joachim Scherer, LL.M., Frankfurt am Main
Dr. Thomas Tschentscher, LL.M., Frankfurt am Main
Professor Dr. Thomas Wegerich, Heidelberg

Band 21

Berliner Kommentar zum Telekommunikationsgesetz

Herausgegeben von

Prof. Dr. Dr. Dr. h. c. Franz Jürgen Säcker,
Freie Universität Berlin

Bearbeitet von

Beatrix Brodkorb · Prof. (em.) Dr. Dr. h. c. mult. Walther Busse von Colbe
Dr. Kerstin Dittmann · Prof. Dr. Oliver Dörr, LL.M. · Eunike Elkettani
Dipl.-Ing. Andreas Geiss · Prof. Dr. Hubertus Gersdorf
Gesa Marisa Gosse · Dr. Annegret Groebel, M.A. · Prof. Dr. Elke Gurlit
Anne Heinen, LL.M./D.E.A. · Rosemarie Höfler
Dr. Christiane Huppertz, LL.M./D.E.A. · Prof. Dr. Diethelm Klesczewski
Robert Klotz · Prof. Dr. Jürgen Kühling, LL.M. · Prof. Dr. Ute Mager
Christian Mielke · Dr. Martin Mozek · Dr. Marein Elena Müller
Prof. Dr. Martin Nettesheim · Andreas Neumann · Dr. Norbert Nolte
Dr. Michael Robert · Prof. Dr. Matthias Ruffert · Dr. Dr. Sven Rugullis
Prof. Dr. Dr. Dr. h. c. Franz Jürgen Säcker · Clemens Schlotter, LL.M.
Dr. Volker Schmits, LL.M. · Prof. Dr. Helmuth Schröter
Christiane Seifert, M.A. · Dr. Kathrin Thomaschki · Axel Voß
Dr. Winfried Wegmann · Wolfgang Woesler

Verlag Recht und Wirtschaft GmbH
Frankfurt am Main

Zitierweise: BerlKommTKG/*Bearbeiter*

Bibliografische Information Der Deutschen Bibliothek

Die Deutsche Bibliothek verzeichnet diese Publikation in der Deutschen National-
bibliografie; detaillierte bibliografische Daten sind im Internet über
http://dnb.ddb.de abrufbar.

ISBN 3-8005-1321-8

Satzkonvertierung: Lichtsatz Michael Glaese GmbH, 69502 Hemsbach

Druck und Verarbeitung: Kösel GmbH & Co. KG, 87409 Kempten

♾ Gedruckt auf säurefreiem, alterungsbeständigem Papier, hergestellt aus chlorfrei gebleichtem
Zellstoff (TCF-Norm)

Printed in Germany

Vorwort

„Πάντα ῥεῖ (Alles fließt)". Die Worte Heraklits treffen nirgendwo so zu wie im Bereich der elektronischen Kommunikation, wo die erst im Jahre 2004 abgeschlossene TK-Reform bereits von neuen Überlegungen in Brüssel und Berlin zur Änderung des Rechtsrahmens der Telekommunikation überlagert wird. Das macht die Edition eines neuen Großkommentars, der einen fließenden Prozess kanalisieren, zumindest aber Halte- und Überlegungsstationen schaffen will, zum Abenteuer im Kampf gegen die Gefahr, von aktuellen Entwicklungen überspült und hinweggeschwemmt zu werden. Der technische Fortschritt ist nirgendwo ausgeprägter als im Bereich der Informations- und Kommunikationstechnologien, und mit jeder an sich wünschenswerten Innovation ist das Risiko der Monopolbildung verbunden, wenn der nachstoßende Wettbewerb nicht vor zugangsbeschränkenden Maßnahmen geschützt wird. Die kontroverse Diskussion um die Regulierung des wholesale broadband access in Deutschland mit der in die Koalitionsvereinbarung aufgenommenen Forderung nach zeitweiser Freistellung des breitbandigen Festnetzzugangs von Regulierungseingriffen illustriert diese Problematik und zeigt zugleich die Wichtigkeit einer technologisch neutralen Regulierung.

Die Regulierungsbehörden dürfen bei ihrer Tätigkeit daher das Ziel nicht aus den Augen verlieren, den Wettbewerb auch beim Angebot neuer elektronischer Dienste im Interesse aller Nutzer zu fördern (vgl. Art. 8 Abs. 2 RRL). Deshalb müssen die Märkte, für die gemäß den Leitlinien der EG-Kommission zu prüfen ist, ob beträchtliche Marktmacht (SMP) besteht, entsprechend der EG-Empfehlung über relevante Märkte wettbewerbssichernd abgegrenzt werden. Die Vorleistungs- und Endkundenmärkte sowie die von den nationalen Regulierungsbehörden vorgeschlagenen regulatorischen Verpflichtungen sind dabei nicht vergangenheitsorientiert, sondern vorausschauend (Art. 7 Abs. 4 RRL) festzulegen, um der dynamischen Entwicklung der Märkte Rechnung zu tragen. Hat der Wettbewerb auf einzelnen Märkten bereits ausreichende Intensität erreicht, so sind diese aus der Ex-ante-Regulierung zu entlassen.

Märkte werden bekanntlich durch Produkte und Dienstleistungen, nicht durch die benutzte Infrastruktur abgegrenzt. Neue Infrastrukturinvestitionen dürfen daher nicht zur Bildung temporärer Monopole im Bereich der Telekommunikationsdienste ausgenutzt werden. Dies würde – analog der Forderung nach Ownership Unbundling der Netze im Energierecht – der ansonsten überflüssigen und verfassungsrechtlich problematischen Forderung nach Trennung von Netzinfrastruktur und Telekommunikationsdiensten wie in Großbritannien Auftrieb verleihen. Der Kommentar behandelt die sich aus den einzelnen Märkten ergebenden konfliktträchtigen Rechtsfragen aus der Feder erfahrener Praktiker mit besonderer Aufmerksamkeit. Die einzelnen Vorschriften des TKG werden entsprechend ihrer praktischen Bedeutung für den Nutzer erläutert. Angesichts der abgekürzten Legislaturperiode ist die geplante, vom Bundestag bereits beschlossene Novellierung des TKG durch zusätzliche Abschnitte über Kundenschutz und Nummerierung leider nicht mehr zustande gekommen. Die vom Bundestag beschlossene TK-Novelle ist gleichwohl im Anhang kommentiert, da davon auszugehen ist, dass der Gesetzgeber diese verbraucherschutzrechtlich intendierten Bestimmungen alsbald erneut in weitgehend unveränderter Form verabschieden wird. Im Anhang sind auch die für den Telekommunikationssektor bedeutsamen Vorschriften des EG-Kartellrechts von Experten aus der Generaldirektion Wettbewerb eingehend erläutert, da die EG-Kommission nicht nur über ihre Kontrollrechte nach Maßgabe der TK-Richtlinien, sondern auch durch unmittelbare Anwendung der Art. 81 ff. EG das

Ziel verfolgt, transparente und diskriminierungsfreie Wettbewerbsmärkte für Telekommunikationsdienste zu schaffen. Auf einen Abdruck der TK-Richtlinien und der sonstigen einschlägigen EG-Dokumente im Anhang wurde verzichtet, da jedem Nutzer des Kommentars diese Dokumente auf der Homepage der EG-Kommission zur Verfügung stehen. Eine Ausnahme wurde nur für das sog. „Remedies-Paper" gemacht. Dieses steht im Anhang III nunmehr erstmals in deutscher Übersetzung zur Verfügung.

Die Herausarbeitung der gemeinsamen Fundamente von Wettbewerbs- und Regulierungsrecht soll zugleich sichtbar machen, dass die Zurücknahme der Regulierung auf Märkten, auf denen effektiver Wettbewerb herrscht, keinen Rückfall in Monopolzeiten und damit in eine ordnungspolitische Katastrophe, sondern die Reintegration dieser Märkte in ein modernes leistungsfähiges Privat- und Wettbewerbsrecht bedeutet. Der Kommentar bemüht sich aufzuzeigen, dass die Maßstäbe des Wettbewerbs- und des Preisregulierungsrechts sich trotz unterschiedlicher Semantik in ihren teleologischen Grundlagen decken. Er steht in dieser Zielsetzung in einer Reihe mit dem demnächst im gleichen Verlag erscheinenden „Berliner Kommentar zum Energierecht".

Es bedarf keiner besonderen Hervorhebung, dass alle Autoren, die an dem Kommentar als Rechtswissenschaftler und Praktiker mitgewirkt haben, ausschließlich ihre eigene persönliche Meinung vertreten. Angesichts des großen Autorenteams ist der Kommentar naturgemäß nicht „aus einem Guss" geschrieben; er ist nicht Sprachrohr einer Behörde, eines Unternehmens oder einer akademischen Schule, sondern das gemeinschaftliche Produkt von 35 Verfassern, deren Meinungen zu Einzelfragen nicht immer voll übereinstimmen. Jeder Autor hat aber seinen eigenen Beitrag in den Kontext des Gesamtwerkes gestellt und auf innere Kohäsion mit den teleologischen Grundlagen des Werks geachtet, um so „die geradezu unheimlich anmutende Bandbreite denkbarer Interpretationsmöglichkeiten" (*Sendler*, Michael Kohlhaas gestern und heute, 1985, S. 9) auf ein dem Nutzer zumutbares Maß zu verringern.

Die Autoren haben sich und in einer Phase, in der es mehr denn je „auf Überblick, Verständnis grundlegender Zusammenhänge und die Besinnung auf den europäischen Charakter unserer Rechtskultur" (*Zimmermann*, AcP 2002, 247) ankommt, vom europäischen Geist der Vorschriften des TKG leiten lassen, um teleologische Dissonanzen des deutschen Rechts mit dem EG-Recht zu vermeiden. Sie alle fühlen sich den Worten Hedemanns (Vorwort zu *H. C. Nipperdey*, Kontrahierungszwang und diktierter Vertrag, 1920) verpflichtet, keinen „flüchtigen und flachen" Kommentar zu schaffen, der „zur bloßen rasch verfassten, auf schnellsten äußeren Erfolg abgestimmten Handausgabe" hinuntersinkt, sondern eine „gediegene, wohldurchdachte Schrift" von „tiefgreifender, geistiger Verarbeitung" vorzulegen. Die Autoren hoffen, dass der Kommentar für die TK-Unternehmen, die TK-Kunden, die TK-Behörden und die Gerichte ein nützliches Arbeitsmittel bei der Erkenntnis des Gesetzesinhalts sein wird. Rechtsprechung, Behördenentscheidungen und Literatur sind bis Ende August 2005 berücksichtigt. Der Herausgeber dankt allen Autoren herzlich für die gute und freundschaftliche Zusammenarbeit. Besonderer Dank gebührt meiner Assistentin, Frau Ass. iur. Gesa Marisa Gosse, die die Autoren mit sanfter, unermüdlicher Energie zur Ablieferung der Manuskripte gedrängt und ihnen und dem Herausgeber immer mit Rat und Tat zur Seite gestanden hat. Dank gebührt aber auch dem Verlag, der das unternehmerische Risiko der Zusammenarbeit mit den Autoren ohne Zusage eines Druckkostenzuschusses von irgendeiner Seite gewagt hat.

Berlin, im November 2005   Franz Jürgen Säcker

Bearbeiter

Beatrix Brodkorb	Bundesministerium für Wirtschaft und Technologie, Berlin
Prof. (em.) Dr. Dr. h. c. mult. Walther Busse von Colbe	Institut für Unternehmensführung, Ruhr-Universität Bochum
Dr. Kerstin Dittmann	Bundeskartellamt, Bonn
Prof. Dr. Oliver Dörr, LL.M.	European Legal Studies Institute, Universität Osnabrück
Eunike Elkettani	Generaldirektion Informationsgesellschaft und Medien, Marktanalyseverfahren im Bereich elektronische Kommunikation Europäische Kommission, Brüssel
Dipl.-Ing. Andreas Geiss	Verwaltungsrat/Funkfrequenzpolitik, Europäische Kommission, Brüssel
Prof. Dr. Hubertus Gersdorf	Gerd Bucerius-Stiftungsprofessur für Kommunikationsrecht, Universität Rostock
Gesa Marisa Gosse	Rechtsanwältin, Institut für deutsches und europäisches Wirtschafts-, Wettbewerbs- und Energierecht, Freie Universität Berlin
Dr. Annegret Groebel, M.A.	Bundesnetzagentur für Elektrizität, Gas, Telekommunikation, Post und Eisenbahnen, Bonn
Prof. Dr. Elke Gurlit	Lehrstuhl für Staats- und Verwaltungsrecht, Rechtsvergleichung, Europarecht, Johannes-Gutenberg-Universität Mainz
Anne Heinen, LL.M./D.E.A.	Bundeskartellamt, Bonn
Rosemarie Höfler	Regierungsassessorin beim Land Baden-Württemberg, Rechts- und Ordnungsamt beim Landratsamt Zollernalbkreis, Balingen
Dr. Christiane Huppertz, LL.M./D.E.A.	Rechtsanwältin, CMS Hasche Sigle, Berlin
Prof. Dr. Diethelm Klesczewski	Professur für Strafrecht und Strafprozessrecht und Europäisches Strafrecht, Universität Leipzig
Robert Klotz	Generaldirektion Wettbewerb, Europäische Kommission, Brüssel
Prof. Dr. Jürgen Kühling, LL.M.	Institut für Informationsrecht, Universität Karlsruhe

Bearbeiter

Prof. Dr. Ute Mager	Professorin für Öffentliches Recht, Ruprecht-Karls-Universität Heidelberg
Christian Mielke	Bundesnetzagentur für Elektrizität, Gas, Telekommunikation, Post und Eisenbahnen, Bonn
Dr. Martin Mozek	Rechtsanwalt, Deutsche Telekom AG, Bonn/Budapest
Dr. Marein Elena Müller	Rechtsanwältin, O$_2$ (Germany) GmbH & Co. OHG, München
Prof. Dr. Martin Nettesheim	Lehrstuhl für Staats- und Verwaltungsrecht, Europarecht und Völkerrecht, Tuebingen University Research Center for International Economic Law, Universität Tübingen
Andreas Neumann	Zentrum für Europäische Integrationsforschung, Rheinische Friedrich-Wilhelms-Universität Bonn
Dr. Norbert Nolte	Rechtsanwalt, Freshfields Bruckhaus Deringer, Köln
Dr. Michael Robert	Bundesnetzagentur für Elektrizität, Gas, Telekommunikation, Post und Eisenbahnen, Berlin
Prof. Dr. Matthias Ruffert	Lehrstuhl für Staats- und Verwaltungsrecht mit Europarecht, Friedrich-Schiller-Universität Jena
Dr. Dr. Sven Rugullis	Lehrbeauftragter der Freien Universität Berlin
Prof. Dr. Dr. Dr. h.c. Franz Jürgen Säcker	Institut für deutsches und europäisches Wirtschafts-, Wettbewerbs- und Energierecht, Freie Universität Berlin
Clemens Schlotter, LL.M.	Bundesnetzagentur für Elektrizität, Gas, Telekommunikation, Post und Eisenbahnen, Berlin
Dr. Volker Schmits, LL.M.	Rechtsanwalt, München
Prof. Dr. Helmuth Schröter	Direktor und Anhörungsbeauftrager a. D. der Europäischen Kommission, Brüssel
Christiane Seifert, M.A.	Bundesnetzagentur für Elektrizität, Gas, Telekommunikation, Post und Eisenbahnen, Bonn
Dr. Kathrin Thomaschki	Bundesnetzagentur für Elektrizität, Gas, Telekommunikation, Post und Eisenbahnen, Bonn
Axel Voß	Bundesnetzagentur für Elektrizität, Gas, Telekommunikation, Post und Eisenbahnen, Bonn
Dr. Winfried Wegmann	Rechtsanwalt, Deutsche Telekom, Lehrbeauftragter der Heinrich-Heine-Universität Düsseldorf, AG, Bonn
Wolfgang Woesler	Bundesnetzagentur für Elektrizität, Gas, Telekommunikation, Post und Eisenbahnen, Bonn

Inhaltsverzeichnis

Einleitung III: Der Rahmen des TK-Rechts –
Die europarechtliche und grundgesetzliche Wirtschaftsverfassung

A. Der europarechtliche Rahmen

B. Die Wirtschaftsverfassung des Telekommunikationssektors:
Der grundgesetzliche Rahmen

Einleitung IV: Ausländisches und Internationales TK-Recht

A. Weltfunkkonferenzen
(World Radiocommunication Conferences, WRCs) bei der ITU

B. Das multilaterale WTO/GATS-Abkommen
für Basistelekommunikationsdienste

C. Die Umsetzung des neuen EU-Telekommunikationsrechts in den EU-Mitgliedstaaten

Telekommunikationsgesetz

Teil 1: Allgemeine Vorschriften

Teil 2: Marktregulierung

Abschnitt 1: Verfahren der Marktregulierung

Abschnitt 2: Zugangsregulierung

Abschnitt 3: Entgeltregulierung

Unterabschnitt 1: Allgemeine Vorschriften

Unterabschnitt 2: Regulierung von Entgelten für Zugangsleistungen

Unterabschnitt 3: Regulierung von Entgelten für Endnutzerleistungen

Abschnitt 4: Sonstige Verpflichtungen

Teil 6: Universaldienst

Teil 7: Fernmeldegeheimnis, Datenschutz, Öffentliche Sicherheit

Abschnitt 1: Fernmeldegeheimnis

Abschnitt 2: Datenschutz

Abschnitt 3: Öffentliche Sicherheit

Teil 8: Regulierungsbehörde

Abschnitt 1: Organisation

Teil 11: Übergangs- und Schlussvorschriften

Anhang I: Kundenschutz und Nummerierung

Anhang II: Die Anwendung des EG-Wettbewerbsrechts auf Telekommunikationsunternehmen

Anhang III: Gemeinsamer Standpunkt der ERG

Verzeichnis der Abkürzungen
und der abgekürzt zitierten Literatur

a. A.	anderer Ansicht
a. a. O.	am angegebenen Ort
a. E.	am Ende
a. F.	alte(r) Fassung
a. M.	anderer Meinung
a/b	weltweit einheitliche, zweidrahtige Schnittstelle zur Installation von analogen Endgeräten
Abh.	Abhandlung
Abk.	Abkommen
ABl.	Amtsblatt
abl.	ablehnend
ABl. BMPT	Amtsblatt des Bundesministeriums für Post und Telekommunikation
ABl. EG	Amtsblatt der Europäischen Gemeinschaften
ABl. EU	Amtsblatt der Europäischen Union
ABl. RegTP	Amtsblatt der Regulierungsbehörde für Telekommunikation und Post
Abs.	Absatz
Abt.	Abteilung
abw.	abweichend
AcP	Archiv für die civilistische Praxis
ACTE	Approvals Committee for Technical Equipment, Zulassungsausschuss für Telekommunikationsendeinrichtungen
ADMD	Administration Management Domain, öffentlicher Versorgungsbereich
ADSL	Asynchronous Digital Subscriber Line, asynchrone digitale Anschlussleitung
AfP	Archiv für Presserecht
AFuG	Gesetz über den Amateurfunk
AFuV	Verordnung zum Gesetz über den Amateurfunk
AG	Die Aktiengesellschaft (Zeitschrift); Amtsgericht
AGB	Allgemeine Geschäftsbedingungen
AGBG	Gesetz über allgemeine Geschäftsbedingungen
AGC	Autorità per le garanzie nelle comunicazioni (Italien; auch AGCOM)
aiML	analoge internationale Mietleitung
AktG	Aktiengesetz
Alt.	Alternative
amtl.	amtlich
amtl. Begr.	amtliche Begründung
ANACOM	Autoridade Nacional de Comunicações (Portugal)
Anh.	Anhang
Anl.	Anlage
Anm.	Anmerkung

AO	Abgabenordnung
AöR	Archiv des öffentlichen Rechts
API	Application Programming Interface, Anwendungsprogrammier-schnittstelle
APL	Abschlusspunkt der Linientechnik
ArchivPT	Archiv für Post und Telekommunikation
ARD	Arbeitsgemeinschaften der Rundfunkanstalten Deutschlands
ARQ	Automatic Repeat Request, sicherer Datenaustausch
ARSP	Archiv für Rechts- und Sozialphilosophie
Art.	Artikel
AT	Allgemeiner Teil
ATM	Asynchronous Transfer Mode, asynchroner Übermittlungsmo-dus
ATRP	Autorité de Régulation des Télécommunications (Frankreich)
Aubert/Klingler	*Aubert/Klingler*, Fernmelderecht, Telekommunikationsrecht, 4. Aufl. 1990
Aufl.	Auflage
AusfVO	Ausführungsverordnung
AWG	Außenwirtschaftsgesetz
Az.	Aktenzeichen
Bad.-Württ.	Baden-Württemberg
BAG	Bundesarbeitsgericht
BAG AP	Bundesarbeitsgericht in: Arbeitsgerichtliche Praxis
BAnz.	Bundesanzeiger
BAPT	Bundesamt für Post und Telekommunikation
BauGB	Baugesetzbuch
Baumbach/Hefermehl	*Baumbach/Hefermehl*, Wettbewerbsrecht, 23. Aufl. 2004
Baumbach/Hopt	*Baumbach/Hopt*, Kommentar zum Handelsgesetzbuch, 31. Aufl. 2003
Baumbach/Lauterbach	*Baumbach/Lauterbach/Albers/Hartmann*, Zivilprozessordnung, 63. Aufl. 2005
BauR	Baurecht
Baur/Stürner	*Baur/Stürner*, Sachenrecht, 17. Aufl. 1999
Bay.	Bayern
BayObLGSt	Entscheidungen des Bayerischen Obersten Landesgerichtes in Strafsachen
BB	Betriebs-Berater
Bd.	Band
BDI	Bundesverband der deutschen Industrie e. V.
BDSG	Bundesdatenschutzgesetz
Bearb., bearb.	Bearbeiter; bearbeitet
Bechtold	*Bechtold*, Kartellgesetz, Kommentar, 3. Aufl. 2002
BeckTKG-Komm/ *Bearbeiter*	Beck'scher TKG-Kommentar, hrsg. von Büchner u. a., 2. Aufl. 2000
BegleitG	Begleitgesetz zum Telekommunikationsgesetz vom 17. 12. 1997 (BGBl. I S. 3108)
Begr.	Begründung
Beil.	Beilage
Bek.	Bekanntmachung

Bekanntmachung zur Definition des relevanten Marktes	Bekanntmachung der Kommission über die Definition des relevanten Marktes im Sinne des Wettbewerbsrechts der Gemeinschaft (ABl. EG Nr. C 372 v. 9. 12. 1997, S. 5)
BER	Bit Error Rate, Bitfehlerrate
Bergmann/Möhrle	Datenschutzrecht, Handkommentar zum Bundesdatenschutzgesetz, hrsg. von Bergmann, Möhrle, Loseblatt (Stand: Dezember 2004)
BerlK-EnR/*Bearbeiter*	Berliner Kommentar zum Energierecht, hrsg. von Säcker, 2004
bes.	besonders
Beschl.	Beschluss
bestr.	bestritten
betr.	betreffend
bez.	bezüglich
BfD	Bundesbeauftragter für Datenschutz
BGB	Bürgerliches Gesetzbuch
BGBl.	Bundesgesetzblatt
BGH	Bundesgerichtshof
BGHSt	Entscheidungen des Bundesgerichtshofs in Strafsachen
BGHZ	Entscheidungen des Bundesgerichtshofs in Zivilsachen
BImSchG	Gesetz zum Schutz vor schädlichen Umwelteinwirkungen durch Luftverunreinigungen, Geräusche, Erschütterungen und ähnliche Vorgänge
BImSchV	Verordnung zur Durchführung des Bundes-Immissionsschutzgesetzes
B-ISDN	breitbandiges, diensteintegrierendes digitales Netz
BITKOM	Bundesverband Informationswirtschaft, Telekommunikation und neue Medien e. V.
BK	Beschlusskammer; Breitbandkabel
B-Kanal	Basiskanal
BKartA	Bundeskartellamt
Bl.	Blatt
Bln.	Berlin(er)
BMBF	Bundesminister(ium) für Bildung und Forschung
BMF	Bundesminister(ium) der Finanzen
BMI	Bundesminister(ium) des Innern
BMJ	Bundesminister(ium) der Justiz
BMPT	Bundesminister(ium) für Post und Telekommunikation
BMVg	Bundesminister(ium) für Verteidigung
BMWA	Bundesminister(ium) für Wirtschaft und Arbeit
BMWi	Bundesminister(ium) für Wirtschaft und Technologie
BND	Bundesnachrichtendienst
BNetzA	Bundesnetzagentur für Elektrizität, Gas, Telekommunikation, Post und Eisenbahnen, vormals: Regulierungsbehörde für Telekommunikation und Post (RegTP)
Bonner Komm./ *Bearbeiter*	Bonner Kommentar zum Grundgesetz, hrsg. von Dolzer, Vogel, Graßhof, Loseblatt (Stand: Dezember 2004)
Brandenbg.	Brandenburg
BRat	Bundesrat
BR-Drs.	Drucksachen des Deutschen Bundesrates

BReg.	Bundesregierung
Breko	Bundesverband der regionalen und lokalen Telekommunikationsgesellschaften e. V.
Brem.	Bremen
BR-Prot.	Protokolle des Deutschen Bundesrates
BSI	Bundesamt für Sicherheit in der Informationstechnik
BT	Bundestag
BT-Drs.	Drucksache des Deutschen Bundestages
BT-Prot.	Protokolle des Deutschen Bundestages
Buchst.	Buchstabe
Büllesbach	*Büllesbach,* Datenschutz im Telekommunikationsrecht, 1997
Bunte/Welfens	*Bunte/Welfens,* Wettbewerbsdynamik und Marktabgrenzung auf den Telekommunikationsmärkten, 2002
BVerfG	Bundesverfassungsgericht
BVerfGE	Entscheidungen des Bundesverfassungsgerichts
BVerwG	Bundesverwaltungsgericht
BVerwGE	Entscheidungen des Bundesverwaltungsgerichts
BZT	Bundesamt für Zulassungen in der Telekommunikation (heute Teil des BAPT)
bzw.	beziehungsweise
Calliess	*Calliess,* Kommentar des Vertrages über die Europäische Union und des Vertrages zur Gründung der Europäischen Gemeinschaft, EUV, EGV, 2. Aufl. 2002
Canaris	*Canaris,* Handelsrecht, 23. Aufl. 2000
CBN	Cable Network, Kabelnetz
CCIR	Comité Consultatif International de Radiocommunication, International Beratender Ausschuss für Funkkommunikation (heute ITU-R, Funksektor der ITU)
CCITT	Comité Consultatif International Téléphonique et Télégraphique, Internationaler Beratender Ausschuss für Telegrafie und Telefonie (heute ITU-T, Standardisierungssektor der ITU)
CDMA	Code Division Multiple Access, Codemultiplexzugriff
CEPT	European Conference of Postal and Telecommunications Administration, Konferenz der europäischen Verwaltungen für Post und Fernmeldewesen
CMT	Comisión del Mercado de las Telecomunicaciones (Spanien)
CN	Corporate Network, Netz einer geschlossenen Nutzergruppe
COMREG	Commission for Communications Regulation (Irland; Coimisiún um Ríaláil Cumarsáide)
Cox	Daseinsvorsorge und öffentliche Dienstleistungen in der Europäischen Union, hrsg. von Cox, 2000
CR	Computer und Recht
CT	Cordless Telephone, schnurloses Telefon
CTO	Czech Telecommunication Office (Český telekomunikační úřad)
CTR	Common Technical Regulations, gemeinsame technische Vorschriften
CUG	Closed User Group, geschlossene Benutzergruppe
d. h.	das heißt

DAB	Digital Audio Broadcasting, digitales Radio
DAL	Drahtlose Anschlussleitung
Dammann/Simitis	*Dammann/Simitis,* Bundesdatenschutzgesetz, 9. Aufl. 2005
DAR	Deutsches Autorecht
DASAT	Datenübertragung über Satellit 64 Kbit/s bis 1,82 Mbit/s
DB	Der Betrieb
DBP	Deutsche Bundespost
DCS 1800	Digital Cellular System 1800 MHz, digitales zellulares Funksystem bei 1800 MHz
DECT	Digital Enhanced Cordless Telecommunication, digitales verbessertes schnurloses Telekommunikationssystem
ders.	derselbe
dies.	dieselbe(n)
DIHT	Deutscher Industrie- und Handelstag
DIN	Deutsche Industrienorm
DiskE	Diskussionsentwurf
Diss.	Dissertation
DIVA	Telefonanschluss über Satellit
DM	Deutsche Mark
Dok.	Dokument
DÖV	Die öffentliche Verwaltung
DRL	Richtlinie 2002/58/EG des Europäischen Parlaments und des Rates vom 12. 7. 2002 über die Verarbeitung personenbezogener Daten und den Schutz der Privatsphäre in der elektronischen Kommunikation (Datenschutzrichtlinie) (ABl. EG Nr. L 201 v. 31. 7. 2002, S. 37)
Drs.	Drucksache
DRS	Deutscher Rechnungslegungsstandard
DSB	Datenschutzbeauftragter
DSL	Digital Subscriber Line, digitale Anschlussleitung
DTAG	Deutsche Telekom AG
DuD	Datenschutz und Datensicherheit
DVB	Digital Video Broadcasting, digitales Fernsehen
DVBl.	Deutsches Verwaltungsblatt
DVG	Deutsche Verbundgesellschaft
DVO	Durchführungsverordnung
E.	Entwurf
e. V.	eingetragener Verein
EBC	Element-Based Charging, elementebezogenes Abrechnungssystem
ebd.	ebenda
Ebenroth/Boujong/Joost	*Ebenroth, Boujong, Joost,* Handelsgesetzbuch, Bd. I und II 2001, Aktualisierungsband 2003
EDI	Electronic Data Interchange, elektronischer Datenaustausch
EDV	Elektronische Datenverarbeitung
EETT	National Post and Telecommunications Commission (Griechenland)
EFT	Electronic Fund(s) Transfer, elektronische Geldanweisung
EG	Europäische Gemeinschaften; EG-Vertrag (EGV)

EGBGB	Einführungsgesetz zum Bürgerlichen Gesetzbuch
EG-Kom	Europäische Kommission
EG-Rat	Rat der Europäischen Gemeinschaften
EGV	Vertrag zur Gründung der Europäischen Gemeinschaften
Eidenmüller	*Eidenmüller*, Post- und Fernmeldewesen, Kommentar, 1974
Einl.	Einleitung
Eisenblätter	*Eisenblätter*, Regulierung in der Telekommunikation, 2000
ElektrizitätsRL	Richtlinie 2003/54/EG des Europäischen Parlaments und des Rates v. 26. 6. 2003 über gemeinsame Vorschriften für den Elektrizitätsbinnenmarkt und zur Aufhebung der Richtlinie 96/92/EG (ABl. EG Nr. L 176 v. 15. 7. 2003, S. 37)
Emmerich	*Emmerich,* Kartellrecht, 9. Aufl. 2001
EMV	Elektromagnetische Verträglichkeit
EMVG	Gesetz über die elektromagnetische Verträglichkeit von Geräten
EMVU	Elektromagnetische Umweltverträglichkeit
ENCB	Estonian National Communications Board (Estland; auch Sideamet)
Entsch.	Entscheidung
Entsch. 676/2002/EG	Entscheidung 676/2002/EG des Europäischen Parlaments und des Rates v. 7. 3. 2002 über einen Rechtsrahmen für die Frequenzpolitik in der Europäischen Gemeinschaft (Frequenzentscheidung) (ABl. EG Nr. L 108 v. 24. 4. 2002, S. 1)
entspr.	entsprechend
EnWG	Energiewirtschaftsgesetz
Erbs/Kohlhaas	*Erbs/Kohlhaas,* Strafrechtliche Nebengesetze, Loseblattkommentar (Stand: März 2005)
ERC	European Radio Committee
Erl.	Erläuterung
Erman	*Erman*, Handkommentar zum Bürgerlichen Gesetzbuch, 11. Aufl. 2004
ERMES	European Digital Radio Message System, europäisches System für digitale Funkmitteilung
ET	Energiewirtschaftliche Tagesfragen
etc.	et cetera
Etling-Ernst	*Etling-Ernst*, Praxiskommentar zum Telekommunikationsgesetz, 2. Aufl. 1999
ETSI	European Telecommunications Standards Institute, Europäisches Institut für Telekommunikationsnormen
EU	Europäische Union
EuG	Europäisches Gericht Erster Instanz
EuGH	Gerichtshof der Europäischen Gemeinschaften
EuGHE	Entscheidungen des Gerichtshofes der Europäischen Gemeinschaften
EuR	Europarecht
Euro-ISDN	Basis für europaweite ISDN-Übertragung
EUV	Vertrag der Europäischen Union
EuZW	Europäische Zeitschrift für Wirtschaftsrecht
EVN	Einzelverbindungsnachweis
Evt	Endverteiler

evtl.	eventuell
EVU	Energieversorgungsunternehmen
Evz	Endverzweiger
EWG	Europäische Wirtschaftsgemeinschaft
EWiR	Entscheidungen zum Wirtschaftsrecht
EWS	Europäisches Wirtschafts- und Steuerrecht
Eyermann	Kommentar zur Verwaltungsgerichtsordnung, begr. von Eyermann, 11. Aufl. 2000, Nachtrag zur 11. Aufl. 2002
f., ff.	folgend(e)
FAG	Gesetz über Fernmeldeanlagen
FBeitrV	Frequenznutzungsbeitragsverordnung
FCC	Federal Communications Commission
FGebV	Frequenzgebührenverordnung
FICORA	Finish Communications Regulatory Authority (Viestintavirasto Kommunikationsverket)
FK/*Bearbeiter*	Frankfurter Kommentar zum Kartellrecht, hrsg. von Glassen u. a., Loseblatt (Stand: September 2004 Juni 2005)
Fn.	Fußnote
FreqBZPV	Frequenzbereichszuweisungsplan-Verordnung
FreqNPAV	Verordnung über das Verfahren zur Aufstellung des Frequenznutzungsplanes
FreqZutV	Frequenzzuteilungsverordnung
FS	Festschrift
FTEG	Gesetz über Funkanlagen und Telekommunikationsendeinrichtungen
FÜV	Fernmeldeverkehr-Überwachungsverordnung
G	Gesetz
G 10	Gesetz zur Beschränkung des Brief-, Post- und Fernmeldegeheimnisses (Gesetz zu Art. 10 GG)
GA	Goltdammer's Archiv für Strafrecht
GasRL	EU-Richtlinie 2003/55/EG des Europäischen Parlamentes und der Rates v. 26. 6. 2003 über gemeinsame Vorschriften für den Erdgasbinnenmarkt und zur Aufhebung der Richtlinie 98/30/EG (ABl. EG Nr. L 176 v. 15. 7. 2003, S. 75)
GATS	General Agreement on Trade and Services, Allgemeines Abkommen über den Handel mit Dienstleistungen
GATT	General Agreement of Tarifs and Trade, Allgemeines Zoll- und Handelsabkommen
GB	Gigabyte
GBG	Geschlossene Benutzergruppe
Gbit	Gigabit
Gbit/s	Gigabit pro Sekunde
GBl.	Gesetzblatt
GbR	Gesellschaft bürgerlichen Rechts
geänd.	geändert
GEE	Grundstückseigentümererklärung
gem.	gemäß
Geppert/Ruhle/Schuster	*Geppert/Ruhle/Schuster*, Handbuch Recht und Praxis der Telekommunikation, 2. Aufl. 2002

Ges.	Gesetz
GewA	Gewerbe-Archiv
GewO	Gewerbeordnung
GG	Grundgesetz
ggf.	gegebenenfalls
GHz	Gigahertz
GmbH	Gesellschaft mit beschränkter Haftung
GmbHG	Gesetz betreffend die Gesellschaften mit beschränkter Haftung
GmbHR	GmbH-Rundschau
GmS-OGB	Gemeinsamer Senat der obersten Gerichtshöfe des Bundes
GO	Geschäftsordnung; Gemeindeordnung
Gola/Klug	*Gola/Klug*, Grundzüge des Datenschutzrechts, 2003
Gola/Schomerus	*Gola/Schomerus*, Kommentar zum Bundesdatenschutzgesetz, 8. Aufl. 2005
GP	Gesetzgebungsperiode
GPRS	General Packet Radio System
GPS	Global Positioning System, Satelliten-Navigationssystem
Grabitz/Hilf	*Grabitz/Hilf*, Das Recht der Europäischen Union, Loseblatt (Stand: Juni 2005)
grds.	grundsätzlich
GRL	Richtlinie 2002/20/EG des Europäischen Parlaments und des Rates v. 7. 3. 2002 über die Genehmigung elektronischer Kommunikationsnetze und -dienste (Genehmigungsrichtlinie) (ABl. EG Nr. L 108 v. 24. 4. 2002, S. 21)
Grote	*Grote*, Telekommunikations-Kundenschutzverordnung, Kommentar, 2000
GrS	Großer Senat
GRUR	Gewerblicher Rechtsschutz und Urheberrecht
GSM	Global System for Mobile Communications, europäischer Mobilfunkstandard
GVBl.	Gesetz- und Verordnungsblatt
GWB	Gesetz gegen Wettbewerbsbeschränkungen
h. L.	herrschende Lehre
h. M.	herrschende Meinung
Hachenburg	*Hachenburg*, Kommentar zum GmbHG, hrsg. von Ulmer, 8. Aufl. 1992 ff.
Hailbronner/Klein/ Magiera/Müller-Graff	*Hailbronner/Klein/Magiera/Müller-Graff*, Handkommentar zum Vertrag über die Europäische Union (EUV/EGV), Loseblatt (Stand: November 1998)
Halbbd.	Halbband
Hamb.	Hamburg
HansOLG	Hanseatisches Oberlandesgericht
Hdb.	Handbuch
HDLC	High Level Data Link Control, Hochpegel-Datenübertragungssteuerung
HDTV	High Definition Television, Hochzeilenfernsehen
Hess.	Hessen
Heun	Handbuch Telekommunikationsrecht, hrsg. von Heun, 2002
HGB	Handelsgesetzbuch

HM-Test	hypothetischer Monopolistentest
Hoeren/Sieber	*Hoeren/Sieber,* Handbuch Mutimedia-Recht, Rechtsfragen des elektronischen Geschäftsverkehrs, Loseblatt (Stand: September 2004)
Holznagel/Enaux/ Nienhaus	*Holznagel/Enaux/Nienhaus,* Grundzüge des Telekommunikationsrechts, 2. Aufl. 2001
Hrsg.; hrsg.	Herausgeber; herausgegeben
Hs.	Halbsatz
HVt	Hauptverteiler
i. d. F.	in der Fassung
i. d. R.	in der Regel
i. e.	im Einzelnen
i. e. S.	im engeren Sinne
i. S.	im Sinne
i. Ü.	im Übrigen
i. V. m.	in Verbindung mit
i. w. S.	im weiteren Sinne
IBPT	Institut belge des services postaux et des télécommunications
IC	Interconnection, Zusammenschaltung
ICA	Interconnection-Anschluss
IFRB	International Frequency Registration Board
ILR	Institut Luxembourgoies de Regulation
Immenga/Kirchner/ Knieps/Kruse	*Immenga/Kirchner/Knieps/Kruse,* Telekommunikation im Wettbewerb, 2001
Immenga/Mestmäcker	*Immenga/Mestmäcker,* GWB Kommentar zum Kartellgesetz, 3. Aufl. 2001
Immenga/Mestmäcker, EG-WbR	*Immenga/Mestmäcker,* Kommentar zum EG-Wettbewerbsrecht, Bd. I und II 1997
IMT-2000	International Mobile Telecommunications 2000, UMTS
INMARSAT	International Maritime Satellite Organization
insbes.	insbesondere
IRS	International Accounting Standard
ISDN	Integrated Services Digital Network, diensteintegrierendes digitales Fernmeldenetz
Isensee/Kirchhof	*Isensee/Kirchhof,* Handbuch des Staatsrechts der Bundesrepublik Deutschland, Band I, 3. Aufl. 2003; Band III, 2. Aufl. 1996; Band IV, 2. Aufl. 1999
ISIS	Integriertes System zur Bereitstellung der Netzinfrastruktur auf optischer Basis
ISM	Industrial Scientific and Medical Equipments, industrielle, wissenschaftliche und medizinische Geräte
IT	Information Technology, Informationstechnologie
ITU	International Telecommunications Union (franz.: UIT), Internationale Fernmeldeunion
IuKDG	Informations- und Kommunikationsdienstegesetz
JA	Juristische Arbeitsblätter
Jarass/Pieroth	*Jarass/Pieroth,* Kommentar zum Grundgesetz, 7. Aufl. 2004
Jb.	Jahrbuch
JMBl.	Justizministerialblatt

JR	Juristische Rundschau
Jura	Juristische Ausbildung
JurBüro	Das juristische Büro
JurPC Web-Dok.	Internet-Zeitschrift für Rechtsinformatik, http://www.jurpc.de
JuS	Juristische Schulung
JW	Juristische Wochenschrift
JZ	Juristenzeitung
K&R	Kommunikation und Recht
K. Schmidt, HandelsR	*K. Schmidt*, Handelsrecht, 5. Aufl. 1999
Kap.	Kapitel
KAV	Konzessionsabgabenverordnung
kbit	Kilobit
kbit/s	Kilobit pro Sekunde
KfW	Kreditanstalt für Wiederaufbau
KG	Kammergericht (Berlin)
KGaA	Kommanditgesellschaft auf Aktien
kHz	Kilohertz
KK-StPO/*Bearbeiter*	Karlsruher Kommentar zur Strafprozessordnung und zum Gerichtsverfassungsgesetz mit Einführungsgesetz, hrsg. von Pfeiffer, 2003
km	Kilometer
Knack	*Knack,* Kommentar zum Verwaltungsverfahrensgesetz, 8. Aufl. 2004
Kodall/Krämer	*Kodall/Krämer*, Straßenrecht, 6. Aufl. 1999
Koenig/Bartosch/Braun	*Koenig/Bartosch/Braun,* EC Competition and Telecommunications Law, 2002
Koenig/Loetz/Neumann	*Koenig/Loetz/Neumann*, Telekommunikationsrecht, 2004
Koenig/Vogelsang/ Kühling/Loetz/Neumann	*Koenig/Vogelsang/Kühling/Loetz/Neumann*, Funktionsfähiger Wettbewerb auf den Telekommunikationsmärkten: Ökonomische und juristische Perspektiven zum Umfang der Regulierung, 2002
Koller/Roth/Morck	*Koller/Roth/Morck*, Handelsgesetzbuch, 4. Aufl. 2003
Kopp/Ramsauer, VwVfG	*Kopp/Ramsauer*, Verwaltungsverfahrensgesetz, Kommentar, 9. Aufl. 2005
Kopp/Schenke, VwGO	*Kopp/Schenke*, Verwaltungsgerichtsordnung, Kommentar, 14. Aufl. 2005
krit.	kritisch
KritJ	Kritische Justiz
KrWaffKontrG	Kriegswaffenkontrollgesetz
Kühling	*Kühling*, Sektorspezifische Regulierung in den Netzwirtschaften, 2004
KVz	Kabelverzweiger
LAN	Local Area Network, lokales Netz
Langen/Bunte	*Langen/Bunte,* Kommentar zum deutschen und europäischen Kartellrecht, 10. Aufl. 2005
Leitlinien über horizontale Zusammenschlüsse	Leitlinien zur Bewertung horizontaler Zusammenschlüsse gemäß der Ratsverordnung über die Kontrolle von Unternehmenszusammenschlüssen (2004/C 31/03) (ABl. EG Nr. C v. 5. 2. 2004, S. 5)

Leitlinien zur Markt- analyse	Leitlinien der Kommission zur Marktanalyse und Ermittlung be- trächtlicher Marktmacht nach dem gemeinsamen Rechtsrahmen für elektronische Kommunikationsnetze und -dienste (2002/C 165/03) (ABl. EG Nr. C 165 v. 11. 7. 2002, S. 6)
Lenz/Borchardt	*Lenz/Borchardt*, EU- und EG-Vertrag, Kommentar, 3. Aufl. 2003
LG	Landgericht
Lit.	Literatur
LKB	Landeskartellbehörde
LL	Local Loop, Teilnehmeranschlussleitung
LM	*Lindenmaier/Möhring*, Nachschlagewerk des Bundesgerichts- hofs
Loewenheim/Meessen/ *Riesenkampff*	*Loewenheim/Meessen/Riesenkampff*, Kartellrecht, 2 Bde., 2005
LSP	Länderstrategiepapiere
LStrG	Landesstraßengesetz
LWL	Lichtwellenleiterkabel
m	Meter
m. Änd.	mit Änderung(en)
m. Anm.	mit Anmerkung
m. E.	meines Erachtens
m. w. N.	mit weiteren Nachweisen
MAN	Metropolitan Area Network
v. Mangoldt/Klein/Starck	*v. Mangoldt/Klein/Starck*, Kommentar zum Bonner Grundge- setz, Bd. 1: 5. Aufl. 2005, Bde. 2 und 3: 4. Aufl. 1999–2001
Manssen	*Manssen*, Telekommunikations- und Multimediarecht, Loseblatt (Stand: November 2004)
Maunz/Dürig	Grundgesetz, begründet von Maunz/Dürig, Loseblatt (Stand: Februar 2003)
Maurer	*Maurer*, Allgemeines Verwaltungsrecht, 15. Aufl. 2004
Mbit	Megabit
Mbit/s	Megabit pro Sekunde
MBl.	Ministerialblatt
MCA	Malta Communications Authority
MDR	Monatsschrift für Deutsches Recht
MDStV	Mediendienste-Staatsvertrag
MeckPom.	Mecklenburg-Vorpommern
Meyer-Goßner	*Meyer-Goßner*, Strafprozessordnung mit GVG und Nebengeset- zen, 48. Aufl. 2005
MHz	Megahertz
Mio.	Million(en)
Mitt.	Mitteilung(en)
MK	Monopolkommission
MMR	Multimedia und Recht
Mot. I–III	Motive zu dem Entwurf eines Bürgerlichen Gesetzbuches für das Deutsche Reich (Bd. I Allgemeiner Teil; Bd. II Recht der Schuldverhältnisse; Bd. III Sachenrecht)
Mrd.	Milliarde

v. Münch/Kunig	*v. Münch/Kunig*, Grundgesetz Kommentar, 3 Bde., 5. Aufl. 2000–2003
MünchKomm/ *Bearbeiter*	Münchener Kommentar zum Bürgerlichen Gesetzbuch, hrsg. von Rebmann, Rixecker und Säcker, 4. Aufl. 2000 ff.
MünchKommAktG/ *Bearbeiter*	Münchener Kommentar zum Aktiengesetz, hrsg. von Kropff und Semler, 2. Aufl. 2000 ff.
MünchKommHGB/ *Bearbeiter*	Münchener Kommentar zum Handelsgesetzbuch, hrsg. von K. Schmidt, 1997 ff.
MünchKommZPO/ *Bearbeiter*	Münchener Kommentar zur Zivilprozessordnung mit Gerichtsverfassungsgesetz und Nebengesetzen, hrsg. von Lüke und Wax; 2. Aufl. 2000/2001
Musielak	*Musielak*, Zivilprozessordnung, Kommentar, 4. Aufl. 2005
N&R	Netzwirtschaften & Recht
n. F.	neue Fassung
Nachw.	Nachweis
NCAH	National Communications Authority Hungary (Nemzeti Hírközlési Hatóság)
Nds.	Niedersachsen
NdsRpfl.	Niedersächsische Rechtspflege
NE	Netzebene
NITA	National IT and Telecom Agency (Dänemark; IT og Telestyrelsens)
NJW	Neue Juristische Wochenschrift
NJW-CoR	NJW-Computerreport
NJW-RR	NJW-Rechtsprechungs-Report, Zivilrecht
NJW-WettbR	NJW-Entscheidungsdienst Wettbewerbsrecht
Nr.	Nummer(n)
NRB	Nationale Regulierungsbehörden
NRW	Nordrhein-Westfalen
NSPC	National Signalling Point Code
NStZ	Neue Zeitschrift für Strafrecht
NStZ-RR	Neue Zeitschrift für Strafrecht – Rechtsprechungsreport
NUI	Network User Identification, Benutzererkennung
NuR	Natur und Recht
NVwZ	Neue Zeitschrift für Verwaltungsrecht
NVwZ-RR	NVwZ-Rechtsprechungs-Report
NZA	Neue Zeitschrift für Arbeitsrecht
NZG	Neue Zeitschrift für Gesellschaftsrecht
NZM	Neue Zeitschrift für Mietrecht
NZV	Neue Zeitschrift für Verkehrsrecht
NZVO	Netzzugangsverordnung
o.	oben
o. a.	oben angegeben
o. ä.	oder ähnlich
o. V.	ohne Verfasser
ObG	Obergericht
OCTPR	Office of the Commissioner of Telecommunications and Postal Regulation (Zypern)

OFCOM	Office of Communications (Vereinigtes Königreich Großbritannien)
öff.	öffentlich
Oftel	Office of Telecommunication
OGH	Oberster Gerichtshof (Österreich)
OLG	Oberlandesgericht
OLGR	OLG-Report
OLGZ	Rechtsprechung der Oberlandesgerichte in Zivilsachen
ONP	Open Network Provision, offener Netzzugang
ONU	Optical Network Unit, optische Netzeinheit
OPAL	Optische Anschlussleitung
OPTA	Onafhankelijke Post en Telecommunicatie Autoriteit (Niederlande)
ORDO	ORDO, Jahrbuch für die Ordnung von Wirtschaft und Gesellschaft
ÖVerfGH	Österreichischer Verfassungsgerichtshof
OVG	Oberverwaltungsgericht
OVG Münster	Oberverwaltungsgericht Münster = OVG NRW
OVG NRW	Oberwaltungsgericht Nordrhein-Westfalen = OVG Münster
OWiG	Gesetz über Ordnungswidrigkeiten
Palandt	*Palandt*, Bürgerliches Gesetzbuch, 64. Aufl. 2005
PassG	Passgesetz
PC	Personal Computer, Personalcomputer
PCN	Personal Computer Network, Personalcomputernetz
PersBG	Personalrechtliches Begleitgesetz zum Telekommunikationsgesetz
Pfeiffer	*Pfeiffer*, Strafprozessordnung, 5. Aufl. 2005
PLC	Powerline Communication, Kommunikation über Stromversorgungsleitungen
PMP	Punkt zu Multipunkt-Richtfunk
POI	Points of Interconnection, Zusammenschaltungspunkte
PostG	Postgesetz
PostNeuOG	Gesetz zur Neuordnung des Postwesens und der Telekommunikation
PostVerfG	Gesetz über die Unternehmensverfassung der Deutschen Bundespost (Postverfassungsgesetz)
POTS	Plain Old Telephone Services, herkömmliches Telefonsystem
ProdHaftG	Produkthaftungsgesetz
Prot. I–VI	Protokolle der Kommission für die zweite Lesung des Entwurfs des BGB (Bd. I und IV 1897; Bd. II 1898; Bd. III, V und VI 1899)
PrOVG	Preußisches Oberverwaltungsgericht
PSTN	Public Switched Telephone Network, öffentliches Telefonwählnetz
PTRegG	Gesetz über die Regulierung der Telekommunikation und des Postwesens
PTS	Post & Telestyrelsen (Schweden)
PTSG	Post- und Telekommunikationssicherstellungsgesetz

PTT	Post, Telegraph and Telephone Administration, Post-, Telegraphen- und Telefonverwaltung
PTZSV	Post- und Telekommunikationszivilschutzverordnung
RA	Rechtsausschuss
rd.	rund
RdE	Recht der Energiewirtschaft
RdL	Recht der Landwirtschaft
RdNr.	Randnummer(n)
RDS	Radio Data System, Funkdaten(kommunikations)system
RDV	Recht der Datenverarbeitung
Redeker/v. Oertzen	*Redeker/v. Oertzen,* Verwaltungsgerichtsordnung, Kommentar, 13. Aufl. 2000
RefE	Referentenentwurf
RegE	Regierungsentwurf
RegTP	Regulierungsbehörde für Telekommunikation und Post, jetzt: Bundesnetzagentur für Elektrizität, Gas, Telekommunikation, Post und Eisenbahnen (BNetzA, www.bundesnetzagentur.de)
Reinke	*Reinke,* Der Zweck des Telekommunikationsgesetzes, 2001
Rev. MC	Revue de Marché Commun
RG	Reichsgericht
RGBl.	Reichsgesetzblatt
RGSt	Entscheidungen des Reichgerichts in Strafsachen
RGZ	Amtliche Sammlung von Entscheidungen des Reichsgerichts in Zivilsachen
RhlPfPOG	Rheinland-pfälzisches Polizei- und Ordnungsbehördengesetz i.d.F. v. 10. 11. 1993 (GVBl. S. 595), zuletzt geändert d.G.v. 2. 3. 2004.
Rittner	*Rittner,* Wettbewerbs- und Kartellrecht, 6. Aufl. 1999
RIW	Recht der Internationalen Wirtschaft
RL	Richtlinie
RL 88/301/EWG	Richtlinie der Kommission v. 16. 5. 1988 über den Wettbewerb auf dem Markt der Telekommunikations-Endgeräte (ABl. EG Nr. L 131 v. 27. 5. 1988, S. 73)
RL 90/387/EWG	Richtlinie des Rates v. 28. 6. 1990 zur Verwirklichung des Binnenmarktes für Telekommunikationsdienste durch Einführung eines offenen Netzzugangs (Open Network Provision – ONP) (ABl. EG Nr. L 192 v. 24. 7. 1990, S. 1)
RL 90/388/EWG	Richtlinie der Kommission v. 28. 6. 1990 über den Wettbewerb auf dem Markt für Telekommunikationsdienste (ABl. EG Nr. L 192 v. 24. 7. 1990, S. 10)
RL 91/263/EWG	Richtlinie des Rates v. 29. 4. 1991 zur Angleichung der Rechtsvorschriften der Mitgliedstaaten über Telekommunikationsendeinrichtungen einschließlich der gegenseitigen Anerkennung ihrer Konformität (ABl. EG Nr. L 128 v. 23. 5. 1991, S. 1)
RL 92/44/EWG	Richtlinie des Rates v. 25. 6. 1992 zur Einführung des offenen Netzzugangs bei Mietleitungen (ABl. EG Nr. L 165 v. 19. 6. 1992, S. 27)

RL 93/68/EWG Richtlinie des Rates v. 22. 7. 1993 zur Änderung der Richtlinie 91/263/EWG (Telekommunikationsendeinrichtungen), (ABl. EG Nr. L 220 v. 30. 8. 1993, S. 1)

RL 93/97/EWG Richtlinie des Rates v. 29. 10. 1993 zur Ergänzung der Richtlinie 91/263/EWG hinsichtlich Satellitenfunkanlagen (ABl. EG Nr. L 290 v. 24. 11. 1993, S. 1)

RL 94/46/EG Richtlinie der Kommission v. 13. 10. 1994 zur Änderung der Richtlinien 88/301/EWG und 90/388/EWG, insbesondere betreffend die Satelliten-Kommunikation (ABl. EG Nr. L 268 v. 19. 10. 1994, S. 15)

RL 95/46/EG Richtlinie des Europäischen Parlaments und des Rates v. 24. 10. 1995 zum Schutz natürlicher Personen bei der Verarbeitung personenbezogener Daten und zum freien Datenverkehr (ABl. EG Nr. L 281 v. 23. 11. 1995, S. 31)

RL 95/47/EG Richtlinie des Europäischen Parlaments und des Rates v. 24. 10. 1995 über die Anwendung von Normen für die Übertragung von Fernsehsignalen (ABl. EG Nr. L 281 v. 23. 11. 1995, S. 51)

RL 95/51/EG Richtlinie der Kommission v. 18. 10. 1995 zur Änderung der Richtlinie 90/388/EWG hinsichtlich der Aufhebung der Einschränkungen bei der Nutzung von Kabelfernsehnetzen für die Erbringung bereits liberalisierter Telekommunikationsdienste (ABl. EG Nr. L 256 v. 26. 10. 1995, S. 49)

RL 95/62/EG Richtlinie des Europäischen Parlaments und des Rates v. 13. 12. 1995 zur Einführung des offenen Netzzugangs (ONP) beim Sprachtelefondienst (ABl. EG Nr. L 321 v. 30. 12. 1995, S. 6)

RL 96/19/EG Richtlinie der Kommission v. 13. 3. 1996 zur Änderung der Richtlinie 90/388/EWG hinsichtlich der Einführung des vollständigen Wettbewerbs auf den Telekommunikationsmärkten (ABl. EG Nr. L 74 v. 22. 3. 1996, S. 13)

RL 96/2/EG Richtlinie der Kommission v. 16. 1. 1996 zur Änderung der Richtlinie 90/388/EWG betreffend die mobile Kommunikation und Personal Communications (ABl. EG Nr. L 20 v. 26. 1. 1996, S. 59)

RL 97/13/EG Richtlinie des Europäischen Parlaments und des Rates v. 10. 4. 1997 über einen gemeinsamen Rahmen für Allgemein- und Einzelgenehmigungen für Telekommunikationdienste (ABl. EG Nr. L 117 v. 7. 5. 1997, S. 15)

RL 97/33/EG Richtlinie des Europäischen Parlaments und des Rates v. 30. 6. 1997 über die Zusammenschaltung in der Telekommunikation im Hinblick auf die Sicherstellung eines Universaldienstes und der Interoperabilität durch Anwendung der Grundsätze für einen offenen Netzzugang (ONP) (ABl. EG Nr. L 199 v. 26. 7. 1997, S. 32)

RL 97/51/EG Richtlinie des Europäischen Parlaments und des Rates v. 6. 10. 1997 zur Änderung der Richtlinien 90/387/EWG und 92/44/EWG des Rates zwecks Anpassung an ein wettbewerbsorientiertes Telekommunikationsumfeld (ABl. EG Nr. L 295 v. 29. 10. 1997, S. 23)

RL 97/66/EG	Richtlinie des Europäischen Parlaments und des Rates v. 15. 12. 1997 über die Verarbeitung personenbezogener Daten und den Schutz der Privatsphäre im Bereich der Telekommunikation (ABl. EG Nr. L 24 v. 30. 1. 1998, S. 1)
RL 98/10/EG	Richtlinie des Europäischen Parlaments und des Rates v. 26. 2. 1998 über die Anwendung des offenen Netzzugangs (ONP) beim Sprachtelefondienst und den Universaldienst im Telekommunikationsbereich in einem wettbewerbsorientierten Umfeld (ABl. EG Nr. L 101 v. 1. 4. 1998, S. 24)
RL 98/13/EG	Richtlinie des Europäischen Parlaments und des Rates v. 12. 2. 1998 über Telekommunikationsendeinrichtungen und Satellitenfunkanlagen einschließlich der gegenseitigen Anerkennung ihrer Konformität (ABl. EG Nr. L 74 v. 12. 3. 1998, S. 1)
RL 98/61/EG	Richtlinie des Europäischen Parlaments und des Rates v. 24. 9. 1998 zur Änderung der Richtlinie 97/33/EG hinsichtlich der Übertragbarkeit von Nummern und der Betreibervorauswahl (ABl. EG Nr. L 268 v. 3. 10. 1998, S. 37)
Rosenberg/Schwab/ Gottwald	*Rosenberg/Schwab/Gottwald*, Zivilprozessrecht, 16. Aufl. 2004
Roßnagel	*Roßnagel*, Recht der Multimedia-Dienste, Kommentar zum IuKDG und zum MDStV, Loseblatt (Stand: Juni 2004)
RR	Radio Regulations, Vollzugsordnung für den Funkdienst
RRL	Richtlinie 2002/21/EG des Europäischen Parlaments und des Rates v. 7. 3. 2002 über einen gemeinsamen Rechtsrahmen für elektronische Kommunikationsnetze und -dienste (Rahmenrichtlinie) (ABl. EG Nr. L 108 v. 24. 4. 2002, S. 33)
RRT	Rysiu reguliavimo tarnybos (Littauen; auch Communication Regulatory Authority CRA)
Rs.	Rechtssache
Rspr.	Rechtsprechung
RTkom	Zeitschrift für das Recht der Telekommunikation und das Recht der elektronischen Medien
RTR	Rundfunk und Telekom Regulierungs GmbH (Österreich)
RTW	Recht-Technik-Wirtschaft (Jahrbuch)
RuW	Recht und Wirtschaft
Rz.	Randziffer
S.	Seite; Satz
s.	siehe
s. o.	siehe oben
s. u.	siehe unten
Saarl.	Saarland
SaBl.	Sammelblatt für Rechtsvorschriften des Bundes und der Länder
Sachs	*Sachs*, Grundgesetz Kommentar, 3. Aufl. 2003
Sachs.	Sachsen
SächsGVBl.	Sächsisches Gesetz- und Verordnungsblatt
Schaffland/Wiltfang	*Schaffland/Wiltfang*, Bundesdatenschutzgesetz, Loseblatt (Stand: Oktober 2003)
Scheurle/Mayen	*Scheurle/Mayen*, Telekommunikationsgesetz, 2002

Schlegelberger	*Schlegelberger*, Handelsgesetzbuch, Kommentar, hrsg. von Geßler, Hefermehl, Hildebrand, Schröder, Martens und K. Schmidt, 5. Aufl. 1986 ff.
SchlH	Schleswig-Holstein
Schoch/Schmidt-Aßmann	*Schoch/Schmidt-Aßmann*, Verwaltungsgerichtsordnung (Loseblatt, Stand: Sept. 2004)
Schomerus/Gola	*Schomerus/Gola,* Bundesdatenschutzgesetz, Kommentar, 8. Aufl. 2005
Schönke/Schröder	*Schönke/Schröder*, Kommentar zum Strafgesetzbuch, 26. Aufl. 2001
Schütz	*Schütz*, Kommunikationsrecht, 2005
Schütz/Attendorn/König	*Schütz/Attendorn/König*, Elektronische Kommunikation, 2003
Schwarze	EU-Kommentar, hrsg. von Schwarze, 2002
schweiz.	schweizerisch
SeuffA	Seufferts Archiv für Entscheidungen der obersten Gerichte in den deutschen Staaten
SG	Sondergutachten
SIDEAMET	Estonian National Communications Board (auch ENCB)
SigG	Signaturgesetz
SigV	Signaturverordnung
SIM	Subscriber Identity Module, Teilnehmererkennungsmodul
Simitis	Kommentar zum Bundesdatenschutzgesetz, hrsg. von Simitis, 5. Aufl. 2003
Simitis/Dammann/ Mallmann/Reh	*Simitis/Dammann/Mallmann/Reh*, Dokumentation zum Bundesdatenschutzgesetz, Kommentar, 1. Aufl. 1979
SK-StPO/*Bearbeiter*	Systematischer Kommentar zur Strafprozessordnung, hrsg. von Rudolphi u. a., 2004
Slg.	Sammlung
SMP	Significant Market Power, beträchtliche Marktmacht
SMS	Short Message System, System für Kurzmitteilungen
Soergel	Bürgerliches Gesetzbuch mit Einführungsgesetz und Nebengesetzen, begründet von Soergel, neu hrsg. von W. Siebert und J. F. Baur, 13. Aufl. 1999 ff.
sog.	sogenannt
Sp.	Spalte
SPRK	Sabiedrisko pakalpojumu regulesanas komisija (Lettland; auch Public Utilities Commission PUC)
SpStr.	Spiegelstrich
st. Rspr.	ständige Rechtsprechung
Staat	Der Staat
Staudinger	Kommentar zum Bürgerlichen Gesetzbuch, begründet von J. Staudinger, 14. Aufl. 2002 ff.
Stein/Jonas	*Stein/Jonas*, Zivilprozessordnung, begründet von F. Stein, M. Jonas, 21. Aufl. 1993–2002; 22. Aufl. 2002 ff.
Stelkens/Bonk/Sachs	*Stelkens/Bonk/Sachs,* Kommentar zum Verwaltungsverfahrensgesetz, 6. Aufl. 2001
StGB	Strafgesetzbuch
StPO	Strafprozessordnung
str.	streitig

StraFO	Strafverteidiger Forum
StuW	Steuer und Wirtschaft
TACS	Total Access Communications System, analoger Mobilfunkstandard
TAE	Telekommunikationsanschlusseinheit
TAL	Teilnehmeranschlussleitung
TB	Tätigkeitsbericht
TB der RegTP	Tätigkeitsbericht der Regulierungsbehörde für Telekommunikation und Post
TB des BKartA	Tätigkeitsbericht des Bundeskartellamtes
TDDSG	Teledienstedatenschutzgesetz
TDG	Teledienstegesetz
TDM	Tausend Deutsche Mark
TDSV	Telekommunikations-Datenschutzverordnung
teilw.	teilweise
TelWG	Telegraphenwegegesetz
TEntGV	Telekommunikations-Entgeltregulierungsverordnung
Theis	*Theis*, Die Multimedia-Gesetze – Erläuterungen, Gesetzestexte, amtliche Begründungen, 1997
Thomas/Putzo	*Thomas/Putzo,* Zivilprozessordnung, 26. Aufl. 2004
Thür.	Thüringen
ThürPAG	Thüringer Gesetz über die Aufgaben und Befugnisse der Polizei (Polizeiaufgabengesetz – PAG –) vom 4. 6. 1992, GVBl. S. 199, zuletzt geändert durch G. vom 27. 6. 2002 (GVBl. S. 247).
TK	Telekommunikation
TKG	Telekommunikationsgesetz; Telekommunikationsgesetz vom 22. 6. 2004 (BGBl. I S. 1190)
TKG 1996	Telekommunikationsgesetz vom 25. 7. 1996 (BGBl. I S. 1120)
TKGÄndG	Gesetz zur Änderung telekommunikationsrechtlicher Vorschriften, BT-Beschluss v. 17. 6. 2005, BR-Drs. 438/05
TKG-E	Entwurf eines Telekommunikationsgesetzes
TKLGebV	Telekommunikations-Lizenzgebührenverordnung
TKMR	Telekommunikations- und MedienRecht
TKSiV	Telekommunikations-Sicherstellungsverordnung
TKV	Telekommunikations-Kundenschutzverordnung
TKZulV	Telekommunikationszulassungsverordnung
TMR	Telekommunikations- und MedienRecht
TO	Telecommunications Office (Telekomunikacný úrad Slovenskej republiky (Slowakische Republik)
TPflV	Telekom-Pflichtleistungsverordnung
Tröndle/Fischer	*Tröndle/Fischer*, Strafgesetzbuch und Nebengesetze, 52. Aufl. 2004
Trute/Spoerr/Bosch	*Trute/Spoerr/Bosch*, Telekommunikationsgesetz mit FTEG, Kommentar, 2001
TUDLV	Telekommunikations-Universaldienstleistungsverordnung
TV	Television
TVerleihV	Telekommunikations-Verleihungs-Verordnung
TWG	Telegraphenwegegesetz
u.	und

u. a.	unter anderem; und andere
u. ä.	und ähnliche(s)
u. U.	unter Umständen
UAbs.	Unterabsatz
Übk.	Übereinkommen
UDSV	Verordnung über den Datenschutz für Unternehmen, die Tele-kommunikationsdienstleistungen erbringen (Unternehmensda-tenschutzverordnung)
UIT	Union Internationale de Télécommunications (siehe ITU)
Ulmer/Brandner/Hensen	*Ulmer/Brandner/Hensen*, Kommentar zum Gesetz zur Regelung des Rechts der Allgemeinen Geschäftsbedingungen, 9. Aufl. 2001
UMTS	Universal Mobile Telecommunications System, universelles Mobil-Kommunikationssystem
UNI	User Network Interface, Teilnehmer-Netz-Schnittstelle
unstr.	unstreitig
unveröff.	unveröffentlicht
UPR	Umwelt- und Planungsrecht
URL	Richtlinie 2002/22/EG des Europäischen Parlaments und des Rates v. 7. 3. 2002 über den Universaldienst und Nutzerrechte bei elektronischen Kommunikationsnetzen und -diensten (Uni-versaldienstrichtlinie) (ABl. EG Nr. L 108 v. 24. 4. 2002, S. 51)
Urt.	Urteil
URTIP	Urzad Regulacji Telekomunikacji i Poczty (Polen; Office for Te-lecommunications and Post Regulation)
Util.L.Rev.	Utilities Law Review
UVPG	Gesetz über die Umweltverträglichkeitsprüfung
UWG	Gesetz gegen den unlauteren Wettbewerb
v.	vom; von
v. H.	von Hundert
VA	Verwaltungsakt
VATM	Verband der Anbieter von Telekommunikations- und Mehrwert-diensten e. V.
VBlBW	Verwaltungsblätter Baden-Württemberg
Verf.	Verfassung
VerkMitt	Verkehrsrechtliche Mitteilungen
Veröff.	Veröffentlichung
Verw.	Verwaltung
VerwA	Verwaltungsarchiv
VerwRspr.	Verwaltungsrechtsprechung in Deutschland
Vfg.	Verfügung
VG	Verwaltungsgericht
VGH	Verwaltungsgerichtshof
vgl.	vergleiche
VNO	Virtual Network Operator, virtueller Netzbetreiber
VO	Verordnung
VO 1/2003	Verordnung (EG) Nr. 1/2003 des Rates v. 16. 12. 2002 zur Durchführung der in den Art. 81 und 82 des Vertrags niederge-legten Wettbewerbsregeln (ABl. EG Nr. 1 v. 14. 1. 2003, S. 1)

VO 2887/2000	Verordnung (EG) Nr. 2887/2000 des Europäischen Parlaments und des Rates v. 18. 12. 2000 über den entbündelten Zugang zum Teilnehmeranschluss (ABl. EG Nr. L 336 v. 30. 12. 2000, S. 4)
VO Funk	Vollzugsordnung für den Funkdienst
VOBl.	Verordnungsblatt
von der Groeben/ Schwarze	*von der Groeben/Schwarze*, Vertrag über die Europäische Union und Vertrag zur Gründung der Europäischen Gemeinschaft, 6. Aufl. 2004
von der Groeben/ Thiesing/Ehlermann	*von der Groeben/Thiesing/Ehlermann*, Kommentar zum EU-/ EG-Vertrag, 6. Aufl. 2003
Vorb.	Vorbemerkung
VPRT	Verband Privater Rundfunk und Telekommunikation e. V.
VRS	Verkehrsrechtssammlung
VSt	Vermittlungsstelle
VuR	Verbraucher und Recht
VW	Versicherungswirtschaft
VwGO	Verwaltungsgerichtsordnung
VwKostG	Verwaltungskostengesetz
VwVfG	Verwaltungsverfahrensgesetz
VwVG	Verwaltungsvollstreckungsgesetz
VwZG	Verwaltungszustellungsgesetz
WACC	Weighted Average Cost of Capital
WaffG	Waffengesetz
WAN	Wide Area Network
WAP	Wireless Application Protocol, drahtloses Anwendungsprotokoll
WARC	World Administrative Radio Conference
Westermann SaR I	*H. P. Westermann*, Sachenrecht, 10. Aufl. 2002
v. Westphalen	*Graf v. Westphalen*, Vertragsrecht und AGB-Klauselwerke, Loseblatt (Stand: März 2005)
Wiechert/Schmidt/ Königshofen	*Wiechert/Schmidt/Königshofen*, Telekommunikationsrecht der Bundesrepublik Deutschland – TKR – Rechtsvorschriften und Erläuterungen, Loseblatt (Stand: Dezember 2003)
Wiedemann	*Wiedemann*, Handbuch des Kartellrechts, 1999
WIK	Wissenschaftliches Institut für Kommunikationsdienste GmbH
Wissmann	*Wissmann*, Telekommunikationsrecht, 2003
wistra	Zeitschrift für Wirtschaft, Steuer- und Strafrecht
WLAN	wireless local area network
WLL	Wireless Local Loop, drahtloser Teilnehmeranschluss
WM	Wertpapiermitteilungen
Wolf/Horn/Lindacher	*M. Wolf/Horn/Lindacher*, AGB-Gesetz, Kommentar, 4. Aufl. 1999
Wolff/Bachof/Stober	*Wolff/Bachof/Stober*, Verwaltungsrecht, Band I, 11. Aufl. 1999; Band II, 6. Aufl. 2000; Band III, 5. Aufl. 2004
WRC	World Radio Conference, Weltfunkkonferenz
WRP	Wettbewerb in Recht und Praxis
WRV	Weimarer Reichsverfassung
WSA	Wirtschafts- und Sozialausschuss

WTO	World Trade Organisation, Welthandelsorganisation
WuW	Wirtschaft und Wettbewerb
WuW/E	Wirtschaft und Wettbewerb – Entscheidungssammlung
WuW/E DE-R	Wirtschaft und Wettbewerb – Entscheidungssammlung – Deutschland Rechtsprechung
WuW/E DE-V	Wirtschaft und Wettbewerb – Entscheidungssammlung – Deutschland Verwaltung
WuW/E EU-R	Wirtschaft und Wettbewerb – Entscheidungssammlung – Europäische Union Rechtsprechung
WuW/E EU-V	Wirtschaft und Wettbewerb – Entscheidungssammlung – Europäische Union Verwaltung
WuW/E Verg.	Wirtschaft und Wettbewerb – Entscheidungssammlung – Vergabe und Verwaltung
www	world wide web
z. B.	zum Beispiel
z. T.	zum Teil
ZEuP	Zeitschrift für Europäisches Privatrecht
ZfBR	Zeitschrift für deutsches und internationales Baurecht
ZFdG	Zollfahndungsdienstegesetz
ZGR	Zeitschrift für Unternehmens- und Gesellschaftsrecht
ZHR	Zeitschrift für das gesamte Handelsrecht und Wirtschaftsrecht
Ziff.	Ziffer(n)
ZIP	Zeitschrift für Wirtschaftsrecht
ZMR	Zeitschrift für Miet- und Raumrecht
ZNER	Zeitschrift für Neues Energierecht
Zöller	*Zöller*, Zivilprozessordnung, 25. Aufl. 2005
ZPO	Zivilprozessordnung
ZRL	Richtlinie 2002/19/EG des Europäischen Parlaments und des Rates v. 7. 3. 2002 über den Zugang zu elektronischen Kommunikationsnetzen und zugehörigen Einrichtungen sowie deren Zusammenschaltung (Zugangsrichtlinie) (ABl. EG Nr. L 108 v. 24. 4. 2002, S. 7)
ZRP	Zeitschrift für Rechtspolitik
ZStW	Zeitschrift für die gesamte Strafrechtswissenschaft
ZUM	Zeitschrift für Urheber- und Medienrecht
zust.	zustimmend
zutr.	zutreffend
ZZP	Zeitschrift für Zivilprozess

Einleitung I: Systematische Einordnung des TKG in das allgemeine Wirtschaftsrecht

Schrifttum: *Arzt*, Strompreisaufsicht im Vergleich, 1991; *Bach*, Wettbewerbsrechtliche Schranken für staatliche Maßnahmen nach europäischem Gemeinschaftsrecht, 1992; *G. Bauer*, Wettbewerbsbeschränkungen durch Staaten?, 1990; *H. Bauer*, Privatisierung von Verwaltungsaufgaben, VVDStRL 54 (1995), 243; *Blankert/Faber*, Regulierung öffentlicher Unternehmen, 1982; *Boesche*, Die zivilrechtsdogmatische Struktur des Anspruchs auf Zugang zu Energieversorgungsnetzen, 2002; *Danner*, Energiewirtschaftsrecht (Loseblatt, Stand 2003); *Ehricke*, Die Kontrolle von einseitigen Preisfestsetzungen in Gaslieferungsverträgen, JZ 2005, 599; *Eisenblätter*, Regulierung der Telekommunikation, 2000; *Elbel*, Die datenschutzrechtlichen Vorschriften für Diensteanbieter im neuen Telekommunikationsgesetz auf dem Prüfstand des deutschen und europäischen Rechts, 2005; *Fehling*, Mitbenutzungsrechte Dritter bei Schienenwegen, Energieversorgungsnetzen und Telekommunikationsleitungen vor dem Hintergrund staatlicher Infrastrukturverantwortung, AöR 121 (1996), 59; *Heintzen*, Rechtliche Grenzen und Vorgaben für eine wirtschaftliche Betätigung von Kommunen, 1999; *Hermes*, Staatliche Infrastrukturverantwortung, 1998; *ders.*, Die Regulierung der Energiewirtschaft zwischen öffentlichem und privatem Recht, ZHR 166 (2002), 433; *Hoffmann-Riem*, Tendenzen in der Verwaltungsentwicklung, DÖV 1997, 433; *Immenga*, Internationale Selbstbeschränkungsabkommen zwischen staatlicher Handelspolitik und privater Wettbewerbsbeschränkung, RabelsZ 49 (1985), 303; *Klimbach/Lange*, Zugang zu Netzen und anderen wesentlichen Einrichtungen als Bestandteil der kartellrechtlichen Mißbrauchsaufsicht, WuW 1998, 15; *Knieps*, Wettbewerbsökonomie, 2001; *Kumkar*, Wettbewerbsorientierte Reformen der Stromwirtschaft. Eine institutionsökonomische Analyse, 2000; *Larenz/Canaris*, Methodenlehre der Rechtswissenschaft, 1995; *Lewington/Weisenleimer*, Zur Regulierung in der deutschen Energiewirtschaft – Eine Analyse anhand neuer ökonomischer Ansätze und praktischer Erfahrungen, ZfE 1995, 277; *Löwer*, Energieversorgung zwischen Staat, Gemeinde und Wirtschaft, 1989; *Masing*, Grundstrukturen eines Regulierungsverwaltungsrechts, Die Verwaltung 36 (2003), 1; *Mestmäcker*, Der verwaltete Wettbewerb, 1984; *Mestmäcker/Schweitzer*, Europäisches Wettbewerbsrecht, 2. Aufl. 2004; *Mestmäcker/Witte*, Gutachten zur Zuständigkeit für die Verhaltensaufsicht nach dem Dritten und Vierten Teil des Referentenentwurfs für ein TKG vom 22. 11. 1998; *Monopolkommission*, 8. Hauptgutachten 1988/1989, Wettbewerbspolitik vor neuen Herausforderungen, 1990; *dies.*, 14. Hauptgutachten 2000/2001, Netzwettbewerb durch Regulierung, 2002; *dies.*, Sondergutachten 40, Zur Reform des Telekommunikationsgesetzes, 2004; *Möschel*, Zwischen Konflikt und Kooperation: Regulierungszuständigkeiten in der Telekommunikation, in: Kommunikation ohne Grenzen – grenzenloser Wettbewerb?, FIW-Schriftenreihe Heft 177/1998, 53; *ders.*, Service public und europäischer Binnenmarkt, JZ 2003, 1021; *Osterloh*, Privatisierung von Verwaltungsaufgaben, VVDStRL 54 (1995), 204; *Papier*, Durchleitungen und Eigentum, BB 1997, 1213; *ders.*, Verfassungsfragen der Durchleitung, in: Büdenbender/Kühne, Das neue Energierecht in der Bewährung – Bestandsaufnahmen und Perspektiven, Festschrift für J. Baur, 2002, 209; *Paulweber*, Regulierungszuständigkeiten in der Telekommunikation, 1999; *Piepenbrock/Schuster*, GWB und TKG: Gegeneinander, Nebeneinander oder Miteinander?, CR 2002, 98; *Reif*, Preiskalkulation privater Wasserversorgungsunternehmen, 2002; *Riehmer*, Konfliktlösung bei Netzzugang und Zusammenschaltung in der Telekommunikation, MMR 1998, 59; *Ruffert*, Regulierung im System des Verwaltungsrechts, AöR 124 (1999), 237; *Rumpff*, Das Ende der öffentlichen Dienstleistungen in der Europäischen Union?, 2000; *Säcker*, Zielkonflikte und Koordinationsprobleme im deutschen und europäischen Kartellrecht, 1971; *ders.*, Gruppenautonomie und Übermachtkontrolle im Arbeitsrecht, 1972; *ders.*, Gruppenparität und Staatsneutralität als verfassungsrechtliche Grundprinzipien des Arbeitskampfrechts, 1974; *ders.*, Die Genehmigung von Entgelten für Zugangsleistungen nach der Konzeption des Regierungsentwurfs zum TKG (TKG-E) – ein Leitbild für die Regulierung der Energieversorgungsnetze, ZNER 2003, 214; *ders.*, Ex-Ante-Methodenregulierung und Ex-Post-Beschwerderecht, RdE 2003, 300; *ders.*, Freiheit durch Wettbewerb. Wettbewerb durch Regulierung, ZNER 2004, 98; *ders.*, Abschied vom Bedarfsmarktkonzept, ZWeR 2004, 2; *ders.*, Das Regulierungsrecht im Spannungsfeld von öffentlichem und privatem Recht, AöR 130 (2005), 180; *Salzwedel*, Wirtschaftliche und soziale Selbstverwaltung in Österreich und in Deutschland, in: Probleme der wirtschaftlichen und sozialen Selbstverwaltung,

24; *Scherer*, Das Bronner-Urteil des EuGH und die Essential facilities-Doktrin im TK-Sektor, MMR 1999, 315; *Schmalz*, Methodenlehre für das juristische Studium, 1998; *Schneider*, Liberalisierung der Stromwirtschaft durch regulative Marktorganisation, 1999; *Schoch*, Privatisierung von Verwaltungsaufgaben, DVBl. 1994, 962; *Schroeder*, Telekommunikationsgesetz und GWB, WuW 1999, 14; *Schuppert*, Verwaltungswissenschaft, Verwaltung, Verwaltungsrecht, Verwaltungslehre, 2000; *ders.*, Der moderne Staat als Gewährleistungsstaat, in: Schröter (Hrsg.), Empirische Policy- und Verwaltungsforschung, 2001; *Stern*, Postreform zwischen Privatisierung und Infrastrukturgewährleistung, DVBl. 1997, 309; *Tettinger/Pielow*, Zum neuen Regulator für den Netzzugang in der Energiewirtschaft aus Sicht des öffentlichen Rechts, RdE 2003, 289; *Trute*, Gemeinwohlsicherung im Gewährleistungsstaat, in: Schuppert/Neidhardt (Hrsg.), Gemeinwohl: Auf der Suche nach Substanz, WZB-Jahrbuch 2002, 329; *van Mierl*, Probleme der wettbewerblichen Öffnung von Märkten mit Netzstruktur aus europäischer Sicht, WuW 1998, 7; *Wieland*, Der Wandel von Verwaltungsaufgaben als Folge der Privatisierung, Die Verwaltung 28 (1995), 315; *Windisch*, Privatisierung natürlicher Monopole im Bereich von Bahn, Post und Telekommunikation, 1987; *Zimmermann*, Monopol und Wettbewerb, in: Chmielewicz/Eichhorn, Handwörterbuch der öffentlichen Wirtschaft, 1989.

Übersicht

I. Regulierungsnotwendigkeit

1 In einer durch Wettbewerb dezentral gesteuerten marktwirtschaftlichen Ordnung ist staatliche Regulierung unabweisbar, wenn ein bestimmter Wirtschaftssektor sich aufgrund faktischer Gegebenheiten dem Wettbewerb als dem effizientesten Instrument zur Versorgung der Verbraucher und zur Realisierung technischen Fortschritts auf Dauer entzieht.[1] Aus sozialstaatlicher Sicht ist die Regulierung geboten, wenn in dem betreffenden Wirtschaftssektor universelle Dienstleistungen der Daseinsvorsorge erbracht werden, die für modernes Leben und arbeitsteiliges Funktionieren einer komplexen Wirtschaft unverzichtbar und unsubstituierbar sind. Aus diesem Grunde sind auch Einschränkungen des Wettbewerbs hinzunehmen, wenn diese zur Sicherung der gemeinwirtschaftlichen Universaldienste erforderlich sind (Art. 86 Abs. 2 EG). Bis zur vom EG-Wettbewerbsrecht erzwungenen wettbewerblichen Öffnung der Märkte für leitungs- und schienengebundene Dienstleistungen (elektronische Kommunikation, Gas, Elektrizität, Eisenbahnschienennetze[2]) hatten Staat und Gemeinden unter Berufung auf das gemeine Wohl die Netzwirtschaften weitgehend in

---

1 *Mestmäcker/Schweitzer*, Europäisches Wettbewerbsrecht, § 2 RdNr. 6 ff.
2 Für den Bereich der Wasser- und Abwasserleitungsnetze steht die wettbewerbliche Öffnung noch immer aus; vgl. zur geltenden Rechtslage *Reif*, Preiskalkulation privater Wasserversorgungsunternehmen, S. 232 ff.

öffentlicher Hand monopolisiert. Staat und Gemeinden ignorierten, dass sie sich de facto mit der Leitung der Netzunternehmen und der parallelen Übernahme der öffentlich-rechtlichen Wirtschaftsaufsicht überforderten und zum Nachteil von Unternehmen und Verbrauchern kostenineffizient agierten und deshalb zu hohe Preise für universelle Gemeinwohldienstleistungen forderten. Deutschland hatte vor der wettbewerblichen Öffnung der Netzwirtschaften im Vergleich mit den übrigen EU-Staaten mit Italien zusammen die höchsten Preise für den Sprachtelefondienst und die Elektrizitätsversorgung. Dies änderte sich erst mit der EG-rechtlich herbeigeführten Öffnung der Netze. Es kam zu einem Wettbewerb in Netzen und um Netze. Die wettbewerbliche Öffnung der Märkte für elektronische Kommunikation war dabei erfolgreicher als die Öffnung der Energieversorgungsmärkte.[3] Erreicht wurde dies nicht zuletzt durch die Arbeit der für die Telekommunikationsmärkte zuständigen Regulierungsbehörde (RegTP, jetzt BNetzA), die dank einer besseren personellen Ausstattung und eines eigenständigen Regulierungsgesetzes, des TKG, deutlich schlagkräftiger operieren konnte als das Bundeskartellamt, das mit unzureichender personeller Ausstattung und lediglich mit Hilfe des Allgemeinen Wettbewerbrechts (GWB, Art. 81, 82 EG) als David gegen Goliath gegen die oligopolistisch vermachteten Strukturen der Märkte für Energieproduktion und Energietransport kämpfen musste. Es ist daher vom Gesetzgeber rechtspolitisch zutreffend entschieden worden, die Regulierungsbehörde für Telekommunikation und Post auszubauen und mit der Aufsicht auch über die Energieversorgungsnetze zu betrauen.[4] Es war gleichfalls zutreffend, angesichts nicht auszuschließender zivilrechtlicher Klagen gegen zu hohe Preise von Unternehmen der Netzwirtschaften[5] auch den Rechtsweg für Klagen gegen behördliche Entscheidungen bei den Zivilgerichten in Zukunft zusammenzuführen.[6]

II. Das TKG als sektorspezifisches Regulierungsrecht

Am 26. 6. 2004 ist das grundlegend novellierte neue TKG nach Einigung aller Parteien im Vermittlungsausschuss über die letzten strittigen Punkte *in Kraft getreten*.[7] Eine weitere Novellierung des TKG ist notwendig, weil die bisher in der Telekommunikations-Kundenschutzverordnung enthaltenen Regelungen aus verfassungsrechtlichen Gründen (Art. 80 Abs. 1 GG) in das TKG integriert und der Schutz der Verbraucher vor Missbrauch von Mehrwertdiensterufnummern gestärkt werden soll.[8] Das Telekommunikationsrecht gehört **2**

---

3 Zur Würdigung vgl. § 28 einerseits, BerlK-EnR/*Engelsing*, § 19 RdNr. 92 ff. andererseits.

4 Vgl. dazu unterstützend Monopolkommission, 15. Hauptgutachten 2002/2003, Tz. 1244 ff. sowie den Bericht des BMWA über die energiewirtschaftlichen und wettbewerblichen Wirkungen der Verbändevereinbarungen (Monitoring-Bericht) vom 31. 8. 2003; *Säcker*, ZNER 2003, 214 ff.

5 Vgl. dazu exemplarisch BGH, Az. KZR 7/02 vom 10. 2. 04; näher dazu *Säcker*, ZNER 2004, 111.

6 Vgl. §§ 91 GWB, 75 EnWG. Der Bundesrat hat der Bundesregierung aufgegeben, eine entsprechende Gesetzesnovelle zur Umstellung des im TKG normierten Verwaltungsrechtswegs auf den zivilrechtlichen Kartellrechtsweg alsbald in das Gesetzgebungsverfahren einzubringen (BR-Drs. 377/04).

7 BGBl. vom 25. 6. 2004 I Nr. 29, S. 1190. Der Änderungsbedarf ergab sich aus den Vorgaben der neuen EG-Richtlinien zum Recht der elektronischen Kommunikation, die eine Umsetzung bis zum 25. 7. 2003 bzw. 31. 10. 2003 geboten; vgl. dazu im Einzelnen: RL 2002/21/EG (RRL), ABl. EG vom 24. 4. 2002 Nr. L 108/33; RL 2002/19/EG (ZRL), ABl. EG vom 24. 4. 2002 Nr. L 108/7; RL 2002/22/EG (URL), ABl. EG vom 24. 4. 2002 Nr. L 108/51; RL 2002/20/EG (GRL), ABl. EG vom 24. 4. 2002 Nr. L 108/21; RL 2002/58/EG (DRL), ABl. EG vom 31. 7. 2002 Nr. L 201/37.

8 BR-Drs. 438/05 vom 17. 6. 2005.

zusammen mit dem Energierecht zum Recht der Netzwirtschaften, die wegen ihrer monopolistischen Struktur besonderer Regulierung bedürfen. Das neue Energiewirtschaftsrecht, dessen Novellierung gleichfalls durch EG-Richtlinien zwingend geboten war, ist trotz Ablaufs der Umsetzungsfrist am 1. 7. 2004 erst am 13. 7. 2005 in Kraft getreten.[9] Zum 1. 7. 2005 ist auch die Siebte Novelle zum Gesetz gegen Wettbewerbsbeschränkungen (GWB) in Kraft getreten, die das nationale Wettbewerbsrecht an die veränderte Auslegung des Art. 81 Abs. 3 EG (Ersetzung des Prinzips der behördlichen Einzelfreistellung durch das Prinzip der Legalausnahme) anpasst und dem erweiterten Anwendungsvorrang des EG-Rechts (Art. 3 der EG-VO 1/2003[10]) Rechnung trägt. Für alle drei Gesetze lag die Federführung beim Bundesministerium für Wirtschaft und Arbeit. Gleichwohl sind die Arbeiten an den drei Gesetzen inhaltlich nicht aufeinander abgestimmt worden. Deshalb sind Fragen nach dem Verhältnis des Energiewirtschafts- und Telekommunikationsrechts zum Allgemeinen Wettbewerbsrecht sowie die wichtige Frage nach gemeinsamen Grundbegriffen und Grundkategorien der einzelnen Regulierungsgesetze ungeklärt. Der deutsche Gesetzgeber hat sich vielmehr an den formalen Strukturen der von verschiedenen Generaldirektionen entwickelten EG-Richtlinien zum Telekommunikations- und Energierecht orientiert und sich gar nicht mehr die Frage vorgelegt, welche der von ihm in Umsetzung der Richtlinien verwandten Regulierungsprinzipien sektorspezifischen Charakter haben und welche Prinzipien sektorunabhängig gültig sind.[11] Eine kohärente Dogmatik hat die Aufgabe, nicht an akzidentielle Einzelheiten anzuknüpfen, sondern materielle Ordnungsstrukturen auf der Abstraktionsebene sichtbar zu machen, auf der gehaltvolle gemeinsame Aussagen möglich sind. Es geht um eine ordnungsstiftende, Grundsätze herausarbeitende Dogmatik, die begrifflich zusammenführt, was inhaltlich zusammengehört. Bei den jetzt vorliegenden singulären, sektorspezifischen Netzregulierungsgesetzen hat der Gesetzgeber den Weg der Einzelgesetzgebung statt den schwierigen Weg der Findung gemeinsamer netzinfrastruktureller Regelungen beschritten.[12]

3   Die zeitgleich anstehende Novellierung des GWB hätte auch die Prüfung nahe legen können, ob nicht der Ausbau der allgemeinen kartellrechtlichen Instrumente zur Begrenzung von Marktmacht (§ 19 Abs. 4 und § 20 Abs. 2 und 4 i.V.m. § 32 GWB), insbesondere des in § 19 Abs. 4 S. 2 Nr. 4 GWB verankerten Anspruchs auf Zugang zu wesentlichen, nicht ohne weiteres duplizierbaren Einrichtungen („essential facilities") eine sinnvolle und ebenso effiziente Alternative zur Schaffung zusätzlicher Regulierungsgesetze sei. Der Gesetzgeber hat sich jedoch für eigenständige Gesetze entschieden.

---

9 Vgl. dazu ElektrizitätsRL 2003/54/EG, ABl. EG vom 15. 7. 2003 Nr. L 176/37; GasRL 2003/55/EG, ABl. EG vom 15. 7. 2003 Nr. L 176/57.

10 Vgl. ABl. EG vom 4. 1. 2003 Nr. L 1/1.

11 EG-Richtlinien sind nach Art. 249 Abs. 3 EG für den Mitgliedstaat nur hinsichtlich des zu erreichenden Ziels, nicht jedoch in Bezug auf die dogmatische Struktur der Umsetzungsmittel verbindlich; vgl. EuGH, Slg. 1989, S. 1830, 1870 f.; EuGH, Slg I 1994, S. 483, 501 f.; OVG Münster, TMR-2004, S. 156, 159 f.; *Jarass*, Grundfragen der innerstaatlichen Bedeutung des EG-Rechts, 1994, S. 75 ff.; *Grabitz/Hilf/Nettesheim*, Das Recht der Europäischen Union, Art. 249 RdNr. 163.

12 Vgl. auch *Kühling*, Sektorspezifische Regulierung in den Netzwirtschaften, S. 164 ff., 365 ff.

III. Privatrechtliche Grundlagen der Netzinfrastrukturregulierung

Nach ihrer Zielsetzung sind Wettbewerbsrecht, Energie- und Telekommunikationsrecht 4 Privatrecht; denn sie schützen bzw. fördern den Wettbewerb, um die Funktionsbedingungen für materielle Vertragsfreiheit auf den von Vermachtung betroffenen Güter- und Dienstleistungsmärkten zu sichern (vgl. die Zielvorgaben in § 1 und § 2 Abs. 2 Nr. 1 und 2 TKG, § 1 EnWG). Aus diesem Grunde gewähren alle drei Gesetze dem Verbraucher und dem Wettbewerber einen Unterlassungs- und Schadensersatzanspruch gegen den missbräuchlich handelnden Netzbetreiber im Falle der „Ausbeutung, Behinderung oder Diskriminierung" (§ 27 i.V.m. § 44 Abs. 1 TKG, § 19 Abs. 1 und 4 i.V.m. § 33 GWB; § 30 i.V.m. § 32 EnWG). Eine Vereinbarung, die missbräuchlich überhöhte Entgelte enthält, ist genauso unwirksam wie ein sonstiger Austauschvertrag, der sittenwidrig überhöhte Entgelte enthält (§ 138 BGB).[13] Eine Einschaltung der Regulierungs- oder Kartellbehörde in den Zivilprozess ist nicht vorgesehen.[14]

Die Schaffung zusätzlicher zivilrechtlicher Schadensersatz- und Ausgleichsnormen im 5 GWB, EnWG und TKG war erforderlich, weil das Tatbestandsmerkmal der vorsätzlich sittenwidrigen Schädigung in § 826 BGB zu restriktiv ist und das durch § 823 Abs. 1 BGB gewohnheitsrechtlich geschützte Recht am eingerichteten und ausgeübten Gewerbebetrieb nur dem Wettbewerber, aber nicht dem Verbraucher einen Schadensersatzanspruch vermittelt. Insoweit stellen die §§ 44 TKG, 32 EnWG, 33 GWB notwendige privatrechtliche Ergänzungen des geltenden Deliktrechts dar. Die Normen über die Regulierung der Entgelte von Endnutzerleistungen (§§ 28 ff., 39 TKG, 19, 20 GWB) verfolgen – vergleichbar den Vorschriften der §§ 315, 343 sowie der §§ 612, 632 BGB – das Ziel, einen gegen Willkür und Missbrauch gesicherten Austauschvertrag auf der Ebene des Privatrechts zu ermöglichen.[15]

Ungeregelt geblieben ist dagegen die schwierige Frage, ob der Einzelne auch dann vor den 6 Zivilgerichten mit Erfolg den Missbrauchsvorwurf erheben kann, wenn der ihm in Rechnung gestellte Preis von der Regulierungsbehörde hoheitlich (vgl. § 2 Abs. 1 TKG) im Verfahren der Ex-ante-Regulierung (§§ 31 TKG, 23a EnWG) festgelegt worden ist. Sperrt die Entscheidung der Fachbehörde, die als „Helferin der Schwachen" geschaffen wurde, um die Effizienz der Durchsetzung des Kartell- und Regulierungsrechts zu verbessern, die Überprüfung der privatrechtlichen Austauschgerechtigkeit durch ein Zivilgericht?[16]

Ziel der Telekommunikations-Neuregelung in Deutschland ist im Interesse der besseren 7 Versorgung des Verbrauchers die zügige Errichtung nachhaltig wettbewerbsorientierter und sicherer Märkte für Telekommunikationsdienstleistungen (vgl. Art. 8 RRL; für den Energiesektor vgl. Art. 3 und 23 ElektrizitätsRL, Art. 3 und 25 GasRL). Die Regulierungs-

---

13 Vgl. dazu die ständige Rechtsprechung des BGH, NJW 1992, 899; 1995, 2635; 2001, 1127; 2002, 429, 3165; zur Frage der Restgültigkeit des Vertrages vgl. näher BerlK-EnR/*Säcker/Jaecks*, § 1 GWB RdNr. 189 ff.

14 Es besteht lediglich das Recht auf Abgabe einer Stellungnahme; vgl. dazu *Bornkamm*, ZWeR 2003, 73 ff.; näher zu den privatrechtlichen Konsequenzen dieser Einordnung vgl. *Säcker*, N&R 2004, 50 ff.

15 Es ist erstaunlich, dass die privatrechtsgestaltende Bedeutung des Regulierungsrechts in der ansonsten exzellenten Arbeit von *Kühling* (Sektorspezifische Regulierung in den Netzwirtschaften, 2004) durchweg keine Rolle spielt.

16 Näher dazu unten unter VI.

behörden haben demgemäß die Aufgabe, den Wettbewerb bei der Bereitstellung elektronischer Kommunikationsnetze und -dienste zu fördern und die Diskriminierung von Marktteilnehmern zu verhindern (Art. 8 RRL; für den Energiesektor vgl. Art. 23 ElektrizitätsRL, Art. 25 GasRL). Demgemäß haben die Netzbetreiber in ihren Gebieten ein sicheres, zuverlässiges und effizientes Netz für elektronische Kommunikation zu unterhalten (vgl. Art. 8 Abs. 2 RRL; ferner Art. 9 lit. c und 14 Abs. 1 ElektrizitätsRL). „Echter Wettbewerb" in effizienten, flächendeckenden und sicheren Netzen setzt voraus, dass Netzbetreiber keine Monopolrenditen aus dem Netzgeschäft ziehen bzw. transferieren können, um im Wege der Quersubventionierung daraus Vorteile als Telekommunikationsdienstleister zu ziehen, z. B. um eine Predatory-pricing-Strategie gegenüber Newcomern ohne Netz zu finanzieren.

8   Die Umsetzung dieser Ziele mit Hilfe sektorspezifischer Gesetze und Behörden war notwendig, weil eine Versorgung der Verbraucher nur über das „natürliche" Monopol der örtlichen Leitungsnetze möglich ist und deshalb der Zugang zu diesen Netzen jedem Diensteanbieter eröffnet werden muss. Von einem natürlichen Monopol („natural monopoly") spricht man, wenn ein einziges Unternehmen aufgrund von Economies of Scale bzw. Economies of Scope die Nachfrage nach seinen Dienstleistungen zu niedrigeren Preisen befriedigen kann, als dies mehrere Unternehmen tun könnten.[17] Da eine Duplizierung oder gar Multiplizierung der Netz-Infrastruktur mit volkswirtschaftlich unvertretbaren Kosten verbunden wäre, stellen die elektronischen Netze – ebenso wie z. B. die Energieverteilnetze oder wie die Wasser- und Abwassernetze – zumindest im lokalen Bereich solche natürlichen Monopole dar. Die Sozialpflichtigkeit des Inhabers eines solchen natürlichen Monopols bzw. Duopols, sofern zwei Netze miteinander konkurrieren, ist daher intensiver als die des Eigentümers einer ohne weiteres duplizierbaren, ausschließlich privatem Nutzen dienenden Sache.[18]

9   Der durch das natürliche Monopol vermittelte überragende Verhaltensspielraum kann allerdings relativiert und modifiziert werden, wenn wirksamer Substitutionsgüterwettbewerb (z. B. Mobilfunk als Alternative zur Festnetztelefonie) besteht.[19] Dieser könnte bei einer Preisanhebung einen so starken Nachfragerückgang zur Folge haben, dass das natürliche

---

17 Vgl. dazu *Knieps*, Wettbewerbsökonomie, S. 21 ff.; *Schneider*, Liberalisierung der Stromwirtschaft durch regulative Marktorganisation, S. 132 ff.; *Arzt*, Strompreisaufsicht im Vergleich, S. 44 ff.; *Garfield/Lovejoy*, Public Utility Regulations, Englewood Cliffs (N.J.), 1964, S. 15 ff.; *Howe/Rasmussen*, Public Utility Economics and Finance, Englewood Cliffs, 1982, S. 19 ff.; *Windisch*, Privatisierung natürlicher Monopole im Bereich von Bahn, Post und Telekommunikation, S. 41 ff.; *Ferrey*, The New Rules: A Guide to Electric Market Regulation, PennWell 2000, S. 262; *Zimmermann*, Monopol und Wettbewerb, in: Chmielewicz/Eichhorn, Handwörterbuch der öffentlichen Wirtschaft, Sp. 980 ff.; *Schmalensee*, The Control of Natural Monopolies, Lexington/Toronto, 1979, S. 32 ff.; *Borrmann/Frisinger*, Markt und Regulierung, 1999, S. 101 ff., 342 ff.

18 Vgl. dazu *Papier*, BB 1997, 1213 ff.; *ders.*, FS Baur, 2002, S. 209, 213 f.; *Tettinger/Pielow*, RdE 2003, 289, 291 m. w. N.

19 Bereits vor Durchführung der Preiserhöhung lässt sich in einem Gedankenexperiment anhand des sog. hypothetischen Monopolistentests die Angebots- und Nachfragesubstituierbarkeit des monopolisierten Gutes anhand der zwei Fragen prüfen, ob Verbraucher bei einer unterstellten Preiserhöhung von x % auf Substitutionsprodukte ausweichen würden und ob sich die Gewinnmarge durch den befürchteten Absatzrückgang so verringern würde, dass die Preise gar nicht erst angehoben werden. Vgl. dazu näher *Hildebrand*, The Role of Economic Analysis in the EC Competition Rules, 2. Aufl. 2002, S. 327 ff.

Monopol seinen Schrecken für die Nachfrager einbüßt.[20] In einem solchen Falle (vgl. §§ 10 ff. TKG) wäre eine sektorspezifische Regulierung des natürlichen Monopols nicht mehr erforderlich; es genügte die allgemeine Kontrolle durch das Wettbewerbsrecht (Art. 82 EG; §§ 19, 20 GWB).[21] Ist dagegen die im natürlichen Monopol wurzelnde Marktmacht nicht durch aktuellen oder potentiellen Substitutionsgüterwettbewerb ausreichend domestiziert – davon muss bei den Betreibern von elektronischen Endkundennetzen in Deutschland ausgegangen werden[22] –, so ist eine staatliche Regulierung unverzichtbar, um die Voraussetzungen für eine materielle Vertragsfreiheit zu gewährleisten.

IV. Wirtschaftsverfassungsrechtliche Grundlagen der europäischen und deutschen Netzinfrastrukturregulierung

Da der Staat sich heute aus der Erfüllungsverantwortung für gemeinwohlorientierte Dienst- **10** leistungen im Bereich der Netzwirtschaften (mit Ausnahme von Wasser und Abwasser) weitgehend zurückgezogen hat, verbleibt ihm nur noch eine Steuerungs- und Auffangverantwortung, die praktisch relevant wird, wenn ein gemeinwohlabträgliches Ergebnis droht.[23] Er verzichtet auf die doppelte Aufgabe der Aufgabenerfüllung und der gleichzeitigen Erfüllungskontrolle und beschränkt sich auf die Infrastruktursicherung, während Private die konkrete Aufgabenlösung übernehmen. „Der erfüllende Wohlfahrts- und Interventionsstaat wird durch den ermöglichenden Gewährleistungsstaat überlagert und teilweise ersetzt."[24] In Konkretisierung dieses Konzepts wird der moderne Staat zum Gewährleistungsstaat.[25] Die zunehmende Bildung von „Public Private Partnerships" (PPP) kennzeichnet diese Entwicklung. Im Konzept des Gewährleistungsstaats spiegelt sich dogmatisch dieser Rollenwechsel des Staates wider.[26] TKG und EnWG sind Ausdruck dieser veränderten Rolle des Staates, der trotz seiner Aufgabenreduktion sozialstaatlich verpflichtet bleibt, die Versorgung der Bürger mit den daseinsnotwendigen Dienstleistungen sicherzustellen.

Im TKG geht es somit um die Frage, wie der Staat seine Gewährleistungsverantwortung **11** wahrnehmen kann, zugleich aber private Anbieter elektronischer Kommunikationsnetze und -dienste motivieren kann, die Erfüllung öffentlicher Aufgaben im Bereich der Tele-

---

20 Vgl. dazu näher *Säcker,* ZWeR 2004, 1, 14 ff.
21 Demgemäß verpflichtet Art. 12 Abs. 2 lit. a ZRL vor der Festlegung von Zugangspflichten zu prüfen, ob die technische und wirtschaftliche Tragfähigkeit der Nutzung oder Installation konkurrierender Einrichtungen gegeben ist; vgl. dazu *Kühling,* Sektorspezifische Regulierung in den Netzwirtschaften, S. 207 ff.
22 Vgl. dazu näher für die Gas- und Elektrizitätsmärkte BerlK-EnR/*Säcker/Füller,* § 19 GWB RdNr. 41 ff., 68 ff.; für die TK-Märkte vgl. *Klotz,* TKMR-Tagungsband 2004, 5 ff. m. w. N.
23 Vgl. *Hoffmann-Riem,* DÖV 1997, 433 ff.; *Schuppert,* Verwaltungswissenschaft, Verwaltung, Verwaltungsrecht, Verwaltungslehre, 2000, S. 403 ff.; *Schneider,* Liberalisierung der Stromwirtschaft durch regulative Marktorganisation, 1999, S. 41 ff.; *Osterloh,* Privatisierung von Verwaltungsaufgaben, VVDStRL 54 (1995), 204, 208 ff.
24 *Schuppert,* Der moderne Staat als Gewährleistungsstaat, in: Schröter (Hrsg.), Empirische Policy- und Verwaltungsforschung, S. 399.
25 *Schuppert,* Der moderne Staat als Gewährleistungsstaat, in: Schröter (Hrsg.), Empirische Policy- und Verwaltungsforschung, S. 399; vgl. dazu auch *Fehling,* AöR 121 (1996), S. 59 ff.: *Boesche,* Die zivilrechtsdogmatische Struktur des Anspruchs auf Zugang zu den Energieversorgungsnetzen, S. 77 ff.; *Hermes,* ZHR 166 (2002), 433 ff.
26 *Trute,* Gemeinwohlsicherung im Gewährleistungsstaat, in: Schuppert/Neidhardt (Hrsg.). Gemeinwohl: Auf der Suche nach Substanz, WZB-Jahrbuch 2002, S. 329.

kommunikation staatsentlastend zu übernehmen. Bei Einschaltung Privater, die eigennützigen, nicht gemeinnützigen Zielen verpflichtet sind, entfallen die gemeinwohlorientierte rechtsstaatliche Monopolisierung der Gebundenheit des Amtswalters und dessen demokratische Legitimation.[27] Daher kann die Gefahr nicht ausgeschlossen werden, dass durch den Rückzug des Staates „Machtpositionen Privater begründet werden, dass Machtungleichgewichte befördert werden, dass selektive Interessenbewertungen in staatliche Entscheidungszusammenhänge eingeführt werden, dass die rechtsstaatlich gebotene Distanz zu den Beteiligten eingeebnet wird."[28]

12   Um diese Gefahr zu bannen, muss der Staat durch eine entsprechende Rahmengesetzgebung sicherstellen, dass die Versorgungsnetze zu diskriminierungsfreien, wettbewerbsanalogen und transparenten Bedingungen jedem Nutzungspetenten zur Verfügung stehen (vgl. §§ 19 ff. TKG). Das sich daraus ergebende Recht der regulierenden Verwaltung wird zutreffend als Privatisierungsfolgenrecht[29] (im US-amerikanischen Recht: „after privatization law"[30]) gekennzeichnet, das die Konsequenzen der Übertragung einer vormals hoheitlichen Tätigkeit auf Private dogmatisch zu bewältigen hat.

13   Das Recht der Netzwirtschaften hat somit einerseits im Interesse des Erfolgs die Wettbewerbsorientierung der Aufgabenerfüllung durch Private, andererseits aber auch die Gemeinwohlorientierung der Dienstleistungen sicherzustellen. Diese sich daraus ergebende bipolare Funktion des staatlichen Gesetzes für die Gewährleistung sowohl effizienter als auch flächendeckender, sicherer Infrastrukturen im Bereich der Netzwirtschaften wird mit dem Ausdruck „Regulierungsrecht" auf den Begriff gebracht. Dieses stellt sich, soweit es der kompetitiven, Chancengleichheit sichernden Koordinierung von Angebot und Nachfrage mittels privatrechtlichen Austauschvertrages dient, materiell als Privatrecht (s. oben II.) und, soweit es die gemeinwohlbezogene Sicherstellung der Grundversorgung sowie der dazu erforderlichen Hilfsfunktionen betrifft, materiell als öffentliches Recht dar.

14   Die staatliche Aufgabe der Infrastrukturregulierung in den Netzwirtschaften ist keine transitorische Übergangsaufgabe zur Begleitung des Prozesses der Transformation von Ausnahmebereichen in eine marktwirtschaftliche Wettbewerbsordnung, sondern stellt eine Daueraufgabe des Staates dar, der zur Gewährleistung einer leistungsfähigen Infrastruktur verpflichtet ist, um „Gemeinschaftsinteressen höchsten Ranges"[31] zu befriedigen. Das Regulierungsrecht wird so zum gemeinwohlorientierten Widerlager des privaten Netzmonopols bei lebenswichtigen, nicht ausreichend duplizierbaren Gütern. Regulierungsrecht und Kartellrecht erscheinen im Lichte dieses Verständnisses als Zwillingsschwestern, die zwar das gleiche Ziel verfolgen, nämlich einen fairen, gegen Missbrauch gesicherten privatautonomen Interessenausgleich zwischen Netzbetreibern und Netznutzern zu ermöglichen, dieses Ziel aber auf verschiedenen Wegen anstreben (missbrauchsvorbeugende, prophylak-

---

27 Vgl. dazu *Säcker*, RdE 2003, 305 in Anlehnung an *Krüger*, Allgemeine Staatslehre, 2. Aufl. 1966, S. 772 ff.

28 *Trute*, Gemeinwohlsicherung im Gewährleistungsstaat, in: Schuppert/Neidhardt (Hrsg.). Gemeinwohl: Auf der Suche nach Substanz, WZB-Jahrbuch 2002, S. 330 f.

29 *Ruffert*, AöR 124 (1999), 237, 246 ff.; ähnlich *Schoch*, DVBl. 1994, 962 ff.; *K. Stern*, DVBl. 1997, 309, 312 ff.; *Wieland*, Die Verwaltung 28 (1995), 315 ff.; *G. Hermes*, Staatliche Infrastrukturverantwortung, S. 336 ff.

30 Vgl. dazu die Nachweise bei *Bauer*, Privatisierung von Verwaltungsaufgaben, VVDStRL 54 (1995), 243, 254 ff.

31 BVerfGE 30, 292, 323 f.

tische Methoden- und Preisregulierung einerseits, missbrauchsverfolgende Ex-post-Kontrolle andererseits).[32] Regulierungsrecht, verstanden als Netzinfrastrukturrecht, ist also nicht ein absterbendes Sonderkartellrecht auf dem Weg zur kompetitiven Gestaltung der Nutzung infrastruktureller Netze, sondern ein eigenständiger, vollgültiger Teil des modernen Wirtschaftsrechts. Es ist die juristische Ergänzung der Regulierungsökonomie, deren Prinzipien durch die Logik der Netze, nicht durch die Logik der Güter, die in den Netzen transportiert werden, definiert sind.[33]

Damit lässt sich die Frage beantworten, ob es vernünftig wäre, TKG und EnWG in das all- **15** gemeine Wettbewerbsrecht einzuarbeiten. Die Frage ist zu verneinen. Unter den Gegebenheiten des modernen Gewährleistungsstaates ist es folgerichtig, die Regulierung der Netze und die gezielte technologieneutrale Förderung nachhaltig wettbewerbsorientierter Märkte durch die Regulierungsbehörde (vgl. § 2 Abs. 2 TKG) in einem eigenständigen Netzinfrastrukturgesetz als spezifische Ordnungsaufgabe zu erfassen. Die Vorschriften des TKG über den Ausbau transeuropäischer Netze und die Interoperabilität europaweiter Dienste sind ebenso wie die Normen über Netzanschlusspflichten (§§ 20 ff.) und über die Gestaltung der Netzzugangsentgelte (§§ 28 ff.) Ausdruck der Überlagerung unternehmerischen Verhaltens durch gemeinwohlorientierte Verhaltensanforderungen. In diesen Normen drückt sich die umfassende, durch Art. 16 und 86 Abs. 2 EG[34] anerkannte Gewährleistungs- und Auffangverantwortung des Staates für die Erbringung der daseinsnotwendigen Netzinfrastrukturleistungen aus.

Es geht also nicht nur um die singuläre Bekämpfung des Missbrauchs einer marktbeherr- **16** schenden Stellung, sondern um die kontinuierliche Konkretisierung der Gemeinwohlverpflichtung des Inhabers eines natürlichen Monopols von überragender Bedeutung für das Funktionieren der gesamtwirtschaftlichen Ordnung.

---

32 Vgl. dazu bereits *Säcker*, RdE 2003, 300.
33 Vgl. *High*, Regulation: Economic Theory and History, Ann Harbor 1991; *Hyman,* America's Public Utilities: Past, Present and Future, 7. Aufl. Vienna (Virginia) 2000; *Kahn*, The Economics of Regulation, Principles and Institutions, Bd. I, Economic Issues, 1988; *Kumkar*, Wettbewerbsorientierte Reformen der Stromwirtschaft. Eine institutionenökonomische Analyse, 2000; *LeBoeuf/Lamb/Greene/MacRae*, Competition, Structural Change and Regulatory Reform in the US Electric Utility Industry, London 1994; *Lowry/L. Kaufmann*, Performance-based Regulation of Utilities, 23 Energy L.J., 2002, S. 399 ff.; *Mitnick*, The Political Economy of Regulation, 1980; *Blankert/Faber*, Regulierung öffentlicher Unternehmen, 1982; *Nowak/ Taylor,* The Law of Public Utilities, in: Muchow/Mogel, Energy Law and Transactions (Loseblattausgabe, Stand: Dezember 2002), S. 2-1 ff.; National Regulatory Research Institute, Organizational Transformation, Ensuring the Relevance of Public Utility Commissions, Ohio 1998; *Owen/Braeutigam*, The Regulation Game. Strategic Use of the Administrative Process, Cambridge, 1978; *Phillips*, The Regulation of Public Utilities, Theory and Practise, 3. Aufl. 1993; *Posner*, Theories of Economic Regulation, The Bell Journal of Economics and Management Science 5 (1974), S. 335 ff.; *Schmalensee,* The Control of Natural Monopolies, Lexington/Toronto, 1979, S. 27 ff., S. 119 ff.; *Wilson*, The Politics of Regulation, New York, 1980, S. 357 ff.; *Windisch*, Privatisierung natürlicher Monopole im Bereich von Bahn, Post und Telekommunikation, S. 56 ff.; *Laffont Tirole*, A Theory of Incentives in Procurement and Regulation, Massachussetts 1993; *Knieps*, Wettbewerbsökonomie, S. 21 ff., 79 ff.; *Zimmermann*, Monopol und Wettbewerb, in: Chmielewicz/Eichhorn, Handwörterbuch der öffentlichen Wirtschaft, 1989, Sp. 980 ff.; *Lewington/Weisenheimer*, ZfE 1995, 277 ff.
34 Vgl. dazu *Wiedemann/Dohms*, Handbuch des Kartellrechts, S. 1156 ff.; *Rumpff*, Das Ende der öffentlichen Dienstleistungen in der Europäischen Union?, S. 40 ff.; *Möschel*, JZ 2003, 1021 ff.

17   Aus diesem Grunde kennen die Ex-ante-Entgeltregulierung (§§ 30 ff. TKG) und die Ex-post-Missbrauchskontrolle gemäß § 28 TKG auch keinen Erheblichkeitszuschlag. Bei der allgemeinen Missbrauchsaufsicht besteht dagegen als zusätzliches ungeschriebenes Tatbestandsmerkmal ein den wettbewerbsanalogen Preis erhöhender Erheblichkeitszuschlag, weil bei Vorhandensein von Restwettbewerb und offenen Märkten nur ein **deutlich** über dem wettbewerbsanalogen Preis liegender Preis als missbräuchlich angesehen werden kann.[35] Ebenso ist der Netzzugang bei reguliertem natürlichen Monopol (vgl. §§ 16 ff. TKG, §§ 20 ff. EnWG) nicht an die engen Voraussetzungen der Art. 82 EG, § 19 Abs. 4 Nr. 4 GWB zugrunde liegenden Essential-facilities-Doktrin gebunden.[36]

18   Das TKG – ebenso das EnWG (§§ 11 ff.) – geht, wie bereits dargelegt, auch insoweit über das allgemeine Wettbewerbsrecht hinaus, als es in §§ 1, 2 Abs. 2 Nr. 2 TKG der Regulierungsbehörde eine Förderverpflichtung bezüglich „nachhaltig wettbewerbsorientierter Märkte der Telekommunikation" auferlegt und den Unternehmen zum Zwecke der Gewährleistung der Netzsicherheit Netzausbauverpflichtungen auferlegt[37] und so den Unternehmen eine Infrastrukturverantwortung zuweist, die das allgemeine Wettbewerbsrecht nicht kennt.[38] Dieses hat die Beseitigung bzw. Verhinderung von Wettbewerbsbeschränkungen zum Ziel, nicht aber interventionistische Markteingriffe, die einzelne Wettbewerber aktiv fördern oder im Markt halten.[39] Die auf Freiheitssicherung bezogene Zielsetzung eines Systems unverfälschten Wettbewerbs (Art. 3 lit. g EG) kann prinzipiell auf zweifache Weise erreicht werden:

1. als repressive, missbrauchswehrende, maßstabsgebundene Mikrosteuerung durch Ex-post-Kontrolle privater, freiheitsgefährdender Übermacht oder
2. als präventive Freiheitssicherung durch generelle Ex-ante-Regulierung des Zugangs zu Märkten und der geforderten Netznutzungsentgelte.

19   Das allgemeine Kartellrecht hat sich in der Erwartung eines im Großen und Ganzen funktionierenden Wettbewerbs für den ersten Weg entschieden. Das auf natürliche Monopole bezogene Regulierungsrecht folgt zur generalpräventiven Sicherung effizienter Netznutzung zu erschwinglichen Preisen im Grundsatz dem zweiten Weg. Die den zweiten Weg charakterisierenden Normen haben trotz gemeinsamer Grundbegriffe und vieler Übereinstimmungen mit dem Allgemeinen Wettbewerbsrecht ihr eigenes Telos – anderenfalls wären sie überflüssig; sie können daher, soweit sie ein sektorspezifisches Schutzziel verfolgen, nicht per se nach Maßgabe des Allgemeinen Wettbewerbsrechts ausgelegt und eingeebnet („abgeflacht") werden.[40] Die Gewährleistungsverantwortung des Staates für effiziente Netzinfrastrukturen setzt unter dem Aspekt der Verhältnismäßigkeit allerdings erst ein und erlaubt öffentlich-rechtliche Regelungen da, wo die privatautonome Leistungserbrin-

---

35 Vgl. dazu zuletzt BGH, Beschluss vom 28. 6. 2005, KVR 17/04 = WRP 2005, 1283 ff., sowie § 28.

36 Vgl. zutr. BVerwG, 25. 4. 2001, K&R 2001, 530; *Kühling*, Sektorspezifische Regulierung in den Netzwirtschaften, S. 220 ff.; ferner *Ridyard*, ECLR 8 (1996), 438 ff. Insoweit enthält das TKG i. S. von § 2 Abs. 3 eine abschließende Regelung gegenüber dem GWB.

37 Vgl. Art. 8 Abs. 1 lit. a GasRL; ferner Art. 9 lit. d ElektrizitätsRL und den Entwurf der RL vom 10. 12. 2003 über Maßnahmen zur Gewährleistung der Sicherheit der Elektrizitätsversorgung und von Netzinfrastrukturinvestitionen; näher dazu *Säcker*, ZNER 2004, 98, 107.

38 Vgl. dazu grundlegend *Mestmäcker*, Der verwaltete Wettbewerb, § 1.

39 Vgl. näher *Säcker*, Gruppenparität und Staatsneutralität als verfassungsrechtliche Grundprinzipien des Arbeitskampfrechts, S. 98 ff., 112 ff.

40 Vgl. dazu auch *Piepenbrock/Schuster*, CR 2002, 98 ff.

gung aus marktstrukturellen Gründen **funktionsgestört** bzw. **defizitär** ist. Dies ist angesichts der natürlichen Monopole im Bereich der Netzwirtschaften, wie zuvor dargelegt, der Fall und rechtfertigt die Einsetzung einer hoheitlich handelnden (vgl. § 2 Abs. 1) besonderen Regulierungsbehörde. § 1 bezeichnet es als Zweck des Gesetzes, den Wettbewerb im Bereich der Telekommunikation zu fördern und eine flächendeckende Versorgung mit angemessenen und ausreichenden Telekommunikationsdiensten zu gewährleisten. Die wettbewerbsfördernde Funktion der Regulierung wird in Übereinstimmung mit Art. 8 RRL in § 2 Abs. 2 Nr. 1–4, die gewährleistende sozialstaatliche Funktion in § 2 Abs. 2 Nr. 5–9 näher konkretisiert.[41] Aus § 1 ergeben sich keine konkreten Rechte oder Pflichten.[42] Es ist daher konsequent, dass das TKG – anders als § 2 EnWG – an diese Vorschrift keine Verpflichtungen der Telekommunikationsunternehmen anknüpft, deren Nichteinhaltung zum hoheitlichen Einschreiten der Regulierungsbehörde führen kann.

V. Grundrechtliche Grenzen der Regulierung

Das Konzept der effizienten Leistungserbringung als Maßstab der Entgeltregulierung wird **20** wegen der Begrenzung der Selbstkostenerstattung und der Nettosubstanzerhaltung durch die Kosten, die sich bei kosteneffizientem Verhalten ergeben würden, von manchen Autoren als Verletzung des Art. 14 GG gewertet.[43] Diese leiten aus Art. 14 GG eine Garantie einer kapitalmarktorientierten Mindestverzinsung des investierten Kapitals ab. Wer indes eine solche Mindestverzinsung Monopolisten unabhängig vom Nachweis ihrer Effizienz zuerkennt, muss dies auch allen anderen Investoren zuerkennen und aus Art. 14 GG dann folgerichtig eine Schutzpflicht des Staates ableiten, den Wettbewerb durch Zulassung von Kartellen und sonstigen Absprachen so zu dämpfen, dass er diese Garantieverzinsung nicht gefährdet. Dies lässt sich aber nicht ernsthaft vertreten. Weder der Waren- noch der Dienstleistungsmarkt noch der Risikokapitalmarkt garantieren dem Investor den erhofften Erfolg. Die wettbewerbsorientierte Missbrauchsaufsicht kann daher nicht auf die Aufgabe reduziert werden, kostenorientierte Preise marktmächtiger Unternehmen, die bei wirksamem Wettbewerb am Markt so nicht durchsetzbar wären, auch dann hinzunehmen, wenn die Kosten aus ineffizienter Leistungserbringung resultieren.

Auch die Unternehmen der Marktgegenseite haben Eigentümer und Investoren. Auch diese **21** haben einen durch Art. 12 und 14 GG im Rahmen der Wettbewerbsordnung geschützten Anspruch auf diskriminierungsfreie Berufsausübung, auf Chancengleichheit und auf nicht-exploitative Entgelte beim Abschluss von Verträgen. Auch die Interessen dieser Unternehmen müssen interessenausbalancierend in die Abwägung einbezogen werden, wie folgendes Beispiel erhellt:

Ein mit zu hohen Kosten ineffizient arbeitender Netzbetreiber N beruft sich darauf, dass er **22** Anspruch auf Nettosubstanzerhaltung nebst „Betafaktor" hat, und verlangt von seinen Netzkunden, darunter das stromintensive Unternehmen U (das in heftigem internationalen

---

41 In gleicher Weise gibt § 1 EnWG der RegTP auf, Preisgünstigkeit und Versorgungssicherheit zu gewährleisten; näher dazu *Säcker*, ZNER 2004, 98, 107. Während das EnWG die RegTP verpflichtet, diese Zwecke mit prioritären ökologischen Zielsetzungen (EEG, KWK- ModG) zu verbinden, schreibt das TKG Technologieneutralität vor und überlässt dem Markt die Entscheidung über die letztlich erfolgreichen Technologien.

42 Ebenso § 1 EnWG; dazu *Danner*, Energiewirtschaftsrecht, § 1 EnWG RdNr. 4.

43 So z. B. *Schmidt-Preuß*, Stubstanzerhaltung und Eigentum, S. 68; näher dazu Einl. III.

Wettbewerb steht und nicht auf einen anderen Stromproduzenten ausweichen kann) ein Entgelt, das deutlich oberhalb der Kosten eines effizienten, strukturvergleichbaren Netzbetreibers liegt. Dadurch entstehen pro Jahr Zusatzkosten in Höhe von 2 Mio. Euro, die U in die roten Zahlen treiben und 400 Arbeitsplätze gefährden. U wird dagegen durch Art. 81 EG, § 1 GWB jede Kartellabsprache mit seinen Konkurrenten zum Zweck der gemeinsamen Preisanhebung versagt, selbst wenn er dadurch um die Chance gebracht wird, die Nettosubstanz seines Unternehmens zu erhalten. Warum muss die Wirtschaftsordnung gemäß Art. 14 GG N einen oberhalb des wettbewerbsanalogen Preises liegenden Preis zubilligen, der den Ruin des U bedeutet, während sie U die Durchsetzung eines solchen Preises mit Hilfe eines Preiskartells untersagt? Art. 14 GG die Aussage entnehmen zu wollen, dass N unter Ausschaltung der Angebot und Nachfrage marktrational ausgleichenden Verteilungsgerechtigkeit seine Marktmacht einsetzen darf, um mit nicht wettbewerbsgerechten Preisen U in die Insolvenz zu treiben, erscheint wenig einsichtig. Es sind daher auch die Interessen der Marktgegenseite angemessen zu berücksichtigen.[44]

23   Funktionsfähiger Wettbewerb ist nicht das quasi-automatische Ergebnis staatsfreien und freiwilligen Verhaltens von Unternehmen im Markt, sondern das Ergebnis des zwingenden staatlichen Rechts gegen Wettbewerbsbeschränkungen, das die Verhaltensspielräume aller Marktteilnehmer zugunsten gleicher Verhandlungschancen beschränkt. Gewinne macht, wer besser ist als seine Konkurrenten. Daher ist dem Wettbewerb zugleich eine Anreiz- und Antriebsfunktion zu besserer Leistungserbringung immanent. In dieser Funktion hat sich eine wettbewerbsgesteuerte Marktwirtschaft jedem anderen Organisationsprinzip der Wirtschaft als überlegen erwiesen. Wenn diese Funktion des Wettbewerbs bei natürlichen Monopolen außer Kraft gesetzt ist, bedarf es ergänzender staatlicher Regulierung, die sich in einer marktwirtschaftlichen Ordnung nur an der Maxime orientieren kann, dass sich auch der Monopolist so verhalten muss, wie wenn er wirksamen Wettbewerb ausgesetzt ist. Jedes Abweichen von diesem Prinzip des wettbewerbsanalogen Verhaltens vernachlässigt notwendig die Interessen der Marktgegenseite an einem angemessenen Interessenausgleich in beiderseitiger Selbstbestimmung. Der Übergang vom Prinzip des Als-ob-Wettbewerbs zu einem reinen Prinzip der Selbstkostenerstattung ist nicht nur in seiner Wirkung antikompetitiv, sondern auch ein Rückfall in die Prinzipien des öffentlichen Preis- und Gebührenrechts.

24   Wer Unternehmen, die auf einem monopolistisch strukturierten Markt agieren, einen vor staatlicher Regulierung geschützten Rechtsanspruch auf Selbstkostenerstattung und Gewinnaufschlag zuerkennt, muss zwangsläufig auch Unternehmen, die im Wettbewerb stehen, zugestehen, durch entsprechende Einschränkung des gesetzlichen Kartellverbots (Art. 81 EG, § 1 GWB) ein Kollektivmonopol auf vertraglicher Basis zu bilden, um eine Vollkostenerstattung nebst angemessenem Gewinnaufschlag am Markt durchzusetzen. Eine isolierte Begünstigung von monopolistisch oder oligopolistisch agierenden Unternehmen durch den Gesetzgeber wäre mit Art. 3 Abs. 1 GG unvereinbar. Dieser kann nicht den unter Wettbewerbsdruck stehenden Unternehmen Kartelle untersagen, während er gleichzeitig marktbeherrschenden Unternehmen die Weitergabe von Kosten in Form von Preisen

---

44 Vgl. dazu BVerfGE 50, 290, 339 ff.; BVerfGE 89, 1, 5 ff. Das BVerfG hat diese Berücksichtigung – bezogen auf Art. 12 und 14 GG – dadurch verfassungsrechtlich vollzogen, dass es das Arbeitsplatzinteresse des Arbeitnehmers als durch Art. 12 GG und das Interesse des Mieters als „Miteigentümer" durch Art. 14 GG als geschützt ansieht; vgl. BVerfGE 89, 1, 6 ff.; BVerfG NJW 2000, 2658 f.; BVerfGE 84, 133, 146; 97, 169, 175 f.

gestattet, die bei wirksamem Wettbewerb nicht durchsetzbar wären. Die Last der Monopolpreise trüge bei einer solchen Wirtschaftsordnung allein der Verbraucher, der angesichts monopolistisch überhöhter Preise immer weniger Güter und Dienstleistungen kaufen könnte. Die Zielsetzung der sozialen Marktwirtschaft war von Anfang an eine ganz andere. „Diese freie Markt- und Wettbewerbsordnung sollte ihren fundamentalen Unterschied gegenüber der freien kapitalistischen Wirtschaft des 19. und des 20. Jahrhunderts in dem Grundsatz finden, daß Vertragsfreiheit und Koalitionsfreiheit dort ihre Grenzen haben, wo Unternehmer unter Mißbrauch dieser Freiheiten versuchen, sich durch Kartelle oder ähnliche Abmachungen wirtschaftliche Machtstellungen zur Umgehung des Leistungswettbewerbs zu schaffen. Die mit der Wettbewerbsordnung gewährte Freiheit – die Marktpreisfreiheit – sollte ihr Korrelat in der Wettbewerbspflicht finden. Dieses als ,gesteuerte Wettbewerbsordnung' bezeichnete Prinzip sollte ferner dadurch zum Ausdruck kommen, daß auf Gebieten mit irreparabel unvollständiger Konkurrenz eine staatliche Steuerung und Lenkung Platz greifen sollte mit dem Ziele, den Zustand herzustellen, der sich ergeben würde, wenn die Konkurrenz auch in diesen Bereichen funktionsfähig sein würde. Die gesteuerte Wettbewerbsordnung setzt sich mithin aus marktwirtschaftlichen und verwaltungswirtschaftlichen Elementen zusammen, deren Einheit dadurch gesichert wird, daß die Herstellung des marktwirtschaftlichen Gleichgewichts unter Umständen durch den Verwaltungseingriff herbeigeführt wird."[45] Mit der Privilegierung von Monopolen, die ihre Preise angesichts ihres überragenden Verhaltensspielraums der Marktgegenseite ohne Missbrauchskontrolle aufzwingen könnten, wäre die Idee der Wettbewerbswirtschaft, die am Ziel der optimalen Versorgung der Verbraucher orientiert ist, auf den Kopf gestellt.

25 Kartellverbot (Art. 81 EG, § 1 GWB) und Missbrauchsverbot (Art. 82 EG, §§ 19, 20 GWB, § 27 TKG, § 30 EnWG) sind gleichgewichtige und gleichrangige Elemente der geltenden Wettbewerbsordnung, die in ihrer Zielrichtung übereinstimmen. Das Kartellverbot untersagt, auch wenn noch so gewichtige Effizienzvorteile i. S. von Art. 81 Abs. 3 EG 1. Fall vorliegen, die Ausschaltung wirksamen Wettbewerbs. Das Missbrauchsverbot untersagt dem marktbeherrschenden Unternehmen das Fordern von Preisen und Geschäftsbedingungen, die bei wirksamem Wettbewerb nicht durchsetzbar wären (Als-ob-Wettbewerbsprinzip). Auch hier gibt es keine Rechtfertigung für überhöhte unangemessene Preise, die auf vermeidbarer Ineffizienz basieren. Durchsetzbar sind nur wettbewerbsanaloge Kosten, d. h. solche Kosten, die auch ein effizient operierendes Unternehmen unter marktstrukturell gleichen Bedingungen hätte. Die systematische und teleologische Auslegung der Vorschriften hat die praktische Wirksamkeit *beider* Verbotsnormen im Sinne ihrer gemeinsamen Zielsetzung und im Interesse ihrer grundsätzlich gleichen Wirkung sicherzustellen. Für eine Privilegierung des marktbeherrschenden Unternehmens durch wettbewerbsfremde Maßstäbe, die ihm erlauben, seine Preise über wettbewerbsanaloge Preise hinaus zu erhöhen, ist de lege lata kein Raum.

26 Dies gilt auch im Bereich des Regulierungsrechts. Das Regulierungsrecht (vgl. § 27 TKG) hat die Aufgabe der Unterbindung von Ausbeutungs- und Behinderungsmissbrauch im Wege der Ex-ante- bzw. Ex-post-Kontrolle der Telekommunikationsnetzentgelte sowie der Telekommunikationsdienstleistungen. Das Prinzip des wettbewerbsanalogen Preises und das daraus abgeleitete Konzept der Kosten effizienter Leistungserbringung (KEL-Konzept) bzw. der Kosten eines effizienten, marktstrukturell vergleichbaren Unternehmens ist

---

45 *Günther*, BB 1949, 713.

die gemeinsame Ausgangsbasis des Regulierungsrechts der Netzwirtschaften. Das Regulierungsrecht geht in dieser Aufgabenstellung allerdings über eine wettbewerbsorientierte Missbrauchsaufsicht i. S. von Art. 82 EG, §§ 19, 20 GWB hinaus. Schutzobjekt des Wettbewerbsrechts ist der in der Wirklichkeit bestehende reale Wettbewerb. Dieses kennt keine Marktstrukturverantwortung marktbeherrschender Unternehmen und keine daran anknüpfende Rechtspflicht der Kartellbehörden zur Förderung von Wettbewerb.

27 Das Regulierungsrecht verfolgt das Ziel, wirksamen Wettbewerb in Netzen zu ermöglichen, dahin, dass die Kosten eines effizienten, strukturell vergleichbaren Netzbetreibers den Maßstab für die Höhe des Entgeltes bilden. *Netzbetreiber*, die bei einem Benchmarking in der Spitzengruppe der effektivsten Unternehmen liegen, können eine höhere Eigenkapitalverzinsung für sich in Anspruch nehmen als kosteneffizient agierende Netzbetreiber. Ein rein kostenorientierter Maßstab ist das Gegenteil einer wettbewerbsorientierten Ordnung und deshalb für eine EG-konforme mitgliedstaatliche Regulierung der Telekommunikationsdienstleistungen ungeeignet. Die Kontrolle von Preiserhöhungen ist durch § 30 TKG für die Telekommunikationsmärkte, die durch das Fortbestehen signifikanter Marktmacht gekennzeichnet sind, präventiv ausgestaltet, um eine zügige Umsetzung der EG-Richtlinien zu erreichen. Angesichts der Dauer von gerichtlichen Auseinandersetzungen um die Rechtmäßigkeit von Preissenkungsverfügungen im vorläufigen und im Hauptsacheverfahren stellen Ex-post-Missbrauchsverfahren in diesen Fällen nach der Wertung des Gesetzes keine gleichwertige Alternative dar. Richtpunkt für die Prüfung, ob der geforderte Preis dem regulierungsrechtlich zulässigen Preis entspricht, ist beim Konzept kosteneffizienter Leistungserbringung der bei wirksamem Wettbewerb hypothetisch durchsetzbare sog. wettbewerbsanaloge Preis. Wettbewerbspreise sind entgegen der Auffassung der RegTP aber auch bei homogenen Produkten in aller Regel durch eine Bandbreite gekennzeichnet, die mit Hilfe des Vergleichsmarktkonzepts und/oder des Kontrollmaßstabs kosteneffizienter Leistungserbringung (KEL-Konzept) zu ermitteln sind.[46]

28 Im Telekommunikationsrecht wird für die Ex-ante-Kontrolle allerdings das KEL-Konzept als primärer Maßstab (§ 31 Abs. 1 S. 1 TKG) und das Vergleichsmarktkonzept nur als ergänzender Maßstab (§ 31 Abs. 1 S. 2 i.V.m. § 35 Abs. 1 Nr. 1 TKG) herangezogen. Für die Ex-post-Kontrolle der Märkte, die nicht dem Verfahren der Ex-ante-Genehmigung unterliegen, gilt primär das Vergleichsmarktkonzept (§ 28 Abs. 1 i.V.m. §§ 38 Abs. 2, 35 Abs. 1 Nr. 1 TKG). Eine Kostenkontrolle findet nach § 38 Abs. 2 S. 3 TKG statt. In diesem Rahmen können Kosten aber wie beim KEL-Konzept nur insoweit berücksichtigt werden, als sie für die Leistungsbereitstellung *notwendig* sind (§ 31 Abs. 2 TKG). Angesichts der mit diesen Maßstäben unvermeidlich verbundenen kognitiven Unschärfe sollte die Regulierungsbehörde von der Möglichkeit Gebrauch machen, in allen umstrittenen Fällen nach beiden Methoden vorzugehen.

29 Die Effizienzprüfung hat in zwei Schritten zu erfolgen: In einem ersten Schritt ist zu prüfen, ob die historischen Herstellungs- und Anschaffungskosten des Netzes für ein effizientes Netz erforderlich waren (vergangenheitsbezogene Effizienzprüfung). Die Entscheidung der Netzbetreiber für den Auf- und Ausbau eines bestimmten Netzes ist dabei vom Standpunkt einer Ex-ante-Betrachtung zu überprüfen. Es gilt die business judgement rule; den Netzbetreibern ist für ihre historische Entscheidung ein bei zukunftsbezogener Be-

---

46 Näher dazu unten § 28.

trachtung unvermeidlicher Prognose- und Beurteilungsspielraum zuzubilligen.[47] Auch bei Annahme eines solchen Spielraums ist aber zu prüfen, ob die Beschaffungs- und Baukosten des Netzes sowie die späteren Wartungs- und Instandhaltungskosten einschließlich der Personalkosten nach wettbewerbsorientierten Prinzipien vertretbar kalkuliert wurden. In einem zweiten Schritt ist zu prüfen, ob die vom Unternehmen berechneten Eigenkapitalzinsen auf ein in Zukunft neu zu errichtendes *effizientes* Netz bezogen sind. Es ist daher festzustellen, wie bei wettbewerbsorientierter Betrachtung das künftige Netz bei kosteneffizienter Leistungsbereitstellung zu gestalten ist. Tagesneuwerte von Anlagegütern können nur bezogen auf das künftig benötigte effektive Netz gebildet werden. In diese zukunftsbezogene Effizienzbetrachtung ist auch die Prüfung einzubeziehen, ob das neu zu errichtende Netz unter dem Aspekt von economies of scale eine effiziente Größe hat. Wenn dies zu verneinen ist, so ist ein auf Kooperation und Fusion räumlich benachbarter Netzbetreiber basierendes virtuelles Netz als Maßstab heranzuziehen. Die Effizienzkontrolle muss sich auch auf die Kosten des laufenden Betriebs des Netzes beziehen. Deshalb ist zu prüfen, ob diese Kosten einschließlich der auf den Netzbetrieb entfallenden Gemeinkosten denen eines effizienten Netzbetreibers entsprechen; nur dann dürfen sie bei den Netzentgelten berücksichtigt werden.[48]

Zwischen einer Ex-post- und einer Ex-ante-Preiskontrolle besteht, sofern die Kontrolle **30** wettbewerbsorientiert erfolgt, kein maßstabsbezogener Unterschied. Ex-post-Regulierung ist keine „Regulierung light or soft". Kosten, die über den Kosten effizienter Leistungserbringung liegen, d. h. höher sind als die Kosten, die bei einem effizienten, strukturell vergleichbaren Netzbetreiber anfallen würden, können nicht zur Rechtfertigung des geforderten Entgelts herangezogen werden.[49] Das mit überhöhten Kosten begründete Entgelt ist missbräuchlich im Sinn des im Telekommunikationsrecht und im Wettbewerbsrecht verwandten Missbrauchsmaßstabs. Eine Ex-ante-Kontrolle darf den Preis nicht unterhalb des wettbewerbsanalogen Preises festsetzen; eine Ex-post-Kontrolle darf keinen „Missbrauchszuschlag" oberhalb des wettbewerbsanalogen Preises gewähren. Die Vorschriften der Ex-post-Kontrolle liefern entgegen verbreiteter Auffassung keine Rechtfertigung für einen Erheblichkeitszuschlag, der dem Unternehmen die Vereinbarung von Preisen gestattet, die sich bei wirksamem Wettbewerb nicht durchsetzen ließen. Als ein dem Rechtsstaat geschuldeter Unsicherheitszuschlag zugunsten der Unternehmen hat der Erheblichkeitsaspekt aber indirekt Bedeutung bei der Ermittlung des wettbewerbsanalogen Preises. Schätzungs- und prognosebedingte Unsicherheiten der Daten, die in das Vergleichsmarkt- bzw. in das KEL-Konzept eingehen, sind jeweils durch einen Unsicherheitszuschlag zugunsten des Unternehmens auszugleichen. Eine wirksame Anreizregulierung, die die Unternehmen zur Effizienz herausfordert, entlastet daher jede staatliche Regulierung.

VI. Die privatrechtliche Dimension des Missbrauchsverbots (§ 44 TKG)

Das TKG gibt jedem Betroffenen in § 44 TKG einen Anspruch auf Beseitigung bzw. Un- **31** terlassung der missbräuchlichen Ausnutzung der Marktstellung, ohne dabei ausdrücklich

---

47 *Fleischer*, ZIP 2004, 685 ff.; *Ulmer*, DB 2004, 859 ff.; *Thümmel*, DB 2004, 471 ff.; *Roth*, BB 2004, 1066, 1067; *Witte/Hrubesch*, BB 2004, 725, 727; *Seibert/Schütz*, ZIP 2004, 252, 254.
48 Näher dazu *Säcker*, AöR 130 (2005), 180, 200 ff.
49 Anders teilweise § 28 RdNr. 23 ff.

an das Merkmal der Marktbeherrschung anzuknüpfen. Der deutsche Gesetzgeber ist rechtlich frei, die allgemeine und besondere Missbrauchskontrolle ohne Sperrwirkung durch Art. 82 EG i.V.m. Art. 3 Abs. 2 Satz 2 EG-VO Nr. 1/2003 vom 16. 12. 2003[50] auszugestalten. Der Grundsatz des Vorrangs europäischen Rechts gegenüber milderem oder strengerem nationalen Recht (Art. 3 Abs. 1) bedeutet, dass mitgliedstaatliche Rechtsvorschriften, die einer Vorschrift des Gemeinschaftsrechts entgegenstehen, von Gerichten und Verwaltungsbehörden nicht mehr angewandt werden dürfen. Was „Brüssel" erlaubt, bleibt erlaubt. Was „Brüssel" verbietet, bleibt auch national verboten. Für die klassische Zweischrankentheorie ist mit Inkrafttreten der EG-VO Nr. 1/2003 am 1. 5. 2004 kein Raum mehr.[51] Art. 3 EG-VO Nr. 1/2003 beschränkt die Vorrangwirkung aber auf zwei- oder mehrseitige wettbewerbsbeschränkende Vereinbarungen. Auf *einseitige* Wettbewerbsbeschränkungen marktbeherrschender Unternehmen ist gemäß Art. 3 Abs. 1 Satz 2 EG-VO Nr. 1/2003 zwar auch Art. 82 EG anzuwenden; es ist dem deutschen Gesetzgeber hier aber nicht verwehrt, strengere Vorschriften zu statuieren und bereits im Vorfeld monopolistischer oder oligopolistischer Marktbeherrschung gegen wettbewerbsbeschränkende Praktiken von Unternehmen mit relativer Marktmacht vorzugehen. Dies gestattet es Deutschland, weiterhin Normen wie § 20 Abs. 2 und § 20 Abs. 4 GWB aufrecht zu erhalten und bei der Missbrauchskontrolle auf das Kriterium der Marktbeherrschung ohne Verstoß gegen primäres Staatengemeinschaftsrecht zu verzichten.

32 Durch die EG-VO Nr. 1/2003 wird der hoheitliche Verwaltungsakt als Voraussetzung für die Freistellung von der Verbotsnorm des Art. 81 Abs. 1 EG beseitigt. Aus dem Zusammenspiel von Art. 81 Abs. 1 und Abs. 3 EG (und nach der Siebten GWB-Novelle auch von §§ 1 und 2 GWB) folgt vielmehr, wie weit privatrechtlich das Wettbewerbsbeschränkungsverbot reicht; d.h., es fallen nach Berücksichtigung der in Art. 81 Abs. 3 EG vertypten rule of reason nur solche Wettbewerbsbeschränkungen unter den teleologischen Gesamttatbestand des Art. 81 Abs. 1 und 3 EG, denen nach der Wertung des Gesetzes eine ausreichende ökonomische Legitimation fehlt. Eine solche schädliche Wettbewerbsbeschränkung verstößt zugleich auch gegen § 138 BGB; die Verletzung des Art. 81 Abs. 1 EG bzw. des § 1 GWB allein verstößt noch nicht gegen die guten Sitten.[52] Ob ein solcher Verstoß vorliegt, lässt sich erst im Lichte der die Wettbewerbsbeschränkung u.U. legitimierenden Rechtfertigungsgründe i.S. von Art. 81 Abs. 3 EG bzw. § 2 GWB beurteilen. Können die Freistellungsvoraussetzungen gemäß Art. 81 Abs. 3 EG, § 2 GWB nicht festgestellt werden, liegt ein Verstoß gegen § 138 BGB vor.

33 Die §§ 1, 2 GWB setzen damit für zweiseitige Wettbewerbsbeschränkungen fort, was in der Sechsten GWB-Novelle mit der Umgestaltung des § 19 GWB und des § 20 Abs. 4 GWB in unmittelbar im Privatrecht geltende Verbotsgesetze – wiederum in Einklang mit Art. 82 EG – begonnen wurde.[53] Danach ist jeder Missbrauch einer marktbeherrschenden Stellung und jede konzertierte Aktion von Unternehmen, die wesentlichen Wettbewerb ausschaltet, nicht nur als ökonomische Störung der auf unverfälschtem Wettbewerb basierenden marktwirtschaftlichen Ordnung, sondern auch als gesetz- und sittenwidrige Störung des auf angemessenen Interessenausgleich abzielenden Systems der Privatautonomie

---

50 ABl. EG 2003, Nr. L 1/1.
51 Vgl. *Mestmäcker/Schweitzer*, Europäisches Wettbewerbsrecht, § 5 RdNr. 17 ff.
52 Vgl. dazu näher *Säcker*, Gruppenautonomie und Übermachtkontrolle im Arbeitsrecht, S. 211 ff. m. w. N.
53 Vgl. dazu näher *Immenga/Mestmäcker/Möschel*, § 19 RdNr. 248 f. m. w. N.

anzusehen. Die Sicherung des Wettbewerbs dient im deutschen Rechtssystem nicht nur ökonomischer Effizienz, sondern ist zugleich eine unverzichtbare Basis privatrechtlicher Austauschgerechtigkeit.[54]

Über die Frage, wie die §§ 20 ff., 28 ff. TKG systematisch in die normativen Ordnungs- **34** strukturen des Privatrechts einzuordnen sind, entscheidet das allgemeine Privatrecht. Dieses bestimmt, welche Rechtsfolgen sich für einen Vertrag ergeben, wenn eine Haupt- oder Nebenbestimmung als Folge eines Verstoßes gegen das Missbrauchsverbot unwirksam ist. Das europäische Recht ordnet in Art. 81 Abs. 2 EG zwingend die völlige Unwirksamkeit der fraglichen Bestimmung an. Eine teleologische, geltungserhaltende Schrumpfung der Bestimmung auf den (soeben noch) wirksamen Kern kommt nicht in Betracht; denn dies würde die Unternehmen dazu verleiten, wettbewerbsbeschränkende Regelungen zu vereinbaren in dem sicheren Wissen, dass bei Erkenntnis der Unwirksamkeit die betreffende Vorschrift gleichwohl mit der noch soeben rechtlich zulässigen wettbewerbsbeschränkenden Wirkung weitergelten würde. Damit würde die praktische Wirkung der kartellrechtlichen Verbotsnorm aber erheblich abgeschwächt.[55]

VII. Die Abgrenzung der Zuständigkeiten zwischen der Regulierungsbehörde und dem Bundeskartellamt bei der Anwendung der Art. 82 EG, §§ 19, 20 GWB gem. § 2 Abs. 3 TKG

1. Verhältnis der Allgemeinen zur Besonderen Missbrauchsaufsicht. – Für Fälle des **35** Zugangs zu wesentlichen Einrichtungen eines marktbeherrschenden Anbieters von Telekommunikationsdienstleistungen stellt sich die Frage, ob die Tatbestände der Allgemeinen Missbrauchsaufsicht gemäß Art. 82 EG und § 19 Abs. 4 S. 2 Nr. 4 GWB gleichzeitig neben dem Tatbestand der Besonderen Missbrauchsaufsicht gem. § 42 TKG anwendbar sind (Idealkonkurrenz) oder ob § 42 TKG im Falle seiner Anwendbarkeit die allgemeine kartellrechtliche Missbrauchsaufsicht im Wege der Spezialität oder Subsidiarität verdrängt (Gesetzeskonkurrenz).[56] Dieses Problem ist deshalb besonders virulent, weil mit der Frage nach der Gesetzeskonkurrenz der Vorschriften gleichzeitig über die Frage der Zuständigkeitsabgrenzung zwischen der Regulierungsbehörde einerseits und dem Bundeskartellamt andererseits entschieden wird. Der schon vor Erlass des TKG bestehende Streit um das Für und Wider einer sektorspezifischen Regulierung der Telekommunikationsmärkte findet bei dieser Frage eine Fortsetzung.[57]

Fälle der Gesetzeskonkurrenz können zunächst nur auftreten, wenn verschiedene Vor- **36** schriften von ihrem Tatbestand her gleichzeitig auf denselben Sachverhalt anwendbar sind. Ein Vorrang einer der Vorschriften kann sich dann unter den Gesichtspunkten der Spezialität oder der Subsidiarität ergeben. Von Subsidiarität spricht man dann, wenn von mehreren auf einen Fall zutreffenden Normen nur eine hilfsweise für den Fall zur Anwendung kommt, dass nicht bereits die andere durchgreift. Die Subsidiarität einer Vorschrift kann

---

54 Vgl. auch *Säcker*, Zielkonflikte und Koordinationsprobleme im deutschen und europäischen Kartellrecht, S. 21 ff. m. w. N.; *Immenga/Mestmäcker/Mestmäcker*, Einleitung RdNr. 6.
55 Näher dazu BerlK-EnR/*Säcker/Jaecks*, § 1 GWB RdNr. 19 ff.
56 Zu den Begriffen Gesetzeskonkurrenz und Gesetzeseinheit vgl. *Schönke/Schröder/Stree*, Vorbem. §§ 52 ff. RdNr. 102 ff.
57 *Schroeder*, WuW 1999, 14 ff.; *Möschel*, FIW-Schriftenreihe Heft 177/1998, 53 ff.

entweder ausdrücklich im Gesetz angeordnet sein (formelle Subsidiarität) oder sich durch Auslegung aus Zweck und Zusammenhang der Vorschriften ergeben (materielle Subsidiarität). Spezialität liegt hingegen vor, wenn mehrere Gesetze denselben Sachverhalt erfassen und sich in ihren Voraussetzungen nur dadurch unterscheiden, dass das eine Gesetz eines oder mehrere Tatbestandsmerkmale enger begrenzt und spezieller ausgestaltet. Der speziellere Tatbestand umfasst den Tatbestand des allgemeineren Gesetzes und enthält zusätzlich mindestens ein weiteres Tatbestandsmerkmal. In diesem Fall ist immer nur die speziellere Vorschrift anwendbar. Da diese den Sachverhalt abschließend regelt, kommt das allgemeinere Gesetz auch dann nicht subsidiär zur Anwendung, wenn das Spezialgesetz unanwendbar ist, es sei denn, der Gesetzgeber ordnet in diesem Falle ausdrücklich seine Geltung an.[58]

37   **a) §§ 28, 42 TKG und Art. 82 EG.** – Was zunächst das Verhältnis der §§ 28, 42 TKG zu Art. 82 EG betrifft, ist unstreitig, dass in der Hierarchie der Rechtsquellen der Anwendungsbereich supranationalen EG-Rechts nicht durch nationales Recht eingeschränkt werden kann. Aufgrund der unterschiedlichen Stellung der Vorschriften in der Normenhierarchie scheidet die Anwendung der Grundsätze der Subsidiarität und Spezialität aus.[59] Da die Vorschriften der §§ 28, 42 TKG auf Vorgaben des sekundären Gemeinschaftsrechts beruhen, hat die EG-Kommission in einer Mitteilung über die Anwendung der Wettbewerbsregeln auf Zugangsvereinbarungen im Telekommunikationsbereich ausgeführt, dass sie zur Vermeidung unnötiger Doppelverfahren insbesondere im Fall von Zugangsvereinbarungen im Telekommunikationsbereich den Verfahren vor den nationalen Regulierungsbehörden grundsätzlich den Vorrang vor der Durchführung eigener Verfahren nach Art. 82 EG einräumt, solange die nationalen Behörden dem EG-Telekommunikationsrecht Rechnung tragen. Die Kommission begründet dies mit der Detailliertheit der ONP-Regeln und der Tatsache, dass diese über die Anforderungen von Art. 82 EG hinausgehen. Dabei betont die Kommission, dass die Wettbewerbsregeln und die ONP-Regeln harmonisch auszulegen sind, so dass die nationalen Regulierungsbehörden zwar strengere Anforderungen festlegen können, die von ihnen getroffenen Maßnahmen aber mit den Anforderungen des Wettbewerbsrechts der Gemeinschaft in Einklang stehen müssen. Nach Ansicht der Kommission erübrigt sich die eigenständige Anwendung der Wettbewerbsregeln dann, wenn die nationalen Regulierungsbehörden in materieller und formeller Hinsicht einen vergleichbar effektiven Rechtsschutz für alle Wettbewerber bieten.[60]

38   Die Europäische Kommission geht damit von der parallelen Anwendbarkeit des Art. 82 EG und der in nationales Recht umgesetzten ONP-Vorschriften aus, begründet aber aufgrund der materiellen Übereinstimmung der Vorschriften eine praktische Subsidiarität der

---

58 Vgl. *Schönke/Schröder/Stree*, RdNr. 106 f., 110; *Schmalz*, Methodenlehre für das juristische Studium, S. 43 ff. RdNr. 80–82; unklar *Larenz/Canaris*, Methodenlehre der Rechtswissenschaft, S. 87 ff.

59 *Möschel*, FIW-Schriftenreihe Heft 177/1998, 57 ff.; *van Mierl*, WuW 1998, 7 ff., 12. Auch die Regierungsbegründung zum TKG geht davon aus, vgl. BT-Drs. 13/3609, 37.

60 Vgl. grundlegend die „Leitlinien für die Anwendung der EG-Wettbewerbsregeln im Telekommunikationsbereich (91/C 233/02), ABl. EG v. 6. 9. 1991, Nr. C 233/2; spezieller die „Mitteilung über die Anwendung der Wettbewerbsregeln auf Zugangsvereinbarungen im Telekommunikationsbereich" (98/C 265/02), ABl. EG v. 22. 8. 1998, Nr. C 265/2; vgl. dazu auch *van Mierl*, WuW 1998, 7 ff.; *Riehmer*, MMR 1998, 59 ff.; *Scherer*, MMR 1999, 315 ff.; die EG-Kommission hat sich daher nicht gescheut, Art. 82 EG auch im Bereich der elektronischen Kommunikation anzuwenden, wenn die RegTP untätig bleibt; vgl. dazu näher Anhang II, Art. 82 EG.

wettbewerblichen Missbrauchskontrolle, so dass diese nur noch im Fall eines Versagens des nationalen Regulierungsverfahrens zur Anwendung kommt. Es handelt sich also nicht um einen Fall der rechtlichen Subsidiarität, sondern um ein pragmatisches Problem der Arbeitsteilung im Rahmen des Opportunitätsprinzips.[61] Da das Bundeskartellamt seinerseits nur subsidiär zur Europäischen Kommission zum Vollzug des Art. 82 EG berufen ist, wird sich das Bundeskartellamt bei der Ausübung seines Einschreitensermessens (§ 50 Abs. 2 S. 2 GWB) an den Vorgaben der Europäischen Kommission ausrichten.

b) § 42 TKG und § 19 GWB. – Gemäß § 2 Abs. 3 TKG bleiben die Vorschriften des **39** GWB unberührt, soweit eine Vorschrift des TKG nicht ausdrücklich eine abschließende Regelung enthält. Keine Norm des TKG schließt die Anwendung des GWB explizit aus.[62] Daraus folgt, dass durch das TKG keine formelle Subsidiarität des GWB angeordnet wird, sondern dass beide Gesetze grundsätzlich nebeneinander fortgelten und Anwendung finden. Umstritten ist (und zwar bereits zu § 33 TKG 1996) hingegen, inwieweit sich eine materielle Subsidiarität durch Auslegung des TKG begründen lässt und ob einzelne Vorschriften des GWB von solchen des TKG nach den allgemeinen Grundsätzen der Spezialität verdrängt werden.

Nach einer Ansicht ist das TKG gegenüber dem GWB das speziellere Gesetz, so dass ein **40** Tätigwerden des Bundeskartellamts nach den §§ 19, 20 GWB ausscheide, soweit das TKG der Regulierungsbehörde eine Verhaltenskontrolle über marktbeherrschende Unternehmen ermögliche. Dies müsse für jeden Einzelfall gesondert geprüft werden. Die besondere Missbrauchsaufsicht betreffe nur den horizontalen Behinderungswettbewerb im Bereich der Telekommunikationsdienstleistungen, so dass dem Bundeskartellamt eine Auffangzuständigkeit im Vertikalverhältnis sowie für geschlossene Benutzergruppen verbleibe.[63] Diese Ansicht stützt sich auf die Regierungsbegründung zu § 2 Abs. 3 TKG 1996, wo ausgeführt wird:

„Die Regelung unterstreicht das Verhältnis der sektorspezifischen Verhaltensaufsicht im Bereich der Telekommunikation als Spezialgesetz gegenüber dem Allgemeinen Wettbewerbsrecht und insbesondere gegenüber dem Gesetz gegen Wettbewerbsbeschränkungen, das subsidiär immer dann Anwendung findet, wenn keine Spezialregelung getroffen ist."[64]

Nach anderer Ansicht ist der subjektive Wille des Gesetzgebers nicht zu berücksichtigen, **41** da er sich im Wortlaut des TKG nicht niedergeschlagen habe; Gesetzeswortlaut und Gesetzesbegründung seien unvereinbar. Bei einem solchen Konflikt könne die nur der Begründung zu entnehmende Vorstellung an der Gesetzgebung beteiligter Personen nicht dazu führen, dass der Gesetzeswortlaut in sein Gegenteil verkehrt werde. Das Bundeskartellamt könne daher § 19 GWB auch auf im TKG geregelte Sachverhalte anwenden.[65]

Dass Gesetzeswortlaut und Begründung miteinander unvereinbar sind, leuchtet nicht ein, **42** wenn man die allgemeinen Grundsätze der Gesetzeskonkurrenz heranzieht. § 2 Abs. 3 TKG bringt nämlich lediglich zum Ausdruck, dass das TKG und das GWB grundsätzlich nebeneinander fortgelten, schließt also die generelle Außerkraftsetzung des GWB für den

---

61 Zutreffend *Möschel*, FIW-Schriftenreihe Heft 177/1998, 58.
62 Vgl. dazu § 2 RdNr. 16 ff.
63 *Möschel*, FIW-Schriftenreihe Heft 177/1998, 55; ähnlich auch BeckTKG-Komm/*Schuster*, § 2 RdNr. 32 ff.
64 BT-Drs. 13/3609, S. 36 f.
65 *Schroeder*, WuW 1999, 14 ff., 15 f.

Bereich der Telekommunikation durch das TKG nach dem Grundsatz *lex posterior derogat legi priori* aus. Damit ist allerdings überhaupt erst der Anwendungsbereich für die allgemeinen Grundsätze der (materiellen) Subsidiarität bzw. der Spezialität eröffnet. Diese setzen nämlich zwei parallel anwendbare Vorschriften voraus. Hätte der Gesetzgeber hingegen die uneingeschränkte parallele Anwendbarkeit der §§ 19, 20 GWB gewollt, so hätte er dies, wie etwa in § 130 Abs. 3 GWB in der Fassung der letzten GWB-Novelle für das Verhältnis zum Energiewirtschaftsgesetz gesehen, eindeutig zum Ausdruck bringen können.[66] Für das Verhältnis von § 19 GWB zu § 42 TKG bedeutet dies, dass für die jeweils einschlägige Fallgruppe zunächst zu prüfen ist, ob die Vorschriften je für sich nach den allgemein anerkannten Auslegungsmethoden überhaupt anwendbar sind. Erst wenn dies der Fall ist, stellt sich die Frage einer Verdrängung der Vorschriften nach den Grundsätzen der Gesetzeskonkurrenz. Dabei ist wegen der weitergehenden Sperrwirkung (abschließende Regelung) zunächst zu untersuchen, ob ein Fall der Spezialität vorliegt. Ist dies nicht der Fall, so stellt sich die Frage nach einer materiellen Subsidiarität mit der Folge, dass zuerst die vorrangige Norm zu prüfen ist, im Falle des Nichteingreifens dieser Norm aber die subsidiäre Norm Anwendung findet.

43   Für den Charakter des § 42 TKG als Spezialgesetz sprechen folgende Überlegungen: Mehrere Tatbestandsvoraussetzungen des § 19 GWB werden in § 42 TKG enger begrenzt bzw. spezieller ausgestaltet. Der Missbrauchstatbestand in § 42 TKG (ebenso früher § 33 TKG 1996) ist im Wesentlichen auf den Sonderfall des Zugangs zu wesentlichen Leistungen für die Erbringung von Telekommunikationsdienstleistungen begrenzt. In der Regierungsbegründung zum TKG 1996 heißt es dazu:

„Der Gesetzgeber hat daher für den Bahn- und den Telekommunikationssektor spezialgesetzliche Regelungen getroffen, die den Netzzugang sicherstellen (§ 14 Allgemeines Eisenbahngesetz, §§ 33 ff. Telekommunikationsgesetz)... Damit liegt ein Missbrauch nicht vor, wenn das Verhalten aufgrund spezialgesetzlicher Regelungen zulässig ist... Soweit spezialgesetzliche Regelungen bestehen, bleiben diese unberührt und haben Vorrang. Mit der generellen Regelung in § 19 Abs. 4 Nr. 4 wird einer weiteren Sektoralisierung des Kartellrechts entgegengewirkt. Außerdem steht damit ein Auffangtatbestand zur Verfügung, der dann eingreift, wenn künftig – wie vorgesehen – die sektorspezifische Regulierung im Bereich der Telekommunikation vom Gesetzgeber wieder aufgehoben wird."[67]

44   Der in der Begründung zu § 19 Abs. 4 Nr. 4 GWB wiederholt postulierte Vorrang des § 33 TKG 1996 (heute: § 42 TKG) wird durch die allgemeinen Grundsätze der Spezialität bestätigt. Soweit ein Verhalten spezialgesetzlich nicht verboten ist, kommt eine Bejahung eines Missbrauchs nach § 19 Abs. 4 Nr. 4 GWB nicht in Betracht. Denn das Tatbestandsmerkmal der essential facilities, zu denen Zugang gewährt werden muss, wird in § 42 TKG für den Bereich der Telekommunikation mit „Leistungen" wesentlich weiter bestimmt als in § 19 Abs. 4 S. 2 Nr. 4 GWB, wo der Zugang auf „Netze und andere Infrastruktureinrichtungen" beschränkt ist.

45   Damit ergibt sich für den Zugang zu essential facilities im Bereich der „Telekommunikationsdienstleistungen für die Öffentlichkeit" i. S. v. § 3 Nr. 19 TKG eine Sperrwirkung auf-

---

66   § 130 Abs. 3 GWB lautet: „Die Vorschriften des Energiewirtschaftsgesetzes stehen der Anwendung der §§ 19 und 20 nicht entgegen." Die Vorschriften des TKG werden hier nicht erwähnt; näher dazu *Säcker/Boesche*, Neues Energierecht, 2. Aufl. 2003, S. 135, 154 ff.
67   BT-Drs. 13/9720.

grund der abschließenden Regelung (Spezialität) des § 42 TKG, so dass das Bundeskartellamt zur Einleitung eines Missbrauchsverfahrens nicht befugt ist, wenn nach § 42 TKG ein Verhalten erlaubt ist. Allerdings ist das Bundeskartellamt nicht gehindert, ein Missbrauchsverfahren aus anderen Gründen einzuleiten. Gemäß § 82 S. 4 TKG hat das Bundeskartellamt der Regulierungsbehörde dabei Gelegenheit zur Stellungnahme zu geben.

Andererseits ist die RegTP verpflichtet, auf eine einheitliche, den Zusammenhang mit dem **46** GWB wahrende Auslegung des TKG hinzuwirken. Bei der Anwendung des § 42 TKG sind daher insbesondere die allgemeinen kartellrechtlichen Grundsätze, so wie diese zur Essential-facilities-Doktrin entwickelt wurden, zu beachten. Darüber hinaus hat die RegTP das TKG in einer Weise auszulegen, die nicht gegen die EG-Wettbewerbsregeln verstößt. Die europäische Rechtspraxis zu Essential-facilities-Fällen[68] fließt als Bestandteil des europäischen Rechts, vermittelt über die ONP-richtlinienkonforme Auslegung des TKG, in die Entscheidung der Regulierungsbehörde ein.

2. Vergleich mit dem US-amerikanischen Recht. – Im Grundsatz wird die Zuständig- **47** keitsabgrenzung im US-amerikanischen Recht nach gleichen Kriterien vorgenommen. Nach der von den US-amerikanischen Gerichten entwickelten „Doctrine of implied immunity" verdrängt eine sektorspezifische Regulierung die Anwendung des Allgemeinen Antitrustrechts[69], wenn eine unmittelbar bindende, klar artikulierte Regulierungsentscheidung durch eine politische Instanz getroffen wird, die dem public utility keinen Entscheidungsspielraum für kompetitive Handlungen am Markt mehr lässt (State-Action-Doktrin)[70]. Im Sinne des deutschen und europäischen Wettbewerbsrechts liegt in solchen Fällen ein **hoheitliches** Handeln des Staates vor (vgl. § 130 Abs. 1 GWB), das nicht den auf Kontrolle unternehmerischer Verhaltensspielräume ausgerichteten Wettbewerbsvorschriften unterliegt.[71] Mit den Worten des Supreme Court[72]:

„Nothing in the language of the Sherman Act or in its history … suggests that its purpose **48** was to restrain a state or its officers or agents from activities directed by its legislature. In a dual system of government in which, under the constitution, the states are sovereign, save only as Congress may constitutionally subtract from their authority, an unexpressed purpose to nullify a state's control over its officers and agents is not lightly to be attributed to Congress."

Verbleibt bei dem Unternehmen dagegen ein wettbewerblich nutzbarer Umsetzungsspiel- **49** raum, so greift die Immunität nach der State-Action-Doktrin nicht ein.[73] Eine Einschrän-

---

68 Vgl. dazu unter Anhang II, Art. 82.
69 Vgl. United States v. Philadelphia National Bank, 374 U.S. 321, 352 (1963); United States v. NASD, Inc., 442 U.S. 694, 730 (1975), „The investiture of such pervasive supervisory authority in SEC suggests that Congress intends to lift the bars of the Sherman Act from associated activities approved by the SEC"; vgl. dazu *Waever/Katzmann*, in: Wilson, The Politics fo Regulation, 1980, S. 123 ff., S. 152 ff.
70 Vgl. Southern Motor Carriers Rate Conference, Inc. v. United States, 471 U.S. 48, 60 ff. (1985); California Retail Liquor Dealers Association v. Midcal Aluminium, Inc. 445 U.S. 97 (1980).
71 Zum deutschen und europäischen Recht vgl. BGH MMR 2004, 470.
72 Parker v. Brown 317 U.S. 341 (1943); ebenso US Supreme Court – 13. 1. 2004, No. 02/682 Verizon Communications Inc., Petitioner v. law Offices of Curtis V. Trinko LLP, 540 U.S. 124 S. Ct. 872 (2004) = GRUR Int. 2004, S. 674 ff.
73 Vgl. zutr. Municipal Util. Bd. v. Alabama Power & Light Co., 934 F. 2d 1493, 1503 ff. (11th Cir. 1991); Patrick v. Burget, 486 U.S. 94, 101 (1988); FTC v. Ticon Titel Ins. Co., 112 S. Ct. 2169,

kung auf der Rechtsfolgenseite erfährt das US-amerikanische Wettbewerbsrecht allerdings dadurch, dass bei antitrustrechtlichen Schadensersatzklagen die Zuerkennung von „treble damages" wegen wettbewerbswidrigen Verhaltens nicht dazu führen darf, dass die Kunden „die Zeche zahlen" müssen, weil die behördlich festgelegten Preise als Folge der Belastung mit der Schadensersatzzahlung nach oben korrigiert werden müssen (sog. Keogh-Doktrin).[74] Das Kartell(gerichts)verfahren ist allerdings auszusetzen, bis die Regulierungsbehörde als die sachnähere, mit speziellem Expertenwissen ausgestattete Behörde ihr Verfahren beendet hat (sog. Primary-Jurisdiction-Doktrin).[75] Für die Unternehmen günstige Feststellungen im regulierungsbehördlichen Verwaltungsverfahren haben jedoch keine bindende Bedeutung für das kartellbehördliche Verfahren. Die von der Regulierungsbehörde zugrunde gelegten tatsächlichen und rechtlichen Feststellungen nehmen nicht an der Bindungswirkung des Entscheidungstenors teil.[76] Die Collateral-Estoppel-Doktrin, die Entscheidungen eines „Court of competent jurisdiction" materielle Rechtskraft zumisst, kommt hier daher nicht zur Anwendung.[77] Außerhalb des Anwendungsbereichs der State-Action-Doktrin ist daher die Berufung auf eine regulierungsbehördliche Entscheidung kein Rechtfertigungsgrund für wettbewerbswidriges Verhalten.[78] Der Gesetzgeber kann, auch soweit er der RegTP nach den näher zu § 2 TKG erörterten Grundsätzen abschließende Kompetenzen übertragen hat, aber nicht ausschließen, dass die betroffenen Unternehmen, gestützt auf § 44 TKG bzw. auf § 33 i.V.m. §§ 19, 20 GWB, § 823 Abs. 2 BGB i.V.m. Art. 82 EG bezüglich überhöhter oder diskriminierender Preise Schadensersatz einklagen. Nun könnte man dagegen einwenden, dass ein Netzbetreiber, der lediglich gemäß den vom

---

2179 (1992); für Anwendung der State-Action-Doktrin im Einzelfall: Rural Elec. Co. v. Cheyenne Light, Fuel & Power Co., 262 F. 2d. 847 (10th Cir. 1085); Jeffrey v. Southwestern Bell, 518 F. 2d 1129 (5th Cir. 1975); Columbia River Peoples Util. District v. Portland General Electric, 40 F. Supp. 2d 1152 (D. Or. 1999); näher dazu *Bouknight*, in: Muchow/Mogel, Energy Law and Transactions (Loseblattausgabe, Stand: Dezember 2002), S. 101-28 ff.
Im Ergebnis ebenso das europäische und deutsche Recht; vgl. *Möschel*, FIW-Schriftenreihe, Heft 177/1998, 53, 58 ff.; *Immenga*, RabelsZ 49 (1985), 303, 307; *Groeben/Thiesing/Ehlermann/Schröter*, Art. 85 RdNr. 19; *Mestmäcker/Witte*, Gutachten zur Zuständigkeit für die Verhaltensaufsicht nach dem Dritten und Vierten Teil des Referentenentwurfs für ein TKG vom 22. 11. 1998, S. 9 ff.; *Bach*, Wettbewerbsrechtliche Schranken für staatliche Maßnahmen nach europäischem Gemeinschaftsrecht, S. 168 ff.; *Bauer*, Wettbewerbsbeschränkungen durch Staaten?, S. 266 ff.; *Paulweber*, Regulierungszuständigkeiten in der Telekommunikation, S. 158 ff.; vgl. EuGH, 10. 12. 1985, Rs. 240–242, 261, 262, 268 u. 269/82, Slg. 1985, 3860, 3866 ff. – SSL (Anwendung der Effet-utile-Grundsätze bei eingeschränkter, aber nicht beseitigter Preisfreiheit durch nationale Gesetzgebung). Zum Ganzen auch *Monopolkommission*, 8. Hauptgutachten 1988/1989: Wettbewerbspolitik vor neuen Herausforderungen, 1990, Tz. 1132 ff.

74 Vgl. Keogh v. Chicago & N.W. Ry., 260 U.S. 156 (1922); bestätigt durch Square D Co. v. Niagara Frontier Tariff Bureau, 106 S. Ct. 1922, 1929 (1986); Clipper Express v. Rocky Mountain Motor Tariff Bureau, 690 F. 2d 1240, 1266 (9th Cir. 1982); Cost Management Services, Inc. v. Washington Natural Gas Co., 99 F. 3d 937 (9th Cir. 1996).

75 Vgl. Segal v. AT&T Co., 606 F. 2d 842 (9th Cir. 1979); Gulf Oil Corp. v. Tenneco, Inc., 608 F. Suppl. 1493 (E.D. La. 1985); South Austin Coalition Community Council v. SBC Communication, Inc., 191 F. 3d 824 (7th Cir. 1999); *Pierce*, 17 Energy L.J. 29 ff. (1996); *Wise*, 64 Antitrust L.J. 267 ff. (1996).

76 Entsprechendes gilt auch im Rahmen des § 106 Abs. 3 EnWG; näher dazu *Säcker*, AöR 130 (2005), 180, 215 ff.

77 Vgl. City of Cleveland v. Cleveland Elec. Illuminating Co., 734 F. 2d 1157 (6th Cir. 1984); North Star Steel Co. v. Midamerican Energy Holding Co., 184 F. 2d 733, 736 (8th Cir. 1999).

78 Vgl. Phonetele, Inc., v. AT&T Co., 664 F. 2d 716, 737 ff. (9th Cir. 1981).

TKG zugelassenen Methoden seine Preise bilde, keinen eigenständigen Entscheidungs-spielraum für wettbewerbswidriges Verhalten habe. Das bedeutet nach ständiger Recht-sprechung des Europäischen Gerichtshofs[79], dass dann, wenn einem Unternehmen ein wettbewerbswidriges Verhalten durch nationale Rechtsvorschriften vorgeschrieben wird bzw. wenn diese einen rechtlichen Rahmen bilden, der jede Möglichkeit für ein selbststän-diges Verhalten im Wettbewerb ausschließt, die Art. 81 und 82 EG nicht anwendbar sind. In seinem Urteil vom 10. 2. 2004[80] hat der Bundesgerichtshof die Möglichkeit zu selbst-ständigem Verhalten im Wettbewerb selbst dann noch bejaht, wenn das vom Unternehmen verlangte Entgelt zuvor von der Regulierungsbehörde genehmigt worden ist, da die tele-kommunikationsrechtliche Entgeltgenehmigung auf dem Genehmigungsantrag des Anbie-ters beruhe. Wörtlich heißt es in der Entscheidung: „Auch wenn das behördliche Prüfungs-verfahren darauf abzielt, keine Entgelte zu genehmigen, die sich als Missbrauch einer marktbeherrschenden Stellung darstellen (vgl. Art. 4 Abs. 2 PTRegG, § 24 Abs. 2 TKG), schließt dies die tatsächliche Möglichkeit nicht aus, dass ein Unternehmen einen Tarif vor-legt, mit dem es seine marktbeherrschende Stellung missbraucht und hierfür eine Geneh-migung erwirkt, weil der Missbrauch im Prüfungsverfahren nicht aufgedeckt wird." In ei-nem Unterlassungs- oder Schadensersatzprozess kann sich somit der verklagte Netzbetrei-ber nicht darauf berufen, dass die von der Regulierungsbehörde getroffene Entscheidung ihm keinen Handlungsspielraum lasse, so dass Art. 82 EG schon aus diesem Grunde nicht anwendbar sei.

Fraglich ist, ob die Kartellbehörden, wenn eine Entscheidung der Regulierungsbehörde **50** vorliegt, an den Tenor bzw. an die tatsächlichen Berechnungsgrundlagen und die rechtli-chen Feststellungen gebunden sind, aus denen sich die konkrete Höhe ableitet.[81] Richtiger-weise kann sich wie in der US-amerikanischen Praxis[82] auch die Bindungswirkung nur auf den Tenor beziehen; anderenfalls wäre den Kartellbehörden die Anwendung der §§ 19, 20 GWB auch in dem ihnen verbleibenden Aufgabenbereich praktisch unmöglich.

Unabhängig von diesen Möglichkeiten kann der Kunde den Teil des Rechnungsbetrages **51** zurückbehalten, den er für überhöht hält. In diesem Fall muss er mit einer Zahlungsklage vor dem Zivilgericht rechnen. Dieses muss dann prüfen, ob das geltend gemachte Entgelt nicht, gemessen an den Maßstäben des § 42 TKG bzw. den Maßstäben der §§ 19, 20 GWB sowie an Art. 82 EG, überhöht und insoweit unwirksam ist. Im Rahmen dieses Verfahrens ist es dem Zivilgericht verwehrt, den Prozess auszusetzen, bis ein vor der Kartell- bzw. Re-gulierungsbehörde laufendes Verfahren einschließlich dessen rechtlicher Überprüfung ab-geschlossen ist. Die Kontrolle ein und desselben Preises durch zwei Behörden sowie durch die Zivilgerichte im Urteilsverfahren ist zwar kein verfassungswidriges, in seiner Zweck-mäßigkeit und Effizienz allerdings überhaupt nicht einleuchtendes Verfahren, zumal wenn eine Koordination mit dem zivilgerichtlichen Urteilsverfahren – etwa durch eine Aussetz-ungsmöglichkeit entsprechend § 148 ZPO – außerhalb einer legislativen Regelung bleibt.

---

79 Vgl. insbesondere EuGH, Slg. 1997, S. I-6301, 6312 „Ladbroke"; EuGH, WuW/E-R 727, 730 „CIF/Autorità Garante della Concorrenza e del Mercato".

80 BGH MMR 2004, 470.

81 Wenn keine weiterreichende Bindung ausdrücklich angeordnet wird, hat nach allgemeinem Ver-waltungsrecht nur der Tenor Bindungskraft; vgl. *Stelkens/Bonk/Sachs/Sachs*, § 43 RdNr. 56 ff.; *Kopp/Ramsauer*, VwVfG, § 43 RdNr. 15; *Knack/Henneke*, Vor § 35 RdNr. 26 ff.

82 Kritisch dazu *Ehricke*, JZ 2005, 599 ff.

Einleitung II: Der Europäische Rechtsrahmen für die elektronische Kommunikation

Schrifttum: *Buigues/Rey (Hrsg.)*, The Economics of Antitrust and Regulation in Telecommunications, 2004; *Elkettani*, Marktabgrenzungs- und Marktanalyseverfahren nach Art. 15, 16 RRL, K&R-Beilage 1/2004, 11; *Ellinghaus*, Erste Stufe der TKG-Novelle: Umsetzung des TK-Richtlinienpakets durch Zeitablauf, CR 2003, 657; *Ellinghaus*, TKG-Novelle und Europarecht: Probleme mit der Flexibilisierung, CR 2004, 23; *Garzaniti*, Telecommunications, Broadcasting and the Internet, EU Competition Law and Regulation, 2. Auflage, 2003; *Geppert/Ruhle*, Anforderungen an die Novellierung des TKG im Hinblick auf die Entgeltregulierung, MMR 2003, 319; *Franzius*, Strukturmodelle des europäischen Telekommunikationsrechts, Ein neuer Rechtsrahmen für die Informationsgesellschaft, EuR 2002, 660; *Haus*, Kommunikationskartellrecht – Ein Rahmen für den Wettbewerb in Kommunikationsmärkten, WuW 2004, 171; *Heun*, Der Referentenentwurf zur TKG-Novelle, CR 2003, 485; *Holznagel/Hombergs*, Das Prinzip nachrangiger Regulierung auf den Endnutzermärkten, K&R 2003, 322; *Huppertz*, Die SMP-Konzeption, Europarechtliche Vorgaben für die asymmetrische Regulierung im Kommunikationssektor, 2003; *Huppertz*, Der institutionelle Rahmen des Telekommunikationsrechts der EU, K&R 2001, 402; *Husch/Kemmler/Ohlenburg*, Die Umsetzung des EU-Rechtsrahmens für elektronische Kommunikation: Ein erster Überblick, MMR 2003, 139; *Immenga/Kirchner*, Zur Neugestaltung des Telekommunikationsrechts – Die Umsetzung des „Neuen Rechtsrahmens" für elektronische Kommunikationsnetze und -dienste der Europäischen Union in deutsches Recht, TKMR 2002, 340; *Kirchner*, Mobilfunkregulierung im TKG-Regierungsentwurf und der „Neue Rechtsrahmen" des Europäischen Gemeinschaftsrechts, MMR-Aktuell 12/2003; *Kirchner*, Verschärfte Regulierung der Mobilfunkmärkte, K&R-Beilage 8/2002; *Klotz*, Wettbewerb in der Telekommunikation: Brauchen wir die ex ante-Regulierung noch?, ZWeR 2003, 283; *Klotz*, Die neuen EU-Richtlinien über elektronische Kommunikation: Annäherung der sektorspezifischen Regulierung an das allgemeine Kartellrecht, K&R-Beilage 1/2003, 3; *Klotz*, Der Referentenentwurf zum TKG im Licht der europarechtlichen Vorgaben, MMR 2003, 495; *Koenig*, Die Beurteilung der Marktmacht vertikal integrierter Unternehmen auf dem Telekommunikationssektor, K&R-Beilage 1/2003, 19; *Koenig/Winkler*, Die (Ultima) Ratio der Regulierung des Endnutzermarktes, TKMR 2003, 171; *Krüger*, Marktabgrenzung im Telekommunikationssektor und die Definition von beträchtlicher Marktmacht (SMP), K&R-Beilage 1/2003, 9; *Larouche*, A closer look at some assumptions underlying EC regulation of electronic communications, Journal of Network Industries 2002, 129; *Loetz/Neumann*, The Scope of Sector-specific Regulation in the European Regulatory Framework for Electronic Communications, German Law Journal, Vol. 4 No. 12, 1307; *Möschel/Haug*, Der Referentenentwurf zur Novellierung des TKG aus wettbewerbsrechtlicher Sicht, MMR 2003, 505; *Nihoul/Rodford*, EU Electronic Communications Law, 2004; *Ohlenburg*, Datenschutz im Referentenentwurf zum TKG, K&R 2003, 265; *Ruhle*, Marktabgrenzung und -analyse nach dem neuen EU-Regulierungsrahmen, medien und recht 2003, 55; *Ruhle*, Harmonisierung von Vorabverpflichtungen für Unternehmen mit beträchtlicher Marktmacht, CR 2004, 178; *Scherer*, Streitbeilegung und Rechtsschutz im künftigen TK-Recht, MMR-Beilage 12/2002, 23; *Scherer*, Die Umgestaltung des europäischen und deutschen Telekommunikationsrechts durch das EU-Richtlinienpaket, K&R 2002, 273, 329, 385; *Schulz/Leopold*, Horizontale Regulierung?, K&R 2000, 439; *Tarrant*, Significant market power and dominance in the regulation of telecommunications, ECLR 2000, 320; *Thomaschki*, Referentenentwurf zum TKG – Auswirkungen auf die Praxis der Marktregulierung, MMR 2003, 500; *Wegmann*, Nutzungsrechte an Funkfrequenzen und Nummern, K&R 2003, 448; *Wissmann/Kreitlow*, Übertragbarkeit von Frequenzen, K&R 2003, 257.

Übersicht

I. Der ursprüngliche Rechtsrahmen

1 **1. Vom Monopol zur Marktöffnung.** – Die Liberalisierung des Telekommunikationssektors ist eine der größten Errungenschaften der **europäischen Wettbewerbspolitik**. Dieser Sektor hat in den vergangenen Jahrzehnten weltweit erheblich an wirtschaftlicher Bedeutung gewonnen. Bis in die siebziger Jahre beschränkte sich die Telekommunikation im Wesentlichen auf die Sprachtelefonie. Sodann wurden die Telefonnetze jedoch nach und nach auch für andere Anwendungen wie z. B. Mehrwertdienste genutzt. Zudem konnte aufgrund technischer Neuerungen die Übertragungsgeschwindigkeit erheblich gesteigert werden, so dass die notwendige Verbindungsdauer für jede individuelle Dienstleistung, und damit auch deren Kosten, beträchtlich verringert wurden.

Die ehemaligen Post- und Telekommunikations-Verwaltungen der Mitgliedstaaten, die **2** über nationale **Netz- und Dienstleistungsmonopole** verfügten, begegneten diesen Herausforderungen zunächst dadurch, dass sie das ursprüngliche Übertragungsmonopol für die Sprachtelefonie auf die neuen Dienste ausdehnten.[1] Das Dienstleistungsmonopol wurde weiterhin dadurch abgesichert, dass nicht nur der erste angeschlossene Telefonapparat, sondern auch alle anderen Endgeräte, wie z.B. Modems, nur durch die Post- und Telekommunikationsverwaltungen bereitgestellt werden durften. Letztere waren außerdem häufig gleichzeitig Behörden, die die alleinige Entscheidungskompetenz über die Ausgestaltung sämtlicher Endeinrichtungen besaßen.[2] Daraus folgten Behinderungen des freien Warenverkehrs mit Endgeräten in Form einer vertragswidrigen Maßnahme gleicher Wirkung wie ein Einfuhrmonopol. Zudem wurde auch die Freiheit der Erbringung von Dienstleistungen über die Grenzen der Mitgliedstaaten hinweg eingeschränkt.

Im **Grünbuch von 1987** über die Liberalisierung des Telekommunikationssektors forderte **3** die Kommission erstmals die vollständige Liberalisierung mit Ausnahme der Sprachtelefonie.[3] Angesichts der positiven Reaktion des Rats verabschiedete sie, gestützt auf ihre Zuständigkeit gemäß Art. 86 Abs. 3, zunächst die Endgeräte-Richtlinie im Jahr 1988 und die Diensterichtlinie im Jahr 1990. Damit war der Weg für die Liberalisierung der Telekommunikationsmärkte bereitet. Im Oktober 1992 veröffentlichte die Kommission, wie in der Diensterichtlinie gefordert, sodann einen Bericht zur Lage im Telekommunikationssektor.[4] Sie sprach sich darin für die Liberalisierung sämtlicher Sprachtelefondienste aus. Der Rat verabschiedete auf seiner Tagung vom 16. Juni 1993 eine Entschließung, in der er die Schlussfolgerungen der Kommission in ihrer Mitteilung an den Rat vom 28. April 1993[5] weitgehend unterstützte. Demnach sollten die Märkte für den öffentlichen Sprachtelefondienst bis 1998 liberalisiert werden, wobei Spanien, Portugal, Griechenland und Irland die Möglichkeit einer Fristverlängerung bis 2003 eingeräumt wurde. In seiner Entschließung vom 7. Dezember 1993 über die Grundsätze des Universaldienstes auf dem Gebiet der Telekommunikation erkannte der Rat ausdrücklich an, dass die Marktkräfte den Universaldienst hinreichend absichern.[6]

Der Telekommunikationssektor in der EU wurde sodann auf Initiative der Kommission **4** zum 1. Januar 1998 **vollständig liberalisiert**.[7] Dabei wurde der Sektor zugleich einer umfassenden sektorspezifischen Regulierung mit dem Ziel der Verschaffung eines offenen

---

1 Das BVerfG hat diese extensive Auslegung des Fernmeldemonopols bestätigt, BVerfGE 46, 120, 139.

2 Zur Kumulierung dieser Kompetenzen EuGH, RTT/GB-INNO-BM, Rs. 18/88, Slg. 1991, I-5941, 5985. Die Kommission hatte die Trennung der reglementierenden von der kommerziellen Funktion verlangt, s. Art. 46 Richtlinie 88/301/EWG, ABl. EG 1988 Nr. L 131, S. 73. Der EuGH sah in der Kumulierung der Funktionen eine Verletzung der Art. 3g), 86 und 82.

3 Grünbuch der Kommission, Auf dem Wege zu einer dynamischen europäischen Volkswirtschaft, Grünbuch über die Entwicklung des gemeinsamen Marktes für Telekommunikationsdienstleistungen und Telekommunikationsgeräte, KOM(87) 290 endg.

4 SEK(92) 1048 endg.

5 KOM(93) 159 endg.

6 Siehe XXIII. Wettbewerbsbericht (WB) der Kommission (1993), RdNr. 127 ff. und XXVII. WB (1997), RdNr. 101 ff.

7 Durch Richtlinien aufgrund von Art. 86.

Netzzugangs für die alternativen Anbieter unterworfen[8]. In ihrer ersten Mitteilung über die rechtliche Einordnung der Sprachtelefonie über das Internet[9] (*Voice over Internet Protocol: VoIP*) stellte die Kommission Anfang 1998 allerdings fest, dass jene Anwendung des Internet nicht der Regulierung der Sprachtelefonie unterlag.[10] Die Mitteilung wurde von der Kommission im Jahr 2000 überprüft. Nachdem sie ihre vorläufige Einschätzung zu dieser Frage zur Diskussion gestellt hatte, veröffentlichte die Kommission im Dezember 2000 eine neue Mitteilung.[11] Hierin kam sie zu dem Schluss, dass trotz der unstreitig eingetretenen technischen Entwicklungen und der damit verbundenen neuen Markttrends die Internet-Telefonie auch weiterhin nicht der Regulierung unterliege.[12]

5 Durch die Liberalisierungs- und Harmonisierungsrichtlinien wurden denjenigen Betreibern von Telekommunikationsnetzen und -diensten, die über beträchtliche Marktmacht verfügten,[13] weitgehende Verpflichtungen auferlegt. Hierzu gehörten u. a. die Ex-ante-Entgeltregulierung, die Kostenorientierung der Entgelte sowie die Erbringung des Universaldienstes. Die **asymmetrische Regulierung** zulasten der ehemaligen Monopolbetreiber hat innerhalb weniger Jahre zum Markteintritt zahlreicher privater Anbieter und zu stark sinkenden Gesprächsgebühren, insbesondere für Ferngespräche, geführt[14]. Obwohl mittlerweile auch die Tarife für Ortsgespräche in allen Mitgliedstaaten gesunken sind, war die Liberalisierung in dieser Hinsicht zunächst weniger erfolgreich. Auch blieb die Monopolstellung der angestammten Betreiber beim Zugang zu den Ortsnetzen in den meisten Mitgliedstaaten zunächst unangetastet. Gleichzeitig wuchs jedoch die wirtschaftliche Bedeutung der Ortsnetze durch die zunehmende Verbreitung des Internet in zuvor ungeahntem Ausmaß. Aus diesem Grund beschloß die Kommission im Jahr 2000 sodann die Öffnung der Ortsnetze für den Wettbewerb.[15] Anfang 2001 war damit die Liberalisierung des Telekommunikationssektors vollendet, und auch der Regulierungsrahmen war komplett. Parallel dazu hatte jedoch die Reform des gesamten Richtlinienpakets bereits konkrete Formen angenommen.[16]

6 **2. Liberalisierungsrichtlinien gem. Art. 86 Abs. 3. – a) Allgemeines.** – Zur Liberalisierung des Telekommunikationssektors in den EU-Mitgliedstaaten hat die Kommission mit einer bislang in keinem anderen Wirtschaftssektor wiederholten Konsequenz und Vollständigkeit eine Reihe von Richtlinien nach **Art. 86 Abs. 3** erlassen. Hierdurch wurden die vormals bestehenden ausschließlichen Rechte der staatlichen Monopolbetreiber zum Betrieb

---

8 Durch die sog. Open Network Provision (ONP)-Richtlinien aufgrund von Art. 95.
9 ABl. EG 1998 Nr. C 6, S. 4.
10 Ausgangspunkt hierfür war die Definition der Sprachtelefonie in Art. 1 Richtlinie 90/388/EWG (ABl. EG 1990 Nr. L 192, S. 10): kommerzielle Nutzung, Angebot an die Öffentlichkeit, Transport über öffentlich vermittelte Endpunkte, direkter Transport und Übermittlung der Gespräche in Echtzeit. Diese Merkmale waren bei VoIP nicht gegeben.
11 ABl. EG 2000 Nr. C 177, S. 3 und ABl. EG 2000 Nr. C 369, S. 3.
12 Insbesondere wegen der noch geringeren Qualität und Verlässlichkeit der Internet-Telefonie und weil sich noch kein eigener Markt für Internet-Telefonie gebildet hatte, da diese Dienstleistung nur gemeinsam mit anderen Diensten, z. B. Datenübertragung, angeboten wurde.
13 Die sog. SMP-Schwelle (significant market power) lag mit 25 % Marktanteilen unter der Marktbeherrschung im Sinne des Kartellrechts.
14 Vgl. schon den 6. Umsetzungsbericht der Kommission (KOM(2000) 814 vom 7. 12. 2000): in der EU rund 500 Telefondiensteanbieter im Festnetz und 60 im Mobilfunk, Senkung der Ferngesprächsgebühren um bis zu 70 % seit 1. 1. 1998.
15 S. u. Abschnitt I. 4.
16 S. u. Abschnitt II. 1.

und Angebot von Endgeräten, Netzen und Diensten durch direkte gemeinschaftsrechtliche Vorgaben, welche die Mitgliedstaaten zwingend in das nationale Recht umzusetzen hatten, beendet.

Ausgangspunkt für die Liberalisierung war eine Beschränkung des **freien Dienstleistungs-** 7 **verkehrs.** Dieser hat als fundamentaler Grundsatz des EG-Vertrags den gleichen Stellenwert wie der freie Warenverkehr. Monopole, die den freien Dienstleistungsverkehr behindern oder ausschließen, sind deshalb grundsätzlich mit dem Vertrag unvereinbar. Sie sind nur dann nicht zu beanstanden, wenn das ausschließliche Recht im öffentlichen Allgemeininteresse und aus nicht wirtschaftlichen Erwägungen gewährt oder beibehalten wird. Für Rechte, die über das Netzmonopol und die Übertragung der Sprachtelefonie hinausgingen, waren solche Gründe nicht ersichtlich. Diese Rechte waren nicht notwendig, um in finanzieller Hinsicht den Betrieb der Telefondienste sicherzustellen, führten andererseits aber dazu, dass die marktbeherrschende Stellung der angestammten Betreiber zementiert wurde, so dass Art. 82 Anwendung fand.[17] Diese Vorschrift verbietet den Unternehmen, ihre Marktmacht zu missbrauchen, um den Wettbewerb auf einem benachbarten Markt auszuschließen.[18] Das Gleiche gilt für entsprechende staatliche Maßnahmen in Form ausschließlicher oder besonderer Rechte, die gegen die Wettbewerbsregeln verstoßen. Allerdings muss in jedem Fall geprüft werden, ob das ausschließliche Recht aus Gründen des Allgemeininteresses und nicht aus rein wirtschaftlichen Erwägungen gewährt worden ist.[19] Im Telekommunikationssektor lagen solche Gründe nicht vor.

Das Betreiben eines nationalen Telekommunikationsnetzes stellt eine **Dienstleistung von** 8 **allgemeinem wirtschaftlichen Interesse** im Sinne von Art. 86 Abs. 2 dar. Es ist nicht nur für die Wirtschaft des Landes unerlässlich, sondern dient auch der Bevölkerung als notwendige Kommunikationsinfrastruktur. Die Übertragung eines ausschließlichen Rechts war aus damaliger Sicht aufgrund zwingender Erfordernisse des öffentlichen Interesses aus nichtwirtschaftlichen Gründen gerechtfertigt. Das Interesse der Mitgliedstaaten richtete sich dabei allerdings lediglich auf den Bestand eines einzigen flächendeckenden Netzes und nicht darauf, dass das Netz nur von einem Unternehmen genutzt werden durfte.[20] Folglich musste bei der damaligen Rechtslage eine **strukturelle Trennung** erfolgen, um die Chancengleichheit der verschiedenen Netznutzer sicherzustellen.[21] Dabei waren die Verwaltung und der Betrieb des Netzes von dessen wirtschaftlicher und finanzieller Nutzung zu trennen. Ohne diese Trennung wäre der Wettbewerb bei der Netznutzung nicht möglich gewesen. Durch die strukturelle Trennung konnten die Kosten je nach Nutzungsart in nichtdiskriminierender Weise nachprüfbar ermittelt werden. Bei den Unternehmen war al-

---

17 Vgl. die Leitlinien der Kommission über die Anwendung der Wettbewerbsvorschriften auf den Telekommunikationssektor, in der mögliche Missbrauchsformen, u. a. die Quersubventionierung, genannt sind; ABl. EG 1991 Nr. C 233, S. 2.

18 Vgl. EuGH, Commercial Solvents/Kommission, Rs. 6 und 7/73, Slg. 1974, 223; CICCE/Kommission, Rs. 298/83, Slg. 1985, 1105; Italien/Kommission, Rs. 41/83, Slg. 1985, 873.

19 EuGH, Sacchi, Rs. 155/73, Slg. 1974, 409.

20 Hieran wird deutlich, dass das Tatbestandsmerkmal der Dienstleistung von allgemeinem wirtschaftlichen Interesse i. S. v. Art. 86 Abs. 1 Satz 1 auf das Interesse der Mitgliedstaaten und seiner Gebietskörperschaften abstellt. Dieses wird durch das in Satz 2 genannte Interessse der Gemeinschaft eingeschränkt. Seinerzeit bestand kein Interesse der Gemeinschaft an einer Zerschlagung der bestehenden Telekommunikationsnetze, sondern nur an der Möglichkeit ihrer Nutzung durch Wettbewerber.

21 In diesem Sinne EuGH, Lagauche, Rs. C-46/90 und C-93/91, Slg. 1993, I-5269, I-5331.

lerdings die Finanzierung des Netzbetriebs nicht sichergestellt, denn die Kosten wurden nahezu ausschließlich durch die Einnahmen aus der Sprachtelefonie gedeckt. Angesichts dessen erschien es seinerzeit noch vertretbar, den Netzbetreibern vorläufig das ausschließliche Recht für den Telefondienst zu belassen,[22] wobei eine spätere Überprüfung der Rechtslage vorbehalten blieb.[23]

9 **b) Endgeräterichtlinie.** – Die auf Art. 86 Abs. 3 gestützte Richtlinie der Kommission über den Wettbewerb auf dem Gebiet der Telekommunikations-Endgeräte[24] verlangte von den Mitgliedstaaten zunächst nur die Einführung einer nationalen Regelung, mit der ein freier Wettbewerb auf dem Markt für Telekommunikations-Endgeräte, insbesondere für Telefonapparate und Modems, gewährleistet wurde. In allen Mitgliedstaaten, mit Ausnahme des Vereinigten Königreichs, besaßen die nationalen Fernmeldeverwaltungen das **ausschließliche Recht**, Endgeräte einzuführen, in den Verkehr zu bringen, an das Netz anzuschließen und zu warten. Außerdem war ihnen die Aufgabe übertragen, die technischen Spezifikationen und die Zulassungsverfahren für den nationalen Markt festzulegen. Die Kommission sah hierin die Verletzung mehrerer Vertragsvorschriften, die durch die Richtlinie abgestellt werden sollten. Die für die Telekommunikation zuständigen Einrichtungen der Mitgliedstaaten wurden dabei als Unternehmen im Sinne von Art. 86 Abs. 1 angesehen.[25]

10 Die Richtlinie verlangte von den Mitgliedstaaten die Liberalisierung der **Einfuhr von Endgeräten** aus den übrigen Mitgliedstaaten durch Abschaffung der insofern gewährten ausschließlichen oder besonderen Rechte. Sie stützte sich auf Art. 86 Abs. 1 i.V.m. Art. 31 und Art. 28, wonach Einfuhrmonopole verboten sind.[26] Die Abschaffung der Dienstleistungsmonopole für die **Einrichtung und die Wartung** der Endgeräte wurde auf dieselben Grundsätze und zusätzlich auf Art. 49[27] gestützt, weil die Erbringung dieser Dienstleistungen wesentliche Erwägungsgründe bei Kauf oder Miete von Endgeräten sind.[28]

11 Die Kommission stützte die Aufhebung der ausschließlichen und besonderen Rechte für die Einfuhr und den Vertrieb von Endgeräten auch auf eine **Verletzung von Art. 86**. Die marktbeherrschende Stellung beruhte dabei auf dem Monopol für die Einrichtung und den

---

22 So auch EuGH, Italien/Kommission, Rs. 41/83, Slg. 1985, 873, 888.

23 Vgl. die Entschließung des Rates zur Lage im Bereich der Telekommunikationsdienste, ABl. EG 1993 Nr. C 2, S. 5.

24 Richtlinie 88/301/EG vom 16. 5. 1988, ABl. EG 1988 Nr. L 131, S. 73.

25 Vgl. insoweit EuGH, Italien/Kommission, Rs. 41/83, Slg. 1985, 873.

26 Vgl. 4. und 5. Erwägungsgrund und Art. 2 der Richtlinie. Zu Einfuhrmonopolen siehe EuGH, Manghera/Pubblico Ministero, Rs. 59/75, Slg. 1976, 91, 102.

27 Vgl. 7. Erwägungsgrund der Richtlinie, in dem die Kommission darauf verweist, dass die Endgerätewartung diskriminierungsfrei möglich sein muss, sofern sie über die Grenzen hinweg erbracht wird, EuGH, Webb/Niederlande, Rs. 279/80, Slg. 1981, 3305, 3324. Die Kommission war der Auffassung, dass die Anwendung der Art. 49 ff. zum gleichen Ergebnis wie Art. 28 bis 37 führt, so dass der Mitgliedstaat zwar nationale Dienstleistungs- und Produktionsmonopole beibehalten kann, jedoch nicht die Einfuhr und Vermarktung von Waren bzw. die Erbringung von Dienstleistungen aus anderen Mitgliedstaaten verbieten darf.

28 Art. 31 betrifft zwar nur die Handelsmonopole mit Waren, die Gegenstand von Ein- und Ausfuhr sein können und nicht die Dienstleistungsmonopole; vgl. EuGH, Sacchi, Rs. 155/73, Slg. 1974, 409, 432. Die Einrichtung und Wartung der eingeführten Endgeräte ist aber so eng mit der freien Verfügbarkeit über die Geräte verbunden, dass sie nur dann hergestellt werden, wenn der Eigentümer auch darüber bestimmen kann, wer die Einrichtung, und die Wartung durchführt. Schließlich bieten die Fernmeldeverwaltungen selbst Endgeräte an und sind damit Konkurrenzunternehmen.

Betrieb des nationalen Telekommunikationsnetzes.[29] So hatten die ausschließlichen Rechte für die Einfuhr und den Vertrieb von Endgeräten zur Folge, dass die Fernmeldeverwaltungen die Miete der Endgeräte vorschreiben konnten. Der Abschluss von Verträgen zur Nutzung des Fernmeldenetzes wurde an die Bedingung geknüpft, dass zusätzliche Leistungen abzunehmen waren, die nicht in Beziehung zur Netznutzung standen. Ferner bestand die Möglichkeit, die Absatzmöglichkeiten einzuengen und den technischen Fortschritt zu behindern. Da die marktbeherrschende Stellung als solche und damit auch Rechte, die eine solche Stellung verschaffen, nicht verboten ist, sondern nur ihr Missbrauch, war es äußerst fraglich, ob auch wegen eines möglichen Missbrauchs die Aufhebung eines solchen Rechts verlangt werden konnte. Die Richtlinie schrieb weiter vor, dass die Festschreibung der technischen Spezifikationen und die Kontrolle ihrer Anwendung sowie die Zulassung der Endgeräte von einer Stelle vorzunehmen ist, die von den im Bereich der Telekommunikation tätigen Unternehmen unabhängig ist.

Die Mitgliedstaaten liberalisierten den Endgeräte-Markt zwar, allerdings bestritten einige **12** von ihnen das Recht der Kommission, auf diesem Gebiet sekundäres Gemeinschaftsrecht setzen zu dürfen. So erhob Frankreich gegen die Richtlinie **Nichtigkeitsklage** beim EuGH, und Italien, Belgien, Deutschland und Griechenland schlossen sich der Klage an. Sie widersprachen nicht der Zielsetzung der Richtlinie und beantragten deshalb auch nicht die Aussetzung ihrer Durchführung gemäß Art. 242. Im Vordergrund stand vielmehr die **Zuständigkeit** der Kommission, derartige Maßnahmen zu treffen. Unstreitig ist die Kommission gemäß Art. 86 Abs. 3 zuständig, wenn die Mitgliedstaaten Art. 86 Abs. 1 widersprechende Maßnahmen ergreifen oder beibehalten, wie z.B. staatliche Einfuhrmonopole im Sinne von Art. 31. Sie kann auch präventive Maßnahmen ergreifen, wenn dies zur Wahrnehmung ihrer Aufgaben notwendig ist.[30] Ob sie darüber hinaus befugt ist, präventive Maßnahmen vorzuschreiben, um den möglichen Missbrauch einer marktbeherrschenden Stellung zu verhindern, war dagegen umstritten.[31]

Der EuGH hat mit Urteil vom 19. März 1991 die **Rechtmäßigkeit** der Endgeräte-Richt- **13** linie im Wesentlichen **bestätigt**.[32] Hierin stellte er fest, dass Art. 86 Abs. 3 der Kommission die Befugnis verleiht, die sich aus Art. 86 Abs. 1 ergebenden Verpflichtungen allgemein durch den Erlass von Richtlinien zu präzisieren. Die Kommission machte von dieser Befugnis zu Recht Gebrauch, als sie diese Verpflichtungen für alle Mitgliedstaaten verbindlich konkretisierte. Der EuGH entschied außerdem, dass Art. 86 Abs. 1 zwar von der Existenz von Unternehmen ausgeht, die bestimmte besondere und ausschließliche Rechte besitzen, jedoch nicht alle besonderen und ausschließlichen Rechte notwendigerweise mit dem Vertrag vereinbar sind. Die Anordnung der Aufhebung der ausschließlichen Rechte betreffend die Einfuhr, den Vertrieb, die Einrichtung, die Inbetriebsetzung und die Wartung der Endgeräte erklärte der EuGH unter Bezugnahme auf Art. 28 für zulässig.[33] Auf die von

---

29 13. Erwägungsgrund der Richtlinie.
30 EuGH, Transparenzrichtlinie, Rs. 188–190/80, Slg. 1982, S. 2545, 2575, allerdings unter Bezugnahme auf die Beihilfenaufsicht.
31 Als präventive Maßnahme fordert die Kommission die Trennung der regulierenden Funktion der Telekommunikationsdienste von ihrer wettbewerblichen Tätigkeit, um einen möglichen Missbrauch gem. Art. 82 zu vermeiden.
32 EuGH, Frankreich/Kommission, Rs. C-202/88, Slg. 1991, I-1223.
33 Zu Einfuhr und Vermarktung: EuGH Dassonville, Rs. 8/74, Slg. 1974, 837; zu den übrigen Rechten: EuGH, Leclerc, Rs. 229/83, Slg. 1985, 1, 28. Der EuGH stellte jedoch auch fest, dass bei der

der Kommission zusätzlich herangezogenen Vertragsvorschriften, insbesondere Art. 31, ist der EuGH nicht gesondert eingegangen.

14 **c) Diensterichtlinie.** – Die Kommission verabschiedete in einem nächsten Schritt sodann die Richtlinie über den Wettbewerb auf dem Markt für Telekommunikationsdienste.[34] Diese Richtlinie stellte den Fortbestand der nationalen Monopole für die Errichtung und den Betrieb der Telekommunikationsnetze sowie des Sprachtelefondienstes nicht in Frage, und auch der Telexdienst bleibt unberührt.[35] Für alle anderen **netzgebundenen Telekommunikationsdienste** verlangte die Richtlinie dagegen die Herstellung freien Wettbewerbs zwischen den Fernmeldeverwaltungen und den alternativen Betreibern. Die dadurch liberalisierten Dienstleistungen waren insbesondere solche zur Steigerung der Leistungsfähigkeit der Telekommunikationsfunktionen, Informationsdienste für den Zugriff auf Datenbanken und für die Datenfernverarbeitung, Dienste zur Aufzeichnung und Wiedergabe von Nachrichten, Transaktionsdienste (wie z. B. Finanztransaktionen, elektronischer Austausch von Handelsdaten, Fernbestellung und -reservierung) sowie Fernwirkdienste, wie z. B. Fernsteuern und Fernmessen.

15 Die Kommission begründete ausdrücklich, warum vom EG-Vertrag erlaubte Beschränkungen der Wettbewerbsfreiheit nicht vorlagen. Die Erbringung dieser Dienste war demnach nicht mit der Ausübung öffentlicher Gewalt verbunden und nicht geeignet, die öffentliche Ordnung oder Gesundheit zu beeinträchtigen. Ausnahmen aus sonstigen nicht-wirtschaftlichen Gründen lagen nicht vor, und das allgemeine Interesse, der Verbraucherschutz und der Schutz des geistigen Eigentums waren nicht berührt. Einschränkungen ergaben sich allenfalls aus der Aufrechterhaltung der Netzintegrität, der Sicherheit beim Netzbetrieb sowie in begründeten Fällen aus der Interoperabilität der Netze und des Datenschutzes. Diese Einschränkungen müssen aber in einem angemessenen Verhältnis zu dem Ziel stehen, welches mit den legitimen Anforderungen erreicht werden soll.

16 Rechtlich wurde die Richtlinie insbesondere auf das Verbot der Beschränkungen des **freien Dienstleistungsverkehrs** in Art. 49 gestützt. Die Aufrechterhaltung oder Einführung ausschließlicher oder besonderer Rechte, welche die vorstehend genannten Kriterien nicht erfüllen, wurde deshalb als Verstoß gegen Art. 86 Abs. 1 und Art. 49 angesehen.[36] Die Richtlinie war außerdem auf die Verletzung von Art. 86 Abs. 1 und Art. 82 gestützt. Dabei ging die Kommission davon aus, dass mangels gemeinsamer Vorschriften über den offenen Netzzugang die Märkte der Mitgliedstaaten voneinander getrennt blieben. Die Unternehmen, die Netze betreiben, errichten und nutzen, hatten deshalb eine marktbeherrschende Stellung, die durch die Ausweitung ihrer ausschließlichen Rechte auf neue Dienste noch verstärkt wurde.[37] Dies hatte zur Folge, dass Wettbewerber ausgeschlossen oder zumindest

---

Feststellung der Unvereinbarkeit von besonderen Rechten konkrete Verletzungen von Vertragsvorschriften durch bestimmte Mitgliedstaaten nachgewiesen werden müssen. In dem zugrunde liegenden Fall gab es lediglich im Vereinigten Königreich auf dem Gebiet der Endgeräte besondere Rechte, die zwei Unternehmen, British Telecommunications und Mercury, gewährt worden waren.

34 Richtlinie 90/388/EG vom 28. 6. 1989, ABl. EG 1990 Nr. L 192, S. 10.

35 Die Kommission bezog sich insoweit auf die Ausnahmeregel in Art. 86 Abs. 2; vgl. EuGH, Italien/Kommission, Rs. 41/83, Slg. 1985, 873, 888.

36 Nr. 10 der Erwägungsgründe der Richtlinie.

37 Auch hier ließ die Kommission die Frage offen, ob die marktbeherrschende Stellung und ihre Erweiterung durch staatliche Maßnahmen grundsätzlich verboten sind. Demgegenüber ist die Tatsache unerheblich, dass mangels technischer Vorschriften über den offenen Netzzugang die von

beim Marktzugang behindert wurden. Dadurch wurde die technische Entwicklung eingeschränkt und die Wahlmöglichkeit der Verbraucher begrenzt. Schließlich wurde den Netznutzern die Inanspruchnahme von Dienstleistungen auferlegt, für die ausschließliche
Rechte bestanden, wodurch der Abschluss von Nutzungsverträgen von der Annahme zusätzlicher Leistungen abhängig gemacht wurde, die mit dem Gegenstand dieser Verträge in
keiner Beziehung standen.

Die Kommission stellte weiter fest, dass der Bestand von besonderen oder ausschließlichen **17**
Rechten für diese Dienste mit den in Art. 3g) genannten Zielsetzungen nicht vereinbar war.
Demnach ist ein System zu errichten, das den Wettbewerb innerhalb des gemeinsamen
Marktes vor Verfälschungen schützt. Gemäß Art. 10 Abs. 2 sind die Mitgliedstaaten ver-
pflichtet, solche Maßnahmen zu unterlassen.[38]

Mit dieser Richtlinie wurde schließlich die **Entkoppelung der hoheitlichen von den be- 18
trieblichen Funktionen** der Fernmeldeorganisationen angeordnet. Angesichts des darin
angelegten Interessenkonflikts konnte der Zugang der Wettbewerber zum Markt der Telekommunikationsdienste und die freie Wahl der Benutzer auf diesem Markt eingeschränkt
und der technische Fortschritt behindert werden. Die Richtlinie enthielt schließlich Meldepflichten der Mitgliedstaaten für die getroffenen Maßnahmen. Sie stellte eine weitere klare
Aussage der Kommission für einen marktwirtschaftlichen Ansatz und für die Liberalisierung des Telekommunikationssektors dar.

Gegen die Richtlinie erhoben Spanien, Belgien und Italien **Nichtigkeitsklage** beim EuGH **19**
gemäß Art. 230.[39] Dabei wurden im Wesentlichen die gleichen Gründe angeführt wie in
dem Verfahren über die Endgeräterichtlinie. Der EuGH wies die Klagen ab und bestätigte
dabei insbesondere das **Recht der Kommission**, Richtlinien zu erlassen, um die sich aus
dem Vertrag ergebenden Verpflichtungen der Mitgliedstaaten zu präzisieren. Auch bestätigte der EuGH, dass die Übertragung ausschließlicher Rechte an die Telekommunikationsverwaltungen, die über die Erbringung der Basisdienste hinausgehen, mit Art. 86 und
Art. 49 unvereinbar sind. Er verneinte dabei nicht das Recht der Kommission, im Rahmen
von Richtlinien konkrete Vertragsverstöße der Mitgliedstaaten zu ahnden. Er verlangte allerdings, dass die Kommission sodann konkret aufzeigt, welche nationale Maßnahme beanstandet wird und worin genau eine Verletzung der Vertragsvorschriften liegt. Wegen
Fehlens dieser Voraussetzungen wies der EuGH das Verlangen der Kommission, dass die
besonderen Rechte aufgehoben werden müssten, zurück. Im Übrigen stellte er fest, dass
die Kommission zu Recht die Trennung von reglementierender und kommerzieller Funktion der Unternehmen verlangt hatte. Schließlich entschied der EuGH, dass eine Verletzung von Art. 86 i.V.m. Art. 81 und 82 durch die Mitgliedstaaten nicht vorliegt, wenn die
betreffenden Unternehmen aus eigener Initiative handeln.

Art. 82 geforderte Beeinträchtigung des Handels zwischen den Mitgliedstaaten technisch nicht
möglich war. Denn auch eine potenzielle Beeinträchtigung reicht aus, dieses Tatbestandsmerkmal
zu erfüllen. Sonst müsste erst abgewartet werden, bis die Mitgliedstaaten die erforderlichen technischen Spezifikationen veröffentlichen und so der grenzüberschreitende Dienstleistungsverkehr
wirksam werden kann.

38 Der Ausschluss des Wettbewerbs durch staatliche Maßnahmen widerspricht den Zielen des
Art. 3g), diese Vorschrift ist aber nicht unmittelbar anwendbar, sondern wird durch die Wettbewerbsregeln konkretisiert.

39 EuGH, Spanien u.a./Kommission, Rs. C-271/90, C-281/90 und C-289/90, Slg. 1992, I-5833.

20   **d) Ergänzungen der Diensterichtlinie.** – Die Diensterichtlinie wurde von der Kommission in den neunziger Jahren mehrfach ergänzt, um so die **vollständige Liberalisierung** der Telekommunikationsmärkte schrittweise zu vollenden. Durch diese Ergänzungen erfolgte jeweils eine Einbeziehung weiterer Telekommunikationsdienste in den Anwendungsbereich der grundlegenden Richtlinien, so dass die Abschaffung der Monopole dann auch für jene Dienste galt.

21   Zunächst verabschiedete die Kommission die Richtlinie über die **Satellitenkommunikation**.[40] Der Rat hatte sich in diesem Zusammenhang bereits in seiner Entscheidung vom 19. Dezember 1991 über die Entwicklung eines Gemeinsamen Marktes für Satellitenkommunikationsdienste und -geräte[41] für die von der Kommission in ihrem Grünbuch vertretenen Positionen ausgesprochen: Das Ziel sei eine Harmonisierung und Liberalisierung der Bedingungen für die Bereitstellung von Satellitenfunkgeräten einschließlich der Aufhebung aller ausschließlichen und besonderen Rechte auf diesem Gebiet, allerdings vorbehaltlich der für die Erhaltung der grundlegenden Anforderungen nötigen Auflagen.[42]

22   Wegen der erneuten Forderung auf Beseitigung auch der **besonderen Rechte** war die Kommission aufgrund der insoweit negativen Entscheidung des EuGH in seinem Urteil über die Diensterichtlinie gezwungen, diesen Begriff weiter zu präzisieren. Der Kommission zufolge waren besondere Rechte im Sinne dieser Richtlinie solche, welche ein Mitgliedstaat durch Rechts- oder Verwaltungsvorschriften einer begrenzten Anzahl von Unternehmen in einem bestimmten Gebiet gewährte, wenn der Staat die Anzahl dieser Unternehmen begrenzte, ohne sich dabei an objektive, angemessene und nichtdiskriminierende Kriterien zu halten. Gleiches galt, wenn ein Mitgliedstaat mehrere konkurrierende Unternehmen nach anderen als diesen Kriterien bestimmte oder einem oder mehreren Unternehmen besondere Vorteile einräumte, welche die Fähigkeit anderer Unternehmen, in demselben Gebiet unter gleichen Bedingungen tätig zu werden, wesentlich beeinträchtigten.

23   Auch diese Richtlinie der Kommission war auf Art. 86 Abs. 3, Art. 49 und Art. 82 gestützt. Art. 49 war deshalb relevant, weil nur eine begrenzte Anzahl von Unternehmen Telekommunikationsdienste über Satelliten erbringen durften und die Mitgliedstaaten ihnen dadurch besondere oder ausschließliche Rechte einräumten. Andere Unternehmen wurden daran gehindert, solche Leistungen im Verkehr von und nach anderen Mitgliedstaaten zu erbringen. Träger der ausschließlichen Rechte für Satellitenkommunikation waren im Übrigen Organisationen, die bereits mit ihrem terrestrischen Netz den Markt beherrschten, wodurch ihre marktbeherrschende Stellung noch verstärkt wurde. Folglich waren solche ausschließlichen Rechte für Satellitenkommunikation mit Art. 82 unvereinbar. Die Richtlinie verlangte deshalb von den Mitgliedstaaten, die besonderen und ausschließlichen Rechte aufzuheben. Die Mitgliedstaaten haben diese Richtlinie nicht angefochten.

24   Im Jahr 1995 begann sodann die Liberalisierung der Märkte im Bereich des **Kabelfernsehens**.[43] Hierdurch wurde neben der Aufhebung aller Beschränkungen bei der Bereitstel-

---

40 Richtlinie 94/46/EG vom 13. 10. 1994, ABl. EG 1994 Nr. L 268, S. 15.
41 ABl. EG 1992 Nr. C 8, S. 1.
42 Siehe insoweit auch die befürwortende Stellungnahme des Europäischen Parlaments, ABl. EG 1993 Nr. C 42, S. 30.
43 Die Kabelfernsehnetze sind durch die Richtlinie 95/51/EG der Kommission vom 18. 10. 1995 zur Änderung der Richtlinie 90/388/EWG hinsichtlich der Aufhebung der Einschränkungen bei der Nutzung von Kabelfernsehnetzen für die Erbringung bereits liberalisierter Telekommunikations-

lung und Nutzung von Kabelnetzen und bei der Zusammenschaltung solcher Netze auch die getrennte Kontoführung beim geschäftlichen Betrieb von Telekommunikations- und Kabelnetzen durch denselben Betreiber angeordnet. Die Kabelrichtlinie wurde im Jahr 1999 sodann ergänzt um die Pflicht der marktbeherrschenden Betreiber zur **strukturellen Trennung** zwischen Telekommunikations- und Kabelfernsehnetzen.[44] Hiermit wurde jedoch lediglich eine rechtliche Trennung in verschiedene juristische Einheiten verlangt. Im Vorfeld der Verabschiedung dieser Richtlinie war lange auch die Statuierung einer Pflicht zur effektiven **Eigentümertrennung** zwischen beiden Infrastrukturen diskutiert worden.[45] Diese wurde aufgrund starker politischer Widerstände aus einigen Mitgliedstaaten von der Kommission jedoch nicht durchgesetzt, sondern blieb einem einzelfallorientierten Ansatz, insbesondere im Rahmen von Verfahren nach der EG-Verordnung über die Zusammenschlusskontrolle, vorbehalten.[46]

25 Im Jahr 1996 erfolgte durch eine weitere Ergänzung der Diensterichtlinie die Liberalisierung der Märkte für den **Mobilfunk** und für die persönlichen Kommunikationssysteme.[47] Das Besondere an dieser Richtlinie lag darin, dass nicht nur die Erbringung von Mobilfunkdiensten, sondern auch die Bereitstellung von Mobilfunknetzen liberalisiert wurde. Anders als im Bereich der Festnetztelefonie wurde somit im Mobilfunk der Aufbau alternativer Infrastruktur gleichzeitig mit der Liberalisierung der Dienste ermöglicht.

26 Schließlich wurde durch die Richtlinie der Kommission über den **vollständigen Wettbewerb** mit Wirkung vom 1. Januar 1998 die Liberalisierung aller bis dahin noch nicht für den Wettbewerb geöffneten Telekommunikationsinfrastrukturen und -dienste einschließlich der Bereitstellung von Telefonfestnetzen sowie des Angebots des öffentlichen Sprachtelefondienstes angeordnet.[48] Lediglich der direkte Zugang der Wettbewerber zu den Telefonkunden über die **Teilnehmeranschlussleitung** wurde hierbei von der Liberalisierung noch ausgenommen, denn eine Pflicht der Ex-Monopolisten zur Entbündelung der Ortsnetze wurde dabei nicht statuiert.[49] Sie wurde jedoch in mehreren Mitgliedstaaten, darunter

---

dienste, ABl. EG 1995 Nr. L 256, S. 49, in die Liberalisierungsrichtlinie einbezogen worden; fast zeitgleich dazu wurde die Binnenmarktrichtlinie 95/47/EG des Europäischen Parlaments und des Rates vom 24. 10. 1995 über die Anwendung von Normen für die Übertragung von Fernsehsignalen verabschiedet, ABl. EG 1995 Nr. L 281, S. 51.

44 Richtlinie 1999/64/EG der Kommission vom 23. 6. 1999 zur Änderung der Richtlinie 90/388/EWG im Hinblick auf die Organisation ein- und demselben Betreiber gehörender Telekommunikations- und Kabelfernsehnetze in rechtlich getrennten Einheiten, ABl. EG 1999 Nr. L 175, S. 39.

45 Auf Grundlage der Mitteilung der Kommission betreffend die Bereitstellung von Telekommunikations- und Kabelfernsehnetzen durch ein- und denselben Betreiber sowie die Aufhebung der Beschränkungen bei der Nutzung von Telekommunikationsnetzen für die Bereitstellung von Kabelfernsehkapazität – wettbewerbsrechtliche Gesamtbeurteilung, ABl. EG 1998 Nr. C 71, S. 4 („Cable Review").

46 So geschehen in den Verfahren Telia/Telenor (ABl. EG 2001 Nr. L 40, S. 1; Presseerklärung der Kommission IP/99/746 vom 13. 10. 1999) und Telia/Sonera (ABl. EG 2002 Nr. C 201, S. 19; Presseerklärung der Kommission IP/02/1032 vom 10. 7. 2002).

47 Richtlinie 96/2/EG des Europäischen Parlaments und des Rates vom 16. 1. 1996 zur Änderung der Richtlinie 90/388/EWG im Bereich der mobilen und persönlichen Kommunikation, ABl. EG 1996 Nr. L 50, S. 59.

48 Richtlinie 96/19/EG des Europäischen Parlaments und des Rates vom 13. 3. 1996 zur Änderung der Richtlinie 90/388/EWG hinsichtlich der Einführung des vollständigen Wettbewerbs auf den Telekommunikationsmärkten, ABl. EG 1996 Nr. L 74, S. 13.

auch in Deutschland, zeitgleich aufgrund nationaler Regelungen erzielt.

27   **3. Harmonisierungsrichtlinien gem. Art. 95. – a) Allgemeines.** – Der Erfolg der Liberalisierung der Telekommunikationsmärkte in der EU beruht auf einer bislang in keinem anderen Wirtschaftssektor wiederholten gesetzgeberischen Strategie, die von der Kommission erarbeitet und durchgeführt wurde. Diese Strategie bestand darin, die Mitgliedstaaten zur Beendigung der Monopole zu verpflichten[50], damit den Markteintritt von Wettbewerbern zuzulassen und ihnen zugleich den Erlass nationaler Vorschriften über **einheitliche Bedingungen für den Markteintritt** durch Drittzugangsrechte vorzuschreiben. Letzteres erfolgte durch eine Reihe von Harmonisierungsrichtlinien gem. Art. 95[51] durch den Rat und das Europäische Parlament, seit Inkrafttreten des Vertrages von Maastricht Ende 1993 im Mitentscheidungsverfahren, jeweils beruhend auf Richtlinienvorschlägen der Kommission.

28   Ziel dieser Richtlinien war es, langfristig den vollständigen Zugang zu allen öffentlichen Telekommunikationsnetzen und -diensten mittels harmonisierter Grundsätze und Bedingungen für diesen Zugang zu gewährleisten. Genau wie die Liberalisierung durch Beendigung der Monopole mittels der Richtlinien gem. Art. 86 Abs. 3 erfolgte auch die Harmonisierung der Zugangsbedingungen schrittweise nach getrennten Bereichen des Telekommunikationssektors.

29   **b) Richtlinie zur Einführung des offenen Netzzugangs (ONP).** – Zeitgleich mit der ersten Liberalisierungsrichtlinie für Telekommunikationsdienste verabschiedeten der Rat und das Europäische Parlament im Jahr 1990 zunächst die grundlegende Harmonisierungsrichtlinie zur Angleichung der Bedingungen für den offenen Netzzugang (*Open Network Provision – ONP*) in den Mitgliedstaaten.[52] Die **Netzzugangsbedingungen** durften demnach nur anhand objektiver, diskriminierungsfreier und transparenter, vorab veröffentlichter Kriterien festgelegt werden. Der Zugang zu den Telekommunikationsnetzen durfte dabei nur verweigert oder beschränkt werden, wenn dies aus Gründen der Sicherheit des Netzbetriebs, der Aufrechterhaltung der Netzintegrität, der Interoperabilität der Dienste oder des Datenschutzes zwingend erforderlich war. Auch enthielt die Richtlinie Grundsätze über die Gestaltung der Entgelte für den Zugang zu Netzen und Diensten.

30   Durch diese Richtlinie wurden die zu harmonisierenden Einzelbereiche und der Zeitrahmen hierfür zwar noch nicht unmittelbar geregelt, jedoch bereits vorgezeichnet. Demnach sollten in einem ersten Schritt nach einem bestimmten Zeitplan die Zugangsbedingungen für Mietleitungen, Datenvermittlung, Sprachtelefonie, Telex und Mobilfunk festgelegt werden.[53] Zur Unterstützung der Kommission bei der Umsetzung dieses Arbeitsprogramms wurde der ONP-Ausschuss eingesetzt, welcher sich aus Vertretern der Mitgliedstaaten zusammensetzte.

---

49 Eine derartige gemeinschaftsweite Verpflichtung wurde erst zum 1. 1. 2001 durch die Verordnung 2887/2000 angeordnet, s. u. Abschnitt I. 4.

50 Durch die Liberalisierungsrichtlinien gem. Art. 86 Abs. 3, s. o. Abschnitt I. 2.

51 Ursprünglich Art. 100a, die wesentliche Kompetenzzuweisung an die Gemeinschaftsorgane für die Annäherung der nationalen Rechtsordnungen zur Verwirklichung des gemeinsamen Marktes.

52 Richtlinie 90/387/EWG des Rates zur Verwirklichung des Binnenmarktes für Telekommunikationsdienste durch Einführung eines offenen Netzzugangs (Open Network Provision – ONP), ABl. EG 1990 Nr. L 192, S. 1.

53 Vgl. Anhang 1 und 3 der Richtlinie.

c) Ergänzungen der grundlegenden ONP-Richtlinie. – aa) Mietleitungen. – Als erste 31
spezielle Harmonisierungsrichtlinie verabschiedeten Rat und Parlament im Jahr 1992 die
Mietleitungsrichtlinie.[54] Hierin wurden die in der grundlegenden Harmonisierungsrichtlinie vorgesehenen Grundsätze auf die Bereitstellung von Mietleitungen ausgedehnt. Die
Mietleitungsrichtlinie wurde im Jahr 1997 sodann geändert.[55] Demnach hatten die Mitgliedstaaten dafür zu sorgen, dass jeder Nutzer von Telekommunikationsdiensten Zugang
zu einem **Mindestmaß an Mietleitungen** mindestens eines Anbieters beanspruchen konnte. Hierzu war insbesondere die Verpflichtung der nationalen Regulierungsbehörden vorgesehen, Betreiber mit beträchtlicher Marktmacht zur Bereitstellung von Mietleitungen zu
verpflichten. Beträchtliche Marktmacht war dabei immer dann anzunehmen, wenn ein Betreiber auf dem – in der Richtlinie vordefinierten und somit als vorliegend angenommenen
– Markt für Mietleitungen über mindestens 25 % Marktanteile verfügte.

bb) Genehmigungen. – Im Jahr 1997 erließen Rat und Parlament die Genehmigungsricht- 32
linie.[56] Zwar waren bereits in den Liberalisierungsrichtlinien der Kommission grundlegende Anforderungen an nationale Genehmigungsverfahren, wie Objektivität, Nichtdiskriminierung und Transparenz, geregelt. Jedoch wurde erst durch den Erlass der Genehmigungsrichtlinie ein vollständiger und allgemein gültiger Rechtsrahmen für alle Genehmigungen
geschaffen. Ziel dieser Richtlinie war eine weitgehende **Liberalisierung des Lizenzie-
rungsregimes**. Dabei war vorgesehen, dass die Erbringung von Telekommunikationsdiensten soweit wie möglich ohne vorherige Genehmigung erlaubt sein sollte. Nur wenn
und soweit dies absolut notwendig war, sollte eine Genehmigung verlangt werden können.
Dazu wurde zwischen zwei Arten von Genehmigungen unterschieden, nämlich der Allgemeingenehmigung und der individuellen Lizenz, wobei Erstere im Regelfall und Letztere
nur in bestimmten Ausnahmefällen angeordnet werden sollte.

Wenn eine Allgemeingenehmigung ausreichte und ein Betreiber die damit verbundenen 33
Anforderungen erfüllte, durfte die Ausübung seiner Geschäftätigkeit sodann keinen weiteren speziellen Voraussetzungen unterworfen werden. Lediglich eine Anzeigepflicht bei
Aufnahme der Tätigkeit konnte angeordnet werden. Die Vergabe **individueller Lizenzen**
war dagegen insbesondere dann gerechtfertigt, wenn bei der Zuteilung eines knappen Guts
die Nachfrage das verfügbare Angebot überstieg. Die Vergabe hatte sodann in einem
offenen, nichtdiskriminierenden und transparenten Verfahren zu erfolgen. Die Anzahl der
Lizenzen durfte dabei nur beschränkt werden, um eine effiziente Nutzung von Funkfrequenzen zu gewährleisten oder um hinreichende Mengen an Rufnummern verfügbar zu
machen.

Die **Gebühren** für Lizenzen und Allgemeingenehmigungen durften die Kosten des für die 34
Vergabe, Kontrolle und Durchsetzung notwendigen Verwaltungsaufwands nicht überschreiten. Ein Entgelt, welches daneben auch den wirtschaftlichen Wert der Genehmigung
mit berücksichtigte, war dagegen nur im Ausnahmefall zulässig, aber selbst dann nicht

---

54 Richtlinie 92/44/EWG des Rates zur Einführung des offenen Netzzugangs bei Mitleitungen, ABl.
   EG 1992 Nr. L 165, S. 27.
55 Richtlinie 97/51/EG des Europäischen Parlaments und des Rates zur Änderung der Richtlinien 90/
   387/EWG und 92/44/EWG des Rates zwecks Anpassung an ein wettbewerbsorientiertes Umfeld,
   ABl. EG 1997 Nr. L 295, S. 23.
56 Richtlinie 97/13/EG des Europäischen Parlaments und des Rates über einen gemeinsamen Rahmen für Allgemein- und Einzelgenehmigungen für Telekommunikationsdienste, ABl. EG 1997
   Nr. L 117, S. 15.

zwingend, wenn es um die Vergabe eines knappen Gutes ging. Zu diesem Zweck ließ die Genehmigungsrichtlinie sowohl ein Ausschreibungs- als auch ein Versteigerungsverfahren zu, so dass die Mitgliedstaaten insofern ein Wahlrecht besaßen. Dieses Wahlrecht führte insbesondere bei der Vergabe der **UMTS-Lizenzen** im Jahr 2000 zu kontroversen Diskussionen und Rechtsstreitigkeiten, da die Mobilfunkbetreiber durch die verschiedenen Verfahren in den Mitgliedstaaten stark voneinander abweichenden Bedingungen, insbesondere Gebühren unterworfen wurden.[57] Die Kommission ist jedoch aufgrund des ausdrücklich in der Richtlinie vorgesehenen Wahlrechts insofern nicht eingeschritten, obwohl sie gerade von den finanziell besonders stark belasteten Betreibern in Deutschland und im Vereinigten Königreich hierzu vehement aufgefordert wurde.

35 **cc) Zusammenschaltung.** – Ebenfalls im Jahr 1997 erließen Rat und Parlament die Zusammenschaltungsrichtlinie.[58] Aufgrund dieser Richtlinie hatten die Mitgliedstaaten erstmalig dafür Sorge zu tragen, dass die neuen Marktteilnehmer Zugang zu den Netzen und Einrichtungen der angestammten Betreiber erhalten konnten, sofern diese über beträchtliche Marktmacht verfügten. Die Netzzusammenschaltung sollte es den Wettbewerbern ermöglichen, die Reichweite ihrer Geschäftätigkeit auch auf solche Endkunden zu erweitern, die sie mit ihrem eigenen Netz nicht erreichten. Hinsichtlich der Bedingungen für die Zusammenschaltung sah die Richtlinie vor, dass diese **objektiv und nicht diskriminierend** zu sein hatten, um einen wirksamen Leistungswettbewerb zwischen Konkurrenten mit stark unterschiedlichen Ausgangspositionen zu fördern.

36 Zwar sah die Richtlinie vorrangig eine vertragliche Aushandlung der Zusammenschaltungsbedingungen und -entgelte durch die beteiligten Unternehmen vor. Demnach sollten die Betreiber mit beträchtlicher Marktmacht ein **Standardangebot** für die Zusammenschaltung ausarbeiten und allen Wettbewerbern auf Anfrage zur Verfügung stellen sowie allen Anträgen auf Zusammenschaltung auf Grundlage dieser Vereinbarung nachkommen. Die Zusammenschaltungsentgelte sollten dabei transparent und nach dem Grundsatz der **Kostenorientierung** festgelegt werden. Die nationalen Regulierungsbehörden sollten erst dann mit ihren hoheitlichen Anordnungsbefugnissen eingreifen, wenn die Bemühungen der Parteien um eine vertragliche Festsetzung gescheitert waren. In der Praxis spielten die nationalen Regulierungsbehörden bei der Durchsetzung der Zusammenschaltungsansprüche der Wettbewerber eine wichtige Rolle, da viele Fragen, wie z.B. die notwendige Zahl der Zusammenschaltungspunkte mit dem Netz des angestammten Betreibers und die Höhe der Zusammenschaltungsentgelte zwischen den beteiligten Parteien nicht einvernehmlich geregelt werden konnten. Zur Unterstützung der nationalen Regulierungsbehörden bei der Erfüllung der ihnen zugewiesenen Aufgaben im Bereich der Zusammenschaltung erließ

---

57 Vgl. hierzu *Koenig*, K&R 2001, 41.

58 Richtlinie 97/33/EG des Europäischen Parlaments und des Rates über die Zusammenschaltung in der Telekommunikation im Hinblick auf die Sicherstellung eines Universaldienstes und der Interoperabilität durch Anwendung der Grundsätze für einen offenen Netzzugang, ABl. EG 1997 Nr. L 199, S. 32.

die Kommission zwei Empfehlungen betreffend die Zusammenschaltungsentgelte[59] sowie die getrennte Buchführung und die Kostenrechnung.[60]

Die Richtlinie sah ursprünglich nur vor, dass **Nummernportablilität** in größeren Bevölke- **37** rungszentren bis zum 1. Januar 2003 gewährt werden musste.[61] Diese Regelung wurde auf Vorschlag der Kommission jedoch bereits im Jahr 1998 geändert.[62] Nunmehr war vorgegeben, dass alle Diensteanbieter so bald wie möglich, aber spätestens bis zum 1. Januar 2000, die Möglichkeit der Nummernportablilität im Festnetz einführen mussten. Betreiber öffentlicher Telekommunikationsnetze sowie Anbieter mit beträchtlicher Marktmacht hatten ihren Kunden bis zu demselben Zeitpunkt zudem die Möglichkeit der Betreibervorauswahl (*Preselection*) anzubieten. Den nationalen Regulierungsbehörden wurde durch die Richtlinienänderung aufgegeben, die Einführung dieser Dienste aktiv zu unterstützen.

dd) Datenschutz. – Ebenfalls im Jahr 1997 erließen Rat und Parlament die Datenschutz- **38** richtlinie.[63] Diese für den Telekommunikationssektor spezifische Regelung trat dabei neben die allgemeine sektorübergreifende Datenschutzrichtlinie 95/46/EG. Da die Bestimmungen dieser Richtlinie – trotz einiger Änderungen und Ergänzungen – im Wesentlichen in die neue Datenschutzrichtlinie 2002/58/EG übernommen wurden, wird auf die Ausführungen zu jener Richtlinie als Teil des neuen Regulierungsrahmens verwiesen.[64]

ee) Sprachtelefondienst. – Schließlich erließen Rat und Parlament im Jahr 1998 die **39** Sprachtelefondienstrichtlinie.[65] Ziel dieser Richtlinie war die Harmonisierung der Zugangsbedingungen zum Telefon-Festnetz und der darüber erbrachten Dienstleistungen. Hierdurch sollte sichergestellt werden, dass für alle Endnutzer, ohne Unterschied hinsichtlich ihrer geografischen Lage oder des von ihnen erbrachten Umsatzes, hochwertige öffentliche Sprachtelefondienstleistungen zu angemessenen und erschwinglichen Preisen erbracht werden. Dazu hatten die Mitgliedstaaten den Betreibern **Universaldienstverpflichtungen** aufzuerlegen. Zu diesen Verpflichtungen gehörten insbesondere der Zugang zu Telefondiensten, die Bereitstellung von Auskunftsdiensten und die Versorgung mit öffentlichen Telefonen. Im Gegenzug dazu hatten die Mitgliedstaaten den betroffenen Unterneh-

---

59 Empfehlung 98/195 der Kommission vom 29. 7. 1998 zur Zusammenschaltung in einem liberalisierten Telekommunikationsmarkt (Teil 1 – Zusammenschaltungsentgelte), ABl. EG 1998 Nr. L 73, S. 42; geändert durch die Empfehlung 98/511 der Kommission vom 8. 1. 1998, ABl. EG 1998 Nr. L 228, S. 30.

60 Empfehlung 98/322 der Kommission vom 8. 4. 1998 zur Zusammenschaltung in einem liberalisierten Telekommunikationsmarkt (Teil 2 – Getrennte Buchführung und Kostenrechnung), ABl. EG 1998 Nr. L 73, S. 42.

61 Art. 12 Abs. 5.

62 Richtlinie 98/61/EG des Europäischen Parlaments und des Rates zur Änderung der Richtlinie 97/33/EG hinsichtlich der Übertragbarkeit von Nummern und der Betreiberauswahl, ABl. EG 1998 Nr. L 263, S. 37.

63 Richtlinie 97/66/EG des Europäischen Parlaments und des Rates über die Verarbeitung personenbezogener Daten und den Schutz der Privatsphäre im Bereich der Telekommunikation, ABl. EG 1998 Nr. L 24, S. 1.

64 S. u. Abschnitt II. 7., s. dort auch zum Verhältnis zwischen der allgemeinen und der speziellen Datenschutzrichtlinie.

65 Richtlinie 98/10/EG des Europäischen Parlaments und des Rates über die Anwendung des offenen Netzzugangs beim Sprachtelefondienst und beim Universaldienst im Telekommunikationsbereich in einem wettbewerborientierten Umfeld, ABl. EG 1998 Nr. L 101, S. 24.

men die Möglichkeit einer Kompensation für die aus diesen besonderen Verpflichtungen entstehenden Belastungen einzuräumen.

40 **4. Verordnung über die Entbündelung der Ortsnetze.** – Wichtige Voraussetzung für den Wettbewerb im Bereich der Telekommunikationsdienste ist die Möglichkeit für private Anbieter, ihren Kunden einen vollständigen Telefonanschluss anzubieten. Dies ist jedoch nur dann möglich, wenn das Unternehmen entweder eigene Ortsnetze aufbaut, sei es per Glasfaser, Fernsehkabel oder Richtfunk, oder aber von dem ehemaligen Monopolbetreiber Zugang zu dessen Ortsnetzen zu angemessenen Bedingungen erhält.

41 Die sog. Entbündelung der Ortsnetze, d.h. die Pflicht der ehemaligen Monopolbetreiber zur mietweisen Überlassung der Teilnehmeranschlüsse an Wettbewerber, war im europäischen Regulierungsrahmen **zunächst nicht vorgesehen**. Zum Zeitpunkt der vollständigen Liberalisierung lag das Schwergewicht des wirtschaftlichen und politischen Interesses zunächst auf dem Gebiet der Telefondienste, da hier stärkerer Wettbewerb von Seiten der alternativen Anbieter erwartet wurde. In einigen Mitgliedstaaten wurde die Entbündelung auf nationaler Ebene angeordnet.[66] Allerdings ist selbst in diesen Mitgliedstaaten ein effektiver Wettbewerb im Ortsnetz zunächst weitgehend ausgeblieben. Die wesentlichen Gründe hierfür waren einerseits die Höhe der für den Zugang zu entrichtenden Entgelte und andererseits Verzögerungen bei der Bereitstellung der vermieteten Teilnehmeranschlussleitungen.[67]

42 Auf der Tagung des Europäischen Rates von Lissabon im März 2000 forderten die Mitgliedstaaten die Kommission daher auf, für eine Verstärkung des Wettbewerbs im Ortsnetz zu sorgen. Zunächst beschloss die Kommission daraufhin gemäß Art. 211 eine an die Mitgliedstaaten gerichtete **Empfehlung**.[68] Hierin wurde den Mitgliedstaaten nahegelegt, bis Ende 2000 die Entbündelung der Ortsnetze auf nationaler Ebene anzuordnen. Diese Empfehlung wurde ergänzt durch eine **Mitteilung**, in der die Kommission darlegte, unter welchen Voraussetzungen sie eine Verpflichtung zur Entbündelung aufgrund des EU-Wettbewerbsrechts im Einzelfall durchsetzen würde.[69] Rechtlicher Ausgangspunkt dieser Bewertung war, dass die Verweigerung des beherrschenden Betreibers, Wettbewerbern Zugang zum Teilnehmeranschluss zu gewähren, einen Missbrauch seiner marktbeherrschenden Stellung im Sinne von Art. 82 darstellen kann. Dieses gilt sowohl für den Zugang als solchen als auch für die Bedingungen des Zugangs. Hinsichtlich der Zugangsgewährung kann es missbräuchlich sein, wenn der Marktbeherrscher bereits mindestens einem anderen Betreiber, der auch eine eigene Tochtergesellschaft sein kann, Zugang gewährt, einem Wettbewerber diesen jedoch verweigert.[70] Gleiches gilt auch für den Fall, dass der Marktbeherrscher bislang als einziger Betreiber im Ortsnetz tätig ist und allen Wettbewerbern den Zu-

---

66 Bereits 1998 erfolgt in Dänemark, Deutschland, Finnland, den Niederlanden, Österreich und Schweden.

67 Vgl. bereits dem 5. Umsetzungsbericht der Kommission, KOM(1999)537 vom 10. 11. 1999; bestätigt durch den 6. Umsetzungsbericht (Fn. 14).

68 Empfehlung 2000/417/EG vom 25. 5. 2000 über den entbündelten Zugang zum Ortnetz, ABl. EG 2000 Nr. L 156, S. 44.

69 Mitteilung der Kommission, Entbündelter Zugang zum Teilnehmeranschluss: Wettbewerbsorientierte Bereitstellung einer vollständigen Palette von elektronischen Kommunikationsdiensten einschließlich multimedialer Breitband- und schneller Internet-Dienste, ABl. EG 2000 Nr. C 272, S. 55; vgl. hierzu *de la Rochefordière*, Competition Policy Newsletter 2/2000, 34.

70 Diskriminierung im Sinne von Art. 82 Abs. 2c).

gang verweigert.[71] Hinsichtlich der Zugangsbedingungen können insbesondere die technischen Anforderungen und die Fristen der Bereitstellung sowie die für die Überlassung der Teilnehmeranschlussleitungen verlangten Entgelte[72] zu einem Missbrauch im Sinne von Art. 82 führen.

Aufgrund der – durch die zunehmende Internetnutzung – ständig wachsenden Bedeutung **43** des Wettbewerbs in den Ortsnetzen und der zu erwartenden Verzögerungen und Schwierigkeiten bei der Umsetzung der rechtlich nicht verbindlichen Empfehlung verabschiedete die Kommission sodann auf Grundlage von Art. 95 am 12. Juli 2000 einen Vorschlag für eine **Verordnung** zur Entbündelung der Ortsnetze.[73] Der Rat und das Parlament nahmen den Vorschlag der Kommission am 5. Dezember 2000 mit geringfügigen Änderungen an, so dass die Verordnung am 31. Dezember 2000 in Kraft treten konnte.[74]

Die Verordnung hat gemäß Art. 249 Abs. 2 **unmittelbare Bindungswirkung** und gewährt **44** jedem Unternehmen einen vor den nationalen Regulierungsbehörden und den nationalen Gerichten unmittelbar durchsetzbaren Anspruch auf vollständig entbündelten Zugang[75] oder auf gemeinsamen Zugang[76] zu den Teilnehmeranschlussleitungen. Die der Kommission gemeldeten SMP-Betreiber müssen hierzu ein entsprechendes **Grundangebot** veröffentlichen, jedem begründeten Antrag nachkommen und für die Überlassung kostenorientierte Preise verlangen, jedenfalls solange kein hinreichender Wettbewerb im Ortsnetz festgestellt werden kann.[77] Die Verweigerung des Zugangs darf als Ausnahme zu der generellen Rechtspflicht der Entbündelung lediglich anhand eng gefasster Kriterien, wie technische Verfügbarkeit oder Netzintegrität, erfolgen, für deren Vorliegen der beherrschende Anbieter zudem die Beweislast zu tragen hat.[78] Streitigkeiten über die Pflicht zur Entbündelung sind von den Regulierungsbehörden in einem schnellen, fairen und transparenten Verfahren zu schlichten.[79]

II. Der neue Rechtsrahmen

1. Gesetzgebungsprozess. – a) Vorarbeiten und Verabschiedung der Richtlinien. – Um **45** dem seit der vollständigen Liberalisierung in zunehmendem Maße entstandenen und weiter entstehenden Wettbewerb auf den Telekommunikationsmärkten, aber auch der fortschrei-

---

71 Unter den Voraussetzungen der essential facilities doctrine; *Koenig/Loetz*, EWS 2000, 377.
72 Unter dem Gesichtspunkt der Preisdiskriminierung, der überhöhten Preise oder der sog. Preis-Kosten-Schere.
73 Vorschlag für eine Verordnung des Europäischen Parlamentes und des Rates über den entbündelten Zugang zum Teilnehmeranschluss, KOM(2000) 394 vom 12. 7. 2000; Presseerklärung der Kommission IP/00/750 vom 12. 7. 2000.
74 Verordnung (EG) Nr. 2887/2000 des Europäischen Parlaments und des Rates vom 18. 12. 2000 über den entbündelten Zugang zum Teilnehmeranschluss, ABl. EG 2002 Nr. L 336, S. 4 (VO).
75 Der etablierte Betreiber bleibt Eigentümer der Kupferleitung zum Endkunden, aber der Wettbewerber erhält ein ausschließliches Nutzungsrecht für das gesamte Frequenzspektrum, so dass er allein in Geschäftsbeziehung zum Kunden tritt; Art. 2f) VO.
76 Der etablierte Betreiber bleibt Eigentümer der Kupferleitung und bietet weiterhin den Basis-Sprachtelefondienst an, überlässt dem Wettbewerber jedoch die Nutzung des höheren Frequenzbereichs zur Erbringung schneller Datenübertragungsdienste; Art. 2g) VO.
77 Art. 3 VO.
78 Art. 3 Abs. 2 VO.
79 Art. 4 Abs. 5 VO.

tenden Konvergenz der Netze und Dienste sowie dem Bedarf nach mehr Harmonisierung der Regulierung zwischen den Mitgliedstaaten Rechnung zu tragen, begann die Kommission bereits im Jahr 1999 mit der **Überarbeitung** des ursprünglichen Regulierungsrahmens. Zunächst veröffentlichte sie einen Bericht, in dem sie die bislang mit dem Rechtsrahmen gemachten Erfahrungen darlegte.[80] Die Ergebnisse der sich daran anschließenden öffentlichen Konsultation wurden im April 2000 in einem weiteren Bericht der Kommission zusammengefasst.[81]

46   Am 12. Juli 2000 verabschiedete die Kommission – unter Berücksichtigung der bei dieser Konsultation gewonnenen Erkenntnisse – sechs **Richtlinienvorschläge**, mit denen die bisher bestehenden Telekommunikationsrichtlinien vollständig ersetzt und neu geregelt werden sollten.[82] Das vorgelegte neue Richtlinienpaket bestand aus fünf Harmonisierungsrichtlinien gem. Art. 95, nämlich einer Rahmenrichtlinie[83] und vier speziellen Richtlinien über Zugang und Zusammenschaltung[84], Genehmigungen[85], Datenschutz[86] und Universaldienst.[87] Hierzu kam dann noch ein Vorschlag für eine konsolidierte und aktualisierte Richtlinie gem. Art. 86 Abs. 3[88] anstelle der mehrfach geänderten ursprünglichen Liberalisierungsrichtlinie.

47   Die wesentlichen Beratungen im Rat über die Kommissionsvorschläge fanden im zweiten Halbjahr 2000 sowie im Jahr 2001 statt. Dabei waren insbesondere die erweiterten Befugnisse der Kommission bei der Marktregulierung stark umstritten. In ihrem Vorschlag für die Rahmenrichtlinie hatte die Kommission eine für alle Mitgliedstaaten **verbindliche Kommissionsentscheidung** über die zu analysierenden Märkte vorgesehen. Auf diese Weise hätte die Kommission die Befugnis erhalten, den sachlichen Anwendungsbereich der Ex-ante-Regulierung in allen EU-Mitgliedstaaten durch eine abschließende Festlegung der von den nationalen Regulierungsbehörden zu diesem Zweck zu untersuchenden Märkte vorzugeben.[89] Dies wurde von der Mehrheit der Mitgliedstaaten jedoch strikt abgelehnt,

---

80 Sog. 1999 Review, vgl. Kommunikationsbericht, Entwicklung neuer Rahmenbedingungen für elektronische Kommunikationsinfrastrukturen und zugehörige Dienste, KOM(1999) 539.

81 Mitteilung der Kommission, Ergebnisse der öffentlichen Konsultation zur Überprüfung des Kommunikationsrahmens und Leitlinien für den neuen Regulierungsrahmen, KOM(2000) 239 vom 26. 4. 2000.

82 Presseerklärung der Kommission IP/00/766 vom 12. 7. 2000.

83 Vorschlag für eine Richtlinie des Europäischen Parlamentes und des Rates über einen gemeinsamen Rechtsrahmen für elektronische Kommunikationsnetze und -dienste, ABl. EG 2000 Nr. C 365E, S. 198.

84 Vorschlag für eine Richtlinie des Europäischen Parlamentes und des Rates über den Zugang zu elektronischen Kommunikationsnetzen und zugehörigen Einrichtungen sowie deren Zusammenschaltung, ABl. EG 2000 Nr. C 365E, S. 215.

85 Vorschlag für eine Richtlinie des Europäischen Parlamentes und des Rates über Genehmigungen elektronischer Kommunikationsnetze und -dienste, ABl. EG 2000 Nr. C 365E, S. 230.

86 Vorschlag für eine Richtlinie des Europäischen Parlamentes und des Rates über die Verarbeitung personenbezogener Daten und den Schutz der Privatsphäre in der elektronischen Kommunikation, ABl. EG 2000 Nr. C 365E, S. 223.

87 Vorschlag für eine Richtlinie des Europäischen Parlamentes und des Rates über den Universaldienst und Nutzerrechte bei den elektronischen Kommunikationsnetzen und -diensten, ABl. EG 2000 Nr. C 365E, S. 238.

88 ABl. EG 2001 Nr. C 96, S. 2.

89 Kritisch hierzu: *Huppertz*, K&R 2001, 402.

so dass anstelle der geplanten Entscheidung letztlich eine Kommissionsempfehlung über die relevanten Märkte in der Rahmenrichtlinie vorgesehen wurde.

Erhebliche Kontroversen inhaltlicher Art entstanden auch über die möglichen Auswirkun- **48** gen des neuen Rechtsrahmens auf die **Mobilfunknetzbetreiber.** Dabei wurde es als wichtiges Ziel angesehen, dass die Regulierung nicht auf weitere, bislang nicht erfasste Bereiche ausgedehnt wird. Allerdings wurde deutlich, dass der neu eingeführte technologieneutrale Regulierungsansatz der Rahmenrichtlinie durchaus zu einer Ex-ante-Regulierung des – bis dahin in den meisten Mitgliedstaaten nicht regulierten – Mobilfunks führen könnte. In diesem Zusammenhang war der Begriff der beträchtlichen Marktmacht – insbesondere in Form der **gemeinsamen beherrschenden Stellung** – Gegenstand langer Diskussionen im Rat, da viele Delegationen davon ausgingen, dass gerade über diese Rechtsfigur eine Regulierung des Mobilfunks erfolgen könnte.

Aus diesem Grund verlangte der Rat von der Kommission, die geplanten Leitlinien über **49** die Marktdefinition und die Marktanalyse, deren Annahme nach den Bestimmungen der Rahmenrichtlinie erst zum Zeitpunkt des Inkrafttretens des neuen Richtlinienpakets vorgesehen war, bereits vor der politischen Einigung im Rat zu verfassen.[90] Dieser Schritt wurde vom Rat sogar zur Voraussetzung einer solchen Einigung gemacht. Ein Entwurf für die **Leitlinien**, den die Kommission dem Rat Ende März 2001 vorlegte, und welcher u. a. detaillierte Ausführungen über die Rechtsprechung des EuGH und des EuG zur gemeinsamen Marktbeherrschung enthielt,[91] sowie die Vorlage geänderter Richtlinienvorschläge Anfang Juli 2001[92] ermöglichten schließlich im September 2001 die Annahme eines gemeinsamen Standpunktes durch den Rat.[93] Der gemeinsame Standpunkt enthielt gegenüber den Kommissionsvorschlägen in bestimmten Punkten bedeutende Änderungen. Insbesondere wurde hierin erstmals eine Märkteempfehlung anstatt der geplanten Kommissionsentscheidung vorgesehen. Zudem wurde das ursprünglich vorgesehene Vetorecht der Kommission gegen bestimmte geplante Entscheidungen der nationalen Regulierungsbehörden durch ein bloßes Recht zur Stellungnahme ersetzt.

Das **Europäische Parlament** forderte jedoch weiterhin eine starke Rolle der Kommission, **50** um die Harmonisierung der Regulierung innerhalb der EU zu verstärken. Insbesondere die in erheblichem Maße voneinander abweichenden Verfahrensansätze der nationalen Regulierungsbehörden bei der Vergabe der UMTS-Lizenzen hatten diese Forderung ausgelöst. Auch verlangte das Europäische Parlament – wohl unter dem Eindruck einer großen Zahl von Verbraucherbeschwerden über zu hohe Mobilfunkpreise – die Möglichkeit einer strikten Regulierung bestimmter Vorleistungsentgelte im Mobilfunk, wie z. B. der Terminierungsentgelte für Anrufe aus dem Festnetz sowie der Entgelte für das internationale Roaming.

Als es im Spätherbst 2001 über diese Fragen zu keiner Einigung unter den gesetzgebenden **51** Institutionen kam, stand die Anrufung des Vermittlungsausschusses kurz bevor. Um dieses

---

90 Vgl. zum Hintergrund dieser Debatte: *Tarrant*, ECLR 2000, 320.

91 KOM(2001) 175 endg., RdNr. 77–93; Presseerklärung der Kommission IP/01/456 vom 28. 3. 2001.

92 Infolge von Änderungsanträgen, welche das Europäische Parlament in Erster Lesung am 1. 3. 2001 angenommen hatte; ABl. EG 2001 C 270E, S. 161, 182, 199.

93 Vgl. die entsprechende Mitteilung der Kommission an das Europäische Parlament vom 18. 9. 2001, SEK(2001) 1365 endg.

Verfahren, welches mit großem Zeitdruck verbunden ist und für alle Beteiligten zu unerwünschten Ergebnissen führen kann, zu vermeiden, erzielte die belgische Rats-Präsidentschaft eine endgültige **Kompromisslösung**, welche am 12. Dezember 2001 vom Europäischen Parlament in zweiter Lesung angenommen wurde. Darin blieb es zwar bei der Märkteempfehlung anstelle der Entscheidung, jedoch erhielt die Kommission letztlich doch ein Vetorecht gegen bestimmte Regulierungsentscheidungen.

52   Am 14. Februar 2002 nahm der Rat sodann vier der fünf neuen Harmonisierungsrichtlinien formell an. Sie wurden am 24. April 2002 im Amtsblatt veröffentlicht und traten damit im Verhältnis zu den Mitgliedstaaten in Kraft.[94] Das Reformpaket wurde vervollständigt durch die Datenschutzrichtlinie des Rates und des Europäischen Parlaments[95] sowie durch die neue Liberalisierungsrichtlinie der Kommission.[96] Als weitere nachgeordnete Rechtsakte der Kommission kamen später noch die Empfehlung über die relevanten Märkte, die Leitlinien zur Marktdefinition und Marktanalyse sowie die Verfahrensleitlinien hinzu.[97]

53   **b) Umsetzung in den Mitgliedstaaten.** – Die Mitgliedstaaten hatten die Richtlinien innerhalb von fünfzehn Monaten nach Inkrafttreten in das nationale Recht umzusetzen und dazu ihre bestehenden Gesetze an die geänderte Rechtslage anzupassen.[98] **Die Frist zur Umsetzung** lief somit am 24. Juli 2003 ab.[99] Zu diesem Zeitpunkt hatten sieben Mitgliedstaaten – nämlich Dänemark, Finnland, Irland, Italien, Österreich, Schweden und das Vereinigte Königreich – die entsprechenden nationalen Rechtsakte in Kraft gesetzt. Gegen die anderen acht Mitgliedstaaten leitete die Kommission im Oktober 2003 **Vertragsverletzungsverfahren** gemäß Art. 226 EG-Vertrag wegen Nicht-Umsetzung ein.[100] Nachdem in Spanien die Richtlinien umgesetzt worden waren, führte die Kommission im Dezember 2003 das

---

94 Richtlinie 2002/21/EG des Europäischen Parlaments und des Rates vom 7. 3. 2002 über einen gemeinsamen Rechtsrahmen für elektronische Kommunikationsnetze und -dienste, ABl. EG 2002 Nr. L 108, S. 33; Richtlinie 2002/19/EG vom 7. 3. 2002 über Zugang und Zusammenschaltung, ABl. EG 2002 Nr. L 108, S. 7; Richtlinie 2002/20/EG vom 7. 3. 2002 über Genehmigungen, ABl. EG 2002 Nr. L 108, S. 21; Richtlinie 2002/22/EG vom 7. 3. 2002 über Universaldienst und Nutzerrechte, ABl. EG 2002 Nr. L 108, S. 51.

95 Richtlinie 2002/58/EG des Europäischen Parlaments und des Rates vom 12. 7. 2002 über die Verarbeitung personenbezogener Daten und den Schutz der Privatsphäre in der elektronischen Kommunikation, ABl. EG 2002 Nr. L 201, S. 37.

96 Richtlinie 2002/77/EG der Kommission vom 16. 9. 2002 über den Wettbewerb auf den Märkten für elektronische Kommunikationsnetze und -dienste, ABl. EG 2002 Nr. L 249, S. 21 (ersetzt die Richtlinien der Kommission 90/388/EWG, 94/46/EG, 95/51/EG, 96/2/EG, 96/19/EG und 1999/64/EG).

97 Empfehlung der Kommission vom 11. 2. 2003 über relevante Produkt- und Dienstmärkte des elektronischen Kommunikationssektors, die aufgrund der Richtlinie 2002/21/EG des Europäischen Parlaments und des Rates über einen gemeinsamen Rechtsrahmen für elektronische Kommunikationsnetze und -dienste für eine Vorabregulierung in Betracht kommen, ABl. EG 2003 Nr. L 114, S. 45; Leitlinien der Kommission zur Marktanalyse und Ermittlung beträchtlicher Marktmacht unter dem EU-Regulierungsrahmen für elektronische Kommunikationsnetze und -dienste, ABl. EG 2002 Nr. C 165, S. 6; Empfehlung der Kommission vom 23. 7. 2003 zu den Notifizierungen, Fristen und Anhörungen gemäß Artikel 7 der Richtlinie 2002/21/EG des Europäischen Parlaments und des Rates über einen gemeinsamen Rechtsrahmen für elektronische Kommunikationsnetze und -dienste, ABl. EG 2003 Nr. L 190, S. 13.

98 Vgl. für einen Überblick über den Anpassungsbedarf des TKG: *Schütz/Attendorn/König*, Elektronische Kommunikation, 2003; *Scherer*, K&R 2002, 273, 329, 385.

99 Für die Datenschutzrichtlinie am 31. 10. 2003.

100 Pressemitteilung der Kommission IP/03/1356.

Verfahren gegen Belgien, Deutschland, Griechenland, Frankreich, Luxemburg, die Niederlande und Portugal in der zweiten Stufe mit der Übersendung begründeter Stellungnahmen fort.[101] Die betreffenden Mitgliedstaaten hatten sodann zwei Monate Zeit, hierauf zu antworten. Nach Ablauf dieser Frist erhob die Kommission schließlich im April 2004 gegen Belgien, Deutschland, Griechenland, Frankreich, Luxemburg und die Niederlande Klage beim EuGH. Dieser Rechtsstreit hat sich im Hinblick auf Deutschland mit Inkrafttreten des neuen TKG am 26. Juni 2004 sodann erledigt.[102]

Jedenfalls bis zur Umsetzung in das nationale Recht, aber unter Umständen auch noch danach, ist nicht auszuschließen, dass sich einzelne Marktteilnehmer vor den nationalen Behörden und Gerichten auf die **unmittelbare Anwendbarkeit** der Richtlinien berufen. Diese ist – jedenfalls im Vertikalverhältnis zwischen Bürgern bzw. Unternehmen und dem Staat – dann anzunehmen, wenn eine bestimmte Richtlinienvorschrift hinreichend genau und unbedingt ist, um individuelle Ansprüche zu begründen.[103] Bei den hier in Frage stehenden Ansprüchen dürfte es sich um ein Vertikalverhältnis handeln, da die Anträge auf Anordnung einer Regulierungsmaßnahme an die nationalen Regulierungsbehörden zu richten sind und das Horizontalverhältnis zwischen Unternehmen lediglich als Auswirkung dieser Anordnung betroffen ist. Möglicherweise könnten die Unternehmen auf diese Weise die Regulierer zur unmittelbaren Anwendung bestimmter Richtlinienvorschriften verpflichten.[104] **54**

2. Rahmenrichtlinie. – Durch die Neufassung der über einen längeren Zeitraum entstandenen Richtlinien in einem einheitlichen Regelwerk wurde es erstmals möglich, einen inhaltlich geschlossenen und systematisch aufgebauten Regulierungsrahmen zu schaffen. Innerhalb dieses Richtlinienpakets nimmt die Rahmenrichtlinie die Funktion eines „Allgemeinen Teils" ein, der in den weiteren vier Richtlinien sodann im Hinblick auf die wesentlichen Regelungsbereiche durch eine Reihe von speziellen Vorschriften ausgefüllt und ergänzt wird. In der Rahmenrichtlinie sind insbesondere die allgemeinen Zielsetzungen und der Geltungsbereich der Regulierung, die Anforderungen und Aufgaben der Regulierungsbehörden, die Kriterien und das Verfahren für die Marktregulierung sowie die grundlegenden Anforderungen an den Rechtsschutz und die Streitbeilegung geregelt. **55**

a) Zielsetzungen und Geltungsbereich. – Zu den allgemeinen Zielsetzungen der Rahmenrichtlinie, und damit auch des gesamten übrigen Richtlinienpakets, gehört neben der Förderung des Wettbewerbs durch größtmöglichen Verbrauchernutzen[105] und der Förderung der Interessen der EU-Bürger beim Universaldienst, Verbraucherschutz und Datenschutz[106] insbesondere auch die Schaffung eines **harmonisierten Regulierungsrahmens** für die elektronische Kommunikation innerhalb der EU. Gerade dieses Ziel wurde vom Europäischen Parlament im Gesetzgebungsverfahren mit besonderem Nachdruck verfolgt. Es wird in der Rahmenrichtlinie auffallend stark hervorgehoben und umfasst dabei sogar die Vorgabe für die nationalen Regulierungsbehörden und die Kommission, in transparenter Weise zusammenzuarbeiten, um zu einer einheitlichen Regulierungspraxis zu gelangen.[107] **56**

---

101 Presseerklärung der Kommission IP/03/1750.
102 BGBl. 2004 I, S. 1190; zur Umsetzung in den anderen Mitgliedstaaten s. Einleitung IV.C.
103 Vgl. schon EuGH, Ratti, Rs. 148/78, Slg. 1979, 1629, Ziffer 23.
104 EuGH, Francovich, Rs. C 6/90, Slg. 1991, I-5357; vgl. hierzu *Ellinghaus*, CR 2003, 657.
105 Art. 8 Abs. 2 RRL.
106 Art. 8 Abs. 4 RRL.
107 Art. 1 Abs. 1 und Art. 8 Abs. 3 RRL.

57   Der Verwirklichung dieses Harmonisierungsziels dienen in materieller Hinsicht vor allem die gemeinschaftsweit einheitlichen Begriffsbestimmungen und Regulierungskonzepte sowie in prozeduraler Hinsicht das Verfahren der Konsultation und der Konsolidierung des Binnenmarkts für elektronische Kommunikation unter vorausschauend regelnder und laufend überwachender Beteiligung der Kommission.

58   Eine wesentliche Neuerung des neuen Richtlinienpakets gegenüber den ursprünglichen Regelungen ist der sog. **technologieneutrale Ansatz** der Regulierung. Aufgrund der Digitalisierung von elektronischen Kommunikationsdiensten ist es zunehmend möglich geworden, diese Dienste über eine Vielzahl unterschiedlicher Netze zu erbringen. Daher sind alle diese Kommunikationsnetze und die zugehörigen Einrichtungen in regulatorischer Hinsicht gleich zu behandeln. Die nicht abschließende Liste dieser Netze umfasst dabei die Telefon-Festnetze, die Mobilfunknetze, die Kabelfernsehnetze, die Rundfunknetze über Satellit oder Antenne, die über das Internet-Protokoll funktionierenden Netze sowie die Stromnetze, soweit sie in der Lage sind, elektronische Kommunikationsdienste zu Endkunden zu transportieren.[108] Auch erst in Zukunft entwickelte Netze, die andere Technologien verwenden, sind den gleichen Voraussetzungen unterworfen. Unter die zugehörigen Einrichtungen fallen dabei solche technischen Einrichtungen, welche die Bereitstellung der elektronischen Kommunikationsdienste ermöglichen oder unterstützen, wie z. B. Zugangsberechtigungssysteme, elektronische Schnittstellen zwischen Anwendung und Programm (API) sowie elektronische Programmführer (EPG).[109]

59   Der gleiche Grundsatz gilt auch für die in den Kommunikationsnetzen erbrachten Dienste. Die Übertragung von Sprache und Daten gleich welcher Art sowie damit zusammenhängende Dienste sind somit nach einheitlichen Prinzipien zu regulieren. Dagegen erfasst der neue Rechtsrahmen keine Mithilfe der Netzinfrastruktur erbrachten Dienste, die nicht als reiner Signaltransport anzusehen sind. Dies sind in erster Linie die über die Rundfunknetze angebotenen **Programminhalte sowie Anwendungen** im Bereich des E-Commerce. Beide Bereiche unterliegen eigenständigen gemeinschaftsrechtlichen Regelungen,[110] welche von dem Richtlinienpaket über elektronische Kommunikation unberührt bleiben. Für Unternehmen, die zugleich Zugang zum Internet und Inhalte über das Internet anbieten, unterfällt insofern nur erstere Tätigkeit der sektorspezifischen Regulierung.[111] Die Abgrenzung zwischen den von den Richtlinien erfassten elektronischen Kommunikationsdiensten und den nicht erfassten Diensten der Informationsgesellschaft wird in der Rahmenrichtline beispielhaft erläutert.[112]

60   Dies bedeutet in sachlicher Hinsicht, jedenfalls potenziell, eine Ausdehnung der Regulierung auf eine Reihe bislang nicht erfasster Bereiche. Potenziell deshalb, da die Regulierung

---

108 Art. 2 a) und Erwägungsgrund 5 RRL.
109 Art. 2e) und f) RRL sowie Art. 2a) ZRL.
110 Vgl. für Rundfunkinhalte Richtlinie 89/552/EWG, ABl. EG 1989 Nr. L 298, S. 23; geändert durch Richtlinie 97/36/EG, ABl. EG 1997 Nr. L 202, S. 60; für E-Commerce Richtlinie 2000/31/EG vom 8. 6. 2000 über bestimmte rechtliche Aspekte der Dienste der Informationsgesellschaft, insbesondere des elektronischen Geschäftsverkehrs im Binnenmarkt, ABl. EG 2000 Nr. L 178, S. 1.
111 Eine weitergehende regulatorische Konvergenz, auch im Hinblick auf Medien und IT-Dienste, welche die Kommision im Grünbuch über Konvergenz als Möglichkeit diskutiert hatte, wurde in diesem Richtlinienpaket (noch) nicht verwirklicht; vgl. hierzu *Schulz/Leopold*, K&R 2000, 439.
112 Erwägungsgrund 10 RRL.

nicht bereits durch die Richtlinien angeordnet wird, sondern durch den nationalen Gesetzgeber den Regulierungsbehörden als rechtliche Möglichkeit eingeräumt werden muss.[113] Hierin liegt eine wesentliche Neuerung des grundsätzlichen Regulierungsansatzes. In den Richtlinien der „ersten Generation" bestanden lediglich vier regulierte sog. **Marktbereiche**, nämlich Sprachtelefonie im Festnetz, Sprachtelefonie im Mobilfunk, Zusammenschaltung und Mietleitungen. Diese waren für alle Mitgliedstaaten **zwingend vorgegeben**. Der Grund hierfür lag darin, dass unmittelbar nach Beendigung der staatlichen Monopole aufgrund der fehlenden Anbietervielfalt noch keine differenzierte Nachfrage nach Telekommunikationsdiensten bestand, aus der auf das Vorliegen eines Marktes geschlossen werden konnte. Um überhaupt eine an bestimmte Mindestmarktanteile geknüpfte Ex-ante-Regulierung zu ermöglichen, mussten diese Märkte daher in Form einer gesetzlichen Regelung fingiert werden. In allen anderen Bereichen der Telekommunikation bestand dagegen keine aufgrund der Richtlinien vorgegebene Ex-ante-Regulierung.

Vor Verabschiedung der neuen Richtlinien wurde, insbesondere von den ehemaligen Monopolisten, vielfach gefordert, dass die **asymmetrische Regulierung** bereits auf der gesetzgeberischen Ebene **erheblich reduziert** und keinesfalls auf Bereiche ausgedehnt werden solle, die bislang nicht reguliert waren.[114] Die in den neuen Richtlinien, insbesondere in der Rahmenrichtlinie, vorgesehene verpflichtende Gleichbehandlung aller Kommunikationsnetze und -dienste steht dieser Forderung jedoch eindeutig entgegen. Dies beruht auf der Feststellung, dass noch kein hinreichend selbsttragender Wettbewerb entstanden ist, der auch ohne die Regulierung fortbestehen würde.[115] Daher müssten die nationalen Gesetzgeber bei der Richtlinienumsetzung alle rechtlichen Voraussetzungen dafür schaffen, dass bei sämtlichen Netzen und Diensten der elektronischen Kommunikation die Betreiber mit beträchtlicher Marktmacht den in den Richtlinien abschließend genannten regulatorischen Vorabverpflichtungen unterworfen werden können. **61**

b) Nationale Regulierungsbehörden. – Bereits nach den Richtlinien der „ersten Generation" war die laufende Anwendung der Regulierung nationalen Regulierungsbehörden zu übertragen. Dieser Verpflichtung waren alle EU-Mitgliedstaaten nachgekommen, wenn auch mit einigen Unterschieden in der institutionellen Ausgestaltung. Das neue Richtlinienpaket enthält keine erheblichen zusätzlichen Verpflichtungen für die Mitgliedstaaten. Auch unter dem neuen Rechtsrahmen haben die Mitgliedstaaten dafür zu sorgen, dass die nationalen Regulierungsbehörden die ihnen zugewiesenen Aufgaben für die eigentliche Regulierung der betroffenen Betreiber wahrnehmen können und auch tatsächlich wahrnehmen.[116] **62**

aa) Anforderungen und Status. – Die Regulierungsbehörden müssen von den Unternehmen, welche im Bereich der elektronischen Kommunikation tätig sind, in rechtlicher und funktionaler Hinsicht **unabhängig** sein. Wenn die Mitgliedstaaten weiterhin an einem sol- **63**

---

113 Sog. „bedarfsabhängige" Regulierung, die zunächst eine Marktanalyse voraussetzt, welche im Einzelfall durch die Regulierer vorzunehmen ist; vgl. *Schütz/Attendorn/König*, RdNr. 37.
114 Vgl. für Deutschland: *Immenga/Kirchner/Knieps/Kruse*, Telekommunikation im Wettbewerb – Eine ordnungspolitische Konzeption nach drei Jahren Marktöffnung, Gutachten im Auftrag der Deutsche Telekom AG, März 2001; für Österreich: *Barfuß/Bertl/Bonek*, Kritische Analyse des österreichischen Telekommunikationsmarktes – Ansätze für eine neue Regulierungspolitik, Gutachten im Auftrag der Telekom Austria, September 2001.
115 Vgl. hierzu detailliert: *Klotz*, ZWeR 2003, 283.
116 Art. 3 Abs. 1 RRL.

chen Unternehmen beteiligt sind, haben sie eine wirksame strukturelle Trennung zwischen den hoheitlichen Aufgaben der Regulierung und den mit dem Eigentum und der Kontrolle des Unternehmens verbundenen Aufgaben vorzusehen.[117] Da eine Unabhängigkeit der Regulierungsbehörden von anderen staatlichen Einrichtungen nicht verlangt wird, ist es auch zulässig, die Regulierungsaufgaben ganz oder teilweise einem Ministerium zu übertragen, solange die anderen Voraussetzungen der Richtlinien erfüllt werden.

64   Die nationalen Regulierungsbehörden sind von den Mitgliedstaaten in Bezug auf Personal, Fachwissen und Budget so auszustatten, dass sie ihre Aufgaben erfüllen können.[118] Sie haben ihre Befugnisse unparteiisch und in transparenter Weise auszuüben. Insbesondere sind diese Befugnisse sowie die Bedingungen ihrer Zusammenarbeit mit den nationalen Wettbewerbsbehörden in leicht zugänglicher Form zu veröffentlichen. Aufgrund der verstärkten materiell-rechtlichen Anlehnung der Regulierung an die Grundsätze des Wettbewerbsrechts, aber auch aufgrund des flexiblen Regulierungsansatzes, bei dem bestimmte Märkte in absehbarer Zeit möglicherweise nicht mehr der sektorspezifischen Regulierung unterliegen könnten, kommt der **Zusammenarbeit** zwischen den nationalen Regulierungs- und **Wettbewerbsbehörden** eine besondere Bedeutung zu. Beide Behörden sind daher in die Lage zu versetzen, untereinander die zur Anwendung der Richtlinien notwendigen Informationen unter Wahrung der Vertraulichkeit auszutauschen.[119] Dieser Informationsaustausch ist auch für den Fall wichtig, dass die Regulierung auf bestimmte Märkte nicht oder nicht mehr anwendbar ist, da sodann das Kartellrecht in den Vordergrund tritt und mögliche Wettbewerbsbeschränkungen mit jenen Instrumenten zu verfolgen sind. Letztlich unterstreicht die Pflicht zur Zusammenarbeit zwischen den nationalen Regulierungs- und Wettbewerbsbehörden die Tatsache, dass beide Behörden das gleiche Ziel, nämlich die Schaffung und Förderung des Wettbewerbs, verfolgen und ihnen dabei lediglich unterschiedliche Mittel zur Verfügung stehen.

65   Die Regulierungsbehörden sollen befugt sein, von den betroffenen Marktteilnehmern alle notwendigen und zur Wahrnehmung ihrer Befugnisse angemessenen **Informationen** einzufordern. Der nationale Umsetzungsakt muss daher entsprechende Ermächtigungen an die Regulierungsbehörden enthalten.[120] Darüber hinaus dürfte aufgrund dieser gemeinschaftsrechtlichen Vorgabe auch die gesetzliche Androhung von Zwangsmaßnahmen, etwa in Form von Zwangsgeldern, erforderlich sein, wenn zu erwarten ist, dass nur so eine Befolgung der Auskunftpflichten durch die Unternehmen effektiv durchgesetzt werden kann. Parallel dazu sind die Regulierungsbehörden einer in ihren Anforderungen und ihrer Reichweite vergleichbaren Auskunftpflicht gegenüber der Kommission zu unterwerfen, um der Kommission eine effektive Überwachung der Einhaltung der Richtlinien und anderer gemeinschaftsrechtlicher Vorschriften zu ermöglichen.[121]

66   Bevor sie regulatorische Anordnungen in solchen Verfahren treffen, welche **beträchtliche Auswirkungen** auf den betreffenden Markt haben, müssen die Regulierungsbehörden stets eine öffentliche Konsultation im nationalen Rahmen durchführen.[122] Der Begriff der be-

---

117 Art. 3 Abs. 2 RRL; grundsätzlich hierzu die Monopolkommission, Fünfzehntes Hauptgutachten 2002/2003, Wettbewerbspolitik im Schatten „Nationaler Champions", Kurzfassung S. 21 ff.
118 Erwägungsgrund 11 RRL.
119 Art. 3 Abs. 4 und 5 RRL.
120 Art. 5 Abs. 1 RRL.
121 Art. 5 Abs. 2 RRL.
122 Art. 6 RRL.

trächtlichen Auswirkung auf den Markt ist dabei weit auszulegen.[123] Bei der Konsultation ist allen interessierten Parteien eine angemessene Frist zur Stellungnahme zu dem Entwurf der beabsichtigten Maßnahme einzuräumen. Das Ergebnis der Anhörung ist zu veröffentlichen. Dieses Verfahren ist bei Streitigkeiten, die zwischen Unternehmen vor der Regulierungsbehörde ausgetragen werden, allerdings nicht zwingend vorgeschrieben.[124] Bei bestimmten geplanten Regulierungsmaßnahmen haben die Regulierungsbehörden zudem eine Konsultation auf europäischer Ebene vorzunehmen, bei der die Regulierungsbehörden der anderen Mitgliedstaaten und die Kommission zu beteiligen sind.[125]

bb) Ziele und Aufgaben. – Den Regulierungsbehörden fällt nach den Richtlinien die zentrale Kompetenz zur Verwirklichung der allgemeinen politischen Regulierungsziele zu.[126] **67** Sie sind daher von den Mitgliedstaaten mit umfassenden Befugnissen auszustatten, die es ihnen ermöglichen, ihre Aufgaben mithilfe eines hinreichend weiten Ermessensspielraums und hinreichend strikter Durchsetzungsbefugnisse zu erfüllen. Herauszuheben ist dabei in erster Linie das grundlegende Ziel der Richtlinien, für die Gewährleistung **wirksamen Wettbewerbs** zu sorgen.[127] In Verfolgung dieses Ziels haben die Regulierungsbehörden insbesondere sicherzustellen, dass die Endnutzer elektronischer Kommunikationsdienste größtmögliche Vorteile im Hinblick auf Auswahl, Preise und Qualität erzielen. Darüber hinaus haben sie gegen Wettbewerbsverzerrungen einzuschreiten, Anreize für Innovation und Investitionen in Kommunikationsinfrastruktur zu schaffen sowie für eine effiziente Nutzung der knappen Güter Funkfrequenzen und Nummern zu sorgen.

Daneben haben die Regulierungsbehörden durch ihre Tätigkeit zur weiteren **Entwicklung** **68** **des Binnenmarktes** im Bereich der elektronischen Kommunikation beizutragen.[128] Sie sollen darüber wachen, dass verbleibende Hindernisse für die grenzüberschreitende Bereitstellung von Netzen und Diensten abgebaut werden, den Aufbau transeuropäischer Netze und die Interoperabilität von Diensten fördern und gewährleisten, dass Betreiber, die in mehreren Mitgliedstaaten tätig sind, keine ungerechtfertigte Ungleichbehandlung erfahren. Auch sollen die nationalen Regulierungsbehörden zur Erreichung dieser Ziele in transparenter Weise zusammenarbeiten, um eine einheitliche Regulierungspraxis bei der Anwendung der Richtlinien sicherzustellen.

Schließlich haben die Regulierungsbehörden auch die **Interessen der Bürger** zu fördern, **69** indem sie sicherstellen, dass alle Nutzer Zugang zum Universaldienst haben, die Verbraucherschutzrechte durch transparente Informationen und einfache, kostengünstige Verfahren zur Streitbeilegung gewährleistet sind und der Datenschutz auf hohem Niveau gesichert ist.[129]

---

123 *Scherer*, K&R 2002, 273, 282 nimmt dies in Anlehnung an die Rechtsprechung des EuGH zutreffend als gegeben an, wenn hinreichend wahrscheinlich ist, dass die Maßnahme unmittelbar oder mittelbar, tatsächlich oder potenziell den Handel zwischen den Mitgliedstaaten beeinflussen kann.

124 Hierfür gelten vielmehr die Verfahren der Streitbeilegung durch die Regulierungsbehörden nach Art. 20 und 21 RRL; s. u. Abschnitt II. 2. f).

125 Art. 7 RRL; hierzu Näheres in Abschnitt II. 2. d).

126 Art. 8 Abs. 1 RRL.

127 Art. 8 Abs. 2 RRL.

128 Art. 8 Abs. 3 RRL.

129 Art. 8 Abs. 4 RRL; hierzu Näheres in Abschnitt II. 6. und II. 7.

70   **c) Marktregulierung.** – Die Kernaufgabe der Regulierungsbehörden nach der Rahmenrichtlinie liegt in der Marktregulierung als wesentlichem Instrument zur Förderung des
Wettbewerbs durch **effektive Beseitigung bestehender Wettbewerbsbeschränkungen.**
Zugleich dient diese Aufgabe aber auch einem weiteren wichtigen Ziel der neuen Richtlinien, nämlich der graduellen **Deregulierung.** Durch die Beschränkung der sektorspezifischen Regulierung auf das anhand wettbewerbsrechtlicher Kriterien zu ermittelnde notwendige Mindestmaß dürfte es zu einem Abbau der asymmetrischen Vorabverpflichtungen
in bestimmten Märkten kommen. Beide Ziele werden bei der Marktanalyse gemeinsam erreicht: Die konkrete Ausdehnung und Ausprägung der Regulierung ist dabei das genaue
Spiegelbild der noch nicht erfolgten Deregulierung. Umgekehrt tritt dort, wo eine Regulierung nicht mehr anzuordnen ist, unmittelbar eine Deregulierung auf den entsprechenden
Märkten ein. Hieran wird besonders gut deutlich, dass die Deregulierung – in Form eines
Abbaus von Regulierungsmaßnahmen in bestimmten Märkten – nach dem neuen Rechtsrahmen nicht von Gesetzes wegen auf nationaler Ebene angeordnet werden darf. Sie ist lediglich im konkreten Einzelfall durch den Regulierer infolge einer korrekt durchgeführten
Marktanalyse zulässig und bei eindeutigem Ergebnis der Analyse sogar geboten. Die beiden auf diese Weise untrennbar miteinander verbundenen Ziele des neuen Regulierungsrahmens werden im Wesentlichen durch eine weit reichende **Flexibilisierung der Marktregulierung** im Vergleich zu den ursprünglichen Richtlinien erreicht. Diese Flexibilisierung betrifft sowohl die Marktdefinition und Marktanalyse als Voraussetzungen für jegliche Regulierung als auch die Auswahl konkreter Regulierungsmaßnahmen auf der Rechtsfolgenseite.[130]

71   **aa) Marktdefinition.** – Die Bestimmung der beträchtlichen Marktmacht setzt zunächst eine Definition des **in sachlicher und geografischer Hinsicht** relevanten Marktes voraus.
Erst nachdem dieser Schritt vollzogen ist, wird eine eingehende Untersuchung und präzise
Bewertung der wirtschaftlichen Stellung der tätigen Unternehmen durch die Regulierungsbehörden möglich. Die Marktdefinition erfolgt im neuen Regulierungsrahmen nicht mehr
anhand verbindlich in den Richtlinien vorgeschriebener weit gefasster „Marktbereiche".[131]
Vielmehr richtet sich die Definition der relevanten Produkt- und Dienstemärkte nach den
allgemeinen ökonomischen Grundsätzen der **Nachfrage- und Angebotssubstituierbarkeit**, wie sie auch in der wettbewerbsrechtlichen Praxis bei der Kartell- und Missbrauchsaufsicht sowie bei der Zusammenschlusskontrolle verwendet werden.[132]

72   Durch die damit erreichte Flexibilisierung der Marktdefinition in sachlicher Hinsicht wird
sich die Zahl der für eine Regulierung in Betracht kommenden Märkte im Vergleich zur
bisherigen Rechtslage erhöhen. Durch den Markteintritt vieler Wettbewerber mit eigenen
Netzen und/oder Diensten ist es in den Jahren seit der vollständigen Marktöffnung zu einer
starken **Aufsplitterung von Angebot und Nachfrage** gekommen. Da einige Wettbewerber
nur einen Teil der gesamten Dienstleistungspalette der elektronischen Kommunikation anbieten, ist es in bestimmten Bereichen zu starken Marktanteilsverlusten der ehemaligen

---

130 Vgl. zum neuen flexibleren Ansatz bei den Rechtsfolgen Abschnitt II. 5. für Vorleistungen (ZRL)
und Abschnitt II. 6. für Endkundendienste (URL).
131 Zur ursprünglichen Rechtslage s. o. RdNr. 60.
132 Bekanntmachung der Kommission über die Definition des relevanten Marktes im Sinne des Wettbewerbsrechts der Gemeinschaft, ABl. EG 1997 Nr. C 372, S. 5; zur bisherigen Entscheidungspraxis im Telekommunikationssektor: Leitlinien der Kommission (Fn. 97); vgl. *Krüger*, K&R
Beilage 1/2003, 9.

Monopolisten gekommen, in anderen dagegen nicht oder nur geringfügig. So lässt sich durchaus eine deutliche Unterscheidung treffen zwischen dem Grad des Wettbewerbs bei Telefonanschlüssen und demjenigen bei Gesprächsverbindungen, da bei Letzteren die Wettbewerbsintensität deutlich höher ist. Innerhalb der Gesprächsverbindungen ist wiederum zu unterscheiden zwischen Orts-, Regional-, Fern- und Auslandsgesprächen. Weitere Bereiche mit stark unterschiedlichen Marktpositionen der tätigen Unternehmen betreffen etwa Schmalband- und Breitbandanschlüsse und -verbindungen. Sofern diese Bereiche hinreichend deutlich voneinander abgegrenzt werden können, sind sie im Hinblick auf die vorzunehmende Wettbewerbsanalyse als eigenständige Märkte zu betrachten. Auf diese Weise entsteht eine deutlich differenziertere Regulierung als bisher und somit ein bedeutendes **Potenzial zur Aufhebung sektorspezifischer Verpflichtungen** in Märkten mit wirksamem Wettbewerb. Zudem wird durch die Verwendung gleicher Kriterien bei der sektorspezifischen Regulierung und bei der Wettbewerbsaufsicht ein möglichst nahtloser Übergang der Märkte in die allgemeine Wettbewerbsaufsicht erleichtert.

Allerdings ist, abweichend vom allgemeinen Wettbewerbsrecht, für die Marktdefinition in **73** der Rahmenrichtlinie ein neuartiges **eigenständiges Verfahren** vorgesehen, welches die Mitgliedstaaten zwingend in ihre nationalen Gesetze zu übernehmen haben. Demnach hat die Kommission nach öffentlicher Konsultation unter Beteiligung der nationalen Regulierungsbehörden eine **Empfehlung** über diejenigen relevanten Produkt- und Dienstemärkte zu erlassen, welche die nationalen Regulierer daraufhin zu untersuchen haben, ob die darin genannten Märkte ex ante zu regulieren sind.[133] Ausgangspunkt für die erste Kommissionsempfehlung dieser Art vom 11. Februar 2003[134] war eine im Anhang I zur Rahmenrichtlinie enthaltene Liste von Märkten, welche bereits vom Rat und vom Europäischen Parlament als möglicherweise zu regulierende Märkte angesehen wurden.[135] Die Kommission hat in der Empfehlung nach den Grundsätzen des Wettbewerbsrechts **achtzehn Märkte identifiziert**.[136] Dennoch ist es nicht ausgeschlossen, dass die Kommission in einem wettbewerbsrechtlichen Verfahren nach Art. 81 oder 82 bei der Marktdefinition zu einem abweichenden Ergebnis kommt.[137] Solche Abweichungen können im Einzelfall aufgrund der unterschiedlichen Betrachtungsweise im Rahmen einer Ex-ante- und einer Ex-post-Analyse gerechtfertigt sein.

Die wesentlichen von der Kommission bei der Ausarbeitung der Empfehlung – und bei ih- **74** ren späteren Anpassungen – kumulativ verwendeten **Kriterien** sind das Vorliegen dauerhafter hoher Markteintrittsbarrieren struktureller oder rechtlicher Art, das Fehlen potenziellen Wettbewerbs in einem vorhersehbaren Zeitraum und schließlich die nur unzureichenden Eingriffsmöglichkeiten nach dem allgemeinen Wettbewerbsrecht.[138] Letzteres ist etwa dann der Fall, wenn die Durchsetzung der angeordneten Rechtsfolge eine besonders

---

133 Art. 15 Abs. 1 RRL.

134 S. o. Fn. 97.

135 Hierin finden sich u. a. die Vorleistungsmärkte für die Terminierung von Gesprächen aus Festnetzen in individuellen Mobilfunknetzen (Markt Nr. 16) und für das internationale Roaming (Markt Nr. 17); dies entspricht den Forderungen des Europäischen Parlaments im Verlauf der Gesetzgebungsdebatte, s. o. Abschnitt II. 1.

136 Dieser Ansatz ist in Art. 15 Abs. 1 Satz 3 RRL vorgesehen.

137 Art. 15 Abs. 1 Satz 2 RRL.

138 Vgl. Erwägungsgrund 27 RRL und Abschnitt 3.2. der Begründung zur Märkteempfehlung (http://europa.eu.int/information_society/topics/telecoms/regulatory/maindocs/documents/explanmemode.pdf).

detaillierte oder laufende Überprüfung von Vertragsbestimmungen oder Kostenunterlagen notwendig macht.[139] Gleiches gilt, wenn zu erwarten ist, dass selbst durch eine wettbewerbsrechtliche Entscheidung das Problem nicht beseitigt werden kann, sondern dazu mehrere Entscheidungen notwendig wären.

75   Hieraus wird deutlich, dass die Ex-ante-Regulierung von Märkten unter dem neuen Rahmen nur noch dann erfolgt, wenn dieses erforderlich ist, um die Entwicklung des Wettbewerbs zu gewährleisten.[140] Wenn durch wettbewerbsrechtliche Verfahren der nationalen Wettbewerbsbehörden oder der Kommission erreicht würde, dass über die nachträgliche Missbrauchsaufsicht wirksamer, strukturell gesicherter Wettbewerb auf diesen Märkten entsteht, so könnte dies dazu führen, dass die Ex-ante-Regulierung in diesen Bereichen in Zukunft überflüssig wird. Insofern werden die periodisch geplanten Anpassungen der Kommissionsempfehlung den tatsächlichen Markt- und Wettbewerbsentwicklungen Rechnung tragen.[141]

76   Die Empfehlung der Kommission und die in deren Anhang enthaltene Liste von Märkten haben trotz ihrer fehlenden originären Rechtsverbindlichkeit insofern **faktisch bindenden Charakter** für die Mitgliedstaaten, als die Regulierungsbehörden die Empfehlung bei der Marktdefinition weitestgehend zu berücksichtigen haben.[142] Gerade bei solchen Empfehlungen, welche die Kommission aufgrund einer konkreten Handlungsaufforderung durch eine Richtlinie des Europäischen Parlaments und des Rates zwecks Auslegung und Anwendung nationaler zwingender Vorschriften erlässt, besteht eine besondere rechtliche Verpflichtung der Mitgliedstaaten, die darin enthaltenen Vorgaben zu beachten.[143] Hinzu kommt, dass diejenigen nationalen Regulierungsbehörden, die von diesen gemeinschaftsrechtlichen Vorgaben bei einer geplanten Regulierungsentscheidung abweichen wollen, von der Kommission unter bestimmten Voraussetzungen daran gehindert werden können.[144]

77   Bei der Definition der relevanten Produkt- und Dienstemärkte im Rahmen dieser Vorgaben haben die Regulierungsbehörden zudem die **Leitlinien** der Kommission weitestgehend zu berücksichtigen. Für die Bestimmung der in geografischer Hinsicht relevanten Märkte enthalten die Richtlinien selbst keine Vorgaben, die Leitlinien sind von den Regulierungsbehörden jedoch auch insofern zu beachten. Zur Definition grenzüberschreitender Märkte ist die Kommission berechtigt, nach Anhörung der nationalen Regulierungsbehörden und unter Beteiligung des Kommunikationsausschusses eine für die Mitgliedstaaten **verbindliche Entscheidung** zu erlassen.[145] Von dieser Ermächtigung hat die Kommission bislang noch keinen Gebrauch gemacht.

78   Auf dieser Grundlage haben die nationalen Regulierungsbehörden sodann die relevanten Märkte für die Ex-ante-Regulierung zu definieren. Hierbei haben sie einen gewissen Spielraum, da sie durchaus zu Ergebnissen kommen können, die von der Empfehlung ab-

---

139 Vgl. die Begründung zur Empfehlung (Fn. 138), S. 10.
140 Vgl. Erwägungsgrund 25 RRL.
141 Vgl. Erwägungsgrund 21 der Empfehlung (Fn. 97); die erste Überprüfung der Empfehlung ist für Ende 2005 vorgesehen.
142 Art. 15 Abs. 3 RRL.
143 EuGH, Grimaldi, Rs. 322/88, Slg. 1989, S. I-4407.
144 Gem. Art. 7 RRL, vgl. hierzu unten Abschnitt II. 2. d).
145 Art. 15 Abs. 4 RRL.

weichen. Bei der Definition relevanter Märkte, die nicht in der Empfehlung enthalten sind, haben die Regulierer die gleichen Grundsätze und Kriterien heranzuziehen, welche die Kommission im Rahmen der Empfehlung verwendet hat.[146] Auch ist es möglich, dass die Regulierer die Empfehlungsmärkte – unter Beachtung der in der Empfehlung und den Leitlinien dargelegten Grundsätze und Methoden – enger oder weiter definieren, wenn die spezifische Marktsituation in einem Mitgliedstaat es erfordert.[147]

Im TKG wird die Bindungswirkung der Kommissionsempfehlung und der Leitlinien in **79** Anlehnung an Art. 15 Abs. 3 Rahmenrichtlinie in Form einer Pflicht der Regulierungsbehörde zur „**weitestgehenden Beachtung**" in § 10 Abs. 2 Satz 2 TKG hergestellt. Durch den Zusatz „in ihrer jeweils geltenden Fassung" erfolgt ein dynamischer Verweis auf beide Texte, so dass die Umsetzung insofern den Richtlinienvorgaben entspricht. Allerdings ist an dieser Vorschrift problematisch, dass der Regulierer bei der Marktdefinition die von der Kommission in der Märkteempfehlung verwendeten drei Kriterien noch einmal vollständig zu überprüfen hat. Der Rechtsrahmen lässt es nämlich nicht zu, dass die Regulierer anhand einer eigenen Beurteilung der drei Empfehlungskriterien bestimmte Märkte als nicht für die Regulierung relevant ansehen und somit keiner Marktanalyse im Sinne von Art. 16 der Rahmenrichtlinie unterziehen.[148] Ein solches Vorgehen widerspräche dem eindeutigen Harmonisierungsziel des Richtlinienpakets und der Empfehlung.[149]

bb) Marktanalyse. – Für jeden nach den Vorgaben in Art. 15 Rahmenrichtlinie definierten **80** Markt haben die Regulierungsbehörden unter Beteiligung der nationalen Wettbewerbsbehörden eine Analyse im Hinblick auf die wettbewerbliche Situation durchzuführen. Die Leitlinien der Kommission geben den Regulierungsbehörden Anhaltspunkte für die Durchführung der Marktanalyse. Diese Verpflichtung bestand erstmals nach Verabschiedung der Märkteempfehlung und tritt nach jeder späteren Änderung der Empfehlung erneut ein.[150] Darüber hinaus müssen die Regulierungsbehörden auch befugt sein, zu einem früheren Zeitpunkt eine erneute Marktanalyse vorzunehmen, wenn sich die Wettbewerbssituation seit der vorherigen Analyse spürbar geändert hat. In der Praxis hat sich gezeigt, dass kein Mitgliedstaat vor Ablauf der Umsetzungsfrist mit der Analyse bestimmter Märkte begonnen hat, selbst wenn die nationale Umsetzung der Richtlinien bereits vorher erfolgt war und somit eine rechtliche Grundlage für diese Aufgabe bestand. Auch **nach Ablauf der Umsetzungsfrist** erfolgten die eigentlichen Marktanalysen in einigen Mitgliedstaaten nicht sofort, sondern erst nach vollendeter Umsetzung, da die Regulierungsbehörden sich auf den Standpunkt stellten, dass ihnen erst durch die Umsetzungsgesetze die zur Erhebung der Marktdaten erforderlichen Befugnisse verliehen wurden. Die dadurch erfolgten Verzögerungen hätten möglicherweise vermieden werden können, wenn die Regulierungsbehörden aufgrund ihrer Auskunftsbefugnisse in den vor der Neufassung geltenden Gesetzen gehandelt hätten. Diese Befugnisse dürften sich nach Art und Umfang durch die neuen Richtlinien kaum geändert haben.[151]

---

146 Begründung zur Empfehlung (Fn. 138), S. 11; hierzu *Elkettani*, K&R-Beilage 1/2004, 11.
147 Begründung zur Empfehlung (Fn. 138), S. 12.
148 Auch aus Erwägungsgrund 27 RahmenRL lässt sich eine solche Möglichkeit nicht ableiten, a.A. wohl *Husch/Kemmler/Ohlenburg*, MMR 2003, 139, 141.
149 Art. 1 Abs. 1 Satz 2 und Erwägungsgrund 16 RahmenRL, vgl. zu deren Auslegung *Capito/Elspaß*, K&R 2003, 110, 115 m. w. N.
150 Art. 16 Abs. 1 RRL.
151 Vgl. zur Rechtslage beim Übergang vom alten ins neue TKG: *Rädler/Elspaß*, CR 2004, 418.

81   Ziel der Marktanalyse ist die Feststellung, ob auf einem relevanten Markt **wirksamer Wettbewerb** herrscht.[152] Letzteres ist immer dann der Fall, wenn auf dem Markt kein Betreiber über **beträchtliche Marktmacht** (*significant market power: SMP*) verfügt. Der Begriff der beträchtlichen Marktmacht ist dabei für die Zwecke der sektorspezifischen Regulierung dem Begriff der **Marktbeherrschung** im Sinne des EG-Wettbewerbsrechts gleichgestellt.[153] In der dadurch herbei geführten Erhöhung der Interventionsschwelle für die Anordnung sektorspezifischer Verpflichtungen liegt eine grundlegende Neuerung der Richtlinien gegenüber dem bisherigen Recht. Bislang war ein Betreiber immer dann zu regulieren, wenn er mindestens 25 % Marktanteile auf einem der vordefinierten Marktbereiche hatte.[154] Da zum Zeitpunkt der Liberalisierung der Telekommunikationsmärkte aufgrund des fehlenden Wettbewerbs zwischen Betreibern noch keine nachfrageorientierten Märkte vorlagen, waren diese Marktbereiche notwendigerweise ausschließlich anhand des bestehenden Diensteangebots der historischen Betreiber definiert. Da nunmehr in inhaltlicher Hinsicht die Marktbeherrschung die relevante Regulierungsvoraussetzung ist, unterliegen nur noch solche Betreiber der sektorspezifischen Regulierung, die aufgrund ihrer starken wirtschaftlichen Position individuell oder gemeinsam mit anderen Unternehmen in der Lage sind, sich im Markt weitgehend unabhängig von Wettbewerbern, Kunden und Verbrauchern zu verhalten und somit marktbeherrschend im Sinne der Rechtsprechung des EuGH und des EuG zu Art. 82 sind.[155] Hierdurch wird der Adressatenkreis der sektorspezifischen Regulierung enger gefasst als bisher.

82   Für die Zwecke der Regulierung ist bei einem Unternehmen mit beträchtlicher Marktmacht anzunehmen, dass es auch auf einem **benachbarten Markt** über beträchtliche Marktmacht verfügt, wenn die Verbindungen zwischen beiden Märkten es ihm gestatten, die Marktmacht von einem auf den anderen Markt zu übertragen und damit seine gesamte Marktmacht verstärkt wird.[156] Aufgrund dieser Vorschrift soll es den Regulierern ermöglicht werden, bei vertikal oder horizontal integrierten Betreibern auch auf vor- und nachgelagerten bzw. benachbarten Märkten Vorabverpflichtungen anzuordnen.[157] Dieser Vorschrift wird eine besonders große Bedeutung zugemessen, etwa bei Koppelungsangeboten, die sich aus Diensten zusammensetzen, welche unterschiedlichen Märkten zuzuordnen sind, und bei denen es zu einer „Vermachtung" der Märkte durch die vertikal integrierten Anbieter kommen könnte.[158] Die zu erwartende **Tragweite** dieser Vorschrift ist jedoch **zu relativieren**, da nach dem neuen Rechtsrahmen eine Reihe bislang nicht von der Regulierung erfasste Märkte, wie z. B. der Internetzugang über Breitbandanschlüsse, selbstständig reguliert werden können. Zudem soll eine Regulierung aufgrund einer derartigen Marktmachtübertra-

---

152 Art. 16 Abs. 2 RRL.
153 Art. 14 Abs. 2 RRL; Erwägungsgrund 27 RRL.
154 Vgl. den Vergleich des alten und des neuen Rahmens in der Begründung zur Empfehlung (Fn. 138), S. 5.
155 Leitlinien (Fn. 97), Ziff. 70 ff.
156 Art. 14 Abs. 3 RRL.
157 Ähnlich bei Art. 82: EuGH, Tetra Pak/Kommission, Rs. C-333/94, Slg. 1996, I-5951; auch bei einer Reihe von Zusammenschlüssen im Kommunikationssektor hat die Kommission die Marktmachtübertragung in vertikaler und horizontaler Hinsicht angenommen.
158 Ein „enormes Bedeutungspotenzial" sehen *Koenig/Kühling/Braun*, CR 2001, 745 und 825 mit Beispielen; vgl. auch *Koenig*, K&R-Beilage 1/2003, 19 und *Koenig/Neumann*, K&R 2003, 217 speziell für die Anbieter von Internetdiensten; zur Vermachtung der Kommunikationsmärkte: *Möschel*, MMR 2001, 3.

gung nur dann erfolgen, wenn trotz der Regulierung des Ausgangsmarktes kein wirksamer Wettbewerb eintritt.[159] Damit besteht ein Stufenverhältnis, welches die eigenständige praktische Bedeutung von Art. 14 Abs. 3 Rahmenrichtlinie einschränken dürfte.

Nach § 9 Abs. 1 des Referentenentwurfs zum neuen TKG sollte das Konzept der beträcht- **83** lichen Marktmacht – wie bereits im TKG von 1996 – durch einen uneingeschränkten Verweis auf den Begriff der Marktbeherrschung im Sinne des GWB umgesetzt werden. Problematisch daran war, dass die sog. Drittelvermutung des § 19 Abs. 3 GWB, nach der eine Marktbeherrschung bei 33 % Marktanteilen vermutet wurde, nicht der Richtlinienvorgabe entsprach.[160] Die in der Rahmenrichtlinie vorgesehene Eingriffsschwelle der Marktbeherrschung setzt bei mindestens 40 % Marktanteilen an, und in der Regel sind sogar noch höhere Marktanteile erforderlich, wenn keine weiteren Anhaltspunkte vorliegen.[161] In Anbetracht der eindeutigen Vorgabe zur Anpassung des SMP-Begriffs an die wettbewerbsrechtliche Marktbeherrschung und des damit verbundenen Harmonisierungsziels wäre eine derartige Abweichung nicht zulässig gewesen.[162] Selbst wenn in der Praxis zwischen beiden Konzepten möglicherweise nur geringfügige Unterschiede vorliegen,[163] ist eine derartige Abweichung – auch in Anbetracht möglicher divergierender Auslegungen durch die nationalen und europäischen Gerichte – zu vermeiden.[164] Daher ist die Änderung dieser Vorschrift und der nunmehr in § 10 Abs. 1 TKG enthaltene Verweis auf die Kriterien des Art. 82 eine **zutreffende Umsetzung** der Richtlinienvorgabe.

Weiterhin ist festzuhalten, dass die Rahmenrichtlinie für die Marktanalyse eine Prüfung **84** der Regulierungsvoraussetzungen **ausschließlich anhand des SMP-Kriteriums** vorgibt, so dass kein Raum mehr für eine weitere vor- oder nachgeschaltete Prüfung anhand anderer Kriterien bleibt.[165] Wenn ein Regulierer bei der Marktanalyse also einen oder mehrere Betreiber mit beträchtlicher Marktmacht findet, ist er verpflichtet, regulatorische Rechtsfolgen anzuordnen.[166] Wenn auf einem Markt dagegen die Wettbewerbsentwicklung so weit geht, dass keine beträchtliche Marktmacht eines Betreibers mehr besteht, so endet zwangsläufig auch die Ex-ante-Regulierung des betreffenden Marktes. Eine eigene im Rahmen eines Ermessensspielraums zu treffende Prognoseentscheidung des Regulierers über die Notwendigkeit einer Ex-ante-Regulierung ist dabei nicht vorgesehen.[167] Durch das Hinzufügen weiterer Voraussetzungen, wie z. B. einer gesonderten Bedürfnisprüfung über das „Ob" der Regulierung in einem bestimmten Markt, würde die Schwelle für Regulierungsanordnungen deutlich heraufgesetzt. Dies liefe somit auf einen Verstoß gegen die Vorgaben

---

159 Leitlinien (Fn. 97), Ziff. 84.

160 Erst ein Vertragsverletzungsverfahren führte im Herbst 2001 dazu, dass diese Vorschrift gemeinschaftsrechtskonform ausgelegt wurde; Verwaltungsvorschrift zur Auslegung von § 19 GWB im Sinne der Richtlinie 97/33/EG, Mitteilung Nr. 574/2001, ABl. RegTP 20/2001, S. 3086.

161 Vgl. Leitlinien (Fn. 97), Ziff. 75.

162 *Capito/Elspaß*, K&R 2003, 110, verweisen insofern auf eine „Vollharmonisierung" des Regulierungansatzes durch die Bestimmungen der RahmenRL.

163 Vgl. *Schütz/Attendorn/König*, RdNr. 400.

164 Zustimmend: *Wissmann/Klümper*, Kapitel 1, RdNr. 105.

165 Art. 16 Abs. 4 RRL.

166 Vgl. hierzu unten Abschnitt II. 5 (ZRL) und II. 6 (URL).

167 Vgl. *Schütz/Attendorn/König*, RdNr. 117; *Capito/Elspaß*, K&R 2003, 110; deutlich auch *Huppertz*, Die SMP-Konzeption, S. 217 ff. unter Hinweis auf die Entstehungsgeschichte des Rechtsrahmens.

der Rahmenrichtlinie hinaus, und es entstünde zudem eine erhebliche Rechtsunsicherheit für die beteiligten Unternehmen.[168]

85 Verschiedentlich wurde die Auffassung vertreten, dass eine solche Bedürfnisprüfung notwendig sei, um den **rechtspolitisch angestrebten Übergang** von der sektorspezifischen Regulierung zum Wettbewerbsrecht zu erreichen. Hierzu wird auf das allgemeine Deregulierungsziel des neuen Richtlinienpakets hingewiesen. Daher sei es erforderlich, die Frage des „Ob" der Regulierung nicht ausschließlich an das Vorliegen von beträchtlicher Marktmacht zu knüpfen, sondern zusätzlich – noch vor der eigentlichen Marktanalyse – zu überprüfen, ob das allgemeine Wettbewerbsrecht nicht zur Beseitigung des festgestellten Wettbewerbsproblems ausreicht.[169] Anderenfalls entstehe eine nicht gerechtfertigte Abweichung von den Prinzipien des allgemeinen Wettbewerbsrechts, bei dem allein an das Vorliegen von Marktbeherrschung noch keine Rechtsfolgen geknüpft werden können.[170]

86 Diese Auffassung geht jedoch an den einschlägigen Vorschriften und am Regelungszweck der Rahmenrichtlinie vorbei. Der Zweck der Marktanalyse besteht gerade nicht darin, die Regulierung der Märkte der elektronischen Kommunikation bereits jetzt den gleichen Bedingungen wie der wettbewerbsrechtlichen Missbrauchsaufsicht zu unterwerfen. Vielmehr bleibt auch mit dem neuen Rechtsrahmen ein **Sonderregime** für diesen Wirtschaftssektor bestehen, in dem bereits das Vorliegen beträchtlicher Marktmacht bestimmte Rechtsfolgen nach sich ziehen muss. Aus dem Gleichklang der Voraussetzungen für Regulierung und Wettbewerbsrecht folgt somit noch kein Gleichklang der Rechtsfolgen. Für diesen Schritt ist es gegenwärtig noch zu früh, da der Wettbewerb auf den Telekommunikationsmärkten auch weiterhin zu einem Großteil auf der Vorabregulierung beruht.[171] Der Abbau dieser Unterschiede zwischen Regulierung und Wettbewerbsrecht ist erst *de lege ferenda* in einer späteren Richtlinienreform zu erreichen. Er käme einem vollständigen Abbau der sektorspezifischen Regulierung gleich. Hinzu kommt, dass eine Prognoseentscheidung des Regulierers über die Effizienz des Wettbewerbsrechts zur Lösung der Wettbewerbsprobleme auch nicht sinnvoll ist, da hierbei die Tätigkeiten der nationalen Wettbewerbsbehörden und der Kommission zu berücksichtigen sind, auf die die Regulierer selbst keinen Einfluss haben.

87 Der Mechanismus der Marktanalyse wird in §§ 9 bis 11 TKG umgesetzt. Den Vorgaben in Art. 14 Rahmenrichtlinie entspricht dabei zunächst die Bestimmung, nach welcher der Auslöser für Regulierungsverpflichtungen das Fehlen wirksamen Wettbewerbs ist und dieses Kriterium danach zu beurteilen ist, ob bei der Marktanalyse gem. § 11 TKG eine marktbeherrschende Stellung festgestellt wird. Problematisch ist allerdings der in § 9 Abs. 1 TKG enthaltene Verweis auf § 10 TKG und die damit erzielte **Einschränkung**, dass für eine Regulierung nur solche Märkte in Betracht kommen, „die durch beträchtliche und anhaltende strukturell oder rechtlich bedingte Marktzutrittsschranken gekennzeichnet sind,

---

168 In diesem Sinne sehr deutlich: *Doll/Rommel/Wehmeier*, MMR 2003, 522, sowie *Koenig/Vogelsang/Kühling/Loetz/Neumann*, Funktionsfähiger Wettbewerb auf den Telekommunikationsmärkten, S. 173.

169 *Kirchner/Immenga*, TKMR 2002, 340 unter Hinweis auf Erwägungsgrund 27 der Rahmenrichtlinie.

170 *Loetz/Neumann*, German Law Journal, Vol. 4 No. 12, 1307.

171 Vgl. Sondergutachten der Monopolkommission vom 11. 12. 2003, Telekommunikation und Post 2003: Wettbewerbsintensivierung in der Telekommunikation – Zementierung des Postmonopols, Ziff. 69 ff.

längerfristig nicht zu wirksamem Wettbewerb tendieren und auf denen die Anwendung des allgemeinen Wettbewerbsrechts nicht ausreicht, um dem betreffenden Marktversagen entgegenzuwirken."

In §§ 7 und 8 des Referentenentwurfs war diese zusätzliche Voraussetzung noch durch ei- **88** nen Verweis auf den Begriff des **funktionsfähigen Wettbewerbs** vorgesehen. Dieser Begriff und der Verweis hierauf wurden jedoch infolge deutlicher Kritik letztlich nicht in das TKG übernommen. Insbesondere die Monopolkommission hatte hervorgehoben, dass das Kriterium des funktionsfähigen Wettbewerbs zwar ein wichtiges allgemeines Regulierungsziel darstellt, jedoch als Gegenstand einer Sachverhaltssubsumtion im Einzelfall nicht oder nur eingeschränkt geeignet ist.[172] Anders als der Begriff des wirksamen Wettbewerbs, auf dem das Regulierungskonzept der Richtlinien basiert,[173] ist der Begriff des funktionsfähigen Wettbewerbs in den Richtlinien nirgends erwähnt. In § 3 Nr. 9 Referentenentwurf befand sich zwar eine Legaldefinition dieses Begriffs, sie war jedoch als allgemeines Regulierungsziel und nicht als Interventionsschwelle formuliert. Mehrere spezielle Verpflichtungen, wie z. B. die Zugangspflicht oder die Entgeltregulierung für Endnutzerleistungen, wurden jedoch explizit an dieses Kriterium geknüpft. Zweck dieser zusätzlichen Voraussetzung für die Vorabregulierung sollte sein, dem Regulierer die rechtliche Möglichkeit einzuräumen, die in der Empfehlung der Kommission benannten Märkte trotz Vorliegens einer marktbeherrschenden Stellung keinen Vorabverpflichtungen zu unterwerfen. Vielmehr sollte dann das allgemeine Wettbewerbsrecht ausreichen, um festgestellte Wettbewerbsprobleme zu beseitigen.[174] Ein solcher Schluss ist jedoch auf nationaler Ebene selbst unter dem neuen Rechtsrahmen noch **nicht zulässig**, da die Kommission in der Empfehlung gerade eine Reihe von Märkten identifiziert hat, bei denen eine Marktanalyse zu erfolgen hat. Dies **gilt auch nach Streichung** des Kriteriums „funktionsfähiger Wettbewerb" aus dem Gesetz, da § 10 Abs. 2 TKG in inhaltlicher Hinsicht weiterhin die gleiche Vorabprüfung vorsieht.

d) Konsultationsmechanismus. – Eine wesentliche verfahrensrechtliche Neuerung im **89** neuen Regulierungsrahmen betrifft das Konsultationsverfahren nach Art. 7 Rahmenrichtlinie. Dadurch soll eine **einheitliche Anwendung** des neuen Regulierungsrechts sichergestellt und die Angleichung der Wettbewerbsbedingungen in den Mitgliedstaaten zur Schaffung eines Binnenmarktes für elektronische Kommunikationsdienste erreicht werden. Zur Verwirklichung dieser Ziele unterliegen die nationalen Regulierungsbehörden einer Verpflichtung zur Zusammenarbeit untereinander und mit der Kommission. Sie haben dabei in transparenter Weise vorzugehen, eine kohärente Anwendung der Richtlinien anzustreben und zur Lösung der anstehenden Wettbewerbsprobleme untereinander Einvernehmen zu erzielen.[175]

Bevor ein Regulierer eine Entscheidung über die Marktdefinition, die Marktanalyse oder **90** die Auferlegung, Änderung bzw. Aufhebung von Verpflichtungen im Vorleistungs- oder Endkundenbereich trifft, welche grenzüberschreitende Auswirkungen auf den Handel hat, muss er die anderen Regulierer und die Kommission über diesen Entscheidungsentwurf **konsultieren**. Sowohl die Regulierer als auch die Kommission haben binnen eines Monats

---

172 Sondergutachten der Monopolkommission (Fn. 171), Ziff. 11; vgl. auch *Heun*, CR 2003, 485; *Klotz*, TKMR-Tagungsband 2004, 5.
173 Art. 16 Abs. 2 und Erwägungsgrund 27 RRL.
174 Begründung zu § 8 RefE, S. 9; so auch *Immenga*, ZEI-Konferenz in Brüssel, K&R 2003, 231.
175 Art. 7 Abs. 2 RRL.

das Recht, zu dem Entwurf Stellung zu nehmen. Die Regulierungsentscheidung darf innerhalb dieser Frist nicht erlassen werden.[176] Beabsichtigt der Regulierer mit seiner geplanten Entscheidung, von einer in der Empfehlung enthaltenen **Marktdefinition abzuweichen** und liegt hierin ein Hemmnis für den Binnenmarkt oder eine mit dem Gemeinschaftsrecht nicht zu vereinbarende Maßnahme, so kann die Kommission die geplante Regulierungsentscheidung **blockieren**. Gleiches gilt auch für Entscheidungsentwürfe, welche die Marktanalyse und somit die Feststellung oder Nichtfeststellung von beträchtlicher Marktmacht von Betreibern zum Gegenstand haben. In diesen Fällen hat die Kommission – nach Beratung im Kommunikationsausschuss[177] – die Befugnis, den betreffenden Regulierer innerhalb von weiteren zwei Monaten aufzufordern, die geplante Entscheidung nicht zu erlassen.[178] Eine positive Befugnis zur Anordnung bestimmter regulatorischer Maßnahmen ist zwar für die Kommission in den Richtlinien nicht vorgesehen, allerdings sind die Regulierer an die Entscheidung der Kommission gebunden, so dass sie die betroffene Maßnahme in dieser Form nicht erneut erlassen darf.

91 Die Regelungen über den Konsultationsmechanismus sind in § 12 TKG **in zutreffender Weise umgesetzt**. Problematisch an der noch im Referentenentwurf vorgesehenen Regelung war, dass die inhaltliche Bindung der Regulierer an die Vetoentscheidung der Kommission nur dann gelten sollte, sofern hierin „detailliert und objektiv analysiert ist", weshalb der Entwurf der Regulierungsentscheidung nicht akzeptabel ist und von der Kommission „zugleich spezifische Vorschläge zu Änderung des Entwurfs" gemacht werden.[179] Zwar unterliegt die Kommission gem. Art. 7 Abs. 4 Rahmenrichtlinie derartigen Verpflichtungen, allerdings sind die Mitgliedstaaten nicht befugt, hieraus bestimmte Konsequenzen für die Regulierungsverfahren abzuleiten. Vielmehr steht es ihnen frei, im Wege der Nichtigkeitsklage gem. Art. 230 gegen rechtswidrige Kommissionsentscheidungen vorzugehen, wenn sie der Auffassung sind, dass die o. g. Voraussetzungen nicht erfüllt sind. Diese Bedingungen wurden daher zutreffend aus dem Gesetz gestrichen.

92 Das neu eingeführte Konsultationsverfahren gemäß Art. 7 Rahmenrichtlinie ist, ungeachtet der fehlenden Umsetzung des Rechtsrahmens durch mehrere Mitgliedstaaten, fristgemäß im Juli 2003 angelaufen.[180] Am 23. Juli 2003 hat die Kommission eine **Empfehlung** veröffentlicht, in der die **Grundsätze für das Verfahren** im Zusammenhang mit dem Konsultationsmechanismus dargelegt sind.[181] Insbesondere hat die Kommission darin ausgeführt, dass eine vollständige Anmeldung Folgendes enthalten muss: den relevanten Produkt- oder Dienstmarkt, den räumlich relevanten Markt, die Ergebnisse der Marktuntersuchung, das oder die SMP-Unternehmen und ggf. die spezifischen Verpflichtungen, die dem betreffenden Unternehmen auferlegt bzw. aufgehoben werden sollen.[182] Fehlen diese

---

176 Art. 7 Abs. 3 RRL.
177 Art. 7 Abs. 4 und Art. 22 Abs. 2 RRL mit Verweis auf den sog. Komitologie-Beschluss des Rates vom 28. 6. 1999, ABl. EG 1999 Nr. L 184, S. 23.
178 Art. 7 Abs. 4 RRL.
179 § 10 Abs. 2 Nr. 3 Satz 2 RefE.
180 Presseerklärung der Kommission IP/02/1016; vgl. *Krüger/Di Mauro*, Competition Policy Newsletter 3/2003, 33.
181 S. o. Fn. 97.
182 Als erste nationale Regulierungsbehörde notifizierte Oftel am 4. 8. 2003 der Kommission eine Analyse der Wettbewerbssituation in einem Mobilfunkmarkt. Oftel war zu dem Ergebnis gekommen, dass auf dem Vorleistungsmarkt für Zugang zu und Verbindungsaufbau in öffentlichen Mobilfunknetzen ausreichender Wettbewerb herrschte, da kein Mobilfunkbetreiber über SMP ver-

Angaben, so kann die Kommission die Anmeldung als unvollständig zurückweisen. Sämtliche der Kommission vorgelegten Entwürfe für Regulierungsmaßnahmen und die daraufhin ergangenen Stellungnahmen und Entscheidungen sind im Internet abrufbar.[183]

Am 20. Februar 2004 erließ die Kommission die **erste Veto-Entscheidung** gem. Art. 7 **93** Rahmenrichtlinie.[184] Diese Entscheidung verdeutlichte, dass die Kommission gewillt und in der Lage ist, die korrekte **Umsetzung und Anwendung** des neuen Rechtsrahmens strikt zu überwachen.[185] Die Kommission stellte fest, dass der finnische Regulierer (Ficora) zu Unrecht angenommen hatte, dass TeliaSonera auf den Endkundenmärkten für internationale Telefondienste an Privat- und Geschäftskunden nicht über beträchtliche Marktmacht verfüge. In dem notifizierten Entscheidungsentwurf hatte Ficora zwar Marktanteile in Höhe von 55 % bzw. 50 % auf diesen beiden Märkten festgestellt, hieraus jedoch unter Hinweis auf das Vorliegen mehrerer Wettbewerber und auf geringe Markteintrittsschranken nicht den Schluss gezogen, dass TeliaSonera über beträchtliche Marktmacht verfügte. Aus diesem Grund hatte Ficora sodann beabsichtigt, von regulatorischen Anordnungen in diesen Märkten abzusehen.

Die Kommission bemängelte in ihrer Veto-Entscheidung in erster Linie die unzureichende **94** rechtliche Begründung durch den Regulierer. Denn es ist einem Regulierer nach der Rahmenrichtlinie durchaus möglich, trotz erheblicher Marktanteile von einer Regulierung abzusehen, wenn hinreichende Gründe gegen eine beträchtliche Marktmacht eines Betreibers sprechen. Diese Gründe müssen jedoch **detailliert dargelegt** und **durch die zugrunde liegende Marktanalyse gestützt** werden. Genau dies war nicht erfolgt: Ficora hatte dem streitigen Beschluss weder ausreichende Angaben über die Entwicklung der Marktanteile und der Preise zugrunde gelegt noch eine Untersuchung der anderen für die Bestimmung von beträchtlicher Marktmacht relevanten Kriterien vorgenommen. Dabei ist insbesondere hervorzuheben, dass es im Rahmen einer Regulierungsentscheidung nicht ausreicht, ohne weitere Nachweise zu behaupten, die Markteintrittbarrieren seien so niedrig, dass keine beträchtliche Marktmacht vorläge. Durch die Aufnahme eines bestimmten Marktes in die sog. Märkteempfehlung hat die Kommission vielmehr eine Vermutung ausgesprochen, dass aufgrund hoher Eintrittsbarrieren eine Ex-ante-Regulierung in der Regel gerechtfertigt ist. Um diese Vermutung zu widerlegen, sind durch Tatsachen belegte Argumente notwendig, bloße Behauptungen reichen insofern nicht aus.

Am 5. Oktober 2004 erließ die Kommission eine weitere Vetoentscheidung gegen Ficora. **95** Hierin stellte sie fest, dass der finnische Regulierer zu Unrecht zum Schluss gekommen sei, TeliaSonera verfüge auf dem finnischen Markt für den Vorleistungszugang zu und den Gesprächsaufbau in öffentlichen Mobilfunknetzen über beträchtliche Marktmacht und sei daher bestimmten Maßnahmen der Ex-ante-Regulierung zu unterwerfen.[186] Dabei beanstandete die Kommission insbesondere, dass Ficora bei der **Marktanalyse** keine hinrei-

---

fügte und somit in diesem Markt keine Vorabregulierung mehr notwendig war. Die Kommission stimmte mit der Analyse von Oftel überein und übersandte Oftel innerhalb der Ein-Monats-Frist am 29. 8. 2003 ihre Stellungnahme (Presseerklärung der Kommission IP/03/1203 vom 5. 9. 2003). Oftel durfte sodann, wie beabsichtigt, auf diesem Markt bestehende sektorspezifische Regulierungsmaßnahmen aufheben.

183 Unter http://forum.europa.eu.int/Public/irc/infso/ecctf/library.
184 Verfahren FI/2003/0024 und FI/2003/0027.
185 Vgl. hierzu *Di Mauro/Inotai*, Competition Policy Newsletter 2/2004, 52.
186 Verfahren FI/2004/0082; vgl. *Grewe/Inotai/Kramer*, Competition Policy Newsletter 1/2005, 49.

chend detaillierte bzw. zutreffende Bewertung der verschiedenen Faktoren vorgenommen hatte, welche für die Bestimmung von SMP relevant sind. Ficora hatte sich im Wesentlichen auf die **hohen Marktanteile** (mehr als 60%) gestützt. Die Marktanteile bilden dabei jedoch nur den Ausgangspunkt für die Marktanalyse, und eine Reihe **weiterer Kriterien** ist zusätzlich zu beachten. Nach Auffassung der Kommission hatte Ficora die auf dem finnischen Mobilfunkmarkt bestehende Dynamik von kürzlich erfolgten Marktzutritten und Marktanteilsverschiebungen außer Acht gelassen. Zudem hatte Ficora keine hinreichenden Nachweise für die angenommenen Kapazitätsengpässe und für die Umstellungskosten erbracht sowie den fehlenden Marktgegendruck von der Nachfrageseite nicht deutlich genug nachgewiesen. Im Ergebnis stellte die Kommission daher fest, dass Ficora die geplante Entscheidung über die Anordnung bestimmter Maßnahmen der Ex-ante-Regulierung gegenüber TeliaSonera nicht erlassen durfte.

96   Die besondere Bedeutung dieser Entscheidung liegt darin, dass die Kommission deutlich gemacht hat, dass es durch den neuen Regulierungsrahmen nicht unbedingt zu einer Ausdehnung der Ex-ante-Regulierung kommt. Vielmehr zeigt sich, dass die Kommission auch dann gewillt ist, korrigierend einzuschreiten, wenn eine Ex-ante-Regulierung aufgrund der Marktanalyse nicht gerechtfertigt und somit nicht erforderlich ist. Hieran wird das **Deregulierungspotenzial**, welches im neuen Rechtsrahmen angelegt ist, auch in der Praxis besonders gut deutlich.

97   Am 20. Oktober 2004 erließ die Kommission eine Vetoentscheidung gegen die österreichische Regulierungsbehörde (Telekom-Control-Kommission).[187] Diese hatte beabsichtigt, von der Auferlegung regulatorischer Vorabverpflichtungen auf dem Markt für Transitdienste im öffentlichen Festnetz abzusehen, da die entsprechende **Marktanalyse** nicht zur Feststellung von beträchtlicher Marktmacht des etablierten Betreibers Telekom Austria geführt hatte. Grundlage dieser Schlussfolgerung – und damit auch wesentlicher Gegenstand der Kommissionsentscheidung – war dabei die **Abgrenzung** des in sachlicher Hinsicht **relevanten Marktes**. Der Regulierer hatte angenommen, dass die Eigenleistung von Transitdiensten bei direkter Zusammenschaltung zwischen Netzbetreibern in den relevanten Markt mit einzubeziehen sei, da diese ein nachfrage- und angebotsseitiges Substitut, jedenfalls zu den ungebündelten Transitdiensten ohne Zuführung und Terminierung, darstelle. Auf diesem Markt verfüge Telekom Austria nur über 45% Marktanteile, so dass keine beträchtliche Marktmacht vorliege.

98   Die Kommission kam zu dem Schluss, dass diese Marktabgrenzung insofern nicht mit den allgemeinen Grundsätzen im Einklang stand, als die Substituierbarkeit der Transitdienste durch die direkte Zusammenschaltung nicht hinreichend begründet bzw. durch tatsächliche Marktdaten belegt war. Damit hat sie klargestellt, dass auch bei der Marktabgrenzung, die eine entscheidende Vorfrage für die Marktanalyse und damit auch für die Reichweite der sektorspezifischen Regulierung darstellt, eine **hypothetische Betrachtung nicht ausreicht**, um eine bestimmte Schlussfolgerung zu begründen. Diese Klarstellung ist für alle Regulierungsbehörden von erheblicher Bedeutung, da hieraus erkennbar wird, welchen Massstab die Kommission für die Vereinbarkeit einzelner Regulierungsentscheidungen mit den gemeinschaftsrechtlichen Vorgaben anlegt und somit letztlich auch durchsetzt. Damit hat die Kommission allerdings **keine abschließende Entscheidung** über die Frage getroffen, ob auf dem betreffenden Markt eine Ex-ante-Regulierung zu erfolgen hat oder

---

187 Verfahren AT/2004/0090; Presseerklärung der Kommission IP/04/1301 vom 26. 10. 2004.

nicht. Aus der Entscheidung folgt für die Telekom-Control-Kommission vielmehr lediglich die Verpflichtung, bei einer erneuten Marktanalyse die aufgezeigten Mängel zu beheben und dabei die Verbesserungsvorschläge der Kommission zu beachten. Hierzu gehört, wie die Kommission in der Entscheidung ausdrücklich hervorhebt, auch eine gründliche Untersuchung der möglichen Folgen des Absehens von Regulierung auf den Wettbewerb.[188]

Am 17. Mai 2005 traf die Kommission eine Vetoentscheidung gegen den deutschen Regu- **99**
lierer (RegTP), und zwar aufgrund der beabsichtigten Entscheidung, zwar die **Entgelte** der Deutschen Telekom für die **Anrufzustellung** (Terminierung) im **Festnetz**, nicht jedoch die entsprechenden Entgelte der alternativen Teilnehmernetzbetreiber im Voraus zu regulieren.[189] RegTP war zu dem Schluss gekommen, dass die alternativen Teilnehmernetzbetreiber nicht in der Lage seien, die Preise über das Wettbewerbsniveau hinaus anzuheben, da die Deutsche Telekom bei der Verhandlung der Zustellungsgebühren ausreichenden Wettbewerbsdruck auf die alternativen Betreiber ausüben könne. Daher nahm RegTP keine beträchtliche Marktmacht der Wettbewerber an, so dass eine Regulierung der Entgelte nicht gerechtfertigt sei.

Die Kommission stellte dagegen fest, dass der 100%ige Marktanteil jedes alternativen An- **100**
bieters, der sich aus der Kontrolle über ein eigenes Festnetz und einer Leistung ergibt, für die es kein Ersatzangebot gibt, auf **beträchtliche Marktmacht** schließen lässt. Die Deutsche Telekom ist gezwungen, Zugang zu Teilnehmeranschlussleitungen bei jedem einzelnen Alternativbetreiber zu kaufen, was ihre Nachfragemacht beträchtlich schwächt. Andere europäische Regulierungsbehörden haben bei der Prüfung der entsprechenden Märkte in ähnlicher Weise festgestellt, dass die alternativen Teilnehmernetzbetreiber über beträchtliche Marktmacht verfügen. RegTP hat nach Auffassung der Kommission diese Vermutung nicht hinreichend widerlegt. Diese Entscheidung dürfte Auswirkungen auf die noch ausstehende Marktanalyse der Terminierungsentgelte bei Anrufen aus den Festnetzen in die Mobilfunknetze haben. Der dabei von der RegTP und von der Kommission zugrunde gelegte Ansatz „Ein Netz – Ein Markt" ist auf diesen Bereich grundsätzlich anwendbar und kann in ähnlicher Weise auch bei Marktabgrenzungen im Rahmen wettbewerbsrechtlicher Verfahren verwendet werden.[190]

e) Sonstige Aufgaben der Regulierungsbehörden. – Neben der Kernaufgabe der Markt- **101**
regulierung bzw. -deregulierung sieht die Rahmenrichtlinie noch eine Reihe weiterer Befugnisse für die nationalen Regulierungsbehörden vor. Die Mitgliedstaaten haben aufgrund dieser Vorgaben den Regulierern somit die entsprechenden Befugnisse einzuräumen, damit jene ihren Aufgaben nachkommen können.

Die Regulierungsbehörden haben die **Zuteilung der Funkfrequenzen** für elektronische **102**
Kommunikationsdienste nach objektiven, nichtdiskriminierenden und angemessenen Kriterien durchzuführen.[191] Die Zuteilung soll dabei insbesondere anhand der Kriterien der

---

188 Vgl. *Grewe/Inotai/Kramer*, Competition Policy Newsletter 1/2005, 49.
189 Verfahren DE/2005/144; Presseerklärung der Kommission IP/05/564 vom 17. 5. 2005.
190 Zur Regulierung des Mobilfunks vgl. MMR-Beilage 1/2003, S. 21 ff.; zur Eröffnung zweier Verfahren gem. Art. 82 wegen überhöhter Roamingentgelte vgl. Presseerklärungen der Kommission IP/04/994 vom 26. 7. 2004 und IP/05/161 vom 10. 2. 2005.
191 Art. 9 Abs. 1 RRL.

sog. Frequenzentscheidung[192] erfolgen, um einen möglichst effizienten und effektiven Einsatz des knappen Wirtschaftsgutes der Funkfrequenzen innerhalb der EU sicher zu stellen. Dabei dürfen die Mitgliedstaaten den Frequenzinhabern die Übertragung der Frequenzen an andere Unternehmen gestatten, sofern gesichert ist, dass die Regulierungsbehörden das Verfahren der Übertragung festlegen, bekannt machen und überwachen.[193]

103 Die Regulierungsbehörden sollen die **Vergabe von Nummerierungsressourcen** überwachen und die Verwaltung der nationalen Nummerierungspläne kontrollieren.[194] Dabei sind alle Anbieter öffentlich zugänglicher elektronischer Kommunikationsdienste gleich zu behandeln. Zur Erleichterung der Interoperabilität elektronischer Kommunikationsdienste unterschiedlicher Technologien haben die Mitgliedstaaten ihre Standpunkte zur Vereinheitlichung von Nummern, Namen und Adressen in den zuständigen internationalen Gremien zu koordinieren.

104 Die Regulierungsbehörden müssen bei der Bearbeitung von Anträgen auf **Erteilung von Wegerechten** nach objektiven, nichtdiskriminierenden und transparenten Verfahren vorgehen. Dies gilt gleichermaßen für Betreiber öffentlicher Kommunikationsnetze bei der Errichtung von Anlagen über oder unter öffentlichem oder privatem Grundbesitz und für Betreiber nichtöffentlicher Kommunikationsnetze bei der Errichtung von Anlagen über oder unter öffentlichem Grundbesitz.[195] Die Regulierungsbehörden haben ferner die **gemeinsame Nutzung** solcher Einrichtungen und Grundstücke einschließlich der physischen Kollokation durch mehrere Betreiber zu fördern.[196] Eine entsprechende Anordnung durch die Regulierungsbehörden, die auch eine Kostenumlage beinhalten kann, darf allerdings erst infolge einer öffentlichen Anhörung von angemessener Dauer erfolgen, bei der alle interessierten Parteien Gelegenheit zur Stellungnahme erhalten.

105 **f) Rechtsschutz und Streitbeilegung.** – Die Mitgliedstaaten haben dafür zu sorgen, dass auf nationaler Ebene **Rechtsbehelfe** eingerichtet werden, mit denen es jedem Nutzer und Anbieter von elektronischen Kommunikationsnetzen und -diensten ermöglicht wird, **gegen die Entscheidungen der Regulierungsbehörden** bei einer unabhängigen Stelle mittels einer Beschwerde vorzugehen.[197] Diese Funktion dürfte in aller Regel von einem Gericht wahrgenommen werden, jedoch ist dies nicht zwingend vorgeschrieben, so dass zu diesem Zweck auch eine andere staatliche Stelle eingesetzt werden kann, sofern sichergestellt ist, dass sie über angemessenen Sachverstand zur Erfüllung dieser Aufgabe verfügt. Bis zum Abschluss des Beschwerdeverfahrens muss die Entscheidung der Regulierungsbehörde grundsätzlich in Kraft bleiben. Dabei sind zwar Ausnahmen zulässig, jedoch muss eine zeitweilige Aufhebung der sofortigen Vollziehbarkeit im Einzelfall durch die Beschwerdestelle angeordnet werden.[198]

---

192 Entscheidung Nr. 672/2002/EG des Europäischen Parlaments und des Rates vom 7. 3. 2002 über einen Rechtsrahmen für die Funkfrequenzpolitik in der Europäischen Gemeinschaft, ABl. EG 2002 Nr. L 108, S. 1; vgl. hierzu Abschnitt II. 4.
193 Art. 9 Abs. 3 und 4 RRL; vgl. hierzu Abschnitt II. 3. c).
194 Art. 10 RRL.
195 Art. 11 Abs. 1 RRL.
196 Art. 12 RRL.
197 Art. 4 RRL; hierzu detailliert: *Scherer*, MMR-Beilage 12/2002, 23.
198 Art. 4 Abs. 1 Satz 4 RRL.

Die Überprüfung der Regulierungsentscheidungen sollte sich im Interesse eines möglichst 106
weitgehenden Rechtsschutzes nicht auf rechtliche Fragen beschränken, sondern auch **tatsächliche Fragen** umfassen. Aufgrund dieser Vorgabe dürfte eine Übertragung von Ver-
waltungsbefugnissen in Einzelfällen an ein Ministerium nicht zulässig sein, da gegen Entscheidungen der Ministerien in der Regel kein individueller Rechtsschutz gegeben ist. Diese Vorgabe war bis zuletzt im Rat sehr umstritten, da hierdurch in Portugal und in Österreich eine umfassende Reform der Behördenorganisation oder der Gerichtsverfassung notwendig geworden wäre. In diesen beiden Mitgliedstaaten waren aufgrund der rechtlichen
Ausgestaltung[199] gegen die Entscheidungen beider Regulierungsbehörden keine Rechtsmittel betreffend Tatsachenfragen, sondern lediglich zu Rechtsfragen zulässig. Zur Lösung
dieser Kontroverse wurde schließlich vorgesehen, dass im nationalen Rechtschutz „den
Umständen des Falles angemessen Rechnung" zu tragen ist.[200]

Neben den Entscheidungsbefugnissen im Rahmen der eigentlichen Regulierungsentschei- 107
dungen ist den nationalen Regulierungsbehörden auch die Zuständigkeit zur **außergerichtlichen Streitbeilegung zwischen Unternehmen** zu übertragen.[201] In sachlicher Hinsicht ist der Anwendungsbereich dieses Verfahrens weit gefasst, da jegliche Verpflichtung
aus den Richtlinien zum Gegenstand eines solchen Verfahrens werden kann. Den Unternehmen ist ein Antragsrecht zur Eröffnung eines Verfahrens zu gewähren. Das Verfahren
soll in der Regel in einem Zeitraum von vier Monaten abgeschlossen werden. Alle Unternehmen haben hierzu der Regulierungsbehörde weitgehende Unterstützung zu leisten. Die
Einleitung eines Verfahrens darf von dem Regulierer nur dann verweigert werden, wenn
andere Verfahren bestehen, die zur Streitbeilegung besser geeignet sind und schneller zu
einer Lösung führen. Zur Streitbeilegung trifft die nationale Regulierungsbehörde **verbindliche Entscheidungen**, die an den allgemeinen politischen Zielen der Regulierung
und an den speziellen Vorgaben der Richtlinien ausgerichtet sind. Die Entscheidungen sind
vollständig zu begründen und unter Wahrung der Geschäftsgeheimnisse zu veröffentlichen. Ein Klagerecht der Parteien nach den jeweiligen nationalen Verfahren wird durch das
Streitbeilegungsverfahren nicht ausgeschlossen.[202]

Im Falle einer **grenzüberschreitenden Streitigkeit** zwischen Unternehmen aus unter- 108
schiedlichen Mitgliedstaaten kann jede Partei die Streitigkeit den betroffenen Regulierungsbehörden vorlegen. Die Regulierungsbehörden haben die Maßnahmen und Verpflichtungen, die wiederum im Einklang mit den Zielen der Richtlinien stehen müssen, untereinander zu koordinieren.[203] Im Übrigen finden die Grundsätze für das nationale Streitbeilegungsverfahren Anwendung.

g) Institutionelle Neuerungen. – Die Kommission wird von einem speziell für diese Zwe- 109
cke eingerichteten Ausschuss, dem **Kommunikationsausschuss** (COCOM), unterstützt.[204]
Dieser Ausschuss ersetzt die unter den vorherigen Richtlinien eingesetzten Ausschüsse,

---

199 In Portugal waren die Regulierungsfunktionen einem Ministerium und in Österreich einer obersten Bundesbehörde übertragen worden.
200 Zum Umsetzungsbedarf in Deutschland: *Wissmann/Klümper*, K&R 2003, 52.
201 Art. 20 RRL.
202 Hierzu detailliert: *Scherer*, MMR-Beilage 12/2002, 23; zum Umsetzungsbedarf in Deutschland:
Wissmann/Klümper, K&R 2003, 52; zur Umsetzung im Regierungsentwurf: *Mielke*, TKMR-Tagungsband 2004, 47.
203 Art. 21 RRL.
204 Art. 22 Abs. 1 RRL.

d. h. den ONP-Ausschuss und den Genehmigungsausschuss.[205] Die genauen Modalitäten der Beteiligung des Kommunikationsausschusses an den Maßnahmen der Kommission folgen dabei den allgemeinen Regeln des zweiten Komitologie-Beschlusses des Rates aus dem Jahr 1999.[206] Dabei ist zu unterscheiden, ob es sich um eine rechtlich verbindliche oder unverbindliche Maßnahme handelt. Bei verbindlichen Maßnahmen muss der Kommunikationsausschuss im Rahmen des Regelungsverfahrens einbezogen werden,[207] wogegen er bei unverbindlichen Maßnahmen nur im Beratungsverfahren zu beteiligen ist.[208]

110 Daneben hatte die Kommission auch die Einsetzung einer **hochrangigen Kommunikationsgruppe** (*High Level Communications Group*) vorgeschlagen.[209] Sie sollte eine umfassende beratende Funktion wahrnehmen, wobei jedoch ihre Zusammensetzung, ihre Aufgaben und die Rechtsnatur der von ihr erlassenen Rechtsakte nicht eindeutig geregelt waren.[210] Wohl auch aufgrund dieser Unklarheiten ist es letztlich nicht zur Schaffung dieser neuen Gruppe gekommen.

111 Durch eine gesonderte Entscheidung schuf die Kommission stattdessen die **ERG** (*European Regulators Group for Electronic Communications Networks and Services*).[211] Sie soll der Kommission bei der Schaffung des Binnenmarktes für elektronische Kommunikationsnetze und -dienste beratend und unterstützend zur Seite stehen und dabei als Schnittstelle zwischen den nationalen Regulierungsbehörden und der Kommission fungieren.[212] Dies soll im Wesentlichen durch Konsultation der beteiligten Kreise, Diskussionen und Aussprache von Empfehlungen geschehen.[213] Im Unterschied zu der unter dem alten Rechtsrahmen entstandenen IRG (*Independent Regulators Group*), der allein die nationalen Regulierungsbehörden angehörten, ist die Kommission bei der ERG auf angemessenem Niveau repräsentiert. Sie hat einen Zustimmungsvorbehalt beim Beschluss der Verfahrensregeln, ist an der Einberufung von Sitzungen und der Erstellung der Tagesordnungen beteiligt und zur Teilnahme an allen Sitzungen im Plenum und in den Arbeitsgruppen berechtigt. Auch stellt die Kommission der ERG ein Sekretariat zur Verfügung. Die ERG erstattet der Kommission jährlich einen Bericht über ihre Tätigkeiten. Nicht unproblematisch stellt sich dabei das Verhältnis zwischen ERG und IRG dar, da gegenwärtig noch beide Gruppen existieren, so dass die Kommission bei bestimmten Beratungen beteiligt ist, bei anderen dagegen nicht.

112 **3. Genehmigungsrichtlinie.** – Durch die Genehmigungsrichtlinie wird die Rückführung der Regulierungsdichte im neuen Rechtsrahmen besonders gut deutlich. Zur **Erleichterung des Markteintritts** wurde hiermit das durch die ursprüngliche Genehmigungsrichtlinie statuierte Wahlrecht der Mitgliedstaaten zwischen Einzel- und Allgemeingenehmigun-

---

205 Zu deren Funktionen: *Huppertz*, K&R 2001, 402.

206 Beschluss 1999/468/EG des Rates zur Festlegung der Modalitäten für die Ausübung der der Kommission übertragenen Durchführungsbefugnisse, ABl. EG 1999 L 184, S. 23.

207 Art. 22 Abs. 3 RRL, anwendbar bei Maßnahmen gem. Art. 10 Abs. 4, 15 Abs. 4, 17 Abs. 4 und 6, 19 Abs. 2 RRL.

208 Art. 22 Abs. 2 RRL, anwendbar bei Maßnahmen gem. Art. 7 Abs. 4, 17 Abs. 1 und 5, 19 Abs. 1 RRL.

209 Art. 21 RRL-Entwurf (Fn. 83).

210 Kritisch daher: *Huppertz*, K&R 2001, 402.

211 Kommissionsbeschluss vom 29. 7. 2002, ABl. EG 2002 Nr. L 200, S. 38.

212 Art. 3 des ERG-Beschlusses.

213 Vgl. z. B. das gemeinsame Dokument über angemessene Rechtsfolgen.

gen aufgehoben. Zwar waren die Mitgliedstaaten auch nach der bisherigen Rechtslage berechtigt, sich weitgehend auf die Erteilung von Allgemeingenehmigungen zu beschränken. Allerdings waren sie hierzu nicht gehalten, sondern hatten auch die rechtliche Möglichkeit, von den Unternehmen den Nachweis von Einzelgenehmigungen zu verlangen. Dies lag insbesondere daran, dass der Rückgriff auf Einzelgenehmigungen durch die ursprüngliche Genehmigungsrichtlinie inhaltlich nicht beschränkt war.

Nach der neuen Genehmigungsrichtlinie müssen die Mitgliedstaaten allen Unternehmen **113** grundsätzlich die rechtliche Möglichkeit des Betriebs elektronischer Kommunikationsnetze und des Angebots elektronischer Kommunikationsdienste einräumen. Diese generelle unternehmerische Freiheit soll von den Mitgliedstaaten im Prinzip sogar **ohne jegliche vorherige Genehmigung oder Anzeige** gewährt werden.[214] Sie darf als Ausprägung der Dienstleistungsfreiheit im Gemeinsamen Markt nur eingeschränkt werden, wenn dies durch zwingende Gründe der öffentlichen Ordnung, Sicherheit und Gesundheit gem. Art. 46 Abs. 1 erforderlich ist.[215] Mit dieser Regelung hat der Richtliniengeber ausdrücklich das „am wenigsten schwerfällige Genehmigungssystem" festgelegt.[216] Dadurch soll die Entwicklung innovativer Kommunikationsdienste und grenzüberschreitender gesamteuropäischer Kommunikationsnetze erleichtert werden.

a) Grundsatz der Allgemeingenehmigung. – Für den Fall, dass die Mitgliedstaaten an **114** einem vorherigen Genehmigungserfordernis für den Betrieb elektronischer Kommunikationsdienste und -netze festhalten wollen, sieht die Genehmigungsrichtlinie nunmehr vor, dass dies in erster Linie durch eine Allgemeingenehmigung zu erfolgen hat. Die Erteilung einer Allgemeingenehmigung umfasst dabei die Festlegung von Rechten, die der Bereitstellung aller oder zumindest bestimmter elektronischer Kommunikationsnetze und -dienste dienen können.[217] Weiterhin umfasst sie das Recht der Unternehmen auf Prüfung des Antrags auf Erteilung von Wegerechten, die für die Installation von Einrichtungen erforderlich sind.[218] Schließlich umfasst die Erteilung einer Allgemeingenehmigung auch das Recht auf Netzzugang und -zusammenschaltung und auf Benennung als ein zum Universaldienst verpflichtetes Unternehmen.[219]

Die Wahl der rechtlichen Form für die Erteilung dieser Rechte ist dabei den Mitgliedstaaten **115** überlassen, denn die Genehmigungsrichtlinie schreibt insofern kein besonderes Verfahren vor. Die Erteilung von Allgemeingenehmigungen ist somit grundsätzlich sowohl durch eine **Rechtsvorschrift** als auch durch eine **Allgemeinverfügung** möglich.[220]

Jede Tätigkeit eines Betreibers, welche sich in diesem Rahmen bewegt, gilt sodann als genehmigt und darf vorab keinen besonderen Beschränkungen mehr unterworfen werden. Allerdings können die Mitgliedstaaten eine **Meldepflicht** an die Regulierungsbehörden vorsehen, um die Überwachung der Verpflichtungen der betroffenen Unternehmen zu erleichtern.

---

214 Art. 3 Abs. 1 GRL.
215 Vgl. hierzu *von der Groeben/Schwarze/Tiedje/Troberg*, Art. 46 RdNr. 18 ff., 30 ff.
216 Erwägungsgrund 7 GRL.
217 Art. 2 Abs. 2a) und Art. 4 Abs. 1a) GRL.
218 Art. 4 Abs. 1b) GRL und Art. 11 RRL.
219 Art. 4 Abs. 2 a) und b) GRL; der Inhalt dieser Rechte richtet sich nach den Vorschriften der ZRL und der URL.
220 Nach *Scherer*, K&R 2002, 330, weist der Begriff der Allgemeingenehmigung auf einen Akt der Exekutive hin, so dass eine gesetzliche Erteilung nicht möglich wäre; a.A. *Schütz/Attendorn/König*, RdNr. 72.

Dabei darf jedoch keine Kontrollerlaubnis vorgesehen werden.[221] Vielmehr dürfen die zuständigen Behörden lediglich Angaben zur Firmenanschrift, zur Handelsregisternummer, zur Beschreibung der Tätigkeit und zum Zeitpunkt der Aufnahme verlangen, darüber hinaus dürfen sie keine inhaltlichen oder formellen Anforderungen stellen.[222] Mit der Meldung dieser Angaben sind die Unternehmen ohne weitere Frist zur Aufnahme ihrer Tätigkeiten berechtigt. Ferner haben sie Anspruch auf Erteilung einer standardisierten Bescheinigung über die erfolgte Meldung durch die Regulierungsbehörde.[223] Diese Bescheinigungen begründen für die Unternehmen jedoch keine besonderen Rechte, sondern sind rein deklaratorisch.[224] Insbesondere lassen sich aus einer solchen Bescheinigung keine Rechte im Rahmen etwaiger Genehmigungen ableiten. Zudem bleiben die Regulierungsbehörden stets ermächtigt, eine **nachträgliche Verhaltenskontrolle** über die Tätigkeiten der Unternehmen im Rahmen der Allgemeingenehmigungen auszuüben und bei Zuwiderhandlungen gegen die daran geknüpften Bedingungen angemessene Sanktionen anzuordnen. Dabei soll zwar in der Regel den Unternehmen nicht das Recht zur Ausübung ihrer Tätigkeit entzogen werden, allerdings ist auch ein so weitgehender Schritt im Rahmen von Sofortmaßnahmen bei Verstößen gegen die öffentliche Ordnung, Sicherheit und Gesundheit durchaus zulässig.[225]

117 **b) Zulässige Bedingungen und Beschränkungen.** – Allgemeingenehmigungen dürfen an bestimmte Bedingungen geknüpft werden, die jedoch engen Grenzen unterliegen und auf das zur Erfüllung der gemeinschaftsrechtlichen Vorgaben und der nationalen Umsetzungsakte „absolut notwendige" Mindestmaß zu beschränken sind.[226] Eine **abschließende Liste** der zulässigen Bedingungen ist im Anhang zur Genehmigungsrichtlinie enthalten. Sie dienen der Verwirklichung der in den anderen Richtlinien vorgesehenen Ziele.[227] So ist in Übereinstimmung mit der Universaldienstrichtlinie etwa vorgesehen, dass die Vergabe von Allgemeingenehmigungen an einen Beitrag zur Finanzierung des Universaldienstes geknüpft werden darf. Auch sind Bedingungen für die Bereitstellung von Nummern des nationalen Nummerierungsplans, für die Übertragungspflichten und zur Gewährleistung des Verbraucherschutzes zulässig. Zur Erreichung der Ziele der Zugangsrichtlinie sind insbesondere Bedingungen zur Gewährleistung der Interoperabilität der Dienste und der Zusammenschaltung der Netze zulässig. Im Interesse eines effektiven Datenschutzes dürfen Bedingungen für die Vertraulichkeit personenbezogener Daten und für die Überwachung der Kommunikation vorgesehen werden. Schließlich sind auch Bedingungen zur Sicherung anderer Ziele, wie z. B. des Umweltschutzes, der Städte- und Raumplanung, des Katastrophenschutzes oder des Gesundheitsschutzes zulässig.

118 Die Erhebung einer **Verwaltungsabgabe ist zulässig.** Sie tritt an die Stelle der bisherigen Lizenzgebühr, wird jedoch nicht mehr für die Erteilung der Genehmigung, sondern für die Aufnahme der hiervon gedeckten Tätigkeit erhoben. Diese Regelung stellt eine erhebliche Veränderung im Vergleich zur bisherigen Rechtslage dar. Die Abgabe ist nicht zwingend vorgesehen. Wenn sie erhoben wird, darf sie den Mitgliedstaaten jedoch lediglich zur Deckung bestimmter administrativer Kosten dienen. Die relevanten Kosten sind dabei nicht

---

221 Art. 3 Abs. 2 Satz 2 GRL.
222 Art. 3 Abs. 3 GRL.
223 Art. 3 Abs. 3 GRL.
224 Erwägungsgrund 25 GRL.
225 Erwägungsgrund 27 GRL.
226 Erwägungsgrund 15 GRL.
227 Vgl. Anhang zur GRL, Abschnitt A.

diejenigen für die Erteilung einer Genehmigung an ein einzelnes Unternehmen, sondern vielmehr die insgesamt anfallenden Kosten für die Verwaltung, Kontrolle und Durchsetzung der Allgemeingenehmigungen (und Nutzungsrechte) an alle begünstigten Unternehmen. Hieran wird deutlich, dass es sich nicht um eine an einem individuellen Verwaltungsvorgang orientierte Abgabe, sondern um eine Umlage der gesamten Verwaltungskosten auf eine Vielzahl von Abgabenschuldnern handelt.[228]

In die **Berechnung** dürfen zudem bestimmte Kosten für die internationale Zusammenarbeit, Harmonisierung und Normung, Marktanalyse und für andere direkt damit zusammenhängende Regulierungstätigkeiten einfließen.[229] Diese Ausweitung der potenziell relevanten Kosten darf jedoch nicht dazu führen, dass alle bei der Regulierung anfallenden administrativen Kosten im Wege der Verwaltungsabgabe auf die Unternehmen umgelegt werden.[230] Die Genehmigungsrichtlinie beugt dem vor, indem sie vorsieht, dass solche Abgaben, wenn sie von einzelnen Unternehmen erhoben werden, stets in objektiver, verhältnismäßiger und transparenter Weise berechnet und dabei insgesamt auf ein **notwendiges Mindestmaß** reduziert werden müssen.[231] Dabei sind Wettbewerbsverzerrungen und Marktzutrittsschranken zu vermeiden. Um eine faire und transparente Kostenumlage zu erreichen, kommen dabei etwa am Umsatz der betroffenen Unternehmen orientierte Verteilungsschlüssel oder auch geringe Pauschalbeträge in Betracht.[232] 119

Mit diesen Regelungen soll verhindert werden, dass die Unternehmen einer übermäßigen finanziellen Belastung unterworfen werden. Bei der Erteilung von Allgemeingenehmigungen im Bereich der elektronischen Kommunikation besteht aufgrund der in der Genehmigungsrichtlinie als Grundprinzip festgelegten Freiheit der unternehmerischen Tätigkeit insofern keine staatliche Gegenleistung und somit auch keine Rechtfertigung für eine über die bloße Kostendeckung hinaus gehende Abgabepflicht der Unternehmen. 120

Andere als die im Anhang zur Genehmigungsrichtlinie ausdrücklich genannten Bedingungen dürfen den Unternehmen nicht auferlegt werden. Sämtliche dieser Bedingungen müssen zudem in Bezug auf das betreffende Netz oder den betreffenden Dienst **objektiv gerechtfertigt, nichtdiskriminierend, verhältnismäßig und transparent** sein.[233] Hinzu kommt, dass auch nachträgliche Änderungen von Bedingungen nur in objektiv gerechtfertigten Fällen, unter Wahrung der Verhältnismäßigkeit und nach Anhörung des betroffenen Unternehmens innerhalb einer Frist von mindestens vier Wochen erfolgen dürfen.[234] Sie sollen damit auf das absolut notwendige Mindestmaß beschränkt werden, um den Markteintritt von Betreibern elektronischer Kommunikationsnetze und von Anbietern solcher Dienste nicht durch übermäßig hohe Vorgaben zu erschweren.[235] 121

c) Vergabe von Funkfrequenzen und Nummern. – Die Nutzungsrechte an Funkfrequenzen und Rufnummern sind für viele Betreiber neben der Allgemeingenehmigung weitere wichtige Voraussetzungen für die Aufnahme ihres Geschäftsbetriebs. Die Erteilung von 122

---

228 Vgl. *Schütz/Attendorn/König*, RdNr. 97.
229 Art. 12 Abs. 1a) GRL.
230 Vgl. *Scherer*, K&R 2002, 334.
231 Art. 12 Abs. 1b) GRL.
232 Erwägungsgrund 31 GRL.
233 Art. 6 Abs. 1 GRL.
234 Art. 14 Abs. 1 GRL.
235 Erwägungsgrund 15 GRL.

Nutzungsrechten an Funkfrequenzen soll daher so weit wie möglich, vor allem wenn die Gefahr von funktechnischen Störungen unbedeutend ist, gemeinsam **mit der Allgemeingenehmigung** erfolgen. In dem Fall ist sodann keine individuelle Genehmigung durch gesonderten Rechtsakt notwendig.[236] Diese Regelung entspricht, was die Funkfrequenzen betrifft, der generellen Tendenz in der Genehmigungsrichtlinie, den Marktzutritt im Vergleich zur bisherigen Rechtslage zu erleichtern. Sie erfasst jedoch ausdrücklich nicht die Vergabe von Nutzungsrechten an Rufnummern.

123 Die Mitgliedstaaten sind unter bestimmten Umständen berechtigt, eine gesonderte Vergabe von Nutzungsrechten an Frequenzen und Rufnummern anzuordnen. Dies setzt voraus, dass eine **individuelle Zuteilung** notwendig ist und somit erteilt werden muss.[237] Diese besonderen Voraussetzungen werden in der Richtlinie nicht näher definiert, so dass insofern ein Ermessensspielraum für die Mitgliedstaaten besteht. Das Ermessen darf jedoch aufgrund des eindeutig vorgegebenen **Regel-Ausnahme-Verhältnisses** nicht dazu führen, dass die Nutzungsrechte an Funkfrequenzen stets durch Einzelakt vergeben werden. Dies ist in der gegenwärtigen Regulierungspraxis in Deutschland auch nicht der Fall.[238] Die Vergabe von Nutzungsrechten an Rufnummern erfolgt dagegen weitgehend durch Einzelgenehmigungen.[239]

124 Sieht ein Mitgliedstaat demnach eine von der Allgemeingenehmigung gesonderte Vergabe der Nutzungsrechte vor, so sind diese Rechte den betroffenen Unternehmen auf Antrag in einem offenen, transparenten und nichtdiskriminierenden Verfahren zu erteilen. Diese Entscheidung hat für die Rufnummernzuteilung innerhalb von drei Wochen und für die Frequenzzuteilung innerhalb von sechs Wochen nach Eingang eines vollständigen Antrags zu erfolgen.[240]

125 Die Mitgliedstaaten dürfen die Zahl der zur Frequenz- und Rufnummernnutzung berechtigten Unternehmen zwar beschränken, sie haben dabei jedoch bestimmte materielle und formelle Vorgaben zu beachten.[241] Die Notwendigkeit einer solchen **zahlenmäßigen Beschränkung** ergibt sich dabei immer dann, wenn für das knappe Wirtschaftsgut der Funkfrequenzen bzw. Rufnummern die Nachfrage das verfügbare Angebot übersteigt. Bei den Funkfrequenzen dürfen die Mitgliedstaaten sodann ein Auswahlverfahren vorsehen, um eine bestmögliche Nutzung der knappen Ressourcen zu gewährleisten.[242] Dieses Verfahren muss nach objektiven, transparenten, nichtdiskriminierenden und verhältnismäßigen Kriterien und unter Beachtung der allgemeinen Regulierungsziele nach Art. 8 Rahmenrichtlinie erfolgen.[243] Diese Vorgaben können sowohl bei **Ausschreibungs-** als auch bei **Versteigerungsverfahren** erfüllt werden, so dass insofern weiterhin ein Ermessensspielraum für die Mitgliedstaaten bei der Umsetzung besteht. Wenn dieser Spielraum durch das nationale Gesetz nicht eingeengt wird, könnte er auch auf die nationalen Regulie-

---

236 Art. 5 Abs. 1 GRL.
237 Art. 5 Abs. 2 i.V.m. Erwägungsgrund 11 GRL.
238 *Schütz/Attendorn/König*, RdNr. 86.
239 Vgl. *Wegmann*, K&R 2003, 448, der jedoch nicht darauf eingeht, ob dies nach den Richtlinien auch zwingend erforderlich ist.
240 Art. 5 Abs. 3 GRL.
241 Art. 5 Abs. 5 und 7 GRL; vgl. hierzu *Wegmann*, K&R 2003, 448.
242 Erwägungsgrund 22 GRL.
243 Art. 7 Abs. 3 GRL.

Klotz

rungsbehörden übertragen werden. Bei den Rufnummern kommen dagegen echte Knappheitssituationen kaum vor, daher ist für deren Verteilung auch kein spezielles Verfahren vorgesehen.[244] Vielmehr reichen insofern die in Art. 10 Rahmenrichtlinie genannten Anforderungen aus.[245]

Die Mitgliedstaaten sind berechtigt, den Unternehmen den **Frequenzhandel** durch Über **126** tragung von Nutzungsrechten an Funkfrequenzen zu gestatten, sofern dadurch eine effizientere Nutzung erreicht wird.[246] Werden solche Nutzungsrechte von einer Allgemeingenehmigung erfasst, so ist ihre Übertragung nicht notwendig, so dass diese Möglichkeit auf solche Nutzungsrechte beschränkt sein dürfte, die im Wege der Einzelgenehmigung erteilt worden sind.[247] Hinsichtlich der Einführung dieser Möglichkeit und der Ausgestaltung des Verfahrens haben die Mitgliedstaaten einen weiten Ermessensspielraum. Wenn sie den Betreibern den Frequenzhandel ermöglichen wollen, haben sie jedoch bestimmte Vorgaben zu beachten. So ist die Absicht eines Unternehmens, Frequenznutzungsrechte an ein anderes Unternehmen zu übertragen, der nationalen Regulierungsbehörde mitzuteilen. Diese hat das hierzu beschrittene Verfahren öffentlich bekannt zu geben und darauf zu achten, dass Wettbewerbsverzerrungen vermieden werden.[248]

Auch für die Erteilung der Nutzungsrechte ist die Erhebung einer **Verwaltungsabgabe** in **127** Form einer Umlage der allgemeinen Kosten zulässig.[249] Zusätzlich dazu dürfen die Mitgliedstaaten es den Regulierungsbehörden gestatten, für die Vergabe von Nutzungsrechten an Funkfrequenzen und Nummern und von Wegerechten ein **Entgelt** zu erheben.[250] Hierdurch soll eine optimale Nutzung knapper Ressourcen sichergestellt werden. Auch diese Entgelte müssen, wenn sie erhoben werden, objektiv gerechtfertigt, transparent, nichtdiskriminierend und angemessen sein und unter Beachtung der allgemeinen Regulierungsziele in Art. 8 Rahmenrichtlinie berechnet werden.

Diese Vorschrift eröffnet den Mitgliedstaaten weiterhin die rechtliche Möglichkeit, bei den **128** Unternehmen der elektronischen Kommunikation eine **Abschöpfung** des Werts der Nutzung von Frequenzen und Nummern vorzunehmen. Auch eine Versteigerung derartiger Güter bleibt damit grundsätzlich zulässig. Allerdings sollen die Regulierungsbehörden in den festzulegenden Zahlungsregelungen sicherstellen, dass die Entgelte zu einer Auswahl nach Kriterien führen, die dem übergeordneten Ziel der optimalen Ressourcenallokation dienen.[251] Dieses wäre jedenfalls dann nicht mehr der Fall, wenn es bei dem Versteigerungsverfahren – ähnlich wie im Fall der UMTS-Lizenzen im Jahr 2000 in einigen Mitgliedstaaten – zu Entgelten kommt, die den zu erwartenden wirtschaftlichen Wert des ersteigerten Rechts bei Weitem übersteigen. Die Kommission hatte im Verlauf des Gesetzgebungsverfahrens auf die mit einem derartig weiten Spielraum der Mitgliedstaaten verbunden Risiken hingewiesen und eine Ausweitung des Konsultationsverfahrens nach Art. 7

---

244 Zur Bedeutung der Rufnummern und den rechtlichen Anforderungen bei deren Verteilung: *Wegmann*, K&R 2003, 448.
245 S. o. RdNr. 104.
246 Art. 9 Abs. 3 und Erwägungsgrund 19 RRL.
247 Vgl. *Wissmann/Kreitlow*, K&R 2003, 257.
248 Art. 9 Abs. 4 RRL.
249 S. o. RdNr. 119 ff.
250 Art. 13 GRL.
251 Erwägungsgrund 32 GRL.

Rahmenrichtlinie auf diese Entscheidungen vorgeschlagen.[252] Dies wurde jedoch vom Rat abgelehnt.[253]

129 **4. Frequenzentscheidung.** – Zeitgleich mit der Verabschiedung des Richtlinienpakets wurde durch die Frequenzentscheidung des Europäischen Parlaments und des Rates[254] erstmals eine rechtliche Grundlage für eine **harmonisierte Frequenzpolitik** in der EU geschaffen. Hierin ist – unbeschadet der Zuständigkeiten der Mitgliedstaaten aufgrund der Genehmigungsrichtlinie – vorgesehen, dass die Zuweisung der Frequenzen in einem gemeinschaftsweit abgestimmten Rahmen zu erfolgen hat. Diese Harmonisierung wurde deshalb notwendig, da zuvor aufgrund der Zuständigkeiten mehrerer Institutionen eine starke Zersplitterung der Frequenzpolitik bestand, bei der es häufig zu Überschneidungen und Abstimmungsproblemen kam.[255]

130 Die Frequenzentscheidung sieht allerdings keine direkte Harmonisierung vor, sondern legt vielmehr ein **Verfahren** für den Erlass gemeinsamer Maßnahmen zur gemeinschaftsweiten Einführung von Diensten und Anwendungen fest. Die Befugnisse zur Ausübung der harmonisierten Frequenzpolitik werden der Kommission übertragen. Sie wird dabei von einem **Funkfrequenzausschuss** (*Radio Spectrum Committee*) unterstützt, der sich aus Vertretern der Mitgliedstaaten zusammensetzt und nach den Regeln der Komitologie tätig wird.[256] Je nach Rechtsnatur der beabsichtigten Maßnahme hat der Ausschuss somit entweder eine beratende oder eine mitentscheidende Rolle.

131 Die Befugnis zum Erlass geeigneter technischer Maßnahmen zur Harmonisierung der Verfügbarkeit und effizienten Nutzung des Funkfrequenzspektrums liegt bei der **Kommission**.[257] Sie unterbreitet diese Maßnahmen zunächst dem Ausschuss. Fallen die Maßnahmen in den Zuständigkeitsbereich der Europäischen Konferenz der Verwaltungen für das Post- und Fernmeldewesen (CEPT), so erteilt die Kommission – gemeinsam mit dem Ausschuss im Beratungsverfahren – der CEPT einen Auftrag, indem sie die geplanten Maßnahmen und den Zeitrahmen mitteilt. Kommt die CEPT diesem Auftrag nach, indem sie eine entsprechende Maßnahme trifft, so entscheidet die Kommission anschließend darüber, ob diese Maßnahme in der Gemeinschaft zur Anwendung kommt. Diese Entscheidung ergeht im Regelungsverfahren, bei dem der Ausschuss zustimmen muss. Kann keine Einigung zwischen Kommission und Ausschuss erzielt werden, so hat der Ausschuss das Recht, den Rat zwecks endgültiger Entscheidung anzurufen. Übernehmen die Kommission und der Ausschuss die Maßnahme der CEPT, so legt die Kommission eine Frist zu deren Umsetzung durch die Mitgliedstaaten fest. Andernfalls legt die Kommission eine geeignete Maßnahme im Regelungsverfahren selber fest. Letzteres gilt auch dann, wenn die Maßnahmen nicht in den Zuständigkeitsbereich der CEPT fallen.

132 Dieses Verfahren stellt einen guten Kompromiss zwischen der Zusammenarbeit mit der CEPT im Interesse einer über die Gemeinschaftsgrenzen hinausgehenden Abstimmung bei

---

252 Mitteilung vom 18. 9. 2001 (Fn. 93).
253 *Scherer*, K&R 2002, 335 verweist in diesem Zusammenhang auf „Begehrlichkeiten der Mitgliedstaaten".
254 Entscheidung 676/2002/EG des Europäischen Parlaments und des Rates vom 7. 3. 2002 über einen Rechtsrahmen für die Funkfrequenzpolitik in der Europäischen Gemeinschaft, ABl. EG 2002 Nr. L 108, S. 1.
255 Vgl. *Scherer*, K&R 2002, 385.
256 Art. 3 FE.
257 Vgl. für das Verfahren Art. 4 FE.

den Funkfrequenzen und im Interesse der Handlungsfähigkeit der Kommission für die Annahme gemeinschaftsweiter Maßnahmen dar. Schließlich sind in der Frequenzentscheidung auch **Informations- und Kooperationspflichten** der Mitgliedstaaten gegenüber der Kommission vorgesehen, durch die die Gemeinschaft in die Lage versetzt werden soll, bei den Verhandlungen über die Funkfrequenzverwaltung im Rahmen der Internationalen Fernmeldeunion (ITU) einheitliche Standpunkte einzunehmen.[258]

5. Zugangsrichtlinie. – In der Zugangsrichtlinie sind Art und Inhalt der regulatorischen **133** Maßnahmen auf der Vorleistungsebene sowie die Bedingungen ihrer Anordnung durch die nationalen Regulierungsbehörden geregelt. Die von der Richtlinie vorgesehenen möglichen Verpflichtungen für Unternehmen mit beträchtlicher Marktmacht stellen die Rechtsfolgen einer nach den Vorgaben der Rahmenrichtlinie durchgeführten Marktanalyse dar. Hieran wird die Funktion der Rahmenrichtlinie als „Allgemeiner Teil" im System des neuen Rechtsrahmens deutlich. Aufgrund der Marktanalyse steht das „Ob" der Ex-ante-Regulierung fest, während das „Wie" – jedenfalls für die Vorleistungsmärkte – anhand der Bestimmungen der Zugangsrichtlinie zu ermitteln ist.

Im Unterschied zur Rechtslage nach den ursprünglichen Richtlinien findet die Regulierung **134** von Vorleistungen marktmächtiger Betreiber nicht mehr stets anhand einheitlicher Rechtsfolgen statt. Bislang waren den Betreibern mit beträchtlicher Marktmacht in den durch die Richtlinien vordefinierten Marktbereichen stets umfassende Zugangsverpflichtungen aufzuerlegen. Auch unterlagen solche Betreiber stets einer Entgeltregulierung nach dem Grundsatz der Kostenorientierung. Dies ist nach der Zugangsrichtlinie nun nicht mehr zwingend der Fall. Vielmehr soll das „Wie" der Regulierung mithilfe der verschiedenen in der Zugangsrichtlinie vorgesehenen Instrumente besser dem jeweils im Einzelfall festgestellten wettbewerblichen Missstand angepasst werden. Durch diese **flexiblere Auswahlmöglichkeit** bei den Regulierungsmaßnahmen soll in erster Linie dem Umstand Rechnung getragen werden, dass sich nach der vollständigen Liberalisierung aller Telekommunikationsmärkte in vielen Bereichen ein gewisser Grad von Wettbewerb herausgebildet hat, so dass nur noch in den verbleibenden „Problembereichen" eine strikte Ex-ante-Regulierung notwendig ist, um die rechtlichen Voraussetzungen für wirksamen Wettbewerb zwischen den angestammten Betreibern und den neu in den Markt eintretenden Wettbewerbern zu schaffen.

a) Regulierung von Vorleistungen. – Die Ex-ante-Regulierung ist in erster Linie für Vor- **135** leistungen erforderlich, von denen die Wettbewerber abhängig sind, um mit den angestammten Betreibern auf den nachgeordneten Endkundenmärkten zu konkurrieren.[259] Den dabei zu treffenden Regulierungsanordnungen ist gemeinsam, dass sie den Betreibern **vorab auferlegt** werden, so dass die Betreiber die geplanten Maßnahmen ohne die entsprechende Regulierungsentscheidung nicht umsetzen und in der Praxis anwenden dürfen. Dies ist im Vergleich zum allgemeinen Wettbewerbsrecht ein erheblicher Unterschied, da dort – mit Ausnahme der Fusionskontrolle – Markteingriffe nur nachträglich und infolge eines nachgewiesenen Verstoßes gegen bestimmte Verhaltenspflichten erfolgen.

Dennoch ist und bleibt eine solche unterschiedliche Behandlung dieses Sektors gerechtfer- **136** tigt, da die ehemaligen Monopolunternehmen auf vielen Märkten der elektronischen Kommunikation weiterhin eine deutlich stärkere Marktposition besitzen als die Wettbewerber.

---

258 Art. 6 FE.
259 Zur Regulierung der Endkundendienste vgl. unten Abschnitt II. 6. b).

Daher sind auch die Verhandlungspositionen dieser Unternehmen noch nicht in dem Maß miteinander vergleichbar, dass ein wirksamer Netzzugang allein durch vertragliche Vereinbarungen zwischen den Parteien erzielt werden kann und der Wettbewerb somit allein durch die Marktkräfte in Gang kommt.[260] Dies gilt allerdings unbeschadet der Verpflichtung der Regulierungsbehörden zur Ermöglichung und Förderung vertraglicher Vereinbarungen anstelle hoheitlicher Anordnungen.[261]

137   **b) Auferlegung von Regulierungsmaßnahmen.** – Zunächst haben die Regulierungsbehörden alle bestehenden Regulierungsanordnungen bis zum Abschluss der ersten Marktanalyse aufrecht zu erhalten, um die **Kontinuität** der geltenden Regulierung in der Übergangsphase vom alten zum neuen Rechtsrahmen zu gewährleisten.[262] Erst infolge einer abgeschlossenen Marktanalyse dürfen die Regulierungsbehörden die ursprünglichen Maßnahmen dann ändern oder aufheben.

138   Kommt eine Regulierungsbehörde bei der Analyse eines Marktes zu dem Schluss, dass kein wirksamer Wettbewerb vorliegt, so hat sie den jeweiligen marktbeherrschenden Betreibern angemessene regulatorische Ex-ante-Verpflichtungen aufzuerlegen bzw. bestehende Verpflichtungen fortgelten zu lassen.[263] Diese möglichen Verpflichtungen auf der Vorleistungsebene sind in der Zugangsrichtlinie **abschließend aufgelistet**. Sie betreffen die Transparenz, die Gleichbehandlung, die getrennte Buchführung, den Zugang zu Netzeinrichtungen und deren Nutzung sowie die Preiskontrolle und Kostenrechnung.[264] Alle diese Verpflichtungen sind auch im Wettbewerbsrecht einschlägig und können dort, je nach der im Einzelfall festgestellten Missbrauchsform, den betroffenen Unternehmen als Rechtsfolgen einer Verbotsentscheidung auferlegt werden. Neben dem zeitlichen Unterschied zwischen der Ex-ante- und der Ex-post-Kontrolle sind dabei jedoch auch in inhaltlicher Hinsicht bestimmte Unterschiede zu verzeichnen.

139   Bei der Auswahl des für die Beseitigung des festgestellten Wettbewerbshindernisses am besten geeigneten Instruments sollen die Regulierer über einen **weiten Ermessensspielraum** verfügen, bei dessen Ausübung sie allerdings stets die in Art. 8 Rahmenrichtlinie aufgelisteten Ziele und Prinzipien sowie den **Verhältnismäßigkeitsgrundsatz** zu beachten haben. Um bei dieser Aufgabe unter vergleichbaren Umständen zu vergleichbaren Ergebnissen zu kommen, haben die nationalen Regulierungsbehörden im Rahmen der *European Regulators Group* (ERG) im Jahr 2003 eine gesonderte Arbeitsgruppe eingesetzt. Diese Arbeitsgruppe hat unter Beteiligung der Kommission sodann ein **gemeinsames Positionsdokument** über die Ermittlung der angemessenen Rechtsfolgen im neuen Regulierungsrahmen erarbeitet, welches nach öffentlicher Konsultation am 1. April 2004 vom ERG-Plenum angenommen wurde.[265] In diesem Dokument werden zunächst die möglichen Wettbewerbsprobleme beschrieben, die auf den Märkten der elektronischen Kommunikation auftreten können. Sodann werden die möglichen Rechtsfolgen nach der Zugangsrichtlinie (wie auch diejenigen für die Endkundenmärkte nach der Universaldienstrichtlinie) in ihrer Art und ihrem Inhalt erläutert. Schließlich werden gemeinsame Grundsätze für die Anord-

---

260 Vgl. Erwägungsgrund 6 ZRL.
261 Art. 1 Abs. 1 ZRL.
262 Art. 7 Abs. 1 RRL.
263 Art. 16 Abs. 4 RRL.
264 Art. 9–13 ZRL.
265 ERG (03) 30 rev1, veröffentlicht unter: http://erg.eu.int/doc/whatsnew/erg_0330rev1_remedies_-common_position.pdf.

nung der Rechtsfolgen und die für die verschiedenen Wettbewerbsprobleme grundsätzlich am besten geeigneten Abhilfemaßnahmen dargestellt.[266] Zwar hat dieses Dokument keine eigene rechtliche Verbindlichkeit. Es darf jedoch erwartet werden, dass sich die Regulierungsbehörden bei ihrer laufenden Tätigkeit an den darin enthaltenen Grundsätzen und Schlussfolgerungen orientieren werden. Hiermit können sie zugleich einen wichtigen Beitrag zu einer harmonisierten Regulierung innerhalb der EU leisten.

Die Auswahl der konkreten Rechtsfolge im Einzelfall ist sodann der Kommission mitzuteilen, und die Kommission kann hierzu binnen eines Monats eine Stellungnahme abgeben.[267] Die Befugnis, die Regulierungsbehörde aufzufordern, die geplante Maßnahme nicht zu ergreifen und spezifische Vorschläge zu deren Änderung anzugeben, erstreckt sich jedoch nur auf die Marktdefinition und die Marktanalyse und somit gerade nicht auf die Auswahl der Abhilfemaßnahme.[268] Allerdings ist die Kommission befugt, gegen einen Mitgliedstaat ein Vertragsverletzungsverfahren gem. Art. 226 einzuleiten, wenn eine gänzlich ungeeignete oder unverhältnismäßig scharfe oder milde Rechtsfolge angeordnet wird, die ein festgestelltes Wettbewerbsproblem nicht beseitigt und dadurch zu einer Beschränkung oder Verzerrung des Gemeinsamen Marktes führt. **140**

aa) Zugangsverpflichtungen. – Wenn das festgestellte Wettbewerbsproblem darin besteht, dass die Wettbewerber für den **Markteintritt** nicht über hinreichende eigene Infrastruktur verfügen, ihnen der Aufbau einer solchen Infrastruktur wirtschaftlich nicht zugemutet werden kann und sie von dem oder den SMP-Betreibern am Zugang zu den Netzen und Einrichtungen durch schlichte Verweigerung, Verzögerungen, unangemessene oder diskriminierende Anforderungen, Vorenthaltung notwendiger Informationen oder Bündelangebote gehindert werden, so stellt die Anordnung von Zugangsverpflichtungen die am besten geeignete Maßnahme dar. **141**

Die Mitgliedstaaten haben aufgrund von Art. 12 Zugangsrichtlinie die Pflicht, den Regulierungsbehörden derartige Befugnisse zu erteilen, damit Letztere in der Lage sind, den Unternehmen eine Reihe von Zugangsverpflichtungen aufzuerlegen. Die Auswahl der im jeweiligen Einzelfall am besten geeigneten Zugangsverpflichtung als solcher hat dabei im **Ermessen der Regulierungsbehörde** zu stehen. Aufgrund des flexiblen, bedarfsabhängigen Regulierungsansatzes der Richtlinien soll diese Auswahl der Rechtsfolgen nicht bereits im Gesetz vorgenommen werden. Die möglichen Verpflichtungen müssen dabei insbesondere den Zugang zu bestimmten Netzkomponenten bzw. -einrichtungen durch entbündelten Zugang zu den Teilnehmeranschlussleitungen,[269] Zusammenschaltung von Netzen und Netzeinrichtungen, Bereitstellung von Diensten zu Großhandelsbedingungen zwecks Weiterverkaufs (*Resale*), Zugang zu technischen Schnittstellen sowie Kollokation und andere Formen der gemeinsamen Nutzung von Einrichtungen umfassen. Hieraus folgt eine erhebliche **Ausdehnung des Zugangsbegriffs** im Vergleich zur Rechtslage unter den **142**

---

266 Vgl. den Überblick bei *Ruhle*, CR 2004, 178.
267 Art. 7 Abs. 3b) RRL.
268 Art. 7 Abs. 4 RRL.
269 Die Entbündelungsverordnung 2887/2000/EG wird durch das Richtlinienpaket nicht ersetzt. In Art. 27 RRL ist als Übergangsvorschrift insofern vorgesehen, dass die aufgrund der VO 2887/2000/EG als SMP-Betreiber gemeldeten Unternehmen noch bis zum Abschluss der ersten Marktanalyse nach Art. 16 RRL als solche bestehen bleiben. Demnach gelten auch die aufgrund der VO 2887/2000/EG angeordneten Verpflichtungen fort, bis sie nach dem neuen Rechtsrahmen auf ihren Fortbestand oder möglichen Abbau überprüft worden sind.

ursprünglichen Richtlinien. Der in der Zugangsrichtlinie enthaltene Katalog möglicher Verpflichtungen ist dabei nicht einmal abschließend. Bei der Auswahl der am besten geeigneten Verpflichtung haben die Regulierungsbehörden u. a. die technische und wirtschaftliche Tragfähigkeit der Nutzung konkurrierender Einrichtungen, die vorhandenen Kapazitäten, die Anfangsinvestitionen des Zugangsverpflichteten, die langfristige Sicherung des Wettbewerbs und die Bereitstellung europaweiter Dienste zu berücksichtigen.[270]

143   Die Zugangsverpflichtungen richten sich **gegen alle Betreiber** öffentlich zugänglicher elektronischer Kommunikationsnetze und zugehöriger Einrichtungen, welche auf einem relevanten Markt über beträchtliche Marktmacht verfügen.[271] Die Begriffe des elektronischen Kommunikationsnetzes und der zugehörigen Einrichtungen sind, entsprechend dem technologieneutralen Ansatz der Richtlinien, weit gefasst. Deren Betreiber kann dabei entweder Eigentümer oder auch bloßer Mieter der Einrichtungen sein.[272] **Berechtigte** der aus diesen Verpflichtungen spiegelbildlich entstehenden Zugangsansprüche können alle Unternehmen sein, welche im Bereich der elektronischen Kommunikation tätig sind oder tätig werden wollen.

144   Bei der Prüfung, welche konkrete Zugangsverpflichtung einem Betreiber im Einzelfall aufzuerlegen ist, haben die Regulierungsbehörden eine Reihe von **Auswahlkriterien** zu beachten. Diese umfassen insbesondere die technische und wirtschaftliche Tragfähigkeit der Nutzung von Netzen und Einrichtungen durch Dritte, die bei dem zu verpflichtenden Betreiber verfügbare Kapazität, seine Investitionen und Investitionsrisiken und die Notwendigkeit der langfristigen Sicherung des Wettbewerbs.[273] Auch wenn der Wortlaut dieser Vorschrift („… prüfen, *ob* die Verpflichtungen nach Abs. 1 aufzuerlegen sind …") auf ein Entschließungsermessen der Regulierungsbehörden hindeuten könnte, folgt aus dem systematischen Aufbau des Richtlinienpakets sowie aus dem Regelungszweck, dass hiermit ein bloßes Auswahlermessen statuiert ist. Denn die Zugangsrichtlinie enthält gerade die möglichen Rechtsfolgen, von denen die Regulierungsbehörden immer dann mindestens eine anordnen müssen, wenn die in der Rahmenrichtlinie geregelten Voraussetzungen erfüllt sind.

145   Diese Vorgaben wurden in § 21 TKG mit weitgehend gleichlautenden Formulierungen umgesetzt. Stark umstritten war dabei jedoch die Frage, ob der Vorleistungszugang zu Endkundendiensten zu Großhandelsbedingungen zwecks Weiterverkaufs durch einen Diensteanbieter (Resale) mit der Maßgabe zu gewähren sein sollte, dass der Weiterverkauf nur bei Schaffung eines eigenen Mehrwerts durch „Veredelung" des Vorleistungsprodukts zulässig ist. Eine solche Einschränkung widerspricht jedoch der Grundidee des Resale[274] und ist in der Zugangsrichtlinie daher nicht vorgesehen. Der Praxistest durch die Regulierungsbehörde steht hierfür jedoch noch aus.[275]

---

270 Art. 12 Abs. 2 ZRL.
271 Nichtöffentliche Netze werden nur insofern erfasst, als sie Zugänge zu öffentlichen Netzen nutzen, vgl. Erwägungsgrund 1 ZRL.
272 Erwägungsgrund 3 ZRL.
273 Art. 12 Abs. 2 ZRL.
274 Zur Bedeutung von Resale und der Regulierungspraxis in Deutschland: *Rickert*, K&R 2003, 453.
275 § 21 Abs. 2 Nr. 3 TKG verweist insofern auf die Berücksichtigung getätigter und zukünftiger Investitionen für innovative Dienste.

bb) Preiskontrolle und Kostenrechnung. – Wenn das festgestellte Wettbewerbsproblem 146
darin besteht, dass Wettbewerber für den Markteintritt Zugang zu Netzen bzw. Einrichtungen eines anderen Betreibers benötigen und solchen Zugang nur gegen ein Entgelt erhalten, welches ihnen den Markteintritt nicht zu wirtschaftlich vertretbaren Bedingungen ermöglicht, so ergibt sich für sie hieraus unter Umständen eine ebenso unüberwindliche **Marktzutrittsschranke** wie bei einer direkten Zugangsverweigerung.

Wenn eine Regulierungsbehörde bei der Marktanalyse feststellt, dass ein Betreiber mit beträchtlicher Marktmacht in der Lage ist, seine Preise zum Nachteil der Endnutzer auf einem übermäßig hohen Niveau zu halten oder von den Wettbewerbern unterschiedliche Preise zu verlangen, so stellt die Preiskontrolle die am besten geeignete Maßnahme dar.[276] Neben der Zugangsregulierung ist dies der zweite Kernbereich der Ex-ante-Regulierung in der elektronischen Kommunikation.

Der Passus „zum Nachteil der Endnutzer" in Art. 13 Abs. 1 Zugangsrichtlinie darf dabei 148
nicht darüber hinwegtäuschen, dass es hierbei um die Regulierung von **Vorleistungsentgelten** geht und somit auch nur eine Marktanalyse dieses Marktes vorausgesetzt wird. Diese Formulierung trägt lediglich der Tatsache Rechnung, dass der Wettbewerb auf den Vorleistungsmärkten kein Selbstzweck ist, sondern letztlich den Endverbrauchern in Form von Anbieterauswahl sowie Qualitäts- und Preiswettbewerb zugute kommen soll. Teilweise wurde dem gegenüber die Auffassung vertreten, dass aufgrund dieser Bestimmung eine gesonderte Marktanalyse der Vorleistungsmärkte nicht gerechtfertigt sei, sondern mit einer Untersuchung des zugehörigen Endkundenmarktes verknüpft werden müsse, da nur so ein echter Bedarf für eine Ex-ante-Preiskontrolle abschließend ermittelt werden könne.[277] Gegen diese Auffassung sprechen die insofern eindeutigen Vorschriften der Rahmen- und der Zugangsrichtlinie wie auch die Märkteempfehlung der Kommission, die eine getrennte Untersuchung von Vorleistungs- und Endkundenmärkten ausdrücklich vorschreiben. Dennoch wurde in § 30 Abs. 1 TKG genau eine solche **Verknüpfung zwischen Vorleistungs- und Endkundenmarkt** vorgenommen. Zweck dieser Vorschrift soll sein, die „potenziell sehr große Zahl zu regulierender Unternehmen" zu verringern, um damit „eine ineffiziente Überbürokratisierung zu vermeiden".[278]

Diese Verknüpfung könnte jedoch Probleme bei den Konsultationsverfahren nach Art. 7 149
Rahmenrichtlinie bereiten. Einige Vorleistungsmärkte von Teilnehmernetzbetreibern sind in der Kommissionsempfehlung ausdrücklich genannt und somit von den Regulierern jedenfalls in Form einer Marktanalyse zu untersuchen.[279] Eine **doppelte Marktbeherrschung** nicht nur im definierten Vorleistungsmarkt, sondern auch in einem nachgelagerten Markt dürfte dabei als Voraussetzung für die Ex-ante-Regulierung nicht zulässig sein, da hierdurch das in den Richtlinien statuierte Entschließungsermessen des Regulierers bereits auf der gesetzlichen Ebene so weit eingeschränkt wird, dass das Ergebnis der Marktanalyse schon von vornherein feststeht. Da auf fast allen Endkundenmärkten mittlerweile Wettbewerb entstanden ist, könnte auf diese Weise die noch notwendige Regulierung der Vorleistungsmärkte in unzulässiger Weise eingeschränkt werden, so z. B. im Bereich des Mobil-

---

276 Art. 13 Abs. 1 ZRL.
277 *Kirchner*, MMR-Aktuell 12/2003.
278 Begründung zum Referentenentwurf, S. 18.
279 Vgl. Anhang zur Empfehlung; Markt Nr. 9: Anrufzustellung in Telefonfestnetzen; Markt Nr. 16: Anrufzustellung in Mobilfunknetzen; Markt Nr. 17: Internationales Roaming.

funks. Die o. g. Praktikabilitätserwägungen sind daher eher durch den Regulierer im Rahmen der Marktanalyse und der auferlegten Rechtsfolgen als bereits im Vorfeld durch den Gesetzgeber anzustellen.

150 Um eine effektive und dem jeweiligen Einzelfall angemessene Preiskontrolle zu gewährleisten, haben die Mitgliedstaaten die nationalen Regulierungsbehörden mit der Befugnis auszustatten, den Unternehmen mit beträchtlicher Marktmacht bestimmte Verpflichtungen aufzuerlegen. Hierzu gehören weniger einschneidende Verpflichtungen, wie z. B. angemessene Preise für die Betreiberauswahl, ebenso wie eine strikte Preiskontrolle durch Ausrichtung der Preise an den für die entsprechenden Leistungen anfallenden Kosten. Ziel dieser Maßnahmen ist es insbesondere zu verhindern, dass Betreiber mit beträchtlicher Marktmacht überhöhte Vorleistungsentgelte und Preis-Kosten-Scheren zwischen Vorleistungs- und Endkundenentgelten für vergleichbare Dienste einführen.[280]

151 Die Zugangsrichtlinie enthält allerdings keinen abschließenden Katalog der möglichen Instrumente der Preiskontrolle, sondern vielmehr eine konkrete **Zielvorgabe** und bestimmte Beispiele für deren Verwirklichung. Auch enthält die Zugangsrichtlinie keine Aussagen darüber, was genau unter dem Begriff der Kostenorientierung zu verstehen ist. Weder ist der Kostenbegriff als solcher geklärt, noch ist geregelt, welchen Grad der Orientierung an den Kosten die Preise aufweisen müssen. Gerade in dem dadurch eröffneten Spielraum liegt ein wirksames Mittel zur Steuerung des Markteintritts und damit auch des Wettbewerbs.[281] Daher wird es noch stärker als bisher darauf ankommen, in welcher Weise die Regulierungsbehörden ihre Befugnisse ausüben. Die Möglichkeiten dazu sind gegenüber der bisherigen Situation erweitert worden, was sich aus den oftmals in der Regulierungspraxis aufgetretenen Schwierigkeiten bei der Entgeltregulierung anhand von Kostennachweisen erklären lässt.

152 Die Regulierer können ihre Entscheidungen wie bisher auf die durch das regulierte Unternehmen vorzulegenden **Kostennachweise** stützen. Dabei kann den Unternehmen eine „angemessene Investitionsrendite" zugestanden werden.[282] Zur Durchführung der Entgeltregulierung anhand einer Kostenprüfung können die Regulierer den regulierten Unternehmen die Verwendung einer bestimmten **Kostenrechnungsmethode** vorschreiben. In diesem Fall haben die Regulierer eine Beschreibung der Methode einschließlich der darin verwendeten Kostenarten und Kostenzuweisung zu veröffentlichen. Die Anwendung dieser Methode ist sodann jährlich von einer qualifizierten unabhängigen Stelle zu überprüfen.[283]

153 Neben der Kostennachweismethode haben die Regulierer jedoch auch die Möglichkeit, zur Entgeltregulierung auf **analytische Kostenmodelle** zurückzugreifen. In vielen Mitgliedstaaten wurden diese Methoden bereits unter dem ursprünglichen Rechtsrahmen praktiziert, da die Kostenunterlagen der regulierten Unternehmen oftmals nicht ausreichten, um einen hinreichenden Beleg für die tatsächlich anfallenden Kosten zu erbringen.[284]

---

280 Erwägungsgrund 20 ZRL.
281 Vgl. zu unterschiedlichen Kostenbegriffen und den Auswirkungen der Auslegungsspielräume in der Entscheidungspraxis der RegTP: *Geppert/Ruhle/Schuster*, RdNr. 390 ff.
282 Art. 13 Abs. 3 ZRL.
283 Art. 13 Abs. 4 ZRL.
284 So z. B. in Deutschland, wo die Regulierung der TAL-Entgelte bereits seit 1999 anhand eines vom WIK erarbeiteten analytischen Kostenmodells erfolgt.

Schließlich ist auch die **Vergleichsmarktbetrachtung** zulässig. Sie wurde häufig als zu- **154** sätzlicher Maßstab neben den Kostennachweisen verwendet, um die daraus entspringenden Ergebnisse nochmals zu überprüfen. Nunmehr ist den Regulierern diese Methode nach den Richtlinienvorgaben zur Verfügung zu stellen.[285] Die Vergleichsmarktbetrachtung entspricht der wettbewerbsrechtlichen Praxis beim Preishöhenmissbrauch. Sie kann sich sowohl auf andere Produkt- und Dienstemärkte als auch auf andere geografische Märkte beziehen, wenn diese für den Wettbewerb geöffnet und auch sonst hinreichend vergleichbar sind. Zur Erleichterung des internationalen Vergleichs von Entgelten unterstützt die Kommission die Regulierungsbehörden durch die laufenden Berichte über den Stand des Wettbewerbs in der EU[286] und ggf. durch geeignete Empfehlungen.[287]

Teilweise wird die Auffassung vertreten, dass die Zugangsrichtlinie auch die Möglichkeit **155** einer **Ex-post-Preiskontrolle** durch die nationalen Regulierungsbehörden vorsehe.[288] Gegen diese Auffassung spricht jedoch die Systematik des Regulierungsrahmens, die gerade auf eine Ex-ante-Regulierung ausgerichtet ist. Damit trifft sie für die in ihren Anwendungsbereich fallenden Dienste eine Ausnahmeregelung im Verhältnis zu der für alle anderen Dienste geltenden wettbewerbsrechtlichen Preisaufsicht nach Art. 82 und den entsprechenden Vorschriften in den nationalen Rechtsordnungen.[289] Die gesonderte Anordnung einer Preiskontrolle durch die Zugangsrichtlinie liefe somit, wenn sie auch oder gar ausschließlich eine Ex-post-Kontrolle vorsähe, auf eine bloße Zuständigkeitsvorgabe hinaus, da sie in dem Fall lediglich eine Verschiebung der Zuständigkeit für die Preiskontrolle von den Wettbewerbsbehörden zu den Regulierungsbehörden enthielte. Auch der in der Zugangsrichtlinie verwendete Begriff der kostenorientierten Preise kann nur als Hinweis auf eine Ex-ante-Preiskontrolle durch die Regulierungsbehörden verstanden werden.[290]

Die Unterscheidung zwischen **Ex-ante- und Ex-post-Regulierung** ist für die Bewertung **156** verschiedener Vorschriften des TKG im Bereich der Entgeltregulierung von Bedeutung. So wird in § 30 TKG für Vorleistungsentgelte bei bestimmten Zugangsleistungen die nachträgliche Entgeltregulierung gem. § 38 TKG angeordnet. Demnach sind die Entgelte zwei Monate vor ihrer Einführung der RegTP zur Kenntnis zu bringen, und die RegTP überprüft die Entgelte nach den Missbrauchskriterien des § 28 TKG. Dabei werden die Entgelte – anders als bei der ex ante-Entgeltregulierung nach § 31 TKG, wonach die Kosten der effizienten Leistungsbereitstellung nicht überschritten werden dürfen – jedoch nur auf Kostenunterdeckung, Preis-Kosten-Schere und Bündelung untersucht. Diese Art von Ex-post-Regulierung entspricht den wettbewerbsrechtlichen Konzepten im Rahmen des Missbrauchs einer marktbeherrschenden Stellung. Sie ist in den Richtlinien nur für Endkundenentgelte[291] und nicht für Vorleistungsentgelte als mögliche Rechtsfolgen vorgesehen. Zwar ist die Einfügung solcher

---

285 Art. 13 Abs. 2 und 3 ZRL.
286 Vgl. Bericht vom 2. 12. 2004, KOM (2004) 759 endg., mit umfangreichen Angaben über die Vorleistungspreise in den Mitgliedstaaten.
287 Die Empfehlung 98/195/EG der Kommission (ABl. EG 1998 Nr. L 73, S. 42), zuletzt geändert durch Empfehlung 2000/263/EG (ABl. EG 2000 Nr. L 83, S. 30), enthält etwa bestimmte Bandbreiten für Zusammenschaltungsentgelte, beruhend auf einem Vergleich zwischen den Mitgliedstaaten.
288 *Schütz/Attendorn/König*, RdNr. 170.
289 Vgl. den Titel der Märkteempfehlung (Fn. 97): „…Märkte, die für eine *Ex-ante-Regulierung* in Betracht kommen" (Hervorhebung durch Verf.), sowie Erwägungsgrund 27 RRL.
290 So auch *Scherer*, K&R 2002, 342.
291 Gem. Art. 17 Abs. 2 URL.

wettbewerbsrechtlicher Sondertatbestände in das TKG nicht grundsätzlich zu beanstanden. Sie dürften, auch aufgrund der Bußgelder gem. § 149 TKG und der Vorteilsabschöpfung gem. § 43 TKG, sogar zu einer größeren Abschreckungswirkung im Hinblick auf entgeltbezogene Missbräuche beitragen. Derartige nachträgliche Verfahren haben jedoch erhebliche Nachteile im Vergleich zur Ex-ante-Regulierung. Neben dem zeitlichen Faktor sind dies insbesondere die fehlende Gestaltungsmöglichkeit der Entgelte und die Schwierigkeit, geeignete Kostenunterlagen zu erhalten. Daher ist die **Umsetzung der Vorgaben** für die Entgeltregulierung im TKG nur **unvollständig** erfolgt, denn für alle Entgelte ist nach den Richtlinien jedenfalls auch die gesetzliche Möglichkeit der Ex-ante-Regulierung zu eröffnen.

157   **cc) Transparenz, Gleichbehandlung und getrennte Buchführung.** – Die weiteren möglichen Regulierungsmaßnahmen nach der Zugangsrichtlinie sind in der Regel weniger einschneidend als diejenigen über den Zugang und die Entgelte. Jedoch ist es zur effektiven Lösung eines bestimmten festgestellten Wettbewerbsproblems auch denkbar und unter Umständen sogar geboten, den regulierten Unternehmen mehrere Verpflichtungen nebeneinander aufzuerlegen.

158   Die **Transparenzverpflichtung** soll es den Wettbewerbern eines marktmächtigen Betreibers ermöglichen, die für die Inanspruchnahme von Vorleistungen notwendigen Informationen über Netzkonfigurationen, technische Schnittstellen, Bereitstellungs- und Nutzungsbedingungen und -fristen sowie über die zu entrichtenden Entgelte zu erhalten.[292] Bei der Festlegung der jeweils bereit zu stellenden Informationen haben die Regulierungsbehörden ein weites Ermessen.

159   Mithilfe einer **Gleichbehandlungsverpflichtung** kann eine Regulierungsbehörde ein Unternehmen mit beträchtlicher Marktmacht dazu verpflichten, den verschiedenen Wettbewerbern eine gleichartige Behandlung in Form von Zugangsrechten zu Netzen und Diensten zu vergleichbaren Bedingungen, wie z.B. Bereitstellungsfristen, technischen Konfigurationen und Entgelten, zu gewähren. Darüber hinaus kann eine Gleichbehandlungspflicht zugunsten der Wettbewerber aber auch im Verhältnis zu dem eigenen Unternehmen oder eines nachgeordneten Teils desselben angeordnet werden.[293] Insbesondere in vertikal integrierten Unternehmen bestehen vielfach Möglichkeiten, in einem nachgeordneten Markt durch Bereitstellung von hierzu erforderlichen Vorleistungsprodukten zu besonders günstigen Bedingungen einen Wettbewerbsvorsprung gegenüber den Konkurrenten zu erzielen. Dies kann durch die Anordnung einer Gleichbehandlungspflicht wirksam verhindert werden. Voraussetzung für eine Gleichbehandlungspflicht ist dabei stets, dass die Wettbewerber – sei es untereinander oder im Verhältnis zu dem regulierten Betreiber – gleichartige Dienste anbieten und unter gleichen Umständen tätig werden. Sodann reicht es nicht aus, dass sie formell gleichartig behandelt werden, vielmehr sind ihnen in materieller Hinsicht gleichwertige Bedingungen zu gewähren, um den Konkurrenten Chancengleichheit im Wettbewerb zu gewähren. Aus diesem Grund haben diejenigen Betreiber, die einer solchen Verpflichtung unterworfen sind, ihre Netze und Dienste so zu gestalten, dass der Wettbewerb durch Dritte, die auf entsprechende Vorleistungen angewiesen sind, nicht von vornherein ausgeschlossen ist.[294]

---

292 Art. 9 ZRL.
293 Art. 10 Abs. 2 ZRL.
294 Vgl. *Schütz/Attendorn/König*, RdNr. 97; zu Netzausbaupflichten *Koenig/Kühling/Winkler*, WuW 2003, 228.

Durch die Verpflichtung zur **getrennten Buchführung** und zur Vorlage von Buchungsunterlagen, insbesondere bei vertikal integrierten Unternehmen, soll erreicht werden, dass eine Quersubventionierung zwischen rentablen und verlustbringenden Unternehmensteilen unterbleibt.[295] Zugleich kann dadurch verhindert werden, dass Vorleistungsentgelte, die der Kostenorientierung unterliegen, nur nach den hierfür relevanten Kosten festgesetzt werden, um den Regulierungsbehörden die Aufgabe der Entgeltfestsetzung zu erleichtern.

dd) Verpflichtungen der Rundfunkanbieter. – Für Anbieter von Rundfunkdiensten, die keine eigenen Übertragungsnetze (wie z.B. Kabel oder Satellit) haben, ist zur Erbringung ihrer Dienste der Zugang zu Netzinfrastruktur und zu unterstützenden Einrichtungen, insbesondere Zugangsberechtigungssystemen, erforderlich. Zwar wird im Richtlinienpaket eine deutliche Unterscheidung zwischen den erfassten elektronischen Kommunikationsdiensten und den nicht erfassten inhalts- und anwendungsbezogenen Diensten getroffen.[296] Dennoch fallen auch bestimmte Dienste, die für die Erbringung von Rundfunkdiensten erforderlich sind, in den **Anwendungsbereich der Richtlinien**. Diese betreffen z.B. die Übertragung von Inhalten, also den Transport der Programme zu den Endkunden. Solche Dienste werden genauso wie die Dienste zur Übertragung aller anderen elektronischen Kommunikationsdienste behandelt. Sie unterliegen daher der Marktregulierung nach den entsprechenden Vorschriften und sind in der **Märkteempfehlung** der Kommission ausdrücklich als ein von den Regulierungsbehörden im Hinblick auf mögliche Wettbewerbsprobleme zu analysierender Markt genannt.[297]

Daneben sieht die Rahmenrichtlinie für den Zugang von Rundfunkanbietern zu **Zugangsberechtigungssystemen** und zu anderen Einrichtungen, wie z.B. elektronischen Schnittstellen zwischen Anwendungen und Programmen (API) oder elektronischen Programmführern (EPG) ein eigenständiges Verfahren vor.[298] Dieses Verfahren trägt dem Umstand Rechnung, dass allein die wettbewerbsrechtliche Ex-post-Kontrolle kein ausreichendes Mittel darstellt, um die Medienvielfalt im Zeitalter des digitalen Rundfunks und Fernsehens hinreichend zu sichern.[299] Demnach haben die Mitgliedstaaten sicherzustellen, dass die in der Gemeinschaft betriebenen Zugangsberechtigungssysteme eine kostengünstige Kontrollübergabe ermöglichen. Weiterhin müssen die Anbieter solcher Systeme für den digitalen Rundfunk allen Sendeanstalten Zugang zu **fairen, angemessenen und nichtdiskriminierenden** Bedingungen anbieten, um die Übertragung der Dienste und deren Empfang durch alle Endnutzer zu gewährleisten. Die Mitgliedstaaten können es den Regulierungsbehörden gestatten, diese Verpflichtungen anhand einer Marktanalyse zu prüfen und sodann ggf. zu ändern bzw. aufzuheben, wobei bestimmte Mindestgarantien jedoch stets einzuhalten sind.[300]

c) Zugangsregulierung von Betreibern ohne beträchtliche Marktmacht. – Neben den besonderen Verpflichtungen der SMP-Betreiber ist in der Rahmenrichtlinie auch vorgesehen, dass Betreibern unabhängig von ihrer Marktmacht bestimmte Verpflichtungen auferlegt werden können. Diese Verpflichtungen betreffen insbesondere den Netzzugang gegenüber solchen Betreibern, die über ein Netz mit **Endkundenzugang** verfügen. Hierdurch soll die Interoperabilität der elektronischen Kommunikationsdienste in einem End-

160

161

162

163

---

295 Art. 11 ZRL.
296 Art. 2c) RRL.
297 Markt 18: Rundfunk-Übertragungsdienste zur Bereitstellung von Sendeinhalten für Endnutzer.
298 Art. 6 i.V.m. Anhang I Teil I ZRL.
299 Vgl. *Garzaniti*, Telecommunications, Broadcasting and the Internet, 2. Aufl. 2003, RdNr. 1–171.
300 Art. 6 Abs. 3 ZRL.

zu-End-Verbund gewährleistet werden. Den nationalen Regulierungsbehörden ist dazu die Befugnis zu verleihen, alle Unternehmen, die Zugang zu Endnutzern kontrollieren, zur Gewährung von Netzzugang zugunsten Dritter zu verpflichten.[301] Der Netzzugang kann dabei entweder durch Anordnung der Netzzusammenschaltung oder in anderer Form erfolgen.[302]

164   Bei der Anordnung der Netzzusammenschaltung ist jedoch erforderlich, dass die Parteien zunächst erfolglos miteinander verhandelt haben. Dieser vorrangigen **Verhandlungspflicht** unterliegen alle Netzbetreiber unabhängig von ihrer Marktmacht. Im Rahmen der Verhandlungen müssen die Netzbetreiber den Wettbewerbern die von ihnen benötigten Zugangsleistungen zu Bedingungen anbieten, die mit den Anordnungen der Regulierungsbehörde nach der Zugangsrichtlinie im Einklang stehen.[303] Dies geschieht etwa durch Standardangebote für die Zusammenschaltung oder für den entbündelten Zugang zu den Ortsnetzen, die von den Regulierungsbehörden generell genehmigt worden sind. Ferner muss nachgewiesen werden, dass diese Verhandlungen gescheitert sind, bevor die Regulierungsbehörde den Zugang von Amts wegen oder auf Antrag des Wettbewerbers anordnen darf.[304] Sodann muss die Regulierungsbehörde die Befugnis haben, eine **Kontrahierungspflicht** der Netzbetreiber anzuordnen. Dies ist allerdings auf solche Maßnahmen zu beschränken, denen die Unternehmen als SMP-Betreiber unterliegen würden, denn es ist nicht zumutbar, sie ohne beträchtliche Marktmacht weitergehend zu verpflichten als dies der Fall wäre, wenn sie beträchtliche Marktmacht hätten.[305]

165   **6. Universaldienstrichtlinie.** – In der Universaldienstrichtlinie sind drei Bereiche geregelt, die alle einen engen Bezug zu den Rechten der Nutzer elektronischer Kommunikationsdienste aufweisen. Im Einzelnen finden sich darin Bestimmungen über den Umfang der Universaldienstverpflichtungen und deren Finanzierung, über die Ex-ante-Regulierung von Endkundendiensten und über besondere Nutzerrechte. Diese Regelungen sind im Wesentlichen bereits in den ursprünglichen Richtlinien enthalten[306] und werden für alle Bereiche der elektronischen Kommunikation jetzt erstmals in einer einzigen Richtlinie geregelt. Dennoch handelt es sich nicht um eine bloße Konsolidierung der Vorschriften, vielmehr wurden auch einige Neuerungen eingeführt.

166   **a) Universaldienstverpflichtungen und Ausgleichsmechanismus.** – Wie bereits unter dem alten Rechtsrahmen müssen die Mitgliedstaaten auch nach der neuen Universaldienstrichtlinie sicherstellen, dass die zum Universaldienst gehörenden Dienste in ihrem gesamten Hoheitsgebiet **allen Endnutzern** unabhängig von deren geografischer Lage zu **erschwinglichen Preisen** bereitgestellt werden. Bei der Ausgestaltung des effizientesten und am besten geeigneten Ansatzes für den Universaldienst verfügen die Mitgliedstaaten über einen gewissen Spielraum zur Berücksichtigung der „landesspezifischen Gegebenheiten", müssen jedoch stets die Grundsätze der Objektivität, Transparenz, Nichtdiskriminierung und Verhältnismäßigkeit einhalten. Die Mitgliedstaaten haben dabei insbesondere darauf zu achten, dass Marktverfälschungen minimiert werden.[307]

---

301 Art. 5 Abs. 1 ZRL.
302 Vgl. den gesamten Katalog möglicher Zugangsformen in Art. 12 Abs. 1 ZRL.
303 Art. 4 Abs. 1 ZRL.
304 Art. 5 Abs. 4 ZRL.
305 So auch *Schütz/Attendorn/König*, RdNr. 191.
306 Art. 3 und 3 RL 90/388/EWG (Fn. 34); Art. 5 RL 97/33/EG (Fn. 58); Art. 4 RL 98/10/EG (Fn. 65).
307 Art. 3 URL.

Soweit der Umfang des Universaldienstes reicht, unterliegen die von den Mitgliedstaaten 167
zu diesem Zweck benannten Unternehmen einem **Kontrahierungszwang** gegenüber allen
Endkunden. Der **Umfang** des Universaldienstes hat sich gegenüber der bisherigen Rechtslage nicht wesentlich verändert. Dazu gehört zunächst die Bereitstellung des Zugangs zu
einem Festnetzanschluss und zu den grundlegenden Telefondienstleistungen über das Festnetz, wie Sprachtelefondienst, Telefax, Datenkommunikation und Internetzugang durch
mindestens ein Unternehmen.[308] Ferner gehört zum Universaldienst die Bereitstellung eines gedruckten oder elektronischen Teilnehmerverzeichnisses, welches mindestens einmal
jährlich aktualisiert wird, sowie eines umfassenden Telefonauskunftsdienstes für alle Tele-
fonnutzer, einschließlich derjenigen öffentlicher Münz- oder Kartentelefone.[309] Letztere
sind in ausreichender Zahl bereit zu stellen, um den Bedarf der Bevölkerung in quantitativer und qualitativer Hinsicht angemessen zu decken. Dabei müssen sowohl die europäische
Notrufnummer 112 als auch die möglichen weiteren nationalen Notrufnummern von jedem
öffentlichen Telefon kostenlos erreicht werden können.[310] Der Zugang zu diesen Anschlüssen und Diensten muss dabei vor allem auch behinderten Nutzern, soweit notwendig auch
durch besondere Maßnahmen, ermöglicht werden.[311] **Nicht vom Universaldienst erfasst**
sind dagegen ISDN- oder Breitbanddienste im Festnetz sowie die Mobilfunkdienste. Es erfolgte insbesondere keine gemeinschaftsweite Festlegung einer bestimmten Mindest-Über-
tragungsrate, da diese nicht nur von dem bereit gestellten Anschluss, sondern in hohem
Maß auch von der Qualität der Endgeräte abhängig ist.[312] Die Universaldienstleistungen
sind in der Richtlinie abschließend aufgelistet, so dass es den Mitgliedstaaten verwehrt ist,
weitere Leistungen in den Katalog aufzunehmen.[313] Vielmehr wird die Kommission den
Umfang des Universaldienstes alle drei Jahre anhand bestimmter Kriterien überprüfen.[314]

Zur Sicherstellung einer angemessenen Dienstequalität können die nationalen Regulie- 168
rungsbehörden den zum Universaldienst verpflichteten Unternehmen bestimmte **Qualitätsstandards** auferlegen und eine Veröffentlichung der anhand dieser Standards erbrachten Dienstleistungen durch die Unternehmen verlangen.[315] Eine Reihe von Parametern, Definitionen und Messverfahren für Bereitstellungsfristen und Dienstequalität, die sich nach
den ETSI-Standards richten, sind in Anhang III der Universaldienstrichtlinie festgelegt.
Daneben sind die Regulierer jedoch befugt, zusätzliche Standards festzulegen. Diese Bestimmungen zur Qualitätskontrolle wurden im Verhältnis zur bisherigen Rechtslage erheblich verschärft.

Die **Erschwinglichkeit** der zum Universaldienst zählenden Dienstleistungen soll in erster 169
Linie über die Kundeninformation und die Ausgabenkontrolle und erst in zweiter Linie
durch eine Entgeltkontrolle erfolgen.[316] Das Merkmal der Erschwinglichkeit ist dabei insbesondere im Hinblick auf die nationalen Verbraucherpreise und die Einkommen zu be-

---

308 Art. 4 URL.
309 Art. 5 URL.
310 Art. 6 URL, vgl. zur Einrichtung der europäischen Notrufnummer gem. Art. 26 URL: *Neumann*,
MedR 2004, 256.
311 Art. 7 URL, erheblich verstärkt durch das Europäische Parlament in der Zweiten Lesung.
312 Erwägungsgrund 8 URL; im Kommunikationsbericht 1999 der Kommission (Fn. 80, S. 45 ff.)
war noch die Aufnahme von Breitbanddiensten in den Universaldienst angeregt worden.
313 Erwägungsgrund 25 URL.
314 Art. 15 i. V. m. Anhang V URL.
315 Art. 11 URL.
316 Erwägungsgrund 15 URL.

trachten. Die Mitgliedstaaten haben hierzu sicherzustellen, dass die benannten Unternehmen die Kunden nicht für Dienste und Einrichtungen zahlen lassen, die nicht notwendig sind. Ferner haben die benannten Unternehmen den Kunden Einzelverbindungsnachweise und eine selektive Sperre abgehender Verbindungen kostenlos zur Verfügung zu stellen.[317] Wenn die Unternehmen diesen Verpflichtungen nicht hinreichend nachkommen, müssen die Regulierungsbehörden jedoch ermächtigt sein, den Unternehmen bestimmte Tarifregelungen aufzuerlegen. Diese besonderen Verpflichtungen können der Gewährleistung eines Zugangs zum öffentlichen Telefondienst für einkommensschwache Personen, einer einheitlichen Tarifgestaltung im gesamten Hoheitsgebiet eines Mitgliedstaats oder der Einhaltung von Preisobergrenzen dienen.[318]

170   Zur Auslösung der Universaldienstverpflichtungen, sei es auch nur für einen Teil der betroffenen Dienste oder des betroffenen Hoheitsgebiets, können die Mitgliedstaaten ein oder mehrere **Unternehmen benennen**. Bei der Ausgestaltung des Verfahrens zur Benennung haben die Mitgliedstaaten einen erheblichen Gestaltungsspielraum, jedoch müssen sie stets die Grundsätze der Objektivität, Transparenz, Nichtdiskriminierung und Verhältnismäßigkeit wahren.[319] Dies bedeutet, dass grundsätzlich jedes Unternehmen, welches im Bereich der elektronischen Kommunikation tätig ist, für eine Benennung zum Universaldienst in Betracht kommt und keines von ihnen dabei von vornherein ausgeschlossen wird. Die Auswahlkriterien umfassen dabei die Fähigkeit und Bereitschaft zur Übernahme der Universaldienstverpflichtungen, die kostengünstigste Bereitstellung der Dienste, die Gewährleistung der Netzintegrität und die Wahrung der angemessenen Dienstequalität.[320]

171   Die **Finanzierung des Universaldienstes** wurde im Verhältnis zur bisherigen Rechtslage präzisiert und straffer ausgestaltet. Die Kosten für die Erbringung der Universaldienstverpflichtungen sind dabei in der Regel durch das benannte Unternehmen selbst zu tragen. Nur wenn für das Unternehmen hieraus eine unangemessene Belastung folgt, ist auf Antrag des betroffenen Unternehmens eine teilweise Umlage dieser Kosten möglich. Dieser Kostenausgleich erfolgt durch die nationalen Regulierungsbehörden, die hierzu zunächst die Kosten der Universaldienstverpflichtungen berechnen und sodann geeignete Maßnahmen zu deren Finanzierung treffen.

172   Die Kostenberechnung kann, wenn die Regulierungsbehörde zu der Auffassung gelangt, dass möglicherweise eine unzumutbare Belastung vorliegt, auf zwei unterschiedlichen Wegen erfolgen. Der Regulierer kann einerseits die konkret entstandenen **spezifischen Nettokosten** der Universaldienstverpflichtung gem. Anhang IV Teil A der Universaldienstrichtlinie berechnen, wobei der dadurch entstehende Marktvorteil des zur Bereitstellung verpflichteten Unternehmens zu berücksichtigen ist.[321] Hierzu sind die Nettokosten für den Betrieb unter Einhaltung der Universaldienstverpflichtungen mit den Kosten beim Betrieb ohne diese Verpflichtungen zu vergleichen. Auch die immateriellen Vorteile des indirekten finanziellen Nutzens eines Unternehmens aus einer Universaldienstverpflichtung sind dabei zu berücksichtigen.[322]

---

317 Art. 10 Abs. 1 und Abs. 2 i.V.m. Anhang I Teil A. URL.
318 Art. 9 URL.
319 Art. 8 URL.
320 Vgl. *Schütz/Attendorn/König*, RdNr. 205.
321 Art. 12 Abs. 1a) URL.
322 Erwägungsgrund 19 URL.

Die zu dieser Berechnung verwendeten Konten und Informationen haben die Regulierer 173
durch eine von den Parteien unabhängige und vom Regulierer zugelassene Stelle **prüfen**
zu lassen. Die Ergebnisse der Kostenberechnung und der Prüfung sind zu **veröffentli-**
chen.[323] Andererseits kann der Regulierer aber auch die bereits beim Benennungsverfahren
gem. Art. 8 Abs. 2 Universaldienstrichtlinie im Rahmen einer öffentlichen Ausschreibung
oder Versteigerung ermittelten Nettokosten für die Bereitstellung des Universaldienstes
ansetzen.[324]

Stellt eine Regulierungsbehörde aufgrund der Kostenberechnung fest, dass ein zum Uni- 174
versaldienst verpflichtetes Unternehmen in unzumutbarer Weise belastet wird, so ist ein
Verfahren vorzusehen, mit dem ein angemessener Ausgleich erzielt wird. Dieser Ausgleich
kann entweder in einer **Entschädigung aus öffentlichen Mitteln** oder in einer **Kostenauf-**
teilung zwischen allen Betreibern elektronischer Kommunikationsnetze und -dienste bestehen.[325] Dagegen ist die Finanzierung über einen Aufschlag auf die Zusammenschaltungsentgelte nicht mehr zulässig. Wenn ein Aufteilungsverfahren eingerichtet wird, muss
die Regulierungsbehörde dabei die Grundsätze der Transparenz, der geringstmöglichen
Marktverfälschung, der Nichtdiskriminierung und der Verhältnismäßigkeit einhalten. Dabei ist es jedoch zulässig, dass Unternehmen mit einem Umsatz unter einer bestimmten
Schwelle nicht in die Aufteilung einbezogen werden.[326] Die Kosten und die Grundsätze für
deren Aufteilung sind von den Regulierungsbehörden öffentlich zugänglich zu machen
und in einem jährlichen Bericht zusammenzufassen.[327]

b) Regulierung von Endkundenleistungen. – Kommt eine Regulierungsbehörde zu dem 175
Schluss, dass auf einem relevanten Markt kein wirksamer Wettbewerb vorliegt, so hat sie
den SMP-Betreibern angemessene regulatorische Ex-ante-Verpflichtungen aufzuerlegen
bzw. bestehende Verpflichtungen fortgelten zu lassen. Diese Verpflichtungen gehen dabei
über das Maß hinaus, welches den Unternehmen im Rahmen des Universaldienstes auferlegt wird. Anders als beim Universaldienst knüpfen die regulatorischen Verpflichtungen
im Endkundenbereich – genauso wie im Bereich der Vorleistungsregulierung nach der Zugangsrichtlinie – an die beträchtliche Marktmacht der Unternehmen an. Ausgangspunkt
der Regulierung der Endkundendienste ist somit ebenfalls eine Marktanalyse nach Art. 16
Rahmenrichtlinie. Bis zum Abschluss der ersten Marktanalyse haben die Regulierungsbehörden die bislang geltenden Verpflichtungen im Endkundenbereich zunächst beizubehalten.[328]

Die möglichen Verpflichtungen, welche die Regulierungsbehörden den marktmächtigen 176
Betreibern auf der Endkundenebene auferlegen können, sind in der Universaldienstrichtlinie **abschließend aufgelistet**. Sie betreffen die Bedingungen und Entgelte für Endkundendienste, ein Mindestangebot an Mietleitungen sowie die Betreiberauswahl und -voraus-
wahl.[329] Diese Kann-Vorschrift erfasst dabei nur die Anwendungstätigkeit der Regulierungsbehörden, nicht aber die Mitgliedstaaten bei der Richtlinienumsetzung. Die Mitgliedstaaten haben vielmehr dafür zu sorgen, dass die Regulierungsbehörden mit der Befugnis

323 Art. 12 Abs. 2 URL.
324 Art. 12 Abs. 1b) URL.
325 Art. 13 Abs. 1 URL.
326 Art. 13 Abs. 2 i. V. m. Anhang IV Teil B URL.
327 Art. 14 URL.
328 Art. 16 Abs. 1 URL.
329 Art. 17 bis 19 URL.

ausgestattet werden, je nach Lage des Falles sämtliche dieser Verpflichtungen vorab anzu-ordnen.

177 Allerdings ist die Regulierung der Endkundendienste im Verhältnis zur Vorleistungsregu-lierung subsidiär. Sei soll mithin nur dann angeordnet werden, wenn die Regulierung der Vorleistungen nicht ausreicht, um das bei der Marktanalyse festgestellte Wettbewerbsdefi-zit zu beseitigen.[330] Dieses **Stufenverhältnis** folgt der Erkenntnis, dass auf den meisten Endkundenmärkten in der Regel ein höherer Grad an Wettbewerb besteht als auf den damit verbundenen Vorleistungsmärkten. Aber auch innerhalb der möglichen Verpflichtungen bei den Endkundendiensten besteht eine von den Regulierungsbehörden bei der Rechtsan-wendung zu beachtende Rangfolge. Demnach ist etwa die Ex-ante-Regulierung der End-kundendienste nur zulässig, wenn die Anordnung der Betreiberauswahl und -vorauswahl zur Erreichung der allgemeinen Regulierungsziele nicht ausreicht.[331]

178 Die Anordnung der **Betreiberauswahl und -vorauswahl** hat gegenüber allen Betreibern mit beträchtlicher Marktmacht zu erfolgen.[332] Sie ermöglicht es den Wettbewerbern ohne eigenes Teilnehmernetz, mit dem angestammten Teilnehmernetzbetreiber beim Angebot eigener Verbindungsdienstleistungen über den fortbestehenden Netzanschluss zu konkur-rieren. Diese Verpflichtung ist allerdings, wie schon nach der bisherigen Rechtslage, auf Festnetzbetreiber beschränkt.[333] Gerade die Betreiberauswahl (*Call by Call*) hat bei den Fern- und Auslandsgesprächen in der Anfangszeit der Marktöffnung für lebhaften Wettbe-werb und damit verbunden zu erheblichen Marktanteilsverlusten der ehemaligen Monopolisten geführt. In einem zweiten Stadium nach einer ersten Marktkonsolidierung setzte sich dann die Betreibervorauswahl (*Carrier Preselection*) wegen der damit erreich-ten dauerhafteren Kundenanbindung als das langfristig erfolgreichere Geschäftsmodell durch. Erneut trat die Betreiberauswahl als weitere Einstiegshilfe in den Wettbewerb in Deutschland hervor, als sie – infolge eines langwierigen Vertragsverletzungsverfahrens und einer rechtlich nicht zwingend erforderlichen Änderung des TKG im Jahr 2002 – auch für Ortsgespräche ermöglicht wurde.[334] Die von den Wettbewerbern für diese Dienste erho-benen **Entgelte** müssen **kostenorientiert** sein. Sie dürfen grundsätzlich zwar an die End-nutzer weiter gegeben werden, dürfen dabei jedoch keine Höhe erreichen, welche die End-nutzer von der Inanspruchnahme abschreckt.[335]

179 Bei der Auferlegung von Regulierungsverpflichtungen im Endkundenbereich haben die Regulierungsbehörden ein **doppeltes Ermessen**. Zunächst haben sie zu untersuchen, ob die Maßnahmen nach Art. 19 Universaldiensterichtlinie zur Schaffung wirksamen Wettbe-werbs ausreichen. Ist dies nicht der Fall, so haben sie weitere Regulierungsmaßnahmen zu treffen und verfügen über eine weitgehende Auswahlmöglichkeit. Dabei werden zwar aus-drücklich nur Maßnahmen zur Verhinderung von überhöhten und von nicht kostendecken-den Preisen, von Diskriminierung und von Bündelung vorgesehen, jedoch ist diese Liste

---

330 Vgl. zu diesem Grundsatz ausführlich: *Holznagel/Hombergs*, K&R 2003, 322 und *Koenig/Wink-ler*, TKMR 2003, 171.
331 Art. 17 Abs. 1b) URL.
332 Art. 19 Abs. 1 URL.
333 Zu derartigen Verpflichtungen im Mobilfunk: *Koenig*, MMR-Beilage 1/2002, 11.
334 Vgl. hierzu *Capito/Elspaß*, K&R 2003, 110.
335 Art. 19 Abs. 3 URL; vgl. dazu *Haag/Klotz*, Competition Policy Newsletter 2/1998, 35 mit Hin-weis auf ein Verfahren nach Art. 82 gegen die DTAG.

nicht abschließend, sondern nur als Beispielkatalog zu sehen.[336] Hinsichtlich der Entgeltregulierung sind wiederum beispielhaft bestimmte Maßnahmen vorgesehen, darunter etwa die Einzelpreisregulierung anhand nachgewiesener Kosten oder Vergleichsbetrachtungen sowie die Festlegung von Preisobergrenzen im Rahmen eines *Price Cap*. Bei der Festlegung dieser Anordnungen hat die Regulierungsbehörde im Einzelfall stets die am besten geeignete und verhältnismäßige Maßnahme zu ergreifen.

Die Verpflichtung eines Unternehmens zur Bereitstellung eines **Mindestangebots an** **180** **Mietleitungen** ist als Sondertatbestand dann anzuordnen, wenn eine Regulierungsbehörde im Rahmen einer Marktanalyse feststellt, dass gerade auf diesem Markt ein Wettbewerbsdefizit besteht.[337] Hierbei ist als Besonderheit festzuhalten, dass es sich bei dem Mindestangebot um einen Pflichtdienst handelt, welcher von den Netzbetreibern ohne Entschädigungsanspruch gewährt werden muss. Nur die über das Mindestmaß hinausgehende Bereitstellung von Mietleitungen ist anhand der Grundsätze für die Endkundendienste zu regulieren.[338]

c) Nutzerrechte. – In der Universaldienstrichtlinie sind mehrere Vorschriften enthalten, **181** welche den Interessen und Rechten der Endnutzer von elektronischen Kommunikationsdiensten dienen. Die darin enthaltenen Verpflichtungen können von den Regulierungsbehörden allen Betreibern gleichermaßen auferlegt werden. Anknüpfungspunkt für diese „symmetrische" Regulierung ist somit nicht die beträchtliche Marktmacht.

Die Mitgliedstaaten haben sicherzustellen, dass die Verbraucher von jedem Unternehmen, **182** das ihnen Zugang zu elektronischen Kommunikationsnetzen und -diensten gewährt, einen **Vertrag** erhalten, der bestimmte inhaltliche und formelle **Mindestanforderungen** erfüllt.[339] Der Mindestinhalt wurde gegenüber der bisherigen Regelung erweitert und umfasst neben der Identität des Anbieters vor allem die Art und Qualität der erbrachten Dienste einschließlich der Wartung, die Preise, die Laufzeit und Bedingungen der Verlängerung bzw. Beendigung, die Entschädigung und Erstattung bei Nicht- oder Schlechterfüllung sowie die Streitbeilegung. Es handelt sich dabei um eine spezielle Verbraucherschutzvorschrift, die neben die allgemeinen sektorübergreifenden Regelungen der Verbraucherschutzrichtlinien tritt.

Alle Teilnehmer öffentlich zugänglicher elektronischer Kommunikationsdienste haben **183** Anspruch auf Eintrag in öffentlich verfügbare **Teilnehmerverzeichnisse** und auf Zugang zu öffentlich verfügbaren **Auskunftsdiensten**.[340] Die Mitgliedstaaten haben daher zu gewährleisten, dass diejenigen Betreiber, die den Teilnehmern Telefonnummern zuweisen, anderen Betreibern die zur Erbringung dieser Dienste notwendigen Informationen zur Verfügung stellen. Diese Bereitstellung hat in nichtdiskriminierender Weise und zu kostenorientierten Entgelten zu erfolgen.[341]

Allen Teilnehmern öffentlich zugänglicher elektronischer Kommunikationsdienste, im **184** Festnetz wie im Mobilfunk, ist auf Antrag die Beibehaltung ihrer Nummer zu ermöglichen.[342] Die **Nummernübertragbarkeit** gilt allerdings nur zwischen Festnetzen und zwi-

---

336 Art. 17 Abs. 2 URL.
337 Art. 18 URL.
338 Erwägungsgrund 28 URL.
339 Art. 20 Abs. 2 URL.
340 Art. 25 Abs. 1 URL.
341 Art. 25 Abs. 2 URL; vgl. EuGH, KPN/OPTA, Rs. C-109/03, noch nicht in der amtl. Slg.
342 Art. 30 URL.

schen Mobilfunknetzen. Im Verhältnis dieser beiden Netze zueinander, d. h. zwischen Fest- und Mobilfunknetzen, ist sie dagegen nicht verbindlich vorgeschrieben. Allerdings wird diese Möglichkeit durch die Richtlinien auch nicht ausgeschlossen, so dass die Mitgliedstaaten insofern eine weitergehende verbraucherfreundliche Regelung treffen können.[343]

185 **7. Datenschutzrichtlinie.** – Zugleich mit der Neufassung der regulatorischen Rahmenbedingungen für elektronische Kommunikationsdienste wurden auch die bestehenden Datenschutzbestimmungen neu geregelt und damit den aktuellen Entwicklungen des Sektors angepasst. Im Vergleich zur bisherigen Datenschutzrichtlinie ergeben sich dabei nur wenige inhaltliche Änderungen von wesentlicher Bedeutung.

186 Der Anwendungsbereich der Datenschutzrichtlinie wurde einerseits ausgedehnt, da nunmehr alle im Rahmen der elektronischen Kommunikation erbrachten Dienste erfasst werden. Insofern wurde auch hier der **technologieneutrale Ansatz**, welcher dem gesamten neuen Richtlinienpaket zugrunde liegt, eingeführt. Damit erstreckt sich der Schutzbereich der Richtlinie grundsätzlich auch auf Dienste, die über das Internet-Protokoll angeboten werden.[344] Andererseits wurde der Anwendungsbereich der Richtlinie eingeschränkt, da ihr Schutzbereich sich nur noch auf diejenigen Nutzer erstreckt, die gewöhnlich **gegen Entgelt** erbrachte elektronische Kommunikationsdienste in Anspruch nehmen. In der ursprünglichen Datenschutzrichtlinie war keine derartige Einschränkung enthalten. Diese führt dazu, dass bei vielen gegenwärtig noch unentgeltlich über das Internet erbrachten Diensten der Datenschutz aufgrund dieser Richtlinie nicht angeordnet wird. Schließlich ist die Richtlinie nur auf öffentlich zugängliche Dienste anwendbar, so dass etwa geschlossene Benutzergruppen nicht erfasst werden.

187 Die **allgemeine Datenschutzrichtlinie**[345] bleibt neben der sektorspezifischen Datenschutzrichtlinie anwendbar. Soweit die spezielle Richtlinie einschlägig ist und abschließende Regelungen enthält, gehen diese der allgemeinen Richtlinie vor. Sind bestimmte Bereiche dagegen von der speziellen Datenschutzrichtlinie nicht erfasst, wie z. B. unentgeltliche oder in geschlossenen Benutzergruppen erbrachte Dienste, so ist ein Rückgriff auf die allgemeine Datenschutzrichtlinie zulässig und geboten. Gleiches gilt auch, wenn bestimmte Begriffe in der speziellen Datenschutzrichtlinie oder in der Rahmenrichtlinie nicht geregelt sind.[346]

188 Zweck der Richtlinie ist der **Schutz der Nutzer und Teilnehmer** der elektronischen Kommunikation. Nutzer sind dabei natürliche Personen, die einen öffentlich zugänglichen Dienst privat oder geschäftlich nutzen.[347] Teilnehmer sind dagegen natürliche oder juristische Personen, die mit einem Anbieter einen Vertrag über die Nutzung von Diensten geschlossen haben.[348] Die Richtlinie sieht für natürliche und juristische Personen unterschiedliche Schutzmechanismen vor, wobei die natürlichen Personen in ihren Grundrech-

---

343 Erwägungsgrund 40 URL.
344 Art. 2 c) RRL; zu den Pflichten der Internetdienstleister nach der bisherigen Rechtslage: *Koenig/ Roeder*, CR 2000, 668.
345 Richtlinie 95/46/EG des Europäischen Parlaments und des Rates vom 24. 10. 1995 zum Schutz natürlicher Personen bei der Verarbeitung personenbezogenen Daten und zum freien Datenverkehr, ABl. EG 1995 Nr. L 281, S. 31.
346 Vgl. hierzu ausführlich *Koenig/Bartosch/Braun/Roeder-Mesell/Koenig*, EC Competition and Telecommunications Law, S. 499 ff.
347 Art. 2a) DRL.
348 Art. 2k) und Art. 1 Abs. 2 DRL.

ten, insbesondere in ihrer Privatsphäre geschützt werden, wogegen juristische Personen nur Anspruch auf Schutz ihrer berechtigten Interessen haben.[349]

In inhaltlicher Hinsicht enthält die Datenschutzrichtlinie Bestimmungen über die Vertrau- **189** lichkeit der Kommunikation, über den Datenschutz bei der Datenverarbeitung, über den Datenschutz bei der Bereitstellung zusätzlicher Dienstemerkmale und bei der Aufnahme in öffentliche Telefonverzeichnisse sowie über den Schutz vor Zusendung unerbetener Nachrichten.[350]

a) Vertraulichkeit der Kommunikation. – Von der Richtlinie werden sowohl der Daten- **190** verkehr im Allgemeinen als auch der Inhalt der Kommunikation und die damit verbundenen Verkehrsdaten sowie deren Speicherung auf den Endgeräten der Nutzer vor jeder Art der Überwachung geschützt. Die Diensteanbieter sind daher zu verpflichten, Maßnahmen zur **Netzsicherheit** zu ergreifen und die Nutzer bzw. Teilnehmer über verbleibende **Risiken** für die Sicherheit des Datenverkehrs, insbesondere im Mobilfunk und im Internet, zu **unterrichten.**[351] Grundsätzlich hat der Betreiber alle notwendigen Maßnahmen zu treffen, um einen angemessenen Sicherheitsstandard des von ihm angebotenen Dienstes zu gewährleisten. Über besondere Risiken hat der Diensteanbieter die Teilnehmer aufzuklären und ihnen, wenn diese Risiken außerhalb seiner Verantwortlichkeit liegen, Hinweise über geeignete Vorkehrungen zu geben.

Daneben muss von den Mitgliedstaaten auch sichergestellt werden, dass die Diensteanbie- **191** ter die Vertraulichkeit der einzelnen übertragenen **Nachrichten und der Verkehrsdaten** wahren.[352] Nachrichten sind dabei jegliche Informationen, die zwischen einer endlichen Zahl von Beteiligten über einen öffentlich zugänglichen elektronischen Kommunikationsdienst ausgetauscht werden.[353] Verkehrsdaten sind die Daten, welche zum Zweck der Weiterleitung einer Nachricht an ein elektronisches Kommunikationsnetz oder zum Zweck der Fakturierung des Vorgangs verarbeitet werden. Hierunter fallen z. B. Übertragungswege, Protokoll, Datenmenge, Format, Zeitpunkt und Dauer der Nachricht sowie die Standorte und das Netz von Absender und Empfänger. Die Einbeziehung der Verkehrsdaten in den Schutzbereich vertraulicher Kommunikation stellt eine Neuerung gegenüber der vorherigen Richtlinie dar.

Die Vertraulichkeit der Nachrichten und Verkehrsdaten umfasst dabei den Schutz vor je- **192** dem Eingriff und jeder Überwachung, etwa durch **Abfangen, Abhören oder Speichern.** Diese Eingriffe sind daher nach dem nationalen Recht zu untersagen. Hinsichtlich der Rechtsbehelfe, der Haftung und der Sanktionen wird für die Umsetzung in nationales Recht auf die Bestimmungen der allgemeinen Datenschutzrichtlinie verwiesen.[354] Jedoch ist die Richtlinie nicht auf Tätigkeiten anwendbar, die die öffentliche Sicherheit, die Landesverteidigung, die Sicherheit des Staates und den strafrechtlichen Bereich betreffen.[355]

---

349 Wie z. B. die Aufnahme von Daten in öffentliche Verzeichnisse oder die Zusendung unerbetener Nachrichten.
350 Zum Umsetzungsbedarf im TKG: *Ohlenburg*, MMR 2003, 265.
351 Art. 4 i. V. m. Erwägungsgrund 20 DRL.
352 Art. 5 DRL.
353 Art. 2d) DRL.
354 Art. 15 Abs. 2 DRL.
355 Art. 1 Abs. 3 DRL.

Die Mitgliedstaaten sind zudem berechtigt, das Überwachungsverbot durch Erlass einer Rechtsvorschrift zum **Schutz jener öffentlichen Interessen** einzuschränken.

193 Das grundsätzlich statuierte Überwachungsverbot unterliegt somit einer Reihe von genau definierten **Einschränkungen.** Zulässig ist die Speicherung von Nachrichten und Verkehrsdaten, wenn sie zum Nachweis geschäftlicher Vorgänge erfolgt.[356] Gleiches gilt bei der Zwischenspeicherung einer Nachricht, sofern dies zum Weitertransport an den Empfänger technisch notwendig ist.[357] Aufnahme in die Richtlinie fand zudem insbesondere die Zulässigkeit der Vorratsdatenspeicherung als zweckdienliche Maßnahme der Mitgliedstaaten.[358] Schließlich darf das Überwachungsverbot auch dann eingeschränkt werden, wenn der Betroffene hierzu seine Einwilligung gibt.

194 Jegliche Einschränkung muss stets zweckmäßig, notwendig und angemessen sein.[359] Diese Vorgaben für die Verhältnismäßigkeit führen zu einer Erweiterung des datenschutzrechtlichen Schutzniveaus gegenüber der vorherigen Richtlinie, da die einschränkenden Vorschriften nunmehr strikteren Voraussetzungen unterliegen. Diese Änderungen waren im Gesetzgebungsprozess stark umstritten und stellen einen ausgewogener Kompromiss zwischen privaten und staatlichen Interessen dar.

195 In den Schutzbereich der vertraulichen Kommunikation fallen auch die **Endgeräte** der Nutzer elektronischer Kommunikationsdienste. Die darauf gespeicherten Informationen dürfen somit nicht ohne Wissen des Betroffenen abgelesen und an Dritte weitergegeben werden.[360] Daher ist die Speicherung von Informationen auf dem Endgerät des Nutzers und der spätere Zugriff darauf nur zulässig, wenn der Nutzer über die Identität des Verarbeiters der Daten, den Zweck der Verarbeitung und die möglichen Empfänger **vorher informiert** wurde und dabei zudem auf die Möglichkeit der Verweigerung hingewiesen wurde.[361]

196 Als **Ausnahme von der Ausnahme** ist allerdings eine Speicherung von Daten auf dem Endgerät des Nutzers und ein Zugriff auf diese Daten **zulässig**, wenn der Zweck ausschließlich in der Durchführung oder Erleichterung der Nachrichtenübertragung besteht oder für die Bereitstellung eines Dienstes der Informationsgesellschaft notwendig ist, welchen der Nutzer ausdrücklich gewünscht hat.[362] Diese Regelung dürfte jedoch allenfalls bei „Cookies" einschlägig sein, da es zulässig ist, wenn ein Diensteanbieter die Benutzung einer Webseite davon abhängig macht, dass ein „Cookie" gesetzt wird.[363] Dagegen ist nicht ersichtlich, für welche legitimen Zwecke der Einsatz von „Spyware" notwendig sein soll, denn der Einsatz solcher Instrumente ist nur für rechtmäßige Zwecke mit Wissen des betreffenden Nutzers gestattet.[364]

---

356 Art. 5 Abs. 2 DRL.

357 Art. 5 Abs. 1 DRL.

358 Art. 15 Abs. 1 DSR; eine weitere Harmonisierung auf Gemeinschaftsebene ist angestrebt, vgl. Entwurf Ratsdokument 8958/04.

359 Art. 15 Abs. 1 DRL.

360 Dies geschieht durch Instrumente wie „Spyware" bzw. „Web-Bugs" oder „Hidden Identifyers" sowie durch „Cookies"; vgl. hierzu genauer *Schütz/Attendorn/König*, RdNr. 239 ff.

361 Art. 5 Abs. 3 DRL.

362 Art. 5 Abs. 3 Satz 2 DRL.

363 Erwägungsgrund 25 DRL.

364 Erwägungsgrund 24 DRL.

b) Datenschutz bei der Datenverarbeitung. – Die Richtlinie enthält Vorgaben über den 197
Datenschutz bei der Verarbeitung von Verkehrsdaten. Der Begriff der Verkehrsdaten wurde
im Vergleich zur vorherigen Richtlinie erweitert. Hierunter fallen nunmehr alle Daten, die
für die Weiterleitung von Nachrichten und die Entgeltabrechnung notwendig sind, während
zuvor nur nutzerbezogene Daten für den Verbindungsaufbau erfasst waren.

Die Vertraulichkeit der Verkehrsdaten wird dadurch geschützt, dass der Betreiber eines 198
elektronischen Kommunikationsnetzes diese Daten **löschen und anonymisieren** muss, sobald sie für die Übertragung einer Nachricht – gleich welcher Art – nicht mehr benötigt
werden.[365] Dieser Zeitpunkt tritt bei einem Telefongespräch mit dessen Beendigung, bei
einer E-Mail-Nachricht dagegen erst mit deren Abruf durch den Empfänger ein.[366] Ab diesem Zeitpunkt dürfen die Verkehrsdaten also grundsätzlich nicht gespeichert und verarbeitet werden. **Ausnahmen** sind zulässig für solche Daten, die zur **Gebührenabrechnung**
und zum Inkasso erforderlich sind. Sobald diese Vorgänge abgeschlossen sind, müssen die
Verkehrsdaten allerdings gelöscht werden.[367] Eine weitere Ausnahme vom Verbot der Speicherung von Verkehrsdaten ist für die Vermarktung elektronischer Kommunikationsdienste und für die Bereitstellung von **Diensten mit Zusatznutzen** möglich. Jedoch ist diese
Ausnahme stets an die Bedingung geknüpft, dass der Teilnehmer hierzu seine **Einwilligung** erteilt hat.[368] Diese kann er jederzeit zurückziehen, so dass eine Speicherung und Verarbeitung seiner Verkehrsdaten wieder unzulässig wird. In jedem Fall darf die Verarbeitung
von Verkehrsdaten auch weiterhin nur durch Personen erfolgen, die auf Weisung der Betreiber handeln und hierzu ermächtigt sind. Gibt der Diensteanbieter die Daten im Rahmen
der gesetzlich vorgesehenen Möglichkeiten an Dritte weiter, so hat er den Nutzer hierüber
vorab umfassend zu informieren und dessen Einwilligung einzuholen.[369]

Zudem enthält die Richtlinie zusätzliche Regelungen über andere Standortdaten als Ver- 199
kehrsdaten. Sie geben den geografischen Standort jedes Endgerätes an, sind jedoch für die
Weiterleitung der Nachrichten und die Fakturierung der Vorgänge nicht zwingend erforderlich.[370] Die Mitgliedstaaten sind ermächtigt, durch Erlass von Rechtsvorschriften die Bedingungen und Zeiträume der Speicherung und Verarbeitung von Verkehrs- und Standortdaten, soweit diese im öffentlichen Interesse notwendig sind, zu definieren.[371] In Ermangelung solcher nationaler Regelungen gelten die Bestimmungen der Richtlinie als verbindliches Schutzniveau.

Solche anderen Standortdaten als Verkehrsdaten dürfen nur dann verarbeitet werden, wenn 200
sie zur Bereitstellung von Diensten mit Zusatznutzen in einem begrenzten Zeitraum erforderlich sind.[372] Zu den Diensten mit Zusatznutzen zählen – insbesondere im Mobilfunk –
Tarifinformationen je nach Standort, Verkehrsinformationen und Navigationshilfen sowie

---

365 Art. 6 Abs. 1 DRL.
366 Erwägungsgrund 27 DRL.
367 Art. 6 Abs. 2 DRL, nur ausnahmsweise ist dann noch eine Verarbeitung der Daten zulässig, um
    technischen Fehlern oder Betrugsfällen nachzugehen, vgl. Erwägungsgrund 29 DRL.
368 Art. 6 Abs. 3 DRL.
369 Art. 6 Abs. 4 und Erwägungsgrund 32 DRL.
370 Art. 2c) i. V. m. Erwägungsgrund 14 und 35 DRL: u. a. die geografische Länge, Breite und Höhe,
    die Übertragungsrichtung und der genaue Netzpunkt, an dem sich das Endgerät befindet.
371 Art. 15 Abs. 1 DRL.
372 Art. 9 DRL.

touristische Informationen.[373] Diese **genauen Standortdaten** müssen dabei vor ihrer Verarbeitung entweder anonymisiert werden, oder der Nutzer bzw. Teilnehmer muss seine Einwilligung zur Verarbeitung erteilt haben. Die Verpflichtung zur Information des Nutzers bzw. Teilnehmers und zur Einholung der Einwilligung obliegt dem **Netzbetreiber**, denn er ist dessen Vertragspartner, wogegen der Diensteanbieter als Dritter anzusehen ist, an den die Verkehrsdaten zur Erbringung von Diensten mit Zusatznutzen weitergeleitet werden.[374] Auch wenn er eine derartige Einwilligung zur Erfassung und Verarbeitung seiner genauen Standortdaten erteilt hat, muss der Teilnehmer oder Nutzer nicht dulden, dass seine Standortdaten jederzeit erhoben und verarbeitet werden können. Daher muss es ihm gebührenfrei ermöglicht werden, diese Funktion zeitweilig, d. h. sogar für jede einzelne Verbindung zum Netz und für jede Übertragung einer Nachricht, zu **verhindern**.[375] Allerdings ist die Verarbeitung und Weitergabe der Standortdaten zur Bearbeitung von Notrufen durch Polizei, Feuerwehr oder Ambulanzdienste stets zulässig, auch wenn diese Verarbeitung zeitweilig unterdrückt oder schon keine Einwilligung zu deren Verarbeitung erteilt wurde.[376]

201   **c) Datenschutz bei zusätzlichen Diensten.** – Die Regelungen über den Datenschutz durch die Bereitstellung zusätzlicher Dienstemerkmale sind aus der vorherigen Richtlinie weitgehend unverändert übernommen worden. Der Diensteanbieter muss, wenn er die Möglichkeit der **Rufnummernanzeige** anbietet, dem anrufenden wie auch dem angerufenen Nutzer weiterhin die Möglichkeit einräumen, diese Anzeige im Einzelfall unentgeltlich zu **unterdrücken**.[377] Bei Anrufen mit unterdrückter Anzeige muss es für den angerufenen Nutzer zudem möglich sein, den Anruf gebührenfrei abzuweisen. Neu in die Richtlinie aufgenommen wurde eine Verpflichtung der Diensteanbieter, die Öffentlichkeit über diese Dienstemerkmale zu informieren. Die mit dem Angebot der Rufnummernanzeige einhergehende Verpflichtung zur jederzeitigen Unterdrückung gilt für alle digitalen Teilnehmeranschlüsse, wogegen analoge Anschlüsse nur erfasst sind, wenn dies in Anbetracht des technischen und wirtschaftlichen Aufwands angemessen ist. Die Unterdrückung der Rufnummernanzeige darf allerdings in bestimmten Ausnahmefällen aufgehoben werden. Die Aufhebung kann vorübergehend erfolgen, wenn ein Teilnehmer die Verfolgung von belästigenden Anrufen beantragt. Sodann dürfen bestimmte Daten des Anrufers gespeichert und weitergegeben werden.[378] Ferner ist eine dauerhafte Aufhebung für Anrufe bei Polizei, Feuerwehr oder Ambulanzdienste zulässig. Die Teilnehmer haben auch weiterhin Anspruch auf eine Rechnung ohne **Einzelgebührennachweis**.[379] Diese Regelung dient dem Schutz der Vertraulichkeit sowohl der Anrufenden als auch der Angerufenen. Dabei sollen die Mitgliedstaaten sicherstellen, dass andere Möglichkeiten zur Verfügung stehen, um den Teilnehmern die Kontrolle der Abrechnung zu erleichtern.[380] Schließlich ist jedem Teilnehmer die Möglichkeit zu gewähren, auf Antrag die von einem Dritten veranlasste automatische **Anrufweiterschaltung** auf sein Endgerät zu unterbinden.[381]

---

373 Sog. „location based services", vgl. Art. 2g) und Erwägungsgrund 18 DRL.
374 Zu den Modalitäten der Einwilligung ausführlich: *Schütz/Attendorn/König*, RdNr. 263 ff.
375 Art. 9 Abs. 2 DRL.
376 Art. 10b) DRL.
377 Art. 8 DRL.
378 Art. 10a) DRL.
379 Art. 7 DRL.
380 Erwägungsgrund 33 DRL.
381 Art. 11 DRL.

d) Teilnehmerverzeichnisse. – Die Richtlinie schreibt vor, dass die Teilnehmer vor der 202
Aufnahme ihrer personenbezogenen Daten in ein Teilnehmerverzeichnis umfassend über
die Nutzungsmöglichkeiten, einschließlich der eingebetteten Suchfunktionen in elektronischen Verzeichnissen informiert werden müssen.[382] Der Teilnehmer muss die Gelegenheit erhalten, festzulegen, ob und welche personenbezogenen Daten in ein öffentliches Verzeichnis aufgenommen werden. Es dürfen keine Gebühren für die Nicht-Aufnahme, Prüfung, Berichtigung oder Streichung erhoben werden. Diese Vorschriften gelten für Teilnehmer, die natürliche Personen sind. Die Mitgliedstaaten sollen aber den berechtigten Interessen anderer Teilnehmer bei der Aufnahme in öffentliche Verzeichnisse ausreichend Rechnung tragen.

e) Zusendung unerbetener Nachrichten. – Durch die Richtlinie werden die Bestimmungen 203
zum Schutz vor Zusendung unerbetener Kommunikation neugefasst und erweitert. Die Regelungen bezwecken den Schutz vor Direktwerbung auf dem Wege der elektronischen Kommunikation. Dabei ist zwischen natürlichen und juristischen Personen zu unterscheiden.

Für natürliche Personen gilt die **„Opt-in"-Lösung**, nach der die Direktwerbung unter Ver- 204
wendung von **automatischen** Anrufsystemen, Faxgeräten und elektronischer Post nur mit
vorheriger Einwilligung des Teilnehmers zulässig ist.[383] Die elektronische Post wurde dabei neu in diese Liste aufgenommen und umfasst nicht nur Text-, sondern auch Sprach-,
Ton- und Bildnachrichten.[384] Durch die verbindliche Festlegung auf die „Opt-in"-Lösung
kommt es zu einer Harmonisierung des Schutzniveaus in der EU. Bislang bestanden zwischen den Mitgliedstaaten erhebliche Unterschiede, da einige von ihnen auch für natürliche
Personen die „Opt-out"-Lösung vorgesehen hatten. Gerade bei der elektronischen Kommunikation spielen jedoch die nationalen Grenzen keine besondere Rolle mehr, so dass insofern eine einheitliche Rechtslage und Praxis erforderlich ist.

Im Rahmen bereits bestehender Kundenbeziehungen ist dagegen die unerbetene Zusen- 205
dung elektronischer Direktwerbung unter bestimmten Voraussetzungen grundsätzlich zulässig. Für die Kunden ist daher die **„Opt-out"-Lösung** vorgesehen, sofern der Kunde diese Nutzung nicht von vornherein abgelehnt hat.[385] Demnach darf Direktwerbung erfolgen,
wenn der Werbende die Verkehrsdaten von dem Kunden selbst im Zusammenhang mit einem geschäftlichen Vorgang und unter Beachtung der sonstigen Datenschutzvorschriften
erhalten hat. Dabei ist den Kunden jedoch eindeutig erkennbar die Möglichkeit einzuräumen, die Nutzung seiner Daten jederzeit kostenfrei abzulehnen.

Für Formen der Direktwerbung, die nicht über automatische Systeme abgewickelt werden, 206
haben die Mitgliedstaaten ein **Wahlrecht** zwischen der „Opt-in"- und der „Opt-out"-Lö-
sung.[386] Generell verboten ist das Versenden von elektronischen Nachrichten zu Werbezwecken ohne Angabe des Absenders.[387] Dieses Verbot dient der Durchsetzbarkeit der Vorschriften über die unerbetene elektronische Kommunikation, für die aus der Sicht des Nutzers oder Teilnehmers die Kenntnis der Identität des Werbenden eine notwendige Voraussetzung darstellt.

---

382 Art. 12 Abs. 1 DSR.
383 Art. 13 Abs. 1 DRL.
384 Erwägungsgrund 40 DRL.
385 Art. 13 Abs. 2 DRL.
386 Art. 13 Abs. 3 DRL.
387 Art. 13 Abs. 4 DRL.

207 **8. Wettbewerbsrichtlinie.** – Im Zuge der Reform des gesamten Richtlinienpakets für die elektronische Kommunikation wurden auch die verschiedenen Liberalisierungsrichtlinien der Kommission neu gefasst. Durch die Richtlinie über den Wettbewerb in der Telekommunikation[388] hat die Kommission sämtliche gemäß Art. 86 Abs. 3 verabschiedeten Richtlinien für diesen Sektor ersetzt und in einem einzigen Rechtstext zusammengefasst. In inhaltlicher Hinsicht ergeben sich dabei **keine grundlegenden Neuregelungen** im Vergleich zu den vorher geltenden Vorschriften. Die Begriffsbestimmungen wurden an die geänderte Terminologie des gesamten Richtlinienpakets angepasst. Insbesondere trat an die Stelle des Begriffs der Telekommunikation nunmehr derjenige der elektronischen Kommunikation als Ausdruck des technologieneutralen Ansatzes der Regulierung.

208 Eine wesentliche Zielsetzung der Kommission mit dieser Richtlinie besteht darin, die Verpflichtung der Mitgliedstaaten zur Aufhebung der ausschließlichen und besonderen Rechte im Hinblick auf die Bereitstellung von Netzen und die Erbringung von Diensten der elektronischen Kommunikation aufrecht zu erhalten. Hierdurch soll sichergestellt werden, dass es zu **keiner Remonopolisierung** aufgrund erneuter gesetzlicher Anordnung in den Mitgliedstaaten kommt. Auch andere wesentliche Verpflichtungen der Mitgliedstaaten gelten aufgrund dieser Richtlinie fort. Dies sind insbesondere das Diskriminierungsverbot für vertikal integrierte öffentliche Betreiber elektronischer Kommunikationsnetze, die Liberalisierung bei der Einrichtung, Bereitstellung und Nutzung aller elektronischen Kommunikationsdienste sowie die rechtliche Trennung zwischen elektronischen Kommunikations- und Kabelnetzen.

III. Ausblick

209 Der neue Rechtsrahmen bietet bei gemeinschaftsrechtskonformer Umsetzung und Anwendung in den Mitgliedstaaten die Möglichkeit, eine Deregulierung der Märkte der elektronischen Kommunikation zu erreichen. Voraussetzung hierfür ist die Entstehung eines wirksamen und selbsttragenden Wettbewerbs. Die wesentliche Verantwortung liegt bei den nationalen Regulierungsbehörden. Sie haben es in den kommenden Jahren in der Hand, nach Analyse der betroffenen Märkte die Reichweite und den Inhalt der Regulierung zu bestimmen. Wichtig ist dabei allerdings, dass die Regulierer bei dieser Aufgabe nicht durch gesetzgeberische Vorgaben oder politische Weisungen in ihrem Ermessen über Gebühr eingeschränkt werden.

210 Nur durch eine ihren Grundsätzen nach in allen Mitgliedstaaten vergleichbare Regulierung kann das zweite wichtige Ziel des Richtlinienpakets erreicht werden: die Vollendung des Binnenmarktes für elektronische Kommunikation. Die Kommission wacht aufgrund ihrer neuen Befugnisse über eine einheitliche und angemessene Regulierung und greift notfalls auch unterstützend oder korrigierend ein. Die kommenden Jahre werden zeigen, ob die angestrebten Ziele, insbesondere dasjenige der dauerhaften Schaffung von Wettbewerb, durch den Regulierungsrahmen auch tatsächlich erreicht werden können. Wenn dies der Fall ist, so könnte möglicherweise eine Debatte beginnen, die zu einer neuen Richtlinienreform auf europäischer Ebene mit einem weitergehenden Abbau der sektorspezifischen asymmetrischen Regulierung führt.

---

388 Richtlinie 2002/77/EG der Kommission vom 16. 9. 2002 über den Wettbewerb auf den Märkten für elektronische Kommunikationsnetze und -dienste, ABl. EG 2002 L 249, S. 21.

Einleitung III: Der Rahmen des TK-Rechts – Die europarechtliche und grundgesetzliche Wirtschaftsverfassung

A. Der europarechtliche Rahmen

Schrifttum: *Arndt*, Europarecht, 6. Auflage 2003; *Badura*, Dienste von allgemeinem wirtschaftlichem Interesse, in: Classen (Hrsg.), „In einem vereinten Europa dem Frieden der Welt zu dienen…" Liber amicorum T. Oppermann, 2001, 571; *Bartosch*, Europäisches Telekommunikationsrecht im Jahr 1999, EuZW 2000, 389; *Bergmann*, Grundstrukturen der EU und europäisches Verwaltungsrecht, in: Bergmann/Kenntner (Hrsg.), Deutsches Verwaltungsrecht unter europäischem Einfluss, 2002, 15; *Birkert*, Rundfunk-, Presse- und sonstiges Medienrecht, Post- und Telekommunikationsrecht, in: Bergmann/Kenntner (Hrsg.), Deutsches Verwaltungsrecht unter europäischem Einfluss, 2002, 845; *Bleckmann*, Europarecht, 5. Auflage 1990; *Blumenwitz/Schöbener*, Stabilitätspakt für Europa, 1998; *v. Bogdandy*, Grundrechtsgemeinschaft als Integrationsziel, JZ 2001, 157; *Borchardt*, Die rechtlichen Grundlagen der Europäischen Union, 2. Auflage 2002; *Calliess*, Eigentumsgrundrecht § 16, in: Ehlers (Hrsg.), Europäische Grundrechte und Grundfreiheiten, 2002, 381; *Calliess/Ruffert*, Kommentar zu EU- Vertrag und EG-Vertrag, 1999; *Classen*, Die Europäisierung der Verwaltungsgerichtsbarkeit, 1996; *von Danwitz*, Verwaltungsrechtliches System und Europäische Integration, 1996; *Ebke*, Überseering: „Die wahre Liberalität ist Anerkennung", JZ 2003, 927; *Ehlers*, Allgemeine Lehren § 2, § 13, in: Ehlers (Hrsg.), Europäische Grundrechte und Grundfreiheiten, 2002, 147; *Ehlermann*, Telekommunikation und europäisches Wettbewerbsrecht, EuR 1993, 134; *Ehlers*, Die Europäisierung des Verwaltungsprozessrechts, 1999; *Eiselstein*, Die EG in der Weltwirtschaft, 1986; *Engel*, Europarechtliche Grenzen für die Industriepolitik, in: Regeling (Hrsg.), Europäisierung des Rechts, 1995, 35; *Epiney*, Gemeinschaftsrechtlicher Umweltschutz und Verwirklichung des Binnenmarktes – „Harmonisierung" auch der Rechtsgrundlagen?, JZ 1992, 564; *Forwood/Clough*, The Single European Act and Free Movement, European Law Review 1986, 383; *Furrer/Epiney*, Staatliche Haftung für quantifizierbare Wettbewerbsnachteile aus nicht umgesetzten Richtlinien, JZ 1995, 1025; *Gäckle*, Die Weiterentwicklung des Europäischen Währungssystems zur Europäischen Währungsunion: geld- und budgetpolitische Voraussetzungen, Diss. Speyer, 1992; *Geiger*, EUV/EGV, Vertrag über die Europäische Union und Vertrag zur Gründung der Europäischen Gemeinschaft, 3. Auflage 2000; *Glaesner*, Bemerkungen zur Interpretation von Art. 100a EWGV, in: Ress (Hrsg.), Rechtsprobleme der Rechtsangleichung, Vorträge, Reden und Berichte aus dem Europa-Institut des Saarlandes, Nr. 137, 1988, 35; *Grabenwarter*, Die Charta der Grundrechte der Europäischen Union, DVBl. 2001, 1; *Gundel*, Keine Durchbrechung nationaler Verfahrensfristen zugunsten von Rechten aus nicht umgesetzten Richtlinien: zum Ende der „Emmott'schen Fristenhemmung" nach der Fantask-Entscheidung des EuGH, NVwZ 1998, 910; *Haar*, Marktöffnung in der Telekommunikation, Diss. Hamburg, 1995; *Hahn*, Der Stabilitätspakt für die Europäische Währungsunion, JZ 1997, 1133; *Hatje*, Wirtschaftsverfassung, in: von Bogdandy (Hrsg.), Europäisches Verfassungsrecht, 2003; *Haselbach*, Der Vorrang des Gemeinschaftsrechts vor dem deutschen nationalen Verfassungsrecht nach dem Vertrag von Amsterdam, JZ 1997, 942; *Hellmann*, Europäische Wirtschafts- und Währungsunion: eine Dokumentation, 1972; *ders.*, Europäische Industriepolitik: zwischen Marktwirtschaft und Dirigismus, 1994; *Hirsch*, Europarechtliche Perspektiven der Verwaltungsgerichtsbarkeit, VBlBW 2000, 71 ff.; *Hoffmann-Riem*, Telekommunikationsrecht als europäisiertes Verwaltungsrecht, DVBl. 1999, 125; *Holznagel/Enaux/Nienhaus*, Grundzüge des Telekommunikationsrechts, 2000; *Huber*, Recht der europäischen Integration, 2002; *Ipsen*, Europäisches Gemeinschaftsrecht, 1972; *Issing*, Von der D-Mark zum Euro, 1998; *Jannasch*, Einwirkungen des Gemeinschaftsrechts auf den vorläufigen Rechtsschutz, NVwZ 1999, 495 ff.; *Kadelbach*, Die rechtsstaatliche Einbindung der europäischen Wirtschaftsverwaltung, in: Schwarze (Hrsg.), Die rechtsstaatliche Einbindung der europäischen Wirtschaftsverwaltung, EuR – Beiheft 2, 2002, 7; *Kenntner*, Rechtsschutz in Europa, in: Bergmann/Kenntner (Hrsg.), Deutsches Verwaltungsrecht unter europäischem Einfluss, 2002, 63; *Kingreen*, Die Struktur der Grundfreiheiten des europäischen Gemeinschaftsrechts, Diss., 1999; *Klindt*, Die Zulässigkeit von dynamischen Verweisungen auf EG-

Recht aus verfassungsrechtlicher und europarechtlicher Sicht, DVBl.1998, 373; *Koenig*, Die Versteigerung der UMTS-Lizenzen auf dem Prüfstand des deutschen und europäischen Telekommunikationsrechts, K & R 2001, 41; *Kokott*, Europäisierung des Verwaltungsprozessrechts, Die Verwaltung 31 (1998), 335; *Kühling*, Bereiche öffentlicher Daseinsvorsorge in Deutschland: Die Telekommunikationswirtschaft als Paradebeispiel einer Daseinsvorsorge im Wettbewerb, in: Hrbek/Nettesheim (Hrsg.), Europäische Union und mitgliedstaatliche Daseinsvorsorge, 2002, 138; *Lenz*, EG-Vertrag, Kommentar, 2. Auflage 1999; *Möschel*, An der Schwelle zur EWU, JZ 1998, 217; *ders.*, Industriepolitik auf dem Vormarsch?, in: Beisse (Hrsg.), Festschrift für Beusch, 1993, 593; *Müller-Graff*, Die Rechtsangleichung zur Verwirklichung des Binnenmarkts, EuR 1989, 107; *ders.*, Die wettbewerbsverfasste Marktwirtschaft als gemeineuropäisches Verfassungsprinzip, EuR 1997, 433; *Mussler*, Die Wirtschaftsverfassung der Europäischen Gemeinschaft im Wandel, Von Rom nach Maastricht, Diss., Jena, 1998; *Neßler*, Der transnationale Verwaltungsakt – Zur Dogmatik eines neuen Rechtsinstituts, NVwZ 1995, 863; *Nettesheim*, Gemeinschaftsrechtliche Vorgaben für das deutsche Staatshaftungsrecht, DÖV 1992, 999; *ders.*, Die europarechtlichen Grundrechte auf wirtschaftliche Mobilität (Art. 48, 52 EGV), NVwZ 1996, 342; *Nettesheim*, Effektive Rechtschutzgewährleistung im arbeitsteiligen System europäischen Rechtsschutzes, JZ 2002, 928; *ders.*, Die Charta der Grundrechte der Europäischen Union: Eine verfassungstheoretische Kritik, Integration 2002, 35; *ders.*, Mitgliedstaatliche Daseinsvorsorge im Spannungsfeld zwischen Wettbewerbskonformität und Gemeinwohlverantwortung, in: Hrbek/Nettesheim (Hrsg.), Europäische Union und mitgliedstaatliche Daseinsvorsorge, 2002, 39; *ders.*, Die Bananenmarkt-Entscheidung des EuGH: Europarecht und nationaler Mindestgrundrechtsstandard, JURA 2001, 686; *ders.*, Die mitgliedstaatliche Durchführung von EG-Richtlinien, 1999; *ders.*, Grundrechtliche Prüfdichte durch den EuGH, EuZW 1995, 106; *ders.*, Das Umweltrecht der Europäischen Gemeinschaften, JURA 1994, 337; *ders.*, Auslegung und Rechtsfortbildung des nationalen Rechts im Lichte des Gemeinschaftsrechts, AöR 119 (1994), 261; *Oertel*, Die Unabhängigkeit der Regulierungsbehörde nach § 66 TKG, Diss. Heidelberg, 1998; *Oppermann*, Europarecht, 2. Auflage 1999; *Ruffert*, Der transnationale Verwaltungsakt, DV 34 (2001), 453; *Runggaldier*, Der neue Beschäftigungstitel des EG-Vertrags und die Übernahme des „Sozialabkommens" in den EG-Vertrag, in: Hummer (Hrsg.), Die Europäische Union nach dem Vertrag von Amsterdam, 1998, 197; *Sachs*, Grundgesetz Kommentar, 3. Auflage 2003; *Schaub*, Europäische Wettbewerbsaufsicht über die Telekommunikation, MMR 2000, 211; *Schliesky*, Öffentliches Wirtschaftsrecht, 2000; *Schlüter*, Die ECU und der Europäische Währungsfonds, Integration 1982, 54; *Schoch*, Die Europäisierung des verwaltungsgerichtlichen vorläufigen Rechtsschutzes, DVBl. 1997, 289 ff.; *ders.*, Europäisierung der Verwaltungsrechtsordnung, VBlBW 1999, 241 ff.; *ders.*, Individualrechtsschutz im deutschen Umweltrecht unter dem Einfluss des Gemeinschaftsrecht, NVwZ 1999, 459; *ders.*, Die Europäisierung des Verwaltungsprozessrechts, in: Schmidt-Aßmann/Sellner/Hirsch/Kemper/Lehmann-Grube (Hrsg.), Festgabe 50 Jahre Bundesverwaltungsgericht, 2003, 507; *Schütz/Attendorn*, Das neue Kommunikationsrecht der Europäischen Union – Was muss Deutschland ändern?, MMR 2002, Beil. 4/2002; *Schwarze*, EU-Kommentar, 2000; *Schwarze*, Europäische Rahmenbedingungen für die Verwaltungsgerichtsbarkeit, NVwZ 2000, 241; *ders.*, Der Staat als Adressat des Europäischen Wettbewerbsrechts, EuZW 2000, 613; *Seidel*, Das EWS, EuR 1979, 13; *Sodan*, Die funktionale Unabhängigkeit der Zentralbanken, NJW 1999, 1521; *Stadler*, Der rechtliche Handlungsspielraum des Europäischen Systems der Zentralbanken, Diss. Tübingen, 1996; *Starbatty/Schumm*, EU: Industrie-, Forschungs- und Technologiepolitik, in: Haase u.a. (Hrsg.), Lexikon Soziale Marktwirtschaft, Wirtschaftspolitik von A bis Z, 2002, 195; *Steinle*, Europäische Beschäftigungspolitik: Der Titel „Beschäftigung" des EG-Vertrags (Art. 125–130), Diss. Tübingen, 2001; *Streinz*, Europarecht, 5. Auflage 2001; *Terhechte*, Der Umweltschutz und die Wettbewerbspolitik in der Europäischen Gemeinschaft, ZUR 2002, 274; *Tettinger*, Die Charta der Grundrechte der Europäischen Union, NJW 2001, 1010; *Tietje*, Niederlassungsfreiheit, in: Ehlers (Hrsg.), Europäische Grundrechte und Grundfreiheiten, 2002, 240; *Winter*, Kompetenzen der Europäischen Gemeinschaft im Verwaltungsvollzug, in: Lübbe-Wolff (Hrsg.), Der Vollzug des Europäischen Umweltrechts, 1996, 112; *Zuleeg*, Die Grundfreiheiten des Gemeinsamen Marktes, in: Due/Lutter/Schwarze (Hrsg.), Festschrift für Everling, 1995, Band II, 1717.

Übersicht

I. Die Wirtschaftsverfassung der Europäischen Union

1. Begriff der Wirtschaftsverfassung. – Wenn hier der Begriff der Wirtschaftsverfassung[1] **1**
der EU verwendet wird, so geschieht dies im Wissen darum, dass es sich um einen ambiva-

---

1 Zum Begriff der „Wirtschaftsverfassung": *Eucken*, Die Grundlagen der Nationalökonomie, 1965; *Böhm*, Wettbewerb und Monopolkampf – Eine Untersuchung zur Frage des wirtschaftlichen Kampfrechts und zur Frage der rechtlichen Struktur der geltenden Wirtschaftsordnung, 1933;

lenten und in seiner Tragweite unklaren Begriff handelt.[2] Es geschieht auch im Wissen darum, dass häufig in Frage gestellt wird, dass es überhaupt sinnvoll ist, von einem europäischen „verfassungsmäßigen" Gesamtkonzept zu sprechen.[3] Die Ursache der Schwierigkeiten im Umgang mit diesem Begriff liegen auf der Hand: Nicht nur bewegt er sich in einer Gemengenlage zwischen Rechts- und Wirtschaftswissenschaften. Schwierigkeiten ergeben sich auch daraus, dass der von dem Nationalökonomen *Walter Eucken* und dem Juristen *Franz Böhm* (Freiburger Schule) maßgeblich geprägte Begriff häufig mit dem Begriff der Wirtschaftsordnung gleichgesetzt wird.[4] Ist man sich dieser Schwierigkeiten bewusst, so kann mit dem Begriff der Wirtschaftsverfassung eine erkenntnistheoretisch wichtige und ergiebige rechtswissenschaftliche Blickrichtung auf das EU-Recht (ebenso wie auf nationale Rechtsordnungen) umschrieben werden. Danach steht der Begriff der Wirtschaftsverfassung der Europäischen Gemeinschaft für die Gesamtheit der Rechtssätze des Primärrechts, „die als Eckwerte zusammengesehen das wirtschaftliche Leitbild der EG ergeben."[5] Dem Begriff der Wirtschaftsverfassung kommt damit analytisch-empirischer Charakter zu; er unterscheidet sich vom Begriff der Wirtschaftsordnung insofern, als Letzterer bestimmte ordnungspolitische Wirtschaftsmodelle idealtypisch umschreibt. Häufig wird der Begriff der Wirtschaftsordnung auch mit normativer Intention verwandt. Gewiss ist jedenfalls, dass das EU-Recht es weder bezweckt noch erreicht, ein idealtypisch-reines Wirtschaftsmodell in rechtliche Realität umzusetzen. Vielmehr finden sich im EU-Verfassungsrecht – ebenso wie in der Ordnung des Grundgesetzes – eine Vielzahl unterschiedlicher Elemente, die nicht Ausdruck des Strebens nach ordnungspolitischer Reinheit sind, sondern Niederschlag und folge der Existenz widerstreitender Interessen und Zielsetzungen und der daraus folgenden Notwendigkeit politischer Kompromisse. Ebenso wenig lässt sich die Rechtsetzungs- und wirtschaftsverwaltende Tätigkeit der EU-Organe als Ausdruck einer idealtypischen Maßstäben entsprechenden Ordnungspolitik ansehen. Jeder Versuch, das Wirtschaftsverfassungsrecht der EU als unverfälschten und reinen Ausdruck eines bestimmten Ordnungsmodells zu begreifen, würde der Vielfalt der – teilweise durchaus kollidierenden – Regelungen im EU-Recht nicht gerecht werden. Das Denken in Modellen

---

ders., Wirtschaftsordnung und Staatsverfassung, 1950; vgl. zum Begriff speziell in der Europarechtswissenschaft: *Ophüls*, Grundzüge europäischer Wirtschaftsverfassung, ZHR 124 (1962), 136; *Zacher*, Aufgaben einer Theorie der Wirtschaftsverfassung, FS Böhm, 1965, S. 63; *Scherer*, Die Wirtschaftsverfassung der EWG, 1970; *Oppermann*, Europäische Wirtschaftsverfassung nach der Einheitlichen Europäischen Akte, in: Müller-Graff/Zuleeg (Hrsg.), Staat und Wirtschaft, 1987, S. 53 ff.; *Joerges*, Markt ohne Staat? Die Wirtschaftsverfassung der Gemeinschaft und die Ranaissance der regulative Politik, 1991; *Basedow*, Von der deutschen zur europäischen Wirtschaftsverfassung, 1992, S. 6 ff.; *Petersmann*, Grundprobleme der Wirtschaftsverfassung der EG, Außenwirtschaft 1993, S. 389 ff.; *Müller-Graff*, Die wettbewerbsverfasste Marktwirtschaft als gemeineuropäisches Verfassungsprinzip, EuR 1997, 433; *Vollmer*, Wirtschaftsverfassung und Wirtschaftspolitik der EG nach „Maastricht", DB 1993, 25 ff.; *Mestmäcker*, Zur Wirtschaftsverfassung in der EU, FS Willgerodt, 1994, 263 ff.; *Baquero Cruz*, Between Competition and Free Movement – The Economic Constitutional Law of the European Community, 2002.

2 Vgl. Näheres dazu bei: *Hatje*, in: von Bogdandy (Hrsg.), Europäisches Verfassungsrecht, S. 685 f.; *Rittner*, Wirtschaftsrecht, 1987, 25 ff.

3 *Oppermann*, Europarecht, RdNr. 926; *Mestmäcker*, FS Willgerodt, 1994, S. 263 ff.

4 Zur Begriffsvielfalt und der damit einhergehenden Begriffsverwirrung ausführlich *Basedow*, Von der deutschen zur europäischen Wirtschaftsverfassung, 1992; *Mussler*, Die Wirtschaftsverfassung der Europäischen Gemeinschaft im Wandel, Diss. Jena 1998, S. 16 ff.

5 *Oppermann*, Europarecht, RdNr. 926; so auch zum Beispiel: *Hatje*, in: von Bogdandy (Hrsg.), Europäisches Verfassungsrecht, S. 687; *Schmidt*, Öffentliches Wirtschaftsrecht, 1990, S. 70.

(etwa: Freiburger Schule – soziale Marktwirtschaft) darf jedenfalls aus rechtswissenschaft-
licher Sicht nicht dazu führen, dass Gehalte des positiven Rechts überspielt werden.[6]

2. Entwicklung der Wirtschaftsverfassung der EU. – Kennzeichnend für die Wirt- **2**
schaftsverfassung der EG und EU ist danach ihr bruchstückhafter, **fragmentarischer Charakter.** Dies gilt zunächst mit Blick auf die Regelungsverantwortung: Die Regelungsverantwortung der EU ist sehr unterschiedlich ausgeprägt und erreicht teilweise das Niveau
einer ausgedehnten – und im Wege der Vorrangwirkung und dem Grundsatz der unmittelbaren Geltung des EG-Rechts effektiv durchgesetzten – Vollzuständigkeit im Bereich mancher Politiken (insbesondere der gemeinsamen Agrarpolitik und Außenhandelspolitik) und
Instrumente (etwa der Grundfreiheiten, insbesondere des freien Warenverkehrs). In anderen Politikbereichen beschränkt sich die Regelungsverantwortung der EU auf Maßnahmen
der Harmonisierung oder Koordinierung – etwa in dem überwiegend im Zuständigkeitsbereich der Mitgliedstaaten verankerten Bereich der allgemeinen Wirtschaftspolitik. Dieser
Befund ist Ausdruck und Ergebnis eines jahrzehntelangen Entwicklungsprozesses und
spiegelt in gewissem Grad auch den Stand und die Tiefe des Europäischen Einigungsprozesses – der gemeinschaftlichen Integration als Ganzes – wider. Er darf nicht in dem Sinne
gedeutet werden, dass hier ein Gesamtwerk unvollendet geblieben werde; die Abstufung
von Verantwortlichkeiten ist vielmehr Ausdruck freiheitsverwirklichender und wettbe-
werbssichernder Föderalität.

Die in den fünfziger Jahren gegründeten drei Europäischen Gemeinschaften (Europäische **3**
Gemeinschaft für Kohle und Stahl, Europäische Atomgemeinschaft und Europäische Wirtschaftsgemeinschaft) waren als Organisationen gegründet worden, die sich primär die
wirtschaftliche Integration der Mitgliedstaaten[7] zum Ziel gesetzt hatten. Das vorgegebene Ziel der Herstellung eines Gemeinsamen Marktes war ausgerichtet auf die Schaffung
einer umfassenden Wirtschaftsgemeinschaft, in welcher nationale Behinderungen letztlich
entfallen. Im Prozess des wirtschaftlichen Zusammenwachsens erwartete man aber zugleich eine Weiterentwicklung der Europäischen Gemeinschaften auf eine qualitativ andere Stufe. So bestand die Absicht, wie ein Blick in die Präambel des EGKS-Vertrags zeigt,
„… an die Stelle der jahrhundertealten Rivalitäten einen Zusammenschluss ihrer wesentlichen Interessen zu setzen, durch die Errichtung einer wirtschaftlichen Gemeinschaft den
ersten Grundstein für eine weitere und vertiefte Gemeinschaft unter Völkern zu legen…"
Im Zuge einer funktionalen Integration wurden durch die zunehmende wirtschaftliche und
wirtschaftspolitische Verkettung sog. **Spill-over-Effekte** erwartet.[8] Das langfristige Ziel
einer politischen Einigung stand hinter den Verträgen; gerade nach dem Scheitern der Europäischen Verteidigungsgemeinschaft sollte dieses Ziel über den Weg der ökonomischen
Integration verwirklicht werden.[9] Auch der Europäische Gerichtshof geht davon aus, dass
Binnenmarkt und Wettbewerb nicht allein ihrem Selbstzweck dienen, sondern vielmehr
auch zur Erreichung von übergeordneten, über den Wirtschaftsbezug hinausreichenden,

---

6 Zur Heterogenität der Wirtschaftspolitiken in den verschiedenen Mitgliedstaaten *Oppermann,* Eu-
    roparecht, RdNr. 927 m. w. N.; *Mestmäcker,* FS von der Groeben, 1987, S. 9.
7 *Oppermann,* Sinn und Grenzen einer EG-Angehörigkeit, in: Hailbronner, Ress, Stein (Hrsg.), Staat
    und Völkerrechtsordnung, FS Karl Doehring, 1989, S. 715.
8 *Huber,* Recht der Europäischen Integration, RdNr. 13.
9 *Böckenförde,* Staat – Nation – Europa, 5.1.2.

Integrationszielen maßgeblich beitragen.[10] Die Europäische Wirtschaftsverfassung ist damit nicht als statisches Gebilde angelegt.

4   Die Hoffnung, dass es im Prozess der europäischen Integration zu Weiterungen und Ausdehnungen kommen würde, realisierte sich. Inzwischen liegen Teile der Zuständigkeit für die Wirtschafts-, aber auch in erheblichem Umfang für die Sozial- und Umweltpolitik bei der EU. Die Währungspolitik ist ganz auf die europäische Ebene übertragen worden; Gleiches gilt seit langem für die Fischerei- und Außenhandelspolitik. Über den Kernauftrag hinaus erhielt die EG in zunehmendem Maße Abrundungszuständigkeiten (z.B. im Forschungs-, Bildungs- oder Kulturbereich). Insgesamt ist die Entwicklung des Integrationsverbands eine Entwicklung des ungebremsten Kompetenzzuwachses, insofern haben sich die Prognosen der Theorie funktionaler Integration sowie die Erwartung des „spillover" der Integration bestätigt. Diese Weiterentwicklung Europas wurde begünstigt durch den aus sich heraus sehr ausgreifenden Ansatz des Gemeinsamen-Markt-Modells. So wurden nicht nur streng am Markt orientierte Wirtschaftsvorgänge, sondern auch mittelbar mit der Wirtschaft in Zusammenhang stehende Lebensbereiche in die Obhut des europäischen Rechts übergeben. Zu denken ist beispielhaft anstelle vieler an die Entwicklung der Personenverkehrsfreiheiten: Die Ausbildung, Vorschriften im Zusammenhang mit der Berufszulassung und der Berufsordnung, aber auch das Aufenthaltsrecht für Arbeitnehmer nach ihrem altersbedingten Ausscheiden aus dem Beruf werden durch gemeinschaftsrechtliche Vorgaben determiniert.

5   Ein Spiegelbild dieses soeben auf Gemeinschaftsebene aufgezeigten Prozesses ist die Entwicklung der Stellung des Einzelnen in der Europäischen Gemeinschaft. So wurde der Einzelne ursprünglich nur in seiner Eigenschaft als Wirtschaftsteilnehmer am Gemeinsamen Markt, als „Produktionsfaktor Arbeit" oder als „wirtschaftliches Humankapital" betrachtet.[11] Der von *Hans Peter Ipsen* geprägte Begriff des „Marktbürgers"[12] bringt diese Verknüpfung und den daraus funktionell beschränkten Status,[13] nämlich die „nur ökonomische Teilhabe an der Vergemeinschaftung",[14] auf den Punkt. Die zunehmend fortschreitende Integration brachte eine Entwicklung mit sich, die in zutreffender Weise mit der Kurzformel **„vom Marktbürger zum EU-Bürger"** umschrieben werden kann. Damit wird der Einzelne in seiner Person als Gesamtheit gesehen. Mit der im Rahmen des Vertrags von Maastricht eingeführten Unionsbürgerschaft wird auch dieser Bedeutungswandel zum Ausdruck gebracht.

6   **3. Zielkonflikte in der Wirtschaftsverfassung der EU.** – Die Wandlung der EU von einem primär wirtschaftsliberalisierenden Zweckverband zu einem genuin politisch agierenden, mit umfassenden Kompetenzen ausgestatteten und staatsähnlichen Verband lässt sich anschaulich anhand der Zielbestimmungen des Primärrechts illustrieren. Im Laufe der Zeit wurden die in Art. 2 des EG-Vertrags festgelegten Ziele ständig ausgeweitet. Der Grün-

---

10 EuGH, Gutachten 1/91, EWR I, Slg. 1991, I-6079, RdNr. 50; *Hatje*, in: von Bogdandy (Hrsg.), Europäisches Verfassungsrecht, S. 689.

11 *Oppermann*, Europarecht, *Kotalakidis*, 136.

12 So erstmals *Hans Peter Ipsen* auf dem Zweiten FIDE-Kongress in Den Haag, 1963; *Ipsen/Nicolaysen*, NJW 1964, 340 Anm. 2; *ders.*, Europäisches Gemeinschaftsrecht, S. 187 ff., 250 ff., 715 ff., 742 ff.

13 *Grabitz*, Europäisches Bürgerrecht, S. 68; *Hilf*, Amsterdam – Ein Vertrag für die Bürger?, EuR 1997, 347.

14 *Ipsen/Nicolaysen*, NJW 1964, 340.

dungsvertrag von 1957 über die EWG begnügte sich in Art. 2 mit folgenden Zielen: harmonische Entwicklung des Wirtschaftslebens, beständige und ausgewogene Wirtschaftsausweitung, größere Stabilität, beschleunigte Hebung der Lebenshaltung und engere Beziehungen zwischen den Mitgliedstaaten. Demgegenüber enthält die Vorschrift heute – insbesondere aufgrund bedeutender Änderungen im Rahmen der Verträge von Maastricht und Amsterdam – ein ganzes Bündel von Zielvorgaben: harmonische, ausgewogene und nachhaltige Entwicklung des Wirtschaftslebens, hohes Beschäftigungsniveau, hohes Maß an sozialem Schutz, Gleichstellung von Männern und Frauen, beständiges, nichtinflationäres Wachstum, hoher Grad von Wettbewerbsfähigkeit und Konvergenz der Wirtschaftsleistungen, hohes Maß an Umweltschutz und Verbesserung der Umweltqualität, Hebung der Lebenshaltung und der Lebensqualität, den wirtschaftlichen und sozialen Zusammenhalt und die Solidarität zwischen den Mitgliedstaaten. Spezifische Zielvorgaben wurden durch die Aufnahme von Vorschriften über besondere Gemeinschaftspolitiken konkretisiert; (vgl. Art. 125 EGV (Beschäftigungspolitik); Art. 157 EGV (Industriepolitik); Art. 174 EGV (Umweltpolitik); Art. 158–162 EGV (wirtschaftlicher und sozialer Zusammenhalt). Die erwähnten Ziele sind im Sinne von Aufgaben der Gemeinschaft zu interpretieren.[15] Die Europäische Union hat sich damit im Laufe der Jahrzehnte von einem **wirtschaftsliberalen Zweckverband zu einer supranationalen Integrationsgemeinschaft**[16] gewandelt. Auswirkungen auf die Wirtschaftsverfassung sind dabei zwangsläufig. Auffallend ist, dass die ursprünglich wirtschaftsliberal orientierten Ziele durch die Aufnahme anderer, nichtwirtschaftlicher Vorgaben relativiert werden.[17]

Dabei ist insbesondere noch nicht eindeutig geklärt, wie bei **Kollisionen** mehrerer **widerstreitender Gemeinschaftsziele** zu verfahren ist.[18] Aus deutscher Verfassungsperspektive wird zudem die Frage aufgeworfen, welches Mindestmaß an Sozialstaatlichkeit das Grundgesetz für unabdingbar hält und damit einem durch die alleinige Orientierung an den Grundfreiheiten verursachten „entfesselten Kapitalismus"[19] in Europa entgegensteht. **7**

Am deutlichsten entlädt sich dieser Konflikt in dem Widerstreit zwischen Zielen, die einer **8** freiheitlichen Wettbewerbswirtschaft dienen, und solchen Zielen, deren Verfolgung geeignet erscheint, diese Marktwirtschaft zu beeinträchtigen. Sofern die Zielkonflikte nicht durch den EGV selbst gelöst werden (wie zum Beispiel im Agrarsektor, Art. 32 Abs. 2, Art. 36 EGV), läuft das Ergebnis auf eine Gewichtung der ineinandergreifenden Interessen im Wege einer – an das deutsche Verfassungsrecht angelehnten – praktischen Konkordanz hinaus. Demnach sind im Wege einer Gewichtung und Abwägung der Interessen die Ziele einem Ausgleich zuzuführen. Grundsätzlich ist von einer Gleichrangigkeit der Ziele auszugehen;[20] nur hinsichtlich der Art und Weise ihrer Verwirklichung spielt das wirtschaftsverfassungsrechtliche Leitprinzip insofern eine Rolle, als die Ziele vorrangig mit markt-

---

15 EuGH, Rs. 126/86, Slg. 1987, 3697, RdNr. 10 – Gímenez Zaera/Instituto Nacional de la Seguridad Social und Tesorería General de la Seguridad Social; *Schwarze/Hatje*, Art. 2 RdNr. 8.

16 *Grabitz/Hilf/Nettesheim*, Art. 249 RdNr. 2; vgl. allgemein: *Everling*, FS Ipsen, 1977, S. 595; *von Bogdandy*, Supranationale Union als neuer Herrschaftstypus: Entstaatlichung und Vergemeinschaftung in staatstheoretischer Perspektive, Integration 1993, S. 210; *Isensee/Kirchhof*, HdBStR, Bd. VII, 1992, § 183, 876, RdNr. 43 ff.

17 *Calliess/Ruffert/Ukrow*, Art. 2 RdNr. 11.

18 *Basedow*, FS Everling, 1995, S. 49 ff.

19 *Böckenförde*, Staat, Nation, Europa, 5. III.

20 EuGH, Rs. C-9/56, Slg. 1958, 9, 43 – Meroni; EuGH, Rs. C-139/79, Slg. 1980, 3393, RdNr. 23, – Maizena/Rat; EuGH, Rs. C-44/94, Slg. 1995, I-3115, RdNr. 37 – Fishermen`s Organisations.

wirtschaftlichen Mitteln zu erreichen sind.[21] Damit müssen wirtschaftsliberale Vorgaben und sonstige Aufgaben der EU (z. B. im kulturellen-, sozialen oder Beschäftigungsbereich) sich nicht zwangläufig widersprechen.

9   In Fortschreibung dieser Tendenz ist der **Entwurf des Vertrags über eine europäische Verfassung** zu sehen. Er drängt den wirtschaftsliberalen Grundansatz der EG zugunsten einer vorrangig an politischen Werten orientierten Grundordnung in den Hintergrund. Bereits in der Präambel des Entwurfs des Vertrags über eine europäische Verfassung vom 18. 7. 2003 tritt deutlich zu Tage, dass es sich bei der Europäischen Union nicht mehr um eine Wirtschaftsgemeinschaft handelt, vielmehr wird unter Hervorhebung ihrer sozialethischen und politischen Grundlagen ihr Charakter einer Wertegemeinschaft ersichtlich.[22]

10   Neben dem in **Art. 3 Abs. 1** des Verfassungsentwurfs erwähnten Ziel, den Frieden, ihre Werte und das Wohlergehen ihrer Völker zu fördern, bietet die Europäische Union „ihren Bürgerinnen und Bürgern einen Raum der Freiheit, der Sicherheit und des Rechts ohne Binnengrenzen und einen Binnenmarkt mit freiem und unverfälschtem Wettbewerb" (Art. 3 Abs. 2 des Entwurfs über eine europäische Verfassung vom 18. 7. 2003). Weiter enthält Abs. 3 Art. 3 des Verfassungsentwurfs die nachfolgende Regelung: „Die Union strebt die nachhaltige Entwicklung Europas auf der Grundlage eines ausgewogenen Wirtschaftswachstums an, eine in hohem Maße wettbewerbsfähige soziale Marktwirtschaft, die auf Vollbeschäftigung und sozialen Fortschritt abzielt, sowie ein hohes Maß an Umweltschutz und Verbesserung der Umweltqualität. Sie fördert den wissenschaftlichen und technischen Fortschritt." Diese Formulierung orientiert sich an der deutschen sozialen Marktwirtschaft.[23]

11   Die in Art. 3 des Vertragsentwurfs über eine europäische Verfassung enthaltenen Ziele lassen einen Hinweis auf das Ziel eines nichtinflationären Wachstums und damit auf die Beachtung des Grundsatzes der Preisstabilität im Rahmen der Gemeinschaftspolitiken der EG-Organe und Mitgliedstaaten vermissen. Im Gegensatz dazu bedeutet die bislang in Art. 2 EGV verankerte Zielsetzung eines *nichtinflationären* Wachstums, dass das Ziel Wachstum im Wege einer praktischen Konkordanz mit dem Leitbild der Preisstabilität (Art. 4 Abs. 2 EGV) in Einklang zu bringen ist.

12   **4. Funktionsgarantien.** – In der Diskussion um den Begriff der Wirtschaftsverfassung hat es sich eingebürgert, zwischen den einzelnen „Funktionsgarantien" zu unterscheiden, die in den Regeln einer Wirtschaftsverfassung enthalten sind. Die Herausarbeitung dieser sog. Funktionsgarantien der Marktwirtschaft ist dabei maßgeblich das Verdienst von *Jürgen Basedow*.[24] Im Wesentlichen zeichnet sich etwa eine Marktwirtschaft durch die Gewährung der **Wirtschaftsfreiheit**, die Ausbalancierung von **Angebot und Nachfrage im Wettbewerb** sowie die Ermöglichung eines **freien Marktein- und Marktaustritts** aus.[25] Als Grundvoraussetzung eines marktwirtschaftlichen Systems wird die **Privatautonomie** erachtet. Erforderlich ist dabei, dass die Marktbeteiligten, als natürliche oder juristische Personen, prinzipiell Träger von subjektiven Rechten sein können.

---

21 *Hatje*, in: von Bogdandy (Hrsg.), Europäisches Verfassungsrecht, S. 724.
22 *Oppermann*, DVBl. 2003, 1165, 1169.
23 *Oppermann*, DVBl. 2003, 1165, 1170.
24 *Basedow*, Von der deutschen zur europäischen Wirtschaftsverfassung, 1992, S. 15 ff.
25 *Hatje,* in: von Bogdandy (Hrsg.), Europäisches Verfassungsrecht, S. 693.

Auch die Grundentscheidung des EGV für eine freie Marktwirtschaft mit offenem Wettbe- **13** werb lässt sich in eine Anzahl von Funktionsgarantien aufgliedern und so in ihren konkreten Ausprägungen anschaulich machen.[26] Die konkrete Ausgestaltung der – funktional betrachtet – jeweiligen Funktionsgarantie – bzw. – rechtlich betrachtet – der einzelnen Regelungsbereiche ist für die Bestimmung des Profils der Wirtschaftsverfassung von entscheidender Bedeutung.

Was die Privatautonomie angeht, so stützt sich das EU-Recht primär auf das Vertragsrecht **14** der Mitgliedstaaten und die dort begründeten Vertragsschlusskompetenzen. Die mitgliedstaatlichen Regelungen, mit denen den Einzelnen die Fähigkeit zur Begründung vertraglicher Bindungen verliehen wird, werden allerdings zunehmend primär- und sekundärrechtlich überlagert: Das Privatrecht unterliegt in jüngster Zeit vermehrt europarechtlichen Einflüssen.[27] Zudem wird die Rechtssphäre der Einzelnen vor allem durch unmittelbar wirksame Freiheitsrechte des EU-Rechts erweitert. In der Rechtsprechung zu den Grundfreiheiten,[28] aber auch zu den Grundrechten[29] als allgemeinen ungeschriebenen Rechtsgrundsätzen ist dies seit langem anerkannt. Zu den wichtigen Parameter der Privatautonomie gehört insbesondere die Gewährleistung der allgemeinen Wirtschaftsfreiheit, einschließlich der Gleichheit aller Wirtschaftsteilnehmer. Wichtige unternehmerische Freiheitsrechte (Berufs-, Eigentums-, Unternehmens- sowie allgemeine Handlungsfreiheit) und auch das Diskriminierungsverbot werden auf Gemeinschaftsebene erfolgreich gewährleistet. Sie bilden das auf subjektiver Seite notwendige Pendant zur objektiven Leitentscheidung der Verfassung für eine Marktwirtschaft.[30]

Für die Wirtschaftsverfassung im Allgemeinen und für den Handel mit Produktionsmitteln **15** im Besonderen erweist sich die Ausgestaltung der Eigentumsordnung von besonderem Interesse. Grundvoraussetzung für die Koordinierung von Angebot und Nachfrage nach Gütern und Dienstleistungen ist die Sicherstellung ihrer freien Verfügbarkeit. Hierzu gehört die Gewährleistung des Privateigentums an Produktionsmitteln sowie auch eine stabile Währung.[31] Nach der negativen Kompetenzbestimmung[32] des **Art. 295 EGV** lässt der EG-Vertrag die Eigentumsordnungen in den einzelnen Mitgliedstaaten unberührt. Demnach sind die Mitgliedstaaten für die Ausgestaltung des Eigentums nach Maßgabe ihrer wirtschafts- und gesellschaftspolitischen Zielsetzungen zuständig. Die Eigentumsverhältnisse in den Mitgliedstaaten der EG sind zum Teil auch recht unterschiedlich geregelt: Die Benelux-Staaten und die Bundesrepublik haben gegenüber Frankreich und Italien eine eher geringe Anzahl staatlicher Unternehmen. Die Vorschrift ist allerdings nicht in dem Sinne zu interpretieren, dass es im Belieben der Mitgliedstaaten stünde, umfassende Verstaatlichungen durchzuführen. Vielmehr manifestiert sich hierbei das Spannungsverhältnis zwischen Eigentumsordnung der Mitgliedstaaten und der Systementscheidung des Vertrags zuguns-

---

26 Hierzu grundlegend: *Basedow,* Von der deutschen zur europäischen Wirtschaftsverfassung, 1992, S. 15 f., 26 f. *Hatje,* in: von Bogdandy (Hrsg.), Europäisches Verfassungsrecht, S. 694 ff.
27 *Schulze,* Gemeinsame Prinzipien des Europäischen Privatrechts, 2003; *Müller-Graf* (Hrsg.), Gemeinsames Privatrecht in der Europäischen Union, 2. Auflage 1999.
28 Vgl. EuGH, Rs. C-26/62, Slg. 1963, 1 (27) – van Gend & Loos.
29 Vgl. EuGH, Rs. C-29/69, Slg. 1969, 419, RdNr. 7 – Stauder.
30 *Schubert,* Der Gemeinsame Markt als Rechtsbegriff – Die allgemeine Wirtschaftsfreiheit des EG-Vertrags, 1999, 333 ff.
31 *Hatje,* in: von Bogdandy, Europäisches Verfassungsrecht, S. 698.
32 *Calliess/Ruffert/Kingreen,* Art. 295 RdNr. 5.

ten der Errichtung eines Binnenmarkts mit freiem, den Marktkräften überlassenem Wettbewerb. Die Regelung ist im Wege einer systematischen Gesamtschau mit den übrigen Normen des EGV zu interpretieren. Dabei hat auch der EuGH klargestellt, dass die Mitgliedstaaten – trotz Art. 295 EGV – die Grundfreiheiten, die Wettbewerbs- und Beihilferegeln zu beachten haben.[33] Privateigentum steht nicht zur vollständigen Disposition der Mitgliedstaaten. Im Zuge der in jüngerer Zeit eingesetzten Diskussion über die Stellung der Daseinsvorsorge innerhalb des europäischen Rechtsgefüges gewinnt die Vorschrift wieder an Beachtung.

16   Die Koordinierung von Angebot und Nachfrage im europäischen Binnenmarkt bedeutet auch, dass der Austausch und freie Fluss an Produktionsgütern und Dienstleistungen nicht an den Grenzen der nationalen Märkten stoppt bzw. behindert wird. Hier greifen die Grundfreiheiten ein.

17   Für Staatsangehörige der Mitgliedstaaten der Europäischen Union stellt die im Rahmen des Maastrichter Vertrags in Art. 17 EGV eingeführte Unionsbürgerschaft ihre Rechtssubjektivität fest. Juristische Personen sind auch Träger der Gemeinschaftsgrundrechte, soweit sie auf diese wesensmäßig anwendbar sind, und schließlich können sich entsprechend Art. 48 Abs. 2 EGV auch Gesellschaften auf die Niederlassungsfreiheit berufen.

18   In praktischer Hinsicht folgt aus dieser Standortbestimmung des Europäischen Wirtschaftsrechts, dass planerische Eingriffe in die freie Marktwirtschaft einer Legitimation bedürfen und nur innerhalb bestimmter Determinanten als zulässig zu erachten sind.[34] Als Gestaltungsgrenzen sind zum einen immer die tatbestandlichen Voraussetzungen der Ermächtigungsnorm zu beachten; auch dem Subsidiaritätsprinzip kommt eine mäßigende Funktion zu. Ferner müssen Eingriffe die Vorgaben der Grundfreiheiten und der europäischen Grundrechte sowie den Grundsatz der Verhältnismäßigkeit beachten. In struktureller Hinsicht bewirkt das in den europarechtlichen Freiheitsrechten inkorporierte „Wettbewerbsprinzip",[35] dass ein Systemwechsel nicht möglich ist.[36] Damit wäre es zum Beispiel den Mitgliedstaaten untersagt, ihre gesamte Wirtschaft auf eine Planwirtschaft umzustellen.

19   **5. Bewertung der wirtschaftsverfassungsrechtlichen Regelungen im EGV.** – Das Gesamtgefüge aller wirtschaftsrelevanten Normen der EU beruht auf einem im Laufe der Jahrzehnte entstandenen Kompromiss der Mitgliedstaaten und enthält daher eine Mischung der verschiedenen nationalen Wirtschaftsordnungen der einzelnen Länder (deutsche konkurrenzwirtschaftlich geprägte Marktwirtschaft und französische Planifikationstraditionen) sowie wechselnder ökonomischer und gesellschaftlicher Vorstellungen. Grundsätzlich standen sich im EWG-Vertrag zwei Marktkonzepte gegenüber: zum einen der wirtschaftsliberale Ansatz, welcher auf die Herstellung eines gemeinsamen Marktes (Gewährleistung der vier Grundfreiheiten) und eines weltweiten Freihandels gerichtet ist,

---

33 EuGH, Rs. C-235/89, Slg. 1992, 777, RdNr. 14 – Kommission/Italien; EuGH, Rs. C-30/90, Slg. 1992, 829, RdNr. 17 – Kommission/Vereinigtes Königreich.

34 *Hatje*, in: von Bogdandy (Hrsg.), Europäisches Verfassungsrecht, S. 693; *Oppermann* Europrarecht RdNr. 932.

35 *Oppermann*, Europarecht, RdNr. 932.

36 *Hatje*, in: von Bogdandy (Hrsg.), Europäisches Verfassungsrecht, S. 693; *Schwarze/Hatje*, EU-Kommentar, Art. 4 RdNr. 9.

zum anderen das gegenteilige, das auf die Erhaltung regulierter, sich abschottender Einzelmärkte mit einer Bestandssicherung und Planifikation angelegt war.[37]

Eine Bestandsaufnahme des wirtschaftsverfassungsrechtlichen Normengefüges des EGV **20** bringt auf der einen Seite zu Tage, dass ein Schwergewicht der europäischen Zielsetzung in der Herstellung und Aufrechterhaltung eines freien und offenen europäischen Wirtschaftsraums liegt. Mit dem Ziel, die Förderung des Wirtschaftsaustauschs innerhalb der EG zu ermöglichen, und dem Ziel der Schaffung einer sich am Wettbewerbsprinzip orientierenden Wirtschaft sind die bestehenden Hindernisse zu beseitigen. Dies geschieht im Zuge der umfassenden Zollunion (Art. 23 ff. EGV) sowie im Wege der Personen- (Art. 39 ff., 43 ff. EGV), Kapital- (Art. 49 ff. EGV) und Zahlungsverkehrsfreiheiten (56 ff. EGV). Dabei geht der Vertrag in wichtigen Bereichen offensichtlich „von der Vorstellung der **„Liberalisierung"** im Sinne eines vom Grundsatz des redlichen Wettbewerbs (vgl. bereits die Präambel des EGV) beherrschten Wirtschaftsaustausches aus.[38] Dies bedeutet nicht, dass Hindernisse im grenzüberschreitenden Wirtschaftsverkehr unbedingt und ausnahmslos zu beseitigen wären: Die Grundfreiheiten stehen unter Beschränkungsvorbehalt. Diese Regelungstechnik sichert aber nicht nur, dass den Mitgliedstaaten die Begründungslast für die Beibehaltung von Beschränkungen auferlegt ist. Aufgrund der teilweise rigorosen Bereitschaft des EuGH, die Wertungen und Argumente der Mitgliedstaaten in Frage zu stellen, geht von den Grundfreiheiten auch im Ergebnis ein bislang so im internationalen Raum noch nie gekannter Öffnungsdruck aus. Allgemein lässt sich sagen: Um der Bedeutung der objektiven Systementscheidung für eine Marktwirtschaft mit Wettbewerb gerecht zu werden, bedürfen **Eingriffe in das marktwirtschaftliche Wettbewerbsprinzip** einer **Rechtfertigung**.[39] Der ordnungspolitisch überwachte Wettbewerb stellt den Grundsatz dar,[40] staatliche Eingriffe im weitesten Sinne erfordern eine ausreichende Legitimation; diese kann zum Beispiel in der Absicht der Verbesserung der Wettbewerbsbedingungen liegen.

Die Präponderanz der Idee marktwirtschaftlich ungestörter Marktordnung verdeutlichen **21** auch die Wettbewerbsregeln der Art. 81 ff. EGV sowie der Grundsatz, wonach Beihilfen, die den Wettbewerb zu verfälschen drohen, mit dem Gemeinsamen Markt unvereinbar sind (Art. 87 EGV), als auch das Steuerharmonisierungsprinzip sowie die dem Binnenmarktziel dienenden Maßnahmen der Rechtsangleichung (Art. 81 ff., 87 ff., 90 ff. EGV).

Auf der anderen Seite treten bei einer Gesamtschau des Vertrags aber auch deutlich inter **22** ventionistische Elemente zu Tage. Möglichkeiten eines staatlichen Eingriffs ergeben sich insbesondere in den Wirtschaftsbereichen Kohle/Stahl (Art. 2, 3 EGKSV), Kernenergie (Art. 2 EAGV), Verkehr (Art. 71 EGV) und Landwirtschaft (Art. 33 EGV). Aber auch in der allgemeinen Wirtschaftspolitik, der Industrie- und Regionalpolitik, der EG-Forschungs- und Technologiepolitik, der Regional- und Industriepolitik ist „der Grundansatz **staatlicher Globalsteuerung des Wirtschaftsgeschehens"** deutlich erkennbar. Auch die auf den ersten Blick stark interventionistisch geprägten Normansammlungen enthalten allerdings oftmals einen Hinweis auf die Grundsätze des unverfälschten Wettbewerbs (vgl. zum Beispiel nur die Industriepolitik, Art. 157 EGV: „entsprechend einem System offener

37 *Böckenförde,* Staat – Nation – Europa, 5. I. 3.
38 *Oppermann,* Europarecht, § 12 RdNr. 930.
39 *Oppermann,* Europarecht, RdNr. 929; *Calliess/Ruffert/Häde,* Art. 4 RdNr. 9; *von Estorff/Molitor,* in: GTE, Art. 3a RdNr. 19.
40 Vgl. in diesem Zusammenhang auch: EuGHE 1970, 1125 ff. – Rs. 11/70 – Internationale Handelsgesellschaft; dazu: *Vollmer,* DB 1993, 25 ff.

und wettbewerbsorientierter Märkte"). Das verdeutlicht, dass die Vorschriften nicht völlig außerhalb des wirtschaftsverfassungsrechtlichen Leitprinzips stehen, vielmehr sind sie im Normengefüge innerhalb der Systementscheidung für eine offene Marktwirtschaft zu interpretieren. Dieses Ergebnis wird auch von der Rechtsprechung des Europäischen Gerichtshof anerkannt.[41]

23   Die Wirtschaftsverfassung der EU wird zum Teil vor diesem Hintergrund teilweise als „**gemischte Verfassung**"[42] bezeichnet; diese Beschreibung resultiert aus der Tatsache, dass die Wirtschaftsverfassung sowohl marktwirtschaftlich-liberale als auch interventionistische Züge enthält und den EG-Organen sowie den Mitgliedstaaten einen großen Spielraum im Hinblick auf die Austarierung im Einzelfall überlässt. Ganz glücklich ist der Begriff allerdings nicht. Er verdeutlicht zu wenig, dass die Wirtschaftsverfassung der bisherigen EG sich insgesamt mit großer Deutlichkeit an der Idee eines auf marktwirtschaftlichen Grundlagen beruhenden Wirtschaftsmodells orientiert.[43] Noch immer steht im **Zentrum der Wirtschaftsverfassung** der EG mit dem Gemeinen Markt bzw. dem Binnenmarkt die Idee des ungestörten Wettbewerbs in einem offenen Wirtschaftsraum. Darüber hinaus lässt sich auch den Art. 4, 98 und 105 Abs. 1 Satz 3 EGV (vgl. vormals im EWG-Vertrag Art. 3 a, 102 a und 105), welche das **Leitbild der offenen Marktwirtschaft mit freiem Wettbewerb** zugrunde legen, eine Tendenzentscheidung zugunsten einer marktwirtschaftlich geprägten Wirtschaftsverfassung entnehmen. Während man mit Blick auf das Grundgesetz von „wirtschaftspolitischer Neutralität"[44] sprechen will (es erscheint zweifelhaft, ob dies jedenfalls heute eine zutreffende Kennzeichnung der Gehalte des GG darstellt), bekennen sich die Parteien des EG-Vertrags ausdrücklich zu einer wettbewerbsorientierten Marktwirtschaft. In diesem Sinne ist auch das grundlegende Ziel der Europäischen Gemeinschaft, nämlich die Herstellung eines Gemeinsamen Marktes (Art. 2 EGV) und Binnenmarktes (Art. 14 EGV) zu verstehen.[45]

24   Die EU-Wirtschaftsverfassung kann damit nicht als „neutral" bezeichnet werden. Von einer Offenheit des EG-Vertrags kann höchstens insofern gesprochen werden, als er auf vielfältige Weise – wie die nachfolgende Untersuchung zeigen wird – die Möglichkeit eröffnet, unter grundsätzlicher Beachtung der marktwirtschaftlichen Grundlagen, in den einen oder anderen Markt einzugreifen. Zudem sind die Normen **flexibel** und eröffnen den Organen der EG und den Mitgliedstaaten einen beträchtlichen **Beurteilungs- und Ermessensspielraum**. In einem Urteil zur Buchpreisbindung nahm der Gerichtshof dazu wie folgt Stellung: „Die Art. 3a, 102a und 103 EG-Vertrag [heute: Art. 4, 98, 99 EGV, Anm.], die sich auf die Wirtschaftspolitik beziehen, die im Einklang mit dem Grundsatz einer offenen Marktwirtschaft mit freiem Wettbewerb stehen muss (Art. 3a und 102a), sind keine Bestimmungen, die den Mitgliedstaaten klare und unbedingte Verpflichtungen auferlegen, auf die sich die Einzelnen vor den nationalen Gerichten berufen können. Es handelt sich

---

41 EuGH, Rs. 11/70, Slg. 1970, 1125 ff. – Internationale Handelsgesellschaft.

42 *Nicolaysen,* Europarecht II, S. 320; *Hatje,* in: von Bogdandy (Hrsg.), Europäisches Verfassungsrecht, S. 692.

43 *Basedow,* FS Everling, 1995, S. 49; *Hatje,* in: von Bogdandy (Hrsg.), Europäisches Verfassungsrecht; *Oppermann,* Europarecht, RdNr. 932; *Calliess/Ruffert/Ukrow,* Art. 2 RdNr. 26; a. A. *Grabitz/Hilf/von Bogdandy,* Art. 2 RdNr. 64.

44 Näheres dazu zum Beispiel bei: *Badura,* Staatsziele und Garantien der Wirtschaftsverfassung in Deutschland und Europa, FS Stern, 1997, S. 409, 414.

45 *Petersmann,* NJW 1993, 593 ff.; *Oppermann,* Europarecht, § 12 RdNr. 932.

dabei nämlich um einen allgemeinen Grundsatz, dessen Anwendung komplexe wirtschaftliche Beurteilungen erfordert, die in die Zuständigkeit des Gesetzgebers oder der nationalen Verwaltung fallen."[46]

Keine Zweifel bestehen daran, dass die europäische Wirtschaftsverfassung die Organe der **25** EG und die Mitgliedstaaten nicht in ein festes Korsett spannt, welches die wirtschaftsverfassungsrechtlichen Vorgaben in allen Einzelheiten vorschreibt. Vielmehr bleibt es den damit betrauten Organen – unter grundsätzlicher Beachtung des wirtschaftsliberalen Leitprinzips – überlassen, die Einzelfallgewichtung zwischen den verschiedenen miteinander konkurrierenden Zielen und zwischen den wirtschaftsliberalen und interventionistischen Elementen vorzunehmen. Damit werden die Organe zugleich in die Lage versetzt, auf die unzähligen Fallgestaltungen des Alltäglichen sowie auf neue Entwicklungen angemessen zu reagieren.

II. Die Rechtsgeltung des EU-Rechts

Die rechtliche Dimension der Wirtschaftsverfassung der EU lässt sich nur mit Blick auf **26** die Wirkweise des EU-Rechts verstehen. Ohne die Fähigkeit, unmittelbare Wirkung und Vorrang zu entfalten, hätte die EU ihre Wirkmächtigkeit nie erlangt.

1. Unmittelbare Wirksamkeit. – Rechtsnormen des Unionsrechts können sich zunächst – **27** dem klassischen Völkerrecht entsprechend – an die Mitgliedstaaten richten; diese werden als Rechtssubjekt durch Unionsrecht berechtigt oder verpflichtet. Darüber hinaus können Rechtsnormen des Unionsrechts aber auch unmittelbare Wirksamkeit entfalten. Mit diesem Begriff wird eine Rechtsqualität bezeichnet, die es Rechtsnormen des Unionsrechts ermöglicht, unmittelbar (ohne Transformationserfordernis und ohne konkreten Vollzugsbefehl) im mitgliedstaatlichen Rechtsraum Rechtswirkungen zu entfalten. Als Adressat können dabei Organe des Mitgliedstaats, mitgliedstaatliche Glieder (juristische Personen) und deren Organe (z.B. Gerichte, Art. 234 EGV; innerstaatliche Verwaltungsbehörden, Art. 249 Abs. 3 EGV), darüber hinaus aber auch natürliche und juristische Personen in den Mitgliedstaaten angesprochen werden. Soweit Unionsrecht unmittelbare Wirkung entfaltet (insbesondere im Falle, in dem Private von der Unionsrechtsordnung mit eigenen Rechten und Pflichten ausgestattet werden), spricht man vom „Durchgriff" des Unionsrechts (*Ipsen*, 5/51 ff.). Die vom Unionsrecht verliehenen (subjektiven) Rechtspositionen stehen solchen des nationalen Rechts gleich: Sie können gerichtlich eingeklagt werden. Die vom Unionsrecht auferlegten Pflichten sind von den jeweils zuständigen Organen (der Exekutive, aber auch der Judikative) durchzusetzen.[47]

Noch entfaltet das Unionsrecht diese Durchgriffswirkung ausschließlich im EG-Bereich. **28** Für die Verordnung wird dies ausdrücklich in Art. 249 Abs. 2 bestätigt. Auch Normen des Vertragsrechts können unmittelbare Wirkung erzeugen. Ausdrücklich lässt sich dies den Vorschriften entnehmen, die sich an private Wirtschaftsteilnehmer wenden, wie die Wettbewerbsvorschriften der Art. 81 und 82 und das Gleichstellungsgebot des Art. 141. Der EuGH hat aber auch Vertragsnormen, die an Mitgliedstaaten gerichtet sind, unmittelbare Wirkung zugesprochen, wenn sie geeignet sind, diese Wirkung in den Rechtsbeziehungen

---

46 EuGH, Rs. C-9/99, Slg. 2000, I-8207, RdNr. 25 – Echirolles Distribution.
47 Vgl. z.B. EuGH, Rs. 157/86, Murphy/An Bord Telecom Eireann, Slg. 1988, 673.

zwischen den Mitgliedstaaten und den ihrem Recht unterworfenen Einzelnen zu erzeugen (insbesondere die Grundfreiheiten und das allgemeine Diskriminierungsverbot).

29   Demgegenüber kommt den unionsrechtlichen Bestimmungen der zweiten und dritten Säule (GASP, PJZ) noch keine Durchgriffswirkung zu: Weder das dort befindliche Primärrecht noch die auf diesen Kompetenzgrundlagen erlassenen Bestimmungen des Sekundärrechts sind unmittelbar wirksam. Für den Rahmenbeschluss der Dritten Säule legt dies Art. 34 EUV ausdrücklich fest. Insofern ist in diesen Bereichen eine genuin supranationale Prägung der EU-Herrschaftsgewalt noch unterentwickelt.

30   Die Begrifflichkeit für den hier als „unmittelbare Wirkung" bezeichneten Durchgriff ist nicht einheitlich.[48] Sicher ist zwar, dass zwischen der Geltung einer Norm (also der Fähigkeit eines Satzes, normativ zu wirken) und der Charakterisierung ihrer Wirkungen im innerstaatlichen Rechtsraum zu unterscheiden ist. Sekundäres Unionsrecht gilt, ohne dass es einer konkreten Zustimmung der Mitgliedstaaten bedürfte, solange die Gründungsverträge ihrerseits ihre Geltung nicht verlieren. Der Erlass geltenden Sekundärrechts setzt auch nicht die Transformation durch einen Transformationsakt seitens mitgliedstaatlicher Organe voraus. Im Hinblick auf die Charakterisierung der Wirkungen des Unionsrechts im innerstaatlichen Rechtsraum werden allerdings unterschiedliche Begriffe verwandt: Teilweise spricht man auch von „unmittelbarer Anwendbarkeit", teilweise wird der Begriff der unmittelbaren Geltung verwandt; gelegentlich wird auch in deutschen Veröffentlichungen der unschöne Begriff des „legal review" benützt. Diese terminologischen Fragen bedürfen hier keiner Vertiefung.

31   Wählt man den Begriff der unmittelbaren Wirkung als Oberbegriff, so ist zum einen zwischen „objektiver unmittelbarer Wirkung" und „subjektiver unmittelbarer Wirkung" zu unterscheiden. Der Begriff der objektiven unmittelbaren Wirkung wird verwandt, um Normen des EU-Rechts zu charakterisieren, die sich an Träger mitgliedstaatlicher Staatsgewalt richten (Glieder, Organe). Regelmäßig wird es dabei um verpflichtende Normen gehen; von objektiver unmittelbarer Wirkung ist aber auch dann zu sprechen, wenn einem mitgliedstaatlichen Rechtsträger eine Ermächtigung erteilt wird. Von subjektiver unmittelbarer Wirksamkeit wird gesprochen, wenn und soweit Unionsrecht Individuen berechtigt oder verpflichtet. Eine subjektiv-unmittelbar wirksame Norm des Unionsrechts begründet insofern (nach deutscher Terminologie) subjektive Rechte oder individualwirksame Pflichten. – Zu unterscheiden ist ferner zwischen berechtigenden unmittelbar wirksamen Normen (Ermächtigungen, Ansprüchen) und belastenden unmittelbar wirksamen Normen (Handlungs- oder Unterlassungspflichten). Bei der Begründung individualwirksamer Pflichten ist das Unionsrecht zurückhaltend: Immerhin erlegen einige der Vorschriften des Primärrechts Privatpersonen Pflichten auf (Art. 141 EGV, Art. 81, 82 EGV); Verordnungen enthalten regelmäßig auch belastende Normen. Richtlinien können demgegenüber keine unmittelbare Belastungswirkung entfalten.

32   Die Fähigkeit der unionsrechtlichen Normen, unmittelbare Wirkung entfalten zu können, gehört zu den Wesensmerkmalen der unionalen Rechtsordnung. Sie wurde vom EuGH bereits 1963 in der inzwischen berühmten Entscheidung **Van Gend & Loos** postuliert.[49] Im Hinblick auf die Fähigkeit unionsrechtlicher Normen, unmittelbare Wirksamkeit entfalten

---

48 Anschaulich *Klein*, Unmittelbare Geltung, Anwendbarkeit und Wirkung von europäischem Gemeinschaftsrecht, 1988.
49 EuGH, Rs. 26/62, van Gend & Loos, Slg. 1963, 1.

zu können, stellte der EuGH in Van Gend & Loos fest, „dass die Gemeinschaft eine neue Rechtsordnung des Völkerrechts darstellt, zu deren Gunsten die Staaten, wenn auch in begrenztem Rahmen, ihre Souveränitätsrechte eingeschränkt haben, eine Rechtsordnung, deren Rechtssubjekte nicht nur die Mitgliedstaaten, sondern auch die Einzelnen sind. Das von der Gesetzgebung der Mitgliedstaaten unabhängige Gemeinschaftsrecht soll daher den Einzelnen, ebenso wie es ihnen Pflichten auferlegt, auch Rechte verleihen."[50] In dieser Entscheidung ging es um die Fähigkeit primärrechtlicher Normen, unmittelbare Wirksamkeit zu entfalten; die hierzu entwickelten Kriterien spielen aber auch bei der Beurteilung von Sekundärrecht eine Rolle. In einer langen Reihe nachfolgender Urteile hat der EuGH nicht nur dazu Stellung genommen, welche Normen des Primärrechts unmittelbare Wirkung entfalten können; er hat auch die dogmatischen Einzelfragen im Hinblick auf die unmittelbare Wirkung von Sekundärrecht im Wesentlichen beantwortet. Allein streitig sind derartige Fragen heute noch bei der Richtlinie.

Eine Begründung für die Durchgriffsdoktrin findet sich in dem Urteil Van Gend & Loos **33** nur in Ansätzen: „Die Wachsamkeit der an der Wahrung ihrer Rechte interessierten Einzelnen stellt eine wirksame Kontrolle dar, welche die durch die Kommission und die Mitgliedstaaten gemäß den Art. 169 und 170 [heute: Art. 226 und 227] ausgeübte Kontrolle ergänzt."[51] Richtig ist es, die primäre Funktion der Doktrin der unmittelbaren Wirksamkeit des Unionsrechts darin zu erblicken, die im klassischen Völkerrecht angelegte Mediatisierung der Einzelnen durch die Staaten zu überwinden. Die Doktrin zielt darauf ab, Individuen zu Rechtssubjekten zu erheben, die ihre Interessen und Anliegen nicht als bloß begünstigte Bittsteller, sondern als Inhaber von Rechten durchsetzen können. In diesem zutiefst individualistisch-menschenrechtlichen Ansatz drückt sich eine innere Teleologie des Unionsrechts aus, die dieses fundamental von dem auf Koordination und Abgrenzung gerichteten Völkerrecht unterscheidet. Zum Tragen kommt dieses Anliegen, weil sich das Unionsrecht thematisch-sachlich mit Fragen befasst, die – einer innerstaatlichen Rechtsordnung gleich – den Gegenstand und Bezugspunkt individueller Interessen bilden. Es wäre ein kaum erträglicher Paternalismus, wenn sich die Union zwar – einem Staate gleich – in flächendeckender Weise der Regelung menschlicher Angelegenheiten widmete, dabei aber die Einzelnen „rechtlos" ließe. Es liegt im Übrigen auf der Hand, dass ein Regelungsansatz, der zwar sachlich auf eine umfassende Regelung menschlicher Lebensverhältnisse abzielt, dabei aber lediglich die Mitgliedstaaten adressiert, auf Durchsetzungsschwierigkeiten stieße. Insofern muss als Sekundärfunktion der Doktrin der unmittelbaren Wirksamkeit das Ziel der effektiven und gleichen Wirkung des Unionsrechts („effet utile") genannt werden. Den Einzelnen soll durch die Verleihung von Rechten eine Stellung verschafft werden, die ihnen in prozessualer Hinsicht zu effektivem Rechtsschutz verhilft; die Einzelnen sollen, soweit es um den staatlichen Vollzug des Unionsrechts geht, eine dezentrale, die Kommission entlastende Vollzugskontrolle vornehmen können. Um mehr als Sekundärfunktionen handelt es sich hierbei aber nicht.[52]

2. Vorrang des EU-Rechts. – Über das Verhältnis von Unionsrecht und staatlichem Recht **34** entstand nach Gründung der Gemeinschaften zunächst eine lebhafte Kontroverse. Insbesondere aufgrund der Rechtsprechung des EuGH muss die Rechtsproblematik heute aus unionsrechtlicher Sicht aber als weitgehend geklärt angesehen werden. Inzwischen hat der

---

50 EuGH, Rs. 26/62, van Gend & Loos, Slg. 1963, 1 (25).
51 EuGH, Rs. 26/92, van Gend & Loos, Slg. 1963, 1, RdNr. 15.
52 Vgl. allgemein: *Wegener*, Rechte des Einzelnen, 1998.

Vorranganspruch des Unionsrechts gegenüber staatlichem Recht im Grundsatz allgemeine Anerkennung erfahren. Das **Spannungsverhältnis zwischen Gemeinschaftsrecht und nationalem Verfassungsrecht** wird nach heute weitgehend anerkannter Auffassung des EuGH durch das Postulat vom **Anwendungsvorrang des Gemeinschaftsrechts**[53] aufgelöst: Seit 1964 geht der EuGH in ständiger Rechtsprechung davon aus, dass die Vorschriften des EU-Rechts im Falle der Kollision mit nationalem Recht Vorrang beanspruchen und die Unanwendbarkeit des nationalen Rechts erzwingen.[54]

35   Differenzierter stellt sich die Beurteilung der Lage aus Sicht des BVerfG dar. Einerseits sind die deutschen Staatsorgane verfassungsrechtlich verpflichtet, in konstruktiver Weise am Integrationsprozess einer Europäischen Union mitzuwirken (Art. 23 Abs. 1 Satz 1 GG). Hierzu zählt auch die Bereitschaft, den Bestimmungen des Unionsrechts in Deutschland einen Rang einzuräumen, der ihnen nicht ihre praktische Wirksamkeit nimmt. Das BVerfG geht insofern von einem grundsätzlichen Vorrang des Gemeinschaftsrechts aus. Auf der anderen Seite verbietet das Grundgesetz den deutschen Staatsorganen, „im Wege der Einräumung von Hoheitsrechten für zwischenstaatliche Einrichtungen die Identität der geltenden Verfassungsordnung der Bundesrepublik Deutschland durch Einbruch in ihr Grundgefüge, in die sie konstituierenden Strukturen, aufzugeben".[55] In diesem Zusammenhang ergingen vier Grundlagenentscheidungen des BVerfG: „Solange I"-Beschluss vom 29. 4. 1974;[56] „Solange II"-Beschluss vom 22. 10. 1986;[57] „Maastricht"-Urteil vom 12. 10. 1993;[58] „Bananen"-Beschluss vom 7. 6. 2000.[59] In „Solange II" kündigte das BVerfG an, dass es, solange das Gemeinschaftsrecht einen im Wesentlichen vergleichbaren generellen Grundrechtsschutz gewährleiste, „seine Gerichtsbarkeit über die Anwendbarkeit von abgeleitetem Gemeinschaftsrecht, das als Rechtsgrundlage für ein Verhalten deutscher Gerichte oder Behörden im Hoheitsbereich der Bundesrepublik Deutschland in Anspruch genommen wird, nicht mehr ausüben und dieses Recht mithin nicht mehr am Maßstab der Grundrechte des Grundgesetzes überprüfen"[60] werde. Im „Bananen"-Beschluss lässt das BVerfG keinen Zweifel, dass es zur Beurteilung von Rechtsschutzersuchen zur Durchsetzung der Integrationsgrenzen aus Art. 23 Abs. 1 GG jederzeit und umfänglich materiell zuständig ist. Eine Richtervorlage oder eine Verfassungsbeschwerde ist allerdings nur dann zulässig, wenn das vorlegende Gericht im Einzelnen darlegt, dass „die gegenwärtige Rechtsentwicklung zum Grundrechtsschutz im europäischen Gemeinschaftsrecht, insbesondere die Rechtsprechung des EuGH, den jeweils als unabdingbar gebotenen Grundrechtsschutz nicht gewährleistet".[61] Damit hat das Gericht sehr hohe Zugangshürden errichtet.[62]

---

53 Übersicht bei: *Hasselbach*, JZ 1997, 942.

54 EuGH, Rs. 6/64, Costa/ENEL, Slg. 1964, 1215; vgl. auch EuGH, Rs. 14/68, Walt Wilhelm u. a., Slg. 1969, 1/14; EuGH, Rs. 11/70, Internationale Handelsgesellschaft, Slg. 1970, 1125/1135; EuGH, Rs. 34/73, Variola, Slg. 1973, 981/991; EuGH, Rs. 36/75, Rutili, Slg. 1975, 1219/1229; EuGH, Rs. 106/77, Simmenthal, Slg. 1978, 629/643 f.

55 BVerfGE 73, 339, 375 f. – Solange II.

56 BVerfGE 37, 271.

57 BVerfGE 73, 339.

58 BVerfGE 89, 155.

59 BVerfGE 102, 161 ff.

60 BVerfGE 73, 339, Leitsatz 2.

61 BVerfG, Beschluss vom 7. 6. 2000, JZ 2000, 1155.

62 Dazu: *Nettesheim*, Jura 2001, 686 ff.

III. Der Gehalt der EU-Wirtschaftsverfassung: Der primärrechtliche Rahmen

Eines der wesentlichen Ziele der Europäischen Gemeinschaft besteht in der Herstellung **36** eines harmonischen, ausgewogenen und nachhaltigen Wirtschaftslebens. Um dies zu erreichen, sieht der EGV die Errichtung eines gemeinsamen Marktes und einer Wirtschafts- und Währungsunion sowie die Durchführung der in Art. 3 und Art. 4 EGV näher genannten Politiken vor. Vor diesem Hintergrund und unter Berücksichtigung der für den Bereich der Telekommunikation besonders maßgeblichen Regelungsbereiche soll im Folgenden ein Überblick über die einzelnen wirtschaftsverfassungsrechtlichen Normen und allgemeinen Grundsätze des europäischen Rechts gegeben werden. Dabei richtet sich der Blick zunächst auf das Primärrecht. Das europäische Rechtssystem hat sich von herausragender Bedeutung für die Liberalisierung und Harmonisierung des deutschen Telekommunikationsrechts erwiesen: Seit Mitte der 80iger Jahre wird die Entwicklung und Auslegung des nationalen Telekommunikationsrechts im Wesentlichen vom europäischen Recht her bestimmt.

1. Grundfreiheiten als primärrechtliche Liberalisierungsvorgaben. – a) Einheitliche 37 Dogmatik. – Eines der wichtigsten Prinzipien der EG-Wirtschaftsverfassung ist die Schaffung eines gemeinsamen Marktes bzw. eines **Binnenmarktes**. Entsprechend Art. 14 Abs. 2 EGV umfasst der Binnenmarkt „einen Raum ohne Binnengrenzen, in dem der freie Verkehr von Waren, Personen, Dienstleistungen und Kapital gemäß den Bestimmungen dieses Vertrags gewährleistet ist". Im Zentrum des Binnenmarktes stehen die Grundfreiheiten, welche sich in die Warenverkehrs- Dienstleistungsverkehrs-, Finanzleistungsverkehrs- sowie die Personenverkehrsfreiheiten unterteilen lassen. Zusammengefasst lässt sich von der Garantie des Produkt- (Waren, Dienstleistungen, Kapital) und Personenverkehrs (Arbeitnehmer, Unternehmer) sprechen. Der Sinn und Zweck aller Grundfreiheiten besteht darin, jegliche Schlechterstellung grenzüberschreitender Sachverhalte zu unterbinden. Nur so kann die freie Zirkulation von Produktionsgütern und sonstigen Dienstleistungen erreicht werden. Gleichzeitig werden für den Wettbewerb positive und allgemein den Wohlstand mehrende Effekte erwartet. Im Hinblick auf das Ziel einer fortlaufenden Weiterentwicklung des europäischen Einigungsprozesses dienen die Grundfreiheiten zugleich einem nichtwirtschaftlichen Zweck: der politischen Einheitsbildung.[63] Die Durchsetzung der Grundfreiheiten erfolgt auch gegenüber Unternehmen, die gemäß Art. 86 Abs. 1 EGV mit besonderen oder ausschließlichen Rechten ausgestattet sind. Kommission und Europäischer Gerichtshof haben nie einen Zweifel daran gelassen, dass die mitgliedstaatliche Daseinsvorsorge nicht zu einer unverhältnismäßigen Einschränkung der Waren- und Dienstleistungsfreiheit führen dürfe.[64] Für die grenzüberschreitende Erbringung von Telekommunikationsdienstleistungen bzw. den Handel mit Geräten sind die allgemeinen Grundsätze zu beachten.

Diskriminierungsverbot. Die Grundfreiheiten verbieten in ihrem Anwendungsbereich **38** grundsätzlich alle offenen und versteckten **Diskriminierungen aufgrund der Staatsangehörigkeit** und stellen insofern speziellere Regelungen gegenüber dem Diskriminierungsverbot des Art. 12 EGV dar. Ergibt sich ausdrücklich aus der Regelung eine Benachteiligung von EU-Ausländern oder von grenzüberschreitenden Produkten, so liegt eine offene

---

63 *Hatje*, in: von Bogdandy, Europäisches Verfassungsrecht, S. 699.

64 *Hrbek/Nettesheim*, Europäische Union und mitgliedstaatliche Daseinsvorsorge, 2002, S. 39 ff.

Diskriminierung vor. Von versteckten oder so genannten mittelbaren Diskriminierungen ist auszugehen, sofern die Regelung zwar keine Differenzierung im obigen Sinne vornimmt, aber faktisch und typischerweise eine Benachteiligung von EU-Ausländern oder grenzüberschreitenden Produkten mit sich bringt.[65]

39 Beschränkungsverbot. Nach überwiegender Ansicht in der Lehre[66] sowie nach der Rechtsprechung des EuGH ist heute anerkannt, dass die Grundfreiheiten auch alle sonstigen, unterschiedslos zwischen In- und Ausländern, inländischen und ausländischen Waren und Dienstleistungen geltenden Maßnahmen, die eine **Beschränkung** des freien Produkt- oder Personenverkehrs zur Folge haben, verbieten.[67]

40 Adressaten. Grundfreiheiten sind primär an die einzelnen Mitgliedstaaten der Europäischen Union gerichtet.[68] Neben Handlungs- und Unterlassungspflichten trifft die Mitgliedstaaten auch die Pflicht, mögliche Beeinträchtigungen der Grundfreiheiten durch Private und Unternehmen zu unterbinden.[69] Noch nicht ganz geklärt ist die Frage nach der **unmittelbaren Drittwirkung** der Grundfreiheiten. Von einer unmittelbaren Geltung zwischen Privaten geht der EuGH in den Bereichen der Personenverkehrs- und Dienstleistungsfreiheit aus, sofern es um privatrechtliche Personenvereinigungen und deren Kollektivvereinbarungen geht.[70] Hinsichtlich der Arbeitnehmerfreizügigkeit soll das Inländergleichbehandlungsgebot nach einer bislang allerdings isoliert gebliebenen, nicht vom Plenum des EuGH getroffenen Entscheidung auch für einzelne Privatpersonen gelten.[71] Für den Bereich der Warenverkehrsfreiheit wurde eine unmittelbare Drittwirkung aber ausdrücklich abgelehnt.[72]

65 Ständige Rechtsprechung des EuGH: vgl. EuGH – Sotgiu, Slg. 1974, 153, RdNr. 11 f.; – Beentjes, Slg. 1988, 4635, RdNr. 30; – O'Flynn, Slg. 1996, I-2617, RdNr. 17 f.
66 *Nettesheim*, NVwZ 1996, 342, 343; *Jarass*, EuR 2000, 705, 710; *Arndt*, Europarecht, 6. Aufl. 2003, 144 ff.; *Streinz*, Europarecht, 5. Aufl. 2001, RdNr. 671 ff.; *Zuleeg*, FS Everling, S. 1717, 1722; *Lenz/Scheuer*, Art. 39 RdNr. 35; *Calliess/Ruffert/Brechmann*, Art. 39 RdNr. 48; *Schwarze/Schneider/Wunderlich*, Art. 39 RdNr. 41.
67 EuGH – Dassonville, Slg. 1974, 837, RdNr. 5; EuGH – van Binsbergen, Slg. 1974, 1299, RdNr. 10 ff.; EuGHE 1979, 649 ff. – Rewe (Cassis de Dijon); EuGHE 1987, 1227 ff. – Reinheitsgebot; EuGHE 1988, 4233 ff. – Drei Glocken; EuGHE 1984, 2971 ff. – Klopp; EuGH, RS. C-55/94, Slg. 1995, I-4165 – Gebhard; EuGH, Rs. C-415/93, Slg. 1995, I-4921 – Bosman.
68 Eine unmittelbare Drittwirkung der Grundfreiheiten wurde vom EuGH unter bestimmten Voraussetzungen für die Arbeitnehmer- sowie Dienstleistungsfreizügigkeit anerkannt (EuGHE 1974, 1405 ff. – Walrave und Koch/Union Cycliste; EuGHE 1995, 4921, 5065 f. – Bosman/Union royale belge socieétés de football association ASBL u.a.; EuGH – Clean Car, Slg. 1998, I-2521, RdNr. 19 ff.; EuGH, Slg. 2000, I-4139 ff. – Angonese), für die Warenverkehrsfreiheit aber nicht (EuGHE 1982, 4005 – Kommission/Irland, RdNr. 6 ff.; EuGHE 1997, I-6959 – Kommission/Frankreich, RdNr. 24 ff.).
69 EuGH, Rs. C-265/95 – Kommission/Frankreich, Slg. 1997, I-6959; *Streinz*, Europarecht, RdNr. 709
70 EuGH, Rs. 26/74, Slg. 1974, 1405 – Walrave/Koch; EuGH, Rs. C-415/93, Slg. 1995, I-4921 – Bosman; EuGH, Rs. 176/96, Slg. 2000, 2681 – Lethonen; EuGH, Rs. C-281/98, Slg. 2000, I-4139; Angonese = EuZW 2000, 468.
71 EuGH, Rs. C-281/98, Slg. 2000, I-4139; Angonese = EuZW 2000, 468.
72 Vgl. EuGH, Rs. 311/85, Slg. 1987, 3801, 3830 – Vlaamse Reisbureaus; EuGH, EuZW 2003, 23 ff. – Deutsches CMA-Gütezeichen.

Es steht außer Frage, dass die Grundfreiheiten eine unmittelbare Wirkung entfalten und **41** einzelnen Unionsbürgern **subjektive Rechte** gewähren.[73]

Der Anwendungsbereich ist bei Vorliegen eines **grenzüberschreitenden Sachverhalts** er- **42** öffnet. Rein innerstaatliche Maßnahmen fallen nicht in den Anwendungsbereich. Als Folge davon sind Inländerdiskriminierungen oder sog. umgekehrte Diskriminierungen gemeinschaftsrechtlich nicht zu beanstanden. Hierbei geht es um eine Schlechterstellung von Inländern gegenüber EU-Ausländern; diese kann allerdings dem nationalen Verfassungsrecht widersprechen.[74]

Rechtfertigung von Eingriffen. Insbesondere aus Gründen der öffentlichen Sicherheit **43** und Ordnung sowie den in Art. 30, 39 Abs. 3, 46 Abs. 1, 55 sowie 57 EGV näher aufgezählten **Rechtfertigungsgründen** sind Beschränkungen der Grundfreiheiten möglich. Dabei ist aber der Verhältnismäßigkeitsgrundsatz zu beachten. Aufgrund der Erweiterung der Grundfreiheiten hin zu Beschränkungsverboten sowie aufgrund einer restriktiven Interpretation der gesetzlichen Rechtfertigungstatbestände entnimmt der EuGH den Waren-, Dienstleistungs- sowie den Personenverkehrsfreiheiten zusätzlich sog. **immanente Schranken** und lässt bei zwingenden Erfordernissen weitere Binnenmarktbeschränkungen zu.[75] Für alle Grundfreiheiten ist heute ein einheitlicher Rechtfertigungsstandard anerkannt; insbesondere in der *Gebhard*-Entscheidung spricht der Gerichtshof im Plural von Freiheiten: „Aus der Rechtsprechung des Gerichtshofes ergibt sich jedoch, dass nationale Maßnahmen, die die Ausübung der durch den Vertrag garantierten grundlegenden Freiheiten behindern oder weniger attraktiv machen können, vier Voraussetzungen erfüllen müssen: Sie müssen in nichtdiskriminierender Weise angewandt werden, sie müssen aus zwingenden Gründen des Allgemeininteresses gerechtfertigt sein, sie müssen geeignet sein, die Verwirklichung des mit ihnen verfolgten Ziels zu gewährleisten, und sie dürfen nicht über das hinausgehen, was zur Erreichung dieses Ziels erforderlich ist" (vgl. EuGH, *Kraus*, Slg. 1993, I-1663, Rdnr. 32).[76]

b) Der freie Warenverkehr. – Ein grundlegender Pfeiler des freien Warenverkehrs ist das **44** gemäß Art. 23–27 EGV angeordnete Verbot der Erhebung von Ein- und Ausfuhrzöllen sowie Abgaben gleicher Wirkung. Weiter tragen zur Schaffung eines freien Warenverkehrs Art. 90–93 EGV, welche die Beseitigung nationaler diskriminierender Steuer- und Abgabenregelungen anordnen, sowie die Gemeinsame Handelspolitik nach Art. 131–134 EGV bei.

Von geradezu bahnbrechender Wirkung erweist sich aber das in den Art. 28–31 EGV ange- **45** ordnete **Verbot mengenmäßiger Handelsbeschränkungen** sowie das **Verbot aller Maßnahmen gleicher Wirkung.** Bedingung für die Anwendbarkeit der Vorschriften ist, dass

---

73 EuGH, Rs. C-83/78, Slg. 1978, 2347, RdNr. 66 – Pigs Marketing Board (freier Warenverkehr); Rs. 74/76 – Ianelli & Volpi/Meroni, Slg. 1977, 557, 576; EuGH, Rs. C-41/71, Van Duyn, Slg. 1974, 1337, RdNr. 5 EuGH, Rs 48/75 – Royer, Slg. 1976, 497, 511 (Arbeitnehmerfreizügigkeit); EuGH, Rs. 2/74 – Reyners, Slg. 1974, 631, 651 ff. (Niederlassungsfreiheit); EuGH, Rs. 33/74 – Van Binsbergen, Slg. 1974, 1299, RdNr. 25 (Dienstleistungsfreiheit).

74 Vgl. für Deutschland: BVverfG NVwZ 2001,187. Frage der Verfassungswidrigkeit offen gelassen: BGHZ 108, 342. Für Österreich: VfGH EuGRZ 1997, 362 ff.: umgekehrte Diskriminierungen sind verfassungswidrig.

75 Für den Warenverkehr: Cassis-Formel: EuGH, Rs. 120/78 – van Binsbergen, Slg. 1979, 649, 662; EuGH, Rs. 33/74, Slg. 1974, 1299, 1309 f., RdNr. 10; *Streinz*, Europarecht, RdNr. 699 ff.

76 EuGH, Rs. C-55/94, Gebhard, Slg. 1995, I-4165/4197 f., RdNr. 37.

es sich um aus Mitgliedstaaten stammende **Waren** bzw. um Waren aus Drittstaaten, welche sich aber im freien Verkehr der Mitgliedstaaten befinden, handelt. Waren sind alle beweglichen, körperlichen Sachen, welche einen Geldwert besitzen und damit Gegenstand von Handelsgeschäften sein können.[77] Nach anfänglichen Zweifeln ist heute anerkannt, dass auch Abfall Gegenstand des Warenverkehrs nach Art. 28 EGV sein kann. Der grenzüberschreitende Handel mit Telekommunikationsendgeräten, wie zum Beispiel mit Telefon-, Fernsehapparaten oder Satellitenantennen, ist demnach an der Warenverkehrsfreiheit zu messen. Gleiches gilt für Medienträger wie CDs oder DVDs. Demgegenüber fällt die elektronische Übermittlung von audiovisuellen Werken über drahtlose oder drahtgebundene Kanäle nicht unter Art. 28 EGV.

46 Verboten sind zum einen **mengenmäßige Beschränkungen**: Dabei geht es um „sämtliche Maßnahmen, die sich als eine gänzliche oder teilweise Untersagung der Einfuhr, Ausfuhr oder Durchfuhr darstellen".[78] Davon erfasst sind vor allem bilaterale oder multilaterale Ein- oder Ausfuhrkontingente.

47 Art. 28 EGV erfasst darüber hinaus „**Maßnahmen gleicher Wirkung**": Nach der **Dassonville-Formel** stellt jede unterschiedlich oder unterschiedslos[79] (nicht zwischen in- und ausländischer Ware differenzierend) wirkende Maßnahme, „die geeignet erscheint, den innergemeinschaftlichen Handel unmittelbar oder mittelbar, tatsächlich oder potenziell zu behindern" eine Beschränkung dar.[80] So sind zum Beispiel ausschließliche Einfuhr- und Vertriebsrechte im Bereich der Telekommunikationsendgeräte geeignet, den innergemeinschaftlichen Handel zu beschränken; als Maßnahme gleicher Wirkung sind sie grundsätzlich unzulässig.[81]

48 Eine Einschränkung erfuhr diese weite Auslegung insofern, als der EuGH seit seiner **Keck-Entscheidung** nunmehr unterschiedslos wirkende Maßnahmen des Verkaufs für nicht geeignet erachtet, den Handel zwischen den Mitgliedstaaten zu behindern.[82] Beispiele für **Verkaufs- oder Vertriebsmodalitäten** sind Bestimmungen hinsichtlich der Festlegung der Verkaufszeiten,[83] des Preises, der Verkaufsorte, der Produktwerbung.[84] Davon zu unterscheiden sind Regelungen im Hinblick auf Produktanforderungen, sog. produktbezogene Regelungen, wie in Bezug auf Ausstattung, Bezeichnung, Form, Abmessung, Gewicht, Zusammensetzung, Etikettierung oder Verpackung der Ware.[85] Letztere müssen sich weiterhin an Art. 28 EGV messen lassen. Im Bereich der Telekommunikation werden Bestimmungen über die technische Spezifikation sowie die Eignungsprüfung zum Anschluss an das öffentliche Telefonnetz als Produktanforderungen von der Anwendung des Art. 28 EGV erfasst.[86]

---

77 *Streinz*, Europarecht, RdNr. 664.
78 EuGH, Rs. 2/73 – Geddo/Ente Nazionale Risi, Slg. 1973, 865, 879; auch: EuGH, Rs. 7/68.
79 Cassis de Dijon-Entscheidung, EuGH, Slg. 1979, 649 ff.; EuGHE 1987, 1227 ff., Reinheitsgebot für Bier; EuGHE 1988, 4233 ff. – Drei Glocken.
80 Dassonville-Entscheidung, EuGH, Slg. 1974, 837 ff.
81 EuGH, Rs. C-202/88 – Frankreich/Kommission, Slg. 1991, I-1259 RdNr. 36.
82 Keck-Entscheidung, EuGH, Slg. 1993, I-6097 ff.
83 EuGHE 1994, I-2355 ff. – Ladenschlussregeln Punto Casa.
84 EuGHE 1993, I-6787 ff. – standesrechtliches Werbeverbot für Apotheker Hünermund.
85 EuGH, Rs. C-470/93 – Mars, Slg.1995, I-1923, 1940 f.; EuGHE 1989, 229 ff. – „Reinheitsgebot für Wurst".
86 EuGH – GB-Inno-BM, Slg. 1991, I-5941; EuGH – Lagauche, Slg. 1993, I-5267.

Handelshemmnisse zwischen den Mitgliedstaaten können zum einen bei Vorliegen der ge- **49** setzlichen, vom EuGH eng ausgelegten Rechtfertigungsgründe des Art. 30 EGV gerechtfertigt sein. Wichtig ist, dass der EuGH den Verhältnismäßigkeitsgrundsatz strikt anwendet und die mitgliedstaatliche Verteidigung einer strengen, an den Zielen der EU angelegten Prüfung unterzieht. Als Leitprinzipien dienen dem EuGH dabei insbesondere die folgenden Prinzipien: Eines Einfuhr- oder Vertriebsverbots bedarf es dort nicht, wo den Zielen des Verbraucher- bzw. Gesundheitsschutzes durch Aufklärung Genüge getan werden kann. Ein Mitgliedstaat kann Beschränkungen des Warenverkehrs nicht rechtfertigen, wenn und soweit seinem Schutzanliegen schon durch Aufsichtsmaßnahmen des Exportstaats entsprochen wird. Gegebenenfalls bedarf es der administrativen Kooperation zwischen den Mitgliedstaaten. Grundsätzlich kommt den Mitgliedstaaten bei der Beurteilung der Erforderlichkeit und Angemessenheit einer Beschränkung keine Einschätzungsprärogative zu; allein im Bereich des Gesundheitsschutzes und des Schutzes der öffentlichen Moral scheint der EuGH den Mitgliedstaaten einen Beurteilungsspielraum einzuräumen.

Zum anderen erkennt der EuGH seit seiner Cassis-de-Dijon-Entscheidung[87] in Art. 28 **50** EGV „immanent" angelegte bzw. ungeschriebene Schranken an. Danach ist eine Beschränkung als rechtmäßig zu erachten, sofern sie erforderlich erscheint, um zwingenden und vom Gemeinschaftsrecht anerkannten Erfordernissen des Mitgliedstaates gerecht zu werden. Hierbei handelt es sich um Rechtfertigungsgründe, durch die ein an und für sich vorliegender Eingriff legitimiert werden kann; teilweise spricht man allerdings auch von einer Tatbestandsreduktion. In der Sache sind als zwingende Gründe des Allgemeinwohls insbesondere der Verbraucherschutz, der ordnungsgemäße Betrieb von Fernsprechnetzen, der Umweltschutz, die Kulturpolitik, die Lauterkeit des Handelsverkehrs sowie eine effektive steuerliche Kontrolle zu rechnen. Es handelt sich um exemplarische Beispiele; eine abschließende Aufzählung nimmt der EuGH nicht vor. Eine Rechtfertigung nach der Cassis-Formel kommt grundsätzlich nur bei **unterschiedslos wirkenden Beeinträchtigungen** in Betracht. Allerdings hat der EuGH diesen Grundsatz gelegentlich durchbrochen: So hat er Beschränkungen des Abfall-Imports aus „zwingenen Gründen des Allgemeinwohls" für gerechtfertigt gehalten, obgleich sie definitionsgemäß unterschiedlich wirkten. Auch im Urteil des EuGH in der Rechtssache Preussen-Elektra durchbrach der EuGH diesen Grundsatz. In dieser Sache musste der Gerichtshof prüfen, ob das deutsche Stromeinspeisungsgesetz, welches Netzbetreiber zur Abnahme von im Bundesgebiet erzeugter Energie aus regenerierbaren Quellen und zur Bezahlung eines staatlich festgelegten Betrags verpflichtete, gegen die Warenverkehrsfreiheit verstößt. Der EuGH kam zu dem Ergebnis, eine Verletzung von Art. 28 EGV liege nicht vor; er stellte fest, die gesetzliche Regelung entspreche den umweltpolitischen Zielvorgaben des Gemeinschaftsrechts und sei demnach für zulässig zu erachten.[88] Als Gegenschranke ist auch bei der Berufung auf die „Cassis-Formel" der Grundsatz der Verhältnismäßigkeit zu beachten.

Die den Monopolunternehmen vormals gewährten ausschließlichen Rechte für die Einfuhr, **51** den Vertrieb, die Wartung sowie die Einrichtung von Telekommunikationsendgeräten beeinträchtigten die Warenverkehrsfreiheit.[89] In einem Vorabentscheidungsverfahren entschied der EuGH, dass das seinerzeit geltende belgische Telekommunikationsrecht, wo-

---

87 EuGH, Rs. 120/78, Slg. 1979, 649, 662.
88 EuGH, Rs. C-379/98, Preussen-Elektra, Slg. 2001, I-2099.
89 *Bergmann/Kenntner/Birkert*, Deutsches Verwaltungsrecht unter europäischem Einfluss, Kapitel 21 RdNr. 99.

nach Zulassungsvoraussetzungen und sonstige Bedingungen für den Handel mit Telekommunikationsendgeräten vorgesehen waren, eine an sich rechtfertigbare unterschiedslose Beschränkung der Warenverkehrsfreiheit darstelle. Der Ausschluss einer gerichtlichen Überprüfbarkeit der Entscheidung des Monopolunternehmens lasse die Beeinträchtigung aber unverhältnismäßig erscheinen und bedinge einen Verstoß gegen die Warenverkehrsfreiheit.[90]

52   Die EuGH-Rechtsprechung hat zur Folge, dass die in einem Mitgliedstaat rechtmäßig hergestellte und dort rechtmäßig in Verkehr gebrachte Ware grundsätzlich auch in anderen Mitgliedsländern zuzulassen ist. Politisch wird die Warenverkehrsfreiheit im Wege des Prinzips der gegenseitigen Anerkennung umgesetzt (**Ursprungslandprinzip**).[91]

53   **c) Die Dienstleistungsfreiheit.** – Die Dienstleistungsfreiheit gelangt nach der Konzeption der Vertragsgeber (dies verdeutlicht der Wortlaut des Art. 50 EGV) gegenüber anderen Grundfreiheiten nur **subsidiär** zur Anwendung.[92] In der Sache behandelt der EuGH diese Freiheit allerdings als Gewährleistung, die von den anderen Freiheiten im Lichte der Prinzipien der Gleichrangigkeit und Sachgerechtigkeit abzugrenzen ist. In der Sache und dogmatisch ist die Dienstleistungsfreiheit als Komplementärfreiheit zur Warenverkehrsfreiheit anzusehen: Während es dort um körperliche Produkte geht, stehen hier unkörperliche Produkte in Rede.

54   Art. 50 EGV definiert eine Dienstleistung als die entgeltliche Erbringung von Leistungen, soweit sie nicht den Vorschriften des freien Waren- und Kapitalverkehr sowie den Personenfreizügigkeiten unterliegt. Der Begriff wird gemeinschaftsrechtlich ausgelegt.[93] Es muss sich dabei im Unterschied zur Arbeitnehmerfreizügigkeit um eine **selbstständige Tätigkeit** handeln. In Abgrenzung zur Niederlassungsfreiheit beziehen sich Art. 49–55 EGV auf **vorübergehend** ausgeübte Tätigkeiten. Erfasst werden Fälle grenzüberschreitender Erbringung von Dienstleistungen, ohne dass eine Wohnsitz- oder Sitzverlagerung stattgefunden hat. Die Erbringung von Netzdienstleistungen, wie zum Beispiel im Mobilfunk-, Kabel- oder Fernsprechnetz, einschließlich der innerhalb der Netze erbrachten Kommunikationsleistungen, werden von Art. 49 ff. EGV erfasst.

55   Die Dienstleistungsfreiheit wird aktiv ausgeübt, wenn sich der Leistungserbringer in einen anderen Mitgliedstaat begibt, aber auch dann, wenn nur die Dienstleistung die vermeintlichen Binnengrenzen überschreitet,[94] wobei bei Letzterem die grenzüberschreitende Dienstleistungserbringung auch von Dauer sein kann.[95] Von passiver oder negativer Dienstleistungsfreiheit ist zu sprechen, wenn sich der Nachfrager der Dienstleistung in einen anderen Mitgliedstaat begibt.[96] Erfasst werden auch sog. auslandsbedingte Dienstleis-

---

90 EuGH – GB-Inno-BM, Slg. 1991, I-594; nach Schaffung einer Rechtschutzmöglichkeit mit dem Europarecht vereinbar: EuGH – Lagauche, Slg. 1993, I-5267.

91 *Schliesky*, Öffentliches Wettbewerbsrecht, 1. Teil, 3. Abschnitt, III,1c; *Bergmann/Kenntner/Bergmann*, Deutsches Verwaltungsrecht unter europäischem Einfluss, Kapitel 1, RdNr. 84.

92 Siehe auch: EuGH, Rs. 286/82, Rs 26/83, Luisi u. Carbone.

93 Erläuternde Mitteilung der Kommission, ABl. 1993, C 334/3.

94 EuGH, Slg. 1995, I-1141 ff.

95 *Oppermann*, Europarecht, RdNr. 1597.

96 EuGH, Rs. 286/82 und 26/83 – Luisi und Carbone, EuGH, Slg. 1984, 377/401; Slg. 1998, I-1931 ff.

tungen, in denen sich Leistungserbringer und Leistungsempfänger zwecks Erbringung der Dienstleistung in einen anderen EU-Mitgliedsstaat begeben („Fremdenführer-Fälle").[97]

Die Vorschriften der Art. 49 ff. EGV schützen einerseits vor Diskriminierungen und ande- **56** rerseits auch vor sonstigen Beschränkungen, die die zwischenstaatliche Dienstleistungser- bringung erschweren,[98] d. h. allen Anforderungen, die „geeignet sind, die Tätigkeiten des Leistenden zu unterbinden, zu behindern oder weniger attraktiv zu machen".[99] Eine unzu- lässige Beschränkung der Binnenmarktfreiheit kann darin liegen, dass ein Mitgliedstaat über Monopolrechte weitere Wettbewerber ausschaltet.[100] Art. 55 EGV verweist auf die in Art. 45 EGV vorgesehenen Schranken. Als eine Beschränkung der Dienstleistungsfreiheit rechtfertigende „zwingende Gründe des Allgemeininteresses" sind im Zusammenhang mit Telekommunikationsdienstleistungen insbesondere die Sicherheit des Netzbetriebs, die Aufrechterhaltung der Netzintegrität, die effiziente Nutzung des Frequenzspektrums und die Verhinderung von Störungen anerkannt.[101]

d) Die Niederlassungsfreiheit. – Auf die in Art. 43–48 EGV verankerte Niederlassungs- **57** freiheit können sich natürliche und juristische Personen berufen, sofern sie eine **auf Dauer angelegte selbstständige Erwerbstätigkeit** in einem anderen Mitgliedstaat ausüben, mit- hin sich niederlassen wollen. Gewinnerzielungsabsicht ist nicht zwingend notwendig.[102] Der hier verwendete Begriff der juristischen Person ist gemeinschaftsrechtlich zu verste- hen, es zählen dazu Gesellschaften im Sinne von Art. 48 EGV.[103] Die Tätigkeit von abhän- gig Beschäftigten wird über die Arbeitnehmerfreizügigkeit der Art. 39 ff. EGV geschützt. Geschützt ist das Recht, eine selbstständige Erwerbstätigkeit, einschließlich der Gründung und Leitung von Unternehmen oder Zweigniederlassungen, in einem anderen EU-Mit- gliedstaat zu gleichen Bedingungen wie die Inländer aufzunehmen und auszuüben.

Weiter stellt Art. 43 Abs. 1 EGV nunmehr klar, dass auch unterschiedslos wirkende Be- **58** handlungen die freie Niederlassung beeinträchtigen. Die Beteiligung an Gesellschaften darf nicht behindert werden, so verstößt die Anwendung der **Sitztheorie** gegen die Nieder- lassungsfreiheit.[104] Die Verlegung ausländischer Gesellschaften in andere Mitgliedstaaten ist seitdem grundsätzlich möglich, ohne dass sich diese bei dem Grenzübertritt ihrer Identi- tät entledigen müssen. Das von den Auslandsgesellschaften mitgebrachte Gesellschaftssta- tut, also insbesondere die Organisations-, Finanz- und Haftungsverfassung der Gesell- schaft, hat regelmäßig vor dem nationalen Recht Bestand. Etwas anderes kann sich in Missbrauchsfällen ergeben, wobei aber festzuhalten bleibt, dass allein in der Tatsache, dass das Unternehmen zur Vermeidung der nationalen Mindestanforderungen eine ausländische

---

97 EuGH, Slg. 1991, I-727 ff.

98 EuGH, Slg. 1986, 3755 ff.; EuGH, Slg. 1998, I-1897 ff., Slg. 1998, I-1931/1946.

99 EuGH – van Binsbergen, Slg. 1974, 1299, RdNr. 10 ff.; *Ehlers/Ehlers*, Europäische Grundrechte und Grundfreiheiten, § 7 RdNr. 24.

100 EuGH, Rs. C-179/90 – Porto di Genova, Slg. 1991, I-5889, 5929 RdNr. 21.

101 *Bartosch*, EuZW 2000, 389, 390. Fand sekundärrechtlich in der RL 90/388/EG seinen Nieder- schlag.

102 *Oppermann*, Europarecht, RdNr. 1586.

103 Näheres: *Oppermann*, Europarecht, RdNr. 1585; *Ehlers/Tietje*, Europäische Grundrechte und Grundfreiheiten, § 10 RdNr. 62.

104 EuGH, Urteil vom 5. 11. 2002, Rs. C-208/00, Überseering = NJW 2002, 3614; vgl. Besprechung von *Ebke*, JZ 2003, 927; EuGH, Rs. C-212/97 – Centros, Slg. 1999, I-1459, 1493 RdNr. 27 = Jus 99, 810; *Ehlers/Tietje*, Europäische Grundrechte und Grundfreiheiten, § 10 RdNr. 61 ff.

Gesellschaftsform wählt, keine Form des Rechtsmissbrauchs liegt.[105] Über die exakte Tragweite der EuGH-Rechtsprechung wird allerdings noch vehement gestritten.

59 Beim Vertrieb von Waren und Dienstleistungen durch eine Firmengruppe mit Sitz in mehreren Mitgliedstaaten ist Art. 43 EGV als lex specialis anwendbar.[106]

60 Beeinträchtigungen der Niederlassungsfreiheit können nach Art. 46 EGV aus Gründen der öffentlichen Ordnung, Sicherheit oder Gesundheit unter Wahrung der Verhältnismäßigkeit gerechtfertigt sein. Darüber hinaus sind verhältnismäßige unterschiedslose Beschränkungen bei zwingenden Gründen des Allgemeininteresses gerechtfertigt.

61 Im Rahmen einer zusammenfassenden Betrachtung der Grundfreiheiten können diese unter dem Gesichtspunkt der Herstellung einer wettbewerbsfähigen Marktwirtschaft mit dem Ziel offener Märkte als sehr erfolgreiches Instrument bezeichnet werden. Aus der Perspektive der Mitgliedstaaten führt diese Gemeinschaftspolitik inzwischen zu Eingriffen in ihr gesamtes politisches und rechtliches Ordnungssystem. Im Großen und Ganzen haben die Mitgliedstaaten die tiefen Einschnitte, die die richterrechtliche Ausformung der Grundfreiheiten bewirkt hat, akzeptiert und angenommen.

62 **2. Das allgemeine Diskriminierungsverbot. – Art. 12 EGV** verbietet schließlich allgemein im Anwendungsbereich des Vertrags jede Diskriminierung aus Gründen der Staatsangehörigkeit. Die Vorschrift findet vorbehaltlich der besonderen Vorschriften, wie beispielsweise der Grundfreiheiten mit ihren spezielleren Diskriminierungsverboten, Anwendung; hinter diesen besonderen Diskriminierungsverboten tritt das Diskriminierungsverbot des Art. 12 EGV zurück. Bis heute ist nicht abschließend geklärt, in welchen Fällen von der Eröffnung des „Anwendungsbereichs des Vertrags" auszugehen ist. Sicher ist jedenfalls, dass der Anwendungsbereich des Vertrags dort eröffnet ist, wo die EU-Organe Rechtsetzungskompetenzen haben. Das in Art. 12 EGV verankerte Diskriminierungsverbot richtet sich gegen unmittelbare („offene") und mittelbare („versteckte", „indirekte") Diskriminierungen. Die Rechtfertigung von Diskriminierungen ist bei Wahrung der Verhältnismäßigkeit möglich; dabei werden an die Legitimierung unmittelbarer Diskriminierungen strengere Anforderungen als an solche mittelbarer Art zu stellen sein.

63 Inländerdiskriminierungen mögen zwar integrationspolitisch unerwünscht sein, gemeinschaftsrechtlich sind sie aber nicht zu beanstanden. Eine Besserstellung von Ausländern gegenüber Inländern fällt mangels Vorliegens eines grenzüberschreitenden Bezugs regelmäßig nicht in den Anwendungsbereich des EGV.

64 Ein spezielles Diskriminierungsverbot enthält schließlich auch Art. 141 EGV; er gebietet die gleiche Bezahlung von Männern und Frauen bei gleicher bzw. gleichwertiger Arbeit.

IV. Die Regelungszuständigkeiten der EU

65 Der Anlage des EU-Rechts zufolge werden die Regelungsziele des Integrationsverbands nur zu einem Teil durch unmittelbar wirksame Bestimmungen des Primärrechts realisiert. Die Grundfreiheiten des EG-Vertrags garantieren einen Mindestumfang an Liberalisie-

---

105 Grundlegend dazu: EuGH, Rs. C-167/01, RdNr. 96 f.; Urteil vom 30. September 2003 – Inspire Art.

106 EuGH, Rs. 108/96, RdNr. 21 – Strafverfahren gegen Dennis Mc Quen u. a; *Huber*, Recht der Europäischen Integration, § 17 RdNr. 64.

rung, Marktöffnung und Gleichbehandlung: Sie schlagen erste Schneisen in das mitgliedstaatliche Regelungswerk. Aufgrund ihres tatbestandlich begrenzten Anwendungsbereichs und vor dem Hintergrund des Umstandes, dass diese Freiheiten unter Einschränkungsvorbehalt bestehen, lässt sich ein den Zielsetzungen des EG-Vertrags entsprechender Binnenmarkt allein auf der Grundlage der Grundfreiheiten nicht realisieren. Es bedarf hierzu der sekundärrechtlichen Rechtssetzung. Die EU verfügt über wirtschaftsrechtliche Regelungszuständigkeiten in einer Vielzahl von Bereichen und Sektoren. Hieraus sollen exemplarisch einige wichtige Zuständigkeiten vorgestellt werden.

1. Allgemeine Wirtschaftspolitik. – Verallgemeinernd ist festzuhalten, dass die allgemeine Wirtschaftspolitik als die „Summe der gestaltenden Maßnahmen des Staates im Hinblick auf Wirtschaftsprozess, Wirtschaftsstruktur und Wirtschaftsordnung"[107] im Wesentlichen weiterhin im **Kompetenzbereich der Mitgliedstaaten** liegt. Während der EWG-Vertrag – abgesehen von dem Spezialfall der Agrarpolitik – in seinem Art. 2 hauptsächlich das Ziel einer „schrittweisen Annäherung der Wirtschaftspolitik der Mitgliedstaaten" enthielt, sieht der EGV in seiner aktuellen Fassung die Errichtung einer Wirtschafts- und Währungsunion vor. Die Einführung einer gemeinsamen Währung sowie die Haushalts- und Konvergenzpolitik bedingen eine Angleichung der verschiedenen nationalen Wirtschaftspolitiken. Wie in den Art. 2, 4, 98 ff. EGV vorgesehen, werden sie **im gemeinschaftlichen Interesse** koordiniert. Die erforderliche **Abstimmung** der Wirtschaftspolitik der Mitgliedstaaten findet vorwiegend im Rat statt (Art. 202 EGV). Daneben besteht die Tendenz, die gemeinschaftlichen Eingriffsmöglichkeiten auszubauen. Während sich der EWG-Vertrag noch im Wesentlichen auf das Ziel der Schaffung eines Gemeinsamen Marktes konzentrierte, wurde beispielsweise im Rahmen der Einheitlichen Europäischen Akte die Umwelt- und Kohäsionspolitik, mit dem Vertrag von Maastricht die Industriepolitik und mit dem Amsterdamer Vertrag die Sozial- und Beschäftigungspolitik in den EGV eingeführt. **66**

2. Die Entwicklung der Wirtschafts- und Währungspolitik. – Bereits zu Beginn der Gründerjahre der Europäischen Gemeinschaft waren sich die Vertragsparteien darüber einig, dass die mit der Errichtung eines Gemeinsamen Marktes zusammenhängenden Veränderungen ein „Minimum an Gemeinsamkeit" auch auf Gebieten der Währungs- und Geldpolitik, der Haushalts- und Steuerpolitik erforderlich machen.[108] Die in diesem Sinne unternommenen ersten Versuche waren jedoch zum Scheitern verurteilt (Werner-Plan von 1970[109]). Mit Schaffung des Europäischen Währungssystems (EWS) im Jahr 1978 wurde als feste Bezugsgröße eine **„Europäische Währungseinheit"** eingeführt und so die Wechselkurs-, Interventions- und Kreditmechanismen der Systeme einander angepasst.[110] Der Maastricht-Vertrag fasste schließlich die Bestimmungen über die Wirtschafts- und Währungspolitik in den §§ 98 bis 124 EGV unter einem eigenen Kapitel zusammen. Im Rahmen der Herstellung des Binnenmarkts vereinbarte man auf der Maastrichter Regierungskonferenz insbesondere ein **Drei-Stufen-Plan** zur Schaffung der Wirtschafts- und Währungsunion. Mit Eintritt in die erste Stufe am 1. 7. 1994 wurde zwischen den Mitgliedstaaten der **67**

---

107 *Oppermann*, Europarecht, § 12 RdNr. 933.

108 *Borchardt*, Die rechtlichen Grundlagen der Europäischen Union, 2. Teil, RdNr. 590.

109 ABl. 1970, C 136/1 ff.; vgl. Näheres dazu: *Hellmann*, Europäische Wirtschafts- und Währungsunion, 1971.

110 Näheres dazu vgl. beispielsweise nur: *Oppermann*, Europarecht, § 13 RdNr. 991 ff.; *Seidel*, EuR 1979, 13 ff.; *Schlüter*, Die ECU und der Europäische Währungsfonds, Integration 1982, 54 ff.; *Gäckle*, Die Weiterentwicklung des EWS zur Europäischen Währungsunion, 1992.

Großteil aller Beschränkungen des Geld- und Kapitalverkehrs beseitigt. Die zweite Stufe sollte die Mitgliedstaaten durch eine weitergehende Angleichung ihrer Wirtschaftspolitiken auf die Verwirklichung der Währungsunion vorbereiten. Folgende vier Konvergenzkriterien sollten die Teilnehmer der WWU erfüllen: 1. einen hohen Grad an Preisstabilität, 2. eine auf Dauer tragbare Finanzlage der öffentlichen Hand, 3. die Einhaltung der Bandbreiten des EWS-Wechselkursmechanismus und 4. Dauerhaftigkeit der Konvergenzkriterien.[111] Auf der Konferenz von Amsterdam 1997 beschloss man zur Verwirklichung dieser Ziele zusätzlich einen „Stabilitäts- und Wachstumspakt", mit dem die Durchsetzung und Einhaltung der Konverenzkriterien durch Kontrolle und Sanktionen sichergestellt werden sollte.[112] Mit Beginn der dritten Stufe ab 1999 kam es zur **Einführung des Euro** (1. 1. 1999, mit einer Übergangsphase bis zum 31. 12. 2002) in elf, die Konvergenzkriterien erfüllenden, Mitgliedstaaten der Europäischen Union.[113]

68   Während **Geld- und Währungspolitik** nunmehr weitestgehend **vergemeinschaftet** sind, verbleibt die Wirtschaftspolitik grundsätzlich in dem Kompetenzbereich der Mitgliedstaaten.[114] Dies zeigt sich deutlich an der Umschreibung in Art. 98 EGV, wonach die Mitgliedstaaten ihre Wirtschaftspolitik auf die Verwirklichung der Ziele der Gemeinschaft auszurichten haben. Der üblicherweise gebrauchte Begriff der „Wirtschafts- und Währungsunion" (WWU) mag insofern irreführend erscheinen. Mit ihm wird aber der notwendige Zusammenhang der Währungs- mit der Wirtschaftspolitik aufgezeigt. Vor diesem Hintergrund der faktischen Beziehungen erweist sich die Koordinierung der nationalstaatlichen Wirtschaftspolitiken als unabkömmlich.

69   Die gemeinsame Währungspolitik wird seit Eintritt in die dritte Stufe von dem ESZB (Europäischen System der Zentralbanken) verantwortet. Es besteht aus der Europäischen Zentralbank und den nationalen Zentralbanken. Art. 108 EGV ordnet die (politische), rechtliche, materielle und persönliche **Unabhängigkeit der Europäischen Zentralbank** und ihrer Mitglieder an,[115] so dass weder die Gemeinschaft noch die Mitgliedstaaten die Geld- und Währungspolitik zugunsten einer besonderen Wirtschaftspolitik instrumentalisieren dürfen.

70   Zu den grundlegenden Aufgaben des ESZB gehört die Festlegung und Durchführung der Geldpolitik der Gemeinschaft, die Devisengeschäfte nach Maßgabe des Art. 111 EGV, die Verwaltung der offiziellen Währungsreserven sowie die Förderung funktionierender Zahlungssysteme. Dabei hat sich das ESZB stets an ihrem **vorrangigen Ziel**, der **Gewährleistung von Preisstabilität**, zu orientieren (Art. 105 Abs. 1 Satz 1 EGV). Nur soweit die Preisstabilität nicht beeinträchtigt wird, unterstützt sie zugleich die allgemeine Wirtschaftspolitik der Gemeinschaft. Das vorgegebene Ziel der Preisstabilität wird oftmals mit den sonstigen Zielen des Art. 2 EGV (wie beispielsweise einer ausgewogenen und nachhaltigen Entwicklung des Wirtschaftslebens, eines hohen Beschäftigungsniveaus u. a.) und der allgemeinen Wirtschaftspolitik kollidieren (**horizontale Spannungen**). Der EGV ent-

---

111 *Oppermann*, Europarecht, § 13 RdNr. 1011.
112 *Hahn*, JZ 1997, 1133 ff.; *Blumenwitz/Schöbener*, Stabilitätspakt für Europa, 1998.
113 *Möschel*, JZ 1998, 217 ff.; *Issing*, Von der D-Mark zum Euro, 1998.
114 *Grabitz/Hilf/Bandilla*, Art. 102a, RdNr. 1; *Calliess/Ruffert/Häde*, Art. 98 RdNr. 1.
115 Näheres dazu zum Beispiel bei: *Calliess/Ruffert/Häde*, Art. 108 RdNr. 1 ff.; *Sodan*, NJW 1999, 1521 (1523).

schied sich in Art. 4 Abs. 2 EGV im Hinblick auf die Geld- und Wechselkurspolitik allerdings explizit für einen Vorrang der Preisstabilität.

Unter der Begrifflichkeit „Preisstabilität" wird allgemein die Kaufkraft, der Binnenwert **71** des Euro verstanden.[116] Im Einzelfall bieten sich dabei mehr oder weniger restriktive Handhabungen an: Eine einengende Interpretation im Sinne einer „Null-Inflation" ist im Ergebnis weder ökonomisch noch rechtlich überzeugend. Die Verwirklichung der in Art. 105 EGV genannten sonstigen Ziele der Gemeinschaft würde dadurch faktisch ausgeschlossen. Ein **relativer Stabilitätsbegriff** überzeugt daher viel mehr und überlässt der Europäischen Zentralbank einen gewissen Beurteilungs- und Ermessensspielraum.[117] Diese Auslegung findet sich auch im Einklang mit den Konvergenzkriterien, schreiben sie doch auch eine niedrige Inflation, aber keine „Null-Inflation" vor.[118]

Auf der anderen Seite kann diese Politik auch mit den Wirtschaftspolitiken der einzelnen **72** Nationalstaaten zu Kollisionen führen (**vertikale Spannungen**). Einen wirtschaftstheoretischen Schwachpunkt der Währungsunion bildet der Umstand, dass die Kompetenz zur Gestaltung ihrer Wirtschaftspolitik überwiegend bei den Mitgliedstaaten verblieben ist. Die den Mitgliedstaaten gesetzten Grenzen durch eine Kontrolle der öffentlichen Haushalte und die allgemeinen gemeinschaftlichen Grundsätze der Wirtschaftspolitik entsprechend den Art. 98 bis 104 EGV sind auslegungsfähig und ziehen nur ein dünnes Netz über die den Mitgliedstaaten verbliebenen Gestaltungsmöglichkeiten.

3. Die Gewährleistung des ungestörten Wettbewerbsrechts. – Für das Funktionieren des **73** Binnenmarktes sind die Vorschriften des europäischen Wettbewerbs von nicht zu überschätzender Bedeutung. Sie verhindern, dass Marktöffnung und Liberalisierung durch wettbewerbswidrige Verhaltensweisen der Unternehmen unterlaufen oder konterkariert werden.

Von maßgeblicher Bedeutung für die Liberalisierung des Telekommunikationsrechts ist **74** die Anwendung des unmittelbar geltenden Europäischen Wettbewerbsrechts[119] (namentlich der Art. 81 und Art. 82 EGV) auf öffentliche Unternehmen oder solche Unternehmen, die von den Mitgliedstaaten mit besonderen oder ausschließlichen Rechten ausgestattet worden sind.[120] Nach Auffassung der Kommission kommen das Wettbewerbsrecht und die in der ONP-Richtlinie geregelten Zugangsbedingungen kumulativ zur Anwendung.[121]

a) Art. 81, 82 i.V.m. Art. 86 Abs. 1 S. 1 EGV. – Die europäische Wirtschaftsverfassung **75** verpflichtet die Mitgliedstaaten und die Gemeinschaft auf den Grundsatz einer **offenen Marktwirtschaft** mit **freiem Wettbewerb** (Art. 4 Abs. 1 EGV). Das in den Art. 81 ff. EGV errichtete Regelwerk trägt entscheidend dazu bei, den Wettbewerb innerhalb des Bin-

---

116 *Calliess/Ruffert/Häde*, Art. 4 RdNr. 32; *Schwarze/Potacs*, EU-Kommentar, Art. 105 RdNr. 2.
117 *Hatje,* in: von Bodgandy, Europäisches Verfassungsrecht, S. 731; *Stadler,* Der rechtliche Handlungsspielraum des Europäischen Systems der Zentralbanken, 1996.
118 *Hatje,* in: von Bodgandy, Europäisches Verfassungsrecht, S. 731 mit Verweis auf Art. 1 des Protokolls über die Konvergenzkriterien des Art. 121 EGV.
119 *Schaub*, MMR 2000, 211.
120 Mitteilung der Kommission zur Anwendung der EG-Wettbewerbsregeln im Telekommunikationssektor, ABl. EG Nr. C 233 vom 6. 9. 1991, S. 2; Mitteilung der Kommission zur Anwendung der EG-Wettbewerbsregeln im Telekommunikationssektor, ABl. EG Nr. C 265 vom 22. 8. 1998, S. 2.
121 Mitteilung der Kommission zur Anwendung der EG-Wettbewerbsregeln im Telekommunikationssektor, ABl. EG Nr. C 265 vom 22. 8. 1998, S. 22; *Holznagel/Enaux/Nienhaus,* Grundzüge des Telekommunikationsrechts, 3. Teil § 17 V.

nenmarkts im Sinne von Art. 3 Abs. 1 g) EGV vor Verfälschungen zu schützen. Art. 81
EGV verbietet alle Vereinbarungen oder aufeinander abgestimmte Verhaltensweisen, welche den Handel zwischen den Mitgliedstaaten zu beeinträchtigen geeignet sind und eine
Verhinderung, Einschränkung oder Verfälschung des Wettbewerbs innerhalb des Gemeinsamen Marktes bezwecken oder bewirken (Kartellverbot). Die missbräuchliche Ausnutzung einer beherrschenden Stellung auf dem Gemeinsamen Markt oder auf einem wesentlichen Teil desselben durch ein oder mehrere Unternehmen ist nach Art. 82 EGV untersagt.
Ziel dieser Regelung ist es, einer Konzentration von Macht „in wenigen Händen" entgegenzuwirken. Die Offenheit der Märkte soll primär gegen Eingriffe von Seiten privater Unternehmen geschützt werden.

76 Art. 86 Abs. 1 EGV erklärt diese **Verbote** auch auf öffentliche Unternehmen und auf solche, denen die Mitgliedstaaten besondere oder ausschließliche Rechte gewähren, **für anwendbar**.[122] Aus dem Missbrauchsverbot des Art. 82 EGV kann unter Umständen ein Gebot zur Auflösung bisher bestehender Monopole erfolgen.[123] Europarechtswidrig ist die
Begründung eines besonderen oder ausschließlichen Rechts immer dann, wenn es nach Art
und Inhalt zwangsläufig dazu führt, dass das begünstigte Unternehmen seine marktbeherrschende Stellung missbrauchen muss.[124] Auf dieser Grundlage hat der EuGH entschieden,
dass die Monopolisierung des Marktes für Telekommunikationsendgeräte unangemessen
ist und deshalb ein Einschreiten der europäischen Wettbewerbshüter rechtfertigt.[125] Ein
ehemals monopolbeherrschendes Unternehmen darf den an seine Endkunden gewährten
Einzelhandelspreis und den – im Zusammenhang mit der Bereitstellung eines entbündelten
Netzzugangs – an seine Wettbewerber gerichteten Großhandelspreis nicht derart angleichen, dass den Konkurrenten die Erzielung eines Gewinnes unmöglich gemacht wird.[126]

77 Der Begriff des „**öffentlichen Unternehmens**" wird als „gemeinschaftsrechtlicher Sam-
melbegriff"[127] weit ausgelegt; es muss sich um wirtschaftlich handelnde Vereinigungen
handeln, die Frage der Rechtsform ist unerheblich. Entscheidend ist vielmehr der tatsächliche staatliche Einfluss auf das Unternehmen, welcher durch Eigentum, Beteiligungsverhältnisse oder Stimmrecht vermittelt werden kann.[128] Sekundärrechtlich erfuhr der Begriff
mit Art. 2 der Transparenzrichtlinie[129] seine Konkretisierung; es handelt sich hierbei allerdings um keine allgemein für Art. 86 Abs. 1 EGV geltende Definition.[130]

78 **Unternehmen mit besonderen oder ausschließlichen Rechten** sind grundsätzlich auch
an die Vorschriften des EGV gebunden und insofern den öffentlichen Unternehmen gleichgestellt. Erforderlich ist eine besondere Rechtsbeziehung zum Hoheitsträger;[131] aus-

---

122 *Schwarze*, EuZW 2000, 613.
123 *Lenz/Grill*, Art. 86 RdNr. 12 ff.
124 EuGH, Rs. C-41/90 – Höfner, Slg. 1991, I-1979, RdNr. 29; Rs. C-323/93 – La Crespelle, Slg.
1994, I-5077, RdNr. 18.
125 EuGH, Rs. C-202/88 – Frankreich/Kommission, Slg. 1991, I-1223.
126 Mitteilung der Kommission über die Anwendung der Wettbewerbsregeln auf Zugangsvereinbarungen im Telekommunikationsbereich, ABl. EG 1998 Nr. C 265, S. 2 RdNr. 117–119.
127 *Oppermann*, Europarecht, RdNr. 1053.
128 EuGH, Rs. C-393/92 – Almelo, Slg. 1994, I-1477; Rs. C-320/91 – Corbeau, Slg. 1993, I-2533.
Allgemein dazu: *Haar*, Marktöffnung in der Telekommunikation, 1 f.; *Calliess/Ruffert/Jung*,
Art. 86, RdNr. 13; *Ehlermann* EuR 1993, 134. EuGH, Rs. C-393/92 – Almelo, Slg. 1994, I-1477;
Rs. C-320/91 – Corbeau, Slg. 1993, I-2533.
129 Transparenzrichtlinie RL 80/723/EWG, geändert durch RL 2000/52/EG.
130 EuGH, Rs. 188-190/80 – Transparenzrichtlinie, Slg. 1982, 2545 RdNr. 24.

schließliche Rechte bestehen in der Innehabung eines staatlich verliehenen Monopols[132] oder ausschließlicher Lizenzen[133] für die Gewährung einer bestimmten Leistung.[134]

Art. 86 Abs. 2 EGV trägt der besonderen Situation öffentlicher Unternehmen dadurch **79** Rechnung, dass für Unternehmen, die mit Dienstleistungen von **allgemeinem wirtschaftlichen Interesse** betraut sind oder den Charakter eines Finanzmonopols haben, die Vorschriften des EG-Vertrags einschließlich seiner Wettbewerbsregeln nur zur Anwendung gelangen, soweit sie nicht die Erfüllung der übertragenen besonderen Aufgaben rechtlich oder tatsächlich verhindern. Der im Rahmen des Amsterdamer Vertrags 1997 eingefügte **Art. 16 EGV**, wonach die Gemeinschaft dafür Sorge zu tragen hat, dass Dienste von allgemeinem wirtschaftlichen Interesse so ausgestaltet sind, dass sie ihre Aufgaben erfüllen können, gilt nur vorbehaltlich der Bestimmungen des europäischen Wettbewerbsrechts und erteilt deshalb keine Freistellung von der Beachtlichkeit der Art. 81, 82 und 86 EGV.[135]

Grundsätzlich liegt dem Europarecht die Einschätzung zugrunde, dass öffentliche Daseins- **80** vorsorge und marktwirtschaftlich geprägte Wirtschaftsverfassung nicht prinzipiell im Widerspruch stehen.[136] Art. 86 EGV ist das Ergebnis eines zwischen Mitgliedstaaten mit einer vorrangig privatwirtschaftlichen Unternehmensstruktur und Mitgliedstaaten mit einem ausgeprägten öffentlichen Unternehmenssektor gefundenen Kompromisses. Beide Wirtschaftsformen werden dem Grunde nach gleich behandelt.[137]

Die unter Gemeinwohlgesichtspunkten notwendige Grundversorgung mit Telekommuni- **81** kationsdienstleistungen wird aber wohl regelmäßig im Wettbewerb erbracht werden können. Besondere Regelungen über die so genannten Universaldienste tragen diesem Anliegen Rechnung. Hierbei ist insbesondere die Universaldienstrichtlinie RL 2002/22/EG zu erwähnen, welche verlangt, dass die allgemeine Verfügbarkeit bestimmter Universaldienste von den Mitgliedstaaten im Rahmen eines wirksamen Wettbewerbs und einer Angebotsvielfalt gewährleistet wird. Ist dies nicht der Fall, greift das förmliche Universaldienstregime ein.[138] Verfassungsrechtlich ist Art. 87 f Abs. 1 GG zu beachten, welcher dem Staat für das Bereitstellen flächendeckend angemessener und ausreichender Telekommunikationsdienstleistungen lediglich eine Gewährleistungsverantwortung auferlegt; die Erfüllung im Rahmen einer hoheitlichen Leistungsverantwortung wird durch Art. 87 f Abs. 2 GG sogar ausdrücklich ausgeschlossen.

Ein Verstoß gegen das Kartellverbot hat die **Nichtigkeit** der tangierten Rechtsgeschäfte **82** zur Folge (Art. 81 Abs. 2 EGV). Die Wettbewerbsregeln erfassen prinzipiell auch rein innerstaatliche Sachverhalte, sofern die Maßnahme geeignet ist, den zwischenstaatlichen Handel zu beeinträchtigen. Auch das Verhalten von Unternehmen aus Drittstaaten soll sich unter der Voraussetzung, dass es sich auf den zwischenstaatlichen Handel innerhalb der

---

131 EuGH, Rs. C-202/88 – Telekommunikations-Endgeräte, Slg. 1991, I-1223, RdNr. 24.

132 Früher: Telekommunikationsmonopol.

133 EuGH, Rs. C-271 et al./90 – Telekommunikationsdienste, Slg. 1992 I-5833.

134 *Calliess/Ruffert/Jung,* Art. 86 RdNr. 16.

135 *Hrbek/Nettesheim/Nettesheim,* Europäische Union und mitgliedstaatliche Daseinsvorsorge, S. 50; *Badura,* FS Oppermann, 2001, S. 571, 578.

136 *Hrbek/Nettesheim/Nettesheim,* Europäische Union und mitgliedstaatliche Daseinsvorsorge, S. 52.

137 *Hatje,* in: von Bodgandy, Europäisches Verfassungsrecht, S. 704.

138 *Schütz/Attendorn,* MMR Beilage 4/2002, 1, 41.

EG auswirkt und diesen möglicherweise beeinträchtigt, von den Vorschriften des Europäischen Wettbewerbsrechts erfasst sein.[139]

83   **b) Art. 86 Abs. 3 EGV.** – Die Vorschrift des Art. 86 Abs. 3 EGV dient dem Zweck, den EU-Organen Mittel in die Hand zu geben, um die Beachtung der Vorschriften des Art. 86 Abs. 1 EGV sicherzustellen. Die Vorschrift ermöglicht es der Kommission, bei Verstößen gegen Abs. 1 oder im Zuge einer Weiterentwicklung der ebenda niedergelegten Grundsätze Richtlinien und Entscheidungen zu erlassen. Die Kommission ist dabei zur Rechtssetzung befugt, ohne dass sie der Mitwirkung des Rates bedürfte,[140] und kann so etwa eine eigenständige Politik der wettbewerbsorientierten Umstrukturierung des Telekommunikationssektors betreiben.

84   Hinsichtlich der Frage des Einschreitens, der Handlungsform und des Inhalts ist der Kommission ein **weiter Gestaltungsspielraum** zugestanden. „Der Umfang dieser Befugnis hängt folglich von der Tragweite der Vorschriften ab, deren Beachtung sichergestellt werden soll."[141] Grenzen ergeben sich aber aus der Funktion der Vorschrift im Gesamtgefüge des EGV und aus dem Verhältnismäßigkeitsprinzip.[142] Subjektive Ansprüche auf ein Einschreiten der Kommission ergeben sich angesichts der großzügig angelegten Beurteilungs- und Ermessensspielräume der Kommission nicht.[143]

85   Auf Art. 86 Abs. 3 EGV stützte die Kommission insbesondere die nachfolgenden **Liberalisierungsrichtlinien:** Am Anfang stand die Endgeräterichtlinie vom Jahr 1988 (RL 88/301/EWG), mit welcher das Monopol für den Endgerätemarkt beseitigt wurde; es folgte die Diensterichtlinie (RL 90/388/EWG), welche die Mehrwert- und Datenkommunikation liberalisierte. Allerdings blieb der Sprachdienst, mit Ausnahme der Sprachdienste für geschlossene Benutzergruppen wie Firmennetze, davon ausgenommen. Danach wurden die spezifischen Bereiche Satellitenkommunikation (RL 94/46/EG), Kabelnetz (RL 95/51/EG) sowie Mobilfunk (RL 96/2/EG) durch Erlass der korrespondierenden Richtlinien in den Wettbewerb überführt. Schließlich gelang es mit Hilfe der Wettbewerbsrichtlinie (RL 96/19/EG), auch den vollständigen Bereich des Sprachtelefondienstes zum 1. 1. 1998 dem Wettbewerb gänzlich zugänglich zu machen. Geplant ist, die verschiedenen Liberalisierungsrichtlinien in einer einheitlichen Richtlinie zu konsolidieren.

86   **Überschneidungen** mit der Kompetenzgrundlage des Art. 95 EGV sind nicht ganz ausgeschlossen. Nach der Rechtsprechung des EuGH[144] ermächtigt Art. 86 Abs. 3 EGV die Kommission im Sinne einer „**Annexkompetenz**"[145] zum Erlass der im Zuge der Liberalisierungsanordnung erforderlichen zusätzlichen Harmonisierungsmaßnahmen. Im konkre-

---

139 EuGH, Rs. 48/69, Slg. 1972, 619 RdNr. 126, 130 – ICI/Kommission; Entscheidung der Kommission vom 19. 12. 1984, ABl. EG 1985, Nr. L 92/1, S. 46 (Aluminium), Entscheidung vom 19. 12. 1984, ABl. EG 1985, Nr. 85/1, RdNr. 79 (Zellstoff); *Schwarze/Brinker,* EU Kommentar, Art. 81 RdNr. 21; *Calliess/Ruffert/Weiß,* Art. 81 RdNr. 11.
140 EuGH, Rs. C-202/88, Slg. 1991, I-1223, RdNr. 24–26 – Telekommunikations-Endgeräte; *Calliess/Ruffert/Jung,* Art. 86 RdNr. 56 f.
141 EuGH, Rs. C-202/88, Slg. 1991, I-1223, RdNr. 21 – Telekommunikations-Endgeräte; EuGH, Rs. 188–190/80, Slg. 1982, 2545, RdNr. 13 f. – Transparenzrichtlinie.
142 EuGH, Rs. 188–190/80, Slg. 1982, 2545, RdNr. 6 – Transparenzrichtlinie.
143 *Calliess/Ruffert/Jung,* Art. 86 RdNr. 58.
144 EuGH – Frankreich/Kommission, Slg. 1991, I-1223.
145 *Holznagel/Enaux/Nienhaus,* Grundzüge des Telekommunikationsrechts, 3. Teil § 17 VI.

ten Fall durfte die Kommission die Artikel[146] der Endgeräte-Richtlinie RL 88/301/EWG vom 16. 5. 1988 aufgrund ihrer Zuständigkeit nach Art. 90 Abs. 3 EGV (heute: Art. 96 Abs. 3) erlassen; ein Vorgehen nach Art. 100a EGV (heute: Art. 95) war nicht erforderlich.

4. Agrarpolitik. – Eine Sonderrolle kommt der Agrarpolitik zu: Kein anderer Bereich ist **87** stärker vergemeinschaftet; das Prinzip der freien Marktwirtschaft ist praktisch gänzlich durch planwirtschaftliche Strukturen überlagert. Die immense Vielzahl der europarechtlichen Vorgaben wurde aufgrund der Art. 32–38 EGV erlassen. Einen besonders gravierenden Eingriff in den freien Markt stellen die „Gemeinsamen Marktordnungen" für die einzelnen Agrargüter dar. Der freie Preisbildungsmechanismus wird zum einen innerhalb des Binnenmarkts durch die Festlegung sog. Richt- und Interventionspreise und zum anderen außenwirtschaftlich durch sog. Schwellenpreise aufgehoben. Die Abkoppelung der Preisbildung von dem Zusammenspiel von Angebot und Nachfrage hat zur Folge, dass Agrargüter überproduziert werden. Mittlerweile wird versucht, diesem Phänomen mit Hilfe von Quotensystemen, Mengenbeschränkungen und Ausgleichszahlungen beizukommen.

5. Regional- und Strukturpolitik. – Eine besondere Facette des wirtschaftsverfassungs- **88** rechtlichen Leitbilds der EG stellt die bewusste Förderung zurückgebliebener und strukturschwacher Gebiete und Regionen dar. Die Aufgabe der Förderung einer harmonischen Entwicklung der Gemeinschaft lässt sich den Zielen des Art. 2 EGV („**wirtschaftlicher und sozialer Zusammenhalt**") entnehmen. Die maßgeblichen Vorschriften für diese von den Mitgliedstaaten und den Organen der EG gemeinschaftlich wahrzunehmende Aufgabe finden sich mittlerweile in den Art. 158–162 EGV. Die **Kohäsionsziele** sollen bei der Wahrnehmung der sonstigen Tätigkeitsbereiche und Politiken der Gemeinschaft gebührend berücksichtigt werden (sog. Querschnittsaufgabe nach Art. 159 Abs. 1 EGV). Ganz überwiegend wird die Regional- und Strukturpolitik über die finanzielle Förderung mit Hilfe der verschiedenen Strukturfonds (Regional-, Sozial-, Agrarfonds, Abt. Ausrichtung) verwirklicht. Zu den besonders Begünstigten zählen die Mittelmeerstaaten sowie seit der Wiedervereinigung auch Ostdeutschland. Dieses Politikfeld gewinnt im Hinblick auf die Osterweiterung der Europäischen Union erhebliches Potenzial.

6. Beschäftigungspolitik. – Aufgrund der zunehmenden Massenarbeitslosigkeit wurde **89** mit dem Amsterdamer Vertrag ein neuer Titel über die Beschäftigungspolitik (Art. 125–130 EGV) in den EG-Vertrag eingeführt. Er konkretisiert die in Art. 2 EGV enthaltene Zielvorgabe, die Förderung eines „hohen Beschäftigungsniveaus". Die primäre Zuständigkeit liegt weiterhin bei den Mitgliedstaaten; der Rat kann aber – rechtlich unverbindliche – Leitlinien zur besseren Koordination erlassen sowie Anreizsysteme (Fördermaßnahmen) beschließen (Art. 129 EGV).[147]

7. Umweltpolitik. – Das in Art. 2 des EGV enthaltene und durch die Art. 174 bis 176 **90** EGV[148] konkretisierte Ziel, ein hohes Maß an Umweltschutz und eine Verbesserung der Umweltqualität herzustellen, erlangte in jüngster Zeit einen erheblichen Zuwachs an Be-

---

146 Mit Ausnahme der die Kündigung von Miet- und Wartungsverträgen betreffenden unzulässigen Regelung.

147 Näheres dazu: *Hummer/Runggaldier*, Der neue Beschäftigungstitel des EG-Vertrags und die Übernahme des „Sozialabkommens" in den EG-Vertrag, in: Hummer, Die Europäische Union nach dem Vertrag von Amsterdam, 1998, S. 197 f.; *Calliess/Ruffert/Krebber*, Art. 125 RdNr. 1 ff.; *Steinle*, Europäische Beschäftigungspolitik, 2001, S. 79.

148 Allgemein dazu: *Grabitz/Hilf/Nettesheim*, Art. 174.

deutung. Die europäische Umweltpolitik beruht auf den Grundsätzen der Vorsorge und Vorbeugung sowie dem Verursacherprinzip. Daneben trägt auch die Querschnittsklausel des Art. 6 EGV mit ihrem Hinweis auf die Berücksichtigung der Erfordernisse des Umweltschutzes im Rahmen der Gemeinschaftspolitiken zur Durchsetzung bei.[149]

91   **8. Industriepolitik. –** Die im Rahmen des Maastrichter Vertrags mit Art. 157 EGV eingefügte **industriepolitische Kompetenz** soll zur Stärkung der Leistungs- und Wettbewerbsfähigkeit der europäischen Industrie in Zeiten der Globalisierung beitragen. Bezweckt ist damit insbesondere die Erleichterung der Anpassung der Industrie an strukturelle Veränderungen, die Förderung eines für Unternehmen – vor allem für kleinere und mittlere Unternehmen – günstigen Umfeldes, die Förderung eines für Zusammenarbeit zwischen den Unternehmen günstigen Umfeldes sowie die Förderung einer besseren Nutzung des industriellen Potenzials der Politik im Hinblick auf Innovation, Forschung, technologische Entwicklung. Die Forschungs- und Technologiepolitik gemäß Art. 163 EGV ist im Zusammenhang mit der Industrieförderung zu sehen.

92   Im Grunde verbleibt die Industriepolitik im Kompetenzbereich der Mitgliedstaaten; dabei konsultieren die Mitgliedstaaten in Verbindung mit der Kommission einander und koordinieren ihre Politiken. Art. 157 Abs. 3 EGV stellt im Wege einer Querschnittsaufgabe sicher, dass die Organe der EG auch bei ihren sonstigen Maßnahmen die industriepolitischen Ziele des Art. 157 EGV berücksichtigen.

93   Auch der Aufbau **transeuropäischer Netze** kann über die Querschnittsklausel des Art. 157 Abs. 3 EGV im Lichte der industriepolitischen Ziele betrachtet werden. Danach soll die europäische Industrie im Zuge der Schaffung günstiger infrastruktureller Rahmenbedingungen international wettbewerbsfähiger gemacht werden. Art. 155 EGV erweist sich gegenüber dem sonst für die Harmonisierung einschlägigen Art. 95 EGV als die speziellere Norm.[150] Nach Art. 3 o) und Art. 154 EGV trägt die Gemeinschaft zum Auf- und Ausbau transeuropäischer Netze auch im Bereich der Telekommunikationsinfrastruktur bei. Die im Zuge des Maastricht-Vertrags von 1992 eingeführte Vorschrift will entsprechend der Zielvorgabe des Art. 158 EGV sowie Art. 14 EGV den wirtschaftlichen und sozialen Zusammenhalt der EG durch einen wettbewerbsorientierten zusammenwachsenden Markt stärken. Besonders förderswert erscheinen nach Art. 155 EGV der Verbund und die Interoperabilität der einzelstaatlichen Netze sowie der Zugang zu diesen. Im Telekommunikationssektor geht es primär um die digitale Verknüpfung des EG-Raumes sowie die Errichtung eines transeuropäischen Telematikverbundes.[151] Die Verwirklichung dieser Ziele erfolgt nach Art. 155 EGV mittels Leitlinien, welche die Prioritäten und Grundzüge der in Betracht gezogenen Aktionen festlegen. Diese Maßnahmen werden gemäß Art. 156 EGV vom Rat nach dem Mitentscheidungsverfahren des Art. 251 EGV und Anhörung des Wirtschafts- und Sozialausschusses sowie des Ausschusses der Regionen festgelegt. Der Begriff der „Leitlinien" verweist sich als sehr vielschichtig und kann, entsprechend der seit 1993 bestehenden Gemeinschaftspraxis, durch politische Festlegungen oder aber durch förmliche Rechtsakte ausgefüllt werden.[152] Am bekanntesten sind die in diesem Zusam-

---

149 Näheres dazu zum Beispiel bei: *Terhechte*, ZUR 2002, 274.

150 *Lenz/Dieter/Grüter*, Vorb. Art. 154–156 RdNr. 5; *Calliess/Ruffert/Ukrow*, Art. 156 RdNr. 4.

151 *Oppermann*, Europarecht, RdNr. 1478.

152 *Oppermann*, Europarecht, RdNr. 1474.

menhang ergangenen Entscheidungen[153] zu EURO-ISDN und dem transeuropäischen Satellitennavigationssystem „Galileo".

Neben den bereits erwähnten Maßnahmen ist die Gemeinschaft dazu befugt, Aktionen im **94** Sinne des Art. 155 EGV durchzuführen, wie beispielsweise die Harmonisierung technischer Normen. In diesem Zusammenhang kann die EG die mit der Durchführung dieser Ziele vorrangig betrauten Mitgliedstaaten durch finanzielle Hilfen, eigene Durchführbarkeitsstudien, Anleihebürgschaften oder Zinszuschüssen unterstützen.

Die Stellungnahmen zu Sinn und Zweck einer europäischen Industriepolitik sind geteilt; **95** vielfach wird sie aber als „ordnungspolitischer Sündenfall",[154] als „Schlussstein einer Integration durch Intervention"[155] oder als „Gemisch aus Protektion und Subvention"[156] angeprangert. Derartige Befürchtungen werden immerhin durch die Regelung des Art. 157 EGV relativiert. So weist die Vorschrift nämlich zugleich darauf hin, dass die „Tätigkeit entsprechend einem **System offener und wettbewerborientierte Märkte**" zu erfolgen habe. Dabei handelt es sich um eine **Schrankenregelung**: Die Industriepolitik der Gemeinschaft darf nicht dazu führen, dass das wirtschaftsverfassungsrechtliche Leitprinzip eines unverfälschten Wettbewerbs (einer offenen Marktwirtschaft mit freiem Wettbewerb) ausgehöhlt wird.[157] Der Förderung der Wettbewerbsfähigkeit auf dem Wege der Industriepolitik kann daher nur eine „Hilfsfunktion"[158] zukommen, innerhalb derer die Hauptaufgabe nicht aus dem Blickwinkel geraten darf.

9. Forschungs- und Technologiepolitik. – Bezogen auf den Bereich der Telekommunika- **96** tion erweist sich auch die Forschungs- und Technologiepolitik[159] als von großer Bedeutung. Nach den Art. 163–173 EGV dient sie dem Ziel, „die wissenschaftlichen und technologischen Grundlagen der Industrie der Gemeinschaft zu stärken und die Entwicklung ihrer internationalen Wettbewerbsfähigkeit zu fördern". Die Verwirklichung erfolgt über Rahmenprogramme; dabei geht es hauptsächlich um die Durchführung gemeinschaftsfinanzierter Forschungsprogramme. Die Themenbereiche sollen die für die Zukunft Europas strategisch wichtigen Bereiche wie Biotechnologie, Biowissenschaften, Informations- und Telekommunikationstechnologien, die Bereiche Energie – Umwelt – Verkehr abdecken.[160] Zu-

---

153 Entscheidung E 2717/95 (ABl. 1995, L 282/16); Entscheidung 947445 (ABl. 1994, L 183/42); Entscheidung E 95/489 EP/Rat (ABl. 1995, LL 282/16) zu EURO-ISDN, transeuropäisches Satellitennavigationssystem „Galileo"; sowie VO 2236/95 (ABl. 1995, L 228/1, geändert VO 1655/99 durch ABl. 1999, L 197/1) über die Grundregeln für die Gewährung von Gemeinschaftszuschüssen für transeuropäische Netze.

154 Vgl. Erwähnung bei: *von Bogdandy/Hatje,* Wirtschaftsverfassung, S. 714; zur Kritik siehe *Lecheler, Grabitz/Hilf,* zu Art. 130.

155 Vgl. Erwähnung bei: *von Bogdandy/Hatje,* Wirtschaftsverfassung, S. 714.

156 *Möschel,* Industriepolitik auf dem Vormarsch?, FS Beusch, 1993, S. 593 ff.

157 *Calliess/Ruffert/Kallmayer,* Art. 157 RdNr. 22; *Oppermann,* Europarecht, § 12 RdNr. 946: „Auch solche, aufgrund ihrer spezifischen Zielsetzung legitimierende Gemeinschaftspolitiken haben sich jedoch der im Kern liberalen Gesamtausrichtung der EG-Wirtschaftspolitik bewusst zu bleiben"; *Hellmann,* Europäische Industriepolitik, 1994, S. 20.

158 *Oppermann,* Europarecht, § 12 RdNr. 967; *Engel,* in: Rengeling (Hrsg.), Europäisierung des Rechts, 1995, S. 35 ff.

159 Allgemein dazu: *Starbatty/Schumm,* EU: Industrie-, Forschungs- und Technologiepolitik, in: Haase u. a. (Hrsg.), Lexikon Soziale Marktwirtschaft, Wirtschaftspolitik von A bis Z, 2002, 195–198.

160 *Bergmann/Kenntner/Bergmann,* 1. Kapitel, RdNr. 44; *Lenz/Curtius,* Art. 166 RdNr. 18 ff.

sätzlich koordinieren die Mitgliedstaaten und die Kommission ihre Maßnahmen auf dem Gebiet der Forschung und technologischen Entwicklung.

97 **10. Außenhandelspolitik.** – Die Außenhandelspolitik der EU gründet sich auf die in den in Art. 131 ff. EGV aufgeführten wirtschafts- und handelspolitischen Befugnissen. Diese Befugnisse der EU sind ausschließlicher Natur: Den Mitgliedstaaten ist es zwar nicht unmöglich, wohl aber europarechtlich untersagt, ihrerseits auf dem Gebiet der Außenhandelspolitik noch völkerrechtlich zu handeln. Auf multilateraler Ebene ist die Gemeinschaft angesichts ihres Handelsvolumens ein echter „Global Player"; um dieses Potenzial voll zum Tragen zu bringen, ist ein einheitliches Auftreten nötig.[161] Die von *Hans Peter Ipsen* geprägte Formel, wonach der Gemeinsame Markt der EG durch „**Freiheit im Innern und Einheit nach außen**"[162] charakterisiert werden kann, hat insofern ihre Berechtigung. Die Europäische Gemeinschaft trat 1994 der WTO bei. Ihre gemeinsame Handelspolitik bezieht sich auf Vorgänge des Warenaustausches und des sich daraus ergebenden Zahlungsverkehrs mit Drittstaaten sowie auf Maßnahmen im Dienstleistungsbereich und im Hinblick auf den handelsbezogenen Schutz des geistigen Eigentums. In der Außenhandelspolitik verfolgt die EG grundsätzlich das Ziel einer nichtprotektionistischen, den **freien Welthandel** unterstützenden Politik (vgl. die Absichterklärung des Art. 131 EGV).[163]

98 Über die in den Art. 131 ff. EGV aufgeführten Befugnisse kennt das EU-Recht auch sog. „ungeschriebene Außenkompetenzen." In den 70er Jahren hat der EuGH in mehreren Entscheidungen zur Frage Stellung nehmen müssen, inwieweit eine Befugnis zur Rechtsetzung nach innen zugleich die Befugnis zu einem völkerrechtlichen Handeln nach außen umfasst. In den Entscheidungen hat der EuGH zunächst seine Rechtsprechung zu den implied powers im Unionsrecht bestätigt. Er hat festgestellt, dass sich Außenkompetenzen nicht „nur aus einer ausdrücklichen Verleihung durch den Vertrag [ergeben], wie in Art. 133 (jetzt 184) für die Zoll- und Handelsabkommen und in Art. 238 [jetzt 310] für die Assoziierungsabkommen ausgesprochen". Sie können „auch aus anderen Vertragsbestimmungen und aus in ihrem Rahmen ergangenen Rechtsakten der Gemeinschaftsorgane fließen".[164] Im Kramer-Urteil[165] und im Gutachten zum Stilllegungsfonds[166] fand diese Argumentation eine Bestätigung. Auf der Grundlage dieser drei Entscheidungen ließ sich für die implied powers im Rahmen der Außenkompetenz Ende der siebziger Jahre feststellen, dass die EWG immer dann, wenn ihr eine interne Kompetenz vom Vertrag gegeben war, auch die Zuständigkeit besitzt, internationale Abkommen auf diesem Gebiet zu schließen. In neueren Entscheidungen hat der EuGH nun eine behutsame Fortschreibung und Korrektur seiner früheren Rechtsprechung vorgenommen. In dem WTO-Gutachten 1/94[167] ging der EuGH nicht mehr davon aus, dass eine Rechtsetzungskompetenz „nach innen" umstandslos auch eine völkerrechtliche Handlungsbefugnis begründe. Statt dessen verlangt der EuGH nunmehr für das Bestehen der Außenkompetenz, dass die EG bereits durch einen Rechtsakt von ihrer Innenkompetenz Gebrauch gemacht hat. Eine Ausnahme soll nur

---

161 *Calliess/Ruffert/Hahn*, Art. 131 RdNr. 2 m. w. N.
162 *Ipsen,* Europäisches Gemeinschaftsrecht, S. 551.
163 *Eiselstein*, Die EG in der Weltwirtschaft, 1986.
164 EuGH, Rs. 20/70, AETR, Slg. 1971, 263/275; Besprechung *Sasse*, EuR 1971, 208.
165 EuGH, Rs. 3, 4 und 6/76, Slg. 1976, 1297.
166 Gutachten v. 26. 4. 1977, 1/76, Slg. 1977, 743.
167 EuGH Slg. 1994, I-5267, vgl. auch EuGH, Slg. 1995, I-521 – WTO und OECD – Gutachten; ausführlich zur Bedeutung des AETR-Urteils: *Oppermann*, Europarecht, RdNr. 1701 ff.

Nettesheim

für den Fall gelten, dass der Vertragsabschluss durch die EG unabdingbar für die Wahrnehmung der Binnenkompetenz ist.

Diese EG-Außenkompetenz ist von der seit dem Amsterdamer Vertrag mit den Art. 11–28 **99** EUV eingeführten Gemeinsamen Außen- und Sicherheitspolitik (GASP) zu unterscheiden.

11. Harmonisierung aufgrund von Art. 95 EGV. – Maßnahmen der Harmonisierung mit- **100** gliedstaatlicher Regelungen erfolgen über die gesamte Breite des Binnenmarktes auf der Grundlage des Art. 95 EGV,[168] wenn und soweit sich nicht eine speziellere Vorschrift (etwa Art. 55 in Verbindung mit Art. 47 EGV) oder eine sachnähere Kompetenz findet. Art. 95 EGV spielt auch im Telekommunikationsbereich eine wichtige Rolle: Die Vorschrift ermöglicht es, einen **einheitlichen Rahmen** für einen europaweiten diskriminierungsfreien Zugang zu Netzen und Telekommunikationsdiensten zu schaffen. Die Öffnung der Märkte und damit Verwirklichung der Binnenmarktziele erfolgt hier im Rahmen der Rechtsangleichung.

Harmonisierungsmaßnahmen in diesem Sinne sind vor allem in jenen Bereichen notwen- **101** dig, in denen die Wirkweise der Grundfreiheiten allein für nicht ausreichend zur Verwirklichung des Binnenmarktziels befunden wird. Dabei werden die nationalen Vorschriften durch gemeinschaftsrechtliche Reglementierungen überlagert, ja gegebenenfalls verdrängt. Grundsätzlich enthält Art. 95 EGV nicht nur Regelungen, die auf eine Beseitigung mitgliedstaatlicher Regelungen abzielen; Art. 95 EGV ermöglicht auch eine Reregulierung. Insofern enthält die Kompetenz auch Maßnahmen, die die Wirtschaftsteilnehmer genauso wie die ursprünglich nationalen Regelungen in ihrer wirtschaftlichen Betätigungsfreiheit beeinträchtigen. Man rechtfertigt dies häufig mit der Annahme eines „liberalen Mehrwerts";[169] es dürfte aber vor allem Ausdruck des Umstandes sein, dass der wirtschaftspolitische Auftrag der EU immer schon – und heute mehr denn je – über den bloßen Abriss mitgliedstaatlicher Beschränkungen hinausgeht.

Art. 95 EGV ist sachlich einschlägig, wenn und sofern die in Art. 14 EGV vorgegebenen **102** Ziele, also die Errichtung und das Funktionieren des **Binnenmarkts** verwirklicht werden sollen. Im Vertrag ist durch die Differenzierung zwischen Art. 95 EGV und Art. 94 EGV die Aufgabe angelegt, den „Binnenmarkt" terminologisch vom Begriff des „**Gemeinsamen Markts**" abzugrenzen: Für Letzteren ist die allgemeinere Kompetenznorm des Art. 94 EGV einschlägig. Mit der Gründung des EWG-Vertrags verfolgten die Vertragsparteien zunächst die Absicht, für alle Bereiche und Produktionsfaktoren einen Gemeinsamen Markt zu errichten. Der EGKS-Vertrag sowie der EAG-Vertrag sahen bzw. sehen ebenfalls jeweils in ihrem Anwendungsbereich die Schaffung eines Gemeinsamen Marktes vor. Im Zuge der Weiterentwicklung des EG-Rechts im Rahmen der Einheitlichen Europäischen Akte von 1986, des Maastrichter Vertrags von 1992 sowie des Amsterdamer Vertrags von 1997 entschied man sich, die alte Zielsetzung durch die in Art. 14 EGV formulierte Aufgabe der Verwirklichung eines Binnenmarktes zu überlagern. Nach Art. 14 Abs. 2 EGV umfasst der Binnenmarkt einen Raum ohne Binnengrenzen, in dem der freie Verkehr von Waren, Personen, Dienstleistungen und Kapital gemäß den Bestimmungen des EG-Vertrags gewährleistet ist.

---

168 *Müller-Graff*, EuR 1989, 107.
169 *Hatje,* in: von Bodgandy, Europäisches Verfassungsrecht, S. 712; *Mussler*, Die Wirtschaftsverfassung der Europäischen Gemeinschaft im Wandel, 1998, S. 134 ff.

103 Für die Bestimmung des Verhältnisses zwischen Gemeinsamem Markt und Binnenmarkt bieten sich mehrere Deutungsmöglichkeiten an. Im juristischen Schrifttum werden drei unterschiedliche Lösungsansätze diskutiert: Einer Ansicht zufolge bildet der Gemeinsame Markt den Oberbegriff im Verhältnis zum Binnenmarkt (Einschränkungstheorie[170]).[171] Teilweise wird der Begriff des Gemeinsamen Marktes als deckungsgleich mit dem des Binnenmarkts gebraucht (Synonymitätstheorie[172]);[173] demgegenüber ist es auch möglich, in dem Gemeinsamen Markt eine Vorstufe und damit letztlich ein Minus gegenüber dem Binnenmarkt zu sehen (Erweiterungstheorie[174]).[175] Dieser zuletzt genannte Lösungsansatz überzeugt und wird auch von der Rechtsprechung des EuGH getragen: In seinem Urteil „Gaston Schul" definierte der Gerichtshof den Gemeinsamen Markt folgendermaßen: „Der Begriff Gemeinsamer Markt ... stellt ab auf die Beseitigung aller Hemmnisse im innergemeinschaftlichen Handel mit dem Ziel der Verschmelzung der nationalen Märkte zu einem einheitlichen Markt, dessen Bedingungen denjenigen eines wirklichen Binnenmarktes möglichst nahekommen".[176] Auch im Titandioxid-Urteil ging der EuGH von einem weitergehenden Verständnis des Binnenmarkt-Begriffs aus, indem er die unverfälschten Wettbewerbsbedingungen nach Art 2 und Art. 3 EGV als konstitutives Element des Binnenmarktes ansah.[177] Der Gemeinsame Markt ist insofern als ein „Minus" im Vergleich zum Binnenmarkt anzusehen.[178] Dies erklärt, warum die Zielsetzung der Verwirklichung eines Gemeinsamen Marktes heute bedeutungslos ist. Selbst dort, wo aufgrund der Beschränkungen von Art. 95 EGV die Kompetenzvorschrift von Art. 94 EGV anzuwenden ist, geht es in der Sache um die Verwirklichung des Binnenmarktes.

104 Dem grundsätzlich weiten Anwendungsbereich des Art. 95 EGV sind allerdings auch **Grenzen** gesetzt: So darf sich über diesen Weg der Gemeinschaftsgesetzgeber nicht neue Politikfelder erschließen; Art. 95 EGV ist keine Kompetenz-Kompetenz. Ferner kann Art. 95 EGV nur dort zur Anwendung kommen, wo nicht speziellere oder sachnähere Vorschriften gegeben sind. Schließlich hat der EuGH in seiner Entscheidung zur Tabakwerbeverbotsrichtlinie[179] eine immanente Beschränkung von Art. 95 EGV deutlich gemacht: Die Kompetenzbestimmung bietet keine Grundlage für Maßnahmen, mit denen in einen funk-

---

170 Vgl. zur Begrifflichkeit: *Calliess/Ruffert/Kahl*, Art. 14 RdNr. 8.

171 *Streinz*, Europarecht, RdNr. 953 f.; *Epiney*, JZ 1992, 564; *Forwood/Clough*, European Law Review 1986, 383 (385).

172 Vgl. zur Begrifflichkeit: *Calliess/Ruffert/Kahl*, Art. 14 RdNr. 9.

173 *Glaesner*, Bemerkungen zur Interpretation von Art. 100a EWGV, in: Ress (Hrsg.), Rechtsprobleme der Rechtsangleichung, Vorträge, Reden und Berichte aus dem Europa-Institut der Universität des Saarlandes, Nr. 137, 1988, 35 (37); *Kilian*, Europäisches Wirtschaftsrecht, 1996, 13; *Grabitz/Hilf/Langeheine*, Art. 100a, RdNr. 21 ff.; *Nicolaysen*, Europarecht II, 310.

174 Vgl. zur Begrifflichkeit: *Calliess/Ruffert/Kahl*, Art. 14 RdNr. 10.

175 *Oppermann*, Europarecht, RdNr. 1367; *Calliess/Ruffert/Kahl*, Art. 14 RdNr. 11; *von der Groeben/Thiesing/Ehlermann/Bardenhewer/Pipkorn,* Art. 7a, RdNr. 6 ff.; *Grabitz/Hilf/v. Bogdandy*, Art. 14 RdNr. 7 ff.; *Nettesheim*, Jura 1994, 337; *Henke*, EuGH und Umweltschutz 1992, S. 83, 88; *Reich*, EuZW 1991, 203 (207); *Dauses*, EuZW 1990, 8 (10).

176 EuGH, Rs. 15/81, Slg. 1982, 1409 (1431), RdNr. 33 – Gaston Schul.

177 EuGH, Rs. C-300/89, Slg. 1991, I-2867/2899, RdNr. 14 – Kommission/Rat; vgl. dazu: *Nettesheim*, Jura 1994, 339.

178 EuGH, Rs. C-300/89 – Titandioxid-Urteil, Slg. 1991, I-2867/2899, RdNr. 14; dazu: *Nettesheim*, Jura 1994, 339; EuGH, Rs. 15/81 – Fall Schul, Slg. 1982, 1409, 1431 f.; a. A.: *Streinz*, Europarecht, RdNr. 949 m. w. N.

179 EuGH, Rs. C-376/98, Slg. 2000, I-8419, RdNr. 106 = NJW 2000, 3701.

tionierenden und offenen Markt eingegriffen und bestimmte Verhaltensweisen verboten werden sollen. Nach Auffassung von Art. 95 EGV zwingt eine teleologische Interpretation von Art. 95 EGV zu dem Schluss, dass die zu erlassenden Rechtsangleichungsmaßnahmen konkrete und spürbare Auswirkungen im Sinne einer Verbesserung des Binnenmarkts haben und zur Beseitigung einer **bereits vorhandenen Behinderung** beitragen müssen. Die Maßnahmen können auch bereits im Vorfeld ergriffen werden, nämlich „um der Entstehung neuer Hindernisse für den Handel infolge einer heterogenen Entwicklung der nationalen Rechtsvorschriften vorzubeugen. Das Entstehen solcher Hindernisse muss jedoch wahrscheinlich sein und die fragliche Maßnahme ihre Vermeidung bezwecken".[180] Sofern diese Grundsätze beachtet werden, kann eine Rechtsangleichungsmaßnahme aber auch dem Gesundheits-, Umwelt- und Verbraucherschutz dienen (vgl. **Schutzniveauklausel**, Art. 95 Abs. 3 EGV).[181]

Gemäß Art. 95 Abs. 1 EGV erlässt der Rat zur Angleichung der mitgliedstaatlichen Rechts- und Verwaltungsvorschriften entsprechend dem Verfahren des Art. 251 EGV (Verfahren der Mitentscheidung) sowie nach Anhörung des Wirtschafts- und Sozialausschusses die zur Verwirklichung des Binnenmarkts erforderlichen **Maßnahmen**. Dieser Begriff ist weit auszulegen: Der Gemeinschaftsgesetzgeber kann durch den Erlass von Richtlinien, Verordnungen sowie Entscheidungen und rechtlich nicht verbindlichen Mitteilungen tätig werden.[182] Es steht folglich der gesamte Korb der in **Art. 249 EGV** aufgezählten **Rechtsakte** zur Verfügung. Hinsichtlich der Auswahl der konkreten Handlungsform kommt den Handelnden ein weiterer Ermessensspielraum zu. Im Zweifel dürfte das mildeste, das heißt den geringsten Eingriff verursachende Rechtsetzungsmittel zu wählen sein.[183] Die Richtlinie ist als weniger einschneidendes, die mitgliedstaatlichen Kompetenzbereiche schonendes Mittel deshalb einer Verordnung politisch vorzuziehen. Hintergrund dessen ist der Grundsatz der Subsidiarität (Art. 5 Abs. 2 EGV). Rechtlich durchsetzbar ist dies aber nicht.

Gestützt auf die Kompetenzgrundlage des Art. 95 EGV erließ der Rat im Bereich der Telekommunikation insbesondere die Konformitätsrichtlinie (RL 99/5) und die Genehmigungsrichtlinie (RL 97/13/EG), welche einen einheitlichen rechtlichen Rahmen für die mitgliedstaatlichen Genehmigungs- sowie Lizenzierungsverfahren schuf. Von besonderer Relevanz erwies sich ONP-Richtlinie (RL 90/387/EWG, geändert durch RL 97/51/EG), welche die Grundlagen zur Verwirklichung eines gemeinsamen Marktes schuf, indem sie allgemeine Grundsätze für den Zugang zu sowie grundsätzliche Genehmigungsbedingungen und -verfahren für Netze und Dienste festlegte. Die Mietleitungsrichtlinie (RL 92/44/EWG, geändert durch RL 97/51/EG) verpflichtete die Mitgliedstaaten, harmonisierte Mietleitungsangebote in öffentlich verfügbarer Weise zur Verfügung zu stellen.[184] In der Sprachtelefondienstrichtlinie (RL 95/62/EG, geändert durch RL 98/10/EG) werden Zugangs- und Nutzungsbedingungen des spezifischen Sektors vereinheitlicht. Die Zusammenschaltungsrichtlinie (RL 97/33/EG) schließlich verlangt von den Mitgliedstaaten die Gewährleistung einer angemessenen Netzzusammenschaltung; eine vollständige Harmo-

---

180 EuGH, Rs. C-376/98, Slg. 2000, I-8419, RdNr. 85 – Deutschland/Parlament und Rat = NJW 2000, 3701.

181 *Calliess/Ruffert/Kahl*, Art. 95 RdNr. 14.

182 *Oppermann*, Europarecht, RdNr. 1214 mit Verweis auf EuGH, Slg. 1994, I-3681 ff., RdNr. 21 ff. – Deutschland/Rat – RS C-359/92.

183 Vgl. Erklärung der EEA-Regierungskonferenz zu Art. 100a, ABl. EG 1987 Nr. L 169/24.

184 Vom EuGH im Wesentlichen bestätigt: EuGH, Slg. 1996, I-6417 – British telecommunications.

nisierung ist damit aber nicht bezweckt.[185] Auch die Endgeräterichtlinie (RL 99/5/EG) basiert auf der Grundlage des Art. 95 EGV.

107   Mit Erlass der neuen Kommunikationsrichtlinien vom 7. 3. 2002 wurde ein einheitlicher Regulierungsrahmen für den Telekommunikationssektor geschaffen. Als Hauptziele der Reform werden die Gleichbehandlung aller Netze und Dienste, ein flexibler Abbau der Regulierung bei wachsendem Wettbewerb sowie eine Harmonisierung der Regulierung zwischen den Mitgliedstaaten angeführt. Auf Grundlage des Art. 95 EGV erging in diesem Zusammenhang folgendes Richtlinienpaket: Rahmenrichtlinie RL 2002/21/EG, Zugangsrichtlinie RL 2002/19/EG, Universaldienstrichtlinie RL 2002/22/EG, Genehmigungsrichtlinie RL 2002/20/EG. Mit Ausnahme der Wettbewerbsrichtlinie 90/338/EWG sowie der TAL-Verordnung 2887/2000 werden mit Ablauf der 15-monatigen Umsetzungsfrist gemäß Art. 26, 28 Abs. 1 der Rahmenrichtlinie die sonstigen Harmonisierungsrichtlinien aufgehoben.

V. Die Rechtsakte des EGV

108   Art. 249 EGV unterscheidet zwischen Verordnungen, Richtlinien, Entscheidungen sowie unverbindlichen Empfehlungen und Stellungnahmen. Der EGV lässt erkennen, dass zwischen der Bezeichnung eines Rechtsaktes und seiner wahren Rechtsnatur zu unterscheiden ist. Art. 230 EGV bringt zum Ausdruck, dass es Rechtsakte gibt, die als Verordnung ergangen sind, gleichwohl aber inhaltlich als Entscheidung anzusehen sind.[186] Nach der Rechtsprechung des EuGH bestimmt sich die wahre Rechtsnatur „aus einer in dem Rechtsakt umschriebenen objektiven Rechts- oder Sachlage in Verbindung mit der Zielsetzung des Aktes".[187] Insofern kommt der Bezeichnung, die die handelnden Unionsorgane einem Rechtsakt verleihen, ein Prima-facie-Hinweis auf die Rechtssatzqualität der getroffenen Maßnahme zu. Die Bestimmung der wahren Rechtsnatur eines Rechtsaktes nach Art. 249 EGV hat sich an den folgenden abstrakten Kriterien zu orientieren: Art des Adressaten (Mitgliedstaaten, juristische oder natürliche Personen in den mitgliedstaatlichen Ordnungen); Offenheit oder Geschlossenheit des Adressatenkreises; Offenheit oder Geschlossenheit der Zahl der erfassten Regelungssachverhalte; Art der angesprochenen Pflicht (Unterlassen/Handeln; Erlass von Rechtssätzen, Vornahme von Verwaltungshandlungen etc.).

109   **1. Verordnung.** – Als **Verordnung** sind **generelle Rechtsnormen** des EG-Rechts mit **offenem Adressatenkreis** und **unmittelbarer Wirkung** in den mitgliedstaatlichen Rechtsordnungen anzusehen. Die Verordnung stellt einen Rechtssetzungsakt dar, der materielles Recht setzt und damit materiell einem Gesetz gleichsteht. Sie ermöglicht den Erlass einheitlich geltenden Rechts für die ganze Union.

110   Von einer Verordnung kann nur dann die Rede sein, wenn die – ggf. interpretierte – Bestimmung einen **offenen Kreis von Adressaten** in rechtsverbindlicher Weise anzusprechen beansprucht.[188] Den Kreis der Adressaten einer Verordnung bildet insofern eine abstrakt um-

---

185 EuGH, Urteil vom 13. 12. 2001, Rs. C-79/00 – Telefónica de Espana = NVwZ 2002, 841.
186 Vgl. EuGH, Rs. 30/67, Industria Molitoria Imolese, Slg. 1968, 173, 181.
187 EuGH, Rs. 16/62 und 17/62, Confédération nationale des producteurs de fruits et legumes e.a./Rat, Slg. 1962, 901; EuGH, Rs. 19–22/62, Fédération nationale de la boucherie en gros e.a./Rat, Slg. 1962, 943; EuGH, Rs. 242/81, Roquette Frères, Slg. 1982, 3213.
188 EuGH, Rs. 101/76, Koninklijke Scholten Honig, Slg. 1977, 797, 807.

schriebene und nicht zahlenmäßig bestimmbare Personengruppe.[189] Das schließt nicht aus, dass der Kreis zu einem gegebenen Zeitpunkt bestimmbar ist. Erforderlich ist allein, dass weitere Personen als Adressaten hinzukommen können. Nach Auffassung des EuGH „verliert eine Maßnahme ihren Charakter als Verordnung nicht dadurch, dass sich diejenigen Personen, auf die sie in einem gegebenen Zeitpunkt anzuwenden ist, der Zahl nach oder sogar namentlich mit mehr oder weniger großer Genauigkeit bestimmen lassen, sofern nur feststeht, dass die Maßnahme nach ihrer Zweckbestimmung aufgrund eines objektiven Tatbestands rechtlicher oder tatsächlicher Art anwendbar ist, den sie bestimmt."[190] Als Verordnung sind denn auch alle Rechtsnormen zu qualifizieren, die im Hinblick auf einen bestimmbaren Personenkreis erlassen werden und zunächst für diesen Wirkung entfalten, zugleich aber aufgrund des Umstandes, dass der geregelte Tatbestand auch bei anderen Personen auftreten kann, potenziell weitere Personen ansprechen können.[191]

Die Verordnung muss nicht notwendig abstrakte Regelungsqualität haben, d.h. unbe- **111** stimmt viele Sachverhalte betreffen. Sie kann auch eine einzige, genau beschriebene Fallkonstellation zum Regelungsgegenstand haben – solange nur der Kreis der adressierten Personen offen ist. Eine Norm ist auch dann als Verordnung anzusehen, wenn sie sich auf die adressierten Personen unterschiedlich auswirkt: „Dass sich eine Rechtsvorschrift auf die einzelnen Rechtspersonen, auf die sie anwendbar ist, im konkreten Fall unterschiedlich auswirken kann, nimmt ihr ihren Verordnungscharakter dann nicht, wenn ihr Tatbestand objektiv bestimmt ist."[192]

Nach dem Wortlaut des Art. 249 Abs. 2 entfalten Verordnungen ihre Wirkungen „in den **112** Mitgliedstaaten". **Adressat** einer Verordnung können zunächst die Unionsorgane selbst, Glieder der Union und natürliche oder juristische Personen in einem Sonderverhältnis zur Union sein. Die Verordnung kann sich darüber hinaus auch an die Mitgliedstaaten richten. Soweit eine Verordnung Normgehalte enthält, die sich an die öffentliche Gewalt der Mitgliedstaaten richten, so sind als Adressat sowohl die Mitgliedstaaten selbst und die nach innerstaatlichem Recht zuständigen Organe des Mitgliedstaats oder seiner Glieder (insbesondere Behörden und Gerichte) gebunden. Sie haben die Verordnungsnorm anzuwenden und die sich daraus ergebenden Rechte und Pflichten für den Einzelnen zu beachten bzw. durchzusetzen. Typischer Adressat einer Verordnung sind schließlich juristische und natürliche Personen in den Mitgliedstaaten. Verordnungen können insofern unmittelbar auf die Unionsbürger zugreifen, ohne dass es eines mitgliedstaatlichen Transformationsaktes bedürfte. Wer Adressat der Verordnung ist, lässt sich nicht abstrakt sagen, sondern bestimmt sich – wie bei der Entscheidung – nach dem jeweiligen Inhalt. Die Unionsorgane als Ur-

---

189 EuGH, verb. Rs. 19–22/62, Fédération nat. de la Boucherie u. a., Slg. 1962, 1003, 1020.

190 EuGH, verb. Rs. 19–22/62, Fédération nat. de la Boucherie u. a., Slg. 1962, 1003, 1020.

191 EuGH, Rs. 242/81, Roquette Frères, Slg. 1982, 3213; EuGH, Rs. 307/81, Alusuisse, Slg. 1982, 3463; EuGH, Rs. 147/83, Binderer, Slg. 1985, 257, 271; EuGH, Rs. 97, 193, 99 u. 215/86, Asteris u. a., Slg. 1988, 2200; EuGH, Rs. 206/87, Societe Lefebvre, Slg. 1989, 275; EuGH, Rs. C-264/91, Arnaud, Slg. 1993, I-2573; EuGH, Rs. C-209/94 P, Buralux, Slg. 1996, I-615; EuG, Rs. T 482/93, Weber, Slg. 1996, II-609; EuG, Rs. T-489/93, Unifruit Hellas, Slg. 1994, II-1201; EuG, Rs. T-14/97 und T-15/97, Sofivo SAS, Slg. 1998, II-2601.

192 EuGH, Rs. 6/68, Zuckerfabrik Watenstedt, Slg. 1968, 611, 621; so auch: EuGH, Rs. 63/69, Compagnie française commerciale, Slg. 1970, 205, 226; verb. Rs. 789 u. 790/79, Calpak SpA u. a., Slg. 1980, 1949, 1961; EuGH, Rs. 64/80, Giuffridau, Slg. 1981, 693, 703; EuGH, Rs. 45/81, Alexander Moksel, Slg. 1982, 1129, 1144.

heber müssen die Regelungen in der gleichen Weise beachten wie die Betroffenen und sind an sie gebunden.

113 Nach Art. 249 Abs. 2 (Art. 161 Abs. 2 EAGV, Art. 15 Abs. 2 EGKSV in Abgrenzung zum Einzelfall) hat die Verordnung **allgemeine Geltung**. Allgemeine Geltung der Verordnung bedeutet insofern, dass die Verordnung keinen räumlich beschränkten Wirkungskreis hat, sondern in allen Mitgliedstaaten gilt. Diese Feststellung wird durch die Formulierung in Abs. 2 S. 2 „in jedem Mitgliedstaat" ausdrücklich bestätigt. Es ist insofern unzulässig, eine Verordnung zu erlassen, die sich nur an einzelne der Mitgliedstaaten richtet. Der Erlass von Verordnungen, deren rechtlicher Regelungsbereich begrenzt ist, ist damit nicht ausgeschlossen; ebenso wenig steht Art. 249 EGV dem Erlass einer Verordnung entgegen, die sich faktisch nur für einen räumlich begrenzten Teil der EU auswirkt. Damit sind allerdings inhaltliche Fragen angesprochen. Dem europäischen Normgeber ist es verwehrt, schon den Geltungsanspruch der Verordnung auf einzelne Mitgliedstaaten zu begrenzen.

114 Nach Art. 249 Abs. 2 S. 2 ist die Verordnung **in allen Teilen verbindlich**. Im Gegensatz zu den unverbindlichen Empfehlungen und Stellungnahmen begründet sie für diejenigen, an die sie sich richtet, Kompetenzen, Ansprüche sowie Ge- oder Verbote. Der Vertragsgeber grenzt die Verordnung mit der Formulierung, sie sei in allen Teilen verbindlich, von der Richtlinie ab, die nur hinsichtlich des zu erreichenden Zieles verbindlich sein, den Mitgliedstaaten ansonsten aber einen Ausgestaltungsspielraum lassen soll (Art. 249 Abs. 3). Die Mitgliedstaaten haben Verordnungsbestimmungen umfassend zu beachten, solange diese nicht vom EuGH für ungültig erklärt worden sind. Auch die EU-Organe sind an Verordnungsbestimmungen so lange gebunden, wie diese nicht aufgehoben oder für ungültig erklärt worden sind.[193]

115 Art. 249 Abs. 2 S. 2 bestimmt, dass Verordnungen **unmittelbar gelten**. Verordnungen bedürfen keiner Transformation oder Inkorporierung in innerstaatliches Recht; sie bedürfen auch keines konkreten Vollzugsbefehls, wie es im deutschen Recht für die Inkraftsetzung von völkerrechtlichen Verträgen gem. Art. 59 Abs. 2 GG der Fall ist. Der Geltungsanspruch einer Verordnung hängt auch nicht von einem speziellen Zustimmungsakt seitens mitgliedstaatlicher Organe ab. Mit ihrem Inkrafttreten gilt die Verordnung in den Mitgliedstaaten, „erzeugt unmittelbare Wirkungen und ist als solche geeignet, für die Einzelnen Rechte zu begründen, zu deren Schutz die nationalen Gerichte verpflichtet sind".[194]

116 **2. Richtlinie.** – Das „typische Instrument der Rechtsangleichung"[195] ist die **Richtlinie**; aufgrund ihrer Flexibilität ist sie zudem in der Regel das mildere Mittel. Richtlinienbestimmungen zielen grundsätzlich nicht darauf ab, in den mitgliedstaatlichen Rechtsordnungen unmittelbar geltendes Recht zu schaffen. Die Richtlinie ist ein Akt der Union, der sich an die Mitgliedstaaten richtet, für die diese verbindlich ist und sie verpflichtet, die Richtlinie auszuführen, indem sie innerstaatliches Recht beseitigen, modifizieren, neu schaffen oder jedenfalls beibehalten.[196] Art. 249 EGV zufolge sind Richtlinien hinsichtlich des zu erreichenden Ziels verbindlich, überlassen jedoch den innerstaatlichen Stellen die Wahl der Form und der Mittel.

---

193 EuGH, Rs. 113/77, NTN Toyo Bearing/Rat, Slg. 1979, 1185.
194 EuGH, Rs. 43/70, Politi/Italien, Slg. 1971, 1039, 1049.
195 *Oppermann*, Europarecht, RdNr. 1229.
196 *Bleckmann*, Europarecht, RdNr. 162.

Nettesheim

Diese dem Unionsrecht typische Rechtshandlungsart ermöglicht es der Union, die Integra- **117** tion unter Schonung mitgliedstaatlicher Entscheidungsspielräume und nationaler Rege- lungsstrukturen voranzutreiben. Hauptsächliches Ziel der Richtlinie ist die Rechtsanglei- chung, nicht wie bei der Verordnung die Rechtsvereinheitlichung.

Richtlinienkompetenzen sind im gesamten Vertrag verstreut anzutreffen, wobei der Er- **118** mächtigungsgrundlage des Art. 94, 95 EGV im Rahmen der Rechtsangleichung eine he- rausragende Rolle zukommt. Diese Bestimmungen enthalten eine generelle Ermächtigung zum Erlass von Richtlinien, die zum Ziel haben, Rechts- und Verwaltungsvorschriften der Mitgliedstaaten, die sich unmittelbar auf den Gemeinsamen Markt bzw. den Binnenmarkt auswirken, anzugleichen.

Die Einzelnen können sich grundsätzlich nicht auf eine Richtlinienbestimmung berufen, **119** um Ansprüche oder Kompetenzen herzuleiten. Zugleich erlegt den Einzelnen eine Richtli- nienbestimmung grundsätzlich auch keine Pflichten auf. In Rechtsakten mit der Bezeich- nung „Richtlinie" finden sich neben echten Richtlinienbestimmungen häufig auch Nor- men mit Entscheidungscharakter, die die mitgliedstaatlichen Organe zu einem Verhalten zwingen, das nicht im Erlass mitgliedstaatlicher Rechtsnormen oder in der Erhaltung eines Rechtszustandes besteht. Diese Bestimmungen sind nicht umsetzungsbedürftig.[197]

Adressaten der Richtlinie sind die Mitgliedstaaten als juristische Personen. Richtlinienbe- **120** stimmungen legen den Mitgliedstaaten die Pflicht auf, einen richtlinienkonformen Rechts- zustand im nationalen Recht herzustellen und beizubehalten; eine unmittelbare Verpflich- tung nationaler Organe und Glieder in den nationalen Ordnungen erfolgt grundsätzlich nicht; ebenso wenig greift die Richtlinie im Grundsatz auf Rechtspersonen in den mitglied- staatlichen Ordnung zu.

Gemäß Art. 249 EGV sind Richtlinien **hinsichtlich des zu erreichenden Ziels verbind-** **121** **lich**, überlassen jedoch den innerstaatlichen Stellen die **Wahl der Form und der Mittel**. Diese Formulierung erweist sich aber insofern als missverständlich, da die Richtlinie nicht nur Ziele oder Ergebnisse festlegt, sondern sie definiert auch den Rechtszustand, der von den Mitgliedstaaten herzustellen und beizubehalten ist. Genau genommen legt die Richt- linie deshalb nicht nur Ziele fest, sondern nimmt auch Einfluss auf die „Mittel", die die Mit- gliedstaaten zu ergreifen haben. Die Mitgliedstaaten können Spielräume nur innerhalb der von der Richtlinie gezogenen Grenzen wahrnehmen: Wahlmöglichkeiten hinsichtlich der zu ergreifenden Mittel haben sie nur, wenn und soweit die Richtlinienbestimmung hierzu keine Festlegung trifft. Art. 249 EGV verlangt in diesem Zusammenhang nicht, dass Richt- linienbestimmungen den Mitgliedstaaten einen sachlichen Regelungsspielraum erhalten. Bei der Bestimmung der Regelungsintensität ist der europäische Normgeber frei, so dass Richtlinienbestimmungen je nach der Art des Ergebnisses mehr oder weniger detaillierte Normierungen enthalten können, ohne deswegen formal die Rechtsnatur einer Richtlinie zu verlieren. Wenn das von ihr angestrebte Ergebnis sehr detaillierte Bestimmungen erfor- dert, folgt die Zulässigkeit dieses Vorgehens aus der Funktionsfähigkeit der Union, auch wenn dem Mitgliedstaat dann keine eigene Entscheidungsfreiheit mehr verbleibt.[198]

Die Pflicht zur Herstellung eines richtlinienkonformen Rechtszustandes kommt mit dem **122** Auslauf der **Umsetzungsfrist** zur Entstehung. Die Bestimmung der Fristlänge ist dem poli-

---

197 *Nettesheim*, Die mitgliedstaatliche Durchführung von EG-Richtlinien, 1999.
198 *Grabitz/Hilf/Nettesheim*, Art. 249 RdNr. 132.

tischen Ermessen der Unionsorgane überlassen. Die Mitgliedstaaten haben sich im Rat für eine Festsetzung der Frist in der Länge einzusetzen, die ihren spezifischen Umsetzungsproblemen Rechnung trägt. Sie können einen Verstoß gegen die Umsetzungspflicht nicht damit rechtfertigen, dass die Umsetzungsfrist übermäßig kurz gewesen sei.[199] Stellen sich einem Mitgliedstaat bei der Umsetzung Schwierigkeiten, so hat er auf eine Verlängerung der Frist durch Rechtsetzungsentscheidung der EU-Organe hinzuwirken.

123   Die unbedingte Sorge um die Beachtung und Einhaltung der Umsetzungsfrist ist zur Wahrung der einheitlichen Wirkung des Unionsrechts erforderlich; andernfalls wäre der einheitliche Vollzug in der gesamten Union nicht zu gewährleisten.[200] Die Rechtsprechung des EuGH zeigt eine sehr strikte Handhabung der mitgliedstaatlichen Pflicht zur fristgemäßen Umsetzung von Richtlinien. Er begründet dies mit einer Folgenbetrachtung: Die Umsetzungsmaßnahmen wären „dem Ermessen der Mitgliedstaaten überlassen ... mit der Folge, dass Rechtshandlungen dieser Art wirkungslos bleiben müssen, wenn die gesteckten Ziele nicht in der gesetzten Frist erreicht werden".[201]

124   Diese strenge Rechtsprechung des EuGH wird mittlerweile durch drohende Zwangsgelder im Fall der nicht ordnungsgemäßen Umsetzung von Richtlinien ergänzt. So verurteilte der EuGH einen Mitgliedstaat auf Grund des Art. 228 Abs. 2 EGV zu einem Zwangsgeld in Höhe von 20000 Euro pro Tag,[202] weil der Mitgliedstaat seiner Verpflichtung zur Umsetzung einer abfallrechtlichen Richtlinie nicht nachgekommen war; der EuGH hatte schon Jahre zuvor[203] einen entsprechenden Vertragsverstoß festgestellt. Inzwischen ist es zu einem weiteren Fall der Anwendung von Art. 228 Abs. 2 EGV gekommen.

125   Die Mitgliedstaaten sind zur **vollständigen Umsetzung** der Richtlinie verpflichtet. Ein mitgliedstaatliches Tätigwerden ist nur dann verlangt, wenn der bestehende Rechtszustand nicht bereits den Vorgaben der Richtlinie entspricht. Im Falle der Übereinstimmung von Richtlinienauftrag und nationalem Rechtszustand bedarf es weder einer Umsetzung noch eines Hinweises, dass die bestehenden nationalen Rechtsnormen nunmehr durch eine Richtlinienbestimmung festgeschrieben und in deren Licht zu interpretieren sind.

126   Nach ständiger Rechtsprechung des EuGH trifft den Mitgliedstaat eine Pflicht zur **hinreichend bestimmten, klaren und transparenten Umsetzung** von Richtlinien.[204] Dem nationalen Umsetzungsnormgeber steht es frei, eigene, an den nationalen Traditionen und Begrifflichkeiten orientierte Wege zu gehen. Es ist aber erforderlich, die in der Richtlinie angelegten Pflichten „so bestimmt und klar" zu gewährleisten, „dass die Rechtssicherheit garantiert ist".[205]

---

199 EuGH, Rs. C-71/97, Kommission/Spanien, Slg. 1998, I-5991.
200 EuGH, Rs. 10/76, Kommission/Italien, Slg. 1976, 1359, 1365; allgemein: *Nettesheim*, FS Grabitz, 1995, S. 447.
201 EuGH, Rs. 79/72, Kommission/Italien, Slg. 1973, 667, 672; EuGH, Rs. 52/75, Kommission/Italien, Slg. 1976, 277, 284.
202 EuGH, Rs. C-387/97, Kommission/Griechenland, Slg. 2000, I-5047, m. Anm. *Karpenstein* EuZW, 2000, 537.
203 EuGH, Rs. C-45/91, Kommission/Griechenland, Slg. 1992, I-2509.
204 Z. B. EuGH, Rs. C-16/95, Kommission/Spanien, Slg. 1995, I-4883; EuGH, Rs. C-220/94, Kommission/Luxemburg, Slg. 1995, I-1589.
205 EuGH, Rs. C-217/97, Kommission/Deutschland, Slg. 1999, I-5087, Rdnr. 34; ähnlich bereits: EuGH, Rs. C-74/91, Kommission/Deutschland (Reisebüros), Slg. 1992, I-5437; EuGH, Rs. C-306/91, Kommission/Italien (Tabak), Slg. 1993, I-2133; EuGH, Rs. C-236/95, Kommission/Grie-

Richtlinienbestimmungen sind in **zwingendes und verbindliches staatliches Recht** um- 127
zusetzen. Eine bestehende Verwaltungspraxis genügt den Anforderungen der Umsetzung
einer Richtlinie in nationales Recht nicht; Richtlinienbestimmungen zielen ihrer Natur
nach auf Herstellung eines bindenden Rechtszustandes.[206] Der Umsetzungspflicht der Mitgliedstaaten genügt ferner weder die schlichte Nichtanwendung entgegenstehenden nationalen Rechts[207] noch die richtlinienkonforme Auslegung von Vorschriften, die ihrerseits
nicht den Anforderungen an Bestimmtheit und Klarheit der nationalen Umsetzungsrechts-
lage entsprechen,[208] ebenso wenig der Erlass einer Norm, mit der die Ermächtigung zur
richtlinienkonformen Anpassung des nationalen Rechts erteilt wird.[209]

Es hängt vom Inhalt der jeweiligen Richtlinienbestimmung ab, ob eine Umsetzung durch 128
bloß intern wirkende, aber verbindliche Verwaltungsvorschriften zulässig ist oder ob die
Wahl außenwirksamen Rechts geboten ist.[210] Die Aussage, dass für die Umsetzung von
Richtlinienbestimmungen immer außenwirksames Recht – oder gar der Erlass eines Gesetzes – erforderlich ist, lässt sich insofern nicht halten.[211] Diese Fragen spielen bis heute in
der Rechtsprechung des EuGH eine wichtige Rolle: So war etwa Gegenstand eines Vertragsverletzungsverfahrens die Frage, ob Luxemburg die Mietleitungsrichtlinie ordnungsgemäß umgesetzt hatte. Dabei entschied der EuGH, dass die von Fernmeldeunternehmen
ohne rechtliche Verpflichtungen erlassenen „Allgemeinen Bedingungen für Telekommunikationsdienste" keinen adäquaten Umsetzungsakt darstellen, vielmehr müssten die Mitgliedstaaten für einen klaren rechtlichen Rahmen sorgen.[212]

Die vom Gesetzgeber im Telekommunikationsrecht recht häufig gewählte dynamische 129
Verweisung auf EG-Richtlinien[213] führt zu einer automatischen Anpassung und ist zulässig,[214] sofern sich die Rechte und Pflichten für die Betroffenen hinreichend klar und erkennbar ergeben. [215]

Richtlinienbestimmungen mit privatrechtsgestaltendem Inhalt erfordern in der Regel die 130
Einrichtung materieller subjektiver Rechte. Bloße reaktiv-subjektive gerichtliche Kontrollansprüche würden dem Einzelnen nicht das Recht verleihen, vom pflichtigen Privatrechts-
subjekt die Leistung unmittelbar verlangen zu können. Bei Richtlinienbestimmungen mit
öffentlich-rechtlicher Zielrichtung ist dagegen zu differenzieren: Richtlinienumsetzung
muss auch hier unter Verwendung materiell-subjektiver Rechte betrieben werden, wenn

---

chenland, Slg. 1996, I-4459; vgl. auch EuGH, Rs. C-96/95, Kommission/Deutschland, Slg.
1997, I-1653.
206 EuGH, Rs. 300/81, Kommission/Italien, Slg. 1983, 449; EuGH, Rs. 29/84, Kommission/Deutsch-
land, Slg. 1985, 1671; EuGH, Rs. C-131/88, Kommission/Deutschland, Slg. 1991, I-825; EuGH,
Rs. C-306/89, Kommission/Griechenland, Slg. 1991, I-5863.
207 EuGH, Rs. C-207/96, Kommission/Italien, Slg. 1997, I-6869.
208 EuGH, Rs. C-236/95, Kommission/Griechenland, Slg. 1996, I-4459.
209 EuGH, Rs. C-263/96, Kommission/Belgien, Slg. 1997, I-7453.
210 EuGH, Rs. C-433/93, Kommission/Deutschland, 1995, I-2303; EuGH, Rs. C-96/95, Kommis-
sion/Deutschland, Slg. 1997, I-1653.
211 *Nettesheim*, Die Durchführung von EG-Richtlinien, 1999.
212 EuGH – Kommission/Luxemburg, Slg. 1995, I-1589; vgl. auch: EuGH, Slg. 1995, I-5669.
213 Vgl. §§ 5, 23, 33, 34, 35, 41 TKG sowie §§ 13, 27 TKV.
214 EuGH, Rs. C-96/95 – Kommission/Bundesrepublik Deutschland; OVG NW NWVBl. 1996, 307,
309; *Klindt*, DVBl. 1998, 373, 377.
215 Zu rechtsstaatlichen und dem Bestimmtheitsgrundsatz entsprechenden Anforderungen: *Hoffmann-Riem*, DVBl. 1999, 125, 129; *Klind*, DVBl. 1998, 373, 377.

dies von der umzusetzenden Richtlinienbestimmung ausdrücklich bestimmt wird. Die Umsetzung durch subjektiv-öffentliche Rechte gebietet sich ferner dann, wenn es mit Sinn und Zweck der Richtlinienbestimmung nicht vereinbar wäre, dem Einzelnen zwar einen reaktiv-subjektiven Kontrollanspruch zu verleihen, mit dem eine objektive Rechtmäßigkeitsüberprüfung verlangt werden kann, nicht aber ein materiell-subjektives Recht zu gewähren, mit dem die Handlung eingefordert werden kann. Andererseits wird man in Fällen, in denen es um die Begünstigung der Allgemeinheit geht, dem mitgliedstaatlichen Umsetzungsnormgeber die Wahlfreiheit lassen, ob er materiell-subjektive Ansprüche oder bloß prozessuale Kontrollansprüche wählt. So können die behördlichen Organisations-, Vorsorge- und Überwachungspflichten in Richtlinien des Umweltrechts durch materiell-subjektive Ansprüche bewehrt werden; es ist aber auch möglich, den Einzelnen lediglich einen Kontrollanspruch zu verleihen, mit dem sie die Beachtung der (objektiven) Pflicht einklagen können.

131   Eine „überschießende Umsetzung" von Richtlinien (Erstreckung des richtliniengebotenen mitgliedstaatlichen Rechtszustandes auf Sachverhalte, auf die die Richtlinie selbst keine Anwendung beansprucht) ist den Mitgliedstaaten nicht untersagt, wenn und soweit damit den Richtlinienvorgaben nicht widersprochen wird. Art. 234 EGV schließt es (prozessual) nicht aus, dass ein nationales Gericht den EuGH mit Sachverhalten befasst, die sich im Bereich der überschießenden Umsetzung bewegen; die sachliche Entscheidungskompetenz des EuGH schließt das Recht ein, Vorlagefragen mitgliedstaatlicher Gerichte zu beantworten, denen ein Fall zugrunde liegt, der sich im Bereich „überschiedender Umsetzung" bewegt.[216]

132   Nach dem Wortlaut des Art. 249 Abs. 3, 2. Alt. ist den innerstaatlichen Stellen die Wahl der Form und der Mittel zur Ausführung der Richtlinie überlassen. Sinn und Zweck dieser Wahlfreiheit ist es, den Mitgliedstaaten einen Betätigungsspielraum zu belassen, wodurch es ihnen ermöglicht wird, nationalen Besonderheiten bei der Ausführung der Richtlinie Rechnung zu tragen. Dazu gehört insbesondere die Entscheidung, welches Organ die Vorschriften erlässt, welches Verfahren anzuwenden ist, schließlich (im Rahmen des von der Richtlinie Vorgegebenen) auch die Entscheidung, welche Rechtsqualität den Bestimmungen zukommen soll.[217]

133   In ständiger Rechtsprechung geht der EuGH davon aus, dass aus Art. 249 i.V.m. Art. 10 ein Gebot der **richtlinienkonformen Interpretation** des nationalen Umsetzungsrechts folge.[218] Die Möglichkeit einer richtlinienkonformen Interpretation besteht nur insoweit, wie die Bestimmungen des nationalen Rechts überhaupt Auslegungsspielräume eröffnen. Eine Überwindung des Wortlautes, die Bildung von Analogien oder die Rechtsfortbildung sind nicht Gegenstand der Pflicht zur richtlinienkonformen Interpretation.[219] Zum Tragen kommt das Gebot der richtlinienkonformen Interpretation des nationalen Umsetzungsrechts immer dann, wenn und soweit das nationale Umsetzungsrecht auch Interpretations-

---

216 EuGH, Rs. C-297/88, Dzodzi, Slg. 1990, I-3763; EuGH, Rs. C-231/89, Gmurzynska-Bscher, Slg. 1990, I-4003; EuGH, Rs. C-384/89, Tomatis, Slg. 1991, I-127; EuGH, Rs. C-88/91, Federconsorzi, Slg. 1992, I-4035; EuGH, Rs. C-73/89, Fournier, Slg. 1992, I-5621.

217 EuGH, Rs. 96/81, Kommission/Niederlande, Slg. 1982, 1791, 1804.

218 Vgl. z. B. EuGH, Rs. C-334/92, Wagner Miret/Fondo de garantía salarial, Slg. 1993, I-6911; EuGH, Rs. C-71/94, C-72/94 und C-73/94, Eurim-Pharm Arzneimittel/Beiersdorf e.a., Slg. 1996, I-3603; EuGH, Rs. C-355/96, Silhouette International Schmied/Hartlauer Handelsgesellschaft, Slg. 1998, I-4799; EuGH, Rs. C-185/97, Coote/Granada Hospitality, Slg. 1998, I-5199).

219 *Nettesheim*, AöR 119 (1994), 261.

ergebnisse zuließe, die mit den Gehalten der Richtlinienbestimmung unvereinbar wären; es wäre in diesen Fällen mit Art. 249 i.V.m. Art. 10 unvereinbar, eine richtlinienwidrige Entscheidung zu treffen.

Ungeachtet des Wortlauts von Art. 249 EG ist heute anerkannt, dass Richtlinienbestim- **134** mungen unter bestimmten Voraussetzungen auch **unmittelbare Wirkung** entfalten kön- nen. Diese Interpretation machte sich der EuGH erstmalig im sog. Leber-Pfennig-Urteil zu eigen,[220] in dem der Gerichtshof Bestimmungen einer staatengerichteten Entscheidung un- mittelbare Wirkung zusprach.

Eine Richtlinienbestimmung kann unmittelbare Wirkung **nach Ablauf der Umsetzungs-** **135** **frist**[221] nur entfalten, „wenn der Staat die Richtlinie nicht fristgemäß in nationales Recht umsetzt oder eine unzutreffende Umsetzung der Richtlinie vornimmt."[222] Angesprochen sind damit nicht nur Fälle, in denen ein Mitgliedstaat gänzlich untätig geblieben ist. Die unmittelbare Wirkung kommt auch in Fällen in Betracht, in denen der Mitgliedstaat zwar tätig geworden ist, das Richtlinienziel aber verfehlt hat.[223] Hierzu ist auch der Fall zu zäh- len, dass der nationale Rechtszustand zwar dem Wortlaut nach dem Richtlinienziel ent- spricht, zugleich aber die Rechtsanwendung zu richtlinienwidrigen Ergebnissen führt.

Ferner muss der Bestimmung ein sog. **Self-executing-Charakter** zukommen. Sie kann **136** Adressaten im innerstaatlichen Rechtsraum nur dann verpflichten, wenn sie geeignet ist, unmittelbare Rechtswirkungen zu erzeugen. Davon ist auszugehen, sofern die Richtlinie inhaltlich unbedingt und hinreichend genau ist.[224] Bei der Beurteilung von Richtlinienbe- stimmungen bringt der EuGH die allgemeinen Voraussetzungen für die Unmittelbarkeit von Unionsrechtsnormen zur Anwendung. Nach Auffassung des EuGH muss eine Norm klar und genau, uneingeschränkt bzw. bedingungsunabhängig sein; sie muss in ihrem We- sen geeignet sein, unmittelbare Wirkungen zu erzeugen, und zu ihrer Ausführung keiner weiteren Rechtsvorschriften des staatlichen Normgebers bedürfen.[225]

Von inhaltlicher **Unbedingtheit** ist in der Rechtsprechung des EuGH die Rede, wenn eine **137** Bestimmung vorbehaltlos gilt, nicht unter einer Bedingung steht und ihr Ziel nicht die Her- beiführung einer gestalterischen Maßnahme des Mitgliedstaats ist. Am Erfordernis der Un- bedingtheit fehlt es beispielsweise, wenn eine Richtlinienbestimmung darauf abzielt, An- sprüche des Bürgers zu begründen, dem umsetzenden Normgeber aber Wahlmöglichkeiten hinsichtlich des Anspruchsschuldners einräumt.[226]

---

220 EuGH, Rs. 9/70, Slg. 1970, 825.
221 EuGH, Rs. 148/78 – Ratti, Slg. 1979, 1629; Generalanwalt Jacobs, Schlussanträge zu EuGH, Rs. C-156/91 – Mundt, Slg. 1992, I-5567.
222 EuGH, Rs. 152/84 – Marshall I, Slg. 1986, 723, Rdnr. 46.
223 EuGH, Rs. 14/83, Colson/von Kamann, Slg. 1984, 1891.
224 EuGH, Rs. 8/81 – Becker, Slg. 1982, 53, 71; Rs. 255/81 – Grendel, Slg. 1982, 2301, 2312; Rs. 70/ 83 – Gerda Kloppenburg, Slg. 1984, 1075, 1085; Rs. 152/84 – Marshall, Slg. 1986, 723; Rs. 188/ 89 – Foster, Slg. 1990, 3313; Rs. 6 u. 9/90 – Francovich, Slg. 1991, I-5357; verbundene Rs. C- 246, 247, 248 und 249/94 – Cooperative Agricola Zootecnica u. a., Slg. 1996, I-4373; verbundene Rs. C-253/96-258/96 – Kampelmann e.a./Landschaftsverband Westfalen-Lippe e.a., Slg. 1997, I- 6907; Rs. C-389/95 – Klattner, Slg. 1997, I-2719; Rs. C-27/98 – Fracasso und Leitschutz, Slg. 1999, I-5697.
225 Vgl. dazu grundlegend: EuGH, Rs. 26/62 – Van Gend & Loos, Slg. 1963, 1, 25 f.
226 EuGH, Rs. 6 u. 9/90, Francovich, Slg. 1991, I-5357.

138   Eine Bestimmung weist **hinreichende Genauigkeit** auf, wenn sich ihre Rechtsgehalte mit der erforderlichen Sicherheit ermitteln lassen.[227] Erforderlich ist jedenfalls, dass sich bei verpflichtenden Richtlinienbestimmungen Adressat und Inhalt der Pflicht, bei anspruchsbegründenden Bestimmungen Anspruchsträger, Verpflichteter und Anspruchsinhalt ermitteln lassen. Hinreichende Genauigkeit bedeutet allerdings nicht Eindeutigkeit. Es wäre mit Art. 249 unvereinbar, einen Durchgriff nur dann zuzulassen, wenn eine Richtlinienbestimmung so formuliert ist, dass jede Unsicherheit hinsichtlich der Regelungsgehalte ausgeschlossen ist.

139   Außer Frage steht, dass Richtlinienbestimmungen, die den Staat, seine Organe oder Glieder zum Verpflichteten eines Anspruchs machen, die Fähigkeit zur unmittelbaren Wirksamkeit zukommt.[228] Richtlinienbestimmungen kommt die Fähigkeit zur Entfaltung unmittelbarer Wirkung auch dann zu, wenn die Geltendmachung der verliehenen (staatsgerichteten) Ansprüche dazu führt, dass indirekt Rechtspositionen privater Dritter beeinträchtigt werden.[229] Nach heute gesicherter Rechtslage sind Richtlinienbestimmungen allerdings **nicht** dazu fähig, **Privaten objektive Pflichten aufzuerlegen**.[230] Eine nicht umgesetzte Richtlinie vermag auf horizontaler Ebene keine Anspruchsgrundlage zu verschaffen.[231] So verstieß das Angebot von Call-by-Call-Gesprächen im Ortsnetz im Jahre 2000 – obwohl die Bundesrepublik die Richtlinie 98/61 bereits bis spätestens 1. 1. 2000 hätte umsetzen müssen – gegen § 1 UWG.[232]

140   Ein Mitgliedstaat kann sich, auch bei unvollständiger Umsetzung einer Richtlinie, nicht zu Lasten des Bürgers auf sie berufen.[233]

141   Bei Nichtumsetzung von Richtlinien besteht die Möglichkeit der Geltendmachung eines **Staatshaftungsanspruchs** gegenüber dem Mitgliedsstaat.[234] Voraussetzung dafür ist, dass die Richtlinie die Verleihung von Rechten an Einzelne vorsieht, welche bestimmt sowie bedingungslos formuliert sind. Der Schaden des Einzelnen muss kausal aufgrund des Verstoßes gegen die Umsetzungspflicht eingetreten sein. Die nach dem mitgliedstaatlichen Staatshaftungsrecht geltend zu machende Schadensersatzklage unterliegt europarechtlichen Modifizierungen.[235]

---

227 EuGH, Rs. C-236/92, Comitato di coordinamento per la difesa della Cava e.a./Regione Lombardia e.a., Slg. 1994, I-483.
228 EuGH, Rs. 14/83 – von Colson/Kamann, Slg. 1984, 1891; Rs. 152/84 – Marshall, Slg. 1986, 723.
229 *Grabitz/Hilf/Nettesheim*, Art. 249 RdNr. 170.
230 EuGH, Rs. 80/86 – Kolpinghuis Nijmegen, Slg. 1987, 3969; Rs. 372–374/85 – Strafverfahren Traen, Slg. 1987, 2141; Rs. 14/86 – Pretore di Salò/X, Slg. 1987, 2545; Rs. C-168/95 – Strafverfahren Arcaro, Slg. 1996, I-4705.
231 EuGH, Slg. 1986, 723 – Marshall.
232 Vgl. dazu: LG Köln, Urteil vom 30. 11. 2000 – 84 O 127/00, Fundstelle: www.jurpc.de/rechtspr/20010024.htm.
233 EuGH, Rs. C-168/95 – Arcaro, Slg. 1996, I-4705.
234 *Furrer/Epiney*, JZ 1995, 1025 ff.
235 EuGH, Rs. 6 u. 9/90, Francovich, Slg. 1991, I-5357; EuGH, Rs. C-334/92, Wagner Miret, Slg. 1993, I-6911; EuGH, Rs. C-46 u. 48, 93; EuGH, verbundene Rs. C-46/93 und C-48/93 – Brasserie du Pêcheur und Factortame, Slg. 1996, I-1029; verbundene Rs. C-178/179 und 188/190 – Dillenkofer, Slg. 1996, I-4848; vgl. auch EuGH, Rs. C-392/93 – The Queen/H.M. Treasury, ex parte: British Telecommunications, Slg. 1996, I-1631, 1667; EuGH, verb. Rs. 283, 291 und 292/94, Denkavit, Slg. 1996, I-5023; EuGH, Rs. C-127/95, Norbrook Laboratories, Slg. 1998, I-1531; EuGH, Rs. C-188/95, Fantask, Slg. 1997, I-6783 (dazu *Gundel*, NVwZ 1998, 910); EuGH, Rs. C-

3. Entscheidung. – Die Entscheidung nach Art. 249 Abs. 4 ist eine Rechtshandlung des 142
EG-Rechts, mit der EU-Organe Rechtsträger im unionsinternen Bereich adressieren, darüber hinaus aber auch auf die Außenrechtsbeziehungen gestaltend einwirken können. Entscheidungen können sich an einzelne oder an die Gesamtheit der Mitgliedstaaten richten; sie können aber auch natürliche oder juristische Personen in den Mitgliedstaaten als Adressaten haben. Aufgrund ihrer verbindlicher Regelung gegenüber Individuen oder einem individualiserbaren Personenkreis werden Entscheidungen im deutschen Recht mit dem Rechtsinstitut des Verwaltungsaktes verglichen, allerdings mit dem großen Unterschied, dass die unionsrechtliche Einzelfallentscheidung auch an Staaten gerichtet werden kann. Die Entscheidung kann auch eine unbestimmte Vielzahl von Fällen regeln. Insbesondere für vollziehende Aufgaben von Rat und Kommission bietet sich diese Handlungsform an.

In Abgrenzung zur Verordnung muss der **Kreis der Adressaten geschlossen** sein. Vor dem 143
Hintergrund des Art. 230 Abs. 2 EGV („unmittelbar und individuell betreffen") kann von einer echten Entscheidungsbestimmung nur dort die Rede sein, wo sich ein Rechtsakt an einen im Augenblick des Erlasses bestimmbaren Personenkreis wendet, der künftig nicht mehr erweitert werden kann.[236]

Eine Entscheidung im Sinne des Art. 249 liegt nur vor, wenn und soweit eine Rechtshand- 144
lung einem Unionsorgan zuzurechnen ist. Dabei ist der Rechtsakt im Hinblick auf Inhalt, äußere Form und Erlassverfahren zu untersuchen.[237]

Nach Art. 249 Abs. 4 EGV ist die Entscheidung **für diejenigen verbindlich, „die sie be-** 145
zeichnet". Inhaltlich kann sich eine Entscheidung im Bereich der Funktion von Gubernative, Exekutive oder Judikative bewegen. „Entscheidungen", mit denen die EU-Organe einen oder mehrere Mitgliedstaaten zur Anpassung ihrer Rechtsordnung veranlassen (Harmonisierung), sind in der Sache Richtlinienbestimmungen und prozessual in diesem Sinne zu behandeln.

Die Entscheidung ist gem. Art. 249 EGV „in allen ihren Teilen verbindlich". In diesem 146
Merkmal gleicht sie der Verordnung und der allgemeinen Entscheidung nach dem EGKS-Vertrag, aber auch der Richtlinie und der Empfehlung i. S. d. EGKS-Vertrags. Entscheidungen können **Außenwirkung** entfalten, also im Rechtsverhältnis zwischen der Union bzw. der Glieder der Union und den Mitgliedstaaten bzw. den natürlichen und juristischen Personen in den Mitgliedstaaten ergehen. Sie können aber auch den **unionsinternen Bereich** zum Regelungsgegenstand haben.

Vom Erlass einer Entscheidung kann nur dann gesprochen werden, wenn der rechtliche 147
Entscheidungswille des handelnden Organs objektiv feststellbar ist. Liegen allerdings entsprechende objektive Anhaltspunkte für einen Rechtserzeugungswillen vor, so ist auch dann vom Vorliegen einer Entscheidung auszugehen, wenn in Wirklichkeit die handelnden Organwalter sich keine weitergehenden Gedanken gemacht und keinen Rechtserzeugungswillen hatte. Im Lichte dieser Grundsätze sind bloße Meinungsäußerungen,

---

140/97, *Rechberger*, EuZW 1999, 468 m. Anm. *Tonner* S. 473; vgl. ferner *Nettesheim*, DÖV 1992, 999, *Schlemmer-Schulte/Ukrow*, EuR 1992, 82; *Ossenbühl*, DVBl. 1992, 993; *Neßler*, RIW 1993, 206; *Reich*, EuZW 1996, 709.
236 EuGH, verb. Rs. 106, 107/63, Töpfer u. Getreide Import Ges., Slg. 1965, 554, 556; verb. Rs. 41–44/70, Fruit Company u. a., Slg. 1971, 411, 422.
237 EuGH, verb. Rs. C-181/91 und C-248/91, Parlament/Rat und Kommission, Slg. 1993, I-3685.

Verhaltensempfehlungen oder Rechtsauskünfte keine Entscheidungen nach Art. 249.[238] Absichtserklärungen und Ankündigungen eines Unionsorgans, wie es zu verfahren gedenkt, entfalten keine rechtliche Verbindlichkeit.[239] In einem mehrstufigen Verwaltungsverfahren ergehen Entscheidungen grundsätzlich immer dann, wenn es sich um eine das Verfahren abschließende Maßnahme handelt.[240] Die Einleitung eines Verfahrens sowie die Mitteilung des Verfahrensgegenstandes werden insofern regelmäßig vorbereitende Verfahrenshandlungen darstellen, nicht eine Entscheidung nach Art. 249; anderes gilt allerdings, wenn von dem einleitenden oder zwischengeschalteten Akt Rechtswirkungen ausgehen.[241] Folge der Verbindlichkeit einer Entscheidung ist die Pflicht zur Befolgung, soweit es um eine belastende Rechtshandlung geht; bei begünstigenden Rechtshandlungen ist die Folge in der Erweiterung der Rechtspositionen des Begünstigten zu sehen.

148 Nach ständiger Rechtsprechung des EuGH folgt aus dem Umstand, dass die Entscheidung in allen ihren Teilen verbindlich ist, dass sie auch geeignet sein muss, **unmittelbare Wirkungen** zu erzeugen.[242] Die Entscheidung beansprucht für ihren Adressaten oder ihre Adressaten Rechtsgeltung, ohne dass eine Transformation oder der Ausspruch eines konkreten Vollzugsbefehls erforderlich wäre. Das entspricht Sinn und Zweck einer Einzelfallentscheidung, die wie ein Verwaltungsakt den Adressaten zu einem Tun oder Unterlassen verpflichten oder ihm eine Rechtsposition einräumen will.

149 Bei einer Entscheidung, die an einen Einzelnen gerichtet ist, liegt unproblematisch unmittelbare Wirkung für den Adressaten vor. Schwieriger fällt die Beurteilung der Rechtslage bei **Entscheidungen**, die **an Mitgliedstaaten gerichtet** sind. Hierbei kann nämlich der Mitgliedstaat auch nur verpflichtet oder ermächtigt werden, einen Ausführungsakt zu erlassen, so dass der Einzelne in einem solchen Fall erst durch diese zweite Rechtshandlung benachteiligt oder begünstigt wird. Nach Auffassung des EuGH sind die Unionsbürger von derartigen Entscheidungen unmittelbar betroffen, wenn die Entscheidung dem Mitgliedstaat bei seinem Ausführungsakt keinen Ermessensspielraum belässt, da hierbei dieser Rechtshandlung keine eigene Bedeutung mehr zukommt und der Unionsbürger bereits durch die Entscheidung selbst betroffen ist. Staatengerichtete Entscheidungen entfalten eine unmittelbare Wirkung zugunsten dritter Rechtssubjekte nur, „wenn folgende Voraussetzungen vorliegen: Die durch die Entscheidung den Mitgliedstaaten auferlegte Verpflichtung muss klar und eindeutig sein, sie darf von keiner Bedingung abhängen und insbesondere dem Adressaten keinen Ermessensspielraum zu ihrer Umsetzung belassen. Sind diese Kriterien erfüllt, verpflichtet eine Entscheidung die Behörden und Gerichte der Mitgliedstaaten unmittelbar, die Interessen der durch ihre Verletzung betroffenen Einzelnen zu wahren, indem sie diesen Schutz gewähren."[243]

238 EuGH, Rs. 133/79, Sucrimex, Slg. 1980, 1299; EuGH, Rs. 135/84, F.B./Kommission, Slg. 1984, 3571; EuGH, Rs. C-50/90, Sunzest, Slg. 1991, I-2917.
239 EuGH, Rs. C-66/91, Emerald Meats, Slg. 1991, I-1143.
240 EuGH, Rs. 60/81, IBM, Slg. 1981, 2639; EuGH, Rs. C-282/95 P, Guérin Automobiles, Slg. 1997, I-1503.
241 Vgl. beispielsweise EuGH, RS. C-147/91, Spanien/Kommission, Slg. 1992, I-4117.
242 EuGH, Rs. 9/70, Grad, Slg. 1970, 825, 838; EuGH, Rs. 20/70, Transports Lesage & cie./Hauptzollamt Freiburg, Slg. 1970, 861.
243 Schlussanträge GA Reischl in der Rs. 130/78, Salumificio, Slg. 1979, 867, 891 f.

4. Empfehlungen und Stellungnahmen. – Nach Art. 249 Abs. 5 EGV sind **Empfehlun-** 150
gen und Stellungnahmen rechtlich nicht verbindlich; Auswirkungen ergeben sich aber
auf politischer Ebene.

Empfehlungen und Stellungnahmen enthalten im Gegensatz zu den anderen Rechtshand- 151
lungen **keine rechtsnormative Regelung**. Abgrenzungsschwierigkeiten zu den verbindlichen Rechtshandlungen ergeben sich wegen ihrer deutlichen Unterschiede kaum und haben daher den EuGH auch wenig beschäftigt.[244] Das Prinzip der begrenzten Ermächtigung
gilt auch für unverbindliche Rechtshandlungen. Das bedeutet, dass die EU-Organe einer
Ermächtigung in den Verträgen bedürfen, um eine Empfehlung oder Stellungnahme abgeben zu können. Es ist allerdings davon auszugehen, dass die EU-Organe im Rahmen der
ihnen gegebenen Sachkompetenzen immer auch zur Abgabe von Empfehlungen und Stellungnahmen befugt sind. Darüber hinaus ergibt sich aus Art. 211 2. Spiegelstr. EGV, dass
die Kommission Empfehlungen oder Stellungnahmen auf den Vertragsgebieten abgeben
kann, „soweit sie es für notwendig erachtet."

Empfehlungen gehen nach ihrem Sinngehalt auf eigene Entschlusskraft eines Unionsor- 152
gans zurück, das diese Rechtshandlung aufgrund vertraglich vorgesehener oder spontaner
Initiative vornimmt. Stellungnahmen enthalten die Meinungsäußerung eines Unionsorgans, die eine Reaktion auf eine fremde Initiative darstellt. Ziel der Stellungnahme ist es,
die Meinung des Unionsorgans, meist der Kommission, über eine gewisse Situation oder
ihre Beurteilung der Lage oder bestimmter Vorgänge auszudrücken. Die beiden Rechtshandlungen sind Ausdruck der überlegenen Sachkenntnis und der Übersicht der Unionsorgane – insbesondere der Kommission – in den Vertragsbereichen und dienen dazu, den
Mitgliedstaaten Hilfestellung bei deren Entscheidungsfindung zu leisten. Empfehlungen
sind ein geeignetes Instrument, um „weiche" Rechtsangleichung zu betreiben und Erfahrungen mit einem Regelungsansatz zu sammeln.

Adressaten von Empfehlungen und Stellungnahmen sind entsprechend ihrer Zweckrich- 153
tung überwiegend die Mitgliedstaaten. In einigen vertraglich geregelten Fällen können sie
aber auch an Einzelpersonen bzw. Unternehmen gerichtet werden (z. B. 54 Abs. 5
EGKSV).

Nach Art. 249 Abs. 5 sind Empfehlungen und Stellungnahmen „**nicht verbindlich**". Sie 154
entfalten folglich keine Bindungswirkung gegenüber ihrem Adressaten und begründen daher auch keine vor nationalen Gerichten durchsetzbaren Rechte.[245]

Diese Unverbindlichkeit schließt aber nicht aus, dass Empfehlungen und Stellungnahmen 155
indirekt rechtliche Wirkungen erzeugen und daher die Bezeichnung Rechtshandlung dennoch verdienen. **Rechtswirkungen** können Empfehlungen und Stellungnahmen beispielsweise insofern erzeugen, als (nationale) Gerichte Empfehlungen bei den Entscheidungen
über bei ihnen anhängige Rechtsstreitigkeiten zu **berücksichtigen** haben, insbesondere
dann, wenn die Empfehlung Aufschluss über die Auslegung nationaler oder unionsrechtlicher Bestimmungen gibt.[246] Rechtliche Relevanz ist auch dann gegeben, wenn die unverbindliche Rechtshandlung eine **zwingende Voraussetzung** für eine spätere verbindliche
Rechtshandlung darstellt. Eine begrenzte rechtliche Relevanz entfalten Empfehlungen und

---

244 EuGH, verb. Rs. 1 u. 14/57, Usines à tubes, Slg. 1957, 213, 236.
245 EuGH, Rs. C-322/88, Grimaldi/Fonds des maladies professionnelles, Slg. 1989, 4407.
246 EuGH, Rs. 322/88, Grimaldi, Slg. 1989, 4407.

Stellungen auch unter Vermittlung der allg. Treuepflicht des Art. 10 EGV. Sofern Mitgliedstaaten Adressaten einer Empfehlung oder Stellungnahme sind, dürfen sie nicht einfach über diese hinweggehen, sondern müssen sie ernsthaft prüfen und sich im begründeten Fall nach ihnen richten bzw. sie ansonsten zurückweisen. Für das erlassende Organ ergibt sich aus dem Grundsatz des Vertrauensschutzes heraus ebenfalls eine gewisse Bindung an Empfehlungen und Stellungnahmen. Haben Parlament und Rat, Rat oder Kommission dem Staat oder einem Individuum bestimmte Maßnahmen empfohlen, wird die EU ihre Rechtsauffassung nicht mehr grundlos ändern können, wenn der Staat oder das Individuum aufgrund dieser Empfehlung bereits Maßnahmen ergriffen haben.

156 Neben diesen indirekten rechtlichen Wirkungen entfalten Empfehlungen und Stellungnahmen **psychologische und politische Wirkungen** für die Adressaten. Die Sachkenntnis und größere Übersicht der Unionsorgane verleihen ihnen eine besondere Autorität, wodurch die Rechtshandlungen trotz ihrer Unverbindlichkeit in der Praxis häufig großes Gewicht haben. Die Mitgliedstaaten orientieren sich oft an ihnen, entweder aus Praktikabilitätsgründen, aus Einsicht oder aus Opportunitätserwägungen.

VI. Verwaltungszuständigkeiten/Verwaltungsorganisation

157 Der Vollzug des Gemeinschaftsrechts kann grundsätzlich auf zwei verschiedene Arten erfolgen: zum einen direkt durch die Organe der Europäischen Gemeinschaft (**gemeinschaftlicher oder direkter Vollzug**) oder indirekt durch die Verwaltungsorgane der Mitgliedstaaten (**mitgliedstaatlicher oder indirekter Vollzug**). Im Grundsatz liegt der Verwaltungsvollzug des EU-Rechts in den Händen der Mitgliedstaaten und deren nationalen Behörden. In jüngster Zeit ist allerdings vermehrt die Tendenz zu beobachten, die Zuständigkeit der EG-Organe für den unmittelbaren Vollzug auszubauen. Diese Entwicklung wird zum einen durch die Schaffung einer Vielzahl mit dem direkten Vollzug des EG-Rechts betrauten neuen Ämtern und Agenturen[247] oder Fonds[248] untermauert. Hinzu tritt zum anderen eine engmaschigere Aufsicht der Kommission über die das europäische Recht vollziehenden nationalen Behörden sowie sonstige weitreichende Möglichkeiten der Einflussnahme durch die Kommission.

158 **1. Gemeinschaftsunmittelbarer Vollzug.** – Es liegt nicht nur an einem Mangel an ausreichenden personellen Ressourcen, dass der **direkte Vollzug** des EG-Rechts durch die Gemeinschaftsorgane bislang noch die **Ausnahme** ist und nur erfolgt, wenn das europäische Primärrecht diese Art der Verwaltung ausdrücklich anordnet oder zum Erlass derartiger Vorschriften ermächtigt. Der Grundsatz, dass der Verwaltungsvollzug durch EU-Organe Ausnahme, die im mitgliedstaatlichen Kompetenzbereich verbliebene Verwaltungszustän-

---

247 Europäisches Zentrum für die Förderung der Berufsbildung, Europäische Stiftung zur Verbesserung der Lebens- und Arbeitsbedingungen, Europäische Agentur für Zusammenarbeit, Europäische Umweltagentur, Europäische Stiftung für Berufsbildung, Europäisches Drogenobservatorium, Europäische Agentur für Veterinär- und Pflanzenschutzkontrollen, Europäische Arzneimittelagentur, Europäische Agentur für Gesundheitsschutz und Sicherheit am Arbeitsplatz, Europäisches Markenamt, Europäisches Observatorium für Rassismus und Fremdenfeindlichkeit, Europäische Aufbauagentur, Europäische Behörde für Lebensmittelsicherheit.

248 Zum Beispiel: Europäischer Fonds für regionale Entwicklung (Art. 160 EGV), Europäischer Sozialfonds (Art. 146 EGV).

digkeit hingegen die Regel ist, entspricht vielmehr dem Prinzip der limitierten Einzeler-mächtigung[249] und ist im Subsidiaritätsgedanken angelegt.

In den Fällen, in denen die EU die Verwaltungszuständigkeit hat, ist in den überwiegenden **159** Fällen die Kommission zuständig, in zunehmendem Maße aber auch die Agenturen, Fonds und sonstige Einrichtungen. Als besonders wichtiges Beispiel für diesen Typ der Verwaltung ist der Vollzug des europäischen Kartellrechts zu erwähnen. Zuständig für die **Einhaltung des EG-Wettbewerbsrechts** der Art. 81 ff. EGV ist entsprechend Art. 85 EGV i. V. m. Art. 9 VO 17[250] die **Kommission** (Generaldirektion Wettbewerb). Auch für weitere Bereiche des Wettbewerbsrechts (Art. 85, Art. 86 Abs. 3 EGV) sowie das Beihilfenrecht (Art. 88 EGV), die Bereiche der Ein- und Ausfuhrkontrolle bzw. -beschränkung, der Handelspolitik sowie die Verwaltung des Europäischen Sozialfonds entsprechend Art. 147 EGV sind Instanzen der EG als Vollzugsorgan tätig.

Die Regelungszuständigkeit hinsichtlich der **Verwaltungsorganisation** für den gemein- **160** schaftsunmittelbaren Vollzug liegt bei der EG/EU.

Die Mitgliedstaaten sind entsprechend der Generalnorm des Art. 10 EGV und weiterer **161** zahlreicher Konkretisierungen[251] dazu verpflichtet, den direkt vollziehenden Behörden der EG **Amts- und Vollzugshilfe** zu leisten. Diese kann sich auf die Einholung von Auskünften, die Erstellung von Nachprüfungen und die Weiterleitung der so gewonnenen Erkenntnisse an die Kommission oder die Hilfe bei der Durchsuchung von Geschäftsräumen durch die Kommission[252] erstrecken. In dem Fall *Hoechst* nahm der EuGH zur Vollzugshilfe bei der Durchsuchung von Geschäftsräumen durch die Kommission wie folgt Stellung: „Ganz anders verhält es sich, wenn sich die betroffenen Unternehmen der Kommission widersetzen. In diesem Fall können die Bediensteten der Kommission auf der Grundlage von Art. 14 Abs. 6 [VO Nr. 17, Anm.] ohne Mitwirkung der Unternehmen unter Einschaltung der nationalen Behörden, die ihnen die zur Erfüllung ihrer Aufgabe erforderliche Unterstützung zu gewähren haben, nach allen für die Nachprüfung notwendigen Informationsquellen suchen. Zwar ist diese Unterstützung nur für den Fall vorgeschrieben, dass sich das Unternehmen ausdrücklich widersetzt, jedoch kann sie auch vorsorglich zu dem Zweck angefordert werden, sich über einen etwaigen Widerspruch des Unternehmens hinwegsetzen zu können.

Aus Art. 14 Abs. 6 [VO Nr. 17, Anm.] ergibt sich, dass es Sache des einzelnen Mitglied- **162** staats ist, die Bedingungen zu regeln, unter denen die nationalen Stellen den Bediensteten der Kommission Unterstützung gewähren. Insoweit haben die Mitgliedstaaten … die Wirksamkeit des Vorgehens der Kommission sicherzustellen. Daraus folgt, dass sich die für die Gewährleistung der Rechte der Unternehmen geeigneten Verfahrensmodalitäten … nach nationalem Recht bestimmen."[253]

2. Allgemeine Verfahrensgrundrechte. – Das **allgemeine Verwaltungsrecht** der Euro- **163** päischen Union befindet sich noch im Entstehungsprozess. Vereinzelt finden sich im EG-

---

249 *Oppermann*, Europarecht, RdNr. 636.
250 Erste Durchführungsverordnung zu den Art. 85, 86 des Vertrags vom 6. 2. 1962 ABl. S. 204 ff. Änderungen.
251 Vgl. beispielsweise: Art. 85 Abs. 1 Satz 2 EGV; im Kartellrecht: Art. 11, 13 VO Nr. 17; im Anti-Dumping-Verfahren: Art. 7 Abs. 3 VO 2423/88.
252 EuGH, Rs. Verb. 46/87 und 227/88, Slg. 1989, 2859 ff., RdNr. 374 – Hoechst.
253 EuGH, Rs. Verb. 46/87 und 227/88, Slg. 1989, 2859 ff., RdNr. 374 – Hoechst.

Vertrag Vorschriften über die beim gemeinschaftlichen Vollzug des EG-Rechts zu beachtenden Verwaltungsverfahrensgrundsätze. Zu nennen sind insbesondere die Begründungspflicht, Art. 253 EGV, Vorschriften über die Veröffentlichung und das Inkrafttreten, Art. 254 EGV, die freie Zugänglichkeit zu Dokumenten, Art. 255 EGV, und die Vollstreckung, Art. 256 EGV. Die vorhandenen Bestimmungen bilden keine homogene (systematische und vollständige) Ordnung und enthalten lediglich punktuelle Regelungen. Bereichsspezifisch hat die EU inzwischen verwaltungsrechtliche Kodifikationen erlassen (zum Teil gestützt auf Art. 83 EGV: VO Nr. 1/2003 EWG; bei der Beihilfenkontrolle: VO/ EG Nr. 659/1999). Darüber hinaus gibt es allerdings bislang kein geschriebenes allgemeines europäisches Verwaltungsrecht. Diese Lücke schloss der EuGH mit seiner Rechtsprechung, in welcher er **allgemeine Rechtsgrundsätze** im Hinblick auf rechtstaatlich fundierte Garantien des Verwaltungsverfahrens und der Gemeinschaftsgrundrechte entwickelte. Dabei orientiert er sich am Verwaltungsrecht der Mitgliedstaaten; der EuGH wählt nicht den Weg des kleinsten gemeinsamen Nenners, sondern vielmehr die beste, in den nationalen Rechtsordnungen auffindbare Lösung.[254]

164   Auch die am 7. 12. 2000 auf dem Gipfeltreffen des Europäischen Rats in Nizza feierlich proklamierte **Grundrechte-Charta** enthält spezielle **Verfahrensgrundrechte**. Hervorzuheben ist insbesondere **Art. 41** der Charta, welcher das Recht auf eine gute Verwaltung anspricht. Danach kann jede Person verlangen, dass ihre Angelegenheiten von den Einrichtungen und Organen der Union unparteiisch, gerecht und innerhalb einer angemessenen Frist behandelt werden. Im Übrigen werden ausdrücklich das Recht auf Anhörung, das Recht auf freien Aktenzugang und die Begründungspflicht festgelegt. Auch die Amtshaftung für rechtswidriges Verhalten der Organe der EG wird ebenso angesprochen wie das Recht auf Kommunikation in einer der Amtssprachen der EG.[255]

165   Dem deutschen Grundsatz der „Gesetzmäßigkeit der Verwaltung" entspricht im Europarecht der „**Grundsatz der Vertragsmäßigkeit des Verwaltungshandelns**".[256] Dabei spricht zunächst einmal eine Vermutung für die Rechtmäßigkeit und Gültigkeit der Vertragsnormen. Der EuGH bezog in dem Fall *Milchpulver* dazu wie folgt Stellung: „Aus dem im Vertrag zugrunde gelegten System der Gesetzgebung und Rechtsprechung ergibt sich, dass im Hinblick auf die Wahrung des Grundsatzes der Rechtsstaatlichkeit in der Gemeinschaft zwar dem Einzelnen die Möglichkeit eröffnet wird, die Gültigkeit von Verordnungen vor Gericht in Frage zu stellen, dass dieser Grundsatz aber ebenfalls für alle dem Gemeinschaftsrecht unterstehenden Personen und Stellen die Verpflichtung mit sich bringt, die volle Wirksamkeit von Verordnungen insoweit anzuerkennen, als diese nicht von einem zuständigen Gericht für ungültig erklärt worden sind."[257]

166   Eingriffe in die individuelle Rechtsphäre der Unionsbürger bzw. der juristischen Personen bedürfen einer wirksamen Ermächtigungsgrundlage (**Vertragsvorbehalt**). Dieser Grundsatz lässt sich ansatzweise auch aus Art. 5 des EU-Vertrags sowie Art. 7 Abs. 1 S. 2 des EG-Vertrages ableiten, wonach jedes Organ nach Maßgabe der ihm zugewiesenen Befugnisse handelt. In dem vom EuGH zu entscheidenden Fall *Dillinger Hüttenwerke AG/Kommission* ging es um die folgende Sachverhaltskonstellation: Die Kommission begünstigte

---

254 *Oppermann*, Europarecht, RdNr. 483 ff. m. w. N.
255 Zur Frage der Wirksamkeit der Europäischen Grundrechte-Charta siehe unter RdNr. 199 ff.
256 Vgl. näher dazu: *Huber*, Recht der europäischen Integration, § 20 RdNr. 19–23.
257 EuGHE 1979, 623 ff. – Milchpulver.

Nettesheim

mit ihrer – ohne ausdrückliche Ermächtigung erfolgte – Entscheidung, der Zuteilung einer zusätzlichen Referenzmenge für Stahl, das Unternehmen British Steel. Der Konkurrent, die Dillinger Hüttenwerke AG, hat die Entscheidung mit Erfolg vor dem EuGH angegriffen. „Zwar steht es der Kommission frei, in Wahrnehmung ihrer Verantwortung für das Krisenmanagement im Stahlsektor eine Politik des Anreizes zur Umstrukturierung zu verfolgen, und zwar ggf. durch Gewährung zusätzlicher Referenzen als Belohnung für die Schließung von Anlagen, mit der ein Kapazitätsabbau einhergeht. Sie darf dies jedoch nicht durch Einzelfallentscheidungen tun, die in der einschlägigen allgemeinen Entscheidung keine Rechtsgrundlage haben.“[258]

In einem Fall um die Rechtmäßigkeit der Durchsuchung eines Firmensitzes kam es auch **167** wesentlich auf das Vorhandensein einer Rechtsgrundlage an. „Indessen bedürfen in allen Rechtsordnungen der Mitgliedstaaten Eingriffe der öffentlichen Gewalt in die Sphäre der privaten Betätigung jeder – natürlichen oder juristischen – Person einer Rechtsgrundlage und müssen aus den gesetzlich vorgesehenen Gründen gerechtfertigt sein. … Das Erfordernis eines solchen Schutzes ist folglich als allgemeiner Grundsatz des Gemeinschaftsrechts anzuerkennen…“[259]

In formeller Hinsicht ist bei der Konkretisierung der Anforderungen rechtmäßigen Verwal- **168** tungshandels ferner maßgeblich, dass das **zuständige Organ** der EG gehandelt hat. Es muss die **gesetzlich vorgeschriebene Handlungsform** gewählt werden, und im Hinblick auf die Entscheidung ist es erforderlich, dass die interne Willensbildung der zuständigen Instanz abgeschlossen ist, bevor sie **Rechtswirkungen nach außen** entfaltet. Der EuGH bemerkte dazu bereits in einer Entscheidung aus dem Jahr 1966: „… denn Entscheidungen müssen als Verlautbarungen des zuständigen Organs erkennbar und Rechtswirkungen hervorzurufen bestimmt sein; sie müssen das interne Verfahren abschließen, in dem das Organ seinen Willen gebildet hat, und endgültige Beschlüsse darstellen, deren äußere Form den Adressaten die Feststellung gestattet, dass eine Entscheidung vorliegt.“[260]

Rechtmäßiges Handeln setzt voraus, dass sich die getroffene Entscheidung innerhalb des **169** von der Ermächtigungsnorm eröffneten Entscheidungsrahmens bewegt. Das Rechtsinstitut des „**Ermessens**“ ist europarechtlich anerkannt; allerdings wird der Begriff weiter verstanden als in der Bundesrepublik üblich.[261] Die gerichtliche Kontrolldichte im Hinblick auf die Überprüfbarkeit des Ermessensspielraums ist eingeschränkter als bei § 114 VwGO.[262]

Mit Blick auf das Verwaltungsverfahren hat vor allem das **Gebot des rechtlichen Gehörs**, **170** welches im Rechtsstaatsprinzip und den Grundrechten angelegt ist, erhebliche praktische Bedeutung erlangt; es ist seit langem als Verfahrensgrundsatz anerkannt.[263] Das Recht auf **Anhörung** erwähnt der Gerichtshof deshalb explizit als anerkannten allgemeinen Grundsatz: „Aus Rechtsnatur und Zweck des Anhörungsverfahrens sowie aus den Art. 5, 6 und 7 der Verordnung Nr. 99/63 geht hervor, dass diese Verordnung auch … einen Anwendungs-

---

258 EuGHE 1988, 3761 ff., RdNr. 32 – Dillinger Hüttenwerke AG/Kommission.
259 EuGHE 1989, 2859 ff. – Hoechst.
260 EuGHE 1966, 529, 544 – Forges de Châtillon/Commentry et Neuves-Maisons.
261 *Huber*, Recht der Europäischen Integration, § 20 RdNr. 24 ff.; EuGHE 1984, 2465 – Lux, EuGHE 1995, I-2041 ff. – Europäisches Parlament/Kommission; EuGHE 1984, 951 ff. – Walzstahl/Thyssen; EuGHE 1983, 2913 ff. – FEDIOL.
262 EuG, Slg. 1996, II-873 (916) – Climax Paper, EuGH, Slg. 1996, I-5755 (5815 f.) = EuZW 1996, 2872 – Vereinigtes Königreich/Rat.
263 EuGH, Rs. Slg. 1991, I-5469 – TU München = NVwZ 1992, 358.

fall des Allgemeinen Grundsatzes darstellt, dass die Adressaten von Entscheidungen der öffentlichen Behörden, wenn ihre Interessen durch die Entscheidung spürbar berührt werden, Gelegenheit erhalten müssen, ihren Standpunkt gebührend darzulegen. Dieser Grundsatz besagt, dass die Unternehmer rechtzeitig über den wesentlichen Inhalt der Bedingungen klar zu unterrichten sind, von denen die Kommission eine Freistellungserklärung abhängig zu machen beabsichtigt, und ihnen Gelegenheit zu geben ist, ihre Bemerkungen vorzutragen."[264] Die Verletzung des Anspruchs auf rechtliches Gehör hat zur Folge, dass der verfahrensfehlerhaft zustande gekommene Rechtsakt nichtig ist, da es sich um eine wesentliche Formvorschrift im Sinne des Art. 230 EGV handelt.[265]

171 Die Verwaltungsorgane der Europäischen Gemeinschaft sind gehalten, im Rahmen einer ordentlichen Verwaltung die **Grundsätze der „guten Verwaltungsführung"** einzuhalten. Die innerhalb der Amtsermittlung durchzuführende Sachverhaltsaufklärung hat sich im Rahmen des erforderlichen Maßes (Verhältnismäßigkeit) zu bewegen.

172 Das vom EuGH [266] entwickelte **Recht auf Akteneinsicht** ist heute ausdrücklich in Art. 255 EGV geregelt. Es betrifft die Akten eines konkreten, **laufenden Verfahrens**.

173 Davon zu unterscheiden ist das allgemeine **Grundrecht auf Informationsfreiheit;** es besteht **unabhängig von einem laufenden Verfahren.** Seinen primärrechtlichen Niederschlag fand es in **Art. 255 EGV**, welcher jedem Unionsbürger sowie jeder natürlichen oder juristischen Person mit Wohnsitz oder Sitz in einem Mitgliedstaat das Recht auf Zugang zu Dokumenten des Europäischen Parlaments, des Rats und der Kommission gewährt. Die Vorschrift konkretisiert damit das in Art. 1 Abs. 2 des Vertrags über die Europäische Union enthaltene **Transparenzprinzip.** Auch Art. 42 der Charta der Grundrechte der Europäischen Union ist Ausdruck des allgemeinen Grundsatzes, wonach Entscheidungen möglichst offen und bürgernah zu gestalten sind. Der Schutz des öffentlichen Interesses sowie des geschäftlichen oder privaten Interesses vermag – innerhalb eng auszulegender Schranken – dem Recht seine Grenzen zu ziehen.[267] Auf der anderen Seite sind auch die Organe der Gemeinschaft seit 1999 im Rahmen ihrer Tätigkeit an die **Datenschutzvorschriften** gebunden (Art. 286EGV). Namentlich kommen damit die Datenschutzrichtlinie sowie die Telekommunikationsdatenschutzrichtlinie zur Anwendung.[268] Art. 8 der Charta der Grundrechte der Europäischen Union gewährt ein Recht auf Schutz der personenbezogenen Daten.

174 Die Erwägungen der Gemeinschaftsorgane müssen sich bei jeder ihrer Maßnahmen aus der nach Art. 253 EGV vorgeschriebenen **Begründung** ergeben. Inhaltlich muss die Begründung alle Umstände und maßgeblichen Faktoren des zu entscheidenden Sachverhalts nennen; die Wiedergabe des mit der Maßnahme verfolgten Zwecks kann in wesentlichen Zügen erfolgen.[269] Eine fehlende oder unvollständige Begründung hat die Nichtigkeit des Rechtsaktes zur Folge.

---

264 EuGHE 1974, 1063 ff., RdNr. 15 – Transocean.
265 EuGH, Rs. 138/79, Slg. 1980, 3333, RdNr. 37 – Roquette Frères/Rat; EuGH, Rs. Slg. 1997, I-1/20, – Socurte.
266 EuGH, Rs. 46/87 und 227/88, Slg. 1989, 2859 = NJW 1989, 3080 – Hoechst.
267 Umfassend dazu: *Calliess/Ruffert/Wegener*, Art. 255 RdNr. 13 ff.
268 RL 97/66/EG, ABl. 1995, Nr. L 281/31 und RL 97/66/EG, ABl. 1997, Nr. L 24/1; Letztere wird gemäß Art. 26 RL 2002/21/EG aufgehoben. Eingeführt wird die RL 2002/58/EG (Datenschutzrichtlinie).
269 EuGH, Slg. 1996, I-5151, 5214 f. = NJW 1997, 475 – Vulkan AG; EuGH, Slg. 1995, I-3799 – Atlanta Fruchthandel.

Nettesheim

Als Ausdruck des Bestimmtheitsgebots sind Rechtsakte der Gemeinschaftsorgane im 175
Amtsblatt der Europäischen Union zu **veröffentlichen**, treten nach näherer Maßgabe in
Kraft bzw. sind gegenüber denjenigen, für die sie bestimmt sind, **bekannt zu geben** (vgl.
Art. 254 Abs. 1 bis 3 EGV).[270]

Auch im Hinblick auf die **Aufhebung von Entscheidungen** orientierte sich der EuGH an 176
den mitgliedstaatlichen Vorschriften über den Widerruf und die Rücknahme von Entscheidungen: „Was die Zulässigkeit des Widerrufs solcher Verwaltungsakte angeht, so handelt
es sich hier um eine der Rechtsprechung und der Lehre in allen Ländern der Gemeinschaft
wohlvertraute verwaltungsrechtliche Frage, für deren Lösung der Vertrag jedoch keine
Vorschriften enthält. Um sich nicht dem Vorwurf einer Rechtsverweigerung auszusetzen,
ist der Gerichtshof daher verpflichtet, diese Frage von sich aus unter Berücksichtigung der
in Gesetzgebung, Lehre und Rechtsprechung der Mitgliedstaaten anerkannten Regeln zu
entscheiden."[271]

Im Hinblick auf die Aufhebung von Entscheidungen gewinnt auch der als Verfahrens- 177
grundrecht in der europäischen Rechtsordnung anerkannte **Grundsatz des Vertrauensschutzes** regelmäßig an Bedeutung. Der EuGH bemerkt, „dass die Grundsätze des Vertrauensschutzes und der **Rechtssicherheit** Bestandteil der Rechtsordnung der Gemeinschaft
sind. Daher kann es nicht als dieser Rechtsordnung widersprechend angesehen werden,
wenn nationales Recht in einem Bereich wie dem der Rückforderung von zu Unrecht gezahlten Gemeinschaftsbeihilfen berechtigtes Vertrauen und Rechtssicherheit schützt."[272]
Bei der stattfindenden Abwägung zwischen privatem Interesse und öffentlichem Interesse
ist das Gemeinschaftsinteresse angemessen zu berücksichtigen.[273] Das Vertrauen auf die
Beibehaltung einer bestehenden Gemeinschaftspraxis ist nicht schutzwürdig.[274]

3. Mitgliedstaatlicher Vollzug. – Was die in der Praxis weitaus häufiger anzutreffende 178
Form – den Regelfall – des Vollzugs von europäischem Recht anbelangt (sog. **mitgliedstaatlichen Vollzug**), so geschieht dieser zum einen durch den Vollzug von unmittelbar
wirksamem Primärrecht, EG-Verordnungen, EG-Entscheidungen oder unmittelbar zur Anwendung kommenden Richtlinien. Andererseits vollziehen die nationalen Behörden bei
der Anwendung deutscher Ausführungsgesetze zu EG-Richtlinien oder Bestimmungen zur
Ausfüllung von EG-Verordnungen auf eine mittelbare Weise auch das EG-Recht. Die deutschen Gesetze sind entsprechend den Zielvorgaben und sonstigen Bestimmungen der dahinter stehenden europäischen Rechtsvorschriften zu interpretieren und zu vollstrecken.

Die **Organisation der Verwaltung** für den mitgliedstaatlichen Vollzug des Europarechts 179
obliegt grundsätzlich den Mitgliedstaaten und richtet sich daher nach deren nationalen Vorschriften (**„Prinzip der institutionellen Eigenständigkeit"**[275]). In der Bundesrepublik
Deutschland sind hinsichtlich der Verwaltungszuständigkeit die **Art. 83 ff. des Grundgesetzes** zu beachten. Inhaltlich kommen die Verwaltungsorganisations-, Verwaltungsverfah-

---

270 Näheres dazu bei: *Calliess/Ruffert/Ruffert*, Art. 254 RdNr. 1 ff.
271 EuGHE 1957, 79 ff. – Algera; EuGH, Rs. 310/85, Slg. 1987, 901, RdNr. – Deufil/Kommission.
272 EuGH, verb. Rs. 205-215/82, Slg. 1983, 2633, RdNr. 30 – Milchkontor; zu den Grenzen des
    Schutzes der Rechtssicherheit und des Vertrauens: EuGH, Rs. C-24/95, Slg. 1997, I-1591,
    RdNr. 34 ff. – Alcan, Näheres dazu siehe unten RdNr. 199 ff.
273 EuGHE 1957, 83 ff. – Algera; EuGHE 1961, 107 ff., – SNUPAT.
274 EuGH, Slg. 1995, II-2941 – Vereiniging van Exporteurs, EuGH, Slg. 1996, II-873 – Climax Paper.
275 *Oppermann*, Europarecht, RdNr. 641.

rens- und materiellen Verwaltungsrechtsregeln des zuständigen Rechtsträgers zur Anwendung. Allerdings stehen diese Vorschriften heute nicht mehr unverbunden und unabhängig im Raum, vielmehr werden sie auf vielfältige Weise durch europarechtliche Bestimmungen durchdrungen. Zu nennen ist vor allem die europarechtliche Generalnorm des **Art. 10 EGV** und auch das Effektivitätsprinzip, welche besagen, dass die Mitgliedstaaten für einen wirksamen und geordneten Verwaltungsvollzug zu sorgen haben. Vereinzelt enthält auch europäisches **Sekundärrecht** Vorgaben für die Organisation der Verwaltung in besonderen Bereichen.

180   Das Telekommunikationsrecht ist ein Beispiel für eine derartige Durchdringung. Gemäß Art. 3 Abs. 2 der Rahmenrichtlinie (RL 2002/21/EG; zuvor Art. 5a Abs. 2 ONP-Rahmenrichtlinie RL 97/51/EG) ist die **Unabhängigkeit der nationalen Regulierungsbehörden** zu gewährleisten. Gemeint ist damit eine rechtliche und funktionale Unabhängigkeit von den Telekommunikationsunternehmen. Da der Bund weiterhin an der Deutschen Telekom AG mit rund 43%[276] beteiligt ist, muss entsprechend Satz 2 des Absatzes 2 auch eine wirksame strukturelle Trennung zwischen der hoheitlichen Tätigkeit und den Tätigkeiten im Zusammenhang mit dem Eigentum oder der Kontrolle sichergestellt werden. Die nationale Regulierungsbehörde soll ihre Tätigkeiten unparteiisch und transparent ausüben (Art. 3 Abs. 3 RL 2002/21/EG). Diese Voraussetzungen sind im deutschen Recht aufgrund der gewissen graduellen, funktionellen und politischen Unabhängigkeit[277] als gegeben anzusehen.[278]

181   Eine Verzahnung von EU-Ebene und nationaler Ebene erfolgt heute auch in vielfacher Weise im Bereich des Verwaltungsverfahrens. Von Bedeutung ist hier zunächst, dass die anerkannten **allgemeinen Rechtsgrundsätze** des Gemeinschaftsrechts (insb. Verfahrensgrundsätze wie zum Beispiel Akteneinsichtsrecht oder Grundsatz der Verhältnismäßigkeit oder das Diskriminierungsverbot und der Gleichheitsgrundsatz)[279] von den nationalen Behörden bei der Durchführung des europäischen Rechts zu beachten sind. Diese entsprechen weitestgehend den in der Bundesrepublik gültigen Rechtsprinzipien; insofern liegt ein erstrebenswerter Gleichklang zwischen nationalem und europäischem Recht vor.[280]

182   Relevant sind im hier interessierenden Kontext aber auch die zahlreichen Möglichkeiten der **Einflussnahme**, die die **Kommission** während des von den nationalen Behörden betriebenen Verwaltungsverfahrens vielfach hat. Die Spannweite der Handlungsmöglichkeiten der Kommission reicht von dem Erlass von Durchführungsvorschriften über Anhörungs-, Zustimmungs- oder Genehmigungsvorbehalte bis hin zu Vetorechten und sonstigen Beteiligungsrechten. Die Kommission verfügt über derartige Kompetenzen allerdings nur dort, wo dies sekundärrechtlich vorgesehen ist; weder folgen derartige Interferenzbefugnisse aus allgemeinen Vertragsbestimmungen, noch kann sie die Kommission von sich aus erzeugen. Es geht bei derartigen Verwaltungsverfahren um gestufte, mehrstufige Verfahrensverfahren, wobei das Rechtsverhältnis zwischen Bürger bzw. juristischer Person und nationaler Behörde zustande kommt. Die Mitwirkung der Kommission geschieht im vorge-

---

276 http://www.bundesfinanzministerium.de/Bundesliegenschaften-und-Bundesbeteiligungen/Deutsche-Telekom-AG-.632.htm.
277 Ausführlich dazu: Teil B RdNr. 299 ff.
278 Kritisch dazu: *Schütz/Attendorn*, MMR Beilage 4/2002, 25 m. w. N.
279 Näheres dazu siehe oben RdNr. 192 ff.
280 *Oppermann*, Europarecht, RdNr. 645 mit Verweis auf *Kadelbach*, Allgemeines Verwaltungsrecht unter europäischem Einfluss, 1998.

lagerten Innenverhältnis. Zwischen Kommission und Bürger bzw. juristischer Person besteht kein Rechtsverhältnis, so dass sich auch gegen die Mitwirkungsakte der Kommission keinerlei unmittelbare Rechtsschutzmöglichkeiten ergeben. Sie sind unselbstständiger Teilakt des nationalen Verwaltungsverfahrens. Rechtsschutz ist vielmehr gegen die Entscheidung der nationalen Behörde zu suchen. Paradebeispiel für die notwendige Mitwirkung der Kommission an Entscheidungen der nationalen Behörde ist die Notifikation der geplanten Beihilfe nach Art. 88 Abs. 3 EGV. Die Beihilfe darf erst gewährt werden, wenn sie von der Kommission genehmigt wurde.

Die Verzahnung von unionaler und nationaler Ebene wird heute auch von vertikalen Verschränkungen zwischen den Mitgliedstaaten begleitet. Dies prägt sich vor allem im Institut des sog. transnationalen Verwaltungsakts aus.[281] Mit diesem inzwischen eingebürgerten Begriff werden Verwaltungsentscheidungen bezeichnet, die für die Behörden eines anderen Mitgliedstaates Bindungskraft haben. Hierbei kann der Kommission nach Gemeinschaftsrecht eine materielle „streitentscheidende"[282] Entscheidungskompetenz zukommen: So bestimmen Vorschriften des Gentechnikrechts, dass die Kommission entscheidet, falls sich die nationale Behörde der Genehmigung des Inverkehrbringens von gentechnisch veränderten Organismen (GVO) durch die Behörden eines anderen Mitgliedstaates widersetzt.[283] Hier zeichnet sich eine – unter der Aufsicht der Kommission erfolgende – Verzahnung mitgliedstaatlicher Verwaltungstätigkeit ab, wie sie unter der Geltung des klassischen Völkerrechts undenkbar war. **183**

Eine wirkungsvolle und einheitliche Anwendung des Gemeinschaftsrechts gebietet immer die Überwachung der mitgliedstaatlichen Verwaltungspraxis. Für diese Aufgabe ist die **Kommission als „Hüterin der Verträge"** und **„Motor der Integration"** auserkoren. Es gehört daher zu den Tätigkeitsbereichen der Kommission, über die fristgerechte und inhaltlich korrekte Umsetzung des EG-Rechts in nationales Recht sowie über den korrekten Vollzug dieses Rechts zu wachen. Dabei ist allerdings zu betonen, dass die Vorschrift des Art. 284 EGV, wonach die Kommission allgemein alle erforderlichen Auskünfte einholen und Nachprüfungen vornehmen kann, für sich nicht genügt; vielmehr muss im Einzelfall eine spezifische sekundärrechtliche Ermächtigung hinzukommen. **184**

Die europarechtlichen Vorgaben für das deutsche Telekommunikationsrecht sehen insgesamt ein ganzes Bündel von Maßnahmen vor: **185**

Die Kommission kann von den nationalen Regulierungsbehörden die Weiterleitung aller von den Marktteilnehmern eingeholten Informationen verlangen, sofern dies zur Wahrnehmung ihrer vertraglichen Aufgaben notwendig ist (vgl. Art. 5 Abs. 2 RL 2002/21/EG – **Informationsrecht der Kommission**). **186**

Entscheidungen im Marktdefinitions- und Marktanalyseverfahren sind nach Art. 16 f. RL 2002/21/EG, Maßnahmen bezüglich des Zugangs und der Zusammenschaltung sowie der Regulierungsanordnung für „SMP"-Unternehmen nach Art. 5, 8 RL 2002/19/EG sowie **187**

---

281 Näheres dazu: *Ruffert*, Die Verwaltung 34 (2001), 453 ff.; *Neßler*, NVwZ 1995, 863 ff.

282 *Winter*, Kompetenzen der Europäischen Gemeinschaft im Verwaltungsvollzug, in: Lübbe-Wolff (Hrsg.), Der Vollzug des Europäischen Umweltrechts, 1996, S. 112.

283 So auch: *Huber*, Recht der europäischen Integration, § 20 RdNr. 56; vgl. Art. 13 RL 90/220/EWG: gültig bis 17. 10. 2002, nun RL 2001/18/EG, ABl. EG 2001, Nr. L 106/1; siehe auch Entscheidung 98/294/EG der Kommission vom 22. 4. 1998 über das Inverkehrbringen von gentechnisch verändertem Mais, ABl. EG 1998, Nr. L 131/32 f.

Marktanalysen gemäß Art. 16 RL 2002/22/EG sind der Kommission sowie den Regulierungsbehörden der anderen Mitgliedstaaten anzuzeigen, sofern sie Auswirkungen auf den zwischenstaatlichen Handel (Binnenmarktrelevanz) haben **(Konsultationsverfahren).** Sie haben die Möglichkeit, binnen eines Monats dazu Stellung zu nehmen; den Stellungnahmen hat die nationale Regulierungsbehörde weitestgehend Rechnung zu tragen (Art. 7 Abs. 5 RL 2002/21/EG).

188   Will die nationale Regulierungsbehörde in einer Entscheidung von der Marktdefinition der Kommission abweichen oder trifft sie eine Festlegung, inwieweit ein Unternehmen allein oder zusammen mit anderen eine beträchtliche Marktmacht hat, und führen die Maßnahmen zu Auswirkungen auf den zwischenstaatlichen Handel und hat die Kommission gegenüber der Regulierungsbehörde erklärt, dass die Maßnahme binnenmarkthemmend bzw. EG-rechtswidrig sei, so wird der Beschluss über den Maßnahmeentwurf um zwei Monate hinausgeschoben. Binnen dieser Frist kann die Kommission von ihrem **Vetorecht** gegen die konkrete Entscheidung (Art. 7 Abs. 4 RL 2002/21/EG) Gebrauch machen und die nationale Regulierungsbehörde auffordern, die geplante Entscheidung zurückzuziehen. Eine Ersetzungsbefugnis kommt der Kommission aber nicht zu, vielmehr kann die Kommission der Regulierungsbehörde nur Änderungsvorschläge unterbreiten.[284]

189   Um die harmonisierte Durchführung der Rahmenrichtlinie sowie der sonstigen Telekommunikationsrichtlinien zu erreichen, kann die Kommission nach Art. 19 Abs. 1 RL 2002/21/EG **Empfehlungen** erlassen. Im Rahmen ihrer Tätigkeit haben die Regulierungsbehörden diese „weitestgehend" zu berücksichtigen **(Harmonisierungsmaßnahmen).**

190   **4. Europäisierung des nationalen Verwaltungsrechts.** – Die für den **mitgliedstaatlichen Vollzug des Gemeinschaftsrechts** zuständigen nationalen Behörden orientieren sich bei ihrer Verwaltungstätigkeit primär an den nationalen Vorschriften des allgemeinen Verwaltungs- und Verwaltungsverfahrensrechts **(Grundsatz der organisatorischen und institutionellen Eigenständigkeit).** Dieses Leitprinzip wird vom EuGH in einer ständigen Rechtsprechung – insbesondere in Bezug auf die Rückforderung EG-rechtswidriger Beihilfen[285] oder die Erhebung und Erstattung EG-rechtswidriger Abgaben[286] sowie die mitgliedstaatliche Staatshaftung bei Verstößen gegen EG-Recht[287] – anerkannt.

191   **a) Überlagerung durch Sekundärrecht.** – Inzwischen ist die Eigenständigkeit allerdings in vielfacher Weise überlagert worden. In besonders stark gemeinschaftlich geprägten Bereichen sind – wie bereits gesagt – das Verwaltungsorganisationsrecht und das Verwaltungsverfahrensrecht durch eine Kodifikation gänzlich europarechtlich geprägt (beispiels-

---

284 *Schütz/Attendorn*, MMR Beilage 4/2002, 1, 7.

285 EuGH, Rs. C-366/95, Landbrugsministeriet, Slg. 1998, I-2661, RdNr. 15; EuGH, Rs. C-418/93, C-419/93 u. a., Semeraro Casa Uno, Slg. 1996, S. I-2975.

286 EuGH, Rs. C-208/90, Emmott/Minister for Social Welfare, Slg. 1991, I-4269, 4298 f.; EuGH, Rs. C-290/91, Peter, Slg. 1993, I-2981; EuGH, Rs. C-285/93, Dominikanerinnen-Kloster Altenhohenau, Slg. 1995, I-4069; EuGH, Rs. C-188/95, Fantask u. a., Slg. 1997, I-6783; EuGH, verb. Rs. C-10/97 bis C-22/97, IN.CO.GE. '90 u. a., Slg. 1998, I-6307; EuGH, C-126/97, Eco Swiss, Slg. 1999, I-3055.

287 EuGH, Rs. C-6/90, Francovich, Slg. 1991, I-5357; EuGH, Rs. C-46 und 48/93, Brassérie du Pêcheur, Slg. 1996, I-1029; EuGH, Rs. C-5/94, Hedley Lomas, Slg. 1996, I-2553; EuGH, Rs. C-261/95, Palmisani, Slg. 1997, I-4025; EuGH, Rs. C-94,95/95, Bonifaci/INPS, Slg. 1997, I-3969; EuGH, Rs. C-127/95, Norbrook Laboratories, Slg. 1998, I-1531.

weise im Zollrecht: VO 2913/93;[288] im Agrarrecht VO 1258/1999[289]). Daneben gibt es spezielle Kompetenzen, die die Europäische Gemeinschaft zu Teilregelungen auf dem Gebiet des Verwaltungsrechts ermächtigen (vgl. Art. 37, 94, 95 und 175 EGV).[290] Auch die Auffangnorm des Art. 308 EGV kann unter Umständen zum Erlass von Verwaltungsvorschriften ermächtigen. Eine vollständige Harmonisierung des nationalen Verwaltungsrechts gehört aber nicht zu den Aufgaben der Gemeinschaft. Das Prinzip der limitierten Einzelermächtigung, das Subsidiaritätsprinzip und der Verhältnismäßigkeitsgrundsatz setzen einer übermäßigen Europäisierung der Materie Grenzen. Auf dem Hintergrund des Subsidiaritätsprinzips lässt sich eine **Europäisierung des nationalen Verwaltungsrechts** nur rechtfertigen, wenn sie sich im konkreten Fall nicht nur günstig auf die Ziele der Gemeinschaft auswirkt, sondern erforderlich ist.[291] Europarechtliche Vorgaben für den nationalen indirekten Vollzug können insbesondere im Interesse eines **einheitlichen Vollzugs** des Gemeinschaftsrechts und der Schaffung **gleichmäßiger Verhältnisse** gerechtfertigt sein.[292] Im Übrigen hat die EU die grundsätzlich bei den einzelnen Mitgliedstaaten verbleibende Verwaltungskompetenz zu respektieren.

b) Überlagerung durch Effektivitätsgrundsatz und Gleichwertigkeitsgrundsatz. – Zudem hat der EuGH der mitgliedstaatlichen Eigenständigkeit auch richterrechtlich Grenzen gezogen: Die bei der Vollziehung des EG-Rechts im Grundsatz bestehende Eigenverantwortlichkeit der Mitgliedstaaten wird danach durch zwei gemeinschaftsrechtliche Grundsätze eingeschränkt. Einerseits geht der EuGH davon aus, dass das gemeinschaftsrechtliche **Prinzip des „Effet utile" (Effizienzgebot oder Effektivitätsgrundsatz)** die mitgliedstaatlichen Gestaltungsbefugnisse einschränkt. Konkret bedeutet das, dass die Mitgliedstaaten dafür Sorge zu tragen haben, dass das nationale Verwaltungsrecht dem Gemeinschaftsrecht nicht die „praktische Wirksamkeit" nimmt.[293] Die im nationalen Recht vorgesehenen Verfahrensgrundsätze dürfen nicht dazu führen, dass die Verwirklichung des Gemeinschaftsrechts praktisch unmöglich gemacht wird. Was genau darunter zu verstehen ist, bleibt recht unklar; die Entscheidungspraxis des EuGH macht deutlich, dass es zwar nicht darum geht sicherzustellen, dass das Gemeinschatsrecht umfassende und **bestmögliche Wirksamkeit** erlangen kann. Auf der anderen Seite steht aber auch fest, dass die mitgliedstaatlichen Regelungen jedenfalls nicht zu erheblichen Beeinträchtigungen der Erreichung der gemeinschaftsrechtlichen Ziele führen dürfen.

Andererseits darf das nationale Recht bei der Anwendung des europäischen Rechts nicht weniger günstig ausgestaltet sein als bei rein innerstaatlichen Fällen **(Gleichwertigkeitsgrundsatz)**. Daraus können sich für das nationale Verwaltungsverfahren konkrete Handlungs- oder Unterlassungspflichten ergeben. Die nationalen Behörden haben etwa beim mittelbaren Vollzug des europäischen Rechts die gleiche Sorgfalt an den Tag zu legen, wie sie sie bei rein innerstaatlichen Fälle anzuwenden pflegen. Verjährungs- oder Beweislast-

192

193

---

288 ABl. 1992 Nr. L 302/1.

289 ABl. 1999, Nr. L 160/103.

290 *Kahl,* NVwZ 1996, 865 ff.; EuGHE 1994, I-3698 ff. – Rs C 359/92.

291 Vgl. *Oppermann,* Europarecht, RdNr. 644; kritisch zur Kompetenz der Gemeinschaft: vgl. beispielsweise *Scholz,* Zum Verhältnis von europäischem Gemeinschaftsrecht und nationalem Verwaltungsverfahrensrecht, DÖV 1998, 261 ff.

292 *Oppermann*, Europarecht, RdNr. 644; *Schwarze,* DVBl. 1996, 883 ff.

293 Dazu allgemein: EuGHE 1970, 1208 – Rs 30/70 – Scheer; EuGH, NVwZ 1999, 1214/1215 – Altölbeseitigung.

fristen dürfen in Fällen mit gemeinschaftsrechtlichem Bezug nicht nachteiliger sein als in rein innerstaatlich angelegten Sachverhalten: Wenn es beispielsweise um die Rückforderung von Abgaben geht, die ein Mitgliedstaat unter Verstoß gegen Vorschriften des EG-Rechts erhoben hat, so darf der Antragsteller nicht schlechter stehen, als wenn er Abgaben zurückverlangt, die unter Verstoß gegen nationales Gesetzes- oder Verfassungsrecht erhoben wurden.

194   **c) Rückforderung von Beihilfen.** – Der Europäische Gerichtshof entwickelte in seiner ständigen Rechtsprechung, insbesondere für den Bereich der Rücknahme bzw. des Widerrufs von begünstigenden Verwaltungsakten, wichtige Grundsätze. Richtungweisend erwies sich das *Milchkontor*-Urteil. Es ging dabei um die Rückforderung einer EG-rechtswidrig gewährten Beihilfe. Unklar war dabei zum einen, ob die §§ 48, 49 VwVfG als Ermächtigungsgrundlage dienen können oder ob nicht das Gemeinschaftsrecht für die Rückforderung von Gemeinschaftsbeihilfen eine spezifische Grundlage bereithält, und zum anderen, ob die deutschen Grundsätze hinsichtlich des Vertrauensschutzes eine EG-rechtliche Modifizierung erfahren. „Im Einklang mit den allgemeinen Grundsätzen, auf denen das institutionelle System der Gemeinschaft beruht und die die Beziehungen zwischen der Gemeinschaft und den Mitgliedstaaten beherrschen, ist es gemäß Art. 5 EWG-Vertrag [heute: Art. 10 EGV, Anm.] Sache der Mitgliedstaaten, in ihrem Hoheitsgebiet für die Durchführung der Gemeinschaftsregelungen, …, zu sorgen. Soweit das Gemeinschaftsrecht hierfür keine gemeinsamen Vorschriften enthält, gehen die nationalen Behörden bei dieser Durchführung der Gemeinschaftsregelungen nach den formellen und materiellen Bestimmungen ihres nationalen Rechts vor, …“.[294] Dieser Grundsatz gilt „jedoch vorbehaltlich der durch das Gemeinschaftsrecht gezogenen Grenzen, wonach die im nationalen Recht vorgesehenen Modalitäten nicht darauf hinauslaufen dürfen, dass die Verwirklichung der Gemeinschaftsregelung praktisch unmöglich wird, und das nationale Recht im Vergleich zu den Verfahren, in denen über gleichartige, rein nationale Streitigkeiten entschieden wird, ohne Diskriminierung anzuwenden ist.“[295]

195   In seinem *Alcan II*-Urteil konkretisierte der EuGH seine Rechtsprechung zur **Rücknahme gemeinschaftsrechtswidriger nationaler Beihilfen** und setzte der uneingeschränkten Anwendung der nationalen Vorschriften über die Rückforderung von Geldleistungen in Fällen mit europarechtlichem Einschlag deutliche Schranken. Die Entscheidung betraf die Gewährung einer nationalen Beihilfe, die ohne vorherige Notifizierung bei der Kommission nach Art. 88 EGV ausbezahlt wurde. Bei EG-rechtswidrigen Beihilfebescheiden ist entgegen dem Wortlaut des § 48 VwVfG (und der entsprechenden landesrechtlichen Regelungen) das **Ermessen** der Behörde über die Rücknahme des Verwaltungsaktes **nicht eröffnet.** „Bei staatlichen Beihilfen, die mit dem Gemeinsamen Markt für unvereinbar erklärt werden, beschränkt sich die Rolle der nationalen Behörden, …, auf die Durchführung der Entscheidungen der Kommission. Die nationalen Behörden verfügen somit bezüglich der Rücknahme eines Bewilligungsbescheids über keinerlei Ermessensspielraum.“[296] Zugleich wurde der Grundsatz des Vertrauensschutzes und der Rechtssicherheit modifiziert.[297] Im Einzelnen wurde die **Ausschlussfrist** des § 48 Abs. 4 Satz 1 VwVfG sowie das Vorbringen

---

294 EuGH, verb. Rs. 205–215/82, Slg. 1983, 2633, RdNr. 17 – Milchkontor.
295 EuGH, verb. Rs. 205–215/82, Slg. 1983, 2633, RdNr. 19 – Milchkontor.
296 EuGH, Rs. C-24/95, Slg. 1997, I-1591, RdNr. 34.
297 Allgemein zum Grundsatz des Vertrauensschutzes und der Rechtssicherheit schon oben; vgl. auch EuGH, Slg. 1998, I-2661 = EuZW 1998, 499 – Landsbrugsministeriet.

eines **Bereicherungswegfalls** für nicht maßgeblich erachtet.[298] Der Verbrauch der gewähr-ten Leistungen begründet regelmäßig kein besonders schützenswertes Vertrauen. In diesem Zusammenhang argumentierte der EuGH wie folgt: „Lässt die nationale Behörde gleich-wohl die im nationalen Recht für die Rücknahme des Bewilligungsbescheids vorgesehene Ausschlussfrist verstreichen, so kann diese Situation nicht mit derjenigen gleichgesetzt werden, in der ein Wirtschaftsteilnehmer nicht weiß, ob die zuständige Behörde eine Ent-scheidung treffen wird, und in der der Grundsatz der Rechtssicherheit verlangt, dass diese Ungewissheit nach Ablauf einer bestimmten Frist beendet wird."[299] Vielmehr stand seit dem Erlass der negativen – die Unvereinbarkeit der Beihilfe mit dem Gemeinsamen Markt feststellenden – Entscheidung der Kommission für den Beihilfeempfänger fest, dass die Leistungen zurückgefordert werden. Es würde zudem die Wirksamkeit des EG-Rechts un-tergraben, wenn es in der Hand der nationalen Behörde stünde, durch ein Verstreichenlas-sen der nationalen Frist die Entscheidung der Kommission faktisch zu ignorieren.

Was das Vertrauen des Beihilfeempfängers anbelangt, so hält es nach Auffassung des **196** EuGH einer kritischen Abwägung mit den Interessen der Gemeinschaft nicht stand: „Unter Umständen wie denen des Ausgangsverfahrens würde die Nichtrücknahme des Beihilfebe-scheids das Gemeinschaftsinteresse schwer beeinträchtigen und die gemeinschaftsrecht-lich gebotene Rückforderung praktisch unmöglich machen. … Wie in Rdnr. 25 des vorlie-genden Urteils bereits ausgeführt, darf ein beihilfebegünstigtes Unternehmen auf die Ord-nungsmäßigkeit der Beihilfe jedoch nur vertrauen, wenn diese unter Einhaltung des in Art. 93 [heute: Art. 88 EGV, Anm.] des Vertrages vorgesehenen Verfahrens gewährt wur-de. Das Gleiche hat somit auch für den Einwand des Wegfalls der Bereicherung zu gelten … ."[300] Der EuGH mutet es damit einem sorgfältigen Gewerbebetreibenden zu, sich zu ver-gewissern, ob das europarechtlich vorgeschriebene Beihilfeverfahren entsprechend den Regeln des Art. 88 EGV beachtet wurde. [301]

Das Bundesverwaltungsgericht[302] hält das *Alcan II*-Urteil mit dem Grundgesetz für verein- **197** bar. Die dagegen gerichtete Verfassungsbeschwerde wurde vom Bundesverfassungsgericht nicht zur Entscheidung angenommen.[303]

d) Bestandskraft von Verwaltungsakten. – Das Europarecht wirkt sich daneben auf das **198** Rechtsinstitut der **Bestandskraft von Verwaltungsakten** aus. Die Bestandskraft von Ent-scheidungen wird insofern durchbrochen, als der bestandskräftige Verwaltungsakt, wel-cher gegen eine Grundfreiheit und mithin gegen europäisches Recht verstößt, **unanwend-bar** ist und nicht mehr vollstreckt werden kann.[304]

---

298 Hinsichtlich Gemeinschaftsbeihilfen lässt der EuGH die Berufung auf den Wegfall der Bereiche-rung unter bestimmten Voraussetzungen zu, vgl. EuGH, Slg. 1998, I-4767 = EuZW 1998, 603 – Ölmühle Hamburg.
299 EuGH, Rs. C-24/95, Slg. 1997, I-1591, RdNr. 35 – Alcan.
300 EuGH, Rs. C-24/95, Slg. 1997, I-1591, RdNr. 42, 49, 50 – Alcan.
301 EuGH 12. 5. 1998 – C-366/95, Steff-Houlberg, Slg. 1998, I-2661; EuGH, Rs. C-5/89, Kommis-sion/Deutschland, Slg. 1990, I-3437; EuGH, Rs. 205–215/82, Deutsche Milchkontor, Slg. 1983, 2633.
302 BVerwGE 106, 328 = NJW 1998, 3728.
303 Beschluss vom 17. 2. 2000 – 2 BvR 1210/98 = DVBl. 2000, 900.
304 EuGH, EuR 1999, 776 – Erich Ciola; Näheres dazu: *Bergmann/Kenntner/Kuntze*, Kapitel 4, RdNr. 65 ff.

VII. Materielle Vorgaben: Grundrechte des EG-Rechts

199   Die Gründungsverträge der EGKS, der EWG und der EAG enthielten keine Grundrechtsbestimmungen. Die Vertragsgeber konnten sich – ungeachtet der dynamischen Anlage der Verträge – nicht vorstellen, dass die Organe des Integrationsverbands einmal Hoheitsgewalt in einer Breite, Dichte und Tiefe ausüben würden, die den Schutz der Freiheitssphäre der hoheitsunterworfenen Einzelnen durch verfassungsgarantierte Grundrechte und ein mit deren Anwendung beauftragtes Verfassungsgericht erforderlich machen würde. Dieses Bild hat sich inzwischen grundlegend gewandelt. Inzwischen finden sich im EU-Verfassungsrecht reichhaltige Grundrechtsgehalte, die die EU-Hoheitsgewalt, darüber hinaus aber auch im Bereich der Durchführung von EU-Recht auch die Mitgliedstaaten binden.

200   **1. Allgemeine Grundsätze.** – Das EU-Recht enthält noch immer keinen positiverten (geschriebenen) Katalog verbindlich geltender Grundrechte. In ständiger Rechtsprechung anerkennt der EuGH aber bestimmte Grundrechte als **allgemeine ungeschriebene Rechtsgrundsätze** des europäischen Rechts im Sinne des Art. 220 EGV.[305] Die Grundrechte wurden vom EuGH vor allem auf der Grundlage der Gewährleistungen der EMRK und unter Rückgriff auf die Verfassungstraditionen der Mitgliedstaaten richterrechtlich entwickelt. Die EMRK sowie die nationalen Verfassungen fungieren dabei als Rechtserkenntnisquellen. Die Europäische Union konnte bislang bereits mangels einer vertraglichen Ermächtigung nicht der EMRK beitreten; eine unmittelbare Anwendung der Bestimmungen der EMRK scheidet daher aus.[306]

201   Die Grundrechtsrechtsprechung des EuGH fand eine Bestätigung und eine vertragliche Grundlage in dem im Zuge des Maastricht-Vertrags errichteten Art. 6 Abs. 2 EUV. Dort heißt es: „Die Union achtet die Grundrechte, wie sie in der am 4. 11. 1950 in Rom unterzeichneten Europäischen Konvention zum Schutze der Menschenrechte und Grundfreiheiten gewährleistet sind und wie sie sich aus den gemeinsamen Verfassungsüberlieferungen der Mitgliedstaaten als allgemeine Grundsätze des Gemeinschaftsrechts ergeben."

202   Der vom Europäischen Rat in Nizza im Jahr 2000 feierlich proklamierten **Charta der Grundrechte der Europäischen Union**[307] fehlt bislang die rechtliche Verbindlichkeit. Das Europäische Gericht 1. Instanz[308] sowie einige Generalanwälte[309] ziehen die Charta als zusätzliche Rechtserkenntnisquelle heran; der EuGH hält sich bislang zurück.

203   Im Zuge der Verhandlungen über einen Verfassungsvertrag der Europäischen Union wurde beschlossen, die Grundrechtecharta unverändert als Teil II in den **Verfassungsvertrag** aufzunehmen. Ihr wird damit Verfassungsrang zugesprochen.

---

305 EuGH, Slg. 1969, 419 ff. – Stauder; EuGH, Slg. 1970, 1125, RdNr. 4 – Internationale Handelsgesellschaft; EuGH, Slg. 1974, 491, RdNr. 13 – Nold.

306 EuGH, Gutachten 2/94 vom 28. 3. 1996, JZ 1996, 623 ff. mit Anm. *Ruffert.*

307 ABl. EG C Nr 364, 18. 12. 2000, 1; allgemein dazu: *Ehlers/Calliess*, Europäische Grundrechte und Grundfreiheiten, § 19; *Nettesheim*, Integration 2002, 35 ff.; *Tettinger*, NJW 2001, 1010 ff.; *Grabenwarter*, DVBl. 2001, 1 ff.

308 EuG EuZW 2002,186, RdNr. 48 – max mobil.

309 Schlussanträge Generalanwalt Tizzano, Rs C-173/99, RdNr. 26 ff. – BECTU; Schlussanträge Generalanwalt Alber, EuGH, Slg. 2001, I-4109, RdNr. 94 – TNT.

Auf die Gemeinschaftsgrundrechte können sich **natürliche sowie juristische Personen** 204
und Personenmehrheiten berufen. Bei den letzten beiden ist allerdings Voraussetzung, dass
die Grundrechte ihrem Wesen nach auf sie anwendbar sind. Juristische Personen des Privatrechts, welche sich in staatlicher Hand befinden, sind nicht grundrechtsberechtigt. Bei ge-
mischt-wirtschaftlichen Unternehmen ist entscheidend auf das Beherrschungsverhältnis
abzustellen.[310]

Verpflichtet sind in erster Linie die Gemeinschaftsorgane; eine Bindung der Mitgliedstaa- 205
ten ist im Rahmen der Umsetzung sowie dem Vollzug von Gemeinschaftsrecht gegeben.
Der EuGH geht davon aus, dass die EU-Grundrechte die Mitgliedstaaten auch dann binden,
wenn diese Maßnahmen ergreifen, die eine Beschränkung der Grundfreiheiten bewirken:
Ein Mitgliedstaat könne sich nicht auf die Rechtfertigungsgründe einer Grundfreiheit berufen, wenn und soweit seine Maßnahme ihrerseits mit den EU-Grundrechten unvereinbar
ist. Richtigerweise handelt es sich hierbei aber nicht um einen Fall der Grundrechtsver-
pflichtung von Mitgliedstaaten, sondern um einen Fall der grundrechtskonformen Interpretation der Rechtfertigungsgründe von Grundfreiheiten. Eine Grundrechtsbindung der Mitgliedstaaten setzt dieser Interpretationsvorgang nicht voraus.

Bei inhaltlichen Überschneidungen des Anwendungsbereichs gehen die Grundfreiheiten 206
als **speziellere Regeln** gegenüber den Grundrechten vor. Derartige Überschneidungen können sich insofern ergeben, als die Grundfreiheiten nach – im Einzelnen allerdings unklarer
– Auffassung des EuGH auch die EU-Organe binden.

Die Grundrechtsprüfung erfolgt üblicherweise nach dem aus dem nationalen Recht be- 207
kannten Muster: **Schutzbereich, Eingriff, Schranken, Schranken-Schranken.** Die
Tragweite der einzelnen Prüfungspunkte ist allerdings dogmatisch noch recht wenig ausgeformt; zudem wählt der EuGH häufig einen grobmaschigeren Überprüfungsansatz.

Außer Frage steht, dass eine Beschränkung nur im Rahmen der Verfolgung zulässiger, dem 208
Gemeinwohl dienender Ziele und aufgrund einer europäischen Rechtsnorm („Gesetz") er-
folgen kann (**Rechtssatzvorbehalt**).[311] Zudem müssen im Rahmen der Rechtfertigung die
Wesentlichkeitstheorie[312] und der **Verhältnismäßigkeitsgrundsatz** berücksichtigt wer-
den. Was den Grundsatz der Verhältnismäßigkeit anbelangt, so ergibt sich bereits aus
Art. 5 Abs. 3 EGV, dass die Maßnahme geeignet, erforderlich und angemessen sein muss.
Die Prüfung durch den EuGH erreicht dabei nicht die gleiche Kontrolldichte wie im deutschen Recht, vielmehr begnügt er sich in der Regel mit der Feststellung der Legitimität des
Gemeinwohlzieles und der nicht offensichtlichen Ungeeignetheit der in diesem Zusammenhang ergriffenen Maßnahmen.[313] Den Gemeinschaftsorganen bleibt ein weiter Ermes-
sens- und Prognosespielraum erhalten.

---

310 *Ehlers/Ehlers*, Europäische Grundrechte und Grundfreiheiten, § 13 RdNr. 27.
311 *Schliessky*, Öffentliches Wirtschaftsrecht, S. 52; *Ehlers/Ehlers,* Europäische Grundrechte und
    Grundfreiheiten, § 13 RdNr. 41, 42.
312 EuGH, Slg. 1989, 2609, RdNr. 18 – Wachauf; EuGH, Slg. 1986, 2897, RdNr. 8 – Keller; EuGH,
    Slg. 1989, 2237, RdNr. 15 – Schräder; EuGH, Slg. 1990, I-4071, RdNr. 27 – Marshall.
313 EuGH, Slg. 1994, I-5555/5583; EuGH, Slg. 1994, I-4973, RdNr. 90 ff. – Bananenmarktordnung;
    EuGH, Slg. 1989, 2237, RdNr. 20 ff. – Schräder; EuGH, Slg.1990, I-4023, RdNr. 13 ff. – Fedesa;
    dazu: *Ehlers/Ehlers*, Europäische Grundrechte und Grundfreiheiten, § 13 RdNr. 45 ff.; *Nettes-
    heim*, EuZW 1995,106 ff.; *v. Bogdandy*, JZ 2001, 157 ff.; *Ehlers/Ruffert*, Europäische Grundrechte
    und Grundfreiheiten, § 15 RdNr. 37 ff.

209 **2. Die Grundrechte im Einzelnen.** – Nachfolgend sollen einige der in der Rechtsprechung des EuGH anerkannten Grundrechte vorgestellt werden. Eine abschließende Behandlung der Rechtsprechung ist hier aus Platzgründen nicht möglich.

210 **a) Berufsfreiheit[314] (Art. 15, 16 Europäische Grundrechte-Charta).** – Geschützt wird die wirtschaftliche Betätigung in all ihren Erscheinungsformen,[315] erfasst sind auch die Handelsfreiheit,[316] die erwerbsbezogene Vertragsfreiheit[317] und die Wettbewerbsfreiheit.[318] Die Beschränkung der freien Wahl des Geschäftspartners stellt eine Beeinträchtigung der beruflichen Freiheit dar.[319]

211 **b) Eigentumsfreiheit[320] (Art. 17 Europäische Grundrechte-Charta).** – Das Grundrecht gewährleistet das Recht der natürlichen und juristischen Personen auf Achtung ihres Eigentums. Der Schutzbereich wird maßgeblich durch die Normen der Mitgliedstaaten geprägt, welche entsprechend Art. 295 EGV ihre eigene Eigentumsordnung selbstständig bestimmen. Geschützt sind das Sacheigentum[321] sowie sonstige nichtkörperliche Gegenstände, wie Forderungs- und geistige Eigentumsrechte.[322] Nicht in den Schutzbereich fallen: das Vermögen als solches,[323] bloße Erwartungen, Gewinnaussichten,[324] ein bestimmter Marktanteil[325] oder Mindestpreisregelungen.[326] Geschützt sind aber die so genannten „wohlerworbenen Rechte", sofern die Eigentümer auf den Fortbestand der geschaffenen Rechtslage vertrauen durften.[327] Art. 17 der Grundrechte-Charta berechtigt zum Entzug des Eigentums nur gegen Entschädigung.

212 **c) Unverletzlichkeit der Wohnung.** – Das vom EuGH anerkannte Grundrecht auf Unverletzlichkeit der Wohnung bezieht sich auf Privatwohnungen; Geschäftsräume hingegen fallen nicht in den Schutzbereich.[328] Begründet wird dieses Ergebnis einerseits mit einem Verweis auf die Uneinheitlichkeit der mitgliedstaatlichen Verfassungen in diesem Punkt. Seit dem Niemitz-Urteil[329] des EGMR, in welchem es um den Schutz von Geschäftsräumen einer Anwaltskanzlei ging, werden Geschäftsräume aber auch in den Schutzbereich des entspre-

---

314 Grundlegend dazu: EuGH, Rs. 4/73 – Nold, Slg. 1974, 491 = NJW 1975, 518; EuGH, Rs. 44/79 – Hauer, Slg. 1979, 3727 = NJW 1980, 505; EuGH, Rs. 5/88 – Wachauf, Slg. 1989, 2609; Slg. 1994, I-4973, RdNr. 79 – Bananenmarkt.

315 EuGH, Slg. 1985, 2857, RdNr. 23 – Finsider.

316 EuGH, Slg. 1974, 491, RdNr. 14 – Nold, EuGH, Slg. 1985, 531, RdNr. 9 – ADBHU.

317 EuGH, Slg. 1991, I-3617, RdNr. 13 – Neu.

318 EuGH, Slg. 1987, 2289, RdNr. 15 – Rau; EuGH, Slg. 1998, I-1953, RdNr. 28 – Metronome Musik.

319 EuHG, Slg. 1991, I-3617, 3638 – Neu.

320 Grundlegend dazu: EuGH, Rs. 4/73, Slg. 1974, 491 – Nold = NJW 1975, 518; EuGH, Rs. 44/79, Slg. 1979, 3727 – Hauer = NJW 1980, 505; EuGH, Rs. 5/88, Slg. 1989, 2609 – Wachauf; EuGH, Slg. 1994, I-4973, RdNr. 79 – Bananenmarkt.

321 EuGH, Slg. 1979, 3727, RdNr. 17 f. – Hauer.

322 EuGH, Slg. 1998, I-1953, RdNr. 21 ff. – Metronome.

323 EuGH, Slg. 1991, I-415, RdNr. 74 – Süderdithmarschen.

324 EuGH, Slg. 1974, 491, RdNr. 14 – Nold.

325 EuGH, Slg. 1994, I-4973, RdNr. 79 – Bananenmarkt.

326 EuGH, Slg. 1980, 907, RdNr. 90 – Valsabbia.

327 *Ehlers/Calliess*, Europäische Grundrechte und Grundfreiheiten, § 16 RdNr. 13 m. w. N. in RdNr. 38–41.

328 EuGH, Slg. 1989, 2859 ff. – Hoechst; EuGH, Slg. 1989, 3137 ff./3165 ff. – Dow Chemical.

329 EGMR EuGRZ 1993, 65 – Niemitz.

chenden Art. 8 EMRK miteinbezogen. Entsprechend seiner bisherigen Praxis dürfte der EuGH auch diesbezüglich seine Rechtsprechung mittelfristig an die des EGMR angleichen.

d) Schutz personenbezogener Daten. – Das Recht auf Privatsphäre bei der Verarbeitung 213 personenbezogener Daten ist als europäisches Grundrecht anerkannt. In diesem Kontext erging die Richtlinie 95/46/EG sowie die speziell für die Verarbeitung personenbezogener Daten auf dem Telekommunikationsbereich abgestimmte Richtlinie 97/66/EG.[330] Die Mitgliedstaaten haben sicherzustellen, dass „die Vertraulichkeit der mit öffentlichen Telekommunikationsnetzen und öffentlich zugänglichen Telekommunikationsdiensten erfolgte Kommunikation" gewährleistet ist.[331]

e) Grundsatz der Verhältnismäßigkeit. – Der ansatzweise in Art. 5 Abs. 3 EGV anzutref- 214 fende **Grundsatz der Verhältnismäßigkeit** besagt, dass die Maßnahmen der Gemeinschaft nicht über das für die Erreichung der Ziele des Vertrags erforderliche Maß hinausgehen dürfen. Der EuGH behandelt diesen Grundsatz nicht nur als Teilbestandteil der einzelnen Grundrechte, sondern verleiht ihm selbststehenden Charakter und wendet ihn auch außerhalb des Kontexts einer Grundrechtsprüfung an. Entsprechend der vom EuGH bereits seit langem etablierten Rechtsgarantie[332] sind Maßnahmen nur als rechtmäßig zu erachten, wenn sie zur Erreichung des mit ihnen verfolgten Zieles geeignet und erforderlich sind. Bei mehreren Handlungsmöglichkeiten ist die Alternative mit dem geringsten Eingriff zu wählen. Die Angemessenheit überprüft der Europäische Gerichtshof – der deutschen Dogmatik weitgehend ähnlich –, indem er die Belastung in eine verhältnismäßige Relation zu dem angestrebten Ziel setzt. Anders ausgedrückt bedeutet das, es wird eine Abwägung zwischen dem Eingriff in geschützte Rechtspositionen und dem Nutzen, den diese Maßnahme für die Gemeinschaft bringt, vorgenommen. Der Verhältnismäßigkeitsgrundsatz ist in fast allen Facetten des Gemeinschaftsrechts anerkannt; gemeinhin wird er auch als „übergreifendes Prinzip zur Begrenzung der Wirtschaftsgesetzgebung und -verwaltung in der Gemeinschaft"[333] bezeichnet. Der Grundsatz kommt sowohl bei Eingriffen in die Rechtssphäre der Unionsbürger und juristischen Personen als auch bei Eingriffen in Interessen der Mitgliedstaaten zum Tragen.[334]

f) Gleichheitsrechte.[335] – Der **allgemeine Gleichheitssatz** verbietet im Anwendungsbe- 215 reich des EG-Rechts eine Ungleichbehandlung von vergleichbaren Sachverhalten und eine Gleichbehandlung von ungleichen Sachverhalten. Eine objektive Rechtfertigung ist möglich, es existiert bislang aber keine dogmatisch gefestigte und einheitliche Rechtsprechung. Ein wichtiger, die Ungleichbehandlung rechtfertigender Grund wird in der Herstellung von Wettbewerbsgleichheit zwischen zwei oder mehreren Wettbewerbsteilnehmern gesehen.[336]

---

330 ABl. 1998 Nr. L 24/1, ABl. 2000 Nr. C 365/223 (wird gemäß Art. 26 RL 2002/21/EG aufgehoben). Eingeführt wird die RL 2002/58/EG (Datenschutzrichtlinie).

331 *Sachs/Krüger/Pagekopf*, Art. 10 RdNr. 5b.

332 Vgl. nur: EuGH, verb. Rs. 41, 121 und 796/79, Slg. 1980, 1979, RdNr. 21 – Testa/Bundesanstalt für Arbeit; EuGH, Rs. C 359/92, Slg. 1994, I-3681 ff.

333 *Schwarze,* EuVerwR II, 831 ff.; *Emmerich-Fritsche*, Der Grundsatz der Verhältnismäßigkeit als Direktive und Schranke der EG-Rechtsetzung, 2000, S. 272 f.; *Calliess/Ruffert/Calliess*, Art. 5 RdNr. 46.

334 BVerfGE 89, 155 (212).

335 Grundlegend dazu: EuGHE 1977, 1753 ff. – Ruckdeschel; EuGHE 1962, 717 ff. – Mannesmann; EuGHE 1986, 3477 ff. – Marthe Klensch; EuGHE 1977, 1795 ff. – Maisgritz.

336 EuGH, Slg. 1998, I-1023, RdNr. 81 – T Port.

VIII. Richterliche Kontrolle/Kontrolldichte

216   **1. Nationale Gerichte und Europäisierung des Verwaltungsprozessrechts.** – Für die Überprüfung von Maßnahmen der nationalen Behörden sind die **nationalen Gerichte** zuständig. Sofern sie den nationalen Vollzug von Gemeinschaftsrecht überprüfen, entscheiden sie zwar nicht als „**Europäische Gerichte**", wohl aber als Gerichte, die dem Gemeinschaftsrecht zur Wirksamkeit zu verhelfen haben und daher gemäß Art. 10 Abs. 1 S. 1 EGV verpflichtet sind, dem Gemeinschaftsrecht Vorrang vor entgegenstehendem innerstaatlichen Recht einzuräumen.

217   In verstärktem Maße findet in jüngerer Zeit eine **Europäisierung des Verwaltungsprozessrechts** statt.[337] Dies erfolgt zum einen aufgrund konkreter sekundärrechtlicher Vorgaben für die Ausgestaltung des gerichtlichen Rechtsschutzes. Bereichsspezifische Regelungen für die Telekommunikation enthält die Rahmenrichtlinie: Entsprechend Art. 4 Abs. 1 S.1–3 (RL 2002/21/EG) obliegt es den Mitgliedstaaten, ein effektives Rechtschutzsystem bereitzustellen. Nach Art. 4 Abs. 1 S. 4 (RL 2002/21/EG) bleibt die Entscheidung der nationalen Regulierungsbehörde während des Beschwerdeverfahrens in Kraft; Rechtsbehelfe entfalten keine aufschiebende Wirkung.[338]

218   Andererseits ist es maßgeblich der EuGH, welcher besondere Anforderungen an den nationalen Rechtsschutz formuliert. Grundsätzlich liegt auch die Kompetenz für die Ausgestaltung der gerichtlichen Verfahren bei den Mitgliedstaaten (**Grundsatz der Verfahrensautonomie der Mitgliedstaaten**).[339] Das Gemeinschaftsrecht überlagert allerdings die nationale Kompetenz insofern, als es Vorgaben für die effektive Durchführung des EG-Rechts macht. Wegen der stetigen Zunahme sowohl hinsichtlich des Umfangs als auch in Bezug auf die Einwirkungstiefe wird teilweise bereits von einer gemeinschaftsrechtlichen Determinierung des Rechtsschutzes gesprochen.[340] Betroffen sind insbesondere das Rechtsinstitut der Klagebefugnis sowie der vorläufige Rechtsschutz.

219   Die **Klagebefugnis** ist so zu handhaben, dass die Durchsetzung vom Gemeinschaftsrecht her anerkannter individueller Rechtspositionen ermöglicht wird. Differenzen zwischen europäischem und deutschem Recht ergeben sich in dieser Hinsicht dadurch, dass die deutsche Schutznormtheorie einen engeren Ansatz als das europäische Recht verfolgt. Ob eine europäische Vorschrift darauf abzielt, den Einzelnen einen subjektiven Anspruch zu verleihen, ist durch Interpretation der Bestimmung zu ermitteln. Häufig wird sich eine ausdrückliche und eindeutige Antwort nicht finden. In diesem Fall ist die Frage teleologisch durch Schutzzwecküberlegungen zu beantworten. Nach europäischem Rechtsverständnis verhelfen die Rechtsschutzmöglichkeiten dem Einzelnen nicht nur zu seinem Recht, sondern die-

---

337 Vgl. zum Beispiel: *Classen,* Die Europäisierung der Verwaltungsgerichtsbarkeit, 1996; *von Danwitz,* Verwaltungsrechtliches System und Europäische Integration, 1996; *Ehlers,* Die Europäisierung des Verwaltungsprozessrechts, 1999; *Hirsch,* VBlBW 2000, 71 ff.; *Kokott,* Die Verwaltung 31 (1998), 335 ff.; *Schoch,* VBlBW 1999, 241 ff.; *ders.,* Die Europäisierung des Verwaltungsprozessrechts, Festgabe 50 Jahre Bundesverwaltungsgericht, Abschnitt 4; *Schwarze,* NVwZ 2000, 241 ff.

338 Entspricht dem bislang geltenden § 80 Abs. 2 TKG.

339 Vgl. dazu grundlegend: EuGH, Slg. 1993, 2633 – Deutsches Milchkontor; EuGH, Slg. 1995, I-4599 – Peterbroeck.

340 *Bergmann/Kenntner/Hauser,* 3. Kapitel, A I. RdNr. 3 mit Hinweis auf *Schoch,* NVwZ 1999, 459.

nen gleichzeitig der allgemeinen Kontrolle des Gemeinschaftsrechts. Der Einzelne fungiert gleichzeitig als Hüter des EG-Rechts.[341]

Und in der Tat finden sich beispielsweise in der Rechtsprechung des EuGH zur Interpreta- **220** tion von Richtlinienbestimmungen Entscheidungen, die so unter Anwendung der deutschen Schutznormkriterien nicht ergangen wären. Hierbei handelt es sich allerdings nur um graduelle Unterschiede, die keinen Anlass zu Aufgeregtheit und Besorgnis geben können. Immerhin lässt sich der Rechtsprechung des EuGH entnehmen, dass sich die Verleihung subjektiver Rechte vor allem dann gebietet, wenn die Richtlinie dem Schutz individueller Rechtsgüter (Gesundheit, Leben etc.) dient. Inzwischen muss zu den gesicherten Erkenntnissen des Unionsrechts gezählt werden, dass auch allgemeinbegünstigende Richtlinienbestimmungen des Umweltrechts das Ziel der Individualberechtigung verfolgen können – so die wesentliche Schlussfolgerung der EuGH-Urteile aus dem Jahre 1991.[342]

Die ursprünglich im Hinblick auf die **Klagefrist** gehegten Befürchtungen haben sich ge- **221** legt, nachdem der EuGH die einmonatige Frist für die Einlegung von Rechtsmitteln als angemessen befunden[343] hat.

Was den **verwaltungsgerichtlichen Eilrechtsschutz** anbelangt, so ist dieser bereits heute **222** in großem Maße vom Europarecht überlagert.[344] In der Rechtssache *Factortame* entwickelte der EuGH aus dem Gemeinschaftsrecht ein Gebot zur Gewährung von vorläufigem Rechtsschutz. „Die Wirksamkeit des Gemeinschaftsrechts würde abgeschwächt, wenn ein mit einem nach Gemeinschaftsrecht beurteilenden Rechtsstreit befasstes Gericht durch eine Vorschrift des nationalen Rechts daran gehindert werden könnte, einstweilige Anordnungen zu erlassen, um die volle Wirksamkeit der späteren Gerichtsentscheidung über das Bestehen der aus dem Gemeinschaftsrecht hergeleiteten Rechte sicherzustellen. Ein Gericht, das der Auffassung ist, dem Erlass einer einstweiligen Anordnung stehe eine Vorschrift des nationalen Rechts entgegen, darf diese Vorschrift nicht anwenden."[345]

Das EuGH-Urteil zur *Zwangsdestillation von Tafelwein* führte dazu, dass die deutschen **223** Verwaltungsbehörden den Sofortvollzug eines Verwaltungsaktes nach § 80 Abs. 2 S. 1 Nr. 4 VwGO anordnen müssen, falls andernfalls aufgrund der gesetzlich angeordneten aufschiebenden Wirkung die Gefahr droht, die effektive Anwendung des europäischen Rechts zu vereiteln oder zumindest zeitlich zu verzögern.[346]

Grundsätzlich kommt nach neuerer Rechtsprechung des EuGH einem nationalen Gericht **224** die Befugnis zu, die **Vollziehung** eines aufgrund einer rechtlich zweifelhaften Verordnung ergangenen Verwaltungsakts **auszusetzen**.[347] Der Gerichtshof lockerte damit seine ursprüngliche Rechtsprechung, wonach er ein Monopol für die Nichtigkeitserklärung von

---

341 *Schoch*, Die Europäisierung des Verwaltungsprozessrechts, Festgabe 50 Jahre Bundesverwaltungsgericht, 2003, 4. Abschnitt, III; *Kadelbach*, EuR – Beiheft 2, 2002, 7.

342 EuGH, C-58/89, Kommission/Deutschland, Slg. 1991, I-4983/I-5023; vgl. auch EuGH, C-361/88, Kommission/Deutschland, Slg. 1991, I-2567/I-2601; EuGH, C-59/89, Kommission/Deutschland, Slg. 1991, I-2607/I-2632.

343 EuGH, Slg. 1976, 1989 – Rewe = NJW 1977, 495; EuGH, NJW 1999, 129 – Edis.

344 *Schoch*, DVBl. 1997, 289 ff.; *Jannasch*, NVwZ 1999, 495 ff.

345 EuGH, Slg. 1990, I-2433, RdNr. 23 – Factortame = NJW 1991, 2271.

346 EuGH, Slg. 1990, I- 2899 – Tafelwein = EuZW 1990, 384.

347 EuGH, Slg. 1991, I-415 – Süderdithmarschen = EuZW 1991, 313.

Handlungen der Gemeinschaftsorgane für sich in Anspruch nahm.[348] Aus Gründen der Einheitlichkeit der Gemeinschaftsrechtsordnung und der Kohärenz der Rechtsschutzsysteme müssen die nationalen Gerichte in derart gelagerten Fallkonstellationen aber die nachfolgenden – an das Prozessrecht der EG (Art. 242 f. EGV) angelehnten – Vorgaben beachten. Das nationale Recht darf den Vollzug eines Gemeinschaftsrechtsaktes nur dann – vorübergehend – aussetzen, wenn a) es erhebliche Zweifel an der Gültigkeit des Gemeinschaftsrechtsaktes hegt, b) die Entscheidung dringlich ist, c) dem Antragsteller ein schwerer, unwiederbringlicher Schaden droht, d) die Interessen der EG müssen angemessen berücksichtigt werden, und e) das nationale Gericht die Problematik dem EuGH nach Art. 234 EGV vorlegt.

225   Diese Grundsätze kommen allerdings nur dann zur Anwendung, wenn es um den Vollzug von EU-Recht durch nationale Behörden geht. Im Falle der **Untätigkeit eines Gemeinschaftsorgans** sind die nationalen Gerichte nicht befugt, einstweilige Entscheidungen anstelle eines EU-Organs zu treffen. Die Kontrolle der Untätigkeit fällt in die ausschließliche Zuständigkeit des EuGH. Dem Betroffenen bleibt daher nur die Möglichkeit der Erhebung einer Untätigkeitsklage gemäß Art. 232 EGV und die Beantragung einer einstweiligen Anordnung durch den EuGH nach Art. 243 EGV.[349]

226   **2. Vorabentscheidungsverfahren.** – Bei Unklarheiten im Hinblick auf die Gültigkeit sowie Auslegung des Gemeinschaftsrechts kann beziehungsweise muss das nationale Gericht die Frage dem EuGH zur **Vorabentscheidung** gemäß Art. 234 EGV vorlegen. Nach Abschluss dieses Zwischenverfahrens wird das Ausgangsverfahren unter Beachtung der Rechtsauffassung des EuGH vor dem nationalen Gericht fortgesetzt und entschieden.

227   Vorlageberechtigt nach Art. 234 Abs. 2 EGV sind mitgliedstaatliche Gerichte. Der gemeinschaftsrechtlich auszulegende Begriff des „Gerichts" erfordert eine unabhängige streitentscheidende, rechtsstaatlichen Verfahrensregeln unterliegende Institution. Maßgeblich kommt es dabei auf eine funktionale Betrachtungsweise an. Grundentscheidungen der deutschen Registergerichte sind mangels Rechtsprechungscharakter keine Gerichtsentscheidungen im obigen Sinne.[350] Schiedsgerichte sind nur insofern zur Vorlage berechtigt, als sie in das mitgliedstaatliche Rechtsschutzsystem integriert sind.[351]

228   Eine zulässige **Vorlagefrage** kann zum einen die Auslegung von Gemeinschaftsnormen sein. Nicht nur unmittelbar geltende Normen, sondern auch alle anderen Gemeinschaftsvorschriften, sofern sie Rechtswirkungen entfalten können, sind tauglicher Gegenstand der Vorlage.[352] Über die Auslegung sowie Vereinbarkeit des nationalen Rechts mit der Gemeinschaftsvorschrift kann der EuGH nicht entscheiden. Möglich ist allerdings die abstrakte Frage nach der Vereinbarkeit einer nationalen Maßnahme (so wie vom nationalen Gesetz vorgesehen) mit dem Gemeinschaftsrecht. Bei der zweckdienlichen Auslegung der Vorlagefrage gesteht sich der EuGH einen weiten Beurteilungsspielraum zu.[353]

229   Grundsätzlich prüft der EuGH die **Entscheidungserheblichkeit** der Vorlagefrage nicht. Dies setzte eine – außerhalb der Kompetenz des EuGH liegende – Beurteilung nationaler Rechtsnormen voraus. Dies bedeutet allerdings nicht, dass der EuGH zur Beantwortung

---

348 EuGH, Slg. 1987, 4199 – Foto Frost.
349 EuGH, Slg. 1996, I-6065, 6088 – T-Port.
350 EuGH, Slg. 1995, I- 3361/3386 f. – Job Centre.
351 EuGH, Slg. 1982, 1095 – Nordsee/Mond.
352 *Bermann/Kenntner/Kenntner*, Kapitel 2, RdNr. 32.
353 EuGH, Slg. 1998, I-6307/Ziffer 15 – IN.CO.GE.90.

jedweder Vorlagefrage verpflichtet wäre. Mit Blick auf den Zweck des Vorlageverfahrens lehnt der EuGH die Beantwortung offensichtlich hypothetischer[354] und konstruierter[355] Fragen ebenso ab wie die Beantwortung von Fragen, bei denen jeglicher Zusammenhang[356] zwischen Vorlagefrage und Ausgangsverfahren fehlt.

Eine **Pflicht zur Vorlage** besteht nach Art. 234 Abs. 3 EGV in Fällen, in denen die Entscheidung des mitgliedstaatlichen Gerichts nicht mehr mit innerstaatlichen Rechtsmitteln angegangen werden kann. Dabei ist anhand einer konkreten Betrachtungsweise festzustellen, ob das entscheidende Gericht die letzte Instanz bildet.[357] Das kann, etwa bei Nichterreichen der Berufungssumme, bereits das erstinstanzliche Gericht sein. Das Verfassungsbeschwerdeverfahren ist kein Rechtsbehelf im Instanzenzug und daher bei der Beurteilung der Frage, ob ein Gericht „letztinstanzlich" entscheidet, nicht zu berücksichtigen. Eine Vorlagepflicht besteht nicht im vorläufigen Rechtsschutzverfahren.[358] Ebenso wenig bedarf es der Vorlage, wenn bereits eine gesicherte Rechtsprechung hinsichtlich der vorzulegenden Fragestellung vorliegt oder wenn die Rechtslage derart klar ist, dass keine vernünftigen Zweifel an der Auslegung oder Gültigkeit übrigbleiben („Act clair"-Theorie).[359] **230**

Der EuGH beantwortet Fragen, die die Gültigkeit, Anwendbarkeit oder Auslegung nationalen Rechts betreffen, nicht. Vorlagefragen, die sich auf diese Punkte beziehen, sind unzulässig. Üblicherweise formuliert der EuGH derartige Vorlagefragen so um, dass sie vor Art. 234 EGV Bestand haben. **231**

3. Vertragsverletzungsverfahren. – Unter den Direktklagen vor dem EuGH hat das **Vertragsverletzungsverfahren** wohl die größe Bedeutung. Nach Art. 226 EGV kann die Kommission beim EuGH die Feststellung beantragen, dass ein Mitgliedstaat seine gemeinschaftsrechtlichen Pflichten (sei es aus Primärrecht, sei es aus Sekundärrecht) verletzt hat. Voranzugehen hat ein Vorverfahren. Die Kommission hat den Mitgliedstaat über den behaupteten Rechtsverstoß zu informieren und ihm die Gelegenheit zur Stellungnahme zu geben. Fällt diese Stellungnahme in den Augen der Kommission nicht befriedigend aus, so hat sie ein begründetes Mahnschreiben an den Mitgliedstaat zu richten und ihm eine Frist zu setzen, innerhalb derer der Rechtsverstoß zu beseitigen ist. Erst nach Auslauf dieser Frist kann Klage eingereicht werden kann. Dabei ist zu beachten, dass die Klage nur auf die bereits in der Stellungnahme und im Mahnverfahren vorgetragenen Gründe gestützt werden kann. Die Einleitung eines Vertragsverletzungsverfahrens steht im pflichtgemäßen Ermessen der Kommission; ein Anspruch auf Einschreiten besteht nicht.[360] **232**

---

354 Einholung eines Gutachtens, EuGH, Rs. C-83/91 – Meilicke/ADV/ORGA AG, Slg. 1992, I-4871, 4932 f.; *Streinz*, Europarecht, RdNr. 560.
355 EuGH, Rs. 244/80 – Foglia/Novello, Slg. 1981, 3045/3062 f.; Rs. C-314/96 – Djabali, Slg. 1998 I-1149, 1162, RdNr. 18.
356 EuGH, Rs. C-7/9 – Bronner, Slg. 1998, I-7791, 7798, RdNr. 17.
357 EuGH, Slg. 1964, 1253 – Costa/ENEL; EuGH Slg. 1982, 3723 – Morson; herrschende Ansicht: *Grabitz/Hilf/Wohlfahrt*, Art. 177 RdNr. 49; für abstrakte Betrachtungsweise: wohl *Geiger*, Art. 234, RdNr. 14.
358 EuGH, Slg. 1977, 957 – Hoffmann-La-Roche.
359 EuGH, Rs. 283/81, Slg. 1982, 3415 – CILFIT.
360 EuGH, Rs. 247/87 – Star Fruit Company/Kommission, Slg. 1989, 291; Rs. C-196/97 – P. Cornelis/Kommission, Slg. 1998, I-199; *Streinz*, Europarecht, RdNr. 294 ff.

233 Bei Begründetheit ergeht in der Sache ein Feststellungsurteil, welches bereits seinem Inhalt entsprechend nicht vollstreckungsfähig ist. Erwähnenswert ist die im Rahmen des Maastricht-Vertrags eingeführte Möglichkeit zur Verhängung von Zwangsgeldern nach Art. 228 Abs. 3 EGV.

234 Die Kontrolle über die Verpflichtung der Mitgliedstaaten, Richtlinien in verbindliches innerstaatliches Recht umzusetzen, wird von der Kommission als „Hüterin der Verträge" (Art. 211 1. SpStr.) ausgeübt. Jedes Versäumnis oder Nichtnachkommen stellt eine Vertragsverletzung dar, die die Kommission berechtigt, gem. Art 226 Klage vor dem EuGH zu erheben.[361] Derartige Verfahren sind inzwischen Routine. Sie bewegen sich auch auf dem Gebiet des Telekommunikationsrechts: So siegte etwa die Kommission in einem Verfahren gegen die Französische Republik wegen nicht fristgerechter Umsetzung einer Verpflichtung aus Art. 32 der RL 98/10/EG über die Anwendung des offenen Netzzugangs (ONP) beim Sprachtelefondienst und beim Universaldienst im Telekommunikationsbereich.[362] Dabei stellte der EuGH wiederholt klar, „dass sich ein Mitgliedstaat nicht auf Vorschriften, Verfahren oder Umstände seiner internen Rechtsordnung berufen kann, um die Nichteinhaltung der in einer Richtlinie festgelegten Verpflichtungen und Fristen zu rechtfertigen".[363]

235 Da die Umsetzung der RL 98/61/EG, welche die Ermöglichung von Call-by-Call-Gesprächen im Ortsnetz bis spätestens 1. 1. 2000 vorsah, in der Bundesrepublik Deutschland unterblieb, hat die EU- Kommission ein förmliches Vertragsverletzungsverfahren eingeleitet. Um dem Vorwurf abzuhelfen, erließ der Bundestag mit Zustimmung des Bundesrats das „Erste Gesetz zur Änderung des Telekommunikationsgesetzes" vom 21. 10. 2002. Allerdings hat die Regulierungsbehörde für Telekommunikation und Post wegen technischer Umsetzungsprobleme die Einführung bis zum 28. 2. 2003 ausgesetzt. Dies nahm die EU-Kommission zum Anlass, Klage beim EuGH einzureichen.

236 **4. Nichtigkeitsklage.** – Rechtsakte der Gemeinschaftsorgane können im Rahmen der **Nichtigkeitsklage** nach Art. 230 EGV auf ihre Rechtmäßigkeit überprüft werden. Ist die Klage begründet, so erklärt das Gericht die angegriffene Handlung mit Wirkung erga omnes für nichtig.

237 **Gegenstand der Klage** können allerdings nur solche Akte sein, die dazu bestimmt sind, **Rechtswirkungen** zu erzeugen. In Betracht kommen Verordnungen, Richtlinien, Entscheidungen sowie Beschlüsse mit Rechtswirkungen.[364] Empfehlungen und Stellungnahmen sind unverbindlich und können, wie sich bereits aus Art. 230 Abs. 1 EGV ausdrücklich ergibt, nicht Gegenstand einer Nichtigkeitsklage sein.

238 Als mögliche Klagegründe werden in Art. 230 Abs. 2 EGV die Unzuständigkeit, die Verletzung wesentlicher Formvorschriften, die Verletzung des Vertrags oder einer bei seiner Durchführung anzuwendenden Rechtsnorm oder ein Ermessensmissbrauch genannt. Inhaltlich läuft dies auf eine umfassende Rechtmäßigkeitskontrolle hinaus.[365]

---

361 EuGH, Rs. C-329/88, Kommission Griechenland, Slg. 1989, 4159.
362 EuGH, Urteil vom 13. Juni 2002, Rs. C-286/01 – Kommission/Französische Republik.
363 EuGH, Urteil vom 13. Juni 2002, Rs. C-286/01 – Kommission/Französische Republik, RdNr. 13.
364 Zum Beispiel: Haushaltsbeschlüsse des Europäischen Parlaments, vgl. EuGH, Rs. 34/86 – Rat/Europäisches Parlament, Slg. 1986, 2155/2201.
365 *Oppermann*, Europarecht, RdNr. 744.

Sog. **privilegierte Kläger** können nach Art. 230 EGV Klage erheben, ohne eine besondere **239** Klagebefugnis nachweisen zu müssen. Insofern hat Art. 230 EGV die Qualität eines objektiven Normenkontrollverfahrens. Demgegenüber können sonstige **natürliche** und **juristische Personen**[366] als **nichtprivilegierte Kläger** nur unter den eingeschränkten Voraussetzungen des Art. 230 Abs. 4 EGV die Nichtigkeitsklage geltend machen.

a) Klage gegen Entscheidungen. – Art. 230 EGV formuliert für die verschiedenen **240** Rechtsakttypen des EG-Rechts unterschiedliche Anforderungen an die Klagebefugnis. Nach Art. 230 Abs. 4 können zunächst diejenigen Rechtsschutz beanspruchen, die ausdrücklich oder implizit in einer Entscheidung als **Adressat** bestimmt sind. Wenn der Klage eine gegen den Kläger ergangene Entscheidung zugrunde liegt, ergeben sich mit Blick auf die Klagebefugnis keine Probleme.

Klagebefugt ist darüber hinaus jeder, der zwar nicht Adressat einer Entscheidung ist, **241** gleichwohl aber durch sie „**unmittelbar und individuell betroffen** ist". Mit dieser Erweiterung des Rechtsschutzes wird dem Umstand Rechnung getragen, dass sich die Wirkungen einer Entscheidung auf Personen beziehen können, die nicht ausdrücklich oder implizit Adressat einer Entscheidung sind (Drittbetroffenen-/Konkurrentenklage). Bei einer Entscheidung, die an einen Mitgliedstaat gerichtet ist, können beispielsweise Dritte in ihrem Rechts- und Interessenkreis betroffen sein, wenn der Mitgliedstaat zu bestimmten Handlungen ermächtigt wird. Ähnliches gilt für den Fall der Drittbetroffenheit im Rahmen einer einzelpersonenbezogenen Entscheidung, wie sie auch im staatlichen öffentlichen Recht bekannt ist. Will ein Dritter von seiner Klagemöglichkeit nach Art. 230 Abs. 2 Gebrauch machen, muss er allerdings wie ein Adressat betroffen sein: „Wer nicht Adressat einer Entscheidung ist, kann nur dann geltend machen, von ihr individuell betroffen zu sein, wenn die Entscheidung ihn wegen bestimmter persönlicher Eigenschaften oder besonderer, ihn aus dem Kreis aller übrigen Personen heraushebenden Umstände berührt und ihn daher in ähnlicher Weise individualisiert wie den Adressaten."[367]

Der Kläger ist **unmittelbar betroffen**, wenn durch die Entscheidung seine Interessen ohne **242** das Hinzutreten weiterer ungewisser Umstände beeinträchtigt werden. An Mitgliedstaaten gerichtete Rechtsakte betreffen einen Einzelnen regelmäßig nicht unmittelbar; etwas anderes kann gelten, sofern dem Staat keinerlei Ermessensspielraum im Hinblick auf die Umsetzungsentscheidung verbleibt.[368]

---

366 Zum Begriff der juristischen Person im Europarecht: EuGH, Rs. 62 und 72/87 – Exécutif régional wallon – SA Glaverbel/Kommission, Slg. 1988, 1573; Rs. 135/81 – Agences de Voyages/Kommission, Slg. 1982, 3799/3808.

367 EuGH, Rs. 25/62, Plaumann, Slg. 1963, 211, 238; so auch: EuGH, Rs. 1/64, Clucoseries Réunies, Slg. 1964, 883, 895; EuGH, Rs. 38/64, Getreide Import, Slg. 1965, 277, 294 f.; EuGH, Rs. 40/64, Sgarlata u. a., Slg. 1965, 295, 311; EuGH, Rs. 69/69, ALCAN, Slg. 1970, 385, 393; EuGH, Rs. C-309/89, Codorniu, Slg. 1994, I-1835; EuGH, Rs. C-70/97 P, Kruidvat, Slg. 1998, I-7183; EuGH, Rs. C-321/95 P, Stichting Greenpeace, Slg. 1998, I-1651; EuG, Rs. T-12/93, CCE de Vittel, Slg. 1995, II-1247; EuG, Rs. T-2/93, Air France, Slg. 1994, II-323; verb. Rs. T-480/93 und T-483/93, Antillean Rice Mills, Slg. 1995, II-2305; EuG, Rs. T-398/94, Kahn Scheepvaart, Slg. 1996, II-477; EuG, Rs. T-60/96, Merck, Slg. 1997, II-849; EuG, verb. Rs. T-481/93 und T-484/93, Varkens, Slg. 1995, II-2941; EuG, Rs. T-266/84, Skibsvaerftsforeningen u. a./Kommission, Slg. 1996, II-1399; EuG, verb. Rs. T-132/96 und T-143/96, Freistaat Sachsen u. a./Kommission, Slg. 1999, II-3663; EuG, Rs. T-69/96, Hamburger Hafen- und Lagerhaus u. a./Kommission, Slg. 2001, II-1037.

368 *Calliess/Ruffert/Cremer*, Art. 230 RdNr. 46 m. w. N. in RdNr. 137, 138.

243   Der Kläger ist nur klagebefugt, wenn er auch **individuell betroffen** ist; davon ist auszugehen, wenn er durch besondere Eigenschaften und persönliche Merkmale aus dem Kreis aller sonstigen Personen besonders hervorsticht und dadurch in ähnlicher Weise wie ein Adressat individualisiert ist.[369] Die Zugehörigkeit zu einer der Gattung nach bestimmten Personengruppe ist nicht ausreichend, so dass die im Rahmen der bloßen Eigenschaft „Wettbewerbsteilnehmer" eingetretene Betroffenheit nicht genügt.[370] Ob individuelles Betroffensein vorliegt, muss anhand der Rechtswirkung im konkreten Einzelfall festgestellt werden.[371] Bei Konkurrentenklagen im Wettbewerbsrecht ist der Einzelne im Zusammenhang mit einer an den Konkurrenten gerichteten Entscheidung dann klagebefugt, wenn ihm „gemeinschaftsrechtlich ein berechtigtes Interesse an der ermessensfehlerfreien Entscheidung"[372] zugestanden wird.[373] Davon ist auszugehen, wenn seine Marktposition spürbar beeinträchtigt wird.[374]

244   Als „Entscheidung" sind auch sog. „Schein"-Verordnungen anzusehen, die zwar die Bezeichnung Verordnung tragen, aufgrund eines geschlossenen Adressatenkreises aber die Qualität einer Sammelentscheidung haben.

245   **b) Klage gegen Verordnungen.** – Nichtprivilegierte Kläger können dem Wortlaut des Art. 230 EGV zufolge echte Verordnungsbestimmungen grundsätzlich nicht unmittelbar vor dem EuGH angreifen. Vereinzelt, vor allem im Bereich des Antidumpingrechts, hat der EuGH allerdings die Klagebefugnis nichtprivilegierter Kläger gegen echte Verordnungen anerkannt; in den letzten Jahren zeichnet sich eine Ausweitung der Rechtsprechung ab.[375] Erforderlich ist in diesen Fällen, dass – trotz des offenen Adressatenkreises – ein klar abgrenzbarer Personenkreis greifbar und besonders intensiv belastet wird.

246   In der Rechtsprechung des EuGH haben sich inzwischen **drei Fallgruppen** herausgebildet, in denen anerkannt ist, dass Verordnungsbestimmungen Individuen wegen bestimmter persönlicher Eigenschaften oder besonderer, sie aus dem Kreis aller übrigen Personen heraushebender Umstände berühren und sie daher in ähnlicher Weise wie einen Adressaten betreffen:[376] In der ersten Fallgruppe geht es um die Rechtsstellung von Personen, die in spezifischer Weise vom Schutzbereich einer unionsrechtlichen Norm umfasst werden: Verpflichtet das Sekundärrecht die EU-Organe dazu, in spezifischer Weise den Auswirkungen einer von ihr beabsichtigten Maßnahme auf die Lage bestimmter Personen Rechnung zu tragen, so sind diese Personen hinreichend individualisiert, um eine Klage erheben zu kön-

---

369 EuGH, Rs. 25/62 – Plaumann, Slg. 1963, 211, 239; EuGH 1989, 2045 – RAR; EuGH, 1994 I, 1879 – Codorniu.

370 EuGH, Rs. 25/62 – Plaumann, Slg. 1963, 211/239; *Calliess/Ruffert/Cremer*, Art. 230 RdNr. 49.

371 Schlussanträge GA Roemer in den verb. Rs. 24 u. 34/58, Chambre Syndicale, Slg. 1960, 589, 639.

372 *Geiger*, Art. 230 RdNr. 23.

373 M. w. N. *Grabitz/Hilf/Booß*, Art. 230 RdNr. 70.

374 *Cremer*, RdNr. 159.

375 EuGH, Rs. 264/82, Timex, Slg. 1985, 849; EuGH, Rs. C-358/89, Extramet Industrie I, Slg. 1991, I-2501; EuGH, Rs. C-309/89, Codorniu, Slg. 1994, I-1835; EuG, Rs. T-164/94, Ferchimex, Slg. 1995, II-2681; EuG, Rs. T-161/94, Sinochem Heilongjiang, Slg. 1996, II-695; EuG, Rs. T-2/95, Industrie des poudres sphériques, Slg. 1998, II-3939.

376 EuGH, Rs. 11/82 – Piraiki-Patraiki u. a./Kommission, Slg. 1985, 207; EuG, verbundene Rs T-480/93 und T-483/93 – Antillean Rice Mills u. a./Kommission, Slg. 1995, II-2305.

nen.[377] Die zweite Fallgruppe bilden jene Fälle, in denen die Individualisierung dadurch erfolgt, dass bei Erlass einer Verordnung ein Verfahren durchgeführt wird, in dem einzelnen Personen eine besondere Rechtsstellung einzuräumen ist oder eingeräumt werden soll.[378] In der dritten Fallgruppe geht es um Personen, die aufgrund von Umständen betroffen sind, die sich deutlich aus dem Kreis aller übrigen Personen herausheben.[379]

Entgegen der Ansicht des Europäischen Gerichts 1. Instanz,[380] wonach „um einen wirksamen gerichtlichen Rechtsschutz zu gewährleisten, eine natürliche oder juristische Person als von einer allgemein geltenden Gemeinschaftsbestimmung, die sie unmittelbar betrifft, individuell betroffen anzusehen [ist Anm.], wenn diese Bestimmung ihre Rechtspositionen unzweifelhaft und gegenwärtig beeinträchtigt, indem sie ihre Rechte einschränkt oder ihr Pflichten auferlegt",[381] hält der EuGH an seiner restriktiven Interpretation der individuellen und unmittelbaren Betroffenheit beim Rechtsschutz gegen echte Verordnungen fest.[382] **247**

c) Klage gegen Richtlinien. – Schließlich bestehen über die Möglichkeiten eines unmittelbaren Vorgehens gegen Richtlinien erhebliche Zweifel. Die Rechtsprechung der europäischen Gerichtsbarkeit hat bislang keine eindeutige Linie entwickelt.[383] Zutreffend ist es, von der Feststellung auszugehen, dass auch im Hinblick auf Richtlinien zwischen der Bezeichnung einer Norm und ihrer wahren Natur zu unterscheiden ist. In einer Richtlinie können insofern Bestimmungen enthalten sein, die in der Sache als Entscheidung anzusehen sind. Ob derartige Entscheidungen, die als Richtlinie ergangen sind, im Rahmen des Art. 230 Abs. 4 EGV anfechtbar sind, ist umstritten.[384] Richtig dürfte es sein, die in Art. 230 Abs. 4 EGV explizit vorgegebene Wertung, dass wahre Entscheidungen von individuell Betroffenen angegriffen werden können, auch für den Fall zu übernehmen, dass es sich um eine „Scheinrichtlinie" handelt.[385] Die Klagebefugnis wird man nichtprivilegierten Klägern auch mit Blick auf unmittelbar wirksame Richtlinienbestimmungen zubilligen müssen, die sie in ihrer Rechtssphäre „unmittelbar und individuell" betreffen. Zwar ist es nicht denkbar, dass eine unmittelbar wirksame Richtlinienbestimmung den Einzelnen rechtliche Lasten auferlegt; es ist aber denkbar, dass die durch eine unmittelbar wirksame Richtlinienbestimmung bewirkte Drittbegünstigung für eine nichtprivilegiere Person so nachteilhaft ist, dass die Anforderungen der Kriterien der unmittelbaren und invididuellen Betroffenheit erfüllt werden. Es wäre nicht einsichtig, eine Ausweitung der Klagebefugnis **248**

---

377 EuGH, Rs. 11/82 – Piraiki-Patraiki u. a./Kommission, Slg. 1985, 207 RdNr. 28–31; Rs. C-152/88 – Sofrimport/Kommission, Slg. 1990, I-2477, RdNr. 11–13; Rs. C-451/98 – Antillean Ermesa Sugar/Rat., Slg. 2001, I-8949, RdNr. 46.

378 EuGH, Rs. 264/82 – Timex, Slg. 1985, 849; Rs. 191/82 – Fediol, Slg. 1983, 2913, Rs. T-2/93 – Air France, Slg. 1994, II-323; Rs. T-38-50/99 – Sociedade Agrícola dos Arinhos u. a./Kommission, Slg. 2001, I-585 RdNr. 48.

379 EuGH, Rs. C-358/89 – Extramet Industrie/Rat, Slg. 1991, I-25 1. Zusammenfassung der Rechtslage in: EuG, Rs. T-597/97 – Euromin, Slg. 2000, II-2419, RdNr. 43-35.

380 EuG, Rs. T-177/ 1.

381 EuG, Rs. /-177/01 RdNr. 51.

382 EuGH, Rs. C-50/00 P; Besprechung dazu: *Nettesheim*, JZ 2002, 928 ff.

383 Vgl. z. B. EuGH, Rs. 160/88, Fedesa, Slg. 1988, 6399; EuGH, Rs. C-298/89, Gibraltar, Slg. 1993, I-3605; EuGH, Rs. C-10/95, Asocarne, Slg. 1995, I-4149; dazu von Burchard, EuR 1991, 140; *Klüpfel*, EuZW 1996, 393.

384 EuG, Rs. T-99/94, Asocarne, Slg. 1994, II-871.

385 Vgl. ansatzweise bei: EuGH, Rs. C-298/89, Gibraltar, Slg. 1993, I-3605; EuGH, Rs. C-10/95, Asocarne, Slg. 1995, I-4149.

in den Bereich der Verordnungen zu akzeptieren [oben b)], zugleich aber diesen Schritt mit Blick auf ähnlich belastende unmittelbar wirksame Richtlinienbestimmungen abzulehnen. Dies entspräche im Übrigen der allgemeinen Tendenz des EuGH, die Prüfung der Klagebefugnis weniger am Typ des Rechtsaktes und mehr an der materiellen Betroffenheit des Antragstellers auszurichten.

249   Die Klage ist entsprechend Art. 230 Abs. 5 EGV **binnen zwei Monaten** nach Bekanntgabe bzw. Kenntnisnahme zu erheben.

B. Die Wirtschaftsverfassung des Telekommunikationssektors: Der grundgesetzliche Rahmen

Schrifttum: Alternativkommentar zum Grundgesetz für die Bundesrepublik Deutschland, Band 2, 3. Aufl. 2001; *Arnauld*, Grundrechtsfragen im Bereich von Postwesen und Telekommunikation, DÖV 1998, 437; *Arndt*, Versteigerung der UMTS-Lizenzen – ein Plädoyer für die verfassungsrechtliche Unzulässigkeit, K&R 2001, 23; *Badura*, Der Eigentumsschutz des eingerichteten und ausgeübten Gewerbebetriebs, AöR 98 (1973), 153; *Beese/Naumann*, Versteigerungserlöse auf dem TK-Sektor und deren Verwendung, MMR 2000, 145; *Bender*, Regulierungsbehörde quo vadis?, K&R 2001, 506; *Blümel*, in: Isensee/Kirchhof (Hrsg.), Handbuch des Staatsrechts der Bundesrepublik Deutschland, Band IV, 1990; *Breuer*, in: Isensee/Kirchhof (Hrsg.), Handbuch des Staatsrechts der Bundesrepublik Deutschland, Band VI, 1989; *Degenhart*, Verfassungs- und verwaltungsrechtliche Rechtsfragen der Versteigerung der UMTS-Lizenzen, in: Piepenbrock/Schuster (Hrsg.), UMTS-Lizenzvergabe, 2001, 259; *ders.*, Versteigerung der UMTS-Lizenzen: Telekommunikationsrecht und Telekommunikationsverfassungsrecht, K & R 2001, 32; *Dreier*, Grundgesetz Kommentar, Band 1–3, 1996–2000; *Ellinghaus*, Wegerechte für Telekommunikationsunternehmen, CR 1999, 420; *Erichsen*, in: Isensee/Kirchhof (Hrsg.), Handbuch des Staatsrechts der Bundesrepublik Deutschland, Band VI, 1989; *Fehling*, Der finanzielle Ausgleich für die Mitbenutzung fremder Infrastruktur bei Schienenwegen, Energieversorgungs- und Telekommunikationsleistungen, VerwArch 86 (1995), 600; *Gramlich*, Versteigerung von Telekommunikations-Lizenzen und -Frequenzen aus verfassungs- und EG-rechtlicher Perspektive, CR 2000,101; *Groß*, Die Schutzwirkung des Brief-, Post- und Fernmeldegeheimnisses nach der Privatisierung der Post, JZ 1999, 326; *Grzeszick*, Versteigerung knapper Telekommunikationslizenzen, DVBl. 1997, 878; *Kirchhof*, in: Handbuch des Staatsrechts der Bundesrepublik Deutschland, Band IV, 1990; *Koenig/Siewer*, Zur Verfassungsmäßigkeit der unentgeltlichen Nutzungsberechtigung von Telekommunikationsbetreibern an kommunalen Verkehrswegen, NVwZ 2000, 609; *Koenig*, Anforderungen des deutschen Telekommunikationsrechts und des europäischen Gemeinschaftsrechts an die Vergabe von UMTS- Lizenzen und die Aufhebung rechtswidriger Zuschlags- und Zahlungsbescheide, in: Piepenbrock/Schuster (Hrsg.), UMTS-Lizenzvergabe, 2001, 318; *Lerche*, Die Verfassung als Quelle von Optimierungsgeboten?, in: Burmeister (Hrsg.), Verfassungsstaatlichkeit, Festschrift für Stern zum 65. Geburtstag, 1997, 197; *Müller*, Zur verfassungsrechtlichen Problematik kommunaler Unternehmen auf dem Telekommunikationsmarkt, DVBl. 1998, 1256; *Nettesheim*, Die Bananenmarkt-Entscheidung des BVerfG: Europarecht und nationaler Mindestgrundrechtsstandard, JURA 2001, 686 ff.; *Oertel*, Die Unabhängigkeit der Regulierungsbehörde nach §§ 66 ff. TKG, Diss. Heidelberg,1998; *Papier*, Die Regelung von Durchleitungsrechten, 1997; *Peine*, Allgemeines Verwaltungsrecht, 6. Auflage 2002; *Piepenbrock/Müller*, Rechtsprobleme des UMTS- Versteigerungsverfahrens, in: Piepenbrock/Schuster (Hrsg.), UMTS-Lizenzvergabe, 2001, 8; *Pieroth/Schlink*, Staatsrecht II – Grundrechte, 2002; *Pünder*, Die kommunale Betätigung auf dem Telekommunikationssektor, DBVl. 1997, 1353; *Ruffert*, Regulierung im System des Verwaltungsrechts, AöR 124 (1999), 237; *Rummer*, Die Verteilung bei knappen Kontingenten, NJW 1988, 225; *Sachs*, Grundgesetz Kommentar, 3. Auflage 2003; *Schumacher*, Versteigerungserlöse nach § 11 TKG als Verleihungsgebühr?, NJW 2000, 3096; *Stern/Dietlein*, Netzzugang im Telekommunikationsrecht, Teil 1, ArchPT 1998, 309, Teil 2, RTkom 1999, 2; *Stern*, Postreform zwischen Privatisierung und Infrastrukturgewährleistung, DVBl. 1997, 309; *Tschentscher/*

Bosch, Diskriminierungsfreier Zugang zum „blanken Draht", K&R 2001, 515; *Varadinek*, Rechtsmä-
ßigkeit des UMTS-Lizenzvergabeverfahrens im Hinblick auf das TKG und Art. 12 GG, CR 2001, 17;
Windthorst, Der Universaldienst im Bereich der Telekommunikation, Diss. München, 1997.

Übersicht

I. Privatisierungsgebot nach Art. 87 f Abs. 2 Satz 1 i. V. m. Art. 143 b GG

Das Grundgesetz ordnet heute an, dass Dienstleistungen im Bereich der Telekommunika- **250**
tion als privatwirtschaftliche Tätigkeiten durch die aus dem Sondervermögen Deutsche
Bundespost hervorgegangenen Unternehmen und durch andere private Anbieter zu erbringen sind. Es handelt sich hierbei nicht nur um Dienstleistungen im Sinne von Art. 87 f
Abs. 1 GG (sog. Universaldienstleistungen), vielmehr werden alle denkbaren Telekommunikationsdienstleistungen davon erfasst. Das Erbringen von Telekommunikationsdienstleistungen ist keine zulässige Verwaltungsaufgabe.[386]

Gebot der Organisationsprivatisierung. Der Verfassungsgesetzgeber verlangt, dass die **251**
aus dem Sondervermögen Deutsche Bundespost hervorgegangenen Unternehmen in privater Rechtsform betrieben werden (formelle Privatisierung).[387] Dieser Auftrag wird in
Art. 143 b Abs. 1 GG näher konkretisiert. Im Zuge der Postreform I wurden aus dem
Sondervermögen der Deutschen Bundespost drei öffentliche Unternehmen errichtet; betriebliche und hoheitliche Aufgaben wurden getrennt. Im Rahmen der Postreform II wurden die betrieblichen Vermögen Deutsche Bundespost POSTDIENST, Deutsche Bundespost POSTBANK, Deutsche Bundespost TELEKOM in Aktiengesellschaften umgewandelt.

Aufgabenprivatisierung. Die formelle Privatisierung wirkte sich nur auf die Wahl der **252**
Rechtsform des Privatrechts aus, der Bund blieb aber weiterhin Eigentümer dieser Unternehmen. Im Hinblick auf eine materielle Privatisierung sieht Art. 143 b Abs. 2 S. 2 und 3

---

386 Vgl. Begründung des Gesetzesentwurfs, BT-Drs. 12/6717, S. 3.
387 *Jarass/Pieroth/Pieroth*, Art. 87 f. RdNr. 3; *Sachs*, Art. 87 f. RdNr. 22, 23.

GG vor, dass der Bund die Kapitalmehrheit an den Nachfolgeunternehmen frühestens 5 Jahre nach Inkrafttreten des Umwandlungsgesetzes[388] aufgeben darf. Ob danach eine materielle Privatisierung erfolgt, bleibt der Entscheidung des Bundes als Anteilseigner überlassen. Eine solche ist von Verfassungs wegen möglich, aber nicht zwingend.[389] Zur Zeit hält der Bund rund 43 % der Anteile der Deutschen Telekom AG.[390]

253 Zugleich wird mit Art. 87 f Abs. 2 S.1 GG die Freiheit des Wirtschaftens auf den Post- und Telekommunikationsmärkten im Rahmen eines **offenen und fairen Wettbewerbs** festgeschrieben, also mithin ein „kaufmännisches, wettbewerbs- und gewinnorientiertes Handeln in privatrechtlicher Unternehmensform mit privatrechtlichen Mitteln".[391] Die Abschaffung der staatlichen Monopole und die Liberalisierung seit dem 1. 1. 1998 trugen maßgeblich zur Verwirklichung dieser Ziele bei. Wegen fortbestehender wirtschaftlicher Übermacht der Deutschen Telekom AG als Nachfolgeunternehmen des Monopolisten ist es weiterhin erforderlich, dass der Staat durch geeignete Maßnahmen wettbewerbsfördernd eingreift.[392] Im Wege der so genannten asymmetrischen Regulierung,[393] welche sich insbesondere in der Entgeltregulierung[394] und der Netzzugangsgewährungspflicht[395] widerspiegelt, versucht der Gesetzgeber, Chancengleichheit im Wettbewerb herzustellen.

254 Eine generelle Regelung über die Zulässigkeit wettbewerbsrelevanter Staatstätigkeit enthält Art. 87 f Abs. 2 S. 1 GG nicht. „Andere private Anbieter" können sich daher auch ganz oder überwiegend in der Hand öffentlich-rechtlicher Rechtspersonen befinden.[396] Beschränkungen können sich aber aus anderen verfassungsrechtlichen (wie beispielsweise Art. 28 II GG für kommunale Unternehmen) oder einfachgesetzlichen Vorgaben ergeben.[397]

II. Infrastruktursicherungsauftrag

255 Artikel **87 f Abs. 1 GG** verpflichtet den Bund zur **Gewährleistung** von flächendeckend angemessenen und ausreichenden Dienstleistungen. Die Wahrnehmung dieser Aufgabe ist Hoheitsaufgabe. Sie beinhaltet die Gewährleistung, d. h. dem Bund obliegt die Gewährleistungsverantwortung, im Rahmen einer Regulierung für die privatwirtschaftliche Erfüllung dieser Pflicht zu sorgen. Die verwaltungsmäßige Erfüllung der Pflicht ist ihm allerdings untersagt.

256 Sinn und Zweck dieser besonderen Ausprägung des Sozialstaatsprinzips ist die Vermeidung bzw. Behebung einer Unterversorgung mit bestimmten Telekommunikationsdiensten. Vor Erlass der ersten Postreform von 1989 war die angemessene Versorgung mit Tele-

---

388 D.h. nach dem 1. 1. 2000, vgl. Art. 15 PostNeuOG.
389 Bonner Komm./*Badura*, Art. 87 f RdNr. 22; *Maunz/Dürig/Lerche*, Art. 87 f RdNr. 32, 54; a. A. *Sachs/Windthorst*, Art. 87 f RdNr. 24.
390 Stand: Juni 2002.
391 *Sachs/Windthorst*, Art. 87 f RdNr. 27.
392 BVerwG MMR 2001, 681 690; VG Berlin MMR 1998 164 167.
393 *Sachs/Windthorst*, Art. 87 f RdNr. 25a.
394 Vgl. §§ 23 ff. TKG.
395 Vgl. §§ 33 ff. TKG.
396 *Maunz/Dürig/Lerche*, Art. 87 f RdNr. 58; vgl. zum Streitstand: *Pünder*, DVBl. 1997, 1353 f.; *Müller*, DVBl. 1998, 1256 f.
397 *Schliessky*, Öffentliches Wirtschaftsrecht, 4. Teil 5. Abschnitt B.

kommunikationsleistungen durch das Monopol der Deutschen Bundespost sowie der bestehenden Versorgepflicht, welche auf dem Gedanken der Daseinsvorsorge basierte, sichergestellt. Dieses im Zuge der einsetzenden Zerschlagung des Monopols entstehende Vakuum musste daher durch das Institut der Universaldienstleistungen[398] ausgefüllt werden, welches dann eingreift, wenn der Markt versagt. Dieser Zustand könnte sich zum einen aufgrund eines noch nicht voll funktionsfähigen Wettbewerbs und zum anderen aufgrund einer am Wirtschaftlichkeitsprinzip orientierten privatwirtschaftlichen Betätigung (sog. Rosinenpicken)[399] ergeben.

Als Dienstleistungen sind das Anbieten und Erbringen von Leistungen auf dem Gebiet der **257** Telekommunikation, wobei darunter die technische Seite des Übertragungsvorgangs und nicht die inhaltliche Komponente verstanden wird,[400] anzusehen.

Das Merkmal **„angemessen"** bezieht sich auf die Qualität der Leistungen; demgegenüber **258** steht der Begriff **„ausreichend"** für die Quantität des Dienstleistungsangebots.[401]

Angemessene und ausreichende Dienstleistungen im Bereich der Telekommunikation sind **259** **flächendeckend** zu gewährleisten. Die Leistungen müssen sich folglich auf das gesamte Territorium der Bundesrepublik erstrecken, wobei eine „gewisse Gleichmäßigkeit des Versorgungsgrades"[402] erreicht werden muss. Es müssen auch wirtschaftlich unrentable Gebiete technisch erschlossen werden. Diese Pflicht ist zugleich Ausdruck des in Art. 72 Abs. 2, Art. 106 Abs. 3 S. 4 Nr. 2 GG verankerten Grundsatz der **Herstellung einheitlicher und gleichwertiger Lebensverhältnisse** im gesamten Bundesgebiet.

Inhaltlich geht es um eine **Grundversorgung** mit Dienstleistungen, welche für eine Vielzahl der Bevölkerung[403] als selbstverständlich und daher als unabkömmlich erachtet wird. **260** Der Ausbau einer optimalen Infrastruktur wird nicht verlangt,[404] so dass die Nachfrage nach spezifischen Angeboten nicht davon betroffen ist. Das örtlich begrenzte Angebot neuer technischer Errungenschaften bzw. deren Erprobung ist möglich. Art. 87f Abs. 1 GG kann kein Optimierungsgebot entnommen werden.[405]

Als Staatszielregelung[406] ist der Infrastruktursicherungsauftrag für die öffentliche Gewalt **261** unmittelbar verbindlich. Im Hinblick auf Art und Umfang der Gewährleistung bleibt dem Bund aber ein erheblicher Entscheidungsspielraum.[407] Grundsätzlich besteht die Annahme, dass der Universaldienst im und durch den Wettbewerb sichergestellt wird.[408] Der Bund

---

398 Im europäischen Recht üblicher Begriff, vgl. Universaldienstleistungsrichtlinie (RL 2002/22/ EG).
399 *Fehling*, VerwArch 86 (1995), 600, 608 f.; *Sachs/Windthorst*, Art. 87 f RdNr. 8; *Maunz/Dürig/Lerche*, Art. 87 f RdNr. 75.
400 Zum Telekommunikationsbegriff siehe RdNr. 262 ff.
401 Bundesrat, BT-Drs. 12/7269, S. 8; Breg. BT-Drs. 12/7269, S. 10.
402 *Sachs/Windthorst*, Art. 87 f RdNr. 13.
403 Regierungsbegründung, TKG, BR-Drs. 80/96, S. 40 f.; näher dazu: *Maunz/Dürig/Lerche*, Art. 87 f RdNr. 77.
404 Regierungsbegründung. TKG, BR-Drs. 12/7269, S. 5; *Jarass/Pieroth/Pieroth,* Art. 87 f RdNr. 4.
405 *Lerche*, FS Stern, 1997, S. 197 ff.
406 Regierungsbegründung, TKG, BT-Drs. 12/7269, S. 5; so auch: *Maunz/Dürig/Lerche*, Art. 87 f RdNr. 80; *Sachs/Windthorst*, Art. 87 f RdNr. 14; *Stern*, DVBl. 1997, 309, 313 ff.; Bonner Komm./ *Badura*, Art. 87 f RdNr. 26.
407 *Maunz/Dürig/Lerche*, Art. 87 f RdNr. 80; *Pieroth/Schlink/Pieroth*, Art. 87 f RdNr. 4.
408 *Sachs/Windthorst*, Art. 87 f RdNr. 16.

muss aber bereits im Vorfeld, das heißt, wenn die Entstehung einer Versorgungslücke zu befürchten ist, tätig werden. Mit Erlass der §§ 17 ff. TKG konkretisierte der Gesetzgeber diese Verpflichtung, die Bestimmung der Universaldienstleistungen erfolgt in § 1 Telekommunikations-Universaldienstleistungsverordnung (TUDLV). Das TKG ermächtigt die Regulierungsbehörde den dort näher bestimmten Unternehmen Universaldienstleistungen aufzuerlegen. Als Ausgleich haben die anderen Lizenznehmer eine **Universaldienstleistungsabgabe** zu bezahlen. Finanzverfassungsrechtlich ist sie als Sonderabgabe zu qualifizieren, da sie zur Finanzierung einer besonderen Sachaufgabe von einem von der Allgemeinheit abgrenzbaren Kreis erhoben wird, welchem eine besondere Verantwortung in Bezug auf den Finanzierungszweck zukommt. Schließlich wird die Abgabe auch gruppennützig verwendet.[409]

III. Regelungszuständigkeiten

262   **1. Art. 73 Nr. 7 GG.** – Mit Erlass des Telekommunikationsgesetzes machte der Bund von seiner ausschließlichen Gesetzgebungskompetenz nach Art. 73 Nr. 7 GG Gebrauch. Er ist danach für das Postwesen und die Telekommunikation zuständig. Der Begriff „Telekommunikation" trat im Zuge der Postreform II[410] an die Stelle des Begriffs „**Fernmeldewesen**". Eine inhaltliche Änderung ergab sich durch die damit bezweckte Anpassung an den im internationalen Sprachgebrauch üblichen Begriff nicht.[411]

263   a) Verfassungsrechtlich wird unter Telekommunikation die **körperlose Nachrichtenübertragung** mit der Möglichkeit zur Wiedergabe am Empfangsort verstanden.[412] Dies kann „mittels elektromagnetischer Schwingungen analog oder digital,[413] leitungsgebunden oder drahtlos[414,415] geschehen. Dabei ist der Begriff nicht an den zum Zeitpunkt seines Erlasses bestehenden Stand der Technik gebunden, sondern entwicklungsoffen und dynamisch auszulegen.

264   Folgende **Übertragungstechniken** sind dazu zu zählen: Telefon, Telefax, Telex, Telegrafie, Funkdienste, Kabel- und Satellitenfunk, Bildschirmtext, Signalübertragung mit Hilfe von elektromagnetischen Schwingungen wie Rundfunk, Videotext, bewegliche Bilddienste, Datenfernübertragung und dialogorientierte Kommunikationsformen wie Breitbandtechnik,[416] Internet, UMTS und Übertragungswege-bezogene Dienstleistungen,[417] Mobilfunk, Internet-Access-Provider, Conditional Access-Systeme, Powerline (zur Signalübertragung genutztes Stromnetz) und die Übertragung von Multimediadiensten mittels eines der genannten Netze. Zum Bereich der Telekommunikation zählen ferner die Vermarktung

---

409 Vgl. Rechtsprechung des BVerfG zu den Sonderabgaben: BVerfGE 67, 256, 276; a. A.: BeckTKG-Komm/*Schütz*, § 21 RdNr. 7a ff.: keine Gruppenaufgabe, sondern Gemeinlast.

410 41. Änderungsgesetz zum GG vom 30. 8. 1994, BGBl. I 2245.

411 Regierungsbegründung, BT-Drucks 12/7269, S. 4; *Sachs/Degenhart*, Art. 73, RdNr. 32; *Maunz/Dürig/Lerche*, Art. 87 f RdNr. 49.

412 BVerfGE 12, 205; 46, 120; BVerwGE 77, 128, 131; *Holznagel/Enaux/Nienhaus*, Grundzüge des Telekommunikationsrechts, 1. Teil, § 2 III.

413 BVerfGE 46, 120, 142 ff.

414 BVerfGE 46, 120, 141.

415 *Sachs/Degenhart*, Art. 73 RdNr. 32.

416 BVerwGE 77, 128, 131.

417 *Trute/Spoerr/Bosch*, Einführung III RdNr. 1.

und der Vertrieb ihrer technischen Produkte. Auch Mehrwertdienste sind regelmäßig von der Kompetenznorm erfasst, soweit sie der Telekommunikationsübertragung „funktional zu- oder untergeordnet"[418] werden können. Einfachgesetzlich fand der Begriff mit § 3 TKG, welcher inhaltlich mit dem verfassungsrechtlichen Begriff übereinstimmt, seine Konkretisierung.

Telekommunikation im Sinne von Art. 73 Nr. 7 GG ist ein **technischer**, am Prozess der 265 Übermittlung von Signalen orientierter Begriff,[419] wobei die technischen Einrichtungen am Anfang sowie am Ende des Übertragungsweges auch dazu zu zählen sind. Die Studiotechnik gehört nicht mehr dazu. Vor diesem Hintergrund wird von der „dienenden" Funktion der Telekommunikation gesprochen.[420]

b) Davon abzugrenzen ist die **inhaltliche Ausgestaltung** der übermittelten Dienste und 266 Programme. Hierbei geht es um Fragen des Rundfunk- und Medienrechts. Regelungen hinsichtlich der Auswahl des Angebots, der Organisation, der Produktion des Programms sowie Fragen des Jugendschutzes, der Programmgestaltung und Ähnlichem, einschließlich der Finanzierung, werden nicht mehr von der Kompetenznorm des Art. 73 Nr. 7 GG erfasst.

Die inhaltlich-programmliche Ausgestaltung des Rundfunks unterfällt dem Kompetenzbe- 267 reich der Länder und hat ihre Regelung vor allem im Rundfunkstaatsvertrag gefunden.[421] Für die inhaltliche Ausgestaltung der Mediendienste kommt der Mediendienstestaatsvertrag,[422] für Teledienste das Teledienstegesetz[423] des Bundes zur Anwendung. Zum Teil ergibt sich in diesem Zusammenhang auch eine Kompetenz des Bundes aus seiner Zuständigkeit nach Art. 74 Nr. 11 GG zur Regelung des Rechts der Wirtschaft. Ein Beispiel hierfür ist das Teleshopping ohne redaktionellen Rahmen.

c) Außer Frage steht, dass der Bund die inhaltlich-programmliche Seite dieser Dienste 268 nicht im Wege der Kompetenz kraft Sachzusammenhangs mit seinen ausschließlichen Kompetenzen gemäß Art. 73 Nr. 7 GG zuschlagen kann. Nach der Rechtsprechung des Bundesverfassungsgerichts[424] wäre dies nur möglich, wenn die dem Bund ausdrücklich zugewiesene Aufgabe verständlicherweise nicht geregelt werden kann, ohne dass die nicht explizit zugewiesene andere Aufgabe mitgeregelt wird. Im Telekommunikationssektor handelt es sich aber, trotz der wechselseitigen Abhängigkeit, um zwei selbstständige Regelungsbereiche.[425]

Daneben bleibt für eine Bundeskompetenz kraft Natur der Sache kein Raum, da sich die Län- 269 der, sofern eine bundesstaatlich einheitliche Lösung geboten war, in der Regel durch den Abschluss von Staatsverträgen geeinigt haben (vgl. Rundfunk-Mediendienstestaatsvertrag).

Verfassungsrechtlich sind Doppelzuständigkeiten ausgeschlossen. Bei Grenzfällen ist die 270 Zuordnung im Wege der Auslegung zu ermitteln. Es ist dabei entscheidend auf die Regelungsintention sowie den Schwerpunkt der Maßnahme abzustellen. Entscheidend ist eine funktionale Betrachtungsweise der verschiedenen Begrifflichkeiten.

---

418 *Trute/Spoerr/Bosch*, Einführung V RdNr. 6.
419 BVerfGE 12, 205, 226.
420 1. Rundfunkurteil BVerfGE 12, 205.
421 Rundfunkstaatsvertrag vom 31. 8. 1991.
422 Staatsvertrag über die Mediendienste vom 20. 1. /5. 2. 1997.
423 Gesetz über die Nutzung von Telediensten vom 22. 7. 1997, BGBl. I S. 1870.
424 BVerfGE 12, 237; BVerfGE 26, 300.
425 *Sachs/Degenhart*, Art. 73 RdNr. 34; *v. Mangoldt/Klein/Pestalozza*, Art. 73 RdNr. 469.

271 Es ist unzulässig, im Zuge der technischen Regelung auf die inhaltliche Komponente Einfluss zu nehmen und so Entscheidungen vorzugeben; andererseits dürfen die Länder, dem Gebot der Bundestreue entsprechend, auch nicht durch medienpolitische Entscheidungen die technische Weiterentwicklung der Telekommunikation beeinträchtigen.[426]

272 **2. Art. 87 f Abs. 1, 3 und Art. 143 b GG.** – Besondere Gesetzgebungsermächtigungen enthalten die Art. 87 f Abs. 1 und Abs. 3 sowie Art. 143 b GG.

273 a) Nach Maßgabe eines Bundesgesetzes, welches der Zustimmung des Bundesrates bedarf, konkretisiert der Bund den in Art. 87 f Abs. 1 GG vorgegebenen Gewährleistungsauftrag für bestimmte Telekommunikationsdienstleistungen. Hinsichtlich der Reichweite und Ausgestaltung des Universaldienstes kommt dem Gesetzgeber eine umfangreiche **Einschätzungsprärogative**[427] zu. Vor allem mit den §§ 17 ff. TKG kommt der Bund dieser Pflicht nach.

274 b) Die Errichtung sowie nähere Regelung der Aufgaben der in Art. 87 f Abs. 3 vorgegebenen bundesunmittelbaren Anstalt obliegt dem Bund durch Erlass eines Gesetzes. Auch dabei wird der Legislative ein weiter **Gestaltungsspielraum** zugestanden, welcher lediglich in dem Ermächtigungszweck sowie in der Verfassung selbst seine Schranken findet.

275 c) Von der ausschließlichen Gesetzgebungskompetenz des Art. 143 b Abs. 1 im Zusammenhang mit Übergangsrechten im Post- und Telekommunikationssektor machte der Bund mit Erlass des PostNeuOG Gebrauch.

IV. Verwaltungszuständigkeiten/Verwaltungsorganisation

276 **1. Unmittelbare Bundesverwaltung bei Hoheitsaufgaben. – a)** Im Zuge der europarechtlich bedingten Monopolauflösung und Privatisierung im Bereich des Telekommunikationssektors schuf der Verfassungsgeber im Rahmen der Postreform II die Bestimmung des Art. 87 f GG. Abweichend von Art. 83 GG werden Hoheitsaufgaben im Bereich der Telekommunikation in bundeseigener Verwaltung ausgeführt, also der **Verwaltungskompetenz des Bundes** zugeordnet.

277 **b)** Der Begriff „bundeseigene Verwaltung" ist gleichbedeutend mit dem in Art. 87 Abs. I S. 1 GG. In der Sache geht es um eine **bundesunmittelbare** Verwaltung. Die Übertragung der Hoheitsaufgaben auf Körperschaften oder Anstalten des öffentlichen Rechts (mittelbare Verwaltung) sowie die Beleihung Privater wäre damit nicht zulässig.[428] Die vorgeschlagene Errichtung einer Bundesanstalt für Regulierung von Post und Telekommunikation musste daher scheitern.[429] Die Errichtung einer – durch Einrichtung eines ministerialfreien Raumes von Regierung und Parlament unabhängigen – obersten Bundesbehörde fand demgegenüber auf dem Hintergrund praktischer und demokratietheoretischer Bedenken keine Zustimmung.[430]

278 Die geschaffene Regulierungsbehörde für Telekommunikation und Post erfährt mit § 66 I TKG eine einfachgesetzliche nähere Ausgestaltung. Sie wurde als rechtlich nichtselbst-

---

426 *Sachs/Degenhart*, Art. 73 RdNr. 36
427 *Maunz/Dürig/Lerche*, Art. 87f RdNr. 80.
428 *Maunz/Dürig/Lerche*, Art. 86 RdNr. 180.
429 Vgl. BT-Drs. 13/3920.
430 BeckTKG-Komm/*Geppert*, § 66 RdNr. 4; *Scheurle/Mayen/Ulmen*, § 66 RdNr. 10.

ständige **Bundesoberbehörde** mit Sitz in Bonn errichtet. Einen eigenen Behördenunterbau besitzt sie nicht. Bundesoberbehörden sind den Bundesministerien nachgeordnete Behörden, die sachlich für bestimmte Verwaltungsaufgaben und örtlich für das gesamte Bundesgebiet zuständig sind.[431] Auch das Bundeskartellamt, das Bundeskriminalamt sowie das Statistische Bundesamt sind Bundesoberbehörden. Die Regulierungsbehörde unterliegt der Fach- und Rechtsaufsicht des Bundesministeriums für Wirtschaft, wobei allgemeine Weisungen nach § 66 Abs. 5 TKG der Publikationspflicht unterliegen. Aus der Einordnung in die Verwaltungshierarchie ergibt sich grundsätzlich die Zulässigkeit von Einzelanweisungen.[432] Allein aus deren Nichterwähnung im TKG kann nicht auf ihre Unzulässigkeit geschlossen werden.

Der Umstand, dass der Bereich der Telekommunikation ein Fall bundeseigener Verwaltung **279** ist, schließt es allerdings nicht aus, Behörden einzurichten, in denen Vertreter der Länder mitwirken. Die Beteiligung des (aus jeweils neun Mitgliedern des Deutschen Bundestages und des Bundesrates bestehenden) Beirats an personellen Entscheidungen gemäß § 66 Abs. III TKG verstößt nicht gegen das verfassungsrechtlich angeordnete Prinzip der bundeseigenen Verwaltung. Mit Errichtung des Beirats wurde dem auf einer langen Tradition beruhenden Mitwirkungsbedürfnis der Länder Rechnung getragen.[433] Seine Rechte erschöpfen sich vor allem in Vorschlags- und Auskunftsrechten (vgl. § 69 TKG), gewähren aber keine Mitentscheidungsrechte. Der Beirat nimmt mithin keine Aufgaben der öffentlichen Verwaltung wahr und ist keine Behörde im Sinne von § 1 Abs. IV VwVfG. Auch das Letztentscheidungsrecht der Bundesregierung hinsichtlich der Ernennung des Präsidenten und der Vizepräsidenten trägt dazu bei, dass die Verwaltung eine bundeseigene bleibt. Eine unzulässige **Mischverwaltung** liegt nicht vor.

c) Entsprechend der verfassungsrechtlichen Maßgabe des Art. 87f Abs. 2 S. 2 GG nimmt **280** die Regulierungsbehörde **Hoheitsaufgaben** wahr. Gemeint sind damit Verwaltungsaufgaben im materiellen Sinn. Nicht zwingend handelt es sich bei hoheitlichem Handeln nur um die klassische Eingriffsverwaltung. Neben dem Erlass von Verwaltungsakten zählen auch der Abschluss privatrechtlicher Rechtsgeschäfte sowie planende und nichtregelnde Tätigkeiten dazu.[434]

Der Begriff der Hoheitsaufgaben ist in Abgrenzung zu einer privatwirtschaftlichen Betäti- **281** gung auf dem Telekommunikationssektor sowie der Verwaltung der Nachfolgeunternehmen der Deutschen Bundespost zu sehen.

Welche Aufgaben im Einzelnen dazu zu zählen sind, ergibt sich aus der Zusammenschau **282** des gesamten Art. 87f GG. Dabei geht es vor allem um die Förderung, Überwachung und die Aufsicht über den neu geschaffenen Wettbewerb. Die Verpflichtung aus Art. 87f Abs. 1 GG, für angemessene und ausreichende Dienstleistungen zu sorgen, ist eine Hoheitsaufgabe.[435]

---

431 *Maurer*, Allgemeines Verwaltungsrecht § 22 RdNr. 41; *Holznagel/Enaux/Nienhaus*, 1. Teil, § 5 II.
432 BeckTKG-Komm/*Geppert*, § 66 RdNr. 20; *Windthorst*, Der Universaldienst im Bereich der Telekommunikation, S. 444 ff.; *Sachs/Windthorst*, Art. 87f RdNr. 32 ff.
433 Vgl. näher dazu: *Trute/Spoerr/Bosch*, § 67 RdNr. 2 ff.
434 Bonner Komm./*Badura*, Art. 87 f RdNr. 13.
435 BT-Drs. 12/7269, S. 5; *Maunz/Dürig/Lerche*, Art. 87 f RdNr. 96.

283 Auch „Fragen der Standardisierung und Normierung, die Funkfrequenzverwaltung, die Erteilung von Genehmigungen für Funkanlagen und die Vorsorge für den Krisen- und Katastrophenfall"[436] sind dazu zu zählen. Generell kann gesagt werde, dass die Regulierungsbehörde die im Bereich des Postwesens und der Telekommunikation nach Übergang vom Monopol zum Wettbewerb anfallende spezielle Regulierungsaufgabe zu bewältigen hat. Schlagwortartig können die anfallenden Hoheitsaufgaben mit der zutreffenden Formulierung „**Regulierungsverwaltung ersetzt Leistungsverwaltung**"[437] charakterisiert werden. Die Verwendung des Begriffs „Hoheitsaufgaben" soll verdeutlichen, dass eine verwaltungsmäßige Erbringung von Telekommunikationsdienstleistungen nicht erlaubt ist.

284 **d) Politische Unabhängigkeit.** – Die Verwirklichung einer eigenständigen Regulierungspolitik durch die Regulierungsbehörde setzt eine gewisse Unabhängigkeit von den obersten Staatsorganen voraus. Sie steht im Spannungsverhältnis zu Fragen ministerieller Verantwortlichkeit und demokratischer Legitimation.[438] Die institutionelle Verselbstständigung trägt dazu bei, die Regulierungsarbeit möglichst unabhängig zu erledigen und politische Interferenzen zu minimieren. Entsprechend § 66 Abs. II S.1 TKG kann die Regulierungsbehörde gerichtlich und außergerichtlich selbst auftreten. Sie handelt damit nicht für das Ministerium für Wirtschaft, sondern in eigenem Namen.[439] Es findet hier eine gewisse organisatorische Abkoppelung statt. In der Zuweisung der Geschäftsordnungsgewalt an den Präsidenten (§ 66 Abs. 2 S. 2 TKG) zeigt sich ebenfalls das Bemühen um organisationsrechtliche Verselbstständigung.[440] Das TKG sieht im Gegensatz zum GWB keinen Ministerentscheid vor.

285 Entscheidungen der Regulierungsbehörde werden von den 5 Beschlusskammern getroffen. Diese Kammern sind justizförmig organisiert. Eine Kammer ist gemäß § 73 Abs. II TKG mit einem Vorsitzenden und zwei Beisitzern besetzt. Dabei handelt es sich um Ausschüsse im Sinne von § 88 VwVfG. Die Kammerstruktur geht zurück auf die Organisation des Bundeskartellamts (§ 51 GWB) und soll eine gewisse strukturelle und institutionelle Unabhängigkeit sicherstellen.[441] Allerdings sind die Kammermitglieder Verwaltungsbeamte und keine Richter, unterliegen mithin den Weisungen des Präsidenten der Behörde.

286 Die bestehenden Transparenz- und Publizitätspflichten[442] (§ 66 Abs. 5, § 81 Abs. 2 TKG, vgl. nur Art. 3 Abs. 3, 4 RL 2002/21/EG) unterstreichen weiterhin die unabhängige Stellung der Regulierungsbehörde.[443]

287 **e) Funktionelle Unabhängigkeit.** – Um Wettbewerbsverzerrungen bzw. den bloßen Anschein solcher zu vermeiden, ist die stringente Trennung der Wahrnehmung der Regulierungsinteressen von den Interessen des Bundes als Anteilseigner des marktbeherrschenden Telekommunikationsunternehmens erforderlich. Andernfalls bestünde die Gefahr, dass in

---

436 BT-Drs. 12/7269, S. 5.
437 *Maunz/Dürig/Lerche*, Art. 87 f RdNr. 88; Bonner Komm./*Badura*, Art. 87 f RdNr. 14.
438 *Trute/Spoerr/Bosch*, § 66 RdNr. 11.
439 *Trute/Spoerr/Bosch*, § 66 RdNr. 13; *Oertel*, Die Unabhängigkeit der Regulierungsbehörde, S. 202.
440 *Trute/Spoerr/Bosch*, § 66 RdNr. 13.
441 *Holznagel/Enaux/Nienhaus*, 1. Teil, § 5 II.
442 *Trute/Spoerr/Bosch*, § 66 RdNr. 10.
443 Kritisch: *Bender*, K&R 2001, 506, 511.

die Regulierungsentscheidungen erwerbswirtschaftliche Interessen des Bundes mit einfließen und somit der Regulierungsfunktion entgegenlaufen.

Die Regulierungsbehörde für Telekommunikation und Post und die Deutsche Telekom AG **288** sind strukturell getrennt und voneinander unabhängig.[444] Indem die Regulierungsbehörde dem Bundesministerium für Wirtschaft zugeordnet ist, Fragen im Zusammenhang mit der Anteilseignerschaft der Deutschen Telekom AG aber dem Bundesministerium für Finanzen zugewiesen sind, ist eine ressortmäßige Überschneidung auszuschließen. Insgesamt dürften so auch die europarechtlichen Transparenzvorgaben eingehalten sein.[445]

2. Aufgabenspezifische mittelbare Bundesverwaltung. – Art. 87 f Abs. III GG räumt **289** dem Gesetzgeber die Möglichkeit ein, einzelne Aufgaben in Bezug auf die aus dem Sondervermögen Deutsche Bundespost hervorgegangenen Unternehmen einer bundesunmittelbaren Anstalt des öffentlichen Rechts zu übertragen. Diese Ermächtigungsbestimmung gibt dem Bundesgesetzgeber die Möglichkeit, Aufgabenbereiche, die im Prozess der Privatisierung an und für sich der Deutschen Telekom AG zugefallen wären, in hoheitlicher Hand zu halten und der Anstalt zuzuordnen.[446]

Das Grundgesetz legt die Aufgaben, die in hoheitlicher Hand zurückbehalten werden kön- **290** nen, nicht verfassungsrechtlich fest. Vielmehr enthält Art. 87 f Abs. III einen offenen Regelungsvorbehalt, der vorsieht, dass ein förmliches Bundesgesetz die Aufgaben und die Ausgestaltung der öffentlich-rechtlichen Anstalt regeln werden.[447] Dies ist mit dem Bundesanstalt-Postgesetz geschehen. Folgende Aufgaben sind der Bundesanstalt zugewiesen: die Ausübung der Aktionärsrechte des Bundes, die treuhänderische Verwaltung der Privatisierungserlöse sowie Dividendeneinnahmen, die Beratungstätigkeiten für Post-Nachfolgeunternehmen, das Angebot von Sozialleistungen an die Mitarbeiter der Nachfolgeunternehmen, die Ausübung personal- und dienstrechtlicher Aufsichtsfunktionen sowie die Unterstützung des Bundesministeriums der Finanzen bei den Privatisierungsvorhaben. Es sind vor allem Tätigkeiten im Zusammenhang mit der Verwaltung der Gesellschaftsanteile der Nachfolgeunternehmen sowie arbeits- dienst- und sozialrechtliche Fragen.[448] Allgemein wird die Bundesanstalt als „Holdingmodell"[449] bezeichnet. An operativen Unternehmensgeschäften nimmt die Anstalt nicht teil.[450] Die Bundesanstalt für Post und Telekommunikation wurde zum 1. 1. 1995 als rechtsfähige Anstalt des öffentlichen Rechts mit Sitz in Bonn errichtet. Eine Anstalt ist als eine von einem Anstaltsträger eingerichtete, organisatorisch verselbstständigte, mit Hoheitsgewalt ausgestattete und mit Personal- und Sachmitteln versehene Einheit zur Erfüllung von Verwaltungsaufgaben zu verstehen.[451] Die Bundesanstalt für Post und Telekommu-

---

444 *Trute/Spoerr/Bosch*, § 66 RdNr. 10.
445 Vgl. die Europarechtlichen Anforderungen in Art. 3 Abs. 2, 3 RRL.
446 *Sachs/Windthorst*, Art. 87 f RdNr. 44 m. w. N. in RdNr. 94, insbesondere: Begr. RegE, BT-Drs. 12/ 7269, S. 4.
447 *Sachs/Windthorst*, Art. 87 f RdNr. 40.
448 *Pieroth/Schlink/Pieroth*, Art. 87 f RdNr. 2.
449 Bonner Komm./*Badura*, Art. 87 f RdNr. 16.
450 Vgl. AK/*Vesting*, Art. 87f RdNr. 72 plädiert für eine restriktive Auslegung der nach dem BAPostG vorgesehenen Aufgaben.
451 Zum Anstaltsbegriff: HdbStR IV/*Blümel*, § 101 RdNr. 110; *Peine*, Allgemeines Verwaltungsrecht, RdNr. 36.

nikation untersteht der Rechts- und Fachaufsicht des Bundesministeriums der Finanzen. Der verfassungspolitische Nutzen dieser Regelung wird teilweise angezweifelt.[452]

291   Diese spezifischen Aufgaben erfolgen unbeschadet der Wahrnehmung von Hoheitsaufgaben im Sinne des Art. 87 f Abs. II GG. Der Aufgabenkanon der öffentlich-rechtlichen Anstalt ist streng von den Aufgaben der Regulierungsbehörde für Telekommunikation und Post zu trennen. Einzelne Aufgaben im Sinne von Art. 87f Abs. 3 GG können gerade keine Hoheitsaufgaben sein.[453] Damit scheiden auch die zur Sicherung der erforderlichen Infrastruktur im Sinne von Art. 87 f Abs. 1 GG hoheitlich wahrzunehmenden Aufgaben (Sicherstellung der Gewährleistung des Universaldienstes) aus. Es ist aber möglich, dass der Bund den in Art. 87f Abs. 1 GG angeordneten Infrastrukturgewährleistungsauftrag auch in seiner Eigenschaft als Kapitaleigner verfolgt.[454]

292   Die Verfassung verlangt die **Errichtung** einer Anstalt als Teil der mittelbaren Bundesverwaltung. Dies bedeutet aber nicht, dass damit die Bundesanstalt für Post und Telekommunikation **Bestandsschutz** genießt.[455] Vor dem Hintergrund der abnehmenden Beteiligungsquote des Bundes an den Nachfolgeunternehmen ist davon auszugehen, dass bei Erledigung aller spezifischen Aufgaben **keine Pflicht zur Aufrechterhaltung** dieser öffentlich-rechtlichen Anstalt bestehen kann.[456] Der Wortlaut des Art. 87f Abs. 3 ist insoweit nicht deutlich; er ist aber im Zusammenhang mit der nach Art. 143 b Abs. 2 S. 2 und 3 möglichen Eigentumsaufgabe des Bundes zu sehen.

V. Richterliche Kontrolle

293   Die **Rechtsweggarantie** des Art. 19 Abs. 4 S. 1 GG gebietet, dass demjenigen, der durch die öffentliche Gewalt in seinen Rechten verletzt wird, der Rechtsweg offen steht.

294   **1. Verwaltungsrechtsweg.** – Bei Vorliegen einer öffentlich-rechtlichen, nicht verfassungsrechtlichen Streitigkeit sind, sofern keine Sonderzuweisung besteht, entsprechend § 40 VwGO die Verwaltungsgerichte zuständig. Eine Streitigkeit ist dann als öffentlich-rechtlich zu beurteilen, wenn ihr ein Sachverhalt zugrunde liegt, der nach dem öffentlichen Recht zu beurteilen ist.[457] Die Abgrenzung zwischen öffentlich-rechtlicher und zivilrechtlicher Norm kann unter Heranziehung der Interessen-, Subordinations- oder modifizierten Subjektstheorie erfolgen.[458] Die Streitigkeit ist unproblematisch dem öffentlichen Recht zuzuordnen, wenn der Sachverhalt durch ein Über- Unterordnungsverhältnis geprägt ist; ebenfalls handelt es sich um eine öffentlich-rechtliche Streitigkeit, wenn die streitentscheidende Rechtsnorm ausschließlich einen Träger öffentlicher Gewalt in seiner besonderen Funktion berechtigt oder verpflichtet. Streitigkeiten in Bezug auf Lizenzen nach den §§ 8 ff. TKG, dem Universaldienst, der Entgeltregulierung sowie der Netz- als auch der

---

452 Bonner Komm./*Badura*, Art. 87f RdNr. 17; *Sachs/Degenhart*, Art. 87f RdNr. 35; *Maunz/Dürig/Lerche*, Art. 87f RdNr. 114.
453 Vgl. die Stellungnahme des Bundesrates zum 41. GG-ÄndG-E, BT-Drs. 12/7269, S. 8.
454 *Maunz/Dürig/Lerche*, Art. 87 f RdNr. 117.
455 Bejahend: *Sachs/Windthorst*, Art. 87 f Abs. III, RdNr. 43.
456 *Pieroth/Schlink/Pieroth*, Art. 87 f RdNr. 2; *Maunz/Dürig/Lerche*, Art. 87 f RdNr. 128 ff., 133.
457 BVerwGE 29, 183, 187, BVerwGE 75, 109, 112.
458 *Maurer*, Allgemeines Verwaltungsrecht, § 3 RdNr. 14 ff.

Frequenzordnung sind als öffentlich-rechtlich zu qualifizieren und damit vor dem Verwaltungsrechtsweg geltend zu machen.

2. Von besonderer Bedeutung im Telekommunikationsrecht erweist sich der **vorläufige** **295** **Rechtsschutz.** Gemäß § 80 Abs. 2 TKG haben Rechtsmittel gegen Entscheidungen der Regulierungsbehörde keine aufschiebende Wirkung. Die Gefahr der Entstehung vollendeter Tatsachen trägt danach – in Abweichung von der Grundnorm des § 80 Abs. 1 VwGO – der Adressat der Regelung. Ihm obliegt es daher, im Wege des vorläufigen Rechtsschutzes vor den Verwaltungsgerichten Rechtsschutz zu suchen, andernfalls können in der Hauptsache oftmals nicht mehr rückgängig zu machende Tatsachen eintreten. Gegen belastende Verwaltungsakte ist ein Antrag auf Anordnung der aufschiebenden Wirkung nach § 80 Abs. 5 VwGO, bei Drittbeteiligungsfällen nach § 80a VwGO statthaft.[459] Dabei ist der Antrag erfolgreich, wenn das Aussetzungsinteresse des Betroffenen das Vollzugsinteresse der Allgemeinheit oder des Einzelnen überwiegt.[460] Dies beurteilt sich vor allem anhand einer summarischen Prüfung der Erfolgsaussichten der Klage in der Hauptsache, so dass regelmäßig bei überwiegenden Erfolgsaussichten der Hauptsacheklage das Suspensivinteresse überwiegt. Wenn die Hauptsacheklage aussichtslos erscheint, überwiegt das Vollzugsinteresse.

Vor dem Hintergrund des Umstandes, dass auch die Entscheidung im vorläufigen Rechts- **296** schutz vollendete Tatsachen schaffen kann, gebietet Art. 19 Abs. 4 GG eine so genannte „**intensivierte summarische Prüfung**".[461] Bei unklaren Erfolgsaussichten ist in die Entscheidung die Schwere der Belastung sowie die spätere Rückgängigmachung entscheidend mit einzubeziehen. Der Antrag auf vorläufigen Rechtsschutz kann positiv zu bescheiden sein, falls anderenfalls irreversible Beeinträchtigungen einzutreten drohen.[462]

Im Zuge der **Europäisierung des Verwaltungsprozesses** werden die deutschen Vorschrif- **297** ten für die Durchführung des vorläufigen Rechtsschutzes zusehends durch europarechtliche Vorgaben überlagert.[463]

3. Zivilrechtsweg. – Daneben können sich entsprechend § 13 GVG auch bürgerlich-recht- **298** liche Streitigkeiten aus dem TKG ergeben. Dies ist dann der Fall, wenn der Streitgegenstand dem bürgerlichen Recht zuzuordnen bzw. das Rechtsverhältnis zivilrechtlicher Natur ist. Als bürgerlich-rechtlich zu qualifizieren sind Streitigkeiten zwischen Privatrechtssubjekten untereinander: sei es zwischen Wettbewerbern oder zwischen Anbieter und Kunde; aber auch Streitigkeiten im Zusammenhang mit Verträgen über das Bereitstellen von Teilnehmerdaten nach § 12 TKG oder Dienstleistungsverträge mit nichtgenehmigten Entgelten[464] sowie Schadensersatzklagen zwischen den Wettbewerbern zählen dazu.

459 *Kopp/Schenke*, VwGO, § 80 RdNr. 105 ff.
460 *Kopp/Schenke*, VwGO, § 80 RdNr. 158 f.
461 BVerfGE 53, 54; BVerfGE 69, 384; BVerfG NVwZ 1984, 429; *Scheurle/Mayen/Mayen*, § 80 RdNr. 38.
462 BVerfGE 79, 69, 74, 78.; *Sachs/Krüger/Sachs,* Art. 19 RdNr. 148.
463 Vgl. näher dazu: Europarechtlicher Teil I RdNr. 216 ff.
464 *Scheurle/Mayen/Mayen*, § 80 RdNr. 7.

VI. Materielle Vorgaben

299   **1. Allgemeines.** – Alle Aktivitäten im Telekommunikationssektor (Erbringung von Dienstleistungen oder Verkauf von Waren) sind Ausdruck grundrechtlich relevanter Betätigung und sind durch die Art. 12, Art. 2 I GG geschützt.[465]

300   a) Auf diese Grundrechte können sich zunächst natürliche Personen berufen; sie sind grundrechtsberechtigt. Nach **Art. 19 Abs. 3 GG** gelten die Grundrechte auch für inländische juristische Personen, soweit sie ihrem Wesen nach auf diese anwendbar sind. Dabei kommt es entscheidend darauf an, ob die in den Schutzbereich fallende Betätigung auch von Personenmehrheiten ausgeübt werden kann.[466] Entscheidend ist, dass diese sich in einer vergleichbaren Gefährdungslage befinden.[467] Private Unternehmen auf dem Telekommunikationsmarkt werden regelmäßig in Ausübung ihrer allgemeinen Betätigungs- und Gewerbefreiheit tätig und können daher vom Schutzbereich der Grundrechte in gleichem Maße berührt sein.

301   Grundsätzlich gelten die Grundrechte nicht für **juristische Personen des öffentlichen Rechts.**[468] Dasselbe gilt für privatrechtlich organisierte Unternehmen, soweit sie vollständig oder mehrheitlich von juristischen Personen des öffentlichen Rechts gehalten werden und dabei der Erfüllung öffentlicher Aufgaben dienen.[469] Vereinzelt wird dies auch für ein fiskalisches beziehungsweise erwerbswirtschaftliches Handeln der juristischen Person in privater Rechtsform angenommen.[470] Das OVG Münster[471] sowie das BVerwG[472] bejahten die **Grundrechtsfähigkeit der Deutschen Telekom AG** unter Rückgriff auf ihre Wahrnehmung einer „ausschließlich privatwirtschaftlichen Tätigkeit und Aufgabenstellung".[473] Mittlerweile dürfte bereits kein beherrschender Einfluss des Staates mehr gegeben sein. Der Bund hält – direkt und indirekt – rund 43 %[474] der Deutschen Telekom-Anteile und besitzt folglich keine Kapitalmehrheit. Auch wird die Deutsche Telekom AG, wie bereits verfassungsrechtlich zwingend vorgegeben, privatwirtschaftlich tätig und unterliegt insoweit auch einer grundrechtstypischen Gefährdungslage.[475]

302   Art. 19 Abs. 3 GG versagt die Grundrechtsträgerschaft **ausländischen juristischen Personen.** Ebenso können sich ausländische natürliche Personen nicht auf den Schutz der so genannten **Deutschengrundrechte** berufen. Im Anwendungsbereich der als Deutschengrundrecht ausgestalteten Berufsfreiheit steht dieser Personengruppe damit nur Art. 2 Abs. 1 GG – welcher allerdings weniger hohe Eingriffsschranken errichtet – als Auffang-

---

465 BR-Drs. 80/96, S. 38.
466 BVerfGE 42, 212, 219.
467 BVerfGE 45, 63, 79; BVerfGE 61, 82, 105 f.
468 BVerfGE 21, 363, 369; BVerfGE 61, 82, 100 f.; BVerfGE 68, 193, 206.
469 BVerfGE 45, 63, 78; BVerfGE 68,193, 212, BVerfG NJW 90, 1783; *Jarass/Pieroth/Jarass*, Art. 19 RdNr. 15; *Scheurle/Mayen/Mayen*, Vor § 6 RdNr. 6.
470 BVerfGE 61, 82, 104; zurückhaltend: BVerfGE 75, 192, 97; *Dreier*, Art. 19 GG, RdNr. 47.
471 *Scheurle/Mayen/Mayen*, Vor § 6 RdNr. 6; OVG Münster, Beschluss vom 7. 2. 2000 – 13 A 180/99, Bl. 34 BA.
472 BVerwG NVwZ 2001, 1399.
473 BVerwG, NVwZ 2001, 1399. Aus dem Schrifttum: *Sachs/Windthorst*, Art. 87f RdNr. 28; *Stern/Dietlein*, ArchPT 1998, 309, 317 f.; *Ruffert*, AöR 124 (1999), 237, 270.
474 Stand: Juni 2002, Fundstelle: http://www.bundesfinanzministerium.de/Bundesliegenschaften-und-Bundesbeteiligungen/Deutsche-Telekom-AG-.632.htm.
475 *Sachs/Windthorst*, Art. 87 f RdNr. 28.

grundrecht zur Verfügung. Besonderheiten ergeben sich aufgrund der Geltung des Unionsrechts: **Unionsbürgern** sowie ausländischen juristischen Personen aus **EU-Staaten** sind im Anwendungsbereich des EGV aufgrund des Verbots einer Diskriminierung aus Gründen der Staatsangehörigkeit (Art. 12 EGV i.V. m. Art. 17 EGV oder den spezielleren Art. 39 Abs. 2, 43, 49 EGV) die gleichen Rechte wie Inländern zuzusprechen.[476] Das hat zur Folge, dass sich ausländische juristische Personen des Privatrechts aus EU-Staaten ebenso wie inländische juristische Personen auf Grundrechte berufen können, soweit diese wesensgemäß auf sie anwendbar sind. Für die Berufs- und Gewerbefreiheit werden dabei zwei Lösungsmöglichkeiten vorgeschlagen: Einerseits soll Art. 2 Abs. 1 GG weiterhin anwendbar sein, allerdings mit der Maßgabe, dass die Schranken aus Art. 12 GG zu übertragen sind. Vorzugswürdiger erscheint es, Art. 12 GG direkt zur Anwendung zu bringen.

2. Berufsfreiheit. – Seit dem Apothekenurteil[477] des Bundesverfassungsgerichts wird **303** Art. 12 Abs. 1 GG als einheitliches Grundrecht der Berufswahl und Berufsausübung angesehen. Geschützt ist die berufliche Betätigung; als Beruf ist jede auf eine gewisse Dauer angelegte, zur Schaffung und Erhaltung einer Lebensgrundlage angelegte Tätigkeit zu bezeichnen.[478]

Die Tätigkeit an sich, d.h. unabhängig von ihrer berufsmäßigen Ausübung, muss erlaubt **304** sein.[479] Es gibt keinen feststehenden Berufsbegriff, vielmehr ist die Definition entwicklungsoffen, so dass auch neu entstehende Berufsfelder aufgefangen werden. Das Bundesverfassungsgericht spricht dem Grundrecht einen zukunftsgerichteten Charakter zu.[480]

Geschützt ist die „**wirtschaftliche Betätigung**"[481] und mithin die unternehmerische **305** Handlungsfreiheit, welche die Vertragsfreiheit sowie die Kommunikations- und Organisationsfreiheit, die Gewerbefreiheit und die Wettbewerbsfreiheit mitumfasst. Hierbei konkretisiert sich die allgemeine Persönlichkeits- und Handlungsfreiheit im Bereich der individuellen Leistungen und Existenzsicherung.[482] Ein Teil der Rechtsprechung[483] und Literatur[484] sieht die Freiheit der wirtschaftlichen und unternehmerischen Betätigung in erster Linie in Art. 2 Abs. 1 GG verankert. Beziehen sich die Einschränkungen aber unmittelbar auf die Berufsausübung oder kommt ihnen eine objektiv berufsregelnde Tendenz zu, dann soll zumindest auch der Schutzbereich des Art. 12 GG einschlägig sein.[485]

---

476 *Dreier/Dreier*, Art. 19 Abs. 3, RdNr. 14.
477 BVerfGE 7, 377, 400 ff.
478 *Pieroth/Schlink*, Staatsrecht II – Grundrechte, § 21 RdNr. 812 ff.
479 BVerwGE 87, 37, 40; *Pieroth/Schlink*, Staatsrecht II – Grundrechte, § 21 RdNr. 810; kritisch: *Schließky*, Öffentliches Wirtschaftsrecht, 1. Teil, 3. Abschnitt D 1.; HdbStR VI/*Breuer*, 910 f.; *Jarass/Pieroth/Jarass*, Art. 12 RdNr. 7.
480 BVerfGE 30, 292, 334.
481 BVerfGE 91, 207, 221; BVerfGE 98, 218, 259.
482 BVerfGE 54, 301, 313; BVerwGE 87, 37, 33.
483 BVerfGE 98, 218, 259; BVerfGE 97,169, 176 = NJW 1998, 1475; BVerfGE 95, 267, 303 f. = NJW 1997,1975; BVerfGE 91, 207, 221; BVerfGE 89, 48, 61 = NJW 1993, 2929; BVerfGE 77, 370, 378, BVerfGE 50, 290, 366; BVerfGE 65, 196, 210; OVG NW NJW 1998, 302.
484 *Jarass/Pieroth/Jarass*, Art. 2 RdNr. 4; *v. Münch/Kunig/Kunig*, Art. 2 RdNr. 29; *Maunz/Dürig/Dürig*, Art. 2 RdNr. 46; *v. Mangoldt/Klein/Starck*, Art. 2 RdNr. 99; anderer Ansicht: HdbStR VI/ *Erichsen*, 1211 ff.; HdbStR VI/*Breuer*, 922 ff.
485 BVerfGE l97, 228, 254 = NJW 1998, 1627; BVerwG, Urteil vom 25. 4. 2001, NVwZ 2001, 1399, 1406.

306 Entsprechend den Vorgaben von Art. 87 f Abs. II S. 1 GG werden heute Dienstleistungen im Bereich der Telekommunikation als privatwirtschaftliche Tätigkeiten im Wettbewerb erbracht. Konkurrenten sind neben dem Nachfolgeunternehmer Deutsche Telekom AG andere private Anbieter. Sämtliche Betätigungsformen auf dem Telekommunikationssektor stehen im Zusammenhang mit der Ausübung eines Gewerbes oder eines Berufes und sind folglich durch die Berufs- und Unternehmensfreiheit des Art. 12 GG geschützt.[486] Auch die Ausübung einer lizenzpflichtigen Tätigkeit wird vom Schutzbereich umfasst.

307 Die vom Schutz umfasste Erbringung von Telekommunikationsleistungen im weitesten Sinne wird durch staatliche Regulierung **beeinträchtigt**. Dabei können **Eingriffe** einerseits in klassischer Weise erfolgen, was dann der Fall ist, wenn unmittelbar und final durch Rechtsakt auf das grundrechtlich geschützte Verhalten eingewirkt wird. Die rechtliche Beschneidung der Freiheit, ein Unternehmen den eigenen Vorstellungen entsprechend zu führen, einschließlich der „Aufbürdung von Belastungen mit dem Ziel, die Normadressaten vom Abschluss bestimmter ökonomisch relevanter Verträge abzuhalten oder zum Abschluss bzw. zur Aufrechterhaltung solcher Verträge zu bewegen",[487] ist damit ein Eingriff in Art. 12 GG.

308 Andererseits kann die Berufsfreiheit aber auch auf **mittelbar-faktische Weise** beeinträchtigt werden. Hierbei geht es vor allem um staatlich veranlasste Veränderungen des wirtschaftlichen Umfelds, etwa durch Förderung von Konkurrenten oder durch Änderung der allgemeinen Rahmenbedingungen unternehmerischer Tätigkeit. Die Rechtsprechung ist zu Recht zurückhaltend bei der Annahme, dass derartige Veränderungen einen Grundrechtseingriff bewirken können. Ausnahmsweise ist von einem Eingriff auszugehen, wenn die Beeinträchtigung für die staatliche Stelle vorhersehbar war sowie billigend in Kauf genommen wurde und damit zurechenbar ist.[488] Vor allem aber muss der Maßnahme eine objektiv berufsregelnde Tendenz[489] mit der Folge einer spürbaren Beeinträchtigung für das Schutzgut[490] innewohnen.

309 Die verfassungsrechtliche Rechtfertigung eines Eingriffs setzt voraus, dass er auf einer gesetzlichen verfassungsgemäßen Rechtsgrundlage beruht (Gesetzesvorbehalt).[491] Besondere Bedeutung kommt dem als Gegenschranke fungierenden Grundsatz der Verhältnismäßigkeit zu.[492] Seit dem Apothekenurteil[493] unterscheidet das Bundesverfassungsgericht folgende drei Stufen:[494]

---

486 Begründung zum Gesetzesentwurf der Fraktionen der CDU/CSU, SPD und F.D.F., BT-Drucks. 13/3609, 34; BR-Drs. 80/96, S. 38; *Scheurle/Mayen/Mayen*, Vor § 6 RdNr. 4.

487 BVerwG, Urteil vom 25. 4. 2001, NVwZ 2001, 1399, 1407 mit Verweis auf BVerfGE 81, 156, 188 f. = NJW 1990, 1230; BVerfGE 99, 202, 211 = NJW 1999, 935; BVerfG GRUR 2001, 266.

488 BVerfGE 13, 181, 185, 61, 291, 308, 81, 108, 121.

489 BVerfGE 97, 228, 254, BVerfGE 98,218, 258; BVerfGE 95, 267, 302; BVerwG NVwZ 89, 1175; *Jarass/Pieroth/Jarass*, Art. 12 RdNr. 12;

490 *Dreier/Wieland*, Art. 12 RdNr. 79 „von einigem Gewicht"; *Sachs/Tettinger*, Art. 12 RdNr. 73 „schwerwiegende Beeinträchtigung".

491 BVerwG NJW 1996, 3161.

492 BVerfGE 30, 292, 316; BVerfGE 76, 196, 207 ff.; BVerfGE 80, 1, 29; BVerfGE 86, 28, 39.

493 BVerfGE 7, 377.

494 Näheres zur Drei-Stufentheorie: *Sachs/Tettinger*, Art. 12 RdNr. 100 ff.

– Berufsausübungsregelungen, welche die Bedingungen und Modalitäten der beruflichen Tätigkeit zum Gegenstand haben (Wie) und bereits dann als zulässig zu erachten sind, wenn sie von vernünftigen Erwägungen des Allgemeinwohls getragen werden;
– Regelungen, welche den Zugang zum Beruf von subjektiven Voraussetzungen abhängig machen; sie können nur dann verfassungsrechtlichen Bestand haben, wenn sie dem Schutz wichtiger Gemeinschaftsgüter dienen; schließlich
– objektive Berufszulassungsregelungen, die den Zugang zum Beruf von Voraussetzungen abhängig machen, die außerhalb der Person des Grundrechtsträgers liegen; sie können nur dann Bestand haben, wenn sie der Abwehr von Gefahren für überragend wichtige Gemeinschaftsgüter dienen.

Der Staat ist gehalten, die den Grundrechtsberechtigten am wenigsten belastende Form des **310** Eingriffs zu wählen.[495] Selbst dieser Eingriff hat keinen Bestand, wenn er sich im Lichte einer Abwägung der kollidierenden Ziele und Interessen als unangemessen erweist.

Einzelfragen. Die nach Abschaffung des Telekommunikationsmonopols bestehende Wett- **311** bewerbssituation ist von der Besonderheit geprägt, dass dem Nachfolgeunternehmen weiterhin in vielen Sektoren eine marktbeherrschende Stellung zukommt, welche einen ausgewogenen Wettbewerb mit den übrigen Konkurrenten unmöglich erscheinen lässt. Der Gesetzgeber hat daher die Aufgabe, die verfassungsrechtlich durch die Berufs- und Gewerbefreiheit geschützte Grundrechtsverwirklichung der potenziellen Wettbewerber der Deutschen Telekom AG durch Schaffung von geeigneten Verfahren zu ermöglichen und zur Entfaltung zu bringen.[496]

Die Grundrechtsträger haben einen Anspruch auf Erteilung einer **Lizenz**, soweit sie die für **312** die Erteilung erforderlichen persönlichen Voraussetzungen erfüllen. Die Anordnung der als **präventives Verbot mit Erlaubnisvorbehalt** ausgestalteten Lizenzpflicht nach § 6 TKG als Eingriff in Berufswahl und -ausübungsfreiheit ist im Hinblick auf eine wirtschaftsüberwachende Funktion gerechtfertigt. In der Gesetzesbegründung werden folgende Gründe vorgetragen: Es soll vorab dafür Sorge getragen werden, dass die neuen Wettbewerber ein gewisses Maß an Dauerhaftigkeit und Stabilität mit sich bringen. Angesichts der fortwirkenden marktbeherrschenden Position der Deutschen Telekom AG sind diese Voraussetzungen unter erschwerten Bedingungen zu erfüllen und machten somit eine präventive Kontrolle unausweichlich.[497] Teilweise wird auch das Argument der Sicherstellung flächendeckender und ausreichender Telekommunikationsdienstleistungen angeführt, demnach es sich als sinnvoll erweise, die Wettbewerber vorab auszuwählen.[498]

Im Hinblick auf die Ablösung des bisherigen Lizenzvergabesystems durch die europa- **313** rechtlich vorgegebene Allgemeingenehmigung entsprechend den Art. 3 ff. der RL 2002/20/EG (Genehmigungsrichtlinie) stellt sich die Frage nach dem **Bestandsschutz** für bestehende Lizenzinhaber. Soweit den Inhabern eine Begünstigung zuteil wird, ist deren Entzug nur unter Beachtung zeitlicher Übergangsfristen verhältnismäßig.[499]

---

495 BVerfGE 7, 377, 405; BVerfGE 11, 30, 40; BVerfGE 16, 147, 162.
496 BVerfGE 53, 30.
497 BR-Drs. 80/96, S. 37.
498 BVerfGE 25, 1, 13; BVerfGE 49, 89, 130; BVerfGE 50, 290, 335; *Scheurle/Mayen/Mayen*, Vor § 6 RdNr. 9.
499 Vgl. Art. 17 Abs. 2 RL 2002/20/EG.

314 Besondere Fragen wirft die Beschränkung der Anzahl der Lizenzen und deren Verteilung, insbesondere bei Anwendung des Versteigerungsverfahrens als Instrument der Administration knapper Ressourcen auf. Die **Versteigerung** der **UMTS-Lizenzen** nach § 11 Abs. 4 TKG hatte die Verteilung eines knappen Wirtschaftsgutes zum Gegenstand; die Verteilung erfolgte über eine Auktion und überließ damit die Entscheidung über den subjektiven Wert der Lizenz den Bietern.[500] Dabei ist verfassungsrechtlich davon auszugehen, dass die Entscheidung, die Anzahl der ausgeschriebenen Lizenzen zu versteigern, eine objektive, von der Qualifikation der Bewerber unabhängige Berufungszugangsschranke darstellt;[501] dies gilt jedenfalls dann, wenn man die Erbringung von UMTS-Mobilfunkleistungen als eigenen Beruf ansieht.[502] Eine Rechtfertigung dieser Schranke ist im Lichte der Rechtsprechung des BVerfG „nur unter strengen Voraussetzungen zum Schutz besonders wichtiger Gemeinschaftsgüter und unter strikter Beachtung des Grundsatzes der Verhältnismäßigkeit statthaft.“[503] Angesichts des Umstandes, dass schon aufgrund der technischen Gegebenheiten die Anzahl der Lizenzen begrenzt werden musste, andernfalls ein „Chaos im Funkverkehr“[504] zu erwarten gewesen wäre, war die Entscheidung über die Ausschreibung einer nur begrenzten Zahl von Lizenzen im Grundsatz ohne Zweifel verfassungskonform. Allerdings gilt bei der Verteilung von knappen Gütern das **Gebot der erschöpfenden Kapazitätsausnutzung**.[505] Dahinter verbirgt sich der Gedanke, dass Zugang zum Beruf so vielen Grundrechtsträgern wie möglich gewährt werden soll.[506] Regelmäßig sind die Kapazitäten voll auszunutzen.[507] Der ursprüngliche Anspruch auf Erteilung einer Lizenz wandelt sich dabei in einen Anspruch auf Teilnahme an einem nichtdiskriminierenden Vergabeverfahren um.[508]

315 Das Kriterium des **höchsten Gebots** in § 11 Abs. 4 TKG ist unter dieser Prämisse als ein an subjektive Merkmale anknüpfendes Zuteilkriterium im Rahmen der objektiven Zulassungsregeln zu qualifizieren. Es muss sachangemessen sein und unterliegt einer Verhältnismäßigkeits- und Gleichheitsprüfung. Oberster Maßstab für die Durchführung eines Verteilungsverfahrens ist das **Prinzip der Chancengleichheit** aller Interessenten.[509] Vor diesem Hintergrund ist der Staat verpflichtet, die knappen Güter bestmöglichst, effizient und nach sinnvollen und insbesondere gerechten Kriterien zu verteilen.

316 Nach dem Willen des Gesetzgebers soll das Versteigerungsverfahren der Feststellung dienen, welcher Bieter sich am geeignetsten erweist, die erworbenen Mobilfunklizenzen effizient im Sinne einer Versorgung der Bevölkerung mit den neuen UMTS-Telekommunikationsdienstleistungen einzusetzen. „Das erfolgreiche Gebot belegt typischerweise die Be-

---

500 Umfassender Überblick: *Piepenbrock/Schuster/Degenhart*, UMTS-Lizenzvergabe, 5. Teil C III 3b.; *Beese/Neumann*, MMR 2000, 145, 147; *Degenhart*, K&R 2001, 32, 37; *Varadinek*, CR 2001, 17, 20; *Koenig*, K&R 2001, 41, 44; *Arndt*, K&R 2001, 23, 25.

501 Ansonsten geht es um eine Berufsausübungsregelung.

502 *Piepenbrock/Schuster/Piepenbrock/Müller*, UMTS-Lizenzvergabe, 1. Teil C I 2; dagegen: *Varadinek*, CR 2001, 17, 23.

503 BVerfGE 97, 12, 26; BVerfGE 63, 266, 286.

504 BVerfGE 12, 205, 230; so auch: *Piepenbrock/Schuster/Piepenbrock/Müller*, UMTS-Lizenzvergabe, 1. Teil C I 2b.

505 BVerfGE 43, 291, 314, 326; BVerfGE 54, 173, 191; BVerfGE 66, 155, 179.

506 *Piepenbrock/Schuster/Koenig*, UMTS-Lizenzvergabe, 6. Teil A I 2.a.

507 So auch: *Varadinek*, CR 2001, 17, 23.

508 *Holznagel/Enaux/Nienhaus*, Grundzüge des Telekommunikationsrechts, 2. Teil § 6 VI.; BeckTKG-Komm/*Geppert*, § 11 RdNr. 1.

509 BVerfGE 33, 303, 338; BVerfGE 43, 291, 313 f.; BVerwGE 56, 31, 46 f.; BGHZ 126, 39, 46.

reitschaft und Fähigkeit, die zuzuteilende Frequenz im marktwirtschaftlichen Wettbewerb der Dienstleistungsangebote möglichst optimal einzusetzen und sich um eine wirtschaftliche und sparsame Verwendung der Frequenz zu bemühen."[510] Es ist verfassungsrechtlich unbedenklich zulässig, wenn der Gesetzgeber sich entschließt, in einer ersten Stufe (bei der Zulassung zur UMTS-Versteigerung) die Zuverlässigkeit, Leistungsfähigkeit und Fachkunde der Bewerber zu prüfen und so sicherzustellen, dass die Voraussetzungen für einen erfolgreichen Markteintritt gegeben sind, sodann aber die Verteilung nach dem Prinzip des obersten Gebots vornimmt. Die Verfassung nimmt dem Gesetzgeber nicht das Recht, die Verteilung damit der (Selbst-)Einschätzung der an der Auktion teilnehmenden Unternehmen – und den dahinter stehenden Kapitalmärkten – zu überlassen. Gewiss handelt es sich dabei nicht um das einzig verfassungsrechtlich zulässige Verteilverfahren. Die Behauptung, das Verteilkriterium bevorzuge finanzkräftige Firmen gegenüber kleineren und insbesondere auch gegenüber „Neulingen" im Markt in einer solchen Weise, dass dadurch die Verfassung verletzt würde, ist zwar häufig aufgestellt, nie aber verfassungsrechtlich überzeugend begründet worden. Der gelegentlich geäußerte Einwand, die potenziellen Marktteilnehmer entschieden durch das höchste Gebot über den Erwerb der knappen Güter und griffen dabei in die Grundrechte der Mitkonkurrenten ein, stößt grundrechtsdogmatisch auf Verwunderung. Der Gefahr einer Marktzementierung[511] ist durch Ausschreibung einer hinreichenden Zahl von Lizenzen zu begegnen. Teilweise wird auch geltend gemacht, dass bei der Auferlegung sämtlicher Geldleistungspflichten der Grundsatz der Verhältnismäßigkeit zu beachten ist;[512] dieser solle im Falle der UMTS-Lizenzen angesichts der Höhe der Endgebote verletzt worden und die Zuteilungsentscheidung daher verfassungswidrig sein.[513] Dem ist entgegenzuhalten, dass es bei einem Versteigerungsverfahren gerade nicht um die Auferlegung einer Geldleistungspflicht geht. Im Übrigen ist nicht ersichtlich, welche Verteilkriterien mit einem höheren Gerechtigkeitswert an die Stelle einer Auktion hätten treten sollen.

Es steht außer Frage, dass die an der Versteigerung der UMTS-Lizenzen teilnehmenden **317** Unternehmen gravierende ökonomische Fehleinschätzungen begangen haben. Wirtschaftliche Unvernunft der Bieter macht aber das Versteigerungsverfahren nicht verfassungswidrig. Richtig ist lediglich, dass die Geschehnisse des Jahres 2000 gezeigt haben, dass die verfassungs- und verwaltungsrechtliche Diskussion um die Versteigerung öffentlicher Güter noch am Anfang steht. Teilweise verwehrt man sich dieser Diskussion ganz und spricht polemisch von einem „Verkauf von Hoheitsrechten".[514] Wer sich der Problematik stellt, muss davon ausgehen, dass die „Unbefangenheit des Verwaltungsentscheids gegen fiskalische Ertragsanliegen"[515] erhalten bleiben muss. Gleichwohl muss es dem Staat möglich sein, den Marktwert knapper Güter im Wege der Ausschreibung festzustellen, so einen angemessenen Preis zu erzielen und zugleich sicherzustellen, dass derjenige Bieter das Gut erhält, der ihm subjektiv den höchsten Wert zuschreibt. Es gibt in einer Marktwirtschaft kein Vergabeverfahren mit höherem Gerechtigkeitswert als die Versteigerung. Wer argu-

---

510 BT-Drs. 13/3609, S. 39.
511 *Schumacher*, NJW 2000, 3096, 3097.
512 BVerGE 91, 207, 222; für einen Verstoß gegen das Kostendeckungs- und Äquivalenzprinzip: *Arndt*, K&R 2001, 23, 31.
513 *Piepenbrock/Schuster/Degenhart*, UMTS-Lizenzvergabe, 5. Teil D IV 5b.; *Arndt*, K&R 2001, 23, 31.
514 *Degenhart*, K&R 2001, 32.
515 *Kirchhof*, HdBStR IV, 1990, § 88 RdNr. 187.

mentiert, dass der Staat bei der Verwaltung knapper Ressourcen keinen Gewinn erzielen[516] und deshalb kein Versteigerungsverfahren wählen dürfe, verkennt die ökonomischen Zusammenhänge grundlegend. Gleichwohl bleiben viele Fragen offen. So ist beispielsweise zu fragen, welche Voraussetzungen vorliegen müssen, damit der Staat ein öffentliches Gut im Wege der Versteigerung von Zugangs- oder Nutzungsrechten vermarkten darf.[517] Ferner ist unklar, wie sich die erzielten **Versteigerungserlöse** in die Finanzverfassung des Grundgesetzes nach Art. 104 a ff. GG einordnen lassen.[518] Das im August 2000 abgeschlossene Versteigerungsverfahren brachte dem Bund eine Einnahme von über 99,3 Milliarden DM.[519] Außer Frage steht, dass es sich hierbei im finanzverfassungsrechtlichen Sinne nicht um eine Steuer oder eine Sonderabgabe handelt. Vielmehr dürfte eine Überlassungsgebühr im Sinne einer Ressourcennutzungsgebühr vorliegen.[520] Auch tauchte die Frage auf, wie die erzielten Erlöse zwischen Bund und Ländern zu verteilen waren. Das Interesse der Länder an einer angemessenen Beteiligung ist nachvollziehbar, fand aber letztlich vor dem BVerfG[521] aus rechtlichen Erwägungen heraus kein Gehör. Die in Art. 106 GG vorgesehene Verteilung des Aufkommens gilt für Steuern und Finanzmonopole, ist aber für den Fall der Einnahmenerzielung aus der Versteigerung von UMTS-Lizenzen nicht einschlägig. Mangels anderweitiger Regelung erfolgt die Zuteilung der Erlöse entsprechend dem allgemeinen Grundsatz, wonach die **Ertragshoheit der Verwaltungshoheit folgt**.[522] Da der Bund für die Versteigerung nach Art. 87 f Abs. 2 Satz 2 GG i.V.m. den §§ 6 ff. TKG zuständig war, steht ihm auch der Erlös zu.

318 **Netzzugangs- und Zusammenschaltungsverpflichtungen** greifen in die Berufsausübungsfreiheit des marktbeherrschenden Wettbewerbers ein,[523] sind aber im Interesse der Herstellung eines funktionierenden Wettbewerbs grundsätzlich gerechtfertigt. § 33 TKG beinhaltet eine verfassungsrechtlich zulässige Regelung der Berufsausübung. Es ist ein verfassungsrechtlich legitimes Ziel, den Wettbewerbern der Deutschen Telekom AG besondere Rechte einzuräumen, um somit die weiterhin marktbeherrschende Stellung des Nachfolgeunternehmens auszugleichen und damit die Voraussetzungen für einen chancengleichen Wettbewerb zu schaffen. Die zum Ortsnetz gehörenden Zugänge zu den Teilnehmeranschlussleitungen (Verbindung zwischen Ortsvermittlungsstelle und Telefonsteckdose) gingen im Zuge der Privatisierung vollständig auf die Deutsche Telekom AG über und gewähren ihr eine marktbeherrschende Stellung. Der Aufbau eines eigenen Ortsnetzes ist für Mitkonkurrenten mittelfristig technisch und finanziell nicht möglich. „Durch die Verfassung selbst ist das Ziel vorgegeben, die aus der Deutschen Bundespost hervorgegangenen Unternehmen Postdienst und Telekom zu privatisieren (Art. 143 b GG) und gleichwohl auch für die Zukunft im Bereich des Postwesens und der Telekommunikation flächendeckend für angemessene und ausreichende Dienstleistungen zu sorgen (Art. 87 f I

---

516 *Rummer*, NJW 1988, 225, 233; *Beese/Naumann*, MMR 2000, 145, 146.

517 *Degenhart*, K&R 2001, 32, 36; zu den europarechtlichen Vorgaben für Verwaltungsabgaben: vgl. Art. 12 Abs. 1 RL 2002/20/EG (früher: Art. 11 Abs. 2 RL 97/13/EG).

518 Exemplarisch: *Piepenbrock/Schuster/Arndt*, UMTS-Lizenzvergabe, 4. Teil A II 3.

519 *Schumacher*, NJW 2000, 3096.

520 *Piepenbrock/Schuster/Degenhart*, UMTS-Lizenzvergabe, 5. Teil C IV; *Schumacher*, NJW 2000, 3096, 3098; *Becker*, Verw 35 (2002), 1 15 ff.

521 BVerfG, Urteil vom 28. 3. 2002, JA 2002, 752 f.

522 BVerfG, Urteil vom 28. 3. 2002, JA 2002, 752 f.

523 OVG Münster, Beschluss vom 7. 2. 2000 – 13 A 179/99, NVwZ 2000, 697 ff.

GG).[524] Der Eingriff in die Berufsausübungsfreiheit ist durch das Gemeinwohlanliegen „Herstellung eines chancengleichen, funktionsfähigen Wettbewerbs" gerechtfertigt.[525] Zum Teil wird auch ein Eingriff in die Berufswahlfreiheit angenommen, da sich inhaltlich das Berufsbild „umpräge", sofern der Verpflichtete gezwungen wird, Leistungen auf dem Markt zu erbringen, die nach seiner Vorstellung nicht Bestandteil seines Berufes seien.[526]

Auch die **Entgeltregulierung** ist im Zuge der Schaffung eines freien und chancengleichen **319** Wettbewerbs sowie angemessener und ausreichender Telekommunikationsdienstleistungen gerechtfertigt.

3. Gleichheitsgebot Art. 3 Abs. 1 GG. – Der allgemeine Gleichheitssatz verbietet, we- **320** sentlich Gleiches ungleich und wesentlich Ungleiches gleich zu behandeln. Auch mit Blick auf den Gleichheitssatz ist erforderlich, dass bei der Vergabe von knappen Lizenzen die Verteilung anhand sachlich einleuchtender Kriterien erfolgt. Die Versteigerung der UMTS-Lizenzen erfolgte nach dem höchsten Gebot. Vor diesem Hintergrund wurde letztlich nach der Finanzkraft der Unternehmen differenziert. Wie bereits im vorangegangenen Abschnitt über die Berufsfreiheit gezeigt wurde, handelt es sich hierbei um ein zweifelsfrei taugliches und sachgerechtes Differenzierungsmerkmal.[527]

4. Eigentumsfreiheit Art. 14 GG. – Art. 12 GG schützt den Erwerbsvorgang, während **321** Art. 14 GG das bereits Erworbene schützt.[528] Die beiden Grundrechte verdrängen sich gegenseitig nicht; ihnen kommt eine komplementäre und eigenständige Bedeutung zu.[529]

Geschützt sind **vermögenswerte Rechte**, die dem Eigentümer zum Zeitpunkt der gesetz- **322** geberischen Maßnahme konkret zustehen.[530] Art. 14 GG begründet keine Vermögenswertgarantie. Bloße Erwartungen, Aussichten, Gewinnchancen werden von Art. 14 GG nicht geschützt.[531]

Teilweise geht man davon aus, dass auch das so genannte **Recht am eingerichteten und** **323** **ausgeübten Gewerbebetrieb** in den Schutzbereich der Eigentumsfreiheit fällt.[532] Dieses vom BGH richterrechtlich entwickelte Recht umfasst dabei den „Betrieb mit all seinen Ausstrahlungen, d.h. die den Betrieb bildende Sach- und Rechtsgesamtheit, die gesamte Erscheinungsform und den Tätigkeitskreis, die geschäftlichen Verbindungen und den Kundenstamm, kurz alles, was in seiner Gesamtheit den Wert des konkreten Gewerbebetriebs ausmacht".[533] Der Wert eines Unternehmens übersteigt in der Regel die Summe der ver-

---

524 BVerwG, Urteil vom 25. 4. 2001= NVwZ 2001, 1399, 1407.

525 BVerwG, Urteil vom 25. 4. 2001 = NVwZ 2001, 1399, 1407; Besprechung von *Schliesky*, JA 2002, 373, 377; *Tschentscher/Bosch*, K&R 2001, 515, 519.

526 *Stern/Dietlein*, ArchivPT 98, 309, 320 f.

527 So auch: *Gramlich*, CR 2000, 101 106; a. A. *Piepenbrock/Schuster/Piepenbrock/Müller*, UMTS-Lizenzvergabe, 1. Teil C I 3 m. w. N.; *Grzeszick*, DVBl. 1997, 878.

528 BVerfGE 30, 292, 335; BVerfGE 65, 237, 248; BVerfGE 88, 366, 377; BGH NJW 90, 3260, 3262.

529 Mitbestimmungsurteil des BVerfG vom 1. 3. 1979, BVerfGE 50, 290, 361.

530 BVerfGE 58, 300, 336.

531 BVerfGE 68, 193, 222; BVerfGE 74, 129, 148.

532 BVerfGE, 13, 225, 229; BVerfGE 30, 292, 334 f.; BVerfGE 45, 142, 173; kritisch: BVerfGE 51, 193, 221 f., BVerfGE 74, 129, 148; BVerwGE 62, 224, 226; BGHZ 23, 157, 162 f.; *Pieroth/Schlink*, Staatsrecht II – Grundrechte § 23 RdNr. 905; grundlegend: *Badura*, AöR 98 (1973), 153 ff.; *Maunz/Dürig/Papier*, Art. 14 RdNr. 95 ff.

533 BGHZ 92, 34, 37; BGHZ 98, 341, 351.

bundenen Einzelrechte.[534] Der Schutzgehalt kann aber nicht weiter gehen als bei sonstigen Eigentumswerten, das bedeutet, dass auch das Recht am eingerichteten und ausgeübten Gewerbebetrieb nur den Bestand und nicht Erwerbschancen schützt.[535]

324 **Inhalts- und Schrankenbestimmung.** Das Eigentumsrecht beinhaltet die Befugnis des Berechtigten, die Vermögenswerte nach eigener Bestimmung zu nutzen oder auch nicht (positive und negative Eigentumsfreiheit). Eingriffe können durch **Inhalts- und Schrankenbestimmungen** nach Art. 14 Abs. 1 Satz 2 GG sowie durch **Enteignungen** nach Art. 14 Abs. 3 GG erfolgen. Inhalts- und Schrankenbestimmungen betreffen die generelle und abstrakte Festlegung von Rechten und Pflichten des Inhabers einer eigentumswerten Rechtsposition.[536] Entsprechend Art. 14 Abs. 1 S. 2 GG ist zur Rechtfertigung ein Gesetz erforderlich, welches den Verhältnismäßigkeitsgrundsatz wahrt. In diesem Rahmen ist insbesondere Art. 14 Abs. 2 GG zu berücksichtigen, wonach das Eigentumsrecht der **Sozialbindung** unterliegt. Hierbei ist die Eigenart des vermögenswerten Rechts und insbesondere seine „soziale Funktion" zu berücksichtigen.[537] Oftmals werden Übergangs- oder Härteklauseln bzw. die Anordnung eines finanziellen Ausgleichsanspruches (sog. ausgleichspflichtige Inhaltsbestimmung, salvatorische Klausel) erforderlich sein.[538]

325 Derartige Inhaltsbestimmungen finden sich im Telekommunkationsrecht häufig. So greift etwa der Anspruch auf ungehinderten **Zugang zu Teilnehmeranschlussleitungen** gemäß § 33 TKG im Sinne einer Inhalts- und Schrankenbestimmung in die eigentumsrechtliche Verfügungsfreiheit sowie das Recht am eingerichteten und ausgeübten Gewerbebetrieb und dem Recht auf Schutz betriebsbezogener Daten[539] des marktbeherrschenden Unternehmens ein.

326 Im Falle der Netzzugangsgewährungsverpflichtung ist ein Eingriff grundsätzlich gerechtfertigt, da die Netzinfrastruktur des ehemaligen Monopolisten einen starken sozialen Bezug aufweist, sie ist „unter dem Schutz eines staatlichen Monopols und unter Verwendung von öffentlichen Mitteln entstanden".[540] „Grundrechtlich geschützte vermögenswerte Positionen an ihren öffentlichen Telekommunikationsnetzen hat [der ehemalige Monopolist] daher von vornherein nur mit den der Herkunft ihres Eigentums entsprechenden Pflichten aus den §§ 33, 35 TKG belastet erworben." [541]

327 Das **Nutzungsrecht an Grundstücken**[542] außerhalb der öffentlichen Verkehrswege nach § 57 TKG beschränkt sich nicht nur (anders noch die Vorgängervorschrift, § 10 TWG) auf ein Luftraumkreuzungsrecht, sondern lässt auch Eingriffe in die Substanz des Eigentums zu (Verlegung von unterirdischen Leitungen). Die Infrastrukturgewährleistungspflicht nach Art. 87 f Abs. 1 GG sowie die „herausgehobene Bedeutung" der Telekommunikation für die Volkswirtschaft rechtfertigen auch **sog. erweiterte Duldungspflichten**[543] von

---

534 *Stern/Dietlein*, ArchivPT 1998, 309, 326.
535 BVerfGE 58, 300, 353.
536 BVerfGE 72, 66 (76).
537 BVerfGE 71, 230, 246.
538 BverfGE 58, 137 (147, 149); BverfG, NJW 1998, 367 (368).
539 *Jarass/Pieroth/Jarass*, Art. 14 RdNr. 13.
540 BVerwG, Urteil vom 25. 4. 2001, NVwZ 2001, 1399, 1408.
541 BVerwG, Urteil vom 25. 4. 2001, NVwZ 2001, 1399, 1408.
542 Allgemein zu den Wegerechten: *Burgi/Brauner*, MMR 2001, 429 ff.; *Ellinghaus*, CR 1999, 420 ff.
543 BVerfG – Az: 1 BvR 142/02, Beschluss vom 26. 8. 2002, TKMR 2002, 463, 466; so bereits: BGH, Urteil vom 23. 11. 2001 – V ZR 419/00 = NJW 2002, 678 = TMR 2002, 128.

Grundstücksbesitzern.[544] Durch die Anordnung der Ausgleichpflicht (§ 57 Abs. 2 TKG) wird dem Verhältnismäßigkeitsgrundsatz entsprochen.[545] Es geht um eine „die Sozialpflichtigkeit des Eigentums (vgl. Art. 14 II S. 2 GG) konkretisierende"[546] Inhalts- und Schrankenbestimmung; dem Grundstückseigentümer wird nicht das Eigentum an dem in Anspruch genommenen Grundstücksteil entzogen.

Was die unentgeltliche Nutzung von **öffentlichen Verkehrswegen** nach § 50 Abs. 1 S. 1 **328** TKG angelangt, so können sich Kommunen nicht auf den Schutz des Art. 14 GG berufen, die Eigentumsfreiheit schützt „nicht das Privateigentum, sondern das Eigentum Privater".[547] Die von mehreren Kommunen erhobene Kommunalverfassungsbeschwerde gegen die unentgeltliche Nutzung von Verkehrswegen wurde vom BVerfG[548] bereits nicht zur Entscheidung angenommen, da ihr „keine grundsätzliche verfassungsrechtliche Bedeutung" zukomme. Eine Beeinträchtigung des Rechts auf kommunale Selbstverwaltung,[549] der Eigentumsgarantie sowie des Gleichheitsgrundsatzes liegt nicht vor.[550]

Enteignung. Eine Enteignung kann entweder durch Gesetz (Legalenteignung) oder auf- **329** grund eines Gesetzes (Administrativenteignung) ergehen und ist auf die vollständige oder teilweise Entziehung konkreter eigentumswerter Rechtspositionen des Einzelnen oder einen zumindest bestimmbaren Personenkreis gerichtet.[551]

5. Schutz des Fernmeldegeheimnisses Art. 10 GG.[552] – Das Fernmeldegeheimnis schützt **330** den Inhalt der Kommunikation einschließlich der so genannten Kommunikationsumstände (ob, wann, wie oft).[553] Adressat des Grundrechts ist die öffentliche Gewalt; demnach sind die Legislative, Exekutive und Judikative (Art. 1 Abs. 3 GG) an das Fernmeldegeheimnis unmittelbar gebunden. Es steht heute außer Frage, dass Art. 10 GG **keine unmittelbare Drittwirkung** gegenüber privaten Betreibern entfaltet.[554] Die Stoßrichtung der Grundrechte zielt nicht auf private Bürger und Unternehmen, diese treten vielmehr als Grundrechtsberechtigte auf.

Da private Unternehmen nicht grundrechtsverpflichtet sind, ist es Aufgabe des Staates, im **331** Rahmen seiner **Schutzpflicht**[555] auf einfach-gesetzlicher Ebene für einen ausreichenden Schutz des Fernmeldegeheimnisses zu sorgen.[556] Der Staat hat dort, wo Telekommunikationsdienstleistungen von privaten Anbietern erbracht werden, sicherzustellen, dass diese

---

544 BVerfG NJW 2000, 799; OLG Frankfurt a. M., MMR 1999, 161 ff.

545 *Scheurle/Mayen/Reichert/Ulmen*, § 57 RdNr. 20 ff.

546 BVerfG – Az: 1 BvR 142/02, Beschluss vom 26. 8. 2002, TKMR 2002, 463, 467.

547 BVerfGE 61, 82, 108 f.; *Sachs/Wendt*, Art. 14 RdNr. 17.

548 BVerfG CR 1999, 431 ff. = K&R 1999, 176 mit Anm. *Ellinghaus; Koenig/Siewer*, NVwZ 2000, 609.

549 Grundlegend dazu: BVerfGE 23, 366; VerfGH Rh-Pf. DVBl. 78, 802, *Schliessky*, Öffentliches Wirtschaftsrecht, 4. Teil 5. Abschnitt C 3.

550 BVerfG CR 1999, 431 ff. = K&R 1999, 176; *Ellinghaus*, CR 1999, 420, 422; *Koenig/Siewer*, NVwZ 2000, 609.

551 Näheres dazu beispielsweise bei *Sachs/Wendt*, Art. 14 RdNr. 148 ff.

552 Zu den Einzelheiten siehe § 85.

553 BVerfGE 67, 157 172; BVerfGE 85, 386, 396; BVerfGE 100, 313, 358.

554 *Arnauld*, DÖV 1998, 437 ff.

555 *Groß*, JZ 1999, 326 ff.; *Jarass/Pieroth/Jarass*, Art. 10 RdNr. 14; *Dreier/Hermes*, Art. 10 RdNr. 72; *v. Münch/Kunig/Löwer*, Art. 10 RdNr. 4; anderer Ansicht: *Sachs/Krüger/Pagenkopf*, Art. 10 RdNr. 21 f.; *Pieroth/Schlink*, Staatsrecht II – Grundrechte, RdNr. 837.

556 *Jarass/Pieroth/Jarass*, Art. 10 RdNr. 14; *Scheurle/Mayen/Zerres*, § 85 RdNr. 2.

Unternehmen die Gewährleistungsgehalte des Art. 10 GG beachten. Das Übertragungsverhältnis zwischen Kunde und diesen privaten Vermittlern ist genauso anfällig für unbefugte Zugriffe auf den Inhalt und die zusammenhängenden Umstände der Kommunikation und daher prinzipiell genauso schutzbedürftig. Dem kam der Gesetzgeber mit Schaffung des § 85 TKG nach, welcher sich im Unterschied zu Art. 10 GG an private Betreiber im Rahmen ihrer geschäftsmäßigen Erbringung bzw. Mitwirkung an Telekommunikationsdiensten wendet.

332   § 85 TKG gilt auch für die Deutsche Telekom AG, welche privatwirtschaftlich tätig wird und nicht mehr im überwiegenden Besitz des Bundes steht und daher nicht unmittelbar grundrechtsverpflichtet ist.[557]

333   **6. Weitere Verfassungsvorgaben.** – Grundrechtseingriffe bedürfen einer besonderen Rechtfertigung durch oder auf Grund eines Gesetzes. In formeller Hinsicht muss der Eingriff durch eine wirksame Ermächtigungsgrundlage gedeckt sein.

334   **Parlamentsvorbehalt.** Wesentliche Fragen über Voraussetzung, Art und Umfang des Eingriffs müssen durch das Parlament direkt geklärt werden und dürfen nicht an die Verwaltung delegiert werden.[558] Dies ist insbesondere bei grundrechtsintensiven Beeinträchtigungen der Fall.[559] Das Parlament als unmittelbar demokratisch legitimiertes Organ darf sich nicht seiner ihm grundgesetzlich auferlegten Verantwortung entziehen.

335   Das Telekommunikationsgesetz enthält, um eine flexible Anpassung an die rasante technische Entwicklung des Sektors zu gewährleisten, insgesamt eine ganze Fülle von Verordnungsermächtigungen[560] und auch von Verweisungen auf EG-Recht.[561] Diese Gesetzestechnik geht oftmals zu Lasten des Bestimmtheitsgrundsatzes und der Anforderungen des Art. 80 Abs. 1 GG, demzufolge im Gesetz selbst Inhalt, Zweck und Ausmaß der erteilten Ermächtigung bestimmt werden müssen.[562] Grundsätzlich sollte die Ermächtigung so deutlich sein, dass sich bereits aus ihr ergibt, welche Regelungen dem Bürger gegenüber zulässig sein sollen und welche nicht (**Vorhersehbarkeitserfordernis**).[563]

---

557 *Dreier/Hermes*, Art. 10 RdNr. 43; *Sachs/Krüger/Pagenkopf*, Art. 10 RdNr. 20.
558 BVerfGE 133,125,159; *Papier*, Die Regelung von Durchleitungsrechten, S. 47.
559 BVerfGE 33, 125, 160.
560 § 16 Abs. 1, § 17 Abs. 2, § 27 Abs. 4, § 35 Abs. 5, § 41 Abs. 1, 2, § 43 Abs. 3, § 45 Abs. 1, § 46 Abs. 3 S. 2, § 47 Abs. 4, § 48 Abs. 1, § 48 Abs. 3, § 59 Abs. 4, § 60 Abs. 5, § 62 Abs. 1, § 63 Abs. 1, § 64 Abs. 3, § 87 Abs. 3, § 88 Abs. 2, § 89 Abs. 1 TKG.
561 Vgl. §§ 5, 23, 33, 34, 35, 41 TKG.
562 Dazu: BVerfGE 2, 307.
563 BVerfGE 1, 14, 60; BVerfGE 5, 71, 77; BVerfGE 7, 282, 301; BVerfGE 23, 62, 72; BVerfGE 41, 251, 265 f.; BVerfGE 58, 257, 277; BVerfGE 80, 1, 20; *Sachs/Lücke*, Art. 80 RdNr. 25 ff.

Einleitung IV: Ausländisches und Internationales TK-Recht

A. Weltfunkkonferenzen (World Radiocommunication Conferences, WRCs) bei der ITU

Übersicht

I. Einleitung

Die Internationale Fernmeldeunion (ITU) ist eine Sonderorganisation der Vereinten Nationen (UN) für Fragen der internationalen Telekommunikation, die seit 1865 besteht und damit die älteste Organisation innerhalb der UN ist. Die ITU hat ihren Sitz in Genf und beschäftigt etwa 750 Mitarbeiter, die auf drei Direktionen und das Generalsekretariat aufgeteilt sind. Das oberste Gremium ist die Konferenz der Regierungsbevollmächtigten, und das Grundsatzdokument ist die Konstitution, die von den Bestimmungen der Konvention sowie durch die Vollzugsordnungen ergänzt wird. **1**

Eine der Direktionen, das so genannte „Radiocommunications Bureau", beschäftigt sich mit Funkfrequenzen und der Zuteilung von Orbitpositionen für Satellitensysteme. Funk wird in vielen Bereichen eingesetzt wie zum Beispiel zur Kommunikation, zur Ortung, zur Navigation oder für wissenschaftliche Zwecke. Dabei ist zu beachten, dass sich die verschiedenen Anwendungen gegenseitig stören können, wenn eine gewisse koordinierte Zuweisung von Funkdiensten nicht erfolgt und gewisse technische Parameter nicht eingehalten werden. **2**

Auf weltweiter Ebene sorgt ein von der ITU herausgegebenes Regelwerk für einen rechtlichen Rahmen, der den störungsfreien Betrieb von verschiedenen Funkdiensten ermöglicht und der als internationaler Vertrag von den Mitgliedstaaten anerkannt wird. Die so genannte VO Funk[1] (englisch: Radio Regulations) regelt, welche Funkdienste auf welchen Frequenzen arbeiten dürfen und welche technischen Parameter dabei zu beachten sind. Darüber hinaus werden Koordinierungsprozeduren und andere Regeln für bestimmte Funkdienste aufgestellt, die weltweit Anwendung finden. **3**

---

[1] Die Vollzugsordnung für den Funkdienst (VO Funk) ist nicht Anlage zu Konstitution und Konvention der ITU, sondern eigenständiges internationales Vertragswerk, das Konstitution und Konvention ergänzt.

4 Von Zeit zu Zeit muss die VO Funk überarbeitet werden, um neuen Entwicklungen in der Frequenznutzung Rechnung zu tragen. Eine Abänderung der VO Funk kann laut ITU-Geschäftsordnung nur von einer weltweiten Funkkonferenz, der sog. World Radiocommunications Conference (WRC), rechtskräftig beschlossen werden. Die WRC ist eines der wichtigsten Ereignisse, die von der ITU arrangiert und durchgeführt wird. Sie findet heutzutage etwa alle 3 Jahre statt und versammelt ungefähr 2000 Experten aus 186 Mitgliedstaaten für eine Dauer von 4 Wochen.

5 Die Europäische Kommission nimmt an WRCs offiziell als nicht abstimmberechtigte Delegation[2] teil. In dieser Eigenschaft ist die Kommission vor allem an Beschlüssen interessiert, die mit den einschlägigen politischen Gemeinschaftszielen übereinstimmen und den wirtschaftlichen und allgemeinen Interessen der Europäischen Union gerecht werden. Die Kommission ist ferner bestrebt, vor und während der Konferenz abgestimmte gemeinsame europäische Standpunkte im Sinne der Gemeinschaftspolitik zu unterstützen. Mit ihrer Teilnahme an der WRCs erfüllt die Kommission ihre Aufgabe gemäß der Funkfrequenzentscheidung[3], die 2003 in Kraft getreten ist.

6 Bis in die '80 Jahre fanden die so genannten „World Administrative Radiocommunications Conferences, WARCs" nur alle 10 Jahre statt und hatten das Mandat, das gesamte, nutzbare Frequenzspektrum zu überarbeiten. Diese Aufgabe wurde aber mit der Zeit so umfassend, dass sie selbst bei einer Tagungsdauer von 2 Monaten kaum zu bewältigen war. Daraufhin wurde entschieden, die WRC öfter abzuhalten, dafür aber eine festgelegte Tagesordnung, die die Überarbeitung auf bestimmte Teile der VO Funk beschränkt, einzuführen. Deshalb hat die WRC in ihrer heutigen Form das Mandat, die VO Funk gemäß festgelegter Tagesordnung zu überarbeiten und die Tagesordnung für die nächste WRC unwideruflich festzulegen. Der Rat der ITU kann allerdings auf Grund von finanziellen Betrachtungen gewisse Teile der Tagesordnung streichen oder hinzufügen.

7 In den folgenden Abschnitten wird die WRC, die VO Funk sowie deren Bedeutung auf nationaler Ebene erörtert.

II. Die Weltfunkkonferenz

8 **1. Die Vorbereitungsphase.** – Die Vorbereitungen für eine WRC finden vor allem auf regionaler Ebene statt. Damit sind gemeint die Regionen von Europa, Amerika, Asien und die arabische Region. In den letzten Jahren hat sich die Komplexität der Themen, die auf WRCs diskutiert werden, erhöht. Diese Komplexität wird durch technische und ökonomische Entwicklungen (z. B. dem steigenden Marktwert von Spektrum) verursacht. Die Folge dieser Entwicklung ist, dass einige Themen wiederholt auf aufeinander folgenden WRCs diskutiert werden und somit die Arbeitsbelastung insgesamt erhöhen. Um dieser Entwicklung entgegenzuwirken und um die Aufgabe einen Konsenses unter Verwaltungen zu erleichtern, haben die Mitgliedstaaten zugestimmt, die regionale Zusammenarbeit zu verstärken, und damit die Bedeutung der regionalen Gruppierungen erhöht. Auf europäischer Ebene ist die CEPT für die regionale Vorbereitung zuständig.

---

2 Formal als ITU „sektorielles Mitglied (regionale und andere internationale Organisationen)".
3 Entscheidung Nr. 676/2002/EG des Europäischen Parlaments und des Rates vom 7. März 2002 über einen Rechtsrahmen für die Funkfrequenzpolitik in der Europäischen Gemeinschaft.

Die CEPT entwickelt eine abgestimmte Haltung bezüglich der Tagesordnungspunkte der 9
bevorstehenden WRC. Dabei werden gemeinsame Vorschläge entwickelt, die dann auf der
Konferenz von allen CEPT-Mitgliedern unterstützt werden. Außerdem koordiniert die
CEPT Eingangsdokumente für die Sitzungen der Arbeitsgruppen der ITU, die üblicherwei-
se von WRCs beauftragt werden, bestimmte Studien durchzuführen, aufgrund deren die
Entscheidungsfindung auf zukünftigen WRCs erleichtert wird.

Die Studien, die die Arbeitsgruppen der ITU vor der Konferenz durchführen, werden in 10
einem Bericht konsolidiert, der von dem Conference Preparatory Meeting (CPM) angenommen werden muss. Der CPM-Bericht ist der einzige technische Bericht, der während
der WRC-Beratungen verwendet wird. Andere Dokumente, die während der WRC diskutiert werden, sind Eingangsdokumente von Verwaltungen (Vorschläge für die Änderung
der VO Funk) und von Beobachtern (zusätzliche Informationen, die die Arbeit der Konferenz erleichtern sollen). Deshalb basieren die meisten WRC-Beschlüsse auf dem technischen und ordnungspolitischen Inhalt des CPM-Berichts. Folglich ist die Entwicklung dieses Berichts ein sehr wichtiger Prozess in der Vorbereitung von WRCs.

Der größte Teil des Textes für den CPM-Bericht entsteht in den Arbeitsgruppen der ITU, 11
die den Mitgliedstaaten sowie Sektorenmitgliedern[4] ermöglichen, aktiv an seiner Entwicklung teilzunehmen. Damit wird auch eine Industriebeteiligung am vorbereitenden Prozess
gesichert. Die CPM selbst wird sowohl von den Mitgliedstaaten als auch von Sektormit-
gliedern besucht und tritt gewöhnlich zweimal zur Vorbereitung einer WRC zusammen.
Obwohl die Industrie anwesend ist, sind nur die Verwaltungen befugt, an einer Abstimmung teilzunehmen.

Die erste Sitzung der CPM wird gewöhnlich unmittelbar nach einer WRC abgehalten und 12
benennt den Vorsitzenden und den Vizepräsidenten (der normalerweise der Vorsitzende
von nächstem CPM wird). Die zweite Sitzung behandelt den Inhalt des CPM-Berichts.
Dies ist die wichtigste Sitzung, in der der CPM-Bericht verabschiedet wird.

2. Beschlussfindung während der Konferenz. – Wie bereits erwähnt, werden auf der 13
WRC die Modifizierungen der VO Funk beschlossen. Soweit wie möglich streben die verhandelnden Partner einen Konsens an, der normalerweise durch die umfassende Vorarbeit
auf regionaler Ebene erleichtert wird. Allerdings kommt es aufgrund verschiedener politischer Ziele immer wieder zu Situationen, in denen eine Abstimmung erforderlich wird.

Bei einer Abstimmung besitzt jedes Mitgliedsland (insgesamt 186) *eine* Stimme, d.h. es ist 14
irrelevant, welche wirtschaftliche Bedeutung einem Land zugemessen wird oder wie hoch
der Beitrag zur ITU ausfällt. Deswegen spielen die Entwicklungsländer eine entscheidende
Rolle im Falle einer Abstimmung. Auch die europäische Zusammenarbeit im Vorfeld einer
Konferenz kann bei einer Abstimmung eine bedeutende Rolle spielen. Am Ende entscheidet eine einfache Mehrheit über den Ausgang der Abstimmung.

Beschlüsse treten in der Regel eineinhalb Jahre nach Konferenzende in Kraft und umfas- 15
sen:

- Änderung der Bestimmungen der VO Funk im weitesten Sinne mit Schwerpunkt auf
  Frequenzzuweisungsfragen, insbesondere Mobilfunk, Mobilfunk über Satelliten,

---

4 Sektorenmitglieder können sein anerkannte Netzbetreiber, wissenschaftliche und industrielle Organisationen, regionale und internationale Organisationen der Telekommunikation, Finanzierung
oder Entwicklung, andere Institutionen, die sich mit der Telekommunikation befassen.

Rundfunk, aber auch Verfahren (z. B. Koordinierungsverfahren) und Betriebsbestimmungen (z. B. Seefunk);

- Aufstellung von Frequenzplänen [Zuteilungspläne, Verteilungspläne, terrestrisch und Weltraumfunk; Beispiele der Vergangenheit: Verteilungsplan für Kurzwellen-Telephonie im Seefunkdienst, Rundfunksatellitenplan (Zuteilungsplan) mit zugehörigem Plan der Speiseverbindungen, Verteilungsplan für festen Funkdienst über Satelliten].

III. Die Vollzugsordnung für den Funkdienst (VO Funk)

16 Mit der Unterzeichnung der Schlussakte, die alle verhandelten Änderungen der VO Funk enthält, erlangt das Ergebnis der WRC rechtlich gesehen den Status eines internationalen Vertrags. Die Umsetzung erfolgt durch die ITU und auf nationaler Ebene, je nachdem, welche Teile der VO Funk überarbeitet worden sind. Die heute gültige Fassung von 2004 beinhaltet die Ergebnisse der WRC-95, WRC-97, WRC-2000 und VRC-03.

17 Die VO Funk beinhaltet die internationalen Regeln zur Nutzung des Frequenzspektrums. Sie wird aufgeteilt in Artikel, Anhänge, Resolutionen und Empfehlungen. Die Artikel der VO-Funk bilden den rechtsgültigen Rahmen und befassen sich mit den folgenden Themen.

18 **1. Inhalt.** – Begriffsbestimmungen:
In den Art. 1 bis 3 werden die Einzelnen Funkdienste sowie funkfrequenztechnische Begriffe definiert.

19 Frequenznutzungen:
In den Art. 4 bis 6 werden Bestimmungen zur Frequenznutzung festgelegt. Einer besonderen Bedeutung kommt dabei dem Art. 5 der VO Funk zu. In diesem Artikel wird das gesamte nutzbare Frequenzspektrum in Frequenzbänder aufgeteilt und bestimmten Funkdiensten zugewiesen. Damit ist der Art. 5 der VO Funk die Grundlage für alle nationalen Frequenzpläne und bildet somit den internationalen rechtlichen Rahmen für die Bestimmungen der deutschen Frequenzbereichszuweisungsplanverordnung (FreqBZPV) und der Frequenznutzungsplanaufstellungsverordnung (FreqNPAV), die aufgrund der §§ 51–52 (TKG) verordnet werden. Änderungen des Art. 5 und der dazugehörigen Resolutionen und Empfehlungen beanspruchen ein Großteil der Zeit bei Verhandlungen während einer WRC.

20 Koordinierungs- und Notifizierungsverfahren:
In den Art. 7 bis 14 befinden sich die Regeln zur Koordinierung und Notifizierung von bestimmten Funkstationen, die außerhalb des Hoheitsgebietes Störungen verursachen könnten. Vor allem Satellitenfunkdienste und Funkanwendungen, die im unteren Frequenzbereich (z. B. HF-Funkstationen) arbeiten, sind von diesen Regeln betroffen. Frequenzzuteilungen, die gemäß dieser Koordinierungs- und Notifizierungsverfahren behandelt werden, sind nach Eintrag in die „Master International Frequency Register (MIFR)" gemäß Art. 8 (VO Funk), unter Berücksichtigung einer mit Art. 5 (VO Funk) konformen Zuweisung, durch internationales Recht vor Störungen geschützt und damit international anerkannt.

21 Störungen:
Im Falle von internationalen Störungen legen die Art. 15 und 16 fest, welche Prozeduren bei der Meldung zu berücksichtigen sind.

Vorschriften für bestimmte Funkdienste: **22**
Die VO-Funk enthält außerdem eine Vielzahl von Artikeln, die sich mit Vorschriften für bestimmte Funkdienste beschäftigen, insbesondere jenen, die länderübergreifend eingesetzt werden, wie z. B.

● Vorschriften für Satellitenfunkdienste,
● Vorschriften für Sicherheits- und Notfunkdienste,
● Vorschriften für die Flugfunkdienste und
● Vorschriften für die Seefunkdienste.

2. Bedeutung auf nationaler Ebene. – Die Bundesrepublik Deutschland ist Mitglied der **23**
ITU. Neben der Konstitution und der Konvention stellt die VO Funk ein Grundsatzdokument der ITU dar. Die Umsetzung der VO-Funk in nationales Recht geschieht in erster Linie durch die Aufstellung des nationalen Frequenzbereichszuweisungplans, der in Form einer Verordnung Anwendung findet. Diese Verordnung regelt die Zuweisung von Frequenzbereichen an einzelne Funkdienste und an andere Anwendungen elektromagnetischer Wellen für die Bundesrepublik Deutschland. Einzelheiten werden in § 2 (FreqBZPV) beschrieben.

§ 2 (FreqBZPV):   **24**

(1) Der Frequenzbereichszuweisungplan enthält die Zuweisung der Frequenzbereiche an einzelne Funkdienste und an andere Anwendungen elektromagnetischer Wellen sowie Bestimmungen über die Frequenznutzungen und darauf bezogene nähere Festlegungen, die auch Frequenznutzungen in und längs von Leitern betreffen.

(2) Die Zuweisung eines Frequenzbereichs ist die Eintragung in den Frequenzbereichszuweisungplan zum Zwecke der Benutzung dieses Bereichs durch einen oder mehrere Funkdienste oder durch andere Anwendungen elektromagnetischer Wellen.

(3) Nutzungsbestimmungen im Sinne des Abs. 1 können enthalten:
1. Zuweisungen an Funkdienste in Teilen der Bezugsfrequenzbereiche,
2. Festlegungen über die Art der Funkanwendung eines Funkdienstes einschließlich Angaben technischer oder betrieblicher Art,
3. Ergänzungen zur Festlegung der zivilen oder militärischen Nutzung,
4. Festlegungen über Frequenznutzungen in und längs von Leitern oder
5. Festlegungen über andere Anwendungen elektromagnetischer Wellen.

In Ergänzung zum nationalen Frequenzbereichszuweisungplan gibt es weitere Verordnun- **25**
gen, die sich auf die Vorgaben der VO Funk stützen. Insbesondere ist in diesem Zusammenhang der Frequenznutzungsplan (Frequenznutzungsplanaufstellungsverordnung, FreqNPAV) zu erwähnen, der auf der Grundlage des Frequenzbereichszuweisungplanes erstellt wird. Der Frequenznutzungsplan ist die planerische Grundlage der Frequenzzuteilung nach § 53 Abs. 1 des Telekommunikationsgesetzes.

In Ausnahmefällen kann es vorkommen, dass eine nationale Frequenznutzung von dem in- **26**
ternationalen, durch die VO Funk vorgegebenen Rahmen abweicht. Gemäß Art. 4.4 der VO Funk ist diese Möglichkeit vorgesehen. Dieser Artikel besagt, dass keine Funkstationen abweichend von der VO Funk zugeteilt werden dürfen, außer unter der ausdrücklichen Bedingung, dass sie weder schädliche Störungen verursachen noch Schutz vor schädlichen Störungen von konformen Funkstationen in Anspruch nehmen können.

B. Das multilaterale WTO/GATS-Abkommen für Basistelekommunikationsdienste

Schrifttum: *Anderson/Holmes*, Competition Policy and the future of the multilateral trading system, Journal of International Economic Law 2002, 531; *Bellis*, Anti-competitive Practices and the WTO: the Elusive Search for New World Trade Rules, FS Jackson, 2003, 361; *Bhatanagar*, Telecom Reform in developing countries and the outlook for electronic commerce, Journal of International Economic Law 1999, 695; *Bronckers*, La jurisprudence des juridictions communautaires relatives à l'OMC demande réparation: plaidoyer pour les droits des Etats Membres, Cahiers de Droit Européen, 2001, 3; *ders.*, Trade and Competition Interlinkages: The case of Telecom, 1999; *ders.*, The WTO Reference Paper on Telecommunications: A Model for WTO Competition Law?, FS Jackson, 2003, 371; *Bronckers/Larouche*, Telecommunications Services and the World Trade Organisation, Journal of World Trade 1997, 5; *Bronckers/McNellis*, Fact and Law in Pleadings before the WTO Appelate Body, International Trade Law and Regulation 1999 (5), 118; *Brownlie* (Hrsg.), Basic documents in international law, 5. Aufl. 2002; *ders.*, Principles of public international law, 6. Aufl. 2003; *Bücking*, Liberalisierung im Vergabewesen deutscher Domainadressen, GRUR 2002 (1), 27; *Bhuiyan*, Mandatory and Discretionary Legislation: The continued relevance of the distinction under the WTO, Journal of International Economic Law 2002, Bd. 5 (3), 572; *Carreau*, Droit international, 7. Aufl. 2001; *Carreau/Juillard*, Droit international économique, 4. Aufl. 1998; *Carrenõ/Burgueño*, WTO panel rules against Mexico, Global Competition Review (The Antitrust Review of the Americas), 2005, 1; *Cocq/Messerlin*, The French Audiovisual Policy: Impact and Compatibility with Trade Negotiations, Hamburgisches Welt-Wirtschafts-Archiv (HWWA), Nr. 233, 2003; *Damrosch/Henkin/Crawford/Schachter/Smit*, International Law, Cases and Materials, 4. Aufl. 2001; *Döhring*, Völkerrecht, 2. Aufl. 2004; *Ehlermann*, Reflections on the Appelate Body of the WTO, Journal of International Economic Law 2003, Bd. 6(3), 695; *Engel/Knieps*, Die Vorschriften des Telekommunikationsgesetzes über den Zugang zu wesentlichen Leistungen, 1998; *Fink/Mattoo/Rathindran*, Liberalising Basic Telecommunications: The Asian Experience, Hamburgisches Welt-Wirtschafts-Archiv (HWWA), Nr. 163, 2002; *Fredebeul-Krein*, Die Regulierungspolitik auf dem Markt für Telekommunikationsdienste: Nationale Gestaltung und internationale Regeln, 2000; *Frid*, The Telecommunications Pact under the GATS – Another Step towards the Rule of Law, Legal Issues of European Integration 1997, Bd. 24 (2), 67; *Fudali*, Critical Analysis of the WTO Dispute Settlement Mechanism: Its Contemporary Functionality and Prospects, in: Netherland International Law Review (NILR) 2002, 39; *Gavanon*, Commerce International des télécommunications: une libéralisation progressive, Revue de Droit des Affaires Internationales 1997, Nr. 6, 711; *Heegde*, The Candidate countries in international organisations – GATT and WTO, in: Handbook of Enlargement, Den Haag 2002, 75; *Henderson/Gentle/Ball*, WTO principles and telecommunications in developing nations: challenges and consequences of accession, Telecommunications Policy 2005 Bd. 29, 1; *Hilf*, Allgemeine Prinizipien in der welthandelsrechtlichen Streitbeilegung, EuR 2002, Beiheft 1, 173; *Hohmann*, Die essential facility doctrine im Recht der Wettbewerbsbeschränkungen, 2001; *Hu* (Jiaxiang), The role of international law in the development of WTO law, Journal of International Economic Law 2004, Bd. 7 (1), 143; *Hudec*, „Like" Products: The Differences in Meaning in GATT Articles I and III, in: World Trade Forum, Bd. 2, Regulatory Barriers and the Priniciple of Non-Discrimination in World Trade Law, Cotteri/Mavroidis (Hrsg.), 2000, 100; *Jackson*, The changing fundamentals of international law and ten years of the WTO, Journal of International Economic Law 2005, Bd. 8, 3; *Kennedey*, Market openings in the telecommunications goods and service sectors, The International Lawyer 1999, Bd. 33 (1), 27; *Klotz*, Die neuen EU-Richtlinien über elektronische Kommunikation: Annäherung der sektorspezifischen Regulierung an das allgemeine Kartellrecht, K&R 2003, Beilage 1, 1; *Knorr*, Liberalisation in Telecommunications, Hamburgisches Welt-Wirtschafts-Archiv (HWWA), Nr. 162, 2002; *Koopmann*, Competition Regimes in Telecommunications and the International Trading System, Hamburgisches Welt-Wirtschafts-Archiv (HWWA), Nr. 125, 2001; *Krajewski*, Public Services and Trade Liberalisation: Mapping the Legal Framework, Journal of International Economic Law 2003, Bd. 6 (2), 341; *Kuyper*, The Appelate Body an the Facts, Fs Jackson, 2003, 361; *Lavranos*, Legal Interaction between Decisions of International Organisations and European Law, 2004; *Lowenfeld*, International Economic Law, New York, 2002; *Luff*, Le droit de l'organisation mondiale du commerce, 2004; *Marcus*, The Potential Relevance to the United States of the European Union's Newly Adopted Regulatory Framework for Telecommunications, Federal Communications Commission FCC, 2002; *Marsden*, Trade and competition – WTO decides first competition case – with disappointing results, Competition Law Insight, May 2004, 3; *Matsushita*, Competition Policy in the framework of WTP, FS Ehlermann 2002, 305; *Mavroidis*, „Like Product": Some Thoughts at the Postitive and Normative Level, World Trade Forum Bd. 2, Regulatory Barriers and the Priniciple of Non-Discrimination in World Trade Law, Cotteri/Mavroidis (Hrsg.), 2000, 125; *Nihoul/Rodford*, EU Electronic Communications Law, 2004; *OECD*, The Essential Facilities Concept, Series Roundtable on Competitive Policy Nr. 61, 1996; *Oesch*, Standards of Review in WTO Dispute Settlement Resolution, Journal of International Economic Law 2003, Bd. 6 (3), 635; *Piepenbrock/Schuster* (Hrsg.), Wesentlichkeit von Fakturierung und Inkasso für Telekommunikationsdienste, Regulierungsrecht und Regulierungsökonomie Bd. 1, 2003; *Priess/Berrisch*, WTO-Handbuch, München, 2003; *Rohlfs/Sidak*, Exporting Telecommunications Regulation: The United States-Japan negotiations on Interconnection Pricing, Havard International Law Journal 2002, Bd. 43 (2), 317; Royla, WTO-Recht – EG-Recht, Kollision, Justiziabilität, Implementation, EuR 2002 (4), 495; *Säcker/Calliess*, Billing und Inkasso fremder Telekommunikationsdienstleistungen (II), K&R 1999, 337; *Senti*, Die Wettbewerbspolitik im Rahmen des GATT, in: Die Europäische Gemeinschaft in der Welthandelsorganisation, Müller-Graff (Hrsg.), 1999/2000, 95; *Shaw*, International Law, 5. Aufl. 2003; *Siebold*, Die Welthandelsorganisation und die Europäischen Gemeinschaften, 2003; *Stephenson*, Non-tariff Barriers and the Telecommunications Sector, Hamburgisches Welt-Wirtschafts-Archiv (HWWA), Nr. 160, 2002; *Stollhoff*, Der Ausschluss von Marktrisiken durch Essential Facilities unter Art. 82 EGV, Baden-Baden, 2001; *Strivens/Bratby*, International Regulatory Framework, Telecommunications Laws in Europe, Scherer (Hrsg.), 4. Aufl. 1998, 449; *Sullivan*, The US, The EU, The WTO and Telecom Competititon, FS Fikentscher 1998, 1062; *Suryahti*, Best Practices for Implementing the WTO Telecommunications Reference Paper, APEC Telecommunications and Information Working Group 3–8 April 2005, Liberalisation Steering Group; *Türk*, Die Essential Facilities Doktrin – Ein Anwendungsfall des Art 82 EGV, 1999; *Tuthill*, The GATS and new rules for regultors, Telecommunications Policy 1997, Bd. 21(9/10), 783; *Weiss (Friedl)*, Herausforderungen des Binnenmarktrechts durch das Welthandelsrecht, EuR 2002 (1), 155; *ders.*, Das Streitschlichtungsverfahren der Welthandelsorganisation: Wesenszüge, Wirkungen für die Europäische Gemeinschaft und ihre Mitgliedstaaten, Reformvorschläge, in: Die Europäische Gemeinschaft in der Welthandelsorganisation, Müller-Graff (Hrsg.), 1999/2000, 189; *Weiss/Herrmann*, Welthandelsrecht, München, 2003; *Weustenfeld*, Die Bananenmarktordnung der EG und der Handel mit Drittstaaten, 1997; *Wish*, Competition Law, 5. Aufl. 2003; *WTO*, Guide to GATT Law and Practice, Bd. 1 und Bd. 2, 1995; *Zampetti*, WTO Rules in the Audio-Visual Sector, Hamburgisches Welt-Wirtschafts-Archiv (HWWA) Nr. 229, 2003; *Zhao*, Further Liberalisation of Telecommunications Services in the Framework of the WTO in the 21the Century, International Journal of Communications Law and Policy, Nr. 8 2003/2004, 1; *Zonnekeyn*, The Legal Status of WTO Panel Reports in the EC Legal Order, Some Reflections on the Opionion of Advocate General Mischo in the Atlanta Case, Journal of International Economic Law 1999, 713.

Übersicht

I. Normzweck

1. Ziel und Zweck des Basistelekommunikationsabkommens. – Dem Basistelekommunikationsabkommen[1] und seinem Kernstück, dem so genannten „Reference Paper" kommt aufgrund seines im Rahmen der WTO neuartigen Ansatzes der Harmonisierung eines internationalen Telekommunikationsrechts eine im WTO-Rechtsrahmen zentrale und außergewöhnliche Bedeutung zu. Es enthält **Harmonisierungsgrundsätze** bezüglich der Kernbereiche, die auch auf nationaler und EG-Ebene harmonisiert bzw. reguliert werden mussten, um die Zielsetzungen der Marktöffnung unter Wahrung der Bereitstellung des

1

---

1 Für die EG und ihre Mitgliedstaaten vgl. Beschluss des Rates vom 28. November 1997 über die Genehmigung der Ergebnisse der WTO-Verhandlungen über Basistelekommunikationsdienste im Namen der Europäischen Gemeinschaft für die in ihre Zuständigkeit fallenden Bereiche, Abl. EG L 347 v. 18. 12. 1997, S. 45–58.

Universaldienstes zu erreichen, wobei die regulatorischen Prinizipien **durch wettbewerbs-rechtliche Grundsätze ergänzt** werden. Indem das Reference Paper auf WTO-Ebene Grundsätze enthält, die unmittelbar Verpflichtungen von Unternehmen betreffen, stellt es eine genuine Besonderheit innerhalb des WTO-Rechtsrahmens dar und verdient daher auch über den Telekommunikationsrechtsrahmen hinaus Beachtung. So ist das Reference Paper zu Recht als „**erstes internationales Wettbewerbsgesetz**²" bezeichnet worden und auf seinen Modellcharakter hin für die Entwicklung eines gemeinsamen globalen Wettbe-werbsrechts untersucht worden.³

2   Anerkanntermaßen besteht die völkerrechtlich vereinbarte Zielsetzung des Reference Pa-per darin, über eine bloße Gewährleistung des Marktzugangs hinaus auch die **Öffnung des Telekommunikationsmarktes für den Wettbewerb** zu ermöglichen.⁴ Dies erforderte nicht nur die Harmonisierung des regulativen Rechtsrahmens der Mitgliedstaaten des GATS, sondern darüber hinaus auch die Harmonisierung von Grundsätzen zur Absiche-rung des Wettbewerbs. Die Anerkennung der Notwendigkeit, die Marktöffnung sowohl durch **Regulierung als auch** durch den Einsatz **wettbewerbsrechtlicher Instrumente** zu unterstützen, findet ihren expliziten Niederschlag im ersten Absatz des Reference Paper – den Regeln zum Schutz des Wettbewerbs. Dieser grundsätzlich **auf der Komplementari-tät von Mitteln der Regulierung und des Wettbewerbsrechts aufbauende Ansatz des Reference Paper** wird im WTO-Panelbericht vom 2. 4. 2004 im Streitbeilegungsverfahren US/Mexiko⁵, dem ersten und bisher einzigen WTO-Streitbeilegungverfahren im Telekom-munikationssektor, überzeugend zur Geltung gebracht. Da die Parteien des Streitschlich-tungsverfahrens den Panelbericht angenommen haben⁶ und damit keine Überprüfung durch das Berufungsgremium (Appelate Body) der WTO erfolgen wird⁷, wird dessen Aus-legung des Basistelekommunikationsabkommens auf absehbare Zeit zunächst einmal weg-weisend sein.

3   **2. Reference Paper und internationales Wettbewerbsrecht.** – Die Tatsache, dass das Re-ference Paper den nationalen Wettbewerbsordnungen entlehnte wettbewerbsrechtliche Ele-mente enthält, darf jedoch nicht dazu verleiten, den wetttbewerbsrechtlichen Ansatz des Reference Paper zu verselbständigen oder von den geltenden Regeln der Auslegung völkerrechtlicher Verträge⁸ abzuweichen. So wurde in der Lehre vorgeschlagen, bei der Anwendung und Auslegung der spezifischen Verpflichtungen des Reference Paper gene-rell auf die Praxis der **nationalen Wettbewerbspolitiken** zurückzugreifen.⁹ Diesem An-

---

2 *Naftel/Spiwak*, The Telecoms Trade War, The US, The EU and the WTO, 2000, S. 107.

3 *Bronckers,* FS Jackson, S. 372.

4 WTO, Report of the Working Group on Interaction between Trade and Competition Policy to the General Council, 8 December 1998, WT (WTCP); *Matsushita*, FS Ehlermann, S. 309.

5 Mexico-Measures Affecting Telecommunications Services, WT/DS204/R, Report of the Panel of 2 April 2004, RdNr. 7.152, http://www.wto.org/english/tratop_e/dispu_e/204r_e.pdf.

6 Pressebericht der WTO zur Annahme des Panelberichts am 1. Juni 2004 unter http://www.wto.org/english/news_e/news04_e/dsb_1june04_e.htm.

7 Entsprechend Artikel 16 (4) des Understanding on rules and procedures governing the settlement of disputes (DSU) (Annex 2 of the WTO Agreement, http://www.wto.org/english/tratop_e/dis-pu_e/dsu_e.htm; in deutscher Sprache in *Tietje* (Hrsg.), Welthandelsorganisation, Textausgabe 2000; vgl. auch *Fudali*, NILR 2002, 56.

8 Vgl. RdNr. 12 ff.

9 *Anderson/Holmes*, Journal of International Economic Law 2002, 546.

satz scheint auch der WTO-Panelbericht im Streitbeilegungsverfahren US/Mexiko[10] zu folgen, indem er etwa zur Abgrenzung des „entsprechenden"[11] Marktes" als einem Bestandteil der Definition des Hauptanbieters auf die **Nachfragesubstitution** abstellt[12] und indem er auf **die den nationalen Wettbewerbspolitiken gemeinsamen Ansätze**[13] zurückgreift[14], um den Begriff der wettbewerbswidrigen Praktiken in Abs. 1.1 Reference Paper auszulegen. Die Vorgehensweise des Panelberichts, was den Rückgriff auf die nationalen Wettbewerbspolitiken zur Auslegung des Basistelekommunikationsabkommens anbelangt, ist in der Lehre bereits auf Kritik gestoßen. Zutreffend wurde darauf hingewiesen[15], dass bei dem Rückgriff auf nationale Wettbewerbspolitiken zur Auslegung des Reference Paper zu berücksichtigen ist, dass **auf WTO-Ebene eine Harmonisierung der Grundsätze der Wettbewerbspolitik** nicht erreicht wurde[16] und die überwiegende Mehrheit der Mitgliedstaaten des GATS nicht über eine allgemeine Wettbewerbspolitik verfügt.[17] Der Entwicklung einer WTO-rechtlichen wettbewerbsrechtlichen Begrifflichkeit im Rahmen des Reference Paper sind demnach dadurch Grenzen gesetzt, dass im Rahmen der WTO/GATS und im Rahmen des Reference Paper **keine Verpflichtung zur Umsetzung von allgemeinen Wettbewerbspolitiken** begründet wurde. Zu berücksichtigen ist auch, dass das Reference Paper zwar einen Absatz mit dem Titel „Regeln zum Schutz des Wettbewerbs" enthält. Einige der dort aufgeführten Grundsätze – insbesondere die Regelbeispiele – sind jedoch von der Sache her mehr der Regulierung als dem Wettbewerbsrecht zuzuordnen. Dem Reference Paper kann damit keine verselbstständigte Harmonisierung eines allgemeinen Wettbewerbsrechts entnommen werden. Der Rückgriff auf nationale wettbewerbsrechtliche Begriffe und Konzepte sollte daher jeweils auf der Grundlage der spezifischen, im Rahmen des GATS eingegangenen Verpflichtungen begründet werden, und die Auslegung sollte daran orientiert sein, dass **die mit den jeweiligen spezifischen Verpflichtungen gewollte Liberalisierung und Marktöffnung** erreicht wird.[18]

Im Übrigen können die WTO-Streitschlichtungsorgane auch **nicht die Aufgabe einer internationalen Wettbewerbsbehörde** übernehmen. Sie sollten demnach nicht **in eine Marktanalyse** eintreten, wie sie im Allgemeinen mit der Anwendung von Wettbewerbsrecht zur Beurteilung der Auswirkungen einer Praxis im Hinblick auf ihre Wettbewerbs- **4**

---

10 Mexico-Panelbericht (Fn. 5) RdNr. 7.152.
11 Im Englischen: „relevant market".
12 Mexico-Panelbericht (Fn. 5) RdNr. 7.152.
13 WTO, Overview of the Members national Competition Legislation, Note by the Secretariat, WT/WGTCP/"/128/Rev.2, 4 July 2001.
14 Mexiko-Panelbericht (Fn. 5) RdNr. 7.235.
15 Vgl. die Kritik von *Marsden*, Competition Law Insight, May 2004, 8.
16 Zu den Ansätzen einer Harmonisierung vgl. *Wish,* Competition Law, 446–451; *Carreau/Juillard*, Droit international économique, RdNr. 503–510; *Koopmann*, Competition Regimes in Telecommunications and the International Trading System, 33 ff.; *Senti*, Die Europäische Gemeinschaft in der Welthandelsorganisation, 99, 106; zu den Bemühungen der Schaffung eines internationalen Wettbewerbsrechts vgl. *von der Groeben/Schwarze/Jakob*, Bd. II, Vorbem. zu Artikel 81 bis 89 EG, RdNr. 51–53; kritisch zu den Bestrebungen der Schaffung eines internationalen Wettbewerbsrechts *Bellis,* FS Jackson, S. 366 ff.
17 In ca. 60 Mitgliedstaaten der WTO besteht kein Wettbewerbsrecht: *Matsushita*, FS Ehlermann, S. 311; WTO, Overview of the Members national Competition Legislation, Note by the Secretariat, WT/WGTCP/"/128/Rev. 2, 4 July 2001.
18 Auf anderen Gebieten des WTO-Rechts muss diese Beziehung durch Auslegung weiterer WTO-Verträge hergestellt werden, vgl. *Bellis,* FS Jackson, S. 365.

widrigkeit verbunden ist.[19] Zwar ist die Befugnis der Streitschlichtungorgane für ein umfangreiches Fact-Finding durchaus vorhanden. So schreibt Art. 11 DSU[20] den Streitschlichtungsorganen eine **objektive Prüfung der Fakten** vor, wobei diese im Wege der Expertise gem. Art. 13 DSU[21] ermittelt werden können. Weiter sind die Mitgliedstaaten der WTO auch den Streitschlichtungsorganen, insbesondere dem erstinstanzlichen Panel gegenüber, zur Auskunft verpflichtet[22], wobei die Verletzung dieser Verpflichtung jedoch nicht sanktionierbar ist. Dem für die Marktanalyse notwendigen **Umfang der Datenerhebung** sind jedoch **aus praktischen Gründen Grenzen** gesetzt.[23]

II. Allgemeines zum Vierten Protokoll zum GATS

5   **1. Die Entstehung des Abkommens.** – Am 15. 4. 1994 unterzeichneten der Präsident des Rates der EG und das für Außenbeziehungen zuständige Kommissionsmitglied in Marrakesch im Namen der Europäischen Union unter dem Vorbehalt nachträglicher Genehmigung die Schlussakte über die Ergebnisse der multilateralen Verhandlungen der Uruguay-Runde, das Übereinkommen zur Errichtung der Welthandelsorganisation sowie sämtliche Übereinkünfte und Vereinbarungen der Anhänge 1 bis 4 des Übereinkommens zur Errichtung der WTO, einschließlich des Allgemeinen Übereinkommens über den Handel mit Dienstleistungen (GATS).[24] Dieses enthält Grundsätze, die auch für Basistelekommunikationsdienste anwendbar sind, wobei insbesondere die Meistbegünstigungsklausel gem. Artikel II Abs. 2, das Transparenzgebot gem. Artikel III Abs. 3, die Vorgaben für nationale Regulierungen gem. Artikel VI und die Wettbewerbsregeln gem. Artikel VIII und Artikel IX GATS bedeutsam sind.[25] Das GATS erfasst alle Modalitäten der Dienstleistungsbereitstellung, d. h. gemäß Art. 1 Abs. 2 GATS die Bereitstellung im Wege der grenzüberschreitenden Bereitstellung (cross border supply abroad-mode 1), der Nutzung im Ausland (consumption abroad – mode 2), der kommerziellen Präsenz (commercial presence – mode 3) und der Präsenz natürlicher Personen (presence of natural persons – mode 4).[26]

6   Mit diesem Abkommen wurde jedoch im Wesentlichen noch keine Einigung für Basistelekommunikationsdienste erzielt, vielmehr zogen sich die Verhandlungen drei weitere Jahre

---

19 Vgl. hierzu die Auffassung der EU, die die Beurteilung der Wettbewerbswidrigkeit eines Verhaltens im Rahmen von Absatz 1 des Reference Paper ohne Vornahme einer Marktanalyse nicht für zulässig hielt, Mexiko-Panelbericht (Fn. 5) RdNr. 7.230, S. 191.

20 Understanding on rules and procedures governing the settlement of disputes, zit. Fn. 7.

21 Vgl. *Hu*, Journal of International Economic Law 2004, Bd. 7 (1), 147.

22 *Kuyper*, FS Jackson, S. 320 ff.

23 Vgl. zur Praxis des Fact-Finding der Streitschlichtungsorgane, *Oesch*, Journal of International Economic Law 2003 Bd. 6, Nr. 3, 650 ff.

24 http://www.wto.org/english/docs_e/legal_e/26-gats.pdf; die deutsche Fassung findet sich im Amtsblatt der EG, Die multilateralen Verhandlungen der Uruguay-Runde (1986–1994) – Anhang 1 – Anhang 1B – Allgemeines Übereinkommen über den Handel mit Dienstleistungen (WTO), ABl. v. 23. 12. 1994, L 336, S. 191–212; die zweisprachige Anzeige der Gemeinschaftsdokumente erhält man in der Database CELEX, http://www.cc.cec/clxint/htm/celex_de.htm, indem man das html-Format und die zweisprachige Anzeige wählt.

25 *Fredebeul-Krein*, Die Regulierungspolitik auf dem Markt für Telekommunikationsdienste, 241.

26 Vgl. Mexiko-Panelbericht (Fn. 5) Rdnr. 828; vgl. auch *Grabitz/Hilf/Tietje*, Bd. IV Außenwirtschaftsrecht, E 27, Teil 4 (Telekommunikation), RdNr. 227. WTO Secretariat, Trade in Services Division, An Introduction to GATS, 2 ff., http://www.wto.org/english/tratop_e/serv_e/serv_e.htm; zur Abgrenzung vgl. *Carreño/Burgueño*, Global Competition Review 2005, 1.

hin, bis am 15. 2. 1997 mit dem **Vierten Protokoll zum GATS** ein Verhandlungsergebnis erzielt werden konnte.[27] Mit Beschluss vom 28. 11. 1997[28] erteilte der Rat der EG seine Ermächtigung, das Vierte Protokoll zum GATS für die Gemeinschaft zu unterzeichnen. Nachdem dessen innerstaatliche Annahme durch einige Mitgliedstaaten des GATS erst nach dem für sein Inkrafttreten vorgesehenen Datum vom 1. 1. 1998 erfolgen konnte[29], trat das Vierte Protokoll zum GATS[30] zusammen mit den zusätzlichen Verpflichtungen der Europäischen Gemeinschaften und ihrer Mitgliedstaaten", dem so genannten „**Reference Paper on Regulatory Principles**", am 5. 2. 1998 in Kraft.

2. Die Systematik des Abkommens. – Das Vierte Protokoll zum GATS ist in formeller **7** Hinsicht ein Anhang zum GATS. Es besteht aus einigen wenigen Artikeln, die das Inkrafttreten der Listen der spezifischen Verpflichtungen regeln. Wie in Art. 1 des Vierten Protokolls zum GATS niedergelegt ist, betrifft dies einerseits die in Artikel II Abs. 2 GATS vorgesehenen Ausnahmen zum Meistbegünstigungsprinzip und andererseits die in Artikel XVI GATS vorgesehenen spezifischen Marktzugangsverpflichtungen, die von den Mitgliedstaaten des GATS eingegangen wurden. Die Liste der **spezifischen Verpflichtungen** der verschiedenen Mitgliedstaaten des GATS ist **unterschiedlich**. Daher bestehen die sich aus dem Vierten Protokoll zum GATS ergebenden Verpflichtungen nur individuell im Hinblick auf den jeweiligen Mitgliedstaat bzw. die jeweilig sich verpflichtende Staatengemeinschaft. Die sich aus dem Vierten Protokoll zum GATS ergebenden Verpflichtungen können daher nicht horizontal dargestellt werden, sondern nur in Verbindung mit den jeweils eingegangenen spezifischen Verpflichtungen.

Das **Reference Paper** ist ein Anhang zum Vierten Protokoll zum GATS, das die Mitglied- **8** staaten des GATS in ihre spezifischen Verpflichtungen aufnehmen können, aber nicht müssen[31], das jedoch von der großen Mehrzahl der Mitgliedstaaten des GATS einschließlich der EG und ihrer Mitgliedstaaten übernommen wurde.[32] Es enthält die Grundregeln eines gemeinsamen internationalen Rechtsrahmens im Telekommunikationssektor, das die Mitgliedstaaten des GATS jedenfalls zu beachten haben, wenn sie das Reference Paper in die Liste ihrer speziellen Verpflichtungen aufgenommen haben.[33]

Die **Liste der spezifischen Verpflichtungen der Gemeinschaft**[34] und ihrer Mitgliedstaa- **9** ten sieht den uneingeschränkten Marktzugang für alle Basistelekommunikationsdienste ab

---

27 Vgl. zu den Einzelheiten *Grabitz/Hilf/Tietje*, Bd. IV Außenwirtschaftsrecht, E 27, Teil 4 (Telekommunikation), RdNr. 209 ff.; *Frid*, Legal Issues of European Integration, 1997, Bd. 24 Nr. 2, 74–79; zur Entwicklung vgl. *Knorr*, Liberalisation in Telecommunications, S. 31 ff.

28 Beschluss vom 28. November 1997 über die Genehmigung der Ergebnisse der WTO-Verhandlungen über Basistelekommunikationsdienste im Namen der Europäischen Gemeinschaft für die in ihre Zuständigkeit fallenden Bereiche, ABl. L 347 v. 18. 12. 1997, S. 45.

29 *Naftel/Spiwak*, The Telecoms Trade War, S. 103.

30 http://www.wto.org/english/tratop_e/servte_e/4prot_e.htm.

31 *Naftel/ Spiwak*, The Telecoms Trade War, S. 103; zur Systematik vgl. die graphische Übersicht bei *Fredebeul-Krein*, Die Regulierungspolitik auf dem Markt für Telekommunikationsdienste, S. 240.

32 Statt vieler *Grabitz/Hilf/Tietje*, Bd IV, Außenwirtschaftsrecht, E 27, Teil 4 (Telekommunikation), RdNr. 257, 260.

33 *Naftel/Spiwak*, The Telecoms Trade War, S. 107.

34 GATS/SC/31/Suppl.3, 11 April 1997, http://www.wto.org/english/tratop_e/servte_e/gbtoff_e.htm, unter „European Communities and their Member States" abrufbar; die deutsche Übersetzung findet sich in BGBl. 1997 II, 1992 ff. und in deutsch-englischer Gegenüberstellung bei *Grabitz/Hilf/Tietje*, Bd IV, Außenwirtschaftsrecht, E 27, Teil 4 (Telekommunikation), RdNr. 258; die zweispra-

In-Kraft-Treten des Vierten Protokolls zum GATS vor, wobei einige Mitgliedstaaten (Spanien, Irland, Portugal, Griechenland) insbesondere für den Marktzugang für die Sprachtelefonie spätere Daten vorgesehen hatten, die mittlerweile nicht mehr relevant sind. Gleiches gilt auch für die zehn neuen Mitgliedstaaten, die in ihren spezifischen Verpflichtungen längere Übergangsfristen hinsichtlich einiger Telekommunikationsdienste vorgesehen hatten[35], die ebenfalls abgelaufen sind. Die neuen Mitgliedstaaten haben mit Beitritt zwar nicht automatisch die Verpflichtungen aus dem von der EG und ihren Mitgliedstaaten abgeschlossenen Basistelekommunikationsabkommen übernommen, d. h. es ist eine Vertragsanpassung notwendig.[36] Dies ergibt sich zum einen aus dem Charakter des Abkommens als einem so genannten gemischten Abkommen zum Zeitpunkt des Vertragsabschlusses[37], wobei auch nachträglich keine ausschließliche Zuständigkeit der Gemeinschaft nach Art. 133 (5) EGV begründet wurde.[38] Vor allem ergibt sich dies jedoch aus der **Gestaltung der spezifischen Verpflichtungen der Gemeinschaft und der Mitgliedstaaten** nach dem Vierten Protokoll, die **länderspezifische Ausnahmen** ermöglichen. Soweit dies hier überprüft werden konnte, schließen die spezifischen Verpflichtungen der neuen Mitgliedstaaten alle Basistelekommunikationsdienste hinsichtlich der vier Arten der Dienstleistungserbringung und die zusätzlichen Verpflichtungen des Reference Paper ein.[39] Unter dem genannten Vorbehalt ist das **Reference Paper damit uneingeschränkt für die EG und ihre fünfundzwanzig Mitgliedstaaten** hinsichtlich aller Basistelekommunikationsdienste verpflichtend.

10 **3. Die Anlage zur Telekommunikation.** – Neben den spezifischen Verpflichtungen nach dem Vierten Protokoll und dem Reference Paper besteht im Rahmen des GATS eine **Anlage zur Telekommunikation**[40], die für alle Mitglieder des GATS unabhängig von den spezifischen Verpflichtungen für alle Telekommunikationsdienstleistungen bindend ist[41], die jedoch keine zusätzliche Verpflichtung zur Marktöffnung begründet hat.[42] Die Verpflichtungen aus dieser Anlage waren bis zum Abschluss des Basistelekommunikationsabkommens ausgesetzt.[43] Da zum damaligen Zeitpunkt die Mitgliedstaaten des GATS keine spezifischen Marktzugangsverpflichtungen im Bereich der Basistelekommunikationsdienste eingegangen waren, sondern nur im Bereich der Mehrwertdienste, hatte der An-

---

chige Anzeige der Gemeinschaftsdokumente in CELEX, http://www.cc.cec/clxint/htm/celex_-de.htm, ermöglicht gleichfalls eine deutsch-englische Lesung des Beschlusses 97/838/EG, ABL L 347, S. 45 v. 18. 12. 1997, html- Format und zweisprachige Anzeige wählen.

35 Vgl. zu den spezifischen Verpflichtungen der 10 neuen Mitgliedstaaten http://www.wto.org/english/tratop_e/serv_e/serv_commitments_e.htm.

36 A. A., d. h., für einen automatischen Vertragsübergang, *Heegde*, Handbook of Enlargement, S. 79.

37 So *von der Groeben/Schwarze/Meng*, Artikel 133, RdNr. 83, S. 84.

38 Vgl. Ausführungen unter RdNr. 141 ff. zum Verhandlungsangebot 2003 der Gemeinschaft und ihrer Mitgliedstaaten zur Aufnahme der Verhandlungen der WTO im Dienstleistungssektor.

39 Vgl. EU enlargement trade implication, http://europa.eu.int/comm/trade/gentools/glossary_en.htm.

40 Vgl. *Fredebeul-Krein*, Die Regulierungspolitik auf dem Markt für Telekommunikationsdienste: Nationale Gestaltung und internationale Regeln, S. 150 ff.; *Tuthill*, Telecommunications Policy 1997, Bd. 21, Nr. 9/10, 788 ff.; *Kennedy*, The International Lawyer 1999, Bd. 33, Nr. 1, 33 ff.

41 Vgl. http://ww.wto.org/english/traatop_servete_e/tel07_e.htm; beide Anlagen sind gemäß Artikel XXIX GATS integraler Bestandteil des GATS.

42 *Weiss/Hermann*, Welthandelsrecht, RdNr. 898.

43 *Carreau/Juillard*, Droit international économique, RdNr. 999; zu den historischen und ökonomischen Gründen der Aussetzung vgl. *Lowenfeld*, International Economic Law, S. 127.

hang zur Telekommunikation zunächst nur für Mehrwertdienste praktische Bedeutung, nicht jedoch für Basistelekommunikationsdienste.[44] Seit der Begründung von spezifischen Verpflichtungen auch für Basistelekommunikationsdienstleistungen ist die Anlage zur Telekommunikation **kumulativ zu den spezifischen und zusätzlichen Verpflichtungen für Basistelekommunikationsdienste** anwendbar.[45]

Den Verpflichtungen nach der Anlage zur Telekommunikation zum GATS kommt vor al- **11** lem dann Praxisrelevanz zu, wenn es um Bedingungen für den Zugang von Netzen geht, deren Betreiber nicht die nach dem Basistelekommunikationsabkommen erforderliche Hauptanbietereigenschaft haben oder die andere als Basistelekommunikationsdienste bereitstellen. Relevanz hat die Anlage zur Telekommunikation weiter auch im Bereich des Zugangs, soweit dieser nicht als Zusammenschaltung im Sinne von Abs. 2 Reference Paper anzusehen ist. Hinsichtlich der Zugangsentgelte ist vor allem die gemäß Abs. 5 a) Anhang zur Telekommunikation erforderliche **Angemessenheit der Tarife** relevant, die im Mexiko-WTO-Panel-Bericht vom 2. 4. 2004 dahingehend präzisiert wurde, dass Zugangsentgelte den Wettbewerb nicht aufgrund ihres überhöhten Charakters ausschließen dürfen.[46]

4. Interpretationsgrundsätze. – Eine der wichtigsten Neuerungen des Reference Paper, **12** die auch über den Telekommunikationssektor hinausreichen dürfte, besteht in der Schaffung einer internationalen **regulatorischen und wettbewerbsrechtlichen Begrifflichkeit**. Diese neuartige Begrifflichkeit ist in weitem Umfang interpretationsbedürftig. Allerdings wurden im WTO-Panelbericht vom 2. 4. 2004[47] einige wichtige Weichenstellungen für die Interpretation des Reference Paper vorgenommen. Dieser setzt eine Praxis der WTO-Streitschlichtungsorgane fort, nach der die Auslegung vor allem auf der Grundlage der **üblichen Wortbedeutung** erfolgt.[48] Hervorzuheben ist, dass entsprechend Fußnote 1 des Vierten Protokoll zum GATS das Reference Paper als Bestandteil der spezifischen Verpflichtungen der Gemeinschaft entsprechend der WTO-Sprachenregelung in **englischer, französischer und spanischer Sprache verbindlich** ist, wobei die drei sprachlichen Versionen entsprechend der Vermutungsregel von Art. 33 Abs. 3 Wiener Vertragskonvention grundsätzlich gleichwertig sind.[49]

Wie im Panelbericht vom 2. 4. 2004 ausgeführt wird[50], sind die von den Mitgliedstaaten **13** der WTO eingegangenen Verpflichtungen gemäß Art. 3.2 DSU entsprechend den anerkannten Regeln des internationalen Rechts auszulegen. Hierbei verwies das Panel auf seine

---

44 *Bronckers/Larouche*, Journal of World Trade 1997, 32 ff.; *Frid*, Legal Issues of European Integration 1997, Bd. 24, Nr. 2, 73.

45 Mexiko-Panelbericht (Fn. 5) RdNr. 7.319.

46 Mexiko-Panelbericht (Fn. 5) RdNr. 7.335.

47 http://www.wto.org/english/tratop_e/dispu_e/204r_e.pdf.

48 So die Entscheidungspraxis des Berufungskörpers (Appelate Body) des GATS, *Ehlermann*, Journal of International Economic Law 2003, Bd. 6 Heft 3, 698; *Oesch*, Journal of International Economic Law 2003 Bd. 6 (3), 641; a. A. *Royla*, EuR 2002 (4), 495 (496), der auf den gefestigten Grundkonsens der Mitgliedstaaten des GATS abstellt; vgl. *Damrosch/Henkin/Crawford/Schachter/Smit*, International Law, Cases and materials, S. 508 ff.

49 Vienna Convention on the Law of Treaties, done at Vienna, 23 May 1969, 1155 U.N.T.S. 331; (1969) 8 Internatiohal Legal Materials 679, http://www.un.org/law/ilc/texts/treatfra.htm; Die deutsch/französich/englische Version der Wiener Vertragskonvention ist im BGBl. II, 1985, S. 926 ff., abgedruckt.

50 Mexiko-Panelbericht (Fn. 5) RdNr. 7.15.

ständige Entscheidungspraxis[51] im Rahmen der Streitschlichtung, die Auslegung entsprechend den Art. 31 und 32 der **Wiener Vertragskonvention**[52] vorzunehmen.

14 Nach Art. 31 Abs. 1 der Wiener Vertragskonvention ist ein völkerrechtlicher Vertrag nach
Treu und Glauben in Übereinstimmung mit der gewöhnlichen, seinen Bestimmungen in
ihrem Zusammenhang zukommenden **Bedeutung** und im Lichte seines **Zieles und Zweckes** auszulegen, was in den folgenden Absätzen des Art. 31 der Wiener Vertragskonvention und den Ergänzungsvorschriften des Art. 32 der Wiener Vertragskonvention noch näher umschrieben wird. Gemäß Art. 31 Abs. 3 a) und b) der Konvention muss die Vertragsauslegung sich an den **veränderten Verhältnissen nach Vertragsschluss** orientieren,
wenn der Vertrag weiterhin seinen Zweck erfüllen soll und seine Ziele eingehalten werden
sollen.[53] Zu beachten bei der Auslegung unklarer Vorschriften ist nach der ständigen Entscheidungspraxis der Streitschlichtungsorgane auch der Grundsatz der **geringsten Belastung**, bzw. die **De-mitius-Regel**, d.h. im Fall eines vieldeutigen Wortlauts ist von der Bedeutung auszugehen, die am wenigsten in die territoriale Hoheit der Mitgliedstaaten des
GATS eingreift und ihnen die geringste Belastung auferlegt.[54]

15 Demgegenüber findet die **historische Auslegung nur ergänzend** Anwendung, d.h. nur
dann, wenn die oben genannten Auslegungsmethoden zu keinem Ergebnis führen. Art. 32
Wiener Vertragskonvention erlaubt den Rückgriff auf ergänzende Auslegungsmittel, die
Aufschluss über den **Willen der vertragsschließenden Parteien** geben, nur im Fall eines
unklaren Wortlautes. Zusätzliche Dokumente können entweder zur Bestätigung einer
Wortbedeutung führen oder zur Entwicklung einer Wortbedeutung. Letzteres ist nur zulässig, um ein offensichtlich sinnwidriges oder unvernünftiges Ergebnis zu vermeiden.[55]

16 Die beschränkte Anwendbarkeit der historischen Auslegung ist insbesondere vor dem Hintergrund der Tatsache von Bedeutung, dass die Grundsätze des Reference Paper einerseits
auf in der Rechtsprechung des United States Supreme Court auf der Grundlage des US
1996 Telecommunications Act entwickelte Grundsätze[56] und andererseits auf Harmonisierungsgrundsätze, die zum damaligen Zeitpunkt auf Europäischen Gemeinschaft im Stadium der Annahme waren, zurückgehen.[57] So gehen einige Begriffe des Reference Paper auf
die **Essential-Facilities-Doktrin der US** zurück und einige weitere auf das **EU-1998 Tele-
kommunikationsreformpaket** und das **EU-Wettbewerbsrecht**. Die Vertragsparteien des
GATS haben bei der Festlegung der Begrifflichkeit des Reference Paper jedoch bewusst

---

51 Vgl. zur Entscheidungspraxis der Streitschlichtungsorgane *Krajewski*, Journal of International Economic Law 2003, 348.

52 BGBl. II, 1985, S. 926; vgl. Fn. 59.

53 *Shaw*, International Law, S. 841.

54 WTO, Appelate Body Report, EC-Measures Concerning Meat and Meat Products (Hormons),
WT/DS26/AB/R vom 13. Februar 1998, RdNr. 167, S. 154; *Brownlie*, Principles of Public International Law, 631; *Carreau*, Droit international, RdNr. 372; *Döhring*, Völkerrecht, § 5 RdNr. 393;
zur Anwendung der De-mitius-Regel durch die WTO-Streitschlichtungsorgane vgl. *Krajewski*,
Journal of International Economic Law 2003, Bd. 6, Heft 2, 349; *Oesch*, Journal of International
Economic Law 2003, Bd. 6, Heft 3, 645; zur Anwendbarkeit von Völkerrecht allgemein *Hu*, Journal of International Economic Law 2004, Bd. 7, Heft 1, 144.

55 Mexiko-Panelbericht (Fn. 5) RdNr. 7.122.

56 Eine Zusammenfassung des Grundsätzes des US Telecommunications Act 1996 findet sich bei
Sullivan, FS Fikentscher, 1998, S. 1073 ff.

57 *Naftel/Spiwak*, The Telecoms Trade War, S. 108; *Bronckers/Larouche*, Journal of World Trade
1997, 29; *Maduraud*, Flaesh-Mougin/Lebullenger (Hrsg.), S. 242.

auch neue Begriffe geschaffen, so insbesondere den zentralen Begriff des „Hauptanbieters" („major supplier"), um eine allzu direkte Anlehnung an die US- und EG-rechtlichen Grundsätze zu vermeiden.[58]

Aufgrund der oben dargelegten Grundsätze der Interpretation dürfte jedoch deutlich sein, **17** dass es nicht entscheidend ist, ob der spezifisch zu interpretierende Begriff dem EU- oder US-Recht entnommen ist oder ob es sich um einen neuen Begriff handelt. Jedenfalls wäre es mit den genannten Auslegungsprinzipien der Wiener Vertragskonvention nicht vereinbar, die entsprechenden Begriffe des Reference Paper entprechend der zum Zeitpunkt des Vertragsabschlusses gültigen **Regulierungspraxis der EU bzw. der US** auszulegen.[59] Dies wäre auch mit der Funktion der Streitschlichtung unvereinbar, die darin besteht, allen Staaten eine gleichwertige Chance bei der Durchsetzung der gemeinsamen Regeln zu gewährleisten.[60]

Weiter erlauben die genannten Auslegungsgrundsätze einen **Rückgriff auf nationale Aus-** **18** **legungen und Regulierungskonzepte** nur insofern, als diese der Wortbedeutung entsprechen und Auskunft über das Verständnis der Wortbedeutung in **allen Mitgliedstaaten des GATS** geben. Hierbei sind auch Regulierungskonzepte von Mitgliedstaaten des GATS relevant, die dem Abkommen erst später beigetreten sind, da bei der Auslegung entsprechend Art. 31 Abs. 3 b) Wiener Vertragskonvention **auch nachträgliche Entwicklungen** zu berücksichtigen sind.[61] Der Rückgriff auf nationale Konzepte zur Erarbeitung der Wortbedeutung impliziert demnach die Aufarbeitung aller nationalen Wortbedeutungen zum Zeitpunkt der jeweiligen Streitschlichtung und ist damit eine äußerst umfangreiche Aufgabe.[62]

5. Beachtung des Reference Paper im EU-Rechtsrahmen für elektronische Kommuni- **19** **kationsdienste.** – Gemäß den Art. 9–13 der Zugangsrichtlinie 2002/19/EG[63] sieht der neue EU-Rechtsrahmen für elektronische Kommunikationsdienste die **Flexibilität** der Auswahl der Regulierungsinstrumente vor, die Unternehmen mit beträchtlicher Marktmacht auferlegt werden werden können. Demgegenüber ist die nach dem Reference Paper vorgesehene **Regulierung, was die Verpflichtungen der Hauptanbieter anbetrifft, zwingend.** Der zwingende Charakter der Verpflichtungen aus dem Reference Paper wurde jedoch in den neuen EU-Rechtsrahmen eingefügt, indem der neue Rechtsrahmen die Beachtung internationaler Verpflichtungen und damit des Reference Paper im Rahmen der Festlegung von Abhilfemaßnahmen vorsieht. Insbesondere müssen die nationalen Regulierungsbehörden

---

58 *Maduraud*, Les relations entre les Etats-Unis et l'UE, Flaesh-Mougin/Lebullenger (Hrsg.), S. 243.

59 *Spiwak/Naftel*, The Telecoms Trade War, S. 107.

60 Vgl. *Weiss*, Die Europäische Gemeinschaft in der Welthandelsorganisation, S. 197, der darauf hinweist, dass die WTO-Streitschlichtung generell dieser Zielsetzung dient. Zur erfolgreichen Realisierung dieser Zielsetzung vgl. *Jackson*, Journal of International Economic Law 2005, 5.

61 Vgl. die Nachweise zur Entscheidungspraxis der Streitschlichtungsorgane zu nachträglichen Entwicklungen, Mexiko-Panelbericht (Fn. 5), RdNr. 7.120.

62 Zur Entscheidungspraxis des Berufungskörpers (Appelate Body) der WTO und der Schwierigkeiten krit. *Hilf*, EuR 2002, Beiheft 1, 187; zum Problem der Grenzen der Berücksichtigung nationaler Interpretation von WTO-Begriffen und der Notwendigkeit uniformer Auslegung auf WTO-Ebene *Oesch*, Journal of International Economic Law 2003, Bd. 6, Heft 3, 641.

63 Richtlinie 2002/19/EG des Europäischen Parlaments und des Rates vom 7. März 2002 über den Zugang zu elektronischen Kommunikationsnetzen und zugehörigen Einrichtungen sowie deren Zusammenschaltung, ABl. EG L 107 v. 24. 4. 2002, S. 7–20. Zur Konformität des EU-Rechtsrahmens mit dem Reference Paper vgl. *Nihoul/Rodford*, S. 339.

gem. Art. 8 Abs. 3 dritter Bindestrich der Zugangsrichtlinie die **Auferlegung von Abhilfe-verpflichtungen unter Einhaltung internationaler Verpflichtungen** vornehmen und gemäß Art. 8 Abs. 5 der Zugangsrichtlinie[64] im Rahmen des Konsultationsverfahrens nach Art. 7 der Rahmenrichtlinie[65] die Kommission dahingehend unterrichten.

20   Fraglich ist, ob aufgrund der Bezugnahme in Art. 8 Zugangsrichtlinie die Verpflichtungen aus dem Basistelekommunikationsabkommen auch im Innenverhältnis der Gemeinschaft durchsetzbar sind. Die äußert komplexe Frage der Durchsetzung des Reference Paper als Bestandteil des EU-Rechtsrahmens kann hier nicht in vollem Umfang aufgegriffen werden.[66] Grundsätzlich gilt aufgrund einer gefestigten Rechtsprechung des EuGH[67], dass das WTO-Übereinkommen und seine Anhänge ebenso wie die Vorschriften des GATT 1947 wegen ihrer Natur und ihrer Systematik grundsätzlich nicht zu den Vorschriften gehören, an denen der EuGH die Handlungen der Gemeinschaftsorgane gemäß Art. 230 Abs. 1 EG (früher Art. 173 Abs. 1 EG-Vertrag) misst. Wenn die Gemeinschaft jedoch eine bestimmte, im Rahmen der **WTO übernommene Verpflichtung umsetzt** oder wenn die Gemeinschaftsmaßnahme ausdrücklich **auf spezielle Bestimmungen** der in den Anhängen des WTO-Übereinkommens enthaltenen Übereinkünfte **verweist**[68], kann es Sache des EuGH sein, die Rechtmäßigkeit der fraglichen Gemeinschaftsmaßnahme anhand der WTO-Vorschriften zu überprüfen. Bezüglich des oben genannten Art. 8 der Zugangsrichtlinie **spricht für die Überprüfung** der Konformität der Ergebnisse der nationalen Marktanalyse mit den spezifischen Verpflichtungen der EG und ihrer Mitgliedstaaten im Bereich der Basistelekommunikationsdienste durch den EuGH, dass jedenfalls eine der beiden vom EuGH aufgestellten Voraussetzungen erfüllt ist. So enthält **Art. 8 der Zugangsrichtlinie einen ausdrücklichen Verweis** auf die **Einhaltung internationaler Verpflichtungen**. Allerdings ist fraglich, ob dieser hinreichend spezifisch im Sinne der Rechtsprechung des EuGH ist. Ein weiterer Verweis findet sich in Punkt 125 der Leitlinien der Kommission zur Marktanalyse[69], in dem es heißt, dass die Zugangsrichtlinie die Einhaltung der WTO-Verpflichtungen sicherstellt. Grundsätzlich sollte damit die Einhaltung der Verpflichtungen aus dem Reference Paper auch zum Gegenstand einer EuGH-Entscheidung gemacht wer-

---

64 Ziff. 9 der Verfahrenempfehlung – Empfehlung 2003/561/EG der Kommission vom 23. Juli 2003 zu den Notifizierungen, Fristen und Anhörungen gemäß Artikel 7 der Richtlinie 2002/21/ EG, ABl. Nr. L 190 vom 30. 7. 2003, S. 13. Die Mitgliedstaaten der EG haben in ihren Notifizierungen gem. Artikel 7 der Rahmenrichtlinie jedoch bisher keine detaillierten Angaben zur Konformität der Abhilfemaßnahmen mit dem Reference Paper gemacht, vgl. Notifizierungen unter http:// forum.europa.eu.int/Public/irc/infso/ecctf/home.

65 Richtlinie 2002/21/EG des Europäischen Parlaments und des Rates vom 7. März 2002 über einen gemeinsamen Rechtsrahmen für elektronische Kommunikationsnetze und -dienste, ABl. Nr. L 108 v. 24. 4. 2002, S. 33–50.

66 Vgl. *von der Groeben/Thiesing/Ehlermann-Petermann*, Artikel 234 RdNr. 27, 28; *Weustenfeld*, Die Bananenmarktordnung der EG und der Handel mit Drittstaaten, S. 70 ff., 167 ff.; *Bronckers*, Cahiers de Droit Européen 2001, Nr. 1/2, 3 ff.; *Royla*, EuR 2002, 495 ff.; *Zonnekeyn*, Journal of International Economic Law 1999, 713 ff.

67 EuGH 11. Januar 2002, Rs. T-174/00, Biret International SA/Rat der Europäischen Union, Tz 61–63; krit. *Lavranos*, S. 39 ff. und *Siebold*, S. 258 ff.

68 EuGH v. 20. 3. 2001, Rs. T-30/99, Bocchi Food Trade International GmbH/Kommission, Tz 63; Rechtssache 70/87, EuGH v. 22. Juni 1989, Rs 70/87, Fediol/Kommission, Slg. 1989, 1781, Tz 19 bis 22; EuGH v. 7. Mai 1991 Rs. C-69/89, Nakajima/Rat, Slg. 1991, I-2069, Tz 31.

69 Leitlinien der Kommission zur Marktanalyse vom 11. Juli 2002, ABl. C 165 v. 11. Juli 2002, S. 6–31.

den können. Da es jedoch an einer **unmittelbaren innergemeinschaftlichen Anwendbarkeit der WTO-Bestimmungen zugunsten Einzelner fehlt**[70], kann die Nichteinhaltung der Verpflichtungen des Reference Paper nicht von Einzelnen vor dem EuGH geltend gemacht werden. Möglich ist eine solche Nachprüfung jedoch auf Initiative eines Mitgliedstaates der EU gegen einen anderen Mitgliedstaat bzw. im Rahmen eines Vertragsverletzungsverfahrens gem. Art. 226 des EU-Vertrages.[71] Fraglich ist jedoch, ob es Aufgabe der EU-Kommission sein kann, gegenüber den Mitgliedstaaten die Einhaltung der WTO-Verpflichtungen durchzusetzen. Im Ergebnis ist es daher unwahrscheinlich, dass die Einhaltung des Reference Paper zum Gegenstand einer Überprüfung durch den EuGH gemacht werden wird. Dennoch ist zu erwarten, dass die Einhaltung der Verpflichtungen aus dem Reference Paper inzidenter geltend gemacht werden wird. Insbesondere kann die Einhaltung der Verpflichtungen aus dem Reference Paper als eines der Argumente **im Rahmen der bei der Festlegung der Abhilfemaßnahmen vorzunehmenden Verhältnismäßigkeitsprüfung** geltend gemacht werden. Den Grundsätzen des Reference Paper kommt damit im Rahmen der Anwendung des neuen Rechtsrahmens eine durchaus zentrale Rolle zu.

III. Der Geltungsbereich des Reference Paper

Der Geltungsbereich des Reference Paper wird hinsichtlich der EG und ihrer Migtliedstaaten in ihrer Liste der zusätzlichen Verpflichtungen wie folgt beschrieben: **21**

Es folgen die Begriffsbestimmungen und Grundsätze zum ordnungspolitischen Rahmen für Basistelekommunikationsdienstleistungen, die die Verpflichtungen der Europäischen Gemeinschaften und ihrer Mitgliedstaaten hinsichtlich des Marktzugangs untermauern.

Damit stellte das Reference Paper klar, dass sein Geltungsbereich abhängig von den jeweils eingegangenen spezifischen Verpflichtungen des jeweiligen Mitgliedstaates des GATS[72] zu bestimmen ist. Hingegen enthält das Reference Paper keine selbständige, d. h. von den spezifischen Verpflichtungen der Mitgliedstaaten des GATS unabhängige Vorschrift zur Bestimmung seines Geltungsbereichs und insbesondere keine Definition der Basistelekommunikationsdienstleistungen. Der Geltungsbereich ist daher anhand der Liste der spezifischen Verpflichtungen einzugrenzen. Die Liste der spezifischen Verpflichtungen der Gemeinschaft umfasst alle **Basistelekommunikationsdienstleistungen**, wobei diese unter Punkt 2 C der spezifischen Verpflichtungen wie folgt definiert werden: **22**

Telekommunikationsdienstleistungen sind der Transport von elektromagnetischen Signalen, Ton, Daten, Bild und jede Verbindung daraus, ausgenommen Rundfunk. Deshalb umfassen die Verpflichtungen in dieser Liste nicht die wirtschaftliche Tätigkeit der Bereitstellung von Inhalt, für dessen Transport Telekommunikationsleistungen benötigt werden. Die Bereitstellung dieses Inhalts, der durch eine Telekommunikationsdienstleistung transportiert wird, unterliegt den spezifischen Verpflichtungen der europäischen Gemeinschaften und ihrer Mitgliedstaaten in anderen einschlägigen Sektoren.

---

70 Eingehend *Weustenfeld*, Die Bananenordnung der EG und der Handel mit Drittstaaten, S. 167 ff.
71 *Weustenfeld*, Die Bananenordnung der EG und der Handel mit Drittstaaten, S. 189 ff.
72 Mexiko-Panelbericht (Fn. 5) RdNr. 7.21, 7.92, 7.94.

Der Rundfunk wird in einer Fußnote hierzu definiert wie folgt:

> Rundfunk ist die ununterbrochene Übertragungskette, die für die Verteilung von Fernseh- und Hörfunkprogrammsignalen an die Allgemeinheit erforderlich ist, jedoch nicht die Zuführungsleistungen zwischen Betreibern umfasst.

23 Weiter spezifiziert die Liste der spezifischen Verpflichtungen der Gemeinschaft den Geltungsbereich wie folgt: „**Nationale und internationale Dienstleistungen**, die mit Hilfe einer **beliebigen Netztechnologie** auf **Netz- oder Wiederverkaufsbasis** für **öffentliche und nicht-öffentliche Nutzung** in folgenden Marktsegmenten erbracht werden: a) Sprachtelefon-Dienstleistungen, b) Paketvermittelte Datenübertragungs-Dienstleistungen, c) Leitungsvermittelte Datenübertragungsdienstleistungen, d) Telexdienstleistungen, e) Telegrafendienstleistungen, f) Faksimiledienstleistungen, g) Mietleitungen, o) mobile und persönliche Kommunikationsdienstleistungen und -systeme". Diese Einteilung beruht auf der Klassifizierung für Dienstleistungen im Rahmen des GATS (WTO – Services Sectoral Classification List, MTN.GNS/W/120) – die in Punkt C a)-g) die traditionellen Telekommunikationsdienstleistungen, unter h)-n) die Mehrwertdienste und unter o) andere Dienste auflistet. Die Mehrwertdienste waren bereits im Rahmen der Uruguray-Runde liberalisiert worden, so dass diese nicht mehr Gegenstand der Verhandlungen über Basistelekommunikationsdienste waren. Das Reference Paper ist demnach anwendbar auf Basistelekommunikationsdienste, soweit diese Gegenstand der spezifischen Verpflichtungen sind, **nicht auf Mehrwertdienste**.[73]

24 Der Begriff der Mehrwertdienste geht auf ein dem US-Recht eigene Unterscheidung zwischen „basic transmission services" und „enhanced services" zurück.[74] Das US-Telekommunikationsrecht beruht auf einer Ausschließlichkeit der Einordnung entweder als enhanced service oder als basic telecommunications service, die im US-Recht äußerst problematisch ist, da de facto zahlreiche Überschneidungen aufgetreten sind.[75] Wegen der Künstlichkeit und Unpraktikabilität der Unterscheidung im US-Recht erscheint ein Rückgriff auf die Abgrenzung im US-Recht nicht sinnvoll. Insbesondere sollte die Abgrenzung des Anwendungsbereichs der spezifischen Verpflichtungen aus dem Basistelekommunikationsabkommen **nicht auf dem Grundsatz der Ausschließlichkeit der Zuordnung als Mehrwertdienst oder als Basistelekommunikationsdienst** aufbauen. Vielmehr sollte aufgrund der oben genannten Interpretationsgrundsätze, aufbauend auf dem Wortlaut des Basistelekommunikationsabkommens und der vorrangigen Geltung dieses Abkommens als dem späteren Völkerrechtsvertrag, allein auf die Wortbedeutung und Definition des Begriffs der Basistelekommunikationsdienste abgestellt werden. Demnach ist es **nicht relevant**, wenn der in Frage stehende Dienst **gleichzeitig Elemente eines Mehrwertdienstes**

---

73 Zur Auflistung von Mehrwertdiensten und Basistelekommunikationsdiensten in den spezifischen Verpflichtungen vgl. http://www.wto.org/english/tratop_e/serv_e/telecom_e/telecom_coverage_-e.htm.

74 Vgl. *Grabitz/Hilf/Tietje*, Bd. IV, Außenwirtschaftsrecht, E 27, Teil 4; vgl. auch die Vorschläge zur Klassifizierung und Abgrenzung im Rahmen von Neuverhandlungen bei *Zhao*, International Journal of Communications Law and Policy 2003/2004, Nr. 8, 9.

75 Vgl. hierzu eingehend *Marcus*, The Potential Relevance to the United States of the European Union's Newly Adopted Regulatory Framework for Telecommunications, S. 3 ff.; zur Möglichkeit der Überschneidung vgl. auch WTO Secretariat's papers on services sectors/Telecommunications – S/C/74, www.wto.org/english/tratop_e/serv_e/sanaly_e.htm.

enthält und damit auch von anderen spezifischen Verpflichtungen – denen hinsichtlich der Mehrwertdienste – erfasst ist.

Da die Liste der spezifischen Verpflichtungen der Gemeinschaft und ihrer Mitgliedstaaten **25** **alle Basistelekommunikationsdienstleistungen** umfasst, hat die genannte Auflistung in den spezifischen Verpflichtungen der Gemeinschaft und ihrer Mitgliedstaaten keinen abschließenden Charakter, so dass im Fall von Abgrenzungsproblemen der Begriff der **Basistelekommunikationsdienste für den Anwendungsbereich entscheidend** ist. Eine Definition der Basistelekommunikationsdienste findet sich in der Entscheidung des „WTO Council of Trade" vom 30. 4. 1996[76] zur Eröffnung der Verhandlungen über Basistelekommunikationsdienstleistungen. Danach sind Basistelekommunikationsdienstleistungen definiert als „telecommunications transport networks and services". Diese Definition trägt zur Klärung des Begriffs der Basistelekommunikationsleistungen insofern bei, als damit deutlich ist, dass jedenfalls auch die in den spezifischen Verpflichtungen nicht aufgelisteten **Zugangsleistungen** bzw. Vorleistungsprodukte vom Reference Paper erfasst sind.

Nicht erforderlich für den Basistelekommunikationsdienstebegriff ist die **zeitgleiche 26 Übertragung.** Bereits Punkt 3 der Anlage zur Telekommunikation des GATS spezifiziert hinsichtlich der Definition von Telekommunikationsdiensten im Sinn der Anlage, dass eine **Übertragung in Echtzeit nicht Voraussetzung** für den Begriff der Telekommunikation ist[77], was gleichermaßen für den Begriff der Basistelekommunikation gilt. Daher erfasst das Reference Paper jedwede Form der Datenübertragung, insbesondere auch die **Internettelefonie (VoIP)** unabhängig davon, ob diese als Sprachtelefonie oder Datenübertragung einzuordnen ist.[78]

Der Geltungsbereich des Reference Paper erfasst demnach alle in den spezifischen Verpflichtungen der Gemeinschaft und ihrer Mitgliedstaaten **aufgelisteten Sektoren,** also **27** auch Telekommunikationsdienste über **private Netze, den Wiederverkauf** und jede technische Form der Datenübertragung, etwa auch die Übertragung mittels der **DSL-Technologie (ATM-Netze), jede Form der Mobilfunkübertragung** sowie jede mit der Bereitstellung dieser Leistungen verbundene Zugangsleistung.

IV. Definitionen des Reference Paper

Das Reference Paper enthält drei Definitionen: die des Nutzers, die der wesentlichen Einrichtungen und die des Hauptanbieters.

1. Nutzer. – Der Absatz „Begriffsbestimmungen" des Reference Paper definiert den Nut- **28** zer wie folgt:

Der Begriff Nutzer umfasst Verbraucher und Anbieter von Dienstleistungen.

Die Bezugnahme auf den Begriff des **Verbrauchers**[79] ist insofern problematisch, als damit **29** in vielen Rechtsordnungen – unter anderem auch im neuen EG-Rechtsrahmen für Kommu-

---

76 Decision of 30 April 1996 of the WTO Council on Trade in Services (WTO/S/19).
77 Vgl. zum Begriff der öffentlichen Netze im Rahmen der Zusammenschaltung RdNr. 85; vgl. auch http://www.wto.org/english/tratop_e/serv_e/telecom_e/telecom_coverage_e.htm.
78 Krit. *Naftel Spiwak*, The Telecoms Trade War, S. 104 unter Hinweis darauf, dass es sich bei der Internettelefonie nicht um Punkt-zu-Punkt-Kommunikation handle; dies ist aber nicht Voraussetzung der Definition eines Netzdienstes.
79 Englisch „consumer".

nikationsdienste[80] – nur der Nutzer für private Zwecke bezeichnet wird. Keinesfalls kann jedoch mit dem Reference Paper die Ausklammerung der gewerblichen Nutzung gemeint worden sein. Dies ergibt sich zweifelfrei aus dem Zusammenhang mit der Erwähnung der „Anbieter von Dienstleistungen" als vom Nutzerbegriff erfassten Nutzertyp, der typischerweise auch gewerblicher Nutzer von Telekommunikationsleistungen anderer Anbieter ist. Man wird daraus schließen können, dass unter dem Nutzerbegriff jedwede Form der Endnutzung von Telekommunikationsdiensten erfasst ist. Der Begriff des Verbrauchers ist demnach hier mit dem des **Endnutzers** gleichzusetzen.

30   Unproblematisch ist der Begriff des **Anbieters von Dienstleistungen**, da dieser sich nur im Verhältnis zum Anwendungsbereich des Reference Paper insgesamt definieren lässt, d. h. es handelt sich um Bereitsteller **von Basistelekommunikationsdienstleistungen**.

31   **2. Wesentliche Einrichtungen.** – Der Absatz „Begriffsbestimmungen" des Reference Paper definiert den Begriff der wesentlichen Einrichtungen als

> Einrichtungen eines öffentlichen Telekommunikationsnetzes und -dienstes
> a) die ausschließlich oder überwiegend von einem einzigen Anbieter oder einer begrenzten Anzahl von Anbietern von Dienstleistungen bereitgestellt werden
> und
> b) die zur Erbringung einer Dienstleistung weder wirtschaftlich noch technisch durchführbar ersetzt werden können.

32   **a) Allgemeines.** – Der Begriff der wesentlichen Einrichtungen ist ein Definitionsbestandteil des Begriffs des Hauptanbieters, wobei an den Hauptanbieterbegriff alle asymmetrischen, d. h. nur die diese spezifischen Marktteilnehmer treffenden Verpflichtungen aus dem Reference Paper geknüpft sind. Der Begriff der **wesentlichen Einrichtungen** ist für die Eingrenzung des Hauptanbieterbegriffs **der wichtigste Schlüsselbegriff**.

33   Der Begriff der wesentlichen Einrichtungen geht auf ein bereits im Jahr 1912 vom US Supreme Court anerkanntes wettbewerbsrechtliches Institut zurück[81] und hat aufgrund der **US-Initiative** Eingang in das Reference Paper gefunden.[82] Dies ist jedoch nicht der ausschlaggebende Gesichtspunkt bei dessen Ausfüllung. Wie eingangs dargestellt, sind für die Interpretation des Reference Paper die Wortbedeutung und der Sinn und Zweck des Abkommens maßgeblich, während die historische Auslegung nur bei unklarem Wortlaut und in eng eingegrenzten Fällen herangezogen werden kann.

34   Darüber hinaus ist generell der Rückgriff auf **nationale Konzeptionen zur Anwendung des Instituts der wesentlichen Einrichtungen** problematisch, weil es sich um ein Institut handelt, das in einer Vielzahl von Mitgliedstaaten des GATS verwendet wird, wobei die **Ansätze jedoch substantiell divergieren**, was die Tatbestandsvoraussetzungen und die daran anknüpfenden Verpflichtungen anbelangt.[83] So ist in einigen Mitgliedstaaten des GATS der Begriff der wesentlichen Einrichtungen synonym mit dem der Marktbeherr-

---

80 Artikel 2 (i) der Rahmenrichtlinie 2002/21/EG, ABl. L 108 v. 24. 4. 2002, S. 33.

81 *Piepenbrock/Schuster*, German Telecommunications Law and the New EU Regulatory Framework, RdNr. 344.

82 *Maduraud*, Flaesh-Mougin/Lebullenger (Hrsg.), S. 243.

83 Vgl. die Darstellungen zum Vereinigten Königreich, Australien, Canada, Italien, Japan und Schweden in OECD, Competitive Policy Roundtables Nr. 5, 113; vgl. auch die Darstellung des Verständnisses der wesentlichen Einrichtung in einigen Staaten Lateinamerikas und Asiens bei *Suryahti*, S. 9 ff.

schung[84], während es sich in anderen Rechtsordnungen um ein sehr viel restriktiveres Konzept handelt, so unter anderem auf EU-Ebene.[85] Nach dem restriktiveren Verständnis handelt es sich um ein Institut zur Öffnung eines bisher von einem rechtlichen oder natürlichen Monopol bestimmten Marktes, das auf die Schaffung des Zugangs zu Einrichtungen von (natürlichen oder rechtlichen) Monopolunternehmen abzielt. Nach diesem Ansatz ist der Zugang zu einer Einrichtung nur dann „wesentlich", wenn mit der Kontrolle der Einrichtung die Innehabung **eines Quasi-Monopols** verbunden ist.[86] Im Unterschied dazu sind nach dem weiter gefassten Verständnis allein die **Auswirkungen** der Kontrolle der Wesentlichen Einrichtungen **auf dem nachgelagerten Markt** maßgeblich, und insbesondere, ob durch die Verweigerung des Zugangs allen Wettbewerbern oder einer weitgehenden Anzahl von **Wettbewerbern der Marktzutritt verwehrt** wird.[87]

Diese substanziellen Divergenzen im Grundverständnis des Begriffs der wesentlichen Einrichtungen zeigen, dass eine nationalrechtlich orientierte Interpretation dieses Begriffs nicht gangbar ist. Vielmehr ist die **Entwicklung eines rein WTO-rechtlichen Konzepts der wesentlichen Einrichtungen** notwendig. **35**

Der Mexiko-WTO-Panel-Bericht vom 2. 4. 2004 enthält keine Ausführungen zum Begriff **36** der wesentlichen Einrichtungen, da in dem zu entscheidenden Fall bereits aufgrund eines ausschließlichen Rechts für die Verhandlung der internationalen Terminierung auf die Hauptanbietereigenschaft des Innehabers dieses Rechts geschlossen werden konnte.[88] Auch in der Lehre ist **bisher keine umfassende Auslegung zum WTO-rechtlichen Begriff der wesentlichen Einrichtung** vorgelegt worden. Vielmehr wurde bisher in der Lehre, vergleichbar der Vorgehensweise des Mexiko-WTO-Panel-Bericht vom 2. 4. 2004, der Auslegung der weiteren Definitionselemente des Hauptanbieters der Vorrang eingeräumt.[89] Die wichtigste Anregung zur Entwicklung eines rein WTO-rechtlichen Konzepts der wesentlichen Einrichtungen bieten daher die grenzüberschreitend entwickelten Ansätze zur Essential-facilities-Doktrin.[90]

b) Begriff der Einrichtung. – Dem Wortlaut der Definition nach setzt das Vorhandensein **37** von wesentlichen Einrichtungen „**Einrichtungen eines öffentlichen Telekommunika-**

---

84 So Australien und UK, vgl. OECD, Competitive Policy Roundtables Nr. 5, 37 ff., 81 ff.

85 *Engel/Knieps*, Die Vorschriften des Telekommunikationsgesetzes über den Zugang zu wesentlichen Leistungen, S. 21; BeckTKG-Komm/*Piepenbrock*, § 33 Anm. 39 ff.; *Spiwak/Naftel*, The Telecoms Trade War, 260; *von der Groeben/Schwarze/Hochbaum/Klotz*, Bd. 2, Artikel 86 RdNr. 187.

86 So in dem als „repräsentativ" angesehenen Fall MCI Communications Corp v. AT§T (709 F.2d 1081,1132 (7th Cir.), cert. Denied, 464 U.S. 891 (1983), vgl. Beschreibung und Ausführungen zur Bedeutung des Falls bei *Türk*, Die Essential Facilities Doktrin – ein Anwendungsfall des Artikel 82 EGV, S. 7 ff.

87 OECD, Competitive Policy Roundtables Nr. 5, 9 ff.

88 Mexiko-Panelbericht (Fn. 5) RdNr. 7.158.

89 *Grabitz/Hilf/Tietje*, Bd. IV, Außenwirtschaftsrecht, E 27, Teil 4 (Telekommunikation), RdNr. 265; *Bronckers/Larouche*, Journal of World Trade 1997, 24; *Naftel/Spiwak*, The Telecoms Trade War, S. 108.

90 *Holzhäuser*, Essential facilities in der Telekommunikation, S. 166 ff., 293 ff.; *Türk*, Die Essential facilities Doktrin – Ein Anwendungsfall des Art. 82 EGV, S. 49 ff., 59 ff.; *Hohmann*, Die essential facility doctrine im Recht der Wettbewerbsbeschränkungen, S. 190 ff., 221 ff., 271 ff.; *Stollhoff*, Der Ausschluss von Marktrisiken durch Essential Facilities unter Artikel 82 EGV, 2000, S. 179 ff., 194 ff.; *Bücking*, GRUR 2002, 29.

tionsnetzes und -dienstes" voraus. Demnach kann jede Basistelekommunikationsdienstleistung Gegenstand einer wesentlichen Einrichtung sein. Diese weite Fassung des Wortlauts schließt auch die die **Telekommunikationsnetzdienste unterstützenden Dienstleistungen**, etwa die organisatorischen Einrichtungen für den Vertrieb oder die Rechnungsstellung und das Inkasso ein[91], wobei allerdings weiter zu klären wäre, ob es sich bei der Bereitstellung der Inkassoleistung um eine Zusammenschaltungsbedingung im Sinn von Abs. 2 Reference Paper handelt.

38 **c) Bereitstellung von Einrichtungen.** – Die Definition des Reference Paper stellt auf wesentliche **Einrichtungen im Plural** ab. Nicht ganz klar ist, in Bezug worauf dieser Plural zu sehen ist. Zum Teil versteht die Lehre den Wortlaut dahingehend, dass eine Einrichtung auch dann als wesentliche Einrichtung anzusehen sei, wenn die Einrichtung bereits dupliziert wurde bzw. mehrfach besteht, und ist der Auffasung, dass das Reference Paper eine Inkonsistenz geschaffen hätte, da das Konzept der essential-facilities gerade darin bestünde, dass die wesentliche Einrichtung durch ihre Ausschließlichkeit definiert sei.[92]

39 Der Verwendung des Plurals ist jedoch im Zusammenhang mit den weiteren Tatbestandsmerkmalen der Ausschließlichkeit bzw. vorwiegenden Bereitstellung der Einrichtung zu lesen. Die Bedeutung der Verwendung des Plurals besteht allein darin klarzustellen, dass auf dem **Territorium eines Mitgliedstaates mehrere Einrichtungen bestehen können**, wobei die Eingrenzung der wesentlichen Einrichtung **in Bezug auf den relevanten Markt**, in dem sie besteht, vorzunehmen ist. Die Marktabgrenzung geht daher der Spezifizierung der wesentlichen Einrichtung jeweils voraus. Die Verwendung des Plurals für den Begriff der Einrichtungen eröffnet also beispielsweise die Möglichkeit, eine Vielzahl von Festnetzbetreibern in einer jeweils **unterschiedlichen geographischen Lage** innerhalb eines Mitgliedstaates, die unterschiedliche Märkte darstellen, zu erfassen. Weiter kann die Mehrzahl der Hauptanbieter in einem Mitgliedstaat des GATS auch in der sachlichen Marktabgrenzung begründet sein, etwa hinsichtlich von Mobil- und Festnetzbetreibern hinsichtlich der Terminierung, insofern es sich um jeweils **individuelle Terminierungsmärkte handelt**. Die Verwendung des Plurals führt daher nicht zu einer Inkonsistenz in der Anwendung der Essential-Facilities-Doktrin, vielmehr handelt es sich um eine nützliche Klarstellung, die dann Konsistenz gewinnt, wenn sie im Zusammenhang mit einer auf dem Substitutionsansatz fußenden Marktabgrenzung interpretiert wird.

40 **d) Bereitstellung von einem einzigen oder einer begrenzten Anzahl von Anbietern.** – Die Definition stellt auch, was den/die Anbieter der jeweiligen Einrichtung anbelangt, auf den Plural ab. Auch hier dürfte dem keine Tragweite zukommen, da es für das Vorhandensein einer wesentlichen Einrichtung im relevanten Markt bzw. für die Beurteilung der Notwendigkeit des Zugang für den nachgelagerten Markt ohne Bedeutung ist, ob die jeweilige Einrichtung von einem oder mehreren Anbietern betrieben und angeboten wird. Auch hier hat die Verwendung des Plurals allein klarstellenden Charakter, d.h. die **Form der Bereitstellung der Einrichtung** bzw. die gewählte Unternehmens- und Organisationform der

---

91 Vgl. die Zusammenfassung der kontroversen Ansichten bei *Piepenbrock/Schuster*, Wesentlichkeit von Fakturierung und Inkasso für Telekommunikationsdienste, S. 52 ff.; vgl. die eingehende Analyse zur ökonomisch effizienten (Nicht-)Duplizierbarkeit der Einrichtung bei *Holzhäuser*, Essential Facilities in der Telekommunikation, S. 167 ff.; für nur objektive Duplizierbarkeit als ausreichende Voraussetzung *Säcker/Calliess*, K&R 1999, 343.

92 Vgl. *Grabitz/Hilf/Tietje*, Bd. IV, Außenwirtschaftsrecht, E 27, Teil 4 (Telekommunikation), RdNr. 265.

Unternehmen zum Zweck der Bereitstellung ist **nicht entscheidend**. Dies geht auch aus dem Unternehmensbegriff hervor wie er Punkt 3 d) der Anlage zum GATS zur Telekommunikation definiert wird.

Dieser lautet: **41**

Für die Zwecke dieser Anlage

d) bedeutet der Begriff „unternehmensinterner Telekommunikationsverkehr" denjenigen Telekommunikationsverkehr, durch den ein Unternehmen intern oder mit seinen Tochterunternehmen, Zweigstellen und, vorbehaltlich der innerstaatlichen Gesetze und sonstigen Vorschriften des betreffenden Mitglieds, seinen verbundenen Unternehmen kommuniziert und durch den diese miteinander kommunizieren. Für diese Zwecke werden die Begriffe „Tochterunternehmen", „Zweigstellen" und gegebenenfalls „verbundene Unternehmen" von jedem einzelnen Mitglied selbst definiert. „Unternehmensinterner Telekommunikationsverkehr" im Sinne dieser Anlage schließt solche kommerziellen oder nichtkommerziellen Dienste aus, die für Unternehmen erbracht werden, welche selbst keine Tochterunternehmen, Zweigstellen oder verbundene Unternehmen sind, oder die Kunden oder potenziellen Kunden angeboten werden.

Die Definition der Anlage erfasst den Marktzugang im Bereich der öffentlichen Telekommunikationsdienste und -netze, also auch den Zugang entsprechend den spezifischen Verpflichtungen im Bereich der Basistelekommunikationsdienstleistungen. Die Definition bezieht sich zwar nicht auf den Anbieterbegriff, sie ist jedoch zu seiner Auslegung zu beachten. Im Ergebnis ist die Eingrenzung des **anbietenden Unternehmens** damit dem Recht der Mitgliedstaaten des GATS überlassen. **42**

e) Ausschließliche oder überwiegende Bereitstellung. – Die Definition der wesentlichen **43** Einrichtung setzt weiter die **ausschließliche oder überwiegende** Bereitstellung durch einen bzw. mehrere Anbieter voraus. Damit geht die Definition offensichtlich von der Möglichkeit des Bestehens von Paralleleinrichtungen im gleichen relevanten Markt aus, wobei allerdings **nur eine** Einrichtung als bedeutend genug angesehen wird, um der Definition zu unterfallen. Der Wortlaut gibt ein Verständnis dahingehend vor, dass die in Frage stehende Einrichtung den relevanten Markt jedenfalls weitgehend abdecken muss.

f) Unmöglichkeit der Duplizierung. – Was die an die Einrichtung zu stellenden Voraus- **44** setzungen anbelangt, um die Einrichtung als wesentlich einstufen zu können, stellt das Reference Paper auf die Voraussetzung der **technischen und ökonomischen Unmöglichkeit der Duplizierbarkeit** der Einrichtung ab. Welches hier die Anforderungen sind, ist auch im Rahmen der nationalen Essential-facilities-Doktrinen **nicht abschließend geklärt**.[93] In einigen Staaten[94] wird die objektive Unmöglichkeit der Duplizierung, also eine für jedes Unternehmen bestehende Unmöglichkeit der Duplizierung gefordert. Da die Ziele des Reference Paper – die Gewährleistung des Marktzugangs ensprechend den spezifischen Verpflichtungen – auf der Grundlage dieser Interpretation bereits erreicht werden können, ist auf die objektive Unmöglichkeit der Duplizierung als Voraussetzung des Bestehens einer wesentlichen Einrichtung abzustellen, wobei die Unmöglichkeit der Duplizierung in Bezug auf eine konkrete Marktsituation zu prüfen ist. Im Ergebnis verfügt ein Unternehmen demnach über eine wesentliche Einrichtung im Sinn des Reference Paper, **wenn es für**

---

93 Vgl. OECD, Competitive Policy Roundtables Nr. 5, 89.
94 So in Australien, OECD, Competitive Policy Roundtables Nr. 5, 43.

kein wie auch immer mit technischen und ökonomischen Ressourcen ausgestatteten Unternehmen unter Berücksichtigung aller Marktgegebenheiten und aller technischen Gegebenheiten unmöglich oder unwirtschaftlich wäre, diese zu duplizieren.

45 **g) Notwendigkeit des Zugangs zur Einrichtung und Öffnung des nachgelagerten Marktes.** – Die Definition der wesentlichen Einrichtung setzt weiter voraus, dass die Einrichtung **zur Erbringung einer Dienstleistung** weder wirtschaftlich noch technisch durchführbar ersetzt werden können muss. Die hier bezeichnete Dienstleistung ist von der Sache her eine Dienstleistung in einem nachgelagerten Markt, wobei dieser jede **Basistelekommunikationsdienstleistung** einschließen kann, d. h. es handelt sich um die Dienstleistungen, die den **spezifischen Verpflichtungen a) bis o)** entsprechen und um **alle Basistelekommunikationsdienstleistungen**, die nicht Rundfunk oder ausschließlich Mehrwertdienste sind.

46 **3. Hauptanbieter.** – Der Absatz „Begriffsbestimmungen" des Reference Paper definiert den Begriff des Hauptanbieters wie folgt:

> Der Begriff Hauptanbieter bedeutet einen Anbieter, der die Bedingungen für eine Beteiligung an dem entsprechenden Markt für Basistelekommunikationsdienstleistungen (hinsichtlich des Preises und der Erbringung) wesentlich beeinflussen kann, und zwar durch
>
> a) Kontrolle der wesentlichen Einrichtungen oder
>
> b) Nutzung seiner Marktstellung im entsprechenden Markt.

47 **a) Entsprechender Markt.** – Die Definition des Hauptanbieters setzt zunächst die Festlegung des **entsprechenden Marktes** voraus. Dieser Abgrenzung kommt eine entscheidende Bedeutung zu, da alle weiteren Vorraussetzungen für den Hauptanbieterbegriff und insbesondere die Ausübung des notwendigen Grades an Marktmacht in Bezug auf den relevanten Markt zu beurteilen sind. Vor dem Hintergrund der Bedeutung der Marktabgrenzung ist es daher überraschend, dass die Verhandlungsparteien diesem Begriff keine Aufmerksamkeit gewidmet haben und auch in der Folge keine Erläuterungen zu diesem Begriff gegeben wurden.

48 Wie eingangs ausgeführt, stellt der Mexiko-WTO-Panel-Bericht vom 2. 4. 2004 zur Auslegung der Definition des Begriffs des „entprechenden Marktes" auf die Nachfragesubstitution ab. Jedoch ist, wie gleichfalls eingangs angesprochen, die Anwendung von wettbewerbsrechtlichen Grundsätzen, die den **nationalen Wettbewerbsordnungen** entlehnt wurden, **problematisch**. Dies betrifft insbesondere die Abgrenzung des relevanten Marktes aufgrund der Nachfrage- und Angebotssubstitution. Zu berücksichtigen ist auch, dass zum Zeitpunkt der Unterzeichung des Reference Paper kein Konsens der Mitgliedstaaten dahingehend bestand, dass die Eingrenzung des relevanten Marktes auf der Grundlage einer wettbewerbsrechtlichen Methode der Marktabgrenzung erfolgen sollte. Dies wird unter anderem dadurch illustriert, dass das EU-Telekommunikationsreformpaket von 1998 auf einer unflexiblen Marktabgrenzung, d. h. auf **regulatorisch vorgegebenen Märkten** zur Beurteilung von beträchtlicher Marktmacht[95] aufbaute. So sah etwa Art. 7 Abs. 3 der Zusam-

---

95 Vgl. die Übersicht der Unternehmen mit beträchtlicher Marktmacht nach dem früheren Rechtsrahmen, Stand Oktober 2002, http://europa.eu.int/eur-ex/pri/de/oj/dat/2002/c_320/c_32020021220de 00040004.pdf.

menschaltungsrichtlinie 97/33/EG[96] eine Beurteilung der Marktmacht von Mobilfunknetz-betreibern in Bezug auf den gesamten nationalen Zusammenschaltungsmarkt vor. Es be-stand zum damaligen Zeitpunkt jedoch offensichtlich keine Substitutabilität zwischen Ter-minierung auf einem Mobilfunknetz und im Festnetz.

Jedoch kann aus der Tatsache, dass Mitgliedstaaten des GATS eine unflexible Marktab- **49**
grenzung vorgenommen haben bzw. vornehmen, nicht geschlossen werden, dass auf WTO-Ebene die Marktabgrenzung entsprechend dem Substitutionsansatz nicht gangbar wäre. So hat der Begriff des entsprechenden Marktes im Zusammenhang mit der Ausübung von Marktmacht seinen Eingang in das Reference Paper aufgrund der Initiative der EU er-halten, um u. a. **internationale Verbindungen und das internationale Internet Backbo-ne-Netz** potenziell erfassen zu können.[97] Die Einbeziehung dieser Netze entspricht nach wie vor den Zielsetzungen des Basistelekommunikationsabkommens. Ihre Erfassung ist je-doch nur möglich, wenn auch auf WTO-Ebene entsprechende Märkte abgegrenzt werden können. Die Zielsetzungen des Basistelekommunikationsabkommens sprechen insofern also für die Anwendung des Substitutionsansatzes.

Vor allem ergibt sich die **Notwendigkeit der Marktabgrenzung entsprechend dem Sub-** **50**
stitutionsansatz jedoch aus dem Fehlen von gangbaren Alternativen. Als alternative Mög-lichkeiten der Marktabgrenzung seien genannt: die Marktabgrenzung aufgrund der **jewei-ligen Liste der spezifischen Verpflichtungen (i)**, die Marktabgrenzung entsprechend **na-tionalen regulatorischen Prinzipien (ii)**, und die Marktabgrenzung aufgrund der **UN-CPC MT/GNS/W/120 Klassifikation (iii)**. Die erstgenannte Methode der Marktabgren-zung erscheint ungeeignet, da einige Mitgliedstaaten des GATS nur eine einheitliche Liste der spezifischen Verpflichtungen bezüglich aller Basistelekommunikationsdienstleistun-gen aufgestellt haben[98], ohne diese weiter aufzulisten. Die erstgenannte Methode der Marktabgrenzung würde hier zu einer unpraktikabel weiten Marktabgrenzung führen. Nach der zweitgenannten Alternative hätten die Mitgliedstaaten des GATS es in der Hand, mittels ihrer nationalen Marktabgrenzung auf die Definition des Hauptanbieters „durchzu-greifen", was dem Harmonisierungsziel des Reference Paper widersprechen würde. Allein eine Marktabgrenzung auf WTO-Ebene erscheint deshalb gangbar. Hier erscheint die Marktabgrenzung entsprechend der UN-CPC MT/GNS/W/120-Klassifikation jedoch un-geeignet, weil sie es nicht ermöglicht, die oben aufgeführten Bereiche (internationale Ver-bindungen, internationales Internet-Backbone) zu erfassen. Vor dem Hintergrund fort-schreitender technologischer Entwicklung muss der Gewährung der Zusammenschaltung zu diesen Netzen jedoch zunehmend Bedeutung beigemessen werden.

Weiter ist auch zu berücksichtigen, dass auf eine im Rahmen des GATT bzw. der **WTO** **51**
und dem GATS entwickelte ständige Entscheidungspraxis zur Substitutionsproble-matik zurückgegriffen werden kann, wie sie zur Auslegung der Begriffs gleichartiger[99] Waren bzw. Dienstleistungen gemäß Artikel 1 Abs. 1 GATS bzw. Artikel III Abs. 2 und 4

---

96 Richtlinie 97/33/EG des Europäischen Parlaments und des Rates vom 30. Juni 1997 über die Zu-sammenschaltung in der Telekommunikation im Hinblick auf die Sicherstellung eines Universal-dienstes und der Interoperabilität durch Anwendung der Grundsätze für einen offenen Netzzugang (ONP), Abl. L 199 v. 26. 7. 1997, S. 32–52.

97 *Maduraud*, Flaesh-Mougin/Lebullenger (Hrsg.), S. 243.

98 Vgl. die Liste der spezifischen Verpflichtungen der US. http://www.wto.org/english/tratop_e/serv_e/serv_commitments_e.htm.

99 Englisch „like domestic products/services".

GATT entwickelt wurde.[100] Zu berücksichtigen ist allerdings, dass die Perspektive der Prüfung der Substitution im Rahmen der Marktabgrenzung nach dem Reference Paper und im Rahmen der Bestimmung des Geltungsbereichs des Meistbegünstigungsprinzips **nach GATS/GATT** nicht identisch ist, da es sich bei Letzterem um die **Beurteilung der Auswirkungen von staatlichen Maßnahmen**[101] in einem Markt handelt, während im Rahmen des Reference Paper die Marktabgrenzung der Beurteilung der Markmacht **eines Unternehmens** dient.

52 Ein ausschlaggebendes Argument zur Abgrenzung des entsprechenden Marktes nach dem Substitutionsansatz ergibt sich schließlich aus dem Bedürfnis einer konsistenten Anwendung aller Tatbestandsmerkmale des Hauptanbieterbegriffs. So ermöglicht **allein die Marktabgrenzung nach dem Substitutionsansatz eine kohärente Messung von Marktmacht** bzw. eine Eingrenzung der wesentlichen Einrichtung und sollte daher auch aus diesem Grund als WTO-rechtlicher Ansatz zur Marktabgrenzung gewählt werden. Um eine kohärente Anwendung zu ermöglichen, ist der so definierte Markt auch derjenige, im Hinblick auf den alle Tatbestandsmerkmale der Hauptanbieterdefinition zu prüfen sind, also die Identifizierung der wesentlichen Einrichtung, der Ausübung der Marktstellung und der Grad der für die wesentliche Beeinflussung notwendigen Marktmacht. Im Ergebnis sollte demnach auf die Marktabgrenzung entsprechend dem Substitutionsansatz abgestellt werden. Der Ansatz des Mexiko-WTO-Panel-Berichts vom 2. 4. 2004, der auf einer Marktabgrenzung **entsprechend der Nachfragesubstitution**[102] aufbaut, ist demnach im Ergebnis zu befürworten. Zutreffenderweise hat der Panel-Bericht auch als relevanten Markt zur Messung der Marktmacht einen Zugangsmarkt, hier den **Markt für die nationale Terminierung** internationaler Verbindungen, also einen Markt der **Vorleistungsebene** identifiziert.

53 Zur Identifikation von entsprechenden Märkten erscheint auch ein Blick auf die **Liste der relevanten Märkte entsprechend der Empfehlung der Kommission der EG**[103] hilfreich, die auf den Kriterien der Nachfrage- und Angebotssubstitution aufbaut. Die Erstellung einer indikativen Liste relevanter Märkte erscheint auch auf WTO-Ebene hilfreich. Ausgehend von einer solchen Märkteliste müsste dann von Fall zu Fall eine konkrete Marktabgrenzung sowohl in geographischer als auch in sachlicher (produktmäßiger) Hinsicht vorgenommen werden.

54 **b) Nutzung der Marktstellung.** – Für die Hauptanbietereigenschaft ist weiter erforderlich, dass der Anbieter durch die Innehabung entweder von wesentlichen Einrichtungen **oder durch die Nutzung seiner Marktstellung** die Möglichkeit der Marktbeeinflussung haben muss. Der Begriff der Nutzung der Marktstellung enthält jedoch keinen Anhalts-

---

100 WTO, Guide to GATT Law and Practice, Bd. 1. S. 159 ff., 165 ff.; *Priess/Berrisch*, WTO-Handbuch, Teil B, RdNr. 47 ff. 69 ff.; zu den Einzelheiten der Substitutionsproblematik vgl. *Hudec,* World Trade Forum Bd. 2, Regulatory Barriers and the Prinicple of Non-Discrimination in World Trade Law, Cotteri/Mavroidis (Hrsg.), S. 106 ff.; *Mavroidis,* World Trade Forum Bd. 2, Regulatory Barriers and the Prinicple of Non-Discrimination in World Trade Law, Cotteri/Mavroidis (Hrsg.), S. 126 ff.

101 Die Streitschlichtungorgane verzichten zum Teil auch auf eine Marktabgrenzung im Rahmen der Anwendung von Artikel II GATS und III GATT, vgl. *Weiss*, EuR 2002, 164.

102 Mexiko-Panel-Bericht (Fn. 5) RdNr. 7.152.

103 Märkteempfehlung der Kommission vom 11. Februar 2003 ABl. L 114 v. 8. Mai 2003, S. 45–49.

punkt hinsichtlich der an die Marktstellung zu stellenden Anforderungen und hat daher nur im Zusammenhang mit den weiteren Definitionselementen des Hauptanbieters Bedeutung.

c) Wesentliche Beeinflussung. – Die Frage, welche Anforderungen an das Kriterium der 55 **wesentlichen Beeinflussungsmöglichkeit zu** stellen sind, ist nicht geklärt. Mit dem Wortlaut vereinbar wäre es, diesen Begriff in Anlehnung an die nationalen Wettbewerbsordnungen entsprechend auszulegen und Sinn einer „einfachen Marktbeherrschung" zu verstehen. Überwiegend wird in der Lehre jedoch ein jedenfalls **über die Marktbeherrschung hinausgehender Grad an Marktmacht** gefordert bzw. mit der englischen Terminologie eine „**radical influcence on the market**" und „**quite a strong market position**"[104], d.h. eine gesteigerte, über das allgemeine Maß der Marktbeherrschung hinausgehende Marktbeeinflussungsmöglichkeit. Vertretbar erscheint es auch, eine **Quasi-Monopolstellung** im relevanten Markt zu verlangen.[105] Bei der Bestimmung des notwendigen Grades an Marktmacht ist zu beachten, dass die Definition des Hauptanbieters entscheidend auf dem Begriff der wesentlichen Einrichtungen aufbaut. Eine ausgewogene Ausfüllung des Reference Paper verlangt es daher, dass man dem Begriff der wesentlichen Einrichtungen gleich gewichtet im Vergleich zu den sonstigen, dem EU-Wettbewerbsrecht entlehnten Definitionselementen. Dies impliziert eine **zweiseitige Annäherung der Begriffe der wesentlichen Einrichtungen einerseits und der wesentlichen Beeinflussung des relevanten Marktes** aufgrund der Marktstellung andererseits mit dem Ziel der Deckungsgleichheit der Ergebnisse der Anwendung beider Begriffe. Da der Begriff der wesentlichen Einrichtung eine weitestgehende Abdeckung eines Zugangsmarktes durch eine wesentliche Einrichtung erfordert, ist parallel dazu nur eine **überaus beherrschende Marktstellung** im Zugangsmarkt als ausreichend für das Kriterium der wesentlichen Beeinflussung des entsprechenden Marktes anzusehen. Damit ist jedenfalls eine über bloße Marktbeherrschung hinausgehende Beeinflussungsmöglichkeit notwendig, nicht jedoch eine **absolute Kontrolle eines Marktes.**

Auch die weiteren Kriterien für die **Bemessung des notwendigen Grades an Marktmacht** 56 sollten in Anlehnung an die **Definition der wesentlichen Einrichtungen** angewandt werden. Danach sind nur Marktanteile von Wettbewerbern im gleichen Markt, die dazu führen, dass die Einrichtung nicht mehr „überwiegend" von einem Anbieter bereitgestellt wird, für die Verneinung des Vorhandenseins der wesentlichen Einrichtung ausreichend. Entsprechendes sollte hinsichtlich der Anforderungen des notwendigen Grades an Marktmacht gelten. Im Ergebnis sind der **Begriff der wesentlichen Einrichtungen und die Marktstellung dahingehend zu interpretieren**, dass beide Quellen von Marktmacht hinsichtlich ihrer Auswirkung – der der wesentlichen Beeinflussungsmöglichkeit im relevanten Markt – **deckungsgleich** sind.

Abschließend sei darauf hingewiesen, dass die Prüfung des notwendigen Grades an Marktmacht zur Bejahung der Hauptanbietereigenschaft **ungeachtet der Regulierung** erfolgen 57 muss, da ansonsten die Gefahr bestünde, dass die Mitgliedstaaten des GATS ihre Verpflichtungen aus dem Reference Paper über eine Teilregulierung reduzierten. Die Prüfung der beträchtlichen Marktmacht in einem Regulierungszusammenhang erfordert daher grundsätzlich eine Greenfield-Analyse, d.h. die zu **überprüfende Marktmacht im relevanten Markt muss die ohne bestehende oder geplante Regulierung** sein.

---

104 *Bronckers/Larouche*, Journal of World Trade 1997, 24.
105 *Grabitz/Hilf/Tietje*, Bd. IV, Außenwirtschaftsrecht, E 27, Teil 4 (Telekommunikation), RdNr. 264.

V. Regeln zum Schutz des Wettbewerbs

58 **1. Verhinderung wettbewerbswidriger Praktiken.** – Abs. 1 Reference Paper enthält die Regeln zum Schutz des Wettbewerbs. Der Kerngrundsatz ist in Abs. 1.1. wie folgt niedergelegt:

> Es werden geeignete Maßnahmen beibehalten, um zu verhindern, dass Anbieter, die allein oder gemeinsam ein Hauptanbieter sind, wettbewerbswidrige Praktiken aufnehmen oder weiter verfolgen.

59 **a) Selbstständiger Rechtscharakter.** – Die Vorschrift ist die einzige horizontale Regel des Reference Paper zum Wettbewerb. Sie ist spezifischeren Verpflichtungen vorangestellt und ließe sich daher auch als eine programmatische Überschrift bzw. Erläuterung zu den nachfolgenden Verpflichtungen verstehen. Damit stellt sich die Frage, ob der Vorschrift selbstständige Verpflichtungen entnommen werden können. Zum Teil wird in der Lehre der **selbstständige Rechtscharakter dieser Vorschrift** unter Hinweis darauf **verneint**, dass allein den Regelbeispielen nach Abs. 1.2 Reference Paper konkrete Rechtspflichten zu entnehmen wären, wobei dieser Katalog von Regelbeispielen nicht im Rahmen des Absatzes 1.1 erweiterbar sei. Abs. 1.1 käme für sich genommen nur der Charakter einer Absichtserklärung zu und enthalte für sich genommen keine selbstständige Verpflichtung der Mitgliedstaaten des GATS.[106]

60 Dieser Auffassung ist jedoch nicht zu folgen. Wie eingangs erläutert, enthält das Reference Paper einen im Rahmen der WTO entwicklungsfähigen wettbewerbsrechtlichen Ansatz und eine wettbewerbsrechtliche Begrifflichkeit, wenngleich diese nur zur Unterstützung der jeweiligen spezifischen Verpflichtungen geschaffen wurde. Dies ist vor allem für die Auslegung von Abs. 1.1. Reference Paper entscheidend.[107] Für den eigenständig verpflichtenden Charakter des Absatzs 1.1. spricht auch die Systematik im Verhältnis zu den Regelbeispielen des Abs. 1.2. , die ihrem Wortlaut nach den Abs. 1.1. nicht abschließend ausfüllen, sondern – mit dem Wort „insbesondere" – deutlich machen, dass es sich bei den Regelbeispielen um Unterfälle des Absatzs 1.1. handelt. Zu Recht geht daher auch der Mexiko-WTO-Panel-Bericht vom 2. 4. 2004 vom **selbstständigen Rechtscharakter** der Verpflichtung zur Verhinderung wettbewerbswidriger Praktiken aus.[108]

61 Die Frage des selbständigen Rechtscharakters von Abs. 1 – den Regeln zum Schutz des Wettbewerbs – stellt sich auch im Verhältnis zu Abs. 2 Reference Paper, d.h. den Regeln zur Zusammenschaltung. Im Rahmen des WTO-Streitschlichtungsverfahrens US/Mexiko vertraten die US die Auffassung, dass es sich hier um kumulativ anwendbare Vorschriften handelt, wobei Abs. 1 Reference Paper Abs. 2 ergänzen würde.[109] Mexiko hingegen sah Abs. 2 als lex specialis zu Abs. 1 an, wobei eine Prüfung von Abs. 1 hinfällig sei, sobald die Voraussetzungen von Abs. 2 – d.h. das Vorhandensein von Zusammenschaltung – gegeben sei. Dies wirft die von den nationalen Rechtsordnungen sehr unterschiedlich behandelte Fragestellung des **Verhältnisses von Wettbewerbsrecht und Regulierung** auf.[110]

---

106 *Naftel/Spiwak*, The Telecoms Trade War, S. 109.
107 Mexiko-Panelbericht (Fn. 5) RdNr. 7.236.
108 Mexiko-Panelbericht (Fn. 5) RdNr. 7.230.
109 Mexico-Measures affecting Telecommunicatons Services, WT/DS204/R First Written Submission of the United States of America, 3 October 2002, RdNr. 192, http://www.ustr.gov/enforcement/2002-10-03-mextelecom-first.pdf.

Weder die Zielsetzungen noch die Systematik von Abs. 1 und 2 geben jedoch einen Anhaltspunkt, der auf den Vorrang des Abs. 2 gegenüber Abs. 1 hindeutet. Vielmehr verlangt
der die spezifischen Verpflichtungen gleichermaßen unterstützende Charakter der jeweiligen Verpflichtungen aus dem Reference Paper die **kumulative Anwendung dieser
Verpflichtungen.**

b) Wettbewerbswidrigkeit. – Wie eingangs ausgeführt, sind einer wettbewerbspolitisch **62**
orientierten Auslegung des Reference Paper dadurch Grenzen gesetzt, dass dieses nach seinem Gesamtkonzept kein eigenständiges internationales Wettbewerbsrecht begründet.
Ausschlaggebend muss vielmehr sein, dass die mit dem Reference Paper eingegangenen
zusätzlichen Verpflichtungen **unterstützenden Charakter** für die Umsetzung der spezifischen Verpflichtungen für den Marktzugang und die Liberalisierung haben. Die Regeln
zum Schutz des Wettbewerbs sollen gewährleisten, dass die Ausgestaltung der Marktzugangsbedingungen für Basistelekommunikationsdienste durch die Mitgliedstaaten des
GATS so erfolgt, dass die Unternehmen die sich aus den spezifischen Verpflichtungen,
d. h. die sich aus der Gewährleistung von Marktzugang und aus der Aufhebung der Monopole ergebenden Marktzugangsmöglichkeiten auch tatsächlich wahrnehmen können. Die
Aufgabe der Streitschlichtungsorgane muss sich daher darauf beschränken, die Auswirkungen der in Frage stehenden Praxis im Hinblick auf die spezifischen Verpflichtungen zu
beurteilen. Weiter wird sich die Überprüfung auf WTO-Ebene aufgrund der eingangs beschriebenen faktisch eingeschränkten Möglichkeit der wettbewerbsrechtlichen Marktanalyse auf solche Praktiken beschränken müssen, die ohne weiteres und **in abstracto**, d. h.
ohne eine detaillierte Analyse der Marktdaten, als wettbewerbswidrig qualifiziert werden
können.

Wenig überzeugend scheint daher die Vorgehensweise des WTO-Panel-Berichts vom 4. 4. **63**
2004 zur Auslegung des Begriffs der wettbewerbswidrigen Praktiken. Dieser entwickelt
die Bedeutung dieses Begriffs auf der Grundlage eines vom WTO-Sekretariat entwickelten
Überblicks über die nationalen Wettbewerbspolitiken und der in allen Wettbewerbsordnungen als wettbewerbswidrig angesehenen Praktiken[111], wobei er als Kern der wettbewerbswidrigen Praktiken Kartelle, den Missbrauch der marktbeherrschenden Markstellung und
die vertikale Marktsabschottung identifiziert.[112] Weiter beruft sich das Panel zur Interpretation von Abs. 1.1. Reference Paper auf die Empfehlungen der OECD zur Wettbewerbspolitik[113] und die Berichte der Arbeitsgruppe der WTO zur Ergänzung der Handelspolitik
durch die Wettbewerbspolitiken.[114] **Nationale** bzw. auf **OECD-Ebene anerkannte
Grundsätze zur Anwendung des Wettbewerbsrechts** sind jedoch auf WTO-Ebene **nicht**

---

110 Der Supreme Courts of the United States hat in seinem Urteil vom 15. Januar 2004 entschieden,
   dass Wettbewerbsrecht neben der Regulierung nicht anwendbar ist, http://www.supremecourtus.-
   gov/opinions/03pdf/02-682.pdf; vgl. demgegenüber zur kumulativen Anwendung von Wettbewerbsrecht und Regulierung im EU-Recht *Klotz*, K&R Beilage 1/2003, 6.
111 WTO, Overview of the Members national Competition Legislation, Note by the Secretariat, WT/
   WGTCP/"/128/Rev.2, 4 July 2001.
112 Mexiko-Panelbericht (Fn. 5) RdNr. 7.235.
113 OECD Council Recommendation Concerning Effective Action Agianst Hardcore Cartels (adopted by the OECD Council at its 921st Session on 25 March 1998 (C/M (98)7/PROV).
114 WTO, Report of the Working Group on the Interaction between Tratde and Competition Policy to
   the Genereral Council (WT/WGTCP/6), 2002, RdNr. 61; WTO, Report of the Working Group on
   the Interaction between Trade and Competition Policy to the Genereral Council (WT/WGTCP/7),
   2003, RdNr. 41.

ausreichend, um eine WTO-rechtliche Auslegung zu stützen, da es gerade an einem multilateral anerkannten Wettbewerbsrecht fehlt.

64 Wie ausgeführt, sollte die Wettbewerbswidrigkeit der in Frage stehenden Praxis allein in ihren Auswirkungen für die Umsetzung der spezifischen Verpflichtungen beurteilt werden. Aus dieser Sicht war in dem dem Mexiko-WTO-Panel-Bericht vom 2. 4. 2004 zugrunde liegenden Fall der wettbewerbswidrige Charakter der in Frage stehenden Vorgehensweise des Hauptanbieters Telmex offensichtlich gegeben.[115] Hier machten die US die Wettbewerbswidrigkeit von einem aus mexikanischen nationalen Vorschriften resultierenden Verhalten des Hauptanbieters[116] geltend, nach denen der Anbieter mit dem höchsten Marktanteil bei der Zuführung zu internationalen Anrufen das ausschließliche Recht und die Pflicht hatte, die Entgelte für die Terminierung aller internationalen Anrufe in Mexiko zu verhandeln, die so genannte „uniform settlement rate", wobei die so getroffene Vereinbarung von allen anderen Anbietern übernommen werden musste. Die damit verbundene **Preiskartellbildung** und die sie ergänzenden **Regeln für die Aufteilung von Verkehr** zwischen den Betreibern qualifizierte der Mexiko-WTO-Panel-Bericht als eine **typischerweise wettbewerbswidrige Praxis** im Sinn von Abs. 1.1. des Reference Paper.[117]

65 In der Lehre wurde dieser Ansatz des Panel-Berichts kritisch aufgenommen unter Hinweis darauf, dass dem **Reference Paper ein Kartellverbot nicht zu entnehmen** sei.[118] Wenngleich dieser Auffassung auf der Grundlage der vorgehenden Ausführungen grundsätzlich beigestimmt werden muss, so spricht sie jedoch im konkret zu beurteilenden Fall nicht gegen die Schlussfolgerungen des Panels. Vielmehr spricht für das Ergebnis des Panelberichts, dass es gerade der Gegenstand der spezifischen Verpflichtungen Mexikos ist, die grenzüberschreitende Terminierung nach Mexiko hinein – also so genannter Mode-1-Verpflichtungen – zu liberalisieren und in den Wettbewerb überzuführen.[119] Diese **spezifische Verpflichtung würde jedoch leer laufen**, wenn sie durch ein Preiskartell unterlaufen würde, das zu einer **Monopolisierung des Marktes für internationale Terminierung** führt und damit Unternehmen de facto den Markteintritt in diesen Markt verwehrt. Es ging also bei den vom Panel zu beurteilenden ILD-Rules gerade nicht um die Anwendung von Wettbewerbsrecht auf der Grundlage einer Marktanalyse, sondern um eine **abstrakt** vorzunehmende **Beurteilung einer legislativen Maßnahme** im Hinblick auf ihren unterstützenden bzw. die Umsetzung der spezifischen Verpflichtungen konterkarierenden Charakter. Wenngleich somit dem wettbewerbspolitisch begründeten Ansatz des Panel-Berichts nicht in vollem Umfang gefolgt werden kann, müssen dessen Schlussfolgerungen hinsichtlich der Wettbewerbswidrigkeit der in Frage stehenden Praxis im konkreten Fall als gerechtfertigt angesehen werden.

---

115 Mexiko-Panelbericht (Fn. 5) RdNr. 7.237.

116 Vgl. ILD Rule 13, 16 und 2:XIII und 17, Reglas para Prestar el Servicio de Larga Distancia Internacional que deberán aplicar los Concesionarios de Redes Públicas de Telecomunicaciones Autorizados para Prestar este Servicio, Diario oficial de la Federación vom 11. Dezember 1996 (Rules for the Provision of International Long-Distance Service To Be Applied by the Licensees of Public Telecommunications Networks Authorized to Provide this Service (ILD Rules), vgl. Mexiko-Panelbericht (Fn. 5) RdNr. 7.248–7.7.255.

117 Mexiko-Panelbericht (Fn. 5) RdNr. 7.262.

118 *Marsden,* Competition Law Insight 2004, 8.

119 Vgl. zur Interpretation der spezifischen Verpflichtungen Mexikos im Hinblick auf ihren grenzüberschreitenden Charakter, d. h., ihres Mode 1-Charakters, die Ausführungen des Mexiko-Panelbericht, zit. Fn. 5, RdNr. 7.25–7.45.

c) Beibehaltung von geeigneten Maßnahmen. – Streitig war im genannten Streitschlich- **66** tungsverfahren weiter die Frage[120], ob die in Abs. 1.1. Reference Paper statuierte Pflicht der Mitgliedstaaten des GATS nur eine Handlungspflicht enthält oder auch eine Unterlassungspflicht, nämlich die, wettbewerbswidriges Verhalten nicht vorzuschreiben. Indem der Wortlaut die Beibehaltung von geeigneten Maßnahmen zur Verhinderung von wettbewerbswirdigen Praktiken der Hauptanbieter vorschreibt, schließt er jedenfalls auch eine umgekehrte entsprechende Unterlassungspflicht ein. Zu Recht wies hier der WTO-Panel-Bericht vom 4. 4. 2004 darauf hin, dass **logischerweise eine Maßnahme**, die eine **wettbewerbswidrige Praxis gesetzlich vorschreibt**, **nicht geeignet** sein kann, diese **zu verhindern**.[121] Abs. 1.1. enthält demnach auch eine der Handlungpflicht komplementäre **Unterlassungspflicht**. Darüber hinaus enthält der Begriff der Beibehaltung geeigneter Maßnahmen auch eine **Pflicht zur Annahme notwendiger neuer Maßnahmen** und beinhaltet nicht etwa nur ein Verbot der Abschaffung bisheriger geeigneter Maßnahmen. Dies ergibt sich zwar nicht zweifelsfrei aus der Wortbedeutung, jedoch aus dem Zweck der Vorschrift, wonach es nicht maßgeblich sein kann, ob die geeigneten Maßnahmen zum Zeitpunkt der Übernahme der zusätzlichen Verpflichtungen bereits getroffen worden waren oder nicht.

Auch die systematische Auslegung des Abs. 1.1. im Zusammenhang mit den Regelbeispie- **67** len unter Abs. 1.2. belegt, dass die Mitgliedstaaten des GATS verpflichtet sind, vor **allem auch neue Maßnahmen zum Schutz des Wettbewerbs** zu treffen. Die Regelbeispiele wettbewerbswidriger Praktiken betreffen das Verbot der Quersubventionierung, das Verbot der wettbewerbswidrigen Nutzung von Information und die bereitzustellende Information. Alle Beispiele sind zugeschnitten auf die Situation der Abschaffung der ehemaligen Monopole und die damit verbundenen spezifischen Liberalisierungsverpflichtungen. Offensichtlich ist es hier nicht ausreichend, dass bisherige Maßnahmen aufrecht erhalten bleiben – vielmehr entsteht die Notwendigkeit des Ergreifens von **neuen Maßnahmen erst im Zusammenhang mit der Liberalisierung**. Im Ergebnis ist die Verpflichtung zur **Beibehaltung von geeigneten Maßnahmen daher gleichzusetzen mit der Gewährleistung ihres Vorhandenseins**.

d) Adressaten der Verpflichtung. – Die Herstellung der notwendigen Korrelation zwi- **68** schen der von dem jeweiligen Mitgliedstaat eingegangenen Verpflichtung und der Beurteilung der Wettbewerbswidrigkeit der in Frage stehenden Praxis des Hauptanbieters erfordert eine detaillierte Identifikation und Analyse sowohl der eingegangenen Verpflichtungen als auch der Auswirkungen der in Frage stehenden Praxis im Hinblick auf die jeweilige spezifische Verpflichtung. Im Rahmen des US-Mexiko-Streitschlichtungverfahrens hatte die EG vertreten, dass „kein Raum für wettbewerbswidrige Praktiken bleibt in Bereichen, in denen Mexiko den Wettbewerb zwischen Telekommunikationsbetreibern nicht zulässt; es ist nicht möglich, den Wettbewerb in Bereichen zu beschränken, in denen er nicht zulässig ist".[122] Nach der **Position der EG** wäre also eine **selbstständige Beurteilung der Wettbewerbswidrigkeit** der Praktik des Hauptanbieters notwendig, wobei Adressaten der Verpflichtung allein Anbieter sein können.[123]

---

120 First Written Submission of the United States of America, 3 October 2002, Rdz. 189–206, http://www.ustr.gov/enforcement/2002-10-03-mextelecom-first.pdf.
121 Mexiko-Panelbericht (Fn. 5) RdNr. 7.266.
122 Mexiko-Panelbericht (Fn. 5) RdNr. 7.241; a. A. *Fredebeul-Krein*, Die Regulierungspolitik auf dem Mark für Telekommunikationsdienste, S. 255.
123 Die Problemlage ist der vom EuGH entschiedenen vergleichbar. So stellte der EuGH fest, dass die Mitgliedstaaten keine den Artikeln 81, 82 des EG-Vertrages entgegenstehenden gesetzlichen Re-

69 Hier ist die Auffassung der EG jedoch nicht ganz überzeugend. Wie bereits dargestellt, bietet das Reference Paper keine Grundlage für eine selbstständige wettbewerbsrechtliche Analyse. Vielmehr sollen die Vorschriften zum Wettbewerb die Umsetzung der spezifischen Verpflichtungen unterstützen. Diese Zielsetzung würde jedoch unterlaufen, wenn man die Wettbewerbswidrigkeit des Verhaltens nur in Bezug auf den Hauptanbieter und damit isoliert, d. h. losgelöst von ihrem Zusammenhang mit den spezifischen Verpflichtungen des betroffenen Mitgliedstaates beurteilen würde. Daher ist der Auffassung des WTO-Panel-Berichts vom 4. 4. 2004 zu folgen, wonach die **Wettbewerbswidrigkeit der staatlichen Maßnahme automatisch auch die Wettbwerbswidrigkeit der sich daraus ergebenden Praktiken** des Hautanbieters nach sich zieht. Zu Recht begründete der WTO-Panelbericht seine Auffassung mit dem Zweck der Vorschrift, die es nicht erlaubt, dass die Mitgliedstaaten des GATS sich ihrer Verpflichtungen aus Abs. 1.1. dadurch entledigen, indem sie Vorschriften zur Beschränkung des Wettbewerbs vorsehen.[124]

70 **e) Alleinige und gemeinsame Hauptanbietereigenschaft.** – Abs. 2.1. Reference Paper bezieht sich auf Praktiken durch Anbieter, die allein oder gemeinsam ein Hauptanbieter sind. Hier stellt sich die Frage, ob die Regeln zum Schutz des Wettbewerbs im Vergleich zu den Vorschriften, die sich nur an Hauptanbieter richten – also die Regeln zur Zusammenschaltung – einen breiteren Kreis von zu verpflichtetenden Anbietern einschließt. Insbesondere scheint mit dem Wortlaut die Möglichkeit der **gemeinsamen wesentlichen Beeinflussungsmöglichkeit**[125] eröffnet zu sein. Dies macht auch Sinn, da die Regeln zum Schutz des Wettbewerbs alle Formen der wesentlichen Marktbeeinflussung erfassen sollen, während Abs. 2 des Reference Paper von der Sache her **nur auf ein** Unternehmen angewandt werden kann.

71 Damit besteht auch hier das in nationalen bzw. im EG-Wettbewerbsrecht auftretende Problem der unterschiedlichen Behandlung von Unternehmen je nach ihrem internen Verbund.[126] Auch **mehrere Unternehmen können demnach gemeinsam Hauptanbieter** sein, soweit die Voraussetzungen einer **gemeinsamen** wesentlichen Beeinflussungsmöglichkeit gegeben sind. Nicht ganz überzeugend sind demgegenüber die Ausführungen des WTO-Panel-Berichts vom 2. 4. 2004, der aufgrund einer dem Hauptanbieter vorgeschriebenen Vereinbarung ohne weiteres auf die Hauptanbietereigenschaft aller daran beteiligten Anbieter schloss.[127] Es ist jedoch nicht klar, ob der Panel-Bericht damit ein Konzept der gemeinsamen Marktbeherrschung befürwortet. Dies hätte eine weitergehende Analyse der

---

gelungen annehmen dürfen und dass die Wettbewerbsbehörden die Prüfung der Verletzung der Artikel 81, 82 durch Unternehmen ohne Berücksichtigung der die Artikel 81, 82 verletzenden nationalen Verpflichtung vornehmen müssen. Allerdings kann ein Unternehmen die Artikel 81, 82 nicht verletzen, solange die Wettbewerbsbehörde deren Verletzung durch das den nationalen Vorschriften entsprechende Verhalten des Unternehmens nicht festgestellt hat, EuGH, 9. 9. 2003, Rs. C-198/01, Consorzio Industrie Fiammiferi (CIF)/ Autorità Garante della Concorrenza et del Mercato, RdNr. 45, 51.

124 Mexiko-Panelbericht (Fn. 5) RdNr. 7.262; vgl. auch die Argumentation des Panel-Berichts aus dem Verbot der Quersubventionierung, RdNr. 7.242.

125 So die ständige Rechtsprechung des EuGH, zuletzt TACA-Urteil des EuGH vom 30. September 2003, Fall T-191/98 und T-212/98 bis T-214/98); *Wish*, Competition Law, S. 538 ff.

126 Zur Problematik des Unternehmensbegriffs im Verhältnis zur gemeinsamen Marktbeherrschung in *von der Groeben/Schwarze/Schröter*, Artikel 82 EG RdNr. 81.

127 Mexiko-Panelbericht (Fn. 5) RdNr. 7.262 und 7.228.

Voraussetzungen der gemeinsamen Marktbeherrschung und der Auswirkungen der in Frage stehenden Vereinbarung vorausgesetzt, die das Panel jedoch nicht vorgenommen hat.

2. Regelbeispiele. – Abs. 1.2. Reference Paper spezifiziert die folgenden wettbewerbswi- **72** drigen Praktiken:

a) die Aufnahme einer wettbewerbswidrigen Quersubventionierung,

b) die Nutzung von Informationen mit wettbewerbswidrigen Ergebnissen von anderen Wettbewerbern und

c) die nicht rechtzeitige Bereitstellung technischer Informationen über wesentliche Einrichtungen und Informationen von kommerzieller Bedeutung, die für die Erbringung von Dienstleistungen erforderlich sind, an andere Anbieter von Dienstleistungen.

a) Verbot der Quersubventionierung. – Die Implementierung des Verbots der Quersub- **73** ventionierung erfordert zunächst die **Abgrenzung der Dienste, im Hinblick auf die es gelten soll**. Weiter ist zu klären, in welcher Form das Verbot durchgesetzt werden muss und ob die Mitgliedstaaten des GATS vorbeugende Maßnahmen zu seiner Durchsetzung treffen müssen, insbesondere, ob sie den Hauptanbietern eine Verpflichtung zur **getrennten Kostenrechnung** hinsichtlich der Dienste auferlegen müssen, hinsichtlich derer das Verbot der Quersubventionierung anzuwenden ist.

Der WTO-Panel-Bericht vom 2. 4. 2004 geht davon aus, dass alle Dienste, also insbesonde- **74** re auch im Endkundenmarkt erbrachte Dienste untereinander, grundsätzlich dem Verbot der Quersubventionierung unterfallen können. Hierzu führt der **Panelbericht** aus, dass der **Zweck des Verbots der Quersubventionierung** im Zusammenhang mit der Auflösung der Monopole zu sehen sei und auf die **Beendigung** der unter dem Monopol in aller Regel **staatlich vorgeschriebenen Quersubventionierung** abziele[128], also auch auf die Beseitigung der zwischen Anschluss und lokalen Verbindungen einerseits und der Fern- und internationalen Verbindungen andererseits bestehende Unausgewogenheit. Zu beachten ist jedoch, dass das Reference Paper bezüglich der Entgelte für Endnutzer keine Tarifprinzipien enthält und die Hauptanbieter nicht verpflichtet sind, eine kostenorientierte Ausgestaltung der Endkundenentgelte bezüglich spezifischer Dienste vorzunehmen. Grundsätzlich ist also die Bündelung und auch die Quersubventionierung zwischen den verschiedenen Diensten für Endkunden zulässig, solange dies nicht als wettbewerbswidrig eingestuft werden muss. Dies wird dann der Fall sein, wenn die Quersubventionierung die mit den spezifischen Verpflichtungen eingegangenen Liberalisierungsverpflichtungen unterläuft, was nur im Einzelfall beurteilt werden kann.

b) Firewall-Verpflichtung. – Eine weitere spezifische Verpflichtung zum Schutz des **75** Wettbewerbs ist das Verbot für Hauptanbieter, Informationen von Wettbewerbern in wettbewerbswidriger Weise zu nutzen. Eine **wettbewerbswidrige Nutzung** besteht in aller Regel darin, dass der Hauptanbieter die im Rahmen des Vorleistungsgeschäfts über die Wettbewerber gewonnenen Informationen über deren Marketing im seinem eigenen Endkundengeschäft zu Zwecken so genannter **Win-back-Strategien nutzt**.

In der Lehre wird zum Teil gefordert, dass der Hauptanbieter Vorkehrungen treffen muss, **76** um generell den Informationsfluss zwischen den Abteilungen, die mit Vorleistungen zu tun haben, und den Abteilungen, die für das Endkundenangebot zuständig sind, zu unterbinden

---

128 Mexico- Panelbericht (Fn. 5) RdNr. 7.242.

– mit anderen Worten, einen so genannten „**Firewall**" einrichten muss.[129] Dies betrifft die Frage, ob die Unterlassungspflicht der wettbewerbswidrigen Nutzung von Informationen sich auch in einer Handlungspflicht des Hauptanbieters **unternehmensorganisatorischer Art** niederschlägt. Dem ist zuzustimmen, da die Gefahr der beschriebenen wettbewerbswidrigen Nutzung von Information kontinuierlich besteht und daher die betreffende Unterlassungspflicht nur mittels der Einrichtung dieses Firewall erfüllt werden kann. Sie ist aus praktischen Gründen die einzige Maßnahme, die die Einhaltung des Verbots der wettbewerbswidrigen Informationsnutzung gewährleisten kann. Demgegenüber kann nicht geltend gemacht werden, die entsprechende Verpflichtung sei Bestandteil von wettbewerbsähnlichen Regeln, die daher erst ex post eingreifen können. Wie dargelegt, liegt Abs. 1 Reference Paper bezüglich der Regeln zum Schutz des **Wettbewerbs** kein rein wettbewerbsrechtlicher Ansatz zugrunde, vielmehr handelt es sich um eine **sowohl wettbewerbsrechtlich als auch regulativ orientierte Vorschrift**, deren Umfang allein im Hinblick auf die Umsetzung der spezifischen Verpflichtungen eingegrenzt werden kann.

77 **c) Bereitstellung von Information.** – Die vom Gebot der rechtzeitigen Bereitstellung erfasste Information ist weit gefasst, d. h. jedwede technische oder kommerzielle Information ist dem Wortlaut nach Gegenstand der Verpflichtung. Auch hier wird man von einer **Vorhalteverpflichtung** des Hauptanbieters – etwa dem Zugang zu Datenbanken, die Publikation von Spezifikationen etc. – ausgehen können, da andernfalls die rechtzeitige Bereitstellung nicht sichergestellt werden kann. Es handelt sich also auch hier um eine mehr regulative als wettbewerbsrechtliche Verpflichtung.

VI. Zusammenschaltung

78 **1. Definition der Zusammenschaltung.** – Abs. 2 Reference Paper enthält die Regeln zur Zusammenschaltung. Abs. 2.1. definiert die Zusammenschaltung wie folgt:

> Dieser Absatz gilt für das Zusammenschalten mit Anbietern, die öffentliche Telekommunikationsnetze oder -dienste bereitstellen, um den Nutzern eines Anbieters die Kommunikation mit Nutzern eines anderen Anbieters zu ermöglichen und Zugang zu Dienstleistungen zu erhalten, die von einem anderen Anbieter bereitgestellt werden.

79 **a) Zusammenschalten bzw. Verbinden.** – Die Definition der Zusammenschaltung zielt auf die Erfassung eines der Telekommunikationstechnik eigenen, ohne weiteres einsichtigen Tatbestands ab. Um Telekommunikation zu erlauben, muss der Verkehr zwischen den Netzen weitergeleitet werden. Dies wird über die Zusammenschaltung der Netze ermöglicht. Die Zusammenschaltung besteht damit von der Natur der Sache her in der Verbindung zweier oder mehrerer Telekommunikationsnetze, wobei der Verkehr eines Netzes auf dem verbundenen Netz weitergeleitet wird. Aufgrund des in technischer Hinsicht grundsätzlich selbstevidenten Charakters der Zusammenschaltung entspricht die Definition der Zusammenschaltung im Reference Paper auch den nationalen Definitionen der Mitgliedstaaten des GATS.[130] Die Zusammenschaltungsleistung eines Netzbetreibers für einen anderen Netzbetreiber kann in der **Zuführung** bestehen, so etwa bei der Zuleitung des Ver-

---

129 *Spiwak/Naftel,* The Telecoms Trade War, S. 109.
130 Mexico-Panelbericht (Fn. 5) RdNr. 7.111; vgl. auch „First written submission of the United States of America" vom 3. Oktober 2002, WT/DS204, Ziff. 41.

kehrs vom Netzabschlusspunkt bis zum Zusammenschaltungspunkt mit dem verbundenen Netzbetreiber, sie kann in der **Weiterleitung (transit)** und in der **Terminierung** bestehen.

Die Definition der Zusammenschaltung setzt zunächst das Verbinden von Netzen voraus. **80** Wie im Panelbericht zum US-Mexiko–Streitschlichtungsverfahren vom 2. 4. 2004 bestätigt wird, ist der Begriff des Verbindens von Netzen nach der Wortbedeutung weit zu verstehen, d. h. dem Begriff sind außer der Voraussetzung des **Verbindens von Netzen** keinerlei beschränkenden Elemente zu entnehmen. Dies wird vor allem deutlich in der englischen Version des Reference Paper[131], in der es um „**linking of networks**" geht, also allein um ein Verbinden von Netzen. Entsprechend dem englischen Text ist damit zu unterscheiden zwischen dem Begriff des „Verbindens" und den weiteren Voraussetzungen der Zusammenschaltung. Der Begriff des Verbindens setzt insbesondere **nicht die Lokalisierung eines Verbindungspunktes**[132] voraus und schließt damit etwa eine reine Verbindung über Funkfrequenzen ein, wo auch immer die verbundenen bzw. zu verbindenden Einrichtungen gelegen sind, wobei die Zusammenschaltungparteien den Übergabepunkt, auch einen virtuellen, vertraglich spezifizieren können.

Die Definition erfordert weiter **nicht die Gegenseitigkeit** der Weiterleitung des Ver- **81** kehrs.[133] Die einseitige Terminierung von internationalen Gesprächen durch einen Anbieter, der selbst nicht auch die Zuführung von Gesprächen für den zusammengeschalteten Netzbetreiber anbietet, unterfällt damit dem Begriff der Zusammenschaltung, d. h. dieser kann unter der Voraussetzung, dass auch die weiteren Voraussetzungen eines Rechts auf Zusammenschaltung gegeben sind, grundsätzlich die Terminierung vom Hauptanbieter verlangen, ohne selbst seinerseits die Weiterleitung oder Terminierung anzubieten. Entgegen einer in der Literatur vertretenen Ansicht erfordert der Begriff des Verbindens von Netzen auch **nicht die Verbindung auf einer höheren Netzebene**[134], da der Begriff des Verbindens keinen Anhaltspunkt zum Ausschluss einer Netzebene enthält.

Der Begriff der Zusammenschaltung enthält weiter keine Beschränkungen, was die Über- **82** tragungstechnik anbetrifft. So liegt eine Zusammenschaltung auch im Fall der **Verbindung von so genannten ATM-Netzen** vor. Die Zusammenschaltung kann in der Übergabe des Hochfrequenzverkehrs am DSLAM bestehen, in einer zweiten Variante zusätzlich den Backhaul-Dienst bis zu den ATM-Zusammenschaltungspunkten umfassen, in einer dritten Variante auch die Verbindung bis zu einem selbstbetriebenen IP-Netz und schließlich in einer vierten Variante den Anschluss an das Internet einschließen. In der ersten Variante besteht die Leistung für den verbundenen Netzbetreiber in einer Zuführungsleistung des Verkehrs bis zum DSLAM und in allen weiteren Varianten in dieser Zuführungsleistung plus der Zuführung auf die weiteren jeweiligen Netzebenen. In allen Varianten handelt es sich jedenfalls nicht nur um die Zurverfügungstellung von Netzelementen für den angeschlossenen Netzbetreiber und/oder ISP (Internet Service Provider), sondern auch um eine Zuführung, wobei der zuführende Netzbetreiber in aller Regel in allen Varianten der Zuführung die Kontrolle über die Zuführung bis zum Übergabepunkt behält. Nicht erfasst ist jedoch die Zurverfügungstellung von Inhalten, da es zur Anwendbarkeit des Reference Pa-

---

131 Allein die englische, französische und spanische Version ist bindend, vgl. Ausführungen RdNr. 12; vgl. auch die Übersicht zur den Firewallvorschriften in Kanada, Korea, Peru und den US bei *Suryahti*, 16.

132 Mexico-Panelbericht (Fn. 5) RdNr. 7.102.

133 Mexico-Panelbericht (Fn. 5) RdNr. 7.114.

134 *Bronckers/Larouche*, Journal of World Trade 1997, 28.

per insgesamt notwendig ist, dass es sich um **Zusammenschaltung von Basistelekommu-nikationsdiensten** handelt. So stellen etwa ISPs inhaltliche Dienste bereit, die hinsichtlich des inhaltlichen Teils nicht als Basistelekommunikationsdienste zu qualifizieren sind. Dies schließt es jedoch nicht aus, dass die Anbindung von ISPs an Basistelekommunikationsnetze der **Weiterleitung von Basistelekommunikationsdiensten dient** und damit den Tatbestand der Zusammenschaltung von Basistelekommunikationsdiensten erfüllt.[135]

83 In der Praxis ist die Anwendbarkeit der Verpflichtungen aus dem Reference Paper auch hinsichtlich der Vermietung der **Teilnehmeranschlussleitung** (unbundled local loop) geltend gemacht worden.[136] Die Vermietung der Teilnehmeranschlussleitung ist jedoch ausschließlich als eine Form des **Zugangs**, nicht als eine Form der Zusammenschaltung anzusehen. Zwar wäre der entbündelte Zugang zur Teilnehmeranschlussleitung vom Wortlaut der Definition der Zusammenschaltung als reinem Verbinden von Netzen (im englischen Text: linking) erfasst. Der Begriff der Zusammenschaltung ist jedoch aufgrund eines allgemein anerkannten Verständnisses der Zusammenschaltung von der Vermietung zu trennen[137] und setzt die **Weiterleitung von Verkehr für das andere zusammengeschaltete Netz** voraus, was voraussetzt, dass der Bereitsteller von Zusammenschaltung **die Kontrolle über die Leitung des Verkehrs auf seinem Netz** innehat. Im Fall der Anmietung der Teilnehmeranschlussleitung geht jedoch die Kontrolle über die Weiterleitung des Verkehrs auf der letzten Meile auf den verbundenen alternativen Anbieter über, so dass dieser die Kontrolle für die Leitung des Verkehrs sowohl auf seinem eigenen Netz als auch auf der letzten Meile innehat. Es **fehlt also an einer Verbindung von verschiedenen Netzen**. Aus dem gleichen Grund gilt auch die Vermietung des Hochfrequenzbereichs der Teilnehmeranschlussleitung, also der gemeinsame Zugang (shared acces), **nicht als Zusammenschaltung**.

84 Keine Zusammenschaltung im Sinn der Definition ist auch das nationale **Roaming**. Hier routet der an das Netz des Host-Netzbetreibers angebundene Nutznießer der Roamingdienstleistung, den Verkehr unter eigener Kontrolle, während die Roamingdienstleistung nur in der Zurverfügungstellung des Netzes besteht, nicht jedoch in einer Zusammenschaltungsleistung.

85 **b) Zusammenschaltungsberechtigte Netzbetreiber.** – Aufgrund der Definition der Zusammenschaltung kommen als mit einem Hauptanbieter zusammenschaltungsberechtigte Unternehmen nur Anbieter von Telekommunikationsnetzen oder -diensten in Betracht. Hierbei handelt es sich um Anbieter von Basistelekommunikationsdiensten, wobei letzterer Begriff bereits ausschlaggebend für den Anwendungsbereich des Reference Paper insgesamt ist und demnach auf die entsprechenden Ausführungen verwiesen werden kann.[138] Zusätzlich verlangt die Defintion der Zusammenschaltung das Vorliegen des Angebots der Netzdienstleistungen für die **Öffentlichkeit**. Hier stellte der Panelbericht im US/Mexiko-

---

135 Zum Vorrang der Definition der Basistelekommunikationsdienste im Verhältnis zu den Mehrwertdiensten vgl. RdNr. 24.

136 Insbesondere von den US, vgl. United States Comments regarding „Towards a New Framework for Electronic Communications Infrastructure and Associated Services – The 1999 Communications Review – Communication from the Commission", 8, http://europa.int/ISPO/infosoc/telecompolicy/review99/comments/usgov16b.htm; *Rohlfs/Sidak*, Havard International Law Journal 2002, Bd. 43, Nr. 2, 318.

137 Vgl. hierzu RdNr. 79.

138 RdNr. 22 ff.

Streitschlichtungsfall fest, dass die Absätze 3 b) und c) der Anlage zum GATS zur Tele-kommunikation auch im Rahmen der Zusammenschaltungsdefinition einschlägig sind.[139] Nach diesen Vorschriften

b) bedeutet der Begriff „öffentlicher Telekommunikationsdienst" jede Art von Tele-kommunikationsdienst, der nach dem ausdrücklichen oder tatsächlichen Willen des Mitglieds der Öffentlichkeit allgemein angeboten werden muss. Solche Dienste können unter anderem Telegrafie, Telefonie und Telex sowie die Datenübertragung umfassen, für welche die Übertragung von vom Kunden stammenden Informationen in Echtzeit zwischen zwei oder mehr Punkten charakteristisch ist, ohne dass auf dem Übertra-gungsweg inhaltliche oder förmliche Veränderungen der vom Kunden stammenden In-formationen vorgenommen werden;

c) bedeutet der Begriff „öffentliche Telekommunikationsnetze" die öffentliche Tele-kommunikationsinfrastruktur, welche die Telekommunikation zwischen und unter zwei oder mehr definierten Netzabschlüssen ermöglicht.

Demnach ist die Öffentlichkeit des Basistelekommunikationsdienstleistung gegeben, wenn **86** diese der Allgemeinheit angeboten wird. Hervorzuheben ist, dass diese Voraussetzung nur auf der Seite des zusammenschaltungspflichtigen Unternehmens erfüllt sein muss, d. h. pri-vate und unternehmensinterne Netze und Betreiber von privaten Mietleitungen sind nicht aufgrund des fehlenden öffentlichen Charakters ihrer Netze vom Recht auf Zusammen-schaltung gegenüber dem Hauptanbieter ausgeschlossen.

c) End-zu-End-Verbund. – Eine Grundvoraussetzung der Zusammenschaltung ist weiter **87** der End-zu-End-Verbund. Wie zutreffend im Panelbericht zum US/Mexiko-Streitschlich-tungsfall ausgeführt, geht es hier darum, dass die Verbindung **letztendlich**[140], also zusam-men im Verbund mit anderen zusammengeschalteten Netzbetreibern, die Kommunikation mit Nutzern eines anderen Anbieters bzw. den Zugang zu Dienstleistungen eines anderen Anbieters ermöglichen muss. Die Definition eröffnet damit ein Zusammenschaltungsrecht für Netze jeder Netzkonfiguration.[141] Die Tatsache, dass zur Kommunikation zwischen Nutzern eine vielfältige Vermittlung zwischen den verschiedenen Netzen stattfindet, schließt eine Zusammenschaltungsleistung nicht aus, sondern macht gerade ihren Ver-bundcharakter aus. Insbesondere ist die Verbindung mit **Fernnetzbetreibern**, d. h. von Netzbetreibern, die keinen direkten Kundenzugang über die Nummernvergabe haben, ein-schließlich der **One-switch-Betreiber**, die Anbindung an das **Internetbackbone**, die Ver-bindung mit **ATM-Netzen** und mit **Mobilfunkbetreibern** unabhängig von der verwende-ten Technik (**2G, 3G, GPRS** etc.) als Zusammenschaltung anzusehen, da die Verbindung mit diesen Netzen **letztendlich** der Kommunikation zwischen Nutzern bzw. der Inan-spruchnahme der Dienste eines anderen Anbieters dient.

d) Im Rahmen des zulässigen Marktzugangs. – Die Voraussetzung, dass die Zusammen- **88** schaltung sich im Rahmen des zulässigen Marktzugangs hält, ist als erste Voraussetzung der Zusammenschaltungsverpflichtungen aufgeführt. Wie der Panelbericht im US/Mexi-ko-Streitschlichtungsfall in Zurückweisung der Argumentation der US zutreffend ausge-führt hat, ist die **Herstellung der Korrelation zwischen den spezifischen Verpflichtun-gen für den Marktzugang und dem Geltungsbereich der Zusammenschaltung** notwen-

---

139 Mexico-Panelbericht (Fn. 5) RdNr. 7.103 ff.
140 Mexico-Panelbericht (Fn. 5) RdNr. 7.106.
141 Mexico-Panelbericht (Fn. 5) RdNr. 7.105.

dig, wenn ein Mitgliedstaat Marktzugangsbeschränkungen aufrecht erhalten hat.[142] Ein Zusammenschaltungsrecht mit dem Hauptanbieter kann also nur hinsichtlich der Basistelekommunikationsdienste beansprucht werden, hinsichtlich derer der betroffene Mitgliedstaat des GATS die Verpflichtung zur Liberalisierung eingegangen ist. **Im Rahmen der spezifischen Verpflichtungen der EG** und ihrer Mitgliedstaaten kommt dieser **Voraussetzung keine Bedeutung** zu, da diese den unbeschränkten Marktzugang hinsichtlich aller Basistelekommunikationsdienstleistungen und hinsichtlich aller Arten der Dienstleistungserbringung (Mode 1–4) gewährt haben.[143]

89 **2. Accounting rates. – a) Beschreibung.** – Die „accounting rates" bezeichnen ein Abrechungssystem, das zwischen den (bisherigen) Monopolanbietern eingerichtet wurde, um untereinander die Abrechnung der Terminierung internationaler Telefonate zu vereinfachen. Statt die jeweils terminierten Verbindungen abzurechnen, nehmen die beteiligten Unternehmen eine Aufrechnung hinsichtlich der beiderseits terminierten Anrufe vor, die auf der Vereinbarung eines Bruchteils der accounting rate, der so genannten „settlement rate", beruht, und die häufig eine halbe accounting rate beträgt.[144] Das Unternehmen mit dem höheren Volumen an terminierten Anrufen wird daher eine Zahlung vom anderen Unternehmen verlangen können.[145]

90 Bei der Frage, ob accounting rates von der Definition der Zusammenschaltung des Reference Paper erfasst sind, muss zwischen den Abrechnungsmodalitäten und den bei der Vereinbarung der accounting rates angewandten Entgeltprinzipien unterschieden werden. Das Reference Paper spezifiziert einige Bedingungen, zu denen Hauptanbieter die Zusammenschaltung bereitstellen müssen, es enthält jedoch keine Regeln zur Methode der Abrechnung der Zusammenschaltung, sondern allein zu seiner Höhe und inhaltlichen Gestaltung. Die Vorgaben **aus dem Reference Paper** hinsichtlich der **accounting rates** können sich daher nur auf deren Höhe und nicht auf die Abrechnungsmethode der accounting rates als solche beziehen.

91 **b) Anwendbarkeit der Zusammenschaltungsdefinition nach ihrem Wortlaut.** – Die Verbindlichkeit des Reference Paper für accounting rates setzt weiter die **Anwendbarkeit des Reference Paper auf die internationale Terminierung voraus**. Die Definition der Zusammenschaltung in Abs. 2.1. des Reference Paper erfasst ihrem Wortlaut nach unzweideutig auch die internationale bzw. grenzüberschreitende Zusammenschaltung. Dies ergibt sich daraus, dass die Definition keinen Anhaltspunkt enthält, der auf den Ausschluss bestimmter Modalitäten der Dienstleistungserbringung hindeutet, sondern diese gleichermaßen erfasst.[146]

92 **c) Weitere völkerrechtliche Verpflichtungen.** – Ein Ausschluss der Anwendbarkeit der Definition ergibt sich auch nicht aufgrund vorrangiger entgegenstehender völkerrechtlicher Verpflichtungen. Die internationalen Regeln zu den accounting rates enthalten keine

---

142 Mexico-Panelbericht (Fn. 5) RdNr. 7.92 ff.
143 Vgl. RdNr. 9.
144 Mexico-Panelbericht (Fn. 5) RdNr. 7.132; vgl. *Strivens/Bratby*, Telecommunications Laws in Europe, S. 457 ff.; *Bronckers/Larouche*, Journal of World Trade 1997, 10; *Geppert/Ruhle/Schuster*, RdNr. 1480.
145 Vgl. *Koopmann*, Competition Regimes in Telecommunications and the International Trading System, S. 23 ff.; *Carreñó/Burgueño*, Global Competition Review 2005, 1.
146 Mexico- Panelbericht (Fn. 5) RdNr. 7.99–7.122.

dem Reference Paper entgegenstehenden Regeln. Insbesondere stehen sowohl die **International Telecommunications Regulations** (ITRs)[147] als auch weitere im Rahmen der ITU angenommene Maßnahmen nicht im Widerspruch zu den Regulierungsprinzipien des Reference Paper. Die ITRs wurden von der **ITU** ausgearbeitet, einer internationalen Organisation und Bestandteil der Vereinten Nationen mit den Arbeitsgebieten Koordinierung des Frequenzenmanagements und Regulierung von Telekommunikationsdiensten.[148]

Die ITRs haben als **völkerrechtlicher Vertrag bindenden Charakter.**[149] Art. 6.2 und   **93** Appendix I ITRs regeln detailliert das Abrechnungssystem und die Entgeltprinzipien der accounting rates. Art. 6(2) verweist unter anderem auf die Relevanz von Empfehlungen, von denen die wichtigsten die „ITU-T Recommendation D. 140 (accounting rate principles for the international telephone service), ITU-T Recommendation D.150 (new system for accounting in international telephony) und ITU-T Recommendation D.155 (guiding principles governing apportionement of accounting rates in intercontinental telephone relations) sind.[150] Diese Empfehlungen haben zum Gegenstand zu erreichen, dass die bisherigen Monopolanbieter die internationale Terminierung kostenorientiert ausgestalten. Allerdings wird in der ITU-T Recommendation D 140[151] eine Übergangsfrist von 5 Jahren ab Januar 1998 vorgeschlagen, bis die Kostenorientierung erreicht ist, wobei die Reduktionen der internationalen Zusammenschaltungsentgelte in Etappen erfolgen sollen, für die die ITU spezifische Entgeltvorschläge erarbeitet hat. In Fällen, in denen eine hohe Anzahl von Etappen zur Erreichung der Kostenorientierung notwendig ist, und/oder im Fall der Entwicklungsländer sieht die Empfehlung der ITU vor, dass sich die Übergangsphase über einen längeren Zeitraum als den von 5 Jahren erstrecken kann.

Die ITRs und die darauf beruhenden Empfehlungen enthalten jedoch **keine den Entgelt-**   **94** **prinzipien des Reference Paper widersprechenden Regeln** und sehen insbesondere ebenfalls die Kostenorientierung und die Nichtdiskriminierung bei der Entgeltgestaltung vor.[152] Zwar kann eine Divergenz entstehen, **was den Zeitpunkt anbelangt, zu dem die Kostenorientierung entsprechend** ITU-T Recommendation D 140 bzw. nach dem Reference Paper umzusetzen ist. Hier geht jedoch der für die Umsetzung der spezifischen Verpflichtungen und des Reference Paper jeweils verpflichtende Zeitpunkt vor. Dies ergibt sich aus dem nicht bindenden Charakter der ITU-Empfehlungen einserseits und dem Bindungscharakter des im Rahmen der jeweiligen spezifischen Verpflichtungen relevanten Zeitpunkts zur Umsetzung der Liberalisierungsverpflichtungen und der Umsetzung des Reference Paper andererseits.

d) Historische Auslegung. – Nach wohl bisher **herrschender Meinung** in der Lehre ist das   **95** Reference Paper **nicht auf die internationale Zusammenschaltung** der historischen Anbieter anwendbar. Danach ergäbe die historische Auslegung, dass die Mitgliedstaaten des GATS die internationale Zusammenschaltung nicht im Reference Paper erfassen wollten. Insbesondere hätten die USA ohne Erfolg versucht, die internationale Zusammenschaltung zum Gegenstand von Verhandlungen im GATS zu machen. Dies ergäbe sich insbesondere

---

147 http://www.itu.int/ITU-T/itr/index.html.
148 Zur Entstehunggeschichte der ITU vgl. *Knorr*, Liberalisation in Telecommunications, S. 15 ff.
149 Mexico-Panelbericht (Fn. 5) RdNr. 7.129.
150 hhttp://www.itu.int/rec/recommendation.asp?type=products&lang=e&parent=T-REC-D.
151 In der Fassung der letzen Überarbeitung vom Juni 2002.
152 Mexico-Panelbericht (Fn. 5) RdNr. 7.129.

aus einem Entwurf des Reference Paper, das eine Definition der accounting rates enthielt und ihren ausdrücklichen Einschluss in das Reference Paper vorsah. Diese Passage wurde jedoch im Endentwurf gestrichen. Daraus ergäbe sich deren Ausschluss in der Endfassung.[153] Diese Auffassung vermag jedoch aus zweierlei Gründen **nicht zu überzeugen.** Zum einen ist, wie der WTO-Panel im Streitschlichtungsverfahren US-Mexiko zutreffend ausgeführt hat[154], **die Streichung einer in den Verhandlungen diskutierten Passage** zur internationalen Zusammenschaltung **nicht eindeutig** interpretierbar; sie kann ebenso auch als ein Wille gerade zu ihrer Einbeziehung gedeutet werden. Vor allem würde ein solches Vorgehen die Grenzen der zulässigen historischen Auslegung überschreiten, die es insbesondere nicht erlaubt, **historische Argumente gegen den eindeutigen Wortlaut** anzuführen.[155]

96   Auch die Ausführungen im Bericht der Gruppe für Basistelekommunikationsdienste vom 15. Februar 1997, Abs. 7[156], nach denen hinsichtlich **diskriminierender[157] accounting rates keine Streitschlichtungsverfahren** eingeleitet werden, ergeben kein anderes Ergebnis. Diese im Zusammenhang mit der Annahme des Abkommens gemachten Ausführungen sehen keine Herausnahme der internationalen Teminierung aus dem Anwendungsbereich des Reference Paper vor. Vielmehr handelt es sich um ein **Moratorium im Bereich der Streitschlichtung**, das nicht als bindend für die Auslegung des Reference Paper konzipiert war.[158]

97   e) **Entwicklungspolitisch motivierte Auslegung.** – Im Rahmen der Diskussionen um die Anwendbarkeit des Reference Paper auf die internationale Zusammenschaltung ist auch ein entwicklungspolitisches Argument von Bedeutung. So wird darauf hingewiesen, dass die Entwicklungsländer die Einnahmen aus der Terminierung von internationalen Anrufen zum Ausbau ihrer (Telekommunikations-)Infrastruktur benötigen und ihnen daher keine Verpflichtung zur Kostenorientierung hinsichtlich der internationalen Zusammenschaltungsentgelte auferlegt werden sollte.[159] Dieses entwicklungspolitische Argument verkennt jedoch den Zusammenhang zwischen Liberalisierung und notwendiger Verhinderung von Wettbewerbsverzerrungen, d.h. die Liberalisierung und die damit vom Mitgliedstaat gewollte Schaffung von Wettbewerb darf nicht dadurch unterlaufen werden, dass dem Hauptanbieter in einem liberalisierten Markt weiterhin Monopoleinnahmen vorbehalten werden. Das **adäquate Instrumentarium** zur Entwicklung von Netzen für die Grundversorgung sollte daher allein auf der Grundlage der Vorschriften des Reference Paper zum **Universaldienst,** verbunden mit internationalen Kompensationsmechanismen, entwickelt werden.

---

153 *Grabitz/Hilf/Tietje,* Bd. IV, Außenwirtschaftsrecht, E 27, Teil 4 (Telekommunikation), RdNr. 282; *Bonckers,* Journal of World Trade 1997, 11.

154 Mexico-Panelbericht (Fn. 5) RdNr. 7.107.

155 Vgl. RdNr. 15 ff.

156 Report of the Group on basic telecommunications S/GBT/4, 15 February 1997, 97-0675, http://www.wto.org/english/news_e/pres97_e/finalrep.htm.

157 Nicht deutlich wird aus dem Text, ob accounting rates insgesamt als diskriminierend eingestuft werden oder ob sich die Vereinbarung nur auf accounting rates bezieht, die diskriminierende Wirkung haben.

158 Zu den Einzelheiten des „Understanding" zum Standstill in der Streitschlichtung Mexico-Panelbericht, zit. Fn. 5, RdNr. 7.122-8.

159 *Grabitz/Hilf/Tietje,* Bd. IV, Aussenwirtschaftsrecht, E 27, Teil 4 (Telekommunikation), RdNr. 282; *Bonckers/Larouche,* Journal of World Trade 1997, 11.

3. Orte der Zusammenschaltung. – Gemäß Abs. 2.2 Reference Paper   **98**
wird das Zusammenschalten mit einem Hauptanbieter an jedem technisch durchführbaren Punkt im Netz sichergestellt.

Dieser generelle Grundsatz wird ergänzt durch Abs. 2.2.c), der vorsieht, dass die Zusammenschaltung bereitgestellt wird

> c) auf Ersuchen zusätzlich an anderen Punkten als den Netzabschlusspunkten, die dem überwiegenden Teil der Nutzer angeboten werden, zu Entgelten, die die Bereitstellungskosten für die notwendigen zusätzlichen Einrichtungen widerspiegeln.

Während die Definition der Zusammenschaltung grundsätzlich alle zusammenschaltungs- **99**
fähigen Netzbetreiber erfasst, also keine **Restriktionen des Zusammenschaltungsrechts aufgrund der Netzkonfiguration oder der Netztechnologie des zusammengeschalteten Netzbetreibers erlaubt**[160], stellt die oben genannte Vorschrift klar, dass der Ort der Zusammenschaltung **nachfrageorientiert** zu bestimmen ist. Ein Hauptanbieter muss alternative Netzbetreiber demnach an allen üblichen POIs, d.h. an den in seiner Netzkonfiguration bereits bestehenden Vermittlungsstellen zusammenschalten und hat grundsätzlich die Pflicht, auf Nachfrage zusätzliche Zusammenschaltungspunkte einzurichten. Der Grundsatz von Abs. 2.2.c) ist im Zusammenhang mit der generellen Verpflichtung von Abs. 2.2 zu lesen, d.h. die Anbindung an zusätzlichen Zusammenschaltungspunkten ist **nur im Rahmen des technisch Durchführbaren** verpflichtend. Wie im Rahmen der Erläuterungen zur der Definition der Zusammenschaltung dargelegt wurde[161], setzt das Reference Paper keine Voraussetzungen an die Netzstruktur der zusammengeschalteten Partei, d.h. jeder Netzbetreiber, definiert allein durch die Übertragungsfunktion seiner Einrichtungen, ist zusammenschaltungsberechtigt.

Demnach sind gem. Abs. 2.2. **Netzkonfigurationsanforderungen** als Voraussetzung der **100**
Zusammenschaltungsberechtigung **allein aufgrund technischer Argumente zulässig**, wie etwa das der Beeinträchtigung der Netzintegrität, während rein wirtschaftliche bzw. telekommunikationspolitische Argumente, etwa die **Favorisierung des Infrastukturwettbewerbs, nicht** mit dem Wortlaut **vereinbar sind**. Eine den Wortlaut reduzierende Auslegung, die den Mitgliedstaaten des GATS die Umsetzung einer solchen Politik erlauben würde, wäre auch mit den Zielsetzungen Reference Paper nicht vereinbar, wonach sowohl der **Infrastrukturwettbewerb als auch Dienstleistungswettbewerb gleichermaßen gewährleistet** werden soll[162]. Die technische Durchführbarkeit der Zusammenschaltung wäre auf WTO-Ebene gegebenenfalls durch die Streitschlichtungsorgane im Wege der Einsetzung einer Expertengruppe gemäß Art. 13 DSU[163] zu klären.

In der Praxis kann dies zur Folge haben, dass der Hauptanbieter etwa **One-switch-Betrei-** **101**
ber und/oder Betreiber einer Mietleitung zusammenschalten muss. Die Gleichwertigkeit aller Formen des Wettbewerbs ergibt sich insbesondere aus der Liste der spezifischen Verpflichtungen der Gemeinschaft und ihrer Mitgliedstaaten, in der Marktzugang aufgrund des Dienstewettbewerbs (Wiederverkauf) und andere Formen des Marktzugangs auf

---

160 Mexico-Panelbericht (Fn. 5) RdNr. 7.105.
161 Vg. RdNr. 85, 87.
162 *Bronckers/Larouche,* Journal of World Trade 1997, 13.
163 Zur Konstellation der Expertengruppe vgl. *Hu*, Journal of International Economic Law 2004, Bd. 7 (1), 147; *Fudali*, NILR 2002, 50 ff.

gleicher Ebene genannt werden.[164] Die Verpflichtung zur **nachfrageorientierten Bereitstellung** der Zusammenschaltung in Abs. 2.2. ist weiter nicht nur geographisch zu verstehen, sondern **betrifft auch die Netzebene und die Technologie der Übertragungsform**, hinsichtlich derer die Zusammenschaltung nachgefragt wird. Daher kann auch ein **Zusammenschaltungsrecht auf ATM-Netzebene** begründet werden, d. h. der Hauptanbieter kann den die Zusammenschaltung nachfragenden Betreiber nicht auf eine andere Netzebene, etwa die IP-Ebene, und damit einen anderen Typus der Zusammenschaltung verweisen. Grundsätzlich kann die Anbindung auf einer Ebene auch nicht die einmal festgestellte Hauptanbietereigenschaft beseitigen, da nur eine Greenfield-Analyse die Anwendung aller Verpflichtungen aus dem Reference Paper gewährleistet.[165]

102   **4. Nichtdiskriminierung.** – Abs. 2.2 a) Reference Paper sieht vor, dass die Zusammenschaltung durch den Hauptanbieter wie folgt bereitgestellt wird:

> a) zu nichtdiskriminierenden Bedingungen (einschließlich technischer Normen und Spezifikationen) und Entgelten sowie in einer Qualität, die nicht schlechter ist als diejenige, die er für eigene gleiche Dienstleistungen oder für gleiche Dienstleistungen nichtverbundener Anbieter von Dienstleistungen oder seinen Tochterunternehmen oder sonstigen verbundenen Unternehmen gewährt.

103   Die Verpflichtung zur Nichtdiskriminierung betrifft zum einen das Außenverhältnis, d. h. es geht darum, dass ein Hauptanbieter sein Angebot gegenüber Drittunternehmen nicht ohne sachlichen Grund unterschiedlich ausgestaltet. Zur Konkretisierung dieses Prinzips ist, vergleichbar mit der Vorgehensweise in der nationalen Missbrauchskontrolle, die Bestimmung der der Gleichbehandlung zugrunde liegenden Vergleichsparameter notwendig. Darüber hinaus enthält der Text einen typischerweise regulatorischen Ansatz, der die Nichtdiskriminierung im Vergleich von Innen- und Außenverhältnis des Unternehmens betrifft. So wird dem Hautpanbieter explizit auch die **Zurverfügungstellung von internen Diensten** und Netzelementen an Dritte vorgeschrieben, und zwar **zu den Bedingungen, zu denen sich der** Hauptanbieter die entsprechende Leistung selbst zur Verfügung stellt.

104   Der Anwendungsbereich des Nichtdiskriminierungsprinzips ist dem **Wortlaut nach unbeschränkt**, d. h. nach dem Wortlaut sollen offensichtlich alle „Bedingungen", d. h. technische Parameter und insbesondere **auch Entgelte**, Drittunternehmen in der Form angeboten werden, unter denen der Hauptanbieter sich selbst die Zusammenschaltungsleistung zur Verfügung stellt. Der Wortlaut enhält also eine Verpflichtung zum so genannten **Transfer-Pricing**, wonach der Hauptanbieter verpflichtet wäre, zusammengeschalteten Unternehmen die Zusammenschaltung zu Entgelten zur Verfügung zu stellen, die der Höhe der internen Abrechnungsposten entsprechen. In der Lehre wurde jedoch darauf hingewiesen, dass diese Verpflichtung möglicherweise zu weitgehend formuliert wurde. Auch die historische Auslegung würde für ein restriktiveres Verständnis des Worlauts sprechen. Insbesondere sah etwa der US 1996 Telecommunications Act zum Zeitpunkt der Aushandlung des Reference Paper eine entsprechende Verpflichtung hinsichtlich der technischen Bedingungen, nicht jedoch hinsichtlich der Entgelte vor, d. h. es bestand keine Verpflichtung zum so genannten „tranfer pricing".[166]

---

164 Vgl. RdNr. 21 ff.
165 Vgl. auch RdNr. 57.
166 *Naftel/Spiwak*, The Telecoms Trade War, S. 111.

Der Wortlaut kann auch dahin verstanden werden, dass mit dem Wort „Entgelt" nicht die **105**
letztlich abgerechneten Entgelte bezeichnet werden, sondern nur die Verrechnungsposten,
die dann Bestandteil des dem zusammengeschalteten Unternehmens in Rechnung gestellten Entgelts sind. Allein eine solche Auslegung macht Sinn **im Zusammenhang mit dem
unter Abs. 2.2. b) vorgesehenen Prinzip der Kostenorientierung.** Die Kostenorientierung erlaubt jedoch nach allgemeinem Verständnis auch die in Inrechnungstellung für eine
angemessene Gewinnspanne, die obsolet wäre, würde man daneben das, was den Verpflichtungscharakter anbetrifft, weitergehende Transfer-Pricing anwenden. Versteht man
den Begriff „Entgelte" hier jedoch im Sinn von Verrechnungsposten, wäre in der Vorschrift
implizit eine Verpflichtung zur **getrennten Kostenrechnung,** d. h. einer dienstespezifischen Kostenrechnung für die intern und extern gewährte Zusammenschaltung, angelegt.
Da allein diese Auslegung das Kostenorientierungsprinzip gem. Abs. 2.2. b) des Reference
Paper sinnvollerweise ergänzt, ist ihr gemäß Art. 32 Abs. 1 der Wiener Vertragskonvention
der Vorzug zu geben.

5. Kostenorientierung. – Abs. 2.2 b) Reference Paper sieht vor, dass die Zusammenschal- **106**
tung durch den Hauptanbieter wie folgt bereitgestellt wird:

> b) zu kostenorientierten Entgelten, die transparent, angemessen, wirtschaftlich realis-
> tisch und ausreichend entbündelt sind, so dass der Anbieter nicht für Netzelemente oder
> -einrichtungen zu zahlen braucht, die er für die zu erbringende Dienstleistung nicht
> benötigt.

a) Selbstständigkeit der Verpflichtung. – Die wirtschaftlich wohl bedeutsamste Ver- **107**
pflichtung des Reference Paper betrifft die Entgeltgestaltung der vom Hauptanbieter erbrachten Zusammenschaltungsleistung. Der Wortlaut ist, wie auch im Übrigen, so auszulegen, dass die Ziele des Reference Paper der Gewährleistung effektiven Marktzugangs erreicht werden können. Zunächst ist zu klären, in welchem Verhältnis das Erfordernis der
Kostenorientiertheit zu den weiteren Entgeltprinzipien steht. Im Streitschlichtungfall US/
Mexiko vertrat **Mexiko** die Auffassung, dass die Anforderung der **Kostenorientiertheit
und die der wirtschaftlichen Realisierbarkeit als eine einheitliche Anforderung** zu interpretieren seien. Würde man der Kostenorientiertheit hingegen eine selbstständige Bedeutung zumessen, würde die Anforderung der wirtschaftlichen Realisierbarkeit leer laufen. Das Reference Paper erlaube es den Mitgliedstaaten damit insbesondere, über die Zusammenschaltungsentgelte auch eine Politik der Entwicklung des Telekommunikationssektors umzusetzen, insbesondere, indem über die Zusammenschaltungsentgelte die **Kosten des Ausbaus der Infrastruktur** umgelegt werde. Diese Auffassung hat der Mexiko-
WTO-Panel-Bericht vom 2. 4. 2004 zu Recht zurückgewiesen unter Verweis darauf, dass
der Begriff der wirtschaftlichen Realisierbarkeit[167] nicht im Gegensatz zu dem der Kostenorientiertheit stünde, sondern vielmehr die Angemessenheit des Kostenorientiertheitsprin-
zips in den konkreten Umständen[168] – also als Instrument der Marktöffnung – gerade bestätigt. Nach der Auffassung des Mexiko-WTO-Panel-Berichts handelt es sich bei der Kostenorientierung also um eine selbstständige Verpflichtung. Dem ist zuzustimmen, da die Zielsetzung des Reference Paper, die Marktöffnung durch eine regulative Schaffung von Wettbewerb zu unterstützen, nur erreicht werden kann über eine selbststehende Verpflichtung

---

167 Englisch „reasonable and having regard to economic feasibility".
168 Mexico-Panelbericht (Fn. 5) RdNr. 7.182 ff.

zur Kostenorientiertheit. Ebenso sind auch die weiteren **Entgeltverpflichtungen selbstständig und kumulativ** zu verstehen.

108 **b) Kostenorientierung und Gewinnspanne.** – Nach **einhelliger Auffassung** enthalten konstenorientierte Entgelte auch **eine angemessene Gewinnspanne.** Dies ergibt sich aus der Funktion der Kostenorientierung, das Entgeltniveau widerzuspiegeln, das bei Vorliegen effektiven Wettbewerbs entstehen würde[169], wobei die Beteiligung am Wettbewerb die Erwirtschaftung eines Gewinns voraussetzt. Der Mexiko-WTO-Panel-Bericht leitet die **Berechtigung einer angemessenen Gewinnspanne** aus dem Zusammenhang der Kostenorientierung und der wirtschaftlichen Realisierbarkeit ab.[170] Auch die systematische Auslegung spricht also dafür, in die Kostenorientierung eine angemesssene Gewinnspanne einzuschließen.

109 **c) Kostenrechnung und Kostenstandard.** – Der Begriff der Kostenorientierung setzt seinem Wortlaut nach die Herstellung einer **Beziehung zwischen den Kosten und dem Entgelt** voraus in der Form, dass die Entgelte auf Kosten beruhen bzw. aus Kosten abgeleitet werden.[171] Die entscheidende Frage ist dann, welche Kosten zur Berechnung der Zusammenschaltungsentgelte berücksichtigt werden dürfen. Die Spezifizierung der relevanten Kosten wird mit dem verwendeten Kostenstandard und der Kostenbasis erreicht. Grundsätzlich kommen als Kostenstandard die Umlegung der Vollkosten (FDC[172]), die Umlegung der langfristigen durchschnittlichen Zusatzkosten (LRAIC[173]) bzw. Variationen und Kombinationen zwischen den beiden Kostenstandards in Betracht. Als Kostenbasis kann die Umlegung der historischen Kosten oder aber die Umlegung der vorausschauenden Anschaffungskosten angewandt werden. Eine Übersicht zu den Kostenstandards und den Kostenbasen wurde unter anderem von der ITU[174] und für die EU-Mitgliedstaaten im Rahmen der Implementierungsberichte erstellt[175], die eine **große Variationsbreite angewandter Kostenstandards** deutlich machen.

110 Der WTO-Panel-Bericht im Streitschlichtungsverfahren US/Mexiko stellte auf der Grundlage von Art. 33 Abs. 4 Wiener Vertragskonvention betreffend die Auslegung spezifischer Begriffe fest, dass die Bedeutung des Begriffs der Kostenorientierung vor dem Hintergrund eines im Rahmen der ITU gemeinsamen Verständnisses zu lesen sei, wobei die ITU-Empfehlungen den Kostenstandard der LRAIC vorsehen.[176] Gleichzeitig stellt der Panel-Bericht auch fest, dass damit ein **Kostenstandard nicht zwingend vorgeschrieben** ist.[177] Dem ist zuzustimmen, da einerseits ITU-Empfehlungen ihrem Konzept nach nicht bindend

---

169 Mexico-Panelbericht (Fn. 5) RdNr. 7.182 ff.
170 Mexico-Panelbericht (Fn. 5) RdNr. 7.184.
171 Mexico-Panelbericht (Fn. 5) RdNr. 7.168.
172 Fully Distributed Costs (FDC).
173 Long Run Incremental Costs (LRIC).
174 ITU-T D. 140, Abschitt C. 3. Kostenrechnungssysteme, Pricetrends, Benchmarking auf der Grundlage von Entgelten, die für unter Wettbewerb erbrachten Dienste gelten.
175 Mitteilung der Kommission an den Rat, das Europäische Parlament, den Europäischen Wirtschafts- und Sozialausschuss und den Ausschuss der Regionen, Elektronische Kommunikation in Europa – Regulierung und Märkte 2003, Bericht über die Umsetzung des EU-Reformpakets für elektronische Kommunikation, Anhang 2, Regulatory Data, Tabelle 2 (Cost Accounting and Accounting Separation), http://europa.eu.int/information_society/topics/ecomm/all_about/implementation_enforcement/annualreports/9threport/index_en.htm.
176 Mexico-Panelbericht (Fn. 5) RdNr. 7.169 und 7.174.
177 Mexico-Panelbericht (Fn. 5) RdNr. 7.177 ff.

sind und ihnen auch kein gemeinsames Verständnis dahingehend zu entnehmen ist, dass der von der ITU vorgeschlagene Kostenstandard verbindlich sein soll. Vielmehr ist in der ITU-Empfehlung D.140 nur eine Einigung über die grundsätzliche Angemessenheit eines bestimmten Kostenstandards im Rahmen der Umsetzung der Kostenorientierung enthalten, nicht jedoch über seine Verbindlichkeit. Festzuhalten ist damit, dass mit der **Kostenorientierung keine Harmonisierung hinsichtlich des Kostenstandards und der Kostenbasis** vorgenommen wurde.[178]

Weiter führte der WTO-Panel-Bericht aus, dass nur die durch **die Erbringung der Zusam-** **111** **menschaltung entstandenen zusätzlichen Kosten** zu berücksichtigen seien, weshalb der LRIC-Kostenstandard faktisch anwendbar sei.[179] Dieser Feststellung kann jedoch in ihrer Allgemeinheit nicht gefolgt werden. Der WTO-Panel Bericht im Streitschlichtungverfahren US/Mexiko geht davon aus, dass ein Unternehmen **unter effektiven Wettbewerbsbedingungen** nur die **marginalen bzw. zusätzlichen (incremental) Kosten in Rechnung** stellen kann, die der LRIC-Kostenstandard reflektiert.[180]

Dies ist jedoch nur zutreffend, soweit es sich um eine Zusammenschaltung mit den Netzen **112** eines bisherigen Monopolanbieters handelt und soweit die Netzinvestition aufgrund eines Monopols finanziert wurde. Bei einer Zusammenschaltung mit Mobilfunkunternehmen, Breitbandnetzen und anderen modernen Netzen kann eine Vollkostenumlegung (FDC-Kostenstandard) durchaus auch die Bedingungen effektiven Wettbewerbs widerspiegeln. Soweit der historische Anbieter das Netz nach Aufhebung der ausschließlichen Rechte modernisiert, kann nicht davon ausgegangen werden, dass er dies ausschließlich für die eigene Nutzung vornimmt. Daher sollte die Beurteilung der Frage, welche Kosten zu berücksichtigen sind, dem Einzelfall überlassen bleiben. Damit ist der **LRIC-Kostenstandard nur in bestimmten Situationen und für einen beschränkten Zeitraum zu berücksichtigen**, und zwar nur, soweit es um die Zusammenschaltung mit dem **PSTN-Netz der bisherigen Monopolunternehmen** geht. Wenngleich dieser Kostenstandard hier auch nicht verbindlich ist, wird er dann jedoch häufig **faktisch anwendbar**, da nur dieser Kostenstandard eine Kostenzuordnung der zusätzlichen Kosten ermöglicht.

Daran schließt sich die Frage an, ob die Kostenorientierung überhaupt die Verpflichtung **113** zur Bereithaltung eines geeigneten Kostenrechnungssystems beinhaltet. Ein Argument dafür wäre, dass ein Kostenrechnungssystem am geeignetsten ist, die Kosten aufzuzeigen. Andererseits ist zur Feststellung der relevanten Kosten ein Rückgriff auf Vergleichsmärkte, d.h. auf Märkte, in denen Entgelte zu Wettbewerbsbedingungen zustande kommen, möglich. Damit besteht grundsätzlich zur Ermittlung der kostenorientierten Entgelte eine geeignete Alternative, das so genannte benchmarking.[181] Wenngleich gegenüber dieser Methode der Ermittlung kostenorienter Entgelte Zurückhaltung geboten ist, da es nur wenige Märkte geben wird, in denen Zusammenschaltungsentgelte unter Bedingungen effektiven Wettbewerbs zustande kommen und benchmarking daher nur selten geeignet ist, ein kostenorientiertes Entgelt zu indizieren[182], so muss diese grundsätzlich bestehende Möglichkeit jedoch zur Schlussfolgerung führen, dass die Kostenorientierung **nicht not-**

---

178 *Naftel/Spiwak*, The Telecoms Trade War, S. 112.
179 Mexico-Panelbericht (Fn. 5) RdNr. 7.174, 7.182.
180 Mexico-Panelbericht (Fn. 5) RdNr. 7.175.
181 *Naftel/Spiwak*, The Telecoms Trade War, S. 112.
182 ITU-T D. 140 Absatz E 3.2.

wendigerweise eine Verpflichtung zur Bereitstellung eines Kostenrechnungssystems enthält.

114 **6. Entbündelung. –** Abs. 2.2. b) Reference Paper sieht weiter vor, dass die Zusammenschaltungsentgelte ausreichend entbündelt sind. Mit Entbündelung wird die Identifikation und Disaggregation der Netzkomponenten in Teilkomponenten bezeichnet, die auch einzeln angeboten werden können, u. a. das getrennte Angebot von lokaler, single und double Transit-Zusammenschaltung, Zusammenschaltung am backhaul von Unterseekabeln und internationalen Switchen, die mobile Zusammenschaltung an Erdstationen oder etwa die getrennte Bereitstellung von ATM-und IP-Zusammenschaltung. Erst die **Harmonisierung der Identifikation der Netzelemente,** die zu entbündeln sind, kann die gleichwertige Zusammenschaltung in den Mitgliedstaaten des GATS des Reference Paper ermöglichen. Eine solche Harmonisierung wurde auf internationaler Ebene jedoch bisher nicht vorgenommen[183] und erscheint aufgrund der unterschiedlichen nationalen Netzkonfigurationen auch zu komplex. Der Wortlaut stellt jedoch klar, dass auch der Grad der Entbündelung des Zusammenschaltungsangebots des Hauptanbieters nachfrageorientiert ausgestaltet werden muss. Auf der Grundlage einer Fall-zu-Fall-Analyse erscheint eine Klärung der zu disagregierenden Neztelemente durchaus möglich, wobei der Grundsatz der technischen Machbarkeit entsprechend dem generellen Grundsatz des Abs. 2.2. Reference Paper hier sinngemäß angewandt werden sollte.

115 Die Verpflichtung zur Entbündelung der Entgelte setzt voraus, dass bereits eine Zusammenschaltungsverpflichtung besteht. **Nicht erfasst** ist vom Grundsatz der Entbündelung nach Abs. 2.2. c) Reference Paper der **entbündelte Zugang zur Teilnehmeranschlussleitung.**[184] Wie bereits ausgeführt[185], ist dieser nicht als ein Fall der Zusammenschaltung anzusehen.

116 **7. Transparenz der Zusammenschaltungsverfahren. –** Abs. 2.3 Reference Paper sieht vor:

> Die Verfahren für das Zusammenschalten mit einem Hauptanbieter werden öffentlich zugänglich gemacht.

117 Die Transparenzverpflichtungen des RP sehen die Veröffentlichung bzw. die Zugänglichkeit der Verfahren für das Zusammenschalten vor. Nicht selbstevident ist, was mit dem in Abs. 2.3. Reference Paper bezeichneten Verfahren gemeint ist. So schließt der Wortlaut einerseits **das zum Vertragsabschluss führende Verfahren** ein, also etwa die Form, in der ein Antrag auf Zusammenschaltungsverhandlungen an den Hauptanbieter gerichtet werden kann, die Beantwortungsfrist für diese Anfrage, Auskünfte und Form der Übermittlung technischer Information während der Vertragsverhandlungen, die Dauer der Verhandlungen. Der Begriff des Verfahrens ist jedoch weit gefasst und erfasst offensichtlich nicht nur das Verhältnis zwischen den Unternehmen, also das Verhandlungsverfahren bis zum Abschluss des Zusammenschaltungsvertrages, sondern auch das Verfahren im Verhältnis von Unternehmen und Regulierungsbehörden. Demnach ist offensichtlich auch das **Vorverfah-**

---

183 *Fredebeul-Krein*, Die Regulierungspolitik auf dem Markt für Telekommunikationsdienste, S. 257.

184 A. A. die Regierung der US, http://www.ispo.cec.be/infsoc/telecompolicy/review99/comments/usgov16b.htm; die damalige US-Position ist auf dem Hintergrund des US 1996 Telecommunications Act entstanden, vgl. *Naftel/Spiwak*, The Telecoms Trade War, S. 112.

185 Vgl. RdNr. 83.

ren zum Streitschlichtungsverfahren, also etwa die Dauer der notwendigen Verhandlungen, als Voraussetzung für die Einleitung der Streitschlichtung, vom Wortlaut erfasst. Verpflichtend hinsichtlich dieser Konditionen ist nicht die Veröffentlichung, sondern nur das öffentliche Zugänglichmachen. Damit dürfte jede **auch nichtförmliche Bekanntmachung** ausreichend sein. Nach dem Wortlaut ist es ohne Relevanz, durch welche Instanz (Gesetzgeber, Regulierungsbehörden, Hautpanbieter, beauftragte Dritte) die Bekanntmachung erfolgt. Mit dem Begriff des öffentlichen Zugänglichmachens dürfte es jedoch **unvereinbar sein, wenn eine Identifikation des Beziehers der Information** verlangt wird, da der öffentliche Charakter der Information nur gewahrt ist, wenn die Information an jedermann, also ohne Identifikation des Beziehers erfolgt.

8. Transparenz der Zusammenschaltungsbedingungen. – Abs. 2.4 RP sieht vor:　　　**118**

> Es wird sichergestellt, dass ein Hauptanbieter entweder seine Vereinbarungen über eine Zusammenschaltung oder ein Referenzangebot für eine Zusammenschaltung öffentlich zugänglich macht.

Gemäß Abs. 2.3 des Reference Paper kann die Erfüllung der Transparenzverpflichtungen　　**119** des Hauptanbieters hinsichtlich der Zusammenschaltungsbedingungen alternativ sowohl durch Einsichtnahme in abgeschlossene Zusammenschaltungsverträge als auch durch Veröffentlichung eines Referenzangebots[186] erfüllt werden. Da die Zusammenschaltungsverträge über das Standardzusammenschaltungsangebot in aller Regel eine Vielzahl von spezifisch ausgehandelten zusätzlichen Bedingungen enthalten, die Rückschlüsse auf unternehmensspezifische Strategien und Technologien enthalten, die vertraulich sein können, wird die Veröffentlichung des Standardzusammenschaltungsangebots in aller Regel der einfachere Weg sein, um die Transparenzverpflichtung zu erfüllen. Insbesondere enthält das Reference Paper keinen Hinweis auf die Einschränkung der Einsichtnahme aufgrund der **Vertraulichkeit**. Die Berechtigung der Verweigerung der Einsichtnahme in die Teile eines abgeschlossenen Zusammenschaltungsvertrages, der ein Geschäftsgeheimnis enthält, ergibt sich daraus, dass das Reference Paper keine Harmonisierung der **Vertraulichkeit** enthält und hier eine **nationale Zuständigkeit** erhalten bleibt. Dies bestätigen auch die Art. 9 Abs. 2 und 19 IV GATS, die eine Beschränkung der Grundsprinzipien das GATS mittels nationaler Maßnahmen zum Schutz der Vertraulichkeit zulassen.

Die an die Ausgestaltung des Standardzusammenschaltungsangebots zu stellenden Anfor-　**120** derungen ergeben sich aus dem Sinn und Zweck im Verhältnis der Verpflichtungen nach Abs. 2.2. , d.h. die Transparenzverpflichtungen bezwecken die Durchsetzung des Nichtdiskriminierungsprinzips. Diese Funktion kann nur erfüllt werden, wenn das veröffentlichte Standardzusammenschaltungsangebot **vollständig** ist, d.h. alle Elemente enthält, die einen Vertragsabschluss allein durch Unterzeichnung ermöglichen, es sich um das **aktuelle** Verhandlungsangebot handelt und die **Veröffentlichung** den in Bezug auf die Veröffentlichung der Zusammenschaltungsverfahren dargestellten Erfordernissen entspricht.

9. Streitschlichtung. – Abs. 2.5. Reference Paper sieht vor:　　　　　　　　　**121**

> Ein Anbieter von Dienstleistungen, der um die Zusammenschaltung mit einem Hauptanbieter ersucht, kann entweder

---

186 In der deutschen Terminologie des TKG: Standardzusammenschaltungsangebot.

a) jederzeit oder

b) nach einem angemessenen Zeitraum, der öffentlich bekanntgemacht wurde, eine unabhängige nationale Stelle anrufen, bei der es sich um eine Regulierungsbehörde nach Abs. 5 handeln kann, um Streitigkeiten über Bedingungen und Entgelte für die Zusammenschaltung – soweit diese nicht vorher festgelegt wurden – innerhalb eines angemessenen Zeitraums beizulegen.

122 Im Gegensatz zu vielen nationalen Streitschlichtungsverfahren ist das Recht auf Streitschlichtung hier **asymmetrisch** ausgestaltet, d. h. es besteht nur zur Erreichung der Zusammenschaltung im Verhältnis gegenüber dem Hauptanbieter, nicht jedoch zugunsten von Hauptanbietern bzw. zwischen sonstigen Anbietern. Dies hat seine Berechtigung darin, dass das Reference Paper keine Vorschriften zu Gewährleistung des End-zu-End-Verbunds als solchem vorsieht, sondern nur die Verpflichtungen der Hauptanbieter vorsieht, die die Gewährleistung des Marktzugangs unterstützen sollen. Da nach dem Wortlaut Ziel und Zweck der Streitschlichtung **die Streitbeilegung** ist und die Streitschlichtung als ein Recht der die Zusammenschaltung erstrebenden Partei ausgestaltet ist, begründet die Vorschrift bzw. sollte ihre nationale Umsetzung auch ein **Recht auf effektive Streitschlichtung** begründen. Das Streitschlichtungsorgan muss daher mit der Befugnis ausgestattet sein, hinsichtlich aller Bedingungen der Zusammenschaltung eine **abschließende und verbindliche Entscheidung** zu treffen und muss auch verpflichtet sein, eine solche Entscheidung zu treffen, falls nur so die Streitbeilegung erreicht wird, d. h. der alternative Anbieter die Zusammenschaltung mit dem Hauptanbieter durchsetzen kann. Indem der Wortlaut expressis verbis auch Entgelte einschließt und sich hier nicht auf die Entgelte des Hauptanbieters beschränkt, bezieht sich die Streitschlichtung auch auf Entgelte von alternativen Anbietern.

123 Aus dem Hinweis auf Abs. 5 ergibt sich, dass es bei der erforderliche **Unabhängkeit des Streitschlichtungsorgans um die im Verhältnis zu Anbietern** geht. Was die **Angemessenheit des Zeitraums** anbelangt, innerhalb dessen die Streitschlichtung erfolgen muss, ist auf die Bedürfnisse der den Marktzugang suchenden Anbieter abzustellen. Aus der Verpflichtung zur Veröffentlichung dieses Zeitraums ergibt sich, dass eine Beurteilung der Angemessenheit nicht nur fallspezifisch, sondern auch im Vorhinein möglich sein muss. Schlussendlich ergibt sich aus dem Wortlaut der Vorschrift auch die **Priorität der Verhandlungen**. Auch wenn das RP diesen Grundsatz im Zusammenhang mit der Streitschlichtung formuliert, so kommt ihm – logischerweise – generelle Gültigkeit zu.[187]

VII. Sonstige Verpflichtungen aus dem Reference Paper

124 **1. Universaldienst.** – Abs. 3 RP sieht vor:

Jedes Mitglied hat das Recht, die Art der Verpflichtung zu Universaldienstleistungen festzulegen, die es beizubehalten wünscht. Diese Verpflichtungen werden nicht als per se wettbewerbswidrig angesehen, sofern sie transparent, nichtdiskriminierend und wettbewerbsneutral verwaltet werden und hinsichtlich der von dem Mitglied festgelegten Art der Universaldienstleistungen nicht belastender als nötig ist.

---

187 Krit. *Fredebeul-Krein*, Die Regulierungspolitik auf dem Markt für Telekommunikationsdienste, S. 255, 265, 266.

Mit Universaldienstverpflichtung wird ein Set von Diensten bezeichnet, das der Bevölke- **125** rung jedenfalls zu Verfügung stehen muss. Damit anerkennt das Reference Paper die Besonderheit des Telekommunikationssektors dahingehend, dass die Mitgliedstaaten des GATS auch in einem liberalisierten Umfeld grundsätzlich verantwortlich für die Bereitstellung eines Sets an Dienstleistungen sind, wenngleich nicht in der Form eines öffentlichen Dienstes.[188] Das Reference Paper stellt klar, dass die Festlegung der Vorgaben hinsichtlich des Umfangs und der Preisgestaltung der Universaldienstverpflichtungen den Mitgliedstaaten des GATS überlassen ist.[189] Damit können die Mitgliedstaaten des GATS nicht nur den klassischen **Festnetzanschluss zur Sprachtelefonieübertragung**, sondern **auch Mobilfunkdienste und den Zugang zum Internet als Universaldienst erklären und deren Mindestbandbreite** festlegen. Dadurch wird der Tatsache Rechnung getragen, dass die Ausstattung mit einem Mindesttest-Set an Diensten nur **länderspezifisch** definiert werden kann.

Weiter ermöglicht die Offenheit des Reference Paper es, die Wettbewerbsneutralität auch **126** in einem Umfeld der ständigen technologischen Neuerungen einzuhalten, insbesondere, was die **Technologieneutralität der Definition des Universaldienstes** anbelangt.[190] Dies ist gerade in Hinblick auf die Länder von Bedeutung, in denen eine flächendeckende Versorgung nicht besteht, die noch einen hohen sozialen Bedarf für den Ausbau von Infrastruktur haben und in denen die Kosten der Bereitstellung des Internetanschlusses ausschlaggebend für die Entwicklung der Informationsgesellschaft sind.[191]

Die Mitgliedstaaten des GATS müssen jedoch bei der Ausgestaltung des Universaldienstes **127** eine Reihe von Vorgaben beachten: die **Transparenz, die Nichtdiskiminierung, die Wettbewerbsneutralität und das Übermaßverbot**. Diese Prinzipien sind auf allen Stufen der Ausgestaltung anwendbar, d. h. bei der Festlegung des Umfangs des Universaldienstes, bei der Auswahl der Betreiber und bei der Umlegung der Kosten des Universaldienstes. Hinsichtlich der **Transparenzverpflichtung** gelten die zu den an die Veröffentlichung zu stellenden Anforderungen gemachten Ausführungen entsprechend.[192] Bei der Festlegung des Umfangs des Universaldienstes ist insbesondere das **Übermaßverbot** ausschlaggebend und impliziert, dass nur Dienste, deren Bereitstellung in Bezug auf den **konkreten Entwicklungsstand** eines Landes als Grundversorgung angesehen werden können, zum Universaldienst erklärt werden können, nicht jedoch solche, die einer prospektiven Entwicklung entsprechen würden. Das Übermaßverbot bedingt auch, dass nur die Dienste zum Gegenstand des Universaldienstes erklärt werden dürfen, die **nicht bereits unter Wettbewerbsbedingungen** erbracht werden bzw. erbracht werden können. Auf der nächsten Stufe der Auswahl der zum Universaldienst verpflichteten Unternehmen ist vor allem die Nichtdiskriminierung einzuhalten, d. h. allen Betreibern muss die gleiche Chance eröffnet werden, als Universaldienstunternehmen benannt zu werden. Dies setzt **eine verfahrensmäßige Absicherung des Nichtdiskriminierungsprinizips** voraus.

---

188 *Krajewski*, Journal of International Economic Law 2003, Bd. 6, Heft 2, 356 ff.
189 Zur Rechtfertigung der nationalen Kompetenz vgl. *Fredebeul-Krein*, Die Regulierungspolitik auf dem Markt für Telekommunikationsdienste, S. 159.
190 Krit. *Fredebeul-Krein*, Die Regulierungspolitik auf dem Markt für Telekommunikationsdienste, S. 261.
191 *Bhatanagar*, Journal of International Economic Law 1999, 698 ff.
192 Vgl. RdNr. 115.

128 Was die Kosten des Universaldienstes anbelangt, so anerkennt das Reference Paper implizit die Zulässigkeit einer Umlegung.[193] Hier ist vor allem das Prinzip der Wettbewerbsneutralität von Bedeutung, das zwar im Reference Paper nicht ausformuliert wurde, jedoch im Einzelfall detailliert überprüfbar sein wird, da das Reference Paper die Überprüfung der Unverfälschtheit der Wettbewerbsbedingungen in Bezug auf einen relevanten Markt ermöglicht.[194] Um die Umlegung der Kosten des Universaldienstes in operationeller Hinsicht zu ermöglichen, ist die **Spezifierung der Methodologie der Berechung und der Umlegung der Universaldienstkosten vorab** notwendig. Die Einhaltung der Wettbewerbsneutralität bzw. der bei der Umlegung der Kosten setzt voraus, dass grundsätzlich **alle Anbieter** von Basistelekommunikationsdienstleistungen im Rahmen der Umlegung der Universaldienstkosten **gleichermaßen herangezogen** werden, wobei jedoch eine weitergehende Spezifizierung der jeweils verpflichteten Anbieter in abstrakter Form nicht möglich erscheint, da die Beurteilung der Wettbewerbsneutralität und der Nichtdiskriminierung nur auf der Grundlage eines spezifizierten Sets an Universaldienstleistungen und nur in Bezug auf einen spezifizierten relevanten Markt möglich erscheint.[195]

129 **2. Genehmigungen.** – Abs. 4 Reference Paper sieht vor:

Ist eine Lizenz erforderlich, so wird Folgendes öffentlich zugänglich gemacht:

a) alle Lizenzierungskriterien und der Zeitraum, der normalerweise erforderlich ist, um eine Entscheidung über einen Lizenzantrag zu treffen, und

b) die Bedingungen für die einzelnen Lizenzen.

Die Gründe für die Verweigerung einer Lizenz werden dem Antragsteller auf Ersuchen mitgeteilt.

130 Der Wortlaut der Vorschrift enthält explizit nur eine Veröffentlichungspflicht, wobei die zur öffentlichen Zugänglichkeit von Zusammenschaltungsbedingungen und Verfahren gemachten Aussagen[196] auch hier gelten. Die Veröffentlichungspflicht nach Abs. 4 Reference Paper ist gegenüber den allgemeinen Transparenzverpflichtungen nach Artikel III GATS und Abs. 4 der Anlage Telekommunikation zum GATS die speziellere Vorschrift.

131 Die Veröffentlichungspflicht impliziert, dass die Mitgliedstaaten des GATS Genehmigungsbedingungen vorsehen und ein Verfahren zur Erteilung von Genehmigungen einrichten. Damit ist der Vorschrift auch eine **Verpflichtung zur Annahme von Bedingungen und eines Verfahrens** zu entnehmen. Hinsichtlich der inhaltlichen Ausgestaltung der Genehmigungsbedingungen, der Beschränkung von Genehmigungen und der Höhe der Lizenzgebühren enthält das Reference Paper selbst keine Aussage. Hier gelten die allgemeinen Regeln des GATS. Insbesondere ist gem. Artikel XVI GATS die **Beschränkung der Anzahl der Anbieter** grundsätzlich unzulässig.[197] Weiter wird man aus dem Verhältnismäßigkeitsprinzip des Artikel VI GATS eine Höchstfrist zur Erteilung von Lizenzen, ein Übermaßverbot hinsichtlich der Lizenzbedingungen und eine Höchstgrenze hinsichtlich

---

193 *Naftel/Spiwak*, The Telecoms Trade War, S. 113; vgl. näher hierzu die Beurteilung der verschiedenen Ansätze zur Umlegung der Universaldienstekosten bei *Suryahti*, S. 37 ff.

194 Vgl. RdNr. 46 ff. zur Identifikation des entsprechenden Marktes.

195 A. A. *Fredebeul-Krein*, Die Regulierungspolitik auf dem Markt für Telekommunikationsdienste, S. 166, 167, 261.

196 Vgl. RdNr. 115.

197 Krit. *Fredebeul-Krein*, Die Regulierungspolitik auf dem Markt für Telekommunikationsdienste, S. 258.

der Lizenzgebühren ableiten können.[198] Eine weitergehende Harmonisierung der Genehmigungserfordernisse ist auf WTO-Ebene bisher nicht erfolgt.[199]

3. Unabhängigkeit der Regulierungsbehörden. – Abs. 5 Reference Paper sieht vor: **132**

> Die Regulierungsbehörde ist getrennt von jedem Anbieter von Basistelekommunikationsdienstleistungen und ist diesem nicht verantwortlich. Die Entscheidungen und Verfahren der regulierenden Stellen sind im Hinblick auf alle Marktteilnehmer unparteiisch.

Die institutionelle Trennung und Unabhängigkeit der Regulierungsbehörden von den Marktteilnehmern ist eine entscheidende Voraussetzung zur Gewährleistung der Unparteilichkeit und damit der Objektivität der Regulierung. Abs. 5 enthält drei Grundsätze: den der **strukturellen Trennung** von Regulierungsbehörden und Marktteilnehmern, den der **Abwesenheit einer Verantwortlichkeit** gegenüber jedem Anbieter und den der **Unparteilichkeit der Entscheidungen und Verfahren**, wobei die beiden erstgenannten Grundsätze offensichtlich der Erreichung des dritten Grundsatzes dienen. Eine strukturelle Trennung wird in aller Regel dann gegeben sein, wenn die Unternehmen nicht in den staatlichen Behördenaufbau integriert und in der Form von selbstständig rechtsfähigen Unternehmen organisiert sind.

Eine sehr viel weiter reichende Verpflichtung zur Gewährleistung der Unabhängigkeit der   **133** Regulierungsbehörden ergibt sich aus dem zweiten Grundsatz, wonach Regulierungsbehörden dem Anbieter nicht verantwortlich sein dürfen. Hier ist zunächst zu klären, was das Reference Paper unter „Regulierungsbehörde" versteht. Zu berücksichtigen ist, dass auf WTO-Ebene nicht dahingehend differenziert werden kann, ob eine WTO-Verpflichtung durch Gesetzgebungsakte, Verwaltungsakte oder ohne gesetzliche Grundlage erfüllt wird.[200] Alle in die Erfüllung der völkerrechtlichen Verpflichtung eingebundenen Staatsorgane sind somit aus WTO-rechtlicher Sicht gleich zu behandeln. Demnach kann als **Regulierungsbehörde grundsätzlich jedes Staatsorgan** angesehen werden, soweit dieses zur **Umsetzung der WTO-rechtlichen Verpflichtung tätig** wird. Die Regulierungsbehörden sind daher allein vom Gegenstand der vom Reference Paper erfassten Regulierungsaufgaben her zu definieren. Damit ist etwa auch eine Regierung, die Maßnahmen zur Ausgestaltung der Zusammenschaltung trifft, etwa die Verabschiedung von Verordnungen, „Regulierungsbehörde" im Sinn der Vorschrift. Keines der an der Umsetzung der Regulierungsverpflichtungen des Reference Paper beteiligten Staatsorgane darf somit gleichzeitig einem Anbieter verantwortlich sein.

Dies ist unter dem Gesichtspunkt gerechtfertigt, dass die interne Organisation der Mit-   **134** gliedstaaten des GATS und die Abhängigkeit der Ministerien voneinander in den meisten nationalen Rechtsordnungen nicht vollständig nachprüfbar sind. Um die Verpflichtung zur Unabhängigkeit nach Abs. 5 Reference Paper in diesen sehr unterschiedlichen staatlichen Organisationsformen und damit verbundenen regulatorischen Strukturen horizontal sicherzustellen zu können, ist hier eine **uniforme, von den verschiedenen staatlichen Organi-**

---

198 *Bronckers/Larouche*, Journal of World Trade 1997, 30; krit. *Fredebeul-Krein*, Die Regulierungspolitik auf dem Markt für Telekommunikationsdienste, S. 259, 260.

199 *Stephenson*, Non-tariff barriers and the Telecommunications Sector, S. 40.

200 *Bhuiyan*, Journal of International Economic Law 2002, 572; vgl. eingehend zu den in der Praxis auftretenden Problemen bei der Einrichtung unabhängiger Regulierungsbehörden *Henderson/ Gentle/Ball*, S. 210 ff.

sationsformen unabhängige Auslegung notwendig.[201] Weiter ist ausschlaggebend, dass die vom Reference Paper intendierte **Unabhängkeit** im Ergebnis, also **de facto**, und nicht nur in rechtstechnischer Hinsicht, etwa über die Weisungsungebundenheit der Regulierungsbehörde, sicherzustellen ist. Den WTO-Streitschlichtungorganen wird jedoch eine Beurteilung der Frage, ob im konkreten Fall die formelle Trennung von Zuständigkeiten in Ministerien eine vollständige **De-facto-Unabhängigkeit** der Regulierungsbehörden von Anbietern gewährleistet, nicht möglich sein. Da also in der Regel im Fall der staatlichen Beteiligung deren Auswirkungen auf die Objektivität der Entscheidungsfindung letzlich unüberprüfbar bleibt[202], liesse sich vertreten, dass allein eine **eigentumsmäßige Nichtbeteiligung an Anbietern seitens staatlicher Instanzen** den Anforderungen der Unabhängigkeit der Regulierungsbehörden entspricht.[203] Alternativ erscheint es auch vertretbar, dass die von Art. 5 Reference Paper geforderte Unabhängigkeit der Regulierungsbehörden eingehalten werden kann, indem die konkrete Beteiligung aller staatlichen Instanzen bei der Umsetzung des Regulierungsverpflichtungen vom betroffenen Mitgliedstaat dargelegt wird und deren Unabhängkeit aufgrund ihrer Organisationsform und Weisungsunabhängigkeit von allen mit der Ausübung der Eigentumsrechte involvierten staatlichen Instanzen evident gemacht wird. Hier muss die Beweis- bzw. Darlegungslast jedoch den betroffenen Mitgliedstaat treffen, da anderfalls die Gefahr besteht, dass die Verpflichtung zur Gewährleistung der Unabhängigkeit der Regulierungsbehörden aufgrund einer intransparenten nationalen Organisation der Regulierungsaufgaben unterlaufen wird.

135 In der Lehre wurde bisher diskutiert, ob die Verpflichtung zur Unabhängigkeit der Regulierungsbehörden im Fall des Staatseigentums an einem Anbieter eine **strukturelle Trennung der Ministerien** erfordert, die für die Regulierung einerseits und für die Verwaltung des Staatseigentums andererseits zuständig sind, wobei die Lehre dies mit dem Hinweis darauf verneint hat, dass dem Reference Paper **keine Verpflichtung zur politischen Unabhängigkeit der Regulierungsbehörden** zu entnehmen wäre.[204] Dies mag zutreffen, es ist kein jedoch ausschlaggebendes Argument, um die organisatorischen und beteiligungsrechtlichen Verpflichtungen, die mit der Gewährleistung der Unabhängigkeit von Anbietern verbunden sind, zu spezifizieren, da im Fall des Staatseigentums alle Ministerien Bestandteil der Institutionen sein können, die auch Regulierungsaufgaben wahrnehmen. Nicht entscheidend ist weiter, dass die spezifischen Verpflichtungen der EG und ihrer Mitgliedstaaten einen expliziten Hinweis dahingehend enthalten, dass Staatseigentum an Anbietern grundsätzlich unberührt bleibt.[205] Dieser Hinweis betrifft nicht die hier in Frage stehende Unabhängigkeit der Regulierungsbehörden und ist daher im Rahmen der Auslegung von Abs. 5 Reference Paper nicht ausschlaggebend. Vielmehr sind die dargelegten Auslegungen aufgrund des natürlichen Wortverständnisses, der Systematik der Vorschrift und vor allem aufgrund ihres Sinns und Zwecks, die **Unparteilichkeit und damit Objektivität der Regulierung zu gewährleisten**, gerechtfertigt.

---

201 Zum Problem der Grenzen der Berücksichtigung nationaler Interpretation von WTO-Begriffen und der Notwendigkeit uniformer Auslegung auf WTO-Ebene vgl. *Oesch*, Journal of International Economic Law 2003, 641.

202 *Bronckers*, Trade and Competition Interllinkages: The case of Telecom, S. 12 ff.

203 *Frid*, Legal Issues of European Integration 1997, 82.

204 *Fredebeul-Krein*, Die Regulierungspolitik auf dem Markt für Telekommunikationsdienste, S. 262.

205 Vgl. Fn. 3 zu den spezifischen Verpflichtungen der Gemeinschaft und ihrer Mitgliedstaaten, zit. Fn. 1.

4. Knappe Ressourcen. – Abs. 6 Reference Paper sieht vor: **136**

Alle Verfahren für die Zuweisung und Nutzung knapper Ressourcen einschließlich Frequenzen, Nummern und Wegerechten werden objektiv, rechtzeitig, transparent und nichtdiskriminierend durchgeführt. Der aktuelle Stand zugewiesener Frequenzbereiche wird öffentlich zugänglich gemacht; die genaue Ausweisung der für bestimmte staatliche Nutzungen zugewiesenen Frequenzen ist jedoch nicht erforderlich.

In Abs. 6 Reference Paper werden die Zuteilung von Frequenzen, Nummern und Wege- **137** rechten einheitlich unter dem der knappen Ressourcen aufgelistet und vier Grundsätzen unterworfen, die jedoch **im Kontext der jeweiligen knappen Ressource einen unterschiedlichen Inhalt** haben können. In der Lehre wurde geltend gemacht, dass ein Harmonisierungsdefizit insbesondere hinsichtlich der Frequenzzuteilungsverfahren bestünde, da keine Harmonisierung dahingehend bestünde, ob Frequenzen im Wege von Auktionen oder Ausschreibungsverfahren zugeteilt werden sollen.[206] Vor dem Hintergrund der Erfahrung mit den Zuteilungsverfahren ist jedoch deutlich geworden, dass eine weitergehende Harmonisierung aufgrund der Variationsbreite möglicher Situationen und Lösungen von der Sache her kaum möglich ist, die Konzepte der Mitgliedstaaten des GATS zu weit auseinanderliegen und selbst auf nationaler Ebene nicht immer eindeutige Vorgaben aufgestellt werden können. Aus den in Abs. 6 Reference Paper genannten Grundsätzen sind jedoch im Einzelfall detaillierte, an die Verfahren zu stellende Anforderungen ableitbar.

Hinsichtlich der aus dem Diskriminierungsprinzip ableitbaren Verfahrensanforderungen **138** ist jeweils zu klären, ob die **Nichtdiskriminierungsverpflichtung** nur in Bezug auf ein spezifisches Verfahren oder auch im Verhältnis verschiedener Zuteilungsverfahren zueinander anwendbar ist. Hinsichtlich der **Frequenzzuteilung** ist dies zu verneinen, da jeweils eine neue Situation der Knappheit zu lösen ist. Der Bereich der Frequenzzuteilung ist insofern spezifisch, als hier die Kompetenz der Mitgliedstaaten des GATS, marktzugangbeschränkende Regeln aufrechtzuerhalten, von der Natur der Sache her besteht, was auf WTO-Ebene auch explizit bestätigt wurde. Über die Grundsätze des RP hinaus unterliegen Beschränkungen der Frequenzzuteilung dem Grundsatz der Gewährleistung objektiver Verfahren gem. Art. 6 GATS.[207]

Die gleiche Frage ist bei der Zuteilung von Nummern jedoch in die anderere Richtung zu **139** lösen, da hier die Möglichkeit vorausschauender Planung besteht, um das Nichtdiskriminierungsprinzip **auch im Zeitablauf einzuhalten. Der Verpflichtung zur diskriminierungsfreien Nummernzuteilung** kann damit auch eine **Verpflichtung zur Schaffung ausreichender Nummern** entnommen werden, da erst diese es ermöglicht, alle Nachfrager von Nummern im Zeitablauf gleich zu behandeln. Gleiches gilt auch hinsichtlich der Zuteilung von **Wegerechten**, wobei hier die **vorausschauende Planung** zur Gewährleistung der Nichtdiskriminierung sich auf die Ausgestaltung des Zuteilungsverfahrens richtet, d. h. das Recht, öffentliche Wege zu benutzen, muss von vornherein so gestaltet sein, dass später in den Markt eintretende Anbieter dieses in gleicher Form wahrnehmen können wie früher eintretende und damit sowohl dem Nichtdiskriminierungsprinzip als auch den Bedürfnissen der

---

206 *Fredebeul-Krein*, Die Regulierungspolitik auf dem Markt für Telekommunikationsdienste, S. 260.

207 WTO, Group on Basic Telecommunications, Chairman's Note S/GBT/W/3, 3. Februar 1997, Market Access Limitations on Specturm Availablity, S. 4; *Tuthill*, Telecommunications Policy, 1997, Bd. 21, Nr. 9/10, 792.

Bürger gegenüber regelmäßig geöffneten Strassen Rechnung getragen werden kann.[208]

140 Von Tragweite ist auch der Grundsatz der rechtzeitigen Zuteilung. Hinsichtlich der **Nummerzuteilung kann nur eine unverzügliche Zuteilung** als rechtzeitig angesehen werden, da die Einhaltung der Diskriminierungsverpflichtung bereits zur Schaffung von ausreichenden Nummern führen muss und daher die Notwendigkeit der Schaffung von neuen Nummern keinen Verzögerungsgrund darstellen kann. Hinsichtlich der **Zuteilung von Wegerechten** ist es Aufgabe der aus dem Reference Paper verpflichteten Mitgliedstaaten, das Verhältnis der Vorgaben der Nichtdiskriminierung, der zügigen Zuteilung und der allgemeinen Vorgaben zu spezifizieren. Daher kann dem Grundsatz der Rechtzeitigkeit **keine Verpflichtung zum „first come first served"** entnommen werden. Der Grundsatz der rechtzeitigen Zuteilung von Frequenzen beinhaltet jedenfalls, dass nachgefragte und ungenutzte Frequenzen nicht unbeschränkt vorenthalten werden können, d. h. die entsprechenden Frequenzen müssen ausgewiesen und Zuteilungsverfahren ausgearbeitet und eingeleitet werden. Falls dies zur Frequenzzuteilung notwendig ist, ist aus dem RP durchaus eine Verpflichtung zur **Aufstellung eines Frequenznutzungsplans** ableitbar, der hinsichtlich grenzüberschreitend genutzter Frequenzen von der Natur der Sache her auch international koordiniert sein muss.[209] Die explizite Herausnahme einer Verpflichtung zur Ausweisung nach Abs. 6 Satz 3 RP bezieht sich nur auf Frequenzen für die staatliche Nutzung.

VIII. Neuverhandlungen zum Reference Paper

141 Bereits das GATS verpflichtete die Mitgliedstaaten, bezüglich aller Dienstleistungssektoren Verhandlungen mit dem Ziel einer weiteren Liberalisierung zu führen. Auf dieser Grundlage wurden im März 2001 die Richtlinien und Verhandlungsgrundsätze durch den WTO Services Council verabschiedet.[210] Aufbauend auf diesen Grundsätzen sah die Ministerielle Erklärung von Doha von 2001 (Doha Development Agenda DDA)[211] u.a. die Bereitstellung von Anfangsangeboten aller Mitgliedstaaten des GATS zum 31. 3. 2003 vor.[212] Angebote wurden von 39 Staaten unterbreitet.[213] Die Verhandlungen im Dienstleistungssektor sollten ursprünglich bis zum 1. 1. 2005 abgeschlossen sein. Dieses Datum wurde jedoch nicht eingehalten. Derzeitig sind die Mitgliedstaaten des GATS aufgerufen, weitere Angebote auszuarbeiten.

142 Das am 29. 4. 2003 veröffentlichte Verhandlungsangebot der EG und ihrer Mitgliedstaaten[214] enthält im Telekommunikationssektor nur marginale Abänderungen des Basistele-

---

208 A. A. *Naftel/Spiwak*, The Telecoms Trade War, S. 114.
209 A. A. *Fredebeul-Krein*, Die Regulierungspolitik auf dem Markt für Telekommunikationsdienste, S. 260.
210 Guidelines and Procedures for the Negotiations on Trade in Services of 29 March 2001, S/L/93, http://www.wto.org/english/tratop_e/serv_e/s_negs_e.htm.
211 DOHA WTO Ministerial Declaration adopted on 14 November 2001, WT/MIN (01)/DEC/1, http://www.wto.org/english/thewto_e/minist_e/min01_e/mindecl_e.pdf.
212 Zu den Zielsetzungen der gegenwärtigen Verhandlungsrunde vgl. http://europa.eu.int/comm/trade/issues/newround/doha_da/index_en.htm.
213 http://www.wto.org/english/tratop_e/serv_e/s_negs_e.htm. vgl. zu den weiteren möglichen Verhandlungsgegenständen die Auflistung bei *Zhao*, International Journal of Communications Law and Policy 2003/2004, Nr. 8, 6 ff.
214 Trade in services: Conditional offer from the EC and its Member States, http://europa.eu.int/comm/trade/issues/newround/doha_da/submission_en.htm.

kommunikationsabkommens. Im Wesentlichen handelt es sich um Streichungen von obso-
leten Vorbehalten in den spezifischen Verpflichtungen, während das Reference Paper unverändert aufrecht erhalten bleibt. Hingegen enthält das Verhandlungsangebot der EG und
ihrer Mitgliedstaaten keinerlei Ansatz, um den Verpflichtungscharakter des Reference Paper dem Grundsatz der Flexibilität entsprechend dem neuen Rechtsrahmen anzunähern.
Weiter steht das Verhandlungsangebot auf der Grundlage des Ausschlusses der Rundfunkübertragung aus dem Anwendungsbereich des Reference Paper. Auch die Verhandlungsan-
gebote der weiteren Staaten enthalten keine weitreichenden Vorschläge zur Abänderung
des Reference Paper. Im Rahmen der gegenwärtigen Diskussionen auf WTO-Ebene geht
es u. a. darum, den Anwendungsbereich der spezifischen Verpflichtungen und insbesondere den der Basistelekommunikationsdienste zu klären, wobei die US und die EU Vorschläge zur Klassifizierung gemacht haben.[215] Die EU hat der WTO am 25. 1. 2005 ihre
Verhandlungsposition mitgeteilt, nach der u. a. eine weitergehende Liberalisierung der
Fernsehsatellitenübertragung und ihre Einbeziehung in den Anwendungsbereich des Reference Paper erreicht werden soll.[216] Weiter hat die EU-Kommission den EU-Mitgliedstaaten am 20. 4. 2005 ein überarbeitetes Verhandlungsangebot für den Dienstleistungssektor
unterbreitet, das das Verhandlungsangebot von 2003 auf die neuen EU-Mitgliedstaaten
ausweitet. Dieser Entwurf wird derzeit zwischen der Kommission und den EU-Mitgliedstaaten diskutiert.[217] Insgesamt ergibt sich aus der Verhandlungslage, dass mit einer Abänderung des Reference Paper nicht zu rechnen ist, jedoch gegebenenfalls mit einer genaueren Abgrenzung und/oder Ausdehnung seines Anwendungsbereichs. Daraus und aus dem
erfolgreichen Abschluss eines ersten Streitschlichtungsverfahrens im Telekommunikationssektor ist zu entnehmen, dass die kommenden Bestrebungen vor allem auf die **Konsolidierung und Umsetzung** des Basistelekommunikationsabkommens gerichtet sein
werden. Dies zeigt, dass dieses Abkommen nach wie vor auf einem Konsens der Mitgliedstaaten des GATS beruht und die hier niedergelegten Regulierungsgrundsätze auch im
Zuge der Entwicklung der Konvergenz und der Internettechnologie weniger der Modernisierung als vielmehr vor allem der allseitigen Umsetzung bedürfen.

---

215 Vgl. insofern die Vorschläge der EU und die Mitteilung der US, WTO, Council for Trade in Services, Commitee on Specific Committments, Communication from the Untied States, Classification in the Telecommunications Sector under the WTO-GATS framework, 22 February 2005, TN/
S/W/35; S/CSC/W/45.

216 Vgl. Summary of the EC's revised requests to third countries in the services negotiations under the
DDA, 24 Januar 2005, S. 5, http://europa.eu.int/comm/trade/index_en.htm.

217 Vgl. die Pressemitteilung der Kommission IP/05/451 vom 20. 4. 2005, http://europa.eu.int/
comm/press_room/presspacks/wto_200309/index_en.htm.

C. Die Umsetzung des neuen EU-Telekommunikationsrechts in den EU-Mitgliedstaaten

Die folgenden Ausführungen zielen auf die Darstellung der Umsetzung des EU-Rechtsrahmens für elektronische Kommunikationsdienste in Bezug auf einige ausgewählte Themenbereiche in den EU-Mitgliedstaaten unter Ausnahme von Deutschland ab, wobei die Darstellung auf die im Rahmen des Marktzugangs relevanten Umsetzungsmaßnahmen ausgerichtet ist.[1] Darüber hinaus sollen die Ausführungen dem Praktiker einen ersten Zugang zu den Rechtsrahmen der anderen EU-Mitgliedstaaten ermöglichen und ihm weitere Nachforschungen erleichtern. Auf dieser Grundlage wurden für die gegenständliche Darstellung die Themenbereiche Genehmigungen, Regulierungsbehörden, Zusammenarbeit der Regulierungsbehörden mit den Wettbewerbsbehörden, Marktanalyse, Betreibervorauswahl und Wettbewerb bei der Bereitstellung des Universaldienstes/Internetzugang ausgewählt.[2]

Schrifttum: *Beran/Briglauer*, Die Regulierung der beträchtlichen Marktmacht im neuen TKG, Öffentliches Wirtschaftsrecht 2003, S. 815; *Goldstein*, Das neue TKG aus der Sicht eines alternativen Festnetzbetreibers, Öffentliches Wirtschaftsrecht 2003, 824–828; *Kaufmann/Tritscher*, Das neue Telekommunikationsgesetz 2003, Leitfaden und kommentierte Textausgabe, 2004; *ders.*, TKG 2003, der neue Rechtsrahmen für „elektronische Kommunikation, Teil 1 und Teil 2, medien und recht 2003, 273, 343; *Lehofer*, Das Telekommunikationsgesetz 2003, Der Übergang vom alten zum neuen Telekomrecht, Österreichische Juristenzeitung (ÖJZ) 2003, 781; *Lichtenberger/Ruhle*, Das novellierte TKG – Basis für den wirksamen Wettbewerb auf den österreichischen Kommunikationsmärkten?, Öffentliches Wirtschaftsrecht 2003, 812; *Lust*, Telekommunikationsgesetz 2003 – wohin bewegt sich der Rechtsstaat?, Juristische Ausbildung und Praxis (JAP) I 2003/2004, 59; *Reinson/Papp/Vaher,* Euroopa Elektroonilise side regulatsiooni rakendamine Eestis (Die Umsetzung der Regulierung für elektronische Kommunikation in Estland), 2005; *Ryan,* EU Regulatory Framework for the Electronic Communications Sector transposed into Irish law as and from 25th July 2003, Kilroys Solicitors 2003 (3); *Verbiest,* Une première: la Cour d'arbitrage se prononce sur la convergence médias/télécoms/internet, www.droit-technologie.org, 2. 8. 2004; *Zuser*, TKG 2003 – „good news" für Mobilfunkbetreiber?, Öffentliches Wirtschaftsrecht 2003, 820.

---

1 Die Transpositionsmassnahmen der Mitgliedstaaten werden, soweit sie der Kommission notifiziert wurden, in der Database CELEX, www.cc.cec/clxint/htm/celex_de.htm, unter Abruf der Richtlinien 2002/19/EG, 2002/20/EG, 2002/21/EG und 2002/22/EG bzw. weiterer Rechtsakte durch Anklicken der Anzeige der nationalen Umsetzungsmaßnahmen angezeigt. Die Ergebnisse der Marktanalysen sind auf den nationalen web-sites der Regulierungsbehörden (http://erg.eu.int/links/index _en.htm) und auf der web-site des Art 7-Notifizierungsverfahrens unter http://europa.eu.int/information_society/policy/ecomm/article_7/index_en.htm abrufbar.

2 Zu umfassenderen Darstellungen vgl. auch die Berichte der EU-Kommission über die Umsetzung des EU-Reformpakets für elektronische Kommunikation, http://europa.eu.int/information_society/topics/ecomm/all_about/implementation_enforcement/index_en.htm; zu einer umfassenden und aktualisierten Darstellung der Transposition, der Anwendung und der Marktzugangsbedingungen in allen Mitgliedstaaten der EU und einigen Drittstaaten vgl. auch http://www.cullen.be.

Übersicht

I. Belgien

1 In **Belgien** wurde zur Umsetzung des neuen Rechtsrahmens durch das Parlament[3] am **21. 4. 2005 das Kommunikationsgesetz**[4] angenommen. Die notwendige Zustimmung durch den Senat ist am 10. 5. 2005 erfolgt[5], so dass die endgültige Fassung des Kommunikationsgesetzes vom 13. Juni 2005[6] dem vom Parlament verabschiedeten Gesetzestext entspricht. Das Gesetz schließt nicht die Fernsehübertragung in seinen Anwendungsbereich ein[7], nachdem das belgische Verfassungsgericht mit Urteil vom 14. 7. 2004[8] festgestellt hatte, dass auch auch die reine Übertragungfunktion von Fernsehsignalen eine regionale Kompetenz darstellt.

2 Gemäß Art. 9 des Kommunikationsgesetzes kann die Bereitstellung von elektronischen Kommunikationsdiensten- und -netzen nach **Notifizierung der Absicht der Aufnahme der Tätigkeit an die IBPT**[9] mit dem in Art. 9 Abs. 1 genannten Inhalt und in der dort genannten Form, d. h., per Einschreiben, aufgenommen werden. Die IBPT stellt gemäß Art. 9 Abs. 4 auf die Notifizierung hin eine **Erklärung zu den Rechten und Pflichten des Unternehmens aus, ohne dass hierfür ein Antrag** erforderlich ist. Dies gilt auch im Fall der Nutzung von **Frequenzen, die als eigener Akt durch die IBPT** gemäß den Art. 21 ff. in

---

3 Bzw. ein Teil des Parlements, die „Chambre des représentants"; das Parlament besteht aus der Chambre des Représentants de Belgique und dem Senat.
4 Loi relative aux communications électroniques, Moniteur Belge du 20 juin 2005, S. 28070; konsolidierte Fassung unter http://www.ibpt.be/ibpt.htm.
5 Vgl. http://www.senate.be/www/webdriver?MIval=index_senate&M=1&LANG=fr.
6 Vgl. Fn. 4.
7 Vgl. die Definition der elektronischen Kommunikationsdienste in Art. 2 Ziff 5 c) loi relatif aux communications éléctroniques.
8 Cour d'arbitrage, Arrêt n° 131/2004 du 4 juillet 2004, http://www.arbitrage.be/; vgl. hierzu die Ausführungen von Verbiest, Droit-technologie 2. August 2004.
9 Institut Belge des services postaux et des télécommunications, http://www.ibpt.be/langue.htm.

einem nicht diskriminierenden Verfahren zugeteilt werden. Die Einzelheiten der Anforderungen an die Notifizierung und der damit begründeten Rechte der Unternehmen waren von der IBPT bereits vor Transposition des neuen Rechtsrahmens zu Beginn 2004 spezifiziert worden.[10]

Gemäss Art. 14 Abs. 1 des Gesetzes vom 17. 1. 2003 betreffend das Statut der **IBPT**[11] in **3** der durch die Art. 157, 158 des Kommunikationsgesetzes geänderten Form ist die **IBPT für die Wahrnehmung der Regulierungsaufgaben** zuständig. Gemäß Art. 56 Abs. 2 des Kommunikationsgesetzes besteht weiter die Möglichkeit, dass in außergewöhnlichen Fällen Unternehmen mit beträchtlicher Marktmacht Zugangsverpflichtungen, die über die im Gesetz spezifizierten hinausgehen, durch den König, d. h. der Sache nach durch das **Ministerium für Wirtschaft**[12] auferlegt werden. Die **IBPT ist bei der Ausführung ihrer Aufgaben weisungsunabhängig.** Ein Eingriff in die Unabhängigkeit der IBPT kann gemäß Art. 15 des Gesetzes vom 17. 1. 2003 betreffend das Statut der IBPT nur im Fall eines Gesetzesverstosses oder der Verletzung des Allgemeininteresses durch die IBPT im Wege einer Verfügung der Regierung[13] erfolgen.

Für die Anwendung des Wettbewerbsrechts[14] ist der **Conseil de la Concurrence**[15] zustän- **4** dig. Dies betrifft auch den Bereich der elektronischen Kommunikationsdienste. Die Marktanalyse ist gemäß Art. 54 ff. des Kommunikationsgesetzes der IBPT übertragen, wobei gemäß Art. 55 Abs. 4 die Feststellung von wirksamem Wettbewerb bzw. die Feststellung von beträchtlicher Marktmacht eine vorausgehende Absprache – eine so genannte „**Concertation préalable" mit dem Conseil de la Concurrence** erfordert, d. h., nicht nur eine Zustimmung des Conseil de la Concurrence, sondern darüber hinaus die **Ausarbeitung einer gemeinsamen Position.** Äußert sich der Conseil de la Concurrence jedoch nicht innerhalb von 30 Tagen, gilt seine Zustimmung als erteilt. Darüber hinaus kooperiert die IBPT gemäß Art. 14 Abs. 2 Ziff. 3 e) des Gesetzes vom 17. 1. 2003 betreffend das Statut der IBPT[16] mit dem Conseil de la Concurrence, wobei die Modalitäten der Konsultation und des Informationsaustausches zwischen beiden Behörden durch den König, d. h. der Sache nach durch das Minsterium für Wirtschaft[17], festgelegt werden sollen. Eine entsprechende Verfügung wurde noch nicht getroffen.

---

10 Circulaire du 15 janvier 2004 de l'Institut concernant les conditions d'établissement et d'exploitation de réseaux publics de télécommunications und Circulaire du 15 janvier 2004 und Circulaire de l'Institut concernant les conditions relatives à la fourniture de services de téléphonie fixes et mobiles, http://www.ibpt.be/ibpt.htm, legislation.

11 Loi du 17 janvier 2003 relative au statut du régulateur des secteurs des postes et des télécommunications belges, Moniteur Belge v. 24. 1. 2003, S. 2591, http://www.ibpt.be/ibpt.htm, legislation.

12 Die Ausübung dieser Befugnis des Königs ist allein formeller Art ist, d. h., die Befugnis wird durch den zuständigen Minister ausgeübt, vgl. Art. 105 ff. der belgischen Verfassung, http://www.senate.be/senbeldocs/constitution/const_de.html.

13 D. h., eines „arrêté" seitens des „Conseil des Ministres".

14 Loi sur la protection de la concurrence économique, coordonnée le 1 Juillet 1999, http://mineco.fgov.be/organization_market/competition/law_competition_fr_001.pdf; eine Überarbeitung ist in Vorbereitung, vgl. Pressemitteilung des Conseil de Ministres vom 20. 5. 2005, http://www.belgium.be/eportal/application?pageid=contentPage&docId=38628.

15 http://mineco.fgov.be/homepull_fr.htm, regulation du marché, concurrence.

16 Loi du 17 janvier 2003 relative au statut du régulateur des secteurs des postes et des télécommunications belges, Moniteur Belge v. 24. 1. 2003, S. 2591, http://www.ibpt.be/ibpt.htm, legislation.

17 http://www.mineco.fgov.be/; zur Zuständigkeit vgl. Fn. 12.

5 Die Art. 54 ff. des Kommunikationsgesetzes enthalten keinen expliziten Hinweis zur Berücksichtigung der Märkteempfehlung und der Leitlinien der Kommission im Rahmen der Märktefestlegung und der Überprüfung der beträchtlichen Marktmacht. Art. 55 Abs. 3 definiert die beträchtliche Marktmacht entsprechend den Marktbeherrschungkriterien von Art. 14 Abs. 2 der Rahmenrichtlinie. Für die Auslegung soll entsprechend dem Memorandum zu dem dem Parlament zugeleiteten Entwurf **EU-Wettbewerbsrecht** herangezogen werden. Weiter geht das Memorandum auch von einer **weitestgehenden Berücksichtigung der Märkteempfehlung und der Leitlinien der Kommission**[18] aus. Was die Festlegung von **Abhilfemaßnahmen** anbelangt, sehen die Art. 55 Abs. 3 i.V. 58 ff. und 64 das **Ermessen der IBPT** vor, d. h., es ist vollumfänglich Aufgabe der IBPT, die geeigneten und verhältnissmäßigen Abhilfemaßnahmen auszuwählen. Gemäß Art. 55 Abs. 3 sollen die geeigneten Abhilfemaßnahmen auferlegt werden, wobei **nicht eindeutig ist, ob mindestens eine Abhilfemaßnahme** festzulegen ist. Zum 1. 6. 2005 hatte die IBPT noch keine Notifizierung der Ergebnisse ihrer Marktanalysen an die Kommission vorgenommen.

6 Die Verpflichtung zur Bereistellung der **Betreiber(vor)auswahl** besteht gemäß Art. 63 S. 1 des Kommunikationsgesetzes für die Unternehmen, die von der IBPT als Unternehmen mit **beträchtlicher Marktmacht in dem Markt für die Bereitstellung des Anschlusses an das öffentliche Telefonnetz an festen Standorten und dessen Nutzung** festgestellt wurden. Gemäß Art. 63 S. 2 kann die IBPT die Verpflichtung Betreibern **anderer Netze** mit beträchtlicher Marktmacht auferlegen, wenn **die Interessen der Nutzer** dies rechtfertigen.

7 Die Verpflichtung zur Bereitstellung des Universaldienstes schließt gemäß Art. 70 Abs. 1 Ziff. 2 c) des Kommunikationsgesetzes die der Bereitstellung eines **Festnetzanschluss für Endnutzer mit Internetübertragungskapazität** ein, wobei der Anhang detaillierte Regelungen zur technischen Ausgestaltung enthält. Gemäß Art. 71 erfolgt die Zuteilung der Verpflichtung zur Erbringung des Universaldienstes durch den König, d. h. der Sache nach durch das **Ministerium für Wirtschaft**[19], wobei auf Vorschlag der IBPT und nach Beratung in der Regierung zunächst die Dauer der Universaldienstverpflichtungen festlegt wird und anschließend die zum Universaldienst verpflichteten Unternehmen in einem **offenen Verfahren** designiert werden, wobei auch die Einzelheiten des Verfahrens durch den König, d. h. das Ministerium für Wirtschaft, festgelegt werden. Art. 71 schließt eine **Benennung verschiedener Unternehmen für die Bereitstellung verschiedener geographischer und sachlicher Bestandteile** des Universaldienstes nicht aus.

II. Dänemark

8 In **Dänemark** wurde zur Umsetzung des neuen Rechtsrahmens am **10. 6. 2003** das **Gesetz zur Änderung des Gesetzes für Wettbewerbsbedingungen und Verbraucherinteressen**

---

18 Empfehlung der Kommission vom 11. Februar 2003 über relevante Produkt- und Dienstmärkte des elektronischen Kommunikationssektors, die aufgrund der Richtlinie 20002/21/EG des Europäischen Parlaments und des Rates über einen gemeinsamen Rechtsrahmen für elektronische Kommunikationsnetze und -dienste für eine Vorabregulierung in Betracht kommen, ABl. L 114 v. 8. 5. 2003, S. 45; Leitlinien der Kommission zur Marktanalyse und Ermittlung beträchtlicher Marktmacht nach dem gemeinsamen Rechtsrahmen für elektronische Kommunikationsnetze und -dienste, ABl. C 165 v. 11. 7. 2002, S. 6.
19 Vgl. Fn. 12.

in den **Telekommunikationsmärkten**[20] verabschiedet und eine Reihe von Ausführungsverordnungen durch das Ministerium für Wissenschaft, Technologie und Innovation[21] erlassen.

Bereits vor Umsetzung des neuen Rechtsrahmens bestand ein freier Marktzugang[22], d.h., **9**
die Aufnahme der Tätigkeit erforderte **keinerlei Mitteilung** an die Regulierungsbehörde.
Dieses System blieb auch mit der Umsetzung des neuen Rechtsrahmens unverändert, d.h.,
Bereitsteller von Telekommunikationsdiensten und Netzen müssen gemäß den Sektionen
9 ff. des Kommunikationsgesetzes und den Ausführungsverordnungen[23] lediglich die dort
aufgeführten Mindesterfordernisse einhalten. Für die **Nutzung von Frequenzen ist eine
Einzelgenehmigung** erforderlich, wobei das Frequenzgesetz vom 6. 6. 2002[24] die Anforderungen insofern vereinfacht, als nur eine **einheitliche Genehmigung für die Nutzung
der Frequenzen und die Aufnahme der Tätigkeit** erforderlich ist.

Für die **Wahrnehmung von Regulierungsaufgaben ist ausschließlich NITA**[25] zuständig. **10**
Sektion 93 Abs. 1 des Komunikationsgesetzes **schließt die Erteilung von Weisungen an
NITA** aus, wobei dies sowohl Einzelentscheidungen anbetrifft als auch allgemeine Weisungen in Bereichen, in denen NITA selbst Ausführungverordnungen (Allgemeinverfügungen) erlassen kann. Eine Ausnahme von der Weisungsungebundenheit besteht gemäß
Sektion 93 Abs. 3 i.V.m. Sektion 86 im Bereich der **Notfälle** und anderer außergewöhnlicher Situationen. Hier ist das **Ministerium für Wissenschaft, Technologie und Innovation** für den Bereich der Ausgestaltung von Verpflichtungen von Unternehmen zuständig
und kann auch Weisungen im Einzelfall erteilen. Weiter ist dieses Ministerium gemäß Sektion 103 für die Einsetzung eines Gremiums für Mehrwertdienste (Code 0900 Board) zuständig, das allen Beschwerden in diesem Bereich nachgeht und unabhängig über diese
entscheidet.

---

20 Lov nr. 450 af 10.juni 2003 om ændring af lov om konkurrence- og forbrugerforhold på telemarkedet med flere love, (Act amending the Act on Competitive Conditions and Consumer Interest in
the Telecommunications Market), http://www.itst.dk/image.asp?page=image&objno=129090842;
englische konsolidierte Fassung unter http://www.itst.dk/image.asp?page=image&objno=
140840177; die im folgenden erwähnten Sektionen des dänischen Telekommunikationsgesetzes
2003 beziehen sich auf die Sektionen des Telekommunikationsgesetzes 2000, in der durch § 4 i lov
nr. 258 af 8. maj 2002, § 3 i lov nr. 378 af 6. juni 2002 og § 1 i lov nr. 420 af 6. juni 2002 geänderten
Form, nicht auf die der Änderungsgesetze; Verordnungen zur Umsetzung des Kommunikationsgesetzes sind auf Dänisch verfügbar unter http://www.itst.dk/wimpdoc.asp?page=tema&objno=
101532922 und in englischer Fassung unter http://www.itst.dk/wimpdoc.asp?page=tema&objno=
95024012.
21 Ministeriet for Videnskab, Teknologi og Udvikling, Ministry for Science, Technology and
Innovation, http://www.videnskabsministeriet.dk/cgi-bin/frontpage.cgi.
22 Achter Bericht der Kommission über die Umsetzung des Reformpakets für den Telekommunikationssektor, 3. 12. 2002 KOM (2002) 695 endgültig, Anhang Dänemark, Kapitel 3.1, http://euro-
pa.eu.int/information_society/topics/telecoms/implementation/index_en.htm.
23 Executive Order on the Provision of Communications Networks and Services Executive Order
No. 666 of 10 July 2003, und weitere Verordnungen unter http://www.itst.dk/wimpdoc.asp?page=
tema&objno=95024012.
24 Act on Radio Frequencies, Act No. 421 of 6 June 2002, http://www.itst.dk/wimpdoc.asp?page=
tema&objno=103243434.
25 National IT and Telecom Agency, IT-og Telestyrelsens, http://www.itst.dk/mainpage.asp.

11 Für die Anwendung des Wettbewerbsrechts ist die **Konkurrencestyrelsen**[26] zuständig. Diese ist gemäß Sektion 14 (2) des Wettbewerbsgesetzes[27] das Sekretariat des Konkurrencerådet.[28] Gemäß Sektion 84 e des Kommunikationsgesetzes bleibt die Zuständigkeit der Konkurrencestyrelsen zur Anwendung des Wettbewerbsrechts im Telekommunikationsbereich unberührt. Bereits Sektion 79 des Telekommunikationsgesetzes 2000[29] sah vor, dass der Konkurrencerådet eine bindende Stellungnahme hinsichtlich der Ausgestaltung des Zusammenschaltungsangebotes gegenüber der Regulierungsbehörde dahingehend dahingehend abgibt, ob dieses im Einklang mit allgemeinem Wettbewerbsrecht steht. Dieses Erfordernis der **bindenden Stellungnahme des Konkurrencerådet** wurde mit dem Kommunikationsgesetz bestätigt bzw. ausgedehnt und besteht gemäß Sektionen 19 Abs. 8 für die **Preisobergrenze für den Universaldienst,** gemäß Sektion 60 für den **Vertrag zwischen Unternehmen und NITA zur Ersetzung der technischen Regulierung,** gemäß Sektion 73 für das **Standardzusammenschaltungsangebot** und gemäß Sektion 79 Abs. 2 für die **Quersubventionierung** und die **getrennte Kostenrechnung.** Allerdings bezieht sich die bindende Stellungnahme nur auf die **Verletzung von Wettbewerbsrecht.** Im Bereich der **Märktedefinition und Marktanalyse** besteht gemäß Sektion 84 b eine **Verpflichtung von NITA,** diese in Zusammenarbeit mit der **Konkurrencestyrelsen** durchzuführen.

12 NITA nimmt gemäß Sektion 84 b des Kommunikationsgesetzes die Märktedefinition und Marktanalyse unter **Berücksichtigung der Märkteempfehlung und der Leitlinien der Kommission**[30] zur Marktanalyse vor. Die Kriterien zur Beurteilung beträchtlicher Marktmacht in Sektion 84 d Abs. 2 sind Art. 14 Abs. 2 der Rahmenrichtlinie entnommen. Gemäß Sektion 51 Abs. 1 i.V.m. Abs. 3 und Sektion 21 a Abs. 1 ist es **Aufgabe von NITA, die geeigneten Abhilfemaßnahmen auszuwählen und aufzuerlegen. Im Vorleistungsbereich** muss NITA gemäß Sektion 51 Abs. 1 **jedenfalls eine Abhilfemaßnahme** auferlegen, während diese Verpflichtung gemäß Sektion 21 a Abs. 1 im Endkundenmarkt nur besteht, wenn NITA die Vorleistungsverpflichtungen bzw. die Auferlegung der Betreibervorauswahl zur Erreichung der Regulierungsziele für unzureichend hält. Zum 1. 6. 2005 hatte NITA die Notifizierung die Ergebnisse ihrer Marktanalysen an die Kommission hinsichtlich der Märkte 1, 2, 6, 7, 8, 9, 11 und 12 der Märkteempfehlung der Kommission vorgenommen, jedoch hinsichtlich der Märkte 9 und 12 zurückgezogen.[31]

13 Für Festnetzunternehmen mit **beträchtlicher Marktmacht im Markt für den Anschluss und die Verbindungen** besteht gemäß Sektion 35 Abs. 1 des Kommunikationsgesetzes die Verpflichtung zur Bereitstellung der **Betreiber(vor)auswahl.** Aufgrund eines Vorschlags des Ministeriums für Wissenschaft, Technologie und Innovation zur Änderung des Kom-

---

26 Vgl. http://www.ks.dk/.
27 Consolidated Competition Act No. 539 of 28 June 2002, http://www.ks.dk/english/regler/kl-eng2002/comp-act539-02/.
28 Vgl. http://www.ks.dk/om_ks/konkurreceraadet/ = Competition Council, http://www.ks.dk/english/organisation/raadsmedlem/.
29 Lov nr. 418 af 31. maj 2000 om konkurrence- og forbrugerforhold på telemarkedet, Text und Erläuterungen in englischer Sprache zum Gesetz in seiner Form von 2000 unter http://www.itst.dk/wimpblob.asp?objno=95024202.
30 Vgl. Fn. 18.
31 Notifzierungen in den Sachen DK/2005/0141, DK/2005/0171, DK/2005/0176-0177, DK/2005/0182-0184, http://forum.europa.eu.int/Public/irc/infso/ecctf/home.

munikationsgesetzes vom 27. 4. 2005[32] ist eine Änderung von Sektion 35 Abs. 1 zum 1. 7. 2005 dahingehend beabsichtigt, dass **allein die Marktmacht in den Märkten für den Anschluss** maßgeblich sein soll. Gemäß Sektion 35 Abs. 2 kann NITA die Verpflichtung zur Bereitstellung der Betreiberauswahl Mobilfunknetz- und Mobilfunkdiensteunternehmen auferlegen, wenn **im Rahmen einer Marktanalyse deren beträchtliche Marktmacht** festgestellt wurde und **soweit diese einen Zusammenschaltungsvertrag** mit anderen Unternehmen mit dieser Zielsetzung **abgeschlossen** haben.

Gemäß Sektion 16 Abs. 2 des Kommunikationsgesetzes werden die bestehenden Funktionalitäten des im Rahmen des Universaldienstes bereitzustellenden Festnetzanschlusses für Endnutzer durch das Ministerium festgelegt. Gemäß Sektion 2 Abs. 2 Ziff. 3 der Universaldiensteverordnung vom 10. 7. 2003[33] schließt der bereitzustellende Anschluss die **Internetübertragungskapazität** ein. Gemäß Sektion 11 der genannten Universaldiensteverordnung bestimmt NITA das zum Universaldienst verpflichtete Unternehmen aufgrund einer **öffentlichen Ausschreibung oder aufgrund von Marktanteilen** von über 50 %, wobei es nur zu einer Ausschreibung kommen kann, wenn das Ministerium die Bedingungen hierfür festgelegt hat. Ansonsten bleibt TDC (historischer Anbieter) das zum Universaldienst verpflichtete Unternehmen. **14**

III. Estland

Estland hat den neuen Rechtsrahmen mit **Kommunikationsgesetz vom 8. 12. 2004**[34] umgesetzt. Das Gesetz ist am 1. 1. 2005 in Kraft getreten. **15**

Zur Bereitstellung elektronischer Kommunikationsdienste bzw. -netze ist gemäß § 3 Abs. 2 des Kommunikationsgesetzes eine **Eintragung ins Handelsregister und eine dahingehende Information der Sideamet**[35] notwendig. Weiter muss das Unternehmen vor Aufnahme der Tätigkeit eine **Mitteilung an die Sideamet** mit dem in § 4 Abs. 2 genannten Inhalt vornehmen. Diese Erfordernisse gelten auch im Fall der Nutzung von Frequenzen und Nummern, wobei die Sideamet gemäß § 3 Abs. 3 i. V. m. § 13 Frequenzen und i. V. m. § 34 Abs. 4 Nummern in einem eigenen Verfahren zuteilt. **16**

Das Kommunikationsgesetz überträgt die **Wahrnehmung der Regulierungsaufgaben** weitestgehend **der Sideamet**. Ausgenommen hiervon sind gemäß § 6 ff. die Aufstellung des Frequenzplans, gemäß § 28 ff. die Aufstellung des Nummerierungsplans und gemäß § 72 ff. die Benennung des zum Universaldienst verpflichteten Unternehmens. In diesen Bereichen ist das **Ministerium für Wirtschaft und Kommunikation**[36] zuständig. Gemäß § 133 üben die Sideamet und das Ministerium für Wirtschaft und Kommunikation ihre Regulierungbefugnisse entsprechend ihren spezifischen Kompetenzzuweisungen aus. Gemäß **17**

---

32 Forslag til Lov om ændring af lov om konkurrence- og forbrugerforhold på telemarkedet Lovforslag nr. L 164, Folketinget 2004-5 (2.samling), http://www.vtu.dk/fsk/ITC/535870L164.pdf.

33 Executive Order on USO Services, Executive Order No. 665 of 10 July 2003, http://www.itst.dk/image.asp?page=image&objno=145227729.

34 Elektroonilise side seadus (RT I 2004, 87, 593), Eesti raadiosageduste plaan (RTL 2005, 21, 280), https://www.riigiteataja.ee/ert/act.jsp?id=827848; Electronic Communications Act, http://sa.riik.ee/atp/failid/Elektroonilise_side_seadus_eng.htm; Kommentierung bei *Reinson/Papp/Vahe*, S. 1 ff.

35 http://sa.riik.ee/atp/eng/.

36 http://www.mkm.ee/index?.

Art. 1 der Verordnung zu den Statuten der Sideamet[37] ist diese eine Behörde der Regierung, die dem **Ministerium für Wirtschaft und Kommunikation nachgeordnet** ist. Damit verbunden ist gemäß § 140 Kommunikationsgesetz die Aufsicht der Sideamet durch das Ministerium, die jedoch **nicht die Unabhängkeit der Sideamet bei der Wahrnehmung ihrer Aufgaben** berührt.

18   Für die Anwendung des Wettbewerbsrechts[38] ist die **Konkurentsiamet**[39] zuständig. Dies betrifft auch den Bereich der elektronischen Kommunikationsdienste, wobei gemäß § 133 des Kommunikationsgesetzes der **Vorrang des Kommunikationsgesetzes** gilt. Gemäß § 144 Abs. 6 und 7 ist die **Sideamet für die Missbrauchskontrolle hinsichtlich der Entgelte und des Zugangs im Rahmen des Wettbewerbsrechts zuständig**, soweit beträchtliche Marktmacht des Unternehmens im Sinn des Kommunikationsgesetzes besteht. § 144 Abs. 1 sieht vor, dass die Sideamet mit der **Konkurentsiamet zusammenarbeitet und Information über den Status des Wettbewerbs austauscht**[40], wobei die Einzelheiten der Zusammenarbeit in einem **Kooperationsabkommen** festgelegt werden können. Die **Sideamet informiert die Konkurentsiamet** gemäß § 144 Abs. 2 über die **Ergebnisse der Marktanalyse**, wobei jedoch nicht explizit die Einholung einer Stellungnahme vorgesehen ist. Gemäß § 144 Abs. 4 muss die Kooperation der Behörden eine **uniforme und konsistente Interpretation von Wettbewerbsrecht** gewährleisten. Gem § 144 Abs. 5 schließen Maßnahmen der Sideamet für Unternehmen mit beträchtlicher Marktmacht gegensätzliche Maßnahmen der Wettbewerbsbehörde aus.

19   Die Marktanalyse soll gem § 43 Abs. 1 des Kommunikationsgesetzes auf der Grundlage der **Märkteempfehlung und der Leitlinien der Kommission**[41] **und im Einklang mit EU-Wettbewerbsrecht** vorgenommen werden. § 42 listet die Märkte auf, die einer Überprüfung der Notwendigkeit der sektorspezifischen Regulierung unterworfen sind, wobei die gennannten Märkte denen der Kommissionsempfehlung entsprechen. Die §§ 50 ff. sehen die Befugnisse der Sideamet vor, die geeigneten **Abhilfemaßnahmen** festzulegen, wobei der Sideamet das **Auswahlermessen** zukommt. Zum 1. 6. 2005 hatte die Sideamet eine Notifizierung der Ergebnisse ihrer Marktanalysen an die Kommission noch nicht vorgenommen.

20   Zur Auferlegung der Verpflichtung der **Betreiber(vor)auswahl** verweist § 56 Abs. 1 des Kommunikationsgesetzes auf die Ergebnisse der Marktanalyse im **Markt für den Zugang zu Privatkunden zum öffentlichen Telefonnetz an festen Standorten und im entsprechenden Markt für den Zugang zu anderen Kunden**. Es bestehen keine Vorschriften für die Auferlegung der Verpflichtung in anderen als den Festnetzen.

21   § 70 des Kommunikationsgesetzes sieht vor, dass der im Rahmen des Universaldienstes bereitzustellende Festnetzanschluss die **funktionelle Internetübertragungskapazität** haben muss. **Das zum Universaldienst verpflichtete Unternehmen** wird gemäß den

---

37 Regulation No 24 of the Minister of Economic Affairs and Communications, of February 11, 2003, The Statute of Estonian National Communications Board, http://sa.riik.ee/atp/eng/index.html?id=1696.

38 Competition Act, passed 5 June 2001, RT I 2001, 56, 332, (consolidated text July 2004), http://www.konkurentsiamet.ee/eng/index.html?id=763.

39 http://www.konkurentsiamet.ee/eng/.

40 Vgl. zur Praxis der Zusammenarbeit die Ausführungen von Estland im Global Forum on Competition, OECD, Februar 2005, http://www.oecd.org/dataoecd/49/24/34285203.pdf.

41 Vgl. Fn. 18.

§§ 72, 73 durch das **Minsterium für Wirtschaft und Kommunikation**[42] **aufgrund eines Vertrages** mit diesem bestimmt. Eine territoriale Aufsplittung des Universaldienstes kann gemäß § 73 Abs. 5 nur vorgenommen werden, wenn ein Unternehmen auf dem Gebiet, auf dem es zum Universaldienst verpflichtet wird, über **ausschliessliche Rechte oder eine essential facility** verfügt. Gemäß § 193 bleiben die derzeitigen Universaldiensteverpflichtungen bis Ende 2006 bestehen.

IV. Finnland

Finnland hat zur Umsetzung des neuen Rechtsrahmens das **Kommunikationsmarktgesetz vom 23. 5. 2003**[43] verabschiedet. **22**

Gemäß Sektion 13 des Kommunikationsmarktgesetzes kann die Aufnahme der Tätigkeit **23** zur Erbringung von Telekommunikationsdiensten und -netzen nach einer **Mitteilung an FICORA**[44] erfolgen. Gemäß Sektion 15 stellt FICORA **auf Antrag** innerhalb einer Woche eine Empfangsbestätigung aus, die alle **Rechte und Pflichten des Unternehmens auflistet**. Soweit **Frequenzen** für die digitale terrestrielle Kommunikation oder den Mobilfunk zugeteilt werden, besteht gemäß Sektion 4 eine **Einzelgehmigungspflicht**.

Gemäß Sektion 119 des Kommunikationsmarktgesetzes ist **Ficora für die Wahrnehmung** **24** **aller Regulierungaufgaben** zuständig, während das Ministerium für **Transport und Kommunikation**[45] **(MINTC)** für die Gestaltung von generellen Richtlinien für die Telekommunikation und ihrer Entwicklung zuständig ist.

Aufgrund des Act on the Finnish Competition Authority[46] ist die **FCA**[47] **für die Anwendung des Wettbewerbsrechts**[48] zuständig. Sie ist als Behörde innerhalb des Ministeriums für Handel und Industrie organisiert.[49] Sowohl FICORA als auch das MINTC sollen gemäß Sektion 120 des Kommunikationsmarktgesetzes ihre Aufgaben in **Zusammenarbeit** mit der Kartellbehörde und den Verbraucherbehörden wahrnehmen. Die **FCA und FICORA** **25**

---

42 Vgl. Fn. 36.

43 Viestintämarkkinalaki, Annettu Helsingissä 23 toukokuuta 2003, SSK n° 393 tehty 30/5/2003 p. 1895, http://www.mintc.fi/lvm_old/data/www/sivut/suomi/tele/Viestintamarkkinalaki2003.pdf; in englischer Übersetzung: Communications Market Act 23. 5. 2003/393 (amendments up to 518/ 2004 included, http://www.mintc.fi/www/sivut/dokumentit/viestinta/tavoite/Communications MarketAct_upto518_2004.pdf.

44 Viestintavirasto Kommunikationsverket = Finish Communications Regulatory Authority, http://www.ficora.fi/englanti/index.html.

45 Liikenne Ja Viestinta Ministerio = Ministry of Transport and Communications (MINTC) http://www.mintc.fi/www/sivut/english/default.html.

46 The Act on the Finnish Competition Authority (711/1988), amended by (482/1992), http://www.kilpailuvirasto.fi/cgi-bin/english.cgi?luku=legislation&sivu=legislation.

47 Kilpailuvirasto, http://www.kilpailuvirasto.fi/cgi-bin/suomi.cgi; Finnish Competition Authority http://www.kilpailuvirasto.fi/cgi-bin/english.cgi?.

48 The Act on Competition Restrictions (480/1992), amended by (447/1994), (448/1994), (600/ 1995), (908/1995) and (303/1998), http://www.kilpailuvirasto.fi/cgi-bin/english.cgi?luku=legislation&sivu=legislation.

49 Vgl. Entscheidungen unter http://www.kilpailuvirasto.fi/cgi-bin/english.cgi?luku=legislation& sivu=legislation.

haben ein Kooperationsabkommen[50] abgeschlossen, das zum 25. 7. 2003 in Kraft getreten ist. Dieses sieht vor, dass die **FCA und FICORA Überschneidungen vermeiden und sich im Zweifelsfall einig werden, dass nur eine Behörde tätig** wird, bzw. dass der Market Court[51] über die Zuständigkeit entscheidet. Die Aufgabenverteilung soll so erfolgen, dass die Sachkenntnis beider Behörden optimal ausgenutzt wird. So wird etwa auf die höhere Kompetenz von FICORA bezüglich der Beurteilung der angemessenen Preishöhe hingewiesen, während hinsichtlich der Nichtdiskriminierung bei der Preisgestaltung die größere Sachkenntnis eher bei der FCA liegen soll. Für die **Märktedefinition und die Marktanalyse sieht das Kooperationsabkommen** die Einrichtung von **gemeinsamen Expertengruppen** vor.

26 Die Aufgabe der Festlegung der Märkte, die im Hinblick auf die Notwendigkeit der sektorspezifischen Regulierung überprüft werden sollen, ist gemäß Sektion 16 des Kommunikationsmarktgesetzes **FICORA** übertragen. Das Gesetz enthält keinen Hinweis darauf, nach welchen Kriterien die Marktabgrenzung zu erfolgen hat. Sektion 16 lässt eine **Abweichung von der Liste der Märkte der Märkteempfehlung** der Kommission zu, diese darf jedoch **nur durch das MINCT** vorgenommen werden. FICORA hat jedoch eine Unterteilung der Märkte der Empfehlung in geographisch abgegrenzte Märkte offensichtlich nicht als „Abweichung" im Sinn von Sektion 16 aufgefasst.[52] Das MINTC hat bisher keine Entscheidung zu einer Abweichung von der Märkteempfehlung getroffen. Allerdings enthält Sektion 43 Abs. 4 des Kommunikationsmarktgesetzes eine implizite Abweichung von der Märkteempfehlung der Kommission. Danach müssen Mobilfunkunternehmen die aus Festnetzen kommende Terminierung auf ihrem Netz nicht identifizieren mit der Folge, dass eine Überprüfung der Regulierungsbedürftigkeit eines Teilbereiches des Marktes 16 der Märkteempfehlung der Kommission[53] – die der **Terminierung vom Festnetz in das Mobilfunknetz – gegenstandslos** ist, da hier eine Regulierung nicht möglich ist.[54] Daran hat auch eine Abänderung von Sektion 43 des Kommunikationsmarktgesetzes nichts geändert.[55] Die **Auswahl und Festlegung der Abhilfemaßnahmen** sowohl im Vorleistungs- als auch im Endkundenmarkt sind **vollumfänglich FICORA** übertragen. Gemäß Sektion 18 erfolgt die Auferlegung von Abhilfemaßnahmen nach dem Verhältnismäßigkeitsprinizip, wobei **offen** bleibt, ob im Fall der Feststellung von beträchtlicher Marktmacht **mindestens eine Abhilfemaßnahme** festgelegt werden muss. Zum 1. 6. 2005 hatte FICORA die Notifizierung der Ergebnisse ihrer Marktanalysen an die Kommission hinsichtlich aller Märkte der Märkteempfehlung der Kommission unter Ausnahme von Markt 17 vorgenommen.[56]

---

50 Kilpailuviraston ja Viestintäviraston välinen yhteistyö, http://www.kilpailuvirasto.fi/cgi-bin/suo mi.cgi?luku=tiedotteet&sivu=tied/t-2003-06. Eine englische Zusammenfassung findet sich unter: http://www.kilpailuvirasto.fi/cgi-bin/english.cgi?luku=news-archive&sivu=news/n-2003-03-31.

51 Eingerichtet durch den Market Court Act (1527/2001), http://www.kilpailuvirasto.fi/cgi-bin/eng lish.cgi?sivu=act-on-the-market-court.

52 Vgl. Notifizierung 2003/0020 und 2003/21 zu den Märkten 1 und 2 (Endkundenmarkt Zugang an festen Standorten für Nichtgeschäftskunden bzw. Geschäftskunden).

53 Vgl. Fn. 18.

54 Vgl. Notifizierung 2003/0031, die sich nur auf die Mobilfunkterminierung aus Mobilfunknetzen, nicht jedoch auf die aus Festnetzen bezieht, http://forum.europa.eu.int/Public/irc/infso/ecctf/ home.

55 Vgl. die letzte Fassung unter http://www.mintc.fi/www/sivut/dokumentit/viestinta/tavoite/Com municationsMarketAct_upto518_2004.pdf.

56 Notifizierungen in den Sachen FI/2003/0020-31, FI/2004/0043, FI/2004/0062, FI/2004/0076, FI/ 2004/0079-82, http://forum.europa.eu.int/Public/irc/infso/ecctf/home.

Sektion 62 des Kommunikationsmarktgesetzes sieht vor, dass Betreibern von Festnetzen 27 **mit beträchtlicher Marktmacht** die Verpflichtung zur Bereitstellung der Betreiberauswahl und -vorauswahl auferlegt werden muss, wobei die relevanten Märkte nicht spezifiziert werden. Die Verpflichtung kann **auch Mobilfunkunternehmen** mit beträchtlicher Marktmacht auferlegt werden, allerdings **nur hinsichtlich internationaler Gespräche**. In der Folge einer Vetoentscheidung der Kommission hat Ficora im Markt 15 der Märkteempfehlung der Kommission das Vorhandensein von wirksamem Wettbewerb festgestellt.[57]

Die Verpflichtung zur Erbringung des Universaldienstes schließt gemäß Sektion 59 Abs. 3 28 S. 2 des Kommunikationsmarktgesetzes die Bereitstellung eines Anschlusses für Endnutzer mit **Internetübertragungskapazität** ein. Die Verpflichtung trifft gemäß Sektion 59 **alle Unternehmen mit beträchtlicher Marktmacht**.

V. Frankreich

Frankreich hat zur Umsetzung des neuen Rechtsrahmens die **Loi relative aux communi-** 29 **cations électroniques et aux services de communication audiovisuelle vom 9. 7. 2004**[58] verabschiedet und damit den Code des postes et des communications électroniques (im Folgenden: L.) neu benannt und geändert. Aufgrund der Gesetze wurden am **26. 11. 2004 die Marktanalyseverordnung**[59], am **31. 1. 2005 die Universaldienstentgeltverordnung**[60] und in der Folge eine Reihe weiterer Verordnungen erlassen.[61]

Art. L. 33-1 Abs. 1 S. 1 sieht als Vorraussetzung der Aufnahme der Tätigkeit eine **Mitteilung** 30 **an die Autorité de Régulation des Telecommunications et des Postes (ARCEP)**[62] vor, wobei dies **auch im Fall der Nutzung von Frequenzen** gilt, die in einer getrennten Maßnahme zugeteilt werden. Die bisherigen „cahiers de charge" werden gemäß Art. L. 33-1 ersetzt durch **Allgemeinbedingungen**. Die Zuteilung von Frequenzen erfolgt im Fall der Knappheit gemäß Art. L. 42 I und Art. L. 42 II im Wege der Ausschreibung durch die ARCEP.

Gemäß Art. L. 32. I 3° sind die **Regulierungsbehörden** die **ARCEP** und der für **Telekom-** 31 **munikation zuständige Minister**, d. h. das Ministerium für Wirtschaft, Finanzen und Industrie[63] und innerhalb des Ministeriums der für Telekommunikation zuständige **Minister**

---

57 Notifzierung FI/2004/0082, a.a.O.
58 Loi n° 2004-669 du 9 juillet 2004 relative aux communication électroniques et aux services de communication audiovisuelle, JO v. 10. 7. 2004, S. 1–164, konsolidierte Version unter http://www.arcep.fr, Textes de référence.
59 Decret n° 2004-1301 du 26 novembre 2004 relatif aux dispositions applicables aux opérateurs exerçant une influence significative sur un marché du secteur des communications électroniques en application des articles L.37-1 à L.38-3 du code des postes et des communications électroniques, JO 30 novembre 2004, http://www.arcep.fr, Textes de référence.
60 Décret n° 2005-75 du 31 janvier 2005 relatif au contrôle des tarifs du service universel des communications électroniques, JO du 1 février 2005, http://www.arcep.fr, Textes de référence.
61 Vgl. zur Frequenzzuteilung Décret n° 2005-605 du 27 mai 2005 modifiant la deuxième partie (Décrets en Conseil d'Etat) du code des postes et des communications électroniques, JO du 29 mai 2005; http://www.arcep.fr, Textes de référence.
62 Autorité de Régulation des Communications Electroniques et des Postes, bisher ART, Namen geändert aufgrund der Loi n° 2005-516 du 20 mai 2005 relative à la régulation des activités postales, JO 21 mai 2005, http://www.arcep.fr, Textes de référence.
63 Ministère en charge de l'economie, des finances et de l'industrie.

für Industrie.[64] Gemäß Art. L. 36. 5–14 sind der **ARCEP weitestgehend alle Regulie-rungsaufgaben übertragen.** Der **Minster für Telekommunikation** ist gemäß Art. L. 35–2 für die **Bestimmung des zum Universaldienst zuständigen Unternehmens** zuständig. Der zuständige Minister und die ARCEP werden durch Kommissionen mit Beratungs-funktion, die „Commission consultative des radiocommunications" (CCR), die „Commis-sion consultative des réseaux et services de télécommunications" (CCRST) und die „Com-mission supérieure du service public des postes et télécommunications (CSSPPT) unter-stützt.[65] Daneben besteht gemäß Art. L 43 die für Frequenzsicherheit zuständige **Agence nationale des fréquences** (AFNR)[66] und der für die Radio- und Fernsehprogrammgestal-tung zuständige **Conseil Supérieur de l'Audiovisuel.**[67] Die **ARCEP wie die AFNR und der Conseil supérieur de l'audiovisuel** sind aufgrund ihrer Verwaltungsstruktur als **auto-nome Verwaltungsorgane** entsprechend dem allgemeinen französichen Verwaltungsrecht **weisungsunabhängig.**

32   Für die Anwendung des Wettbewerbsrechts[68] ist der **Conseil de la Concurrence**[69] zustän-dig. Die ARCEP unterliegt seit ihrer Gründung 1997 (als ART) gemäß Art. L. 36-10 dem Conseil de la Concurrence gegenüber einer **Informationspflicht, die reziprok** gilt. Weiter hat die ARCEP gemäß L. 36-10 das Recht und die Pflicht, den Conseil de la Concurrence zu informieren, wenn ihr ein wettbewerbswidriges Verhalten von Unternehmen im Tele-kommunikationssektor bekannt wurde. Im Bereich der Marktanalyse sehen die Art. L. 37-1. und Art. D. 301 und D. 302 der Marktanalyseverordnung[70] vor, dass die **ARCEP vor der Märktedefinition und der Aufstellung der Liste der Unternehmen mit beträchtlicher Marktmacht die Stellungnahme des Conseil de la Concurrence** einholt.

33   Die Liste der Märkte, hinsichtlich derer eine Marktanalyse durchgeführt werden soll, wird gemäß Art. L. 37-1 unter Berücksichtigung der für die Entwicklung von wirksamem Wett-bewerb bestehenden Hindernisse aufgestellt. Zur Beurteilung des wirksamen Wettbewerbs ist die Definition des marktbeherrschenden Unternehmens ausschlaggebend. Gemäß Art. D. 301 und D. 302 der Marktanalyseverordnung[71] sind die **Märkteempfehlung der Kommission und die Leitlinien der Kommission**[72] **jeweils weitestgehend zu berück-sichtigen.** Gemäß Art. L. 38. I. und L. 38. IV. in Verbindung mit den Art. D. 307 bis 315 der Marktanalyseverordnung ist die **Auswahl und Festlegung von Abhilfmaßnahmen in Vorleistungsmärkten vollumfänglich Aufgabe der ARCEP.** Gleiches gilt für die Aufer-legung von Abhilfemaßnahmen im Endkundenmarkt gemäß Art. L. 38. 1. I.–III. Hier be-steht jedoch gemäß Art. L. 38-1. II Satz 2 das Regelbeispiel des Absehens der Auferlegung von Abhilfemaßnahmen für **innovative Dienste**[73], es sei denn, die Regulierungsziele wür-den verfehlt. Die ARCEP hatte zum 1. 6. 2005 der Kommission die Ergebnisse ihrer Markt-

---

64 http://www.industrie.gouv.fr/index.htm.
65 Vgl. http://www.telecom.gouv.fr/telecom/ anklicken von Télécommunications > Cadre réglemen-
      taire > Acteurs et compétences.
66 http://www.anfr.fr/.
67 http://www.csa.fr/index.php; die Art. 27 ff. der Loi relative aux communications électroniques et
      aux services de communication audiovisuelle vom 3. Juni 2004.
68 Code de Commerce – Art. 410-1 ff.
69 http://www.conseil-concurrence.fr/user/index.php.
70 Vgl. Fn. 59.
71 Vgl. Fn. 59.
72 Vgl. Fn. 18.
73 Sur les marchés emergents crées par l'innovation technologique.

analyse hinsichtlich der Märkte 12, 15 und 16 der Märkteempfehlung der Kommission notifiziert, jedoch ihre Notifizierung hinsichtlich von Markt 15 zurückgezogen.[74]

Art. L. 38. II sieht die Auferlegung der Verpflichtung zur Bereitstellung der Betreiber(vor)- 34
auswahl für **Festnetzunternehmen beträchtlicher Marktmacht im Markt für den Anschluss**[75] vor. Eine **Überprüfung von anderen Märkten** als derjenigen für den Festnetzanschluss zur Auferlegung der Betreiber(vor)auswahl ist **nicht explizit vorgesehen**.

Der im Rahmen des Universaldienstes bereitgestellte Anschluss muss gemäß Art. 35.L-1 35
1°[76] den **Internetanschluss** ermöglichen. Jedes Unternehmen, das die Verpflichtung zur
Versorgung auf dem gesamten nationalen Territorium übernimmt, kann durch den **Minister für Telekommunikation** als Universaldienstebereitsteller benannt werden. Gemäß
Art L. 35-2 erfolgt die Benennung des zum Universaldienst verpflichteten Unternehmens
im Wege der **öffentlichen Ausschreibung**.

VI. Griechenland

In **Griechenland** hat das Ministerium für Transport und Kommunikation[77] zur Umsetzung 36
des neuen Rechtsrahmens am 25. 5. 2005 einen Gesetzesvorschlag zur elektronischen
Kommunikation veröffentlicht.[78]

Nach dem Telekommunikationsgesetz 2000[79] ist die Erteilung einer Einzelgenehmigung 37
durch die EETT[80] in allen Fällen notwendig, in denen Netze betrieben werden und Wegerechte, Nummern oder Frequenzen genutzt werden. In allen anderen Fällen ist eine Allgemeingenehmigung bzw. eine Notifizierung an die EETT ausreichend.[81] Die Art. 21 ff. des
Gesetzesvorschlages sehen grundsätzlich das System der **Allgemeingenehmigung** vor.

Die **Wahrnehmung aller Regulierungsaufgaben** ist aufgrund des Telekommunikations- 38
gesetzes 2000 **der EETT** übertragen.[82] Die EETT ist ein vom Parlament und dem Ministerium für Transport und Kommunikation eingesetzte **unabhängige** Institution.[83]

Die griechische Wettbewerbsbehörde[84] ist gemäß Art. 3 Abs. 14 d) des Telekommunika- 39
tionsgesetzes 2000 im Bereich der Telekommunikationsdienste und -netze nicht für die

---

74 Notifizierungen in den Sachen FR/2004/0104, FR/2004/0120, FR/2005/0174-0175, FR/2005/
0179, http://forum.europa.eu.int/Public/irc/infso/ecctf/home.
75 Sur le marché du raccordement aux réseaux téléphoniques fixes ouverts au public.
76 In der Fassung der „Loi n° 2003-1365 du 31 décembre 2003 relative aux obligations de service
public des télécommunications et à France Télécom", JO Nr. 1 vom 1. Januar 2004, S. 9, http://
www.arcep.fr, Textes de réference.
77 www.yme.gr/.
78 Σ.Ν. ΠΕΡΙ ΗΛΕΚΤΡΟΝΙΚΩΝ ΕΠΙΚΟΙΝΩΝΙΩΝ, Electronic Communications Law, nur auf
Griechisch veröffentlicht unter http://www.yme.gov.gr/imagebank/articles/rtcl277_6_11170243
29.pdf?PHPSESSID=58008ed241b4c33b992f245cc5105fca.
79 Law number 2867/2000, veröffentlicht am 19. Dezember 2000, keine Online-Veröffentlichung
verfügbar.
80 National Telecommunications Commission and Post Commission, www.eett.gr/eng_pages/in
dex2n.htm.
81 Vgl. die Einzelheiten unter www.eett.gr/eng_pages/telec/adeiodotisi/licensing.htm.
82 Vgl. die Auflistung unter http://www.eett.gr/eng_pages/general/jurisdiction.htm.
83 Vgl. www.eett.gr/eng_pages/general/structure.htm und weitere Einzelheiten im Jahresbericht
2003 der EETT.
84 Hellenic Competition Commission, www.epant.gr/.

Wahrnehmung von Wettbewerbssachen zuständig. Vielmehr wird die **EETT hier auch als Wettbewerbsbehörde** tätig. Eine Konsultation der Behörden war bisher nicht vorgesehen.[85] Gemäß Art. 12 des Gesetzesvorschlages **konsultiert die EETT die Wettbewerbsbehörde** im Bereich der Marktanalyse.

40 Aufgrund des Telekommunikationsgesetzes 2000 hat die EETT eine Reihe von Marktanalysen durchgeführt, die auf der Marktabgrenzung ensprechend der **Märkteeempfehlung der Kommission** und einer Beurteilung der beträchtlichen Marktmacht entsprechend Art. 14 der Rahmenrichtlinie beruhen. Gemäß Art. 37 des Gesetzesentwurfes prüft die EETT auf der Grundlage der **Leitlinien und der Märkteempfehlung der Kommission**[86], ob auf den betreffenden Märkten Wettbewerb herrscht. Die EETT hat gemäß Art. 37 ff. des Gesetzesentwurfes die **Flexibilität**, die geeigneten **Abhilfemaßnahmen** festzulegen. Zum 1. 6. 2005 hatte EETT der Kommission die Ergebnisse ihrer Marktanalyse hinsichtlich von Markt 16 der Märkteempfehlung der Kommission notifiziert.[87]

41 Gemäß Art. 40 des Gesestzesvorschlags trifft die Pflicht zur Bereitstellung der Bereitstellung des **Betreiber(vor)auswahl** die Festnetzunternehmen, die im Rahmen der Marktanalyse als **Unternehmen mit beträchtlicher Marktmacht für den Zugang und dessen Nutzung** identifiziert worden sind. Die Notwendigkeit der Auferlegung der Verpflichtung **in anderen Netzen** wird entsprechend den **Marktanalysevorschriften** geprüft.

42 Gemäß Art. 46 Abs. 2 a) des Gesetzesvorschlages schließt der im Rahmen des Universaldienstes bereitzustellende Anschluss den **funktionalen Internetzugang** ein. Gemäß Art. 47 des Gesetzesvorschlags wird die **Benennung des zum Universaldienst verpflichteten Unternehmens durch EETT** vorgenommen, wobei das Ministerium für Transport und Kommunikation die Bedingungen festlegt.

VII. Irland

43 In **Irland** sind zur Umsetzung des neuen Rechtsrahmens am 21. 7. 2003 vier Verordnungen in Kraft getreten, die **Framework Regulations, die Authorisation Regulations, die Access Regulations und die Universal Service and Users'Rights Regulations**[88] (im Folgenden: Rahmenverordnung, Genehmigungsverordnung, Zugangsverordnung und Universaldienste- und Endnutzerrechteverordnung).

44 Die Genehmigungsverordnung geht im Grundsatz vom Erfordernis der **Allgemeingenehmigung** aus, wobei jedoch gemäß Regulation 4 (6) der Genehmigungsverordnung von

---

85 Vgl. Notifizierungen in den Sachen EL/2004/0078 und EL/2005/178, http://forum.europa.eu.int/ Public/irc/infso/ecctf/home.

86 Vgl. Fn. 18.

87 Notifizierungen in den Sachen EL/2004/0078, EL/2005/0178, http://forum.europa.eu.int/Public/ irc/infso/ecctf/home.

88 The European Communities (Electronic Communications Networks and Services) (Framework) Regulations 2003 (S. I. No. 307 of 2003), („the *Framework Regulations*"); the European Communities (Electronic Communications) (Authorisation) Regulations, 2003 (S. I. No. 306 of 2003), („the *Authorisation Regulations*"); the European Communities (Electronic Communications) (Access) Regulations 2003 (S. I. No. 305 of 2003), („the *Access Regulations*"); the European Communities (European Communications) (Universal Service and Users' Rights) Regulations 2003 (S. I. No. 308 of 2003), ("the *Universal Service Regulations*"), http://www.dcmnr.gov.ie/display.asp/ pg=929; vgl. Zusammenfassung bei *Ryan,* Kilroys Solicitors 2003, S. 1 f.

ComReg[89] zu definierende Gruppen von Bereitstellern von Kommunikationsnetzen und -diensten von jedwedem Genehmigungs- und Mitteilungserfordernis freigestellt werden können. Gemäß Regulation 4 (3) der Genehmigungsverordnung kann die **Aufnahme der Tätigkeit ab dem Zeitpunkt erfolgen, zu dem ComReg eine Notifizierung der Absicht der Aufnahme der Tätigkeit erhalten** hat. **Auf Antrag** stellt ComReg gemäß Regulation 5 der Genehmigungsverordnung innerhalb einer Woche eine **Erklärung** aus, die die **Rechte und Pflichten** des Unternehmens auflistet. Gemäß Sektion 9 der Genehmigungsverordnung bleibt die bisherige **Einzelgenehmigungspflicht im Fall der Frequenzzuteilung** erhalten, während im Fall der Nummernzuteilung die allgemeinen Erfordernisse gelten.

Die **Wahrnehmung aller Regulierungsaufgaben ist ComReG** übertragen. Diese war mit **45** dem Communications Act 2002[90] im Vorgriff auf die Umsetzung des neuen Rechtsrahmens gegründet worden, wobei dieser die Aufgaben der bisherigen ODTR[91] als auch die bisher auf ministerieller Ebene verwalteten Aufgaben der Fernsehsignalübertragung übertragen wurden. Das gemäß Regulation 2 der Rahmenverordnung zuständige **Ministerium für Kommunikation, Seefahrt und natürliche Ressourcen**[92] kann gemäß Regulation 13 (1) des Communications Act 2002 ComReg **allgemeine Weisungen** bezüglich aller Regulierungsgegenstände erteilen, jedoch nur aufgrund einer vorausgehenden **öffentlichen Anhörung** und **nicht bezogen auf Entscheidungen im Verhältnis zu einzelnen Unternehmen**. In der Praxis hat das Ministerium von dieser Weisungsbefugnis auch Gebrauch gemacht.[93] Ein Weisungsrecht des Ministeriums für Kommunikation, Seefahrt und natürliche Ressourcen gegenüber ComReg besteht weiter gemäß Regulation 22 (1) der Rahmenverordnung für den Bereich der Verwaltung des Nummernraums und gemäß Regulation 23 der Rahmenverordnung für die Frequenzverwaltung, wobei das Transparenzgebot und die Beschränkung auf allgemeine Weisungen gemäß Regulation 13 des Communications Act ebenfalls gelten. Darüber hinaus fungiert gemäß Regulation 3 ff. der Rahmenverordnung das **Ministerium für Kommunikation, Seefahrt und natürliche Ressourcen als administrative Berufungsinstanz,** indem es auf Antrag einer betroffenen Partei einen „Appeal Panel" beruft, der alle Entscheidungen der ComReg in faktischer und rechtlicher Hinsicht überprüft und bestätigten oder aufheben kann. Daneben besteht gemäß Regulation 4 (2) der Rahmenverordnung auch die Möglichkeit der direkten richterlichen Überprüfung der Entscheidungen.

Die Anwendung des Wettbewerbsgesetzes[94] ist der Kartellbehörde **CA**[95] übertragen. Sek- **46** tion 34 des Wettbewerbsgesetzes 2002 sieht vor, dass die Kartellbehörde mit allen anderen Institutionen **Kooperationsverträge** eingeht, wobei ein solcher Vertrag zwischen der **CA**

---

89 Coimisiún um Ríaláil Cumarsáide = Commission for Communications Regulation, http://www.comreg.ie.

90 http://www.dcmnr.gov.ie/files/Comms%20Regulation%20Act%202002.pdf.

91 Office of the Director of Telecommunications Regulation.

92 http://www.marine.gov.ie.

93 http://www.dcmnr.gov.ie/Communications/Regulation+and+Postal+Division/Policy+Directions+ to+ComReg+2004/.

94 Competition Act 2002, (No. 14 of 2002), http://www.tca.ie.

95 Co-operation Agreement between the Competition Authority and the Commission for Communications regulation, 16 Dezember 2002, http://www.tca.ie, anklikken von cooperation agreements, Commission for Communications Regulation.

und ComReg auch abgeschlossen wurde.[96] Dieser regelt den **Informationsaustausch** zwischen den Behörden und die Abstimmung der Vorgehensweise der Behörden. Regulations 26 und 27 der Rahmenverordnung sehen eine zweistufiges Verfahren zur Marktdefinition und Marktanalyse vor, wobei gemäß Regulation 26 der Rahmenverordnung die **Märktedefinition in einer ersten Stufe allein von ComReg vorgenommen** wird, während ComReg auf einer zweiten Stufe die **Marktanalyse im Einvernehmen mit der Kartellbehörde** vornimmt. Die Reichweite des Mitspracherechts der Wettbewerbsbehörde ist jedoch nicht ganz eindeutig. So besteht etwa das Erfordernis des Einvernehmens nach Regulation 27 der Rahmenverordnung nur dann, wenn dies „angemessen" – im englischen Text: „*appropriate*" – ist.

47   Die Festlegung der Märkte, die einer Marktanalyse unterzogen werden sollen, erfolgt gemäß Regulation 26 der Rahmenverordnung unter **weitestgehender Berücksichtigung der Märkteempfehlung und der Leitlinien der Kommission.**[97] Regulation 27 (4) der Rahmenverordnung macht deutlich, dass es **Aufgabe der ComReg** ist, im Fall der Feststellung von beträchtlicher Marktmacht eines Unternehmens bzw. von Unternehmen die **geeigneten Abhilfemaßnahmen auszuwählen und festzulegen.** Maßgeblich bei der Festsetzung der Abhilfemaßnahmen sind die in Regulation 12 des Communications Act 2002 genannten Regulierungsziele, die denen des Art. 8 der Rahmenrichtlinie entsprechen. Weiter soll ComReg gemäß Regulation 27 (4) der Rahmenverordnung Unternehmen mit beträchtlicher Marktmacht spezifische Abhilfemaßnahmen auferlegen, was wohl die **Auferlegung jedenfalls einer Abhilfemaßnahme** impliziert. Zum 1. 6. 2005 hatte ComReg der Kommission die Ergebnisse ihrer Marktanalyse hinsichtlich aller Märkte der Märkteempfehlung unter Ausnahme von Markt 17 notifiziert.[98]

48   Regulation 16 der Universaldienste- und Endnutzerrechteverordnung sieht die zwingende Auferlegung der Verpflichtung zur Bereitstellung der **Betreiber(vor)auswahl** in dem **relevanten Zugangs- und Verbindungsmarkt** vor, hinsichtlich dessen die beträchtliche Marktmacht eines Festnetzbetreibers durch ComReg festgestellt wurde. Gemäß Regulation 16 (2) der Universaldienste- und Endnutzerrechteverordnung hat ComReg die **Möglichkeit, nicht jedoch die Pflicht, die Verpflichtung auf andere Netzbetreiber** mit beträchtlicher Marktmacht auszudehnen. Als Ergebnis ihrer Marktanalyse hinsichtlich von Markt 15 der Märkteempfehlung der Kommission hat ComReg Vodafone und O_2 als Unternehmen mit gemeinsamer beträchtlicher Marktmacht festgestellt.[99]

49   Die Verpflichtung zur Bereitstellung des Universaldienstes schließt gemäß Regulation 4 der Universaldienste- und Endnutzerrechteverordnung die der Bereitstellung eines Festnetzanschluss für Endnutzer mit **Internetübertragungskapazität** ein. Regulation 7 (3) der Universaldienste- und Endnutzerrechteverordnung sieht vor, dass die Methode der **Zuteilung der Verpflichtung zur Bereitstellung des Universaldienstes durch ComReg** bestimmt wird, wobei **allen Unternehmen die Möglichkeit offen stehen** muss, benannt zu werden.

---

96 http://www.tca.ie.

97 Vgl. Fn. 18.

98 Notifizierungen in den Sachen IE/2004/0042, IE/2004/0046, IE/2004/0073, IE/2004/0093, IE/2004/0095, IE/2004/0114, IE/2004/0116, IE/2004/0121, IE/2004/0128, IE/2005/0137-0140, IE/2005/0158-0163, IE/IE/2005/0190-0193, http://forum.europa.eu.int/Public/irc/infso/ecctf/home.

99 Notifzierung in der Sache IE/2004/0121, http://forum.europa.eu.int/Public/irc/infso/ecctf/home.

VIII. Italien

Italien hat zur Umsetzung des neuen Rechtsrahmens am **1. 8. 2003 den Codice delle co-** **50** **municazioni elettroniche**[100] in der Form einer Verordnung verabschiedet. Grundlage für die Verordnung war ein Gesetz vom 1. 8. 2002[101], das die Regierung ermächtigte, den neuen Rechtsrahmen in dieser Form umzusetzen.

Die Art. 25 ff. Codice delle comunicazioni elettroniche sehen das System der **Allgemein-** **51** **genehmigung** vor. Gemäß Art. 25 Abs. 4 ist zur Bereitstellung von elektronischen Kommunikatonsdiensten- und -netzen eine Mitteilung an das **Ministerium für Kommunikation**[102] erforderlich, die diese innerhalb von 60 Tagen überprüft. Die Zuteilung von Frequenzen und Nummern kann durch das Ministerium für Kommunikation gemäß den Art. 27 und 28 sowohl im Wege der Einzel- als auch im Weg der Allgemeingenehmigungen vorgenommen werden. Gemäß Art. 25 Abs. 4 Satz 5 besteht die Verpflichtung, sich in ein **Register**[103] eintragen zu lassen.

Gemäß Art. 7 Codice delle comunicazioni elettroniche besteht eine **geteilte Zuständigkeit** **52** zwischen der **AGCOM**[104] und dem **Ministerium für Kommunikation**[105] für die Wahrnehmung der Regulierungsaufgaben. Die Behörden sind gemäß Art. 8 Abs. 1 verpflichtet, sich gegenseitig zu informieren. Die **AGCOM ist jedoch aufgrund ihrer Organisationsform als autonome Behörde weisungsunabhängig**.

Für die Anwendung des Wettbewerbsrechts[106] ist die Autorità Garante della Concorrenza e **53** del Mercato (**AGCM**)[107] zuständig. Gemäß Art. 8 Abs. 2 Codice delle comunicazioni elettroniche gehen die AGCOM und die Kartellbehörde innerhalb von 90 Tagen nach dessen In-Kraft-Ttreten einen **Kooperations und Konsultationsvertrag** ein, den die Behörden auch abgeschlossen haben.[108] Gemäß Art. 19 Abs. 1 muss die AGCOM im Rahmen der **Marktanalyse die Stellungnahme der AGCM** einholen. Der Kooperationsvertrag regelt hierzu die Fristen, den Austausch von Dokumenten und Fragen der Veröffentlichung der Stellungnahme der AGCM.

---

100 Codice delle comunicazioni elettroniche, Decreto legislative 1/ agosto 2003, n. 259, Gazzetta Ufficiale del 15 settembre 2003, n. 214, http://www.ispettoratocomunicazionisicilia.it/norm_di_rif/telecomu.html.

101 Legge 1 agosto 2002, n. 166, „Disposizioni in materia di infrastrutture e trasporti" Gazzetta Ufficiale n. 181 del 3 agosto 2002 – Supplemento Ordinario n. 158,   http://www.parlamento.it/parlam/leggi/02166l.htm.

102 Ministero delle Comunicazioni = Ministry of Communications, http://www.comunicazioni.it/en/index.php.

103 Bisher das registro degli operatori di comunicazione di cui all'articolo 1 della legge 31 luglio 1997, n. 249.

104 Autorità per le garanzie nelle comunicazioni, http://www.agcom.it/eng/e_intro/e_intro_.htm.

105 Ministero delle Comunicazioni = Ministry of Communications, http://www.comunicazioni.it/en/index.php.

106 Legge 10 ottobre 1990, n. 287 – Norme per la tutela della concorrenza e del mercato, Gazzetta Ufficiale del 13 ottobre 1990, n. 240; italienisch und englisch unter http://www.agcm.it/ verfügbar.

107 Autorità Garante della Concorrenza e del Mercato, http://www.agcm.it/.

108 Accordo di collaborazione fra l'Autorità per le garanzie nelle comunicazioni e l'Autorità garante della concorrenza e del mercato in materia di comunicazioni elettroniche, Bollettino Settimanale Anno XIV – n. 6, S. 47 ff., http://www.agcm.it/index.htm, pubblicazione, Bollettino.

54 Gemäß Art. 17 Abs. 3 und 18 Abs. 1 Codice delle comunicazioni elettroniche muss AG-COM im Rahmen der Märktefestlegung und Marktanalyse die **Märkteempfehlung und der Leitlinien der Kommission zur Marktanalyse**[109] **weitestgehend** berücksichtigen. Gemäß den Art. 42–52 (Zugang und Zusammenschaltung) und 66, 67 (Endkunden) ist es **Aufgabe der AGCOM,** im Fall der Feststellung von beträchtlicher Marktmacht die **geeignete Abhilfemaßnahmen auszuwählen und den Unternehmen aufzuerlegen.** Gemäß 19 Abs. 5 muss AGCOM im Fall der Feststellung beträchtlicher Marktmacht eines Unternehmens diesem **jedenfalls eine Abhilfemaßnahme** auferlegen. Zum 1. 6. 2005 hatte die AGCOM der Kommission noch keine Ergebnisse ihrer Marktanalyse notifziert.

55 Art. 69 Abs. 1 Codice delle comunicazioni elettroniche sieht vor, dass **Betreibern von Festnetzen mit beträchtlicher Marktmacht** die Verpflichtung zur Bereitstellung der Betreiber(vor)auswahl auferlegt werden muss. Gemäß Art. 69 Abs. 2 **muss eine Marktanalyse hinsichtlich anderer Netze vorgenommen werden**, um die Notwendigkeit der Auferlegung dieser Verpflichtung auch in anderen Netzen zu überprüfen.

56 Die Verpflichtung zur Bereitstellung des Universaldienstes schließt gemäß Art. 54 Abs. 2 Codice delle comunicazioni elettroniche einen Anschluss für Endnutzer mit **Internetübertragungskapazität** ein. Gemäß Art. 58 Abs. 2 soll AGCOM **allen Unternehmen die Möglichkeit geben, als zum Universaldienst verpflichtetes Unternehmen benannt** zu werden. Der Codice delle comunicazioni elettroniche spezifiziert jedoch nicht weiter, in welcher Form dies abzusichern ist. Vielmehr liegt es gemäß Art. 58 Abs. 1 im **Ermessen von AGCOM**, ob es überhaupt zu einer **erneuten Bestimmung des verpflichteten Unternehmens** kommt. Ohne eine solche Überprüfung bleibt gemäß Art. 58 Abs. 3 **Telecom Italia das zum Universaldienst verpflichtete Unternehmen.**

IX. Lettland

57 **Lettland** hat den neuen Rechtsrahmen mit dem Elektronisko sakuru likums vom 15. 4. 2004[110], in Kraft getreten am 1. 5. 2004, umgesetzt.

58 Die Bereitstellung von Kommunikationsnetzen und -diensten kann gemäß Sektion 32 Abs. 1 des Kommunikationsgesetzes **nach Registrierung der Mitteilung an die SPRK** (auch PUC)[111] aufgrund einer **Allgemeingenehmigung** erfolgen. Die SPRK hat in der Folge die Allgemeingenehmigungsbedingungen spezifiziert.[112] Die SPRK ist weiter für die Frequenzzuteilung zuständig.

59 Aufgrund des Kommunikationsgesetzes sind **der SPRK alle Regulierungsaufgaben** übertragen. Die **SPRK** ist gemäß Sektion 5 des Gesetzes zur Gründung der SPRK (Grün-

---

109 Vgl. Fn. 18.

110 Ministru kabineta neteikumi Nr. 304, Riga 2004.gada 15.aprili (prot. Nr. 22, 3.§), http://www.li-kumi.lv/doc.php?id=87151&rel_doc=on#REL_DOC; Law on Telecommunications, http://www.sprk.gov.lv/index.php?id=1116&sadala=193.

111 Sabiedrisko pakalpojumu regulesanas komisija, (auch Public Utilities Commission PUC), http://www.sprk.gov.lv/.

112 Vgl. u. a. General authorisation regulations (August 18, 2004 protocol No. 36 (191), article 6), http://www.sprk.gov.lv/?sadala=18.

dungsakt SPRK)[113] eine **unabhängige und autonome Behörde**. Sie steht gemäß Sektion 7 Abs. 2 Gründungsakt SPRK in Verbindung mit Sektion 5 des Kommunikatonsgesetzes unter der Aufsicht des Ministeriums für Kommunikation und Transport.[114]

Für die Anwendung des Wettbewerbsrechts[115] ist der **Koncurences Padome**[116] zuständig. **60** Gemäß Sektion 30 des Kommunikationsgesetzes stellt die **SPRK die Liste der relevanten Märkte in Kooperation mit der Koncurences Padome** auf.

Gemäß Sektion 30 Abs. 1 des Kommunikationsgesetzes stellt die SPRK die Liste der rele- **61** vanten Märkte unter **Berücksichtigung der Märkteempfehlung der Kommission** auf und führt gemäß Sektion 29 Abs. 2 und Sektion 31 Abs. 1 die Marktanalyse im **Einklang mit den Leitlinien der Kommission**[117] durch. Die Sektionen 38 ff. sehen im Fall der Feststellung von beträchtlicher Marktmacht vor, dass die SPRK bestimmte Abhilfemaßnahmen auferlegen muss, so die Veröffentlichung eines **Standardzusammenschaltungsangebots, die Kostenorientierung und die getrennte Kostenrechnung**, d. h., hier besteht **kein Auswahlermessen** der SPRK. Die Sektionen 36 ff. machen nicht deutlich, ob im Fall der Feststellung von beträchtlicher Marktmacht jedenfalls eine Abhilfemaßnahme auferlegt werden muss, jedoch muss die SPRK gemäß Sektion 31 Abs. 2 eine **Entscheidung zu den Abhilfemaßnahmen** treffen. Zum 1. 6. 2005 hatte die SPRK der Kommission noch keine Ergebnisse ihrer Marktanalyse notifiziert.

Die SPRK soll gemäß Sektion 42 Abs. 2 des Kommunikationsgesetzes die Verpflichtung **62** zur Bereitstellung der **Betreiber(vor)auswahl Festnetzbetreibern mit beträchtlicher Marktmacht** auferlegen, wobei der relevante Markt nicht spezifiziert wird. Gemäß Sektion 42 Abs. 3 **soll die Auferlegung** der Verpflichtung für **andere als Festnetzbetreiber im Rahmen der Zugangsregulierung** gemäß Sektion 43 erfolgen.

Die Mindestanforderungen für den im Rahmen des Universaldienstes **bereitzustellenden** **63** **Anschluss** sollen gemäß Sektion 40 des Kommunikationsgesetzes durch die SPRK spezifiziert werden.[118] Die **SPRK** soll gemäß Sektion 61 Abs. 4 die zum **Universaldienst verpflichteten Unternehmen** in einem Verfahren festlegen, in dem u. a. die Nichtdiskriminierung eingehalten werden muss.

X. Litauen

Litauen hat den neuen Rechtsrahmen mit dem **Gesetz für elektronische Kommunikation** **64** **vom 15. 4. 2004**[119], in Kraft seit dem 1. 5. 2004, umgesetzt, das das bisherige Telekommunikationsgesetz[120] abändert.

---

113 Law On Regulators of Public Services, Vçstnesis 394/395 7. 11. 2000, geändert durch L.V., May 16, No.75; Ziòotâjs, 2001, No.11), 27. 9. 20 1. Law (L.V., October 5, No.142, konsolidierte englische Fassung unter http://www.sprk.gov.lv/index.php?id=1113&sadala=191.
114 http://en.sam.gov.lv/about/.
115 Law on Competition, 4. 10. 2001, http://www.competition.lv/Alt/ENG/EFS. htm.
116 http://www.competition.lv/.
117 Vgl. Fn. 18.
118 Vgl. Regulations on the universal service in the electronic communications sector (December 1, 2004 protocol No. 52 (207), article 5), http://www.sprk.gov.lv/index.php?id=4083&sadala=337.
119 Lietuvos Respublikos elektroniniu ryšiu istatymas (Valstybes inios, 2004, Nr. 69-2382), http://www.rrt.lt/?2022220430; Law on Electronic Communications, http://www3.lrs.lt/cgi-bin/preps2?Condition1=242679&Condition2=.
120 http://www3.lrs.lt/c-bin/eng/preps2?Condition1=192765&Condition2=.

65 Die Aufnahme der Tätigkeit kann gemäß Art. 29 Abs. 3 S. 2 des Kommunikationsgesetzes nach **Mitteilung der Absicht der Aufnahme der Tätigkeit an die RRT**[121] erfolgen. Gemäß Art. 29 Abs. 5 stellt die RRT **auf Antrag** innerhalb von sieben Tagen die **Erklärung zu den Rechten des Unternehmens** aus. Gemäß Art. 51 ff. ist die RRT auch für die Zuteilung von Frequenzen zuständig.

66 Die **Regierungsaufgaben** sind unter Ausnahme der Ausgestaltung des Universaldienstes und der Bennennung des zum Universaldienst verpflichteten Unternehmens gemäß Art. 8 ff. des Kommunikationsgesetzes **der RRT** übertragen. Die Ausgestaltung des Universaldienstes wird gemäß Art. 5 i.V.m. Art. 31 Abs. 2 durch die Regierung bzw. durch das **Ministerium für Transport und Kommunikation**[122] vorgenommen. Gemäß Art. 6 Abs. 1 ist die RRT als **unabhängige Behörde** organisiert.[123] Dies wird auch durch Art. 1 Abs. 1 der RRT-Verordnung[124] bestätigt, wonach die RRT eine unabhängige staatliche Institution ist.

67 Für die Anwendung des Wettbewerbsgesetzes[125] ist der **litauische Wettbewerbsrat**[126] zuständig. Diese Zuständigkeit besteht gemäß Art. 14 Abs. 1 des Kommunikationsgesetzes **auch im Bereich der elektronischen Kommunikationsdienste**. Gemäß Art. 12 Abs. 1 muss der **Wettbewerbsrat** bei der Ausübung seiner wettbewerbsrechtlichen Befugnisse **in allen Angelegenheiten des Sektors für elektronische Kommmunikation die RRT konsultieren**. Umgekehrt ist die RRT gemäß Art. 16 Abs. 7 berechtigt, im Rahmen der **Marktanalyse die Stellungnahme des Wettbewerbsrates** einholen, wobei die Einholung der Stellungnahme verpflichtend ist, wenn die RTT bei der Märktefestlegung beabsichtigt, von der Märktempfehlung der Kommission[127] abzuweichen. Art. 12 Abs. sieht die Möglichkeit eines **Kooperationsvertrages** zwischen den Behörden vor.

68 Gemäß Art. 16 Abs. 6 wird die Aufstellung der Märkteliste und die Durchführung der Marktanalyse durch die RRT **unter Berücksichtigung der Märkteempfehlung der Kommission und der Leitlinien der Kommission** vorgnommen. Die RRT hat die Grundsätze der Marktanalyse mit Entscheidung vom 17. 9. 2004 spezifiert.[128] Die Art. 17 ff. des Kommunikationsgesetzes sehen die **Flexibilität der RTT bei der Festlegung der Abhilfemaßnahmen** vor, wobei gemäß Art. 19 Abs. 2 eine Ausnahme vorgesehen ist. Danach muss die

---

121 Ryšių Reguliavimo Tarnyba, auch Communication Regulatory Authority CRA, http://www.rrt.lt/.
122 http://www.transp.lt/.
123 Vgl. zur Rechtsaufsicht der Regierung auch zehnter Umsetzungsbericht der Kommission, Mitteilung der Kommission an den Rat, das europäische Parlament und den Europäischen Wirtschafts- und Sozialausschuss und den Ausschuss der Regionen vom 2. 12. 2004, KOM (2004) 759 endgültig, Anhang 2, S. 153, http://europa.eu.int/information_society/topics/ecomm/all_about/implementation_enforcement/annualreports/10threport/index_en.htm.
124 Regulations of the Communications Regulatory Authority /Government of the Republic of Lithuania/Resolution/1029/2004 08 19, Official Gazzete Valstybės žinios'2004 Nr. 131-4734, http://www.rrt.lt, regulation.
125 Konkurncijos Istatymask 1999 m. kovo 23 d. Nr. VIII-1099, (Wettbewerbsgesetz vom 23. März 1999, http://www3.lrs.lt/c-bin/eng/preps2?Condition1=232822&Condition2=), in der durch Gesetz vom 15. April 2004 (2004 m. balandžio15d. Nr. IX-2126, http://www3.lrs.lt/c-in/eng/preps2?Condition1=231856&Condition2=) geänderten Form; konsolidierte englische Fassung unter http://www3.lrs.lt/c-bin/eng/preps2?Condition1=234246.
126 Lietuvos Respublikos konkurencijos taryba, http://www.konkuren.lt.
127 Vgl. Fn 18.
128 Order of RTT No. IV-297 of 17 September 2004, http://www.rrt.lt, regulation.

RRT den Unternehmen, die vertikal integriert sind und im **Staats- oder Gemeindeeigentum** stehen, eine **Nichtdiskriminierungsverpflichtung** auferlegen, die die Bereitstellung interner Leistungen im Aussenverhältnis zu gleichen Bedingungen enthält. Zum 1. 6. 2005 hatte RRT der Kommission die Ergebnisse ihrer Marktanalyse hinsichtlich von Markt 16 der Märkteempfehlung der Kommission notifiziert.[129]

Nach dem bisherigen nationalen Rechtsrahmen musste die **Betreiber(vor)auswahl** ent- **69** sprechend dem Beschluss der RTT vom 20. 12. 2002[130], ergänzt durch Beschluss der RTT vom 17. 3. 2003[131], von **Festnetzunternehmen mit beträchtlicher Marktmacht** ab dem 1. 1. 2003 und von **Mobilfunkunternehmen mit beträchtlicher Marktmacht** im Mobilfunkmarkt ab dem 1. 1. 2004 bereitgestellt werden. Gemäß Art. 33 Abs. 1 des Kommunikationsgesetzes besteht die Verpflichtung für **Festnetzunternehmen mit beträchtlicher Marktmacht für den Zugang an festen Standorten und dessen Nutzung.** Gemäß Art. 33 Abs. 2 **kann die Verpflichtung auch Unternehmen mit beträchtlicher Marktmacht in anderen relevanten Märkten** auferlegt werden.

Die Anforderungen an den Umfang des Universaldienstes sowie die **Bedingungen und** **70** **das Verfahren** für die Bestimmung der zum Universaldienst verpflichteten Unternehmen sollen gemäß Art. 31 Abs. 2 des Kommunikationsgesetzes durch die Regierung spezifiziert werden. Die Universaldiensteverordnung von 2003[132] spezifiziert nicht das Erfordernis der Internetübertragungskapazität des Anschlusses und sieht vor, das das **Unternehmen mit beträchtlicher Marktmacht** den Universaldienst erbringen soll.

XI. Luxemburg

Luxemburg hat den neuen Rechtsrahmen mit dem „**paquet telecom**"[133], bestehend aus **71** vier Gesetzen, umgesetzt, wobei im Rahmen der gegenständlichen Darstellung vor allem

---

129 Notifizierung in der Sache LT/2005/0189, http://forum.europa.eu.int/Public/irc/infso/ecctf/home.

130 Order on the approval of the procedure for ensuring the right of the subscriber to use telephone services provided by any provider of public telephone services (CRA/Order/188/2002 12 20), http://www.rrt.lt/?776174319.

131 Order on supplementing order No. 188 of the director of the Communications regulatory authority of 20 December 2002 "On the approval of the procedure for ensuring the right of the subscriber to use telephone services provided by any provider of public telephone services" (CRA/Order/31/2003 03 17), http://www.rrt.lt/?776174319.

132 Dėl Universaliųjų telekomunikacijų paslaugų teikimo taisyklių patvirtinimo ir universaliųjų telekomunikaciju paslaugų kainų aukščiausios ribos nustatymo, Lietuvos Respublikos Vyriausybė/ Aktuali redakcija/699/2003 12 23/Aktuali nuo 2003 12 23/, http://www3.lrs.lt/cgi-bin/preps2?Condition1=224549&Condition2=.

133 Loi du 30 mai 2005 sur les réseaux et services de communications électroniques; Loi du 30 mai portant organisation de la gestion des ondes radioélectriques; Loi du 30 mai 2005 portant 1) organisation de l'Institut Luxembourgeois de Régulation, 2) modification de la loi modifiée du 22 juin 1963 fixant le régime des traitements des fonctionnaires de l'Etat; Loi du 30 mai 2005 – relative aux dispositions spécifiques de protection de la personne à l'égard du traitement des données à caractère personnel dans le secteur des communications électroniques – portant modification des articles 88-2 et 88-4 du Code d'instruction criminelle, Memorial A N° 73 du 7 juin 2005, S. 1144, 1159, 1162, 1168.

das Gesetz zu elektronischen Kommunikationsnetzen und Diensten vom 28. 4. 2005 (im Folgenden: Kommunikationsgesetz)[134] relevant erscheint.

72 Für die Bereitstellung von elektronischen Kommunikationsdiensten und -netzen ist gemäß Art. 8 Abs. 1 des Kommunikationsgesetzes eine **Notifizierung an das ILR**[135] mindestens **20 Tage vor Aufnahme der Tätigkeit** notwendig. **Auf Antrag** stellt das ILR gemäß Art. 8 Abs. 3 eine **Bestätigung über die Notifizierung** aus, um dem Unternehmen die Ausübung von Rechten zu erleichtern. Im Fall der **Nutzung von Frequenzen** ist nach Art. 3 Abs. 2 des Frequenzgesetzes die Erteilung einer **Einzelgenehmigung** vorgesehen.[136]

73 Gemäß Art. 72 des Kommunikationsgesetzes sind dem **ILR alle Regulierungsaufgaben** übertragen, während das **Ministerium für Kommunikation**[137] allein kommunikationspolitische Aufgaben wahrnimmt.[138] Die ILR ist seit ihrer Gründung als ILT und nach ihrer Reorganisationen im Rahmen der Übertragung weiterer Kompetenzen und der Neubenennung als **ILR**[139] **eine autonome und unabhängige** öffentliche Institution.[140] Diese Organisationsform wurde auch nach Art. 1 des Gesetzes zur Reorganisation des ILR vom 30. 6. 2003[141] beibehalten.[142]

74 Mit dem **Wettbewerbsgesetz vom 17. 5. 2004**[143] wurden zwei Wettbewerbsbehörden gegründet und mit den Befugnissen der Kartellaufsicht und der Missbrauchskontrolle betraut. Entscheidungsorgan ist der **Conseil de la Concurrence**[144], der gemäß Art. 6 Abs. 1 des Wettbewerbsgesetzes eine unabhängige Behörde ist. Daneben wurden der Inspection de la concurrence, einer Dienststelle des Ministeriums für Wirtschaft und Handel[145], die Instruktionsbefugnisse übertragen. Beide Behörden haben ihre Arbeit im Oktober/November 2004 aufgenommen. **Kooperationspflichten der ILR gegenüber den Wettbewerbsbehörden** bestehen sowohl im Rahmen der Anwendung des Wettbewerbsrechts gemäß Art. 30 des Wettbewerbsgesetzes als auch im Rahmen der Marktanalyse gemäß Art. 17 Abs. 1 Satz 2 des Kommunikationsgesetzes. Vor allem wurden den Wettbewerbsbehörden jedoch umfassende Mitspracherechte im einigen Bereichen der Regulierung eingeräumt. Gemäß Art. 73 Abs. 1 des Kommunikationsgesetzes muss die ILR hinsichtlich aller Entscheidungen, die die **Marktanalyse, einschliesslich der Abhilfemaßnahmen, die Zusammenschaltung und den Universaldienst** betreffen, die **Zustimmung des mit der Anwendung des Wettbewerbsrechts betrauten Behörde** einholen, wobei das Gesetz nicht

---

134 Loi sur les réseaux et les services de communications électroniques du 28 avril 2005, vgl. Fn. 133.

135 Institut Luxembourgeois de Régulation, http://www.ilr.etat.lu/content.html.

136 Loi portant organisation de la gestion des ondes radioélectriques, vgl. Fn. 133.

137 Ministre délégué aux Communications/Service des Médias des Communications du Ministère d'Etat, http://www.mediacom.public.lu/index.html.

138 Arrêté grand-ducal du 7 août 2004 portant constitution des Ministères, Memorial A – N/ 147, 11 Aout 2004, S. 2060, http://www.eco.public.lu/ministere/Arrete_Constitution.pdf.

139 Aufgrund von Art. 32 der loi modifiée du 24 juillet 2000 relative à l'organisation du marché de l'électricité, Memorial A – N/ 79, 21 Aout 2004, http://www.ilr.etat.lu/content.html, electricité.

140 „Etablissement public autonome et indépendant".

141 Loi portant réorganisation de l'Institut Luxembourgeois de Régulation, vgl. Fn. 133.

142 Vgl. auch Stellungnahme des Conseil d'Etat vom 4. Mai 2004 zum projet de loi portant réorganisation de l'Institut Luxembourgeois de Régulation, http://www.ce.etat.lu/html/46307.htm.

143 Loi du 17 mai 2004 relative à la concurrence, Memorial A- N° 76 v. 26. Mai 2004, S. 1112.

144 http://www.entreprises.public.lu/functions/contact/carnetAdresses/concur/index.php.

145 Ministère du l'Economie et du Commerce exterieur, http://www.eco.public.lu/attributions/index.html.

die gemeinte Behörde spezifiziert. Die **Wettbewerbsbehörde** hat gemäß Art. 73 Abs. 3 gegenüber allen Entscheidungen der ILR in den oben genannten Bereichen ein **Vetorecht, soweit sie dessen Ausübung auf Wettbewerbsrecht stützt,** d. h., die ILR kann im Fall gegenteiliger Stellungnahme der Wettbewerbsbehörde die geplante Entscheidung nicht annehmen.

Gemäß Art. 18 und 19 des Kommunikationsgesetzes stellt das ILR aufgrund der Marktanalyse fest, ob auf einem Markt Wettbewerb besteht, bzw. ob ein oder mehrere Unternehmen beträchtliche Marktmacht haben, wobei die Vorschriften keine Verweise auf die Märkteempfehlung der Kommission[146] und die Leitlinien enthalten. Art. 19 Abs. 2 enthält einen **Katalog von Kriterien zur Überprüfung der beträchtlichen Marktmacht,** d. h. sowohl hinsichtlich der alleinigen als auch der gemeinsamen Marktbeherrschung, die Anhang 2 der Rahmenrichtlinie[147] entnommen sind. Hinsichtlich der **Abhilfemaßnahmen in den Vorleistungsmärkten** sehen die Art. 30 ff. die entsprechenden Befugnisse des ILR vor, wobei die ILR das **Auswahlermessen bei der Festlegung der Abhilfemaßnahmen** hat. Gleiches gilt gemäß Art. 21 Abs. 1 hinsichtlich der Endkundenmärkte, in denen die „adequaten" Abhilfemaßnahmen festgelegt werden sollen. Zum 1. 6. 2005 hatte die ILR der Kommission noch keine Ergebnisse ihrer Marktanalyse notifiziert. **75**

Die Verpflichtung zur Bereistellung der Betreiber(vor)auswahl obliegt gemäß Art. 25 Abs. 1 des Kommunikationsgesetzes Unternehmen, die von der ILR als Unternehmen mit beträchtlicher Marktmacht in **dem Markt für die Bereitstellung des Anschlusses and das öffentliche Telefonnetz an determinierten Standorten und dessen Nutzung** festgestellt wurden. Art. 25 Abs. 2 sieht vor, dass die **Anfragen der Endnutzer, die auf eine Bereitstellung dieser Einrichtung in anderen Netzen** ausgerichtet sind, von der ILR im Rahmen des **Marktanalyseverfahrens** überprüft und entsprechende Verpflichtungen gegebenenfalls auferlegt werden. Damit scheint die ILR verpflichet zu sein, auf Anfrage von Endnutzern ein entsprechendes Marktanalyseverfahren einzuleiten. **76**

Die Verpflichtung zur Bereitstellung des Universaldienstes schließt gemäß Art. 39 Abs. 2 des Kommunikationsgesetzes die der Bereitstellung eines **Festnetzanschluss für Endnutzer mit Internetübertragungskapazität** ein. Art. 38 stellt klar, dass die Bereitstellung des Universaldienstes **durch verschiedene Unternehmen** erfolgen kann, wobei der Universaldienst **sowohl nach Diensten als auch geographisch aufgeteilt** werden kann. Soweit nach der Feststellung des ILR der Universaldienst nicht durch die Unternehmen bereitgestellt wird, designiert die **ILR den/die zur Bereitstellung des Universaldienstes verpflichteten Unternehmen** gemäß Art. 52 im Wege eines **Ausschreibungsverfahrens,** wobei alle der ILR als **Bereitsteller von Kommunikationsnetzen und -diensten notifizierten Unternehmen** berechtigt sind, am Verfahren teilzunehmen. **77**

---

146 Vgl. Fn. 18.

147 Von den nationalen Regulierungsbehörden bei der Bewertung einer gemeinsamen Marktbeherrschung nach Artikel 14 Absatz 2 Unterabsatz 2 zu berücksichtigende Kriterien.

XII. Malta

78   Malta hat den neuen Rechtsrahmens mit dem **Telecommunications Regulation Act vom 14. 9. 2004**[148] und einer Reihe von Begleitgesetzen und Ausführungsverordnungen[149] umgesetzt.

79   Für die Bereitstellung von Kommunikationsnetzen und -diensten ist gemäß Regulation 54 Abs. 1 Telecommunications Act eine **Allgemeingenehmigung** erforderlich, wobei die Aufnahme der Tätigkeit **unmittelbar nach Mitteilung** einer formellen Notifikation mit dem in Regulation 55 Abs. 2 genannten Inhalt an die **Malta Communications Authority (MCA)**[150] erfolgen kann. Gemäß Regulation 55 Abs. 1 kann die MCA die Form der erforderlichen Notifikation weiter spezifizieren, wobei MCA dies auch mittels der Veröffentlichung eines Notifizierungsformulars getan hat.[151] Gemäß Regulation 56 stellt die MCA innerhalb von sieben Tagen **auf Antrag eine Erklärung zu den Rechten des Unternehmens** aus. Das Erfordernis der Allgemeingenehmigung besteht gemäß Regulation 61 auch im Fall der Nutzung von Frequenzen und Nummern. Frequenzen werden gemäß Regulation 61 Abs. 3 im Fall der Knappheit in einem eigenen Verfahren durch die MCA zugeteilt, das nichtdiskriminierend ausgestaltet sein muss.

80   Für die **Wahrnehmung aller Regulierungsaufgaben ist die MCA zuständig**, wobei der MCA mit dem Telecommunications Act auch die früheren Zuständigkeiten des WTD[152] im Rahmen der Frequenzverwaltung übertragen wurden. Die MCA muss gemäß Regulation 6 Malta Communications Authority Act vom 1. 8. 2000[153] **allgemeine schriftliche Weisungen des Ministeriums für Kommunikation**[154] befolgen, wobei das Ministerium deren Nichteinhaltung mit einer Rückübertragung der Zuständigkeiten der MCA auf das Ministerium sanktionieren kann.

81   Für die Anwendung des Wettbewerbsrechts[155] ist die **Commission for Fair Trading** zuständig, die dem Finanzministerium[156] integriert ist. Gemäß Regulation 4 Abs. 1 Satz 2 Telecommunications Act kann die MCA hinsichtlich aller dem Telecommunications Act un-

---

148 Telecommunications (Regulation) Act (CAP. 399), L.N. 410 of 2004, Government Gazette of Malta No. 17,652 – 14. 9. 2004, http://www.doi.gov.mt/EN/legalnotices/2004/09/LN412%20English.pdf.

149 L.N. No. 411 of 2004, Communications Laws (Amendement) Act, 2004 (ACT NO. VII OF 2004), Commencement Notice Government Gazette of Malta No. 17,652 – 14. 9. 2004; L.N. 412 of 2004, Electronic Communications (Regulation) Act (CAP. 399), Electronic Communications Network and Services (General) Regulations, 2004, Government Gazette of Malta No. 17,652 – 14. 9. 2004; L.N. No. 413 of 2004, Electronic Communication (Regulation) Act (CAP. 399); Electronic Communications Networks and Services (General) Regulations, 2004, Government Gazette of Malta No. 17,652 – 14. 9. 2004.

150 Malta Communications Authority http://www.mca.org.mt/.

151 http://www.mca.org.mt/library/show.asp?id=509&lc=1.

152 Wireless Telegraphy Department.

153 Chapter 418 of the Laws of Malta, http://www.mca.org.mt/library/show.asp?id=67&lc=1 und http://www.privacyinternational.org/countries/malta/comm%20authority%20act%20chapt418.pdf.

154 http://www.mcmp.gov.mt/.

155 Competition Act (Chapter 379 of the Law of Malta, http://docs.justice.gov.mt/lom/legislation/english/leg/vol_10/chapt379.pdf.

156 http://www.mfin.gov.mt/default.aspx.

terfallenden Aufgaben die **Stellungnahme der Wettbewerbsbehörde** einholen. Es besteht jedoch **keine Konsultations- oder Kooperationspflicht** mit der Wettbewerbsbehörde.

Die **Märkte, die einer Marktanalyse** unterzogen werden sollen, werden gemäß Regula- **82** tion 9 Telecommunications Act durch die MCA entsprechend Wettbewerbsrecht und unter **weitestgehender Berücksichtigung der Märkteempfehlung und der Leitlinien der Kommission**[157] definiert und überprüft. Hinsichtlich der **Auferlegung von Abhilfemaßnahmen** für Unternehmen mit beträchtlicher Marktmacht sehen die Regulations 10 Abs. 4, 17 ff. und 37 ff. Telecommunications Act ein **Auswahlermessen der MCA** vor, d. h. es ist vollumfänglich Aufgabe der MCA, die geeigneten Abhilfemaßnahmen aufzuerlegen. Nicht **deutlich wird, ob mindestens eine Abhilfemaßnahme** auferlegt werden muss. Zum 1. 6. 2005 hatte die MCA der Kommission noch keine Ergebnisse ihrer Marktanalyse notifziert.

Die Verpflichtung zur **Bereitstellung der Betreiber(vor)auswahl** wird gemäß Regula- **83** tion 39 Abs. 1 Telecommunications Act den Unternehmen auferlegt, deren beträchtliche Marktmacht im Rahmen der Marktanalyse des **Marktes für den Anschluss und die Verbindungen** festgestellt wurde. Die MCA hat gemäß Regulation 39 Abs. 2 Telecommunications Act die **Möglichkeit**, nicht jedoch die Pflicht, die Notwendigkeit der **Betreiber(vor)auswahl in anderen als den Festnetzen** zu überprüfen, wobei die Grundsätze der Marktanalyse anwendbar sind.

Der im Rahmen des Universaldienstes bereitzustellende Anschluss muss gemäß Regula- **84** tion 26 Abs. 4 a) Telecommunications Act die **Internetübertragungskapazität** besitzen, wobei die MCA diese Funktionalität unter Berücksichtigung der **überwiegend genutzen Technologien und der technischen Machbarkeit** weiter spezifizieren kann. Die **Auswahl der zum Universaldienst verpflichteten Unternehmen erfolgt durch die MCA** gemäß Regulation 30 Telecommunications Act in einem nichtdiskriminierenden Verfahren, wobei eine **Aufteilung des Universaldienstes nach Aufgabengebieten und in territorialer Hinsicht** erfolgen kann.

XIII. Niederlande

Die Niederlande haben den neuen Rechtsrahmen mit dem **Telecommunicatiewet vom** **85** **22. 4. 2004**[158] (im Folgenden: TW 2004) und einer Reihe von Ausführungsbeschlüssen[159]

---

157 Vgl. Fn. 18.
158 Wet van 22 april 2004 tot wijziging van de Telecommunicatiewet en enkele andere wetten in verband met de implementatie van een nieuw Europees geharmoniseerd regelgevingskader voor eletronische communicatienetwerken en -diensten en de nieuwe dienstenrichtlijn van de Commissie van de Europese Gemeenschappen, Staatsblad van het Koninkrijk der Nederlanden, (Stb.) 2004, 189, S. 1–62, http://www.opta.nl/download/telecom/Wet_implementatie Europees_regelgevingskader_elektronische_communicatie_(13-05-2004)_(stb189).pdf.
159 Besluit van 7 mei 2004, houdende wijziging van enkele algemene maatregelen van bestuur in verband met aanpassingen aan de Telecommunicatiewet, Stb. 2004, 206, S. 1; Besluit van 7 mei 2004, houdende regels met betrekking tot universele dienstverlening en eindgebruikersbelangen (Besluit universele dienstverlening en eindgebruikersbelangen), Stb. 2004, 203, S. 1; Besluit van 7 mei 2004, houdende regels met betrekking tot interoperabiliteit van openbare elektronische communicatiediensten, toegang tot de Europese telefoonnummeringsruimte en landsgrensoverschrijdende toegang tot niet-geografische nummers (Besluit interoperabiliteit), Stb. 2004, 205, S. 1; Besluit van 7 mei 2004, houdende vaststelling van het tijdstip van inwerkingtreding van de Wet implementatie Europees regelgevingskader voor de elektronische communicatiesector 2002,

in nationales Recht umgesetzt. Die für die Datenerhebung notwendigen Kompetenzen waren bereits zum 4. 2. 2004 wirksam.[160]

86 Art. 2.1 Abs. 1 TW 2004 sieht als Voraussetzung für die Aufnahme der Tätigkeit **eine Mitteilung an OPTA**[161] vor. Gemäß Art. 2.4 TW 2004 bestätigt die OPTA den Eingang der Mitteilung und stellt **auf Antrag innerhalb einer Woche eine Erklärung der Rechte des Unternehmens** aus, inbesondere hinsichtlich der Wegerechte und der Rechte im Verhältnis zu Unternehmen mit beträchtlicher Marktmacht. Im Fall der Frequenzzuteilung ist gemäß Art. 19.2 TW 2004 eine Mitteilung an OPTA nicht notwendig. Die Zuteilung von Frequenzen erfolgt gemäß Art. 3.3 TW 2004 durch das Ministerium für Wirtschaft.

87 Für die Wahrnehmung der Regulierungsaufgaben ist **OPTA**[162] unter Aussnahme der Frequenzzuteilung und der Bennennung des zum Universaldienst verpflichteten Unternehmens zuständig. OPTA wurde aufgrund des Gesetzes zur Gründung von OPTA[163] als **unabhängiges Verwaltungsorgan**[164] gegründet und unterliegt **keinen Weisungen hinsichtlich spezifischer Entscheidungen.** Das Wirtschaftsministerium[165] kann OPTA jedoch gemäß Art. 19. 1 des Gesetzes zur Gründung von OPTA **allgemeine Weisungen** erteilen.

88 Für die Anwendung des Wettbewerbsrechts (Mededingingswet)[166] ist die **Nederlandse Mededingingsautoriteit (NMa)**[167] zuständig. OPTA und NMa trifft seit ihrer Gründung gemäß Art. 18.3 TW 2004 eine **beidseitige Kooperationspflicht,** für die sie seit 1998 ein Kooperationsprotokoll, das **Samenwerkingsprotocol OPTA/NMa,** abgeschlossen haben. Nachdem eine Zusammenlegung von NMa und OPTA diskutiert und verworfen worden war[168], wurde das Protokoll nach In-Kraft-Treten des TW 2004 am 24. 6. 2004 neu gefasst und an den neuen Rechtsrahmen angepasst.[169] Art. 11 des Protokolls sieht insbesondere (wie bisher) vor, dass in Fällen, in denen eine Zuständigkeit sowohl der OPTA nach TW 2004 als auch der NMa nach dem Mededingswet begründet wird, eine **übereinstimmende Auslegung von Wettbewerbsrecht und Telekommunikationsrecht** erfolgt.[170] Hinsicht-

---

Stb. 2004, 207, S. 1; Besluit van 7 mei 2004, houdende vaststelling van regels met betrekking tot systemen voor voorwaardelijke toegang (Besluit voorwaardelijke toegang), Stb. 204, S. 1; Regeling breedbeeldtelevisiediensten en normen digitale consumentenapparaten, Staatscourant 14 mei 2004, nr. 92, S. 14; Regeling universele dienstverlening en eindgebruikersbelangen, Staatscourant 14 mei 2004, nr. 92, S. 11; Wijziging diverse ministeriële regelingen i.v.m. Telecommunicatiewet, Staatscourant 14 mei 2004, nr. 92, S. 19.

160 Art. IVa Wet van 17 december 2003 tot wijziging van de Telecommunicatiewet en de Wet Onafhankelijke post- en telecommunicatieautoriteit.

161 Onafhankelijke Post en Telecommunicatie Autoriteit, http://www.opta.nl/asp/.

162 Vgl. Fn. 161.

163 Aufgrund des Wet van 5 juli 1997, houdende regels inzake instelling van een college voor de post- en telecommunicatiemarkt (Wet Onafhankelijke post-en telecommunicatie autoriteit = OPTA-Gesetz), Stb 320, 1997.

164 Zelfstandig Bestuursorgaan (ZBO).

165 Minister van Economische Zaken, http://info.minez.nl/.

166 Wet van 22 mei 1997, houdende nieuwe regels omtrent de economische mededinging (Mededingingswet), geänderte und konsolidierte Fassung unter http://www.nmanet.nl/nl/Images/11_1155.pdf.

167 http://www.nmanet.nl/nl/.

168 Vgl. OPTA, Annual Report 2003, S. 70, http://www.opta.nl/download/annualreport2003.pdf

169 http://www.nmanet.nl/nl/Images/11_19773.pdf; in Englisch: http://www.opta.nl/download/Samenwerkingsprotocol_2004_Engels.pdf.

170 In Ausführung von Art. 18.3 TW 2004 und Art. 24 Mededingingswet.

lich der Marktabgrenzung und der Bestimmung der beträchtlichen Marktmacht bzw. der marktbeherrschenden Stellung besteht eine **gegenseitige Konsultationspflicht**, hinsichtlich derer Art. 14 Samenwerkingsprotocol OPTA/NMa die verfahrensmässige Ausgestaltung spezifiziert. Als Ergebnis der Konsultation sollen die OPTA und die NMa eine konsistente Auslegung erreichen.

Gemäß Art. 6a.1 Abs. 1 TW 2004 identifiziert OPTA die Liste der Märkte für die Marktan- **89** analyse entsprechend EU-Wettbewerbsrecht und unter **Berücksichtigung der Märkteempfehlung der Kommission**.[171] Ein expliziter Hinweis auf Art. 82 des EU-Vertrages findet sich auch in Art. 13 Samenwerkingsprotokol OPTA/MNa. Bei der Prüfung der beträchtlichen Marktmacht sind gemäß Art. 6a.1 Abs. 7 TW 2004 die **Leitlinien der Kommission** zu berücksichtigen. Hinsichtlich der **Auferlegung der Abhilfemaßnahmen** sieht Art. 6a. 2 i.V. m. Art. 6a. 6–10 (Zugang) bzw. mit 6a. 12–15 TW 2004 (Endkundenmarkt) ein **Auswahlermessen von OPTA** vor. Die von OPTA anzuwendenden Ermessenskriterien sind gemäß Art. 6a. 2 Abs. 4 TW 2004 die der Zugangsrichtlinie. Auf den ersten Blick scheint OPTA gemäß Art. 6a. 1 Abs. 5 b) TW 2004 im Fall der Feststellung der beträchtlichen Marktmacht **mindestens eine Abhilfemaßnahme** auferlegen zu müssen, da OPTA danach feststellen muss, welche Abhilfemaßnahme auferlegt werden, nicht jedoch, ob überhaupt eine Abhilfemassnahme auferlegt wird. Zum 1. 6. 2005 hatte die OPTA der Kommission noch keine Ergebnisse ihrer Marktanalyse mitgeteilt, jedoch die Interoperabilitätsverordnung gem. Art. 5 der Zugangsrichtlinie notifiziert.[172]

Gemäß Art. 6a.16 TW 2004 stellt OPTA in einer eigenen Marktanalyse das/die Unterneh- **90** men fest, die **in den Märkten für den Festnetzanschluss und die Nutzung von Festnetzen beträchtliche Marktmacht** haben und legt gemäß Art. 6a.17 TW 2004 dem/den betreffenden Unternehmen die Verpflichtung zur Bereitstellung der **Betreiber(vor)auswahl** auf. Eine Analyse anderer Märkte unter dem Gesichtspunkt **der Auferlegung der Betreibervorauswahl in anderen Netzen ist nicht explizit** vorgesehen.

Der Universaldienstebeschluss der Regierung vom 5. 5. 2004[173] sieht in Art. 2. 1 vor, dass **91** der im Rahmen des Universaldienstes bereitgestellte Anschluss die **funktionelle Internetübertragungskapazität** haben muss. Die Verpflichtung zum Universaldienst wird gemäß Art. 9.2 Abs. 3 TW 2004 durch den Wirtschaftminister dem Unternehmen auferlegt, **an dessen Netz die meisten Endnutzer im betreffenden Versorgungsgebiet angebunden** sind.

XIV. Österreich

Österreich hat den neuen Rechtsrahmen mit **Telekommunikationsgesetz vom 24. 7.** **92** **2003**[174] (im Folgenden: TKG 2003) in nationales Recht umgesetzt.

---

171 Vgl. Fn. 18.

172 Notifizierung in der Sache NL/2003/0017, http://forum.europa.eu.int/Public/irc/infso/ecctf/home.

173 Besluit van 7 mei 2004, houdende regels met betrekking tot universele dienstverlening en eindgebruikersbelangen (Besluit universele dienstverlening en eindgebruikersbelangen), Stb. 2004, 203, S. 1.

174 Bundesgesetz, mit dem ein Telekommunikationsgesetz erlassen wird und das Bundesgesetz über die Verkehrs-Arbeitsinspektion und das KommAustria-Gesetz geändert werden, angenommen

93 Die Bereitstellung von Telekommunikationsdiensten und -netzen kann gemäß § 15 TKG 2003 in allen Fällen nach einer entsprechenden **Mitteilung an die RTR**[175] erfolgen, also auch im Fall der Nummern- und Frequenzzuteilung.[176] RTR stellt, **ohne dass hierfür ein Antrag erforderlich ist**, eine Empfangsbestätigung aus, die auf die **Rechte und Pflichten des Unternehmens** hinweist. Die Frequenzzuteilung erfolgt gemäß den §§ 54, 55 TKG 2003 in einem eigenständigen Verfahren.

94 Die Wahrnehmung von Regulierungsaufgaben ist, was die Einbindung in den Behördenaufbau und die Absicherung der Unabhängigkeit anbelangt, hinsichtlich der Rundfunkübertragung und anderer Telekommunikationsdienste verschieden ausgestaltet.[177] Die **Telekom-Control-Kommission (TKK)** [178] trifft gemäß § 117 TKG 2003 sämtliche grundlegenden Regulierungsentscheidungen, mit Ausnahme derer betreffend die Rundfunkübertragungsdienste. Gemäß § 116 (3) TKG 2003 ist die TKK eine aus drei Personen bestehende **weisungsunabhängige Institution**, die aufgrund ihrer Qualifikation und Unabhängigkeit benannt wurden. Für Regulierungsentscheidungen betreffend **Rundfunkübertragungsdienste** ist gemäß § 120 TKG 2003 die KommAustria zuständig. Gemäß § 3 Abs. 3 KommAustria-Gesetz[179] (KOG) ist die **KommAustria** eine dem Bundeskanzler unmittelbar nachgeordnete Behörde. Zur Unterstützung sowohl der Telekom-Control-Kommission als auch der KommAustria wurde gemäß § 5 KOG die Rundfunk und Telekom Regulierungs-GmbH (RTR)[180] eingerichtet, wobei die bisherige Telekom-Control-GmbH mit der RTR verschmolzen wurde. Gemäß § 6 KommAustria-Gesetz kann das **Bundesministerium für Verkehr, Innovation und Technologie der RTR schriftliche Weisungen im Rahmen der Fachaufsicht** erteilen, soweit es sich um eine Angelegenheit der **Rundfunkübertragung** handelt. In ihrer Funktion zur Unterstützung der Telekom-Control-Kommission, d. h. im Hinblick auf alle Regulierungsentscheidungen mit Ausnahme der Rundfunkübertragung, ist die **RTR** gemäß § 116 Abs. 2 TGK 2003 allein Weisungen der Telekom-Control-Kommission unterworfen, die ihrerseits, wie dargestellt, **eine weisungsunabhängige Regulierungsbehörde** ist.

95 Die kartellrechtlichen Behörden sind der **Bundeskartellanwalt**, der im Justizministerium[181] angesiedelt ist, und das mit Entscheidungsbefugnis ausgestattete **Kartellgericht und Kartellobergericht**.[182] Seit 1. 7. 2002 ist mit dem Wettbewerbsgesetz 2002 (WettbG)[183] eine unabhängige Kartellbehörde, die **Bundeswettbewerbsbehörde (BWB)**[184], gegründet

---

am 24. Juli 2003, in Kraft getreten am 20. 8. 2003, (öst)BGBl. I. Nr. 70/2003, http://www.bmvit. gv.at/sixcms_upload/media/64/2003a070.pdf.

175 http://www.rtr.at/web.nsf.

176 Vgl. *Kaufmann/Tritscher*, medien und recht 2003, 276; *Zuser*, Öffentliches Wirtschaftsrecht 2003, 820.

177 Vgl. *Lehofer*, ÖJZ 2003, 783.

178 http://www.rtr.at/web.nsf.

179 http://www.rtr.at/web.nsf/deutsch/Rundfunk_Rundfunkrecht_Gesetze_RFGesetze_KOG?Open Document.

180 http://www.rtr.at/web.nsf.

181 http://www.bmj.gv.at/; und http://www.justiz.gv.at/justiz/bundeskartellanwalt/.

182 http://europa.eu.int/comm/competition/national_authorities/.

183 Bundesgesetz: Wettbewerbsgesetz – WettbG und Änderung des Kartellgesetzes 1988, des Strafgesetzbuches und des Bundesfinanzgesetzes 2002, BGBl. I Nr. 62/2002, http://bgbl.wzo.at/ pdf_a/2002/2002a062.pdf.

184 http://www.bwb.gv.at/BWB/default.htm.

worden, der insbesondere die kartellrechtliche und die Missbrauchsaufsicht übertragen wurde. § 2 Abs. 4 TKG 2003 stellt klar, dass durch das TKG 2003 die Zuständigkeiten der Wettbewerbsbehörden nicht berührt werden, d. h., die Zuständigkeiten für Regulierung und Wettbewerbssaufsicht werden grundsätzlich getrennt von der RTR/Telekom-Control-Kommission bzw. der BWB wahrgenommen. In allen medienrechtlichen Angelegenheiten besteht gemäß § 10 (4) WettbG eine **Konsultationspflicht der BWB** gegenüber der Komm-Austria. Gemäß § 126 TKG 2003 besteht ein Recht der **Regulierungsbehörde**, mit der Kartellbehörde zusammenzuarbeiten, **nicht jedoch eine dahingehende Pflicht**. In der bisherigen Praxis der Notifizierungen im Rahmen des Art. 7 wurden Stellungnahmen der Wettbewerbsbehörden nicht mitgeteilt.[185]

Gemäß § 36 TKG 2003 ist eine Vorabfestlegung der Märkte im Wege der Verordnung vorgesehen. Nur die in dieser Form definierten Märkte können dann von der RTR einer Marktanalyse unterzogen werden.[186] Die Märktefestlegung ist nach § 36 TKG 2003 **im Einklang mit den Grundsätzen des allgemeinen Wettbewerbsrechts** unter Berücksichtigung der Erfordernisse sektorspezifischer Regulierung festzulegen und **unter Bedachtnahme der Märkteempfehlung der Kommission**.[187] Entsprechend der Zuständigkeitsverteilung wurde die **Rundfunkmarktdefinitionsverordnung**[188] von der KommAustria verabschiedet, während die anderen Märkte von der RTR in der **Telekommunikationsmärkteverordnung**[189] definiert wurden. Die §§ 37ff. TKG 2003 sehen bei der Festlegung der **Abhilfemaßnahmen ein Auswahlermessen** vor, d. h., es ist Aufgabe der TKK, im Fall der Feststellung von beträchtlicher Marktmacht eines Unternehmens bzw. von Unternehmen die geeigneten Abhilfemaßnahmen festzulegen.[190] Hierbei ist das **Verhältnismäßigkeitsprinzip unter Beachtung der Regulierungsziele** des § 1 TKG 2003 anzuwenden, wobei **jedenfalls eine Abhilfemaßnahme** auferlegt werden muss. Zum 1. 6. 2005 hatte die RTR/ TKK der Kommission die Ergebnisse ihrer Marktanalyse hinsichtlich aller Märkte der Märkteempfehlung der Kommission mit Ausnahme von Markt 12 und Markt 17 notifiziert[191] und einige Streitbeilegungsverfahren.[192]

§ 46 TKG 2003 sieht vor, dass **Betreibern von Festnetzen mit beträchtlicher Marktmacht** die Verpflichtung zur Bereitstellung der Betreibervorauswahl auferlegt werden

185 Vgl. die im folgenden Abschnitt zur Marktanalyse genannten Notifizierungen.
186 Vgl. *Beran/Briglauer*, Öffentliches Wirtschaftsrecht 2003, 815.
187 Vgl. Fn. 18.
188 Rundfunkmarktdefinitionsverordnung 2004 (RFMVO 2004), BGBl. I Nr. 70/2004, http:// www.rtr.at/web.nsf/lookuid/23F4C05701EC4CF8C1256E24003A94D4/$file/Rundfunkmarktde-finitionsverordnung%202004%20-%20RFMVO%202004.pdf
189 Verordnung der Rundfunk und Telekom Regulierungs-GmbH, mit der die der sektorspezifischen Ex-ante-Regulierung unterliegenden relevanten nationalen Märkte für den Telekommunikationssektor festgelegt werden (Telekommunikationsmärkteverordnung 2003 – TKMVO 2003), http://www.rtr.at/web.nsf/lookuid/FD0AD1A90749B587C1256E620063F35A/$file/TKMVO% 202003. pdf.
190 Vgl. zur Ausrichtung der Abhilfemassnahemn *Lichtenberg/Ruhle*, Öffentliches Wirtschaftsrecht 2003, 813; *Zuser*, Öffentliches Wirtschaftsrecht 2003, 821; krit.*Goldstein*, Öffentliches Wirtschaftrecht 2003, 826; *Lust*, JAP I 2003/2004, 59.
191 Notifizierungen in den Sachen AT/2003/0018, AT/2004/0063, AT/2004/0074, AT/2004/0090, AT/2004/0097-0100, AT/2004/0105, AT/2004/0106, AT/2004/0109, AT/2004/0110, AT/2004/ 0124-0127, http://forum.europa.eu.int/Public/irc/infso/ecctf/home.
192 AT/2004/0044, AT/2004/0066-0070, AT/2004/0085-0086.

muss, wobei der relevante Markt nicht spezifiziert wird. Die Verpflichtung **kann auch anderen Netzbetreibern**, etwa Mobilfunkbetreibern, mit beträchtlicher Marktmacht auferlegt werden, wobei gemäß § 41 Abs. 3 TKG 2003 ein Katalog von Voraussetzungen zu beachten ist, der Art. 12 Abs. 2 der Zugangsrichtlinie 2002/19/EG[193] entlehnt ist. Aufgrund der Ergebnisse ihrer Marktanalyse hat die RTR im Markt 15 der Märkteempfehlung der Kommission das Vorhandensein von wirksamem Wettbewerb festgestellt.[194]

98 Gemäß § 26 Abs. 1 TKG 2003 ist die Bereitstellung des Universaldienstes, eines Anschlusses für Endnutzer mit **Internetübertragungskapazität** zu einem erschwinglichen Preis und die Bereitstellung eines bestimmten Sets von Diensten, **nicht auf einen Festnetzanschluss beschränkt**. Vielmehr besteht auch die **Möglichkeit der Bereitstellung über Mobilfunknetze**. Die Verpflichtung zur Erbringung des Universaldienstes wird gemäß § 30 TKG 2003 im **Wege der öffentlichen Ausschreibung** auferlegt, bzw. falls nur ein Bewerber in Frage kommt oder keine Bewerbung eingegangen ist, **durch das Bundesministerium für Verkehr, Innovation und Technologie**.

XV. Polen

99 Polen hat den neuen Rechtsrahmens mit **Telekommunikationsgesetz vom 16. 7. 2004**[195], in Kraft getreten 3. 9. 2004, umgesetzt.

100 Die Art. 10 ff. des Telekommunikationsgesetzes sehen das System der **Allgemeingenehmigung** vor. Für die Aufnahme der Tätigkeit ist gemäß Art. 10 Abs. 1 eine **Mitteilung** an die **URTiP**[196] erforderlich. Gemäß Art. 10 Abs. 8 stellt URTiP dem Unternehmen **innerhalb von 7 Tagen** nach Eingang einer dahingehenden Mitteilung **eine Erklärung zu seiner Registrierung und seinen Rechten** aus. Soweit URTiP diese Frist nicht einhält, kann das Unternehmen seine Tätigkeit innerhalb von 14 Tagen jedenfalls aufnehmen. Im Fall der Zuteilung von **Frequenzen gilt die Einzelgenehmigungspflicht**, wobei Frequenzen gemäß Art. 114 Abs. 2 von der URTiP, bzw., soweit es um Frequenzen für die Fernsehübertragung geht von der **KRRiT**[197] im Einvernehmen mit der URTiP zugeteilt werden.

101 Die Wahrnehmung der Regulierungsaufgaben ist dem **Präsidenten von URTiP** mit der Ausnahme der **Märktedefinition** übertragen, wobei letztere Aufgabe gemäß Art. 22 Abs. 1 des Telekommunikationsgesetzes vom **Minister für Infrastruktur**[198] wahrgenom-

---

193 Richtlinie 2002/19/EG vom 7. März 2002 über den Zugang zu elektronischen Kommunikationsnetzen und zugehörigen Einrichtungen sowie deren Zusammenschaltung (Zugangsrichtlinie), Abl L 108 v. 24. 4. 2002, S. 7 ff.

194 Notifizierung in der Sache AT/2004/0063, http://forum.europa.eu.int/Public/irc/infso/ecctf/home.

195 Prawo Telekomunikacyjne, Dz. U. Nr 171, poz. 1800), która obowiazuje od 3 wrzesnia 2004 r., z wyjatkiem przepisów wymienionych w art. 235 ustawy (polnisches Gesetzesblatt vom 3. September 2004), http://www.mi.gov.pl/prezentacje/jednostki_dokumenty/1/pt.pdf; Telecommunications Law, Act of 16 July 2004, http://www.en.urtip.gov.pl/urtipen/_gAllery/26/266.pdf.

196 Gegründet zum 1. April 2002 und ersetzt das zum 1. Januar 2001 gegründete Urzad Regulacji Telekomunikacji i Poczty, Office of Telecommunications and Post Regulation, http://www.urtip.gov.pl/urtip/c/index.jsp?place=urtip_menu&news_cat_id=22.

197 President of National Broadcasting Council, http://www.krrit.gov.pl/.

198 Minister of Infrastructure, http://www.mi.gov.pl/en/.

men wird. Der Präsident der URTiP ist der zentralen Verwaltungsorganisation[199] integriert und wird gemäß § 1 der Statuten der URTIP[200] von dieser unterstützt. Daneben besteht eine Zuständigkeit des Präsidenten des Nationalen Fernsehrates **KRRiT**[201] für die Zuteilung von Frequenzen für die digitale Fernsehübertragung, für Zugangsberechtigungssysteme, für must-carry-Verpflichtungen und für die Durchführung der Marktanalyse für damit im Zusammenhang stehende Märkte. Die URTiP ist als „Central adminstrative body" in den Behördenaufbau integriert.

Für die Anwendung des Wettbewerbrechts[202] ist der Präsident der **UOiK**[203] zuständig. Diese Zuständigkeit besteht auch im Telekommunikationsbereich. Eine **Verpflichtung zur Zusammenarbeit der URTiP mit der UOiK** besteht im Bereich der **Marktanalyse**, wobei die einzelnen Verfahrensstadien und die jeweiligen Kooperationsverpflichtungen im Kommunikationsgesetz spezifiziert werden. Nach Verabschiedung der **Verordnung zur Märktedfinition durch das Ministerium für Infrastruktur** muss die URTiP gemäß Art. 16 zunächst die UOiK über den Beginn der Marktanalyse informieren. Die Feststellung der **beträchtlichen Marktmacht** und die Auferlegung von **Abhilfemaßnahmen** nimmt die URTiP gemäß Art. 25 Ziff. 2 in **Zusammenarbeit mit der UOiK** vor. **102**

Art. 22 Abs. 1 des Telekommunikationsgesetzes sieht vor, dass das Ministerium für Infrastruktur die Liste der Märkte unter **Berücksichtigung der Märkteempfehlung der Kommission** im Wege der Verordnung festlegt. Die Marktanalyse erfolgt gemäß Art. 23 Abs. 2 durch die URTiP unter Berücksichtigung der Leitlinien der Kommission.[204] Hinsichtlich der **Festlegung der Abhilfemaßnahmen** sehen die Art. 25ff. des Telekommunikationsgesetzes ein **Auwahlermessen der URTiP** vor, wobei URTiP gemäß Art. 25 Abs. 4 im Fall der Feststellung von beträchtlicher Marktmacht **mindestens eine Abhilfeverpflichtung** auferlegen muss. Zum 1. 6. 2005 hatte die URTiP der Kommission noch keine Ergebnisse ihrer Marktanalyse notifiziert. **103**

Die Verpflichtung zur **Bereitstellung der Betreiber(vor)auswahl** wird gemäß Art. 72 Abs. 1 des Telekommunikationsgesetzes **Festnetzunternehmen mit beträchtlicher Marktmacht auferlegt**, wobei jedoch die Definition des Festnetzunternehmen nach Art. 2 Ziff. 38 auch Mobilfunkunternehmen einschließen kann, soweit diese feste Netzabschlusspunkte bereitstellen. Der relevante Markt wird nicht näher spezifiziert. Gemäß Art. 72 Abs. 3 hat URTiP die **Möglichkeit**, nicht jedoch die Verpflichtung, die Notwendigkeit der **Auferlegung der Verpflichtung hinsichtlich von Mobilfunkunternehmen** zu überprüfen, wobei die Vorschrift keinen Hinweis auf weitere Netze enthält. **104**

Die Verpflichtung zur Bereitstellung des Universaldienstes schließt gemäß Art. 81 Abs. 3 Ziff. 3 des Telekommunikationsgesetztes die Verpflichtung zur Bereitstellung eines Festnetzanschlusses mit **Internetübertragungskapazität** ein. Gemäß Art. 82 legt die URTiP die zur Bereitstellung des Universaldienstes verpflichteten Unternehmen im Weg der **öf- 105**

---

199 Central-level authority of governmental administration.
200 Ordinance No 19 of the Minister of Infrastructure of 23 October 2003, Official Journal of the Minister of Infrastructure No 17, item 28 of 24 October 2003, http://www.urtip.gov.pl/urtip/c/tekst.jsp?place=urtip_ln_sc_gl&news_cat_id=62&news_id=504.
201 President of National Broadcasting Council, http://www.krrit.gov.pl/.
202 Act of 15 December 2000 on competition and consumer protection, http://www.uokik.gov.pl/index.php?id=regpraw1&lang=1&samSession=4438be1d258008eb7bf7db1c61b1c2e7.
203 Office for Competiton and Consumer Protection, http://www.uokik.gov.pl/.
204 Vgl. Fn. 18.

fentlichen Ausschreibung fest, wobei der Universaldienst gemäß Art. 82 Abs. 4 sowohl in geographischer als auch in dienstemäßiger Hinsicht von verschiedenen Unternehmen wahrgenommen werden kann.

XVI. Portugal

106 Portugal hat den neuen Rechtsrahmen mit dem **Lei das Comunicações Electrónicas vom 10. 2. 2004**[205] umgesetzt.

107 Das Kommunikationsgesetz sieht in den Art. 19 ff. das System der **Allgemeingenehmigung** vor. Die Aufnahme der Tätigkeit kann gemäß Art. 21 Abs. 4 unmittelbar **nach Erhalt der durch ANACOM**[206] **ausgestellten Empfangsbestätigung** der Notifizierung der Beschreibung der Tätigkeit erfolgen, wobei ANACOM diese Empfangsbestätigung gemäß Art. 21 Abs. 5 innerhalb von 5 Tagen nach Erhalt der Mitteilung ausstellt. Das **Allgemeingenehmigungssystem ist auch im Fall der Zuteilung von Nummern oder Frequenzen** anwendbar. Gemäß Art. 31 Abs. 3 legt ANACOM das Verfahren zur Zuteilung von Frequenzen im Fall der beschränkten Verfügbarkeit fest, wobei dieses diskriminierungsfrei ausgestaltet sein muss.

108 Gemäß Art. 3 b)zz) des Kommunikationsgesetzes in Verbindung mit dessen spezifischen Kompetenzzuweisungen sind die **Regulierungsaufgaben ANACOM** übertragen. Diese durch Verordnung vom 7. 12. 2001[207] gegründete Institution ist gemäß Art. 4 Abs. 2 des Kommunikationsgesetzes in ihrer Organisation, Finanzierung und Funktion **unabhängig von der Regierung und keinen Weisungen** unterworfen.

109 Für die Anwendung des Wettbewerbsgesetzes[208] ist die **Autoridade da Concorrência**[209] zuständig. Die Wettbewerbsbehörde ist entsprechend dem Gründungsakt für die Wettbewerwerbsbehörde[210] auch zuständig für u. a. die Anwendung des Wettbewerbsrechts im Bereich der Telekommunikation. Gemäß Art. 15 Wettbewerbsgesetz unterliegen die Wettbewerbsbehörde und die Regulierungsbehörden für sektorielle Aufgaben bei der Umsetzung des Wettbewerbsrechts einer **Verpflichtung zur Zusammenarbeit**, wobei **ANACOM und die Wettbewerbsbehörde einen Kooperationsvertrag**[211] abgeschlossen haben. Gemäß Art. 29 Abs. 2 des Wettbewerbsgesetzes besteht weiter eine gegenseitige Informations-

---

205 Lei das Comunicações Electrónicas, Lei n.o 5/2004, Diário da República n° 34, I, Série – A vom 10. Februar 2004, S. 788, in Kraft getreten am 11. Februar 2004, http://www.anacom.pt/streaming/lei%205_2004.pdf?categoryId=65970&contentId=158691&field=ATTACHED_FILE.
206 Autoridade Nacional de Comunicações, http://www.anacom.pt/.
207 Decreto-Lei n.o 309/2001, Diário da República n° 283, Série I – A vom 7. Dezember 2001, S. 7918,   http://www.anacom.pt/streaming/anacom.pdf?categoryId=2174&contentId=19358&-field=ATTACHED_FILE.
208 Nova Lei da Concorrência (Lei n° 18/2003 de 11 de Junho), 3450 Diário da República – I Série – A N.o 134 vom 11.Juni 2003, S. 3450, http://www.autoridadedaconcorrencia.pt/pt/legislacao/downloads/34503461.pdf; in englischer Fassung, http://www.autoridadedaconcorrencia.pt/en/legislacao/downloads/descre18ix.pdf.
209 Autoridade de Concorrência, http://www.autoridadedaconcorrencia.pt/.
210 Decreto-Lei n 10/2003 v. 18. Januar 2003., http://www.anacom.pt/template20.jsp?categoryId=52649&contentId=132089; in englischer Fassung, http://www.anacom.pt/template12.jsp?categoryId=81590.
211 Protocolo de Cooperação entre a Anacom e a Autoridade de Concorrência 24-5-2004, http://www.autoridadedaconcorrencia.pt/vImages/cooperação_anacom_adc.pdf.

pflicht von Regulierungsbehörden und der Wettbewerbsbehörde im Fall der Kenntnisnahme von wettbewerbsbeschränkendem Verhalten. Gemäß Art. 29 Abs. 1 des Wettbewerbsgesetzes muss die Wettbewerbsbehörde im Fall einer Entscheidung wegen wettbewerbsbeschränkendem Verhalten und gemäß Art. 39 im Fall der Entscheidung hinsichtlich von Zusammenschlüssen die **Stellungnahme der betroffenen Regulierungsbehörde** einholen. Die Regulierungsbehörden müssen umgekehrt gemäß Art. 29 Abs. 4 Wettbewerbsgesetz grundsätzlich die **Stellungnahme der Wettbewerbsbehörden** einholen. Die Durchführung der Marktanalyse ist gemäß Art. 18 des Kommunikationsgesetzes ANACOM übertragen. Gemäß Art. 61 des Kommunikationsgesetzes muss die **Wettbewerbsbehörde** auf Anfrage von ANACOM ihre **Stellungnahme hinsichtlich der Märktefestlegung und der Feststellung von Vorhandensein oder Abwesenheit von beträchtlicher Marktmacht** innerhalb von 30 Tage ab dem Antrag der ANACOM abgeben.

Die Märktedefinition und Marktanalyse soll auf der Grundlage des Wettbewerbsrechts vorgenommen werden, wobei ANACOM gemäß Art. 58 Abs. 2 des Kommunikationsgesetzes die **Märkteempfehlung und die Leitlinien der Kommission**[212] berücksichtigen muss. Art. 60 Abs. 4 sieht weiter vor, dass die Rechtsprechung des EuGH zur gemeinsamen Marktbeherrschung bindend ist. Die **Auswahl und Festlegung der geeigneten Abhilfemaßnahmen** ist gemäß Art. 66 Abs. 2 **Aufgabe der ANACOM**, wobei ANACOM im Fall der Feststellung von beträchtlicher Marktmacht die Verpflichtung trifft, **jedenfalls eine der Abhilfemaßnahmen** festzulegen. Zum 1. 6. 2005 hatte die ANACOM der Kommission die Ergebnisse ihrer Marktanalyse hinsichtlich der Märkte 1–14 und 16 der Märkteempfehlung der Kommission notifiziert.[213] **110**

Art. 84 Abs. 1 i.V.m. Abs. 3 des Kommunikationsgesetzes sieht für Festnetzunternehmen mit beträchtlicher **Marktmacht im Festnetzzugangs- und Verbindungsmarkt** zur Absicherung des Wettbewerbs die Verpflichtung zur Bereitstellung der Betreibervorauswahl vor. Gemäß Art. 84 Abs. 2 ist Anacom **verpflichtet, auch bezüglich anderer Netze eine Analyse** unter dem Gesichtspunkt der Notwendigkeit der Auferlegung der Betreibervorauswahl vorzunehmen. **111**

Der im Rahmen des Universaldienstes bereitzustellende Anschluss muss gemäß Art. 88 Abs. 2 des Kommunikationsgesetzes den **funktionalen Internetzugang** ermöglichen. Die Benennung als zum Universaldienst verpflichtete Unternehmen erfolgt gemäß Art. 99 im Wege einer **öffentlichen Ausschreibung** durch die Regierung, wobei die Zuteilung u. a. diskriminierungsfrei erfolgen muss und **grundsätzlich keine Übertragungsform als ungeeignet** für die Bereitstellung des Universaldienstes angesehen werden kann. **112**

XVII. Schweden

Schweden hat zur Umsetzung des neuen Rechtsrahmens am **23. 5. 2003 das Gesetz für elektronische Kommunikation**[214] verabschiedet und auf dieser Grundlage eine Reihe von Verordnungen angenommen, u. a. die Kommunikationsverordnung.[215] **113**

---

212 Vgl. Fn 18.
213 Notifizierungen in den Sachen PT/2004/0053-0061, PT/2004/0091-0092, PT/2004/0117-0018, PT/2005/0154-0157, http://forum.europa.eu.int/Public/irc/infso/ecctf/home.
214 Lag (2003:389) om elektronisk kommunikation-12/6/2003. ref: SFS n° 389 av 23/6/2003, http://www.notisum.se/rnp/sls/lag/20030389.htm; in englischer Übersetzung: http://www.pts.se/Archi-

114 Die Aufnahme der Tätigkeit kann gemäß Kapitel 2 Sektion 2 des Kommunikationsgesetzes unmittelbar nach **Mitteilung der Absicht der Aufnahme der Tätigkeit an die PTS**[216] erfolgen. Gemäß Kapitel 3 Sektion 1 ist im Fall der Verwendung von Frequenzen eine Einzelgenehmigung erforderlich. Ein Absehen vom Einzelgenehmigungserfordernis ist möglich, soweit die Frequenzverwendung und Zuteilung auf internationaler oder europäischer Ebene harmonisiert wurde, bzw. aufgrund von Regierungsverordnungen.

115 Für die **Wahrnehmung der Regulierungsaufgaben** ist gemäß Art. 2 der Kommunikationsverordnung die **PTS** zuständig. PTS ist dem **Ministerium für Industrie, Arbeit und Kommunikation**[217] nachgeordnet. Daneben besteht eine Zuständigkeit der **Radio and TV Authority,** die nach Kapitel 1 Sektion 6 des Kommunikationsgesetzes in Verbindung mit Kapitel 3 Sektion 2 Punkt 8 des Radio and Television Act für die Regulierung der Fernsehsignalübertragung zuständig bleibt, insbesondere für die Auferlegung von Must-carry-Verpflichtungen.

116 Nach dem schwedischen Kartellgesetz[218] ist die **Konkurrensverket**[219] für die Anwendung der Kartell- und Missbrauchsaufsicht zuständig, wobei gemäß Kapitel 1 Sektion 5 des Kommunikationsgesetzes diese Zuständigkeit auch im Bereich für elektronische Kommunikation besteht. Gemäß Art. 24 der Kommunikationsverordnung[220] trifft **beide Behörden eine Verpflichtung zum Informationsaustausch.** Weiter besteht eine Konsultations- und **Kooperationverpflichtung aufgrund von allgemeinem schwedischem Verwaltungsrecht.** Dieses sieht eine Kooperation zwischen zuständigen und relevanten Behörden – „responsible and relevant authorities" – vor. Die zuständige Behörde ist gemäß Art. 2 Kommunikationsverordnung die PTS, die jeweiligen „relevanten Behörden" sind die Wettbewerbsbehörde und die Verbraucherschutzbehörde. Die Durchführung der Marktanalyse im Rahmen der Regulierung ist PTS übertragen. Gemäß Art. 23 Kommunikationsverordnung ist die PTS verpflichtet, der Konkurrensverket ihre Entscheidungsentwürfe für die **Marktdefinition und die Bestimmung von beträchtlicher Marktmacht** in schriftlicher Form mitzuteilen und muss die **Stellungnahme der Konkurrensverket** berücksichtigen, nicht jedoch übernehmen.

---

ve/Documents/EN/Engelsk_ekomlag.pdf. Daneben ist eine Reihe weiterer Gesetze in Kraft getreten: Lag (2003:390) om införande av lagen (2003:389) om elektronisk kommunikation-12/6/ 2003. ref: SFS n° 390 av 23/6/2003; Lag (2003:393) om ändring i lagen (1998:31) om standarder för sändning av TV-sgnaler.-12/6/2003. ref: SFS n° 393 av 23/6/2003; Förordning (2003:396) om elektronisk kommunikation-12/6/2003. ref: SFS n° 396 av 23/6/2003; Förordning (2003:397) om införande av lagen (2003:389) om elektronisk kommunikation-12/6/2003. ref: SFS n° 397 av 23/ 6/2003; Förordning (2003:398) om finansiering av Post- och telestyrelsens verksamhet-12/6/ 2003. ref: SFS n° 398 av 23/6/2003; Förordning (2003:403) om ändring i förordningen (1997:401) med instruktion för Post-och telestyrelsen-12/6/2003. ref: SFS n° 403 av 23/6/2003.

215 Förordning (2003:396) om elektronisk kommunikation = Regulation 2003/396 about electronic communications, http://www.pts.se/Archive/Documents/SE/Forordning_2003-396_om_elektrisk_kommunikation.htm.

216 Post- och telestyrelsen „National Post and Telecom Agency, http://www.pts.se.

217 http://naring.regeringen.se/inenglish/index.htm.

218 Konkurrenslag (1993:20), http://www.es.lth.se/ugradcourses/ipr/files-swe/Konkurrenslag.v5.pdf; englische Übersetzung unter http://www.kkv.se/eng/competition/competition_act_fulltext.shtm.

219 http://www.kkv.se/eng/eng_index.shtm; http://www.kkv.se/eng/about/pdf/upporg_eng.pdf.

220 Vgl. Fn. 215.

Die PTS muss gemäß Kapitel 8, Sektion 5, Satz 2 und Sektion 6 des Kommunikationsge- **117**
setzes die Märkte, die einer Marktanalyse unterzogen werden sollen, unter **Berücksichtigung der Märkteempfehlung der Kommission** festlegen und bei der Marktanalyse die
Leitlinien der Kommission[221] beachten. Gemäß Kapitel 4, Sektion 3 ff. hat **die PTS** die
Aufgabe, die angemessenen **Abhilfemaßnahmen** zur Förderung des Wettbewerbs **auszuwählen und aufzuerlegen**. Nicht eindeutig ist, ob die PTS im Fall der Feststellung von beträchtlicher Marktmacht **jedenfalls eine Abhilfemaßnahme** festgelegen muss. Zum 1. 6.
2005 hatte die PTS der Kommission die Ergebnisse ihrer Marktanalyse hinsichtlich aller
Märkte der Märkteempfehlung der Kommission mit Ausnahme der Märkte 13–15 und
Markt 17 notifiziert.[222]

Kapitel 5, Sektion 12 des Kommunikationsgesetzes sieht die Auferlegung der Verpflich- **118**
tung zur **Bereitstellung der Betreiber(vor)auswahl in dem relevanten Zugangs- und
Verbindungsmarkt** vor, hinsichtlich dessen die beträchtliche Marktmacht eines Festnetzbetreibers durch die PTS festgestellt wurde. Diese Vorschrift sieht keine **explizite Möglichkeit der Erstreckung der Marktanalyse auf andere Netze** vor.

Die Verpflichtung zur Bereitstellung des Universaldienstes schließt gemäß Kapitel 5 Sek- **119**
tion 2, Abs. 2 des Kommunikationsgesetzes die Bereitstellung eines Festnetzanschlusses
für Endnutzer mit **Internetübertragungskapazität** ein. Die Kommunikationsverordnung
spezifiziert in Art. 29 a) die Mindestübertragungrate mit 20 kbit/s. Die PTS hat im März
2005 einen Vorschlag zur Ausgestaltung des Universaldienstes zur Konsultation veröffentlicht.[223]

XVIII. Slowakische Republik

Die Slowakische Republik hat zur Umsetzung des neuen Rechtsrahmens das am 1. 1. **120**
2004 in Kraft getretene **Kommunikationsgesetz vom 3. 12. 2003**[224] verabschiedet.

Die Bereitstellung von Kommunikationsnetzen und -diensten erfordert gemäß Sektion 12 **121**
des Kommunikationsgesetzes eine **Allgemeingenehmigung**.[225] Gemäß Sektion 13 Abs. 7
kann die **Aufnahme der Tätigkeit** im Fall der Allgemeingenehmigung ab dem Zeitpunkt
erfolgen, zu dem die TO[226] die gemäß Sektion 14 Abs. 2 vollständige Notifikation erhalten
und diese gemäß Sektion 14 Abs. 3 **registriert** hat. Gemäß Sektion 14 Abs. 3 stellt die TO
eine Erklärung bezüglich des Erhalts der Notifikation aus. In Fällen der Zuteilung von **Frequenzen oder Nummern ist eine Einzelgenehmigung** notwendig, wobei gemäß Sektion

---

221 Vgl. Fn. 18.
222 Notifizierungen in den Sachen SE/2004/0048-0052, SE/2004/0083-0084, SE/2004/0112-0113,
   SE/2005/0146-0149, SE/2005/0188, SE/2005/0195-0198, http://forum.europa.eu.int/Public/irc/
   infso/ecctf/home.
223 http://www.pts.se/Remisser/remiss.asp?SectionId=2275.
224 610 Zákon z 3. decembra 2003 o elektronických komunikáciách, Strana 5826 Zbierka zákonov c.
   610/2003 Ciastka 249, http://www.teleoff.gov.sk/610.pdf; in englischer Übersetzung: Act No.
   610 of 3 December 2003 on Electronic Communications, http://www.teleoff.gov.sk/sub3/
   act.html.
225 Vgl. zum genauen Anwendungsbereich http://www.teleoff.gov.sk/sub3/G.authorisations/index.
   html.
226 Telekomunikacný úrad Slovenskej republiky, Telecommunications Office of the Slovak Republic,
   http://www.teleoff.gov.sk/.

13 Abs. 3 und 4 die Allgemeingenehmigungen und gemäß den Sektionen 31 und 32 die Einzelgenehmigungen von der TO erteilt werden.

122 Die **Regulierungsaufgaben** sind gemäß Sektion 6 Abs. 3 des Kommunikationsgesetzes der **TO** übertragen. Das **MDPT** (Ministerium für Transport, Post und Telekommunikation)[227] ist gemäß Sektion 6 Abs. 1 und 2 zuständig für die Ausarbeitung von Entwürfen zu den Regulierungspolitiken der Regierung, den nationalen Frequenzzuweisungsplan und für die Pflege der internationalen Beziehungen und der Beziehungen im Verhältnis zur EG, wobei die TO gemäß Sektion 8 Abs. 4 für die Notifizierungen gemäß Art. 7 der Rahmenrichtlinie zuständig bleibt. Gemäß Sektion 54 Abs. 7 ist das **MDPT** zuständig für den Erlass einer Verordnung zum **Universaldienstefond**, während alle anderen Einzelheiten der **Universaldienstebereitstellung durch die TO** determiniert werden. In Sektion 6 (3) wurde der **TO auch die Zuständigkeit für die Regulierung der Rundfunkübertragung** übertragen, während die Zuständigkeit für die Genehmigung der inhaltlichen Rundfunkübertragungsrechte[228] beim Rundfunkrat[229] angesiedelt ist.

123 Für die Anwendung des Wettbewerbsrechts[230] ist die **AMO** (Antimonopoly Office of the Slovak Republic)[231] zuständig. Gemäß Sektion 8 Abs. 1 b) des Kommunikationsgesetzes ist die TO verpflichtet, mit der AMO in Fragen der **Märktedefinition und der Beurteilung der beträchtlichen Marktmacht zusammenzuarbeiten**. Bereits im November 2002 hatte die **TO einen Kooperationsvertrag mit den AMO** abgeschlossen.[232]

124 Gemäß Sektion 15 Abs. 1 des Kommunikationsgesetzes muss die TO die **Märktedefinition auf der Grundlage der Märkteempfehlung der Kommission**[233] vornehmen. Gemäß Sektion 15 Abs. 3 kann die TO von der Märkteempfehlung **abweichen und weitere relevante Märkte im Sinn von Art. 3 Abs. 3 des Competition Act** festlegen. Die TO hat die Liste der zu analysierenden Märkte am 28. 1. 2004 veröffentlicht[234], wobei diese die Märkte der Märkteempfehlung der Kommission wiedergibt und in geographischer Hinsicht jeweils nationale Märkte definiert. Nach den Sektionen 17 ff. ist es **vollumfänglich Aufgabe der TO**, im Fall der Feststellung von beträchtlicher Marktmacht die **geeigneten Abhilfemaßnahmen auszuwählen und festzulegen**. Hierbei wendet die TO gemäß Sektion 17 Abs. 1 das Verhältnismäßigkeitsprinzip unter Beachtung der Regulierungsziele der Schaffung von effektivem Wettbewerb und des Binnenmarktes an, wobei sie **jedenfalls eine Abhilfemaßnahme** festlegen muss. Zum 1. 6. 2005 hatte die TO der Kommission die Erge-

---

227 Ministerstvo dopravy, pôst a telekomunikácií, http://www.telecom.gov.sk/index/index.php.

228 Gem. Act No. 308 vom 14. September 2000 on Broadcasting and Retransmission and on Amendments of Act No. 195/2000 Coll. on Telecommunications, http://www.rada-rtv.sk/.

229 Council for Broadcasting and Retransmission, Rada Pre Vysielanie A Retransmisiu, http://www.rada-rtv.sk/.

230 Act of 27 February 2001 on Protection of Competition and on Amendments and Supplements to Act of the Slovak National Council No. 347/1990 Coll. on Organization of Ministries and Other Central Bodies of State Administration of the Slovak Republic as amended (Amendment: 465/2002 Coll. Amendment: 204/2004 Coll.), Act No. 136/2001 Coll. of Laws, http://www.antimon. gov.sk/eng/article.aspx?c=78&a=1318.

231 http://www.antimon.gov.sk/eng/.

232 http://www.antimon.gov.sk/article.aspx?c=12&a=123, nur in Slowakisch veröffentlicht.

233 Vgl. Fn. 18.

234 Strana 648 Zbierka zákonov c. 57/2004 Ciastka 26, http://www.teleoff.gov.sk/Rozhodnutia/trhy.html, nur in Slowakisch veröffentlicht.

bnisse ihrer Marktanalyse hinsichtlich der Märkte 1, 2, 8, 9, 11 und 16 der Märkteempfehlung der Kommission notifiziert.[235]

Sektion 27 Abs. 1 des Kommunikationsgesetzes sieht vor, dass Betreibern von Festnetzen **125** mit **beträchtlicher Marktmacht** die **Verpflichtung zur Bereitstellung der Betreiber-(vor)auswahl** auferlegt werden muss, wobei die genaue Eingrenzung der relevanten Märkte offen bleibt. Gemäß Sektion 27 Abs. 3 **kann die Verpflichtung auch anderen Netzbetreibern, etwa Mobilfunkbetreibern**, mit beträchtlichen Marktmacht auferlegt werden, wobei die **Ergebnisse der Marktanalyse** der relevanten Märkte ausschlaggebend sind.

Der Universaldienst schließt gemäß Sektion 50 des Kommunikationsgesetzes die Ver- **126** pflichtung zur Bereitstellung eines Festnetzanschlusses für Endnutzer mit **funktionaler Internetübertragungskapazität** ein. Gemäß Sektion 50 Abs. 4 besteht eine Verpflichtung von TO, eines oder mehrere Unternehmen als Universaldiensteerbringer zu benennen, wobei ein **Splitting der Aufgaben sowohl in Hinblick auf die zu erbringenden Dienste als auch in geographischer Hinsicht möglich** ist. TO ist gemäß Sektion 50 Abs. 4 in Verbindung mit Sektion 6 Abs. 4 verpflichtet, alle Unternehmen bei der Auswahl der Universaldiensteerbringer diskriminierungsfrei zu behandeln, ohne jedoch zu einer öffentlichen Ausschreibung verpflichtet zu sein.

XIX. Slowenien

Slowenien hat den neuen Rechtsrahmen mit dem **Gesetz für elektronische Kommunika-** **127** **tion vom 9. 4. 2004**[236] (im Folgenden: **ZEKom**), in Kraft seit dem 1. 5. 2004, umgesetzt.

Gemäß Art. 5 Abs. 1 ZEKom kann die **Aufnahme der Tätigkeit** nach **Mitteilung an die** **128** **APEK**[237] erfolgen. Diese nimmt das Unternehmen innerhalb von 7 Tagen in ihr Register auf, teilt dies dem Unternehmen mit und stellt diesem **ohne spezifischen Antrag eine Erklärung zu dessen Rechten** aus. Die Registrierung ist nicht Voraussetzung für die Aufnahme der Tätigkeit. Dies gilt **auch im Fall der Nutzung von Frequenzen,** die durch die APEK gemäß Art. 35 ZEKom durch einen getrennten Beschluss zugeteilt werden. Eine öffentliche Ausschreibung ist gemäß Art. 36 Abs. 2 ZEKom zulässig und notwendig, wenn die APEK die Zuteilungsbeschlüsse zur Erreichung der effizienten Frequenznutzung beschränken muss.

Die **Regulierungsaufgaben** im Bereich der elektronischen Kommunikationsnetze- und **129** dienste sind der **APEK** übertragen. Ausgenommen ist die Aufstellung des **Frequenznutzungsplans**, für dessen Verabschiedung gemäß den Art. 33 ZEKom die Regierung auf Vorschlag der APEK zuständig ist, und die Aufstellung des **Nummerierungsplans**, für den gemäß Art. 59 ZEKom das **Wirtschaftministerium**[238] auf Vorschlag der APEK zuständig

---

235 Notifizierungen in den Sachen SK/2004/0102-0103, SK/2004/0107, SK/2005/0136, SK/2005/0172-0173, SK/2005,0187, http://forum.europa.eu.int/Public/irc/infso/ecctf/home.

236 Zakon o Elektronskih Komunikacijah (ZEKom), Uradni list št. 43/04, z dne 26. 4. 2004, velja od 1. 5. 2004, http://www.APEK.si/1pred/dat/ZEKom.pdf, Electronic Communications Act, http://mid.gov.si/mid/mid.nsf/V/KA0E6FADE1BF5BBFAC1256EA50054D399/$file/Electronic_Communications_Act_May04.pdf.

237 Agencija za telekomunikacije, radiodifuzijo in posto, http://www.APEK.si/.

238 Directorate for electronic communications, http://www.mg-rs.si/english/index.php; frühere Zuständigkeit beim Ministerium für die Informationsgesellschaft.

ist. Die **APEK ist aufgrund ihrer Organisationsform** als „public agency" **weisungsunabhängig.**

130 Für die Anwendung des **Wettbewerbsrechts**[239] **ist die CPO**[240] zuständig. Gemäß Art. 22 Abs. 1 ZEKom kann die APEK die **Stellungnahme der CPO vor Feststellung der beträchtlichen Marktmacht** eines Unternehmens einholen.

131 Gemäß Art. 20 Abs. 1 ZEKom stellt die APEK die Liste der relevanten Märkte unter Anwendung des Wettbewerbsrechts in **konsistenter Berücksichtigung der Märkteempfehlung der Kommission** in ihrer jeweiligen Fassung auf und berücksichtigt gemäß Art. 19 Abs. 6 ZEKom die **Leitlinien der Kommission.**[241] Auf dieser Grundlage hat die APEK die Liste der relevanten Märkte im Juli 2004 spezifiert.[242] Gemäß den Art. 22 ff. ZEKom ist es **vollumfänglich Aufgabe der APEK, die geeigneten Abhilfemaßnahmen auszuwählen** und festzulegen, wobei die Verhältnissmässigkeit gemäß Art. 22 Abs. 2 Satz 2 ZEKom im Hinblick auf die Regulierungsziele des wirksamen Wettbewerbs und der Verbaucherinteressen zu prüfen ist. Gemäß Art. 22 Abs. 2 ZEKom muss die APEK im Fall der Feststellung der beträchtlichen Marktmacht **mindestens eine Abhilfemaßnahme** auferlegen. Zum 1. 6. 2005 hatte APEK der Kommission die Ergebnisse ihrer Marktanalyse hinsichtlich von Markt 11 der Märkteempfehlung der Kommission notifiziert.[243]

132 Gemäß Art. 30 Abs. 1 ZEKom muss die APEK den Festnetzunternehmen mit **beträchtlicher Marktmacht im Bereich des Anschlusses und dessen Nutzung** die Verpflichtung zur Bereitstellung der **Betreiber(vor)auswahl** auferlegen. Gemäß Art. 30 Abs. 3 ZEKom kann die APEK diese Verpflichtung **auf Antrag von Nutzern auch anderen als Festnetzunternehmen** mit beträchtlicher Marktmacht auferlegen.

133 Der im Rahmen des Universaldienstes bereitzustellende Anschluss muss gemäß Art. 11 Abs. 1 Ziff. 1 ZEKom den **Internetanschluss** ermöglichen. Gemäß Art. 13 Abs. 2 ZEKom erfolgt die Benennung des Universaldienste durch die APEK im Wege der **öffentlichen Ausschreibung.** Nur wenn diese keinen Erfolg hat, benennt APEK das **Unternehmen mit der größten Anzahl an Teilnehmern.**

XX. Spanien

134 **Spanien** hat zur Umsetzung des neuen Rechtsrahmens **das „Ley General de Telecomunicaciones" vom 3. 11. 2003**[244] (im Folgenden: **LGT**) verabschiedet. In Ausführung des LTG wurden einige Verordnungen verabschiedet. Diese betreffen die Klärung der Zuständigkeiten der fünf Regulierungsbehörden gemäß Art. 46 LGT, die Ausgestaltung der Ge-

---

239 Zakon o preprecevanju omejevanja konkurence, http://zakonodaja.gov.si/rpsi/r02/predpis_ ZAKO1662.html, Prevention of the restriction of competition Act, Official Gazette of the Republic of Slovenia. No. 310-03/99-5/1, Ljubljana, 30 June 1999, http://www.sigov.si/uvk/ang/2legal/1basis.html.

240 Competition Protection Office, Urad Za Vartvo Konkurence, http://www.sigov.si/uvk/2ang.html.

241 Vgl. Fn. 18.

242 General Act on Relevant Markets of 17 July 2004, (slowenisches) ABl. RS No 77/04.

243 Notifizierung in der Sache SL/2005/0142, http://forum.europa.eu.int/Public/irc/infso/ecctf/ home.

244 Ley 321/2003, B.O.E. 04-11-2003, berichtigt durch Ley 4/2004, de 29 de diciembre, B.O.E. 30-12-2004, http://www.cmt.es/cmt/centro_info/legislacion/index.htm.

nehmigungsvoraussetzungen, die Frequenzverwaltung, die Ausgestaltung des Universaldienstes, die Marktanalyse und die Ausgestaltung der Abhilfemaßnahmen.[245]

Die Art. 5 ff. LTG sehen das Erfordernis der **Allgemeingenehmigung** als Voraussetzung 135
für die Bereitstellung von Telekommunikationsnetzen und -diensten vor. Gemäß Art. 6
Abs. 2 LTG ist vor Aufnahme der Tätigkeit eine **Notifizierung der Absicht an CMT**[246]
mit dem in Art. 5 Abs. 5 Genehmigungs- und Universaldiensteverordnung[247] genannten Inhalt notwendig, wobei nur im Fall, dass die CMT die Notifizierung innerhalb von 15 Tagen
als für nicht ausreichend erklärt, die Aufnahme der Tätigkeit unterbleiben muss. Gemäß
Art. 8 Genehmigungs- und Universaldiensteverordnung trägt die CMT die Unternehmen
in ein von ihr geführtes **öffentliches Register ein, wobei die Unternehmen einen Auszug
verlangen können,** und erteilt gemäß Art. 11 Genehmigungs- und Universaldiensteverordnung **eine Erklärung zu ihren Rechten.** Die Zuteilung von Frequenzen erfolgt gemäß
Art. 5 Abs. LTG in einem getrennten Verfahren, wobei die hierfür vorgesehene Behörde,
die Agencia Estatal de Radiocomunicaciones, noch nicht gegründet wurde.

Die Wahrnehmung von Regulierungsaufgaben ist gemäß Art. 46 LGT **fünf verschiedenen** 136
Behörden übertragen: **der Regierung, dem Ministerium für Wissenschaft und Technologie**[248]**, dem Ministerium für Wirtschaft**[249]**, der CMT**[250] **und der Radiokommunikationsbehörde.**[251] Aufgrund der Reorganisation der Ministerien nach den Wahlen 2004 wurden die Kompetzenzen des Ministeriums für Wissenschaft und Technologie im Telekommunikationsbereich dem **Ministerium für Industrie, Tourismus und Handel**[252] übertragen. Die Mehrzahl der Regulierungsaufgaben (Auferlegung und Überwachung der Einhaltung von Verpflichtungen für Unternehmen, Streitschlichtung, Marktanalyse, Zusammenschaltung, Nummernverwaltung) sind aufgrund des LTG und der Verordnung zur Marktanalyse und Nummernverwaltung[253] der **CMT** übertragen, wobei das Ministerium für Industrie, Tourismus und Handel jedoch Auffangzuständigkeiten für Ausnahmefälle hat. Gemäß Art. 27 der Verordnung zur Marktanalyse und Nummernverwaltung ist die Ausarbeitung des **Nummerierungsplans** und gemäß Art. 25 der Genehmigungs- und Universal-

---

245 Real Decreto 2296/2004, de 10 de diciembre 2004, por el que se apruebe el Reglamento sobre
mercados de comunicaciones electrónicas, acceso a las redes y numeraciõn, BOE 2004 núm. 314,
S. 42372, http://www.coit.es/pub/ficheros/rd_229604_e53fb3cc.pdf; Real Decreto 424/2005, de
15 de abril 2005, por el que se aprueba el Reglamento sobre las condiciones para la prestación de
servicios de comunicaciones electrónicas, el servicio universal y la protección de los usuarios,
BOE 2005 núm.102, 29 avril 2005, S. 14545, http://www.boe.es/boe/dias/2005-04-29/pdfs/
A14545-14588.pdf.

246 Comisión del Mercado de las Telecomunicaciones = Telecommunications Market Commission,
http://www.cmt.es/cmt_eng/centro_info/webs/index.htm; http://www.cmt.es/cmt/comision/presentacion/content2.htm.

247 Reglamento sobre las condiciones para la prestación de servicios de comunicaciones electrónicas,
el servicio universal y la protección de los usuarios, vgl. Fn. 245.

248 Ministerio de Ciencia y Tecnología,http://www2.mityc.es/es-ES/index.htm?cultura=es-ES.

249 http://www.minhac.es/Minhac/Home.htm.

250 Comisión del Mercado de las Telecomunicaciones = Telecommunications Market Commission,
http://www.cmt.es/cmt_eng/centro_info/webs/index.htm.

251 Agencia Estatal de Radiocomunicaciones, im Gründungsstadium, zu den zukünftigen Funktionen
vgl. http://www.mcyt.es/asp/ministerio_informa/prensa/np16-10-03.htm, Punkt 8.

252 Ministerio de Industria, Turismo y Comercio, http://www2.setsi.mityc.es.

253 Reglamento sobre mercados de comunicaciones electronónicas, acceso a las redes y numeración,
BOE 2004 núm. 314, S. 42374, vgl. Fn. 245.

diensteverordnung[254] die **Ausgestaltung des Universaldienstes dem Ministerium für Industrie, Tourismus und Handel** übertragen. Gemäß Art. 47 LTG hat die Radiokommunikationsbehörde (Agencia Estatal de Radiocomunicaciones) die Aufgabe der Verwaltung der Frequenzen.[255] Art. 46 LTG sieht vor, dass das **Ministerium für Wirtschaft**[256] **für die Entgeltregulierung** zuständig ist. Gemäß Art. 47, 48 LTG sind sowohl die **CMT** als auch die Radiokommunikationsbehörde dem Ministerium für Wissenschaft und Technologie, d. h. aufgrund der Reorganisation 2004 dem **Ministerium für Industrie, Tourismus und Handel nachgeordnet.** Eine Weisungsgebundenheit ist damit jedoch nicht verbunden, vielmehr bestimmt Art. 48 Abs. 1 LTG i.V. m. Dispoción adicional décima (Zusatz Art. 10) der Verordnung zur Organisation und Funktion der „zentralen Staatsbehörden"[257], dass die **CMT die volle Autonomie** bei der Erfüllung ihrer Ziele und bei der Ausübung der ihr übertragenenen Funktionen hat.

137 Für die Anwendung des Wettbewerbsrechts[258] ist der **Servicio de defensa de la competencia**[259] zuständig. Gemäß Art. 3 Abs. 1 S. 2 der Verordnung zur Marktanalyse und Nummerierung[260] holt die CMT im Rahmen der **Marktanalyse die Stellungnahme der Wettbewerbsbehörde** ein.

138 Die Festlegung der Märkte, die einer Marktanalyse unterzogen werden sollen, erfolgt gemäß Art. 10 Abs. 1 LTG und gemäß Art. 2 Abs. 1 der Märkte- und Nummerierungsverordnung[261] durch die CMT unter **Berücksichtigung der Märkteempfehlung und der Leitlinien der Kommission**[262], wobei gemäß Art. 2 Abs. 2 und 3 bzw. nach Art. 3 Abs. 2 der Verordnung die nach **Wettbewerbsrecht** relevanten Kriterien für die Marktabgrenzung und die Beurteilung der Marktmacht genannt werden. Gemäß Art. 4 Abs. 1 i.V.m. Art. 6 ff. (Vorleistungsmärkte) bzw. Art. 18 ff. (Endkundenmärkte) der Märkte- und Nummerierungsverordnung ist es **Aufgabe der CMT, die geeigneten Abhilfemaßnahmen auszuwählen und festzulegen**, wobei die CMT die Verhältnismäßigkeitsprüfung auf der Grundlage der Regulierungsziele des Art. 3 LTG vornimmt. Allerdings sieht Art. 4 Abs. 4 der Märkte- und Nummerierungsverordnung vor, dass von einer verfrühten Auferlegung von Abhilfemaßnahmen auf **in Entstehung begriffenen Märkten** abgesehen werden soll. Die Vorschriften bestimmen nicht explizit, dass die CMT im Fall der Feststellung von beträchtlicher Marktmacht **mindestens eine Abhilfemaßnahme** auferlegen muss. Zum 1. 6.

---

254 Reglamento sobre las condiciones para la prestación de servicios de comunicaciones electrónicas, el servicio universal y la protección de los usuarios, BOE 2004, núm 314, S. 42374, vgl. Fn. 245.

255 Wobei diese Behörde noch nicht gegründet wurde, s.o.

256 http://www.minhac.es/Minhac/Home.htm, hier die „Comision Delegada del Gobierno para Asuntos Economicos".

257 Ley 6/1997 de 14 avril, de Organización y Funcionamiento de la Administración General del Estado, BOE núm. 90 v. 15. 4. 1007, (Central State Administration Act 6/1997 of April 14 1997, http://www.cmt.es/busca/Serv/document/Legislacion_nacional/Disposiciones_Generales/B-LE-97-04-15.html.

258 Ley 16/1989, de Defensa de la Competencia; konsolidierte Version unter http://www.mineco.es/dgdc/sdc/legislacion.htm.

259 http://www.mineco.es/dgdc/sdc/.

260 Reglamento sobre mercados de comunicaciones electronónicas, acceso a las redes y numeración, BOE 2004 núm. 314, S. 42374, vgl. Fn. 245.

261 Reglamento sobre mercados de comunicaciones electronónicas, acceso a las redes y numeración, BOE 2004 núm. 314, S. 42374, vgl. Fn. 245.

262 Vgl. Fn. 18.

2005 hatte die CMT der Kommission noch keine Ergebnisse ihrer Marktanalyse notifiziert.

Die Verpflichtung zur Bereitstellung der **Betreiber(vor)auswahl** besteht gemäß Art. 19 **139** Abs. 1 LGT und Art. 13 der Märkte und Nummmerierungsverordnung[263] für **Unternehmen mit beträchtlicher Marktmacht im Festnetzanschluss- und Verbindungsmarkt.** Gemäß Art. 13 Abs. 2 der genannten Verordnung kann die Verpflichtung **Unternehmen mit beträchtlicher Marktmacht in anderen Märkten** auferlegt werden, wobei dies nur **im Wege eines Regierungdekrets** möglich ist, das einen entsprechenden Vorschlag des Ministeriums für Industrie, Tourismus und Handel, eine befürwortende Stellungnahme der CMT und die Durchführung einer Marktanalyse voraussetzt.

Die Verpflichtung zur Bereitstellung des Universaldienstes schließt gemäß Art. 22 **140** Abs. 1a) LGT die der Bereitstellung eines Festnetzanschlusses für Endnutzer mit **Internetübertragungskapazität** zu einem erschwinglichen Preis ein, wobei zur **ausreichenden Übertragungsrate** gemäß Art. 28 Abs. 1 d) der Genehmigungs- und Universaldienstverordnung[264] **die Empfehlungen der Serie V des UIT-T** maßgeblich sind, das Minsterium für Industrie, Tourismus und Handel jedoch andere Standards erlauben kann. Gemäß Art. 23 Abs. 2 LGT und Art. 36 der Gehmigungs- und Universaldiensteverordnung erfolgt die **Benennung der zum Universaldienst verpflichteten Unternehmen durch das Ministerium für Industrie, Tourismus und Handel**, wobei für die Zuteilung eine Reihe von Grundsätzen zu beachten ist, u. a. die **Nichtdiskriminierung, eine öffentliche Konsultation, die öffentliche Ausschreibung und eine Aufsplittung nach Diensten und in geographischer Hinsicht.**

XXI. Tschechische Republik

Die Tschechische Republik hat zur Umsetzung des neuen Rechtsrahmens das am 1. 4. **141** 2005 in Kraft getretenen **Gesetz für elektronische Kommunikation vom 22. 2. 2005**[265] verabschiedet.

Die Sektionen 9 ff. des Kommunikationsgestzes sehen das System der **Allgemeingenehmi-** **142** **gung** vor. Gemäß Sektion 13 müssen alle Unternehmen, die elektronische Kommunikationsdienste anzubieten beabsichtigen, dies der CTÚ[266] in schriftlicher Form und unter Einschluss der dort genannten Bestandteile notifizieren. Die CTÚ stellt gemäß Sektion 14 innerhalb einer Woche eine **Bestätigung dahingehend aus, dass das Unternehmen eine entsprechende Notifizierung eingereicht** hat. Soweit Frequenzen zugeteilt werden, ist gemäß Sektion 17 grundsätzlich die Erteilung einer Einzelgenehmigung durch die CTÚ erforderlich, wobei in spezifizierten Fällen eine Allgemeingenehmigung ausreichend ist.

---

263 Reglamento sobre mercados de comunicaciones electronónicas, acceso a las redes y numeración, BOE 2004 núm. 314, S. 42374, vgl. Fn. 246.

264 Real Decreto 424/2005, de 15 de abril 2005, por el que se aprueba el Reglamento sobre las condiciones para la prestación de servicios de comunicaciones electrónicas, el servicio universal y la protección de los usuarios, BOE 2005 núm.102, 29 avril 2005, S. 14545, vgl. Fn. 246.

265 Zákon o elektronických komunikacích ze dne 22. února 2005, Sbírka zánkonu c. 127/2005, Cátka 43, Strana 1330, http://www.micr.cz/files/2222/ZOEK.pdf.

266 Ceský Telekomunikacní Úrad, Czeck Telecommunications Office, http://www.ctu.cz/main.php.

143 Gemäß Sektion 108 des Kommunikationsgesetzes sind die Regulierungsaufgaben der CTÚ übertragen, wobei das Informatikministerium[267] gemäß Sektion 16 Abs. 1 den Frequenzzuteilungsplan verabschiedet. Die Aufstellung der Zuteilungskriterien und die Zuteilung der Frequenzen bleibt Aufgabe der CTÚ. Gemäß Sektion 3 des Kommunikationsgesetzes ist CTÚ ist eine unabhängige Behörde, dies beinhaltet jedoch nicht notwendigerweise die Weisungsunabhängigkeit im Verhältnis zum Ministerium.[268]

144 Aufgrund des Wettbewerbsgesetzes vom 4. 4. 2001, zuletzt geändert am 4. 5. 2004[269], ist für die Anwendung des allgemeinen Wettbewerbsrechts, d. h. die Kartellaufsicht, die Missbrauchskontrolle und Zusammenschlüsse die Wettbewerbsbehörde[270] zuständig, wobei dies auch den Bereich der elektronischen Kommunikationsdienste einschließt.[271] Gemäß Sektion 111 Abs. 1 Satz 1 des Kommunikationsgesetzes unterliegen die CTÚ und die Wettbewerbsbehörde einer **reziproken Kooperations- und Informationsverpflichtung.** Gemäß Sektion 111 Abs. 1 Satz 2 holt die CTÚ **die Stellungnahme** der Wettbewerbsbehörde zur Festlegung der relevanten Märkte und zu den Ergebnissen der **Marktanalyse einschließlich der Abhilfemassnahmen** ein. Gemäß Sektion 111 Abs. 3 sollen die CTÚ und das Office for the Protection of Competition im Hinblick auf alle **Entscheidungen im Vorbereitungsstadium** im Bereich der elektronischen Kommunikationsdienste darauf hinwirken, die **Konformität ihrer Positionen zu erreichen.** Gemäß Sektion 51 Abs. 2 veröffentlicht die CTÚ mit den Ergebnissen der Marktanalyse auch die Stellungnahme der Wettbewerbsbehörde.

145 **Die CTÚ** legt gemäß Sektion 52 Abs. 1 des Kommunikationsgesetzes die relevanten Märkte und die Kriterien zur Beurteilung der beträchtlichen Marktmacht **in Bezug auf die Märkteempfehlung und die Leitlinien der Kommission**[272] fest, wobei eine Abweichung von der Märkteempfehlung möglich ist. Die Kriterien zur Beurteilung der beträchtlichen Marktmacht in Sektion 53 sind Art. 14 der Rahmenrichtlinie entnommen, wobei die Kriterien zur gemeinsamen Marktbeherrschung in einer Ausführungsverordnung spezifiziert werden solllen. Gemäß Sektion 51 Abs. 3 i.V. m. den Sektionen 54 ff. und 81 ff. hat die **CTÚ die Aufgabe der Auswahl und Auferlegung der geeigneten Abhilfmaßnahmen** entsprechend den Ergebnissen der Marktanalyse. Gemäß Sektion 51 Abs. 3 muss die CTÚ jedenfalls mindestens eine Abhilfemassnahme auferlegen. Hier verweist Sektion 51 Abs. 3 jedoch auch auf Sektion 70 betreffend die Betreiber(vor)auswahl, d. h., die Auferlegung von **mindestens einer über die Betreiber(vor)auswahl hinausgehenden Abhilfemaßnahme ist nicht zwingend** vorgesehen. Zum 1. 6. 2005 hatte die CTÚ der Kommission noch keine Ergebnisse ihrer Marktanalyse notifiziert.

---

267 Ministerstva informatiky, http://www.micr.cz/default_en.htm.

268 Sie ist ein „central body of state administration", wie auch das Informatikministerium.

269 Act on the Protection of Competition, Act No. 143/2001 Coll. of 4 April 2001 on the Protection of Competition and on Amendment to Certain Acts as amended by Act No. 340/2004 Coll. of 4 May 2004 and Act No. 484/2004 Coll. of 5 August 2004, in konsolidierter Form unter http://www.compet.cz/English/HS. htm.

270 Office for the Protection of Competition, http://www.compet.cz.

271 Zu den Problemen der Kompetenzabgrenzungen vgl. Zehnter Umsetzungbericht der Kommission, Mitteilung der Kommission an den Rat, das Europäische Parlament und den Europäischen Wirtschafts- und Sozialausschuss und den Ausschuss der Regionen vom 2. 12. 2004, KOM (2004) 759 endgültig, Anhang 2, S. 83.

272 Vgl. Fn. 18.

Die Verpflichtung zur Bereitstellung der **Betreiber(vor)auswahl** trifft gemäß Sektion 70 **146** Abs. 1 des Kommunikationsgesetzes Unternehmen mit beträchtlicher Marktmacht bei der Bereitstellung des Anschlusses an das **öffentliche Telefonnetz und dessen Nutzung** an festen Standorten. Gemäß Sektion 70 Abs. 2 hat die CTÚ **die Befugnis, auf Anfrage der Nutzer hin anderen Unternehmen** die Verpflichtung zur Betreiber(vor)auswahl aufzuerlegen, wobei sie eine Marktanalyse durchführen und gemäß Sektion 84 die Voraussetzungen zur Auferlegung von Zugangsverpflichtungen beachten muss, die Art. 12 der Zugangsrichtlinie entlehnt sind.

Die Verpflichtung zur Bereitstellung des Universaldienstes schließt gemäß Sektion 38 **147** Abs. 2 des Kommunikationsgesetzes die der Bereitstellung eines Festnetzanschlusses für Endnutzer ein, wobei dieser gemäß Sektion 40 Abs. 5 die **Internetübertragungskapazität** haben muss. Gemäß 39 Abs. 4 ist die Aufstellung der Kriterien für die **Benennung des/der Universaldiensteunternehmen/s** Aufgabe der **CTU**, wobei sie an die Kriterien der Wettbewerbs- und Technologieneutralität, wie sie in Sektion 6 spezifiziert sind, gebunden ist. Sektion 39 Abs. 9 stellt klar, dass der Universaldienst **geographisch aufgesplittet** werden kann. Weiter schließen die Sektionen 38 ff. eine Aufsplittung des Universaldienstes nach verschiedenen Komponenten nicht aus. Die **Benennung der zum Universaldienst verpflichteten Unternehmen** erfolgt gemäß Sektion 39 Abs. 5 ff. **durch die CTÚ im Wege der Ausschreibung und kann von der CTÚ** auch nichtbietenden Unternehmen auferlegt werden, wenn im Auswahlverfahren keine geeigneten Universaldiensteerbringer benannt werden können.

XXII. Ungarn

Ungarn hat zur Umsetzung des neuen Rechtsrahmens das am 27. 11. 2003 in Kraft getrete- **148** ne **Gesetz für elektronische Kommunikation vom 24. 11. 2003** [273] (im Folgenden: Eht.) verabschiedet.

Für die **Errichtung und das Betreiben von elektronischen Kommunikationsanlagen** ist **149** gemäß Art. 83 Eht. eine **Einzelgenehmigung** erforderlich. Ansonsten sieht Art. 74 Abs. 3 Eht. die **genehmigungsfreie Aufnahme der Tätigkeit** vor. Soweit keine Einzelgenehmigungspflicht besteht, kann die Aufnahme der Tätigkeit gemäß Art. 77 Abs. 1 Eht. 2003 mit **Notifizierung der Mitteilung der Aufnahme der Tätigkeit an die NHH**[274] erfolgen, wobei die NHH gemäß Art. 76 Abs. 3 Eht. innerhalb von 8 Tagen den Eingang der Notifizierung bestätigt und **auf Antrag hin eine Erklärung zu den Rechten des Unternehmens** ausstellt. Gemäß Art. 84 Abs. 1 Eht. unterliegt das Betreiben von Anlagen unter Benutzung von **Frequenzen einer Einzelgenehmigungspflicht**.

Mit der Wahrnehmung der Regulierungsaufgaben sind die **NHH** und das **Ministerium für** **150** **Informationstechnologie und Kommunikation**[275] betraut, wobei dem Ministerium gemäß Art. 5 Eht. die Wahrnehmung einiger Regulierungsaufgaben in eigener Zuständigkeit

---

273 Magyar Közlöny 136. szám, 2003. november 27 = Ungarisches Amtsblatt vom 27. November 2003, Nr. 136. Englisch http://www.ihm.gov.hu/English/regulations/eht_eng.pdf.
274 Nemzeti Hírközlési Hatóság (NHH), http://www.hif.hu/index1.html, Communications Authority, http://www.hif.hu/english/index1.html.
275 Informatikai és Hírközlési Minisztérium, http://www.ihm.gov.hu/index.html; http://www.ihm.gov.hu/English/.

übertragen wurden. So führt das **Ministerium** gemäß Art. 5 Eht. **die Preiskontrolle durch und benennt das zum Universaldienst verpflichtete Unternehmen.** Die Abgrenzung der Zuständigkeitsbereiche ist nicht immer deutlich. So ist etwa gemäß Art. 10 i) Eht. in Fällen einer Preiskostenschere die NHH zuständig. Offen bleibt jedoch, wie diese Zuständigkeit von der des Ministeriums für die Preiskontrolle abzugrenzen ist. Art. 14 Abs. 8 Eht. sieht die **Weisungsunabhängigkeit des Verwaltungsrates der NHH** hinsichtlich der Durchführung aller Regulierungsaufgaben vor. Gleichzeitig steht die NHH gemäß Art. 5 i) Eht. unter der **Aufsicht des Ministeriums**. Gemäß Art. 9 Abs. 1 Eht. wird die NHH von der Regierung „geführt".

151   Aufgrund des Wettbewerbsgesetzes vom 25. 6. 1996[276] ist die **GVH**[277] für die Anwendung des Wettbewerbsrechts zuständig. Im Bereich der elektronischen Kommunikationsmärkte haben die Wettbewerbsbehörde und die NHH gemäß Art. 20 Abs. 1 Eht. die **gegenseitige Verpflichtung zur Kooperation,** wobei explizit die Märktedefinition, die Beurteilung von beträchtlicher Marktmacht und die Beurteilung einer Preiskostenschere hervorgehoben werden. Gemäß Art. 20 Abs. 2 Eht. muss die NHH für die Märktedefinition, die Bestimmung von beträchtlicher Marktmacht und die Analyse des Wettbewerbs die **Stellungnahme der Wettbewerbsbehörde einholen und berücksichtigen.** Soweit die NHH von der Stellungnahme der Wettbewerbsbehörde abweicht, muss sie die Gründe dafür mitteilen. Art. 20 Abs. 4 Eht. sieht vor, dass die beiden Behörden die Einzelheiten ihrer Kooperation festlegen. Am 24. 3. 2004 haben die GVH und die NHH einen entsprechenden **Kooperationsvertrag** veröffentlicht.[278] Er sieht die Einrichtung eines gemeinsamen Diskussionsforums insbesondere für Zuständigkeitsüberschneidungen vor, regelt Fragen des Informationsaustausches, der Übertragung von Fällen und die Einzelheiten der Kooperation bei der Marktanalyse.

152   Gemäß Art. 52 ff. Eht. ist für die Beurteilung der beträchtlichen Marktmacht von Unternehmen **Wettbewerbsrecht** massgeblich. Entsprechend der ministeriellen Verordnung 16/2004 (IV.24)[279] und der ministeriellen Mitteilung 801/2004 (IHK.8.) wurden gemäß Art. 52 Abs. 3 Eht. die Kriterien für die Märktefestlegung und die Marktanalyse festlegt, wobei diese die **Verordnung die Märkteempfehlung und die Mitteilung die Leitlinien der Kommission**[280] **wiedergibt.** Zusätzlich hat die NHH Kriterien für die Marktanalyse veröffentlicht.[281] Gemäß Art. 52 Abs. 1 und 54 Abs. 1 i.V.m. den Art. 102 ff. (Vorleistungsmärkte) bzw. Art. 109 ff. (Endnutzermärkte) Eht. ist es **Aufgabe der NHH, die geeigneten Ab-**

---

276 Act No. LVII of 1996 on the prohibition of unfair and restrictie market practices, http://www.gvh.hu/data/pdf/jogi_hatter_mj_tpvt_2003_08_01_a_c.pdf.

277 Gazdasági Versenyhivatal, http://www.gvh.hu/, Hungarian Competition Authority, http://www.gvh.hu/index.php?l=e&m=0&id=645.

278 Cooperation Agreement made by and between the Office of Economic Competition on the one hand and the National Communications Authority on the other hand, http://www.hif.hu/english/menu1/szerz_ford1.pdf.

279 16/2004. (IV. 24.) IHM rendelet a piacmeghatározás, a piacelemzés és a jelentos piaci erovel rendelkezo szolgáltatók azonosítása, valamint a rájuk vonatkozó kötelezettségek eloírása során alkalmazandó alapelvekrol, http://www.hif.hu/menu4/m4_6/posta/16_2004_ihm.pdf; nur in Ungarisch verfügbar.

280 Vgl. Fn. 18.

281 Description of the Methodology applied by the Board of National Communications Authority, Hungary in the procedure initiated for definition of relevant markets, analysis of competition on the relevant market and its efficiency, designation of operators with significant market power, and

hilfemaßnahmen auszuwählen und festzulegen, wobei gemäß Art. 54 Abs. 1 Eht. im Fall der Feststellung beträchtlicher Marktmacht **mindestens eine Abhilfemaßnahme** festgelegt werden muss. Allerdings schließt der Verweis in Art. 54 Abs. 1 Eht. auf die festzulegenden Abhilfemaßnahmen auch die Betreiber(vor)auswahl gemäß Art. 111 Eht. ein. Weiter sieht Art. 74 Abs. 5 Eht. u. a. eine **marktmachtunabhängige Preisregulierung hinsichtlich der Internet-dial-up-Dienstleistungen** vor, die von PSTN-Unternehmen an die Internet Provider erbracht werden. Zum 1. 6. 2005 hatte die NHH der Kommission die Ergebnisse ihrer Marktanalyse hinsichtlich aller Märkte der Märkteempfehlung der Kommission mit Ausnahme der Märkte 17 und 18 notifiziert.[282]

Art. 111 Abs. 1 Eht. sieht die Verpflichtung von **Festnetzunternehmen mit beträchtli-** **153** **cher Marktmacht** vor, die **Betreiber(vor)auswahl** hinsichtlich aller Formen von Anrufen, einschließlich des internet-dial-up, bereitzustellen. Gemäß Art. 111 Abs. 2 Eht. kann diese Verpflichtung **auch Mobilfunkunternehmen mit beträchtlicher Marktmacht** auferlegt werden. Als Ergebnis ihrer Marktanalyse auf Markt 15 der Märktemfehlung der Kommission ist die NHH zu dem Schluss gekommen, dass auf diesem Markt kein Unternehmen unter beträchtlicher Marktmacht vorhanden ist.[283]

Die Bereitstellung eines Anschlusses für Endnutzer mit **Internetübertragungskapazität** **154** im Rahmen des Universaldienstes ist gemäß §117 Eht. nicht auf einen Festnetzanschluss beschränkt, vielmehr besteht **auch die Möglichkeit der Bereitstellung über Mobilfunknetze**. Um diese Möglichkeit auch in technischer Hinsicht offen zu halten, wird die notwendige Bandbreite in § 117 Abs. 1 a) Eht. mit **9.6 kbit/sec** definiert. Die **Auswahl der zum Universaldienst verpflichteten Unternehmen** erfolgt gemäß Art. 119 Eht. **durch den Minister, d. h. das Ministerium für Informationstechnologie und Kommunikation**, wobei die Auswahl in möglichst wenig wettbewerbsverzerrender Weise erfolgen soll. Nicht ganz deutlich ist nach Art. 119 Abs. 4 Eht., ob die Benennung von mehreren Unternehmen oder nur die eines **einzigen Universaldienstebereitstellers bezüglich aller Dienste** möglich ist. Nach der bisherigen Praxis war die Bereitstellung des Anschlusses im Rahmen des Universaldienstes nur unter Einschluss aller Funktionalitäten des Anschlusses möglich.[284]

XXIII. Vereinigtes Königreich Großbritannien

Das Vereinigte Königreich Großbritannien hat zur Umsetzung des neuen Rechtsrahmens **155** den **Communications Act vom 17. 6. 2003**[285] und eine Reihe von Ausführungsverordnun-

---

imposition of obligations, 5. Mai 2004, http://www.nhh.hu/english/menu2/m2_1/def_market.pdf. und letzte Version vom Juli 2004, http://www.hif.hu/english/menu1/modszertan_smp.pdf.

282 Notifizierungen in den Sachen HU/2004/0096, HU/2004/0101, HU/2004/0108, HU/2005/0130-0135, HU/2005/0151-0153, HU/2005/0167-0169, HU/2005/0185-0186, http://forum.euro pa.eu.int/Public/irc/infso/ecctf/home.

283 Notifizierungen in den Sachen HU/2004/0096 und HU/2004/0108, http://forum.europa.eu.int/ Public/irc/infso/ecctf/home.

284 Vgl. zum Problem der Definition des Universaldienstes in Ungarn auch zehnter Umsetzungbericht der Kommission, Mitteilung der Kommission an den Rat, das Europäische Parlament und den Europäischen Wirtschafts- und Sozialausschuss und den Ausschuss der Regionen vom 2. 12. 2004, KOM(2004) 759 endgültig, Anhang 2, S. 167, http://europa.eu.int/information_society/to pics/ecomm/all_about/implementation_enforcement/annualreports/10threport/index_en.htm.

285 The Communications Act 2003 (Commencement: n° 1) Order 2003; ref: SI n° 1900 (C.77) of 17/ 7/2003, http://www.hmso.gov.uk/acts/acts2003/20030021.pdf.

gen verabschiedet, so die **Electronic Communications (Market Analysis) Regulations 2003**[286], **die Electronic Communications (Universal Service) Regulations 2003**[287], **den Electronic Communications (Universal Service) Order 2003**[288], **die Advanced Television Services Regulations 2003**[289] **und den Wireless Telegraphy (Limitation of Number of Licences) Order 2003.**[290]

156   In den Sektionen 45 und 48 des Communications Act 2003 ist das System der **Allgemeingenehmigung** vorgesehen, wobei OFCOM die Einzelheiten der von den Unternehmen zu beachtenden Bedingungen spezifiziert hat.[291] Die **Aufnahme der Tätikeit ist nach Notifizierung** der in Sektion 33 genannten Einzelheiten an OFCOM[292] möglich. Um den Unternehmen die Ausübung ihrer Rechte zu erleichtern, hat **OFCOM ein Register**[293] eingerichtet, bei dem sich die Unternehmen anmelden können, wobei das Register eine Vermutungswirkung hat, dass die darin aufgeführten Betreiber von öffentlichen Tekekommunikationsnetzen sind. Im Fall der **Frequenzzuteilung** ist gemäß den Sektionen 165, 167 Communications Act 2003 weiterhin eine **Einzelgenehmigung** erforderlich, wobei OFCOM gemäß Sektion 164 (4) Communications Act 2003 sicherstellen muss, dass Anordnungen zur Beschränkung und Auswahl der Einzelgenehmigungen diskriminierungsfrei sind.

157   Mit dem Office of Communications Act 2002[294] wurde **OFCOM**[295] als eine **unabhängige Institution in der Form einer „statutory corporation"**, d. h. in Nachbildung der Verwaltungsräte von Unternehmen gegründet. Gemäß Sektion 2 in Verbindung mit Sektion 6 Office of Communications Act 2002 wurden **OFCOM alle Regulierungsaufgaben übertragen, einschließlich der Fernsehübertragung und der Fernsehprogramminhalte,** wobei die Aufgaben von fünf Regulierungsbehörden auf OFCOM übergingen, die der BSC (Broadcasting Standards Commission), der ITC (Independent Television Commission), von OFTEL (bisherige Regulierungsbehörde für Telekommunikation), der RAu (Radio Authority) und der RA (Radiocommunications Agency). Gemäß Sektion 5 Communications Act 2003 hat die Regierung (Secretary of State) gegenüber OFCOM **für Zwecke der Staatssicherheit und zur Einhaltung internationaler Verpflichtungen ein Weisungsrecht**, wobei die Weisungen veröffentlicht werden müssen, es sei denn, dies würde die Staatssicherheit gefährden. Weiter repräsentiert OFCOM gemäß Sektion 22 Communications Act 2003 Großbritannien in allen Angelegenheiten der Kommunikation **in internationalen Gremien** und ist in dieser Funktion den **Weisungen des Secretary of State** unterworfen. Im Übrigen ist **OFCOM weisungsunabhängig.**

158   Aufgrund des Competition Acts 1998[296] in der durch den Enterprise Act 2002[297] geänderten Form ist für die Anwendung des Wettbewerbsrechts das **Office of Fair Trading (OFT)**[298]

---

286 Ref: SI n° 330 of 19/2/2003, http://www.hmso.gov.uk/si/si2003/20030330.htm.
287 Ref: SI n° 33 of 9/1/2003, http://www.hmso.gov.uk/si/si2003/20030033.htm.
288 Ref: SI n° 1904 of 17/7/2003, http://www.hmso.gov.uk/si/si2003/20031904.htm.
289 Ref: SI n° 1901 of 17/7/2003, http://www.hmso.gov.uk/si/si2003/20031901.htm.
290 Ref: SI n° 1902 of 17/7/2003, http://www.hmso.gov.uk/si/si2003/20031902.htm.
291 http://www.ofcom.org.uk/static/archive/oftel/publications/eu_directives/2003/cond_final0703.pdf.
292 http://www.ofcom.org.uk/.
293 http://www.ofcom.org.uk/licensing_numbering/tele_gen_auth/pecn_exp?a=87101.
294 http://www.hmso.gov.uk/acts/acts2002/20020011.htm.
295 http://www.ofcom.org.uk/.
296 http://www.hmso.gov.uk/acts/acts1998/19980041.htm.

zuständig, wobei dieses die Competition Commission[299] mit der Durchführung eines Wettbewerbsverfahrens (Kartellaufsicht, Missbrauchsaufsicht und Zusammenschlüsse) in konkreten Fällen beauftragt. Die Competition Commission kann nur im Auftrag des OFT oder des Secretary of State tätig werden. Die wettbewerbsrechtlichen Entscheidungen werden dann von der Competition Commission getroffen.[300] Gemäß den Sektionen 370 (1) und 371 (1) des Communications Acts 2003 besteht die **konkurrierende Zuständigkeit von OFT und OFCOM für die Anwendung des Wettbewerbsrechts** für alle Kommunikationsdienste.[301] Hierbei kann sowohl die Regulierungs- als auch die Wettbewerbsbehörde den Fall aufgreifen, wobei sich die Institutionen gemäß Sektion 370 (5) Communications Act 2003 zuvor konsultieren. Falls eine Institution den Fall bereits in eigener Initiative aufgegriffen hat, ist gemäß Sektion 370 (6) Communications Act 2003 die andere Institution daran gehindert, ihre Zuständigkeit auszuüben. Im **Bereich der Regulierung ist OFCOM hingegen ausschließlich zuständig** und unterliegt **keiner Kooperations- oder Konsultationspflicht gegenüber dem OFT**.

Gemäß Sektion 79 Abs. 2 Communications Act 2003 muss OFCOM die **Märkteempfehlung und die Leitlinien der Kommission zur Marktanalyse**[302] **berücksichtigen**. Die damalige OFTEL – jetzt OFCOM – hatte darüber hinaus eigene Leitlinien zu den Kriterien zur Prüfung von beträchtlicher Marktmacht veröffentlicht, die bei der Marktanalyse gleichermaßen berücksichtigt werden.[303] Diese Leitlinien waren auf der Grundlage der Richtlinien des OFT zur Märkteabgrenzung entwickelt wurden, die ihrerseits von OFT zur Marktabgrenzung in Anwendung des EU-Wettbewerbsrechts entwickelt wurden.[304] Gemäß den Sektionen 87 ff. und 91 ff. Communications Act 2003 hat **OFCOM die Verpflichtung, die geeigneten Abhilfemaßnahmen auszuwählen und festzulegen**. Die Sektionen 87 ff. und 91 ff. Communications Act 2003 stellen klar, dass **jedenfalls eine Abhilfemaßnahme** festgelegt werden muss, soweit die beträchtliche Marktmacht eines Unternehmens festgestellt wird, bzw. bezüglich von Abhilfemaßnahmen in Endnutzermärkten, soweit auch die Unzulänglichkeit der Vorleistungsregulierung dargelegt wurde. Zum 1. 6. 2005 hatte OFCOM der Kommission die Ergebnisse ihrer Marktanalyse hinsichtlich aller Märkte der Märkteempfehlung der Kommission unter Ausnahme von Markt 17 notifiziert.[305]

159

---

297 http://www.hmso.gov.uk/acts/acts2002/20020040.htm.

298 http://www.oft.gov.uk/default.htm.

299 http://www.competition-commission.org.uk/.

300 Vgl. Erläuterungen zu den Aufgaben der Competition Commission im Einzelnen unter http://www.competition-commission.org.uk/.

301 Vgl. Achter Bericht der Kommission über die Umsetzung des Reformpakets für den Telekommunikationssektor, 3. 12. 2002 KOM(2002) 695 endgültig, Anhang 3.15 Großbritannien, Abschnitt 1.1(Regulierungsbehörden), http://europa.eu.int/information_society/topics/telecoms/implementation/index_en.htm.

302 Vgl. Fn. 18.

303 Oftel's market review guidelines: criteria for the assessment of significant market power, http://www.ofcom.org.uk/static/archive/oftel/publications/about_oftel/2002/smpg0802.htm.

304 Vgl. Office of Fair Trading Market Definition Guideline (OFT 403), http://www.oft.gov.uk/nr/rdonlyres/ezhy2mkboysflvddllinoveqkwdg55glxsylwpfqndi4cpwzhiy5uweip7bhu2ntjpcvigig6amzygtvttly2vbc4ye/oft403.pdf.

305 Notifizierungen in den Sachen UK/2003/001, UK/2003/003-0016, UK/2003/0019, UK/2003/0032-0041, UK/2004/0045, UK/2004/0047, UK/2004/0064-0065, UK/2004/ 0071-72, UK/2004/ 0077, UK/2004/0087-0089, UK/2004/0094, UK/2004/0111, UK/2004/0115, UK/2004/0122,

160 Gemäß Sektion 90 Abs. 2 Communications Act 2003 legt OFCOM Betreibern mit beträchtlicher Marktmacht die Verpflichtung zur **Bereitstellung der Betreiber(vor)auswahl** auf, soweit sie dies für angemessen erachtet. **Offen bleibt, in Bezug auf welchen relevanten Markt** die Feststellung der beträchtlichen Marktmacht erfolgen muss. Der Communications Act 2003 enthält **keine expliziten Vorschriften zur Auferlegung der Verpflichtung in anderen Netzen.** Als Ergebnis ihrer Marktanalyse hat OFCOM festgestellt, dass im Markt 15 der Märkteempfehlung der Kommission kein Unternehmen mit beträchtlicher Marktmacht vorhanden ist.[306]

161 Für den im Rahmen des Universaldienstes bereitgestellten Anschluss ist entsprechend Schedule 3 Abs. 2 Electronic Communications (Universal Service) Order 2003[307] die **Internetübertragungskapazität** erforderlich. Die Auferlegung der Verpflichtung zur Bereitstellung des Universaldienstes erfolgt gemäß Sektion 66 Communications Act 2003 **durch OFCOM im Wege der Verordnung.** Nach den Electronic Communications (Universal Service) Regulations 2003 soll die Auswahl des zum Universaldienst verpflichteten Unternehmens in **einem allen Unternehmen offen stehenden Verfahren** erfolgen.

XXIV. Zypern

162 **Zypern** hat zur Umsetzung des neuen Rechtsrahmens **das Gesetz für elektronische Kommunikation und Post vom 30. 4. 2004**[308], in Kraft getreten am 1. 5. 2004, verabschiedet.

163 Für die Bereitstellung von Kommunikationsnetzen und -diensten ist gemäß Sektion 37 Abs. 1 und Abs. 3 des Kommunikationsgesetzes eine **Allgemeingenehmigung** erforderlich, wobei die Aufnahme der Tätigkeit **unmittelbar nach Mitteilung** einer formellen Notifikation mit dem in Sektion 38 Abs. 2 a–d genannten Inhalt an die **CYTA**[309] erfolgen kann. Sektion 38 Abs. 1 stellt klar, dass die Aufnahme der Tätigkeit an keinerlei Verwaltungstätigkeit seitens CYTA gebunden werden kann. Gemäß Sektion 40 Abs. 4 stellt CYTA auf Antrag innerhalb einer Woche eine **Erklärung zu den Rechten des Unternehmens** aus. Im Fall der **Nummernzuteilung und der Frequenzzuteilung ist eine Einzelgenehmigung** erforderlich, die gemäß Sektion 37 Abs. 4 im ersteren Fall durch CYTA, im letzteren Fall durch das Ministerium für Kommunikation und Arbeit[310] erteilt wird.

164 Gemäß Sektion 20 a)–u) des Kommunikationsgesetzes sind die Regulierungsaufgaben dem „Commissioner" übertragen, wobei dieser durch **CYTA** unterstützt wird. Gemäß Sektion 10 Abs. 1 und 2 ist die **CYTA eine autonome Behörde** und keinem Ministerium oder Teilen dessen integriert. CYTA unterliegt gemäß Sektion 10 Abs. 6 den Weisungen des

---

UK/2005/0164-0166, UK/2005/0170, UK/2005/0180, http://forum.europa.eu.int/Public/irc/in fso/ecctf/home.

306 Notifizierung in der Sache UK/2003/0001, http://forum.europa.eu.int/Public/irc/infso/ecctf/home.

307 Ref: SI n° 1904 of 17/7/2003, http://www.hmso.gov.uk/si/si2003/20031904.htm.

308 O Peri Pithmiseos elektronikon epikoinonion kai taxythpomikon yperesion nomos tou 2004, parartema proto tis Episimis ephimeridas tis demokratieas (zypriotisches Gesetzesblatt) Nr. 112 (1)/ 2004, S. 1975ff; Regulation of Electronic Communications and Postal Services Law of 2004, http://www.cyprus-un-plan.org/AnnexIII/AnIIIAt15L2_Regulations_of_Electronic_Comm.pdf.

309 Cyprus Telecommunications Authority, http://www.cyta.com.cy/, http://www.cyta.com.cy/cyta_uk/index4.htm.

310 Ministry of Communications and Work, http://www.mcw.gov.cy/.

Commissioners. Der Commissioner muss gemäß Sektion 19 (1) **allgemeine politische Richtlinien** des für Telekommunikation zuständigen Ministeriums anwenden und ist in Angelegenheiten der Sicherheit und Verteidigung direkt der Regierung untergeordnet.

Für die Anwendung des Wettbewerbsrechts, d.h. für wettbewerbswidrige Absprachen[311], **165** die Missbrauchskontrolle[312] und die Zusammenschlusskontrolle[313] ist die **CPC**[314] zuständig. Im Bereich für elektronische Kommunikation ist jedoch gemäß Sektion 22 (1) des Kommunikationsgesetzes der für **Regulierung zuständige Commissioner auch für die Anwendung des Wettbewerbsrechts** zuständig. Vor Anwendung seiner wettbewerbsrechtlichen Befugnisse muss er die CPC gemäß Sektion 22 (2) konsultieren. Die Durchführung der Marktanalyse ist gemäß Sektionen 47 ff. dem Commissioner übertragen. Gemäß Sektion 22 (2) setzten alle Entscheidungen des Commissioners im Rahmen der **Marktanalyse**, also die Marktabgrenzung, die Feststellung der beträchtlichen Marktmacht und die Auferlegung von Abhilfemaßnahmen die Einholung der **Stellungnahme der CPC voraus**. Eine weitere **Konsultationspflicht des Commisisoner gegenüber der CPC** besteht für die in Sektion 46 (7) vorgesehene Veröffentlichung von **Richtlinien zur Marktabgrenzung und Marktanalyse** durch den Commissioner.

Gemäß Sektion 47 Abs. 1 des Kommunikationsgesetzes soll die Identifikation der für die **166** Marktanalyse relevanten Märkte unter **weitestgehender Berücksichtigung von EU-Wettbewerbsrecht** erfolgen, wobei die Märkteempfehlung der Kommission[315] jedoch nicht explizit heranzuziehen ist. Auch für die Durchführung der Marktanalyse ist gemäß Sektion 48 Abs. 1 EU-Wettbewerbsrecht maßgeblich, wobei keine Bezugnahme auf die Leitlinien der Kommission erfolgt. Die **Auswahl der geeigneten Abhilfemaßnahmen** erfolgt gemäß Sektion 49 i.V.m. Sektionen 56–67 durch **den Commissioner** (CYTA) auf der Grundlage des Verhältnismässigkeitsprinzips und der in Sektion 49 genannten Regulierungsziele. Gemäß Sektion 46 (3) muss der Commissioner im Fall der Feststellung von beträchtlicher Marktmacht **jedenfalls eine Abhilfemaßnahme** festlegen. Zum 1. 6. 2005 hatte die CYTA der Kommission noch keine Ergebnisse ihrer Marktanalyse notifiziert.

Gemäß Sektion 67 Abs. 1 muss der Commissioner Unternehmen mit **beträchtlicher** **167** **Marktmacht bei der Bereitstellung des Anschlusses für das öffentliche Telefonnetz und dessen Nutzung an festen Standorten** die Verpflichtung zur Bereitstellung der **Betreiber(vor)auswahl** auferlegen. Eine Ausdehnung der Verpflichtung auf **andere Netze** erfolgt gemäß Sektion 67 Abs. 2 **im Einklang mit den Vorschriften über die Marktanalyse**.

Der im Rahmen des Universaldienstes bereitzustellende Anschluss muss gemäß Sektion 108 Abs. 2 (a) i.V.m. 110 (2) c) des Kommunikationsgesetzes auch den **funktionalen** **168** **Internetzugang** ermöglichen, wobei die von der **Mehrheit der Nutzer überwiegend genutzte Technologie** und die technische Machbarkeit ausschlaggebend sind. Der Universaldienst kann gemäß Sektion 109 Abs. 2 sowohl bezüglich der **Aufgabengebiete als auch in**

---

311 Sektion 4 Protection of Competition Law 207/89, http://www.competition.gov.cy/competition/competition.nsf/legislation_en/legislation_en?OpenDocument.
312 Sektion 6 Protection of Competition Law 207/89, a.a.O.
313 Sektion 3 Control of Concentrations Law 22(I)/99, a.a.O.
314 Commission for the Protection of Competition, http://www.competition.gov.cy/competition/competition.nsf/index_en/index_en?opendocument.
315 Vgl. Fn. 18.

geographischer Hinsicht verschiedenen Unternehmen zugeteilt werden. Gemäß Sektion 109 Abs. 4 i.V.m. Abs. 3 bestimmt der Commissioner das bzw. die zum Universaldienst verpflichteten Unternehmen in einem diskriminierungsfreien Auswahlverfahren, wobei a priori **kein Unternehmen von dem Verfahren ausgeschlossen werden kann und jede Form der Übertragungstechnologie grundsätzlich als geeignet** für die Bereitstellung des Universaldienstes anzusehen ist.

Teil 1: Allgemeine Vorschriften

§ 1 Zweck des Gesetzes

Zweck dieses Gesetzes ist es, durch technologieneutrale Regulierung den Wettbewerb im Bereich der Telekommunikation und leistungsfähige Telekommunikationsinfrastrukturen zu fördern und flächendeckend angemessene und ausreichende Dienstleistungen zu gewährleisten.

Schrifttum: *Bartosch*, Europäisches Telekommunikationsrecht in den Jahren 2000 und 2001, EuZW 2002, 389; *Beese/Merkt*, Europäische Union zwischen Konvergenz und Re-Regulierung, MMR 2000, 532; *Börnsen/Coppik*, Investitionsanreize für den Ausbau von Telekommuniaktionsnetzen durch gesetzliche Regulierungsvorgaben, TKMR 2003, 317; *dies.*, Resale als Instrument für eine ausbalancierte Förderung sowohl von Dienste- als auch von Infrastukturwettbewerb, MMR 2003, 143; *Büchner*, Post und Telekommunikation, 1999; *Bücking/Emmert/Schurer*, Telekommunikationsrecht, 2005; *Bunte/Welfens*, Wettbewerbsdynamik und Marktabgrenzung auf Telekommunikationsmärkten, 2002; *Bysikiewicz*, Das Gebot der Unabhängigkeit als Aufbauprinzip der Medien- und Telekommunikationsaufsicht in Deutschland, 2003; *Cox* (Hrsg.), Daseinsvorsorge und öffentliche Dienstleistungen in der Europäischen Union, 2000; *Doll/Rommel/Wehmeier*, Der Referentenentwurf für ein neues TKG – Einstieg in den Ausstieg aus der Regulierung?, MMR 2003, 522; *Eifert*, Grundversorgung mit Telekommunikationsdienstleistungen im Gewährleistungsstaat, 1998; *Eisenblätter*, Regulierung in der Telekommunikation, 2000; *Ellinghaus*, TKG-Novelle und Europarecht: Probleme mit der Flexibilisierung, CR 2004, 23; *Fink/Wilfert*, Handbuch Telekommunikation und Wirtschaft, 1999; *Haus*, Kommunikationskartellrecht – Ein Rahmen für den Wettbewerb in Kommunikationsmärkten, WuW 2004, 171; *Immenga/Kirchner*, Zur Neugestaltung des deutschen Telekommunikationsrechts, TKMR 2002, 340; *Klotz*, Der Referentenentwurf zum TKG im Licht der europarechtlichen Vorgaben, MMR 2003, 495; *ders.*, Die neuen EU-Richtlinien über elektronische Kommunikation: Annäherung der sektorspezifischen Regulierung an das allgemeine Kartellrecht, K&R Beilage 1/2003, 3; *ders.*, Die Beurteilung des Regierungsentwurfs zum TKG aus Brüsseler Sicht, TKMR-Tagungsband 2004, 5; *Knauth/Krüger*, Grundlegende Neuerungen des TKG-Regierungsentwurfs, K&R Beilage 1/2004, 3; *Koenig/Kühling/ ifo*, Liberalisierung der Telekommunikationsordnungen, 2000; *Koenig/Loetz/Neumann*, Die Novellierung des Telekommunikationsgesetzes – Eine Untersuchung zu den Umsetzungsspielräumen des EG-Richtlinienpakets auf dem Gebiet der Telekommunikation und ihrer verfassungsrechtlichen Begrenzung sowie zur Optimierung der Verwaltungs- und Rechtsbehelfsverfahren, 2003; *Koenig/Loetz/Neumann*, Sektorspezifische Regulierung im neuen Telekommunikationsrecht, K&R Beilage 2/2003, 1; *Korehnke*, Beurteilung des Regierungsentwurfs eines Telekommunikationsgesetzes aus Sicht der Vodafone D2 GmbH, TKMR-Tagungsband 2004, 17; *Krings*, Für mehr Wettbewerb in der Telekommunikation, K&R Beilage 1/2004, 6; *Möschel/Haug*, Der Referentenentwurf zur Novellierung des TKG aus wettbewerbsrechtlicher Sicht, MMR 2003, 505; *Neumann/Stamm*, Wettbewerb in der Telekommunikation – wie geht es weiter?, 2002; *Otto*, Entmonopolisierung der Telekommunikation, 1989; *Rädler/Elspaß*, Regulierung im Winterschlaf?, CR 2004, 418; *Reimann*, Zielsetzung, Rechtfertigung und Verfahren der Entgeltregulierung nach dem TKG, 2003; *Reinke*, Der Zweck des Telekommunikationsgesetzes, 2001; *Rittaler*, Der Wettbewerb in der Telekommunikation, WuW 1996, 699; *Säcker*, Freiheit durch Wettbewerb. Wettbewerb durch Regulierung, ZNER 2004, 98 ff.; *Schulz*, Der Zugang zum „blanken Draht" im Telekommunikationsrecht: Wettbewerb im Netz oder zwischen Netzen, 2001; *Schuster*, TKG-Novelle: Chance für den Wettbewerb oder Vogel-Strauß-Politik?, TKMR 2003, 518; *Tacke*, Die TKG-Novelle – eine genutzte Chance, N&R 2004, 89; *Vogelsang*, Die Zukunft der Entgeltregulierung im deutschen Telekommunikationssektor, 2002; *Wagner*, Das neue TKG – Einstieg in den Ausstieg der Regulierung?, MMR 2003, 493; *Wegmann*, Regulierte Marktöffnung in der Telekommunikation, 2001; *ders.*, Europa- und verfassungsrechtliche Anmerkungen zum Regierungs- und Referentenentwurf für ein neues TKG, K&R Beilage 1/2004, 25.

Übersicht

I. Normzweck

1   § 1 des Gesetzes enthält einen Programmsatz ohne eigenständige imperative Bedeutung; aus ihm lassen sich weder Kompetenzen der Regulierungsbehörde noch Rechte der Nutzer gegenüber den Anbietern von Telekommunikationsdienstleistungen ableiten. Die Norm kennzeichnet in Übereinstimmung mit § 1 TKG 1996 die doppelfunktionelle, in der Einl. I näher behandelte Zielsetzung des TKG. Das TKG hat den Zweck, den Wettbewerb im Bereich der Telekommunikation i. S. von § 3 Nr. 22 TKG sowie leistungsfähige Telekommunikationsinfrastrukturen zu fördern und damit die Funktionsbedingungen für privatrechtliche Verträge über Telekommunikationsdienstleistungen zu schaffen, die einen fairen bilateralen Interessenausgleich trotz natürlichen Leistungsmonopols einer Vertragspartei sichern. Dieser Gesetzeszweck geht über das allgemeine Wettbewerbsrecht hinaus. Dieses sucht privatautonom verursachte Wettbewerbsbeschränkungen zu beseitigen, um effektiven Wettbewerb in der Realität zu ermöglichen. Es ist dagegen nicht die Aufgabe des Rechts gegen Wettbewerbsbeschränkungen, durch Maßnahmen zugunsten schwächerer Marktteilnehmer selektiv den Wettbewerb mit hoheitlichen Maßnahmen zu fördern.[1] Insoweit geht das TKG als Regulierungsrecht über das allgemeine Wettbewerbsrecht hinaus (näher dazu RdNr. 3). Als zweiten Zweck des Gesetzes benennt § 1 die Gewährleistung flächendeckend angemessener und ausreichender Dienstleistungen. Hiermit entspricht der Staat seiner wirtschaftsverwaltungsrechtlichen Gewährleistungsfunktion, die Erbringung universeller Dienstleistungen im Bereich der daseinsnotwendigen öffentlichen Netzwirtschaften sicherzustellen (näher dazu Einl. I RdNr. 10 ff.).[2]

II. Anwendungsbereich des Gesetzes

2   Das Telekommunikationsrecht betrifft nach der Legaldefinition in § 3 Nr. 22 nur den technischen Vorgang des Aussendens, Übermittelns und Empfangens von Signalen mittels Telekommunikationsanlagen. Das zum Kompetenzbereich der Länder gehörende Medienrecht wird durch das TKG nicht berührt (vgl. § 2 Abs. 5 S. 2). Die Regulierung der Diensteinhalte ist nicht Aufgabe des TKG. Dienste, die dem TDG oder dem Mediendienste-Staatsvertrag (MDStV) unterfallen, unterliegen nicht dem TKG.

---

1   Vgl. dazu näher Einl. I RdNr. 2 ff.

2   *Eifert*, Grundversorgung mit Telekommunikationsdienstleistungen im Gewährleistungsstaat, 1998; *Trute/Spoerr/Bosch*, § 1 RdNr. 6, spricht von der wettbewerblichen Grundorientierung einerseits und der Gewährleistung einer flächendeckend angemessenen und ausreichenden Versorgung mit Dienstleistungen andererseits.

III. Förderungsverpflichtung

Die Förderungsverpflichtung soll nach der Regierungsbegründung[3] durch eine zugleich ef-   3
fizienzorientierte und wettbewerbsorientierte Regulierung gemäß den in § 2 aufgeführten
Zielen der Regulierung erfüllt werden. Es sollen dadurch die Wahlmöglichkeiten der Nachfrager hinsichtlich Art, Qualität und Preis der Telekommunikationsdienste erweitert und
zukunftsbezogene Freiräume für wettbewerbliche Entwicklungen geschaffen bzw. gesichert werden. Die Förderung des Wettbewerbs ist allerdings nur da erforderlich und verhältnismäßig, wo der behördliche Eingriff in Marktstrukturen und Marktverhalten gegenüber dem durch das allgemeine Wettbewerbsrecht kontrollierten Wettbewerbsprozess bessere Ergebnisse liefert. Trägt der Wettbewerb ohne staatliche Umhegung sich selbst, so ist
eine Förderung des Wettbewerbs durch die Regulierungsbehörde nicht (mehr) gerechtfertigt. Regulierungsmaßnahmen sind daher grundsätzlich nur da zulässig, wo dies aufgrund
eines signifikanten wettbewerbsverfälschenden Marktmachtvorsprungs notwendig ist.
Wenn eine Marktanalyse ergibt, dass der Wettbewerb nicht beeinträchtigt ist, sondern das
vom EG-Vertrag in Art. 3 lit. g intendierte System unverfälschten Wettbewerbs bereits
funktioniert, ist der staatliche Eingriff seinerseits eine Störung der angestrebten wettbewerblichen Organisation der Telekommunikationsmärkte. Da aufgrund der bis 1998 bestehenden Monopolsituation zugunsten der DTAG bzw. ihrer Vorgängerin auch heute noch in
mehreren Marktbereichen in Deutschland eine marktbeherrschende Stellung der DTAG
besteht, hat das Gesetz, auch wenn die Normen des TKG für alle Anbieter von Telekommunikationsdienstleistungen in formal gleicher Weise gelten, doch für die DTAG eine besondere Anwendungsintensität, so dass es sich aufgrund der faktischen Gegebenheiten derzeit
i. S. einer asymmetrischen Regulierung gegenüber der DTAG auswirkt.[4]

IV. Technologieneutrale Regulierung

Die Regulierung soll nach dem Willen des Gesetzes, soweit wie möglich und sinnvoll, tech-   4
nologieneutral ausgestaltet werden, um alle technischen Entwicklungen offen zu halten.

V. Gewährleistung flächendeckender Dienstleistungen

Art. 87 f Abs. 1 GG gebietet die gesetzliche Sicherung flächendeckend angemessener und   5
ausreichender Dienstleistungen im Bereich der Telekommunikation. Dies ist Ausdruck der
Gewährleistungsverpflichtung des Staates, eine ausreichende und angemessene Versor-
gung mit Telekommunikationsdienstleistungen zu sichern.[5] Dies entspricht inhaltlich
Art. 8 RRL, wonach der Staat als Ausfluss seiner Universaldienstgewährleistungspflicht
(Art. 86 Abs. 2 EG) effiziente Infrastrukturinvestitionen zu fördern hat. Deshalb hat der
Gesetzgeber dieses Ziel noch einmal ausdrücklich in den Zielkatalog des § 2 aufgenom-
men (§ 2 Abs. 2 Nr. 3). Allerdings ist, wie die Bundesregierung in ihrer Gegenäußerung zu

---

3 BT-Drs. 15/2316, S. 56.
4 Vgl. dazu u. a. *Immenga/Kirchner*, TKMR 2002, 340 ff.; *Rittaler*, WuW 1996, 699 ff.; *Manssen*, § 1
  RdNr. 7.
5 Ebenso *Trute/Spoerr/Bosch*, § 1 RdNr. 24.

der Stellungnahme des Bundesrates[6] zu Recht feststellt, Regulierungspolitik nur in der Lage, den Aufbau von Infrastrukturen zu fördern; die Schaffung der technischen Infrastrukturen ist allein Sache der Unternehmen.

---

6 BT-Drs. 15/2345 vom 14. 1. 2004.

Säcker

§ 2 Regulierung und Ziele

(1) Die Regulierung der Telekommunikation ist eine hoheitliche Aufgabe des Bundes.

(2) Ziele der Regulierung sind:

1. die Wahrung der Nutzer-, insbesondere der Verbraucherinteressen auf dem Gebiet der Telekommunikation und die Wahrung des Fermeldegeheimnisses,
2. die Sicherstellung eines chancengleichen Wettbewerbs und die Förderung nachhaltig wettbewerbsorientierter Märkte der Telekommunikation im Bereich der Telekommunikationsdienste und -netze sowie der zugehörigen Einrichtungen und Dienste, auch in der Fläche,
3. effiziente Infrasturukturinvestitionen zu fördern und Innovationen zu unterstützen,
4. die Entwicklung des Binnenmarktes der Europäischen Union zu fördern,
5. die Sicherstellung einer flächendeckenden Grundversorgung mit Telekommunikationsdiensten (Universaldienstleistungen) zu erschwinglichen Preisen,
6. die Förderung von Telekommunikationsdiensten bei öffentlichen Einrichtungen,
7. die Sicherstellung einer effizienten und störungsfreien Nutzung von Frequenzen, auch unter Berücksichtigung der Belange des Rundfunks,
8. eine effiziente Nutzung von Nummerierungsressourcen zu gewährleisten,
9. die Wahrung der Interessen der öffentlichen Sicherheit.

(3) Die Vorschriften des Gesetzes gegen Wettbewerbsbeschränkungen bleiben, soweit nicht durch dieses Gesetz ausdrücklich abschließende Regelungen getroffen werden, anwendbar. Die Aufgaben und Zuständigkeiten der Kartellbehörden bleiben unberührt.

(4) Die hoheitlichen Rechte des Bundesministeriums der Verteidigung bleiben unberührt.

(5) Die Belange von Rundfunk und vergleichbaren Telemedien sind zu berücksichtigen. Die medienrechtlichen Bestimmungen der Länder bleiben unberührt.

Schrifttum: *Boerner*, Gespaltene Rechtswege? Zur Auslegung des § 40 Abs. 1 VwGO, dargestellt am Beispiel des Bundesrückerstattungsgesetzes, DVBl. 1961, 864; *Börnsen/Coppik*, Investitionsanreize für den Ausbau von Telekommuniaktionsnetzen durch gesetzliche Regulierungsvorgaben, TKMR 2003, 317; *dies.*, Resale als Instrument für eine ausbalancierte Förderung sowohl von Dienste- als auch von Infrastukturwettbewerb, MMR 2003, 143; *Büchner*, Post und Telekommunikation, 1999; *Bücking/Emmert/Schurer*, Telekommunikationsrecht, 2005; *Bunte/Welfens*, Wettbewerbsdynamik und Marktabgrenzung auf Telekommunikationsmärkten, 2002; *Bysikiewicz*, Das Gebot der Unabhängigkeit als Aufbauprinzip der Medien- und Telekommunikationsaufsicht in Deutschland, 2003; *Clauß*, Zum Begriff „eindeutig", JZ 1961, 660; *Cox* (Hrsg.), Daseinsvorsorge und öffentliche Dienstleistungen in der Europäischen Union, 2000; *Doll/Rommel/Wehmeier*, Der Referentenentwurf für ein neues TKG – Einstieg in den Ausstieg aus der Regulierung?, MMR 2003, 522; *Eifert*, Grundversorgung mit Telekommunikationsdienstleistungen im Gewährleistungsstaat, 1998; *Eisenblätter*, Regulierung in der Telekommunikation, 2000; *Ellinghaus*, TKG-Novelle und Europarecht: Probleme mit der Flexibilisierung, CR 2004, 23; *di Fabio*, Verwaltung und Verwaltungsrecht zwischen gesellschaftlicher Selbstregulierung und staatlicher Steuerung, VVDStRL 56 (1997), 237; *Fink/Wilfert*, Handbuch Telekommunikation und Wirtschaft, 1999; *Haus*, Kommunikationskartellrecht – Ein Rahmen für den Wettbewerb in Kommunikationsmärkten, WuW 2004, 171; *Hoffmann-Riem*, Innovation und Telekommunikation, 2000; *Immenga/Kirchner*, Zur Neugestaltung des deutschen Telekommunikationsrechts,

TKMR 2002, 340; *Katzschmann*, Die Änderungen am neuen TKG durch den Vermittlungsausschuss, IR 2004, 176; *Klotz*, Die neuen EU-Richtlinien über elektronische Kommunikation: Annäherung der sektorspezifischen Regulierung an das allgemeine Kartellrecht, K&R Beilage 1/2003, 3; *ders.*, Die Beurteilung des Regierungsentwurfs zum TKG aus Brüsseler Sicht, TKMR-Tagungsband 2004, 5; *Koenig/Kühling/ifo*, Liberalisierung der Telekommunikationsordnungen, 2000; *Koenig/Loetz/Neumann*, Die Novellierung des Telekommunikationsgesetzes – Eine Untersuchung zu den Umsetzungsspielräumen des EG-Richtlinienpakets auf dem Gebiet der Telekommunikation und ihrer verfassungsrechtlichen Begrenzung sowie zur Optimierung der Verwaltungs- und Rechtsbehelfsverfahren, 2003; *Koenig/Loetz/Neumann*, Sektorspezifische Regulierung im neuen Telekommunikationsrecht, K&R Beilage 2/2003, 1; *Kühling*, Freiheitsverluste im Austausch gegen Sicherheitshoffnungen im künftigen Telekommunikationsgesetz?, K&R 2004, 105; *Möschel/Haug*, Der Referentenentwurf zur Novellierung des TKG aus wettbewerbsrechtlicher Sicht, MMR 2003, 505; *Neumann/Stamm*, Wettbewerb in der Telekommunikation – wie geht es weiter?, 2002; *Otto*, Entmonopolisierung der Telekommunikation, 1989; *Paulweber*, Regulierungszuständigkeiten in der Telekommunikation, 1999; *Picot/Burr*, Regulierung und Deregulierung im Telekommunikationssektor, ZfbF 48 (1996), 173; *Rädler/Elspaß*, Regulierung im Winterschlaf?, CR 2004, 418; *Reimann*, Zielsetzung, Rechtfertigung und Verfahren der Entgeltregulierung nach dem TKG, 2003; *Reinke*, Der Zweck des Telekommunikationsgesetzes, 2001; *Rittaler*, Der Wettbewerb in der Telekommunikation, WuW 1996, 699; *Säcker*, Zielkonflikte und Koordinationsprobleme im deutschen und europäischen Wettbewerbsrecht, 1971; *ders.*, Vom Referentenentwurf zum Regierungsentwurf eines TKG, K&R Beilage 1/2004, 2; *Schulz*, Der Zugang zum „blanken Draht" im Telekommunikationsrecht: Wettbewerb im Netz oder zwischen Netzen, 2001; *Schuster*, TKG-Novelle: Chance für den Wettbewerb oder Vogel-Strauß-Politik?, TKMR 2003, 518; *Stadler/Neumann*, Gebühren für die Zuteilung von Nummern an Internetzugangsanbieter, JurPC Web-Dok. 178/2004; *Tacke*, Die TKG-Novelle – eine genutzte Chance, N&R 2004, 89; *Trute*, Öffentlich-rechtliche Rahmenbedingungen einer Informationsordnung, VVDStRL 57 (1998), 216; *Vogel*, Der räumliche Anwendungsbereich der Verwaltungsrechtsnorm, 1965; *Vogelsang*, Die Zukunft der Entgeltregulierung im deutschen Telekommunikationssektor, 2002; *ders.*, Ökonomische Aspekte der Referentenentwurfs zum TKG, MMR 2003, 509; *Wagner*, Das neue TKG – Einstieg in den Ausstieg der Regulierung?, MMR 2003, 493; *Wegmann*, Regulierte Marktöffnung in der Telekommunikation, 2001; *ders.*, Nutzungsrechte an Funkfrequenzen und Rufnummern, K&R 2003, 448; *ders.*, Europa- und verfassungsrechtliche Anmerkungen zum Regierungs- und Referentenentwurf für ein neues TKG, K&R Beilage 1/2004, 25; *Wissmann/Kreitlow*, Übertragbarkeit von Frequenzen, K&R 2003, 257; *Zwach*, Zum Regierungsentwurf eines neuen Telekommunikationsgesetzes, TKMR-Tagungsband 2004, 9.

Übersicht

I. Bedeutung der Norm

§ 2 entspricht, ergänzt um die Vorgaben aus Art. 8 RRL, im Wesentlichen dem § 2 TKG   **1**
1996. Er bezeichnet – normativ überflüssig, da für die Rechtsordnungen, die zwischen
öffentlichem und privatem Recht unterscheiden, selbstverständlich – die Regulierung der
Telekommunikation durch die Regulierungsbehörde als hoheitliche Aufgabe des Bundes.[1] Eine Bundesaufsichtsbehörde, die gegenüber den Wirtschaftssubjekten, die Telekommunikationsdienste anbieten, mit dem Instrument des Verwaltungsaktes die vom Gesetz eingeräumten Eingriffskompetenzen ausübt, um „Liberalisierung" und „Deregulierung" regulierend umzusetzen, handelt ex definitione hoheitlich.[2] Im Übrigen konkretisiert § 2 den in § 1 des Gesetzes positivierten doppel-funktionellen Zweck des Gesetzes
in neun zum Teil sehr heterogenen Teilzielen, die das Verwaltungshandeln der Regulierungsbehörde nicht operational determinieren. Angesichts der Vagheit der Zielvorgaben,
bedingt durch die Dynamik der Märkte, ist eine detaillierte und ausdifferenzierte materielle („kausale") Programmierung der staatlichen Telekommunikationsregelung durch
Gesetz auch schlechterdings unmöglich.[3] Der europäische und der deutsche Rechtsrahmen der Telekommunikation bedürfen vielmehr einer ausreichenden Flexibilität, um auf
die technologisch bedingten Veränderungen der Märkte situationsgerecht und technologieneutral reagieren zu können. Dies führt de facto zu einer gewissen Verselbstständigung der Tätigkeit der Regulierungsbehörde, die in einem unleugbaren Spannungsverhältnis zum traditionellen Verwaltungsrechtskonzept der auf dem Prinzip des Gesetzes-
vorbehalts basierenden Eingriffsverwaltung steht.[4] Immerhin weisen die Regulierungsziele als Leitprinzipien der Ermessensausübung im Einzelnen die Richtung und haben
insoweit eine ermessenseinschränkende und ermessenslenkende Bedeutung.[5] Bedeutsam
für die Effizienz der gesetzlichen Zielrealisierung wird sein, dass nicht nur die Regulierungsbehörde, sondern auch die Nutzer und Verbraucher die ihnen durch das TKG eingeräumten Rechte (z.B. im Bereich des Kundenschutzes) aktiv ausüben.

---

1 Zur Zuständigkeit des Bundes für das TKG i.S. der Erläuterungen zu § 1 RdNr. 2 vgl. Einl. III,
   RdNr. 178ff.
2 Ebenso *Trute/Spoerr/Bosch*, § 1 RdNr. 10. Zur Abgrenzung hoheitlichen vom privatrechtlichen
   Handeln des Staates, MünchKomm/*Säcker*, Bd. I, Einl. RdNr. 2ff.
3 Ebenso *Trute/Spoerr/Bosch*, § 1 RdNr. 12ff.; *Ladeur*, in: Hoffmann-Riem, Innovation und Telekommunikation, S. 56ff.; *Hoffmann-Riem/Eifert*, in: Hoffmann-Riem, a.a.O., S. 9ff.; *Schneider*,
   ZHR 164 (2000), 513, 517ff.
4 Überzogen *Trute/Spoerr/Bosch*, § 1 RdNr. 15ff. Die Ermächtigungsgrundlagen des Polizei- und Si-
   cherheitsrechts zeichnen sich nicht durch größere Bestimmtheit aus. Insbesondere bedarf es nicht
   der kompensatorischen Mobilisierung der „Öffentlichkeit als Steuerungsressource"; vgl. dazu auch
   di Fabio, VVDStL 56 (1997), 237ff.
5 Ebenso *Scheurle/Mayen*, § 2 RdNr. 3.

II. Einzelziele der Regulierung

2 **1. Wahrung der Nutzer- und der Verbraucherinteressen sowie die Wahrung des Fernmeldegeheimnisses (§ 2 Abs. 2 Nr. 1).** – Nutzer sind diejenigen natürlichen Personen, die einen Telekommunikationsdienst für private oder geschäftliche Zwecke nutzen (näher dazu § 3 Nr. 14). Es geht, wie sich aus der neu in das Gesetz aufgenommenen Schutzgruppe der Verbraucher erkennen lässt, nicht nur um den Schutz gewerblicher Kunden (z. B. Reseller, die zugleich Wettbewerber sein können), sondern „insbesondere" um die Verbraucherinteressen. Die Interessen der Nutzer und Verbraucher werden gewahrt, wenn sich die Regulierungsbehörde bemüht, eine quantitativ und qualitativ hochwertige und preisgünstige Versorgung mit allen Telekommunikationsdienstleistungen sicherzustellen.[6]

3 Die in § 2 Abs. 2 Nr. 1 angesprochene Zielsetzung ist über die Einzelbestimmungen des Gesetzes zu verwirklichen, namentlich durch die Vorschriften über den Kundenschutz, aber auch durch eine effiziente Frequenzverwaltung (§§ 52 ff.).

4 Der durch Art. 10 GG geforderte Schutz des **Fernmeldegeheimnisses** ist in den §§ 88 ff. TKG näher geregelt. Die Nutzung der privatwirtschaftlich organisierten elektronischen Kommunikation für private und geschäftliche Mitteilungen ist ohne Wahrung der Vertraulichkeit des gesprochenen oder in sonstiger Weise elektronisch übermittelten Wortes praktisch ausgeschlossen. Deshalb ist es zutreffend, wenn der Gesetzgeber der Regulierungsbehörde auch den Schutz des Fernmeldegeheimnisses als Ziel vorgibt, um den Schutz der Persönlichkeitssphäre und das Recht auf informationelle Selbstbestimmung auch im Bereich der elektronischen Kommunikation sicherzustellen.[7] Zum Schutz des Fernmeldegeheimnisses zählt auch der Datenschutz (vgl. § 91 ff. TKG).[8]

5 **2. Sicherstellung eines chancengleichen Wettbewerbs und Förderung nachhaltig wettbewerbsorientierter Märkte auch in der Fläche (§ 2 Abs. 2 Nr. 2).** – Die Nr. 2 konkretisiert das in § 1 enthaltene Ziel der Sicherstellung eines chancengleichen, effektiven Wettbewerbs. Dies bedingt die Förderung nachhaltig wettbewerbsorientierter Märkte auch im ländlichen Bereich durch Ausbau der Telekommunikationsnetze sowie der dazugehörigen Einrichtungen und Dienste. Die Förderverpflichtung ist unverzichtbar, weil die Wettbewerber der DTAG nach wie vor in weitem Umfang darauf angewiesen sind, auf Telekommunikationsdienstleistungen der DTAG zurückzugreifen, um ihre Leistungen überhaupt anbieten zu können.[9] Die mit den Mitteln des Kartellrechts (§§ 19, 20 GWB) mögliche Unterbindung von Behinderungspraktiken des Marktbeherrschers allein reicht nicht aus, um effektiven Wettbewerb herzustellen. Es bedarf vielmehr besonderer regulatorischer Fördermaßnahmen, um den Markteintritt anderer Wettbewerber zu erreichen.[10]

6 Der Gesetzgeber war gut beraten, als er bei der Neuformulierung der Ziele in § 2 auf die Verankerung des Leitbildes des funktionsfähigen Wettbewerbs im neuen TKG verzichtet hat, um die Rechtsanwendung nicht mit den Implikationen eines bestimmten wettbewerbs-

---

6 Ebenso *Scheurle/Mayen*, § 2 RdNr. 10; *Trute/Spoerr/Bosch*, § 2 RdNr. 8; BeckTKG-Komm/*Schuster*, § 2 RdNr. 6.

7 Ebenso *Trute/Spoerr/Bosch*, § 2 RdNr. 9; BeckTKG-Komm/*Schuster*, § 2 RdNr. 8.

8 Vgl. dazu näher die Begründung zum Entwurf des TKG 1996, BT-Drs. 13/3609, S. 53.

9 Vgl. dazu bereits die Regierungsbegründung zum Entwurf des TKG, BT-Drs. 13/3609, S. 33 f.; dazu BeckTKG-Komm/*Schuster*, § 2 RdNr. 10.

10 Zutr. *Trute/Spoerr/Bosch*, § 2 RdNr. 11 f.

Säcker

theoretischen Leitbildes zur Herstellung von Effizienz trotz „imperfect competition" zu belasten.[11]

Das telekommunikationsrechtliche Ziel der Sicherstellung chancengleichen Wettbewerbs 7 spiegelt sich namentlich in folgenden Normengruppen des TKG wider:

a) strukturelle Separierung (§ 7)

b) getrennte Rechnungslegung (§ 24)

c) Verpflichtung zur Erbringung von Universaldienstleistungen (§§ 78 ff.)

d) Ausschluss von der Vergabe knapper Frequenzen (§ 55 Abs. 9 und 10, § 63 Abs. 2 S. 1 Nr. 3)

e) Zusammenschaltungsgebote (§§ 16 ff.)

f) Entgeltregulierung (§§ 28 f., 30 ff., 39)

g) besondere Mißbrauchsaufsicht (§§ 42 f.)

3. Förderung effizienter Infrastrukturinvestitionen und Unterstützung von Innovatio- 8 **nen (§ 2 Abs. 2 Nr. 3).** – Dieses Regulierungsziel ist in Umsetzung von Art. 8 Abs. 2 lit. c RRL in das Gesetz eingefügt worden. Die Entwicklung leistungsfähiger Wettbewerbsstrukturen setzt ausreichende Infrastrukturinvestitionen von Wettbewerbern und die Realisierung von technologischen Innovationen voraus.[12] Als förderungswürdig können dabei, um Wertungswidersprüche zu § 1 und § 2 Abs. 2 Nr. 2 zu vermeiden, nur solche Investitionen angesehen werden, die einen zukunftweisenden Beitrag zum technischen Fortschritt liefern und dadurch nachhaltig wettbewerbsorientierte Märkte i. S. von § 2 Abs. 2 Nr. 2 fördern. Ein genereller Investitionsschutz vor aktivem Wettbewerb ist, wie in der Regierungsbegründung zutreffend hervorgehoben wird, mit § 2 Abs. 2 Nr. 3 nicht beabsichtigt.

4. Förderung der Entwicklung des EU-Binnenmarktes (§ 2 Abs. 2 Nr. 4). – Diese Ziel- 9 setzung hat ihren Ursprung in Art. 2 Abs. 2 und Art. 8 Abs. 3 RRL. Ziel der Vorschrift ist die Integration der nationalen Teilmärkte zu einem europäischen Binnenmarkt für Telekommunikationsdienstleistungen durch verbesserte Kooperation der nationalen Regulierungsbehörden und durch intensive Zusammenarbeit mit der EG-Kommission.[13] Die Integration ist aber kein Selbstzweck, sondern hat nur eine ancillarische Funktion. Sie muss im Dienste der Förderung leistungsfähiger Telekommunikationsinfrastrukturen und eines chancengleichen Wettbewerbs (§ 1) stehen.[14]

5. Sicherstellung einer flächendeckenden Grundversorgung zu erschwinglichen 10 **Preisen (§ 2 Abs. 2 Nr. 5).** – Die Sorge um die Erbringung einer flächendeckenden (landesweiten) und preiswerten Grundversorgung trifft die Regulierungsbehörde in Vollzug der verfassungsrechtlichen Verpflichtung des Bundes aus Art. 87 f Abs. 1 GG. In Konkretisierung dieser Verpflichtung hat der Gesetzgeber die Vorschriften über die Universaldienstleistungen (§§ 78 ff.) in das Gesetz aufgenommen, um ein ausreichendes, sozial-

---

11 Vgl. dazu eingehend *Säcker*, Zielkonflikte und Koordinationsprobleme im deutschen und europäischen Wettbewerbsrecht, S. 32 ff.; *ders.*, K&R Beilage 1/2004, 2; a. A. *Trute/Spoerr/Bosch*, § 2 RdNr. 14.

12 Vgl. dazu die Regierungsbegründung zu § 2, BT-Drs. 15/2316, S. 56.

13 Vgl. dazu auch die Regierungsbegründung zu § 2, BT-Drs. 15/2316, S. 56.

14 Insoweit gilt ein Gleiches wie für die EG-Wettbewerbspolitik; vgl. dazu EG/VO Nr. 2790/1999, Erwägungen 4 ff. Die Wahrung der Nutzerinteressen durch Sicherstellung eines chancengleichen Wettbewerbs ist und bleibt das primäre Ziel; das Integrationsziel ist dieser Zielsetzung untergeordnet.

staatsgemäßes Versorgungsniveau (sog. Mindestangebot) auf der Grundlage der Kosten effizienter Leistungserbringung sicherzustellen.[15]

11   **6. Förderung von Telekommunikationsdiensten bei öffentlichen Einrichtungen (§ 2 Abs. 2 Nr. 6).** – Hintergrund dieses Teilziels, das bereits in das TKG 1996 auf Wunsch der Länder aufgenommen wurde[16], ist die Intention, öffentlichen Einrichtungen, namentlich Schulen, in besonderer Weise einen Zugang zu Telekommunikationsdiensten zu vermitteln. Allerdings ist dieses Ziel – im Gegensatz zu den anderen Teilzielen – im Gesetz selber nicht konkretisiert und ist daher nur eine lex imperfecta, solange nicht haushaltsrechtliche Mittel dafür bereitgestellt werden.[17]

12   **7. Sicherstellung einer effizienten und störungsfreien Nutzung von Frequenzen unter Berücksichtigung der Belange des Rundfunks (§ 2 Abs. 2 Nr. 7).** – Dem Ziel der Sicherstellung einer effizienten, störungsfreien Frequenznutzung dienen die Vorschriften über die Frequenzordnung (§§ 52 ff.); denn Frequenzen sind – zumindest potenziell – ein knappes Gut. Um die Freiheit von Störungen zu gewährleisten, die bei der Ausbreitung elektromagnetischer Wellen entstehen können, ist ein hoher technischer Koordinationsaufwand erforderlich, den die Regulierungsbehörde zu leisten hat.[18]

13   Die Einfügung der Worte „auch unter Berücksichtigung der Belange des Rundfunks" erfolgte bereits im Rahmen des TKG 1996 auf Verlangen des Bundesrates[19]. Dem lag die Auffassung der Länder zugrunde, dass auch die privaten Betreiber von Telekommunikationsdienstleistungen für eine flächendeckende, ausreichende Versorgung der Bevölkerung im Rundfunkbereich zu sorgen hätten.[20]

14   **8. Gewährleistung einer effizienten Nutzung von Nummerierungsressourcen (§ 2 Abs. 2 Nr. 8).** – Die Gewährleistung einer effizienten Nutzung von Nummerierungsressourcen ist eine wesentliche Voraussetzung für effektiven Wettbewerb in der Telekommunikation. Es bedarf deshalb transparenter, objektiver und nichtdiskriminierender Kriterien für den Zugang zu den Nummerierungsressourcen.[21] Es ist deshalb teleologisch folgerichtig, dass Nr. 8 in den Zielkatalog des § 2 Abs. 2 neu aufgenommen wurde. Die Konkretisierung dieses Teilziels erfolgt durch die §§ 66 f.

15   **9. Wahrung der Interessen der öffentlichen Sicherheit (§ 2 Abs. 2 Nr. 9).** – Das im Telekommunikationssektor besonders bedeutsame Ziel der öffentlichen Sicherheit ist im Gesetz durch die §§ 108 ff. abgesichert. Ein spezifisches Regulierungsziel kann darin allerdings nicht erblickt werden.[22] Insoweit ist die Aufnahme dieses Schutzziels in den Katalog des § 2 Abs. 2 systematisch verfehlt.

---

15 Vgl. dazu *Trute/Spoerr/Bosch*, § 2 RdNr. 22; BeckTKG-Komm/*Schuster*, § 2 RdNr. 24 f.
16 Vgl. BT-Drs. 13/3609, S. 5 ff. und BT-Drs. 13/4864, S. 107.
17 Näher *Scheurle/Mayen*, § 2 RdNr. 17; *Trute/Spoerr/Bosch*, § 2 RdNr. 23.
18 Vgl. dazu die Begründung zum Fraktionsentwurf zum TKG 1996, BT-Drs. 13/3609, S. 35.
19 BT-Drs. 13/4438, Anlage 2, S. 6.
20 Vgl. BeckTKG-Komm/*Schuster*, § 2 RdNr. 27; *Trute* (VVDStRL 57, 1998, 216, 229 f.) kennzeichnet diese Zugangssicherung für den Rundfunk zutreffend als „verfassungsrechtlich sensible Schnittstelle" zur rundfunkrechtlichen Gewährleistung einer inhaltsbezogenen Grundversorgung.
21 Vgl. dazu die Regierungsbegründung zu § 2 Abs. 2 Nr. 8; in BT-Drs. 15/2316, S. 56.
22 Ebenso *Manssen*, § 1 RdNr. 10; BeckTKG-Komm/*Schuster*, § 2 RdNr. 28.

Säcker

III. Verhältnis des TKG zum GWB und zu Art. 81 ff. EG (§ 2 Abs. 3)

Der Gesetzgeber stellt in § 2 Abs. 3 klar, dass die GWB-Vorschriften neben dem TKG an- **16**
wendbar bleiben, soweit nicht durch das TKG ausdrücklich abschließende Regelungen getroffen werden. Ebenso bleiben die Aufgaben und Zuständigkeiten der Kartellbehörden unberührt. Die Verweisung auf das GWB ist eine dynamische Verweisung; sie bezieht sich
daher auf das GWB in seiner ab 1. 7. 2005 geltenden Fassung, die durch die Siebte GWB-
Novelle hergestellt worden ist. Die Tragweite dieser Vorschrift und die Gründe für ihre
Neufassung werden in den Gesetzesmaterialien nicht näher erläutert. Wegen der grundsätzlichen Bedeutung der Frage nach dem Verhältnis von TKG und GWB ist die Problematik
bereits in der Einl. I RdNr. 35 ff. eingehend dargestellt.

§ 2 Abs. 3 erklärt nicht nur die allgemeinen Vorschriften des GWB für anwendbar[23], son- **17**
dern sämtliche Vorschriften, auch die Vorschriften über die Preismissbrauchsaufsicht
(§§ 19, 20 GWB), die i. S. des EG-Rechts europakonform auszulegen sind (§ 22 GWB). Es
kann daher das TKG nicht generell als das „speziellere Gesetz" [24] bezeichnet werden. Es
gilt vielmehr der Grundsatz der parallelen Anwendung beider Gesetze. Aus diesem Grunde
stellt § 2 Abs. 3 S. 2 klar, dass auch die Aufgaben und Zuständigkeiten der Kartellbehörden
zur Anwendung des GWB unberührt bleiben.

Als praktisches Problem der Rechtsanwendung stellt sich daher nur die Frage, ob durch das **18**
TKG nicht „ausdrücklich abschließende Regelungen getroffen werden". Eine Lektüre der
Normen des TKG ergibt, dass keine TKG-Vorschrift – anders als z. B. § 111 EnWG – nach
ihrem Wortlaut eine Anwendung des GWB ausschließt. Verlangt man, wie es der semanti-
sche Sinn des Wortes „ausdrücklich" (als Gegenbegriff zum Ausdruck „stillschweigend")
nahe legt, im Gegensatz zu einer stillschweigenden Regelung, dass im Wortlaut der Vorschrift der abschließende Charakter der TKG-Regelung zumindest angedeutet sein muss,
so bestünde überhaupt keine Ausschlusswirkung. Der Soweit-Satz liefe damit leer. Es ist
daher zu prüfen, ob der Ausdrücklichkeitsklausel nach Sinn und Zweck des Gesetzes kein
abweichender Sinn zukommt, da es teleologisch keinen rechten Sinn macht, neben den
sektorspezifischen wettbewerbsorientierten Verhaltenskontrollen (insbesondere gemäß
§ 28), die inhaltlich an § 19 GWB orientiert sind, zusätzlich § 19 GWB direkt durch das
Bundeskartellamt anzuwenden.[25]

Nach der Rechtsprechung zu formal vergleichbaren Zuständigkeitsverteilungsnormen[26] **19**
soll eine ausdrückliche Zulassung konkurrierender Regelungen bzw. eine ausdrücklich abschließende Regelung dann anzunehmen sein, wenn die Norm weitere Regelungen „eindeutig positiv" entweder für zulässig oder für unzulässig erklärt. Die Auffassung, der Ausdruck „ausdrücklich" sei gleichbedeutend mit „eindeutig", ist indes nicht geeignet, den
rechtlichen Gehalt dieses Merkmals dogmatisch zu erschließen. Der Begriff „ausdrück-

---

23 So unzutreffend BeckTKG-Komm/*Schuster*, § 2 RdNr. 31, 32.
24 So zu Unrecht *Scheurle/Mayen*, § 2 RdNr. 4; *Manssen*, § 2 RdNr. 11; zutr. *Trute/Spoerr/Bosch*, § 2
   RdNr. 26 f. unter Hinweis auf *Picot/Burr*, ZfbF 48, 1996, 173, 198; eine Berufung auf die Regierungsbegründung zum TKG 1996 (BT-Drs. 13/3609, S. 36) ist angesichts des veränderten Wortlauts und des Schweigens der Materialen nicht möglich.
25 Vgl. dazu auch die sehr differenzierten Überlegungen bei *Trute/Spoerr/Bosch*, § 2 RdNr. 33 f.;
   Paulweber, Regulierungszuständigkeiten in der Telekommunikation, S. 65 ff.
26 Vgl. BAG, AP Nr. 1, 7, 8, 23, 26 zu § 59 BetrVG; AP Nr. 80 zu § 1 TVG Auslegung; AP Nr. 1 zu
   § 2 ArbGG 1953 Betriebsvereinbarung.

lich" hat in der juristischen Auslegungsdoktrin seinen gesicherten Sinn; der Begriff „eindeutig" dagegen ist in der Hermeneutik nach Inhalt und Tragweite höchst umstritten.[27] Die Umschreibung des Tatbestandes „ausdrücklich" mit dem Ausdruck „eindeutig" oder „klar und eindeutig" setzt lediglich an die Stelle eines *klaren* einen *unklaren* Begriff, der zwar eine lange historische Tradition hat und gewöhnlich auf *Paulus* L. 25 § 1 D. 32 zurückgeführt wird: „Cum in verbis nulla ambiguitas est non debet admitti voluntatis quaestio." Diese interpretationstheoretische Maxime, dass eine dem Wortlaut nach eindeutige Regelung keiner Auslegung mehr zugänglich sei, hat in der Rechtsprechung eine unglückliche Rolle gespielt und spielt sie zum Teil, vor allem in der englischen Rechtsprechung als sog. *Plain-Meaning-Rule*, auch heute noch.[28] Der Satz ist aber methodologisch unhaltbar.[29] Die Feststellung, ein Gesetzestext sei eindeutig, setzt in jedem Fall eine Verständigung über seinen Inhalt und damit eine Auslegung voraus: „Die Feststellung, ein Text sei nicht auslegungsbedürftig, kann letztlich nur behaupten, dass über die einschlägige Interpretation Einigkeit besteht."[30]

20 Die Interpretation des Merkmals „ausdrücklich" im Sinne von „klar" und „eindeutig" bzw. „zweifelsfrei" bedeutete, dass eine Zuständigkeit der Kartellbehörden und eine Anwendung der GWB-Vorschriften nur dann zu verneinen ist, wenn darüber zwischen Regulierungsbehörde und Bundeskartellamt Einvernehmen besteht. Die Auslegung des Tatbestandselements im Sinne von „unzweideutig" bzw. „zweifelfrei" lieferte somit eine Behörde an das Einvernehmen der anderen aus. Sie entfernt sich damit vom Wortlaut und vom Sinn des § 2 Abs. 3. *Bötticher*[31] und *Söllner*[32] haben zu Recht darauf hingewiesen, dass „zweifelsfrei" nicht synonym ist mit „ausdrücklich". Zweifelsfrei kann auch ein nicht ausdrücklich erklärter Wille sein, ebenso wie umgekehrt ein ausdrücklich erklärter Wille unklar und zweifelhaft sein kann. Mit dem Wort „ausdrücklich" will der Gesetzgeber der Möglichkeit vorbeugen, dass in das Gesetz hinterher ein stillschweigender Zuständigkeitsausschluss hineininterpretiert wird.[33]

21 Die gesetzgeberische Zielsetzung wird besser realisiert, wenn man das Merkmal „ausdrücklich" in einem üblichen, juristisch-technischen Sinn interpretiert.[34] *Ausdrücklicher*

---

27 Zu den Schwierigkeiten einer wissenschaftstheoretischen Bestimmung des Wortes „eindeutig" vgl. *Stegmüller*, Das Wahrheitsproblem und die Idee der Semantik, 1957, S. 128 ff., 146 ff.
28 Vgl. z. B. RG JW 1912, 69; BGH NJW 1956, 1553; BVerfGE 4, 331, 351; *Maxwell/Wilson/Galpin*, The Interpretation of Statues, 11. Aufl. London 1962, S. 3 ff.; *Salmond/Williams*, Jurisprudence, 10. Aufl. 1947; *Lüderitz*, Auslegung von Rechtsgeschäften, 1966, S. 65 ff.; bittere Kritik an der Regel übt in einem „dissenting vote" Frankfurter (United States v. Monia, 317 U.S. 424, 431, 63 S. Ct. 409, 412 (1943): „The notion that because the words of a statute are plain, its meaning is also plain, is merely pernicious oversimplification."
29 Ebenso: *Ennecerus/Nipperdey*, Allgemeiner Teil des Bürgerlichen Rechts, 2. Halbbd., 15. Aufl. 1959/60, § 57 II, III; *Esser*, Grundsatz und Norm in der richterlichen Fortbildung des Privatrechts, 2. Aufl. 1964, S. 123 ff., 176 ff., 253 f.; *Herschel*, Die Auslegung der Tarifvertragsnormen, FS Molitor, 1962, S. 166 f.; *Clauss*, JZ 1961, 660 ff.; *Vogel*, Der räumliche Anwendungsbereich der Verwaltungsrechtsnorm, S. 361 f. mit Fn. 19; *Viehweg*, ARSP 47 (1961), 523; MünchKomm/*Säcker*, Bd. I Einl. RdNr. 97.
30 *Viehweg*, ARSP 47 (1961), 523.
31 Gestaltungsrecht und Unterwerfung in Privatrecht, 1964, S. 32.
32 Einseitige Leistungsbestimmung im Arbeitsrecht, 1966, S. 65.
33 AP Nr. 1 zu § 59 BetrVG.
34 Ein Indiz für die Richtigkeit dieser Auffassung ist m. E. darin zu sehen, dass auch die verwaltungsrechtliche Rechtsprechung und Lehre das gleichen Zielen dienende Tatbestandsmerkmal „aus-

Wille in diesem Sinne ist nicht der eindeutige, zweifelsfreie Wille, sondern der reale, und zwar nach den allgemeinen Auslegungsgrundsätzen im Gesetz zum Ausdruck kommende Wille. Realer Wille ist sowohl der ausdrückliche als auch der aus dem „beredten Schweigen" des Gesetzes zu ermittelnde Wille. Davon zu unterscheiden ist der hypothetische Wille. Fehlt dem Gesetzgeber der reale Wille zur abschließenden Regelung, so ist dem Richter verwehrt, anhand „einer vernünftigen Interessenabwägung auf rein objektiver Grundlage"[35] zu entscheiden, ob eine abschließende Regelung vorliegt. § 2 Abs. 3 verwehrt dem Richter den Rekurs auf den hypothetischen Willen des Gesetzgebers. Durch die Regelungen in §§ 28, 30 ff., 38 Abs. 2, 39 Abs. 2, 42 hat der Gesetzgeber beredt zum Ausdruck gebracht, dass er die Anwendung der §§ 19, 20 GWB durch die Zugangsregelung nach § 21, durch die Ex-ante-Regulierung nach dem KEL-Konzept (§§ 30 ff.) sowie durch die Spezialregelungen der telekommunikationsrechtlichen Missbrauchsaufsicht als verdrängt ansieht.[36]

Der Anwendungsbereich der Art. 81 ff. EG kann wegen des Vorrangs des EG-Gemein- **22** schaftsrechts durch die Vorschriften des TKG nicht eingeschränkt werden. Der deutsche Gesetzgeber hat auch nicht die dezentrale Anwendung der Art. 81 ff. EG i.V.m. der EG-VO Nr. 1/2003 der Regulierungsbehörde als nationaler Kartellbehörde auf dem Sektor des Telekommunikationswesens anvertraut, sondern die uneingeschränkte und volle Anwendung der Art. 81 ff. EG dem Bundeskartellamt und den Landeskartellbehörden überlassen (§ 50 GWB).[37]

IV. Der Vorbehalt der hoheitlichen Rechte des Bundesverteidigungs-ministeriums (§ 2 Abs. 4)

Das Bundesverteidigungsministerium als Hoheitsträger ist nicht dem TKG unterworfen, **23** wenn es zum Zweck der Wahrnehmung seiner Aufgaben auf dem Gebiet der Landesverteidigung Telekommunikationsmittel einsetzt. § 2 Abs. 4 hat daher nur deklaratorische Bedeutung.

---

drücklich" in § 40 Abs. 1 S. 1 VwGO (der Verwaltungsrechtsweg ist in verwaltungsrechtlichen Streitigkeiten zulässig, „soweit die Streitigkeiten nicht durch Bundesgesetz einem anderen Gericht ausdrücklich zugewiesen sind") ebenfalls nicht im Sinne von „eindeutig", sondern als Gegensatz zu „stillschweigend" interpretieren; vgl. BVerwGE 15, 34, 34, 36; *Koehler*, VwGO, 1960, § 40 Anm. X; *Ule*, Vewaltungsprozeßrecht, 4. Aufl. 1966, S. 26; *ders.*, Verwaltungsgerichtsbarkeit, 2. Aufl. 1962, § 30 Anm. IV 1 (S. 94); *Klinger*, VwGO, 2. Aufl. 1964, § 40 Anm. BII 1; wohl auch *Redeker/v. Oertzen*, VwGO, 2. Aufl. 1965, § 40 Anm. 20; *Eyermann/Rennert*, § 40 Anm. 99 ff.; *Boerner*, DVBl. 1961, 846.

35 So umschreibt der BGH in ständiger Rechtsprechung den Inhalt der ergänzenden Vertragsauslegung im Bereich des Internationalen Privatrechts (vgl. BGH NJW 1952, 541; BGHZ 7, 231, 235; 9, 221, 223; 19, 110, 111); es liegt auf der Hand, dass die ergänzende Auslegung im materiellen Privatrecht keinen anderen Charakter trägt; die hier überwiegend noch verwandten subjektiven Formeln verdecken lediglich den objektiven Charakter der vom Richter vorgenommenen Interessenabwägung; charakteristisch für die auch im materiellen Privatrecht zu beobachtende Abkehr von fiktiven subjektiven Formeln zur objektiven Formel BGH DB 1965, 1662 und DB 1967, 1084.
36 Vgl. dazu näher oben Einl. I RdNr. 35 ff.
37 Ebenso schon zum früheren Recht vor dem 1. 1. 2005, *Trute/Spoerr/Bosch*, § 2 RdNr. 36.

V. Berücksichtigung der Belange des Rundfunks (§ 2 Abs. 5)

24   Nach § 2 Abs. 5 sind die Belange des Rundfunks bzw. vergleichbarer Telemedien bei der Wahrnehmung der Regulierungsaufgaben zu berücksichtigen. Unberührt bleiben die medienrechtlichen Bestimmungen der Länder zur Sicherung der inhaltsbezogenen Rundfunkhoheit der Länder.[38] Der Gesetzgeber hat es dagegen zutreffend abgelehnt, die Belange des Rundfunks unmittelbar bei den Vorschriften über die Entgeltregulierung zu berücksichtigen; denn die Kriterien der Entgeltregulierung (§§ 30 ff.) sind ökonomische Maßstäbe, die unabhängig vom Inhalt der jeweiligen Telekommunikationsdienstleistung Geltung beanspruchen.[39]

---

38 Vgl. dazu unten §§ 48 ff.
39 Vgl. BT-Drs. 15/2345 vom 14. 1. 2004, S. 1.

§ 3 Begriffsdefinitionen

Im Sinne dieses Gesetzes ist oder sind

1. „Anruf" eine über einen öffentlich zugänglichen Telefondienst aufgebaute Verbindung, die eine zweiseitige Echtzeitkommunikation ermöglicht;
2. „Anwendungs-Programmierschnittstelle" die Software-Schnittstelle zwischen Anwendungen und Betriebsfunktionen digitaler Fernsehempfangsgeräte;
3. „Bestandsdaten" Daten eines Teilnehmers, die für die Begründung, inhaltliche Ausgestaltung, Änderung oder Beendigung eines Vertragsverhältnisses über Telekommunikationsdienste erhoben werden;
4. „beträchtliche Marktmacht" eines oder mehrerer Unternehmen gegeben, wenn die Voraussetzungen nach § 11 Abs. 1 Satz 3 bis 5 vorliegen;
5. „Dienst mit Zusatznutzen" jeder Dienst, der die Erhebung und Verwendung von Verkehrsdaten oder Standortdaten in einem Maße erfordert, das über das für die Übermittlung einer Nachricht oder die Entgeltabrechnung dieses Vorganges erforderliche Maß hinausgeht;
6. „Diensteanbieter" jeder, der ganz oder teilweise geschäftsmäßig
   a) Telekommunikationsdienste erbringt oder
   b) an der Erbringung solcher Dienste mitwirkt;
7. „digitales Fernsehempfangsgerät" ein Fernsehgerät mit integriertem digitalem Decoder oder ein an ein Fernsehgerät anschließbarer digitaler Decoder zur Nutzung digital übertragener Fernsehsignale, die mit Zusatzsignalen, einschließlich einer Zugangsberechtigung, angereichert sein können;
8. „Endnutzer" eine juristische oder natürliche Person, die weder öffentliche Telekommunikationsnetze betreibt noch Telekommunikationsdienste für die Öffentlichkeit erbringt;
9. „Frequenznutzung" jede gewollte Aussendung oder Abstrahlung elektromagnetischer Wellen zwischen 9 kHz und 3.000 GHz zur Nutzung durch Funkdienste und andere Anwendungen elektromagnetischer Wellen. Frequenznutzung im Sinne dieses Gesetzes ist auch die Führung elektromagnetischer Wellen in und längs von Leitern, für die keine Freizügigkeit nach § 53 Abs. 2 Satz 3 gegeben ist;
10. „geschäftsmäßiges Erbringen von Telekommunikationsdiensten" das nachhaltige Angebot von Telekommunikation für Dritte mit oder ohne Gewinnerzielungsabsicht;
11. „Kundenkarten" Karten, mit deren Hilfe Telekommunikationsverbindungen hergestellt und personenbezogene Daten erhoben werden können;
12. „nachhaltig wettbewerbsorientierter Markt" ein Markt, auf dem der Wettbewerb so abgesichert ist, dass er auch nach Rückführung der sektorspezifischen Regulierung fortbesteht;
13. „Nummern" Zeichenfolgen, die in Telekommunikationsnetzen Zwecken der Adressierung dienen;
14. „Nutzer" jede natürliche Person, die einen Telekommunikationsdienst für private oder geschäftliche Zwecke nutzt, ohne notwendigerweise Teilnehmer zu sein;
15. „öffentliches Münz- und Kartentelefon" ein der Allgemeinheit zur Verfügung stehendes Telefon, für dessen Nutzung als Zahlungsmittel unter anderem Münzen,

Kredit- und Abbuchungskarten oder Guthabenkarten, auch solche mit Einwahlcode, verwendet werden können;

16. „öffentliches Telefonnetz" ein Telekommunikationsnetz, das zur Bereitstellung des öffentlich zugänglichen Telefondienstes genutzt wird und darüber hinaus weitere Dienste wie Telefax- oder Datenfernübertragung und einen funktionalen Internetzugang ermöglicht;

17. „öffentlich zugänglicher Telefondienst" ein der Öffentlichkeit zur Verfügung stehender Dienst für das Führen von Inlands- und Auslandsgesprächen einschließlich der Möglichkeit, Notrufe abzusetzen; der öffentlich zugängliche Telefondienst schließt auch folgende Dienste ein: Unterstützung durch Vermittlungspersonal, Auskunftsdienste, Teilnehmerverzeichnisse, Bereitstellung öffentlicher Münz- und Kartentelefone, Erbringung des Dienstes nach besonderen Bedingungen sowie Bereitstellung geografisch nicht gebundener Dienste;

18. „Rufnummer" eine Nummer, durch deren Wahl im öffentlichen Telefondienst eine Verbindung zu einem bestimmten Ziel aufgebaut werden kann;

19. „Standortdaten" Daten, die in einem Telekommunikationsnetz erhoben oder verwendet werden und die den Standort des Endgeräts eines Endnutzers eines Telekommunikationsdienstes für die Öffentlichkeit angeben;

20. „Teilnehmer" jede natürliche oder juristische Person, die mit einem Anbieter von Telekommunikationsdiensten einen Vertrag über die Erbringung derartiger Dienste geschlossen hat;

21. „Teilnehmeranschluss" die physische Verbindung, mit dem der Netzabschlusspunkt in den Räumlichkeiten des Teilnehmers mit den Hauptverteilerknoten oder mit einer gleichwertigen Einrichtung in festen öffentlichen Telefonnetzen verbunden wird;

22. „Telekommunikation" der technische Vorgang des Aussendens, Übermittelns und Empfangens von Signalen mittels Telekommunikationsanlagen;

23. „Telekommunikationsanlagen" technische Einrichtungen oder Systeme, die als Nachrichten identifizierbare elektromagnetische oder optische Signale senden, übertragen, vermitteln, empfangen, steuern oder kontrollieren können;

24. „Telekommunikationsdienste" in der Regel gegen Entgelt erbrachte Dienste, die ganz oder überwiegend in der Übertragung von Signalen über Telekommunikationsnetze bestehen, einschließlich Übertragungsdienste in Rundfunknetzen;

25. „telekommunikationsgestützte Dienste" Dienste, die keinen räumlich und zeitlich trennbaren Leistungsfluss auslösen, sondern bei denen die Inhaltsleistung noch während der Telekommunikationsverbindung erfüllt wird;

26. „Telekommunikationslinien" unter- oder oberirdisch geführte Telekommunikationskabelanlagen einschließlich ihrer zugehörigen Schalt- und Verzweigungseinrichtungen, Masten und Unterstützungen, Kabelschächte und Kabelkanalrohre;

27. „Telekommunikationsnetz" die Gesamtheit von Übertragungssystemen und gegebenenfalls Vermittlungs- und Leitwegeinrichtungen sowie anderweitigen Ressourcen, die die Übertragung von Signalen über Kabel, Funk, optische und andere elektromagnetische Einrichtungen ermöglichen, einschließlich Satellitennetzen, festen und mobilen terrestrischen Netzen, Stromleitungssystemen, soweit sie zur Signalübertragung genutzt werden, Netzen für Hör- und Fernsehfunk sowie Kabelfernsehnetzen, unabhängig von der Art der übertragenen Information;

28. „Übertragungsweg" Telekommunikationsanlagen in Form von Kabel- oder Funk-verbindungen mit ihren übertragungstechnischen Einrichtungen als Punkt-zu-Punkt- oder Punkt-zu-Mehrpunktverbindungen mit einem bestimmten Informa-tionsdurchsatzvermögen (Bandbreite oder Bitrate) einschließlich ihrer Ab-schlusseinrichtungen;

29. „Unternehmen" das Unternehmen selbst oder mit ihm im Sinne des § 36 Abs. 2 und § 37 Abs. 1 und 2 des Gesetzes gegen Wettbewerbsbeschränkungen verbunde-ne Unternehmen;

30. „Verkehrsdaten" Daten, die bei der Erbringung eines Telekommunikationsdiens-tes erhoben, verarbeitet oder genutzt werden;

31. „wirksamer Wettbewerb" die Abwesenheit von beträchtlicher Marktmacht im Sinne des § 11 Abs. 1 Satz 3 bis 5;

32. „Zugang" die Bereitstellung von Einrichtungen oder Diensten für ein anderes Un-ternehmen unter bestimmten Bedingungen zum Zwecke der Erbringung von Te-lekommunikationsdiensten;

33. „Zugangsberechtigungssysteme" technische Verfahren oder Vorrichtungen, wel-che die erlaubte Nutzung geschützter Rundfunkprogramme von einem Abonne-ment oder einer individuellen Erlaubnis abhängig machen;

34. „Zusammenschaltung" derjenige Zugang, der die physische und logische Verbin-dung öffentlicher Telekommunikationsnetze herstellt, um Nutzern eines Unter-nehmens die Kommunikation mit Nutzern desselben oder eines anderen Unter-nehmens oder die Inanspruchnahme von Diensten eines anderen Unternehmens zu ermöglichen; Dienste können von den beteiligten Parteien erbracht werden oder von anderen Parteien, die Zugang zum Netz haben. Zusammenschaltung ist ein Sonderfall des Zugangs und wird zwischen Betreibern öffentlicher Telekom-munikationsnetze hergestellt.

Schrifttum: *Doll/Rommel/Wehmeier*, Der Referentenentwurf für ein neues TKG – Einstieg in den Ausstieg aus der Regulierung?, MMR 2003, 522; *Heun*, Der Referentenentwurf zur TKG-Novelle, CR 2003, 485; *Holthoff-Frank*, Wettbewerb auf Telekommunikationsmärkten – Das zweite Sondergutach-ten der Monopolkommission, MMR 2002, 294; *Holznagel*, Domainnamen- und IP-Nummern-Vergabe – eine Aufgabe der Regulierungsbehörde?, MMR 2003, 219; *Hüffer*, Kommentar zum Aktiengesetz, 6. Aufl. 2004; *Kieper*, Datenschutz für Telearbeitnehmer, DuD 1998, 583; *König/Neumann*, Internet-Protokoll-Adressen als „Nummern" im Sinne des Telekommunikationsrechts?, K&R 1999, 145; *dies.*, Telekommunikationsrechtliche Ansprüche auf Leistungen der Fakturierung und des Inkassos für Inter-net-by-Call-Dienstleistungen, K&R Beilage 3/2004; *dies.*, Telekommunikationsrechtliche Regulie-rung von Domainnamen, CR 2003, 182; *Meinberg/Grabe*, Voice over IP – IP basierter Sprachdienst vor dem Hintergrund des novellierten TKG, K&R 2004, 409; *Mertens*, Regulatorische Behandlung der Internet-Telefonie, MMR 2000, 77; *Möschel/Haug*, Der Referentenentwurf zur Novellierung des TKG aus wettbewerbsrechtlicher Sicht, MMR 2003, 505; *Müller-Terpitz*, Internet-Telefonie, Eine re-gulatorische Beobachtung, MMR 1998, 65; *Ohlenburg*, Der neue Telekommunikationsdatenschutz, Eine Darstellung von Teil 7 Abschnitt 2 TKG, MMR 2004, 431; *v. Hammerstein*, National Roaming im UMTS-Markt, MMR 2001, 214; *Weisser/Bauer*, Verbreitung breitbandiger Inhalte nach dem neuen Telekommunikationsrecht, MMR 2003, 709; *Windhorst/Franke*, Internet-Telefonie – Sprengsatz im System der Telekommunikationsregulierung, CR 1999, 14.

Übersicht

I. Allgemeines

1 In § 3 formuliert das Gesetz innerhalb des Allgemeinen Teils für das ganze Gesetz geltende **Legaldefinitionen**. Im Rahmen der sog. „Großen TKG-Novelle" nahm der Gesetzgeber eine umfassende Neugestaltung vor, um die ebenfalls überarbeiteten Vorgaben des europäischen Gemeinschaftsrechts umzusetzen. Dadurch fand eine große Anzahl von neuen Begriffen den Weg ins Gesetz, wobei kaum eine der bisherigen Definitionen übernommen wurde, während sich die Zahl der Begriffsbestimmungen von 24 auf 34 erhöhte.

Die Auslegung der Begriffe hat erhebliche Bedeutung für den Anwendungsbereich eines Großteils der Normen und somit für die Reichweite der Eingriffsbefugnisse der Regulierungsbehörde. Insofern ist eine gesetzliche Klarstellung grundsätzlich sehr zu begrüßen. Gerade deshalb erscheint es aber auch unverständlich, dass Schlüsselbegriffe, wie der des **öffentlichen** Telekommunikationsnetzes, welcher Voraussetzung für wesentliche Anwendungsbereiche des Gesetzes ist[1], bei der Legaldefinierung außen vor gelassen wurden, während praktisch kaum relevante Begriffe[2] sorgfältig dem Definitionskatalog hinzugefügt worden sind.

Bei der Kommentierung wurde der gemeinschaftsrechtliche Hintergrund verstärkt in den Vordergrund gerückt, sodass auch aus der bisherigen Gesetzesfassung übernommene Be-

---

1 Z.B. für die Meldepflicht (§ 6), Zugangsregulierung (§ 16 ff.), Entgeltregulierung (§ 27 ff.), Missbrauchsaufsicht (§ 42).
2 Z.B. der des „Übertragungsweges", welcher nach der Neukonzeption nur noch bei der Frage des Auskunftsersuchens des BND (§ 114) relevant wird.

grifflichkeiten in ihrer Auslegung dem neuen europäisch geprägten Umfeld angepasst wurden. Vgl. im Übrigen die Kommentierungen der jeweiligen im Gesetz relevanten Stellen.

II. Begriffsdefinitionen

1. Anruf (call). – Die Begriffsbestimmung entspricht der des Art. 2 lit. e DRL. Die alte **2** Gesetzesfassung enthielt keine Definition, obwohl der Begriff an einigen Stellen Verwendung fand.[3] Sonstigen Definitionsversuchen zufolge handelte es sich um die Prozedur, welche zum Herstellen einer Datenverbindung vorgenommen wird, unabhängig davon, ob das dabei notwendige Aussenden von Wähl- oder Rufzeichen manuell oder automatisch erfolgt.[4] Die Neuregelung beschreibt mit ihm den Zustand einer bereits aufgebauten Verbindung.

Damit enthält die Begriffsbestimmung Elemente des § 3 Nr. 15 TKG a. F. (Sprachtelefondienst), der ebenfalls eine **Echtzeitübertragung** forderte[5]. Übertragung in Echtzeit wird **3** angenommen, wenn die Kommunikation zwischen Menschen mittels Sprache von diesen noch als direkt und unmittelbar empfunden werden kann.[6] Als zulässiger Grenzwert wird dabei eine maximale Verzögerung von 400 Millisekunden angesehen[7].

Angesichts dieser Voraussetzungen war **Internettelefonie** (Voice over IP)[8] bisher noch nicht der Echtzeitkommunikation zuzuordnen[9]. Diese funktioniert nicht über eine direkte feststehende Verbindung zwischen zwei Kommunikationspunkten wie bei der herkömmlichen Sprachtelefonie, sondern basiert, wie die sonstige Internet-Kommunikation, auf einer paketvermittelnden Übertragung. Dabei werden die Daten in Einzelpakete zerlegt, adressiert und zum Bestimmungsort geschickt. Jedoch ist weder der Weg, den die Pakete nehmen, vorherbestimmt, noch sichergestellt, dass die Pakete in der gesendeten Reihenfolge beim Empfänger ankommen, was durch Zwischenspeichern der Informationen beim Empfänger ausgeglichen wird[10]. Auch Paketverluste sind nicht ausgeschlossen. Aufgrund dieser Probleme wird Internettelefonie weithin noch nicht der Echtzeitkommunikation zugeordnet, obwohl die bereits bestehenden technischen Möglichkeiten, wie das „Traffic-Shaping"[11], eine Miteinbeziehung nahe legen.[12] Auch die Kommission tendiert grundsätzlich in diese Richtung[13], zumal durch den Wegfall der Lizenzpflicht die Abgrenzung an

---

3 Z. B. §§ 43 Abs. 6, 89 Abs. 2 TKG 1996.
4 BeckTKG-Komm/*Piepenbrock*, Glossar.
5 BeckTKG-Komm/*Schütz*, § 3 RdNr. 18a.
6 Ebd.
7 RegTP, Beschluss vom 16. Juni 1999, MMR 1999, 557 ff.; *Müller-Terpitz*, MMR 1998, 65, 67; *Mertens*, MMR 2000, 77, 79.
8 Näher dazu in Kommentierung zu Nr. 24.
9 *Scheurle/Mayen/Lünenbürger*, § 3 RdNr. 50 m. w. N.; *Manssen*, § 3 RdNr. 25.
10 Zum Ganzen *Hoeren/Sieber/Göckel*, 23 RdNr. 4–12.
11 Durch Reservierung einer bestimmten Bandbreite für eine Verbindung ist es möglich, einen minimalen Qualitätsstandard zu sichern.
12 Derzeitige Standards ermöglichen Verzögerungszeiten von 90 – 250 ms, *Wissmann/Kreitlow/Tautscher*, S. 175 Fn. 123; vgl. auch *Meinberg/Grabe*, K&R 2004, 409, 414.
13 Europäische Kommission, Kommunikationsbericht 1999, S. 28; vgl. auch die Mitteilung der Kommission zum Status der Sprachübermittlung im Internet nach Maßgabe des Gemeinschaftsrechts und insb. der RL 90/388/EWG vom 10. 1. 1998, ABl. EG Nr. C 6/4.

praktischer Bedeutung verloren hat.[14] Das Echtzeitkriterium findet heute nur noch bei dem allein datenschutzrechtlich relevanten Begriff des Anrufs Verwendung.[15]

Die Definition verwendet den Begriff des öffentlich zugänglichen Telefondienstes (Nr. 17).

4 2. Anwendungs-Programmierschnittstelle (application program interface, API). – Die Begriffsbestimmung setzt Art. 2 lit. p RRL um. Die sprachliche Abweichung schien aus rechtsförmlichen Gründen geboten und dient der besseren Lesbarkeit und Verständlichkeit.[16]

Der in Art. 2 lit. p RRL verwendete Begriff des „Fernsehgeräts" ist mit dem vom TKG verwendeten Begriff „Fernsehempfangsgerät" gleichzusetzen, wie sich aus § 3 Nr. 7 im Vergleich zu Art. 2 lit. o RRL ergibt.

Anwendungs-Programmierschnittstellen oder Application Programming Interfaces („API's") sind Bestandteil vieler elektronischer Geräte, insbesondere in der IT- und TK-Branche. Insoweit gilt die im Sinne dieses Gesetzes einschränkende Definition unbeschadet des üblicherweise weiter gefassten Verständnisses im technischen Sinne.

Die API ist der entscheidende Baustein im erweiterten Empfangsgerät, welcher zum Steuern solcher Betriebsfunktionen des Geräts erforderlich ist, die über den reinen Programmempfang hinausgehend Zusatzangebote (Anwendungen), insbesondere „**interaktive Dienste**" ermöglichen. Diese können sowohl von Rundfunkveranstaltern, als auch von extra Diensteanbietern zur Verfügung gestellt werden. Die API ist somit entscheidend für die Sicherung der Interoperabilität der zu übertragenden Anwendungen und Dienste.

Ein Anwendungsprogrammierer muss über den API-Funktionsumfang ebenso informiert sein wie ein Diensteanbieter, der die Funktionen nutzt, oder ein Endgerätehersteller, der sie in sein Gerät implementieren muss. Auch im Hinblick auf die Ausschöpfung des zu erwartenden enormen Marktpotenzials in diesem Bereich erscheint eine Harmonisierung der API-Funktionen erstrebenswert.

5 3. Bestandsdaten (customer data). – Diese Definition entspricht mit begrifflichen Änderungen § 2 Nr. 3 TDSV.

Dazu gehören insbesondere Name und Anschrift des Kunden, Kontoverbindung, Art des kontrahierten Dienstes sowie die dem Kunden zum Gebrauch überlassenen Einrichtungen.[17] Bestandsdaten betreffen daher nicht einen konkreten Kommunikationsvorgang, sondern lediglich die vertraglichen Rahmenbedingungen für die legale Nutzung eines Telekommunikationsdienstes. Dies ist wesentliches Unterscheidungsmerkmal zu den Standort- und Verkehrsdaten (vgl. Nr. 19, 30).

6 4. Beträchtliche Marktmacht (significant market power). – Diese Defnition verweist auf § 11 I Satz 3 bis 5. Näheres unter der Kommentierung zu § 11.

7 5. Dienst mit Zusatznutzen (value added service). – Diese Definition entspricht Art. 2 lit. g DRL und steht im Zusammenhang mit den technischen Möglichkeiten, standortbezo-

---

14 So bereits *Wissmann/Kreitlow/Tautscher*, S. 174, Fn. 116.

15 Str., vgl Ausführungen zu Nr. 17.

16 Vgl. Begr. RegE zu Nr. 2.

17 *Ohlenburg*, MMR 2004, 431, 433; zum TDSV a. F. BeckTKG-Komm/*Büchner*, Anh. § 89, § 4 TDSV RdNr. 1.

gene Dienste anzubieten (vgl. auch Nr. 19). Dienste mit Zusatznutzen können unter anderem die Beratung hinsichtlich der billigsten Tarifpakete, Navigationshilfen (welche insbesondere die Standortdaten bei Mobilfunkverbindungen nutzen), Verkehrsinformationen, Wettervorhersagen sowie andere touristische bzw. kulturelle Informationen umfassen.[18]

Was über das erforderliche Maß hinausgeht, ist abhängig von der Art der aufgebauten Verbindung. So ist der ungefähre Standort des Mobilfunknutzers notwendig, um den Tarif zu berechnen (Ausland, „Home-Zone") oder den für die Verbindungsqualität günstigsten Verbindungspunkt zuzuweisen. Eine genauere Standorterfassung (auf einige wenige Meter) hingegen ist für den einfachen Verbindungsaufbau nicht mehr erforderlich und kann demzufolge nur den Zweck haben, der Bereitstellung von Zusatzdiensten zu dienen. Die Verarbeitung dieser Zusatzinformationen unterliegt strengeren Regelungen, insbesondere hinsichtlich des Einwilligungsvorbehalts und des Widerrufsrechts des Nutzers. (vgl. §§ 96, 98).

6. Diensteanbieter (service provider). – Diese Definition entspricht inhaltlich § 2 Nr. 2 **8** TDSV und beschreibt bei der Telekommunikation eine Organisation oder Gesellschaft, die einen bestimmten Dienst zur Benutzung anbietet. Der Diensteanbieter kann – muss aber nicht – mit dem Betreiber des Netzes, auf dem der Dienst erbracht wird oder mit dem Anbieter des Inhalts identisch sein.[19] Durch die Bezugnahme auf die Begriffsbestimmung des geschäftsmäßigen Erbringens von Telekommunikationsdiensten (Nr. 10) ist klargestellt, dass eine Gewinnerzielungsabsicht nicht erforderlich ist. Dagegen kann auch nicht eingewendet werden, dass Telekommunikationsdienste Entgeltlichkeit implizieren, wie sich aus Nr. 24 entnehmen ließe[20].

Das Merkmal des Mitwirkens soll alle an der relevanten Nachrichtenverarbeitung Beteilig- **9** ten erfassen, also insbesondere Erfüllungsgehilfen, Mitarbeiter sowie den Betreiber der Telekommunikationsanlage einschließlich seiner Angestellten.[21]

Nach § 88 II ist jeder Diensteanbieter zur Wahrung des Fernmeldegeheimnisses verpflichtet. Zur Frage, ob bzw. wann den Arbeitgeber im Verhältnis zum Arbeitnehmer diese Verpflichtungen treffen, vgl. Kommentierung zu Nr. 10.

7. Digitales Fernsehempfangsgerät (enhanced digital television equipment). – Diese **10** Begriffsbestimmung schließt den Begriff des erweiterten digitalen Fernsehgeräts nach Art. 2 lit. o RRL ein. Erweitert ist ein TV-Gerät dann, wenn es aufgrund einer API (vgl. Nr. 2) in der Lage ist, zusätzliche Dienste zu verarbeiten, die eine elektronische Rückmeldung erfordern, zu denen insbesondere interaktive Anwendungen zählen.

Typische Anwendungsbeispiele sind elektronische Programmführer (EPGs), E-Mail-, Internet-, Zugangsberechtigungsfunktionen und elektronische Spiele.

Auch wenn aus Gründen der Marktentwicklung eine Verbreitung solcher Geräte wünschenswert ist, soll dem Endkunden doch die Möglichkeit belassen bleiben, ein nicht erweitertes Gerät zu erwerben (ohne API), eine sog. „Zapping-Box", welche nicht unter den Begriff des digitalen Fernsehempfangsgerätes zu subsumieren ist.

---

18 Erwägungsgrund 18 DRL.
19 BeckTKG-Komm/*Piepenbrock*, Glossar.
20 Anders zum TDSV BeckTKG-Komm/*Büchner*, Anh. § 89, § 2 TDSV RdNr. 3.
21 BeckTKG-Komm/*Büchner*, § 85 RdNr. 4.

Der in Art. 2 lit.o RRL verwendete Begriff „Set-top-Box" wurde durch den funktionaleren Begriff „Decoder" ersetzt, um zu verdeutlichen, dass es sich hierbei um ein technisches Zusatzgerät handelt, welches digital übertragene Fernsehsignale und interaktive Zusatzsignale empfangen und aufbereiten kann.

11 Der Hinweis auf die digitale Übertragung bezieht sich auf die Verwendung des europäischen **DVB-**[22](Digital Video Broadcasting)-Systems, welches gemäß der Empfehlung der Initiative „Digitaler Rundfunk" im Laufe der nächsten Jahre sukzessive das bisherige „analoge" Fernsehen nach dem PAL-(Phase Alternation Shift Line)-Standard ersetzen soll. Daher muss auch nicht explizit auf die analoge Übertragung eingegangen werden.[23]

Interaktivität besteht nur, wenn ohne Herstellen eventueller Nebenverbindungen (z. B. zusätzlicher Telefonverbindung) durch einen vom Netzbetreiber oder Diensteanbieter eingerichteten Rückkanal eine „Online"-Interaktion möglich ist.

12 **8. Endnutzer (end-user).** – Diese Definition entspricht Art. 2 n RRL, der dort abgegrenzt wird vom Nutzer (Art. 2 lit. h RRL) und vom Verbraucher (Art. 2 lit. i RRL). Die Definition des TKG kann jedoch anders als Art. 2 lit. n RRL nicht den Begriff des Nutzers heranziehen, da er in Nr. 14 abweichend von Art. 2 lit. h RRL nur natürliche Personen umfasst und damit der Begriffsbestimmung des Art. 2 lit. a DRL folgt. Entscheidend ist, dass der Nutzer die Dienste für den Eigengebrauch in Anspruch nimmt.[24]

13 Die Erweiterung auf juristische Personen ist untechnisch zu verstehen und erfasst daher auch sonstige **Personengesellschaften**, die in der Lage sind, Rechte zu erwerben und Pflichten einzugehen[25]. Ansonsten würden nicht zu rechtfertigende Lücken entstehen.[26]

Der Begriff des **Kunden** ist durch eine Legaldefinition in § 45 dem Endnutzer gleichgestellt.

14 **9. Frequenznutzung (frequency use).** – Nur die gewollte Aussendung oder Abstrahlung von elektromagnetischen Wellen für Funkdienste sowie andere Anwendungen elektromagnetischer Wellen ist eine Frequenznutzung im Sinne dieses Gesetzes.

Funkdienst ist im Sinne des Art. 8 der Vollzugsordnung für den Funkdienst zu verstehen.[27]

Der Begriff „andere Anwendungen elektromagnetischer Wellen" soll sämtliche Anwendungen aus Industrie, Wissenschaft, Medizin, Haushalt usw. (sog. ISM-Geräte) umfassen, deren Zweck nicht in der Übermittlung von Nachrichten liegt, deren Betrieb aber ebenfalls elektromagnetische Wellen erzeugt.

---

22 Das Signal wird nach dem MPEG-2-Algorithmus (Motion Pictures Experts Group, 2. Norm) reduziert und komprimiert, daraufhin übertragen, wobei die Informationen grundsätzlich in Form von gleich großen Datenpaketen nach dem „Container-Prinzip" transportiert werden, womit beim DVB gleichzeitig Fernsehsignale, Audiosignale und Zusatzdaten zusammengefasst in einem MPEG Transportstrom übertragen werden können. Die Kompression der Datenmengen ermöglicht die beträchtliche Reduzierung des für die Ausstrahlung eines Fernsehdienstes erforderlichen Teil des Frequenzspektrums (BeckTKG-Komm/*Piepenbrock*, Glossar).
23 Begr. RegE zu Nr. 7.
24 Vgl. zu § 27 TKV BeckTKG-Komm/*Kerkhoff*, Anh. § 41, § 27 TKV RdNr. 3.
25 Dazu gehört nach der Rechtsprechung des BGH neben den Handelsgesellschaften auch die Außen-GbR, BGH NJW 2001, 1056.
26 Vgl. § 18 Abs. 1 (Kontrolle über Zugang zu Endnutzern), der Zweck der Norm ist unabhängig von der Gesellschaftsform des Endnutzers zu erreichen.
27 Begr. RegE zu Nr. 9.

Reine Empfangsgeräte fallen nicht unter den Begriff der Frequenznutzung.

Die Regelungen des Gesetzes über die elektromagnetische Verträglichkeit von Geräten (EMVG) bleiben unberührt.

Die Definition schließt leitungsgebundene Nutzungen ein und stellt sicher, dass, wenn keine freizügige Nutzung nach § 53 II S. 3 gegeben ist, das Zuteilungserfordernis nach § 55 eingreift. Daher kann eine Frequenznutzung im Kabel zuteilungspflichtig sein, wenn mit dieser Nutzung Beschränkungen der Nutzbarkeit der gleichen Frequenz im Funkbereich verbunden sind.[28]

10. Geschäftsmäßiges Erbringen von Telekommunikationsdiensten (businesslike service of electronic communication service). – Hier wurde § 3 Nr. 5 TKG 1996 weitgehend unverändert übernommen. Die Definition verwendet den Begriff des Telekommunikationsdienstes (Nr. 24). **15**

Für eine geschäftsmäßige Tätigkeit genügt es, dass die Tätigkeit eine gewisse Häufigkeit aufweist. Aus dem Erfordernis des „nachhaltigen Angebots" folgt zudem das Erfordernis der **Dauerhaftigkeit**[29]. Erforderlich ist ein Auswirken auf längere Zeit, was eine **Außenwirkung** impliziert sowie eine Tätigkeit, die jedenfalls auf Wiederholung angelegt ist. Nachhaltigkeit kann sich nur aus den Gesamtumständen ergeben, wobei die Gewinnerzielungsabsicht ein wesentliches Indiz darstellt.[30]

Geschäftsmäßiges Erbringen von Telekommunikationsdiensten darf jedenfalls nicht enger zu interpretieren sein als die Bereitstellung von öffentlichen Kommunikationsnetzen[31] und öffentlich zugänglichen Kommunikationsdiensten i. S. v. Art. 5 Abs. 1 DRL, wie sich aus der wortgleichen Begriffsverwendung in § 91 Abs. 1 ergibt, welcher der Umsetzung von Art. 5 DRL dient. Auch **geschlossene Benutzergruppen** gelten als Dritte, wie sich aus der expliziten Herausnahme aus dem Anwendungsbereich der jeweils relevanten Vorschriften ergibt.[32]

Fraglich ist, ob ein **Arbeitnehmer** bei Nutzung einer betrieblichen Kommunikationsanlage als Dritter angesehen werden kann. Da Gewinnerzielungsabsicht nicht erforderlich ist, spricht grundsätzlich nichts gegen eine Einbeziehung des Arbeitnehmers insbesondere in den Schutz der §§ 88 ff., zumal anerkannt ist, dass auch bei Dienstgesprächen der Arbeitnehmer durch sein **allgemeines Persönlichkeitsrecht** vor einem Abhören durch den Vorgesetzten geschützt wird[33]. Teilweise wird nach der Art der Ausgestaltung des Dienstverhältnisses differenziert: Sofern der Arbeitnehmer ausschließlich zur Führung von Dienstgesprächen ermächtigt ist, wird er in der Sphäre des Arbeitgebers tätig, so dass kein Angebot an einen Dritten vorliegt. Sofern er aber auch zur Führung von **Privatgesprächen** befugt ist, soll er Dritter i. S. v. Nr. 10 sein[34]. Hierfür spricht die Gesetzesbegründung zum alten TKG, wonach Nebenstellenanlagen in Betrieben dem Fernmeldegeheimnis unterstehen sollen, soweit sie den Beschäftigten zur privaten Nutzung zur Verfügung stehen (BT-Drs. **16**

---

28 Begr. RegE zu Nr. 9.
29 *Scheurle/Mayen/Lünenbürger*, § 3 RdNr. 18.
30 *Heun/Wuermeling*, Teil 9, RdNr. 20.
31 Vgl. Kommentierung zu Nr. 27.
32 Vgl. §§ 97 Abs. 4 S. 4, 99 Abs. 1 S. 7, 102 Abs. 1 S. 3, 103 S. 2.
33 BVerfG NJW 1992, 815 f.
34 *Manssen*, § 3 RdNr. 11; *Scheurle/Mayen/Lünenbürger*, § 3 RdNr. 19.

13/3609, S. 53).[35] Teilweise wird auch die grundsätzliche Einbeziehung der Arbeitnehmer gefordert.[36]

Festzustellen ist zunächst, dass die §§ 88 ff. der Umsetzung von Art. 5 DRL dienen, welcher aber in Abs. 1 nur von öffentlichen Kommunikationsnetzen und öffentlich zugänglichen Kommunikationsdiensten spricht. Dies spräche grundsätzlich gegen die Einbeziehung betriebsinterner Anlagen, da sie gerade nicht einem unbegrenzten Personenkreis zur Verfügung stehen[37]. Allerdings wird bereits in § 109 Abs. 1 u. 2 zwischen dem Diensteanbieter (welcher geschäftsmäßig Telekommunikationsdienste erbringt, vgl. Nr. 6) und dem Erbringen von Telekommunikationsdiensten für die Öffentlichkeit unterschieden. Zudem ist besonderer Wert auf die Beachtung der Grundrechte zu legen.[38] Daher müssten bei einer datenschutzspezifischen Auslegung über den Begriff der öffentlichen Dienstleistungserbringung hinaus auch, jedenfalls sofern die Anlagen zur privaten Nutzung zur Verfügung gestellt sind, Corp. Networks, Nebenstellenanlagen in Hotels und Krankenhäusern, Clubtelefone etc. dem Anwendungsbereich unterliegen.[39] Dies lässt auch die weite Formulierung des Angebots an Dritte vermuten. Eine Verengung des Datenschutzes im Vergleich zur alten Rechtslage[40] ist nicht angezeigt.[41] Eingrenzend wiederum wirkt die Formulierung des Dritten dahingehend, dass es auf eine Außenwirkung ankommt, also ein Handeln des Betroffenen in eigener Sphäre, was aber bei Dienstgesprächen, welche ein Handeln nur in der Sphäre des Arbeitgebers darstellen, nicht der Fall ist.[42] Die Differenzierung nach Art des Gespräches wird damit auch den Interessen der Parteien gerecht, da der Arbeitgeber durch das Verbot von Privatgesprächen in der Lage ist, der Installierung von nach § 109 Abs. 1 geforderten eventuell kostenintensiven Schutzmaßnahmen vorzubeugen.[43]

Demzufolge werden nur Dienste ausgeklammert, die nicht für Dritte, sondern ausschließlich im **Eigeninteresse** innerhalb eines geschlossenen Systems angeboten werden.[44]

Unternehmen innerhalb eines Konzernverbundes sind jedoch nicht als Dritte im Sinne dieser Definition anzusehen.[45]

17 **11. Kundenkarte (service card).** – Hier wurde § 2 Nr. 5 TDSV unverändert übernommen.

Wesentliches Merkmal ist, dass die Kundenkarte über die Funktion eines bloßen Zahlungsmittels hinaus auch die **Identifizierung** des Nutzers ermöglicht. Weiterhin muss sie von dem jeweiligen Anbieter oder in dessen Auftrag ausgehändigt worden sein, wobei eine auf Datennutzung ausgelegte mittelbare Beteiligung ausreichend sein sollte. Nicht hierunter fallen daher Telefonkarten und allein zur Zahlung genutzte Kredit- oder Scheckkarten.[46] Typisches Beispiel einer Kundenkarte ist die im Mobiltelefon befindliche Chipkarte.[47]

35 *Heun/Wuermeling*, Teil 9, RdNr. 17.
36 *Kieper*, DuD 1998, 583, 585 f.
37 Vgl. Kommentierung zu Nr. 27.
38 Vgl. Erwägungsgrund 2 DRL.
39 *Ohlenburg*, MMR 2004, 431, 432; *Meinberg/Grabe*, K&R 2004, 409, 413.
40 Vgl. Begründung zum Gesetzesentwurf des TKG 1996, BT-Drs. 13/3609, S. 53.
41 Vgl. *Trute/Spoerr/Bosch*, § 89 RdNr. 3, 11, § 85 RdNr. 11; *Manssen/Haß*, § 85 RdNr. 8.
42 *Manssen/Haß*, § 85 RdNr. 8; *Scheurle/Mayen/Lünenburger*, § 3 Nr. 5.
43 *Manssen*, § 3 Nr. 5.
44 BeckTKG-Komm/*Ehmer*, § 87 RdNr. 11.
45 *Heun*, S. 817 Fn. 3 m. w. N.
46 Anders BeckTKG-Komm/*Büchner*, Anh. § 89 § 2 TDSV RdNr. 5.
47 *Ohlenburg*, MMR 2004, 431, 437.

12. Nachhaltig wettbewerbsorientierter Markt (competitive market). – Die Definition 18
lässt sich weder den europäischen Vorgaben noch einer nationalen Vorgängervorschrift zuordnen. Der Begriff des wettbewerbsorientierten Marktes taucht in Erwägungsgrund 25
RRL auf, ohne jedoch eine eindeutige Begriffsbestimmung zu enthalten. Im Normtext der
Richtlinie wird der Begriff hingegen nicht mehr verwendet. Aus dem Vergleich von Erwägungsgrund 25 mit Erwägungsgrund 27 RRL kann jedoch entnommen werden, dass ein
durch Marktmacht gekennzeichneter Markt, auf dem die Instrumente des nationalen und
gemeinschaftlichen Wettbewerbsrechts nicht ausreichen, um das Problem zu lösen (welches in der Existenz von beträchtlicher Marktmacht liegt) – wobei zu berücksichtigen ist,
ob das Fehlen des wirksamen Wettbewerbs von Dauer ist – die nachhaltige Wettbewerbsorientierung vermissen lässt. Diese drei Merkmale sind demzufolge kennzeichnend für das
Nichtvorliegen eines nachhaltig wettbewerbsorientierten Marktes.[48]

Ursprünglich sollte der Begriff „**funktionsfähiger Wettbewerb**" Inhalt des TKG werden, 19
welcher an die Verwendung in § 81 Abs. 3 TGK 1996 anknüpfte. Auch dieser Begriff
zeichnete sich dadurch aus, dass er eine Schwelle markiert, bei deren Erreichen auf markt-
steuernde, sektorspezifische Regulierungseingriffe verzichtet werden kann und sollte.[49]
Dies trotz der Erkenntnis, dass eine allgemeingültige Definition des Wettbewerbs bisher
nicht gelungen ist.[50] Bei der Analyse der Funktionsfähigkeit soll insbesondere eine Prognose der zu erwartenden Wettbewerbsprozesse bei Rückführung aus der Regulierung erfolgen, was eine Abschätzung, inwiefern die bestehenden Wettbewerbsverhältnisse regulatorisch oder strukturell bedingt sind, erfordert.[51]

Demzufolge ist funktionsfähiger Wettbewerb ein Wettbewerb, der bestimmte Funktionen
(u. a. produktive und dynamische Effizienz) erfüllt und dabei so abgesichert ist, dass er auch
nach Rückführung der wettbewerbsgestaltenden Regulierung fortbesteht[52]. Funktionsfähiger Wettbewerb besteht insbesondere dann nicht, wenn die Anwendung allgemeinen Wettbewerbsrechts nicht ausreicht, um dem Marktversagen oder wettbewerbswidrigem Verhalten
entgegen zu wirken, z. B. wenn ein häufiges Einschreiten unerlässlich ist, ein frühzeitiges
Einschreiten erforderlich ist, um Planungssicherheit und Rechtssicherheit zu schaffen, technische Parameter fortlaufend überwacht werden müssen oder umfangreiche Kostenermittlungen nötig sind.[53] Die Feststellung von Marktbeherrschung allein sagt daher noch nichts
über das Bestehen von funktionsfähigem Wettbewerb aus[54]. Nicht jede marktbeherrschende
Stellung begründet ein Bedürfnis nach Regulierung, da grundsätzlich die allgemeine Missbrauchskontrolle als ausreichend anzusehen ist (vgl. § 19 f. GWB, Art. 82 EG)[55].

Ein Vergleich der Begriffe des funktionsfähigen Wettbewerbs und des wettbewerbsorien- 20
tierten Marktes verdeutlicht die übereinstimmenden Voraussetzungen (Marktbeherr-

---

48 Vgl. Kommentierung zu Nr. 31.
49 Begr. RefE zu Nr. 9.
50 Ebd.
51 *Holthoff-Frank*, MMR 2002, 294, 295.
52 Monopolkommission, Sondergutachten zur Wettbewerbsentwicklung bei Telekommunikation und
  Post 2001, S. 15.
53 Begr. RegE. zu Nr. 10.
54 Ähnlich Monopolkommission, Sondergutachten zur Wettbewerbsentwicklung bei Telekommunikation und Post 2001, S. 18.
55 Monopolkommision, Sondergutachten zur Telekommunikation und Post 2003, S. 13.

schung, Unwirksamkeit wettbewerblicher Kontrollinstrumente, zukunftsgerichtete Marktstrukturprognose).

Es kann daher festgestellt werden, dass der Begriff des funktionsfähigen Wettbewerbs dem des wettbewerbsorientierten Marktes i. S. d. Erwägungsgrundes 25 RRL entspricht.[56] Die Voraussetzung der Nachhaltigkeit in der Definition von Nr. 12 ist lediglich als Hinweis auf eine zukunftsgerichtete Marktstrukturprognose zu verstehen, hat aber keine materiellen Änderungen zur Folge.

Dafür spricht auch die Verwendung des Begriffs zur nunmehr erklärten Zielsetzung des TKG in § 2 Abs. 2, entsprechend der Intention des Erwägungsgrundes 25 RRL. Dies ergibt sich zudem durch die Ersetzung des Begriffs des funktionsfähigen Wettbewerbs mit dem des nachhaltig wettbewerbsorientierten Marktes in einzelnen Vorschriften, wie § 18 Abs. 2.

21 **13. Nummern (number).** – Die Begriffsbestimmung entspricht § 3 Nr. 10 TKG 1996 und soll weiter fortgeschrieben werden.[57]

Zeichenfolgen sind u. a. Endkundennummern, Netzkennzahlen und Ortskennzahlen.[58] Nummern erfüllen demzufolge die Funktion von Adressen von Anbietern und Teilnehmern, welche deren physikalischen Anschluss im Telekommunikationsnetz identifizieren. Darüber hinaus können sie auch technische und geographische Abgrenzungsaufgaben übernehmen, also Anschlüsse von Teilnehmern, Diensteanbietern, aber auch Netzbetreiber und Regionen kennzeichnen.[59] Als Unterfall werden auch Rufnummern i. S. v. Nr. 18 erfasst.

22 Streitig war bisher, inwieweit **Internetadressen** unter den Nummernbegriff des alten § 3 Nr. 10 TKG fielen.[60] Dies wurde weitgehend mit Hinweis auf eine fehlendes Bedürfnis aufgrund ausreichender privatwirtschaftlicher Ausgestaltung verneint.[61] Durch die Neuregelung erfolgte eine Klarstellung. Zum einen durch die zusätzliche Begriffsdefinition in § 3 Nr. 18 („Rufnummer"), welche durch ihren restriktiven Anwendungsbereich im Umkehrschluss auf ein sehr weites Verständnis des Nummernbegriffs und somit auf eine Einbeziehung der Internetadressen schließen lässt.[62] Zum anderen durch die ausdrückliche Herausnahme von Top Level Domains aus dem Anwendungsbereich des § 66 („Nummerierung" durch die Regulierungsbehörde), welche unnötig wäre, wenn sie begriffstechnisch nicht erfasst würden[63], wobei eine Unterscheidung zwischen Domainnamen und IP-Nummern

---

56 Dies fordernd *Möschel/Haug*, MMR 2003, 505; *Doll/Rommel/Wehmeier*, MMR 2003, 522, 523; ebenso Monopolkommission, Sondergutachten zur Reform des Telekommunikationsgesetzes, S. 21.

57 Begr. RegE zu Nr. 13.

58 *Scheurle/Mayen/Lünenbürger*, § 3 RdNr. 33.

59 *Trute/Spoerr/Bosch*, § 43 RdNr. 2; BeckTKG-Komm/*Schuster*, § 3 RdNr. 13.

60 Vgl. *Holznagel*, MMR 2003, 219 ff.

61 Vgl. *Manssen*, § 3 RdNr. 17; *Koenig/Neumann*, K&R 1999, 145, 150; a. A. BeckTKG-Komm/*Schuster*, § 3 RdNr. 13.

62 Vgl. *Koenig/Neumann*, CR 2003, 182, 184; allerdings bot auch das bisherige TKG aufgrund der Verwendung dieser unterschiedlichen Begriffe – Nummern nur in § 43, sonst „Rufnummer" in §§ 12, 89, 90 a. F. – innerhalb eines Gesetzes Anlass zu einem solchen Verständnis, so auch schon *Trute/Spoerr/Bosch*, § 43 RdNr. 16.

63 I. E. anders *Koenig/Neumann*, CR 2003, 182, 186.

nicht angezeigt ist.[64] Damit folgt das TKG dem Ansinnen der RRL, auf dem Gebiet des Internets keine neuen Zuständigkeiten zu schaffen.[65] Der grundsätzlich umfassende Anwendungsbereich war allerdings nötig, um künftigen Innovationen offen gegenüberzustehen.[66]

Hinsichtlich neuer Entwicklungen sollte der Regulierungsbehörde ein Gestaltungsfreiraum bei der Konkretisierung ihrer Aufgaben verbleiben, so dass sie entscheiden kann, ob neue Nummernsysteme in ihren Regelungsbereich fallen sollen.[67]

Der Nummernbegriff ist rein technisch zu verstehen und umfasst daher auch Nummern privater Netze oder solche, die allein für rein netzinterne Prüf- und Routingzwecke verwendet werden. Diese werden jedoch aus dem Anwendungsbereich des TKG an den im Gesetz entscheidenden Stellen herausgenommen. **23**

Die Vergabe der Nummern wird bereits im Vorfeld durch die Vorgaben der ITU geprägt.[68]

14. Nutzer (user). – Die Definition entspricht dem Nutzerbegriff des Art. 2 lit.a DRL, ist daher datenschutzspezifisch auszulegen.[69] Es besteht keine Deckungsgleichheit mit dem Nutzer des Art. 2 lit.h RRL, welcher zusätzlich juristische Personen erfasst. **24**

Neben der unmittelbaren Inanspruchnahme des Telekommunikationsdienstes wird auch die Vertragsanbahnung erfasst.[70]

Bisher wurde der Nutzer als Nachfrager von Telekommunikationsleistungen definiert (§ 3 Nr. 11 TKG a. F.). Damit umfasste er sowohl natürliche als auch juristische Personen, sowohl Letztverbraucher als auch andere Dienstleister, die die Telekommunikationsdienstleistung als Vorleistung nutzten. Aufgrund des Nachfragerbegriffs deckte er zudem aktuelle wie potenzielle Nutzer ab.[71] Einschränkend wirkt insbesondere die Herausnahme der juristischen Personen aus dem Anwendungsbereich der Norm. Anbieter, welche die Dienstleistung für ein weiteres Dienstleistungsangebot nutzen, werden als für geschäftliche Zwecke Nutzende weiterhin erfasst. Gleichzeitig wird dem bisherigen Begriffswirrwarr, ausgelöst durch die unterschiedliche Verwendung des Nutzerbegriffs innerhalb des TKG, ein Ende bereitet.[72] **25**

Fraglich ist, ob auch derjenige, welcher ein **nichtöffentliches Telekommunikationsnetz** (vgl. Nr. 27) tatsächlich nutzt (z. B. Arbeitnehmer innerhalb eines Corp. Network), Nutzer im Sinne des TKG ist, was der Wortlaut zuließe. Zwar dient Nr. 14 der Umsetzung von Art. 2 lit.a DRL, welcher nur die Nutzung eines öffentlich zugänglichen elektronischen Kommunikationsdienstes erfasst. Die Regelung scheint jedoch bewusst aufgenommen worden zu sein, da in den relevanten Datenschutzvorschriften (§§ 91 ff. TKG) nur die Erhebung von Nutzerdaten durch Personen oder Unternehmen, die geschäftsmäßig Telekommunikationsdienste erbringen, erfasst wird. Sofern man geschäftsmäßiges Erbringen mit **26**

---

64 A. A. zur alten Rechtslage *Holznagel*, MMR 2003, 219, 221.
65 Erwägungsgrund 20 RRL.
66 Begr. RegE zu § 64.
67 So auch *Trute/Spoerr/Bosch*, § 43 RdNr. 16.
68 Vgl. *Trute/Spoerr/Bosch*, § 43 RdNr. 1.
69 Begr. RegE zu Nr. 14.
70 Begr. RegE zu Nr. 14.
71 *Trute/Spoerr/Bosch*, § 3 RdNr. 54 ff.
72 Vgl. dazu BeckTKG-Komm/*Büchner*, § 3 RdNr. 14.

dem Öffentlichkeitsbegriff der DRL gleichsetzt, decken sich TKG und DRL. Daher ist von der Begrifflichkeit in Nr. 14 auch der Nutzer privater Telekommunikationsdienste, welche nicht der Öffentlichkeit bereitgestellt werden, erfasst.[73]

27 **15. Öffentliches Münz- und Kartentelefon (public pay telephone).** – Die Definition entspricht Art. 2 lit.a URL.

Ein öffentliches Münz- oder Kartentelefon ist, wie sich aus Nr. 17 (Art. 2 lit. c URL) ersehen lässt, eine Unterform des öffentlich zugänglichen Telefondienstes.

Kartentelefone sind telefonische Endeinrichtungen für das bargeldlose Telefonieren mit Hilfe einer Zusatzkarte.[74] Dies sind in der Regel käuflich zu erwerbende Chipkarten, welche ein bestimmtes Guthaben digital gespeichert haben, welches sich bei Benutzung entsprechend verringert (Telefonkarten). Darunter sind jedoch auch solche (in Deutschland allerdings nicht sehr verbreiteten) Telefone zu fassen, deren Nutzung mit Hilfe von Kreditkarten direkt bezahlt werden kann. Dies entspricht der Zahlung durch Münzen, da der Nutzer keine diensteanbieterspezifischen Hilfsmittel erwerben muss. Zu unterscheiden sind davon so genannte Callingcards, bei denen ein bei einem nicht mit dem Betreiber der Telefoneinrichtung identischen Anbieter bestehendes Guthaben über Eingabe einer Geheimnummer abtelefoniert werden kann. Diese sind als Kundenkarten i. S. v. Nr. 11 einzustufen.

Der Begriff des öffentlichen Telefons hängt nicht von der jederzeitigen Verfügbarkeit ab, wie sich aus der gesonderten Voraussetzung in § 78 Abs. 2 Nr. 4 entnehmen lässt.

Der Öffentlichkeitsbegriff entspricht dem des öffentlich zugänglichen Telefondienstes (vgl. Kommentierung zu Nr. 17).

28 **16. Öffentliches Telefonnetz (public telephone network).** – Die Definition entspricht Art. 2 lit.b URL

Als Spezialfall des Telekommunikationsnetzes ist ein Telefonnetz öffentlich, wenn es Dritten zugänglich gemacht wurde (vgl. Kommentierung zu Nr. 27).

Auch ein reines **Verbindungsnetz** ohne Teilnehmeranschlüsse ist ein öffentliches Telefonnetz, sofern es zumindest mittelbar dazu „genutzt" wird, solche Telefonnetze zu verbinden, die entsprechende Anschlüsse aufweisen.[75]

Die Einordnung bestimmt sich nach den tatsächlichen Gegebenheiten, unabhängig von der Zweckbestimmung durch den Netzinhaber, sofern der faktische Netzbetreiber den entsprechenden Öffentlichkeitsbezug nur herstellt.

Unternehmensintern genutzte Anlagen (Corporate Networks etc.) und die Bereitstellung an konzernverbundene Unternehmen ist keine Bereitstellung an Dritte.[76] Näheres zum Begriff des Telefonnetzes unter der Kommentierung zu Nr. 27.

29 **17. Öffentlich zugänglicher Telefondienst (publicly available telephone service).** – Diese Definition entspricht weitgehend Art. 2 lit. c URL.

Ein Telefondienst ist das Bereitstellen von Kommunikationsmöglichkeiten incl. entsprechender Zusatzdienste. Nach der jetzigen Definition kommt es nicht auf das Kriterium der

---

73 Vgl. Kommentierung zu Nr. 10.
74 BeckTKG-Komm/*Piepenbrock*, Glossar zu Kartentelefon.
75 Vgl. *Trute/Spoerr/Bosch*, § 3 RdNr. 63; *Manssen*, § 3 RdNr. 19.
76 Vgl. Kommentierung zu Nr. 27.

Echtzeitübertragung[77] an.[78] Daher kann grundsätzlich auch Voice-over-IP als Unterform die Internettelefonie als Telefondienst eingestuft werden, was auch dem europäisch geprägten Gebot der Technologieneutralität entspricht. Fraglich ist jedoch, wann ein Telefondienst im jeweiligen konkreten Fall anzunehmen ist. So könnte das Anbieten von Notrufen als Bedingung für die Annahme eines Telefondienstes gesehen werden. Jedoch widerspräche dies der Konzeption von § 108 Abs. 1 und ist daher abzulehnen.[79] Auch ein Anknüpfen an die Möglichkeit sowohl eingehender als auch ausgehender Anrufe lässt sich nicht ohne weiteres dem Wortlaut entnehmen. Vielmehr sollte darauf abgestellt werden, inwiefern die Möglichkeit besteht, Anschlüsse mit einer Nummer aus einem nationalen oder internationalen Telefonnummernplan zu erreichen.[80] Es reicht damit aus, dass der Anbieter ein teilweises Substitut für die klassische Telefonie anbietet.[81] Grundsätzlich ist der Dienst dann öffentlich, wenn er Dritten zur Verfügung gestellt wird.[82]

18. Rufnummer (telephone number). – Diese Begriffsbestimmung stellt klar, dass so nur die Adressierung im öffentlichen Telefondienst bezeichnet wird.[83] Sie stellt einen Spezialfall der Nummer i. S. d. Nr. 13 dar. **30**

Bestandteile sind i. d. R. eine Bereichskennzahl und die Teilnehmerrufnummer exklusive des Prefixes 0.[84]

19. Standortdaten (location data). – Dieser Begriff entspricht Art. 2 lit. c DRL. Er trägt den technischen Möglichkeiten Rechnung, Dienste am Standort des Nutzers anzubieten, welche als Zusatzdienste bezeichnet werden (vgl. Nr. 5).[85] Diese Daten beziehen sich auf die geographische Verortung (nach Länge, Breite, Höhe), die Übertragungsrichtung, Genauigkeitsgrad der Standortinformationen, Identifizierung des genutzten Netzpunktes nach Zeit und Ort sowie Zeitpunkt der Informationserfassung.[86] Nach der DRL fallen Standortdaten unter den Begriff der Verkehrsdaten (Nr. 30),[87] jedoch nur, soweit sie für die Durchführung und Fakturierung der Verbindung notwendig sind.[88] **31**

Die Rufnummer als solche gehört nicht zu den Standortdaten, da sie nur unter Verwendung weiterer Informationen der Standortbestimmung dienen kann.[89]

20. Teilnehmer (subscriber). – Der Begriff entspricht Art. 2 lit.k RRL. Im Gegensatz zum Nutzer ist der Teilnehmer immer Vertragspartner eines Diensteanbieters. **32**

---

77 Vgl. Kommentierung zu Nr. 1.
78 Anders noch Art 2 Abs. 2, 3 Sprachtelefondienstrichtlinie 98/10/EG; schon die Mitteilung der Kommission zum Status der Sprachübermittlung im Internet ABl. EG vom 22. 12. 2000 Nr. C 369/3, wies jedoch schon darauf hin, dass der Begriff des Sprachtelefondienstes in Zukunft nicht mehr relevant sein sollte; a. A. mit Hinweis auf den Begriff des Gesprächs *Meinberg/Grabe*, K&R 2004, 409, 414.
79 I.E. auch *Meinberg/Grabe*, K&R 2004, 409, 414.
80 So auch der Wortlaut von Art 2 lit.c URL.
81 *Meinberg/Grabe*, K&R 2004, 409, 414.
82 Vgl. Kommentierung zu Nr. 16.
83 Begr. RegE zu Nr. 18.
84 BeckTKG-Komm/*Piepenbrock*, Glossar.
85 Begr. RegE zu Nr. 19.
86 Erwägungsgrund 14 DRL.
87 Vgl. Erwägungsgrund 35 DRL, Art 6 Abs. 3 DRL, Art 9 Abs. 1 DRL.
88 Art 9 Abs. 1 DRL.
89 Eine Unterscheidung trifft auch Erwägungsgrund 36 DRL.

Über den Wortlaut hinaus sind neben juristischen Personen auch **teilrechtsfähige Perso-nengesellschaften** in den Anwendungsbreich einzubeziehen, da kein Grund ersichtlich ist, ihnen den Schutz nach dem TKG zu versagen. Dies muss nach neuerer Rechtsprechung auch für die Außen-GbR gelten.[90] Zwar versucht das Gesetz, dies in § 91 Abs. 1 S. 2 auszugleichen, indem er personenbezogene Daten denjenigen Einzelangaben über juristische Personen oder Personengesellschaften, welche Rechte erwerben oder Verbindlichkeiten eingehen können, gleichstellt, womit der Intention der DRL Rechnung getragen wird, welche ausdrücklich den Grundrechtsschutz als vorrangiges Ziel ansieht.[91] Diesem Anliegen kann jedoch nur dann zur vollen Wirksamkeit verholfen werden, wenn auch alle Grundrechtsträger i. S. v. Art. 29 Abs. 3 GG in den Anwendungsbereich einbezogen werden. Demzufolge müssen auch teilrechtsfähige Organisationseinheiten erfasst werden, welchen im Hinblick auf den Schutz insb. des Art. 10 GG Grundrechtsfähigkeit zukommt.[92] Eine solche Gleichstellung fehlt jedoch in Vorschriften, welche nicht den Datenschutz betreffen.[93] Da eine unterschiedliche Behandlung im Verhältnis zu juristischen Personen aber schwerlich zu erklären wäre, ist der Anwendungsbereich entsprechend auszuweiten.

33 **21. Teilnehmeranschluss (local loop).** – Hiermit wird Art. 2 lit. e ZRL umgesetzt. Der Begriff wird hauptsächlich relevant im Zusammenhang mit Anhang II der ZRL.[94]

Der Begriff der Räumlichkeiten des Teilnehmers knüpft nicht an die bestehende Eigentumslage an, da sonst insbesondere der am häufigsten vorkommende Fall, in dem der Teilnehmer auch nur ein Mieter der Räumlichkeiten ist, nicht sinnvoll erfasst werden könnte, was jedoch nicht in der Intention des Gesetzes liegt. Es kommt daher nur auf die tatsächliche Nutzung durch den Teilnehmer an, wobei auch die zivilrechtliche Wirksamkeit unerheblich ist.

34 Auch muss die Räumlichkeit umfassend verstanden werden, so dass nicht nur geschlossene Räume erfasst werden, da sonst insbesondere auf Betriebsgeländen angelegte Netzanschlusspunkte, die außerhalb der regulären Räumlichkeiten einen Anschluss an die hauseigene Telefonanlage bieten, offensichtlich systemwidrig nicht erfasst würden.

35 Nicht in den Anwendungsbereich fällt die Mobilfunknutzung. Aufgrund seiner Mobilität und der damit fehlenden festen Verknüpfung mit einem geographischen Standort ist der Anschluss über VoIP i. d. R. ebenfalls nicht als Teilnehmeranschluss anzusehen.[95]

Teilnehmeranschluss ist i. d. R. die physische Doppelader-Metallleitung, die den Netzabschlusspunkt am Standort des Teilnehmers mit dem Hauptverteiler oder einer entsprechenden Einrichtung des öffentlichen Telefonfestnetzes verbindet[96]. Der Begriff ist innovationsoffen zu interpretieren, so dass neue Technologien ebenfalls erfasst werden.

36 **22. Telekommunikation (electronic communication).** – Hier wurde weitgehend unverändert § 3 Nr. 16 TKG 1996 übernommen.

---

90 BGH NJW 2001, 1056.
91 Erwägungsgrund 2 DRL.
92 Allg. BVerfGE 21, 362, 369; *Maunz/Dürig/Dürig*, GG Art 19 Abs. 3 RdNr. 29; *v. Münch/Kunig/Löwer*, GG, Art 10 RdNr. 6; *v. Münch/Kunig/Krebs*, GG, Art 19 RdNr. 31.
93 Z. B. §§ 40 Abs. 1, 46 Abs. 1.
94 Begr. RegE zu Nr. 21.
95 Vgl. *Meinberg/Grabe*, K&R 2004, 409, 416.
96 Vgl. Anhang II ZRL; § 21 Abs. 3 Nr. 1; so schon Art. 2 lit.c der Voerordnung über den entbündelten Zugang zum Teilnehmeranschluss (VO 2887/2000), ABl. 2000 L 336/4.

Säcker

Entscheidend ist grundsätzlich die Übermittlung von Signalen, welche informationshaltig sind, ohne dass es jedoch auf eine bestimmte Art von Inhalt ankommt. Der Begriff beschreibt nur die Technologie, ist daher **inhalts- und diensteneutral**.[97] Telekommunikation definiert sich also nicht durch den bezweckten Inhalt der Signalübermittlung.[98] Erforderlich ist jedoch, dass überhaupt eine Übertragung von Informationen bezweckt wird, was sich aus dem Verweis auf die Telekommunikationsanlagen i. S. d. Nr. 23 ergibt, welche der Nachrichtenübermittlung dienen, wobei Nachricht eine Informationsübermittlung impliziert. Damit wird die Innovationsoffenheit des künftigen Anwendungsbereichs des TKG gesichert.[99] Auch Rundfunk und Fernsehen werden erfasst, was jedoch aufgrund der umfassenden europäischen Neuregelungen nun mit den europäischen Vorgaben konform geht.[100]

Internet Service Provider erbringen somit ebenfalls Telekommunikation.[101]

23. Telekommunikationsanlagen (elctronic communications equipment). – Hier wurde **37** unverändert § 3 Nr. 17 TKG 1996 übernommen. Der Begriff ist sehr weit als jedwede technische Einrichtung, die der Telekommunikation dient, zu verstehen,[102] also jede Technik, die erforderlich ist, um eine Übermittlung von Signalen vornehmen zu können bzw. die Übermittlung erleichtert oder fördert. Dazu gehören auch die Kabelverbindungen bzw. Funkanlagen.[103]

Wie sich aus der Verwendung des Begriffes in den §§ 88, 100, 107, 109, 110 ergibt, sind unbeschaltete brachliegende Kabelverbindungen nicht als Telekommunikationsanlagen anzusehen, da die Möglichkeit der Kommunikation sich erst durch die Verbindung mit geeigneten kommunikationsvermittelnden technischen Systemen ergibt und ansonsten die den besonderen Schutz der Telekommunikationsanlagen fordernden Gefahrenlagen beim Nutzen der Anlagen für Telekommunikationsdienste nicht bestehen.

Für VoIP notwendige Router, Gateway-Rechner und sonstige Endgeräte sind ebenfalls als Telekommunikationsanlage zu qualifizieren.[104]

24. Telekommunikationsdienste (electronic communications service). – Die Definition **38** entspricht weitgehend Art. 2 lit.c S. 1 RRL.

Bisher war er in § 3 Nr. 18 und 19 TKG 1996 dargestellt. Er soll den Begriff der Telekommunikationsdienstleistungen des TKG 1996 ersetzen.[105]

Auch weiterhin ist jedoch die Abgrenzung zu den in § 2 TDG geregelten Telediensten sowie den in § 2 MDStV geregelten Mediendiensten ein schwieriges Problem. Praxisrelevant wird dies z. B. bei der Frage der Zugangsregulierung in § 16.

---

97 *Trute/Spoerr/Bosch*, § 3 RdNr. 78 f., 6; *Manssen*, § 3 RdNr. 29; OLG Frankfurt/M. CR 1999, 301, 303.
98 OLG Frankfurt/M. CR 1999, 301, 303.
99 *Trute/Spoerr/Bosch*, § 3 RdNr. 6.
100 Vgl. Art. 2 lit. a RRL; zur alten Rechtslage vgl. Art. 2 Nr. 3 oder 4 der ONP-RL 90/387/EWG und Art. 2 Abs. 1 lit.d Zusammenschaltungs-RL 97/33/EG; vgl. *Manssen*, § 3 RdNr. 29.
101 *Trute/Spoerr/Bosch*, § 3 RdNr. 79 m. w. N.
102 *Trute/Spoerr/Bosch*, § 3 RdNr. 80.
103 Vgl. Nr. 28.
104 *Meinberg/Grabe*, K&R 2004, 409, 412.
105 Begr. RegE zu Nr. 25.

Aus der Formulierung der jeweiligen Normen lässt sich entnehmen, dass **Mediendienste** und **Teledienste** der Bereitstellung von Informationen dienen, während Telekommunikationsdienste die Transportleistung für gerade diese Dienste umfassen.[106] Die Abgrenzung kann daher nur aufgrund einer **funktionalen Betrachtung** erfolgen.[107]

39 Bei Internet-Providern ist daher nach der Art ihrer Dienste zu unterscheiden. Reine Network-Provider, welche lediglich Übertragungskapazitäten im Internet bereitstellen, erbringen ausschließlich Telekommunikationsleistungen, während so genannte Content-Provider, die allein Inhalte auf mit dem Internet verbundenen Servern zur Verfügung stellen, auch nur Inhaltsdienste, also Medien- oder Teledienste erbringen.[108] Um einen Telekommunikationsdienst handelt es sich auch bei der Bereitstellung eines Internetzugangs durch einen Internet-by-Call-Anbieter, *soweit* die reine Zugangsmöglichkeit betroffen ist.[109]

40 Der Wortlaut der Begriffsdefinition lässt jedoch neuen Raum für Missverständnisse. So ist der ganz oder überwiegende Transport für die Qualifikation als Telekommunikationsdienstleistung entscheidungserheblich. Dem könnte entnommen werden, dass eine Gesamtbetrachtung vorgenommen wird, bei überwiegender Transportleistung also insgesamt eine Beurteilung nach den Vorschriften des TKG erfolgen muss.[110] Dies widerspräche jedoch der Konzeption des § 2 Abs. 4 TDG, eine klare Abgrenzung zwischen TDG und TDK herbeizuführen.[111] Zudem stellt Erwägungsgrund 10 S. 4 RRL klar, dass eine getrennte Beurteilung auch weiterhin erforderlich ist, während eine Gesamtbetrachtung gerade zur Überwindung dieser Trennung führen würde. Auch könnte der jeweilige Anbieter sich durch geschickte Konfiguration des Gesamtangebots einzelnen Regulierungsvorschriften entziehen, was dem Ziel der Wettbewerbsförderung zuwiderliefe.[112]

Bei einem kombinierten Dienst ist daher das jeweilig einschlägige Gesetz auf die einzelnen Bestandteile anzuwenden.[113] Der Dienst von T-Online ist daher, da er sowohl die Bereitstellung von Inhalten als auch die Transportleistung zum Endkunden übernimmt, nach den unterschiedlichen Normbereichen zu beurteilen.

41 Grenzfälle bilden die **Internettelefonie** und die E-Mail-Übertragungsdienste.

Internettelefonie ist in den bisherigen Erscheinungsformen stets als Telekommunikationsleistung einzustufen. Bei der Internettelefonie erfolgt die Sprachübertragung durch Digitalisierung der Sprachinformationen und Übertragung der komprimierten und dann zerlegten Datenpakete. Gefordert wird bei einem Telekommunikationsdienst das Angebot von Telekommunikation.[114] Internettelefonie kann jedoch auf verschiedene Weise erfolgen.[115] Möglich ist eine Sprachübermittlung von PC zu PC, wobei die Sprachsignale von einem PC

---

106 BeckTKG-Komm/*Schuster*, § 3 RdNr. 21 a; *Manssen*, § 3 RdNr. 37; *Manssen/Brunner*, TDG § 2 RdNr. 56.
107 Ebd.
108 *Manssen*, § 3 RdNr. 37.
109 *Koenig/Neumann*, K&R Beilage 3/2004, 13 f., 24.
110 Sog. Schwerpunkttheorie vgl. *Koenig/Neumann*, K&R Beilage 3/2004, 8.
111 *Manssen*, § 3 RdNr. 38.
112 *Koenig/Neumann*, K&R Beilage 3/2004, 24.
113 BeckTKG-Komm/*Schuster*, § 3, RdNr. 21 b; *Koenig/Neumann*, K&R Beilage 3/2004, 9 f.
114 *Manssen*, § 3 RdNr. 36.
115 Vgl. Kommission zum Status der Sprachübermittlung im Internet ABl. EG vom 22. 12. 2000 Nr. C 369/3, S. 4.

über eine bestehende Internetverbindung zu einem anderen PC übertragen werden, die entsprechend mit Mikrofon und Soundkarte ausgestattet sein müssen. Dabei übernimmt i. d. R. eine installierte Software die Digitalisierung der Sprache. Beide Gesprächsteilnehmer müssen zum Gesprächszeitpunkt „online" sein und wählen sich dann eine Plattform im Internet aus, mit der sich beide Teilnehmer verbinden, die dann die Vermittlungsarbeit übernimmt. Eine andere Variante, die aber nur bei Kenntnis der momentanen Internetadresse des Teilnehmers möglich ist, wäre die direkte Anwahl mit Hilfe der Telefonsoftware.[116] Bei der PC-zu-Telefon-Verbindung wählt der Computernutzer über das Internet einen Gateway an, der dann die Verbindung zu jedem beliebigen Telefonanschluss aufbaut. Bei der Verbindung von Telefon zu Telefon werden die Sprachsignale von einem Abschlusspunkt des öffentlichen Telefonnetzes zu einem anderen Abschlusspunkt übertragen, wobei das Internet als Teil des Übertragungsweges genutzt wird. Dabei wählt der Anrufer von einem herkömmlichen Telefon einen Internet Service Provider an, der die Digitalisierung und den Transport über das Internet sowie den Übergang ins Telefonnetz vornimmt.[117]

Bei der PC-zu-Telefon-und Telefon-zu-Telefon-Verbindung liegt eindeutig eine Telekommunikationsdienstleistung seitens desjenigen Anbieters vor, der für den Übergang vom Internet ins Telefonnetz oder umgekehrt sorgt.[118] Bei der PC-zu-PC-Verbindung ist zu unterscheiden. Sofern die Kommunikation über einen Vermittlungsdienst läuft, erbringt der Serviceanbieter allein aufgrund seiner Vermittlung eine Kommunikationsleistung.[119] Jedoch ist der jeweilige Access-Provider, über den die Internetverbindung hergestellt wurde, nicht als Telekommunikationsdienstleister für die Internettelefonie anzusehen, da sich der Vorgang seiner Kenntnis entzieht.[120] Gleiches gilt für die PC-zu-Telefon-Verbindung. Sofern die Sprachübermittlung jedoch ohne einen Vermittlungsserver vollzogen wird, also der andere PC durch Kenntnis der Netzadresse direkt angewählt wird, fehlt es gänzlich an einem Diensteanbieter[121], da der Access-Provider aus den gleichen Gründen wie bei der PC-zu-Telefon-Verbindung nicht Anbieter der Internettelefonie ist. **42**

Diese Auslegung entspricht Erwägungsgrund 10 der RRL, wonach Internettelefonie grundsätzlich in den Anwendungsbereich einbezogen sein soll.

E-Mail-Dienste sind aufgrund der Vermittlungsleistung, zumal es nicht auf die Form der Kommunikation ankommt, ebenfalls als Telekommunikationsdienste anzusehen.[122] Anbieter ist wiederum nur der E-Mail-Portalanbieter, nicht hingegen der Access-Provider.

25. Telekommunikationsgestützte Dienste (electronic communication based service). – Ursprünglich sollte der Begriff „telefonnahe Dienste" verwendet werden. Erfasst werden sollten insbesondere Angebote der so genannten Sonderdienste, wie geographisch nicht gebundene Sondernummern wie 0190 oder 0900er-Nummern (**Mehrwertdienstnummern**). Durch die sprachliche Änderung sollte lediglich klargestellt werden, dass über das Internet **43**

---

116 Ein so genannter rein nutzerbasierter Dienst, *Meinberg/Grabe*, K&R 2004, 409, 410 f. mit entsprechendem Bsp.
117 Zu den einzelnen Fallgruppen vgl. *Windthorst/Franke*, CR 1999, 14 ff.; *Mertens*, MMR 2000, 77, 78.
118 Ebenso *Manssen*, § 3 RdNr. 36; vgl. VG Köln K&R 2003, 36, 39.
119 Ebenso *Manssen*, § 3 RdNr. 36.
120 Vgl. *Windthorst/Franke*, CR 1999, 14, 17; *Meinberg/Grabe*, K&R 2004, 409, 412.
121 So auch *Meinberg/Grabe*, K&R 2004, 409, 412.
122 Vgl. Erwägungsgrund 10 RRL.

angebotene Dienste nicht ausgeschlossen sind, so dass sog. Dialer, welche eine Internetverbindung über eine der Mehrwertnummern herstellen, ebenfalls erfasst werden.[123] Es kommt demzufolge nicht auf den vermittelten Diensteinhalt an, sondern allein auf den unmittelbaren Zusammenhang zwischen irgendeiner Inhalts- und der Telekommunikationsleistung.[124]

44 **26. Telekommunikationslinien (electronic communications lines).** – Hier wurde § 3 Nr. 20 TKG 1996 unverändert übernommen.

Fraglich ist, ob auch öffentliche Sprechzellen einbezogen sein sollen. Dafür spräche eine Anknüpfung an den Begriff der Fernmeldelinien (§ 1 TWG).[125] Jedoch ist die Aufzählung der neben den Kabelanlagen umfassten Systeme abschließend zu verstehen.[126] Auch die Formulierung der §§ 68 ff., welche von Verlegen etc. sprechen, lassen nicht den Schluss zu, dass Telekommunikationsendgeräte in den Anwendungsbereich einbezogen werden sollen.[127] Dazu zählt auch das Zubehör wie Linien- und Endverzweiger.[128]

45 Fraglich ist, was bei **gemischt genutzten Leitungen** gelten soll. Viel spräche dafür, auf den überwiegenden Nutzungszweck abzustellen, um eventuelle Privilegierungen, aber auch Benachteiligungen auszuschließen.[129] Letztendlich sollten jedoch die für die jeweilige Nutzung bestimmten Regelungen nebeneinander angewendet werden. Dies ermöglicht eine greifbarere Abgrenzung und stellt einen Gleichlauf zur Unterscheidung zwischen Telekommunikationsdiensten und Tele- bzw. Rundfunkdiensten her (vgl. Kommentierung zu Nr. 24).

46 **27. Telekommunikationsnetz (electronic communication network).** – Die Definition entspricht Art. 2 lit.a RRL

Zu den Telekommunikationsnetzen gehören leistungs- und paketvermittelnde Netze. Auch das Internet ist ein Netz im Sinne dieser Definition.[130]

Bisher erfolgte die Definition des Telekommunikationsnetzes in § 3 Nr. 21 TKG 1996. Demzufolge erforderte ein Netz gewisse technische Einrichtungen, welche die Übertragung von Informationen ermöglichen. Dabei soll das Netz jedoch bestimmte Netzfunktionen erfüllen können, welche grundsätzlich in der autonomen Erbringung von Telekommunikationsdienstleistungen liegen soll (Funktionsautonomie).[131] Abhängig von der Zweckbestimmung des Netzes ergeben sich dadurch spezielle Anforderungen, z. B. bei einem Sprachtelefondienst-Netz die Möglichkeit der Vermittlung, was die Auswahl zwischen mehreren möglichen Endpunkten voraussetzt, so dass mindestens drei Übertragungswege, verknüpft mit einem Verbindungsknoten, notwendig sind.[132]

---

123 Stellungnahme des Bundesrates zum Entwurf eines TKG, Begründung zu Punkt Nr. 4, BR-Drs. 755/03 vom 19. 12. 2003.
124 Eine Trennung nimmt auch BGH NJW 2002, 361, 362 vor.
125 *Trute/Spoerr/Bosch*, § 3 RdNr. 87; BeckTKG-Komm/*Schütz*, § 50 RdNr. 18.
126 *Manssen*, § 3 RdNr. 41.
127 I. E. auch VG Berlin NVwZ 2004, 1014, 1015.
128 BeckTKG-Komm/*Schütz*, § 3 RdNr. 23.
129 So *Trute/Spoerr/Bosch*, § 3 RdNr. 88.
130 Begr. RegE zu Nr. 27.
131 *Trute/Spoerr/Bosch*, § 3 RdNr. 91; BeckTKG-Komm/*Schütz*, § 3 RdNr. 24 ff.
132 BeckTKG-Komm/*Schütz*, § 3 RdNr. 24c; *Trute/Spoerr/Bosch*, § 3 RdNr. 92.

Jedoch erscheint fraglich, ob der relativ anspruchsvolle Netzbegriff vor dem Hintergrund **47** der europäischen Rechtsgrundlagen Bestand haben kann.[133] So umfasst das Netz nach der jetzigen auf Art. 2 lit.a RRL beruhenden Definition nur „gegebenenfalls" Vermittlungseinrichtungen. Dies könnte man zwar so verstehen, dass es vom Netzzweck abhängt, inwieweit diese notwendige Bestandteile sind.[134] Jedoch ist der Definition der Schwerpunkt auf die Signalübertragung zu entnehmen, so dass für eine umfassende Durchsetzung der Richtlinien eine weite Auslegung vorzuziehen ist. Vor dem europarechtlichen Hintergrund kann ein weites Begriffsverständnis nun jedoch nicht mehr auf einzelne Teilbereiche des TKG beschränkt werden, da die Definition der RRL und damit dem gesamten Regelwerk zugrunde liegt.[135]

Zu unterscheiden sind Teilnehmernetze, also solche, die einzelne Teilnehmeranschlüsse **48** aufweisen, und reine Verbindungsnetze, die ohne eigene Teilnehmeranschlüsse andere Teilnehmernetze verbinden.[136]

Die bisherige Abgrenzung zum lizenzpflichtigen Bereich über den Begriff des Übertra- **49** gungsweges (vgl. zu Nr. 28) hat sich hinsichtlich der Anmeldepflicht nach § 6 TKG auf den Begriff des **öffentlichen** Telekommunikationsnetzes verschoben. Jedoch lässt das Gesetz eine Präzisierung des Öffentlichkeitsbegriffs vermissen.

Bisher wurde hauptsächlich danach unterschieden, ob das Netz nur einer **geschlossenen Benutzergruppe** (CUG – Closed User Group) – dann nicht öffentlich – oder der Allgemeinheit bereitgestellt wurde – dann öffentlich. Geschlossene Benutzergruppen konnten demnach vor gesetzeshistorischem Hintergrund[137] in solche zusammengefasster Unternehmen und sonstige aufgeteilt werden.[138] Die geschlossene Benutzergruppe umfasst im Wesentlichen alle Gesellschaftsformen, die i. S. v. §§ 17 f. AktG als verbundene Unternehmen bezeichnet werden können.[139] Sonstige geschlossene Benutzergruppen sind durch gesellschaftsrechtliche oder schuldrechtliche Dauerbeziehungen oder selbst nichtvertragliche aber dauerhafte Verbindungen zur Verfolgung gemeinsamer beruflicher, wirtschaftlicher oder hoheitlicher Ziele (gemeinsames Geschäftsinteresse) zwischen den Teilnehmern gekennzeichnet, so dass selbst Lieferanten- oder Kundenbeziehungen bereits ausreichend sein können.[140] Ausgeschlossen werden sollten nur Verbindungen, die durch den gemeinsamen Kommunikationszweck gekennzeichnet sind, oder Gruppen, deren derart allgemeiner Zweck eine Gleichsetzung mit der Allgemeinheit rechtfertigt.[141] Zentrales Element war daher ein Angebot, dass jede beliebige Person und eben nicht nur Teilnehmer einer geschlos-

---

133 Bedenken schon bei *Trute/Spoerr/Bosch*, § 3 RdNr. 94.

134 BeckTKG-Komm/*Schütz*, § 6 RdNr. 75.

135 Anders noch unter Hinweis auf die Definition allein in der Zusammenschaltungsrichtlinie-alt *Trute/Spoerr/Bosch*, § 3 RdNr. 94; BeckTKG-Komm/*Schütz*, § 6, RdNr. 76.

136 BeckTKG-Komm/*Piepenbrock*, § 3 RdNr. 27a.

137 Vgl. § 4 TVerleihV, vom 19. 10. 1995, BGBl I S. 1434 ff.

138 BeckTKG-Komm/*Schütz*, § 6 RdNr. 28; *Manssen*, § 3 RdNr. 39.

139 A.a.O.

140 BeckTKG-Komm/*Schütz*, § 6 RdNr. 29; Mitteilung der Kommission an das Europäische Parlament und den Rat über den Stand der Umsetzung der RL 90/388/EWG über den Wettbewerb auf dem Markt für Telekommunikationsdienste ABl. EG vom 20. 10. 1995 Nr. C 275/2 S. 8; Bsp.: Kontentransfers der Banken, Informationstransfer der Universitäten hinsichtlich gemeinsamer Forschungsprojekte, Reservierungssysteme der Luftfahrtgesellschaften.

141 A.a.O.

senen Benutzergruppe annehmen konnten.[142] Ebenfalls herausfallen sollte die Konzipierung einer individuell nachgefragten Leistung, da es dann an dem allgemeinen Angebot fehlt.[143] Die Fälle des Anbietens an eine geschlossene Benutzergruppe und die Fälle des Anbietens innerhalb einer geschlossenen Benutzergruppe wurden bisher nicht unterschieden. Fraglich erscheint jedoch die Praktikabilität dieses Ansatzes insbesondere bei der Qualifizierung öffentlicher Telekommunikationsnetze.

50 Eine begriffliche Klärung durch das Richtlinienpaket ist mangels konkreter Definitionen auszuschließen.[144] Auch die Bezugnahme auf die Allgemeinheit in Art. 4 Abs. 2 GRL gibt noch keine Beschreibung der nicht unter den Begriff der Allgemeinheit fallenden Fälle. Festzustellen ist weiterhin, dass der Begriff der geschlossenen Benutzergruppe schon lange aus dem europäischen Begriffskatalog verschwunden ist.[145]

51 Vorzugswürdig ist ein sehr weites Begriffsverständnis unter weitgehender Vernachlässigung des Begriffs der geschlossenen Benutzergruppe. Vielmehr reicht grundsätzlich die **Eröffnung an Dritte** aus, um ein Netz zu einem öffentlichen Netz zu machen.[146] Dafür spricht schon der weite Anwendungsbereich der ZRL.[147] Hinzu kommt, dass bereits nach alter Rechtslage das bloße Betreiben von Übertragungswegen, welche Teil des Telekommunikationsnetzes sind, die Vermutung einer Telekommunikationsleistung für die Öffentlichkeit begründete.[148]

Schließlich lässt sich auch unter wettbewerblichen Gesichtspunkten das Erfordernis einer extensiven Sichtweise begründen. So macht es aus der Sicht einer CUG keinen Unterschied, ob ein Netzanbieter lediglich ihr oder auch jedem anderen das Netz zur Verfügung stellt, was entsprechend dem Bedarfsmarktkonzept zu einem einheitlichen Markt führt.[149] So wird auch der Betreiber eines selektiven Vertriebssystems nicht aus dem relevanten Produktmarkt ausgeschlossen, wenn er seine Produkte lediglich ausgewählten Händlern anbietet.[150]

Zudem ist jede CUG nur ein Ausschnitt der Allgemeinheit. Dass individuell zusammengestellte Angebote nicht den Bezug zur Allgemeinheit verlieren, war aber auch bisher anerkannt.[151]

142 BeckTKG-Komm/*Schütz*, § 6 RdNr. 30; *Trute/Spoerr/Bosch*, § 3 RdNr. 86.
143 BeckTKG-Komm/*Schütz*, § 6 RdNr. 31.
144 Auch aus Erwägungsgrund 4 GRL sind aufgrund des dem nationalen Gesetzgeber eröffneten Ermessens in Art 2 Abs. 2 GRL keine Rückschlüsse auf die in § 6 TKG verwendete Begrifflichkeit zu ziehen.
145 Zuletzt in Mitteilung der Kommission an das Europäische Parlament und den Rat über den Stand der Umsetzung der RL 90/388/EWG über den Wettbewerb auf dem Markt für Telekommunikationsdienste, ABl. EG vom 20. 10. 1995 Nr. C 275/2-24; dazu Antwort auf die schriftliche Anfrage Nr. 1836/97 von *Fernand Herman* an die Kommission, ABl. EG vom 22. 1. 1998 Nr. C 21/101.
146 Offen RegTP in den Erläuterungen zum Meldeformular nach § 6, S. 1, wo von einem unbestimmten Personenkreis gesprochen wird.
147 Vgl. Erwägungsgrund 1 S. 5 ZRL.
148 § 6 Abs. 3 TKG 1996.
149 Vgl. Leitlinien der Kommission zur Marktanalyse und Ermittlung beträchtlicher Marktmacht für elektronische Kommunikationsnetze und -dienste, ABl. EG 2002 Nr. C 165/6, Tz. 44.
150 Vgl. EuGH Slg. 1986, 3021, 3084 Tz. 38 f. METRO/Kommission.
151 BeckTKG-Komm/*Schütz*, § 6 RdNr. 30.

Ein solch extensives Verständnis lässt auch die sich daraus ergebenden Folgen nicht als unbillig erscheinen. Ein Großteil der Regelungen im TKG[152] erfordert außer dem Betreiben eines öffentlichen Telekommunikationsnetzes das Bestehen einer marktbeherrschenden Stellung, um die Rechtsfolgen auszulösen. Lediglich vereinzelt ist das bloße Betreiben ausreichend.[153] Dies ist insofern verständlich, als ohne Meldepflicht nach § 6 der Regulierungsbehörde jegliche Informationen über das Netz fehlen würden und insbesondere nicht untersucht werden könnte, wann Anzahl oder Größe der versorgten sog. geschlossenen Benutzergruppen die Grenze zur Allgemeinheit überschreiten. Die Anmeldung als solche stellt zudem auch für kleine Netzbetreiber keine wesentliche Belastung dar.

Nicht in den Anwendungsbereich fallen daher lediglich eigennützig betriebene **Corporate**   **52** **Networks** sowie die Bereitstellung innerhalb verbundener Unternehmen nach §§ 17 f. AktG.[154] Dies ergibt sich aus dem Erfordernis der Bereitstellung an Dritte.[155]

Eine weitere Einschränkung lässt sich für die Bereitstellung **innerhalb** einer geschlossenen Benutzergruppe aufstellen.[156] Dies betrifft Fälle, in denen ein Mitglied der CUG allein anderen Mitgliedern die Nutzung gestattet, sofern dies zur **Förderung des gemeinsamen Zwecks dient** und dafür **erforderlich** ist. Kontentransfersysteme der Banken, Informationssysteme der Universitäten für gemeinsame Forschungsprojekte oder Reservierungssysteme der Luftfahrtgesellschaften sind hierfür beispielhaft zu nennen.[157]

Demzufolge betreibt auch derjenige Netzbetreiber, der allein einen einzigen Kunden, mit dem keine ausreichende gesellschaftsrechtliche Verbindung besteht, versorgt, bereits ein öffentliches Telekommunikationsnetz.

Ein reines Verbindungsnetz kann ebenfalls als öffentliches Telekommunikationsnetz gel-   **53** ten.[158]

Auf die Größe des Telekommunikationsnetzes hingegen kommt es nicht an. Dies stellte   **54** eine nicht erklärbare Ungleichbehandlung von Groß- und Kleinunternehmen dar, da die Größe der Corp. Networks i. d. R. mit der Unternehmensgröße einhergeht.

Betreiber eines Telekommunikationsnetzes ist nur derjenige, der die rechtliche oder tatsächliche Funktionsherrschaft über die Gesamtheit der Funktionen des Netzes hat, die zur Realisierung der Informationsübertragung notwendig sind.[159] Ohne Relevanz sind jedoch

---

152 Vgl. z.B. §§ 19 (Diskriminierungsverbot), 20 (Transparenzverpflichtung), 21 (Zugangsverpflichtung), 27 ff. (Entgeltregulierung).
153 Vgl. z.B. §§ 4 (internat. Berichtspflichten), 6 (Meldepflicht), 7 (strukturelle Separierung), 16 (Zusammenschaltung), 127 (Auskunftsverlangen), 144 (Telekommunikationsbeitrag).
154 Vgl. schon Mitteilung der Kommission an das Europäische Parlament und den Rat über den Stand der Umsetzung der RL 90/388/EWG über den Wettbewerb auf dem Markt für Telekommunikationsdienste, ABl. EG vom 20. 10. 1995 Nr. C 275/2 S. 8.
155 Vgl. zur Bedeutung des Begriffs auch bei der Marktabgrenzung Kommission, Entscheidung vom 5. 3. 1994, ABl. EG Nr. C 68/00.
156 Ähnlich BeckTKG-Komm/*Büchner*, § 85 RdNr. 4; *Meinberg/Grabe*, K&R 2004, 409, 413.
157 Vgl. Mitteilung der Kommission an das Europäische Parlament und den Rat über den Stand der Umsetzung der RL 90/388/EWG über den Wettbewerb auf dem Markt für Telekommunikationsdienste, ABl. EG vom 20. 10. 1995 Nr. C 275/2 S. 8.
158 Vgl. RegTP, MMR 1999, 51 ff.; vgl. Formular der RegTP zur Anmeldung nach § 6, S. 2.
159 *Trute/Spoerr/Bosch*, § 6 RdNr. 44; BeckTKG-Komm/*Schütz*, § 6 RdNr. 33.

die Eigentumsverhältnisse.[160] Auch technische Hilfsleistungen (Wartung, Instandhaltung) begründen keine Funktionsherrschaft.[161]

55 **28. Übertragungsweg (transmission lines).** – Hier wurde § 3 Nr. 22 TKG a. F. unverändert übernommen.

Der Begriff ist allein für das Auskunftsersuchen des Bundesnachrichtendienstes nach § 114 relevant.

Es handelt sich lediglich um einen Teilbereich der gesamten Telekommunikationsanlagen.[162]

56 Bisher war der Begriff wesentlich, um den lizenzpflichtigen Bereich nach § 6 TKG 1996 zu bestimmen, sowie die Entgeltregulierung nach § 25 TKG 1996 eingreifen zu lassen. Jedoch haben sich die streitigen Punkte durch die Umsetzung des Art. 3 Abs. 2 GRL, wonach die Lizenzpflicht abgeschafft werden musste und durch eine Meldepflicht ersetzt wurde (vgl. § 6), welche jetzt ebenso wie die neue Entgeltregulierung (vgl. § 30) an das Betreiben eines öffentlichen Telekommunikationsnetzes (vgl. Kommentierung zu Nr. 27) anknüpft, erledigt.

57 Der Übertragungswegebegriff ist umfassend **technologieneutral**, so dass es weder auf die Art der Datenübertragung noch auf die technische Ausgestaltung ankommt. Daher spielt es keine Rolle, ob der Übertragungsweg uni- oder bidirektional ist.[163]

Bei der Bestimmung des Übertragungsweges muss aufgrund der unterschiedlichen technischen Gegebenheiten zwischen der kabelgebundenen und der funkgestützten Übertragung unterschieden werden.

58 **a) Kabelverbindungen.** – Zwar nicht aus dem Wortlaut, aber doch aus der Forderung eines bestimmten Durchsatzvermögens und der Einbeziehung der übertragungstechnischen Einrichtungen kann gefolgert werden, dass ein Übertragungsweg erst durch Zusammenschaltung der Kabelverbindung mit der ersten technischen Einrichtung, der Abschlusseinrichtung, anzunehmen ist.[164] Daher dürften unbeschaltete Kabelverbindungen, also Verbindungen ohne Übertragungstechnik (bei Kupferkabeln: dark copper; bei Glasfaserverbindungen: dark fibre) nicht als Übertragungsweg gelten. Für die Praxis ist dieser Gesichtspunkt nicht mehr relevant, da die einzige gesetzliche Erwähnung in § 114 fordert, dass der Übertragungsweg für Telekommunikationsdienste für die Öffentlichkeit tatsächlich genutzt wird, was eine Beschaltung erfordert.

Der Begriff Abschlusseinrichtung wird im TKG selbst nicht definiert, so dass sich die Frage der Abgrenzung von weiteren Einrichtungen wie End- und Vermittlungseinrichtungen stellt.

59 Möglich wäre eine Abgrenzung anknüpfend an die frühere Unterscheidung zwischen Monopol- und Wettbewerbsbereich, so dass es auf die Diensteneutralität – dann Abschlusseinrichtung – oder Dienstespezifität – dann sonstige Einrichtungen – ankommt. Dienstespezi-

---

160 Vgl. Erwägungsgrund 3 S. 2 ZRL; BeckTKG-Komm/*Schütz*, § 3 RdNr. 5.
161 BeckTKG-Komm/*Schütz*, § 6 RdNr. 34.
162 BeckTKG-Komm/*Schütz*, § 6 RdNr. 12.
163 *Trute/Spoerr/Bosch*, § 3 RdNr. 96.
164 *Trute/Spoerr/Bosch*, § 3 RdNr. 100; *Scheurle/Mayen/Lünenbürger*, § 3 RdNr. 89; *Manssen*, § 3 RdNr. 44; BeckTKG-Komm/*Schütz*, § 6 RdNr. 11.

fität liegt dann vor, wenn nur solche Datenverarbeitungsvorgänge durch die fraglichen Einrichtungen vorgenommen werden, die vom Umfang her für eine grundlegende Übertragung von Informationen erforderlich sind, also die Leistungsfähigkeit bereitstellen, die Betriebsfähigkeit erkennen und aufrechterhalten und die Verbindungsanlagen vor Fremdbeeinflussung durch End- und Vermittlungseinrichtungen schützen.[165]

Daneben wird teilweise auf die spezifische Zwecksetzung des Übertragungswegebetreibers abgestellt, um die technischen Einrichtungen zu ermitteln, welche technisch-physikalisch erforderlich sind, um das Netzkonzept des Betreibers zu ermöglichen, was die alleinigen Kriterien sind, um Abschlusseinrichtungen abzugrenzen.[166]

Allerdings hat diese Abgrenzungsproblematik im neuen TKG an Relevanz verloren, da **60** feststeht, dass alle Einrichtungen, die jedenfalls notwendig sind, um die Kabelverbindungen überhaupt zu irgendeiner Kommunikationsübermittlung zu nutzen, also die erste an die Kabelanlagen angeschlossene Teileinheit als Abschlusseinheiten gelten und es im einzig relevanten Bereich von § 114 nicht auf die Reichweite, sondern nur auf das Vorhandensein des Übertragungsweges ankommt.

b) Funkgestützte Übertragungswege. – Ein Übertragungsweg setzt sich üblicherweise **61** aus Sende- und Empfangsanlage zusammen.[167] Bei Funkverbindungen hat der Sendende jedoch regelmäßig keine Kontrolle über die Empfangsanlage. In diesem Fall ist das Vorhandensein einer Abschlussvorrichtung auf beiden Seiten der Funkverbindung nicht notwendig, da solche i. d. R. das Übertragungswegenetz vor Fremdbeeinflussung durch Endeinrichtungen schützen sollen, was bei z. B. Rundfunkübertragungen mangels unmittelbarem physischen Kontakt von Endeinrichtung und Übertragungsanlage nicht erforderlich ist.[168] Es handelt sich um eine Punkt-zu-Mehrpunktverbindung, bei der entsprechend des Netzkonzepts die Empfangsanlagen kein technisch-funktionaler Bestandteil des Übertragungsweges sind.[169]

29. Unternehmen (undertaking). – Die Definition nimmt Bestandteile des § 25 Abs. 3 **62** TKG 1996 auf. Sie definiert jedoch nicht den Unternehmensbegriff als solchen, sondern erweitert ihn lediglich um Fälle der §§ 36 Abs. 2 und 37 Abs. 1 GWB, womit verhindert werden soll, dass durch Auslagerung von Geschäftsbereichen auf rechtlich selbstständige Unternehmen die Regulierung umgangen wird.[170]

Da das TKG richtlinien- und damit gemeinschaftsrechtskonform auszulegen ist[171], gilt der **gemeinschaftsrechtliche Unternehmensbegriff**. Unternehmen ist daher jede eine wirtschaftliche Tätigkeit ausübende Einheit unabhängig von ihrer Rechtsform und der Art ihrer Finanzierung.[172] Es ergeben sich jedoch keine konzeptionellen Unterschiede zum Unternehmensbegriff des GWB.[173]

---

165 So BeckTKG-Komm/*Schütz*, § 6 RdNr. 15, 17.

166 *Trute/Spoerr/Bosch*, § 3 RdNr. 102.

167 *Scheurle/Mayen/Lünenbürger*, § 3 RdNr. 92.

168 *Scheurle/Mayen/Lünenbürger*, § 3 RdNr. 93.

169 Vgl. *Trute/Spoerr/Bosch*, § 3 RdNr. 103; VG Köln RTkom 2000, 56, 57.

170 *Scheurle/Mayen/Witte*, § 25 RdNr. 22.

171 Vgl. Erwägungsgrund 25, 28 RRL.

172 Vgl. EuGH, Urteil vom 16. 3. 2004, WuW EU-R 801 m. w. N.

173 Darauf abstellend noch BeckTKG-Komm/*Kerkhoff*, § 72 RdNr. 7.

63   Nach § 36 Abs. 2 S. 1 GWB sind nach §§ 17 und 18 AktG verbundene Unternehmen als ein Unternehmen anzusehen. Dies grundsätzlich unabhängig von ihrer Rechtsform und ihrem Sitz, der auch im Ausland liegen kann.[174] Damit werden auch die Vermutungen der §§ 17 und 18 AktG sowie die Erweiterung auf Konzernsachverhalte (Gleich- und Unterordnungskonzern, welche sowohl vertraglicher als auch faktischer Natur sein können[175]) für anwendbar erklärt.

64   Umständlich erscheint aber die gleichzeitige Verweisung auf § 36 Abs. 2 S. 2 GWB, wonach bei gemeinsamer Beherrschung durch mehrere Unternehmen jedes als herrschendes anzusehen ist, da es hier lediglich auf die Zusammenfassung als ein einheitliches Unternehmen ankommt, was bereits durch §§ 17, 18 AktG erfasst wird, da auch diese eine Abhängigkeit im Verhältnis zu mehreren herrschenden Unternehmen erfassen können.[176]

65   Die Verweisung auf § 37 Abs. 1 Nr. 3 und 4 GWB stellt die eigentliche Erweiterung zu den aktienrechtlichen Vorschriften dar.

Problematisch erscheint insofern die Verknüpfung mit § 37 Abs. 1 Nr. 3 GWB, da **Minderheitsbeteiligungen** nicht immer zu einer einheitlichen Willenbildung und unternehmerischer Betätigung führen müssen. Innerhalb der Fusionskontrolle ist ein sehr weiter Aufgriffstatbestand geboten, um eine weitgehende Kontrollmöglichkeit zu eröffnen, damit § 36 Abs. 1 GWB als Korrektiv fungieren kann. Im TKG kann dies faktisch dazu führen, dass Wettbewerber als ein Unternehmen zusammengefasst werden.[177] Insbesondere bei kleineren Wettbewerbern der DTAG, an denen diese noch Anteile hält, sind solche Fälle denkbar.

66   Bei § 37 Abs. 1 Nr. 4 GWB stellt sich dieses Problem hingegen nicht, da der wettbewerblich erhebliche Einfluss eine Einwirkungsmöglichkeit auf die Entscheidungsbildung des beeinflussten Unternehmens verlangt.[178] Es sollen also Fälle erfasst werden, bei denen durch Autonomieverluste unabhängiges Marktverhalten nicht mehr gesichert ist. Der wettbewerblich erhebliche Einfluss muss dabei auf gesellschaftsrechtlich vermittelten Unternehmensverbindungen beruhen.

67   Keine Bedeutung hat die (aus § 25 Abs. 3 S. 2 TKG 1996 übernommene) Bezugnahme auf § 37 Abs. 2 GWB. Dieser erweitert den Zusammenschluss auf Fälle, in denen ein Zusammenschluss i. S. d. Abs. 1 bereits vorlag. Da für den Unternehmensbegriff lediglich die Mindestvoraussetzung des § 37 Abs. 1 GWB erfüllt sein muss, fehlt es der zusätzlichen Verweisung an Aussagegehalt. Auszugehen ist hier von einem (historisch bedingten) Redaktionsversehen.

68   **30. Verkehrsdaten (traffic data).** – Der Begriff setzt Art. 2 lit.b DRL um und folgt dabei dem Begriff „Verbindungsdaten" aus § 2 Nr. 4 TDSV.

Dazu gehören die Rufnummer oder sonstige Kennung des anrufenden und des angerufenen Anschlusses oder der jeweiligen Endeinrichtung, personenbezogene Berechtigungskennungen, bei Kundenkarten die Kartennummer und bei mobilen Anschlüssen die Standortkennung des Absenders oder Empfängers. Weiterhin Leitwege, Zeitpunkt und Dauer der

---

174 *Immenga/Mestmäcker/Mestmäcker/Veelken*, § 36 RdNr. 39 ff.
175 Vgl. *Hüffer*, § 18 AktG RdNr. 3.
176 *Immenga/Mestmäcker/Mestmäcker/Veelken*, § 36 RdNr. 64 m. w. N.
177 *Trute/Spoerr/Bosch*, § 25 RdNr. 13.
178 *Bechtold*, § 37 RdNr. 40.

Verbindung sowie die übermittelten Datenmengen, das verwendete Protokoll, Format der Nachricht, das Netz, von dem die Nachricht ausgeht bzw. an das gesendet wird, die in Anspruch genommene „Telekommunikationsdienstleistung", die Endpunkte von festgeschalteten Verbindungen sowie deren Zeitpunkt und Dauer und sonstige zum Aufbau und zur Aufrechterhaltung sowie zur Entgeltabrechnung notwendigen Verbindungsdaten.[179]

Damit sind Verkehrsdaten wesentlich sensibler als Bestandsdaten. Zwar lassen sich aus diesen Daten lediglich Rückschlüsse auf die Nutzung eines Anschlusses, nicht hingegen auf einzelne Teilnehmer ziehen. Da jedoch das **Fernmeldegeheimnis** des Art. 10 Abs. 1 GG nicht nur Nachrichteninhalte, sondern auch die Tatsache betrifft, ob und zwischen wem Fernmeldeverkehr stattgefunden hat, und sich potenzielle Teilnehmer bei Kenntnis des Anschlusses schnell ermitteln lassen, ist ein extensiver Schutzbereich anzunehmen.[180]

31. Wirksamer Wettbewerb (effective competition). – Wirksamer Wettbewerb ist gleich- **69** bedeutend mit dem Fehlen beträchtlicher Marktmacht durch ein oder mehrere Unternehmen auf dem betreffenden Markt.[181]

Damit ist der Begriff zunächst nicht mit der Formulierung des EuGH identisch, wonach wirksamer Wettbewerb vorliegt, wenn soviel Wettbewerb besteht, dass die grundlegenden Forderungen des Vertrages erfüllt und seine Ziele, insbesondere die Bildung eines einzigen Marktes mit binnenmarktähnlichen Verhältnissen, erreicht werden (workable competition).[182]

Durch die Gleichsetzung von Fehlen wirksamen Wettbewerbs mit beträchtlicher Marktmacht (**Marktbeherrschung**) folgt die Definition dem Verständnis des europäischen Pendants.[183] Zwar scheint Erwägungsgrund 27 RRL die Gleichsetzungsthese abzulehnen, indem er das Fehlen wirksamen Wettbewerbs davon abhängig macht, ob auf einem Markt ein oder mehrere Unternehmen beträchtliche Marktmacht haben und die Instrumente des nationalen und gemeinschaftlichen Wettbewerbsrechts nicht ausreichen, um das Problem (welches gerade in der Existenz beträchtlicher Marktmacht liegt) zu lösen, wobei in zukunftsorientierter Betrachtung eine etwaige Dauerhaftigkeit dieses Zustandes zu berücksichtigen ist.[184] Diese Klarheit lässt sich allerdings im Normtext der Richtlinie nicht wiederfinden, was wohl dazu führte, dass die Leitlinien der Kommission zur Marktanalyse und Ermittlung beträchtlicher Marktmacht für elektronische Kommunikationsnetze und -dienste[185] wirksamen Wettbewerb allein mit dem Fehlen von Marktbeherrschung definieren.[186] Es kommt daher allein auf das Vorliegen beträchtlicher Marktmacht an.

Zu deren Ermittlung ist § 11 Abs. 1 S. 2 bis 5 heranzuziehen, welcher sich seinerseits an den gemeinschaftsrechtlichen Vorgaben zu orientieren hat (für Weiteres vgl. Kommentierung zu § 11).

32. Zugang (access). – Hiermit wird Art. 2 lit.a ZRL umgesetzt, womit der Regelungsbe- **70** reich für die Regulierung der Vorleistungsmärkte betroffen ist.[187]

---

179 BeckTKG-Komm/*Piepenbrock*, Glossar; Erwägungsgrund 15 DRL.
180 *Ohlenburg*, MMR 2004, 431, 434.
181 Begr. RegE zu Nr. 31.
182 EuGH, Rs. 26/76, Slg.1977, 1875, RdNr. 20, METRO.
183 Vgl. Art 16 Abs. 2, 4 RRL.
184 Erwägungsgrund 27 RRL.
185 ABl. EG 2002 Nr. C 165/6.
186 A. a. O. RdNr. 19, 107, 112, 114.
187 *Weisser/Bauer*, MMR 2003, 709, 712.

Bisher enthielt § 3 Nr. 9 TKG 1996 eine Definition des Netzzugangs. Der Zugangsbegriff ist jedoch im Verhältnis zur alten Regelung enger, da er nicht mehr den allgemeinen Netzzugang, der über für sämtliche Nutzer bereitgestellte Anschlüsse erfolgt, umfasst.[188] Dies ergibt sich aus der jetzigen Zweckbestimmung des Zugangs für die weitere Erbringung von Telekommunikationsdiensten sowie ausdrücklich aus Art. 1 Abs. 2 S. 3 ZRL.[189]

71 Geregelt wird insbesondere der Zugang zu Netzkomponenten, wozu auch der feste oder nichtfeste Anschluss von Endeinrichtungen gehören kann (dies beinhaltet insbesondere den Zugang zum Teilnehmeranschluss sowie Einrichtungen und Dienste, die erforderlich sind, um Dienste über den Teilnehmeranschluss zu erbringen); des Weiteren den Zugang zu physischen Infrastrukturen wie Gebäuden, Leitungen und Masten; Zugang zu einschlägigen Softwaresystemen, einschließlich Systemen für die Betriebsunterstützung; Zugang zur Nummernsetzung oder zu Systemen, die eine gleichwertige Funktion bieten; Zugang zu Fest- und Mobilfunknetzen, insbesondere um Roaming zu ermöglichen, und Zugang zu Diensten für virtuelle Netze.[190] Auch der entbündelte Zugang zum Teilnehmeranschluss unterfällt dem Begriff.[191]

72 Anders als in Art. 2 lit a ZRL wird jedoch der Zugang zu Zugangsberechtigungssystemen nach Ansicht des Gesetzesverfassers nicht erfasst. Dieser wird in den Vorschriften zur Rundfunkübertragung (§§ 48 bis 51) gesondert behandelt.[192]

Schon aus dem Wortlaut der Definition lässt sich entnehmen, dass der Zugang nicht gegenüber Inhalteanbietern gewährt werden kann, da diese keine Telekommunikationsdienste erbringen.[193]

73 Entgegen der unterinstanzlichen Rechtsprechung[194] kommt es für den „besonderen" Netzzugang nicht darauf an, ob er über eine ihrer Art nach andere Schnittstelle erfolgt, als sie sämtlichen Nutzern zur Verfügung gestellt wird. Vielmehr ist es ausreichend, wenn der konkrete Zugang ausschließlich einem Anbieter von Telekommunikationsdiensten zur Verfügung gestellt wird, mögen technisch gleichartige Zugänge auch sämtlichen Nutzern offen stehen, da sich der Zugangsverpflichtete sonst dadurch dem Anwendungsbereich gewisser Normen entziehen könnte, dass er bestimmte Formen des Netzzugangs sämtlichen Nutzern zur Verfügung stellt oder nicht.[195] Damit ist die Zuordnung funktional und nicht technisch vorzunehmen.

74 Nach der Neudefinition kommt es nicht mehr auf eine physische und logische Verbindung von Einrichtungen mit einem Netz oder dessen Bestandteilen an[196], was eine Erweiterung der bisherigen Rechtslage bewirkt[197]. Dies ergibt sich bereits aus der Gegenüberstellung zu

---

188 Vgl. zur alten Rechtslage BeckTKG-Komm/*Piepenbrock*, § 3 RdNr. 12; *Scheurle/Mayen/Lünenbürger*, § 3 RdNr. 27.
189 Zur bisherigen Abgrenzung vgl. *Heun*, S. 339.
190 Vgl. Art. 2 ZRL.
191 Vgl. Art. 12 Abs. 1 S. 2 lit.a ZRL.
192 Begr. RegE zu Nr. 32.
193 *Heun*, CR 2003, 485, 490; *Weisser/Bauer*, MMR 2003, 709, 713.
194 Vgl. VG Köln MMR 2000, 227, 230; MMR 2002, 840, 841; OVG Münster MMR 2000, 779, 781.
195 BGH MMR 2004, 471, 472.
196 Vgl. § 3 Nr. 9 TKG a. F.; vgl. *Scheurle/Mayen/Lünenbürger*, § 3 RdNr. 29.
197 *Heun*, CR 2003, 485, 489.

Säcker

Nr. 34 (Zusammenschaltung), der diese Voraussetzungen zusätzlich enthält.[198] Zudem kann der Zugang zu Softwaresystemen ohne direkte Verbindung von technischen Einrichtungen geschehen. Beispielhaft wäre die Aufnahme in ein Diensteverzeichnis zu nennen. Eingrenzend muss jedoch die Zweckbestimmung in der Erbringung von Telekommunikationsdiensten durch den Zugangspetenten liegen. Es reicht daher nicht, wenn sie lediglich das Zugreifen auf die Funktionen eines Telekommunikationsnetzes oder auf darüber erbrachte Telekommunikationsleistungen bezweckt.[199] Die Bereitstellung von Mietleitungen ist ebenfalls erfasst.[200]

Erforderlich ist jedoch die Zurverfügungstellung an andere Unternehmen. Da die Formulierung der Zugangsrichtlinie entnommen ist, ist auch auf deren Unternehmensbegriff abzustellen. Die weite Definition der Nr. 29 dient insbesondere der Verhinderung der Umgehung von Regulierungsvorschriften, würde in diesem Fall jedoch in seiner Wirksamkeit ins Gegenteil verkehrt werden. Demzufolge sind zwar mit dem Anbieter verbundene Unternehmen keine Drittunternehmen i. S. d. Nr. 32.[201] Die Erweiterung i. S. v. § 37 Abs. 1 Nr. 3 und 4 GWB gilt jedoch nicht. **75**

Zu beachten ist jedoch, dass das TKG den Begriff des Zugangs nicht immer definitionsgemäß benutzt.[202]

33. Zugangsberechtigungssysteme (conditional access system). – Die Definition dient der Umsetzung von Art. 2 lit. f RRL. Aus rein sprachlichen Gründen wurde der Begriff „unverschlüsselt" durch den Begriff „geschützt" ausgetauscht.[203] **76**

Zugangsberechtigungssysteme dienen der Vermarktung von TV- und Hörfunkprogrammen sowohl in Abonnementform als auch durch Einzelabruf (video-on-demand) an Endnutzer. Die Nutzung dieser in geschützter (verschlüsselter) Form verbreiteten Programme ist im Gegensatz zum frei empfangbaren Programm legal nur möglich, wenn der Zugang zum Endnutzer individuell freigeschaltet wird, was in der Regel Folge eines entsprechenden Vertrages mit dem Diensteanbieter ist.[204]

Der Begriff entspricht dem der „Zugangskontrolle" aus dem Gesetz über den Schutz von zugangskontrollierten Diensten und von Zugangskontrolldiensten (ZKDSG). Die unterschiedliche Terminologie ist allein auf die Umsetzung unterschiedlicher europäischer Richtlinien zurückzuführen und soll mittelfristig an den Begriff aus dem TKG angeglichen werden.[205]

34. Zusammenschaltung (interconnection). – Hiermit wird Art. 2 lit.b ZRL umgesetzt. Bisher war die Zusammenschaltung in § 3 Nr. 24 TKG 1996 geregelt. **77**

Zusammenschaltung ist ausweislich des Wortlauts ein Sonderfall des Zugangs. Ein Zugang liegt bereits dann vor, wenn nur auf Funktionen des fremden Netzes oder auf darüber

---

198 Vgl. auch Art 2 lit. a und lit. b ZRL.
199 *Heun*, CR 2003, 485, 489 f.
200 Ebd.
201 Ergibt sich aus § 19 Abs. 2, Art 10 Abs. 2 ZRL; vgl. auch EuGH, Rs. 170/83, RdNr. 11, Hydrothemar; Kommission Entsch. vom 13. 7. 1994 ABl. EG L 243/1 Rn. 140 f, Karton.
202 Vgl. § 30 Abs. 4.
203 Begr. RegE zu Nr. 33.
204 Ebd.
205 Ebd.

erbrachte Telekommunikationsleistungen zugegriffen werden soll, während die Zusammenschaltung ein zweites Netz mit dem Ziel der netzübergreifenden Kommunikation voraussetzt.[206] Die Zusammenschaltung wird nur zwischen Betreibern öffentlicher Kommunikationsnetze hergestellt.[207]

78 Zur Abgrenzung von einzelnen Netzen ist bei **Teilnehmernetzen**[208] auf die Netz- oder Ortskennzahl abzustellen[209], während bei reinen **Verbindungsnetzen** die jeweilige **Funktionsherrschaft** als Abgrenzungskriterium dient[210].

Für eine Zusammenschaltung ist es ausreichend, dass der Zweck der Verbindung zweier Netze darin besteht, die mittelbare oder unmittelbare Kommunikation zu *ermöglichen* („*...um* Nutzern...").[211] Für die Zusammenschaltung im Rechtssinne ist es ebenfalls unerheblich, welche Art von Verbindungsschnittstelle genutzt wird.[212]

79 Umstritten war, ob das **Roaming** zwischen Mobilfunkbetreibern eine Zusammenschaltung darstellt. Dabei wird dem Kunden eines Mobilfunkanbieters ermöglicht, ein fremdes Netz wie das eigene zu nutzen, ohne einen zusätzlichen Vertrag mit dem dritten Netzbetreiber abschließen zu müssen. Dies wurde mit dem Hinweis darauf verneint, dass Roaming nicht dazu dient, Nutzer verschiedener Netze miteinander zu verbinden, sondern allein dem Nutzer ermöglicht, ein Gastnetz wie ein Heimatnetz zu nutzen.[213] Zudem fehle es an der physischen und logischen Verbindung der Netze.[214] Die Neudefinition scheint dagegen eine Einbeziehung zu ermöglichen, da eine Zusammenschaltung auch mit dem Zweck der Fremddienstenutzung durch den Nutzer erfolgen kann („um … die Inanspruchnahme von Diensten … zu ermöglichen") und das Bereitstellen von Telekommunikationsnetzen ebenfalls als Telekommunikationsdienst anzusehen ist.

80 Die Zusammenschaltung kann sich nicht nur auf einzelne Netzeinrichtungen beschränken, wie Art. 12 Abs. 1 S. 2 lit. i ZRL vermuten lassen könnte. Aus dem Zusammenhang mit Art. 1 Abs. 2 S. 2 ZRL ergibt sich, dass die Zusammenschaltung von Einrichtungen an die Zusammenschaltung der ganzen Netze gekoppelt ist.[215]

---

206 *Heun*, S. 344.
207 Vgl. schon *Scheurle/Mayen/Lünenbürger*, § 3 RdNr. 99; zum Begriff des öffentlichen Telekommunikationsnetzes vgl. Kommentierung zu Nr. 27.
208 Zu den einzelnen Netzarten vgl. Kommentierung zu Nr. 27.
209 BeckTKG-Komm/*Piepenbrock*, § 3 RdNr. 27a.
210 Vgl. *Heun*, S. 346 f.
211 BeckTKG-Komm/*Piepenbrock*, § 3 RdNr. 27b. Zu den Auswirkungen hinsichtlich der Bestimmung einer Zusammenschaltungsleistung vgl. Kommentierung zu § 16.
212 BGH MMR 2004, 471, 473.
213 *Scheurle/Mayen/Lünenbürger*, § 3 RdNr. 102; *Trute/Spoerr/Bosch*, § 3 RdNr. 115; *v. Hammerstein*, MMR 2001, 214, 216.
214 RegTP Entscheidung vom 18. 2. 2000, ABl. 2000, 516, 531.
215 Anders zur alten Rechtslage BeckTKG-Komm/*Piepenbrock*, § 3 RdNr. 27c.

§ 4 Internationale Berichtspflichten

Die Betreiber von öffentlichen Telekommunikationsnetzen und die Anbieter von Telekommunikationsdiensten müssen der Regulierungsbehörde auf Verlangen die Informationen zur Verfügung stellen, die diese benötigt, um Berichtspflichten gegenüber der Europäischen Kommission und anderen internationalen Gremien erfüllen zu können.

Übersicht

I. Normzweck

Diese Vorschrift ist erforderlich, damit die Regulierungsbehörde ihren gemeinschaftsrechtlich auferlegten Berichtspflichten gegenüber der Europäischen Kommission und anderen internationalen Gremien nachkommen kann.[1] **1**

II. Entstehungsgeschichte

Seit der Liberalisierung der Telekommunikationsmärkte hat die Regulierungsbehörde vielfältige gemeinschaftsrechtliche Berichtspflichten, die der Europäischen Kommission die Überwachung der Umsetzung der dem Telekommunikationsrecht zugrunde liegenden Richtlinien ermöglichen sollen.[2] Daher sah bereits **§ 5 TKG 1996** eine Ermächtigungsnorm der RegTP für Auskunftsersuchen vor, die dieser die Erfüllung ihrer eigenen Berichtspflichten ermöglichen sollte. § 4 übernimmt diese Regelung weitestgehend. **2**

Der Arbeits- und der **Regierungsentwurf** zum neuen TKG hatten die Internationalen Berichtspflichten mit anderen Berichts- und Auskunftspflichten zusammengefasst, § 4 RefTKG. Dies entsprach der gegen §§ 5, 72 Abs. 1 Nr. 1 TKG 1996 vorgebrachten Kritik einer verbesserungsfähigen Gesetzessystematik.[3] Von diesem Entwurf ist der Gesetzgeber jedoch wieder abgewichen: Die Internationalen Berichtspflichten wurden entsprechend dem alten Recht isoliert in § 4 geregelt, während sich andere Berichts- und Auskunftspflichten in § 127 finden. **3**

---

1 Vgl. die Begründung zum Regierungsentwurf, BT-Drs. 15/2316, S. 59.
2 Vgl. die ausführliche Auflistung bei *Scheurle/Mayen*, § 5 RdNr. 4
3 *Trute/Spoerr/Bosch*, § 5 RdNr. 1.

III. Regelungsinhalt

4   **1. Allgemeines.** – § 4 dient der Wirtschaftsaufsicht.[4] Durch diese **Ermächtigungsgrund-lage** wird die Regulierungsbehörde in die Lage versetzt, sich notwendige Informationen zu verschaffen, die nicht in ihrem, sondern im Besitz der Marktteilnehmer sind.[5] Die Berichts-pflicht der Bundesrepublik Deutschland wird so an Betreiber öffentlicher Telekommunika-tionsnetze und Diensteanbieter übergewälzt. Die Berichtspflichten der Regulierungsbehör-de ihrerseits dienen der Europäischen Kommission und anderen internationalen Gremien zur Beobachtung und Überwachung der Umsetzung und Durchführung der Richtlinien.

5   **2. „Auf Verlangen".** – Die Pflicht, der Regulierungsbehörde Informationen zur Verfügung zu stellen, trifft die Unternehmen nicht automatisch mit Aufnahme ihrer Tätigkeit, sondern erst bei entsprechendem Verlangen der Regulierungsbehörde. Es muss – anders als bei der Meldepflicht nach § 6 (vgl. § 6 RdNr. 4) – eine Aufforderung ergehen.

6   Die **Aufforderung** erfolgt i. d. R. **schriftlich**. Die Ermächtigungsgrundlage der Europä-ischen Kommission oder des anderen internationalen Gremiums, aus der sich die Berichts-pflicht der Regulierungsbehörde ergibt, und die konkrete Berichtspflicht müssen bezeich-net werden. Die Aufforderung muss zudem den qualitativen Inhalt der zur Verfügung zu stellenden Informationen bezeichnen. Das Auskunftsverlangen ist zu begründen. Legt die Aufforderung Inhalt und Umfang der Informationspflicht verbindlich fest, handelt es sich um einen Verwaltungsakt i. S. v. § 35 VwVfG.[6] Das Auskunftsverlangen kann in Form einer Allgemeinverfügung (§ 35 S. 2 VwVfG) ergehen.[7] Dann muss der Kreis der Adressaten hinreichend genau bestimmt sein; eine nur abstrakte Umschreibung, unter welchen Voraus-setzungen die Berichtspflicht besteht, reicht nicht aus. Der betroffene Personenkreis muss zumindest der Gattung nach bestimmbar sein, auch wenn er nicht zählbar sein muss.[8] Denkbar ist, dass sich die notwendige Konkretisierung der Berichtspflicht aus dem einzi-gen Anwendungsfall ergibt.[9]

7   Eine **Frist** für die Erfüllung der Informationspflicht sieht das Gesetz nicht vor. Da das Un-ternehmen jedoch eine Ordnungswidrigkeit begeht, wenn es die Informationen nicht frist-gerecht vorlegt (vgl. § 149 Abs. 1 Nr. 1), muss es der Regulierungsbehörde möglich sein, wie bei § 127 Abs. 3 S. 3 eine Frist zu setzen. Dies muss schon deswegen gelten, weil die Regulierungsbehörde in vielen Fällen ihrerseits Fristen einzuhalten hat, z. B. gegenüber der Europäischen Kommission nach Art. 25 RRL, Art. 18 DRL und Art. 17 ZRL („ohne unangemessene Verzögerung") oder Art. 16 GRL („unverzüglich"). Die Frist soll ange-messen sein und dem Unternehmen ausreichend Zeit für die Pflichterfüllung lassen. Bei der Fristbestimmung ist Art und Umfang der Informationspflicht Rechnung zu tragen.[10]

8   **Verpflichtet** sind Betreiber von öffentlichen Telekommunikationsnetzen (vgl. § 3 Nr. 27 RdNr. 49 ff.) und Anbieter von Telekommunikationsdiensten (§ 3 Nr. 6 RdNr. 8 f.). Mit

---

4 *Trute/Spoerr/Bosch*, § 5 RdNr. 1
5 BeckTKG-Komm/*Schuster*, § 5 RdNr. 1.
6 *Trute/Spoerr/Bosch*, § 5 RdNr. 4.
7 *Manssen*, C § 5 RdNr. 2.
8 *Stelkens/Bonk/Sachs/Stelkens/Stelkens*, § 35 RdNr. 211.
9 *Trute/Spoerr/Bosch*, § 5 RdNr. 5 m. w. N.; *Stelkens/Bonk/Sachs/Stelkens/Stelkens*, § 35 RdNr. 212.
10 § 127 RdNr. 29; BeckTKG-Komm/*Schuster*, § 5 RdNr. 6.

Wegfall der Lizenzierungspflicht entfällt nach neuem Recht die Frage, ob auch nicht lizenzpflichtige Unternehmen zur Berichtserteilung verpflichtet sind.[11]

3. Berichtspflichten. – Das dem neuen TKG zugrunde liegende Richtlinienpaket enthält verschiedene Berichtspflichten in Art. 16 GRL, 17 ZRL, 25 RRL, 18 DRL, 36 URL. Diese dienen der Europäischen Kommission wiederum dazu, ihrerseits dem Europäische Parlament und dem Rat Bericht zu erstatten. Auf eine detaillierte Aufzählung der Berichtspflichten wird an dieser Stelle verzichtet.[12] **9**

Nach **§ 5 TKG 1996** konnten sich Berichtspflichten der RegTP aus Richtlinien und Empfehlungen ergeben, die nach Art. 6 der Richtlinie 90/387/EWG des Rates vom 28. 6. 1990 zur Verwirklichung des Binnenmarktes für Telekommunikationsdienste durch Einführung eines offenen Netzzugang sowie nach Art. 90 Abs. 3 des EG-Vertrages erlassen werden konnten. Dadurch war umstritten, ob z. B. Berichte an die Kommission nach Art. 2 RL 96/19/EG erfasst waren.[13] **10**

In Abweichung hiervon benennt § 4 nicht ausdrücklich, auf welche Rechtsvorschriften sich Berichtspflichten der Regulierungsbehörde gegenüber der Europäischen Kommission oder anderen internationalen Gremien stützen können, sondern nimmt diese als gegeben hin. Die Norm bedient sich einer **dynamischen Verweisung**, so dass alle jeweils geltenden Berichtspflichten der Regulierungsbehörde erfasst sind. **11**

4. Informationen. – Informationen sind Daten wie z. B. Umsatzzahlen, Marktanteile oder ähnliche Dinge.[14] Da es sich bei Informationen vielfach um sensible Daten handelt, an denen ein Geheimhaltungsbedürfnis des Netzbetreibers oder Diensteanbieters besteht, kann von diesem die Offenlegung nur dann verlangt werden, wenn die Vorlage zwingend erforderlich ist (RdNr. 14). Der Wortlaut des § 4 weicht von der Vorgängervorschrift § 5 TKG 1996 ab, auf dessen Grundlage **Berichte** gefordert werden konnten („Jeder ist verpflichtet, … *Berichte* zur Verfügung zu stellen…"); nunmehr bezieht sich die Pflicht auf Informationen. Hierin liegt nicht nur ein begrifflicher, sondern auch ein inhaltlicher Unterschied. Der Begriff der Information ist weiter, da keine Beschränkung auf eine bestimmte Form der Informationsübermittlung erfolgt. Ein Bericht enthält notwendigerweise stets Informationen; diese waren nach dem Wortlaut des § 5 TKG 1996 jedoch in eine bestimmte Form zu gießen. Der Gesetzgeber verzichtet in § 4 auf ähnliche Vorgaben. Das ist sachgerecht, da es der Regulierungsbehörde im Ergebnis auf die Information an sich und nicht auf eine bestimmte formelle Gestaltung der Information ankommt. Der Begriff der Information wird zudem in den Richtlinien verwendet. Die Regulierungsbehörde kann in ihrer Aufforderung aber regeln, dass eine bestimmte Form eingehalten werden soll, solange diese nicht unverhältnismäßig aufwendig ist. **12**

5. Umfang der Informationspflicht. – Das Verlangen der Regulierungsbehörde greift in die Rechte der Unternehmens aus Art. 12 Abs. 1 GG (Berufsfreiheit) und/oder aus Art. 2 Abs. 1 i.V.m. Art. 1 Abs. 1 GG (Recht auf informationelle Selbstbestimmung) ein.[15] Daher hat die Regulierungsbehörde zwingend das Gebot der Verhältnismäßigkeit zu beachten. **13**

---

11 Vgl. zur alten Rechtslage BeckTKG-Komm/*Schuster*, § 5 RdNr. 3; *Heun/Zwetkow*, Teil 1 RdNr. 165.
12 Siehe aber *Scheurle/Mayen*, § 5 RdNr. 4.
13 Bejahend BeckTKG-Komm/*Schuster*, § 5 RdNr. 8; verneinend *Manssen*, C § 5 RdNr. 5.
14 *Heun/Zwetkow*, Teil 1 RdNr. 165.
15 *Scheurle/Mayen*, § 5 RdNr. 3.

Sie darf – qualitativ und quantitativ – nur die Informationen verlangen, die für die Erfüllung ihrer eigenen Berichtspflichten unabdingbar sind; maßgeblich ist der Umfang der jeweiligen Berichtspflicht der Regulierungsbehörde. Es reicht nicht aus, dass das Unternehmen leichteren Zugriff hat als die Regulierungsbehörde, wenn letztere die Informationen in zumutbarer Weise auch auf andere Art erlangen kann oder anderweitig Kenntnis von den notwendigen Informationen hat.[16]

14 Ob eine Information verlangt wird, steht im **Ermessen** der Regulierungsbehörde. Nach altem Recht hatte die RegTP nach pflichtgemäßem Ermessen zu entscheiden, ob das Unternehmen Berichte zur Verfügung stellen musste.[17] Wie bereits im Rahmen von § 5 TKG 1996 ist davon auszugehen, dass dieses Ermessen auf Null reduziert ist; die Regulierungsbehörde kann nur dann Berichte verlangen, wenn sie ihrerseits gemeinschaftsrechtlich zwingend zu einem Bericht verpflichtet ist. Aufgrund des mit der Berichtspflicht verbundenen Eingriffs in die Rechte des Netzbetreibers oder Diensteanbieters ist ein entsprechendes Verlangen nur bei einer eigenen zwingenden Pflicht gerechtfertigt. Nach neuem Recht sind dieselben Maßstäbe anzulegen wie nach altem Recht. Anderenfalls wäre das Auskunftsverlangen unverhältnismäßig.

15 **Kosten.** – Für das Unternehmen ist die Erfüllung der Berichtspflicht in der Regel mit Kosten verbunden. **Aufwendungsersatz** gibt es jedoch nicht; dies ist verfassungsrechtlich auch nicht geboten.[18]

16 Gegen den Verwaltungsakt, mit dem Informationen gefordert werden, ist **Anfechtungsklage** möglich.[19] Diese ist begründet, wenn Ermessensfehler vorliegen und die Informationen nicht hätten verlangt werden dürfen.

17 **6. Europäische Kommission und andere internationale Gremien.** – Die eigenen Berichtspflichten der Regulierungsbehörde müssen gegenüber der Europäischen Kommission und anderen internationalen Gremien wie z. B. der ITO bestehen.[20] Berichte zwischen nationalen Behörden sind nicht erfasst.

18 **7. Sanktionen.** – Stellt ein Unternehmen die notwendigen angeforderten Informationen nicht, nicht richtig, nicht vollständig oder nicht rechtzeitig zur Verfügung, so liegt darin gem. § 149 Abs. 1 Nr. 1 eine Ordnungswidrigkeit, soweit dies vorsätzlich oder fahrlässig geschieht.[21] Die Regulierungsbehörde kann als zuständige Verwaltungsbehörde (§ 149 Abs. 3, § 36 Abs. 1 Nr. 1 OWiG; § 149 RdNr. 85) in diesem Fall eine Geldbuße bis zu zehntausend Euro verhängen, § 149 Abs. 2 (§ 149 RdNr. 69 ff.).

---

16 *Manssen*, C § 5 RdNr. 6; anders § 6 RdNr. 32.
17 BeckTKG-Komm/*Schuster*, § 5 RdNr. 4.
18 *Manssen*, C § 5 RdNr. 7; BeckTKG-Komm/*Schuster*, § 5 RdNr. 3.
19 *Manssen*, C § 5 RdNr. 8.
20 Begründung zum Regierungsentwurf, BT-Drs. 15/2316, S. 59.
21 Vgl. zu den Voraussetzungen § 128 RdNr. 8 ff., 23 ff.

Gosse

§ 5 Medien der Veröffentlichung

Veröffentlichungen und Bekanntmachungen, zu denen die Regulierungsbehörde durch dieses Gesetz verpflichtet ist, erfolgen in deren Amtsblatt und auf deren Internetseite, soweit keine abweichende Regelung getroffen ist. Im Amtsblatt der Regulierungsbehörde sind auch technische Richtlinien bekannt zu machen.

I. Normzweck

Die Vorschrift benennt die allgemein gültigen **Medien der Veröffentlichung**.   **1**

II. Entstehungsgeschichte

Das TKG 1996 enthielt keine entsprechende Vorschrift. Art und Weise der Veröffentli- **2**
chung wurde vielmehr in der jeweiligen Norm selbst bestimmt, z.B. § 10 TKG 1996. Der Gesetzgeber zieht nun die Medien der Veröffentlichung vor die Klammer.

III. Regelungsinhalt

1. Grundsatz. – Bislang war es durchaus übliche Praxis der Regulierungsbehörde, Veröf- **3**
fentlichungen sowohl im Amtsblatt als auch im Internet vorzunehmen. Dies wird nun gesetzlich manifestiert. Nach dem Wortlaut der Norm haben alle nach diesem Gesetz notwendigen Veröffentlichungen und Bekanntmachungen grundsätzlich **kumulativ** sowohl im Amtsblatt der Regulierungsbehörde als auch auf deren Internetseite zu erfolgen. Etwas anderes gilt nur, wenn das Gesetz dies ausdrücklich vorsieht (RdNr. 8 f.). Ebenfalls im Amtsblatt bekannt zu machen sind technische Richtlinien. Die Veröffentlichungspflichten dienen u.a. dazu, das Handeln der Regulierungsbehörde i.S.d. gemeinschaftsrechtlichen Transparenzerfordernisses transparent zu machen. Die einheitliche Regelung der Medien der Veröffentlichung erleichtert dieses Ziel. Die umfassende Informationsmöglichkeit von Unternehmen und Verbrauchern wird gewährleistet. Dies gilt insbesondere auch für ausländische Wettbewerber. Durch die Aufnahme der Internetveröffentlichung wird der zunehmenden praktischen Bedeutung der neuen Medien Rechnung getragen; das TKG ist aufgrund seiner Regelungsmaterie hierzu in besonderer Weise berufen.

2. Veröffentlichungen. – Um die Ziele der Information der Marktteilnehmer und der **4**
Transparenz aufsichtlichen Handelns und des Marktes zu erreichen, sieht der Gesetzgeber eine Veröffentlichung all dessen vor, was vor diesem Hintergrund für die Marktteilnahme relevant und wichtig ist. Das TKG beinhaltet entsprechend vielfältige Veröffentlichungspflichten:

§§ 6 Abs. 2 (Meldeformular) und 4 (Verzeichnis der gemeldeten Unternehmen), 12 Abs. 1 **5**
(Anhörungsverfahren), 22 Abs. 3 (Einsicht in Zugangsvereinbarung), 26 (Maßnahmen der Zugangsregulierung), 29 Abs. 2 (Prüfergebnis bzgl. Kostenrechnungsmethoden), 35 Abs. 6 (genehmigte Entgelte), 36 Abs. 1 (beabsichtigte Entscheidungen) und 2 (beantragte oder vorgesehene Entgeltmaßnahmen), 51 Abs. 2 (Errichtung, Besetzung der Schlichtungsstelle, Verfahrensordnung), 55 Abs. 2 (Frequenzzuteilung) und 9 (Entscheidung im Frequenzvergabeverfahren), 61 Abs. 1 (Wahl, Festlegung und Regeln des Vergabeverfah-

rens), 62 Abs. 2 (Frequenzhandel), 81 Abs. 1 (Universaldienstverpflichtungen), 82 Abs. 4 (Ergebnis der Kostenberechnung), 87 Abs. 3 (Universaldienstbericht), 122 Abs. 1 (Jahresbericht), 2 (Vorhabenplan) und 3 (Verwaltungsgrundsätze), 147 (Verwaltungskosten).

6 **3. Bekanntmachungen.** – Bekannt gemacht werden insbesondere **technische Richtlinien**. Für diese trifft Satz 2 eine spezielle Regelung: Danach erfolgt die Bekanntmachung im Amtsblatt; eine Bekanntmachung im Internet ist nach dem Wortlaut der Norm nicht vorgesehen. Nach der Gesetzesbegründung fallen insbesondere die technischen Richtlinien bezüglich des Notrufs (§ 108 Abs. 3, RdNr. 11 f.) und der Überwachungsmaßnahmen (§ 110 Abs. 3, RdNr. 51 f.) unter § 5 Satz 2.[1] Das Gesetz sieht den Erlass technischer Richtlinien außerdem beim automatisierten Auskunftsverfahren vor (§ 112 Abs. 3, RdNr. 26 ff.).

7 Die öffentliche Bekanntmachung dient wie die Veröffentlichung grundsätzlich den genannten Informations- und Transparenzzielen. Für einen **Verwaltungsakt** i. S. v. § 43 VwVfG ist sie zudem **Wirksamkeitsvoraussetzung**. Die (öffentliche) Bekanntmachung ist eine Form der Bekanntgabe.[2] Die formellen Voraussetzungen einer Bekanntgabe sind in § 41 VwVfG geregelt; der Begriff der Bekanntgabe selbst wird in dieser Norm jedoch nicht definiert.[3] An verschiedenen Stellen verwendet das TKG den allgemeinen Begriff der **Bekanntgabe**: §§ 66 Abs. 2 (Änderung der Nummerierung), 129 Abs. 1 (Beschlagnahme), 138 Abs. 3 (Vorlage- und Auskunftpflicht, § 138 RdNr. 20). In diesen Fällen kann Bekanntgabe daher auch in anderer Form als durch öffentliche Bekanntmachung erfolgen, z. B. durch Zustellung an die betroffenen Parteien. Dies ist sachgerecht, da in den genannten Fällen kein allgemeines Interesse an der Information besteht und eine öffentliche Bekanntmachung somit nicht notwendig ist.

8 **4. Abweichende Regelungen.** – Von der Grundregel des § 5 Satz 1 kann abgewichen werden, wenn dies ausdrücklich geregelt ist. Entsprechende Regelungen finden sich in folgenden Fällen: **§ 110 Abs. 8** sieht nur die Veröffentlichung im Amtsblatt der Regulierungsbehörde vor. Die Veröffentlichung im Internet ist damit nicht erforderlich (§ 110 RdNr. 68). **§ 131** regelt in Abweichung von § 5 die Zustellung einer Entscheidung der Regulierungsbehörde an ein Unternehmen ohne Zustellungsbeauftragten durch Bekanntmachung im Bundesanzeiger (§ 131 RdNr. 9). Die Veröffentlichung von Weisungen des BMWA nach **§ 117** fällt schon deshalb nicht unter § 5, weil es sich nicht um eine Veröffentlichungspflicht der Regulierungsbehörde handelt. Solche Weisungen werden vom BMWA im Bundesanzeiger veröffentlicht (§ 117 RdNr. 4).

9 Aus dem Wortlaut der Norm ergibt sich nicht, ob abweichende Regelungen **nur durch Gesetz** oder auch von der Regulierungsbehörde getroffen werden können. Sinn und Zweck der Norm, größtmögliche Transparenz zu schaffen, würden jedoch ausgehöhlt, wenn die Regulierungsbehörde entgegen des in § 5 niedergelegten Prinzips einer kumulativen Veröffentlichung solche abweichenden Regelungen selbst treffen könnte. § 5 schreibt jedoch nur das „wo" (Amtsblatt und Internet) der Veröffentlichung bzw. Bekanntmachung vor, nicht hingegen das „wie" (Inhalt und Umfang). Hinsichtlich des Inhalts und Umfangs kann die Regulierungsbehörde im Rahmen ihrer Befugnisse daher besondere Regelungen treffen. So kann sie an der bisherigen Praxis festhalten, den vollständigen Jahresbericht nach § 122 Abs. 1 im Internet und als eigenständiges (kostenloses) Druckwerk zu veröffentli-

---

1 Begründung zum Regierungsentwurf, BT-Drs. 15/2316, S. 59.
2 *Stelkens/Bonk/Sachs/Stelkens/Stelkens*, § 41 RdNr. 2.
3 *Stelkens/Bonk/Sachs/Stelkens/Stelkens*, § 41 RdNr. 24.

chen. Im (kostenpflichtigen) Amtsblatt reicht dann ein entsprechender Hinweis.[4] Auf die vollständige Veröffentlichung im Internet kann jedoch grundsätzlich nicht verzichtet werden. Zum Verzeichnis der gemeldeten Unternehmen s. § 6 RdNr. 42.

5. Verstoß. – Wird gegen den Grundsatz verstoßen, dass Veröffentlichungen und Bekannt- **10** machungen stets kumulativ sowohl im Amtsblatt als auch auf der Internetseite der Regulierungsbehörde zu erfolgen haben, liegt ein Verfahrensfehler vor. Dieser kann geheilt werden, indem die fehlende Veröffentlichung oder Bekanntmachung nachgeholt wird. Nach dem Wortlaut der Norm sind beide Medien gleichwertig. Es ist daher irrelevant, ob die Veröffentlichung bzw. Bekanntmachung im Amtsblatt fehlt oder im Internet. Ist die Bekanntmachung Wirksamkeitsvoraussetzung eines Verwaltungsakts, so wird dieser erst wirksam, wenn die Bekanntmachung tatsächlich kumulativ in Amtsblatt und Internet erfolgt ist.

---

4 Vgl. für den Jahresbericht 2004 ABl. RegTP 10/2005, S. 207.

§ 6 Meldepflicht

(1) Wer gewerblich öffentliche Telekommunikationsnetze betreibt oder gewerblich Telekommunikationsdienste für die Öffentlichkeit erbringt, muss die Aufnahme, Änderung und Beendigung seiner Tätigkeit sowie die Änderung seiner Firma bei der Regulierungsbehörde unverzüglich melden. Die Erklärung bedarf der Schriftform.

(2) Die Meldung muss die Angaben enthalten, die für die Identifizierung des Betreibers oder Anbieters nach Absatz 1 erforderlich sind, insbesondere die Handelsregisternummer, die Anschrift, die Kurzbeschreibung des Netzes oder Dienstes sowie den voraussichtlichen Termin für die Aufnahme der Tätigkeit. Die Meldung hat nach einem von der Regulierungsbehörde vorgeschriebenen und veröffentlichten Formular zu erfolgen.

(3) Auf Antrag bestätigt die Regulierungsbehörde innerhalb von einer Woche die Vollständigkeit der Meldung nach Absatz 2 und bescheinigt, dass dem Unternehmen die durch dieses Gesetz oder auf Grund dieses Gesetzes eingeräumten Rechte zustehen.

(4) Die Regulierungsbehörde veröffentlicht regelmäßig ein Verzeichnis der gemeldeten Unternehmen.

(5) Steht die Einstellung der Geschäftstätigkeit eindeutig fest und ist die Beendigung der Tätigkeit der Regulierungsbehörde nicht innerhalb eines Zeitraums von sechs Monaten schriftlich gemeldet worden, kann die Regulierungsbehörde die Beendigung der Tätigkeit von Amts wegen feststellen.

Schrifttum: *Ahlers*, Weitfunker, c't 2004, 222; *Berger/Gramlich*, Corporate Networks im Telekommunikationsrecht, GewArch 1999, 150; *Friauf*, Kommentar zur Gewerbeordnung, Loseblatt, Stand 2005; *Gersdorf*, Der Staat als Telekommunikationsunternehmer, AfP 1998, 470; *Holznagel*, Die Erhebung von Marktdaten im Wege des Auskunftsersuchens nach dem TKG, 2001; *Landmann/Rohmer*, Gewerbeordnung, Loseblatt, Stand 2004; *Müller*, Verordnung über die Anzeigen nach § 14 und § 55c der Gewerbeordnung, GewArch 1979, 326; *Odenthal*, Gesellschafter von Personengesellschaften als Gewerbetreibende, GewArch 1991, 206; *Robinski*, Gewerberecht, 2. Aufl. 2002; *Stollenwerk*, Praxishandbuch zum Gewerberecht, 2. Aufl. 2002; *Stober*, Lexikon des Rechts, Gewerberecht, 1999; *ders.*, Handbuch des Wirtschaftsverwaltungs- und Umweltrechts, 1989; *Tettinger/Wank*, Gewerbeordnung, 7. Aufl. 2004.

Übersicht

A. Normzweck

1 Die Vorschrift dient dazu, der Regulierungsbehörde auch nach Abschaffung des Lizenzsystems einen Überblick über die Marktteilnehmer auf den Telekommunikationsmärkten zu verschaffen und so die Einhaltung der in diesem Gesetz vorgeschriebenen Pflichten zu überwachen, Missbrauch zu verhindern und den Fortschritt des Wettbewerbs entsprechend beurteilen zu können. Ohne eine solche Norm erhielte die Regulierungsbehörde amtlich keine umfassende Kenntnis von den betriebenen Telekommunikationsnetzen und erbrachten Telekommunikationsdiensten, mithin über die Versorgungsintensität und -breite.[1]

B. Entstehungsgeschichte

2 Nach Art. 3 Abs. 2 GRL darf die Bereitstellung elektronischer Kommunikationsnetze oder -dienste nicht von einer Genehmigung oder einem anderen Verwaltungsakt der nationalen Regulierungsbehörde abhängig gemacht werden. Das bislang in Deutschland geltende **Lizenzregime** musste aufgrund dieser gemeinschaftsrechtlichen Vorgaben aufgegeben werden. Mit der GRL sollen Harmonisierung und weniger schwerfällige Regelungen des Marktzugangs für elektronische Kommunikationsnetze und -dienste in der ganzen Gemeinschaft durchgesetzt werden.[2] Die Allgemeingenehmigung gilt für alle vergleichbaren Dienste in gleicher Weise und ist technologieneutral, d. h. unabhängig von der eingesetzten Technologie. Auf diese Weise wird Konvergenz zwischen den unterschiedlichen elektronischen Kommunikationsnetzen und -diensten und ihren Technologien geschaffen. Die Einführung einer Allgemeingenehmigung soll die Entwicklung neuer elektronischer Kommunikationsnetze und -dienste fördern sowie den Anbietern und Nutzern dieser Dienste ermöglichen, von den Vorteilen eines großen Binnenmarktes zu profitieren.

3 Die Regulierungsbehörde benötigt für die Wahrnehmung ihrer Aufgaben **Informationen** über die am Markt tätigen Unternehmen. Dem bislang geltenden Lizenzregime kam dementsprechend eine wichtige **Dokumentationsfunktion** zu. Verschiedene nichtlizenzpflichtige Tätigkeiten waren aus demselben Grund nach altem Recht zumindest anzeigepflichtig (§ 4 TKG 1996). Mit dem Wegfall des Lizenzregimes entfällt nun die mit der Lizenzvergabe verbundene Dokumentation und damit eine wichtige Grundlage des aufsichtlichen Handelns der Regulierungsbehörde.[3] Das Gemeinschaftsrecht eröffnet den Mitgliedstaaten daher die

---

1 Begründung zum Regierungsentwurf, BT-Drs. 15/2316, S. 59 f.; *Scheurle/Mayen*, § 4 RdNr. 2.
2 Erwägungsgrund 2 GRL.
3 Zum Überblick als Grundlage für die weitere Marktbeobachtung bereits *Geppert/Ruhle/Schuster*, RdNr. 252.

Möglichkeit, eine Meldung von den betreffenden Unternehmen zu verlangen (Art. 3 Abs. 2 GRL). Diese Meldepflicht ist notwendiges Korrelat der Allgemeingenehmigung und entspricht dem Konzept eines deregulierten Gesetzes.[4] Die Norm ermöglicht der Regulierungsbehörde die Marktbeobachtung und hat zugleich eine individuelle Unterrichtungsfunktion.[5] Die Regulierungsbehörde hat bei der Anwendung der Vorschrift stets darauf zu achten, dass die Meldepflicht nicht die Lizenzpflicht als Zugangsvoraussetzung, sondern nur deren Dokumentationsfunktion als Grundlage ihrer Aufgabenerfüllung ersetzen soll. Es darf nicht mit der Meldung quasi durch die Hintertür doch wieder eine Zugangsbeschränkung geschaffen werden, da das Lizenzregime aufgrund gemeinschaftsrechtlicher Vorgaben ja gerade durch die Allgemeingenehmigung abgelöst wurde. Die Meldepflicht orientiert sich an der gewerberechtlichen Anzeigepflicht des § 14 GewO (vgl. die jeweilige Einzelkommentierung).

C. Einzelkommentierung

I. Unverzügliche Meldung (Abs. 1). – 1. Grundsatz. – Nach Abs. 1 hat, wer gewerblich **4** öffentliche Telekommunikationsnetze betreibt oder gewerblich Telekommunikationsdienste für die Öffentlichkeit erbringt, die Aufnahme, Änderung und Beendigung seiner Tätigkeit sowie eine Firmenänderung der Regulierungsbehörde anzuzeigen. Die Vorschrift entspricht weitgehend § 4 Satz 1 TKG 1996, der sich jedoch praktisch allein auf nichtlizenzpflichtige Telekommunikationsdienstleistungen bezog, da eine Anzeige bei lizenzpflichtigen Tätigkeiten zusätzlich zum Lizenzierungsverfahren überflüssig war.[6] Bei nichtlizenzpflichtigen Tätigkeiten jedoch mussten auch nach altem Recht die Aufnahme, Änderung und Beendigung des Betriebes der Regulierungsbehörde innerhalb eines Monats schriftlich angezeigt werden. Für die Frage der Meldepflichtigkeit kommt es nicht auf den Sitz des Unternehmens, sondern auf den Leistungsort an; dies gilt insb. auch für ausländische Unternehmen.[7] Nur so wird die Regulierungsbehörde in die Lage versetzt, den Markt wirksam und effektiv zu überwachen. Auch die Aufgaben des Bundesbeauftragten für Datenschutz können nur auf diese Weise erfüllt werden. Reseller müssen daher ihre Tätigkeit anmelden, wenn sie einen Telekommunikationsdienst in Deutschland verkaufen und dieser (zumindest) teilweise hier erbracht wird.[8] **Sachlich zuständig** für die Entgegennahme der Meldung ist die Regulierungsbehörde.

2. Art der Erklärung. – Die Meldung ist eine **einseitige empfangsbedürftige Willenser-** **5** **klärung**, die mit Zugang bei der Behörde wirksam wird.[9] Die Erklärung bedarf der Schriftform (Abs. 1 Satz 2). Sie hat nach einem von der Behörde vorgeschriebenen und veröffentlichten Formular zu erfolgen (Abs. 2 Satz 2, vgl. RdNr. 30) und kann mittels **qualifizierter**

---

4 *Trute/Spoerr/Bosch*, § 4 RdNr. 1; vgl. auch *Landmann/Rohmer/Marcks*, GewO, § 14 RdNr. 8; *Stober/Müller*, Lexikon des Rechts, „Gewerbeanzeige" Teil A.
5 Begründung des Regierungsentwurfs zum TKG 1996, BR-Drs. 80/96, S. 37; *Geppert/Ruhle/Schuster*, RdNr. 252; *Trute/Spoerr/Bosch*, § 4 RdNr. 2.
6 *Manssen*, C § 4 RdNr. 1.
7 BeckTKG-Komm/*Schuster*, § 4 RdNr. 6 a.
8 BeckTKG-Komm/*Schuster*, § 4 RdNr. 6 a.
9 Vgl. für das Gewerberecht *Heß/Friauf*, GewO, § 14 RdNr. 30; *Stollenwerk*, Praxishandbuch zur Gewerbeordnung, RdNr. 200.

elektronischer Signatur abgegeben werden, da diese gem. § 3a VwVfG der Schriftform gleichgestellt ist.[10]

6 **3. Aufnahme, Änderung und Beendigung.** – Aufnahme, Änderung und Beendigung sind **netz- bzw. dienstbezogen** zu verstehen.[11] Die Meldepflicht bezieht sich demnach auf das jeweilige Telekommunikationsnetz bzw. den jeweiligen Telekommunikationsdienst. Betreibt ein Unternehmen verschiedene Netze oder erbringt es verschiedene Dienste, so sind deren Aufnahme, Änderung und Beendigung jeweils gesondert anzumelden.

7 **a) Aufnahme.** – Mit Beginn der werbenden Tätigkeit am Markt, wenn also das Unternehmen erstmals mit seinem Netz oder Dienst werbend an die Öffentlichkeit tritt, ist das Kriterium der Aufnahme der Tätigkeit erfüllt.[12] Die Handlungen müssen für Außenstehende erkennbar der Teilnahme am allgemeinen Handelsverkehr zuzurechnen sein. Unmittelbar vorausgehende, auf den Beginn gerichtete Handlungen sind erfasst (z.B. Errichten eines Netzes, Antrag auf Frequenzzuteilung); reine Vorbereitungshandlungen, die keine Außenwirkung haben (wie z.B. der Abschluss des Gesellschaftsvertrags), lösen die Meldepflicht jedoch nicht aus.[13] Ob ein Gesellschafter bei **Eintritt in eine bereits registrierte Gesellschaft** dies als Aufnahme seiner Tätigkeit melden muss, hängt von der Frage ab, ob die Meldepflicht personen- oder betriebsbezogen ist (vgl. RdNr. 12 ff.).

8 **b) Änderung.** – Änderung meint nicht allein technische Änderungen des Netzes oder Dienstes, sondern auch Qualitätsänderungen, beispielsweise durch Beifügung eines neuen Leistungsmerkmals bei der Art der Nachrichtenverarbeitung.[14] Es muss sich um ein qualitativ anderes Netz bzw. einen qualitativ anderen Dienst handeln. Die Ermittlung einer Änderung erfolgt in **zwei Schritten**[15]: zunächst wird die vorhandene Meldung ausgelegt; im Anschluss daran erfolgt die Prüfung, ob das neue Netz oder der neue Dienst qualitativ von dieser Meldung abweichen. Eine Diensteänderung muss sich auf die **Art der Nachrichtenübermittlung** beziehen oder sonst zu einer **telekommunikationsrechtlichen qualitativen Änderung** führen. Da das TKG stets nur die Übermittlung, nicht jedoch die Inhalte der Kommunikation regelt, ist das Merkmal der Änderung nicht erfüllt, wenn sich nur Änderungen im Hinblick auf die übermittelten Inhalte ergeben, da dies die telekommunikationsspezifische Dienstequalität nicht beeinflusst.[16] Das Tatbestandsmerkmal der Änderung ist restriktiv auszulegen.[17]

9 **c) Beendigung.** – Eine kurzfristige Unterbrechung mit Weiterführungsabsicht stellt keine Beendigung dar. Beendigung liegt vielmehr nur dann vor, wenn das Unternehmen seine werbende Tätigkeit im Bereich dieses Gesetzes, d.h. als Netzbetreiber oder Diensteanbieter vollständig und **endgültig einstellt**.[18] Es kommt auf einen entsprechenden Handlungs-

10 *Kopp/Ramsauer*, VwVfG, § 3a RdNr. 1; Begründung zum Regierungsentwurf, BT-Drs. 15/2316, S. 59.
11 BeckTKG-Komm/*Schuster*, § 4 RdNr. 7.
12 *Trute/Spoerr/Bosch*, § 4 RdNr. 11; *Manssen*, C § 4 RdNr. 3.
13 *Trute/Spoerr/Bosch*, § 4 RdNr. 8; BeckTKG-Kommentar/*Schuster*, § 4 RdNr. 5; *Landmann/Rohmer/Marcks*, GewO, § 14 RdNr. 45.
14 BeckTKG-Kommentar/*Schuster*, § 4 RdNr. 7.
15 *Trute/Spoerr/Bosch*, § 4 RdNr. 11.
16 Siehe schon *Trute/Spoerr/Bosch*, § 4 RdNr. 11.
17 *Manssen*, C § 4 RdNr. 4.
18 *Manssen*, C § 4 RdNr. 4; im Gewerberecht hingegen ist die Verminderung des Angebots nicht anzuzeigen, *Tettinger/Wank*, GewO, § 14 RdNr. 49.

willen des Meldepflichtigen an. Anders als das Gewerberecht ist nicht erst die Beendigung des ganzen Betriebes maßgeblich, sondern der jeweiligen gemeldeten Tätigkeit.[19] Ob ein Gesellschafter bei **Austritt aus einer registrierten Gesellschaft** dies als Beendigung seiner Tätigkeit melden muss, hängt von der Frage ab, ob die Meldepflicht personen- oder betriebsbezogen ist (vgl. RdNr. 12 ff.).

4. Firmenänderung. – Die Firma ist der Name, unter dem ein Kaufmann seine Geschäfte 10 betreibt, d. h. der Geschäftsname des Kaufmanns.[20] Eine Firmenänderung liegt immer dann vor, wenn eine handelsrechtlich relevante Änderung vorgenommen wird, also beispielsweise ein Namenszusatz aufgenommen oder das Unternehmen aufgrund gesellschaftsrechtlicher Änderungen umbenannt wird.[21] Nicht erfasst sind von diesem Tatbestandsmerkmal Änderungen in der Gesellschafterstruktur (z. B. Gesellschafterwechsel), sofern sie keine Auswirkungen auf die Firma des Unternehmens haben.[22] Eine Meldepflicht kann sich aber aus anderen Normen ergeben, vgl. § 55 Abs. 6.

5. Adressat der Meldepflicht. a) Kapitalgesellschaften. – Adressat der Meldepflicht ist 11 die Kapitalgesellschaft als solche. Diese ist selbst Netzbetreiber bzw. Diensteanbieter und damit meldepflichtig.[23] Geschäftsführer oder Vorstand vertreten die Kapitalgesellschaft bei der Meldung, sie trifft aber keine eigene Meldepflicht[24]. Gleiches gilt für rechtsfähige Vereine.

b) Personengesellschaften. – Bei Personengesellschaften ist der Adressat weniger leicht 12 zu bestimmen. Fraglich ist, ob die Meldepflicht **personen- oder unternehmensbezogen** ist, d. h. ob alle persönlich haftenden Gesellschafter der Personengesellschaft meldepflichtig sind, soweit sie nicht durch Gesellschaftsvertrag von der Geschäftsführung und Vertretung ausgeschlossen sind[25], oder entsprechend den Kapitalgesellschaften nur die Gesellschaft selbst.

Nach dem **Wortlaut** des Gesetzes ist meldepflichtig, wer gewerblich öffentliche Telekom- 13 munikationsnetze betreibt oder gewerblich Telekommunikationsdienste für die Öffentlichkeit anbietet. Das Meldeformular ist personenbezogen formuliert („dass *ich* anbiete", „dass *ich* betreibe", „dass *meinem Unternehmen* … Rechte zustehen"). Der Wortlaut des Meldeformulars kann zwar als Indiz herangezogen werden, ist für die Auslegung der Norm aber nicht maßgeblich.

Das **Gewerberecht** kennt eine vergleichbare Anzeigepflicht der Gewerbetreibenden, § 14 14 Abs. 1 GewO. Nach h. M. ist im Rahmen dieser Vorschrift bei juristischen Personen diese selbst anzeigepflichtig, bei Personengesellschaften müssen alle Gesellschafter ihre Tätigkeit anzeigen. Da Personengesellschaften keine juristischen Personen seien und im Gewerberecht personenbezogene Eigenschaften wie z. B. die Zuverlässigkeit des Gewerbetrei-

---

19 Siehe *Heß/Friauf*, GewO, § 14 RdNr. 19 (§ 14 Abs. 1 Nr. 3 GewO; anders wiederum bei Neuaufnahme nach § 14 Abs. 1 Nr. 2 GewO).
20 *Baumbach/Hopt*, § 17 RdNr. 4.
21 *Baumbach/Hopt*, § 17 RdNr. 22, § 19 RdNr. 4 ff.
22 So auch *Schütz*, Kommunikationsrecht, RdNr. 23.
23 Vgl. *Landmann/Rohmer/Marcks*, GewO, § 14 RdNr. 56; *Heß/Friauf*, GewO, Vor § 14 RdNr. 36.
24 Siehe BVerwG GewArch 1977, 4; *Tettinger/Wank*, GewO, § 14 RdNr. 78.
25 Zur vergleichbaren Frage im Gewerberecht *Tettinger/Wank*, GewO, § 14 RdNr. 73.

benden vorherrschen, sei die Konstruktion einer eigenen Rechtspersönlichkeit von Personengesellschaften im Gewerberecht überflüssig und verfehlt.[26]

15 Personenbezogene Eigenschaften spielten nach **altem Recht** auch im TKG eine Rolle. Nach § 8 Abs. 3 Nr. 2 a TKG 1996 war eine beantragte Lizenz zu versagen, wenn Tatsachen die Annahme rechtfertigten, dass der Antragsteller nicht die für die Ausübung der beantragten Lizenzrechte erforderliche Zuverlässigkeit, Leistungsfähigkeit und Fachkunde besaß.[27]

16 Mit Abschaffung der Lizenzregimes und Einführung der Allgemeingenehmigung wurden jedoch **personenbezogene Zulassungsvoraussetzungen abgeschafft**. Solche subjektiven Voraussetzungen finden sich zwar noch im Rahmen der Vergabe von Ressourcen (z. B. § 55 Abs. 4). Die grundsätzliche Möglichkeit, ein Telekommunikationsnetz zu betreiben oder einen Telekommunikationsdienst anzubieten, hängt aber nicht länger von der Person des Betreibers bzw. Anbieters (z. B. von seiner Zuverlässigkeit) ab. Eine Untersagung der Tätigkeit ist nur möglich, wenn die Voraussetzungen des § 126 Abs. 3 TKG vorliegen, d. h. wenn das Unternehmen seine Verpflichtungen nach diesem Gesetz oder auf Grund dieses Gesetzes in schwerer und wiederholter Weise nicht erfüllt (vgl. RdNr. 53; § 126 RdNr. 13 ff.). Haben demnach personenbezogene Eigenschaften keine Auswirkungen auf die Zulässigkeit einer Tätigkeit im Bereich dieses Gesetzes, ist eine Anknüpfung an die Person des Netzbetreibers oder Diensteanbieters nicht notwendig; eine Anknüpfung an das Unternehmen als solches reicht aus. Bei der Auslegung der Norm ist zu berücksichtigen, dass sich eine Untersagung der Tätigkeit nach § 126 Abs. 3 TKG gegen das Unternehmen als solches und nicht gegen den einzelnen Gesellschafter richtet; auf die Meldung des einzelnen Gesellschafters kommt es damit für eine Untersagung nicht an. Aus Gründen der Verhältnismäßigkeit wäre eine Meldepflicht des jeweiligen Gesellschafters jedoch nur dann zu rechtfertigen, wenn eine solche weite Meldepflicht Grundlage für das aufsichtliche Handeln der Regulierungsbehörde wäre und an die geforderten Informationen ggf. Sanktionen geknüpft werden könnten.

17 Maßgeblich ist **Sinn und Zweck** der Meldung nach § 6. Aus den gemeinschaftsrechtlichen Vorgaben des **Art. 3 Abs. 2 und 3 GRL** ergibt sich, dass die Unternehmen durch die Meldepflicht so wenig wie möglich belastet werden sollen, um die Allgemeingenehmigung in keiner Weise zu beeinträchtigen. Die Meldung soll gerade keinen Ersatz der Lizenz darstellen, sondern allein deren Dokumentationsfunktion übernehmen, um der Regulierungsbehörde die Wahrnehmung ihrer aufsichtlichen Pflichten zu ermöglichen (RdNr. 3). § 6 ist daher nicht den hohen Anforderungen anzunähern, die im Rahmen der Lizenzerteilung zu stellen waren; vielmehr hat sich die Meldepflicht an dem weniger weit reichenden § 4 TKG 1996 zu orientieren. Der Meldepflicht kommt keine Filterfunktion zu.

18 **Adressat** der Meldepflicht nach Abs. 1 ist somit auch bei Personengesellschaften das **Unternehmen** selbst. Die Gesellschafterstruktur ist für die Regulierungsbehörde nicht von Bedeutung. Entscheidend ist, dass sie Kenntnis von den betriebenen Telekommunikationsnetzen und den angebotenen Telekommunikationsdiensten hat. Am Beispiel einer meldepflichtigen Änderung lässt sich verdeutlichen, dass dieses Ergebnis sachgerecht ist: Erfolgt die Änderung einer meldepflichtigen Tätigkeit, ist für das weitere Handeln der Regulie-

---

26 *Heß/Friauf*, GewO, Vor § 14 RdNr. 39; *Stober/Müller*, Lexikon des Rechts, „Gewerbeanzeige" Teil B II.

27 Dazu im Einzelnen BeckTKG-Komm/*Schütz*, § 8 RdNr. 40 ff.

rungsbehörde ausreichend, wenn sie amtlich Kenntnis von dieser Änderung erlangt. Nicht notwendig ist jedoch, dass ihr entsprechend der jeweiligen Anzahl der Gesellschafter mehrfach dieselbe Änderung gemeldet wird. Bei einem **Gesellschafterwechsel** muss damit nicht der austretende Gesellschafter die Beendigung und der eintretende Gesellschafter die Aufnahmen seiner Tätigkeit anzeigen.[28] Ist mit dem Gesellschafterwechsel jedoch eine Firmenänderung verbunden, so ist diese zu melden (RdNr. 10).

Gesellschaftsrechtliche Bedenken bestehen nicht; OHG und KG sind **rechtsfähig**, d.h. die **19** Personengesellschaft kann selbst Trägerin von Rechten und Pflichten sein (vgl. §§ 124, 161 HGB).[29] Die GbR wurde durch die Rechtsprechung bislang nur bezüglich zivilrechtlicher Aspekte ausdrücklich als rechtsfähig anerkannt.[30] Da der GbR nach § 55 Abs. 3 aber Frequenzen zugeteilt werden können (vgl. § 55 RdNr. 26), gilt für den Bereich des Telekommunikationsrechts insoweit eine Besonderheit;[31] meldepflichtig ist damit die GbR selbst. Bei Verletzung der Meldepflicht ergeht der Bußgeldbescheid an die Gesellschaft.

6. Zeitpunkt. – Die Meldung muss **unverzüglich** erfolgen. Das TKG gibt für die Unver- **20** züglichkeit keinen eigenen Maßstab vor. Zur Bestimmung dieses Tatbestandsmerkmal ist auf die allgemein gültige Definition des § 121 Abs. 1 S. 1 BGB zurückzugreifen: unverzüglich bedeutet demnach „ohne schuldhaftes Zögern", ist aber nicht gleichbedeutend mit sofort.[32] Dem Meldepflichtigen ist ausreichend Zeit für die Überprüfung, ob ein meldepflichtiger Tatbestand vorliegt, und die Bearbeitung des Meldeformulars zuzugestehen. Dafür sollte regelmäßig eine Woche ausreichen. Die Obergrenze liegt bei zwei Wochen.[33] Die Monatsfrist für die Anzeige einer nichtlizenzpflichtigen Tätigkeit nach § 4 TKG 1996 wurde nicht ins neue Recht übernommen. Der Gesetzgeber hat sich vielmehr an § 14 GewO orientiert: die gewerberechtliche Anzeige muss gleichzeitig mit Erfüllung des anzeigepflichtigen Tatbestands erfolgen; gleichzeitig wird allgemein als unverzüglich verstanden.[34]

Nach Abs. 2 soll in der Meldung der voraussichtliche Termin für die Aufnahme der melde- **21** pflichtigen Tätigkeit angegeben werden. Daraus ergibt sich, dass zumindest die Aufnahme bereits **vor Beginn** gemeldet werden kann (und soll).[35] Eine Meldung vor Beginn der Tätigkeit ist jedoch problematisch, da die Meldung der Behörde einen Überblick über die zurzeit ausgeübten Tätigkeiten vermitteln soll und eine verfrühte Meldung zu Ungenauigkeiten führt, wenn eine beabsichtigte und gemeldete Tätigkeit doch nicht aufgenommen wird.[36] Da das Gesetz keine entsprechende Regelung für Änderung und Beendigung vorsieht, sollten diese Meldungen nach Sinn und Zweck der Meldepflicht erst unverzüglich nach erfolgter Änderung oder Beendigung der Tätigkeit erfolgen, nicht schon vorab.

7. Andere Anzeigepflichten. – Die Meldung allein berechtigt nicht zum Betrieb, falls eine **22** Zulassungsbeschränkung besteht oder nach anderen Vorschriften eine Genehmigung erfor-

---

28 Anders das Gewerberecht (*Tettinger/Wank*, GewO, § 14 RdNr. 73 ff.).
29 MünchKommHGB/*K. Schmidt*, § 105 RdNr. 7; § 124, RdNr. 1.
30 BGHZ 146, 314; BGH NJW 2002, 1207; *Palandt/Sprau*, § 705 RdNr. 24.
31 Eine solche besondere Regelung trifft auch § 1 Abs. 1 HandwO.
32 RG 124, 118; *Palandt/Heinrichs*, § 121 RdNr. 3.
33 *Immenga/Mestmäcker/Dreher*, § 107 RdNr. 39; *Palandt/Heinrichs*, § 121 RdNr. 3.
34 OLG Düsseldorf GewArch 1998, 240; *Tettinger/Wank*, GewO, § 14 RdNr. 81.
35 Nach dem eindeutigen Wortlaut ersetzt eine Meldung vor Beginn im Gewerberecht die Meldung zum Beginn nicht, *Tettinger/Wank*, GewO, § 14 RdNr. 81.
36 Vgl. *Landmann/Rohmer/Marcks*, GewO, § 14 RdNr. 53.

derlich ist. Die gewerberechtliche Anzeigepflicht nach § 14 GewO bleibt von der telekommunikationsrechtlichen Meldepflicht aufgrund divergierender Normzwecke unberührt.[37] § 14 GewO dient der Überwachung der Gewerbetreibenden. Auf diese Weise wird Zahl und Art der Gewerbetreibenden dokumentiert; außerdem dient die Anzeigepflicht dem Arbeitsschutz, dem Berufsrecht, der Statistik und dem Steuerrecht. Dass nach dem TKG eine Allgemeingenehmigung besteht, hat auf andere Gesetze keinen Einfluss.[38] Die Neuordnung des Rechtsrahmens im Telekommunikationsrecht will den Marktzugang nur nach den telekommunikationsrechtlichen Vorschriften erleichtern. Eine Aufweichung anderer an eine gewerbliche Tätigkeit gestellter Anforderungen liegt nicht im Interesse des Gemeinschaftsrechts.

23 **8. Begriffsbestimmungen. – a)** Der Begriff der **Telekommunikationsnetze** ist in § 3 Nr. 27 definiert. Ein Telekommunikationsnetz ist danach die Gesamtheit von Übertragungssystemen und ggf. Vermittlungs- und Leitwegeinrichtungen sowie anderweitigen Ressourcen, die die Übertragung von Signalen über Kabel, Funk, optische und andere elektromagnetische Einrichtungen ermöglichen, einschließlich Satellitennetzen, festen und mobilen terrestrischen Netzen, Stromleitungssystemen, soweit sie zur Signalübertragung genutzt werden, Netzen für Hör- und Fernsehfunk sowie Kabelfernsehnetzen, unabhängig von der Art der übertragenen Information. Diese Definition entspricht Art. 2 Buchst. a RRL. Leistungs- und paketvermittelte Netze gehören ebenso zu den Telekommunikationsnetzen im Sinne dieser Norm wie das Internet (vgl. im Übrigen § 3 RdNr. 46 ff.).

24 **b) Telekommunikationsdienste** werden entsprechend Art. 2 Buchst. c S. 1 RRL in § 3 Nr. 24 definiert. Telekommunikationsdienste sind in der Regel gegen Entgelt erbrachte Dienste, die ganz oder überwiegend in der Übertragung von Signalen über Telekommunikationsnetze bestehen, einschließlich der Übertragungsdienste in Rundfunknetzen. Der Begriff ersetzt den nach altem Recht verwendeten Begriff der Telekommunikationsdienstleistungen (vgl. im Übrigen § 3 RdNr. 38 ff.). Telekommunikationsdienste sind wie bislang von Telediensten (§ 2 Abs. 1 TDG) und Mediendiensten (§ 2 Abs. 1 MDStV) abzugrenzen. Kombinierte Dienste müssen nicht einheitlich betrachtet werden, so dass es auf das Verteilungsverhältnis und den Schwerpunkt des Dienstes nicht ankommt.[39]

25 **c) Gewerblich** ist nach der Gesetzesbegründung jede Tätigkeit, die zumindest mit der **Absicht der Kostendeckung** der Öffentlichkeit angeboten wird.[40] Diese Kostendeckungsabsicht ist begrifflich weiter als die für die Annahme einer gewerblichen Tätigkeit häufig im Handels-, Gewerbe- und Steuerrecht geforderte Gewinnerzielungsabsicht.[41] Aus Sinn und Zweck des TKG ergibt sich, dass auch Freiberufler, Vereine, Behörden, Parteien, Bildungs-, Kultur- und Sozialeinrichtungen, Verbände und Berufsorganisationen hiervon erfasst werden, wenn sie gewerblich tätig sind.[42] Nur so kann die erforderliche umfassende Marktbeobachtung erfolgen. Allein der rein private Bereich ist ausgeschlossen. Zur Einführung einer Bagatellgrenze s. RdNr. 27.

---

37 Siehe auch *Schütz*, Kommunikationsrecht, RdNr. 6.
38 Zu § 14 GewO: OLG Düsseldorf GewArch 1983, 331 f.; *Heß/Friauf*, GewO, § 14 RdNr. 5.
39 *Trute/Spoerr/Bosch*, § 4 RdNr. 9; a. A. *Waldenberger*, MMR 1998, 125.
40 Begründung zum Regierungsentwurf, BT-Drs. 15/2316, S. 59 f.; *Geppert/Ruhle/Schuster*, RdNr. 254; *Trute/Spoerr/Bosch*, § 4 RdNr. 6.
41 *K. Schmitz*, Handelsrecht, § 9 IV 2; *Canaris*, Handelsrecht, § 2 I; BeckTKG-Komm/*Schuster*, § 4 RdNr. 5.
42 BeckTKG-Komm/*Schuster*, § 4 RdNr. 5; *Gersdorf*, AfP 1998, 470 ff.

d) Nur öffentliche Telekommunikationsnetze und Telekommunikationsdienste für die Öf- 26
fentlichkeit müssen gemeldet werden. **Öffentlichkeit** meint einen unbestimmten Personenkreis. Netze oder Dienste, die sich an einen bestimmten eingeschränkten Nutzerkreis
(z. B. Corporate Network) richten, sind u. U. von der Meldepflicht ausgenommen (vgl. zum
Begriff des öffentlichen Telekommunikationsnetzes im Einzelnen § 3 RdNr. 49 ff.). Dies
entspricht Sinn und Zweck der Meldung nach § 6. Durch die Meldung soll die Regulierungsbehörde all die Informationen erhalten, die sie für ihre aufsichtliche Tätigkeit nach
diesem Gesetz benötigt. Da die den Netzbetreibern und Diensteanbietern auferlegten Verpflichtungen in den meisten Fällen an die Öffentlichkeit der erbrachten Tätigkeit anknüpfen (z. B. Zugangs- und Entgeltregulierung, §§ 16 ff., 30 ff.; Missbrauchsaufsicht, §§ 28,
42) und nicht-öffentliche Tätigkeiten in aller Regel nicht von der Regulierungsbehörde be-
aufsichtigt werden sollen, ist es ausreichend, wenn sich die Meldepflicht auf öffentliche
Tätigkeiten erstreckt. An einer weitergehenden Meldung besteht kein allgemeines Interesse. Die Beschränkung auf öffentlich betriebene Telekommunikationsnetze und für die Öffentlichkeit angebotene Telekommunikationsdienste ist neu, denn nach **altem Recht** war
das nicht-öffentliche Erbringen von Dienstleistungen für Dritte, d. h. insbesondere für Benutzergruppen, zwar nicht lizenz- aber zumindest anzeigepflichtig.[43]

9. WLAN. – Problematisch ist die Meldepflichtigkeit von Open WLAN-Networks bzw. 27
WLAN-Hotspots. § 6 Abs. 1 TKG 1996 stellte für die Lizenzpflicht darauf ab, ob die
WLAN-Verbindung eine Grundstücksgrenze überschritt. Dieses Kriterium ist bei der Novellierung entfallen. Sobald Dritten ein Internetzugang über WLAN ermöglicht wird, kann
eine Meldepflicht gegeben sein.[44] Da Abs. 1 nur gewerbliche Tätigkeiten erfasst, besteht
für einen WLAN-Zugang, der ausschließlich zu privaten oder betriebsinternen Zwecken
genutzt wird, keine Meldepflicht.[45] Bei Vereinsnetzen ist daher zu differenzieren, ob Mit-
gliedsbeiträge o. Ä. zur Kostendeckung erhoben werden. Ein Netz, das aus rein altruisti-
schen Zwecken betrieben wird, wäre nicht gewerblich. Das Kriterium der Öffentlichkeit ist
bei Vereinsnetzen i. d. R. erfüllt, da ein Verein beliebig viele Mitglieder aufnehmen kann.
Jedoch könnte die Meldepflicht wie im Gewerberecht durch eine **Bagatellgrenze** eingeschränkt werden.[46] Ob eine gewerbliche Tätigkeit i. S. v. Abs. 1 vorliegt, könnte von Umsatz
oder Teilnehmerzahl des WLAN-Zugangs abhängig gemacht werden. Nach Sinn und
Zweck der Norm scheint dies problematisch, da auch Kleinstanbieter andere Verpflichtungen nach dem TKG haben können, deren Einhaltung die Regulierungsbehörde nur bei
Kenntnis der Tätigkeit kontrollieren kann; ohne Meldepflicht könnte sie nur bei entsprechenden Beschwerden reagieren. Außerdem knüpft gem. § 144 Abs. 1 der Telekommunikationsbeitrag an § 6 Abs. 1 an. Eine Bagatellgrenze wäre ggf. so zu formulieren, dass jeder Marktteilnehmer seine Meldepflicht anhand einfacher Kriterien selbst überprüfen
kann, da die Einführung eines Schwellenwerts nur dann zu einer Verwaltungsvereinfachung führt, wenn die Zahl der Meldungen hierdurch von vornherein reduziert wird, ohne
dass jeweils eine Einzelentscheidung getroffen werden muss (vgl. das System der Legalausnahme nach Art. 81 Abs. 3 EG i. V. m. Art. 1 Abs. 2 VO 1/2003).

---

43 *Schütz*, Kommunikationsrecht, RdNr. 8; BeckTKG-Komm/*Schuster*, § 4 RdNr. 6; *Trute/Spoerr/
Bosch*, § 4 RdNr. 10.
44 *Ahlers*, c't 2004, 224.
45 Vgl. www.bundesnetzagentur.de/enid/a9ae5287aa39e0bc632a89bcdfcd596a,55a304092d09/
nichtoeffentlicher_Mobilfunk/WLAN_dv.html.
46 Siehe nur *Landmann/Rohmer/Kahl*, GewO, Einl. RdNr. 48 ff.

II. Inhalt der Meldung (Abs. 2)

28 **1. Inhalt.** – Mit Abs. 2 wird **Art. 3 Abs. 3 GRL** in nationales Recht umgesetzt. Die Vorschrift orientiert sich an **§ 14 Abs. 4 GewO**.[47] Gemeinschaftsrechtlich ist vorgeschrieben, dass die Meldepflicht nicht mehr umfassen darf als die Erklärung, dass die Absicht besteht, elektronische Kommunikationsnetze oder -dienste bereit zu stellen, sowie die Mindestangaben, die nötig sind, damit die nationale Regulierungsbehörde ein Register oder ein Verzeichnis der Anbieter elektronischer Kommunikationsnetze und -dienste führen kann. Die Angaben müssen sich auf die Informationen beschränken, ohne die eine Identifizierung des Diensteanbieters oder seiner Kontaktperson nicht möglich wäre. Der deutsche Gesetzgeber hat die gemeinschaftsrechtliche, beispielhafte Aufzählung der zulässigen Informationen wörtlich in Abs. 2 übernommen: die Handelsregisternummer, die Anschrift sowie eine Kurzbeschreibung des Netzes oder Dienstes und den voraussichtlichen Termin für die Aufnahme der Tätigkeit. Die detaillierte gesetzliche Regelung entspricht der Forderung einer stärkeren Formalisierung von Verfahren und Informationen zur Effektivierung der Anzeigepflicht.[48] Einen Abs. 2 vergleichbaren Fragenkatalog gab es nach altem Recht nicht. Im Rahmen von § 4 Satz 1 TKG 1996 wurde jedoch bereits vertreten, dass sich Inhalt und Umfang der Anzeige auf das Notwendigste beschränken müssen, da die Anzeigepflicht in Rechte des Unternehmens eingreift, welches wiederum ein schützenswertes Interesse an der Geheimhaltung bestimmter Informationen haben kann.[49] Diese Auslegung wird von Art. 3 Abs. 3 GRL bestätigt.

29 **2. Unvollständige Meldung.** – Ist die Meldung unvollständig, so kann die Regulierungsbehörde diese zur Nachbesserung an den Meldepflichtigen zurückgeben. Gleiches muss für unleserlich ausgefüllte Formulare gelten.[50] Erfolgt keine Nachbesserung, ist die Regulierungsbehörde zur Zurückweisung der Meldung berechtigt.[51] (Vgl. zu den Sanktionen bei Nicht-Meldung RdNr. 51 ff.)

30 **3. Meldeformular.** – Die Meldung hat nach einem von der Regulierungsbehörde vorgeschriebenen und gem. § 5 veröffentlichten Formular zu erfolgen (Abs. 2 Satz 2). Dieses muss sich an die detaillierten gesetzlichen Vorgaben über die zulässigen Informationen halten. Ein Spielraum der Regulierungsbehörde, mehr als die genannten Informationen zu verlangen, besteht wegen der klaren gemeinschaftsrechtlichen Vorgaben nicht. Zulässig erscheint aber, verschiedene Antwortmöglichkeiten im Rahmen der Kurzbeschreibung des Netzes oder Dienstes anzugeben, aus denen der Meldepflichtige auswählen kann, da dies allein der Schematisierung und damit der vereinfachten Bearbeitung der Meldungen dient. Zulässig muss auch die Frage nach dem Datum der Änderung und Beendigung sein, da die Regulierungsbehörde nur so überprüfen kann, ob die Meldung unverzüglich, d. h. fristgerecht, erfolgt ist oder eine Ordnungswidrigkeit vorliegt (RdNr. 51 ff.). Allerdings scheint z. B. die Frage nach der Anzahl der Netzknoten problematisch.[52]

---

47 Begründung zum Regierungsentwurf, BT-Drs. 15/2316, S. 59 f.
48 *Trute/Spoerr/Bosch*, § 4 RdNr. 18.
49 BeckTKG-Komm/*Schuster*, § 4 RdNr. 8; für einen weiten Spielraum der RegTP dagegen *Manssen*, C § 4 RdNr. 5.
50 *Heß/Friauf*, GewO, § 15 RdNr. 29; *Müller*, GewA 1979, 326.
51 Zum Gewerberecht *Heß/Friauf*, GewO, § 14 RdNr. 29, § 15 RdNr. 3.
52 BeckTKG-Komm/*Schuster*, § 4 RdNr. 8, a. A. *Manssen*, C § 4 RdNr. 5.

Auch nach **alter Rechtslage** bestimmte die RegTP mittels Formular den Umfang der An- 31 zeigepflicht, gesetzliche Vorgaben gab es diesbezüglich jedoch nicht. Die Regulierungsbehörde hat Anbieter aufgefordert, einen umfangreichen, weit über das Anzeigeformular des § 4 TKG 1996 hinausgehenden Fragenkatalog auszufüllen. Dies konnte im Rahmen von § 4 TKG 1996 wohl nicht verlangt werden. Nach verbreiteter Ansicht waren die von der RegTP verlangten Informationen zu weitgehend; die berechtigten Geheimhaltungsinteressen der Unternehmen bezüglich verschiedener Daten wurden nicht ausreichend beachtet.[53] Auch der neue § 6 bietet – schon wegen der gemeinschaftsrechtlichen Vorgaben – für einen erweiterten Fragenkatalog keine Rechtsgrundlage.

Das Formular ist **bei der Regulierungsbehörde und im Internet erhältlich**. Es ist voll- 32 ständig und leserlich auszufüllen, muss jedoch nicht mit Schreibmaschine oder Drucker bearbeitet werden (RdNr. 29).[54]

Erfolgt die Meldung nicht nach dem vorgeschriebenen Formular, so ist die Meldepflicht 33 nach Abs. 1 **nicht ordnungsgemäß erfüllt**. Der Wortlaut der Norm ist insoweit eindeutig: „hat zu erfolgen". Die Meldepflicht besteht grundsätzlich auch dann, wenn die Behörde auf andere Weise Kenntnis von dem meldepflichtigen Vorgang hat.[55]

III. Bestätigung (Abs. 3)

1. Beantragung einer Bestätigung. – Auf **Antrag** bestätigt die Regulierungsbehörde, dass 34 die Meldung vollständig i. S. d. Abs. 2 ist. Sie stellt eine Bescheinigung aus, dass dem beantragenden Unternehmen die durch dieses Gesetz oder aufgrund dieses Gesetzes eingeräumten Rechte zustehen. Die gemeinschaftsrechtliche Möglichkeit, eine solche Bescheinigung einzuführen, ergibt sich aus Art. 9 GRL. Eine entsprechende Vorschrift findet sich in § 15 GewO (sog. Gewerbeschein).

2. Bearbeitungsfrist. – Die Bestätigung hat innerhalb **einer Woche** zu erfolgen. Diese 35 kurze Frist trägt dem Interesse des Unternehmens Rechnung, möglichst schnell Gewissheit über die Vollständigkeit seiner Anzeige zu erlangen; zum anderen ermöglicht sie der Regulierungsbehörde eine – zumindest kursorische – Prüfung der Meldung. Wie im Gewerberecht findet unabhängig von der Bescheinigung später eine ggf. noch ausstehende abschließende Prüfung statt.[56]

3. Rechtsqualität der Bestätigung. – Die Bestätigung beinhaltet keine Erlaubnis und ist 36 auch **kein Verwaltungsakt**.[57] Der Inhalt der Bestätigung, dass dem Unternehmen die nach diesem Gesetz oder aufgrund dieses Gesetzes eingeräumten Rechte zustehen, ändert hieran nichts. Dieser Feststellung kommt kein eigener Regelungsgehalt zu, der die Bestätigung als Verwaltungsakt qualifizieren würde. Die Bestätigung ist allein ein Nachweis der Registrierung. Da es einer Erlaubnis für den Betrieb eines Telekommunikationsnetzes oder

---

53 BeckTKG-Komm/*Schuster*, § 4 RdNr. 8; *Trute/Spoerr/Bosch*, § 4 RdNr. 14; a. A. *Berger/Gramlich*, CR 1999, 155.
54 Vgl. *Heß/Friauf*, GewO, § 15 RdNr. 29; *Müller*, GewA 1979, 326.
55 BVerwG NJW 77, 772; OLG Hamm GewA 1991, 270; *Heß/Friauf*, GewO, § 14 RdNr. 10; *Stober/Müller*, Lexikon des Rechts, „Gewerbeanzeige" Teil B I.
56 *Tettinger/Wank*, GewO, § 15 RdNr. 4.
57 Vgl. *Tettinger/Wank*, GewO, § 15 RdNr. 1; *Heß/Friauf*, GewO, § 15 RdNr. 2; *Robinski/Marcks*, Gewerberecht, Teil F RdNr. 24 f.

das Angebot von Telekommunikationsdiensten nach dem neuen Rechtsrahmen nicht mehr bedarf, ist die Bescheinigung keine Voraussetzung für das Tätigwerden auf einem Telekommunikationsmarkt. Die Bescheinigung muss daher nicht die Qualität eines durchsetzbaren Verwaltungsakts haben; an die Bestätigung sind keine Rechte oder Ansprüche geknüpft. Das muss schon deshalb gelten, weil sonst derjenige, der eine Bestätigung beantragt, besser stünde als derjenige, der von seiner Antragsmöglichkeit keinen Gebrauch macht. Die Tatsache, dass die Bescheinigung nur auf Antrag ausgestellt wird, stützt diese Auffassung. Weder bei Ausstellung der Bescheinigung noch bei deren Verweigerung regelt die Regulierungsbehörde etwas; weder bei „ja" noch bei „nein" hinsichtlich des Antrags liegt ein Verwaltungsakt i. S. d. § 35 VwVfG vor.[58] Die Bestätigung hat in erster Linie **Beweisfunktion**: Zum einen gibt sie Aufschluss über den Eingang und die Vollständigkeit der Anzeige, zum anderen kann sie in einem Bußgeldverfahren nach § 149 Abs. 2 als Beweis dafür dienen, dass der Meldepflicht Genüge getan wurde.[59] Praktische Bedeutung kann die Bescheinigung außerdem haben, wenn für ein Tätigwerden auf einem Telekommunikationsmarkt Leistungen eines anderen Unternehmens benötigt werden (z. B. Mietleitungen) und dieses Unternehmen eine entsprechende Registrierung verlangt.

37 Die Bescheinigung ersetzt keine **Genehmigungen** oder Erlaubnisse, die nach **anderen Vorschriften** erforderlich sind, z. B. § 14 GewO (RdNr. 22). Die Ausstellung ist umgekehrt auch nicht vom Vorliegen ggf. erforderlicher Genehmigungen abhängig.

38 Es besteht **kein öffentliches Interesse** an der Bestätigung. Diese wird wie im Gewerberecht nur im privaten Interesse des betreffenden Unternehmens ausgestellt.

39 **4. Inhalt der Bestätigung.** – Die Bestätigung muss keine genaue Spezifikation der dem Unternehmen durch dieses Gesetz oder aufgrund dieses Gesetzes eingeräumten Rechte enthalten. Es reicht die dem Gesetzeswortlaut entsprechende Feststellung, dass dem Unternehmen eben solche Rechte zustehen. Ansonsten bestünde das Risiko der Unvollständigkeit bzw. Zuviel-Bestätigung, wenn Umstände oder Hinderungsgründe vorliegen, die der Regulierungsbehörde nicht bekannt sind.

40 **5. Anspruch des Unternehmens.** – Es besteht ein subjektiv-öffentliches Recht auf Ausstellung der Bescheinigung, da die Norm den Interessen des Betroffenen gilt.[60] Dieser Anspruch kann im Wege der **allgemeinen Leistungsklage** geltend gemacht werden.[61] Im Gewerberecht wird hinsichtlich der Einklagbarkeit des Gewerbescheins nach § 15 GewO diskutiert, ob stattdessen die Verpflichtungsklage die richtige Klageart sei. Der Gewerbeschein selbst sei zwar – ebenso wie die telekommunikationsrechtliche Bescheinigung – kein Verwaltungsakt i. S. v. § 35 VwVfG. Die Behörde würde jedoch durch die Nichtausstellung der Bescheinigung über die Versagensgründe entscheiden. Hierin läge der für die Verpflichtungsklage notwendige Regelungscharakter.[62] Eine solche Hilfskonstruktion ist weder im Gewerbe- noch im Telekommunikationsrecht notwendig. Das Unternehmen kann

---

58 So auch im Gewerberecht *Heß/Friauf*, GewO, § 15 RdNr. 4; *Stober*, Handbuch des Wirtschaftsverwaltungs- und Umweltrechts, § 102 I 2.
59 Vgl. BVerwGE 38, 160, 161; *Tettinger/Wank*, GewO, § 15 RdNr. 2; *Landmann/Rohmer/Marcks*, GewO, § 15 RdNr. 2.
60 Vgl. *Heß/Friauf*, GewO, § 15 RdNr. 4.
61 Vgl. *Stollenwerk*, Praxishandbuch zur Gewerbeordnung, RdNr. 212; *Heß/Friauf*, GewO, § 15 RdNr. 4; a. A. *Landmann/Rohmer/Marcks*, GewO, § 15 RdNr. 7; *Tettinger/Wank*, GewO, § 15 RdNr. 6.
62 *Tettinger/Wank*, GewO, § 15 RdNr. 6.

seine Rechte umfassend mit der allgemeinen Leistungsklage wahren. Eine Aufweichung des Grundsatzes, dass die Bestätigung kein Verwaltungsakt ist, ist daher überflüssig.

6. Versagensgründe. – Die Regulierungsbehörde kann die Ausstellung der Bescheinigung **41** aus verschiedenen Gründen versagen. Hauptanwendungsfall ist die **nicht vollständige oder nicht formgerechte Anzeige.**[63] Die Regulierungsbehörde gibt die Anzeige in diesem Fall zur Nachbesserung an das Unternehmen zurück. Erfolgt jedoch keine Ergänzung, kann die Bestätigung versagt werden. Versagt werden kann die Bescheinigung auch, wenn **kein anzeigepflichtiger Tatbestand** vorliegt, z. B. weil die Tätigkeit nicht gewerblich ausgeübt wird oder das Kriterium der Öffentlichkeit nicht erfüllt ist. Die Regulierungsbehörde kann in diesem Fall alternativ ein Negativattest („Nicht-Meldepflicht-Bescheinigung") ausstellen, um Rechtsklarheit zu schaffen. Sie ist hierzu aber nicht gesetzlich verpflichtet. Ein Versagensgrund liegt im Übrigen nicht vor, wenn eine für die Tätigkeit erforderliche Genehmigung fehlt (z. B. gewerberechtliche Genehmigung, RdNr. 37).

7. Kosten. – Die Ausstellung der Bescheinigung ist gebührenfrei. § 142 TKG sieht keinen **42** entsprechenden Gebührentatbestand vor.

IV. Verzeichnis (Abs. 4)

1. Allgemeines. – Abs. 4 greift § 4 Satz 2 TKG 1996 wieder auf. Die Regulierungsbehörde **43** muss regelmäßig ein Verzeichnis der gemeldeten Unternehmen veröffentlichen. Hierdurch wird die Information aller Marktteilnehmer und sonst Interessierten gewährleistet sowie Markttransparenz geschaffen. Das Verzeichnis wird gem. § 5 TKG im Amtsblatt der Regulierungsbehörde und auf deren Internetseite **veröffentlicht**. Dies ist mit Mitteilung 20/2005 erstmals geschehen.[64] Allerdings erfolgte die Veröffentlichung nur im Internet im Volltext. Das Amtsblatt enthielt lediglich einen Hinweis auf die Internetveröffentlichung sowie auf die Möglichkeit, das gesamte Verzeichnis gegen eine Gebühr als Diskette oder in Papierform bei der Regulierungsbehörde zu beziehen. Dieses Vorgehen entspricht der Veröffentlichungspraxis nach altem Recht.[65] § 5 steht dem nicht entgegen (vgl. § 5 RdNr. 9).

2. Inhalt. – Die Regulierungsbehörde veröffentlicht ein **Verzeichnis der gemeldeten Un-** **44** **ternehmen**, nicht der Meldungen selbst. Nach altem Recht musste nur der wesentliche Inhalt der Anzeigen veröffentlicht werden, § 4 Satz 2 TKG 1996. Das Tatbestandsmerkmal wesentlicher Inhalt wurde dahingehend verstanden, dass nicht der wesentliche Inhalt der jeweiligen Anzeige, sondern der Gesamtheit der Anzeigen gemeint war.[66] Nur die Anzeigen sollten danach veröffentlicht werden, die aufgrund ihrer Gewichtung und ihres Umfangs einen für die Marktbeobachtung wesentlichen Inhalt hatten. Auf die Veröffentlichung unbedeutender Fälle wurde verzichtet. Eine vergleichbare Einschränkung darf nach neuer Rechtslage nicht vorgenommen werden. Hiergegen spricht schon der Wortlaut der Norm. Nach Abschaffung des Lizenzregimes fallen nicht mehr nur nichtlizenzpflichtige, also weniger bedeutende Tätigkeiten unter die telekommunikationsrechtliche Meldepflicht, sondern alle Tätigkeiten im Bereich dieses Gesetzes. Eine Selektion des zu veröf-

---

63 Siehe *Tettinger/Wank*, GewO, § 15 RdNr. 7 f.
64 ABl. RegTP 2/2005, S. 76.
65 So für § 4 TKG 1996 beispielsweise Mitteilung 203/2004, ABl. RegTP 13/2004, S. 648.
66 *Scheurle/Mayen*, § 4 RdNr. 4.

fentlichenden Inhalts wäre aufgrund der dadurch gestiegenen Bedeutung der Vorschrift nicht sachgerecht.

45 3. Das Verzeichnis der gemeldeten Unternehmen wird von der Regulierungsbehörde **regelmäßig** veröffentlicht.

V. Einstellung der Geschäftstätigkeit (Abs. 5)

46 1. **Voraussetzungen.** – Nach Abs. 1 ist die Beendigung einer meldepflichtigen Tätigkeit ebenfalls zu melden (vgl. RdNr. 9). Dies hat grundsätzlich unverzüglich zu geschehen. Ist innerhalb von sechs Monaten nach Beendigung jedoch keine Meldung erfolgt, kann die Regulierungsbehörde die Beendigung von Amts wegen feststellen, sofern die Einstellung der Geschäftstätigkeit eindeutig feststeht. Diese Ermächtigung dient der Registerpflege und der Aktualität des Verzeichnisses nach Abs. 4; auf diese Weise sollen sog. „Karteileichen" entfernt werden.[67] Abs. 5 lehnt sich an § 14 Abs. 1 GewO an. Anders als im Gewerberecht – eine Zwangsabmeldung ist nach § 14 Abs. 1 Satz 5 möglich, wenn die Anzeige nicht innerhalb eines angemessenen Zeitraums erfolgt ist – hat die Regulierungsbehörde nach Abs. 5 erst sechs Monate nach Beendigung die Möglichkeit, eine Abmeldung von Amts wegen vorzunehmen.

47 2. **Eindeutig feststehen.** – Die Einstellung der Geschäftstätigkeit **steht eindeutig fest**, wenn es keinen vernünftigen Zweifel an der vollständigen und endgültigen Beendigung der Tätigkeit gibt.[68] Die Beendigung wird meist durch objektive, nachvollziehbare Fakten dokumentiert, die die Aufnahme der Tätigkeit widerspiegeln. Entscheidend ist eine Einzelfallbetrachtung.

48 Die Abmeldung von Amts wegen steht im **Ermessen** der Regulierungsbehörde.[69] Sie kann zwischen der zwangsweisen Durchsetzung der Meldung der Beendigung durch Erlass eines Bußgeldbescheides nach § 149 Abs. 1 Nr. 2 und der Abmeldung von Amts wegen wählen. Letzteres kann jedoch das im Vergleich mildere Mittel sein, so dass die Regulierungsbehörde im Rahmen ihres Ermessens der Amtsabmeldung im Zweifel den Vorzug zu geben hat.[70] Auch wenn die Möglichkeit der Zwangsabmeldung erst nach Ablauf von sechs Monaten besteht, kann ein **Bußgeldbescheid** nach § 149 Abs. 2 bereits früher erlassen werden, da auch die Abmeldung gem. Abs. 1 grundsätzlich unverzüglich zu erfolgen hat. Von diesem Grundsatz wird durch die längere Frist in Abs. 5 nicht abgewichen.

49 Eine **Untersagung** der Tätigkeit nach § 126, weil das Unternehmen seine Meldepflicht nicht erfüllt hat, kommt im Rahmen von Abs. 5 nicht in Betracht. Eine solche Untersagung ist bei Beendigung der Tätigkeit überflüssig, weil das Ziel des § 126, aktive Netzbetreiber und Diensteanbieter zu gesetzmäßigem Verhalten anzuhalten, in einem solchen Fall leer läuft. Abs. 5 ist für die Nichtmeldung der Beendigung einer Tätigkeit i. S. dieses Gesetzes die speziellere Vorschrift.

---

67 Vgl. *Robinski/Marcks*, Gewerberecht, Teil F RdNr. 12; *Landmann/Rohmer/Marcks*, GewO, § 14 RdNr. 48a.
68 Vgl. *Landmann/Rohmer/Marcks*, GewO, § 14 RdNr. 48 f.; *Tettinger/Wank*, GewO, § 14 RdNr. 55.
69 Siehe *Stollenwerk*, Praxishandbuch zur Gewerbeordnung, RdNr. 196; *Tettinger/Wank*, GewO, § 14 RdNr. 56.
70 Für das Gewerberecht *Tettinger/Wank*, GewO, § 14 RdNr. 56.

Die Zwangsabmeldung ist wie im Gewerberecht ein **Verwaltungsakt** i.S.v. § 35 VwVfG. 50
Der Betroffene kann diesen erfolgreich anfechten, wenn die Voraussetzungen des Abs. 5
nicht vorlagen.[71] Die Meldepflicht sowie andere an § 6 Abs. 1 geknüpfte Verpflichtungen
(z.B. § 144) erlöschen mit der Abmeldung von Amts wegen.[72]

VI. Sanktionen

1. Bußgeld. – Gem. § 149 Abs. 1 Nr. 2 TKG begeht ein Unternehmen, dass eine Meldung 51
nach Abs. 1 nicht, nicht richtig, nicht vollständig, nicht in der vorgeschriebenen Weise oder
nicht rechtzeitig macht, eine **Ordnungswidrigkeit**, die von der Regulierungsbehörde als
i.S.v. § 26 Abs. 1 Nr. 1 OWiG zuständiger Verwaltungsbehörde geahndet werden kann,
wenn Vorsatz oder Fahrlässigkeit vorliegt. Das Bußgeld beträgt bis zu 10.000 Euro, § 149
Abs. 2. Die Meldepflicht kann in vielfältiger Weise verletzt werden, z.B. wenn die Meldung gar nicht erfolgt, sie falsche Angaben enthält, das vorgeschriebene Formular i.S.d.
Abs. 2 nicht verwendet wird, die nach Abs. 2 notwendigen Angaben nicht vollständig gemacht werden oder die Meldung nicht innerhalb einer von der Regulierungsbehörde gesetzten Frist erfolgt ist (vgl. § 149 RdNr. 7).

Die Erfüllung der Meldepflicht kann durch Verwaltungsakt festgesetzt und mittels **Verwal-** 52
tungszwang nach den allgemeinen Vorschriften durchgesetzt werden.[73] Im besonderen
Fall, dass die Beendigung einer Tätigkeit nicht gemeldet wird, kann die Regulierungsbehörde nach Abs. 5 die geforderte Abmeldung außerdem von Amts wegen vornehmen
(RdNr. 46 ff.).

2. Durchsetzung der Meldepflicht. – Die Meldepflicht ist eine Verpflichtung i.S.d. 53
§ 126. Die Regulierungsbehörde kann die Erstattung der Meldung daher nach dieser Vorschrift erzwingen (§ 126 Abs. 1, 2, 5). Rechtsgrundlage ist nicht § 6 selbst. Dass die Verletzung der Meldepflicht eine Ordnungswidrigkeit darstellt, schadet der Zwangsmaßnahme
nicht. Zwischen beiden Maßnahmen besteht keine Rangfolge.[74]

3. Untersagung der Tätigkeit. – § 126 Abs. 3 sieht für die schwere und wiederholte Ver- 54
letzung der nach diesem Gesetz oder aufgrund dieses Gesetzes auferlegten Verpflichtungen die Möglichkeit der Untersagung der Tätigkeit als Netzbetreiber oder Diensteanbieter
vor. Gleiches gilt, wenn die Regulierungsbehörde zur Abhilfe der Pflichtverletzung eine
Maßnahme angeordnet hat und das betreffende Unternehmen dieser nicht nachkommt.
Grundsätzlich ist daher im Einzelfall auch bei Verletzung der Meldepflicht nach § 6 eine
Untersagung denkbar. Nach **altem Recht** sollte eine Untersagung hingegen nicht möglich
sein. Nach § 71 Satz 2 TKG 1996 durfte eine lizenzpflichtige Tätigkeit, die ohne die erforderliche Lizenz ausgeübt wurde, nur untersagt werden, wenn nicht auf andere Weise (z.B.
durch Erteilung einer Lizenz) rechtmäßige Zustände hergestellt werden konnten. Im Gegenschluss daraus ergab sich, dass eine Untersagung nicht an die unterbliebene Meldung
einer nichtlizenzpflichtigen Tätigkeit geknüpft werden konnte.[75]

---

71 Siehe *Landmann/Rohmer/Marcks*, GewO, § 14 RdNr. 48a
72 Vgl. *Tettinger/Wank*, GewO, § 14 RdNr. 57.
73 *Trute/Spoerr/Bosch*, § 4 RdNr. 12.
74 Vgl. zu dem ähnlichen gewerberechtlichen Fall BVerwG GewA 1976, 294.
75 *Trute/Spoerr/Bosch*, § 4 RdNr. 12.

55 Die Tätigkeit wird durch die unterlassene Meldung jedoch nicht rechtswidrig, da die Meldepflicht eine Ordnungsvorschrift und keine Genehmigung ist und die Aufnahme einer telekommunikationsrechtlichen Tätigkeit nicht von der Meldung selbst abhängig gemacht wird.[76]

VII. Übergangsvorschriften

56 Nach § 150 Abs. 2 sind Unternehmen, die nach altem Recht angezeigt haben, dass sie Telekommunikationsdienstleistungen erbringen oder Lizenznehmer sind, nicht meldepflichtig. Zukünftige Änderungen sowie die Beendigung der Tätigkeit sind von dieser Ausnahme nicht erfasst. Hier gilt § 6 uneingeschränkt. Vgl. § 150 RdNr. 34 ff., insbesondere auch hinsichtlich des Fortbestehens von Rechten.

---

[76] BGH GewA 1964, 55; *Heß/Friauf*, GewO, § 14 RdNr. 4, 59; *Stober*, Handbuch des Wirtschaftsverwaltungs- und Umweltrechts, § 102 I 2.

§ 7 Strukturelle Separierung

Unternehmen, die öffentliche Telekommunikationsnetze betreiben oder Telekommunikationsdienste für die Öffentlichkeit anbieten und innerhalb der Europäischen Union, besondere oder ausschließliche Rechte für die Erbringung von Diensten in anderen Sektoren besitzen, sind verpflichtet,

1. die Tätigkeit im Zusammenhang mit der Bereitstellung von öffentlichen Telekommunikationsnetzen und der Erbringung von Telekommunikationsdiensten für die Öffentlichkeit strukturell auszugliedern oder
2. über die Tätigkeiten in Zusammenhang mit der Bereitstellung von öffentlichen Telekommunikationsnetzen oder der Erbringung von Telekommunikationsdiensten für die Öffentlichkeit in dem Umfang getrennt Buch zu führen, der erforderlich wäre, wenn sie von rechtlich unabhängigen Unternehmen ausgeführt würden, so dass alle Kosten und Einnahmebestandteile dieser Tätigkeiten mit den entsprechenden Berechnungsgrundlagen und detaillierten Zurechnungsmethoden, einschließlich einer detaillierten Aufschlüsselung des Anlagevermögens und der strukturbedingten Kosten offen gelegt werden.

Schrifttum: *Breuer*, Die Pflicht zur strukturellen Separierung nach § 14 Abs. 1 TKG, ET 1996, 808; *Dannischewski*, Unbundling im Energierecht, 2003; *Säcker*, Entflechtung von Netzgeschäft und Vertrieb bei den Energieversorgungsunternehmen: Gesellschaftsrechtliche Möglichkeiten zur Umsetzung des sog. Legal Unbundling, DB 2004, 691; *Vogelsang*, Die Zukunft der Entgeltregulierung im deutschen Telekommunikationssektor, 2002.

Übersicht

I. Normzweck

1. Förderung des Wettbewerbs. – Der Zweck der strukturellen Separierung nach § 7 wird **1** zwar – anders als in § 24, der die Separierung der Rechnungsführung innerhalb des TK-Bereichs regelt – nicht in der Vorschrift selbst erwähnt, doch ist auch § 7 ein Mittel zum Erreichen des übergeordneten, in § 1 genannten Zwecks des Gesetzes, den Wettbewerb im Bereich der Telekommunikation zu fördern. Die strukturelle Separierung des Bereichs der Betreibung öffentlicher Telekommunikationsnetze und der Erbringung von Telekommunikationsdiensten für die Öffentlichkeit (externer TK-Bereich) von anderen Aktivitäten des

Unternehmens ist eine Regulierung von **geringerer Intensität** als die Entgeltregulierung von TK-Leistungen. Sie dient der **Transparenz** der finanziellen Lage und der Beziehungen zwischen beiden Bereichen.[1]

2　**2. Verhinderung unzulässiger Quersubventionierung.** – Als zweiter Regelungszweck ist die Verhinderung unzulässiger Quersubventionierung des TK-Bereichs durch einen anderen Bereich anzusehen.[2] Verhinderung einer Quersubventionierung wird als Zweck zwar ausdrücklich erst in § 24 genannt; er ist aus Art. 11 Abs. 1 der Zugangsrichtlinie (ZRL; RL 2002/19 EG) übernommen worden. Jedoch dienen beide Vorschriften dem gleichen Zweck. Durch § 7 soll Quersubventionierung **zwischen dem externen TK-Bereich und anderen Unternehmensbereichen**, durch § 24 die Quersubventionierung innerhalb des Telekommunikationsbereichs zwischen reguliertem Bereich, in dem das Unternehmen über beträchtliche Marktmacht verfügt, und Wettbewerbsbereichen sichtbar gemacht und gegebenenfalls möglichst verhindert werden.

3　**3. Begriff der Quersubventionierung.** – Unter Quersubventionierung versteht man die **Alimentierung eines Unternehmensbereichs** durch einen **anderen Bereich desselben Unternehmens** oder Konzerns, insbesondere durch **Ausgleich von Verlusten** oder durch **nicht marktkonforme Verrechnungspreise.** Im letzten Fall werden Sachgüter, Dienstleistungen oder Kredite dem meist defizitären Bereich unterhalb der Marktpreise zur Verfügung gestellt oder von ihm zu oberhalb der Marktpreise liegenden Entgelten bezogen. Unter Wettbewerbsbedingungen ist das weitgehend üblich und zulässig. Wenn jedoch ein Unternehmen, das beträchtlicher **Marktmacht** besitzt oder durch **Rechte** vor dem Wettbewerb **geschützt** ist, einen Unternehmensbereich subventioniert, der im Wettbewerb steht, um insbesondere dessen Wettbewerbern den Marktzutritt zu verwehren oder sie aus dem Markt zu verdrängen, so wird der **Wettbewerb unzulässig beeinträchtigt** oder verhindert. Solche Praktiken sollen durch das allgemeine Wettbewerbsrecht oder sektorale Regulierung möglichst unterbunden werden.

4　**4. Verhinderung von Missbrauch.** – Die strukturelle Separierung des externen TK-Bereichs von den anderen Unternehmensbereichen sieht der Gesetzgeber als geeignetes Mittel an, unzulässige Quersubventionierung des TK-Bereichs zu erkennen. Allerdings ermächtigt § 7 die Regulierungsbehörde **nicht unmittelbar zu regulatorischen Eingriffen**, wenn auf Grund der strukturellen Separierung eine Quersubventionierung des TK-Bereichs erkennbar wird. Wird sie als Missbrauch qualifiziert, so sind die Mittel des **allgemeinen Wettbewerbsrechts** des GWB einsetzbar.

5　**5. Getrennte Rechnungslegung.** – Die strukturelle Separierung nach **Nr. 1** hat ferner den Zweck, eine getrennte Rechnungslegung für die **separierten Bereiche** infolge ihrer rechtlichen Selbständigkeit herbeizuführen. Dies wird auch durch die **rechnungstechnische Separierung** nach **Nr. 2** erreicht, die der getrennten Rechnungslegung rechtlich selbstständiger Unternehmen nachgebildet ist. Insoweit sind beide Regelungen **gleichwertig.** Allerdings ist die Überschrift des § 7 insofern zu eng, als sie nur die Ziffer 1 betrifft. Art. 13 RRL, der die Grundlage für § 7 bildet, ist daher zutreffender mit „Getrennte Rechnungslegung und Finanzberichte" überschrieben.

1　*Scheurle/Mayen/Witte*, § 14 RdNr. 1.
2　*Scheurle/Mayen/Witte*, § 14 RdNr. 2; *Kühling*, S. 237 ff.

Bei **missbräuchlichem Verhalten** eines Unternehmens, das innerhalb der EU auf **anderen** 6
Sektoren besondere Rechte für die Erbringung von Diensten besitzt, erleichtert die getrennte Rechnungslegung einerseits für den externen TK-Bereich und andererseits für die
übrigen Bereiche die **Missbrauchsaufsicht** nach dem allgemeinen Wettbewerbsrecht. Im
Falle von beträchtlicher Marktmacht und von missbräuchlichem Verhalten im Telekommunikationsbereich kommt dann die Entgeltregulierung gemäß §§ 27 ff. auf der Basis der
Kosten der effizienten Leistungsbereitstellung i. S. v. § 31 Abs. 2 in Betracht.

In einem rechtlich einheitlichen Unternehmen gleichen hinreichende Gewinne rentabler 7
Bereiche die Verluste defizitärer Bereiche in der Gesamtdarstellung automatisch aus. Die
Quersubventionierung der verlustbringenden Bereiche wird nach außen nicht sichtbar. Nur
im Fall einer **Segmentberichterstattung** nach Geschäftsbereichen, zu deren Aufstellung
und Veröffentlichung börsennotierte Unternehmen nach IAS 14 ab 2005 verpflichtet sind,
werden Ergebnisse der einzelnen Segmente ausgewiesen. Ein etwaiger Verlust des TK-Bereichs und dessen Ausgleich sind dann erkennbar. Unternehmen, deren Aktien oder Anleihen nicht an der Börse gehandelt werden, sind zu einer Segmentberichterstattung nicht verpflichtet, dürfen sie aber als Teil des Konzernabschlusses veröffentlichen (§ 297 Abs. 1
HGB).

II. Entstehungsgeschichte

Europarechtlich lässt sich eine Regelung, nach der Unternehmen, die auf **anderen Märk-** 8
ten als der Telekommunikation über **besondere oder ausschließliche Rechte** verfügen,
verpflichtet werden, für den Telekommunikationsbereich getrennte Finanzkonten zu führen, auf Art. 1 Nr. 8 RL 96/19/EG vom 13. 3. 1996 zurückverfolgen.[3]

Das TKG 1996 enthält dann in § 14 Abs. 1 bereits eine Vorschrift, nach der Unternehmen, 9
die auf anderen Märkten als der Telekommunikation über eine **marktbeherrschende Stel-**
lung verfügen, ihre Telekommunikationsdienstleistungen in separierten Unternehmen
rechtlich verselbstständigen („**legal unbundling**") müssen. Mit dieser Vorschrift des TKG
1996 war eine **gesellschaftsrechtliche Trennung** zwischen Telekommunikations- und anderen Bereichen eines Unternehmens etabliert. Insofern ist sie als Vorläufer des § 7 anzusehen.

Die Zusammenschaltungsrichtlinie 97/33/EG vom 30. 6. 1997 führt die Regelung der ge- 10
trennten Buchführung der RL 96/19/EG weiter. Nun basiert die Vorschrift des § 7 auf
Art. 13 Abs. 1 der RRL. Nach Art. 13 Abs. 1 verpflichten die Mitgliedstaaten die Unternehmen, die öffentliche Kommunikationsnetze bereitstellen oder Telekommunikationsdienste für die Öffentlichkeit anbieten, entweder (a) für sie in dem Umfang getrennt Buch
zu führen, der erforderlich wäre, wenn sie von rechtlich unabhängigen Unternehmen ausgeübt würden, oder (b) diese Tätigkeiten strukturell auszugliedern. Den Unternehmen
bleibt die Wahl zwischen beiden Alternativen überlassen (**Unternehmenswahlrecht**).

Die Bundesregierung hatte im Entwurf für das TKG vom 15. 12. 2003 anstelle des Unter- 11
nehmenswahlrechts nur die Pflicht zur strukturellen Ausgliederung nach Art. Abs. 1(b) der
RRL vorgesehen. Das wäre eine nichtrichtlinienkonforme Umsetzung gewesen. Der Bundestag hat mit seinem Beschluss vom 12. 3. 2004 das Unternehmenswahlrecht des Art. 13

---

3 BeckTKG-Komm/*Geppert*, § 14 RdNr. 1.

der RRL übernommen. Von dem **nationalen Wahlrecht**, die Anforderungen auf **kleine Unternehmen** nicht anzuwenden, deren Umsatz aus der Bereitstellung von Telekommunikationsnetzen und -diensten weniger als 50 Millionen EUR beträgt, hat der Gesetzgeber ohne Begründung dagegen **keinen Gebrauch** gemacht.

12   In § 7 wurde auch Abs. 2 von Art. 13 RRL, der eine Prüfungs- und Veröffentlichungspflicht für die Finanzberichte von Telekommunikationsunternehmen, die **nicht den Anforderungen des Gesellschaftsrechts** unterliegen und nicht die für kleine und mittlere Unternehmen geltenden Kriterien der Bilanzrichtlinien der EG erfüllen, **nicht umgesetzt**. Insofern besteht ein Mangel in der Umsetzung. Zwar werden nach Art. 87 f. Abs. 2 GG TK-Dienstleistungen durch private Unternehmen erbracht, so dass öffentliche Behörden, Anstalten und andere öffentliche Einrichtungen dafür ausscheiden. Jedoch könnten TK-Dienstleistungen erbracht und TK-Netze für die Öffentlichkeit von privaten Unternehmen bereitgestellt werden, die nicht den ins HGB umgesetzten gesellschaftsrechtlichen RL der EU unterliegen und nach den ihnen entsprechenden deutschen Vorschriften nicht zur Prüfung und Veröffentlichung ihrer Finanzberichterstattung verpflichtet sind. Das gilt z. B. für Personenunternehmen, Genossenschaften und wirtschaftliche Vereine sowie private Stiftungen.

III. Anwendungsbereich

13   **1. Grundsätze.** – In § 14 Abs. 1 TKG 1996 waren Unternehmen, die auf **anderen Märkten** als der Telekommunikation über eine **marktbeherrschende Stellung** nach § 19 GWB verfügen, verpflichtet, TK-Dienstleistungen in einem oder mehreren rechtlich selbstständigen Unternehmen zu führen. In § 7 treten an die Stelle von Unternehmen, die in anderen Bereichen marktbeherrschend sind, Unternehmen mit externem TK-Bereich, die innerhalb der EU „**besondere oder ausschließliche Rechte für die Erbringung von Diensten** in anderen Sektoren besitzen". Diese Formulierung ist wörtlich aus Art. 13 Abs. 1 RRL übernommen worden.

14   Obgleich nach der Begründung zum RegE § 7 weitgehend § 14 TKG 1996 entspräche, **unterscheidet** sich hier zumindest der **Wortsinn** von § 7 von dem des § 14 TKG 1996 in zwei Punkten: Zum einen war in § 14 von **Märkten**, in § 7 ist nun gem. der RL von **Sektoren** die Rede. Sektor ist offenbar der weitere Begriff. Ein Sektor kann mehrere Märkte umfassen. Nach altem Recht genügte die Marktbeherrschung eines Marktes innerhalb eines Sektors für den Anwendungsbereich des § 14. Ob das nach neuem Recht entsprechend, also auch für Teile eines Sektors gilt oder für den Sektor insgesamt, könnte zweifelhaft sein, wobei die Abgrenzung eines Sektors oder eines seiner Teile dann noch zu bestimmen wäre. Zum anderen lösten nach § 14 TKG 1996 die **marktbeherrschende Stellung** auf anderen Märkten die Verpflichtung zur strukturellen Separierung aus, während dies nach § 7 durch **besondere oder ausschließliche Rechte für die Erbringung von Diensten** in anderen Sektoren innerhalb der EU der Fall ist. Marktbeherrschung kann zwar durch solches Recht, aber auch auf andere Weise verursacht werden und nicht nur bei Erbringung von Diensten auftreten und auch bei Unternehmen außerhalb der EU gegeben sein. Insofern erscheint zumindest in dem zweiten Punkt § 7 **enger** als § 14 TKG 1996. Im RegE war noch der Anwendungsbereich auf Unternehmen, die auf anderen Märkten als Telekommunikation tätig sind, erhalten geblieben, der allgemeinere Begriff der Marktbeherrschung aber bereits durch besondere oder ausschließliche Rechte ersetzt worden. Der Besitz von **ausschließli-**

chen Rechten für die Erbringung von Diensten in anderen Sektoren oder auf einem seiner Märkte gewährt zumindest für die Erbringung von Dienstleistungen für den Markt ein Monopol, soweit er Wettbewerber vom Angebot gleicher oder gleichartiger Dienste ausschließt. Inwieweit dies auch bei **besonderen Rechten** der Fall ist, hängt von der Art dieser Rechte ab.

Außerdem ist die Verpflichtung nach § 14 TKG 1996 zur Führung des TK-Bereichs in **rechtlich selbstständigen Unternehmen** durch die Verpflichtung ersetzt worden, den TK-Bereich „**strukturell auszugliedern**". Auch diese Formulierung stammt wörtlich aus Art. 13 Abs. 1 RRL. Es ist zu prüfen, inwieweit die Änderungen der Formulierung in § 7 gegenüber § 14 Abs. 1 TKG 1996 eine inhaltliche Änderung bedeuten (siehe hierzu RdNr. 19 ff.). In der Begründung zu § 7 des Regierungsentwurfs wird – wie schon erwähnt – lediglich bemerkt, die Vorschrift entspräche weitgehend § 14 Abs. 1 TKG 1996. Der RefE zum TKG vom 30. 4. 2003 enthielt noch keine entsprechende Vorschrift. **15**

Die Pflicht der Unternehmen, die öffentliche Telekommunikationsnetze betreiben oder öffentlich zugängliche Telekommunikationsdienste anbieten, den TK-Bereich strukturell auszugliedern oder rechnungstechnisch zu separieren, betrifft **alle externen TK-Bereiche** als Bestandteile von Unternehmen, die auch auf anderen Märkten bzw. Sektoren tätig sind und ausschließliche oder besonderer Rechte besitzen, **unabhängig** davon, ob diese TK-Bereiche über **beträchtliche Marktmacht** verfügen, wie sie für die rechnungstechnische Separierung innerhalb des TK-Bereichs nach § 24 vorausgesetzt wird. **16**

Das unbundling kann für regulierte Unternehmen in mehreren Stufen unterschiedlicher Intensität vorgenommen werden: (1) Die Stufen von geringster Eingriffsintensität ist die **rechnungstechnische Separierung** (accounting unbundling), wie sie in § 7 unter Nr. 2 als Möglichkeit für den externen TK-Bereich von Unternehmen, die auch auf anderen Sektoren als der Telekommunikation tätig sind und dort besondere oder ausschließliche Rechte für die Erbringung von Diensten besitzen, sowie in § 24 innerhalb des TK-Bereichs, der über beträchtliche Marktmacht verfügt, vorgesehen ist. (2) Als nächsthöhere Stufe kann die gesellschaftsrechtliche Separierung angesehen werden, wie sie offenbar mit § 7 unter Nr. 1 zumindest als eine Form intendiert ist. (3) Eine **organisatorische Separierung** besteht darin, dass die Entscheidungsgewalt über den separierten Bereich unabhängig von den übrigen Unternehmensbereichen ist. Diese Art des unbundling ist z. B. in Art. 15 der RL 2003/54 EG über den Elektrizitätsbinnenmarkt für die Entflechtung von Verteilernetzbetreibern vorgeschrieben. In dieser Vorschrift ist die organisatorische mit der rechtlichen Separierung verbunden. (4) Am weitesten geht die **eigentumsrechtliche Separierung** (equity unbundling). Bei ihr sind die Eigentumsrechte an dem zu separierenden Bereich von den übrigen Bereichen getrennt. So dürfen die einzelnen Bereiche nicht in einem Konzern miteinander verbunden sein, auch wenn sie gesellschaftsrechtlich voneinander getrennt sind. **17**

2. Abgrenzungsprobleme. – Wenn ein zur strukturellen Separierung des TK-Bereichs verpflichtetes Unternehmen Anlagen betreibt, die wirtschaftlich für externe TK-Dienste geeignet sind, und der ausgegliederte TK-Bereich diese Anlagen mitbenutzt, so entsteht die Frage, ob dies mit der strukturellen Separierung i. S. von § 7 Nr. 1 vereinbar ist. Erfordert die Nutzung dieser Anlagen (z. B. Stromleitungen) für externe TK-Dienste **zusätzliche Einrichtungen**, ohne die die externe TK-Nutzung nicht möglich ist, so betreibt das verpflichtete Unternehmen selbst kein öffentliches Telekommunikationsnetz. Vielmehr be- **18**

treibt der TK-Bereich mit seinen zusätzlichen Einrichtungen dieses Netz und bietet TK-Dienste öffentlich an. Für die **Mitbenutzung** der Anlagen wird er ein Entgelt entrichten müssen. Die Separierung ist damit ohne Zuordnung dieser Anlagen zum TK-Bereich gewährleistet. Anders ist die Frage zu beurteilen, wenn das verpflichtete Unternehmen die Anlagen zur **internen Telekommunikation** nutzt und der TK-Bereich **ohne zusätzliche Einrichtungen** dieselben Anlagen für das Angebot externer TK-Dienste mitbenutzt. Dann müssten die Anlagen dem TK-Bereich zugerechnet und ausgegliedert werden.[4]

IV. Strukturelle Separierung

19 1. **Begriff.** – Strukturelle Separierung lautet die Überschrift zu § 14 TKG 1996, der in Abs. 1 die Führung des TK-Bereichs eines Unternehmens, das auch auf anderen Märkten in marktbeherrschender Stellung tätig ist, in rechtlich selbstständigen Unternehmen forderte. Mithin könnte strukturelle Separierung mit gesellschaftlichem unbundling identisch sein. In § 7, der zwar auch die Überschrift „Strukturelle Separierung" trägt, ist aber stattdessen unter Nr. 1 nicht mehr von der Führung des TK-Bereichs in rechtlich selbständigen Unternehmen, sondern von seiner **strukturellen Ausgliederung** die Rede. Daher liegt die Annahme nahe, dass nunmehr gesellschaftsrechtliche Verselbstständigung und strukturelle Ausgliederung nicht mehr identisch sind.

20 Strukturelle Separierung deckt auch weitergehende Formen der Separierung des TK-Bereichs ab. Das gilt insbesondere für seine nicht nur rechtliche, sondern auch für seine wirtschaftliche Selbstständigkeit durch organisatorische Separierung, wie sie von der Elektrizitäts- und auch von der Gas-RL der EG in mehreren Artikeln verlangt wird (siehe RdNr. 17). Das trifft erst recht für eine eigentumsmäßige Separierung zu.

21 Wird dagegen der TK-Bereich eines Unternehmens zwar in eigener Rechtsform geführt, **gehört die TK-Gesellschaft** aber als **Tochterunternehmen zu einem Konzern**, so besitzt sie die wirtschaftliche Selbstständigkeit nicht oder nur in beschränktem Maß. Sie ist sogar dann auch rechtlich aufgehoben, wenn zwischen der TK-Gesellschaft und einem übergeordneten Unternehmen ein Beherrschungsvertrag nach § 291 AktG besteht oder sie sogar nach § 319 AktG in die Hauptgesellschaft eingegliedert ist. Aber auch dann ist die strukturelle Ausgliederung in dem Maße gegeben, die die rechnungstechnische Separierung i. S. von § 7 gewährleistet.

22 **Wirtschaftliche Selbständigkeit** ist in der Regel erst dann gegeben, wenn der TK-Bereich **nicht mehr Tochterunternehmen eines Konzerns** ist oder auf andere Weise organisatorisch (siehe RdNr. 17) strikt getrennt ist. Eine solche **eigentumsrechtliche oder organisatorische Separierung** würde zwar von dem Begriff der strukturellen Separierung auch abgedeckt werden. Sie kann aber auf Grund von § 7 bzw. Art. 13 RRL nicht verlangt werden, weil diese Art der Separierung weit über die Trennung der Buchhaltung in einem rechtlich einheitlichen Unternehmen hinausgeht. Aufhebung oder Einschränkung der wirtschaftlichen Selbstständigkeit durch ein Konzernverhältnis ist aber mit § 7 und Art. 13 vereinbar.[5]

23 2. **Wirksamkeit.** – Die strukturelle Ausgliederung in Form der **gesellschaftsrechtlichen Verselbstständigung** hat zur Folge, dass der externe TK-Bereich mit dem der TK dienen-

---

4 BeckTKG-Komm/*Geppert*, § 14 RdNr. 8 f.
5 So auch *Scheurle/Mayen/Witte* für die Regelung § 14 TKG 1996, RdNr. 18.

den Anlage- und Umlaufvermögen sowie mit **Eigen- und Fremdkapital ausgestattet** wird. Freilich hat das Unternehmen, aus dem der TK-Bereich ausgegliedert wird (Mutterunternehmen), **Ermessensspielräume** für diese Ausstattung, insbesondere für Zuordnung von Eigen- und Fremdkapital sowie für Finanzmittel. Jedoch müssen die der Telekommunikation dienenden Vermögensteile in das wirtschaftliche Eigentum des TK-Unternehmens übergehen, so dass es die Funktionsherrschaft über sie hat. Eine Scheinseparierung zum Beispiel durch eine Rückverpachtung wäre damit nicht vereinbar.[6]

Eine rechtliche Verselbstständigung des TK-Bereichs erfordert auch die Verselbstständi- **24** gung der Buchhaltung und der Erstellung des Jahresabschlusses nach den für die Rechtsform und Größe geltenden Vorschriften des HGB (siehe RdNr. 5–7). Mit der Zuordnung von Vermögen und Kapital sowie mit ihrer Erfassung in der Buchhaltung des TK-Unternehmens sind z.T. auch Grundlagen für eine Ermittlung der Kosten der effizienten Leistungsbereitstellung im Falle der Entgeltregulierung bei Bestehen einer beträchtlichen Marktmacht des TK-Unternehmens nach §§ 27 ff. geschaffen.

V. Rechnungstechnische Separierung

1. Getrennte Buchführung wie von rechtlich unabhängigen Unternehmen. – Die Buch- **25** führung rechtlich unabhängiger Unternehmen ist gesetzlich nur unter Hinweis auf die **Grundsätze ordnungsmäßiger Buchführung**, der Transparenz und Nachvollziehbarkeit in § 238 HGB und hinsichtlich der Formvorschriften für Handelsbücher in § 239 HGB geregelt. Dagegen finden sich eingehende Vorschriften über deren **Jahresabschlüsse** generell für alle Unternehmen und **speziell für Kapitalgesellschaften** in Abhängigkeit von ihrer Größe gleichfalls im HGB. Auch wenn in § 7 ein Jahresabschluss für den separierten TK-Bereich nicht ausdrücklich verlangt wird, wie er in § 10 Abs. 3 des EnWG von 2005 (BGBl. I Nr. 42, S. 1970) vorgesehen ist, so macht die Vorschrift nur Sinn, wenn die Buchhaltungszahlen zu einem Jahresabschluss, bestehend mindestens aus einer Bilanz und einer Gewinn- und Verlustrechnung, zusammengefasst werden. Dann aber entsteht die Frage, ob dafür die Regelungen des HGB für Kapitalgesellschaften zu Grunde zu legen sind. Sie sind detaillierter und damit informativer als die allgemeinen Jahresabschlussvorschriften. So sind z.B. nach § 10 des EnWG die Jahresabschlüsse von Energieunternehmen ungeachtet ihrer Rechtsform nach den Vorschriften für Kapitalgesellschaften aufzustellen und diese auch auf die Bereichsabschlüsse anzuwenden. Da im Falle einer strukturellen Separierung nach Nr. 1 in der Form rechtlicher Selbstständigkeit in aller Regel in der Rechtsform einer Kapitalgesellschaft oder einer Personengesellschaft ohne einen persönlich haftenden Gesellschafter realisiert werden dürfte, entspräche es der Gleichwertigkeit der Alternativen nach Nr. 1 und Nr. 2, die Vorschriften für Kapitalgesellschaften auch der rechnungstechnischen Separierung zu Grunde zu legen.

2. Offenlegung und Prüfung. – Nach § 7 Nr. 2 letzter Halbsatz ist so getrennt Buch zu **26** führen, dass die dort genannten Einzelangaben in wörtlicher Übernahme von Art. 13 Abs. 1a) der RRL „**offen gelegt werden**". In § 325 Abs. 1 HGB ist „Offenlegung" in der Weise umschrieben, dass die gesetzlichen Vertreter von Kapitalgesellschaften den Jahresabschluss unverzüglich nach seiner Vorlage an die Gesellschafter mit dem Bestätigungsvermerk des Abschlussprüfers zum Handelsregister des Sitzes der Kapitalgesellschaft ein-

---

6 *Scheurle/Mayen/Witte*, § 14, RdNr. 20.

zureichen haben; große Kapitalgesellschaften i. S. des HGB müssen nach Abs. 2 den Jahresabschluss außerdem zunächst im Bundesanzeiger bekannt machen. Es erscheint jedoch sehr zweifelhaft, ob in § 7 mit der Offenlegungspflicht diejenige i. S. von § 325 HGB gemeint ist: Nach Nr. 1 ist bei der strukturellen Ausgliederung weder eine Prüfung noch eine Offenlegung des Jahresabschlusses erwähnt. Im Sinne der Gleichwertigkeit beider Alternativen des § 7 kann von der rechnungstechnischen Separierung des TK-Bereichs nicht mehr verlangt werden als bei ihrer rechtlichen Verselbstständigung. Zudem findet sich in der englischen Fassung von Art 13 der Rahmenrichtlinie kein Hinweis auf eine Offenlegungspflicht. Offenbar liegen hier eine irreführende Übersetzung der Richtlinie und eine zu wörtliche Übernahme in das TKG vor. Eine **gesetzliche Offenlegungspflicht** für einen Jahresabschlusses des TK-Bereichs **direkt auf Grund des § 7** wird hier daher **verneint**.

27 Eine ganz andere Frage ist aber die, ob es nicht im Sinne der vom Gesetzgeber angestrebten Transparenz zweckmäßig gewesen wäre, eine **Prüfungs- und Offenlegungspflicht** i. S. des HGB für den Jahresabschluss rechtlich oder rechnungstechnisch separierter TK-Bereiche **vorzuschreiben**. Aus Art. 13 Abs. 2 der RRL kann geschlossen werden, dass der Europäische Richtliniengeber dies gerade gewollt hat. Dort heißt es: Unterliegen Unternehmen, die nicht klein oder nur mittelgroß sind und die extern TK- Netze und TK-Dienstleistungen anbieten, „nicht den Anforderungen des Gesellschaftsrechts ...‚ so werden ihre Finanzberichte einer unabhängigen Rechnungsprüfung unterzogen und veröffentlicht". „Dies gilt auch für die in Abs. 1 Buchst. a) geforderte getrennte Rechnungslegung." Wenn sogar Unternehmen, die keine Kapitalgesellschaften sind und deshalb nicht den gesellschaftsrechtlichen Richtlinien der EU unterliegen oder nur rechnungstechnisch separiert werden, einer Prüfungs- und Veröffentlichungspflicht für den Jahresabschluss unterworfen werden, so muss das erst recht für Kapitalgesellschaften gelten. Wird ein **TK-Bereich als Kapitalgesellschaft** verselbstständigt, unterliegt er je nach seiner Größe den **Prüfungs- und Veröffentlichungspflichten des HGB**. Im Sinne der **Gleichwertigkeit** beider Alternativen gilt dies dann aber auch für die „nur" **rechnungstechnische Separierung**, auch wenn dies aus dem Gesetzestext des § 7 nicht hervorgeht. Die Vorschrift ist in europarechtlichem Sinne auszulegen. Mit dem zitierten letzten Satz des Art. 13 RRL wird die Gleichbehandlung beider Alternativen ausdrücklich gefordert. Die fehlende Umsetzung des Abs. 2 von Art. 13 ist nicht richtlinienkonform.

28 **3. Einzelregelungen.** – In § 7 unter Nr. 2 werden im letzten Halbsatz in wörtlicher Übernahme des Textes von Art. 13 a) RRL folgende **Größen und Methoden** genannt, die bei der Separierung der Rechnungslegung des externen TK-Bereichs in dem Maße wie bei rechtlich unabhängigen Unternehmen für diesen Bereich offen gelegt werden müssen: alle Kosten, alle Einnahmebestandteile, die entsprechenden Berechnungsgrundlagen und Zurechnungsmethoden einschließlich einer detaillierten Aufschlüsselung des Anlagevermögens und der strukturbedingten Kosten.

29 Dieses Katalogs hätte es nicht bedurft, da es in § 7 unter Nr. 2 heißt, dass über die Tätigkeiten des externen TK-Bereichs bei rechnungstechnischer Separierung „in dem Umfang getrennt Buch zu führen (ist), der erforderlich wäre, wenn sie von rechtlich unabhängigen Unternehmen ausgeführt würden". Damit wird eindeutig eine Separierung der handelsrechtlichen Rechnungslegung verlangt, wie sie bei struktureller Separierung nach Nr. 1 infolge der rechtlichen Verselbständigung des TK-Bereichs entsteht.

Busse von Colbe

Die im Katalog genannten Begriffe sind offenbar übersetzte Ausdrücke der englischen Fas- **30** sung der RRL, die der betriebswirtschaftlichen und z.T. auch der deutschen gesetzlichen Terminologie nicht entsprechen.

Unter den an erster Stelle genannten **Kosten** sind die **handelsrechtlichen Aufwendungen** **31** gemeint, die im HGB z.T. allerdings auch als Kosten bezeichnet werden. Diese handels- rechtlich bestimmten Aufwendungen bzw. Kosten können sich jedoch von den Kosten in betriebswirtschaftlichem Sinne unterscheiden, die sich aus dem internen Rechnungswesen ergeben. Auf diese betriebswirtschaftlichen Kosten wird im Unterschied zu § 7 in § 24 so- wie im Rahmen der Entgeltregulierung insbesondere in §§ 32 ff. rekurriert.

Unter **Einnahmebestandteile** sind vermutlich die **Ertragsarten** einschließlich der **Um-** **32** **satzerlöse** gemeint, wie sie etwa in der Gewinn- und Verlustrechnung gem. § 275 HGB ge- trennt auszuweisen sind. Im englischen Text des Art. 13 RRL wird der Begriff „revenue" verwendet, der Umsatzerlöse bedeutet. Die übrigen Erträge werden sonst als income und gains bezeichnet. Gleichwohl müssen i. S. der Gleichwertigkeit beider Alternativen alle Er- träge gemeint sein, z.B. auch Zins- und Beteiligungserträge, außerordentliche und sonstige Erträge. Der Begriff Einnahmen taucht in Zusammenhang mit dem Jahresabschluss in der gesetzlichen und betriebswirtschaftlichen Begriffsbildung nicht auf.

Berechnungsgrundlagen und Zurechnungsmethoden müssten in einen Anhang des Jah- **33** resabschlusses aufgenommen werden, wie er für Kapitalgesellschaften in §§ 284 ff. HGB vorgeschrieben ist. Im Falle der rechtlichen Verselbstständigung des TK-Bereichs in einer Kapitalgesellschaft sind die einschlägigen Vorschriften des HGB bindend. Bei rechnungs- technischer Separierung müssen sich i. S. der Gleichwertigkeit beider Alternativen die An- gaben an den **Angabepflichten der Kapitalgesellschaften** orientieren.

Aufschlüsselung des Anlagevermögens bedeutet wohl in diesem Zusammenhang, dass **34** die dem externen TK-**Bereich dienenden Anlagegegenstände** diesem bei rechnungstech- nischer Separierung auch **zugeordnet** und in der Bilanz gemäß den HGB-Vorschriften **ge-** **gliedert** werden. Anlagen, die von dem externen TK-Bereich und anderen Bereichen des Unternehmens **gemeinsam genutzt** werden, wie z.B. Verwaltungsgebäude und Grundstü- cke, könnten zwar auf die Bereiche geschlüsselt werden, doch erscheint eine Verrechnung von anteiliger Miete, sonstigen Nutzungsentgelten oder entsprechenden Aufwendungen ausreichend; dies entspricht auch eher der sonstigen betrieblichen Praxis z.B. in der Kos- tenstellenrechnung (siehe auch RdNr. 18).

Strukturbedingte Kosten ist wiederum ein sonst nicht üblicher Begriff. Im vorliegenden **35** Zusammenhang können darunter die Aufwendungen verstanden werden, die dem externen TK-Bereich zuzuordnen wären, wenn er rechtlich verselbstständigt würde. Dabei handelt es sich vermutlich in erster Linie um **anteilige** allgemeine **Verwaltungskosten**.

VI. Gesamtwürdigung

Insgesamt ist die **Formulierung** des § 7 durch ihre enge Anlehnung an die z.T. **unklare** **36** **und mit unüblichen Begriffen** belastete Fassung des Art. 13 Abs. 1 Buchst. a) und b) in Abs. 1 wenig geglückt und zudem durch die fehlende Umsetzung des Abs. 2 **unvollstän-** **dig**.

37 **Inhaltlich** bedeutet die rechtliche oder rechnungstechnische Separierung des TK-Bereichs hinsichtlich der Transparenz eher einen **Rückschritt im Vergleich zu § 14 TKG 1996**, weil der Kreis der dazu verpflichteten Unternehmen eingeschränkt und die rechnungstechnische Separierung eingeführt wurde.

38 Die handelsrechtlichen Erträge und Aufwendungen sowie die Wertansätze für Vermögen und Kapital, die aus der rechtlichen Verselbstständigung des TK-Bereichs oder der rechnungstechnischen Separierung nach § 7 resultieren, sind nur beschränkt für die Beurteilung einer womöglich missbräuchlichen Gestaltung von TK-Entgelten auf der Basis von Kostenermittlung geeignet. Die dafür notwendigen Kosten der effizienten Leistungsbereitstellung werden aus den Verbrauchsmengen und Preisen nach aktuellem Stande der Technik abgeleitet, die von den aus der Vergangenheit stammenden Größen der handelsrechtlichen Rechnungslegung erheblich abweichen können (siehe hierzu Vor. zu §§ 27 ff.). Immerhin bestehen mit den handelsrechtlichen Größen Ausgangs- und Vergleichswerte.

39 Mit der **rechtlichen Verselbstständigung** wird die **Kapitalstruktur** des TK-Unternehmens festgelegt. Sie kann nur durch Rechtsakte verändert werden. Die Kapitalstruktur ist für die Kapitalkosten, die wegen der Anlageintensität des TK-Bereichs für die Kosten der effizienten Leistungsbereitstellung von großer Bedeutung sind, eine wichtige Ausgangsgröße. Daran mangelt es allerdings weitgehend bei **rechnungstechnischer Separierung**. Eine Zuordnung von Eigenkapital und Finanzkrediten zu den Bereichen ist zwar denkbar, wird aber weder vom Gesetz verlangt, noch ist sie in der sonstigen Praxis üblich und im Rahmen der gesetzlichen Segmentberichterstattung (§ 297 Abs. HGB; DRS 3, IAS 14) vorgesehen.

§ 8 Internationaler Status

(1) Unternehmen, die internationale Telekommunikationsdienste erbringen oder die im Rahmen ihres Angebots Funkanlagen betreiben, die schädliche Störungen bei Funkdiensten anderer Länder verursachen können, sind anerkannte Betriebsunternehmen im Sinne der Konstitution und der Konvention der Internationalen Fernmeldeunion. Diese Unternehmen unterliegen den sich aus der Konstitution der Internationalen Fernmeldeunion ergebenden Verpflichtungen.

(2) Unternehmen, die internationale Telekommunikationsdienste erbringen, müssen nach den Regelungen der Konstitution der Internationalen Fernmeldeunion

1. **allen Nachrichten, welche die Sicherheit des menschlichen Lebens auf See, zu Lande, in der Luft und im Weltraum betreffen, sowie den außerordentlichen dringenden Seuchennachrichten der Weltgesundheitsorganisation unbedingten Vorrang einräumen,**
2. **den Staatstelekommunikationsverbindungen im Rahmen des Möglichen Vorrang vor dem übrigen Telekommunikationsverkehr einräumen, wenn dies von der Person, die die Verbindung anmeldet, ausdrücklich verlangt wird.**

Schrifttum: *Tegge*, Die Internationale Telekommunikations-Union, 1994.

Mit **§ 8 Abs. 1** wird weitgehend § 7 TKG 1996 übernommen. Mit **§ 8 Abs. 1** wird festgelegt, dass **Unternehmen**, die internationale Telekommunikationsdienste erbringen oder die im Rahmen ihres Angebots Funkanlagen betreiben, die schädliche Störungen bei Funkdiensten anderer Länder verursachen können, **international** den Status eines **anerkannten Betriebsunternehmens** im Sinne der **Konstitution und Konvention der ITU** haben. Die Neufassung der Konstitution und Konvention der ITU[1] wurde im BGBl. v. 8. 10. 2001 bekannt gemacht (BGBl. II, S. 1121). **Sie enthält** alle mit dem Status eines anerkannten Betriebsunterunternehmens verbundenen **Rechte und Pflichten**. **1**

Nach **Art. 6 Abs. 2** der Konstitution und der Konvention der ITU[2] sind die **Mitgliedsländer** **2** der ITU verpflichtet, „dafür zu sorgen, dass die von ihnen zum Errichten und Betreiben von Fernmeldeanlagen ermächtigten Betriebsunternehmen, die internationale Dienste wahrnehmen oder Funkstellen betreiben, welche schädliche Störungen bei den Funkdiensten anderer Länder verursachen können, die Bestimmungen der Konstitution, der Konvention und der Vollzugsordnungen der ITU beachten".[3] **Deutschland** ist dieser Verpflichtung dadurch nachgekommen, dass die Bestimmungen der Konstitution, der Konvention und der Vollzugsordnungen der ITU[4] durch Vertragsgesetz in **nationales Recht**[5] umgesetzt wurden.[6]

---

1 Im Internet abzurufen unter http://www.itu.int/aboutitu/basic-texts/constitution.html, überprüft 10/2005.
2 Im Internet abzurufen unter http://www.itu.int/aboutitu/basic-texts/constitution/chapter1/chapter01_06.html, überprüft 10/2005.
3 Zitiert nach *Scheurle/Mayen*, § 7 RdNr. 1.
4 Konstitution und Konvention der ITU wurden in Genf 1992 verabschiedet und in Kyoto 1994 geändert.
5 BGBl. II 1996, S. 1306 ff., Neufassung bekannt gemacht in BGBl. II 2001, S. 1121 ff.
6 Vgl. hierzu *Scheurle/Mayen*, § 7.

3   Im **Unterschied** zu § 7 TKG 1996 wird in § 8 TKG 2004 als Folge der geänderten lizenz-
rechtlichen Bestimmungen nicht mehr von **„Lizenznehmer"**, sondern allgemein von „Unternehmen" gesprochen. In der Anlage der Konstitution der ITU werden die Begriffe „Betriebsunternehmen" und „anerkanntes Betriebsunternehmen" näher definiert.[7] § 8 Satz 2
TKG 2004 weist **deklaratorisch** darauf hin, dass diese **Unternehmen** den sich aus der
Konstitution der ITU ergebenden **Verpflichtungen unterliegen.**[8]

4   **Normadressaten** sind neben den Unternehmen, die internationale Telekommunikationsdienste erbringen, noch Unternehmen, die im Rahmen ihres Angebots Funkanlagen betreiben, die schädliche Störungen bei Funkdiensten anderer Länder verursachen können. Im
ersten Fall richtet sich das Gesetz an Unternehmen, die Telekommunikationsanlagen im
In- und Ausland betreiben, auf denen **internationale Gespräche** vermittelt werden. Im
zweiten Fall reicht es aus, dass Anlagen im Inland betrieben werden, deren **ausgestrahlte
Funkwellen die nationale Grenze überschreiten.**[9]

5   **§ 8 Abs. 2** enthält die **ausdrückliche Verpflichtung**[10] von Unternehmen, die internationale Telekommunikationsdienste erbringen, bestimmten Nachrichten (**Nr. 1**) **unbedingten
Vorrang** und Staatstelekommunikationsverbindungen (Nr. 2) im **Rahmen des Möglichen
Vorrang einzuräumen**, wenn dies von der Person, die die Verbindung anmeldet, **ausdrücklich verlangt** wird. Bei den **Nachrichten**, denen **unbedingter Vorrang** einzuräumen ist, handelt es sich um Nachrichten, die die **Sicherheit des menschlichen Lebens** betreffen sowie den **außerordentlichen dringenden Seuchennachrichten** der Weltgesundheitsorganisation. § 8 Abs. 2 **Nr. 1** entspricht **Art. 40**[11], **Nr. 2 Art. 41**[12] der Konstitution
der ITU.

6   **„Im Rahmen des Möglichen"** bedeutet, dass **Nachrichten**, welche die Sicherheit des
menschlichen Lebens betreffen, sowie die außerordentlichen dringenden Seuchennach-
  ·hten und Notanrufe sowie Notmeldungen[13] **Vorrang** vor den „angemeldeten" Staatstele-
k.ommunikationsverbindungen[14] **haben.**[15] D. h. Art. 40 und Art. 46 der Konstitution der
ıTU gehen Art. 41 vor.

7   Die Regelung den Vorrang von **Staatstelekommunikationsverbindungen** im Rahmen des
Möglichen betreffend (§ 8 Abs. 2 **Nr. 2**) war im TKG 1996 in § 93 in Bezug auf Telekommunikationsunternehmen, die einen *handvermittelten* Telekommunikationsdienst anbieten, enthalten. Die Einschränkung ergab sich aus den unterschiedlichen technischen Möglichkeiten (*„im Rahmen des Möglichen"*), weil Telekommunikationsunternehmen, die aus-

---

7 RdNr. 1007 und 1008 der Anlage der Konstitution, Genf 1992; vgl. hierzu im Einzelnen *Scheurle/
   Mayen*, § 7 RdNr. 2 f.
8 Vgl. Begründung zu § 8, BT-Drs. 15/2316, S. 60.
9 Vgl. hierzu *Scheurle/Mayen*, § 7 RdNr. 4.
10 Vgl. Begründung zu § 8, BT-Drs. 15/2316, S. 60.
11 Im Internet abzurufen unter http://www.itu.int/aboutitu/basic-texts/constitution/chapter6/chap-
    ter06_40.html, überprüft 10/2005.
12 Im Internet abzurufen unter http://www.itu.int/aboutitu/basic-texts/constitution/chapter6/chap-
    ter06_41.html, überprüft 10/2005.
13 Art. 46 der Konstitution der ITU, im Internet abzurufen unter http://www.itu.int/aboutitu/basic-
    texts/constitution/chapter7/chapter07_46.html, überprüft 10/2005.
14 RdNr. 1014 der Anlage der Konstitution, Genf 1992, definiert *Staatstelekommunikationsverbin-
    dungen*; vgl. hierzu im Einzelnen *Scheurle/Mayen*, § 93 RdNr. 3.
15 Vgl. hierzu *Scheurle/Mayen*, § 93 RdNr. 2.

schließlich einen *automatisch vermittelten* Telekommunikationsdienst anbieten, nicht in der Lage sind, den gewünschten Vorrang einzuräumen.[16] In § 8 Abs. 2 Nr. 2 wird **keine Unterscheidung** mehr getroffen, die Vorschrift richtet sich an **alle** Unternehmen, die internationale Telekommunikationsdienste erbringen. Die **Konkretisierung** der Einschränkung in der Verpflichtung des Art. 41 der Konstitution der ITU (*„im Rahmen des Möglichen"*) **entfällt**.

---

16 Vgl. hierzu *Scheurle/Mayen*, § 93 RdNr. 4.

Teil 2: Marktregulierung

Abschnitt 1:
Verfahren der Marktregulierung

§ 9 Grundsatz

(1) Der Marktregulierung nach den Vorschriften dieses Teils unterliegen Märkte, auf denen die Voraussetzungen des § 10 vorliegen und für die eine Marktanalyse nach § 11 ergeben hat, dass kein wirksamer Wettbewerb vorliegt.

(2) Unternehmen die auf Märkten des § 11 über beträchtliche Marktmacht verfügen, werden durch die Regulierungsbehörde Maßnahmen nach diesem Teil auferlegt.

(3) § 18 bleibt unberührt.

Schrifttum: *Belhaj/van de Gronden*, Some Room for Competition Does not Make a Sickness Fund an Undertaking. Is EC Competition Law Applicable to the Health Care Sector? (Joined Cases C-264/01, C-306/01, C-453/01 and C-355/01 AOK), ECLR 2004, 682; *BMWi*, Eckpunkte für eine Stellungnahme der Bundesregierung zum Tätigkeitsbericht der Reg TP 2000/2001 und zum Sondergutachten der Monopolkommission „Wettbewerbsentwicklung bei Telekommunikation und Post 2001: Unsicherheit und Stillstand"; *Clarich/Lübbig*, Anmerkung zu EuGH: Nationale Wettbewerbsbeschränkung durch italienisches Zündholzkonsortium (Urt. v. 9. 9. 2003 – Rs. C-198/01 – Consortio Industrie Fiammiferi (CIF)/Autorita Garante della Concorrenza e del mercato), EuZW 2003, 733; *Dommermuth*, Bericht aus der RegTP, N&R 2004, 72; *Elspaß*, Anmerkung zum Schreiben der Kommission der Europäischen Gemeinschaften von 11. 3. 2005 – SG – Greffe (2005) D/201075, N&R 2005, 74; *Europäische Kommission*, Working Document, Subject: A common regulatory framework for electronic communications networks and services, 2000; *Holznagel*, EU-Rahmenrichtlinien und Diskussion um das TKG in Deutschland – Das Anforderungsspektrum an die Novellierung im Überblick, in: Picot (Hrsg.), Novellierung des Telekommunikationsgesetzes, 2003, 9; *Huppertz*, Die SMP-Konzeption, 2003 (Diss. Berlin 2003); *Klotz*, Die neuen EU-Richtlinien über elektronische Kommunikation: Annäherung der sektorspezifischen Regulierung an das allgemeine Kartellrecht, K&R Beilage 1/2003, 3; *ders.*, Wettbewerb in der Telekommunikation: brauchen wir die Ex-ante-Regulierung noch?, ZWeR 2003, 283; *Kronenberger*, Access of ground-handling suppliers to airports under EC competition law, European Law Reporter 2003, 13; *Picot* (Hrsg.), Novellierung des Telekommunikationsgesetzes, 2003; *Schütz/Attendorn*, Das neue Kommunikationsrecht der Europäischen Union – Was muss Deutschland ändern?, MMR Beilage 4/2002, 1.

Übersicht

I. Normzweck

1 § 9 TKG stellt – wie auch der Überschrift zu entnehmen ist – die **Grundsatznorm** dar. Wie sich aus der Gesetzesbegründung ergibt, ist der Sinn und Zweck dieser Vorschrift vor allem darin zu sehen, dass diese Norm den grundlegenden Mechanismus des Zusammenspiels der verschiedenen Schritte des in Teil 2 Abschnitt 1 des TKG geregelten Verfahrens in materiell-rechtlicher Hinsicht verdeutlicht. Auch wenn der deutsche Gesetzgeber das europäische Richtlinienpaket nicht durch eine wortwörtliche Übertragung in den deutschen Gesetzestext in deutsches Recht umgesetzt hat, so ist eine Parallele zu Art. 16 der Rahmenrichtlinie deutlich erkennbar (vgl. RdNrn. 12 ff.).

2 **Kernstück** des TKG sind die Regelungen über marktbeherrschende Unternehmen, denn viele sektorspezifische Vorabverpflichtungen dürfen nur den Unternehmen auferlegt werden, die auf den als regulierungsbedürftig eingestuften sachlich und räumlich relevanten Märkten über beträchtliche Marktmacht verfügen.[1] Zentrale Teile auch des neuen TKG betreffen nämlich die asymmetrische Regulierung derartig marktmächtiger Unternehmen.[2] Dies beruht auf der wettbewerbsökonomischen Erkenntnis, dass Unternehmen die Entstehung beziehungsweise Sicherung des Wettbewerbs nur dann gefährden können, wenn sie die für eine signifikante Beeinflussung des Wettbewerbsgeschehens erforderliche wirtschaftliche Macht haben.[3] Die auf dem Marktbeherrschungsbegriff der wettbewerbsrechtlichen Missbrauchsaufsicht aufbauende Wettbewerbsförderung kann daher als ein Ausbau der allgemeinen Wettbewerbsaufsicht, bezogen auf den „pathologischen" Fall der Überführung eines monopolistisch geprägten Sektors in einen wettbewerblich organisierten Sektor, betrachtet werden.

3 Zur Verdeutlichung des Unterschieds zwischen der im TKG geregelten Art der Regulierung und der ökonomischen Regulierung alten Stils, die Ausnahmebereiche vom allgemeinen Wettbewerbsrecht vorsah und das Bestehen so genannter natürlicher Monopole als Ursache dieser Ausnahmebereiche als naturgegeben betrachtete, wäre es dabei an sich präziser, nicht einfach von Regulierung, sondern von **„Re-Regulierung"** zu sprechen, da die Marktöffnung – also die Deregulierung – begleitende, der Wettbewerbsförderung dienende Mechanismen von dieser Bezeichnung erfasst werden.[4]

---

1 Vgl. – wenn auch bezogen auf den durch das TKG umgesetzten europäischen Rechtsrahmen – *Holznagel* in: *Picot* (Hrsg.), Novellierung des Telekommunikationsgesetzes, S. 9, 15.
2 Siehe diesbezüglich – wenn auch zum durch das TKG umgesetzten europäischen Rechtsrahmen – *Huppertz*, Die SMP-Konzeption, S. 43.
3 Vgl. *Huppertz*, Die SMP-Konzeption, S. 151.
4 Ähnlich auch *Huppertz*, Die SMP-Konzeption, S. 44 Fn. 2 m. w. N.

Die durch den neuen europäischen Rechtsrahmen und – ihm folgend – durch das neue 4
TKG getroffene ordnungspolitischen Grundentscheidung ist auch und gerade für das Verständnis der §§ 9 ff. von entscheidender Bedeutung. Es handelt sich dabei um die klare Befürwortung einer **Aufrechterhaltung der** wettbewerbsfördernden, **asymmetrischen Regulierung**, unbeschadet der quasi immer bestehenden Regeln des allgemeinen Wettbewerbsrechts, jedoch unter sehr weitgehender Verwendung von aus dem allgemeinen Wettbewerbsrecht stammenden Konzeptionen.[5] Als „asymmetrisch" bezeichnet man diese Art der Regulierung deshalb, weil die entsprechenden Verhaltensvorschriften nicht gleichmäßig an alle, sondern nur an bestimmte Marktteilnehmer adressiert sind. An welche Unternehmen sie sich richten, entscheidet sich im europäischen und dem es umsetzenden deutschen (Tele-)Kommunikationsrecht anhand des Kriteriums der beträchtlichen Marktmacht.[6]

Eine besondere neue Eigenschaft des durch das neue TKG verwirklichten Ordnungsmo- 5
dells ist dabei der **Beginn mit dem Abbau dieser asymmetrischen Regulierung**, wenn auch in Abhängigkeit von der wettbewerblichen Entwicklung auf den Telekommunikationsmärkten.[7] Dem liegt die Idee zu Grunde, dass in einer marktwirtschaftlich ausgerichteten und deshalb nicht zuletzt auf dem Wettbewerbsprinzip beruhenden Wirtschaftsordnung die asymmetrische Wettbewerbsförderung nur so lange als gerechtfertigt angesehen wird, wie der in anderen Märkten allein vorhandene Kontrollmechanismus des allgemeinen Wettbewerbsrechts nicht als ausreichend erachtet wird.[8]

Ziel des bereits mehrfach erwähnten europäischen Richtlinienpaketes ist unter anderem 6
die vom deutschen Gesetzgeber in § 2 Abs. 2 Nr. 4 des TKG mit dem Ziel der **Förderung der Entwicklung des Binnenmarktes der Europäischen Union** aufgegriffene Schaffung der inhaltlichen, verfahrens- und organisationsrechtlichen Voraussetzungen für eine gemeinschaftsweit stärker harmonisierte Anwendung des europäischen Rechtsrahmens.[9] Hierunter fällt auch der Übergang zur einheitlichen Anwendung des europäischen Wettbewerbsrechts.

Als Auslösekriterium für die asymmetrische sektorspezifische Regulierung kommt dabei 7
dem Begriff der beträchtlichen Marktmacht zentrale Bedeutung für die **Kohärenz** der asymmetrischen Telekommunikationsregulierung **in der Europäischen Union** zu: Nur wenn das Kriterium in kohärenter Weise von allen nationalen Regulierungsbehörden in der Europäischen Union gehandhabt wird, können Unternehmen damit rechnen, in verschiedenen Mitgliedstaaten vergleichbare Regulierungsbedingungen anzutreffen.[10] Der Sicherstellung dieser Einheitlichkeit dient das in § 12 TKG geregelte Verfahren unter Beteiligung der Europäischen Kommission und der Regulierungsbehörden der anderen Mitgliedstaaten der Europäischen Union.[11]

---

5 Siehe hierzu auch *Huppertz*, Die SMP-Konzeption, S. 80.
6 Vgl. *Huppertz*, Die SMP-Konzeption, S. 44.
7 Siehe Erwägungsgrund 1 der Märkte-Empfehlung; vgl. dazu auch *Huppertz*, Die SMP-Konzeption, S. 86, 378; *Klotz*, ZWeR 2003, 283, 289 f.
8 *Huppertz*, Die SMP-Konzeption, S. 151.
9 Vgl. Artikel 1 Absatz 1 Satz 2 RRL; vgl. zu § 2 Abs. 2 Nr. 4 des TKG auch § 2 RdNr. 9 m. w. N.
10 Vgl. dazu beispielsweise – wenn auch zum alten Rechtsrahmen – *Huppertz*, Die SMP-Konzeption, S. 156.
11 Siehe dazu auch § 12 RdNr. 24.

8   **Zusammenfassend** lässt sich damit Folgendes feststellen:[12] Der Rückgriff auf das wettbewerbsrechtliche Konzept der Marktbeherrschung soll zunächst sicherstellen, dass überall dort im Sektor für elektronische Kommunikation, wo noch keine hinreichende Wettbewerbsintensität erreicht wurde, sektorspezifisch reguliert werden kann, um das Wettbewerbsniveau zu stärken und zu vertiefen. Im Übrigen soll sichergestellt werden, dass wettbewerbsfördernde Regulierung überall dort abgebaut wird, wo sie unnötig geworden ist. Ferner soll durch die von einem völlig neuartigen Verfahren begleitete Anlehnung an das europäische Wettbewerbsrecht die Entwicklung des Binnenmarktes gefördert werden.

9   Wie gerade die dem allgemeinen Wettbewerbsrecht entlehnten Voraussetzungen der asymmetrischen Regulierung einschließlich des Erfordernisses der Regulierungsbedürftigkeit verdeutlichen, ist das neue Recht – mehr noch als das alte TKG – als **Übergangsphase** konzipiert zwischen dem bisherigen Regime und der in Anbetracht des Beginns mit dem Abbau der Regulierung für wahrscheinlich gehaltenen, künftigen Situation, in der die Kommunikationsmärkte so ausgereift sein werden, dass sie jedenfalls in erster Linie über das allgemeine Wettbewerbsrecht geregelt werden können.[13]

II. EG-rechtliche Grundlagen

10   Die §§ 9, 10 und 11 TKG setzten insbesondere **Art. 14 bis 16 der Rahmenrichtlinie** um,[14] deren (gemeinschaftsweit einheitliche) Einhaltung mittels – im deutschen Recht in § 12 TKG geregelter, die **Art. 6 und 7 der Rahmenrichtlinie** umsetzender[15] – umfangreicher Auskunfts- und Abstimmungspflichten sichergestellt wird. Damit ist – auch wenn sich der deutsche Gesetzgeber nicht für eine wortwörtliche Umsetzung entschieden hat – diesen Vorschriften eine entscheidende Rolle bei der Auslegung beizumessen. Nur in detaillierter Kenntnis der europäischen Vorgaben erscheint ein vertieftes Verständnis der vorliegenden Normen möglich, so dass sich eine Darstellung der insoweit einschlägigen Vorschriften als unabwendbar erweist.

11   Die im Hinblick auf den europarechtlichen Hintergrund also herausragend bedeutsame **Rahmenrichtlinie** kann als eine Art allgemeiner Teil des neuen Telekommunikations-Richtlinienpakets bezeichnet werden.[16] Darin werden die Regulierungsvoraussetzungen, die allgemein für die asymmetrische Regulierung gelten, quasi vor die Klammer gezogen.[17]

12   Gemäß **Art. 16 Abs. 1** der Rahmenrichtlinie führen die nationalen Regulierungsbehörden eine Analyse der relevanten Märkte durch, und zwar sobald wie möglich, nach Verabschiedung der Märkte-Empfehlung oder deren etwaiger Aktualisierung, und dies unter weitestgehender Berücksichtigung der so genannten Leitlinien.[18]

---

12 Vgl. *Huppertz*, Die SMP-Konzeption, S. 378.

13 Vgl. hierzu – wenn auch bezogen auf das durch das TKG umgesetzte europäische Richtlinienpaket – *Schütz/Attendorn*, MMR Beilage 4/2002, 1, 5 m. w. N.

14 Siehe zu diesen europarechtlichen Grundlagen der Marktdefinition und -analye auch Einl. II RdNr. 70 ff. und Einl. IV RdNr. 88 ff.

15 Siehe dazu § 12 RdNr. 2 f. m. w. N.

16 Vgl. dazu Einl. II RdNr. 55.

17 *Huppertz*, Die SMP-Konzeption, S. 82, 191.

18 Leitlinien der Kommission zur Marktanalyse vom 11. Juli 2003, ABl. EG Nr. L 165 S. 6.

Nach **Art. 16 Abs. 2** der Rahmenrichtlinie ermittelt die nationale Regulierungsbehörde an- 13
hand der Marktanalyse gemäß Abs. 1 des Art. 16 der Rahmenrichtlinie, ob auf einem relevanten Markt wirksamer Wettbewerb herrscht, wenn sie gemäß den Art. 16, 17, 18 oder 19
der Universaldienstrichtlinie oder nach Art. 7 oder Art. 8 der Zugangsrichtlinie feststellen
muss, ob Verpflichtungen für Unternehmen aufzuerlegen, beizubehalten, zu ändern oder
aufzuheben sind.

Bei den **Regelungen der Einzelrichtlinien**, auf welche in Art. 16 der Rahmenrichtlinie 14
verwiesen wird, handelt es sich um folgende: Die genannten Vorschriften der **Universaldienstrichtlinie** regeln Verpflichtungen für Endkundentarife für die Bereitstellung des Zugangs zum öffentlichen Telefonnetz und dessen Nutzung nach Art. 17 der Richtlinie 98/10/
EG[19], Betreiberauswahl und Betreibervorauswahl nach der Richtlinie 97/33/EG[20] und
Mietleitungen nach den Art. 3, 4, 6, 7, 8 und 10 der Richtlinie 92/44/EWG.[21] Art. 7 und 8
der **Zugangsrichtlinie** befassen sich mit dem Zugang und der Zusammenschaltung gemäß
den Art. 4, 6, 7, 8, 11, 12 und 14 der Richtlinie 97/33/EG.

Art. 16 Abs. 3 der Rahmenrichtlinie regelt die Rechtsfolgen, die einzutreten haben, wenn 15
festgestellt wird, dass kein wirksamer Wettbewerb vorliegt.

Nach **Abs. 4 des Art. 16** der Rahmenrichtlinie ermittelt die nationale Regulierungsbehör- 16
de Unternehmen mit beträchtlicher Marktmacht, wenn sie feststellt, dass auf einem relevanten Markt kein wirksamer Wettbewerb herrscht, auf diesem Markt gemäß Art. 14 der
Rahmenrichtlinie. Außerdem regelt Abs. 4 des Art. 16 der Rahmenrichtlinie die Rechtsfolgen, die einzutreten haben, wenn die Unternehmen mit beträchtlicher Marktmacht festgestellt worden sind.

Art. 16 Abs. 5 der Rahmenrichtlinie schreibt vor, dass in Fällen länderübergreifender 17
Märkte, die in der Entscheidung nach Art. 14 Abs. 4 der Rahmenrichtlinie festgelegt wurden, die betreffenden nationalen Regulierungsbehörden gemeinsam die Marktanalyse unter weitestgehender Berücksichtigung der Leitlinien durchführen. Auch die Rechtsfolgen
einer solchen Untersuchung sind in Abs. 5 des Art. 16 der Rahmenrichtlinie geregelt.

Gemäß **Abs. 6 des Art. 16** der Rahmenrichtlinie unterliegen Maßnahmen, die gemäß den 18
Absätzen 3, 4 und 5 getroffen werden, den in den Art. 6 und 7 der Rahmenrichtlinie genannten Verfahren.

Art. 15 der Rahmenrichtlinie befasst sich mit dem insbesondere durch § 10 umgesetzten 19
Marktdefinitionsverfahren.

Der erste Unterabs. von **Art. 15 Abs. 1** der Rahmenrichtlinie beschäftigt sich mit der 20
Märkte-Empfehlung. In dieser Empfehlung werden laut Richtlinie gemäß Anhang I der

---

19 Richtlinie 98/10/EG des Europäischen Parlaments und des Rates vom 26. Februar 1998 über die
   Anwendung des offenen Netzzugangs (ONP) beim Sprachtelefondienst und den Universaldienst
   im Telekommunikationsbereich in einem wettbewerbsorientierten Umfeld, ABl. EG Nr. L 101
   vom 1. April 1998, S. 24.
20 Richtlinie 97/33/EG des Europäischen Parlaments und des Rates vom 30. Juni 1997 über die Zusammenschaltung in der Telekommunikation im Hinblick auf die Sicherstellung eines Universaldienstes und der Interoperabilität durch Anwendung der Grundsätze für einen offenen Netzzugang
   (ONP), ABl. EG Nr. L 199 vom 26. Juli 1997, S. 32, geändert durch die Richtlinie 98/61/EG, ABl.
   EG Nr. L 268 vom 3. Oktober 1998, S. 37.
21 Richtlinie 92/44/EWG des Rates vom 5. Juni 1992 zur Einführung des offenen Netzzugangs bei
   Mietleitungen, ABl. EG Nr. L 165 vom 19. Juni 1992, S. 27.

Rahmenrichtlinie diejenigen Märkte für elektronische Kommunikationsprodukte und -dienste aufgeführt, deren Merkmale die Auferlegung der in den so genannten Einzelrichtlinien (das sind die Genehmigungsrichtlinie,[22] die Universaldienstrichtlinie[23] und die Zugangsrichtlinie[24]) dargelegten Verpflichtungen rechtfertigen können, und zwar unbeschadet der Märkte, die in bestimmten Fällen nach dem Wettbewerbsrecht definiert werden können. Die Europäische Kommission definiert die Märkte in Einklang mit den Grundsätzen des Wettbewerbsrechts. Anhang I der Rahmenrichtlinie enthält diejenigen Märkte, die von der Europäischen Kommission in ihre erste Empfehlung über die relevanten Produkt- und Dienstmärkte aufzunehmen sind. Ziel der Märkte-Empfehlung ist es, Produkt- und Dienstemärkte festzulegen, die für eine Vorabregulierung in Betracht kommen. Art. 15 Abs. 1 der Rahmenrichtlinie sieht vor, dass die Europäische Kommission die Bestimmung der Märkte in Übereinstimmung mit den Grundsätzen des Wettbewerbsrechts vornimmt. Die Europäische Kommission hat daher die Märkte (entsprechend den im Anhang I der Rahmenrichtlinie aufgeführten Märkten) in Übereinstimmung mit den Grundsätzen des Wettbewerbsrechts definiert. Die neben der sachlichen Definition der Märkte nach allgemeinen Kriterien des Wettbewerbsrechts von der Europäischen Kommission durchgeführte Identifikation von Märkten, die für eine Vorabregulierung in Betracht kommen, hat die Europäische Kommission auf Grundlage dreier in der Märkte-Empfehlung genannter und wortwörtlich in § 10 TKG übernommener Kriterien vorgenommen (siehe zu diesen Kriterien im Einzelnen § 10 RdNrn. 11 ff., 52 ff.).[25] In Bezug auf die Interpretation des Tatbestandsmerkmals der weitest gehenden Berücksichtigung im Sinne von § 10 (siehe § 10 RdNrn. 69 ff.), ist die **Entstehungsgeschichte** der Regelung des Art. 15 Abs. 1 der Rahmenrichtlinie nicht ganz unerheblich. Der erste inoffizielle Richtlinienentwurf[26] sah eine Mitteilung der Europäischen Kommission vor, in welcher die sachlich relevanten Märkte aufgelistet werden sollten, deren Eigenschaften eine sektorspezifische Regulierung rechtfertigen.[27] Für die Auflistung der relevanten Märkte sah allerdings der Richtlinienvorschlag[28] **keine Auflistung** in einer Mitteilung, sondern eine Auflistung **in einer Entscheidung** im Sinne von Art. 249 des EG-Vertrages vor,[29] was eine größere Bindungswirkung beinhaltet hätte. Der Rat setzte durch, dass die eine Vorabregulierung potenziell rechtfertigenden Märkte in Form einer Empfehlung und nicht als Entscheidung aufgelistet werden sollen.

21 Laut **Art. 15 Abs. 2** der Rahmenrichtlinie veröffentlicht die Europäische Kommission spätestens zum Zeitpunkt des In-Kraft-Tretens dieser Richtlinie **Leitlinien**[30] zur Marktanalyse und zur Bewertung beträchtlicher Marktmacht, die laut Richtlinie mit den Grundsätzen des Wettbewerbsrechts in Einklang stehen müssen. Gemäß diesen Leitlinien besteht die Aufga-

---

22 Siehe dazu Einl. II RdNr. 112 ff.
23 Siehe dazu Einl. II RdNr. 165 ff.
24 Siehe dazu Einl. II RdNr. 133 ff.
25 Siehe zu diesen europarechtlichen Grundlagen auch *Klotz*, K&R Beilage 1/2003, 3, 6; *Huppertz*, Die SMP-Konzeption, S. 193.
26 *Europäische Kommission*, Working Document, Subject: A common regulatory framework for electronic communications networks and services.
27 Siehe dazu *Huppertz*, Die SMP-Konzeption, S. 184.
28 *Europäische Kommission*, Vorschlag für eine Richtlinie des Europäischen Parlaments und des Rates über einen gemeinsamen Rechtsrahmen für elektronische Kommunikationsnetze und -dienste, ABl. EG Nr. C 365 E vom 19. Dezember 2000, S. 198.
29 *Huppertz*, Die SMP-Konzeption, S. 186; siehe dazu auch Einl. II RdNr. 47.
30 Siehe *Huppertz*, Die SMP-Konzeption, S. 188.

be der nationalen Regulierungsbehörden in der Regel darin, die geographische Tragweite der relevanten Märkte zu bestimmen,[31] jedoch ist dies nicht die einzige Aufgabe, welche der Reg TP als nationaler Regulierungsbehörde in diesem Zusammenhang zukommt (siehe dazu näher § 10 RdNrn. 25 ff., § 11 RdNr. 42). Insbesondere hat sie die Aufgabe, das Vorliegen beträchtlicher Marktmacht festzustellen, wobei ihr die Leitlinien eine Hilfestellung bei der hierfür erforderlichen Prüfung sind.

Gemäß **Art. 15 Abs. 3** der Rahmenrichtlinie legen die nationalen Regulierungsbehörden **22** unter weitestgehender Berücksichtigung der Märkte-Empfehlung und der Leitlinien die relevanten Märkte entsprechend den nationalen Gegebenheiten – insbesondere der innerhalb ihres Hoheitsgebiets relevanten geographischen Märkte – im Einklang mit den Grundsätzen des Wettbewerbsrechts fest. Bevor Märkte definiert werden, die von denen in der Empfehlung abweichen, wenden die nationalen Regulierungsbehörden laut Art. 15 Abs. 3 der Rahmenrichtlinie die in den Art. 6 und 7 der Rahmenrichtlinie genannten Verfahren an.

Nach **Art. 15 Abs. 4** der Rahmenrichtlinie kann die Europäische Kommission nach Anhö- **23** rung der nationalen Regulierungsbehörden nach dem in Art. 22 Abs. 3 der Rahmenrichtlinie genannten Ausschussverfahren eine Entscheidung zur Festlegung länderübergreifender Märkte erlassen. Den Begriff der so genannten länderübergreifenden Märkte definiert Art. 2 lit. b) der Rahmenrichtlinie. Es handelt sich dabei um die in Übereinstimmung mit Art. 14 der Rahmenrichtlinie festgestellten Märkte, die die Gemeinschaft oder einen wesentlichen Teil davon umfassen (siehe dazu näher § 11 RdNr. 56 ff.).

Abs. 1 von Art. 14 der Rahmenrichtlinie bestimmt, dass Art. 14 Absätze 2 und 3 der Rah- **24** menrichtlinie gelten, wenn die nationalen Regulierungsbehörden aufgrund der Einzelrichtlinien nach dem oben dargestellten, in Art. 16 der Rahmenrichtlinie genannten Verfahren festzustellen haben, ob Betreiber über beträchtliche Marktmacht verfügen.

Nach Art. 14 Abs. 2, erster Unterabsatz der Rahmenrichtlinie gilt ein Unternehmen dann **25** als ein Unternehmen mit beträchtlicher Marktmacht, wenn es entweder allein oder gemeinsam mit anderen eine der Beherrschung gleichkommende Stellung einnimmt, d. h. eine wirtschaftlich starke Stellung, die es ihm gestattet, sich in beträchtlichem Umfang unabhängig von Wettbewerbern, Kunden und letztlich Verbrauchern zu verhalten.

Von großer Bedeutung ist in diesem Zusammenhang **Erwägungsgrund 25** der Rahmen- **26** richtlinie. Die in der Richtlinie benutzte Definition beruht danach auf dem Konzept der marktbeherrschenden Stellung nach der einschlägigen Rechtsprechung des Europäischen Gerichtshofs und des Gerichts erster Instanz der Europäischen Gemeinschaften.

Auch **Erwägungsgrund 28** der Rahmenrichtlinie erhellt das Verständnis der Regelung, **27** denn er enthält die Erklärung, dass die nationalen Regulierungsbehörden bei der Beurteilung der Frage, ob ein Unternehmen in einem speziellen Markt über beträchtliche Marktmacht verfügt, im Einklang mit dem Gemeinschaftsrecht vorgehen sollen.

Nicht ganz unbedeutend ist in diesem Zusammenhang außerdem **Erwägungsgrund 27** der **28** Rahmenrichtlinie. Danach sollen nämlich Vorabverpflichtungen nur auferlegt werden, wenn kein wirksamer Wettbewerb besteht, das heißt auf Märkten, auf denen es ein oder mehrere Unternehmen mit beträchtlicher Marktmacht gibt, und die Instrumente des nationalen und gemeinschaftlichen Wettbewerbsrechts nicht ausreichen, um das Problem zu lö-

---

31 Leitlinien der Kommission zur Marktanalyse, S. 6.

sen. Die nationalen Regulierungsbehörden sollten – so Erwägungsgrund 27 der Rahmenrichtlinie – untersuchen, ob auf dem Markt für bestimmte Produkte oder Dienste in einem bestimmten geografischen Gebiet wirksamer Wettbewerb herrscht, wobei sich dieses Gebiet auf die Gesamtheit oder einen Teil des Hoheitsgebiets des betreffenden Mitgliedstaats oder auf als Ganzes betrachtete benachbarte Gebiete von Mitgliedstaaten erstrecken könnte. Die Untersuchung der tatsächlichen Wettbewerbssituation sollte – so Erwägungsgrund 27 der Rahmenrichtlinie – auch eine Klärung der Frage umfassen, ob der Markt potenziell wettbewerbsorientiert ist und ob das Fehlen eines wirksamen Wettbewerbs ein dauerhaftes Phänomen ist.

29 Art. 14 Abs. 2, zweiter Unterabsatz, und Abs. 3 der Rahmenrichtlinie spezifizieren zwei besondere Fälle der beträchtlichen Marktmacht, nämlich den der **gemeinsamen Marktbeherrschung** mehrerer Unternehmen und den der **Behandlung benachbarter Märkte**.

30 So bestimmt der **zweite Unterabs. von Art. 14 Abs. 2**, dass bei der Beurteilung der Frage, ob **zwei oder mehr Unternehmen** auf einem Markt gemeinsam eine beherrschende Stellung einnehmen, die nationalen Regulierungsbehörden insbesondere im Einklang mit dem Gemeinschaftsrecht handeln und dabei weitestgehend die von der Europäischen Kommission nach Art. 15 der Rahmenrichtlinie veröffentlichten „Leitlinien zur Marktanalyse und zur Bewertung beträchtlicher Marktmacht" berücksichtigen. Ferner besagt Art. 14 Abs. 2, zweiter Unterabs., der Rahmenrichtlinie, dass die bei dieser Beurteilung heranzuziehenden Kriterien in **Anhang II** der Rahmenrichtlinie aufgeführt sind. Anhang II der Rahmenrichtlinie enthält vor allem eine nicht abschließende, beispielhafte Aufzählung zahlreicher Kriterien, die – unbeschadet der Rechtsprechung des Europäischen Gerichtshofes im Bereich der gemeinsamen Marktbeherrschung – Argumente darstellen, auf die sich Feststellungen hinsichtlich des Vorliegens einer gemeinsamen Marktbeherrschung stützen könnten. Anhang II der Rahmenrichtlinie nennt folgende Kriterien: Marktkonzentration, Transparenz, gesättigter Markt, stagnierendes oder begrenztes Wachstum auf der Nachfrageseite, geringe Nachfrageelastizität, gleichartiges Erzeugnis, ähnliche Kostenstrukturen, ähnliche Marktanteile, Fehlen technischer Innovation, ausgereifte Technologie, keine Überkapazität, hohe Marktzutrittshemmnisse, Fehlen eines Gegengewichts auf der Nachfrageseite, Fehlen eines potenziellen Wettbewerbs, verschiedene Arten informeller oder sonstiger Verbindungen zwischen den betreffenden Unternehmen, Mechanismen für Gegenmaßnahmen, fehlender Preiswettbewerb oder begrenzter Spielraum für Preiswettbewerb.

31 Hierzu werden in **Erwägungsgrund 26** der Rahmenrichtlinie weitere Hinweise gegeben. Danach kann nämlich bei zwei oder mehr Unternehmen davon ausgegangen werden, dass sie gemeinsam eine marktbeherrschende Stellung nicht nur dann einnehmen, wenn strukturelle oder sonstige Beziehungen zwischen ihnen bestehen, sondern auch, wenn die Struktur des betreffenden Marktes als förderlich für koordinierte Effekte angesehen wird, das heißt, wenn hierdurch ein paralleles oder angeglichenes wettbewerbswidriges Verhalten auf dem Markt gefördert wird.

32 Sodann richtet **Art. 14 Abs. 3** der Rahmenrichtlinie das Augenmerk auf das Phänomen der **Marktmachtübertragung**. Er bestimmt, dass davon ausgegangen werden kann, dass ein Unternehmen auch auf einem benachbarten Markt beträchtliche Marktmacht besitzt, wenn es auf einem bestimmten Markt über beträchtliche Marktmacht verfügt und wenn die Verbindungen zwischen beiden Märkten es gestatten, diese von dem einen auf den anderen Markt zu übertragen und damit die gesamte Marktmacht des Unternehmens zu verstärken.

Von nicht zu unterschätzender Bedeutung ist im vorliegenden Zusammenhang auch die euro- 33
päische Vorgabe, dass eine Maßnahme, um in den Anwendungsbereich des Art. 7 der
Rahmenrichtlinie zu fallen, **Auswirkungen auf den Handel zwischen Mitgliedstaaten**
haben werden muss (siehe dazu näher § 10 RdNr. 74 und § 11 RdNr. 61).

III. Einzelerläuterungen

1. Marktregulierung nach den Vorschriften dieses Teils. – Der **Begriff der Regulie-** 34
rung bedeutet die Steuerung des Verhaltens von Unternehmen durch sektorspezifische
Vorabverpflichtungen. Unter Vorabverpflichtungen – oft auch als Ex-ante-Verpflichtungen
bezeichnet – sind dabei Rechtsvorschriften zu verstehen, die in abstrakter Form für einen
bestimmten oder unbestimmten Zeitraum vorgegeben werden. Wenn auch weniger griffig,
so bezeichnet doch der Begriff der „Re-Regulierung" treffender die Art der staatlichen
Maßnahme (siehe dazu RdNr. 3).

Ausweislich des Gesetzes lässt sich die Marktregulierung nach den Vorschriften von Teil 2 35
des TKG in folgende **Unterarten** aufteilen: Zugangsregulierung (Abschnitt 2), Entgeltregulierung (Abschnitt 3), sonstige Verpflichtungen (Abschnitt 4) und besondere Missbrauchsaufsicht (Abschnitt 5).

Bezüglich des die **Zugangsregulierung** betreffenden Teil 2 Abschnitt 2 des Gesetzes er- 36
scheinen folgende, ausdrücklich auf den Begriff der beträchtlichen Marktmacht rekurrie-
rende Vorschriften erwähnenswert: § 19 Abs. 1 bestimmt als Diskriminierungsverbot, dass
die Reg TP einen Betreiber eines öffentlichen Telekommunikationsnetzes mit beträchtlicher Marktmacht dazu verpflichten kann, dass Vereinbarungen über Zugänge auf objektiven Maßstäben beruhen, nachvollziehbar sein, einen gleichwertigen Zugang gewähren und
den Geboten der Chancengleichheit und Billigkeit genügen müssen.[32] Dabei stellen nach
Abs. 2 des § 19 die Gleichbehandlungsverpflichtungen insbesondere sicher, dass der betreffende Betreiber anderen Unternehmen, die gleichartige Dienste erbringen, unter den
gleichen Umständen gleichwertige Bedingungen anbietet und Dienste und Informationen
für Dritte zu den gleichen Bedingungen und mit der gleichen Qualität bereitstellt wie für
seine eigenen Produkte oder die seiner Tochter- oder Partnerunternehmen.[33] Auch die
durch § 20 normierte so genannte Transparenzverpflichtung kann die Reg TP ausschließlich Unternehmen mit beträchtlicher Marktmacht auferlegen. Auch Zugangsverpflichtungen im Sinne von § 21 TKG können (Abs. 1 und Abs. 2) bzw. sollen (Abs. 3) ausschließlich Unternehmen mit beträchtlicher Marktmacht auferlegt werden. Auch der Zugangsvereinbarungen regelnde § 22 und der das Erfordernis von Standardangeboten normierende
§ 23 sehen als Tatbestandmerkmal das Vorliegen beträchtlicher Marktmacht vor. Eine Verpflichtung zu getrennter Rechnungsführung kann die Reg TP nach § 24 ebenfalls nur Unternehmen mit beträchtlicher Marktmacht auferlegen.

Auch die Vorschriften über die **Entgeltregulierung** (Teil 2 Abschnitt 3) knüpfen an das 37
Vorliegen beträchtlicher Marktmacht an. Dies ergibt sich unmittelbar aus § 27 Abs. 1,[34] der
als Ziel der Entgeltregulierung bestimmt, dass eine missbräuchliche Ausbeutung, Behinderung oder Diskriminierung von Endnutzern oder von Wettbewerbern durch preispolitische

---

32 Siehe dazu § 19 RdNr. 12 ff.
33 Siehe dazu § 19 RdNr. 33 ff.
34 Siehe dazu § 27 RdNr. 18 ff.

Maßnahmen von Unternehmen mit beträchtlicher Marktmacht zu verhindern ist. Die Überschrift von § 28 lautet: „Missbräuchliches Verhalten eines Unternehmens mit beträchtlicher Marktmacht bei der Forderung und Vereinbarung von Entgelten". Abs. 1 Satz 1 dieser Vorschrift bestimmt, dass ein Anbieter von Telekommunikationsdiensten, der über beträchtliche Marktmacht verfügt, oder ein Betreiber eines öffentlichen Telekommunikationsnetzes, der über beträchtliche Marktmacht verfügt, diese Stellung bei der Forderung und Vereinbarung von Entgelten nicht missbräuchlich ausnutzen darf. Auch § 29 sieht an mehreren Stellen das Vorliegen beträchtlicher Marktmacht als Regulierungsvoraussetzung vor. § 30 nennt ebenso das Vorliegen beträchtlicher Marktmacht als Voraussetzung für die Entgeltgenehmigungspflicht. Die die nachträgliche Regulierung von Entgelten regelnde Vorschrift des § 38 greift ebenso in Teilen auf dieses Tatbestandsmerkmal zurück. Auch eine Entgeltregulierung von Endnutzerleistungen setzt gemäß § 39 unter anderem das Vorliegen beträchtlicher Marktmacht voraus.

38 Die in Abschnitt 4 des Teil 1 geregelten **sonstigen Verpflichtungen**, nämlich die der Betreiberauswahl und Betreibervorauswahl (§ 40) und die das Angebots von Mietleitungen regelnde Vorschrift (§ 41), greifen nur bei Unternehmen mit beträchtlicher Marktmacht.

39 Schließlich spielt der Begriff der beträchtlichen Marktmacht auch in Bezug auf die **besondere Missbrauchsaufsicht** (Abschnitt 5) eine wichtige Rolle. § 42 trägt schon die insoweit unmissverständliche Überschrift „Missbräuchliches Verhalten eines Unternehmens mit beträchtlicher Marktmacht".

40 Abschließend ist darauf hinzuweisen, dass sich die Bedeutung des Begriffs der beträchtlichen Marktmacht **nicht auf Teil 1 des Gesetzes beschränkt**, sondern dass dieser Begriff auch an anderer Stelle relevant ist. So regelt der sich mit Zugangsberechtigungssystemen befassende, im die Überschrift Rundfunkübertragung tragenden Teil 4 zu findende § 50 in seinem Abs. 4, dass die Reg TP bestimmte in § 50 geregelte Bedingungen ändern oder aufheben kann, wenn die in Frage stehenden Unternehmen nicht über beträchtliche Marktmacht verfügen. Auch der sich mit der Verpflichtung zur Erbringung von Universaldiensten befassende § 80 nennt das Vorliegen beträchtlicher Marktmacht als Tatbestandvoraussetzung.

41 **2. Märkte, auf denen die Voraussetzungen des § 10 vorliegen.** – Es handelt sich dabei um **Märkte im wettbewerbsrechtlichen Sinne**, die nach dem in § 10 geregelten Verfahren ermittelt worden sein müssen, das heisst, dass eine Marktdefinition vorgenommen worden sein muss. Diese beinhaltet sowohl eine sachliche als auch eine räumliche Marktabgrenzung (s. dazu § 10 RdNrn. 24 ff.). Außerdem muss die **Regulierungsbedürftigkeit** des derart abgegrenzten Marktes festgestellt worden sein (vgl. hierzu § 10 RdNrn. 46 ff.). Von nicht zu unterschätzender Bedeutung ist in diesem Zusammenhang die durch das Erfordernis der weitestgehenden Berücksichtigung der **Märkte-Empfehlung** der Europäischen Kommission eingetretene Veränderung gegenüber der bisherigen Regelung, die in einem Verweis auf § 19 GWB bestand (s. dazu § 10 RdNrn. 69 ff.).

42 **3. Marktanalyse nach § 11 hat ergeben, dass kein wirksamer Wettbewerb vorliegt.** – Diese Formulierung umschreibt das für die asymmetrische Regulierung entscheidende Tatbestandsmerkmal. Es muss festgestellt worden sein, dass entweder Einzelmarktbeherrschung (s. hierzu § 11 RdNrn. 14 ff.) oder Doppelmarktbeherrschung (vgl. dazu § 11 RdNrn. 35 ff.) oder ein Fall von Marktmachtübertragung auf einen Nachbarmarkt (s. dazu § 11 RdNrn. 51 ff.) gegeben ist. Der Einfluss des Europäischen Rechts – etwa durch das Er-

fordernis der weitestgehenden Berücksichtigung der Leitlinien (vgl. dazu § 11 RdNrn. 39 ff.) – ist hier nicht zu unterschätzen.

4. Unternehmen. – Der in § 9 verwandte **Begriff des Unternehmens**, bezüglich dessen **43** § 3 Nr. 29 TKG klarstellt, dass auch verbundene Unternehmen im Sinne des allgemeinen Wettbewerbsrechts von ihm erfasst werden,[35] ist letztlich auf das unter anderem durch diesen Paragraphen umgesetzte europäische Richtlinienpaket zurückzuführen. Es ist daher nahe liegend, dass der in Art. 16 Abs. 4 der Rahmenrichtlinie (vgl. dazu RdNr. 16) genannte Begriff des Unternehmens genau wie der Begriff der beträchtlichen Marktmacht (s. hierzu § 11 RdNr. 6) im Sinne des europäischen Wettbewerbsrechts auszulegen ist. Daraus resultiert eine weite Auslegung des Begriffs.[36] Der Begriff des Unternehmens umfasst nämlich nach ständiger europäischer Rechtsprechung im Rahmen des Wettbewerbsrechts jede eine wirtschaftliche Tätigkeit ausübende Einheit unabhängig von ihrer Rechtsform und der Art ihrer Finanzierung.[37] Als eine wirtschaftliche Tätigkeit ist dabei jede Tätigkeit anzusehen, die darin besteht, Güter oder Dienstleistungen auf einem bestimmten Markt anzubieten.[38] Einheiten, die einen ausschließlich sozialen Zweck verfolgen, üben beispielsweise keine wirtschaftliche Tätigkeit in diesem Sinne aus.[39] Es sind keine Anhaltspunkte dafür erkennbar, dass bezüglich der für eine Regulierung in Frage kommenden Einheiten die Erfüllung der Voraussetzungen dieses Tatbestandmerkmals zweifelhaft werden könnte, so dass ihm eine eher untergeordnete Bedeutung zukommt.

5. Märkte des § 11. – Im Rahmen des Marktdefinitions- und -analyseverfahrens sind zu- **44** nächst nach **§ 10 TKG** die sachlich und räumlich relevanten Märkte sowie deren Regulierungsbedürftigkeit zu bestimmen (s. dazu bereits RdNr. 41) und danach gemäß **§ 11 TKG** die jeweiligen Wettbewerbsverhältnisse auf diesen Märkten dahingehend zu beurteilen, ob auf ihnen wirksamer Wettbewerb herrscht (vgl. hierzu RdNr. 42). Die vorliegende Formu-

---

35 Siehe dazu § 3 RdNr. 62 ff.
36 Vgl. Leitlinien der Kommission zur Marktanalyse, RdNr. 36.
37 Vgl. zu dieser Rechtsprechung das Urteil des Europäischen Gerichtshofes vom 23. April 1991 in der Rechtssache C-41/90, *Höfner und Elser*, Slg. 1991, I-1979, RdNr. 21; das Urteil des Europäischen Gerichtshofes vom 17. Februar 1993 in den verbundenen Rechtssachen C-159/91 und C-160/91, *Poucet und Pistre*, Slg. 1993, I-637, RdNr. 17; das Urteil des Europäischen Gerichtshofes vom 19. Januar 1994 in der Rechtssache C-364/92, *SAT Fluggesellschaft*, Slg. 1994, I-43, RdNr. 19; das Urteil des Europäischen Gerichtshofes vom 16. November 1995 in der Rechtssache C-244/94, *Fédération française des sociétés d'assurance*, Slg. 1995, I-4013, RdNr. 17 ff.; das Urteil des Europäischen Gerichtshofes vom 21. September 1999 in der Rechtssache C-67/96, *Albany*, Slg. 1999, I-5751, RdNr. 81 ff.; das Urteil des Europäischen Gerichthofes vom 22. Januar 2002 in der Rechtssache C-218/00, *Cisal*, Slg. 2002, I-691, RdNr. 22; das Urteil des Europäischen Gerichtshofes vom 24. Oktober 2002 in der Rechtssache C-82/01 P, *Aéroports de Paris*, Slg. 2002, I-9297, RdNr. 75 ff.; das Urteil des Europäischen Gerichthofes vom 16. März 2004 in den verbundenen Rechtssachen C-264/01, C-306/01, C-354/01 und C-355/04, *AOK Bundesverband*, RdNr. 46 ff.
38 Vgl. dazu beispielsweise das Urteil des Europäischen Gerichtshofes vom 24. Oktober 2002 in der Rechtssache C-82/01 P, *Aéroports de Paris*, Slg. 2002, I-9297, RdNr. 79 m. w. N.; s. zu diesem Urteil *Kronenberger*, European Law Reporter 2003, 13.
39 Siehe dazu das Urteil des Europäischen Gerichtshofes vom 17. Februar 1993 in den verbundenen Rechtssachen C-159/91 und C-160/91, *Poucet und Pistre*, Slg. 1993, I-637, RdNrn. 15, 18; das Urteil des Europäischen Gerichthofes vom 16. März 2004 in den verbundenen Rechtssachen C-264/01, C-306/01, C-354/01 und C-355/04, *AOK Bundesverband*, RdNrn. 57 ff. (siehe zu diesem Urteil Belhaj/van de Gronden, ECLR 2004, 682).

lierung des § 9 verdeutlicht den **engen Zusammenhang**, der zwischen diesen Prüfungsschritten besteht.

45   **6. Beträchtliche Marktmacht.** – Das Erfordernis der Ermittlung von Unternehmen mit beträchtlicher Marktmacht bedeutet lediglich, dass festzustellen ist, **welche Unternehmen** beträchtliche Marktmacht haben. Die Feststellung, dass kein wirksamer Wettbewerb herrscht, impliziert dabei notwendigerweise, dass es derartige Unternehmen gibt. Die vorliegende Formulierung hat damit keine wirklich eigenständige Bedeutung, sondern stellt lediglich klar, dass die **konkrete Benennung** eines oder mehrerer Unternehmen als Adressat(en) der Marktregulierung erforderlich ist.

46   **7. Maßnahmen nach diesem Teil.** – Bei Maßnahmen nach diesem Teil handelt es sich um nichts anderes als die **Marktregulierung nach den Vorschriften von Teil 2** des TKG, die sich in folgende Unterarten aufteilen lässt: Zugangsregulierung (s. dazu näher RdNr. 36), Entgeltregulierung (vgl. hierzu RdNr. 37), Sonstige Verpflichtungen (s. dazu RdNr. 38) und besondere Missbrauchsaufsicht (vgl. hierzu RdNr. 39).

47   **8. Verhältnis zu § 18.** – § 9 Abs. 3 verdeutlicht im Sinne einer **Klarstellung**, dass die ebenfalls im Teil 2 des TKG zu findende Vorschrift des die Überschrift „Kontrolle über den Zugang zu Endnutzern" tragenden § 18 als Vorschrift der Zugangsregulierung gerade nicht das Vorliegen einer marktbeherrschenden Stellung als Tatbestandsmerkmal voraussetzt.

IV. Verfahren

48   Das in § 12 geregelte, im Anwendungsbereich des § 9 zwingend durchzuführende Verfahren unter Beteiligung aller interessierten Parteien, der Europäischen Kommission und der nationalen Regulierungsbehörden der anderen, mittlerweile 24 Mitgliedstaaten der Europäischen Union spielt insbesondere in Hinblick auf das Ziel der Förderung der Entwicklung des **europäischen Binnenmarktes** (s. dazu RdNr. 6) eine nicht zu unterschätzende Rolle; bereits die Zahl der über das auch bislang bereits an den Entscheidungen der Reg TP mitwirkenden Bundeskartellamt hinaus an der Regulierungsentscheidung zu beteiligenden Institutionen verdeutlicht den ganz erheblichen **bürokratischen Mehraufwand**, dem nunmehr die Entscheidungen der Reg TP unweigerlich unterliegen.

V. Bereits erfolgte Untersuchungen in Deutschland und in anderen Mitgliedstaaten der Europäischen Union

49   Es liegt in der Natur der Sache, dass bei einem recht jungen Gesetz wie dem vorliegenden die Möglichkeiten, **konkrete Anwendungsfälle** darzustellen, sehr begrenzt sind. Dies ist im vorliegenden Fall jedoch insofern möglich, als zwei Marktdefinitions- und -analyseverfahren bereits von der deutschen Regulierungsbehörde durchgeführt und zahlreiche materiell-rechtliche Prüfungen der durch §§ 9 ff. umgesetzten Art. 14 bis 16 der Rahmenrichtlinie bereits in anderen Mitgliedstaaten unter Einhaltung des durch § 12 umgesetzten Verfahrens der Art. 6 und 7 der Rahmenrichtlinie abgeschlossen worden sind. Da der Einfluss des europäischen Rechts auf das deutsche Recht insbesondere im vorliegenden Zusammenhang von großer Bedeutung ist (s. dazu RdNrn. 10 ff.), lohnt nicht nur eine Darstellung der bisherigen deutschen Kasuistik, sondern darüber hinaus auch ein **Blick über den Tel-**

lerrand der nationalen Grenze hinaus besonders. Hierdurch lässt sich eine **praxisorientierte Vorstellung** dessen gewinnen, welche konkreten Formen die Anwendung der §§ 9 ff. annehmen kann. Die folgende Darstellung beschränkt sich auf die bis Juni 2005 erfolgten Notifizierungen der deutschen Regulierungsbehörde sowie der Regulierungsbehörden anderer Mitgliedstaaten der Europäischen Union bzw. Stellungnahmen der Europäischen Kommission.[40] Im Folgenden wird zunächst die deutsche Anwendungspraxis und sodann diejenige anderer Mitgliedstaaten den Europäischen Union dargestellt.

1. Deutschland. – Am 1. 12. 2004 hat die Reg TP erstmals ein europäisches Konsolidierungsverfahren im Sinne von § 12 Abs. 2 Nr. 1 TKG eingeleitet. Der dabei der Europäischen Kommission und den anderen Mitgliedstaaten der Europäischen Union übermittelte Entwurf betraf den „entbündelten Großkunden-Zugang (einschließlich des gemeinsamen Zugangs) zu Drahtleitungen und Teilleitungen für die Erbringung von Breitband- und Sprachdiensten" (Markt 11). Bezogen auf die tatsächliche Situation in der Bundesrepublik Deutschland ist die Präsidentenkammer der Reg TP dabei im Rahmen der sachlichen Marktabgrenzung zu dem Schluss gelangt, dass dieser – in räumlicher Hinsicht bundesweite – Markt den entbündelten bzw. – unter bestimmten Umständen – den gebündelten **Zugang zur Teilnehmeranschlussleitung** in Form der Kupferdoppelader am Hauptverteiler oder einem näher an der Teilnehmeranschlusseinheit gelegenen Punkt, das Line-Sharing sowie den entbündelten bzw. gebündelten Zugang zur Teilnehmeranschlusseinheit auf Basis von OPAL/ISIS am Hauptverteiler oder einem näher an der Teilnehmeranschlusseinheit gelegenen Punkt umfasst. Dabei wird der gebündelte Zugang anstelle des entbündelten Zugangs in Form des sog. Zugriffs auf den „blanken Draht" nur in Ausnahmefällen erfasst, wenn das Angebot von entbündeltem Zugang im Einzelfall unsinnig und daher sachlich nicht gerechtfertigt wäre. Damit ist der Fall gemeint, dass die Beschaltung der Leitung ausnahmsweise unvermeidbar ist, um sie in mehrere Kanäle zu teilen und so der jeweiligen Teilnehmeranschlusseinheit am Punkt des Zugangs durch den Wettbewerber eine individualisierte Teilnehmeranschlussleitung zuweisen zu können. Beim ebenfalls als „gemeinsamer Zugang" erfassten Line-Sharing wird die Teilnehmeranschlussleitung nach Frequenzbändern in einen niederen und einen höheren Frequenzbereich unterteilt, womit beispielsweise der untere Frequenzbereich vom eigentlichen Inhaber der Teilnehmeranschlussleitung weiter für Sprachübertragung genutzt werden kann, während der den Zugang erhaltende Wettbewerber lediglich den oberen Frequenzbereich für Datenübertragung verwendet. In Abweichung von der Empfehlung der Europäischen Kommission erfasst die sachliche Marktabgrenzung außerdem den Zugang zu sog. hybriden Teilnehmeranschlussleitungen (OPAL/ISIS). Bei dieser Hybrid-Technik wird ein Teil der Teilnehmeranschlussleitung, und zwar für gewöhnlich das Hauptkabel, durch ein Glasfaserkabel ersetzt. Ein anderer Teil der Teilnehmeranschlussleitung, und zwar im Allgemeinen das Verzweigerkabel, bleibt ein Kupferkabel. Die enorme Verbreitung von HYTAS in Deutschland ist durch die historische Besonderheit der im Rahmen von Operationen der Europäischen Investitionsbank unterstützten Aufbauprogramms für die neuen Bundesländer zu erklären. Die Leitungen sind vielerorts an die Stelle des – zu früheren Zeiten auch in der Bundesrepublik Deutschland allein üblichen – Zugangs zur Teilnehmeranschlussleitung über Kupferdoppelader getreten. Der Zugang zu diesen Leitungen wird aufgrund der **Homogenität der Wettbewerbsbedingungen**[41] zu demselben sachlich relevanten Markt gezählt wie der Zu-

50

---

40 Sie erhebt keinen Anspruch auf Vollständigkeit.
41 Siehe dazu auch § 10 RdNr. 41.

gang zu gewöhnlichen Teilnehmeranschlussleitungen auf Basis der Kupferdoppelader. Ausschlaggebend sind insoweit vor allem die (abstrakt, das heißt losgelöst vom einzelnen angebundenen Endkunden betrachtete) Art des Verwendungszwecks, der besondere Bottleneck-Charakter, die Marktstruktur, die Funktion des Netzes und die Vergleichbarkeit des Netzaufbaus. Für den derart abgegrenzten Markt hat die Präsidentenkammer der Reg TP das Vorliegen beträchtlicher Marktmacht der Deutschen Telekom bejaht. Die Präsidentenkammer der Reg TP hat allerdings – insofern der Empfehlung der Europäischen Kommission folgend – den Zugang zu reinen Glasfaserleitungen weder als vom sachlichen Markt erfasst noch als regulierungsbedürftig qualifiziert. Dies hat die Reg TP zunächst damit begründet, dass keine Anhaltspunkte dafür bestehen, dass die seitens der Europäischen Kommission für die Märkte-Empfehlung vorgenommene Bewertung nicht auf die Situation in der Bundesrepublik Deutschland zutreffen könnte.

51 In ihrer **Stellungnahme** vom 22. 12. 2004 hat die **Europäische Kommission** in Bezug auf die Behandlung des Zugangs zu reinen Glasfaserleitungen ausgeführt, dass eine Abweichung von der Märkte-Empfehlung und eine Erfassung des Zugangs zu reinen Glasfaserleitungen als Teil desselben sachlich relevanten Marktes oder als ein getrennter und als regulierungsbedürftig qualifizierter Markt nicht ausgeschlossen sei. Insofern habe die RegTP eine eigenständige Prüfung durchzuführen. Die RegTP hatte also bei ihrem ursprünglich im Notifizierungsverfahren übersandten Entwurf mehr Vertrauen in die bei der Erstellung der Märkte-Empfehlung durch die Europäische Kommission vorgenommenen Bewertungen gezeigt, als diese offenbar selbst hat. Dies erscheint grundsätzlich bedenklich. Wie in Anbetracht der bereits erfolgten Anwendung identischer Kriterien durch die Europäische Kommission und mangels nationaler Besonderheiten im Grunde nicht anders zu erwarten war, ist die Präsidentenkammer der Reg TP jedoch in ihrer endgültigen Festlegung unter expliziter Anwendung wettbewerbsrechtlicher Kriterien zu dem Ergebnis gelangt, dass der Zugang zu Glasfaserleitungen mangels hinreichender Homogenität der Wettbewerbsbedingungen nicht zu demselben sachlich relevanten Markt gehört wie der Zugang zu Teilnehmeranschlussleitungen in Form von Kupferkabeln. Sie hat ebenso – insoweit auch die Empfehlung der Europäischen Kommission bestätigend – die Regulierungsbedürftigkeit eines getrennten Marktes für den Zugang zu Glasfaserleitungen abgelehnt. Das erforderliche Vorliegen beträchtlicher, anhaltender, struktureller oder rechtlich bedingter Marktzutrittsschranken wird nämlich von der Präsidentenkammer der RegTP als mehr als fraglich qualifiziert. Ferner wird detailliert erläutert, warum die Anwendung des allgemeinen Wettbewerbsrechts insoweit ausreicht. In Anbetracht des Umstandes, dass – der Empfehlung der Europäischen Kommission entsprechend – andere Mitgliedstaaten der Europäischen Union auf den Zugang zu Glasfaserleitungen in ihren Notifizierungen quasi nicht eingegangen sind,[42] mutet die lediglich in Bezug auf Deutschland kritische Stellungnahme der Europäischen Kommission seltsam an.

52 Unverständlich ist auch der Umstand, dass die **Europäische Kommission** im Rahmen ihrer **Stellungnahme** vom 23. 3. 2005 zur Regulierungsverfügung erneut inhaltlich auf die Marktanalyse, bezogen auf den Zugang zu Glasfaserleitungen, eingegangen ist und diese sodann – erstmals – als nicht ordnungsgemäß notifiziert bewertet, weil sie auf eine Marktdefinition zu stützen sei. Es ist weder ersichtlich, dass die Präsidentenkammer der Reg TP die Vornahme einer Marktdefinition unterlassen hat, noch ist ersichtlich, dass sie den der-

---

42 Siehe dazu RdNr. 63, 66, 70, 87, 92, 108, 115, 125, 130, 133, 139, 159 f.

Heinen

art abgegrenzten Markt nicht notifiziert hätte. Zu Recht hat daher die Reg TP mit ihrer **Regulierungsverfügung** im Bereich des Zugangs zur Teilnehmeranschlussleitung vom 20. 4. 2005 unbeirrt die Regulierung des Zugangs zu reinen Glasfaserleitungen beendet.

Am 15. 2. 2005 hat die RegTP sodann **drei weitere Notifizierungen** vorgenommen. Diese 53 betreffen die in der Empfehlung der Europäischen Kommission aufgeführten Märkte für **Verbindungsaufbau im öffentlichen Telefonnetz an festen Standorten** (Markt 8), **Anrufzustellung in einzelnen öffentlichen Telefonnetzen an festen Standorten** (Markt 9) sowie **Transitdienste im öffentlichen Festtelefonnetz** (Markt 10).

Den in der Empfehlung der Europäischen Kommission unter Ziffer 8 aufgeführten **Zuführungsmarkt** hat die Reg TP dabei weiter unterteilt in einen Markt für Orts-, Fern-, Auslands- und Mobilfunkverbindungen sowie Verbindungen zu nationalen Teilnehmerrufnummern mit in Einzelwahl oder in festgelegter Vorauswahl vorangestellter Kennzahl für Verbindungsnetzbetreiber, einen weiteren Markt über Primärmultiplex-Anschlüsse für Verbindungen zu Online-Diensten und einen dritten Markt über Interconnection-Anschlüsse für Verbindungen zu Diensten, wozu folgende Verbindungen gezählt werden: Verbindungen zum Freephone-Service von Interconnection-Partnern unter der Dienstekennzahl 0800, Verbindungen zum Shared Cost Service 0180 von Interconnection-Partnern, Verbindungen zum Vote-Call von Interconnection-Partnern unter den Zugangskennzahlen 0137 1–9 im Online-Billing-Verfahren, Verbindungen zum Service 0700 des Interconnection-Partners im Online-Billing-Verfahren, Verbindungen zum Online-Dienst am Telefonnetz von Interconnection-Partnern, Verbindungen zum Service 0190 1–9 von Interconnection-Partnern im Online-Billing-Verfahren, Verbindungen zum Auskunftsdienst von Interconnection-Partnern unter der Dienstekennzahl 118xy im Offline-Billing-Verfahren, Verbindungen zum VPN-Service von Interconnection-Partnern unter der Dienstekennzahl 0181–0189 im Offline-Billing-Verfahren, Verbindungen zum Unified Messaging Service Geo Verse von BT Ignite unter der Zugangskennzahl 0088210 im Online-Billing-Verfahren, Verbindungen zum Service 0900 von Interconnection-Partnern im Offline-Billing-Verfahren, Verbindungen zum Anschluss für Telekommunikationsdiensteanbieter sowie zukünftig angebotene weitere Zuführungsleistungen zu Diensten. Die drei genannten, sachlich relevanten Märkte werden in räumlicher Hinsicht als bundesweit qualifiziert. Diese Märkte hat die Reg TP auch als regulierungsbedürftig eingeordnet; auf ihnen ist Marktbeherrschung der Deutschen Telekom festgestellt worden. In ihrer **Stellungnahme** vom 14. 3. 2005 hat die **Europäische Kommission** diese Marktdefinition- und -analyse der RegTP nicht inhaltlich kommentiert.

Den in der Empfehlung der Europäischen Kommission unter Nr. 10 aufgeführten Fest- 55 netz-**Markt für Transitdienste** hat die Reg TP ebenfalls weiter unterteilt, und zwar in die folgenden, in räumlicher Hinsicht als national qualifizierten fünf Märkte: Einen Markt für Transitdienste im öffentlichen Festtelefonnetz plus Zuführung von Orts-, Fern-, Auslands- und Mobilfunkverbindungen sowie Verbindungen zu nationalen Teilnehmerrufnummern mit in Einzelwahl oder in festgelegter Vorauswahl vorangestellter Kennzahl für Verbindungsnetzbetreiber und mit Ursprung im eigenen nationalen Netz, einen Markt für Transitdienste im öffentlichen Festtelefonnetz über Primärmultiplex-Anschlüsse plus Zuführung von Verbindungen mit Ursprung in nationalen Netzen zu Online-Diensten, einen Markt für Transitdienste im öffentlichen Festtelefonnetz plus Terminierung von Verbindungen in nationale Netze mit Ausnahme von Verbindungen mit Ursprung und Ziel in nationalen Mobilfunknetzen, einen Markt für Transitdienste im öffentlichen Festtelefonnetz plus Terminierung von Verbindungen mit Ursprung in nationalen Mobilfunknetzen in nationale Mobilfunknetze sowie schließlich einen Markt für Transitdienste im öffentlichen Festtelefonnetz über Interconnection-Anschlüsse plus Zuführung von Verbindungen mit Ursprung in nationalen Netzen zu Diensten, zu denen die Reg TP derzeit folgende Arten von Verbindungen zählt: Verbindungen zum Freephone-Service von Interconnection-Partnern unter der Dienstekennzahl 0800, Verbindungen zum Shared Cost Service 0180 von Interconnection-Partnern, Verbindungen zum Vote Call von Interconnection-Partnern unter den Zugangskennzahlen 0137 1–9 im Online-Billing-Verfahren, Verbindungen zum Service 0700 des Interconnection-Partners im Online-Billing-Verfahren, Verbindungen zum Online-Dienst am Telefonnetz des Interconnection-Partners, Verbindungen zum Service 0190 1–9 von Interconnection-Partnern im Online-Billing-Verfahren, Verbindungen zum Auskunftsdienst von Interconnection-Partnern unter der Dienstekennzahl 118xy im Offline-Billing-Verfahren, Verbindungen zum Service 0190 0 von Interconnection-Partnern im Offline-Billing-Verfahren; Verbindungen zum VPN-Service von Interconnection-Partnern unter der Dienstekennzahl 0181–0189 im Offline-Billing-Verfahren, Verbindungen zum Auskunftsdienst von Interconnection-Partnern unter der Dienstekennzahl 118xy im Online-Billing-Verfahren, Verbindungen zu einem innovativen Dienst von Interconnection-Partnern unter der Dienstekennzahl 012 im Offline-Billing-Verfahren, Verbindungen zum VPN-Service von Interconnection-Partnern unter der Dienstekennzahl 0181–0189 im Online-Billing-Verfahren, Verbindungen zum Unified Messaging Service Geo Verse von BT Ignite unter der Zugangskennzahl 0088210 im Online-Billing-Verfahren, Verbindungen zum Service 0900 von ICP im Offline-Billing-Verfahren, Verbindungen zum Service 0900 von Interconnection-Partnern über die Mobilfunk-Service-Vorwahl im Online-Billing-Verfahren, Verbindungen zum Anschluss für Telekommunikationsdiensteanbieter sowie zukünftig angebotene weitere entsprechende Transitdienstleistungen plus Zuführung. Die Reg TP hat diese fünf Märkte als regulierungsbedürftig qualifiziert und auf ihnen das Vorliegen einer marktbeherrschenden Stellung der Deutschen Telekom festgestellt. Auch diese Marktdefinition- und -analyse der Reg TP[43] hat die **Europäische Kommission** in ihrer **Stellungnahme** vom 14. 3. 2005 nicht inhaltlich kommentiert.

56 In Bezug auf die in der Empfehlung der Europäischen Kommission unter Ziffer 9 aufgeführten **Terminierungsmärkte im Festnetz** ist die Reg TP bei der sachlichen Marktabgrenzung der Empfehlung gefolgt und geht für jeden der insgesamt 54 deutschen Teilnehmernetzbetreiber von einem eigenständigen sachlich relevanten Markt aus. In räumlicher Hinsicht entspricht dabei die Marktabgrenzung der jeweiligen Netzausdehnung. Die Märkte werden auch als regulierungsbedürftig qualifiziert. Anders als alle anderen Mitgliedstaaten, die bislang eine Untersuchung der in der Empfehlung der Europäischen Kommission unter Ziffer 9 aufgeführten Märkte zur Anrufzustellung notifiziert haben,[44] hat die Reg TP allerdings ausschließlich die ehemalige Monopolistin Deutsche Telekom als marktbeherrschend qualifiziert. In Bezug auf sämtliche alternativen Teilnehmernetzbetreiber hat sie dagegen trotz eines Marktanteils von jeweils 100 % das Vorliegen einer marktbeherrschenden Stellung abgelehnt, weil insoweit die Deutsche Telekom AG über gegengerichtete Verhandlungsmacht verfüge. Dies hat die Reg TP mit Hilfe zweier als „streng" und „modifiziert" bezeichneter Greenfield-Ansätze begründet. Dabei hat sie in Anwendung des so genannten „**strengen Greenfield-Ansatzes**" ein Szenario betrachtet, bei dem die Deutsche

---

43 Siehe bereits RdNr. 54.
44 Siehe dazu RdNr. 66, 72, 109, 114, 122, 129, 137, 142 ff.

Telekom AG nicht zur Zusammenschaltung mit allen alternativen Teilnehmernetzbetrei- bern verpflichtet ist. Die Deutsche Telekom könne bei diesem Szenario glaubwürdig damit drohen, sich nicht mit dem jeweiligen alternativen Teilnehmernetzbetreiber zusammenzu- schalten bzw. die Zusammenschaltung zu unterbrechen und derart gegengerichtete Ver- handlungsmacht ausüben. In Anwendung des so genannten „**modifizierten Greenfield- Ansatzes**" ist die Reg TP dagegen von der Situation ausgegangen, dass die Deutsche Tele- kom AG generell zur Zusammenschaltung verpflichtet ist. Eine solche Verpflichtung wer- de allerdings gerade aufgrund des Ungleichgewichts zwischen der Verhandlungsmacht der Deutschen Telekom AG und der Verhandlungsmacht des einzelnen alternativen Teilneh- mernetzbetreibers auferlegt. Daher sei es methodisch falsch, diese Verpflichtung der Deut- schen Telekom AG bei der Beurteilung der Marktmacht der alternativen Teilnehmernetz- betreiber zu berücksichtigen. Zudem verhindere eine Verpflichtung der Deutschen Tele- kom AG, sich mit den einzelnen alternativen Teilnehmernetzbetreibern zusammenzuschal- ten und ihnen Terminierungsleistungen abzunehmen, nur eine Verweigerung der Deut- schen Telekom AG, sich zu angemessenen Bedingungen mit den alternativen Teilnehmer- netzbetreibern zusammenzuschließen. Sie verpflichte die Deutsche Telekom AG jedoch nicht, unzumutbare Bedingungen der Zusammenschaltung zu akzeptieren. Diese könne die Deutsche Telekom AG vielmehr verweigern, was wiederum die Möglichkeit des jewei- ligen Teilnehmernetzbetreibers, Marktmacht auszuüben, einschränke. Die Reg TP vertritt die Auffassung, dass eine Berücksichtigung der Zusammenschaltungsverpflichtung zu Zir- kelschlüssen führen würde.

Mit Schreiben vom 11. 3. 2005 hat die **Europäische Kommission** in Bezug auf die Notfi- **57** zierung der Terminierungsmärkte im Festnetz das sog. **Vetoverfahren** eingeleitet und er- klärt, dass sie ernsthafte Zweifel an der Vereinbarkeit des Maßnahmenentwurfs mit dem Gemeinschaftsrecht und insbesondere den in Art. 8 der Rahmenrichtlinie genannten Zielen habe.[45] Die vorgelegte Überprüfung scheine nicht den Anforderungen der Art. 14 bis 16 der Rahmenrichtlinie zu entsprechen, insbesondere im Hinblick auf Art. 8 Abs. 2 Buchst. a) und b) der Rahmenrichtlinie in Verbindung mit den Art. 10 und 82 des EG-Ver- trages. Die Europäische Kommission hat diese Bewertung damit begründet, dass das Feh- len beträchtlicher Marktmacht alternativer Teilnehmernetzbetreiber auf den Terminie- rungsmärkten im Festnetz angesichts eines Marktanteils von 100 % von der Reg TP nicht mit überzeugender Evidenz belegt worden sei.

Wie im Grunde kaum anders zu erwarten war, hat die **Europäische Kommission** sodann **58** mit Schreiben vom 17. 5. 2005 auch tatsächlich ein **Veto** eingelegt, weil die von der Reg TP erbrachten Nachweise ihrer Ansicht nach nicht ausreichend sind, die Abwesenheit be- trächtlicher Marktmacht der alternativen Teilnehmernetzbetreiber zu belegen. Infolgedes- sen sei der Maßnahmenentwurf der Reg TP nicht mit dem europäischen Gemeinschafts- recht vereinbar. Die Europäische Kommission hat daher die Reg TP aufgefordert, den Maßnahmenentwurf in Bezug auf die Märkte für Terminierung in die einzelnen Festtele- fonnetze der 53 alternativen Teilnehmernetzbetreiber zurückzuziehen. Gleichzeitig hat die Europäische Kommission klargestellt, dass sie keine Einwände gegen die Feststellung be- trächtlicher Marktmacht der Deutschen Telekom auf „ihrem" Festnetz-Terminierungs- Markt habe mit der Folge, dass der Maßnahmenentwurf insoweit angenommen werden könne. Im Detail begründet die Europäische Kommission ihre ablehnende Haltung neben

---

45 Siehe dazu *Elspaß*, N&R 2005, 74.

einem Hinweis auf die mangelnde Analyse der Marktmacht alternativer Teilnehmernetzbetreiber untereinander und gegenüber Mobilfunknetzbetreibern mit der mangelnden Überzeugungskraft des **Greenfield-Ansatzes**, so wie die Reg TP ihn angewandt hat.

59 Dies betrifft zum einen den so genannten „**strengen Greenfield-Ansatz**"[46]. Die Europäische Kommission sieht weder eine rechtliche noch eine ökonomische Veranlassung zur Anwendung eines solchen Ansatzes. In ökonomischer Hinsicht sei es nämlich nicht angemessen, regulatorische Verpflichtungen unberücksichtigt zu lassen, die unabhängig von einer Festlegung signifikanter Marktmacht auf dem untersuchten Markt existierten, die jedoch Auswirkungen auf diese Feststellung haben könnten. Aus methodischer Sicht müssten aus bestehender Regulierung resultierende Verpflichtungen, die nicht auf einer Feststellung von Marktbeherrschung im analysierten Markt beruhten, berücksichtigt werden, wenn die Fähigkeit eines Unternehmens beurteilt wird, sich unabhängig von seinen Wettbewerbern und Kunden auf diesem Markt zu verhalten. Etwas anderes könnte aus Sicht der Europäischen Kommission allenfalls dann gelten, wenn unklar wäre, ob die betroffene Regulierung während des im Rahmen der vorausschauenden Beurteilung betrachteten Zeitraums fortbestehe. Insoweit verweist die Europäische Kommission auf ihre Veto-Entscheidung vom 20. 2. 2004 durch die finnische Regulierungsbehörde.[47] Der Zweck eines Greenfield-Ansatzes bestehe – so die Erläuterungen der Europäischen Kommission – in der Tat in der Vermeidung von Zirkelschlüssen in der Marktanalyse, die dazu führen könnten, dass ein Markt aufgrund existierender Regulierung als wettbewerblich strukturiert angesehen wird und dass der Markt infolge der Aufhebung der Regulierung zu einem Zustand zurückkehrt, in dem kein wirksamer Wettbewerb mehr gegeben ist. Der Greenfield-Ansatz müsse also sicherstellen, dass ein Fehlen beträchtlicher Marktmacht nur dann festgestellt und Regulierung nur dann aufgehoben wird, wenn Märkte nachhaltig wettbewerblich strukturiert seien, und nicht, wenn das Fehlen beträchtlicher Marktmacht nur aus der bestehenden Regulierung resultiere. Dies beinhalte, dass Regulierung berücksichtigt werden müsse, die während des Zeitraums der vorausschauenden Beurteilung unabhängig von der Feststellung beträchtlicher Marktmacht auf dem untersuchten Markt fortbestehen werde. Da die Reg TP beabsichtige, der Deutschen Telekom AG infolge der festgestellten beträchtlichen Marktmacht auf dem Markt für die Terminierung ins Festnetz der Deutschen Telekom AG eine Zusammenschaltungsverpflichtung aufzuerlegen, und eine solche Verpflichtung, zusammen mit jedweder anderen, auf einem anderen als dem untersuchten Markt auferlegten Verpflichtung berücksichtigt werden müsse, gebe es keine Rechtfertigung für den von der Reg TP vorgeschlagenen strengen Greenfield-Ansatz.

60 Die ablehnende Haltung der Europäischen Kommission betrifft darüber hinaus die Anwendung des so genannten „**modifizierten Greenfield-Ansatzes**" durch die Reg TP[48]. So teilt die Europäische Kommission insbesondere nicht die Ansicht der Reg TP, dass die Berücksichtigung der Zusammenschaltungsverpflichtung zu Zirkelschlüssen führen könnte. Die Quelle der Marktmacht eines alternativen Teilnehmernetzbetreibers bei der Terminierung ins eigene Netz sei nämlich nicht die regulatorische Zusammenschaltungsverpflichtung der Deutschen Telekom AG, sondern sein Marktanteil von 100 % und die Kontrolle über das eigene Netz bei der Bereitstellung des Dienstes, für den kein Substitut existiere. Anders gesagt, leite sich die Marktmacht des jeweiligen Teilnehmernetzbetreibers daraus ab, dass

---

46 Vgl. dazu RdNr. 56.
47 Vgl. dazu RdNr. 69 sowie Einl. II RdNr. 93.
48 Vgl. dazu RdNr. 56.

es zum einen kein Substitut für die Terminierung in sein Netz gibt und dass zum anderen ein Betreiber wie die Deutsche Telekom AG Gespräche ihrer Kunden in alle Netze durchführen wolle und daher die Terminierungsleistung ins Netz dieses alternativen Teilnehmernetzbetreibers einkaufen müsse. Ob diese Marktmacht in einem solchen Ausmaß beschränkt werde, dass sich der alternative Teilnehmernetzbetreiber nicht unabhängig von seinen Wettbewerbern (auf der Endkundenebene) und von Verbrauchern verhalten könne, sollte folgerichtig auf Basis der konkreten ökonomischen Gegebenheiten untersucht werden, insbesondere der Verhandlungsmacht der Deutschen Telekom AG. Dieser Ansatz führe nicht zu Zirkelschlüssen, da die Marktmacht der alternativen Teilnehmernetzbetreiber nicht aus der Zusammenschaltungsverpflichtung, sondern aus deren Marktanteil von 100 % herrühre. Deshalb müsse die Zusammenschaltungsverpflichtung der Deutschen Telekom AG berücksichtigt werden, wenn ihre Verhandlungsmacht untersucht werde. Im Rahmen ihrer Begründung erkennt die Europäische Kommission dabei ausdrücklich an, dass eine Marktabgrenzung, bei der jedes Netz als eigenständiger sachlich relevanter Markt qualifiziert werde, nicht automatisch zur Folge haben müsse, dass jeder Netzbetreiber über beträchtliche Marktmacht verfüge. Ob Marktbeherrschung zu bejahen ist, richte sich weitgehend nach der nachfrageseitigen Gegenmacht und anderen Faktoren, welche diese Marktmacht einschränken können. Während kleine Netze normalerweise mit einer größeren Gegenmacht konfrontiert seien als große Netze, wirkten regulatorische Anforderungen an große Netze diesem Ungleichgewicht entgegen. Die Europäische Kommission bemängelt zudem, dass die Reg TP keinen konkreten Beweis dafür geliefert habe, dass die Deutsche Telekom AG die von der Reg TP postulierte ausgleichende Verhandlungsmacht wirksam ausgeübt habe. Tatsächlich scheine nicht eine von der Deutschen Telekom AG ausgehende ausgleichende Verhandlungsmacht die Terminierungsentgelte der einzelnen Teilnehmernetzbetreiber beschränkt zu haben, sondern das regulatorische Regime, unter dem die Reg TP de facto eine Ex-ante-Preisregulierung für die Terminierungsentgelte alternativer Teilnehmernetzbetreiber eingeführt habe.

2. Dänemark.[49] – Am 4. 2. 2005 hat die dänische Regulierungsbehörde NITA erstmals eine **61** Notifizierung vorgenommen. Diese betrifft den Empfehlungs-Markt für **Verbindungsaufbau in öffentlichen Telefonnetzen an festen Standorten** (Markt 8). Dieser umfasst nach der Untersuchung der dänischen Regulierungsbehörde in sachlicher Hinsicht Sprachtelefondienste und Dial-up-Internetzugang mit Übertragungskapazitäten bis zu 128 Kbit/s im Zugangsnetz. Dabei umfasst der Markt nach Auffassung von NITA nicht nur Originierung, sondern außerdem die Verbindung zum Netz. Hierbei geht die dänische Regulierungsbehörde davon aus, dass ihre Marktabgrenzung keine Abweichung von der Empfehlung der Europäischen Kommission darstellt. Für den Fall, dass die Europäische Kommission diese Ansicht nicht teilt, hat NITA die Regulierungsbedürftigkeit der fraglichen Leistungen überprüft und bejaht. In räumlicher Hinsicht wird der Markt von der dänischen Regulierungsbehörde als national qualifiziert. Als Unternehmen mit beträchtlicher Marktmacht wird der ehemalige dänische Monopolist TDC bezeichnet.

In ihrer **Stellungnahme** vom 11. 3. 2005 äußert die **Europäische Kommission** dann auch **62** Zweifel hinsichtlich der von der dänischen Regulierungsbehörde vorgenommen sachlichen Marktabgrenzung. Da sie jedoch NITA's Ansichten in Bezug auf die Regulierungsbedürf-

---

49 Siehe zur Umsetzung der Richtlinienvorschriften über die Marktdefinition und -analyse in Dänemark Einl. IV RdNr. 12 und zur Umsetzung des neuen Rechtsrahmens in Dänemark allg. Einl. IV RdNr. 8.

tigkeit der in Frage stehenden Leistungen teilt und ihr offenbar auch die von der dänischen Regulierungsbehörde vorgeschlagenen Abhilfemaßnahmen angemessen erscheinen, vertritt sie letztlich die Auffassung, dass die Frage, ob die Verbindung zum Netz zu demselben sachlich relevanten Markt gehört wie der Verbindungsaufbau, nicht entschieden zu werden braucht, die **Marktabgrenzung** also mit anderen Worten **offen gelassen** werden kann.[50]

63   Den Empfehlungs-Markt für „entbündelten Großkunden-Zugang (einschließlich des gemeinsamen Zugangs) zu Drahtleitungen und Teilleitungen für die Erbringung von Breitband- und Sprachdiensten" (**Markt 11**) hat die dänische Regulierungsbehörde mit Schreiben vom 13. 4. 2005 notifiziert. NITA folgt im Wesentlichen der von der Europäischen Kommission empfohlenen sachlichen Marktabgrenzung, definiert den Markt in räumlicher Hinsicht als national und stellt das Vorliegen einer marktbeherrschenden Stellung des ehemaligen dänischen Monopolisten TDC fest. Mit ihrer **Stellungnahme** vom 18. 5. 2005 hat die **Europäische Kommission** diese Notifizierung nicht inhaltlich kommentiert.

64   Am 14. 4. 2005 hat NITA eine Notifizierung des Endkunden-Marktes für das **Mindestangebot an Mietleitungen** (Markt 7 der Empfehlung der Europäischen Kommission) vorgenommen. Die dänische Regulierungsbehörde ist dabei davon ausgegangen, dass die von ihr vorgenommene sachliche Marktabgrenzung keine Abweichung von der Empfehlung der Europäischen Kommission darstellt. Es werden sowohl analoge (Zwei-Draht-Mietleitungen für gewöhnliche und für besondere Sprachqualität, Vier-Draht-Mietleitungen für gewöhnliche und besondere Sprachqualität) als auch digitale (64 kbit/s in digitaler Technik sowie 2048 kbit/s in digitaler Technik sowohl strukturiert als auch unstrukturiert) Leitungen erfasst. In räumlicher Hinsicht geht NITA von einem nationalen Markt aus. Auch auf diesem Markt qualifiziert die dänische Regulierungsbehörde TDC als Unternehmen mit beträchtlicher Marktmacht. Auch diese Marktdefinition- und -analyse von NITA[51] hat die **Europäische Kommission** in ihrer **Stellungnahme** vom 18. 5. 2005 nicht inhaltlich kommentiert.

65   Mit Schreiben vom 29. 4. 2005 hat die dänische Regulierungsbehörde die in der Empfehlung der Europäischen Kommission unter Ziffern 1 und 2 aufgeführten **Endkunden-Märkte „Zugang** von Privatkunden **zum öffentlichen Telefonnetz an festen Standorten"** und „Zugang von anderen Kunden zum öffentlichen Telefonnetz an festen Standorten" notifiziert. Obwohl NITA jeweils Dial-Up-Internet-Zugang bis zu 128 Kbit/s explizit als Teil des jeweils sachlich relevanten Marktes bezeichnet, geht die dänische Regulierungsbehörde davon aus, dass ihre Marktabgrenzungen nicht von der Empfehlung der Europäischen Kommission abweichen. NITA bewertet die Märkte in geographischer Hinsicht als national und stellt jeweils das Vorliegen einer marktbeherrschenden Stellung des ehemaligen dänischen Monopolisten TDC fest.

66   **3. Finnland.**[52] – Am 21. 11. 2003 wurden **weit über 300 Notifizierungen** von der Finnischen Regulierungsbehörde (Ficora) bei der Europäischen Kommission eingereicht.[53] Diese behandeln folgende zehn in der Märkte-Empfehlung aufgeführten Märkte: den Zugang

---

50   Siehe dazu auch § 10 RdNr. 28.
51   Siehe bereits RdNr. 63.
52   Vgl. zur Umsetzung der Richtlinienvorgaben über die Marktdefinition und -analyse in Finnland Einl. IV RdNr. 26 und zur Umsetzung des neuen Rechtsrahmens in Finnland allg. Einl. IV RdNr. 22.
53   Siehe dazu auch *Dommermuth*, N&R 2004, 72 f.

von Privatkunden zum öffentlichen Telefonnetz an festen Standorten (Markt 1), den Zugang anderer Kunden zum öffentlichen Telefonnetz an festen Standorten (Markt 2), öffentliche Orts- und/oder Inlandstelefonverbindungen für Privatkunden an festen Standorten (Markt 3), öffentliche Auslandstelefonverbindungen für Privatkunden an festen Standorten (Markt 4), öffentliche Orts- und/oder Inlandstelefonverbindungen für andere Kunden an festen Standorten (Markt 5), öffentliche Auslandstelefonverbindungen für andere Kunden an festen Standorten (Markt 6), den Verbindungsaufbau im öffentlichen Telefonnetz an festen Standorten (Markt 8), die Anrufzustellung in einzelnen öffentlichen Telefonnetzen an festen Standorten (Markt 9), den entbündelten Großkunden-Zugang (einschließlich des gemeinsamen Zugangs) zu Drahtleitungen und Teilleitungen für die Erbringung von Breitband- und Sprachdiensten (Markt 11), die Anrufzustellung in einzelnen Mobiltelefonnetzen (Markt 16).

Bezogen auf die von Ficora notifizierten **Endkundenmärkte im Festnetz** erscheint erwähnenswert, dass die finnische Regulierungsbehörde bezogen auf die sachliche Marktabgrenzung nicht von der Märkte-Empfehlung abweicht. Die Unterscheidung zwischen Privat- und Geschäftskunden erfolgt nach Angaben der finnischen Regulierungsbehörde anhand einer so genannten persönlichen Identifikationsnummer (Privatkunden) bzw. einer so genannten unternehmensbezogenen Identifikationsnummer (Geschäftskunden). Die Finnische Regulierungsbehörde macht in Bezug auf die in der Empfehlung der Europäischen Kommission unter Nr. 3 und Nr. 5 aufgeführten Märkte von der Option Gebrauch, zwischen Märkten für Ortsgespräche einerseits und Märkten für sonstige Inlandsgespräche andererseits zu unterscheiden. Während die Verbindungsleistungen betreffenden, in der Empfehlung der Europäischen Kommission unter Nrn. 3 bis 6 genannten Märkte in geographischer Hinsicht als national qualifiziert werden, liegen nach Angaben von Ficora bezogen auf Endkunden-Anschlüsse regionale Märkte vor. Diese räumlich relevanten Märkte entsprechen dem jeweiligen ehemaligen Monopolgebiet und damit der Reichweite der Netze der lokalen Telekommunikationsanbieter. Markteintritte anderer Anbieter sind insoweit kaum erfolgt. Daher gibt es bezogen auf die Märkte 1 und 2 insgesamt 43 Anbieter, die als marktbeherrschend qualifiziert werden. Es gibt dagegen – so das Ergebnis der finnischen Regulierungsbehörde – keine Betreiber mit beträchtlicher Marktmacht auf den Märkten 3 bis 6. Trotz Marktanteilen eines Unternehmens über 50 % (gemessen in Verbindungsminuten) liege jeweils keine Marktbeherrschung vor, weil es jeweils mehrere andere Anbieter gebe, niedrige Marktzutrittsschranken bestünden und die Endkunden leicht von anderen als dem in Marktanteilen gemessen stärksten Anbieter die in Frage stehenden Leistungen nachfragen könnten.

In ihrer **Stellungnahme** vom 17. 12. 2003 zu den Märkten für nationale Sprachtelefonverbindungen hat die **Europäische Kommission** gegenüber der finnischen Regulierungsbehörde erklärt, dass die aus Sicht von Ficora niedrigen Marktzutrittsschranken lediglich aufgrund bestehender Regulierung so niedrig seien; Ficora müsse aber untersuchen, wie die wettbewerbliche Situation auf diesen Märkten in Abwesenheit von Regulierung aussehen würde. Dabei hat die Europäische Kommission allerdings die finnische Regulierungsbehörde lediglich dazu aufgefordert, diese Stellungnahme weitestgehend zu berücksichtigen; ernsthafte Zweifel an der Vereinbarkeit mit dem Gemeinschaftsrecht hat sie nicht erklärt.

Mit Entscheidung vom 20. 2. 2004 hat die Europäische Kommission Ficora aufgefordert, die Sprachtelefonverbindungen ins Ausland betreffenden Maßnahme-Entwürfe zurückzuziehen.[54] Mit Entscheidung vom 18. 12. 2003 hatte die Europäische Kommission diesbezüglich bereits erklärt, dass sie ernsthafte Zweifel an der Vereinbarkeit der Maßnahmeentwürfe mit dem Europäischen Gemeinschaftsrecht habe. Sie hat diese – jedenfalls zum damaligen Zeitpunkt singuläre – **Ausübung des so genannten Vetorechts** wie folgt begründet: Ficora habe nicht genug Tatsachen und Argumente vorgetragen, um die aus den hohen Marktanteilen resultierende Vermutung für Marktbeherrschung zu widerlegen. Insbesondere habe Ficora keine exakten Daten abgeliefert, aus denen sich die Marktanteilsentwicklung ablesen lasse. Auch fehle es an den Preisen für internationale Sprachtelefonverbindungen aus erforderlichen Marktdaten, aus denen sich die Markt-Preise ablesen ließen. Nach den der Europäischen Kommission vorliegenden Informationen gebe es außerdem Anhaltspunkte dafür, dass die Preise für internationale Sprachtelefonverbindungen aus Finnland im Vergleich zu den Preisen für internationale Sprachtelefonverbindungen aus anderen Mitgliedstaaten der Europäischen Union relativ hoch seien. Auch habe Ficora keine Marktdaten geliefert, die für andere Kriterien der Marktbeherrschungsprüfung relevant seien. Die Kritik der Europäischen Kommission bezieht sich dabei beispielsweise auf den Zugang zu Kapitalmärkten und/oder finanziellen Ressourcen. Das von Ficora vorgebrachte Argument, in den letzten zehn Jahren habe sich niemand in Bezug auf den in Frage stehenden Markt bei Ficora oder bei der finnischen Wettbewerbsbehörde beschwert, lässt die Europäische Kommission ebenfalls nicht gelten.

70   Ficora folgt auch beim **Zugang zur Teilnehmeranschlussleitung** der von der Europäischen Kommission empfohlenen Marktabgrenzung. In räumlicher Hinsicht liegen nach Angaben von Ficora regionale Märkte vor. Diese räumlich relevanten Märkten entsprechen dem jeweiligen ehemaligen Monopolgebiet und damit der Reichweite der Netze der lokalen Telekommunikationsanbieter. Daher gibt es 44 Anbieter, die als marktbeherrschend qualifiziert werden.

71   Bezüglich der **Zuführung im Festnetz** (Markt Nr. 8 der Empfehlung der Europäischen Kommission) entspricht die sachliche Marktabgrenzung durch die finnische Regulierungsbehörde der Märkte-Empfehlung. In geographischer Hinsicht nimmt Ficora regionale Marktabgrenzungen vor. 46 Unternehmen werden als marktbeherrschend qualifiziert. In ihrer Stellungnahme vom 17. 12. 2003 zu den den sachlich relevanten Markt für Verbindungsaufbau im öffentlichen Telefonnetz an festen Standorten betreffenden Notifizierungen hat die Europäische Kommission lediglich angemerkt, dass in Zukunft eine weitere räumliche Marktabgrenzung denkbar sei, wodurch sich die Anzahl der marktbeherrschenden Unternehmen verringern dürfte.

72   Auch bezogen auf die **Terminierung im Festnetz** und die **Terminierung im Mobilfunknetz**[55] folgt Ficora der Märkte-Empfehlung. Die finnische Regulierungsbehörde vertritt insoweit insbesondere die Auffassung, dass jedes Netz einen separaten sachlich relevanten Markt darstelle. Daher entspricht die Marktabgrenzung auch in räumlicher Hinsicht dem Netz des jeweiligen Betreibers. Bezogen auf das Festnetz werden 50 Unternehmen als marktbeherrschend qualifiziert. Im Mobilfunkbereich gibt es nach Auffassung von Ficora vier Unternehmen mit beträchtlicher Marktmacht.

73   Im Rahmen der **Kommentierung** der die finnischen Märkte für Mobilfunkterminierung betreffenden Notifizierungen vom 17. 12. 2003 hat die **Europäische Kommission** sich in-

---

54 Siehe dazu auch Einl. II RdNr. 26 f.
55 Siehe dazu auch Einl. II RdNr. 26.

teressanterweise explizit die Einleitung eines **Vertragsverletzungsverfahrens** nach Art. 226 des EG-Vertrages beim Europäischen Gerichtshof ausdrücklich vorbehalten. Dies betrifft vor allem § 43 des finnischen Telekommunikationsgesetzes, welcher die Terminierung von Festnetz- in Mobilfunknetze von der Regulierung auszunehmen scheint. Die Kritik der Europäischen Kommission richtet sich indes nicht allein an den finnischen Gesetzgeber, sondern ebenfalls an Ficora, weil die finnische Regulierungsbehörde scheinbar das finnische Gesetz ungeachtet eines etwaigen Verstoßes gegen europäisches Recht beachtet hat. Sie verweist insofern auf die ständige Rechtsprechung des Europäischen Gerichtshofes und zitiert ein neueres Urteil[56], wonach der Vorrang des Gemeinschaftsrechts verlangt, dass jede nationale Rechtsvorschrift, die einer Gemeinschaftsvorschrift entgegensteht, unangewendet bleibt.

Am 26. 5. 2004 hat die finnische Regulierungsbehörde den in der Kommissions-Empfeh- **74** lung unter Nr. 12 aufgeführten **Markt für Breitbandzugang** notifiziert. Auch hier geht Ficora davon aus, nicht von der Empfehlung abgewichen zu sein. Die Behörde hat in geographischer Hinsicht eine regionale Marktabgrenzung entsprechend den Lizenzgrenzen der ehemals monopolistischen Anbieter vorgenommen. Die finnische Regulierungsbehörde hat sodann 43 Unternehmen mit beträchtlicher Marktmacht festgestellt.

In ihrer **Stellungnahme** vom 25. 6. 2004 hat die **Europäische Kommission** sodann erläu- **75** tert, dass sie in der von Ficora vorgenommenen sachlichen Marktabgrenzung durchaus eine Abweichung von der Empfehlung der Europäischen Kommission sieht. Diese Abweichung sieht die Europäische Kommission darin, dass nach Meinung der finnischen Regulierungsbehörde der vorliegend untersuchte Markt nicht die Zugangsverbindung zum Endkunden umfasst, während letztgenannte Dienstleistung Teil des in der Empfehlung unter Ziffer 11 aufgeführten Marktes für den Zugang zur Teilnehmeranschlussleitung sei.[57] Die Europäische Kommission hat es aber in Anbetracht der Regulierung auch dieser Dienstleistung bei ihrer Kommentierung belassen und kein Veto-Verfahren eingeleitet.

Am 11. 6. 2004 hat Ficora sodann den in der Kommissions-Empfehlung unter Nr. 10 auf- **76** geführten **Vorleistungsmarkt für Transit im Festnetz** bei der Europäischen Kommission notifiziert. Diese Notifizierung beinhaltet keine Abweichung von der Märkte-Empfehlung und in räumlicher Hinsicht eine regionale Marktabgrenzung. Die finnische Regulierungsbehörde hat dabei bei 14 Unternehmen eine marktbeherrschenden Stellung festgestellt. In ihrer Stellungnahme vom 9. 7. 2004 hat die Europäische Kommission diese Marktdefinition und -analyse der finnischen Regulierungsbehörde nicht inhaltlich kommentiert.

Außerdem hat Ficora am 15. 6. 2004 den in der Empfehlung der Europäischen Kommis- **77** sion unter Nr. 18 aufgeführten Markt für **Rundfunk-Übertragungsdienste für die Bereitstellung von Sendeinhalten für Endnutzer** notifiziert. Die finnische Regulierungsbehörde unterteilt diesen empfohlenen Markt in folgende vier sachlich relevanten Märkte: ein Markt für digitale Fernseh-Übertragungs-Dienstleistungen im terrestrischen digitalen Fernsehnetz in bestimmten in der Netzlizenz aufgeführten Multiplexen, ein Markt für nationale analoge Fernseh-Übertragungs-Dienstleistungen im terrestrischen analogen Fern-

---

56 Urteil des Europäischen Gerichtshofes vom 9. September 2003 in der Rechtssache C-198/01, *Consorzio Industrie Fiammiferi (CIF) ./. Autorita Garante della Concorrenza e del mercato,* noch nicht veröffentlicht, RdNr. 48 f.; siehe zu diesem Urteil beispielsweise *Clarich/Lübbig,* EuZW 2003, 733.
57 Siehe dazu bereits RdNr. 70.

sehnetz, ein Markt für nationale digitale Radio-Übertragungs-Dienstleistungen im terrestrischen digitalen Netz und ein Markt für nationale analoge Radio-Übertragungsdienstleistungen im terrestrischen analogen Radio-Netz. In geographischer Hinsicht wird der Markt als national qualifiziert, wobei lediglich das kontinentale Finnland erfasst wird. Auf den insgesamt vier Märkte wird das Vorliegen eines (und zwar immer desselben) Unternehmens mit beträchtlicher Marktmacht festgestellt. Mit ihrer Stellungnahme vom 14. 7. 2004 hat die Europäische Kommission diese Notifizierung von Ficora ebenfalls inhaltlich nicht kommeniert.

78   Mit Schreiben vom 5. 7. 2004 hat die finnische Regulierungsbehörde sodann die in der Empfehlung der Europäischen Kommission genannten **Mietleitungsmärkte** notifiziert. Es handelt sich dabei um das Mindestangebot an Mietleitungen für Endkunden (Markt 7), Abschluss-Segmente von Mietleitungen (Vorleistungsmarkt 13) und Fernübertragungssegmente von Mietleitungen (Vorleistungsmarkt 14). Bemerkenswert ist auch bei diesen Notifizierungen wieder einmal die vor dem besonderen historischen Hintergrund Finnlands zu sehende Besonderheit, dass sowohl der Endkundenmarkt für das Mindestangebot an Mietleitungen als auch der Markt für die Abschluss-Segmente von Mietleitungen regional entsprechend dem jeweiligen ehemaligen Monopolgebiet der regionalen Anbieter abgegrenzt wird. Dementsprechend stellt Ficora bezogen auf diese Märkte zahlreiche marktbeherrschende Unternehmen fest (bezogen auf Markt 7 sind es 42 Unternehmen, bezogen auf Markt 13 sind es 43 Unternehmen). In Bezug auf den sachlich relevanten Markt für Abschluss-Segmente geht die finnische Regulierungsbehörde dagegen von einem nationalen Markt aus, weil derartige Abschluss-Segmente in erster Linie in den am dichtesten besiedelten und ökonomisch bedeutendsten Gebieten Finnlands ausgebaut worden seien. Bezogen auf diesen Markt stellt Ficora wirksamen Wettbewerb fest. Dies wird unter anderem mit den verhältnismäßig niedrigen Marktanteilen der Anbieter auf diesem Markt begründet (bis zu 37 % bei einer Berechnung nach Umsatz). In ihrer **Stellungnahme** vom 30. 7. 2004 ist die **Europäische Kommission** nicht inhaltlich auf diese Marktdefinitionen und -analysen von Ficora eingegangen.

79   Am 5. 7. 2004 hat die finnische Regulierungsbehörde bezogen auf den in der Empfehlung der Europäischen Kommission unter Nr. 15 aufgeführten Markt für **Zugang und Verbindungsaufbau in öffentlichen Mobiltelefonnetzen** eine Notifizierung vorgenommen. In sachlicher Hinsicht ist Ficora der Empfehlung der Europäischen Kommission gefolgt und hat den Markt in räumlicher Hinsicht als national qualifiziert. Die finnische Regulierungsbehörde ist zu dem Schluss gelangt, dass das Untenehmen Telia Sonera auf diesem Markt über beträchtliche Marktmacht verfügt. Zu dieser Schlussfolgerung ist die finnische Regulierungsbehörde aufgrund folgender Umstände gelangt: Zum einen habe Telia Sonera im Jahr 2002, gemessen in Absätzen (Minuten) einen Marktanteil von 60 % gehabt, während der Marktanteil der übrigen Marktteilnehmer lediglich zwischen 0,1 % und 29 % betragen habe. Zum anderen seien folgende Marktbeherrschungskriterien erfüllt: hohe Marktzutrittschranken, Größen- und Verbundvorteile, Aktivitäten des größten unabhängigen Dienstanbieters in Telia Soneras Netz sowie das Fehlen gegengerichteter Verhandlungsmacht.

80   Mit Schreiben vom 3. 8. 2004 hat die **Europäische Kommission** in Bezug auf diese Notifizierung das sog. **Vetoverfahren** eingeleitet, und erklärt, dass sie ernsthafte Zweifel an der Vereinbarkeit des Maßnahmenentwurfs mit dem Gemeinschaftsrecht und insbesondere den in Art. 8 der Rahmenrichtlinie genannten Zielen habe. Die vorgelegte Überprüfung

scheine nicht den Anforderungen der Art. 14 bis 16 der Rahmenrichtlinie zu entsprechen, insbesondere im Hinblick auf Art. 8 Abs. 2 lit. b) der Rahmenrichtlinie in Verbindung mit den Art. 10 und 82 des EG-Vertrages. Die Europäische Kommission hat diese Bewertung damit begründet, dass das Vorliegen beträchtlicher Marktmacht von Telia Sonera trotz eines Marktanteils von über 50 % seitens der finnischen Regulierungsbehörde nicht überzeugend belegt worden sei.

Die **Europäische Kommission** hat sodann mit Schreiben vom 5. 10. 2004 auch tatsächlich **81** ein **Veto** eingelegt, weil Ficora ihrer Ansicht das Vorliegen beträchtlicher Marktmacht von Telia Sonera nicht hinreichend dargelegt habe. Ungeachtet der Tatsache, dass der Marktanteil von Telia Sonera über 60 % liege, müssten auch andere Faktoren, die für die Bewertung beträchtlicher Marktmacht relevant seien, berücksichtigt werden. Unter den Umständen des vorliegenden Falles gäbe es in Ermangelung einer vollständigen Bewertung der Wettbewerbsdynamik keinen hinreichenden Beleg für das Vorliegen beträchtlicher Marktmacht. Im Detail begründet die Europäische Kommission ihre ablehnende Haltung mit der fehlenden Berücksichtigung der ersichtlichen Marktdynamik, einem Mangel an Beweisen für Kapazitätsbeschränkungen, einem Mangel an Beweisen für hohe Wechselkosten und für das Vorliegen gegengerichteter Verhandlungsmacht sowie eine übermäßige Gewichtung der mit Netzeffekten, Skalen- und Verbundvorteilen und wesentlichen Finanzvorteilen verbundenen Belege.

Was die nach Auffassung der Europäischen Kommission **fehlende Berücksichtigung der** **82** **ersichtlichen Marktdynamik** anbelangt, erscheint von besonderer Bedeutung, dass die Europäische Kommission zu dem Schluss gelangt ist, dass unter der Voraussetzung, dass Mobilfunknetzbetreiber keinen Kapazitätsbeschränkungen ihrer Netze ausgesetzt sind und Dienstanbieter infolge hoher Wechselkosten und des Fehlens gegengerichteter Verhandlungsmacht nicht an ihre Lieferanten gebunden sind, der drohende Wettbewerbsdruck durch Vereinbarungen zwischen virtuellen Mobilfunknetzbetreibern und Dienstanbietern, die bisher erfolgreich im Endkundenmarkt tätig gewesen seien, wahrscheinlich zu einer Beschränkung der Marktmacht von Telia Sonera führe. Zu berücksichtigen sei, dass angesichts der Marktanteile der Dienstanbieter im Endkundenmarkt jeder Wechsel eines erfolgreichen Dienstanbieters vom Netz der Telia Sonera auf das Netz eines anderen Mobilfunknetzbetreibers automatisch zu einer signifikanten Änderung der Marktanteilsverteilung auf dem relevanten Markt führe. Dies verringert nach Auffassung der Europäischen Kommission die Bedeutung des gegenwärtig festgestellten hohen Marktanteils von Telia Sonera.

Bezüglich des **Mangels an Beweisen für Kapazitätsbeschränkungen** hat die Europäi- **83** sche Kommission darauf verwiesen, dass es ungeachtet hoher Kosten möglich sei, Mobilfunknetze auszubauen und die Kapazität zu erhöhen, und dass die Wettbewerber von Telia Sonera eine niedrigere Kapazitätsauslastung hätten. Was den seitens der Europäischen Kommission gerügten **Mangel an Beweisen für hohe Wechselkosten** und für das **Fehlen gegengerichteter Verhandlungsmacht** anbelangt, erscheint es bedeutsam, dass nach ihrer Ansicht die Fähigkeit der Diensteanbieter, erfolgreiche Markteintritte im Endkundenmarkt zum Aushandeln günstiger Verträge auf der Vorleistungsebene zu nutzen und Lock-in-Effekte seitens der Mobilfunknetzbetreiber zu vermeiden, detailliert zu analysieren sind. Anders als Ficora sieht die Europäische Kommission es als irrelevant an, dass der bedeutendste Dienstanbieter im Netz von Telia Sonera tätig ist. Die Europäische Kommission begründet ihre Ansicht, wonach Dienstanbieter gegenüber Mobilfunknetzbetreibern über gegengerichtete Verhandlungsmacht verfügen, unter anderem damit, dass Dienstanbieter bei verschiedenen Mobilfunknetzbetreiber konkurrierende Angebote nachfragten.

84 Im Hinblick auf die nach Meinung der Europäischen Kommission **übermäßige Gewichtung von Skalen- und Verbundvorteilen** ist hervorzuheben, dass nach Auffassung der Europäischen Kommission die Vorteile von Telia Sonera nicht erstrangig auf Größenvorteile zurückzuführen seien, die auf einer besseren Positionierung auf der langfristigen durchschnittlichen Kostenkurve beruhten, sondern auf Kosteneinsparungen aufgrund niedrigerer kurzfristiger durchschnittlicher Kosten zurückgingen. Im Gegensatz zu Unterschieden in den Skalenerträgen böten *ceteris paribus* Unterschiede bezüglich der Kapazitätsauslastung einem Betreiber keinen nachhaltigen Wettbewerbsvorteil und könnten überwunden werden, indem die bestehende Kapazität durch eine größere Anzahl von Kunden ausgelastet werde. Die Besonderheiten des vorliegenden sachlich relevanten Marktes seien außerdem dergestalt, dass die Mobilfunknetzbetreiber ihre Kapazitätsauslastung beträchtlich verbessern könnten, indem sie Dienstanbieter auf ihrem Netz zuließen, wobei Telia Sonera dies zu praktizieren scheine. Wegen der Asymmetrien in der Kapazitätsauslastung hätten die verbleibenden Mobilfunknetzbetreiber einen noch stärkeren Anreiz, Diensteanbieter oder virtuelle Mobilfunknetzbetreiber auf ihre Netze zu lassen, indem sie attraktive Bedingungen anböten. Diese Situation deutet nach Ansicht der Europäischen Kommission auf einen funktionierenden Markt hin.

85 **4. Frankreich**[58] – Am 3. 11. 2004 hat die französische Regulierungsbehörde ART ihre erste Notifizierung vorgenommen. Diese betrifft die Vorleistungsmärkte für **Terminierung in Mobilfunknetze** (Markt 16 der Kommissions-Empfehlung) ausschließlich der Überseegebiete (Guadeloupe, Martinique, Französisch-Guayana, Mayotte, La Réunion, Saint-Pierre-et-Miquelon). Die französische Regulierungsbehörde ist jedenfalls im Wesentlichen der von der Europäischen Kommission empfohlenen sachlichen Marktabgrenzung gefolgt und hat die Märkte in räumlicher Hinsicht entsprechend der Ausdehnung des jeweiligen Mobilfunknetzes definiert. Jeder Mobilfunknetzbetreiber wird als marktbeherrschend qualifiziert. In ihrer **Stellungnahme** vom 1. 12. 2004 machte die **Europäische Kommission** keine wesentlichen inhaltlichen Anmerkungen zu der von ART vorgenommenen Marktdefinition und -analyse.

86 Am 8. 12. 2004 hat die französische Regulierungsbehörde sodann in Bezug auf die von der ersten Notifizierung am 3. 11. 2004[59] explizit ausgenommenen Überseegebiete eine Notifizierung vorgenommen. Auch dabei ist ART jedenfalls im Wesentlichen der von der Europäischen Kommission empfohlenen Abgrenzung von Vorleistungsmärkten für **Terminierung in Mobilfunknetze** (Markt 16) gefolgt und hat die Märkte geographisch entsprechend der Ausdehnung des jeweiligen Mobilfunknetzes definiert. Bezogen auf die hieraus resultierenden acht relevanten Märkten geht die französische Regulierungsbehörde davon aus, dass der Inhaber des jeweiligen Netzes auch über beträchtliche Marktmacht verfügt. Zu der von ART vorgenommenen Marktdefinition und -analyse machte die **Europäische Kommission** in ihrer **Stellungnahme** vom 19. 1. 2005 ebenfalls keine wesentlichen inhaltlichen Anmerkungen.[60]

---

58 Siehe zur Umsetzung der Richtlinienvorschriften über die Marktdefinition und -analyse in Frankreich Einl. IV RdNr. 33 und zur Umsetzung des neuen Rechtsrahmens in Frankreich allg. Einl. IV RdNr. 29.
59 Siehe dazu RdNr. 85.
60 Siehe insoweit bereits RdNr. 85.

Heinen

Am 12. 4. 2005 hat die französische Regulierungsbehörde sodann eine Notifizierung in **87**
Bezug auf den in der Empfehlung der Europäischen Kommission unter Ziffer 11 aufgeführten Markt für den „**entbündelten Großkunden-Zugang (einschließlich des gemeinsamen Zugangs) zu Drahtleitungen und Teilleitungen für die Erbringung von Breit-
band- und Sprachdiensten**" vorgenommen. Dabei ist ART der von der Europäischen
Kommission empfohlenen Marktabgrenzung gefolgt und hat in räumlicher Hinsicht das
Staatsgebiet Frankreichs einschließlich der Überseegebiete Guadeloupe, Martinique, Französisch-Guayana, Mayotte und La Réunion einbezogen, das französische Überseegebiet
Saint-Pierre-et-Miquelon jedoch explizit aus dem geographisch relevanten Markt ausgeschlossen. Grund hierfür ist vor allem, dass dort der Zugang zur Teilnehmeranschlussleitung im Wesentlichen von einem anderen Unternehmen bereitgestellt wird als in den anderen Gebieten. Die französische Regulierungsbehörde hat, bezogen auf den derart von ihr
definierten Markt, das Vorliegen einer marktbeherrschenden Stellung von France Télécom
festgestellt. In Bezug auf den „Breitbandzugang für Großkunden" (sog. **Bitstrom-Zugang**,
Markt Nr. 12 der Märkte-Empfehlung) hat ART am 12. 4. 2004 ebenfalls eine Notifizierung vorgenommen. Hinsichtlich der sachlichen Marktabgrenzung ist die französische Regulierungsbehörde dabei der Europäischen Kommission gefolgt. In räumlicher Hinsicht
entspricht ARTs Marktabgrenzung der beim Zugang zur Teilnehmeranschlussleitung vorgenommenen geographischen Marktdefinition. France Télécom wird als Unternehmen mit
beträchtlicher Marktmacht qualifiziert. Im Rahmen ihrer **Stellungnahmen** vom 11. 5.
2005 hat die **Europäische Kommission** auch keinen inhaltlichen Kommentar abgegeben.[61]

Am 14. 4. 2005 hat die französische Regulierungsbehörde ihren Maßnahmeentwurf bezüg- **88**
lich des in der Empfehlung der Europäischen Kommission unter Nr. 15 aufgeführten
Marktes für **Zugang und Verbindungsaufbau in öffentlichen Mobiltelefonnetzen** vorgenommen. In sachlicher Hinsicht folgt ART auch bei dieser Marktdefinition der Empfehlung der Europäischen Kommission. In räumlicher Hinsicht unterscheidet die französische
Regulierungsbehörde zwischen dem französischen Staatsgebiet einerseits und einem Teil
des Überseegebiets Antilles Guyanes ausschließlich La Réunion, Mayotte und Saint-
Pierre-et-Miquelon. Bezogen auf letztgenannten Markt hat ART Marktbeherrschung des
Unternehmens Orange Caraïbe festgestellt. Bezogen auf das französische Festland geht die
französische Regulierungsbehörde dagegen vom Vorliegen einer gemeinsamen marktbeherrschenden Stellung der Unternehmen Orange France, SFR und Bouygues Telecom aus.
Wie sich aus einem Schreiben von ART vom 27. 4. 2005 ergibt, hat sich die Stellungnahmefrist der Europäischen Kommission und der anderen Mitgliedstaaten der Europäischen
Kommission aufgrund einer Verlängerung der Stellungnahmefrist im Rahmen der parallel
durchgeführten nationalen Konsultation bis zum 31. 5. 2005 verlängert.

5. Griechenland[62] – Ihre erste und bislang einzige Notifizierung hat die griechische Regu- **89**
lierungsbehörde EETT mit Schreiben vom 1. 7. 2004 vorgenommen. Sie betraf den unter
Ziffer 16 der Empfehlung der Europäischen Kommission aufgeführten Markt für die **Terminierung in einzelne Mobiltelefonnetze.** Im Rahmen ihrer der Empfehlung der Europäischen Kommission folgenden sachlichen Marktabgrenzung ist die griechische Regulierungsbehörde zu dem Schluss gelangt, dass nicht nur 2G, sondern auch 3G als Teil des rele-

---

61 Siehe insoweit bereits RdNr. 86.
62 Siehe zur Umsetzung des neuen Rechtsrahmens in Griechenland Einl. IV RdNr. 36.

vanten Marktes anzusehen ist. In räumlicher Hinsicht entspricht der Markt jeweils der geographischen Reichweite des jeweiligen Netzes. EETT hat zudem auf dem ihrem jeweiligen Netzgebiet entsprechenden Markt alle in Griechenland aktiven Mobilfunknetzbetreiber als marktbeherrschend qualifiziert. In ihrer **Stellungnahme** vom 4. 8. 2004 hat die **Europäische Kommission** diese Marktdefinition- und -analyse der griechischen Regulierungsbehörde nicht inhaltlich kommentiert.

90 **6. Irland.**[63] – Am 3. 2. 2004 hat die irische Regulierungsbehörde ihre erste Notifizierung vorgenommen. In der Märkte-Empfehlung wird in Bezug auf den Rundfunkbereich lediglich ein sachlich relevanter Markt aufgeführt, nämlich der Markt für **Rundfunk-Übertragungsdienste für die Bereitstellung von Sendeinhalten für Endnutzer.** ComReg ist von dieser empfohlenen Marktabgrenzung abgewichen und hat den in der Empfehlung der Europäischen Kommission genannten Markt in folgende vier Teilmärkte zergliedert: ein Vorleistungsmarkt für Hörfunk-Übertragungsdienste über nationale analoge terrestrische Sendeanlagen; ein Vorleistungsmarkt für Hörfunk-Übertragungsdienste über lokale/regionale analoge terrestrische Sendeanlagen; ein Vorleistungsmarkt für Fernsehfunk-Übertragungsdienste über analoge terrestrische Sendeanlagen und ein Vorleistungsmarkt für Rundfunk-Übertragungsdienste über Kabel- und Satellitennetze. Nur in Bezug auf den erstgenannten und den drittgenannten Markt hat ComReg indes die Regulierungsbedürftigkeit bejaht. Der einzige Anbieter auf diesen Märkten wurde als marktbeherrschend qualifiziert.

91 In ihrer **Stellungnahme** vom 2. 3. 2004 äußert die **Europäische Kommission** zwar Zweifel daran, ob in sachlicher Hinsicht tatsächlich ein einziger Vorleistungsmarkt für Rundfunk-Übertragungsdienste über Kabel- und Satellitennetze vorliege, sieht dies aber letztlich als nicht entscheidend an, da auch bei einer engeren Marktabgrenzung die Regulierungsbedürftigkeit abzulehnen sei.

92 Am 18. 4. 2004 hat die irische Regulierungsbehörde ComReg eine weitere Notifizierung vorgenommen. Er behandelt den unter Nr. 11 der Empfehlung der Europäischen Kommission aufgeführten Markt [**entbündelter Großkunden-Zugang (einschließlich des gemeinsamen Zugangs) zu Drahtleitungen und Teilleitungen für die Erbringung von Breitband- und Sprachdiensten**]. Von dieser sachlichen Marktabgrenzung ist ComReg auch nicht abgewichen. In räumlicher Hinsicht wird der Markt als national qualifiziert. Der einzige in der Republik Irland tätige Anbieter wird als Unternehmen mit beträchtlicher Marktmacht qualifiziert. Zu diesem wenig überraschenden Ergebnis hatte die Europäische Kommission keine Anmerkungen.

93 Die irische Regulierungsbehörde hat sodann am 6. 6. 2004 die Märkte für **Anrufterminierung im Mobilfunk** notifiziert, wobei sie – der Märkte-Empfehlung folgend – zu dem Schluss gelangt ist, dass jedes Netz als eigenständiger sachlich relevanter Markt zu qualifizieren sei. In räumlicher Hinsicht wird der Markt als national qualifiziert. Alle Mobilfunknetzbetreiber werden auf „ihren" Märkten als Unternehmen mit beträchtlicher Marktmacht qualifiziert. Die Stellungnahme der Europäischen Kommission vom 14. 7. 2004 enthielt insofern keine inhaltlichen Anmerkungen.

94 Hinsichtlich des „Breitbandzugangs für Großkunden" (sog. **Bitstrom-Zugang**; Markt Nr. 12 der Märkte-Empfehlung) hat die irische Regulierungsbehörde am 30. 7. 2004 eine

---

63 Siehe zur Umsetzung der Richtlinienvorgaben über die Marktdefinition und -analyse in Irland Einl. IV RdNr. 46; vgl. zur Umsetzung des neuen Rechtsrahmens in Irland allg. Einl. IV RdNr. 43.

Notifizierung vorgenommen. In sachlicher Hinsicht definiert ComReg den Breitband-Zugang auf Vorleistungsebene als einen Markt, der den sog. Bitstrom-Zugang abdecke, welcher die breitbandige Datenübermittlung in beide Richtungen und den anderen Vorleistungs-Zugang über andere Infrastruktur umfasse, wenn diese Infrastruktur als dem Bitstrom-Zugang gleichwertig zu qualifizieren ist. Die irische Regulierungsbehörde kommt zu dem Schluss, dass der Markt neben dem Angebot von Bitstrom-Dienstleistungen zur Eigenrealisierung und gegenüber Dritten auch die Eigenrealisierung über Kabel und über drahtlosen Zugang (Fixed Wireless Access) umfasse. Diese Schlussfolgerungen von ComReg basieren auf der vermeintlichen Wirksamkeit indirekter preislicher Beschränkungen auf der Endkundenebene als Indikator für den Umfang des Vorleistungsmarktes. Nach Ansicht der irischen Regulierungsbehörde würde ein hypothetischer Monopolist, der ein Vorleistungs-Bitstrom-Produkt gegenüber dritten ADSL-Dienstleistern anbietet, wettbewerblichen Beschränkungen begegnen, welche aus einer wettbewerblichen Abhängigkeit vom vertikal integrierten Breitband-Dienstanbieter auf der Endkundenebene resultiere. Grund dafür sei, so ComReg, dass ein Preisanstieg von Vorleistungs-Breitbandzugang einen Anstieg des Endkundenpreises für ADSL-Dienstleistungen zur Folge hätte und dass dritte ADSL-Anbieter wahrscheinlich Kunden an den vertikal integrierten Anbieter von ADSL-Dienstleistungen für Endkunden verlieren würden. Wettbewerbliche Beschränkungen resultierten damit aus Austauschbarkeit aus Nachfragersicht auf der Endkundenebene. Auch die Einbeziehung der Eigenrealisierung von anderen als Bitstrom-Dienstleistungen hat die irische Regulierungsbehörde mit der vermeintlichen Wirksamkeit indirekter preislicher Beschränkungen begründet. Ihrer Meinung nach würde eine Preiserhöhung für Bitstromzugang durch den ADSL-Anbieter auf der Vorleistungsebene auf der Endkundenebene ADSL-Anbieter, die Bitstrom einkaufen, dazu bringen, ihre Endkundenpreise für ADSL zu erhöhen und den Anbietern dieser anderen Dienstleistungen die Gelegenheit verschaffen, ihren Anteil am Endkundenmarkt zu erhöhen, indem sie die Eigenrealisierung des Breitband-Zugangs auf der Vorleistungsebene erhöhten. In räumlicher Hinsicht hat ComReg den so definierten sachlich relevanten Markt als national qualifiziert. Die irische Regulierungsbehörde hat zudem festgestellt, dass das Unternehmen eircom auf dem derart definierten Markt über beträchtliche Marktmacht verfüge.

Im Rahmen ihrer **Stellungnahme** vom 25. 8. 2004 hat die **Europäische Kommission** sich **95** zur Ausdehnung des sachlich relevanten Marktes über Bitstrom-Dienstleistungen hinaus geäußert. Dabei erkennt die Europäische Kommission an, dass die Herangehensweise der irischen Regulierungsbehörde, den Vorleistungsmarkt auf Basis der wettbewerblichen Bedingungen auf dem korrespondierenden Endkundenmarktes zu definieren, keine grundsätzlich unzulässige Methodik sei. Für die Definition des relevanten Marktes sei jedoch die Austauschbarkeit aus Nachfragersicht die unmittelbarste und wirkungsvollste disziplinierende Kraft, die auf Anbieter eines bestimmten Produktes wirke. Dies treffe vor allem auf deren Preisstrategien zu. Die Vornahme einer Marktabgrenzung bestehe im Wesentlichen darin, die tatsächlichen alternativen Belieferungsquellen für die Kunden des fraglichen Unternehmens herauszufinden. Derartige direkte Beschränkungen schließe die irische Regulierungsbehörde im Rahmen der von ihr vorgenommenen sachlichen Marktabgrenzung aus und ersetze sie völlig durch eine angenommene, indirekte preisliche Beschränkung, welche sie von der Austauschbarkeit auf Endkundenebene ableite. Die Europäische Kommission vertritt die Auffassung, dass in Anbetracht von Beweisen, welche eine Austauschbarkeit aus Nachfragersicht auf der Vorleistungsebene ausschlössen, so eine indirekte wettbewerbliche Beschränkung im Anschluss an die Marktabgrenzung, also im Rahmen der Prüfung des Vorliegens einer marktbeherrschenden Stellung, Berücksichtigung finden könne. Obwohl die Europäische Kommission Zweifel daran hegt, ob die seitens ComReg vorgenommene Marktabgrenzung nicht zu weit sei, hält sie eine abschließende Entscheidung über den genauen Umfang des sachlich relevanten Marktes nicht für erforderlich, weil dies auf das Ergebnis der Marktbeherrschungsprüfung keinen Einfluss hätte.

96   Eine Notifizierung in Bezug auf den in der Empfehlung der Europäischen Kommission unter Nr. 15 aufgeführten Markt für **Zugang und Verbindungsaufbau in öffentlichen Mobiltelefonnetzen** hat die irische Regulierungsbehörde mit Schreiben vom 10. 12. 2004 vorgenommen. Sie ist dabei der von der Europäischen Kommission empfohlenen sachlichen Marktabgrenzung gefolgt und hat den Markt in geographischer Hinsicht als national qualifiziert. Auf dem derart abgegrenzten Markt hat ComReg das Vorliegen einer **gemeinsamen marktbeherrschenden Stellung** der Unternehmen Vodafone und O2 festgestellt. Im Rahmen ihrer Untersuchung hebt die irische Regulierungsbehörde einige strukturelle Charakteristika des irischen Marktes hervor, welche für ein koordiniertes Verhalten von Vodafone und O2 sprächen. Dies seien vor allem die Marktstruktur (Grad der Marktkonzentration, Marktzutrittsschranken), die Anreize zu koordiniertem Verhalten, die Fähigkeit zu koordiniertem Verhalten, die Möglichkeit, Verhaltensabweichungen zu ermitteln, die Durchsetzbarkeit der Befolgung von Vereinbarungen (Anreiz, aus Furcht vor Vergeltung nicht von einer gemeinsamen Politik abzuweichen) sowie tatsächliche und/oder potenzielle Marktbeschränkungen. Aufgrund der Abwesenheit anderer Transaktionen als konzerninterner Verkäufe auf der Endkundenebene hat ComReg diese Kriterien vor allem auf sich auf die Endkundenebene beziehende Beweise gestützt. Was den aus Sicht der irischen Regulierungsbehörde festzustellenden Anreiz zu koordiniertem Verhalten angeht, sei dieser stark, weil es nur zwei Unternehmen gäbe, welche die Erträge der Koordinierung unter sich aufteilten. Außerdem seien zwar die Marktanteile dieser beiden Unternehmen nicht identisch, jedoch sei ihre absolute Größe zu berücksichtigen. Außerdem seien häufige Abhängigkeiten zwischen den beiden Marktteilnehmern, wie sie für eine Netzindustrie typisch seien, eine stetig steigende Nachfrage sowie ein Fehlen drastischer Innovationen, welche einen der beiden Netzbetreiber zum Vorteil gereichen würde, Umstände, die Anreize zu koordiniertem Verhalten böten. Die Fähigkeit zur Koordinierung beruht nach Auffassung von ComReg auf dem Bestehen eines einfachen und transparenten Schwerpunktes. Dieser bestehe aus zwei Dimensionen, nämlich dem Preis und der Verweigerung des Zugangs zu vorgelagerten Elementen gegenüber unabhängigen Einheiten wie beispielsweise virtuellen Mobilfunknetzbetreibern. Die irische Regulierungsbehörde ist der Überzeugung, dass Vodafone und O2 in etwa dasselbe Portfolio an Dienstleistungen anböten, deren komplexe Tarife durch die Methode der „Minimum Monthly Bills" transparent gemacht werden könnten. Die von der irischen Regulierungsbehörde vorgenommene Analyse von Preisen decke relativ stabile Preise auf. Der Umstand, dass es derzeit in Irland keine unabhängigen Dienstanbieter gebe, beruht nach Ansicht von ComReg darauf, dass der Zugang zu vorgelagerten Elementen verweigert wird.

97   Im Rahmen ihrer **Stellungnahme** vom 20. 1. 2005 hat die **Europäische Kommission** sich erneut damit auseinandergesetzt, dass die von der irischen Regulierungsbehörde vorgenommene Analyse zu großen Teilen auf dem Endkundenmarkt basiert.[64] Da im vorliegen-

---

[64] Siehe insoweit bereits RdNr. 95.

den Fall lediglich konzerninterne Absätze erfolgten, kann nach Auffassung der Europäischen Kommission die Angebotsstruktur auf der Vorleistungsebene vom Angebot auf der Endkundenebene abgeleitet werden, jedenfalls was die Marktanteile der Unternehmen anbelange. Das Verhalten eines Unternehmens auf dem Endkundenmarkt reflektiere aber nicht automatisch seine Position und sein Verhalten auf dem vorgelagerten Vorleistungsmarkt, und zwar auch dann nicht, wenn auf diesem vorgelagerten Markt keine externen Transaktionen erfolgen. Nach Meinung der Europäischen Kommission ist aber auch umgekehrt zu betonen, dass die Feststellung des Vorliegens einer gemeinsamen Marktbeherrschung auf der Vorleistungsebene nicht die Feststellung einer gemeinsamen marktbeherrschenden Stellung auf der Endkundenebene voraussetzt.

Mit Schreiben vom 20. 12. 2004 hat ComReg zudem eine Notifizierung in Bezug auf **inter- 98 nationale Mietleitungen für Endkunden** vorgenommen. Diese sind nicht in der Liste der von der Europäischen Kommission als regulierungsbedürftig empfohlenen Märkte enthalten. Diesbezüglich definiert die irische Regulierungsbehörde einen eigenständigen Markt, den sie in räumlicher Hinsicht als national qualifiziert. Auf diesem Markt stellt sie wirksamen Wettbewerb fest. In ihrer **Stellungnahme** vom 19. 1. 2005 hat die **Europäische Kommission** dies nicht inhaltlich kommentiert.

In Bezug auf vier weitere **Mietleitungs-Märkte** hat ComReg am 17. 1. 2005 je eine Notifi- 99 zierung vorgenommen. Diese betreffen die Endkunden-Märkte für das Mindestangebot an Mietleitungen (Markt 7 der Empfehlung der Europäischen Kommission) sowie für die übrigen Mietleitungen (nicht in der Empfehlung der Europäischen Kommission genannt) und die Vorleistungsmärkte für Abschluss-Segmente von Mietleitungen (Markt 13 der Empfehlung der Europäischen Kommission) und für Fernübertragungssegmente von Mietleitungen (Markt 14 der Empfehlung der Europäischen Kommission). Die von der irischen Regulierungsbehörde notifizierten Endkundenmärkte sind insofern in sachlicher Hinsicht weiter als von der Europäischen Kommission in Bezug auf das Mindestangebot an Mitleitungen empfohlen, als ComReg hierunter jedwede symmetrische Punkt-zu-Punkt Kapazität zwischen Netz-Endpunkten zählt, welche keine Schaltung „on-demand" oder durch den Endkunden kontrollierte Routing-Funktionen beinhaltet. In räumlicher Hinsicht werden diese Märkte von der irischen Regulierungsbehörde als national qualifiziert. Nur auf dem von der Europäischen Kommission zur Regulierung empfohlenen Markt für das Mindestangebot an Mietleitungen stellt ComReg das Vorliegen einer marktbeherrschenden Stellung fest. Bei der Definition der Vorleistungsmärkte folgt die irische Regulierungsbehörde im Wesentlichen der Märkte-Empfehlung und geht in geographischer Hinsicht von nationalen Märkten aus. ComReg stellt auf beiden notifizierten Vorleistungsmärkten das Vorliegen eines Unternehmens mit beträchtlicher Marktmacht fest. In ihrer **Stellungnahme** vom 16. 2. 2005 ist die **Europäische Kommission** auf diese Notifizierungen nicht inhaltlich eingegangen.

Die von der irischen Regulierungsbehörde am 22. 3. 2005 vorgenommenen Notifizierun- 100 gen beziehen sich auf die in der Empfehlung der Europäischen Kommission aufgeführten **Festnetz-Endkundenmärkte** „Zugang von Privatkunden zum öffentlichen Telefonnetz an festen Standorten" (Markt 1), „Zugang von anderen Kunden zum öffentlichen Telefonnetz an festen Standorten" (Markt 2), „öffentliche Orts- und/oder Inlandstelefonverbindungen für Privatkunden an festen Standorten" (Markt 3), „öffentliche Auslandsverbindungen für Privatkunden an festen Standorten" (Markt 4), „öffentliche Orts- und/oder Inlandstelefonverbindungen für andere Kunden an festen Standorten" (Markt 5) sowie „öffentliche Auslandsverbindungen für andere Kunden an festen Standorten" (Markt 6). ComReg folgt dabei nicht der von der Europäischen Kommission empfohlenen Unterscheidung zwischen Privatkunden und anderen, das heißt Geschäftskunden. Die irische Regulierungsbehörde begründet dies damit, dass in Bezug auf Lieferbedingungen, Preis und Servicequalität keine signifikanten und systematischen Unterschiede zwischen der Bereitstellung eines Telefonanschlusses und Sprachtelefondienstleistungen für Privat- und Geschäftskunden bestünden. Bei den Telefonanschlüssen unterscheidet ComReg allerdings zwischen zwei separaten sachlich relevanten Märkten für verschiedene schmalbandige Zugangsarten, bei den Telefonverbindungen zwischen einem Markt für nationale und einem Markt für internationale Verbindungen. Zum Markt für nationale Verbindungen zählt sie dabei auch Anrufe zu Mobiltelefonen und ins Internet. ComReg definiert die notifizierten Endkundenmärkte in geographischer Hinsicht als national und stellt auf jedem das Vorliegen einer marktbeherrschenden Stellung von eircom fest. Auch auf diese Marktdefinitionen und -analysen[65] ist die **Europäische Kommission** in ihrer **Stellungnahme** vom 25. 4. 2005 nicht inhaltlich eingegangen.

101   **7. Litauen.**[66] – Am 13. 5. 2005 hat die litauische Regulierungsbehörde RRT ihr erste Notifizierung vorgenommen. Diese betrifft die in der Empfehlung der Europäischen Kommission unter Ziffer 16 aufgeführte **Terminierung in einzelne Mobiltelefonnetze.** Die litauische Regulierungsbehörde ist der von der Europäischen Kommission empfohlenen sachlichen Marktabgrenzung gefolgt und hat die Märkte in geographischer Hinsicht entsprechend der Reichweite des jeweiligen Netzes definiert. Auf jedem dieser Märkte hat RRT das Vorliegen einer marktbeherrschenden Stellung des jeweiligen Mobilfunknetzbetreibers festgestellt.

102   **8. Österreich.**[67] – Am 14. 11. 2003 hat die österreichische Rundfunk- und Telekom-Regulierungs-GmbH (RTR-GmbH) eine Notifizierung bezüglich der Vorleistungsebene im Rundfunkbereich vorgenommen.[68] Dabei ist die RTR-GmbH von der als Nr. 18 der Märkte-Empfehlung der Europäischen Kommission aufgeführten Marktabgrenzung (**Rundfunk-Übertragungsdienste für die Bereitstellung von Sendeinhalten für Endnutzer**) abgewichen und hat diesen Markt in sechs Teilmärkte untergliedert, nämlich in einen Markt für terrestrische Fernsehübertragung, einen Markt für Fernsehübertragung über Kabelnetze, einen Markt für Fernsehübertragung über Satelliten, einen Markt für terrestrische Radioübertragung mittels UKW (FM), einen Markt für terrestrische Radioübertragung mittels AM und einen Markt für Radioübertragung über Kabelnetze und Satelliten, sofern die Signale zum Endkunden übertragen werden. Als regulierungsbedürftig hat die RTR-GmbH nur den erstgenannten und den viertgenannten Markt bezeichnet.

103   Die RTR-GmbH hat am 26. 5. 2004 den **Markt für Zugang und Originierung im Mobilfunk** notifiziert. In räumlicher Hinsicht wird der Markt als national qualifiziert. Die RTR-GmbH ist zu dem Schluss gelangt, dass auf diesem Markt kein Unternehmen beträchtliche Marktmacht hat, wobei die Untersuchung neben der Einzelmarktbeherrschung auch die kollektive Marktbeherrschung umfasst.

---

65 Siehe insoweit bereits RdNr. 98 f.
66 Siehe zur Umsetzung des neuen Rechtsrahmens in Litauen allg. Einl. IV RdNr. 64.
67 Siehe zur Umsetzung der Richtlinienvorgaben über die Marktdefinition und -analyse in Österreich Einl. IV RdNr. 96 und zur Umsetzung des neuen Rechtsrahmens in Österreich allg. Einl. IV RdNr. 92.
68 Siehe dazu auch Einl. IV RdNr. 96.

Am 8. 6. 2004 hat die RTR-GmbH außerdem den in der Kommissions-Empfehlung enthal- **104** tenen **Vorleistungsmarkt für Trunk-Segmente von Mietleitungen** notifiziert, welchen sie in geographischer Hinsicht als national qualifiziert. Im Rahmen ihrer Untersuchung ist sie zu dem Schluss gelangt, dass auf diesem Markt kein Unternehmen beträchtliche Markt- macht hat, wobei die Untersuchung sowohl eine Prüfung von Einzelmarktbeherrschung als auch eine Prüfung des Vorliegens einer gemeinsamen marktbeherrschenden Stellung mehrerer Unternehmen umfasst. Zu dieser Untersuchung ist insbesondere anzumerken, dass der ehemalige österreichische Monopolist hier nicht das Unternehmen mit den höchs- ten Marktanteilen war, auch wenn er das bestausgebaute Netz hat. Außerdem ist hervorzu- heben, dass sich in diesem Fall die Berechnung von Marktanteilen in tatsächlicher Hinsicht für den österreichischen Regulierer erkennbar schwierig gestaltet hat. Die Stellungnahme der Europäischen Kommission vom 8. 7. 2004 enthält keine inhaltlichen Anmerkungen.

Am 20. 7. 2004 hat die RTR-GmbH eine Notifizierung des in der Empfehlung der Europäi- **105** schen Kommission unter Nr. 10 aufgeführten Marktes für **Transitdienste im öffentlichen Festtelefonnetz** vorgenommen. Die österreichische Regulierungsbehörde geht zwar von einem einzelnen nationalen Markt für Transitdienste aus, unterscheidet bei ihrer Untersu- chung jedoch zwischen gebündelten (Transitdienste, die zusammen mit Terminierungs- und/oder Zuführungsdiensten angeboten werden und auf der Hauptverteilerebene begin- nen und/oder enden) und ungebündelten (gesamter Verkehr oberhalb der Ebene der lokalen Vermittlungsstellen) Transitdiensten. Im Rahmen ihrer Marktbeherrschungsprüfung hat die RTR-GmbH zum Teil eine getrennte Untersuchung der Marktmachtindikatoren bezo- gen auf die genannten Arten von Transitdiensten vorgenommen. Der österreichische Regu- lierer ist zu dem Schluss gelangt, dass auf dem untersuchten Markt wirksamer Wettbewerb herrsche. Dies beruht unter anderem darauf, dass die RTR-GmbH Eigenrealisierung in gro- ßem Umfang in die Marktanteilsuntersuchung auf der Grundlage von Verbindungsminuten einbezieht und ist dabei zu dem Schluss gelangt, dass der Marktanteil des ehemaligen Mo- nopolisten Telekom Austria je nach Art des Transitdiensten (gebündelt oder ungebündelt) unter 50 % bzw. gar wenig mehr als 25 % betrage; bezogen auf den gesamten Transitmarkt wird ein Marktanteil von etwa 45 % festgestellt.

Mit Schreiben vom 20. 8. 2004 hat die **Europäische Kommission** in Bezug auf diese Notifi- **106** zierung das sog. **Vetoverfahren** eingeleitet und erklärt, dass sie ernsthafte Zweifel an der Vereinbarkeit des Maßnahmenentwurfs mit dem Gemeinschaftsrecht und insbesondere den in Art. 8 der Rahmenrichtlinie genannten Zielen habe. Die vorgelegte Überprüfung scheine nicht den Anforderungen der Art. 14 bis 16 der Rahmenrichtlinie zu entsprechen, insbeson- dere im Hinblick auf Art. 8 Abs. 2 lit. b) der Rahmenrichtlinie in Verbindung mit den Art. 10 und 82 des EG-Vertrages. Die Europäische Kommission hat diese Bewertung damit begrün- det, dass die direkte Zusammenschaltung entgegen der Ansicht der österreichischen Regu- lierungsbehörde nicht in den sachlich relevanten Markt einzubeziehen sei und dass die RTR- GmbH nicht – wie erforderlich – den sog. Greenfield-Ansatz angewandt habe.

Die **Europäische Kommission** hat sodann mit Schreiben vom 20. 10. 2004 auch tatsäch- **107** lich ein **Veto** eingelegt. Dies hat sie zum einen mit der seitens des österreichischen Regulie- rers vorgenommenen Einbeziehung der **Eigenrealisierung** durch direkte Zusammenschal- tung begründet. Es sei nämlich – so die Europäische Kommission unter Bezugnahme auf die Notifizierung des Transitmarktes seitens der finnischen Regulierungsbehörde[69] und

---

69 Siehe dazu RdNr. 76.

seitens der britischen Regulierungsbehörde[70] – keineswegs ersichtlich, wie Netzbetreiber ohne weiteres zur direkten Zusammenschaltung übergehen und damit Transitdienste in Eigenleistung nachfragen könnten. In Bezug auf die von der RTR-GmbH angenommene **Angebotsumstellungsflexibilität**[71] erklärt die Europäische Kommission, dass nicht substantiiert werde, dass Netzbetreiber, die den Bezug von Transitleistungen durch direkte Zusammenschaltung ersetzt hätten, ihre Produktionsmittel in Form neu geschaffener Kapazitäten Dritten systematisch als relevante Transitleistungen anbieten würden. Es sei nicht bewiesen, dass Netzbetreiber, die infolge direkter Zusammenschaltung keine Transitleistung mehr einkauften, innerhalb eines kurzen Zeitraums Drittparteien systematisch Transitdienste anbieten wollten und dies als ökonomisch sinnvoll erachteten. Eine rein hypothetische Angebotsumstellungsflexibilität reiche nicht aus. Soweit die Eigenleistung durch direkte Zusammenschaltung eine potenzielle Quelle für Wettbewerb darstellen könnte, sollte sie bei der Marktbeherrschungsprüfung berücksichtigt werden, nicht jedoch bei der Marktangrenzung oder der Marktanteilsberechnung. Auch erklärte die Europäische Kommission, dass mittels Anwendung des sog. **Greenfield-Ansatzes** überprüft werden müsse, ob die Marktbedingungen, die in Abwesenheit von Regulierung herrschten, tatsächlich für das Vorliegen wirksamen Wettbewerbs sprechen würden. Dabei sollten vor allem die Auswirkungen jeglicher Zurücknahme regulatorischer Verpflichtungen auf das tatsächliche Angebot von Transitdienstleistungen durch den ehemaligen österreichischen Monopolisten Telekom Austria untersucht werden.

108 Bezüglich des in der Empfehlung der Europäischen Kommission unter Ziffer 7 aufgeführten **Endkundenmarktes für das Mindestangebot von Mietleitungen** bis 2 Mbit/s hat die österreichische Regulierungsbehörde am 8. 9. 2004 eine Notifizierung vorgenommen. Im Rahmen der sachlichen Marktabgrenzung hat die RTR-GmbH die von der Europäischen Kommission empfohlene Marktdefinition um Mietleitungen mit einer Kapazität eines Vielfachen von 64 kbit/s bis zu einer Obergrenze von 2048 kbit/s sowie unbeschaltete Kupferdoppeladern zwischen Netzabschlusspunkten, die von Kommunikationsnetz- und -dienstebetreibern vermietet werden, erweitert. In geographischer Hinsicht hat der österreichische Regulierer den Markt als national qualifiziert. Die RTR-GmbH hat das Vorliegen einer marktbeherrschenden Stellung des ehemaligen österreichischen Monopolisten Telekom Austria festgestellt. Ebenfalls am 8. 9. 2004 hat die österreichische Regulierungsbehörde eine Notifizierung des in der Empfehlung der Europäischen Kommission unter Nr. 11 aufgeführten Marktes „**entbündelten Großkunden-Zugang (einschließlich des gemeinsamen Zugangs) zu Drahtleitungen und Teilleitungen für die Erbringung von Breitband- und Sprachdiensten**" vorgenommen. Die RTR-GmbH ist zumindest im Wesentlichen der Empfehlung der Europäischen Kommission gefolgt, hat den Markt in räumlicher Hinsicht als national qualifiziert und das Vorliegen beträchtlicher Marktmacht des Unternehmens Telekom Austria festgestellt. Auch in Bezug auf die **Terminierung in einzelne Mobilfunknetze** ist am 8. 9. 2004 eine Notifizierung durch die österreichische Regulierungsbehörde erfolgt. Dabei ist die RTR-GmbH der von der Europäischen Kommission empfohlenen Marktabgrenzung gefolgt, hat jeweils eine geographische Marktabgrenzung entsprechend der Ausdehnung des Netzes des jeweiligen Mobilfunknetzbetreibers vorgenommen und alle fünf in Österreich aktiven Mobilfunknetzbetreiber als Unternehmen mit beträchtlicher Marktmacht qualifiziert. Schließlich hat der österreichische Regu-

---

70 Vgl. dazu RdNr. 149.
71 Siehe dazu § 10 RdNr. 35.

lierung am 8. 9. 2004 hinsichtlich des Empfehlung der Europäischen Kommission unter Nr. 14 aufgeführten Vorleistungs-Marktes für **Abschluss-Segmente von Mietleitungen** vorgenommen. Dabei ist die RTR-GmbH in sachlicher Hinsicht der Empfehlung der Europäischen Kommission gefolgt, hat den Markt in geographischer Hinsicht als national qualifiziert und das Vorliegen einer marktbeherrschenden Stellung des ehemaligen österreichischen Monopolisten Telekom Austria festgestellt. Im Rahmen ihrer **Stellungnahmen** vom 7. 10. 2004 hat die **Europäische Kommission** keine inhaltlichen Anmerkungen zu diesen Marktdefinitionen und -analysen vorgenommen.

Bezüglich der in der Empfehlung der Europäischen Kommission aufgeführten Vorleis- **109** tungsmärkte „**Verbindungsaufbau im öffentlichen Telefonnetz an festen Standorten**" (Markt 8) und „**Anrufzustellung in einzelne öffentliche Telefonnetze an festen Standorten**" (Markt 9) hat die österreichische Regulierungsbehörde am 4. 11. 2004 Notifizierungen vorgenommen. Die in räumlicher Hinsicht als national qualifizierten Märkte hat die RTR-GmbH in sachlicher Hinsicht jedenfalls im Wesentlichen gemäß der Empfehlung der Europäischen Kommission definiert. Auf diesen Märkten wird Telekom Austria als marktbeherrschendes Unternehmen qualifiziert; bezogen auf die Terminierung ins Festnetz wird zudem das Vorliegen beträchtlicher Marktmacht von acht weiteren Teilnehmernetzbetreibern festgestellt. Dabei ist die österreichische Regulierungsbehörde unter Anwendung des sog. **Greenfield-Ansatzes** zu dem Schluss gelangt, dass die Marktbeherrschung dieser Teilnehmernetzbetreiber nicht am Vorliegen **gegengerichteter Verhandlungsmacht** der Telekom Austria scheitert. Im Rahmen ihrer **Stellungnahme** vom 3. 12. 2004 ist die **Europäische Kommission** nicht inhaltlich auf diese Marktdefinitionen und -analysen eingegangen.

Am 11. 11. 2004 hat die RTR-GmbH Notifizierungen bezüglich der in der Empfehlung der **110** Europäischen Kommission unter Ziffern 1 und 2 aufgeführten Märkte für **Festnetz-Endkundenanschlüsse** vorgenommen. Dabei folgt die österreichische Regulierungsbehörde der von der Europäischen Kommission empfohlenen sachlichen Marktabgrenzung und definiert bezogen auf die Verhältnisse in Österreich „Nicht-Privatkunden" als alle juristischen Personen und Gesellschaften, die Unternehmungen i. S. v. § 1 des österreichischen Konsumentenschutzgesetzes sind. In räumlicher Hinsicht werden die Märkte als national qualifiziert; auf beiden Märkten stellt die RTR-GmbH das Vorliegen einer marktbeherrschenden Stellung des ehemaligen österreichischen Monopolisten Telekom Austria fest. Die **Stellungnahme** der **Europäischen Kommission** vom 9. 12. 2004 enthält keine inhaltlichen Anmerkungen.

Die in der Empfehlung der Europäischen Kommission unter Ziffern 4 und 6 aufgeführten **111** **Märkte für Auslandsverbindungen** sowie die in besagter Empfehlung unter Ziffern 3 und 5 aufgeführten **Märkte für nationale Verbindungen** hat der österreichische Regulierer am 17. 12. 2004 notifiziert. Die RTR-GmbH folgt dabei jedenfalls im Wesentlichen den von der Europäischen Kommission empfohlenen sachlichen Marktabgrenzungen und definiert die Märkte in geographischer Hinsicht als national. Während die österreichische Regulierungsbehörde auf den Märkten für Inlandsverbindungen sowie auf dem Markt für Auslandsverbindungen für Geschäftskunden jeweils das Vorliegen einer marktbeherrschenden Stellung des ehemaligen österreichischen Monopolisten Telekom Austria festgestellt hat, hat sie auf dem Markt für Auslandsverbindungen für Privatkunden wirksamen Wettbewerb festgestellt. Begründet wird das Bestehen wirksamen Wettbewerbs insbesondere mit einem Marktanteil von Telekom Austria zwischen 29 % und 44 %, je nachdem, ob die Berechnung auf der Grundlage von Umsätzen oder Absätzen (Verbindungsminuten) erfolgt und ob Gespräche von öffentlichen Fernsprechern miteinbezogen werden oder nicht, relativ niedrigen Markteintrittsbarrieren sowie der höheren Preissensitivität von Privatkunden im Vergleich zu Geschäftskunden. Im Rahmen ihrer **Stellungnahmen** vom 13. 1. 2005 und vom 20. 1. 2005 ist die **Europäische Kommission** nicht inhaltlich auf die Notifizierungen der RTR-GmbH eingegangen.

112 **9. Portugal.**[72] – Die portugiesische Regulierungsbehörde Anacom hat am 28. 5. 2004 eine Notifizierung der in der Märkte-Empfehlung unter Punkt 1 und 2 aufgeführten **Anschlussmärkte auf der Endkundenebene im Festnetz** vorgenommen. Anacom ist nicht von der Kommissions-Empfehlung abgewichen; in räumlicher Hinsicht werden die Märkte als national qualifiziert. Der ehemalige Monopolist wurde als Unternehmen mit beträchtlicher Marktmacht bezeichnet.

113 Ebenfalls am 28. 5. 2004 hat Anacom die **Endkundenmärkte für Festnetzverbindungen** notifiziert, die unter Nr. 3 bis 6 der Märkte-Empfehlung aufgeführt sind. Zusätzlich hat sie einen Markt für Festnetzverbindungen zu sog. nichtgeographischen Rufnummern notifiziert. Auch insofern ist die portugiesische Regulierungsbehörde nicht von der Märkte-Empfehlung abgewichen, hat die Märkte in räumlicher Hinsicht als national und den ehemaligen Monopolisten als Unternehmen mit beträchtlicher Marktmacht qualifiziert.

114 Am 28. 5. 2004 hat Anacom darüber hinaus die Vorleistungsmärkte für **Anrufterminierung ins Festnetz und Anrufzuführung aus dem Festnetz** notifiziert. Sie ist auch insofern der Märkte-Empfehlung gefolgt und hat einen einzigen sachlich relevanten Markt für Originierung und je Netz einen Markt für Anrufterminierung definiert. Dabei wird der Markt für Originierung als national beurteilt und nur der ehemaligen Monopolist als Unternehmen mit beträchtlicher Marktmacht eingestuft; die geographische Abgrenzung der Terminierungsmärkte folgt dagegen der Ausbreitung des jeweiligen Netzes, und alle acht portugiesischen Festnetzbetreiber werden als marktbeherrschend auf ihrem jeweiligen Markt beurteilt.

115 Die portugiesische Regulierungsbehörde hat bezüglich des in der Empfehlung der Europäischen Kommission unter Nr. 11 aufgeführten Marktes für den **Zugang zur Teilnehmeranschlussleitung** am 25. 11. 2004 eine Notifizierung vorgenommen. Dieser Markt wird sachlich wie von der Europäischen Kommission empfohlen und räumlich als national definiert. Anacom hat den ehemaligen portugiesischen Monopolisten als marktbeherrschendes Unternehmen qualifiziert. Bezüglich der Marktdefinition und -analyse enthält die **Stellungnahme** der **Europäischen Kommission** vom 20. 12. 2004 keine inhaltlichen Anmerkungen.

116 Gleichfalls am 25. 11. 2004 hat die portugiesische Regulierungsbehörde den Vorleistungsmarkt für „**Breitbandzugang**" (Markt Nr. 12 der Empfehlung der Europäischen Kommission) notifiziert. Bezüglich der sachlichen Marktabgrenzung ist dabei anzumerken, dass Anacom Breitbandzugang über Kabelnetze in den Markt mit einbezogen hat. Dies hat der portugiesische Regulierer unter anderem mit der signifikanten Verbreitung des Kabelfernsehnetzes und dem Umstand, dass an die 90 % des Netzes bereits für die Bereitstellung von Breitbanddiensten auf Endkundenebene aufgerüstet worden ist, begründet. Anacom hat den Markt in geographischer Hinsicht als national und den ehemaligen portugiesischen

---

72 Siehe zur Umsetzung des neuen Rechtsrahmens in Portugal allg. Einl. IV RdNr. 106.

Monopolisten als marktbeherrschend qualifiziert. Im Rahmen ihrer **Stellungnahme** vom 22. 12. 2004 ist die **Europäische Kommission** auf die seitens der portugiesischen Regulierungsbehörde vorgenommenen Einbeziehung des Zugangs über Kabelnetze eingegangen. Dabei hat sie kritisiert, dass Anacom die wirtschaftliche Machbarkeit der Bereitstellung von Vorleistungs-Breitband-Dienstleistungen durch PT nicht hinreichend substantiiert habe. Die Europäische Kommission belässt es indes bei dieser Anmerkung, weil eine engere Marktabgrenzung nicht zu einem anderen Ergebnis der Marktbeherrschungsprüfung geführt hätte. Die Marktabgrenzung könne daher offen gelassen werden.

Die in der Empfehlung der Europäischen Kommission unter Nr. 16 aufgeführten Märkte **117** für die **Anrufzustellung in einzelne Mobilfunknetze** hat die portugiesische Regulierungsbehörde am 23. 12. 2004 notifiziert. Anacom ist der von der Europäischen Kommission empfohlenen Marktabgrenzung gefolgt, hat die Märkte in räumlicher Hinsicht entsprechend der Reichweite des jeweiligen Mobilfunknetzes definiert und jeden der portugiesischen Mobilfunknetzbetreiber als marktbeherrschend, bezogen auf sein jeweiliges Netz, qualifiziert. Die **Stellungnahme** der **Europäischen Kommission** vom 4. 2. 2005 enthält keine inhaltlichen Anmerkungen.

Am 4. 3. 2005 hat der portugiesische Regulierer eine Notifizierung des in der Empfehlung **118** der Europäischen Kommission unter Nr. 10 aufgeführten Marktes für **Transitdienste im öffentlichen Festtelefonnetz** vorgenommen. Dabei folgt Anacom der von der Europäischen Kommission empfohlenen sachlichen Marktabgrenzung und lässt **Eigenrealisierungen** außer Betracht. Die portugiesische Regulierungsbehörde qualifiziert den Markt in geographischer Hinsicht als national und stellt auf ihm wirksamen Wettbewerb fest. Die Stellungnahme der Europäischen Kommission vom 1. 4. 2005 enthält dazu keine wesentlichen inhaltlichen Anmerkungen.

Die in der Empfehlung der Europäischen Kommission aufgeführten **Mietleitungsmärkte 119** hat Anacom am 17. 3. 2005 notifiziert. Bezüglich des Endkundenmarktes für das Mindestangebots an Mietleitungen (Markt 7) und der Vorleistungsmärkte für Fernübertragungs- und Abschluss-Segmente von Mietleitungen (Märkte 14 und 13) folgt die portugiesische Regulierungsbehörde der von der Europäischen Kommission jeweils empfohlenen sachlichen Marktabgrenzung und qualifiziert diese Märkte in räumlicher Hinsicht als national. Anacom hat auf allen drei Märkten das Vorliegen einer marktbeherrschenden Stellung des ehemaligen portugiesischen Monopolisten festgestellt. Die undatierte **Stellungnahme** der **Europäischen Kommission** zu diesen Notifizierungen enthält keinerlei inhaltliche Kommentierung.

10. Schweden.[73] – Am 10. 5. 2004 hat die schwedische Regulierungsbehörde PTS (Post & **120** Telestyrelsen) den **Endkundenmarkt für das Mindestangebot an Mietleitungen** notifiziert, wobei keine Abweichung von der Märkte-Empfehlung festgestellt werden kann. In geographischer Hinsicht wird der Markt als national qualifiziert. Das einzige im gesamten Staatsgebiet agierende Unternehmen mit einem Marktanteil von 70 Prozent wird als solches mit beträchtlicher Marktmacht qualifiziert. Hierzu hatte die Europäische Kommission keine inhaltlichen Anmerkungen.

---

73 Vgl. zur Umsetzung der Richtlinienvorschriften über die Marktdefinition und -analyse in Schweden Einl. IV RdNr. 117 und zur Umsetzung des neuen Rechtsrahmens in Schweden allg. Einl. IV RdNr. 113.

121 Die schwedische Regulierungsbehörde hat außerdem am 10. 5. 2004 den Markt für **Verbindungsaufbau im öffentlichen Telefonnetz an festen Standorten** (Nr. 8 der Märkte-Empfehlung) und den entsprechenden **Transitmarkt** (Nr. 10 der Märkte-Empfehlung) notifiziert. Dabei wird unter Verbindungsaufbau die Leitung des Endkundengesprächs vom Anschluss bis zu dem nächsten Punkt, an dem Transit-Dienstleistungen erhältlich sind, beschrieben. Eine Abweichung von der Märkte-Empfehlung liegt nicht vor. In geographischer Hinsicht werden die Märkte als national qualifiziert. Auf beiden Märkte wird der ehemalige Monopolist als marktbeherrschendes Unternehmen bezeichnet. Auch hierzu hatte die Europäische Kommission keine Anmerkungen.

122 Ferner hat PTS am 10. 5. 2004 die Märkte für **Anrufzustellung in einzelne öffentliche Telefonnetze an festen Standorten** notifiziert. Entsprechend der Definition des Marktes für Verbindungsaufbau wird unter Terminierung die Leitung des Endkundengesprächs vom – aus Sicht des Endkundenanschlusses – nächsten Punkt, an dem Transit-Dienstleistungen erhältlich sind, verstanden. Die schwedische Regulierungsbehörde ist auch hier nicht von der Märkte-Empfehlung abgewichen. In räumlicher Hinsicht werden die Märkte entsprechend der Reichweite des jeweils erfassten Netzes definiert. 22 Unternehmen werden als solche mit beträchtlicher Marktmacht qualifiziert. Zu dieser Marktabgrenzung und den Marktbeherrschungsprüfungen hatte die Europäische Kommission ebenfalls keine Anmerkungen.

123 Schließlich hat PTS am 10. 5. 2004 die **Märkte für Anrufzustellung in einzelnen Mobiltelefonnetzen** notifiziert. Auch hier ist die schwedische Regulierungsbehörde nicht von der Märkte-Empfehlung abgewichen. In räumlicher Hinsicht werden die Märkte entsprechend der Reichweite des jeweils erfassten Netzes definiert, und fünf Unternehmen werden als solche mit beträchtlicher Marktmacht qualifiziert. Die Europäische Kommission hatte zu dieser Marktabgrenzung und den darauf aufbauenden Marktbeherrschungsprüfungen ebenfalls keine Anmerkungen.

124 Bezüglich des Vorleistungs-Breitband-Marktes (Markt 12 der Empfehlung der Europäischen Kommission) hat die schwedische Regulierungsbehörde am 6. 7. 2004 eine Notifizierung vorgenommen. In sachlicher Hinsicht umfasst der Markt nach PTS'Untersuchung den sog. **Bitstrom-Zugang**; Kabelfernsehnetze werden explizit ausgeschlossen. In geographischer Hinsicht qualifiziert die schwedische Regulierungsbehörde den Markt als national; sie stellt das Vorliegen einer marktbeherrschenden Stellung von Telia Sonera fest. Im Rahmen ihrer Stellungnahme vom 20. 8. 2004 hat die Europäische Kommission den schwedischen Regulierer aufgefordert, seine Aussagen zu Kabelfernseh-Netzen prägnanter hervorzuheben.

125 Ebenfalls am 6. 7. 2004 hat PTS eine Notifizierung bezüglich des in der Empfehlung der Europäischen Kommission unter Nr. 11 aufgeführten Marktes für den **Zugang zur Teilnehmeranschlussleitung** vorgenommen. Dabei ist die schwedische Regulierungsbehörde der von der Europäischen Kommission empfohlenen sachlichen Marktabgrenzung gefolgt, hat den Markt in räumlicher Hinsicht als national qualifiziert und Telia Sonera als Unternehmen mit beträchtlicher Marktmacht identifiziert. Die Stellungnahme der Europäischen Kommission vom 11. 8. 2004 enthält keinen inhaltlichen Kommentar.

126 In Bezug auf „**Zugang von Privatkunden zum öffentlichen Telefonnetz an festen Standorten**" (Markt 1der Empfehlung der Europäischen Kommission) und „**Zugang von anderen Kunden** zum öffentlichen Telefonnetz an festen Standorten" (Markt 2 der Kommissions-Empfehlung) hat PTS am 17. 11. 2004 eine Notifizierung vorgenommen. Dabei ist die schwedische Regulierungsbehörde der von der Europäischen Kommission empfohlenen sachlichen Marktabgrenzung gefolgt und hat die Unterscheidung zwischen Privat- und Geschäftskunden je nachdem vorgenommen, ob der jeweilige Endkunde eine „persönliche" oder eine „organisatorische Nummer" hat. PTS hat den Markt in geographischer Hinsicht als national qualifiziert und auf beiden Märkten beträchtliche Marktmacht des Unternehmens Telia Sonera festgestellt. Auch die diesbezügliche **Stellungnahme** der **Europäischen Kommission**[74] vom 15. 12. 2004 enthält keinen inhaltlichen Kommentar.

Bezüglich des in der Empfehlung der Europäischen Kommission unter Nr. 18 aufgeführten Marktes für **Rundfunk-Übertragungsdienste für die Bereitstellung von Sendeinhalten für Endnutzer** hat der schwedische Regulierer am 9. 5. 2005 drei Notifizierungen vorgenommen. Dabei hat PTS den von der Europäischen Kommission empfohlenen sachlich relevanten Markt in sieben kleinere Märkte unterteilt und bei folgenden drei Märkten das Vorliegen wirksamen Wettbewerbs untersucht: analoge terrestrische Fernseh-Übertragungsdienste, digitale terrestrische Fernseh-Übertragungsdienste und nationale analoge terrestrische Radio-Übertragungsdienste. Auf diesen als national qualifizierten Märkten hat PTS das Vorliegen einer marktbeherrschenden Stellung des Unternehmens Teracom festgestellt. Folgende Dienstleistungen betreffende vier Märkte betrachtet die schwedische Regulierungsbehörde dagegen bereits nicht als regulierungsbedürftig mit der Folge, dass erst gar nicht untersucht wurde, ob es auf diesen Märkten Unternehmen mit beträchtlicher Marktmacht gibt: nationale digitale terrestrische Radio-Übertragungsdienste, bestimmte analoge terrestrische Radio-Übertragungsdienste, analoge und digitale Kabelfernseh- und -radioübertragungsdienste sowie analoge und digitale Kabelfernseh- und -radioübertragungsdienste über Satellit. **127**

Am 25. 5. 2005 hat die schwedische Regulierungsbehörde in Bezug auf folgende vier in der Empfehlung der Europäischen Kommission aufgeführte Märkte je eine Notifizierung vorgenommen: „Öffentliche **Orts- und/oder Inlandstelefonverbindungen** für Privatkunden an festen Standorten" (Markt 3), „öffentliche **Auslandsverbindungen für Privatkunden** an festen Standorten" (Markt 4), „öffentliche Orts- und/oder Inlandstelefonverbindungen **für andere Kunden** an festen Standorten" (Markt 5) sowie „öffentliche Auslandsverbindungen für andere Kunden an festen Standorten" (Markt 6). PTS folgt in Bezug auf alle diese Märkte der von der Europäischen Kommission empfohlenen sachlichen Marktabgrenzung, definiert den Markt in räumlicher Hinsicht als national und qualifiziert ihn mangels hoher oder anhaltender Marktzutrittsschranken als nicht regulierungsbedürftig. Ergänzend stellt die schwedische Regulierungsbehörde auf diesem Markt trotz bzw. wegen eines Marktanteils von Telia Sonera von jeweils etwa 34 % (Markt 6), 38 % (Markt 4), 50 % (Markt 3) bzw. 59 % (Markt 5), gemessen in Verbindungsminuten, wirksamen Wettbewerb fest. **128**

11. Slowakische Republik.[75] – Die slowakische Regulierungsbehörde TÚSR hat am 25. 10. 2004 ihre ersten Notifizierungen vorgenommen. Diese betreffen die in der Empfehlung der Europäischen Kommission unter Ziffern 8 und 9 aufgeführten Märkte für **Anruf-** **129**

---

74 Vgl. bereits RdNr. 125.
75 Siehe zur Umsetzung der Richtlinienvorschriften über die Marktdefinition und -analyse in der slowakischen Republik Einl. IV RdNr. 124 und zur slowakischen Umsetzung des neuen Rechtsrahmens allg. Einl. IV RdNr. 120.

zustellung in einzelne Festnetze und für **Verbindungsaufbau** ins **Festnetz**. Der slowakische Regulierer folgt dabei der von der Europäischen Kommission empfohlenen sachlichen Marktabgrenzung und grenzt die Märkte in geographischer Hinsicht national ab. Als marktbeherrschend wird auf beiden Märkten der ehemalige Monopolist Slovak Telecom qualifiziert, wozu anzumerken ist, dass es sich dabei auch um den einzigen Anbieter von Festnetzterminierung in der slowakischen Republik handelt. Die **Stellungnahme** der **Europäischen Kommission** vom 24. 11. 2004 enthält insofern keine inhaltlichen Anmerkungen.

130 Am 11. 11. 2004 hat TÚSR sodann den in der Empfehlung der Europäischen Kommission unter Nr. 11 aufgeführten **Zugang zur Teilnehmeranschlussleitung** notifiziert. Bezüglich der sachlichen Marktabgrenzung dieses in räumlicher Hinsicht als national qualifizierten Marktes ist die slowakische Regulierungsbehörde der Empfehlung der Europäischen Kommission gefolgt; sie hat Slovak Telecom als Unternehmen mit beträchtlicher Marktmacht qualifiziert. Auch diese **Stellungnahme** der **Europäischen Kommission** vom 3. 12. 2004[76] enthält keinen inhaltlichen Kommentar zu Fragen der Marktdefinition und -analyse.

131 Bezüglich des in der Empfehlung der Europäischen Kommission unter Nr. 16 aufgeführten Marktes der **Terminierung in einzelne Mobiltelefonnetze** hat TÚSR am 14. 1. 2005 eine Notifizierung vorgenommen. Auch dabei ist die slowakische Regulierungsbehörde der von der Europäischen Kommission empfohlenen sachlichen Marktabgrenzung gefolgt; in räumlicher Hinsicht hat sie die jeweiligen Märkte entsprechend der Reichweite des jeweiligen Netzes abgegrenzt. Beide slowakischen Mobilfunknetzbetreiber werden als marktbeherrschend qualifiziert. Die **Stellungnahme** der **Europäischen Kommission** vom 11. 2. 2005 zu dieser Notifizierung enthält insoweit ebenfalls keinen inhaltlichen Kommentar.[77]

132 Schließlich hat TÚSR am 6. 4. 2005 bezüglich der ersten beiden in der Empfehlung der Europäischen Kommission aufgeführten **Endkundenmärkte** für den **Teilnehmeranschluss** für Privat- bzw. für Geschäftskunden eine Notifizierung vorgenommen. Auch dabei ist die slowakische Regulierungsbehörde der Empfehlung der Europäischen Kommission gefolgt und hat die Märkte in geographischer Hinsicht national abgegrenzt. Sie hat auf beiden Märkten das Vorliegen einer marktbeherrschenden Stellung von Slovak Telecom festgestellt. Auch hierauf ist die **Europäische Kommission** im Rahmen ihrer **Stellungnahme** vom 4. 5. 2005 nicht inhaltlich eingegangen.[78]

133 **12. Slowenien.**[79] – Die slowenische Regulierungsbehörde APEK hat am 7. 2. 2005 ihre erste Notifizierung vorgenommen. Diese bezieht sich auf den in der Empfehlung der Europäischen Kommission unter Nr. 11 aufgeführten Markt für den **Zugang zur Teilnehmeranschlussleitung**. Der slowenische Regulierer ist der von der Europäischen Kommission empfohlenen Marktabgrenzung gefolgt, hat den Markt als national definiert und das Vorliegen einer marktbeherrschenden Stellung des Unternehmens Telekom Slovenije festgestellt. Die **Stellungnahme** der **Europäischen Kommission** vom 4. 3. 2005 enthält keine inhaltlichen Anmerkungen zu dieser Marktdefinition und -analyse.

---

76 Siehe insoweit bereits RdNr. 129.
77 Siehe insoweit bereits RdNr. 129 f.
78 Siehe insoweit bereits RdNr. 129 ff.
79 Siehe zur Umsetzung der Richtlinienvorgaben über die Marktdefinition und -analyse in Slowenien Einl. IV RdNr. 131 und zur Umsetzung des neuen Rechtsrahmens in Slowenien allg. Einl. IV RdNr. 127.

13. Ungarn[80]. – Die erste Notifizierung der ungarischen Regulierungsbehörde NHH vom **134** 2. 9. 2004 bezog sich auf den in der Empfehlung der Europäischen Kommission unter Nr. 15 aufgeführten Markt für **Zugang und Verbindungsaufbau in öffentlichen Mobiltelefonnetzen**. Dabei ist der ungarische Regulierer der von der Europäischen Kommission empfohlenen Marktabgrenzung gefolgt und hat den Markt in geographischer Hinsicht als national qualifiziert. Im Rahmen ihrer Marktanalyse hat NHH zunächst darauf hingewiesen, dass es für die in Frage stehenden Dienstleistungen derzeit in Ungarn keine Nachfrage gäbe, und dass insofern auch keine Aktivitäten im Markt stattfänden. Daher kann nach Auffassung der ungarischen Regulierungsbehörde im Grunde gar nicht festgestellt werden, ob es auf diesem Markt Unternehmen mit beträchtlicher Marktmacht gäbe. NHH hat aus diesem Grund eine Untersuchung des entsprechenden Endkundenmarktes vorgenommen und dort weder das Vorliegen von Einzelmarktbeherrschung noch das Vorliegen einer oligopolistischen Marktbeherrschung festgestellt. Im Rahmen ihrer **Stellungnahme** vom 1. 10. 2004 hat die **Europäische Kommission** dazu angemerkt, dass durch den Umstand, dass auf der Vorleistungsebene keine Handels-Transaktionen stattfänden, keinesfalls eine Untersuchung des relevanten Marktes ausgeschlossen werde. Dieser Umstand würde vielmehr ausschließen anzeigen, dass die fraglichen Dienstleistungen lediglich intern innerhalb des vertikal integrierten Konzerns angeboten würden. Auf Grundlage der zur Verfügung gestellten Informationen gibt die Europäische Kommission jedoch der ungarischen Regulierungsbehörde im Ergebnis Recht.

Bezüglich des in der Empfehlung der Europäischen Kommission unter Nr. 16 aufgeführten **135** Marktes für **Mobilfunkterminierung** hat NHH sodann am 23. 9. 2004 eine Notifizierung vorgenommen. Dabei ist die ungarische Regulierungsbehörde der Empfehlung der Europäischen Kommission gefolgt, hat die Märkte als national und die drei ungarischen Mobilfunknetzbetreiber jeweils als marktbeherrschend qualifiziert. Die **Stellungnahme** der **Europäischen Kommission** vom 22. 10. 2004 enthält dazu keine inhaltlichen Anmerkungen.

Sechs weitere Notifizierungen des ungarischen Regulierers vom 30. 12. 2004 betrafen so- **136** dann den „**Zugang von Privatkunden zum öffentlichen Telefonnetz an festen Standorten**" (Markt 1 der Empfehlung der Europäischen Kommission), den „Zugang **von anderen Kunden** zum öffentlichen Telefonnetz an festen Standorten" (Markt 2 der Kommissions-Empfehlung), „öffentliche **Orts- und/oder Inlandstelefonverbindungen** für Privatkunden an festen Standorten" (Markt 3), „öffentliche **Auslandsverbindungen für Privatkunden** an festen Standorten" (Markt 4), „öffentliche Orts- und/oder Inlandstelefonverbindungen **für andere Kunden** an festen Standorten" (Markt 5) sowie „öffentliche Auslandsverbindungen für andere Kunden an festen Standorten" (Markt 6). Dabei ist NHH den von der Europäischen Kommission empfohlenen sachlichen Marktabgrenzungen gefolgt und hat in räumlicher Hinsicht entsprechend der Reichweite des jeweiligen Tätigkeitsgebiets der ehemals monopolistischen lokalen Netzbetreiber fünf Märkte abgegrenzt. Auf diesen Märkten hat sie jeweils den ehemaligen Monopolisten als Unternehmen mit beträchtlicher Marktmacht qualifiziert. Die **Europäische Kommission** hat hierzu im Rahmen ihrer **Stellungnahmen** vom 28. 1. 2005 nichts Inhaltliches angemerkt.

---

80 Vgl. zur Umsetzung der Richtlinienvorschriften über die Marktdefinition und -analyse in Ungarn Einl. IV RdNr. 152 und zur ungarischen Umsetzung des neuen Rechtsrahmens allg. Einl. IV RdNr. 148.

137 Am 1. 3. 2005 hat die ungarische Regulierungsbehörde sodann **drei weitere Notifizierungen** vorgenommen. Diese betreffen die in der Empfehlung der Europäischen Kommission aufgeführten Märkte für **Verbindungsaufbau im öffentlichen Telefonnetz an festen Standorten** (Markt 8), **Anrufzustellung in einzelnen öffentlichen Telefonnetzen an festen Standorten** (Markt 9) sowie **Transitdienste im öffentlichen Festtelefonnetz** (Markt 10). In Bezug auf Markt 8 ist NHH der von der Europäischen Kommission empfohlenen sachlichen Marktabgrenzung gefolgt, hat in räumlicher Hinsicht entsprechend der Reichweite des jeweiligen Tätigkeitsgebiets der ehemals monopolistischen lokalen Netzbetreiber fünf Märkte abgegrenzt und auf jedem dieser Märkte das Vorliegen einer marktbeherrschenden Stellung des jeweiligen ehemaligen Monopolisten festgestellt. Auch bezüglich der Transitmärkte hat die ungarische Regulierungsbehörde die von der Europäischen Kommission empfohlene sachliche Marktabgrenzung übernommen. In räumlicher Hinsicht hat sie den Markt indes als national qualifiziert und auf ihm wirksamen Wettbewerb festgestellt. Die **Stellungnahmen** der **Europäischen Kommission** vom 31. 3. 2005 zu diesen Notifizierungen enthalten keine inhaltlichen Anmerkungen zu diesen Marktdefinitionen und -analysen. Auch bei der Terminierung in einzelne Festnetze ist NHH der von der Europäischen Kommission empfohlenen Marktabgrenzung gefolgt. Die ungarische Regulierungsbehörde hat insgesamt zehn geographisch relevante Märkte abgegrenzt und ist zu dem Schluss gelangt, dass auf zweien dieser Märkte wirksamer Wettbewerb herrsche; auf den übrigen Märkten läge Marktbeherrschung vor. Bezüglich der Feststellung beträchtlicher Marktmacht von drei alternativen Netzbetreibern hat die ungarische Wettbewerbsbehörde gegenüber NHH erklärt, dass die Marktmacht dieser drei Netzbetreiber durch die gegengerichtete Nachfragemacht ihrer eigenen Endkunden und den Nachfragern von Terminierungsleistungen gemindert werde. Diese drei alternativen Netzbetreiber sollten daher nicht als Unternehmen mit beträchtlicher Marktmacht qualifiziert werden. Die ungarische Regulierungsbehörde ist der seitens der Wettbewerbsbehörde geäußerten Auffassung nicht gefolgt und hat dabei unter anderem folgende Umstände berücksichtigt: Alle drei Netzbetreiber hätten genug Geschäftserfahrung, sie hätten alle ein eigenes Backbone-Netz, sie hätten vertragliche oder andere Beziehungen zu den anderen Betreibern und sie seien durch die Unterstützung und den professionellen Hintergrund internationaler Investoren mit weitreichender Erfahrung und Marktmacht im Kommunikationssektor aktiv. Zudem sei die finanzielle Situation dieser Netzbetreiber mit der des kleinsten ehemaligen regionalen Monopolisten vergleichbar. In Bezug auf die Marktdefinition und -analyse hat die Europäische Kommission in ihrer Stellungnahme lediglich darauf hingewiesen, dass die Unternehmen, bezüglich derer NHH nicht das Vorliegen beträchtlicher Marktmacht festgestellt hat, nach Meinung der Kommission nicht einmal im Bereich der Terminierung in Festnetze aktiv seien.

138 Am 1. 4. 2005 hat die ungarische Regulierungsbehörde die in der Empfehlung der Europäischen Kommission aufgeführten **Mietleitungsmärkte** notifiziert. Bezüglich des Endkundenmarktes für das Mindestangebots an Mietleitungen (Markt 7) und der Vorleistungsmärkte für Fernübertragungs- und Abschluss-Segmente von Mietleitungen (Märkte 14 und 13) ist NHH der jeweils von der Europäischen Kommission empfohlenen sachlichen Marktabgrenzung gefolgt und hat die Märkte in geographischer Hinsicht als national qualifiziert. Während die ungarische Regulierungsbehörde auf dem Endkundenmarkt „7" und auf dem Markt für Abschluss-Segmente von Mietleitungen das Unternehmen Matáv als marktbeherrschend eingestuft hat, hat sie auf dem Markt für Fernübertragungs-Segmente von Mietleitungen wirksamen Wettbewerb festgestellt. Im Rahmen ihrer **Stellungnahme** vom 29. 4. 2005 hat die **Europäische Kommission** inhaltlich nichts angemerkt.

Zwei weitere Notifizierungen hat NHH am 2. 5. 2005 vorgenommen. Diese betreffen den **139** **Zugang zur Teilnehmeranschlussleitung** (Markt 11 der Empfehlung der Europäischen Kommission) und den **Breitband-Zugang** (Markt 12 der Empfehlung der Europäischen Kommission). Die ungarische Regulierungsbehörde ist der von der Europäischen Kommission jeweils empfohlenen sachlichen Marktabgrenzung gefolgt, hat fünf räumlich relevante Märkte definiert und auf jedem dieser Märkte das Vorliegen von Einzelmarktbeherrschung festgestellt.

14. Vereinigtes Königreich.[81] – Am 4. 8. 2003 hat Oftel die **erste Notifizierung** überhaupt **140** vorgenommen.[82] Diese betraf den Vorleistungsbereich im **Mobilfunk**, nämlich **Zugang und Zuführung**. Von der Zuführung erfasst werden sowohl Gespräche als auch SMS; bezogen auf 2G und 3G spezifizierte Oftel nicht, ob diese zu demselben sachlich relevanten Markt gehören sollten. Oftel kommt zu dem Schluss, dass wirksamer Wettbewerb besteht und daher keine Regulierung erforderlich ist.

In ihrer **Stellungnahme** vom 29. 8. 2003 erklärte die **Europäische Kommission** insbeson- **141** dere, dass ihrer Ansicht nach 2G und 3G zu demselben sachlich relevanten Markt gehören dürften. Da dies derzeit aber keinen Einfluss auf das Ergebnis der Marktanalyse haben dürfte, beließ die Europäische Kommission es bei diesem Kommentar.

Am 26. 8. 2003 hat Oftel **zahlreiche Notifizierungen** vorgenommen; diese betreffen die **142** Endkunden-Ebene im Festnetz, auslandsbezogene Vorleistungen im Festnetz, die Terminierung in Festnetze, Resale und Zusammenschaltung im Festnetz sowie Internet-Terminierung in Festnetze.

Eine dieser Notifizierungen betrifft die **Terminierung im Festnetz** und behandelt insge- **143** samt 61 Märkte. Oftel geht selbst davon aus, dass die eigene Markabgrenzung nicht mit der in der Kommissions-Empfehlung unter Punkt 9 vorgenommenen Marktabgrenzung übereinstimmt. Zwar ist auch nach Ansicht von Oftel jedes Netz als eigener sachlich relevanter Markt anzusehen. Jedoch wird nur die Terminierung zu geographischen, nicht jedoch die Terminierung zu nicht-geographischen Rufnummern (d. h. wohl insbesondere Mehrwertdienste-Rufnummern) erfasst. Der jeweils räumlich relevante Markt entspricht nach Ansicht von Oftel der geographischen Reichweite des Netzes des jeweils als marktbeherrschend qualifizierten Netzbetreibers. Alle Anbieter von Terminierung in Festnetze werden als marktbeherrschend qualifiziert. Dabei kommt Oftel zu dem Schluss, dass eine an sich ggf. bestehende gegengerichtete Nachfragemacht des ehemaligen Monopolisten BT gegenüber den alternativen Netzbetreibern durch die BT auferlegte Verpflichtung, Anrufe der eigenen zu allen anderen Endkunden in Großbritannien zu ermöglichen, entfallen würde.

Die **Europäische Kommission** hat in ihrer **Stellungnahme** vom 22. 9. 2003 angemerkt, **144** dass eine solche Feststellung an sich eine detailliertere Untersuchung der wettbewerblichen Auswirkungen erfordern würde.

---

81 Siehe zur Umsetzung der Richtlinienvorgaben über die Marktdefinition und -analyse in Großbritannien Einl. IV RdNr. 159 und zur brittischen Umsetzung des neuen Rechtsrahmens allg. Einl. IV RdNr. 155.
82 Vgl. dazu auch Einl. II Fn. 182.

145 Vier der Notifizierungen vom 26. 8. 2003 betreffen den **Endkundenbereich im Festnetz** und behandeln insgesamt 498 Märkte.[83] Oftel geht selbst davon aus, dass die eigene Marktdefinition nicht mit den in der Kommissions-Empfehlung unter den Punkten 1 bis 6 genannten, die Endkundenebene im Festnetz betreffenden Märkten identisch ist. Die von Oftel vorgenommenen Marktabgrenzungen unterscheiden in räumlicher Hinsicht sämtlich zwischen der Region Hull und dem Rest des Vereinigten Königreichs. Dies liegt vor allem daran, dass BT in der Region Hull keinen eigenen Netzzugang anbieten kann, sondern hier Kingston die entsprechende Infrastruktur und die stärkste Stellung im Markt hat. In Bezug auf den Endkundenzugang wird dabei in sachlicher Hinsicht zwischen folgenden fünf Märkten unterschieden: analoger Zugang für Privatkunden; ISDN2-Zugang für Privatkunden; analoger Zugang für Geschäftskunden; ISDN2-Zugang für Geschäftskunden; ISDN30-Zugang für Geschäftskunden (diesen Markt gibt es nicht für Privatkunden). Hinsichtlich der unterschiedlichen Verbindungsarten unterscheidet Oftel zum einen wie bei den verschiedenen Anschlussarten zwischen Privat- und Geschäftskundenmärkten. Innerhalb der jeweiligen Kategorie wird dann zum anderen zwischen folgenden Märkten differenziert: lokale Verbindungen, nationale Verbindungen, internationale Verbindungen der sog. Kategorie A, internationale Verbindungen der sog. Kategorie B (Route-by-Route-Basis), Verbindungen ins Mobilfunknetz und handvermittelte Verbindungen. Bezogen auf die Zielstaaten der Kategorie A handelt es sich dabei um einen gemeinsamen sachlich relevanten Markt. Bezogen auf die Zielstaaten der Kategorie B scheint Oftel davon auszugehen, dass jeder Zielstaat einen eigenständigen sachlich relevanten Markt darstellt. Dies ist der Untersuchung der Endkundenmärkte nicht zweifelsfrei zu entnehmen, da dort nicht definiert wird, was unter einer „Route-by-Route-Basis" zu verstehen ist. Die Formulierung legt an sich nahe, dass bestimmte Strecken und damit – entsprechend der im Luftverkehr üblichen Marktabgrenzung – Städtepaare (Bsp. London – Bukarest) gemeint sind. Im Rahmen der Untersuchung der Vorleistungsebene (siehe dazu RdNr. 82) spezifiziert Oftel indes, dass mit „Route-by-Route-Basis" die „Strecke" zwischen einem Ursprungs- und einem Zielstaat gemeint sei. Es kann daher davon ausgegangen werden, dass Oftel diesen Begriff einheitlich verwendet. Marktbeherrschung besteht nach den Ausführungen von Oftel bei 380 der genannten Märkte. Dabei ist BT marktbeherrschend in Bezug auf das Vereinigte Königreich, abgesehen von der Region Hull und Kingston marktbeherrschend bezogen auf die Region Hull. Lediglich in Bezug auf internationale Geschäftskundenverbindungen der Kategorie A und der Kategorie B besteht nach Ansicht von Oftel im Gebiet des Vereinigten Königreichs außer der Region Hull keine Marktbeherrschung.

146 In ihrer **Stellungnahme** vom 24. 9. 2003 äußerst sich die **Europäische Kommission** zu der zum Teil ungenügenden Marktanteilsuntersuchung bezogen auf die Märkte für Auslandsverbindungen, sieht aber jedenfalls den Handel zwischen den Mitgliedstaaten als nicht beeinträchtigt an.

147 Eine weitere Notifizierung vom 26. 8. 2003 betrifft **internationale Dienstleistungen auf der Vorleistungsebene** und behandelt insgesamt 235 Märkte. Oftel definiert 235 Märkte für internationale Verbindungen auf der Vorleistungsebene zu Netzanschlusspunkten in Gebieten außerhalb des Vereinigten Königreichs auf einer „Route-by-Route-Basis", d. h. länderweise. Der jeweils räumlich relevante Markt entspricht nach Ansicht von Oftel dem Gebiet des Vereinigten Königreichs. Bei 118 Zielstaaten stellt Oftel keine Marktbeherr-

---

83 Siehe dazu auch *Dommermuth*, N&R 2004, 72.

schung fest. Marktbeherrschung von BT wird bezogen auf 113 Zielstaaten festgestellt, Marktbeherrschung von Cable & Wireless wird bezogen auf vier Zielstaaten festgestellt.

In ihrer **Stellungnahme** vom 24. 9. 2003 bezweifelt die **Europäische Kommission**, dass **148** bei der Marktabgrenzung eine Unterscheidung zwischen Verbindungen in liberalisierte und in nichtliberalisierte Staaten vorgenommen werde könne. Bezogen auf einige Märkte bezweifelt die Europäische Kommission zudem die Konsistenz der von Oftel vorgenommenen Analyse, sieht aber insoweit den Handel zwischen den Mitgliedstaaten nicht beeinträchtigt.

Sechs der Notifizierungen vom 26. 8. 2003 betreffen **Zusammenschaltungsleistungen** **149** und den **Wiederverkauf von Anschlüssen** und behandeln insgesamt 15 Märkte. Oftel hat folgende neun sachlich relevanten Märkte abgegrenzt: Resale Privatkundenanschluss analog, Resale Privatkundenanschluss ISDN2, Resale Geschäftskundenanschluss analog, Resale Geschäftskundenschluss ISDN2, Resale ISDN30-Anschluss (Geschäftskundenmarkt), Originierung von Anrufen im Festnetz, „local-tandem conveyance" und „local-tandem transit" im Festnetz, „inter-tandem conveyance" und „inter-tandem transit" im Festnetz und „single-transit" im Festnetz. Der Interconnection-Anschluss („interconnection circuits") wird von Oftel als technischer Bereich identifiziert, der keinen relevanten Markt darstellt, in Bezug auf welchen aber auf der Rechtsfolgenseite regulatorische Maßnahmen erforderlich sind. Der jeweils räumlich relevante Markt ist zum einen die Region Hull und zum anderen das Gebiet des Vereinigten Königreichs außer der Region Hull. Im Gebiet des Vereinigten Königreichs außer der Region Hull wird Marktbeherrschung von BT für alle oben genannte Märkte festgestellt. In Bezug auf die Region Hull wird Marktbeherrschung von Kingston festgestellt. Dies betrifft jedoch nur die oben dargestellten fünf Resale-Märkte und den Markt für Originierung. Zu den Marktabgrenzungen und den darauf aufbauenden Marktbeherrschungsprüfungen hatte die Europäische Kommission keine Anmerkungen.

Eine weitere Notifizierung vom 26. 8. 2003 betrifft **„unmetered" Internet-Terminierung** **150** **in Festnetze**. Hierunter wird die End-zu-End-Verbindung zwischen Endkunde und Internet Service Provider (ISP) verstanden. Oftel geht, ausgehend von einer Untersuchung der Endkundenebene von zwei verschiedenen sachlich relevanten Märkten auf der Vorleistungsebene aus, je nachdem, ob die Terminierung „metered" oder „unmetered" ist, das heißt, je nachdem, ob eine Flat-Rate zur Anwendung kommt. In räumlicher Hinsicht unterscheidet die britische Regulierungsbehörde zwischen der Region Hull und dem Gebiet des Vereinigten Königreichs ohne die Region Hull. Oftel überprüft die Regulierungsbedürftigkeit der nicht in der Märkte-Empfehlung aufgeführten Märkte. Bezogen auf die Region Hull stellt Oftel Marktbeherrschung des Unternehmens Kingston fest; im übrigen Gebiet des Vereinigten Königreichs geht die Behörde indes davon aus, dass es kein Unternehmen mit beträchtlicher Markmacht gäbe.

In ihrer **Stellungnahme** vom 23. 9. 2003 merkt die **Europäische Kommission** an, dass der **151** einzige Unterschied zwischen „metered" und „unmetered" die Tarifstruktur sei. Außerdem merkt sie an, dass sie sich eine stärkere empirische Untermauerung gewünscht hätte. Zudem könne das Ergebnis einer Analyse auf der Endkundenebene nicht so ohne weiteres auf die Vorleistungsebene übertragen werden.

Am 14. 11. 2003 hat Oftel den nicht in der Märkte-Empfehlung enthaltenen **Vorleistungs-** **152** **markt für Zugangskontrolldienstleistungen**, die für die **Bereitstellung digitaler, inter-**

aktiver Fernsehdienstleistungen auf der sog. Endkundenebene benötigt werden, notifiziert. Diese digitalen interaktiven Fernsehdienstleistungen für Endkunden umfassen z. B. Videospiele, Home Banking und Home Shopping. Die von dem hier relevanten Vorleistungsmarkt erfassten Dienstleistungen umfassen neben dem in Anhang I, Teil II der so genannten Zugangrichtlinie[84] ausdrücklich genannten Zugang zu so genannten Anwendungsprogramm-Schnittstellen (API), weitere nach Ansicht von Oftel für den effektiven Gebrauch interaktiver Dienstleistungen erforderliche Dienste. In räumlicher Hinsicht wird der Markt als national qualifiziert. Bislang ist in Großbritannien das Unternehmen Sky Subscribers Services Limited als Unternehmen mit beträchtlicher Marktmacht qualifiziert worden. Eine vergleichbare Prüfung enthält der nunmehr vorgelegte Entwurf indes nicht mehr. Nach Angaben von Oftel bedarf die Regulierung des definierten Marktes nämlich nicht mehr des Vorliegens beträchtlicher Marktmacht, da dieser in den Anwendungsbereich von Art. 5 der sog. Zugangsrichtlinie falle. Oftel verweist insofern darauf, dass nach Art. 5 Abs. 1, erster Unterabs., der Zugangsrichtlinie, die nationalen Regulierungsbehörden unbeschadet etwaiger Maßnahmen gemäß Art. 8 der Zugangsrichtlinie in Bezug auf Unternehmen mit beträchtlicher Marktmacht weitere, nur zum Teil näher bezeichnete Maßnahmen treffen können. Aufgrund der dargestellten Marktdefinition geht Oftel über die in Art. 5 Abs. 1, erster Unterabsatz, lit. b) der so genannten Zugangrichtlinie genannte Maßnahme hinaus. Die dort ausdrücklich genannte Maßnahme umfasst nämlich nur den Zugang zu so genannten Anwendungsprogramm-Schnittstellen (API). Zu der Marktabgrenzung hatte die Europäische Kommission keine Anmerkungen.

153 Am 17. 12. 2003 hat Oftel seine **Breitbandzugangsmärkte** notifiziert. Als Breitbandzugang wird ein Hochgeschwindigkeitszugang für Internet verstanden, der in der Zukunft auch für andere Dienste nutzbar sein wird. Ausgehend von dieser Breitbanddefinition identifiziert Oftel für den Vorleistungsbereich des Breitbandzugangsmarktes folgende drei Märkte: einen Markt für asymmetrische Breitband-Zuführung im Vereinigten Königreich ohne die Region Hull, denselben sachlich relevanten Markt in der Region Hull sowie einen weiteren Markt für Breitband-Übertragung im gesamten Vereinigten Königreich. Oftel nimmt die Definition dieser Vorleistungsmärkte auf Grundlage einer zunächst durchgeführten Definition auf der Endkundenebene vor. Die Definition von zwei sachlich relevanten Märkten im Bereich des Breitbandzugangs begründet Oftel mit heterogenen Wettbewerbsbedingungen. Sowohl auf dem Markt für Breitband-Zuführung im Vereinigten Königreich (ohne die Region Hull) als auch auf dem Markt für Breitband-Übertragung attestiert Oftel BT beträchtliche Marktmacht; Kingston wird für den auf die Region Hull beschränkten Markt als marktbeherrschend qualifiziert. Dabei berücksichtigt die britische Regulierungsbehörde folgende Kriterien: Marktanteile und -wachstum sowie deren voraussichtliche Entwicklung, Marktzutrittsschranken, Expansionshemmnisse, Größen- und Verbundvorteile, Fehlen gegengerichteter Nachfragemacht sowie den Zugang zu Kapitalmärkten.

154 Die **Europäische Kommission** hat hierzu in ihrer **Stellungnahme** angemerkt, dass die Herangehensweise von Oftel, von der Endkundenebene ausgehend eine Definition von Märkten auf der Vorleistungsebene vorzunehmen, nicht zwingend gegen die in der Märkte-Empfehlung und den Leitlinien dargelegte Methodik sei. Die Kommission sieht es aber

84 Richtlinie 2002/19/EG des Europäischen Parlaments und des Rates vom 7. März 2002 über den Zugang zu elektronischen Kommunikationsnetzen und zugehörigen Einrichtungen sowie deren Zusammenschaltung, ABl. EG Nr. L 108 vom 24. April 2002, 7.

grundsätzlich als erforderlich an, bezogen auf den konkret untersuchten Vorleistungsmarkt tatsächliche Gegebenheiten wie die technische, praktische und ökonomische Realisierbarkeit in stärkerem Maße zu berücksichtigen, als Oftel dies getan hat. Die Kommission geht aber zugleich davon aus, dass selbst eine gegebenenfalls daraus resultierende engere Marktabgrenzung bei der Marktbeherrschungsprüfung nicht zu anderen Ergebnissen geführt hätte, so dass der sachlich relevante Markt nicht exakt festgelegt zu werden bräuchte.

Am 18. 12. 2003 hat Oftel zudem **Mietleitungsmärkte** bei der Europäischen Kommission **155** notifiziert. Diese betreffen sowohl die Vorleistungs- als auch die Endkundenebene. Notifiziert wurden zum einen folgende Endkunden-Märkte (jeweils bis 8 Mbit/s): ein Endkundenmarkt für Mietleitungen bis 8 Mbit/s in der Region Hull sowie einen Endkundenmarkt für Mietleitungen mit niedriger Bandbreite und traditioneller Schnittstelle, wobei als räumlich relevant das Gebiet des Vereinigten Königreichs mit Ausnahme der Region Hull definiert wird. Oftel hat zudem folgende Vorleistungsmärkte definiert: zwei Vorleistungsmärkte für symmetrische Breitband-Originierung, und zwar in geographischer Hinsicht zum einen bezogen auf die Region Hull und zum anderen bezogen auf das Gebiet des Vereinigten Königreichs ohne die Region Hull. Diese Märkte entsprechen laut Oftel dem Markt Nr. 13 der Empfehlung der Europäischen Kommission und werden von Oftel weiter in folgende vier Kategorien unterteilt: symmetrische Breitband-Originierung niedriger Bandbreite (bis einschließlich 8 Mbit/s), symmetrische Breitband-Originierung hoher Bandbreite (größer als 8 Mbit/s bis einschließlich 155 Mbit/s), symmetrische Breitband-Originierung sehr hoher Bandbreite (größer als 155 Mbit/s) sowie symmetrische Breitband-Originierung bei alternativer Schnittstelle. Die symmetrische Breitband-Originierung beinhaltet dabei nicht nur Originierung, sondern auch Terminierung; einbezogen werden neben den von der Märkte-Empfehlung erfassten so genannten Abschluss-Segmenten weitere Dienstleistungen wie insbesondere SDSL. Als weiteren Vorleistungsmarkt hat Oftel Fernübertragungssegmente notifiziert. In geographischer Hinsicht wurde der Markt als national qualifiziert. Abgesehen von den Märkten für symmetrische Breitband-Originierung sehr hoher Bandbreite (größer als 155 Mbit/s) hat Oftel, bezogen auf alle hier genannten relevanten Märkte, Marktbeherrschung von Kingston (Region Hull) bzw. BT (Gebiet des Vereinigten Königreichs, ggf. ohne die Region Hull) festgestellt. Zu diesen Marktabgrenzungen und den darauf aufbauenden Marktbeherrschungsprüfungen hatte die Europäische Kommission keine nennenswerten Anmerkungen.

Außerdem hat Oftel am 19. 12. 2003 die britischen Märkte für **Mobilfunkterminierung 156** notifiziert. Die britische Regulierungsbehörde ist der empfohlenen Marktabgrenzung gefolgt und hat in räumlicher Hinsicht den jeweiligen Markt entsprechend der Reichweite des jeweiligen Netzes definiert. Sechs Unternehmen werden als solche mit beträchtlicher Marktmacht qualifiziert.

Die **Europäische Kommission** hat in ihrer **Stellungnahme** vom 5. 2. 2004 angeregt, dass **157** die nunmehr den Namen Ofcom tragende britische Regulierungsbehörde bei einem als marktbeherrschend qualifizierten Unternehmen die Marktbeherrschungsprüfung beispielsweise um eine Berücksichtigung des Preissetzungsverhaltens dieses Unternehmens ergänze. Dies sei insbesondere insofern relevant, als dessen Kunden zum Grossteil kleine und mittelständische Unternehmen seien und damit Unternehmen, die empfindlich auf die Kosten für die sie anrufenden Marktteilnehmer reagierten. Dies wiederum könne zumindest theoretisch die Freiheit des Unternehmens, überhöhte Preise für Terminierung zu verlangen, beschränken. Die Europäische Kommission erkennt hier also explizit die Möglichkeit des Vorliegens gegengerichteter Nachfragemacht auf der Endkundenebene an.

158 Am 15. 1. 2004 hat die britische Regulierungsbehörde Ofcom einen Entwurf zu der Auferlegung von Zugangspflichten für Betreiber von elektronischen Programmführern (EPG) bei der Europäischen Kommission notifiziert. **Elektronische Programmführer** werden auf der **Vorleistungsebene** als Zusatzdienstleistung zu der Verbreitung **digitaler Rundfunkdienste** angeboten. Per Fernbedienung angesteuert, erlauben sie dem Endnutzer einen umstandslosen Zugang sowohl zu elektronischen Programmübersichten und Programmdetails als auch zu den Programmen selbst. Das Angebot elektronischer Programmführer auf der Vorleistungsebene fällt nicht unter einen der in der Empfehlung der Europäischen Kommission genannten Märkte. Ohne das Fehlen wirksamen Wettbewerbs auf einem relevanten Markt festzustellen, rekurriert Ofcom auf Art. 5 Abs. 1, zweiter Unterabsatz, lit. b) i.V.m. Anhang I Teil II lit. b) der Zugangsrichtlinie (s. dazu auch RdNr. 87). Zu dieser Marktabgrenzung hatte die Europäische Kommission keine Anmerkungen.

159 Bezüglich des **Zugangs zur Teilnehmeranschlussleitung** (Markt 11 der Empfehlung der Europäischen Kommission) hat Ofcom am 26. 8. 2004 eine Notifizierung vorgenommen. Dabei hat die britische Regulierungsbehörde den von der Europäischen Kommission empfohlenen Markt um Kabelzugänge erweitert. Zwar wird für die Kabelnetzbetreiber dritten Parteien kein örtlicher Vorleistungs-Zugang als isoliertes Produkt gewährt. Die Nachfrage nach örtlichen Zugangsverbindungen würde aber von einer nachgelagerte Nachfrage auf der Vorleistungsebene und schließlich der Endkundenebene gesteuert. In räumlicher Hinsicht hat Ofcom zwischen der Region Hull und dem Rest des Vereinigten Königreichs unterschieden. Die britische Regulierungsbehörde hat dabei Marktbeherrschung von Kingston in der Region Hull und Marktbeherrschung von BT im Rest des Vereinigten Königreichs festgestellt.

160 Im Rahmen ihrer **Stellungnahme** vom 6. 10. 2004 hat sich die **Europäische Kommission** zur Marktdefinition der britischen Regulierungsbehörde geäußert. Bei der Einbeziehung von kabelbasierten Vorleistungsprodukten sollte die technische, praktische und ökonomische Machbarkeit des Angebots von Einrichtungen, die dem entbündelten Zugang zur letzten Meile entsprechen, untersucht werden. Nach dem Eindruck der Europäischen Kommission gibt es aus Anbietersicht auf der Endkundenebene keine Austauschbarkeit zwischen kupferbasiertem und kabelbasierten örtlichen Zugang, was gegen eine Erweiterung des von der Europäischen Kommission empfohlenen Marktes spreche. Die Europäische Kommission vertritt dabei die Ansicht, dass indirekte Preisbegrenzungen, die von einer Austauschbarkeit auf der Endkundenebene herrührten, sowie potenzieller Wettbewerb durch kabelbasierten, örtlichen Zugang im Rahmen der Marktbeherrschungsprüfung zu berücksichtigen gewesen wären. Obwohl die von der Europäischen Kommission favorisierte Vorgehensweise wohl zu einer engeren Marktabgrenzung geführt hätte, lässt die Europäische Kommission es aber bei dieser Stellungnahme bewenden, weil auch eine derartige engere Marktabgrenzung nicht zu einem anderen Ergebnis geführt hätte. Die Europäische Kommission hat dabei ausdrücklich erklärt, dass im vorliegenden Fall die Marktabgrenzung habe offen gelassen werden können.

161 Bezüglich des in der Empfehlung der Europäischen Kommission unter Nr. 18 aufgeführten Marktes für **Rundfunk-Übertragungsdienste für die Bereitstellung von Sendeinhalten für Endnutzer** hat Ofcom am 11. 11. 2004 eine Notifizierung vorgenommen. Dabei hat die britische Regulierungsbehörde separate sachlich relevante Märkte für Übertragungsdienste für terrestrische Kabel- und Satellitennetze unterschieden. Auf Basis des sog. Drei-Kriterien-Tests hat Ofcom die Märkte für Übertragungsdienste über Kabel und Satellit von der Ex-ante-Regulierung ausgeschlossen, weil der Kabelmarkt zu wirksamem Wettbewerb tendiere und der Satellitenmarkt nicht der britischen Jurisdiktion unterfalle. In Bezug auf terrestrische Plattformen hat die britische Regulierungsbehörde zwischen folgenden drei Märkten unterschieden: Zugang zu Masten und Aufstellungsorten des Unternehmens ntl, Zugang zu Masten und Aufstellungsorten des Unternehmens Crown Castle und Zugang zu anderen Masten und Aufstellungsorten, die für die Bereitstellung von Rundfunkdiensten genutzt werden. Die Unternehmen ntl und Crown Castle hat Ofcom als marktbeherrschend qualifiziert.

Im Rahmen ihrer **Stellungnahme** vom 28. 1. 2005 hat die **Europäische Kommission** hierzu angemerkt, dass die britische Regulierungsbehörde eine etwaige künftige Entscheidung der Europäischen Kommission über einen **transnationalen Markt** für Übertragungsdienste über Satellit beachten solle, und – wenn Ofcom hiervon betroffen sein werde – gemeinsam mit anderen betroffenen nationalen Regulierungsbehörden gemeinsam eine Marktanalyse dieses von der Europäischen Kommission definierten Marktes durchführen müsse. **162**

§ 10 Marktdefinition

(1) Die Regulierungsbehörde legt erstmals unverzüglich nach dem Inkrafttreten dieses Gesetzes die sachlich und räumlich relevanten Telekommunikationsmärkte fest, die für eine Regulierung nach den Vorschriften dieses Teils in Betracht kommen.

(2) Für eine Regulierung nach diesem Teil kommen Märkte in Betracht, die durch beträchtliche und anhaltende strukturell oder rechtlich bedingte Marktzutrittsschranken gekennzeichnet sind, längerfristig nicht zu wirksamem Wettbewerb tendieren und auf denen die Anwendung des allgemeinen Wettbewerbsrechts allein nicht ausreicht, um dem betreffenden Marktversagen entgegenzuwirken. Diese Märkte werden von der Regulierungsbehörde im Rahmen des ihr zustehenden Beurteilungsspielraums bestimmt. Sie berücksichtigt dabei weitestgehend die Empfehlung in Bezug auf relevante Produkt- und Dienstmärkte, die die Kommission nach Artikel 15 Abs. 1 der Richtlinie 2002/21/EG des Europäischen Parlaments und des Rates vom 7. März 2002 über einen gemeinsamen Rechtsrahmen für elektronische Kommunikationsnetze und -dienste (Rahmenrichtlinie) (ABl. EG Nr. L 108 S. 33) veröffentlicht, in ihrer jeweils geltenden Fassung.

(3) Das Ergebnis der Marktdefinition hat die Regulierungsbehörde der Kommission im Verfahren nach § 12 in den Fällen vorzulegen, in denen die Marktdefinition Auswirkungen auf den Handel zwischen den Mitgliedstaaten hat.

Schrifttum: *Arowolo*, Application of the Concept of Barries to Entry Under Article 82 of the EC Treaty: is there a Case for Review? ECLR 2005, 247; *Bartosch*, Europäisches Telekommunikationsrecht in den Jahren 2000 und 2001, EuZW 2002, 389; *Berg*, Marktanalyse und Marktbeherrschung nach dem novellierten TKG, in: *Picot* (Hrsg.), Novellierung des Telekommunikationsgesetzes, 68; *S. Bishop/Walker*, Economics of Competition Law: Concepts, Application and Measurement, London – Dublin – Hong Kong 1999; *W. Bishop*, Editorial: The Modernisation of DG IV, ECLR 1997, 481; *Crocioni*, The Hypothetical Monopolist Test: what it can and cannot tell you, ECLR 2002, 354; *Danger/Frech*, Critical Thinking about „Critical Loss" in Antitrust, The Antitrust Bulletin 2001, 339; *Deringer*, Alleinvertriebsverträge im Wettbewerbsrecht des Gemeinsamen Marktes, NJW 1966, 1585; *Dobbs*, The Assessment of Market Power and Market Boundaries Using the Hypothetical Monopoly Test, Newcastle 2002; *Elkettani*, Marktabgrenzungs- und Marktanalyseverfahren nach Art. 15, 16 RRL, K & R Beilage 1/2004, 11; *Ellinghaus*, TKG-Novelle und Europarecht: Probleme mit der Flexibilisierung, CR 2004, 23; *Ewald*, Paradigmenwechsel bei der Abgrenzung relevanter Märkte?, ZWeR 2004, 512; *Faull/Nikpay* (Hrsg.), The EC Law of Competition, Oxford 2000; *Formi*, Using Stationarity Tests in Antitrust Market Definition, CEPR-Discussion Paper, 2002; *García Pérez*, Collective Dominance under the Merger Regulation, ELRev. 1998, 475; *Geradin*, Regulatory Issues Raised by Network Convergence: The Case of Multi-Utilities, Journal of Network Industries 2001, 113; *Geroski/Griffith*, Identifying Antitrust Markets, The Institute for Fiscal Studies Working Paper No. 03/01, 2003; *González Díaz*, Commentaire sur l'arrêt de la Cour du 31 mars 1998 dans l'affaire „Kali und Salz", Competition Policy Newsletter 2/1998, 38; *Harris/Velianovski*, Critical loss analysis: its growing use in competition law, ECLR 2003, 213; *Heinen*, Access to Electricity Networks: The Application of the Essential-Facilities-Doctrine by the German Federal Cartel Office, Journal of Network Industries 2001, 385; *Hellwig*, Beitrag zum Panel über Marktanalyse und Marktbeherrschung nach dem novellierten TKG, in: Picot (Hrsg.), Novellierung des Telekommunikationsgesetzes, 83; *Heynen*, Konzentrationskontrolle für die europäische Wirtschaftsgemeinschaft, NJW 1973, 1526; *Hildebrand*, Der „more economic approach" in der Wettbewerbspolitik, WuW 2005, 513; *Holznagel*, EU-Rahmenrichtlinien und Diskussion um das TKG in Deutschland – Das Anforderungsspektrum an die Novellierung im Überblick, in: Picot (Hrsg.), Novellierung des Telekommunikationsgesetzes, 9; *Hootz*, Alleinvertriebsverträge mit absolutem Gebietsschutz im EWG-Kartellrecht, NJW 1966, 2249; *Huppertz*, Die SMP-Konzeption,

2003; *Katz/Shapiro*, Critical Loss: Let's Tell the Whole Story, Antitrust Magazine 2003, 49; *Kirschstein*, Beurteilung von Alleinvertriebsverträgen nach EWG-Kartellrecht, WuW 1966, 777; *Klocker*, Marktanalyse und Marktbeherrschung nach dem novellierten TKG, in: Picot (Hrsg.), Novellierung des Telekommunikationsgesetzes, 2003, 65; *Klotz*, Die Beurteilung des Regierungsentwurfs zum TKG aus Brüsseler Sicht, TKMR – Tagungsband 2004, 5; *ders.*, Die neuen EU-Richtlinien über elektronische Kommunikation: Annäherung der sektorspezifischen Regulierung an das allgemeine Kartellrecht, K&R Beilage 1/2003, 3; *ders.*, Wettbewerb in der Telekommunikation: Brauchen wir die ex-ante-Regulierung noch?, ZWeR 2003, 283; *Knauth*, Vorstellung und Analyse des Referentenentwurfs der Bundesregierung und Diskussion, in: Picot (Hrsg.), Novellierung des Telekommunikationsgesetzes, 29; *ders./F. Krüger*, Grundlegende Neuerungen des TKG-Regierungsentwurfs, K&R Beilage 1/2004, 3; *König/Vogelsang/Kühling/Loetz/A. Neumann*, Der Begriff des funktionsfähigen Wettbewerbs im deutschen Telekommunikationsrecht, K&R 2003, 8; *Korah*, The Ladbroke Saga, ECLR 1998, 169; *dies.*, Tetra Pak II – Lack of Reasoning in Court's Judgment, ECLR 1997, 99; *Korehnke*, Beurteilung des Regierungsentwurfs eines Telekommunikationsgesetzes aus Sicht der Vodafone D2 GmbH, TKMR – Tagungsband 2004, 17; *R. Krüger*, Marktabgrenzung im Telekommunikationssektor und die Definition von beträchtlicher Marktmacht (SMP), K&R Beilage 1/2003, 9; *ders./di Mauro*, The Article 7 consultation mechanism: managing the consolidation of the internal market for electronic communications, Competition Policy Newsletter 3/2003, 33; *Maurer*, Allgemeines Verwaltungsrecht, 14. Auflage, 2002; *Langenfeld/Li*, Critical Loss Analysis in Evaluating Mergers, The Antitrust Bulletin 2001, 299; *Levy*, Tetrapak II: Stretching the Limits of Article 86?, ECLR 1995, 127; *Lexecon Ltd.*, An Introduction to Quantitative Techniques in Competition Analysis, London 2003; *Loetz/A. Neumann*, The Scope of Sector-specific Regulation in the European Regulatory Framework for Electronic Communications, German Law Journal 2003, 1307; *Mehta*, Chapter I: The Economics of Competition in: Faull/Nikpay (Hrsg.), The EC Law of Competition; *Monopolkommission*, „Zur Reform des Telekommunikationsgesetzes", 40. Sondergutachten der Monopolkommission vom 17. 2. 2004; *K.-H. Neumann*, Erster entscheidender Schritt zum neuen TKG, WIK Newsletter Nr. 50/2003, 1; *ders.*, Marktanalyse und Marktbeherrschung nach dem novellierten TKG, in: Picot (Hrsg.), Novellierung des Telekommunikationsgesetzes, 72; *O'Brien/Wickelgren*, A Critical Analysis of Critical Loss Analysis, Antitrust Law Journal 2003, 161; Picot (Hrsg.), Novellierung des Telekommunikationsgesetzes, 2003; *Plum/Schwarz-Schilling*, Marktabgrenzung im Telekommunikations- und Postsektor, 2000; *RegTP*, Stellungnahme der Reg TP zum Entwurf einer Empfehlung der EU-Kommission über relevante Produkt- und Dienstmärkte des elektronischen Kommunikationssektors, MMR Beilage 1/2003, 34; *Säcker*, Abschied vom Bedarfsmarktkonzept, ZWeR 2004, 1; *ders.*, Vom Referentenentwurf zum Regierungsentwurf eines TKG, K&R Beilage 1/2004, 2; *Scheurle*, Marktanalyse und Marktbeherrschung nach dem novellierten TKG, in: Picot (Hrsg.), Novellierung des Telekommunikationsgesetzes, 59; *Scherer*, Die Umgestaltung des europäischen und deutschen Telekommunikationsrechts durch das EU-Richtlinienpaket – Teil I, K&R 2002, 273; *Schohe*, Das Verbot des Zusammenschlusses von Schneider und Legrand ist nichtig: Ein weiteres „Menetekel" für die Kommission, WuW 2003, 359; *Schütz/Attendorn*, Das neue Kommunikationsrecht der Europäischen Union – Was muss Deutschland ändern?, MMR Beilage 4/2002, 1; *Stigler/Sherwin*, The Extent of the Market; Journal of Law and Economics 1985, 555; *Streinz*, Europarecht, 4. Auflage, 1999; *ders.*, Kommentar zu EU-Vertrag und EG-Vertrag, 2003; *Stumpf/Strube Martins/Nett/Kiesewetter/Kohlstedt*, Marktabgrenzung und Marktanalyse nach dem neuen europäischen Rechtsrahmen für elektronische Kommunikationsdienste – Neue Auftragsfelder für die WIK-Consult, WIK Newsletter Nr. 51/2003, 3; *Temple Lang*, Defining Legitimate Competition: Companies'Duties to Supply Competitors and Access to Essential Facilities, Fordham International Law Journal 18 (1994), 437; *Vandamme*, L'arrêt de la Cour de justice du 21 février 1973 et l'interprétation de l'article 86 du traité C. E. E., Cahiers de droit européen 1974, 112; *Volck Madsen*, Commission's second defeat in merger cases – the CFI's Schneider judgment, ELR 2003, 55; *Wegmann*, Europa- und Verfassungsrechtliche Anmerkungen zum Regierungs- und Referentenentwurf für ein neues TKG, K&R Beilage 1/2004, 25; *Werden*, Symposium: Celebrating Twenty Years of the Merger Guidelines – The 1982 Merger Guidelines and the Ascent of the Hypothetical Monopolist Paradigm, Antitrust Law Journal 2003, 253; *Wessely*, EU Merger Control at a Turning Point – the Court of First Instance's „Schneider" and „Tetra" judgments, ZweR 2003, 317; *Wills*, Market definition: how stationarity tests can improve accuracy, ECLR 2002, 4; *Ysewyn/Caffarra*, Two's A Company, Three's A Crowd: The Future of Collective Dominance after the Kali & Salz Judgment, ECLR 1998, 468.

Übersicht

I. Normzweck

Das Marktdefinitionsverfahren wird durch § 10 TKG umfassend geregelt. Auch wenn der **1** deutsche Gesetzgeber das europäische Richtlinienpaket nicht durch eine wortwörtliche Übertragung in den deutschen Gesetzestext in deutsches Recht umgesetzt hat, so kann eine Parallele zu **Art. 15 der Rahmenrichtlinie** nicht geleugnet werden (siehe dazu näher § 9 RdNrn. 19 ff.). Hervorzuheben ist, dass es sich bei § 10 TKG nicht um eine prozedurale, sondern um eine **materiell-rechtliche Vorschrift** handelt. Die sich bereits aus dem europäischen Rechtsrahmen ergebende Wortwahl bezüglich der Überschrift von Abschnitt 1 des Teils 2 des TKGs – Verfahren der Marktregulierung – ist insofern missverständlich, verdeutlicht aber die Komplexität der durch die Reg TP zu beachtenden Prüfungsfolge, die eine völlig strikte Trennung materiell-rechtlicher und verfahrensrechtlicher Normen unmöglich macht.

Der Normzweck des § 10 entspricht in etwa dem Normzweck des § 9 (siehe dazu näher § 9 **2** RdNrn. 2 ff.). Zunächst soll das in § 11 geregelte **wettbewerbsrechtliche Konzept** der Marktbeherrschung sicherstellen, dass sektorspezifisch reguliert werden kann, wenn und soweit noch keine hinreichende Wettbewerbsintensität erreicht wurde, so dass eine Stärkung und Vertiefung des Wettbewerbsniveaus erforderlich ist. Die korrekte Abgrenzung der relevanten Märkte im Rahmen des Marktdefinitionsverfahrens ist dabei wichtig, weil im Rahmen der Prüfung des § 11 Marktmacht im wettbewerbsökonomischen Sinne festgestellt werden soll. Da diese nur in Bezug auf einen ökonomisch abgegrenzten Markt feststellbar ist, kommt der Marktabgrenzung dieselbe wichtige Rolle zu wie im allgemeinen Wettbewerbsrecht.[1]

3   Im Übrigen soll – und dies erfolgt auf nationaler Ebene zumindest auch im Rahmen der Prüfung des § 10 – sichergestellt werden, dass **wettbewerbsfördernde Regulierung** überall dort **abgebaut** wird, wo sie unnötig geworden ist (vgl. RdNrn. 46 ff.).

4   Schließlich soll die durch das in § 12 geregelte und in §§ 10 f. angesprochene völlig neuartige Konsultations- und Konsolidierungsverfahren begleitete Anlehnung an das europäische Wettbewerbsrecht die **Entwicklung des Europäischen Binnenmarktes fördern**. In diesem Zusammenhang kommt insbesondere der im Rahmen der Prüfung des § 10 vorzunehmenden weitestgehenden Berücksichtigung der Märkte-Empfehlung der Europäischen Kommission eine nicht zu unterschätzende Bedeutung zu (s. dazu RdNrn. 69 ff.).

II. Entstehungsgeschichte

5   In mehreren Entwurfsfassungen enthielt das TKG zunächst den **Begriff des funktionsfähigen Wettbewerbs**.[2] Anhand dieses Tatbestandsmerkmal sollte die Regulierungsbedürftigkeit der ökonomisch abgegrenzten Märkte überprüft werden. Aufgrund dieses letztlich nicht mehr im TKG enthaltenen Begriffs entbrannte eine der zentralen Streitigkeiten im Rahmen des Gesetzgebungsverfahrens.

6   Die hinter der Aufnahme des Begriffs des funktionsfähigen Wettbewerbs in den Gesetzesentwurf stehende Auffassung, nach welcher das Merkmal funktionsfähiger Wettbewerb notwendig sei, um den rechtspolitisch angestrebten Übergang von der sektorspezifischen Regulierung zum Kartellrecht zu erreichen, ging nach zum Teil vertretener Auffassung völlig **am Regelungszweck der Rahmenrichtlinie vorbei**.[3] Dieser Zweck bestehe nämlich eben gerade nicht darin, die Regulierung der Märkte der elektronischen Kommunikation den gleichen Bedingungen wie der kartellrechtlichen Missbrauchsaufsicht zu unterwerfen. Vielmehr bleibe auch mit dem neuen Rechtsrahmen ein Sonderregime für diesen Wirtschaftssektor bestehen, in dem speziell an das Vorliegen beträchtlicher Marktmacht bestimmte Rechtsfolgen geknüpft würden. Zwar sei der Begriff der beträchtlichen Marktmacht nunmehr demjenigen der Marktbeherrschung gleichgestellt, jedoch sei hieraus noch nicht zu schließen, dass auch hinsichtlich der Rechtsfolgen ein Gleichklang mit dem Kartellrecht erzielt werden solle. Das Gegenteil sei der Fall: Nach allgemeiner Überzeugung aller Beteiligten sei es für diesen Schritt gegenwärtig noch zu früh, da der Wettbewerb auf den Telekommunikationsmärkten noch weitgehend auf der Vorabregulierung beruht. Der Abbau dieser Unterschiede sei erst de lege ferenda in einer späteren Richtlinienreform zu erreichen. Ob dem Erfordernis der Aufrechterhaltung eines spezialgesetzlichen Rechtsrahmens für elektronische Kommunikationsmärkte durch die Verwendung des Begriffs des

---

1   Vgl. dazu auch *Huppertz*, Die SMP-Konzeption, S. 378.
2   Siehe zum Begriff des funktionsfähigen Wettbewerbs im Sinne des Gesetzesentwurfs insbesondere *König/Vogelsang/Kühling/Loetz/Neumann*, Funktionsfähiger Wettbewerb auf den Telekommunikationsmärkten, 2002; *dies.*, K&R 2003, 8; Einl. II RdNr. 88.
3   So *Klotz*, TKMR – Tagungsband 2004, 5, 7 f.

funktionsfähigen Wettbewerbs indes – wie diese Kritik suggeriert – in Abrede gestellt werden sollte, erscheint mehr als fraglich. Ansonsten wären nämlich vermutlich die wettbewerbsfördernden Aufgaben der Reg TP unmittelbar ins ungefähr zeitgleich überarbeitete GWB integriert worden. Der Prüfung einer Funktionsfähigkeit des Wettbewerbs hätte es bei einer solchen Intention auch gar nicht mehr bedurft.

Zum Teil wurde im Rahmen dieser Diskussion um das Merkmal der Funktionsfähigkeit **7** des Wettbewerbs auch die These aufgestellt, dass die von der Europäischen Kommission **empfohlenen**, sektorspezifisch zu regulierenden **Märkte das Maximum** darstellen müssten und daher die Einbeziehung weiterer Märkte durch die Festlegung harter Kriterien verhindert werden müsse, während gleichzeitig überlegt werden müsse, ob nicht **Märkte aus der Regulierung zu entlassen** seien, die in der Märkte-Empfehlung zunächst enthalten seien.[4] Insofern wurde dann die Möglichkeit einer Abweichung von der Märkte-Empfehlung als geboten erachtet. Der auf europäischer Ebene geschaffene Regulierungsrahmen und die dort genannten sektorspezifisch zu regulierenden Märkte müssten daher das Maximum darstellen. Die Einbeziehung weiterer Märkte müsse bereits legislativ auf nationaler Ebene durch Festlegung harter Kriterien verhindert werden. Diese erkennbar interessengesteuerte und insofern gut nachvollziehbare Ansicht entbehrt jeder europarechtlichen Grundlage.

Vielfach wurde der Begriff des funktionsfähigen Wettbewerbs nicht derart fundamental be- **8** zogen auf seine Zielrichtung, sondern als **nicht wohl definiert oder wenig konkret** kritisiert.[5] Funktionsfähigkeit des Wettbewerbs sei ein in der Literatur bewusst vage gehaltener Begriff. Die **Vagheit** entspreche dem Umstand, dass Wettbewerb viele verschiedene Funktionen habe, deren jede in einer bestimmten Situation mehr oder weniger gut erfüllt werde. Bei der Beurteilung der Funktionsfähigkeit des Wettbewerbs in einem Markt gehe es um letztlich vom politischen Urteil abhängende Abwägungen, nicht aber um eine Sachverhaltssubsumtion im juristischen Sinne. Diesen Begriff in eine Rechtsnorm hereinzunehmen, die die Bedingungen für Regulierungstätigkeit definiert, beinhalte das Risiko, dass – je nach Beweislastverteilung – am Ende alles oder nichts reguliert werden könne. Bei den im deutschen Verwaltungsgerichtsverfahren üblichen Beweisanforderungen hieße das, dass mit gewisser Wahrscheinlichkeit am Ende nichts reguliert werde. Zum Teil wurde die umstrittene Verwendung des Begriffs „funktionsfähiger Wettbewerb" auch als unproblematisch erachtet.[6] Bei der Festlegung der Kriterien, die die nationale Regulierungsbehörde bei der Marktabgrenzung und damit bei der Frage des „Ob" der Regulierung anzulegen habe, sei der Gesetzgeber weitgehend frei. Soweit ersichtlich, sei dem europäischen Rechtsrahmen lediglich in Erwägungsgrund 27 der Rahmenrichtlinie das Kriterium der Hinlänglichkeit des allgemeinen Wettbewerbsrechts zu entnehmen (s. dazu § 9 RdNr. 26). Der nationale Gesetzgeber sei also nicht einmal gehindert, auch von der Empfehlung abweichende Kriterien zu definieren. Diese Kritik hat sich dann auch insofern durchgesetzt als der

---

4 So *Berg*, in: Picot (Hrsg.), Novellierung des Telekommunikationsgesetzes, S. 68, 69.

5 Vergleiche beispielsweise *Hellwig*, in: Picot (Hrsg.), Novellierung des Telekommunikationsgesetzes, S. 83, 85; *K.-H. Neumann*, WIK Newsletter Nr. 50/2003, 1; siehe dazu auch *Säcker*, K&R Beilage 1/2004, 2; *Wegmann*, K&R Beilage 1/2004, 25; a. A. *Ellinghaus*, CR 2004, 23, 25, 28, der eine europarechtskonforme Auslegung des Begriffs des funktionsfähigen Wettbewerbs als ausreichend ansah.

6 So etwa *Korehnke*, TKMR – Tagungsband 2004, 17, 18.

Begriff des funktionsfähigen Wettbewerbs ersetzt wurde durch die von der Europäischen Kommission in ihrer Märkte-Empfehlung genannten Kriterien (s. dazu RdNrn. 11 ff., 49).

9 Der im Rahmen des Gesetzgebungsverfahrens erhobenen Forderung, das **Kriterium des funktionsfähigen Wettbewerbs** als Regulierungsvoraussetzung **ersatzlos** zu **streichen** und allenfalls als allgemeines Regulierungsziel beizubehalten,[7] wurde jedenfalls nicht gefolgt; sie ist im Hinblick auf die Frage der Vereinbarkeit des TKG mit europäischem Recht jedoch weiterhin von Bedeutung (s. dazu RdNrn. 17 ff.).

III. EG-rechtliche Grundlagen

10 Für das Verständnis des § 10 ist das durch das TKG umgesetzte **europäische Sekundärrecht** von herausragender Bedeutung (vgl. dazu schon § 9 RdNrn. 10 ff.). Dies betrifft insbesondere den sich mit dem Marktdefinitionsverfahren befassenden **Art. 15 der Rahmenrichtlinie** (s. hierzu bereits § 9 RdNrn. 19 ff.).

11 Bedeutsam für die Interpretation von § 10 ist aber auch die **Märkte-Empfehlung** (s. dazu bereits § 9 RdNr. 20). Die neben der sachlichen Definition der Märkte nach allgemeinen Kriterien des Wettbewerbsrechts von der Europäischen Kommission für die Märkte-Empfehlung durchgeführte Identifikation von Märkten, die für eine Vorabregulierung in Betracht kommen, hat die Europäische Kommission auf Grundlage der folgenden drei Kriterien vorgenommen, die sie auch den nationalen Regulierungsbehörden für die Untersuchung der **Regulierungsbedürftigkeit** von Märkten vorschlägt[8] und die der deutsche Gesetzgeber letztlich in die endgültige Fassung des § 10 übernommen hat:

12 Es bestehen **beträchtliche, anhaltende strukturell oder rechtlich bedingte Zugangshindernisse (erstes Kriterium)**. Angesichts des dynamischen Charakters und der Funktionsweise der Märkte für elektronische Kommunikation sind jedoch bei der Erstellung einer vorausschauenden Analyse zur Ermittlung der relevanten Märkte für eine etwaige Vorabregulierung Möglichkeiten zum Abbau der Hindernisse vor einem bestimmten Zeithorizont zu berücksichtigen.

13 Daher sind nur diejenigen **Märkte** aufzuführen, **die nicht** innerhalb des betreffenden Zeitraums **zu wirksamem Wettbewerb tendieren (zweites Kriterium)**. Bei der Zugrundelegung dieses Kriteriums ist der Stand des Wettbewerbs hinter den Zugangsschranken zu prüfen.

14 Dem betreffenden **Marktversagen kann mit Hilfe des Wettbewerbsrechts allein nicht entgegengewirkt werden (drittes Kriterium)**. Hinweise zum Verständnis von Sinn und Zweck der Regelung sind bereits in Erwägungsgrund 27 der Rahmenrichtlinie enthalten (s. dazu § 9 RdNr. 28).

15 Bei der regelmäßigen **Überprüfung** der in der jeweiligen Fassung der **Märkte-Empfehlung** identifizierten Märkte sollen diese drei Kriterien kumulativ zugrunde gelegt werden. Ein Markt wird also vor allem dann in nachfolgenden Empfehlungen nicht identifiziert, wenn eines der Kriterien nicht zutrifft.

---

7 So beispielsweise *Klotz*, TKMR – Tagungsband 2004, 5, 8.
8 Siehe *R. Krüger/di Mauro*, Competition Policy Newsletter 3/2003, 33, 34.

Abgesehen von diesen in der Empfehlung aufgeführten Märkten können von der Reg TP **16**
als **national**er Regulierungsbehörde auch aus europarechtlicher Perspektive in bestimmten Fällen **zusätzliche bzw. andere Märkte** nach dem Wettbewerbsrecht definiert werden.
Die nationalen Regulierungsbehörden können unter Einhaltung des durch § 12 umgesetzten Art. 7 der Rahmenrichtlinie Märkte festlegen, die von denen der Empfehlung abweichen.

Eine **eigene Prognoseentscheidung der Regulierer über die Notwendigkeit einer Ex-** **17**
ante-Regulierung ist nach zum Teil vertretener Auffassung vom europäischen Recht **nicht**
vorgesehen.[9] Insbesondere was die Tragweite und die Effizienz des Kartellrechts zur Lösung der Wettbewerbsprobleme angehe, sei eine solche Prognose auch nicht sinnvoll, da
hierbei die Tätigkeiten anderer Behörden, nämlich der nationalen Kartellämter und der Europäischen Kommission, zu berücksichtigen seien, auf welche die Regulierer selbst keinerlei Einfluss hätten. Indes hat auch die Europäische Kommission im Rahmen der Erstellung
ihrer ersten Märkte-Empfehlung eine derartige Prüfung – wenn auch summarisch – vorgenommen. Nichtsdestotrotz ist nach dieser Ansicht die Prüfung zusätzlicher, in der Empfehlung nicht enthaltener Märkte keineswegs ausgeschlossen.[10]

Nach anderer Ansicht ist eine **Überprüfung der Regulierungsbedürftigkeit** eines Mark- **18**
tes aufgrund europäischen Rechts sogar **geboten.**[11] Nach Erwägungsgrund 27 der Rahmenrichtlinie (s. dazu § 9 RdNr. 28) hänge das „Ob" der Marktregulierung davon ab, dass das
allgemeine Kartellrecht nicht ausreicht, um mit dem Wettbewerbsproblem umzugehen.
Dieser Ansatz, gehe mit einer diesbezüglichen Prüfungskompetenz der nationalen Regulierungsbehörde einher. Nach Art. 15 Abs. 3 der Rahmenrichtlinie (vgl. § 9 RdNr. 22) in
Verbindung mit Erwägungsgrund 27 der Rahmenrichtlinie sei Voraussetzung für die sektorspezifische Regulierung eines Marktes nicht nur das Vorliegen beträchtlicher Marktmacht, sondern es müsse auch ein Defizit im Hinblick auf die Effektivität allgemein-kar-
tellrechtlicher Sanktionsmöglichkeiten festgestellt werden. Zunächst ist die Europäische
Kommission hinsichtlich der Marktabgrenzung ausdrücklich auf die Abgabe einer Empfehlung beschränkt. Empfehlungen haben gemäß Art. 249 des EG-Vertrages keine für die
Mitgliedstaaten verbindliche Wirkung. Der Richtliniengeber habe sich – anders als bei länderübergreifenden Märkten – bewusst gegen die ursprüngliche Absicht entschieden, die
Märkte mittels einer Entscheidung durch die Europäische Kommission für die Mitgliedstaaten verbindlich festzulegen. Stattdessen habe er für die Abweichungen von der Empfehlung das Verfahren nach Art. 7 der Rahmenrichtlinie geschaffen. Für die Möglichkeit,
von der Empfehlung abweichende Märkte festzulegen, spreche auch die Formulierung in
Art. 15 Abs. 1 der Rahmenrichtlinie (s. dazu § 9 RdNr. 20), wonach in die Empfehlung diejenigen Märkte aufzunehmen seien, deren Merkmale die Auferlegung der in den Einzelrichtlinien dargelegten Verpflichtungen rechtfertigen könnten. Bei der Empfehlung handele es sich folglich um eine lediglich zu berücksichtigende Vorschlagsliste der Europäischen
Kommission. Die nationale Regulierungsbehörde sei gemäß ihrer Letztentscheidungsbe-
fugnis in Art. 15 Abs. 3 der Rahmenrichtlinie frei, andere, das heisst zahlenmäßig weniger
oder mehr oder anders abgegrenzte Märkte als diejenigen zu bestimmen, die in der Emp-

---

9 So *Elkettani*, K&R Beilage 1/2004, 11, 12; *Klotz*, TKMR – Tagungsband 2004, 5, 8; *ders.*, ZWeR
2003, 283, 295; siehe auch Einl. II RdNr. 79, 85 f.
10 So *Elkettani*, K&R Beilage 1/2004, 11, 13, 14.
11 So beispielsweise *Korehnke*, TKMR – Tagungsband 2004, 17 ff.; ähnlich auch *Knauth/F. Krüger*,
K&R Beilage 1/2004, 3.

fehlung genannt sind. Die Marktanalyse nach Art. 16 Abs. 1 Rahmenrichtlinie (s. dazu § 9 RdNr. 12), die an die Bestimmung der relevanten Märkte in Art. 15 Abs. 3 Rahmenrichtlinie anknüpfe, sei folglich nur im Hinblick auf die von der nationalen Regulierungsbehörde bestimmten Märkte durchzuführen. Es bestehe demnach keine Verpflichtung, alle in der Empfehlung enthaltenen Märkte einer Analyse zuzuführen.

19   Den kritischen Stimmen ist zuzugestehen, dass in keinem der Artikel der Rahmenrichtlinie ausdrücklich von einer Befugnis der nationalen Regulierungsbehörden zur Überprüfung der Regulierungsbedürftigkeit von Märkten die Rede ist. Dies trifft aber genauso auf die von keiner Seite angezweifelte Befugnis der Europäischen Kommission zu. Kann man diese Befugnis im Wege der Auslegung aus der Rahmenrichtlinie ableiten, so erscheint unklar, warum die Befugnis zur Prüfung der Regulierungsbedürftigkeit eines Marktes zwar der Europäischen Kommission, nicht jedoch der nationalen Regulierungsbehörde zustehen soll.[12] Nicht zuletzt im Interesse der Rechtssicherheit und Klarheit bleibt dabei zu hoffen, dass die völlig neuartige Prüfungskompetenz in Anbetracht der anerkannten Komplexität der hierfür erforderlichen Beurteilung wirtschaftlicher Zusammenhänge den nationalen Regulierer nicht vor unüberwindbare Hindernisse stellt. Sollte der deutsche Gesetzgeber dagegen mit der expliziten Einräumung einer derartigen Prüfungskompetenz doch gegen europäisches Recht verstoßen, so befindet er sich jedenfalls in der **ehrenwerten Gesellschaft der Hüterin der Verträge.**

20   Im Rahmen der Darstellung der für die Interpretation von § 10 bedeutsamen europäischen Akte nicht unerwähnt bleiben dürfen die **Leitlinien** der Europäischen Kommission[13] (s. dazu bereits § 9 RdNr. 21). Gemäß diesen Leitlinien besteht die Aufgabe der nationalen Regulierungsbehörden in der Regel darin, die geographische Tragweite der relevanten Märkte zu bestimmen.[14] Es werden jedoch auch Anmerkungen zur Bestimmung des sachlich relevanten Marktes gemacht, die dann zum Tragen kommen, wenn die Reg TP als nationale Regulierungsbehörde eine von der Märkte-Empfehlung abweichende Abgrenzung des sachlich relevanten Marktes vornehmen will.[15]

IV. Einzelerläuterungen

21   **1. Erstmals.** – Dem durch diese Formulierung zum Ausdruck gebrachten, an sich selbstverständlichen Umstand, dass vor In-Kraft-Treten des Gesetzes keine Unternehmen belastenden Untersuchungen abgeschlossen werden können, kommt keine eigene Bedeutung als Tatbestandsmerkmal zu. Sie bringt allerdings klar die Überzeugung des Gesetzgebers zum Ausdruck, dass die nach dem neuen TKG vorzunehmenden Marktdefinitionen sich deutlich von den nach altem Recht in Anwendung von § 19 GWB durchgeführten Marktabgrenzungen unterscheiden.[16] Der Gesetzgeber verdeutlicht also mit diesem Begriff lediglich den vorzunehmenden **Bruch mit der bisherigen Rechtspraxis.**

---

12 S. dazu auch *RegTP*, MMR Beilage 1/2003, 34, 36 f.
13 Leitlinien der Kommission zur Marktanalyse, S. 6 ff.
14 Vgl. Leitlinien der Kommission zur Marktanalyse RdNr. 36.
15 S. dazu auch *Elkettani*, K&R Beilage 1/2004, 11, 13.
16 Für eine instruktive Übersicht über die bisherige Rechtspraxis siehe *RegTP*, MMR Beilage 1/2003, 34, 38 ff.

2. Unverzüglich. – Dieser Begriff ist als Umsetzung von Art. 16 Abs. 1 der Rahmenrichtli- 22
nie anzusehen (s. dazu § 9 RdNr. 12). Wie auch sonst im deutschen Recht bedeutet er **ohne
schuldhaftes Zögern** im Sinne der Legaldefinition des § 121 Abs. 1 BGB, was nicht mit
„sofort" gleichzusetzen ist.[17]

3. Nach dem Inkrafttreten dieses Gesetzes. – Diese Formulierung stellt klar, dass mit der 23
Markdefinition erst mit dem in **§ 152** geregelten Inkrafttreten des Gesetzes am Tag nach
der Verkündung im Bundesgesetzblatt begonnen werden konnte.

4. Die sachlich und räumlich relevanten Telekommunikationsmärkte. – Bei der Fest- 24
stellung, ob ein Unternehmen über **beträchtliche Marktmacht** im Sinne von § 11 verfügt,
ist die Definition des relevanten Marktes von grundlegender Bedeutung, da grundsätzlich
nur auf **Basis** des festgestellten Marktes das Vorliegen von Marktmacht überprüft werden
kann. Mit Hilfe der sachlichen und räumlichen Marktabgrenzung soll ermittelt werden,
welche konkurrierenden Unternehmen tatsächlich in der Lage sind, dem Verhalten der anderen beteiligten Unternehmen Schranken zu setzen und sie daran zu hindern, sich einem
wirksamen Wettbewerbsdruck zu entziehen; es soll also festgestellt werden, welchen Wettbewerbskräften sich die Unternehmen zu stellen haben.[18] Einen Markt zu definieren ist weder ein automatischer noch ein abstrakter Vorgang, vielmehr müssen alle Wettbewerbskräfte berücksichtigt werden, die das Verhalten der jeweiligen Anbieter beeinflussen können.
Dies erfolgt in mindestens zwei Dimensionen, und zwar sachlich und räumlich. Gegebenenfalls ist der relevante Markt auch in zeitlicher Hinsicht abzugrenzen.[19] Um Märkte zu
bestimmen, die für die Beurteilung von Wettbewerbsprozessen aussagekräftig sind, müssen
– **wie** für die Prüfung der marktbeherrschenden Stellung **im allgemeinen Wettbewerbsrecht** – Angebots- und Nachfrageverhältnisse im Einzelfall analysiert werden.[20]

Maßstab der durchzuführenden Marktabgrenzung ist allerdings zunächst die **Märkte-** 25
Empfehlung der Europäischen Kommission (vgl. dazu RdNrn. 66 f.). Sie stellt nicht nur
eine Art Anfangsverdacht für die Regulierungsbedürftigkeit von Märkten und das Fehlen
wirksamen Wettbewerbs dar, sondern gibt auch Anhaltspunkte für das Ergebnis der Marktabgrenzung in sachlicher Hinsicht (s. hierzu näher RdNrn. 69 ff.).

Liegen allerdings **besondere nationale Gegebenheiten** vor, welche möglicherweise eine 26
Abweichung von den von der Europäischen Kommission unter Anwendung der Kriterien
des allgemeinen Wettbewerbsrechts summarisch für die gesamte Europäische Union ermittelten Märkten ihrer Empfehlung rechtfertigen könnten, oder steht die **Untersuchung eines nicht in der Empfehlung der Europäischen Kommission aufgeführten Marktes**
an, so ist von der Reg TP eine eigenständige sachliche Marktabgrenzung nach wettbewerbsrechtlichen Grundsätzen durchzuführen.[21] Selbst wenn die Reg TP keinerlei Anlass
hat, von der Märkte-Empfehlung abzuweichen, so besteht ihre Aufgabe in jedem Fall darin,

---

17 Siehe dazu bereits RGZ 124, 118.
18 Bekanntmachung der Kommission über die Definition des relevanten Marktes, RdNr. 2; nicht unerwähnt bleiben sollte, dass diese Bekanntmachung in erheblichem Maße durch die U.S.-amerika-
nische Rechtslage beeinflusst zu sein scheint; s. dazu näher *S. Bishop/Walker*, Economics of E. C.
Competition Law: Concepts, Application and Measurement, RdNr. 3.15; vgl. nunmehr auch Leitlinien zur Bewertung horizontaler Zusammenschlüsse, RdNr. 10.
19 Vgl. *R. Krüger*, K&R Beilage 1/2003, 9, 10.
20 So auch *Klotz*, ZWeR 2003, 283, 294; *Huppertz*, Die SMP-Konzeption, S. 153.
21 So ebenfalls *Stumpf/Strube Martins/Nett/Kiesewetter/Kohlstedt*, WIK Newsletter Nr. 51, 3.

die geographische Tragweite der sachlich relevanten Märkte zu bestimmen.[22] Die Abgrenzung des räumlich relevanten Marktes erfolgt dabei in derselben Weise wie die Würdigung des sachlich relevanten Marktes.[23]

27 Nicht übersehen werden darf, dass in Anbetracht der **Relativität der Marktabgrenzung** bei ihrer Vornahme unter anderem der Normzweck zu berücksichtigen ist.[24] Daher ist im Rahmen der Untersuchung der nationalen Gegebenheiten stets im Auge zu behalten, dass bei der sektorspezifischen Regulierung das gesamte Ordnungssystem in sich schlüssig (und praktisch handhabbar) sein muss.[25] Dies hat zur Folge, dass im Rahmen der sektorspezifischen Regulierung Märkte tendenziell weiter abgegrenzt werden müssen, als dies im Bereich der allgemeinen Missbrauchsaufsicht nach § 19 GWB und gemäß Art. 82 des EG-Vertrages der Fall ist.[26]

28 Das ausdrückliche **Offenlassen einer Marktabgrenzung** wird zum Teil als rechtlich nicht angemessen erachtet.[27] Es entspricht jedoch hergebrachter juristischer Methodik, die Entscheidung über eine konkrete Auslegung oder eine konkrete Subsumtion unter ein Tatbestandsmerkmal offen zu lassen, wenn es hierauf im Ergebnis nicht ankommt. Bei der Anwendung des allgemeinen Wettbewerbsrechts, an der sich auch insoweit bislang die Praxis der Regulierungsbehörde für Telekommunikation und Post im Einvernehmen mit dem Bundeskartellamt orientiert hat, ist ein derartiges Vorgehen sowohl auf nationaler als auch auf europäischer Ebene genauso gang und gäbe. Dies hat den Vorteil einer Entlastung der Behörde, mit der Folge einer größeren Effizienz bei der Durchführung des eh schon komplizierten Verfahrens, und dies ohne Substanzverlust. Auch ist zum Teil die Marktabgrenzung anderer nationaler Regulierungsbehörden durch die Europäische Kommisssion unbeanstandet geblieben, weil auch ein anderes Ergebnis der Marktabgrenzung zu keinem anderen Gesamtergebnis geführt hätte (s. dazu im Einzelnen § 9 RdNrn. 62, 91, 95, 116, 154). Es erscheint daher aus juristischer Sicht zulässig und aus praktischer Sicht unter Umständen geboten, das Ergebnis einer Marktabgrenzung offen lassen zu dürfen, wenn es auf die konkrete Marktabgrenzung im zu entscheidenden Fall im Ergebnis nicht ankommt.

29 **a) Telekommunikationsmärkte.** – Genau wie es sich für die Zwecke des Art. 15 der Rahmenrichtlinie (s. dazu § 9 RdNrn. 19 ff.) um Märkte für elektronische Kommunikationsprodukte und -dienste, also um elektronische Kommunikationsnetze, elektronische Kommunikationsdienste oder zugehöriger Einrichtungen im Sinne von Art. 2 lit. a), c) und e) der Rahmenrichtlinie handeln muss,[28] setzt die Anwendbarkeit des § 10 voraus, dass es sich bei dem zu definierenden Markt um einen solchen der Telekommunikation im Sinne des **§ 3 Nr. 22 TKG** handelt.

30 **b) Sachlich relevant.** – Abgesehen von den in der Empfehlung der Europäischen Kommission aufgeführten Märkten können von der Reg TP als nationaler Regulierungsbehörde in

---

22 Vgl. Leitlinien der Kommission zur Marktanalyse, RdNr. 36.
23 Vgl. Leitlinien der Kommission zur Marktanalyse, RdNr. 57.
24 Vgl. *Immenga/Mestmäcker/Möschel*, EG-Wettbewerbsrecht, Band I, Art. 86 EGV RdNr. 39 ff.; s. hierzu auch *Immenga/Mestmäcker/Möschel*, GWB, § 19 RdNr. 21; *R. Krüger*, K&R-Beilage 1/ 2003, 9, 11.
25 S. dazu näher *Monopolkommission*, Zur Reform des Telekommunikationsgesetzes, S. 13.
26 Vgl. dazu insbesondere *R. Krüger*, K&R-Beilage 1/2003, 9, 11.
27 Vgl. beispielsweise *Klotz*, K&R Beilage 1/2003, 3, 6.
28 S. dazu *Huppertz*, Die SMP-Konzeption, S. 196 f.

bestimmten Fällen zusätzliche bzw. andere Märkte nach dem Wettbewerbsrecht definiert werden, was notwendigerweise eine sachliche Marktabgrenzung impliziert (s. dazu bereits RdNr. 26). Im Bereich der elektronischen Kommunikation ist dabei in aller Regel ein einer der beiden folgenden Arten von Märkten zuzuordnender sachlich relevanter Markt zu betrachten: Märkte für Dienste oder Produkte für Endnutzer (**Endkundenmärkte**) und Märkte für Vorleistungen, die Betreiber benötigen, die Endnutzern Dienste und Produkte bereitstellen (**Vorleistungsmärkte**). Die Ebene, auf der die Marktabgrenzung abläuft, hängt also entscheidend vom Adressatenkreis ab (s. dazu auch § 9 RdNr. 86).

Da die Abgrenzung des räumlich relevanten Marktes in derselben Weise erfolgt wie die **31** Würdigung des sachlich relevanten Marktes,[29] bietet sich eine Darstellung der Kriterien im Rahmen des ersten Prüfungspunktes, also dem der sachlichen Marktabgrenzung, an. Mit Hilfe der sachlichen und räumlichen Marktabgrenzung soll herausgefunden werden, welche miteinander im Wettbewerb stehenden Unternehmen tatsächlich in der Lage sind, dem Verhalten der anderen am Wettbewerbsprozess beteiligten Unternehmen Schranken zu setzen und sie daran zu hindern, sich einem wirksamen Wettbewerbsdruck zu entziehen; **welchen Wettbewerbskräften sich die Unternehmen zu stellen haben**, ist also Gegenstand der Feststellung.[30] Die Marktdefinition stellt einen für die Einschätzung der Wettbewerbskräfte entscheidenden Prüfungsschritt dar.

Die zu berücksichtigenden Kriterien haben im Laufe der Jahre durch die **Entscheidungs-** **32** **praxis der Europäischen Kommission** und durch die **Rechtsprechung** des Europäischen Gerichtshofes und des Europäischen Gerichts erster Instanz immer mehr an konkreten Konturen gewonnen. Danach gehören „zu dem sachlich relevanten Markt sämtliche Produkte (Waren und Dienstleistungen), die hinreichend austausch- bzw. substituierbar sind, und zwar nicht nur wegen ihrer objektiven Merkmale, derentwegen sie anhaltenden Konsumbedürfnissen, den Preisen und/oder ihrem Zweck gerecht werden, sondern auch wegen der Wettbewerbsbedingungen und/oder der Struktur von Angebot und Nachfrage auf dem betreffenden Markt. Produkte, die nur in geringem Maß oder relativ austauschbar sind, gehören nicht demselben Markt an."[31] Von den das Verhalten der Anbieter im Wettbewerb möglicherweise beeinflussenden Kräften hängt es ab, inwieweit die in Frage stehenden Güter gemeinsam den relevanten Markt darstellen.[32] Die beiden wesentlichen zu berücksichtigenden **Wettbewerbskräfte**, anhand derer das Marktverhalten der Anbieter beurteilt wird, sind im europäischen Wettbewerbsrecht nicht anders als im deutschen Wettbewerbsrecht die **Austauschbarkeit aus Nachfragersicht und** die auch als Angebotsumstellungsflexibilität bezeichnete Substituierbarkeit **aus Anbietersicht**.[33]

---

29 Vgl. Leitlinien der Kommission zur Marktanalyse, RdNr. 57.
30 Bekanntmachung der Kommission über die Definition des relevanten Marktes, RdNr. 2.
31 Leitlinien der Kommission zur Marktanalyse, RdNr. 44 m. w. N.; siehe dazu beispielsweise das Urteil des Europäischen Gerichtshofes vom 9. November 1983 in der Rechtssache 322/81, *Michelin ./. Kommission*, Slg. 1983, 3461, RdNr. 37; das Urteil des Europäischen Gerichts erster Instanz vom 30. März 2000 in der Rechtssache T-65/96, *Kish Glass ./. Kommission*, Slg. 2000, II-1885, Randnr. 62, im Rechtsmittelverfahren bestätigt durch den Beschluss des Europäischen Gerichtshofes vom 18. Oktober 2001 in der Rechtssache C-241/00 P, *Kish Glass ./. Kommission*, Slg. 2001, I-7759; das Urteil des Europäischen Gerichts erster Instanz vom 17. Dezember 2003 in der Rechtssache T-219/99, *British Airways ./. Kommission*, RdNr. 91 m. w. N.
32 Leitlinien der Kommission zur Marktanalyse, RdNr. 38.
33 Leitlinien der Kommission zur Marktanalyse, RdNr. 38; vgl. in diesem Zusammenhang beispielsweise auch *R. Krüger*, K&R-Beilage 1/2003, 9, 11; *Huppertz*, Die SMP-Konzeption, S. 153

33 Die Frage, die sich bei der Prüfung der **Austauschbarkeit aus Sicht der Nachfrager**, beispielsweise der Endverbraucher, stellt, ergibt sich im Grunde schon aus dem Wortsinn. Zu prüfen ist, ob und – wenn ja – inwieweit die Kunden dazu bereit sind, die in Frage Dienstleistung durch eine andere Dienstleistung zu ersetzen,[34] wobei keine vollkommene Austauschbarkeit aus Sicht aller Kunden erforderlich ist, sondern ein hinreichender Grad an Austauschbarkeit genügt.[35] Von Bedeutung ist vielmehr, dass alle diejenigen Güter erfasst werden, welche aus Sicht der Nachfrager hinsichtlich der Eigenschaften, des Preises und des vorgesehenen Verwendungszwecks als substituierbar anzusehen sind.[36]

34 Dabei sollten im Rahmen der Marktdefinition vor allem diejenigen Dienstleistungen zusammengefasst werden, welche die Nachfrager für denselben **Zweck** verwenden.[37] Die unterschiedlichsten Arten von Gütern können für denselben Zweck verwendet werden, obwohl der Endzweck eines Wirtschaftsgutes zumindest auch unmittelbar von physischen Merkmalen abhängt.[38] Unterschiedliche Vorstellungen der Nachfrage in Bezug auf Leistung und Endzweck von Produkten können umgekehrt dazu führen, dass an sich funktional für denselben Zweck nutzbare Dienstleistungen dennoch verschiedenen sachlich relevanten Märkten zuzuordnen sind. Insgesamt ist hervorzuheben, dass rein **physischen Eigenschaften** bei der Marktdefinition lediglich eine **untergeordnete Rolle** zukommt.[39]

35 Im Anschluss an die Frage der Austauschbarkeit aus Nachfragersicht ist die auch als Substituierbarkeit aus Anbietersicht bezeichnete Angebotsumstellungsflexibilität der Anbieter zu untersuchen.[40] Dabei ist zu fragen, ob andere Anbieter als die des fraglichen Wirtschaftsgutes sofort oder jedenfalls kurzfristig bereit wären, ihre Produktion auf dieses Produkt umzustellen bzw. das fragliche Produkte oder die fragliche Dienstleistung anzubieten,

---

Fn. 356; s. auch *Säcker*, ZWeR 2004, 1, der aufbauend auf dem Bedarfsmarktkonzept und dem Konzept der Angebotsumstellungsflexibilität für die Anwendung des so genannten Wirtschaftsplankonzepts plädiert.

34 Leitlinien der Kommission zur Marktanalyse, RdNr. 39; siehe dazu beispielsweise auch das Urteil des Europäischen Gerichtshofes vom 21. Februar 1973 in der Rechtssache 6/72, *Continental Can ./. Kommission,* Slg. 1973, 215 RdNr. 32 (s. zu diesem Urteil beispielsweise *Heynen*, NJW 1973, 1526; *Vandamme*, Cahiers de droit européen 1974, 112); das Urteil des Europäischen Gerichtshofes vom 9. November 1982 in der Rechtssache 322/81, *Michelin ./. Kommission*, Slg. 1983, 3461 RdNr. 37; *Langen/Bunte/Dirksen,* Kartellrecht, Band I, Art. 82 RdNr. 20; *Immenga/Mestmäcker/ Möschel*, EG-Wettbewerbsrecht, Band I, Art. 86 RdNr. 43; *von der Groeben/Schwarze/Schröter*, EUV/EGV, Band 2, Art. 86 RdNr. 107 f.; *R. Krüger*, K&R Beilage 1/2003, 9, 11; *S. Bishop/Walker*, Economics of E. C. Competition Law: Concepts, Application and Measurement, RdNr. 3.09 ff.; *Mehta*, in: Faull/Nikpay (Hrsg.), The EC Law of Competition, RdNr. 1.38 f.

35 Siehe dazu das Urteil des Europäischen Gerichtshofes vom 9. November 1982 in der Rechtssache 322/81, *Michelin ./. Kommission*, Slg. 1983, 3461 RdNrn. 48 ff.; vgl. hierzu auch *Langen/Bunte/ Dirksen*, Kartellrecht, Band I, Art. 82 RdNr. 22; *Grabitz/Hilf/Jung*, Das Recht der Europäischen Union, Band I, Art. 82 RdNr. 31.

36 S. dazu insbesondere Bekanntmachung der Kommission über die Definition des relevanten Marktes, RdNr. 7.

37 Leitlinien der Kommission zur Marktanalyse, RdNr. 44.

38 Leitlinien der Kommission zur Marktanalyse, RdNr. 45.

39 S. dazu beispielsweise das Urteil des Europäischen Gerichts erster Instanz vom 17. Dezember 2003 in der Rechtssache T-219/99, *British Airways ./. Kommission*, Slg. 2003, 233, RdNr. 91 m. w. N.

40 Vgl. dazu beispielsweise *R. Krüger*, K&R Beilage 1/2003, 9, 12; s. ebenfalls *S. Bishop/Walker*, Economics of E. C. Competition Law: Concepts, Application and Measurement, RdNr. 3.12; *Mehta*, in: Faull/Nikpay (Hrsg.), The EC Law of Competition, RdNr. 1.140.

ohne dass erhebliche Zusatzkosten für sie entstünden.[41] Dabei dürfen jedoch keine größeren Anstrengungen erforderlich sein, um mit Hilfe dieses weiteren Wirtschaftsgutes in Wettbewerb zu den bereits durch das Kriterium der Austauschbarkeit aus Nachfragersicht erfassten Wirtschaftsgütern zu treten.[42] Liegt dagegen eine unmittelbare Umstellungsmöglichkeit vor, so ist daraus die Schlussfolgerung zu ziehen, dass die derart erfassten Produkte oder Dienstleistungen genauso dem sachlich relevanten Markt zugerechnet werden, wie sie dies infolge des Bestehens einer Substituierbarkeit aus Nachfragersicht würden.[43]

Der so genannte **hypothetische Monopolistentest**, der gelegentlich als HMT abgekürzt **36** wird, stellt eine zulässige Methode zur Feststellung des Bestehens von Austauschbarkeit aus Nachfragersicht und aus Anbietersicht dar.[44] Diese aus den Vereinigten Staaten kommende Vorgehensweise ist auch als SSNIP-Test bekannt, wobei „SSNIP" nichts anderes als die einprägsame Abkürzung von „small, but significant, non-transitory increase in price", also „kleine, aber signifikante, nicht vorübergehende Preiserhöhung" darstellt. Darüber wie einfach „in einem Schnipps" sich dieser Test durchführen lässt, sagt diese Bezeichnung dagegen nichts aus. Der hypothetische Monopolistentest soll die wissenschaftlich-ökonomische Antwort auf die Frage ermöglichen, was geschähe, wenn sich eine kleine, aber signifikante und anhaltende Preiserhöhung bei einem bestimmten Produkt ereignen würde und gleichzeitig die Preise sämtlicher anderer Produkte konstant blieben.[45] Als signifikant in diesem Sinne wird allgemein eine Preiserhöhung von 5 bis 10 Prozent im Vergleich zum marktüblichen Ausgangspreis erachtet.[46] Nach Ansicht der Befürworter dieser Methode lässt sich anhand der Reaktion von Verbrauchern und Unternehmen herausfinden, ob verschiedene Güter austauschbar sind, so dass darauf aufbauend der sachlich relevante Markt festgestellt werden kann.[47] Ob diese fakultativ zur Verfügung stehende Methode in der Pra-

---

41 Leitlinien der Kommission zur Marktanalyse, RdNr. 39; siehe dazu auch das Urteil des Europäischen Gerichtshofes vom 21. Februar 1973 in der Rechtssache 6/72, *Continental Can*, Slg. 1973, 248, RdNr. 33, sowie *Langen/Bunte/Dirksen*, Kartellrecht, Band 1, Art. 82 RdNr. 27; *Immenga/ Mestmäcker/Möschel*, EG-Wettbewerbsrecht, Band I, Art. 86 RdNr. 54.
42 Vgl. Bekanntmachung der Kommission über die Definition des relevanten Marktes, RdNr. 14.
43 Bekanntmachung der Kommission über die Definition des relevanten Marktes, RdNr. 20.
44 Vgl. Leitlinien der Kommission zur Marktanalyse, RdNr. 40 ff.; s. dazu auch *Plum/Schwarz-Schilling*, Marktabgrenzung im Telekommunikations- und Postsektor, S. 14 ff.; *Langen/Bunte/Dirksen*, Kartellrecht, Band 1, Art. 82 RdNr. 24; *Grabitz/Hilf/Jung*, Das Recht der Europäischen Union, Band I, Art. 82 RdNr. 35; *Immenga/Mestmäcker/Möschel*, EG-Wettbewerbsrecht, Band I, Art. 86 RdNr. 45; *von der Groeben/Schwarze/Schröter*, EUV/EGV, Band 2, Art. 82 RdNr. 135; *W. Bishop*, ECLR 1997, 481; *Crocioni*, ECLR 2002, 354; *Dobbs*, The Assessment of Market Power and Market Boundaries Using the Hypothetical Monopoly Test, Newcastle 2002; *Ewald*, ZWeR 2004, 512; *Geroski/Griffith*, Identifying Antitrust Markets, S. 4 ff.; *Lexecon Ltd.*, An Introduction to Quantitative Techniques in Competition Analysis, S. 5 ff.; *Werden*, Antitrust Law Journal 2003, 253; zu weiteren ökonomischen Analyseansätzen siehe außerdem *Danger/Frech*, The Anitrust Bulletin 2001, 339; *Formi*, Using Stationarity Tests in Antitrust Market Definition; *Harris/Veljarovski*, ECLR 2003, 213; *Katz/Shapiro*, Antitrust Magazine 2003, 49; *Langenfeld/Li*, The Antitrust Bulletin 2001, 299; *O'Brien/Wickelgren*, Antitrust Law Journal 2003, 161; *Stigler/Sherwin*, Journal of Law and Economics 1985, 555; *Wills*, ECLR 2002, 4; *Hildebrand*, WuW 2005, 513.
45 Leitlinien der Kommission zur Marktanalyse, RdNr. 40; s. dazu auch *dies.*, Bekanntmachung der Kommission über die Definition des relevanten Marktes, RdNr. 17.
46 Leitlinien der Kommission zur Marktanalyse, RdNr. 40 m. w. N.
47 Leitlinien der Kommission zur Marktanalyse, RdNr. 40 m. w. N.

xis angewandt wird, unterliegt der Entscheidungsgewalt der Reg TP als nationaler Regulierungsbehörde.[48] Der hypothetische Monopolistentest hat sowohl Vor- als auch Nachteile.

37   Was den SSNIP-Test so attraktiv macht, ist die Eingängigkeit des Gedankenexperimentes. Nicht ohne Grund vertritt die Europäische Kommission daher die Auffassung, dass die Bedeutung des hypothetischen Monopolistentestes vor allem in seiner Verwendung als **konzeptionelles Instrument** für die Bewertung des Wettbewerbs zwischen verschiedenen Produkten beziehungsweise Dienstleistungen liegt.[49]

38   In der praktischen Anwendung ist dieser Test allerdings nicht ganz unproblematisch. Hinzuweisen ist zunächst auf die Gefahr eines als so genannte **Cellophane Fallacy** bezeichneten Irrtums. Eine solche Täuschung liegt nahe, wenn der marktübliche Ausgangspreis, auf dessen Grundlage die Preiserhöhung und damit der gesamte Test durchgeführt wird, bereits wegen ausgenutzter Marktmacht über dem Wettbewerbspreis liegt.[50] Kann ein solcher Marktmachtmissbrauch nicht völlig ausgeschlossen werden, so erscheint also die Anwendung dieser Methode kaum angezeigt. Zudem wird die Anwendung des hypothetischen Monopolistentests im Falle direkt oder indirekt **regulierter Preise** als **nicht ganz unproblematisch** angesehen.[51] Dies erschwert seine Anwendung in einem der sektorspezifischen Regulierung unterliegenden Sektor ungemein.

39   Des Weiteren ist der SSNIP-Test ebenfalls dann kein geeignetes Instrument für die Messung der Substituierbarkeit, wenn die Auswahlentscheidungen der Nachfrager maßgeblich durch **andere Erwägungen als die Höhe des Preises** beeinflusst werden,[52] wie dies insbesondere bei Endverbrauchern nicht ungewöhnlich ist. Hierzu gibt es bereits ein plastisches, sich auf den Ausschank von Bier in Gaststätten beziehendes Beispiel aus der Europäischen Rechtsprechung. So urteilte nämlich das Europäische Gericht erster Instanz[53] in diesem Kontext, dass eine auf Preisunterschieden beruhende Marktabgrenzung dann nicht in Betracht kommt, wenn der Preis aus Verbrauchersicht nur ein zweitrangiges Auswahlkriterium ist, weil die Auswahlentscheidung der Verbraucher nicht in erster Linie von rein wirtschaftlichen Erwägungen abhängt. So ist es auch aus Wettbewersicht absolut einleuchtend, dass dem mit dem Kauf mancher Produkte verbundenen Prestigegewinn nicht mit Erfolg durch eine Preissenkung begegnet werden kann.

40   Selbst wenn man die beiden dargestellten Sonderfälle außer Betracht lässt, so ist darauf hinzuweisen, dass der hypothetische Monopolistentest vielfach **aus praktischen Gründen**

---

48 Vgl. Leitlinien der Kommission zur Marktanalyse, RdNr. 43.

49 Leitlinien der Kommission zur Marktanalyse, Fn. 26.

50 Vgl. Leitlinien der Kommission zur Marktanalyse, Fn. 31; s. dazu auch *R. Krüger*, K&R Beilage 1/2003, 9, 12; *S. Bishop/Walker,* Economics of E. C. Competition Law: Concepts, Application and Measurement, RdNr. 3.06; *Plum/Schwarz-Schilling,* Marktabgrenzung im Telekommunikations- und Postsektor, S. 19.

51 Vgl. *R. Krüger*, K&R Beilage 1/2003, 9, 12.

52 Vgl. Leitlinien der Kommission zur Marktanalyse, Fn. 28 m. w. N.; s. dazu auch *R. Krüger*, K&R Beilage 1/2003, 9, 12; *Langen/Bunte/Dirksen*, Kartellrecht, Band 1, Art. 82 RdNr. 24; *Grabitz/Hilf/Jung*, Das Recht der Europäischen Union, Art. 82 RdNr. 35; *Immenga/Mestmäcker/Möschel*, EG-Wettbewerbsrecht, Band I, Art. 86 RdNr. 45; *von der Groeben/Schwarze/Schröter*, EUV/EGV, Band 2, Art. 82 RdNr. 135; *Plum/Schwarz-Schilling*, Marktabgrenzung im Telekommunikations- und Postsektor, S. 22 m. w. N.

53 Urteil vom 5. Juli 2001 in der Rechtssache T-25/99, *Colin Arthur Roberts und Valerie Ann Roberts ./. Kommission*, Slg. 2001, II-1881 RdNr. 26 ff.

nur eine beschränkte Aussagekraft hat. Eine stringente Durchführung dieser Methode in dem Sinne, dass der genaue Umsatzrückgang berechnet wird, ab dem eine fünf- bis zehnprozentige Preiserhöhung unrentabel wäre, ist vielfach praktisch nicht möglich, weil die dafür erforderlichen Daten über Grenzkosten und Nachfrageelastizitäten im Allgemeinen nur in unzureichendem Maße bekannt sind. Dies hat zur Folge, dass häufig keine belastbaren Berechnungen durchgeführt werden können.

Führen weder die Kriterien der Nachfrage- noch die der Angebotssubstitution zu der An- **41**
nahme eines gemeinsamen Marktes, so kann sich dies aus der **Homogenität der Wettbewerbsbedingungen** ergeben. Dieses Kriterium spielt insbesondere im Rahmen der räumlichen Marktdefinition, aber auch bei der sachlichen Marktabgrenzung eine wichtige Rolle. Nach ständiger Rechtsprechung umfasst der räumlich relevante Markt ein Gebiet, in dem die Unternehmen bei den relevanten Produkten an Angebot und Nachfrage beteiligt sind und die Wettbewerbsbedingungen einander gleichen oder hinreichend homogen sind und von Nachbargebieten unterschieden werden können, in denen erheblich andere Wettbewerbsbedingungen bestehen.[54] Das Kriterium der Homogenität der Wettbewerbsbedingungen dient dazu, bei sehr eng abgegrenzten Märkten die Bildung eines gemeinsamen Marktes zu erleichtern.[55] Ob homogene Wettbewerbsbedingungen bestehen, wird anhand von Merkmalen wie etwa nationaler oder regionaler Präferenzen, gegenwärtigem Käuferverhalten, Produkt- und Markendifferenzierungen, Zugangsbedingungen zu den Vertriebswegen, Kosten der Errichtung eines Vertriebsnetzes oder technische Normen bestimmt.[56] Die Abgrenzung sowohl sachlich als auch räumlich relevanter Märkte steht dabei unter dem Vorbehalt, dass auf dem jeweils betrachteten Markt vergleichbare, gegenüber Nachbarmärkten jedoch deutlich unterschiedliche Strategien (Produkt-, Preis-, Rabattdifferenzierung) angewandt werden, so dass sich tatsächlich vergleichbare, gegenüber Nachbarmärkten jedoch deutlich unterschiedliche Wettbewerbsbedingungen ergeben.[57] Selbst wenn unterschiedliche Preise bei isolierter Betrachtung gegen das Vorliegen eines gemeinsamen sachlich relevanten Marktes sprechen, so sollte nicht verkannt werden, dass dem Preis im Vergleich zur Beschaffenheit des Produkts und seines Verwendungszwecks vielfach nur eine relativ untergeordnete Rolle bei der Marktabgrenzung zukommt (s. dazu auch bereits RdNr. 39).[58] Für die Frage der Homogenität der Wettbewerbsbedingungen bedeutsam sind vor allem die abstrakte (d.h. losgelöst vom einzelnen Kunden betrachtete) Art des Verwendungszwecks, bei dem auf die wirtschaftlichen Bedürfnisse der Marktgegenseite abzustellen ist,[59] die Marktstruktur, ein etwaiger Bottleneck-Charakter der untersuchten Dienstleistungen sowie die Funktion der Dienstleistungen. Die rein physischen Eigenschaften einzelner Netzbestandteile erscheinen demgegenüber nebensächlich, wofür auch

---

54 Vgl. Leitlinien der Kommission zur Marktanalyse, RdNr. 56 m. w. N.
55 S. dazu statt aller *Plum/Schwarz-Schilling*, Marktabgrenzung im Telekommunikations- und Postsektor, S. 32 f. m. w. N.
56 Vgl. dazu Bekanntmachung der Kommission über die Definition des relevanten Marktes, RdNr. 29 f.
57 Vgl. dazu BeckTKG-Komm/*Wendland*, Vor § 33 RdNr. 50 m. w. N.
58 S. dazu BeckTKG-Komm/*Wendland*, Vor § 33 RdNr. 41 m. w. N.; Immenga/Mestmäcker/*Möschel*, GWB, § 19 RdNr. 29 m. w. N.
59 Vgl. *Langen/Bunte/Dirksen*, Kartellrecht, Band 1, Art. 82 RdNr. 23; s. dazu auch *R. Krüger/di Mauro*, Competition Policy Newsletter 3/2003, 33 f.

das Konzept der Technologieneutralität spricht.[60] Die Berücksichtigung der in den verschiedenen Mitgliedstaaten der Europäischen Union unterschiedlichen Netztopologien ist auch nicht allein zur Festlegung der exakten Grenzen zwischen Märkten erforderlich.

42   **c) Räumlich relevant.** – Im Anschluss an die Definition des **sachlich relevanten Marktes** ist der räumlich relevante Markt abzugrenzen,[61] wobei **dieselben Kriterien** ausschlaggebend sind.[62]

43   Im Telekommunikationsbereich wird – aufgrund des ehemals bundesweiten Monopols kaum verwunderlich – der relevante Markt **in aller Regel national** abgegrenzt. Die besonderen Situationen in Finnland (vgl. § 9 RdNrn. 66 ff.), in Ungarn (vgl. § 9 RdNrn. 134 ff.) und auch im Vereinigten Königreich (s. § 9 RdNrn. 140 ff.) sind auf die Verhältnisse in der Bundesrepublik Deutschland nicht übertragbar. Im Allgemeinen werden kleinere Märkte, die nur ein Teilgebiet des Bundesgebiets umfassen, nur dann anzunehmen sein, wenn aus der Sicht des Abnehmers objektive Hemmnisse bestehen, welche die Bedarfsdeckung außerhalb eines bestimmten regionalen Gebietes nicht sinnvoll erscheinen lassen.

44   Wie auch im Rahmen der sachlichen Marktabgrenzung ergäbe sich bei isolierter Anwendung der **Kriterien der Austauschbarkeit aus Nachfragersicht** und der **Angebotsumstellungsflexibilität** sehr häufig eine Atomisierung des räumlich relevanten Marktes in winzige Teilmärkte. Diese Problematik resultiert erkennbar aus den Besonderheiten des netzgebundenen Telekommunikationssektors und birgt die nicht nur von der Reg TP, sondern auch seitens des Bundeskartellamts in den vergangenen Jahren immer wieder betonte Gefahr einer verfälschten Wiedergabe der Wettbewerbsbedingungen infolge einer Abgrenzung zu kleiner Teilmärkte in sich. Eine aussagekräftige räumliche Abgrenzung von Märkten setzt daher voraus, dass das Gebiet bestimmt wird, indem hinreichend **homogene Wettbewerbsbedingungen** herrschen.[63] Bei homogenen Marktverhältnissen kann deshalb die an sich durch das Kriterium der Austauschbarkeit aus Nachfragersicht vorgegebene Marktabgrenzung nicht nur in sachlicher, sondern auch in räumlicher Hinsicht relativiert werden.

---

60   Vgl. *R. Krüger*, K&R Beilage 1/2003, 9, 13; *ders./di Mauro*, Competition Policy Newsletter 3/ 2003, 33 f.

61   Vgl. Leitlinien der Kommission zur Marktanalyse, RdNr. 55.

62   Vgl. Leitlinien der Kommission zur Marktanalyse, RdNr. 57; s. auch *S. Bishop/Walker*, Economics of E. C. Competition Law: Concepts, Application and Mesurement, RdNr. 3.38.

63   *Huppertz*, Die SMP-Konzeption, S. 153; vgl. dazu auch aus der Rechtsprechung das Urteil des Europäischen Gerichtshofes vom 14. Februar 1978 in der Rechtssache 27/76, *United Brands ./. Kommission*, Slg. 1978, 207 RdNr. 44; das Urteil des Europäischen Gerichtshofes vom 9. November 1983 in der Rechtssache 322/81, *Michelin ./. Kommission*, Slg. 1983, 3461, RdNr. 26; das Urteil des Europäischen Gerichtshofes vom 5. Oktober 1988 in der Rechtssache 247/86, *Alsatel,* Slg. 1988, 5987 RdNr. 15; das Urteil des Europäischen Gerichts erster Instanz vom 6. Oktober 1994 in der Rechtssache T-83/91, *Tetra Pak ./. Kommission*, Slg. 1994, II-755, RdNr. 91 (s. dazu beispielsweise *Levy*, ECLR 1995, 127); im Rechtsmittelverfahren bestätigt durch das Urteil des Europäischen Gerichtshofes vom 14. November 1996 in der Rechtssache C-333/94 P, *Tetra Pak ./. Kommission*, Slg. 1996, I-5951 (s. hierzu zum Beispiel *Korah*, ECLR 1997, 99); das Urteil des Europäischen Gerichts erster Instanz vom 12. Juni 1997 in der Rechtssache T-504/93, *Ladbroke*, Slg. 1997, II-923 RdNr. 102 (s. dazu beispielsweise *Korah*, ECLR 1998, 169); das Urteil des Europäischen Gerichts erster Instanz vom 22. Oktober 2002 in der Rechtssache T-310/01, *Schneider Electric ./. Kommission,* Slg. 2002, II-4381 RdNr. 154 (s. dazu beispielsweise *Schohe*, WuW 2003, 359; *Volck Madsen*, ELR 2003, 55; *Wessely*, ZweR 2003, 317); das Urteil des Europäischen Gerichts erster Instanz vom 17. Dezember 2003 in der Rechtssache T-219/99, *British Airways ./. Kommission*, RdNr. 108 m. w. N.

Heinen

So können einzelne zu demselben relevanten Markt gehörige Dienstleistungen dann zu einem auch in geographischer Hinsicht einheitlichen relevanten Markt zusammengefasst werden, wenn hier im Bundesgebiet weitgehend einheitliche Wettbewerbsbedingungen herrschen.

5. Die für eine Regulierung nach den Vorschriften dieses Teils in Betracht kommen. – 45
a) Regulierung nach den Vorschriften dieses Teils. – Bei diesem Tatbestandsmerkmal geht es um nichts anderes als die **Marktregulierung im Sinne von § 9** (s. dazu § 9 RdNrn. 34 ff.), also um die in Teil 2 des TKG geregelte sektorspezifische Regulierung, nämlich Zugangsregulierung (siehe dazu näher § 9 RdNr. 36), Entgeltregulierung (vgl. hierzu § 9 RdNr. 37), sonstige Verpflichtungen (s. dazu § 9 RdNr. 38) und besondere Missbrauchsaufsicht (vgl. hierzu § 9 RdNr. 39).

b) In Betracht kommen. – Diese Formulierung bringt zum Ausdruck, dass Abs. 1 des 46
§ 10 TKG neben der eigentlichen Abgrenzung der sachlich und räumlich relevanten Märkte (s. dazu RdNrn. 29 ff.) als zweiten Prüfungsschritt das Erfordernis, die **Regulierungsbedürftigkeit** der jeweils derart abgegrenzten Märkte festzustellen, regelt. In Anbetracht des Erfordernisses einer derartigen Prüfung wird klar, dass das neue Recht erstmals einen wirklichen konzeptimmanenten Abbaumechanismus für die wettbewerbsfördernde Regulierung einführt.[64] Die Gesetzesbegründung weist insoweit zutreffend darauf hin, dass bisher der gesamte Telekommunikationsmarkt gesetzlich als sektorspezifisch zu regulierender Markt vorgegeben war. Das europäische Recht ermöglicht es nunmehr erstmals, so ebenfalls die Gesetzesbegründung, bestimmte Märkte aus der sektorspezifischen Regulierung zu entlassen. Es handelt sich hierbei also um die Delegation einer ehemals legislativen Kompetenz auf die Reg TP als Exekutive, auch wenn diese durch den aufgrund des Erfordernisses der weitest gehenden Berücksichtigung der Märkte-Empfehlung sehr großen Einfluss der Europäischen Kommission in verhältnismäßig enge Bahnen gelenkt wird (s. RdNrn. 69 ff.).

Maßstab dieser Prüfung ist – genau wie bei der Marktabgrenzung (vgl. RdNr. 25) – zu- 47
nächst die **Märkte-Empfehlung** der Europäischen Kommission (vgl. dazu RdNrn. 69 ff.). Sie stellt eine Art Anfangsverdacht für die Regulierungsbedürftigkeit von Märkten beziehungsweise deren Fehlen dar. Mit der Aufnahme eines sachlich relevanten Marktes in die Märkte-Empfehlung hat die Europäische Kommission diesem Markt nämlich die Regulierungsbedürftigkeit attestiert. Derart wird sowohl der Reg TP als nationaler Regulierungsbehörde der Eintritt in die Marktanalyse erleichtert als auch eine gemeinschaftsweit koordinierte Aufnahme der Marktanalyse gewährleistet.

Ebenso wie bei der Definition der sachlich relevanten Märkte (s. dazu RdNr. 26) ist dies 48
aber anders zu sehen, wenn **besondere nationale Umstände** vorliegen, die eine abweichende Beurteilung geboten erscheinen lassen könnten, also entweder die Regulierungsbedürftigkeit eines in der Empfehlung der Europäischen Kommission genannten Marktes in Frage stellen oder ein Regulierungsbedürfnis bei einem nicht in dieser Empfehlung aufgeführten Markt denkbar erscheinen lassen.

Die Kriterien, die jedenfalls im Falle einer Abweichung von der Märkte-Empfehlung be- 49
züglich der Frage der Regulierungsbedürftigkeit zu prüfen sind, stammen aus der Empfehlung selbst. In Anbetracht der Entstehungsgeschichte (s. dazu RdNr. 5 ff.) erscheint dies in-

---

[64] S. dazu *Huppertz*, Die SMP-Konzeption, S. 86, 162.

sofern unter dem Gesichtspunkt der Rechtssicherheit und Rechtsklarheit begrüßenswert, als die Europäische Kommission darauf hingewiesen hat, dass sie die Kriterien für die Auswahl der Märkte so gewählt habe, dass diese nicht zu häufig revidiert werden müssten und somit ein gewisses Maß an Kontinuität sichergestellt sei.[65]

50 **6. Beträchtliche und anhaltende strukturell oder rechtlich bedingte Marktzutritts-schranken. – a) Marktzutrittsschranken.** – Soweit ersichtlich, existiert **keine allgemein-gültige Definition** des Begriffs der auch als Markteintrittsbarriere bezeichneten Marktzutrittsschranke,[66] so dass es am zweckmäßigsten erscheint, sich dem Begriff anhand der von ihm erfassten Unterfälle und Fallgruppen zu nähern. Marktzutrittsschranken haben ihre Ursache in den strukturellen Bedingungen der jeweiligen Märkte, den bewussten Abwehrstrategien der etablierten Unternehmen oder administrativen Hindernissen (s. hierzu auch § 11 RdNr. 34).[67]

51 **b) Strukturell bedingt.** – Was als **strukturell bedingte Marktzutrittsschranke** angesehen werden kann, erschließt sich aus Erwägungsgrund 11 der Märkte-Empfehlung.[68] Die Europäische Kommission sieht als Ursache struktureller Marktzutrittsschranken asymmetrische anfängliche Kostenstrukturen beziehungsweise Nachfragebedingungen an. So könnten Größen- und Verbundvorteile zusammen mit versunkenen Kosten zu Asymmetrien im Markt führen. Auch nicht leicht duplizierbare Infrastruktur wird als strukturelle Marktzutrittsschranke angesehen. Der Zugang zur Teilnehmeranschlussleitung wird dabei explizit als Beispiel genannt.[69]

52 **c) Rechtlich bedingt.** – Zu den rechtlichen Hindernissen zählen – wie sich auch aus Erwägungsgrund Nr. 12 der Märkte-Empfehlung ergibt – etwa besondere **institutionelle Bedingungen**, staatliche **Gesetze** und **behördliche Entscheidungen**.[70] Es muss sich um staatliche Maßnahmen handeln, die sich unmittelbar auf die Zugangsbedingungen und/oder die Stellung von Betreibern auf dem relevanten Markt auswirken. Beispielhaft ist der limitierte Zugang zu bestimmten Frequenzspektren zu nennen.[71]

53 **d) Beträchtlich und anhaltend.** – Es erscheint denkbar, dass unter „anhaltend" eine kürzere Zeitspanne zu verstehen ist, als der Wortsinn zunächst vermuten lässt. Es handelt sich nämlich bei dem hier übernommenen Text der Märkte-Empfehlung um eine Übersetzung des englischen Begriffs „non-transitory". Der Begriff anhaltend sollte daher im Sinne von **„nicht lediglich vorübergehend"** interpretiert werden.[72] Anhaltend sind Marktzutritts-schranken jedenfalls dann nicht, wenn sie in absehbarer Zeit an Bedeutung verlieren. An-

---

65 S. dazu *Huppertz*, Die SMP-Konzeption, S. 195 m. w. N.
66 S. dazu beispielsweise *Plum/Schwarz-Schilling,* Marktabgrenzung im Telekommunikations- und Postsektor, S. 31; s. zu dieser Thematik nunmehr auch *Arowolo*, ECLR 2005, 247.
67 Vgl. etwa *R. Krüger*, K&R Beilage 1/2003, 9, 10 f.
68 S. aber dazu auch nunmehr Leitlinien zur Bewertung horizontaler Zusammenschlüsse, RdNr. 71 m. w. N.
69 Vgl. zum Ganzen auch *Huppertz*, Die SMP-Konzeption, S. 204.
70 Siehe dazu *R. Krüger*, K&R Beilage 1/2003, 9, 11, 14, 17; *Plum/Schwarz-Schilling,* Marktabgrenzung im Telekommunikations- und Postsektor, S. 32; s. nunmehr auch Leitlinien zur Bewertung horizontaler Zusammenschlüsse, RdNr. 71 m. w. N.
71 Vgl. zum Ganzen *Huppertz*, Die SMP-Konzeption, S. 204; für zahlreiche Beispiele rechtlicher Marktzutrittsschranken siehe auch *Mehta*, in: Faull/Nikpay (Hrsg.), The EC Law of Competition, RdNr. 1.47.
72 *Huppertz*, Die SMP-Konzeption, S. 204, Fn. 492.

gesichts der gemäß § 14 TKG regelmäßig vorzunehmenden Wiederholung der Prüfung ist unter einer derart absehbaren Zeit ein **Zeitraum von circa ein bis zwei Jahren** zu verstehen (siehe auch RdNr. 55). Wie auch Erwägungsgrund 13 der Märkte-Empfehlung entnommen werden kann, kommt im vorliegenden Zusammenhang der Frage, ob potenzieller Wettbewerb vorliegt, entscheidende Bedeutung zu. Insbesondere Innovation und technischer Fortschritt können zu einer Relativierung von Marktzugangshindernissen führen.[73]

7. Längerfristig nicht zu wirksamem Wettbewerb tendieren. – Als Anhaltspunkt für **54** Märkte, bei denen dieses Kriterium nicht erfüllt ist, wird in Erwägungsgrund 14 der Märkte-Empfehlung genannt, dass eine hinreichende Zahl von Unternehmen mit abweichenden Kostenstrukturen sich mit einer preiselastischen Nachfrage konfrontiert sehen, oder dass Wettbewerber aufgrund von Kapazitätsüberschüssen schnell auf Preiserhöhungen reagieren können.[74] Im Rahmen dieser Untersuchung sind **ähnliche Indikatoren** zu analysieren **wie bei der Prüfung von Marktbeherrschung.**[75] Die Untersuchung der tatsächlichen Wettbewerbssituation sollte – so Erwägungsgrund 27 der Rahmenrichtlinie – auch eine Klärung der Frage umfassen, ob der Markt potenziell wettbewerbsorientiert ist und ob das Fehlen eines wirksamen Wettbewerbs ein dauerhaftes Phänomen ist.

Unter „längerfristig" ist dabei – in Anbetracht der nach § 14 TKG regelmäßig vorzuneh- **55** menden Wiederholung der Prüfung – ein Zeitraum von **ein bis zwei Jahren** zu Grunde zu legen (s. auch RdNr. 53).

8. Die Anwendung des allgemeinen Wettbewerbsrechts allein reicht nicht aus, um 56 dem betreffenden Marktversagen entgegenzuwirken. – Als letztendlicher, rechtlicher Ursprung dieses Tatbestandsmerkmals, dem von allen Kriterien der Regulierungsbedürftigkeit die größte Bedeutung zu gemessen wird,[76] ist über den „Umweg" der Märkte-Empfehlung **Erwägungsgrund 27** der Rahmenrichtlinie zu sehen, der fordert, dass die Instrumente des nationalen und gemeinschaftlichen Wettbewerbsrechts nicht ausreichen, um das Problem zu lösen (s. dazu § 9 RdNr. 28). Als derartiges Instrument ist insbesondere die allgemeine wettbewerbsrechtliche Missbrauchsaufsicht nach **§ 19 GWB** und gemäß **Art. 82 des EG-Vertrages** anzusehen, denen dieselbe Asymmetrie innewohnt wie dem sektorspezifischen Recht des TKG.

Das Gesetz bringt mit diesem Tatbestandsmerkmal den allgemeinen rechtsstaatlichen **Ulti- 57 ma-ratio-Gedanken** zum Ausdruck: Regulierung als im Vergleich zur Anwendung des allgemeinen Wettbewerbsrechts massiverer Eingriff soll nur erfolgen, wenn die Anwendung des allgemeinen Wettbewerbsrechts als milderes Mittel nicht ausreicht. Dabei ist allerdings zu beachten, dass die Märkte-Empfehlung eine Vermutung dahingehend begründet, dass jedenfalls auf den in ihr aufgelisteten Märkten der Einsatz von Mitteln des allgemeinen Wettbewerbsrechts sich europaweit als unzureichend erwiesen hat und daher eine Regulierungsbedürftigkeit der genannten Märkte besteht.[77]

Bei der Prüfung des vorliegenden Kriteriums ist zu bedenken, dass die Regeln des allge- **58** meinen Wettbewerbsrechts nur ex post eingreifen und immer wieder einzelne, konkrete Verfahren einzuleiten sind. Dies behindert – im Vergleich zu regulatorischen Möglichkei-

---

73 Vgl. zum Ganzen *Huppertz*, Die SMP-Konzeption, S. 205.
74 Vgl. zum Ganzen *Huppertz*, Die SMP-Konzeption, S. 205.
75 Vgl. dazu *R. Krüger*, K&R Beilage 1/2003, 9, 18.
76 *Klotz*, K&R Beilage 1/2003, 3, 6.
77 S. *Elkettani*, K&R Beilage 1/2004, 11, 15.

ten – die **Effektivität** des allgemeinen Wettbewerbsrechts.[78] Die Anwendung der Instrumente des Wettbewerbsrechts erscheint auch unzureichend, wenn im Falle einer reinen kartellrechtlichen Missbrauchsaufsicht häufige und/oder zeitaufwendige Interventionen erforderlich wären.[79] Die Eingriffsmöglichkeiten des allgemeinen Kartellrechts werden etwa dann als unzureichend angesehen, wenn die Durchsetzung der angeordneten Rechtsfolge eine besonders detaillierte oder periodische Prüfung von Vertragsbestimmungen oder Kostenunterlagen notwendig macht.[80] Von Bedeutung für die Beurteilung der vorliegenden Frage sind dabei auch die etwas unterschiedlichen Zielrichtungen der sektorspezifischen Regulierung einerseits und der kartellrechtlichen Missbrauchsaufsicht nach Art. 82 des EG-Vertrages und § 19 GWB andererseits. Während nämlich die sektorspezifische Regulierung in erster Linie auf eine Verhinderung von zukünftigen wettbewerblichen Fehlentwicklungen abzielt, ist das allgemeine Kartellrecht eher auf eine nachträgliche Behebung und Sanktion bereits eingetretener Fehlentwicklungen ausgerichtet.[81] Die Vorteile eines regulatorischen Eingriffs gegenüber dem kartellrechtlichen Instrumentarium liegen somit grundsätzlich in einer schnelleren, präziseren und effektiveren Regelung des Wettbewerbsproblems in ehemals monopolisierten Märkten.[82] Wenn durch kartellrechtliche Verfahren der nationalen Wettbewerbsbehörden oder der Kommission erreicht würde, dass bereits durch die nachträgliche Missbrauchsaufsicht mehr Wettbewerb auf diesen Märkten entsteht, so könnte dies dazu führen, dass die Ex-ante-Regulierung in diesem Bereich überflüssig wird.[83]

59   Insbesondere bei Märkten auf der **Vorleistungsebene** erscheint es vielfach eher wahrscheinlich, dass die Anwendung des allgemeinen Wettbewerbsrechts nicht ausreicht. Dafür spricht, dass der zumeist marktbeherrschende ehemalige Monopolist ein vertikal integriertes Unternehmen ist und schon im Interesse einer möglichst starken Position auf der Endkundenebene grundsätzlich kein Interesse daran haben kann, den Marktteilnehmern Vorleistungen zur Verfügung zu stellen, also vor allem freiwillig Zugang zu nicht leicht duplizierbarer Infrastruktur zu gewähren. Daher wäre es einem vertikal integrierten, marktbeherrschenden Unternehmen – in Abwesenheit entgegenstehender Regeln – ein Leichtes, Marktmacht auf die Endkundenebene auszudehnen, indem es Wettbewerbern den Zugang zu Vorleistungen wie insbesondere den Netzzugang verweigerte oder nur zu unangemessenen Bedingungen gewährte.[84] Einer generellen Gefahr eines an sich im generellen Interesse des Marktbeherrschers liegenden wettbewerbswidrigen Verhaltens sollte genauso generell, nämlich präventiv, begegnet werden. Dies ist insbesondere im Falle eines einem natürlichen Monopol jedenfalls ähnelnden Marktversagens, wie es beispielsweise der Situation im Bereich des Zugangs zur Teilnehmeranschlussleitung allgemein zugeschrieben wird,[85] anzunehmen.

78 S. dazu *Klotz*, ZWeR 2003, 283, 294.
79 S. *R. Krüger*, K&R Beilage 1/2003, 18 m. w. N.
80 *Klotz*, ZWeR 2003, 283, 294.
81 Vgl. *Klotz*, ZWeR 2003, 283, 313.
82 Vgl. *Klotz*, ZWeR 2003, 283, 313.
83 *Klotz*, ZWeR 2003, 283, 294 f.
84 Für eine allgemeine Darstellung der Bedeutung des Netzzugangs vgl. *Heinen*, Journal of Network Industries 2001, 385, 388 f. m. w. N.; siehe dazu auch *Temple Lang*, Fordham International Law Journal 18 (1994), 437, 480 ff.
85 Vgl. dazu beispielsweise *Geradin*, Journal of Network Industries 2001, 113, 115.

Die **Allokation knapper Güter** bedarf in der Regel der über eine wettbewerbssichernde 60
allgemeine Wettbewerbsaufsicht hinausgehenden regulatorischen, das heißt generell und
präventiv wettbewerbsfördernden Intervention.[86] Nur so kann nämlich die Möglichkeit der
Leistungsgewährung für alle Wettbewerber sichergestellt werden während nach dem allgemeinen Wettbewerbsrecht lediglich missbräuchliches Verhalten im Einzelfall sanktioniert
werden kann.

9. Beurteilungsspielraum. – Der Begriff des Beurteilungsspielraum hat, knapp zusam- 61
mengefasst, folgende **Bedeutung**: Es handelt sich um die Befugnis der Verwaltung, einen
unbestimmten Rechtsbegriff auf der **Tatbestandsseite** einer Norm mit Verbindlichkeit
nicht nur für Bürger, sondern auch für Gerichte zu definieren.[87] Nicht die Gerichtsbarkeit,
sondern die Verwaltung ist abschließend befugt, die richtige Auslegung zu bestimmen. Der
Beurteilungsspielraum ist von einer Ermessensausübung klar zu trennen und nicht mit ihr
zu verwechseln: Eine Ermessensausübung kommt erst bezogen auf die Rechtsfolgenseite
in Betracht, während ein Beurteilungsspielraum die Auslegung eines unbestimmten
Rechtsbegriffes betrifft. Ähnlich dem Ermessen wird die Verwaltung indes **nicht von jeglicher Kontrolle durch die Judikative freigestellt**, was mit rechtstaatlichen Grundsätzen
kaum vereinbar wäre, sondern es findet eine gerichtliche Kontrolle der Vertretbarkeit der
Verwaltungsentscheidung statt. Dabei werden vor allem die Richtigkeit und Vollständigkeit der Sachverhaltsermittlung, die Einhaltung von Verfahrensvorschriften, die Beachtung
allgemein anerkannter Bewertungsgrundsätze und das Fehlen sachfremder Erwägungen
überprüft.

Wie aufgrund der Definition des Beurteilungsspielraums (RdNr. 61) erkennbar wird, setzt 62
dessen Vorliegen einen **unbestimmten Rechtsbegriff** voraus. Darunter versteht man eine
Tatbestandsvoraussetzung, die keinen eindeutigen, sondern – jedenfalls aus sprachlicher
Perspektive – einen eher unklaren Inhalt hat und erst mittels einer Auslegung unter Bewertung aller Umstände des Einzelfalls präzisiert werden kann. **Typische Beispiele** für unbestimmte Rechtsbegriffe sind der Begriff der Unzuverlässigkeit im Sinne von § 35 der Gewerbeordnung und der Begriff der guten Sitten im Sinne von § 33 a) Abs. 2 Nr. 2 der Gewerbeordnung.

Das Vorliegen eines unbestimmten Rechtsbegriffs reicht allerdings für die Annahme eines 63
Beurteilungsspielraums keineswegs aus. **Grundsätzlich** gibt es auch bei unbestimmten
Rechtsbegriffen wie etwa dem Beispiel der Unzuverlässigkeit (RdNr. 62) immer nur **genau
eine richtige Auslegung**, die in vollem Umfang der judikativen Kontrolle unterliegt. Nur
in wenigen **Ausnahmefällen** ist davon abweichend das Vorliegen eines Beurteilungsspielraums zu bejahen. Dabei handelt es sich vor allem um solche Fälle, in denen die Exekutive
Entscheidungen treffen muss, die so stark situationsabhängig sind, dass sich diese **Situa-
tionsgebundenheit** im gerichtlichen Verfahren nicht rekonstruieren und nachvollziehen
lässt. Ein Beurteilungsspielraum wird daher insbesondere anerkannt bei bestimmten Prü-
fungs- und prüfungsähnlichen Entscheidungen (Staatsexamina, Versetzung in die nächste

---

86 Zur wettbewerbsverstärkenden Wirkung der Gewährung des Zugangs zur Teilnehmeranschlussleitung s. auch *Europäische Kommission,* Mitteilung der Kommission – Entbündelter Zugang zum
   Teilnehmeranschluss: Wettbewerbsorientierte Bereitstellung einer vollständigen Palette von elektronischen Kommunikationsdiensten einschließlich multimedialer Breitband- und schneller Internet-Dienste, ABl. EG Nr. C 272 vom 23. September 2000, S. 55 ff., insbesondere S. 62.
87 S. dazu *Maurer,* Allgemeines Verwaltungsrecht, § 7 RdNr. 31

Klasse, Abitur, u. Ä.),[88] dienstrechtlichen Beurteilungen von Beamten und Soldaten,[89] auf **politische, wirtschaftliche, soziale oder kulturelle** Gesamtzusammenhänge gerichtete **Prognoseentscheidungen**[90] und **Risikobeurteilungen,** insbesondere im Umweltrecht, wie beispielsweise die Beurteilung des Betriebsrisikos eines Kernkraftwerks, **Wertungsentscheidungen weisungsfreier,** mit Interessenvertretern oder Sachverständigen besetzter Ausschüsse und **Gremien** als „Elemente gesellschaftlicher Repräsentanz"[91] wie etwa der Bundesprüfstelle bei der Entscheidung über die Indizierung jugendgefährdender Schriften[92].

64 Maßgebendes Kriterium dafür, ob ein Beurteilungsspielraum vorliegt, ist, ob die Exekutive entweder einen von den Gerichten **uneinholbaren Erkenntnisvorsprung** hat oder – so die nicht völlig unumstrittene normative Ermächtigungslehre, der wohl das Bundesverwaltungsgericht zuzuneigen scheint[93] – **vom Gesetzgeber** in begrenztem Umfang zu rechtlich nicht gebundenen Wertungen **ermächtigt** ist.

65 Die Voraussetzungen für die normative Ermächtigungslehre liegen, wenn man sie denn anerkennt, aufgrund der ausdrücklichen Aufnahme des Begriffes „Beurteilungsspielraum" in den Gesetzestext unzweifelhaft vor. Die **Gesetzesbegründung** spricht sich zudem auch für das Vorliegen eines uneinholbaren Erkenntnisvorsprungs der Reg TP aus. Bei der Bestimmung der Märkte handele es sich nämlich um eine „Prognoseentscheidung, die unter umfassender Beteiligung der Betroffenen (Unternehmen, Kommission, Regulierungsbehörden der Mitgliedstaaten, Monopolkommission) und im Einvernehmen mit dem Bundeskartellamt getroffen wird und wegen ihres wertenden Inhalts fachlich von den Gerichten im Einzelnen nicht nachvollzogen werden kann." Dabei wird ein Vergleich mit anderen wertenden Entscheidungen des Umwelt- und Wirtschaftsverwaltungsrechts gezogen. Die Einräumung eines Beurteilungsspielraums wird allerdings in der Literatur bezogen auf den vorliegenden Fall **zum Teil** als **verfassungsrechtlich problematisch** erachtet.[94] Nicht außer Acht gelassen werden kann indes, dass der **Europäische Gerichtshof** tendenziell der Annahme von Beurteilungsspielraum gegenüber eher aufgeschlossen ist und einen solchen im Falle komplexer wirtschaftlicher Sachverhalte, wie sie insbesondere im Wettbewerbsrecht vorzufinden sind, in ständiger Rechtsprechung bejaht.[95] Da vorliegend die Definition

---

88 Vgl. dazu beispielsweise BVerwGE 8, 272, 273; BVerwG, NJW 1984, 2650 m. w. N.; BVerwG NVwZ 1988, 433; BVerwG, NJW 1996, 942, 943; BVerfGE 84, 34, 49 ff.; BVerfGE 84, 59, 77 ff.; BVerfGE 88, 40, 57 f.; BVerfG NVwZ 1992, 657 f. BVerfG NVwZ 1995, 469 f.; s. hierzu auch *Maurer,* Allgemeines Verwaltungsrecht, § 7 RdNr. 37 ff.

89 S. dazu beispielsweise BVerwGE 21, 127, 129 f. m. w. N.; BVerwGE 60, 245 f. m. w. N.; BVerwGE 86, 59, 63 f.; BVerwGE 93, 281, 282 f.

90 S. dazu beispielsweise BVerwGE 64, 238, 242; BVerwGE 77, 75; BVerwGE 79, 208, 213 ff.; BVerwGE 80, 270, 275; BVerwGE 81, 12, 17; BVerwGE 82, 260, 265; BVerwGE 82, 295, 299; BVerwG NVwZ 1991, 268, 269; BVerwG NVwZ 1991, 568, 570; BVerwG NJW 1994, 535; BVerfGE 45, 1, 39.

91 BVerwGE 39, 197.

92 Vgl. BVerwGE 39, 197; BVerwGE 59, 213, 217; BVerwGE 62, 330, 337; BVerwGE 72, 195; BVerwGE 77, 75, 77 f. m. w. N.; BVerwG NJW 1987, 1431, 1432.

93 Siehe dazu insbesondere BVerwGE 59, 213, 215 f.; BVerwGE 81, 12, 17; BVerwGE 94, 307, 309 f.; BVerwG NVwZ 1995, 700, 701.

94 *Wegmann,* K&R Beilage 1/2004, 25, 27.

95 Vergleiche dazu beispielsweise das Urteil des Europäischen Gerichtshofes vom 31. Mai 1998 in den verbundenen Rechtssachen C-68/94 und C-30/95, *Frankreich ./. Kommission – Kali&Salz,* Slg. 1998, I-1375 RdNrn. 223 ff. (siehe zu diesem Urteil *González-Díaz,* Competition Policy

---

Heinen

der sachlich und räumlich relevanten Märkte in Einklang mit genau diesen Kriterien des europäischen Wettbewerbsrechts vorzunehmen ist (siehe dazu RdNrn. 24 ff., insbesondere RdNr. 32), spricht einiges dafür, die Annahme eines Beurteilungsspielraums in Konformität mit dem die Beachtung rechtsstaatlicher Grundsätze durchaus anerkennenden europäischen Recht als zulässig anzuerkennen. Ein weiter Entscheidungsspielraum der Reg TP als nationalem Entscheidungsträger führt dabei in Anbetracht des Erfordernisses der weitestgehenden Berücksichtigung der Märkte-Empfehlung (siehe dazu RdNrn. 69 ff.) und des umfangreichen Koordinations- und Kooperationsverfahrens des § 12 (siehe dazu RdNr. 73) keinesfalls automatisch zu einem Harmonisierungsdefizit.[96]

10. Weitestgehende Berücksichtigung der Empfehlung in Bezug auf relevante Pro- 66 dukt- und Dienstmärkte, die die Kommission nach Art. 15 Abs. 1 der Richtlinie 2002/ 21/EG des Europäischen Parlaments und des Rates vom 7. 3. 2002 über einen gemeinsamen Rechtsrahmen für elektronische Kommunikationsnetze und -dienste (Rahmenrichtlinie, Abl. EG Nr. L 108 S. 33) veröffentlicht in ihrer jeweils geltenden Fassung. – a) Märkte-Empfehlung. – Bei der Erstellung der Märkte-Empfehlung nach **Art. 15 Abs. 1 der Rahmenrichtlinie** (siehe dazu § 9 RdNr. 20) handelt es sich um den eigentlich **ersten Schritt der Marktdefinition.** Wenn auch die explizite Bezugnahme auf eine Empfehlung der Europäischen Kommission im Kontext des deutschen Telekommunikationsgesetzes eher ungewöhnlich anmutet, so darf nicht übersehen werden, dass Empfehlungen als eine von mehreren Arten von **„soft law"**[97] in der **Praxis** allgemein eine nicht zu unterschätzende Bedeutung zukommt, wenn es gilt, konkrete Maßnahmen zu treffen (siehe im Übrigen zur Märkte-Empfehlung neben den RdNrn. 11 ff., 25 f. und 47 ff., 69 ff., Einl. II RdNr. 76, Einleitung III RdNr. 150 ff., § 9 RdNr. 20.)[98]

Bezüglich der **inhaltlichen Bedeutung der ersten Märkte-Empfehlung** lässt sich zusam- 67 menfassend sagen, dass die Europäische Kommission die ins deutsche Telekommunikationsgesetz übernommenen Kriterien für die Auswahl regulierungsbedürftiger Märkte benennt und die aus ihrer Sicht zu Beginn regulierungsbedürftigen sachlich relevanten Märkte aufzählt.[99]

b) In ihrer jeweils geltenden Fassung. – Hiermit bringt der Gesetzgeber zutreffend zum 68 Ausdruck, dass die Märkte-Empfehlungen von Zeit zu Zeit einer **Aktualisierung** bedürfen. Die Formulierung stellt eine **dynamische Verweisung** dar, die schon insofern zweckmäßig erscheint, als ansonsten bei jeder Aktualisierung der Märkte-Empfehlung eine Novellierung des Telekommunikationsgesetzes erforderlich würde. Bei der regelmäßigen Überprüfung der in der jeweiligen Fassung der Märkte-Empfehlung identifizierten Märkte sollen die drei aus der ersten Märkte-Empfehlung in das TKG übernommenen Kriterien bei der Prüfung der Regulierungsbedürftigkeit kumulativ zugrunde gelegt werden.

Newsletter 2/1998, 38; *García Pérez*, ELRev. 1998, 475; *Ysewyn/Caffarra*, ECLR 1998, 468); sowie unlängst das Urteil des Europäischen Gerichts erster Instanz vom 8. Juli 2003 in der Rechtssache T-374/00, *Verband der freien Rohrwerke ./. Kommission*, RdNr. 105 m. w. N; siehe dazu auch ausführlich die Ausführungen des Generalanwalts Tiziano vom 25. Mai 2004 in der Rechtssache C-12/03 P, *Kommission ./. Tetra Laval*, RdNrn. 66 ff.

96 Vergleiche hierzu auch *Huppertz*, Die SMP-Konzeption, S. 157 f.

97 Siehe dazu allgemein *Streinz/Schroeder*, EUV/EGV-Kommentar, Art. 249 RdNr. 141.

98 Vergleiche *Holznagel*, in: Picot (Hrsg.), Novellierung des Telekommunikationsgesetzes, S. 9, 13.

99 Vergleiche dazu auch *Huppertz*, Die SMP-Konzeption, S. 192.

69 **c) Weitestgehende Berücksichtigung.** – Diese sich bereits aus Art. 15 Abs. 3 der Rahmenrichtlinie (siehe dazu § 9 RdNr. 22) ergebende Formulierung spiegelt zwei sich augenscheinlich widersprechende Ziele des neuen Rechtsrahmens wider, nämlich die Harmonisierung der regulatorischen Rahmenbedingungen in der Europäischen Union zur Stärkung des Binnenmarktes einerseits und die zur Berücksichtigung der tatsächlichen, national gegebenenfalls durchaus divergierenden Umstände erforderliche Ermöglichung eines hohen Maßes an Flexibilität andererseits.[100] Sie wirft damit die Frage des **Umfangs der Bindungswirkung** der Märkte-Empfehlung auf. Geht man vom europäischen Primärrecht aus, so ergibt sich zunächst ausdrücklich aus **Art. 249 des EG-Vertrages**, dass Empfehlungen keine unmittelbare Rechtsverbindlichkeit zukommt. Sie sind allerdings bei der Auslegung nationaler Rechtsvorschriften zu berücksichtigen.[101] Nach der **Rechtsprechung des Europäischen Gerichtshofes** muss nämlich auch rechtlich nicht verbindlichen Maßnahmen der Gemeinschaftsorgane bei der Anwendung von Gemeinschaftsrecht Rechnung getragen werden.[102] Dies ergibt sich insbesondere aus dem so genannten Grimaldi-Urteil des Gerichtshofs der Europäischen Gemeinschaften.[103] In diesem explizit zu Empfehlungen ergangenen Urteil hat der Europäische Gerichtshof auf der Grundlage von Art. 10 des EG-Vertrages nationale Gerichte verpflichtet, Empfehlungen der Europäischen Kommission bei der Entscheidung der bei ihnen anhängigen Rechtsstreitigkeiten zu berücksichtigen, und zwar insbesondere dann, wenn sie verbindlich gemeinschaftliche Vorschriften ergänzen sollen und/oder wenn sie geeignet sind, Aufschluss über die Auslegung gemeinschaftlicher Bestimmungen zu geben.[104] Zu beachten ist auch die Entstehungsgeschichte des der vorliegenden Formulierung zu Grunde liegenden Sekundärrechts, aus der sich ergibt, dass eine ursprünglich vorgesehene verbindliche Entscheidung über die Märkte verhindert worden ist (siehe dazu § 9 RdNr. 20). Abweichungen von der Empfehlung sind daher durchaus rechtlich möglich.[105]

70 Das Erfordernis der weitestgehenden Berücksichtigung als eine Pflicht zur **reinen Wahrnehmung** der Empfehlung im Rahmen der so gut wie autonomen Prüfung auf nationaler Ebene als ausreichend anzusehen,[106] wäre aber wohl **zu kurzsichtig** und würde dem komplexen Charakter des Ineinandergreifens nationaler und europäischer Kompetenzen kaum gerecht. Die Märkte-Empfehlung hat nämlich trotz ihrer **fehlenden originären Rechtsverbindlichkeit** insofern zumindest indirekt bindenden Charakter für die Mitgliedstaaten, als diejenigen nationalen Regulierungsbehörden, die von diesen gemeinschaftsrechtlichen Vorgaben bei einer geplanten Regulierungsentscheidung abweichen wollen, im Verfahren

---

100 Siehe dazu auch *R. Krüger/di Mauro*, Competition Policy Newsletter 3/2003, 33, 34.
101 Siehe dazu *Streinz*, Europarecht, RdNr. 418 m. w. N.
102 Siehe dazu *Elkettani*, K&R Beilage 1/2004, 11, 14; *Huppertz*, Die SMP-Konzeption, S. 198.
103 Urteil vom 13. Dezember 1989 in der Rechtssache C-322/88, Slg. 1989 I-4407 RdNr. 18 f.; siehe auch das Urteil des Europäischen Gerichtshofes vom 21. Januar 1993 in der Rechtssache C-188/91, *Shell*, Slg. 1993, I-363 RdNr. 18; das Urteil des Europäischen Gerichtshofes vom 11. September 2003 in der Rechtssache C-207/01, *Altair Chimica*, RdNr. 41.
104 Siehe dazu auch *Elkettani*, K&R Beilage 1/2004, 1, 14; *Huppertz*, Die SMP-Konzeption, S. 198 Fn. 470.
105 So auch *Klotz*, K&R Beilage 1/2003, 3, 5; *Knauth*, in: Picot (Hrsg.), Novellierung des Telekommunikationsgesetzes, S. 29, 36; *Scheurle*, in: Picot (Hrsg.), Novellierung des Telekommunikationsgesetzes, S. 59, 63; *Klocker*, in: Picot (Hrsg.), Novellierung des Telekommunikationsgesetzes, S. 65; *K.-H. Neumann*, in: Picot (Hrsg.), Novellierung des Telekommunikationsgesetzes, S. 72.
106 So scheinbar *Loetz/A. Neumann*, German Law Journal 2003, 1307, 1315 f.

des § 12 von der Europäischen Kommission unter bestimmten Voraussetzungen dabei blockiert werden können.[107] Der Empfehlung wird aufgrund dieses der Europäischen Kommission zustehenden so genannten **Veto-Rechts** zum Teil eine als **faktisch** bezeichnete **Bindungswirkung** zugesprochen.[108] Dieser Ansicht ist zuzugestehen, dass eine ausdrückliche Pflicht zur weitestgehenden Berücksichtigung mehr sein muss als die nach allgemeinen Grundsätzen bestehende Pflicht zur Berücksichtigung. Allerdings darf auch nicht übersehen werden, dass bereits mehrfach nationale Regulierungsbehörden von der Märkte-Empfehlung abgewichen sind und dies – jedenfalls im Ergebnis – ohne Beanstandung seitens der Europäischen Kommission (siehe dazu § 9 RdNrn. 61 f., 65, 80 ff., 93). Der Märkte-Empfehlung eine faktische Bindungswirkung zuzusprechen, erscheint daher zumindest **missverständlich**.

Wenn auch in Hinblick auf strafrechtliche Terminologie rechtstechnisch nicht völlig sauber, so erscheint es doch zumindest sprachlich am treffendsten, hier von einem „**Anfangsverdacht**"[109] zu sprechen und bei Vorliegen **besonderer nationale Gegebenheiten**, welche eine Abweichung von den von der Europäischen Kommission festgestellten Märkten rechtfertigen könnten, der Reg TP die Möglichkeit einer eigenständigen sachlichen Marktabgrenzung nach wettbewerbsrechtlichen Grundsätzen als richtige Behördenreaktion zuzugestehen.[110] **Ausgangspunkt und wichtigster Maßstab** der Marktabgrenzung ist also zunächst die Märkte-Empfehlung. Derart wird auch der Reg TP als nationaler Regulierungsbehörde der Eintritt in die Marktanalyse erleichtert. Darüber hinaus gibt die Märkte-Empfehlung der Reg TP aber vor allem eine Orientierung für die inhaltliche Prüfung. Insofern ist von ausschlaggebender Bedeutung, dass die Europäische Kommission die in ihrer Empfehlung genannten Märkte gemäß Art. 15 Absatz. 1, 1. Unterabs., Satz 3 der Rahmenrichtlinie im Einklang mit den Grundsätzen des Wettbewerbsrechts definiert hat (vergleiche dazu § 9 RdNr. 20). Die Europäische Kommission konnte allerdings im Rahmen der Erstellung dieser Märkte-Empfehlung die Definition der sachlich relevanten Märkte unweigerlich nur mittels einer summarischen Prüfung vornehmen.[111] Deshalb hat die Reg TP als nationale Regulierungsbehörde „im Rahmen der Marktanalyse sowohl das Recht als auch die Pflicht, die ,relevanten' Märkte in Abweichung von der Märkte-Empfehlung festzulegen, wenn die Anwendung von EU-Wettbewerbsrecht dies auf Grund der spezifischen nationalen Gegebenheiten erfordert."[112] Nicht anders verhält es sich mit dem Kriterium der Regulierungsbedürftigkeit. | **71**

11. Ergebnis der Marktdefinition. – Hierunter ist das **Resultat** der sachlichen und räumlichen **Marktabgrenzung** einschließlich der Prüfung der **Regulierungsbedürftigkeit** zu verstehen. | **72**

---

107 Siehe dazu auch *Huppertz*, Die SMP-Konzeption, S. 193 f., 206; *Klotz*, K&R Beilage 1/2003, 3, 7; *ders.* ZWeR 2003, 283, 295; *R. Krüger* K&R Beilage 1/2003, 9, 10 Fn. 8.

108 *Bartosch*, EuZW 2002, 389, 392; *Huppertz*, Die SMP-Konzeption, S. 194, 206 m. w. N.; *Holznagel*, in: Picot (Hrsg.), Novellierung des Telekommunikationsgesetzes, S. 9, 16; *Klotz*, ZWeR 2003, 283, 295; *Scherer*, K&R 2002, 273, 285; so wohl auch *Schütz*, MMR 4/2003, XVI; Einl. II RdNr. 76.

109 So *Elkettani*, K&R Beilage 1/2004 11, 13.

110 So auch *Stumpf/Strube Martins/Nett/Kiesewetter/Kohlstedt*, WIK Newsletter Nr. 51, 3.

111 *Elkettani*, K&R Beilage 1/2004, 11, 13.

112 *Elkettani*, K&R Beilage 1/2004, 11, 14.

73 **12. Der Kommission im Verfahren nach § 12 vorzulegen haben.** – Dieses Erfordernis macht deutlich, dass der der Reg TP als nationaler Regulierungsbehörde zustehende Beurteilungsspielraum im Hinblick auf die Förderung des einheitlichen Binnenmarktes keineswegs zu einem Harmonisierungsdefizit führt.[113] Die vorliegende **Muss-Vorschrift** ist in prozeduraler Hinsicht von entscheidender Bedeutung, da sie die Durchführung des in § 12 Abs. 2 geregelten, **europaweit vorzunehmenden Konsolidierungsverfahrens** zwingend vorschreibt. Dieses Verfahren gestaltet sich grob wie folgt (zur bereits erfolgten praktischen Durchführung derartiger Verfahren durch Regulierungsbehörden anderer Mitgliedstaaten siehe auch § 9 RdNrn. 61 ff.): Nach § 12 Abs. 2 Nr. 1 Satz 1 stellt die Reg TP zunächst nach Durchführung des nationalen Konsultationsverfahrens gemäß § 12 Abs. 1 des TKG den Entwurf der Ergebnisse nach den §§ 10 (Marktdefinition) und 11 (Marktanalyse) mit einer Begründung der Europäischen Kommission und gleichzeitig den nationalen Regulierungsbehörden der anderen Mitgliedstaaten zur Verfügung und unterrichtet hiervon die Europäische Kommission und die übrigen nationalen Regulierungsbehörden. Vor Ablauf eines Monats oder vor Ablauf einer nach dem das nationale Konsultationsverfahren regelnden § 12 Abs. 1 TKG bestimmten längeren Frist darf die RegTP Ergebnisse nach den §§ 10 (Marktdefinition) und 11 (Marktanalyse) nicht festlegen, § 12 Abs. 2 Nr. 1 Satz 2 des TKG. § 12 Abs. 2 Nr. 2 TKG regelt das Vorgehen der Reg TP in Bezug auf etwaige Stellungnahmen der Europäischen Kommission und der anderen nationalen Regulierungsbehörden nach § 12 Abs. 2 Nr. 1 TKG. Diesen hat die Reg TP nämlich nach Satz 1 weitestgehend Rechnung zu tragen. Nach Satz 2 übermittelt die Reg TP den sich daraus ergebenden Entwurf der Europäischen Kommission. Die allgemein als so genanntes Vetoverfahren bezeichnete zweite Stufe des Konsolidierungsverfahrens ist in § 12 Abs. 2 Nr. 2 TKG geregelt. Nach dessen Satz 1 hat die Reg TP die Festlegung der entsprechenden Ergebnisse nach §§ 10 (Marktdefinition) und 11 (Marktanalyse) um weitere zwei Monate aufzuschieben, wenn folgende Voraussetzungen erfüllt sind: Es muss sich zunächst um einen Entwurf nach den §§ 10 und 11 handeln. Dieser muss ferner die Festlegung eines relevanten Marktes beinhalten, der sich von jenen unterscheidet, die in der geltenden Märkte-Empfehlung genannt sind, und/oder die Festlegung enthalten, inwieweit ein oder mehrere Unternehmen auf diesem Markt über beträchtliche Marktmacht verfügen. Außerdem muss die Europäische Kommission innerhalb des Frist des § 12 Abs. 2 Nr. 1 Satz 2 des TKG erklären, dass der Entwurf ein Hemmnis für den Binnenmarkt schaffen würde oder dass sie ernsthafte Zweifel an der Vereinbarkeit mit dem Gemeinschaftsrecht und insbesondere den Zielen des Art. 8 der Rahmenrichtlinie habe. Nach § 12 Abs. 2 Nr. 2 Satz 2 TKG ist die Reg TP daran gebunden, wenn die Europäische Kommission innerhalb dieser Zwei-Monats-Frist beschließt, die Reg TP aufzufordern, den Entwurf zurückzuziehen. Gemäß § 12 Abs. 2 Nr. 2 Satz 3 TKG kann die Reg TP die Beteiligten zu dem in Satz 2 geregelten Beschluss der Europäischen Kommission im in Art. 12 Abs. 1 TKG geregelten Verfahren erneut anhören. Sodann regelt Satz 4 von § 12 Abs. 2 Nr. 2 des TKG, dass die Reg TP den Entwurf im Einklang mit der Entscheidung der Europäischen Kommission abändert und diesen der Europäischen Kommission übermittelt, wenn die Reg TP den Änderungsvorschlägen der Europäischen Kommission folgen will. Gemäß Satz 5 des § 12 Abs. 2 Nr. 2 des TKG unterrichtet die Reg TP andernfalls das Bundesministerium für Wirtschaft und Arbeit über die Entscheidung der Europäischen Kommission. Diese Unterrichtung hat, wie sich der Ge-

---

113 Siehe dazu auch *Huppertz*, Die SMP-Konzeption, S. 157 f.

setzesbegründung entnehmen lässt, zu erfolgen, damit das Ministerium eine Klageerhebung vor dem Europäischen Gerichtshof prüfen kann.

13. Auswirkungen auf den Handel zwischen den Mitgliedstaaten haben. – Voraussetzung des in § 12 Abs. 2 geregelten, europaweiten Konsolidierungsverfahrens ist, dass das Ergebnis der Marktdefinition Auswirkungen auf den Handel zwischen Mitgliedstaaten hat. Aufschluss über die Bedeutung auch dieses Tatbestandsmerkmals gibt wie so oft das europäische Recht. Die Begründung der Rahmenrichtlinie befasst sich ihrem Wortlaut nach zwar nicht mit Maßnahmen, die Auswirkungen auf den Handel zwischen den Mitgliedstaaten haben werden, sondern mit solchen, die „den Handel zwischen den Mitgliedstaaten beeinträchtigen können". Dies entspricht aber in der Tat der teleologischen Auslegung des entsprechenden Tatbestandsmerkmals von Art. 81, Art. 82 und Art. 87 des EG-Vertrages (so genannte **Zwischenstaatlichkeitsklausel**) durch die ständige Rechtsprechung des Gerichtshofes der Europäischen Gemeinschaften.[114] Was unter derartigen Maßnahmen zu verstehen ist, wird damit in **Erwägungsgrund 38 der Rahmenrichtlinie** näher spezifiziert:[115] Es muss sich um Maßnahmen handeln, die „unmittelbar oder mittelbar, tatsächlich oder potenziell einen derartigen Einfluss auf das Handelsmuster zwischen Mitgliedstaaten haben können, dass ein Hemmnis für den europäischen Binnenmarkt geschaffen wird."[116] Nicht erfasst werden damit nur solche Maßnahmen, denen nicht einmal potenziell und mittelbar ein Einfluss auf den grenzüberschreitenden Wirtschaftsverkehr zukommen kann. Dafür werden in Erwägungsgrund 38 der Rahmenrichtlinie auch beispielhaft Maßnahmen genannt, die erhebliche Auswirkungen auf Betreiber oder Nutzer in anderen Mitgliedstaaten haben, nämlich „Maßnahmen, die die Preise für die Nutzer in anderen Mitgliedstaaten beeinflussen", „Maßnahmen, die die Möglichkeiten eines in einem anderen Mitgliedstaat niedergelassenen Unternehmens beeinträchtigen, einen elektronischen Kommunikationsdienst anzubieten" (insbesondere Maßnahmen, die die Möglichkeit beeinträchtigen, Dienste auf transnationaler Basis anzubieten) und „Maßnahmen, die die Marktstruktur oder den Marktzugang berühren und für Unternehmen in anderen Mitgliedstaaten zu nachteiligen Auswirkungen führen". Auch wenn die erkennbar extensive Auslegung des vorliegenden Merkmals durch den Europäischen Gerichtshof nahe legt, dass es kaum Anwendungsfälle geben wird, sollte nicht übersehen werden, dass die Europäische Kommission tatsächlich bereits auf dieses Tatbestandsmerkmal zurückgegriffen hat (siehe dazu § 9 RdNrn. 146, 148).

---

114 So auch *Huppertz,* Die SMP-Konzeption, S. 285 f.

115 A. A. wohl *Schütz/Attendorn*, MMR Beilage 4/2002, 1, 7, Fn. 38; siehe dazu *Huppertz,* Die SMP-Konzeption, S. 288 Fn. 737.

116 Siehe dazu beispielsweise das Grundsatzurteil des europäischen Gerichtshofes vom 30. Juni 1966 in der Rechtssache 56/65, *Société Minière ./. Maschinenbau Ulm,* Slg. 1966, 281, 303 (siehe zu diesem Urteil beispielsweise *Deringer*, NJW 1966, 1585; *Hootz*, NJW 1966, 2249: *Kirschstein*, WuW 1966, 777); das Grundsatzurteil des europäischen Gerichtshofes vom 11. Dezember 1980 in der Rechtssache 31/80, *L'Oréal,* Slg. 1980, 3775, RdNr. 18; das Grundsatzurteil des europäischen Gerichtshofes vom 31. Mai 1979 in der Rechtssache 22/78, *Hugin ./. Kommission,* Slg. 1979, 1869, RdNr. 17; das Urteil des Europäischen Gerichtshofes vom 11. Juli 1985 in der Rechtssache 42/84, *Remia ./. Kommission*, Slg. 1985, 2545, Randnr. 22; das Urteil des Europäischen Gerichtshofes vom 17. Juli 1997 in der Rechtssache C-219/95 P, *Ferriere Nord ./. Kommission,* Slg. 1997, I-4411, RdNr. 20; das Urteil des Europäischen Gerichtshofes vom 25. Oktober 2001 in der Rechtssache C-475/99, *Ambulanz Glöckner ./. Kommission*, Slg. 2001, I-8089 RdNr. 44 ff., insbesondere RdNrn. 47 f. m. w. N.; sowie aus jüngerer Zeit das Urteil des Europäischen Gerichtshofes vom 29. April 2004 in der Rechtssache C-359/01 P, *British Sugar ./. Kommission*, RdNr. 27.

§ 11 Marktanalyse

(1) Im Rahmen der Festlegung der nach § 10 für eine Regulierung nach diesem Teil in Betracht kommenden Märkte prüft die Regulierungsbehörde, ob auf dem untersuchten Markt wirksamer Wettbewerb besteht. Wirksamer Wettbewerb besteht nicht, wenn ein oder mehrere Unternehmen auf diesem Markt über beträchtliche Marktmacht verfügen. Ein Unternehmen gilt als Unternehmen mit beträchtlicher Marktmacht, wenn es entweder allein oder gemeinsam mit anderen eine der Beherrschung gleichkommende Stellung einnimmt, das heißt eine wirtschaftlich starke Stellung, dies es ihm gestattet, sich in beträchtlichem Umfang unabhängig von Wettbewerbern und Endnutzern zu verhalten. Die Regulierungsbehörde berücksichtigt dabei weitestgehend die von der Kommission aufgestellten Kriterien, niedergelegt in den Leitlinien der Kommission zur Marktanalyse und Ermittlung beträchtlicher Marktmacht nach Art. 15 Abs. 2 der Richtlinie 2002/21/EG des Europäischen Parlaments und des Rates vom 7. 3. 2002 über einen gemeinsamen Rechtsrahmen für elektronische Kommunikationsnetze und -dienste (Rahmenrichtlinie) (ABl. EG Nr. L 108 S. 33) in der jeweils geltenden Fassung. Verfügt ein Unternehmen auf einem relevanten Markt über beträchtliche Marktmacht, so kann es auch auf einem benachbarten, nach § 10 Abs. 2 bestimmten relevanten Markt als Unternehmen mit beträchtlicher Marktmacht angesehen werden, wenn die Verbindungen zwischen beiden Märkten es gestatten, diese von dem einen auf den anderen Markt zu übertragen und damit die gesamte Marktmacht des Unternehmens zu verstärken.

(2) Im Falle länderübergreifender Märkte im Geltungsbereich der Richtlinie 2002/21/EG des Europäischen Parlaments und des Rates vom 7. 3. 2002 über einen gemeinsamen Rechtsrahmen für elektronische Kommunikationsnetze und -dienste (Rahmenrichtlinie) (ABl. EG Nr. L 108 S. 33) untersucht die Regulierungsbehörde die Frage, ob beträchtliche Marktmacht im Sinne von Abs. 1 vorliegt, gemeinsam mit den nationalen Regulierungsbehörden der Mitgliedstaaten, welche diese Märkte umfassen.

(3) Die Ergebnisse der Untersuchungen nach den Absätzen 1 bis 2 einschließlich der Feststellung, welche Unternehmen über beträchtliche Marktmacht verfügen, sind der Kommission im Verfahren nach § 12 vorzulegen, sofern sie Auswirkungen auf den Handel zwischen den Mitgliedstaaten haben.

Schrifttum: *Bartosch*, Europäisches Telekommunikationsrecht in den Jahren 2000 und 2001, EuZW 2002, 389; *ders.*, Weiterentwicklungen im Recht der europäischen Zusammenschlusskontrolle, BB Beilage 3/2003, 1; *Beese/Merkt*, Europäische Union zwischen Konvergenz und Re-Regulierung – Die neuen Richtlinienentwürfe der Kommission, MMR 2000, 532; *BMWi*, Eckpunkte für eine Stellungnahme der Bundesregierung zum Tätigkeitsbericht der Reg TP 2000/2001 und zum Sondergutachten der Monopolkommission „Wettbewerbsentwicklung bei Telekommunikation und Post 2001: Unsicherheit und Stillstand"; *Bundeskartellamt*, Auslegungsgrundsätze zur Prüfung von Marktbeherrschung in der deutschen Fusionskontrolle, 2000; *Caffarra/Kühn*, Joint Dominance: The CFI Judgement on Gencor/Lonrho, ECLR 1999, 355; *Christensen/Owen*, Comment on the Judgment of the Court of First Instance of 25 March 1999 in the Merger Case IV/M. 619 – Gencor/Lonrho, Competition Policy Newsletter 2/1999, 19; *Elkettani*, Marktabgrenzungs- und Marktanalyseverfahren nach Art. 15, 16 RRL, K&R Beilage 1/2004, 11; *Ellinghaus*, TKG-Novelle und Europarecht: Probleme mit der Flexibilisierung, CR 2004, 23; *Europäische Kommission*, Glossar der Wettbewerbspolitik der EU, Kartellrecht und Kontrolle von Unternehmenszusammenschlüssen, Brüssel 2002; *Feil*, Zur Diskussion über das EU-Reformpaket im Bereich der elektronischen Kommunikation, MMR 2001, 199; *Fox*, The Merger

Regulation and its Territorial Reach: Gencor Ltd v. Commission, ECLR 1999, 334; *González Diaz*, Recent Developments in EC Merger Control Law – The Gencor Judgment, World Competition 1999, 3; *Groß*, Exekutive Vollzugsprogrammierung durch tertiäres Gemeinschaftsrecht?, DÖV 2004, 20; *Heinen*, Access to Electricity Networks: The Application of the „Essential Facilities Doctrine" by the German Federal Cartel Office, Journal of Network Industries 2001, 385; *Hellwig*, Beitrag zum Panel über Marktanalyse und Marktbeherrschung nach dem novellierten TKG, in: Picot (Hrsg.), Novellierung des Telekommunikationsgesetzes, 83; *Hirsbrunner*, Neue Entwicklungen der Europäischen Fusionskontrolle, EuZW 2003, 709; *Holznagel*, EU-Rahmenrichtlinien und Diskussion um das TKG in Deutschland – Das Anforderungsspektrum an die Novellierung im Überblick, in: Picot (Hrsg.), Novellierung des Telekommunikationsgesetzes, 2003, 9; *Huppertz*, Die SMP-Konzeption, 2003; *Immenga/Kirchner*, Zur Neugestaltung des deutschen Telekommunikationsrechts, TKMR 2002, 340; *Independent Regulators Group*, Common Position on Commission Working Document date 27 April 2000; *Klotz*, Die Beurteilung des Regierungsentwurfs zum TKG aus Brüsseler Sicht, TKMR – Tagungsband 2004, 5; *ders.*, Die neuen EU-Richtlinien über elektronische Kommunikation: Annäherung der sektorspezifischen Regulierung an das allgemeine Kartellrecht, K&R Beilage 1/2003, 3; *ders.*, Wettbewerb in der Telekommunikation: brauchen wir die ex-ante-Regulierung noch?, ZWeR 2003, 283; *Knauth/F. Krüger*, Grundlegende Neuerungen des TKG-Regierungsentwurfs, K&R Beilage 1/2004, 3; *König*, Die Beurteilung der Marktmacht vertikal integrierter Unternehmen auf dem Telekommunikationssektor (Art. 14 Abs. 3 Rahmenrichtlinie), K&R Beilage 1/2003, 19; *ders./Kühling/Braun*, Die Interdependenz von Märkten in der Telekommunikation (Teil I), CR 2001, 745; *Korah*, EC Competition Law and Practice, 1997; *R. Krüger*, Marktabgrenzung im Telekommunikationssektor und die Definition von beträchtlicher Marktmacht (SMP), K&R Beilage 1/2003, 9; *ders./di Mauro*, The Article 7 consultation mechanism: managing the consolidation of the internal market for electronic communications, Competition Policy Newsletter 3/2003, 33; *Nitsche/Thielert*, Die ökonomische Analyse auf dem Vormarsch – Europäische Reform und deutsche Wettbewerbspolitik, WuW 2004, 250; *Picot* (Hrsg.), Novellierung des Telekommunikationsgesetzes, 2003; *Pieters*, The criteria for fixing the amount of fines for competition infringements, ELR 2003, 328; *Plum/Schwarz-Schilling*, Marktabgrenzung im Telekommunikations- und Postsektor, 2000; *Preece*, Compagnie Maritime Belge: Missing the boat?, ECLR 2000, 388; *Rosenfeld/Wolfsgruber*, Die Entscheidungen Babyliss und Philips des EuG zur Europäischen Fusionskontrolle, EuZW 2003, 743; *Schütz/Attendorn*, Das neue Kommunikationsrecht der Europäischen Union – Was muss Deutschland ändern?, MMR Beilage 4/2002, 1; *Schulz*, Van den Bergh Foods Ltd v Commission – Ice Cream Foreclosed?, ELR 2003, 427; *Streinz*, Kommentar zu EU-Vertrag und EG-Vertrag, München 2003; *Stumpf/Strube/Martins/Nett/Kiesewetter/Kohlstedt*, Marktabgrenzung und Marktanalyse nach dem neuen europäischen Rechtsrahmen für elektronische Kommunikationsdienst – Neue Auftragsfelder für die WIK-Consult, WIK Newsletter Nr. 51/2003, 3; *Volck Madsen*, Accepting the „portfolio effect theory" in European competition law, ELR 2003, 151; *Wegmann*, Europa- und verfassungsrechtliche Anmerkungen zum Regierungs- und Referentenentwurf für ein neues TKG, K&R Beilage 1/2004, 25; *Weitbrecht*, Europäisches Kartellrecht 2002, EuZW 2003, 357.

Übersicht

I. Normzweck

Durch § 11 wird – wie schon der Überschrift zu entnehmen ist – das Marktanalyseverfah- 1
ren geregelt. Die Vorschrift setzt vor allem die europäischen Vorgaben des **Art. 14 der Rahmenrichtlinie** (vgl. hierzu § 9 RdNrn. 24 ff.) und des **Art. 16 der Rahmenrichtlinie** (s. dazu § 9 RdNrn. 12 ff.) um. Genau wie bei § 10 in Bezug auf die Marktdefinition (vgl. hierzu § 10 RdNr. 1) handelt es sich bei § 11 hinsichtlich der Marktanalyse in aller erster Linie um eine **materiell-rechtliche** und nicht um eine verfahrensrechtliche **Vorschrift**.

Der Normzweck der Grundsatznorm des § 9 (s. dazu § 9 RdNrn. 2 ff.) und der Normzweck 2
des § 11 sind in etwa identisch. § 11 dient der Feststellung von Marktmacht im ökonomi-schen Sinne, welche die zentrale, **wettbewerbsrechtliche Voraussetzung** der der Wettbe-werbsförderung dienenden **asymmetrischen Regulierung** ist.

Auch zur Förderung der **Entwicklung des Europäischen Binnenmarktes** leistet § 11 ei- 3
nen Beitrag, und zwar durch die Anwendbarkeit des § 12 und das Erfordernis der weitest-gehenden Berücksichtigung der Leitlinien (vgl. hierzu näher RdNrn. 39 ff.) im Rahmen der eh europaweit in etwa einheitlichen Voraussetzungen der asymmetrischen Regulierung (s. dazu auch § 10 RdNr. 4).

Zu einem – im Vergleich zur alten Rechtslage weiter gehenden – **Abbau der wettbewerbs-** 4
fördernden Regulierung trägt § 11 allerdings zumindest **kaum** etwas bei (s. hierzu statt-dessen § 10 RdNr. 3), auch wenn nach teilweise vertretener Auffassung (s. dazu RdNr. 5) die Erfüllung der Voraussetzungen des Vorliegens einer marktbeherrschenden Stellung im Vergleich zur alten Rechtslage schwieriger geworden sein soll. Selbst wenn dies zutreffen sollte, so ist diese Entwicklung wohl in erster Linie als Wirkung des Einflusses des euro-päischen Wettbewerbsrechts anzusehen mit der Folge, dass dies unter den Normzweck der Förderung der Entwicklung des Europäischen Binnenmarktes fällt (vgl. hierzu RdNr. 3).

II. Entstehungsgeschichte

In Bezug auf die Entstehungsgeschichte des § 11 erscheint interessant, dass der ursprüng- 5
lich im Referentenentwurf verwendete Verweis auf den Marktbeherrschungsbegriff im Sin-ne von § **19 Abs. 2 und Abs. 3** des **GWB** im Laufe des Gesetzgebungsverfahrens durch eine

strenger am Text der Rahmenrichtlinie orientierte Formulierung ersetzt worden ist.[1] Dies hat folgenden Hintergrund: Der ursprünglich verwendete Verweis auf das deutsche Wettbewerbsrecht hätte nach zum Teil vertretener Auffassung im Ergebnis zu Auslegungen führen können, die von dem – in diesem Zusammenhang allein maßgeblichen – Art. 82 des EG-Vertrages abweichen.[2] Diese Ansicht ist insofern verwunderlich, als im TKG1996 der auf europäischer Ebene erst durch die gerade abgeschlossene Reform erzielte Gleichklang von Regulierung und Kartellrecht bereits im Jahr 1996 antizipiert wurde.[3] Die Kritik fußt auf einer Bewertung der Marktbeherrschungskriterien nach deutschem und europäischem Recht. Sie wird daraus abgeleitet, dass die Marktbeherrschung im Sinne von Art. 82 des EG-Vertrages nach der Fallpraxis der Europäischen Kommission und der Rechtsprechung des Europäischen Gerichtshofes und des Europäischen Gerichts Erster Instanz bei mindestens 40 Prozent **Marktanteilen** ansetze (s. zur Bedeutung von Marktanteilen RdNr. 15 ff.). In der Regel würden sogar noch höhere Marktanteile verlangt, wenn keine weiteren Anhaltspunkte für eine eindeutige Marktbeherrschung vorlägen. Dies bedeute, dass die als solche bezeichnete Drittelvermutung des § 19 Abs. 3 GWB strikter sei als die Vorgabe der auf der Rechtsprechung zu Art. 82 des EG-Vertrages beruhenden Rahmenrichtlinie. Eine solche Regelung sei zwar rein rechtlich unter bestimmten Voraussetzungen möglich, jedoch würde die strengere Vorschrift zu einer nicht wünschenswerten Diskriminierung der inländischen Betreiber gegenüber ausländischen Wettbewerbern führen, weil dies nur inländischen Unternehmen, nicht aber im Inland tätigen und im Ausland ansässigen Unternehmen vorgehalten werden könnte. Die Praxis wird zeigen, ob der Unterschied zwischen deutschem und europäischem Kartellrecht tatsächlich so groß ist, wie zum Teil vertreten wird.

III. EG-rechtliche Grundlagen

6   Für das Verständnis des § 10 ist das durch das TKG umgesetzte **europäische Sekundärrecht** von herausragender Bedeutung (vgl. dazu schon § 9 RdNrn. 10 ff.). Dies betrifft insbesondere die Art. 14 und 16 der Rahmenrichtlinie sowie die Leitlinien der Europäischen Kommission (s. hierzu bereits § 9 RdNr. 12 ff., 21, 24 ff.).

7   In Anbetracht der starken Anlehnung des **Begriffs der beträchtlichen Marktmacht** im Sinne von § 11 an das europäische Sekundärrecht (s. hierzu bereits RdNr. 5) kann insbesondere die **Bedeutung europäischer Vorgaben** für die Interpretation dieses Begriffes kaum hoch genug bewertet werden. Von entscheidender Bedeutung ist insofern die Vorschrift des Art. 14 Abs. 2, 1. Unterabs., der Rahmenrichtlinie (s. dazu § 9 RdNr. 25). Den Hintergrund dieser Vorschrift erläutert Erwägungsgrund 25 der Rahmenrichtlinie explizit: Die Definition des Begriffs der beträchtlichen Marktmacht im Sinne der Rahmenrichtlinie und damit im Sinne des § 11 TKG beruht auf dem Konzept der markbeherrschenden Stellung im Sinne von Art. 82 des EG-Vertrages und der Europäischen Fusionskontrollverord-

---

1   Zur bewegten Entstehungsgeschichte der Definition des Begriffs der beträchtlichen Marktmacht auf europäischer Ebene s. ausführlich *Huppertz*, Die SMP-Konzeption, S. 184 ff.; s. in diesem Zusammenhang auch folgende entstehungsgeschichtlich bedeutsame Stellungnahme der nationalen Regulierungsbehörden: *Independent Regulators Group*, Common Position on Commission Working Document, date 27 April 2000, Problem 9, Ziffer 56–66.

2   So jedenfalls *Klotz*, TKMR – Tagungsband 2004, 5; *ders.*, K&R Beilage 1/2003, 3, 6; *ders.*, ZWeR 2003, 283, 293; *Wegmann*, K&R Beilage 1/2004, 25, 28 f.; a. A. *Schütz/Attendorn*, MMR Beilage 4/2002, 1, 33; s. dazu auch Einl. II RdNr. 83.

3   Vgl. dazu *Klotz,* K&R Beilage 1/2003, 3, 5.

nung nach der einschlägigen Rechtsprechung des Europäischen Gerichtshofes und des Europäischen Gerichts erster Instanz.[4] Erwägungsgrund 28 der Rahmenrichtlinie bestärkt dies (s. dazu bereits § 9 RdNr. 27).[5] Nach der ständigen europäischen Rechtsprechung zu Art. 82 des EG-Vertrages ist auch tatsächlich „eine beherrschende Stellung die wirtschaftliche Stellung eines Unternehmens, die es in die Lage versetzt, die Aufrechterhaltung eines wirksamen Wettbewerbs auf dem relevanten Markt zu verhindern, indem sie ihm die Möglichkeit verschafft, sich seinen Konkurrenten, seinen Kunden und letztlich den Verbrauchern gegenüber in nennenswertem Umfang unabhängig zu verhalten."[6] Die Würdigung einer beherrschenden Stellung beruht im vorliegenden Kontext der sektorspezifischen Regulierung auf einer vorausschauenden Marktanalyse, die sich auf bestehende Verhältnisse stützt.[7] Dabei ist – für die Auslegung von § 11 von ebenso entscheidender Bedeutung – nach der herrschenden Gleichsetzungsthese Erwägungsgrund 27 der Rahmenrichtlinie (s. dazu bereits § 9 RdNr. 28) so zu verstehen, dass das Fehlen wirksamen Wettbewerbs, das Vorliegen beträchtlicher Marktmacht und damit auch das Vorliegen von Marktbeherrschung synonym sind,[8] was § 3 Nr. 31 und § 11 Abs. 1 Satz 1 TKG für das deutsche Recht auch explizit klarstellen.

IV. Einzelerläuterungen

1. Untersuchter Markt. – Dabei handelt es sich um einen sachlich und räumlich relevanten, regulierungsbedürftigen **Markt im Sinne von § 10.**   **8**

---

4 So wohl auch die einhellige Meinung der Literatur; vgl. *Ellinghaus*, CR 2004, 23, 25 f.; *Holznagel*, in: Picot (Hrsg.), Novellierung des Telekommunikationsgesetzes, S. 9, 15; *Klotz*, TKMR – Tagungsband, 5, 7 f.; *ders.*, K&R Beilage 1/2003, 3, 5; *R. Krüger*, K&R Beilage 1/2003, 9, 13; *Schütz/ Attendorn*, MMR Beilage 4/2002, 1, 13; *Stumpf/Strube Martins/Nett/Kiesewetter/Kohlstedt*, WIK Newsletter Nr. 51/2003, 3; *Wegmann*, K&R Beilage 1/2004, 25, 29; *Huppertz*, Die SMP-Konzeption, S. 220 f.; s. dazu auch Leitlinien der Kommission zur Marktanalyse, RdNr. 5, 70.

5 S. dazu auch *R. Krüger*, K&R Beilage 1/2003, 9, 13.

6 S. hierzu folgende Beispiel der letzten Jahre: das Urteil des Europäischen Gerichts erster Instanz vom 23. Oktober 2003 in der Rechtssache T-65/98, Van den Bergh Foods ./. Kommission, RdNr. 154 m. w. N. (s. zu diesem Urteil beispielsweise *Schulz*, ELR 2003, 427); das Urteil des Europäischen Gerichts erster Instanz vom 22. November 2001 in der Rechtssache T-139/98, *Amministrazione Autonoma dei Monopoli di Stato (AAMS) ./. Kommission*, Slg. 2001, II-3413 RdNr. 51 m. w. N.; das Urteil des Europäischen Gerichts erster Instanz vom 12. Dezember 2000 in der Rechtssache T-128/98, *Aéroports de Paris ./. Kommission*, Slg. 2000 II-3929 RdNr. 147 ff. m. w. N.; und das Urteil des Europäischen Gerichts erster Instanz vom 25. März 1999 in der Rechtssache T-102/96, *Gencor ./. Kommission*, Slg. 1999 II-753 RdNr. 200 m. w. N.; s. zu diesem Urteil *Caffara/ Kühn*, ECLR 1999, 355; *Christensen/Owen*, Competition Policy Newsletter 2/1999, 19; *Fox*, ECLR 1999, 334; *González-Diaz*, World Competition 1999, 3.

7 Vgl. Leitlinien der Kommission zur Marktanalyse, RdNr. 75.

8 So auch *BMWi*, Eckpunkte für eine Stellungnahme der Bundesregierung zum Tätigkeitsbericht der Reg TP 2000/2001 und zum Sondergutachten der Monopolkommission „Wettbewerbsentwicklung bei Telekommunikation und Post 2001: Unsicherheit und Stillstand", 5; Leitlinien der Kommission zur Marktanalyse, RdNr. 5, 19, 70, 112; *Elkettani*, K&R Beilage 1/2004, 11, 15; *Ellinghaus*, CR 2004, 23, 25 f.; *Knauth/F. Krüger*, K&R Beilage 1/2004, 3, 4; *Hellwig*, in: Picot (Hrsg.), Novellierung des Telekommunikationsgesetzes, S. 83, 85; *Huppertz*, Die SMP-Konzeption, S. 210, 212; *Klotz*, TKMR – Tagungsband 2004, 5, 7 f.; *ders.*, ZWeR 2003, 283, 292; *R. Krüger*, K&R Beilage 1/2003, 9, 13, 14; *Wegmann*, K&R Beilage 1/2004, 25, 29.

9   **2. Wirksamer Wettbewerb.** – Wirksamer Wettbewerb **fehlt, wenn** beträchtliche Marktmacht, das heißt eine **marktbeherrschende Stellung** vorliegt. Es handelt sich also bei
wirksamem Wettbewerb um ein Antonym der beiden anderen genannten Zustände (s. dazu
ausführlicher RdNr. 7). In Hinblick auf die Anwendung der Definition im Sinne des europäischen Wettbewerbsrechts erscheint nicht unerheblich, dass die Reg TP darauf zu achten
hat, dass ihre Entscheidungen mit der Fallpraxis der Europäischen Kommission und der
einschlägigen Rechtsprechung des EuGH übereinstimmen.[9]

10   **Grundlegend** ist dabei das sich auf den jedenfalls häufiger anzutreffenden und behandelten Fall der Einzelmarktbeherrschung beziehende, jedoch auch auf kollektive Marktbeherrschung übertragbare Urteil des Europäischen Gerichtshofes vom 13. 2. 1979 in der
Rechtssache 85/76, **Hoffmann-La Roche** ./. Kommission.[10] Darin hat der Gerichtshof betont, dass eine marktbeherrschende Stellung einen gewissen Wettbewerb auf dem relevanten Markt nicht ausschließt. Sie versetzt lediglich das Unternehmen in die Lage, die Bedingungen, unter denen sich dieser Wettbewerb entwickeln kann, zu bestimmen oder wenigstens merklich zu beeinflussen und auf jeden Fall in seinem Verhalten so lange keine Rücksicht nehmen zu müssen, wie ihm dies nicht zum Schaden gereicht.[11] Eine beherrschende
Stellung kann anhand einer Reihe von Kriterien festgestellt werden, die für sich allein genommen nicht notwendigerweise entscheidend sind, sondern auf Grund einer Gesamtbetrachtung zu bewerten sind.[12] Die **Unerlässlichkeit einer wertenden Gesamtschau** ergibt
sich daraus, dass es eine „umfassend ausgearbeitete Theorie der Wettbewerbsvorausset-
zungen, die vom Vorliegen bestimmter Umstände einen zwingenden Schluss auf Unterneh-
mensverhalten zuließe, bis heute nicht gibt und angesichts der netzartigen Verkoppelung
sämtlicher Zustands- und Kontrollvariablen für Unternehmen vielleicht nie geben wird.“[13]
Die einzelnen relevanten Faktoren können **thematisch** als Ausdruck der **Marktstruktur**,
der **Unternehmensstruktur** oder des **Marktverhaltens** einsortiert werden (s. ausführlich
zu den einzelnen Kriterien RdNrn. 14 ff.).[14]

11   Von Bedeutung für das Verständnis der vorliegenden Regelung ist auch, dass die Würdigung einer beherrschenden Stellung im vorliegenden Kontext – in Abweichung von der
Ex-post-Betrachtung des Art. 82 EG-Vertrag[15] – auf einer vorausschauenden Marktanalyse, die sich auf die bestehenden Verhältnisse stützt, beruht.[16] Dieser grundlegende Unterschied hinsichtlich der Perspektive der Untersuchung sollte indes im Hinblick auf seine
praktischen Auswirkungen auch nicht überbewertet werden, selbst wenn die Reg TP damit
in gewissem Umfang auf Hypothesen und Annahmen angewiesen ist. Auch bei der Ex-ante-Betrachtung des TKG kann nämlich Dreh- und Angelpunkt der Untersuchung wie im
allgemeinen Wettbewerbsrecht nur eine Bewertung konkreter unternehmerischer Verhal-

---

9 So beispielsweise auch *R. Krüger*, K&R Beilage 1/2003, 9, 13.
10 Slg. 1979, 461 RdNr. 39.
11 Vgl. dazu auch Leitlinien der Kommission zur Marktanalyse, RdNr. 72.
12 S. Leitlinien der Kommission zur Marktanalyse, RdNr. 75 und 79; *Grabitz/Hilf/Jung*, Das Recht
    der Europäischen Union, Art. 82 RdNr. 78 m. w. N.
13 So *Immenga/Mestmäcker/Möschel*, GWB, § 19 RdNr. 54 m. w. N. zur Vorschrift des – im Gegen-
    satz zu Artikel 82 des EG-Vertrages – sogar einen konkreten Kriterienkatalog enthaltenden § 19
    Absatz 2 Satz 1 Nr. 2 GWB.
14 Vgl. *Langen/Bunte/Dirksen*, Kartellrecht, Band 1, Artikel 82, RdNr. 37; *Grabitz/Hilf/Jung*, Das
    Recht der Europäischen Union, Art. 82 RdNr. 78.
15 S. dazu *Holznagel*, in: Picot (Hrsg.), Novellierung des Telekommunikationsgesetzes, S. 9, 15.
16 Vgl. Leitlinien der Kommission zur Marktanalyse, RdNr. 75.

tensweisen sein.[17] Im Übrigen spricht gegen eine Überbewertung des **prognostischen Elements**, dass – anders als beispielsweise in der Fusionskontrolle – in Anbetracht der regelmäßig vorzunehmenden Aktualisierungen der Marktanalyse der ins Auge zu fassende Zeitraum auf maximal zwei Jahre beschränkt ist.[18]

3. Im Rahmen der Festlegung der nach § 10 für eine Regulierung nach diesem Teil in Betracht kommenden Märkte. – Diese Formulierung verdeutlicht den **engen inhaltlichen Zusammenhang** zwischen der Festlegung des als regulierungsbedürftig erkannten sachlich und räumlich relevanten Marktes im Sinne von § 10 und der Untersuchung des Vorliegens einer marktbeherrschenden Stellung im Sinne von § 11 auf diesem Markt. **12**

4. Beträchtliche Marktmacht. – Beträchtliche Marktmacht bedeutet nichts anderes als das Fehlen wirksamen Wettbewerbs und das Vorliegen einer marktbeherrschenden Stellung (vgl. dazu bereits RdNrn. 7, 9 ff.). Wie bei der Frage der Marktbeherrschung im europäischen Wettbewerbsrecht gibt es zwei Arten, nämlich die **Einzelmarktbeherrschung** (s. hierzu im Einzelnen die RdNrn. 14 ff.) und die kollektive oder **gemeinsame Marktbeherrschung** (vgl. dazu ausführlich RdNrn. 35 ff.). **13**

a) Eines Unternehmens. – Die Frage, wann ein Unternehmen über eine marktbeherrschende Stellung verfügt, lässt sich nur mit Hilfe einer **wertenden Gesamtbetrachtung verschiedenster**, die Markt- und Unternehmensstruktur widerspiegelnder und das unternehmerische Verhalten betreffender **Kriterien** beantworten (s. dazu bereits RdNr. 10), die im Folgenden dargestellt werden. **14**

Ein wichtiges Kriterium der Marktbeherrschungsprüfung sind die **Marktanteile** der auf dem jeweils untersuchten Markt tätigen Unternehmen.[19] Marktanteile werden oftmals als **Marktmachtindikator** verwendet, da sie am deutlichsten Erfolg und Leistungsfähigkeit eines Unternehmens ausweisen;[20] in ihnen schlägt sich der Erfolg oder Misserfolg in den wettbewerblichen Auseinandersetzungen signifikant nieder.[21] Ein hoher Marktanteil allein bedeutet aber einerseits noch nicht, dass das betreffende Unternehmen über beträchtliche Marktmacht verfügt. Andererseits ist auch nicht zwingend auszuschließen, dass ein Unternehmen ohne hohen Marktanteil eine beherrschende Stellung einnimmt.[22] **15**

In der europäischen Rechtsprechung und Entscheidungspraxis haben sich bezogen, auf die Bewertung von Marktanteilen, einige **Faustformeln** für die unterschiedlichen Höhen von Marktanteilen herausgebildet, von denen die wichtigsten im Folgenden dargestellt werden. **16**

So dürfte bei Marktanteilen von **nicht mehr als 25 Prozent** jedenfalls keine alleinige marktbeherrschende Stellung vorliegen.[23] Obwohl in einigen Fällen auch bei niedrigeren **17**

---

17 A. A. *Holznagel*, in: Picot (Hrsg.), Novellierung des Telekommunikationsgesetzes, S. 9, 15.

18 Vgl. dazu auch *Huppertz*, Die SMP-Konzeption, S. 221.

19 Vgl. Leitlinien der Kommission zur Marktanalyse, RdNr. 75; Leitlinien zur Bewertung horizontaler Zusammenschlüsse, s. dazu nunmehr auch das Urteil des Europäischen Gerichts erster Instanz vom 17. Dezember 2003 in der Rechtssache 219/99, *British Airways ./. Kommission*, RdNr. 210 m. w. N.; vgl. auch *Grabitz/Hilf/Jung*, Das Recht der Europäischen Union, Band I, 2001, Art. 82 RdNr. 78.

20 S. *Langen/Bunte/Dirksen*, Kartellrecht, Band 1, Art. 82, RdNr. 42.

21 Vgl. *Immenga/Mestmäcker/Möschel*, GWB, § 19 RdNr. 59.

22 S. Leitlinien der Kommission zur Marktanalyse, RdNr. 75; *R. Krüger*, K&R Beilage 1/2003, 9, 14.

23 Vgl. Leitlinien der Kommission zur Marktanalyse, RdNr. 75 m. w. N.; s. dazu auch nunmehr Leitlinien zur Bewertung horizontaler Zusammenschlüsse, RdNr. 18.

Marktanteilen eine marktbeherrschende Stellung angenommen werden kann, hat die Europäische Kommission in ihrer Fallpraxis die Schwelle für eine beherrschende Stellung **in der Regel erst ab** einem Marktanteil von **über 40 Prozent** angesetzt.[24]

18 Nach ständiger Rechtsprechung des Gerichtshofs der Europäischen Gemeinschaften liefern besonders hohe Marktanteile von **über 50 Prozent ohne Weiteres, von außergewöhnlichen Umständen abgesehen**, den Beweis für das Vorliegen einer marktbeherrschenden Stellung.[25] Nach der Rechtsprechung des Europäischen befindet sich nämlich ein Unternehmen, das während einer längeren Zeit einen besonders hohen Marktanteil innehat, allein durch den Umfang seiner Produktion und seines Angebots in einer Position der Stärke, „die es zu einem nicht zu übergehenden Geschäftspartner macht und ihm bereits deswegen, jedenfalls während relativ langer Zeit, die Unabhängigkeit des Verhaltens sichert, die für eine beherrschende Stellung kennzeichnend ist; die Inhaber von erheblich geringeren Anteilen wären nicht in der Lage, kurzfristig die Nachfrager zu befriedigen, die sich vom Marktführer abwenden wollten".[26] Diese die Bedeutung von Marktanteilen stark hervorhebende Rechtsprechung[27] wird in der Literatur zum Teil kritisiert.[28] Die Europäische Kommission scheint diese Kritik an der herausragenden Rolle von Marktanteilen bereits zu berücksichtigen. So heißt es nämlich: „Große Marktanteile sind jedoch nur dann als genauer Gradmesser für Marktmacht anzusehen, wenn die Konkurrenten ihre Produktion oder ihre Leistungen nicht in ausreichendem Umfang erhöhen könnten, um den durch die Preiserhöhung des Konkurrenten bedingten Nachfrageumschwung zu decken."[29]

19 Nicht übersehen werden sollte in diesem Zusammenhang, dass das Europäische Gericht erster Instanz erklärt hat, dass das Vorliegen einer marktbeherrschenden Stellung grundsätzlich bereits aus der Feststellung abgeleitet werden darf, dass ein Unternehmen im untersuchten Zeitraum **mehr als 90 Prozent** des Umsatzes auf dem relevanten Markt getätigt hat,[30] aber dennoch im streitgegenständlichen Fall ausführlich untersucht hat, ob die Europäische Kommission in ihrer dem Urteil zu Grunde liegenden Entscheidung das Vorliegen

---

24 Vgl. Leitlinien der Kommission zur Marktanalyse, RdNr. 75 unter Verweis auf das Grundsatzurteil des EuGH vom 14. Februar 1978 in der Rechtssache 27/76, *United Brands ./. Kommission*, Slg. 1978, 207, insbesondere RdNr. 108/110; Leitlinien zur Bewertung horizontaler Zusammenschlüsse, RdNr. 17 m. w. N.; so auch *R. Krüger*, K&R Beilage 1/2003, 9, 14; unzutreffend ist dagegen die Ansicht, nach welcher bei Marktanteilen unter 40 Prozent keine Marktbeherrschung gegeben sein könne, so aber *Klotz*, ZWeR 2003, 283, 293.

25 Vgl. Leitlinien der Kommission zur Marktanalyse, RdNr. 75 unter Verweis auf das Grundsatzurteil des Europäischen Gerichtshofes vom 3. Juli 1991 in der Rechtssache C-62/86, *AKZO ./. Kommission*, Slg. 1991, I-3359 RdNr. 59 ff.; Leitlinien zur Bewertung horizontaler Zusammenschlüsse, RdNr. 17; s. dazu auch das Urteil des Europäischen Gerichts erster Instanz vom 30. September 2003 in den verbundenen Rechtssachen T-191/98, T-212/98, T-213/98 und T-214/98, *Atlantic Container Line ./. Kommission*, RdNr. 907 m. w. N.

26 Urteil des Europäischen Gerichtshofes vom 13. Februar 1979 in der Rechtssache 85/76, *Hoffmann-La Roche ./. Kommission*, Slg. 1979, 461 RdNr. 41.

27 S. dazu *Grabitz/Hilf/Jung*, Das Recht der Europäischen Union, Art. 82 RdNr. 78 m. w. N., der Marktanteile sogar als „zentrales Beurteilungskriterium" qualifiziert; s. ebenfalls RdNr. 81 ff. m. w. N.

28 S. dazu *Korah*, EC Competition Law and Practice, 91 unter Verweis auf den britischen Fall „*Cigarette Filter Rods*".

29 Leitlinien der Kommission zur Marktanalyse, Fn. 78.

30 Urteil des Europäischen Gerichts erster Instanz vom 7. Oktober 1999 in der Rechtssache T-228/97, *Irish Sugar ./. Kommission*, Slg. 1999 II-2969, RdNr. 71, unter Bezugnahme auf das Urteil des Eu-

außergewöhnlicher Umstände unberücksichtigt gelassen hat.[31] Dies bedeutet, dass auch bei derart hohen Marktanteilen stets eine **wertende Gesamtschau mehrerer Faktoren** vorzunehmen ist.[32]

Selbst bei einem Marktanteil von **100 Prozent** wird in der Literatur das Vorliegen einer 20 marktbeherrschenden Stellung **nicht als zwingend** angesehen.[33]

Denklogisch setzt die Marktanteilsberechnung die Entscheidung voraus, welche **Parame-** 21 **ter der Berechnung** des jeweiligen Gesamtmarktes und des individuellen Marktanteils des im Hinblick auf die Marktbeherrschung untersuchten Unternehmens zu Grunde gelegt werden sollen, wobei sich der Gesamtmarkt bezogen auf die Summe aller Anbieter, die auf dem sachlich und geographisch relevanten Markt agieren, berechnen lässt und die Ausfüllung dieser Parameter zwingend eine Datenerhebung erforderlich macht.[34] Die Kriterien zur Berechnung des Marktanteils des oder der betroffenen Unternehmen hängen von den Merkmalen des relevanten Marktes ab.[35] Bei der Berechnung der Marktgröße und der Marktanteile ist sowohl der **mengen-** als auch der **wertmäßig berechnete Umsatz** eine nützliche Information. Bei Massenprodukten sind eher Mengenangaben zu bevorzugen, bei differenzierten Produkten wie beispielsweise Markenprodukten sollte demgegenüber der wertmäßige Umsatz und der damit verbundene Marktanteil als ausschlaggebend angesehen werden, da er die relative Marktstellung und Marktmacht der einzelnen Anbieter besser widerspiegelt.[36]

Neben der absoluten Höhe von Marktanteilen ist auch deren **Entwicklung im Zeitablauf** 22 von wichtiger Bedeutung.[37] So kann einem Unternehmen mit einem hohen Marktanteil beträchtliche Marktmacht unterstellt werden, wenn dieser Marktanteil über längere Zeit stabil geblieben ist.[38] Der Umstand, dass ein mächtiges Unternehmen allmählich Marktanteile verliert, kann zwar durchaus auf zunehmenden Wettbewerb auf diesem Markt hindeuten, schließt aber die Feststellung einer beträchtlichen Marktmacht nicht aus.[39] Längerfristig schwankende Marktanteile können jedoch wiederum ein Anzeichen für fehlende Macht

---

ropäischen Gerichtshofes vom 3. Juli 1991 in der Rechtssache C-62/86, *AKZO ./. Kommission*, Slg. 1991, I-3359 RdNr. 60.

31 Urteil des Europäischen Gerichts erster Instanz vom 7. Oktober 1999 in der Rechtssache T-228/97, *Irish Sugar ./. Kommission*, Slg. 1999 II-2969, RdNrn. 73 ff.

32 Vgl. Leitlinien der Kommission zur Marktanalyse, RdNr. 78; s. dazu auch *Langen/Bunte/Dirksen*, Kartellrecht, Art. 82 RdNr. 48 m. w. N.

33 So ausdrücklich *R. Krüger*, K&R Beilage 1/2003, 9, 14 Fn. 34; s. in diesem Zusammenhang auch das Urteil des Europäischen Gerichts erster Instanz vom 22. November 2001 in der Rechtssache T-139/98, *AAMS ./. Kommission,* Slg. 2001, II-3413 RdNrn. 51 f.

34 S. dazu beispielsweise – wenn auch zum alten Rechtsrahmen – *Huppertz*, Die SMP-Konzeption, S. 107.

35 Leitlinien der Kommission zur Marktanalyse, RdNr. 77.

36 Leitlinien der Kommission zur Marktanalyse, RdNr. 76.

37 S. dazu vor allem das Urteil des Europäischen Gerichtshofes vom 13. Februar 1979 in der Rechtssache 85/76, *Hoffmann La Roche ./. Kommission*, Slg. 1979, 461, RdNr. 41; das Urteil des Europäischen Gerichtshofes vom 14. Februar 1978 in der Rechtssache 27/76, *United Brands ./. Kommission*, Slg. 1978, 207, RdNrn. 114 ff.; und das Urteil des Europäischen Gerichtshofes vom 3. Juli 1991 in der Rechtssache C-62/86, *AKZO ./. Kommission*, Slg. 1991, I-3359, RdNr. 59.

38 Leitlinien der Kommission zur Marktanalyse, RdNr. 75, unter anderem unter Verweis auf das Grundsatzurteil des EuGH vom 13. Februar 1979 in der Rechtssache, 85/76, *Hoffmann La Roche ./. Kommission*, Slg. 1979, 461 RdNr. 41.

39 Leitlinien der Kommission zur Marktanalyse, RdNr. 75.

auf dem relevanten Markt sein.[40] Von nicht unerheblicher Bedeutung ist ferner die Höhe der Marktanteile der unmittelbaren Wettbewerber.[41]

23 Als weiteres Kriterium der Marktbeherrschungsprüfung ist die **Gesamtgröße des Unternehmens** zu nennen.[42] Die beispielsweise mit der Unternehmensgröße verbundenen finanziellen Ressourcen (s. dazu RdNr. 27) oder Größen- und Verbundvorteile (s. dazu RdNr. 29) können einem Unternehmen Wettbewerbsvorteile auf einem Markt verschaffen. So kann die Gesamtgröße eines Unternehmens gemeinsam mit anderen Umständen denkbarerweise eine abschreckende Wirkung auf tatsächliche und potenzielle Wettbewerber haben.

24 Ferner ist **die Kontrolle über eine nicht leicht zu duplizierende Infrastruktur** als ein für das Vorliegen von Marktbeherrschung sprechender Faktor anzusehen.[43] Es handelt sich hierbei um eine – im Bereich der Netzwirtschaft besonders häufig anzutreffende – Marktzutrittsschranke (s. dazu RdNr. 34). Der Ausbau einer derartigen Infrastruktur beinhaltet nämlich die – für Wettbewerber vielfach trotz der Angewiesenheit auf die Nutzung der Infrastruktur nicht lohnenswerte – Notwendigkeit umfangreicher Investitionen. Dieses Kriterium ist – trotz aller Ähnlichkeit – **nicht** mit der **Essential-facilities-Doktrin** zu verwechseln.[44]

25 Auch **technologische Vorteile oder Überlegenheit** zählen zu den Kriterien, denn Unternehmen, welche – beispielsweise aufgrund erheblicher Ausgaben für Forschung und Entwicklung – über ein besonderes (technisches) Können und Wissen verfügen, können durchaus Wettbewerbsvorteile genießen.[45]

26 Liegt eine **ausgleichende Nachfragemacht** (nicht nur im englischsprachigen, sondern mittlerweile ebenfalls im deutschsprachigen Raum vielfach auch als so genannte **Countervailing Buyer Power** bezeichnet) vor, so spricht dies gegen das Vorliegen einer marktbeherrschenden Stellung,[46] da eine starke Verhandlungsposition auf der Nachfragerseite die

---

40 Leitlinien der Kommission zur Marktanalyse, RdNr. 75.

41 S. dazu beispielsweise das Urteil des Europäischen Gerichts erster Instanz vom 17. Dezember 2003 in der Rechtssache T-219/99, *British Airways ./. Kommission*, RdNr. 210 ff. m. w. N.

42 Leitlinien der Kommission zur Marktanalyse, RdNr. 78; s. in diesem Zusammenhang auch das Urteil des Europäischen Gerichts erster Instanz vom 9. Juli 2003 in der Rechtssache T-224/00, *Archer Daniels Midland ./. Kommission*, RdNr. 242; s. zu diesem Urteil *Pieters,* ELR 2003, 328.

43 Vgl. Leitlinien der Kommission zur Marktanalyse, RdNr. 78.

44 S. dazu im Einzelnen *Huppertz*, Die SMP-Konzeption, S. 224; zur Essential-facilities-Doktrin selbst s. beispielsweise *Heinen*, Journal of Network Industries 2001, 385, 386 ff. mit zahlreichen Nachweisen.

45 S. Leitlinien der Kommission zur Marktanalyse, RdNr. 78; vgl. ferner *Langen/Bunte/Dirksen,* Art. 82 EGV RdNr. 55 m. w. N.; *Grabitz/Hilf/Jung,* Das Recht der Europäischen Union, Band I, Art. 82 RdNr. 89; *von der Groeben/Schwarze/Schröter,* EUV/EGV, Art. 82 RdNr. 108; s. dazu auch das Urteil des Europäischen Gerichtshofes vom 6. März 1974 in den verbundenen Rechtssachen 6/73 und 7/73, *Commercial Solvents ./. Kommission*, Slg. 1974, 223, RdNr. 9 ff.; das Urteil des Europäischen Gerichtshofes vom 14. Februar 1978 in der Rechtssache 27/76, *United Brands ./. Kommission*, Slg. 1978, 207 RdNrn. 82 ff.; das Urteil des Europäischen Gerichtshofes vom 3. Juli 1991 in der Rechtssache C-62/86, *AKZO ./. Kommission*, Slg. 1991, I-3359, RdNr. 61.

46 Leitlinien der Kommission zur Marktanalyse, RdNr. 78; s. dazu nunmehr auch Leitlinien zur Bewertung horizontaler Zusammenschlüsse, RdNr. 64 ff.; s. zu dieser Thematik außerdem das Urteil des Europäischen Gerichts erster Instanz vom 10. März 1992 in den verbundenen Rechtssachen T-68/89, T-77/89 und T-78/89, *SIV ./. Kommission* (*Flachglass*), Slg. 1992, II-1403 RdNr. 366; das

Marktmacht eines Anbieters ausgleichen kann. Eine solche Nachfragermacht kann dabei – je nach Einzelfall – sowohl im Vorleistungsbereich als auch im Endkundenbereich gegeben sein. Nachfragermacht kann beispielsweise aus der Fähigkeit zu diskriminierendem Verhalten der Nachfrager entspringen (zum Beispiel Boykott), aus einer Bindung der Anbieter an die Nachfrager aufgrund spezifischer Investitionen oder auch aus der glaubhaften Drohung der Nachfrager resultieren, die Vertragsbedingungen zu Lasten des Anbieters zu verändern, die nachgefragten Güter selbst herzustellen bzw. durch alternative Entwicklungen überflüssig werden zu lassen oder potenzielle Wettbewerber zu animieren, in den Markt neu einzutreten.

Zu den im Rahmen der Marktbeherrschungsprüfung relevanten Kriterien zählt auch das **27** Kriterium des – im Vergleich zu Wettbewerbern – **leichten oder privilegierten Zugangs zu Kapitalmärkten** und die Verfügbarkeit **finanzieller Ressourcen**.[47] Es wird beispielsweise in aktuellen wettbewerbsrechtlichen Urteilen berücksichtigt.[48] Nach der so genannten Abschreckungs- oder Ressourcentheorie eröffnet nämlich eine überlegene Finanzkraft als wichtigster – wenn auch nicht einziger – Ausdruck der einem Unternehmen zur Verfügung stehenden Ressourcen dem Unternehmen Verhaltensspielräume beim Einsatz seiner Wettbewerbsparameter, die aktuelle oder potenzielle Wettbewerber in ihrem Marktverhalten entmutigen und von wettbewerbsaktiven Maßnahmen abschrecken können.[49] Nicht unerwähnt bleiben sollte außerdem, dass bestimmte Investitionen in Schlüsseltechnologien und/oder Produktionsanlagen nur mit einer gewissen Finanzstärke möglich sind.[50] Die Finanzkraft setzt sich aus der auch als „cash flow" bezeichneten Eigenfinanzierungskraft eines Unternehmens und seiner Möglichkeit zur Fremdfinanzierung zusammen, beides unter Einbeziehung der mit dem betrachteten Unternehmen verbundenen Unternehmen. Der Bruttoumsatz eines Unternehmens ist dabei zwar die Quelle der Finanzkraft, zu ihrer Messung allein allerdings eigentlich kaum geeignet, da sie bei gleichem Bruttoumsatz umso geringer ist, je höher der Aufwand für die Erzielung des Umsatzes war. Nichtsdestotrotz hat die (deutsche) Rechtsprechung den Umsatz als Mittel zur Bemessung der Finanzkraft anerkannt, da sich die finanzielle Stärke eines Unternehmens für Außenstehende vorrangig nach dem Umsatz bestimmt und die tatsächliche Verfügbarkeit öffentlich nicht bekannt ist,[51] so dass es sich hier um den aus praktischer Sicht relevanten und tatsächlich messbaren Maßstab handelt.

Urteil vom 15. Dezember 1994 in der Rechtssache C-250/92, *Gottrup-Klim e. a. Grovvareforeninger,* Slg. 1994, I-5641 RdNr. 32; das Urteil des Europäischen Gerichts erster Instanz vom 7. Oktober 1999 in der Rechtssache T-228/97, *Irish Sugar ./. Kommission,* Slg. 1999, II-2969 RdNr. 97 f.

47 Vgl. Leitlinien der Kommission zur Marktanalyse, RdNr. 78; *Langen/Bunte/Dirksen,* Art. 82 RdNr. 55 m. w. N.

48 S. dazu das Urteil des Europäischen Gerichts erster Instanz vom 23. Oktober 2003 in der Rechtssache T-65/98, *Van den Bergh Foods ./. Kommission,* RdNr. 155, und dem Urteil des Europäischen Gerichts erster Instanz vom 30. September 2003 in der Rechtssache T-158/00, *ARD ./. Kommission,* RdNr. 123 ff.

49 Vgl. *Langen/Bunte/Ruppelt,* § 19 RdNr. 51.

50 Vgl. *Grabitz/Hilf/Jung,* Das Recht der Europäischen Union, Band I, Art. 82 RdNr. 91.

51 Vgl. zu § 19 GWB *Langen/Bunte/Ruppelt,* Kartellrecht, § 19 RdNr. 51.

28   Eine **breites Produktsortiment** kann ebenfalls Wettbewerbsvorteile mit sich bringen.[52] Ein solches Angebot erlaubt es dem Anbieter, unter bestimmten Umständen eine besondere Kundenbindung zu erreichen, weil der Nachfrager seine Wünsche bei diesem einen Anbieter umfassend befriedigen kann, so dass es ihm gegebenenfalls sogar schwer fallen würden, nur für einen Teil des Sortiments Angebote anderer Unternehmen zu führen bzw. nachzufragen.

29   Auch **Größenvorteile**[53] (englisch: economies of scale) und **Verbundvorteile**[54] (englisch: economies of scope) können für das Vorliegen einer marktbeherrschenden Stellung sprechen. Größenvorteile (in stärkerer Anlehnung ans Englische auch als Skaleneinsparungen bezeichnet) treten auf, wenn Unternehmen Einsparungen bei den Stückkosten erzielen, indem sie von einer einzigen Ware oder Dienstleistung mehr erzeugen, so dass die durchschnittlichen Kosten pro Einheit bei steigenden Stückzahlen sinken. Derartige Vorteile ergeben sich vor allem, wenn es möglich ist, hohe Fixkosten auf die erhöhte Produktmenge zu verteilen.[55] Verbundvorteile (auch als Diversifikationsvorteile bezeichnet) sind Kostenvorteile, die sich für eine Unternehmen aus der Produktion einer Vielfalt an Gütern ergeben, etwa weil zur Erzeugung der unterschiedlichen Endprodukte dieselben Produktionsanlagen genutzt werden können.[56]

30   Ebenfalls für Marktbeherrschung spricht das Vorliegen einer **vertikalen Integration**,[57] jedenfalls wenn dies das Unternehmen in die Lage versetzt, bevorzugt an Beschaffungs- und/oder Absatzmärkte zu gelangen.[58] Die Verhaltensspielräume eines Unternehmens können sich nämlich dadurch erweitern, dass dieses einen im Verhältnis zu seinen Wettbewerbern überlegenen Zugang zu seinen Absatz- und Beschaffungsmärkten besitzt. Auch können hierdurch gegebenenfalls Transaktionskosten gespart werden.

---

52 Leitlinien der Kommission zur Marktanalyse, RdNr. 78; vgl. *Langen/Bunte/Ruppelt*, § 19 RdNr. 55. m. w. N.; für illustrative Beispiele aus der jüngeren Rechtsprechung s. das Urteil des Europäischen Gerichts erster Instanz vom 23. Oktober 2003 in der Rechtssache T-65/98, *Van den Bergh Foods ./. Kommission*, RdNr. 89 ff.; das Urteil des Europäischen Gerichts erster Instanz vom 3. April 2003 in der Rechtssache T-114/02, *BaByliss ./. Kommission*, RdNrn. 339 ff.; s. zu letztgenanntem Urteil *Hirsbrunner*, EuZW 2003, 709, 710; *Rosenfeld/Wolfsgruber*, EuZW 2003, 743, 746; *Volck Madsen*, ELR 2003, 151.

53 Leitlinien der Kommission zur Marktanalyse, RdNr. 78; s. dazu auch *R. Krüger*, K&R Beilage 1/2003, 9, 14.

54 Leitlinien der Kommission zur Marktanalyse, RdNr. 78; s. dazu auch *R. Krüger*, K&R Beilage 1/2003, 9, 14.

55 S. dazu kurz und prägnant *Europäische Kommission*, Glossar der Wettbewerbspolitik der EU, Kartellrecht und Kontrolle von Unternehmenszusammenschlüssen, 24.

56 Vgl. auch hierzu *Europäische Kommission*, Glossar der Wettbewerbspolitik der EU, Kartellrecht und Kontrolle von Unternehmenszusammenschlüssen, 14.

57 Leitlinien der Kommission zur Marktanalyse, RdNr. 78; s. dazu auch *R. Krüger*, K&R Beilage 1/2003, 9, 15.

58 S. *Langen/Bunte/Dirksen*, Kartellrecht, Art. 82 RdNr. 55 m. w. N.; *von der Groeben/Schwarze/Schröter*, EUV/EGV, Band 2, 2003, Art. 82 RdNr. 113; vgl. auch das Urteil des Europäischen Gerichtshofes vom 14. Februar 1978 in der Rechtssache 27/76, *United Brands ./. Kommission*, Slg. 1978, S. 207, 287 ff. sowie das Urteil des Europäischen Gerichts erster Instanz vom 12. Dezember 1991 in der Rechtssache T-30/89, *Hilti*, Slg. 1991, II-1439, RdNr. 86.

Ferner kann Marktmacht – insbesondere auf der Endkundenebene – durch ein **hochent-** 31
wickeltes Vertriebs- und Verkaufsnetz erhöht werden,[59] da dies den Zugang zu den (End-)
Kunden erleichtert.

Die Marktmacht eines Unternehmens kann zudem durch das Vorhandensein **potenzieller** 32
Wettbewerber eingeschränkt werden.[60] Dies erscheint insbesondere durch alternative
Technologien grundsätzlich möglich. Potenzielle Wettbewerber können Unternehmen sein,
die auf angrenzenden Produkt- oder Dienstleistungsmärkten tätig und zum Beispiel durch
eine einfache Umstellung der Produktionsanlagen in der Lage sind, in den Markt einzutreten. Der Einfluss potenziellen Wettbewerbs auf ein möglicherweise marktbeherrschendes
Unternehmen ist umso höher, je leichter ein Unternehmen in den relevanten Markt eintreten kann und je näher der Eintritt bevorsteht.[61] Insbesondere auf elektronischen Kommunikationsmärkten kann Wettbewerbsdruck durch die Innovationskraft potenzieller Mitbewerber entstehen, die auf den Markt drängen.[62] Auch die unterschiedlichen Marktzutrittsfähig-
keiten der potenziellen Konkurrenten bestimmen deren Marktzutrittsmöglichkeiten.[63]
Nicht zu übersehen ist ferner, dass potenzieller Wettbewerb durch vertikal integrierte, die
in Frage stehende Dienstleistung ausschließlich selbst nutzende (so genannte Eigenrealisierung) Unternehmen nicht per se ausgeschlossen werden kann.

Ein weiteres gegebenenfalls im Rahmen der Marktbeherrschungsprüfung zu beachtendes 33
Kriterium stellen **Expansionshemmnisse** dar.[64] Unter Expansionshemmnissen versteht
man alle diejenigen Umstände, welche ein bereits auf dem Markt tätiges Unternehmen am
Wachstum hindern können. Dies können beispielsweise dieselben Umstände sein, die sich
für denkbare Wettbewerber als Marktzutrittsschranken bemerkbar machen (s. hierzu
RdNr. 34).

Die Feststellung einer marktbeherrschenden Stellung hängt auch davon ab, wie leicht der 34
Marktzugang ist.[65] Fehlende **Marktzutrittsschranken** können ein Unternehmen mit ei-

---

59 Leitlinien der Kommission zur Marktanalyse, RdNr. 78; vgl. auch *Langen/Bunte/Dirksen*, Kartellrecht, Art. 82 RdNr. 55; s. dazu als illustratives Beispiel aus der jüngeren Rechtsprechung das Urteil des Europäischen Gerichts erster Instanz vom 22. November 2001 in der Rechtssache T-139/
89, *AAMS ./. Kommission,* Slg. 2001 II-3413 RdNr. 52.
60 Leitlinien der Kommission zur Marktanalyse, RdNr. 74, 78; vgl. aus der Rechtsprechung das Urteil
des Europäischen Gerichtshofes vom 21. Februar 1973 in der Rechtssache 6/72, *Continental Can
./. Kommission*, Slg. 1973, 215 RdNr. 36; das Urteil des Europäischen Gerichtshofes vom 6. März
1974 in den Rechtssachen 6/73 und 7/73, *Commercial Solvents ./. Kommission*, Slg. 1974, 223
RdNr. 15; das Urteil des Europäischen Gerichtshofes vom 13. Februar 1979 in der Rechtssache 85/
76, *Hoffmann-La Roche ./. Kommission*, Slg. 1979, 461 RdNrn. 33 f., 48, 51; sowie das Urteil des
Europäischen Gerichts erster Instanz vom 7. Oktober 1999 in der Rechtssache T-228/97, *Irish Sugar*, Slg. 1999 II-2969 RdNr. 80 ff.; s. dazu auch *Langen/Bunte/Dirksen*, Kartellrecht, Art. 82
RdNr. 52 m. w. N.; *Grabitz/Hilf/Jung,* Das Recht der Europäischen Union, Band I, Art. 82
RdNr. 82; *von der Groeben/Schwarze/Schröter,* EUV/EGV, Band 2, Art. 82 RdNr. 103; *R. Krüger*,
K&R Beilage 1/2003, 9, 14.
61 *Langen/Bunte/Dirksen*, Kartellrecht, Art. 82 RdNr. 53 m. w. N.
62 Leitlinien der Kommission zur Marktanalyse, RdNr. 80; *R. Krüger*, K&R Beilage 1/2003, 9, 14.
63 *R. Krüger*, K&R Beilage 1/2003, 9, 11.
64 Leitlinien der Kommission zur Marktanalyse, RdNr. 78.
65 Vgl. dazu *von der Grabitz/Hilf/Jung*, Das Recht der Europäischen Union, Band I, Art. 82
RdNr. 86; *Immenga/Mestmäcker/Möschel*, EG-Wettbewerbsrecht, Band I, 1997, Art. 86 RdNr. 77;
von der Groeben/Schwarze/Schröter, EUV/EGV, Band 2, 2003, Art. 82 RdNr. 105; *R. Krüger*,
K&R Beilage 1/2003, 9, 14.

nem beträchtlichen Marktanteil grundsätzlich davon abhalten, sich unabhängig vom Markt wettbewerbswidrig zu verhalten.[66] Der hier verwandte Begriff der Marktzutrittsschranken, die gesetzlicher, struktureller oder strategischer Art sein können,[67] entspricht dem Begriff der Marktzutrittsschranke im Sinne von § 10 (s. dort ausführlich die RdNrn. 50 ff.). Bedeutsam erscheint, dass hohe Marktzutrittsschranken bei Märkten, die sich durch fortlaufende technologische Neuerungen auszeichnen, an Bedeutung verlieren können. Insbesondere auf elektronischen Kommunikationsmärkten kann Wettbewerbsdruck durch die Innovationskraft potenzieller Mitbewerber entstehen, die auf den Markt drängen.[68]

35   **b) Mehrerer Unternehmen.** – Der Schlüssel zum Verständnis auch dieses Tatbestandsmerkmals liegt im Europäischen Recht. Dies beinhaltet mit **Art. 14 Abs. 2, zweiter Unterabs., eine der Rahmenrichtlinie** zum einen eine Vorschrift des europäischen Sekundärrechts (s. dazu bereits § 9 RdNr. 29 f.). Mit seinem Verweis auf **Anhang II der Rahmenrichtlinie** enthält dieser wertvolle Hinweise für folgende, nicht abschließend aufgezählte Kriterien, die bei der Beurteilung herangezogen werden können: Marktkonzentration, gesättigter Markt, stagnierendes oder begrenztes Wachstum auf der Nachfragerseite, geringe Nachfrageelastizität, gleichartiges Erzeugnis, ähnliche Kostenstrukturen, ähnliche Marktanteile, Fehlen technischer Innovation, ausgereifte Technologie, keine Überkapazität, hohe Marktzutrittshemmnisse, Fehlen eines Gegengewichts auf der Nachfragerseite, Fehlen eines potenziellen Wettbewerbs, verschiedene Arten informeller und sonstiger Verbindungen zwischen den betreffenden Unternehmen, Mechanismen für Gegenmaßnahmen, fehlender Preiswettbewerb oder begrenzter Spielraum für Preiswettbewerb.

36   Die Möglichkeit des Vorliegens einer kollektiven marktbeherrschenden Stellung ergibt sich nicht erst aus der Rahmenrichtlinie. Sie wird in **Art. 82 des EG-Vertrages** explizit genannt; nach der Rechtsprechung des Europäischen Gerichts erster Instanz gibt es sie auch in der **Fusionskontrolle**.[69] Die Rechtsprechung des Europäischen Gerichtshofes und des Europäischen Gerichts erster Instanz sind daher auch für die Auslegung des Begriffs der beträchtlichen Marktmacht mehrerer Unternehmen von eminenter Wichtigkeit.[70]

37   Kaum anders als im deutschen Kartellrecht ist die Prüfung des Vorliegens einer kollektiv marktbeherrschenden Stellung in folgende zwei Schritte zu unterteilen: Zu untersuchen ist zunächst das **Innenverhältnis**, das heißt, das Fehlen wirksamen Wettbewerbs zwischen den marktbeherrschenden Oligopolisten muss festgestellt werden; sodann ist das **Außenverhältnis** zu untersuchen, das heißt, die Bejahung des Vorliegens einer kollektiv marktbeherrschenden Stellung erfordert den Nachweis, dass im Verhältnis zu außerhalb der im ersten Schritt festgestellten oligopolistisch geprägten Gruppe von Unternehmen wirksamer

---

66 Vgl. Leitlinien der Kommission zur Marktanalyse, RdNr. 80; s. dazu nunmehr auch Leitlinien zur Bewertung horizontaler Zusammenschlüsse, RdNr. 68 ff.

67 Vgl. dazu insbesondere ausführlichst *Bundeskartellamt,* Auslegungsgrundsätze zur Prüfung von Marktbeherrschung in der deutschen Fusionskontrolle, 2000, 26 ff.; Leitlinien zur Bewertung horizontaler Zusammenschlüsse, RdNr. 71 m. w. N.; s. auch *R. Krüger,* K&R Beilage 1/2003, 9, 11.

68 Leitlinien der Kommission zur Marktanalyse, RdNr. 80.

69 Vgl. das Urteil des Europäischen Gerichtshofes vom 31. März 1998 in den verbundenen Rechtssachen C-68/94 und C-30/95, *Frankreich ./. Kommission (Kali + Salz),* Slg. 1998, I-1375 RdNr. 151 ff.

70 So auch *Huppertz,* Die SMP-Konzeption, S. 225; *Immenga/Kirchner,* TKMR 2002, 340, 351.

Wettbewerb besteht.[71] Dieser zweite Prüfungsschritt entspricht der Prüfung des Vorliegens von Einzelmarktbeherrschung und bedarf daher keiner besonderen Erläuterungen. Größere Schwierigkeiten bereitet indes die Untersuchung des Innenverhältnisses, zu der es noch bei weitem nicht so viel Judikatur gibt wie zur Einzelmarktbeherrschung im Sinne des Art. 82 des EG-Vertrages.

Für die Annahme einer kollektiven Marktbeherrschung bedarf es des Vorliegens einer wie **38** auch immer gearteten Gemeinsamkeit, einer Einheit. Für die Frage, wann eine **kollektive Einheit** vorliegt, ist von entscheidender Bedeutung, welcher Art die Verbindungen zwischen Unternehmen sein müssen, damit dies als **eng genug** für eine etwaige kollektive Marktbeherrschung qualifiziert werden können. Unproblematisch ist dies für **Kartellabsprachen** im Sinne von Art. 81 des EG-Vertrages und **Lizenzen** zu bejahen.[72] Derartige strukturelle Verbindungen sind indes keine zwingende Voraussetzungen; auch rein wirtschaftliche Verbindungen im Sinne einer **wettbewerbsbeschränkenden Reaktionsverbundenheit** können ausreichen.[73] Es werden also auch Fälle stillschweigender Koordinierung erfasst. Wann die lediglich wirtschaftlichen Verbindungen zwischen mehreren Unternehmen als hinreichend eng anzusehen sind, hat das Europäische Gericht erster Instanz in seinem Grundsatz-Urteil Gencor ./. Kommission zunächst angedeutet[74] und in seinem berühmten Airtours-Urteil (lediglich[75]) präzisiert.[76] Erste Voraussetzung ist, dass jedes Mitglied des Oligopols das Verhalten der anderen Mitglieder beobachten kann, um die Einheitlichkeit bzw. fehlende Einheitlichkeit des Vorgehens wie etwa eine Produktionsdrosselung oder Preiserhöhung feststellen zu können. Für eine hinreichend genaue und schnelle Information aller Mitglieder des Oligopols wird ein gewisses Maß an Transparenz des Marktes vorausgesetzt. Es ist dabei zu prüfen, ob die Strukturmerkmale des relevanten Marktes ein einheitliches Verhalten im Sinne einer stillschweigenden Koordinierung begünstigen. Der

---

71 S. dazu beispielsweise auch *R. Krüger*, K&R Beilage 1/2003, 9, 15.
72 Vgl. dazu das Grundsatzurteil des Europäischen Gerichts erster Instanz vom 10. März 1992 in den verbundenen Rechtssachen T-68/89, T-77/89 und T-78/89, *SIV ./. Kommission – Flachglas*, Slg. 1992, II-1403 RdNr. 358.
73 S. dazu das Grundsatzurteil des Europäischen Gerichts erster Instanz vom 25. März 1999 in der einen Unternehmenszusammenschluss betreffenden Rechtssache T-102/96, *Gencor ./. Kommission*, Slg. 1999, II-753, RdNr. 276 f. (s. zu diesem Urteil *Caffarra/Kühn*, ECLR 1999, 355; *Christensen/Owen*, Competition Policy Newsletter 2/1999, 19; *Fox*, ECLR 1999, 334; *González-Diaz*, World Competition 1999, 3.), sowie das im Verfahren nach Artikel 82 des EG-Vertrages betreffende Urteil des Europäischen Gerichtshofes vom 16. März 2000 in den verbundenen Rechtssachen C-395/96 P und C-396/96 P, *Compagnie Maritime Belge*, Slg. 2000, I-1365 RdNr. 44 (s. zu diesem Urteil *Preece*, ECLR 2000, 388); s. zu diesen beiden Urteilen auch *R. Krüger*, K&R Beilage 1/2003, 9, 16; *Bartosch*, BB Beilage 3/2003, 1, 5.
74 Urteil des Europäischen Gerichts erster Instanz vom 25. März 1999 in der einen Unternehmenszusammenschluss betreffenden Rechtssache T-102/96, *Gencor ./. Kommission*, Slg. 1999, II-753, RdNr. 276 f.; s. zu diesem Urteil *Caffarra/Kühn*, ECLR 1999, 355; *Christensen/Owen*, Competition Policy Newsletter 2/1999, 19; *Fox*, ECLR 1999, 334; *González-Diaz*, World Competition 1999, 3.
75 S. dazu insbesondere *Hirsbrunner*, EuZW 2004, 709.
76 Urteil des Europäischen Gerichts erster Instanz vom 6. Juni 2002 in der Rechtssache T-342/99, Slg. 2002, II-2585, RdNr. 121 ff.; vgl. nunmehr auch das Urteil des Europäischen Gerichts erster Instanz vom 8. Juli 2003 in der Rechtssache T-374/00, *Verband der freien Rohrwerke ./. Kommission*, RdNr. 121; s. dazu auch Leitlinien zur Bewertung horizontaler Zusammenschlüsse, RdNr. 41 ff.; *Bartosch*, BB Beilage 3/2003, 1, 5 f.; *Hirsbrunner*, EuZW 2003, 709; *Huppertz*, Die SMP-Konzeption, S. 227; *Nitsche/Thielert*, WuW 2004, 250, 255.

Anreiz für eine stillschweigende Koordinierung muss dabei eine gewisse Dauerhaftigkeit beinhalten. Essenziell dafür ist, dass für den Fall einer Abweichung vom kollektiv-rationalen Verhalten eines Oligopol-Mitgliedes dieses aufgedeckt werden und mit Aussicht auf Erfolg eine abschreckende Gegenmaßnahme („retaliatory actions") ergriffen werden kann, wobei indes kein spezifischer Sanktionsmechanismus nachgewiesen zu werden braucht.[77] Außerdem dürfen die voraussichtlichen Reaktionen tatsächlicher und potenzieller Wettbewerber und Nachfrager nachweisbar die erwarteten Ergebnissen des gemeinsamen Handelns nicht in Frage stellen, wobei es sich lediglich um das Erfordernis des Vorliegens von Marktbeherrschung im Außenverhältnis handeln dürfte.

39   **5. Weitestgehende Berücksichtigung der von der Kommission aufgestellten Kriterien, niedergelegt in den Leitlinien der Kommission zur Marktanalyse und Ermittlung beträchtlicher Marktmacht nach Art. 15 Abs. 2 der Richtlinie 2002/21/EG des Europäischen Parlaments und des Rates vom 7. 3. 2002 über einen gemeinsamen Rechtsrahmen für elektronische Kommunikationsnetze und -dienste (Rahmenrichtlinie) (ABl. EG Nr. L 108 S. 33) in der jeweils geltenden Fassung.** – Bei dieser Regelung des § 11 Abs. 1 Satz 4 TKG handelt es sich letztlich um nichts anderes als eine Umsetzung von **Art. 16 Abs. 1 der Rahmenrichtlinie** (vgl. § 9 RdNr. 12).

40   Die nunmehr nach dem TKG und der ihm zu Grunde liegenden Rahmenrichtlinie weitestgehend zu berücksichtigende Leitlinie kann als **europäischer Lernerfolg** bezeichnet werden. Zum Ausgleich des Harmonisierungsdefizits im alten Rechtsrahmen hatte die Kommission nämlich einen SMP-Vermerk herausgegeben, der aber aus verschiedenen Gründen dieses Ziel nicht erreichen konnte: Er kam nämlich zum einen recht spät und wurde zum anderen ohne Anhörung der nationalen Regulierungsbehörden erarbeitet. Eine mangelnde Akzeptanz dieses Dokuments war die Folge.[78]

41   Allgemein anzumerken ist ferner, dass auf europäischer Enbene das Erfordernis der weitestgehenden Berücksichtigung der Leitlinien bei der Prüfung der **gemeinsamen Marktbeherrschung** insbesondere darauf zurück zuführen ist, dass sowohl das Europäische Parlament als auch der Rat im europäischen Rechtsetzungsverfahren die Ansicht vertraten, das Konzept der gemeinsamen beherrschenden Stellung sei noch nicht hinreichend höchstrichterlich gefestigt.[79]

42   **a) Leitlinien.** – Die Leitlinien zählen zu den in Art. 249 des EG-Vertrages nicht explizit genannten **Handlungsformen sui generis**, die unter anderem der Erläuterung des europäischen Rechts, insbesondere des Kartellrechts, dienen.[80]

43   Die Bezugnahme auf einen solchen europäischen Sekundärrechtstext in einem deutschen Gesetz ist eher ungewöhnlich; die Existenz und Beachtung eines solchen Textes ist es aber keineswegs. Leitlinien kommt nämlich in der europäischen Rechtspraxis als einer von mehreren Arten von **soft law** eine nicht zu unterschätzende Bedeutung zu, wenn es gilt, konkrete Maßnahmen zu treffen.[81]

---

77 S. dazu *Hirsbrunner*, EuZW 2004, 709.
78 *Huppertz*, Die SMP-Konzeption, S. 158.
79 Vgl. *Huppertz*, Die SMP-Konzeption, S. 187 m. w. N.
80 S. dazu beispielsweise *Streinz/Schroeder*, EUV/EGV, Art. 249 RdNr. 33; sowie allgemein zu den Rechtsakten sui generis *Calliess/Ruffert/Ruffert*, EUV/EGV, Art. 249 RdNr. 121; *Groß*, DÖV 2004, 20.
81 Vgl. *Holznagel*, in: Picot (Hrsg.), Novellierung des Telekommunikationsgesetzes, S. 9, 13.

Die Erstellung der Leitlinien durch die Europäische Kommission ist explizit legitimiert **44** durch Art. 15 Abs. 2 der Rahmenrichtlinie (s. dazu § 9 RdNr. 21). Die Leitlinien dienen vor allem der Gewährleistung der **Konsistenz** zwischen sektorspezifischer Regulierung und Anwendung des **allgemeinen Wettbewerbsrechts**,[82] indem sie insbesondere die in den Richtlinien enthaltenen Bestimmungen über Marktdefinition- und -analyse konkretisieren.[83] Sie basieren auf der **Rechtsprechung** des Europäischen Gerichtshofes und des Europäischen Gerichts erster Instanz zu Art. 82 des EG-Vertrages und Art. 2 der Fusionskontrollverordnung.[84] Zudem hat sich die **Europäische Kommission** auf eigene **Vorarbeiten** gestützt,[85] und zwar auf die Leitlinien für die Anwendung der EG-Wettbewerbsregeln im Telekommunikationsbereich,[86] die Bekanntmachung über die Definition des relevanten Marktes im Sinne des Wettbewerbsrechts der EG[87] und die Mitteilung über die Anwendung der Wettbewerbsregeln auf Zugangsvereinbarungen im Telekommunikationsbereich.[88, 89]

In den Leitlinien finden sich insbesondere **Ausführungen zu Kriterien** zur Ermittlung be- **45** trächtlicher Marktmacht[90], zur Übertragung der Marktmacht auf Nachbarmärkte und zur Frage der gemeinsamen marktbeherrschenden Stellung von Unternehmen.

Das Erfordernis der weitestgehenden Berücksichtigung der Leitlinien ist Ausfluss des Zie- **46** les der **Harmonisierung** der regulatorischen Rahmenbedingungen in der Europäischen Union zur Stärkung des Gemeinsamen Marktes.[91] Als zentrale Voraussetzung für die asymmetrische sektorspezifische Regulierung kommt dem Kriterium der beträchtlichen Marktmacht zentrale Bedeutung für die Kohärenz der asymmetrischen Telekommunikationsregulierung in der Europäischen Union zu: Nur wenn das Kriterium in kohärenter Weise von allen nationalen Regulierungsbehörden in der Europäischen Union gehandhabt wird, können Unternehmen damit rechnen, in verschiedenen Mitgliedstaaten vergleichbare Regulierungsbedingungen anzutreffen.[92] Die Leitlinien erleichtern dies, indem sie die bei der Prüfung der Voraussetzungen der asymmetrischen Regulierung zu beachtenden Kriterien en détail beschreiben.

b) In ihrer jeweils geltenden Fassung. – Ähnlich wie bei der Märkte-Empfehlung (s. dazu **47** § 10 RdNr. 68) stellt diese Formulierung eine **dynamische Verweisung** dar, die insofern zweckmäßig erscheint, als ansonsten im Falle einer etwaigen Aktualisierung der Leitlinien eine Novellierung des Telekommunikationsgesetzes erforderlich würde.

---

82 S. dazu beispielsweise *Weitbrecht*, EuZW 2003, 357, 361 Fn. 45.
83 *Huppertz*, Die SMP-Konzeption, S. 192; s. dazu auch *R. Krüger*, K&R Beilage 1/2003, 9, 10.
84 *Huppertz*, Die SMP-Konzeption, S. 198.
85 Leitlinien der Kommission zur Marktanalyse, RdNr. 24.
86 Leitlinien für die Anwendung der EG-Wettbewerbsregeln im Telekommunikationsbereich, ABl. EG Nr. C 233 vom 6. September 1991, 2.
87 Bekanntmachung der Kommission über die Definition des relevanten Marktes, S. 3.
88 Mitteilung über die Anwendung der Wettbewerbsregeln auf Zugangsvereinbarungen im Telekommunikationsbereich – Rahmen, relevante Märkte und Grundsätze, ABl. EG Nr. C 265 vom 22. August 1998, S. 2.
89 *Huppertz*, Die SMP-Konzeption, S. 198 f.
90 Vgl. Leitlinien der Kommission zur Marktanalyse, RdNr. 72 ff.
91 S. dazu auch *R. Krüger/di Mauro*, Competition Policy Newsletter 3/2003, 33, 34.
92 Vgl. dazu beispielsweise – wenn auch zum alten Rechtsrahmen – *Huppertz*, Die SMP-Konzeption, S. 156.

48 c) Weitestgehende Berücksichtigung. – Aus dem europäischen Primärrecht ergibt sich zumindest keine explizite Rechtsetzungskompetenz der Europäischen Kommission für Leitlinien, die einen **nicht** von **Art. 249 des EG-Vertrages** erfassten Akt sui generis darstellen. Das Erfordernis der weitestgehenden Berücksichtigung der Leitlinien ergibt sich dennoch bereits aus dem Europäischen Recht, nämlich ausdrücklich aus **Art. 16 Abs. 1 der Rahmenrichtlinie** (s. dazu § 9 RdNr. 12). Die Formulierung „weitest gehende Berücksichtigung" trägt dabei dem Umstand Rechnung, dass die Leitlinien rechtstechnisch keine verbindliche Wirkung entfalten.[93] Sie ist auf eine Forderung des Rates zurückzuführen.[94] Die Europäische Kommission hatte nämlich in ihrem ersten Vorschlag noch die Formulierung gewählt „erstellen die NRB den Leitlinien entsprechend eine Analyse ...".[95]

49 Selbst wenn die Leitlinien gar nicht in der Rahmenrichtlinie erwähnt würden, so wären sie schon kraft **europäischen Primärrechts** von nicht ganz unerheblicher Bedeutung. Nach europäischer **Rechtsprechung** kann nämlich Leitlinien dann eine bindende Wirkung zukommen, wenn die durch diese aufgestellten Regeln von der Bundesrepublik Deutschland als Mitgliedstaat akzeptiert werden.[96] Dies könnte vorliegend einzig in der Verabschiedung der jetzigen Fassung des TKG gesehen werden. Da diese indes denselben Wortlaut hat wie die Rahmenrichtlinie, kann sich in Anwendung der dargestellten Rechtsprechung nichts anderes ergeben als aus der Umsetzung der Rahmenrichtlinie. Außerdem muss nach der Rechtsprechung des EuGH auch rechtlich nicht verbindlichen Maßnahmen der Gemeinschaftsorgane bei der Anwendung von Gemeinschaftsrecht Rechnung getragen werden.[97] Dies ergibt sich insbesondere aus dem so genannten Grimaldi-Urteil des Europäischen Gerichtshofes (s. in diesem Zusammenhang auch § 10 RdNr. 69).[98] In diesem zwar zu Empfehlungen ergangenen, vom Gedanken her jedoch ohne weiteres auf die Leitlinien übertragbaren Urteil hat der Gerichtshof auf der Grundlage von Art. 10 des EG-Vertrages nationale Gerichte verpflichtet, Empfehlungen der Europäischen Kommission bei der Entscheidung der bei ihnen anhängigen Rechtsstreitigkeiten zu berücksichtigen, und zwar insbesondere dann, wenn sie verbindlich gemeinschaftliche Vorschriften ergänzen sollen und/oder wenn sie geeignet sind, Aufschluss über die Auslegung gemeinschaftlicher Bestimmungen zu geben.[99]

---

93 *Huppertz*, Die SMP-Konzeption, S. 197 f.
94 S. dazu *Huppertz*, Die SMP-Konzeption, S. 198 Fn. 469.
95 Vorschlag für eine Richtlinie des Europäischen Parlaments und des Rates über einen gemeinsamen Rechtsrahmen für elektronische Kommunikationsnetze und -dienste, ABl. EG Nr. C 365 E vom 19. Dezember 2000, S. 198.
96 S. dazu beispielsweise das Urteil des Europäischen Gerichtshofes vom 18. Juni 2002 in der Rechtssache C-242/00, *Deutschland ./. Kommission*, Slg. 2002 I-5603 RdNrn. 35 ff. m. w. N.; vgl. zu der für die Europäischen Kommission bestehenden Bindungswirkung beispielsweise das Urteil des Europäischen Gerichts erster Instanz vom 30. Januar 2002 in der Rechtssache T-35/99, *Keller ./. Kommission*, Slg. 2002 II-261 RdNr. 77 ff. m. w. N.; s. auch das Urteil des Europäischen Gerichts erster Instanz vom 5. November 1997 in der Rechtssache T-149/95, *Ducros ./. Kommission*, Slg. 1997 II-2031, RdNr. 61 m. w. N.
97 *Huppertz*, Die SMP-Konzeption, S. 198; zu der – ähnlich wie bei deutschen Verwaltungsvorschriften – mit Veröffentlichung eines Rechtsaktes *sui generis* eintretenden Selbstbindung der Europäischen Kommission s. das Urteil des Europäischen Gerichts erster Instanz vom 12. Dezember 1996 in der Rechtssache T-380/94, *AIUFASS ./. Kommission*, Slg. 1996, II-2169 RdNr. 57.
98 Urteil vom 13. Dezember 1989 in der Rechtssache C-322/88, Slg. 1989 I-4407 RdNr. 18 f.
99 S. dazu *Streinz/Schroeder*, EUV/EGV, Art. 249 RdNr. 33; *Huppertz*, Die SMP-Konzeption, S. 198 Fn. 470.

Das Erfordernis der weitestgehenden Berücksichtigung bedeutet mehr als eine reine Wahr- **50** nehmung und weniger als eine abschließende Verbindlichkeit (s. dazu bereits § 10 RdNrn. 70 f.). Soweit die Leitlinien die europäische Rechtsprechung und Entscheidungspraxis wiedergeben, hat die Reg TP als nationale Regulierungsbehörde diesen Vorgaben streng zu folgen. Nichtsdestotrotz verbleiben ihr noch erhebliche Gestaltungsspielräume,[100] nämlich, wenn und soweit Zweifelsfragen von den Leitlinien nicht behandelt werden und/oder die europäische Rechtsprechung sich nach Veröffentlichung der Leitlinien weiterentwickelt hat.

6. Beträchtliche Marktmacht auf einem Nachbarmarkt. – § 11 Abs. 1 Satz 5 des TKG **51** setzt den in Art. 14 Abs. 3 der Rahmenrichtlinie (s. dazu bereits § 9 RdNr. 32) geregelten Spezialfall der **Marktmachtübertragung** auf Nachbarmärkte, der **nicht notwendigerweise** eine Entsprechung in der europäischen Rechtsprechung zu **Art. 82 des EG-Vertrages** hat,[101] in deutsches Recht um. In Anbetracht der jüngsten Rechtsprechung des Europäischen Gerichts erster Instanz zum so genannten **Portfolioeffekt**[102] erscheint eine Erfassung derartiger Situationen im Sinne eines von mehreren Kriterien zur Feststellung einer marktbeherrschenden Stellung aber keineswegs ausgeschlossen.[103] Nach § 11 Abs. 1 Satz 5 TKG kann ein Unternehmen, welches auf einem relevanten Markt über beträchtliche Marktmacht verfügt, auch auf einem benachbarten, nach § 10 Abs. 2 des TKG bestimmten relevanten Markt als Unternehmen mit beträchtlicher Marktmacht angesehen werden, wenn die Verbindungen zwischen beiden Märkten es gestatten, diese von dem einen auf den anderen Markt zu übertragen und damit die gesamte Marktmacht des Unternehmens zu verstärken. Hintergrund für diese Bestimmung ist die Erfassung von Situationen, wie sie dem allgemein als **Tetra Pak II** bezeichneten Urteil des Europäischen Gerichtshofes vom 14. 11. 1996[104] zu Grunde lag.[105]

Folgende **Voraussetzungen** müssen erfüllt sein, um einen Fall der Marktmachtübertragung **52** bejahen zu können: Zunächst muss auf einem **anderen als dem untersuchten Markt** das Vorliegen einer marktbeherrschenden Stellung festgestellt werden.

Dieser andere Markt muss sodann als ein **Nachbarmarkt** zu dem untersuchten Markt zu **53** qualifizieren sein. Ob es sich dabei um eine horizontale oder vertikale Nachbarschaft handelt, ist unerheblich.[106] Welche Umstände vorliegen müssen, damit eine solche Nachbarschaft vorliegt, ist indes jedenfalls bei isolierter Betrachtung der Rechtsprechung und der Leitlinien unklar. Zum Teil werden die von Generalanwalt Colomer in seinem Schlussan-

---

100 So auch *Holznagel*, in: *Picot* (Hrsg.), Novellierung des Telekommunikationsgesetzes, S. 9, 17.

101 Eine Entsprechung wird abgelehnt von *Huppertz,* Die SMP-Konzeption, S. 362 ff. m. w. N.

102 Urteil vom 3. April 2004 in der Rechtssache T-114/02, *BaByliss ./. Kommission.*

103 S. zu dieser Rechtsprechung insbesondere *Hirsbrunner,* EuZW 2003, 709, 710; *Rosenfeld/ Wolfsgruber,* EuZW 2003, 743, 746, *Volck Madsen*, ELR 2003, 151.

104 Rechtssache C-333/94 P, Slg. 1996, I-5953, RdNr. 24; s. nunmehr auch das Urteil des Europäischen Gerichts erster Instanz vom 17. Dezember 2003 in der Rechtssache T-219/99, *British Airways ./. Kommission*, noch nicht veröffentlicht, RdNr. 127 ff.

105 Vgl. Leitlinien der Kommission zur Marktanalyse, RdNr. 84.

106 Vgl. Leitlinien der Kommission zur Marktanalyse, RdNr. 84; *Huppertz*, Die SMP-Konzeption, S. 230; *König,* K&R Beilage 1/2003, 19; *ders./Kühling/Braun*, CR 2001, 745, 749 f.; a. A. *Holznagel*, in: Picot (Hrsg.), Novellierung des Telekommunikationsgesetzes, S. 9, 16; *Schütz/Attendorn*, MMR-Beilage 4/2002, 1, 14, die wohl nur vertikal integrierte Unternehmen als von dieser Vorschrift erfasst ansehen.

trag zu dem die vorliegende Vorschrift auslösenden Urteil Tetra Pak II[107] vorgeschlagenen Kriterien vorgeschlagen.[108] Dabei handelt es sich erstens um die jeweilige Nachfrage- und Angebotsstruktur beider Märkte, die Merkmale der jeweiligen Produkte sowie das Ausmaß, in dem das betroffene Unternehmen den beherrschten Markt kontrolliert. Diese Kriterien erscheinen in Anbetracht der Nennung seitens des Generalanwalts grundsätzlich als sinnvoller Anknüpfungspunkt für eine Untersuchung; da sie vom Europäischen Gerichtshof jedenfalls nicht ausdrücklich in seinem Urteil aufgegriffen worden sind, beinhaltet ein Abstellen auf diese Kriterien aber naturgemäß auch eine gewisse Unsicherheit, da niemand mit Gewissheit sagen kann, ob der Vorschlag des Generalanwalts jemals von einem Gericht übernommen werden wird. Unter welchen Voraussetzungen das Vorliegen eines Nachbarmarktes zu bejahen ist, ist damit noch nicht abschließend geklärt.

54 Eine **Übertragung von Marktmacht** von dem einen auf den anderen Markt muss als weitere Tatbestandsvoraussetzung jedenfalls **möglich** erscheinen.[109]

55 Zum Teil wird in Bezug auf das durch die vorliegende Vorschrift umgesetzte europäische Sekundärrecht vertreten, dass für das Vorliegen von beträchtlicher Marktmacht aufgrund der Übertragung von Marktmacht auf einem Nachbarmarkt **weitere Kriterien** erfüllt sein müssten, was eine starke Beschränkung des Anwendungsbereichs darstelle.[110] Es müsse sich bei beiden Märkten, also auch bei dem Nachbarmarkt, auf den gegebenenfalls Marktmacht übertragen wird, um einen Markt für elektronische Kommunikationsprodukte und -dienste im Sinne von Art. 2 lit. a), c) und e) der Rahmenrichtlinie (s. dazu auch § 10 RdNr. 29) handeln. Außerdem müsse der Nachbarmarkt entweder in der Märkte-Empfehlung genannt sein oder von der nationalen Regulierungsbehörde als regulierungsbedürftig qualifiziert werden. Die Europäische Kommission hat indes diese beiden Voraussetzungen jedenfalls nicht explizit in den Leitlinien aufgeführt. Es erscheint daher sehr ungewiss, ob auch nach ihrer Ansicht derartige Einschränkungen gelten. Es sollte im Übrigen nicht übersehen werden, dass die vorliegende Regelung nur zum Tragen kommt, wenn nicht bereits nach üblichen Kriterien im Wege einer wertenden Gesamtschau, bei der unter anderem auch das Kriterium der vertikalen Integration (s. dazu RdNr. 30) sowie die Kriterien des breiten Produktsortiments (vgl. hierzu RdNr. 28) und der Verbundvorteile (s. dazu RdNr. 29) eine Rolle spielen, das Fehlen wirksamen Wettbewerbs festgestellt wurde. Es erscheint deshalb sehr fraglich, ob die Anwendung dieses Sonderfalls beträchtlicher Marktmacht in der Praxis eine nennenswerte Rolle spielen wird. Für die zum Teil herauf beschworene Gefahr einer vorschnellen Anwendung dieser Norm „aus Gründen der Bequemlichkeit"[111] gibt es daher keine Anhaltspunkte. Dagegen spricht auch, dass die Untersuchung von beträchtlicher Marktmacht anhand von in ständiger Rechtsprechung und Entscheidungspraxis entwickelten sowie durch die Leitlinien detailliert dargelegten Marktbeherrschungskriterien (s. dazu RdNrn. 14 ff.) wesentlich praktikabler erscheint als die eher

---

107 Schlussantrag des Generalanwalts *Colomer* in der Rechtssache C-333/94 P, Slg. 1996, I-5953, RdNr. 57.

108 So *König,* K&R Beilage 1/2003, 19, 19 f.; *ders./Kühling/Braun,* CR 2001, 745, 748 ff.; zustimmend *Huppertz,* Die SMP-Konzeption, S. 230.

109 S. dazu *Bartosch,* EuZW 2002, 389, 392; *Beese/Merkt,* MMR 2000, 532, 534; *Huppertz,* Die SMP-Konzeption, S. 231; *König/Kühling/Braun*, CR 2001, 745 750 f.

110 S. insbesondere *Huppertz,* Die SMP-Konzeption, S. 230 f.

111 So *Huppertz,* Die SMP-Konzeption, S. 363.

exotisch anmutende und daher mit größeren Unsicherheiten behaftete Prüfung einer Marktmachtübertragung.

7. Länderübergreifende Märkte. – Hintergrund dieser Vorschrift ist die in Art. 15 **56** Abs. 4 normierte (s. dazu bereits § 9 RdNr. 23), mangels Erfordernis nicht ins deutsche Recht umgesetzte Befugnis der Europäischen Kommission, eine Entscheidung zur Festlegung länderübergreifender Märkte zu erlassen.[112] § 11 Abs. 2 TKG regelt sodann in Umsetzung von Art. 16 Abs. 5 der Rahmenrichtlinie (vgl. hierzu § 9 RdNr. 17) die daran anschließende Aufgabe der Reg TP als nationaler Regulierungsbehörde, gemeinsam mit den anderen betreffenden nationalen Regulierungsbehörden das Vorliegen beträchtlicher Marktmacht auf diesen die räumliche Ausdehnung des Territoriums eines Mitgliedstaates übersteigenden Märkten zu untersuchen.

Den Begriff der so genannten länderübergreifenden Märkte **definiert Art. 2 lit. b) der** **57** **Rahmenrichtlinie.** Es handelt sich dabei um die in Übereinstimmung mit Art. 14 der Rahmenrichtlinie (vgl. dazu § 9 RdNrn. 24 ff.) festgestellten Märkte, welche die **Gemeinschaft oder einen wesentlichen Teil davon** umfassen. Zu beachten ist, dass zumindest nach der europäischen Rechtsprechung zu Art. 81 und 82 des EG-Vertrages ein wesentlicher Teil des gemeinsamen Marktes durchaus ein Gebiet sein kann, welches lediglich einen Teil eines Mitgliedstaates umfasst.[113] Danach könnte also durchaus ein Teil des Gebietes der Bundesrepublik Deutschland einen wesentlichen Teil der Gemeinschaft darstellen. Ob der Begriff des wesentlichen Teils der Gemeinschaft nach der Definition des Art. 2 lit. b) der Rahmenrichtlinie entsprechend der Rechtsprechung zum europäischen Wettbewerbsrecht auszulegen ist, erscheint jedoch fraglich. Dagegen spricht nämlich der Begriff länderübergreifend, der die Notwendigkeit des Vorliegens eines grenzüberschreitenden Moments suggeriert. Zudem erscheint eine gemeinsame Untersuchung durch mehrere nationale Regulierungsbehörden nur dann erforderlich und zweckmäßig, wenn auch das Territorium aller an der Prüfung beteiligten Mitgliedstaaten davon betroffen ist. Demzufolge ist der Begriff länderübergreifend trotz der Parallele zwischen Art. 2 lit. b) der Rahmenrichtlinie und dem europäischen Wettbewerbsrecht **enger** auszulegen **als** die Definition des wesentlichen Teils des gemeinsamen Marktes nach der **Rechtsprechung zu Art. 81 und 82 des EG-Vertrages.** Erforderlich ist, dass der Markt in räumlicher Hinsicht das Territorium von mindestens zwei Mitgliedstaaten der Europäischen Union betrifft.[114]

8. Gemeinsame Untersuchung mit den nationalen Regulierungsbehörden der Mit- **58** **gliedstaaten, welche diese Märkte umfassen.** – Bei dieser Vorschrift handelt es sich um die Umsetzung von **Art. 16 Abs. 5 der Rahmenrichtlinie** in das nationale Recht (vgl. bereits RdNr. 55 sowie § 9 RdNr. 17). Wie diese Zusammenarbeit der nationalen Regulierungsbehörden genau organisiert wird, ist allerdings nicht explizit geregelt.[115] Der Europäi-

---

112 S. dazu *R. Krüger*, K&R Beilage 1/2003, 9, 10.
113 S. zum Beispiel für Rheinland-Pfalz als wesentlicher Teil der Gemeinschaft die Schlussanträge des Generalanwalts Francis Jacobs vom 17. Mai 2001 in der Rechtssache C-475/99, *Ambulanz Glöckner ./. Landkreis Südwestpfalz*, RdNr. 124 ff. m. w. N. (in seinem Urteil vom 25. Oktober 2001 nimmt der Gerichtshof der Europäischen Gemeinschaften unter RdNr. 38 im Wesentlichen nur Bezug auf die oben genannten Ausführungen des Generalanwalts); vgl. dazu auch zusammenfassend Grabitz/Hilf/*Jung*, Das Recht der Europäischen Union, Art. 82 RdNr. 52 m. w. N.
114 So wohl auch *R. Krüger*, K&R Beilage 1/2003, 9, 10.
115 Vgl. dazu *Huppertz*, Die SMP-Konzeption, S. 211.

schen Kommission schwebt offenbar vor, dass die **ERG** den organisatorischen Rahmen einer solchen Kooperation darstellen könnte.[116]

59 **9. Ergebnisse der Untersuchungen nach den Absätzen 1 und 2 einschließlich der Feststellung, welche Unternehmen über beträchtliche Marktmacht verfügen.** – In Anbetracht des Umstandes, dass es bei Vorliegen von beträchtlicher Marktmacht auch mindestens ein Unternehmen geben muss, welches über diese beträchtliche Marktmacht verfügt, ist die Feststellung, um welches Unternehmen es sich dabei handelt, als ein **rein formaler Bestimmungsakt** anzusehen.[117]

60 **10. Der Kommission im Verfahren nach § 12 vorzulegen sein.** – Dieses Erfordernis macht deutlich, dass der der Reg TP als nationaler Regulierungsbehörde zustehende Beurteilungsspielraum im Hinblick auf die Förderung des einheitlichen Binnenmarktes keineswegs zu einem Harmonisierungsdefizit führt.[118] Die vorliegende **Muss-Vorschrift** ist in prozeduraler Hinsicht von entscheidender Bedeutung, da sie die Durchführung des in § 12 Abs. 2 geregelten, **europaweit vorzunehmenden Konsolidierungsverfahrens** zwingend vorschreibt (s. dazu bereits § 10 RdNrn. 73) sowie im Einzelnen, § 12; zur bereits erfolgten praktischen Durchführung derartiger Verfahren durch Regulierungsbehörden anderer Mitgliedstaaten s. auch § 9 RdNrn. 49 ff.

61 **11. Auswirkungen auf den Handel zwischen den Mitgliedstaaten haben.** – Voraussetzung für das in § 12 Abs. 2 geregelte europaweite Konsolidierungsverfahren ist, dass das Ergebnis der Marktanalyse Auswirkungen auf den Handel zwischen Mitgliedstaaten hat. Es muss sich – entsprechend der so genannten **Zwischenstaatlichkeitsklausel** des europäischen Wettbewerbsrechts – um Maßnahmen handeln, die unmittelbar oder mittelbar, tatsächlich oder potenziell einen derartigen Einfluss auf das Handelsmuster zwischen Mitgliedstaaten haben können, dass ein Hemmnis für den europäischen Binnenmarkt geschaffen wird. Nicht erfasst werden damit nur solche Maßnahmen, denen nicht einmal potenziell und mittelbar ein Einfluss auf den grenzüberschreitenden Wirtschaftsverkehr zu kommen kann (s. hierzu im Einzelnen § 10 RdNr. 74).

---

116 S. Leitlinien der Kommission zur Marktanalyse, RdNr. 122.
117 So – wenn auch zum europäischen Sekundärrecht – *Huppertz*, Die SMP-Konzeption, S. 232.
118 S. dazu auch *Huppertz*, Die SMP-Konzeption, S. 157 f.

§ 12 Konsultations- und Konsolidierungsverfahren

(1) Die Regulierungsbehörde gibt den interessierten Parteien Gelegenheit, innerhalb einer festgesetzten Frist zu dem Entwurf der Ergebnisse nach den §§ 10 und 11 Stellung zu nehmen. Die Anhörungsverfahren sowie deren Ergebnisse werden von der Regulierungsbehörde veröffentlicht. Hiervon unberührt ist die Wahrung von Betriebs- oder Geschäftsgeheimnissen der Beteiligten. Die Regulierungsbehörde richtet zu diesem Zweck eine einheitliche Informationsstelle ein, bei der eine Liste aller laufenden Anhörungen vorgehalten wird.

(2) Wenn § 10 Abs. 3 und § 11 Abs. 3 eine Vorlage nach dieser Norm vorsehen, gilt folgendes Verfahren:

1. Nach Durchführung des Verfahrens nach Abs. 1 stellt die Regulierungsbehörde den Entwurf der Ergebnisse nach den §§ 10 und 11 mit einer Begründung der Kommission und gleichzeitig den nationalen Regulierungsbehörden der anderen Mitgliedstaaten zur Verfügung und unterrichtet hiervon die Kommission und die übrigen nationalen Regulierungsbehörden. Vor Ablauf eines Monats oder vor Ablauf einer nach Abs. 1 bestimmten längeren Frist darf die Regulierungsbehörde Ergebnisse nach den §§ 10 und 11 nicht festlegen.

2. Die Regulierungsbehörde hat den Stellungnahmen der Kommission und der anderen nationalen Regulierungsbehörden nach Nr. 1 weitestgehend Rechnung zu tragen. Den sich daraus ergebenden Entwurf übermittelt sie der Kommission.

3. Beinhaltet ein Entwurf nach den §§ 10 und 11 die Festlegung eines relevanten Marktes, der sich von jenen unterscheidet, die in der Empfehlung in Bezug auf relevante Produkt- und Dienstmärkte, die die Kommission nach Art. 15 Abs. 1 der Richtlinie 2002/21/EG des Europäischen Parlaments und des Rates vom 7. 3. 2002 über einen gemeinsamen Rechtsrahmen für elektronische Kommunikationsnetze und -dienste (Rahmenrichtlinie) (ABl. EG Nr. L 108 S. 33) veröffentlicht, in ihrer jeweils geltenden Fassung definiert sind, oder die Festlegung, inwieweit ein oder mehrere Unternehmen auf diesem Markt über beträchtliche Marktmacht verfügen, und erklärt die Kommission innerhalb der Frist nach Nr. 1 Satz 2, der Entwurf würde ein Hemmnis für den Binnenmarkt schaffen, oder sie habe ernsthafte Zweifel an der Vereinbarkeit mit dem Gemeinschaftsrecht und insbesondere den Zielen des Art. 8 der Richtlinie 2002/21/EG des Europäischen Parlaments und des Rates vom 7. 3. 2002 über einen gemeinsamen Rechtsrahmen für elektronische Kommunikationsnetze und -dienste (Rahmenrichtlinie) (ABl. EG Nr. L 108 S. 33), hat die Regulierungsbehörde die Festlegung der entsprechenden Ergebnisse um weitere zwei Monate aufzuschieben. Beschließt die Kommission innerhalb dieses Zeitraums, die Regulierungsbehörde aufzufordern, den Entwurf zurückzuziehen, so ist die Regulierungsbehörde an diesen Beschluss gebunden. Sie kann die Beteiligten zu dem Beschluss der Kommission im Verfahren nach Abs. 1 erneut anhören. Will die Regulierungsbehörde den Änderungsvorschlägen der Kommission folgen, ändert sie den Entwurf im Einklang mit der Entscheidung der Kommission ab und übermittelt diesen der Kommission. Andernfalls unterrichtet sie das Bundesministerium für Wirtschaft und Arbeit über die Entscheidung der Kommission.

4. Ist die Regulierungsbehörde bei Vorliegen außergewöhnlicher Umstände der Ansicht, dass dringend – ohne das Verfahren nach Abs. 1 und den Nrn. 1 bis 3 einzu-

halten – gehandelt werden muss, um den Wettbewerb zu gewährleisten und die Nutzerinteressen zu schützen, so kann sie umgehend angemessene vorläufige Maßnahmen erlassen. Sie teilt diese der Kommission und den übrigen nationalen Regulierungsbehörden unverzüglich mit einer vollständigen Begründung mit. Ein Beschluss der Regulierungsbehörde, diese Maßnahmen dauerhaft zu machen oder ihre Geltungsdauer zu verlängern, unterliegt den Bestimmungen des Absatzes 1 und der Nrn. 1 bis 3.

Schrifttum: *Elkettani*, Marktabgrenzungs- und Marktanalyseverfahren nach Art. 15, 16 RRL, K&R Beilage 1/2004, 11; *Ellinghaus*, TKG-Novelle und Europarecht: Probleme mit der Flexibilisierung, CR 2004, 23; *Gurlit*, Neuregelungen des Verfahrens- und Prozessrechts im Regierungsentwurf zur Neufassung des TKG, K&R Beilage 1/2004, 32; *Heun*, Der Referentenentwurf zur TKG-Novelle, CR 2003, 485; *Husch/Kemmler/Ohlenburg*, Die Umsetzung des EU-Rechtsrahmens für elektronische Kommunikation: Ein erster Überblick, MMR 2003, 139; *Immenga/Kirchner*, Zur Neugestaltung des deutschen Telekommunikationsrechts, TKMR 2002, 340; *Klotz*, Der Referentenentwurf zum TKG im Licht der europarechtlichen Vorgaben, MMR 2003, 495; *ders.*, Die neuen EU-Richtlinien über elektronische Kommunikation: Annäherung der sektorspezifischen Regulierung an das allgemeine Kartellrecht, K&R Beilage 1/2003, 3; *Koenig/Loetz/Neumann*, Sektorspezifische Regulierung im neuen Telekommunikationsrecht – Umsetzungsspielräume, verfassungsrechtliche Vorgaben und Verfahrensgestaltung, K&R Beilage 2/2003, 1; *Ladeur/Möllers*, Der europäische Regulierungsverbund der Telekommunikation im deutschen Verwaltungsrecht, DVBl. 2005, 525; *Scherer*, Die Umgestaltung des europäischen und deutschen Telekommunikationsrechts durch das EU-Richtlinienpaket – Teil I, K&R 2002, 273; *ders.*, Das neue Telekommunikationsgesetz, NJW 2004, 3001; *Schütz/Attendorn*, Das neue Kommunikationsrecht der Europäischen Union – Was muss Deutschland ändern?, MMR Beilage 4/2002, 1; *Tschentscher/Bosch*, Rechtsfragen im Umfeld des In-Kraft-Tretens des neuen TKG, K&R Beilage 4/2004, 14.

Übersicht

I. Normzweck

1 § 12 schafft nach seinem Standort im ersten Abschnitt des Zweiten Teils des TKG in erster Linie die verfahrensrechtlichen Voraussetzungen für die Marktdefinition und Marktanalyse nach §§ 10, 11. Während § 12 Abs. 1 in Umsetzung von Art. 6 RRL die Vorgaben für ein nationales Anhörungsverfahren normiert, regelt § 12 Abs. 2 in Umsetzung von Art. 7

Abs. 3–6 RRL die Beteiligung der Kommission und der nationalen Regulierungsbehörden der anderen Mitgliedstaaten im Rahmen des sog. Konsolidierungsverfahrens. Da beide Absätze qua Verweisung auch in anderen Verfahren Anwendung finden (§§ 13, 15), stellt sich die Vorschrift als **Magna Charta der Betroffenenbeteiligung und der Europäisierung des Verwaltungshandelns** dar.

II. Entstehungsgeschichte

§ 12 Abs. 1 **basiert unmittelbar auf Art. 6 RRL.** Dass interessierte Parteien grundsätz- 2 lich Gelegenheit zur Stellungnahme zum Entwurf von Maßnahmen der Regulierungsbehörden erhalten sollen, lag bereits dem ursprünglichen Kommissionsvorschlag zugrunde.[1] Im Laufe des Richtlinienverfahrens wurden sowohl die Wahrung der Vertraulichkeit als auch die Anforderungen an die Veröffentlichungspflicht auf Wunsch des Parlaments konkretisiert.[2] Der Gemeinsame Standpunkt brachte dann im Wesentlichen die Richtlinie gewordene Fassung.[3] Die Umsetzung von Art. 6 RRL durch § 12 Abs. 1 war im deutschen Gesetzgebungsverfahren unumstritten.[4]

§ 12 Abs. 2 findet seine **gemeinschaftsrechtliche Grundlage in Art. 7 Abs. 3–6 RRL.** 3 Um diese Vorschrift wurde im Richtlinienverfahren bis zuletzt gerungen. Streitträchtig war vor allem der Anwendungsbereich des Konsolidierungsverfahrens. Der Kommissionsvorschlag sah vor, dass die Kommission bei bestimmten Regulierungsmaßnahmen ungeachtet der Auswirkungen auf den zwischenstaatlichen Handel zu beteiligen ist und sich ihr Vetorecht auf alle beabsichtigten Maßnahmen bezieht.[5] Nachdem das Parlament im Wege des Kompromisses der vom Rat verlangten Begrenzung der kommissarischen Eingriffsbefugnisse zugestimmt hatte[6], war der wesentliche Streitpunkt der Rahmenrichtlinie erledigt.[7] Im deutschen Gesetzgebungsverfahren war § 12 Abs. 2 unumstritten.[8]

---

1 Art. 6 Abs. 1 des Vorschlags für eine Richtlinie des Europäischen Parlaments und des Rates über einen gemeinsamen Rechtsrahmen für elektronische Kommunikationsnetze und -dienste, ABl.EG v. 19. 12. 2000, C 365 E, S. 198.
2 Stellungnahme des Europäischen Parlaments, ABl.EG v. 1. 10. 2001, C 277, S. 91; geänderter Vorschlag der Kommission, ABl.EG v. 25. 9. 2001, C 270 E, S. 199.
3 Der Gemeinsame Standpunkt v. 17. 9. 2001, ABl.EG v. 30. 11. 2001, C 337, S. 34 brachte vor allem den verfahrensrechtlichen Vorbehalt für außergerichtliche Streitbeilegungsverfahren nach Art. 20, 21 RRL.
4 § 12 Abs. 1 entspricht im Wortlaut der Fassung des Regierungsentwurfs, BT-Drs. 15/2316 v. 9. 1. 2004.
5 Art. 6 Abs. 2 und 4 des ursprünglichen und des geänderten Kommissionsvorschlags, ABl.EG v. 19. 12. 2000, C 365E, S. 198, ABl.EG v. 25. 9. 2001, C 270 E, S. 199.
6 Art. 6 Abs. 2 und 4 des Gemeinsamen Standpunktes des Rates, ABl.EG v. 30. 11. 2001, C 337, S. 34; Stellungnahme des EP v. 12. 12. 2001, ABl.EG C 177, S. 142.
7 Die Richtlinienfassung setzt für die Anwendung des Konsolidierungsverfahrens Auswirkungen auf den zwischenstaatlichen Handel voraus (Art. 7 Abs. 3 Buchst. b) RRL und beschränkt das Vetorecht der Kommission auf die in Art. 7 Abs. 4 Buchst. a) und b) RRL genannten Fälle; s. zum Streit resümierend *Klotz*, K&R Beilage 1/2003, 3, 8.
8 § 12 Abs. 2 entspricht im Wortlaut der Fassung von § 12 Abs. 2 des Regierungsentwurfs, BT-Drs. 15/2316.

III. Einzelerläuterungen

4 **1. Konsultationsverfahren nach § 12 Abs. 1.** – Das Anhörungsrecht interessierter Parteien ist Kernstück der richtlinienrechtlich intendierten **Transparenz der Verfahren** der nationalen Regulierungsbehörden. § 12 Abs. 1 ist in seinem unmittelbaren Anwendungsbereich einerseits eine – nicht abschließende[9] – Sonderregelung zum Anhörungsrecht der Beteiligten im Beschlusskammerverfahren nach § 135. Da andererseits das Anhörungsrecht nach § 12 Abs. 1 durch §§ 13, 15 auf weitere Verfahren der Regulierungsbehörde erstreckt wird, ist die Norm nahezu in allen Verfahren der RegTP anwendbar, sofern die in den Bezugsnormen genannten Voraussetzungen vorliegen.

5 **a) Anwendungsbereich des Konsultationsverfahrens.** – Der **unmittelbare Anwendungsbereich** des Konsultationsverfahrens ist das **Verfahren der Marktdefinition und Marktanalyse** nach § 10, 11, das der Auferlegung von Regulierungsverpflichtungen tatbestandlich und auch zeitlich vorausliegt. Insoweit wird mit § 12 Abs. 1 auf großzügige Weise Art. 6 RRL umgesetzt, der das Konsultationsverfahren für Maßnahmen verlangt, die beträchtliche Auswirkungen auf den betreffenden Markt haben werden. Es wäre deshalb statthaft gewesen, das Konsultationsverfahren den eigentlichen Regulierungsverfahren nach §§ 13, 15 vorzubehalten.[10] Sollte die Marktdefinition der RegTP allerdings abweichend von den Empfehlungen der Kommission erfolgen, ergibt sich die Notwendigkeit des Konsultationsverfahrens aus Art. 15 Abs. 3 S. 2 RRL.

6 Durch die Verweisung in **§ 13 Abs. 1 und 2** wird das Konsultationsverfahren auf die **Auferlegung, Beibehaltung, Änderung oder Aufhebung von Verpflichtungen** erstreckt.[11] Insoweit setzt die Normierung des Anhörungsverfahrens einerseits Art. 16 Abs. 2 und 6 RRL, andererseits die Gebote von Art. 5 Abs. 3, Art. 8 Abs. 4 ZRL um.[12]

7 Durch die **Auffangklausel in § 15** wird das Konsultationsverfahren schließlich auf alle weiteren Verfahren der Regulierungsbehörde ausgedehnt, die beträchtliche Auswirkungen auf den betreffenden Markt haben. Hierbei muss es sich nicht um Regulierungsverfahren der Beschlusskammern handeln. Entscheidend ist neben der beträchtlichen Marktrelevanz der behördlichen Maßnahme, dass nicht ein spezielleres Anhörungsgebot besteht. Hiermit wird letztlich der generalklauselartig weiten Fassung von Art. 6 RRL Rechnung getragen.

8 **b) Konsultationsrecht und Konsultationspflicht.** – § 12 Abs. 1 S. 1 gibt der Regulierungsbehörde auf, den **interessierten Parteien** Gelegenheit zur Stellungnahme zu den Ergebnisentwürfen nach §§ 10, 11 zu geben. Der Begriff der „interessierten Partei" wurde unmittelbar von Art. 6 RRL übernommen. Der ursprüngliche Vorschlag des Parlaments, „allen" interessierten Parteien das Gehörsrecht zu gewähren, wurde zwar im geänderten Kommissionsvorschlag aufgegriffen, fiel aber dem Gemeinsamen Standpunkt des Rates zum Opfer und wurde auch vom Parlament nicht weiterverfolgt. Der Wille, einen weiten

---

9 Siehe § 134 RdNr. 28, 40; § 135 RdNr. 4.
10 So auch *Schütz/Attendorn*, MMR Beilage 4/2002, 32.
11 Zu der Frage, inwieweit Auswirkungen auf den zwischenstaatlichen Handel weitere Voraussetzung des § 13 ist, s. § 13 RdNr. 18.
12 Art. 16 Abs. 3 URL verweist bezüglich der Auferlegung von Verpflichtungen nach §§ 30, 39, 40, 41 Abs. 1 zwar nur auf das Konsolidierungsverfahren nach Art. 7 RRL; dass aber vor Erlass dieser Maßnahmen auch ein Konsultationsverfahren erforderlich ist, ergibt sich aus Art. 16 Abs. 2 und 6 RRL.

Kreis von Betroffenen in das Konsultationsverfahren einzubeziehen, kommt aber gleichwohl in der Richtlinie hinreichend zum Ausdruck.[13]

Wenn auch zunächst in der Literatur vermutet wurde, der Begriff der interessierten Partei **9** meine etwas anderes als die **Beteiligten i.S.v. § 134 Abs. 2**[14], so wollte der Gesetzgeber trotz unterschiedlicher Terminologie ein identisches Begriffsverständnis zugrunde legen.[15] Dies ist so lange unschädlich, wie sich der Beteiligtenbegriff in § 134 Abs. 2 hinreichend öffnen lässt. Das ist zu verneinen hinsichtlich der Konsultationsverfahren, die – im Anwendungsbereich von § 15 – außerhalb des Beschlusskammerverfahrens und damit auch außerhalb des Anwendungsbereichs von § 134 Abs. 2 durchgeführt werden.[16] Im unmittelbaren Anwendungsbereich des § 12 Abs. 1 S. 1 kommt aber ein Rückgriff auf § 134 Abs. 2 in Betracht ungeachtet des Umstands, dass das Verfahren nach § 12 nicht mit dem Abschluss eines Verwaltungsaktes endet.

Als interessierte Parteien sind zunächst diejenigen anzusehen, die i.S.v. § 134 Abs. 2 Nr. 2 **10** **potenzielle Adressaten einer späteren Regulierungsverfügung** sind. Hierfür reicht aus, dass sich die Absicht der Beschlusskammer zum Erlass einer belastenden Verfügung im Marktanalyseverfahren gegenüber einem benennbaren Adressaten hinreichend konkretisiert hat, was jedenfalls bei der gleichzeitigen Durchführung von Marktanalyse- und Regulierungsverfahren nach § 13 Abs. 1 S. 3 einfach zu bestimmen ist.[17]

Interessierte Parteien sind zudem diejenigen, die die Behörde nach **§ 134 Abs. 2 Nr. 3** auf **11** ihren Antrag zum Marktdefinitions- und -analyseverfahren beigeladen hat. Für die danach erforderliche Interessenberührung reicht eine faktische Betroffenheit aus, die jedenfalls bei denen zu bejahen ist, die von der denkbaren Auferlegung, Beibehaltung, Änderung oder Aufhebung von Verpflichtungen gegenüber marktmächtigen Unternehmen in irgendeiner Form berührt sind.[18] Ein Regulierungsverfahren muss allerdings noch nicht eingeleitet sein (§ 13 Abs. 1 S. 3). Dass nach § 134 Abs. 2 Nr. 3 der Beteiligtenstellung regelmäßig ein **Antrag** vorauszugehen hat, ist auch im Anwendungsbereich des § 12 Abs. 1 S. 1 akzeptabel und nicht von Art. 6 RRL untersagt. Denn zum einen kann der Behörde angesichts der Vielgestaltigkeit der Interessenlagen nicht angesonnen werden, alle interessierten Parteien zu kennen. Und zum anderen ist sie jedenfalls dann zur – notwendigen – Beiladung von Amts wegen verpflichtet, wenn die unmittelbare Gefährdung grundrechtlicher Schutzgüter droht.[19]

Konsultationspflichtig ist nach § 12 Abs. 1 S. 1 die Regulierungsbehörde. Da das Markt- **12** definitions- und -analyseverfahren nach § 132 Abs. 1 in den Zuständigkeitsbereich der Beschlusskammern fällt, müssen diese das Gehörsrecht gewähren. Die Geschäftsordnung der RegTP muss zudem nach § 132 Abs. 4 S. 2 vorsehen, dass ein regulierungsvorbereitendes Marktanalyseverfahren von der sog. **Präsidentenkammer** durchgeführt wird. Wegen der

---

13 Siehe Erwägungsgrund 15 RRL, der wiederum von *allen* interessierten Parteien spricht.
14 *Husch/Kemmler/Ohlenburg*, MMR 2003, 140; *Scherer*, K&R 2002, 273, 281.
15 Regierungsentwurf zum TKG, BT-Drs. 15/2316, S. 62; s. jetzt auch *Scherer*, NJW 2004, 3001, 3003.
16 So auch *Scherer*, K&R 2000, 273, 280 f.; *Husch/Kemmler/Ohlenburg*, MMR 2003, 140.
17 Siehe *Knack/Clausen*, § 13 RdNr. 9; s. dazu ausführlicher § 134 RdNr. 28.
18 Ausführlicher § 134 RdNr. 40.
19 Nach dem ergänzend anwendbaren § 13 Abs. 2 VwVfG ist eine Beiladungspflicht anzunehmen, wenn die beabsichtigte Verfügung rechtsgestaltende Wirkung hat. Diese kann u.U. auch eine Beiladung im Amtswege erforderlich machen, ausführlicher § 134 RdNr. 43, 46.

grundsätzlich gebotenen Einheit von Anhörungspflicht und Entscheidungszuständigkeit[20] muss die Präsidentenkammer das Konsultationsverfahren hinsichtlich der Entscheidungen über Marktdefinition und Marktanalyse durchführen[21], auch wenn ein nachfolgendes oder gleichzeitiges Regulierungsverfahren in die Zuständigkeit einer anderen Beschlusskammer fällt.[22]

13   Sofern sich das Konsultationsverfahren nach § 13 Abs. 1 S. 3 in diesem Sinne auf ein zeitgleiches oder nachfolgendes **Regulierungsverfahren** erstreckt, ist die nach der Geschäftsordnung **zuständige Beschlusskammer** bezüglich dieses Verfahrens zur Gewähr des rechtlichen Gehörs verpflichtet. Findet nach § 15 ein Konsultationsverfahren bei sonstigen Maßnahmen statt, die beträchtliche Auswirkungen auf den betreffenden Markt haben, ist die sachliche Entscheidungszuständigkeit für die Konsultationspflicht maßgeblich. Danach sind die Beschlusskammern in Verfahren nach §§ 55 Abs. 9, 61, 62, 81 und 133 konsultationspflichtig, sofern für diese Verfahren die Anhörung nicht gesondert geregelt ist.[23] Bei allen **sonstigen Verfahren** mit Marktrelevanz hat die **RegTP selbst** das Konsultationsverfahren durchzuführen.

14   **c) Gegenstand und Inhalt des Konsultationsrechts.** – Den Gegenstand des Konsultationsrechts bildet nach § 12 Abs. 1 S. 1 der **Entwurf der Ergebnisse von Marktdefinition und Marktanalyse.** Es handelt sich dabei zum einen um den behördlichen Entwurf der Festlegung der sachlich und räumlich relevanten Telekommunikationsmärkte nach § 10 Abs. 1 und zum anderen um den Entwurf der Ergebnisse der Untersuchung des Wettbewerbs unter Einschluss der Feststellung, welche Unternehmen über beträchtliche Marktmacht verfügen (§ 11 Abs. 3). Unerheblich ist, ob das Verfahren auf den Erlass eines belastenden Verwaltungsaktes abzielt. Denn § 12 Abs. 1 S. 1 ist lex specialis gegenüber § 28 Abs. 1 VwVfG. Andererseits ist nicht ausgeschlossen, dass ein Anhörungsrecht Beteiligter nach § 135 Abs. 1 bereits im Vorfeld der Vorlage der Entscheidungsentwürfe besteht. Da auch das Marktdefinitions- und Marktanalyseverfahren ein Beschlusskammerverfahren i. S. v. § 134 ist, findet das allgemeine Gehörsrecht nach § 135 Abs. 1 zusätzlich Anwendung.[24]

15   Eine Konsultationspflicht besteht zudem nach **§ 12 Abs. 2 Nr. 4 S. 3**, wenn die Präsidentenkammer aus einer vorläufigen konsultationsfreien Maßnahme eine endgültige Maßnahme machen will (s. RdNr. 49). Gegenstand ist auch hier der Entwurf der Ergebnisse nach §§ 10, 11. Macht die Kommission nach § 12 Abs. 2 Nr. 3 S. 2 von ihrem Vetorecht Gebrauch, kann nach **§ 12 Abs. 2 Nr. 3 S. 3** eine weitere Konsultation zu den Beschlüssen der

---

20 *Stelkens/Bonk/Sachs*, § 28 RdNr. 46; *Kopp/Ramsauer*, VwVfG, § 28 RdNr. 12 für den Anwendungsbereich des allgemeinen Verwaltungsverfahrensrecht; einen Sonderfall normiert § 73 VwVfG.

21 Die Entscheidung selbst muss allerdings nach § 123 Abs. 1 S. 1 im Einvernehmen mit dem BKartA getroffen werden.

22 Zu den verfahrensrechtlichen Konsequenzen s. § 13 RdNr. 27 ff.

23 Der Regierungsentwurf fasst unter den Vorbehalt anderweiter gesetzlicher Regelung das Verfahren nach § 54 Abs. 3, das mit der weitergehenden Öffentlichkeitsbeteiligung an der Erstellung des Frequenznutzungsplans aber gerade kein Anhörungsverfahren „interessierter Parteien" ist. – Nach Artikel 6 RRL gilt das Konsultationsverfahren nicht für die Verfahren außergerichtlicher Streitentscheidung. Da für die Verfahren nach §§ 25, 133 Anhörungsrechte geregelt sind, sind sie konsultationsfrei.

24 Siehe § 135 RdNr. 5.

Kommission durchgeführt werden. In diesem Fall bilden die Kommissionsbeschlüsse den Gegenstand der Konsultation (s. RdNr. 41).

Den interessierten Parteien ist **Gelegenheit zur Stellungnahme** zu geben. Anders als nach § 28 VwVfG bezieht sich das Gehörsrecht sowohl auf die entscheidungserheblichen Tatsachen als auch auf allfällige Rechtsfragen. Die Gelegenheit kann, muss aber nicht von den interessierten Parteien ergriffen werden. Sie können auf ihr Gehörsrecht verzichten.[25] Gehör muss vor Abschluss des Verfahrens gewährt werden. Grundsätzlich muss das Gehörsrecht zu einem Zeitpunkt gewährt werden, der sowohl eine Äußerung zum gesamten Verfahrensgegenstand als auch eine Berücksichtigung der Anhörung durch die Präsidentenkammer ermöglicht.[26] Wird das Verfahren nach § 12 Abs. 1 S. 1 zeitgleich mit einem Regulierungsverfahren durchgeführt (§ 13 Abs. 1 S. 3), muss die Anhörung zu den Festlegungen und Feststellungen nach §§ 10, 11 durch die Präsidentenkammer in einer Weise durchgeführt werden, die einen Einfluss gerade auf diese Festlegungen und Feststellungen ermöglicht. Denn aus dem Anhörungsrecht der Beteiligten folgt eine **Pflicht zur Kenntnisnahme und Berücksichtigung** der Stellungnahmen für das anhörungsgegenständliche Verfahren.[27]

16

Eine bestimmte **Form** der Anhörung sieht § 12 Abs. 1 S. 1 nicht vor. Die Modalitäten der Gehörsgewähr stehen im Ermessen der Präsidentenkammer. Da nach § 135 Abs. 3 grundsätzlich auf Grund öffentlicher mündlicher Verhandlung entschieden wird, wird auch in dieser Verhandlung rechtliches Gehör gewährt, ohne indessen die interessierten Parteien mit weiterem schriftlichem Vorbringen zu präkludieren.[28] Nach § 12 Abs. 1 S. 1 steht es der Präsidentenkammer frei, **Fristen** für das Gehörsrecht zu setzen. Diese müssen nach Art. 6 RRL angemessen sein. Die Fristen müssen so bemessen sein, dass einerseits eine Stellungnahme vorbereitet und andererseits die Präsidentenkammer diese auch in ihren Festlegungen und Feststellungen berücksichtigen kann.[29] Nach den Vorstellungen der Kommission ist ein Zeitraum von zwei Monaten für die öffentliche Anhörung angemessen.[30] Vor Fristablauf darf die Präsidentenkammer die Ergebnisse nach §§ 10, 11 nicht verbindlich festlegen, wie dies § 12 Abs. 2 Nr. 1 S. 2 – allerdings nur im Hinblick auf das Notifizierungsverfahren – bekräftigt.

17

§ 12 Abs. 2 Nr. 4 enthält in regelungssystematisch verunglückter Form eine **abschließende Ausnahme vom Konsultationsverfahren**. Auf das Verfahren nach § 12 Abs. 1 S. 1 finden § 28 Abs. 2 und 3 VwVfG keine Anwendung. Dies gilt nach § 13 Abs. 1 S. 1 auch, soweit ein Anhörungsverfahren für ein gleichzeitiges oder nachfolgendes Regulierungsverfahren durchgeführt wird. Trotz eines fehlenden ausdrücklichen Verweises folgt auch für ein nach § 15 konsultationspflichtiges Verfahren schon aus Art. 6 und Art. 7 Abs. 6 RRL, dass eine Anhörung nur unter den Voraussetzungen des § 12 Abs. 2 Nr. 4 entbehrlich ist.[31]

18

---

25 *Kopp/Ramsauer*, VwVfG, § 28 RdNr. 14.
26 BVerwG NJW 1976, 588; *Stelkens/Bonk/Sachs*, § 28 RdNr. 42.
27 BVerwGE 66, 111, 114; *Kopp/Ramsauer*, VwVfG, § 28 RdNr. 12; *Knack/Clausen*, § 28 RdNr. 7; *Stelkens/Bonk/Sachs*, § 28 RdNr. 16.
28 Siehe § 135 RdNr. 7 m. w. N.
29 BSG NJW 1993, 1614; VGH München GewArch 1994, 328 f.; VGH Mannheim NVwZ 1987, 1087; *Kopp/Ramsauer*, VwVfG, § 28 RdNr. 36; *Stelkens/Bonk/Sachs*, § 28 RdNr. 43.
30 Leitlinien der Kommission zur Marktanalyse, ABl.EG v. 11. 7. 2002, C 165, S. 6, Tz. 145.
31 Siehe § 135 RdNr. 12.

19 **d) Informationspflichten der RegTP.** – Die Gelegenheit zur Stellungnahme setzt die Information der Beteiligten voraus. Die interessierten Parteien müssen deshalb Zugang zu den Entwürfen der Ergebnisse von Marktdefinition und Marktanalyse haben.[32] Zweckmäßigerweise wird die Präsidentenkammer in der nach § 12 Abs. 1 S. 4 vorgehaltenen Liste aller laufenden Anhörungen jeweils die Texte der Entwürfe einstellen. Im Übrigen folgt aus dem Gehörsrecht eine **Unterrichtungspflicht** der Präsidentenkammer über alle Umstände, die für die Feststellung der Ergebnisse von Marktdefinition und Marktanalyse von Bedeutung sein können.[33] Diese aktive Informationspflicht geht über das bloße Akteneinsichtsrecht (s. RdNr. 22 f.) hinaus. Bei Änderungen der Sach- oder Rechtslage sind die Parteien auch hierüber zu informieren.[34] Da das Konsultationsverfahren nach seiner näheren Ausgestaltung insbesondere durch § 12 Abs. 1 S. 4 auf eine kontinuierliche Beteiligung der Parteien ausgerichtet ist, reicht es nicht aus, wenn die Präsidentenkammer erst unmittelbar vor dem beabsichtigten Abschluss des Verfahrens ihrer Unterrichtungspflicht nachkommt.[35]

20 Nach § 12 Abs. 1 S. 2 obliegt der Behörde eine **Publikationspflicht** hinsichtlich der Anhörungsverfahren und deren Ergebnisse. Hierdurch werden Art. 6 S. 2 und 4 RRL umgesetzt. Im Beschlusskammerverfahren muss von der Sitzung bzw. der mündlichen Verhandlung ohnehin eine Sitzungsniederschrift mit dem in §§ 93, 68 Abs. 4 VwVfG bestimmten Mindestgehalt angefertigt werden, die dem Akteneinsichtsrecht der Beteiligten unterliegt.[36] Mit dem Veröffentlichungsgebot ist der Zugang zum einen nicht von einem Akteneinsichtsgesuch der interessierten Parteien abhängig und zum anderen gegenständlich erweitert. Denn der Publikationspflicht ist nicht mit der Veröffentlichung eines Ergebnisprotokolls genügt. Da die Anhörungsverfahren als solche zu veröffentlichen sind, sind auch **Stellungnahmen der Parteien und hierauf bezogene Gegenäußerungen der Präsidentenkammer** zu publizieren. Mangels abweichender Regelung sind nach § 5 das Amtsblatt der RegTP und deren Internetseite die gesetzlich vorgesehenen Veröffentlichungsmedien.

21 Nach § 12 Abs. 1 S. 4 richtet die RegTP zusätzlich in Umsetzung von Art. 6 S. 3 RRL eine **Informationsstelle** ein, bei der eine Liste aller laufenden Anhörungen vorgehalten wird. Weder die Richtlinie noch § 12 Abs. 1 machen Vorgaben für den Inhalt einer derartigen Liste. Als Mindestinhalt ist eine Aufzählung und Beschreibung der laufenden Verfahren vorzusehen. Es empfiehlt sich, die Entwürfe der Beschlusskammer in die Liste selbst einzustellen (s. RdNr. 19). Es steht der Behörde überdies frei, bereits vorliegende Stellungnahmen der Parteien in die Liste aufzunehmen.

---

32 Zu den Begründungsanforderungen s. Leitlinien der Kommission zur Marktanalyse, ABl.EG v. 11. 7. 2002, C 165, S. 6, Tz. 144.
33 BVerwGE 43, 38, 40 f.; *Kopp/Ramsauer*, VwVfG, § 28 RdNr. 15; *Stelkens/Bonk/Sachs*, § 28 RdNr. 34; so auch für § 75 TKG 1996 BeckTKG-Komm/*Kerkhoff*, § 75 RdNr. 5; *Scheurle/Mayen*, § 75 RdNr. 7; *Trute/Spoerr/Bosch*, § 75 RdNr. 2; *Manssen*, § 75 RdNr. 12; s.a. § 135 RdNr. 13.
34 Maßgeblich ist der Schutz vor Überraschungsentscheidungen, s. *Kopp/Ramsauer*, VwVfG, § 28 RdNr. 21; *Stelkens/Bonk/Sachs*, § 28 RdNr. 37; für § 75 TKG 1996 *Scheurle/Mayen*, § 75 RdNr. 8; BeckTKG-Komm/*Kerkhoff*, § 75 RdNr. 4; s.a. § 135 RdNr. 13.
35 Eine Konzentration der Anhörung auf den Abschluss des Verfahrens ist nur statthaft, wenn hierdurch seine Wirksamkeit nicht beeinträchtigt wird, s. § 135 RdNr. 13.
36 Siehe § 135 RdNr. 18; zur unmittelbaren Anwendbarkeit von §§ 88 ff. VwVfG und zur entsprechenden Anwendung von §§ 63 ff. VwVfG s. vor § 132 RdNr. 16 f.

Sollte die Behörde im engsten Sinne des Wortes die Liste auf eine Aufzählung der laufen- 22
den Verfahren nach §§ 10, 11 beschränken, so unterliegen jedenfalls die verfahrensgegen-
ständlichen Dokumente nach dem entsprechend anwendbaren § 29 Abs. 1 VwVfG dem
Akteneinsichtsrecht der interessierten Parteien.[37] Die Herausnahme von Entscheidungs-
entwürfen und sonstigen Vorarbeiten vom Akteneinsichtsrecht nach § 29 Abs. 1 S. 2
VwVfG kommt im Verfahren nach § 12 Abs. 1 nicht zum Tragen, weil die Entwürfe gerade
Gegenstand des Konsultationsverfahrens sind.[38]

Sowohl für das Akteneinsichtsrecht als auch für die aktiven Publikationspflichten der 23
RegTP gilt in Umsetzung von Art. 6 RRL[39] nach § 12 Abs. 1 S. 3, dass die **Betriebs- und
Geschäftsgeheimnisse** der Beteiligten zu wahren sind. Für den Umgang mit diesen vertraulichen Informationen ist § 136 rechtsmaßstäblich. Haben es die Parteien unterlassen,
geheimhaltungsbedürftige Unterlagen als Betriebs- und Geschäftsgeheimnisse zu kennzeichnen, darf die Beschlusskammer nach der Vermutungsregel des § 136 S. 3 von ihrer
Zustimmung zur Offenlegung im Wege der Akteneinsicht oder der Veröffentlichung ausgehen.[40] Im Übrigen besteht der Geheimhaltungsanspruch entgegen des beschränkten Wortlauts nicht nur für die Beteiligten, sondern auch für nicht am Verfahren beteiligte Dritte.[41]

2. Das Konsolidierungsverfahren nach § 12 Abs. 2. – Das sog. Konsolidierungsverfah- 24
ren nach § 12 Abs. 2 ist **Kernstück der Europäisierung des telekommunikationsrechtlichen Verwaltungshandelns**. Die nationalen Regulierungsbehörden der anderen Mitgliedstaaten, vor allem aber die Kommission, sind an dem der Regulierung vorausgehenden Prozess der Feststellung der Ergebnisse der Marktdefinition und Marktanalyse beteiligt. Durch
das Konsolidierungsverfahren sollen die Kohärenz der Regulierungsmaßnahmen und eine
einheitliche Anwendung der Rahmenrichtlinie und der Regulierungsvoraussetzungen insbesondere nach der URL und der ZRL sichergestellt werden (Art. 7 Abs. 2 RRL). Das **Verfahren der Konsolidierung** hat die Kommission durch die **Empfehlung 2003/561/EG**
vom 23. 7. 2003 konkretisiert.[42] Empfehlungen nach Art. 249 Abs. 5 EG-Vertrag sind zwar
mangels Rechtsverbindlichkeit im Verhältnis zu den Mitgliedstaaten nicht geeignet, weitere Pflichten zu begründen; sie sind aber von den Mitgliedstaaten zu berücksichtigen, wenn
sie Aufschluss über die Auslegung mitgliedstaatlicher Rechtsvorschriften geben oder wenn
sie verbindliches Gemeinschaftsrecht ergänzen sollen.[43]

a) Anwendungsbereich des Konsolidierungsverfahrens. – Das Konsolidierungsverfah- 25
ren ist nach Anwendungsbereich und Voraussetzungen stärker abgestuft als das Konsultationsverfahren. Es findet seinen unmittelbaren Platz im **Verfahren der Marktdefinition**

---

37 Das Verfahren nach §§ 10–12 ist kein Verwaltungsverfahren i.S. v. § 9 VwVfG; zur entsprechenden Anwendbarkeit von § 29 VwVfG s. vor § 132 RdNr. 7 f., zu den Voraussetzungen der Akteneinsicht s. § 135 RdNr. 16 ff.
38 Siehe § 135 RdNr. 19.
39 Der Schutz vertraulicher Informationen wurde erst aufgrund der Stellungnahme des Parlaments
   (ABl.EG v. 1. 10. 2001, C 277, S. 91) in den geänderten Richtlinienvorschlag der Kommission aufgenommen (ABl.EG v. 25. 9. 2001, C 270 E, S. 199).
40 Siehe § 136 RdNr. 20 f.
41 Siehe § 136 RdNr. 9.
42 Empfehlung der Kommission (2003/561/EG) vom 23. Juli 2003 zu den Notifizierungen, Fristen
   und Anhörungen gemäß Artikel 7 der Richtlinie 2002/21/EG des Europäischen Parlaments und
   des Rates über einen gemeinsamen Rechtsrahmen für elektronische Kommunikationsnetze und
   -dienste, ABl.EG v. 30. 7. 2003, L 190, S. 13.
43 EuGH Slg. 1989, 4407, 4421 *Grimaldi*.

und Marktanalyse nach §§ 10, 11. In diesem Verfahren gilt nicht nur das Gebot einer Notifizierung, wenn die Feststellung der Marktverhältnisse Auswirkungen auf den Handel zwischen den Mitgliedstaaten hat, sondern – in Umsetzung von Art. 7 Abs. 4 Buchst. a) und b) RRL – auch ein Vetorecht der Kommission im Verfahren nach § 12 Abs. 2 Nr. 3.

26   Das Konsolidierungsverfahren kommt nach § 13 Abs. 1 S. 1 auch zur Anwendung, wenn die Beschlusskammer zeitgleich oder nachfolgend **Regulierungsverpflichtungen** nach den §§ 18, 19, 20, 21, 24, 30, 39, 40, 41 Abs. 1 auferlegt. Gemeinschaftsrechtlich basiert das Verfahren insoweit auf Art. 7 Abs. 3 i.V.m. Art. 5, 8 ZRL und Art. 16 URL. In diesem Verfahren ist aber – in gemeinschaftsrechtskonformer Weise – auf ein Vetorecht der Kommission verzichtet worden. Bei sonstigen marktrelevanten Maßnahmen i.S.v. § 15 kommt das Konsolidierungsverfahren überhaupt nicht zum Einsatz.

27   In Umsetzung von Art. 7 Abs. 3 Buchst. b) setzt das Konsolidierungsverfahren im Anwendungsbereich sowohl von § 12 als auch von § 13 tatbestandlich voraus, dass die Marktdefinition nach § 10 und die Feststellungen der Marktanalyse einschließlich der Feststellung der marktmächtigen Unternehmen **Auswirkungen auf den Handel zwischen den Mitgliedstaaten** haben werden (§ 12 Abs. 2 i.V.m. §§ 10 Abs. 3, 11 Abs. 3, § 13 Abs. 1 S. 1). Zu den konsolidierungspflichtigen Feststellungen rechnen nicht nur positive Feststellungen, sondern auch das Negativtestat, dass kein Unternehmen über beträchtliche Marktmacht verfügt.[44] Auswirkungen auf den zwischenstaatlichen Handel sind nach den Kriterien des gemeinschaftlichen Wettbewerbsrechts zu prüfen. Maßgeblich ist, ob mit hinreichender Wahrscheinlichkeit anzunehmen ist, dass die mitgliedstaatliche Maßnahme unmittelbar oder mittelbar, tatsächlich oder potenziell den zwischenstaatlichen Handel beeinflussen kann.[45] Sollten die Feststellungen zur Marktdefinition und Marktanalyse keine Auswirkungen auf den zwischenstaatlichen Handel zeitigen, entfällt das weitere Verfahren.

28   **b) Ablauf des Konsolidierungsverfahrens.** – Gemäß § 12 Abs. 2 Nr. 1 stellt die Präsidentenkammer die Entwürfe nach §§ 10, 11 mit einer Begründung versehen der Kommission und gleichzeitig allen anderen nationalen Regulierungsbehörden zur Verfügung und unterrichtet diese davon. Nach den insoweit unmissverständlichen Vorgaben in Art. 7 Abs. 3 RRL ist die Übermittlung nicht auf die Regulierungsbehörden derjenigen Mitgliedstaaten beschränkt, in denen sich die Feststellung der Marktverhältnisse nach §§ 10, 11 auswirkt. Nach Nr. 2 der Empfehlung 2003/561/EG soll die **Übermittlung** unter Verwendung eines Formblatts durch elektronische Mail erfolgen. Die nach Nr. 6 verlangten Mindestangaben für eine Übermittlung sollen das Begründungserfordernis nach § 12 Abs. 2 Nr. 1 konkretisieren. Gemäß der Selbstbindung der Kommission durch Nr. 18 der Empfehlung wird der Entwurf auf Ersuchen der nationalen Regulierungsbehörde auch vor einer förmlichen Notifizierung informell mit der Kommission erörtert.

---

44 *Elkettani*, K&R Beilage 1/2004, 17; während § 11 Abs. 3 nur die Feststellung nennt, „welche" Unternehmen über eine beträchtliche Marktmacht verfügen, lassen Art. 7 Abs. 4 RRL und § 12 Abs. 2 Nr. 3 S. 1 Variante 2 jedenfalls das Vetoverfahren bereits bei der Feststellung Platz greifen, „inwieweit" Unternehmen über eine derartige Stellung verfügen.

45 Siehe Erwägungsgrund 18 der RRL; s.a. Leitlinien der Kommission zur Marktanalyse, ABl.EG v. 11. 7. 2002, C 165, S. 6, Tz. 147. Dies entspricht der Rspr. des Gerichtshofs, s. EuGH Slg. 1999, I-161, 178 *Bagnasco;* s.a. *Scherer*, NJW 2004, 3001, 3003 f.; *Koenig/Loetz/Neumann*, K&R Beilage 2/2003, 29.

Die Übermittlung der Entwürfe muss nach § 12 Abs. 2 Nr. 1 S. 1 **nach Durchführung des** 29
Anhörungsverfahrens gemäß § 12 Abs. 1 geschehen. Mit dieser Bestimmung ist **Art. 7**
Abs. 3 RRL fehlerhaft umgesetzt worden. Denn danach hat die nationale Regulierungsbehörde „zusätzlich" zur Durchführung eines Konsultationsverfahrens „gleichzeitig" der
Kommission und den nationalen Regulierungsbehörden die Entwürfe zu übermitteln. Dass
der europäische Gesetzgeber ein zeitökonomisches paralleles Sternverfahren vorgesehen
hat, folgt aus Art. 7 Abs. 3 S. 2 RRL, der die Stellungnahmefrist der nationalen Regulierungsbehörden und der Kommission an den Ablauf der Anhörungsfrist nach Art. 6 RRL
koppelt.[46] Das in § 12 Abs. 2 Nr. 1 S. 1 vorgesehene nachgeschaltete Konsolidierungsverfahren führt hingegen zu erheblichen Zeitverzögerungen.

Die fehlsame Umsetzung durch § 12 Abs. 2 Nr. 1 S. 1 wird deutlich in der Normierung der 30
Stellungnahmefrist für die Kommission und die nationalen Regulierungsbehörden. Diese
beträgt in Übereinstimmung mit Art. 7 Abs. 3 S. 2 RRL einen Monat oder eine nach § 12
Abs. 1 festgesetzte längere Frist. Ist Voraussetzung des Konsolidierungsverfahrens der Abschluss des Konsultationsverfahrens, läuft die zweite Fristenvariante leer. Damit ist die
Umsetzung der verfahrensrechtlichen Struktur von Art. 7 Abs. 3 insgesamt missglückt.
Der Fehler sollte schnellmöglichst behoben werden. Der **Beginn des Fristablaufs**[47] wird in
der Empfehlung 2003/561/EG konkretisiert. Nach deren Nr. 10 werden nur solche Notifi-
zierungen der Regulierungsbehörde als wirksam und damit fristauslösend registriert, die
die in Nr. 6 verlangten Mindestangaben enthalten. Auch nach in diesem Sinne wirksamer
Notifizierung kann von der Kommission nach Art. 5 Abs. 2 RRL die Überlassung weiterer
Unterlagen verlangt werden, ohne dass indessen hierdurch der Fristablauf gehemmt wird
(Nr. 11 der Empfehlung).

Sofern die Kommission oder die nationalen Regulierungsbehörden innerhalb der Frist eine 31
Stellungnahme nicht abgeben, sind sie **mit verspätetem Vorbringen präkludiert**. Dies
ergibt sich aus dem klaren Wortlaut von Art. 7 Abs. 3 S. 2 RRL, demzufolge „nur" innerhalb der Frist Stellung genommen werden kann. Nach Art. 7 Abs. 3 S. 3 RRL ist im Übrigen die Frist nicht verlängerbar. In dieser Konstellation ist insbesondere ein Vetoverfahren
der Kommission ausgeschlossen, wie dies auch § 12 Abs. 2 Nr. 3 S. 1 mit dem Verweis auf
die Frist nach § 12 Abs. 2 Nr. 1 S. 2 klarstellt.

Fristgerechten Stellungnahmen der Kommission und der nationalen Regulierungsbehör- 32
den ist nach § 12 Abs. 2 Nr. 2 **weitestgehend Rechnung zu tragen**. Mit diesem in Umsetzung von Art. 7 Abs. 5 RRL normierten Gebot wird zwar eine Rechtspflicht der Präsidentenkammer begründet. Die Stellungnahmen der Kommission und anderer Regulierungsbehörden sind nicht erst bei der Entscheidungsbegründung beachtlich, sondern leiten bereits
den Prozess der Entscheidungsfindung ein. Sie bewirken allerdings keine strikte Bindung
im Sinne einer Vetoposition.[48] Auch eine Stellungnahme der Kommission entfaltet nur
dann Bindungswirkung für das weitere Verfahren, wenn sie eine Erklärung i.S.v. § 12
Abs. 2 Nr. 3 ist.

---

46 Deutlich auch die Leitlinien der Kommission zur Marktanalyse, ABl.EG v. 11. 7. 2002, C 165,
   S. 6, Tz. 146: Die Übermittlung an die Kommission und die anderen nationalen Regulierungsbehörden „sollte zeitgleich mit dem Beginn des öffentlichen Anhörungsverfahrens erfolgen".
47 Für die Fristberechnung ist die Verordnung (EWG/Euratom) Nr. 1182/71, ABl.EG vom 8. 6. 1971,
   L 124, S. 1 maßgeblich, worauf Nr. 19 der Empfehlung 2003/561/EG deklaratorisch verweist.
48 *Ladeur/Möllers*, DVBl. 2005, 533 f.

33 Die Präsidentenkammer ist deshalb zum einen – im Verfahren nach § 123 Abs. 1 S. 1 – zur **verbindlichen und endgültigen Festlegung der Ergebnisse nach §§ 10, 11** befugt, wenn weder die Kommission noch die nationalen Regulierungsbehörden eine fristgerechte Stellungnahme abgegeben haben. Zum anderen kann eine verbindliche Entscheidung unter weitestgehender Berücksichtigung der Stellungnahmen von nationalen Regulierungsbehörden und Kommission aber auch getroffen werden, wenn die Kommission von ihrem förmlichen Vetorecht nach § 12 Abs. 2 Nr. 3 keinen Gebrauch gemacht hat bzw. dessen Voraussetzungen nicht vorliegen.[49] Dies ergibt sich bereits aus Art. 7 Abs. 5 Halbs. 2 RRL. In diesem Fall ist – entgegen dem missverständlichen Wortlaut von § 12 Abs. 2 Nr. 2 – nicht der „Entwurf" der Feststellungen an die Kommission zu **übermitteln**, sondern die getroffene Entscheidung selbst.[50]

34 **c) Vetorecht der Kommission.** – Eine ablehnende Stellungnahme der Kommission kann hingegen die Präsidentenkammer an der endgültigen und verbindlichen Feststellung der Marktverhältnisse nach §§ 10, 11 hindern, wenn sie in den durch ein Vetorecht geschützten Kontrollbereich der Kommission fällt. Dies ist nach § 12 Abs. 2 Nr. 3 S. 1 Variante 1 der Fall, wenn **die Festlegung eines relevanten Marktes** durch die Präsidentenkammer von der Festlegung abweicht, die in der Empfehlung der Kommission über relevante Produkt- und Dienstmärkte in der jeweils aktuellen Fassung abweicht. Nach § 12 Abs. 2 Nr. 3 S. 1 Variante 2 besteht zudem ein Zugriffsrecht der Kommission hinsichtlich der **Festlegung**, inwieweit ein oder mehrere Unternehmen auf diesem Markt über **beträchtliche Marktmacht** verfügen. Dieses Recht greift auch dann Platz, wenn die Beschlusskammer die Existenz marktmächtiger Unternehmen verneint hat (s. RdNr. 27).[51] Ein Vetorecht besteht hingegen nicht vor der beabsichtigten Auferlegung von Regulierungsverpflichtungen nach § 13.

35 § 12 Abs. 2 Nr. 3 S. 1 setzt in **gemeinschaftsrechtskonformer Weise** die Vorgaben von Art. 7 Abs. 4 Buchst. a) und b) RRL um. Das Vetorecht der Kommission wurde im europäischen Rechtsetzungsprozess auf die Tatbestände einer abweichenden Marktfestlegung und die Feststellungen der Marktanalyse beschränkt (s. RdNr. 3). Das Zugriffsrecht der Kommission ist **Spiegelbild des Gebotes zur weitestgehenden Berücksichtigung** der Empfehlung der Kommission zur Festlegung der relevanten Märkte[52] nach § 10 Abs. 2 S. 3 und

---

49 So auch *Scherer*, NJW 2004, 3001, 3004.

50 Nach Art. 7 Abs. 5 Halbs. 2 kann die nationale Regulierungsbehörde, wenn die Kommission kein Veto eingelegt hat, den Maßnahmenentwurf „annehmen" und ihn der Kommission übermitteln; s.a. Nr. 17 der Empfehlung 2003/561/EG; Leitlinien der Kommission zur Marktanalyse, ABl.EG v. 11. 7. 2002, C 165, S. 6, Tz. 149.

51 Sowohl die Vetoentscheidung der Kommission K(2004)527 endg. v. 20. 2. 2004 bezüglich einer finnischen Notifizierung als auch die Vetoentscheidung v. 20. 10. 2004 bezüglich einer österreichischen Notifizierung betrafen Entwürfe der Regulierungsbehörden, in denen wirksamer Wettbewerb festgestellt wurde.

52 Empfehlung der Kommission 2003/311/EG vom 11. 2. 2003 über relevante Produkt- und Dienstmärkte des elektronischen Kommunikationssektors, die aufgrund der Richtlinie 2002/21/EG des Europäischen Parlaments und des Rates über einen gemeinsamen Rechtsrahmen für elektronische Kommunikationsnetze und -dienste für eine Vorabregulierung in Betracht kommen, ABl.EG v. 8. 5. 2003, L 114, S. 45.

der Leitlinien der Kommission zur Marktanalyse und Ermittlung beträchtlicher Marktmacht[53] nach § 11 Abs. 1 S. 3.[54]

Auf einer **ersten Stufe** kann die Kommission nach § 12 Abs. 2 Nr. 3 S. 1 innerhalb der ge- **36**
setzten Fristen (s. RdNr. 29 f.) erklären, der Entwurf würde ein Hemmnis für den Binnenmarkt schaffen, oder sie habe ernsthafte Zweifel an der Gemeinschaftsrechtskonformität,
insbesondere hinsichtlich der Regulierungsziele nach Art. 8 RRL. Materiell steht der Kommission damit ein **Einspruchsrecht bezogen auf das gesamte Gemeinschaftsrecht** zu.
Aber auch der beispielhaft genannte Kanon der Regulierungsziele nach § 8 RRL ist weit
genug für die Erhebung allfälliger Zweifel.[55] Die Abweichung von der Märkteempfehlung
der Kommission stellt allerdings keinen Gemeinschaftsrechtsverstoß dar, sondern berechtigt allein zur Einleitung des Vetoverfahrens.

Entscheidend sind die Anforderungen, die an die **Darlegung des Handelshemmnisses 37
und der Ernsthaftigkeit der Zweifel** in der Erklärung der Kommission gestellt werden.
Die Empfehlung 2003/561/EG enthält sich konkretisierender Maßgaben und beschränkt
sich in Nr. 14 auf Vorgaben für die Übermittlung der Erklärung. In Abgrenzung von den
Begründungserfordernissen, die für eine Aufforderung der Kommission zum Rückzug des
Entwurfs gelten (s. RdNr. 39), reicht es auf der ersten Stufe aus, dass die Kommission die
Natur des Handelshemmnisses benennt bzw. die Gemeinschaftsrechtsvorschriften, gegen
die nach ihrer Ansicht verstoßen wurde.

Rechtsfolge der Erklärung nach § 12 Abs. 2 Nr. 3 S. 1 ist ein **Aufschub der Maßnahme 38**
um weitere zwei Monate. In dieser neuen Frist, die nicht verlängerbar ist (Art. 7 Abs. 4 S. 2
RRL), hat die Kommission auf einer **zweiten Stufe** nach § 12 Abs. 2 Nr. 3 S. 2 über das
Schicksal des Entwurfs gemäß §§ 10, 11 zu entscheiden. Der Inhalt der Entscheidung ist
trotz der vorgängigen Erklärung nicht determiniert. Die Kommission ist grundsätzlich frei,
ihre zunächst geäußerten Bedenken zurückzustellen.[56] Sie kann aber auch beschließen, die
Regulierungsbehörde aufzufordern, den Entwurf der Feststellungen der Marktverhältnisse
zurückzuziehen.

Die **Aufforderung der Kommission** nach Rückzug des Entwurfs ist für die Regulierungs- **39**
behörde nach § 12 Abs. 2 Nr. 3 S. 2 **verbindlich**. Die Aufforderung gegenüber der Regulierungsbehörde muss nach Art. 7 Abs. 4 S. 2 RRL detailliert und objektiv analysieren,
weshalb der Entwurf der RegTP nicht angenommen werden soll. In ihr müssen zugleich
nach Art. 7 Abs. 4 S. 5 RRL spezifische Änderungsvorschläge gemacht werden.[57]

Der Aufforderung durch die Kommission hat nach Art. 22 Abs. 2 RRL eine **Beteiligung 40
des Kommunikationsausschusses** vorauszugehen, der sich aus Vertretern der Mitgliedstaaten zusammensetzt und unter Vorsitz eines Kommissionsvertreters tätig wird. Der Ausschuss wirkt nach Art. 3 und 7 und unter Beachtung von Art. 8 des Komitologie-Beschlus-

---

53 Leitlinien der Kommission 2002/C 165/03 zur Marktanalyse und Ermittlung beträchtlicher Markt-
    macht nach dem gemeinsamen Rechtsrahmen für elektronische Kommunikationsnetze und -diens-
    te, ABl.EG v. 11. 7. 2002, C 165, S. 6.
54 Zur Struktur des Berücksichtigungsgebotes von Empfehlungen und Leitlinien s. *Elkettani*, K&R
    Beilage 1/2004, 14; *Immenga/Kirchner*, TKMR 2002, 347.
55 So auch die Einschätzung von *Scherer*, K&R 2002, 273, 282.
56 Siehe auch Nr. 14 a) der Empfehlung 2003/561/EG.
57 Siehe auch die Leitlinien der Kommission zur Marktanalyse, ABl.EG v. 11. 7. 2002, C 165, S. 6,
    Tz. 152; Begründung des Regierungsentwurfs, BT-Drs. 15/2316, S. 62.

ses 1999/468/EG[58] an der Entscheidung mit. Damit ist der Ausschuss lediglich als beratender Ausschuss eingerichtet, dessen Stellungnahmen die Kommission nicht binden, sondern nur eine Berücksichtigungspflicht auslösen.[59] Das Europäische Parlament besitzt einen Informationsanspruch und für den Fall richtlinienüberschreitender Entscheidungen der Kommission ein Rügerecht.[60]

41 Der **Umfang der Bindungswirkung** des Beschlusses der Kommission ist weitreichend. Die Präsidentenkammer ist zum Rückzug ihres Entwurfs verpflichtet. Änderungen am Entwurf kann sie nach § 12 Abs. 2 Nr. 3 S. 4 nur im „Einklang" mit der Entscheidung der Kommission vornehmen. Da die Kammer nur vor der Alternative eines vollständigen Rückzugs des Entwurfs oder einer mit der Kommissionsentscheidung vereinbaren Abänderung besteht, kann sich auch die Anhörung der interessierten Parteien, deren Durchführung nach § 12 Abs. 2 Nr. 3 S. 3 auf dieser Stufe im Ermessen der Präsidentenkammer steht, nur auf diese Varianten beziehen.[61] Während die **Abänderung** des Entwurfs nach § 12 Abs. 2 Nr. 3 S. 4 zu seiner Übermittlung an die Kommission führt, ist im Falle seiner **Verwerfung**[62] nach § 12 Abs. 2 Nr. 3 S. 5 das BMWA zu informieren. Der Kommission kommt allerdings **keine Ersetzungsbefugnis** zu.[63] Hiermit ist sichergestellt, dass zumindest die eigentliche Feststellungsentscheidung in der Hand der Präsidentenkammer verbleibt.

42 **3. Erlass vorläufiger Maßnahmen.** – In Umsetzung von Art. 7 Abs. 6 RRL ist die Präsidentenkammer nach § 12 Abs. 2 Nr. 4 befugt, vorläufige Maßnahmen **ohne Durchführung des Konsultationsverfahrens** nach § 12 Abs. 1 und des **Konsolidierungsverfahrens** nach § 12 Abs. 2 Nr. 1–3 zu erlassen. Dass auch ein vorläufiger Verzicht auf das Anhörungsverfahren gemeinschaftsrechtlich statthaft ist, ergibt sich aus dem entsprechenden Vorbehalt in Art. 6 RRL. Die Normierung in § 12 Abs. 2, der ausschließlich das Konsolidierungsverfahren regelt, ist allerdings regelungssystematisch verunglückt.

43 Voraussetzung für die vorläufige Suspendierung vom Konsultations- und Konsolidierungsverfahren ist in wortwörtlicher Übereinstimmung mit Art. 7 Abs. 6 RRL, dass **dringend gehandelt werden muss, um den Wettbewerb zu gewährleisten und die Nutzerinteressen zu schützen**. Die Notwendigkeit ist an den Regulierungszielen des Art. 8 Abs. 2 und 4 auszurichten. § 12 Abs. 2 Nr. 4 ist hinsichtlich seiner Voraussetzungen **lex specialis gegenüber § 130**. Im unmittelbaren Anwendungsbereich von § 12 kann allein die Handlungspflicht zur Feststellung der Marktverhältnisse nach §§ 10, 11 Gegenstand vorläufiger Maßnahmen sein. Da aber eine vorläufige Feststellung nicht zur Gewährleistung des Wettbewerbs und zum Schutz der Nutzerinteressen beiträgt, bestimmt sich der dringende Hand-

---

58 Beschluss des Rates zur Festlegung der Modalitäten für die Ausübung der der Kommission übertragenen Durchführungsbefugnisse, ABl.EG v. 17. 7. 1999, L 184, S. 23; der Beschluss selbst findet seine Rechtsgrundlage in Art. 202 EG-Vertrag.
59 Art. 3 Abs. 4 des Komitologie-Beschlusses 1999/468/EG.
60 Art. 7 Abs. 3 und Art. 8 des Komitologie-Beschlusses 1999/468/EG; zum Streit um die Stellung des Parlaments beim Erlass von Durchführungsakten s. zuvor EuGH, Slg. 1988, 5615.
61 So auch die Begründung des Regierungsentwurfs, BT-Drs. 15/2316, S. 62.
62 Das „Anderenfalls" in § 12 Abs. 2 Nr. 3 S. 5 meint den Rückzug des Entwurfs, so auch BT-Drs. 15/2316, S. 62.
63 So auch *Immenga/Kirchner*, TKMR 2002, 353; s. a. BT-Drs. 15/2316, S. 63.

lungsbedarf i. E. nach der **Erforderlichkeit der vorläufigen Auferlegung von Regulie-rungsverpflichtungen**.[64]

Seinen eigentlichen Anwendungsbereich findet § 12 Abs. 2 Nr. 4 deshalb in den Konstella- **44** tionen, in denen das Verfahren der Marktdefinition und Marktanalyse nach § 13 Abs. 1 S. 3 **zusammen mit einem Regulierungsverfahren** durchgeführt wird. Es kann dann für die Feststellung der Marktverhältnisse nach §§ 10, 11 vorläufig auf Anhörungs- und Konsultationsverfahren unter Einschluss des Vetoverfahrens nach § 12 Abs. 2 Nr. 3 verzichtet werden. Auch für das gleichzeitig durchgeführte Regulierungsverfahren kann nach § 13 Abs. 1 S. 1 ein vorläufiger Verzicht auf Anhörung und Konsultation in Betracht kommen, wobei Regulierungsverfügungen nach § 13 Abs. 1 S. 1 ohnehin nicht dem Vetorecht der Kommission nach § 12 Abs. 2 Nr. 3 unterfallen.

Angemessene vorläufige Maßnahmen, die nach § 12 Abs. 2 Nr. 4 umgehend getroffen **45** werden können, sind **gegenständlich** alle Maßnahmen, die die Beschlusskammer auf der Grundlage einer Marktdefinition und Marktanalyse nach § 13 Abs. 1 treffen könnte. Nach der Auffangklausel in § 15, auf die § 12 Abs. 2 Nr. 4 wegen Art. 6, 7 Abs. 6 RRL von Gemeinschaftsrechts wegen Anwendung findet (s. RdNr. 18), kommen auch Maßnahmen in Betracht, die nicht Gegenstand des Beschlusskammerverfahrens sind. Die äußerste Grenze setzt das Verbot der Überschreitung der Hauptsache: Was nicht Gegenstand endgültiger Maßnahmen sein kann, darf auch nicht durch vorläufige Maßnahmen geregelt werden.[65] Der Erlass vorläufiger Maßnahmen steht im **Ermessen** der Beschlusskammer bzw. der RegTP.

Eine Begrenzung wird durch das Gebot der **Vorläufigkeit** herbeigeführt. Die Befugnis ist **46** beschränkt auf den Erlass eines sog. vorläufigen Verwaltungsakts. Wie auch bei Maßnahmen nach § 130 ist zu verlangen, dass die endgültige Entscheidung nur vorläufig vorweggenommen wird, d. h. unter dem Vorbehalt endgültiger Entscheidung steht.[66] Auch die nur vorläufige Vorwegnahme bedarf zudem neben der besonderen Dringlichkeit einer positiven Beurteilung der Rechtmäßigkeit endgültiger Maßnahmen in der Hauptsache. Vorläufige Maßnahmen sind jedenfalls nicht statthaft, wenn eine endgültige Regelung offensichtlich rechtswidrig wäre.[67]

Des Weiteren ist die Beschlusskammer bzw. die Regulierungsbehörde auf den Erlass **ange- 47 messener Maßnahmen** beschränkt. Auch wenn mit dieser Formulierung nach deutscher Verhältnismäßigkeitsdoktrin nur die Verhältnismäßigkeit i. e. S. angesprochen ist, ist die Maßnahme zusätzlich am **Maßstab der Erforderlichkeit** zu messen. Dringliche Maßnahmen sind nur erforderlich, wenn die Gewährleistung des Wettbewerbs und der Schutz der Nutzer nur mit dem Erlass der beabsichtigten vorläufigen Maßnahme erreicht werden kann.[68] Bei der Angemessenheit der Maßnahme sind die Gefahren für Nutzer und Wettbe-

---

64 So offenbar auch die Leitlinien der Kommission zur Marktanalyse, ABl.EG v. 11. 7. 2002, C 165, S. 6, Tz. 153 f.; s.a. *Tschentscher/Bosch*, K&R Beilage 4/2004, 21; s. a. VG Köln, B. v. 2. 2. 2005, MMR 2005, 340 zum Erlass einer vorläufigen Zugangsverpflichtung nach § 21.
65 BeckTKG-Komm/*Kerkhoff*, § 78 RdNr. 14; *Scheurle/Mayen*, § 78 RdNr. 69.
66 BeckTKG-Komm/*Kerkhoff*, § 78 RdNr. 14; s. für das Verfahren nach § 123 VwGO BVerwG NJW 1980, 2208; OVG Münster NJW 1995, 1632.
67 *Scheurle/Mayen*, § 78 RdNr. 31, 46 f.; für das Verfahren nach § 123 VwGO OVG Münster NJW 1995, 3403; OVG Münster NVwZ-RR 1995, 666.
68 *Scheurle/Mayen*, § 78 RdNr. 43; ähnlich BeckTKG-Komm/*Kerkhoff*, § 78 RdNr. 10.

werb beim Nichterlass der Maßnahme mit den Folgen abzuwägen, die das betroffene Unternehmen beim Erlass vorläufiger Maßnahmen zu gewärtigen hätte.[69]

48 Der Erlass vorläufiger Maßnahmen verpflichtet die Beschlusskammer nach § 12 Abs. 2 Nr. 4 S. 2 zu einer **unverzüglichen und begründeten Unterrichtung** der Kommission und der Regulierungsbehörden der anderen Mitgliedstaaten. Werden hingegen im Anwendungsbereich von § 15 vorläufige Maßnahmen unter Verzicht auf das Konsultationsverfahren nach § 12 Abs. 1 durchgeführt, entfällt diese allein auf das Konsolidierungsverfahren bezogene Mitteilungspflicht.

49 Will die Beschlusskammer bzw. die Regulierungsbehörde vorläufige Maßnahmen **in endgültige Entscheidungen umwandeln**, leben sowohl das Konsultations- als auch das Konsolidierungsverfahren wieder auf. Ggf. müssen diese Verfahren sowohl für die Feststellung der Marktverhältnisse als auch für die Auferlegung von Regulierungsverpflichtungen nachgeholt werden (s. RdNr. 44). Dies ist in Übereinstimmung mit Art. 7 Abs. 6 RRL auch der Fall, wenn die **Geltungsdauer vorläufiger Maßnahmen verlängert** wird.

50 **4. Rechtsschutzfragen. – a) Rechtsschutz gegen Feststellungen nach §§ 10, 11.** – Den **Rechtscharakter** der Feststellungen nach §§ 10, 11 hat der Gesetzgeber nicht normativ bestimmt. Das Verwaltungsaktsgebot nach § 132 Abs. 1 S. 2 kann ihren Verwaltungsaktscharakter nicht begründen. Das Handlungsformgebot determiniert nicht die Natur getroffener Entscheidungen der Beschlusskammern, sondern knüpft daran an, dass diese Entscheidungen sich materiell als Verwaltungsakte i. S. v. § 35 VwVfG darstellen.[70] Zwar determinieren sowohl Positiv- als auch Negativfeststellungen das weitere Vorgehen der zuständigen Beschlusskammer, die über ein Entschließungsermessen hinsichtlich der Auferlegung, Beibehaltung, Änderung oder Aufhebung von Verpflichtungen nicht verfügt.[71] Gleichwohl gehen von den Feststellungen selbst noch keine unmittelbaren Regelungswirkungen aus. Diese zeitigt erst die hierauf fußende Regulierungsverfügung. Es handelt sich bei den Feststellungen um **Realakte**[72], die nicht in Bestandskraft erwachsen.

51 Die Feststellungen nach §§ 10, 11 sind Grundlage für das Regulierungsverfahren nach § 13 Abs. 1. Da nach **§ 13 Abs. 3** die Regulierungsentscheidungen zusammen mit den Feststellungen nach §§ 10, 11 als einheitlicher Verwaltungsakt ergehen, werden Fragen der materiellen Rechtmäßigkeit der Feststellungen und ihres formell rechtmäßigen Zustandekommens nach § 12 Abs. 1 und 2 erst mit dem Erlass einer Regulierungsverfügung virulent. Dies gilt ungeachtet des Umstands, dass es sich bei dem Verfahren nach §§ 10–12 und dem Regulierungsverfahren nach § 13 Abs. 1 um unterschiedliche Verfahren handelt.[73] Die durch § 13 Abs. 3 bewirkte Rechtsschutzkonzentration sorgt zugleich dafür, dass die Feststellungen nach der Bestandskraft der Regulierungsverfügung nicht mehr angegriffen werden können.[74]

---

69 BeckTKG-Komm/*Kerkhoff*, § 78 RdNr. 10; *Scheurle/Mayen*, § 78 RdNr. 44.
70 *Gurlit*, K&R Beilage 1/2004, 35; s. a. § 132 RdNr. 31; zum Begriff der Entscheidungen nach § 132 s. BeckTKG-Komm/*Kerkhoff*, § 73 RdNr. 12; *Manssen*, § 73 RdNr. 17; *Trute/Spoerr/Bosch*, § 73 RdNr. 8; unklar *Scheurle/Mayen*, § 73 RdNr. 63, § 79 RdNr. 7.
71 Siehe dazu § 13 RdNr. 40.
72 So auch *Scherer*, NJW 2004, 3001, 3004; offen noch *Gurlit*, K&R Beilage 1/2004, 35.
73 Siehe dazu § 13 RdNr. 27 ff.
74 Siehe dazu § 13 RdNr. 38.

b) Rechtsschutz im Konsolidierungsverfahren. – Wegen § 13 Abs. 3 werden die Verfah- 52
rensanforderungen erst nach Erlass einer Regulierungsverfügung zum Gegenstand gerichtlicher Überprüfung.[75] Im netzwerkartigen Konsolidierungsverfahren verbleiben indessen
Konstellationen, die Rechtsschutzfragen für dieses Verfahren selbst aufwerfen. Das Konsolidierungsverfahren dürfte vor allem wegen des Vetoverfahrens **streit- und fehlerträch-
tig** sein. Bei den Rechtsschutzkonstellationen ist zwischen dem Streit um Umfang und Inhalt des Verfahrens selbst und Entscheidungen der Kommission im Verfahren nach § 12
Abs. 2 Nr. 3 zu unterscheiden. Als Streitgegner kommen nicht nur die RegTP und Unternehmen, sondern auch die Europäische Gemeinschaft in Betracht.

Sieht die Präsidentenkammer von der Durchführung eines Konsolidierungsverfahrens ab, 53
weil sie Auswirkungen der Feststellungen auf den zwischenstaatlichen Handel verneint
(§§ 10 Abs. 3, 11 Abs. 3), kann die Kommission gegen das **Unterlassen des Konsolidierungsverfahrens** im Wege des Vertragsverletzungsverfahrens nach Art. 226 EG-Vertrag
wegen eines Verstoßes gegen Art. 7 Abs. 3 b) RRL vorgehen.[76] Gleiches dürfte gelten,
wenn die Präsidentenkammer die zweimonatige „Stillhaltefrist" nach einer vorläufigen Erklärung der Kommission entgegen Art. 7 Abs. 4 S. 1 RRL nicht wahrt und endgültige Feststellungen trifft.

Die eine Stillhaltefrist auslösende Erklärung der Kommission nach Art. 7 Abs. 4 RRL bzw. 54
§ 12 Abs. 2 Nr. 3 S. 1 kann als vorbereitende Maßnahme nicht isoliert angegriffen werden.[77] **Vetoentscheidungen** der Kommission sind hingegen rechtsverbindliche Entscheidungen i.S.v. Art. 249 Abs. 4 EG-Vertrag[78], gegen die von der Bundesrepublik Deutschland eine **Nichtigkeitsklage nach Art. 230 Abs. 2 EG-Vertrag** erhoben werden kann.
Dies gilt sowohl für den Fall, dass die Kommission die Feststellung wirksamen Wettbewerbs angreift, als auch für denjenigen, dass sie ihr Veto gegen die Feststellung marktmächtiger Unternehmen einlegt.

Ob auch Unternehmen gegen eine Vetoentscheidung vorgehen können, bemisst sich nach 55
den Voraussetzungen einer **Nichtigkeitsklage nach Art. 230 Abs. 4 EG-Vertrag**. Da die
Entscheidung nicht an sie, sondern an die Regulierungsbehörde gerichtet ist, sind sie nur
klagebefugt, wenn diese Entscheidung sie unmittelbar und individuell berührt. Die unmittelbare Wirkung der Entscheidung lässt sich deshalb bezweifeln, weil das Vetorecht der
Kommission eine Ersetzungsbefugnis nicht umfasst (RdNr. 41). Die Unmittelbarkeit ist
nur dann zu bejahen, wenn Auswirkungen auf die betroffenen Unternehmen zwangsläufig
eintreten. Dies ist dann der Fall, wenn die Vetoentscheidung das Ergebnis des weiteren
Handelns der Regulierungsbehörde zwingend vorgibt.[79] Hier gilt es zu differenzieren:

Sollte die Vetoentscheidung der Kommission die behördliche **Feststellung wirksamen** 56
Wettbewerbs rügen, kann ein möglicherweise marktmächtiges Unternehmen hiergegen
klageweise vorgehen, wenn nach den Änderungsvorschlägen der Kommission deutlich ist,
dass die Präsidentenkammer eine Einstufung des Unternehmens als ein solches mit beträchtlicher Marktmacht nach § 11 ohne weiteren Entscheidungsspielraum vornehmen
muss. Weil sich nämlich nach § 9 Abs. 2 an die Feststellung beträchtlicher Marktmacht

---

75 Siehe dazu § 13 RdNr. 44 ff.
76 So auch *Scherer*, NJW 2004, 3001, 3004.
77 Siehe EuGH Slg. 1994, I-2681 *SFEI/KOM*; EuGH Slg. 1995, I-4125 *Nutral/KOM*.
78 *Scherer*, NJW 2004, 3001, 3004.
79 EuGH Slg. 1998, I-2309 *Dreyfus/KOM*.

notwendig Regulierungsmaßnahmen anschließen, sind die Unmittelbarkeit und zugleich auch die individuelle Betroffenheit zu bejahen. Wegen der Beachtlichkeit des Vorrangs des Gemeinschaftsrechts auch für die Gerichte kann das Unternehmen nicht auf eine spätere – aussichtslose – Klage gegen die Regulierungsverfügung verwiesen werden. Bleiben hingegen der Regulierungsbehörde und damit auch den Gerichten Spielräume für das Ergebnis der Feststellungen, fehlt es bereits an der Unmittelbarkeit.

57   Sollte hingegen die Kommission in ihrer **Vetoentscheidung die Feststellung eines oder mehrerer Unternehmen mit beträchtlicher Marktmacht rügen**, so wird hiermit ggf. nicht nur eine Unterlassungspflicht der Präsidentenkammer bezüglich solcher Feststellungen begründet, sondern auch ein Regulierungsverbot bzw. ein Gebot zur Aufhebung von Verpflichtungen. Soll eine Verpflichtungsklage auf Erlass oder Beibehaltung von Regulierungsmaßnahmen nicht leer laufen, müssen die Unternehmen auch die determinierende Kommissionsentscheidung angreifen können. Dies gilt allerdings ebenfalls nur unter dem Vorbehalt, dass der Regulierungsbehörde und den Gerichten keine eigenständigen Entscheidungsspielräume verbleiben. Die Klage bedarf in diesem Fall zudem der gesonderten Darlegung der individuellen Betroffenheit durch den Nachweis eines Wettbewerbsverhältnisses mit dem oder den eventuell regulierungsunterworfenen Unternehmen.[80]

---

80 Siehe zu den Anforderungen an die individuelle Betroffenheit EuGH, Slg. 1963, 213 *Plaumann/ KOM*.

§ 13 Rechtsfolgen der Marktanalyse

(1) Soweit die Regulierungsbehörde auf Grund einer Marktanalyse nach § 11 Verpflichtungen nach den §§ 19, 20, 21, 24, 30, 39, 40 oder 41 Abs. 1 auferlegt, ändert, beibehält oder widerruft (Regulierungsverfügung), gilt das Verfahren nach § 12 Abs. 1, 2 Nr. 1, 2 und 4 entsprechend, sofern die Maßnahme Auswirkungen auf den Handel zwischen den Mitgliedstaaten hat. Der Widerruf von Verpflichtungen ist den betroffenen Unternehmen innerhalb einer angemessenen Frist vorher anzukündigen. Das Verfahren nach Satz 1 kann die Regulierungsbehörde zusammen mit dem oder im Anschluss an das Verfahren nach § 12 durchführen. Die Sätze 1 und 2 gelten auch für Verpflichtungen nach § 18.

(2) Im Falle des § 11 Abs. 2 legt die Regulierungsbehörde einvernehmlich mit den betroffenen nationalen Regulierungsbehörden fest, welche Verpflichtungen das oder die Unternehmen mit beträchtlicher Marktmacht zu erfüllen haben. Das Verfahren nach § 12 Abs. 1, 2 Nr. 1, 2 und 4 gilt entsprechend.

(3) Die Entscheidungen nach den §§ 18, 19, 20, 21, 24, 30, 39, 40 oder 41 Abs. 1 ergehen mit den Ergebnissen der Verfahren nach den §§ 10 und 11 als einheitlicher Verwaltungsakt.

Schrifttum: Siehe § 12; zusätzlich: *Ellinghaus*, Regulierungsverfahren, gerichtlicher Rechtsschutz und richterliche Kontrolldichte im neuen TKG, MMR 2004, 293; *Gurlit/Sattler*, Der gemeinschaftsrechtswidrige Subventionsvertrag, Sonderheft Jura Examensklausurenkurs, 2. Aufl. 2004, 80; *H. Jochum*, Steht die Zugangsregulierung im Ermessen der Regulierungsbehörde für Telekommunikation und Post?, MMR 2005, 161; *Mayen*, Marktregulierung nach dem novellierten TKG, CR 2005, 21; *Nacimiento*, Telekommunikatonsrecht: Rechtsprechungs- und Praxisübersicht 2003/02, K&R 2005, 1; *Neitzel/Müller*, Zugangsverpflichtungen von Betreibern ohne beträchtliche Marktmacht, CR 2004, 736; *Rädler/Elspaß*, Regulierung im Winterschlaf? Zur Rechtsgrundlage von Beschlusskammerverfahren beim Übergang vom alten ins neue TKG, CR 2004, 418; *Scherer/Mögelin*, Regulierung im Übergang. Zu den rechtlichen Grundlagen für die Tätigkeit der Regulierungsbehörde bis zum Abschluss von Marktdefinitions- und Marktanalyseverfahren, K&R Beilage 4/2004, 3; *Schütze*, Endkundenentgeltregulierung in der Übergangsphase zum neuen TKG, CR 2004, 816; *Thomaschki*, Referentenentwurf zum TKG – Auswirkungen auf die Praxis der Marktregulierung, MMR 2003, 500.

Übersicht

I. Normzweck

1   § 13 regelt unterschiedliche Sachverhalte. § 13 Abs. 1 ordnet die entsprechende Anwendung des Konsultations- und des Konsolidierungsverfahrens nach § 12 an, wenn die Beschlusskammer bestimmte Verpflichtungen nach dem Zweiten Teil auferlegt, ändert, beibehält oder widerruft. § 13 Abs. 2 regelt das Verfahren der Auferlegung von Verpflichtungen, wenn Unternehmen länderübergreifend über beträchtliche Marktmacht verfügen, und ordnet hierfür ebenfalls die entsprechende Anwendung des Konsultations- und Konsolidierungsverfahrens an. Die hierdurch bewirkte Erstreckung der Verfahrensvorgaben des § 12 ist Ausdruck einerseits der **Pluralität und Offenheit des Regulierungsverfahrens**, andererseits der **Europäisierung des Verwaltungshandelns** der RegTP.[1]

2   § 13 Abs. 3 legt fest, dass die Regulierungsverfügungen mit den vorgängigen Feststellungen der Marktdefinition und -analyse als einheitlicher Verwaltungsakt ergehen. Die Regelung soll vor allem **rechtsschutzkonzentrierende Funktion** haben und sicherstellen, dass nicht bereits die Ergebnisse der Marktdefinition und Marktanalyse angefochten werden können, sondern diese erst als Teil der Regulierungsverfügung zum Gegenstand verwaltungsgerichtlichen Rechtsschutzes werden.[2]

3   Die gewählte **Überschrift** „Rechtsfolgen der Marktanalyse" ist insofern **missverständlich**, als diese Folgen nach Art. 16 Abs. 3 und 4 RRL in dem Gebot zur Auferlegung, Änderung, Beibehaltung oder Aufhebung von Regulierungsverpflichtungen bestehen. Ist Ergebnis der Marktanalyse die Feststellung von einem oder mehreren Unternehmen mit beträchtlicher Marktmacht, so muss die Beschlusskammer Verpflichtungen auferlegen, verfügt also nicht über Entschließungsermessen (s. RdNr. 40). Diese Regulierungspflicht wird allerdings in § 13 Abs. 1 lediglich vorausgesetzt („auf Grund" einer Marktanalyse) und findet ihren eigentlichen normativen Ausdruck in § 9 Abs. 2.

II. Entstehungsgeschichte

4   § 13 Abs. 1 und 2 setzen Art. 16 Abs. 2–6 RRL i.V. m. Art. 7–13 ZRL und Art. 16–19 URL um. Die Normierung der Fälle, in denen das Konsultations- und das Konsolidierungsverfahren jenseits des Marktdefinitions- und Marktanalyseverfahrens durchzuführen sind, erfuhr im Gesetzgebungsverfahren **Erweiterungen**. Der Regierungsentwurf hatte die Anordnung des Verfahrens für die Auferlegung von Transparenz- und Gleichbehandlungsverpflichtungen und für die getrennte Rechnungsführung für entbehrlich gehalten.[3] Erst auf Ausschussempfehlung wurden Regulierungsverfügungen nach §§ 19, 20, 24 in den Anwendungsbereich des Konsultations- und Konsolidierungsverfahren einbezogen.[4]

---

1   Siehe dazu § 12 RdNr. 4 ff., 24 ff.
2   Siehe die Begründung des Regierungsentwurfs, BT-Drs. 15/2316, S. 63.
3   Siehe § 13 Abs. 1 S. 1 des Regierungsentwurfs, BT-Drs. 15/2316; zu diesem damaligen Umsetzungsdefizit s. *Ellinghaus*, MMR 2004, 26; *Thomaschki*, MMR 2003, 500.
4   Bericht des Ausschusses, BT-Drs. 15/2679 v. 10. 3. 2004, S. 13; s. a. Beschlussempfehlung des Ausschusses für Wirtschaft und Arbeit, BT-Drs. 15/2674 v. 10. 3. 2004. Die als §§ 18a, b in den Entwurf eingefügten Transparenz- und Gleichbehandlungsgebote hatten ihren ursprünglichen Standort in § 20 Abs. 2 und 3 des Regierungsentwurfs und waren nicht Gegenstand der Anordnung des Konsultations- und Konsolidierungsverfahrens.

Auch die **Abstimmung und Verknüpfung von Marktdefinitions- und Marktanalyse-** 5
verfahren nach § 12 mit dem Verfahren des Erlasses einer Regulierungsverfügung
erfuhr im Laufe des Gesetzgebungsverfahrens Änderungen. Sah der Gesetzentwurf der
Bundesregierung noch vor, dass das Verfahren nach § 12 zusammen mit dem Regulierungsverfahren durchgeführt wird[5], so wurde auf Ausschussempfehlung die in § 13 Abs. 1
S. 3 getroffene Regelung gefunden, derzufolge die Regulierungsbehörde zusammen oder
im Anschluss an das Marktdefinitions- und Marktanalyseverfahren das Regulierungsverfahren durchführt. Diese Flexibilisierung wurde für erforderlich gehalten, um durch ein
sukzessives Verfahren die faktische Erstreckung des Vetorechts der Kommission auf die
eigentliche Regulierungsentscheidung zu verhindern.[6]

Die mit dem **mehrstufigen Verwaltungsverfahren** von Marktdefinitions- und Marktana- 6
lyseverfahren einerseits und Regulierungsverfahren andererseits verbundenen **Rechts-**
schutzfragen haben das Gesetzgebungsverfahren von Anbeginn begleitet. Der Referentenentwurf hatte noch auf eine klärende Regelung verzichtet.[7] Im Schrifttum wurde überwiegend für eine Rechtsschutzkonzentration auf der Stufe der Regulierungsverfügung plädiert.[8] Dieser aus allgemeinen verwaltungsprozessualen Überlegungen gespeisten Ansicht
hat sich sodann der Regierungsentwurf mit der ausdrücklichen Regelung in § 13 Abs. 3 angeschlossen.

III. Einzelerläuterungen

1. Regulierungsverfahren nach § 13 Abs. 1. – Kernstück des neuen gemeinschaftsrecht- 7
lichen Rechtsrahmens für die Telekommunikation ist der Grundsatz, dass den Telekommunikationsunternehmen grundsätzlich nur dann Ex-ante-Verpflichtungen auferlegt werden,
wenn das Marktdefinitions- und Marktanalyseverfahren ihre beträchtliche Marktmacht erwiesen hat. Dieser materielle Grundsatz hat in § 9 Abs. 1 und 2 seinen normativen Ausdruck gefunden und wird in § 13 Abs. 1 S. 1 mit der Wendung aufgegriffen, dass Regulierungsverfügungen **„auf Grund einer Marktanalyse"** erlassen werden. Eine Ausnahme
bilden allein Verfügungen nach § 18 (§§ 13 Abs. 1 S. 4, 9 Abs. 3). Verpflichtungen, die bereits auf der Grundlage des TKG 1996 auferlegt wurden, bleiben ebenso wie die ihnen zugrunde liegenden Feststellungen marktbeherrschender Stellungen nach Maßgabe von
§ 150 Abs. 1 wirksam, bis sie durch neue Feststellungen und Regulierungsverfügungen ersetzt werden.[9]

---

5 Siehe § 13 Abs. 1 S. 3, BT-Drs. 15/2316, S. 63 mit der Erwägung, dies gewährleiste ein effizientes
   Verfahren.
6 Bericht des Auschusses für Wirtschaft und Arbeit, BT-Drs. 15/2679, S. 13; s.a. Beschlussempfehlung des Ausschusses für Wirtschaft und Arbeit, BT-Drs. 15/2674.
7 § 11 des Referentenentwurfs v. 30. 4. 2002. Die Entwurfsbegründung ging allerdings bereits davon
   aus, dass die Ergebnisse der Marktdefinition und Marktanalyse Gegenstand der Regulierungsentscheidung sind, S. 11.
8 *Koenig/Loetz/Neumann*, K&R Beilage 2/2003, 30; *Scherer*, K&R 2002, 273, 286; *Husch/Kemmler/*
   Ohlenburg, MMR 2003, 141; wohl auch *Thomaschki*, MMR 2003, 501.
9 § 150 Abs. 1 regelt als Übergangsregelung nicht die Fortgeltung der Rechtsvorschriften des TKG
   1996, sondern nur die befristete Weitergeltung individuell-konkreter Feststellungen und Verpflichtungen, so richtig *Scherer/Mögelin*, K&R Beilage 4/2004, 4 ff.; *Tschentscher/Bosch*, K&R Beilage
   4/2004, 15 ff.; a.A. *Rädler/Elspaß*, CR 2004, 418, 422 f.; offen RegTP, B. v. 21. 9. 2004, MMR
   2004, 836; sehr restriktive Lesart des Wirksambleibens bei VG Köln, B. v. 6. 9. 2004, MMR 2004,

8 Während die Mehrstufigkeit des Verfahrens bereits in dem materiellen Regulierungsansatz nach § 9 Abs. 1 und 2 angelegt ist, normiert § 13 Abs. 1 für die **zweite Stufe des Verfahrens**, welche Regulierungsverfügungen und welche Verfügungsformen den Anforderungen an das Konsultations- und das Konsolidierungsverfahren unterfallen.

9 **a) Erfasste Regulierungsverpflichtungen.** – Dem Regulierungsverfahren nach § 13 Abs. 1 S. 1 unterfallen mit der Auferlegung von Gleichbehandlungsverpflichtungen (§ 19), Transparenzverpflichtungen (§ 20), Zugangsverpflichtungen (§ 21), dem Gebot zur getrennten Rechnungsführung (§ 24) und der Entgeltregulierung für Zugangsleistungen (§ 30) sämtliche „remedies", die nach Art. 9–13 ZRL Unternehmen mit beträchtlicher Marktmacht im Bereich der **Vorleistungsmärkte** als Ex-ante-Verpflichtungen auferlegt werden können. Mit den Geboten zur Vorabregulierung von Endnutzerentgelten (§ 39), den Verpflichtungen zur Gewährleistungen der Betreiberauswahl und Betreibervorauswahl (§ 40) und zur Bereitstellung von Mietleitungen (§ 41 Abs. 1) sind auch die zentralen Ex-ante-Verpflichtungen nach Art. 17–19 URL für Unternehmen mit beträchtlicher Marktmacht im Bereich der **Endnutzermärkte** dem Verfahren nach § 13 Abs. 1 S. 1 unterworfen.

10 Schließlich sind Zugangsverpflichtungen nach **§ 18 für Unternehmen, die nicht über beträchtliche Marktmacht verfügen**, aber den Zugang zu Endnutzern kontrollieren, in Umsetzung von Art. 5 Abs. 3 ZRL Gegenstand des Regulierungsverfahrens nach § 13 Abs. 1 S. 1. Ihre normativ gesonderte Einbeziehung (§ 13 Abs. 1 S. 4) war deshalb erforderlich, weil in dieser Konstellation die Regulierung einstufig und nicht aufgrund einer Marktanalyse erfolgt: Verpflichtungen nach § 18 knüpfen nicht etwa an die Feststellung der Wirksamkeit des Wettbewerbs an, sondern werden „unbeschadet" der Marktmacht auferlegt.[10]

11 **Sonstige Verpflichtungen**, die nicht in der Aufzählung des § 13 Abs. 1 S. 1 genannt sind, unterliegen **nicht den Verfahrensvorgaben des § 13 Abs. 1 S. 1**. Dies gilt für Anordnungen im Vorfeld von Entgeltregulierungen (§ 29), für Maßnahmen der nachträglichen Entgeltregulierung (§ 38) und der Missbrauchsaufsicht (§ 42). Als Maßnahmen nach dem Zweiten Teil des Gesetzes unterfallen sie zwar nach § 132 Abs. 1 dem Beschlusskammerverfahren; die Verfahrensvorgaben des § 12 Abs. 1 und Abs. 2 Nr. 4[11] sind aber nur beachtlich, wenn die Maßnahmen i.S.v. § 15 beträchtliche Auswirkungen auf den betreffenden Markt haben.

12 **b) Verfügungsformen.** – § 13 Abs. 1 S. 1 erfasst in Umsetzung von Art. 16 Abs. 2–6 RRL die Auferlegung, Beibehaltung, Änderung oder Aufhebung der genannten Verpflichtungen. In Abgrenzung zur Beibehaltung von Verpflichtungen meint die Auferlegung die **erstmalige Auferlegung** von Regulierungsverpflichtungen aufgrund einer Marktdefinition und Marktanalyse nach §§ 10, 11, wie sich aus dem Verhältnis von Art. 7 Abs. 1 zu Abs. 3 ZRL einerseits und dem von Art. 16 Abs. 1 zu Abs. 3 URL andererseits ergibt.

13 Die **Beibehaltung** einer auferlegten Regulierungsverpflichtung ist ihrerseits von dem Wirksambleiben von Verpflichtungen nach dem TKG 1996 abzugrenzen, das in der Überlei-

---

833 m. Anm. *Stotz*, B. v. 21. 10. 2004, CR 2005, 197; krit. dazu *Nacimiento*, K&R 2005, 1 ff.; *Schütze*, CR 2004, 818 ff.

10 So deutlicher Art. 5 Abs. 1 ZRL; s. a. die Begründung des Regierungsentwurfs, BT-Drs. 15/2316, S. 64: „Unabhängig" vom Bestehen von Positionen mit beträchtlicher Marktmacht; ausführlicher *Neitzel/Müller*, CR 2004, 739.

11 Zur missglückten Stellung des § 12 Abs. 1 Nr. 4 und seine Einbeziehung in § 15 s. § 12 RdNr. 18.

tungsvorschrift des § 150 Abs. 1 in Umsetzung von Art. 27 RRL, Art. 7 Abs. 1 ZRL, Art. 16 Abs. 1 URL angeordnet ist. Das Wirksambleiben bedarf keines administrativen Aktes, sondern folgt aus der legislativen Anordnung. Die Beibehaltung einer Verpflichtung nach § 13 Abs. 1 S. 1 ist hingegen ein behördlicher Akt, mit dem nach der Durchführung eines Verfahrens gemäß §§ 10, 11 nach dem TKG 1996 auferlegte Regulierungsverpflichtungen konstitutiv bestätigt werden.[12] Einen weiteren Anwendungsraum kann die Beibehaltung von Verpflichtungen in den Folgejahren erhalten, wenn die Behörde im Verfahren nach § 14 die Entwicklung der Marktverhältnisse überprüft. Dasselbe gilt für die konstitutive **Änderung** von Verpflichtungen, die zumeist in der Form einer Teilaufhebung ergehen wird.

Die **Aufhebung** einer auferlegten Regulierungsverfügung bemisst sich nach ihrer ursprüng- **14** lichen Rechtmäßigkeit oder Rechtswidrigkeit. Ergibt ein Marktdefinitions- und Marktanalyseverfahren das Bestehen wirksamen Wettbewerbs, so wird hierdurch zwar eine gegenteilige Feststellung nach dem TKG 1996 i.S.v. § 150 Abs. 1 „ersetzt". Eine nach dem alten Recht auferlegte Verpflichtung wird aber nicht durch den Eintritt einer auflösenden Bedingung nach § 43 Abs. 2 VwVfG[13] mit der Auferlegung neuer Verpflichtungen automatisch unwirksam, sondern bedarf hierzu schon aus Gründen der Rechtsklarheit und Rechtssicherheit der Aufhebung in Gestalt eines Widerrufs nach § 49 VwVfG.[14] Für ihn gelten die besonderen Verfahrensvorgaben nach § 13 Abs. 1 S. 2 (s. RdNr. 23). Dies gilt auch für Feststellungen und Verfügungen, die nach dem neuen Recht nicht mehr getroffen werden können. Ein Erlöschen qua Gesetz hätte einer ausdrücklichen legislativen Anordnung bedurft.[15]

Sämtliche von § 13 Abs. 1 S. 1 in Bezug genommenen Verfügungen sind Beschlusskam- **15** mmerentscheidungen i.S.v. § 132 Abs. 1 S. 2, die individuell-konkrete Verpflichtungen oder Rechte begründen, entziehen oder feststellen und damit die Merkmale eines **Verwaltungsakts nach § 35 VwVfG** erfüllen.[16] Sie schließen ein Verwaltungsverfahren i.S.v. § 9 VwVfG ab.

Nach ihrer normativen Struktur und systematischen Stellung handelt es bei den Verfügun- **16** gen nach § 13 Abs. 1 S. 1 um **Grundverfügungen**, deren Vorliegen[17] teilweise[18] Vorauset-

---

12 So jedenfalls das Art. 7 Abs. 3 ZRL, Art. 16 Abs. 3 URL zugrunde liegende Begriffsverständnis, die diese Reaktionsform als eine Konsequenz der „möglichst bald nach In-Kraft-Treten der Richtlinie" ansehen; s.a. Leitlinien der Kommission zur Marktanalyse, ABl.EG v. 11. 7. 2002, C 165, S. 6, Tz. 115.

13 Der Eintritt einer auflösenden Bedingung führt zur Erledigung eines Verwaltungsaktes „in sonstiger Weise" und damit nach § 43 Abs. 2 VwVfG zu seiner Unwirksamkeit, s. *Kopp/Ramsauer*, VwVfG, § 43 RdNr. 40; *Stelkens/Bonk/Sachs*, § 43 RdNr. 194; zur Anwendung der VA-bezogenen Regelungen des VwVfG s. vor § 132 RdNr. 15.

14 Für ein restriktives Verständnis der „Erledigung in sonstiger Weise" auch *Knack/Meyer*, § 43 RdNr. 37; wohl auch *Kopp/Ramsauer*, VwVfG, § 43 RdNr. 42 f. Von der Notwendigkeit einer Aufhebung geht auch die Begründung des Regierungsentwurfs aus, BT-Drs. 15/2316, S. 107; s.a. den Wortlaut von Art. 7 Abs. 3 ZRL, Art. 16 Abs. 3 URL; Art. 16 Abs. 3 RRL.

15 Anders aber VG Köln, B. v. 6. 9. 2004, MMR 2004 m. Anm. *Stotz* = CR 2004, 826 für eine sog. deklaratorische Feststellung; s.a. nunmehr VG Köln, B. v. 2. 2. 2005, MMR 2005, 340 zum Wirksambleiben einer Feststellung einer marktbeherrschenden Stellung.

16 So auch *Scherer*, NJW 2004, 3001, 3004; *Ellinghaus*, MMR 2004, 293, 294; *Mayen*, CR 2005, 22.

17 Hierfür ist nicht die Bestandskraft, sondern allenfalls die Vollziehbarkeit der Grundverfügung erforderlich, so auch *Thomaschki*, MMR 2003, 501.

18 Grundständige Verfügungen ohne anknüpfende Regelungen sind Verfügungen nach §§ 39, 40, 41 Abs. 1.

zung für weitere Verfügungen ist. Die Auferlegung oder Beibehaltung der Verpflichtung ist dann gleichsam **Tatbestandsmerkmal für weitere Verfügungen**, die an die auferlegte oder beibehaltene Grundverpflichtung anknüpfen. Dies gilt für das Verhältnis von § 21 zu §§ 22, 23 und 25. Hingegen ist das Gebot zur getrennten Rechnungsführung eine grundständige Verpflichtung.[19] Die Ex-ante-Verpflichtung zur Entgeltgenehmigung ist einerseits akzessorisch im Hinblick auf § 21, andererseits selbst Grundverfügung, weil mit der Auferlegung der Entgeltgenehmigungspflicht nach § 30 die Pflichten nach §§ 31, 33 begründet werden. Werden diese Grundverfügungen geändert oder aufgehoben, werden sie regelmäßig vice versa auch Änderungs- oder Aufhebungsbedarf in den tatbestandlich anknüpfenden Verfügungen nach sich ziehen.[20]

17   **c) Entsprechende Anwendung von § 12.** – § 13 Abs. 1 S. 1 ordnet die **entsprechende Anwendung von § 12 Abs. 1 und Abs. 2 Nr. 1, 2 und 4** für den Erlass der Regulierungsverfügungen in **Umsetzung gemeinschaftsrechtlicher Gebote** an. Das Konsultationsverfahren nach Art. 6 RRL kommt bei allen behördlichen Entscheidungen zur Anwendung, die beträchtliche Auswirkungen auf den betreffenden Markt haben werden. In Konkretisierung dieses Grundsatzes fordert Art. 16 Abs. 2 RRL die Durchführung eines Anhörungsverfahrens für Maßnahmen nach Art. 16–19 URL und Art. 5 und 8 ZRL. Damit sind Verfügungen nach §§ 39, 40, 41 Abs. 1 einerseits und nach §§ 18, 19, 20, 21, 24 und 30 andererseits nach den materiellen Vorgaben des § 6 RRL konsultationspflichtig. Das Konsolidierungsverfahren nach Art. 7 RRL erfasst neben dem Marktanalyseverfahren nach §§ 10, 11 alle Maßnahmen im Anwendungsbereich von Art. 7–8 ZRL und Art. 16 URL. Da Art. 5 Abs. 3 ZRL und Art. 16 Abs. 3 URL ebenfalls auf das Konsolidierungsverfahren verweisen, erfasst dieses denselben Katalog von Regulierungsverfügungen. Die Anordnung lediglich „entsprechender" Anwendung gestattet wegen der zwingenden gemeinschaftsrechtlichen Vorgaben **keinerlei Abschwächung** der verfahrensrechtlichen Anforderungen.

18   § 13 Abs. 1 S. 1 letzter Halbsatz ordnet die Anwendung der Vorschriften über die Durchführung des Konsultations- und des Konsolidierungsverfahrens für den Fall an, dass die beabsichtigte Maßnahme **Auswirkungen auf den Handel zwischen den Mitgliedstaaten** hat. Indessen ist das Konsultationsverfahren nach Art. 6 RRL bereits dann durchzuführen, wenn eine Maßnahme beträchtliche Auswirkungen auf den betreffenden Markt hat. Auswirkungen auf den zwischenstaatlichen Handel sind deshalb **nicht Voraussetzung für die Durchführung des Konsultationsverfahrens**. Grenzüberschreitende Handelsauswirkungen sind hingegen Voraussetzung des Konsolidierungsverfahrens nach Art. 7 Abs. 3 Buchst. b) und § 12 Abs. 2 S. 1 i.V.m. §§ 10 Abs. 3, 11 Abs. 3. Eine **gemeinschaftsrechtskonforme Auslegung** gebietet, Auswirkungen auf den zwischenstaatlichen Handel allein zur Voraussetzung für die Notwendigkeit eines Konsolidierungsverfahrens in entsprechender Anwendung von § 12 Abs. 2 zu machen. Das Konsultationsverfahren steht hingegen nicht unter diesem Vorbehalt.

19   Vor dem Erlass der Regulierungsverfügungen ist das **Konsultationsverfahren** nach § 12 Abs. 1 durchzuführen. **Konsultationsberechtigt** sind die „interessierten Parteien". Dies

---

19   Anderer Ansicht offenbar *Scherer*, NJW 2004, 3001, 3006.
20   Die Folgeverfügungen sind nicht akzessorisch i. e. S. und verlieren deshalb nicht mit der Aufhebung der Grundverfügung nach § 43 Abs. 2 VwVfG in sonstiger Weise ihre Wirksamkeit; vielmehr ist das Fortbestehen der Grundverfügung allein Rechtmäßigkeitsvoraussetzung für die Folgeverfügungen, s. dazu *Stelkens/Bonk/Sachs*, § 35 RdNr. 152, § 43 RdNr. 204.

sind nicht nur die potenziellen Adressaten einer – belastenden – Regulierungsverfügung, sondern alle Betroffenen, die von der Auferlegung, Beibehaltung, Änderung oder Aufhebung einer Regulierungsverfügung in ihren Interessen berührt sind (§ 134 Abs. 2 Nr. 3).[21] Die **Konsultationspflichtigkeit** richtet sich nach der Entscheidungszuständigkeit. Da nach § 132 Abs. 1 alle Entscheidungen nach dem Zweiten Teil von den Beschlusskammern getroffen werden, ist das Konsultationsverfahren von der jeweils nach der Geschäftsordnung zuständigen Beschlusskammer durchzuführen ungeachtet des Umstands, dass die zugrunde liegenden Feststellungen nach §§ 10, 11 nach der Geschäftsordnung von der Präsidentenkammer getroffen werden müssen (§ 132 Abs. 4 S. 2) und diese auch das diesbezügliche Konsultationsverfahren durchzuführen hat.[22]

Wenn im unmittelbaren Anwendungsbereich des § 12 Abs. 1 Entwürfe zu den Feststellungen der Marktdefinition und Marktanalyse nach §§ 10, 11 den Gegenstand des Anhörungsverfahrens bilden, so sind im Rahmen von § 13 Abs. 1 S. 1 **Entwürfe von Regulierungsverfügungen** das Objekt des Konsultationsverfahrens. Unerheblich für das Konsultationsverfahren ist mangels Anwendbarkeit von § 28 Abs. 1 VwVfG, ob es sich um den Entwurf eines belastenden oder eines begünstigenden Verwaltungsaktes handelt.[23] Will die Beschlusskammer eine vorläufige konsultationsfreie Maßnahme in eine endgültige Maßnahme umwandeln, ist nach dem entsprechend anwendbaren § 12 Abs. 2 Nr. 4 S. 3 ebenfalls das Konsultationsverfahren durchzuführen. **20**

Das Konsultationsrecht gewährt die **Gelegenheit zur Stellungnahme**, aus deren Wahrnehmung für die Beschlusskammer eine Pflicht zur Kenntnisnahme und Berücksichtigung erwächst.[24] Die Ausgestaltung des Gehörsrechts ist **formfrei**. Die von der Beschlusskammer nach dem entsprechend anwendbaren § 12 Abs. 1 S. 1 gesetzten **Fristen** müssen angemessen sein.[25] Wird von der Option Gebrauch gemacht, das Marktanalyseverfahren gemeinsam mit dem Regulierungsverfahren durchzuführen (§ 13 Abs. 1 S. 3), muss sichergestellt werden, dass den Beteiligten sowohl gegenüber der Präsidentenkammer zu den Entwürfen nach §§ 10, 11 als auch gegenüber der intern zuständigen Beschlusskammer zu den Entwürfen einer Regulierungsverfügung eine angemessene Frist zur Vorbereitung einer Stellungnahme eingeräumt wird (s. RdNr. 27 ff.). **21**

Die nach § 12 Abs. 1 S. 2 und 4 bestehenden **Informationspflichten der Beschlusskammer** gelten auch im Verfahren des Erlasses einer Regulierungsverfügung. Zudem können die Beteiligten nach dem ergänzend anwendbaren § 29 Abs. 1 VwVfG **Akteneinsicht** beanspruchen. Da Gegenstand des Akteneinsichtsrechts gerade die Entwürfe von Verfügungen sind, kommt die in § 29 Abs. 1 S. 2 VwVfG normierte Ausnahme vom Akteneinsichtsrecht nicht zum Tragen.[26] Begrenzungen ergeben sich aber nach dem entsprechend anwendbaren § 12 Abs. 1 S. 3 für die Offenbarung von Betriebs- und Geschäftsgeheimnissen. Für deren prozedurale Sicherung ist § 136 rechtsmaßstäblich. **22**

Als **gesonderte Verfahrensvorgabe** normiert **§ 13 Abs. 1 S. 2** schließlich in Umsetzung von Art. 16 Abs. 3 RRL das Gebot, den Widerruf von auferlegten Verpflichtungen den be- **23**

---

21 Siehe § 12 RdNr. 11, § 134 RdNr. 40.
22 Siehe § 12 RdNr. 12 f.
23 Siehe § 12 RdNr. 14.
24 Siehe § 12 RdNr. 16.
25 Siehe § 12 RdNr. 17.
26 Siehe § 135 RdNr. 19, § 12 RdNr. 22.

troffenen Unternehmen innerhalb einer angemessenen Frist vorher anzukündigen. Diese Verfahrenspflicht der Beschlusskammer tritt zu den Anforderungen nach § 12 ergänzend hinzu. Die Ankündigung wird durch Veröffentlichung wirksam. Zu den betroffenen Unternehmen rechnen nicht nur die durch den Widerruf begünstigten Unternehmen, sondern auch die hierdurch belasteten Parteien.[27]

24 Für den Erlass einer Regulierungsverfügung ist des Weiteren das **Konsolidierungsverfahren** nach § 12 Abs. 2 Nr. 1 und 2 durchzuführen. Infolge der fehlerhaften Umsetzung durch den deutschen Gesetzgeber[28] findet dieses Verfahren im Anschluss an das nationale Anhörungsverfahren statt. Die nationalen Regulierungsbehörden und die Kommission können nach § 12 Abs. 2 Nr. 1 binnen einer Frist von einem Monat zu dem Entwurf einer Regulierungsverfügung Stellung nehmen. Ihren fristgerechten Stellungnahmen hat die Beschlusskammer nach § 12 Abs. 2 Nr. 2 bei ihrer endgültigen Regulierungsentscheidung weitestgehend Rechnung zu tragen, ohne indessen einer weitergehenden Rechtsbindung zu unterliegen. Die Beschlusskammer erlässt sodann ihre Entscheidung und übermittelt diese der Kommission.

25 Abweichend vom Verfahren der Marktdefinition und Marktanalyse kommt der Kommission im Verfahren des Erlasses einer Regulierungsverfügung **kein Vetorecht** nach § 12 Abs. 2 Nr. 3 zu, wie sich aus der Begrenzung des Verweises in § 13 Abs. 1 S. 1 ergibt. Die Beschränkung des Vetorechts der Kommission folgt gemeinschaftsrechtlich aus Art. 7 Abs. 4 Buchst. a) und b) RRL, der das Vetoverfahren einer abweichenden Marktfestlegung und der Feststellung marktmächtiger Stellungen vorbehält.[29] Der Verzicht auf das Vetoverfahren ist mithin gemeinschaftsrechtskonform.

26 Mit dem Verweis auf § 12 Abs. 2 Nr. 4 wird der Beschlusskammer der Erlass **vorläufiger Maßnahmen** im Regulierungsverfahren gestattet, die für die Dauer ihrer Geltung sowohl vom Konsultations- als auch vom Konsolidierungsverfahren suspendieren.[30] Da im unmittelbaren Anwendungsbereich von § 12 kaum einmal der Erlass vorläufiger Feststellungen denkbar ist, wird diese Befugnis vor allem im Verfahren des Erlasses von Regulierungsverfügungen Bedeutung erlangen.[31] Unter den Voraussetzungen des § 12 Abs. 2 Nr. 4 können vorläufige Regulierungsanordnungen ergehen, ohne den Abschluss des Marktanalyseverfahrens abzuwarten. Maßgeblich bleiben aber die jeweiligen materiellen Regulierungsvoraussetzungen. Liegen Feststellungen marktbeherrschender Stellungen auf der Grundlage des TKG 1996 vor, bilden diese nach § 150 Abs. 1 die Basis für die Auferlegung von Verfügungen, bis das Konsultations- und Konsolidierungsverfahren abgeschlossen ist.[32]

27 **d) Verfahrensgestaltung.** – Nach § 13 Abs. 1 S. 3 kann die Beschlusskammer das Verfahren nach § 13 Abs. 1 S. 1 **zusammen mit dem oder im Anschluss an das Verfahren nach § 12** durchführen. Nach dem Willen des Gesetzgebers sollte mit der zweiten Variante si-

---

27 Dies bringt die Begründung des Regierungsentwurfs in der etwas missglückten Wendung zum Ausdruck, betroffene Unternehmen seien „neben dem Verpflichteten auch die Anspruchsberechtigten", BT-Drs. 15/2316, S. 63.

28 Siehe dazu § 12 RdNr. 29 f.

29 Siehe zu dieser von den Mitgliedstaaten im Rechtsetzungsprozess erkämpften Beschränkung § 12 RdNr. 3 und 34.

30 Zu den Anforderungen an die Dringlichkeit s. § 12 RdNr. 46 f.

31 Dazu bereits § 12 RdNr. 43.

32 RegTP, B. v. 21. 9. 2004, MMR 2004, 836; VG Köln, B. v. 2. 2. 2005, MMR 2005, 340; *Tschentscher/Bosch*, K&R Beilage 4/2004, 21 f.; *Scherer/Mögelin*, K&R Beilage 4/2004, 11 ff.

chergestellt werden, dass das Vetorecht der Kommission im Verfahren der Marktanalyse nach § 12 Abs. 2 Nr. 3 nicht auf das Verfahren der Auferlegung von Regulierungsverpflichtungen nach § 13 Abs. 1 S. 1 durchschlägt.[33] Die Verfahrensvorgabe des § 13 Abs. 1 S. 3 kann bei Verpflichtungen nach § 18, die gerade nicht an die Feststellung beträchtlicher Marktmacht anknüpfen und insoweit einstufig ergehen (s. RdNr. 10), nicht zur Anwendung kommen (§ 13 Abs. 1 S. 4).

Ungeachtet der Frage, ob die Regulierungsbehörde die Verfahren gemeinsam oder sukzessive durchführt, bleibt jedoch festzuhalten, dass es sich um **zwei unterschiedliche Verfahren** mit unterschiedlichen Akteuren und verschiedenen Rechtswirkungen handelt.[34] Von dieser Trennung geht auch der Wortlaut des § 13 Abs. 1 S. 3 aus. Dass die Regulierungsverfügung nach § 13 Abs. 3 mit den Feststellungen nach §§ 10, 11 als einheitlicher Verwaltungsakt ergeht, vermag an diesem Befund nichts zu ändern, sondern ist gerade Ausdruck der dualen Verfahrensstruktur: **28**

Das Verfahren der Marktdefinition und Marktanalyse nach § 12 ist nach § 132 Abs. 4 S. 2 durch Geschäftsordnung der Präsidentenkammer anzuvertrauen. Es endet mit den Feststellungen der Ergebnisse der Marktdefinition und Marktanalyse. Wegen des Gebots der Einheitlichkeit von Anhörungsverfahren und Entscheidungszuständigkeit ist die Präsidentenkammer anhörungs- und konsolidierungspflichtig.[35] Da es sich bei den Feststellungen der Marktdefinition und Marktanalyse mangels Regelungswirkung nicht um Verwaltungsakte handelt[36], ist das Verfahren nach § 12 kein Verfahren i.S.v. § 9 VwVfG. Das Verfahren ist vielmehr als Verwaltungsverfahren i.w.S. zu qualifizieren, auf das insbesondere die Gebote des § 29 VwVfG nur entsprechende Anwendung finden.[37] **29**

Das Verfahren der Auferlegung, Beibehaltung, Änderung oder Aufhebung von Regulierungsverpflichtungen nach § 13 Abs. 1 S. 1 ist hingegen von der jeweils nach der Geschäftsordnung zuständigen Beschlusskammer durchzuführen. Sie ist in diesem Verfahren wegen des Verweises auf § 12 konsultations- und konsolidierungspflichtig. Eine Zuständigkeit für die Auferlegung von Regulierungsverpflichtungen nach dem Zweiten Teil des Gesetzes hat die Präsidentenkammer nach § 132 Abs. 3 gerade nicht. Endet das Verfahren mit der Auferlegung, Beibehaltung, Änderung oder Aufhebung einer oder mehrerer Vorabverpflichtungen, so handelt es sich hierbei um einen Verwaltungsakt der Beschlusskammer (s. RdNr. 15), der ein Verwaltungsverfahren i.S.v. § 9 VwVfG abschließt. **30**

Die Entscheidung, die beiden Verfahren zusammen oder sukzessive durchzuführen, steht im **Ermessen** der Regulierungsbehörde. Die Ausübung des Verfahrensermessens[38] muss sich an dem Zweck der Ermessenseinräumung ausrichten. Die Erwägung des Gesetzgebers, durch eine Verfahrensentzerrung ein Übergreifen des Vetorechts der Kommission **31**

---

33 Siehe Bericht des Ausschusses für Wirtschaft und Arbeit, BT-Drs. 15/2679, S. 13.

34 Siehe bereits *Gurlit*, K&R Beilage 1/2004, 35; so auch *Ladeur/Möller*, DVBl. 2005, 529; dies verkennt offenbar *Ellinghaus*, MMR 2004, 293, 294; unpräzise auch *Scherer*, NJW 2004, 3001, 3003.

35 Siehe § 12 RdNr. 12; zur Einheit von Anhörungsverfahren und Entscheidungszuständigkeit s. *Stelkens/Bonk/Sachs*, § 28 RdNr. 46; *Kopp/Ramsauer*, VwVfG, § 28 RdNr. 12.

36 Siehe bereits § 12 RdNr. 50.

37 Siehe vor § 132 RdNr. 7 ff., § 12 RdNr. 22.

38 Behördliches Ermessen bezieht sich nicht nur auf die materielle Entscheidung, sondern auch auf die Gestaltung des Verfahrens, dazu *Stelkens/Bonk/Sachs*, § 10 RdNr. 16 ff.; *Knack/Henneke*, § 40 RdNr. 6.

nach § 12 Abs. 2 Nr. 3 zu verhindern[39], lässt sich dahingehend verallgemeinern, dass durch Verfahrensgestaltung für die **Wahrung der Zuständigkeitsordnung** Sorge zu tragen ist. Dies spricht dafür, das Verfahren nach § 13 Abs. 1 S. 1 **im Anschluss** an das Verfahren nach § 12 durchzuführen. Ein sequentielles Vorgehen entspricht auch der Praxis der RegTP.

32   Der hiernach regelmäßig gebotene Verfahrensablauf dürfte zu **erheblichen Verzögerungen** bei der Auferlegung grundständiger Regulierungsverpflichtungen führen. Diese sind indessen **nicht gemeinschaftsrechtlich veranlasst.** Denn zum einen wäre der deutsche Gesetzgeber nicht verpflichtet gewesen, bereits für das Verfahren der Marktdefinition und Marktanalyse ein Konsultationsverfahren vorzusehen.[40] Und zum anderen beruht auch die interne Zuständigkeitsverteilung zwischen den Beschlusskammern und der Präsidentenkammer nicht auf gemeinschaftsrechtlichen Vorgaben.

33   Allerdings ist es nicht geboten, für jede einzelne auferlegte Plicht gesonderte Marktanalyse- und Regulierungsverfahren durchzuführen. Ausgangspunkt von Marktanalyse und Regulierung ist vielmehr der jeweils analysierte Markt. Sind danach etwa bezogen auf ein Unternehmen mehrere Verpflichtungen aufzuheben und/oder andere Verpflichtungen zu ändern, so handelt es sich zwar wegen der Mehrzahl von Regelungen auch um mehrere materielle Verwaltungsakte[41]; dieser Verfahrenshäufung kann aber mit einer formlosen Verbindung begegnet werden. Dies bietet sich vor allem an, wenn und soweit den beabsichtigten Verfügungen derselbe Lebenssachverhalt zu Grunde liegt und die Bescheide im zeitlichen Zusammenhang stehen.[42] Insoweit ist die **Durchführung eines einheitlichen Regulierungsverfahrens mit mehreren Verfahrensgegenständen** statthaft.

34   **2. Regulierungsverfahren nach § 13 Abs. 2.** – Im Fall **länderübergreifender Märkte** im Geltungsbereich der RRL wird in Umsetzung von Art. 16 Abs. 5 RRL nicht nur nach § 11 Abs. 2 die Marktanalyse mit den betroffenen nationalen Regulierungsbehörden durchgeführt, sondern auch gemeinsam darüber entschieden, welche Verpflichtungen die Unternehmen zu erfüllen haben. Auch dieses grenzüberschreitende Verfahren unterfällt nach Art. 16 Abs. 6 RRL den Anforderungen an die Konsultation und Konsolidierung nach § 12 Abs. 1 und 2 Nr. 1, 2 und 4.

35   Die **Arten von Verfügungen** sind in § 13 Abs. 2 unpräzise umschrieben und bedürfen gemeinschaftsrechtskonformer Auslegung. Aus Art. 16 Abs. 5 und 6 RRL folgt, dass auch bei einer grenzüberschreitenden Entscheidung sowohl die Auferlegung als die Beibehaltung, Änderung oder Aufhebung von Verpflichtungen der Unternehmen zur Entscheidung steht. Das Gebot **einvernehmlicher Entscheidung** gebietet die Entwicklung gemeinsamer Entscheidungsstrukturen. Hierfür dürfte die Gruppe Europäischer Regulierungsstellen das geeignete Forum sein.[43]

36   **3. Regulierungsverfügung nach § 13 Abs. 3.** – Nach § 13 Abs. 3 ergehen die Regulierungsverfügungen nach §§ 18, 19, 20, 21, 24, 30, 39, 40 oder 41 Abs. 2 mit den Feststellun-

---

39 Siehe Bericht des Ausschusses für Wirtschaft und Arbeit, BT-Drs. 15/2679, S. 13.
40 Siehe *Schütz/Attendorn*, MMR Beilage 4/2002, 32; s. a. § 12 RdNr. 5.
41 Zum Begriff des materiellen Verwaltungsakts s. *Stelkens/Bonk/Sachs*, § 35 RdNr. 13, 22a.
42 *Stelkens/Bonk/Sachs*, § 9 RdNr. 100.
43 So auch der Hinweis in den Leitlinien der Kommission zur Marktanalyse, ABl.EG v. 11. 7. 2002, C 165, S. 6, Tz. 122; die Gruppe Europäischer Regulierungsstellen wurde durch die Kommission als beratendes Gremium eingerichtet, s. Entscheidung 2002/627/EG v. 29. 7. 2002.

gen nach §§ 10, 11 als einheitlicher Verwaltungsakt. Mit dieser Regelung wollte der Gesetzgeber sicherstellen, dass nicht bereits die Ergebnisse des Marktdefinitions- und Marktanalyseverfahrens zum Gegenstand verwaltungsgerichtlichen Rechtsschutzes werden.[44]

a) Struktur der Regulierungsverfügung. – Die **Feststellung** fehlenden wirksamen Wett- **37** bewerbs und die Identifizierung von Unternehmen mit beträchtlicher Marktmacht im Verfahren nach §§ 10, 11 ist ebenso wenig wie eine Positivfeststellung ein Verwaltungsakt, denn es fehlt den Feststellungen an unmittelbarer Regelungswirkung. Deshalb handelt es sich bei ihnen um **Realakte**.[45]

Allerdings könnte gegen den Realakt der Feststellung mangelnden Wettbewerbs von dem **38** oder den marktmächtigen Unternehmen isoliert und jederzeit mit der Leistungsklage vorgegangen werden, da Realakte der Bestandskraft nicht fähig sind. Durch § 13 Abs. 3 werden die Feststellungen strukturell in ein **Tatbestandsmerkmal der Regulierungsverfügung** umgewandelt und partizipieren damit an den Bestandskraftregeln für Verwaltungsakte.[46] **§ 13 Abs. 3** erfüllt somit eine **doppelte Funktion**: Die Vorschrift schließt nach ihrem Wortlaut zum einen den vorgezogenen Rechtsschutz gegen die Feststellungen der Marktdefinition und Marktanalyse aus. Sie verhindert aber zugleich einen späteren Rechtsschutz gegen die Feststellungen nach §§ 10, 11 nach Ablauf der für die Regulierungsverfügung geltenden Anfechtungsfristen.[47] Diese Rechtsschutzkonzentration ist ohne weiteres mit Art. 19 Abs. 4 GG vereinbar.[48]

Wegen der durch § 13 Abs. 3 bewirkten tatbestandlichen Integration der Feststellungen **39** über das Fehlen wirksamen Wettbewerbs nach §§ 10, 11 in die Regulierungsverfügung ist **der Verweis auf § 18 fehlerhaft oder zumindest überflüssig**. Denn Verpflichtungen nach § 18 werden nicht aufgrund einer Marktanalyse auferlegt und ergehen folglich im einstufigen Verfahren (s. RdNr. 10).

b) Auswahlermessen. – Aus § 9 Abs. 2 folgt in Umsetzung von Art. 16 Abs. 4 RRL, dass **40** die Feststellung marktmächtiger Unternehmen eine Regulierungspflicht der Beschlusskammer auslöst.[49] Ergeben hingegen die Feststellungen nach §§ 10, 11 das Bestehen wirksamen Wettbewerbs, muss in Umsetzung von Art. 16 Abs. 3 RRL eine bereits bestehende Regulierungsverfügung aufgehoben werden.[50] In beiden Varianten verfügt die Beschlusskammer über **kein Entschließungsermessen**.

Haben hingegen die Feststellungen der Marktdefinition und Marktanalyse das Fehlen wirk- **41** samen Wettbewerbs ergeben, verfügt die Beschlusskammer bei der Entscheidung über die

---

44 Siehe Begründung des Regierungsentwurfs, BT-Drs. 15/2316, S. 63.

45 Siehe § 12 RdNr. 50.

46 *Gurlit*, K&R Beilage 1/2004, 35.

47 Dies gilt allerdings nicht in der Konstellation der Verpflichtungsklage auf Erlass oder Beibehaltung von Regulierungsverfügungen.

48 So auch *Scherer*, K&R 2002, 273, 286.

49 *Scherer*, NJW 2004, 3001, 3004; *Ellinghaus*, CR 2004, 23, 26; *Klotz*, K&R Beilage 1/2003, 3, 7; s. a. Leitlinien der Kommission zur Marktanalyse, ABl.EG v. 11. 7. 2002, C 165, S. 6, Tz. 114; a. A. wohl *Schütz/Attendorn*, MMR Beilage 4/2002, 15.

50 Leitlinien der Kommission zur Marktanalyse, ABl.EG v. 11. 7. 2002, C 165, S. 6, Tz. 113. Irreführend ist deshalb § 9 Abs. 1, der das Verfahren der Marktregulierung nach dem Zweiten Teil der Variante des Fehlens wirksamen Wettbewerbs vorbehalten will: Auch die Aufhebung einer Regulierungsverfügung wegen Bestehens wirksamen Wettbewerbs ist nach § 13 Abs. 1 S. 1 Bestandteil der Marktregulierung.

(aktive) Beibehaltung, Änderung oder Auferlegung von Vorabverpflichtungen gegenüber einem Unternehmen mit beträchtlicher Marktmacht über ein **Auswahlermessen** hinsichtlich der Art der aufzuerlegenden Vorabverpflichtungen. Die Einräumung eines Auswahlermessens ist gemeinschaftsrechtlich geboten: Nach Art. 16 Abs. 4 RRL erlegt die nationale Regulierungsbehörde dem betroffenen Unternehmen „geeignete spezifische Verpflichtungen" auf bzw. ändert diese oder erhält sich aufrecht. Für die Regulierung von Endnutzerentgelten fordert Art. 17 URL die Auferlegung „geeigneter Verpflichtungen, die verhältnismäßig und gerechtfertigt" sind, für den Zugangsbereich verlangt Art. 8 Abs. 2 ZRL Vorabverpflichtungen „im erforderlichen Umfang", die nach Art. 8 Abs. 4 ZRL „verhältnismäßig und gerechtfertigt" sind. Auch Zugangsverpflichtungen gegenüber Unternehmen, die den Zugang zu Endnutzern kontrollieren, müssen nach Art. 5 Abs. 3 ZRL „verhältnismäßig" sein.

42 Die Beschlusskammer hat demgemäß aus dem „Werkzeugkasten"[51] der Vorabverpflichtungen für die Vorleistungs- und Endkundenmärkte das passende Handwerkszeug auszuwählen. Die Ausübung des Auswahlermessens wird nach den gemeinschaftsrechtlichen Vorgaben, aber ebenso nach den Grundsätzen des unmittelbar anwendbaren § 40 VwVfG maßgeblich durch das **Verhältnismäßigkeitsprinzip** gesteuert.[52] Bei der Auswahl der Verpflichtungen muss die Beschlusskammer jeweils prüfen, mit welchen Instrumenten wirksam und unter Abwägung der widerstreitenden Rechtsgüter angemessen dem diagnostizierten strukturellen Marktversagen zu begegnen ist. Maßgeblich für die Zielbestimmung sind also die Regulierungsziele nach Art. 8 RRL bzw. § 2.[53]

43 Die Anforderungen an das Auswahlermessen lassen sich im Übrigen nur **bereichsspezifisch bestimmen**. Die Beschlusskammer wird vor der Auferlegung einer Zugangsverpflichtung nach § 21 prüfen, ob die Anordnung von Transparenz- und Gleichbehandlungspflichten oder das Gebot getrennter Rechnungsführung in gleicher Weise geeignet sind, den Zugang zu gewährleisten. Im Bereich der Regulierung der Endkundenmärkte ist der Beschlusskammer bereits tatbestandlich – in Umsetzung von Art. 17 Abs. 1 URL – ein Vorrang von Maßnahmen im Zugangsbereich und nach § 40 vor der Entgeltgenehmigungspflicht nach § 39 aufgegeben.[54]

44 **4. Rechtsschutzfragen.** – Es ist nicht schwer zu prognostizieren, dass Regulierungsverfügungen nach § 13 Abs. 1 S. 1 vielfach Gegenstand gerichtlicher Befassung sein werden. Die Schwierigkeiten der prozessualen Bewältigung sind vor allem in der **Zweistufigkeit des Verfahrens** angelegt, resultieren aber auch aus den **Verfahrenshürden**, die auf beiden Stufen in großer Zahl errichtet wurden.

45 **a) Rechtsschutz des Adressaten einer belastenden Regulierungsverfügung.** – Der Adressat einer belastenden Regulierungsverfügung kann deren Aufhebung regelmäßig verlangen, wenn diese **materiell rechtswidrig** ist. Feststellungen nach §§ 10, 11 werden als Tatbestandsmerkmal der auferlegten Regulierungsverpflichtung zur Rechtmäßigkeitsvoraussetzung (s. RdNr. 38). Materiell fehlerhafte Feststellungen schlagen auf die Recht-

---

51 So die Formulierung von *Ellinghaus*, MMR 2004, 293, 294.
52 Zum aus den Grundrechten abgeleiteten Verhältnismäßigkeitsgebot als Ermessensgrenze s. *Stelkens/Bonk/Sachs*, § 40 RdNr. 85 ff.; s. a. *Kopp/Ramsauer*, VwVfG, § 40 RdNr. 65; s. für das Gemeinschaftsrecht die Leitlinien der Kommission zur Marktanalyse, ABl.EG v. 11. 7. 2002, C 165, S. 6 Tz. 116–118.
53 Siehe den ausdrücklichen Verweis auf Art. 8 RRL in Art. 17 Abs. 2 URL, Art. 8 Abs. 4 ZRL.
54 Zum Vorrang von Zugangsverpflichtungen nach § 21 s. *Jochum*, MMR 2005, 162 ff.

mäßigkeit der Regulierungsverfügung durch. Allerdings kann der Beurteilungsspielraum nach § 10 Abs. 2 S. 2 insoweit zu einer Reduktion der gerichtlichen Kontrolldichte führen.

Wegen der Zweistufigkeit des Verfahrens ist hinsichtlich der Bedeutung von Verfahrens- **46** fehlern zu differenzieren. Eine **fehlerhafte Konsultation** im Verfahren der Marktdefinition und Marktanalyse ist nicht unmittelbar an §§ 44 ff. VwVfG zu messen, weil dieses Verfahren kein Verwaltungsverfahren i. S.v. § 9 VwVfG ist. Eine entsprechende Anwendung[55] führt aber zu dem Ergebnis, dass eine unterlassene oder fehlerhafte Anhörung im Verfahren nach §§ 10, 11 nicht zur Nichtigkeit der Regulierungsverfügung analog § 44 VwVfG führt, sondern eine Heilung entsprechend **§ 45 Abs. 1 Nr. 3 VwVfG** möglich ist. Wegen der Bedeutung des Konsultationsverfahrens und seines zeitlichen Vorrangs vor dem Konsolidierungsverfahren[56] **scheidet aber eine Heilung nach § 45 Abs. 2 VwVfG aus.**[57] Dasselbe gilt für Konsultationsfehler auf der zweiten Stufe im Anwendungsbereich von § 13 Abs. 1 S. 1, auf die § 45 VwVfG unmittelbar anzuwenden ist.

Eine **fehlerhafte Konsolidierung** kann ebenfalls sowohl das Verfahren der Marktdefini- **47** tion und Marktanalyse nach §§ 10, 11 als auch das Regulierungsverfahren nach § 13 Abs. 1 S. 1 betreffen. Im ersten Fall finden wiederum §§ 44 ff. VwVfG nur entsprechende Anwendung. Unterlässt die Präsidentenkammer eine Notifizierung in Verkennung der Anforderungen der §§ 10 Abs. 3, 11 Abs. 3, so führt dieser Fehler wegen § 44 Abs. 3 Nr. 4 VwVfG nicht zur Nichtigkeit. Vielmehr kann der Fehler in entsprechender Anwendung von **§ 45 Abs. 1 Nr. 5 VwVfG** geheilt werden. Zwar ist die Kommission keine Behörde, die durch das VwVfG gebunden wird. Davon ist aber die Frage zu unterscheiden, ob die Kommission eine Behörde ist, deren Rechte durch das VwVfG geschützt werden. Bei ihrer Tätigkeit im Rahmen der Wettbewerbsüberprüfung handelt die Kommission als Behörde i. S.v. § 1 Abs. 4 VwVfG in Wahrnehmung von Aufgaben öffentlicher Verwaltung.[58] Auch für die Konsolidierung muss allerdings die Anwendung von **§ 45 Abs. 2 VwVfG ausscheiden.** Gleiches gilt für Konsolidierungsfehler auf der zweiten Stufe im unmittelbaren Anwendungsbereich von §§ 44 ff. VwVfG.

Sollten Fehler in den Konsultations- und Konsolidierungsverfahren beider Stufen nicht ge- **48** heilt worden sein, bestimmt sich das weitere Schicksal der Regulierungsverfügung nach **§ 46 VwVfG** (analog). Wegen des Auswahlermessens der Beschlusskammer (s. RdNr. 41) liegt kein Fall rechtlicher Alternativlosigkeit vor.[59] Da nicht ausgeschlossen ist, dass eine fehlerfreie Anhörung, erst recht aber eine fehlerfrei durchgeführte Notifizierung das Ergebnis in der Sache beeinflusst hätte, vermögen ungeheilte Verfahrensfehler einer Klage des Regulierungsbetroffenen zum Erfolg zu verhelfen.

b) Rechtsschutz Dritter. – Normativ nicht geklärt ist, ob Dritte ein **subjektives Recht auf** **49** **materiell rechtmäßige Feststellungen** nach §§ 10, 11 haben. Für die betroffenen Unternehmen hätte dies zur sicherlich erwünschten Folge, dass sich wegen der behördlichen

---

55 Zur Anwendbarkeit der VA-bezogenen Regelungen des VwVfG im Beschlusskammerverfahren s. vor § 132 RdNr. 15, zur entsprechenden Anwendung außerhalb von § 9 VwVfG vor § 132 RdNr. 7 f.

56 Zu diesem Umsetzungsfehler s. § 12 RdNr. 29 f.

57 Zur Anwendbarkeit von § 45 Abs. 2 s. § 135 RdNr. 41 ff.

58 Siehe auch für das verwandte Problem der Beteiligung der Kommission in der Beihilfenaufsicht *Gurlit/Sattler*, Sonderheft Jura, 83.

59 Zur Anwendung von § 46 VwVfG auf Ermessensentscheidungen s. *Kopp/Ramsauer*, VwVfG, § 46 RdNr. 32 ff.; *Stelkens/Bonk/Sachs*, § 46 RdNr. 66 ff.

Pflicht zur Auferlegung oder Beibehaltung von Vorabverpflichtungen (s. Rdnr. 40) notwendig eine Regulierung anschließt ungeachtet der Frage, ob die materiellen Regulierungsvorschriften als solche drittschützend sind. Ein subjektives Recht auf die rechtmäßige Feststellung marktmächtiger Unternehmen nach §§ 10, 11, das einem Regulierungsvollziehungsanspruch nahekommt, besteht für Drittbetroffene i.E. nicht.[60] Insoweit beansprucht das **Vetoverfahren der Kommission Vorrang**. Die bisherige Praxis der Vetoentscheidungen zeigt, dass die Kommission durchaus gewillt ist, behördliche Feststellungen wirksamen Wettbewerbs zu korrigieren.[61] Insoweit wird in diesem Verfahren ausreichend den Belangen betroffener Unternehmen Rechnung getragen.

50 Drittbetroffene haben deshalb i.d.R.[62] um Rechtsschutz in der Form der **Verpflichtungsklage** nachzusuchen.[63] Diese ist darauf gerichtet, die Beschlusskammer zur Auferlegung oder Beibehaltung von Regulierungsmaßnahmen gegen die mutmaßlich marktmächtigen Unternehmen zu verpflichten. Für die **Klagebefugnis** ist deshalb die Geltendmachung entscheidend, dass **ein Anspruch auf Auferlegung oder Beibehaltung von Verpflichtungen** besteht. Hierfür ist letztlich die drittschützende Wirkung der materiellen Regulierungsnormen nach §§ 19 ff. maßgeblich.

51 Daraus folgt, dass auch **Verfahrensfehler** nach § 12 Abs. 1 oder 2 im Verfahren der Marktdefinition und Marktanalyse oder im Regulierungsverfahren für Drittbetroffene regelmäßig rechtlich folgenlos bleiben. Eine **Verletzung des Anhörungsrechts** durch eine unterlassene oder ungenügende Konsultation nach § 12 Abs. 1 verhilft selbst bei Anerkennung einer drittschützenden Natur des Anhörungsrechts der Verpflichtungsklage nicht zum Erfolg, wenn nicht hinter der verfahrensrechtlichen Stellung eine materiell drittschützende Position vorhanden ist.[64] Aus demselben Grund bleiben auch **Verstöße im Konsolidierungsverfahren** für die Drittbetroffenen konsequenzlos, wenn sie nicht einen materiellen Anspruch auf Auferlegung oder Beibehaltung von Verpflichtungen geltend machen können.

---

60 Anderer Ansicht möglicherweise *Schütz/Attendorn*, MMR Beilage 4/2002, 33, die allerdings für eine ausdrückliche, vom Gesetzgeber einzuräumende Anerkennung der drittschützenden Wirkung von §§ 10, 11 plädieren.

61 Siehe die Vetoentscheidung K(2004)527 endg. v. 20. 2. 2004 und die Entscheidung vom 26. 10. 2004. In beiden Fällen wurden die Regulierungsbehörden aufgefordert, die Entwürfe zurückzuziehen.

62 Denkbar ist auch die Drittanfechtung einer Aufhebungsverfügung (Widerruf). Für sie gilt nichts anderes.

63 So *Scherer*, NJW 2004, 3001, 3004; für die Leistungsklage noch *Gurlit*, K&R Beilage 1/2004, 35.

64 So für die Anfechtungskonstellation im Immissionsschutzrecht, in dem den Normen über die Öffentlichkeitsbeteiligung unter dieser Voraussetzung drittschützende Wirkung zuerkannt wird, s. BVerwGE 61, 256, 275; BVerwGE 75, 285, 291; OVG Lüneburg NVwZ 1985, 357, 359.

§ 14 Überprüfung der Marktdefinition und -analyse

(1) Werden der Regulierungsbehörde Tatsachen bekannt, die die Annahme rechtfertigen, dass die Ergebnisse auf Grund der §§ 10 bis 12 nicht mehr den tatsächlichen Marktgegebenheiten entsprechen oder hat sich die Empfehlung nach Art. 15 Abs. 1 der Richtlinie 2002/21/EG des Europäischen Parlaments und des Rates vom 7. 3. 2002 über einen gemeinsamen Rechtsrahmen für elektronische Kommunikationsnetze und -dienste (Rahmenrichtlinie) (ABl. EG Nr. L 108 S. 33) geändert, finden die Regelungen der §§ 10 bis 13 entsprechende Anwendung.

(2) Außer in den Fällen des Absatzes 1 legt die Regulierungsbehörde alle zwei Jahre die Ergebnisse einer Überprüfung der Marktdefinition nach § 10 und der Marktanalyse nach § 11 vor.

Schrifttum: *Doll/Nigge*, Die Prüfung des Regulierungsbedarfs auf TK-Märkten nach dem neuen TKG, MMR 2000, 523; *Ellinghaus*, Regulierungsverfahren, gerichtlicher Rechtsschutz und richterliche Kontrolldichte im neuen TKG, MMR 2004, 293; *Hoeren/Spindler/Holznagel/Gounalakis/Burkert*, Die Erhebung von Marktdaten im Wege des Auskunftsersuchens nach dem TKG, 2001; *Wegmann*, Europa- und verfassungsrechtliche Anmerkungen zum Regierungs- und Referentenentwurf für ein neues TKG K&R Beilage 1/2004, 29; vgl. im Übrigen die Nachweise zu § 9 f.

Übersicht

A. Normzweck

Die Ergebnisse der Marktdefinition und Marktanalyse sind immer dann zu überprüfen, **1** wenn sich eine Änderung der Marktgegebenheiten ergibt oder die Empfehlung der Kommission überprüft wird (so genannte „anlassbezogene Überprüfung"). Unabhängig von den in Abs. 1 geregelten Fällen hat die Regulierungsbehörde ihre Feststellungen zur Marktdefinition und Marktanalyse regelmäßig alle zwei Jahre zu überprüfen.

Durch die Begrenzung der Fallgestaltungen, die zu einer Revision der Ergebnisse nach §§ 10 bis 12 TKG verpflichten, gewährleistet § 14 TKG einerseits eine relative Beständigkeit der die Marktregulierung prägenden Entscheidungsgrundlagen und schafft damit **Rechts- und Planungssicherheit** für die Unternehmen[1]. Indem die Norm die Fallgestaltungen vorgibt, unter denen eine Überprüfung zu erfolgen hat, wird zugleich sichergestellt, dass sich die einmal gefundene Regulierungssystematik nicht auf Dauer verfestigt, sondern den **aktuellen Gegebenheiten angepasst** werden kann. Die Vorschrift bildet damit das erforderliche Korrektiv zu der vom Einzelfall losgelösten Vorab-Festlegung der wesentlichen Regulierungsgrundlagen nach den §§ 10 bis 13 TKG und ist damit Ausdruck des **Grundsatzes der Verhältnismäßigkeit der Regulierung**[2]. Mit der Vorschrift ist der Regulierungsbehörde ein gesetzlich weitgehend vorbestimmter Prüfungs- und Maßnahmenkatalog für die Anpassung der Marktregulierung an veränderte Situationen an die Hand gegeben.

B. Anwendungsbereich

2 Die Überschrift „Überprüfung der Marktdefinition und -analyse" gibt Funktion und Inhalt der Norm insoweit verkürzend wieder, als eben nicht nur die Ergebnisse überprüft werden, sondern zugleich auch die Voraussetzungen für eine **Neufestsetzung der Ergebnisse nach §§ 10 bis 12 TKG sowie der darauf basierenden Regulierungsverfügungen nach § 13 TKG** geregelt werden. Der Erlass bzw. die Anpassung von Verfügungen nach § 13 TKG ist nicht nur im Zusammenhang mit Änderungen der Ergebnisse nach den §§ 10 und 11 TKG möglich (beispielsweise bei Wegfall der Eigenschaft als Netzbetreiber bzw. bei Eintritt von Widerrufsgründen). Nach der Begründung zum Gesetzentwurf schließt die Überprüfung eine Entscheidung über die erstmalige Definition auch **neu entstandener Märkte** mit ein[3]. Dagegen wurde die im Rahmen des Gesetzgebungsverfahrens erhobene Forderung, den Marktparteien ein Antragsrecht auf Überprüfung der Ergebnisse einzuräumen (BT-Drs. 15/2316, S.111), nicht mit aufgenommen.

C. EG-rechtliche Grundlagen

I. Marktanalyse

3 Die **Pflicht zu einer Überprüfung der Ergebnisse** der Marktanalyse ist gemeinschaftsrechtlich in Art. 7 Abs. 3 ZRL normiert. Danach haben die Mitgliedstaaten sicherzustellen, dass die nationalen Regulierungsbehörden möglichst bald nach In-Kraft-Treten dieser Richtlinie und danach in regelmäßigen Abständen eine Marktanalyse nach Art. 16 RRL vornehmen, um festzustellen, ob diese Verpflichtungen beibehalten, geändert oder aufgehoben werden sollen. § 14 TKG ermöglicht über diese unmittelbare Vorgabe nach Art. 7 Abs. 3 ZRL hinaus zusätzlich die Pflicht zu einer anlassbedingten Überprüfung. Die in Art. 7 Abs. 3 ZRL geregelte Regelüberprüfung der Ergebnisse der Marktanalyse ist als Mindesterfordernis zu interpretieren und steht einer Erweiterung der Überprüfungsfallgruppen im besonderen Bedarfsfall nicht entgegen.

---

1 Vgl. Gesetzesbegründung zum TKG-E, BT-Drs.15/2326, S. 63.
2 Die Vorschrift setzt damit zugleich den gemeinschaftsrechtlichen Grundsatz der Verhältnismäßigkeit von Regulierungseingriffen nach Art. 8 Abs. 1 S. 2 ZRL um.
3 Zu den besonders hohen Maßstäben bei der Einbeziehung neuer Märkte in die sektorspezifische Regulierung eingehend: *Doll/Nigge*, MMR 2000, 523. Auch die Entscheidung über die Zurechnung einer neu am Markt entstandenen Leistung zu einem der definierten Märkte fällt in den originären Zuständigkeitsbereich der RegTP.

II. Marktdefinition

Über die ausdrückliche Erwähnung in den Richtlinienvorgaben hinaus erfasst § 14 TKG 4
auch eine regelmäßige bzw. anlassbezogene Überprüfung der **Marktdefinition**. Das Erfordernis zu einer derartigen Regelung ist im Gegensatz zu dem Überprüfungsgegenstand der
Marktdefinition im gemeinschaftsrechtlichen Richtlinienpaket nicht ausdrücklich vorgesehen. Die Notwendigkeit zu einer Überprüfung auch der Ergebnisse der Marktdefinition
ergibt sich indes dem Grunde nach als Folge der Vorgaben aus Art. 15 Abs. 1 und 3 ZRL,
nach der die grundsätzlich auf mitgliedstaatlicher Ebene erfolgende Festlegung der einer
sektorspezifischen Regulierung bedürftigen Märkte unter weitestgehender Berücksichtigung der Empfehlungen der Kommission über die relevanten Produkt- und Dienstmärkte
zu ergehen hat. Diese Empfehlung der Kommission wird gemäß Art. 15 Abs. 1 S. 4 RRL in
regelmäßigen Abständen überprüft.

D. Art. 15 Abs. 4 RRL

§ 14 TKG findet keine Anwendung, sofern die Kommission von der ihr zustehenden Er- 5
mächtigung aus Art. 15 Abs. 4 RRL zur eigenständigen Festlegung länderübergreifender
Märkte Gebrauch macht. Legt sie die Märkte selber fest, so steht ihr als Annexkompetenz
auch ein vorrangiges Recht zur Überprüfung der Ergebnisse zu.

E. Einzelerläuterungen

I. Anlassbezogene Überprüfung nach Abs. 1

1. Veränderte Tatsachenlage (1. Alt.). – (a) Regulierungsbehörde. – Indem § 14 TKG 6
festlegt, dass die Regulierungsbehörde zur Überprüfung der Marktdefinition und -analyse
berufen ist, weist das Gesetz die Einleitung und weitere Durchführung des Überprüfungs-
verfahrens dem Staat – verkörpert durch die Regulierungsbehörde – und nicht etwa den
einzelnen Marktteilnehmern zu. Der Regulierungsbehörde obliegt ebenfalls die Kompetenz zur Definition neuer Märkte. Die Entscheidung über die Aufnahme neuer Märkte in
die sektorspezifische Regulierung erfolgt dabei gemäß § 123 Abs. 1 S. 1 TKG im Einvernehmen mit dem Bundeskartellamt.

(b) Tatsachen. – Nur „Tatsachen" können eine Überprüfung der Ergebnisse der Marktre- 7
gulierung nach §§ 10 bis 13 TKG rechtfertigen. Reine Spekulationen, Hypothesen bzw.
bloße ungesicherte Hinweise reichen daher nicht aus. Entsprechend dem Verständnis vom
Begriff der Tatsache, welches im allgemeinen Verwaltungsrecht insbesondere im Rahmen
der Vorschrift des § 49 Abs. 2 Nr. 3 VwVfG zu Grunde gelegt wird, können Tatsachen äußere oder innere Umstände betreffen und auch z. B. durch die Behörde selbst oder eine andere Behörde geschaffen oder herbeigeführt worden sein[4]. Abgegrenzt wird der Begriff
von Umständen, die rein verwaltungsinternen Ursprungs sind, so etwa die Änderung von
Verwaltungsvorschriften bzw. reinen Zweckmäßigkeitserwägungen[5]. Ein solches Verständnis ist auch in Bezug zu § 14 TKG, der seiner Struktur nach dem § 49 Abs. 2 Nr. 3
VwVfG nachempfunden ist, sachgerecht.

---

4 *Stelkens/Bonk/Sachs*, § 49 RdNr. 43.
5 *Stelkens/Bonk/Sachs*, § 49 RdNr. 46.

8 **(c) Kenntniserlangung.** – Grundlage für ein Einschreiten sind nur bekannt gewordene Tatsachen. Der Behörde obliegt **keine Pflicht zur „Ermittlung"** des Sachverhaltes. Als Arten der Kenntniserlangung kommen neben Erkenntnissen im Rahmen der Regelüberprüfung nach Abs. 2 auch öffentliche Medien, andere Behörden, insbesondere das Bundeskartellamt oder auch die Monopolkommission in Betracht. Auch möglich ist die Kenntniserlangung durch ausländische oder europäische Institutionen bzw. Analysen von Marktbeobachtern oder Wettbewerbern.

9 **(d) Annahme rechtfertigen.** – Die bekannt gewordene Tatsachenlage muss soweit verdichtet sein, um die Annahme zu rechtfertigen, dass zwischen den Ergebnissen nach §§ 10 bis 12 TKG und den tatsächlichen Marktgegebenheiten eine Divergenzlage besteht. Dem Wortlaut nach reicht damit die bloße Möglichkeit einer Abweichung nicht aus. Auf der anderen Seite bedarf es indes noch keiner umfassenden Gewissheit. Die Entscheidung über das Bestehen einer Abweichung erfolgt erst im nachfolgenden Verfahren zur Neufestsetzung von Marktdefinition- und Marktanalyse. An die Stelle der Pflicht zur eigenständigen Sachverhaltsermittlung tritt die Pflicht der Regulierungsbehörde zur Entgegennahme berücksichtigungsfähiger Tatsachen sowie die Verpflichtung zur Bewertung der bekannt gewordenen Tatsachenlage.

10 **(e) Ergebnisse der §§ 10 bis 12 TKG.** – Gegenstand der Überprüfung nach § 14 Abs. 1 Alt. 1 TKG sind die zum Überprüfungszeitraum festgestellten Ergebnisse nach §§ 10 bis 12 TKG. Ergebnis der Marktdefinition nach § 10 TKG ist die Festlegung der sachlich und räumlich relevanten Märkte, die für eine Regulierung nach Teil 2 (Verpflichtungen im Bereich Zugang, Entgelte, Betreiber und Betreibervorauswahl, Mietleitungen sowie besondere Missbrauchsaufsicht) in Betracht kommen und bei denen die Mittel des allgemeinen Wettbewerbsrechts nicht ausreichen, um einem festgestellten Marktversagen angemessen entgegenzuwirken[6]. Ergebnis des Marktanalyseverfahrens nach § 11 TKG ist die Feststellung, ob ein oder mehrere Unternehmen auf dem betreffenden Markt über beträchtliche Marktmacht verfügen. Überprüfungsgegenstand sind dabei die Ergebnisse nach §§ 10 und 11 TKG in ihrer nach § 12 TKG abgestimmten Form (nationale Konsultation und gegebenenfalls gemeinschaftsweite Konsolidierung). Regulierungsverfügungen nach § 13 TKG bilden demgegenüber keinen Überprüfungsgegenstand.

11 **(f) Marktgegebenheiten.** – Der Terminus der Marktgegebenheiten wird im Gesetz selber nicht weiter erläutert. Seine inhaltliche Bestimmung erschließt sich aus seinem funktionellen Zusammenhang mit der Überprüfung der Ergebnisse nach §§ 10 bis 12 TKG. Berücksichtigungsfähig ist somit die Gesamtheit der Marktumstände, die in die Ergebnisfindung nach §§ 10 bis 12 TKG mit einfließen. Dazu zählen Marktdaten, die Aufschluss über veränderte Substitutionsbeziehungen auf den betreffenden Nachfrage- und Angebotsmärkten geben, sowie Informationen über positive oder negative Entwicklungen hinsichtlich der Wettbewerbsintensität auf bestimmten Märkten. Auch Erkenntnisse über die Wirksamkeit einer Zuordnung eines bestimmten Marktes entweder zum Rechtsgebiet des allgemeinen Wettbewerbsrechts oder der sektorspezifischen Regulierung finden in diesem Zusammenhang Berücksichtigung.

12 **(g) Tatsächlich.** – Berücksichtigungsfähig sind nur die „tatsächlichen" Marktgegebenheiten. Die Bezugnahme auf die tatsächlichen Marktgegebenheiten schließt eine Betrachtung auch von zukünftigen Umständen im Rahmen der Marktdefinition nicht aus. Kriterium für

---

6 Vgl. BT-Drs. 15/2316, S. 61.

die Entscheidung, welche Märkte für eine sektorspezifische Regulierung in Betracht kommen, ist gemäß § 10 Abs. 2 TKG insbesondere die Frage, inwieweit „die betreffenden Märkte längerfristig nicht zu Wettbewerb tendieren", und somit ein zukunftsgerichteter, prognostischer Ansatz. Die prognostische Herangehensweise in § 10 Abs. 2 TKG, welche durch den Verweis in § 11 Abs. 1 TKG im Rahmen der Bestimmung des wirksamen Wettbewerbs auch für die Marktanalyse Bedeutung erlangt, überträgt sich auch auf das Verfahren zur Überprüfung der Ergebnisse.

(h) Merkmal des „nicht mehr Entsprechens". – Eine die Rechtsfolge der Neubewertung **13** auslösende „Tatsachenlage" muss die Annahme rechtfertigen, dass die Ergebnisse der Marktdefinition und Marktanalyse nicht mehr den tatsächlichen Gegebenheiten entsprechen. Im Ergebnis bedarf es daher seitens der Regulierungsbehörde einer **hypothetischen Kausalitätsprüfung**. Die Regulierungsbehörde hat zu prüfen, ob unter Zugrundelegung der neuen Gegebenheiten ein anderes Ergebnis bei der Festlegung der Ergebnisse der Marktregulierung nach §§ 10 bis 12 TKG zu erwarten wäre.

Die Überprüfung erfolgt anhand der Kriterien, welche für die Festlegung der Ergebnisse nach §§ 10 bis 12 TKG generell zur Anwendung kommen. Der Prüfungskatalog ist dabei durch das TKG sowie Rahmenvorgaben der EU-Kommission vorgegeben. Die Regulierungsbehörde ist bei der Frage, ob zureichende Tatsachen für eine Abweichung vorliegen und damit eine erneute Marktregulierung nach §§ 10 bis 13 TKG erforderlich wird, entsprechend der Gesetzesbegründung von Amts wegen zu einer **Entscheidung nach pflichtgemäßem Ermessen** verpflichtet[7]. Bei der Ermessensentscheidung sind regulierungsspezifische Marktkenntnisse und Erfahrungen zu berücksichtigen sowie implizit prognostizierende Entscheidungen zu treffen. Die Durchführung der hypothetischen Markprüfung der Auswirkungen der aktueller Tatsachen auf mögliche Ergebnisse einer erneuten Marktregulierung nach §§ 10 bis 12 TKG setzen vertieftes Wissen der relevanten juristischen und marktökonomischen Zusammenhänge voraus[8].

Auch die nachträgliche Kenntniserlangung einer fehlerhaften Marktdefinition bzw. Marktanalyse kann Anlass zu einer Überprüfung der Ergebnisse nach den §§ 10 bis 12 TKG geben. Die vom Gesetzgeber gewählte Formulierung, nach der die Gegebenheiten „nicht mehr" den Ergebnissen entsprechen, stellt keine Beschränkung der berücksichtigungsfähigen Tatsachen auf objektiv „neue" Umstände dar. Andernfalls würde man den Gesetzeszweck zur Gewährleistung einer den aktuellen Gegebenheiten entsprechenden Regulierung missachten. Die Ursache eines objektiv bestehenden Anpassungsbedarfes muss daher für die Möglichkeit zur Korrektur nach § 14 TKG ohne Bedeutung bleiben.

2. Änderung der Empfehlung der Kommission (2. Alt.). – Als weiterer Anwendungsfall **14** der anlassbezogenen Überprüfung der Ergebnisse nach §§ 10 bis 13 TKG betrifft Abs. 1 in der zweiten Alternative die Änderung der Empfehlung der Kommission nach Art. 15 RRL. Anders als im Fall der 1. Alternative des Absatzes 1 verlangt der Tatbestand keine weitere Prüfung der Auswirkung auf die Ergebnisse der §§ 10 bis 12 TKG. Eine Revision der Empfehlungen hat nach Art. 15 Abs. 1 S. 3 RRL in regelmäßigen Abständen zu erfolgen.

3. Rechtsfolge Abs. 1. – Die Rechtsfolge der Vorschrift verpflichtet die Regulierungsbe- **15** hörde unter entsprechender Anwendung der §§ 10 bis 13 TKG zu einer erneuten Durchfüh-

---

7 Vgl. Gegenäußerung der Bundesregierung zu der Stellungnahme, BT-Drs. 15/2345, S. 2.
8 Vgl. *Wegmann*, K&R Beilage 1/2004, 27 mit Ausführungen zur gerichtlichen Überprüfbarkeit.

rung der Marktregulierungsverfahren einschließlich der Abstimmungsverfahren nach § 12 TKG sowie gegebenenfalls nachfolgend zu einer Anpassung der Regulierungsverfügungen gemäß § 13 TKG.

Zu beachten ist, dass die Erfüllung des Tatbestandes der anlassbezogenen Überprüfung noch zu keiner Aufhebung der überprüften Ergebnisse führt. Um die Ergebnisse von § 10 und § 11 TKG zu ändern, bedarf es zuvor der Durchführung der Marktregulierungsverfahren nach den §§ 10 und 11 TKG. Soweit die Ergebnisse im Rahmen einer Regulierungsverfügung nach § 13 Abs. 3 TKG Teil eines Verwaltungsaktes geworden sind, bleiben die entsprechenden Feststellungen bzw. Verpflichtungen bis zu einer formellen Aufhebung bzw. Anpassung des Bescheides durch die Regulierungsbehörde oder die Gerichte weiterhin wirksam[9].

II. Regelüberprüfung nach Abs. 2

16 **1. Inhalt des vorzulegenden Ergebnisses.** – Die Ergebnisse der Überprüfung sind alle zwei Jahre der Kommission[10] vorzulegen. Inhaltlich bedeutet eine Überprüfung der Ergebnisse zugleich die Neuvornahme von Marktdefinition und -analyse. Dafür spricht Art. 7 Abs. 3 ZRL, welcher die gemeinschaftsrechtliche Grundlage für § 14 TKG bildet. In dieser Norm heißt es, dass die Marktanalyse regelmäßig durchzuführen ist. Die Regelüberprüfung umfasst daher im Ergebnis eine erneute Durchführung der Verfahren nach §§ 10 und 11 TKG. Weil die Vorschrift des Absatzes 2 im Gegensatz zu § 14 Abs. 1 TKG keinen Bezug auf § 12 TKG nimmt, reichen für die vorzulegenden Überprüfungsergebnisse die nicht konsultierten bzw. konsolidierten Ergebnisse aus. Das erscheint in Hinsicht auf die erheblichen Anhörungs- und Abstimmungserfordernisse im Zusammenhang mit den Anforderungen des § 12 TKG und dem ehedem bereits knapp bemessenen Regelüberprüfungs-Rhythmus von zwei Jahren angemessen. Es reicht aus, die Konsultation und Konsolidierung nach § 12 TKG bei Vorliegen entsprechender Tatsachen gemäß § 14 Abs. 1 TKG anlassbezogen durchzuführen.

17 **2. Zeitpunkt und Verfristung.** – Die Ergebnisse sind alle zwei Jahre vorzulegen. Die Frist beginnt zum Zeitpunkt der erstmaligen Vorlage der Ergebnisse. Der Gesetzgeber hat die Sanktionen für den Fall der **Überschreitung der Regelüberprüfungsfrist** nicht ausdrücklich festgelegt. Es entspricht jedoch dem mit der Norm verfolgten Zweck, die Fristbestimmung als eine reine Ordnungsvorschrift und nicht als Präklusionsnorm zu verstehen. Entsprechend der gemeinschaftsrechtlichen Vorgabe nach Art. 7 Abs. 3 ZRL dient die regelmäßige Überprüfung der Ergebnisse der Marktanalyse dem Markterfordernis der Anpassung der Feststellungen in Bezug auf Zugangs- und Zusammenschaltungsverpflichtungen. Das Marktbedürfnis an einer Aktualisierung der Grundlagen für Verpflichtungen im Bereich der Marktregulierung nimmt im Falle einer verzögerten Überprüfung nicht ab, sondern steigert sich.

---

9 Die ersten Entscheidungen auf Grund des novellierten TKG in Hinsicht auf Zugangs- und Zusammenschaltungsverpflichtungen erfolgten unter dem Vorbehalt des Widerrufs für die Fälle, dass die verpflichtete Partei nach dem Ergebnis einer nach dem zukünftigen, novellierten Recht durchgeführten Marktanalyse (§§ 11 ff. TKG) nicht mehr den nach dem TKG 1996 normierten Verpflichtungen unterläge (vgl. etwa: BK 4c-04-025/Z 21. 6. 04; BK 4d-04-028/Z 19. 5. 04).

10 Die Kommission wird als Adressat in der Norm nicht ausdrücklich erwähnt. Ihre Adressatenstellung ergibt sich aus Verwendung des Terminus „Vorlage", vgl. § 10 Abs. 3 und § 11 Abs. 3 TKG.

F. Rechtsbehelf

Die Überprüfung nach § 14 TKG steht auf einer Vorstufe zu den Neufestlegungen nach 18
§§ 10 bis 12 TKG sowie einer daran anknüpfenden Regulierungsverfügung gemäß § 13
TKG. Eine Rechtsbehelfsmöglichkeit ist immer nur gegen die Regulierungsverfügung
nach § 13 TKG gegeben. Weil jedoch gleichzeitig gemäß § 13 Abs. 3 TKG das gesamte,
mit der Regulierungsverfahren endende Verfahren Bestandteil eines einheitlichen Verwaltungsaktes wird, unterliegt bei einer Klage mit dem Gegenstand einer Verfügung nach § 13
TKG grundsätzlich auch das gesamte Verfahren der Kontrolle und damit auch die Frage
der Rechtmäßigkeit der Überprüfung von Marktdefinition und Marktanalyse[11].

H. Zur Häufigkeit der Anwendung

Die quantitative Dimension von anlassbezogenen Überprüfungen ist zum Anfangszeitraum 19
des novellierten TKG schwer ernst zu nehmend abzuschätzen. Zu berücksichtigen bleibt,
dass eine ausreichende Tatsachenlage für die Annahme einer Abweichung die Kenntniserlangung ausreichender Marktdaten erfordert, die eng mit der Geschäftsentwicklung einzelner im Telekommunikationsgeschäft tätiger Unternehmen verknüpft sind und von diesen
in der Regel als vertraulich eingestuft werden[12]. Diese werden grundsätzlich nur im Zusammenhang mit der Tätigkeit der Regulierungsbehörde als Ermittlungsbehörde erhoben bzw.
sind dieser bekannt. Weil der Regulierungsbehörde außerhalb der Regelüberprüfung keine
Pflicht zur eigenmächtigen Ermittlung obliegt, ist damit zu rechnen, dass sich der praktische Anwendungsbereich im Wesentlichen auf Informationen stützen dürfte, die der Regulierungsbehörde im Rahmen der Regelüberprüfung nach Abs. 2 zur Kenntnis gelangt sind.

---

11 *Ellinghaus*, MMR 2004, 293.
12 *Hoeren/Spindler/Holznagel/Gounalakis/Burkert*, Die Erhebung von Marktdaten im Wege des
Auskunftsersuchens nach dem TKG, S. 1.

§ 15 Verfahren bei sonstigen marktrelevanten Maßnahmen

**Außer in den Fällen der §§ 10, 11 und 13 hat die Regulierungsbehörde bei allen Maß-
nahmen, die beträchtliche Auswirkungen auf den betreffenden Markt haben, vor einer Entscheidung das Verfahren nach § 12 Abs. 1 durchzuführen, soweit dies gesetzlich nicht anders geregelt ist.**

Schrifttum: *Elkettani*, Marktabgrenzung- und Marktanalyseverfahren nach Art. 15, 16 RRL, K&R
Beilage 1/2004, 11; *Gurlit*, Neuregelungen des Verfahrens- und Prozessrechts im Regierungsentwurf
zur Neufassung des TKG, K&R-Beilage 1/2004, 35; *Holznagel/Schulz/Werthmann/Grünhoff*, Gerichtliche Kontrolle im Lichte der Novellierung des TKG, 2003; *Huppertz*, Die SMP-Konzeption, 2003;
vgl. im Übrigen die Nachweise zu § 9 f.

Übersicht

A. Normzweck

§ 15 TKG regelt als Auffangtatbestand das Konsultationsverfahren für alle sonstigen **1**
marktrelevanten Maßnahmen, soweit sie nicht bereits als Fälle der §§ 10, 11 und 13 TKG
dem nationalen Konsultationsverfahren nach § 12 Abs. 1 TKG unterliegen oder bereits abschließend durch gesetzliche Spezialregeln erfasst werden. Ziel des Konsultationsverfahrens ist die verfahrensmäßige Sicherstellung einer **rechtzeitigen Beteiligung** interessierter
Parteien an beabsichtigten Maßnahmen mit Auswirkungen auf die betreffenden Märkte[1]
sowie die Schaffung erhöhter **Markttransparenz** bei Regulierungsmaßnahmen im Telekommunikationssektor[2]. In Verbindung mit dem Verfahren zur Konsolidierung nach § 12
Abs. 2 TKG dient die Konsultation des Weiteren dem Zweck der verfahrensmäßigen Absicherung der **Einhaltung und gegebenenfalls Weiterentwicklung der Grundsätze der
neuen Marktregulierungssystematik** im Sinne der Art. 14 bis 16 RRL[3].

---

1 Nr. 15 der Erwägungsgründe zur RRL.
2 Vgl. Überschrift Art. 6 RRL „Konsultation und Transparenz".
3 *Elkettani*, K&R Beilage 1/2004, 11.

B. EG-rechtliche Grundlagen

2 Umgesetzt wird durch § 15 TKG die Vorgabe des Art. 6 RRL, nach der alle aus den Richtlinien folgenden Maßnahmen, welche beträchtliche Auswirkungen auf den betreffenden Markt haben, national abzustimmen sind[4].

C. Einzelerläuterungen

I. Außer in den Fällen der §§ 10, 11 und 13

3 Entsprechend der Begründung des Gesetzgebers[5] soll sich der Auffangtatbestand des § 15 TKG auf alle sonstigen marktrelevanten Maßnahmen beziehen, soweit sie nicht bereits als Fälle der §§ 10, 11 und 13 TKG dem nationalen Konsultationsverfahren unterliegen. Der gewählten Formulierung lässt sich im Umkehrschluss entnehmen, dass Fallgestaltungen des § 13 TKG, bei denen eine Konsultationspflicht weder nach § 13 Abs. 1 S. 1 TKG („Auswirkungen auf den Handel zwischen den Mitgliedsstaaten") noch nach § 13 Abs. 2 S. 2 TKG („länderübergreifender Markt") hergeleitet werden kann, vom Anwendungsbereich des § 15 TKG erfasst werden und folglich zu konsultieren sind, sofern die weiteren Anforderungen nach § 15 TKG erfüllt werden.

II. Maßnahme

4 **1. Einordnung.** – Eine Maßnahme i. S. d. § 15 TKG muss **die Interessenlage von Marktunternehmen betreffen**, d. h. sie muss über die Grenze der rein verwaltungsinternen Bedeutsamkeit hinausragen. Bei intern verbleibenden Maßnahmen wäre mangels parteilicher Interessenberührung im Sinne des § 12 Abs. 1 TKG kein zur Konsultation berechtigter Anhörungsadressat vorhanden. Der Begriff der „Maßnahme" kann dabei neben Verwaltungsakten auch Realakte betreffen. So wird in § 12 Abs. 1 S. 1 TKG ausdrücklich auf die Ergebnisse von Marktdefinition nach § 10 TKG und Marktanalyse nach § 11 TKG Bezug genommen. Beide erlangen erst im Rahmen der Umsetzung nach § 13 TKG Rechtsverbindlichkeit[6].

5 **2. Regulatorischer Rahmen.** – Die Fallgestaltungen, bei denen bereits von Gesetzes wegen ein Konsultationsverfahren vorgesehen ist, betreffen Maßnahmen nach den §§ 10, 11 und 13 TKG. Entscheidungen nach diesen Normen kommt eine besondere Stellung im System der sektorspezifischen Regulierung zu. Sie setzen den regulatorischen Rahmen der Marktregulierung. Es erscheint sachgerecht, den Kreis der konsultationsbedürftigen Regelungsgegenstände auf Maßnahmen zu beschränken, bei denen ein vergleichbarer regulatorischer Rahmen gesetzt wird. Speziell bei diesen Verfahren gebietet sich eine öffentliche Diskussion auch und bereits des Entwurfes der beabsichtigten Maßnahme.

Derartige Maßnahmen, die die Weichenstellungen der Regulierung betreffen, sind etwa: die Strukturierung und Ausgestaltung des Nummernraumes (§ 66 Abs. 1 Satz 1 TKG); die Konzeption der Rufnummernzuteilung (§ 66 Abs. 1 Satz 2 TKG) oder die Regeln für die

---

4 Vgl. Begr. zu § 15 des RegE zum TKG, BT-Drs. 15/2316, S. 64.
5 Vgl. Begr. zu § 15 des RegE zum TKG, BT-Drs. 15/2316, S. 64.
6 Vgl. *Gurlit*, Neuregelungen des Verfahrens- und Prozessrechts im Regierungsentwurf zur Neufassung des TKG m. w. N., K&R Beilage 1/2004, 35.

Durchführung eines Versteigerungsverfahrens beim Frequenzhandel (§ 62 Abs. 5 TKG). Maßnahmen, die den gesetzten regulatorischen Rahmen nicht selber bilden, sondern diesen lediglich umsetzen, unterliegen nicht den besonderen Anforderungen der Konsultation.

III. Die beträchtliche Auswirkungen auf den betreffenden Markt haben

1. Betreffender Markt. – Betreffender Markt ist der nach den **§§ 10 und 11 TKG**[7] defi- 6
nierte Telekommunikationsmarkt[8], auf den die Maßnahme voraussichtlich Auswirkungen haben wird[9]. Der Begriff vom **„betreffenden Markt"** ist Art. 6 RRL entlehnt, wird jedoch in der Richtlinie nicht näher definiert. Auch in den Leitlinien äußert sich die Europäische Kommission nicht zur exakten Begrifflichkeit des „betreffenden Marktes". Nach dem neuen Regulierungskonzept kommt dem Begriff des „Marktes" im novellierten TKG nicht nur eine markttechnische[10], sondern auch eine rechtsökonomische bzw. wettbewerbspolitische Dimension zu (vgl. etwa die flexible Zuordnung eines Marktes zum TKG oder dem GWB nach § 10 Abs. 2 TKG). Die Festlegung der für eine sektorspezifische Regulierung relevanten Märkte orientiert sich an den Wertungen des neuen Rechtsrahmens, deren Einhaltung das Konsultationsverfahren bezweckt. Die Wertungen des Rechtsrahmens spiegeln sich in den Ergebnissen von Marktdefinition und Marktanalyse wider und bilden den betreffenden Markt.

2. Beträchtliche Auswirkungen – Vertretbar erscheint es, bei der Frage, was unter **„Aus-** 7
wirkungen" zu verstehen ist, mangels weitergehender Ausführungen in der Richtlinie bzw. dem TKG, auf **Erwägungsgrund Nr. 38 RRL** und der dort erfolgten Legaldefinition des Begriffes der „Beeinträchtigungen" zurückzugreifen[11]. Demnach sind „Beeinträchtigungen" des gemeinschaftlichen Handels solche Maßnahmen, die unmittelbar oder mittelbar, tatsächlich oder potenziell einen derartigen Einfluss auf das Handelsmuster zwischen den Mitgliedstaaten haben können, dass ein Hemmnis für den Binnenmarkt geschaffen wird. Sie umfassen Maßnahmen, die erhebliche Auswirkungen auf Betreiber oder Nutzer in anderen Mitgliedstaaten haben, wozu unter anderem gehören: Maßnahmen, die die Preise für die Nutzer in anderen Mitgliedstaaten beeinflussen, sowie Maßnahmen, die die Marktstruktur oder den Marktzugang berühren und für Unternehmen in anderen Mitgliedstaaten zu nachteiligen Auswirkungen führen. Auswirkungen auf den betreffenden Telekommunikationsmarkt erzielen demnach Maßnahmen, die den Preis, die Marktstruktur oder den Zugang beeinflussen. Von **„beträchtlichen"** Auswirkungen wird man immer dann sprechen können, wenn die erzielten Effekte **marktprägend** sind.

3. Prognoseentscheidung. – Die Konsultation liegt zeitlich vor der Durchführung der ei- 8
gentlichen Maßnahme (konsultiert wird entsprechend § 12 Abs. 1 TKG ein „Entwurf").

---

7 § 11 Abs. 1 S. 1 steht in engem Zusammenhang mit der Marktdefinition nach § 10 TKG, indem es den Begriff des „wirksamen Wettbewerbs" definiert.
8 Vgl. § 10 RdNr. 24 ff. mit weitergehenden Ausführungen zur Abgrenzung und zu dem Begriff des „Telekommunikationsmarktes" nach den neuen Vorschriften.
9 Vgl. § 9 RdNr. 41.
10 So *Huppertz*, Die SMP-Konzeption, S. 273; *Huppertz* versteht den „Marktbegriff hier – anders als im Rahmen von § 10 TKG – untechnisch im Sinne von Angebot und Nachfrage.
11 Vgl. § 10 RdNr. 74.

Daher ist entgegen dem vordergründigen Anschein des Gesetzeswortlautes die Norm in der Weise zu verstehen, dass die Maßnahme unter Zugrundelegung einer **Prognoseentscheidung** voraussichtlich zukünftig zu einer beträchtlichen Auswirkung führen *wird* [12].

IV. Gesetzliche Ausschlussregel

9 **1. Spezielle Anhörungsrechte.** – § 15 TKG gelangt nur zur Anwendung, „soweit dies gesetzlich nicht anders geregelt ist". Die Normen des TKG enthalten keine Vorschriften, in denen von der Durchführung des Konsultationsverfahrens ausdrücklich abgesehen wird. Der Gesetzgeber hat die Ausschlussregelung in der Begründung zum TKG-E als einschlägig erachtet, sofern besondere Vorschriften des Gesetzes ein Anhörungsverfahren vorsehen. Als Beispielfall für einen derartigen gesetzlichen Ausschluss verweist der Gesetzgeber in der Begründung auf die Vorschrift des § 52 Abs. 3 TKG-E[13] (entspricht § 54 Abs. 3 TKG). Diese Norm regelt ein spezielles Anhörungsrecht bei der Erstellung von Frequenznutzungsplänen und bedarf nach der Begründung des Gesetzgebers auf Grund des normierten besonderen Anhörungsverfahrens keiner weiteren Konsultation nach § 12 TKG. Vergleichbares wird etwa für Maßnahmen im Zusammenhang mit der Auferlegung von Universaldienstverpflichtungen (§ 81 Abs. 2 TKG), der Gewährleistung der Interoperabilität digitaler Fernsehsignale (§ 61 Abs. 1 TKG) oder der Ermittlung der allgemeinen Nachfragesituation für Standardangebote (§ 23 Abs. 2 TKG) gelten.

10 **2. Vorgaben des Gemeinschaftsrechts.** – Art. 6 RRL kennt anders als die nationale Umsetzungsnorm dem Wortlaut nach keinen ausdrücklichen Anwendungsvorbehalt für den Fall einer gesetzlichen Sonderregelung. Gleichwohl zählt Art. 6 RRL eine Reihe von Vorschriften auf, bei denen von einer Anwendung des Konsultationsverfahrens „abgesehen" wird. Maßnahmen nach Art. 6 RRL, von denen „abgesehen" wird, sind die Verfahren nach Art. 7 Abs. 6 (Dringlichkeitsentscheidungen) sowie die Verfahren nach Art. 20, 21 (Streitbeilegungsverfahren) RRL. Die Vorschrift des Art. 7 Abs. 6 regelt den Fall, „dass dringend – ohne das Verfahren gemäß den Absätzen 3" (Konsultation) „und 4" (Konsolidierung) „einzuhalten – gehandelt werden muss…". Der Richtliniengeber hat somit ausdrücklich für die Fälle des Art. 7 Abs. 6 RRL von einer Verpflichtung zur Durchführung des Konsultationsverfahrens Abstand genommen. Folglich ist der Verwendung des Begriffes „Abgesehen von…" in Art. 6 Abs. 4 RRL als (klarstellende) Ausschlussformel zu verstehen. Hinsichtlich der aufgeführten Verfahren nach den Art. 20 und 21 RRL wird ein entsprechendes Verständnis im Hinblick auf das Merkmal des „Absehens" zu Grunde zu legen sein. Folge dieser Auslegung ist, dass auch im Rahmen von Streitbeilegungsverfahren i.S.d. Art. 20, 21 RRL nach dem gemeinschaftsrechtlichen Vorgaben kein Konsultationsverfahren durchzuführen ist.

Soweit sich der in § 15 TKG aufgenommene Vorbehalt spezieller gesetzlicher Regelungen mithin auf Vorschriften der **Streitbeilegungsverfahren** bezieht, steht dies in Einklang mit den europarechtlichen Vorgaben. Verfahren der Streitbeilegung i.S.d. Art. 20, 21 RRL betreffen entsprechend Erwägungsgrund Nr. 32 RRL beispielsweise Streitigkeiten zwischen Unternehmen im Zusammenhang mit dem Zugang und der Zusammenschaltung oder auch

---

12 Vgl. Artikel 6 Absatz 1 der zugrunde liegenden RRL. Dort heißt es genauer, dass die in Betracht kommenden Maßnahmen Auswirkungen auf den Markt „haben werden".
13 Vgl. Begr. zu § 15 des RegE. zum TKG, BT-Drs. 15/2316, S. 64.

in Bezug auf die Mittel zur Übertragung von Teilnehmerverzeichnissen. Die Aufzählung in den Erwägungsgründen ist nicht abschließend[14].

Der Verzicht auf die Durchführung eines Konsultationsverfahrens bei Verfahren der Streitbeilegung nach Art. 20, 21 RRL erscheint auch im Ergebnis sachgerecht. So hat eine Streitbeilegung nach Art. 20 Abs. 1 schnellstmöglich, in jedem Falle aber innerhalb von vier Monaten zu erfolgen. Bei Anordnungen nach § 25 Abs. 1 TKG (Anhörungsverfahren nach § 135 TKG) beträgt die Regelfrist zur Entscheidung nur 10 Wochen. Im Falle einer vorherigen Pflicht zur Konsultation des Entscheidungsentwurfes (unter Annahme einer Konsultationsfrist von circa einem Monat[15]) würde die Einhaltung der Regelfrist praktisch obsolet.

V. Durchführung des Konsultationsverfahrens

1. Konsultation. – Im Rahmen des Konsultationsverfahren nach § 12 Abs. 1 gibt die Regulierungsbehörde den interessierten Parteien Gelegenheit, innerhalb einer von der Regulierungsbehörde festgesetzten Frist zu dem Entwurf der Maßnahme Stellung zu beziehen. **11**

2. Dringlichkeitsentscheidungen. – Im Falle eines dringenden Handlungsbedarfes kann bei Maßnahmen im Sinne des § 15 TKG, die grundsätzlich der Konsultationspflicht unterliegen, nach § 12 Abs. 2 Nr. 4 TKG von dem Verfahren abgesehen werden. Zugleich ist die Möglichkeit zum Erlass einer Dringlichkeitsentscheidung nach § 12 Abs. 2 Nr. 4 nur für grundsätzlich konsultierbedürftige Maßnahmen eröffnet. **12**

---

14 *Holznagel/Schulz/Werthmann/Grünhoff*, Gerichtliche Kontrolle im Lichte der Novellierung des TKG, S. 17.
15 Am 11. 8. 2004 startete die erste nationale Konsultation gemäß § 12 Abs. 1 TKG zur Marktdefinition und Marktanalyse des Zugangs zur Teilnehmeranschlussleitung (TAL). Die Frist betrug einen Monat (ABl. RegTP 16/2004; Mitteilung Nr. 245).

Abschnitt 2:

Zugangsregulierung

§ 16 Verträge über Zusammenschaltung

Jeder Betreiber eines öffentlichen Telekommunikationsnetzes ist verpflichtet, anderen Betreibern öffentlicher Telekommunikationsnetze auf Verlangen ein Angebot auf Zusammenschaltung zu unterbreiten, um die Kommunikation der Nutzer, die Bereitstellung von Telekommunikationsdiensten sowie deren Interoperabilität gemeinschaftsweit zu gewährleisten.

Schrifttum: *Engel/Knieps*, Die Vorschriften des Telekommunikationsgesetzes über den Zugang zu wesentlichen Leistungen, 1998; *Groebel*, Die Entgeltgenehmigungspraxis der RegTP – Erfahrungen aus dem Telekommunikationsbereich, TKMR-Tagungsband 2004, 39; *Haus*, Kommunikationskartellrecht – Ein Rahmen für den Wettbewerb in Kommunikationsmärkten, WuW 2004, 171; *Heun*, Der Referentenentwurf zur TKG-Novelle, CR 2003, 485; *ders.*, Das neue Telekommunikationsrecht 2004, CR 2004, 893; *Neitzel/Müller*, Zugangsverpflichtungen von Betreibern ohne beträchtliche Marktmacht, CR 2004, 736; *Scherer*, Die Umgestaltung des europäischen und deutschen Telekommunikationsrechts durch das EU-Richtlinienpaket – Teil II, K&R 2002, 336; *ders.*, Das neue Telekommunikationsgesetz, NJW 2004, 3001; *Schütz/Attendorn*, Das neue Kommunikationsrecht der Europäischen Union – Was muss Deutschland ändern?, MMR-Beilage 4/2002, 1; *Schuster/Müller*, Verbindungsnetzbetreiberauswahl und Entgeltregulierung im Mobilfunk, MMR-Beilage 1/2002, 35; *Spoerr*, Zusammenschaltung und offener Netzzugang, MMR 2000, 674; *Tschentscher/Neumann*, Das telekommunikationsrechtliche Regulierungsverfahren – Verfahrensfragen, Missbrauchsaufsicht, Entbündelung, BB 1997, 2437.

Übersicht

I. Normzweck

Soll jeder Teilnehmer, der an ein öffentliches Telekommunikationsnetz angeschlossen ist, **1** mit den Teilnehmern anderer öffentlicher Telekommunikationsnetze kommunizieren können, ist eine Verbindung der öffentlichen Telekommunikationsnetze untereinander notwendig. So wie dies zu Monopolzeiten bereits im Verhältnis der öffentlichen Telekommunikationsnetze verschiedener Staaten galt, um die weltweite Kommunikation der Teilnehmer erst möglich zu machen, bedarf es in einem liberalisierten Telekommunikationsmarkt zusätzlich auf nationaler Ebene der Zusammenschaltung der öffentlichen Telekommunikationsnetze der verschiedenen Netzbetreiber. Die Zusammenschaltung ist damit eine **essenzielle Voraussetzung** für das Funktionieren der netzübergreifenden, interoperablen Kommunikation in einem liberalisierten Telekommunikationsmarkt. Allerdings lässt sich die **Kommunikation „aller mit allen"** (any-to-any-principle) technisch auch durch eine mittelbare Verbindung der betroffenen Netze herstellen. Es bedarf insoweit nicht der Zusammenschaltung jedes öffentlichen Telekommunikationsnetzes mit allen anderen öffentlichen Telekommunikationsnetzen, sofern sich zusammengeschaltete Netzbetreiber zur Durchleitung von Signalen anderer Netzbetreiber in ihrem Netz (Transit) bereit erklären.

2   Mit der Verpflichtung zur Abgabe eines Angebotes auf Zusammenschaltung in § 16 trägt das Gesetz dem Vorrang der Privatautonomie bzw. dem **Primat der Verhandlungen** Rechnung[1]. Soweit zur Durchsetzung einer Zusammenschaltungsverpflichtung (§§ 18 Abs. 1 S. 1, 21 Abs. 1 S. 1) Anordnungen (§ 25 Abs. 1 S. 1) erlassen werden können, sind entsprechende Verwaltungsakte der RegTP nur zulässig, soweit und solange die Beteiligten keine Zusammenschaltungsvereinbarung getroffen haben (§ 25 Abs. 2). Bei der Auferlegung von Verpflichtungen nach § 18 dürfte sich dies zudem daraus ergeben, dass die Auferlegung der Verpflichtung „erforderlich" sein muss, um insbesondere „die Kommunikation der Nutzer [...] zu gewährleisten" (§ 18 Abs. 1 S. 1).

3   § 16 will schließlich durch die gemeinschaftsweite Zusammenschaltung der öffentlichen Telekommunikationsnetze in den Mitgliedstaaten der Europäischen Gemeinschaft den **Wettbewerb der Netze** fördern bzw. erst ermöglichen. Denn ein öffentliches Telekommunikationsnetz, das nicht mit anderen öffentlichen Telekommunikationsnetzen (unmittelbar oder mittelbar) verbunden ist, kann für ein wettbewerbliches Angebot von Telekommunikationsdienstleistungen nicht oder nur sehr eingeschränkt genutzt werden.

II. Entstehungsgeschichte

4   § 16 entspricht weitgehend § 36 TKG 1996, der seinerseits auf Art. 4 Abs. 1 S. 1 RL 97/33/EG beruhte. Er enthält jedoch eine erweiterte Zielbestimmung und einen ausdrücklichen Hinweis auf die gemeinschaftsweite Dimension der Zusammenschaltungsziele.

5   In § 14 TKG-RefE[2] und in § 16 TKG-RegE[3] war zunächst entsprechend dem Wortlaut von Art. 4 Abs. 1 S. 1 ZRL eine allgemeine Verhandlungspflicht vorgesehen („ist verpflichtet [...] zu verhandeln"). Dementsprechend waren die Vorschriften in den Entwurfsfassungen mit „Verhandlungspflicht" überschrieben. Die Bundesregierung war sich hierbei bewusst, dass die Verpflichtung „zu verhandeln" weniger weit reichte als die bisherige Verpflich-

---

1   Vgl. hierzu auch Erwägungsgrund Nr. 5 S. 2 ZRL. Siehe auch *Scherer*, K&R 2002, 336, 338; *Haus*, WuW 2004, 171, 174; *Tschentscher/Neumann*, BB 1997, 2437; *Groebel*, TKMR-Tagungsband 2004, 40.
2   Siehe hierzu *Heun*, CR 2003, 485, 490.
3   BT-Drs. 15/2316, S. 12.

tung nach § 36 TKG 1996, „ein Angebot abzugeben"[4]. Hiergegen wandte sich der Bundesrat in der Beschlussempfehlung[5] des federführenden Wirtschaftsausschusses. Er sah die Gefahr, dass bei einer reinen Verhandlungspflicht die Verhandlungen nur zum Schein geführt würden und regte an, dass die Verhandlungspflicht auch die Pflicht zur Abgabe eines Angebotes umfassen sollte[6]. Die Bundesregierung stimmte diesem Änderungswunsch zu und fasste § 16 TKG-RegE mit dem jetzigen Wortlaut sowie der heutigen Überschrift neu[7]. Zusammenschaltungsverträge könnten schließlich nur ausgehandelt und abgeschlossen werden, wenn konkrete Angebote vorlägen.

III. EG-rechtliche Grundlagen

§ 16 setzt die Vorgabe des **Art. 4 Abs. 1 S. 1 ZRL** in nationales Recht um. Im Gegensatz 6 zu der Vorgängernorm in Art. 4 Abs. 1 S. 1 RL 97/33/EG enthält die ZRL nicht mehr die (einen Widerspruch in sich bildende) Verpflichtung zum erfolgreichen Abschluss der Verhandlungen. Bei § 16 hat sich der Gesetzgeber zwar an Art. 4 Abs. 1 S. 1 ZRL orientiert. Er erstreckt jedoch die Verpflichtung nicht nur auf die Aufnahme von Verhandlungen, sondern auf die Abgabe eines Angebotes auf Zusammenschaltung. Nach der Gesetzesbegründung[8] sollte hierdurch materiell eine **erweiterte Verpflichtung** auferlegt werden[9], während der Bundesrat lediglich von einem klarstellenden Charakter der Änderung ausgeht[10]. Im Unterschied zu Art. 4 Abs. 1 S. 1 ZRL wird in § 16 die Berechtigung, Verhandlungen über eine Zusammenschaltung initiieren bzw. verlangen zu können, nicht gesondert normiert. Vielmehr wird unmittelbar die Verpflichtung für alle Betreiber öffentlicher Telekommunikationsnetze festgeschrieben, ein Angebot abzugeben.

Im Zusammenhang mit der Schaffung eines effizienteren, europaweiten Marktes mit einem 7 wirksamen Wettbewerb, größerer Auswahl und wettbewerbsfähigen Dienstleistungen für die Verbraucher sollen Unternehmen, an die Anträge auf Zusammenschaltung gerichtet werden, derartige Vereinbarungen grundsätzlich auf gewerblicher Grundlage abschließen und nach Treu und Glauben aushandeln (Erwägungsgrund Nr. 5 S. 2 ZRL). „Gewerbliche Grundlage" bedeutet in diesem Zusammenhang, dass die Zusammenschaltung zwischen den Unternehmen vertraglich geregelt wird und für die einzelnen Zusammenschaltungsleistungen Entgelte vereinbart werden. Auch diese Vorgabe, die sich dem Erwägungsgrund Nr. 5 S. 2 ZRL entnehmen lässt, wird mit der Regelung in § 16 zutreffend umgesetzt, indem den Verhandlungen zwischen den Betreibern öffentlicher Telekommunikationsnetze der Vorrang vor hoheitlichen Maßnahmen eingeräumt wird.

Art. 4 Abs. 1 S. 2 ZRL beschreibt – neben der Festlegung der Verhandlungspflicht – auch 8 die Bedingungen des Zusammenschaltungsangebotes. Eine entsprechende Regelung ist in § 16 nicht enthalten. Nach Art. 4 Abs. 1 S. 2 ZRL müssen die Bedingungen des Zusam-

---

4 BT-Drs. 15/2316, S. 64.
5 BR-Drs. 755/03, S. 9.
6 BR-Drs. 755/03, S. 7 = BT-Drs. 15/2316, S. 111; siehe hierzu auch *Scherer*, NJW 2004, 3001, 3005 sowie *Neitzel/Müller*, CR 2004, 736, 737.
7 BT-Drs. 15/2345, S. 2.
8 Vgl. BT-Drs. 15/2316, S. 64.
9 Auch *Schütz*, RdNr. 296 ist der Ansicht, dass § 16 über Art. 4 Abs. 1 ZRL hinausgeht, da zwischen Angebots- und Verhandlungspflicht nicht nur ein semantischer Unterschied bestehe.
10 BR-Drs. 755/03, S. 7.

menschaltungsangebotes mit den von der nationalen Regulierungsbehörde gemäß den Art. 5–8 ZRL auferlegten Verpflichtungen im Einklang stehen. Die Befugnisse der RegTP, nach den Art. 5–8 ZRL zulässige Verpflichtungen aufzuerlegen, sind zwar ebenso wie § 16 im zweiten Abschnitt des TKG („Zugangsregulierung"), hier jedoch erst in den §§ 18 ff. verortet (zur Umsetzung dieser Vorgaben siehe § 18 RdNr. 8 ff. und § 21 RdNr. 1 ff.). Die Zusammenschaltungsbedingungen müssen somit nach Art. 4 Abs. 1 S. 2 ZRL die von der RegTP auferlegten Verpflichtungen widerspiegeln und dürfen diese insbesondere nicht einschränken, abändern oder von weiteren Voraussetzungen abhängig machen.

9   Die Regelung in Art. 4 Abs. 1 ZRL ergänzend wird die nationale Regulierungsbehörde durch **Art. 12 Abs. 1 lit. b) ZRL i.V.m. Art. 8 ZRL** ermächtigt, Betreibern öffentlicher Telekommunikationsnetze die Verpflichtung aufzuerlegen, mit Unternehmen, die einen Antrag auf Zugang stellen, nach Treu und Glauben zu verhandeln.

IV. Einzelerläuterungen

10   **1. Normadressat: Betreiber eines öffentlichen Telekommunikationsnetzes.** – Die Verpflichtung aus § 16 gilt unabhängig davon, ob der Betreiber eines öffentlichen Telekommunikationsnetzes über beträchtliche Marktmacht im Sinne von §§ 3 Nr. 4, 11 Abs. 1 S. 3–5 verfügt oder ob der Betreiber den Zugang zu Endnutzern im Sinne von § 18 kontrolliert. Die Verpflichtung zur Angebotsunterbreitung nach § 16 obliegt jedem Betreiber eines öffentlichen Telekommunikationsnetzes gegenüber anderen Betreibern öffentlicher Telekommunikationsnetze. Diese sind somit zugleich **Berechtigte als auch Verpflichtete** nach § 16[11].

11   **a) Betreiber.** – Der Begriff „Betreiber" ist im TKG nicht definiert. Jedoch kann auf die früher geltenden Definitionen „Betreiben von Übertragungswegen" (§ 3 Nr. 1 TKG 1996) und „Betreiben von Telekommunikationsnetzen" (§ 3 Nr. 2 TKG 1996) zurückgegriffen werden. Es ist nicht ersichtlich, dass der Gesetzgeber mit der Streichung der vorgenannten Normen eine neue Begriffsbestimmung vornehmen wollte. Maßgeblich für die Betreibereigenschaft eines Unternehmens ist danach das Ausüben der rechtlichten und tatsächlichen Kontrolle über die Gesamtheit der Funktionen und der technischen Einrichtungen in dem Telekommunikationsnetz (**Funktionsherrschaft**). Die Funktionsherrschaft über ein Telekommunikationsnetz ist nur dann gegeben, wenn das betroffene Unternehmen in eigener Verantwortung beliebig darüber entscheiden kann, ob, wann und für wie lange das Telekommunikationsnetz in Betrieb geht.

12   In **rechtlicher Hinsicht** setzt die Funktionsherrschaft voraus, dass dem Unternehmen eine auf konkreten Rechtsbeziehungen beruhende Einwirkungsbefugnis zusteht. Dies ist zunächst bei Eigentümern der Fall, soweit sie ihre Einwirkungsbefugnisse nicht vertraglich oder dinglich beschränkt haben. Jedoch kommt es für die Betreibereigenschaft nicht auf die Eigentümerstellung an. Die rechtliche Kontrolle kann auch Unternehmen zustehen, die ein Telekommunikationsnetz nutzen, das im Eigentum eines anderen Unternehmens steht. Betreiber kann auch derjenige sein, der z.B. ein Telekommunikationsnetz ganz oder teilweise gemietet hat (vgl. Erwägungsgrund Nr. 3 S. 2 ZRL), vorausgesetzt, dass keine wesentlichen Kontrollmöglichkeiten beim Vermieter verbleiben.

---

11 Zur Durchsetzung der Verpflichtung nach § 16 siehe unten RdNr. 47 ff.

Die **tatsächliche Kontrolle** im Rahmen der Funktionsherrschaft setzt voraus, dass die Mit- **13** arbeiter des betroffenen Unternehmens in der Lage sind, die ihnen rechtlich erteilten Kontrollmöglichkeiten in der Praxis umzusetzen. Das heißt, sie müssen Zugang zu den Gebäuden und den technischen Einrichtungen haben, die das öffentliche Telekommunikationsnetz ausmachen.

Für die Beurteilung, ob Telekommunikationsnetze betrieben werden, ist es nach dem TKG **14** unbeachtlich, welcher Rechtsordnung das betroffene Unternehmen unterliegt. Maßgeblich ist bei ausländischen Netzbetreibern allein die Frage, ob der im Ausland ansässige und dort tätige Netzbetreiber auch in der Bundesrepublik Deutschland ein öffentliches Telekommunikationsnetz oder Teile eines internationalen Telekommunikationsnetzes betreibt. Diese Bedingung kann nicht nur von allen Unternehmen innerhalb der Europäischen Union (vgl. Art. 3 Abs. 1 ZRL), sondern auch von Unternehmen erfüllt werden, die einem Staat angehören, für den im Rahmen der Welthandelsorganisation (WTO) das GATS anwendbar ist (siehe Erwägungsgrund Nr. 13 ZRL) und der ferner die Protokolle zum Telekommunikationsmarkt unterzeichnet hat (z.B. Schweiz[12]). Gegenüber ausländischen Netzbetreibern aus anderen Staaten besteht somit nach § 16 keine Verhandlungspflicht, da sie nicht mehr vom Schutzbereich und den Diskriminierungsverboten der ZRL erfasst werden.

b) Telekommunikationsnetz. – Das Tatbestandsmerkmal „Telekommunikationsnetz" ist **15** in § 3 Nr. 27 definiert. Diese Definition deckt sich im Wesentlichen mit der Definition des „elektronischen Kommunikationsnetzes" nach Art. 2 lit. a) RRL. Klarstellend weist Art. 2 lit. a) RRL in einem Klammerzusatz darüber hinaus darauf hin, dass sowohl leitungs- als auch paketvermittelte Netze, einschließlich des Internets, vom Begriff des „elektronischen Kommunikationsnetzes" und damit auch des „Telekommunikationsnetzes" erfasst sind.

Das Telekommunikationsnetz des nachfragenden Betreibers muss grundsätzlich **betriebs- 16 bereit** sein, selbst wenn es im Zeitpunkt der Nachfrage nicht eingesetzt wird. Daneben dürfte aber im Rahmen von § 16 auch ausreichen, wenn das nachfragende Unternehmen glaubhaft macht, dass sein Telekommunikationsnetz zum beabsichtigten Zeitpunkt der Zusammenschaltung betriebsbereit sein wird. Künftige Netzbetreiber erfüllen zwar (noch) nicht das Tatbestandsmerkmal „Betreiber". § 2 Abs. 2 Nr. 2 und das gesetzgeberische Ziel der Sicherstellung eines chancengleichen Wettbewerbs gebieten es allerdings, die Verzögerung bei der Aufnahme der Wettbewerbstätigkeit auf dem deutschen Telekommunikationsmarkt für einen Netzbetreiber so gering wie möglich zu halten. Um dies zu erreichen, muss ein „new market entrant" bereits zum Zeitpunkt der Herstellung der Betriebsbereitschaft seines Netzes die notwendige Zusammenschaltung mit den Netzen anderer Netzbetreiber umsetzen können[13]. Das betroffene Unternehmen müsste ansonsten sein Telekommunikationsnetz bereits vor der Aufnahme von möglichen Verhandlungen fertig stellen und könnte es während der Dauer der Verhandlungen nicht sinnvoll nutzen. Daher ist § 16 so zu verstehen, dass die Verhandlungspflicht bereits dann eingreift, wenn „der künftige Betreiber mit ausreichender Sicherheit nachweisen kann, dass sein Netz zum beabsichtigten Zeitpunkt der Zusammenschaltung betriebsbereit sein wird."[14] Das Vorhaben muss hinreichend

---

12 RegTP, Beschluss vom 30. 10. 1998 – BK 4-98-020/Z 21. 8. 98 (Carrier 1/DTAG), MMR 1999, 52 ff.
13 So wohl auch *Heun*, Teil 4 RdNr. 272.
14 *Wissmann/von Graevenitz*, Kap. 11 RdNr. 21; ähnlich *Spoerr*, MMR 2000, 674, 676.

konkretisiert sein[15]. Ein Nachweis der Netzplanung im Sinne eines Vollbeweises ist nicht erforderlich. Die RegTP muss aber – für die Anordnung einer Zusammenschaltung nach § 25 – aufgrund glaubwürdiger und substanziierter Darlegungen zu der Überzeugung[16] gelangen, dass die Planungen hinreichend konkretisiert sind. Der (zukünftige) Netzbetreiber hat das Vorhaben durch die Vorlage konkreter Planunterlagen zur Netzkonfiguration oder andere geeignete Unterlagen hinreichend präzise darzulegen[17]. Darüber hinaus müssen die Planungen so konkret und konsequent betrieben werden, dass (spätestens) im Zeitpunkt der (beabsichtigten) Zusammenschaltung der Netzbetrieb aufgenommen werden kann[18].

17   **c) Öffentlich.** – Der Begriff „öffentlich" bzw. „Öffentlichkeit" ist im TKG nicht definiert. Er wird verschiedentlich auch an anderer Stelle im Gesetz (z. B. bei der sog. Meldepflicht nach § 6) verwendet. Die **Definition** des „öffentlichen Kommunikationsnetzes" in Art. 2 lit. d) RRL ist insofern unergiebig, als sie allein auf die öffentliche Zugänglichkeit der Kommunikationsdienste abstellt. Jedoch kann die frühere Definition in § 3 Nr. 19 TKG 1996 („Telekommunikationsdienstleistungen für die Öffentlichkeit") herangezogen werden, die eine entsprechende allgemeine Definition enthielt. Ein Angebot war nach § 3 Nr. 19 TKG 1996 an die „Öffentlichkeit" gerichtet, wenn beliebige natürliche oder juristische Personen und nicht lediglich Teilnehmer geschlossener Benutzergruppen (z. B. bei Corporate Networks) Telekommunikationsdienste in Anspruch nehmen (können), die über das Telekommunikationsnetz erbracht werden.

18   **Nichtöffentliche Telekommunikationsnetze** (geschlossene Benutzergruppen) fallen somit nicht unter § 16, es sei denn, sie nutzen Zugänge zu öffentlichen Netzen (siehe Erwägungsgrund Nr. 1 ZRL). Zugang zu öffentlichen Netzen bedeutet in diesem Zusammenhang, dass die betroffenen Telekommunikationsnetze nicht mehr nur isoliert und abgeschottet existieren, sondern mit anderen öffentlichen Telekommunikationsnetzen (z. B. Teilnehmernetzen oder Internet) verbunden sind. Besteht eine solche Verbindung, macht es unter Berücksichtigung des Zwecks der Zusammenschaltung Sinn, diese – eigentlich nichtöffentlichen – Netze nicht von der Zusammenschaltungspflicht zu befreien. Nur isolierte, unabhängig von anderen Netzen agierende Telekommunikationsnetze (z. B. Intranets), die von außerhalb nicht erreichbar sind, sollen nach den Vorgaben der ZRL der Verpflichtung zur Zusammenschaltung entzogen werden dürfen.

19   **2. Verlangen.** – Für das Tatbestandsmerkmal „auf Verlangen" genügt es nach der Entscheidungspraxis der RegTP[19] zu 36 TKG 1996, wenn eine der Parteien das eindeutige und unmissverständliche Anliegen an die andere Partei herangetragen hat, ein Angebot auf Zusammenschaltung nachzufragen. Die Nachfrage muss **hinreichend detailliert** sein. Sie muss nicht alle wesentlichen Bestandteile einer Zusammenschaltungsvereinbarung enthalten. Sie muss aber diejenigen Vertragselemente bezeichnen, die der Partei, bei der ein Angebot auf Zusammenschaltung nachgefragt wird, erst die Abgabe eines konkreten Angebotes zur Zusammenschaltung möglich machen. Hierzu gehören die Orte der Zusammenschaltung, die geplanten Verkehrsmengen und die benötigten Kapazitäten sowie die ge-

---

15 *Scheurle/Mayen/Glahs*, § 37 RdNr. 3, 14; BeckTKG-Komm/*Piepenbrock*, § 36 RdNr. 13.
16 RegTP, Beschluss vom 22. 10. 1998 – BK 4-98-018/Z 16. 8. 98 (PrimeTEC/DTAG) S. 6.
17 Vgl. RegTP, Beschluss vom 19. 4. 1999 – BK 4d-99-005/Z 10. 2. 99 (WÜCom/DTAG) S. 4; *Manssen*, § 36 RdNr. 6.
18 Vgl. RegTP, Beschluss vom 22. 10. 1998 – BK 4-98-018/Z 16. 8. 98 (PrimeTEC/DTAG) S. 6.
19 RegTP, Beschluss vom 1. 3. 2000 – BK 4a-99-066/Z 27. 12. 99 (NetCologne/Mannesmann Mobilfunk) S. 12; Beschluss vom 7. 1. 2004 – BK 4d-03-126/Z 27. 10. 03 (Arcor/DTAG) S. 24.

wünschten Zusammenschaltungsleistungen (Diensteportfolio), die über die Orte der Zusammenschaltung abgewickelt werden sollen. Eine lediglich pauschal und allgemein gehaltene Anfrage eines Netzbetreibers zur Zusammenschaltung ist kein Verlangen zur Zusammenschaltung[20]. Der nachfragende Netzbetreiber bestimmt nach der gesetzlichen Konzeption mit seiner Nachfrage den Gegenstand der Vertragsverhandlungen und des abzugebenden Angebotes. Dabei sollte die Nachfrage bzw. das Verlangen des Zusammenschaltungsangebotes stets **schriftlich** erfolgen und der **Zugang beim anderen Netzbetreiber nachweisbar** sein (siehe § 25 Abs. 3 S. 2 Nr. 2).

3. Verpflichtung zur Unterbreitung eines Zusammenschaltungsangebotes und zur **20** **Verhandlung.** – Nach § 16 ist der Betreiber eines öffentlichen Telekommunikationsnetzes, dessen Zusammenschaltungsleistungen nachgefragt werden, verpflichtet, ein entsprechendes Angebot abzugeben. Die beteiligten Netzbetreiber werden regelmäßig davon ausgehen, dass das unterbreitete Angebot gemäß § 16 nicht unverändert angenommen wird, sondern vielmehr die Grundlage für Verhandlungen zwischen den Netzbetreibern bilden soll. § 16 beinhaltet demnach neben der Pflicht zur Unterbreitung eines Angebotes auch die Pflicht, über das Angebot zu verhandeln.

a) Verhandlungspflicht. – Die Anforderungen an die Erfüllung der Verhandlungspflicht **21** sind nicht hoch[21]. Gleichwohl stellt die Verhandlungspflicht mehr als eine reine Förmelei dar. Die Verhandlungspflicht setzt nach ständiger Entscheidungspraxis der RegTP zu § 36 TKG 1996 voraus, dass die betroffenen Betreiber öffentlicher Telekommunikationsnetze zuvor **ernsthaft und ergebnisorientiert** versucht haben müssen, Verhandlungen über die von einer Seite begehrte Zusammenschaltung bzw. Zusammenschaltungsleistung aufzunehmen und zu führen[22]. Das Erfordernis ernsthafter Verhandlungen ergibt sich auch aus § 25 Abs. 3 S. 2 Nr. 3. Für § 16 ist jedoch unerheblich, ob tatsächlich Vertragsverhandlungen stattgefunden haben, solange einer der beteiligten Betreiber öffentlicher Telekommunikationsnetze einen zwar erfolglosen, aber eindeutigen und unmissverständlichen Versuch[23] zur Aufnahme von Verhandlungen unternommen hat. Wenn daraufhin der nach § 16 verpflichtete Netzbetreiber Verhandlungen verweigert (vgl. § 25 Abs. 3 S. 2 Nr. 3), kann – bei Vorliegen der sonstigen Voraussetzungen – nach § 25 eine Zusammenschaltungsanordnung bei der RegTP beantragt werden.

Mit dem Verlangen, also der Nachfrage, bestimmt der nachfragende Netzbetreiber den Ge- **22** genstand des Angebotes und der Verhandlungen hierüber. Der andere Netzbetreiber ist somit grundsätzlich nicht berechtigt, über andere als die nachgefragten Leistungen zu verhandeln. Umgekehrt ist auch der nachfragende Netzbetreiber nicht verpflichtet, ein Angebot abzugeben, soweit nicht der andere Netzbetreiber zuvor – gleichsam als Reaktion auf die Nachfrage – seinerseits Zusammenschaltungsleistungen nachfragt.

Um der Verhandlungspflicht auf ernsthafte Weise nachzukommen, muss jeder Verhand- **23** lungspartner die erforderlichen **personellen Ressourcen** bereit stellen und **organisatori-**

---

20 Vgl. RegTP, Beschluss vom 12. 10. 1998 – BK 4-98-010/Z 1. 7. 98 (TeleNEC/DTAG) S. 5.
21 RegTP, Beschluss vom 25. 6. 2004 – BK 4a-04-025/Z 21. 6. 04 (01051 Telecom/Vodafone D2) S. 9.
22 RegTP, Beschluss vom 1. 3. 2000 – BK 4a-99-066/Z 27. 12. 99 (NetCologne/Mannesmann Mobilfunk) S. 12; Beschluss vom 7. 1. 2004 – BK 4d-03-126/Z 27. 10. 03 (Arcor/DTAG) S. 24; *Manssen*, § 37 RdNr. 5.
23 RegTP, Beschluss vom 20. 9. 2004 – BK 4d-09-28/Z 19. 5. 04 (01081 Telecom/E-Plus) S. 16.

schen Vorkehrungen treffen. Dies gilt umso mehr, wenn bereits Zusammenschaltungsvereinbarungen zwischen den Parteien abgeschlossen wurden, die abgeändert oder neu ausgehandelt werden sollen. Dem Gebot der Ernsthaftigkeit ist nicht genügt, wenn die andere Seite die Verhandlungen von Anfang an nicht in der gebotenen Zügigkeit führt, etwa indem Anfragen nicht, sehr spät oder unvollständig beantwortet, Vertragsentwürfe erst zögerlich und nach entsprechender Nachfrage übersandt oder Gesprächstermine erst mehrere Wochen nach Eingang der Nachfrage angeboten oder mehrfach verschoben werden. Insbesondere darf durch Verzögerungen der Vertragsverhandlungen das Entstehen von Wettbewerb nicht verhindert oder verlangsamt werden[24]. Je dringlicher also eine Netzzusammenschaltung für die Entstehung von Wettbewerb auf einem bestimmten Telekommunikationsmarkt oder einem Teil desselben ist, desto höhere Anforderungen wird man an die Zügigkeit der Vertragsverhandlungen stellen dürfen. Die Verhandlungen zwischen den Parteien können schriftlich, (fern-)mündlich, per Fax oder per E-Mail geführt werden.

24 Von ergebnisorientierten Verhandlungen kann dann nicht gesprochen werden, wenn zwischen den Verhandlungspartnern lediglich unterschiedliche Standpunkte und Rechtsansichten verbunden mit der Feststellung ausgetauscht werden, es sei keine Annäherung der Verhandlungspositionen möglich. Eine Entscheidung darüber, wie das Verhalten eines Netzbetreibers im Einzelfall zu werten ist, ist schwierig. Der gut beratene Netzbetreiber, dem an einer Zusammenschaltung seines Netzes mit dem Netz eines anderen Netzbetreibers nicht gelegen ist, wird sich alle Mühe geben, den Anschein der Bereitschaft zu ernsthaften und ergebnisorientierten Verhandlungen aufrecht zu erhalten. Hier ist es der RegTP oder einem Gericht, das dieser Frage nachzugehen hat, zu überlassen, das Verhalten eines Netzbetreibers unter Berücksichtigung aller **Umstände des Einzelfalls** zu bewerten.

25 Zur Erfüllung der Verpflichtungen nach § 16 genügt es allerdings grundsätzlich, wenn der Betreiber eines öffentlichen Telekommunikationsnetzes, bei dem ein Zusammenschaltungsangebot nachgefragt wird, nach Vertragsverhandlungen ein Angebot abgibt bzw. ein zuvor abgegebenes Angebot – gegebenenfalls unter Berücksichtigung von Änderungen, über die Einigkeit erzielt werden konnte – erneut unterbreitet, das von dem nachfragenden Netzbetreiber nicht angenommen wird. Solange dieses Angebot das Ergebnis ernsthafter und ergebnisorientierter Verhandlungen ist, ist der Verpflichtung aus § 16 Genüge getan, selbst wenn man einer Verhandlungspartei die alleinige oder die überwiegende **Verantwortlichkeit für das Scheitern** der Verhandlungen zusprechen könnte. Auf das schuldhafte Verhalten einer der Parteien stellt das Gesetz insoweit nicht ab[25]. Der Betreiber eines öffentlichen Telekommunikationsnetzes, der ein Zusammenschaltungsangebot nachfragt, genügt seiner Verpflichtung nach § 16 hingegen nicht, wenn er ein zumutbares Angebot nicht annimmt, weil er eine Zusammenschaltungsanordnung der RegTP vorzieht[26].

26 Das TKG schreibt keine **Frist** vor, innerhalb derer die Vertragsverhandlungen über ein Zusammenschaltungsangebot zu einem Abschluss kommen müssen. Solange die Ernsthaftigkeit der Vertragsverhandlungen nicht in Zweifel steht, wird man einen Verstoß gegen § 16 nicht annehmen können. Je länger Vertragsverhandlungen dauern, desto strengere Anforderungen wird man allerdings an die Ernsthaftigkeit dieser Verhandlungen stellen müssen.

---

24 *Scheurle/Mayen/Glahs*, § 37 RdNr. 16.

25 Allgemeine Ansicht, siehe u. a. RegTP, Beschluss vom 7. 1. 2004 – BK 4d-03-126/Z 27. 10. 03 (Arcor/DTAG) S. 24.

26 VG Köln RTkom 2000, 297 ff.

b) Angebot auf Zusammenschaltung. – Der Gesetzgeber hat den Betreiber eines öffentli- 27
chen Telekommunikationsnetzes in § 16 verpflichtet, ein der konkreten Nachfrage entsprechendes „Angebot auf Zusammenschaltung" abzugeben.[27] Die Wortwahl ist wenig glücklich. Da die Überschrift zu § 16 von „Verträge(n) über Zusammenschaltung" spricht, kann
es sich bei dem „Angebot auf Zusammenschaltung" nur um ein **Angebot zum Abschluss
eines Zusammenschaltungsvertrages** handeln.

Die Ausführungen zur Verhandlungspflicht haben deutlich gemacht, dass das Angebot 28
i. S. v. § 16 nicht die Voraussetzungen eines Angebotes im Sinne der §§ 145 ff. BGB erfüllen muss[28]. Allerdings kann es gleichwohl so ausgestaltet werden, dass die Voraussetz-
zungen der §§ 145 ff. BGB erfüllt werden[29]. In der Regel ist das Angebot i. S. v. § 16 jedoch
insoweit unverbindlich, als die beteiligten Betreiber öffentlicher Telekommunikationsnetze zurecht davon ausgehen, dass zunächst Verhandlungen stattfinden, in deren Verlauf es
zu (substanziellen) Änderungen des Angebotes kommen kann.

Das Angebot des Betreibers öffentlicher Telekommunikationsnetze, insbesondere wenn er 29
über beträchtliche Marktmacht verfügt, muss jedenfalls derart **substanziiert** sein, dass es
„eine tragfähige Grundlage für konkrete Vertragsverhandlungen mit der Aussicht auf einen
zeitnahen Vertragsabschluss bildet"[30]. Das Angebot braucht nicht sämtliche Regelungen
der zukünftigen Zusammenschaltungsvereinbarung zu enthalten. Es muss aber – in Abhängigkeit von dem Konkretisierungsgrad der Nachfrage – die jeweiligen technischen, betrieblichen und kommerziellen Rahmenbedingungen der Zusammenschaltung derart detailliert darlegen, dass für den nachfragenden Netzbetreiber eine abschließende Bewertung
des Angebotes möglich ist[31]. Weitere inhaltliche Anforderungen sind an das Angebot nicht
zu stellen, da sie aufgrund der Komplexität der Materie die Verhandlungen zwischen den
beteiligten Netzbetreibern eher erschweren als fördern würden[32].

Soweit einem Netzbetreiber mit beträchtlicher Marktmacht nach § 21 eine Zusammen- 30
schaltungsverpflichtung auferlegt wird, soll dieser zur Abgabe eines **Standardangebotes**
verpflichtet werden (§ 23 Abs. 1 S. 1). Bei einem Standardangebot wird man im Unterschied zu einem „normalen" Zusammenschaltungsangebot fordern müssen, dass eine Annahme des (Standard-)Angebotes ohne weitere Verhandlungen möglich ist[33]. Wenn die Zusammenschaltung mit dem öffentlichen Telekommunikationsnetz der Deutsche Telekom
AG begehrt wird, wird diese regelmäßig die aktuelle Entwurfsfassung ihrer „Zusammenschaltungsvereinbarung" dem nachfragenden Netzbetreiber übermitteln.

Das abzugebende Angebot muss auf eine Zusammenschaltung gerichtet sein, also auf das 31
Zusammenwirken von Telekommunikationsnetzen. Der Begriff der „Zusammenschaltung" ist in § 3 Nr. 34 definiert als derjenige Zugang, der die physische und logische Verbindung öffentlicher Telekommunikationsnetze herstellt, um Nutzern eines Unternehmens
die Kommunikation mit Nutzern desselben oder eines anderen Unternehmens oder die Inanspruchnahme von Diensten eines anderen Unternehmens zu ermöglichen. Zusammen-

---

27 *Heun*, CR 2004, 893, 901.
28 Anders wohl BMPT Vfg.-Nr. 104/1997, ABl. BMPT 1997, S. 603.
29 *Wissmann/von Graevenitz*, Kap. 11 RdNr. 23.
30 Vgl. VG Köln, MMR 1998, 102 f.
31 *Tschentscher/Neumann*, BB 1997, 2437, 2439.
32 *Manssen*, § 36 RdNr. 11.
33 *Koenig/Loetz/Neumann*, Telekommunikationsrecht, S. 139.

schaltung ist ein **Sonderfall des Zugangs** und wird zwischen Betreibern öffentlicher Telekommunikationsnetze hergestellt (zu den Einzelheiten siehe § 3 RdNr. 77 ff.). Ein Angebot zur bloßen Nutzung fremder Netzinfrastrukturen oder ein Angebot zum Resale erfüllt nicht die Voraussetzungen von § 16.

32   Zu der physischen und logischen Zusammenschaltung und den mittels dieser erbrachten Leistungen (Terminierung, Zuführung, Transit) gehören auch zusätzliche Dienstleistungen, wenn sie mit einer Zusammenschaltungsleistung **in engem Zusammenhang** stehen und für die Erbringung der Leistung (z. B. Kollokationsraum) oder deren Inanspruchnahme (z. B. Carrier-Express-Entstörung) erforderlich sind. Ein derart enger Zusammenhang zur „eigentlichen" Zusammenschaltung(sleistung) liegt aber nur vor, wenn die Leistung einen wesentlichen technischen Bezug zu dem zusammengeschalteten Telekommunikationsnetz hat, der z. B. bei Fakturierung und Inkasso nicht gegeben ist[34].

33   Am Ende der Vertragsverhandlungen muss im Hinblick auf das Zusammenschaltungsangebot, sofern ein derartiges Angebot vorgelegt wurde, für die Parteien klar sein, ob und in welchen Punkten keine Einigung erzielt werden konnte (siehe auch § 25 Abs. 3 S. 2 Nr. 4). Die streitigen Punkte müssen herausgearbeitet worden sein[35].

34   **4. Zielsetzung.** – Die Verpflichtung der Betreiber öffentlicher Telekommunikationsnetze zur Abgabe von Angeboten auf Zusammenschaltung soll verschiedene Zielvorgaben erfüllen, die ausdrücklich in § 16 niedergelegt sind. Die Zusammenschaltung ist kein „Selbstzweck"[36]. Nach allgemeinem Sprachgebrauch ist das „sowie" bei der Auflistung der Zielvorgaben als „und" bzw. „und auch" zu deuten, so dass die Zielvorgaben kumulativ und nicht alternativ zu gewährleisten sind.

35   **a) Kommunikation der Nutzer.** – Die Zielvorgabe, die Kommunikation der Nutzer zu gewährleisten, kennt das TKG außer bei § 16 nur noch in § 18 Abs. 1. Sie soll im Ergebnis eine netzübergreifende Kommunikation aller Nutzer sicherstellen (**any-to-any-principle**). Im Unterschied zur Regelung in § 36 TKG 1996 ist bei § 16 nicht mehr „das Ziel anzustreben, die Kommunikation der Nutzer verschiedener öffentlicher Telekommunikationsnetze untereinander zu ermöglichen und zu verbessern". Diese frühere Zielvorgabe wurde auch als Optimierungspflicht bezeichnet[37]. Indem § 16 auf die Kommunikation der Nutzer als Ziel der Zusammenschaltung abstellt, macht er aber gleichwohl deutlich, dass die Interessen und Belange der an den Verhandlungen zur Zusammenschaltung beteiligten Betreiber öffentlicher Telekommunikationsnetze insoweit unbeachtlich sein sollen. Auch dies verdeutlicht, dass die Zusammenschaltung kein Selbstzweck ist.

36   „Nutzer" ist nach der Definition in § 3 Nr. 14 jede natürliche Person, die einen Telekommunikationsdienst für private oder geschäftliche Zwecke nutzt, ohne notwendigerweise Teilnehmer zu sein. Der Begriff des Nutzers ist somit weitergehend als der Begriff des Teilnehmers, der nach § 3 Nr. 20 jede natürliche oder juristische Person erfasst, die mit einem Anbieter von Telekommunikationsdiensten einen Vertrag über die Erbringung derartiger Dienste geschlossen hat (zu den Einzelheiten siehe § 3 RdNr. 24 ff. und § 3 RdNr. 46 ff.).

---

34 RegTP, Beschluss vom 18. 10. 1999 – BK 4c-99-037/Z 4. 8. 99 (MobilCom/DTAG) S. 5; *Spoerr*, MMR 2000, 674, 676. Verpflichtungen zu Fakturierung und Inkasso können nach § 21 Abs. 2 Nr. 7 als Zugangsverpflichtungen nur Betreibern mit beträchtlicher Marktmacht auferlegt werden.

35 *Scheurle/Mayen/Glahs*, § 37 RdNr. 16.

36 BeckTKG-Komm/*Piepenbrock*, § 36 RdNr. 15.

37 *Trute/Spoerr/Bosch*, § 36 RdNr. 17.

Um die Kommunikation der Nutzer zu gewährleisten, ist nicht notwendigerweise eine un- 37
mittelbare Zusammenschaltung der jeweiligen öffentlichen Telekommunikationsnetze erforderlich. Die Kommunikation der Nutzer von zwei Telekommunikationsnetzen kann
auch dadurch gewährleistet werden, dass Telekommunikationsnetze Dritter als **Transitnetze** genutzt werden. Nur mit diesem Transitnetz besteht dann eine (unmittelbare) Zusammenschaltung. Die Kommunikation der Nutzer wird jedoch dann nicht (mehr) gewährleistet, wenn das Transitnetz bestimmte Telekommunikationsdienste nicht oder nicht vollständig unterstützt. Die Zusammenschaltung mit einem Transitnetz kommt praktisch immer
dann in Betracht, wenn zwischen zwei öffentlichen Telekommunikationsnetzen keine unmittelbare Zusammenschaltung besteht und sie aufgrund der lokalen bzw. regionalen Beschränkung der Telekommunikationsnetze oder aus technischen Gründen nicht oder nur
mit unverhältnismäßigem Aufwand möglich wäre. Die Möglichkeit, die Zusammenschaltung über Transitnetze herzustellen, entbindet die Betreiber der öffentlichen Telekommunikationsnetze jedoch nicht davon, nach § 16 Verhandlungen über eine direkte Zusammenschaltung zu führen[38]. § 16 steht nicht unter dem Vorbehalt, dass die Kommunikation der
Nutzer nicht anderweitig gewährleistet werden kann[39].

b) Bereitstellung von Telekommunikationsdiensten. – Die Zielsetzung der „Bereitstel- 38
lung von Telekommunikationsdiensten" ist unmittelbar Art. 4 Abs. 1 S. 1 ZRL entnommen. Der Begriff der „Telekommunikationsdienste" ist in § 3 Nr. 24 definiert. Die Definition entspricht Art. 2 lit. c) S. 1 RRL. Der Begriff ersetzt den der Telekommunikationsdienstleistungen in § 3 Nr. 18 und Nr. 19 TKG 1996 (zu den Einzelheiten siehe § 3
RdNr. 38 ff.). Telekommunikationsdienste, die bereit gestellt, d. h. Nutzern oder Teilnehmern zur Verfügung gestellt wurden und von diesen entgeltlich oder unentgeltlich genutzt
werden können, sollen auch von Nutzern und Teilnehmern anderer öffentlicher Telekommunikationsnetze genutzt werden können.

c) Interoperabilität. – Das Ziel, „Interoperabilität" zu gewährleisten, ist ebenfalls unmit- 39
telbar Art. 4 Abs. 1 S. 1 ZRL entnommen. Der Begriff „Interoperabilität" wird im TKG
nicht definiert, obwohl auch er verschiedentlich im Gesetz verwendet wird (siehe §§ 18
Abs. 1, 21 Abs. 2 Nr. 4 und Abs. 3 Nr. 3, 48, 49, 85 Abs. 2 Nr. 3). Nach dem Wortlaut soll
die Interoperabilität der (bereitgestellten) Telekommunikationsdienste gewährleistet werden. Als Interoperabilität bezeichnet man im Allgemeinen die Fähigkeit verschiedener unabhängiger Systeme zusammenzuarbeiten, um Informationen auf effiziente und verwertbare Art und Weise möglichst effizient auszutauschen. Dazu sind in der Regel die Einhaltung gemeinsamer Standards und genormte Schnittstellen (z. B. nach ETSI, ITU) notwendig. Die Interoperabilität der bereitgestellten Telekommunikationsdienste soll also auf
technischer Seite sicherstellen, dass Nutzer von Telekommunikationsdiensten, die in einem öffentlichen Telekommunikationsnetz erbracht werden, auch die Telekommunikationsdienste in Anspruch nehmen können, die in anderen öffentlichen Telekommunikationsnetzen angeboten werden. Verschiedene technische Systeme, Endgeräte, Protokolle
oder sonstige technische Hemmnisse, die eine nahtlose und effiziente Zusammenarbeit der
betroffenen öffentlichen Telekommunikationsnetze und somit deren Interoperabilität erschweren oder verhindern könnten, sollen einer Zusammenschaltung der betroffenen Tele-

---

38 Anderer Auffassung BeckTKG-Komm/*Piepenbrock*, § 36 RdNr. 17 f.
39 So zu § 36 TKG 1996 *Heun*, Teil 4 RdNr. 270.

kommunikationsnetze nicht entgegenstehen. Die Zielvorgabe „Interoperabilität" hat damit erhebliche Auswirkungen auf das „Wie" des nach § 16 zu unterbreitenden Angebotes.

40 **d) Gemeinschaftsweit.** – Die Kommunikation der Nutzer, die Bereitstellung von Telekommunikationsdiensten und die Interoperabilität dieser Telekommunikationsdienste soll „gemeinschaftsweit" gewährleistet werden. Diese Ziele sollen durchgängig in dem Gebiet der Europäischen Union, wie es durch den Geltungsbereich des EG-Vertrages in Art. 299 EG-Vertrag umschrieben ist, verwirklicht werden.

41 Nach dem Wortlaut von § 16 ist zwar nicht unzweideutig klargestellt, dass sich die gemeinschaftsweite Gewährleistung auf alle drei Zielvorgaben des § 16 bezieht. Um diese **Unklarheit** zu vermeiden, hätte man formulieren müssen, dass das Angebot auf Zusammenschaltung zu unterbreiten ist, „um gemeinschaftsweit die Kommunikation der Nutzer, die Bereitstellung von Telekommunikationsdiensten sowie deren Interoperabilität zu gewährleisten". Nach dem jetzigen Gesetzeswortlaut ließe sich nämlich auch argumentieren, dass nur das Ziel der Interoperabilität von Telekommunikationsdiensten beansprucht, gemeinschaftsweit umgesetzt zu werden. Schon angesichts der engen Verknüpfung der drei Zielvorgaben und ihrer Überschneidungen ist allerdings davon auszugehen, dass der Gesetzgeber den gemeinschaftsweiten Charakter sämtlicher Zielvorgaben festschreiben wollte.

42 Der Bezug auf den gemeinschaftsweiten Charakter der Zielvorgaben bedeutet jedoch nicht, dass die Verpflichtung zur Angebotsabgabe nur auf **grenzüberschreitende Zusammenschaltung** Anwendung finden würde[40]. Dies würde Erwägungsgrund Nr. 5 S. 1 ZRL widersprechen, wonach „in einem offenen und wettbewerbsorientierten Markt keine Beschränkungen bestehen" dürfen, „die Unternehmen davon abhalten, **insbesondere** grenzüberschreitende Zugangs- und Zusammenschaltungsvereinbarungen […] untereinander auszuhandeln" (Hervorhebung nicht im Original). Neben grenzüberschreitenden Vereinbarungen gewährleisten also auch Zusammenschaltungsvereinbarungen zwischen Netzbetreibern, die nur innerhalb eines Mitgliedstaates öffentliche Telekommunikationsnetze betreiben, einen offenen und wettbewerbsorientierten Markt in der Europäischen Union.

43 **e) Gewährleistung.** – Die Verpflichtung zur Abgabe eines Angebotes zur Zusammenschaltung nach § 16 ist unmittelbar mit den drei genannten Zielvorgaben („um zu […] gewährleisten") verknüpft. Die Verknüpfung betrifft sowohl das „Ob" als auch den Inhalt des Zusammenschaltungsangebotes bzw. der -verhandlungen. Die Gewährleistungsverpflichtung ist im Sinne einer **übergeordneten Zielsetzung** der Zusammenschaltungen öffentlicher Telekommunikationsnetze zu verstehen[41], wie sie sich aus Erwägungsgrund Nr. 5 S. 2 ZRL ergibt: Zusammenschaltungen sollen „die Schaffung eines effizienten, wirklich europaweiten Marktes mit einem wirksamen Wettbewerb, größerer Auswahl und wettbewerbsfähigen Dienstleistungen für die Verbraucher" fördern.

44 Kritisch ist allerdings zu fragen, ob den in § 16 verankerten Zielsetzungen überhaupt eine rechtliche Bedeutung zukommt. Denn mit jeder Zusammenschaltung von öffentlichen Telekommunikationsnetzen wird die Kommunikation der Nutzer gefördert, und die Telekommunikationsdienste, die im einen Netz erbracht werden, werden auch den Nutzern des jeweils anderen Netzes zur Verfügung gestellt. Dies ist nur möglich, wenn die Telekommunikationsnetze kompatibel und damit interoperabel sind. Letztlich gibt § 16 mit der Nennung

---

40 *Scherer*, K&R 2002, 336, 338.
41 Vgl. *Schütz/Attendorn*, MMR-Beilage 4/2002, 19.

der drei Zielvorgaben von Zusammenschaltungen eine **Selbstverständlichkeit** wieder.

V. Einschränkung der Privatautonomie

Obwohl § 16 dem Vorrang der Privatautonomie bzw. dem Primat der Verhandlungen Rech- 45
nung trägt, ist mit der Regelung eine Einschränkung der Vertrags- und Verhandlungsfrei-
heit gemäß § 305 BGB und damit letztlich ein Eingriff in die **Grundrechte** der Betreiber
öffentlicher Telekommunikationsnetze (Art. 12 Abs. 1, Art. 2 Abs. 1 i.V.m. Art. 19 Abs. 3
GG) verbunden. Die Einschränkung, ein Angebot auf Zusammenschaltung abgeben und
verhandeln zu müssen, ist jedoch vergleichsweise gering und mit den Regulierungszielen
der Wahrung der Nutzerinteressen (§ 2 Abs. 2 Nr. 1) und der Sicherstellung eines chancengleichen Wettbewerbs (§ 2 Abs. 2 Nr. 2) zu rechtfertigen. Denn weder enthält § 16 einen
Abschluss- bzw. Kontrahierungszwang[42], noch ist der verpflichtete Netzbetreiber in der
Gestaltung seines Zusammenschaltungsangebotes übermäßig eingeschränkt. Der Inhalt
des Vertragsangebotes wird durch § 16 nämlich allenfalls äußerst grob vorgegeben. Der
Netzbetreiber, der zur Abgabe eines Angebotes auf Zusammenschaltung verpflichtet ist,
kann die Inhalte des Zusammenschaltungsangebotes nach Maßgabe der gesetzlichen Bestimmungen im Wesentlichen frei gestalten.

Sofern es sich bei dem Angebot, das nach § 16 abgegeben wird, bereits um ein rechtlich 46
bindendes Angebot i.S.d. §§ 145 ff. BGB handelt, hängt es nur noch von dem nachfragenden Netzbetreiber ab, ob es unmittelbar zu einem Vertragsschluss kommt. Insofern kann
die Abschlussfreiheit des Betreibers, der das Zusammenschaltungsangebot abgegeben hat,
durchaus als eingeschränkt angesehen werden[43]. Die Entscheidung, ein bindendes Angebot
abzugeben, hat der anbietende Netzbetreiber aber entweder aus eigenem Entschluss getroffen oder sie ist Folge seiner Verpflichtung, ein Standardangebot nach § 23 Abs. 1 vorzulegen. Diese Verpflichtung kann aber nur ein Unternehmen mit beträchtlicher Marktmacht
treffen, gegenüber dem sich weitergehende Einschränkungen der Vertragsabschlussfreiheit
als bei Netzbetreibern ohne beträchtliche Marktmacht rechtfertigen lassen. Eine generelle
Pflicht zur Zusammenschaltung[44] der beteiligten Netzbetreiber sieht § 16 nicht vor.

VI. Durchsetzung und Rechtsfolgen bei Verstoß

§ 16 begründet eine öffentlich-rechtliche Verpflichtung zur Abgabe eines Zusammen- 47
schaltungsangebotes und damit zu entsprechenden Vertragsverhandlungen, deren Ziel der
Abschluss einer privatrechtlichen Zusammenschaltungsvereinbarung ist. Die Missachtung
dieser öffentlich-rechtlichen Verpflichtung ist jedoch im TKG nicht sanktioniert. Die Verpflichtung zu Verhandlungen und zur Abgabe eines Angebotes auf Zusammenschaltung
könnte somit ins Leere laufen.

---

42 So aber beispielsweise RegTP, Beschluss vom 21. 9. 2004 – BK 4a-04-032/E 21. 5. 04 (ISIS/
   DTAG) S. 10 sowie Beschluss vom 20. 9. 2004 – BK 4d-04-028/Z 19. 5. 04 (01081 Telecom/E-
   Plus) S. 16; *Groebel*, TKMR-Tagungsband 2004, 40. Unklar hingegen zum alten Recht *Trute/
   Spoerr/Bosch*, § 36 RdNr. 7 f. sowie BeckTKG-Komm/*Piepenbrock*, § 36 RdNr. 20 („einge-
   schränkte Zusammenschaltungspflicht"). Gegen einen Kontrahierungszwang spricht sich *Schütz*,
   RdNr. 296 aus.
43 *Trute/Spoerr/Bosch*, § 36 RdNr. 8.
44 So aber RegTP, Beschluss vom 21. 9. 2004 – BK 4a-04-032/E 21. 5. 04 (ISIS/DTAG) S. 10.

48 Bereits bei § 36 TKG 1996 waren der Rechtscharakter und die Wirkungen der Norm umstritten. Nach einer Auffassung handelte es sich um eine Norm mit rein „**appellativem Charakter**"[45]. Folgte man dieser Ansicht, könnte die Verpflichtung zur Angebotsabgabe nicht durchgesetzt und Rechtsverstöße nicht sanktioniert werden. Ein subjektives Recht entstünde für den nachfragenden Betreiber öffentlicher Telekommunikationsnetze nicht. Ein Verstoß gegen die Verpflichtung, also die Abgabe keines oder eines nur unzureichenden Angebotes, hätte also keine rechtlichen Konsequenzen. Da weder ein Abschluss- bzw. ein Kontrahierungszwang noch eine Zusammenschaltungspflicht verankert wurden, könnte der nachfragende Netzbetreiber auch nicht zivilgerichtlich auf den Abschluss eines Zusammenschaltungsvertrages klagen. Nach anderer Auffassung ergaben sich aus § 36 TKG 1996 sehr wohl einklagbare Rechtspflichten[46]. Dies ergäbe sich bereits aus dem Wortlaut „ist […] verpflichtet". Damit korrespondierend bestünde eine **subjektive Berechtigung** des nachfragenden Netzbetreibers gemäß § 16, die auch zivilgerichtlich durchgesetzt werden könne. Insbesondere könnte dem subjektiv-rechtlichen Gehalt der Norm nicht entgegengehalten werden, dass die Zielvorgaben in § 16 die Interessen des nachfragenden Netzbetreibers nicht erwähnten.

49 Im Ergebnis ist die letztgenannte Ansicht vorzugswürdig. § 16 enthält ebenso wie § 36 TKG 1996 eine objektiv-rechtliche Verpflichtung, die auch subjektiv-rechtlich abgesichert werden muss. Andernfalls bestünde die Gefahr, dass Verhandlungen schon von vornherein abgelehnt würden, weil Sanktionen nicht zu befürchten wären. Die Verhandlungspflicht würde letztlich leer laufen, was mit dem Sinn und Zweck der Vorschrift nicht zu vereinbaren wäre.

50 Zudem hat der nachfragende Netzbetreiber die Möglichkeit, gemäß § 25 Abs. 1 die RegTP anzurufen und eine **Zusammenschaltungsanordnung** zu „beantragen", soweit und solange die Beteiligten keine Zugangs- oder Zusammenschaltungsvereinbarung getroffen haben, also die Verhandlungen gescheitert sind (§ 25 Abs. 2). Die RegTP ist auch zum Erlass der Zusammenschaltungsanordnung verpflichtet, es sei denn, die Anrufung wird bis zum Erlass der Anordnung widerrufen (§ 25 Abs. 3 a. E.). Die Möglichkeit, die RegTP nach § 25 Abs. 1 anzurufen besteht aber nur, wenn die **Voraussetzungen der §§ 18 bzw. 22** (i.V.m. § 21) erfüllt sind, es sich bei dem verpflichteten Netzbetreiber gemäß § 16 um einen Netzbetreiber mit beträchtlicher Marktmacht handelt oder um einen Netzbetreiber, der den Zugang zu Endkunden kontrolliert. Damit verbleibt ein – wenngleich in der Praxis nur selten relevant werdender – Anwendungsbereich des § 16, für den Anordnungen auf Zusammenschaltung gesetzlich nicht vorgesehen sind. Für diese Fälle muss, will man § 16 insoweit nicht gänzlich leer laufen lassen („**stumpfes Schwert**"), der nachfragende Netzbetreiber die Möglichkeit haben, die (Minimal-)Verpflichtung zur Abgabe eines Zusammenschaltungsangebotes zivilgerichtlich durchzusetzen. Der zivilgerichtlich durchsetzbare Anspruch geht auf Unterbreitung eines nachfragegerechten und angemessenen, den gesetzlichen Vorgaben Rechnung tragenden Zusammenschaltungsangebotes sowie auf das ernsthafte und ergebnisorientierte Führen von Zusammenschaltungsverhandlungen. Hierbei sind Rücksichtnahmepflichten zu beachten (§§ 241 Abs. 2, 311 Abs. 2 BGB). Ein weitergehender Anspruch auf Abschluss einer Zusammenschaltungsvereinbarung besteht nach § 16 nicht.

---

45 *Manssen*, § 36 RdNr. 2; *Heun*, Teil 4 RdNr. 268; *Engel/Knieps*, Die Vorschriften des Telekommunikationsgesetzes über den Zugang zu wesentlichen Leistungen, S. 57.

46 *Trute/Spoerr/Bosch*, § 36 RdNr. 18; *Schuster/Müller*, MMR-Beilage 1/2002, 35, 37.

§ 17   Vertraulichkeit von Informationen

Informationen, die von Betreibern öffentlicher Netze im Rahmen von Verhandlungen über Zugänge oder Zusammenschaltungen gewonnen werden, dürfen nur für die Zwecke verwendet werden, für die sie bereitgestellt werden. Die Informationen dürfen nicht an Dritte, die aus solchen Informationen Wettbewerbsvorteile ziehen könnten, weitergegeben werden, insbesondere nicht an andere Abteilungen, Tochtergesellschaften oder Geschäftspartner der an den Verhandlungen Beteiligten.

Übersicht

I. Normzweck und Historie

Im Rahmen von Verhandlungen über Zugänge zu öffentlichen Netzen ist es erforderlich, **1** dass zwischen den Beteiligten eine Vielzahl von Informationen ausgetauscht wird, die von den Beteiligten im üblichen Geschäftsverkehr nicht freiwillig offenbart würden. Damit dieser notwendige Informationsaustausch ohne Behinderungen erfolgen kann, normiert § 17 ein Verbot der Nutzung der Information zu anderen als den beabsichtigten Zwecken.

§ 17 geht auf § 7 NZV zurück, der schon unter dem TKG 1996 im Bereich des besonderen **2** Netzzugangs die Vertraulichkeit von Informationen sicherstellen sollte. Auf der Ebene des Europarechts dient § 17 der Umsetzung des Art. 4 Abs. 3 ZRL[1].

II. Anwendungsbereich

§ 17 enthält zwei Vorgaben zur Behandlung der im Rahmen von Verhandlungen über Zu- **3** gänge oder Zusammenschaltungen gewonnenen Informationen: die Regelung der Nutzung (Satz 1) und der Weitergabe (Satz 2). Darüber hinaus ist Satz 2 für die Organisationsstruktur der beteiligten Unternehmen von Bedeutung.

1. § 17 Satz 1: Nutzung der Informationen. – a) Adressat. – Nach § 17 Satz 1 dürfen **4** Informationen, die von Betreibern öffentlicher Netze im Rahmen von Verhandlungen über Zugänge oder Zusammenschaltungen gewonnen werden, nur für die Zwecke verwendet werden, für die sie bereitgestellt wurden.

---

1 Vgl. BT-Drs. 15/2316, S. 64.

5 **aa) Grammatikalische Auslegung.** – Die Formulierung des Satzes 1 ist nicht eindeutig, sondern lässt **grammatikalisch zwei Auslegungsvarianten** zu: Einmal kann der Ausdruck so verstanden werden, dass § 17 Satz 1 die Informationen erfasst, die ein Betreiber eines öffentlichen Netzes im Rahmen der Verhandlungen von seinen Verhandlungspartnern gewinnt. Satz 1 kann jedoch auch so gelesen werden, dass hier die Informationen erfasst werden, die der Verhandlungspartner von dem Betreiber öffentlicher Netze gewinnt. Die Einbettung der Formulierung „von Betreibern gewonnen werden" in den zu „Informationen" gehörenden Relativsatz deutet darauf hin, dass hier eher die Informationen gemeint sind, die ein Verhandlungspartner von dem Betreiber öffentlicher Netze gewinnt. Jedoch ist nach dem Wortlaut auch die erste Auslegungsvariante möglich. Beide Auslegungen schließen sich wechselseitig aus, so dass eine rein grammatikalische Auslegung nur zu einer richtigen Auslegungsvariante kommen kann.

6 **bb) Teleologische Auslegung.** – Betrachtet man die Genese des Gesetzes, so ergeben sich zunächst keine direkten Anhaltspunkte, welche Auslegung der Gesetzgeber beabsichtigte. Es spricht jedoch vom Sinn und Zweck des Gesetzes vieles dafür, dass der Betreiber eines öffentlichen Netzes durch die Vorschrift des § 17 Satz 1 geschützt werden soll. Denn es ist der Betreiber eines öffentlichen Netzes, der den Zugang zu seinem Netz oder die Zusammenschaltung gewähren soll. Insofern kommt es gerade auf diejenigen Informationen an, die der Betreiber eines öffentlichen Netzes zur Verfügung stellen muss. Es ist auch denkbar, dass im Rahmen der Verhandlungen nur der Betreiber eines öffentlichen Netzes Informationen zur Verfügung stellen muss, nicht jedoch der Verhandlungspartner, der Zugang zu diesem Netz sucht. Denn es muss der Betreiber eines öffentlichen Netzes Informationen – soweit diese nicht ohnehin bekannt sind[2] – zu der Struktur des Netzes, Zugangspunkt, Standards, Protokolle und andere Zugangsparameter liefern, während für die Verwirklichung des Zugangs oder der Zusammenschaltung Informationen des Verhandlungspartners nicht in jedem Fall zwingend erforderlich sind. Da jedoch der Betreiber eines öffentlichen Netzes in besonderem Maße Informationen herausgeben muss, müssen diese auch einem besonderen Schutz unterworfen werden.

7 Doch auch die alternative Auslegung, dass hier die Informationen der Verhandlungspartner vor dem Zugriff des Betreibers öffentlicher Netze geschützt werden sollen, erscheint zumindest denkbar: Die Informationen, die ein Betreiber eines öffentlichen Netzes von einem Verhandlungspartner gewinnt, der Zugang zu seinem Netz sucht, können auch für diesen wertvoll sein. Zum Beispiel könnte dieser Rückschlüsse aus bestimmten Planungsabsichten des Verhandlungspartners ziehen. Zu beachten ist jedoch, dass der Wortlaut nur eine der beiden Auslegungsvarianten zulässt. Insofern wäre ein ausschließlicher Schutz der Informationen eines Verhandlungspartners nur begründet und gerechtfertigt, wenn die Informationen des Verhandlungspartners einem besonderen Schutz unterliegen müssten. Dies könnte etwa dann der Fall sein, wenn sich der Verhandlungspartner in einer schwächeren Position befinden würde und daher eines besonderen Schutzes bedürfte. Eine solche Argumentation könnte insbesondere dann zutreffen, wenn Betreiber von öffentlichen Netzen als Betreiber mit beträchtlicher Marktmacht einzustufen wären. Jedoch knüpft die Vorschrift des § 17 Satz 1 gerade nicht an das Innehaben einer beträchtlichen Marktmacht an. Sie gilt vielmehr im Rahmen jeglicher Verhandlungen über Zugänge oder Zusammenschaltung. Aus diesem Grund erscheint die ausschließliche Auslegung, dass hier lediglich

---

2 Vgl. § 20.

die Informationen des Verhandlungspartners der Betreiber öffentlicher Netze geschützt werden sollen, eher unwahrscheinlich. Zudem würde die Vorschrift in dieser Auslegung dann ins Leere laufen, wenn beide Unternehmen Betreiber eines öffentlichen Netzes – z. B. im Rahmen einer Zusammenschaltung – wären.

cc) Europarechtskonforme Auslegung. – Darüber hinaus muss im Rahmen des **europäi-** 8 **schen Gemeinschaftsrechts** berücksichtigt werden, dass mit der Vorschrift des § 17 der Art. 4 Abs. 3 der Zugangsrichtlinie umgesetzt werden soll. Art. 4 Abs. 3 ZRL bestimmt, dass „die Mitgliedstaaten verlangen …, dass Unternehmen, die vor, bei oder nach den Verhandlungen über Zugangs- oder Zusammenschaltungsregelungen Informationen von einem anderen Unternehmen erhalten, diese nur für den Zweck nutzen, für den sie geliefert wurden, und stets die Vertraulichkeit der übermittelten oder gespeicherten Informationen wahren". Art. 4 Abs. 3 ZRL konstituiert insofern einen Schutz für jegliche Informationen, die im Rahmen von Verhandlungen über Zugang- oder Zusammenschaltungen von einem der Verhandlungspartner gewonnen werden. Dabei wird zwischen dem Betreiber eines öffentlichen Netzes und dem Nachfrager (der ebenfalls ein Betreiber eines öffentlichen Netzes sein kann) nicht unterschieden. Die Vorgabe der Richtlinie umfasst somit beide der nach der grammatikalischen Auslegung in Betracht kommenden, sich nach dem Wortlaut jedoch ausschließenden, Auslegungsvarianten.

Daraus folgt im Ergebnis, dass § 17 Satz 1 entgegen dem Wortlaut in teleologischer und 9 europarechtskonformer Auslegung so gelesen werden muss, dass **Informationen, die im Rahmen von Verhandlungen über Zugänge oder Zusammenschaltung mit Betreibern öffentlicher Netze von einer Partei gewonnen werden, nur für die Zwecke verwendet werden dürfen, für die sie bereitgestellt wurden.**

dd) Verhandlungen mit Betreibern öffentlicher Netze. – Die Vorschrift gilt jedoch nur, 10 soweit es um im Rahmen von Verhandlungen mit **Betreibern öffentlicher Netze** gewonnene Informationen geht. Fraglich ist, wer als Betreiber öffentlicher Netze einzustufen ist. Es fehlt im Gesetz eine explizite Definition des Begriffs „öffentliches Netz". Auf Grund der systematischen Stellung des § 17 im Kontext der Verhandlungspflicht bei Zusammenschaltung im Sinne von § 16 lässt sich jedoch ableiten, dass der Begriff „Netz" zumindest das „Telekommunikationsnetz" im Sinne von § 3 Nr. 27 erfassen muss. Ob auch über den Begriff „**Telekommunikationsnetz**" hinaus weiterer Raum besteht, erscheint zweifelhaft: Denn die Legaldefinition des § 3 Nr. 27 ist bereits sehr weit gefasst und erfasst „die Gesamtheit von Übertragungssystemen und gegebenenfalls Vermittlungs- und Leitwegeeinrichtungen sowie anderweitigen Ressourcen, die die Übertragung von Signalen über Kabel, Funk, optische und andere elektromagnetische Einrichtungen ermöglichen, einschließlich Satellitennetzen, festen und mobilen terrestrischen Netzen, Stromleitungssystemen, soweit sie zur Signalübertragung genutzt werden, Netzen für Hör- und Fernsehfunk sowie Kabelfernsehnetzen, unabhängig von der Art der übertragenen Informationen". Insofern erscheint die umfassende Definition des Telekommunikationsnetzes jegliche Anwendung zu erfassen, so dass der Begriff Netz keinen Mehrwert liefert. Zudem wird der Anwendungsbereich der Norm jedenfalls durch §§ 1 f., also die Festlegung des Zwecks und der Ziele des TKG, auf den Bereich der Telekommunikation beschränkt.

11   Das Merkmal der „**Öffentlichkeit**" des Netzes dient zur Abgrenzung von so genannten geschlossenen Benutzergruppen, die unter dem TKG 1996 schon nicht der Lizenzpflicht unterfielen[3] und auch hier nicht erfasst werden.

12   Unter der Geltung des TKG 1996 wurde im Rahmen der Vorschrift des § 7 NZV, die in § 17 aufgegangen ist, vereinzelt vertreten, dass § 7 NZV lediglich auf das marktbeherrschende Unternehmen anzuwenden sei[4]. Jedenfalls nach der gegenwärtigen Gesetzeslage lässt sich – wie oben beschrieben – diese Auffassung nicht mehr aufrechterhalten, da der Wortlaut des § 17 eindeutig auf alle Betreiber von öffentlichen Netzen anzuwenden ist und zudem auch keinen Verweis auf besondere Verpflichtungen eines Unternehmens mit beträchtlicher Marktmacht enthält[5].

13   **b) Schutzgut.** – § 17 soll Informationen, die von Betreibern öffentlicher Netze im Rahmen von Verhandlungen über Zugänge oder Zusammenschaltungen gewonnen werden, schützen. Nach der oben geschilderten europarechtskonformen Auslegung sind hier **Informationen von allen Verhandlungspartnern** erfasst. Diese Informationen müssen im Rahmen der Zugangs- oder Zusammenschaltungsverhandlungen anfallen. Dies betrifft zunächst alle Informationen, die im Rahmen dieser Verhandlungen ausgetauscht werden. Eine Einschränkung ergibt sich jedoch aus der Formulierung „gewonnen werden". Die Informationen müssen insofern einen **besonderen Wert** darstellen, dürfen also insbesondere nicht allgemein oder aus anderen Vorgängen bekannt sein. Es muss sich um besondere, nicht anders zugängliche Informationen handeln, wobei sich die Gewinnung der Informationen in besonderem Maße aus der Situation der Verhandlung über Zugänge oder Zusammenschaltungen ergeben muss. Unzweifelhaft fallen in diese Kategorie offengelegte Betriebs- und Geschäftsgeheimnisse: „Betriebs- und Geschäftsgeheimnisse eines Unternehmens sind unter Einsatz von betrieblich-geschäftlichen Leistungen und/oder Finanzaufwand gewonnene, für die Geschäftstätigkeit verwertete oder verwertbare Einrichtungen, Abläufe, Kenntnisse und Ähnliches, die selbst Vermögenswerte verkörpern und daher dem Schutz des Art. 14 Abs. 1 GG unterfallendes Eigentum des Unternehmens darstellen. Geheimnischarakter können neben den entgeltrelevanten Umständen und Vorgängen wie den konkreten Umsatzzahlen, Verbrauchsmengen, Kostenfaktoren, Kalkulationen und Ähnlichem auch die Methodik der Entgeltberechnung und Einbringung der verschiedenen branchen- und unternehmensspezifischen Kostenfaktoren in die Entgelte tragen, wenn dies als Know-how grundsätzlich von Wert, nur einem beschränkten Personenkreis bekannt und für Außenstehende wissenswert ist sowie die Kenntnis Außenstehenden von dem Geheimnisschutzträger zu einem nicht unerheblichen Nachteil gereichen kann"[6].

---

3   Vgl. *Königshofen/Schmidt/Zwach/Mozek*, Telekommunikationsgesetz, Vor § 6 ff., RdNr. 6.
4   BeckTKG-Komm/*Piepenbrock*, Anh. § 39, § 7 NZV, RdNr. 9: Zwar verwies § 7 NZV über § 5 NZV auf den besonderen Netzzugang nach § 35 Abs. 2 TKG 1996, den das marktbeherrschende Unternehmen bereitzustellen hatte. Insofern beschränkte sich der Anwendungsbereich des § 7 NZV auf Zugänge und Zusammenschaltungen mit dem marktbeherrschenden Unternehmen. Fernliegend und vom Wortlaut nicht gedeckt ist jedoch die Auslegung, dass die aus § 7 NZV abgeleitete Verpflichtung lediglich auf das marktbeherrschende Unternehmen beschränkt sei. Vielmehr galt die Verpflichtung auch schon nach altem Recht gleichermaßen für beide Seiten.
5   Vielmehr ist § 17 nicht nur auf die gesetzlich festgeschriebenen Zugänge oder Zusammenschaltungen anwendbar, sondern auch auf freiwillige Zugangsgewährungen, siehe dazu unten RdNr. 15.
6   OVG Münster, Beschluss vom 8. November 2000 – 13 B 15/00 – und OVG Münster, Beschluss vom 13. September 2002 – 13a D 81/02.

Darüber hinaus sind jedoch auch die Informationen erfasst, die zwar nicht als Betriebs- **14** und Geschäftsgeheimnisse einzustufen sind, jedoch einem besonderen Schutz unterfallen müssen, weil sie nur bei der Gelegenheit der Zugangs- oder Zusammenschaltungsverhandlung offenbart wurden. Unter diese Kategorie würden etwa Betriebs- und Geschäftsgeheimnisse Dritter fallen.

Hinsichtlich der Reichweite der Vorschrift ergibt sich, obwohl § 17 systematisch im Zu- **15** sammenhang mit § 16 steht, keine Einschränkung etwa auf Informationen, die im Rahmen der Verhandlungspflicht nach § 16 anfallen. Denn § 16 ist insoweit bereits nur auf die Verhandlungen zwischen Betreibern öffentlicher Netze beschränkt. Dagegen umfasst schon der Wortlaut des § 17 einen weiteren Anwendungsbereich, denn es werden vielmehr alle Verhandlungen über Zugänge oder Zusammenschaltungen mit Betreibern öffentlicher Netze erfasst. Insofern gilt § 17 **für jegliche Verhandlungen mit Betreiben öffentlicher Netze über Zugang oder Zusammenschaltung**, unabhängig davon, ob diese aufgrund einer gesetzlichen Verpflichtung oder freiwillig geführt werden.

Fraglich ist, ob durch § 17 auch Informationen geschützt werden, die im Rahmen der **16** **Durchführung einer Zusammenschaltung oder Gewährung eines Zugangs** anfallen. Hiergegen spricht schon der Wortlaut des § 17, der unzweifelhaft an Informationen anknüpft, die im Rahmen von Verhandlungen gewonnen werden. Zwar sollen nach der europarechtlichen Vorgabe des Art. 4 Abs. 3 ZRL auch Informationen geschützt sein, die nach Verhandlungen von einem anderen Unternehmen erhalten werden, doch wird dieser Schutz nicht durch § 17 gewährleistet. In Betracht kommt hier lediglich ein Schutz nach dem 7. Teil des TKG bzw. nach allgemeinen zivilrechtlichen Grundsätzen.

c) Zweckbindung. – Die von den Betreibern öffentlicher Telekommunikationsnetze ge- **17** wonnenen Informationen dürfen im Rahmen des § 17 Satz 1 nur für die Zwecke verwendet werden, für die sie bereitgestellt werden. Als Bereitstellungszweck kommt hier zunächst die gesetzlich vorgesehene Verwendung, namentlich die Verwendung im Zusammenhang mit der Gewährung von Zugang bzw. die Durchführung einer Zusammenschaltung in Betracht. Über die gesetzlich vorgesehene Verwendung hinaus können jedoch auch vertragliche Abreden getroffen werden, die eine weitergehende Verwendung der Informationen zulassen. Sofern jedoch keine anderslautende ausdrückliche Vereinbarung zwischen den Parteien geschlossen wird, dürfen die Informationen nur streng zweckgebunden im Rahmen der Zugangsgewährung genutzt werden. Eine weitere Nutzung innerhalb einer Abteilung beispielsweise zur internen Marktanalyse, Reporting, Werbung oder Ähnlichem ist insofern ausgeschlossen.

2. § 17 Satz 2: Weitergabe von Informationen. – §17 Satz 2 konstituiert ein Weitergabe- **18** verbot für die in nach §17 Satz 1 gewonnenen Informationen. Eine Einschränkung ergibt sich jedoch bereits aus der Formulierung „die aus solchen Informationen Wettbewerbsvorteile ziehen könnten". § 17 Satz 2 stellt dementsprechend kein generelles Weitergabeverbot auf, sondern verbietet nur die Weitergabe, soweit der Wettbewerb in diesem Sinne beeinträchtigt werden könnte.

a) Dritte im Sinne der Vorschrift. – Das sind zunächst die genannten anderen Abteilun- **19** gen, Tochtergesellschaften oder Geschäftspartner der an den Verhandlungen Beteiligten. Neben einer direkten Weitergabe wird – über den Wortlaut des § 17 hinaus – auch eine Weitergabe an Dritte unzulässig seien, soweit zu befürchten steht, dass diese Daten an die in § 17 Satz 2 genannten Dritten weitergegeben werden. Satz 2 nennt als Regelbeispiel für

Dritte Abteilungen Tochtergesellschaften sowie Geschäftspartner. Diese Aufzählung ist lediglich beispielhaft und nicht abschließend[7].

20 **b) Regulierungsbehörde.** – Die Regulierungsbehörde ist nicht als Dritte in diesem Sinne anzusehen. Gegen ein solches Verständnis spricht jedoch bereits der Wortlaut der Vorschrift, da die Regulierungsbehörde aus den Informationen keine Wettbewerbsvorteile ziehen kann, da sie nicht auf dem Markt der Telekommunikation als Wettbewerbsteilnehmer tätig ist. Soweit Informationen eines Dritten an die Regulierungsbehörde weitergegeben werden, unterliegen sie daher lediglich dem Schutz von Informationen – insbesondere Betriebs- und Geschäftsgeheimnissen –, soweit das Gesetz dies für Verfahren vor der Regulierungsbehörde vorsieht[8]. Darüber hinaus stellt auch die Gesetzesbegründung eindeutig klar, dass die Regulierungsbehörde nicht als Dritte in Sinne der Vorschrift anzusehen ist[9]. Soweit Informationen im Rahmen von Regulierungsverfahren weitergegeben werden sollen, an denen verschiedene Abteilungen beteiligt sind, ist jedoch sicherzustellen, dass im Vorfeld eine interne Weitergabe ausgeschlossen ist. Vielmehr sind solche Informationen in Stabsabteilungen zusammenzuführen, ohne dass die einzelnen Bereiche an diesen Informationen partizipieren können.

21 **c) Gerichte.** – Fraglich ist, wie eine Offenlegung von Informationen aus Verhandlungen über Zugänge oder Zusammenschaltungen vor **einem Gericht** zu beurteilen ist. Hier konkurrieren Geheimhaltungsinteresse des Verhandlungspartners und Rechtsschutzinteresse des Rechtsuchenden. Zwar wird man das Verwaltungsgericht nicht als Dritten im Sinne der Vorschrift angesehen können, doch besteht der Grundsatz der Öffentlichkeit des Verfahrens (§ 55 VwGO i.V.m. §169, 171a bis 198 GVG). Insoweit könnten sowohl Verfahrensbeteiligte wie auch die interessierte Öffentlichkeit von den Informationen erfahren. Soweit Informationen als wichtiges Betriebs- und Geschäftsgeheimnis einzustufen sind, kann das Gericht möglicherweise gemäß § 172 GVG die Öffentlichkeit ausschließen, so dass ein Schutz vor anderen Unternehmen, die lediglich als Zuschauer Informationen gewinnen wollen, besteht. Doch soweit andere Unternehmen nach § 65 VwGO beigeladen werden, können sie bereits nicht mehr ausgeschlossen werden. Insofern gilt lediglich der – unzureichende Schutz – des Gesetzes, insbesondere § 138[10]. Eine Einschränkung aus § 17 lässt sich insofern jedoch nicht herleiten, da die Offenbarung gegenüber dem Gericht erfolgt und dieses gerade nicht als Dritter im Sinne der Vorschrift gilt. Insofern gilt das unter b) Gesagte.

22 **3. Organisationsvorgaben.** – Durch die Maßgabe der Vorschrift, dass Informationen nicht an andere Abteilungen oder Tochtergesellschaften weitergegeben werden dürfen, ergeben sich für die Organisationenstruktur der beteiligten Unternehmen besondere Konsequenzen.

---

7 Zur Weitergabe an andere Abteilungen siehe auch RdNr. 22.

8 Vgl. § 136 f. und § 30 VwGO.

9 Vgl. BT-Drs. 15/2316, S. 64.

10 Der Schutz von Betriebs- und Geschäftsgeheimnissen im regulierungsrechtlichen Verwaltungsprozess ist schon unter der Geltung TKG 1996 Gegenstand vieler Gerichtsverfahren gewesen. Problematisch ist die besondere Situation in einem regulierten Bereich, in dem die betroffenen Unternehmen zur freiwilligen Preisgabe von Betriebs- und Geschäftsgeheimnissen gegenüber der Regulierungsbehörde oder einem Verhandlungspartner verpflichtet sind. Nicht abschließend geklärt ist der Schutz dieser unter besonderen Umständen weitergegebenen Betriebs- und Geschäftsgeheimnisse im Verwaltungsprozess. Derzeit ist das Bundesverfassungsgericht mit zwei Verfassungsbeschwerden zu dieser Problematik befasst: Az. 1 BvR 2087/03 und 1 BvR 2111/03.

Die Vorschrift des § 17 Satz 2 verlangt eine organisatorische Trennung der Unternehmensteile, die mit Verhandlungen über Zugangsvereinbarung befasst sind, und Teilen, die aus solchen Informationen Nutzen ziehen könnten. Würde nämlich die Informationsgewinnung und der Vorteil aus diesen Informationen in einer Person erfolgen, wäre die Vorschrift sinnentleert. Auch die Informationsgewinnung innerhalb einer Abteilung, die aus diesen Informationen Vorteile ziehen könnten, ist durch § 17 Satz 2 nicht zulässig. Vielmehr muss die Informationsgewinnung aus Verhandlungen mit Betreibern öffentlicher Netze getrennt erfolgen. Dies bedeutet für die beteiligten Unternehmen, dass sie ihre Organisationsstruktur so gestalten müssen, dass eine Weiterverwertung der Daten nicht möglich ist. In der Praxis geschieht dies durch ein Compliance-Management, welches sicherstellt, dass lediglich die Informationen ausgetauscht werden, die erforderlich und erlaubt sind. Der übrige Informationsaustausch – sei es auch nur informell – muss durch so genannte **Chinese Walls** verhindert werden.

Nicht ausgeschlossen durch § 17 ist jedoch, dass in **Stabsabteilungen**, beispielsweise einer **23** vom Vertrieb und Marketing unabhängigen Rechtsabteilung, die Daten zusammengeführt werden, um die rechtliche Position des Unternehmens in Regulierungsverfahren oder -prozessen gewährleisten zu können.

Durch das grundsätzliche Verbot der Weitergabe von Informationen stellt § 17 eine weitere **24** Vorgabe hinsichtlich der unternehmerischen Führung von Telekommunikationsunternehmen auf und ist damit auch im Zusammenhang mit der strukturellen Separierung nach § 7 (die die getrennte Unternehmensführung bei Unternehmen, die auf dem Telekommunikationsmarkt und einem anderen Markt tätig sind, vorschreibt) und der Möglichkeit der Regulierungsbehörde, das marktbeherrschende Unternehmen zur getrennten Rechnungsführung nach § 22 zu verpflichten, zu sehen.

III. Sanktionen

Die Weitergabe von Information unter Verstoß gegen § 17 Abs. 2 ist gemäß § 149 Abs. 1 **25** Nr. 3 mit Bußgeld in Höhe von in der Regel bis zu 10 000 Euro bedroht. Dabei kann diese Summe gemäß § 149 Abs. 2 jedoch auch überschritten werden.

Darüber hinaus kommt bei einem Verstoß gegen § 17 auch die Mehrerlösabschöpfung nach **26** § 43 in Betracht, sofern hier vorsätzlich oder fahrlässig gegen eine Vorschrift des Gesetzes verstoßen wurde. Zivilrechtlich drohen bei Verstößen gegen § 17 Schadensersatzansprüche nach § 44 TKG und § 823 BGB.

§ 18 Kontrolle über Zugang zu Endnutzern

(1) Die Regulierungsbehörde kann Betreiber öffentlicher Telekommunikationsnetze, die den Zugang zu Endnutzern kontrollieren und die nicht über beträchtliche Marktmacht verfügen, in begründeten Fällen verpflichten, auf entsprechende Nachfrage ihre Netze mit denen von Betreibern anderer öffentlicher Telekommunikationsnetze zusammenzuschalten, soweit dies erforderlich ist, um die Kommunikation der Nutzer und die Bereitstellung von Diensten sowie deren Interoperabilität zu gewährleisten. Darüber hinaus kann die Regulierungsbehörde Betreibern öffentlicher Telekommunikationsnetze, die den Zugang zu Endnutzern kontrollieren und die nicht über beträchtliche Marktmacht verfügen, weitere Zugangsverpflichtungen auferlegen, soweit dies zur Gewährleistung des End-zu-End-Verbunds von Diensten erforderlich ist.

(2) Die Regulierungsbehörde kann Betreibern öffentlicher Telekommunikationsnetze, die den Zugang zu Endnutzern kontrollieren, im Hinblick auf die Entwicklung eines nachhaltig wettbewerbsorientierten Endkundenmarktes auferlegen, einzelne nachfragende Betreiber öffentlicher Telekommunikationsnetze gegenüber anderen nachfragenden Betreibern öffentlicher Telekommunikationsnetze hinsichtlich der Erreichbarkeit und Abrechnung von Telekommunikationsdiensten, von Leistungen nach § 78 Abs. 2 Nr. 3 und 4 und von telekommunikationsgestützten Diensten nicht ohne sachlich gerechtfertigten Grund unmittelbar oder mittelbar unterschiedlich zu behandeln. Sofern die Regulierungsbehörde Verpflichtungen nach Satz 1 auferlegt hat, gilt § 42 Abs. 4 entsprechend.

(3) Die Maßnahmen nach Abs. 1 müssen objektiv, transparent und nichtdiskriminierend sein. § 21 Abs. 1 Satz 2 und Abs. 4 gilt entsprechend.

Schrifttum: *Bosch*, Alter Wein in neuen Schläuchen? – Dürfen Zusammenschaltungsentgelte nicht marktmächtiger Unternehmen unter dem neuen TKG reguliert werden?, K&R 2005, 208; *Doll/Rommel/Wehmeier*, Der Referentenentwurf für ein neues TKG – Einstieg in den Ausstieg aus der Regulierung?, MMR 2003, 522; *Haus*, Kommunikationskartellrecht – Ein Rahmen für den Wettbewerb in Kommunikationsmärkten, WuW 2004, 171; *Heun*, Der Referentenentwurf zur TKG-Novelle, CR 2003, 485; *ders.*, Das neue Telekommunikationsgesetz 2004, CR 2004, 893; *Husch/Kemmler/Ohlenburg*, Die Umsetzung des EU-Rechtsrahmens für elektronische Kommunikation: Ein erster Überblick, MMR 2003, 139; *Koenig/Winkler*, Die Regulierung alternativer Festnetzbetreiber im neuen TKG, MMR 2004, 783; *Neitzel/Müller*, Zugangsverpflichtungen von Betreibern ohne beträchtliche Marktmacht, CR 2004, 736; *Oberndörfer*, Die Zugangsverpflichtungen von nicht marktbeherrschenden Mobilfunknetzbetreibern nach dem Referentenentwurf zur Novelle des TKG, ZUM 2003, 654; *Scherer*, Die Umgestaltung des europäischen und deutschen Telekommunikationsrechts durch das EU-Richtlinienpaket – Teil II, K&R 2002, 336; *ders.*, Das neue Telekommunikationsgesetz, NJW 2004, 3001; *Schütz/Attendorn*, Das neue Kommunikationsrecht der Europäischen Union – Was muss Deutschland ändern?, MMR-Beilage 4/2002; *Thomaschki*, Referentenentwurf zum TKG – Auswirkungen auf die Praxis der Marktregulierung, MMR 2003, 500.

Übersicht

I. Normzweck

1 § 18 ermächtigt die RegTP, Betreibern öffentlicher Telekommunikationsnetze, die den Zugang zu Endnutzern kontrollieren, Zugangsverpflichtungen (mittels Regulierungsverfügung) aufzuerlegen. Insbesondere kann die RegTP in begründeten Fällen die Verpflichtung zur Zusammenschaltung öffentlicher Telekommunikationsnetze aussprechen. Im Unterschied zu § 21 richtet sich § 18 an Netzbetreiber, die nicht über beträchtliche Marktmacht verfügen. Soweit diese Unternehmen aber den Zugang zu Endkunden kontrollieren, sieht das Gesetz unabhängig von der Marktstellung des Netzbetreibers die Notwendigkeit, regulierend einzugreifen. § 18 bildet insoweit eine **Ausnahme vom Grundsatz der asymmetrischen Regulierung**[1], der die Zugangsregulierung nach den §§ 16 ff. prägt.

2 Zweck des regulatorischen Eingriffs nach § 18 ist die Durchsetzung von im Gemeinwohl liegenden **Nutzerinteressen** im Sinne von § 2 Abs. 2 Nr. 1[2], wenn und soweit der den Zugang kontrollierende Netzbetreiber nicht bereits freiwillig zur Steigerung des Wertes und der Attraktivität seines Netzes und damit im eigenen Interesse die Zusammenschaltung mit anderen Netzen herbeiführt oder seinen Kunden den Zugang zu Diensten anderer Netzbe-

---

1 Vgl. hierzu *Oberndörfer*, ZUM 2003, 654, 656; *König/Winkler*, MMR 2004, 783.
2 *Koenig/Loetz/Neumann*, S. 139 sehen den Zweck hingegen in der unmittelbaren Durchsetzung von Gemeinwohlinteressen.

treiber ermöglicht[3]. Die Kommunikation der Nutzer, also die Erreichbarkeit aller – oder zumindest möglichst vieler – an ein öffentliches Telekommunikationsnetz angeschlossener Kunden für die Kunden anderer Netzbetreiber, ist essenzielle Voraussetzung für das Funktionieren eines Telekommunikationsmarktes. Sie liegt damit im Interesse jedes Nutzers und somit angesichts der Ubiquität von Telekommunikation im öffentlichen Interesse. Gleiches gilt – wenngleich abgeschwächt – für die Möglichkeit der Nutzer, Zugriff auf ein möglichst umfassendes Diensteangebot zu haben. Dies setzt den Zugang der Nutzer zu den Diensten und die netzübergreifende Interoperabilität der Dienste voraus.

§ 18 weist hinsichtlich der Auferlegung von Zusammenschaltungsverpflichtungen über **3** § 16, der sich auch an Unternehmen ohne beträchtliche Marktmacht richtet, hinaus. Der Netzbetreiber, dem die RegTP eine Verpflichtung nach § 18 auferlegt hat, ist nicht nur zur Abgabe eines (qualifizierten) Angebots auf Abschluss einer Zusammenschaltungsvereinbarung, sondern zur **tatsächlichen Ermöglichung der Zusammenschaltung** verpflichtet. Diese Verpflichtung schließt den Abschluss einer Zusammenschaltungsvereinbarung ein, da bei jeder Zusammenschaltung öffentlicher Telekommunikationsnetze bestimmte technische, administrative und wirtschaftliche Fragen der Regelung im Einzelfall bedürfen.

II. Entstehungsgeschichte

§ 18 findet im TKG 1996 keine Entsprechung. Im Referentenentwurf zum neuen TKG war **4** die Norm zunächst als § 20 TKG-RefE[4] vorgesehen. Dort fehlte der jetzige Abs. 2 noch vollständig. Darüber hinaus war die Vorschrift ursprünglich als „Soll"-Vorschrift (nunmehr: „Kann"-Vorschrift) konzipiert. Im Gegensatz zur aktuellen Fassung des § 18 war die Auferlegung der Verpflichtung zur Zusammenschaltung in § 20 TKG-RefE allerdings nur zum Zweck der Terminierung eingehender Anrufe vorgesehen.

Die Kritik an § 20 TKG-RefE richtete sich in erster Linie gegen die Einengung des Hand- **5** lungsspielraums der RegTP durch die Ausgestaltung der Norm als „Soll-Vorschrift". Maßnahmen gegenüber Betreibern mit nicht beträchtlicher Marktmacht müssten restriktiver angewendet werden als solche gegenüber Betreibern mit beträchtlicher Marktmacht[5]. Die „Soll"-Regelung in § 20 TKG-RefE führte insofern zu einem Wertungswiderspruch[6]. Die Kritik entzündete sich ferner an der Begrenzung des Geltungsbereichs der Norm auf Anrufterminierung, also Sprachtelefonie[7]. Im Zuge des Gesetzgebungsverfahrens wurde die Beschränkung auf Sprachtelefonie im Einklang mit den gemeinschaftsrechtlichen Vorgaben dann auch beseitigt (§ 15a TKG-RefE) und die Vorschrift in eine „Kann"-Bestimmung umformuliert. Die Vorschrift wurde ferner um Abs. 3 erweitert, der inhaltlich dem jetzigen § 18 Abs. 2 entsprach. Bei § 18 TKG-RegE wurde die Reihenfolge von Abs. 2 und Abs. 3 gegenüber § 15a TKG-RefE dann in die heutige Reihenfolge getauscht.

Trotz der Anpassungen stand § 18 TKG-E[8], der § 18 TKG-RegE entspricht, weiterhin in **6** der Schusslinie der Kritiker. Insbesondere das Verhältnis der Norm zu den Regelungen in

---

3 *Koenig/Winkler*, MMR 2004, 783.

4 Vgl. hierzu *Heun*, CR 2003, 485 ff.; *Thomaschki*, MMR 2003, 500 ff.

5 Vgl. *Doll/Rommel/Wehmeier*, MMR 2003, 522, 524.

6 Vgl. *Heun*, CR 2003, 485, 491.

7 Vgl. *Haus*, WuW 2004, 171, 174.

8 BT-Drs. 15/2316, S. 12.

§ 19 TKG-E, dem heutigen § 21, wäre unklar. Diese Unklarheit lasse erwarten oder zumindest befürchten, dass marktbeherrschende Unternehmen zukünftig überwiegend nach der „milderen" Norm des § 18 TKG-E reguliert würden[9].

7 Entsprechend der Beschlussempfehlung des federführenden Ausschusses für Wirtschaft und Arbeit des Deutschen Bundestages wurde die Vorschrift im parlamentarischen Gesetzgebungsverfahren dahingehend modifiziert, dass § 18 TKG-E nur für Betreiber gelten sollte, die nicht über beträchtliche Marktmacht verfügen[10]. Als Begründung hierfür wurde angegeben, dass die Begrenzung des Anwendungsbereiches der Klarstellung des Verhältnisses zwischen § 18 TKG-E und § 19 TKG-E, dem heutigen § 21, dienen sollte[11].

III. EG-rechtliche Grundlagen

8 Die ZRL ist ebenso wie das TKG primär von dem Grundsatz der asymmetrischen Regulierung geprägt. Vornehmlich wird daher die Auferlegung von Zugangsverpflichtungen gegenüber Unternehmen ermöglicht, die über beträchtliche Marktmacht verfügen. Da die nationalen Regulierungsbehörden den Zugang, die Zusammenschaltung und die Interoperabilität von Diensten im Interesse der Nutzer umfassend garantieren sollen, wurden zusätzlich die marktmachtunabhängigen Zugangsverpflichtungen des **Art. 5 Abs. 1 lit. a) ZRL** als Ausnahme zur asymmetrischen Regulierung in die Richtlinie aufgenommen[12]. Die im ursprünglichen Kommissionsentwurf noch nicht vorgesehene Vorschrift wurde erst durch den Gemeinsamen Standpunkt des Rates vom 17. 9. 2001 eingefügt[13], um den End-zu-End-Verbund der Netze in stärkerem Maße zu berücksichtigen[14].

9 § 18 Abs. 1 dient der Umsetzung des Art. 5 Abs. 1 lit. a) ZRL. Die ZRL sieht vor, dass die nationalen Regulierungsbehörden im zur Gewährung des End-zu-End-Verbundes erforderlichen Umfang Unternehmen, die den Zugang zu Endnutzern kontrollieren, (Zugangs-) Verpflichtungen auferlegen können. In begründeten Fällen kann dies auch eine Verpflichtung zur Zusammenschaltung sein. Dieses Regel-Ausnahme-Verhältnis kehrt der nationale Gesetzgeber in § 18 Abs. 1 S. 1 insoweit um, als dort zunächst die Befugnis zur Auferlegung von Zusammenschaltungsverpflichtungen genannt wird. Erst § 18 Abs. 1 S. 2 normiert die Befugnis zur Auferlegung von weiteren Zugangsverpflichtungen. Eine inhaltliche Abweichung von den gemeinschaftsrechtlichen Vorgaben ist hierin aber nicht zu sehen. Art. 5 Abs. 1 lit. a) ZRL wurde somit zutreffend und vollständig in nationales Recht umgesetzt[15]. Auch den Anforderungen des Art. 5 Abs. 4 ZRL, wonach die nationale Regulierungsbehörde befugt ist, in begründeten Fällen aus eigener Initiative oder, soweit keine Übereinkunft zwischen Unternehmen besteht, Verhandlungen über eine Zusammenschal-

---

9 Vgl. statt vieler Stellungnahme des VATM zum TKG-Regierungsentwurf vom 15. 10. 2003, S. 15 f.; auch *Neitzel/Müller*, CR 2004, 736, 738.
10 BT-Drs. 15/2674, S. 21.
11 BT-Drs. 15/2679, S. 13.
12 Vgl. Erwägungsgrund Nr. 6 ZRL; hierzu auch *Schütz/Attendorn*, MMR-Beilage 4/2002, 19.
13 Vgl. Gemeinsamer Standpunkt (EG) Nr. 36/2001 vom 17. September 2001, ABl. EG Nr. C 337, S. 6, 16; hierzu auch *Scherer*, K&R 2002, 336, 339.
14 Vgl. Gemeinsamer Standpunkt (EG) Nr. 36/2001 vom 17. September 2001, ABl. EG Nr. C 337, S. 16.
15 *Heun*, CR 2004, 893, 901.

tungsvereinbarung also gescheitert sind, auf Ersuchen einer der beteiligten Parteien tätig zu werden[16], wird § 18 Abs. 1 (in Verbindung mit § 25 Abs. 1 und 4) gerecht.

§ 18 Abs. 2 hat in der ZRL keine unmittelbare Entsprechung. Die dort normierten Befug- **10** nisse ähneln den Gleichbehandlungsverpflichtungen gemäß § 19, die Unternehmen mit beträchtlicher Marktmacht auferlegt werden können. Dass der deutsche Gesetzgeber der RegTP das Recht eingeräumt hat, auch gegenüber Betreibern ohne beträchtliche Marktmacht im Rahmen einer Verpflichtung nach Art. 5 Abs. 1 lit. a) ZRL Gleichbehandlungsverpflichtungen anzuordnen, ist nicht zu beanstanden. Hierbei handelt es sich um eine zulässige mitgliedstaatliche Ausformulierung einer gemeinschaftsrechtlichen Vorgabe, die den von der ZRL gewährten **Gestaltungsspielraum** in zulässiger Weise ausschöpft[17].

§ 18 Abs. 3 setzt **Art. 5 Abs. 3, 1. Halbsatz ZRL** nahezu wortgleich um, lediglich der (de- **11** klaratorische) Hinweis auf die Verhältnismäßigkeit der Verpflichtungen fehlt. Es wird gemeinschaftsrechtskonform festgelegt, dass Verpflichtungen nach § 18 Abs. 1 objektiv, transparent und nichtdiskriminierend sein müssen.

IV. Einzelerläuterungen

1. Verpflichtete. – Adressat einer Regulierungsmaßnahme der RegTP nach § 18 kann je- **12** der Betreiber eines öffentlichen Telekommunikationsnetzes sein, der nicht über beträchtliche Marktmacht verfügt, aber den Zugang zu Endnutzern kontrolliert.

a) Betreiber eines öffentlichen Telekommunikationsnetzes. – Weder der Begriff „Be- **13** treiber" noch der Begriff „öffentlich" sind im TKG definiert (siehe zu den Begriffsbestimmungen § 16 RdNr. 11 ff. und RdNr. 17 ff.). Das Tatbestandsmerkmal „Telekommunikationsnetz" ist in § 3 Nr. 27 definiert.

b) Kontrolle des Zugangs zu Endnutzern. – Der Begriff „**Zugang**" ist zwar in § 3 Nr. 32 **14** definiert. Er hat im Kontext des § 18 aber eine andere Bedeutung[18]. Während § 3 Nr. 32 unter Zugang die Bereitstellung von Einrichtungen oder Diensten für ein anderes Unternehmen unter bestimmten Bedingungen zum Zwecke der Erbringung von Telekommunikationsdiensten versteht, also den Zugang im Verhältnis der Netzbetreiber untereinander beschreibt, geht es bei dem Zugang zu Endnutzern in § 18 um das Phänomen des „bottleneck" im Verhältnis zwischen Netzbetreiber und Endnutzer. Der Endnutzer kann ohne Einverständnis und Zutun „seines" Teilnehmernetzbetreibers keinen Zugang zu anderen Netzbetreibern oder Diensteanbietern erhalten, noch können diese ihn unter Umgehung des Teilnehmernetzbetreibers mit ihren Angeboten erreichen. Diesen (kontrollierten) Zugang zum Endnutzer will § 18 erfassen und regulieren.

Der Begriff „**Endnutzer**" ist in § 3 Nr. 8 definiert. Insoweit ergeben sich im Rahmen des **15** § 18 keine Abweichungen.

Kontrolle des Zugangs zu den Endnutzern setzt zunächst voraus, dass die Betreiber über **16** eigene Teilnehmer, d. h. über vertragliche Beziehungen zu Endnutzern, verfügen. Regelmäßig werden diese von dem Betreiber über selbst betriebene Leitungen bzw. funktechni-

---

16 Vgl. hierzu *Scherer*, K&R 2002, 336, 339.
17 Kritisch *Koenig/Loetz/Neumann*, S. 139.
18 BT-Drs. 15/2316 S. 64; so auch *Neitzel/Müller*, CR 2004, 736, 738; ohne nähere Begründung anders nur *König/Loetz/Neumann*, S. 139.

sche Verbindungen unmittelbar mit Netzanschlüssen versorgt[19]. Orientiert man sich an den Vorgaben der ZRL, so ist unter Kontrolle der Besitz oder die Kontrolle der (festen oder mobilen) physischen Verbindung zum Endnutzer oder die Fähigkeit, die für den Zugang maßgeblichen nationalen Rufnummern zu ändern oder zu entziehen, zu verstehen[20]. Danach bedarf es also nicht in jedem Fall der Kontrolle einer physischen Verbindung. Denkbar ist etwa, dass ein Mobile Virtual Network Operator (MVNO) – je nach Ausgestaltung seiner Tätigkeit und seine Netzbetreibereigenschaft vorausgesetzt – zum Adressaten einer Verpflichtung nach § 18 werden kann. Der Gesetzgeber hatte aber vor allem die Netzbetreiber im Blick, die Teilnehmernetze betreiben[21] und danach die Kontrolle über so genannte Engpasseinrichtungen (bottlenecks) ausüben[22]. Solche Unternehmen können beispielsweise Festnetzbetreiber mit eigenen Endkundenanschlüssen, Breitbandkabel- oder Mobilfunknetzbetreiber sein, nicht aber Verbindungsnetzbetreiber, da diesen aufgrund fehlender Netzanschlüsse die erforderliche Zugangskontrolle fehlt[23].

17 **c) Keine beträchtliche Marktmacht.** – „Beträchtliche Marktmacht" liegt nach der Legaldefinition in § 3 Nr. 4 dann vor, wenn die Voraussetzungen des § 11 Abs. 1 S. 3–5 erfüllt sind (siehe § 3 RdNr. 6 sowie § 11 RdNr. 13 ff.). Umgekehrt sind demnach Betreiber mit nicht beträchtlicher Marktmacht solche, die die genannten Voraussetzungen nicht erfüllen. Unklar ist allerdings, ob zur Feststellung des Fehlens beträchtlicher Marktmacht, wie es von § 18 vorausgesetzt wird, die **vorherige Durchführung eines Marktdefinitions- und Marktanalyseverfahrens** nach §§ 9 ff. notwendig ist. Ausgehend vom Wortlaut des § 18 erscheint ein solches Verfahren zwingend, da die beträchtliche Marktmacht einzelner Netzbetreiber und damit das Fehlen beträchtlicher Marktmacht bei anderen Netzbetreibern nur im Rahmen eines solchen förmlichen Verfahrens von der RegTP verbindlich festgestellt werden kann. Zudem führt § 13 Abs. 3 die Vorschrift des § 18 ausdrücklich in der Liste von Vorschriften auf, aufgrund derer Entscheidungen, die an die Ergebnisse des Marktdefinitions- und Marktanalyseverfahrens gekoppelt sind, ergehen können. Auch dies deutet darauf hin, dass Maßnahmen nach § 18 nur auf Grundlage der Ergebnisse eines Marktdefinitions- und Marktanalyseverfahrens ergehen dürfen, also dessen Durchführung Voraussetzung für die Auferlegung von Verpflichtungen nach § 18 ist[24].

18 Die Entstehungsgeschichte der Norm ist zu dieser Frage wenig ergiebig. Zwar hieß es noch in der Begründung zum Regierungsentwurf, dass die vorherige Durchführung eines Marktdefinitions- und Marktanalyseverfahrens bei § 18 TKG-RegE nicht notwendig sein sollte[25]. Die danach erfolgte Änderung des Wortlautes des § 18 (durch Einfügung des Halbsatzes „und die nicht über beträchtliche Marktmacht verfügen")[26] lässt diese Aussage des Gesetzgebers aber obsolet werden. Sinn und Zweck der Änderung war eine Klarstellung des Anwendungsbereiches von § 18 und § 19 TKG-RegE, jetzt § 21, wonach § 21 auf Unternehmen mit und § 18 auf Unternehmen ohne beträchtliche Marktmacht angewandt werden

19 Vgl. *Heun*, CR 2003, 485, 491; *ders.*, CR 2004, 893, 901.
20 Vgl. Erwägungsgrund Nr. 6 ZRL; vgl. *Neitzel/Müller*, CR 2004, 736, 738.
21 *Scherer*, NJW 2004, 3001, 3004; *Heun*, CR 2004, 893, 901.
22 BT-Drs. 15/2316, S. 64; *Koenig/Loetz/Neumann*, S. 139.
23 Erwägungsgrund Nr. 6 ZRL.
24 *Neitzel/Müller*, CR 2004, 736, 739.
25 § 18 TKG-RegE; BR-Drs. 755/03, S. 83.
26 BT-Drs. 15/2674, S. 21.

soll[27]. Überschneidungen des Anwendungsbereiches beider Normen sind damit ausgeschlossen[28]. Die positive Feststellung aber, dass ein Unternehmen nicht über beträchtliche Marktmacht verfügt, kann die RegTP nur treffen, nachdem sie ein Marktdefinitions- und Marktanalyseverfahren durchgeführt hat. Dem kann auch die Regelung in § 9 Abs. 3 nicht entgegen gehalten werden. Hiernach soll § 18 durch das Verfahren der Marktregulierung unberührt bleiben. Daraus mag man den Schluss ziehen, dass wegen § 9 Abs. 3 Verpflichtungen nach § 18 unabhängig von der Durchführung eines Marktdefinitions- und Marktanalyseverfahrens möglich sein sollten. Ergänzend hierzu bestimmt Art. 5 Abs. 1, Unterabs. 2 ZRL, dass Maßnahmen gegenüber Betreibern, die den Zugang zu Endnutzern kontrollieren, unbeschadet von etwaigen Maßnahmen gegenüber Betreibern mit beträchtlicher Marktmacht ergehen können.

Angesichts des eindeutigen Wortlauts von § 18 Abs. 1 kann diesen Vorschriften aber nicht **19** mit hinreichender Deutlichkeit entnommen werden, dass für § 18 die vorherige Durchführung eines Marktdefinitions- und Marktanalyseverfahrens entbehrlich sein sollte. Unterstützt wird die vorliegend favorisierte Auslegung durch die Regelung in § 13 Abs. 1 S. 4, wonach die Regelung in § 13 Abs. 1 S. 1 und S. 2 auch für Verpflichtungen nach § 18 gilt. Soweit also im Anschluss an die Ergebnisse eines durchgeführten Marktdefinitions- und Marktanalyseverfahrens Verpflichtungen nach § 18 auferlegt werden sollen, ist ein Konsultations- und Konsolidierungsverfahren auch für Verpflichtungen nach § 18 durchzuführen[29]. Zusammenfassend ergibt sich somit aus dem eindeutigen Wortlaut von § 18 Abs. 1 sowie unter Berücksichtigung der Regelungen in §§ 13 Abs. 1 S. 4 und Abs. 3, dass Maßnahmen nach § 18 nur auf Grundlage der Ergebnisse eines Marktdefinitions- und Marktanalyseverfahrens ergehen dürfen.

Die **praktische Bedeutung** dieser Frage dürfte allerdings begrenzt sein. Mit dem Ab- **20** schluss der Verfahren nach §§ 9–13 durch die RegTP für die von der EU-Kommission bezeichneten 18 relevanten Produkt- und Dienstemärkte steht fest, welche Unternehmen auf den einschlägigen Märkten über beträchtliche Marktmacht verfügen. Damit ist zugleich die Feststellung verbunden, dass allen anderen Unternehmen, die auf dem jeweiligen Markt tätig sind, keine beträchtliche Marktmacht zukommt.

Bedeutung könnte die vorstehende Problematik allerdings dann wieder erlangen, wenn **21** sich die EU-Kommission entscheiden sollte, neue oder andere Produkt- und Dienstemärkte vorzugeben oder die RegTP bei einer Überprüfung der Marktdefinition und -analyse nach § 14 feststellt, dass neue Märkte entstanden sind oder sich die Marktanteile der betroffenen Unternehmen deutlich verändert haben.

Abweichend von den Verpflichtungen, die nach § 18 Abs. 1 auferlegt werden können, ist **22** die Auferlegung von Verpflichtungen nach § 18 Abs. 2 nicht auf Betreiber mit nicht beträchtlicher Marktmacht beschränkt. Hiernach können also auch Betreiber mit beträchtlicher Marktmacht, die den Zugang zu Endnutzern kontrollieren, Adressaten einer Verpflichtung nach § 18 Abs. 2 sein. Der Wortlaut des § 18 Abs. 2 ist gerade mit Blick auf den benachbarten § 18 Abs. 1 insoweit eindeutig.

---

27 BT-Drs. 15/2679, S. 13.
28 *Neitzel/Müller*, CR 2004, 736, 738.
29 *Neitzel/Müller*, CR 2004, 736, 739.

23 **d) Verhältnis zu § 21.** – Nachdem der Gesetzgeber geklärt hat, dass § 18 und § 21 einander ausschließende Anwendungsbereiche haben, kann die Kontrolle des Zugangs zu Endnutzern jedenfalls nicht pauschal zur Begründung der **Zuweisung beträchtlicher Marktmacht** herangezogen werden.[30] Andernfalls würde § 18 jede eigenständige Bedeutung verlieren, da den Zugang kontrollierende Unternehmen – aufgrund des in ihrem Netz naturgemäß bestehenden hundertprozentigen Marktanteils – stets als Unternehmen mit beträchtlicher Marktmacht nach § 21 umfassende Zugangsverpflichtungen auferlegt werden könnten. Hier ist vielmehr zu differenzieren: Bei der Terminierung (Anrufzustellung) in einem Netz, an das unmittelbar Teilnehmer angeschlossen sind, spricht eine erste Vermutung für die beträchtliche Marktmacht des jeweiligen Netzbetreibers auf dem Markt der Terminierung (Anrufzustellung) in seinem öffentlichen Telekommunikationsnetz.[31] Die Vermutung kann allerdings durch besondere Umstände auf dem jeweiligen Markt, wie etwa eine entgegengerichtete Nachfragemacht, entkräftet werden.[32]

24 Auch wenn Verpflichtungen nach § 18 Abs. 1 auf Netzbetreiber beschränkt sind, die nicht über beträchtliche Marktmacht verfügen, kann die Auferlegung von Verpflichtungen nach § 18 Abs. 1 i.V.m. § 13 Abs. 3 Konsequenzen für Betreiber mit beträchtlicher Marktmacht haben. Betreiber mit beträchtlicher Marktmacht können ebenso wie solche ohne beträchtliche Marktmacht den Zugang zu Endnutzern kontrollieren. Zwar ist insoweit ein direkter Rückgriff auf § 18 verwehrt, aber der Gleichbehandlungsgrundsatz bzw. das Diskriminierungsverbot werden es regelmäßig gebieten, dass Betreibern mit beträchtlicher Marktmacht, die Zugänge zu Endnutzern kontrollieren, über § 21 **gleichwertige bzw. entsprechende Verpflichtungen** auferlegt werden[33]. Das im Rahmen von § 21 bestehende Ermessen der RegTP wird im Regelfall insoweit auf Null reduziert sein.

25 **2. Zusammenschaltungsverpflichtungen (Abs. 1 S. 1).** – § 18 Abs. 1 S. 1 ermächtigt die RegTP, Betreibern öffentlicher Telekommunikationsnetze ohne beträchtliche Marktmacht, die den Zugang zu Endnutzern kontrollieren, in begründeten Fällen die Verpflichtung aufzuerlegen, ihre Netze mit denen anderer Betreiber öffentlicher Telekommunikationsnetze zusammenzuschalten. „Zusammenschaltung" ist in § 3 Nr. 34 definiert.

26 **a) „in begründeten Fällen".** – § 18 Abs. 1 S. 1 ermöglicht die Auferlegung einer Zusammenschaltungsverpflichtung nur in begründeten Fällen. Ein begründeter Fall ist dann anzunehmen, wenn entweder eine Zusammenschaltung bislang noch nicht erfolgt oder die konkret nachgefragte Zusammenschaltungsleistung von einem bestehenden Zusammenschaltungsvertrag bzw. von einer Zusammenschaltungsanordnung nicht umfasst ist[34]. Der **Aussagegehalt** dieses Tatbestandsmerkmals deckt sich insoweit mit den Anforderungen, die an die Erforderlichkeit der Zusammenschaltungsverpflichtung gestellt werden müssen. Insbesondere darf eine Zusammenschaltung nicht rein vorsorglich auferlegt werden. Über-

---

30 RegTP, ABl. RegTP 2005, S. 245, 306; *Bosch*, K&R 2005, 208, 216 Fn. 51; *Koenig/Loetz/Neumann*, S. 140; *Koenig/Winkler*, MMR 2004, 783, 784.

31 EU-Kommission – Sache DE/2005/0144 –, ABl. RegTP 2005, S. 866, 879, RdNr. 45.

32 Solche Umstände für den Markt der Anrufzustellung in einzelnen öffentlichen Telefonnetzen an festen Standorten bejahend RegTP, mit dieser Auffassung ablehnendem Veto aber EU-Kommission, ABl. RegTP 2005, S. 866, 878 f.; solche Umstände für den Markt der Anrufzustellung in einzelnen Mobiltelefonnetzen verneinend RegTP, ABl. 2005, S. 245, 306.

33 *Koenig/Loetz/Neumann*, S. 140.

34 *Neitzel/Müller*, CR 2004, 736, 740.

haupt dürfte das Erfordernis eines begründeten Falles nicht über die Anwendbarkeit des Verhältnismäßigkeitsprinzips hinausweisen.

Wollte man dem Tatbestandsmerkmal eine eigenständige Bedeutung zusprechen, könnte 27 diese darin liegen, dass der die Zusammenschaltung begehrende Netzbetreiber seine Nachfrage begründen, d.h. insbesondere darlegen muss, dass mit der Zusammenschaltung die Ziele des § 18 Abs. 1 S. 1 erreicht werden. Damit würde man jedoch die Systematik der Zugangsvorschriften der §§ 16 ff. verkennen. Die Verpflichtung zur Zusammenschaltung nach § 18 Abs. 1 S. 1 wird von der RegTP nicht für den jeweiligen Einzelfall, sondern generell und abstrakt ausgesprochen. Der „begründete Fall" kann sich daher nicht auf den individuellen Nachfrager nach einer Zusammenschaltung, sondern allein auf das allgemeine im öffentlichen Interesse liegende Bedürfnis an der Zusammenschaltung des öffentlichen Telekommunikationsnetzes des den Zugang kontrollierenden Netzbetreibers mit den Netzen anderer Betreiber öffentlicher Telekommunikationsnetze beziehen. In jedem Fall sind an das Kriterium **keine allzu hohen Anforderungen** zu stellen[35].

b) „auf entsprechende Nachfrage". – Die generell auferlegte Verpflichtung zur Zusam- 28 menschaltung ist auf die Fälle zu beschränken, in denen eine entsprechende Nachfrage im konkreten Einzelfall besteht. Ohne entsprechende Nachfrage eines Netzbetreibers gegenüber dem nach § 18 Abs. 1 S. 1 verpflichteten Netzbetreiber ginge die Regulierungsverfügung zur Netzzusammenschaltung ins Leere. Die entsprechende Verfügung wäre insoweit nicht erforderlich und damit unverhältnismäßig. Es bedarf daher der gesetzlich vorgesehenen Beschränkung auf die Fälle, in denen die Zusammenschaltung gegenüber dem verpflichteten Netzbetreiber nachgefragt worden ist. Für die Nachfrage gelten dabei die gleichen Anforderungen wie bei dem „Verlangen" eines Zusammenschaltungsangebotes nach § 16 (siehe § 16 RdNr. 19 ff.).

c) **Zielsetzung.** – Die Auferlegung von Verpflichtungen zur Zusammenschaltung der öf- 29 fentlichen Telekommunikationsnetze ist kein Selbstzweck, sondern soll verschiedene Zielvorgaben erfüllen, die ausdrücklich in § 18 Abs. 1 S. 1 niedergelegt sind. Nach allgemeinem Sprachgebrauch ist das „sowie" bei der Auflistung der Zielvorgaben als „und" bzw. „und auch" zu deuten, so dass die **Zielvorgaben kumulativ** und nicht alternativ zu gewährleisten sind.

aa) **Kommunikation der Nutzer.** – Die Zielvorgabe, die Kommunikation der Nutzer zu 30 gewährleisten, kennt das TKG außer bei § 18 Abs. 1 S. 1 nur noch in § 16. Sie soll im Ergebnis eine netzübergreifende Kommunikation aller Nutzer sicherstellen (any-to-any principle). Indem § 18 Abs. 1 S. 1 auf die Kommunikation der Nutzer als Ziel der Zusammenschaltung abstellt, macht er deutlich, dass die eigenen Interessen und wirtschaftlichen Belange des an der Zusammenschaltung interessierten Netzbetreibers im Rahmen der Zielverwirklichung unbeachtlich sein sollen.

„Nutzer" ist nach der Definition in § 3 Nr. 14 jede natürliche Person, die einen Telekom- 31 munikationsdienst für private oder geschäftliche Zwecke nutzt, ohne notwendigerweise Teilnehmer zu sein. Der Begriff des Nutzers ist somit zunächst weitergehend als der Begriff des Teilnehmers, der nach § 3 Nr. 20 jede natürliche oder juristische Person erfasst, die mit einem Anbieter von Telekommunikationsdiensten einen Vertrag über die Erbringung der-

---

35 *Neitzel/Müller*, CR 2004, 736, 740.

artiger Dienste geschlossen hat, zugleich aber enger, da er nur natürliche Personen einschließt (zu den Einzelheiten siehe § 3 RdNr. 24 ff. und § 3 RdNr. 32).

32   Um die Kommunikation der Nutzer zu gewährleisten, ist nicht notwendigerweise eine unmittelbare Zusammenschaltung der jeweiligen öffentlichen Telekommunikationsnetze erforderlich (kritisch RegTP, MMR 2005, 405, 407). Die Kommunikation der Nutzer von zwei Telekommunikationsnetzen kann auch dadurch gewährleistet werden, dass Telekommunikationsnetze Dritter als **Transitnetze** genutzt werden. Nur mit diesem Transitnetz besteht dann eine (unmittelbare) Zusammenschaltung. Die Kommunikation der Nutzer wird jedoch dann nicht (mehr) gewährleistet, wenn das Transitnetz bestimmte Telekommunikationsdienste nicht oder nicht vollständig unterstützt. Die (mittelbare) Zusammenschaltung mittels eines Transitnetzes kommt praktisch immer dann in Betracht, wenn die unmittelbare Zusammenschaltung zweier öffentlicher Telekommunikationsnetze aufgrund der lokalen bzw. regionalen Beschränkung der Telekommunikationsnetze oder aus technischen Gründen nicht oder nur mit unverhältnismäßigem Aufwand möglich ist.

33   **bb) Bereitstellung von Diensten.** – Durch die Auferlegung von Verpflichtungen nach § 18 Abs. 1 S. 1 soll des Weiteren die Bereitstellung von Diensten gewährleistet werden. Der Begriff „Dienste" ist umfassend zu verstehen und nicht im Gesetz definiert. Er wird in Art. 5 Abs. 1 ZRL verwendet und dürfte im Rahmen des § 18 als Oberbegriff für die Begriffe „Telekommunikationsdienste" (zu den Einzelheiten siehe § 3 RdNr. 38 ff.) und „telekommunikationsgestützte Dienste" (zu den Einzelheiten siehe § 3 RdNr. 43) anzusehen sein. Dienste, die in einem öffentlichen Telekommunikationsnetz bereit gestellt, d. h. Nutzern oder Teilnehmern zur Verfügung gestellt wurden und von diesen entgeltlich oder unentgeltlich genutzt werden können, sollen auch Nutzern und Teilnehmern anderer öffentlicher Telekommunikationsnetze zugänglich sein.

34   **cc) Interoperabilität.** – Das Ziel, „Interoperabilität" zu gewährleisten, ist unmittelbar Art. 5 Abs. 1 ZRL entnommen. Der Begriff „Interoperabilität" wird im TKG nicht definiert, obwohl auch er verschiedentlich im Gesetz verwendet wird (siehe §§ 16, 21 Abs. 2 Nr. 4 und Abs. 3 Nr. 3, 48, 49, 85 Abs. 2 Nr. 3). Nach dem Wortlaut soll die Interoperabilität der (bereit gestellten) Dienste gewährleistet werden. Als Interoperabilität bezeichnet man im allgemeinen die Fähigkeit verschiedener unabhängiger Systeme zusammenzuarbeiten, um Informationen auf möglichst effiziente und verwertbare Weise auszutauschen. Dafür ist in der Regel die Einhaltung gemeinsamer Standards und genormter Schnittstellen (z. B. nach ETSI, ITU) Voraussetzung. Die Interoperabilität der bereitgestellten Dienste soll also auf **technischer Seite** sicherstellen, dass Nutzer von Diensten, die in einem öffentlichen Telekommunikationsnetz erbracht werden, auch die Dienste in Anspruch nehmen können, die in anderen öffentlichen Telekommunikationsnetzen angeboten werden. Verschiedene technische Systeme, Endgeräte, Protokolle oder sonstige technische Hemmnisse, die eine nahtlose und effiziente Zusammenarbeit der betroffenen öffentlichen Telekommunikationsnetze und somit deren Interoperabilität erschweren oder verhindern könnten, sollen einer Zusammenschaltung der betroffenen Telekommunikationsnetze nicht entgegenstehen. Die Zielvorgabe „Interoperabilität" dürfte damit das „Wie" einer Anordnung nach § 25 TKG maßgeblich bestimmen, wenn der nach § 18 Abs. 1 S. 1 auferlegten Verpflichtung nicht entsprochen wird.

35   **d) Erforderlichkeit.** – Ist die Auferlegung von Zusammenschaltungsverpflichtungen nach § 18 Abs. 1 S. 1 zur Sicherung der gesetzlich vorgegebenen Zielsetzungen nicht erforderlich, darf die RegTP die Regulierungsverfügung nicht erlassen. Die Verpflichtungen müssen also gerade die Kommunikation der Nutzer und die Bereitstellung von Diensten sowie deren Interoperabilität zum Ziel haben, und es darf kein milderes Mittel geben, um dieses Ziel zu erreichen. Zweck des Eingriffs in die Grundrechte (Art. 12 Abs. 1, 14 Abs. 1, 2 Abs. 1 GG) der Netzbetreiber ohne beträchtliche Marktmacht darf daher in keinem Fall die Korrektur wettbewerblicher Probleme, sondern allein die Durchsetzung der gesetzlich bestimmten **Nutzerinteressen** sein[36]. Eine Zusammenschaltung öffentlicher Telekommunikationsnetze wird regelmäßig zur Erreichung der in § 18 Abs. 1 S. 1 genannten Zielen geeignet und notwendig sein, so dass von der Erforderlichkeit der Regulierungsmaßnahme regelmäßig auszugehen ist[37].

Fraglich ist aber, ob für die Erreichung der gesetzlich beschriebenen Nutzerinteressen eine **36** unmittelbare Zusammenschaltung der betroffenen Telekommunikationsnetze erforderlich ist, oder ob nicht vielmehr die Verbindung mittels eines oder mehrerer Verbindungsnetze, die insofern als Transitnetze fungieren, ausreicht. In der Begründung des Gesetzentwurfes wird wenig nachvollziehbar die Auffassung vertreten, dass eine mittelbare Erreichbarkeit von Endnutzern über andere Verbindungsnetze der unmittelbaren Erreichbarkeit gerade nicht gleichgestellt sei[38]. Diese Einschätzung findet aber im Wortlaut des § 18 Abs. 1 S. 1 keine Stütze. Gefordert wird dort nur die Gewährleistung der Kommunikation der Nutzer und die Bereitstellung von (interoperablen) Diensten. Auf welche Weise die Ziele des § 18 Abs. 1 S. 1 gewährleistet werden, sagt das Gesetz gerade nicht. Es ist auch insoweit **technikneutral**. Die Herstellung einer mittelbaren Erreichbarkeit der Nutzer über Transitnetze wird man also regelmäßig einer unmittelbaren Zusammenschaltung der Telekommunikationsnetze gleichzustellen haben, solange die Qualität der Kommunikation, insbesondere bei dem Zugang zu Diensten, gleich bzw. gleichwertig ist.

e) Umfang der Zusammenschaltungsverpflichtung. – Bei Vorliegen der Vorausset- **37** zungen des § 18 Abs. 1 S. 1 hat die RegTP die Befugnis, dem den Zugang zu Endnutzern kontrollierenden Betreiber die – insofern abstrakte – Verpflichtung aufzuerlegen, sein Netz mit dem Netz anderer Betreiber öffentlicher Telekommunikationsnetze zusammenzuschalten. Die Verpflichtung ergeht hinsichtlich aller Betreiber öffentlicher Telekommunikationsnetze, mit denen eine Netzzusammenschaltung erforderlich ist, um eine Sicherstellung der Regulierungsziele gewährleisten zu können, sofern diese eine Zusammenschaltung konkret nachfragen.

3. Weitere Zugangsverpflichtungen (Abs. 1 S. 2). – Nach § 18 Abs. 1 S. 2 kann die **38** RegTP Betreibern, die nicht über beträchtliche Marktmacht verfügen und die den Zugang zu Endnutzern kontrollieren, weitere Zugangsverpflichtungen auferlegen.

e) End-zu-End-Verbund. – § 18 Abs. 1 S. 2 nennt als Ziel der Auferlegung von Zugangs- **39** verpflichtungen die Gewährleistung eines End-zu-End-Verbunds[39] von Diensten. Auch mit den Verpflichtungen nach § 18 Abs. 1 S. 2 soll die Kommunikation jedes Endnutzers i. S. d. § 3 Nr. 8 (zu den Einzelheiten siehe § 3 RdNr. 12 f.) mit jedem anderen Endnutzer sicher-

---

36 Ähnlich *Koenig/Loetz/Neumann*, S. 139, die sich auf Gemeinwohlinteressen beziehen.
37 *Neitzel/Müller*, CR 2004, 736, 740.
38 BT-Drs. 15/2316, S. 64; dem sich anschließend RegTP, MMR 2005, 405, 407.
39 In der englischen Fassung von Art. 5 Abs. 1 lit. a) ZRL wird dies mit „end-to-end-connectivity" ausgedrückt; auch *Schütz*, RdNr. 340 f.; *Bosch*, K&R 2005, 208, 215.

gestellt werden[40]. Der End-zu-End-Verbund ist eine besondere Ausprägung des *any-to-any principle*.

40 **b) Erforderlichkeit.** – Ist die Auferlegung weiterer Zugangsverpflichtungen nach § 18 Abs. 1 S. 2 nicht erforderlich, um den End-zu-End-Verbund von Diensten zu gewährleisten, darf die RegTP solche Zugangsverpflichtungen nicht auferlegen. Um einen End-zu-End-Verbund von Diensten zu gewährleisten, muss grundsätzlich sichergestellt werden, dass die Dienste, die in einem öffentlichen Telekommunikationsnetz angeboten werden, für alle Endnutzer zugänglich sind, soweit dies technisch möglich ist. Dies gilt unabhängig davon, in welchem Netz der Dienst angeboten wird und aus welchem Netz der Endnutzer den Dienst in Anspruch nehmen möchte[41].

41 Auch zur Gewährleistung des End-zu-End-Verbunds nach § 18 Abs. 1 S. 2 ist – wie schon bei der Gewährleistung der Nutzerkommunikation nach § 18 Abs. 1 S. 1 – nicht zwingend eine unmittelbare Zugangsgewährung vonnöten. Hierbei wird die RegTP jedoch besonders darauf zu achten haben, dass die Qualität der durch den End-zu-End-Verbund zugänglichen Dienste bei einem (nur) mittelbaren Zugang nicht schlechter als bei einem unmittelbaren Zugang ist.

42 **c) Arten der Zugangsverpflichtungen.** – Welche weiteren (Zugangs-)Verpflichtungen nach § 18 Abs. 1 S. 2 auferlegt werden dürfen, sagt das Gesetz nicht. Ausgenommen sind jedenfalls Zusammenschaltungsverpflichtungen, da diese bereits ausdrücklich von § 18 Abs. 1 S. 1 erfasst sind. Nach der Gesetzesbegründung sind mit weiteren Zugangsverpflichtungen Maßnahmen nach § 21 gemeint[42]. Diese Auslegung wird unterstützt durch die europarechtlichen Vorgaben der ZRL, wonach im Umkehrschluss aus Art. 8 Abs. 3, 1. Spiegelstrich ZRL folgt, dass auch gegenüber nicht marktmächtigen Unternehmen Verpflichtungen nach den Art. 9–13 ZRL ausnahmsweise unter bestimmten Voraussetzungen auferlegt werden können[43]. Weitere Zugangsverpflichtungen sind also **solche des Kataloges aus § 21** für Betreiber mit beträchtlicher Marktmacht. Über diesen Katalog hinausgehende Maßnahmen sind im Rahmen von § 18 nicht zulässig. Andernfalls würden Betreiber ohne beträchtliche Marktmacht weitergehenden Eingriffen in ihre Grundrechte unterworfen als solche mit beträchtlicher Marktmacht. Zudem führte dies zu einer – auch gemeinschaftsrechtlich[44] – nicht beabsichtigten Überregulierung von Netzbetreibern ohne beträchtliche Marktmacht.

43 **4. Anforderungen an Maßnahmen nach Abs. 1 (Abs. 3).** – Will die RegTP dem den Zugang zu Endnutzern kontrollierenden Netzbetreiber Zusammenschaltungs- oder weitere Zugangsverpflichtungen nach Maßgabe des § 18 Abs. 1 auferlegen, müssen diese den Anforderungen des § 18 Abs. 3 S. 1 genügen, also objektiv, transparent und nichtdiskriminierend sein. Die RegTP hat bei ihren Maßnahmen nach § 18 Abs. 1 die Vorgaben des § 18 Abs. 3 S. 1 zwingend einzuhalten. Daneben hat die RegTP nach § 18 Abs. 3 S. 2 i.V.m. §§ 21 Abs. 1 S. 2, Abs. 4 zu prüfen, ob die Zugangsverpflichtung gerechtfertigt ist und in einem angemessenen Verhältnis zu den Regulierungszielen nach § 2 Abs. 2 steht.

---

40 Vgl. *Scherer*, K&R 2002, 336, 339.
41 *Neitzel/Müller*, CR 2004, 736, 741.
42 BT-Drs. 755/03, S. 88; *Neitzel/Müller*, CR 2004, 736, 740; *Schütz*, RdNr. 340 Fn. 3.
43 Vgl. *Husch/Kemmler/Ohlenburg*, MMR 2003, 139, 146; *Scherer*, K&R 2002, 336, 339.
44 Hierzu *Neitzel/Müller*, CR 2004, 736, 740 f.

a) Objektivität. – Zunächst müssen die von der RegTP nach § 18 Abs. 1 auferlegten Ver- **44** pflichtungen objektiv sein. Dabei ist zu fordern, dass die Entscheidungsfindung auf sachlichen, verallgemeinerungsfähigen Erwägungen und Maßstäben beruht. **Sachfremde Erwägungen** dürfen nicht mit einbezogen werden. Insbesondere darf die RegTP bei der Auferlegung von Verpflichtungen nach § 18 Abs. 1 keine Kriterien heranziehen, bei denen der Bezug zu den aufgezeigten Regulierungszielen des § 18 Abs. 1 fehlt. Die auf dieser Grundlage von § 18 Abs. 1 ergehende Maßnahme der RegTP muss für den betroffenen Netzbetreiber nachvollziehbar sein und die objektiven Maßstäbe hinreichend erkennen lassen. Das Erfordernis der Objektivität nach § 18 Abs. 3 S. 1 soll vor allem verhindern, dass die RegTP Entscheidungen im Rahmen des § 18 Abs. 1 willkürlich trifft.

b) Transparenz. – Das Kriterium der Transparenz (zum Transparenzbegriff siehe § 20 **45** RdNr. 16 ff.) ergänzt das Erfordernis der Objektivität dahingehend, dass die nach § 18 Abs. 1 aufzuerlegenden Verpflichtungen hinreichend bestimmt und nachvollziehbar sein müssen. Die Erwägungen, die als Grundlage der Auferlegung der Verpflichtung dienen, müssen sich für die betroffenen Netzbetreiber aus der Regulierungsverfügung der RegTP klar ergeben. Dadurch wird abgesichert, dass die RegTP Maßnahmen gegenüber Betreibern ohne beträchtliche Marktmacht, die zu einer asymmetrischen Regulierung führen, nur in begründeten Fällen anordnet und die besonderen Gründe, die zu der Auferlegung von Verpflichtungen geführt haben, klar und unmissverständlich aufzeigt, so dass die Entscheidung der RegTP für alle Betroffenen ohne Weiteres nachvollziehbar ist. Zugleich wird damit auch die gerichtliche Überprüfung der Regulierungsverfügung erleichtert.

c) Diskriminierungsverbot. – Das Diskriminierungsverbot des § 18 Abs. 3 S. 1 sichert **46** seinerseits ab, dass nicht durch die asymmetrische Regulierung selbst Zustände geschaffen werden, die einzelne Betreiber ohne beträchtliche Marktmacht willkürlich benachteiligen oder bevorzugen. Sie sollen vor ungerechtfertigten Ungleichbehandlungen geschützt werden. In Zusammenschau mit den Erfordernissen der Transparenz und Objektivität der Maßnahmen nach § 18 Abs. 1 soll verhindert werden, dass die RegTP Verpflichtungen gegenüber Betreibern ohne beträchtliche Marktmacht ohne sachlichen Grund auferlegt. Die RegTP hat ihre Maßnahmen nach § 18 Abs. 1 vielmehr danach auszurichten, dass sie einzelne Netzbetreiber im Wettbewerb gegenüber anderen Netzbetreibern nicht diskriminiert. Wie bei § 19 wird mit dem Diskriminierungsverbot des § 18 Abs. 3 nicht lediglich eine formale, sondern eine materielle Gleichbehandlung (vgl. § 19 RdNr. 26) der Betreiber ohne beträchtliche Marktmacht gefordert. Andernfalls bestünde die Gefahr, dass § 18 Abs. 3 S. 1 durch Entscheidungen unterlaufen werden könnte, die zwar dem formellen Gleichheitsgebot genügten, in der Sache aber auf eine materielle Ungleichbehandlung hinaus liefen.[45]

d) Entsprechende Geltung des § 21 Abs. 1 S. 2, Abs. 4. – § 18 Abs. 3 S. 2 ordnet eine **47** entsprechende Anwendung des § 21 Abs. 1 S. 2, Abs. 4 an. Hiernach hat die RegTP bei der Auferlegung von Zusammenschaltungs- und weiteren Zugangsverpflichtungen nach § 18 Abs. 1 zu prüfen, ob die Zugangsverpflichtung gerechtfertigt ist und in einem angemessenen Verhältnis zu den Regulierungszielen nach § 2 Abs. 2 steht. Neben den Regulierungszielen in § 2 Abs. 2 führt § 21 Abs. 1 S. 2 insgesamt sieben weitere Kriterien bzw. Regulierungsziele[46] auf, die die RegTP bei ihrer Prüfung zwingend zu berücksichtigen hat.[47] Maß-

---

45 *Koenig/Winkler*, MMR 2004, 783, 783 f.
46 *Scherer*, NJW 2004, 3001, 3005; *Neitzel/Müller*, CR 2004, 736, 740.

nahmen der RegTP nach § 18 Abs. 1 gegenüber Betreibern ohne beträchtliche Marktmacht, die aber den Zugang zu Endnutzern kontrollieren, haben insoweit den gleichen
rechtlichen Rahmenbedingungen zu folgen wie Maßnahmen, die nach § 21 Abs. 1 S. 2 gegenüber Betreibern mit beträchtlicher Marktmacht ergehen (siehe hierzu § 21
RdNr. 35–74).

48 Durch den Verweis auf § 21 Abs. 4 wird die Befugnis der RegTP zur Auferlegung von Verpflichtungen nach § 18 Abs. 1 dahingehend begrenzt, dass eine Auferlegung dann nicht erfolgen darf, wenn der betroffene Netzbetreiber nachweist, dass die Aufrechterhaltung der
Netzintegrität oder die Sicherheit des Netzbetriebes gefährdet würde[48]. Damit hat der Gesetzgeber Kriterien aufgegriffen, die ursprünglich aus den ONP-Richtlinien[49] stammen.
Die im Rahmen des § 21 Abs. 4 aufgestellten Kriterien sind entsprechend anzuwenden
(siehe hierzu § 21 RdNr. 154 ff.).

49 **5. Besondere Gleichbehandlungsverpflichtung (Abs. 2).** – § 18 Abs. 2 S. 1 beschreibt
die Befugnis der RegTP, Betreibern, die den Zugang zu Endnutzern kontrollieren, die Verpflichtung aufzuerlegen, einzelne nachfragende Netzbetreiber in Bezug auf die Erreichbarkeit und Abrechung bestimmter Dienste gegenüber anderen nachfragenden Netzbetreibern
nicht unterschiedlich zu behandeln, d. h. nicht zu diskriminieren[50]. § 18 Abs. 2 S. 1 begründet damit ein spezifisches Gleichstellungsgebot für Betreiber, die den Zugang zu Endnutzern kontrollieren, hinsichtlich der Erreichbarkeit und der Abrechung bestimmter Dienste.

50 Fehlen rechtfertigende Gründe für eine Ungleichbehandlung, erscheint diese mithin als
willkürlich und diskriminierend, kann die RegTP dem durch eine Gleichbehandlungsverpflichtung nach § 18 Abs. 2 im Interesse des Wettbewerbes und der Wettbewerber entgegenwirken. Diese Befugnis besteht unabhängig davon, ob die RegTP bereits eine Verpflichtung nach § 18 Abs. 1 auferlegt hat. § 18 Abs. 2 konstituiert eine eigenständige, zu
§ 18 Abs. 1 nicht akzessorische Befugnis der RegTP[51].

51 Abweichend von den Verpflichtungen, die nach § 18 Abs. 1 auferlegt werden können, ist
die Auferlegung von Verpflichtungen nach § 18 Abs. 2 nicht auf Betreiber mit nicht beträchtlicher Marktmacht beschränkt.[52]

52 **a) Regulierungsziel: Nachhaltig wettbewerbsorientierter Endkundenmarkt (Abs. 2
S. 1).** – Anders als § 18 Abs. 1 ist die Zielrichtung des § 18 Abs. 2 die Schaffung oder Sicherung eines nachhaltig wettbewerbsorientierten Endkundenmarktes. Systematisch passt
die Norm damit nicht in das Normgefüge des § 18, der die im Gemeinwohl liegende Kommunikation von jedem mit jedem (any-to-any-principle) sicherstellen soll[53], also gerade
auf die unmittelbare Gewährleistung von Nutzerinteressen zielt. § 18 Abs. 2 dient insofern
einem anderen Ziel, als er die Wettbewerbsorientierung des betroffenen Endkundenmark-

47 VG Köln, Beschluss vom 11. 4. 2005, Az. 1 L 277/05, S. 8.
48 *Scherer*, NJW 2004, 3001, 3005, Fn. 58.
49 Siehe Art. 3 RL 90/387/EWG und Art. 13 RL 98/10/EG.
50 Nach der Gesetzesbegründung soll die RegTP Teilnehmernetzbetreibern vorgeben können, „dass
    sie andere Teilnehmernetzbetreiber hinsichtlich der Erreichbarkeit und Abrechung bestimmter
    Dienste untereinander nicht diskriminieren dürfen", BT-Drs. 15/2316 S. 64; auch *Koenig/Winkler*,
    MMR 2004, 783, 783 Fn. 7; *Schütz*, RdNr. 342.
51 BT-Drs. 15/2316 S. 64; *Neitzel/Müller*, CR 2004, 736, 741.
52 *Koenig/Winkler*, MMR 2004, 783, 783 Fn. 7.
53 Auch *Koenig/Loetz/Neumann*, S. 139.

tes in den Blick nimmt. Die Verpflichtungen nach § 18 Abs. 2 sollen Ungleichbehandlungen durch Netzbetreiber, die den Zugang zu Endkunden kontrollieren, gegenüber anderen nachfragenden Netzbetreibern verhindern, damit sich ein nachhaltig wettbewerbsorientierter Endkundenmarkt entwickeln kann. Der Begriff „nachhaltig wettbewerbsorientierter Markt" ist in § 3 Nr. 12 definiert, d. h. der Wettbewerb auf dem Markt muss derart abgesichert sein, dass er auch nach Rückführung der sektorspezifischen Regulierung fortbesteht (siehe zu den Einzelheiten § 3 RdNr. 18 ff.). Der Begriff „Endnutzer" kann mit dem Begriff „Endkunde", der in § 3 Nr. 8 definiert ist, gleichgesetzt werden.

b) „nicht ohne sachlich gerechtfertigten Grund". – Dienste, die von mehreren Betrei- **53** bern nachgefragt werden, dürfen von einem den Zugang zu Endnutzern kontrollierenden Betreiber nicht für einzelne andere Betreiber ohne sachlich gerechtfertigten Grund im Hinblick auf die Erreichbarkeit und Abrechnung günstiger oder schlechter als für die anderen nachfragenden Betreiber angeboten werden. Solche Ungleichbehandlungen können allein dann gerechtfertigt sein, wenn für diese ein sachlicher Grund vorliegt. So soll verhindert werden, dass sich die einzelnen Betreiber untereinander diskriminieren[54], d. h. benachteiligen oder bevorzugen. Eine etwaige Ungleichbehandlung darf nur aus nachvollziehbaren und auf objektiven Maßstäben beruhenden Erwägungen erfolgen (siehe insofern zum allgemeinen Diskriminierungsverbot § 19 RdNr. 1 ff.). Der Begriff „nicht ohne sachlich gerechtfertigten Grund" wird vom Gesetz auch im Zusammenhang mit dem missbräuchlichen Verhalten eines Unternehmens mit beträchtlicher Marktmacht in § 42 Abs. 1 S. 2 verwendet (siehe insofern § 42 RdNr. 27 ff.).

c) „unmittelbar oder mittelbar". – Der verpflichtete Netzbetreiber darf einzelne nachfra- **54** gende Netzbetreiber weder unmittelbar noch mittelbar unterschiedlich behandeln. Wie bei § 42 Abs. 1 S. 2 soll durch die Berücksichtigung unmittelbarer und mittelbarer Ungleichbehandlungen ein umfassender Schutz der nachfragenden Netzbetreiber bewirkt werden. Für § 18 Abs. 2 S. 1 ist es somit unerheblich, ob die Ungleichbehandlung bereits durch ungünstigere vertragliche (Zugangs-)Bedingungen hervorgerufen wird oder erst im Rahmen der tatsächlichen technischen und administrativen Bereitstellung des Angebotes der Dienste gegenüber dem nachfragenden Netzbetreiber erfolgt. Die Einbeziehung unmittelbarer und mittelbarer Diskriminierungen soll schließlich Umgehungsstrategien des verpflichteten Netzbetreibers entgegenwirken und damit eine materielle und nicht lediglich eine formelle Gleichbehandlung der nachfragenden Netzbetreiber sicherstellen.

d) Gleichbehandlung hinsichtlich Erreichbarkeit und Abrechnung. – Die Verpflich- **55** tung zur Gleichbehandlung der nachfragenden Netzbetreiber bezieht sich zum einen auf die Erreichbarkeit der vom Tatbestand des § 18 Abs. 2 erfassten Dienste. Erreichbarkeit bedeutet in diesem Zusammenhang, dass diese Dienste von den Endkunden der nachfragenden Netzbetreiber tatsächlich in gleicher Weise wie von den Kunden des nach § 18 Abs. 2 S. 1 verpflichteten Netzbetreibers genutzt werden können. Zum anderen soll eine Gleichbehandlung hinsichtlich der Abrechnung der bestimmten Dienste erfolgen. Umfasst ist dabei der gesamte Abrechnungsvorgang (z. B. Fakturierung, Entgegennahme oder Einzug von Zahlungen sowie gegebenenfalls Mahnungen[55]). Der Anwendungsbereich der Gleichbehandlungsverpflichtung nach § 18 Abs. 2 ist auf die Erreichbarkeit und Abrechnung der vom Tatbestand des § 18 Abs. 2 erfassten Dienste beschränkt.

---

54 BT-Drs. 15/2316, S. 64.
55 BT-Drs. 15/2316, S. 64.

56   **e) Erfasste Dienste.** – Sachlich bezieht sich das spezielle Gleichbehandlungsgebot des § 18 Abs. 2 auf Telekommunikationsdienste im Sinne von § 3 Nr. 24, Universaldienstleistungen im Sinne des § 78 Abs. 2, also Dienstleistungen hinsichtlich der Verfügbarkeit eines öffentlichen Telefonauskunftsdienstes, § 78 Abs. 2 Nr. 3, und der flächendeckenden Bereitstellung von Münz- und Kartentelefonen, § 78 Abs. 2 Nr. 4 (siehe § 78 RdNr. 16 ff.), sowie auf telekommunikationsgestützte Dienste im Sinne von § 3 Nr. 25.

57   **f) Befugnisse zur Missbrauchsaufsicht (Abs. 2 S. 2).** – Entscheidet sich die RegTP, eine Gleichbehandlungsverpflichtung aufzuerlegen, so richtet sich deren Durchsetzung nach den Vorgaben des § 42 Abs. 4, der über § 18 Abs. 2 S. 2 entsprechende Anwendung findet[56]. Missachtet der Adressat der Verpflichtung das Gebot zur Gleichbehandlung, so kann die RegTP diesen Missbrauch entsprechend dem Verfahren zur Missbrauchsaufsicht von Amts wegen abstellen. In diesem Zusammenhang stehen der RegTP die Befugnisse des § 42 Abs. 4 S. 2 (z. B. Auferlegung oder Untersagung von Verhaltensweisen oder Erklärung der Unwirksamkeit des Vertrages) zu. Es handelt sich um eine **Rechtsfolgenverweisung**. Die Entscheidung der RegTP nach § 18 Abs. 2 S. 2 in Verbindung mit § 42 Abs. 4 steht im Ermessen der Behörde („kann") (siehe § 42 RdNr. 51).

58   **6. Begünstigte und Drittschutz.** – Begünstigte der Zusammenschaltungsverpflichtungen, die Betreibern eines öffentlichen Telekommunikationsnetzes ohne beträchtliche Marktmacht nach **§ 18 Abs. 1 S. 1** auferlegt werden, können nur andere die Zusammenschaltung nachfragende Betreiber öffentlicher Telekommunikationsnetze sein. **§ 18 Abs. 1 S. 2** hingegen begünstigt weitergehend sämtliche Zugangsberechtigten, also Unternehmen, die den Zugang zur Erbringung von Telekommunikationsdiensten nutzen (vgl. § 3 Nr. 32). Hierbei muss es sich nicht um Netzbetreiber handeln.

59   Den Kreis der Begünstigten zieht **§ 18 Abs. 2** dem Wortlaut nach mit „einzelne nachfragende Betreiber öffentlicher Telekommunikationsnetze" enger. Dies erklärt sich aus der Zielsetzung, die mit der Auferlegung der Gleichbehandlungsverpflichtung nach § 18 Abs. 2 verfolgt werden soll. So soll die Gleichbehandlungsverpflichtung garantieren, dass der verpflichtete Netzbetreiber ohne beträchtliche Marktmacht den Wettbewerb auf einem Endkundenmarkt nicht dadurch beeinflusst, dass er einzelne Nachfrager willkürlich bevorzugt oder benachteiligt.

60   Sowohl § 18 Abs. 1 als auch § 18 Abs. 2 dürfte, folgt man der herrschenden sog. Schutznormlehre[57], **drittschützender Charakter** zukommen.[58] Andere Betreiber öffentlicher Telekommunikationsnetze (§ 18 Abs. 1 S. 1 und Abs. 2) sowie Zugangsberechtigte (§ 18 Abs. 1 S. 2) können damit grundsätzlich gegenüber der RegTP Zusammenschaltungs-, weitere Zugangs- und Gleichbehandlungsansprüche geltend machen.

61   § 18 Abs. 1 S. 1 benennt zunächst ausdrücklich die Betreiber öffentlicher Telekommunikationsnetze als Begünstigte der Auferlegung von Verpflichtungen gegenüber Betreibern ohne beträchtliche Marktmacht, die den Zugang zu Endnutzern kontrollieren. Allerdings ist der primäre Zweck des regulatorischen Eingriffs nach § 18 Abs. 1 S. 1 die Durchsetzung von im Gemeinwohl liegenden Nutzerinteressen im Sinne von § 2 Abs. 2 Nr. 1 (insbesondere die Gewährleistung der Kommunikation der Nutzer). Dieser Zweck kann vorliegend aber nur

56 BT-Drs. 15/2316, S. 64; *Schütz*, RdNr. 342 a. E.
57 Vgl. nur *Kopp/Schenke*, VwGO, § 42 RdNr. 83 ff.
58 So auch *Schütz*, RdNr. 342.

562   *Nolte*

durch eine Zusammenschaltung mit dem Netz des nachfragenden Betreibers erreicht werden. Dieser steht damit im Mittelpunkt einer Entscheidung nach § 18 Abs. 1 S. 1. Seine Begünstigung ist nicht lediglich Reflex der Möglichkeit, Zusammenschaltungsverpflichtungen nach § 18 Abs. 1 S. 1 aufzuerlegen, sondern unabdingbare Voraussetzung für die Erreichung des Zieles, die Kommunikation der Nutzer und die Bereitstellung (interoperabler) Dienste zu gewährleisten. § 18 Abs. 1 S. 1 dient somit zumindest auch dem Schutz des nachfragenden Netzbetreibers. Dieser gehört auch zu einem hinreichend individualisierbaren Personenkreis der Normbegünstigten, der von der Allgemeinheit unterscheidbar ist.

§ 18 Abs. 1 S. 2 soll zwar primär den End-zu-End-Verbund von Diensten im Nutzerinteresse gewährleisten. Dies geht aber, ähnlich wie bei § 18 Abs. 1 S. 1, nur durch die Inanspruchnahme von Zugängen durch Dritte. Diese Dritten sind somit unabdingbare Voraussetzung für die Erreichung des gesetzlich vorgegebenen Ziels, den End-zu-End-Verbund von Diensten zu gewährleisten. § 18 Abs. 1 S. 2 dient somit zumindest auch ihrem Schutz. Die Zugangsberechtigten sind auch hinreichend von der Allgemeinheit abgrenzbar, da es sich gemäß § 3 Nr. 32 um Unternehmen handeln muss, die den Zugang für die Erbringung von Telekommunikationsdiensten nutzen wollen. **62**

Auch § 18 Abs. 2 kommt drittschützender Charakter zu. Zwar besteht bei § 18 Abs. 2 das primäre gesetzliche Ziel in der Schaffung oder Sicherung eines nachhaltig wettbewerbsorientierten Endkundenmarktes. So ließe sich argumentieren, das Gesetz wolle den Wettbewerb, aber nicht die Wettbewerber schützen. Andererseits nennt § 18 Abs. 2 ausdrücklich die anderen nachfragenden Betreiber öffentlicher Telekommunikationsnetze als Begünstigte und stellt damit klar, dass die Schaffung der gewollten Wettbewerbssituation gerade durch die Gleichbehandlung bestimmter, individualisierbarer Netzbetreiber erfolgen soll. Mit der Verpflichtung des den Zugang zu Endkunden kontrollierenden Netzbetreibers zur Gleichbehandlung korrespondiert ein Recht des begünstigten, den Zugang nachfragenden Netzbetreibers, gleich behandelt zu werden. § 18 Abs. 2 dient damit zumindest auch dem Schutz dieser nachfragenden Netzbetreiber. **63**

Im Ergebnis dürften die Normbegünstigten einen Anspruch auf Auferlegung von Verpflichtungen nach § 18 gegen die RegTP geltend machen können, wenn im Einzelfall das Ermessen der RegTP nach allgemeinen Grundsätzen auf Null reduziert ist und diese sich dennoch weigert, von ihren Befugnissen nach § 18 Gebrauch zu machen. Andernfalls steht ihnen ein Anspruch auf fehlerfreie Ermessensausübung zu. **64**

7. Ermessen. – Die Auferlegung einer Zugangs- bzw. Gleichbehandlungsverpflichtung liegt nach dem Wortlaut („kann") des § 18 Abs. 1 und Abs. 2 im Ermessen der RegTP. **65**

Der RegTP kommt dabei zunächst ein **Entschließungsermessen** zu, ob sie Betreibern ohne beträchtliche Marktmacht Zugangs- oder Gleichbehandlungsverpflichtungen nach § 18 auferlegen will. Dieses Ermessen dürfte nur in den seltensten Fällen auf Null reduziert sein, wenn man bedenkt, dass es sich bei § 18 um eine Ausnahme von dem Grundsatz der asymmetrischen Regulierung und einen ansonsten systemfremden Eingriff in die Grundrechte von Unternehmen handelt, die auf den Telekommunikationsmärkten aktiv sind, ohne über beträchtliche Marktmacht zu verfügen. Die RegTP ist daher gehalten, in jedem Einzelfall kritisch zu prüfen, ob die von ihr geplante Auferlegung von Verpflichtungen gegenüber dem betroffenen Netzbetreiber ohne beträchtliche Marktmacht tatsächlich zur Erreichung der gesetzlich vorgegebenen Ziele erforderlich und angemessen ist. Im Ergebnis wird die RegTP von den Befugnissen nach § 18 nur restriktiv Gebrauch machen dürfen. **66**

67   Darüber hinaus steht der RegTP ein **Auswahlermessen** hinsichtlich Art und Umfang der aufzuerlegenden Zugangs- bzw. Gleichbehandlungsverpflichtungen zu. Man wird daher der RegTP über den Wortlaut des § 18 hinaus das Recht einräumen müssen, die jeweils von ihr für erforderlich erachteten Zugangs- bzw. Gleichbehandlungsverpflichtungen bereits im Rahmen einer Regulierungsverfügung nach § 18, soweit dies möglich und sinnvoll erscheint, näher zu konkretisieren.

68   Die RegTP spricht nach Ausübung pflichtgemäßen Ermessens eine Verpflichtung gegenüber dem Regulierungsadressaten aus, d. h. dem Betreiber ohne beträchtliche Marktmacht, der den Zugang zu Endnutzern kontrolliert, wird ein bestimmtes Verhalten vorgeschrieben. Die Auferlegung von Verpflichtungen nach § 18 stellt somit einen **Verwaltungsakt** i. S. v. § 35 S. 1 VwVfG dar, der von dem betroffenen Netzbetreiber angefochten werden kann.

69   Eine Entscheidung der RegTP, die Verpflichtungen nach § 18 auferlegt, ändert, beibehält oder widerruft (Regulierungsverfügung gemäß § 13 Abs. 1 S. 4 i. V. m. § 13 Abs. 1 S. 1 und 2)[59], ergeht regelmäßig zusammen mit den Ergebnissen des Marktdefinitions- und Marktanalyseverfahrens nach §§ 10, 11 als einheitlicher Verwaltungsakt (§ 13 Abs. 3).

V. Durchsetzung

70   Kommt eine Vereinbarung über Zugangsleistungen nach § 18 nicht zustande und liegen die Voraussetzungen für eine Verpflichtung zur Zugangsgewährung vor, so ordnet die RegTP den Zugang nach § 25 Abs. 1 S. 1 an. Der Verweis auf § 18 ist vorliegend ungenau. Wie sich aus dem Verweis auf § 42 Abs. 4 in § 18 Abs. 2 S. 2 ergibt, bezieht sich § 25 nur auf die Durchsetzung der Zugangsverpflichtungen nach § 18 Abs. 1.

71   Zur Durchsetzung von Zugangsverpflichtungen nach § 18 Abs. 1 scheidet ein Missbrauchsverfahren nach § 42 aus, da diese Regelung nur auf Unternehmen mit beträchtlicher Marktmacht Anwendung findet.

72   Soweit die RegTP Gleichbehandlungsverpflichtungen nach § 18 Abs. 2 S. 1 auferlegt hat, ordnet § 18 Abs. 2 S. 2 die entsprechende Geltung von § 42 Abs. 4 an. Hiernach kann die RegTP im Rahmen ihrer Befugnisse zur Missbrauchsaufsicht dem betroffenen Netzbetreiber ein Verhalten auferlegen oder untersagen oder Verträge ganz oder teilweise für unwirksam erklären (vgl. § 42 RdNr. 51).

---

59 Vgl. *Scherer*, NJW 2004, 3001, 3004.

§ 19 Diskriminierungsverbot

(1) Die Regulierungsbehörde kann einen Betreiber eines öffentlichen Telekommunikationsnetzes mit beträchtlicher Marktmacht dazu verpflichten, dass Vereinbarungen über Zugänge auf objektiven Maßstäben beruhen, nachvollziehbar sein, einen gleichwertigen Zugang gewähren und den Geboten der Chancengleichheit und Billigkeit genügen müssen.

(2) Die Gleichbehandlungsverpflichtungen stellen insbesondere sicher, dass der betreffende Betreiber anderen Unternehmen, die gleichartige Dienste erbringen, unter den gleichen Umständen gleichwertige Bedingungen anbietet und Dienste und Informationen für Dritte zu den gleichen Bedingungen und mit der gleichen Qualität bereitstellt wie für seine eigenen Produkte oder die seiner Tochter- oder Partnerunternehmen.

Schrifttum: *Attendorn*, Von Gleichheit, Gleichwertigkeit und Chancengleichheit, MMR 2005, 353; *Ellinghaus*, TKG-Novelle und Europarecht: Probleme mit der Flexibilisierung, CR 2004, 23; *ders.*, Erste Stufe der TKG-Novelle: Umsetzung des TK-Richtlinienpaketes durch Zeitablauf, CR 2003, 657; *Heun*, Der Referentenentwurf zur TKG-Novelle, CR 2003, 485 ff.; *ders.*, Das neue Telekommunikationsgesetz 2004, CR 2004, 893; *Husch/Kemmler/Ohlenburg*, Die Umsetzung des EU-Rechtsrahmens für elektronische Kommunikation: Ein erster Überblick, MMR 2003, 139; *Jochum*, Steht die Zugangsregulierung im Ermessen der RegTP?, MMR 2005, 161; *Kirchner*, Mobilfunkregulierung im TKG-Regierungsentwurf und der „Neue Rechtsrahmen" des europäischen Gemeinschaftsrechts, MMR 12/2003, V; *Korehnke*, Beurteilung des Regulierungsentwurfes eines Telekommunikationsgesetzes aus Sicht der Vodafone D2 GmbH, TKMR-Tagungsband 2004, 17; *Scherer*, Die Umgestaltung des europäischen und deutschen Telekommunikationsrechts durch das EU-Richtlinienpaket – Teil II, K&R 2002, 336; *ders.*, Das neue Telekommunikationsgesetz, NJW 2004, 3001; *Schütz/Attendorn*, Das neue Kommunikationsrecht der Europäischen Union – Was muss Deutschland ändern?, MMR-Beilage 4/2002; *Schütz/Attendorn/König*, Elektronische Kommunikation, 2003; *Spoerr/Sellmann*, Zugangsregulierung, Entgeltregulierung und Missbrauchsaufsicht vom TKG 1996 bis zum TKG 2004: Rückblick und Ausblick, N&R 2004, 98; *Thomaschki*, Referentenentwurf zum TKG – Auswirkungen auf die Praxis der Marktregulierung, MMR 2003, 500.

Übersicht

I. Normzweck

1 Die in § 19 verankerte Befugnis der RegTP, Gleichbehandlungsverpflichtungen aufzuerlegen, flankiert – ähnlich wie die §§ 20 und 24 – die Zugangsverpflichtungen, die einem Betreiber öffentlicher Telekommunikationsnetze, der über beträchtliche Marktmacht verfügt, nach § 21 auferlegt werden können[1]. Mit dem vom Gesetzgeber so genannten Diskriminierungsverbot in § 19 sollen Wettbewerber des Betreibers mit beträchtlicher Marktmacht vor ungerechtfertigten Ungleichbehandlungen geschützt werden. Unternehmen mit beträchtlicher Marktmacht sollen, insbesondere wenn sie vertikal integriert sind, daran gehindert werden, den Wettbewerb zu verzerren[2].

2 Kerngehalt des § 19 ist die mögliche Verpflichtung des Betreibers mit beträchtlicher Marktmacht zur Einräumung gleichwertiger Zugangsbedingungen unter gleichen Umständen. Der Betreiber mit beträchtlicher Marktmacht soll externe Nachfrager formell, aber insbesondere auch materiell nicht schlechter behandeln, als er sich selbst und seine (selbstständigen) Konzernunternehmen oder (unselbstständigen) Betriebsteile behandelt. Er soll zudem die externen Nachfrager auch untereinander ohne sachlichen Grund nicht unterschiedlich behandeln. § 19 ist damit Bestandteil des EG-rechtlich vorgesehenen „Werkzeugkastens", der der RegTP vom TKG bereitgestellt wird, um im Einzelfall angemessene und auf die zu regulierende Situation zugeschnittene Maßnahmen gegenüber Betreibern mit beträchtlicher Marktmacht ergreifen zu können, ohne der Gefahr einer Überregulierung zu erliegen[3].

II. Entstehungsgeschichte

3 Zu § 19 gibt es im TKG 1996 keine direkte Vorgängernorm. Allerdings wurden wesentliche – wenngleich nicht sämtliche – Prinzipien des Diskriminierungsverbotes von § 33 TKG 1996 erfasst, der die Grundnorm der Missbrauchsaufsicht im Telekommunikationsbereich bildete[4]. § 33 TKG 1996 war allerdings auf wesentliche Leistungen beschränkt, während § 19 insoweit einen umfassenden Geltungsanspruch hat[5].

4 Obwohl Art. 10 ZRL die Auferlegung von Gleichbehandlungsverpflichtungen gegenüber Betreibern mit beträchtlicher Marktmacht als eigenständige Maßnahme der nationalen Regulierungsbehörde regelt, sah der Regierungsentwurf zum neuen TKG eine entsprechende Regelung zunächst nur als Bestandteil der allgemeinen Zugangsverpflichtung, dort allerdings als unmittelbar anwendbare gesetzliche Verpflichtung vor (§ 20 Abs. 3 TKG-RegE[6],

---

1 *Scherer*, K&R 2002, 336, 341; *Jochum*, MMR 2005, 161, 162.
2 Vgl. hierzu auch Erwägungsgrund Nr. 17 ZRL.
3 Vgl. hierzu *Ellinghaus*, CR 2004, 23, 26; *Thomaschki*, MMR 2003, 500; *Schütz/Attendorn*, MMR-Beilage 4/2002, 15 ff.; *Husch/Kemmler/Ohlenburg*, MMR 2003, 139, 146 f.
4 Vgl. *Schütz/Attendorn*, MMR-Beilage 4/2002, 36.
5 *Schütz/Attendorn*, MMR-Beilage 4/2002, 36.
6 BT-Drs. 15/2316 S. 14: „Vereinbarungen eines Betreibers eines öffentlichen Telekommunikationsnetzes mit beträchtlicher Marktmacht über Zugänge müssen auf objektiven Maßstäben beruhen, nachvollziehbar sein, einen gleichwertigen Zugang gewähren und den Geboten der Chancengleichheit und Billigkeit genügen." Vgl. auch *Ellinghaus*, CR 2004, 23 ff.; *Kirchner*, MMR 2003, Heft 12, V ff.; *Jochum*, MMR 2005, 161, 162.

zuvor auch § 17 Abs. 3 TKG-RefE[7]). Nach Kritik an dieser Vorgehensweise[8] fand die Vorschrift des § 18a TKG-E zum Diskriminierungsverbot in seiner später auch Gesetz gewordenen Fassung entsprechend der Beschlussempfehlung des federführenden Ausschusses für Wirtschaft und Arbeit des Deutschen Bundestages Eingang in das Gesetzgebungsverfahren[9]. Die neue Vorschrift sollte verdeutlichen, dass der RegTP sämtliche nach der ZRL vorgesehenen Verpflichtungsmöglichkeiten – auch im Hinblick auf die Auferlegung von Gleichbehandlungsverpflichtungen – alternativ und kumulativ zur Verfügung stehen[10]. Darüber hinaus wurde die Auferlegung der Gleichbehandlungsverpflichtungen in Übereinstimmung mit den EG-rechtlichen Vorgaben in das Ermessen der RegTP gestellt. § 18a TGK-E trat aufgrund der Neunummerierung des TKG nach dem Gesetzesbeschluss vom 6./14. 5. 2004 als § 19 in Kraft.

III. EG-rechtliche Grundlagen

§ 19 dient der **Umsetzung des Art. 10 ZRL**. Die Vorschrift ist anders als Art. 10 ZRL 5 („Gleichbehandlungsverpflichtung") mit „Diskriminierungsverbot" überschrieben. Die Wahl der amtlichen Überschrift im TKG ist irreführend, denn ein unmittelbar gegenüber dem Betreiber mit beträchtlicher Marktmacht geltendes Verbot, Unternehmen, die Zugangsleistungen nachfragen, nicht zu diskriminieren, enthält § 19 gerade nicht[11]. § 19 ist keine Verbotsnorm, sondern eine Ermächtigungsgrundlage.

Art. 10 ZRL ordnet sich ein in den Kanon der Verpflichtungsermächtigungen, die in 6 Art. 9–13 ZRL vorgegeben werden. Die Art. 9–13 ZRL geben den nationalen Regulierungsbehörden mehrere Regulierungsinstrumente an die Hand, damit diese in der jeweiligen Situation sinnvolle und angemessene Maßnahmen gegenüber Betreibern mit beträchtlicher Marktmacht ergreifen können (vgl. Erwägungsgrund Nr. 15 ZRL).

Schon die **Vorgängerrichtlinie** 97/33/EG sah bestimmte Verpflichtungen für Betreiber 7 mit beträchtlicher Marktmacht vor. Art. 6 lit. a) RL 97/33/EG bestimmte, dass die Mitgliedstaaten die Einhaltung des Grundsatzes der Nichtdiskriminierung sicherstellen müssen. Die Vorgaben aus der RL 97/33/EG wurden weitgehend inhaltsgleich in Art. 10 Abs. 2 ZRL übernommen. Die ZRL macht in ihrem Erwägungsgrund Nr. 14 zugleich deutlich, dass sie sich hinsichtlich der Verpflichtungen, die Unternehmen mit beträchtlicher Marktmacht aufzuerlegen sind, in der Tradition der RL 97/33/EG sieht und die den nationalen Regulierungsbehörden in der Vergangenheit zustehenden Verpflichtungsoptionen beibehalten möchte. Um eine Überregulierung zu vermeiden, sollen diese Verpflichtungsoptionen aber gleichzeitig auch als Obergrenze der Auflagen für Unternehmen mit beträchtlicher Marktmacht festgeschrieben werden[12].

---

7 Vgl. hierzu generell *Heun*, CR 2003, 485 ff.; *Thomaschki*, MMR 2003, 500 ff.
8 Vgl. *Korehnke*, TKMR-Tagungsband 2004, 17, 20; *Ellinghaus*, CR 2004, 23, 26; *Thomaschki*, MMR 2003, 500, 500 f.
9 BT-Drs. 15/2674, S. 22.
10 BT-Drs. 15/2679, S. 13; vgl. hierzu aber auch ERG Common Position on the approach to appropriate remedies in the new regulatory framework, ERG (03) 30rev1, S. 49, wonach die Auferlegung von Gleichbehandlungsverpflichtungen, um effektiv zu sein, regelmäßig mit anderen Verpflichtungsoptionen kombiniert werden muss.
11 Anders noch § 20 Abs. 3 TKG-RegE, s. Fn. 6.
12 Erwägungsgrund Nr. 14 S. 2 ZRL.

8 Der Gleichbehandlungsgrundsatz soll nach Erwägungsgrund Nr. 17 ZRL garantieren, dass Unternehmen mit beträchtlicher Marktmacht den Wettbewerb nicht verzerren, insbesondere wenn es sich um vertikal integrierte Unternehmen handelt, die Dienste für andere Anbieter erbringen, mit denen sie auf nachgelagerten Märkten in Wettbewerb stehen.

9 In **§ 19 Abs. 1** hat der Gesetzgeber den möglichen Inhalt der aufzuerlegenden Gleichbehandlungsverpflichtungen, abweichend von den Vorgaben der ZRL, näher spezifiziert. So hat er – übernommen aus § 35 Abs. 2 S. 1 TKG 1996[13] – bestimmt, dass die Vereinbarungen „auf objektiven Maßstäben beruhen, nachvollziehbar sein (und) einen gleichwertigen Zugang gewähren" müssen[14]. Zudem müssen die Vereinbarungen den Geboten der Chancengleichheit und Billigkeit genügen. In Art. 10 Abs. 1 ZRL heißt es hingegen lediglich, dass die nationale Regulierungsbehörde „Gleichbehandlungsverpflichtungen in Bezug auf die Zusammenschaltung und/oder den Zugang auferlegen" kann.

10 Der Begriff der Billigkeit entstammt offenbar Art. 12 Abs. 1, letzter Satz ZRL, wonach die nationalen Regulierungsbehörden Zugangsverpflichtungen mit Bedingungen in Bezug auf Fairness, Billigkeit und Rechtzeitigkeit verknüpfen können. Der Begriff der Chancengleichheit dürfte von dem aus dem anglo-amerikanischen Recht stammenden Begriff der Fairness abgeleitet worden sein. Ein Bedürfnis für die ausdrückliche Übernahme des Begriffes der Rechtzeitigkeit hat der deutsche Gesetzgeber augenscheinlich nicht gesehen, vermutlich weil die Auferlegung diesbezüglicher Bedingungen schon unter den Topos der Chancengleichheit fällt.

11 **§ 19 Abs. 2** setzt Art. 10 Abs. 2 ZRL im Wesentlichen wortgleich um. Ersetzt wurde lediglich das Wort „bietet" aus der Richtlinie durch „anbietet". Eine wenig glückliche Änderung, da sich das Anbieten einer Bedingung nach allgemeinem Sprachgebrauch auf den Zeitraum vor dem Abschluss einer Zugangsvereinbarung bezieht, während der ansonsten wortgleiche Art. 10 Abs. 2 ZRL auch den Zeitraum während des Bestehens eines Vertragsverhältnisses zwischen dem Betreiber mit beträchtlicher Marktmacht und dem zugangsberechtigten Unternehmen erfasst. Denn Art. 10 Abs. 2 ZRL beschreibt als Ziel, das mit den Gleichbehandlungsverpflichtungen erreicht werden soll, die tatsächliche Gleichbehandlung und nicht lediglich die vertragliche Verpflichtung des Betreibers mit beträchtlicher Marktmacht, zugangsberechtigte Unternehmen gleich zu behandeln.

IV. Einzelerläuterungen

12 § 19 Abs. 1 ermächtigt die RegTP, Betreibern öffentlicher Telekommunikationsnetze mit beträchtlicher Marktmacht Gleichbehandlungsverpflichtungen aufzuerlegen. Bei § 19 Abs. 1 handelt es sich also um eine **Ermächtigungsgrundlage** für grundrechtsrelevantes staatliches Handeln der RegTP gegenüber Unternehmen mit beträchtlicher Marktmacht. Die Gleichbehandlungsverpflichtungen, die die RegTP auferlegen kann, beziehen sich auf Vereinbarungen über Zugänge. Diese Vereinbarungen müssen „auf objektiven Maßstäben beruhen, nachvollziehbar sein, einen gleichwertigen Zugang gewähren und den Geboten der Chancengleichheit und Billigkeit genügen". § 19 Abs. 2 enthält, ohne selbst die RegTP zu einem Handeln zu ermächtigen, bezogen auf § 19 Abs. 1 ein Sicherstellungsgebot, wel-

---

13 S. auch § 41 Abs. 3 Nr. 3 TKG 1996.
14 Vgl. hierzu auch Art. 3 Abs. 1 RL 90/387/EWG („ONP-Richtlinie").

ches das Ziel der Auferlegung von Gleichbehandlungsverpflichtungen gegenüber dem Betreiber mit beträchtlicher Marktmacht näher beschreiben und erläutern soll.

1. Verpflichtete. – Adressaten einer Regulierungsverfügung der RegTP nach § 19 können **13** nur **Betreiber eines öffentlichen Telekommunikationsnetzes** mit **beträchtlicher Marktmacht** sein[15]. Was unter einem „Betreiber" zu verstehen ist, ist im TKG ebenso wenig definiert wie der Begriff „öffentlich" (siehe insofern § 16 RdNr. 11 ff. und 17 ff.). „Telekommunikationsnetz" ist in § 3 Nr. 27 definiert. „Beträchtliche Marktmacht" liegt nach der Definition des § 3 Nr. 4 dann vor, wenn die Voraussetzungen des § 11 Abs. 1 S. 3–5 erfüllt sind. Dies bedeutet insbesondere, dass in Übereinstimmung mit dem EU-Richtlinienpaket ein Marktdefinitions- und Marktanalyseverfahren von der RegTP durchgeführt worden sein muss (§ 13 Abs. 3), bevor Verpflichtungen nach § 19 auferlegt werden können.

2. Begünstigte und Drittschutz. – Begünstigte der Verpflichtungen, die Betreibern eines **14** öffentlichen Telekommunikationsnetzes mit beträchtlicher Marktmacht nach § 19 Abs. 1 auferlegt werden (können), sind alle diejenigen, die Vereinbarungen über Zugänge mit diesen Betreibern abschließen wollen, also **die potenziellen Vertragspartner.** Den Kreis der Begünstigten zieht § 19 Abs. 2 dem Wortlaut nach mit **„Unternehmen**[16]**, die gleichartige Dienste erbringen"** enger. Dies erklärt sich aus der Zielsetzung, die mit der Auferlegung von Gleichbehandlungsverpflichtungen verfolgt werden soll. So soll der Gleichbehandlungsgrundsatz garantieren, dass Unternehmen mit beträchtlicher Marktmacht den Wettbewerb nicht verzerren[17]. Wettbewerb kann aber nur zwischen Unternehmen bestehen, die gleichartige Dienste anbieten.

In der Praxis dürfte die unterschiedliche Beschreibung der Begünstigten in § 19 Abs. 1 und **15** Abs. 2 keine Probleme aufwerfen, da es sich bei den von den Gleichbehandlungsverpflichtungen Begünstigten regelmäßig um Unternehmen handeln wird, die wegen des Angebotes gleichartiger Dienste zu dem Betreiber mit beträchtlicher Marktmacht in einem Wettbewerbsverhältnis stehen. Im Zweifel wird man aber von einem weiten Kreis der Begünstigten, wie er in § 19 Abs. 1 beschrieben ist, auszugehen haben, da § 19 Abs. 1 die Ermächtigungsgrundlage für die Auferlegung der Gleichbehandlungsverpflichtungen bildet, während § 19 Abs. 2 lediglich beispielhaft („insbesondere") die mit der Auferlegung dieser Pflichten zu erreichenden Ziele erläutert, letztlich damit also nur einen Teilbereich des Regelungsrahmens von § 19 Abs. 1 erfasst. Die Auslegung des Tatbestandsmerkmals „Unternehmen, die gleichartige Dienste erbringen" ist damit für die Rechtfertigung des Handelns der RegTP nach § 19 Abs. 1 grundsätzlich nicht erforderlich. Sie erlangt nur insoweit Bedeutung, als festgestellt werden soll, dass die beispielhaft beschriebene Zielsetzung in § 19 Abs. 2 auf eine bestimmte Zugangssituation anwendbar ist und sich damit zur weiteren Konkretisierung der Gleichbehandlungsverpflichtungen des Betreibers mit beträchtlicher Marktmacht eignet.

---

15 In den §§ 20, 21, 22, 23 und 24 spricht das Gesetz durchgängig von dem „Betreiber eines öffentlichen Telekommunikationsnetzes, der über beträchtliche Marktmacht verfügt", ohne dass hiermit allerdings eine unterschiedliche Bedeutung verbunden wäre.
16 Zur Definition des Tatbestandsmerkmals „Unternehmen" s. § 3 Nr. 29.
17 Erwägungsgrund Nr. 17 ZRL.

16 Nach der sog. **Schutznormlehre**[18] kommt § 19 auch drittschützender Charakter zu. § 19 benennt die (potenziellen) Vertragspartner von Zugangsvereinbarungen und Unternehmen, die gleichartige Dienste erbringen, als Begünstigte der Gleichbehandlungsverpflichtung gegenüber dem Betreiber mit beträchtlicher Marktmacht. Gleichbehandlungsverpflichtungen sind somit kein Selbstzweck, sondern dienen der Herstellung oder Sicherung fairer Wettbewerbsbedingungen zur diskriminierungsfreien und chancengleichen Erbringung von Diensten zugunsten konkret ermittelbarer Unternehmen. Damit liegt der für die Annahme des Drittschutzcharakters der Norm erforderliche individualisierbare Kreis von Normbegünstigten, der sich von der Allgemeinheit unterscheidet, vor. § 19 Abs. 1 nennt zwar den Begünstigten nicht ausdrücklich, sondern spricht vielmehr objektivierend von „Vereinbarungen über Zugänge". Denknotwendig müssen diese Vereinbarungen aber von anderen Rechtspersonen bei dem Betreiber mit beträchtlicher Marktmacht nachgefragt und mit diesem abgeschlossen werden. Zudem nennt § 19 Abs. 2 ausdrücklich andere Unternehmen, die gleichartige Dienste erbringen, so dass der Zweck von § 19, zumindest auch dem Schutz der Begünstigten zu dienen, nicht zweifelhaft sein kann[19]. Auch fehlt es wegen des Interesses an diskriminierungsfreier Leistungserbringung durch den Betreiber mit beträchtlicher Marktmacht nicht an einem von § 19 konkret zu schützenden Interesse.

17 Im Ergebnis können die Normbegünstigten einen Anspruch auf Auferlegung von Gleichbehandlungsverpflichtungen nach § 19 gegen die RegTP geltend machen, wenn im Einzelfall das Ermessen der RegTP nach allgemeinen Grundsätzen auf Null reduziert ist und diese sich dennoch weigert, von ihren Befugnissen nach § 19 Gebrauch zu machen. Andernfalls steht Ihnen ein Anspruch auf fehlerfreie Ermessensausübung zu[20].

18 **3. Ermessen.** – Die Anordnung von Gleichbehandlungsverpflichtungen liegt nach dem Wortlaut des § 19 Abs. 1 („kann") im Ermessen der RegTP. Der RegTP kommt dabei zunächst ein **Entschließungsermessen** zu, ob sie nach Feststellung der beträchtlichen Marktmacht eines Betreibers eine Gleichbehandlungsverpflichtung auferlegen will oder eine andere Verpflichtungsoption der §§ 19 ff. wählt. Allerdings dürfte dieses Ermessen in der Praxis regelmäßig deutlich eingeschränkt oder sogar auf Null reduziert sein[21]. Dies gilt insbesondere dann, wenn es sich bei dem Betreiber mit beträchtlicher Marktmacht um ein vertikal integriertes Unternehmen handelt, also um ein Unternehmen, das sowohl auf relevanten Vorleistungs- als auch auf den entsprechenden nachgelagerten Endkundenmärkten tätig ist. Aufgrund der vertikalen Integration wird stets die naheliegende Gefahr bestehen, dass sich das Unternehmen mit beträchtlicher Marktmacht intern günstigere Bedingungen einräumt, als es seinen Wettbewerbern zu gewähren bereit ist. Aber auch allgemein gilt, dass nach Feststellung der beträchtlichen Marktmacht des Betreibers eines öffentlichen Telekommunikationsnetzes und Auferlegung einer Zugangsverpflichtung nach § 21 die RegTP

---

18 *Kopp/Schenke*, VwGO, § 42 RdNr. 83 ff.
19 So auch *Spoerr/Sellmann*, N&R 2004, 98, 104.
20 *Spoerr/Sellmann*, N&R 2004, 98, 104 mit Hinweis auf Art. 4 Abs. 1 RRL und m. w. Nachw.
21 Vgl. *Ellinghaus*, CR 2003, 657, 662; *ders.*, CR 2004, 23, 26, der unter Bezugnahme auf Art. 8 Abs. 2 ZRL die Auffassung vertritt, dass die RegTP jedenfalls eine der ihr zur Verfügung stehenden Verpflichtungen auswählen und dem Betreiber mit beträchtlicher Marktmacht auferlegen muss, mit weiterführendem Hinweis auf RdNr. 19 und 114 der Leitlinien der Kommission zur Marktanalyse und Ermittlung beträchtlicher Marktmacht nach dem gemeinsamen Rechtsrahmen für elektronische Kommunikationsnetze und -dienste (2002/C 165/03/ABl. EG Nr. C 165/6 v. 11. 7. 2002); ähnlich *Scherer*, NJW 2004, 3001, 3004 unter Bezugnahme auf Art. 16 Abs. 4 RRL und § 9 Abs. 2. Nach *Heun*, CR 2004, 893, 900 ff. kommt der RegTP kein Entschließungsermessen zu.

regelmäßig dafür Sorge zu tragen hat, dass die Vereinbarungen, die dieser Betreiber mit den am Zugang Interessierten abschließt, den Anforderungen des § 19 Abs. 1 und 2 genügen.

Darüber hinaus steht der RegTP ein **Auswahlermessen** hinsichtlich Art und Umfang der **19** aufzuerlegenden Gleichbehandlungsverpflichtungen zu – nicht zu verwechseln mit dem Ermessen der RegTP, welche Verpflichtungsoption sie aus den ihr nach den §§ 19 ff. zur Verfügung stehenden Handlungsmöglichkeiten („Remedies"[22]) im Einzelfall „auswählt"[23]. Fraglich ist, ob § 19 der RegTP die Möglichkeit einräumen will, Gleichbehandlungsverpflichtungen auch jenseits des ausdrücklichen Wortlautes des § 19 anzuordnen. Würde man dies verneinen, bliebe der RegTP allein die Möglichkeit, in der Regulierungsverfügung[24] den Gesetzeswortlaut des § 19 wiederzugeben[25], wenn sie sich dazu entschlossen hat, einem Betreiber mit beträchtlicher Marktmacht Gleichbehandlungsverpflichtungen aufzuerlegen. Dies dürfte mit dem Sinn und Zweck der Art. 9–13 ZRL nicht vereinbar sein, die den nationalen Regulierungsbehörden gerade die notwendige Flexibilität hinsichtlich der Auswahl der Regulierungsmaßnahmen bis zu der EG-rechtlich vorgegebenen „Obergrenze" (Erwägungsgrund Nr. 14 ZRL) einräumen wollten, um wettbewerbsverzerrenden und den Wettbewerb behindernden Zugangsbeschränkungen flexibel und der jeweiligen Situation angepasst entgegenzuwirken. Man wird daher bei § 19 – wie auch bei § 20 – der RegTP im Rahmen des Auswahlermessens das Recht zugestehen müssen, die angeordneten Gleichbehandlungsverpflichtungen, soweit dies möglich und sinnvoll erscheint, näher zu konkretisieren.

Hinsichtlich der Frage, ob eine Regulierungsverfügung, die schlicht den Wortlaut des § 19 **20** Abs. 1 ganz oder teilweise wiedergibt, den **Bestimmtheitsgrundsatz** des § 37 Abs. 1 VwVfG genügt, wird man differenzieren müssen: Soweit die RegTP im Rahmen einer Regulierungsverfügung nach § 19 Abs. 1 anordnet, dass Zugangsvereinbarungen einen gleichwertigen Zugang gewähren und dem Gebot der Chancengleichheit genügen müssen, dürften regelmäßig keine Zweifel an der ausreichenden Bestimmtheit des Verwaltungsaktes bestehen. Für den Betreiber des öffentlichen Telekommunikationsnetzes mit beträchtlicher Marktmacht ist aufgrund der Erläuterung der Gleichbehandlungsverpflichtung in § 19 Abs. 2, die ausdrücklich auf die Anordnungsalternative der Gewährung eines gleichwertigen Zuganges aus § 19 Abs. 1 Bezug nimmt, kein berechtigter Zweifel am Inhalt und Umfang seiner Verpflichtungen möglich. Anderes mag im Einzelfall für die weiteren Verpflichtungsmodalitäten nach § 19 Abs. 1 gelten. Im Zweifel dürfte es aus Sicht der RegTP insoweit ratsam sein, die diesbezüglichen Teile der Anordnung, soweit dies möglich ist, näher zu spezifizieren und – etwa in der Begründung der Regulierungsverfügung – den Inhalt der Handlungspflichten dem Adressaten der Verfügung näher darzulegen.

---

22 Zu diesem Begriff s. *Thomaschki*, MMR 2003, 500 mit Fn. 4.

23 Anders wohl *Scherer*, NJW 2004, 3001, 3004 sowie *Heun*, CR 2004, 893, 901 f., die ein Entschließungsermessen der RegTP kategorisch ausschließen, das Entschließungsermessen allerdings auf den Entschluss beziehen, überhaupt eine der zur Verfügung stehenden Verpflichtungen aufzuerlegen, und das Auswahlermessen der Entscheidung für eine oder mehrere der Verpflichtungsoptionen nach den §§ 19 ff. zuweisen.

24 S. § 13 Abs. 1 S. 1.

25 Vgl. Ziff. I. 2 des Beschlusses der RegTP vom 20. 4. 2005 – BK 4a-04-075/R, ABl. RegTP 2005, S. 578, 580.

21 Die RegTP spricht nach Ausübung pflichtgemäßen Ermessens eine Verpflichtung gegenüber dem Regulierungsadressaten aus, d. h. dem Betreiber mit beträchtlicher Marktmacht wird ein bestimmtes Verhalten vorgeschrieben. Die Auferlegung einer Gleichbehandlungsverpflichtung stellt daher einen **Verwaltungsakt** i. S. v. § 35 S. 1 VwVfG dar, der von dem betroffenen Netzbetreiber angefochten werden kann.

22 Eine Entscheidung der RegTP, die Verpflichtungen nach § 19 auferlegt, ändert, beibehält oder widerruft (Regulierungsverfügung), ergeht zusammen mit den Ergebnissen des Marktdefinitions- und Marktanalyseverfahrens nach §§ 10, 11 als einheitlicher Verwaltungsakt (§ 13 Abs. 3)[26].

23 **4. Vereinbarungen über Zugänge.** – Gleichbehandlungsverpflichtungen nach § 19 beziehen sich auf Vereinbarungen über Zugänge mit Betreibern öffentlicher Telekommunikationsnetze, die über beträchtliche Marktmacht verfügen. Der Begriff „Zugang" ist in § 3 Nr. 32 definiert als das Bereitstellen von Einrichtungen oder Diensten für ein anderes Unternehmen unter bestimmten Bedingungen zum Zwecke der Erbringung von Telekommunikationsdiensten. § 19 ist sowohl auf Zugangsvereinbarungen nach § 22, die auf Verpflichtungen der RegTP zur Zugangsgewährung beruhen, als auch auf „frei"[27] verhandelte Zugangsvereinbarungen eines Betreibers anwendbar.

24 **5. Gleichbehandlungsverpflichtungen (Abs. 1).** – Bei den Bedingungen, die die Vereinbarungen über Zugänge, die ein Betreiber mit beträchtlicher Marktmacht abschließt, gemäß § 19 Abs. 1 zu erfüllen haben, handelt es sich ganz überwiegend um höchst unbestimmte Rechtsbegriffe. Schwierigkeiten bereitet schon der Versuch, die einzelnen Tatbestandsmerkmale des § 19 Abs. 1 in Beziehung zueinander zu setzen.

25 Unterschieden werden kann zwischen den Gleichbehandlungsverpflichtungen, die den Kerngehalt des § 19 Abs. 1 ausmachen, wie dem Gebot, einen gleichwertigen Zugang zu gewähren, und dem Gebot der Chancengleichheit einerseits und den Geboten objektiver Maßstäbe, der Nachvollziehbarkeit und der Billigkeit andererseits. Diese flankieren die eigentlichen Gleichbehandlungsverpflichtungen und dienen in erster Linie dazu, deren Einhaltung sicherzustellen. Es darf allerdings bezweifelt werden, ob diese Unterscheidung in der Praxis Bedeutung erlangen wird. Denn es ist kaum vorstellbar, dass die RegTP (im Rahmen des ihr zustehenden Auswahlermessens) einem Betreiber mit beträchtlicher Marktmacht auferlegt, dass seine Zugangsvereinbarungen auf objektiven Maßstäben beruhen, nachvollziehbar sein und dem Gebot der Billigkeit genügen müssen, ohne ihn zugleich zu verpflichten, einen gleichwertigen Zugang zu gewähren und dem Gebot der Chancengleichheit zu genügen. Hat sich die RegTP entschlossen oder ist sie wegen einer Ermessensreduzierung auf Null verpflichtet, einem Betreiber mit beträchtlicher Marktmacht Gleichbehandlungsverpflichtungen aufzuerlegen, kann sie die Gleichbehandlungsverpflichtungen des § 19 sinnvoll regelmäßig nur insgesamt anordnen.

26 **a) Gewährung gleichwertigen Zugangs und Gebot der Chancengleichheit.** – Die Gleichbehandlungsverpflichtung des § 19 Abs. 1 enthält zwei Grundaussagen: Zugangsnachfrager, die Zugang zu dem Netz oder zu Leistungen des Unternehmens mit beträchtlicher Marktmacht begehren, dürfen zum einen nicht untereinander von dem Unternehmen mit beträchtlicher Marktmacht diskriminiert (bevorzugt oder benachteiligt) werden. Zum

---

26 *Scherer*, NJW 2004, 3001, 3004.
27 *Koenig/Loetz/Neumann*, S. 136.

anderen soll verhindert werden, dass Betreiber mit beträchtlicher Marktmacht sich intern bessere Bedingungen einräumen als den Zugangsnachfragern (**interne = externe Behandlung**)[28]. Dabei müssen die Zugangsnachfrager nach der Intention dcs Gesetzgebers nicht lediglich formal, sondern materiell gleich behandelt werden[29]. Anderenfalls bestünde besonders bei vertikal integrierten Unternehmen die Gefahr, dass diese durch Umgehungsmaßnahmen die Schutzfunktion von § 19 unterliefen[30].

Die Begründung zum Gesetzentwurf stellt des Weiteren klar, dass Gleichwertigkeit mehr **27** bedeutet als nur Diskriminierungsfreiheit, letztere verstanden als die Verpflichtung, andere Unternehmen nicht ohne sachlichen Grund ungleich zu behandeln. Der Zugang muss vielmehr **gleich wertvoll** sein wie andere Zugänge für andere Betreiber in vergleichbarer Ausgangslage[31]. Der Betreiber mit beträchtlicher Marktmacht kann sich also nicht darauf zurückziehen, dass der von ihm gewährte Zugang von minderer Qualität in dieser Form diskriminierungsfrei allen Nachfragern gewährt werde. Vielmehr hat er dafür Sorge zu tragen, dass der gewährte Zugang mit der – möglicherweise technisch anders gestalteten – internen Nutzung der Zugangsleistungen „gleichwertig ist". Dies schließt auch die Pflicht des Betreibers mit beträchtlicher Marktmacht ein, ein auf die Bedürfnisse der Zugangsnachfrager zugeschnittenes Zugangsangebot zu entwickeln und anzubieten[32]. Dem Zugangsnachfrager muss eine vergleichbare unternehmerische Dispositionsfreiheit bei der Ausgestaltung seiner Telekommunikationsdienste für Endkunden wie dem Betreiber mit beträchtlicher Marktmacht eröffnet werden[33]. Auch das Gebot diskriminierungsfreier Zugangsgewährung kann Ungleichbehandlungen allerdings nicht verhindern, die ihren Grund in den allgemeinen Prämissen des TKG und dem ihm zu Grunde liegenden Regulierungskonzept finden und in diesem Sinne strukturell vorgeprägt sind[34]. Hierbei wird es sich allerdings um seltene Ausnahmen handeln.

Die Gleichwertigkeit des Zugangs lässt sich grundsätzlich nur in jedem Einzelfall nach ob- **28** jektiven Kriterien aus **Sicht des Zugangsnachfragers** ermitteln. Dabei kommt dem Gebot der Chancengleichheit, das in § 19 Abs. 1 ausdrücklich verankert ist, eine besondere Bedeutung zu. Bei der Ermittlung der Gleichwertigkeit des angebotenen Zugangs wird zu prüfen sein, ob der angebotene Zugang dem Zugangsnachfrager bei der Gestaltung seines Diensteangebotes die gleichen Chancen einräumt, wie sie dem Betreiber mit beträchtlicher Marktmacht selbst bzw. seinen Tochter- oder Partnerunternehmen zur Verfügung stehen[35].

b) Objektive Maßstäbe. – Inwieweit den Kriterien der objektiven Maßstäbe, der Nach- **29** vollziehbarkeit und dem Gebot der Billigkeit eine eigenständige Bedeutung im Rahmen

---

28 BVerwG MMR 2001, 681, 687 zu § 33 TKG 1996 mit Hinweis auf BT-Drs. 13/3609, S. 46; OVG NRW CR 2003, 429, 430, MMR 2002, 408, 410 zu § 33 TKG 1996; BeckTKG-Komm/*Piepenbrock*, § 33 RdNr. 49; *Koenig/Loetz/Neumann*, S. 136; *Schütz/Attendorn*, MMR-Beilage 4/2002, 18.
29 OVG NRW, Beschluss vom 3. 2. 2003 – 13 B 2130/00 zu § 33 TKG 1996; *Schütz*, RdNr. 323.
30 Vgl. auch Erwägungsgrund Nr. 17 ZRL; *Schütz/Attendorn/König*, RdNr. 178.
31 Vgl. BT-Drs. 15/2316 S. 66; vgl. auch RegTP, Beschluss vom 20. 4. 2005 – BK4-04-075/R, ABl. RegTP 7/2005, S. 578, 595.
32 *Attendorn*, MMR 2005, 353, 355, der hieraus zutreffend eine Pflicht zum Kapazitätsausbau und zur Netzveränderung ableitet.
33 BVerwG MMR 2001, 681, 687 sowie OVG NRW CR 2003, 428, 429 zu § 33 TKG 1996.
34 BVerwG MMR 2004, 398, 399 zu § 33 TKG 1996.
35 So wohl auch *Schütz/Attendorn/König*, RdNr. 178.

der Auferlegung von Gleichbehandlungsverpflichtungen nach § 19 Abs. 1 zukommt, ist schwer vorherzusagen. Wegen der **Unbestimmtheit der Rechtsbegriffe** dürfte es zumindest ratsam sein, die Pflichten, die sich hieraus für den Betreiber mit beträchtlicher Marktmacht ergeben, näher zu bestimmen, d. h. die Einzelheiten gerade der die eigentlichen Gleichbehandlungsverpflichtungen flankierenden Verpflichtungen bereits in der Regulierungsverfügung nach § 19 Abs. 1 aufzuführen.

30   Die RegTP kann verlangen, dass die Vereinbarungen über Zugänge auf objektiven Maßstäben beruhen. Objektiv sind die Maßstäbe dann, wenn die von dem Betreiber mit beträchtlicher Marktmacht angebotene Zugangsvereinbarung auf sachlichen, verallgemeinerungsfähigen Erwägungen und Bedingungen beruht, insbesondere keine Vertragsbestimmungen vorgesehen werden, die zu dem nachgefragten Zugang keinen Bezug haben, etwa weil sie für eine vertragliche Regelung des Zugangs nicht erforderlich oder nicht üblich sind. **Sachfremde Erwägungen** dürfen also nicht zur Voraussetzung für den Abschluss einer Zugangsvereinbarung gemacht werden. Diese Anforderungen sollen verhindern, dass der Betreiber mit beträchtlicher Marktmacht willkürlich Bedingungen vorschreibt.

31   **c) Nachvollziehbarkeit.** – Die Nachvollziehbarkeit der Zugangsvereinbarung setzt voraus, dass die Konditionen, zu denen der Betreiber mit beträchtlicher Marktmacht Zugang gewährt, übersichtlich, klar strukturiert und vollständig dem Betreiber, der Zugang begehrt, angeboten werden. Der Zugangsberechtigte muss die Bedingungen der Zugangsgewährung ohne weiteres ermitteln können. Die Nachvollziehbarkeit erfordert demnach eine umfassende und übersichtliche sowie einfach zugängliche Darstellung der Zugangskonditionen.

32   **d) Gebot der Billigkeit.** – Das Gebot der Billigkeit[36] dürfte die am wenigsten bestimmte Gleichbehandlungsverpflichtung darstellen. Ihr wird praktisch nur dann eine eigenständige Bedeutung im Sinnes eines Handlungsbefehls gegenüber dem Betreiber mit beträchtlicher Marktmacht zukommen, wenn die RegTP die von ihr als notwendig und angemessen erkannten Anforderungen nach dem Gebot der Billigkeit näher erläutert. Im Übrigen dürfte das Gebot der Billigkeit als eine Art **Auffangtatbestand** für solche Anforderungen zu verstehen sein, die sich nicht zwanglos aus einer der anderen in Art. 19 Abs. 1 aufgeführten Gleichbehandlungsverpflichtungen ergeben. Soweit die Auferlegung einer Verpflichtung im Zusammenhang mit der Sicherstellung der Gleichbehandlung gegenüber einem Betreiber mit beträchtlicher Marktmacht unter Berücksichtigung der Regulierungsziele aus § 2 Abs. 2 geeignet, erforderlich und angemessen ist, kann sie als sinnvolle Maßnahme auf das Gebot der Billigkeit nach § 19 Abs. 1 gestützt werden.

33   **6. Sicherstellungsgebot (Abs. 2).** – § 19 Abs. 2 beschreibt beispielhaft, welche Verpflichtungen von der allgemeinen Gleichbehandlungsverpflichtung aus § 19 Abs. 1 erfasst werden. „Stellen […] sicher" meint vorliegend, dass die aufzuerlegenden Gleichbehandlungsverpflichtungen die genannten Ziele sicherstellen sollen. Die Vorschrift stellt insofern, trotz ihrer missglückten Formulierung, eine Konkretisierung der Gleichbehandlungsverpflichtung dar und erläutert den Auftrag an die RegTP, für die Erreichung der beschriebenen Gleichbehandlungstatbestände durch die Auferlegung (und Kontrolle) geeigneter Gleichbehandlungsverpflichtungen Sorge zu tragen.

---

36 Der Begriff der Billigkeit findet sich auch in Art. 12 Abs. 1, letzter Satz ZRL. In der englischen Fassung der ZRL ist dieser Begriff mit „reasonableness" umschrieben.

a) Erbringung gleichartiger Dienste. – § 19 Abs. 2 bezieht sich ausdrücklich auf Unter- **34** nehmen, die gleichartige Dienste erbringen. Den Begriff der **Gleichartigkeit** verwendet auch das allgemeine wettbewerbsrechtliche Diskriminierungsverbot in § 20 GWB, das sich auf „gleichartige Unternehmen" bezieht. Unternehmen sind in diesem Sinne gleichartig, wenn sie eine im Wesentlichen gleiche unternehmerische Tätigkeit und wirtschaftliche Funktion im maßgeblichen Geschäftsverkehr ausüben[37]. Im Rahmen der für die Beurteilung der Gleichartigkeit gebotenen „verhältnismäßig groben Sichtung" reicht in der Regel bereits die Ausübung der für eine bestimmte Wirtschaftsstufe (Produktion, Großhandel, Einzelhandel) typischen unternehmerischen Tätigkeit und wirtschaftlichen Funktion im Hinblick auf eine bestimmte Art von Waren oder gewerblichen Leistungen aus (einzelmarktbezogene Grundfunktion). Auf die übrigen Modalitäten der diese Funktion ausübenden Unternehmen, z. B. auf die Rechtsform der Unternehmen, ihre Absatzstruktur und Abnahmeleistung sowie die Unternehmensgröße, kommt es deshalb nicht an. Entscheidend ist allein die sachliche Marktabgrenzung[38]. Für die Gleichartigkeit ist es im allgemeinen Wettbewerbsrecht überdies nicht einmal notwendig, dass die zu vergleichenden Unternehmen untereinander auf einem bestimmten Markt in einer aktuellen oder potenziellen Wettbewerbsbeziehung stehen[39].

§ 19 Abs. 2 spricht von „Unternehmen, die gleichartige Dienste erbringen", bezieht die **35** Gleichartigkeit also nicht auf das Unternehmen wie § 20 GWB, sondern auf den von dem Unternehmen erbrachten Dienst. Auch bei § 19 Abs. 2 wird man an die Gleichartigkeit der Dienste aber keine zu hohen Anforderungen stellen dürfen. So dürfte es regelmäßig für die Annahme der Gleichartigkeit der Dienste ausreichen, dass die anderen Unternehmen im Sinne des § 19 Abs. 2 auf der gleichen Wertschöpfungsebene wie das Unternehmen mit beträchtlicher Marktmacht (z. B. Großhandel, Einzelhandel) tätig sind und die Art des Dienstes (z. B. Telekommunikation, Inhaltsangebote) übereinstimmt. Im Ergebnis können die Bewertungsmaßstäbe, wie sie für § 20 GWB entwickelt worden sind, auch bei der Anwendung des § 19 Abs. 2 herangezogen werden.

b) Unter den gleichen Umständen. – Die für die Zugangsgewährung maßgeblichen Um- **36** stände müssen gleich sein. Das Gesetz spricht hier nicht von „vergleichbaren" oder „im Wesentlichen gleichen" Umständen. Dennoch wird man an die Gleichheit der maßgeblichen Umstände keinen zu strengen Maßstab anlegen dürfen. „Gleich" bedeutet nicht „identisch". Die Frage, ob ein zugangsrelevanter Sachverhalt gleich ist, bestimmt sich nach dem Sinn und Zweck des § 19 und ist im Einzelfall zu beantworten. Gleiche Umstände werden immer dann vorliegen, wenn keine gewichtigen sachlichen Gründe erkennbar sind, die im jeweiligen Einzelfall eine differenzierende Beurteilung der maßgeblichen Umstände unter Berücksichtigung der Zielsetzung des § 19 notwendig machen.

c) Gleichwertige Bedingungen. – Handelt es sich um Unternehmen, die gleichartige **37** Dienste erbringen, und liegen gleiche Umstände im Sinne des § 19 Abs. 2 vor, dann muss sichergestellt werden, dass der Betreiber mit beträchtlicher Marktmacht diesen Unternehmen gleichwertige Bedingungen anbietet. Die gleichwertigen Bedingungen, die der Betrei-

---

37 Vgl. statt vieler *Immenga/Mestmäcker/Markert*, § 20 GWB RdNr. 99.
38 Vgl. *Immenga/Mestmäcker/Markert*, § 20 GWB RdNr. 100; BeckTKG-Komm/*Piepenbrock*, § 33 RdNr. 44.
39 Vgl. *Immenga/Mestmäcker/Markert*, § 20 GWB RdNr. 101; a. A. *Attendorn*, MMR 2005, 353, 356.

ber mit beträchtlicher Marktmacht anbieten muss, entsprechen denen des „gleichwertigen Zugangs" nach § 19 Abs. 1 (siehe oben RdNr. 26 ff.).

38 In jedem Fall bedeutet die Pflicht zum Angebot gleichwertiger Bedingungen, dass die Leistungen des Unternehmens mit beträchtlicher Marktmacht zu demselben Preis und in derselben Qualität angeboten werden müssen, wie sie sich das Unternehmen mit beträchtlicher Marktmacht intern in Rechnung stellt bzw. erbringt. Ferner darf es die Leistung gegenüber den Wettbewerbern nicht verzögert erbringen und muss auch die notwendigen Informationen unverzüglich bereitstellen. Einem anderen Unternehmen, das gleichartige Dienste erbringt, können hiernach keine ungünstigeren Bedingungen angeboten werden als der Betreiber mit beträchtlicher Marktmacht sich intern einräumt, wenn sich die ungünstigeren Bedingungen nicht sachlich rechtfertigen lassen. Hierfür trägt der Betreiber mit beträchtlicher Marktmacht die Darlegungs- und Beweislast.

39 **d) Dienste und Informationen für Dritte.** – Sollten für die Bereitstellung bestimmter Zugänge über die unmittelbare Zugangsgewährung hinaus Dienste (z. B. die Bereitstellung von Kollokationsflächen, die Beseitigung von Schäden an Mietleitungen) und Informationen (z. B. über Schnittstellen) notwendig sein oder von dem Betreiber mit beträchtlicher Marktmacht ansonsten intern genutzt werden, so hat der Betreiber mit beträchtlicher Marktmacht diese Dienste und Informationen für Dritte zu gleichen Bedingungen und mit der gleichen Qualität bereitzustellen wie für seine eigenen Produkte oder die seiner Tochter- oder Partnerunternehmen.

40 Der Betreiber mit beträchtlicher Marktmacht darf für seine Produkte keine besseren Rahmenbedingungen durch das Angebot von (zusätzlichen) Diensten und Informationen schaffen, als er sie auch Dritten zur Verfügung stellt. Diese müssen objektiv in gleicher Häufigkeit, Art und Weise und Qualität Dienste und Informationen von dem Betreiber mit beträchtlicher Marktmacht beziehen können, um nicht im Wettbewerb gegenüber dem Betreiber mit beträchtlicher Marktmacht benachteiligt zu werden.

41 **e) Tochter- oder Partnerunternehmen.** – Darüber hinaus erstreckt sich die Verpflichtung, Dienste und Informationen für Dritte intern wie extern gleich bereitzustellen, auch auf die „Tochter- oder Partnerunternehmen" des Betreibers mit beträchtlicher Marktmacht. **Tochterunternehmen** im Sinne des HGB sind alle Unternehmen, die unter einheitlicher Leitung eines Mutterunternehmens stehen[40]. Maßgeblich ist dabei, dass von dem Mutterunternehmen ein beherrschender Einfluss auf das abhängige Unternehmen ausgeübt wird. Insbesondere liegt dieser dann vor, wenn dem Mutterunternehmen (1.) die Mehrheit der Stimmrechte der Gesellschafter zusteht, (2.) ihm das Recht zusteht, die Mehrheit der Mitglieder des Verwaltungs-, Leitungs- oder Aufsichtsorgans zu bestellen oder abzuberufen, und sie gleichzeitig Gesellschafter ist oder (3.) das Recht zusteht, einen beherrschenden Einfluss aufgrund eines mit diesem Unternehmen geschlossenen Beherrschungsvertrags oder auf Grund einer Satzungsbestimmung dieses Unternehmens auszuüben[41]. Für § 19 kann sich letztlich keine andere Beurteilung ergeben: Entscheidend ist folglich, dass ein Abhängigkeitsverhältnis zwischen dem Unternehmen mit beträchtlicher Marktmacht als Mutterunternehmen und dem Tochterunternehmen besteht und hierdurch die letztverantwortliche Leitung des Tochterunternehmens bei dem Betreiber mit beträchtlicher Markt-

---

40 Vgl. statt vieler *Baumbach/Hopt/Merkt*, HGB, § 290 RdNr. 5.
41 Vgl. statt vieler MünchKommHGB/*Busse von Colbe*, § 290 RdNr. 27 ff.

macht liegt. Die Art und Weise, wie die beherrschende Kontrolle von dem Mutterunternehmen ausgeübt wird, ist im Ergebnis unbeachtlich.

Der Begriff **Partnerunternehmen** ist dem deutschen Recht – soweit ersichtlich – nicht bekannt. Unter Partnerunternehmen ist ein Unternehmen zu verstehen, das zwar grundsätzlich unabhängig von dem Betreiber mit beträchtlicher Marktmacht ist, also nicht ohne seine Zustimmung dessen Weisungen unterworfen werden kann, aber aufgrund (schuldrechtlicher) vertraglicher Vereinbarungen oder einer Minderheitsbeteiligung in einem besonderen Näheverhältnis zu dem Betreiber mit beträchtlicher Marktmacht steht. Eine Bevorzugung des Partnerunternehmens würde diesem im Wettbewerb einen ungerechtfertigten Vorteil verschaffen und aufgrund des strategischen Interessenverbundes mittelbar auch die Stellung des Betreibers mit beträchtlicher Marktmacht festigen. Unternehmen, die durch strategische Allianzen, Minderheitsbeteiligungen und Kooperationsbestimmungen als Partnerunternehmen in diesem Sinne gelten, dürfen ebenso wenig wie Tochtergesellschaften des Betreibers mit beträchtlicher Marktmacht von diesem bevorzugt behandelt werden. Der Begriff des Partnerunternehmens ist weit auszulegen, damit die RegTP dem gesetzlichen Auftrag zur Sicherstellung der Gleichbehandlung der relevanten Wettbewerbsteilnehmer nachkommen kann. **42**

7. Durchsetzung der Gleichbehandlungsverpflichtungen. – Ein Verstoß gegen § 19 Abs. 1 ist weder strafbar noch als Ordnungswidrigkeit sanktioniert. Vielmehr muss die RegTP zur Sanktionierung eines Verstoßes das Verfahren nach § 126 einhalten. Im Rahmen dieses Verfahrens hat sie gegenüber dem Betreiber mit beträchtlicher Marktmacht darzulegen, worin sie konkret den Verstoß gegen ihre Regulierungsverfügung nach § 19 Abs. 1 sieht, und der Betreiber mit beträchtlicher Marktmacht hat innerhalb einer zu gewährenden angemessenen Frist die Möglichkeit, die Einhaltung der Verpflichtung sicherzustellen. **43**

Erst wenn der Betreiber mit beträchtlicher Marktmacht innerhalb der gesetzten Frist seinen Verpflichtungen aufgrund der Regulierungsverfügung nach § 19 Abs. 1 nicht nachkommt, kann die RegTP die zur Einhaltung der Verpflichtung erforderlichen Maßnahmen anordnen (§ 126 Abs. 2 S. 1). Auch hierbei ist dem Betreiber eine angemessene Frist zu setzen, um den Maßnahmen entsprechen zu können (§ 126 Abs. 2 S. 2). Die entsprechenden Anordnungen nach § 126 Abs. 2 kann die RegTP nach Maßgabe des Verwaltungsvollstreckungsgesetzes mit einem Zwangsgeld bis zu € 500.000,00 durchsetzen. Als *ultima ratio* wird sie dem Betreiber auch die Tätigkeit als Netzbetreiber oder Anbieter von Telekommunikationsdiensten untersagen können (vgl. § 126 Abs. 3). **44**

Unabhängig davon, ob Gleichbehandlungsverpflichtungen nach § 19 von der RegTP angeordnet worden sind, kann das Verhalten eines Betreibers eines öffentlichen Telekommunikationsnetzes, der über beträchtliche Marktmacht verfügt und der einem Nachfrager von Vereinbarungen über Zugänge keinen gleichwertigen Zugang anbietet, auch nach § 42 Abs. 2 „sanktioniert" werden[42] (vgl. § 42 RdNr. 33 ff.). Schließlich kann die RegTP den Zugang anordnen, wenn eine Zugangsvereinbarung nach § 22 ganz oder teilweise nicht zustande kommt und die Voraussetzungen für eine Verpflichtung zur Zugangsgewährung **45**

---

42 Ob unbillige Behinderungen auch schon von § 19 erfasst werden, dürfte trotz der Begründung zum Gesetzentwurf, BT-Drs. 15/2316 S. 66, fraglich sein; ablehnend RegTP, Beschluss vom 15. 11. 2004 – BK 3c-00/040, S. 2; zum Streit bei § 33 TKG 1996 vgl. nur RegTP MMR 2003, 64, 67; OVG NRW CR 2003, 428, 430.

nach dem TKG vorliegen (§ 25 Abs. 1 S. 1). Dabei darf die RegTP die Anordnung mit Bedingungen in Bezug auf u. a. Chancengleichheit und Billigkeit verknüpfen (§ 25 Abs. 5 S. 2). Hierzu dürften auch Regelungen gehören, die die Gleichwertigkeit des gewährten Zugangs sicherstellen.

§ 20 Transparenzverpflichtung

(1) Die Regulierungsbehörde kann einen Betreiber eines öffentlichen Telekommunikationsnetzes, der über beträchtliche Marktmacht verfügt, verpflichten, für die zum Zugang berechtigten Unternehmen alle für die Inanspruchnahme der entsprechenden Zugangsleistungen benötigten Informationen zu veröffentlichen, insbesondere Informationen zur Buchführung, zu technischen Spezifikationen, Netzmerkmalen, Bereitstellungs- und Nutzungsbedingungen sowie über die zu zahlenden Entgelte.

(2) Die Regulierungsbehörde ist befugt, einem Betreiber mit beträchtlicher Marktmacht vorzuschreiben, welche Informationen in welcher Form zur Verfügung zu stellen sind, soweit dies verhältnismäßig ist.

Schrifttum: *Ellinghaus*, Regulierungsverfahren, gerichtlicher Rechtsschutz und richterliche Kontrolldichte im neuen TKG, MMR 2004, 293; *ders.*, TKG-Novelle und Europarecht: Probleme mit der Flexibilisierung, CR 2004, 23; *Jochum*, Steht die Zugangsregulierung im Ermessen der RegTP?, MMR 2005, 161; *Scherer*, Die Umgestaltung des europäischen und deutschen Telekommunikationsrechts durch das EU-Richtlinienpaket – Teil II, K&R 2002, 336; *ders.*, Das neue Telekommunikationsgesetz, NJW 2004, 3001; *Schütz/Attendorn*, Das neue Kommunikationsrecht der Europäischen Union – Was muss Deutschland ändern?, MMR-Beilage 4/2002.

Übersicht

I. Normzweck

Die Transparenzverpflichtung aus § 20 flankiert – ähnlich wie die §§ 19 und 24 – die Zu- **1** gangsverpflichtungen, die einem Betreiber öffentlicher Telekommunikationsnetze, der über beträchtliche Marktmacht verfügt, nach § 21 auferlegt werden können[1]. Die Befugnis der RegTP nach § 20 soll Streitigkeiten zwischen den betroffenen Unternehmen verhindern, das Aushandeln von Zugangsvereinbarungen beschleunigen und dafür sorgen, dass die Zugangsleistungen diskriminierungsfrei erbracht werden (Erwägungsgrund Nr. 16 ZRL)[2]. Sie gehört damit zu dem EG-rechtlich vorgesehenen **„Werkzeugkasten"**, der der RegTP vom TKG bereitgestellt wird, um im Einzelfall angemessene und auf die zu regulierende Situation zugeschnittene Maßnahmen gegenüber Betreibern mit beträchtlicher Marktmacht ergreifen zu können, ohne der Gefahr einer Überregulierung zu erliegen[3].

---

1 *Scherer*, K&R 2002, 336, 341; *Jochum*, MMR 2005, 161, 163.
2 RegTP, Beschluss vom 20. 4. 2005 – BK 4-04-075/R, ABl. RegTP 2005, S. 578, 596.
3 Vgl. hierzu *Schütz/Attendorn*, MMR-Beilage 4/2002, 15 ff.; *Husch/Kemmler/Ohlenburg*, MMR 2003, 139, 146 f.; *Ellinghaus*, CR 2004, 23, 26; *ders.*, MMR 2004, 293, 294.

II. Entstehungsgeschichte

2   Vor Inkrafttreten des § 20 kannte das deutsche Telekommunikationsrecht zwar vereinzelt
Veröffentlichungs- oder Informationspflichten von Netzbetreibern (§ 27 TKV 1997 gegenüber Endkunden und §§ 4 und 6 NZV in Bezug auf besondere Netzzugänge). Allerdings
bezog sich § 4 NZV nur auf Netzzugänge nach § 35 TKG 1996, während § 20 umfassend
auf Zugangsleistungen Anwendung findet. Weitergehende Befugnisse der RegTP zur Auferlegung von Informationspflichten konnten vormals allenfalls unter Rückgriff auf die
Grundnorm der allgemeinen Missbrauchsaufsicht (§ 33 TKG 1996) begründet werden.

3   Eine mit dem heutigen § 20 vergleichbare Regelung war zunächst als Abs. 3 in § 17 TKG-
RefE („Zugangsvereinbarungen") vorgesehen. Nach Satz 1 dieser Regelung musste „der
marktbeherrschende Betreiber den zum Zugang berechtigten Unternehmen auf Anfrage alle für die Inanspruchnahme der entsprechenden Zugangsleistungen benötigten Informationen", die beispielhaft aufgeführt wurden, bereitstellen. Nach Satz 2 dieser Regelung mussten auch die bei „den entsprechenden Leistungen in den nächsten sechs Monaten beabsichtigten Änderungen angegeben" werden. Nach Satz 3 war die RegTP ergänzend „befugt,
einem marktbeherrschenden Betreiber konkret vorzuschreiben, welche Informationen in
welcher Form zur Verfügung zu stellen sind, soweit dies verhältnismäßig ist".

4   Im Zuge der weiteren Vorbereitung des Gesetzentwurfes durch die Bundesregierung wurde
in § 17 Abs. 3 TKG-RefE die Verpflichtung zur Transparenz nach Satz 1 nicht mehr als
gesetzliche Verpflichtung („muss") des Betreibers mit beträchtlicher Marktmacht formuliert. Vielmehr wurde der RegTP die Befugnis zugewiesen, Transparenzverpflichtungen
anzuordnen. Zudem wurde § 17 Abs. 3 S. 2 TKG-RefE gestrichen.

5   Die Transparenzverpflichtung wurde sodann in § 20 Abs. 2 TKG-RegE verankert[4]. In der
Begründung zum Gesetzentwurf wies die Bundesregierung darauf hin, dass die Transparenzverpflichtung nach § 20 Abs. 2 TKG-RegE nicht für die Inanspruchnahme von Standardangeboten gelten solle. Für diese sei in § 18 TKG-RegE („Standardangebot") ein anderes Verfahren für das Zustandekommen vorgeschrieben, und bei Inanspruchnahme der
Leistungen seien regelmäßig keine weiteren Informationen zu liefern[5]. Diese Auffassung
der Bundesregierung wurde von der Monopolkommission in ihrem Sondergutachten zur
TKG-Novelle gerügt, da nach ihrer Einschätzung Standardangebote immer nur einen Teil
der Informationen enthielten, deren Veröffentlichung Betreibern mit beträchtlicher Marktmacht nach Art. 9 Abs. 1 ZRL auferlegt werden könnte. Die Transparenzverpflichtung
nach § 20 Abs. 2 TKG-RegE müsste daher auch bei der Verpflichtung eines Betreibers mit
beträchtlicher Marktmacht zur Veröffentlichung eines Standardangebotes gelten[6].

6   Offenbar um dieser Kritik Rechnung zu tragen, wurde die Transparenzverpflichtung des
§ 20 Abs. 2 TKG-RegE in einem eigenständigen Paragrafen geregelt, der den Bestimmungen zu Zugangsvereinbarungen und zum Standardangebot vorangestellt wurde. Die Regelung aus § 20 Abs. 2 S. 1 TKG-RegE wurde ohne inhaltliche Änderungen in den § 18b
Abs. 1 TKG-E überführt, während § 20 Abs. 2 S. 2 TKG-RegE den zweiten Absatz des
§ 18b TKG-E bildete. Neu eingefügt wurde die Überschrift „Transparenzverpflichtung".

---

4   BT-Drs. 15/2316, S. 13 f.; vgl. auch *Jochum*, MMR 2005, 161, 162.
5   BT-Drs. 15/2316, S. 66.
6   Monopolkommission, Zur Reform des Telekommunikationsgesetzes (Sondergutachten gemäß
§ 44 Abs. 1 Satz 4 GWB), Februar 2004, S. 38.

Aufgrund der Neunummerierung des TKG nach dem Gesetzesbeschluss vom 6./14. 5. 2004 wurde § 18b TKG-E schließlich zu § 20.

III. EG-rechtliche Grundlagen

§ 20 setzt Art. 9 Abs. 1 und Abs. 3 ZRL um[7]. Der deutsche Gesetzgeber ist **vom Wortlaut** **7** **der ZRL nur geringfügig abgewichen**. In Übereinstimmung mit Art. 9 Abs. 1 und Abs. 3 ZRL steht die Auferlegung von Transparenzverpflichtungen im Ermessen der RegTP.

§ 20 Abs. 1 basiert im Wesentlichen auf **Art. 9 Abs. 1 ZRL**, insbesondere im Hinblick auf **8** die im Einzelnen aufgeführten Informationen, deren Veröffentlichung angeordnet werden kann. Die Formulierung in § 20 Abs. 1 weicht jedoch insofern von Art. 9 Abs. 1 ZRL ab, als nach § 20 Abs. 1 „alle benötigten Informationen" zu veröffentlichen sind, während Art. 9 Abs. 1 ZRL „bestimmte Informationen" nennt. Eine inhaltliche Abweichung des § 20 Abs. 1 von Art. 9 Abs. 1 ZRL ist im Ergebnis aber nicht anzunehmen. Vielmehr hat der deutsche Gesetzgeber mit dem Hinweis auf die Notwendigkeit der zu veröffentlichenden Informationen für den Zugangsberechtigten auf die selbstverständliche Geltung des Verhältnismäßigkeitsprinzips verwiesen und es konkretisiert. Dass die ZRL hierüber nicht hinausgehen wollte, zeigt schon Art. 8 Abs. 4 ZRL, der nur die Auferlegung angemessener Verpflichtungen zulässt. Auch in der Einfügung des dem deutschen Recht zur Transparenzverpflichtung eigentümlichen Hinweises, dass die Veröffentlichung der Informationen „für die zum Zugang berechtigten Unternehmen" zu erfolgen habe, wird man im Ergebnis keinen Umsetzungsmangel erblicken können[8].

§ 20 Abs. 2 entspricht im Wesentlichen **Art. 9 Abs. 3 ZRL**, wobei die ZRL die Begriffe **9** „genau festlegen" verwendet, während nach § 20 Abs. 2 die RegTP befugt ist, Art und Form der Information „vorzuschreiben". Eine inhaltliche Abweichung des § 20 Abs. 2 von der Vorgabe der ZRL ist jedoch auch hierin nicht zu sehen. Gleiches gilt für den Wegfall des Zusatzes aus Art. 9 Abs. 3 ZRL, wonach die nationale Regulierungsbehörde „genau festlegen (könne), welche Informationen mit welchen Einzelheiten" zur Verfügung zu stellen seien. In keinem Fall wollte der Gesetzgeber hiermit die Regulierungsdichte bei der Auferlegung von Transparenzverpflichtungen nach § 20 beschränken, etwa indem er der RegTP nur die Auferlegung genereller Vorgaben ermöglichte. Vielmehr ist davon auszugehen, dass es der Gesetzgeber für eine Selbstverständlichkeit hielt, dass die umfassende Befugnis zur Bestimmung der Informationen, die zur Verfügung zu stellen sind, auch das Recht zur Festlegung der Einzelheiten umfasst.

Der ausdrückliche Hinweis auf den zu beachtenden **Verhältnismäßigkeitsgrundsatz 10** (§ 20 Abs. 2 a. E.) basiert auf Art. 8 Abs. 4 ZRL, wonach die Transparenzverpflichtungen der Art. 9 Abs. 1 und Abs. 3 ZRL im Hinblick auf die Regulierungsziele „angemessen und gerechtfertigt" sein müssen[9].

Ergänzend zu Art. 9 ZRL hebt Erwägungsgrund Nr. 14 ZRL hervor, dass schon die RL 97/ **11** 33/EG (Zusammenschaltungsrichtlinie) für Unternehmen mit beträchtlicher Marktmacht eine Reihe von Verpflichtungen auch in Bezug auf Transparenz festlegte. Diese Reihe

---

7 Siehe BT-Drs. 15/2316, S. 66 (zu der Regelung in § 20 Abs. 2 TKG-RegE).
8 Vgl. hierzu im Einzelnen RdNr. 21 ff.
9 Zur systematischen Fehlerhaftigkeit des Hinweises auf das Verhältnismäßigkeitsprinzip s. RdNr. 38.

möglicher Verpflichtungen solle als Möglichkeit beibehalten, gleichzeitig aber auch als Obergrenze der Auflagen für Unternehmen mit beträchtlicher Marktmacht festgeschrieben werden, um eine Überregulierung zu vermeiden.

12 **Erwägungsgrund Nr. 16 ZRL** beleuchtet schließlich die Zielsetzung der Transparenzverpflichtungen in Bezug auf Zugangs- und Zusammenschaltungsbedingungen. Durch die Verpflichtungen gemäß Art. 9 Abs. 1 und Abs. 3 ZRL sollen Streitigkeiten verhindert und den Marktteilnehmern die Gewissheit geboten werden, dass ein bestimmter Dienst ohne Diskriminierung erbracht wird. Die Transparenz in Bezug auf technische Schnittstellen könne dabei von besonderer Bedeutung sein, um Interoperabilität sicherzustellen.

13 Zusammenfassend ergibt sich, dass § 20 die Vorgaben des Art. 8 Abs. 1 in Verbindung mit Art. 9 Abs. 1 und Abs. 3 ZRL im Hinblick auf die Auferlegung von Transparenzverpflichtungen gegenüber Betreibern mit beträchtlicher Marktmacht vollständig umsetzt.

IV. Einzelerläuterungen

14 § 20 ermächtigt die RegTP, Betreibern öffentlicher Telekommunikationsnetze mit beträchtlicher Marktmacht Veröffentlichungspflichten aufzuerlegen. Bei § 20 handelt es sich also um eine **Ermächtigungsgrundlage** für grundrechtsrelevantes staatliches Handeln der RegTP gegenüber Unternehmen mit beträchtlicher Marktmacht. Zu veröffentlichen sind von dem Betreiber alle für die Inanspruchnahme der entsprechenden Zugangsdienstleistungen benötigten Informationen. Die Bezugnahme auf **„Zugangsleistungen"** in § 20 ist in einem weiten Sinne zu verstehen und beinhaltet alle Leistungen, die unmittelbar oder mittelbar der Zugangsgewährung dienen.

15 Eine besondere Ausprägung der Transparenzverpflichtung stellt die Verpflichtung nach § 23 zur **Veröffentlichung eines Standardangebotes** dar[10]. Eine entsprechende Verpflichtung ist gegenüber Betreibern öffentlicher Telekommunikationsnetze mit beträchtlicher Marktmacht regelmäßig auszusprechen (siehe dazu § 23 RdNr. 1 ff.).

16 **1. Transparenzverpflichtung und Verpflichtete.** – Der Begriff der **„Transparenz"**, der sich in der amtlichen Überschrift zu § 20 findet, hat über die deutsche Fassung der ZRL (Art. 9) Eingang in das neue Telekommunikationsgesetz gefunden. Zuvor verwendete das EG-Recht den Begriff u. a. bereits in Art. 6 und Erwägungsgrund Nr. 9 der RL 97/33/EG („Zusammenschaltungsrichtlinie"). „Transparenz" meint eigentlich „Durchsichtigkeit" und – im übertragenen Sinne – „Deutlichkeit" oder „Verstehbarkeit"[11]. Der Begriff hat sich zu einem Modewort entwickelt und wird im politischen Sprachgebrauch allgemein immer dann verwendet, wenn einem Informationsdefizit der Öffentlichkeit oder bestimmter Marktteilnehmer abgeholfen werden soll.

17 Bemerkenswert ist, dass das Wort „Transparenz" im Text des § 20 nicht verwendet wird[12]. Mit der Übernahme des Begriffes der Transparenz wollte der Gesetzgeber ganz offensichtlich deutlich machen, dass er den Umsetzungsauftrag aus Art. 9 Abs. 1 und Abs. 3 ZRL, der RegTP die Auferlegung von Transparenzverpflichtungen als eigenständigem Regulierungsinstrument zu ermöglichen, erfüllt habe. Ein Erkenntnisgewinn ist mit der Einfügung

---

10 *Scherer*, K&R 2002, 336, 340.
11 Duden, Das Fremdwörterbuch, 7. Aufl. 2001, Stichwort „Transparenz".
12 Anders in Art. 9 Abs. 1 ZRL.

der amtlichen Überschrift in § 20 nicht verbunden. Besser hätte man von Informationsverpflichtung sprechen sollen, da das einzige von § 20 vorgesehene Mittel zur Herstellung von Transparenz in der Veröffentlichung von Informationen durch den Betreiber mit beträchtlicher Marktmacht besteht.

Transparenz soll also dadurch herbeigeführt werden, dass Informationen allen zum Zugang **18** berechtigten Unternehmen zur Verfügung stehen. Für die zum Zugang berechtigten Unternehmen muss zumindest die **Möglichkeit geschaffen werden**, sich die benötigten Informationen schnell und unproblematisch zu beschaffen. Die notwendigen Informationen müssen aus veröffentlichten Quellen bezogen werden können. Eine Selbstverständlichkeit ist es, dass die zu veröffentlichenden Informationen objektiv zutreffend und nachvollziehbar sein müssen.

Hervorzuheben ist, dass die Auferlegung von Veröffentlichungspflichten nach § 20 bereits **19** **im Vorfeld konkreter Verhandlungen** über Zugangsvereinbarungen nach § 22 erfolgen kann. Die zum Zugang berechtigten Unternehmen sollen sich bereits frühzeitig möglichst umfassend über die finanziellen und technischen Aspekte der Zugangsleistungen informieren können[13], auch wenn noch kein Angebot auf Abschluss einer Zugangsvereinbarung nach § 22 konkret nachgefragt worden ist.

Adressaten einer Regulierungsverfügung der RegTP nach § 20 sind Betreiber eines öffent- **20** lichen Telekommunikationsnetzes, die über beträchtliche Marktmacht verfügen. Was unter einem „Betreiber" zu verstehen ist, ist im TKG ebenso wenig definiert wie der Begriff „öffentlich" (siehe insofern § 16 RdNr. 11 ff. und 17 ff.). „Telekommunikationsnetz" ist in § 3 Nr. 27 definiert. „Beträchtliche Marktmacht" liegt nach der Definition des § 3 Nr. 4 dann vor, wenn die Voraussetzungen des § 11 Abs. 1 S. 3–5 erfüllt sind. Dies bedeutet insbesondere, dass in Übereinstimmung mit dem EU-Richtlinienpaket ein Marktdefinitions- und -analyseverfahren von der RegTP durchgeführt worden sein muss (§ 13 Abs. 3), bevor Verpflichtungen nach § 20 auferlegt werden können.

2. Begünstigte und Drittschutz. – Begünstigte der Transparenzverpflichtung nach **21** § 20 sind „die zum Zugang berechtigten Unternehmen". Der Begriff „Zugang" ist in § 3 Nr. 32 definiert als das Bereitstellen von Einrichtungen oder Diensten für ein anderes Unternehmen unter bestimmten Bedingungen zum Zwecke der Erbringung von Telekommunikationsdiensten. Das Tatbestandsmerkmal „Unternehmen" wiederum ist in § 3 Nr. 29 definiert.

Die Formulierung „für die zum Zugang berechtigten Unternehmen" findet in Art. 9 ZRL **22** keine Entsprechung. Mit der Formulierung soll wohl – sprachlich wenig geglückt – deutlich gemacht werden, dass die Veröffentlichung der benötigten Informationen zugunsten der Zugangsberechtigten erfolgt.

Allerdings stellt sich die Frage, woher die **Berechtigung der begünstigten Unternehmen** **23** zum Zugang stammt. Denn eine Anspruchsgrundlage, die Unternehmen, also Wettbewerbern des Betreibers mit beträchtlicher Marktmacht, einen eigenständigen gesetzlichen Zugangsanspruch vermittelt – wie dies § 35 TKG 1996 tat –, findet sich im neuen TKG nicht. Zugangsrechte ergeben sich vielmehr (nur) als Kehrseite der Regulierungsverfügung[14] zur Auferlegung von Zugangsverpflichtungen nach § 21. Nach dem Wortlaut des § 20 Abs. 1

---

13 Siehe auch *Wissmann/Klümper*, Kap. 1 RdNr. 89; *Ellinghaus*, CR 2004, 23, 26.
14 Vgl. § 13 Abs. 1 S. 1.

müssten Zugangsrechte also bereits bestehen bzw. zumindest in derselben Regulierungsverfügung angeordnet werden, damit eine Transparenzverpflichtung nach § 20 auferlegt werden könnte. Ob diese Schlussfolgerung allerdings mit den EG-rechtlichen Vorgaben der Art. 8–12 ZRL in Übereinstimmung gebracht werden kann, ist zweifelhaft. Denn dort werden die unterschiedlichen Möglichkeiten zur Auferlegung von Verpflichtungen im Rahmen der Zugangsregulierung vorbehaltlos nebeneinander gestellt. Auch könnte ein solches Verständnis des § 20 Abs. 1 mit § 13 Abs. 1 in Konflikt geraten, der die Verpflichtungen nach u. a. den §§ 19, 20, 21 und 24 als Gegenstand von Regulierungsverfügungen gleichberechtigt nebeneinander aufführt.

24 Im Ergebnis dürfte § 20 Abs. 1 mit der Bezugnahme auf die „zum Zugang berechtigten Unternehmen" den Anwendungsbereich des § 20 Abs. 1 trotz der aufgezeigten systematischen Bedenken **nicht in EG-rechtlich unzulässiger Weise einschränken**. Die Auferlegung von Transparenzverpflichtungen bezieht sich sowohl nach § 20 Abs. 1 als auch nach Art. 9 Abs. 1 ZRL auf Zugangsleistungen. Hierdurch wird auf § 21 als die Zentralnorm sämtlicher Zugangsverpflichtungen verwiesen, in der die Voraussetzungen für die Auferlegung von Zugangsverpflichtungen genannt sind. Ist aber dem Betreiber mit beträchtlicher Marktmacht keine Zugangsverpflichtung nach § 21 auferlegt und damit dem Wettbewerber kein Zugangsrecht vermittelt worden, wird es auch an einem (berechtigten) Interesse des Zugangsinteressierten[15] fehlen, Informationen über die Modalitäten von Zugangsleistungen des marktmächtigen Betreibers zu erhalten.

25 Nach der sog. Schutznormlehre[16] kommt § 20 **drittschützender Charakter** zu. § 20 benennt die zum Zugang berechtigten Unternehmen ausdrücklich als Begünstigte der Transparenzverpflichtung gegenüber dem Betreiber mit beträchtlicher Marktmacht. Die gesamte Bestimmung ist auf die Begünstigten, die „zum Zugang berechtigten Unternehmen", ausgerichtet. Transparenzverpflichtungen sind somit kein Selbstzweck, sondern dienen der Information konkret ermittelbarer Wettbewerber. Damit liegt der für die Annahme des Drittschutzcharakters der Norm erforderliche individualisierbare Kreis von Normbegünstigten, der sich von der Allgemeinheit unterscheidet, vor. Auch fehlt es wegen des berechtigten Informationsbedürfnisses der Zugangsberechtigten nicht an einem von § 20 konkret zu schützenden Interesse. Aus dem Wortlaut („für") ergibt sich ferner, dass mit § 20 nicht nur Reflexwirkungen zugunsten der zum Zugang berechtigten Unternehmen verbunden sind, sondern dass die Auferlegung der Transparenzverpflichtung zuvörderst im Interesse der zum Zugang berechtigten Unternehmen liegt. Im Ergebnis können die Normbegünstigten einen Anspruch auf die Auferlegung von Transparenzverpflichtungen nach § 20 gegen die RegTP geltend machen, wenn im Einzelfall das Ermessen der RegTP nach allgemeinen Grundsätzen auf Null reduziert ist und diese sich dennoch weigert, von ihren Befugnissen nach § 20 Gebrauch zu machen.

26 **3. Ermessen.** – Die Anordnung von Transparenzverpflichtungen liegt nach dem Wortlaut („kann") im Ermessen der RegTP. Der RegTP kommt dabei zunächst ein **Entschließungsermessen** zu, ob sie im jeweiligen Einzelfall eine Transparenzverpflichtung auferlegen will. Darüber hinaus steht ihr auch grundsätzlich ein **Auswahlermessen** hinsichtlich Art

---

15 Vgl. Art. 1 Abs. 2 S. 1 ZRL („Betreiber […], die eine Zusammenschaltung ihrer Netze […] und/ oder den Zugang hierzu wünschen.").
16 *Kopp/Schenke*, VwGO, § 42 RdNr. 83 ff.

und Umfang der aufzuerlegenden Veröffentlichungsverpflichtungen zu[17]. Allerdings dürfte das Auswahlermessen der RegTP mit Blick auf den Umfang der zu veröffentlichenden Informationen schon tatsächlich dadurch beschränkt sein, dass – soll die Transparenzverpflichtung nach § 20 Abs. 1 Sinn machen – sämtliche benötigten Informationen zu veröffentlichen sind. Die RegTP hat also zunächst darüber zu befinden, ob eine Information im Sinne des § 20 Abs. 1 benötigt wird. Ist dies der Fall, dürfte ihr ein darüber hinaus gehendes Auswahlermessen, ob die benötigte Information für die zum Zugang berechtigten Unternehmen zugänglich gemacht werden muss, nicht mehr zustehen. Sie hat insofern gerade keine „freie Hand"[18].

Dem steht auch § 20 Abs. 2 nicht entgegen. Nach dem Wortlaut der Bestimmung bezieht **27** sich das Auswahlermessen der RegTP zwar umfassend auf Art und Umfang der Informationen („welche Informationen") und die Form der Veröffentlichung der Informationen („in welcher Form"). § 20 Abs. 2 ist aber nicht dahingehend zu verstehen, dass die RegTP nach § 20 Abs. 1 als benötigt erkannte Informationen von ihrer Verfügung ausnehmen darf. § 20 Abs. 2 erlaubt der RegTP vielmehr, die Einzelheiten der Erfüllung der Transparenzverpflichtung zu konkretisieren. Die Verpflichtung selbst wird auf der Grundlage von § 20 Abs. 1 angeordnet.

Eine Entscheidung der RegTP, die Verpflichtungen nach § 20 auferlegt, ändert, beibehält **28** oder widerruft (Regulierungsverfügung), ergeht zusammen mit den Ergebnissen des Marktdefinitions- und -analyseverfahrens nach §§ 10, 11 als **einheitlicher Verwaltungsakt** (§ 13 Abs. 3)[19].

4. Benötigte Informationen (Abs. 1) – Der Umfang der Informationen, deren Veröffentli- **29** chung von der RegTP angeordnet werden kann, ist nach dem Wortlaut von § 20 Abs. 1 („alle Informationen") zunächst weit. Eine Einschränkung erfolgt jedoch dadurch, dass nur die benötigten Informationen betroffen sind. Maßgeblich ist insofern ein **objektiver Maßstab**. Ein subjektiver Maßstab, der sich danach richten würde, welche Informationen die zum Zugang berechtigten Unternehmen für erforderlich hielten, würde dem Verhältnismäßigkeitsprinzip nicht gerecht. Die Notwendigkeit der Informationen für die Normbegünstigten muss entweder generell oder im Einzelfall sachlich begründet und nachvollziehbar sein. So kann nicht verlangt werden, dass Informationen rein vorsorglich, ohne dass ein Interesse an bestimmten Zugangsleistungen dargelegt worden ist, veröffentlicht werden müssen.

Andererseits ist eine **Glaubhaftmachung** des Interesses eines zum Zugang berechtigten **30** Unternehmens an der möglichen Inanspruchnahme einer Zugangsleistung ausreichend. Auch sind an die Notwendigkeit der Informationen zur Inanspruchnahme der entsprechenden Zugangsleistungen keine zu hohen Anforderungen zu stellen. Hat ein Zugangsberechtigter nachvollziehbar dargelegt, dass er auf eine Information angewiesen ist, um die technischen oder wirtschaftlichen Bedingungen der Inanspruchnahme einer Zugangsleistung bewerten zu können, so obliegt es dem nach § 20 zu verpflichtenden Betreiber mit beträchtlicher Marktmacht im Einzelfall darzulegen und gegebenenfalls zu beweisen, dass eine solche Notwendigkeit nicht besteht.

---

17 *Scherer*, NJW 2004, 3001, 3004; *ders.*, K&R 2002, 336, 340.
18 Anders offenbar *Schütz/Attendorn*, MMR-Beilage 4/2002, 18; *Schütz/Attendorn/König*, RdNr. 179.
19 Vgl. *Scherer*, NJW 2004, 3001, 3004.

31 Die zu veröffentlichenden Informationen lassen sich **drei Kategorien** zuordnen. Sie betreffen entweder (1.) das Unternehmen des Betreibers mit beträchtlicher Marktmacht, (2.) die technischen Merkmale seines Telekommunikationsnetzes oder (3.) die Bedingungen für die Inanspruchnahme der Zugangsleistungen, einschließlich der zu zahlenden Entgelte.

32 Soweit Transparenzverpflichtungen den Betreiber mit beträchtlicher Marktmacht selbst betreffen, kann die Vorlage von „**Informationen zur Buchführung**" angeordnet werden. Der Sinn und Zweck der Veröffentlichung von Informationen zur Buchführung besteht aber nicht darin, Angaben zur Methodik der Buchführung im Allgemeinen (z. B. Anzahl und Art der Konten für Geschäftsvorfälle) zu erhalten. Vielmehr sind Informationen gemeint, die Auskunft über finanzielle Risiken des Betreibers mit beträchtlicher Marktmacht im regulierten Zugangsbereich geben. Insofern kann auch die Vorlage von Unternehmensbilanzen oder Teilen hiervon angeordnet werden. Ähnlich wie § 24 Abs. 1 S. 2, wonach eine transparente Rechnungsführung angeordnet werden kann, soll die Transparenz in Bezug auf Buchführung und Bilanz die Wettbewerber davor schützen, über die zu zahlenden Zugangsentgelte finanzielle Risiken des Betreibers mit beträchtlicher Marktmacht mitzutragen oder mit den Entgelten andere Unternehmensbereiche dieses Betreibers quer zu subventionieren. Das Verhältnismäßigkeitsprinzip verhindert dabei, dass Betreiber mit beträchtlicher Marktmacht zu „gläsernen Unternehmen" werden („benötigte Informationen").

33 Transparenzverpflichtungen können auch auf die Veröffentlichung von Informationen und Beschreibungen über das **Telekommunikationsnetz** zielen, zu dem Zugang begehrt wird. Dies betrifft die Struktur des Netzes, Netzmerkmale (z. B. Art und Anzahl der Zusammenschaltungs- oder Übergabepunkte), Schnittstellen, Schutzvorrichtungen, örtliche Lage der Netzelemente und Gebäude, technische und räumliche Ausstattung von Kollokationsflächen sowie technische Spezifikationen (z. B. Protokolle, unterstützte Standards nach ETSI oder ITU). Die entsprechenden Transparenzverpflichtungen sollen die Interoperabilität der verschiedenen Telekommunikationsnetze sicherstellen, indem bereits vor dem Abschluss von Zugangsvereinbarungen (§ 22) oder der Aufnahme von Verhandlungen die technische Realisierbarkeit von den Betroffenen geprüft, mögliche Inkompatibilitäten beseitigt und die hierfür anfallenden Kosten ermittelt werden können.

34 Schließlich können Transparenzverpflichtungen auf die Veröffentlichung der Bedingungen für die Inanspruchnahme der Zugangsleistungen, einschließlich der zu zahlenden Entgelte, gerichtet sein. Zu den **Bereitstellungs- und Nutzungsbedingungen** zählen zunächst die Allgemeinen Geschäftsbedingungen (AGB) des Betreibers mit beträchtlicher Marktmacht, aber auch weitere interne Vorgaben und Regelungen zur administrativen Realisierung des Zugangs. Hierzu gehören etwa die Nennung der Ansprechpartner und Notfallrufnummern, einzuhaltende Sicherheitsstandards und Zutrittsmöglichkeiten. Im Hinblick auf die finanziellen Aspekte des Zuganges sind nicht nur die zu zahlenden Entgelte, sondern auch Zahlungsmodalitäten und weitere entgeltrelevante Regelungen zu veröffentlichen.

35 **5. Form der Informationsbereitstellung (Abs. 2).** – Im Hinblick auf die Form, in der der Betreiber mit beträchtlicher Marktmacht die Informationen den Normbegünstigten zur Verfügung stellen muss, werden den nationalen Regulierungsbehörden in Erwägungsgrund Nr. 16 ZRL verschiedene Möglichkeiten aufgezeigt, die auch bei der Konkretisierung des § 20 Abs. 2 heranzuziehen sind. Die RegTP kann hiernach insbesondere die Art und Weise festlegen, wie und in welchem Umfang die betreffenden Informationen zugänglich zu machen sind[20]. Dies kann neben dem **Detaillierungsgrad** beispielsweise auch die **Form der Veröffentlichung** (auf Papier und/oder elektronisch) betreffen. Hier sollte im Einzelfall pragmatisch entschieden werden. So kann eine Übermittlung auf Datenträger oder eine elektronische Übermittlung (E-Mail oder Computerfax) einer Übersendung per Post oder per Standardfax vorzuziehen sein. Bei Übersendung per E-Mail kann das Dateiformat (z. B. das universelle PDF-Format) angeordnet werden.

Des Weiteren muss die RegTP überprüfen, ob die benötigten Informationen **einmalig oder** **36** **wiederholt** zur Verfügung zu stellen sind. Eine Wiederholung der Veröffentlichung ist geboten, wenn die Informationen sich ändern oder eine Änderung zumindest zu erwarten ist. In diesem Fall sollte die RegTP die Intervalle, in denen die aktualisierten Informationen zur Verfügung zu stellen sind, ebenfalls bei der Auferlegung der Transparenzverpflichtung festlegen.

Schließlich kann die RegTP nach Erwägungsgrund Nr. 16 ZRL auch bestimmen, ob die **37** Informationen von dem Betreiber mit beträchtlicher Marktmacht unentgeltlich („**gebüh-** **renfrei**") zur Verfügung zu stellen sind. Hierbei ist von der RegTP zu beachten, dass bei der Auferlegung einer Zahlungspflicht für die Informationen der Schutzzweck der Norm nicht gefährdet wird, indem den Normbegünstigten durch überhöhte Entgelte die Durchsetzung ihres berechtigten Informationsbedürfnisses, gerade auch im Vorfeld einer konkreten Zugangsnachfrage, erschwert wird.

6. Verhältnismäßigkeit. – Das Tatbestandsmerkmal „soweit dies verhältnismäßig ist" **38** (§ 20 Abs. 2 a. E.) enthält einen an sich **überflüssigen Hinweis** auf das ohnehin von der RegTP beim Erlass einer Regulierungsverfügung zu beachtende Verhältnismäßigkeitsprinzip. Die Erwähnung in § 20 Abs. 2 ist insofern unglücklich, als der Gesetzgeber den Hinweis auf die Verhältnismäßigkeit der Regulierungsverfügung, um konsequent zu sein, auch an anderer Stelle, etwa in den §§ 19, 23 und 24, hätte vorsehen müssen. Aufgenommen wurde der letzte Halbsatz des § 20 Abs. 2 im Stadium der Überarbeitung des ministeriellen Gesetzentwurfes. Die Deutsche Telekom AG hatte unter Hinweis auf die Verhältnismäßigkeitsvorgabe des Art. 8 Abs. 4 ZRL die nunmehr Gesetz gewordene Ergänzung der Entwurfsfassung vorgeschlagen. Im Ergebnis wird man § 20 Abs. 2 a. E. als unschädlichen Hinweis auf das ohnehin geltende Verhältnismäßigkeitsprinzip ansehen können. Eine eigenständige Bedeutung kommt diesem Tatbestandsmerkmal somit nicht zu.

Verhältnismäßig ist die Auferlegung von Transparenzverpflichtungen nach § 20, wenn sie **39** geeignet, erforderlich und angemessen ist. Bei der Prüfung der **Geeignetheit** wird die RegTP zunächst zu prüfen haben, ob die aufzuerlegende Transparenzverpflichtung überhaupt geeignet ist, den zugangsberechtigten Unternehmen die benötigten Informationen auch tatsächlich zu verschaffen. Auf einer zweiten Ebene wird die RegTP zu bedenken haben, ob die Transparenzverpflichtung sich eignet, dem strukturellen Marktversagen, durch das der spezifische Markt gekennzeichnet ist, entgegenzuwirken[21]. Dabei reicht es regelmäßig aus, wenn die anzuordnende Veröffentlichungspflicht nicht gänzlich ungeeignet zur Zielerreichung ist.

Im Hinblick auf die **Erforderlichkeit** der Transparenzverpflichtung muss die RegTP, wenn **40** mehrere gleich geeignete Maßnahmen zur Auswahl stehen, die am wenigsten belastende,

---

20 Vgl. *Scherer*, NJW 2004, 3001, 3005; *Schütz*, Kommunikationsrecht, RdNr. 324.
21 *Ellinghaus*, MMR 2004, 293, 294.

d. h. das mildeste Mittel wählen.[22] In der Praxis dürfte sich der größte Streit bei der Prüfung der Erforderlichkeit ergeben[23], da der Betreiber mit beträchtlicher Marktmacht argumentieren wird, dass mildere Mittel als die konkret angeordnete Veröffentlichungspflicht zur Zielerreichung – Herstellung von Transparenz – vorhanden seien. Schließlich ist zu prüfen, ob die konkret auferlegte Transparenzverpflichtung **angemessen** ist. Hierbei ist zu klären, ob die Auferlegung der Transparenzverpflichtung, die der Durchsetzung der Regulierungsziele nach § 2 dient, in einem angemessenen Verhältnis zu dem Eingriff in die (Grund-) Rechte des Betreibers mit beträchtlicher Marktmacht steht.

V. Besondere Transparenzverpflichtungen im TKG

41 Neben der allgemeinen Regelung in § 20, nach der die RegTP befugt ist, Betreibern, die über beträchtliche Marktmacht verfügen, Transparenzverpflichtungen aufzuerlegen, enthält das TKG **weitere Regelungen** für spezielle Transparenzverpflichtungen. Diese sind unter anderem: Einsichtnahme in Zugangsvereinbarungen (§ 22 Abs. 3), Veröffentlichung von Standardangeboten (§ 23), Veröffentlichung von Kostenrechnungs- und Buchungsunterlagen im Rahmen getrennter Rechnungsführung (§ 24 Abs. 2) sowie Verpflichtungen in Bezug auf Kostenrechnungsmethoden und Veröffentlichung der wichtigsten Kostenarten und der Regeln der Kostenzuweisung (§ 29 Abs. 2). Des Weiteren müssen die Kostennachweise regulierter Unternehmen nach § 33 Abs. 4 im Hinblick auf ihre Transparenz und die Aufbereitung der Daten eine Prüfung durch die RegTP innerhalb der 10-Wochen-Frist ermöglichen. Schließlich müssen Zugangsverpflichtungen, die die RegTP nach § 18 Abs. 1 gegenüber Betreibern öffentlicher Telekommunikationsnetze auferlegt, die den Zugang zu Endkunden kontrollieren und die nicht über beträchtliche Marktmacht verfügen, transparent sein (§ 18 Abs. 3). Bei getrennter Rechnungsführung müssen bei einem vertikal integrierten Unternehmen die Vorleistungspreise und die internen Verrechnungspreise transparent gestaltet werden (§ 24 Abs. 1 S. 2).

---

22 So auch *Ellinghaus*, MMR 2004, 293, 294.

23 In der Regulierungsverfügung der RegTP im Bereich des Zugangs zur TAL (Markt Nr. 11) hat die RegTP die Auferlegung einer „gesonderten Transparenzverpflichtung" für nicht erforderlich gehalten, da der Deutsche Telekom AG die Veröffentlichung eines Standardangebotes auferlegt wurde, vgl. RegTP, Beschluss vom 20. 4. 2005 – BK 4a-04-075/R, ABl. RegTP 2005, S. 578, 596.

§ 21 Zugangsverpflichtungen

(1) Die Regulierungsbehörde kann auf Antrag oder von Amts wegen Betreiber öffentlicher Telekommunikationsnetze, die über beträchtliche Marktmacht verfügen, verpflichten, anderen Unternehmen Zugang zu gewähren einschließlich einer nachfragegerechten Entbündelung, insbesondere wenn anderenfalls die Entwicklung eines nachhaltig wettbewerbsorientierten nachgelagerten Endnutzermarktes behindert oder diese Entwicklung den Interessen der Endnutzer zuwiderlaufen würde. Bei der Prüfung, ob eine Zugangsverpflichtung gerechtfertigt ist und ob diese in einem angemessenen Verhältnis zu den Regulierungszielen nach § 2 Abs. 2 steht, hat die Regulierungsbehörde insbesondere zu berücksichtigen:

1. die technische und wirtschaftliche Tragfähigkeit der Nutzung oder Installation konkurrierender Einrichtungen angesichts des Tempos der Marktentwicklung, wobei die Art und der Typ der Zusammenschaltung und des Zugangs berücksichtigt werden,
2. die Möglichkeit der Gewährung des vorgeschlagenen Zugangs angesichts der verfügbaren Kapazität,
3. die Anfangsinvestitionen des Eigentümers der Einrichtung unter Berücksichtigung der Investitionsrisiken,
4. die Notwendigkeit der langfristigen Sicherung des Wettbewerbs bei öffentlichen Telekommunikationsnetzen und Telekommunikationsdiensten für die Öffentlichkeit, insbesondere durch Anreize zu effizienten Investitionen in Infrastruktureinrichtungen, die langfristig einen stärkeren Wettbewerb sichern,
5. gewerbliche Schutzrechte oder Rechte an geistigem Eigentum,
6. die Bereitstellung europaweiter Dienste und
7. ob bereits auferlegte Verpflichtungen nach diesem Teil oder freiwillige Angebote am Markt, die von einem großen Teil des Marktes angenommen werden, zur Sicherstellung der in § 2 Abs. 2 genannten Regulierungsziele ausreichen.

(2) Die Regulierungsbehörde kann Betreiber öffentlicher Telekommunikationsnetze, die über beträchtliche Marktmacht verfügen, unter Beachtung von Abs. 1 unter anderem verpflichten,

1. Zugang zu bestimmten Netzkomponenten oder -einrichtungen einschließlich des entbündelten Breitbandzugangs zu gewähren,
2. bereits gewährten Zugang zu Einrichtungen nicht nachträglich zu verweigern,
3. Zugang zu bestimmten vom Betreiber angebotenen Diensten, wie sie Endnutzern angeboten werden, zu Großhandelsbedingungen zu gewähren, um Dritten den Weitervertrieb im eigenen Namen und auf eigene Rechnung zu ermöglichen. Hierbei sind die getätigten und zukünftigen Investitionen für innovative Dienste zu berücksichtigen,
4. bestimmte für die Interoperabilität der Ende-zu-Ende-Kommunikation notwendige Voraussetzungen, einschließlich der Bereitstellung von Einrichtungen für intelligente Netzdienste oder Roaming (die Ermöglichung der Nutzung von Mobilfunknetzen anderer Betreiber auch außerhalb des Versorgungsbereichs des nachfragenden Mobilfunknetzbetreibers für dessen Endnutzer) zu schaffen,
5. Zugang zu Systemen für die Betriebsunterstützung oder ähnlichen Softwaresystemen, die zur Gewährleistung eines chancengleichen Wettbewerbs bei der Bereit-

stellung von Diensten notwendig sind, unter Sicherstellung der Effizienz bestehender Einrichtungen zu gewähren,

6. im Rahmen der Erfüllung der Zugangsverpflichtungen nach diesem Absatz oder Abs. 3 Nutzungsmöglichkeiten von Zugangsleistungen sowie Kooperationsmöglichkeiten zwischen den zum Zugang berechtigten Unternehmen zuzulassen, es sei denn, ein Betreiber mit beträchtlicher Marktmacht weist im Einzelfall nach, dass eine Nutzungsmöglichkeit oder eine Kooperation aus technischen Gründen nicht oder nur eingeschränkt möglich ist,

7. Zugang zu Dienstleistungen im Bereich der einheitlichen Rechnungsstellung sowie zur Entgegennahme oder dem ersten Einzug von Zahlungen nach den nachfolgenden Maßgaben zu gewähren, soweit die Rechnungsersteller nicht eine Vereinbarung mit dem überwiegenden Teil des insoweit relevanten Marktes der von ihren Anschlusskunden auswählbaren Anbietern von Telekommunikationsdienstleistungen für die Öffentlichkeit abgeschlossen haben und auch anderen Anbietern, die nicht an einer solchen Vereinbarung beteiligt sind, diskriminierungsfreien Zugang zu diesen Dienstleistungen nach den in der Vereinbarung niedergelegten Bedingungen gewähren:

a) Soweit der Endnutzer mit anderen Anbietern von Telekommunikationsdienstleistungen für die Öffentlichkeit nicht etwas anderes vereinbart, ist ihm eine Rechnung vom Rechnungsersteller zu erstellen, die unabhängig von der Tarifgestaltung auch die Entgelte für Telekommunikationsdienstleistungen, Leistungen nach § 78 Abs. 2 Nr. 3 und telekommunikationsgestützte Dienste anderer Anbieter ausweist, die über den Netzzugang des Endnutzers in Anspruch genommen werden. Dies gilt auch für Entgelte für während der Telefonverbindung übertragene Berechtigungscodes, wenn diese ausschließlich Dienstleistungen zum Gegenstand haben. Die Zahlung an den Rechnungsersteller für diese Entgelte erfolgt einheitlich für die gesamte in Anspruch genommene Leistung wie für dessen Forderungen.

b) Eine Verpflichtung zur Rechnungserstellung kann nicht auferlegt werden für zeitunabhängig tarifierte Leistungen im Sinne von Buchst. a Satz 1 und 2 mit Entgelten über 30 Euro (ab dem 1. 1. 2008 über 10 Euro), zeitabhängig tarifierte telekommunikationsgestützte Dienste und Leistungen nach Buchst. a Satz 2 jeweils mit Entgelten über 2 Euro pro Minute sowie für alle Dienste, für die ein Legitimationsverfahren erforderlich ist. Eine Verpflichtung zur Reklamationsbearbeitung der für Dritte abgerechneten Leistungen, zur Mahnung und zur Durchsetzung der Forderungen Dritter kann ebenfalls nicht auferlegt werden.

c) Zu Zwecken der Reklamationsbearbeitung, der Mahnung sowie der Durchsetzung von Forderungen für Leistungen im Sinne von Buchst. a Satz 1 und 2 sind den Anbietern von Telekommunikationsdienstleistungen für die Öffentlichkeit vom Rechnungsersteller die erforderlichen Bestandsdaten zu übermitteln. Soweit der Anbieter Leistungen im Sinne von Buchst. a Satz 2 dem Kunden selbst in Rechnung stellt, sind ihm ab dem 1. 4. 2005 die erforderlichen Bestandsdaten vom Rechnungsersteller zu übermitteln.

d) Anbieter von Telekommunikationsdienstleistungen für die Öffentlichkeit haben dem Rechnungsersteller gegenüber sicherzustellen, dass ihm keine Datensätze für Leistungen zur Abrechnung übermittelt werden, die nicht den gesetzlichen oder den verbraucherschutzrechtlichen Regelungen entsprechen. Der

Rechnungsersteller trägt weder die Verantwortung noch haftet er für die für Dritte abgerechneten Leistungen.

e) Der Rechnungsersteller hat in seinen Mahnungen einen drucktechnisch deutlich hervorgehobenen Hinweis aufzunehmen, dass der Kunde nicht nur den Mahnbetrag, sondern auch den gegebenenfalls höheren, ursprünglichen Rechnungsbetrag mit befreiender Wirkung an den Rechnungsersteller zahlen kann.

(3) Die Regulierungsbehörde soll Betreibern öffentlicher Telekommunikationsnetze, die über beträchtliche Marktmacht verfügen, folgende Verpflichtungen nach Abs. 1 auferlegen:

1. vollständig entbündelten Zugang zum Teilnehmeranschluss sowie gemeinsamen Zugang zum Teilnehmeranschluss (Bereitstellung des Zugangs zum Teilnehmeranschluss oder zum Teilnetz in der Weise, dass die Nutzung des gesamten Frequenzspektrums der Doppelader-Metallleitung ermöglicht wird) zu gewähren,
2. Zusammenschaltung von Telekommunikationsnetzen zu ermöglichen,
3. offenen Zugang zu technischen Schnittstellen, Protokollen oder anderen Schlüsseltechnologien, die für die Interoperabilität von Diensten oder Dienste für virtuelle Netze unentbehrlich sind, zu gewähren,
4. Kollokation oder andere Formen der gemeinsamen Nutzung von Einrichtungen wie Gebäuden, Leitungen und Masten zu ermöglichen sowie den Nachfragern oder deren Beauftragten jederzeit Zutritt zu diesen Einrichtungen zu gewähren.

(4) Weist ein Betreiber nach, dass durch die Inanspruchnahme der Leistung die Aufrechterhaltung der Netzintegrität oder die Sicherheit des Netzbetriebs gefährdet würde, erlegt die Regulierungsbehörde die betreffende Zugangsverpflichtung nicht oder in anderer Form auf. Die Aufrechterhaltung der Netzintegrität und die Sicherheit des Netzbetriebs sind nach objektiven Maßstäben zu beurteilen.

Schrifttum: *Börnsen/Coppik*, Resale als Instrument für eine ausbalancierte Förderung sowohl von Dienste- als auch von Infrastrukturwettbewerb, MMR 2004, 143; *Dittscheid/Rudolff*, Fakturierung und Inkasso von Mehrwertdiensten, K&R 2004, 1; *Ellinghaus*, Regulierungsverfahren, gerichtlicher Rechtsschutz und richterliche Kontrolldichte im neuen TKG, MMR 2004, 293; *Ellinghaus*, TKG-Novelle und Europarecht, Probleme mit der Flexibilisierung, CR 2004, 23; *Gerpott/Winzer*, Umsetzung des Gebots der Entgeltregulierungskonsistenz bei Großhandelspreisen für ein Reselling von Telefonanschlüssen, K&R 2004, 162; *Holzhäuser*, Essential Facilities in der Telekommunikation, 2001; *Jochum*, Steht die Zugangsregulierung im Ermessen der Regulierungsbehörde für Telekommunikation und Post?, MMR 2005, 161; *Klotz*, N&R 2004, 70, 71; *Klotz/Kühling/Winkler*, Pflichten zur Veränderung von Netzinfrastrukturen, WuW 2003, S. 282; *Koenig*, Ausgestaltung von Resale im neuen TKG – ohne Staatshaftungsrisiko!, MMR 2004, 139; *Koenig/Loetz*, Infrastruktur- und Dienstewettbewerb im EG Telekommunikationsrecht, TKMR 2004, 132; *Koenig/Loetz*, Fakturierung und Einziehung von TK-Entgelten nach der Inkasso-Entscheidung der RegTP – eine Kritik, K&R 2000, 153; *Koenig/Neumann*, Telekommunikationsrechtliche Ansprüche auf Leistungen bei der Fakturierung und des Inkassos für Internet-by-Call-Dienstleistungen; K&R-Beilage 2004, 1; *Ladeur*, Drittschutz des Entgeltregulierungsverfahrens nach §§ 23 ff. TKG?, CR 2000, 433; *Mayen*, Marktregulierung nach dem novellierten TKG, CR 2005, 21; *Monopolkommission*, Sondergutachten 40, Zur Reform des Telekommunikationsgesetzes, 2004; *Monopolkommission*, Wettbewerbspolitik im Schatten „Nationaler Champions", 15. Hauptgutachten, 2004; *Müller/Piepenbrock*, Fakturierung, Forderungseinzug und Inkasso bei TK-Dienstleistungen, Gutachten aus MMR Beilage 2000, Nr. 4, 1; *Neitzel/Müller*, Zugangsverpflichtungen von Betreibern mit beträchtlicher Marktmacht, CR 2004, 655; *Neumann*, Volkswirtschaftliche Bedeutung von Resale, WIK-Diskussionsbeitrag Nr. 230, 2003; *Orthwein*, Local Resale – Wiederverkauf im Ortsnetz, K&R 2003, 270; *Rickert*, Resale im Anschlussbereich im Lichte der aktuellen Beschlüsse der RegTP und vor dem Hintergrund der anstehenden TKG-Novelle, K&R 2003, 453; *Schütz/Attendorn*, Das neue Kommunikationsrecht der Europäischen Union – Was muss Deutschland ändern?, MMR Beilage 4/2002; *Schmidt/Rommel*, Regulierung zwischen Dienste- und Infrastrukturwettbewerb, MMR 02, 225; *Stögmöller*, Fakturierung und Inkasso von Mehrwertdiensten, CR 2003, 251.

Übersicht

A. Normzweck

Die Norm dient der Umsetzung von Art. 12 ZRL. Das TKG orientiert sich mit der Rege- **1** lung des § 21 weitgehend am System der Zugangsrichtlinie. Die Zugangsverpflichtung ist eines der Regulierungsinstrumente (sog. **Remedies**), über deren Einsatz die RegTP jeweils auf Grundlage des Marktanalyseverfahrens entscheidet. Die Behörde hat dabei gem. Art. 8 Abs. 4 ZRL das für die Beseitigung des aufgetretenen Problems angemessene und gerechtfertigte Mittel auszuwählen. Die Zugangsverpflichtung des § 21 ist eine dieser Maßnahmen und bildet neben der Entgeltgenehmigung das **zentrale Regulierungsinstrument** des TKG. Anders als noch im TKG 1996 existiert damit keine unmittelbare gesetzliche Verpflichtung zur Zugangsgewährung. Die Entscheidung über die Auferlegung einer Zugangsverpflichtung ist zunächst **generell** im Rahmen einer sog. Regulierungsverfügung zu treffen. Das Verfahren der Zugangsgewährung ist damit grundsätzlich **zweistufig** gestaltet. Die konkrete Anordnung eines Zugangs zwischen zwei Parteien im Einzelfall findet erst auf Basis der allgemeinen Verpflichtung nach § 21 in einem gesonderten Verfahren nach § 25 statt.

Die förmliche Auferlegung einer Zugangsverpflichtung nach § 21 ist darüber hinaus **Vo- 2 raussetzung** für eine Vielzahl anderweitiger Verpflichtungen des Unternehmens mit beträchtlicher Marktmacht. Unmittelbar an die Zugangsverpflichtung knüpft die **Entgeltgenehmigungspflicht** des § 30 an. Anders als nach dem System der Zugangsrichtlinie, in dem Zugangsverpflichtung (Art. 12 ZRL) und Entgeltkontrolle (Art. 13 ZRL) unabhängig voneinander zu verhängen sind, löst eine Zugangsverpflichtung nach § 21 in der Regel unmittelbar eine Entgeltgenehmigungspflicht aus.[1] Eine auferlegte Verpflichtung nach § 21 zieht ferner eine Pflicht des betreffenden Unternehmens zur Abgabe eines entsprechenden Zugangsangebotes gegenüber nachfragenden Wettbewerbern nach sich (§ 22) und ist außerdem Voraussetzung für eine Verpflichtung zur Abgabe eines **Standardangebotes** nach § 23.

Bei der Beurteilung der Frage, ob eine Zugangsverpflichtung aufzuerlegen ist, hat die Re- **3** gulierungsbehörde zu prüfen, ob diese **gerechtfertigt** ist und in einem angemessenen Verhältnis zu den Regulierungszielen des Gesetzes steht. Hierbei hat die Behörde eine Reihe von Sachverhalten zu „berücksichtigen", die in einer nicht abschließenden Aufzählung

---

1 Zu den Ausnahmen hiervon sowie generell der Frage der Europarechtskonformität der gesetzlichen Ausgestaltung siehe § 30 RdNr. 20–32, siehe auch dort die Übersicht unter RdNr. 6.

benannt und in der Gesetzesbegründung z. T. weiter konkretisiert werden. Die genannten Voraussetzungen sind im Wesentlichen aus Art. 12 Abs. 2 ZRL entnommen.

4   In Abs. 2 und 3 des § 21 sind Aufzählungen einzelner Zugangsverpflichtungen enthalten. Die Behörde entscheidet damit im Rahmen des § 21 nicht nur über das „Ob", sondern auch über das „Wie" bzw. „Inwiefern" der Zugangsverpflichtung. Der gesetzliche Katalog der einzelnen Zugangsverpflichtungen ist nicht abschließend. Inhaltlich entsprechen die aufgeführten Verpflichtungen im Wesentlichen denen in Art. 12 Abs. 1 S. 2 ZRL.

5   Für einen Teil der in Art. 12 Abs. 1 S. 2 ZRL genannten Zugangsverpflichtungen sieht Abs. 3 des § 21 eine gegenüber der Zugangsrichtlinie eingeengte Regelung vor. Abs. 3 ist als Soll-Vorschrift ausgestaltet worden und soll ausweislich der Gesetzesbegründung das Ermessen der RegTP zur Auferlegung von Zugangsverpflichtungen reduzieren.[2] Umfasst sind in dem abschließenden Katalog Verpflichtungen, die nach der bisherigen Gesetzeslage bereits durch Gesetz oder europäische Verordnung festgelegt sind.

B. Entstehungsgeschichte

6   Die Vorschrift hat eine Reihe von Modifikationen innerhalb des Gesetzgebungsprozesses erfahren. Die weitgehendsten Umgestaltungen sind aufgrund der Stellungnahmen der beteiligten Marktakteure im Rahmen der vom federführenden BMWA durchgeführten Anhörung zum RefE vorgenommen worden. So sah etwa der RefE im dortigen § 16 eine **Antragsbefugnis** zur Einleitung eines Zugangsverfahrens nicht vor. Neu aufgenommen worden ist auch die zweite Alternative in § 21 Abs. 1 Nr. 7, wonach die Behörde auch **freiwillige Angebote** bei der Entscheidung über die Auferlegung einer Zugangsverpflichtung zu berücksichtigen hat. Ferner war im RefE ein Katalog von Zugangsverpflichtungen aufgeführt, für die die Erfüllung der Voraussetzungen des Kriterienkatalogs des Abs. 1 **vermutet** wurde. Dieser Katalog umfasste neben den jetzt in den Abs. 3 aufgenommenen Soll-Verpflichtungen auch Fakturierungsleistungen sowie den Zugang zu bestimmten Netzkomponenten und -einrichtungen des Abs. 2 Nr. 1. Aufgrund der an der Rechtswirkung einer derartigen Vermutungsregelung angesichts des Amtsermittlungsgrundsatzes der Behörde geäußerten Zweifel[3] hat sich der Gesetzgeber im RegE für eine der jetzigen Fassung des § 21 entsprechende Ermessensregelung entschieden.

7   Der RefE sah ferner für die generelle Zugangsauferlegung eine Zuständigkeit der **Präsidentenkammer** vor. Dies stieß auf Kritik nicht zuletzt der Monopolkommission.[4] Diese befürchtete erhebliche Interessenkonflikte, da die Mitglieder der Präsidentenkammer in einem politischen Verfahren durch die BReg bestimmt werden und ggf. durch diese abberufen werden könnten, die BReg aber gleichzeitig den Bund als Großaktionär des vermutlich wichtigsten Adressaten von Zugangsverpflichtungen vertritt. Bereits der RegE sah eine besondere Zuständigkeitszuweisung an die Präsidentenkammer für die abstrakte Auferlegung von Zugangsverpflichtungen nicht mehr vor.

8   Bis zuletzt umstritten waren im Gesetzgebungsverfahren die Frage der Aufnahme einer expliziten **Bitstrom-Zugangs-Verpflichtung** in Abs. 2 Nr. 1, die Regelungen zum **Resale** in Abs. 2 Nr. 3 sowie der Umfang der **Fakturierungsleistungen** in Abs. 2 Nr. 7. Eine Eini-

---

2 BT-Drs. 15/2316, S. 65 (zu § 19).
3 Einzelheiten hierzu *Gosse*, K&R 2005, 154.
4 Sondergutachten 40, RdNr. 52.

gung über die jeweiligen Änderungen ist erst im Rahmen des Vermittlungsverfahrens erfolgt. Einzelheiten zu den einzelnen Änderungen siehe bei der Kommentierung der jeweiligen Vorschrift.

C. Einzelerläuterungen

I. Allgemeines

1. Grundverfügung. – Die Zugangsverpflichtung nach § 21 hat generell zu erfolgen. Es 9 wird also, anders als in den Zusammenschaltungs- oder Zugangsanordnungen nach § 37 TKG 1996, im Rahmen der Entscheidung nach § 21 nicht ein Rechtsverhältnis zwischen dem verpflichteten Unternehmen und einzelnen Wettbewerbern festgelegt. Gleichwohl handelt es sich um einen **Einzelverwaltungsakt** und keine Allgemeinverfügung nach § 35 VwVfG, da die Zugangsverpflichtung sich an ein konkretes, als Unternehmen mit beträchtlicher Marktmacht identifiziertes Unternehmen richtet.[5]

2. Antragsbefugnis. – Die Behörde entscheidet über das Auferlegen einer Zugangsver- 10 pflichtung auf **Antrag** oder von Amts wegen. Dies stellt eine systematische Besonderheit im Rahmen der Regulierungsinstrumente dar. Die Zugangsverpflichtung ist damit das einzige der „Remedies", dessen Auferlegung auf Antrag zu prüfen ist. § 21 benennt den Kreis der Antragsberechtigten nicht. Nach dem Inhalt der Zugangsverpflichtung sind antragsberechtigt aber zumindest diejenigen **Unternehmen**, denen Zugang durch das marktmächtige Unternehmen zu gewähren ist. Dies sind nach der Zugangsdefinition des § 3 Nr. 32 lediglich solche Unternehmen, die bestimmte Leistungen nachfragen, um selbst Telekommunikationsdienste erbringen zu können. Nur sie sind potenziell Begünstigte einer Zugangsverpflichtung.[6] Kein Antragsrecht besteht damit etwa für Programmanbieter. Auch einzelnen **Endnutzern** steht kein Antragsrecht nach § 21 zu. Auch wenn die Interessen der Endnutzer bei der Auferlegung einer Zugangsverpflichtung zu berücksichtigen sind, entfaltet eine Zugangsverpflichtung weder unmittelbare noch mittelbare Rechtswirkungen gegenüber einzelnen Endnutzern.

Weitergehende Antragsvoraussetzungen etwa entsprechend der Regelung des § 25 Abs. 3 11 enthält § 21 nicht. Es steht somit zu erwarten, dass die Behörde für jeden abgegrenzten oder potenziell abgrenzbaren Markt mit Anträgen auf Durchführung eines Verfahrens nach § 21 überzogen werden wird. Die Antragstellung bewirkt unmittelbar, dass ein Verwaltungsverfahren anhängig wird[7], das allerdings an eine Frist nicht gebunden ist. Das Antragsrecht selbst begründet lediglich einen **verfahrensrechtlichen Anspruch** auf Durchführung eines Verfahrens nach § 21. Davon zu trennen ist die Frage, wieweit § 21 **drittschützenden Charakter** entfaltet. Dazu unten RdNr. 12.

3. Drittschutzcharakter. – § 21 verpflichtet das Unternehmen mit beträchtlicher Markt- 12 macht, **anderen Unternehmen** Zugang zu gewähren. Die Norm entfaltet für Unternehmen, die bestimmte Leistungen nachfragen, um selbst Telekommunikationsdienste erbringen zu können, grundsätzlich **drittschützenden Charakter**. Die Zugangsdefinition des

---

5 So auch *Ellinghaus*, MMR 2004, 294; a. A. *Mayen*, CR 2005, 21, 22, der eine Allgemeinverfügung nach § 35 S. 2, 3 Alt. VwVfG annimmt.
6 Siehe auch Begründung zu § 19, BT-Drs.15/2316, S. 64.
7 *Kopp/Ramsauer*, VwVfG, § 22 RdNr. 24.

§ 3 Nr. 32 bewirkt zunächst die von der Rechtsprechung[8] geforderte Eingrenzung auf einen einschlägigen Personenkreis, der sich von der Allgemeinheit unterscheidet.[9] Die Norm ist ferner bestimmt, unmittelbar (auch) den rechtlichen Interessen dieses Personenkreises zu dienen und berührt nicht nur tatsächlich, also reflexartig, seine Rechte.[10]

13 Zwar ordnet § 21 als Rechtsfolge zunächst nur eine abstrakte Zugangsverpflichtung für das Unternehmen mit beträchtlicher Marktmacht an. Die Wettbewerbsunternehmen sind somit nicht unmittelbare Adressaten einer Zugangsentscheidung nach § 21. Jedoch gewährt § 22 den dort genannten Unternehmen einen eigenen Anspruch auf Abgabe eines Angebots über die auferlegte Zugangsverpflichtung als unmittelbare gesetzliche Rechtsfolge der Zugangsverpflichtung nach § 21. Die Zugangsverpflichtung ist somit Voraussetzung dafür, den in § 3 Nr. 32 genauer spezifizierten Unternehmen einen eigenen Anspruch auf Zugangsangebot gegen das verpflichtete Unternehmen einzuräumen. Die zugangsberechtigten Unternehmen sind damit durch eine Entscheidung der Behörde über eine Zugangsverpflichtung unmittelbar in ihren Rechten berührt.

II. Tatbestandsmerkmale im Einzelnen

14 **1. Betreiber öffentlicher Telekommunikationsnetze.** – Verpflichtet zur Zugangsgewährung können grundsätzlich Betreiber öffentlicher Telekommunikationsnetze sein. Zur Auslegung des gesetzlich nicht definierten Begriffs siehe *Säcker*, § 3 RdNr. 49–54, sowie *Nolte* § 16 RdNr. 11–18.

15 **2. Beträchtliche Marktmacht.** – Voraussetzung für eine Zugangsverpflichtung ist, dass der Netzbetreiber über beträchtliche Marktmacht verfügt.

16 **a) Marktanalyseverfahren.** – Voraussetzung nach § 13 ist das im Rahmen eines förmlichen Marktanalyseverfahrens nach §§ 10 bis 12 festgestellte Bestehen beträchtlicher Marktmacht des potenziell verpflichteten Unternehmens. Nach § 3 Nr. 4 ist **beträchtliche Marktmacht** gegeben, wenn die Voraussetzungen nach § 11 Abs. 1 Satz 3 bis 5 **vorliegen**. Der RefE sah im damaligen § 2 Nr. 12 als Legaldefinition vor, dass das Vorliegen der entsprechenden Voraussetzungen **festgestellt** sein muss. Das legt zwar den Schluss nahe, dass eine förmliche Durchführung eines **Marktabgrenzungs- und -analyseverfahrens** nach §§ 10 bis 12 nun nicht mehr erforderlich ist, sondern das Vorliegen der Voraussetzungen auch inzident im Rahmen einer Zugangsverpflichtung durch die zuständige Beschlusskammer festgestellt werden kann. Nach dem Wortlaut des § 13 sind jedoch die dort genannten Verpflichtungen „auf Grund" einer Marktanalyse nach § 11 aufzuerlegen, woraus zu schließen ist, das ein förmliches Marktanalyseverfahren grundsätzliche Voraussetzung für die Auferlegung einer Zugangsverpflichtung darstellt (Einzelheiten hierzu *Gurlitt*, § 13 RdNr. 7).

17 Dies bedeutet allerdings noch nicht, dass die Behörde für jede Änderung, Erweiterung oder auch Neuanordnung von Zugangsverpflichtungen **parallel** ein Marktanalyseverfahren

---

8 Zu dem Kriterium im Einzelnen z.B.: BVerwG, Urt.v. 16. 9. 93 – 4 C 28.91, BVerwGE 94, 151.

9 A.A. *Mayen*, CR 2005, 21, 22, der eine ausreichende Individualisierung verneint, da zum Zeitpunkt der Regulierungsverfügung noch nicht feststehe, welche Unternehmen die Zugangsleistung tatsächlich in Anspruch nehmen.

10 Für Entgeltregelungen im TKG 1996: BVerwG, Urteil vom 10. 10. 02 – 6 C 8.01, amtlicher Umdruck.

durchzuführen hat. Nach § 14 sind alle zwei Jahre Überprüfungen der Marktdefinition und der Marktanalyse nach §§ 10, 11 vorzunehmen, wenn der Behörde keine Tatsachen bekannt werden, die die Annahme rechtfertigen, dass die Ergebnisse nicht mehr den tatsächlichen Marktgegebenheiten entsprechen. Zumindest nach Durchführung eines förmlichen Verfahrens nach §§ 10 bis 12 muss sich die Behörde für den in § 14 genannten Überprüfungszeitraum einer Marktanalyse auf die im Rahmen einer vorherigen Regulierungsverfügung festgestellten Ergebnisse **beziehen** können. Dieses Ergebnis scheint zunächst dem Wortlaut des § 13 Abs. 3 zu widersprechen, wonach Entscheidungen nach § 19 mit den Ergebnissen der Verfahren nach den §§ 10 und 11 als einheitlicher Verwaltungsakt ergehen. § 13 Abs. 3 stellt jedoch lediglich klar, dass den Ergebnissen nach §§ 10 und 11 nach dem Willen des Gesetzgebers kein eigener Regelungsgehalt zukommt, um Verfahrensverzögerungen durch separate Anfechtung der Marktanalyseentscheidungen zu vermeiden (Einzelheiten hierzu bei *Gurlitt*, § 13, RdNr. 36 ff.). § 13 Abs. 3 regelt damit lediglich, dass Marktanalyseergebnisse erst Regelungscharakter durch Auferlegung einer Verpflichtung im Rahmen einer Regulierungsverfügung nach § 13 erhalten, nicht jedoch, dass gemeinsam mit einer Regulierungsverfügung zwingend ein Marktanalyseverfahren durchzuführen ist. Dieses Ergebnis deckt sich auch mit Erwägungsgrund 15 der ZRL, worin ausdrücklich klargestellt wird, dass die Auferlegung einer spezifischen Verpflichtung für ein Unternehmen mit beträchtlicher Marktmacht keine zusätzliche Marktanalyse erfordert, sondern lediglich eine Begründung dafür, dass die betreffende Verpflichtung im Verhältnis zum festgestellten Problem sinnvoll und angemessen ist.

b) Relevanter Markt. – Eine ausdrückliche Festlegung, auf welchem Markt das zu verpflichtende Unternehmen über beträchtliche Marktmacht verfügen muss, sucht man in § 21 vergeblich. Hierüber haben sich offensichtlich weder der europäische noch der deutsche Gesetzgeber Klarheit verschafft. Denkbar ist hier sowohl ein Abstellen auf den **nachgelagerten Endnutzermarkt** als auch auf den der Zugangsverpflichtung zugehörigen **Vorleistungsmarkt**.[11] Nach Art. 8 Abs. 4 ZRL müssen die auferlegten Verpflichtungen der Art des aufgetretenen Problems entsprechen und im Hinblick auf die Ziele des Art. 8 RRL angemessen und gerechtfertigt sein. Dies spricht dafür, dass es auf eine marktmächtige Position auf dem Vorleistungsmarkt nicht ankommt. Es muss bei jeder Art von festgestellter Marktmacht das Instrument herausgegriffen werden, das zur Abstellung dieses Marktversagens geeignet ist, ohne dass auch Marktversagen auf dem Markt für die Zugangsleistung festgestellt werden muss. Dem widerspricht jedoch die Empfehlung der Kommission, in der ausdrücklich die Überprüfung verschiedener „Großkundenmärkte"[12] empfohlen wird.[13] Einer solchen Empfehlung bedürfte es nach dem Regulierungskonzept zum Beispiel für den Markt 11 (entbündelter Großkundenzugang) nicht, da die Verpflichtung zur Gewährung des Zugangs zur Teilnehmeranschlussleitung bereits bei Feststellung

18

---

11 Diese Frage war bereits im Rahmen der Zugangsverpflichtungen nach § 33 TKG 1996 streitig. Ausführlich hierzu *Holzhäuser*, Essential Facilities, S. 227 ff. m. w. N.; *Fischer/Heun/Sörup*, in: Handbuch des Telekommunikationsrechts, S. 355 f., ausdrücklich offen gelassen noch von BVerwGE 114, 160, 173 – Teilnehmeranschlussleitung; für ein Anknüpfen an den nachgelagerten Endkundenmarkt – unter Berufung auf die grammatikalische Auslegung des § 33 TKG 1996 – BVerwG K&R 2004, 296, 298 – Resale.

12 „Wholesale"-Märkte, die treffender wohl mit Vorleistungs- und nicht Großkundenmärkten übersetzt worden wären.

13 Empfehlung der Kommission über relevante Produkt- und Dienstmärkte des elektronischen Kommunikationssektors vom 11. 3. 2004 (2000/311/EG).

von beträchtlicher Marktmacht auf Markt 1 (Zugang von Privatkunden zum öffentlichen Telefonnetz) auferlegt werden könnte, um diesem Marktergebnis zu begegnen. Die Untersuchung des Vorleistungsmarktes für Teilnehmeranschlussleitungen wäre hierfür nicht erforderlich. Stellte man auf den Vorleistungsmarkt ab, so bedeutete dies allerdings, dass auf den Endkundenmärkten 1 bis 7 der Empfehlung eine Zugangsverpflichtung als remedy nicht auferlegt werden könnte.

19   Auch der Wortlaut von § 21 nennt den relevanten Markt nicht ausdrücklich. Zwar stellt die Norm bei der Frage, ob eine Zugangsverpflichtung aufzuerlegen ist, auf die Auswirkungen ab, die andernfalls auf dem Endnutzermarkt zu erwarten wären. Diese Formulierung knüpft jedoch ausdrücklich nicht an den Begriff des wirksamen Wettbewerbs an, der nach der Legaldefinition des § 3 Nr. 31 die Abwesenheit beträchtlicher Marktmacht voraussetzte. Bezüglich der nachgelagerten Endnutzermärkte ist vielmehr das Kriterium der Entwicklung eines **nachhaltig wettbewerbsorientierten** Marktes festgelegt worden. Dies setzt nach der Definition des § 3 Nr. 12 eine Prüfung voraus, ob der Wettbewerb so abgesichert ist, dass er auch nach Rückführung der sektorspezifischen Regulierung fortbesteht. Es ist somit für die Auferlegung einer Zugangsverpflichtung nach diesem Kriterium gerade nicht erforderlich, dass das zugangsverpflichtete Unternehmen auf dem nachgelagerten **Endnutzermarkt** über **beträchtliche Marktmacht** verfügt. Dem würde es jedoch widersprechen, wenn man das Kriterium der beträchtlichen Marktmacht in § 21 1. Halbsatz auf eben den nachgelagerten Endnutzermarkt beziehen würde. Nach der Systematik des § 21 ist somit davon auszugehen, dass das Kriterium der beträchtlichen Marktmacht nicht auf den Endnutzer-, sondern allein auf den Vorleistungsmarkt zu beziehen ist.

20   Hierfür sprechen auch die etwa von *Vogelsang* angestellten Überlegungen:[14] „Stellte man auf den nachgelagerten Markt ab, käme eine Zugangsverpflichtung nur in Betracht, solange die Marktbeherrschung auf dem nachgelagerten Markt anhält. Ist nun die Vorleistungsregulierung so erfolgreich, dass der Endnutzermarkt wettbewerblich wird, so wäre die Vorleistungsregulierung wieder abzuschaffen. Bricht als Folge der Wettbewerb im Endnutzermarkt wieder zusammen, kommt es zu Reregulierung der Vorleistung und so weiter und so fort". Auch wenn sich diese Ausführungen zwar auf § 33 TKG 1996 beziehen, so haben sie von ihrer ökonomischen Grundaussage her nichts an Bedeutung verloren.

21   Gegen eine Anknüpfung an den nachgelagerten Endnutzermarkt im Rahmen des § 21 sprechen auch weitergehende systematische Überlegungen: Das System des TKG sieht im Grundsatz eine Koppelung zwischen Zugangs- und Entgeltregulierung vor. Das bedeutet, dass Entgelte für nach § 21 auferlegte Zugangsverpflichtungen grundsätzlich einer Entgeltkontrolle nach § 30 unterworfen sind, ohne dass es hierfür zunächst einer gesonderten behördlichen Maßnahme bedarf. Einer Genehmigungspflicht können allerdings die Entgelte solcher Betreiber unterworfen werden, die „**gleichzeitig** auch auf dem Markt für Endkundenleistungen,[15] auf dem der Bewerber tätig ist, über beträchtliche Marktmacht" verfügen. Hieraus lässt sich schließen, dass die Feststellung beträchtlicher Marktmacht auf dem Endnutzermarkt erst im Rahmen der Auferlegung einer Entgeltgenehmigungspflicht nach

---

14 *Vogelsang*, Die Zukunft der Entgeltregulierung im deutschen TK-Sektor, 2002, S. 16.
15 Es ist davon auszugehen, dass es sich bei dem Begriff des „Endkunden" in § 30 Abs. 1 Nr. 1 um eine versehentliche Anknüpfung an die Begrifflichkeiten des TKG 1996 handelt. Gemeint sind wohl „Endnutzer" im Sinne von § 3 Nr. 8.

§ 30 Abs. 1 Nr. 1 zu prüfen ist, im Rahmen der Zugangsverpflichtung nach § 21 aber nur auf den Vorleistungsmarkt abzustellen ist.

III. Rechtfertigung

§ 21 stellt ein ganzes Bündel von Kriterien auf, die die Behörde bei der Prüfung, ob eine **22** Zugangsverpflichtung aufzuerlegen ist, zu berücksichtigen hat. So sieht Abs. 1 Satz 1 zunächst vor, dass eine Zugangsverpflichtung insbesondere aufzuerlegen ist, „wenn andernfalls die Entwicklung eines nachhaltig wettbewerborientierten nachgelagerten Endnutzermarktes behindert oder diese Entwicklung den Interessen der Endnutzer zuwiderlaufen würde". Ferner ist nach Abs. 1 Satz 2 zu prüfen, ob die Zugangsverpflichtung gerechtfertigt ist und ob diese in einem angemessenen Verhältnis zu den Regulierungszielen nach § 2 Abs. 2 steht. Dabei hat sie schließlich den in Abs. 1 Satz Nr. 1–7 genannten, nicht abschließenden Kriterienkatalog zu berücksichtigen. Bedenkt man, dass diese Kriterien sich zum Teil noch in weitere Kriterien unterteilen,[16] so hat die Behörde bei der Prüfung einer Zugangsverpflichtung mindestens 23 Kriterien gegeneinander abzuwägen.

1. Zielvorgaben und Gestaltungsermessen. – Diese im Rahmen des Abs. 1 zu berück- **23** sichtigenden Kriterien stellen dem Planungsrecht verwandte **Zielvorgaben** dar, an denen die Behörde ihre Zugangsentscheidung zu messen hat. Die Behörde hat die Zielvorgaben zu **berücksichtigen**, d. h. sie stellen **keine Tatbestandsmerkmale** dar, deren Erfüllung Voraussetzung für die Auferlegung einer Zugangsverpflichtung sind. Sie bilden vielmehr den Rahmen für die Ermessensbetätigung der Behörde. Vergleichbare, im Rahmen von Behördenentscheidungen zu berücksichtigende Zielvorgaben finden sich im **Planungsrecht** etwa im BauGB (§§ 1, 1a), im BImSchG (§ 47) oder im BNatSchG (§§ 5, 16). Sie dienen als gesetzlicher Rahmen für ein grundsätzliches **Gestaltungsermessen** der Behörde.

Ob die Ausübung des im EU-Rechtsrahmen angelegten Ermessens der Regulierungsbehör- **24** den bei der Auswahl der einzelnen Regulierungsinstrumente im Hinblick auf das festgestellte Marktanalyseergebnis in jeder Hinsicht mit der Aufstellung eines **imperativen Plans**[17] vergleichbar ist, mag hier dahinstehen. Die Struktur der in den Abwägungsprozess einzustellenden vielfältigen Zielvorgaben ist zumindest so weit mit dem Planungsrecht vergleichbar, dass die im Planungsrecht entwickelten Grundsätze für die rechtliche Beurteilung des Abwägungsprozesses heranzuziehen sind.[18] Für die Regulierungsbehörde bedeutet dies, dass zumindest jedes der in Abs. 1 genannten Kriterien überprüft und gegeneinander abgewogen werden muss. Da der Katalog nicht abschließend ist, sind grundsätzlich auch andere berührte Belange in die Abwägung mit einzubeziehen.[19]

Bei der Entscheidung über die Zugangsverpflichtung kommt der Behörde eine dem Pla- **25** nungsrecht vergleichbare **Gestaltungsfreiheit** zu. Die Rechtsprechung ist bei der **gerichtlichen Kontrolle** auf die Prüfung beschränkt, ob die vorgenommene Abwägung nach Vor-

---

16 Z. B. die Zielvorgaben nach § 2 Abs. 2 in mindestens 9 Kriterien, die nach Abs. 1 Nr. 1 in mindestens 4 weitere Kriterien. Im Rahmen von § 21 Abs. 1 Nr. 7 ist darüber hinaus für beide Kriterien zu prüfen, ob sie zur Sicherstellung der 9 in § 2 Abs. 2 genannten Regulierungsziele ausreichen.

17 Ausführlich hierzu z. B. *Wolff/Bachof/Stober*, Verwaltungsrecht I, § 56 RdNr. 11 ff.

18 So im Ergebnis auch *Mayen*, CR 2005, 21, 23.

19 Zur Frage der Notwendigkeit, alle berührten Belange in die Abwägung mit einzubeziehen BVerwGE 62, 342, 349.

gang und Ergebnis keine rechtserheblichen Mängel aufweist.[20] Dabei führen **fehlerhafte Erwägungen** nur dann zur Rechtswidrigkeit des Abwägungsvorgangs, wenn sie sich in diesem Vorgang auch ausgewirkt haben können. Der Abwägungsvorgang ist nicht um seiner selbst willen bedeutsam. Die Ausgewogenheit einer Entscheidung wird gerichtlich allein dahin überprüft, ob sachfremde Erwägungen oder Bewertungen in die Entscheidung eingeflossen oder berücksichtigungsbedürftige Belange nicht beachtet worden sind.[21]

26   Die Frage, ob die Behörde die gesetzlichen Zielvorgaben **vollständig** beachtet hat, obliegt der **uneingeschränkten gerichtlichen Kontrolle**. Eine abweichende **Bewertung** eines einzustellenden Belangs durch das Gericht führt hingegen noch nicht zur **Fehlerhaftigkeit** des Abwägungsergebnisses. Das Abwägungsergebnis wird erst rechtswidrig, wenn einzelnen Belangen eine Bedeutung zugemessen worden ist, die zu der ihnen zukommenden objektiven Gewichtigkeit außer Verhältnis stehen.[22]

27   Nach dem Wortlaut des Abs. 1 (eine Zugangsverpflichtung) ist davon auszugehen, dass die Prüfung für jede in Abs. 2 und 3 genannte Zugangsverpflichtung im Einzelnen zu erfolgen hat. Dies wird die erlassende Beschlusskammer vor einen erheblichen Begründungsaufwand stellen. Allerdings ist anzunehmen, dass die Großzahl der speziellen Zugangsvarianten der Abs. 2 und 3 ohnehin nur für einzelne Märkte gelten und daher Mehrfachprüfungen die Ausnahme darstellen werden.
Zum Detaillierungsgrad der Zugangsverpflichtung siehe unten RdNr. 81 ff.

28   **2. Entwicklung des Endnutzermarktes und Interessen der Endnutzer.** – Nach § 21 Abs. 1 S. 1 kann die RegTP einem Anbieter mit beträchtlicher Marktmacht Zugangsverpflichtungen auferlegen, „insbesondere wenn andernfalls die Entwicklung eines nachhaltig wettbewerbsorientierten nachgelagerten Endnutzermarktes behindert wird oder diese Entwicklung den Interessen der Endnutzer zuwiderlaufen würde". Die Formulierung orientiert sich im Wesentlichen am Wortlaut des Art. 12 ZRL.

29   **a) Endnutzermarkt.** – Durch die erste Alternative wird das Konzept der Zugangsregulierung unterstrichen, wonach nur solche Leistungen Gegenstand einer Zugangsverpflichtung sein können, die als Vorleistung für die Erbringung von eigenen Telekommunikationsdiensten benötigt werden. Zugangsregulierung ist somit kein Selbstzweck, sondern ist dem Wettbewerb auf den Endnutzermärkten zu dienen bestimmt. Die Behörde hat im Rahmen der Prüfung, ob eine Zugangsverpflichtung aufzuerlegen ist, einen **hypothetischen Vergleich** mit dem Zustand auf dem Endnutzermarkt vorzunehmen, wie er sich mit und ohne Auferlegung der Zugangsverpflichtung entwickeln würde.[23]

30   Kriterium ist dabei ein **nachhaltig** wettbewerbsorientierter Markt. Die Norm knüpft ausdrücklich nicht an den in § 3 Nr. 31 legaldefinierten Begriff des wirksamen Wettbewerbs an. Es ist somit für die Auferlegung einer Zugangsverpflichtung nicht erforderlich, dass das zugangsverpflichtete Unternehmen auf dem nachgelagerten **Endkundenmarkt** über **beträchtliche Marktmacht** verfügt. Auch wenn die Behörde zu dem Ergebnis kommt, dass auf dem nachgelagerten Endkundenmarkt kein Unternehmen über beträchtliche

---

20 A.A. *Jochum*, MMR 2005, 101, 163, die zwar volle gerichtliche Überprüfbarkeit annimmt, aber lediglich in Ermessenskategorien argumentiert.
21 Grundsätzlich zur Frage der gerichtlichen Überprüfbarkeit von Abwägungsprozessen BVerwGE 75, 214, 245.
22 Entsprechend für Planungsentscheidungen: BVerwGE 75, 214, 216.
23 *Neitzel/Müller*, CR 2004, 655, 658, sprechen von Prognoseentscheidung.

Marktmacht verfügt, hat sie zu prüfen, ob dieser Wettbewerb nachhaltig, d. h. nach § 3 Nr. 12 so abgesichert ist, dass er auch nach Rückführung der sektorspezifischen Regulierung fortbesteht. Dies ist dann zu verneinen, wenn er allein auf der Regulierung der Vorleistungsprodukte basiert und ein Aussetzen der Regulierung zu einer Remonopolisierung des Endnutzermarktes führte.[24]

Bei der Beantwortung der Frage, ob ohne Auferlegung einer Zugangsverpflichtung die **31** Entwicklung eines nachhaltig wettbewerbsorientierten Endnutzermarktes behindert würde, wird sich die Behörde in der Regel der Feststellungen der Marktanalysen auf dem jeweiligen nachgelagerten Endnutzermarkt bedienen. Ein förmliches Analyseverfahren nach §§ 11, 12 ist aber nach dem Gesetzeswortlaut nicht erforderlich. Vielmehr kann die Behörde ihre Prognose über die Entwicklung der Endnutzermärkte auch aufgrund von Erkenntnissen treffen, die außerhalb eines förmlichen Marktanalyseverfahrens gewonnen sein können.

Die Behörde hat ferner zu prüfen, ob ohne Auferlegung der Zugangsverpflichtung der **32** Wettbewerb auf dem nachgelagerten Endnutzermarkt **behindert** würde. Nicht erforderlich ist nach dem Wortlaut, dass der Wettbewerb ausgeschlossen oder unmöglich gemacht wird. Eine wie auch immer geartete **Wesentlichkeitsprüfung** ist somit nicht vorzunehmen. Ausreichend für eine Zugangsverpflichtung wird danach im Grundsatz beispielsweise bereits die begründete Prognose der Behörde sein, dass die Nichtauferlegung einer Zugangsverpflichtung zu einer Beeinträchtigung der Wettbewerbsmöglichkeiten von Wettbewerbern auf dem Endnutzermarkt führt.

b) Endnutzerinteressen. – Der Wortlaut der zweiten Alternative, wonach zu prüfen ist, ob **33** „diese Entwicklung den Interessen der Endnutzer zuwiderlaufen" würde, ist sprachlich missglückt. Der Zusatz wurde durch den Bundesrat eingefügt und ist dem Wortlaut von Art. 12 Abs. 1 ZRL nachgebildet. Durch die sprachlich insgesamt leicht abweichende Fassung des Abs. 1 hat der Zusatz in § 21 Abs. 1 Satz 1, 2. Alt. aber keinen sprachlich sinnvollen Bezug mehr. Da die Begründung ausdrücklich auf Art. 12 ZRL Bezug nimmt,[25] ist davon auszugehen, dass nicht etwa zu prüfen ist, ob die Entwicklung eines nachhaltig wettbewerbsorientierten Endnutzermarkts den Interessen der Endnutzer zuwiderlaufen könnte. Vielmehr kommt es, da es sich hierbei lediglich um ein sprachliches Versehen bei der Gesetzesabfassung handelt, allein darauf an, ob die Nichtauferlegung des Zugangs den Interessen der Endnutzer zuwiderlaufen würde.

Mit der zweiten Alternative sollen die Gründe für die Auferlegung einer Zugangsverpflich- **34** tung über den Wettbewerbszweck hinaus um ein **verbraucherorientiertes Kriterium** erweitert werden. Im Bundesrat erhoffte man sich davon eine Stärkung der Verbraucherrechte.[26] Das Kriterium des Verbraucherinteresses ist nicht unproblematisch,[27] da ein einheitliches Verbraucherinteresse kaum auszumachen sein dürfte. So dürften etwa lang- und kurzfristige Verbraucherinteressen voneinander abweichen und auch innerhalb bestimmter Verbrauchergruppen durchaus unterschiedliche Interessen existieren. Darüber, welche dieser Interessen zu berücksichtigen sein sollen, gibt die Norm keine Auskunft. Allerdings ist da-

---

24 Ausführlich hierzu *Bunte/Welfens*, Wettbewerbsdynamik und Marktabgrenzung auf Telekommunikationsmärkten, 2002, S. 28 f.
25 BR-Drs. 755/2/03.
26 BT-Drs. 15/2316, S. 111, Nr. 13.
27 Kritisch hierzu auch: Monopolkommission, Sondergutachten 40, RdNr. 53.

von auszugehen, dass die Förderung nachhaltigen Wettbewerbs auf den Endnutzermärkten stets auch im Interesse der Endnutzer liegen wird, so dass sich entsprechende Fälle bereits unter die erste Alternative subsumieren lassen. Inwieweit die zweite Alternative einen eigenständigen Anwendungsbereich erhalten wird, ist nicht ersichtlich.

35   **3. Rechtfertigung und angemessenes Verhältnis zu den Regulierungszielen.** – Die Behörde hat ferner zu prüfen, ob die Zugangsverpflichtung gerechtfertigt ist und ob sie in einem angemessenen Verhältnis zu den Regulierungszielen des § 2 Abs. 2 steht. Diese Kriterien finden sich nicht in Art. 12 ZRL. Sie sind vielmehr Art. 8 Abs. 4 ZRL entnommen, der sich nach der Konzeption der Zugangsrichtlinie auf sämtliche Remedies bezieht. Das deutsche Recht sieht diese Prüfung nur für die Zugangsverpflichtung, nicht für die Auferlegung der übrigen Regulierungsmaßnahmen vor. Dabei bezieht sich Art. 8 Abs. 4 ZRL auf Art. 8 RRL, dessen Zielkatalog erheblich weiter gefasst ist als der des § 2 Abs. 2 TKG. Die Zielvorgaben des § 2 Abs. 2 sind weitgehend aus dem TKG 1996 übernommen worden. Lediglich die Nrn. 3, 4 und 8 sind gegenüber § 2 TKG 1996 ergänzt worden. Zu den Einzelheiten des Bedeutungsgehaltes dieser Kriterien siehe § 2 RdNr. 2 ff.

36   Der **Zielkatalog**, der von der Behörde im Rahmen der Entscheidung über eine Zugangsauferlegung zu prüfen ist, wird also noch einmal um **9 weitere Kriterien** erweitert. Es ist im Rahmen der Ermessensentscheidung der Behörde jeweils zu prüfen, ob die Zugangsverpflichtung zu den jeweiligen Zielvorgaben angemessen ist. Um fehlerhafte Abwägungen zu vermeiden, wird im Grundsatz jedes Kriterium im Einzelnen einer Prüfung unterzogen werden müssen, sofern es einschlägig sein kann. Allerdings findet sich im Prüfkatalog des § 2 Abs. 2 eine Reihe von Zielvorgaben, die in ähnlicher Weise auch im Zielkatalog des § 21 existieren. Dies ist damit zu erklären, dass die Ziele des § 2 Abs. 2 weitgehend dem TKG 1996 entnommen worden sind, diese aber mit dem Art. 12 ZRL nachgebildeten, zusätzlich aufgenommenen Katalog nicht abgeglichen worden sind. So wäre etwa mit § 2 Nr. 3 ein Kriterium zu prüfen, das – etwas detaillierter gefasst – auch nach § 21 Abs. 1 Nr. 4 zu berücksichtigen ist. Auch die Verbraucherinteressen sind sowohl nach § 2 Abs. 2 Nr. 1 als auch nach § 21 Abs. 1 in den Abwägungsprozess einzubeziehen. In der Praxis wird man bei der jeweiligen Prüfung auf die Inhaltsgleichheit zu verweisen haben.

IV. Einzelkriterien

37   **1. Technische und wirtschaftliche Tragfähigkeit (Nr. 1).** – Mit dem Kriterium des § 21 Abs. 1, S. 2 Nr. 1 hat der Gesetzgeber den Text von Art. 12 Abs. 2 lit. a) ZRL wörtlich übernommen. Der Wortlaut bietet in seiner Unbestimmtheit kaum Anhaltspunkte für eine Auslegung. Im Rahmen dieses Kriteriums wird gegebenenfalls zu prüfen sein, ob die Realisierung einer bestimmten Zugangsvariante, die beispielsweise nur von einzelnen Wettbewerbern nachgefragt wird, zumutbar ist.

38   Ausweislich der Begründung zum RegE[28] soll das in Nr. 1 genannte Kriterium von der Regulierungsbehörde ausgefüllt werden durch eine Prüfung, die etwa umfasst,

- ● ob die Kosten der Nutzung alternativer Angebote im Vergleich zum nachgefragten Angebot oder eine Eigenfertigung das beabsichtigte Diensteangebot unwirtschaftlich machen würde,

---

28 BT-Drs. 15/2316, S. 64 (zu § 19).

- ob unzumutbare zeitliche Verzögerungen durch die Nutzung alternativer Zugangsmöglichkeiten entstehen würden,
- ob mit der Nutzung alternativer Zugangsmöglichkeiten eine wesentliche Verminderung der Qualität des beabsichtigten Diensteangebotes einherginge und
- die Auswirkungen, die die Inanspruchnahme einer alternativen Zugangsmöglichkeit auf den Netzbetrieb haben könnte.

Dieser Katalog fand sich in sprachlich schärferer Form bereits im ersten Arbeitsentwurf zum TKG.[29] Durch die Aufnahme lediglich in die Begründung haben diese Kriterien den Charakter einer **normativen Vorgabe** verloren.[30] Es handelt sich nunmehr lediglich um eine Erläuterung des federführenden Bundesministeriums für Wirtschaft und Arbeit.

Die unter Berufung auf ein Dokument der FCC[31] in der Begründung genannten Kriterien **39** sind im Grundsatz geeignet, eine an der **essential facilities doctrine** angelehnte **Wesentlichkeitsprüfung** darzustellen. Eine solche Prüfung begegnet allerdings unter dem Gesichtspunkt der europarechtskonformen Umsetzung erheblichen Bedenken. Nach dem europäischen Rechtsrahmen ist gerade nicht erforderlich, dass der Nachweis der Wesentlichkeit für die Auferlegung einer Zugangsverpflichtung erbracht wird. Der in § 21 Abs. 1, S. 2 Nr. 1 übernommene Wortlaut des Art. 12 Abs. 2 lit. a) ZRL bietet für eine solche Beschränkung keinen Anhaltspunkt. Zu prüfen ist nach Art. 8 Abs. 4 ZRL lediglich, ob die auferlegte Verpflichtung der Art des aufgetretenen Problems entspricht und im Hinblick auf die Ziele des Art. 8 RRL angemessen und gerechtfertigt ist. Eine wie auch immer geartete Wesentlichkeitsprüfung findet sich jedoch in den Zielen des Art. 8 RRL nicht.[32] Eine Beschränkung des Zugangsanspruchs nur auf wesentliche Leistungen ist somit mit den europäischen Vorgaben der Zugangsregulierung nicht vereinbar.[33] Dies ist bei der Auslegung der Kriterien im Rahmen der Abwägung der Behörde zu berücksichtigen.

a) Kosten der Nutzung alternativer Angebote. – Das erste der nach der Begründung zu **40** prüfenden Merkmale wirft eine ganze Fülle von Fragen und Problemen auf. Abzustellen ist nach dem Wortlaut auf die Differenz zwischen den Kosten der Nutzung alternativer Angebote und dem nachgefragten Angebot des Unternehmens mit beträchtlicher Marktmacht. Anders als die Kriterien b–d, in denen alternative Zugangsmöglichkeiten zu prüfen sind, wird hier auf alternative **Angebote** abgestellt. Damit sind auch Angebote alternativer Anbieter umfasst. Geht es um das Angebot der gleichen wie der begehrten Leistung durch einen anderen Anbieter, so stellt sich zunächst die Frage, ob ein solcher Vergleich **ökonomisch** überhaupt sinnvoll sein kann. Wenn die Preise für die Angebote alternativer Anbieter höher sind als die regulierten Preise des Unternehmens mit beträchtlicher Marktmacht, so kann dies grundsätzlich zwei Ursachen haben. Entweder die alternativen Anbieter produzieren ineffizient und haben deshalb zu hohe Preise oder die regulierten Entgelte des zugangsverpflichteten Unternehmens sind zu niedrig festgesetzt. Beide Alternativen recht-

---

29 Arbeitsentwurf vom 20. 2. 2003, nicht offiziell veröffentlicht.
30 Zum Stellenwert der Gesetzesbegründung im Auslegungskanon *Larenz*, Methodenlehre der Rechtswissenschaft, 6. Aufl. 1991, S. 328–333.
31 Notice of proposed rulemaking von Dezember 2001, FCC 01-361, S. 6, Nr. 8; ausdrücklich genannt in der Begründung zum RefE Stand 30. 9. 2003, zu § 16 (nicht offiziell veröffentlicht).
32 So im Ergebnis auch *Schütz/Attendorn*, MMR 2002, Beilage Heft 4.
33 Ausführlich hierzu *Thomaschki*, MMR 2003, 500; zustimmend auch *Neitzel/Müller*, CR 2004, 655, 658.

fertigen jedoch die Auferlegung einer Zugangsverpflichtung für das marktmächtige Unternehmen ökonomisch nicht.

41 Problematisch ist ferner, dass, zumindest im Fall erstmals aufzuerlegender Zugangsleistungen, die Kosten für die Inanspruchnahme zum Zeitpunkt der Entscheidung über die Zugangsverpflichtung noch gar **nicht bezifferbar** sein werden, da die Entgelte für die Nutzung erst im Anschluss an die Zugangsverpflichtung festgelegt werden können. Die Behörde hat somit noch keinen Maßstab, anhand dessen sie den geforderten Vergleich wird anstellen können. Lediglich in den Fällen, in denen das alternative Angebot zwar ebenfalls als Vorleistung geeignet, **technisch aber erheblich aufwändiger** als die begehrte Zugangsleistung ist, wird man einen solchen Kostenvergleich hypothetisch anstellen können. Dies dürfte in der Regel Fälle **fehlender Entbündelung** einer Zugangsleistung erfassen. Anders als bei Angeboten alternativer Anbieter dürfte beim marktmächtigen Unternehmen die fehlende Entbündelung bereits durch das Entbündelungsgebot des § 21 Abs. 1, S. 1 erfassbar sein.

42 Zu prüfen ist von der Behörde alternativ, ob eine **Eigenfertigung** das beabsichtigte Diensteangebot unwirtschaftlich machen würde. Dies wird vor allem dann der Fall sein, wenn es sich bei der Zugangsleistung um ein natürliches Monopol handelt. Aber auch die fehlende Möglichkeit, im Rahmen bestimmter Geschäftsmodelle denen des marktmächtigen Unternehmens vergleichbare Größenvorteile bei der Eigenfertigung zu realisieren, kann zur Unwirtschaftlichkeit des Diensteangebots führen.

43 Das Diensteangebot würde **unwirtschaftlich**, wenn es gegenüber konkurrierenden Diensteangeboten nicht wettbewerbsfähig wäre. Dies ist insbesondere dann anzunehmen, wenn Wettbewerber ohne die Inanspruchnahme der begehrten Zugangsleistung deutlich höhere Vorleistungskosten hinnehmen müssten als das marktmächtige Unternehmen selbst, da sie dann nicht in der Lage wären, vergleichbare Endnutzerpreise abzubilden. Bezugspunkt ist dabei „das **beabsichtigte** Diensteangebot". Da § 21 keine Regelung gegenüber einzelnen Wettbewerbern trifft, sondern die abstrakte Anordnung einer Zugangsverpflichtung vorsieht, werden hier die Ergebnisse der Marktabgrenzung zu Grunde zu legen sein, in der die Behörde im Rahmen des Bedarfsmarktkonzeptes die generalisierte **Nachfrage** nach Zugangsleistungen in Bezug auf bestimmte Diensteangebote ermittelt hat.

44 **b) Unzumutbare Verzögerungen.** – Ferner ist im Rahmen der Zugangsverpflichtung zu prüfen, ob unzumutbare zeitliche Verzögerungen durch die Nutzung alternativer Zugangsmöglichkeiten entstehen würden. Hier wie bei den beiden folgenden Merkmalen kommen nach dem Wortlaut nur alternative Zugangsmöglichkeiten in Betracht. Dies suggeriert einen Bedeutungsunterschied zu der ersten Alternative, wonach alternative „Angebote" zu berücksichtigen sind. Denkbar wäre hier, dass nur Alternativen des marktmächtigen Unternehmens selbst in Betracht kommen. Angesichts des Wortlautes des Gesetzestextes, der einheitlich auf **konkurrierende** Einrichtungen rekurriert, ist jedoch davon auszugehen, dass es sich lediglich um eine sprachliche Ungenauigkeit handelt, der keine inhaltliche Bedeutung zukommt.

45 Ob eine unzumutbare Verzögerung vorliegt, ist durch einen Vergleich zwischen dem Zeitraum bis zur Inanspruchnahme der begehrten und der alternativen Zugangsmöglichkeit zu ermitteln. Angesichts der Erfahrungen mit dem TKG 1996, welchen Zeitraum die Auferlegung einer Zugangsverpflichtung bis zum unterschriftsfähigen Angebot durch das marktmächtige Unternehmen benötigt, sind kaum Fälle denkbar, in denen nicht die Durchführung eines Zugangsverfahrens, sondern die Inanspruchnahme bereits vorhandener alternativer Möglichkeiten des Zugangs zu unzumutbaren Verzögerungen führen werden. Aufgrund der erheblichen Bürokratisierung der Regulierungsverfahren ist nicht davon auszugehen, dass sich die Zeiträume für die Durchsetzung von Zugangsverpflichtungen nach dem jetzigen TKG verringern werden.[34]

c) Wesentliche Qualitätsverminderung. – Entscheidend ist die Qualität des **beabsichtig-** **46** **ten** Diensteangebotes. Damit kommt es nicht darauf an, ob das potenziell zugangsverpflichtete Unternehmen selbst ein Diensteangebot mit entsprechender Qualität auf dem Markt anbietet. Entscheidend ist, dass im Rahmen der Marktabgrenzung und -analyse ermittelt worden ist, dass eine Nachfrage nach Zugangsleistungen für ein entsprechendes Diensteangebot besteht. Es kommen grundsätzlich alle Qualitätsparameter in Betracht, die für das beabsichtigte Diensteangebot relevant sein können, wie etwa **Bandbreiten, Übertragungsraten** oder **Verfügbarkeit**.

Auch **Service-Level-Agreements** können solche Qualitätskriterien darstellen. Zwar kön- **47** nen Vertragsbedingungen im Einzelnen erst im Rahmen von konkreten Zugangsanordnungen nach § 25 oder von Standardvertragsverfahren nach § 23 angeordnet werden (hierzu RdNr. 84). Die Rahmenbedingungen für die Erbringung einer Zugangsleistung können aber einen bedeutenden Qualitätsparameter darstellen, der möglicherweise ein eigenes Diensteangebot der zugangsberechtigten Wettbewerber erheblich verschlechtert oder unmöglich macht. Hierzu können etwa Bereitstellungsfristen, Vertragslaufzeiten oder Zahlungsmodalitäten zählen. Stellt das marktmächtige Unternehmen zwar bestimmte zum Zugang benötigte Dienste und Einrichtungen zur Verfügung, dies aber nur zu den gleichen oder schlechteren Bedingungen, wie sie auch den Endkunden des Unternehmens selbst angeboten werden, so wird dies in der Regel eine wesentliche Qualitätsminderung des beabsichtigten Diensteangebots der Wettbewerber nach sich ziehen.[35]

d) Auswirkungen auf den Netzbetrieb. – Zu prüfen sind hier die Auswirkungen auf den **48** Netzbetrieb der potenziell die Zugangsleistung nachfragenden Unternehmen. Nicht in Betracht kommt der Netzbetrieb des regulierten Unternehmens, da Letzterer im Rahmen der Prüfung des Abs. 4 zu berücksichtigen ist. Bei der Prüfung der Auswirkungen auf den Netzbetrieb der potenziellen Nachfrager kann nur ein **typischer** Netzbetrieb zu Grunde gelegt werden, da im Rahmen der abstrakten Zugangsverpflichtung nach § 21 nicht auf konkrete Wettbewerber und deren Netzbetrieb abzustellen ist.

2. Zugangsgewährung angesichts verfügbarer Kapazität (Nr. 2). – Das Kriterium der **49** Nr. 2 ist wortgleich Art. 12 Abs. 2 lit. b) ZRL nachgebildet. Der Wortlaut sieht hier entsprechend dem Text der ZRL eine Prüfung des „**vorgeschlagenen**" Zugangs vor. Offenbar ist der EU-Gesetzgeber bei der Formulierung von einer Bindung der Regulierungsbehörde an den Zugangsantrag des Wettbewerbers ausgegangen. § 21 hingegen sieht ausdrücklich ein Tätigwerden auf Antrag oder **von Amts wegen** vor. Zumindest in den Fällen, in denen die Behörde von Amts wegen tätig wird, kann der Begriff „vorgeschlagenen" nur im Sinne des potenziell aufzuerlegenden Zugangs verstanden werden. Insofern wäre eine sprachliche Anpassung des Wortlautes durch den deutschen Gesetzgeber wünschenswert gewesen.

---

34 Z. B. *Schütz*, MMR 6/2004, V.
35 Vgl. hierzu z. B. das Verfahren RegTP BK 3a-01/035 vom 31. 5. 2002 – Mietleitungen, zu § 33 TKG 1996.

50 Die Behörde hat im Rahmen der Prüfung einer Zugangsverpflichtung die Möglichkeit der Gewährung des Zugangs angesichts der verfügbaren Kapazität zu berücksichtigen. Das legt den Schluss nahe, dass eine Zugangsverpflichtung nicht möglich ist, wenn entsprechende Kapazität beim Netzbetreiber nicht verfügbar ist. Das würde bedeuten, dass das Unternehmen grundsätzlich zum **Kapazitätsausbau** nicht verpflichtet wäre.[36] Konsultiert man allerdings die Begründung zu dieser Vorschrift, so ergibt sich ein ganz anderes Bild. Ausweislich der Begründung ist das Kriterium der Nr. 2 „nicht in dem Sinne zu verstehen, dass der Betreiber mit beträchtlicher Marktmacht unter keinen Umständen zum Kapazitätsausbau verpflichtet werden kann. Unter bestimmten engen Voraussetzungen (wenn etwa ansonsten die auferlegte Verpflichtung ins Leere liefe) soll der RegTP auch eine Verpflichtung zum Kapazitätsausbau möglich sein".[37] Legt man diese Aussage bei der Auslegung der Nr. 2 zu Grunde, so kann fehlende Kapazität niemals dazu führen, dass eine Zugangsverpflichtung nicht auferlegt wird, da die Zugangsverpflichtung dann ja in jedem Falle ins Leere liefe. Auch ist im Rahmen von § 21 gerade erst zu prüfen, ob angesichts der vorhandenen Kapazität eine Zugangsverpflichtung auferlegt werden soll. Diese Prüfung scheint der Wortlaut der Begründung jedoch schon vorauszusetzen.

51 Ob und unter welchen Umständen ein Unternehmen zum Kapazitätsausbau verpflichtet werden kann, kann nur durch Abwägung des potenziellen Zugangsanspruchs und möglichen Veränderungspflichten des marktmächtigen Unternehmens jeweils im **Einzelfall** überprüft werden.[38] Je nach Intensität der vorzunehmenden Anpassungen und der Auswirkung auf das grundsätzliche Zugangsrecht lassen sich unterschiedliche **Fallgruppen** bilden.

52 Netzveränderungen im weitesten Sinne werden für nahezu jede Art der Realisierung von Netzzugangsverpflichtungen unerlässlich sein, da das berechtigte Unternehmen auf irgendeine Art und Weise einen Anschluss an die jeweiligen Komponenten erhalten muss. Dies geschieht etwa durch das Anschließen entsprechender Verbindungskabel (Kollokationszuführungskabel) in einer Vermittlungsstelle oder auch die Herrichtung und Zurverfügungstellung von Kollokationsräumen. Diese stellen in der Regel eine nur geringfügige Veränderung der Beschaffenheit des Netzes selbst dar[39] und werden dem Netzbetreiber regelmäßig zumutbar sein.[40] Auch ein qualitativer **Umbau** des Netzes kann dem Netzbetreiber zumutbar sein, wenn anderenfalls Zugangsansprüche faktisch nicht durchgesetzt werden können, da sie an den bestehenden Netzstrukturen scheitern.[41] Die Rechtsprechung hat

---

36 So auch (zu § 33 TKG 1996) OVG Münster MMR 2003, 355 – Mietleitungen: Anspruch auf Zugang von Infrastruktur nur, sofern diese vorhanden ist, kein Anspruch auf Schaffung von Infrastruktur; OVG Münster CR 2003, 32: nach § 33 TKG 1996 lediglich Anspruch auf Teilhabe an den vorhandenen und intern genutzten Leistungen, nicht aber auf Erweiterung der Leistung des Marktbeherrschers zu des Wettbewerbers Gunsten. Das Gericht hat jedoch in beiden Fällen verkannt, dass es in den Ausgangsfällen nicht um die Schaffung neuer Infrastruktur ging, sondern nur um die Bereitstellung einer technisch identischen Leistung zu Bedingungen, die ihrer Nutzung als Vorleistung entsprachen.

37 BT-Drs. 15/2316, 64 f., zu § 19.

38 Ähnlich auch – allerdings zum TKG 1996 – *Koenig/Kühling/Winkler*, WuW 2003, 228, 235.

39 *Koenig/Kühling/Winkler*, WuW 2003, 228, 230 führen für diese Art der Netzveränderungen den Begriff „Anbau" ein.

40 Sie werden wohl auch von der Rechtsprechung im Grundsatz für zulässig gehalten, z. B. VG Köln MMR 2002, 266, 267 – EBC II.

41 RegTP Beschluss v. 14. 8. 1998, 4-98-019 – 0700; RegTP Beschluss v. 30. 10. 2001, 4c-01-028 – EBC II.

die aus dem EBC-II-Beschluss der RegTP faktisch resultierende Notwendigkeit der Anpassung der Netzkonfiguration an diejenige des zugangsbegehrenden Unternehmens im Grundsatz gebilligt, dies dürfte allerdings nicht zu unzumutbaren kostenintensiven Veränderungen im Ist-Netz führen.[42]

Auch eine Verpflichtung zum **Ausbau** des Netzes in quantitativer Hinsicht aufgrund fehlen- **53** der Kapazität ist nicht per se unzumutbar.[43] Das Netz des marktmächtigen Betreibers ist von der Kapazität naturgemäß zunächst nur auf seine Zwecke ausgerichtet. Insbesondere in einem **Wachstumsmarkt** wird es immer wieder zu Kapazitätsengpässen kommen. Könnte das marktmächtige Unternehmen in diesen Fällen den Zugang verweigern, so würden die Wettbewerber von diesem Wachstum abgeschnitten. Das marktmächtige Unternehmen könnte dann seinerseits die Endkundennachfrage an sich ziehen und durch Kapazitätsausbau befriedigen, was ihm einen unzulässigen Wettbewerbsvorsprung verschaffen würde.

In diese Kategorie sind auch die Fälle einzuordnen, in denen ein Wettbewerber etwa den **54** Neu- bzw. Ausbau einer Mietleitung als Vorleistungsprodukt zum Zweck der Anbindung eines Endkunden nachfragt.[44] Zumindest in den Fällen, in denen das marktmächtige Unternehmen nach § 41 zur Bereitstellung für die Endnutzer verpflichtet wäre (Einzelheiten dazu siehe Kommentierung zu § 41), ist es erforderlich, dass diese auch als Vorleistung zu Vorleistungskonditionen bereitgestellt werden müssen, will man eine Monopolisierung des Endnutzermarktes verhindern. Wird der Kapazitätsengpass allerdings aufgrund **atypischer Verkehrsführung** der Wettbewerber hervorgerufen, so kann auch der zugangsbegehrende Wettbewerber zur Erhöhung seiner Zusammenschaltungspunkte und damit zur Vermeidung von Zusatzverkehren verpflichtet werden.[45]

Legt die Behörde eine Zugangsverpflichtung trotz fehlender Kapazität auf und veranlasst **55** das regulierte Unternehmen damit zur Netzveränderung, so sind die hierbei entstehenden **Kosten** von den Nutzern der Zugangsleistung zu tragen[46]. Dabei kann es u. U. angemessen sein, die Kosten den Nutzern unmittelbar aufzuerlegen und diese nicht nur im Rahmen einer Entgeltgenehmigung anzuerkennen, um zu verhindern, dass das zugangsverpflichtete Unternehmen in Vorleistung treten muss für eine Leistung, die möglicherweise nicht oder nur sehr vereinzelt in Anspruch genommen wird. Eine solche Auferlegung wäre aber gegebenenfalls Gegenstand eines konkreten Zugangsverfahrens nach § 25.

3. Anfangsinvestitionen unter Berücksichtigung der Investitionsrisiken (Nr. 3). – Die **56** Formulierung der Nr. 3 entspricht wörtlich Art. 12 Abs. 2 lit. c) ZRL. Die Behörde hat in ihre Abwägung die Anfangsinvestitionen unter besonderer Berücksichtigung der Investitionsrisiken mit einzubeziehen. Grundsätzlich soll damit ermöglicht werden, dass auch ein zugangsverpflichtetes Unternehmen in den Genuss des sog. **first mover advantage** kom-

---

42 OVG Münster MMR 2002, 566 – EBC II; wann dies der Fall ist, bleibt allerdings offen.
43 RegTP, MMR 1999, 430 – atypischer Verkehr; A. A. offenbar OVG Münster v. 8. 5. 2002, 13 B 307/02 – EBCII; MMR 2002, 566 (567), das schlicht ohne weitere Begründung feststellt, dass der Netzbetreiber bei erreichter Kapazitätsgrenze seines „Ist-Netzes" zu einem Netzausbau zu Gunsten seiner Konkurrenten nicht verpflichtet werden kann.
44 A. A. (allerdings zu § 33 TKG 1996) OVG Münster MMR 2003, 355 – Mietleitungen, wonach ein Anspruch auf Zugang von Infrastruktur nur besteht, sofern diese bereits vorhanden ist, ein Anspruch auf Schaffung von Infrastruktur ist allerdings ohne detaillierte Begründung abgelehnt worden.
45 RegTP, MMR 1999, 430 – atypischer Verkehr.
46 So auch ausdrücklich die Begründung zu Nr. 2, BT-Drs. 15/2316, S. 65 (zu § 19).

men kann. Auch die Kommission geht davon aus, „dass der Umstand, dass der Eigentümer, der Investitionen zur Einführung eines neuen Produkts oder Dienstes getätigt hat, hinreichend Zeit und Gelegenheit zur Nutzung dieser Einrichtung benötigt, um das neue Produkt oder den neuen Dienst auf den Markt zu bringen, einen relevanten Rechtfertigungsgrund für Zugangsverweigerung darstellen" kann.[47]

57 Dabei ist jedoch zu berücksichtigen, dass die Einräumung eines „first mover advantage" zwar im Grundsatz ein geeignetes Mittel ist, Investitionsanreize auch für das regulierte Unternehmen zu erhalten. Das ohnehin bestehende Problem der **Übertragung von Marktmacht auf benachbarte Märkte** kann jedoch noch verschärft werden, wenn dem marktmächtigen Unternehmen gestattet wird, seine Investitionen unbehelligt von Wettbewerb zunächst zu amortisieren. Dies sieht auch die Kommission und führt aus: „Jedwede Begründung ist dabei von Fall zu Fall zwar sorgfältig zu prüfen, doch ist es im Telekommunikationsbereich besonders wichtig, dass die Vorteile des wettbewerbsorientierten Umfelds für die Endkunden nicht durch Maßnahmen der früheren Staatsmonopolunternehmen vorenthalten werden, indem diese das Entstehen und die Entwicklung von Wettbewerb behindern."[48] Dabei ist zu differenzieren anhand der verschiedenartigen Bedingungen, unter denen die Infrastrukturinvestitionen getätigt wurden. Infrastrukturen, die vollständig unter Wettbewerbsbedingungen errichtet wurden, werden hier anders zu behandeln sein als solche, die ganz oder teilweise durch **Monopolrenditen** oder unter Ausnutzung ausschließlicher oder besonderer Rechte zu Monopolzeiten finanziert wurden.[49] Dies betrifft insbesondere neue Produkte oder Dienste, die unmittelbar auf monopolistischer Infrastruktur aufsetzen, wie z. B. beim breitbandigen Internet-Zugang über **DSL**. Hier wird dem Problem der Marktmachtübertragung besonderes Gewicht zukommen.

58 **4. Langfristige Sicherung des Wettbewerbs (Nr. 4).** – Der Wortlaut der Nr. 4 stellt im ersten Teil eine Wiedergabe von Art. 12 Abs. 2 lit. d) ZRL dar. Der zweite Halbsatz, wonach die langfristige Sicherung des Wettbewerbs insbesondere durch Anreize zu effizienten Investitionen in **Infrastruktureinrichtungen** zu erfolgen hat, findet sich im Text der Zugangsrichtlinie nicht. Sie ist unter Berufung auf Erwägungsgrund 19 ZRL zusätzlich in die Zielvorgaben des § 21 Abs. 1 aufgenommen worden.[50] Danach sollte die den Wettbewerb kurzfristig belebende Verpflichtung zur Gewährung des Zugangs nicht dazu führen, dass die Anreize für Wettbewerber zu Investitionen in Alternativeinrichtungen entfallen, die langfristig einen stärkeren Wettbewerb sichern.[51] Das Kriterium der Nr. 4 wird insbesondere bei der Frage, ob und in welchem Umfang **Resale-Verpflichtungen** aufzuerlegen sind, zu berücksichtigen sein.[52]

59 Die Aufnahme des Kriteriums in den Zielkatalog reflektiert die Erkenntnis der EU, dass aus regulierungsökonomischer Sicht infrastrukturbasierter Wettbewerb langfristig tragfähiger ist und damit der Schaffung von nachhaltigem, **strukturell gesichertem** Wettbewerb, der auch bei Verzicht auf Ex-ante-Regulierungsmaßnahmen Bestand hat, am zuträglich-

---

47 ABl. EG Nr. C 265 v. 22. 8. 1998, S. 2.
48 ABl. EG Nr. C 265 v. 22. 8. 1998, S. 2.
49 Ausführlich hierzu *Koenig/Loetz*, TKMR 2004, 132, 138 m. w. N.
50 Begr. zu § 19, BT-Drs. 15/2316, S. 65.
51 Zugangsrichtlinie, Erwägungsgrund 19.
52 Dass dies der Hauptanwendungsbereich dieses Kriteriums sein wird, davon geht auch die Begründung zu § 19 aus, BT-Drs. 15/2316, S. 65.

sten ist.[53] Das bedeutet jedoch nicht, dass Dienstewettbewerb per se die wettbewerblich minderwertige Variante des Wettbewerbs darstellte.[54] Dienste- und Infrastrukturwettbewerb bedingen und ergänzen einander vielmehr. Auch wenn langfristig Infrastrukturwettbewerb vorzugswürdig ist, kann in einer bestimmten Wettbewerbssituation gerade die Gewährleistung von Dienstewettbewerb erforderlich sein. So kann die Zugangsmöglichkeit zu bestehender Infrastruktur Voraussetzung für den Aufbau eigener Kundenstämme sein, die dann wiederum eigene Investitionen in Infrastruktur oder geographische Erweiterungen ökonomisch für die Wettbewerber rechtfertigen können. Ein bundesweit aufgestellter Anbieter von Telekommunikationsdiensten wird möglicherweise den Zugang zu den Endkunden zunächst wirtschaftlich vertretbar nur über ein Anschluss-Resale realisieren können, während für einen regionalen Anbieter aufgrund der höheren Kundenzahlen an einem Hauptverteiler eine Anbindung über die TAL durchaus attraktiv sein kann.

Dabei ist davon auszugehen, dass nicht eines der beiden Geschäftsmodelle regulierungs- **60** ökonomisch grundsätzlich vorzugswürdig ist. Dies entspricht auch der grundsätzlichen Ausrichtung von Art. 8 RRL und Erwägungsgrund 17 URL, wonach der Wettbewerb auf Dienste- und Zugangsmärkten grundsätzlich gleichberechtigt gegenüber gestellt wird. Voraussetzung ist jedoch, dass die **Entgelte** den Umfang der jeweils genutzten Infrastruktur entsprechend widerspiegeln und keine verzerrten Anreize zur dauerhaften Nutzung der Infrastruktur des regulierten Unternehmens gesetzt werden.

Die Grenze verläuft damit tatsächlich nicht zwischen Infrastruktur- und Dienstewettbe- **61** werb, sondern entlang der Frage, in welchem **Umfang** das regulierte Unternehmen zur Zugangsgewährung verpflichtet werden kann und wie hoch der **Eigenrealisierungsanteil** ist, der den Wettbewerbern angesichts der Wettbewerbssituation auf den Märkten zuzumuten ist. Es handelt sich somit nicht um eine Dichotomie zwischen Dienste- und Infrastrukturwettbewerb, sondern lediglich um einen **graduellen Unterschied** im Umfang der Nutzung der Infrastruktur, wobei der graduell höhere Anteil an Fremdinfrastrukturnutzung jeweils mit Blick auf die aktuelle Marktsituation begründungsbedürftig ist.

Mit der Zielvorgabe der Sicherung langfristigen Wettbewerbs ist keine Entscheidung über **62** die grundsätzliche Unzulässigkeit einer Verpflichtung zum **Anschluss-Resale** getroffen worden. Die Betonung des Infrastrukturwettbewerbs in § 21 Abs. 1 Nr. 4 muss vielmehr im Zusammenhang mit der gesetzlichen Grundentscheidung zur Gewährung von Zugang für Diensteanbieter nach Abs. 2 Nr. 3 betrachtet und relativiert werden.[55] Ausweislich der Begründung soll mit der Aufnahme dieser Zielvorgabe „die große Bedeutung, die auch dem Dienstewettbewerb in der Telekommunikation zukommt, nicht in Frage gestellt werden. Letztlich muss die RegTP bestrebt sein, eine angemessene Balance zwischen Dienstewettbewerb auf der einen Seite und infrastrukturbasiertem Wettbewerb auf der anderen Seite zu erreichen".[56] Dies spiegelt sich auch in der Regelung des § 150 Abs. 5 wider, nach der ein entbündeltes Anschluss-Resale erst ab dem 1. 7. 2008 möglich sein soll. Einer solchen Regelung bedürfte es nicht, wenn das entbündelte Anschluss-Resale von vornherein durch das Kriterium der Nr. 4 ausgeschlossen wäre. Zu den Einzelheiten vgl. RdNr. 99 sowie § 150 RdNr. 41 ff.

---

53 So auch *Koenig/Loetz*, TKMR 2004, 132, 136.
54 So auch allerdings noch zu § 33 TKG 1996 BVerwG K&R 2004, 296, 301.
55 Vgl. *Koenig/Loetz*, TKMR 2004, 138.
56 Begründung zu § 19, BT-Drs. 15/2316, S. 65.

63 **5. Gewerbliche Schutzrechte (Nr. 5).** – Die Regelung in Nr. 5 dient der Umsetzung von Art. 12 Abs. 2 lit. e) ZRL. Unter gewerbliche Schutzrechte und Rechte am geistigen Eigentum fallen Patente, aber auch Gebrauchsmuster- und Geschmacksmusterrechte sowie Urheberrechte. Es ist davon auszugehen, dass für Zugangsverfahren insbesondere Urheberrechte an Datenbanken, Schnittstellen und Softwaresystemen eine Rolle spielen werden. Unklar ist allerdings, anhand welcher Maßstäbe diese Schutzrechte in die Abwägung der Auferlegung einer Zugangsverpflichtung einzubeziehen sind. Grundsätzlich ist zu unterscheiden, ob es sich um Schutzrechte des grundsätzlich zugangsverpflichteten Unternehmens selbst oder um Schutzrechte **Dritter**, etwa der Hersteller elektronischer Schnittstellen oder Softwaresysteme, handelt.

64 Zumindest in den Fällen, in denen es sich um ein Schutzrecht des verpflichteten Unternehmens an dem Gegenstand der Zugangsverpflichtung selbst handelt, ist davon auszugehen, dass dieses einer Auferlegung nicht im Wege steht. Schließlich hat der Gesetzgeber mit der grundsätzlichen Möglichkeit der Zugangsverpflichtung bereits zum Ausdruck gebracht, dass selbst Eigentumsschranken einem Zugangsrecht der Wettbewerber nicht im Wege stehen. Dies schließt auch die in der Normenhierarchie darunter angesiedelten gewerblichen Schutzrechte und Rechte am geistigen Eigentum mit ein. Ansonsten würden etwa die Zugangsverpflichtungen zu Betriebsunterstützungssystemen nach Abs. 2 Nr. 5 oder zu technischen Schnittstellen nach Abs. 3 Nr. 3 leer laufen, da diese in der Regel mit Schutzrechten belegt sein werden.[57]

65 Problematischer sind die Fälle, in denen Schutzrechte **Dritter**, etwa des Herstellers einer elektronischen Schnittstelle bestehen, in denen das zugangsverpflichtete Unternehmen nicht über das Recht **disponieren** kann. Hier sind Fälle denkbar, in denen es dem zugangsverpflichteten Unternehmen nicht möglich ist, das Zugangsrecht ohne Verletzung bestehender Schutzrechte Dritter einzuräumen. Hier wird anhand des **gesetzlichen Inhalts des Schutzrechtes** im Einzelnen zu prüfen sein, ob eine Zugangsgewährung ausgeschlossen ist. Dabei ist sicherzustellen, dass eine Zugangsgewährung nicht durch entsprechende Vertragsgestaltung mit dem Schutzrechtsinhaber vereitelt wird. Im Grundsatz ist es Aufgabe des marktmächtigen Unternehmens, dafür Sorge zu tragen, dass es durch Verträge mit Dritten nicht an der Erfüllung einer prinzipiell aufzuerlegenden Zugangsverpflichtung gehindert ist. Sind zusätzliche Lizenzen für eine Zugangsgewährung erforderlich, so kann es auch dem zugangsberechtigten Unternehmen zumutbar sein, eine entsprechende Lizenz zu erwerben.

66 Insgesamt steht zu erwarten, dass in Zukunft die Frage der Schutzrechte Dritter eine **erhebliche Rolle** bei der Frage der Zugangsgewährung spielen wird. Technologisch lässt sich eine Tendenz ausmachen, wonach immer mehr Funktionalitäten nicht mehr im Netz, sondern in den **Endgeräten** realisiert werden und entsprechend mit Schutzrechten der Endgerätehersteller belegt sind. Diese werden nicht mehr als Bestandteil des Netzes betrachtet werden können und daher in der Regel dem gegen den Netzbetreiber gerichteten Zugangsanspruch entzogen sein. Hier wird sich zusätzlich die Frage stellen, ob der Inhaber des Schutzrechtes an der Endgeräte-Software seinerseits zur Lizenzerteilung oder Offenlegung der Schnittstelle verpflichtet werden kann. Dies kann jedoch nicht Gegenstand eines Zugangsverfahrens sein, sondern ist nach allgemeinen kartellrechtlichen Maßstäben (Art. 82 EGV bzw. § 19 GWB) zu beurteilen.

---

57 Ähnlich auch *Nietzel/Müller*, CR 2004, 655, 659.

6. Bereitstellung europaweiter Dienste (Nr. 6). – Mit Nr. 6 hat der Gesetzgeber den Text 67
von Art. 12 Abs. 2 lit. f) ZRL übernommen. Erläuterungen zu diesem Merkmal finden sich
weder in den Materialien noch in der Zugangsrichtlinie. Denkbar sind hier zunächst Fälle
des Zugang zum europäischen Nummernraum, etwa zu einer europaweit einheitlichen Ser-
vicerufnummer.

7. Verhältnismäßigkeitsprüfung (Nr. 7). – **a) Ausreichen anderweitiger Regulierungs-** 68
maßnahmen. – Bei der Abwägung hat die Behörde darüber hinaus zu berücksichtigen, ob
bereits auferlegte Verpflichtungen nach diesem Teil zur Sicherstellung der Regulierungsziele ausreichen. Dieses Kriterium findet sich nicht in den Vorschriften der ZRL, ist aber
lediglich Ausdruck des **Verhältnismäßigkeitsgrundsatzes**,[58] wonach unter mehreren geeigneten Mitteln das mildeste zu wählen ist und damit letztlich die Kodifikation einer
Selbstverständlichkeit. Nicht erforderlich ist es, dass die in Nr. 7 genannten Verpflichtungen bereits in der **Vergangenheit** auferlegt worden sein müssen. Auch wenn der Wortlaut
dies suggeriert, erfordert die Verhältnismäßigkeitsprüfung auch die Berücksichtigung von
Maßnahmen, die **anstelle** einer Zugangsverpflichtung im Rahmen der Regulierungsverfügung auferlegt werden können. So ist im Rahmen der Nr. 7 zu prüfen, ob nicht möglicherweise eine Verpflichtung nach § 19 oder § 20 als mildere Mittel zur Sicherstellung der in
§ 2 Abs. 2 genannten Ziele ausreichend ist und eine Zugangsverpflichtung damit (zunächst) nicht erforderlich ist.

Anderweitig zu berücksichtigen sind nach dem Wortlaut *Verpflichtungen* des 2. Teils. Das 69
bedeutet zum einen, dass Anordnungen außerhalb des 2. Teils, z. B. **Untersagungen** nach
§ 126 im Rahmen der Abwägung des § 21 Abs. 1 Nr. 7 nicht zu berücksichtigen sind. Das
Gleiche muss auch für **Missbrauchsanordnungen** nach § 42 gelten. Diese entstammen
zwar dem zweiten Teil, stellen jedoch keine Verpflichtung, sondern lediglich eine **Maßnahme** dar. Zum anderen ist der Kreis der einzubeziehenden Verpflichtungen nach dem
Wortlaut grundsätzlich weiter als diejenigen, die im Rahmen der Regulierungsverfügung
nach § 13 zu erlassen sind. So handelt es sich auch bei den nach §§ 23 und 39 aufzuerlegenden Verpflichtungen um solche nach dem zweiten Teil. § 23 setzt jedoch eine Zugangsverpflichtung formal voraus, während § 39 materiell auf eine Zugangsverpflichtung Bezug
nimmt. In der Praxis wird sich die Verhältnismäßigkeitsprüfung damit auf Maßnahmen
nach §§ 19, 20, 24, 40 und 41 beschränken.

Entgegen der ausdrücklichen Nennung in der Begründung[59] zu dieser Vorschrift ist eine 70
Verpflichtung nach **§ 18** nicht in die Prüfung mit einzubeziehen, da diese gerade voraussetzt, dass keine beträchtliche Marktmacht vorliegt. Allerdings ist zu berücksichtigen, dass
nach den Vorgaben des Art. 8 ZRL **eine** der in Art. 9 bis 13 genannten Regulierungsmaßnahmen bei Feststellung von beträchtlicher Marktmacht auf einem der Märkte in jedem
Fall aufzuerlegen ist.

b) Freiwilliges Angebot. – Im Rahmen des § 21 Abs. 1 Nr. 7 hat die Behörde ferner zu 71
prüfen, ob ein freiwilliges Angebot für die Erreichung der Regulierungsziele ausreichend
ist. Dieses Kriterium, das auf Initiative der DTAG in den RegE aufgenommen worden ist,
bietet für das als marktmächtig identifizierte Unternehmen einen durchaus sinnvollen Anreiz zur Abgabe eines freiwilligen Angebotes. Allerdings führt ein freiwilliges Angebot
keineswegs dazu, dass eine abstrakte Zugangsverpflichtung durch die Behörde nicht mehr

---

58 BT-Drs. 15/2316, S. 65 (zu § 19).
59 BT-Drs. 15/2316, S. 65 (zu § 19).

auferlegt werden könnte. § 21 Abs. 1 Nr. 7, 2. Alt. sieht lediglich vor, dass ein freiwilliges Angebot in die Abwägung der Behörde mit einzustellen ist.

72 Problematisch ist bei der Ausgestaltung der Regelung, dass aufgrund der Konzeption des TKG – anders als nach der europäischen Regelung – eine Reihe von weiteren Regulierungsmaßnahmen das Vorliegen einer Zugangsverpflichtung unmittelbar voraussetzen. Der **Verzicht** auf eine Zugangsverpflichtung zieht zwangsläufig einen Verzicht auf **Entgeltgenehmigung** nach sich (§ 30 Abs. 3). Das bedeutet, dass die Entgelte für grundsätzlich einer Zugangsverpflichtung unterliegende Leistungen aufgrund eines freiwilligen Angebotes nur noch der **Ex-post-Kontrolle** unterliegen und damit insbesondere nicht dem Maßstab der Kosten der effizienten Leistungsbereitstellung unterworfen sind. Aber auch die Verpflichtung zur Auferlegung eines **Standardangebots** (§ 23) sowie die Kontrolle von **Vertragsbedingungen im Einzelnen** (§ 23 Abs. 4) ist nicht mehr möglich, wenn aufgrund des freiwilligen Angebotes auf eine Zugangsverpflichtung verzichtet wird. Das Gleiche gilt für die Möglichkeit, **Kooperationen** und Nutzungsmöglichkeiten bei der Erbringung der Zugangsleistungen anzuordnen (§ 21 Abs. 2 Nr. 6, im Einzelnen hierzu RdNr. 111). Dies muss jeweils bei der Beurteilung, ob das freiwillige Angebot in seiner konkreten Form zur Sicherstellung der in § 2 Abs. 2 genannten Ziele ausreichend ist, in die Abwägung mit einbezogen werden. Dabei ist im Einzelnen zu prüfen, ob das freiwillige Angebot so ausgestaltet ist, dass ein Verzicht auf sonst gesetzlich vorgesehene weitergehende Regulierungsmaßnahmen zur Erreichung der Regulierungsziele unschädlich ist.

73 Das erst im Vermittlungsverfahren aufgenommene Kriterium, dass das Angebot von einem **großen Teil des Marktes** angenommen worden sein muss, bildet hier ein notwendiges **Korrektiv**. Ein freiwilliges Angebot, das nur von einzelnen Nachfragern in Anspruch genommen wird, kann in keinem Fall den Verzicht auf eine Zugangsverpflichtung rechtfertigen. Erst die Annahme eines großen Teils des Marktes bildet ein Indiz dafür, dass das Angebot sowohl hinsichtlich der Produktgestaltung als auch hinsichtlich des Preises und der Vertragsbedingungen einer Vorab-Regulierung möglicherweise nicht bedarf. Damit ist auch klargestellt, dass die Vorlage eines freiwilligen Angebotes erst im **Rahmen des Regulierungsverfahrens** oder gar die bloße Absichtserklärung zur Vermeidung einer Zugangsregulierung nicht ausreichend ist. Kommt die Behörde zu dem Ergebnis, dass aufgrund des freiwilligen Angebotes eine Zugangsverpflichtung nicht aufzuerlegen ist, so besteht die Möglichkeit, das Unternehmen zumindest nach § 21 Abs. 2 Nr. 2 dazu zu verpflichten, das freiwillige Angebot nicht einseitig aufzukündigen (Einzelheiten hierzu RdNr. 92).

74 Schließlich ist zu berücksichtigen, dass nach den europarechtlichen Vorgaben für den Fall, dass ein Unternehmen mit beträchtlicher Marktmacht identifiziert worden ist, in jedem Fall eines der in Art. 9 bis 13 genannten „Remedies" auferlegt werden **muss** (Art. 16 Abs. 4 RRL).[60] Auch für den Fall, dass die Behörde zu dem Ergebnis kommt, dass aufgrund des freiwilligen Angebotes eine Zugangsverpflichtung nicht aufzuerlegen ist, muss zumindest eine Verpflichtung nach §§ 19, 20 oder 24 auferlegt werden.

---

60 So auch *Ellinghaus*, CR 2004, 23, 26, und *Jochum*, MMR 2005, 161, 166; *Wissenschaftlicher Arbeitskreis für Regulierungsfragen bei der Regulierungsbehörde für Telekommunikation und Post*, TKG-Novellierung im Spannungsfeld zwischen Rechtssicherheit und Flexibilität, TKMR Tagungsband zur Veranstaltung „Das neue TKG" vom 5. Dezember 2002, 25, 26.

V. Inhalt der Verpflichtung

1. Zugang. – Nach § 21 Abs. 1 ist das als marktmächtig identifizierte Unternehmen zur **75** Gewährung von Zugang verpflichtet. Das Gesetz definiert in § 3 Nr. 32 „Zugang" als die Bereitstellung von Einrichtungen oder Diensten für ein anderes Unternehmen unter bestimmten Bedingungen zur Erbringung von Telekommunikationsdiensten und entspricht damit im Wesentlichen der Begriffsdefinition des Art. 2 Abs. 1 ZRL. Der Beispielskatalog des Art. 2 lit. a) ZRL wurde in die Zugangsdefinition des TKG nicht aufgenommen, findet sich aber im Wesentlichen in den konkretisierten Zugangsverpflichtungen des § 21 Abs. 2 wieder. Gegenüber dem bisherigen Recht wird der Zugangsbegriff durch § 3 Nr. 32 nun auch ausdrücklich auf Dienste erweitert.[61] (Zum Zugangsbegriff im Einzelnen § 3 RdNr. 70–75).

Die Einrichtungen und Dienste müssen für die Erbringung eigener Telekommunikations- **76** dienste in Anspruch genommen werden, das bedeutet, dass die Zugangsregulierung nach dem TKG 2004 auf eine reine **Vorleistungsregulierung** beschränkt wird. Damit fallen etwa **Programmanbieter**, die von Kabelnetzbetreibern Transportdienstleistungen nachfragen, selbst aber nicht beabsichtigen, mithilfe dieser Leistungen Endkunden Telekommunikationsdienste anzubieten, nicht unter das Zugangsregime des 2. Teils, 2. Abschnitt.[62] Auch Zugangsbegehren von **Endnutzern** können nicht Gegenstand eines Verfahrens nach § 21 sein.

2. Nachfragegerechte Entbündelung. – Der Zugang ist einschließlich einer nachfragege- **77** rechten Entbündelung zu gewähren. § 21 Abs. 1 stellt damit ein grundsätzliches, über die Teilnehmeranschlussleitung hinausgehendes **Entbündelungsgebot** für sämtliche Zugangsleistungen auf. Es sollen keine Leistungen abgenommen werden müssen, die nicht nachgefragt werden,[63] sei es, dass die Leistungen selbst realisiert werden oder anderweitig günstiger zugekauft werden. Der **Grad** und die **Notwendigkeit** der Entbündelung bestimmt sich damit zunächst durch die Nachfrage. Damit ist klargestellt, dass im Grundsatz allein die **technische Teilbarkeit** die anzubietende kleinste Leistung bestimmt. Nicht maßgeblich ist dafür, ob technische oder wirtschaftliche Gründe für die Zusammenfassung der Leistung zu einem **einheitlichen Angebot** sprechen.[64] Es kommt somit zunächst nicht darauf an, ob und in welchem Umfang eine Leistung in der Netzstruktur des verpflichteten Unternehmens eine eigenständige Einheit darstellt oder nicht.[65] Entscheidend ist allein, dass die entbündelte Leistung isoliert nutzbar ist.[66]

Allerdings sind bezüglich des **Grades** der Entbündelung einer Zugangsleistung die in **78** Abs. 1 Nr. 1 bis 7 genannten Kriterien zu beachten.[67] Es ist somit zu prüfen, ob die nachgefragte Entbündelung **gerechtfertigt** ist. Hier werden vorrangig die Fragen der wirtschaft-

---

61 Nach § 35 TKG 1996 bezog sich der Zugang auf das Netz oder Teile des Netzes. Lediglich unter den Voraussetzungen des § 33 TKG 1996 konnte auch Zugang zu (intern genutzten) Leistungen, also auch Diensten begehrt werden.

62 So ausdrücklich die Begründung zum RegE, BT-Drs.15/2316, S. 64 (zu § 19).

63 Begründung, BT-Drs. 15/2316, S. 64 (Zu § 19).

64 So noch VG Köln CR 1999, S. 79 (82) – TAL, das seine Rechtsprechung diesbezüglich allerdings bereits revidiert hat.

65 Ausführlich hierzu in BeckTKG-Komm/*Piepenbrock*, Anh § 39 § 2 NZV RdNr. 11 f.

66 So auch zu § 33 TKG 1996 BVerwGE 114, 160, 176.

67 So ausdrücklich die Begründung zu § 19, BT-Drs. 15/2316, S. 64 (§ 19).

lichen und technischen Tragfähigkeit der Nutzung im Einzelnen zu prüfen sein, insbesondere, ob alternative Zugangsmöglichkeiten ausreichend sind (Abs. 1 Nr. 1) sowie, ob bereits auferlegte Verpflichtungen oder freiwillige Angebote zur Sicherstellung der Regulierungsziele ausreichen (Abs. 1 Nr. 7). Dabei ist nach der Rechtsprechung des BVerwG dem Wettbewerber bei der Nutzung der Zugangsleistung eine dem marktmächtigen Unternehmen **vergleichbare unternehmerische Dispositionsfreiheit** bei der Ausgestaltung seiner Telekommunikationsdienste für Endkunden einzuräumen.[68]

79 Auch **Einzelnachfragen** nach Entbündelung, die im Rahmen eines Antrags nach § 21 Abs. 1 erhoben werden, sind nach den Kriterien des § 21 Abs. 1 zu prüfen, da das Antragsrecht ansonsten leer laufen würde. Allerdings wird bei der Prüfung, ob eine einer Einzelnachfrage entsprechende Entbündelung gerechtfertigt ist, insbesondere die **Zumutbarkeit** der Realisierung einer Einzellösung für das zugangsbeanspruchende Unternehmen im Rahmen des Merkmals der technischen und wirtschaftlichen Tragfähigkeit nach Abs. 1 Nr. 1 zu berücksichtigen sein.

80 Im Rahmen eines **von Amts wegen** durchgeführten Verfahrens der abstrakten Zugangsgewährung fehlt es regelmäßig an einer konkreten Nachfrage. Bezugspunkt wird in diesen Fällen die im Rahmen der Marktabgrenzung anhand des Bedarfsmarktkonzeptes ermittelte **objektivierte Nachfrage** sein.

81 **3. Inhalt der Anordnung im Einzelnen.** – Ausgangspunkt für die Entscheidung über eine Zugangsverpflichtung ist das Ergebnis der jeweiligen Marktabgrenzung und -analyse auf einem bestimmten **Markt**. Auf Basis der Marktanalyseergebnisse entscheidet die Behörde, ob und inwiefern eine Zugangsverpflichtung zur Behebung des festgestellten Marktversagens aufzuerlegen ist. Allerdings kann der Markt selbst kein hinreichend bestimmtes Zugangs**objekt** sein. Anknüpfungspunkt für eine Zugangsverpflichtung kann nur ein **Dienst** oder eine **Einrichtung** sein (§ 3 Nr. 32). Wie der konkrete Inhalt einer Zugangsverpflichtung auszugestalten ist, wird jeweils vom **Einzelfall** abhängen. Es lassen sich jedoch generelle Rahmenaussagen treffen, an denen sich eine Zugangsverpflichtung wird messen lassen müssen.

82 **a) Bestimmtheit.** – Zunächst hat die Anordnung mit Rücksicht auf das **Bestimmtheitsgebot** so gefasst zu sein, dass der Adressat – gegebenenfalls nach Auslegung[69] – weiß, wozu er verpflichtet ist. Eine Verpflichtung, die etwa den Gesetzeswortlaut von § 21 Abs. 3 Nr. 2 wiedergibt (Zusammenschaltungspflicht), würde diesen Anforderungen sicher nicht genügen. Eine wörtliche Wiedergabe der Definition für den vollständig entbündelten Zugang zur TAL anhand des Wortlautes von § 21 Abs. 3 Nr. 1 hingegen begegnete im Hinblick auf die Bestimmtheit der Anordnung wohl keinen Bedenken.

83 Die Anordnung wird sich ferner an der im Rahmen der Marktanalyse ermittelten **Nachfrage** orientieren müssen und so die Ergebnisse der Marktanalyse reflektieren. Die dort zugrunde gelegten Einrichtungen und Dienste sind entsprechend abstrakt, aber bestimmbar zu beschreiben. Nicht erforderlich ist es, dass eine Zugangsverpflichtung nach § 21 selbst jede vom marktmächtigen Unternehmen anzubietende **Leistung** im Einzelnen benennt. § 21 sieht lediglich den Erlass einer **generellen** Zugangsverpflichtung vor, die gegebenen-

---

68 BVerwGE 114, 160, 183, allerdings zu § 33 TKG 1996, was wegen des ausdrücklichen Bezugs auf das Ziel der Herstellung chancengleichen Wettbewerbs auch im TKG 2004 Gültigkeit haben muss.
69 Vgl. zum Inhalt des Bestimmtheitsgebotes allgemein z. B. BVerwG JZ 1970, 183.

falls im Rahmen eines Verfahrens nach § 25 aufgrund der Nachfrage der Wettbewerbsunternehmen zu konkretisieren ist. Diese Konkretisierung wäre nicht erforderlich, wenn bereits im Rahmen von § 21 Verpflichtungen zur Erbringung sämtlicher Leistungen im Einzelnen ausgesprochen werden müssten. Gegen eine Benennung konkreter Leistungen des verpflichteten Unternehmens spricht auch die Tatsache, dass bei jeder Leistungsänderung des Unternehmens eine erneute abstrakte Regulierungsverfügung erforderlich wäre.

b) Anordnung von Bedingungen. – Konkrete **Bedingungen** für die Leistungserbringung **84** wie **Vertragsstrafen**, **Lieferbedingungen** oder **Kündigungsrechte** können im Rahmen des § 21 nicht angeordnet werden. Zwar umfasst nach der Legaldefinition des § 3 Nr. 32 der Begriff des Zugangs die Bereitstellung aller Einrichtungen und Dienste für ein anderes Unternehmen unter **bestimmten Bedingungen** zum Zwecke der Erbringung von Telekommunikationsdiensten. Dies legt nahe, dass auch die Bedingungen für die Erbringung von Zugangsleistungen im Rahmen der Verpflichtung nach § 21 auferlegt werden können. Auch der Wortlaut des Art. 12 Abs. 1 a. E. ZRL scheint dafür zu sprechen, dass die nationalen Regulierungsbehörden die Zugangsverpflichtungen mit Bedingungen in Bezug auf Fairness, Billigkeit und Rechtzeitigkeit verknüpfen können. Der deutsche Gesetzgeber hat jedoch eine Befugnis, Bedingungen in Bezug auf Fairness, Billigkeit und Rechtzeitigkeit vorzugeben, ausdrücklich im Rahmen des Standardvertragsverfahrens nach § 23 und bei den konkreten Zugangsanordnungen nach § 25 vorgesehen. Diese ergäbe keinen Sinn, wenn diese Bedingungen schon im Rahmen der abstrakten Zugangsverpflichtung festgelegt werden könnten oder gar müssten. **Konkrete Zugangsbedingungen**, die im Rahmen von Verfahren nach § 25 auferlegt werden können (Einzelheiten unter § 25 RdNr. 38–54), können damit nicht Bestandteil einer generellen Verpflichtung nach § 21 sein. Dies entspricht auch dem regulatorischen Grundkonzept, wonach **vorrangig** die **Marktteilnehmer** die Bedingungen der Leistungserbringung aushandeln sollen. Andernfalls liefe die Behörde Gefahr, Bedingungen an den Bedürfnissen der Marktteilnehmer vorbei festzulegen.

VI. Kann-Verpflichtungen nach Abs. 2

Abs. 2 konkretisiert die von der Behörde aufzuerlegenden Zugangsverpflichtungen. Diese **85** Aufzählung ist nicht abschließend, so dass im Grundsatz alle der Zugangsdefinition des § 3 Nr. 32 entsprechenden Einrichtungen und Dienste Gegenstand einer Zugangsverpflichtung sein können. Bei der Prüfung der Frage, welche der einzelnen Zugangsverpflichtungen anzuordnen sind, hat die Regulierungsbehörde nach Abs. 2 die Voraussetzungen des Abs. 1 zu beachten. Das bedeutet, dass für die in Abs. 2 nicht abschließend genannten Zugangsvarianten der Kriterienkatalog des Abs. 1 voll von der Behörde zu prüfen ist. Die in Abs. 2 ausdrücklich vorgenommene Nennung der jeweiligen Zugangsvarianten hat damit im Wesentlichen **klarstellende** Funktion, da diese grundsätzlich auch bereits nach dem Wortlaut des § 21 Abs. 1 angeordnet werden könnten. Etwas anderes gilt lediglich für die abschließend in Abs. 3 genannten Zugangsvarianten, die von der Behörde auferlegt werden „sollen". Hier hat der Gesetzgeber eine Ermessensreduktion für die Behörde vorgesehen, die eine Überprüfung des gesamten Kriterienkatalogs des Abs. 1 entbehrlich machen soll (Einzelheiten in RdNr. 140 ff.).

1. Zugang nach Abs. 2 Nr. 1. – **a) Zugang zu bestimmten Netzkomponenten oder -ein- 86 richtungen.** – Mit der ersten Zugangsalternative des Abs. 2 Nr. 1 wird dem Katalog der Zugangsverpflichtungen eine Art **Generalklausel** vorangestellt. Der Wortlaut entspricht dem des Art. 12 Abs. 1 lit. a) ZRL. Dabei ist davon auszugehen, dass dieses Kriterium enger als die Zugangsdefinition des § 3 Nr. 32 ist, da Zugang zu Diensten in § 21 Abs. 2 Nr. 1 nicht enthalten ist. Allerdings wird der Begriff der **Einrichtung** in beiden Normen offenbar in unterschiedlicher Bedeutung gebraucht. Während er in der Zugangsdefinition des § 3 Nr. 32 einen **Oberbegriff** für die Gesamtheit des Netzes in Abgrenzung zu den Diensten darstellt und damit auch Netzkomponenten umfasst, werden die Einrichtungen in § 21 Abs. 2 Nr. 1 **neben** den Netzkomponenten genannt, umfassen diese also offenbar nicht. Diese **sprachliche Uneindeutigkeit** findet sich bereits in der Zugangsrichtlinie in den Art. 2 lit. a) und Art. 12 Abs. 1 lit. a). Hier ist allerdings der Begriff der Einrichtung als den Netzkomponenten **zugehörige** Einrichtung qualifiziert, was der deutsche Gesetzgeber offenbar durch den Bindestrich zu übertragen beabsichtigt hat. Eine Legaldefinition der Begriffe Netzkomponenten und -einrichtungen findet sich weder im TKG noch in der Zugangsrichtlinie.

87 Nach dem Wortlaut umfasst der Begriff der Netzkomponenten alle **Elemente** eines Netzes.[70] Dies können allerdings nur solche Netzelemente sein, an denen eine Zugangsgewährung technisch grundsätzlich möglich ist. Der Begriff der Netzeinrichtung umfasst die den Netzkomponenten zugehörigen Einrichtungen, die nicht Teil des Netzes selbst, ihm aber zugehörig in dem Sinne sind, dass sie für die Realisierung des Netzzugangs erforderlich sind. Hierzu zählen insbesondere Kollokationsressourcen, Anschlusskabel und relevante informationstechnische Systeme, auf die ein Begünstigter Zugriff haben muss, um Dienste auf wettbewerbsorientierter und fairer Grundlage bereitstellen zu können.[71] Die Verpflichtung zur Gewährung von Netzzugang beschränkt sich damit nicht nur auf die physische und logische Verbindung der Netze untereinander.[72]

88 **b) Entbündelter Breitbandzugang.** – Das marktmächtige Unternehmen kann nach Abs. 2 Nr. 1 ausdrücklich auch zum entbündelten Breitbandzugang verpflichtet werden. Diese Alternative ist erst durch die Annahme der Beschlussempfehlung des Vermittlungsausschusses[73] in das Gesetz aufgenommen worden. Nach Auffassung der BReg, die eine explizite Aufnahme des Breitbandzugangs nicht vorgesehen hatte, sollte die RegTP entscheiden, ob ein Bitstrom-Angebot im Rahmen der Zugangsverpflichtungen auszusprechen sei.[74] Der BRat begründete seine Forderung nach einer ausdrücklichen Aufnahme des Kriteriums damit, dass die Unternehmen großen Wert darauf legten, diese Möglichkeit des Netzzugangs explizit in das Gesetz aufzunehmen, um eine unmittelbare und rechtssichere Verpflichtungsmöglichkeit durch die RegTP zu schaffen.[75] Gleichwohl hat die Aufnahme in Abs. 2 Nr. 1 nur **deklaratorischen** Charakter, da auch der entbündelte Breitbandzugang unter die Begriffe der Netzkomponenten und -einrichtungen zu subsumieren ist. Darüber hinaus wäre auch aufgrund der ausdrücklichen Aufnahme des **Marktes 12** (Breitbandzugang für Großkunden) in die Märkteempfehlung der Kommission[76] sichergestellt, dass für diesen Markt zumindest eine Marktanalyse durchgeführt wird. Im Rahmen dieser Ergeb-

---

70 Der englische Text der Richtlinie spricht hier anschaulicher von „network elements".
71 So die ausdrückliche Definition des Begriffs „zugehörige Einrichtungen" in Art. 2 lit. h) TAL-VO.
72 So auch schon zum TKG 1996 BVerwG K&R 2004, 38.
73 BT-Drs. 379/04.
74 Gegenäußerung der BReg vom 14. 1. 2004, BT-Drs. 15/2345, S. 2 (zu Nr. 15).
75 BT-Drs. 15/2316, S. 111, zu Nr. 15.
76 Empfehlung der Kommission v. 11. 2. 2003; 2003/311/EG, ABl. EG Nr. L 114/45.

nisse hat die RegTP in jedem Fall über die Auferlegung einer Breitbandzugangsverpflichtung zu entscheiden, unabhängig davon, ob dieser ausdrücklich in Abs. 2 Nr. 1 genannt ist.

Warum in die endgültige Gesetzesfassung die Formulierung „entbündelter Breitbandzugang" und nicht „Bitstromzugang" aufgenommen worden ist, ist unklar. Beabsichtigt war in jedem Fall die Aufnahme einer Verpflichtung zum **Bitstromzugang**.[77] Der tatsächlich gewählte Begriff des Breitbandzugangs ist vom Wortlaut her weiter und umfasst auch andere Formen des breitbandigen Zugangs wie z. B. DSL-Resale oder Zugang zu hochbitratigen Mietleitungen. Möglicherweise hat sich der Vermittlungsausschuss an der Übersetzung der Empfehlung der Kommission über relevante Produkt- und Dienstmärkte orientiert, in der der Markt 12 mit „Breitbandzugang für Großkunden" überschrieben ist, sich aber ausschließlich auf den Bitstromzugang bezieht.[78] Nach der Empfehlung der Kommission umfasst der Markt Breitbandzugang für Großkunden den „Bitstrom-Zugang", der die Breitbanddatenübertragung in beiden Richtungen gestattet und sonstigen Großkundenzugang, der über andere Infrastrukturen erbracht wird, wenn sie dem Bitstromzugang gleichwertige Einrichtungen bereitstellen. Der breitbandige Zugangsmarkt ist nach der Terminologie der Kommission somit auf Bitstromdienste beschränkt. Letztlich kann jedoch dahinstehen, ob der Begriff des Breitbandzugangs ausschließlich auf Bitstromzugang zu beschränken ist, da andere Breitbandzugänge unter die erste Alternative von Abs. 2 Nr. 1 (Netzkomponenten und -einrichtungen) zu subsumieren sind.

Der schnelle Bitstromzugang wird von der Kommission neben dem vollständig **entbündel-** **90** **ten Teilnehmeranschluss** und dem **Linesharing** als dritte Zugangsmöglichkeit zum Teilnehmeranschluss gesehen, die zur Förderung des – derzeit noch als unbefriedigend empfundenen –Wettbewerbs im Ortsnetz erforderlich ist.[79] Bitstromzugang mit hoher Geschwindigkeit bedeutet danach, „dass der etablierte Betreiber eine Hochgeschwindigkeitsverbindung zum Kunden herstellt (indem er z. B. seine bevorzugte ADSL-Konfiguration in seinem Ortsanschlussnetz installiert) und diese Verbindung dann Dritten zur Verfügung stellt, damit sie Hochgeschwindigkeitsdienste anbieten können. Der etablierte Betreiber kann seinen Mitbewerbern auch Übertragungsdienste anbieten, um den Verkehr an eine „höhere" Schicht der Netzhierarchie weiterzuleiten, wo neue Marktteilnehmer bereits (z. B. mit einem Transitknoten) präsent sein können."[80] Der Bitstromzugang beginnt damit – unabhängig vom Übergabepunkt – beim **Endkundenanschluss**. Er ermöglicht damit

---

77 Dies ergibt sich zweifelsfrei aus folgenden Materialien: Stellungnahme des BRat vom 19. 12. 2003, Anlage 2 zu BT-Drs. 15/2316, S. 111 Nr. 15; Gegenäußerung der BReg vom 14. 1. 04, BT-Drs. 15/2345, S. 2 (zu Nr. 15), Empfehlungen der Ausschüsse vom 23. 3. 2004, BT-Drs. 200/01/04, S. 2 (m). Ausdrücklich hierzu auch die Erklärung von Staatsminister Jochen Riebel, Stenographischer Bericht des Bundesrates, Plenarprotokoll 799 v. 14. 5. 2004, 231: „Ausdrückliche Aufnahme eines entbündelten Breitbandzugangs im Sinne von Bitstream-Access als Zugangsverpflichtung".

78 Vgl. Empfehlung der Kommission über relevante Produkt- und Dienstmärkte v. 11. 2. 2003; 2003/311/EG, ABl. EG Nr. L 114/45, Anhang, Nr. 12.

79 Mitteilung der Kommission: Entbündelter Zugang zum Teilnehmeranschluss: Wettbewerbsorientierte Bereitstellung einer vollständigen Palette von elektronischen Kommunikationsdiensten einschließlich multimedialer Breitband- und schneller Internetdienste (2000/C 272/10) vom 23. 9. 2000.

80 Mitteilung der Kommission: Entbündelter Zugang zum Teilnehmeranschluss: Wettbewerbsorientierte Bereitstellung einer vollständigen Palette von elektronischen Kommunikationsdiensten einschließlich multimedialer Breitband- und schneller Internetdienste (2000/C 272/10) vom 23. 9. 2000, 56.

auch dem Wettbewerber die direkte Kontrolle über die **Endkundenbeziehung** und erlaubt das Angebot von Anschluss und breitbandiger Nutzung des Internets aus einer Hand. Der Bitstromzugang muss es dem Nachfrager ermöglichen, auf Basis des Zugangs eigene, **maßgeschneiderte Dienste** anzubieten. Dies stellt zugleich das Abgrenzungskriterium zwischen Bitstromzugang und **Resale** dar.[81] Ein reines DSL-Resaleangebot ermöglicht eine Differenzierung der eigenen Dienstqualität etwa hinsichtlich Bandbreiten oder Verfügbarkeit nicht.

91 Der Breitbandzugang ist **entbündelt** anzubieten. Hier gelten die oben unter RdNr. 77 angestellten Überlegungen.

92 **2. Nachträgliche Verweigerung (Abs. 2 Nr. 2).** – Die Verpflichtung, bereits gewährten Zugang zu Einrichtungen nicht nachträglich zu verweigern, bezieht sich auf die Fälle, in denen der Zugang gewährt wurde, ohne dass eine **behördliche Verpflichtung** hierzu besteht[82] oder eine solche auferlegt werden kann. Die Nr. 2 stellt somit keine Zugangsverpflichtung im eigentlichen Sinne dar, sondern stellt eine Pflicht zur Weitererbringung bestimmter Zugangsleistungen auf, obwohl eine originäre Verpflichtung zur Zugangsgewährung nicht besteht. Der Wortlaut der deutschen Übersetzung des Richtlinientextes ist in der Nr. 2 unglücklich gewählt worden, da bereits gewährter Zugang naturgemäß nicht nachträglich verweigert werden kann. Gemeint ist vielmehr, dass das Unternehmen verpflichtet werden kann, **bisher gewährten** Zugangs nicht einseitig aufzukündigen.[83] Im Kern handelt es sich damit um eine „**Sunset-Regelung**", nach der trotz grundsätzlich fehlender Zugangsverpflichtung ein sofortiger Ausstieg aus einem freiwilligen Angebot wegen der damit gegebenenfalls verbundenen Konsequenzen für die Nutzer untersagt werden kann.

93 Eine Verpflichtung nach Nr. 2 wird zur Wahrung der Verhältnismäßigkeit und zur Schaffung von Rechtssicherheit für alle Beteiligten in der Regel mit einer **Befristung** zu versehen sein. Die Dauer der Verpflichtung der Zugangserbringung richtet sich danach, innerhalb welchen Zeitraums es den Nutzern der Zugangsleistung zumutbar ist, alternative Möglichkeiten zu realisieren. Dabei werden das Interesse des Zugang gewährenden Unternehmens an einer Aufkündigung und die Auswirkungen des Zugangsentzugs für die Nutzer gegeneinander abzuwägen sein.[84]

94 Etwas anderes kann für die Fälle gelten, in denen zwar grundsätzlich eine Zugangsverpflichtung auszusprechen wäre, allein aufgrund des **freiwilligen** Angebotes nach § 21

---

81 „Bitstromzugang lässt sich definieren als die Bereitstellung von Übertragungskapazität zwischen einem Endnutzer mit Telefonanschluss und dem Zusammenschaltungsprodukt, der dem Markteinsteiger zur Verfügung steht. Er umfasst **keine Weiterverkaufsangebote**, denn diese beinhalten nicht die Bereitstellung von Zusammenschaltungs- oder Übertragungskapazität in der Form, dass Markteinsteiger ihren Kunden ihre eigenen, maßgeschneiderten Dienste anbieten können" (Achter Bericht der Kommission über die Umsetzung des Reformpakets für den Telekommunikationssektor v. 3. 12. 2002, Sec(2002) 1329).

82 So auch ausdrücklich die Begründung BT-Drs. 15/2316, S. 65 (zu § 19).

83 „Not to withdraw access to facilities already granted", wie der englische Richtlinientext formuliert.

84 Ähnlich auch Mitteilung der Kommission über die Anwendung der Wettbewerbsregeln auf den Märkten der Telekommunikation ABl. C 265 vom 22. 8. 1998, S. 2, Nr. 100: „Die einseitige Aufkündigung von Zugangsvereinbarungen berührt im Wesentlichen dieselben Fragen wie die Verweigerung des Zugangs. Wird einem bestehenden Kunden der Zugang entzogen, stellt dies in der Regel einen Missbrauch dar. Auch hier kann die Aufkündigung durch objektive Gründe gerechtfertigt sein. Solche Gründe müssen den Auswirkungen des Zugangsentzugs angemessen sein."

Abs. 1 Nr. 7 aber nicht ausgesprochen worden ist. In diesen Fällen kann auch eine unbefristete Verpflichtung nach Abs. 2 Nr. 2 auferlegt werden, die Gültigkeit bis zur Durchführung des nächsten Marktanalyseverfahrens nach §§ 13, 14 hat.

Eine Auferlegung nach Abs. 2 Nr. 2 begründet lediglich eine Pflicht zur (ggf. übergangs- **95** weisen) Weitererbringung freiwilliger Angebote und stellt trotz ihrer systematischen Stellung im Rahmen des § 21 Abs. 2 **keine Zugangsverpflichtung im eigentlichen Sinne** dar. Sofern §§ 22, 23, 30 TKG verlangen, dass eine Zugangsverpflichtung nach § 21 auferlegt worden ist, ist hiervon eine Verpflichtung nach § 21 Abs. 2 Nr. 2 nicht erfasst. Ansonsten würden freiwillige Angebote der **Entgeltgenehmigung** nach § 30 oder der **Standardvertragskontrolle** nach § 23 unterfallen. Dies würde den Zweck von freiwilligen Angeboten konterkarieren und auch den Regelungsgehalt von § 21 Abs. 2 Nr. 2 überstrapazieren. Auch die Verpflichtung zur Abgabe eines Zugangsangebotes nach § 22 ergibt bei einem vorliegenden freiwilligen Angebot keinen Sinn.

3. Zugang zu Diensten (Abs. 2 Nr. 3). – Die Regelungen des § 21 Abs. 2 Nr. 3 gehörten **96** zu den kontroversesten Themen des Gesetzgebungsverfahrens. Das Thema **Resale** von Diensten war bereits im Geltungszeitraum des TKG 1996 höchst umstritten und Gegenstand zweier Beschlusskammerentscheidungen der RegTP.[85] Nachdem mit einem ersten Beschluss eine grundsätzliche Verpflichtung der DTAG zur Abgabe eines Resale-Angebotes verhängt worden war, verpflichtete die Behörde in einem zweiten Beschluss die DTAG, ein von Verbindungsleistungen entbündeltes Angebot über den Wiederverkauf nur von Anschlüssen zu unterbreiten. Dies stieß auf heftige Kritik insbesondere der Teilnehmernetzbetreiber, die eine Entwertung ihrer Investitionen in den Endkundenzugang über die Teilnehmeranschlussleitung fürchteten. Offenbar haben sich die Teilnehmernetzbetreiber mit ihren Bedenken im Gesetzgebungsverfahren durchsetzen können, was zu einer Reihe von Änderungen gegenüber der Rechtslage nach TKG 1996 zum großen Teil noch im Rahmen des Vermittlungsausschusses geführt hat.

a) Entgeltmaßstäbe. – So sind zunächst für Resale-Angebote spezielle **Entgeltmaßstäbe** **97** in den § 30 Abs. 5 aufgenommen worden. Damit ist dem Umstand Rechnung getragen worden, dass die Frage, welche Anreize es für die „make or buy"-Entscheidung der Wettbewerber und insbesondere den Infrastrukturausbau gibt, entscheidend von der konkreten Preisgestaltung für die jeweiligen Zugangsleistungen abhängig ist.[86] (Einzelheiten siehe § 30, RdNr. 45–48).

b) Investitionen für innovative Dienste. – Ferner ist in den Text des § 21 Abs. 2 Nr. 3 ein **98** zweiter Satz eingefügt worden, der sich in den Vorgaben der ZRL nicht findet. Danach sind die getätigten und zukünftigen Investitionen für innovative Dienste zu berücksichtigen. Nach dem Wortlaut sind dabei nicht nur die Investitionen des zugangsverpflichteten Unternehmens einzubeziehen. So kann auch zu berücksichtigen sein, dass Resale-Leistungen lediglich zur Ergänzung der Nutzung der von Wettbewerbern aufgebauten Infrastruktur benötigt werden. Anreize für effiziente Infrastrukturinvestitionen sind jedoch bereits im Rahmen von § 21 Abs. 1 Nr. 4 zu berücksichtigen. Ob dem Satz 2 in § 21 Abs. 2 Nr. 3 im Gegensatz dazu ein eigenständiger Bedeutungsgehalt zukommt, ist zweifelhaft.

---

85 BK3b-01/019 v. 17. 9. 2001 – Resale I; BK3a-03/01 v. 18. 7. 2003 – Resale II.
86 Hierzu ausführlich *Börnsen/Coppik*, MMR 2004, 143; *Rickert*, K&R 2003, 453.

99 **c) Ausschluss von entbündeltem Resale.** – Schließlich ist im Rahmen des Vermittlungsverfahrens mit § 150 Abs. 5 festgelegt worden, dass § 21 Abs. 2 Nr. 3 bis zum 30. 6. 2008 mit der Maßgabe angewendet wird, dass Anschlüsse nur in Verbindung mit Verbindungsleistungen zur Verfügung gestellt werden. Eine Verpflichtung zum Resale von Anschlüssen allein kann damit – anders als noch in der Entscheidung der RegTP vom 18. 7. 2003[87] – bis zum Ablauf dieses Zeitraums nicht mehr ausgesprochen werden. Die Regelung begegnet vor allem Bedenken im Hinblick auf die Vereinbarkeit mit den **europarechtlichen Vorgaben**. Aus dem Zusammenspiel von Art. 8 mit Art. 12 Abs. 1 lit. d) ergibt sich, dass die Mitgliedstaaten sicherzustellen haben, dass die nationalen **Regulierungsbehörden** befugt sind, Betreibern mit beträchtlicher Marktmacht die Verpflichtung aufzuerlegen, bestimmte – mitgliedstaatlich zu definierende – Dienste zu Großhandelsbedingungen zwecks Weitervertrieb durch Dritte anzubieten.

100 Durch die Regelung des § 150 Abs. 5 ist jedoch die Entscheidungskompetenz darüber, ob und inwieweit einem Betreiber eine Resale-Verpflichtung aufzuerlegen ist, der RegTP für einen bestimmten Zeitraum entzogen worden.[88] Dies lässt sich auch nicht damit rechtfertigen, dass der Gesetzgeber hier lediglich eine konkretisierende Entscheidung über den Umfang des Resale getroffen hätte. Dies zeigt bereits die zeitliche **Befristung** bis zum 30. 6. 2008. Warum nach Ablauf dieses Datums auch entbündeltes Resale zulässig sein soll, lässt sich allenfalls unter industriepolitischen, nicht jedoch unter im Rahmen der Umsetzung der EU-Richtlinien allein maßgeblichen wettbewerblichen Gesichtspunkten begründen. Geht man davon aus, dass Dienstewettbewerb gerade für die **Anfangsphase** der Wettbewerbsentstehung im Ortsnetz von entscheidender Bedeutung ist,[89] so wäre allenfalls eine zeitliche Befristung des entbündelten Resale begründbar gewesen, nicht jedoch die gegenteilige jetzt getroffene Regelung.

101 Die in der Übergangsregelung „versteckte" Einschränkung der Resale-Verpflichtung ist auch auf Kritik der Monopolkommission gestoßen, die befürchtet, dass dadurch eine Intensivierung des Wettbewerbs bei den Teilnehmeranschlüssen weiter verzögert wird.[90] Gerade die Realisierung des Anschlusses als Voraussetzung für den Zugang zum Endkunden hat sich in der Vergangenheit als entscheidender Wettbewerbsfaktor erwiesen.

102 **d) Keine Beschränkung auf AGB-Produkte.** – Noch der RegE sah im dortigen § 19 Abs. 2 Nr. 3 eine Resale-Verpflichtung nur für AGB-Produkte vor. Diese Beschränkung ist auf Initiative des Bundesrates gestrichen worden, um Produkte mit **Sondervereinbarung** nicht auszuschließen. Die Diensteanbieter sollen damit nicht nur darauf beschränkt sein, als Vertriebszweig fertiger AGB-Produkte zu dienen.[91] Auch wenn dies aus dem Wortlaut

---

87 RegTP BK3a-03/01 v. 18. 7. 2003; entgegen der Überschrift des § 150 handelt es sich damit keineswegs um eine Übergangsvorschrift, die die alte Rechtslage für einen bestimmten Zeitraum fortgelten lässt, sondern um eine materielle – wenn auch befristete – Neuregelung.

88 Anders noch die Begründung zum RegE, die die große Bedeutung, die auch dem Dienstewettbewerb in der Telekommunikation zukommt, nicht in Frage gestellt wissen will. Letztlich müsse die RegTP bestrebt sein, eine angemessene Balance zwischen Dienstwettbewerb auf der einen Seite und infrastrukturbasiertem Wettbewerb auf der anderen Seite zu erreichen; BT-Drs. 15/2316, S. 65 (zu § 19 Abs. 1 Nr. 4).

89 Vgl. hierzu z. B.: *Neumann*, Volkswirtschaftliche Bedeutung von Resale, WIK Diskussionsbeitrag Nr. 230.

90 Monopolkommission, Hauptgutachten, Zusammenfassung RdNr. 48.

91 BT-Drs. 15/2316, S. 111.

der Begründung des BRat nicht eindeutig hervorgeht, ist hiermit wohl beabsichtigt, dass der Reseller bei der **Gestaltung seiner eigenen Angebote** von den AGB-Angeboten des Netzbetreibers abweichen können muss. Nicht gemeint ist wohl, dass der Netzbetreiber im Grundsatz jedes am Markt angebotene Endnutzerprodukt auch im Wege des Resale dem Weiterverkauf zugänglich zu machen hat, da gerade Sondervereinbarungen in der Regel auf den jeweiligen Kunden individuell zugeschnitten sein werden, was sie für eine unveränderte Weitergabe als Weiterverkaufsangebot ungeeignet macht.

e) Verpflichtete. – Die Verpflichtung zur Gewährung von Zugang zu angebotenen Diens- **103** ten zu Großhandelsbedingungen kann Betreibern von öffentlichen Telekommunikations- netzen auferlegt werden, sofern diese über beträchtliche Marktmacht verfügen.[92] Nach der Telekommunikationsnetz-Definition des § 3 Nr. 27 sind grundsätzlich auch die Betreiber von **Mobilfunk- und Kabelfernsehnetzen** zum Resale verpflichtbar, sofern diese als marktmächtig nach §§ 11, 12 eingestuft worden sind. Zum Verhältnis zur Regelung des § 150 Abs. 4 für die Inhaber von Mobilfunklizenzen siehe § 150 RdNr. 36 ff.

f) Großhandelsbedingungen. – Der Zugang zu den Diensten ist zu Großhandelsbedingun- **104** gen zu gewähren. Dies bezieht sich in erster Linie auf die **Entgeltgestaltung**, die in § 30 Abs. 5 einer speziellen Regelung unterworfen worden ist (Einzelheiten siehe bei § 30 RdNr. 45–48). Betroffen sein können aber auch die **Vertragsbedingungen** im Einzelnen, die dem Vorleistungscharakter der Inanspruchnahme Rechnung tragen müssen. Sie müssen es ermöglichen, dass die Wettbewerber ihren Endkunden ein konkurrenzfähiges Angebot unterbreiten können.

4. Interoperabilität durchgehender Nutzerdienste und Roaming (Abs. 2 Nr. 4). – Die **105** Regelung in Nr. 4 dient der Umsetzung von Art. 12 Abs. 1 lit. g) ZRL. Danach sind grund- sätzlich alle notwendigen Voraussetzungen für die Interoperabilität der Ende-zu-Ende- Kommunikation zu schaffen. Die Inanspruchnahme bestimmter Dienste über **Netzgrenzen hinweg**[93] bedarf in einem **Multi-Carrier-Umfeld** netztechnischer Voraussetzungen, die mit der bloßen Zusammenschaltung noch nicht geschaffen sind. Insbesondere die Inan- spruchnahme **intelligenter Netzdienste** hat in der Regel erhebliche Auswirkungen auf die jeweilige Vermittlungstechnik des Netzbetreibers. Die Regelung der Nr. 4 führt hier **erst- mals** ausdrücklich eine potenzielle Verpflichtung des marktmächtigen Unternehmens zur Schaffung entsprechender Voraussetzungen ein. Bisher sind diese Themen im Rahmen von Arbeitskreisen aus den beteiligten Marktakteuren wie dem **AKNN**[94] verhandelt worden.

Zu den Voraussetzungen für die Interoperabilität der Ende-zu-Ende-Kommunikation kön- **106** nen nicht nur die grundsätzliche Erreichbarkeit bestimmter Dienste, wie etwa bei **geogra- phisch nicht gebundenen Rufnummern** zählen, sondern etwa auch die Abrechenbarkeit über Netzgrenzen hinweg. Für die Abrechenbarkeit der Inanspruchnahme von Mehrwert- diensten in einem Multi-Carrier-Umfeld ist es erforderlich festzustellen, bei welchem Teil-

---

92 § 4 TKV 1996 ging noch von einer Resalepflicht für alle Netzbetreiber aus. Zu den Problemen bei der Durchsetzung einer Resaleverpflichtung nach dieser Vorschrift vgl. *Orthwein*, K&R 2003, 270, 273.

93 Art. 12 Abs. 1 lit. g) ZRL formuliert hier plastischer „für die Interoperabilität **durchgehender** Nutzerdienste".

94 Arbeitskreis für technische und betriebliche Fragen der Nummerierung und der Netzzusammen- schaltung. Dieser setzt sich in erster Linie aus Netzbetreibern, Diensteanbietern und Systemher- stellern zusammen.

nehmernetzbetreiber ein Teilnehmer angeschaltet ist. Dies kann etwa durch Übertragung eines entsprechenden Codes (**ONIP**)[95] oder auch den Zugang zu einer **Portierungsdatenbank** ermöglicht werden.[96] Auch die Verpflichtung des marktmächtigen Betreibers zur Übermittlung eines **Zeittaktes**[97] über Netzgrenzen hinweg kann Gegenstand einer Verpflichtung im Rahmen des Abs. 2 Nr. 4 sein. Erforderlich ist dabei, dass die Voraussetzung zur Realisierung der jeweiligen Leistung notwendig ist.

107   Als weitere Zugangsverpflichtung nennt Abs. 2 Nr. 4 erstmals ausdrücklich das Roaming, wobei aus der in die Klammer gesetzten Legaldefinition hervorgeht, dass eine solche Verpflichtung nur Betreiber von Mobilfunknetzen trifft. Weiter wird mit der Definition klargestellt, dass auch der Nachfrager nach diesen Leistungen ebenfalls ein Mobilfunknetzbetreiber sein muss, der – nach dem ausdrücklichen Wortlaut der Begründung – auf dem gleichen sachlich relevanten Markt tätig ist. Beabsichtigt ist, dass Roaming sowohl das nationale als auch das internationale Roaming umfasst.[98] Sofern Roaming im Einklang mit Frequenznutzungsbestimmungen steht, kann es übergangsweise – vorbehaltlich der Einhaltung der Vorschriften des allgemeinen Wettbewerbsrechts – ausweislich der Begründung ausdrücklich eine Kooperationsform zwischen Mobilfunknetzbetreibern darstellen, die die Interoperabilität der Ende-zu-Ende-Kommunikation ermöglicht. Die Einhaltung der Frequenznutzungsbestimmungen setzt allerdings voraus, dass die Netzbetreiber etwa beim Aufbau des UMTS-Netzes ihren dort aufgestellten Versorgungsverpflichtungen nachkommen. Roamingvereinbarungen können die Verpflichtung zum Netzaufbau nicht erfüllen.

108   **5. Betriebsunterstützungssysteme (Abs. 2 Nr. 5).** – Der Wortlaut von Nr. 5 dient der Umsetzung von Art. 12 Abs. 1 lit. h) ZRL. Ausweislich der Begründung fallen hierunter insbesondere interne Auftragsbearbeitungssysteme und Datenbanken, wenn dies erforderlich ist, um eine Benachteiligung des zugangsberechtigten Nachfragers zum Beispiel gegenüber der Vertriebsorganisation des verpflichteten Betreibers auszuschließen.[99] Wettbewerbern muss damit für die **Beauftragung** von Leistungen wie **TAL** Zugang zu einer elektronischen Schnittstelle gewährt werden, wenn ansonsten die Wettbewerbschancen des Wettbewerbers etwa durch Verzögerungen oder kostenintensive Ineffizienzen gegenüber dem marktmächtigen Unternehmen beeinträchtigt werden. Hierunter fällt auch die Möglichkeit, **Voranfragen** über die Verfügbarkeit nicht in einem manuellen Abfrageverfahren (Fax-Abfrage), sondern durch unmittelbaren Zugang zum System über eine elektronische Schnittstelle durchzuführen. Dies führt zu einer erheblichen Minimierung von Behinderungspotenzialen durch das marktmächtige Unternehmen. Hierbei ist allerdings sicherzustellen, dass die Wettbewerber zwar Zugriff auf die relevanten Daten des Systems erhalten, die Leistungsparameter im System selbst jedoch nicht verändern können. Voraussetzung ist nach dem Halbsatz am Ende, dass die „Effizienz bestehender Einrichtungen" dabei sichergestellt wird. Dieser Zusatz findet sich in den europäischen Vorschriften nicht. Es ist davon auszugehen, dass hiermit die Auswirkungen des Aufbaus oder der Nutzung einer elektronischen Schnittstelle auf die Funktionsfähigkeit des gesamten Systems zu prüfen sind.

---

95 Originating Network Identification Parameter.

96 Einzelheiten hierzu bei *Elixmann/Stappen*, Regulierungs- und wettbewerbspolitische Aspekte von Billing- und Abrechnungsprozessen im Festnetz, WIK-Diskussionsbeiträge Nr. 240, 2003.

97 Advice of Charge (AoC).

98 BT-Drs. 15/2316, S. 65 (zu § 19).

99 Sprachlich missglückt insoweit der Wortlaut der Begründung, BT-Drs. 15/2316, S. 65 (zu § 19), wonach die Betriebssysteme eine Benachteiligung ausschließen müssen.

6. Nutzungs- und Kooperationsmöglichkeiten (Abs. 2 Nr. 6). – Nach Nr. 6 kann ein Un- **109** ternehmen verpflichtet werden, im Rahmen der Erfüllung der „**Zugangsverpflichtungen nach § 21 Abs. 2 und 3**" Nutzungsmöglichkeiten und Kooperationen zuzulassen. Um eine „Zugangsverpflichtung" im Sinne des Abs. 2 Nr. 4 handelt es sich nur dann, wenn diese **förmlich** auferlegt worden ist. Der Wortlaut knüpft ausdrücklich an den Begriff der Ver- pflichtung in Abs. 2 und 3 und nicht an die Erbringung einer Zugangs**leistung** an. Das be- deutet, dass Nr. 6 nicht anwendbar ist auf Leistungen, die aufgrund eines **freiwilligen** An- gebotes nach § 21 Abs. 1 Nr. 7 nicht angeordnet worden sind (Einzelheiten dazu RdNr. 71).

a) Nutzungsmöglichkeiten. – Dem bereits grundsätzlich zugangsverpflichteten Unterneh- **110** men kann auferlegt werden, Nutzungsmöglichkeiten von Zugangsleistungen zuzulassen. In der Begründung[100] wird hierzu ausdrücklich die Möglichkeit der Wettbewerber, in den Kollokationsräumen **Vermittlungstechnik** aufzustellen, genannt. Nach § 3 NZV 1996 war die DTAG bisher lediglich zur Gewährung der Aufstellung von Übertragungstechnik ver- pflichtet. Ausweislich der Begründung soll nunmehr gewährleistet sein, dass die Wettbe- werber, die die Kosten für die Kollokation zu tragen haben, bei der Nutzung der Kolloka- tionsräume **volle Handlungsfreiheit** haben.[101]

b) Kooperationsmöglichkeiten. – Nach der zweiten Alternative der Nr. 6 sind Kooperati- **111** onsmöglichkeiten zwischen den zum Zugang berechtigten Unternehmen zuzulassen. Dazu im Widerspruch steht der Text der Begründung zu dieser Norm, wonach mit der Regelung „beide Fälle der gemeinsamen Nutzung, also sowohl die von Wettbewerbern und Unterneh- men mit beträchtlicher Marktmacht als auch von zwei oder mehr **Wettbewerbern** unter- einander erfasst werden sollen."[102] Der Wortlaut der Regelung bezieht sich jedoch eindeu- tig nur auf die Kooperation zwischen zugangsberechtigten Unternehmen. Darüber hinaus besteht auch keine praktische Notwendigkeit für die Ausdehnung auch auf Kooperationen zwischen zugangsberechtigtem und zugangsverpflichtetem Unternehmen, da diese Fälle ohnehin von Abs. 3 Nr. 4 abgedeckt sind (vgl. dazu RdNr. 151). Zu den grundsätzlich mög- lichen Kooperationsformen zählen etwa die gemeinsame Nutzung von Kollokationsräu- men, aber auch die gemeinsame Nutzung von technischen Einrichtungen innerhalb der Kollokationsräume.

c) Nachweis technischer Unmöglichkeit. – Eine Grenze finden Nutzungs- und Koopera- **112** tionsmöglichkeiten, wo diese aus technischen Gründen nicht oder nur eingeschränkt mög- lich sind. Voraussetzung hierfür ist, dass „ein", gemeint ist wohl „der", Betreiber dies im Einzelfall nachweist. Da nach § 21 lediglich abstrakte Verpflichtungen aufzuerlegen sind, kann sich der Nachweis im **Einzelfall** im Rahmen des Verfahrens nach § 21 allenfalls auf eine konkrete Kooperations- oder Nutzungs**form**, nicht jedoch auf einen konkreten Kollo- kationsraum o. Ä. beziehen. Die Frage, ob eine Nutzung technisch möglich ist, wird sich in der Regel aber tatsächlich erst im Einzelfall anhand eines **konkreten Kollokationsraumes** etc. stellen und gegebenenfalls erst im Rahmen eines konkreten Zugangsverfahrens nach § 25 zu entscheiden sein. Zu diesem Zeitpunkt wird aber die abstrakte Zugangsverpflich- tung in der Regel bereits in Bestandskraft erwachsen sein. Es wird daher erforderlich sein, in den **Tenor** der abstrakten Regulierungsverfügung einen allgemein gehaltenen Vorbehalt

---

100 BT-Drs.15/2316, S. 65 (zu § 19).
101 BT-Drs.15/2316, S. 65 (zu § 19).
102 So ausdrücklich BT-Drs.15/2316, S. 65 (zu § 19).

aufzunehmen, dass das Unternehmen zur Zulassung bestimmter Nutzungen verpflichtet ist, „wenn es nicht nachweist, dass dies im konkreten Einzelfall technisch nicht oder nur eingeschränkt möglich ist".

113   **7. Fakturierung (Abs. 2 Nr. 7). – a) Einleitung.** – Das Thema Fakturierung und Inkasso von Sprachtelefondienstleistungen, Auskunfts- und Mehrwertdiensten sowie Internet-by-Call ist seit vielen Jahren Gegenstand von Auseinandersetzungen zwischen der DTAG und ihren Wettbewerbern. Bereits im Jahr 2000 entschied die RegTP über den Umfang der Fakturierungspflicht der DTAG für die Wettbewerber.[103] Umstritten blieben danach insbesondere die Frage der Erstellung der ersten Mahnung durch das marktbeherrschende Unternehmen, die Abrechnung von Blocktarifen sowie auch die Fakturierung von Mehrwertdiensten und Internet-by-Call, die nach einem Urteil des VG Köln vom November 2002 nicht unter den Begriff der Telekommunikationsdienstleistung zu subsumieren wären.[104] Nach dem Willen des Gesetzgebers sollte mit der Aufnahme der Nr. 7 in den Katalog der Zugangspflichten insbesondere klargestellt werden, dass auch die umstrittenen Mehrwertdienste und Internet-by-Call zu den Leistungen zählen, die vom Unternehmen mit beträchtlicher Marktmacht zu fakturieren seien[105]. Hierzu ist in den RegE der Begriff der telefonnahen Dienste aufgenommen worden, der später im Verlauf des Gesetzgebungsverfahrens in § 3 Nr. 25 in telekommunikationsgestützte Dienste umbenannt worden ist, dessen Legaldefinition aber inhaltlich gleich blieb. Der europarechtliche Rahmen sieht eine spezielle Regelung für die einheitliche Rechnungstellung nicht vor. Eine entsprechende Verpflichtung hätte sich wohl bereits unter Art. 12 Abs. 2 lit. h), bzw. § 21 Abs. 2 Nr. 5 subsumieren lassen.[106] Gleichwohl war dem Gesetzgeber offenbar an einer ausdrücklichen Klärung der bestehenden Auseinandersetzungen gelegen.

114   Während der RegE eine deutlich schlankere und weniger detaillierte Regelung vorsah, ist die endgültig verabschiedete Fassung des Abs. 2 Nr. 7 erst am Ende des Vermittlungsverfahrens eingefügt worden. Diese war das Ergebnis einer **Einigung** zwischen der DTAG und dem VATM, die den nun vorliegenden Gesetzestext gemeinsam als Textvorschlag eingebracht haben. Aus den veröffentlichten Gesetzesmaterialien ergibt sich dies allerdings nicht, da der Vorschlag offensichtlich ohne weitere Diskussion in den Ausschüssen in das Gesetz aufgenommen worden ist.

115   Die jetzige Regelung des § 21 Abs. 2 Nr. 7 trägt deutlich die Handschrift eines **Vereinbarungstextes** und fügt sich nur schwer in die Terminologie und sonstige Regelungssystematik des § 21 ein.

116   **b) Verpflichtete (Rechnungsersteller).** – Verpflichtet zur Gewährung von Fakturierungsleistungen ist grundsätzlich gem. § 21 jeder Betreiber eines öffentlichen Telekommunikationsnetzes, der über beträchtliche Marktmacht verfügt. Da der Rechnungsersteller nach der Terminologie der Nr. 7 zur Rechnungserstellung an seine **Anschlusskunden** verpflichtet ist, ist davon auszugehen, dass die Verpflichtung nur für **Teilnehmernetzbetreiber** gelten kann.

---

103 RegTP CR 2000, 225 – Fakturierung und Inkasso.
104 VG Köln K&R 2003, 36 – Fakturierung und Inkasso.
105 Begr. zu § 19, BT-Drs. 15/2316, S. 65.
106 So im Ergebnis auch *Stögmöller*, CR 2003, 258, 251, ebenso *Ditscheid/Rudloff*, K&R 2004, 1, 5.

c) Berechtigte. – Begünstigte der Zugangsleistungen nach § 21 sind nach der Zugangsde- **117**
finition des § 3 Nr. 32 grundsätzlich diejenigen Unternehmen, die die Leistung zum Zwecke der Erbringung von Telekommunikationsdiensten nachfragen. Die Formulierung des
zweiten Halbsatzes der Nr. 7 begrenzt den Kreis der Zugangsberechtigten jedoch auf die
von den Anschlusskunden des verpflichteten Unternehmens **auswählbaren Anbieter von
Telekommunikationsdienstleistungen für die Öffentlichkeit.** Zwar findet sich keine
ausdrückliche Einschränkung im Wortlaut des § 21 Nr. 7. Diese ergibt sich aber aus der
Nennung dieser Unternehmen als relevanter Gruppe für den Abschluss einer Vereinbarung,
die die Auferlegung einer Verpflichtung ausschließt. Wäre der Kreis der grundsätzlich Zugangsberechtigten größer als diese Gruppe, so könnte auch bei abgeschlossener Vereinbarung für die übrigen Zugangsberechtigten eine entsprechende oder gegebenenfalls auch abweichende Zugangsverpflichtung aufzuerlegen sein. Dies würde gegebenenfalls auch zu
einem Auseinanderfallen der Entgeltregulierung nach § 30 Abs. 2 fallen, da die vereinbarten Fakturierungsleistungen nicht reguliert würden, angeordnete hingegen zumindest der
Ex-post-Kontrolle unterlägen. Es ist somit davon auszugehen, dass abweichend von der
Definition des § 3 Nr. 32 der Kreis der Zugangsberechtigten durch die in Nr. 7, 2. HS genannten Anbieter beschrieben wird.

Der Begriff der **Telekommunikationsdienstleistungen** für die **Öffentlichkeit**, der in § 21 **118**
Abs. 2 Nr. 7 durchgängig verwendet wird, existiert ansonsten im TKG **nicht mehr.** Im
TKG 1996 war er in § 3 Nr. 19 legaldefiniert. Stattdessen findet sich nun der der europäi-
schen Terminologie entsprechende Begriff der Telekommunikationsdienste in § 3 Nr. 24.
Auch wenn die Verhandlungen über eine Fakturierungsvereinbarung zwischen den Markt-
beteiligten noch vor Inkrafttreten des TKG stattgefunden haben und sich somit möglicher-
weise noch an der Terminologie des TKG 1996 orientiert haben, so wäre eine sprachliche
Anpassung an die aktuellen Definitionen wünschenswert gewesen.

Der gesetzlich gewählte Begriff der Telekommunikationsdienstleistungen birgt aber ein **119**
weiteres Problem. Nach der Rechtsprechung des VG Köln ist von diesem Begriff das Angebot von **Mehrwertdiensten** und Internet-by-Call gerade nicht umfasst.[107] Die **telekommunikationsgestützten** Dienste des § 3 Nr. 25, die eine entsprechende Klarstellung hätten
herbeiführen können, sind in der Nennung der Zugangsberechtigten nicht enthalten. Diese
waren auch vom Begriff der Telekommunikationsdienstleistungen für die Öffentlichkeit
nach § 3 Nr. 19 TKG 1996 nicht umfasst. Auch die RegTP hat nach der Rechtslage des
TKG 1996 nicht reine Inhalte als Telekommunikationsdienstleistungen angesehen, sondern bei Mehrwertdiensten lediglich das Schwergewicht auf den auch enthaltenen Telekommunikationsdienstleistungen gesehen. Durch die Verwendung des „alten" Begriffs für
den Kreis der Zugangsberechtigten bleibt die Frage, ob etwa **Internet-Service-Provider**
zum Kreis der Fakturierungsberechtigten gehören, nach wie vor uneindeutig. Legt man die
Rechtsprechung des VG Köln[108] zu Grunde, so fallen auch diese nicht unter den Begriff der
Telekommunikationsdienstleistungsanbieter und bleiben folglich vom Kreis der Zugangsberechtigten ausgeschlossen.

Auch aus Nr. 7 lit. a) lässt sich eine eindeutige Zugangsberechtigung für Anbieter von **120**
Mehrwertdiensten nicht herleiten. Zwar sind nach dieser Vorschrift auch telekommunikationsgestützte Dienste in der Rechnung auszuweisen. Damit ist jedoch allein eine Aussage

---

107 VG Köln K&R 2003, 36 – Fakturierung und Inkasso.
108 VG Köln K&R 2003, 36 – Fakturierung und Inkasso.

über den **Inhalt** der Fakturierungspflicht getroffen, nicht jedoch darüber, dass auch die Anbieter telekommunikationsgestützter Dienste einen eigenständigen Zugangsanspruch gegenüber dem Rechnungsersteller haben.

121 Nicht zugangsberechtigt sind in jedem Fall nach der gesetzlichen Formulierung **reine Inhalteanbieter**, da sie weder einen Telekommunikationsdienst nach § 3 Nr. 25 TKG noch eine Telekommunikationsdienstleistung für die Öffentlichkeit nach § 3 Nr. 19 TKG 1996 erbringen. Die Anbieter müssen ferner von den Anschlusskunden des potenziell verpflichteten Unternehmens **auswählbar**, das heißt vom jeweiligen Anschluss erreichbar sein, eine **direkte Zusammenschaltung** des Anbieters mit zur Fakturierung verpflichteten Unternehmen ist dafür nicht erforderlich.

122 Die **praktische Bedeutung** der Frage der Zugangsberechtigung wird in der Praxis auf absehbare Zeit allerdings zu vernachlässigen sein. Angesichts der zwischen dem VATM und der DTAG getroffenen Vereinbarung ist davon auszugehen, dass es zu förmlichen Fakturierungsverfahren nach § 21 Abs. 2 Nr. 7 und damit zu Gerichtsverfahren vor dem VG Köln ohnehin zunächst nicht kommen wird.

123 **d) Vereinbarung.** – Keine Verpflichtung nach § 21 Abs. 2 Nr. 7 besteht, soweit die o. g. Nachfrager von Fakturierungsdienstleistungen mit dem potenziell zugangsverpflichteten Unternehmen eine entsprechende Vereinbarung geschlossen haben. Dabei handelt es sich – anders als bei dem im Rahmen des § 21 Abs. 1 Nr. 7 zu berücksichtigenden freiwilligen Angebot[109] – um ein echtes **Tatbestandsmerkmal**, das eine Auferlegung durch die Behörde **ausschließt**.

124 Die Vereinbarung muss von einem **überwiegenden Teil** des insoweit relevanten Marktes der von den Anschlusskunden auswählbaren Telekommunikationsdienstleistungsanbieter für die Öffentlichkeit abgeschlossen worden sein. Anders als in § 21 Abs. 1 Nr. 7, der vorausssetzt, dass das freiwillige Angebot von einem „großen Teil" des Marktes angenommen worden ist, ist hier die Annahme des „überwiegenden Teils des insoweit relevanten Marktes" erforderlich. Überwiegend ist ein Teil eines Marktes nach dem Wortlaut, wenn es sich um mehr als die Hälfte handelt. Es ist außerdem nicht auf alle Anbieter von Telekommunikationsdienstleistungen für die Öffentlichkeit abzustellen, sondern nur auf diejenigen, die Fakturierungsdienste potenziell in Anspruch nehmen.

125 Der Abschluss der Vereinbarung entzieht das Thema der Fakturierungsleistungen der Regulierung und auch der allgemeinen Ex-post-Preisaufsicht vollständig (§ 30 Abs. 2 S. 1, 1. Alt.). Dies ist unter **rechtspolitischen** Aspekten nicht unproblematisch, da hier die Disposition über den Inhalt gesetzlicher Pflichten in die Hände der jeweiligen Marktakteure gelegt wird. Grundsätzlich ist nicht zu beanstanden, wenn die Akteure Konflikte einvernehmlich lösen, es ist jedoch sicherzustellen, dass sämtliche Betroffene sich auch angemessen an der Konfliktlösung beteiligen können. Entsprechend wird man an den Anteil derer, die diese Vereinbarung abgeschlossen haben, hohe Ansprüche stellen müssen. Insbesondere bei der Frage nach dem **insoweit relevanten Markt** ist gegebenenfalls zu prüfen, ob hier sämtliche relevanten Gruppen von potenziellen Beziehern von Fakturierungsleistungen entsprechend vertreten sind. Die Tatsache allein, dass im Vertrag selbst festgelegt wird, dass es sich um eine Vereinbarung im Sinne des § 21 Abs. 2 Nr. 7 handeln solle, kann vor diesem Hintergrund nicht ausreichend sein, eine Regulierung von vornherein auszuschließen.

---

109 Vgl. hierzu RdNr. 71.

Der dritte Halbsatz, wonach von dem Rechnungsersteller auch anderen Anbietern, die **nicht** 126
an einer solchen Vereinbarung beteiligt sind, diskriminierungsfreier Zugang zu gewähren
ist, ist sprachlich verunglückt. Nach dem Wortlaut hätte derjenige Anbieter, der nicht an einer Vereinbarung beteiligt ist, einen **gesetzlichen** Anspruch auf Zugangsgewährung, während alle übrigen einen vertraglichen Anspruch aus der Vereinbarung unmittelbar hätten. Da
nicht davon auszugehen ist, dass hier zwei unterschiedliche Rechtsgrundlagen für die Erbringung von Fakturierungsleistungen geschaffen werden sollten, wird das Merkmal so verstanden werden müssen, dass das Unternehmen mit anderen Anbietern zum Abschluss einer
entsprechenden Vereinbarung bereit sein muss. Voraussetzung hierfür ist jedoch, dass diese potenziell zugangsberechtigt im Sinne der Ausführungen zu RdNr. 117 ff. sind.

Allerdings ist unklar, welche Rechtsfolgen die Nichterfüllung dieser Verpflichtung nach 127
sich zieht. Nach dem Wortlaut würde in diesem Fall bereits eine behördliche Verpflichtung
zur Rechnungslegung nach § 21 Abs. 2 Nr. 7 in vollem Umfang möglich. Nach Sinn und
Zweck der Norm ist aber davon auszugehen, dass hieraus allenfalls ein **Kontrahierungszwang** zu den mit anderen Anbietern abgeschlossenen Bedingungen aus der Regelung resultiert.

Da eine einvernehmliche Regelung der Fakturierungsproblematik zur Folge haben soll, 128
dass die Behörde nicht regulierend tätig wird, ist das Merkmal „**soweit**" im Sinne von
„**wenn**" zu verstehen. Das hat zur Folge, dass durch die Behörde bei Abschluss einer Vereinbarung nicht mehr zu prüfen ist, ob diese den Maßstäben von lit. a) bis e) entspricht.
Ebenfalls ausgeschlossen ist bei Abschluss einer Vereinbarung i. S. d. Nr. 7 eine Überprüfung und Abänderung einzelner Vertragsbedingungen durch die Behörde nach § 23, da
§ 23 eine Zugangsverpflichtung voraussetzt, die aber gerade angesichts der Vereinbarung
nicht auferlegt werden kann. Angesichts des insoweit eindeutigen Normprogramms dürfte
auch alternativ eine entsprechende Untersagung einzelner Bedingungen nach § 42 ausgeschlossen sein, wenn nicht spezifische Missbrauchsaspekte hinzutreten.

e) Entgeltregulierung. – Die Maßstäbe für die Entgeltregulierung sind für Fakturierungs- 129
leistungen nach § 21 Abs. 2 Nr. 7 insgesamt eine Stufe niedriger angesiedelt als bei den
übrigen Zugangsleistungen. Gemäß § 30 Abs. 2 unterliegen diese Entgelte – abweichend
von der Regelung für sonstige Zugangsleistungen – lediglich einer nachträglichen Entgeltkontrolle nach § 38 Abs. 2 bis 4. Für den Fall, dass eine Vereinbarung zwischen den Partei-
en im Sinne des § 21 Abs. 2 Nr. 7 zustande gekommen ist, sind sie schließlich gänzlich von
der Entgeltregulierung ausgenommen und damit auch der Preishöhenmissbrauchskontrolle
des § 28 Abs. 1 entzogen. Das ist insofern überraschend, als nach § 28 Abs. 1 lediglich allgemein kartellrechtliche Maßstäbe angelegt werden sollen, die ansonsten auch außerhalb
des sektorspezifischen Regulierungsrechts auf jede Art von Verträgen mit Marktteilnehmern mit beträchtlicher Marktmacht anwendbar sind.

f) Inhalt im Einzelnen (lit. a)). – Gegenstand der Fakturierungspflicht sind Telekommuni- 130
kationsdienstleistungen (dazu oben RdNr. 118), Auskunftsdienste nach § 78 Abs. 2 Nr. 3
sowie telekommunikationsgestützte Dienste (zur Begriffsdefinition siehe § 3 RdNr. 43).
Damit ist klargestellt worden, dass auch Mehrwertdienste und Internet-by-Call-Dienste[110]
anderer Anbieter zu fakturieren sind.

---

110 A. A. noch zu § 33 TKG 1996 VG Köln K&R 2003, 36 – Fakturierung und Inkasso.

131   Zu den abzurechnenden Leistungen gehören auch Entgelte für **Berechtigungscodes**, wenn diese „ausschließlich Dienstleistungen zum Gegenstand haben". Diese Regelung ist sprachlich verunglückt, da Codes nicht Dienstleistungen zum Gegenstand haben können, sondern lediglich zur Inanspruchnahme von **Dienstleistungen** berechtigen können. Offenbar sollten hier Codes, die zur Abrechnung von **Waren** bestimmt sind, ausgeschlossen werden. Der Wortlaut beschränkt die Abrechnung nicht auf Dienstleistungen, die unmittelbar mit Mitteln der Telekommunikation erbracht werden, wie Anwaltsberatungen oder etwa das Herunterladen von Software. Damit sind auch Codes, die etwa zur Teilnahme an **Veranstaltungen** berechtigen oder für Reservierungen vergeben werden, von der Fakturierungspflicht nicht ausgenommen.

132   Voraussetzung ist nach lit. a) ferner, dass der **Endnutzer** mit dem jeweiligen Anbieter der Dienstleistung nicht eine unmittelbare Rechnungstellung durch den Anbieter selbst vereinbart hat.

133   Nach lit. a) a. E. ist vorgesehen, dass der Endkunde einen einheitlichen **Rechnungsgesamtbetrag** für sämtliche über den Anschluss fakturierten Leistungen mit befreiender Wirkung an den Rechnungsteller leisten kann.

134   g) **Einschränkungen (lit. b)).** – Lit. b) greift die als § 43b Abs. 3 in das TKG 1996 durch das **Mehrwertdienstegesetz** vom 9. 8. 2003 eingeführten Bedingungen für die Erbringung von Mehrwertdiensten auch für die Fakturierung auf. Die dort aufgestellten Höchstgrenzen von 30 Euro für Blocktarife und 2 Euro pro Minute für zeitabhängig tarifierte Dienste gelten auch für die Fakturierungspflicht des marktmächtigen Unternehmens. Umfasst sind auch diejenigen Dienste, für die ein **Legitimationsverfahren** nach § 43b Abs. 3 TKG 1996 erforderlich ist, entgegen dem Wortlaut von lit. b) allerdings wohl nur unter der Voraussetzung, dass das Legitimationsverfahren auch durchgeführt worden ist (Einzelheiten hierzu bei § 67, RdNr. 88 ff.)

135   Die Pflicht zur Rechnungstellung umfasst nicht die Reklamationsbearbeitung, die Mahnung sowie das Inkasso von Forderungen anderer Anbieter. Das zur Rechnungstellung verpflichtete Unternehmen ist damit berechtigt, eine **Mahnung** allein für eigene Forderungen zu stellen. Allerdings ist in diesem Fall ein drucktechnisch deutlich hervorgehobener **Hinweis** aufzunehmen, dass der Kunde nicht nur den Mahnbetrag, sondern auch den ursprünglichen, die Forderungen Dritter einschließenden Rechnungsbetrag mit befreiender Wirkung an den Rechnungsersteller zahlen kann (§ 21 Abs. 2 Nr. 7 lit. e). Insbesondere in den Fällen, in denen die Kunden die Zahlung nicht gänzlich verweigerten, sondern lediglich den Rechnungsbetrag nicht rechtzeitig beglichen, bestand in der Vergangenheit das Problem, dass die Mahnung der DTAG nur noch den Betrag der DTAG-eigenen Forderung auswies. Für die Kunden war dabei häufig unklar, ob und gegebenenfalls an wen die weitergehenden Forderungen der alternativen Anbieter zu begleichen waren, was zu erheblichen Forderungsausfällen führte. Die alternativen Anbieter haben daher in der Vergangenheit gefordert, dass die DTAG zumindest auch die erste Mahnung für deren Forderungen übernehmen müsse. Die jetzt in lit. e) getroffene Regelung stellt insofern einen Kompromiss dar.

136   h) **Übermittlung von Bestandsdaten (lit. c)).** – Die Regelung in lit. c) schreibt erstmals eine Pflicht des regulierten Unternehmens zur Übermittlung von **Bestandsdaten** fest. Hierzu gehören gem. § 3 Nr. 3 diejenigen Daten, die für die Begründung, inhaltliche Ausgestaltung, Änderung oder Beendigung eines Vertragsverhältnisses erhoben werden (Einzelheiten hierzu bei § 3 RdNr. 5). Nicht umfasst sind davon die **Verkehrsdaten** nach § 96 (Einzelheiten hierzu bei § 96 RdNr. 4–11).

Diese Pflicht gilt auch – allerdings erst ab dem 1. 4. 2005 – für den Fall, dass ein Anbieter **137** Entgelte für Berechtigungscodes nach Nr. 7 lit. a), S. 2 seinen Kunden selbst in Rechnung stellen will.

i) Pflichten der Anbieter (lit. c)). – Nach Nr. 7 lit. d) haben die Anbieter dem Rechnungs- **138** ersteller gegenüber dafür Sorge zu tragen, dass keine Datensätze übermittelt werden, die nicht den gesetzlichen oder verbraucherschutzrechtlichen Regelungen entsprechen. Es ist davon auszugehen, dass hiermit nicht gemeint ist, dass die Datensätze den gesetzlichen Vorgaben entsprechen müssen, sondern dass keine Datensätze für **Leistungen** übermittelt werden, die nicht den gesetzlichen Vorgaben entsprechen. Hier werden insbesondere die in § 43b TKG 1996 aufgestellten Maßstäbe zu beachten sein, aber auch untergesetzliche Verbraucherschutzverpflichtungen aus Rechtsverordnungen, wie der noch zu verabschiedenden TKV.

Da nach lit. d) S. 2 der Rechnungsersteller ohnehin nicht für die für Dritte abgerechneten **139** Daten haftet, wird es hier in erster Linie um die Verhinderung von **Image-Schäden** gehen, die dem fakturierenden Unternehmen durch Rechnungstellung von Forderungen entsteht, die unter Verstoß gegen verbraucherschutzrechtliche Vorgaben erhoben werden. Welche Folgen ein Verstoß gegen die Anbieterpflichten hat, regelt die Vorschrift nicht. Diese Regelung trägt in besonderem Maße die Handschrift eines Vereinbarungstextes zwischen der DTAG und dem VATM. Eingriffsbefugnisse für die RegTP ergeben sich hieraus nicht.

VII. Soll-Verpflichtungen nach Abs. 3

Abs. 3 nennt in einem abschließenden Katalog Zugangsvarianten, die die Behörde auferle- **140** gen „soll".

1. Einschränkung des Behördenermessens. – Grundsätzlich führt eine Sollverpflichtung **141** zu einer **Einschränkung des Ermessensspielraums** der Behörde insofern, als die in Abs. 3 genannten Verpflichtungen in der Regel auferlegt werden müssen und nur in begründungsbedürftigen atypischen Fällen von einer Auferlegung abgesehen werden kann.[111] Bei der Anwendung von Sollvorschriften bedarf es in der Regel keiner Begründung für die Ausübung des Ermessens zum Nachteil des Betroffenen, wenn dessen Einwendungen auf keine Umstände hindeuten, die den Fall als atypisch erscheinen lassen.[112] Das bedeutet im Grundsatz, dass für Leistungen, die den Tatbestand des Abs. 3 erfüllen, eine entsprechende Zugangsverpflichtung aufzuerlegen ist, ohne dass es hierzu einer detaillierten, weiteren Begründung bedürfte.

Nach Abs. 3 Satz 1 hat die Regulierungsbehörde die in Nr. 1 bis 4 genannten Verpflichtun- **142** gen „**nach Abs. 1**" aufzuerlegen. Aus der sprachlichen Differenzierung zur Formulierung des Abs. 2, wonach die Behörde „**unter Beachtung von Abs. 1**" bestimmte Verpflichtung auferlegen kann, ist zu schließen, dass eine **Prüfung der Kriterien nach Abs. 1 Nr. 1 bis 7**

---

111 Zur Bedeutung von Soll-Vorschriften BVerwGE 49,16, 23; BVerwGE 90, 88, 93; zum sog. intendierten Ermessen: BVerwGE 72, 1, 6; BVerwGE 105, 55, 57; auch die Begründung (zu § 19), BT-Drs. 15/3216, S. 65 spricht von deutlicher Ermessensreduzierung durch die Sollvorschrift.
112 BVerwGE 90, 88, amtlicher Leitsatz.

nicht erforderlich ist. Vielmehr ist davon auszugehen, dass der Gesetzgeber durch den Verweis auf Abs. 1 zum Ausdruck bringen wollte, dass er die dort genannten Zielvorgaben im Regelfall durch eine Anordnung der in Abs. 3 genannten Zugangsleistungen als erfüllt ansieht. Dafür spricht auch, dass die Soll-Regelung leer laufen würde, wenn bezüglich der Frage, ob eine Verpflichtung aufzuerlegen ist, der volle Katalog des Abs. 1 zu berücksichtigen wäre, da ein Unterschied zu den Kann-Verpflichtungen des Abs. 2 nicht mehr bestünde.

143 **2. Atypische Fälle.** – Als **atypische** Fälle, die eine Ausnahme von der Soll-Vorschrift rechtfertigen, sind grundsätzlich alle Fälle denkbar, in denen die für den Normalfall geltende Regelung von der ratio legis offenbar nicht mehr gefordert wird.[113] Der Katalog der grundsätzlich aufzuerlegenden Verpflichtungen des Abs. 3 umfasst diejenigen Leistungen, zu denen ein Unternehmen mit beträchtlicher Marktmacht bereits nach TKG 1996 bzw. aufgrund der TAL-VO verpflichtet gewesen ist.[114] Es ist davon auszugehen, dass mit der Soll-Vorschrift in erster Linie **Rechtssicherheit** insofern geschaffen werden sollte, als die Auferlegung von Verpflichtungen, die in der bisherigen Regulierungspraxis vom Grundsatz her geklärt waren, durch den gesetzlichen Systemwechsel nicht wieder neu zur Disposition gestellt werden sollte. In diesem Sinne wird man die Fälle, in denen **neue** Zugangsverpflichtungen von der Behörde zu beurteilen sind, unter dem Aspekt der Rechtssicherheit als atypisch bezeichnen können. Hierzu gehören auch solche Verpflichtungen, die nach TKG 1996 zwar grundsätzlich hätten angeordnet werden können, aber bisher nicht zum Gegenstand entsprechender Verfahren geworden sind. Handelt es sich um einen atypischen Fall im o.g. Sinne, so hat dies zur Folge, dass die Zugangsleistung, auch wenn sie grundsätzlich dem Tatbestand von Abs. 3 unterfällt, nach § 21 Abs. 2 und Abs. 1 unter Berücksichtigung des vollen Kriterienkatalogs zu beurteilen ist.

144 **3. Europarechtskonformität.** – Die in Abs. 3 aufgenommene Soll-Vorschrift begegnet unter **europarechtlichen Aspekten** Bedenken, die im Rahmen einer europarechtskonformen Auslegung zu beseitigen sind. So sieht die Zugangsrichtlinie in Art. 8 und 12 vor, dass die Auswahl des Regulierungsinstrumentariums grundsätzlich in das **Ermessen** der „Regulierungsbehörde" zu stellen ist. Insbesondere hat die Behörde die Wahl des jeweiligen Remedy anhand der Ergebnisse der jeweiligen Marktanalyseergebnisse im Einzelnen abzustimmen. Dieses Ermessen wird durch die Regelung des Abs. 3 grundsätzlich eingeschränkt. Der Rechtsrahmen stellt auch nicht lediglich Mindestregulierungsstandards auf, die eine weitergehende Regulierung durch die Mitgliedstaaten ohne weiteres ermöglichen würden. Nach Erwägungsgrund 14 ZRL ist die Reihe der möglichen Verpflichtungen komplett zur Verfügung zu stellen und stellt gleichzeitig auch eine **Obergrenze** für die den Unternehmen aufzuerlegenden Verpflichtungen dar. Nach Erwägungsgrund 12 ZRL ist zwar sicherzustellen, dass die nach den ONP-Grundsätzen auferlegten Zugangs- und Zusammenschaltungsverpflichtungen sowie die Verpflichtungen aus der TAL-VO zunächst fortbestehen, was mit der Soll-Vorschrift der § 21 Abs. 3 grundsätzlich erreicht wird. Diese Verpflichtungen sollen aber ausweislich der europarechtlichen Erwägungen **zunächst** in den neuen Rechtsrahmen übernommen, aber einer **unverzüglichen Überprüfung** aufgrund der auf dem Markt herrschenden Bedingungen unterzogen werden (Erwägungsgrund 12 ZRL).

---

113 Vgl. BVerwG NJW 1990, 1377.
114 So auch ausdrücklich die Begründung zu Abs. 3 (zu § 19), BT-Drs. 15/3216, S. 65.

Dies ist bei der Auslegung der Frage zu berücksichtigen, wann ein **atypischer Fall** vorliegt, 145
der die Behörde zur vollen Abwägung nach den Kriterien des § 21 Abs. 1 verpflichtet.
Nach den obigen Ausführungen ist ein atypischer Fall auch dann anzunehmen, wenn die
Marktanalyse auf den jeweiligen Zugangsmärkten im Vergleich zu den bisherigen Feststellungen zu deutlich **abweichenden Ergebnissen** führt. In diesen Fällen ist auch unter Aspekten der Rechtssicherheit ein schlichtes Vollziehen der Soll-Verpflichtung nicht zu
rechtfertigen.

4. Zugangsverpflichtungen im Einzelnen. – a) Teilnehmeranschlussleitung (Nr. 1). – 146
Nach Nr. 1 ist sowohl der **vollständig entbündelte** Zugang als auch der gemeinsame Zugang zur Teilnehmeranschlussleitung zu gewähren. In Klammern findet sich eine Legaldefinition, die den Wortlaut der Bestimmung aus Art. 2 lit. f) TAL-VO wiedergibt. Diese setzt
die Ermöglichung der Nutzung des gesamten Frequenzspektrums voraus. Entgegen ihrer
eindeutigen Satzstellung kann sich diese Definition allein auf den vollständig entbündelten
Zugang zur Teilnehmeranschlussleitung beziehen. Bei der **gemeinsamen** Nutzung der
Teilnehmeranschlussleitung, dem Line-sharing, ist eine Nutzung des **gesamten** Frequenzspektrums technisch ausgeschlossen. In dieser Variante ist gerade nur der Hochfrequenzbe-
reich der Teilnehmeranschlussleitung, der nicht für sprachgebundene Kommunikation genutzt wird, zur Verfügung zu stellen (Art. 2 lit. g) TAL-VO). Ganz offensichtlich handelt es
sich hier um einen handwerklichen Fehler des TKG-Gesetzgebers. Stattdessen sind für die
Auslegung der Nr. 1 die jeweiligen Definitionen aus Art. 2 lit. f) und lit. g) heranzuziehen,
d. h. erfasst sind sowohl der **vollständig entbündelte** Zugang zur TAL als auch der **gemeinsame** Zugang zur TAL als auch der Zugang zum **Teilnetz**.

b) Zusammenschaltungen (Nr. 2). – Eine Legaldefinition des Begriffs der Zusammen- 147
schaltung findet sich in § 3 Nr. 34. Nach der Definition können grundsätzlich auch Breit-
bandkabelnetzbetreiber oder Mobilfunknetzbetreiber Adressaten einer Zugangsverpflichtung nach § 21 Abs. 3 Nr. 2 sein, sofern sie über beträchtliche Marktmacht verfügen (Einzelheiten hierzu bei § 3 RdNr. 77 sowie § 16, RdNr. 31 f.).

c) Offener Schnittstellenzugang (Nr. 3). – Nach Nr. 3 soll das marktmächtige Unterneh- 148
men verpflichtet werden, offenen Zugang zu Schnittstellen zu gewähren, die für die Interoperabilität von Diensten unentbehrlich sind. Diese Regelung stellt eine – fast[115] – wörtliche Wiedergabe des Textes von Art. 12 Abs. 1 lit. e) dar. Die Sicherstellung der Interoperabilität gehört zu den grundlegenden Zielen des EU-Regulierungsrahmens. Die Nutzung
von Diensten über Netzgrenzen hinweg erfordert, dass die jeweiligen hierfür relevanten
technischen Parameter für die technische Realisierung offen gelegt werden. Insbesondere
ist zu gewährleisten, dass die Interoperabilität von Diensten nicht durch Verwendung proprietärer Schnittstellen verhindert werden kann. Interoperabilität impliziert damit bereits
auf der technischen Ebene die Verwendung **offener** statt **proprietärer** Standards und
Schnittstellen.

Schnittstelle im Sinne der Vorschrift kann grundsätzlich jedes Gerät, jeder Anschluss oder 149
jedes Programm sein, das zwischen verschiedenen Funktionsgruppen vermittelt oder verbindet. Nach Nr. 3 ist auch offener Zugang zu den jeweils zugrunde liegenden **Protokollen**

---

115 In § 21 Abs. 2 Nr. 3 heißt es „Dienste" statt „Diensten". Dies führt zwar grundsätzlich zu einer
   Bedeutungsverschiebung, ist aber angesichts der in der Begründung erklärten Absicht, Art. 12
   Abs. 1 lit. e) ZRL umzusetzen, als handwerklicher Fehler des Gesetzgebers zu werten und damit
   zu vernachlässigen.

zu gewähren. Unter Protokoll ist in der Datenübertragung ein Satz von Regeln und Vereinbarungen zu verstehen, der den Informationsfluss in einem Kommunikationssystem steuert. Dieser kann sich sowohl auf Hardware wie auf Software beziehen. Nr. 3 spricht von „anderen Schlüsseltechnologien", was zu implizieren scheint, dass auch Schnittstellen und Protokolle zu den Schlüsseltechnologien zu zählen sein müssen. Dabei handelt es sich um einen kaum subsumtionsfähigen Begriff. Es ist davon auszugehen, dass diese Regelung beabsichtigt, dass auch andere Technologien, die ähnliche Wirkungen wie Schnittstellen oder Protokolle für die Interoperabilität entfalten können, ebenfalls gegebenenfalls offenzulegen sind.

150 § 21 Abs. 3 Nr. 3 nennt erstmals auch virtuelle Netze und setzt die Dienste für virtuelle Netze den übrigen Diensten gleich. **Virtuelle Netze** sind Teilnetze, die u.a. durch eine spezielle Softwarekonfiguration gebildet werden und die bestimmten Nutzern zugänglich gemacht werden, ohne dass diese beliebige Verbindungen im Gesamtnetz herstellen können. Hierzu zählen die so genannten Virtual Private Networks (VPN), die z.B. zur Errichtung von Firmennetzen verwendet werden. Durch die ausdrückliche Nennung der virtuellen Netze in Nr. 3 wird angeordnet, dass auch technische Parameter, soweit sie für die Interoperabilität für Dienste dieser Netze erforderlich sind, offen zu legen sind.

151 **d) Kollokation (Nr. 4).** – Die Regelung der Nr. 4 stellt im ersten Halbsatz eine Wiedergabe des Wortlauts von Art. 12 Abs. 1 UAbs. 2, lit. f) ZRL dar. Gegenstand der Verpflichtung der Nr. 4 ist die Gewährung von Kollokation oder anderer Formen der gemeinsamen Nutzung von Einrichtungen wie Gebäuden, Leitungen und Masten. Damit ist klargestellt, dass Kollokation nicht nur die Bereitstellung von Räumen, sondern auch von Leitungen und Masten beinhaltet. Ausweislich der Begründung soll die Vorschrift beide Formen der Kollokation im Sinne des § 3 NZV 1996 erfassen, also sowohl die physische als auch die virtuelle.[116]

152 Unter **virtueller Kollokation** ist die Realisierung zu aus Sicht des Nutzers gleichwertigen wirtschaftlichen, technischen und betrieblichen Bedingungen zu verstehen. § 3 NZV 1996 sah vor, dass diese zu erbringen ist, wenn der Verpflichtete Tatsachen nachweist, auf Grund derer eine physische Kollokation nicht oder nicht mehr gerechtfertigt ist.[117] Diese Voraussetzung stellt § 21 Abs. 3 Nr. 4 nicht auf, so dass davon auszugehen ist, dass nunmehr beide Formen der Kollokation wahlweise für den Zugangsberechtigten zur Verfügung stehen.

153 Zusätzlich zum Wortlaut von Art. 12 Abs. 1 UAbs. 2 lit. f) ZRL ist die Verpflichtung aufgenommen worden, den Nachfragern oder deren Beauftragten jederzeit Zutritt zu diesen Einrichtungen zu gewähren.

VIII. Netzintegrität und Sicherheit des Netzbetriebs

154 Abs. 4 greift mit der Aufrechterhaltung der Netzintegrität und der Sicherheit des Netzbetriebs zwei der grundlegenden Anforderungen auf, die ursprünglich aus den **ONP-Richtlinien** stammen.[118]

---

116 BT-Drs. 15/3216, S. 65 (zu § 19).
117 Einzelheiten hierzu bei BeckTKG-Komm/*Piepenbrock*, Anh. § 39 § 3 NZV RdNr. 7.
118 Art. 3 RL 90/387/EWG und Art. 13 RL 98/10/EG.

1. ONP-Kriterien. – Eine Definition der Kriterien findet sich weder im TKG noch in der **155** ZRL. Lediglich in Art. 13 Abs. 3 der RL 98/10/EG, die allerdings durch Art. 26 RRL aufgehoben worden ist, sind die grundlegenden Anforderungen konkretisiert worden. Danach dient das Kriterium der **Sicherheit des Netzbetriebs** der Gewährleistung der Verfügbarkeit der öffentlichen Netze in **Notfällen.** Mit der **technischen Integrität** der öffentlichen Netze wird das normale Funktionieren des öffentlichen Netzes und seine **Anschlussfähigkeit** an die öffentlichen Netze in der Gemeinschaft auf der Grundlage **technischer Normen** gewährleistet.[119] In der bisherigen Regulierungspraxis haben diese auch schon im TKG 1996 in § 33 Abs. 1 a. E. enthaltenen Merkmale vor allem Bedeutung im Hinblick auf den sog. **atypischen Verkehr**[120] erlangt. Hier hielt das OVG Münster eine Einschränkung der Netzintegrität dadurch für gegeben, dass ein die Zusammenschaltung begehrendes Unternehmen infolge einer nur geringen Anzahl von Vermittlungsstellen atypische Verkehrsführungen und damit eine Überlastung der Netze veranlasst.[121]

2. Nachweispflicht. – Der Netzbetreiber muss **nachweisen**, dass durch die Inanspruchnah- **156** me die Netzintegrität oder die Sicherheit des Netzbetriebs gefährdet würde. Er hat zunächst substantiiert darzulegen, dass und inwiefern eine Zugangsverpflichtung die Netzintegrität und die Sicherheit des Netzbetriebs verletzen würde.[122] Kommt die Behörde aufgrund des Amtsermittlungsgrundsatzes zu einem non liquet, so geht die Nichterweislichkeit der Verletzung der Netzintegrität oder der Netzsicherheit zu Lasten des zugangsverpflichteten Unternehmens. Ausweislich der Begründung sind die Einwendungen des Unternehmens anhand **objektiver Kriterien** zu überprüfen.[123] Dies stellt insofern eine Selbstverständlichkeit dar, als subjektive Gefährdungen des Netzbetriebs nur schwer vorstellbar sind.

3. Rechtsfolgen. – Nach § 33 Abs. 1 a. E. TKG 1996 bildeten die ONP-Kriterien für das **157** verpflichtete Unternehmen eine Rechtfertigung für die **Beschränkung** des Netzzugangs. § 21 Abs. 4 sieht nunmehr als Rechtsfolge des Nachweises der Verletzung der ONP-Kriterien vor, dass die Regulierungsbehörde die Zugangsverpflichtung nicht oder in anderer Form auferlegt. Offenbar geht der Gesetzgeber davon aus, dass die Gründe im Rahmen des **Zugangsverfahrens** dargelegt werden müssen, da sie nicht ein Verweigerungsrecht einer auferlegten Zugangsverpflichtung begründen, sondern unmittelbar in die Entscheidung der Behörde, ob und in welcher Form eine Zugangsverpflichtung aufzuerlegen ist, mit einfließen. Gesetzestechnisch handelt es sich damit – anders als bei den in die Abwägung einzubeziehenden Zielvorgaben des Abs. 1 – um **Tatbestandsmerkmale**, deren Vorliegen vom grundsätzlich zugangsverpflichteten Unternehmen nachzuweisen ist. Ist dieser Nachweis erbracht, so liegt es im **Ermessen** der Behörde, ob sie die Zugangsverpflichtung nicht oder in anderer Form auferlegt. Die Behörde wird damit zumindest in den Fällen, in denen sie nicht vollständig von einer Zugangsauferlegung absieht, in ihrer Entscheidung darzulegen haben, welche Zugangsentscheidung sie getroffen hätte und welche sie aufgrund des Nachweises der Verletzung der Kriterien des § 21 Abs. 4 trifft. Eine unveränderte Auferlegung der Zugangsverpflichtung wird regelmäßig ermessensfehlerhaft sein.

---

119 So auch BeckTKG-Komm/*Piepenbrock*, § 33 RdNr. 78, zu § 33 TKG 1996.

120 OVG Münster CR 2000, 367, 368.

121 OVG Münster CR 2000, 367, 368; insgesamt hierzu *Trute/Spoerr/Bosch*, § 33 RdNr. 54.

122 So auch die Begründung zu § 19, die allerdings offenbar Darlegungslast und objektive Beweislast gleichsetzt; BT-Drs. 15/2316, S. 65 (zu § 19).

123 BT-Drs. 15/2316, S. 66 (zu § 19).

§ 22 Zugangsvereinbarungen

(1) Ein Betreiber eines öffentlichen Telekommunikationsnetzes, der über beträchtliche Marktmacht verfügt und dem eine Zugangsverpflichtung nach § 21 auferlegt worden ist, hat gegenüber anderen Unternehmen, die diese Leistung nachfragen, um Telekommunikationsdienste anbieten zu können, unverzüglich, spätestens aber drei Monate nach Auferlegung der Zugangsverpflichtung, ein Angebot auf einen entsprechenden Zugang abzugeben.

(2) Zugangsvereinbarungen, die ein Betreiber eines öffentlichen Telekommunikationsnetzes, der über beträchtliche Marktmacht verfügt, abschließt, bedürfen der Schriftform.

(3) Ein Betreiber eines öffentlichen Telekommunikationsnetzes, der über beträchtliche Marktmacht verfügt, muss Vereinbarungen über Zugangsleistungen, an denen er als Anbieter beteiligt ist, unverzüglich nach ihrem Abschluss der Regulierungsbehörde vorlegen. Die Regulierungsbehörde veröffentlicht, wann und wo Nachfrager nach Zugangsleistungen eine Vereinbarung nach Satz 1 einsehen können.

Schrifttum: *Spoerr*, Zusammenschaltung und offener Netzzugang, MMR 2000, 674.

Übersicht

I. Normzweck

§ 22 hat eine doppelte Zielrichtung. Zum einen trifft er – entgegen seiner Überschrift – mit **1** Abs. 1 eine Regelung über die **Rechtsfolge** einer auferlegten Zugangsverpflichtung insofern, als das marktmächtige Unternehmen verpflichtet wird, auf Nachfrage ein der Zugangsverpflichtung entsprechendes **Angebot** abzugeben. Damit wird der zwischen abstrakter Zugangsverpflichtung und Abschluss einer konkreten Zugangsvereinbarung erforderliche Zwischenschritt gesetzlich angeordnet. Des Weiteren werden mit den Abs. 2 und 3 Regelungen über die Schriftform von Zugangsvereinbarungen sowie die Anzeigepflicht für Zugangsvereinbarungen gegenüber der RegTP getroffen, die in erster Linie der **Markttransparenz** dienen.

II. Entstehungsgeschichte

2 § 22 ist im Rahmen des Gesetzgebungsverfahrens weitgehend umgestaltet worden. Der RefE enthielt neben den jetzigen Regelungen zwei weitere Absätze. Nach § 20 Abs. 2 RefE war die Auferlegung von dem § 4 NZV 1996 entsprechenden Pflichten vorgesehen, wonach das zugangsverpflichtete Unternehmen die für die Inanspruchnahme der Zugangsleistung benötigten Informationen zu veröffentlichen hatte. § 20 Abs. 4 RefE formulierte entsprechend dem Wortlaut von § 35 Abs. 2 TKG 1996 Maßstäbe für den Inhalt der Zugangsvereinbarung wie Chancengleichheit etc. Allein vor dem Hintergrund dieser zwei weggefallenen Absätze ist zu erklären, dass § 22 die Überschrift „Zugangsvereinbarungen" trägt.

3 Ausweislich der Begründung zum RefE sollten diese Verpflichtungen der Umsetzung unterschiedlicher Richtlinienvorgaben dienen wie der Transparenzverpflichtung des Art. 9 Abs. 1 und 3 ZRL sowie des Diskriminierungsverbotes des Art. 10 ZRL.[1] Vermutlich aufgrund der unmittelbaren Aufnahme der Transparenzverpflichtung in § 19 und des Diskriminierungsverbotes in § 20 finden sich beide Absätze in der jetzigen Fassung von § 22 nicht mehr.

III. Im Einzelnen

4 **1. Angebot. –** § 22 Abs. 1 verpflichtet das marktmächtige Unternehmen zur Abgabe eines Angebots auf einen Zugang. Diese Pflicht entsteht unmittelbar aus der Auferlegung einer Zugangsverpflichtung und muss nicht erst von der RegTP auferlegt werden.

5 **a) Konkretisierung. –** Nach der Rechtsprechung des VG Köln unter Geltung des TKG 1996 war „Angebot" in § 36 TKG 1996 bzw. § 2 Abs 1 NZV nicht als ein solches im Sinne der §§ 145 ff. BGB zu verstehen, dessen einseitig erklärte Annahme bereits die Zugangsvereinbarung rechtsgültig in Kraft setzen würde.[2] Ausreichend war danach vielmehr, dass es „eine **tragfähige Grundlage** für konkrete Vertragsverhandlungen mit der Aussicht auf einen zeitnahen Vertragsschluss" bildete.[3] Es musste damit zumindest so detailliert sein, dass es als ein ernsthaftes **Verhandlungsangebot** gewertet werden konnte.[4]

6 Dies muss auch für die Regelung des § 22 Abs. 1 gelten. Zwar ist § 22 – anders als § 36 TKG 1996 – nicht mit „Verhandlungspflicht" überschrieben. Der Normtext des § 22 bezüglich der Angebotsabgabe ist jedoch dem § 36 Satz 1 TKG 1996 vergleichbar gestaltet. Auch sieht § 25 Abs. 3 Nr. 3 als Anrufungsvoraussetzung vor, dass ernsthafte Verhandlungen über den Netzzugang stattgefunden haben müssen oder vom Anrufungsgegner verweigert worden sind, so dass eine Verhandlungspflicht zumindest aus dieser Regelung folgt (Einzelheiten bei § 25 RdNr. 27 f.). Eine Forderung, das Angebot müsse bereits so präzisiert sein, dass eine sofortige Annahme möglich ist, scheiterte letztlich an der Komplexität der zu verhandelnden Fragen und blockierte so den Verhandlungsprozess eher, als dass sie ihn förderte.

---

1 BT-Drs. 15/2316, S. 66.
2 VG Köln MMR 1998, 102 – TAL-Zugang; ebenso *Spoerr*, MMR 2000, 674, 677.
3 VG Köln MMR 1998, 102, 103 – TAL-Zugang, ähnlich auch OVG Münster CR 2000, 369 – TAL-Zugang.
4 So auch zu § 36 TKG 1996 *Trute/Spoerr/Bosch*, § 36 RdNr. 11.

Dass ein ernsthaftes Verhandlungsangebot im Rahmen des § 22 ausreichend ist, ergibt sich 7
auch aus einem Vergleich mit dem Wortlaut des § 23 Abs. 3. Diese Regelung sieht für ein
Standardangebot ausdrücklich vor, dass dieses so konkret sein muss, dass es ohne weitere
Verhandlungen angenommen werden kann. Gerade die Tatsache, dass § 22 keine vergleichbaren Vorgaben macht, lässt den Schluss zu, dass entsprechend strenge Anforderungen an das Angebot nicht zu stellen sind.

Das Angebot muss nur für solche Zugangsleistungen abgegeben werden, die von einer 8
nach § 21 **förmlich auferlegten** Verpflichtung umfasst sind. Damit bestimmt grundsätzlich die Zugangsverpflichtung den **Gegenstand** des Angebots, nicht die möglicherweise
abweichende Nachfrage der anderen Unternehmen. Das Merkmal „**entsprechend**" bezieht
sich somit auf die Zugangsverpflichtung und nicht auf die Nachfrage.

b) Adressaten des Angebots. – Das Angebot ist gegenüber Unternehmen abzugeben, die 9
diese Leistung „**nachfragen**". Normbegünstigt nach § 22 Abs. 1 ist damit grundsätzlich
ein nach § 21 zugangsberechtigtes Unternehmen, das eine bestimmte Nachfrage an das
verpflichtete Unternehmen richtet. Das marktmächtige Unternehmen ist damit nicht gegenüber allen zugangsberechtigten Unternehmen zur Angebotsabgabe verpflichtet, sondern nur gegenüber denjenigen, die die Leistung auch tatsächlich nachfragen. Damit ist die
Nachfrage eines Unternehmens zwar **förmliche** Voraussetzung für die Verpflichtung zur
Abgabe eines Angebotes gegenüber dem jeweiligen Unternehmen, nicht jedoch für die
grundsätzliche Pflicht zur Angebots**erstellung** (Einzelheiten dazu unten RdNr. 11).

Die Nachfrage des Unternehmens muss sich nach dem Wortlaut auf eine nach § 21 ange- 10
ordnete **Zugangsleistung** richten. § 42 Abs. 3, der sich ausdrücklich auf § 22 Abs. 1 bezieht, spricht von der Bearbeitung von „**Zugangsanträgen**" als Unterfall der Verpflichtung
zur Abgabe eines Angebotes. Es ist jedoch davon auszugehen, dass es sich nicht um Anträge i. S. d. §§ 145 f. BGB handeln muss, da derartige Anträge grundsätzlich kein **Angebot**
des zugangsverpflichteten Unternehmens nach sich ziehen, sondern allenfalls eine **Annahme** des jeweiligen Antrags. Die Nachfrage muss somit nicht im Einzelnen auf bestimmte
Vertragsbedingungen spezifiziert sein. Es wird vielmehr in der Regel ausreichend sein,
dass die Nachfrage die Zugangsberechtigung des nachfragenden Unternehmens erkennen
lässt und die Leistung, auf die sich das Angebot beziehen soll, hinreichend konkretisiert.

c) Frist zur Angebotserstellung. – Nach dem Wortlaut des § 22 muss das Angebot **unver-** 11
züglich, spätestens aber drei Monate nach Auferlegung der entsprechenden Zugangsverpflichtung nach § 21 abgegeben werden. Bezugspunkt für die Beurteilung der Rechtzeitigkeit ist damit nach dem eindeutigen Wortlaut der **Zeitpunkt der Auferlegung** der Zugangsverpflichtung. Dies steht jedoch im Widerspruch dazu, dass § 22 an das Vorliegen
einer Wettbewerber-Nachfrage anknüpft. Wenn bis zum Ablauf der 3-Monats-Frist kein
Unternehmen eine Zugangsleistung nachfragt, besteht auch kein Adressat für ein entsprechendes Angebot. Dieser **Widerspruch** lässt sich allein dadurch auflösen, dass – entgegen
dem Wortlaut des § 22 – bezüglich der **Erstellung** des Angebots und dessen **Abgabe** gegenüber dem nachfragenden Unternehmen getrennt wird. Das marktmächtige Unternehmen ist dann in jedem Fall verpflichtet, innerhalb der 3-Monats-Frist ein Anbebot über die
von der Zugangsverpflichtung nach § 21 umfassten Zugangsleistungen zu **erstellen**, das
dann jeweils gegenüber den nachfragenden Unternehmen abzugeben bzw. zu verhandeln
ist. Diese Auslegung deckt sich auch mit dem Zweck der Vorschrift, die die Lücke zwischen Zugangsverpflichtung und Zugangsvereinbarung durch ein entsprechendes Angebot

schließen soll. Zeitintensiv und verzögerungsanfällig ist dabei weniger die Abgabe an sich als der Prozess der Erstellung des Angebots. Hierfür müssen gegebenenfalls neue Produkte zugeschnitten werden, neue Prozesse gestaltet und implementiert oder neue Vertragswerke konzipiert werden. Die Regelung des § 22 setzt hierfür eine maximale Frist von drei Monaten.

12 Diese Auslegung lässt sich auch in Einklang bringen mit der Regelung des § 42 Abs. 3, wonach die **Bearbeitung** von Zugangsanträgen nicht ohne sachlichen Grund verzögert werden darf. Gegenstand der Bearbeitung von Zugangsanträgen ist nicht die Erstellung des Angebots, sondern dessen tatsächliche Abgabe gegenüber dem nachfragenden Wettbewerber.

13 **d) Sanktionen.** – Eine **Sanktion** für die Nichtvorlage oder die verspätete Vorlage eines Angebots bzw. die Vorlage eines nicht hinreichend konkreten Angebot, sieht § 22 nicht vor. Nach § 25 kann aber für den Fall, dass eine Zugangsvereinbarung nach § 22 nicht zustande kommt, was immer dann der Fall sein wird, wenn kein enstprechendes Angebot vorgelegt wird, die Regulierungsbehörde zur **Anordnung eines Zugangs** angerufen werden (Einzelheiten hierzu bei § 25 RdNr. 16 ff.). Darüber hinaus wird gem. § 42 Abs. 3 ein **Missbrauch** vermutet, wenn ein Betreiber seinen Verpflichtungen aus § 22 Abs. 1 nicht nachkommt, indem er die Bearbeitung von Zugangsanträgen ohne sachlichen Grund verzögert. Nicht immer wird man jedoch die Nichtabgabe eines Angebots als Fall der verzögerten Bearbeitung von Zugangsanträgen ansehen können. In den Fällen, in denen die Pflicht zur Abgabe eines Angebots grundsätzlich abgelehnt wird, etwa weil das Unternehmen der Auffassung ist, die Nachfrage sei nicht von der nach § 21 auferlegten Zugangsverpflichtung umfasst, wird vorrangig ein Anordnungsverfahren nach § 25 durchzuführen sein (anders § 42 RdNr. 7 und 42).

14 **2. Schriftform.** – Die Vorschrift entspricht im Wesentlichen dem früheren § 5 NZV 1996. Nur Vereinbarungen über Zugangsleistungen im Sinne des § 3 Nr. 32 sind der Schriftform unterworfen (Einzelheiten dazu § 3 RdNr. 70–75). Vereinbarungen mit Endnutzern sind damit nicht von Abs. 2 erfasst. Das Schriftformerfordernis gilt ferner nur für Vereinbarungen, die ein Netzbetreiber mit beträchtlicher Marktmacht schließt. Verträge zwischen **nicht marktmächtigen** Akteuren, insbesondere Vereinbarungen, die aufgrund einer Verpflichtung nach § 18 abgeschlossen worden sind, sind von dem Schriftformerfordernis somit ebenfalls nicht erfasst.

15 Vom Schriftformerfordernis erfasst sind lediglich die Zugangsvereinbarungen, die das marktmächtige Unternehmen als **Anbieter** abschließt. Auch wenn Abs. 2 – anders als Abs. 3 – eine solche ausdrückliche Einschränkung nicht vorsieht, ergibt sich dies bereits daraus, dass sich die Feststellung der Marktmacht, an die die Verpflichtung anknüpft, nur auf **Angebotsmacht**, nicht aber auf Nachfragemacht bezieht.

16 Die Anforderungen an die Schriftform richten sich nach §§ 125, 126 BGB.[5] Nach § 125 Abs. 3 BGB kann die Schriftform auch durch die elektronische Form nach § 126a BGB ersetzt werden. Vereinbarungen, die nicht in der gesetzlich vorgeschriebenen Form geschlossen sind, sind gem. § 125 BGB nichtig. Das bedeutet auch, das die fehlende Schriftform einer an sich zustande gekommenen Vereinbarung eine Anrufung der RegTP ermöglicht.

---

5 So für § 5 NZV auch BeckTKG-Komm/*Piepenbrock*, Anh. § 39 § 5 NZV RdNr. 3.

3. Vorlagepflicht. – Die Regelung entspricht im Wesentlichen dem früheren § 6 NZV. Eine 17
Regelung über die Kennzeichnung von Betriebs- und Geschäftsgeheimnissen ist allerdings
nicht mehr vorgesehen. Ziel dieser Regelung ist die Herstellung größtmöglicher Transparenz. Das bedeutet auch, dass die vollständigen Vereinbarungen vorzulegen sind, einschließlich eventueller Sideletter oder Anlagen.[6]

a) Gegenstand. – Gegenstand der Vorlagepflicht sind Vereinbarungen über alle dem **Zu-** 18
gangsbegriff des § 3 Nr. 32 unterfallenden Zugangsleistungen, insbesondere auch die in
§ 21 Abs. 2 und 3 genannten Zugangsvarianten wie Fakturierungsvereinbarungen, Resale-
verträge, TAL-Zugangsvereinbarungen sowie Zusammenschaltungsverträge. Auch Vereinbarungen über Zugangsleistungen, die **freiwillig** vom marktmächtigen Unternehmen
erbracht werden, sind der RegTP vorzulegen. Anders als nach Abs. 1 ist es für die Vorlagepflicht **nicht** erforderlich, dass das betreffende Unternehmen förmlich zur Erbringung der
Zugangsleistung **nach § 21 verpflichtet** worden ist.

Erforderlich ist lediglich, dass die Vereinbarung über die Zugangsleistungen von einem 19
Netzbetreiber mit **beträchtlicher Marktmacht** geschlossen worden ist. Diese ist gegeben,
wenn gem. § 3 Nr. 15 die Voraussetzungen des § 11 Abs. 1 Satz 3 bis 5 vorliegen (Einzelheiten dazu bei § 3 RdNr. 6 sowie § 11 RdNr. 13 ff. und 59). Die Vorlageverpflichtung gilt
damit nur für solche Vereinbarungen, die einen Markt betreffen, für den der Netzbetreiber
im Rahmen einer Verfügung nach § 13 **förmlich als marktmächtig festgestellt** worden
ist. Nicht unter die Vorlagepflicht fallen nach dem Wortlaut des Abs. 3 daher **Zusammen-**
schaltungsvereinbarungen auf Basis von § 18, weil in diesen Fällen beträchtliche Marktmacht eines Netzbetreibers gerade nicht vorliegt.

Ebenfalls nicht unter die Vorlagepflicht fallen Vereinbarungen, an denen das Unternehmen 20
mit beträchtlicher Marktmacht als **Nachfrager** beteiligt ist. Zusammenschaltungsvereinbarungen, in denen Angebot und Nachfrage von Zusammenschaltungsleistungen in der Regel
einheitlich in einem Vertragswerk geregelt werden, sind gleichwohl vorlagepflichtig.

b) Veröffentlichung. – Die RegTP veröffentlicht, wann und wo Nachfrager nach Zugangs- 21
leistungen eine Vereinbarung einsehen können. Die **Veröffentlichung** erfolgt gem. § 5 im
Amtsblatt und auf den Internetseiten der RegTP. Einzelheiten hierzu bei § 5. **Einsichtsbe-**
rechtigt sind grundsätzlich alle potenziell Zugangsberechtigten, d. h. gem. § 3 Nr. 32 Unternehmen, die die jeweilige Leistung zum Zwecke der Erbringung von Telekommunikationsdiensten in Anspruch nehmen wollen (Einzelheiten bei § 3 RdNr. 70–74).

Eine dem früheren § 6 Abs. 2 und 3 NVZ vergleichbare Regelung über die Kennzeichnung 22
von **Betriebs- und Geschäftsgeheimnissen** in den vorzulegenden Vereinbarungen sieht
§ 22 nicht vor. Warum der Gesetzgeber dies nicht aufgenommen hat, geht aus den Gesetzgebungsmaterialien nicht hervor. Dies legt den Schluss nahe, dass die vorzulegenden Verträge ohne Rücksicht auf die enthaltenen Betriebs- und Geschäftsgeheimnisse vollständig
einsehbar sind. Allerdings sieht Art. 15 Abs. 1 ZRL ausdrücklich vor, dass vertrauliche Informationen, insbesondere Geschäftsgeheimnisse, nicht veröffentlicht werden. In der Praxis wird es somit im eigenen Interesse der Vertragsparteien liegen, Geschäftsgeheimnisse
entsprechend zu kennzeichnen und somit die Voraussetzung für eine Nichtveröffentlichung
zu schaffen.

---

6 So auch zu § 6 NZV BeckTKG-Komm/*Piepenbrock*, Anh. § 39 § 6 NZV RdNr. 4.

23   **c) Ordnungswidrigkeit.** – Der Fall, dass eine Vereinbarung nicht oder nicht rechtzeitig vorgelegt wird, sollte nach dem Willen des Gesetzgebers offensichtlich einen Ordnungswidrigkeitentatbestand darstellen. Allerdings bezieht sich § 149 Abs. 1 Nr. 5 ausdrücklich auf § 22 Abs. 5 Satz 1, § 22 verfügt nach Streichung zweier noch im RegE enthaltener Absätze nur noch über drei Absätze. Ganz offensichtlich handelt es sich hierbei um ein **handwerkliches Versehen** bei der Anpassung der jeweiligen Gesetzesänderungen, da der Abs. 5 Satz 1 des RegE wortgleich mit dem Abs. 3 Satz 1 der jetzigen Fassung ist. Es ist davon auszugehen, dass bei der Anpassung der Norm von § 147 RegE zwar die durch Einfügung von §§ 18 und 19 erforderliche Neunummerierung berücksichtigt worden ist. Nicht beachtet worden ist jedoch, dass im Laufe des Gesetzgebungsverfahrens zwei Absätze des damaligen § 20 RegE gestrichen worden sind. Zu den **Folgen**, die dieses Versehen unter dem Grundsatz „nulla poena sine lege scripta et certa" für das Vorliegen einer Ordnungswidrigkeit nach sich zieht (vgl. § 149 RdNr. 7).

§ 23 Standardangebot

(1) Die Regulierungsbehörde soll einen Betreiber eines öffentlichen Telekommunikationsnetzes, der über beträchtliche Marktmacht verfügt und einer Zugangsverpflichtung nach § 21 unterliegt, verpflichten, in der Regel innerhalb von drei Monaten ein Standardangebot für die Zugangsleistung zu veröffentlichen, für die eine allgemeine Nachfrage besteht. Diese Entscheidung kann gemeinsam mit einer Entscheidung über die Auferlegung einer Zugangsverpflichtung nach § 21 ergehen.

(2) Soweit ein Betreiber eines öffentlichen Telekommunikationsnetzes mit beträchtlicher Marktmacht kein Standardangebot vorlegt, ermittelt die Regulierungsbehörde, für welche Zugangsleistungen eine allgemeine Nachfrage besteht. Zu diesem Zweck gibt die Regulierungsbehörde tatsächlichen oder potenziellen Nachfragern nach solchen Leistungen Gelegenheit zur Stellungnahme. Im Anschluss daran gibt sie dem Betreiber mit beträchtlicher Marktmacht Gelegenheit zur Stellungnahme dazu, welche der ermittelten Leistungen nach seiner Ansicht Bestandteil eines Standardangebots werden sollen.

(3) Die Regulierungsbehörde legt unter Berücksichtigung der Stellungnahmen nach Abs. 2 die Zugangsleistungen fest, die der Betreiber mit beträchtlicher Marktmacht als Standardangebot anbieten muss. Die Regulierungsbehörde fordert den Betreiber auf, innerhalb einer bestimmten Frist ein entsprechendes Standardangebot mit Bereitstellungs- und Nutzungsbedingungen einschließlich der Entgelte vorzulegen. Sie kann diese Aufforderung verbinden mit bestimmten Vorgaben für einzelne Bedingungen, insbesondere in Bezug auf Chancengleichheit, Billigkeit und Rechtzeitigkeit. Dieses Standardangebot muss so umfassend sein, dass es von den einzelnen Nachfragern ohne weitere Verhandlungen angenommen werden kann. Die vorgenannten Sätze gelten auch für den Fall, dass der Betreiber mit beträchtlicher Marktmacht ein unzureichendes Standardangebot vorgelegt hat.

(4) Die Regulierungsbehörde prüft die vorgelegten Standardangebote und nimmt Veränderungen vor, soweit Vorgaben für einzelne Bedingungen, insbesondere in Bezug auf Chancengleichheit, Billigkeit und Rechtzeitigkeit nicht umgesetzt wurden. Die Regulierungsbehörde versieht Standardangebote in der Regel mit einer Mindestlaufzeit. Der Betreiber mit beträchtlicher Marktmacht muss beabsichtigte Änderungen oder eine Einstellung des Standardangebots drei Monate vor Ablauf der Mindestlaufzeit gegenüber der Regulierungsbehörde anzeigen. Die Entscheidungen nach Abs. 3 und 4 Satz 1 und 2 können nur insgesamt angegriffen werden. Für die Regulierung der Entgelte gelten die §§ 27 bis 37.

(5) Sofern eine Zugangsleistung bereits Gegenstand einer Zugangsvereinbarung nach § 22 ist, kann die Regulierungsbehörde den Betreiber eines öffentlichen Telekommunikationsnetzes, der über beträchtliche Marktmacht verfügt, verpflichten, diese Zugangsleistung als Standardangebot auch anderen Nachfragern diskriminierungsfrei anzubieten, wenn zu erwarten ist, dass für diese Zugangsleistung eine allgemeine Nachfrage entstehen wird. Dies gilt auch für Zugangsleistungen, zu deren Erbringung ein Betreiber eines öffentlichen Telekommunikationsnetzes, der über beträchtliche Marktmacht verfügt, im Rahmen einer Anordnung nach § 25 verpflichtet worden ist.

(6) Die Regulierungsbehörde kann einen Betreiber eines öffentlichen Telekommunikationsnetzes, der über beträchtliche Marktmacht verfügt, verpflichten, eine Änderung des Standardangebots vorzunehmen, wenn sich die allgemeine Nachfrage wesentlich geändert hat. Dies kann sich sowohl auf die Leistungen selbst als auch auf wesentliche Bedingungen für deren Erbringung beziehen. Für die Änderung des Standardangebots gelten die Absätze 2 bis 5 entsprechend.

(7) Der Betreiber ist verpflichtet, das Standardangebot in seine Allgemeinen Geschäftsbedingungen aufzunehmen.

Schrifttum: *Steinwärder*, Standardangebot für Zugangsleistungen – Ein neues Instrument zur Regulierung von Unternehmen mit beträchtlicher Marktmacht, MMR 2005, 84.

Übersicht

A. Normzweck

Die Regelung über das Standardvertragsverfahren dient zunächst der Umsetzung von **1** Art. 9 Abs. 2 und 4 ZRL.[1] Darüber hinaus sah schon bisher eine Reihe von EU-Rechtstexten wie Art. 4a Abs. 2 der Dienstrichtlinie 90/388/EWG oder Art. 3 TAL-VO eine Pflicht zur Veröffentlichung von Standardangeboten vor, die nun erstmals Aufnahme in das deutsche TKG finden.

Nicht zuletzt soll mit der jetzigen Regelung offenbar auch eine von Wettbewerbern immer **2** wieder erhobene Forderung nach größeren Einflussmöglichkeiten der RegTP auf die Gestaltung von Standardvertragsbedingungen erfüllt werden. Die Verwaltungsgerichte hatten im Geltungsbereich von § 33 TKG 1996 die Schwelle für eine Änderung von Vertragsbedingungen in Standardangeboten sehr hoch angesetzt, indem diese lediglich repressiv vorgenommen und nur am Maßstab dessen orientiert werden konnten, was das verpflichtete Unternehmen intern selbst an Bedingungen vorsah.[2] Mit der Regelung des § 23 soll nun klargestellt werden, dass Standardangebote zum einen **präventiv** und zum anderen auch im Hinblick auf **Behinderungstatbestände** überprüfbar sind.

Die Regelung des § 23 sieht ein im Einzelnen geregeltes **eigenständiges Verfahren** für die **3** Erstellung und Kontrolle von Standardverträgen vor. Dieses Verfahren ist **mehrstufig** gestaltet. Zunächst ermittelt die Behörde unter Befragung der relevanten Marktteilnehmer nach den in Abs. 2 genannten Regelungen, für welche Zugangsleistung eine allgemeine Nachfrage besteht. Aufgrund dieser Ermittlungen eröffnet sie ein förmliches Beschlusskammerverfahren und legt die Zugangsleistungen fest, die als Standardangebot anzubieten sind. Gleichzeitig fordert sie den Betreiber zur Abgabe eines entsprechenden Angebotes innerhalb einer bestimmten Frist auf (Abs. 3). Die daraufhin vorgelegten Standardangebote werden von der RegTP überprüft und gegebenenfalls abgeändert (Abs. 4). Schließlich werden die Angebote in der Regel mit einer Mindestlaufzeit versehen.

Neben diesem Standardvertragsverfahren im eigentlichen Sinne wird ein dem bisher in § 6 **4** NZV enthaltenen **Grundangebotsverfahren** nachgebildetes Verfahren in Abs. 5 zusätzlich zur Festlegung eines Standardangebots aufgenommen, das insofern ein **paralleles Standardvertragsverfahren** bildet.

Die RegTP wird schließlich ermächtigt, **Änderungen** des Standardangebotes sowohl im **5** Hinblick auf die Leistungen als auch der wesentlichen Bedingungen für ihre Erbringung zu verlangen, wenn sich die allgemeine Nachfrage wesentlich geändert hat (Abs. 6).

B. Entstehungsgeschichte

Die Vorschrift hat nur geringfügige Änderungen im Rahmen des Gesetzgebungsprozesses **6** erfahren. Bedeutsam ist hier die Aufnahme von Abs. 3 S. 5, in dem klargestellt wird, dass die jeweiligen Befugnisse der RegTP auch für den Fall gelten, dass ein unzureichendes Standardangebot vorgelegt wird. In der Anhörung zum RegE ist vorgebracht worden, dass

---

1 So auch ausdrücklich die Begründung BT-Drs. 15/2316, S. 66 (zu § 21).
2 VG Köln MMR 2002, 132 – TAL-Vertragsänderung; VG Köln MMR 2002, 839 – CFV-Vertrag; OVG Münster K&R 2003, 364 – CFV-Vertrag; anders OVG Münster MMR 2003, 546 für TAL-Verträge, für die eine grundsätzliche Befugnis der RegTP zur Änderung von Standardverträgen aus der TAL-VO hergeleitet wird.

dieser Fall von der Regelung ohne die Ergänzung nicht umfasst gewesen wäre³ (Einzelheiten dazu unten RdNr. 47).

C. Im Einzelnen

I. Grundsätzliches

7 Die Regelung des § 23 stellt den Rechtsanwender vor zum Teil nicht mehr aufzulösende **Auslegungsschwierigkeiten**. Dies liegt in erster Linie daran, dass der Regelungsgehalt der einzelnen Absätze teilweise widersprüchlich bzw. der verfahrensmäßige Ablauf unklar ist. Erhebliche Probleme birgt auch das **Nebeneinander** des in Abs. 2 bis 4 geregelten Standardvertragsverfahrens i. e. S. und der in Abs. 5 eingeräumten Möglichkeit, bereits vorliegende Einzelverträge oder Anordnungen zum Standardangebot zu erklären.

8 Einzige ausdrückliche Auslegungshilfe ist der Hinweis der Gesetzesbegründung, wonach die Regelung des Abs. 1 den **Obersatz** zu den nachfolgenden Regelungen darstellen soll.⁴ Das bedeutet im Grundsatz allerdings lediglich, dass die Regelungen der Absätze 2 bis 7 eine Konkretisierung des Abs. 1 darstellen, sich das Verfahren und die Kompetenzen im Einzelnen also aus diesen Regelungen ergeben. Widersprüche insbesondere zwischen Abs. 1 und den folgenden Regelungen sowie die erheblichen verfahrensrechtlichen Probleme sind damit jedoch noch nicht aufzulösen.

9 **1. Verfahrensüberblick.** – Der aus dem Regelungsgehalt der einzelnen Absätze des § 23 zu ermittelnde Verfahrensablauf erweist sich als **höchst kompliziert.** Dies hat seine Ursache wohl weniger in den vom Gesetzgeber vorgesehenen materiellen Regelungen als in einer fehlenden Aufmerksamkeit für die Gestaltung von Verfahrensfragen. Einen Überblick über den Verfahrensablauf mag das Schaubild (Abb. 1, S. 645) vermitteln.

10 **2. Verfahren im Einzelnen.** – § 23 trifft keine ausdrücklichen Aussagen darüber, in welchem Verfahren die Standardangebotsverpflichtung aufzuerlegen ist.

11 **a) Zuständigkeit.** – Fest steht lediglich, dass die Standardangebotsverpflichtung nicht Bestandteil einer **Regulierungsverfügung** nach § 13 ist, da die Vorschrift des § 23 in der dortigen Aufzählung nicht enthalten ist. Auch bedürfte es sonst der ausdrücklichen Ermächtigung des Abs. 1 S. 2 nicht, wonach die Entscheidung gemeinsam mit der Zugangsentscheidung nach § 21 ergehen kann. Da das Standardvertragsverfahren im zweiten Teil geregelt ist, ist gem. § 132 Abs. 1 von einer grundsätzlichen **Beschlusskammerzuständigkeit** und einer Geltung der entsprechenden Verfahrensvorschriften der §§ 134 ff. auszugehen.

12 **b) Verfahrensgegenstand.** – § 23 nennt gleich eine ganze **Reihe** von Entscheidungen, die von der Behörde im Rahmen der Standardvertragsverpflichtung zu treffen sind. Hierzu zählen die **Festlegung** der Zugangsleistungen, die als Standardangebot offeriert werden müssen (Abs. 3 S. 1), die **Aufforderung**, ein entsprechendes Standardangebot vorzulegen (Abs. 3 S. 2), die gegebenenfalls mit bestimmten **Vorgaben** versehen werden kann, die Prüfung und gegebenenfalls **Veränderung** des Angebots (Abs. 4 S. 1) sowie die Vorgabe **einer Mindestlaufzeit** (Abs. 4 S. 2). Die Regelung des Abs. 4 S. 4, wonach diese Entschei-

3 Vgl. z. B. Stellungnahme des VATM zum RegE, Ausschuss-Drs. 15 (9) 949, S. 47, 58.
4 BT-Drs. 15/2316, S. 66 (zu § 21).

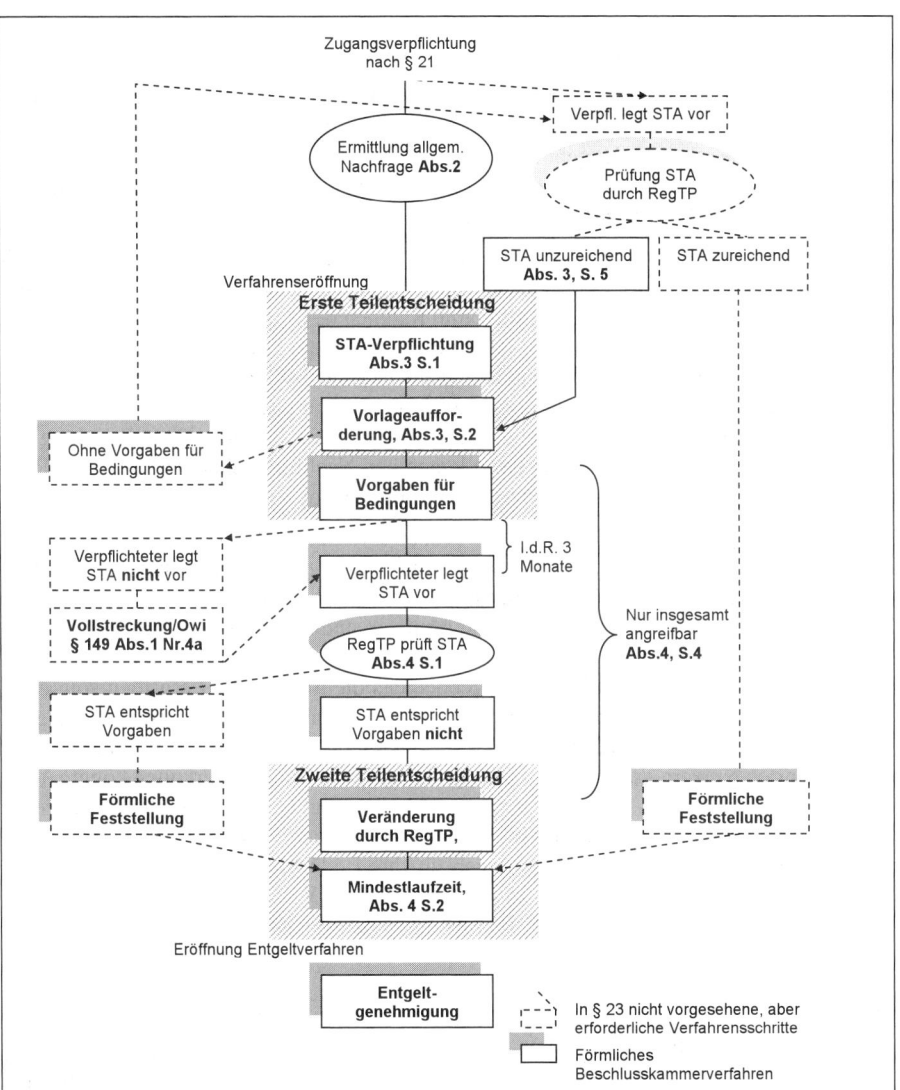

Abbildung 1: Verfahren zum Standardangebot (STA) gem. § 23 TKG

dungen nur **insgesamt** angegriffen werden können, spricht dafür, dass sämtliche Entscheidungen innerhalb eines **einheitlichen Beschlusskammerverfahrens** zu treffen sind.

Allerdings hat das Verfahren zwangsläufig in zumindest **zwei Stufen** zu erfolgen. So stellt   **13** zumindest die Festlegung nach Abs. 3 S. 1 und die – gegebenenfalls mit Vorgaben versehene – Aufforderung nach Abs. 3 S. 2 die Basis für die tatsächliche Vorlage eines Angebots dar, das dann im Verfahren des Abs. 4 einer Prüfung dahingehend unterzogen wird, ob es den im Rahmen der Aufforderung gemachten Vorgaben entspricht. Die Verpflichtung selbst stellt somit lediglich eine **Teilentscheidung** im Rahmen des Beschlusskammerverfahrens dar, die jedoch **förmlich** getroffen werden muss.

14   Nicht Gegenstand des Beschlusskammerverfahrens in diesem Sinne, sondern einem eigenen Verfahren vorbehalten, ist die nach Abs. 4 S. 5 vorgesehene **Entgeltregulierung** für die Leistungen des Standardangebots. Dies ergibt sich aus der Verweisung auf die Verfahrensvorschriften des Entgeltverfahrens sowie auch daraus, dass die Entgeltregulierung nicht von der einheitlichen Entscheidung des Abs. 4 S. 4 umfasst ist.

15   Ebenfalls nicht vom Beschlusskammerverfahren im engeren Sinne umfasst sein soll nach der Vorstellung des Gesetzgebers offensichtlich auch die **Ermittlung der allgemeinen Nachfrage** nach Abs. 2. Für die Ermittlung im Rahmen des Abs. 2 ist ausdrücklich vorgesehen, dass den potenziellen und tatsächlichen Nachfragern sowie dem marktmächtigen Unternehmen Gelegenheit zur Stellungnahme einzuräumen ist. Dies entspricht im Wesentlichen den Anhörungs- und Beteiligungsregelungen, die für das Beschlusskammerverfahren gem. §§ 134 und 135 ohnehin gelten (Einzelheiten ebd.). Einer solchen Regelung bedürfte es nicht, wenn die Ermittlung der allgemeinen Nachfrage ohnehin bereits im Rahmen eines Beschlusskammerverfahrens durchzuführen wäre.

16   **c) Drittschutzcharakter.** – Nach ihrem Wortlaut entfaltet die Regelung des § 23 keinen drittschützenden Charakter. § 23 regelt allein die Pflicht zur **Vorlage eines Angebots** in standardisierter Form und nicht die grundsätzliche Pflicht zur Gewährung der jeweiligen Zugangsleistung. Die Interessen der Leistungsnutzer sind dabei lediglich im Rahmen der Ermittlung einer allgemeinen Nachfrage zu berücksichtigen. Das Standardangebotsverfahren dient der Erstellung eines Mindestangebots, das die **Möglichkeit** eröffnen soll, auch ohne konkrete und gegebenenfalls langwierige Verhandlungen einen Vertrag über die jeweilige Zugangsleistung abzuschließen. Ein konkreter Bezug auf **individuelle Nutzerrechte**, der den Nutzern der Zugangsleistung ein subjektives Recht verleihen könnte, fehlt in § 23. Die Nutzer haben vielmehr grundsätzlich die Möglichkeit, vom Standardangebot **abweichende Verträge auszuhandeln**, wenn sie der Ansicht sind, dass die im Standardvertragsverfahren festgelegten Bedingungen für ihre Bedürfnisse nicht ausreichend sind. Scheitern diese, so steht ihnen mit § 25 ein Verfahren zur Verfügung, durch Anrufung der RegTP eine Anordnung abweichender Bedingungen zu erreichen.

II. Die Regelung des Abs. 1

17   Der Regelungsgehalt des Abs. 1 scheint für sich genommen relativ klar zu sein. Danach ist im Regelfall das zugangsverpflichtete Unternehmen auch zur Abgabe eines entsprechenden Standardangebotes zu verpflichten. Entgegen der ersten Fassung im Arbeitsentwurf, der noch eine gesetzliche Pflicht zur Abgabe eines Standardangebotes vorsah, ist eine solche Verpflichtung nun von der Behörde aufzuerlegen. Hätte es der Gesetzgeber bei der Regelung des Abs. 1 **belassen**, bestünden für die praktische Anwendung wenig Probleme. Erst die detaillierten Vorgaben von einzelnen Verfahrensschritten in den nachfolgenden Absätzen, die im Wesentlichen nur schwer mit der Regelung des Abs. 1 in Beziehung zu setzen sind, lassen erhebliche Auslegungs- und Verfahrensprobleme entstehen. Da Abs. 1 ausweislich der Begründung lediglich den Obersatz zu den folgenden Regelungen darstellen soll,[5] kann Abs. 1 nur unter **Rückgriff** auf die nachfolgenden Regelungen sinnvoll ausgelegt werden.

---

5 BT-Drs. 15/2316, S. 66 (zu § 21).

1. Zugangsverpflichtung nach § 21. – Das zu verpflichtende Unternehmen muss zunächst **18** einer Zugangsverpflichtung nach § 21 unterliegen. Auch wenn Abs. 1 dies nicht ausdrücklich vorsieht, ist davon auszugehen, dass das Unternehmen nicht nur generell zum Zugang verpflichtet sein muss, sondern die Leistungen, für die ein Standardangebot zu veröffentlichen ist, von einer entsprechenden Zugangsleistung umfasst sein müssen.

2. Gemeinsame Auferlegung. – Nach Abs. 1 S. 2 kann „diese Entscheidung" gemeinsam **19** mit einer Zugangsverpflichtung nach § 21 auferlegt werden. Betrachtet man die Regelung des Abs. 1 isoliert, so bezieht sich dieser Verweis schlicht auf die Verpflichtung zur Vorlage eines Standardangebotes innerhalb einer bestimmten Frist. Berücksichtigt man allerdings die nachfolgenden Absätze, aus denen sich aufgrund des Obersatzcharakters des Abs. 1 Befugnisse und Verfahren erst konkret ergeben, so stellt man fest, dass in den nachfolgenden Absätzen die Verpflichtung des Abs. 1 gar nicht explizit erwähnt wird. Die Abs. 2 bis 4 sehen vielmehr mindestens **fünf Entscheidungen** vor, die in einem **gestuften Verfahren** zu treffen sind und zudem nach Abs. 4 S. 5 nur insgesamt angegriffen werden können.

Damit stellt sich die Frage, auf **welche dieser Entscheidungen** sich die Formulierung von **20** Abs. 1 S. 2 bezieht. Denkbar ist, dass hier die im Rahmen einer **ersten Teilentscheidung** zu treffenden Entscheidungen nach Abs. 3 S. 1 und S. 2 zur Konkretisierung der Entscheidung nach Abs. 1 heranzuziehen sind (vgl. dazu ausführlich unten RdNr. 39 ff.) Das würde bedeuten, dass die **Festlegung der Zugangsleistungen** und die **Aufforderung zur Vorlage** eines entsprechenden Angebotes gegebenenfalls unter **Vorgabe von Bedingungen** gemeinsam mit einer Zugangsverpflichtung nach § 21 von der Behörde getroffen werden könnten.

Dies ließe sich mit dem Wortlaut des Abs. 1 in Einklang bringen, wonach Gegenstand der **21** Entscheidung die Verpflichtung zur Veröffentlichung eines Standardangebotes ist. Keinesfalls umfasst sein können die im Rahmen einer zweiten Teilentscheidung vorzunehmende **Veränderung** des vorgelegten Standardangebots und die Vorgabe einer **Mindestlaufzeit** nach Abs. 4 Satz 1 und 2. Dies ergibt sich daraus, dass diese bereits ein vorgelegtes Standardangebot voraussetzen, zu dem Abs. 1 erst verpflichten will. Zum anderen liegt zwischen der ersten und der zweiten Teilentscheidung der Ablauf der Frist zur Vorlage des Angebots von in der Regel drei Monaten (vgl. hierzu RdNr. 42), was eine gemeinsame Auferlegung schon zeitlich ausschließt.

In jedem Fall handelt es sich bei der in Abs. 1 genannten Entscheidung nach den Regelungen der nachfolgenden Absätze nur um eine **Teilentscheidung**, die gem. Abs. 4 S. 5 erst **22** gemeinsam mit einer Änderungsentscheidung nach Vorlage des Angebotes angegriffen werden kann. Für den Fall, dass die Behörde von der Möglichkeit einer gemeinsamen Entscheidung mit der Verpflichtung nach § 21 Gebrauch macht, führt dies dazu, dass im Falle gerichtlichen Rechtsschutzes zunächst nur der auf die Regelung nach § 21 bezogene Teil angegriffen werden könnte. Die Teilentscheidung zum Standardangebot hingegen könnte erst nach Abschluss des gesamten Standardvertragsverfahrens zum Gegenstand eines Gerichtsverfahrens gemacht werden. (Zu den Möglichkeiten einer **isolierten Anfechtbarkeit** der Entscheidung nach Abs. 3 S. 2 vgl. unten RdNr. 74.)

Voraussetzung für eine gemeinsame Entscheidung nach Abs. 1 ist in jedem Fall jedoch, so- **23** weit kein Standardangebot vorgelegt worden ist, die **Ermittlung der allgemeinen Nachfrage** nach Abs. 2. Diese müsste dann zeitlich bereits gleichzeitig mit dem Verfahren nach

§ 21 ermittelt werden. Zweckmäßig kann es dabei sein, diese Ermittlung **im Rahmen des Konsultationsverfahrens** der Regulierungsverfügung nach § 13 mit vorzunehmen.[6]

24 **3. Soll-Vorschrift.** – Abs. 1 ist als Soll-Vorschrift ausgestaltet. Das bedeutet, dass von einer Auferlegung grundsätzlich nur in atypischen Ausnahmefällen abzusehen ist (insofern gelten hier die im Rahmen von § 21 gemachten Ausführungen zur Soll-Vorschrift des § 21 Abs. 3, Einzelheiten hierzu bei § 21 RdNr. 141). Im Regelfall ist nach dem Wortlaut des Abs. 1 somit im Rahmen jeder Zugangsverpflichtung nach § 21 für die jeweils davon umfassten Leistungen eine Verpflichtung zur Abgabe eines Standardangebotes aufzuerlegen. Das bedeutet, dass das in den nachfolgenden Absätzen geregelte **Standardangebotsverfahren** im Grundsatz für **jede** von einer Zugangsverpflichtung nach § 21 umfasste Zugangsleistung durchzuführen ist.

25 Dies gilt nach der Systematik der nachfolgenden Absätze auch, wenn das zugangsverpflichtete Unternehmen **freiwillig** ein Standardangebot vorlegt. Denn auch in Bezug auf solche Angebote sind nach Abs. 3 S. 5 entsprechende Verpflichtungen durch die Behörde aufzuerlegen, wenn sie unzureichend sind. Auch die freiwillige Vorlage eines Standardangebots setzt somit zumindest eine **Prüfung** voraus, ob dieses unzureichend ist und entsprechend Verpflichtungen nach Abs. 3 S. 1 und 2 aufzuerlegen sind. Die Ausgestaltung als Soll-Verpflichtung führt ferner dazu, dass die Behörde für den Fall, dass sie **keine entsprechende Verpflichtung** auferlegt, dies im Einzelnen zu **begründen** hat. Das hat zur Folge, dass auch in den Fällen, in denen ein freiwillig vorgelegtes Angebot sich als zureichend erweist und es entsprechend einer Verpflichtung nicht bedarf, die Behörde hierüber eine **begründete Feststellung** zu treffen hat. Das Gleiche gilt für die Fälle, in denen sie zu dem Ergebnis kommt, dass eine **allgemeine Nachfrage**, die die Verpflichtung zur Vorlage eines Standardangebots nach sich ziehen würde, für eine bestimmte Leistung nicht gegeben ist. In diesen Fällen würde sich allerdings die Frage stellen, warum für derartige Leistungen eine Zugangsverpflichtung angeordnet worden ist, wenn gar keine allgemeine Nachfrage danach besteht.

26 Die Regelungsstruktur des § 23 führt damit im Ergebnis dazu, dass die RegTP in Zukunft ein Standardangebotsverfahren für sämtliche Zugangsleistungen durchzuführen und damit bei allgemeiner Nachfrage eine **materielle Überprüfung aller Standardangebote** vorzunehmen hat. Dies stellt eine gravierende Änderung zum TKG 1996 dar, in dessen Geltungsbereich Standardverträge bisher lediglich anlassbezogen überprüft worden sind.

27 **4. Frist.** – Abs. 1 ordnet eine Regelfrist von 3 Monaten an, die dem verpflichteten Unternehmen zur Erstellung eines Standardangebotes eingeräumt werden soll. Diese beginnt – anders als bei § 22 – nicht mit dem Zeitpunkt der Auferlegung einer Zugangsverpflichtung, sondern mit der Auferlegung der Standardangebotsverpflichtung. Grundsätzlich können auch längere oder kürzere Fristen eingeräumt werden, die jedoch einer ausdrücklichen Rechtfertigung bedürfen. Die Regelung des Abs. 1 stellt keine Frist für die **Verfahrenseinleitung** oder -**durchführung** durch die Behörde dar.

---

6 Allerdings ist gem. § 13 i.V. m. § 12 bereits der Entscheidungsentwurf vorzulegen. Für diesen Entwurf müsste die Ermittlung der allgemeinen Nachfrage jedoch schon durchgeführt worden sein.

Thomaschki

III. Ermittlung allgemeiner Nachfrage

Nach Abs. 2 hat die RegTP zu ermitteln, für welche Zugangsleistungen eine allgemeine **28** Nachfrage besteht, soweit der Betreiber kein Standardangebot vorlegt. Dabei handelt es sich nicht etwa um eine **Durchsetzung** der Standardangebotsverpflichtung des Abs. 1, wie der Wortlaut suggeriert, sondern vielmehr eine **Konkretisierung** des Verfahrens, das zur Auferlegung einer solchen Verpflichtung führen soll.[7]

1. Nichtvorlage eines Standardangebots. – Das Bestehen allgemeiner Nachfrage ist nur **29** zu ermitteln, „soweit" ein verpflichtetes Unternehmen kein Standardangebot vorlegt. Wird ein solches vorgelegt, bedarf es der Ermittlung der allgemeinen Nachfrage nicht. Sie wird offenbar aufgrund der Vorlage als gegeben vorausgesetzt. Die **Fiktionswirkung** bezieht sich jedoch allein auf das **Merkmal der allgemeinen Nachfrage**. Als Standardangebot ist dabei jedes vom betroffenen Unternehmen entsprechend gekennzeichnete Vertragsangebot anzusehen. Einer **Prüfung**, ob dieses Angebot auch ausreichend ist, bedarf es in diesem Zusammenhang nicht, da die Vorlage lediglich das Vorliegen einer allgemeinen Nachfrage über die entsprechende Leistung fingiert, die Kompetenzen der Behörde nach Abs. 3 und 4 aber unangetastet lässt.

2. Verfahren. – Zur Ermittlung, für welche Zugangsleistungen eine allgemeine Nachfrage **30** besteht, gibt die RegTP nach Abs. 2 S. 2 tatsächlichen oder potenziellen Nachfragern Gelegenheit zur Stellungnahme. Dies entspricht im Wesentlichen den Verfahrensvorschriften des Beschlusskammerverfahrens nach § 135. Die ausdrückliche Festlegung der Stellungnahmerechte legt somit die Schlussfolgerung nahe, dass es sich hierbei um ein **eigenständiges Verfahren** außerhalb des von einer Beschlusskammer zu führenden Standardvertragsverfahrens handelt, da eine gesonderte Festlegung ansonsten überflüssig wäre.

Das Verfahren endet nicht mit einer förmlichen Entscheidung, sondern die Ergebnisse des **31** Verfahrens werden lediglich im Rahmen der Entscheidung nach Abs. 3 S. 1, für welche Leistungen ein Standardangebot vorzulegen ist, **berücksichtigt**. Der Gesetzgeber hatte also offensichtlich die Vorstellung, dass das Verfahren zunächst der Verschaffung eines allgemeinen Nachfrageüberblicks für die Behörde dienen soll. Dabei wird es in der **Praxis** weniger um die Frage gehen, **ob** eine allgemeine Nachfrage nach entsprechenden Zugangsleistungen vorliegt, als vielmehr darum, **nach welchen** von der Zugangsverpflichtung umfassten **Produkten** im Einzelnen eine allgemeine Nachfrage im Markt besteht. Dass für von der Zugangsverpflichtung nach § 21 umfasste Leistungen im Markt überhaupt eine Nachfrage besteht, ist bereits Voraussetzung für ihre Auferlegung im Rahmen des Verfahrens nach § 21.

Nach dem Wortlaut des Abs. 2 hat dieses Nachfrageermittlungsverfahren **zweistufig** zu er- **32** folgen.

a) Gelegenheit zur Stellungnahme für Nachfrager. – Zunächst ist tatsächlichen und po- **33** tenziellen Nachfragern nach solchen Leistungen Gelegenheit zur Stellungnahme zu geben (Abs. 2 S. 2). **Stellungnahmeberechtigt** sind alle grundsätzlich Zugangsberechtigten, also Unternehmen, die die Leistung in Anspruch nehmen bzw. nehmen wollen, um selbst Telekommunikationsdienste zu erbringen (vgl. § 3 Nr. 32).

---

7 A.A. *Koenig/Loetz/Neumann*, Telekommunikationsrecht, S. 137, die je in Abs. 1 und Abs. 2–6 zwei unterschiedliche Fälle sehen. Kritisch dazu *Steinwärder*, MMR 2005, 84, 85.

34 Abs. 2 trifft keine Regelung darüber, in welcher **Form** den Nachfragern die Gelegenheit zur Stellungnahme einzuräumen ist. Die Behörde ist damit in der Gestaltung grundsätzlich frei. Zweckmäßig erscheint nach dem Muster bisheriger von der RegTP durchgeführter Anhörungen, dass die Behörde im Amtsblatt und im Internet die Nachfrager zur Stellungnahme innerhalb einer bestimmten Frist auffordert.

35 **b) Stellungnahme des zugangsverpflichteten Betreibers.** – Abs. 2 S. 3 sieht vor, dass im **Anschluss daran** dem marktmächtigen Betreiber Gelegenheit zur Stellungnahme dazu zu geben ist, welche der ermittelten Leistungen seiner Ansicht nach Bestandteil eines Standardangebotes werden sollen. Damit ist sicher nicht gemeint, dass – wie der Wortlaut vorgibt – dies im Anschluss an die Einräumung der Gelegenheit zur Stellungnahme zu erfolgen hat, sondern dass zunächst die Abgabe der Stellungnahmen abzuwarten ist. Dies ergibt sich auch daraus, dass die Leistungen, zu denen das Unternehmen Stellung nehmen soll, bereits **ermittelt** sein müssen.

36 Allerdings ist davon auszugehen, dass der in 2 S. 3 verwendete Begriff der „ermittelten Leistungen" keine **förmliche Feststellung** der Behörde erforderlich macht, sondern im Sinne von im Rahmen des Verfahrens genannten Leistungen gemeint ist. Die schlichte **Überlassung** der abgegebenen Stellungnahmen an den marktmächtigen Betreiber dürfte damit ausreichend sein. Eine Auswertung der jeweiligen Stellungnahmen zum Zwecke einer förmlichen Festlegung erfolgt nach der Systematik des § 23 erst im Rahmen der Entscheidung nach Abs. 3 S. 1, für welche Leistungen eine allgemeine Nachfrage besteht. Allerdings dürfte es sich als praktikabel erweisen, dass die Behörde dem verpflichteten Unternehmen zum Zwecke der Stellungnahme bereits eine Auswertung der Nachfragerstellungnahmen etwa in Form eines Leistungskatalogs zur Verfügung stellt.

37 **c) Allgemeine Nachfrage.** – Die allgemeine Nachfrage hat sich nach dem Wortlaut auf die Zugangsleistungen und nicht etwa die Vorlage eines Standardangebotes zu beziehen. D. h. entscheidend ist lediglich, welche **Leistungen** nachgefragt werden, nicht ob hierfür Standardbedingungen gewünscht werden. Die Vorschrift konkretisiert nicht, unter welchen Bedingungen von einer **allgemeinen** Nachfrage ausgegangen werden kann. Fraglich ist insbesondere, welcher **Bezugspunkt** für die Ermittlung der allgemeinen Nachfrage zu wählen ist. Keinesfalls können dies die in Abs. 2 genannten tatsächlichen Nachfrager sein. Dies stellte lediglich eine Tautologie dar, da die tatsächlichen Nachfrager eine Leistung allgemein nachfragen werden.

38 Abzustellen wird möglicherweise auf bestimmte **Geschäftsmodelle** sein, innerhalb derer eine bestimmte Leistung gleichsam als **Standardleistung** benötigt wird. In diesem Sinne könnten die in Abs. 2 genannten potenziellen Nachfrager gemeint sein. Es wird somit weniger auf eine konkrete Zahl von Nachfragen ankommen können, als vielmehr darauf, ob eine Leistung für die Erbringung eines bestimmten Telekommunikationsdienstes eine Standardleistung darstellt. So wird etwa von Teilnehmernetzbetreibern eine allgemeine Nachfrage nach Zugang zur TAL bestehen, für Verbindungsnetzbetreiber nach Zusammenschaltungsleistungen. Keine allgemeine Nachfrage in diesem Sinne kann für **speziell zugeschnittene** Leistungen angenommen werden, die für bestimmte Geschäftsmodelle erforderlich sein mögen. Entscheidend wird im Kern die Prüfung sein, ob die Erarbeitung eines Standardangebotes für eine bestimmte Leistung angesichts der Nachfrage zumutbar und verhältnismäßig ist.

IV. Die Entscheidungen nach Abs. 3

Unter Berücksichtigung der Ergebnisse des Verfahrens nach Abs. 2 hat die Behörde eine **39** ganze Reihe von Entscheidungen zu treffen, die offenbar insgesamt die in Abs. 1 genannte Verpflichtung zur Abgabe eines Standardangebotes darstellen (Einzelheiten oben RdNr. 19 ff.).

1. Festlegung. – Die Behörde hat in einem ersten Schritt nach Abs. 3 S. 1 die Zugangsleis- **40** tungen festzulegen, die der marktmächtige Betreiber als Standardangebot anbieten muss. Dabei hat sie anhand der Ergebnisse des Verfahrens nach Abs. 2 zu prüfen, ob eine allgemeine Nachfrage nach der jeweiligen Leistung vorliegt. Dies ergibt sich zwar nicht ausdrücklich aus Abs. 3, jedoch aus der Formulierung des Abs. 1. Die im Rahmen des Verfahrens nach Abs. 2 abgegebenen Stellungnahmen sind dabei lediglich zu **berücksichtigen**. Das bedeutet im Grundsatz, dass auch anderweitige Erkenntnismöglichkeiten herangezogen werden können und zu anderen Ergebnissen führen können als die abgegebenen Stellungnahmen.

Die Festlegung ergeht als **Verwaltungsakt**. Sie stellt eine **Teilentscheidung** dar, die gem. Abs. 4 S. 4 nur gemeinsam mit den übrigen Entscheidungen nach § 23 angegriffen werden kann.

2. Aufforderung. – In einem zweiten Schritt hat die Behörde den Betreiber aufzufordern, **41** innerhalb einer bestimmten Frist ein Standardangebot vorzulegen. Dies stellt ebenfalls eine Teilentscheidung dar und bildet gemeinsam mit der Festlegung nach Abs. 3 S. 2 die in Abs. 1 genannte Verpflichtung zur Vorlage eines Standardangebotes (dazu im Einzelnen oben RdNr. 19).

a) Frist. – Abs. 3 Satz 2 sieht vor, dass eine bestimmte Frist für die Erstellung des Stan- **42** dardangebotes vorzugeben ist. Kriterien dafür, wie lang diese Frist zu sein hat, nennt Abs. 3 selbst nicht. Allerdings ist aus dem „Obersatz" des Abs. 1 zu entnehmen, dass diese in der Regel drei Monate betragen soll. Hiervon kann nur in begründeten atypischen Fällen abgewichen werden. Kommt das Unternehmen der Aufforderung des Abs. 3 S. 2 nicht nach und legt in der vorgesehenen Frist kein Angebot vor, so stellt dies gem. § 149 Abs. 1 Nr. 4 a) einen **Ordnungswidrigkeitentatbestand** dar.

b) Bereitstellungs- und Nutzungsbedingungen. – Das Standardangebot hat Bereitstel- **43** lungs- und Nutzungsbedingungen einschließlich der Entgelte zu enthalten. Dies ergibt sich bereits aus der Aufforderung und muss nicht gesondert von der Behörde angeordnet werden. Es müssen sämtliche relevanten Vertragsbedingungen enthalten sein, so dass das Angebot ohne weitere Verhandlungen angenommen werden kann. Hierzu gehören neben einer detaillierten Leistungsbeschreibung auch Regelungen über Kündigungsfristen, Sicherheitsleistungen, Bereitstellungsfristen, Bestellverfahren, Entstörung etc. Auch die **Entgelte** sind anzugeben, wobei diese allerdings einer Regulierung in einem gesonderten Verfahren unterliegen. Anhang II der ZRL enthält einen ausführlichen Katalog von Mindestbestandteilen des zu veröffentlichenden Standardangebotes für den Zugang zur Teilnehmeranschlussleitung. Dieser Katalog, der aus der TAL-VO übernommen worden ist, kann eine Orientierung auch für andere Zugangsleistungen darstellen.

3. Vorgaben für Bedingungen. – Die Aufforderung kann nach Abs. 3 S. 3 mit Vorgaben **44** für einzelne Bedingungen verbunden werden. Dabei handelt es grundsätzlich um eine weitere Teilentscheidung, die jedoch nach dem Wortlaut mit der Aufforderung verbunden werden kann. Das Auferlegen von bestimmten Vorgaben steht grundsätzlich im Ermessen der Behörde und ist **Voraussetzung für die Veränderungsbefugnis** des Abs. 4 S. 1 (Einzelheiten hierzu unter RdNr. 55).

45   Die Vorgaben können sich im Grundsatz auf sämtliche Bereitstellungs- und Nutzungsbedingungen beziehen und nach dem Wortlaut des Abs. 3 S. 3 „insbesondere in Bezug auf **Chancengleichheit, Billigkeit und Rechtzeitigkeit**" vorgenommen werden. Diese Formulierung stellt eine Übernahme aus Art. 12 Abs. 1 a. E. ZRL dar. Dort bezieht sie sich allerdings auf die einzelnen materiellen Zugangsverpflichtungen und nicht auf die Bedingungen eines Standardangebotes. Die für den deutschen Sprachgebrauch ungewöhnliche Formulierung ist wohl so zu verstehen, dass die Behörde diejenigen Vorgaben machen kann, die zur Gewährleistung von Chancengleichheit, Billigkeit und Rechtzeitigkeit erforderlich sind, die also Kriterien für die **Ermessenausübung** der Behörde darstellen.

46   Die Regelung des Abs. 3 S. 3 findet sich nahezu wortgleich in **§ 25 Abs. 5 S. 2.** Die dort ebenfalls genannten Kriterien Chancengleichheit, Billigkeit und Rechtzeitigkeit können nur in beiden Normen einheitlich ausgelegt werden. Zum Inhalt dieser Kriterien im Einzelnen vergleiche daher die Kommentierung zu § 25 RdNr. 40–48.

47   **4. Freiwilliges, aber unzureichendes Angebot.** – Abs. 3 S. 5 sieht vor, dass die im Rahmen einer ersten Teilentscheidung zu treffenden Anordnungsbefugnisse der Behörde auch für den Fall gelten, dass der Betreiber mit beträchtlicher Marktmacht ein **unzureichendes** Standardangebot vorgelegt hat. Diese Regelung, die sich systematisch nur schwer in die Regelung des § 23 einfügt, ist erst im Laufe des Vermittlungsverfahren in die Norm aufgenommen worden. Der Gesetzgeber hat sich dazu entschlossen, nachdem im Anhörungsverfahren zum RegE verschiedentlich darauf aufmerksam gemacht worden ist, dass der dortige § 21 für den Fall der freiwilligen, aber unzureichenden Vorlage von Standardangeboten keine Regelung vorsah.

48   Die Behörde hat damit auch freiwillig vorgelegte Standardangebote daraufhin zu **prüfen**, ob sie **unzureichend** sind. Einen konkreten **Maßstab** für diese Prüfung nennt Abs. 3 nicht ausdrücklich. Er lässt sich jedoch aus der Rechtsfolge der Feststellung, das Angebot sei unzureichend, entnehmen. Die Anordnung der Geltung der „vorgenannten Sätze" des Abs. 3 S. 4 ist nur dann erforderlich, wenn das vorgelegte Standardangebot den dort genannten Vorgaben nicht entspricht. Unzureichend ist das Angebot z. B. dann, wenn es erforderliche **Bereitstellungs- oder Nutzungsbedingungen** nicht enthält oder nicht so umfassend ist, dass es ohne weitere Verhandlungen angenommen werden kann. Das Angebot kann aber auch dann unzureichend sein, wenn einzelne Bedingungen **Chancengleichheit, Billigkeit oder Rechtzeitigkeit** im o. g. Sinne nicht gewährleisten und entsprechende Vorgaben der Behörde erforderlich sind.

49   Zweifelhaft ist, ob von den „vorgenannten" Sätzen i. S. d. Abs. 3 S. 5 auch die Festlegung nach Abs. 3 S. 1 umfasst ist. Danach ist lediglich festzulegen, für welche Zugangsleistungen ein Standardangebot abzugeben ist. Einer solchen Entscheidung bedarf es angesichts der freiwilligen Vorlage eines Standardangebotes jedoch nicht. Darüber hinaus fingiert die Vorlage eines Standardangebotes die Existenz einer allgemeinen Nachfrage, so dass es auch aus diesem Grund einer förmlichen Festlegung nicht bedarf.

50   Keine Regelung sieht die Vorschrift für den Fall vor, dass das vorgelegte Angebot **nicht zu beanstanden** ist. Angesichts der grundsätzlichen Soll-Verpflichtung des Abs. 1, wonach nur in Ausnahmefällen von der Durchführung eines Standardangebotsverfahrens abgese-

hen werden kann und der Tatsache, dass auch freiwillige Angebote nach Abs. 4 S. 2 von der Behörde mit einer Mindestlaufzeit zu versehen sind, ist davon auszugehen, dass auch in diesem Fall eine förmliche Entscheidung der Behörde zu treffen ist.

V. Die Regelungen des Abs. 4

Hat das verpflichtete Unternehmen ein Standardangebot aufgrund der Aufforderung nach **51** Abs. 3 vorgelegt, so ist dieses gem. Abs. 4 S. 1 zu prüfen. Gegebenenfalls sind Veränderungen daran vorzunehmen.

1. Zweite Teilentscheidung. – Diese Prüfung und Veränderung ist nach der Systematik **52** des § 23 **zwingender Bestandteil** des Beschlusskammerverfahrens und ist nicht nur durchzuführen, wenn Anhaltspunkte für eine nicht ausreichende Umsetzung der Verpflichtung nach Abs. 3 vorliegen. Dies ergibt sich nicht nur aus dem Wortlaut des Abs. 4 S. 1, sondern auch der Regelung des S. 5, wonach die Aufforderung zur Abgabe eines Standardangebotes nur gemeinsam mit den Entscheidungen nach Abs. 4 S. 1 und 2 angegriffen werden kann.

Dies ist in insofern bemerkenswert, als verwaltungsrechtliche Ermächtigungen in der **53** Regel lediglich vorsehen, dass der Adressat zu einem bestimmten Verhalten verpflichtet wird. Dass diese Verpflichtung erfüllt wird, wird dabei grundsätzlich vorausgesetzt bzw. ist bei **Nichterfüllung** gegebenenfalls mit den Mitteln des **Vollstreckungsrechts** außerhalb des ursprünglichen Verwaltungsverfahrens durchzusetzen. Abs. 4 hingegen sieht die Prüfung unmittelbar als **zweite Stufe** des Standardvertragsverfahrens vor.

Möglicherweise hat dem Gesetzgeber ein Modell vorgeschwebt, nach dem das Unterneh- **54** men zwar verpflichtet wird, ein Standardangebot vorzulegen, bei der Frage der Ausgestaltung des Standardangebots aber grundsätzlich einen **Umsetzungsspielraum** hat. Ob sich das Angebot in den Grenzen der Vorgaben bewegt, wird wiederum von der Behörde **unmittelbar** überprüft. Kommt sie zu dem Ergebnis, dass die Vorgaben nicht eingehalten wurden, nimmt die Behörde Änderungen vor und versieht es mit einer Mindestlaufzeit, was schließlich dazu führt, dass es vom Unternehmen in die AGB aufzunehmen ist. Die konkrete Ausgestaltung des Abs. 4 bildet dieses Modell jedoch nur sehr unvollkommen ab.

2. Inhalt. – Die Behörde prüft die vorgelegten Standardangebote und nimmt Veränderun- **55** gen vor, „soweit Vorgaben für einzelne Bedingungen… nicht umgesetzt wurden". Die Veränderungsbefugnis bezieht sich damit ausdrücklich nur auf nicht umgesetzte Vorgaben bezüglich einzelner Bedingungen. Hat die Behörde solche **Vorgaben** im Rahmen des Abs. 3 S. 3 nicht gemacht, besteht nach dem insoweit eindeutigen Wortlaut der Vorschrift auch **keine Befugnis** zur unmittelbaren Veränderung des Angebots. Die Prüfung hingegen bezieht sich nach dem Wortlaut allgemein auf die aufgrund einer Verpflichtung nach Abs. 3 vorgelegten Standardangebote. Damit stellt sich die Frage, welche **Folgen** die Prüfung des Angebotes nach sich zieht in den Fällen, in denen konkrete Vorgaben nach Abs. 3 S. 3 gar nicht gemacht worden sind, sowie in den Fällen, in denen die Prüfung ergibt, dass die Vorgaben ordnungsgemäß umgesetzt worden sind. Hierzu macht die Regelung des § 23 keine Angaben.

Nun ließe sich der Abs. 4 S. 1 so lesen, dass sich auch die **Prüfungsverpflichtung** nur auf **56** die Einhaltung von Vorgaben bezieht, so dass eine Prüfung gar nicht vorzunehmen ist, wenn keine Vorgaben nach Abs. 3 S. 3 gemacht worden sind. Auch eine solche Lesart löst jedoch nicht das Problem, dass Abs. 4 S. 5 eine Entscheidung nach S. 1 für die Angreifbarkeit der Verpflichtung nach Abs. 3 voraussetzt. Im Übrigen ist auch eine **inhaltliche Rechtfertigung** dafür, dass die vorgelegten Standardangebote nur auf Einhaltung der ausdrücklich nach Abs. 3 S. 3 auferlegten und nicht auch der gesetzlichen Vorgaben überprüft werden kann, nicht ersichtlich.

57   Es darf bezweifelt werden, dass diese Folgen bei der Formulierung der Regelung des Abs. 4 S. 1 **beabsichtigt** gewesen sind. Sie wären zu vermeiden gewesen, wenn vor dem „soweit" ein **„insbesondere"** eingefügt worden wäre, wodurch die Prüfungs- und Veränderungsbefugnis sich auf das Standardangebot insgesamt erstreckt hätte.

58   **3. Konsequenzen für die Rechtsanwendung.** – Die Frage, welche Konsequenzen aus diesem Befund für die konkrete Rechtsanwendung zu ziehen sind, lässt sich kaum befriedigend beantworten.

59   **Sinnvoll** wäre sicherlich eine Ausweitung der Prüfungs- und Veränderungskompetenz der Behörde über die Frage der Einhaltung von auferlegten Vorgaben hinaus. Sie ließe sich damit begründen, dass es sich bei dem Wortlaut des Abs. 4 S. 1 **offensichtlich nur um ein Versehen** des Gesetzgebers handeln kann. Ob eine solche Auslegung die Billigung der Gerichte finden würde, bleibt angesichts der Tatsache, dass der Veränderung des Standardangebotes **unmittelbare Gestaltungswirkung** zukommt, abzuwarten.

60   Will man diesen Weg nicht gehen, so bliebe die Möglichkeit einer **Anwendung des Abs. 3 S. 5** für den Fall, dass keine Vorgaben gemacht worden sind oder sich das Angebot in der konkreten Ausgestaltung jenseits der Vorgaben als unzureichend erweist. Die Behörde hätte dann gleichsam in einer zweiten **Schleife** festzustellen, dass das Angebot **unzureichend** ist und eine entsprechende Aufforderung nach Abs. 3 S. 2 zu erlassen, die dann schließlich nach Abs. 3 S. 3 mit entsprechenden Vorgaben versehen werden und deren Umsetzung wiederum unmittelbar durchgesetzt werden kann. Dieses Verfahren erscheint höchst umständlich und zeitaufwendig, dürfte aber vom Wortlaut weitgehend gedeckt sein.

61   **4. Feststellung der Einhaltung der Vorgaben.** – In jedem Fall erforderlich ist nach der Systematik des § 23 eine **förmliche Feststellung** auch in dem Fall, dass das vorgelegte Angebot den nach Abs. 3 gemachten Vorgaben entspricht und eine Veränderung nicht erforderlich ist. Dies ist zwar in § 23 nicht ausdrücklich vorgesehen, ergibt sich aber bereits daraus, dass nach Abs. 4 S. 5 die Entscheidungen des Abs. 3 nur gemeinsam mit den Entscheidungen nach Abs. 4 S. 1 und 2 angegriffen werden können. Entspricht das Angebot den Vorgaben, so nimmt die Behörde eine Veränderung gerade nicht vor und erlässt damit auch keine entsprechende Entscheidung. Die Aufforderung zur Abgabe eines Angebots nach Abs. 3 bliebe damit gerichtlich unangreifbar. Das verpflichtete Unternehmen könnte dann die gerichtliche Angreifbarkeit der Aufforderung nur sicherstellen, indem es **gerade kein** den Vorgaben entsprechendes Angebot vorlegt. Dies kann nicht beabsichtigt sein.

62   Inhalt der förmlichen Feststellung wäre dann eben die Tatsache, dass das Angebot den Vorgaben entspricht. Diese würde die Entscheidung nach Abs. 4 S. 2 ersetzen.

63   **5. Mindestlaufzeit.** – Nach Abs. 4 Satz 2 ist vorgesehen, dass die Behörde Standardangebote mit einer Mindestlaufzeit versieht. Nach dem Wortlaut bezieht sich diese Regelung **allgemein** auf Standardangebote, also nicht nur diejenigen, die sie im Rahmen des Abs. 4 geprüft und geändert hat. Das bedeutet, dass grundsätzlich auch freiwillig vorgelegte

Standardangebote mit einer Mindestlaufzeit versehen werden sollen. Hierfür spricht auch, dass nach dem Wortlaut grundsätzlich die RegTP selbst die Mindestlaufzeit festlegt.

Der Begriff der Mindestlaufzeit bezieht sich dabei auf die Zeit, die das Angebot mindes- **64** tens für die Nachfrager erhalten bleiben muss, nicht also die **Laufzeit** eines auf Basis des Standardangebotes abgeschlossenen Vertrages an sich.[8] Dabei impliziert der Begriff der Mindestlaufzeit, dass das Angebot auch **über den festgelegten Zeitraum hinaus** aufrechterhalten werden kann.

a) Vorgabe durch die Behörde. – In zeitlicher Hinsicht sieht die Systematik des § 23 vor, **65** dass das Standardangebot erst **nach Vorlage und Prüfung** des Angebots mit einer Mindestlaufzeit zu versehen ist. Dies ergibt sich zum einen aus der Stellung im Normablauf und zum anderen aus der Regelung des Abs. 4 S. 4. Nicht ausreichend dürfte danach sein, wenn bereits in der Aufforderung nach Abs. 3 S. 2 tenoriert wird, dass das vorzulegende Angebot eine bestimmte Mindestlaufzeit vorsehen muss. Nach dem Wortlaut **versieht** die **Behörde** die Angebote mit einer Mindestlaufzeit. Nimmt man diesen Wortlaut ernst, so erscheint es nicht ausreichend, dass ein – u. U. sogar freiwillig – vorgelegtes Standardangebot eine Mindestlaufzeit enthält. Dies ließe sich jedoch nur rechtfertigen, wenn der Tatsache, dass die Behörde dies selbst vornimmt, ein **eigenständiger Bedeutungsgehalt** zukäme, da es sich ansonsten bei der Mindestlaufzeit lediglich um eine der bereits in Abs. 3 geregelten Bedingungen für das Standardangebot handelte.

b) Genehmigungswirkung. – Ein solcher Bedeutungsgehalt könnte etwa darin liegen, **66** dass der Auferlegung einer Mindestlaufzeit durch die Behörde nach der Vorstellung des Gesetzgebers eine Art **Genehmigungswirkung** für das Standardangebot zukäme.[9] Die Annahme einer Genehmigungswirkung hätte weitreichende Konsequenzen. Sie hätte zur Folge, dass bis zum Ablauf der Mindestlaufzeit das Standardangebot sowohl für die Nachfrager als auch für das anbietende Unternehmen festgelegt wäre und nur unter den Voraussetzungen des Abs. 6 geändert werden könnte, was zu einer **grundsätzlich begrüßenswerten Klärung im Markt** führen würde. Dies ließe sich auch in Einklang mit den bisherigen Ergebnissen bringen, wonach auch freiwillig vorgelegte Angebote nach Abs. 3 S. 5 zu prüfen sind und diese Prüfung in jedem Fall mit einer förmlichen Entscheidung zu beenden ist (vgl. dazu oben RdNr. 25 und 49).

Eine Genehmigungswirkung würde allerdings auch bedeuten, dass sich die **Prüfungsdich-** **67** **te** für die Behörde erheblich erhöhen müsste, da nicht nur eine anlassbezogene Prüfung einzelner Bedingungen vorgenommen würde, sondern das Standardangebot als Ganzes geprüft und gegebenenfalls „genehmigt" werden müsste. Ob eine derart weitreichende und keineswegs triviale **vollständige behördliche Vertragsprüfung** vom Gesetzgeber intendiert worden ist, ist auch nach Auslegung von Wortlaut und Systematik der Norm nicht eindeutig zu bejahen.

Auch wenn die Ausgestaltung des Verfahrens eine solche generelle Genehmigung von **68** Standardangeboten zu fordern scheint, widerspäche sie dem grundsätzlichen **Verhandlungsprimat** der Vertragsparteien. Angesichts der weitreichenden Konsequenzen spräche auch die Tatsache, dass die Behörde Standardangebote nach dem Wortlaut des Abs. 4 S. 2

---

8 So auch ausdrücklich die Begründung BT-Drs. 15/2316, S. 66 (zu § 21).
9 *Steinwärder*, MMR 2005, 84, 86, geht zumindest – wenn auch ohne weitere Begründung – davon aus, dass die Festlegung der Mindestlaufzeit durch Verwaltungsakt erfolgt.

lediglich **in der Regel** mit einer Mindestlaufzeit versieht, gegen die Annahme einer Genehmigungswirkung. Auch impliziert der Begriff der Mindestlaufzeit, dass das Angebot nicht mit Ablauf der Laufzeit **erlischt**, sondern vom verpflichteten Unternehmen **über diesen Zeitpunkt hinaus** angeboten werden kann, was mit der Annahme einer Genehmigungswirkung der Mindestlaufzeitanordnung nur schwer vereinbar ist.

69   Wie angesichts dieser Widersprüche und Uneindeutigkeiten § 23 in der Praxis rechtsfehlerfrei anzuwenden ist, werden wohl erst die Gerichte klären können.

70   **6. Anzeige von Änderungen.** – Nach dem Wortlaut von Abs. 4 Satz 3 sind **beabsichtigte Änderungen** oder eine Einstellung des Standardangebots der Behörde drei Monate vor Ablauf der Mindestlaufzeit anzuzeigen. Die Regelung stellt damit zunächst klar, dass dem vorlagepflichtigen Unternehmen **grundsätzlich ein einseitiges Recht zur Änderung** von Standardverträgen zusteht. Allerdings müssen diese Änderungen in einer bestimmten Frist angezeigt werden. Dies dient dazu, dass die Marktteilnehmer sich auf diese Änderungen einstellen können und insbesondere die RegTP die Möglichkeit hat, das neue beabsichtigte Standardangebot zu überprüfen.

71   Nimmt man die Regelung des Abs. 4 S. 3 allerdings wörtlich, so existiert genau ein Tag, an dem der marktmächtige Betreiber beabsichtigte Änderungen anzeigen kann. Nach Ablauf dieses Termins wäre eine Anzeige und damit eine Änderung oder Einstellung des Angebots nicht mehr möglich. Es ist jedoch davon auszugehen, dass dies nicht die Absicht des Gesetzgebers gewesen sein kann, sondern es sich hierbei um ein **sprachliches Versehen** handelt. Gerade die Tatsache, dass es sich bei der Laufzeit des Angebots um eine **Mindest**laufzeit handelt, das Angebot also durchaus vom Anbieter länger zur Verfügung gestellt werden kann, spricht dafür, dass auch nach Verstreichen der Dreimonatsfrist vor Ablauf der Mindestlaufzeit Änderungen angezeigt werden können, diese jedoch 3 Monate vor Umsetzung angezeigt werden müssen. Die Regelung ist somit so zu lesen, dass Änderungen grundsätzlich **drei Monate im Voraus** anzuzeigen sind, **nicht** jedoch **vor Ablauf der Mindestlaufzeit** durchgeführt werden können.

72   Zeigt das Unternehmen die geplante Änderung nicht oder nicht rechtzeitig an, so führt dies nicht dazu, dass das **geänderte Angebot** nicht am Markt angeboten werden darf. Grundsätzlich ist das Unternehmen frei, zusätzliche abweichende Angebote zu unterbreiten. Allerdings muss das bisherige Standardangebot zumindest bis zum Ablauf der Dreimonatsfrist am Markt weiter angeboten werden und muss auch abschlussfähig bleiben. Weigert sich das Unternehmen, den ursprünglichen Standardvertrag weiter abzuschließen, kann ein solcher Anschluss bis zum Ablauf der Anzeigefrist von der Behörde nach § 25 angeordnet werden.

73   **7. Einheitliche Angreifbarkeit. – a) Überblick.** – Abs. 4 S. 4 sieht vor, dass die im Rahmen des § 23 zu treffenden Entscheidungen nur insgesamt angegriffen werden können.[10] Beabsichtigt war mit dieser Regelung vermutlich eine **Steigerung der Verfahrensökonomie**, indem die Vorlage des Angebots nicht dadurch verzögert werden soll, dass die grundsätzliche Verpflichtung nach Abs. 3 zunächst angegriffen wird. Tatsächlich aber führt die gemeinsame Angreifbarkeit zu einer Reihe von **verfahrensmäßigen Verwerfun-**

---

10 A. A. offenbar *Steinwärder*, MMR 2005, 84, 88, der aus der Regelung schließt, dass nicht die Entscheidungen der Behörde, sondern das Standardangebot selbst nur insgesamt gerichtlich angegriffen werden kann.

gen, da die auf der zweiten Stufe folgenden Entscheidungen materiell nicht in jedem Fall getroffen werden müssten, jedoch Voraussetzung für die gerichtliche Angreifbarkeit der Entscheidungen der ersten Stufe darstellen. So ist die in Abs. 4 S. 1 vorgesehene **Veränderung** des Angebots nicht vorzunehmen, wenn die Vorgaben umgesetzt worden sind. In diesem Fall bliebe die grundsätzliche Verpflichtung nach Abs. 3 unangreifbar. Es bedarf somit einer **förmlichen Entscheidung**, dass eine Veränderung nicht vorzunehmen ist, um dem verpflichteten Unternehmen nicht sämtliche Rechtsschutzmöglichkeiten abzuschneiden. Das Gleiche gilt für die Frage der Mindestlaufzeit. Kommt die Behörde zu dem Ergebnis, dass ausnahmsweise eine Mindestlaufzeit nicht vorzugeben ist, weil das freiwillige Angebot bereits eine solche vorsieht, so muss sie auch hierüber eine förmliche Entscheidung treffen, um die grundsätzliche Verpflichtung gerichtlich angreifbar zu machen.

b) Isolierte Anfechtbarkeit. – Die Regelung begegnet erheblichen **Bedenken** in Bezug   74
auf die Vereinbarkeit mit Art. 19 Abs. 4 GG, da zumindest die Entscheidung nach Abs. 3 S. 2 bereits unmittelbare Rechtswirkungen entfaltet, nach Abs. 4 S. 4 jedoch einer isolierten gerichtlichen Angreifbarkeit entzogen ist. Im Hinblick auf die Gewährleistung effektiven gerichtlichen Rechtsschutzes hält die Rechtsprechung eine isolierte Angreifbarkeit zumindest in den Fällen geboten, in denen das Verwaltungshandeln **Rechtsbeeinträchtigungen** zum Inhalt hat, die auch durch ein Obsiegen im Hauptsacheverfahren nicht oder nicht ausreichend beseitigt werden können.[11] Dem trägt auch die Regelung des § 44a S. 2 VwGO Rechnung, wonach selbst Verfahrenshandlungen isoliert angegriffen werden können, wenn diese **vollstreckt** werden können. Die Aufforderung nach § 23 Abs. 3 S. 2 ist gem. § 149 Abs. 1 Nr. 4 a) ausdrücklich bußgeldbewehrt. Legt das betroffene Unternehmen trotz Aufforderung ein Standardangebot nicht vor, so stellt dies eine Ordnungswidrigkeit dar. Es ist – will es einem Ordnungswidrigkeitsverfahren entgehen – somit in jedem Fall gezwungen, ein Standardangebot innerhalb der vorgegebenen Frist vorzulegen, ohne diese Verpflichtung isoliert gerichtlich überprüfen lassen zu können. In der Erstellung und Vorlage eines Standardangebotes liegt jedoch eine **eigenständige Beschwer**, die auch bei einem Obsiegen in der Hauptsache nicht mehr beseitigt werden kann. Es sprechen somit erhebliche Gründe dafür, eine **isolierte Klage** gegen die Vorlageaufforderung des Abs. 3 S. 2 als **zulässig** zu erachten.

8. Entgeltregulierung. – Das Standardangebot hat nach Abs. 3 S. 2 auch die Entgelte zu   75
enthalten. Diese sind nach der Regelung des Abs. 4 S. 5 in einem gesondert durchzuführenden Entgeltregulierungsverfahren zu überprüfen. Dabei bezieht sich der Normenverweis nur auf die §§ 27 bis 37, was bedeutet, dass ein **Ex-post-Verfahren** nicht erfasst ist. Dies ist insofern bemerkenswert, als keineswegs die Entgelte für sämtliche nach § 21 auferlegte Zugangsleistungen der Entgeltgenehmigung unterliegen, sondern nach § 30 Abs. 1 S. 2 unter den dort genannten Voraussetzungen auch der Ex-post-Kontrolle unterworfen werden können. Aus dem fehlenden Verweis auf § 38 wird man jedoch nicht den Schluss ziehen können, dass grundsätzlich ex-post-regulierte Entgelte einer **Ex-ante-Genehmigungspflicht** unterworfen sind, wenn sie in Standardangeboten enthalten sind. Die Auferlegung einer Standardangebotsverpflichtung rechtfertigt eine Verschärfung der Entgeltmaßstäbe nicht. Es ist vielmehr davon auszugehen, dass der Gesetzgeber den Ausnahmefall der ex-post regulierten Zugangsverpflichtung im Rahmen des § 23 gar nicht in den Blick genom-

---

11 Unter Verweis auf VG Hannover NVwZ 1986, 990 und mit zahlreichen weiteren Nachweisen *Kopp/Schenke*, VwGO, § 44a RdNr. 8 und 9.

men hat. Die Regelung ist danach so auszulegen, das expost regulierte Entgelte in Standardangeboten im Regelfall nicht gesondert zu überprüfen sind, sondern lediglich wenn Anhaltspunkte für eine solche Überprüfung vorliegen, wie dies für die übrigen ex-post zu regulierenden Entgelte auch gilt.

76   Dabei dürfte es nicht erforderlich sein, dass das Entgeltgenehmigungsverfahren zunächst **abgeschlossen** sein muss, bevor das Standardangebot tatsächlich veröffentlicht werden kann. Dies würde eine zusätzliche Verzögerung des ohnehin langwierigen Verfahrens bedeuten. Da nach § 35 Abs. 5 die Erteilung der Entgeltgenehmigung eines bereits vertraglich vereinbarten Entgelts in der Regel auf den Zeitpunkt der erstmaligen Leistungsbereitstellung **zurückwirkt** (dazu Einzelheiten bei *Mielke* § 37 RdNr. 18 ff.), ist ein Abschluss des Vertrags auch schon vor Erteilung einer förmlichen Entgeltgenehmigung unschädlich.

77   Nach dem Wortlaut des Abs. 4 S. 5 ist ein Entgeltverfahren ausnahmslos durchzuführen, d. h. auch dann, wenn bereits eine Genehmigung von Entgelten für die **gleiche Leistung im Rahmen von Individualverträgen** erteilt worden ist. Das leuchtet unmittelbar ein in den Fällen, in denen die Entgelte oder für die Entgeltbildung relevanten Vertragsparameter von denjenigen abweichen, die bereits Gegenstand eines Genehmigungsverfahrens waren. Aber auch für den Fall, dass keine **Abweichungen** vorliegen, lässt sich nach dem Wortlaut der Regelung die förmliche Erteilung einer erneuten Genehmigung nicht ausschließen. Allerdings wird das Genehmigungsverfahren mit dem Hinweis auf die bereits erteilte Genehmigung kurzfristig durchgeführt werden können.

VI. Standardangebotsverpflichtung nach Abs. 5

78   Abs. 5 nimmt im Kern die Regelung des früheren § 6 Abs. 5 NZV auf, nach dem die Behörde Vereinbarungen als Grundangebot im Amtsblatt veröffentlichen konnte. Das Verfahren steht offenbar **eigenständig** neben dem in den vorigen Absätzen geregelten Standardvertragsverfahren im eigentlichen Sinne. Eine wie auch immer geartete **verfahrensrechtliche Verknüpfung** mit den Abs. 1 bis 4 ist nicht ersichtlich. Insbesondere macht die Norm keine Aussagen über das Verhältnis des Standardangebotsverfahrens nach Abs. 1 bis 4 und dem nach Abs. 5.

79   **1. Inhalt. – a) Rechtsnatur.** – Im Geltungsbereich des TKG 1996 war die Rechtsnatur des Grundangebotsverfahrens nach § 6 NZV weitgehend ungeklärt. Allgemein wurde davon ausgegangen, dass dieser Erklärung ein eigenständiger Regelungsgehalt nicht zukomme, da es sich im Kern nur um eine Veröffentlichung im Amtsblatt handele. Die Regelung des Abs. 5 sieht jetzt vor, dass die Behörde den marktmächtigen Betreiber zum diskriminierungsfreien Angebot dieser Zugangsleistung auch gegenüber anderen Nachfragern **verpflichten** kann. Unzweifelhaft handelt es sich bei einer solchen Verpflichtung um einen Verwaltungsakt.

80   **b) Gegenstand der Verpflichtung.** – Gegenstand der aufzuerlegenden Verpflichtung ist nach dem Wortlaut das diskriminierungsfreie Angebot der **Zugangsleistung** als Standardangebot. Entscheidend dürfte dabei jedoch nicht nur das Angebot der Leistung an sich, sondern auch das Angebot gleicher **Bedingungen** sein. Diese sind in Abs. 5 nicht ausdrücklich erwähnt. Aus der Formulierung, dass die Leistung als Standardangebot diskriminierungsfrei anzubieten ist, kann jedoch entnommen werden, dass hiervon auch die jewei-

ligen Bedingungen erfasst sein sollen, da ein Standardangebot gem. Abs. 3 sämtliche Bereitstellungs- und Nutzungsbedingungen einschließlich der Entgelte enthalten muss.

c) Zugangsvereinbarungen. – Die Verpflichtung zum diskriminierungsfreien Angebot **81** bezieht sich nach Abs. 5 S.1 auf Zugangsleistungen, die bereits Gegenstand einer Zugangsvereinbarung nach § 22 sind. Dabei ist davon auszugehen, dass sich der Verweis auf § 22 lediglich auf dessen Abs. 2 und 3 beziehen kann, da nur diese Absätze Regelungen über Zugangsvereinbarungen treffen, während Abs. 1 lediglich eine Pflicht zur Angebotsabgabe vorsieht (Einzelheiten bei § 22 RdNr. 4 ff.). Bei der Pauschalverweisung auf § 22 handelt es sich offenbar um einen **Anpassungsfehler** an die in § 22 im Laufe des Gesetzgebungsverfahrens vorgenommenen Änderungen (Einzelheiten dazu § 22 RdNr. 2 und 23). Sowohl Abs. 2 als auch Abs. 3 setzen jedoch lediglich beträchtliche Marktmacht, nicht jedoch die Auferlegung einer **Zugangsverpflichtung nach § 21** voraus (hierzu § 22 RdNr. 18). Damit könnten nach dem Wortlaut des § 23 Abs. 5 sämtliche anzeigepflichtige Vereinbarungen des marktmächtigen Betreibers unabhängig von einer Verpflichtung nach § 21 zum Gegenstand einer Standardangebotsverpflichtung gemacht werden. Allerdings ist davon auszugehen, dass die Standardangebotsverpflichtung grundsätzlich nur für von einer Verpflichtung nach § 21 umfassten Zugangsleistungen bestehen soll. Auch wenn im Einzelnen unklar ist, ob und inwieweit § 23 Abs. 1 den Obersatz auch für die Regelung des Abs. 5 darstellt, so geht es wohl zu weit, allein aus dem insgesamt verunglückten Verweis auf § 22 zu schließen, dass auch Zugangsleistungen, die nicht Gegenstand einer förmlichen Zugangsverpflichtung nach § 21 sind, nach Abs. 5 zum Standardangebot gemacht werden können.

d) Zugangsanordnungen nach § 25. – Abs. 5 sieht ausdrücklich vor, dass nicht nur frei- **82** willig abgeschlossene Zugangsvereinbarungen zum Gegenstand einer Standardangebotsverpflichtung gemacht werden können, sondern auch für Zugangsleistungen, zu denen die Behörde den Betreiber im Rahmen eines Verfahrens nach § 25 verpflichtet hat. Da die Behörde in diesem Verfahren weitreichende Kompetenzen in Bezug auf eine Anordnung aller Bedingungen, insbesondere in Bezug auf Chancengleichheit, Billigkeit und Rechtzeitigkeit hat, ergeben sich aus § 23 Abs. 5 auch **weitreichende Gestaltungsmöglichkeiten** des Standardangebots außerhalb des komplizierten und mit großen Unsicherheiten behafteten Verfahrens nach den Abs. 1–4. Es ist daher zu erwarten, dass in der **Praxis** Standardvertragsverpflichtungen hauptsächlich nach Abs. 5 auferlegt werden.

e) Erwartung allgemeiner Nachfrage. – Während für die Festlegung nach Abs. 2 das **Be-** **83** **stehen** allgemeiner Nachfrage erforderlich ist, ist es nach der Wortwahl des Gesetzgebers für die Verpflichtung nach Abs. 5 ausreichend, dass zu erwarten ist, dass für diese Leistung eine allgemeine Nachfrage **entstehen** wird. Damit stellt sich die Frage, welche Bedeutung dieser offensichtlich am Wortlaut des § 6 Abs. 5 NZV orientierten und von § 23 Abs. 1 und 2 **abweichenden** Regelung zukommt. Zumindest für den Fall, dass der marktmächtige Betreiber einem **Diskriminierungsverbot** nach § 19 unterworfen worden ist, ergäbe sich ein Anspruch anderer Nachfrager auf ein diskriminierungsfreies Angebot bereits mit anderen Marktteilnehmern abgeschlossener Vereinbarungen auch ohne eine gesonderte Verpflichtung durch die Behörde nach Abs. 5.[12] Offenbar soll aber nicht jede Vereinbarung zum Standardangebot erklärt werden, sondern nur solche Leistungen, nach denen eine allgemei-

---

12 A.A. *Steinwärder*, MMR 2005, 84, 88, der in der Regelung des § 23 Abs. 5 eine Ausprägung des Diskriminierungsverbots des § 19 TKG sieht.

ne Nachfrage **erwartbar** ist. Möglicherweise soll mittels dieser Prüfung verhindert werden, dass das marktmächtige Unternehmen mit einem einzelnen – ihr u. U. nahestehenden oder besonders verhandlungsschwachen – Nachfrager Vereinbarungen trifft, die dann zum Standard für alle übrigen Wettbewerber erhoben werden.

84   Nach welchem Verfahren und nach welchen Maßstäben die Behörde ermittelt, ob eine allgemeine Nachfrage zu erwarten ist, darüber macht die Regelung des Abs. 5 keine Angaben. Eindeutig scheint lediglich zu sein, dass eine Durchführung des in Abs. 2 geregelten Verfahrens zur Feststellung des Bestehen allgemeiner Nachfrage nicht erforderlich ist. Es ist allerdings davon auszugehen, dass auch für die Verpflichtung nach Abs. 5 – anders als noch im Geltungsbereich von § 6 Abs. 5 NZV – ein förmliches **Beschlusskammerverfahren** nach § 132 durchzuführen ist, da es sich dabei um eine Entscheidung nach dem Zweiten Teil handelt. Damit ist auch nach § 134 dem potenziellen oder tatsächlichen Nachfrager einer entsprechenden Leistung als Beteiligte Gelegenheit zur Stellungnahme zu geben. Hieraus wird sich bereits bestimmen lassen, ob eine allgemeine Nachfrage vorliegt. Einer **Prognose**, ob sich eine allgemeine Nachfrage entwickeln wird, bedarf es im Rahmen des Abs. 5 somit eigentlich nicht. Vielmehr dürften die gleichen Maßstäbe wie im Verfahren nach Abs. 2 heranzuziehen sein, da auch dort potenzielle Nachfrager einzubeziehen sind. Es ist vielmehr davon auszugehen, dass sich der Gesetzgeber bei der Formulierung der **Erwartung** allgemeiner Nachfrage schlicht am Wortlaut des § 6 Abs. 5 NZV orientiert hat, der gerade kein förmliches Verfahren vorsah, ein eigenständiger, von Abs. 2 abweichender Bedeutungsgehalt in der konkreten Ausgestaltung diesem Merkmal nicht zukommt.

85   **f) Mindestlaufzeit.** – Im Gegensatz zu Abs. 4 S. 2 ist im Rahmen der Verpflichtung zur Abgabe eines Standardangebotes nach Abs. 5 nicht vorgesehen, dass dieses mit einer Mindestlaufzeit zu versehen ist bzw. eine solche enthalten muss. Inhaltliche Gründe für diesen Unterschied sind nicht ersichtlich.

86   **2. Verhältnis zum Standardangebotsverfahren nach Abs. 2 bis 4.** – Der Wortlaut macht keinerlei Aussagen darüber, in welchem Verhältnis die nach Abs. 5 aufzuerlegende Verpflichtung zu dem in Abs. 2 bis 4 geregelten Verfahren steht. Grundsätzlich verwendet das Gesetz für beide Verfahren den gleichen Begriff des Standardangebots, was dafür spricht, dass beide Verfahren nebeneinander stehen. Allerdings ist nicht davon auszugehen, dass der Gesetzgeber beabsichtigt hat, dass der marktmächtige Betreiber **zu zwei verschiedenen Standardangeboten gleichzeitig** verpflichtet werden kann. Das bedeutet, dass das eine Verfahren nur Anwendung finden kann, **solange** und **soweit** eine Verpflichtung nach dem jeweils anderen Verfahren nicht stattgefunden hat.

87   Dass hier der Behörde ein **Wahlrecht** zwischen beiden Verfahren zusteht, erscheint jedoch insofern zweifelhaft, als beide Verfahren unterschiedliche formelle und materielle Voraussetzungen haben.

88   Die deutlich detailliertere Ausgestaltung des Standardvertragsverfahrens nach Abs. 2 bis 4 legt es nahe, hier von einem **Vorrang** dieses Verfahrens auszugehen. Auch setzt Abs. 5 bereits eine geschlossene Vereinbarung oder eine Anordnung nach § 25 voraus, die zumindest bei der erstmaligen Anwendung der Vorschrift des § 23 zeitlich nach der allgemeinen Verpflichtung nach Abs. 2 bis 4 erfolgen wird. Als Anwendungsbereich für Abs. 5 blieben dann Fälle, in denen neue, vom bisherigen Standardangebot noch nicht umfasste Leistungen vereinbart oder nach § 25 angeordnet werden.

Allerdings dürfte die Behörde nach dem Wortlaut des § 23 auch nicht gehindert sein, in **89** den Fällen, in denen noch **kein Verfahren nach Abs. 2 bis 4** durchgeführt worden ist, eine Verpflichtung nach Abs. 5 auszusprechen, wenn entsprechende Vereinbarungen oder Anordnungen bereits vorliegen. Entsprechendes muss für den Fall gelten, dass zwar ein Verfahren nach Abs. 2 bis 4 durchgeführt worden ist, die **Mindestlaufzeit** für das dort angeordnete Standardangebot aber abgelaufen ist. Hier dürfte die Behörde die Möglichkeit haben, aufgrund von Abs. 5 eine Verpflichtung zur Abgabe eines abweichenden Standardangebots aufzuerlegen.

VII. Änderung aufgrund geänderter Nachfrage

Die Behörde kann nach Abs. 6 eine Änderung des Standardangebotes vornehmen, wenn **90** sich die allgemeine Nachfrage wesentlich geändert hat. Geht man von einer Genehmigungsfiktion des Verfahrens nach Abs. 2 bis 4 aus, so stellt Abs. 6 bis **zum Ablauf der Mindestlaufzeit** des Standardangebots die einzige und abschließende Möglichkeit der Veränderung des Angebots dar. Das bedeutet, dass zumindest für diesen Zeitraum die Regelung des Abs. 3 S. 5 nicht anwendbar sein dürfte, auch wenn ein Angebot, für das keine allgemeine Nachfrage mehr besteht, durchaus unzureichend sein kann.

Umfasst sind nach dem Wortlaut **sämtliche Standardangebote**, also auch solche, zu denen **91** der marktmächtige Betreiber im Verfahren nach Abs. 5 verpflichtet worden ist.

Von der Verpflichtung zur Änderung des Standardangebots sind die auf **Basis des Ange-** **92** **bots geschlossenen Verträge** zu unterscheiden. So zieht eine Änderung des Standardangebots nicht eine unmittelbare Anpassung der geschlossenen Verträge nach sich. Sie stellen vielmehr lediglich eine AGB-Änderung dar. Eine Aufnahme in die jeweiligen Verträge muss entweder vereinbart sein oder durch Kündigung und Neuabschluss herbeigeführt werden.

Das Verfahren zur Änderung richtet sich nach den Abs. 2 bis 5. Insoweit gelten die dortigen **93** Ausführungen. Bemerkenswert ist dabei die Einbeziehung des Abs. 5 in diese Verweisung. Somit dürfte eine Verpflichtung zur Änderung bestehender Standardangebote auch dann möglich sein, wenn die wesentliche Änderung der allgemeinen Nachfrage im Rahmen von vom Standardangebot abweichenden **Zugangsanordnungen** oder aufgrund der Tatsache ermittelt worden ist, dass diverse Wettbewerber vom **Standardangebot abweichende Verträge** geschlossen haben.

Die wesentliche Änderung der allgemeinen Nachfrage muss sich nach dem Wortlaut des **94** Abs. 6 nicht nur auf die Leistung selbst, sondern kann sich auch auf wesentliche Bedingungen für deren Erbringung beziehen.

VIII. Aufnahme in die AGB

Nach Abs. 7 ist der Betreiber verpflichtet, das Standardangebot in seine Allgemeinen Ge- **95** schäftsbedingungen aufzunehmen. Diese Regelung ist insofern überraschend, als das Standardangebot selbst bereits definitionsgemäß Allgemeine Geschäftsbedingungen darstellen dürfte. Abs. 7 dürfte in dem Sinne gemeint sein, dass der Betreiber verpflichtet ist, das Standardangebot als Allgemeine Geschäftsbedingungen zu veröffentlichen.

§ 24 Getrennte Rechnungsführung

Die Regulierungsbehörde kann einem Betreiber eines öffentlichen Telekommunikationsnetzes, der über beträchtliche Marktmacht verfügt, für bestimmte Tätigkeiten im Zusammenhang mit Zugangsleistungen eine getrennte Rechnungsführung vorschreiben. Die Regulierungsbehörde verlangt insbesondere von einem vertikal integrierten Unternehmen in der Regel, seine Vorleistungspreise und seine internen Verrechnungspreise transparent zu gestalten. Damit sollen unter anderem Verstöße gegen das Diskriminierungsverbot und unzulässige Quersubventionen verhindert werden. Die Regulierungsbehörde kann dabei konkrete Vorgaben zu dem zu verwendenden Format sowie zu der zu verwendenden Rechnungsführungsmethode machen.

Die Regulierungsbehörde kann verlangen, dass ihr die Kostenrechnungs- und Buchungsunterlagen nach Abs. 1 einschließlich sämtlicher damit zusammenhängender Informationen und Dokumente auf Anforderung in vorgeschriebener Form vorgelegt werden. Die Regulierungsbehörde kann diese Informationen in geeigneter Form veröffentlichen, soweit dies zur Erreichung der in § 2 Abs. 2 genannten Ziele beiträgt. Dabei sind die Bestimmungen zur Wahrung von Geschäfts- und Betriebsgeheimnissen zu beachten.

Schrifttum: *Dannischewski*, Unbundling im Energierecht, 2002; *IRG Working Group on Cost Accounting*, Proposed Changes to Commission Recommendation of 1998, March 2004; *Oftel*, Interconnection and Accounting Separation, 1993; *Vogelsang*, Die Zukunft der Entgeltregulierung im deutschen Telekommunikationssektor, 2002.

Übersicht

I. Normzweck

1. Einhaltung des Diskriminierungsverbots. – Die Vorschrift des § 24 ist gemäß Abs. 1   **1** S. 3 ein Mittel zum Erreichen des übergeordneten, in § 1 genannten Zwecks des Gesetzes, den **Wettbewerb** im Bereich der Telekommunikation zu **fördern**. Durch die Ermächtigung der Regulierungsbehörde, marktmächtigen Unternehmen eine getrennte Rechnungsführung aufzuerlegen, soll die Nichtdiskriminierung von Wettbewerbern durchgesetzt werden.[1] Eine Diskriminierung i. S. von § 28 Abs. 1 Nr. 3 läge vor, wenn ein über „**beträchtliche Marktmacht**" verfügender Anbieter von TK-Dienstleistungen (hier kurz auch als

---

1 *IRG Working Group*, Annex, Section B.

marktmächtiges Unternehmen bezeichnet) einzelnen Nachfragern Vorteile gegenüber anderen Nachfragern gleichartiger oder ähnlicher TK-Dienste einräumte. Das Diskriminierungsverbot basiert auf der **Gleichbehandlungsverpflichtung** des Art. 10 ZRL (2002/19 EG). Danach kann die Regulierungsbehörde Betreibern mit erheblicher Marktmacht auf einem bestimmten Markt die Gleichbehandlungsverpflichtung in Bezug auf die Zusammenschaltung und/oder den Zugang auferlegen. Dadurch soll insbesondere sichergestellt werden, dass der Betreiber anderen Unternehmen, die gleichartige Dienste erbringen, unter den gleichen Umständen gleichwertige Bedingungen bietet und Dienste und Informationen für Dritte zu den gleichen Bedingungen und mit der gleichen Qualität bereitstellt wie für seine eigenen Produkte oder die seiner Tochter- und Partnerunternehmen.

2   **2. Verhinderung unzulässiger Quersubventionierung.** – Als zweiter Regelungszweck wird in Abs. 1 S. 3 die Verhinderung unzulässiger Quersubventionierung genannt. Dieser Zweck ist aus Art. 11 Abs. 1 ZRL übernommen worden. Unter Quersubventionierung versteht man die Alimentierung eines Unternehmensbereichs durch einen anderen Bereich desselben Unternehmens oder Konzerns, insbesondere durch Ausgleich von Verlusten oder dadurch, dass Sachgüter oder Dienstleistungen unterhalb der Marktpreise zur Verfügung gestellt oder zu oberhalb der Marktpreise liegenden Entgelten bezogen werden. Unter Wettbewerbsbedingungen ist das weitgehend üblich und zulässig. Wenn jedoch ein **marktmächtiges** Unternehmen einen **Unternehmensbereich subventioniert, der im Wettbewerb steht**, um insbesondere dessen Wettbewerbern den Marktzutritt zu verwehren oder sie aus dem Markt zu verdrängen, so wird der Wettbewerb unzulässig beeinträchtigt oder verhindert. Solche Praktiken sollen durch die Regulierung möglichst unterbunden werden.[2] Die getrennte Rechnungsführung sieht der Gesetzgeber als geeignetes Mittel dazu an.

3   Die Regelungen des § 24 **erlauben** der Regulierungsbehörde, einem marktmächtigen Betreiber eines öffentlichen TK-Netzes Vorgaben zu Format und Methoden der Rechnungsführung zu machen. Die Norm gibt ihr jedoch keine Instrumente an die Hand, eine Quersubventionierung direkt zu verhindern.[3] § 24 ist – wie die Vorgängernorm § 14 TKG 1996 – **keine Eingriffsnorm**.

4   Im Rahmen ihres **pflichtgemäßen Ermessens** ist die Regulierungsbehörde gehalten, von der gesetzlichen Erlaubnis **Gebrauch** zu machen, wenn der Gesetzeszweck nicht auf eine andere Weise erreicht werden kann, die für das Unternehmen weniger schwerwiegend ist. Anders als z. B. § 9 Abs. 2 EnWG von 1998, der für Elektrizitätsunternehmen der allgemeinen Versorgung, und § 10 Abs. 3 EnWG von 2005 (BGBl. I Nr. 42 v. 12. 7. 2005, S. 1970), der für integrierte Energieversorgungsunternehmen die Pflicht zur Führung getrennter Konten für einzelne Bereiche enthält, hat der Gesetzgeber der Regulierungsbehörde nur die Erlaubnis erteilt, von marktbeherrschenden Betreibern öffentlicher TK-Netze eine getrennte Rechnungsführung für einzelne Bereiche zu verlangen.

5   Nach § 28 Abs. 1 darf der Betreiber eines öffentlichen TK-Netzes, der über beträchtliche Marktmacht verfügt, diese nicht missbräuchlich ausnutzen. Ein solcher Missbrauch liegt nach Nr. 3 dieser Vorschrift insbesondere vor, wenn das Unternehmen Entgelte fordert, die einzelnen Nachfragern Vorteile gegenüber anderen Nachfragern gleichartiger oder ähnlicher Kommunikationsleistungen einräumen. Das würde den Tatbestand der **Diskriminierung** erfüllen. Ein Missbrauch liegt nach Nr. 2 auch vor, wenn ein Unternehmen die Wett-

---

2 *Scheurle/Mayen/Witte*, § 14 RdNr. 2.
3 *Scheurle/Mayen/Witte*, § 14 RdNr. 6.

bewerbsmöglichkeiten anderer Unternehmen auf einem TK-Markt erheblich beeinträchtigt, indem es die betreffenden Leistungen zu Entgelten anbietet, die die langfristigen zusätzlichen Kosten nicht decken (Abs. 2 Nr. 1), wie es bei einer **quersubventionierten Leistung** der Fall wäre. Die Regulierungsbehörde kann dann zu Maßnahmen der **Entgeltregulierung** greifen, soweit ein Betreiber eines öffentlichen Telekommunikationsnetzes, der über erhebliche Marktmacht verfügt, nicht ohnehin verpflichtet ist, seine Entgelte für Zugangsleistungen gemäß § 31 vorab genehmigen zu lassen.

3. Transparenzgebot. – Wenn der Gesetzgeber die Regulierungsbehörde ermächtigt, ins- 6
besondere von **vertikal integrierten Unternehmen** zu verlangen, ihre **Vorleistungs- und Verrechnungspreise** transparent zu gestalten, um das Diskriminierungsverbot durchzusetzen oder eine Quersubventionierung zu verhindern, so ist das Transparenzgebot dafür zwar ein Mittel zum Zweck, für die getrennte Rechnungsführung ist es aber selbst ein Zweck. Im Hinblick auf den Gesetzeszweck der Förderung des Wettbewerbs liegt eine dreistufige Zweck-Mittel-Beziehung vor: Das Transparenzgebot ist ein Mittel, die getrennte Rechnungsführung zu gewährleisten und nachprüfbar zu machen. Diese ist ein Mittel, um Diskriminierung und Quersubventionierung zu verhindern. Dieser Zweck ist ein Mittel, um den Wettbewerb zu fördern. Das Transparenzgebot des § 24 Abs. 1 ist aus der Transparenzverpflichtung des Art. 9 der ZRL abgeleitet. Dort wird Transparenz in Bezug auf die Zusammenschaltung und/oder den Zugang als Veröffentlichungspflicht von Betreibern für bestimmte Informationen verstanden. Im Gesetz wird der Begriff nicht definiert.

II. Entstehungsgeschichte

Das **TKG 1996** enthält in § 14 Abs. 2 bereits Vorschriften über „getrennte Rechnungsfüh- 7
rung". Marktbeherrschende Unternehmen auf einem Telekommunikationsmarkt müssen die **finanziellen Beziehungen** zwischen lizenzpflichtigen Bereichen und von diesen zu nichtlizenzpflichtigen Bereichen durch eigene **Rechnungslegungskreise** nachvollziehbar gestalten. Dazu kann die Regulierungsbehörde für die **interne Rechnungslegung** über bestimmte Telekommunikationsdienstleistungen Vorgaben machen (**rechnungstechnisches Unbundling**). Im gleichen Jahr hatte die EG mit der Zusammenschaltungsrichtlinie 97/33/EG die getrennte Buchführung vorgesehen, um die Transparenz interner Kostenübertragung zu gewährleisten.[4]

Gemäß § 31 Abs. 2 TKG 1996 wurde die Regulierungsbehörde ermächtigt, im Rahmen 8
der Entgeltregulierung anzuordnen, dass ein Lizenznehmer die Kostenrechnung in einer Form ausgestaltet, die es ihr ermöglicht, die für die Entgeltregulierung notwendigen Daten über Kosten zu erlangen. Die TEntgV 1996 enthält in § 2 Abs. 1 zu § 27 TKG 1996 dafür die Verpflichtung eines eine Entgeltgenehmigung beantragenden Unternehmens, ihr für die jeweilige Dienstleistung Angaben über die Umsätze und die Entwicklung der einzelnen Kostenarten vorzulegen. Solche Angaben erfordern eine entsprechende Kostenträgerrechnung, die die Kosten den verschiedenen Dienstleistungen zuordnet.

Mit diesen Vorschriften des TKG 1996 war eine **getrennte Rechnungsführung** bereits 9
etabliert. Insofern sind sie als **Vorläufer** des § 24 anzusehen. Jedoch hat die Regulierungsbehörde von der Möglichkeit, die DTAG zur getrennten Rechnungsführung für Bereiche, in denen sie marktbeherrschend ist, zu verpflichten, bisher keinen Gebrauch gemacht.

---

4 BeckTKG-Komm/*Geppert*, § 14 RdNr. 1.

10 **Art. 11 Abs. 1 ZRL** von 2002 enthält dann die Ermächtigung für die Regulierungsbehörde, Betreibern mit beträchtlicher Marktmacht ausdrücklich eine **getrennten Buchführung** für bestimmte Tätigkeiten im Zusammenhang mit der Zusammenschaltung und/oder dem Zugang vorzuschreiben, das zu verwendende Format und die zu verwendende Buchführungsmethode festzulegen sowie zur Überprüfung, ob die Transparenz- und Nichtdiskriminierungsverpflichtung eingehalten worden sind, zu verlangen, dass ihr die Buchungsunterlagen vorgelegt werden. Die Verpflichtung zur getrennten Buchführung ist also wie in § 14 Abs. 2 TKG 1996 ein **rechnungstechnisches Unbundling**. Auch das Recht der Behörde zur **Veröffentlichung** der Informationen aus den Buchungsunterlagen unter Wahrung von Geschäftsgeheimnissen ist in der ZRL enthalten. Mit § 24 wird mithin Art. 11 Abs. 1 und 2 ZRL in deutsches Recht umgesetzt.

III. Anwendungsbereich

11 Die Verpflichtung, auf Verlangen der Regulierungsbehörde für bestimmte Tätigkeiten im Zusammenhang mit Zugangsleistungen eine getrennte Rechnungsführung einzurichten, betrifft **Betreiber eines öffentlichen Telekommunikationsnetzes**, für die auf Grund der Marktanalyse gemäß § 11 ein wirksamer Wettbewerb für ihre Leistungen auf dem relevanten Markt nicht besteht. Das gilt insbesondere für **vertikal integrierte Unternehmen**. Unter vertikal integriert sind Unternehmen zu verstehen, die in der **Wertschöpfungskette** mehrere **aufeinanderfolgende Produktionsstufen** in einer **wirtschaftlichen Einheit** betreiben. Zum Beispiel sind regionale Übertragungswege und Teilnehmeranschlussleitungen aufeinanderfolgende Produktionsstufen. Die wirtschaftliche Einheit kann aus einer **Rechtseinheit** oder aus mehreren Rechtseinheiten, die i. S. von § 18 Abs. 1 AktG unter einheitlicher Leitung des herrschenden Unternehmens zu einem **Konzern** zusammengefasst sind, bestehen.

12 Nach § 24 Abs. 1 kann die getrennte Rechnungsführung für bestimmte Tätigkeiten im Zusammenhang mit **Zugangsleistungen** verlangt werden. Im Art. 11 Abs. 1 ZRL ist außerdem die **Zusammenschaltung** genannt. Damit erschiene § 24 Abs. 1 enger gefasst als Art. 11 Abs. 1, was eine nicht richtlinienkonforme Umsetzung bedeutete. Im Rahmen der Begriffsbestimmungen in § 3 wird jedoch Zusammenschaltung als derjenige Zugang definiert, „der die physische und logische Verbindung öffentlicher Telekommunikationsnetze herstellt, um Nutzern eines Unternehmens die Kommunikation mit Nutzern desselben oder eines anderen Unternehmens … zu ermöglichen". Somit ist die Zusammenschaltung eine bestimmte **Art des Zugangs**. Zugang ist nach der gesetzlichen Begriffsbestimmung „die Bereitstellung von Einrichtungen oder Diensten für ein Unternehmen unter bestimmten Bedingungen zum Zwecke der Erbringung von Telekommunikationsdiensten".

IV. Getrennte Rechnungsführung für bestimmte Tätigkeiten

13 **1. Art der Tätigkeiten. –** Weder das Gesetz noch die ZRL sagen etwas darüber, für welche Arten von Tätigkeiten die Rechnungsführung getrennt werden soll. Da die getrennte Rechnungsführung dazu dienen soll, Verstöße gegen das Diskriminierungs- und das Quersubventionierungsverbot zu verhindern, muss die Rechnungsführung zwischen den Tätigkeiten getrennt werden, die eine **Diskriminierung** von Nachfragern oder eine wettbewerbswidrige **Subventionierung** eines Tätigkeitsbereichs durch einen anderen ermöglichen.

Die **Gefahr der diskriminierenden Preisgestaltung** besteht insbesondere in solchen Berei- 14
chen, von **denen Vorleistungen** angeboten werden, die einerseits von Bereichen des eigenen
Unternehmens und andererseits von Wettbewerbern nachgefragt werden. Dazu zählen die
Zusammenschaltung des Netzes des marktbeherrschenden Unternehmens mit Netzen von
Wettbewerbern und die **Vermietung** von Leitungen, insbesondere Teilnehmeranschlussleitungen, des marktbeherrschenden Unternehmens an Wettbewerber. Auch der Verkauf von
Leistungen des marktmächtigen Betreibers, die er selbst vertreiben könnte, an Wettbewerber,
die ihrerseits diese Leistungen unverändert oder mit einem Mehrwert versehen **weiterver-
kaufen (resale)**, besteht die Gefahr der missbräuchlichen Preisgestaltung, wenn der gewährte Rabatt den Wettbewerbern keine Kostendeckung ihres Vertriebes erlaubt.

Die **Gefahr einer unzulässigen Quersubventionierung** besteht besonders dann, wenn 15
rentable Bereiche ohne wirksamen Wettbewerb andere in Wettbewerb stehende Bereiche
alimentieren. Das Ziel kann darin bestehen, den Wettbewerb zu behindern oder den sub-
ventionierenden Bereich weniger rentabel erscheinen zu lassen, um so gewinnmindernde
Regulierungsmaßnahmen zu vermeiden. Die Gefahr der Quersubventionierung kann z. B.
zwischen dem Festnetzbereich eines marktmächtigen Betreibers und einem wettbewerbsintensiven Mobilfunkbereich bestehen, wenn Leistungen des einen unter Marktpreisen an
den anderen abgegeben werden. Das führt zur Diskriminierung, wenn diese Leistungen an
Wettbewerber zu höheren Preisen abgegeben würden.

Quersubventionierung zwischen Bereichen **innerhalb eines marktbeherrschenden Un-** 16
ternehmens können als zulässig angesehen werden. So subventioniert z. B. der Festnetzbereich in stark frequentierten Ballungsregionen den Festnetzbereich in dünnbesiedelten Gegenden, wenn die Entgelte für die unterschiedliche Kosten verursachenden Leistungen den
Kostenunterschieden nicht entsprechen, z. B. gleich sind.

Für **kapitalmarktorientierte Mutterunternehmen** enthält nach § 297 Abs. 1 HGB und 17
nach Anwendung der EU-VO Nr. 1606/2002 vom 19. 7. 2002 über die Anwendung internationaler Rechnungslegungsstandards ab 2005 gemäß IAS 14.3 der Konzernabschluss auch
eine **Segmentberichterstattung** für den Konzern. Die Vorschriften gelten auch für die
DTAG. Die gesetzliche Segmentberichterstattung ist aber zu grob, um gegenüber einem
marktmächtigen Unternehmen die regulatorischen Zwecke der Verhinderung von Diskriminierung und wettbewerbswidriger Quersubventionierung zu ermöglichen. Zudem beziehen sich § 297 HGB/IAS 14 auf die Segmentierung der handelsrechtlichen/internationalen
Rechnungslegung. Die Segmentierung betrifft nach DRS 3/IAS 14 nur einzelne Elemente
der Rechnungslegung, darunter zwar die Umsätze, aber nicht die Aufwandsarten. Daher
geht die Erlaubnis für die Regulierungsbehörde, eine getrennte Rechnungsführung zu verlangen, über die Vorschriften zur Segmentierung nach Handelsrecht bzw. IAS hinaus. Ab
2005/2007 gelten die IAS auf Grund der EU-Verordnung von 2002 zwar unmittelbar für
alle kapitalmarktorientierten Unternehmen, doch ändert das nichts daran, dass die Segmen-
tierungsvorschriften für die Regulierung marktmächtiger Unternehmen nicht ausreichen.

In den Empfehlungen der IRG Working Group wird für das Festnetz ein Beispiel dafür ge- 18
geben, für welche Bereiche die Regulierungsbehörde eine Accounting Separation verlangen sollte: Danach sollte mindestens nach „Wholesale" und „Retail", unterteilt nach den
relevanten nationalen Märkten, und anderen Aktivitäten getrennt werden. „Wholesale"
könnte weiter in „Core-Network" und „Access-Network" unterteilt werden.[5]

---

5 *IRG Working Group*, Annex B.

19 **2. Begriff der Rechnungsführung.** – Der Begriff „Rechnungsführung" wurde aus § 14 TKG 1996 in § 24 übernommen. In Art. 11 ZRL wird dagegen der Begriff „**getrennte Buchführung**", in der englischen Fassung „**accounting separation**", verwendet. Der Begriff Rechnungsführung ist in der Betriebswirtschaftslehre nicht gebräuchlich. Er findet sich aber in Regelungen für öffentliche Haushalte, insbesondere im Rahmen sozialistischer Zentralverwaltungswirtschaften. Das kann aber hier nicht gemeint sein. Es geht um das Rechnungswesen privatwirtschaftlicher Betriebe (Unternehmen). Accounting bezeichnet das Rechnungswesen generell. Speziell werden Begriffe wie Financial Accounting, Tax Accounting und Cost Accounting verwendet.

20 Der Begriff **Rechnungswesen** umfasst in Deutschland die primär für den Einzelabschluss handelsrechtlich geregelte („externe") **Rechnungslegung** und die „interne" **Kosten- und Leistungsrechnung**. Das externe Rechnungswesen wird auch als Finanzbuchhaltung, das interne Rechnungswesen auch als Betriebsbuchhaltung bezeichnet. Die im HGB geregelte Rechnungslegung ist weitgehend an **Zahlungsvorgänge** der Vergangenheit und geschätzte Zahlungen in der Zukunft, z. B. bei der Bemessung von Rückstellungen oder von außerplanmäßigen Abschreibungen im Hinblick auf künftig zu erzielende Erlöse, geknüpft (Pagatorik). Die Kosten- und Leistungsrechnung löst sich z. T. von solchen Zahlungsvorgängen. Sie verwendet unternehmensindividuell auch so genannte **kalkulatorische Größen**, wie z. B. kalkulatorische Abschreibungen auf der Basis von Wiederbeschaffungswerten, kalkulatorische Zinsen auf das Eigenkapital und kalkulatorische Wagnisprämien auf der Basis von Durchschnittswerten.

21 Damit taucht die Frage auf, ob mit getrennter Rechnungsführung bzw. Buchführung (accounting separation) das interne oder das externe Rechnungswesen oder beide gemeint sind. Die getrennte Rechnungsführung soll offenbar eine Grundlage für die Entgeltregulierung zur Vermeidung einer missbräuchlichen Ausbeutung, Behinderung oder Diskriminierung von Endnutzern oder Wettbewerbern i. S. von §§ 27 ff. bilden. Da die Entgelte primär auf der Basis von **Kosten der effizienten Leistungsbereitstellung** nach § 31 reguliert werden sollen, liegt es nahe, die getrennte Rechnungsführung als eine **Trennung von Kreisen der Kosten- und Leistungsrechnung für bestimmte Tätigkeiten** im Zusammenhang mit Zugangsleistungen zu verstehen. In § 14 Abs. 2 TKG 1996 hieß es bereits, dass die Regulierungsbehörde die Gestaltung der internen Rechnungslegung vorgeben kann. Eine Trennung der Rechnungsführung allein auf der Basis von zahlungsbasierten Aufwendungen und Erträgen der externen Rechnungslegung würde wichtige Elemente, wie z. B. die **Eigenkapitalverzinsung**, aussparen. Außerdem enthält die handelsrechtliche Rechnungslegung für Ansatz und Bewertung explizite **Wahlrechte**, deren Wahrnehmung dem regulierten Unternehmen für die Entgeltregulierung nicht überlassen werden könnte. Die Auslegung des Begriffs Rechnungsführung, mit der zumindest auch die Kosten- und Leistungsrechnung gemeint ist, wird durch die Formulierung in Abs. 2 S. 1 gestützt. Dort heißt es, dass die Regulierungsbehörde verlangen kann, ihr die „Kostenrechnungs- und Buchungsunterlagen nach Abs. 1" vorzulegen.

22 Ob mit einem Verlangen nach Vorlage der **Buchungsunterlagen** auch eine Trennung der **externen Rechnungslegung** nach Tätigkeitsbereichen legitimiert ist, erscheint zweifelhaft. Eine Regelung wie bereits in § 9 Abs. 2 EnWG 1998 und noch deutlicher in dem ihr zu Grunde liegenden Art. 14 Abs. 2 EltRL 96/92 sowie in Art. 19 Abs. 3 EltRL 2003/54 EG, wonach Elektrizitätsunternehmen zur Vermeidung von Diskriminierung und Quersubventionen in ihrer internen Rechnungslegung jeweils getrennte Konten für Übertragungs-

und Verteilungstätigkeiten in derselben Weise zu führen haben, wie sie es tun müssten, wenn diese Tätigkeiten von separaten Unternehmen ausgeführt würden, enthält § 24 im Unterschied zu § 7 Abs. 2 TKG nicht. Diese Vorschrift in § 7 wie jene für den Elektrizitätsbereich unterscheiden sich deutlich von der Formulierung in § 24. Daher erscheint es zweifelhaft, ob eine Auslegung des § 14 Abs. 2 TKG 1996, wonach das Verlangen nach getrennter Rechnungsführung sich sowohl auf die handelsrechtliche Rechnungslegung als auch auf die Kosten- und Leistungsrechnung bezöge,[6] auch für die Regelung des § 24 gilt.

Die Empfehlungen der IRG Working Group stellen jedoch offenbar auf beide Teile des **23** Rechnungswesens ab. Danach könne Accounting Separation mit „historical cost accounting" (Anschaffungskosten) beginnen, aber auch der „forward looking cost approach" auf der Basis von „current cost accounting" (Tageswerten) entwickelt werden. Der erste Ansatz entspräche wohl der handelsrechtlichen zahlungsorientierten Rechnungslegung, der zweite dem internen Rechnungswesen. Die Regulierungsbehörde sollte für die separierten Bereiche die Anforderungen an Bilanzen, Gewinn- und Verlustrechnungen, das investierte Vermögen und die wichtigsten Kostentreiber definieren.[7] Diese Anforderungen an eine zieladäquate Trennung der Rechnungsführung nach Bereichen des marktmächtigen TK-Unternehmens erscheinen zwar zweckmäßig, sind aber aus dem Text des § 24 allein nur bei extensiver Auslegung abzuleiten. Hinsichtlich der vom Unternehmen zu erbringenden Kostennachweise hat die Regulierungsbehörde im Rahmen der Entgeltregulierung gem. §§ 29 und 33 allerdings einen weiten Ermessensspielraum.

In den letzten Jahren ist in der Praxis eine zunehmende Tendenz zu erkennen, in Ansatz **24** und Bewertung internes und externes Rechnungswesen einander anzunähern (**Konvergenz**).[8] Das betrifft allerdings vor allem die Unternehmenssteuerung bei Anwendung international anerkannter Rechnungslegungsstandards des International Accounting Standards Boards (IASB) oder des amerikanischen Financial Accounting Standards Boards (FASB). Für die **Kostenermittlung einzelner Leistungsarten (Kalkulation im engeren Sinne)**, die der Entgeltgenehmigung oder -kontrolle unterliegen, bleibt es jedoch bei Unterschieden, die aus der Beschränkung auf die Kosten der effizienten Leistungsbereitstellung gegenüber den handelsrechtlichen Aufwendungen resultieren, soweit diese Kosten nicht auf Grund der Ausnahmevorschriften des § 31 Abs. 3 durch dort definierte Aufwendungen überschritten werden dürfen.

3. Formatvorgaben. – Nach Abs. 1 S. 4 kann die Regulierungsbehörde dem Unternehmen **25** konkrete Vorgaben zu dem zu verwendenden Format machen. Der Begriff Format ist in den deutschen Vorschriften und der deutschen Literatur zum Rechnungswesen nicht gebräuchlich. Der Begriff wird gleichermaßen in der deutschen wie in der englischen Fassung der ZRL in Art. 11 verwendet. In der englischen Fachsprache ist der Begriff gelegentlich anzutreffen. Er entspricht dem deutschen Begriff der **Gliederung**, etwa der Bilanz und der Gewinn- und Verlustrechnung und kann auch auf die Kosten- und Leistungsrechnung angewendet werden.

---

6 *Scheurle/Mayen/Witte*, §14 RdNr. 38.
7 *IRG Working Group*, Annex, Section B.
8 Z.B. *Bruns*, Harmonisierung des externen und internen Rechnungswesens auf Basis internationaler Bilanzierungsvorschriften, Internationale Rechnungslegung, FS für Claus-Peter Weber, hrsg. von Küting/Langenbucher, 1999, S. 585–603; *Kahle,* Unternehmenssteuerung auf Basis internationaler Rechnungslegungsstandards?, Zeitschrift für betriebswirtschaftliche Forschung 2003, 773–789.

26 Telekommunikationsunternehmen werden in Deutschland gewöhnlich in der Rechtsform einer **Kapitalgesellschaft** geführt. Für sie regelt das HGB die Gliederung der Bilanz in § 266 und die Gliederung der Gewinn- und Verlustrechnung in § 275 alternativ nach dem Gesamtkosten- oder dem Umsatzkostenverfahren. Kapitalmarktorientierte Unternehmen, zu denen auch die DTAG zählt, müssen ab 2005/2007 ihren Konzernabschluss nach den International Financial Reporting Standards (IFRS/IAS) des IASB aufstellen. Die IFRS enthalten zwar keine expliziten Gliederungsvorschriften, jedoch Pflichten, bestimmte Posten in der Bilanz und in der Gewinn- und Verlustrechnung gesondert auszuweisen.

27 Für das **interne Rechnungswesen** gibt es **keine gesetzlichen Gliederungsvorschriften.** Im Rahmen der Konvergenz (siehe RdNr. 22) prägen aber die Gliederungsvorschriften für die externe Rechnungslegung graduell auch die Gliederung der Kosten- und Leistungsrechnung, die jedoch meist detaillierter ist. Die Regulierungsbehörde mag für die Entgeltregulierung auf Kostenbasis nach § 31 den gesonderten Ausweis **zusätzlicher Posten** für Bestände an Vermögen und Kapital, für Kosten und Leistungen, insbesondere untergliedert nach Leistungsbereichen, verlangen.

28 **4. Vorgabe von Rechnungsführungsmethoden.** – Die Regulierungsbehörde kann nach Abs. 1 außer Vorgaben zum Format auch Vorgaben zu „der zu verwendenden Rechnungsführungsmethode machen". Versteht man unter Rechnungsführung zumindest primär die Kosten- und Leistungsrechnung (siehe RdNr. 19), so kann die Regulierungsbehörde Vorgaben dafür machen, wie das Unternehmen das interne Rechnungswesen nach **Struktur, Ansatz und Bewertung** seiner Komponenten aufzubauen hat. Unter Methoden fällt auch die Gliederung des Rechnungswesens und ihrer Elemente. Insofern wäre die Vorgabe des Formats nicht notwendig gewesen, weil die Gliederung ein Teil der Methoden ist. In der einschlägigen Spezialliteratur wird dies insgesamt als **System der Kosten- und Leistungsrechnung** bezeichnet.[9] Da die Begriffe Format und Rechnungsführungsmethoden aber in Art. 11 Abs. 1 ZRL erscheinen, war der deutsche Gesetzgeber wohl gehalten, auch beide Begriffe in das TKG aufzunehmen.

29 Die Vorgaben für Format und Methoden der Rechnungsführung durch die Regulierungsbehörde müssen sich im Rahmen des pflichtgemäßen Ermessens halten. Die Vorgaben müssen **geeignet** sein, die **Ziele des Gesetzes,** Förderung des Wettbewerbs durch Verhinderung von Diskriminierung und unzulässiger Quersubventionierung zu erreichen, sowie das Mittel, eine transparente Gestaltung der Vorleistungs- und internen Verrechnungspreise zu ermöglichen.

30 Die Kosten- und Leistungsrechnung umfasst **begrifflich** als **Kosten** den bewerteten betriebsbedingten Güterverzehr und die Betriebsleistungen. **Neutrale Aufwendungen und Erträge,** insbesondere betriebsfremde, aperiodische und außerordentliche Elemente gehören **nicht** dazu. Die Abgrenzung zwischen Kosten und neutralen Aufwandselementen ist jedoch nicht immer eindeutig. Außerdem können als Kosten anstelle von außerordentlichen Aufwendungen, z. B. für ungewöhnliche Schadensfälle oder Forderungsausfälle, kalkulatorische Risiken angesetzt werden. An die Stelle von Zinsaufwendungen können **kalkulatorische Zinsen** nicht nur auf Fremdkapital, sondern auch auf das Eigenkapital treten. **Kalkulatorische Eigenkapitalzinsen** sind so genannte Zusatzkosten. Ihr Ansatz ist in § 29 Abs. 2 als **angemessene Verzinsung des eingesetzten Kapitals** ausdrücklich vorgesehen. Inwieweit die Kosten- und Leistungsrechnung nach Ansatz und Bewertung von der

---

9 Vgl. *Schweitzer/Küpper*, System der Kosten- und Erlösrechnung, 7. Aufl. 2003.

handelsrechtlichen Rechnungslegung abweicht, ist grundsätzlich dem einzelnen Unternehmen überlassen. In dieser Hinsicht könnte die Regulierungsbehörde dem Betreiber öffentlicher Kommunikationsnetze Vorgaben z. B. für den Ansatz und die Bewertung einzelner Kostenarten machen, wenn das zur Erreichung der Ziele des Gesetzes erforderlich erscheint.

Das System der Kosten- und Leistungsrechnung besteht in der Regel aus der **Kostenar-** 31 **ten-, der Kostenstellen- und der Kostenträger- und Leistungsrechnung.** Dieser Rahmen kann durch eine Rechnung mit reinen Istgrößen oder durch eine kombinierten Ist- und Plankostenrechnung gefüllt und diese wiederum als Voll- oder Grenzkostenrechnung mit einem getrennten Ausweis fixer Kosten ausgestaltet werden.[10] Die Kostenrechnung bildet die Basis für die Ermittlung der Kosten der Einheiten der Leistungsarten (**Kalkulation**). Hinsichtlich des Systems der Kosten- und Leistungsrechnung könnte die **Regulierungsbehörde Vorgaben** bezüglich der Kostenerfassung für solche Leistungen des Betreibers eines öffentlichen Telekommunikationsnetzes machen, der über beträchtliche Marktmacht verfügt, die sich zur **Diskriminierung** oder zur unzulässigen Quersubventionierung eignen.

Die **Vorgabe von Kalkulationsschemata** an Unternehmen, die einer Entgeltregulierung 32 unterliegen, wäre nichts Ungewöhnliches. So bestehen landesrechtliche Regelungen in der Form so genannter „**Arbeitsanleitungen**" zur Darstellung der Kosten- und Erlösentwicklung in der Stromversorgung nach dem Erhebungsbogen K, die die Grundlage für Anträge von Elektrizitätsunternehmen der allgemeinen Versorgung auf die Genehmigung von Preiserhöhungen für Tarifkunden nach §12 Bundestarifordnung Elektrizität von 1989 (**BTO Elt**) bilden. Das Kalkulationsschema in Form einer bundeseinheitlichen Arbeitsanleitung zu standardisieren, ließ sich bisher nicht realisieren.[11]

Ein schwer zu lösendes Problem der Kalkulation der Kosten einzelner Leistungsarten eines 33 integrierten Unternehmens verursachen **Gemeinkosten**, die für mehrere Leistungsarten, deren Kosten getrennt werden sollen, gemeinsam anfallen. Das können z. B. Kosten für Personal, das für die verschiedenen Leistungsarten gemeinsam tätig ist, Kosten für gemeinsam genutzte Anlagen und Kosten für die Finanzierung des Unternehmens insgesamt sein. Gemeinkosten können **fixe Kosten** sein, die von der Menge der Leistungen unabhängig sind, oder variabel sich in Abhängigkeit von der Menge verschiedener Leistungsarten ändern. Solche Gemeinkosten müssen nach einem Schlüssel auf die Leistungsarten und die Leistungseinheiten umgelegt werden, der der Verursachung durch die verschiedenen Leistungsarten und Leistungseinheiten möglichst nahe kommt.

Gemeinkosten für mehrere Leistungsarten werden insbesondere durch die Sach- und Per- 34 sonalausstattung sowie durch sie bedingten Finanzierungskosten von Abteilungen eines Unternehmens verursacht, die von diesen Leistungsarten beansprucht werden. Dazu zählen Serviceabteilungen, wie z. B. Rechtsberatung, Controlling, Werbung, Rechnungswesen, EDV sowie die Abteilungs- und Unternehmensleitung. Als Schlüssel für die Umlage dieser

---

10 Hierzu gibt es eine umfangreiche Literatur, z. B. *Coenenberg*, Kostenrechnung und Kostenanalyse, 5. Aufl. 2003; *Schweitzer/Küpper*, Systeme der Kosten- und Erlösrechnung, 7. Aufl. 2003.

11 *Bund-Länder-Ausschuss „Energiepreise"*, Entwurf einer Arbeitsanleitung zur Darstellung der Kosten- und Erlösentwicklung in der Stromversorgung mit Begründung und Erläuterung, Beschluss vom 10./11. 6. 1997; *Obernolte/Danner*, Energiewirtschaftsrecht, Stand Oktober 2003, C 1.3 EnPrR III.

Gemeinkosten kommen insbesondere Quoten, Stundensätze, Personalbestand, Umsätze, Vermögensbestände oder Bruttoergebnisse in Betracht. Auch wenn keine direkte Verursachung durch die Leistungsarten oder die einzelne Leistung vorliegt – sonst wären es keine Gemeinkosten –, ist eine annähernde Proportionalität zwischen ihnen und einem Umlageschlüssel plausibler als zu einem anderen Schlüssel. Die Regulierungsbehörde könnte in dieser Hinsicht auch Vorgaben machen.

V. Vorlagepflichten und Veröffentlichung von Kostenrechnungs- und Buchungsunterlagen

35   **1. Vorlagepflichten.** – Nach Art. 11 Abs. 2 ZRL kann die Regulierungsbehörde verlangen, dass ihr „die Buchungsunterlagen einschließlich Daten über die von Dritten erhaltenen Beträge vorgelegt werden". Diese Vorschrift ist mit § 24 Abs. 2 Satz 1 umgesetzt und insofern präzisiert und je nach Auslegung erweitert worden, als auch die Kostenrechnungsunterlagen „nach Abs. 1 einschließlich sämtlicher damit zusammenhängender Informationen und Dokumente auf Anforderung in vorgeschriebener Form" dazugehören. Eine entsprechende Vorschrift enthielt TKG 1996 noch nicht. Nach Art. 11 Abs. 2 ZRL dient die Regelung dazu, „um leichter überprüfen zu können, ob die Transparenz- und Nichtdiskriminierungsverpflichtung eingehalten werden". Das Recht der Regulierungsbehörde auf Vorlage der Unterlagen besteht gegenüber **allen TK-Unternehmen, die über beträchtliche Marktmacht** verfügen. Gegenüber TK-Unternehmen, die zusätzlich der **Entgeltregulierung** unterliegen oder für die sie vorbereitet wird, kann die Regulierungsbehörde nach § 29 Abs. 1 und 2 anordnen, ihr weitere und detailliertere Informationen zu übermitteln sowie bestimmte Kostenrechnungsmethoden anzuwenden. Ob die Regulierungsbehörde von ihrem Recht zur Anforderung von Unterlagen Gebrauch macht, steht in ihrem pflichtgemäßen Ermessen.

36   Art und Ausmaß der Buchungs- und Kostenrechnungsunterlagen sowie der damit zusammenhängenden Informationen und Dokumente, die die Regulierungsbehörde anzufordern berechtigt ist, richtet sich nach dem **Zweck der Vorschrift**, nämlich gemäß Abs. 1, Verstöße gegen das Verbot der Diskriminierung und der unzulässigen Quersubventionierung zu erkennen und geeignete Maßnahmen zu ihrer Verhinderung zu ergreifen. Welche Unterlagen und Informationen das im Einzelfall sind, hängt von der Art des Verstoßes ab. Auch Art und Ausmaß der Anforderung unterliegen – ähnlich wie nach § 29 – dem pflichtgemäßen Ermessen der Regulierungsbehörde.[12]

37   **2. Veröffentlichungspflichten.** – Nach § 24 Abs. 2 Satz 2 kann die Regulierungsbehörde die ihr nach Satz 1 vorgelegten Buchungs- und Kostenrechnungsunterlagen in geeigneter Form unter Wahrung von Geschäfts- und Betriebsgeheimnissen (Satz 3) veröffentlichen. Dieses Veröffentlichungsrecht der RegTP beruht auf Art. 11 Abs. 2 ZRL. Es war in § 14 TKG 1996 noch nicht enthalten, was kritisiert worden war.[13]

38   Die Veröffentlichungsrechte gehen über die Pflichten der Kapitalgesellschaften hinaus, ihre geprüften Jahres- und gegebenenfalls auch Konzernabschlüsse gemäß § 325 HGB offen zu legen, sonst hätte es dieser Vorschrift nicht bedurft. Die Offenlegungspflicht für die Ab-

---

12 Hierzu für § 31 Abs. 1 TKG a. F., der § 27 weitgehend entspricht, BeckTKG-Komm/*Schuster/Stürmer*, § 31 RdNr. 4 und 5.

13 BeckTKGKomm/*Geppert*, § 14 TKG RdNr. 18.

schlüsse von Kapitalgesellschaften wird gewöhnlich mit dem Ausgleich für die Haftungsbeschränkung zur Information insbesondere der Gläubiger und Eigenkapitalgeber begründet. Eine Veröffentlichung von Buchungs- und Kostenrechnungsunterlagen würde Wettbewerbern des marktmächtigen TK-Netzbetreibers Einblicke in dessen Kostenstruktur bieten und eine, wenn auch beschränkte, Kontrolle von Entgeltregulierungen der Behörde durch Wettbewerber, aber auch z. B. durch die Wissenschaft, ermöglichen. Das könnte künftige Regulierungsentscheidungen effizienter machen.[14] Freilich muss die Regulierungsbehörde dabei die Geschäfts- und Betriebsgeheimnisse wahren, deren Abgrenzung aber schnell strittig werden kann.

---

14 BeckTKG-Komm/*Geppert*, § 14 RdNr. 18.

§ 25 Anordnungen durch die Regulierungsbehörde

(1) Kommt eine Zugangsvereinbarung nach § 22 oder eine Vereinbarung über Zugangsleistungen nach § 18 ganz oder teilweise nicht zustande und liegen die nach diesem Gesetz erforderlichen Voraussetzungen für eine Verpflichtung zur Zugangsgewährung vor, ordnet die Regulierungsbehörde nach Anhörung der Beteiligten innerhalb einer Frist von zehn Wochen ab Anrufung durch einen der an der zu schließenden Zugangsvereinbarung Beteiligten den Zugang an. In besonders zu begründenden Fällen kann die Regulierungsbehörde innerhalb der in Satz 1 genannten Frist das Verfahren auf höchstens vier Monate verlängern.

(2) Eine Anordnung ist nur zulässig, soweit und solange die Beteiligten keine Zugangs- oder Zusammenschaltungsvereinbarung treffen.

(3) Die Anrufung nach Absatz 1 muss in Schriftform erfolgen; sie muss begründet werden. Insbesondere muss dargelegt werden,

1. welchen genauen Inhalt die Anordnung der Regulierungsbehörde haben soll,
2. wann der Zugang und welche konkreten Leistungen dabei nachgefragt worden sind,
3. dass ernsthafte Verhandlungen stattgefunden haben oder Verhandlungen vom Anrufungsgegner verweigert worden sind,
4. bei welchen Punkten keine Einigung erzielt worden ist und
5. im Falle des Begehrens bestimmter technischer Maßnahmen Erläuterungen zu deren technischer Ausführbarkeit.

Die Anrufung kann bis zum Erlass der Anordnung widerrufen werden.

(4) Zur Erreichung der in § 2 Abs. 2 genannten Ziele kann die Regulierungsbehörde auch von Amts wegen ein Verfahren einleiten.

(5) Gegenstand einer Anordnung können alle Bedingungen einer Zugangsvereinbarung sowie die Entgelte sein. Die Regulierungsbehörde darf die Anordnung mit Bedingungen in Bezug auf Chancengleichheit, Billigkeit und Rechtzeitigkeit verknüpfen. Hinsichtlich der festzulegenden Entgelte gelten die §§ 27 bis 38.

(6) Sind sowohl Bedingungen einer Zugangsvereinbarung streitig als auch die zu entrichtenden Entgelte für nachgefragte Leistungen, soll die Regulierungsbehörde hinsichtlich der Bedingungen und der Entgelte jeweils Teilentscheidungen treffen. Sofern die Regulierungsbehörde Teilentscheidungen trifft, gelten für diese jeweils die in Absatz 1 genannten Fristen. Die Anordnung der Regulierungsbehörde kann nur insgesamt angegriffen werden.

(7) Im Laufe des Verfahrens vorgelegte Unterlagen werden nur berücksichtigt, wenn dadurch die Einhaltung der nach Absatz 1 bestimmten Frist nicht gefährdet wird.

(8) Die betroffenen Betreiber müssen eine Anordnung der Regulierungsbehörde unverzüglich befolgen, es sei denn, die Regulierungsbehörde hat in der Anordnung eine Umsetzungsfrist bestimmt. Zur Durchsetzung der Anordnung kann die Regulierungsbehörde nach Maßgabe des Verwaltungsvollstreckungsgesetzes ein Zwangsgeld bis zu einer Million Euro festsetzen.

Schrifttum: *Bosch*, Alter Wein in neuen Schläuchen? – Dürfen Zusammenschaltungsentgelte nicht marktmächtiger Unternehmen unter dem neuen TKG reguliert werden?, K&R 2005, 205; *Koenig/Loetz*, Rechtsnatur und Inhalt der Zusammenschaltungsanordnung nach § 37 TKG, K&R 1999, 298; *Koenig/Neumann*, Zusammenschaltungs-Entgeltregulierung unterhalb der Schwelle „beträchtlicher Marktmacht", RTkom 2000, 27; *Koenig/Winkler*, Die Regulierung alternativer Festneztbetreiber im neuen TKG, MMR 2004, 783; *Riehmer*, Konfliktlösung bei Netzzugang und Zusammenschaltung in der Telekommunikation, MMR 1998, 59; *Röhl*, Die Regulierung der Zusammenschaltung, 2002; *Tschentscher/Bosch*, Rechtsfragen im Umfeld des In-Kraft-Tretens des neuen TKG, K&R-Beilage 4/2004, 14.

Entscheidungen: VG Köln, Beschluss v. 18. 10. 2004 – 1 L 2921/04; Beschluss v. 8. 12. 2004 – 1 L 2921/04, CR 2005, 108; Beschluss v. 24. 3. 2005 – 1 L 6/05, K&R 2005, 238; RegTP, Beschluss v. 21. 9. 2004 – BK 4a-04-032, N&R 2004, 170; Beschluss v. 8. 11. 2004 – BK 4c-04-048.

Übersicht

A. Normzweck

1   § 25 gibt der Regulierungsbehörde mit der **Zugangsanordnung** die Möglichkeit, den Zugang notfalls anzuordnen, falls entsprechende Verhandlungen der Parteien scheitern. Die Norm entspricht in wesentlichen Teilen **§ 37 TKG 1996 i. V. m. § 9 NZV 1996.** Allerdings war die dortige Anordnungsbefugnis der Regulierungsbehörde auf Netzzusammenschaltungen beschränkt. Teilweise reagiert § 25 auf Streitpunkte, die schon bei der Auslegung und Anwendung des § 37 TKG 1996 bestanden. Dies gilt beispielsweise für die Frage, inwiefern Entgelte zum Gegenstand von Zusammenschaltungsanordnungen gemacht werden

dürfen (dazu RdNr. 49 ff.) und inwiefern diese zusammen mit der Zugangsanordnung festgesetzt werden können (dazu RdNr. 56 ff.).

Die Zugangsanordnung ist **subsidiär** gegenüber einer vertraglichen Zugangsvereinbarung, **2** wie bereits aus Absatz 1 Satz 1 folgt und in Absatz 2 noch einmal eigens betont wird. **Verpflichtete** sind diejenigen, denen auch eine Zugangsverpflichtung auferlegt werden kann. Im Übrigen regelt § 25 Anforderungen an die Anrufung der Regulierungsbehörde durch einen Beteiligten, die Anordnungsfrist und den möglichen Anordnungsinhalt. Neu ist die gemeinschaftsrechtlich induzierte Möglichkeit der **Ex-officio-Anordnung**,[1] die insbesondere in denjenigen Fällen relevant ist, in denen sich der Verfahrensbeteiligte angesichts der Übermacht des Verhandlungspartners scheut, die Regulierungsbehörde anzurufen. Neu ist auch die ergänzende Regelung der Durchsetzung der Anordnung in Absatz 8 Satz 2, die ein Zwangsgeld in Höhe von bis zu einer Million Euro vorsieht. Damit wird das Instrument des **Zwangsgeldes** gegenüber dem allgemeinen Verwaltungsvollstreckungsgesetz (§ 11 Abs. 3 VwVG) deutlich verbessert.

Als zentrale Ermächtigungsgrundlage im Abschnitt zur Zugangsregulierung reicht § 25 **3** weiter als die vergleichbare **Anordnungsbefugnis nach § 29** im Abschnitt zur Entgeltregulierung, da dort der Kerngehalt der Anordnung nach § 25 – nämlich die staatlich induzierte Bestimmung von Bedingungen des Leistungsaustausches – eher im Rahmen der Ex-ante-Entgeltregulierung erfolgt (siehe insbesondere § 31 Abs. 6). Gegenüber der Anordnungsbefugnis nach **§ 126** ist § 25 **lex specialis** und verdrängt diese Norm, sofern Abhilfe im Rahmen einer Zugangsanordnung erfolgen kann. Der Vorschlag, ein Mediationsverfahren nach **§ 124** einzuleiten, bleibt von der Anordnungsbefugnis gemäß § 25 **unberührt**. Das Verhältnis zum Streitbeilegungsverfahren nach **§ 133** Abs. 1 ist hingegen überaus unklar. Die besseren Gründe dürften dafür sprechen, **§ 25** i. V. m. einer aufgrund von § 18 bzw. § 21 auferlegten Verpflichtung[2] als **vorrangige Regelung** zu sehen,[3] so dass die Streitbeilegung insoweit i. S. v. § 133 Abs. 1 S. 1 „gesetzlich … anders geregelt" ist.

Die Anordnungsbefugnis fügt sich in ein **fein abgestuftes Regulierungsinstrumentarium 4** der Zugangsregulierung ein. Dabei gilt zwar – wie schon unter dem TKG 1996 – das „**Primat der Verhandlungen**" zwischen den Wettbewerbern.[4] Die darin zum Ausdruck kommende **Privatautonomie** wird jedoch bereits durch die §§ 16, 20, 22 und 23 **überformt**: § 22 Abs. 1 verpflichtet Unternehmen mit beträchtlicher Marktmacht, denen eine Zugangsverpflichtung nach § 21 auferlegt worden ist, ein Zugangsangebot innerhalb von drei Monaten zu unterbreiten. § 16 erweitert diese Verpflichtung für den wichtigen Spezialfall der Zusammenschaltung auf sämtliche Betreiber öffentlicher Telekommunikationsnetze unabhängig vom Vorliegen einer marktbeherrschenden Stellung. Marktbeherrschenden Unternehmen kann nach § 20 zusätzlich eine Transparenzverpflichtung auferlegt werden, die eine entsprechende Marktübersicht in Bezug auf die Bereitstellungs- und Nutzungsbe-

---

1 Zur Frage, ob diese nicht schon durch Art. 9 Abs. 1 der Richtlinie 97/33/EG vorgegeben war und insofern das bisherige TKG ein Umsetzungsdefizit aufwies, bejahend *Trute/Spoerr/Bosch*, Telekommunikationsgesetz mit FTEG, § 37 RdNr. 14 f.
2 Anders als § 131 Abs. 1 TKG-RegE, auf den *Mielke*, TKMR Tagungsband 2004, 47, 51, noch Bezug nimmt, bezieht § 133 Abs. 1 ausdrücklich auch Verpflichtungen „auf Grund dieses Gesetzes" mit ein.
3 Wie hier § 133 RdNr. 4. So für § 23 TKG-RegE auch *Mielke*, TKMR Tagungsband 2004, 47, 51.
4 Dazu *Tschentscher/Neumann*, BB 1997, 2437, 2437; siehe auch *Koenig/Loetz*, K&R 1999, 298, 300.

dingungen gewährleistet. Ergänzend sichert § 22 Abs. 2 und 3 eine Markttransparenz dadurch, dass vertragliche Zugangsvereinbarungen schriftlich abzuschließen und der Regulierungsbehörde vorzulegen sind. Dies erleichtert der Regulierungsbehörde sodann die Ex-officio-Intervention nach § 25 Abs. 4. Schließlich besteht gemäß § 23 die Pflicht zur Abgabe eines Standardangebots.

5 Das heißt, dass auch ohne unmittelbare hoheitliche Intervention im Wege des § 25 eine regulatorische Umhegung der Marktprozesse erfolgt. Allerdings ist **nicht mehr** die **Möglichkeit eines Schlichtungsverfahrens** durch die Regulierungsbehörde **vorgesehen.** Im alten Telekommunikationsrahmen konnte nach § 8 NZV 1996 eine solche Schlichtung auf Antrag beider Verhandlungsparteien erfolgen.[5] Auch der Arbeitsentwurf enthielt in § Z 8 noch eine entsprechende Nachfolgenorm zu § 8 NZV. Das Schlichtungsverfahren, das in der Regulierungspraxis freilich unbedeutend blieb, ist insoweit ein Zwischenschritt, als es keine freie Vertragsverhandlung mehr darstellt, aber auch nicht mit der obligatorischen Bindungswirkung einer Anordnung verknüpft ist. Stattdessen sieht **§ 124** nunmehr allgemein ein **Mediationsverfahren** vor, das allerdings nur auf Vorschlag der Regulierungsbehörde vor einer Schlichtungsstelle erfolgt.

6 Insgesamt stellt die Anordnungsbefugnis ein **zentrales Regulierungsinstrument zur Gewährleistung eines funktionsfähigen Wettbewerbs**, vor allem aber zur Durchsetzung der Zugangsverpflichtungen nach § 18 und § 21 dar. Dabei ist nicht nur der tatsächliche Einsatz dieses Instruments von Bedeutung. Vielmehr stärkt das Instrument den Wettbewerbern in Vertragsverhandlungen insoweit den Rücken, als diese auf die Möglichkeit einer hoheitlich angeordneten Zugangsvereinbarung verweisen können.[6]

B. Rechtstatsachen

7 Der regulierungsbehördlich angeordnete Zugang ist von erheblicher praktischer Bedeutung. Im TKG 1996 war die Anordnungsbefugnis allerdings auf den Spezialfall des Netzzugangs in Form der Zusammenschaltung beschränkt (§ 37 TKG 1996), wohingegen sonstige Zugangsformen im Wesentlichen nach §§ 33, 35 TKG 1996 verwirklicht werden mussten. Im Jahr 2003 wurden allein insgesamt 102 Zusammenschaltungsverfahren bei der Regulierungsbehörde anhängig.[7] Auch wenn diese hohe Zahl in engem Zusammenhang mit der Einführung der Betreiber(vor)auswahl im Ortsnetz steht, spiegelt sie doch die überragende praktische Bedeutung der Zusammenschaltungsanordnung wider.

C. Entstehungsgeschichte

8 § 25 hat während des Gesetzgebungsverfahrens nur in Teilen und dort auch nur eine geringfügige Entwicklung durchlaufen. **Keinerlei Änderungen** erfuhren dabei **§ 25 Abs. 2, § 25 Abs. 7** und **§ 25 Abs. 8**, deren Wortlaut seit § Z 9 TKG-ArbE das gesamte Gesetzgebungsverfahren über stabil blieb. In **§ 25 Abs. 4** wurde mit dem Referentenentwurf lediglich der noch in § Z 9 Abs. 4 TKG-ArbE enthaltene Verweis auf „§ 2" durch Bezugnahme auf dessen zweiten Absatz präzisiert.

---

5 Siehe dazu die Kommentierung bei BeckTKG-Komm/*Piepenbrock*, Anh § 39 § 8 NZV.
6 So in Bezug auf § 37 TKG 1996 bereits *Trute/Spoerr/Bosch*, § 37 TKG RdNr. 3.
7 RegTP, Jahresbericht 2003, S. 106.

Im Übrigen wurden vor allem **einzelne Formulierungen** geändert, während sich die damit **9** verbundenen materiellen Konsequenzen in Grenzen hielten. Mit Ausnahme eines Komma(fehlers) entsprach § 23 Abs. 1 S. 1 TKG-RegE bereits dem jetzigen **§ 25 Abs. 1 S. 1**. Die beiden vorherigen Entwurfsfassungen hatten der insoweit abweichenden Vorschrift zur „Kontrolle über Zugang zu Endnutzern" (dem jetzigen § 18) folgend sprachlich, nicht jedoch hinsichtlich der Rechtsfolge, noch zwischen einer „Zugangsvereinbarung" und einer „Vereinbarung über eine Zusammenschaltung" unterschieden. Die Begrenzung auf die Fälle, in denen „die nach diesem Gesetz erforderlichen Voraussetzungen" der jeweiligen Verpflichtung vorliegen, erfolgte zudem erst in § 21 Abs. 1 S. 1 TKG-RefE und fehlte im Arbeitsentwurf noch. **§ 25 Abs. 1 S. 2** erhielt seine endgültige Fassung bereits mit § 21 Abs. 1 S. 2 TKG-RefE, die sich von § Z 9 Abs. 1 S. 2 TKG-ArbE nur dadurch unterschied, dass dort noch von „besonders begründeten" – nicht „besonders zu begründenden" – Fällen die Rede war.

Etwas umfassenderen Änderungen wurde hingegen **§ 25 Abs. 3** im Laufe des Gesetzge- **10** bungsverfahrens unterzogen, die jedoch im Wesentlichen ebenfalls eher grammatikalischer und normstruktureller als materiell-rechtlicher Natur waren. § Z 9 Abs. 3 TKG-ArbE hatte noch drei anstelle der nunmehr fünf zwingenden Mindestinhalte einer Anrufung vorgesehen. Diese drei ursprünglich vorgesehenen Punkte wurden beibehalten und finden sich nun in § 25 Abs. 3 S. 2 Nr. 2 bis 4. Die einzige textliche und inhaltliche Änderung erfolgte bereits im Referentenentwurf: In der jetzigen Nummer 4 (damals: § Z 9 Abs. 3 S. 2 Nr. 3 TKG-ArbE) wurde der Zusatz „inwieweit die Verhandlungen also gescheitert sind", mit welcher in der Sache der (ansonsten freilich nicht verwendete) **Begriff des Scheiterns** als Nichterzielung einer Einigung legaldefiniert worden wäre, gestrichen. Der jetzt in § 25 Abs. 3 S. 2 Nr. 5 verlangte Mindestinhalt war erstmals in § 21 Abs. 3 S. 2 (Nr. 4) TKG-RefE vorgesehen – dort allerdings mit Ausnahme eines erst mit der Verkündung behobenen Kommafehlers bereits wortgleich mit der jetzigen Fassung. Im Regierungsentwurf wurde dann auch noch § 25 Abs. 3 S. 2 Nr. 1 hinzugefügt. Mit dieser Vorgabe wurde der Sache nach § Z 9 Abs. 3 S. 3 TKG-ArbE in den Katalog der Mindestinhalte übernommen. Diese – auch im Referentenentwurf noch enthaltene – Vorschrift sah vor, dass „die Anrufung ... einen **konkreten Antrag** beinhalten" muss. In Übereinstimmung mit dem endgültigen § 25 Abs. 3 S. 3 wurde mit der Vorlage des Regierungsentwurfs auch der im Referentenentwurf unverändert gebliebene § Z 9 Abs. 3 S. 4 TKG-ArbE präzisiert. Dort war schlicht vorgesehen gewesen, dass „die Anrufung ... widerrufbar" ist. Eine kleinere materiellrechtliche Konsequenz ergab sich schließlich aus der Ersetzung der in § Z 9 Abs. 3 S. 1 Hs. 1 TKG-ArbE ursprünglich noch vorgesehenen **Textform** (§ 126b BGB) der Anrufung durch die Schriftform (§ 126 BGB) mit § 21 Abs. 3 S. 1 TKG-RefE.

§ 9 Abs. 5 TKG-ArbE unterschied sich vom jetzigen **§ 25 Abs. 5** in vier Details. Dass, zum **11** Ersten, nur die **„wesentlichen"** – und nicht uneingeschränkt alle – **Bedingungen** einer Zugangsvereinbarung zum zulässigen Anordnungsgegenstand erklärt wurden, änderte sich jedoch bereits mit § 21 Abs. 5 S. 1 TKG-RefE. Zum Zweiten sollten die möglichen Anordnungsbedingungen nach § 9 Abs. 5 S. 1 TKG-ArbE **„einschließlich" der Entgelte** sein. Die jetzige Formulierung – „sowie" – kam erstmals bei § 23 Abs. 5 S. 1 TKG-RegE zum Tragen.[8] Die beiden letzten Unterschiede betreffen schließlich die Begriffstrias des § 25

---

8 Festzuhalten ist insoweit allerdings, dass bereits § Z 9 Abs. 6 TKG-ArbE auf den Fall abstellte, dass „sowohl Bedingungen ... als auch die zu entrichtenden Entgelte" streitig sind, die „Entgelte" insoweit also von „Bedingungen" unterschied.

Abs. 5 S. 2. In dieser war zunächst der Begriff der „**Fairness**" verwendet worden. Mit § 23 Abs. 5 S. 2 TKG-RegE wurde er durch den Begriff der „Chancengleichheit" ersetzt. Außerdem wurde der ursprünglich – wohl versehentlich – verwendete Begriff der „**Rechtmäßigkeit**" mit § 21 Abs. 5 S. 2 TKG-RefE durch „Rechtzeitigkeit" ersetzt.

12 Etwas umfangreicheren Änderungen wurde hingegen der jetzige § 25 Abs. 6 unterzogen. § 9 Abs. 6 TKG-ArbE sah noch – in nur einem Satz – vor, dass die Regulierungsbehörde die Anordnung „in zwei Schritten" treffen „kann", „sofern" sowohl die Bedingungen als auch die Entgelte streitig sind. Diese Kann-Vorschrift wurde – ansonsten unverändert – durch § 21 Abs. 6 TKG-RefE zu einer Soll-Vorschrift. § 23 Abs. 6 TKG-RegE präzisierte die „zwei Schritte" als jeweils zu treffende „Teilentscheidungen" und fügte in einem zweiten Satz den jetzigen § 23 Abs. 6 S. 3 hinzu. Im parlamentarischen Verfahren wurde schließlich – mit dem Ziel der Klarstellung[9] – noch als neuer Satz 2 die Anordnung eingefügt, dass bei Teilentscheidungen für diese jeweils die Fristen des ersten Absatzes gelten.

D. EG-rechtliche Grundlage

13 § 25 dient der Umsetzung von **Art. 5 Abs. 4 ZRL**.[10] Nach dieser Richtlinienvorschrift muss „in Bezug auf Zugang und Zusammenschaltung" in zwei Fällen sichergestellt sein, dass die Regulierungsbehörde befugt ist, zur Gewährleistung der in Art. 8 RRL aufgeführten politischen Ziele tätig zu werden. Dies gilt zum einen in „begründeten Fällen", in denen die Regulierungsbehörde „aus eigener Initiative" tätig werden kann. Zum anderen betrifft es die Fälle, in denen zwischen den beteiligten Unternehmen keine Übereinkunft besteht und eine der Parteien ein entsprechendes Ersuchen an die Regulierungsbehörde richtet. Die Vorschrift ist **sehr vage gehalten**. Eine zusätzliche Konkretisierung der Umsetzungsverpflichtung könnte sich lediglich aus dem Verweis auf weitere Vorschriften am Ende der Norm ergeben, insbesondere auf das Streitschlichtungsverfahren des Art. 20 RRL. Insoweit ist allerdings auf zweierlei hinzuweisen: Zum einen betrifft der Verweis nur den **Regelungsgehalt von Art. 5 Abs. 4 ZRL**, d. h. diesbezügliche Umsetzungsmängel einer mitgliedstaatlichen Vorschrift bleiben Umsetzungsdefizite mit Blick auf Art. 5 Abs. 4 ZRL und begründen nicht etwa eine unvollständige Umsetzung von Art. 20 RRL. Zum anderen ist mit dem Verweis aber auch **keine umfassende Anordnung einer „entsprechend"en Geltung** bezweckt. Dies ergibt sich bereits aus der Nennung der „vorliegenden Richtlinie", die schwerlich in ihrer Gänze entsprechend im Rahmen eines Zugangsverfahrens angewendet werden könnte. Gemeint ist vielmehr – und das zeigt auch der Wortlaut der englischen („in accordance with") und der französischen („conformément aux") Sprachfassung –, dass das Tätigwerden **in Übereinstimmung** mit den Vorschriften der Zugangsrichtlinie und den Verfahren der Art. 6, 7, 20 und 21 RRL erfolgen muss. Das wird man so zu verstehen haben, dass das Tätigwerden der Regulierungsbehörde dem Regelungszweck der genannten Vorschriften und Verfahren entsprechen muss. Insbesondere aus den in Bezug genommenen Verfahren ergeben sich daher weitere Konkretisierungen für die Umsetzung von Art. 5 Abs. 4 ZRL. Insbesondere macht Art. 20 Abs. 1 RRL deutlich, dass am Ende des Verfahrens eine verbindliche Entscheidung stehen, mit Blick auf Art. 5 ZRL also eine Anord-

---

9 BT-Drs. 15/2679, S. 14.
10 Begründung zu § 23 TKG-RegE, BT-Drs. 15/2316, S. 66.

nungsbefugnis bestehen muss.[11] Dieser Streitbeilegungsfunktion wird es nicht gerecht, wenn man unter Verweis auf Art. 5 Abs. 3 ZRL die Festsetzung von Zusammenschaltungsentgelten gegenüber nichtmarktmächtigen Unternehmen für gemeinschaftsrechtswidrig hält.[12] Vielmehr ergibt sich aus Erwägungsgrund 6 der Richtlinie, dass die Regulierungsbehörden befugt sein sollten, den Zugang nicht nur als solchen, sondern „zu angemessenen Bedingungen sicherzustellen".

Bereits Art. 5 Abs. 4 ZRL sieht dabei die Subsidiarität eines Tätigwerdens auf Antrag vor, **14** da es nur erfolgen muss, „falls keine Übereinkunft" besteht. In den Grenzen der von Art. 5 Abs. 4 ZRL in Bezug genommenen Verfahren ist es dabei auch grundsätzlich möglich, eingriffsschwächere **Durchsetzungsinstrumente** vorzusehen. So ließe sich an ein gestuftes Verfahren denken, in dem die Regulierungsbehörde sich zunächst darauf beschränkt, unverbindliche Einigungsvorschläge zu unterbreiten.

Nur fragmentarische Vorgaben lassen sich Art. 5 Abs. 4 ZRL aber auch hinsichtlich von **15** **Form und Frist** eines Ersuchens einer beteiligten Partei und der **verfahrensmäßigen Ausgestaltung** des regulierungsbehördlichen Tätigwerdens entnehmen. Hier besteht folglich ebenfalls ein Umsetzungsspielraum des mitgliedstaatlichen Gesetzgebers. Mangels tatbestandlicher Einschränkungen dürfen allerdings an das „Ersuchen" einer Partei **keine allzu hohen**, nicht aus dem richtlinienrechtlichen Ziel begründbaren **Anforderungen** gestellt werden. Auch ergeben sich aus der notwendigen Übereinstimmung mit den in Bezug genommenen Verfahren der Rahmenrichtlinie – insbesondere mit dem allgemeinen Streitbeilegungsverfahren gemäß Art. 20 RRL – gewisse verfahrensmäßige Vorgaben. So wird auch bei einem Tätigwerden auf Anrufung eines Unternehmens hin eine **verbindliche Entscheidung** schnellstmöglich, grundsätzlich jedoch **spätestens innerhalb von vier Monaten** erfolgen müssen.

E. Einzelerläuterungen

I. Materielle Tatbestandsvoraussetzungen

1. Nichtzustandekommen einer Zugangsvereinbarung nach § 22 oder § 18 (Absatz 1 **16** Satz 1/Absatz 2).
– Erste Voraussetzung für eine Zugangsanordnung ist das Nichtzustandekommen einer Zugangsvereinbarung nach § 22 oder auf Grundlage von § 18. Dabei unterscheidet der Wortlaut zwischen einer „Zugangsvereinbarung" (nach § 22) und einer „Vereinbarung über Zugangsleistungen" (nach § 18). Was auf den ersten Blick wie überflüssige sprachliche Vielfalt aussieht, erweist sich bei näherer Betrachtung als **sachgerechte Differenzierung**. § 18 ist nämlich keine Parallelvorschrift zu § 22, sondern zu der vorgelagerten Norm des § 21. § 18 betrifft also nicht die (aufgrund einer entsprechenden Verpflichtung) eingegangene Vereinbarung, sondern vielmehr die Verpflichtung (entsprechende Vereinbarungen einzugehen). Die Wendung „nach § 18" bezieht sich demnach nicht auf den Gesamtzusammenhang der „Vereinbarung über Zugangsleistungen", sondern nur auf die „Zugangsleistungen". Entsprechend hätte der Gesetzgeber sich auch auf eine „Vereinbarung über Zugangsleistungen nach § 21" beziehen können; hier besteht jedoch gerade die Sondervorschrift des § 22, die sich bereits auf solche Vereinbarungen bezieht.

---

11 Für die Notwendigkeit einer Anordnungsbefugnis auch *Schütz/Attendorn*, MMR-Beilage 4/2002, 1, 37 f. und 39.
12 So aber *Bosch*, K&R 2005, 208, 213.

17 Nach § 25 Abs. 1 S. 1 ist zunächst nur entscheidend, dass **keine Vereinbarung zustande gekommen** ist. Dem Normtext zufolge wäre diese Voraussetzung daher etwa auch dann erfüllt, wenn schon keine Verhandlungen über den Zugang erfolgt sind. Eine **Engerführung** der diesbezüglichen Tatbestandsvoraussetzung ergibt sich jedoch aus der **systematischen Zusammenschau mit Absatz 3 Satz 2**. Zwar enthält die Vorschrift überwiegend *formelle* Anordnungsvoraussetzungen (dazu RdNr. 27 ff.). Nr. 3 ist jedoch nur vordergründig auf formale Aspekte beschränkt. Anders als die anderen bezieht sie sich nämlich nicht auf eine bloße Darlegung – etwa zum gewünschen Inhalt der Anordnung oder zu den Punkten, über die kein Konsens erzielt wurde –, sondern setzt ein bestimmtes Vorverhalten voraus („dass" statt „welchen", „wann", „bei welchen" und „Erläuterungen"). Aus der (scheinbaren) Darlegungspflicht ergibt sich somit der Sache nach die **vorgelagerte Pflicht, ernsthafte Verhandlungen zu führen** oder dies zumindest zu versuchen. Aus § 25 Abs. 3 S. 3 ergibt sich daher eine weitere Konkretisierung der materiellen Voraussetzung, dass eine Zugangsvereinbarung nicht zustande gekommen ist. Das **Scheitern von Zugangsverhandlungen** ist damit **materielle Tatbestandsvoraussetzung** einer Zugangsanordnung nach § 25 Abs. 1.[13]

18 In beiden Fällen des § 25 Abs. 1 ist somit eine entsprechende **Nachfrage** und die Bitte um Abgabe eines Angebots seitens des **Zugangspetenten** erforderlich. Solange noch gar kein **Angebot verlangt worden** ist, können die Verhandlungen weder als gescheitert angesehen werden[14] noch verweigert worden sein. Ferner muss die **Nachfrage** so **konkret** gewesen sein, dass die Abgabe eines darauf bezogenen Angebots möglich ist.[15] Auf die Anfrage hat der Zugangsverpflichtete sodann nicht oder mit keinem angemessenen Angebot reagiert. Weitere Anforderungen gegenüber dem Wettbewerber sind abzulehnen. Dies gilt beispielsweise für ein Erfordernis, dass der Zugangspetent bereits ein entsprechendes Netz aufgebaut hat, zu dem er eine Zusammenschaltung verlangt. Insoweit genügt auch eine hinreichend konkrete Planung.[16]

19 Auch im Übrigen ist die Latte für die Feststellung des Misslingens der Verhandlungen nicht zu hoch zu legen. Zwar soll die Regulierungsbehörde zum einen nicht in Verfahren hineingezogen werden, wenn die Möglichkeiten einer vertraglichen Einigung noch nicht ausgeschöpft sind. Deshalb setzt § 25 Abs. 1 S. 1 i. V. m. Abs. 3 S. 2 Nr. 3 ernsthafte Zugangsverhandlungen,[17] zumindest aber eine **ernsthafte Verhandlungsführung des Zugangspetenten** voraus. Da eine Zugangsanordnung gerade auch für den Zugangspetenten vorteilhaft

---

13 Wird in der Anrufung allerdings auch schon gar nicht (oder aber evident unzutreffend) dargelegt, dass Zugangsverhandlungen gescheitert sind, fehlt es freilich nicht erst und nur an einer materiellen Tatbestandsvoraussetzung für die Anordnung, sondern überdies bereits an einer zulässigen Anrufung.

14 So auch in Bezug auf § 37 TKG 1996 *Trute/Spoerr/Bosch*, § 37 RdNr. 6; zur Notwendigkeit einer Verhandlungsaufforderung siehe aus der ständigen Praxis der Regulierungsbehörde nur die Entscheidung RegTP, MMR 2002, 575, 576.

15 Ebenso erneut mit Blick auf § 37 TKG 1996 BeckTKG-Komm/*Piepenbrock*, § 37 RdNr. 1, und *Trute/Spoerr/Bosch*, § 37 RdNr. 6, unter Hinweis auf die Entscheidung der Regulierungsbehörde BK 4-98-026/Z 23.9.98. In dieser Entscheidung fehlte es zum Teil an einer hinreichend konkreten Nachfrage (Ziff. II.6, S. 9 des Entscheidungsumdrucks).

16 Siehe zu § 37 TKG 1996 ebenso *Trute/Spoerr/Bosch*, § 37 RdNr. 9, und aus der ständigen Entscheidungspraxis der Regulierungsbehörde exemplarisch die Entscheidung BK 4-98-006/Z 10.6.98, Ziff. II. 4. c, S. 12 des Entscheidungsumdrucks.

17 So zu § 37 Abs. 1 TKG 1996 auch RegTP, MMR 2002, 575, 576.

sein kann, besteht für ihn durchaus Anlass, die Verhandlungen scheitern zu lassen, um so die Voraussetzungen für ein Anordnungsverfahren zu schaffen. In diesen **Ausnahmefällen**, die sich durch besondere tatsächliche Anhaltspunkte belegen lassen müssen, fehlt es an der Ernsthaftigkeit der Verhandlungsführung. Dem (nur vorgeblichen) Zugangspetenten ist dann die Anrufungsmöglichkeit nach § 25 Abs. 1 S. 1 nicht eröffnet.

Dem Zugangsverpflichteten darf es auf der anderen Seite jedoch nicht möglich sein, durch **20** das Hinauszögern der Vertragsverhandlungen den Wettbewerber zu benachteiligen.[18] Als **zeitlicher Orientierungsmaßstab** kann dabei die Pflicht zur Angebotsvorlage nach § 22 herangezogen und auch auf den Fall des Zugangs nach § 18 übertragen werden: Hat demgemäß der Zugangsverpflichtete **drei Monate nach entsprechender Nachfrage kein Angebot** vorgelegt, kann schon allein deswegen von einem Scheitern der Verhandlungen ausgegangen werden. Eine **vergleichbar lange Zeit für die Durchführung der Verhandlungen** selbst erscheint als maximale Obergrenze ebenfalls angemessen. So kann der Zugangsverpflichtete auch bei der Durchführung mehrerer Parallelverhandlungen die auftretenden Probleme angemessen bewältigen.[19] Gleichwohl kann die Regulierungsbehörde auch auf eine zuvor erfolgte Anrufung hin entscheiden, sofern besondere Hinweise die Annahme rechtfertigen, dass die Verhandlungen gescheitert sind. Das ist beispielsweise der Fall, wenn der Zugangsverpflichtete Verhandlungen kategorisch ablehnt oder ein völlig ungenügendes Angebot unterbreitet. Jedenfalls wird es sich nur in den seltensten Fällen anbieten, dass die Regulierungsbehörde eine Anordnung nur deshalb ablehnt, weil sie noch die Möglichkeit zu einer vertraglichen Vereinbarung sieht. Vielmehr steht zu erwarten, dass in diesen Fällen die nach der abgelehnten Anrufung (erneut) aufgenommenen Verhandlungen neuerlich scheitern werden und sich die Gewährung des Zugangs weiter verzögert. Es dürfte daher regelmäßig allenfalls eine Aufforderung zur Einleitung eines Mediationsverfahrens nach § 124 in Betracht kommen.

Anders liegen die Dinge, wenn eine **Zugangsvereinbarung (bzw. Zusammenschaltungs- 21 vereinbarung**[20]**) bereits vorliegt.** Angesichts der „solange"-Formulierung in **Absatz 2** ist eine Anordnung insoweit unzulässig und daher rechtswidrig. Angesichts der zusätzlichen Beschränkung (**„soweit"**) ist darüber hinaus keine Anordnung in Bezug auf solche Punkte zulässig, über welche die Vertragsparteien bereits eine Vereinbarung getroffen haben.[21]

Die **Subsidiarität** der Zugangsanordnung bedingt auch, dass noch zu jedem Zeitpunkt **22 während des Anordnungsverfahrens** eine das Verfahren **erledigende vertragliche Vereinbarung** möglich ist.[22] Eine Anordnung wäre auch in diesem Fall unzulässig. § 25 Abs. 3 S. 3 gibt dem Zugangspetenten flankierend hierzu die Möglichkeit an die Hand, die Anrufung vor Abschluss des Anordnungsverfahrens jederzeit zu widerrufen (dazu RdNr. 31). Der in Absatz 2 zum Ausdruck kommende Gedanke des Vorrangs der privatau-

---

18 Siehe dazu den Hinweis in Bezug auf § 37 TKG 1996 bei *Trute/Spoerr/Bosch*, § 37 RdNr. 7. Aus der Regulierungspraxis siehe exemplarisch die Entscheidung der Regulierungsbehörde BK 4-98-020/Z 21.8.98, Ziff. II. 3. a.aa, S. 9 des Entscheidungsumdrucks.
19 Siehe dazu die Ausführungen der Regulierungsbehörde mit Blick auf § 37 TKG 1996 in der Entscheidung BK 4-98-020/Z 21.8.98, Ziff. II. 3. a.aa, S. 9 ff. des Entscheidungsumdrucks.
20 Die Nennung der „Zusammenschaltungsvereinbarung" neben der Zugangsvereinbarung in Absatz 2 ist nur aus der Genese zu erklären, da ursprünglich auch in Absatz 1 dieser besondere Fall der (gegenseitigen) Zugangsvereinbarung hervorgehoben war (siehe RdNr. 9).
21 Ebenso zum insoweit wortgleichen § 37 TKG 1996 *Trute/Spoerr/Bosch*, § 37 RdNr. 8, m. w. N.
22 Ebenso erneut mit Blick auf § 37 TKG 1996 BeckTKG-Komm/*Piepenbrock*, § 37 RdNr. 10.

tonomen Vereinbarung verlangt aber auch über den Zeitpunkt des Anordnungserlasses hinaus Geltung.[23] Dem steht auch der Wortlaut des § 25 Abs. 2 nicht entgegen, der umfassend die Zulässigkeit der „Anordnung" regelt und nicht wie § 25 Abs. 3 S. 3 auf ihren Erlass beschränkt ist. Vielmehr liefe der „solange"-Vorbehalt jedenfalls im Bereich der nicht von Amts wegen eingeleiteten Verfahren weitgehend leer, wenn er nur bis zum Erlass einer Zugangsanordnung gelten würde. Denn bis zu diesem Zeitpunkt ist die Anrufung nach § 25 Abs. 3 S. 3 ohnehin frei widerrufbar. Eine Zugangsanordnung muss daher – über entsprechende Widerrufsvorbehalte oder eine (zumindest implizite) inhaltlich-zeitliche Beschränkung – auch den **Vorrang** von dem Erlass erst **nachfolgenden privatautonomen Zugangsvereinbarungen** sicherstellen.[24] Für das Verhältnis zwischen den Parteien einer privatautonom verhandelten Zugangsvereinbarung wird es jedenfalls aus rechtspraktischen Erwägungen darüber hinaus keine Rolle spielen, ob die Zugangsanordnung entsprechend beschränkt ist (vgl. RdNr. 76). Zu der in Absatz 4 vorgesehenen Möglichkeit einer Ex-officio-Anordnung steht die Subsidiarität allerdings in einem gewissen Spannungsverhältnis (siehe hierzu RdNr. 33).

23 § 25 Abs. 2 setzt eine Zugangsvereinbarung voraus. Das legt die Annahme nahe, dass die **Subsidiarität** auf das **„Wie"** des Zugangs beschränkt ist. Die Beteiligten wären dann nicht in der Lage, durch eine nachfolgende Vereinbarung den Zugang zu beenden, also über das „Ob" des Zugangs zu disponieren. Das erscheint freilich schon angesichts des „solange"-Vorbehaltes im hier zugrunde gelegten Sinne (RdNr. 22) zweifelhaft. Setzt das Zustandekommen einer nachfolgenden Zugangsvereinbarung der Zulässigkeit einer Zugangsanordnung eine zeitliche Grenze, könnten die Beteiligten die Vereinbarung nach deren Zustandekommen jederzeit privatautonom beenden. Dann wäre es aber eine **bloße Förmelei**, auf dem Zwischenschritt einer Zugangsvereinbarung zu beharren. Eine Beschränkung der Subsidiarität auf das „Wie" des Zugangs erscheint des Weiteren auch deshalb zweifelhaft, weil die Beteiligten dann die Bedingungen des Zugangs so festlegen können, dass die Inanspruchnahme des Zugangs wirtschaftlich unsinnig und damit faktisch ausgeschlossen wird. Dann ist es aber aus Gründen der Rechtssicherheit vorzugswürdig, **auch** die **Entscheidung über das „Ob" des Zugangs** – in Form einer „negativen Zugangsvereinbarung" – in ihre Hände zu legen.

24 **2. Vorliegen der Voraussetzungen für eine Zugangsverpflichtung (Absatz 1 Satz 1).** – Probleme wirft auch die zweite Voraussetzung nach Absatz 1 Satz 1 auf, der zufolge die Voraussetzungen für eine Zugangsverpflichtung nach § 21 bzw. nach § 18 vorliegen müssen. Dabei gilt der wichtige regulatorische Unterschied zwischen § 18 und § 21 auch für die Befugnis zum Erlass einer Zugangsanordnung: Während im Fall von § 18 auch Unternehmen, die nicht über beträchtliche Marktmacht verfügen, Adressaten der Zugangsanordnung sein können, ist in Bezug auf § 21 das Vorliegen **beträchtlicher Marktmacht** Anordnungsvoraussetzung. Auslegungsschwierigkeiten entstehen aber dadurch, dass die Regulierungsbehörde sowohl bei § 18 als auch bei § 21 über ein Entschließungsermessen verfügt. Dies wirft die Frage auf, ob Zugangspetenten quasi über die Hintertür die (bilaterale) **Anordnung** (global) **nicht auferlegter Zugangsverpflichtungen** erreichen können. Zwar könnte der Wortlaut des § 25 Abs. 1 S. 1 in diese Richtung verstanden werden, da bloß auf die **Voraussetzungen** der Verpflichtung zur Zugangsgewährung und nicht auf die **Auferle-**

---

23 So für § 37 TKG 1996 auch *Koenig/Loetz*, K&R 1999, 298, 304; *Röhl*, Die Regulierung der Zusammenschaltung, S. 228.
24 Ähnlich auch für § 37 TKG 1996 *Riehmer*, MMR 1998, 59, 63.

gung einer entsprechenden Verpflichtung selbst und damit scheinbar auf ein Minus abgestellt wird. Allerdings kann die Formulierung auch umgekehrt als Plus verstanden werden, nämlich dass nicht nur die entsprechende Verpflichtung auferlegt worden sein muss, sondern der Zugangspetent auch noch zum Kreis der Zugangsberechtigten (etwa als Betreiber eines öffentlichen Telekommunikationsnetzes im Fall des § 18) zählen muss. Überdies sprechen systematische und teleologische Argumente gegen eine entsprechende „Umgehung" der §§ 18 und 21:[25] So sieht § 21 Abs. 1 sogar explizit ein Antragsrecht für die Auferlegung abstrakter Pflichten vor. Dieses liefe weitgehend leer, wenn nach dem Scheitern entsprechender Verhandlungen direkt eine Anordnung begehrt werden könnte. Auch würde das Entschließungsermessen von § 18 und § 21 überspielt, wenn im Rahmen der Anordnung nach § 25 Abs. 1 diese zwingend beim bloßen Vorliegen der Voraussetzungen der besagten Normen zu erfolgen hätte. Schließlich ist es vom Zweck der Vorschrift her sinnvoll, dass zunächst abstrakte Pflichten geschaffen werden, die dann in einem zweiten Schritt im Rahmen konkreter Anordnungen vollzogen werden. Es ist jedoch einzuräumen, dass als gewichtiges Gegenargument das Problem der Verzögerungsgefahren bei entsprechendem zweischrittigen Vorgehen bleibt, zumal das Marktanalyseverfahren mit erheblichen zeitlichen Verzögerungen verknüpft ist.

II. Anrufung durch Beteiligten als formelle Tatbestandsvoraussetzung (Absatz 3)

1. Anrufung durch einen Beteiligten. – § 25 Abs. 1 S. 1 sieht nach wie vor als **Standard-** 25 **fall** vor, dass die Regulierungsbehörde nicht von sich aus tätig wird (dazu RdNr. 32 f.), sondern von einem „der an der zu schließenden Zugangsvereinbarung Beteiligten" angerufen wird. In der Regel wird dies der **Zugangspetent** sein.

2. Schriftform der Anrufung. – Abweichend von § 10 VwVfG sieht § 25 Abs. 3 S. 1 26 Hs. 1 das Schriftformerfordernis für die Anrufung vor. Die Sinnhaftigkeit eines Schriftformerfordernisses ergibt sich bereits aus der in § 25 Abs. 3 S. 1 Hs. 2 normierten umfangreichen Begründungspflicht (dazu RdNr. 27 ff.). Das Schriftformerfordernis bezieht sich **nur auf die Anrufung**, nicht auf das weitere Verfahren. Insoweit gilt weiterhin der Grundsatz der Nichtförmlichkeit nach § 10 S. 1 VwVfG,[26] sofern im TKG nicht weitere Verfahrensbesonderheiten vorgesehen sind (wie etwa der Grundatz der mündlichen Verhandlung in § 135 Abs. 3 S. 1). § 25 Abs. 3 S. 1 Hs. 1 stellt damit eine lex specialis zur im Übrigen üblichen nichtförmlichen Verfahrenseinleitung nach § 134 Abs. 1 dar.[27]

3. Qualifizierte Begründung. – Auch § 9 Abs. 2 NVZ 1996 kannte bereits eine qualifi- 27 zierte Begründungspflicht. Die allgemeine Begründungspflicht des § 25 Abs. 3 S. 1 Hs. 2 ist im Vergleich zu § 9 Abs. 2 NZV 1996 in § 25 Abs. 3 S. 2 noch einmal näher spezifiziert worden. Wie bislang muss dargelegt werden, „wann der Zugang und welche konkreten Leistungen dabei nachgefragt worden sind" (Nr. 2) und „bei welchen Punkten keine Eini-

---

25 Im Ergebnis ebenfalls die tatsächliche Auferlegung einer Zugangsverpflichtung fordernd etwa *Heun*, CR 2003, 485, 490 f. (für § 21 TKG-RefE); *Koenig/Winkler*, MMR 2004, 783, 786; *Schütz*, Kommunikationsrecht, RdNr. 348 (S. 159).
26 Darauf weist auch BeckTKG-Komm/*Piepenbrock*, Anh § 39 § 9 NZV RdNr. 7, in Bezug auf den insoweit wortgleichen § 9 Abs. 2 S. 1 Hs. 1 NZV 1996 hin.
27 Ebenso in Bezug auf das Verhältnis zwischen § 9 NZV 1996 und § 74 Abs. 1 TKG 1996 BeckTKG-Komm/*Piepenbrock*, Anh § 39 § 9 NZV RdNr. 7.

gung erzielt worden ist" (Nr. 4). Neu ist allerdings das Erfordernis darzulegen, „welchen genauen Inhalt die Anordnung der Regulierungsbehörde haben soll" (Nr. 1), „dass ernsthafte Verhandlungen stattgefunden haben oder Verhandlungen vom Anrufungsgegner verweigert worden sind" (Nr. 3) sowie „im Falle des Begehrens bestimmter technischer Maßnahmen Erläuterungen zu deren technischer Ausführbarkeit" (Nr. 5).

28 Der Nachweis ernsthafter Verhandlungen bzw. einer Verhandlungsverweigerung des Zugangsverpflichteten in Nr. 3 erlaubt der Regulierungsbehörde, das Vorliegen einer insoweit implizierten materiellen Anordnungsvoraussetzung (RdNr. 17) zu überprüfen. Die genaue Darlegung der strittigen Punkte in Nr. 4 betont die grundsätzliche **Subsidiarität** der Zugangsanordnung (siehe dazu RdNr. 21 ff.) und ermöglicht es der Regulierungsbehörde, sich im Anordnungsverfahren im Wesentlichen auf diese Punkte zu konzentrieren. Die Darlegung des Zeitpunkts des Zugangsbegehrens in Nr. 2 verweist auf das Erfordernis, dass grundsätzlich nur nach Ablauf bestimmter **Angebots- und Verhandlungsfristen** eine Anordnung möglich ist (dazu RdNr. 20).

29 Die neuen Pflichten zur Angabe des genauen Inhalts der erwünschten Anordnung in Nr. 1 und die Hinweise zur technischen Ausführbarkeit bestimmter begehrter technischer Maßnahmen in Nr. 5 unterstreichen den Charakter des Begründungsgebots als **Mitwirkungspflicht**,[28] die insbesondere angesichts der knappen Entscheidungsfrist die Sachverhaltsaufklärung zu Teilen dem anrufenden Unternehmen überantwortet. Auch wenn damit der Amtsermittlungsgrundsatz eingeschränkt wird, bleibt es gleichwohl dabei, dass die Regulierungsbehörde ihre Ermittlungsmöglichkeiten nach §§ 126 bis 129 ausschöpfen muss, um den Sachverhalt aufzuklären. Auch wird durch die Mitwirkungspflicht nicht eine zivilrechtliche Darlegungslastverteilung begründet.[29] Vielmehr ist der Antrag auf Erlass einer Anordnung im Fall einer **mangelnden Begründung** als **unzulässig** abzulehnen. Allerdings ist ein entsprechender Hinweis der Regulierungsbehörde gegebenenfalls mit Fristsetzung zu verlangen.[30]

30 Die Formulierung „[i]nsbesondere" weist darauf hin, dass die Begründungspflicht noch weitere Aspekte erfassen kann. So sollten insbesondere Hinweise erfolgen, warum die Verhandlungen gescheitert sind, sofern sie nicht gänzlich vom Zugangsverpflichteten verweigert worden sind. Dieses Erfordernis erschöpft sich jedoch regelmäßig in der Darlegung der strittigen Punkte nach Nr. 4. Hier können aber gegebenenfalls weitere Hinweise erfolgen, welche Punkte eine Einigung insbesondere unmöglich gemacht haben. Schließlich darf das Erfordernis der Anordnungskonkretisierung nicht dahin gehend missverstanden werden, dass keine **Antragsänderung** mehr möglich wäre.[31] Nur so kann noch im Verfahren auf etwaige neue Erkenntnisse reagiert werden.[32] Gegebenenfalls ist dann die Frist nach § 25 Abs. 1 S. 2 entsprechend zu verlängern (dazu RdNr. 36), oder der Antrag ist als

---

28 Vgl. BeckTKG-Komm/*Piepenbrock*, Anh § 39 § 9 NZV RdNr. 8 ff.
29 Missverständlich daher BeckTKG-Komm/*Piepenbrock*, Anh § 39 § 9 NZV RdNr. 8 f., für den weitgehend parallelen § 9 NZV 1996.
30 So wiederum auch BeckTKG-Komm/*Piepenbrock*, Anh § 39 § 9 NZV RdNr. 11, in Bezug auf § 9 NZV 1996.
31 *Schütz*, Kommunikationsrecht, RdNr. 368 (S. 174).
32 So schon in Bezug auf § 37 TKG 1996 *Trute/Spoerr/Bosch*, § 37 RdNr. 13, mit Verweis auf die Entscheidung der Regulierungsbehörde BK 4-98-040/Z 10.11.98, in der eine Unzulässigkeit des ergänzten Antrags daher abgelehnt wird (Ziff. II. 3., S. 6 des Entscheidungsumdrucks).

Neuantrag zu verstehen, mit der Folge, dass die Zehn-Wochen-Frist erneut läuft. Letzteres ist nur bei erheblichen Antragsänderungen anzunehmen.[33]

4. Widerrufbarkeit der Anrufung, Rechtsfolge. – Nach Absatz 3 Satz 3 ist die Anrufung **31** bis zum Erlass der Anordnung jederzeit widerrufbar. Dies kann insbesondere dann der Fall sein, wenn der Zugangspetent kein weiteres Interesse am Zugangsobjekt hat oder zwischenzeitlich eine Vereinbarung erzielt worden ist. Nach Absatz 2 ist eine Anordnung in diesem zweiten Fall ohnehin unzulässig. Mit dem Widerruf der Anrufung hat sich das Anordnungsverfahren grundsätzlich **erledigt**. Unter den Voraussetzungen des Absatzes 4 kann die Regulierungsbehörde aber gegebenenfalls **ex officio** tätig werden (dazu RdNr. 32 f.). **Nach Erlass** der Anordnung ist zwar das Verwaltungsverfahren nicht mehr rückgängig zu machen. Gleichwohl bleibt es den Parteien angesichts des Grundsatzes der Subsidiarität unbenommen, eine **abweichende zivilrechtliche Vereinbarung** zu treffen (siehe dazu RdNr. 22).

III. Verfahrenseinleitung ex officio (Absatz 4)

Die Ex-officio-Handlungsoption der Regulierungsbehörde ist eine der bedeutenderen Änderungen des § 25 gegenüber § 37 TKG 1996. Sie ist in Art. 5 Abs. 4 S. 2 ZRL „in begründeten Fällen" vorgegeben. Angesichts der Weite der in Bezug genommenen Regulierungsziele zur Begründung einer Ex-officio-Tätigkeit könnte der falsche Eindruck entstehen, dass die Hürde für ein Handeln von Amts wegen niedrig wäre. Gerade die gemeinschaftsrechtliche Vorgabe zeigt jedoch, dass dies eher der **Ausnahmefall** sein soll. Ein derartiger begründeter Fall kann etwa dann vorliegen, wenn ein kleinerer Wettbewerber vor der Marktmacht des Marktbeherrschers zurückschreckt und einen entsprechenden Antrag zurückzieht. Gerade wenn es sich um einen Zugangsinhalt handelt, der auch für weitere Zugangsbegehren von Interesse sein kann, wird eine Tätigkeit ex officio angezeigt sein. Angesichts dieser Aspekte und der Komplexität einer Anordnungsentscheidung (siehe dazu RdNr. 55) wird der Regulierungsbehörde ein **weites Entschließungsermessen** einzuräumen sein. Kein Fall eines Einschreitens von Amts wegen nach Absatz 4 liegt vor, wenn in einem Anrufungsverfahren der Zugangsverpflichtete – etwa nach Erlass einer ersten Teilentscheidung (Absatz 6 Satz 1) – keinen Entgeltvorschlag unterbreitet. Denn zum einen ist die Regulierungsbehörde an diesen ohnehin nicht gebunden (RdNr. 53). Und zum anderen ist Anordnungsvoraussetzung nur die (ursprüngliche) Anrufung durch einen Beteiligten – regelmäßig den Zugangspetenten – und nicht ein weiterer Mitwirkungsakt des Anrufenden oder gar des anderen Beteiligten. Das Anordnungsverfahren läuft also **aufgrund der Anrufung** nach Erlass der ersten Teilentscheidung weiter, eines zusätzlichen Grundes für die Verfahrenseinleitung oder -weiterführung bedarf es nicht (siehe auch RdNr. 63).

Die Möglichkeit der **Ex-officio-Anordnung** nach Absatz 4 steht in einem Spannungsver- **33** hältnis zur Subsidiarität behördlichen Handelns gegenüber der privatautonomen Vertragsgestaltung (dazu RdNr. 21 ff.). Will man die Ex-officio-Handlungsmacht nicht weitgehend leer laufen lassen, wird man eine nachträglich abweichende zivilrechtliche Vereinbarung

---

[33] So grundsätzlich in Bezug auf § 37 TKG 1996 *Trute/Spoerr/Bosch*, § 37 RdNr. 13, mit Verweis auf die Entscheidung der Regulierungsbehörde BK 4-98-040/Z 10.11.98 (dort erneut Ziff. II. 3., S. 6 des Entscheidungsumdrucks).

insbesondere über das „Ob" des Zugangs (der ja gerade auch im Drittinteresse erfolgen kann) skeptisch betrachten müssen. Geht man allerdings vor allem vom Zweck des Schutzes des kleineren Wettbewerbers aus, der nicht gegen den Marktbeherrscher vorzugehen wagt, kann „die Umkehrung der Situation" als genügend angesehen werden. Da die Behörde das Risiko der Intervention getragen hat und bei ihrem Erfolg das betroffene Unternehmen nur noch am Status quo der durch die Anordnung begründeten Rechte und Pflichten festhalten muss, erscheint ein **Ausschluss einer anschließenden vertraglichen Abänderungsmöglichkeit** als **nicht geboten**.

IV. Anordnungsfrist (Absatz 1)

34   Die Fristenregelung wurde gegenüber dem TKG 1996 erheblich erweitert. Die dortige sehr knappe Frist von sechs plus vier Wochen[34] wurde jetzt auf zehn Wochen mit Verlängerungsmöglichkeit auf vier Monate **ausgedehnt**. Dies ist in Anbetracht der Komplexität der Anordnungsentscheidungen angemessen. Angesichts der Regelzeit von zehn Wochen tritt auch keine unangemessene Verfahrensverzögerung für die Wettbeweber ein. In Sonderfällen besteht überdies die Möglichkeit, vorläufige Anordnungen nach § 130 zu erlassen. Trifft die Regulierungsbehörde keine Entscheidung innerhalb der vorgesehenen Fristen, kann dies einen **Amtshaftungsanspruch** des anrufenden Unternehmens begründen.

35   Die Regulierungsbehörde hat nach Absatz 1 Satz 1 **zehn Wochen** ab Anrufung Zeit, um eine Anordnung zu erlassen. Für die **Fristberechnung** gilt § 31 VwVfG, der in den Absätzen 2 bis 5 eigene Regelungen trifft und nach Absatz 1 Satz 1 ergänzend die §§ 187 bis 193 BGB heranzieht. **Fristbeginn** ist der Eingang der Anrufung bei der Regulierungsbehörde. Sofern wesentliche Begründungselemente fehlen oder der beantragte Anordnungsinhalt modifziert werden soll, kann dies einen erneuten Fristlauf bedingen (siehe dazu RdNr. 30). Da § 25 keine besondere Regelung für den Fristlauf bei **Ex-officio-Anordnungen** trifft, wird man Absatz 1 analog – ab Verfahrenseinleitung – anwenden müssen. Auch insoweit ist also ein Vermerk mit entsprechendem Datum der Verfahrenseinleitung anzufertigen, und dieses Datum ist den betreffenden Unternehmen mitzuteilen.

36   Ausnahmsweise kann die Frist auf **höchstens vier Monate** verlängert werden. Dabei ist zu betonen, dass das Verfahren **auf** vier Monate und nicht **um** vier Monate verlängert wird. Eine entsprechende Entscheidung muss innerhalb der Zehn-Wochen-Frist erfolgen. Die Entscheidung ist zu begründen. Als entsprechende Sondersituationen sind insbesondere solche Fälle denkbar, in denen **Grundsatzfragen** zu klären sind. Aus der bisherigen Regulierungspraxis ist die erstmalige Anwendung des neuen Telekommunikationsrechts zu nennen. Mit Blick auf das frühere Telekommunikationsrecht kann etwa auf die schwierige Frage der Behandlung des so genannten „Rein-raus"-Verkehrs verwiesen werden, also der Fälle, bei denen die Zuführungs- und Terminierungsleistung am selben Ort der Zusammenschaltung liegt.[35] Darüber hinaus wird in der Begründung zum Gesetzentwurf darauf hingewiesen, dass eine Fristverlängerung auch im Fall der Schwierigkeiten bei der Ermittlung technischer Sachverhalte in Betracht kommt.[36] In der bereits zitierten Auseinandersetzung um die Behandlung des atypischen „Rein-raus"-Verkehrs ging es im Ergebnis auch um ei-

---

34 Dazu kritisch BeckTKG-Komm/*Piepenbrock*, § 37 RdNr. 8; *Trute/Spoerr/Bosch*, § 37 RdNr. 13.
35 Siehe BeckTKG-Komm/*Piepenbrock*, § 37 RdNr. 21 und 24, sowie RegTP, MMR 1999, 430.
36 BT-Drs. 15/2316, S. 66.

ne technische Frage, nämlich die, inwiefern diesbezügliche Sonderanforderungen zulässig sind, um die Netzintegrität zu gewährleisten.

Schließlich ist darauf hinzuweisen, dass **Satz 1** eine **Anhörung** der Beteiligten vorsieht. **37** Diese gesonderte Erwähnung ist an sich überflüssig, da es sich beim Anordnungsverfahren nach § 25 um ein Beschlusskammerverfahren nach § 132 Abs. 1 S. 1 handelt, für das nach § 135 Abs. 1 ohnehin eine Anhörungspflicht greift. Insofern betont § 25 Abs. 1 S. 1 lediglich die besondere Bedeutung dieser Anhörung.

V. Inhalt der Zugangsanordnung (Absatz 5)

Der Inhalt von Zugangsanordnungen kann **äußerst vielfältig** sein.[37] Dabei haben die Ab- **38** sätze 5 und 6 einige Präzisierungen der denkbaren Inhalte vorgenommen und so einige zuvor unter dem TKG 1996 umstrittene Fragen eindeutig beantwortet.

1. Weitreichender Anordnungsinhalt. – Dies gilt angesichts der weiten Formulierung **39** „**alle Bedingungen einer Zugangsvereinbarung**" und der Ergänzung „**sowie die Entgelte**" insbesondere für die bislang umstrittene Frage, inwiefern auch Entgelte Gegenstand einer Anordnung sein können.[38] Diese Frage wurde nun positiv entschieden. Insgesamt macht der Wortlaut des Absatzes 5 deutlich, dass ganz umfassend **sämtliche denkbaren Inhalte einer vertraglichen Zugangsvereinbarung** auch Gegenstand einer Anordnung sein können.[39] Die Begründung zum Gesetzentwurf führt weiter aus, dass zu den genannten Bedingungen all diejenigen der Anlage zur NZV 1996 gehören können. Diese reichen von einer Einigung über Interoperabilitätstests bis hin zu Maßnahmen zur Personalschulung.[40] Ergänzend führt die Begründung weiter „konkrete Vertragsbestandteile, wie etwa: Sicherheitsleistung, Kündigungsrecht, Bereitstellungsfristen, Informationsrechte, Schadensersatzklauseln (für beide Vertragspartner)" an. Der konkrete Inhalt der Zugangsanordnung muss im Übrigen in einem hinreichenden Zusammenhang mit der hauptsächlich beantragten Zugangsleistung stehen, also etwa der Terminierung, Zuführung und dem Transit im Fall der Zusammenschaltung.[41]

2. Umfassende inhaltliche Maßstäbe. – Schon aus Gründen der **legislativen Bestimmt-** **40** **heit**[42] hat der Gesetzgeber in Absatz 5 ausdrücklich die Maßstäbe der Anordnung festgelegt. Ferner sieht **Satz 2** die Möglichkeit vor, dass die Regulierungsbehörde Bedingungen mit Anforderungen in Bezug auf die „**Chancengleichheit, Billigkeit und Rechtzeitigkeit**" verbinden darf. Diese Anforderungstrias taucht an verschiedenen Stellen des Abschnitts über die Zugangsregulierung auf. So kann die Regulierungsbehörde Unternehmen

---

37 Zur Regulierungspraxis bezüglich der Anordnung von Zusammenschaltungen nach § 37 TKG 1996 siehe BeckTKG-Komm/*Piepenbrock*, § 37 RdNr. 15 bis 29.

38 Siehe dazu RdNr. 56, m. w. N.

39 *Schütz*, Kommunikationsrecht, RdNr. 352 (S. 160 f.). Dies soll wohl auch die kryptische Begründung zum Gesetzentwurf zum Ausdruck bringen: „Maßstab der Überprüfung soll das sein, was im Rahmen der allgemeinen zivilrechtlichen Gesetze ‚üblich' ist." Diese Formulierung könnte sich allerdings auch auf die Überprüfung nach Absatz 5 Satz 2 beziehen, dazu RdNr. 40 ff.

40 Die Anlage ist abgedruckt bei BeckTKG-Komm/*Piepenbrock*, Anlage Anh § 39 (S. 711).

41 *Schütz*, Kommunikationsrecht, RdNr. 352 (S. 161). Siehe entsprechend zu § 37 TKG 1996 *Trute/Spoerr/Bosch*, § 37 RdNr. 19, m. w. N.

42 Siehe dazu gerade mit Blick auf die Umsetzung der gemeinschaftsrechtlichen Vorgaben *Koenig/Loetz/Neumann*, Die Novellierung des Telekommunikationsgesetzes, 2003, S. 64 ff.

mit beträchtlicher Marktmacht einem Diskriminierungsverbot unterwerfen, das nach § 19 Abs. 1 gleichermaßen die Erfordernisse der „Chancengleichheit und Billigkeit" enthält. In Bezug auf die Verpflichtung von Unternehmen mit beträchtlicher Marktmacht nach § 23, ein Standardangebot abzugeben, sieht Absatz 3 Satz 3 dieselbe Anforderungstrias vor. Die ausdrückliche Normierung der Anforderungstrias wird generell als gesetzgeberische Reaktion auf die restriktive Rechtsprechung zu § 33 TKG 1996 zu verstehen sein, die entsprechenden Kompetenzen der Regulierungsbehörde zur Vertragskontrolle ablehnend gegenüberstand.[43] Angesichts der unterschiedlichen Regelungsgehalte – Missbrauchskontrolle dort, Anordnungskompetenz hier – scheint es durchaus zweifelhaft, ob diese Normierung in der Sache erforderlich war; ihr wird daher eher klarstellende Funktion zukommen.[44]

41 Die Begründung zum Gesetzentwurf zu § 23 Abs. 3 S. 3 macht deutlich, wie weit die Vorstrukturierung der Vertragsbedingungen reichen kann, wenn darauf verwiesen wird, dass auch Vorgaben hinsichtlich der Aufnahme von **Vertragsstrafen** gemacht werden können. Dies gilt für § 25 erst recht: Auch hier können Vertragsstrafen – bzw. angesichts der öffentlich-rechtlichen Wirkung von Zugangsanordnungen (RdNr. 78): vertragsstrafenähnliche Sanktionen – angeordnet werden, sofern sie vor allem eine Rechtzeitigkeit der Zugangsgewährung sichern sollen (dazu RdNr. 48). Schließlich greift die **Anforderungstrias** nicht nur für die nichtpreislichen Bedingungen, sondern **auch für die Entgelte**. Zwar mag die Formulierung in Satz 1 „alle Bedingungen … sowie die Entgelte" so verstanden werden, dass die Entgelte nicht zu den Bedingungen gehören, mit der denkbaren Folge, dass sie nicht von Satz 2, der sich nur auf „Bedingungen" bezieht, erfasst wären. Doch zum einen sind Entgelte als besondere Bedingungen aufzufassen (vgl. aber die Hinweise zur diesbezüglichen Entstehungsgeschichte in RdNr. 11), zum anderen lautet die Formulierung „mit Bedingungen" und nicht „Die Regulierungsbehörde darf *die* Bedingungen in Bezug auf … anreichern" o. Ä. Insofern kann sich die Anforderungstrias dem Wortlaut nach auch auf die Entgelte beziehen. Dies ist auch sinnvoll, da sich beispielsweise Aspekte der Chancengleichheit an den Entgelten genauso gut festmachen lassen wie an den sonstigen Bereitstellungsbedingungen.

42 Im Einzelnen stellt das Erfordernis der **Chancengleichheit** insbesondere darauf ab, dass die Vertragsbedingungen so gestaltet werden, dass der Zugangspetent in einen chancengleichen Wettbewerb sowohl mit dem Zugangsverpflichteten als auch gegenüber weiteren Wettbewerbern treten kann. Insoweit wird Bezug genommen auf das Regulierungsziel des **chancengleichen Wettbewerbs** in § 2 Abs. 2 Nr. 2 (siehe die dortige Kommentierung). Chancengleichheit im Sinne des TKG betrifft damit vorrangig Fragen des möglichst ungehinderten Marktzutritts.[45] Im Grunde geht es vor allem in formaler Hinsicht um ein **Diskriminierungsverbot**.[46] Die Zugangsbedingungen müssen so definiert werden, dass grundsätzlich im Rahmen einer Meistbegünstigung der Zugangsberechtigte dieselben Bedingungen eingeräumt bekommt wie ein anderer interner oder externer Vertragspartner des zugangsverpflichteten Unternehmens. Damit wird nicht nur der Grundsatz „interne Behandlung gleich externe Behandlung" eingefordert, sondern auch eine gleiche Behandlung

---

43 *Thomaschki*, K&R-Beilage 1/2004, 21, 22.

44 Siehe auch *Thomaschki*, K&R-Beilage 1/2004, 21, 22 („Klarstellung").

45 Vgl. zur parallelen Diskussion des Regulierungsziels des „chancengleichen Wettbewerbs" nach § 2 Abs. 2 Nr. 2 TKG 1996 *Koenig/Vogelsang/Kühling/Loetz/Neumann*, Funktionsfähiger Wettbewerb auf den Telekommunikationsmärkten, S. 147 f.

46 Dazu ähnlich zum § 33 TKG 1996 *Trute/Spoerr/Bosch*, § 33 RdNr. 44 f.

der verschiedenen externen Nachfrager. Dies entspricht dem Ansatz des § 20 Abs. 1 GWB, der eine unterschiedliche Behandlung gleichartiger Unternehmen ohne sachlichen Grund verbietet.

Dabei muss allerdings ganz im Sinne des Gleichheitssatzes aus Art. 3 GG lediglich „we- **43** sentlich Gleiches gleich behandelt" werden. Es darf also entsprechend der so genannten neuen Formel ein Nachfrager gegenüber einem anderen Nachfrager nur dann anders behandelt werden, wenn zwischen der Nachfrage der beiden Unternehmen ein Unterschied von solchem Gewicht besteht, dass die ungleiche Behandlung gerechtfertigt ist.[47] D. h. beispielsweise, dass Sicherheitsleistungen durchaus anhand von unterschiedlichen Bonitätsbewertungen der nachfragenden Unternehmen differenziert werden dürfen. Dies entspricht sodann dem sachlichen Grund im Sinne des § 20 Abs. 1 GWB.

Vor diesem normativen Hintergrund der Chancengleichheit wäre die Forderung **nichtrezi- 44 proker** Zusammenschaltungsentgelte[48] jedenfalls nicht mit dem Argument zu begründen, dass ein kleineres (gegebenenfalls nach § 18 reguliertes) Unternehmen angesichts geringerer Skalenerträge höhere Bereitstellungskosten aufweist und daher höhere Entgelte verlangen könnte, die gerade eine fehlende Diskriminierung belegen.[49] Vielmehr stellt sich vor dem Hintergrund der Billigkeit der Entgelte die Frage ihrer Rechtmäßigkeit, und allenfalls Erwägungen einer materialen Chancengleichheit könnten derartige Entgelte legitimieren. Die Frage nichtreziproker Entgelte ist damit keine solche der (formalen) Diskriminierungsfreiheit, solange das jeweils betreffende Unternehmen jedenfalls internen oder externen Nachfragern keine divergierenden Entgelte für vergleichbare Leistungen in Rechnung stellt. Unabhängig davon greifen insoweit ohnehin nach Absatz 5 Satz 3 die Bestimmungen der §§ 27 bis 38 (dazu sogleich RdNr. 49 ff.).

Das Erfordernis der Chancengleichheit kann schließlich als eine über die **formale Gleich- 45 behandlung** hinausgehende **materiale Chancengleichheit** verstanden werden.[50] Dabei bedarf es jedoch eines erheblichen Begründungsaufwands, wenn ausnahmsweise eine formale Ungleichbehandlung zur Durchsetzung einer materialen Chancengleichheit angeordnet werden soll. Dies bedeutet, dass beispielsweise **nichtreziproke Entgelte** zwar durchaus denkbar sind. Sofern sich die Nichtreziprozität nicht schlicht daraus ergibt, dass die Entgelte eines der beiden beteiligten Betreiber der Genehmigungspflicht unterliegen und daher die Kosten der effizienten Leistungsbereitstellung nicht überschreiten dürfen, unterliegen sie aber einem erheblich erhöhten Argumentationsaufwand. So könnten diese beispielsweise mit dem Schutz von Infrastrukturinvestitionen begründet werden.

Die Regulierungspraxis beschränkt sich nicht darauf, die formale Gleichbehandlung des **46** Zugangspetenten und externer Zugangsnachfrager innerhalb des Verhältnisses zwischen dem Petenten und dem Verpflichteten durchzusetzen. Vielmehr wird in geeigneten Fällen dem Zugangsverpflichteten die Auflage gemacht, die in Zugangsverträgen mit anderen

---

47 Siehe zu dieser so genannten „neuen Formel" grundlegend BVerfGE 55, 72, 88, und insgesamt *Sachs/Osterloh*, Art. 3 RdNr. 13 ff.; aus der Regulierungspraxis in Bezug auf die Bereitstellungszeiten exemplarisch die Entscheidung der Regulierungsbehörde BK 4-98-020/Z 21.8.98, Ziff. II. 3. a.aa, S. 9 des Entscheidungsumdrucks.
48 Allgemein zu diesem Komplex *Geppert/Ruhle*, CR 2004, 424.
49 So aber für § 39 TKG 1996 BeckTKG-Komm/*Piepenbrock*, § 39 RdNr. 7; vgl. dazu auch die Entscheidung der RegTP, N&R 2004, 171, m. Anm. *Kind*, N&R 2004, 176.
50 So für § 2 TKG 1996 auch *Trute/Spoerr/Bosch*, § 37 RdNr. 15.

Unternehmen vereinbarten Bedingungen – konkret: die Entgelte – an die in der Anordnung festgelegten anzupassen.[51] Diese **Externalisierung der Anordnungswirkung** erscheint zunächst nur als konsequente Fortsetzung der in § 25 Abs. 5 S. 2 zugrunde gelegten Prämisse einer gleichen Behandlung der externen Nachfrager (hierzu RdNr. 42). Ob diese regulierungsbehördliche Vorgehensweise noch von § 25 Abs. 5 S. 2 gedeckt ist, erscheint jedoch **äußerst zweifelhaft.** Entgegen dem Primat der Privatautonomie wird durch diese Normanwendung nämlich potenziell auf eine Vielzahl von Vertragsverhältnissen gezielt eingewirkt, auch wenn diese auf einer privatautonomen Vereinbarung beruhen. Darüber hinaus ließe sich die Bindungswirkung der Anordnung selbst zwar durch eine (abweichende) nachfolgende Vereinbarung zwischen dem Zugangspetenten und dem Zugangsverpflichteten im Verhältnis dieser beiden Unternehmen beseitigen (RdNr. 22). In dem Verhältnis zwischen dem Zugangsverpflichteten und den (externen) Vertragspartnern bestünde diese Möglichkeit hingegen nicht, da dort gerade eine privatautonome Vereinbarung „korrigiert" werden soll und der Zugangsverpflichtete durch den Abschluss einer abweichenden Vereinbarung gegen die Auflage in der Zugangsanordnung verstieße. Eine zielgerichtete Externalisierung der Anordnungswirkung durch die Erteilung entsprechender Auflagen steht mithin nicht mehr im Einklang mit der Regelungssystematik des § 25. Die Chancengleichheit, Billigkeit und Rechtzeitigkeit i. S. d. § 25 Abs. 5 S. 2 bezieht sich **nur auf das Zugangsverhältnis zwischen den Beteiligten.**

47   Das Erfordernis der **Billigkeit** enspricht der im Übrigen anzutreffenden Anforderung der Angemessenheit (siehe etwa § 50 Abs. 2 S. 1 und Abs. 3 Nr. 1). Die Billigkeit bezieht sich auf sämtliche Elemente der Zugangsgewährung und verlangt, dass nur solche Gegenleistungen gefordert werden dürfen, die in angemessenem Verhältnis zur Leistung stehen und sich letztlich unter den Bedingungen funktionsfähigen Wettbewerbs herausbilden würden. Sie weist damit einen strengeren Maßstab auf als das enger gefasste Verbot der unbilligen Behinderung nach § 20 Abs. 1 GWB, da weder eine eigenständige Behinderungsprüfung noch eine umfassende Billigkeitsabwägung dahin gehend zu erfolgen hat, ob das Verhalten des marktbeherrschenden Unternehmens noch als billig angesehen werden kann.[52] Vielmehr ist die Anordnung an einem positiven Maßstab dessen, was angemessen ist, auszurichten. Das Erfordernis der Billigkeit reicht insofern auch weiter als das Gebot der Chancengleichheit, als die Zugangsbedingungen zugleich so ausgestaltet werden müssen, dass ein effektiver Zugang ermöglicht wird. Dies kann beispielsweise das Gebot einer **Entbündelung** umschließen. Eine klare Abgrenzung zum Gebot der Chancengleichheit ist jedoch nicht möglich.

48   Die „**Rechtzeitigkeit**" als Sonderfall der Billigkeit bezogen auf den Bereitstellungszeitpunkt wird deshalb besonders herausgehoben, weil die Bereitstellungsfristen für die Gewährleistung echter Wettbewerbschancen der Zugangspetenten bislang von entscheidender Bedeutung waren. Erhebliche Verzögerungspotenziale des Zugangsverpflichteten können im Ergebnis zum Marktaustritt der Wettbewerber führen. Daran dürfte sich auch in einer reiferen Marktphase nichts wesentlich ändern, so dass die eigenständige Erwähnung gerechtfertigt ist. In diesem Zusammenhang wird sich auch die Frage stellen, inwiefern **Vertragsstrafen** angeordnet werden dürfen, um die Rechtzeitigkeit sicherzustellen. Dies ist angesichts der dargelegten Weite des zulässigen Anordnungsinhalts (dazu RdNr. 39) zu be-

---

51 RegTP, N&R 2004, 170, 176.
52 Siehe dazu *Bechtold*, GWB, § 20 RdNr. 36 ff.

jahen. Gerade Vertragsstrafen stellen einen üblichen Vertragsinhalt dar, um eine angemessene Risikoverteilung im Falle von zeitlichen Leistungsstörungen vorzunehmen. Damit wird jedenfalls für das geltende TKG von der Zulässigkeit der Anordnung von Vertragsstrafen – bzw. vertragsstrafenähnlichen Sanktionen – auszugehen sein.

3. Festlegung von Entgelten. – Von **herausgehobener Bedeutung** sind die entgeltlichen **49** Bedingungen des angeordneten Zugangs, also die „festzulegenden Entgelte". Dies kommt auch in ihrer ausdrücklichen Nennung in Absatz 5 Satz 1 zum Ausdruck. Grundsätzlich hätte seitens des Gesetzgebers die Möglichkeit bestanden, nicht zwischen Entgelten und anderen Zugangsbedingungen zu unterscheiden, so dass sie wie diese auch von der Regulierungsbehörde ohne weiteres nach den § 25 zu entnehmenden (weiten) Kriterien angeordnet werden könnten. Da Entgelte jedoch eine zentrale Rolle in der Telekommunikationsregulierung spielen, bedurfte es einer **Abstimmung mit den Vorschriften der Entgeltregulierung**. § 25 Abs. 5 S. 3 ordnet daher an, dass hinsichtlich der festzulegenden Entgelte die §§ 27 bis 38 gelten, also die allgemeinen Vorschriften der Entgeltregulierung und die Vorschriften über die Regulierung von Entgelten für Zugangsleistungen.

Dem Wortlaut der Vorschrift zufolge handelt es sich dabei um eine Rechtsgrundverwei- **50** sung,[53] da selbst ein (der Annahme einer modifizierenden Rechtsgrundverweisung freilich nicht entgegenstehender) Hinweis auf die bloß „entsprechende" Geltung fehlt, wie er etwa noch in § 39 TKG 1996 enthalten war. Die Annahme einer **Rechtsgrundverweisung** erweist sich auch unter regelungssystematischen Gesichtspunkten als zutreffend.[54] So ist kein Grund ersichtlich, warum die fehlende Einigung über Zugangsentgelte **als solche** auf ein grundsätzliches Missbrauchspotenzial schließen ließe.[55] Dies gilt in noch gesteigertem Maße dann, wenn nur über andere Bedingungen des Zugangs keine Einigung erzielt wird.[56] Ein Grund, in diesen Fällen die Entgelte einer hoheitlichen Kontrolle zu unterziehen, kann sich **ausschließlich** aus den Gründen ergeben, die einer entsprechenden Zugangsverpflichtung zugrunde liegen. Diese werden aber bereits abschließend in § 30 aufgegriffen, dessen Anwendungsbereich daher keiner Erweiterung durch § 25 Abs. 5 S. 3 bedarf. Die primäre Funktion des § 25 Abs. 5 S. 3 besteht somit darin, das **Verhältnis** der Anordnungsmöglichkeit **zu** den Vorschriften **der Entgeltregulierung klarzustellen**. Auf diese Weise wird der (ansonsten durchaus denkbaren) Annahme eines Lex-specialis-Vorranges der Anordnung nach § 25 entgegengewirkt, die die Vorschriften zur Entgeltregulierung im praktisch besonders bedeutsamen (RdNr. 7) Bereich der angeordneten Zugangsleistungen weitgehend obsolet gemacht hätte.

Als wesentlicher Bestandteil einer (im Anwendungsbereich des § 25 freilich gerade nicht **51** zustande gekommenen) Zugangsvereinbarung werden die Entgelte **regelmäßig** nicht nur nach § 25 Abs. 5 S. 1 möglicher, sondern auch **tatsächlicher Gegenstand einer Anordnung** sein. Dass sie von der Regulierungsbehörde anzuordnen sind, zeigt nicht nur der Wortlaut von Absatz 5 („Gegenstand einer Anordnung", „festzulegenden Entgelte"), son-

---

53 *Tschentscher/Bosch*, K&R-Beilage 4/2004, 14, 22 Fn. 41.
54 Mit leicht abweichender Begründung auch *Bosch*, K&R 2005, 208, 209; VG Köln, K&R 2005, 238, 238 f.
55 Ähnlich auch *Bosch*, K&R 2005, 208, 214.
56 Dem kann auch nicht entgegengehalten werden, dass die Entgelte in diesem Fall wegen § 25 Abs. 2 nicht festzulegen wären. Vielmehr ist die Unterstellung eines „Teilvertrages" zivilrechtsdogmatisch nicht begründbar, so dass die Anordnung auch die (unterhalb der Schwelle eines Vertragsschlusses nach §§ 145 ff. BGB) konsentierten Entgelte erfasst, vgl. hierzu RdNr. 74 f.

dern auch die in Absatz 6 eröffnete Möglichkeit, sie sowohl zusammen mit den Zugangsleistungen als auch in einer auf sie beschränkten Teilentscheidung (dazu RdNr. 58) anzuordnen.[57] Bereits aus dem Fehlen einer diesbezüglichen Einschränkung wird deutlich, dass die Entgelte gerade **auch** dann **ausdrücklich anzuordnen** sind, wenn für sie die §§ 27 ff. gelten.

52 Geht es um Entgelte für eine nach § 21 auferlegte Zugangsleistung, die nach § 30 Abs. 1 genehmigungsbedürftig sind, und liegt bereits eine Entgeltgenehmigung für die betreffenden Leistungen vor, hat die Regulierungsbehörde die **genehmigten Entgelte** auch **in der Zugangsanordnung festzulegen**.[58] Fraglich ist aber, was in den Fällen gilt, in denen keine Entgeltgenehmigung vorliegt – etwa weil insoweit noch kein Genehmigungsverfahren durchlaufen wurde, die Genehmigung verweigert wurde oder weil es sich um Entgelte handelt, die der nachträglichen Regulierung unterliegen. Wie die Regulierungsbehörde in diesen Fällen zu verfahren hat, ist § 25 Abs. 5 S. 3 nicht mit der wünschenswerten Deutlichkeit zu entnehmen. So **ließe sich vertreten**, dass die Regulierungsbehörde darauf beschränkt ist, die seitens des Zugangsverpflichteten vorgelegten **Entgeltvorschläge** auf ihre Übereinstimmung mit den jeweils anwendbaren Maßstäben (des § 31 und/oder des § 28) **zu überprüfen**.[59]

53 **Dagegen** sprechen jedoch **praktische wie rechtliche Erwägungen**. Dass das dargelegte Normverständnis nicht zutreffend sein kann, zeigt sich schon an der praktischen Erwägung, dass es für den Fall keine Handlungsanweisung gibt, in dem der Zugangsverpflichtete überhaupt keinen Entgeltvorschlag vorlegt – etwa weil er nicht nur die Verhandlungen mit dem Petenten, sondern auch die Mitwirkung an dem Anordnungsverfahren verweigert.[60] Außerdem würde zumindest im Bereich der genehmigungspflichtigen Entgelte ein Anreiz geschaffen, möglichst hohe Entgelte vorzulegen, um so die Anordnung der höchstmöglichen „gerade noch genehmigungsfähigen" Entgelte zu erreichen.[61] Gerade im relevanten Bereich der nachträglichen Regulierung[62] bestünde hier über § 38 Abs. 4 S. 2 zwar die Möglichkeit, einem derartigen strategischen Verhalten entgegenzuwirken. Auch diese Anordnungsermächtigung – die insbesondere die gleichzeitige Untersagung nicht maßstabsgerechter Entgelte voraussetzt – lässt sich mit ihrer Einbettung in vorherige und nachfolgende Entgeltvorschläge des regulierten Unternehmens jedoch nicht überzeugend frik-

57 RegTP, N&R 2004, 170, 173.
58 *Koenig/Loetz/Neumann*, Telekommunikationsrecht, S. 141 (mit etwas missverständlicher Formulierung).
59 RegTP, N&R 2004, 170, 173; *Scherer/Mögelin*, K&R-Beilage 4/2004, 3, 12 f. Tendenziell wohl auch *Tschentscher/Bosch*, K&R-Beilage 4/2004, 14, 22.
60 Diese Konstellation wird übersehen, wenn man auf die (nach hier vertretener Auffassung im Anordnungsverfahren ohnehin nicht anwendbare) Vorlagepflicht nach § 38 Abs. 1 S. 1 verweist; so etwa *Scherer/Mögelin*, K&R-Beilage 4/2004, 3, 13. Ähnlich auch *Tschentscher/Bosch*, K&R-Beilage 4/2004, 14, 22, die in Fortführung der Rechtsprechung des OVG Münster zu § 39 TKG 1996 – MMR 2001, 548, 549 – von einem „Initiativrecht" des Zugangsverpflichteten ausgehen. Anders als im Normfall des § 38 hat im Anordnungsverfahren der sich einer Einigung verweigernde Zugangsverpflichtete freilich potenziell kein Interesse an dem Beginn eines Leistungsaustauschs.
61 So ordnete dann auch die RegTP, N&R 2004, 170, 175, die Entgelte exakt in der Höhe an, bis zu der sie Entgelte noch als nicht missbräuchlich einstufte, vgl. a.a.O., S. 174.
62 Denn bei der Ex-ante-Regulierung greift der „punktgenaue" Maßstab der Kosten der effizienten Leistungsbereitstellung nach § 31 Abs. 1 S. 1, der allenfalls nach unten korrigiert werden darf, was allerdings gegen den Willen des antragstellenden Unternehmens kaum als verhältnismäßiger Grundrechtseingriff gerechtfertigt werden könnte; vgl. auch RegTP, N&R 2005, 122, 124.

tionslos in das Anordnungsverfahren des § 25 einfügen. Dies führt unmittelbar zu dem zentralen rechtlichen Argument gegen die Annahme einer bloßen Überprüfung von Entgeltvorschlägen. Die **Festlegung der Zugangsbedingungen** – einschließlich der Entgelte – ist in § 25 gerade **in die Hände der Regulierungsbehörde** gelegt. Dies folgt auch unmittelbar aus dem vorangegangenen Scheitern einer privatautonomen Vereinbarung.[63] Demzufolge verweist § 25 Abs. 6 S. 3 auch nur für die (festzulegenden) **Entgelte** auf die §§ 27 ff., nicht jedoch für die **Festlegung** der Entgelte.[64] Wie die Vorschriften zur Entgeltregulierung bei privatautonom ausgehandelten Zugangsvereinbarungen den Unternehmen Grenzen bei der Gestaltung der entgeltlichen Bedingungen setzen, setzen sie bei einer Zugangsanordnung der Regulierungsbehörde solche Grenzen.[65] Innerhalb dieser Grenzen ist die **Regulierungsbehörde** jedoch **an etwaige Entgeltvorschläge** der Beteiligten, insbesondere des Zugangsverpflichteten, **nicht gebunden**.[66] Dies kann zudem schon deshalb nicht anders sein, weil die Regulierungsbehörde auch bei der Anordnung der anderen Zugangsbedingungen nicht an die Vorschläge eines der Beteiligten gebunden ist (RdNr. 75) und die Entgelte mit diesen anderen Bedingungen untrennbar verknüpft sind. Die Regulierungsbehörde kann demzufolge von sich aus in ihrer Höhe nicht abstrakt zu bestimmende Entgelte festsetzen, die „den Maßstäben des § 28 [sowie ggf. des § 31] genügen"[67]. Die Festlegung der Entgelte muss dabei den gleichen Anforderungen genügen wie die Festlegung der anderen Zugangsbedingungen und sich zusätzlich im Rahmen der §§ 27 ff. zu entnehmenden Grenzen halten.[68] Eine darüber hinausgehende Bindung der Regulierungsbehörde besteht jedoch bei der Bestimmung der anzuordnenden Entgelthöhe nicht.[69]

Aus dem grundlegenden Unterschied zwischen Anordnungs- und Entgeltregulierungsverfahren ergibt sich darüber hinaus auch zwanglos, dass **verfahrensmäßige Bestimmungen** des letztgenannten im Anordnungsverfahren **keine Rolle** spielen können.[70] Insbesondere muss die Regulierungsbehörde nicht nach § 38 Abs. 1 in einem ersten Schritt überprüfen, ob ein Missbrauchsverdacht gegeben ist, bejahendenfalls ein Verfahren einleiten und dies dem betroffenen Unternehmen mitteilen sowie innerhalb einer Frist von lediglich zwei Monaten eine Entscheidung treffen. **54**

4. Auswahlermessen. – Die bisherigen Hinweise zeigen, dass die Zugangsanordnung eine „komplexe Abwägungsentscheidung" darstellt.[71] Dementsprechend ist in Bezug auf die konkrete Ausgestaltung der Anordnungsentscheidung als Ausübung des Auswahlermes- **55**

---

63 Zu § 37 TKG 1996 so auch *Koenig/Neumann*, RTkom 2000, 27, 32 ff.

64 Siehe auch den zutreffenden Hinweis auf die rechtstechnische Unterscheidung der Entgeltgenehmigung einerseits und der Festlegung von Entgelten andererseits bei *Koenig/Winkler*, MMR 2004, 783, 787.

65 In diese Richtung auch *Tschentscher/Bosch*, K&R-Beilage 4/2004, 14, 22 Fn. 41.

66 A. A. *Koenig/Winkler*, MMR 2004, 783, 787; *Tschentscher/Bosch*, K&R-Beilage 4/2004, 14, 22.

67 Zu dieser Formulierung vgl. § 38 Abs. 4 S. 2.

68 Ausführlich zu den Maßstäben einer solchen Entgeltfestsetzung auf der Grundlage von § 37 TKG 1996 *Koenig*, MMR-Beilage 1/2002, 11, 19 f.

69 Entsprechend zu § 37 TKG 1996 *Koenig/Neumann*, RTkom 2000, 27, 32 ff.

70 RegTP, N&R 2004, 170, 173; Beschluss v. 8. 11. 2004 – BK 4c-04-048/Z06.07.04, S. 10 des Entscheidungsumdrucks. A. A. *Scherer/Mögelin*, K&R-Beilage 4/2004, 3, 12.

71 So zu Recht schon in Bezug auf § 37 TKG 1996 *Spoerr/Sellmann*, N&R 2004, 98, 103; *Trute/Spoerr/Bosch*, § 37 RdNr. 18; sowie auch VG Köln, Urteil v. 5. 6. 2003 – 1 K 817/00, S. 11 des Entscheidungsumdrucks (mit der Konsequenz der nur eingeschränkten gerichtlichen Überprüfbarkeit).

sens der Regulierungsbehörde – anders als hinsichtlich des Entschließungsermessens bei Anrufungsentscheidungen – ein **weiter Spielraum** einzuräumen (vgl. hierzu auch RdNr. 78). Insbesondere muss sie darüber entscheiden, welche **Entscheidungsdichte** angemessen ist („darf die Anordnung ..."). Zur Frage der gerichtlichen Nachprüfbarkeit siehe RdNr. 87 f.[72]

VI. Möglichkeit der Teilentscheidungen (Absatz 6)

56 Mit § 25 Abs. 6 greift das Gesetz **Divergenzen** auf, die bezüglich des Zusammenspiels der Zusammenschaltungsanordnung nach § 37 TKG 1996 und der Genehmigung der entsprechenden Entgelte nach § 39 TKG 1996 **zwischen Schrifttum und Rechtsprechung** bestanden.[73] Während die herrschende Meinung im Schrifttum eine einheitliche Entscheidung befürwortete,[74] bezog die Rechtsprechung den Standpunkt, dass in der Zusammenschaltungsanordnung zunächst die sonstigen Bedingungen der Zusammenschaltung festzulegen und in einer zweiten, zeitlich nachgelagerten Stufe die Entgelte für die Zusammenschaltungsleistungen zu genehmigen seien.[75]

57 **1. Vorrang der Teilentscheidung (Satz 1).** – § 25 Abs. 6 S. 1 folgt weder der einen noch der anderen Auffassung, sondern bietet gewissermaßen eine **Synthese beider Standpunkte**. Dabei betont die Vorschrift zunächst die besondere regulierungspraktische Bedeutung der Entgelte, die ausdrücklich von (anderen) Bedingungen der Zugangsvereinbarung unterschieden werden. Dies geschieht in so weitreichender Weise, dass der Normtext sogar den Eindruck erweckt, es handele sich bei Entgelten nicht um Bedingungen einer Zugangsvereinbarung („sowohl ... als auch" – näher gelegen hätte es, zuerst die Entgelte zu nennen und dann auf „andere Bedingungen" Bezug zu nehmen).

58 § 25 Abs. 6 S. 1 regelt nur den Fall, dass sowohl die Entgelte als auch (andere) Bedingungen einer Zugangsvereinbarung zwischen dem Zugangspetenten und dem Zugangsverpflichteten streitig sind. Dann soll die Regulierungsbehörde **zwei Teilentscheidungen** treffen: eine Teilentscheidung hinsichtlich der (sonstigen) Bedingungen der Zugangsvereinbarung und eine zweite hinsichtlich der Entgelte. **Sinn und Zweck** der Vorschrift liegen in einer **Reduktion der Komplexität** der behördlichen Entscheidungsfindung, einer (auch zeitlichen) **Streckung des Verfahrens** und vor allem in einer **Vorbereitung der Entscheidung über die Entgeltfestsetzung**. Die (sonstigen) Bedingungen einer Zugangsvereinbarung sind auf komplexe Weise untereinander verknüpft – so hängt die Dauer von Bereitstellungsfristen etwa regelmäßig ganz entschieden davon ab, welche Zugangsleistungen in welcher Qualität an welchen Zugangspunkten bereitzustellen sind, während umgekehrt beispielsweise längere Bereitstellungsfristen oftmals eine Bereitstellung in besserer Qualität erlauben. Dagegen ergibt sich die Höhe der Entgelte aus einer (wirtschaftlichen) Bewer-

---

72 Siehe auch die Hinweise bei *Trute/Spoerr/Bosch*, § 37 RdNr. 18.

73 *Thomaschki*, K&R-Beilage 1/2004, 21, 22.

74 *Koenig/Braun*, MMR 2001, 563, 565 f.; *Koenig/Neumann*, RTkom 2000, 27, 34; *Röhl* (Fn. 23), S. 163 f.; *Spoerr*, MMR 2000, 674, 677.

75 OVG Münster, MMR 2001, 548, 548 f.; VG Köln, MMR 2001, 410. Kritik an dieser Rechtsprechung bei *Heun*, CR 2003, 485, 491; *Koenig*, MMR-Beilage 1/2002, 11, 18; *Schütz/Attendorn*, MMR-Beilage 4/2002, 1, 26; *Spoerr*, K&R 2001, 213, 214 f. Auch die RegTP teilte in ständiger Praxis die Auffassung des Schrifttums, siehe exemplarisch die Entscheidung BK 4-98-015/Z 23.07.98, Ziff. II. 6., S. 9 des Entscheidungsumdrucks; vgl. auch *Groebel*, TKMR Tagungsband 2004, 39, 40 Fn. 8.

tung der Gesamtheit der (sonstigen) Bedingungen und steht deshalb mit diesen nicht in einer zwangsläufigen Wechselwirkung. Vielmehr wird **erst** eine **verbindliche Festlegung der sonstigen Bedingungen** des Zugangs den Zugangsverpflichteten in die Lage versetzen, die hierfür angemessenen – ggf. auch kostenorientierten – **Entgelte zu kalkulieren** sowie entsprechende Entgeltvorschläge und Kostenunterlagen vorzulegen.

Indem der Regulierungsbehörde die Möglichkeit von Teilentscheidungen eröffnet wird, **59** wird sie in die Lage versetzt, sich zunächst auf die **Festsetzung der nichtwirtschaftlichen Bedingungen** der Zugangsvereinbarung **zu konzentrieren**. Zugleich gewinnt sie in derart umstrittenen Fällen **zusätzliche Zeit**, da § 25 Abs. 6 S. 2 anordnet, dass bei Teilentscheidungen die in Absatz 1 genannten Fristen jeweils gelten, also für jede Teilentscheidung neu (siehe RdNr. 64). Dies ist nicht unproblematisch, da so Anreize für den Zugangsverpflichteten geschaffen werden, sich möglichst weitgehend einer Einigung über die Bedingungen des Zugangs zu verweigern und auf diese Weise das Anordnungsverfahren zu verschleppen.

Der Wortlaut der Vorschrift lässt offen, welche Teilentscheidung zuerst zu treffen ist. Dass **60** die (anderen) Bedingungen zuerst genannt werden, führt sprachlogisch noch nicht dazu, dass sie auch zuerst angeordnet werden müssten. Allerdings lassen sich die Entgelte als (in der Regel monetäre) Gegenleistungen für die Zugangsgewährung sinnvoll nur festlegen, wenn der Umfang der hierfür gewährten (Zugangs-)Leistungen feststeht. Es werden daher regelmäßig **zunächst die (sonstigen) Bedingungen** der Zugangsvereinbarung anzuordnen sein und in der zweiten Teilanordnung **zeitlich nachgelagert die Entgelte**. Dies entspricht auch den Vorstellungen der Verfasser des Regierungsentwurfs.[76]

Eine solche Zweistufigkeit bei Streit sowohl um die Entgelte als auch um die (sonstigen) **61** Bedingungen des Zugangs ist (nur) für den Regelfall vorgesehen. Daraus ergeben sich zwei Konsequenzen: Zum einen sind die Anforderungen an eine Begründung für ein gestuftes Vorgehen, also für die Anordnung des Zugangs in zwei Teilentscheidungen, erheblich herabgesetzt. Die Regulierungsbehörde kann es hier im tatbestandlich vorausgesetzten Regelfall mit der substantiierten **Feststellung** bewenden lassen, dass **keine Besonderheiten des Einzelfalls** vorliegen, die ein (ausnahmsweises) Abweichen von der Regel erfordern und rechtfertigen könnten. Zum anderen wird der Behörde aber auch ein **Dispensermessen** eingeräumt, das es ihr durchaus erlaubt, abweichend von der Regelfolge des § 25 Abs. 6 S. 1 nur eine einzige Entscheidung zu treffen, in der sowohl die Entgelte als auch die (sonstigen) Bedingungen angeordnet werden. Als eine hierfür relevante Besonderheit des konkreten Einzelfalls kommt eine Beschränkung des Streits auf einen nur unwesentlichen Teil der (sonstigen) Leistungen in Betracht.[77] Dies ergibt sich vor allem auch daraus, dass bei einer auf unwesentliche Teile beschränkten Unklarheit der Zugangsverpflichtete bereits einen hinreichend gesicherten Entgeltvorschlag unterbreiten kann. Darüber hinaus ist die Anordnung in einer einzigen, einheitlichen Entscheidung aber beispielsweise auch möglich – und wohl auch geboten –, wenn sich der Zugangsverpflichtete in evident missbräuchlicher Weise einem Konsens verschließt, um auf diese Weise das Verfahren zu verzögern (vgl. hierzu auch bereits RdNr. 59).

Sind ausschließlich die Entgelte oder die (anderen) Bedingungen streitig, erfolgt stets eine **62** **einheitliche Zugangsanordnung**. Zwar würde der Wortlaut des § 25 Abs. 6 S. 1, der diese

---

76 BT-Drs. 15/2316, S. 66.
77 BT-Drs. 15/2316, S. 66.

Konstellation gerade nicht erfasst, auch in einem solchen Fall Teilentscheidungen zulassen. Dagegen spricht jedoch der Normzweck, der die Möglichkeit von Teilentscheidungen nur deshalb vorsieht, um den Komplexitätsgrad der Entscheidung zu reduzieren, eine (zeitliche) Streckung des Anordnungsverfahrens zu erreichen und die Vorlage konkreter Entgeltvorschläge zu ermöglichen. Besteht hinsichtlich der Entgelte oder der (anderen) Bedingungen Einigkeit zwischen den Parteien, kann sich die Regulierungsbehörde in der Regel auf eine unmittelbare Übernahme dieser konsentierten Parameter beschränken – und muss dies im Rahmen ihrer Ermessensausübung angesichts des in § 25 Abs. 2 normierten Vorrangs der privatautonomen Vereinbarung grundsätzlich auch. Dann bedarf die eigentliche Anordnungsentscheidung aber einzig einer Auseinandersetzung mit dem nichtkonsentierten Parameterkomplex, so dass **mit Teilanordnungen keine Komplexitätsreduktion** gewonnen wäre, **kein Grund für eine (zeitliche) Streckung** besteht und vor allem der Zugangsverpflichtete **einen konkreten Entgeltvorschlag vorlegen kann** oder dies sogar bereits getan hat und dieser (noch) verwertbar ist. Vielmehr würde ein derart gestrecktes Verfahren zu Verzögerungen führen, die dem Beschleunigungsziel zuwiderliefen, das in den in Absatz 1 festgelegten Fristen zum Ausdruck kommt. Bestätigt wird dieses Normverständnis schließlich auch durch die genetische Auslegung. Wenn die Begründung zum Gesetzentwurf der Bundesregierung als einen Fall, in dem entgegen der Regel des § 25 Abs. 6 S. 1 eine einheitliche Entscheidung trotz Streits über Entgelte und sonstige Bedingungen ergehen kann, die Konstellation nennt, in der „nur ein unwesentlicher Teil der Leistungen noch streitig ist",[78] dann muss dem Gesetz eine einheitliche Entscheidung erst recht entsprechen, wenn gar kein Teil der (sonstigen) Leistungen noch streitig ist.

63   **2. Fristen im Fall von Teilentscheidungen (Satz 2).** – Ordnet die Regulierungsbehörde den Zugang nicht in einer einheitlichen Entscheidung, sondern in Teilentscheidungen an, so gelten jeweils die Fristen des Absatzes 1. Auch an dieser Stelle erweist sich das Gesetz als wenig präzise formuliert. Denn die Frist des § 25 Abs. 1 S. 1 knüpft an die „Anrufung" an. Damit ist jedenfalls auf rein sprachlicher Ebene **unklar**, ob nach § 25 Abs. 6 S. 2 **beide Teilentscheidungen** grundsätzlich **innerhalb einer zehnwöchigen Frist** ergehen müssen, die vom Moment der Anrufung an erfolgt, oder ob die erste Teilentscheidung innerhalb dieser Frist ergehen muss und dann eine **neue Zehn-Wochen-Frist** für die zweite Teilentscheidung zu laufen beginnt.[79] Ein drittes Normverständnis, demzufolge die Frist für die zweite Teilentscheidung erst **nach einer erneuten „Anrufung"** zu laufen beginnen würde, ließe sich zwar ebenfalls mit Blick auf § 25 Abs. 1 S. 1 vertreten, ist jedoch mit der Regelung des § 25 Abs. 6 nicht in Einklang zu bringen. Die Notwendigkeit einer zweiten Anrufung ergäbe überhaupt nur Sinn, wenn nach der ersten Teilentscheidung zunächst weitere, nunmehr auf die Entgelte beschränkte Verhandlungen erfolgen, was ausweislich § 25 Abs. 3 S. 2 Nr. 3 auch Anordnungsvoraussetzung wäre. Im Falle von Teilentscheidungen – wenn also ursprünglich sowohl die Entgelte als auch die sonstigen Zugangsbedingungen streitig waren –, sind, wenn die Regulierungsbehörde den Normalfall des § 25 Abs. 6 bejaht hat, aber „jeweils Teilentscheidungen" zu treffen. Das Gesetz stellt also auf den ursprünglichen Streitstand ab und ordnet unter den Voraussetzungen von Absatz 6 insoweit zwei Teilentscheidungen an. Dann müssen die Entgelte aber ebenfalls in einer Entscheidung angeordnet werden. Wäre grundsätzlich eine privatautonome Einigung über die Entgelte abzuwarten, bliebe überdies die Anordnung unvollständig, so dass die erste Teilent-

---

78 BT-Drs. 15/2316, S. 66.
79 Siehe auch *Thomaschki*, K&R-Beilage 1/2004, 21, 22.

scheidung nach § 25 Abs. 6 S. 3 überhaupt nicht angreifbar wäre. Das Anordnungsverfahren läuft daher nach der ersten Teilentscheidung weiter, ohne dass es einer neuerlichen Mitwirkungshandlung eines der beteiligten Unternehmen bedürfte (siehe auch RdNr. 32).

Damit geht es nur noch um die Frage, ob eine einheitliche Zehn-Wochen-Frist gilt oder ob 64 bei Teilentscheidungen zwei solcher Fristen zur Anwendung gelangen. Zwar deutet das „jeweils" tendenziell in Richtung des zweitgenannten Normverständnisses, sprachlogisch zwingend ist dies aber nicht. Dennoch ist dieser Interpretation der Vorzug zu geben. Würde man nämlich nur von einer einheitlichen Frist von (grundsätzlich) zehn Wochen ausgehen, käme der verfahrensmäßigen Streckung, die durch § 25 Abs. 6 S. 1 erreicht wird, keine zeitliche, sondern eine **bloß formale Komponente** zu. Damit würde aber weder zusätzliche Entscheidungszeit gewonnen, noch eine Komplexitätsreduktion gegenüber einer andernfalls auch möglichen rein behördeninternen Abschichtung der beiden Entscheidungsebenen erreicht. Mit dem auf die Vorbereitung der Entgeltfestsetzung gerichteten primären Normzweck wäre zwar grundsätzlich auch das erstgenannte Normverständnis in Einklang zu bringen. Hier hinge es jedoch von dem Zeitpunkt ab, zu dem die erste Teilentscheidung getroffen wird, wie viel Zeit dem Zugangsverpflichteten zur Vorlage eines Entgeltvorschlags bleibt. Dieser Zeitpunkt ist aus seiner Sicht aber **weitgehend zufällig**. Überdies liegt es gerade auch im **objektiven Interesse** der Ermittlung des richtigerweise festzusetzenden Entgelts, dass der Entgeltvorschlag des Zugangsverpflichteten hinreichend sorgfältig vorbereitet werden kann. Auch mit Blick auf den primären Normzweck des § 25 Abs. 6 ist mithin davon auszugehen, dass nach § 25 Abs. 6 S. 2 die **erste Teilentscheidung** eine **neue Zehn-Wochen-Frist** in Gang setzt. Insgesamt kann das Anordnungsverfahren auf diese Weise bis zu zwanzig Wochen dauern. Damit käme es bei einer in besonders begründeten Fällen (RdNr. 36) möglichen Verlängerung auf höchstens vier Monate sogar zu einer maximalen Verfahrenshöchstdauer von bis zu acht Monaten.[80] Eine solche Verfahrensdauer dürfte jedoch mit Art. 5 Abs. 4 ZRL nicht mehr zu vereinbaren sein (siehe RdNr. 15).[81] Die Regulierungsbehörde wird daher § 25 Abs. 1 i.V.m. Abs. 6 S. 2 gemeinschaftsrechtskonform so anzuwenden haben, dass **beide Teilfristen zusammen** die Grenze von **vier Monaten grundsätzlich nicht** – also nur in ganz besonders kompliziert gelagerten Ausnahmefällen – **überschreiten**. In jedem Fall hat gerade vor dem Hintergrund des doppelten Fristenlaufs bei Teilentscheidungen der Missbrauchsgefahr bei der Entscheidung für oder gegen die gestufte Vorgehensweise nach § 25 Abs. 6 S. 1 (RdNr. 61) besonderes Augenmerk zuteil zu werden.[82]

3. Nichtangreifbarkeit von Teilentscheidungen (Satz 3). – Über § 25 Abs. 6 S. 3 wird 65 schließlich die Ebene des Rechtsschutzes erreicht. Dieser Vorschrift zufolge kann die Anordnung der Regulierungsbehörde nur insgesamt angegriffen werden. Damit sind **isolierte**

---

80 *Schuster*, CR 2005, 109, 111.

81 Hieraus kann kein entscheidendes (gemeinschaftsrechtliches) Argument für die Auffassung gewonnen werden, beide Teilentscheidungen müssten innerhalb der Zehn-Wochen-Frist erfolgen. Denn die Verlängerung auf vier Monate ist bereits nach deutschem Recht nur als Ausnahme vorgesehen (eine *doppelte* Verlängerung wird daher schon nach deutschem Recht praktisch nie in Betracht kommen). Im Normalfall der zehnwöchigen *Höchstfrist* führt eine Fristverdopelung aber nur dann zu einem Verstoß gegen die gemeinschaftsrechtliche Frist von insgesamt vier Monaten, wenn beide Einzelfristen weitgehend ausgeschöpft werden. Ist die Anordnungslage jedoch so kompliziert, dass dies erforderlich wird, dürfte wiederum ein Ausnahmefall im Sinne von Art. 20 Abs. 1 RRL vorliegen.

82 Kritisch hinsichtlich der potenziellen Gesamtdauer auch *Heun*, CR 2003, 485, 491 f.

Rechtsbehelfe – namentlich eine Anfechtungsklage – gegen nur eine Teilentscheidung **ausgeschlossen**.[83] Diese besondere Regelung war schon deshalb erforderlich, weil in beiden Teilentscheidungen Sachentscheidungen (über die Entgelte und die sonstigen Bedingungen des Zugangs) getroffen werden. Die zeitlich vorgelagerte Entscheidung über die (sonstigen) Bedingungen des Zugangs ist damit **keine bloße Verfahrenshandlung**, so dass § 44a VwGO nicht greift, der vorgibt, dass Rechtsbehelfe nur gleichzeitig mit den gegen die nachfolgende Entscheidung über die Entgelte zulässigen Rechtsbehelfen geltend gemacht werden können. Beide Teilentscheidungen erfüllen die Verwaltungsaktmerkmale des § 35 S. 1 VwVfG, so dass es damit überdies generell zweifelhaft ist, ob § 25 Abs. 6 S. 3 nur eine Klarstellung enthält, wie dies die Begründung zum Gesetzentwurf der Bundesregierung meint.[84] Der Grund für die Nichtangreifbarkeit der Teilentscheidungen ist darin zu sehen, dass sie inhaltlich – als Leistung und Gegenleistung (Entgelt) – so eng aufeinander bezogen sind, dass die **isolierte Beseitigung** eines der beiden Elemente **problematisch** erscheint. Dabei dürfte für die Entscheidung des Gesetzgebers insbesondere die Gefahr eine Rolle gespielt haben, dass infolge eines erfolgreichen Vorgehens gegen eine der beiden Teilentscheidungen bis zum Erlass einer neuen Teilentscheidung die Verpflichtung nur des einen der beiden Netzbetreiber bestehen würde. Ob diese Besorgnis – gerade angesichts der engen Verknüpfung – begründet gewesen ist, dürfte allerdings eine **offene Frage** sein, insbesondere, wenn man von der Möglichkeit rückwirkender Anordnungen ausgeht[85].

66 Problematisch ist, welche Konsequenzen sich aus § 25 Abs. 6 S. 3 für den **einstweiligen Rechtsschutz** gegen eine erste Teilentscheidung ergeben, wenn die zweite Teilentscheidung noch nicht getroffen wurde. Sofern bereits die erste Teilentscheidung nach § 25 Abs. 8 S. 1 unverzüglich umzusetzen sein sollte, wäre es mit der **Garantie effektiven Rechtsschutzes** nach Art. 19 Abs. 4 GG nicht zu vereinbaren, wenn der Zugangsverpflichtete erst den Erlass der zweiten Teilentscheidung abwarten müsste, bevor er gerichtlichen Rechtsschutz in Anspruch nehmen könnte.[86] Auch wenn gemäß § 80 Abs. 5 S. 2 VwGO zur Inanspruchnahme einstweiligen Rechtsschutzes die Erhebung einer Anfechtungsklage gegen den in Rede stehenden Verwaltungsakt nicht erforderlich ist, ist der **Antrag auf Anordnung aufschiebender Wirkung** gegen die erste Teilentscheidung doch in der Sache **ein „Angriff"** im Sinne von § 25 Abs. 6 S. 3.[87] Es würde dann nämlich gerade die Beseitigung der (hier unterstellten) spezifischen, schon vor Erlass der zweiten Teilentscheidung einsetzenden Wirkung der ersten Teilentscheidung begehrt werden. Außerdem ist nach § 80 Abs. 5 VwGO das Gericht der (hypothetischen) Hauptsache zur Entscheidung aufgerufen. Da § 25 Abs. 6 S. 3 einen isolierten Rechtsbehelf gegen die erste Teilentscheidung ausschließt, gäbe es jedoch kein für die Anfechtung einer ersten Teilentscheidung in der Hauptsache zuständiges Gericht. Wegen der Garantie effektiven Rechtsschutzes ist die **Anwendung von § 25 Abs. 8 auf die erste Teilentscheidung** bereits vor Erlass der zweiten somit durch § 25 Abs. 6 S. 3 **ausgeschlossen**. Ist der Zugangsverpflichtete demnach erst mit Erlass der zweiten Teilentscheidung zur Befolgung auch der ersten Teilentscheidung verpflichtet, bestehen aber mit Blick auf Art. 19 Abs. 4 GG **keine Bedenken** gegen

---

83 VG Köln, CR 2005, 108.
84 Vgl. BT-Drs. 15/2316, S. 66.
85 Dazu mit Blick auf die Entgelte RegTP, N&R 2004, 170, 173; Beschluss v. 8. 11. 2004 – BK 4c-04-048/Z06.07.04, S. 11 des Entscheidungsumdrucks.
86 VG Köln, Beschluss v. 18. 10. 2004 – Az. 1 L 2921/04; CR 2005, 108, 109.
87 VG Köln, CR 2005, 108.

die Annahme, dass **§ 25 Abs. 6 S. 3** auch **einstweiligen Rechtsschutz** (nur) gegen die erste Teilentscheidung **ausschließt**. Die Situation entspricht insoweit dem Ausschluss einstweiligen Rechtsschutzes gegen (nach § 44a S. 2 VwGO ebenfalls nicht vollstreckbare) behördliche Verfahrenshandlungen nach § 44a S. 1 VwGO,[88] weil die erste Teilentscheidung zwar (im Unterschied zu § 44a VwGO, vgl. RdNr. 65) eine Regelung trifft, der Adressat aber erst mit Erlass der zweiten Teilentscheidung zu ihrer Einhaltung verpflichtet ist.

VII. Rechtsnatur und Wirkung der Zugangsanordnung

Zwischen der Rechtsnatur der Zugangsanordnung und ihrer Wirkung (auf die Rechtsbezie- **67** hungen zwischen den betroffenen Netzbetreibern) ist strikt zu unterscheiden. Während die Frage nach der weitergehenden Rechtswirkung äußerst umstritten ist und an regulatorische Grundmechanismen rührt, ist die Frage nach der **Rechtsnatur der Anordnung** verhältnismäßig einfach zu beantworten und wird demzufolge auch weitgehend einheitlich beantwortet. Nach § 25 Abs. 1 S. 1 „ordnet die Regulierungsbehörde … den Zugang an". Unter Berücksichtigung von § 3 Nr. 31 ordnet sie also „die Bereitstellung von Einrichtungen oder Diensten für ein anderes Unternehmen unter bestimmten Bedingungen zum Zwecke der Erbringung von Telekommunikationsdiensten" an. Schon die Bezeichnung als Anordnung macht den hoheitlich-regelnden Charakter der Maßnahme deutlich. Die Regulierungsbehörde regelt mit der Anordnung, die unmittelbar nach außen auf das Verhältnis von Zugangspetent und -verpflichtetem gerichtet ist, kraft der ihr von § 25 Abs. 1 S. 1 eingeräumten Befugnis einen Einzelfall auf dem Gebiet des Telekommunikationsrechts als Teil des öffentlichen Rechts. Es handelt sich demzufolge bei der Zugangsanordnung um einen **Verwaltungsakt** i. S. d. § 35 S. 1 VwVfG (siehe auch § 132 Abs. 1 S. 2).[89]

Dieser ist eine gebundene Entscheidung („ordnet … an"). Sind die Voraussetzungen des **68** § 25 Abs. 1 S. 1 sowie die formellen Anordnungsvoraussetzungen des § 25 Abs. 3, die durch den Verweis auf die „Anrufung" in Absatz 1 in Bezug genommen werden, gegeben, muss die Regulierungsbehörde daher eine Zugangsanordnung erlassen, ohne dass ihr insoweit ein Ermessensspielraum zustünde.[90]

Mit der Zugangsanordnung werden Konditionen der Bereitstellung von Einrichtungen und **69** Diensten durch den Zugangsverpflichteten für den Zugangspetenten geregelt. Dies kann einerseits Pflichten des Verpflichteten betreffen, andererseits aber auch die Gegenleistungspflichten des Petenten. Insoweit sind Leistung (Zugangsgewährung) und Gegenleistung (Entgeltzahlung) zwei Seiten einer Medaille, die eine Leistung kann also nicht ohne Heranziehung der anderen bewertet werden. Die Zugangsanordnung ist daher stets an alle an der (gescheiterten) Zugangsvereinbarung Beteiligten adressiert, regelmäßig also an den Zugangspetenten und an den Zugangsverpflichteten. Sie begründet gegenüber den (beiden) Netzbetreibern ein **öffentlich-rechtliches Rechtsverhältnis**, das die Verpflichtung zur Zugangsgewährung zu den festgelegten Bedingungen zum Gegenstand hat.[91]

---

88 Siehe dazu *Kopp/Schenke*, VwGO, § 44a RdNr. 4, m. w. Nachw. auch zur a. A.
89 Zu § 37 TKG 1996 auch *Röhl* (Fn. 23), S. 221.
90 *Schütz*, Kommunikationsrecht, RdNr. 349 (S. 159).
91 *Schütz*, Kommunikationsrecht, RdNr. 350 (S. 160). Zu § 37 TKG 1996 BVerwG, MMR 2004, 564, 565.

70 Von dieser unmittelbar aus ihrer Rechtsnatur als Verwaltungsakt folgenden Regelungswirkung sind etwaige weitergehende Wirkungen auf das Rechtsverhältnis zwischen den beteiligten Netzbetreibern zu unterscheiden.[92] Nach ganz herrschender Auffassung begründet die Anordnung **privatrechtliche Rechtsbeziehungen** zwischen dem Zugangspetenten und dem Zugangsverpflichteten.[93] Diese werden in Anlehnung an die aus Zeiten der Zwangsbewirtschaftung bekannten Rechtsfigur des diktierten Vertrages als **angeordneter Vertrag** klassifiziert.[94] Die Annahme eines angeordneten Vertrages ist sicherlich dogmatisch reizvoll. Zweifelhaft erscheint jedoch, ob dieser Rechtsfigur ein tatsächlicher praktischer Mehrwert zukommt.

71 So folgt aus der bloßen Annahme eines Vertrages nichts für eine gesteigerte Durchsetzungskraft der in ihm enthaltenen Rechte und Pflichten, wie schon der Alltagspraxis der nicht an Beschäftigungslosigkeit leidenden Zivilgerichtsbarkeit entnommen werden kann. Vielmehr wird im privatrechtlichen Gleichordnungsverhältnis die Neigung, gegenseitigen Verpflichtungen nachzukommen, bei extern oktroyierten Obligationen tendenziell geringer sein als bei privatautonom vereinbarten.[95] Auch das TKG selbst sieht daher besondere Durchsetzungsmaßnahmen im öffentlich-rechtlichen Anordnungsverhältnis vor: § 25 Abs. 8 enthält in seinem Satz 1 eine **originäre öffentlich-rechtliche Umsetzungsverpflichtung** und stellt der Regulierungsbehörde in Satz 2 ein erhöhtes Zwangsgeld zur Durchsetzung dieser Verpflichtung zur Verfügung. Dies spricht gesetzesstrukturell eher für ein primär **öffentlich-rechtliches Zugangsverhältnis**.[96] Dabei verfängt mittlerweile auch der Hinweis auf die reduzierten Rechtsschutzmöglichkeiten nicht mehr, die in multipolaren Verwaltungsrechtsverhältnissen auf der Ebene der involvierten Privaten bestehen.[97] Denn die telekommunikationsrechtliche Schadensersatz- und Unterlassungsvorschrift des § 44, die entgegen der systematischen Verortung im Gesetzesteil zum Kundenschutz auch Wettbewerber schützt,[98] enthält gegenüber ihrer Vorgängernorm des § 40 TKG 1996 einige im vorliegenden Kontext besonders relevante Erweiterungen:[99] Zum Ersten muss die verletzte öffentlich-rechtliche Verpflichtung nicht mehr dem Schutz des Nutzers dienen. Vielmehr reicht ein (auch nur **faktisch-wirtschaftliches) Betroffensein** aus, so dass jedenfalls der Zugangspetent bei der Verletzung einer öffentlich-rechtlichen Zugangsverpflichtung durch den Zugangsverpflichteten Betroffener im Sinne der Norm ist. Zum Zweiten ist nun auch ausdrücklich eine **verschuldensunabhängige Beseitigungsverpflichtung** vorgesehen (§ 44 Abs. 1 S. 1), d. h., über § 44 werden öffentlich-rechtliche

---

92 Zu § 37 TKG 1996 BVerwG, MMR 2004, 564, 565; *Röhl* (Fn. 23), S. 221.

93 *Schütz*, Kommunikationsrecht, RdNr. 350 (S. 160). Zu § 37 TKG 1996 BVerwG, MMR 2004, 564, 565; *Koenig/Loetz*, K&R 1999, 298, 303. A. A. *Riehmer*, MMR 1998, 59, 63.

94 Zu § 37 TKG 1996 BVerwG, MMR 2004, 564, 565; *Koenig/Loetz*, K&R 1999, 298, 304; *Müller*, CR 2004, 590; *Röhl* (Fn. 23), S. 231; sowie insbesondere auch (noch) *Koenig/Neumann*, RTkom 2000, 27, 31.

95 Deshalb bleibt beispielsweise auch zweifelhaft, dass in einem solchen Fall die „direkte Kommunikation zwischen den Beteiligten" zu einer mit dem Zugangsziel besser zu vereinbarenden Verwaltung der „technisch und kommerziell komplizierten Leistungsbeziehungen zwischen Netzbetreibern" – vgl. *Röhl* (Fn. 23), S. 226 – führen würde. Würde die „private Selbststeuerung" – vgl. *Röhl* (Fn. 23), S. 231 – funktionieren, bedürfte es gerade keiner Zugangsanordnung.

96 Für § 37 TKG 1996 so *Riehmer*, MMR 1998, 59, 63.

97 So zu § 37 TKG 1996 etwa *Röhl* (Fn. 23), S. 226 ff.

98 Begründung zu § 42 TKG-RegE, BT-Drs. 15/2316, S. 72; *Koenig/Loetz/Neumann*, Telekommunikationsrecht, S. 161.

99 Siehe auch *Koenig/Loetz/Neumann*, Telekommunikationsrecht, S. 168.

Verpflichtungen über das Umschaltkriterium der Betroffenheit in das Gleichordnungsverhältnis transponiert. Und zum Dritten verlagert § 44 Abs. 1 S. 2 den Schutz des (potenziell) Betroffenen zeitlich vor, indem der Anspruch bereits bei **drohender Zuwiderhandlung** besteht. Der **Zugangsberechtigte** bekommt auch insoweit also ein effizientes Abwehrmittel an die Hand gegeben. Aber auch der Zugangsverpflichtete kann privatrechtliche (Entgelt-)Ansprüche aus § 44 Abs. 1 ableiten, wenn die Entgeltpflicht in der Zugangsanordnung – als der „Verfügung" i. S. v. § 44 Abs. 1 S. 1 – hinreichend präzise[100] festgelegt ist. Selbst wenn man in der Annahme privatrechtlicher Rechte und Pflichten einen unter Gesichtspunkten der Gesetzessystematik und des Normzwecks relevanten Effizienzgewinn sehen will, scheint es doch zweifelhaft, ob es insoweit neben § 44 noch der Konstruktion eines angeordneten Vertrages bedarf.

Auch der Hinweis, das Gesetz würde vom **Grundsatz und Primat der privatautonomen** **72** **Gestaltung des Netzzugangs** ausgehen, lässt sich nicht entscheidend für die Theorie vom angeordneten Vertrag heranziehen.[101] Denn in dem von § 25 vorausgesetzten Fall gescheiterter Verhandlungen fehlt es gerade an einer privatautonomen Vereinbarung, so dass aus der Privatautonomie telekommunikationsrechtlich übergeordneten Interessen eine hoheitliche Intervention erforderlich wird. Die Annahme eines angeordneten Vertrages um der Annahme eines Vertrages willen steht daher **bestenfalls auf semantischer Ebene** im Einklang mit einem System privatautonom verhandelter Zugangsvereinbarungen; schon die Charakterisierung als angeordneter Vertrag macht vielmehr deutlich, dass in den Fällen des § 25 der **Grundsatz der privatautonomen Vereinbarung durchbrochen** bzw. bis zu einer solchen durch einen hoheitlichen Eingriff ergänzt wird. Der Verweis auf den Grundsatz trägt somit nichts zu den Rechtsfolgen der Ausnahme bei. Die Herleitung des möglichen Inhalts einer Zugangsanordnung aus ihrer soeben beschriebenen (die privatautonome Vereinbarung ersetzenden) Funktion[102] ist demgegenüber zwar zutreffend. Warum sie jedoch die Annahme eines angeordneten Vertrages erforderlich machen soll,[103] bleibt dunkel, geht es doch insoweit einzig um die von der Ausgestaltung der Rechtsbeziehungen zwischen den Parteien zu unterscheidende Frage nach der Reichweite der Anordnungskompetenz.

Kein Argument für die Annahme eines angeordneten Vertrages lässt sich schließlich aus **73** der Gefahr einer **Aufspaltung der Zugangsvereinbarung** – bzw. präziser: der Zugangsrechte und -pflichten – in eine öffentlich-rechtliche und eine zivilrechtliche Komponente ableiten.[104] Diese Gefahr wird unter Verweis auf die Möglichkeit eines nur teilweisen Dissenses der Beteiligten und der daraus folgenden Aufspaltung des Rechtsweges im Falle einer (gleichermaßen nur teilweisen, vgl. § 25 Abs. 2) Zugangsanordnung gesehen.[105] Auch die Theorie vom angeordneten Vertrag kommt aber ohne die (zumindest und zumeist) implizite Annahme nicht aus, dass durch die Anordnung auch die in ihr nicht geregelten Bestandteile der Vereinbarung nach dem letzten Verhandlungsstand in Bezug genommen und

---

100 Insbesondere wird an eine Festlegung der praktisch bedeutsamsten Leistungsmodalitäten zu denken sein.
101 Zu § 37 TKG 1996 so aber BVerwG, MMR 2004, 564, 565.
102 Zu § 37 TKG 1996 BVerwG, MMR 2004, 564, 565 f.
103 So zumindest implizit zu § 37 TKG 1996 BVerwG, MMR 2004, 564, 565.
104 So aber zu § 37 TKG 1996 *Koenig/Loetz*, K&R 1999, 298, 303.
105 Zu § 37 TKG 1996 *Koenig/Loetz*, K&R 1999, 298, 303; *Riehmer*, MMR 1998, 59, 63; *Röhl* (Fn. 23), S. 228.

im privatrechtlichen Austauschverhältnis als vertragliche Übereinkunft in Kraft gesetzt werden. Denn anderenfalls bestünde der angeordnete Vertrag nur aus dem Inhalt der Zugangsanordnung, da über die anderen Vereinbarungsbestandteile zwar Einigkeit erzielt wurde, es jedoch aufgrund der nicht zustande gekommenen Einigung über die anordnungsbedürftigen Punkte regelmäßig an einer **Einigung über wesentliche Vertragsbestandteile**, also die essentialia negotii, und damit an einem Vertragsschluss fehlen wird, der erst als solcher rechtliche Wirkungen entfalten kann.[106]

74   Die Anordnungswirkung kann sich auch nach der Theorie vom angeordneten Vertrag daher nicht auf die in der Anordnung enthaltenen Punkte beschränken, sondern muss auch die in den vorhergegangenen Verhandlungen konsentierten Punkte zumindest implizit umfassen. Zu einer „Aufspaltung" in einen angeordneten und einen nicht angeordneten, privatautonom vereinbarten Teil kann es daher trotz § 25 Abs. 2 nicht kommen: Der Inhalt des angeordneten Vertrages würde lediglich nur soweit hoheitlich bestimmt, wie zwischen den Parteien keine Einigung besteht. Hinsichtlich der anderen Teile würde er hingegen dem insoweit vorhandenen Konsens der Beteiligten entnommen werden, müsste aber, um Rechtswirkungen zwischen den Parteien erzeugen zu können, mangels Einigung über die wesentlichen – nämlich zum Teil angeordneten – Vertragsbestandteile ebenfalls erst durch die hoheitliche Anordnung in Kraft gesetzt werden. Dann spielt es aber unter dem Gesichtspunkt der Einheitlichkeit keine Rolle, ob das so erzeugte Rechtsverhältnis privatrechtlicher Natur (zwischen den Parteien) oder öffentlich-rechtlicher Natur (im Verhältnis zur Regulierungsbehörde) ist.

75   Vielmehr folgt aus dem Gesagten gerade, dass die Anordnung nicht auf die Punkte beschränkt bleiben muss, über welche die Parteien keine Einigung erzielen konnten.[107] Der Zugangsanordnung steht nach § 25 Abs. 2 nur eine **Vereinbarung** zwischen den Beteiligten entgegen. Die unter der Schwelle eines Vertragsschlusses (§§ 145 ff. BGB) verbleibende **Einigung** im Rahmen von Vertragsverhandlungen (§ 25 Abs. 3 S. 2 Nr. 4) **bindet die Regulierungsbehörde** im Anordnungsverfahren **nicht**. Dies ergibt sich auch daraus, dass die Einigung (etwa über bestimmte technische Bedingungen des Zugangs) regelmäßig (unausgesprochen) daran geknüpft ist, dass andere Bedingungen des Zugangs – etwa die Entgelte – den Vorstellungen des jeweiligen Beteiligten entsprechend festgesetzt werden. Freilich muss die Regulierungsbehörde bei ihrer Ermessensausübung einen vorhandenen Konsens **berücksichtigen**. Ist beispielsweise nur eine einzige Zugangsbedingung – namentlich die Entgelthöhe – streitig und haben beide Beteiligten entsprechende Vorschläge vorgelegt, wird die Regulierungsbehörde in der Regel die unstrittigen Bedingungen anordnen und sich bei der Anordnung der strittigen Bedingung innerhalb des durch die beiden Vorschläge eröffneten Korridors bewegen.[108] Dabei sind konsentierte Bedingungen – einschließlich einzelner Entgeltpositionen – umso eher unverändert zu übernehmen, wie sie von anderen Bedingungen einer Zugangsvereinbarung sachlich trennbar sind. So wird die Regulierungsbehörde (auch: entgeltliche) Bedingungen unverändert zu übernehmen haben, die

---

106 Dies übersieht auch *Riehmer*, MMR 1998, 59, 63, obwohl er selbst ausdrücklich vom „Vertragsentwurf" spricht.

107 A. A. *Schütz*, Kommunikationsrecht, RdNr. 347 (S. 159) und RdNr. 351 (S. 160), dort aber offensichtlich im Einklang mit der hier vertretenen Auffassung am Umfang einer (möglichen) vertraglichen Vereinbarung orientiert; zu § 37 TKG 1996 *Koenig/Loetz*, K&R 1999, 298, 303.

108 Vgl. die entsprechende Argumentation zu § 37 TKG 1996 bei *Koenig*, MMR-Beilage 1/2002, 11, 19; *Koenig/Neumann*, RTkom 2000, 27, 33.

sich auf Leistungsbestandteile beziehen, welche isolierbare Bestandteile der Zugangsleistung betreffen. Ein Beispiel wären z. B. unstreitige Bedingungen der Kollokation, für deren abweichende Festlegung bei einem bloßen Streit um die verkehrsabhängigen Zugangsentgelte regelmäßig kein sachlicher Grund bestehen wird. Dahingegen ist bei zwei sachlich aufeinander bezogenen Bedingungen eine Abweichung auch von einer untervertraglichen Einigung der Parteien über die eine Bedingung regelmäßig möglich, wenn nur über die andere Bedingung Streit herrscht. Ein Beispiel hierfür wären (einmalige) Bereitstellungs- und (wiederkehrende) Überlassungsentgelte, bei denen regelmäßig Mischkalkulationspotenzial besteht. Ist die Regulierungsbehörde noch nicht einmal an eine untervertragliche Einigung der Parteien gebunden, gilt dies schließlich natürlich erst recht für Ausgestaltungsvorschläge von einem der beteiligten Unternehmen, also etwa für ein Angebot des Zugangsverpflichteten.[109]

Auch die im Kontext der Frage nach der Rechtswirkung – weniger rechtsdogmatisch als **76** rechtspraktisch – beschworene Gefahr, dass die Annahme eines öffentlich-rechtlichen Zugangsverhältnisses einer **nachfolgenden vertraglichen Vereinbarung** entgegenstehen könnte,[110] macht keine Entscheidung zugunsten der Theorie vom angeordneten Vertrag erforderlich. So muss eine Zugangsanordnung gemäß § 25 Abs. 2 zeitlich und inhaltlich hinter eine privatautonome Vereinbarung zurücktreten (RdNr. 21 ff.) – wie es in der Regulierungspraxis durch entsprechende Widerrufsvorbehalte[111] auch sichergestellt wird. Diese Subsidiarität gegenüber einer privatautonomen Vereinbarung gilt auch für eine Ex-officio-Anordnung (RdNr. 33). Gegen die Durchsetzung einer dagegen verstoßenden Zugangsanordnung könnten sich die betroffenen Unternehmen daher erfolgreich gerichtlich zur Wehr setzen. Schließlich bestehen angesichts einer möglichen Kollision zwischen einer Zugangsanordnung und einer (nachfolgenden) privatautonomen Vereinbarung auch mit Blick auf das Gleichordnungsverhältnis selbst keine rechtspraktischen Bedenken. Einigen sich die Beteiligten privatautonom, werden sie zum einen tatsächlich **kein Interesse** daran haben, diese Vereinbarung unmittelbar wieder zu konterkarieren, indem sie sich auf die Zugangsanordnung berufen. Zum anderen wären sie insoweit durch die privatautonome Einigung auch **rechtlich gehindert** – jedenfalls würde ihnen insoweit im Falle entsprechender Anträge ein Rechtsschutzbedürfnis fehlen.

Schließlich bleibt zu konstatieren, dass auch die Theorie vom angeordneten Vertrag die **77** Gefahr eines Konfliktes zwischen den öffentlich-rechtlich angeordneten Rechten und Pflichten und der privatrechtlichen Ausgestaltung der Rechtsbeziehung gerade nicht beseitigt: Denn auch sie sieht in der Zugangsanordnung einen Verwaltungsakt, der gegenüber den beteiligten Unternehmen ein öffentlich-rechtliches Rechtsverhältnis begründet, das die Verpflichtung zur Zugangsgewährung zu den festgelegten Bedingungen zum Gegenstand hat (RdNr. 67). Dieses bleibt als Vergleichsparameter und Argumentationselement – nötigenfalls als Geschäftsgrundlage einer Einigung – auch bei Annahme eines angeordneten Vertrages präsent. Der Theorie vom angeordneten Vertrag kommt somit **kein rechts-**

---

109 Zu § 37 TKG 1996 *Müller*, CR 2004, 590, 592.
110 Für § 37 TKG 1996 *Koenig/Loetz*, K&R 1999, 298, 303; *Röhl* (Fn. 23), S. 228.
111 Vgl. etwa RegTP, N&R 2004, 170, 176; Beschluss v. 8. 11. 2004 – BK 4c-04-048/Z 06.07.04, S. 17 des Entscheidungsumdrucks.

praktischer Nutzen zu. Sie ist dogmatisch nicht indiziert und kaum mit der Normsystematik des § 25 in Einklang zu bringen.[112]

78   Im Ergebnis gilt demnach Folgendes: Eine Zugangsanordnung nach § 25 Abs. 1 S. 1 begründet **öffentlich-rechtliche Pflichten** des Zugangsverpflichteten, die gegebenenfalls von der Regulierungsbehörde zu vollstrecken sind (vgl. § 25 Abs. 8 S. 2), sowie **subjektive öffentliche Rechte** des Zugangspetenten, die auf die Durchsetzung der Zugangsanordnung durch die Regulierungsbehörde gerichtet sind. Ein **privatrechtlicher Vertrag** zwischen den beteiligten Unternehmen **kommt durch die Anordnung nicht zustande.** (Zivilrechtliche) **Rechte und Pflichten im Gleichordnungsverhältnis** ergeben sich ausschließlich **aus dem § 44 Abs. 1.** Mittels dieser **Umschaltnorm** erwirbt der Zugangspetent zivilrechtliche Durchsetzungs- und Schadensersatzansprüche gegen den Zugangsverpflichteten, wenn dieser der Zugangsanordnung nicht nachkommt. Bei der **inhaltlichen Ausgestaltung** der Anordnung wird die Regulierungsbehörde grundsätzlich den in der Anrufung dargelegten Anordnungsinhalt (§ 25 Abs. 3 S. 2 Nr. 1) zugrunde legen. Welche Punkte die Regulierungsbehörde zum Gegenstand einer Zugangsanordnung macht, obliegt jedoch letzten Endes nur ihrem **pflichtgemäßen Ermessen** (siehe auch RdNr. 55). Dabei muss eine Zugangsanordnung jedenfalls die **wesentlichen Bestandteile** eines (im konkreten Fall nicht zustande gekommenen) Vertrages (essentialia negotii) regeln.[113] Bei der **Festlegung der einzelnen Bedingungen,** die sie zum Anordnungsinhalt macht, wird sich die Regulierungsbehörde zwar grundsätzlich an einem konkreten Verhandlungsstand orientieren, der zwischen den Beteiligten erreicht wurde. Soweit keine Vereinbarung im Sinne einer vertraglichen Vereinbarung nach §§ 145 ff. BGB vorliegt (§ 25 Abs. 2), ist sie jedoch **an eine bloße „Einigung"** (§ 25 Abs. 3 S. 2 Nr. 4) **nicht gebunden** (siehe RdNr. 75). Sie muss allerdings die einzelnen Bedingungen nicht explizit festlegen, sondern kann diesbezüglich auch **auf externe Dokumente** – wie Vertragsentwürfe – **verweisen,** sofern der damit festgelegte Anordnungsinhalt objektiv eindeutig bestimmt ist.

VIII. Durchsetzung der Anordnung (Absatz 8)

79   Die Zugangsanordnung kann ihrer praktischen Bedeutung nur gerecht werden, wenn ihre konsequente Durchsetzung möglich und sichergestellt ist. Absatz 8 sieht hierzu eine Umsetzungsverpflichtung vor (RdNr. 80 ff.), aus deren Verletzung insbesondere der Zugangspetent über **§ 44 Abs. 1 Beseitigungs-, Unterlassungs- und** vor allem **Schadensersatzansprüche** herleiten kann. Zugleich wird der Regulierungsbehörde die Möglichkeit eröffnet, zur Durchsetzung der Anordnung ein hohes Zwangsgeld zu verhängen (RdNr. 83 ff.). **Zweifelhaft** ist angesichts des Wortlautes der Vorschrift, ob § 25 Abs. 8 auch **bereits für eine erste Teilentscheidung** nach Absatz 6 **vor Erlass der zweiten** gilt. Dagegen spricht bereits, dass „die Anordnung" ausweislich § 25 Abs. 6 S. 3 aus beiden Teilentscheidungen besteht und sich § 25 Abs. 8 ausdrücklich nur auf eine „Anordnung" bezieht.[114] Andererseits ist aber auch schon die erste Teilentscheidung Bestandteil der Anordnung, so dass der Wortlaut einer Normauslegung nicht zwingend entgegensteht, nach welcher die Umset-

---

112 In § 31 Abs. 2 PostG hat der Gesetzgeber das Modell eines angeordneten Vertrages hingegen vorgesehen. Für die Auslegung von § 25 lässt sich hieraus freilich nichts gewinnen, vgl. zutreffend BVerwG, MMR 2004, 564, 565.
113 So auch zu § 37 TKG 1996 *Groebel*, TKMR Tagungsband 2004, 39, 40; *Müller*, CR 2004, 590.
114 VG Köln, CR 2005, 108, 108 f. A. A. *Schuster*, CR 2005, 109, 110.

zungsverpflichtung bereits mit Erlass einer ersten Teilentscheidung gelten würde[115] und die Regulierungsbehörde schon zu deren Umsetzung noch vor Erlass der zweiten Teilentscheidung ein Zwangsgeld verhängen könnte. Für so ein Normverständnis spräche, dass anderenfalls der einigungsunwillige Zugangsverpflichtete sachwidrigerweise mit Verzögerungseffekten belohnt würde (siehe bereits RdNr. 59). Dem Problem, dass auf diese Weise Zugangsleistungen erbracht werden können, bevor die hierfür zu entrichtenden Entgelte festgelegt sind, wäre rechtsdogmatisch dadurch zu begegnen, dass die Entgelte auf den Zeitpunkt der Zugangsgewährung rückwirkend festgelegt werden können.[116] Rechtspraktisch hätte überdies der Zugangspetent das Rückstellungsrisiko selbst unter Kontrolle, da es schließlich von ihm abhängt, ob er die Zugangsleistungen in Anspruch nimmt oder nicht. Einem solchen Normverständnis steht aber die in § 25 Abs. 6 S. 3 zum Ausdruck gebrachte gesetzgeberische Entscheidung gegen die Möglichkeit der isolierten Anfechtung einer Teilentscheidung zwingend entgegen (siehe hierzu RdNr. 66). § 25 Abs. 8 gilt daher **nur für die Anordnung insgesamt**; es besteht **keine Verpflichtung zur Befolgung einer ersten Teilentscheidung** vor Erlass der zweiten. Diese sich aus § 25 Abs. 6 S. 3 i.V.m. § 25 Abs. 8 ergebende spezifisch telekommunikationsrechtliche Wertung schließt auch vorherige Vollstreckungshandlungen nach den Vorschriften des allgemeinem Verwaltungs(vollstreckungs)rechts aus.

1. Umsetzungszeitraum (Satz 1). – Die betroffenen Betreiber müssen nach Absatz 8 **80** Satz 1 eine Zugangsanordnung **unverzüglich** befolgen. Damit wird anders als in § 9 Abs. 5 NZV 1996 von einer starren Drei-Monats-Frist abgerückt. Dies ist rechtspolitisch sinnvoll, da so die Frist insbesondere bei neuen Zugangsleistungen **flexibel** den (teilweise) noch ungewissen technischen, rechtlichen und ökonomischen Voraussetzungen ihrer Umsetzungsmöglichkeit entsprechend angepasst werden kann. Dabei bedeutet „unverzüglich" angesichts der jedenfalls in diesem speziellen Fall traditionell gegebenen Einheit der Rechtsordnung gemäß der Legaldefinition des § 121 Abs. 1 Satz 1 BGB **„ohne schuldhaftes Zögern".**[117] Das heißt, dass der Zugangsverpflichtete ohne weiteres Zögern mit der Umsetzung der Zugangsvereinbarung beginnen muss.

Darüber hinaus hat die **Regulierungsbehörde** die Möglichkeit, in der Zugangsanordnung **81** eine **Frist zu bestimmen.** Dies wird sich insbesondere in den Fällen anbieten, in denen bereits Erfahrungen in Bezug auf eine angemessene Umsetzungsfrist bestehen, oder die Gefahr besteht, dass es zu ungerechtfertigten Verzögerungen kommt, wenn keine explizite Frist fixiert ist. Wie häufig letzterer Fall eintreten wird, muss die künftige Regulierungspraxis erst noch zeigen. Eine Fristbestimmung kommt aber ausnahmsweise auch in Betracht, wenn die unverzügliche Umsetzung eine ungerechtfertigte Besserstellung des Zugangspetenten gegenüber anderen Zugangsnachfragern oder eine unangemessene Belastung des Zugangsverpflichteten zur Folge hätte.

Sofern eine bestimmte Frist fixiert ist, muss wie schon in Bezug auf § 9 Abs. 5 NZV[118] **82** dem Zugangsverpflichteten überdies die Möglichkeit eingeräumt werden, die Frist zu **verlängern**, wenn sich deren Einhaltung als objektiv unmöglich darstellt. In diesem Fall ist

---

115 So *Schuster*, CR 2005, 109, 110; implizit auch RegTP, N&R 2004, 170, 173.
116 RegTP, N&R 2004, 170, 173.
117 Siehe zur allgemeinen Geltung im öffentlichen Recht OLG Frankfurt am Main, MDR 1989, 545; *Bamberger/Roth/Wendtland*, Kommentar zum Bürgerlichen Gesetzbuch, Band 1, 2004, § 121 RdNr. 6.
118 So zutreffend BeckTKG-Komm/*Piepenbrock*, Anh § 39 § 9 NZV RdNr. 17.

allerdings vom Zugangsverpflichteten zu verlangen, dass er einen entsprechenden Verlängerungsantrag rechtzeitig stellt, damit sich auch der Zugangsberechtigte darauf einstellen kann.[119]

83   **2. Zwangsgeld (Satz 2).** – Mit der im TKG 2004 neu aufgenommenen Möglichkeit eines Zwangsgeldes in Absatz 8 Satz 2 wurde ein **wirksames Instrument** geschaffen, um die Zugangsanordnung durchzusetzen. Gerade der im Vergleich zu § 11 Abs. 3 VwVG außerordentlichen Maximalhöhe des Zwangsgeldes von bis zu einer Million Euro (siehe bereits RdNr. 2) wird eine hinreichende **Abschreckungswirkung** zukommen, vor allem wenn sich die Regulierungsbehörde nicht scheut, von diesem Instrument Gebrauch zu machen. Aber schon die bloße Existenz dürfte die Umsetzungsbereitschaft bei den zugangsverpflichteten Unternehmen nachhaltig erhöhen.

84   Dabei wird die Regulierungsbehörde im Rahmen ihres **Entschließungsermessens** („kann") über das „Ob" eines Zwangsgeldes und im Rahmen des **Auswahlermessens** über dessen Höhe vor allem zu berücksichtigen haben, wie umfangreich die Nichtbefolgung der Zugangsanordnung ist und welche Auswirkungen die Nichtbefolgung auf die Regulierungsziele des § 2 Abs. 2 und insbesondere in Bezug auf die Schaffung eines chancengleichen Wettbewerbs hat. Ob auf dem Wege des Verwaltungszwangs nur die Zugangsverpflichtung oder auch die Verpflichtung zur (entgeltlichen) Gegenleistung des Zugangspetenten durchgesetzt werden kann, hängt konkret davon ab, ob die Entgeltzahlung lediglich als tatbestandliche Einschränkung der Zugangsgewährungspflicht oder als – tatbestandlich an die Zugangsgewährung geknüpfte – Verpflichtung des Petenten angeordnet wird.

85   **Unberührt** bleibt im Übrigen die **Vorteilsabschöpfung nach § 43**, wobei ein Verstoß gegen die Zugangsanordnung einen vorsätzlichen Verstoß gegen eine Vorschrift des TKG im Sinne des § 43 Abs. 1 darstellt, nämlich gegen § 25 Abs. 8. Allerdings dürfte regelmäßig der erforderliche Nachweis eines wirtschaftlichen Vorteils seitens des regulierten Unternehmens schwierig zu führen sein. Daher ist die zusätzliche Einführung eines Zwangsgeldes sinnvoll. Angesichts des vorgesehenen Zwangsgeldes erklärt sich auch, dass der Verstoß gegen die Zugangsanordnung nicht (auch noch) als **Ordnungswidrigkeit** nach § 149 ausgestaltet worden ist.

86   **IX. Rechtsschutz und Nachfolgefähigkeit.** – Da es sich bei einer Zugangsanordnung um eine Entscheidung nach dem zweiten Gesetzesteil und damit gemäß § 132 Abs. 1 S. 1 um eine Beschlusskammerentscheidung handelt, findet gemäß § 137 Abs. 2 ein Vorverfahren gegen eine Zugangsordnung nicht statt. Darüber hinaus ist der gerichtliche Rechtsschutz gegen eine solche Anordnung nach Maßgabe des § 132 Abs. 3 beschränkt.

87   Eine Zugangsanordnung richtet sich sowohl an den Zugangspetenten als auch an den Zugangsverpflichteten (RdNr. 69). Beide sind somit Adressaten dieses Verwaltungsaktes und damit gemäß der Adressatentheorie[120] im Verwaltungsprozess gegen eine Zugangsanordnung klagebefugt für eine Anfechtungsklage nach § 42 Abs. 1 Alt. 1 VwGO. Dies gilt auch für den Zugangspetenten, da die Anordnung ihm gegenüber jedenfalls hinsichtlich der Entgelte (gebietende) Regelungswirkung entfaltet. Eine Anfechtungsklage ist gemäß § 25 Abs. 6 S. 3 nur gegen die Zugangsanordnung als Ganzes, nicht jedoch gegen etwaige Teil-

119 Ähnlich in Bezug auf § 9 NZV 1996 BeckTKG-Komm/*Piepenbrock*, Anh § 39 § 9 NZV RdNr. 18.

120 Siehe zu dieser nur BVerwG, NJW 1988, 2752, 2753; *Kopp/Schenke*, VwGO, § 42 RdNr. 69 m. w. N. auch zur Kritik.

entscheidungen möglich (RdNr. 65). Auch einstweiliger Rechtsschutz kann nur gegen die Anordnung insgesamt in Anspruch genommen werden (RdNr. 66).

Einzelne Bedingungen des Zugangs sind nur dann isoliert anfechtbar, wenn sie isoliert auf- **88** hebbar sind. Das setzt voraus, dass sie objektiv abgrenzbar und bezeichenbar sind und auch als gesonderter Streitgegenstand bestehen könnten.[121] Angesichts der engen Verknüpfung der einzelnen Zugangsbedingungen, insbesondere mit Blick auf ihre Wertbemessung, die in den ebenfalls angeordneten Entgelten zum Ausdruck kommt, wird eine solche Teilbarkeit regelmäßig nicht gegeben oder lediglich auf ganz randseitige Zugangsbedingungen beschränkt sein. Wird die Änderung einzelner Bedingungen angestrebt, ist insoweit keine Teilanfechtungs-, sondern eine Teilverpflichtungsklage zu erheben.[122]

Da es sich bei § 25 Abs. 1 S. 1 um eine gebundene Entscheidung handelt (RdNr. 68), steht **89** einem Zugangspetenten überdies auch hinsichtlich der (erwünschten) Anordnung als Ganzem die Möglichkeit einer Verpflichtungsklage nach § 42 Abs. 1 Alt. 2 VwGO offen, wenn die Regulierungsbehörde sich trotz Anrufung weigert, eine Zugangsanordnung zu erlassen. Auch die Frage, ob die Beurteilung der Regulierungsbehörde, dass eine Anrufung nicht den Vorgaben des § 25 Abs. 3 entspricht, zutrifft, ist im Wege einer Verpflichtungsklage auf Erlass der begehrten Zugangsanordnung zu klären, da es sich insoweit um eine formelle Anordnungsvoraussetzung handelt.

Die Frage, ob eine Zugangsanordnung bei einer zivilrechtlichen Gesamt- oder Einzel- **90** rechtsnachfolge auf Seiten eines der Beteiligten auch einer **telekommunikationsrechtlichen Nachfolge** zugänglich ist, richtet sich nach der allgemeinen Dogmatik zur Rechtsnachfolge im öffentlichen Recht.[123] Angesichts des unübersichtlichen Diskussionsstandes kann sie im vorliegenden Rahmen nicht abschließend beantwortet werden. Entscheidende Voraussetzung für die Rechtsnachfolgefähigkeit einer **Zugangsanordnung** ist jedoch die Frage, inwieweit sie **von der Person des Berechtigten oder Verpflichteten abtrennbar** ist. Ist die Rechtsnachfolgefähigkeit zu verneinen, bleibt es einem Rechtsnachfolger natürlich unbenommen, ein neuerliches Anordnungsverfahren anzustrengen, wenn die Voraussetzungen hierfür vorliegen.

---

121 Vgl. allgemein zur Teilanfechtung *Kopp/Schenke*, VwGO, § 42 RdNr. 21.
122 Vgl. allgemein *Kopp/Schenke*, VwGO, § 42 RdNr. 21 und 28.
123 Ein Überblick findet sich etwa bei *Kobes*, VIZ 1998, 481, 485 f.; *Nolte/Niestedt*, JuS 2000, 1071, 1072 ff.

§ 26 Veröffentlichung

Die Regulierungsbehörde veröffentlicht die nach diesem Abschnitt getroffenen Maßnahmen unter Wahrung von Betriebs- oder Geschäftsgeheimnissen der betroffenen Unternehmen.

Übersicht

A. Normzweck, gemeinschaftsrechtliche Vorgaben, Entstehungsgeschichte und Verhältnis zu anderen Vorschriften

Die Veröffentlichungspflicht des § 26 erweitert die bisherigen Veröffentlichungspflichten, **1** insbesondere in **§ 9 Abs. 6 NZV 1996**, weil künftig sämtliche Maßnahmen der Regulierungsbehörde im Zugangsbereich und nicht nur die Zusammenschaltungsanordnungen veröffentlicht werden müssen. Dabei geht § 26 auf **gemeinschaftsrechtliche Vorgaben** zurück. Die Veröffentlichungsverpflichtung dient vor allem der Umsetzung von **Art. 15 Abs. 1 ZRL**, der die Mitgliedstaaten verpflichtet sicherzustellen, dass die nach der ZRL auferlegten Verpflichtungen veröffentlicht werden. Dies hat „unter Angabe der betreffenden Produkte bzw. Dienste und geografischen Märkte" zu erfolgen (Satz 1). Ferner sollen insbesondere die aktuellen Informationen in „leicht zugänglicher Form" publik gemacht werden. Dabei wird der Schutz vertraulicher Informationen und insbesondere von Geschäftsgeheimnissen anerkannt (Satz 2). Der Gemeinschaftsgesetzgeber verfolgt mit der Auferlegung entsprechender Veröffentlichungspflichten eine doppelte Strategie: Zum einen soll die Transparenz dem Schutz der Wettbewerber dienen[1] und somit die materiellen Vorgaben formell flankieren. Zum anderen verschafft sich die Kommission der Europäischen Gemeinschaften selbst bessere Kontroll- und Interventionsmöglichkeiten,[2] indem eine Transparenz der Regulierungstätigkeit hergestellt wird.[3] Dies wird an der Vorgabe des Art. 15 ZRL besonders deutlich, der die „innerstaatliche Publikationspflicht" in Absatz 1 mit einer Übermittlungspflicht in der Verbundverwaltung mit der Kommission in Absatz 2 Satz 1 verknüpft. Die Kommission stellt dann ihrerseits nach Absatz 2 Satz 2 diese Informationen „in einer unmittelbar zugänglichen Form zur Verfügung", so dass damit eine gemeinschaftsweite Transparenz erleichtert wird.

---

1 Siehe auch Erwägungsgrund 22 ZRL.

2 Zur Überwachungsfunktion der Kommission vgl. insoweit auch Erwägungsgrund 23 ZRL.

3 Zur Funktion der nationalen Regulierungsbehörden bei der Stärkung der Rolle der Kommission als sektorspezifischer Regulierungsbehörde siehe auch den Hinweis bei *Kühling*, Sektorspezifische Regulierung in den Netzwirtschaften, S. 427.

2 § 26 ist nur eine von mehreren Vorgaben des TKG zur Gewährleistung von **Transparenz** auf Telekommunikationsmärkten. Auf nationaler Ebene soll die Vorschrift vor allem sicherstellen, dass die Zugangsberechtigten über entsprechende Zugangsverpflichtungen informiert sind und damit ihre **Zugangsrechte** entsprechend **wahrnehmen** können.

3 Im Einzelnen steht § 26 im **Zusammenhang** mit folgenden Transparenzvorgaben des TKG: Der Abschnitt über die Zugangsregulierung enthält in § 20 TKG zusätzlich eine Ermächtigung zur Auferlegung einer Transparenzverpflichtung. Diese gibt der Regulierungsbehörde die Möglichkeit, marktbeherrschende Unternehmen zur Veröffentlichung zugangsrelevanter Informationen zu verpflichten. Damit wird für eine unternehmensseitige Transparenz gesorgt. Dem dient auch die Pflicht in § 23, ein Standardangebot zu veröffentlichen, und die Möglichkeit der Regulierungsbehörde, nach § 24 Abs. 2 S. 2 Kostenrechnungs- und Buchungsunterlagen des Unternehmens zu veröffentlichen. § 36 stellt schließlich das Pendant zu § 26 im Bereich der Entgeltregulierung dar. Die Bezugnahme auf die Betriebs- und Geschäftsgeheimnisse als Grenze der Veröffentlichungspflicht korrespondiert mit der Vertraulichkeitspflicht für Vertragspartner im Rahmen von Zugangsverhandlungen nach § 17 und hat damit wie die Transparenzpflicht selbst ein unternehmensseitiges Gegenstück. Schließlich wird die Vertraulichkeitspflicht für die Beschlusskammerverfahren eigens in § 136 normiert.

4 Die **Entstehungsgeschichte** weist eine seit dem Referentenentwurf stabile Gesetzesfassung auf. Im Arbeitsentwurf hatte es dagegen noch geheißen, dass die Regulierungsbehörde die Veröffentlichung „in ihrem Amtsblatt sowie auf ihrer Internetseite" vornimmt. Zu weiteren Änderungen oder Diskussionen ist es im Verlauf des Gesetzgebungsprozesses nicht gekommen.

B. Einzelerläuterungen

I. Sachlicher Anwendungsbereich

5 Der **sachliche Anwendungsbereich** des § 26 erstreckt sich dem Wortlaut der Norm entsprechend auf sämtliche durch die Regulierungsbehörde nach dem Abschnitt über die Zugangsregulierung getroffenen Maßnahmen. Der Begriff der **Maßnahme** ist dabei weit zu verstehen und beschränkt sich keinesfalls auf abschließende Entscheidungen der Regulierungsbehörde, sondern erfasst auch einzelne wichtige Verfahrensschritte wie die Aufforderung zur Abgabe von Stellungnahmen nach § 23 Abs. 2. Gleichwohl handelt es sich im Wesentlichen um die Auferlegung von Verpflichtungen durch die Regulierungsbehörde, die veröffentlicht werden sollen, da gerade dies für die Wettbewerber von Interesse ist.

6 **Im Einzelnen** werden folgende Maßnahmen im **Abschnitt über die Zugangsregulierung** erfasst: Die Auferlegung von Zugangsverpflichtungen nach § 18 Abs. 1 und § 21, von Gleichbehandlungspflichten nach § 18 Abs. 2 und § 19, von Transparenzverpflichtungen nach § 20, die Verpflichtung zur Abgabe eines Standardangebots nach § 23 Abs. 1, die Aufforderung zur Abgabe einer Stellungnahme nach § 23 Abs. 2, die Anordnung eines Standardangebots nach § 23 Abs. 3, die Verpflichtung zu Veränderungen am Standardangebot nach § 23 Abs. 4 S. 1 und Abs. 6 S. 1, die Verpflichtung, ein Angebot als Standardangebot bereitzustellen, nach § 23 Abs. 5, die Auferlegung von Verpflichtungen im Bereich der getrennten Rechnungsführung nach § 24 und schließlich die Anordnungen nach § 25.

II. Gegenstand und formale Ausgestaltung der Veröffentlichungspflicht

1. Gegenstand und Umfang der Veröffentlichungspflicht. – Sofern die in Bezug genom- 7
menen Vorschriften ihrerseits Veröffentlichungselemente enthalten (siehe dazu bereits die
Hinweise in Rn. 3), tritt dadurch keinesfalls eine Dopplung auf. Vielmehr ist Gegenstand
der Veröffentlichungspflicht nach § 26 die diesbezüglich **jeweils** von der Regulierungsbehörde **auferlegte Verpflichtung**. Dies bedeutet in Bezug auf § 20 beispielsweise, dass die
Auferlegung einer Transparenzverpflichtung durch die Regulierungsbehörde zu veröffentlichen ist. Anschließend muss das regulierte Unternehmen seinerseits die ihm auferlegten
Veröffentlichungspflichten erfüllen.

Der **Umfang** der Veröffentlichung wird durch die Formulierung des § 26 weitgehend vor- 8
gegeben. So wird die Maßnahme grundsätzlich vollständig veröffentlicht. Die einzige Beschränkung findet diese Vorgabe in der Wahrung der Betriebs- und Geschäftsgeheimnisse
(dazu Rn. 10 ff.). Weitere Beschränkungsgründe, wie eine verfahrenstechnische Vereinfachung, sind nicht vorgesehen und daher abzulehnen. Die inhaltlichen Vorgaben des Art. 15
Abs. 1 S. 1 ZRL, der Angaben zum betreffenden Produkt bzw. Dienst und geografischen
Markt verlangt, dürfte daher entsprochen werden. Andernfalls sind die Informationen entsprechend zu ergänzen. Die Maßnahme ist jedenfalls grundsätzlich so, wie sie gegenüber
dem Adressaten der Maßnahme ergangen ist, zu veröffentlichen.

2. Form der Veröffentlichung. – Der **Ort** bzw. die Form der Veröffentlichung ist anders 9
als noch im Arbeitsentwurf (siehe dazu Rn. 4) in § 26 nicht mehr eigens erwähnt. Stattdessen hat der Gesetzgeber angesichts der Vielzahl von Veröffentlichungsverpflichtungen mit
§ 5 eine allgemeine Regel über die „Medien der Veröffentlichung" geschaffen. Danach erfolgen vorbehaltlich einer abweichenden Regelung Veröffentlichungen und Bekanntmachungen, zu denen die Regulierungsbehörde durch das TKG verpflichtet ist, im Amtsblatt
der Regulierungsbehörde und auf ihrer Internetseite. Dies erfasst insbesondere auch die
Veröffentlichung nach § 26. Gerade die Veröffentlichung im Internet gewährleistet die
leichte Zugänglichkeit der betreffenden Informationen, insbesondere auch für Wettbewerber im Ausland. Für die Einzelheiten der Veröffentlichungspflicht ist insoweit auf die
Kommentierung zu § 5 zu verweisen.

3. Betriebs- und Geschäftsgeheimnisse. – Von großer Bedeutung ist die Wahrung der Be- 10
triebs- und Geschäftsgeheimnisse,[4] die indes bei der Anordnung von Veröffentlichungspflichten gegenüber Unternehmen etwa in § 20 und § 24 noch wichtiger ist als im Rahmen
der Veröffentlichungspraxis der Regulierungsbehörde. Der Geheimnisschutz des § 26 setzt
die Vertraulichkeitspflicht des § 17 für die Regulierungsbehörde fort. Das Interesse am
Schutz von Betriebs- und Geschäftsgeheimnissen ist durch die **Berufsfreiheit** aus Art. 12
GG und das **Eigentumsgrundrecht** aus Art. 14 GG geschützt.[5] Die ausdrückliche Verpflichtung zur „Wahrung von Betriebs- oder Geschäftsgeheimnissen" **verstärkt** die **allgemeine Geheimhaltungspflicht** des § 30 VwVfG. Anders als § 30 VwVfG setzt § 26 nicht
die Möglichkeit einer Befugnis zur Offenbarung voraus. Vielmehr sind Betriebs- und Geschäftsgeheimnisse zu **wahren**, also die entsprechenden Informationen geheim zu halten.

---

4 Zu einem praktischen Beispiel für Geheimnisschutz vgl. FS Celsen, 2001, S. 289 ff.
5 BVerwG MMR 2003, 729, 731.

11   Im Normtext des § 26 ist kein differenziertes System der **Geheimhaltungsbedürftigkeits-prüfung** wie etwa in § 6 Abs. 2 und 3 NZV 1996 vorgesehen. Dies ist rechtspolitisch bedauerlich, da das Verfahren seiner Grundstruktur nach sinnvoll ist. Daher wird es sich anbieten, auch im Rahmen des § 26 entsprechend vorzugehen. Das bedeutet, dass die **Unternehmen** in einem ersten Schritt zu prüfen haben, welche Informationen aus ihrer Sicht geheimhaltungsbedürftig sind. Anschließend müssen sie diese Informationen entsprechend **kennzeichnen**, also der Regulierungsbehörde gegenüber sichtbar belassen, aber gesondert markieren. Vor einer entsprechenden Veröffentlichung dieser Informationen im Rahmen der Publikation einer Regulierungsmaßnahme wird die Regulierungsbehörde sodann prüfen, ob sie ein Geheimhaltungsinteresse für gerechtfertigt hält. Dabei kommt ihr bei der Beantwortung der Frage, ob es sich bei einer bestimmten Information wirklich um ein Betriebs- oder Geschäftsgeheimnis handelt, kein Beurteilungsspielraum zu.[6] Wenn es sich um ein solches Geheimnis handelt, ist es zu wahren, darf es also nicht veröffentlicht werden. Eine **Abwägung** des Geheimhaltungsinteresses mit der Notwendigkeit einer Transparenz in der Regulierungspraxis für die übrigen Marktteilnehmer ist in § 26 **nicht vorgesehen.** Die Vorschrift enthält insbesondere auch keine Bezugnahme auf eine etwaige Offenbarungsbefugnis, wie sie etwa bei § 30 VwVfG die Möglichkeit einer Interessenabwägung eröffnet.[7] Falls die Regulierungsbehörde das vom regulierten Unternehmen vorgebrachte Geheimhaltungsinteresse zurückweisen möchte, die Information also nicht für ein Geheimnis hält, hat sie das betroffene Unternehmen zuvor anzuhören. Schließlich entscheidet sie über die Art der Wahrung des Geheimnisses, indem sie entsprechend schützenswerte Informationen unkenntlich macht, wobei insbesondere an verschiedene Formen der Schwärzung zu denken ist.

12   Während sich das **Betriebsgeheimnis** auf den technischen Bereich des Unternehmens bezieht, betrifft das **Geschäftsgeheimnis** die kaufmännische Seite.[8] Geschäftsgeheimnisse erstrecken sich dabei auf solche Informationen, die die Geschäftsstrategie erkennbar werden lassen, umfassen aber auch Bezugsquellen, Kundenlisten oder etwa Umsatzzahlen.[9] Beispiele für Betriebsgeheimnisse sind Produktionsmethoden und Verfahrensabläufe.[10] Als (Betriebs- bzw. Geschäfts-)**Geheimnis** ist dabei jeder nur einem eng begrenzten Personenkreis bekannte Umstand einzuordnen, dessen Offenbarung dem schutzwürdigen wirtschaftlichen Interesse des Unternehmens widerspricht.[11] Allerdings ist zu betonen, dass angesichts der umfangreichen Transparenzvorgaben und des spezifischen Regulierungsregimes in der Telekommunikationswirtschaft nicht die insoweit strengeren Grundsätze des Wettbewerbs- und Kartellrechts anzuwenden sind.[12] Dass § 26 die Wahrung von Betriebs- **oder** Geschäftsgeheimnissen vorsieht, eröffnet der Behörde insoweit keine Wahlmöglich-

---

6 Für § 30 VwVfG ebenso *Kopp/Ramsauer*, VwVfG, § 30 RdNr. 8.

7 Siehe zu dieser Abwägung im Rahmen von § 30 VwVfG *Stelkens/Bonk/Sachs/Bonk/Kallerhoff*, VwVfG, § 30 RdNr. 20; *Kopp/Ramsauer*, VwVfG, § 30 RdNr. 16.

8 So *Kopp/Ramsauer*, VwVfG, § 30 RdNr. 9a (für § 30 VwVfG); BeckTKG-Komm/*Piepenbrock*, Anh § 39 § 6 NZV RdNr. 10 (für § 6 NZV 1996).

9 Siehe auch *Stelkens/Bonk/Sachs/Bonk/Kallerhoff*, VwVfG, § 30 RdNr. 13 (für § 30 VwVfG).

10 *Kopp/Ramsauer*, VwVfG, § 30 RdNr. 9a.

11 Vgl. *Stelkens/Bonk/Sachs/Bonk/Kallerhoff*, VwVfG, § 30 RdNr. 13 i.V.m. RdNr. 9; *Kopp/Ramsauer*, VwVfG, § 30 RdNr. 9a (für § 30 VwVfG); sowie BeckTKG-Komm/*Piepenbrock*, Anh § 39 § 6 NZV RdNr. 10, m. w. Nachw. (für § 6 NZV 1996).

12 So zu Recht BeckTKG-Komm/*Piepenbrock*, Anh § 39 § 6 NZV RdNr. 10, schon zu § 6 NZV 1996.

keit und hat auch sonst nicht die Annahme einer Alternativität beider Geheimniskategorien zur Folge. Vielmehr ist die Konjunktion als „und(/oder)" zu lesen, so dass die Regulierungsbehörde – wie es auch dem allgemeinen Geheimhaltungsgrundsatz des § 30 VwVfG entspricht – die Betriebs- **und** Geschäftsgeheimnisse zu wahren hat.

III. Wirkung der Veröffentlichung, Rechtsschutz

Es ist darauf hinzuweisen, dass die Veröffentlichung **keine Bekanntgabe** im Sinne des § 43 Abs. 1 VwVfG bewirkt. Sie stellt keine zulässige Form der öffentlichen Bekanntgabe von Verwaltungsakten nach § 41 Abs. 3 S. 1 VwVfG dar. Insoweit fehlt es an der ausdrücklichen gesetzlichen Ermächtigung zur öffentlichen Bekanntmachung als Ersatz der individuellen Zustellung, wie dies etwa in § 69 Abs. 2 S. 2 VwVfG vorgesehen ist. **13**

Selbst der in § 30 VwVfG ausdrücklich normierte Geheimhaltungsanspruch führt nicht dazu, dass bereits der unbefugten Offenbarung Verwaltungsaktqualität (mit Blick auf eine Regelung bezüglich der Geheimhaltungswürdigkeit) zukäme. Entscheidend ist vielmehr, welche Handlungsform am Ende des Verwaltungsverfahrens steht.[13] Die Entscheidung über das „Ob" und den Umfang einer Veröffentlichung hat daher trotz der etwaigen Geheimnisschutzinteressen betroffener Unternehmen keinen Regelungscharakter. Die Veröffentlichung stellt demzufolge auch **keinen Verwaltungsakt** im Sinne des § 35 S. 1 VwVfG dar. Es handelt sich vielmehr um einen **Realakt**. **14**

Der **Rechtsschutz gegen eine Veröffentlichung** richtet sich nach den allgemeinen Grundsätzen des Rechtsschutzes gegen Realakte. In Betracht kommt daher namentlich die Geltendmachung öffentlich-rechtlicher Widerrufs-, Unterlassungs- und Folgenbeseitigungsansprüche.[14] Zeichnet sich eine nicht erwünschte Veröffentlichung ab, kommt vor allem **einstweiliger Rechtsschutz** in Betracht, und zwar in Form eines Antrags auf Erlass einer einstweiligen Anordnung nach § 123 Abs. 1 S. 1 VwGO. Gegebenenfalls kommen auch **Schadensersatzansprüche** in Betracht,[15] die allerdings nur in den seltensten Fällen zu bejahen sein werden. Denn regelmäßig wird es schwierig sein darzulegen, dass eine Veröffentlichung kausal zu einem Schaden geführt hat. Klageberechtigt ist dabei stets derjenige, dessen Geheimnis nicht gewahrt wurde.[16] Das wird in der Regel ein reguliertes Unternehmen sein, kann aber auch ein drittes Unternehmen sein, dessen Geheimnisse der Regulierungsbehörde im Rahmen eines Regulierungsverfahrens bekannt geworden sind.[17] **15**

---

13 *Stelkens/Bonk/Sachs/Bonk/Kallerhoff*, VwVfG, § 30 RdNr. 27 f.
14 Zu entsprechenden Ansprüchen bei einer Verletzung von § 30 VwVfG siehe *Stelkens/Bonk/Sachs/ Bonk/Kallerhoff*, VwVfG, § 30 RdNr. 28; *Kopp/Ramsauer*, VwGO, § 30 RdNr. 19; jeweils m. w. N.
15 So auch für § 30 VwVfG *Stelkens/Bonk/Sachs/Bonk/Kallerhoff*, VwVfG, § 30 RdNr. 28.
16 Siehe auch für § 30 VwVfG *Stelkens/Bonk/Sachs/Bonk/Kallerhoff*, VwVfG, § 30 RdNr. 24.
17 So für § 30 VwVfG ebenfalls *Stelkens/Bonk/Sachs/Bonk/Kallerhoff*, VwVfG, § 30 RdNr. 24, m. w. N. auch zur a. A.

Abschnitt 3:
Entgeltregulierung

Unterabschnitt 1:
Allgemeine Vorschriften

Vor § 27   Allgemeine Prinzipien der Entgeltregulierung von Netzunternehmen

Schrifttum: *Ballwieser*, Unternehmensbewertung und Optionspreistheorie, DBW 2002, 184; *Ballwieser/Busse von Colbe*, Kapitalkosten der Deutschen Telekom AG (Gutachten), 2001; *Börnsen/Coppik*, Investitionsanreize für den Ausbau von Telekommunikationsnetzen durch gesetzliche Regulierungsvorgaben, TKMR 2003, 317; *BMPT*, Price-Cap-Regulierung für Monopoldienstleistungen für Zwecke des digitalen zellularen Mobilfunks, Informationsserie zu Regulierungsfragen 10, 1993; *Busse von Colbe/Giersch/Mestmäcker/Neu/Witte*, Grundsätzliche Überlegungen zum Kostenmaßstab für die Genehmigungsfähigkeit von Monopoltarifen, Informationsserie zu Regulierungsfragen, hrsg. vom BMTP, 1993; *Busse von Colbe*, Kostenorientierte Entgeltregulierung von Telekommunikationsdienstleistungen bei sinkenden Beschaffungspreisen von Investitionen, Zum Erkenntnisstand der Betriebswirtschaftslehre am Beginn des 21. Jahrhunderts, FS Loitlsberger, 2001, 47; *ders.*, Zur Ermittlung der Kapitalkosten als Bestandteil regulierter Entgelt für Telekommunikationsdienstleistungen, Schmalenbachs Zeitschrift für betriebswirtschaftliche Forschung, Sonderheft 48, 2002, 1; *ders.*, Betriebswirtschaftliche Konkretisierung der Entgeltfindungsprinzipien nach dem Regierungsentwurf des TKG, TKMR Tagungsband 2004, 23; *Coenenberg*, Kostenrechnung und Kostenanalyse, 5. Aufl. 2003; *Doll/Wiek*, Analytische Kostenmodelle als Grundlage für Entgeltregulierungsentscheidungen, MMR 1998, 280; *Engelsing*, Kostenkontrolle und Erlösvergleich bei Netzentgelten, RdE 2003, 249; *Gerke*, Risikoadjustierte Bestimmung des Kalkulationszinssatzes in der Stromnetzkalkulation, 2003; *Gerpott/Winzer*, Umsetzung des Gebots der Entgeltregulierungskonsistenz bei Großhandelspreisen für ein Reselling von Telefonanschlüssen, K&R 2004, 162; *Groebel*, Die Entgeltgenehmigungspraxis der RegTP – Erfahrungen aus dem Telekommunikationsbereich, TKMR Tagungsband 2004, 39; *Hohenadel/Reiners*, Das Kalkulationssystem INTRA der Deutschen Telekom AG, Kostenrechnungspraxis 2000, 159; *Kempf*, Sachverständigengutachten für das VG Köln, Deutsche Telekom gegen Bundesrepublik Deutschland, 2002; *Knieps*, Der Irrweg analytischer Kostenmodelle als regulatorische Schattenrechnungen, MMR 1998, 598; *ders.*, Entgeltregulierung aus der Perspektive des disaggregierten Regulierungsansatzes, N&R 2004, 7; *Koenig/Rasbach*, Grundkoordinaten der Netznutzungsentgeltregulierung, Infrastruktur und Recht, 2004, 26; *Monopolkommission*, Telekommunikation und Post 2003: Wettbewerbsintensivierung in der Telekommunikation – Zementierung des Postmonopols, Sondergutachten 39, 2004; *Männel*, Preisfindungsprinzipien der Verbändevereinbarung VV II plus, 2003; *Mellewigt/Theissen*, Buttom-up-Kostenmodelle als Kerninstrument für künftige Entgeltregulierungsentscheidungen, MMR 1998, 589; *Obernolte/Danner*, Energiewirtschaftsrecht, Stand 2004; *Rickert*, Resale im Anschlussbereich im Lichte der aktuellen Beschlüsse der RegTP und vor dem Hintergrund der anstehenden TKG-Novelle, K&R 2003, 453; *Ruhle*, Internationale Beispiele für konsistente Entgeltregulierung, Konsistente Entgeltregulierung in der Telekommunikation, hrsg. Müller/Piekarowitz et al., 2003, 41; *Schneider*, Substanzerhaltung bei Preisregulierungen: Ermittlung der „Kosten der effizienten Leistungsbereitstellung" durch Wiederbeschaffungsabschreibungen und WACC-Salbereien mit Steuern? Schmalenbachs Zeitschrift für betriebswirtschaftliche Forschung, Sonderheft 47, 2001, 37; *Sieben/Maltry*, Nutzenentgelte für die elektrische Energie, 2002; *Siegel*, Kosten der effizienten Leistungserstellung im Fall von Preisregulierungen, Aktuelle Aspekte des Controllings, hrsg. Lingnau/Schmitz, 2002, 243; *Theobald/Hummel*, Entgeltregulierung in Netzwirtschaften, N&R 2004, 2; *VATM*, Stellungnahme des VATM zur TKG-Novelle, 2004; *Vogelsang*, Analytische Kostenmodelle – ein notwendiges Übel, MMR 1998, 594; *ders.*, Theorie und Praxis des Resale-Prinzips in der amerikanischen Telekommunikationsregulierung, WIK 231, 2003; *ders.*, Die Zukunft der Entgeltregulierung im deutschen Telekommunikationssektor, 2002; *ders.*, Ökonomische Aspekte des Referentenentwurfs zum TKG, MMR 2003, 509; *ders.*, Entgeltregulierung von Bündelprodukten in Telekommunikationsmärkten, N&R 2004, 18.

Übersicht

I. Problemstellung

1. Netzeigentum als Ursache von Marktmacht. – Unternehmen, die öffentliche Netze 1
betreiben und – wie es für den TK-Bereich in Art. 16 Abs. 4 der Richtlinie 2002/21 EG
(Rahmenrichtlinie; RRL), in Art. 8 Abs. 2 der RL 2002/19 EG (Zugangsrichtlinie; ZRL)
und in §§ 11 Abs. 1, 24 Abs. 1 heißt – über beträchtliche Marktmacht auf einem Markt verfügen, unterliegen gemäß § 30 einer Entgeltregulierung für auf diesem Markt angebotenen
Leistungen. Entgeltregulierung ist **kein Spezifikum einzelner TK-Märkte.** Sie gibt es
zum Beispiel auch im Elektrizitätsmarkt für Tarifabnehmer durch die Preisaufsichtsbehör-
den der Länder und soll auch für den Zugang von Wettbewerbern und neuen Erzeugern auf
Grund Art. 23 der RL 2003/54 für den Elektrizitätsbinnenmarkt nach Verabschiedung des
neuen EnwG gelten. Im kommunalen Bereich gibt es Entgeltregulierungen für die Versorgung mit Wasser und für die Entsorgung von Abwasser.

Netzeigentum verleiht Marktmacht insofern, als der Netzeigentümer Wettbewerbern die 2
Mitbenutzung des Netzes verweigern kann, die Errichtung **paralleler Netze unwirtschaftlich** oder unzulässig ist und Techniken, die **die Netze ersetzen** könnten zu wirtschaftlichen Bedingungen nicht zur Verfügung stehen. Das ist für das **Festnetz** der DTAG
ohne Regulierung weitgehend der Fall, solange z. B. die Benutzung von Elektrizitätsnetzen
für TK-Leistungen unwirtschaftlich ist. Insoweit verleihen Netze dem Betreiber ein **natürliches Monopol**, das nur durch Regulierung dem Wettbewerb geöffnet werden kann.

2. Zweck der Entgeltregulierung. – Zweck der Entgeltregulierung ist es, gemäß § 1, wie 3
schon gemäß § 1 TKG 1996, durch Regulierung den **Wettbewerb zu fördern** und flächendeckend eine **angemessene Versorgung mit TK-Leistungen** zu gewährleisten. Die Regulierungsbehörde (im weiteren RegTP) kann **Betreiber öffentlicher TK-Netze**, die auf
Märkten tätig sind, auf denen nach einer **Marktanalyse kein wirksamer Wettbewerb** besteht (§ 11), gem. § 21 Abs. 1 verpflichten, anderen Unternehmen Zugang zu ihrem Netz
zu gewähren (**Zugangsleistung**). Zur Vermeidung prohibitiver Zugangsentgelte unterlie-

gen die Entgelte der nach § 21 auferlegten Zugangsleistungen gem. § 30 Abs. 1 der **Genehmigung** durch die RegTP. Damit soll eine „missbräuchliche Ausbeutung, Behinderung oder Diskriminierung von Endnutzern oder von Wettbewerbern durch preispolitische Maßnahmen von Unternehmen mit beträchtlicher Marktmacht ...“ verhindert werden (§ 27). Entsprechend kann die RegTP nach § 21 Abs. 2 Nr. 3 solche TK-Betreiber zum Angebot von TK-Leistungen für Endnutzer an andere Unternehmen zu Großhandelsbedingungen (**Resale**) verpflichten. Marktmächtige Betreiber öffentlicher TK-Netze dürfen ihre Stellung auf dem relevanten Markt bei der Forderung und Vereinbarung von Entgelten **nicht missbräuchlich** ausnutzen, indem sie die Wettbewerbsmöglichkeiten anderer Unternehmen erheblich beeinträchtigen oder einzelnen Nachfragern Vorteile gegenüber anderen Nachfragern gleichartiger TK-Dienste einräumen (Diskriminierung; § 28 Abs. 1). Mithin sind die Entgelte so zu regulieren, wie sie sich bei **funktionsfähigem Wettbewerb** einstellen würden. Dabei ist die nachhaltige und flächendeckende Versorgung mit TK-Leistungen durch entsprechende **Investitionen in die Netzinfrastruktur** bei der Entgeltregulierung zu sichern. Das Problem der Entgeltregulierung besteht im Grundsatz vornehmlich darin, nach welchen Prinzipien diese **Höhe der Entgelte** bestimmt werden kann.[1] Die RegTP hat gem. § 27 Abs. 2 darauf zu achten, dass die Maßahmen der Entgeltregulierung insgesamt aufeinander abgestimmt sind (**Konsistenzgebot**). Das gilt z.B. für die Abstimmung der Entgeltregulierung von Vorleistungen und von TK-Leistungen für Endkunden.

4   **3. Simulierung von Wettbewerbspreisen durch Entgeltregulierung.** – Wettbewerbspreise dürften in der Regel niedriger sein als die Entgelte, die ein marktmächtiges Unternehmen durchsetzen kann. Auf offenen Märkten, zu denen potenzielle Wettbewerber ungehinderten Zutritt haben, ist der preispolitische Spielraum dieses Unternehmens allerdings gering, da es damit rechnen muss, dass Wettbewerber in den Markt eintreten, wenn deren effiziente Kosten merklich unter den Preisen des Unternehmens liegen. Im Festnetz-Bereich ist der **Marktzutritt** jedoch insoweit beschränkt, als Wettbewerber auf Vorleistungen der DTAG angewiesen sind, deren Duplizierung unwirtschaftlich wäre.[2]

5   Diejenigen Preise, die sich unter Wettbewerb einstellen würden, können durch Vergleich mit den Preisen ermittelt werden, die für gleichartige Dienste auf vergleichbaren Märkten gelten, die dem Wettbewerb geöffnet sind. Dieses **Vergleichsmarktkonzept** liegt der Missbrauchaufsicht des allgemeinen Wettbewerbsrechts zu Grunde. Für TK-Leistungen im Festnetz gibt es solche Märkte bisher nur beschränkt.

6   Auf Märkten mit funktionsfähigem Wettbewerb werden im Gleichgewicht die Preise der angebotenen Güter grundsätzlich durch die **Grenzkosten des Grenzanbieters** bestimmt. Fehlt ein solcher Wettbewerb, kann ein Anbieter, der über erhebliche Marktmacht verfügt, die Angebotspreise auf Märkten mit erheblichen **Zutrittsbarrieren** über die Grenzkosten heben und so eine Monopolrendite erzielen. Das GWB sieht ein solches Verhalten marktmächtiger Anbieter als Missbrauch seiner marktbeherrschenden Stellung an und verbietet es (§ 19 GWB).

7   Im Rahmen der **Entgeltgenehmigung** nach § 30 Abs. 1 sollen die Entgelte eines Unternehmens, das über beträchtliche Marktmacht verfügt, in Höhe der Kosten der effizienten Leistungsbereitstellung i. S. von § 31 den **Wettbewerbspreisen angenähert** werden. So-

---

1   *Theobald/Hummel*, N&R 2004, 2 ff.; *Knieps*, ebenda, 7 ff.
2   Näheres bei *Busse von Colbe/Giersch/Mestmäcker/Neu/Witte*, Grundsätzliche Überlegungen zum Kostenmaßstab für die Genehmigungsfähigkeit von Monopoltarifen, S. 20 ff.

weit Preise auf vergleichbaren Märkten, die nach § 31 Abs. 1 und § 35 für die Entgeltregulierung herangezogen werden können, nicht zur Verfügung stehen, müssen die Wettbewerbspreise nach den **Kosten der effizienten Leistungsbereitstellung** simuliert werden. Allerdings ist dieser Ansatz insofern **Beschränkungen** unterworfen, als die Regulierungsbehörde, aber auch das regulierte Unternehmen selbst, nicht über hinreichende Informationen über die Höhe der Kosten verfügt, die sich unter Wettbewerbsbedingungen ergäben.[3] Insbesondere sind dafür die Absatzmengen und Preise, Chancen und Risiken, von denen die Kosten abhängen, schwer abzuschätzen.

Die **Strompreisregulierung** für Elektrizitätsversorgungsunternehmen mit allgemeiner **8** Anschluss- und Versorgungspflicht richtete sich bis zum Inkrafttreten des EnWG 2005 nach § 12 BTO Elt dagegen vorrangig nach dem Ersatz der tatsächlichen Kosten, allerdings unter der Bedingung **elektrizitätswirtschaftlich rationeller Betriebsführung**, zuzüglich eines Gewinnaufschlages, auch wenn diese Bedingung kaum eindeutig zu bestimmen ist. Außerdem sind nach § 1 Abs. 1 BTO Elt Pflichttarife anderer Elektrizitätsversorgungsunternehmen bei vergleichbaren Versorgungsverhältnissen zu berücksichtigen.[4] Auch nach § 21 Abs. 2 EnWG 2005 müssen die Entgelte auf der Grundlage einer energiewirtschaftlich rationellen Betriebsführung kostenorientiert gebildet werden. Inwieweit die Kostenorientierung nach diesem Maßstab und nach dem der effizienten Leistungsbereitstellung übereinstimmen, muss die Praxis zeigen. Nach der bisherigen Übung der Strompreisaufsicht der Länder nach der BTO-Elt entsteht der Eindruck, dass die Kostenorientierung auf der Grundlage einer energiewirtschaftlich rationellen Betriebsführung eher mehr von den individuellen Kosten ausgehend **unternehmensbezogen**, die auf der Grundlage der effizienten Leistungsbereitstellung nach dem TKG dagegen im Hinblick auf die Förderung des Wettbewerbs eher **marktbezogen** ist.

II. Arten der Entgeltregulierung

1. Ex-ante-Regulierung. – Die Entgeltregulierung kann darin bestehen, dass ein Gesetz, **9** eine Verordnung oder eine Regulierungsbehörde die **Methoden** der Entgeltbestimmung oder aber die **einzelnen Entgelte** selbst **öffentlich-rechtlich** fixiert. Die Entgelte können auch durch **privatrechtliche Vereinbarung** reguliert werden. So wurden z. B. in der Verbändevereinbarung Strom (VV Strom II plus)[5] die Grundsätze der Kalkulation, die Kosten- und Erlöspositionen, die kalkulatorischen Kostenarten, darunter der kalkulatorische Zinssatz auf das Eigenkapital in Höhe von 6,5 %, und der Ansatz von Steuern auf Scheingewinne festgelegt. Entsprechendes gilt für den Kalkulationsleitfaden für den Netzzugang bei Erdgas.[6] In § 24 Satz 2 Nr. 4 EnWG 2005 ist vorgesehen, dass durch RechtsVO Methoden für die Ermittlung der Entgelte für den Netzzugang so bestimmt werden können, dass sie den Kosten einer effizienten Betriebsführung i. S. v. § 21 Abs. 2 EnWG entsprechen **(Methodenregulierung)**.

---

3 Ebenda, S. 23.

4 *Weigt/Obernolte/Danner*, Energiewirtschaftsrecht, EnPrR III, BTO Elt, § 12 RdNr. 17 ff.

5 Anlage 3 zur Verbändevereinbarung über Kriterien zur Bestimmung von Netzzugangsentgelten für elektrische Energie und über Prinzipien der Netznutzung vom 13. Dezember 2001 und Ergänzungen vom 23. April 2002, BAnz. Nr. 85b vom 8. Mai 2002.

6 Anlage 9 zur Verbändevereinbarung zum Netzzugang für Erdgas, BAnz. Nr. 87b vom 14. März 2002.

10 Gemäß § 30 Abs. 1 unterliegen **Entgelte** eines Betreibers eines öffentlichen Telekommunikationsnetzes, der über **beträchtliche Marktmacht** verfügt, für nach § 21 **auferlegte Zugangsleistungen**, mit Ausnahme der in § 30 Abs. 1 unter Nr. 1 bis 3 aufgeführten Fälle sowie gemäß Abs. 2 der in § 21 Abs. 2 Nr. 7 genannten Fälle, der Genehmigung durch die RegTP nach Maßgabe des § 31, also einer **Ex-ante-Entgeltregulierung**. Nach § 30 Abs. 1 sind Entgelte **genehmigungsfähig**, die die **Kosten der effizienten Leistungsbereitstellung nicht überschreiten**. In **Einzelfällen** kann die RegTP die Genehmigungsfähigkeit nach dem **Vergleichsmarktprinzip** entsprechend § 35 Abs. 1 Nr. 1 überprüfen. Bei funktionsfähigem Wettbewerb gleichen sich diese Preise den effizienten Kosten an. Nach § 32 genehmigt die Regulierungsbehörde Entgelte von Betreibern öffentlicher Telekommunikationsnetze, die über beträchtliche Marktmacht verfügen (§ 30 Abs. 1),

- auf der Grundlage der auf die einzelnen Dienste entfallenden **Kosten der effizienten Leistungsbereitstellung** (kostenbasiertes Verfahren; **Einzelentgeltgenehmigung**) oder
- auf der Grundlage der von ihr vorgegebenen Maßgrößen für die durchschnittlichen Änderungsraten der Entgelte für einen Korb zusammengefasster Dienste (**Price-Cap-Verfahren** nach § 34),
- wobei sie neben den Kosteninformationen nach § 35 Abs. 1 Preise solcher Unternehmen als Vergleich heranziehen kann, die entsprechende Leistungen auf vergleichbaren, dem Wettbewerb geöffneten Märkten anbieten (**Vergleichsmarktverfahren**), und von der Kostenberechnung des Unternehmens unabhängige **Kostenmodelle** heranziehen kann.

11 Das kostenbasierte Verfahren wird von der Regulierungsbehörde für Telekommunikation und Post (RegTP) in der Mehrzahl der Entgeltgenehmigungen im TK-Bereich angewendet.

12 **2. Ex post-Regulierung.** – Ein Betreiber öffentlicher Kommunikationsnetze, der über **beträchtliche Marktmacht** verfügt, **unterliegt** gemäß § 30 Abs. 2 bis 4 einer **Ex-post-Entgeltregulierung** für

- Dienstleistungen im Bereich der einheitlichen Rechnungsstellung zugunsten der Endnutzer gemäß § 21 Abs. 2 Nr. 7 (Abs. 2),
- Zugangsleistungen, die nicht nach § 21 auferlegt worden sind (Abs. 3), sowie
- Entgelte, die er, falls er den Zugang zu Endnutzern kontrolliert, im Rahmen der Verpflichtungen nach § 18 verlangt, aber nur dann, wenn er sowohl auf dem Zugangsmarkt als auch auf dem Markt für Endkundenleistungen marktmächtig ist (Abs. 4).

Gemäß § 30 Abs. 1 **soll** die RegTP nach § 36 **nachträglich** regulieren, wenn der Betreiber nicht gleichzeitig auch auf dem Endkundenmarkt tätig ist oder er vor Inkrafttreten des Gesetzes nicht als marktbeherrschend eingestuft worden war und beträchtliche Marktmacht erstmalig nach Inkrafttreten festgestellt wurde, falls dies zur Erreichen der Regulierungsziele ausreicht.

13 Außerdem unterliegen Entgelte der nachträglichen Regulierung, die ein Betreiber, der **nicht über beträchtliche Marktmacht** verfügt, aber den Zugang zu Endnutzern kontrolliert, im Rahmen der Verpflichtungen nach § 18 verlangt.

14 Die Ex-post-Regulierung der Entgelte durch die RegTP greift dann, wenn das Unternehmen gemäß § 28 seine Marktmacht **missbräuchlich** einsetzt. Die nachträgliche Regulierung basiert nicht auf den Kosten der effizienten Leistungsbereitstellung nach den Regeln des § 31 oder des Price-Cap-Verfahrens nach § 34. Wenn die RegTP feststellt oder vermutet, dass die von Unternehmen ihr vorgelegten oder geforderten Entgelte mit § 28 nicht vereinbar sind, ordnet sie Entgelte an, die § 28 genügen. Dafür wendet die RegTP die allgemeinen **Wettbewerbsvorschriften des GWB** an. Maßstab für Entgelte, die § 28 entsprechen, sind dann nach § 19 Abs. 4 Nr. 2 GWB Entgelte, die **auf vergleichbaren Märkten mit wirksamem Wettbewerb** gelten. Damit wird das Vergleichsmarktkonzept zur Basis der nachträglichen Entgeltregulierung. Im **Konkurrenzgleichgewicht** entsprechen die **Wettbewerbspreise** den **Kosten der effizienten Leistungsbereitstellung.**

III. Grundsätze der kostenbasierten Einzelentgeltregulierung

1. Kosten der effizienten Leistungsbereitstellung. – a) Legaldefinition. – Die Grundlage der kostenbasierten Einzelentgeltgenehmigung bilden gemäß § 31 Abs. 1 die „Kosten der effizienten Leistungsbereitstellung" als **Obergrenze**. Sie ergeben sich gemäß Abs. 2 aus „den langfristigen zusätzlichen Kosten der Leistungsbereitstellung und einem angemessenen Zuschlag der leistungsmengenneutralen Gemeinkosten einschließlich einer angemessenen Verzinsung des eingesetzten Kapitals, soweit diese Kosten für die Leistungsbereitstellung notwendig sind." Diese Regelung ist fast wörtlich aus § 3 Abs. 2 TEntgV 1996 übernommen. „Über Abs. 2 hinausgehende Aufwendungen werden nur berücksichtigt, soweit und solange hierfür eine rechtliche Verpflichtung besteht oder das die Genehmigung beantragende Unternehmen eine sonstige sachliche Rechtfertigung nachweist" (Abs. 3; entsprechend bereits in § 3 Abs. 4 TEntgV 1996). **15**

b) Europarechtliche Grundlagen. – Die Vorschriften stellen die Umsetzung des Art. 13 Abs. 3 ZRL dar. Darin heißt es, dass sich die Preise eines zur Kostenorientierung verpflichteten Betreibers aus den **Kosten einer effizienten Leistungsbereitstellung** und einer **angemessenen Investitionsrendite** errechnen. Für die Regelungen in § 31 Abs. 2 und 3 über die Ableitung der Kosten der effizienten Leistungsbereitstellung aus den langfristigen zusätzlichen Kosten, für die Beschränkung auf die notwendigen Kosten und für den möglichen Ansatz darüber hinausgehender Aufwendungen bietet Art. 13 zwar keine explizite Grundlage. Jedoch kann man notwendige Kosten als effizient ansehen. Zudem enthielt Art. 7 Abs. 5 der RL 97/33/EG über den offenen Netzzugang (ONP) bereits die Aufforderung, Empfehlungen zu Kostenrechnungssystemen zu entwickeln. Die EG-Kom vertrat dann in der **Empfehlung** 98/195/EG vom 8. 1. 1998 die Auffassung, „dass die Entgelte für die Zusammenschaltung am geeignetsten auf der Grundlage der zukunftsrelevanten langfristigen durchschnittlichen zusätzlichen Kosten zu ermitteln sind, da dies mit einem wettbewerbsorientierten Markt am besten zu vereinbaren ist." Dieser Ansatz schließt die Anwendung berechtigter Aufschläge zur Deckung zukunftsrelevanter Kosten und der Gemeinkosten eines effizienten Wettbewerbers, die unter Wettbewerbsbedingungen anfallen, nach der Empfehlung der EG-Kom 98/322/EG vom 8. 4. 1998 nicht aus. Die IRG Working Group on Cost Accounting hat am 22. 3. 2004 einen Vorschlag zur Änderung der Empfehlung vorgelegt (ERG (04)15). Die Empfehlungen enthalten detaillierte Hinweise für die Definition und Ermittlung der genehmigungsfähigen Kostenarten nach der Methodik der langfristigen durchschnittlichen zusätzlichen Kosten. **16**

17   **c) Langfristige zusätzliche Kosten.** – In ökonomischem Sinne sind mit „langfristigen Kosten" nicht Kosten gemeint, die innerhalb einer bestimmten Kalenderzeit anfallen, sondern Kosten, die sich bei **Änderung der Kapazität** eines Unternehmens ergeben. Man unterscheidet in der Kostentheorie zwischen kurzfristig variablen und langfristig variablen Kosten. Kurzfristig variabel sind diejenigen Kosten, die bei einer gegebenen Kapazität mit der Produkt- oder Leistungsmenge variieren. Kurzfristig fix sind hingegen diejenigen Kosten, die bei gegebener Kapazität unabhängig von der jeweiligen Produktmenge entstehen, insbesondere Abschreibungsbeträge nach Maßgabe der Zeit, auf das gegebene Vermögen anfallende Kapitalkosten und Steuern sowie von der Kapazität abhängige Personalkosten (Kapazitätskosten). Auf lange Sicht kann die Kapazität einer veränderten Nachfrage nach den Leistungen des Unternehmens angepasst werden. Damit sind langfristig alle Kosten variabel. Diese langfristigen Kosten umfassen damit aber auch anteilig alle Kosten, die kurzfristig fix sind. Diese Kosten sind nicht aus dem Rechnungswesen des Unternehmens direkt ersichtlich. Sie müssen vom Beurteilungszeitpunkt aus gesehen für die Zukunft geschätzt werden („**forward looking approach**").[7] Freilich kann das Rechnungswesen des Unternehmens dafür Anhaltspunkte bieten.

18   Die Bedeutung des Wortes „zusätzlich" ist insofern nicht eindeutig, als nicht ersichtlich ist, was die Vergleichsgröße ist, zu der zusätzlich langfristig Kosten entstehen. Ökonomisch gesehen, wären mit zusätzlichen Kosten die langfristigen „**Grenzkosten**" („marginal costs") zu verstehen, die zusätzlich bei Veränderung um eine Leistungseinheit anfallen. Da aber eine Veränderung um nur eine Leistungseinheit, etwa eine Gesprächsminute oder eine Teilnehmeranschlussleitung, unrealistisch ist, wird ein Paket von einer Anzahl von Leistungseinheiten („increment") der Kostenermittlung zu Grunde zu legen sein. Daraus ist ein Durchschnitt je Leistungseinheit zu bilden. Das sind die **langfristigen inkrementellen Durchschnittskosten (long run incremental cost)**.[8]

19   Mit den langfristigen inkrementellen Durchschnittskosten können die zusätzlichen Kosten gemeint sein, die sich bei einer **Erweiterung eines bestehenden Netzes** ergeben.[9] Alternativ können darunter die zusätzlichen Kosten für die **Errichtung eines neuen Netzes** durch einen fiktiven Wettbewerber zusätzlich zu einem vorhandenen verstanden werden.[10] In Anlehnung an Oftel lässt sich der zweite Ansatz wie folgt verdeutlichen:[11] Es seien

   $C(A)$ = Stand-alone-Kosten des Wettbewerbers A,
   $C(B)$ = Stand-alone-Kosten des marktbeherrschenden Unternehmens B,
   $C(A+B)$ = Gemeinsame Kosten von A und B $(< C(A) + C(B))$,

Dann ergeben sich die inkrementellen Kosten von B als

   $C(B) = C(A+B) - C(A)$ und von A,

---

7   BeckTKG-Komm/*Schuster/Stürmer*, § 3 TEntgV Anh. § 27 RdNr. 15.
8   Im Einzelnen hierzu z. B. *Belfin/Lukanowicz*, Ansatz der Forword Looking Long Run Incremental Costs zur Berechnung von kostenorientierten Zusammenschaltungsregeln, Österreichische Gesellschaft für Telekommunikationsregulierungen mbH, 1999; *Scheuerle/Mayen/Groebel*, Anh. zu §§ 37, 39 RdNr. 103 ff.; IRG Working Group on Cost Accounting, Vorschlag zur Änderung der Empfehlung der EG-Komm. von 1998, März 2004, Annex Section 8.
9   *Groebel*, TKMR 2004, 42 f.
10 *Gonzales/Hackbarth/Kuhlenkampf*, Cost and Network Models and their Application in Telecom Regulation Issues, 2002, S. 6.
11 Ebenda, S. 8.

IC (A) = C (A + B) – C (B).

Mithin gilt IC (B) < C (B) und entsprechend IC (A) < C (A).

In jedem Falle handelt es sich um die langfristigen zusätzlichen Kosten, die **anteilige Ka-** 20
pazitätskosten einschließen. Die inkrementellen Kosten von A sind insoweit geringer als
seine Stand-alone-Kosten, als er von der **Mitbenutzung des Netzes** von B und dessen **Grö-**
ßen- und Verbundvorteilen profitiert. Höhere Kosten von A im Vergleich zu B können
insoweit ausgeglichen werden.[12] Allerdings wird B versuchen, seine von A verlangten Entgelte für Zusammenschaltung und Vermietung von Leitungen soweit wie möglich den
Stand-alone-Kosten von A anzunähern, ihm aber keinen Anreiz zur Errichtung eines eigenen Netzes zu geben, was zu Einbußen von B führen würde.[13] Die RegTP wird versuchen,
die Entgelte des marktbeherrschenden Unternehmens für Leistungen an Wettbewerber so
zu steuern, dass sie einerseits **keine Anreize zur Schaffung von Überkapazitäten** bieten
und andererseits den **Wettbewerbern ökonomisch sinnvolle Investitionen** erlauben.

Ein weiteres Problem für die Ermittlung der langfristigen inkrementellen Durchschnitts- 21
kosten entsteht im Fall der DTAG dadurch, dass sie einen großen Teil ihrer Anlagen zum
Angebot **verschiedener Produktarten** nutzt, wie für Sprachdienste, Datenübertagung,
Vermietung. Insoweit kann eine Erweiterung von Kapazitäten nicht einer einzelnen Leis-
tungsart direkt zugerechnet werden. Langfristige inkrementelle Durchschnittskosten können daher nur über eine **Schlüsselung**, ähnlich wie im Falle der Zurechnung von Gemeinkosten bei gegebener Kapazität, ermittelt werden. Wenn aber als zusätzliche Kosten nur
diejenigen Einzelkosten bezeichnet werden, die durch die Bereitstellung eines Dienstes zusätzlich zu anderen Diensten verursacht werden,[14] so ist dies zumindest insofern missverständlich, als unter Einzelkosten gewöhnlich die Kosten verstanden werden, die bei gegebener Kapazität, also kurzfristig, einzelnen Leistungen zugerechnet werden können.

d) Effizienz der Leistungsbereitstellung. – Unter effizienten Preisen versteht man ge- 22
wöhnlich solche, die den durch die Herstellung des Gutes **notwendig verursachten Res-**
sourcenverbrauch reflektieren. Bei der DTAG lassen sich jedoch die über die Grenzkosten der einzelnen Dienste hinaus anfallenden Kosten der gemeinsamen Produktion ihnen nicht eindeutig zurechnen.[15] Bei der hohen Anlagenintensität für die Bereitstellung
von TK-Diensten kann jedoch auf die Zurechnung nicht verzichtet werden, weil jeder Anbieter auf Dauer seine gesamten Kosten decken muss, andernfalls würde er erst gar nicht
auf dem Markt auftreten oder von ihm verschwinden.

Die Kosten eines Unternehmens, das über beträchtliche Marktmacht verfügt, sind insoweit 23
nicht effizient, als es Kosten verursacht, die bei **funktionierendem Wettbewerb** nicht entstünden, weil es infolge des fehlenden Wettbewerbs Rationalisierungsmöglichkeiten nicht
ausschöpft. Es kann nicht beanspruchen, diese vermeidbaren Aufwendungen in den genehmigten Entgelten erstattet zu bekommen. Freilich ist es schwierig, diese Aufwendungen zu
ermitteln. Analysen von Preisen auf Vergleichsmärkten, die für den Wettbewerb geöffnet
sind, können zumindest Hinweise geben[16] (siehe Abschnitt VI.).

---

12 *Groebel*, TKMR 2004, 42.
13 *Gonzales* et al. (Fn. 10), S. 8.
14 BeckTKG-Komm/*Schuster/Stürmer*, § 3 TEntgV Anh. § 27 RdNr. 7.
15 *Busse von Colbe/Giersch/Mestmäcker/Neu/Witte*, Grundsätzliche Überlegungen, S. 32.
16 Ebenda, S. 37.

24 Die Kosten der effizienten Leistungsbereitstellung beziehen sich zunächst auf den Ressourcenverbrauch an Anlagevermögen in Form von Abschreibungen, an Umlaufvermögen in Form von Materialverbrauch, durch Personaleinsatz in Form von Löhnen, Gehältern, Sozialabgaben und freiwilligen sozialen Leistungen, durch Energieverbrauch, durch die Beanspruchung von Dienstleistungen Dritter sowie auf Zahlungen von betrieblichen Steuern und Abgaben. Da aber **auch eine angemessene Verzinsung** des eingesetzten Kapitals gemäß § 31 Abs. 2 zu den Kosten der effizienten Leistungsbereitstellung gehören, bezieht sich die **Effizienzforderung auch auf die Finanzierung**, von der die Höhe der Verzinsung zwar nicht allein, aber auch abhängt.[17]

25 e) **Ableitung der Kosten.** – Die Definition der Kosten der effizienten Leistungsbereitstellung als Kosten der langfristigen zusätzlichen Kosten der Leistungsbereitstellung bedeutet, dass auch anteilige Kosten der Investitionen in Netze und andere Sachanlagen, aber auch in Forschung und Entwicklung, in Markterschließung und Ausbildung, soweit sie aktiviert werden in Form von Abschreibungen, sonst unmittelbar Bestandteil dieser Kosten sind (langfristige inkrementelle Durchschnittskosten).

26 Für die Ableitung der Kosten der effizienten Leistungsbereitstellung für den Anlageneinsatz sind nicht die Abschreibungen auf in der Vergangenheit vorgenommenen Investitionen relevant, sondern die Abschreibungen, die sich für einen fiktiven Wettbewerber, der ein neues Netz errichtet, oder bei einer erheblichen Erweiterung des Netzes ergeben würden. Das sind keine historischen Kosten, sondern **aktuelle Wiederbeschaffungskosten**. Darauf wurde schon in der Empfehlung der EG-Kom 98/322/EG (siehe RdNr. 16) hingewiesen.

27 Die langfristigen zusätzlichen Kosten können auf der Annahme des Aufbaus eines völlig **neuen Netzes** oder aber wenigstens zum Teil **anknüpfend an Strukturen des vorhandenen Netzes** geschätzt werden. Legt man für beide Ansätze die gleiche Größenordnung des Netzes zu Grunde, dürfte die Annahme der Neuerrichtung zu geringeren Kosten führen. Allerdings können sich diese Kosten soweit von der **Realität entfernen**, dass ihre Relevanz für die Entgeltregulierung zweifelhaft werden kann. Geht man hingegen für die langfristigen zusätzlichen Kosten von einer **Erweiterung des bestehenden Netzes** aus, können einerseits infolge von **Vorteilen der Größendegression** niedrigere Kosten möglich sein, aber andererseits von der Regulierungsbehörde möglicherweise nicht erkannte **Ineffizienzen** zu scheinbar höheren Kosten führen.

28 Der Hinweis in § 31 Abs. 2, dass auch **leistungsmengenneutrale Gemeinkosten und Kosten des eingesetzten Kapitals** zu berücksichtigen sind, dient der Klarstellung. Zu den langfristigen Kosten gehören sie ohnehin[18]; denn diese Kosten würden bei einer erheblichen Erweiterung des Netzes oder Erstellung eines Netzes durch einen Wettbewerber auch anfallen.

29 Die Entgeltregulierung eines Betreibers eines öffentlichen Telkommunikationsnetzes, der über erhebliche Marktmacht verfügt, soll Wettbewerbern einen **wirtschaftlichen Zugang zu diesem Markt** ermöglichen und langfristig einen funktionsfähigen Wettbewerb herbeiführen. Diese Wettbewerber arbeiten mit den Kosten nach dem **jeweiligen Stand der Technik** und zu den jeweiligen Preisen der Produktionsfaktoren. Daher sind auch für das regu-

---

17 Monopolkommission, Telekommunikation und Post 2003, RdNr. 238.
18 So auch *Scheurle/Mayen/Witte*, § 27 RdNr. 35.

lierte Unternehmen die aktuell notwendigen Mengen und Preise der Produktionsfaktoren für die Entgelte der Leistungen zugrunde zu legen.[19] Mithin sind für die Ableitung der Kosten, die den beantragten Entgelten zugrunde gelegt werden, aus den tatsächlichen Kosten auf Basis der bestehenden Netzarchitektur die **ineffizienten Kostenbestandteile auszusondern.** Dies wird als „**Top-down-Ansatz**" bezeichnet. Er wurde von British Telekom entwickelt.[20]

f) Analytische Kostenmodelle. – aa) Grundlagen. – Soweit die Kosten der effizienten 30 Leistungsbereitstellung nicht oder nicht hinreichend aus der Kostenrechnung des regulierten Unternehmens ableitbar sind, kann die RegTP für deren Ermittlung gemäß § 35 Abs. 1 Kostenmodelle heranziehen, die von der Kostenrechnung des Unternehmens unabhängig sein können. Dies wird auch als **Ingenieuransatz** bezeichnet. Für dieses Verfahren bildet Art. 13 Abs. 3 ZRL die Grundlage. Eine so komplexe Produktionsstruktur wie das gesamte Netz der DTAG ist kaum realitätsnah in einem Kostenmodell wiederzugeben. Daher sind Kostenmodelle in der Regel **Partialmodelle**, die Teile des Gesamtnetzes abbilden. Analytische Kostenmodelle sind nach § 35 Abs. 1 Satz 1 Nr. 2 **ergänzend** zu den Angaben des Unternehmens heranzuziehen. Soweit allerdings die Ermittlung der Kosten der effizienten Leistungsbereitstellung (§ 32 Nr. 1) in Verbindung mit den vorgelegten Kostenunterlagen (§ 33) für die Prüfung der genehmigungspflichtigen Entgelte nicht ausreichen, kann die RegTP ihre Entscheidung allein auf die Kostenmodelle stützen (§ 35 Abs. 1 Satz 2). Im TKG 1996 waren Kostenmodelle nicht genannt. Deshalb wurde ihre Heranziehung durch die RegTP kritisiert.[21] Die ausdrückliche Nennung der Kostenmodelle im Gesetzentwurf ist daher zu begrüßen.

Darüber hinaus ist es fraglich, ob das Modell eine Netzkonfiguration zugrunde legen sollte, 31 die von den aktuell existierende Nachfragestrukturen und Techniken ausgeht („**Greenfield-Ansatz**"), die ein neuer Wettbewerber zu Grunde legen würde, wenn er ein neues Netz aufbauen würde, oder ob das Modell auf gewissen **Grundstrukturen des bestehenden Netzes** („**scorched node-Ansatz**") basieren sollte. Ein seit langer Zeit marktbeherrschendes Unternehmen wird seine Netzstruktur nicht in dem Maße der Entwicklung angepasst haben, wie es bei funktionierendem Wettbewerb hätte tun müssen.[22] Beim Greenfield-Ansatz besteht die Gefahr, dass sich die Kosten soweit von der Realität entfernen und die Unsicherheit für ihre Ermittlung so groß ist, dass das Kostenmodell für die Regulierung ungeeignet wird.[23]

bb) Kostenmodelle des WIK. – Im Auftrage zunächst des BMPT, später der RegTP hat 32 das WIK analytische Kostenmodelle für das öffentliche TK-Netz der DTAG entwickelt ab 1998[24] mit dem Ziel, der Behörde die Ermittlung der Kosten der effizienten Leistungsbereitstellung zu ermöglichen. Das Modell für das **nationale Verbindungsnetz** soll eine kostenorientierte Entgeltgestaltung insbesondere für die Zusammenschaltung des DTAG Netzes mit den Teilnetzen der anderen Anbieter von TK-Leistungen im Sinne eines „Als-ob-Wettbewerbs" gewährleisten. Damit sollen neue Wettbewerber infolge des Mangels an ei-

---

19 Ähnlich *Scheurle/Mayen/Witte*, § 27 RdNr. 28.
20 *Doll/Wiek*, MMR 1998, 282; *Vogelsang*, MMR 1998, 596.
21 *Doll/Wiek*, MMR 1998, 280 ff.; *Vogelsang*, MMR 1998, 594 ff.; *Knieps*, MMR 1998, 598 ff.
22 BeckTKG-Komm/*Schuster/Stürmer*, TEntgV Anh. § 27 RdNr. 31 f.
23 Zur Kritik *Doll/Wiek*, MMR 1998, 286; zur Antikritik *Mellewigt/Theissen*, MMR 1998, 591 f.
24 RegTP, Ein analytisches Kostenmodell für das Ortsnetz – Referenzdokument, erarbeitet vom WIK im Auftrage der RegTP, 1998.

gener Netzinfrastruktur in ihren Wettbewerbsmöglichkeiten nicht unangemessen eingeschränkt werden und neue Infrastrukturen nur dann aufgebaut werden, wenn dies zu geringeren Kosten als auf Basis des bestehenden Netzes führt.[25]

33 Mit dem Modell werden „**bottom up**" auf der Basis weitgehend allgemein zugänglicher
Informationen die langfristigen Kosten durchschnittlich pro Leistungseinheit, die zusätzlich zu einem Portfolio anderer Leistungen entstehen, **verursachungsgerecht** ermittelt.
„Echte" Gemeinkosten höherer Bezugsebenen werden im Modell nicht erfasst. Dabei übernimmt das WIK in Anlehnung an Modelle des Oftel[26] manche **Elemente der Netzarchitektur der DTAG**, wie insbesondere die Standorte der Hauptverteiler (Scorched-node-An-
satz). Insoweit folgt das Modell dem Prinzip der „**Pfadabhängigkeit**". Auf eine vollständige Optimierung wird also verzichtet.

34 Unter dieses Voraussetzungen sowie auf der Grundlage vorgegebener Nachfragedaten und
effizienter Verkehrsführung ermittelt des WIK zukunftsorientiert das Mengengerüst an
notwendigen Netzelementen für die Investitionen und bewertet es mit aktuellen Wiederbeschaffungspreisen. So ermittelt es den effizienten Neuwert des Anlagevermögens. Jedoch ist der **Kapitaldienst**, bestehend aus kalkulatorischen Abschreibungen und Zinsen,
nicht Bestandteil des Investitionsbausteins des WIK-Modells. Vielmehr enthält er nur die
im Sinne einer **Prozesskostenrechnung** ermittelten anlagenbezogenen Betriebskosten.
Die Annualisierung des Anlagevermögens über Abschreibungen und dessen Verzinsung
wird nach der Vorgabe regulatorischer Entscheidungen in einen zweiten Modellbaustein
eingespeist.[27]

35 Das vom WIK entwickelte analytische Bottom-up-Kostenmodell für das **Anschlussnetz**
ist unter entsprechenden Bedingungen nach der gleichen Methodik aufgebaut. Es bildet die
Basis für die Ermittlung der langfristigen zusätzlichen Kosten von Netzzugangsleistungen
auf der Ebene des Teilnehmeranschlussnetzes, gleichfalls unter Ausklammerung der kalkulatorischen Abschreibungen und Zinsen. Mithilfe dieses Kostenmodells sollen der
Investitionswert für die zukunftsgerichtete effiziente Bereitstellung entbündelter Teilneh-
merzugänge auf der Basis von Wiederbeschaffungspreisen ermittelt werden.[28] Von besonderer Bedeutung für die Investitionsausgaben je Teilnehmeranschluss sind die unterschiedliche Bodenbeschaffenheit und die Verteilung der Teilnehmer im Siedlungsraum. Solange
nach dem Prinzip der Tarifeinheit im Raum das Entgelt für die Teilnehmeranschlussleitung
bundeseinheitlich festgelegt wird, muss ein **repräsentativer Durchschnitt** für die Kosten
der Teilnehmeranschlussleitung gebildet werden.

36 **cc) Kritik.** – Die buttom up aufgebauten analytischen Kostenmodellen werden zwar als
transparenter und stärker auf die wichtigsten Kostentreiber fokussiert als die Top-down-
Modelle eingestuft. Jedoch wird an ihnen bemängelt, dass sie die komplexe Netzarchitektur angeblich **nicht realitätsnah und vollständig genug** abbilden könnten, auch wenn sie
gewisse Pfadabhängigkeiten berücksichtigen. Abschreibungs- und Kapitalkosten sowie
Gemeinkosten übergeordneter Ebenen sind im Investitionsbaustein des WIK-Modells ohnehin nicht enthalten; darüber hinaus gelte das z. B. auch für die Kosten des Working Capi-

---

25 *WIK*, Analytisches Kostenmodell Nationales Verbindungsnetz, Referenzdokument 2.0, 2000, S. 2.
26 *Oftel*, Long run incremental costs: the bottom-up model, 1997.
27 *WIK* (Fn. 25), S. 3–6, 11, 56–58.
28 *WIK*, Analytische Kostenmodell Anschlussnetz, Referenzdokument 2.0, 2000, S. 2, 26 f.

tal. Die Kritik, die Rechnungserstellung für die Kunden (Billing) fehle in dem Modell[29], ist insofern gegenstandslos, als sie durch das Modell nicht abgebildet werden soll, da sie separat zu kalkulieren ist. Kritisch ist eher die Tatsache zu sehen, dass die Konstruktion des Modells Freiheitsgrade aufweist und die Kostenparameter Ermessensspielräumen unterliegen. Da die RegTP nach § 35 Abs. 1 Kostenmodelle zur Entgeltregulierung „heranziehen" „kann", bilden sie nicht allein die Entscheidungsgrundlage, wenn sie denn überhaupt herangezogen werden. **Top-down- und Buttom-up-Ansätze** ergänzen und **kontrollieren** sich in der Regel gegenseitig.

g) Kosten als Ober- und Untergrenze der Entgelte. – In § 27 Abs. 1 Nr. 1 TKG 1996 **37** heißt es, dass die Regulierungsbehörde die Entgelte für die einzelnen Dienstleistungen auf der Grundlage der Kosten der effizienten Leistungsbereitstellung genehmigt, und in § 24 Abs. 1 TKG 1996, dass sie sich an ihnen „orientieren". Demgegenüber gilt nach § 31 Abs. 1 dieser Kostenmaßstab ausdrücklich als **Obergrenze**, ohne dass dies von der ZRL verlangt wird. Damit wird der Ermessenspielraum der RegTP entsprechend eingeschränkt.

Das regulierte Unternehmen kann diese Obergrenze **unterschreiten**. Für Wettbewerber, **38** die eigene Netze betreiben und auch zur Zusammenschaltung verpflichtet sind, kann dies zu einem **Verdrängungswettbewerb** führen. Dies soll durch § 28 Abs. 2 verhindert werden. Nach dieser Vorschrift darf ein Betreiber eines öffentlichen Kommunikationsnetzes, der über beträchtliche Marktmacht verfügt, diese Stellung bei der Erhebung der Entgelte nicht missbrauchen. Ein solcher **Missbrauch** wird vermutet, wenn die Entgelte der betreffenden Leistung die langfristigen Kosten einschließlich der Verzinsung des eingesetzten Kapitals nicht decken. Ein angemessener Zuschlag für leistungsmengenneutrale Gemeinkosten wird hier im Unterschied zu § 31 nicht erwähnt. Diese **Preisuntergrenze** (Dumpinggrenze) ist dort gezogen, wo die zusätzlichen Erlöse die zusätzlichen Kosten gerade noch decken, aber nicht anteilige fixe Kosten (Begründung zu § 24 Abs. 2 RefE unter Bezug auf die Mitteilung 98/C/265/02 der EG-Kom).

h) Preis-Kosten-Schere. – Wenn ein marktbeherrschendes Unternehmen **Wettbewerbern** **39** eine von ihnen benötigte **Vorleistung zu einem höheren Preis** anbietet, als es **selbst den Endverbrauchern** berechnet, so ist unter gleichen Bedingungen einem effizienten Wettbewerber kein für ihn rentables Angebot an die Endnutzer möglich. Dies wird als Preis-Kosten-Schere bezeichnet. Zum Beispiel überstieg bis zu einem Rebalancing im Jahre 2003 der Preis, den die DTAG von den Wettbewerbern für den **entbündelten Teilnehmeranschluss** verlangte, den von ihr berechneten, aber nicht kostendeckenden Endnutzerpreis für den analogen Telefonanschluss. Ein solcher von der RegTP geduldeter Zustand widerspricht dem Grundsatz, dass die regulierten Entgelte nach § 24 Abs. 1 TKG 1996 sich an den Kosten der effizienten Leistungsbereitstellung orientieren müssen und nach Abs. 2 keine Abschläge enthalten dürfen, die die Wettbewerbsmöglichkeiten anderer Anbieter beeinträchtigen. Der Zustand war ein Beispiel für eine **inkonsistente** Entgeltregulierung. Für die DTAG war das insofern vorteilhaft, als sie mit entsprechend über den Kosten liegenden Entgelten für die Gespräche insgesamt profitabel arbeitete, das Gesprächsvolumen über eine größere Anzahl von Anschlüssen als bei höheren Grundgebühren erhöhte und die Konkurrenten weitgehend vom Markt fern hielt. Da allerdings die monatliche Grundgebühr für die Endnutzer nach dem Grundsatz der Tarifeinheit im Raum in Deutschland bislang einheitlich ist, mag es trotzdem für Wettbewerber rentabel sein, Teilnehmeranschlüsse

---

[29] Zur Kritik besonders *Doll/Wiek*, MMR 1998, 282 ff. und *Vogelsang*, MMR 1998, 596 f.

mit vermutlich überdurchschnittlich hohem Gesprächsaufkommen von der DTAG anzumieten.[30]

40 **i) Kosten effizienter Wettbewerber als Maßstab.** – Wenn für genehmigungsbedürftige Entgelte die Kosten der effizienten Leistungsbereitstellung nach § 31 Abs. 1 die Obergrenze bilden und zu ihrer Ermittlung nach § 35 Abs. 1 von der Kostenrechnung des regulierten Unternehmens unabhängige Kostenmodelle herangezogen werden dürfen, entsteht die Frage, ob für diese Kosten der effizienten Leistungsbereitstellung die Struktur und Größe des regulierten Unternehmens oder die von Wettbewerbern maßgeblich sind.[31] Die effizienten Kosten des regulierten marktmächtigen Unternehmens können wegen realisierter Größenvorteile geringer als die eines kleineren Wettbewerbers sein; jedoch könnten die Kosten eines Wettbewerbers wegen einer Spezialisierung oder Konzentrierung auf einzelne Dienste oder geographische Bereiche statt dessen **niedriger als die des regulierten Unternehmens** sein.

41 In einem Markt, auf dem Wettbewerb herrscht, bestimmen grundsätzlich die **Grenzkosten des Grenzanbieters** zusammen mit der kaufkräftigen Nachfrage den Marktpreis. Wenn also zur Herbeiführung von Wettbewerb auf einem bisher von einem monopolistischen Anbieter beherrschten Markt Wettbewerbern der Markteintritt ermöglicht werden soll, müssen die Entgelte für deren Leistungen so hoch sein, dass deren Kosten der effizienten Leistungsbereitstellung gedeckt werden. Das gilt insbesondere für die Kosten der Infrastruktur für die Telekommunikation. Wettbewerber werden in Netze nur investieren, wenn sie damit rechnen können, dass sich das relativ hohe investierte Kapital unter Berücksichtigung der Risiken marktüblich verzinst.[32] Dann könnten die Kosten der effizienten Leistungsbereitstellung **über denen des regulierten Unternehmens** liegen, aber dennoch dem Wortsinn und Ziel des Gesetzes entsprechen. Im entgegengesetzten Fall der niedrigeren effizienten Kosten der Wettbewerber müsste sich das Entgelt an den Kosten der effizienten Leistungsbereitstellung, nicht an den tatsächlichen Kosten des regulierten Unternehmens ausrichten. So kann der Fall eintreten, dass Wettbewerber mit eigenen Netzen wie das marktbeherrschende Unternehmen an hohen Zugangsentgelten, andere Wettbewerber, die nur die vorhandenen Netze nutzen wollen, an niedrigen Zugangsentgelten interessiert sind.

42 Dass die Kosten der effizienten Leistungsbereitstellung eines Wettbewerbers den Maßstab für die Kosten der effizienten Leistungsbereitstellung abgeben können, lässt schon die Empfehlung der EG-Kom 98/322/EG (siehe RdNr. 16) erkennen und wird aus § 28 Abs. 2 Nr. 2 deutlich: Dort wird die Vermutung des Missbrauchs eines Anbieters mit beträchtlicher Marktmacht aufgestellt, wenn er einem Wettbewerber Entgelte für eine Zugangsleistung berechnet, die es einem „effizienten Unternehmen" nicht ermöglichen, aus der Spanne zum Endnutzerentgelt eine angemessene Verzinsung seines eingesetzten Kapitals zu erzielen („Preis-Kosten-Schere"). Entsprechend muss der marktmächtige Anbieter im Falle des Resale gemäß § 30 Abs. 6 den Rabatt auf den Endnutzerpreis in einer Höhe bemessen,

---

30 Ausführlich hierzu *Vogelsang*, Die Zukunft der Entgeltregulierung im deutschen Telekommunikationssektor, S. 51 ff., und zur Preis-Kosten-Schere generell *Ruhle*, Internationale Beispiele für konsistente Entgeltregulierung, S. 60 ff., 19 ff.

31 *Groebel*, TKMR 2004, 42, geht davon aus, dass mit „zusätzlichen Kosten" (§ 3 Abs. 2 TEntgV 1996 bzw. § 29 Abs. 2) die Kosten gemeint sind, die sich bei einer Erweiterung des Netzes der DTAG ergäben.

32 Im Einzelnen hierzu *Börnsen/Coppik,* TKMR 2003, 317 ff.

der einem effizienten Anbieter von TK-Leistungen eine angemessene Kapitalverzinsung ermöglicht.

2. Abgrenzung der Kosten. – a) Unterscheidung zwischen Kosten und Aufwand. – 43
Nach § 30 Abs. 1 dürfen genehmigungsbedürftige Entgelte die Kosten der effizienten Leistungsbereitstellung nicht überschreiten. Für diese Kosten hat das beantragende Unternehmen nach § 33 Abs. 1 aktuelle Kostennachweise, Angaben über **Kostenarten, Deckungsbeiträge**, Umsatz und Absatzmengen der RegTP vorzulegen. Nach Abs. 2 umfassen die **Kostennachweise** die Einzel- und Gemeinkosten, wobei die der Kostenrechnung zugrunde liegenden Einsatzmengen und Preise, die Ermittlungsmethoden der Kosten und Investitionswerte sowie die Schlüsselung für die Kostenzuordnung zu den einzelnen Diensten darzulegen sind. Zudem hat das beantragende Unternehmen nach Abs. 3 regelmäßig die Aufteilung der Gesamtkosten auf Kostenstellen und Kostenträger vorzulegen.

Aus diesen Vorschriften ist klar ersichtlich, dass die Basis für die Ermittlung der genehmi- 44
gungsbedürftigen Entgelte **Kosten im betriebswirtschaftlichen Sinne** sind, nicht aber Aufwendungen in handelsrechtlichem Sinne, die im HGB aber auch als Kosten bezeichnet werden, z. B. in § 255 als Anschaffungs- und Herstellungskosten. Unter Kosten in betriebswirtschaftlichem Sinne wird der **bewertete sachzielorientierte Güterverbrauch** verstanden.[33] Aufwendungen sind von vergangenen oder künftigen Ausgaben für einen Güterverbrauch abgeleitet, also periodisierte Ausgaben. Manche Kostenarten können mit dem entsprechenden Aufwand übereinstimmen, z. B. Löhne, Gehälter und Sozialabgaben, andere sich von ihnen in Bewertung oder Ansatz unterscheiden. So können z. B. Abschreibungsaufwendungen von den Abschreibungskosten für einen Vermögensgegenstand pro Periode abweichen. Vielfach werden in der Kostenrechnung längere Abschreibungsfristen als im Jahresabschluss und lineare statt degressive Abschreibungen angesetzt. Nicht sachzielbezogene betriebsfremde, periodenfremde oder außerordentliche Aufwendungen haben keine Entsprechung in der Kostenrechnung und manche so genannte kalkulatorische Kostenarten,[34] wie Kosten des Eigenkapitals, keine Entsprechung in der handelsrechtlichen Rechnungslegung. Handelsrechtlich sind Vermögensgegenstände und Schulden nach dem Vorsichtsprinzip zu bewerten. Demzufolge können insbesondere Abschreibungen und zurückgestellte Aufwendungen für ungewisse Schulden (Risiken) höher ausfallen, als es für die Kostenrechnung vertretbar ist. Sie müssen entsprechend bereinigt werden.

Kosten des die Entgeltgenehmigung beantragenden Unternehmens, die die Kosten der effi- 45
zienten Leistungsbereitstellung überschreiten, dürfen für die Entgeltgenehmigung grundsätzlich nicht berücksichtigt werden. In diesem Zusammenhang sind sie wie **neutrale Aufwendungen** zu behandeln.

Im Einzelfall kann die **Abgrenzung zwischen Aufwand und Kosten** schwierig sein. So 46
kann es strittig sein, ob ein Güterverbrauch als sachzielbezogen, hier also direkt oder indirekt auf die der Entgeltgenehmigung unterworfenen Leistung bezogen und damit als Kosten oder als betriebsfremd oder außerordentlich und damit als neutraler Aufwand anzusehen ist. Nach § 31 Abs. 3 ist ein über die Kosten der effizienten Leistungsbereitstellung **hinausgehender Aufwand** für die Entgeltgenehmigung **berücksichtigungsfähig**, soweit und solange hierfür eine **rechtliche Verpflichtung** besteht oder das Unternehmen eine sonstige **Berechtigung** und die **Höhe** des Aufwandes **nachweist**. Als Beispiele hierfür

---

33 Z. B. *Küpper*, Kostenbewertung, Handwörterbuch des Rechnungswesens, 3. Aufl. 1993, Sp. 1179.
34 Z. B. *Coenenberg*, Kostenrechnung und Kostenanalyse, S. 42 ff.

werden Personalkosten infolge der Übernahme von Beamten der früheren staatlichen Behörde durch die DTAG genannt, die das betriebswirtschaftlich notwendige Maß überschreiten („Altlasten").[35]

47 **b) Leerkosten.** – Wenn man die langfristigen zusätzlichen Gesamtkosten für das Netz oder andere Teile der Telekommunikation ermittelt hat, ausgehend von den Investitionen und verteilt auf die Jahre ihrer Nutzung, entsteht die Frage, wie diese fixen Kosten einer Periode auf die Leistungseinheiten, wie die einzelne Teilnehmeranschlussleitung, Gesprächsminuten etc., verteilt werden sollen. Vielfach sind die Kapazitäten im Hinblick auf **künftiges Mengenwachstum der Leistungen** absichtlich höher ausgelegt worden, als es die gegenwärtige und in naher Zukunft zu erwartende Auslastung erfordert. **Überkapazitäten** können aber auch infolge des **technischen Fortschritts** entstehen. Durch weiterentwickelte Aufschaltungen kann die Leistungsfähigkeit vorhandener Leitungen erheblich zunehmen.

48 Verteilt man die Gesamtkosten auf die geringere aktuelle oder in naher Zukunft zu erwartende Leistungsmenge, sind die Kosten je Leistungseinheit höher, als wenn man die anteiligen Kosten der auf lange Sicht nicht genutzten Kapazität, die so genannten „Leerkosten", als **neutralen Aufwand** aussondert. In Märkten mit funktionsfähigem Wettbewerb bilden sich im Allgemeinen die Preise eher nach den Grenzkosten, die nur die **Nutzkosten** enthalten. Die Kosten der auf absehbare Zeit nicht genutzten Kapazitäten sind Teil des Unternehmerrisikos. Diese Leerkosten sind nicht Bestandteil der Kosten der effizienten Leistungsbereitstellung, sondern neutraler Aufwand.[36]

49 **3. Bemessung der planmäßigen Abschreibungen. – a) Bewertung der Abschreibungsgegenstände.** – Aus dem Grundansatz der Entgeltregulierung, die Entgelte eines Betreibers eines öffentlichen Telekommunikationsnetzes, der über beträchtliche Marktmacht verfügt, den Preisen, die sich bei funktionsfähigem Wettbewerb gebildet hätten, über die Kosten der effizienten Leistungsbereitstellung anzunähern, folgt bereits, dass hierfür die Kosten relevant sind, die ein neuer **effizienter Wettbewerber** aufzubringen hätte (siehe RdNr. 40). Ein neuer Wettbewerber müsste neue Anlagen nach gegenwärtigem **Stande der Technik** und zum **aktuellen Preis** beschaffen. Maßgeblich ist der Zeitpunkt des Antrags auf Entgeltgenehmigung. Folglich sind für die Bewertung der Anlagen die zu diesem Zeitpunkt geltenden Preise (Tages- oder Wiederbeschaffungsneuwerte) der Bewertung und der Bemessung der Abschreibungen zu Grunde zu legen, nicht aber die geschätzten Preise im voraussichtlichen Zeitpunkt einer geplanten Wiederbeschaffung. Die Tagesneuwerte können aus Preislisten, Angeboten oder – wie in der Praxis vielfach üblich – durch Anwendung von Preisindices auf die historischen Werte abgeleitet werden.

50 Da die Anlagen des Antragstellers aber zum überwiegenden Teil nicht neu, sondern mitunter schon seit vielen Jahren in Gebrauch sind, müssen von dem Neuwert der Anlagen die kumulierten kalkulatorischen Abschreibungen abgezogen werden, wenn die aktuellen Anlagewerte die Basis für Kostenermittlungen bilden. Daraus ergibt sich der so genannte „**Wiederbeschaffungsaltwert**". Die historischen Anschaffungskosten bzw. bilanziellen Wertansätze der Sachanlagen, die in aller Regel um kumulierte bilanzielle Abschreibungen verminderte historische Anschaffungswerte darstellen, sind für die Abschreibungen und Wertansätze im Rahmen der Ermittlung der Kosten der effizienten Leistungsbereitstellung nicht relevant.

---

35 *Scheurle/Mayen/Witte*, § 27 RdNr. 48.
36 So auch BeckTKG-Komm/*Schuster/Stürmer*, § 2 TEntgV Anh. § 27 RdNr. 12.

b) Wiederbeschaffungs- versus Anschaffungskosten. – Auch wenn hier, gestützt auch 51
auf die Empfehlung der Kommission 98/322/EG (siehe RdNr. 16, 26), eindeutig zum
Zweck der Entgeltregulierung im TK-Bereich für die Wiederbeschaffungswerte als Grundlage für die Abschreibungen plädiert wird, so ist dieser Ansatz für administrierte Preise in
anderen Sektoren strittig. Nach den Leitsätzen für die Preisermittlung auf Grund von
Selbstkosten (LSP) von 1953 (PR 30/53) für Aufträge der öffentlichen Hand durften die
Abschreibungen auf der Grundlage von Wiederbeschaffungspreisen ermittelt werden. Die-
se Erlaubnis wurde jedoch durch die Verordnung PR 1/89 aufgehoben. Seitdem sind die
Abschreibungen auf der Grundlage von Anschaffungspreisen zu bestimmen.

Die **LSP** bildeten auch eine Grundlage für die Genehmigung von Anträgen auf Erhöhung 52
der Strompreise für Tarifabnehmer gemäß § 12 Abs. 2 **BTO Elt**, die nach dem EnWG
2005 aufzuheben ist. Die Notwendigkeit einer Tariferhöhung ist auf Grund landesrechtlich
geregelter Arbeitsanleitungen zur Darstellung der Kosten- und Erlösentwicklung in der
Stromversorgung nach dem Erhebungsbogen K nachzuweisen. Die Arbeitsanleitungen
weichen in manchen Punkten von der LSP ab. So ist es in einzelnen Bundesländern zulässig, nach dem Konzept der **Nettosubstanzerhaltung** die Abschreibungen auf Sachanlagen, soweit sie nach bestimmten Zuordnungsregeln mit Eigenkapital finanziert sind, auf
der Grundlage von Wiederbeschaffungskosten zu ermitteln. Das Konzept der Nettosubstanzerhaltung wurde in den siebziger Jahren für den **Jahresabschluss** zur Ermittlung einer **substanzerhaltenden Gewinnausschüttung** für Zeiten inflationärer Preissteigerungen entwickelt, von manchen Unternehmen angewendet, aber nicht kodifiziert.[37] Nach
dem Entwurf einer **Arbeitsanleitung** gemäß dem Beschluss des Bund-Länder-Ausschus-
ses vom 10./11. 6. 1997 sind die Abschreibungen aber auf Basis der Anschaffungs- bzw.
Herstellungswerte zu bemessen (Abschnitt IV 4.2). Dieser Entwurf ist jedoch nicht als Verordnung in Kraft getreten.

Die **Verbändevereinbarung** über Kriterien zur Bestimmung von Netznutzungsentgelten 53
für elektrische Energie und über Prinzipien der Netznutzung (VV Strom II plus; siehe
RdNr. 9) sah in Anlage 3 Nr. 3.1 auch vor, die Abschreibungen nach dem Konzept der **Nettosubstanzerhaltung** für den eigenfinanzierten Teil des Anlagevermögens auf Basis der
Tagesneuwerte zu berechnen. Entsprechendes sollte nach der Verbändevereinbarung zum
Netzzugang bei Erdgas (VV Erdgas II) Anlage 9 Nr. 3.1 gelten. Das Konzept der Nettosubstanzerhaltung ist jedoch im EnWG 2005 nicht mehr enthalten, wohl aber in die Strom-
und GasNEV übernommen worden. Das Konzept wird damit begründet, dass nur das ei-
genfinanzierte Vermögen des Unternehmens von der Auszehrung der Substanz durch
Preissteigerungen infolge der Nominalbesteuerung erfasst wird, während der steigende Fi-
nanzbedarf des durch Fremdkapital finanzierten Teil des Vermögens durch weitere Kredit-
aufnahmen gedeckt werden kann und die Fremdkapitalgeber die Preisniveausteigerung
durch erhöhte Nominalzinsen kompensieren.[38]

Die Frage, ob die Anlageabschreibungen auf der Basis von historischen Anschaffungs- 54
oder Tagesneuwerten zu bemessen sind, ist im Zusammenhang mit der Höhe der als Kosten

---

37 *Bierich*, Substanzerhaltungsrechnungen in der Praxis, Betriebswirtschaftliche Forschung und Praxis, 1973, S. 521–531; *Sieben/Schildbach*, Substanzerhaltungsrechnung und anteilige Fremdfinanzierung, ebenda, S. 577–592; *Schildbach*, Substanz- und Kapitalerhaltung, Handwörterbuch des
 Rechnungswesens, 3. Aufl. 1993, Sp. 1888–1901.
38 *Sieben/Maltry*, Nutzungsentgelte für elektrische Energie, S. 40 ff.; *Männel*, Preisfindungsprinzipien der Verbändevereinbarung VV II plus, S. 21 ff.

anzusetzenden Verzinsung des eingesetzten Vermögens zu beantworten. Kombiniert man Abschreibungen auf der Basis von Tageswerten, die gegenüber den Anschaffungswerten etwa im Ausmaß einer allgemeinen Geldentwertung gestiegen sind, mit nominellen Zinssätzen, deren Höhe gleichfalls von der Geldentwertung beeinflusst sind, so besteht die Gefahr, dass der **Inflationseffekt mehrfach** erfasst und damit das genehmigungsfähige Entgelt zu hoch bemessen wird. Dieses Problem wird im Zusammenhang mit den Kapitalkosten im Abschnitt E wieder aufgegriffen.

55 **c) Technischer Fortschritt.** – Tagesneuwerte für im Gebrauch befindliche Anlagen lassen sich dann leicht ermitteln, wenn es sich um standardisierte Anlagen handelt, die ohne wesentliche Änderungen seit der Beschaffung weiterhin als Neuanlagen angeboten werden. Für Anlagen, die sich infolge des technischen Fortschritts aktuell in Funktionsweise, Leistungsvermögen und Kostenverursachung z. B. für Energie- und Personaleinsatz oder infolge neuer gesetzlicher Auflagen von den im Unternehmen genutzten Anlagen erheblich unterscheiden, wird die **Ermittlung der Tagesneuwerte zum Problem**.

56 In Grenzen lassen sich diese Auswirkungen des technischen Fortschritts berücksichtigen. Entweder geht man für die Bemessung der Abschreibungen von dem aktuellen Anschaffungswert der neuen Anlagen aus, muss dann aber auch die von dieser modernen Anlage verursachten Betriebskosten anstelle der tatsächlichen Betriebskosten ansetzen. Oder man geht vom Tagesneuwert für die vorhandenen Anlage aus und vermindert ihn durch Abschläge vom Tagesneuwert, z. B. in Form eines Abschlages wegen erhöhten Leistungsvermögens oder einer über die Nutzungszeit **kapitalisierten Ersparnis** insbesondere an Arbeits-, Material- und Energiekosten. Unter Ausschaltung inflationärer Preiserhöhungen liegt dann der Ausgangswert für die Abschreibung unter dem historischen Anschaffungswert. Das führt zu einem außerplanmäßigen Abschreibungsaufwand, der aber als neutraler Aufwand nicht Teil der Kosten der effizienten Leistungsbereitstellung ist. Dieser Aufwand muss aus dem Risikozuschlag in den Kapitalkosten gedeckt werden. Bei wiederholtem Auftreten solcher Entwicklungen kann auch der Ansatz kalkulatorischer Einzelwagnisse angezeigt sein.

57 Das Verfahren stößt aber auf seine **Grenzen**, wenn z. Z. völlig andere Anlagen als im Unternehmen von einem fiktiven Wettbewerber benutzt würden oder eine Wiederbeschaffung der Anlagen zur Produktion gleichartiger Güter nicht mehr geplant ist. Dann bleibt nur der Griff zu analytischen Kostenmodellen, die von den tatsächlichen Kosten des Unternehmens abstrahieren.

58 **d) Repräsentatives Mengengerüst.** – Die TK-Anlagen bestehen aus einer großen Zahl einzelner Gegenstände, wie z. B. Teilnehmeranschlussleitungen, Vermittlungsanlagen, Übertragungsleitungen, die untereinander zwar ähnlich, aber nicht gleich und zu verschiedenen Zeitpunkten angeschafft worden sind. Bei Erdleitungen kann auch die unterschiedliche Bodenbeschaffenheit von Bedeutung sein. Eine Einzelbewertung, die zum jeweiligen Antragstermin durchgeführt werden müsste, ist kaum möglich, zumindest mit unvertretbarem Aufwand verbunden. Daher werden für die einzelnen Anlagearten jeweils durch **Stichproben** repräsentative Gegenstände ausgewählt und bewertet. Die Gesamtwerte der Anlagearten werden dann durch Hochrechnung ermittelt. Bei diesem Verfahren ist darauf zu achten, dass Verzerrungen vermieden werden.

59 **e) Abschreibungsfristen und Abschreibungsverfahren.** – Für die Entgeltregulierung sind nicht nur die bilanziellen Werte der Vermögensgegenstände, sondern auch die bilanziellen Abschreibungsfristen und Abschreibungsmethoden unbeachtlich. Aus bilanzpolitischen oder steuerrechtlichen Gründen werden für den handelsrechtlichen Jahresabschluss mitunter kürzere als die wirtschaftlich gerechtfertigten **Nutzungsdauern** angenommen und degressive Abschreibungsverfahren angewendet. Für die Entgeltgenehmigung sind jedoch die Nutzungsdauern anzusetzen, die nach besten Schätzungen **wahrscheinlich** sind, wobei jedoch **Risiken des vorzeitigen Ausscheidens** der Anlage aus wirtschaftlichen Gründen, insbesondere der technisch-wirtschaftlichen Überholung, berücksichtigt werden müssen. Angesichts des schnellen technischen Fortschritts, der raschen Änderungen im Nachfrageverhalten und der zunehmenden Konkurrenz für die DTAG infolge der Öffnung für den Wettbewerb im TK-Bereich besteht hinsichtlich der wirtschaftlichen Nutzungsdauer eine besonders **hohe Prognoseunsicherheit**. Es kommt dabei nicht auf die technisch mögliche Nutzungsdauer der Anlagen, sondern auf die aus der Prognose der mit ihnen voraussichtlich erzielbaren Einzahlungsüberschüsse an.[39]

Als Abschreibungsverfahren kommt, wie in der Praxis vorherrschend,[40] die **gleichbleiben- 60 de Abschreibung pro Zeiteinheit** in Betracht. Eine Abschreibung nach der Inanspruchnahme der Anlagen wäre nur gerechtfertigt, wenn die restliche Nutzungsdauer der Anlage primär infolge ihrer Nutzung sinkt, sie durch ihre Nutzung also verbraucht wird. Das ist im TK-Bereich eher selten der Fall.

f) Abschreibung unter Null. – Eine strittige Frage der Abschreibungsbemessung für ad- 61 ministrierte Preise ist, ob für Anlagen, die bereits völlig abgeschrieben sind, aber weiter benutzt werden, weiterhin Abschreibungsbeträge angesetzt werden dürfen. Eine bilanzielle Vollabschreibung ist aus den oben genannten Gründen unbeachtlich. Aber auch kalkulatorisch kann der Fall eintreten, dass die wirtschaftliche Nutzungsdauer zu Beginn unterschätzt wurde und auch bei zwischenzeitlicher Korrektur die Anlage über die verlängerte Abschreibungsdauer hinaus noch genutzt wird. Ein **Fortführung der kalkulatorischen Abschreibungen** wird in der Literatur vertreten[41] und ist auch in der Praxis weitgehend üblich.[42]

Geht man vom Tagesneuwert der Anlage aus und legt die im Antragszeitpunkt wahrschein- 62 liche Gesamtnutzungsdauer der Abschreibungsbemessung zu Grunde, so erhält man die aktuellen Abschreibungskosten, mit denen auch ein **fiktiver neuer Konkurrent** rechnen müsste. Dieses Vorgehen ist eher geeignet, zur Simulation eines Wettbewerbspreises beizutragen, als eine Abschreibung „unter Null" zu untersagen. LSP, VV Strom II und § 6 Abs. 6 Strom und GasNEV 2005 sehen eine Fortsetzung der Abschreibung aber nicht vor, vermutlich deshalb, weil sie mehr an einer Kostenerstattung als an einer Orientierung an Wettbewerbspreisen ausgerichtet sind[43] (siehe RdNr. 9). Konstante Preise vorausgesetzt, wird bei Fortführung der Abschreibung zwar mehr als der Anschaffungspreis abgeschrieben. Bei einer Überschätzung der Nutzungsdauer wird jedoch entsprechend weniger als der Anschaffungswert abgeschrieben; eine Nachholung von Abschreibungen wäre inkonsistent.

---

39 *Kempf*, Gutachten für das VG Köln 2002, S. 53 ff.
40 *Währisch*, Der Ansatz kalkulatorischer Kostenarten in der industriellen Praxis, Zeitschrift für betriebswirtschaftliche Forschung 2000, 683.
41 Z. B. *Coenenberg*, Kostenrechnung und Kostenanalyse, S. 44.
42 *Währisch* (Fn. 40), S. 683.
43 *Männel*, Preisfindungsprinzipien der Verbändevereinbarung VV II plus, S. 58 ff.

63 **g) Abschreibungen für nicht aktiviertes Anlagevermögen.** – Ein ähnliches Problem ergibt sich, wenn Ausgaben, die – ökonomisch gesehen – Investitionen sind, nicht bilanziert
werden. Das gilt insbesondere im Falle **selbst erstellter immaterieller Vermögensgegenstände**, die handelsrechtlich nicht aktiviert werden dürfen (§ 248 Abs. 2 HGB) und deshalb auch in der Kostenrechnung sofort als Kosten erfasst werden. Diese Investitionsausgaben müssen, falls wesentlich, für die Entgeltgenehmigung zunächst kalkulatorisch aktiviert und dann über die voraussichtliche Nutzungsdauer abgeschrieben werden. Zur Vermeidung von Doppelerfassungen müssen sie aus dem laufenden Aufwand eliminiert werden.

64 **4. Kapitaldienst. – a) Begriff.** – Unter Kapitaldienst versteht man im Zusammenhang mit
einer langfristigen Kreditgewährung die Zusammenfassung von Zinsen und Tilgung. Bei
einem Annuitätendarlehen ist der jährliche Betrag von Zinsen und Tilgung über die Laufzeit des Darlehens gleich hoch. Dieser Ansatz lässt sich auf die Belastung von abnutzbaren
Anlagen mit **Abschreibungen und kalkulatorischen Zinsen** übertragen. Würde man bei
einer lange nutzbaren einzelnen Anlage den jeweiligen um kumulierte Abschreibungen
verminderten Restwert der Zinsberechnung zu Grunde legen, so würde die Summe aus Abschreibungen und Zinsen von Jahr zu Jahr fallen. Die planmäßige Abschreibung von Anlagen für ihren Ansatz in der Bilanz legt ein solches Vorgehen zwar nahe. Für die Preiskalkulation macht es jedoch wenig Sinn, bei gleichbleibender Abschreibung von einem konstanten Wert und konstantem Zinssatz ständig fallende Kosten zu Grunde zu legen.

65 Daher ist es vielfach üblich, dem kalkulatorischen Zinssatz nach einer **Faustformel** das
durchschnittlich in der Anlage gebundene Kapital zugrunde zu legen. Bei Vernachlässigung eines Restwertes am Ende der Nutzungsdauer beträgt bei gleichbleibender (linearer)
Abschreibung der Durchschnitt die Hälfte des ursprünglich abzuschreibenden Betrages.[44]
Genauer ist jedoch die Berechnung einer Annuität analog zum Annuitätendarlehen.

66 **b) Berechnung des Kapitaldienstes.** – Eine Annuität in gleichbleibender Höhe über die
Abschreibungszeit und bei konstantem Zinssatz impliziert, dass der Anteil der Zinsen in
den ersten Jahren im Vergleich zur Abschreibung hoch ist und im Lauf der Jahre zunehmend sinkt. Der Anteil der Abschreibungen steigt entsprechend in gleichem Maße, so dass
der Gesamtbetrag konstant ist. **Finanzmathematisch** ermittelt man die Annuität mit Hilfe
des so genannten Kapitalwiedergewinnungs- oder **Annuitätenfaktors** für einen Zinsfuß i
und für n Jahre nach folgender Formel:

$$a = \frac{i(1+i)}{(1+i)^n - 1}.$$

Beträgt z. B. der abzuschreibende und zu verzinsende Betrag 10 Mio. €, die geschätzte Nutzungsdauer 30 Jahre und der Zinssatz 10 %, so beläuft sich die Annuität auf

$10 \times 0{,}1061 = 1{,}061$ Mio. €.

Nach der Faustformel abzuschreibender Betrag, dividiert durch Nutzungsjahre plus halber
Betrag mal Zinssatz, ergibt sich:

$10/30 + 10/2 \times 0{,}10 = 0{,}833$ Mio. €.

---

44 *BDI*, Empfehlungen zur Kosten- und Erlösrechnung als Istrechnung, Bd. 1, 3. Aufl. 1991.

Tendenziell führt die Faustformel zu einem niedrigen Betrag als die finanzmathematisch ermittelte Annuität. Nur bei einer kurzen Nutzungsdauer und niedrigem Zinssatz ist die Differenz vernachlässigbar. Die Annuitätenfaktoren sind aus Lehrbüchern der Investitionsrechnung zu entnehmen.[45]

5. Zuordnung von Gemeinkosten und unternehmensinternen Leistungen. – a) Begriff. 67
– Gemäß § 31 Abs. 2 schließen die Kosten der effizienten Leistungsbereitstellung einen angemessenen Zuschlag für **leistungsmengenneutrale** Gemeinkosten ein. Als Gemeinkosten gelten solche Kosten, die gemeinsam durch **mehrere Bezugsobjekte** verursacht werden, ihnen daher im Gegensatz zu den Einzelkosten nicht direkt zugerechnet werden oder werden können. Bezugsobjekte können Bereiche des Unternehmens, einzelne Kostenstellen (Stellengemeinkosten), Abrechnungsperioden oder aber einzelne Leistungen oder Leistungsbündel (**Kostenträgergemeinkosten**) sein.[46] Beispiele für Gemeinkosten können Kosten von Gebäuden, Betriebsvorrichtungen, Netzen und anderen Sachanlagen sein, die von mehreren Bereichen genutzt oder für mehrere Leistungsarten verwendet werden. Entsprechendes gilt auch für Kosten von Personal (z. B. von Serviceeinrichtungen, Vertriebsstellen oder höheren Leitungsebenen), das für mehrere Bezugsobjekte eingesetzt wird oder verantwortlich ist.

b) Schlüsselung von Gemeinkosten. – Die Zuordnung von Gemeinkosten zu den Bezugs- 68
objekten ist wegen mangelnder Verursachung durch das einzelne Objekt nur über eine Durchschnittsbildung und Schlüsselgrößen möglich. Dabei soll die Schlüsselgröße allerdings der **Verursachung möglichst nahe** kommen (siehe § 24 RdNr. 31). Das ist vermutlich gemeint, wenn es in § 33 Abs. 2 Nr. 2 heißt, dass „plausible Mengenschlüssel für die Kostenzuordnung zu den einzelnen Diensten des Unternehmens" anzugeben sind. Mit anderen Worten, die Schlüsselung muss für einen sachverständigen Dritten **nachvollziehbar** sein. Eine Zurechnung kann z. B. über Stundensätze, Produkt- oder Absatzmengen oder als Zuschläge zu vorgelagerten Kosten vorgenommen werden. Bei der Wahl dieser Schlüsselgrößen oder Verrechnungspreise existieren Ermessensspielräume, da eine eindeutige Verursachung für die Gemeinkosten nicht vorliegt.

Dieser **Spielraum** kann dadurch genutzt werden, dass die Gemeinkosten z. T. im Hinblick 69
auf die mittelfristige Elastizität der Nachfrage verteilt werden. Dienste mit einer relativ starren Nachfrage könnten dann mehr Gemeinkosten zugerechnet werden, was dann zu höheren Entgelten führen würde, als Diensten mit einer sehr preisempfindlichen (elastischen) Nachfrage.[47] Freilich darf dabei die Grenze der Quersubventionierung nicht überschritten werden. In der Praxis ist eine Gemeinkostenverteilung nach im Hinblick auf die Nachfrageelastizität unter Bezeichnung „**Tragfähigkeitsprinzip**" nicht ungewöhnlich.

Leistungsmengenneutrale Gemeinkosten können für eine gegebene Kapazität eines Be- 70
reichs völlig fix sein oder sich jeweils mit Erreichen einer bestimmten Leistungsmenge sprunghaft verändern (**sprungfixe** Kosten), wobei die Sprünge bei steigenden Leistungsmengen andere sein können als bei sinkenden Mengen. Bei völlig fixen Gemeinkosten sinken die Fixkosten je Leistungseinheit mit steigender Auslastung der gegebenen Kapazität

---

45 Z. B. *Busse von Colbe/Laßmann*, Betriebswirtschaftstheorie, Bd. 3 Investitionstheorie, 3. Aufl. 1990, S. 35, 269 ff.
46 Z. B. *Haberstock*, Einzel- und Gemeinkosten, Lexikon des Rechnungswesens, 4. Aufl. 1998, S. 211 f.; *Coenenberg*, Kostenrechnung und Kostenanalyse, S. 32 f.
47 *Busse von Colbe/Giersch/Mestmäcker/Neu/Witte*, Grundsätzliche Überlegungen, S. 35.

kontinuierlich. Im Falle sprungfixer Gemeinkosten ergibt sich bildlich eine sägezahnför-
mig tendenziell sinkende Gemeinkostenkurve je Leistungseinheit.

71   **c) Prozesskostenrechnung.** – Als ein Verfahren, mit dem die Zurechnung von Gemeinkosten besser als durch deren Schlüsselung gelöst werden soll, ist die Prozesskostenrechnung
angesichts des wachsenden Anteils der Gemeinkosten an den Gesamtkosten entwickelt
worden[48] (für die Anwendung in analytischen Kostenmodellen siehe RdNr. 30 ff.). Nach
dieser Kostenrechnungsart sollen Gemeinkostenarten statt durch jeweils eine Schlüsselung, z. B. der Verwaltungsgemeinkosten nach Maßgabe der Herstellkosten oder Ferti-
gungsgemeinkosten nach Maßgabe der zeitlichen Beanspruchung von Anlagen, einzelnen
Prozessen z. B. in der Verwaltung, des Vertriebs oder Logistik zugeordnet werden. Diese
Prozesse müssen im Hinblick auf die Kostenverursachung definiert werden. Die einzelnen
Produktarten sind daraufhin zu untersuchen, welche Prozesse sie in welchem Ausmaß in
Anspruch nehmen. Ihnen werden dann über Prozesskostensätze Gemeinkosten verursachungsgerecht zugeordnet. Soweit Gemeinkosten unabhängig von solchen Prozessen
entstehen, in diesem Sinne also fix sind, bleibt es bei einer Schlüsselung. Dabei können
Prozesskosten neben anderen Größen als Schlüsselgrößen dienen. Inwieweit Gemeinkosten nach dem Prozesskostenansatz in prozessproportionale Kosten umgewandelt werden
können, hängt von der Struktur des Unternehmens ab. Da die Einrichtung einer Prozesskostenrechnung zusätzliche Kosten verursacht, ist ihre Anwendung auch abhängig von
dem von ihr erwarteten Nutzen.

72   **d) Kapitalkosten.** – Ein besonders schwieriges und wegen der hohen Anlagenintensität
wichtiges Problem besteht in der Ermittlung und Zurechnung der Kapitalkosten einschließlich allgemeiner Risiken. Auf dieses Problem wird daher in **Abschnitt IV** gesondert
eingegangen. Kosten des **Eigen- und Fremdkapitals** werden, abgesehen von einzelnen
Bereichen direkt zurechenbarer Lieferantenverbindlichkeiten und Pensionsverpflichtun-
gen, weitgehend durch das Unternehmen als Rechtseinheit verursacht.

73   Mit einem **gesellschaftsrechtlichen Unbundling**, wie es nach § 7 für den TK-Bereich eines auch anderweitig tätigen Unternehmens verpflichtend und nach § 24 innerhalb des
TK-Bereichs als Wahlrecht vorgesehen ist, wird die Zurechnung auf rechtlich verselbstständigte Bereiche insofern erleichtert, als die einzelnen Rechtseinheiten mit Eigen- und
Fremdkapital ausgestattet werden müssen. Allerdings hat die Gesamtunternehmensleitung
dabei einen erheblichen Ermessensspielraum.

74   **e) Verrechnungspreise.** – In einem vertikal **integrierten Unternehmen** kommt auch der
Bewertung von unternehmensinternen Leistungen (Verrechnungspreise) von einer Wertschöpfungsstufe (**Vorleistungen**) zur anderen besondere Bedeutung zu. Das gilt insbesondere dann, wenn für diese Leistungen keine Marktpreise existieren. Verrechnungspreise
können aus Teilkosten, Vollkosten, Vollkosten mit Gewinnaufschlag oder zumindest in Anlehnung an Marktpreise gebildet werden. Wenn die Unternehmensbereiche anhand ihrer
Ergebnisse beurteilt und ihre Führungskräfte z. T. danach honoriert werden, besteht von deren Seite ein Druck, die Verrechnungspreise an Marktpreisen oder Kosten plus Gewinnaufschlag auszurichten. Diese Tendenz wird verstärkt, wenn die Bereiche rechtlich verselbstständigt und die Geschäftsleitungen auch handelsrechtlich für ihr Unternehmen verantwortlich sind.

---

48 Ausführliche Darstellung z. B. bei *Coenenberg*, Kostenrechnung und Kostenanalyse, 8. Kapitel.

6. Bildung von Kostendurchschnitten. – a) Räumliche Differenzierung. – Für die Ge- 75
nehmigung von Netzzugangsentgelten besteht bei räumlich ausgedehnten Netzen zumindest grundsätzlich die Frage, ob die Entgelte räumlich zu differenzieren sind, wenn die
Kosten der effizienten Leistungsbereitstellung räumlich unterschiedlich sind. Kosten
der Festnetzverlegung sind nach Bodenbeschaffenheit verschieden, die Personalkosten
können in Ballungsräumen höher als in ländlichen Gegenden sein und die Ausnutzung der
Netzkapazitäten in wenig besiedelten Landesteilen geringer als in dicht besiedelten. Bisher
herrscht in Deutschland die „**Tarifeinheit im Raum**". Gesetzlich ist sie nicht vorgeschrieben. Sie stammt aus der Zeit, als Telekom und Post staatliche Behörden waren und ihnen
strukturpolitische Aufgaben der Förderung ländlicher dünn besiedelter Regionen übertragen wurden. Ökonomisch betrachtet, führt die Tarifeinheit zu **Effizienzverlusten**, deren
Höhe allerdings schwer zu bestimmen ist. Die Aufhebung des Grundsatzes kann sich als
politisch brisant erweisen, da mit einer alten Gewohnheit gebrochen würde. Jedoch könnte
die Tarifeinheit im Raum durch Wettbewerbsdruck z. T. aufgebrochen werden, wenn Wettbewerber in kostengünstigen Gebieten mit eigenen Netzen der DTAG Konkurrenz machen
und die DTAG sich zur Vermeidung von Marktanteilsverlusten gezwungen sieht, mit entsprechend differenzierten Entgelten gegenzuhalten.[49]

Soweit die **Entgelte einheitlich** genehmigt werden, muss für die Kostenbasis ein **Durch-** 76
schnitt ermittelt werden. Dafür sind für die räumlich unterschiedlichen Kosten einer Leis-
tungsart **repräsentative Mengengerüste und Faktorpreise** zu ermitteln und für die
Durchschnittsbildung zu gewichten.

b) Funktionsrabatte. – Für eine Leistung, die an Wiederverkäufer abgegeben wird (Re- 77
sale), sind Rabattsätze zu ermitteln, die effizienten Wiederverkäufern eine Marge sichern,
die deren Kosten deckt (§ 30 Abs. 6; RdNr. 42). Deren Kosten können unterschiedlich sein.
Für die Rabatte muss ein Durchschnitt gefunden werden. Er müsste sich an deren **Kosten**
der effizienten Leistungsbereitstellung ausrichten. Dieser im Gesetz geregelte Maßstab
für die Genehmigung von einzelnen Entgelten des Betreibers eines Telekommunikationsnetzes mit beträchtlicher Marktmacht müsste sowohl auf die Ausgangsbasis wie für den
Rabattsatz zugunsten der Wiederverkäufer angewendet werden. Die Monopolkommission
bemängelt, dass dies in der Praxis der RegTP nicht immer der Fall war und es so zu Wettbewerbsverzerrungen gekommen sei.[50]

7. Prüfung der Kostenunterlagen. – In § 33 ist geregelt, welche Unterlagen über Kosten 78
und Leistungen das Unternehmen, das eine **Entgeltgenehmigung** nach § 31 Abs. 5 und 6
beantragt, der Regulierungsbehörde zur Prüfung vorzulegen hat.

Nach Abs. 1 Nr. 2 und 3 hat das Unternehmen eine **detaillierte Beschreibung** (Qualitäts- 79
merkmale), **Umsätze und Absatzmengen** sowie die Entwicklung der Nachfragestruktur
(Elastizität der Nachfrage) der Dienstleistung, für die die Entgeltgenehmigung beantragt
wird, für die zwei vorangegangenen, das laufende und die zwei folgenden Jahre anzugeben.
Diese Informationen sind zur Beurteilung der vorgelegten Kosten durch die RegTP notwendig.[51]

---

49 Näheres bei *Vogelsang*, Die Zukunft der Entgeltregulierung in deutschen Telekommunikationssektor, S. 173 ff.
50 Monopolkommission, Telekommunikation und Post 2003, RdNr. 147.
51 *Groebel*, TKMR 2004, 44.

80 Die Kostennachweise müssen Angaben über **Einzel- und Gemeinkosten** (Abs. 1) und gemäß Abs. 2 über **Faktoreinsatzmengen und -preise** enthalten. Insbesondere sind die **Ermittlungsmethoden** der Kosten und der Investitionswerte sowie die Plausibilität der **Mengenschlüssel** für die Kostenzuordnung zu den einzelnen Diensten des Unternehmens darzulegen (Abs. 2). Weshalb hier nur Mengenschlüssel erwähnt werden, nicht aber Gemeinkostenzuschläge auf vorgelagerte Kosten, wie sie in der Industrie für Verwaltungs- und Vertriebskosten weitgehend üblich sind, bleibt offen.

81 Darüber hinaus hat das Unternehmen jährlich seine Gesamtkosten und die Aufteilung auf **Kostenstellen und Kostenträger**, getrennt nach Einzel- und Gemeinkosten, vorzulegen (Abs. 3). Nach Abs. 6 sind die Kostenrechnungsmethoden grundsätzlich antragsübergreifend einheitlich anzuwenden. Antragsübergreifend impliziert eine **intertemporale und leistungsartenübergreifende Konsistenz und Kontinuität** nach betriebswirtschaftlichen Grundsätzen.

82 Die Prüfung durch die Regulierungsbehörde erstreckt sich insbesondere auf Vollständigkeit, Richtigkeit, Plausibilität von Erwartungen und Schätzungen z. B. der Nutzungsdauer von Anlagen und Risiken, Transparenz sowie darauf, ob die angegebenen Kosten den Kosten der effizienten Leistungsbereitstellung im Sinne der langfristigen zusätzlichen Kosten entsprechen. Diese Kosten basieren offenbar auf dem Konstrukt der „langfristigen Grenzkosten", die die Kosten der Schaffung neuer Kapazitäten, bezogen auf die Leistungseinheit, einschließen.

83 Bei der Prüfung der Kostenunterlagen sind Preise auf **Vergleichsmärkten** und Ergebnisse **analytischer Kostenmodelle** zur Gegenkontrolle heranzuziehen.[52]

IV. Bestimmung der Kapitalkosten

84 **1. Gesetzliche Vorgaben.** – Zur Bestimmung der in §§ 28 Abs. 2 und 31 Abs. 2 als Teil der Kosten der effizienten Leistungsbereitstellung genannten **angemessenen Verzinsung** des eingesetzten Kapitals legt § 31 Abs. 4 der Regulierungsbehörde die Verpflichtung auf, insbesondere

- die **Kapitalstruktur** des regulierten Unternehmens,
- die Verhältnisse auf nationalen und internationalen **Kapitalmärkten** und die Bewertung des regulierten Unternehmens auf diesen Märkten,
- die Erfordernisse hinsichtlich der **Rendite für das eingesetzte Eigenkapital**, wobei auch **leistungsspezifische Risiken** des eingesetzten Eigenkapitals gewürdigt werden können, und
- die langfristige **Stabilität der** wirtschaftlichen **Rahmenbedingungen auch** im Hinblick auf die **Wettbewerbssituation auf den TK-Märkten**

zu berücksichtigen. Weder das TKG 1996 und die TEntgV 1996 noch die ZRL enthalten derartige Beurteilungsmaßstäbe. Die Begründung zu § 31 sagt nichts dazu. Art. 13 Abs. 3 ZRL begnügt sich mit der Regelung, der Betreiber habe nachzuweisen, dass sich die Preise aus den Kosten sowie einer angemessenen Investitionsrendite errechnen.

85 Auslegungsbedürftig ist, was im Kontext des § 31 heißt, die Regulierungsbehörde „berücksichtigt" bei der Festlegung der angemessenen Verzinsung „insbesondere" die oben ange-

---

52 *Groebel*, TKMR 2004, 46.

gebenen Größen, Verhältnisse und Erfordernisse. Die Prüfung der Kosten- und Leistungs-
unterlagen, die von dem die Entgeltgenehmigung beantragenden Unternehmen vorzulegen
sind, ist in § 33 geregelt. Damit ist die **Feststellung der angemessenen Verzinsung nach
§ 31** durch die RegTP **unabhängig** von diesen Unterlagen. Die Wichtigkeit der Kapitalverzinsung für die Höhe der Entgelte und die Strittigkeit ihrer Ermittlungsmethoden mag der
Grund für die Regelung in § 31 sein. Berücksichtigung der in § 31 genannten Gesichtspunkte bedeutet Untersuchung der Sachlogik der Ermittlungsmethoden und der Angemessenheit der Höhe der Kapitalverzinsung sowie, dass ihr Ergebnis nach pflichtgemäßem Ermessen für die Anerkennung von Kapitalkostensätzen zu beachten ist. Nach der Formulierung des § 31 Abs. 4 sind die Beurteilungskriterien zwar **insbesondere** zu berücksichtigen;
das schließt andere Kriterien aber nicht aus. Damit wird der RegTP ein weiterer **Ermessensspielraum** belassen, als wenn dieser Zusatz (wie im RegE) fehlte.

Im Einzelnen gibt die Verpflichtung zur Prüfung der **Kapitalstruktur** einen Hinweis da-   **86**
rauf, dass sie für die Höhe der Kapitalverzinsung relevant ist. Die Kapitalstruktur ist das
Ergebnis der Zusammensetzung des Kapitals aus Eigen- und Fremdkapitalelementen und
ihrer Bewertung. Die Berücksichtigung der **Verhältnisse auf den Kapitalmärkten** und
die Bewertung des Unternehmens auf ihnen verweist darauf, dass die Kapitalmarktrenditen
und der Marktwert des Unternehmens für die Höhe der anzusetzenden Kapitalverzinsung
von Bedeutung sind. Die Hervorhebung der **Erfordernisse der Rendite** des Eigenkapitals
im Zusammenhang mit einer Würdigung seiner leistungsspezifischen Risiken lässt erkennen, dass der Gesetzgeber für die **Risikoprämie** im Rahmen der Eigenkapitalrendite eine
Differenzierung nach Leistungsarten zumindest für erwägungswert hält. Welche wirtschaftlichen Rahmenbedingungen mit der an letzter Stelle genannten Berücksichtigung
der **langfristigen Stabilität der Rahmenbedingungen** gemeint sind, wird mit der vom
Vermittlungsausschuss von Bundestag und Bundesrat hinzugefügten Ergänzung „auch im
Hinblick auf die Wettbewerbssituation auf den Telekommunikationsmärkten" nur unzureichend erläutert. Damit könnte die Risikolage auf diesen Märkten gemeint sein, die sich auf
Börsenkurse und Risikoprämien auswirken. Daneben könnten andere Rahmenbedingungen des Kapitalmarktes, der Dienstleistungsmärkte oder andere einzel- oder gesamtwirtschaftliche Rahmenbedingungen (z.B. Zinssätze, Inflationsraten) damit angesprochen sein
oder auf die Notwenigkeit von Durchschnittsbildungen oder von Risikoerwägungen hingewiesen werden.

Die Formulierungen in § 31 Abs. 2 haben offenbar zu dem **Missverständnis** geführt, dass   **87**
die auf Art. 13 Abs. 3 ZRL basierende Vorschrift für die angemessene Verzinsung des eingesetzten Kapitals nur die am Kapitalmarkt erzielbare Verzinsung herangezogen werden
kann, die die Risiken von Infrastrukturinvestitionen, insbesondere von neuen Wettbewerbern, nicht decken. Es sei davon auszugehen, dass die Vorschrift „eine rein kostendeckende
Entgeltfestsetzung vorsieht und ein darüber hinausgehender unternehmerischer Gewinn
nicht enthalten sein soll".[53] Der ausdrückliche Hinweis auf die „Erfordernisse hinsichtlich
der **Rendite des eingesetzten Eigenkapitals**" in § 31 Abs. 4 Nr. 3 bedeutet aber doch gerade die Anerkennung von Eigenkapitalkosten im Sinne von **Opportunitätskosten**, die
handelsrechtlich Gewinn sind, aus dem bei Thesaurierung **Investitionen finanziert** werden können oder die die Basis für **Kapitalerhöhungen** bieten. In § 21 Abs. 2 Nr. 3 wird
das für den Fall des Resale (siehe RdNr. 172 ff.) besonders betont. Mit der Würdigung von

---

53 *Börnsen/Coppik,* TKMR 2003, 322 und 327.

„leistungsspezifischen Risiken des eingesetzten Eigenkapitals" wird der Weg eröffnet, eine **Risikoprämie** in die Kosten der effizienten Leistungsbereitstellung einzuschließen. Die angemessene Verzinsung des eingesetzten Kapitals meint gerade nicht nur den Kapitalmarktzins im Sinne der Verzinsung von erstklassigen Anleihen am Kapitalmarkt. Vielmehr bedeutet die Verwendung des Begriffs „langfristige" Kosten, dass Investitionsanreize gegeben werden, da der Marktzutritt eines Netzbetreibers mit Investitionen verbunden ist.[54] Die Höhe der von der RegTP zugebilligten angemessenen Verzinsung des eingesetzten Kapitals bildet die Rahmenbedingung, unter der Investitionen in die TK-Infrastruktur fließen oder nicht.[55]

88   **2. Kalkulatorischer versus kapitaltheoretischer Ansatz.** – Für die Bestimmung der Kapitalkosten sind insbesondere folgende Fragen zu beantworten:

- Wie wird der Zinssatz für das vom Unternehmen beanspruchte Fremdkapital ermittelt?
- Wie wird der Kostensatz für das im Unternehmen gebundene Eigenkapital unter Berücksichtigung des Finanzierungsrisikos ermittelt?
- Wie ist die unterschiedliche steuerliche Behandlung von Fremdkapitalzinsen und Eigenkapitalkosten bei Ermittlung der beiden Kostensätze zu berücksichtigen?
- Wie werden Fremd- und Eigenkapitalkostensatz zur Ermittlung eines durchschnittlichen Eigenkapitalkostensatzes gewichtet?
- Wie wird das gebundene Vermögen bewertet, das den der Entgeltregulierung unterworfenen Diensten dient und auf das der gewogene Kapitalkostensatz anzuwenden ist?

89   Diese Fragen werden zum Teil verschieden beantwortet, je nachdem, ob man von der **Sicht des Unternehmens oder von der Sicht der Kapitalgeber** ausgeht. Die erste Sichtweise wird auch als kalkulatorischer, die zweite als kapitalmarktorientierter Ansatz bezeichnet.[56] Die Eigenkapitalkosten sind Opportunitätskosten, d.h. Erträge, die bei anderer Verwendung des Kapitals hätten erzielt werden können. Die Opportunitätskosten können aus der Sicht der Unternehmensleitung andere als aus Sicht der Kapitalgeber sein, wenn sich die Alternativen entsprechend unterscheiden.

90   Der kalkulatorische Ansatz beruht weitgehend auf buchhalterischen Daten des handelsrechtlichen oder des kalkulatorischen internen Rechnungswesens, der kapitalmarktorientierte Ansatz eher auf Marktwerten. Damit ist der erste Ansatz mehr **vergangenheitsorientiert, der zweite eher zukunftsorientiert.** Der kalkulatorische Ansatz ist leichter **nachprüfbar**, weil die Werte weitgehend im Rechnungswesen dokumentiert sind, soweit er nicht durch ein Kostenmodell ersetzt wird, als der kapitalmarktorientierte, dessen Werte aus den Märkten und aus **Erwartungen** abgeleitet werden. Die Werte des kalkulatorischen Ansatzes sind stabiler als die des anderen Ansatzes, weil deren Werte mit den Marktpreisen, mitunter mit hoher Volatilität, schwanken. Das kann insbesondere bei Börsenkursen gravierende Auswirkungen haben, z.B. bei der Gewichtung der Kapitalkostensätze mit der Börsenkapitalisierung, und Durchschnittsbildungen über die Zeit erforderlich machen.

91   Die Unterschiede zwischen den beiden Ansätzen zeigen sich besonders bei der Ermittlung des **Eigenkapitalkostensatzes und der Gewichtung der beiden Kapitalkostensätze.**

---

54 *Groebel,* TKMR 2004, 43.
55 *Theobald/Hummel,* N&R 2004, 7.
56 *Busse von Colbe,* Zeitschrift für betriebswirtschaftliche Forschung, Sonderheft 48, 2002, 4 ff.

Die in § 31 Abs. 4 für die Bestimmung der angemessenen Kapitalverzinsung zur Berück- **92** sichtigung vorgegebenen Gesichtspunkte erfordern die Beachtung von Daten des Kapitalmarktes. Damit räumt der Gesetzgeber dem **kapitalmarktorientierten Ansatz** zwar **keinen Vorrang** gegenüber kalkulatorischen Ansätzen ein, doch darf die RegTP ihn **nicht ignorieren** und sollte ihn begründen, wenn sie von ihm abweicht. Bei der Abwägung der Ansätze sind die Praxis von **Regulierungsbehörden anderer Länder** (z.B. Oftel) und von **Unternehmen** nicht regulierter Branchen und die **herrschende Lehre** zur Bestimmung der Kapitalkosten zu berücksichtigen. In dem Vorschlag der IRG Working Group von 2004 zur Änderung der Empfehlung 98/322/EG (siehe RdNr. 16) ist in der Annex Section 4 das kapitalmarkttheoretische Verfahren des CAPM zur Ermittlung der Kapitalkosten (siehe RdNr. 103 ff.), wenn auch nicht verpflichtend, aufgenommen worden.

3. Begriff des eingesetzten Kapitals. – Nach § 31 Abs. 2 ist, wie schon nach § 3 Abs. 2 **93** TEntgV 1996, die „angemessene Verzinsung des eingesetzten Kapitals" Teil der Kosten der effizienten Leistungsbereitstellung, „soweit diese Kosten für die Leistungsbereitstellung notwendig sind". Diese Formulierung ist etwas unglücklich. Der Leistungsbereitstellung dienen Vermögensgegenstände, nicht abstrakte Kapitalbeträge, für die Kapitalgeber Zinsen und Gewinnausschüttungen beziehen und die ihnen bestimmte Rechte im Unternehmen verleihen.

Die notwendigen Zinskosten beziehen sich auf die für die Leistungsbereitstellung **notwen-** **94** **digen, zu aktuellen Preisen bewerteten Vermögensgegenstände** nach gegenwärtigem **Stande der Technik.** Dazu gehören Gegenstände des Anlage- und Umlaufvermögens grundsätzlich auch dann, wenn sie **nicht bilanziert** sind, etwa weil dies gemäß § 248 Abs. 2 HGB für selbsterstellte immaterielle Vermögensgegenstände nicht zulässig ist und sie auch im internen Rechnungswesen nicht erfasst sind (siehe RdNr. 63). Freilich ist die Ermittlung ihres aktuellen Wertes (**Zeitwertes**) schwierig. Das gilt z.T. auch für nicht bilanzierte und für bilanzierungsfähige Anlagegegenstände, die z.B. bereits abgeschrieben sind (siehe RdNr. 61) oder deren Buchwerte von den Tageswerten erheblich abweichen. Die **Tageswerte nach aktuellem Stande der Technik** sind für die **Verzinsungsbasis** maßgeblich.

4. Ermittlung des Fremdkapitalkostensatzes. – a) Kalkulatorischer Ansatz. – Der **95** Fremdkapitalkostensatz wird als **gewogenes Mittel aus den Zinssätzen der einzelnen Fremdkapitalpositionen** ermittelt. Nach dem kalkulatorischen Ansatz werden dafür die nominellen Zinssätze verwendet und mit dem Anteil der einzelnen Fremdkapitalpositionen am gesamten Fremdkapital, dessen Sätze in den WACC eingehen sollen, gewichtet. Es sind **historische** Größen.

b) Kapitalmarktorientierter Ansatz. – Wenn sich die **Kapitalmarktzinsen** für die ver- **96** schiedenen Restlaufzeiten seit der Aufnahme des Kredites zu festen Zinssätzen durch das Unternehmen **geändert** haben, geben die nominellen Zinssätze die gegenwärtigen Zinskosten für das Fremdkapital nicht exakt wider. Nach dem kapitalmarktorientierten Ansatz kann man die aktuellen Zinskostensätze des Unternehmens aus den je nach Restlaufzeit als risikofrei eingeschätzten Zinssätzen, z.B. für Bundesanleihen, zuzüglich eines **unternehmensindividuellen Risikozuschlages** (spread) schätzen. Dafür kann ein Rating für das Unternehmen und die effektive Rendite von börsennotierten Anleihen des Unternehmens nützlich sein. Allerdings kommt es nicht auf die gegenwärtige, sondern auf die für die

Laufzeit der Entgeltgenehmigung künftigen Fremdkapitalkosten an. Man kann jedoch die **aktuellen Zinskosten** als **Schätzwerte für die künftigen** ansehen.

97 **c) Risikozuschlag.** – Der Fremdkapitalkostensatz enthält sowohl nach dem kalkulatorischen als auch nach dem kapitalmarktorientierten Ansatz einen Risikozuschlag, im Falle der DTAG von 1 bis 2 Prozentpunkten auf den risikolosen Zins. Der Risikozuschlag ergibt sich aus der Einschätzung des **Insolvenzrisikos** durch die Kapitalgeber. Dieses Risiko bezieht sich auf das ganze Unternehmen mit seinen regulierten und seinen in Wettbewerb stehenden Bereichen. Gäbe es Unternehmen, die wegen ihrer Marktmacht nur aus regulierten Bereichen bestünden, so wäre möglicherweise der Risikozuschlag geringer als für gesamte tatsächlich existierende Unternehmen. Mithin ist es problematisch, den vom Unternehmen am Markt zu zahlenden Risikozuschlag unbesehen auch für den regulierten Bereich anzusetzen.[57]

98 **d) Zinsfreies Fremdkapital.** – Pensionsrückstellungen sind Teil des Fremdkapitals. Da sie mit den Barwerten künftiger Zahlungsverpflichtungen angesetzt werden, sind sie als verzinslich anzusehen. Für die Ermittlung der Fremdkapitalkosten sind Marktzinssätze für den WACC anzusetzen. Falls die gesamten Pensionsaufwendungen einschließlich des Zinsanteils als **Personalkosten** verrechnet werden, wie das vielfach der Fall ist, gehen die Zinskosten der Pensionsrückstellungen nicht in den WACC ein oder sie müssten aus den Personalaufwendungen eliminiert werden; sonst käme es zu einer Doppelbelastung.

99 **Lieferantenverbindlichkeiten** enthalten zwar implizit im Preis einen Zinsanteil, der dem Empfänger in der Regel unbekannt ist und daher nicht herausgerechnet wird. Zur Vermeidung einer Doppelbelastung gelten Lieferantenverbindlichkeiten ebenso als zinsfrei wie sonstige Rückstellungen und sonstige Verbindlichkeiten im Sinne von § 266 HGB.

100 Für die Berechnung kalkulatorischer Zinsen ist es in der Praxis z. T. üblich und auch in der Literatur empfohlen, das zinslose und das verdeckt verzinsliche Kapital als „**Abzugskapital**" von dem zu verzinsenden Vermögensbestand abzusetzen.[58] Soweit diese Kapitalbeträge einzelnen **Unternehmensbereichen verursachungsgerecht** zugeordnet werden können, dient dieses Vorgehen der genaueren Kostenzurechnung. Die andere Möglichkeit besteht darin, die zinslosen und verdeckt verzinslichen Kapitalbeträge mit dem **Zinssatz Null** in den gewogenen Kapitalkostensatz eingehen zu lassen. Dann werden sie implizit allen Unternehmensbereichen nach der Vermögensbindung zugerechnet. Der Kapitalkostensatz ist dann niedriger als bei Verrechnung von Abzugskapital. Diese Methode als Verfälschung[59] zu bezeichnen, ist aber nicht gerechtfertigt.

101 **5. Ermittlung des Eigenkapitalkostensatzes. – a) Kalkulatorischer Ansatz. – aa) Zinssatz.** – Wenn generell in Unternehmen kalkulatorische Zinsen auf Eigenkapital in der Kostenrechnung verrechnet werden, so wurde bisher weitgehend von der Unternehmensleitung eher subjektiv statt nach Daten des Kapitalmarktes ein Satz angesetzt, der als Vorgabe für eine von den Unternehmensbereichen zu erreichende oder zu überschreitende Schwelle angesehen wurde. Dieser Satz wird dann meist als Teil eines kalkulatorischen Zinssatzes auf das betriebsnotwendige Vermögen abzüglich des Abzugskapitals angewendet. Dabei wird das Vermögen zumeist mit Buchwerten, mitunter auch zu Tageswerten, angesetzt.

---

57 Monopolkommission, Telekommunikation und Post 2003, RdNr. 159.

58 *Währisch* (Fn. 40), S. 684; *Schweitzer/Küpper*, Systeme der Kosten- und Erlösrechnung, 8. Aufl. 2003, S. 112.

59 So *Schneider*, Zeitschrift für betriebswirtschaftliche Forschung 2001, 47.

bb) Kapitalerhaltung. – Besonders im Rahmen der Diskussion zunächst um die Bemes- **102** sung der genehmigungsfähigen Stromtarife für Tarifkunden und seit den Bemühungen um die Liberalisierung des Strommarktes auch der Durchleitungsentgelte wurde um die Frage gestritten, wie die Eigenkapitalkosten bemessen werden sollten, so dass bei Preisniveausteigerungen die Eigenkapitalgeber **keine Substanzverluste** erleiden. Das Stichwort ist „reale Kapitalerhaltung". Nach den **Arbeitsanleitungen** mancher Bundesländer zur Darstellung der **Kosten- und Erlösentwicklung in der Stromversorgung** ist es zulässig und nach § 6 Abs. 2 Strom- und GasNEV 2005 vorgeschrieben, nach dem Konzept der **Netto-Substanzerhaltung** für den eigenfinanzierten Teil des Sachanlagevermögens die Abschreibungen auf Basis der Tagesneuwerte, für das übrige fremdfinanzierte Vermögen aber auf Basis der historischen Anschaffungs- oder Herstellungskosten zu ermitteln (siehe RdNr. 51 f.). Nach der vom Arbeitsausschuss „Energiepreise" der Wirtschaftsministerien des Bundes und der Länder entwickelten, aber nicht verbindlichen Arbeitsanleitung kann ein kalkulatorischer Zinssatz von 6,5% auf das gesamte betriebsnotwendige Kapital angewendet werden, wobei der Zinsaufwand für Fremdkapital außer Ansatz bleibt. Nach der VV Strom II plus gilt der Zinssatz von 6,5% nur für das eigenkapitalfinanzierte betriebsnotwendige Vermögen, für den fremdfinanzierten Anteil werden die tatsächlichen Zinsaufwendungen herangezogen. Da der Überschuss der Abschreibungen auf Tageswertbasis über die auf historischer Anschaffungswertbasis steuerrechtlich Gewinnbestandteil ist, sollen die Ertragssteuern auf diesen Überschuss nach VV Strom II plus als für die Entgelte ansatzfähige Kosten gelten. Sie sind danach Teil der Eigenkapitalkosten.

b) Kapitalmarktorientierter Ansatz nach dem Capital Asset Pricing Model als **103** **Grundlage. – aa) Modellansatz.** – Der kapitalmarktorientierte Ansatz für die Bestimmung der Eigenkapitalkosten geht davon aus, dass ein Unternehmen auf Dauer so viel an Gewinn erzielen muss, wie der Eigenkapitalgeber bei anderweitiger Anlage seines Geldes bei gleichem Risiko erzielen könnte. Für die Ermittlung der **Renditeforderung der Eigentümer** des Unternehmens wurde in der Mitte der sechziger Jahre des letzten Jahrhunderts das Capital Asset Pricing Model (CAPM) von *Sharpe/Lintner* entwickelt. Danach setzt sich die Renditeforderung aus dem **risikolosen Zins** (i) und einer **unternehmensspezifischen Risikoprämie** zusammen. Die Risikoprämie wird aus dem Risikofaktor (Beta; β) des Unternehmens und der Differenz zwischen dem risikolosen Zins und der erwarteten Rendite eines Marktportfolios ($E(r_M)$) abgeleitet. Damit ergibt sich für den geforderten Eigenkapitalkostensatz ($r_{EK}^{gef\cdot}$) folgender Ausdruck:

$$E(r_{EK}^{gef\cdot}) = E(r_{EK}) = i + \beta(E(r_M) - i).$$

Gewinnabhängige **Steuern** des Unternehmens und Einkommensteuer der Anteilsbesitzer sind dabei nicht berücksichtigt.

Das CAPM dient einer wachsenden Zahl von insbesondere großen **börsennotierten Un- 104 ternehmen** im Rahmen einer wertorientierten Unternehmenssteuerung als Grundlage für die **Bestimmung ihrer Kapitalkosten**, die den einzelnen Unternehmensbereichen als Mindestziel vorgegeben werden. So basieren die Steuerungssysteme z.B. von Daimler-Chrysler, Deutscher Post, Eon, RWE und Siemens auf dem CAPM.[60] Dabei werden die Ka-

---

[60] Geschäftsberichte für 2003 DaimlerChrysler AG, 97, Deutsche Post AG, 21, Eon AG, 55, RWE AG, 179, Siemens AG, 87.

pitalkosten für die Bereiche gewöhnlich nach dem Risiko differenziert, dem sie bei ihrer Tätigkeit unterliegen.

105 **bb) Risikoloser Zinssatz.** – Da die TK-Anlagen, insbesondere die Leitungen, eine über Jahrzehnte reichende Nutzungsdauer haben, wird als risikoloser Zinssatz ein **langjähriger Durchschnitt der Umlaufrenditen risikoloser Anleihen** empfohlen, wie sie etwa von der Deutschen Bundesbank errechnet werden. Geht man davon aus, dass die Zinssätze sich in einem so genannten mean reverting process zyklisch entwickeln, würde ein aus einem etwa 40-jährigen Durchschnitt ermittelte Wert auch für die Zukunft gelten.[61] Alternativ wird die Umlaufrendite (Effektivverzinsung) 30-jähriger Bundesanleihen oder aber ein aus der aktuellen Zinsstrukturkurve abgeleiteter Satz vorgeschlagen. Das Attribut „risikolos" bezieht sich dabei auf die **Insolvenzgefahr** des Emittenten, die bei Anleihen der Bundesrepublik Deutschland als vernachlässigbar gering angesehen wird. Allerdings unterliegen auch diese Anleihen dem **Zinsänderungsrisiko**. Ein aus den historischen Umlaufrenditen ermittelte Zinssatz ist ein unversteuerter nomineller Zinssatz. Als Element der Kapitalkosten ist er vor seiner Anwendung auf die Berücksichtigung von Steuern, Inflationswirkungen und Aktualität hin zu überprüfen und gegebenenfalls zu korrigieren.

106 **cc) Risikofaktor β.** – Der Risikofaktor β wird als **Quotient der Kovarianz der Aktienrendite** des Unternehmens mit der **Rendite des Marktportfolios** und der **Varianz der Rendite des Marktportfolios** definiert und mit Hilfe von **Regressionsanalysen** gewonnen. Unter Rendite wird des Verhältnis von Marktpreisänderung der Aktie (bzw. des Portfolios) zuzüglich der Ausschüttung in einem Referenzzeitraum zu dem Marktpreis der Aktie (des Portfolios) am Beginn des Zeitraums verstanden. Der Faktor β zeigt also an, in welchem Ausmaß die Rendite der Aktie eines Unternehmens im Verhältnis zu der Rendite des Marktportfolios schwankt.

107 Obwohl es auf das **künftige Risiko** ankommt, wird der Risikofaktor β aus Kapitalmarktdaten der **Vergangenheit abgeleitet**. Dieser Auswertungszeitraum darf nicht sehr lang sein, damit er nicht durch Strukturbrüche verzerrt wird. Häufig werden dafür 200 bis 250 Börsentage zu Grunde gelegt. Außerdem ist ein Berechnungsintervall für die Aktienrendite festzulegen. Tages-, Wochen- oder Monatsrendite werden benutzt. Je länger das Berechnungsintervall ist, umso geringer sind tendenziell die Schwankungen, aber umso länger muss auch der Auswertungszeitraum sein, um genügend Daten zu gewinnen.[62] Für die DAX-Werte veröffentlicht die Deutsche Börse β-Werte aus Tagesrenditen der letzten 250 Börsentage. Die β-Werte liegen gewöhnlich zwischen 0,5 und 1,8. Sie können in diesem Intervall auch kurzfristig schwanken. Das galt in den letzten Jahren auch für die DTAG.

108 **dd) Marktrisikoprämie.** – Der Klammerausdruck wird als Marktpreis des Risikos bezeichnet, multipliziert mit β gibt er den **unternehmensindividuellen Risikozuschlag** zum risikolosen Zins an.

109 Die numerischen Werte der Marktrisikoprämie werden gewöhnlich aus den Renditen eines **vergangenen Zeitraums**, der sich häufig über mehrere Jahrzehnte erstreckt, gewonnen. Ein so langer Zeitraum – etwa von 1955 bis zur Gegenwart – wird deshalb gewählt, damit sich extreme Schwankungen infolge des Konjunkturverlaufs oder politischer Ereignisse

---

61 *Gehrke*, Risikoadjustierte Bestimmung des Kalkulationszinssatzes in der Stromnetzkalkulation, 2003, S. 41.
62 *Gehrke,* ebenda, S. 42 ff.

über die Zeit hin ausgleichen. Als **Marktportfolio** wird in der Regel ein Aktienindex verwendet, der dem betrachteten Unternehmen entspricht. Für die DTAG könnte der DAX 30 herangezogen werden. Die Parameterwerte hängen von der Lage und Länge des historischen Analysezeitraums ab. Für die Rendite des Marktportfolios und den Marktpreis des Risikos muss ein **Durchschnitt** gebildet werden. In der Literatur war strittig, ob dafür das **arithmetische** oder das **geometrische Mittel** besser geeignet ist. Nach neueren Studien ist im Rahmen des CAPM für die erwartete Risikoprämie das arithmetische Mittel vorzuziehen. In Abhängigkeit von der Volatilität der betrachteten Zeitreihen liegt es stets höher als das geometrische Mittel. Über die Höhe der Marktrisikoprämie in der Vergangenheit gibt es zahlreiche **empirische Untersuchungen** mit unterschiedlichen Ergebnissen.[63] Von verschiedenen Autoren und für verschiedene Zeiträume wurden geometrische Mittelwerte für den Marktpreis des Risikos für den deutschen Aktienmarkt zwischen 5% und 10% p.a. vor Einkommensteuer ermittelt. Gegenwärtig wird der Satz des arithmetischen Mittels nach Steuern (siehe RdNr. 126 ff.) auf 5,5% geschätzt.[64]

ee) Kritik am CAPM. – Die Ableitung der Kapitalkosten aus dem CAPM unterliegt vielfältiger Kritik. Das Modell wurde für eine **einzige Periode** von unbestimmter Länge für eine „Welt ohne Steuern" entwickelt. Die Parameter für die Kapitalkosten werden aber gerade aus einer Vielzahl von Perioden abgeleitet, und die gewinnabhängigen Steuern spielen eine nicht zu vernachlässigende Rolle. Zudem werden der Risikofaktor β und der Marktpreis des Risikos allein aus Börsenkurschwankungen abgeleitet. **110**

Eine **Erweiterung des CAPM** stellt das **Mehrfaktorenmodell** dar, das auf der Arbitrage-Pricing-Theory basiert. Bei diesem Ansatz werden mehrere Einflussgrößen (außer den Renditeschwankungen z.B. die Entwicklung des Wirtschaftszweiges, die erwartete Inflationsrate oder Differenz zwischen Zinssätzen) für das Risiko berücksichtigt, doch haben bisherige Studien keine eindeutigen Ergebnisse erbracht, welche Faktoren relevant sind.[65] Zudem hat sich das Mehrfaktorenmodell in der Praxis bisher kaum durchgesetzt. **111**

Neben theoretischen Einwänden tritt eine Fülle von **Problemen bei der praktischen Anwendung** auf: Wie schon erwähnt, hängt die empirisch ermittelte Höhe des Marktpreises des Risikos und dem unternehmensspezifischen Risikofaktors von der Wahl der **Referenzperiode** und dem angewandten **statistischen Verfahrens** ab. Insbesondere der β-Faktor schwankt bei heftigen Kursausschlägen kurzfristig stark. Wohl aus diesen Gründen wird das CAPM als Instrument zur Bestimmung der Eigenkapitalkosten mitunter ganz abgelehnt.[66] **112**

---

63 Z.B. *Stehle/Hartmond*, Durchschnittsrendite deutscher Aktien 1954–1988, Kredit und Kapital 1991, S. 371–411; *Stehle/Huber/Maier*, Rückrechnung des Dax für die Jahre 1955 bis 1987, Kredit und Kapital 1996, S. 277–304; *Stehle*, Der Size-Effekt am deutschen Kapitalmarkt, Zeitschrift für Bankrecht und Bankwirtschaft 1997; *Drukarczyk*, Unternehmensbewertung, 2003, S. 921; *Ballwieser*, Unternehmensbewertung, 2004, S. 95 f.; für den US-amerikanischen Kapitalmarkt veröffentlichen *Ibbotson Associates* in den Yearbooks SBBI Stocks, Bonds, Bills and Inflation jährlich umfangreiches statistisches Material mit Interpretationen.

64 *Stehle*, Die Festlegung der Risikoprämie von Aktien im Rahmen der Schätzung des Wertes von börsennotierten Kapitalgesellschaften, Die Wirtschaftsprüfung 2004, S. 911 und 921.

65 *Kempf*, Gutachten für das VG Köln, 2002, 24; *Stehle* (Fn. 64), S. 914; *Ibbotson Associates* (Fn. 63), SBBI, S. 159 f.

66 Z.B. *Scheurle/Mayen/Witte*, § 24 RdNr. 80.

113 Außerdem kommt es nicht auf die Höhe des Marktpreises des Risikos und des Risikofaktors in der Vergangenheit an, sondern auf die **Zinssätze und Risiken in der Zukunft**. Auch wenn sich Kapitalanleger von Erfahrungen aus der Vergangenheit leiten lassen, kann man nicht unbesehen davon ausgehen, dass die Verhältnisse in der Zukunft die gleichen wie in der Vergangenheit sind. Das gilt insbesondere dann nicht, wenn vergangenen Perioden durch Boom-, Depressions- oder Inflationsphasen geprägt waren, die man für die Zukunft nicht erwartet. Da die Entgelte in der Regel für einen Zeitraum von wenigen Jahren genehmigt werden, kommt es auf die voraussichtlichen Kapitalkosten und damit auch die Marktrisikoprämie der nächsten Jahre an. Diese Kritik trifft das Mehrfaktorenmodell in gleicher Weise.

114 Künftige Marktpreise des Risikos und Risikofaktoren können höchsten **geschätzt** werden. Damit ginge aber ein Vorteil des empirisch fundierten kapitalmarkttheoretischen Verfahrens, der in der **Nachprüfbarkeit der Daten** besteht, gegenüber dem subjektiven Ansatz der Eigenkapitalkosten nach dem kalkulatorischen Ansatz weitgehend verloren. Dem Nachteil der Ableitung der Daten aus der Vergangenheit versucht man, mit einem Verfahren zu begegnen, bei dem die Parameter des CAPM aus einem Mittelwert der **Gewinnschätzungen von Analysten** abgeleitet werden. Aber auch dieses Verfahren hat sich bisher in der Praxis nicht durchgesetzt.

115 **ff) Eignung des CAPM für die Entgeltregulierung.** – Wie aus dem Urteil des VG Köln von 2003 hervorgeht, hat es die **RegTP** zumindest in diesem Fall, aber wohl auch in anderen Fällen **abgelehnt**, das CAPM für die Bestimmung des Kapitalkostensatzes heranzuziehen, sondern kalkulatorische Verfahren benutzt. Demgegenüber werden in Gutachten und **Literatur**, die allerdings bisher für die TK-Entgeltregulierung nicht umfangreich ist, kapitalmarkttheoretische Ansätze bevorzugt. Das CAPM wird für die Regulierung von Entgelten im TK-Bereich, aber auch für die Strom- und Wasserversorgung in den **USA** und **Großbritannien** verwendet. Allerdings werden die Volatilität des Risikofaktors β und der Marktrisikoprämie sowie die Ermessensspielräume bei der Bestimmung der Parameterwerte als Probleme gesehen.[67] Der Volatilität müsste mit einer Durchschnittsbildung begegnet werden.

116 Da das CAPM bisher nicht als einziges Verfahren zur Bestimmung der Kapitalkosten in der Praxis anerkannt ist, hat das VG Köln der RegTP bei der Frage der Zinsfußbemessung einen verfassungsrechtlich nicht zu beanstandenden **Beurteilungsspielraum** gemäß § 3 Abs. 2 TEntgV 1996 bestätigt.[68]

117 **c) Andere kapitalmarktorientierte Verfahren. – aa) Optionspreistheorie.** – Die Optionspreistheorie wurde ursprünglich für die Bewertung von Finanzoptionen entwickelt.[69] Sie wird seit einiger Zeit auch für die Bewertung von Unternehmen und anderen realen Handlungsspielräumen herangezogen.[70] Mit der Optionspreistheorie wird versucht, die Frage zu beantworten, **welche Prämie** ein rational handelnder Marktteilnehmer **für eine**

---

67 *Ballwieser/Busse von Colbe*, Kapitalkosten der Deutschen Telekom AG, 2001; *Busse von Colbe*, Zeitschrift für betriebswirtschaftliche Forschung 2002, 18; *Kempf,* Gutachten für das VG Köln, 2002, S. 25; Monopolkommission, Telekommunikation und Post 2003, RdNr. 235 f.
68 VG Köln vom 13. 2. 2003 (1 K 8003/98); MMR 2003, 814–820, insbesondere 817.
69 *Black/Scholes*, The pricing of options and corporate liabilities, Journal of Political Economy, 1973, S. 637–654; *Hull*: Options, Futures, and other Derivatives, 5. ed. 2003.
70 Einen Überblick über die Literatur gibt *Ballwieser*, DBW 2002, 184–201.

Option zahlen sollte. Sie basiert auf der Prämisse eines **arbitragefreien, vollständigen Kapitalmarktes**, auf dem Zahlungsströme beliebig duplizierbar sind. Auf dem vollständigen Kapitalmarkt lässt sich durch Kombination von Zahlungsströmen („underlying asset" und Optionen) daher stets **ein risikoloses Portfolio** bilden, welches sich dann zum risikolosen Kapitalmarktzinssatz rentiert. Die Optionspreistheorie beruht auf einer so simulierten risikoneutralen Bewertung.

In einem stark vereinfachten „Zwei-Zeitpunkt-Zwei-Zustandsmodell" wird der Wert eines underlying assets an zwei diskreten Zeitpunkten (t_0 und t_1) analysiert und kann am Ende der Betrachtungsperiode (t_1) lediglich zwei Werte annehmen. Das **underlying asset** wird in t_0 mit K_0 gehandelt. In t_1 kann sich der Wert des risikobehafteten Underlyings mit $K_u = uK_0$ günstig oder mit $K_d = dK_0$ ungünstig entwickeln ($d < u$). Der Wert einer Calloption auf das underlying asset kann in t_1, also am Ende der Laufzeit der Option, in Abhängigkeit vom Wert des Underlyings ebenfalls nur zwei Werte annehmen: im günstigen Fall C_u bzw. im ungünstigeren Fall C_d. Ein Investor kann ein **perfekt gehedgtes, risikoloses Portfolio (P)** erstellen, indem er in t_0 ein Underlying erwirbt und gleichzeitig eine gewisse Anzahl an Optionen als Stillhalter veräußert. Da sich das Portfolio aus einem underlying asset und verkauften Kaufoptionen zusammensetzt und auf einem vollkommenen Kapitalmarkt für identische Zahlungsströme nur ein Preis herrscht, muss in t_0 der Wert des Portfolios den Werten des Underlyings abzüglich dem Wert der Kaufoptionen entsprechen. Ist der Wert der Option bestimmt, lässt sich im Umkehrschluss ein **risikoadjustierter Zinsfuß r** ermitteln. Dafür müssen den zwei Zuständen für das Underlying und die Option **subjektiv** die Wahrscheinlichkeiten p und (1–p) zugeordnet werden. Es gilt: $C_0 = [pC_u + (1-p)C_d]/(1+r)$. Die Lösung der Gleichung liefert als Ergebnis den risikoadjustierten Zinsfuß r.

bb) Dividendenbarwert-Verfahren. – Nach dem Dividendenbarwertverfahren (Discounted Cash Flow Model) ergibt sich der **Kurswert einer Aktie** am Bewertungsstichtag als Summe der über die Halteperiode (n) erwarteten **Dividenden** (D_t) und des erwarteten **Verkaufserlöses** am Ende der Halteperiode, der auch als Funktion der nach dem Ende der Halteperiode gezahlten Dividenden aufgefasst werden kann, **abgezinst auf den Bewertungsstichtag:**

$$\text{Kurswert} = \sum_{t=1}^{n} \frac{D_t}{(1+r)^t} + \frac{D_{n+1}}{r(1+r)^{n+1}}.$$

Diese Gleichung wird nach r aufgelöst. Unter den Prämissen eines gleich bleibenden existenziellen Risikos, einer konstanten Kapitalstruktur sowie einer stabilen Dividendenpolitik lassen sich die Kosten des Eigenkapitals (r) als ein im Zeitablauf konstanter Ausdruck allein des erwarteten Dividendenstroms begreifen. Dieser Kostensatz ist entsprechend dem CAPM als risikoloser Zinssatz zuzüglich einer Prämie für das β-Risiko der Aktie zu interpretieren.

cc) Risikoprämienschätzung. – Das Verfahren der Risikoprämienschätzung basiert auf der Vorstellung eines **risikoaversen Investors**, der Investments mit größerem Risiko nur bei entsprechend höherer Rendite eingeht. Investitionen in Eigenkapital sind risikoreicher als solche in Fremdkapital, da (1) im Konkursfall Eigenkapitalgeber nachrangig bedient werden und (2) auch im Going-Concern-Fall zuerst die Fremdkapitalgeber vertragsmäßig entlohnt werden müssen, bevor die Eigenkapitalgeberinteressen befriedigt werden können. Eigenkapitalgeber haben daher eine höhere Renditeerwartung als Fremdkapitalgeber. Dieser Aufschlag wird als Prämie für das zusätzliche Risiko, statt in Fremdkapital in Eigenkapital zu investieren, verstanden. Diese Risikoprämie (RP) kann wie folgt dargestellt werden: RP = $r_{EK} - r_{FK}$. Die **vom Eigenkapitalgeber** auf die Fremdkapitalrendite **geforderte Risikoprämie** wird entweder (1) anhand der **historischen durchschnittlichen Spanne zwischen Eigenkapital- und Fremdkapitalrenditen** oder (2) mittels **Regressionsanalyse**, welche die Abhängigkeit der Risikoprämien von der Höhe der Fremdkapitalzinsen misst, hergeleitet. Die **erste Methode** leitet aus dem in der Vergangenheit durchschnittlich **zu beobachtenden Spreads** zwischen Eigen- und Fremdkapital die erwartete Eigenkapitalrendite durch Summierung dieses historischen Spreads mit dem aktuellen Zinsniveau für Fremdkapital ab. Die **zweite Methode** untersucht mit Hilfe einer Regressionsanalyse die **Abhängigkeit der Risikoprämie von der Höhe der Fremdkapitalzinsen.** Dabei können als Näherungsvariable für die erwartete Eigenkapitalrendite die von den Regulierungsbehörden „genehmigten Eigenkapitalrenditen" herangezogen werden. Diese „genehmigten Eigenkapitalrenditen" werden von den Regulierungsbehörden häufig auf Basis von Fremdkapitalzinssätzen festgesetzt, hinken diesen aber regelmäßig um einige Zeit hinterher. Für US-amerikanische Regulierungsbehörden wurde 2003 ein halbjähriger Zeitabstand ermittelt[71], so dass zur Ermittlung der Regressionsgeraden die „genehmigten Eigenkapitalrenditen" denjenigen Fremdkapitalzinssätzen gegenübergestellt werden, die ein halbes Jahr vorher galten. Ist die Funktion der Regressionsgeraden aus den historischen Daten berechnet, kann durch Einsetzen des aktuellen Zinsniveaus die aktuelle Risikoprämie bestimmt werden.

121 **dd) Vergleichbare Kapitalrendite.** – Die Methode der vergleichbaren Kapitalrendite sucht eine **angemessene Eigenkapitalrendite** für das **regulierte Unternehmen durch direkten Vergleich** mit Eigenkapitalrenditen von **nichtregulierten Unternehmen mit ähnlicher Risikostruktur.** Die Methode der vergleichbaren Kapitalrendite argumentiert, dass andere Methoden die Bestimmung geforderter Eigenkapitalrenditen von solchen Marktdaten regulierter Unternehmen abhängig machen, die von den Entscheidungen der Kapitalmarktteilnehmer bestimmt werden, welche wiederum auf den Prognosen der von den Regulierungsbehörden genehmigten Eigenkapitalrenditen basieren, die ja gerade mit Hilfe der Kapitalmarktdaten bestimmt werden sollen. Dieser Zirkelschluss begründet die Existenz der dargestellten Methode.

122 **ee) Plausibilitätskontrolle.** – Wenn auch das CAPM das in der betriebswirtschaftlichen Theorie anerkannteste und in der Praxis am weitesten verbreitete kapitalmarktorientierte Modell zur Ermittlung der Eigenkapitalkosten ist, so existieren weitere Methoden zur Berechnung der Eigenkapitalkosten. Die aus diesen Modellen abgeleiteten Eigenkapitalrenditen können herangezogen werden, um die durch das CAPM ermittelten Ergebnisse, welche auf zahlreichen Annahmen basieren, auf Plausibilität hin zu überprüfen. Jedoch beruhen auch die anderen Verfahren auf verschiedenen Annahmen. Wenn ihre Ergebnisse in der gleichen Größenordnung liegen wie die des CAPM, können sie deren Belastbarkeit gleichwohl erhöhen oder modifizieren.

123 **d) Differenzierung des Risikozuschlages.** – Der Risikofaktor für börsennotierte Unternehmen gilt, abgesehen von seinen Ermittlungsproblemen, für das Unternehmen als Ganzes, also für den Konzern insgesamt (siehe RdNr. 97). Die **Risiken der einzelnen Bereiche**

---

71 *Rosenberg*, Rochester Gas and Electric Corporation – Direct Testimony of Robert G. Rosenberg, vom 16. 5. 2003.

können durchaus unterschiedlich sein, was in der Praxis nichtregulierter Unternehmen durch mehr oder minder subjektive Differenzierung der Kapitalkosten berücksichtigt wird. Gewöhnlich gibt es keine börsennotierte Unternehmen, die in Struktur und Größe den einzelnen Bereichen entsprechen. Das gilt auch für die DTAG. Ob und in welchem Ausmaß regulierte Unternehmensbereiche eines Telekommunikationsunternehmens von beträchtlicher Marktmacht einem geringeren Risiko unterliegen als andere Bereiche, wie von der Monopolkommission angenommen[72], sei hier dahingestellt, da dies nicht beobachtbar ist. Das regulierte Unternehmen läuft das Risiko, dass ihm im regulierten Bereich tatsächlich entstandene Kosten nicht voll in den genehmigten Entgelten reflektiert werden und die Regulierung Innovationen verhindert oder verzögert, die einem im Wettbewerb stehenden Unternehmen Pioniergewinne eingebracht hätten.[73]

Die Monopolkommission weist darauf hin, dass die Risikoprämie nach Bereichen differenziert werden müsse, wenn die Risiken entsprechend unterschiedlich sind. Dem Argument, es gäbe keine vergleichbaren börsennotierten Unternehmen, die in Produktionsstruktur und Risiken den einzelnen Bereichen entsprächen, begegnet sie mit dem Argument, man müsse das **Gesamtunternehmensrisiko mit und ohne den risikoarmen Bereich vergleichen** und aus der Differenz das Risiko dieses Bereichs ermitteln, konzediert dann aber, dass dieser theoretische Ansatz in der Praxis an fehlenden Daten scheitern dürfte. Gleichwohl bestehe die grundsätzliche Berechtigung einer Differenzierung der Risikoprämie und gelte die Erkenntnis, dass die Risikoprämie für das Gesamtunternehmen die einzelnen Bereiche falsch belaste. So müsse etwa der Mieter der Teilnehmeranschlussleitung ebenso für das Risiko des Engagements der DTAG bei VoiceStream in USA oder für UMTS aufkommen wie für das Risiko der Kupferdoppelader.[74] **124**

Der Hinweis auf die grundsätzliche Notwendigkeit einer Differenzierung der Risikozuschläge wurde auf Grund des TKG 1996 gemacht. In § 31 Abs. 4 Nr. 3 wird nun ausdrücklich gesagt, dass bei der Festlegung der angemessenen Verzinsung des eingesetzten Kapitals „**auch die leistungsspezifischen Risiken des eingesetzten Eigenkapitals gewürdigt werden können**". Mithin muss versucht werden, die Risiken des Gesamtunternehmens wenigstens grob nach den Leistungsbereichen zu differenzieren. Dabei ist zu bedenken, ob die leistungswirtschaftlichen Risiken mit dem aus dem Kapitalmarkt abgeleiteten Risikozuschlag hinreichend abgebildet werden, wenn ein Großaktionär, wie etwa die Bundesrepublik Deutschland im Falle der DTAG, nicht im Sinne der Kapitalmarkttheorie voll diversifiziert ist.[75] **125**

e) Berücksichtigung von gewinnabhängigen Steuern. – In der realen Welt mit Steuern kommt es im Rahmen des CAPM grundsätzlich auf die Erwartungswerte, Varianzen und Kovarianzen der Erträge nach Steuern an.[76] Dabei ist zwischen den **definitiven Unternehmensteuern** auf Gewinne, wie die KSt und die GewSt, und der ESt der Kapitalgeber als **natürliche Personen** zu unterscheiden. Die aus Kursschwankungen, ausgeschütteten Gewinnen und Zinsen empirisch ermittelten Daten des CAPM sind Größen nach Unternehmensteuern, aber vor ESt. Inwieweit persönliche ESt auf die Daten einwirken, ist kaum **126**

---

72 Monopolkommission, Telekommunikation und Post 2003, RdNr. 195.
73 *Schneider*, Zeitschrift für betriebswirtschaftliche Forschung 2001, 49.
74 Monopolkommission, Telekommunikation und Post 2003, RdNr. 156–160.
75 *Schneider*, Zeitschrift für betriebswirtschaftliche Forschung 2001, 50.
76 Monopolkommission, Telekommunikation und Post 2003, RdNr. 183.

festzustellen. Gewinnempfänger unterliegen je nach der Höhe des steuerpflichtigen Einkommens der Progression der ESt, die für inländische Aktionäre anders als für ausländische sein kann. Gemeinnützige Stiftungen als Aktionäre sind einkommensteuerfrei. **Veräußerungsgewinne** sind in Deutschland weitgehend steuerfrei, während sie für ausländische Aktionäre in manchen Ländern einer Kapitalgewinnsteuer zu einem ermäßigten Satz unterliegen. Die ESt natürlicher Personen kann für die Ermittlung der Kapitalkosten daher, wenn überhaupt, nur überschlägig berücksichtigt werden. Ihr Ansatz wird daher mitunter grundsätzlich abgelehnt.[77]

127 Die Monopolkommission plädiert nachdrücklich dafür, dass **Unternehmens- und persönliche Steuern** bereits den risikofreien Zinssatz und die Risikoprämie mindern und nicht erst durch Hochrechnung der Kapitalkosten um den Steuerfaktor angesetzt werden.[78] Das sei für die Eigenkapitalkosten an folgendem Zahlenbeispiel bei Geltung des **Halbeinkünfteverfahrens** für Dividenden und der Einfachheit halber unter der Annahme **voller Gewinnausschüttung** gezeigt:

Risikoloser Zinssatz (i)	5 %
Risikoprämie des Unternehmens	4 %
Kombinierter KSt- und GewSt-Satz	35 %
ESt-Satz	40 %

Die Risikoprämie schließt hier die Steuerfreiheit der halben Dividende bereits ein.

128 Die erforderliche **Eigenkapitalrendite nach ESt** ($E(r_{EK, nSt})$) ergibt sich dann wie folgt:

$$E(r_{EK, nSt}) = 5\% \times (1{-}0{,}4) + 4\% \times (1{-}0{,}4) = 5{,}4\%.$$

Dieser Satz muss um die Belastung durch Unternehmenssteuern hochgerechnet werden, um einen **Eigenkapitalkosten vor Steuern** ($r_{EK, vSt}$) zu erhalten, den das Unternehmen verdienen muss, um die Renditeforderungen der Eigenkapitalgeber nach Steuern zu befriedigen:

$$E(r_{EK, vSt}) = 5{,}4\% \times 100/(100{-}35) \times 100/(100{-}0{,}5 \times 40)$$
$$= 5{,}4\% \times 1{,}93 = 10{,}42\%.$$

129 Demgegenüber werde der Eigenkapitalkostensatz gewöhnlich auf **Basis der Bruttowerte** für den risikolosen Zinssatz und die Risikoprämie, im Beispiel von 9 %, errechnet.[79] Dann beliefe sich der Eigenkapitalkostensatz auf $9\% \times 1{,}93 = 17{,}37\%$ und sei damit entsprechend zu hoch angesetzt. Das führe zu **überhöhten Zugangsentgelten**, benachteilige die Wettbewerber des Telekommunikationsunternehmens mit beträchtlicher Marktmacht und stehe im Widerspruch zum Gesetz.[80] Die Annahme der Vollausschüttung entspricht zwar nicht voll der Realität und führt im Vergleich zu einer teilweisen Gewinnthesaurierung zu einem etwas zu hohen Steuerfaktor, hat aber den Vorteil der Einfachheit, der Stabilität bei schwankenden Thesaurierungsanteilen, der Vermeidung der Ungewissheit, wann Gewinnthesaurierung zu Kapitalgewinnen führt und ob sie besteuert werden. Die in RdNr. 128 an-

---

77 *Schneider*, Zeitschrift für betriebswirtschaftliche Forschung 2001, 54.
78 Monopolkommission, Telekommunikation und Post 2003, RdNr. 185; so auch *Stehle* (Fn. 64), S. 914 ff. auf der Basis des CAPM von *Brennan*, Taxes, Market Valuation and Corporate Financial Policy, National Tax Journal 1970, S. 417–427.
79 So z. B. von Eon, Geschäftsbericht 2003, S. 55 und von RWE, Geschäftsbericht 2003, S. 179.
80 Monopolkommission, Telekommunikation und Post 2003, RdNr. 186 und 187.

gegebene Formel ist insofern vereinfacht, als sie einen einheitlichen Einkommensteuersatz enthält. Tatsächlich gelten aber in Deutschland z. Z. drei ESt-Sätze: Der normale progressive Tarif für Zinseinkünfte, der hier als proportional unterstellt wird, der halbe normale Tarif für Dividenden (**Halbeinkünfteverfahren**; HEV) und ein Tarif von Null für Privatpersonen für Kursgewinne nach Ablauf der Spekulationsfrist. Will man diese Differenzierung für die Ermittlung der Eigenkapitalkosten in dem **Nach-Steuer-CAPM** berücksichtigen, so muss man zunächst die Marktrisikoprämie und die Risikoprämie des Unternehmens auf Dividenden- und Kursgewinnrendite aufteilen bzw. die Marktrendite vor Einkommensteuer ($r_{M, vSt.}$) um den halben Steuersatz auf die Dividendenrendite des Marktes (d_M) vermindern. Das lässt sich in folgender, um das Halbeinkünfteverfahren erweiterten Formel aus RdNr. 103 ausdrücken.[81]

$$E\,(r_{EK, nSt., HEV}) = i(1\!-\!s) + \beta\,[E(r_{M, vSt.}) - d_m 0,5s) - i\,(1\!-\!s)].$$

6. Gewichtung der Kapitalkostensätze. – a) Die Notwendigkeit eines gewogenen Kapitalkostensatzes. – Innerhalb einer **rechtseinheitlichen Unternehmung** können das **Eigenkapital und Finanzkredite**, wie Anleihen und Bankkredite, einzelnen Unternehmensbereichen und damit auch ihren Leistungen **nicht verursachungsgerecht zugeordnet** werden. Sie dienen der Finanzierung des Unternehmens insgesamt. Mitunter wird für Regulierungszwecke z. B. im Elektrizitätsbereich dennoch eine Zurechnung vorgenommen, indem z. B. das Eigenkapital vorrangig dem Anlagevermögen zugeordnet wird. Eine solche Zuordnung ist aber nicht verursachungsadäquat, sondern mehr oder weniger willkürlich. **130**

Eine **verursachungsgerechte Zuordnung** von Finanzierungsquellen ist jedoch in soweit möglich, als die Finanzierung von der **Bereichsleitung veranlasst** und verantwortet wird, wie das z. B. bei Lieferantenkrediten und Ruhegeldverpflichtungen der Fall sein kann. Allerdings bestimmt auch dabei die Unternehmensleitung z. B. das Ausmaß der Inanspruchnahme von Lieferantenkrediten oder die Form und Höhe von Ruhegeldregelungen. **131**

Wegen der fehlenden Möglichkeit, Eigen- und Fremdkapital verursachungsgerecht einzelnen Bereichen und Produkten zuzurechnen, wird für die Zuordnung der Kapitalkosten auf sie ein Durchschnitt aus den Kosten für Fremdkapital (FK) und für Eigenkapital (EK) verwendet (**Weighted Average Cost of Capital, kurz WACC**). Der Gewichtung für die Anteile an dem Mischsatz ergibt sich aus dem Anteil von FK und EK am Gesamtkapital (GK): **132**

$$wacc = r_{FK}\,\frac{FK}{GK} + r_{EK}\,\frac{EK}{GK}\,.$$

Das nominell unverzinsliche Fremdkapital wird dabei häufig direkt von dem zu verzinsenden Vermögen abgesetzt (**Abzugskapital**)[82] und dann im WACC nicht berücksichtigt (so auch Empfehlung der Kommission 98/322/EG, Abschnitt 5.1).

b) Gewichtung mit Buch- oder Marktwerten. – Nach dem **kalkulatorischen Ansatz** werden die Kostensätze für Fremd- und Eigenkapital mit ihren im **Rechnungswesen** dokumentierten Werten gewichtet. Falls als Basis für die Verzinsung Tageswerte angesetzt werden, die über den Ansätzen in der handelsrechtlichen Bilanz liegen, und nichtbilanzierte **133**

---

81 *Stehle* (Fn. 64) S. 916; *Wagner/Jonas/Ballwieser/Tschöpel*, Weiterentwicklung der Grundsätze zur Durchführung von Unternehmensbewertung (IDW S. 1), Die Wirtschaftsprüfung 2004, 893.
82 Z. B. *Coenenberg*, Kostenrechnung und Kostenanalyse, S. 45 ff.

immaterielle Vermögensgegenstände einbezogen werden, erhöht sich das Eigenkapital entsprechend gegenüber den Bilanzansätzen.

134   Der **kapitalmarktorientierte Ansatz** verlangt grundsätzlich für die Gewichtung der Kapitalkostensätze die Bewertung der Fremd- und Eigenkapitalbeträge zu **Marktwerten**. In der Praxis nichtregulierter großer Unternehmen hat sich dieser Grundsatz zum erheblichen Teil bereits durchgesetzt. In der theoretischen Literatur ist er unbestritten.[83] Die britische Regulierungsbehörde Oftel wendet auch die Marktwertmethode an.[84]

135   Beim **Fremdkapital** ergeben sich zum kalkulatorischen Ansatz vor allem dann Unterschiede, wenn die Marktzinssätze sich gegenüber dem Zeitpunkt der Aufnahme des Fremdkapitals erheblich verändert haben; dann sind die künftigen Zins- und Tilgungslasten mit den der Restlaufzeit entsprechenden Marktzinssätzen unter Ansatz eines unternehmensindividuellen Risikozuschlages zu diskontieren. Auch eine Veränderung des **Kreditratings** führt zu Änderungen des Marktwertes von Fremdkapital.

136   **Marktwerte für das Eigenkapital** sind dann verfügbar, wenn die Aktien des regulierten Telekommunikationsunternehmens an der **Börse notiert** werden. Grundsätzlich gilt dann die **Börsenkapitalisierung** als Wert des Eigenkapitals. Allerdings führt das bei erheblichen und kurzfristigen **Kursschwankungen** der Aktie insofern zu Problemen, als auf ihnen basierende genehmigte Entgelte von Genehmigung zu Genehmigung im Abstand von wenigen Jahren erheblich voneinander abwichen. Daher erscheint es geboten, auf einen mehrjährigen **Durchschnitt der Aktienkurse** zu rekurrieren, wobei ein gleitender Durchschnitt in Betracht kommt.[85] Fraglich ist dann, welcher Zeitraum dafür zu Grunde gelegt werden sollte. Einen aus Unternehmenssicht subjektiv angemessenen Kurs zu verwenden, wie in der Praxis mitunter anzutreffen, ist für die Regulierungsbehörde auf seine Berechtigung kaum nachprüfbar.[86]

137   Die Gewichtung der Kapitalkostensätze mit Buch- oder Marktwerten hat dann erheblichen Einfluss auf die Höhe der genehmigungsfähigen Entgelte, wenn sie und die Höhe des **Eigen- und Fremdkapitals sehr unterschiedlich** sind und wenn die **Kapitalkostensätze** stark differieren. Zum Beispiel betrug die Börsenkapitalisierung der DTAG zum 30. 9. 2003 bei einem Kurs von rund 14 € je Aktie rund 59 Mrd. €, damit rund 70 % mehr als das bilanzielle Eigenkapital von rund 35 Mrd. €. Die Finanzverbindlichkeiten beliefen sich auf 70 Mrd. €.[87] Unterstellt man z. B. einen Fremdkapitalkostensatz vor Steuern in Höhe von 7,5 %, Unverzinslichkeit der übrigen Verbindlichkeiten, ihre Behandlung als Abzugskapital und übernimmt man den Eigenkapitalkostensatz vor Steuern nach der Berechnungsart der Monopolkommission (siehe RdNr. 127), so ergeben sich Kapitalkosten auf Basis der **Bilanzwerte** von insgesamt

$$\text{Kapko}_{\text{vSt, BW}} = 7{,}5\,\% \times 70 + 10{,}4\,\% \times 35 = 8{,}90 \text{ Mrd. €.}$$

Legt man hingegen den **Marktwert des Eigenkapitals** bei sonst gleichen Annahmen zu Grunde, so betragen die Kapitalkosten

$$\text{Kapko}_{\text{vSt, MW}} = 7{,}5\,\% \times 70 + 10{,}4\,\% \times 59 = 13{,}5 \text{ Mrd. €.}$$

---

83 *Kempf,* Gutachten für das VG Köln, 2002, S. 27.
84 Monopolkommission, Telekommunikation und Post 2003, RdNr. 177.
85 Monopolkommission, Telekommunikation und Post 2003, RdNr. 173.
86 *Busse von Colbe,* Zeitschrift für betriebswirtschaftliche Forschung 2002, 14.
87 *DTAG,* Zwischenbericht für das 3. Quartal 2003, S. 54 f.

Diese Kapitalkosten müssen den Unternehmensbereichen und den Leistungsarten zugeordnet werden.

Die **Eigenkapitalkosten vor Steuern** liegen gemäß dem Berechnungsmodus der Monopolkommission auf Basis der Nettowerte des risikolosen Zinssatzes und der Risikoprämie nach der obigen Beispielsrechnung um rund 7 Prozentpunkte oder 40 % niedriger als auf Basis der unversteuerten Werte. Damit liegen sie viel dichter an dem Fremdkapitalkostensatz, der um rund 2 Prozentpunkte den risikolosen Zinssatz von 5 % übersteigen mag. Dadurch wirkt sich eine unterschiedliche Gewichtung von Eigen- und Fremdkapital entsprechend weniger auf den Kapitalkostensatz insgesamt und damit auf die genehmigungsfähigen Entgelte aus, als wenn man die Steuern auf die Bruttowerte berechnet, wie es wohl meist üblich ist.

Fraglich ist, ob die jeweils **tatsächlich gegebene Kapitalstruktur** zu Grunde gelegt werden sollte oder im Hinblick auf das Effizienzerfordernis (siehe RdNr. 22 ff.) eine **kostenminimale**. Das regulierte Unternehmen könnte versucht sein, wegen höherer Eigenkapitalkosten, die in die genehmigten Entgelte eingehen, sich stärker mit Eigenkapital zu finanzieren, als dies bei funktionierendem Wettbewerb der Fall sein würde. Jedoch ist diese wettbewerbsadäquate Kapitalstruktur nur durch Vergleichsmarktanalyse ungefähr zu bestimmen. In die gleiche Richtung kann auch die Zugrundelegung einer Zielkapitalstruktur des Unternehmens gehen, die jedoch auch kaum nachprüfbar ist.[88]

7. Anpassung der Kapitalkostensätze. – a) Beschaffungspreisänderungen. – aa) Gestiegene Wiederbeschaffungspreise. – Bei einer Genehmigung der Entgelte für jeweils ein bis drei Jahre und einer Berechnung der Kosten auf Basis der jeweiligen Tageswerte gehen die **Abschreibungen auf Tageswertbasis** des **abnutzbaren Anlagevermögens** in die Berechnung ein. Allgemeine inflationäre Preissteigerungen schlagen sich gewöhnlich in ähnlicher Größenordnung in den Kapitalmarktzinssätzen nieder. Sofern eine allgemeine Preissteigerungsrate etwa auch den Preissteigerungen der abnutzbaren Anlagen entspricht, besteht die **Gefahr, dass die Inflationswirkungen** sowohl in den **Abschreibungsraten als auch in den Kapitalkosten** und damit doppelt erfasst werden. Daher sind tageswertige Abschreibungen nur mit einem um die Inflationsrate verminderten „realen" Kapitalkostensatz zu kombinieren. Zumindest im Ausmaß des Anlagevermögens ist der risikolose, aus der Vergangenheit empirisch als Durchschnitt ermittelte Zinssatz um die in diesem Zeitraum durchschnittliche Inflationsrate zu kürzen.[89]

Entsprechendes gilt aber auch für das **nicht abnutzbare** Anlagevermögen. Die Anwendung eines nominellen Zinssatzes, der eine Inflationsrate enthält, auf entsprechend gestiegene Tageswerte, z. B. von Grundstücken, würde auch für sie die Inflationswirkung mehrfach erfassen. Für das Umlaufvermögen, das sich innerhalb eines Jahres mehrfach umschlägt, gilt das zwar auch, jedoch wird sie für die Ermittlung des Kapitalkostensatzes nicht berücksichtigt, soweit es mit zinslosem Fremdkapital finanziert ist (siehe RdNr. 100).

Näherungsweise führt die Anwendung **realer Zinssätze auf das zu Tageswerten angesetzte abnutzbare Vermögen zum gleichen Ergebnis** wie die **Kombination von An-**

88 *Kempf*, Gutachten für das VG Köln, 2002, S. 28.
89 *Gehrke*, Risikoadjustierte Bestimmung des Kalkulationszinssatzes in der Stromnetzkalkulation, S. 41.

schaffungswertabschreibungen und nominellen Kapitalkosten.[90] Allerdings kommt es auch hier auf die vermutlich künftige Inflationsrate, nicht auf die eines historischen Zeitraumes an. Immerhin ist eine Schätzung der zu eliminierenden Inflationsrate besser als ihre Vernachlässigung und damit eine Mehrfacherfassung beim abnutzbaren Anlagevermögen. Allerdings wird eine Eliminierung der Inflationsrate auch bestritten.[91]

143 Wenn die allgemeine Preissteigerungsrate von der für die Einsatzgüter des Unternehmens abweicht, ist der nominelle Kapitalkostensatz auch um diese Inflationsrate zu bereinigen. Man kann davon ausgehen, dass die **Kapitalgeber** zumindest auf Dauer eine **reale Verzinsung** ihres Kapitals erwarten.[92]

144 **bb) Gesunkene Wiederbeschaffungspreise.** – Die Tagespreise für die **Netzinfrastruktur** sind in den letzten Jahren in weiten Bereichen der Telekommunikation gesunken, obwohl das Preisniveau weiterhin leicht gestiegen ist. Werden in den regulierten Entgelten die **Abschreibungen auf die gesunkenen Wiederbeschaffungskosten** entgolten, so decken die Entgelte insoweit nicht mehr die historischen Kosten. Die **nominelle Kapitalerhaltung ist für den regulierten Bereich gefährdet.** Zu ihrer Gewährleistung wurde daher verschiedentlich vorgeschlagen, eine **Nachholabschreibung** in Höhe der Differenz zwischen der Abschreibung auf Anschaffungs- und Wiederbeschaffungskosten oder eine Erhöhung des Kapitalkostensatzes anzuerkennen.[93]

145 Eine solche partielle Rückkehr zur Rechnung mit historischen Anschaffungskosten steht im **Widerspruch zu der Grundlage der kostenorientierten Entgeltregulierung** auf Basis der Kosten der effizienten Leistungsbereitstellung im Sinne der langfristigen zusätzlichen Kosten (§ 31). Ein neuer Wettbewerber rechnet mit aktuellen oder, falls absehbar, künftigen Kosten. Nachholabschreibungen auf bestehende Anlagen oder entsprechend erhöhte Kapitalkosten sind für ihn irrelevant.

146 Das Bestreben eines Investors, das eingesetzte Kapital zumindest nominell zu erhalten, ist zwar verständlich, doch ist das **Risiko**, dieses Ziel nicht zu erreichen, **Teil des allgemeinen Unternehmerwagnisses.** Dieses Wagnis ist nach dem kalkulatorischen Ansatz durch die von der Unternehmensleitung festgesetzten kalkulatorischen Zinsen auf das Eigenkapital und nach dem kapitalmarktorientierten Ansatz durch die empirisch aus Kapitalmarktdaten abgeleitete **Risikoprämie auf den risikolosen Zins abzugelten.** Das Risiko, das Ziel der nominellen und bei steigenden Preisen realen Erhaltung des Eigenkapitals zu verfehlen, kann auch aus nicht ausreichenden Deckungsbeiträgen, z. B. wegen nicht hinreichender Umsätze oder nicht auf die Preise abwälzbarer Kosten oder aus neutralen Aufwendungen resultieren.

---

90 *Swoboda*, Die Kostenbewertung in Kostenrechnungen, die der betrieblichen Preispolitik oder der staatlichen Preisfestsetzung dienen, Zeitschrift für Betriebswirtschaftliche Forschung 1973, 353–367.
91 *Hohenadel/Reiners*, Kostenrechnungspraxis 2000, S. 166.
92 *Busse von Colbe*, Zeitschrift für betriebswirtschaftliche Forschung 2002, 10.
93 *Hohenadel/Reiners*, Kostenrechnungspraxis 2000, S. 165; *Knieps/Küpper/Langen*, Abschreibungen bei fallenden Wiederbeschaffungspreisen in stationären und nichtstationären Märkten, Zeitschrift für betriebswirtschaftliche Forschung 2001, 764 f.; *Siegel*, Kosten der effizienten Leistungserstellung, S. 243 ff.; *Schweitzer/Küpper*, Systeme der Kosten- und Erlösrechnung, 8. Aufl. 2003, S. 765.

Im Durchschnitt spiegelt sich das im **Marktpreis des Risikos** und unternehmensindividu- 147
ell in dem **Risikofaktor** β wider. Nachholabschreibungen oder ein erhöhter Kapitalkostensatz wegen gesunkener Wiederbeschaffungspreise könnten zu einer Doppelerfassung dieses Teils des allgemeinen Unternehmerrisikos führen.[94] Ob das Risiko der Gefährdung der
Nominalkapitalerhaltung infolge gesunkener Beschaffungskosten tatsächlich durch die
Kapitalkosten abgedeckt wird, ist allerdings kaum zu überprüfen, da ein Überschuss der
Entgelte über die übrigen Kosten aus zahlreichen miteinander verbundenen Komponenten
besteht.

b) Differenzen zwischen Buchwert und Marktwert des Eigenkapitals. – Wie schon im 148
Abschnitt IV. 6. (RdNr. 137) am Beispiel des Vergleichs des bilanziellen Eigenkapitals und
der Börsenkapitalisierung der DTAG zum 30. 9. 2003 gezeigt, können das zu Kosten einerseits und zu Börsenkursen andererseits bewertete Eigenkapital erheblich auseinander klaf-
fen. In dem Beispiel beträgt der Marktwert nur das 1,7-fache des bilanziellen Eigenkapitals. Bei einem höheren Börsenkurs und gleichem Buchwert wäre der **Faktor** entsprechend
höher. Solche höheren Faktoren galten für die DTAG in der Vergangenheit über mehrere
Jahre und für die Deutsche Post AG zunächst nach der Börseneinführung sowie auch für
andere Gesellschaften in verschiedenen Wirtschaftszweigen. Ein Faktor von 2 bis 3 liegt
im Rahmen des Üblichen. Freilich kann die Börsenkapitalisierung eher ausnahmsweise
auch unter dem Bilanzeigenkapital liegen.

Ein **aus Kapitalmarktdaten abgeleiteter Eigenkapitalkostensatz bezieht sich auf den** 149
Marktwert des Eigenkapitals. Wendet man diesen Satz auf ein wesentlich **niedrigeres**
bilanzielles Eigenkapital an, so decken die daraus resultierenden **absoluten Kapital-**
kosten nicht die Kapitalkosten auf der Basis des Marktpreises. Der im obigen Zahlenbeispiel ermittelte Eigenkapitalkostensatz von 10,24 % vor Steuern auf das bilanzielle Eigenkapital von 35 Mrd. € ergibt absolute Kapitalkosten von 3,58 Mrd. €, angewendet auf
die Börsenkapitalisierung von 59 Mrd. € Kapitalkosten jedoch von 6,04 Mrd. €. Es ergäbe
sich eine Lücke von rd. 2,5 Mrd. €. Die Aktionäre erhielten eine entsprechend geringere
Aktienrendite nach Steuern (ohne Kursdifferenzen). Um dies zu vermeiden, müsste entweder der zu verzinsende **Vermögensbestand oder der Kapitalkostensatz entsprechend**
angepasst werden.

c) Zuordnung immaterieller Werte. – Da eine verursachungsgerechte Zurechnung von 150
Eigen- und Fremdkapital auf Vermögensteile nicht möglich ist, bietet es sich an, **den Kapi-**
talkostensatz anzupassen. Allerdings berücksichtigt eine solche Anpassung noch nicht,
dass die Differenz zwischen Bilanz- und Börsenwert des Eigenkapitals wenigstens zum
Teil in nichtbilanzierten immateriellen Werten unterschiedlicher Art ihre Ursache hat, aber
diese **immateriellen Werte im Unternehmen nicht gleichmäßig verteilt** sind.[95] Der Kapitalkostensatz müsste also nicht nur im Hinblick auf unterschiedliche Risiken der einzelnen Unternehmensbereiche, insbesondere zwischen regulierten und nichtregulierten Bereichen (siehe RdNr. 124), sondern auch hinsichtlich der Unterschiede bei immateriellen
Werten **differenziert** werden. In der Praxis mancher nichtregulierter großer börsennotier-
ter Unternehmen wird die Differenz zwischen Bilanz- und Marktwert des Eigenkapitals
auf unterschiedliche Weise für die Kapitalkosten berücksichtigt.

---

94 *Busse von Colbe,* FS Loitlsberger, 2001, S. 47 ff.
95 *Busse von Colbe*, Zeitschrift für betriebswirtschaftliche Forschung 2002, 15 f.

151 Der Überschuss des Marktwertes des Eigenkapitals über dessen Bilanzansatz oder über den um die Differenz zwischen fortgeschriebenen Anschaffungs- und Tageswert erhöhten Ansatz kann ganz unterschiedliche Gründe haben. Einen Teil machen nicht aktivierbare, aber einzeln **identifizierbare immaterielle Werte** aus, die insbesondere aus Forschungs- und Entwicklungsarbeiten, aus Investitionen in den Markt, wie in geschützte Markenrechte, oder in des Humanvermögen der Mitarbeiter resultieren; zu einem anderen Teil spiegelt die Differenz einen nicht im Einzelnen aufzuschlüsselnden **Goodwill** wider. Man kann versuchen, diese immateriellen Werte den Einzelnen **Bereichen zuzuordnen** und zusammen mit den materiellen Werten als Basis für die Kapitalkostenermittlung zu benutzen. Eine solche Zurechnung wird nach IAS 36.80 ff. für den regelmäßig vorzunehmenden Impairmenttest verlangt. Gelänge eine solche Zuordnung in nachprüfbarer Weise, könnten die aus dem Markt abgeleiteten Kapitalkostensätze direkt auf das so bestimmte Vermögen der Bereiche angewendet werden.

V. Price-Cap-Verfahren

152 **1. Begriff.** – Statt der Einzelentgeltgenehmigung kann gemäß § 32 das Price-Cap-Verfahren angewendet werden. Im Rahmen des Price-Cap-Verfahrens nach § 34 bestimmt die RegTP den Inhalt der **Körbe an Zugangsdiensten**, die sich in der Stärke des erwarteten Wettbewerbs nicht wesentlich unterscheiden dürfen (Abs. 1). Sie stellt das **Ausgangsniveau**, d. h. den gewichteten Durchschnitt der in einem Korb zusammengefassten Zugangsentgelte fest (Abs. 2). Die **Maßgrößen** für die Genehmigung nach § 34 umfassen

- eine **gesamtwirtschaftliche Preissteigerungsrate** und
- die zu erwartende **Produktivitätsfortschrittsrate** des Betreibers mit beträchtlicher Marktmacht.
- Außerdem sind **Nebenbedingungen** anzugeben, die geeignet sind, ein missbräuchliches Verhalten des Unternehmens im Sinne von § 28 zu verhindern.

153 Die Regelung des Price-Cap-Verfahrens nach § 34 entspricht weitgehend derjenigen in § 27 Abs. 1 Nr. 2 TKG 1996 und § 4 TEntgV 1996, allerdings ohne dass ihr noch ein Vorrang gegenüber dem kostenbasierten Verfahren eingeräumt wird. Damit sind auch die Probleme die gleichen.

154 **2. Maßgrößen. – a) Ausgangsniveau.** – Das erste Problem besteht darin, das Ausgangsentgelt für die einzelnen im Korb zusammengefassten Dienste festzustellen. Sofern bereits **genehmigte Entgelte** vorliegen, ist von diesen auszugehen (§ 34 Abs. 2). Die bisher geltende TEntgV 1996 ließ offen, ob sonst als Ausgangsentgelte die vom Unternehmen bisher **geforderten Entgelte oder die Kosten der effizienten Leistungsbereitstellung** zu verwenden sind[96] oder – so müsste man hinzufügen – ein anderer Wert. Dies gilt auch weiterhin, falls nicht bereits genehmigte Entgelte vorliegen.

155 Da nach § 34 Abs. 4 bei Vorgabe der Maßgrößen das **Verhältnis** des Ausgangsentgeltniveaus zu den Kosten der **effizienten Leistungsbereitstellung** zu berücksichtigen ist, sind zwar danach die Kosten der effizienten Leistungsbereitstellung als Ausgangsgröße nicht zwingend. Jedoch muss die RegTP für diese Berücksichtigung die Kosten der effizienten Leistungsbereitstellung der im Korb zusammengefassten Dienste ermitteln, und sie darf

---

96 *Scheurle/Mayen/Witte*, § 27 RdNr. 50.

nach § 31 Abs. 1 keine Entgelte genehmigen, die die Kosten der effizienten Leistungsbereitstellung überschreiten. Daher ist es **kaum zulässig**, als Ausgangsentgelte Beträge zu genehmigen, die **über diesen Kosten** liegen[97], allenfalls darunter. Ein darunter liegendes Ausgangsentgelt kann jedoch nach § 28 Abs. 2 Nr. 1 die Vermutung eines missbräuchlichen Verhaltens eines Unternehmens mit beträchtlicher Marktmacht begründen. Die RegTP dürfte im Price-Cap-Verfahren keine Entgelte genehmigen, die ohne Genehmigung einen Missbrauch der Marktmacht ermöglichen.

Allerdings könnte der Fall eintreten, dass die Einführung eines Price-Cap-Regimes für einen Korb von Leistungen dem Unternehmen die Möglichkeit bieten soll, durch eine Adjustierung der Entgelte der im Korb zusammengefassten Dienste Preisverzerrungen (**Preis-Kosten-Schere**) zu beseitigen.[98] Dies war beabsichtigt, als die RegTP die nicht kostendeckenden Entgelte für die analoge Teilnehmeranschlussleitung zusammen mit anderen Endnutzerentgelten einem Price-Cap-Regime unterstellte. Dann erscheint eine kurzfristige **Über- oder Unterschreitung der Kosten der effizienten Leistungsbereitstellung** vertretbar, wenn das Unternehmen während der Laufzeit des Price-Cap die Über- und Unterdeckungen korrigiert. Gleichwohl wurde dieses Verfahren der RegTP von der Monopolkommission kritisiert, die für die Teilnehmeranschlussleitungsentgelte eine Einzelpreisgenehmigung für erforderlich hält.[99]

Grundsätzlich erfordert auch das Price-Cap-Verfahren die Ermittlung der Kosten der effizienten Leistungsbereitstellung, wenn ein Vergleich zwischen ihnen einerseits und dem Ausgangsniveau andererseits vorgenommen werden soll. Die **Monopolkommission** weist aber darauf hin, dass im Rahmen des Price-Cap-Verfahrens die Vorlage der detaillierten Kostenunterlagen gemäß § 2 TEntgV 1996 nicht wie für eine Einzelpreisgenehmigung notwendig ist und innerhalb der Frist von 2 Wochen für die Erteilung der Genehmigung (§ 5 Abs. 3 TEntgV 1996) höchstens eine oberflächliche Prüfung überhaupt möglich ist.[100] Daran hat das TKG nichts geändert. Nach § 31 Abs. 6 letzter Satz gilt die Zweiwochenfrist weiterhin.

b) Gesamtwirtschaftliche Preissteigerungsrate. – Ein weiteres Problem des Price-Cap-Verfahrens besteht darin, gemäß § 34 Abs. 3 eine gesamtwirtschaftliche Preissteigerungsrate festzulegen, mit der das Ausgangsentgeltniveau innerhalb der Laufzeit des Price-Cap erhöht werden kann. Dafür kommt ein **Index der Lebenshaltungskosten** privater Haushalte, aber auch ein Preisindex des Bruttoinlandsproduktes in Betracht. Indizes für einzelne Wirtschaftssektoren erfüllen nicht die Definition einer gesamtwirtschaftlichen Preissteigerungsrate. Zum Beispiel wurde bei der Einführung des digitalen zellularen Mobilfunks für die Nutzung von Übertragungswegen der Preisindex für die Lebenshaltung der privaten Haushalte gewählt.[101]

Ein Index, der die gesamtwirtschaftliche Preissteigerungsrate repräsentieren soll, kann jedoch von der Preisentwicklung der Einsatzgüter an Material und Investitionen, der Entwicklung der Personalkosten, der Preise für Dienstleistungen Dritter, der Abgaben- und Kapitalkostensätze zumindest für einige Zeit erheblich abweichen. Als Folge kann es zu

156

157

158

159

---

97 *Scheurle/Mayen/Witte*, § 27 RdNr. 52.
98 *Scheurle/Mayen/Witte*, § 27 RdNr. 52; *Vogelsang*, MMR 2003, 511.
99 Monopolkommission, Telekommunikation und Post 2003, RdNr. 150.
100 Monopolkommission, Telekommunikation und Post 2003, RdNr. 151.
101 *Scheurle/Mayen/Witte*, § 27 RdNr. 60.

einer **Kostenunter- oder -überdeckung** kommen. Daher wird als Zeitraum für das Price-Cap eine Frist von wenigen Jahren gewählt.

160   **c) Produktivitätsfortschrittsrate.** – Auch die Schätzung der künftigen Produktivitätsfortschrittsrate des Betreibers von öffentlichen Telekommunikationsnetzen, der über beträchtliche Marktmacht verfügt, ist problematisch. Um diese Rate wird das Ausgangsentgeltsniveau gekürzt. In § 4 Abs. 1 Nr. 2 TEntgV 1996 bezog sich die Produktivitätsfortschrittsrate auf das regulierte Unternehmen. Ob die Änderung der Formulierung auch eine Änderung des Inhalts der Vorschrift bedeutet, ist zweifelhaft. Nach der Regelung in der TEntgV 1996 war klar, dass sich der maßgebliche **Produktivitätsfortschritt auf das ganze Unternehmen** bezieht, auch wenn er in den regulierten Bereichen kleiner oder größer als für das Gesamtunternehmen ist. Der Betreiber im Sinne von § 34 Abs. 3 Nr. 2 bezieht sich auf die Rechtseinheit, die das Telekommunikationsnetz betreibt. Maßgebend ist demnach der Produktivitätsfortschritt für die ganze Rechtseinheit, nicht möglicherweise der davon abweichende in den Bereichen, für den der Price-Cap gilt. Für die Schätzung des zu erwartenden Produktivitätsfortschritts ist dessen Entwicklung in der jüngeren Vergangenheit ein Anhaltspunkt.

161   Wie schon in § 4 TEntgV 1996, so sind auch nach § 34 Abs. 5 bei der Vorgabe der Produktivitätsfortschrittsrate die Fortschrittsraten von Unternehmen auf **vergleichbaren, dem Wettbewerb geöffneten Märkten** zu berücksichtigen. Allerdings werden die Produktivitätsfortschrittsraten auf diesen Märkten dann eher kleiner sein, wenn das Price-Cap-Verfahren erstmalig auf einen Betreiber, der seit längerer Zeit über erhebliche Marktmacht verfügt, angewendet wird, weil anzunehmen ist, dass er in dieser Situation durch Fehlen eines funktionsfähigen Wettbewerbs bisher nicht gezwungen war, Möglichkeiten der Produktivitätssteigerung konsequent auszunutzen. Der marktmächtige Telekommunikationsnetzbetreiber hat mit der Vorgabe einer für mehrere Jahre geltenden Produktivitätsfortschrittsrate einen **Anreiz**, durch über sie hinaus gehende Produktivitätsfortschritte seinen Gewinn zu steigern.

162   **3. Kritik.** – **Monopolkommission** steht dem Price-Cap-Verfahren offenbar kritisch gegenüber. Abgesehen von den Problemen der Bemessung der Preissteigerungs- und Produktivitätsfortschrittsraten ermögliche das Verfahren, die vom Gesetz geforderte Orientierung an den Kosten der effizienten Leistungsbereitstellung dadurch zu vermeiden, dass anstelle der Einzelpreisgenehmigung eine Price-Cap-Regulierung insbesondere bei politisch umstrittenen Entgelten wie für die Teilnehmeranschlussleitung eingeführt wird.[102]

VI. Vergleichsmarktverfahren

163   **1. Funktion der Vergleichsmarktdaten.** – Für die **Einzelentgeltgenehmigung** und für das **Price-Cap-Verfahren** können gemäß §§ 35 Abs. 1 Satz1 Nr. 1 und 34 Abs. 5 Preise bzw. Maßgrößen zum Vergleich herangezogen werden, die auf vergleichbaren, dem Wettbewerb geöffneten Märkten gelten. Das Vergleichsmarktverfahren ist für die Ex-ante-Regulierung nach dem TKG insoweit kein **selbstständiges Verfahren**, als bei der Vorgabe von Maßgrößen im Rahmen des Price-Cap-Verfahrens die Produktivitätsfortschrittsraten auf vergleichbaren, dem Wettbewerb geöffneten Märkten zu berücksichtigen sind (§ 34 Abs. 5) und im Rahmen der Einzelentgeltgenehmigung die RegTP neben den Kosteninformationen Preise

---

102 Monopolkommission, Telekommunikation und Post 2003, RdNr. 151.

solcher Unternehmen heranziehen kann, die entsprechende Leistungen auf vergleichbaren, dem Wettbewerb geöffneten Märkten anbieten, wobei **Besonderheiten der Vergleichsmärkte** zu berücksichtigen sind (§ 35 Abs. 1). Jedoch ist mit § 35 Abs. 1 Satz 2 der RegTP die Möglichkeit eröffnet, ein **Entgeltgenehmigungsverfahren** allein auf die Preise auf Vergleichsmärkten zu stützen, wenn die Kostenunterlagen des regulierten Unternehmens für die Prüfung der genehmigungspflichtigen Entgelte nach § 32 Nr. 1 i.V.m. § 33 nicht ausreichen. Auf Initiative des Vermittlungsausschusses ist § 31 Abs. 1 dahingehend erweitert worden, dass in begründeten **Einzelfällen** die RegTP die Genehmigungsfähigkeit von Entgelten allein nach dem Vergleichsmarktprinzip gem. § 35 Abs. 1 Satz 1 entsprechend überprüfen kann, offenbar ohne vorherige Vorlage von Kostenrechnungen.

In der zu Grunde liegenden **ZRL** heißt es bereits, dass die Regulierungsbehörde im Zusammenhang mit der Sicherstellung der wirtschaftlichen Effizienz der Tarifsysteme und der Förderung eines nachhaltigen Wettbewerbs Preise berücksichtigen kann, die auf vergleichbaren, dem Wettbewerb geöffneten Märkten gelten (Art. 13 Abs. 2). Da hier ein direkter Bezug zu der in Abs. 3 behandelten kostenbasierten Entgeltregulierung fehlt, kann das Vergleichsmarktverfahren nach Art. 13 Abs. 2 ZRL als selbstständiges Verfahren angesehen werden. **164**

Auch für die Fälle einer **nachträglichen Regulierung** von Entgelten (§ 36) und der **besonderen Missbrauchsaufsicht** (§ 42), die nach dem allgemeinen Wettbewerbsrecht des GWB behandelt werden, ist das Vergleichsmarktverfahren eine selbstständige Methode der Entgeltregulierung. Aber auch dann kann eine Kostenkontrolle zur Überprüfung und möglicherweise zur Korrektur der Ergebnisse des Vergleichsmarktverfahrens herangezogen werden. Beide Verfahren ergänzen einander. Das ergibt sich aus der Rechtsprechung zumindest für den Strombereich.[103] **165**

2. Strukturelle Besonderheiten. – In § 35 Abs. 1 Nr. 1 wird ausdrücklich darauf hingewiesen, dass Besonderheiten der Vergleichsmärkte zu berücksichtigen sind. Diese Besonderheiten sind so weit wie möglich bei der Ermittlung von Vergleichspreisen und Vergleichsmaßgrößen **auszuschalten**. Das entspricht auch der Praxis der Kartellbehörden im Rahmen der allgemeinen Missbrauchsaufsicht. **166**

Als strukturelle Besonderheiten von Vergleichsmärkten sind z.B. Unterschiede in der Bevölkerungsdichte, die sich in den Netzkosten niederschlagen, in der Abgabenbelastung und in der Regulierung anzusehen. Unternehmensindividuelle strukturelle Unterschiede sind dagegen grundsätzlich nicht zu berücksichtigen.[104] **167**

Ob eine **Kostenunterdeckung** nach Ausschöpfung aller Rationalisierungsmöglichkeiten, die auf objektiven, für jeden anderen Anbieter gleichermaßen wirksam werdenden Umständen beruht und die deshalb vom BGH im Fall der Flugpreisspaltung[105] berücksichtigt wurde, für den TK-Bereich gerechtfertigt werden kann, erscheint zweifelhaft. Der Behauptung, dass in einem solchen Fall die Kostenunterdeckung nicht nach Maßstäben der Kostenrechnung, sondern der handelsrechtlichen Gewinnermittlung festgestellt werden müsse, weil ein Unternehmen sich erst bei handelsrechtlichen „tatsächlichen" Verlusten und nicht **168**

---

103 *Engelsing*, RdE 2003, 249 ff.
104 *Scheurle/Mayen/Witte*, § 27 RdNr. 40 und 43.
105 BGH, WuW/E DE-R 375.

schon bei einer kalkulatorischen Kostenunterdeckung aus dem Markt zurückzöge,[106] wird hier nicht gefolgt. Die Vorschrift des § 31 Abs. 2, wonach zu den Kosten der effizienten Leistungsbereitstellung eine angemessene Verzinsung des eingesetzten Kapitals einschließlich der kalkulatorischen Eigenkapitalkosten gehört, zeigt, dass eine Kostenunterdeckung, wenn sie für die Berücksichtigung von Besonderheiten im Rahmen des Vergleichsmarktkonzeptes überhaupt relevant ist, nach Maßstäben der Kostenrechnung zu ermitteln wäre. Nach dem TKG beruht die Ex ante-Entgeltregulierung auf Kosten, nicht auf handelsrechtlichen Aufwendungen. Dann muss das auch für die Berücksichtigung von Besonderheiten nach dem Vergleichsmarktkonzept gelten.

169 Liegen die Preise auf dem Vergleichsmarkt oder den Vergleichsmärkten nach Ausschaltung von deren strukturellen Besonderheiten unter den Preisen, die aus dem Rechnungswesen des Unternehmens oder auf Grund von analytischen Kostenmodellen ermittelt wurden, so sind die Kosten für die Entgeltgenehmigung **entsprechend zu kürzen.** Die Differenz kann sich aus Kostenbestandteilen ergeben, die nicht zu den Kosten der effizienten Leistungsbereitstellung gehören, aber von der RegTP nicht entdeckt wurden, oder aus Mängeln der analytischen Kostenmodelle.

170 **3. Ausländische Vergleichsmärkte.** – Die Vergleichsmärkte können in- und ausländische Märkte sein. Preise auf Märkten außerhalb des Euro-Bereichs müssen zum Vergleich in Euro umgerechnet werden. Für die Umrechnung kommen Kaufkraftparitäten oder **Wechselkurse** in Betracht. Auch wenn sie sich auf längere Sicht einander angleichen, können im Genehmigungszeitpunkt Unterschiede bestehen. Telekommunikationsdienstleistungen sind z. T. international handelbar. Aber auch soweit dies nicht der Fall ist, sollten Produktivitätsrückstände im Inland nicht durch die Anwendung von Kaufkraftparitäten geschützt werden. Daher sind grundsätzlich Wechselkurse für die Umrechnung zu verwenden.

171 Ein zum Vergleich herangezogener Markt, der den Kunden die günstigsten Konditionen bietet, kann die Kosten des regulierten deutschen Unternehmens erheblich unterschreiten, wenn dieser Markt im Ausland schon seit längerer Zeit dem Wettbewerb ausgesetzt ist und entsprechende **Produktivitätsfortschritte** realisiert sind, die das deutsche marktmächtige Unternehmen erst noch machen muss.[107]

VII. Resale

172 **1. Begriff und Rechtsgrundlagen.** – Unter Resale ist der Verkauf eines Netzbetreibers von TK-Dienstleistungen für **Endkunden,** z. B. Telefonminuten und Teilnehmeranschlüsse, an Unternehmen ohne entsprechende Netze zu **Großhandelsbedingungen** zu verstehen, die ihrerseits diese Leistungen im **eigenen Namen** und auf **eigene Rechnung** an Endkunden verkaufen. Gemäß § 21 Abs. 2 Nr. 3 kann die RegTP marktmächtige Betreiber öffentlicher TK-Netze zu Resale-Angeboten **verpflichten.** Dabei sind vorhandene Investitionen für innovative Dienste zu berücksichtigen. Das muss einerseits für das verpflichtete Unternehmen und andererseits für die Wiederverkäufer gelten. Nach § 150 Abs. 5 gilt die Verpflichtung bis 30. 6. 2008 nur für „gebündeltes" Resale von Anschlüssen zusammen mit Verbindungsleistungen. Mit § 30 Abs. 5 werden Entgelte des Betreibers eines öffentlichen TK-Netzes, der über **beträchtliche Marktmacht** verfügt, für Zugangsleistungen zu

---

106 *Engelsing,* RdE 2003, 252.
107 *Scheurle/Mayen/Witte,* § 27 RdNr. 44.

bestimmten von ihm angebotenen Diensten zu Großhandelsbedingungen geregelt, die Dritten den Weitervertrieb in eigenem Namen und auf eigene Rechnung ermöglichen sollen.

2. Retail Minus-Methode. – Nach § 30 Abs. 5 ergibt sich das genehmigungsfähige Entgelt, abweichend von dem Maßstab der Kosten der effizienten Leistungsbereitstellung, als Obergrenze gemäß § 31 Abs. 1 aus einem **Abschlag auf den Endnutzerpreis.** Das ist eine Art von **Top-down-Ansatz.** Dieser Abschlag muss so bemessen sein, dass er einem effizienten Anbieter von TK-Leistungen an Endkunden die Erzielung einer angemessenen Verzinsung auf das eingesetzte Kapital ermöglicht. Damit nimmt § 30 Abs. 1 Satz 1 implizit Bezug auf § 31 Abs. 2, wonach die Kosten der effizienten Leistungsbereitstellung generell eine angemessene Verzinsung des eingesetzten Kapitals einschließen, allerdings nur insoweit, als die Kosten für die Leistungsbereitstellung notwendig sind. Diese Einschränkung gilt auch für die Bemessung des Abschlages, da sich die Regelung auf einen effizienten Anbieter bezieht, der keine nicht notwendigen Kosten aufwendet. | 173

Das **Entgelt des Betreibers** des öffentlichen TK-Netzes entspricht nach § 30 Abs. 5 Satz 2 **mindestens den Kosten der effizienten Bereitstellung der Vorleistungen**, kann also auch **höher** sein. Dagegen bestimmt § 31 Abs. 1, dass Entgelte, die nach § 30 genehmigungsbedürftig sind, nur dann genehmigungsfähig sind, wenn sie die Kosten der effizienten Leistungsbereitstellung **nicht überschreiten**, also auch **niedriger** sein können. Die Begründung zum RegE klärt den **Widerspruch** nicht. Sie enthält in diesem Zusammenhang nur den angeblich klarstellenden Hinweis, dass der Abschlag im Hinblick auf das Konsistenzgebot des § 27 Abs. 2 nicht so hoch sein könne, dass der Resalepreis dann die Kosten der effizienten Leistungsbereitstellung unterschreitet. Der Fall, dass er sie überschreitet, wird nicht erwähnt, obgleich ein Überschreiten das Risiko eröffnet, dass der Reseller seine Kosten nicht deckt und damit aus dem Markt gedrängt wird.[108] | 174

Nach Auffassung der MK ist der Abschlag nach den Kosten zu bemessen, die durch den Verkauf zu Großhandelsbedingungen **vermeidbar** sind, nicht dagegen nach denjenigen Kosten, die tatsächlich vermieden werden.[109] Dies lässt sich damit begründen, dass sowohl für den Betreiber des öffentlichen TK-Netzes mit beträchtlicher Marktmacht als auch für den Abnehmer der TK-Leistungen zu Großhandelsbedingungen die Prämisse der Effizienz gilt, so wie sie auch auf die Bemessung des Abschlags anzuwenden ist. Freilich lassen sich im Einzelfall weder die Kosten der effizienten Leistungsbereitstellung des Netzbetreibers noch die Effizienz der Gegenseite eindeutig bestimmen. Für die RegTP bleibt damit ein **Spielraum für die Bemessung des Abschlages.** | 175

Für den Betreiber des öffentlichen TK-Netzes sind vor allem **Vertriebskosten** dadurch **vermeidbar**, dass nun der Wiederverkäufer den Vertrieb von Leistungen an Endkunden übernimmt, die der Netzbetreiber bisher selbst verkauft hat und anderen Endnutzern weiterhin anbietet.[110] Die vermeidbaren Kosten des Netzbetreibers müssen freilich nicht mit den Vertriebskosten des Wiederverkäufers übereinstimmen. Bei den vermeidbaren Kosten können dem Vertrieb **direkt zurechenbare** von anteiligen **Gemeinkosten des Vertriebs** unterschieden werden. Zur ersten Gruppe zählen je nach der Art der zu Großhandelsbedingungen abgegebenen Dienste z. B. die Kosten der Gesprächsweiterleitung, das Inkasso und | 176

---

108 *Rickert*, K&R 2003, 458.
109 Monopolkommission, Telekommunikation und Post 2003, RdNr. 124, so auch *Rickert*, K&R 2003, 456.
110 *Ruhle*, Internationale Beispiele für konsistente Entgeltregulierung, S. 87 ff.

die Produktwerbung, zur zweiten Gruppe anteilige Anlage-, Personal- und andere Verwaltungskosten des Vertriebes.[111] Die erste Gruppe von Kosten entfällt für den Netzbetreiber kurzfristig mit der Abgabe des Retail-Vertriebes an den Weiterverkäufer.

177 Zumindest Teile der Kosten der zweiten Gruppe können nur durch Anpassung der Personal- und Sachgüterkapazitäten über einen längeren Zeitraum zurückgefahren werden. Beim Abbau von Dienstleistungen können sich gegenüber dem Aufbau **Kostenremanenzen** einstellen. Für einige Zeit kann dann der Netzbetreiber diese Kosten nicht vermeiden. Gleichwohl sollten sie bei der Bemessung des Abschlages berücksichtigt werden; denn der Wiederverkäufer muss entsprechende Kapazitäten schaffen, ohne die er die Vertriebsleistung nicht erbringen kann. Ein zeitweiliges Überschreiten des Abschlages über die vom Netzbetreiber vermeidbaren Kosten zählt zu seinem Unternehmensrisiko wie die Unsicherheit für den Wiederverkäufer, ob sich die Übernahme der Dienste mit entsprechenden Investitionen rentieren wird, zu dessen Unternehmensrisiko. Die Höhe der anteiligen Vertriebsgemeinkosten ist schwieriger zu ermitteln als die Höhe der direkt zurechenbaren Vertriebskosten. Ob sich die Höhe der anteiligen Gemeinkosten generell als Prozentsatz der direkt zurechenbare Vertriebskosten zutreffend bestimmen lässt,[112] erscheint eher zweifelhaft, da zwischen ihnen keine proportionale Beziehung bestehen muss.

178 **3. Vertriebsfreie Kosten der effizienten Leistungsbereitstellung.** – Dem Top-down-Ansatz lässt sich eine Art **Buttom-up-Ansatz** gegenüberstellen.[113] Bei ihm wird der Großhandelspreis des Netzbetreibers aus den Kosten der effizienten Leistungserstellung des Netzbetreibers für die Vorleistungen ohne Vertrieb abgeleitet.[114] Dieser Ansatz ist in § 30 Abs. 5 Satz 2 insofern angelegt, als das Entgelt mindestens den Kosten der effizienten Leistungserstellung entsprechen muss. Dafür sind die Kosten der Vorleistung zu ermitteln. Auf diese Weise ist aber auch keine eindeutige Bestimmung des Großhandelsentgeltes möglich. Auch wenn keine der beiden Ermittlungsmethoden eindeutig als vorteilhaft einzustufen ist,[115] so erscheint die Resale-Minus-Methode wegen der Nähe zum Endprodukt zumindest einfacher zu sein.[116] Die Vorschrift des § 30 Abs. 5 ist offenbar so angelegt, dass die **Retail-Minus-Methode primär** anzuwenden ist und die **Bottom-up-Methode als Kontrolle** dient.

---

111 *Rickert*, K&R 2003, 456.
112 So *Rickert*, K&R 2003, 456, im Anschluss an *Vogelsang*, WIK 2002, 24.
113 *Rickert*, K&R 2003, 455.
114 *Gerpott/Winzer*, K&R 2004, 164.
115 *Gerpott/Winzer*, K&R 2004, 164.
116 *Rickert*, K&R 2003, 456.

§ 27 Ziel der Entgeltregulierung

(1) Ziel der Entgeltregulierung ist es, eine missbräuchliche Ausbeutung, Behinderung oder Diskriminierung von Endnutzern oder von Wettbewerbern durch preispolitische Maßnahmen von Unternehmen mit beträchtlicher Marktmacht zu verhindern.

(2) Die Regulierungsbehörde hat darauf zu achten, dass Entgeltregulierungsmaßnahmen in ihrer Gesamtheit aufeinander abgestimmt sind (Konsistenzgebot). Die Regulierungsbehörde nimmt insbesondere eine zeitliche und inhaltliche Abstimmung ihrer Entgeltregulierungsmaßnahmen vor, und sie prüft bei den jeweiligen Entgeltregulierungsmaßnahmen, ob diese in einem angemessenen Verhältnis zu den Zielen nach § 2 Abs. 2 stehen.

(3) Die Regulierungsbehörde hat, soweit Belange von Rundfunk und vergleichbaren Telemedien nach § 2 Abs. 5 Satz 1 betroffen sind, die zuständige Landesmedienanstalt hierüber zu informieren und an eingeleiteten Verfahren zu beteiligen. Auf Antrag der zuständigen Landesmedienanstalt prüft die Regulierungsbehörde auf der Grundlage dieses Gesetzes die Einleitung eines Verfahrens und die Anordnung von Maßnahmen nach den folgenden Bestimmungen.

Schrifttum: *Cave*, The Economics of Wholesale Broadband Access, MMR-Beilage 10/2003, 15; *Doll/Rommel/Wehmeier*, Der Referentenentwurf für ein neues TKG – Einstieg in den Ausstieg aus der Regulierung?, MMR 2003, 522; *ERG*, Common Position on the approach to Appropriate remedies in the new regulatory framework, ERG(03)30rev1, 2004, abzurufen im Internet unter www.erg.eu.int; *Geppert/Ruhle*, Anforderungen an die Novellierung des TKG im Hinblick auf die Entgeltregulierung, MMR 2003, 319; *Gerpott*, Konsistente Entgeltregulierung nach dem neuen TKG, K&R 2005, 108; *Gerpott/Winzer*, Umsetzung des Gebots der Entgeltregulierungskonsistenz bei Großhandelspreisen für ein Reselling von Telefonanschlüssen, K&R 2004, 162; *Groebel*, Neuerungen im Bereich der Entgeltregulierung, K&R-Beilage 1/2004, 18; *Heun*, Der Referentenentwurf zur TKG-Novelle, CR 2003, 485; *Klotz*, Der Referentenentwurf zum TKG im Licht der europarechtlichen Vorgaben, MMR 2003, 495; *Knauth*, Regulierungsschwerpunkte und offene Fragen bei der Umsetzung der Telekommunikationsrichtlinien, K&R-Beilage 1/2003, 24; *Knauth/Krüger*, Grundlegende Neuerungen des TKG-Regierungsentwurfs, K&R-Beilage 1/2004, 3; *Mayen, Thomas*, Marktregulierung nach dem novellierten TKG, CR 2005, 21; *Möschel/Haug*, Der Referentenentwurf zur Novellierung des TKG aus wettbewerbsrechtlicher Sicht, MMR 2003, 505; *Monopolkommission*, Telekommunikation und Post 2003: Wettbewerbsintensivierung in der Telekommunikation – Zementierung des Postmonopols, Sondergutachten Nr. 39, 11. 12. 2003; *Monopolkommission*, Stellungnahme Zur Reform des Telekommunikationsgesetzes, Sondergutachten Nr. 40, 17. 2. 2004; *Monopolkommission*, Wettbewerbspolitik im Schatten „Nationaler Champions", 15. Hauptgutachten 2002/2003, 09. 7. 2004; *Müller/Piekarowitz/Rühmer/Sommerberg/Ziegenhagen* (Hrsg.), Konsistente Entgeltregulierung in der Telekommunikation, 2003; *Nett/Neumann/Vogelsang*, Geschäftsmodelle und konsistente Entgeltregulierung abzurufen im Internet unter: www.bundesnetzagentur.de, 2004; *Neumann*, Konsistente Entgeltregulierung, WIK-Newsletter Nr. 54/2004, 1; *RegTP*, Konsistenzgebot und Entgeltregulierung – Workshop am 29. 11. 2004, MMR-Beilage 6/2005; *Scherer*, Das neue Telekommunikationsgesetz, NJW 2004, 3001; *Schütz*, Referentenentwurf zum TKG: Weniger Wettbewerb, mehr Bürokratie?, MMR 2003, 518; *Thomaschki*, Referentenentwurf zum TKG – Auswirkungen auf die Praxis der Marktregulierung, MMR 2003, 500; *Vogelsang*, Ökonomische Aspekte des Referentenentwurfs zum TKG, MMR 2003, 509; *ders.*, Die Zukunft der Entgeltregulierung im deutschen Telekommunikationssektor, 2002.

Übersicht

I. Normzweck

1 § 27 gibt mit der Zielsetzung den neuen **Schwerpunkt** der Entgeltregulierung vor. Sechs Jahre nach der Marktöffnung verschiebt sich der Fokus von der wettbewerbsschaffenden Funktion durch Hereingabe eines kostenorientierten Entgelts in den Markt hin zu einer das Marktgeschehen mit den Mitteln der allgemeinen **wettbewerbsrechtlichen Missbrauchskontrolle** begleitenden Funktion[1], mit der die missbräuchliche Ausnutzung von Verhaltensspielräumen bei der Preissetzung durch regulierte[2] Unternehmen verhindert werden soll. Mit der Angleichung an § 19 Abs. 4 GWB[3] wird somit konsequenterweise die Entwicklung auf den Märkten für Telekommunikationsdienstleistungen, auf denen sich – wenn auch in unterschiedlichem Ausmaß – wettbewerbliche Strukturen herauszubilden begonnen haben[4], nachvollzogen.

2 Dieses an die Markt- und Wettbewerbsverhältnisse angepasste Konzept der Entgeltregulierung ist gleich in mehrfacher Hinsicht differenzierter als die bisherige Entgeltregulierung. Die wesentliche Änderung besteht darin, dass nunmehr für die Ex-ante-Regulierung und die Ex-post-Regulierung **materiell unterschiedliche Maßstäbe** gelten, nämlich im Ex-ante-Bereich der strenge Maßstab der Kosten der effizienten Leistungsbereitstellung gemäß § 31, während im Ex-post-Bereich die Einhaltung der – weniger strengen[5] – dem allgemeinen Wettbewerbsrecht entsprechenden Missbrauchskriterien nach § 28 zu prüfen ist.

3 Die **Differenzierung** der Maßstäbe geht einher mit einer nach Ex-ante- und Ex-post-Verfahren **unterschiedlichen Reihenfolge** in der Anwendung der **Methoden** zur Ermittlung des genehmigungsfähigen Entgelts (ex-ante) bzw. des nicht als missbräuchlich zu beanstandenden Preises (ex-post), wobei Maßstab und Methode nicht miteinander zu verwechseln sind (s. u.). So kann die Vergleichsmarktmethode sowohl dazu dienen, im Ex-ante-Ver-

---

1 Vgl. *Groebel*, K&R-Beilage 1/2004, 18 sowie *Thomaschki*, MMR 2003, 500, 502.

2 Da nach § 30 Abs. 4 auch Unternehmen *ohne* beträchtliche Marktmacht der nachträglichen Entgeltregulierung nach § 38 Abs. 2 bis 4 unterliegen, wird hier von „*reguliertem*" Unternehmen gesprochen. Der bei diesen Unternehmen zu kontrollierende Preissetzungsspielraum beruht nicht auf dem Vorhandensein beträchtlicher Marktmacht, sondern auf anderen Faktoren, die weiter unten bei der Kommentierung von § 30 erläutert werden.

3 Vgl. Begründung zu § 26 (= § 28 TKG 2004), BT-Drs. 15/2316, S. 67.

4 Vgl. Tätigkeitsbericht der RegTP 2002/2003 und Sondergutachten Nr. 39 der Monopolkommission, Bonn 11. Dezember 2003.

5 Vgl. Begründung zu § 36 (= § 38 TKG 2004), BT-Drs. 15/2316, S. 70 und *Thomaschki*, MMR 2003, 500, 502, die von einer „deutlichen Abschwächung der Prüfungsdichte" spricht.

fahren ein dem Maßstab der Kosten der effizienten Leistungsbereitstellung genügendes Entgelt zu ermitteln, wie auch im Ex-post-Verfahren zur Überprüfung der Missbräuchlichkeit eines Preises herangezogen werden, ohne dass sich deshalb der jeweils zu prüfende Maßstab ändert.

Ebenfalls als Folge der Wettbewerbsentwicklung unterliegen Entgelte von **Endnutzerleis-** 4 **tungen** grundsätzlich nur noch der **nachträglichen** Regulierung (§ 39), denn anders als bei der Beratung des TKG 1996, als „eine Preismissbrauchsaufsicht auf der Grundlage des GWB auf diesen Märkten[6] auf absehbare Zeit nicht ausreichend [erscheint]"[7] wird diese nunmehr angesichts der in einigen Bereichen schneller als erwartet verlaufenen positiven Entwicklung der Wettbewerbsverhältnisse auf Märkten für Endnutzerleistungen (wie z. B. den Fern- und Auslandsverbindungen) für ausreichend erachtet.[8] Eine **Ex-ante-Regulierung** ist nur noch **subsidiär** vorgesehen,[9] wenn die Verpflichtungen im Zugangsbereich oder zur Betreiberauswahl bzw. Betreibervorauswahl nach § 40 nicht zur Erreichung der Regulierungsziele nach § 2 Abs. 2 ausreichen und auf den entsprechenden Märkten in absehbarer Zeit nicht mit dem Entstehen von funktionsfähigem Wettbewerb zu rechnen ist.[10]

Dann ist aber eine **strikte Vorleistungsregulierung**, d. h. von Zugangs- und Zusammen- 5 schaltungsleistungen und ihren Entgelten, unverzichtbar. Die Entgelte für die von Wettbewerbern bei einem Unternehmen mit beträchtlicher Marktmacht nachgefragten Zugangsleistungen, die wesentlich[11] sind für die Entwicklung eines funktionsfähigen Wettbewerbs auf dem oder den nachgelagerten Endnutzermarkt/-märkten, sind genehmigungspflichtig.[12] Die Ex-ante-Regulierung konzentriert sich also auf die Bereiche, in denen der Preis- und Wettbewerbsmechanismus nicht oder nur sehr eingeschränkt funktioniert und die Wettbewerbsprognose der Behörde für den relevanten Betrachtungszeitraum negativ ausgefallen ist, so dass mit einem deutlichen **Abweichen** von **effizienten Preisen** zu rechnen ist.[13] In diesen Bereichen ist es wie bisher – und nun sogar verstärkt – Aufgabe des Regulierers, den im Markt (noch) fehlenden Preismechanismus durch **kosteneffizient regulierte** Entgelte temporär zu ersetzen.

Der sowohl **differenziertere** wie **gezieltere** Ansatz der Entgeltregulierung bedeutet, dass 6 Vor- und Endnutzerleistungen bei der Regulierung eher unabhängig voneinander behandelt werden, als dies bisher der Fall war, wo nach den für Vor- und Endnutzerleistungen sowie im Ex-ante- und Ex-post-Verfahren einheitlichen Maßstäben des § 24 TKG 1996[14] vorgegangen wurde und auch die Endnutzerleistungen – insbesondere Sprachtelefondienst und Übertragungswege – im Allgemeinen ex-ante reguliert waren. Wenn nun mehr der dynami-

---

6 Es handelt sich um den Sprachtelefondienst und das Übertragungswegeangebot.
7 Begründung TKG 1996, BT Drs. 13/3609, S. 43 (zu § 24 [Regulierung von Entgelten]).
8 Vgl. Begründung zu § 37 (= § 39 TKG 2004), BT-Drs. 15/2316, S. 70.
9 Vgl. hierzu bereits VG Köln 1 L 1832/04 v. 6. 9. 2004, 5 des amtlichen Umdrucks; VG Köln 1 K 3522/04 v. 4. 11. 2004, 6 des amtlichen Umdrucks, wo es sogar „*äußerst* subsidiär" [Hervorhebung nur hier, A. G.] heißt.
10 *Knauth/Krüger*, K&R-Beilage 1/2004, 3, 6.
11 Sog. „*Engpassfaktoren*". Vgl. *Knauth*, K&R-Beilage 1/2003, 24, 26.
12 *Knauth/Krüger*, K&R-Beilage 1/2004, 3, 5.
13 Vgl. Begründung zu Abschnitt 3 (Entgeltregulierung), BT-Drs. 15/2316, S. 66.
14 Vgl. *Trute/Spoerr/Bosch*, § 30 RdNr. 16–19, 18; *Mayen*, CR 2005, 21, 25.

sche Ansatz[15] des TKG 2004 tendenziell zu einer **getrennten Behandlung** von Vor- und Endnutzerleistungen führt, steigt das Risiko nicht aufeinander abgestimmter Entscheidungen. Um dem zu begegnen und daraus entstehende **Wettbewerbsverzerrungen**[16] zu **vermeiden**[17], hat der Gesetzgeber folgerichtig ein **Konsistenzgebot** für die Entgeltregulierung in das TKG 2004 aufgenommen. Neben diesem „genuinen" Grund hat er dies auch wegen der (vermeintlichen) Schwächen in der Entscheidungspraxis der RegTP in der Vergangenheit und den daraus vor allem seitens der Wettbewerber[18] immer wieder vorgetragenen Forderungen getan.[19]

7 Das **Konsistenzgebot** ist eine **Verfahrensanweisung** an die RegTP, Entgeltregulierungsmaßnahmen in ihrer Gesamtheit insbesondere inhaltlich und zeitlich aufeinander abzustimmen und sie auf ihre Angemessenheit im Verhältnis zu den Regulierungszielen nach § 2 Abs. 2 zu prüfen. Es enthält mithin keine eigenständigen materiellen Maßstäbe, wobei allerdings zu untersuchen sein wird, inwiefern es Grenzen für die Auslegung der Maßstäbe nach § 28 und § 31 bildet und ihm aus diesem Zusammenhang ein materieller Gehalt zuwachsen könnte. Das hieße, Entgelte wären nur dann genehmigungsfähig/nicht zu beanstanden, wenn die Einhaltung **aller** materiellen Entgeltmaßstäbe zu einem in seiner Gesamtheit **widerspruchsfreiem Entgeltsystem** führt. Die Prüfung der Widerspruchsfreiheit des Gesamtkontextes hätte dann einen materiellen Gehalt, weil jedes einzelne Entgelt als Teil des Gesamtsystems in Beziehung zu den anderen Entgelten zu setzen wäre, wodurch eine strukturelle Absicherung erreicht würde.

8 Auf jeden Fall ist festzustellen, dass das Konsistenzgebot nicht nur deklaratorischen Charakter hat, denn gemäß § 132 Abs. 4 sind zu seiner Sicherstellung in der **Geschäftsordnung** der RegTP Verfahren mit umfassenden Abstimmungs-, Auskunfts- und Informationspflichten der jeweiligen Beschlusskammern und der Abteilungen vorzusehen.[20]

9 Übereinstimmend wird in der Literatur[21] unter einem **konsistenten Entgeltregulierungsregime** ein alle am Markt möglichen **effizienten Geschäftsmodelle** zulassendes **Entgeltsystem** (Preisgefüge) verstanden, so dass unabhängig von dem Verhältnis zwischen selbst erbrachter und zugekaufter Leistung ein effizienter Anbieter auf bzw. innerhalb jeder Wertschöpfungsstufe wirtschaftlich operieren, d. h. eine angemessene Verzinsung des eingesetzten Kapitals erzielen kann. Denn ein solches Entgeltregulierungsregime ist **neutral** gegenüber den den verschiedenen Geschäftsmodellen zugrunde liegenden Investitionsentscheidungen, so dass die Wahl des Geschäftsmodells ökonomischer Rationalität folgt und nicht auf Grund verzerrter Preise ergeht. In einem so definierten konsistenten Entgeltsystem ent-

---

15 *Heun*, CR 2003, 485, 492.

16 „Inkonsistente Regulierungsentscheidungen führen zu *regulierungsbedingten* Wettbewerbsverzerrungen". Monopolkommission, Sondergutachten Nr. 39, 59–62, Tz. 142 [Hervorhebung nur hier].

17 Vgl. Begründung zu § 25 (= § 27 TKG 2004), BT-Drs. 15/2316, S. 67.

18 Vgl. z. B. *Müller/Piekarowitz/Rühmer/Sommerberg/Ziegenhagen*, Konsistente Entgeltregulierung S. 9–13.

19 Vgl. Begründung zu § 25 (= § 27 TKG 2004), BT-Drs. 15/2316, S. 67.

20 Vgl. *Scherer*, NJW 2004, 3001, 3006.

21 Vgl. *Neumann*, WIK-Newsletter 54/2004, 1, 1–2; *Nett/Neumann/Vogelsang*, Geschäftsmodelle und konsistente Entgeltregulierung, S. 1, Tz. 3; *Neumann*, MMR-Beilage 6/2005, 8, 9; *Geppert/ Ruhle*, MMR 2003, 319, 324; *Müller/Piekarowitz/Rühmer/Sommerberg/Ziegenhagen*, Konsistente Entgeltregulierung, S. 13; *Schütz*, MMR 2003, 518, 520, Letzterer beschreibt ein konsistentes Entgeltkonzept prägnant als „wettbewerbskonforme Preise auf allen Marktstufen".

sprechen die **Abstände** zwischen den Preisen den **Kostendifferenzen** der Wertschöpfungsstufen, so dass jeder Anbieter seine Entscheidungen ökonomisch rational nach seinem Ge-
schäfts- und Investitionsplan trifft und sich nicht strategisch verhält. Es versetzt ihn in die
Lage, chancengleich mit anderen Anbietern auf Kostenbasis (erfolgreich) zu konkurrieren.

Hingegen würde der Regulierer bei **Nichtbeachtung** der Konsistenzanforderung das **10**
grundsätzlich nicht ex-ante bestimmbare Verhältnis zwischen Dienste- und Infrastrukturwettbewerb, das sich immer erst im Nachhinein als Ergebnis des Marktgeschehens feststellen lässt[22], **vorwegnehmen**[23] und *anstelle* der Marktkräfte die erfolgreichen Geschäftsmodelle aussuchen[24], womit er seine Rolle als „Marktkräfte*ersatz*" (s. o.) verlässt und seine
Kompetenz überschreitet.

Das Konsistenzgebot umfasst mithin nicht nur das Verbot nicht kosteneffizienter und wett- **11**
bewerbswidriger Entgelte (Erfüllung der materiellen Maßstäbe der §§ 28 und 31), sondern
schließt auch das **Verbot wettbewerbsverzerrender Entgelte**, d. h. Neutralität gegenüber
effizienten Geschäftsmodellen, mit ein. Entgelte wären demnach nur dann zu genehmigen
bzw. nicht zu beanstanden, wenn sie im Gesamtsystem verzerrungsfrei sind, d. h. verschiedenen Anbietertypen chancengleichen Wettbewerb ermöglichen und keine Anreize zu strategischem Verhalten setzen.

Das Konsistenzgebot hat noch eine weitere Dimension, denn es ist zu prüfen, ob die jewei- **12**
ligen Entgeltregulierungsmaßnahmen in einem **angemessenen Verhältnis zu den Zielen**
nach § 2 Abs. 2 stehen. Bezüglich dieser **Kompatibilitätsprüfung** sind zwei Schwierigkeiten denkbar. Zum einen könnte theoretisch das Zielsystem als Ganzes inkompatibel mit
einem nach obiger Definition konsistenten Entgeltsystem sein. Diese Möglichkeit lässt
sich indessen ausschließen, denn die **Entgeltregulierung** dient der Erreichung der **Regu-**
lierungsziele, insbesondere der Sicherstellung eines chancengleichen Wettbewerbs (s. o.),
so dass hier **Zielidentität** unterstellt werden kann. Kritisch wird es, wenn (potenzielle)
Zielkonflikte zwischen den Regulierungszielen auftreten und im Rahmen eines konsistenten Entgeltkonzepts *Trade-off*-Entscheidungen nach sich ziehen, also etwa wenn langfristige versus kurzfristige Ziele unterschiedliche Entgeltsysteme bedingen[25], wie dies z. B. bei
der Höhe der Terminierungsentgelte alternativer Teilnehmernetzbetreiber der Fall sein
könnte.[26]

Dass ein konsistentes Entgeltsystem nicht losgelöst von den Zielen, zu deren Erreichung es **13**
konzipiert wird, betrachtet werden kann, zeigt sich an der durch den Bundesrat mit Abs. 3[27]
aufgenommenen Verpflichtung der RegTP zur Information und Beteiligung der zuständigen Landesmedienanstalt an eingeleiteten Entgeltregulierungsverfahren, soweit Belange
von **Rundfunk und vergleichbaren Telemedien** nach § 2 Abs. 5 Satz 1 betroffen sind.
Hier kommt die durch die technologische Konvergenz enger werdende Verbindung zwi-

---

22 Nach *v. Hayek* sind Markt- und Wettbewerbsprozesse offene Prozesse, deren Ergebnisse deshalb
   vorher prinzipiell unbekannt sind. Vgl. *v. Hayek*, Der Markt als Entdeckungsverfahren, 1968 sowie
   Hoppmann, Preiskontrolle und Als-Ob-Konzept, 1974, S. 5 f.
23 *Knauth*, K&R 2003, 24, 26.
24 „Picking/choosing the winner".
25 Vgl. Begründung zu Abschnitt 3 (Entgeltregulierung), BT-Drs. 15/2316, S. 66.
26 Vgl. *Neumann*, WIK-Newsletter 54/2004, 1, 3, Tz. 12.
27 Stellungnahme des BR, BT-Drs. 15/2316, S. 113 (Nr. 22 zu § 25 Abs. 3 – neu).

schen dem Telekommunikations- und dem Medienbereich zum Ausdruck, die eine Anpassung der „rechtlichen Schnittstellen" erfordert.

II. Anwendungsbereich

14 § 27 gilt ebenso wie die beiden anderen Paragraphen (§§ 28 und 29) des 1. Unterabschnitts (Allgemeine Vorschriften) für den ganzen Abschnitt 3 – **Entgeltregulierung**, d. h. die Unterabschnitte 2 (Regulierung von Entgelten für Zugangsleistungen, §§ 30–38) und 3 (Regulierung von Entgelten für Endnutzerleistungen, § 39) nehmen hierauf Bezug. Darüber hinaus wird noch in Teil 2 (§ 25) und in Teil 4 – Rundfunkübertragung in den § 49 (Interoperabilität der Übertragung digitaler Fernsehsignale) und § 50 (Zugangsberechtigungssysteme) auf die Missbrauchskriterien der §§ 28, 42 verwiesen.

III. EG-rechtliche Grundlagen

15 Die europarechtlichen Vorgaben zur Entgeltregulierung finden sich hauptsächlich in **Art. 13 ZRL** (Verpflichtung zur Preiskontrolle und Kostenrechnung), der mit den §§ 30–38 umgesetzt wird, und **Art. 17 URL** (Regulierungsmaßnahmen in Bezug auf Dienste für Endnutzer), der mit § 39 umgesetzt wird. Das Erfordernis der Zielkompatibilität ergibt sich aus Art. 8 Abs. 4 ZRL und Art. 17 Abs. 2 URL. Die relevanten europarechtlichen Entgeltregulierungsvorgaben in Zusammenhang mit der Interoperabilität der Übertragung digitaler Fernsehsignale sind Art. 18 Abs. 2 URL und hinsichtlich der Zugangsberechtigungssysteme in Art. 6 i.V. m. Anhang I Teil I lit. a und c ZRL enthalten.

16 Umstritten bleibt die **Konformität** der Ex-post-Regulierung für Zugangsleistungen[28] mit der Vorgabe des Art. 13 ZRL i.V. m. Art. 8 ZRL und Art. 16 Abs. 4 RRL, die die Auferlegung sog. spezifischer Verpflichtungen verlangen, die als Vorabverpflichtungen – also als Ex-ante-Maßnahme – verstanden werden.[29] Zwar stimmt es, dass Ex-post-Maßnahmen vom Eingriffszeitpunkt kartellrechtlichen Eingriffen entsprechen, aber die Ex-post-Regulierung unterscheidet sich von der kartellrechtlichen Aufsicht durch die Möglichkeit, Entgelte positiv anordnen zu können. Insofern lässt sich vertreten, dass Ex-post-Maßnahmen spezifische Verpflichtungen im Sinne der Richtlinien darstellen.

17 Bis auf das **Hinzukommen des Abs. 3** (medienrechtliche Belange) ist die Vorschrift unverändert zu § 25 Regierungsentwurf[30] und § 23 Referentenentwurf.[31] Mit Abschnitt 3 werden die im Dritten Teil des TKG 1996 geregelten Vorschriften zur Entgeltregulierung neu gestaltet, wobei – wie oben erläutert – die wichtigste Neuerung die **Schwerpunktverlagerung** hin zur Ex-post-Regulierung und die damit einhergehende Änderung des Prüfmaßstabs zu den dem allgemeinen Wettbewerbsrecht entsprechenden Missbrauchskriterien ist, während die Ex-ante-Regulierung nach dem Maßstab der Kosten der effizienten Leistungsbereitstellung auf die Zugangsleistungen, die für die neuen Anbieter unverzichtbar sind, konzentriert wird.

---

28 Z. B. von Vorleistungsentgelten der Teilnehmernetzbetreiber, § 30 Abs. 4.
29 Ablehnend *Klotz*, MMR 2003, 495, 498.
30 BT-Drs. 15/2316, S. 15 (§ 25 = § 27 TKG 2004).
31 Vom 30. 4. 2003, veröffentlicht im Internet (siehe z. B. www.tkrecht.de, überprüft 10/2005).

IV. Einzelerläuterungen

1. Ziel (§ 27 Abs. 1). – Als Ziel der Entgeltregulierung steht nunmehr die **Verhinderung**   18
missbräuchlichen Verhaltens bei der Preissetzung durch Unternehmen mit beträchtlicher
Marktmacht im Vordergrund, während im TKG 1996 in § 24 die Reihenfolge der Maßstäbe
noch umgedreht war: Zunächst war nach Abs. 1 die **Orientierung an den Kosten** der effizienten Leistungsbereitstellung zu prüfen, die Vorgabe der Nichtmissbräuchlichkeit kam
erst in Abs. 2.[32] Mit dieser **Umkehrung** wird zum einen die Entwicklung auf den Telekommunikationsmärkten nachvollzogen.[33] Zum anderen folgt sie dem konzeptionellen Ansatz
des neuen europäischen Rechtsrahmens, der eine **Annäherung** der sektorspezifischen an
die allgemein kartellrechtliche Aufsicht vorsieht[34], wobei die Verknüpfung zwischen sek-
torspezifischem Regulierungs- und allgemeinem Wettbewerbsrecht (GWB) bereits im
TKG 1996 angelegt war und insofern – zumindest für Deutschland – keine fundamentale
Neuausrichtung, sondern eher eine Weiterentwicklung, die auf dem bisherigen Grundge-
rüst aufsetzt, darstellt, wofür die **Zielverschiebung** der Entgeltregulierung ein anschauli-
ches Beispiel abgibt.

Die Ausrichtung der Entgeltregulierung auf die **Beschränkung von Preissetzungsspielräu-**   19
men von Unternehmen mit beträchtlicher Marktmacht zur Verhinderung missbräuchlichen
Verhaltens kommt in drei Anpassungen zum Ausdruck: ein stärkeres Abstellen auf das weniger eingriffsintensive **Ex-post-Verfahren**, was konsequenterweise mit einer Angleichung
des Maßstabs an die Missbrauchskriterien des § 19 Abs. 4 GWB und dazu passend der vorrangigen Anwendung der **Vergleichsmarktmethode** (§ 38 Abs. 2) zusammengeführt wird.
V. a. Letzteres bedeutet, dass wie im Wettbewerbsrecht, bei dem grundsätzlich von der Existenz funktionsfähigen Wettbewerbs ausgegangen wird[35], für die Ermittlung bei den **Preisen** –
und nicht bei den Kosten – angesetzt wird, da darauf vertraut wird, dass der Markt- und Preismechanismus so weit funktioniert, dass den Unternehmen ein größerer Handlungsspielraum
zugestanden werden kann, bei dem ein nachträgliches Eingreifen ausreichend ist. Im Unterschied zur kartellrechtlichen Missbrauchsaufsicht hat die RegTP allerdings nach § 38 Abs. 4
die Möglichkeit, positiv Entgelte, die den Maßstäben des § 28 genügen, anzuordnen.

Während im **Ex-post-Verfahren** mit den **allgemein wettbewerbsrechtlichen Miss-**   20
brauchskriterien (§ 28) der Bereich, in dem ein Preis noch als zulässig (nicht missbräuchlich) erachtet wird, nach oben und unten erweitert wurde, ist im **Ex-ante-Verfahren** der
strenge Maßstab der **Kosten der effizienten Leistungsbereitstellung** als feste **Preisober-**
grenze („nicht überschreiten", § 31 Abs. 1) eingezogen worden, womit der bisherige durch
das *„Orientieren"* denkbare Entgeltgenehmigungskorridor auf eine Linie verengt wird, die
keinen Raum für ein Abweichen nach oben zulässt.[36] Diese strikte Vorgabe erklärt sich aus
dem Zweck, die Genehmigungspflichtigkeit zwar auf die Zugangsleistungen, auf die die
Wettbewerber angewiesen sind, zu beschränken, dafür dann aber für diesen Anwendungsbereich den Maßstab umso strenger anzulegen. Infolge der Erweiterung einerseits und der

---

32 Vgl. hierzu *Groebel*, K&R-Beilage 1/2004, 18.
33 *Möschel/Haug*, MMR 2003, 505, 507.
34 Vgl. z. B. *Geppert/Ruhle*, MMR 2003, 319, 322 f. sowie allgemein *Klotz*, ZWeR 2003, 283.
35 Vgl. Begründung TKG 1996, BT Drs. 13/3609, S. 34 (zum Zweck des Gesetzes).
36 Die Begründung gesteht dem regulierten Unternehmen (nicht der genehmigenden Behörde!) ein
    Abweichen nach unten zu, solange dabei die Missbrauchskriterien des § 28 eingehalten werden,
    was allerdings keinen (oder nur unter extremen Annahmen) Sinn macht. Begründung zu § 29 (=
    § 31 TKG 2004), BT-Drs. 15/2316, S. 68 f.

Verengung andererseits ergeben sich **zwei verschiedene Preisobergrenzen**, deren Verhältnis zueinander zu klären sein wird.

21 Das **Auseinanderfallen** liegt in der Logik des Eingreifens bzw. des Eingriffszeitpunktes begründet. Ein nachträgliches Eingreifen setzt einen im Marktgeschehen entstehenden Preis voraus, der auch bei Wettbewerb von dem Idealzustand[37] des sich (nur) langfristig auf dem Niveau der Kosten der effizienten Leistungsbereitstellung einpendelnden Gleichgewichtspreises aufgrund von in der Realität zu beobachtenden **Marktunvollkommenheiten**[38] abweichen kann[39], ohne deshalb missbräuchlich sein zu müssen.[40] Ein solcher um den (effizienten) Gleichgewichtspreis oszillierender (marktüblicher) Preis fiele also in den durch den Ex-post-Maßstab abgegrenzten Bereich und wäre nicht zu beanstanden. Die Schwierigkeit wird darin bestehen, die genaue **Größe des Delta** (der zulässigen Abweichung) zu bestimmen[41] (bzw. Kriterien für die Bestimmung zu entwickeln). Relevant wird dies z. B. im Vergleich von ex-ante regulierten Entgelten (§ 30 Abs. 1) für Zugangsleistungen von Unternehmen mit beträchtlicher Marktmacht und ex-post regulierten Entgelten (§ 30 Abs. 4) für Zugangsleistungen nicht marktmächtiger Unternehmen (s. u.).

22 **2. Konsistenzgebot (§ 27 Abs. 2). – a) Ableitungen aus dem Konsistenzgebot. –** In Punkt IV.1 (Ziel) wurden die Schwierigkeiten, die das Nebeneinander zweier Preisobergrenzen (§ 28 Abs. 1 Nr. 1 und § 31 Abs. 1) hervorruft, angesprochen. Mindestens genauso wichtig und sicherlich genauso schwierig zu lösen sind die anderen Verbotstatbestände der erheblichen Beeinträchtigung (§ 28 Abs. 1 Nr. 2) und der Diskriminierung (§ 28 Abs. 1 Nr. 3) und insbesondere die Vermutungstatbestände zu § 28 Abs. 1 Nr. 2 in § 28 Abs. 2, die präziser als bisher **Preisuntergrenzen** definieren.[42] Besonders mit der Normierung des **Preis-Kosten-Scheren-Verbots**[43] (§ 28 Abs. 2 Nr. 2) und des **Verbots ungerechtfertigter Bündelungen** (§ 28 Abs. 2 Nr. 3) werden in der jüngsten Vergangenheit auf den Endnutzermärkten aufgetretene (und behandelte) zentrale Wettbewerbsprobleme wie Niedrigpreisstrategien und Produktbündelungen, die eine **Verdrängung** von Wettbewerbern bewirken können, aufgegriffen, um ihnen mit einem gezielten und vor allem aufeinander abgestimmten Einsatz (entgelt-)regulatorischer Instrumente zu begegnen. Denn insbesondere die Überprüfung des Preis-Kosten-Scheren-Verbots, das immer das Verhältnis zweier Preise[44] betrifft, erfordert in der Praxis eine Abstimmung (wenigstens) zweier Größen bzw. der sie beeinflussenden Maßnahmen.

---

37 Eines vollkommenen Marktes. Vgl. *Trute/Spoerr/Bosch*, § 24 RdNr. 65.

38 S. u. unter § 28.

39 Und dies in aller Regel auch tut.

40 *Immenga/Mestmäcker/Möschel*, GWB, § 19 RdNr. 159, 171.

41 *Schütz*, MMR 6/2004, V.

42 Die materiellen Maßstäbe werden im Einzelnen unter § 28 behandelt.

43 Eine **Preis-Kosten-Schere** kann dann auftreten, wenn die Wettbewerber auf eine (wesentliche) Infrastrukturressource (Engpassfaktor) des vertikal integrierten Unternehmens mit beträchtlicher Marktmacht zugreifen müssen, um mit diesem auf den (korrespondierenden) Märkten für die Endnutzerleistungen konkurrieren zu können, weil dieses dann durch entsprechende Gestaltung des Vorleistungs- *und* Endnutzerpreises die Spanne („*margin*") zwischen beiden so zusammendrücken („*squeeze*") kann, dass sie nicht ausreicht, um einem effizienten Wettbewerber die Erzielung einer angemessenen Verzinsung des eingesetzten Kapitals zu ermöglichen und ihn so letztlich aus dem Markt drängt. Vgl. z. B. *Vogelsang*, Zukunft der Entgeltregulierung, S. 53 ff., 54.

44 Die *Kosten* der (zugekauften) Vorleistung werden mit dem Vorleistungs*preis* erfasst (sog. „*Imputation*"). Siehe hierzu ausführlich unten unter § 28.

Zur **Überprüfung** der Einhaltung der durch die Verbote gesetzten Grenzen sind von der **23** wirtschaftswissenschaftlichen Theorie und in der regulatorischen Praxis[45] verschiedene **Tests** entwickelt worden, deren Bestehen die Einhaltung der materiellen Maßstäbe im Einzelnen und ein konsistentes Entgeltsystem insgesamt anzeigen. Bei Verfehlen eines Tests würden effiziente Anbietertypen vom Markt ausgeschlossen, das hieße, das Entgeltsystem wäre nicht konsistent, da es nicht alle effizienten Geschäftsmodelle zulassen würde (die Neutralitätsbedingung wäre verletzt). In der nachfolgenden Übersicht werden die gebräuchlichsten Tests[46], bezogen auf die zu prüfenden Tatbestände, dargestellt.

Tabelle 1: Tests **24**

Gesetzliche Vorschrift	Tatbestand	Art des wettbewerbs-widrigen/-verzerren-den Verhaltens	Definierte Preis-grenzen	Test/Ermitt-lungsmethode
§ 31 Abs. 1 und 2	$>$ KeL $=$ LZK + aGK	Preishöhenmiss-brauch, nicht genehmi-gungsfähig[45]	Preisobergrenze	$p^z = KeL$, $KeL = p^*$
§ 28 Abs. 1 Nr. 1	nur aufgrund be-trächtlicher Marktmacht durchsetzbar	Preishöhenmissbrauch (Ausbeutungsmiss-brauch)	Preisobergrenze	$p^t = p^* + \delta$
§ 28 Abs. 1 Nr. 2 Abs. 2	erhebliche Beein-trächtigung	Behinderungsmiss-brauch	Preisuntergrenzen	$LZK < p^t < SAK$
Nr. 1	$p^e < LZK$	Preisunterbietungs-missbrauch (Predation)	Dumpingschwelle	LZK-Test (+ Bur-den-Test, wenn möglich)
Nr. 2	$p^e - p^z < k^e$	Margin Squeeze (Pre-dation o. preisliches Foreclosure)	Preisabstand (effiziente Marge)	LZK-Test (mit Imputation: $p^z = KeL^{46}$)

---

45 Vgl. z. B. das sog. „integrierte Entgeltregulierungskonzept" der niederländischen Regulierungsbehörde *OPTA*. („*Integrale tariefregulering voor eindgebruiikers- en interconnectiediensten*", November 2001, veröffentlicht im Internet: http://www.opta.nl, englische Fassung „Integral tariff regulation for end-user and interconnection services", 26. April 2002, abzurufen unter www.opta.nl/download/memor_tariff_reg_uk_260402.pdf, überprüft 10/2005).

46 Die ausführliche Darstellung erfolgt unter § 28.

47 Um genehmigungsfähig zu sein, müssen gem. § 35 Abs. 2 auch die Kriterien des § 28 eingehalten sein, d.h. ein genehmigungsfähiges (einzelnes) Entgelt muss kosteneffizient *und* nichtmissbräuchlich sein, wobei im Price cap-Verfahren bei Einhaltung der vorgegebenen Maßgrößen die Maßstäbe nach § 28 und für den jeweiligen Korb nach § 31 als erfüllt gelten. Auf die daraus hinsichtlich des Konsistenzgebots folgenden Fragestellungen wird weiter unten eingegangen.

48 Dies gilt jedenfalls im Regelfall der nach § 30 Abs. 1 ex-ante regulierten Zugangsleistung nach § 21, s.u. zur Ausnahme der nach § 30 Abs. 3 ex-post regulierten Zugangsleistung von Unternehmen mit beträchtlicher Marktmacht.

Nr. 3	ungerechtfertigte Bündelung	Leveraging (unzulässige Quersubventionierung)	Preisuntergrenze d. Bündels	LZK-Test (+ Adding-up-Regel) Nachbildbarkeit bzw. Nutzerkombination
§ 28 Abs. 1 Nr. 3	Einzelnen Nachfragern Vorteile einräumen	Diskriminierungsmissbrauch	Preisdifferenzierung	u. U. Burden-Test
§ 30 Abs. 5	$p^{res} = p^e - a$	Ausschluss einer Handelsstufe	$p^{res} \geq KeL^{res}$	Retail minus, Abschlag: $a = k^{verm}$
§ 27 Abs. 2	Inkonsistenz	Ausschluss effizienter Anbietertypen	Konsistentes Preisgefüge	Alle relevanten Tests auf einmal

Legende:

KeL	Kosten der effizienten Leistungsbereitstellung,
LZK	langfristige zusätzliche Kosten einschl. angemessener Verzinsung,
aGK	angemessene Gemeinkosten,
SAK	Stand-alone-Kosten, die SAK eines Dienstes sind die Kosten, die entstehen, wenn das Unternehmen nur (*allein*) diesen Dienst anbietet, während die *inkrementellen* (zusätzlichen) Kosten die Kosten sind, die einem Mehrproduktunternehmen bei Produktion eines *zusätzlichen* Dienstes entstehen,[49]
p^z	Preis der Zugangsleistung,
p^*	(theoretischer) Gleichgewichtspreis,
p^t	tatsächlicher (Markt)Preis,
δ	(zulässige) Abweichung des tatsächlichen Preises vom Gleichgewichtspreis aufgrund von Marktunvollkommenheiten, kann theoretisch auch ein negatives Vorzeichen haben, was aber im Falle der hier untersuchten Preise für Zugangsleistungen (Preisobergrenze) irrelevant sein dürfte,
p^e	Preis auf dem Endnutzermarkt,
k^e	(sonstige) Kosten für das Endnutzerprodukt (ohne Kosten der Zugangsleistung),
p^{res}	Großhandelspreis (Preis des Resale-Produkts),
a	Abschlag (Großhandelsrabatt), lässt sich durch Einsetzen in die Formeln formal als $a \leq p^e - KeL$ bestimmen,
k^{verm}	(auf der Einzelhandelsstufe) vermeidbare Kosten,
LZK-Test	Prüfung, ob der (geforderte) Preis wenigstens die langfristigen zusätzlichen Kosten (ohne Gemeinkosten) abdeckt,
Burden-Test	bezieht zusätzlich die Veränderung der Deckungsbeiträge anderer Produkte mit ein,
Imputation	für die Kosten der Zugangsleistung wird deren (regulierter) Preis eingesetzt,

---

49 Vgl. hierzu und dem folgenden z. B. *Vogelsang*, Zukunft der Entgeltregulierung, S. 10 f.

Adding-up	die Regel besagt, dass die Summe der Einzelpreise der in dem Bündel enthaltenen Produkte den Bündelpreis nicht übersteigen darf,
Nachbildbarkeit	ein effizienter Wettbewerber (Sortimentsanbieter) ist durch geeigneten Vorleistungsbezug in der Lage, das Bündel sowohl in den Diensten wie den Tarifen nachzubilden,
Nutzerkombi.	Kunden eines Spezialanbieters werden in die Lage versetzt, die separat bezogenen Einzelleistungen selbst zum Bündel zu kombinieren.

Mit dem **Konsistenzgebot** werden die Regulierung von Zugangs- und Endnutzerpreisen **25** **systematisch** miteinander **verbunden**. Die Regelungen des § 39 stellen sicher, dass auch bei ex-post regulierten Endnutzerpreisen die in der Tabelle aufgelisteten Tests **vor** deren Inkrafttreten durchgeführt werden können (§ 39 Abs. 3). Außerdem sieht § 39 Abs. 4 eine entscheidende Neuerung vor. Sofern ein zu einer Zugangsleistung nach § 21 verpflichtetes marktmächtiges Unternehmen ein neues Endkundenentgelt einführen möchte, muss es **gleichzeitig** ein entsprechendes Vorleistungsangebot vorlegen, das **insbesondere** den Vorgaben des **§ 28** genügt. Damit werden die immer wieder erhobenen Forderungen[50] nach zeitgleicher Bereitstellung eines **diskriminierungsfreien** Vorleistungsentgelts[51] erfüllt. Die Gleichzeitigkeit ergibt sich unmittelbar aus dem Wortlaut, die Diskriminierungsfreiheit aus dem Verweis auf § 28, denn in diesem Zusammenhang kommt es insbesondere auf die **Vergleichbarkeit** der **Entgeltstrukturen** von Vorleistung und Endnutzerprodukt an. Wenn also dem Endnutzer z. B. ein Flatrat-Tarif angeboten wird, lässt sich dieser für die Wettbewerber gleichwertig (konkurrenzfähig) nur nachbilden, wenn auch die zugehörige Vorleistung flat (nutzungsunabhängig) tarifiert erhältlich ist, also z. B. kapazitätsbasiert.[52] Dieser Zusammenhang wird in der Literatur auch mit dem Begriff **Entgeltstrukturidentität**[53] belegt.

Aus dem Konsistenzgebot lassen sich für einzelne – im Gesetz nicht eindeutig bestimmte – **26** Größen genauere Aussagen über deren Gehalt ableiten. So folgt z. B. aus der Tatsache, dass das Konsistenzgebot nur erfüllt ist, wenn sich alle Anbieter effizient verhalten (müssen), dass es sich bei den die **Dumpingschwelle** definierenden LZK nur um die zusätzlichen Kosten der **effizienten** Leistungsbereitstellung handeln kann.[54] Entgegen der Auffassung von *Schütz*[55] ist das Effizienzkriterium[56] hier also gerade über das Konsistenzgebot sehr wohl enthalten.

---

50 Z. B. *Müller/Piekarowitz/Rühmer/Sommerberg/Ziegenhagen*, Konsistente Entgeltregulierung, S. 25; *Geppert/Ruhle*, MMR 2003, 319, 325 sowie VATM, Kernforderungen – Stellungnahme zur öffentlichen Anhörung des Bundestagsausschusses für Wirtschaft und Arbeit zur TKG-Novelle am 9. 2. 2004, 1, abzurufen im Internet unter www.vatm.de.

51 Was als notwendige Bedingung die Verfügbarkeit des Vorleistungsprodukts voraussetzt.

52 Vgl. z. B. *Vogelsang*, Zukunft der Entgeltregulierung, Kap. 5 – Bessere Kostenorientierung: Kapazitätsbasierte Vorleistungsentgelte, 109 ff. Die Möglichkeit, Zugang unter bestimmten Tarifsystemen anzuordnen, wird der Behörde mit § 29 Abs. 3 eingeräumt; *Gerpott*, K&R 2005, 108, 115 f.

53 Vgl. BeckTKG-Komm/*Schuster/Stürmer*, § 24, RdNr. 23–25 sowie Anmerkung *Schuster* zur AfOD-Entscheidung der BK3 (BK3b-00/033) v. 15. 11. 2000 in MMR 2001, 121, 127.

54 So auch *Knauth/Krüger*, K&R-Beilage 1/2004, 3, 5.

55 *Schütz*, MMR 2003, 518, 520 f.

56 Zumindest im Fall der Prüfung des einzelnen Entgelts, zur Situation im Price-Cap siehe nachfolgend Punkt b).

27   Ebenso lässt sich die Nebenbedingung (§ 30 Abs. 5, mindestens KeL) bei der Bestimmung des Wiederverkaufspreises mittels der Abschlagsmethode (**Retail-minus-Ansatz**) nur einhalten[57], wenn für den Abschlag (Großhandelsrabatt) ein den langfristigen Zusatzkosten, die die Kosten der effizienten Leistungsbereitstellung konkretisieren, entsprechender Begriff für die von dem Unternehmen mit beträchtlicher Marktmacht durch den Wiederverkauf (potenziell) eingesparten Kosten verwendet wird: **die vermeidbaren Kosten** auf der Einzelhandelsebene[58], weil sonst die Kosten der einzelnen Wertschöpfungsstufen mit unterschiedlichen Kostenkonzepten gemessen würden, was unweigerlich zur Inkonsistenz des Preisgefüges führt, da dann nicht allen Anbietertypen eine effiziente Marge ermöglicht würde. Im Übrigen sollten alle **Vorleistungsentgelte** grundsätzlich dem Maßstab der **Kosten der effizienten Leistungsbereitstellung** entsprechen.[59]

28   **b) Konsistenzgebot und Price-Cap-Regulierung.** – Schwieriger ist der von verschiedener Seite[60] geäußerten Kritik hinsichtlich der infolge der gesetzlichen Vermutungsregeln des § 35 Abs. 2 erheblich **eingeschränkten Prüfdichte** im Price-Cap-Verfahren und der daraus für die Konsistenz des Entgeltsystems erwachsenen Gefahr zu begegnen. § 35 Abs. 2 unterstellt für das Price-Cap-Verfahren nach § 32 Nr. 2, dass bei Einhaltung der vorgegebenen Maßgrößen die Missbrauchskriterien des § 28 und für den jeweiligen Korb der Maßstab des § 31 erfüllt sind. Mithin muss für die Tatbestände des Dumping und der Diskriminierung (§ 24 Abs. 2 Nr. 2 und 3 TKG 1996) nicht mal mehr eine Offenkundigkeitsprüfung wie bisher nach § 27 Abs. 3 TKG 1996 stattfinden, wodurch die Entgelte einer Prüfung v.a. im Hinblick auf das Vorliegen von Dumping bzw. dem Bestehen einer Preis-Kosten-Schere (Vermutungstatbestände Nr. 1 und 2, § 28 Abs. 2 TKG 2004) vermeintlich völlig entzogen wären und so das Konsistenzgebot ausgehebelt bzw. „ad absurdum"[61] geführt würde. Die **Monopolkommission** hält dieses Vorgehen des Gesetzgebers für „geradezu grotesk"[62] und „nicht akzeptabel"[63], weil Verdrängungspreisstrategien oder Preis-Kosten-Scheren dann eben gerade nicht mehr sicher auszuschließen wären.

29   Auch wenn eine dadurch mögliche Inkonsistenz im Preisgefüge nicht mit letzter Sicherheit ausgeschlossen werden kann, so hat der Gesetzgeber doch (offensichtlich) die Gefahr erkannt und gleich zwei Vorkehrungen zur Behebung der sich an dieser Stelle hinsichtlich der Konsistenz des Entgeltsystems öffnenden Flanke getroffen. Zum einen hat die Behörde nach § 34 Abs. 3 Nr. 3 die Möglichkeit, geeignete **Nebenbedingungen** zur Verhinderung eines Missbrauchs nach § 28 vorzugeben, worauf in der Gesetzesbegründung auch explizit hingewiesen wird.[64] Im Hinblick auf das Konsistenzgebot sollte der Regulierer hiervon auch Gebrauch machen.

---

57 Die Gesetzesbegründung weist in diesem Zusammenhang expressis verbis auf das Konsistenzgebot hin („Klarstellung"). Begründung zu § 28 (= § 30 TKG 2004), BT-Drs. 15/2316, S. 68.
58 Vgl. *Neumann*, WIK-Newsletter 54/2004, 1, 2 f., Tz. 11.
59 Vgl. *Neumann*, WIK-Newsletter 54/2004, 1, 2, Tz. 6; *Nett/Neumann/Vogelsang*, Geschäftsmodelle und konsistente Entgeltregulierung, S. 5, Tz. 13, 106.
60 Monopolkommission, Sondergutachten Nr. 40, 39 ff., Tz. 80 und 15. Hauptgutachten (Kurzfassung), Tz. 50*; *Schütz*, MMR 2003, 518, 520.
61 Monopolkommission, Sondergutachten Nr. 40, 39 ff., Tz. 80.
62 Monopolkommission, 15. Hauptgutachten (Kurzfassung), Tz. 50*.
63 Monopolkommission, Sondergutachten Nr. 40, 39 ff., Tz. 80.
64 Vgl. Begründung zu § 32 (= § 34 TKG 2004), BT-Drs. 15/2316, S. 69. In der Begründung wird zwar in diesem Zusammenhang auf Zugangsleistungen hingewiesen, aber relevant wird Nr. 3 v.a. für Endnutzerleistungen. Da der Wortlaut von § 34 Abs. 3 unspezifisch ist und § 39 Abs. 1 auf die

Zum anderen ist gemäß § 34 Abs. 4 bei der Vorgabe der Maßgrößen das **Verhältnis** des   30
Ausgangsentgeltniveaus zu den Kosten der effizienten Leistungsbereitstellung zu berücksichtigen. Sicherlich kann dies nicht in der kurzen Verfahrensfrist von zwei Wochen geschehen, aber wie *Voß*[65] richtig ausführt, besteht das Price-Cap-Verfahren aus zwei Stufen,
und das Verhältnis ist dann in der Phase der Vorarbeiten (erste Stufe) zu prüfen.

Eine dritte Schranke stellt das Verbot dar, Leistungen mit wesentlich **unterschiedlicher**   31
Wettbewerbsstärke in einem Korb zusammenzufassen (§ 34 Abs. 1), denn damit soll ver-
hindert werden, dass das regulierte Unternehmen die Preisflexibilität des Price-Cap zur
Quersubventionierung zwischen wettbewerbsschwachen und wettbewerbsintensiven Bereichen zu Lasten der Wettbewerber ausnutzt[66], so dass die dem Unternehmen gegebene
Möglichkeit der **Zurechnung von Gemeinkosten** auf die im Korb zusammengefassten
Leistungen zwar zu einer von der im Ex-ante-Verfahren für die benötigte Zugangsleistung
mit dem angemessenen Gemeinkostenzuschlag durch die Behörde implizit genehmigten
abweichenden Aufteilung kommen kann[67], aber die Wahrscheinlichkeit, dass dies zu Inkonsistenzen – also einer wettbewerbsschädlichen Zurechnung – führt, minimiert wird.

Es bleibt als eine weitere Konstellation der Fall zu untersuchen, dass Wettbewerber auf eine   32
Zugangsleistung des Unternehmens mit beträchtlicher Marktmacht zugreifen, die nicht
ex-ante, sondern **ex-post reguliert** wird, wie dies z. B. bei einem freiwilligen Angebot nach
§ 21 Abs. 1 Nr. 7 der Fall ist. Auch wenn in diesem Fall Alternativen bestehen mögen[68],
liegt doch derselbe Fall vor, da auch in dieser Situation das marktmächtige Unternehmen
es in der Hand hat, durch **Ausgestaltung** der beiden Preise die Spanne zwischen ihnen so
zu reduzieren, dass es nicht mehr möglich ist, eine effiziente Marge zu erwirtschaften, also
eine Preis-Kosten-Schere entsteht. Infolgedessen sollte in diesem Fall der **Test analog** zu
dem mit einer ex-ante regulierten Zugangsleistung durchgeführt, d. h. als eine Art „letztes
Korrektiv" **strikt gehandhabt** werden. Ansonsten bestünde die Gefahr, dass das Unternehmen mit beträchtlicher Marktmacht mit einem freiwilligen Angebot Zugangs- und Ex-ante-Regulierung unterläuft.

c) Konsistenzgebot in dynamischer Betrachtung. – Ein konsistentes Entgeltsystem er-   33
möglicht es verschiedenen Anbietertypen (Teilnehmernetzbetreibern, Verbindungsnetzbetreibern, Diensteanbietern/Resellern), auf Basis der zugekauften und selbst erbrachter
Leistungen miteinander zu konkurrieren.[69] Für den Regulierer geht es also darum, das **Ver-**
hältnis der Preise entlang der Wertschöpfungskette so aufeinander abzustimmen, dass die
auf verschiedenen Wertschöpfungsstufen mit ihren jeweiligen Geschäftsmodellen agierenden Anbieter **wirtschaftlich operieren** können, d. h. z. B. die Abstände zwischen dem
Preis für den Zugang zur entbündelten Teilnehmeranschlussleitung, dem Preis für den Wie-

---

entsprechende Geltung der §§ 31–37 verweist, steht nichts der Vorgabe entsprechender Nebenbedingungen auch (und gerade) in einem Price-Cap für Endnutzerleistungen entgegen.
65 S. u. § 32, RdNr. 11–13 und § 34, RdNr. 27.
66 Vgl. *Trute/Spoerr/Bosch*, § 27 RdNr. 2–8, 5.
67 Dies liegt in der Natur des Price-Caps. Vgl. auch Monopolkommission, Sondergutachten Nr. 40,
39 ff., Tz. 65.
68 S. o. § 21 RdNr. 71 ff.
69 Vgl. *Geppert/Ruhle*, MMR 2003, 319, 324; *Gerpott/Winzer*, K&R 2004, 162, 163. Letztere unterscheiden noch in *vertikaler* (zwischen verschiedenen) und *horizontaler* (auf einer Wertschöpfungsstufe, z. B. Verhältnis der Zusammenschaltungsentgelte verschiedener Tarifzonen wie local zu
single transit) Konsistenz; *Gerpott*, K&R 2005, 108, 110.

derverkauf des Endkundenanschlusses und dem Preis, den der Endkunde für den Anschluss zu zahlen hat, müssen **effiziente Margen** zulassen. Effiziente Anbieter dürfen also nicht durch Preis-Kosten-Scheren aus dem Markt gedrängt werden, wobei die obige Kette zeigt, dass der Preis-Kosten-Scheren-Test[70] nicht nur zwischen Endkunden- und Zugangspreis gemacht werden muss, sondern auch zwischen den Preisen für verschiedene Vorleistungsprodukte, d. h. verschiedene Zugangsformen.

34   Bei Erfüllung des Konsistenzgebots wird aus dem Marktgeschehen heraus das **effiziente** (ökonomisch rationale) **Verhältnis** zwischen **Infrastruktur-** und **Dienstewettbewerb** als den beiden Extrempunkten auf einem Kontinuum aller möglichen hybriden Formen von Wettbewerb bestimmt, weil jeder Anbieter die richtigen preislichen Anreize hat, auf der sog. „**Infrastrukturleiter**"[71] die der Wertschöpfungsstufe („Leitersprosse", verbunden mit einem bestimmten Zugangsprodukt) entsprechenden Investitionen zu tätigen und diese schrittweise so aufzustocken, dass er auf die nächste Sprosse gelangt, wenn sein Kundenzuwachs dies ermöglicht und erfordert.

35   Hinter dem maßgeblich von *Cave* entwickelten Konzept der **Infrastrukturleiter**[72] steht die Idee, dass sich der **Investitionsprozess** (Netzaufbau) neu in den Markt eintretender Anbieter **schrittweise** vollzieht, d. h. anfangs sind die Eigeninvestitionen komplementär und die Abhängigkeit von der Infrastruktur des marktmächtigen Unternehmens für die Erstellung des eigenen Endnutzerangebots groß. Da niemand sofort von „Null auf Hundert" kommen kann, ist für den Aufbau einer eigenen Kundenbasis ein **zugangsbasierter** Einstieg unerlässlich. Im Verlauf des Prozesses wird dann schrittweise bei Erreichen einer kritischen Masse (erfolgsabhängig) und zur Erlangung einer größeren Unabhängigkeit von den Vorleistungen des marktmächtigen Unternehmens zunehmend in eigene Infrastruktur investiert, d. h. Zukauf (*buy*) durch Eigenleistung (*make*) substituiert, um den eigenen Wertschöpfungsanteil am Endkundenprodukt zu erhöhen. Es besteht also – bei Vorhandensein abgestufter Zugangsprodukte[73, 74] und einem konsistenten Preisgefüge – ein **Anreiz**,

---

70 Siehe dazu ausführlich unten unter § 28 und *Cave*, MMR-Beilage 10/2003, 15, 18; *Gerpott*, K&R 2005, 108, 110 ff.

71 Vgl. hierzu und im Folgenden *Cave*, MMR-Beilage 10/2003, 15, 16.

72 Vgl. z. B. *Cave*, MMR-Beilage 10/2003, 15; *Cave/Vogelsang*, How access pricing and entry interact, Telecommunications Policy 27 (2003), 717; *Cave*, Remedies for Broadband Services, Paper prepared for DG InfoSoc, September/Nov. 2003, im Internet abzurufen unter http://europa.eu.int/ information_society/policy/ecomm/doc/info_centre/studies_ext_consult/economic_expert_group /broadband%20_cave.pdf, überprüft 10/2005.

73 Unter Umständen abgesichert durch befristete Verfügbarkeit der Zugangsprodukte, was einen zusätzlichen Anreiz darstellt, die erreichte Stufe zu verlassen. Das und die **Eigendynamik** dürften ausreichen, den beschriebenen Investitionsprozess in Gang zu halten, so dass es einer zusätzlichen dynamischen Bepreisung, bei der die Zugangspreise in der Zeit ansteigen, nicht oder allenfalls zur Beschleunigung bedarf. Vgl. zur dynamischen Preissetzung *Cave*, MMR-Beilage 10/2003, 15, 16.

74 Dass dieser Prozess in der Praxis funktioniert, zeigt der Rückgang der von der Deutschen Telekom bezogenen Vorleistungen von 4,4 Mrd. im Jahr 2001 auf 2,3 Mrd. im Jahr 2002, d.h. der Anteil der eigenen Wertschöpfung der Festnetz-Wettbewerber stieg um ca. 12 Prozentpunkte von 36 % der Umsätze im Jahr 2001 auf 48 % im Jahr 2002, wobei die Entgelte der Zugangsleistungen (Zusammenschaltungsentgelte und Entgelt für den Zugang zur entbündelten Teilnehmeranschlussleitung) nach § 39 TKG 1996 i.V. m. mit § 24 TKG 1996 und § 3 TEntgV gemäß dem Maßstab der Orientierung an den Kosten der effizienten Leistungsbereitstellung reguliert waren (und noch sind), die Zusammenschaltungsentgelte waren bislang zwischen den Netzbetreibern reziprok vereinbart. Vgl. Tätigkeitsbericht der RegTP 2002/2003, 22, 23.

jeweils soviel zu investieren wie nötig ist, um die nächste Stufe der Leiter zu erklimmen. Bei Inkonsistenz wären hingegen die *Make-or-buy*-Entscheidungen verzerrt.

Zwei Eigenschaften kennzeichnen diesen Prozess: Es besteht bei richtig gesetzten **relati- 36 ven Preisen** der verschiedenen Zugangsformen ein vom Erfolg des eigenen Geschäftsmodells (Kundenzuwachs) getriebenes **Eigeninteresse** der neuen Anbieter, mehr zu investieren, so dass ein nach den für Investitionsentscheidungen relevanten *langfristigen* Kosten[75] bestimmtes konsistentes Entgeltsystem ausreicht, um *effiziente* Infrastrukturinvestitionen und damit nachhaltig wettbewerbsorientierte Märkte[76] zu fördern. Gleichzeitig wird deutlich, dass es sich um einen **Prozess** handelt, bei dem sich Infrastrukturwettbewerb aus und gemeinsam mit Dienstewettbewerb entwickelt, d.h. die verschiedenen Formen sind untrennbar ineinander verwoben.[77] Auf diese Weise[78] wird neben der statischen auch die **dynamische** Effizienz[79], bei der sowohl der Prozesscharakter eine Rolle spielt wie auch die längerfristigen Folgen und Rückwirkungen der Teilprozesse (Schritte auf der Leiter) auf den Gesamtverlauf beachtet werden, in die Betrachtung miteinbezogen, was zumindest auf europäischer Ebene in dem „zeitlosen" auf die Marktöffnung durch Zugangsverpflichtungen ausgerichteten Modell (weitgehend) unberücksichtigt geblieben war.

Inwieweit die langfristigen (**dynamischen**) Vorteile des Infrastrukturwettbewerbs es recht- 37 fertigen, sie durch **Verzicht** auf **statische** Effizienz zu „**erkaufen**"[80], indem z.B. neu in den Markt eingetretenen Teilnehmernetzbetreibern, die noch nicht in der Lage sind, Größenvorteile in vollem Umfang auszuschöpfen[81], marktzutrittsabhängig temporär die Erhebung eines höheren als des reziproken Terminierungsentgelts zu gestatten[82], ist unter wett-

---

75 Einschließlich einer angemessenen Verzinsung zur Abdeckung spezifischer Innovationsrisiken. Vgl. *Cave*, op. cit. in Fußnote 72, 12.

76 M.a.W.: sich selbst tragenden Wettbewerb.

77 Vgl. auch *Koenig/Loetz*, TKMR 2004, 132, 133; *Nett/Neumann/Vogelsang*, Geschäftsmodelle und konsistente Entgeltregulierung, S. 82. Vgl. zum Verhältnis von Dienste- und Infrastrukturwettbewerb auch *Kirchner*, TKMR-Tagungsband 2003, 38, 39 f. (allerdings mit anderem Akzent).

78 Einer Kette von Zugangsformen (Leiterstufen) und ihren konsistenten relativen Preisen (Stufenabständen).

79 Die sich in die *allokative* (das Verhältnis von Preisen und Kosten betreffend, Preise reflektieren die Kosten) und *produktive* (betrifft den Einsatz von Produktionsfaktoren nach der minimalen Kostenkombination) einteilen lässt. Die *dynamische* Effizienz bezieht noch die zeitliche Dimension der flexiblen *Anpassung* an veränderte Umweltbedingungen und insbesondere Innovationen mit ein. So kann in statischer Betrachtung ein zu hoher Zugangspreis tendenziell zuviel Investitionen (und damit eine ineffiziente Duplizierung) hervorrufen, während in dynamischer Perspektive ein zu hoher (prohibitiver) Zugangspreis wegen des hohen Risikos versunkener Kosten zu keinen bzw. zu wenig Investitionen führen kann. Dieses Dilemma lässt sich durch die Verfügbarmachung von Zugangsprodukten, die mit weniger anfänglichen Investitionen und folglich reduziertem Risiko verbunden sind, auflösen, denn diese gestatten einen allmählichen Netzaufbau und helfen so, die Aufbauphase mittels der Aufteilung des Risikos auf die Zugangsprodukte zu überbrücken. Vgl. zur Diskussion hierzu auch *ERG* Common Position on Remedies (2004), 86–90, Tz. 5. 2. 2.3 sowie *Cave/Vogelsang*, op. cit. in Fußnote 72, 717, 723 f. In einem Markt mit funktionierendem Preismechanismus übernimmt der Wettbewerb die Realisierung statischer und dynamischer Effizienz. Vgl. *Herdzina*, Wettbewerbspolitik, 2. Aufl. 1987, S. 16–33; *Welfens/Graack*, Telekommunikationswirtschaft, 1996, S. 46–49.

80 Vgl. hierzu auch *ERG* Common Position on Remedies (2004), 86–90, Tz. 5. 2. 2. 3.

81 Und infolgedessen höhere Kosten pro Minute aufweisen.

82 Vgl. z. B. *Neumann*, WIK-Newsletter 54/2004, 1, 3, Tz. 12; *Nett/Neumann/Vogelsang*, Geschäftsmodelle und konsistente Entgeltregulierung, S. 8, Tz. 22.

bewerbstheoretischen Gesichtspunkten zu beurteilen, die über die Vorgabe der **Angemessenheit zu den Regulierungszielen** in die Analyse Eingang finden (siehe nächsten Unterpunkt).

38   **d) Konsistenzgebot und angemessenes Verhältnis zu den Zielen.** – Hinsichtlich der Größe des Deltas – der zulässigen Abweichungen des (marktüblichen) Preises vom (idealtypischen) Gleichgewichtspreis – sind der Auslegung durch die zusätzliche Vorgabe eines **angemessenen Verhältnisses zu den Regulierungszielen enge Grenzen** gesetzt, da es sonst (schnell) zu einem Verstoß gegenüber dem zentralem Ziel, *chancengleichen* Wettbewerb zu schaffen, käme. Insbesondere darf dies nicht dahingehend ausgeweitet werden, dass es zu einem Schutz einzelner Wettbewerber führt, denn der Wettbewerb als Institution ist das Schutzobjekt.

39   **Terminierungsentgelte** alternativer Teilnehmernetzbetreiber können deshalb maximal in einer Höhe, die sich auch in einem Markt[83] mit funktionierendem Preismechanismus aufgrund von **Marktunvollkommenheiten** wie z.B. Kundenträgheit/Wechselkosten durchsetzen ließe, zugestanden werden. Darüber hinausgehende Entgelte wären **missbräuchlich** und eine Anordnung solcher Entgelte durch die RegTP stünde folglich **im Widerspruch** (und nicht im angemessenen Verhältnis) zum Ziel, *chancengleichen* Wettbewerb zu schaffen und *effiziente* Investitionen zu fördern. Denn im Fall eines höheren als dem im Wettbewerb erzielbaren Preises wäre ineffizienter Marktzutritt, verbunden mit ineffizienten Investitionen, nicht ausgeschlossen bzw. sogar wahrscheinlich, weil der überschießende Teil die Wirkung einer Subvention hätte, die bei Weitergabe von den Endkunden der Konkurrenten bezahlt würde.[84] Infolgedessen ist die Festsetzung eines höheren als des reziproken Terminierungsentgeltes für Teilnehmernetzbetreiber ohne beträchtliche Marktmacht durch die Bedingung der **Nichtmissbräuchlichkeit** nach oben begrenzt.

40   Auch **im Markt** wären höhere unternehmensindividuelle KeL für eine (annähernd) gleiche Leistung **nur** bis zu dieser Höhe **abdeckbar**, weil sich dort langfristig nicht mehr als die KeL des effizientesten Anbieters,[85] gegen die der Marktpreis tendiert (s. o.), plus das Delta aufgrund von Marktunvollkommenheiten durchsetzen lassen, wobei die Abweichung nach oben um so größer sein dürfte, je uninformierter und träger die Kunden sind oder desto höhere (Rück-)Wechselkosten anfallen.[86, 87]

---

83 Es ist hier von *einem* Endnutzermarkt für Verbindungsleistungen, auf dem marktmächtige und Teilnehmernetzbetreiber ohne beträchtliche Marktmacht miteinander konkurrieren, auszugehen, auch wenn auf der Vorleistungsstufe gemäß der Netztheorie jedes Netz seinen eigenen Markt bilden mag.

84 Und damit auch im Widerspruch zum Ziel der Wahrung der Nutzerinteressen (§ 2 Abs. 2 Nr. 1) stünde.

85 Im Fall eines nationalen Marktes wären dies die volkswirtschaftlichen KeL, wobei diese sich im Zeitablauf verändern können. Die KeL des effizientesten Anbieters lassen sich als Punkt auf der bei gegebener Produktionstechnologie für alle einheitlichen langfristigen KeL-Funktion, die in Abhängigkeit von der Ausbringungsmenge variiert, darstellen. Vgl. hierzu unten ausführlich § 31, RdNr. 23.

86 Zur quantitativen Bestimmung mittels der Vergleichsmarktmethode s. u. § 28.

87 Vgl. hierzu aber auch Vor § 27 RdNr. 41, wobei die dort vertretene Auffassung, dass „die Kosten der effizienten Leistungsbereitstellung eines Wettbewerbers auch **über den KeL des regulierten Unternehmens** liegen [könnten], aber trotzdem dem Wortsinn des Gesetzes entsprechen" insoweit mit obiger Ansicht kompatibel ist, als die höheren KeL eines Wettbewerbers von diesem aufgrund von Marktunvollkommenheiten durchsetzbar sind. Sie unterscheidet sich lediglich hinsichtlich der

Ein höheres als dieses Entgelt wäre nämlich nur aufgrund von beträchtlicher Marktmacht **41** durchsetzbar, m.a.W. nur ein nichtmissbräuchliches Entgelt ist zulässig. Auch eine unter Hinweis auf Art. 5 i.V.m. Erwägungsgrund 6 der ZRL[88] gestützte Angemessenheitskontrolle[89] könnte zu keinem anderen Ergebnis führen, denn **angemessen** kann nur ein im Sinne des § 19 Abs. 4 Nr. 2 und 3 GWB **missbrauchsfreies** Entgelt sein.[90] Nun ließe sich dem entgegenhalten, dass ein Entgelt unter Kosten schwerlich als missbräuchlich bezeichnet werden kann und deshalb erlaubt sein müsste. Gerade dieses Argument geht indes fehl, denn im Wettbewerb würde ein Unternehmen, das mit Kosten produziert, die über dem Marktpreis liegen, auf Sicht durch Ausschluss bestraft. Es stünde aber **im Widerspruch** zu Sinn und Zweck der Regulierung, wenn sich ein Anbietertypus (Teilnehmernetzbetreiber) mit einem nur mit Hilfe des Regulierers durchsetzbaren Entgelts im Markt hielte[91], was außerdem die Neutralitätsbedingung verletzen würde. Dies zeigt, dass die Gesetzmäßigkeiten des Marktes nicht außer Kraft gesetzt oder vom Regulierer ignoriert werden können.[92]

Auch die Zulässigkeit von **Penetration-Pricing**, bei dem zur Förderung von Infrastruktur- **42** investitionen z.B. in Breitbandnetze unter bewusster Verletzung der Preisuntergrenze einem marktmächtigen Unternehmen zeitweise ein Angebot zu einem Preis unterhalb der langfristigen zusätzlichen Kosten zur schnelleren **Marktdurchdringung**[93] gestattet wird, ist wegen der **Gefahr für den Wettbewerb** kritisch zu bewerten[94], denn u.U. können dadurch uneinholbare *First-mover*-Vorteile entstehen, die im Ergebnis zu einer **Verfestigung** der Marktmacht führen bzw. zu einer **Übertragung** von Marktmacht in den neuen Markt genutzt werden können. Wenn eine solche Strategie überhaupt zugelassen wird, muss durch **zeitgleiche** Verfügbarmachung entsprechender **Vorleistungen** sichergestellt sein, dass die Wettbewerber von dem Netzeffekt auch tatsächlich profitieren können.

---

vom Regulierer einzunehmenden Perspektive. Dieser kann nach hiesiger Auffassung den Sachverhalt nur aus der Marktsicht – und nicht unternehmensindividuell – insgesamt betrachten. Dies entspricht auch der wettbewerbsrechtlichen Sichtweise. Siehe hierzu unten ausführlich unter § 28.

88 Art. 5 ZRL – Auferlegung von Zugangsverpflichtungen bei Betreibern ohne beträchtliche Marktmacht – ist mit § 18 TKG umgesetzt. Erwägungsgrund 6 ZRL verweist auf „*angemessene* Bedingungen".

89 *Geppert/Ruhle*, CR 2004, 424, 426 u. 430, deren Berechtigung allerdings zweifelhaft ist, denn der Gesetzgeber hat sich in § 30 Abs. 4 klar für eine Ex-post-Regulierung nach den allgemein wettbewerbsrechtlichen Missbrauchskriterien des § 28 entschieden.

90 So *Bechtold* zur Bestimmung des *angemessenen* Entgelts für die Gewährung des Zugangs zu den eigenen Netzen oder anderen Infrastruktureinrichtungen nach § 19 Abs. 4 Nr. 4, was sich zwar auf ein marktbeherrschendes Unternehmen bezieht, aber für ein nicht marktbeherrschendes Unternehmen kann nichts anderes gelten (s. o.), *Bechtold*, Kartellgesetz, § 19 RdNr. 85.

91 Und liefe auf eine Art Bestandsschutz hinaus.

92 Im Übrigen werden – wie oben dargelegt – die *langfristigen* Vorteile des Infrastrukturwettbewerbs bei Verwendung der *langfristigen* Zusatzkosten plus einem angemessenen Gemeinkostenzuschlag einschließlich einer angemessenen Verzinsung des eingesetzten Kapitals hinlänglich berücksichtigt.

93 Aufgrund von Netzeffekten (positiven Netzexternalitäten), von denen Endnutzer und Wettbewerber profitieren. Vgl. *Neumann*, WIK-Newsletter 54/2004, 1, 2, Tz. 3. 8.

94 Die Kommission (DG Wettbewerb) hat eine solche Rechtfertigung in ihrer Wanadoo-Entscheidung (Sache COMP/38.233 v. 16. 7. 2003, siehe Pressemitteilung der Kommission IP/03/1025) verworfen. Vgl. *Klotz/Fehrenbach*, Two Commission decisions on price abuse in the telecommunications sector, Competition Policy Newsletter 3/2003, 8, 13.

43 **3. Medienrechtliche Belange (§ 27 Abs. 3).** – Auch wenn schon nach dem weit gefassten Netzbegriff des TKG 1996 (v. a. § 3 Nr. 21) bestimmte z. B. mit der Einspeisung von Rundfunkprogrammen (genauer von Fernsehprogrammsignalen) zusammenhängenden Leistungen und ihre Entgelte (Kabeleinspeiseentgelte) unter die telekommunikationsrechtliche Entgeltregulierung fielen[95], ergeben sich aufgrund des neuen europäischen Rechtsrahmens, der explizit nicht mehr nur *Tele*kommunikationsnetze, sondern *elektronische* Netze und Dienste umfasst, auch in Deutschland Neuerungen wie z. B. die **Regulierung von Zugangsberechtigungssystemen** (§ 50 TKG 2004), durch die es möglicherweise zu Auswirkungen auf die Weiterverbreitung oder die Inhalte von Programmen[96] kommen könnte, weshalb für diese Fälle die Form der **Zusammenarbeit** zwischen **RegTP** und **Landesmedienanstalten** expressis verbis im TKG festgehalten wurde. Relevant wird die Vorschrift des Abs. 3 somit für Verfahren nach § 39 Abs. 3 (z. B. Einspeiseentgelte). Die Entstehungsgeschichte deutet somit darauf hin, dass die RegTP auch in den Fällen des § 49 Abs. 2 und § 50 Abs. 2, die auf die Kriterien der §§ 28 und 42 verweisen, die Landesmedienanstalten zumindest davon in Kenntnis setzt.

V. Fazit

44 Die **Ex-post-Regulierung** wird als Folge der positiven Wettbewerbsentwicklung, die zeigt, dass die Marktöffnung grundsätzlich als gelungen bezeichnet werden kann, in den **Vordergrund** gerückt, um Unternehmen mehr Flexibilität in ihrem Preissetzungsverhalten zu geben. Dafür werden aber im Gegenzug die auf den Endnutzermärkten beobachteten zentralen Probleme eines **Verdrängungswettbewerbs** als sektorspezifische Missbrauchstypen[97] erfasst und deutlich als Verbotsnormen ausformuliert. Diese **Konkretisierung** ermöglicht ein **wirksameres** Vorgehen der RegTP.

45 Im Sinne der **Annäherung** der sektorspezifischen an die Prinzipien der allgemeinen wettbewerbsrechtlichen Aufsicht wird dem nur ex post regulierten Unternehmen grundsätzlich eine – in gewissen Grenzen – größere Freiheit bei der **Aufteilung der Gemeinkosten** zugestanden als dem ex-ante regulierten, bei dem der RegTP die Aufteilung zur Prüfung vorgelegt werden muss und so von dieser in Form eines einen *angemessenen* Gemeinkostenzuschlag enthaltenen Entgelts genehmigt wird. Für die Überprüfung wird im Ex-post-Verfahren – wie im kartellrechtlichen Missbrauchsverfahren auch – vorrangig auf die Vergleichsmarktmethode zurückgegriffen, während im Ex-ante-Verfahren weiterhin in der Regel[98] mit der Kostenprüfung begonnen wird.

46 Durch das **Konsistenzgebot** lässt sich eine in sich schlüssige allen (effizienten) Geschäftsmodellen gegenüber **neutrale** Entgeltregulierung auch bei ex-ante und ex-post unterschiedlichen Maßstäben sicherstellen, einer Gleichheit der Maßstäbe der präventiven und nachträglichen Entgeltregulierung, wie von der *Monopolkommission*[99] gefordert, bedarf es

---

95 Vgl. Beschluss „Breitbandkommunikation; Einspeiseentgelte für analoge TV-Programme", BK3b-99/001 v. 24. 3. 99 sowie Urteil VG 1 K 3378/99 und BVerwG 6 C 8.01 v. 10. 10. 2002.

96 Stellungnahme des BR, BT-Drs. 15/2316, S. 113 (Nr. 22 zu § 25 Abs. 3 – neu –, Begründung).

97 Dumpingschwelle unter Bezugnahme auf die langfristigen zusätzlichen Kosten, Preis-Kosten-Scheren-Verbot, Bündelungsproblematik mit Bezug auf Nachbildbarkeit durch Wettbewerber.

98 Zur ausnahmsweisen Direktanwendung der Vergleichsmarktmethode in begründeten Einzelfällen nach § 31 Abs. 1 S. 2, s. u. ausführlich unter § 31.

99 Monopolkommission, Sondergutachten Nr. 40, 39 ff., Tz. 81.

folglich nicht. Ebenso wenig ist es erforderlich, die Konsistenzprüfung für einzelne Anbietertypen festzuschreiben.[100] Die vorliegende Formulierung des Preis-Kosten-Scheren-Verbots ist ausreichend und ermöglicht die Prüfung in Bezug auf alle Wertschöpfungsstufen, d. h. bezogen auf unterschiedliche Anbietertypen.

Schließlich ist auch keine automatische Anpassung[101] zur Verhinderung von Preis-Kosten- **47** Scheren vonnöten, dies kann u. U. sogar kontraproduktiv wirken. Die der Behörde mit dem Konsistenzgebot als („stehende") **Handlungsanweisung** aufgetragene Aufgabe, die Entgeltregulierungsmaßnahmen in ihrer Gesamtheit aufeinander abzustimmen, **in Verbindung** mit den materiellen Maßstäben des § 28 und der Verfahrensvorschriften der §§ 34[102], 38[103] und 39[104] genügt, um **wettbewerbswidrige und -verzerrende Verhaltensweisen** eines Unternehmens mit beträchtlicher Marktmacht bei der Preissetzung wirksam **zu unterbinden**.[105] Denn damit enthält das Konsistenzgebot die weitergehende (anlassbezogene) Prüfkompetenz, eine Entgeltregulierungsmaßnahme immer auch ins Verhältnis zu allen anderen Maßnahmen zu setzen und etabliert mithin die **Verknüpfung** verschiedener Maßnahmen. Konsistent ist ein Entgeltsystem dann, wenn die Gesamtheit aller relevanten Tests bestanden wurde. Ökonomisch lässt sich das Konsistenzgebot auch als Ausdruck des Konzepts der **Infrastrukturleiter** erklären, mit dem der **Prozess** in seiner **dynamischen** Bedeutung, die auf diese Weise (wieder) in die Betrachtung eingeführt wird, gesehen wird.

---

100 *Gerpott/Winzer*, K&R 2004, 162, 170.
101 *Müller/Piekarowitz/Rühmer/Sommerberg/Ziegenhagen*, Konsistente Entgeltregulierung, S. 22.
102 Möglichkeit, Nebenbestimmungen zur Verhinderung eines Missbrauchs nach § 28 aufzuerlegen.
103 Anordnungsbefugnis von den Maßstäben des § 28 genügenden Entgelten.
104 Vorlagepflichten für Unternehmen mit beträchtlicher Marktmacht, denen eine Zugangsverpflichtung nach § 21 auferlegt worden ist.
105 Insofern lässt sich auch sagen, dass mit dem Konsistenzgebot eine dem niederländischen integralen Entgeltregulierungskonzept, bei dem mit insgesamt vier Preis-Kosten-Scheren-Tests sichergestellt wird, dass die Zusammenschaltungs- und Endkundenentgelte in einem definierten Verhältnis zueinander stehen, vergleichbare Regelung getroffen wurde.

§ 28 Missbräuchliches Verhalten eines Unternehmens mit beträchtlicher Marktmacht bei der Forderung und Vereinbarung von Entgelten

(1) Ein Anbieter von Telekommunikationsdiensten, der über beträchtliche Marktmacht verfügt, oder ein Betreiber eines öffentlichen Telekommunikationsnetzes, der über beträchtliche Marktmacht verfügt, darf diese Stellung bei der Forderung und Vereinbarung von Entgelten nicht missbräuchlich ausnutzen. Ein Missbrauch liegt insbesondere vor, wenn das Unternehmen Entgelte fordert, die

1. nur auf Grund seiner beträchtlichen Marktmacht auf dem jeweiligen Markt der Telekommunikation durchsetzbar sind,

2. die Wettbewerbsmöglichkeiten anderer Unternehmen auf einem Telekommunikationsmarkt auf erhebliche Weise beeinträchtigen oder

3. einzelnen Nachfragern Vorteile gegenüber anderen Nachfragern gleichartiger oder ähnlicher Telekommunikationsdienste einräumen,

es sei denn, dass für die Verhaltensweisen nach den Nrn. 2 und 3 eine sachliche Rechtfertigung nachgewiesen wird.

(2) Ein Missbrauch im Sinne von Abs. 1 Nr. 2 wird vermutet, wenn

1. das Entgelt der betreffenden Leistung deren langfristige zusätzliche Kosten einschließlich einer angemessenen Verzinsung des eingesetzten Kapitals nicht deckt,

2. die Spanne zwischen dem Entgelt, das der Betreiber eines öffentlichen Telekommunikationsnetzes, der über beträchtliche Marktmacht verfügt, Wettbewerbern für eine Zugangsleistung in Rechnung stellt, und dem entsprechenden Endnutzerentgelt nicht ausreicht, um einem effizienten Unternehmen die Erzielung einer angemessenen Verzinsung des eingesetzten Kapitals auf dem Endnutzermarkt zu ermöglichen (Preis-Kosten-Schere) oder

3. ein Unternehmen bei seinem Produktangebot eine sachlich ungerechtfertigte Bündelung vornimmt. Bei der Frage, ob dies der Fall ist, hat die Regulierungsbehörde insbesondere zu prüfen, ob es effizienten Wettbewerbern des Unternehmens mit beträchtlicher Marktmacht möglich ist, das Bündelprodukt zu vergleichbaren Konditionen anzubieten.

Schrifttum: *Borrmann/Finsinger*, Markt und Regulierung, 1999; *Canoy/de Bijl/Kemp*, Access to telecommunications networks, Paper prepared for European Commission, DG Competition, Preliminary version, September 2002, abzurufen im Internet unter http://europa.eu.int/comm/competition/antitrust/others/telecom/network_access.pdf; *Cave*, The Economics of Wholesale Broadband Access, MMR-Beilage 10/2003, 15; *Doll/Rommel/Wehmeier*, Der Referentenentwurf für ein neues TKG – Einstieg in den Ausstieg aus der Regulierung?, MMR 2003, 522; *ERG*, Common position on the approach to appropriate remedies in the new regulatory framework, ERG(03)30rev1, 2004, abzurufen im Internet unter www.erg.eu.int; *Geppert/Ruhle*, Anforderungen an die Novellierung des TKG im Hinblick auf die Entgeltregulierung, MMR 2003, 319; *Gerpott*, Konsistente Entgeltregulierung nach dem neuen TKG, K&R 3/2005, 108; *Gerpott/Winzer*, Umsetzung des Gebots der Entgeltregulierungskonsistenz bei Großhandelspreisen für ein Reselling von Telefonanschlüssen, K&R 2004, 162; *Gosse*, Mutmaßung statt Gewissheit – Die Zunahme gesetzlicher Vermutungen im Wirtschaftsrecht am Beispiel der §§ 28, 42 TKG, K&R 2005, 154; *Groebel*, Neuerungen im Bereich der Entgeltregulierung, K&R-Beilage 1/2004, 18; *Heun*, Der Referentenentwurf zur TKG-Novelle, CR 2003, 485; *Klotz*, Der Referentenentwurf zum TKG im Licht der europarechtlichen Vorgaben, MMR 2003, 495; *Knauth*, Regulierungsschwerpunkte und offene Fragen bei der Umsetzung der Telekommunikationsrichtlinien, K&R-

Beilage 1/2003, 24; *Knauth/Krüger*, Grundlegende Neuerungen des TKG-Regierungsentwurfs, K&R-Beilage 1/2004, 3; *Knieps*, Entstaatlichung von Wettbewerb im Telekommunikationsbereich, in: Windisch (Hrsg.), Privatisierung natürlicher Monopole im Bereich von Bahn, Post und Telekommunikation, 1987, 147; *Koenig/Braun*, Defizite des deutschen Telekommunikationsrechts mit Blick auf die Internet-Märkte und Abhilfemöglichkeiten, K&R-Beilage 2/2002, 1; *Mayen, Thomas*, Marktregulierung nach dem novellierten TKG, CR 2005, 21; *Möschel/Haug*, Der Referentenentwurf zur Novellierung des TKG aus wettbewerbsrechtlicher Sicht, MMR 2003, 505; *Monopolkommission*, Wettbewerbsentwicklung bei Telekommunikation und Post: Unsicherheit und Stillstand, Sondergutachten Nr. 33, 2001; *Monopolkommission*, Telekommunikation und Post 2003: Wettbewerbsintensivierung in der Telekommunikation – Zementierung des Postmonopols, Sondergutachten Nr. 39, 11. 12. 2003; *Monopolkommission*, Stellungnahme Zur Reform des Telekommunikationsgesetzes, Sondergutachten Nr. 40, 17. 2. 2004; *Monopolkommission*, Wettbewerbspolitik im Schatten „Nationaler Champions", 15. Hauptgutachten 2002/2003, 09. 7. 2004; *Müller/Piekarowitz/Rühmer/Sommerberg/Ziegenhagen* (Hrsg.), Konsistente Entgeltregulierung in der Telekommunikation, 2003; *Nett/Neumann/Vogelsang*, Geschäftsmodelle und konsistente Entgeltregulierung, 2004, abzurufen im Internet unter http:// www.bundesnetzagentur.de; *Neumann*, Konsistente Entgeltregulierung, WIK-Newsletter Nr. 54 2004, 1; *RegTP*, Konsistenzgebot und Entgeltregulierung – Workshop am 29. 11. 2004, MMR-Beilage 6/ 2005; *Ruhle/Schuster*, Die TAL-Entscheidung der EU: Analyse und Konsequenzen, MMR 2003, 648; *Scherer*, Das neue Telekommunikationsgesetz, NJW 2004, 3001; *Schütz*, Referentenentwurf zum TKG: Weniger Wettbewerb, mehr Bürokratie?, MMR 2003, 518; *Schütze, Marc*, Entgeltkontrolle bei Bereitstellung von TK-Vorleistungen, CR 2005, 332; *Thomaschki*, Missbrauchsaufsicht und nachträgliche Entgeltkontrolle im TKG-E, K&R-Beilage 1/2004, 21; *Vogelsang*, Ökonomische Aspekte des Referentenentwurfs zum TKG, MMR 2003, 509; *ders.*, Die Zukunft der Entgeltregulierung im deutschen Telekommunikationssektor, 2002; *ders.*, Behandlung von Optionstarifen im Rahmen der Price-Cap-Regulierung, MMR 2000, 731; *ders.*, Entgeltregulierung von Bündelprodukten in Telekommunikationsmärkten, N&R 2004, 18; *Weisman*, The law and economics of price floors in regulated industries, The Antitrust Bulletin Spring/2002, 107; *Windisch*, Privatisierung natürlicher Monopole: Theoretische Grundlagen und Kriterien, in: Windisch (Hrsg.), Privatisierung natürlicher Monopole im Bereich von Bahn, Post und Telekommunikation, 1987, 1; *Wissenschaftlicher Arbeitskreis für Regulierungsfragen bei der RegTP (WAR)*, Optionstarife in der Telekommunikation – Förderung oder Behinderung von Marktentwicklung und Wettbewerb?, 1. 7. 2004, abzurufen im Internet unter http:// www.bundesnetzagentur.de.

Übersicht

I. Normzweck

§ 28 enthält wie § 19 GWB, dem er nachgebildet ist, ein **generelles Missbrauchsverbot** 1
für Anbieter von Telekommunikationsdiensten und Betreiber eines öffentlichen Telekommunikationsnetzes mit beträchtlicher Marktmacht bei der Forderung und Vereinbarung
von **Entgelten**. Demnach dürfen Entgelte nicht zu hoch (Nr. 1), zu niedrig (Nr. 2) oder
diskriminierend (Nr. 3) sein, es sei denn, das Unternehmen liefert für die Verhaltensweisen
nach Nr. 2 und 3 eine sachliche Rechtfertigung.[1] Die Vorschrift dient der **Beschränkung
der Preissetzungsspielräume** von Unternehmen mit beträchtlicher Marktmacht, um deren
missbräuchliche Ausnutzung zu Lasten der Wettbewerber oder der Marktgegenseite zu verhindern und so den **Wettbewerb** zu schützen. Es ist die Zentralnorm für die **Ex-post-Entgeltregulierung**.

Der Paragraph befasst sich speziell mit der Missbrauchsaufsicht der **Entgelte**, während 2
§ 42 allgemein missbräuchliches Verhalten verbietet und die Verfahrensvorschriften für
die besondere Missbrauchsaufsicht enthält. Die Verfahrensvorschriften für die Ex-post-
Entgeltregulierung finden sich dagegen hauptsächlich in § 38. § 28 enthält mit den dem
allgemeinen Wettbewerbsrecht entsprechenden **Missbrauchskriterien** den materiellen
Maßstab der Ex-post-Regulierung. Diese sind auch im Wortlaut an **§ 19 Abs. 4 GWB** angeglichen worden, dies gilt insbesondere für den **Behinderungsmissbrauch** (Abs. 2
Nr. 2), bei dem die **Beeinträchtigung** nun auch wie im GWB **erheblich** sein muss[2], um
unzulässig zu sein. Im Vergleich hierzu klassifizierte § 24 Abs. 2 Nr. 2 TKG 1996 jede Beeinträchtigung – sofern keine sachliche Begründung gegeben werden konnte – als missbräuchlich. Gleichzeitig werden jedoch in § 28 Abs. 2 TKG 2004 die **Vermutungstatbestände** zu § 28 Abs. 1 Nr. 2 **präziser** gefasst, so dass hier von einer Verschärfung gesprochen werden kann, was die Abschwächung des Eingriffskriteriums wieder relativiert, die
deshalb „hinnehmbar erscheint".[3]

Während in Abs. 1 eine Angleichung an § 19 Abs. 4 GWB vorgenommen wird, werden 3
mit den Vermutungstatbeständen[4] des § 28 Abs. 2 TKG 2004 Wettbewerbsprobleme in den
*Telekommunikations*märkten, speziell den **Endnutzermärkten** aufgegriffen und **Preisuntergrenzen konkretisiert**. Dabei wird auf **sektorspezifische** Begriffe/Eigenschaften abgestellt wie z. B. den langfristigen zusätzlichen Kosten für die **Dumpingschwelle** (Abs. 2
Nr. 1), die ein besonderes Problem vertikal integrierter Netzindustrien darstellende **Preis-
Kosten-Schere** (Abs. 2 Nr. 2) oder die ebenfalls für Netzindustrien wegen der Verbundvorteile typische Problematik der sachlich **ungerechtfertigten Bündelung** (Abs. 2 Nr. 3). Al-

---

1 Begründung zu § 26 (= § 28 TKG 2004), BT-Drs. 15/2316, S. 67.
2 Begründung zu § 26 (= § 28 TKG 2004), BT-Drs. 15/2316, S. 67.
3 Monopolkommission, Sondergutachten Nr. 40, 39 ff., Tz. 73. Anderer Auffassung *Schütz*, MMR
 11/2003, V.
4 Vgl. zur Wirkung gesetzlicher Vermutungen *Gosse*, K&R 2005, 154, 159 f.

le drei genannten preispolitischen Strategien – Dumpingpreise, Margin Squeezing und Produktbündelungen eines Unternehmens mit beträchtlicher Marktmacht – lassen sich unter dem Oberbegriff „**Verdrängungspraktiken**" zusammenfassen, denn sie zielen auf die Verdrängung der Wettbewerber, was ebenfalls mit **Preisdiskriminierung** (§ 28 Abs. 1 Nr. 3) versucht wird. Es lässt sich auch von Verdrängungsmissbrauch oder Verdrängungswettbewerb[5] über den Aktionsparameter Preis sprechen.

4   Mit der **Konkretisierung der Preisuntergrenzen** wird zugleich eine **Veränderung** im Vergleich zu § 24 Abs. 2 Nr. 2 TKG 1996 vorgenommen. Dies betrifft auch die Preisobergrenze. Obwohl der Wortlaut von § 24 Abs. 1 Nr. 1 ähnlich zu § 24 Abs. 2 Nr. 1 TKG 1996 geblieben ist, ergibt sich aus der Begründung, dass der Gesetzgeber für die **Ex-post-Obergrenze** ausdrücklich nicht mehr die Gleichsetzung mit den Kosten der effizienten Leistungsbereitstellung, die im TKG 1996 aus der systematischen Stellung von § 24 Abs. 2 Nr. 1[6], der auf Abs. 1 folgt, und dem Verweis in § 27 Abs. 2 S. 1 auf die uneingeschränkte Anwendbarkeit von § 24 Abs. 2 Nr. 1 im Einzelgenehmigungsverfahren nach § 27 Abs. 1 Nr. 1, vornimmt[7], sondern dem Unternehmen mit beträchtlicher Marktmacht ein **Preissetzungskorridor** zugestanden wird.

5   Die **Ex-post-Preisobergrenze** ist vor allem relevant für die Regulierung von **Zugangsleistungen** nicht marktmächtiger Teilnehmernetzbetreiber und bei Vorliegen der Ausnahmetatbestände nach § 30 Abs. 1 Nr. 1–3 sowie für den Fall des § 30 Abs. 3 für Zugangsleistungen eines Unternehmens mit beträchtlicher Marktmacht, die nicht nach § 21 auferlegt worden sind. Vor allem für den Fall der Teilnehmernetzbetreiber *ohne* beträchtliche Marktmacht ergeben sich Auslegungsschwierigkeiten, auf die in den Einzelerläuterungen näher einzugehen sein wird, weil sich § 28 ausdrücklich auf Anbieter bzw. Betreiber eines öffentlichen Telekommunikationsnetzes, die *über* beträchtliche Marktmacht verfügen, bezieht und insbesondere § 28 Abs. 1 Nr. 1 auf das Merkmal „nur *auf Grund* von Marktmacht durchsetzbar" abstellt.

6   Während der Wortlaut des Diskriminierungsverbots (§ 28 Abs. 1 Nr. 3) gleich geblieben ist, wird in Nr. 1 (Preishöhenmissbrauchs) und Nr. 2 (erhebliche Beeinträchtigung von Wettbewerbern) nicht mehr von unzulässigen *Aufschlägen* bzw. *Abschlägen* sondern allgemein von **missbräuchlichen Entgelten** gesprochen, was aus der Trennung von ex-ante und ex-post Maßstäben folgt, dem „Wegfall der bisherigen generell gültigen Vorgabe des § 24 Abs. 1 TKG-alt".[8] Es werden also die *Entgelte* als Ganzes betrachtet und nicht mehr wie bisher zuerst in Bezug zur fest vorgegebenen Referenzgröße der *Kosten* der effizienten Leistungsbereitstellung gestellt. In einem der kartellrechtlichen Missbrauchsaufsicht nachgestalteten Ex-post-Verfahren kann nur von den vorgefundenen Preisen anstelle der Kosten ausgegangen werden, die auf ihre Nicht-Missbräuchlichkeit zu prüfen sind. Die Möglichkeit, eine sachliche Rechtfertigung vorzutragen, ist nur noch in den Fällen des Nr. 2 und Nr. 3 gegeben.

---

5 Der auch über andere Parameter wie die Qualität, Lieferbedingungen etc. geführt werden kann und insofern weiter zu sehen ist. Vgl. *Knorr*, WISU 1999, 108, 108.

6 Vgl. *Trute/Spoerr/Bosch*, § 27 RdNr. 23.

7 Begründung zu § 36 (= § 38 TKG 2004), BT-Drs. 15/2316, S. 70; vgl. *Scherer*, NJW 2004, 3001, 3008.

8 Begründung zu § 26 (= § 28 TKG 2004), BT-Drs. 15/2316, S. 67.

Mit dem Wechsel in die Ex-post-Perspektive – Preisbetrachtung geht vor Kostenprüfung[9] – wird der weiterentwickelten Wettbewerbssituation in den Telekommunikationsmärkten Rechnung getragen, die es erlaubt, den Unternehmen größere **Flexibilität bei der Preissetzung** und mehr Reaktionsmöglichkeiten auf das Marktgeschehen einzuräumen, die aber wegen der noch nicht gefestigten Marktstrukturen, die eine höhere als die generell von marktmächtigen Unternehmen ausgehende Missbrauchsgefahr enthalten, gleichwohl weiterhin einer **sektorspezifischen Aufsicht** unterliegen (müssen). Methodisch geht mit dem Wechsel der Perspektive der Vorrang der Vergleichsmarktbetrachtung vor der Prüfung von Kostenunterlagen einher. 7

II. Anwendungsbereich

§ 28, der mit den §§ 27 und 29 zum 1. Unterabschnitt (Allgemeine Vorschriften) des Abschnitts 3 **Entgeltregulierung** gehört, enthält mit den dem allgemeinen Wettbewerbsrecht entsprechenden **Missbrauchskriterien** den Maßstab für die Ex-post-Regulierung, auf die sowohl bei der Regulierung der Zugangs- und Zusammenschaltungsentgelte wie der Endnutzerentgelte an zahlreichen Stellen verwiesen wird. Er ist zentral für die **Ex-post-Regulierung**, weshalb in den Unterabschnitten 2 (Regulierung von Entgelten für Zugangsleistungen, §§ 30–38) und 3 (Regulierung von Entgelten für Endnutzerleistungen, § 39) mehrfach auf ihn Bezug genommen wird. Die Kriterien des § 28 sind nach § 35 Abs. 2 auch im Ex-ante-Verfahren zu prüfen. Darüber hinaus wird noch in Teil 2 (§ 25) und in Teil 4 *Rundfunkübertragung* in den § 49 (Interoperabilität der Übertragung digitaler Fernsehsignale) und § 50 (Zugangsberechtigungssysteme) auf die Missbrauchskriterien der §§ 28 und 42 verwiesen. § 42 richtet sich allgemein gegen missbräuchliches Verhalten eines Unternehmens mit beträchtlicher Marktmacht. 8

Problematisch ist die Verweisung auf § 28 über § 38 in **§ 30 Abs. 4** für Betreiber, die den Zugang zu Endnutzern kontrollieren und **nicht** über beträchtliche Marktmacht verfügen. D. h. die tatbestandlichen Voraussetzungen *„Ein Anbieter von Telekommunikationsdiensten, der über beträchtliche Marktmacht verfügt, oder ein Betreiber eines öffentlichen Telekommunikationsnetzes, der über beträchtliche Marktmacht verfügt"* sind zu ersetzen durch *„Ein Betreiber, der den Zugang zu Endnutzern kontrolliert und nicht über beträchtliche Marktmacht verfügt,* darf diese Stellung bei der Forderung und Vereinbarung von Entgelten nicht missbräuchlich ausnutzen".[10] Damit unterliegen auch Teilnehmernetzbetreiber *ohne* beträchtliche Marktmacht, denen Zugangsverpflichtungen nach § 18 auferlegt worden sind, der nachträglichen Entgeltregulierung[11] gemäß den Maßstäben des § 28, bei dem es sich ergo um einen **Rechtsfolgenverweis** handelt. 9

---

9 *Spoerr/Sellmann* sprechen von einer *„wettbewerbsorientierten* Prüfung". Vgl. *Spoerr/Sellmann,* N&R 2004, 98, 105 [Hervorhebung nur hier, A.G.].

10 Anders, aber im Ergebnis gleich VG Köln 1 L 6/05 v. 24. 3. 2005, 6 des amtlichen Umdrucks. Hiernach kann nicht von der Tatbestandsvoraussetzung abgesehen werden, „denn ohne das Vorliegen beträchtlicher Marktmacht fehlte gerade der für einen Ausbeutungsmissbrauch nach § 28 Abs. 1 Satz Nr. 1 TKG charakteristische Anknüpfungspunkt", weshalb die Überprüfung nur nach dem Maßstab der Generalklausel des § 28 Abs. 1 Satz 1 (und nicht nach den diese konkretisierenden Regelbeispielen des Satzes 2) erfolgen kann.

11 Die Gründe und europarechtliche Zulässigkeit werden unten unter § 30 behandelt.

10 Es stellt sich dann allerdings die Frage, wie mit dem **Kausalitätsmerkmal** des Abs. 1 Nr. 1, wonach Entgelte verboten sind, die nur auf Grund von beträchtlicher Marktmacht – die ja hier gerade nicht vorliegt – durchsetzbar sind, umzugehen ist. Denn streng genommen könnte ja schon ex definitione kein Missbrauch eintreten, da der betrachtete Teilnehmernetzbetreiber ja eben gerade keine Marktmacht zur Durchsetzung missbräuchlicher Entgelte besitzt.

III. EG-rechtliche Grundlagen

11 Die europarechtlichen Vorgaben zur Entgeltregulierung finden sich hauptsächlich in **Art. 13 ZRL** (Verpflichtung zur Preiskontrolle und Kostenrechnung), der mit den §§ 30–38 umgesetzt wird, und **Art. 17 URL** (Regulierungsmaßnahmen in Bezug auf Dienste für Endnutzer), der mit § 39 umgesetzt wird. Insbesondere hinsichtlich des Verbots von Verdrängungspraktiken und der sie konkretisierenden Vermutungstatbestände des Abs. 2 wird auf Art. 17 Abs. 2 URL zurückgegriffen, der Verpflichtungen gegen *„Kampfpreise* zur Ausschaltung des Wettbewerbs", *„die unangemessene Bevorzugung* bestimmter Endnutzer" und *„ungerechtfertigte Bündelung* von Diensten" vorsieht.[12]

12 Art. 13 ZRL ist weiter gefasst als strikte Kostenorientierung. Dies geht schon aus dem Wortlaut des Art. 13 Abs. 1 hervor, in dem es heißt „Verpflichtungen betreffend die Kostendeckung und die **Preiskontrolle** *einschließlich* **kostenorientierter** Preise", was die Kostenorientierung als Untermenge des **weiter** gefassten Oberbegriff „**Preiskontrolle**" einordnet. Eine Erläuterung, dass dies auch andere Maßstäbe für die Preiskontrolle umfasst, kann Erwägungsgrund 20 entnommen werden, indem explizit auf eine „relativ zurückhaltende" Anwendung wie sie *angemessene* Preise bei der Betreiberauswahl darstellen, hingewiesen wird, die sich bis zur weiter gehenden Auflage der Kostenorientierung steigern kann.

13 Aus dem weit gefassten Begriff der Preiskontrolle lässt sich somit auch die Kontrolle gemäß den **allgemein wettbewerbsrechtlichen Missbrauchskriterien** begründen. Dies ergibt sich auch schon aus dem konzeptionellen Ansatz des neuen Rechtsrahmens, die sektorspezifische Regulierung stärker an allgemein wettbewerbsrechtlichen Prinzipien auszurichten. Auch *Klotz*[13] hält die Einführung von kartellrechtlichen Sondertatbeständen in das TKG für nicht zu beanstanden, äußert allerdings Bedenken wegen der Ausgestaltung als Ex-post-Verfahren auch für die Entgeltregulierung von Zugangsleistungen, da dies nicht der Forderung einer *Vorab*verpflichtung entspricht.

14 § 28 ist bis auf die Änderung von *unangemessener* in *sachlich ungerechtfertigte* Bündelung gleich geblieben zu § 26 Regierungsentwurf[14], während es in § 24 Referentenentwurf[15] bereits wie in Art. 17 Abs. 2 URL *ungerechtfertigte* Bündelung hieß, aber das *sachlich* noch fehlte. Insgesamt lässt sich aus der Verlagerung zu den allgemein wettbewerbsrechtlichen Missbrauchsmaßstäben bei gleichzeitiger Konkretisierung der sektorspezifi-

---

12 „*Price squeeze*" (§ 28 Abs. 2 Nr. 2 – nicht ausreichende Spanne oder Preis-Kosten-Schere) wird im englischen Richtlinientext in Art. 13 Abs. 1 ZRL erwähnt, ist leider im deutschen Text nur unklar mit „*Preisdiskrepanzen*" übersetzt.
13 *Klotz*, MMR 2003, 495, 498.
14 BT-Drs. 15/2316, S. 15 (§ 26 = § 28 TKG 2004).
15 V. 30. 4. 2003, veröffentlicht im Internet (siehe z. B. www.tkrecht.de).

schen Vermutungstatbestände für die erhebliche Beeinträchtigung der Wettbewerbsmöglichkeiten anderer Unternehmen eine **deregulatorische** Richtung konstatieren[16], auch wenn mit dem Ex-post-Verfahren gleichwohl noch eine **sektorspezifische Aufsicht** beibehalten wird und auch werden muss.

IV. Einzelerläuterungen

1. Missbrauchstatbestände (§ 28 Abs. 1). – a) Allgemeine Erläuterungen. – Mit dem **15** generellen Missbrauchsverbot soll **missbräuchliches Verhaltens** bei der Preissetzung durch Unternehmen mit beträchtlicher Marktmacht verhindert werden. Dies entspricht dem konzeptionellen Ansatz des neuen europäischen Rechtsrahmens, die sektorspezifische Aufsicht stärker an die allgemein kartellrechtliche Aufsicht anzulehnen, als dies bisher der Fall war.

aa) Normadressaten und Marktbezug. – Normadressaten sind allgemein Anbieter von **16** Telekommunikationsdiensten mit beträchtlicher Marktmacht und speziell Betreiber eines öffentlichen Telekommunikationsnetzes mit beträchtlicher Marktmacht. Auch wenn ein Betreiber eines öffentlichen Telekommunikationsnetzes bereits als Anbieter von Telekommunikationsdiensten erfasst ist, hat der Gesetzgeber es wegen der Bedeutung des Merkmals „**Betreiber eines öffentlichen Telekommunikationsnetzes**" für erforderlich gehalten, ihn in dieser Eigenschaft nochmals **explizit** als Normadressaten zu benennen. Umgekehrt kommt mit der allgemeinen Formulierung „Anbieter von Telekommunikationsdiensten" zum Ausdruck, dass grundsätzlich alle Anbieter – unabhängig von ihrem Status als Netzbetreiber oder Diensteanbieter oder sonstiges – von Telekommunikationsdiensten dem generellen Verbot und damit verbunden der Ex-post-Aufsicht durch die RegTP unterliegen.

Die drei Missbrauchstatbestände unterscheiden sich nur auf den ersten Blick hinsichtlich **17** des **in Bezug genommenen Marktes**. Für den Ausbeutungsmissbrauch (§ 28 Abs. 1 Nr. 1) wird auf den „*jeweiligen* Markt der Telekommunikation", für den Behinderungsmissbrauch auf „*einen* Telekommunikationsmarkt" (Nr. 2) abgestellt, während für den Diskriminierungsmissbrauch die Bezugnahme ganz[17] entfällt. Der Fall des Behinderungsmissbrauchs ist unstrittig, denn eine Beeinträchtigung der Wettbewerbsmöglichkeiten[18] anderer Unternehmen liegt auch vor, wenn deren Möglichkeiten auf einem anderen als dem betrachteten Markt in erheblicher Weise beeinträchtigt werden. Offensichtlich unterstellt der Gesetzgeber diese **generelle Negativwirkung** auch im Fall des **Diskriminierungsmissbrauchs** (Nr. 3), da er hier gänzlich auf den Marktbezug verzichtet, d. h. diskriminierendes Verhalten bei der Forderung und Vereinbarung von Entgelten ist losgelöst von dem für die Marktbeherrschung relevanten Markt verboten.

Auch im Fall des **Preishöhenmissbrauchs** (Nr. 1) hat der Gesetzgeber nicht nur den be- **18** trachteten Markt (*jeweiligen*) im Blickfeld, was sich schon aus den Vorschriften des § 30 Abs. 1 ergibt, die für die Ausnahmeregelung des Satzes 2 ausdrücklich auf das Vorliegen beträchtlicher Marktmacht *auch* auf dem „Markt für *Endkunden*leistungen" abstellen. Die-

---

16 *Möschel/Haug*, MMR 2003, 505, 506 f.
17 In § 24 Abs. 2 Nr. 3 TKG 1996 wurde wie für Abs. 2 Nr. 1 (keine Aufschläge) auf den „jeweiligen Markt der Telekommunikation" abgestellt.
18 Vgl. Vgl. BeckTKG-Komm/*Schuster/Stürmer*, § 24 RdNr. 32.

ser Gedanke liegt unausgesprochen auch § 30 Abs. 4 zugrunde, denn der preispolitische Handlungsspielraum auf dem vorgelagerten Zugangsmarkt eines Teilnehmernetzbetreibers ohne beträchtliche Marktmacht hängt wesentlich von der Situation auf dem oder den korrespondierenden Endnutzermarkt/-märkten ab. Schließlich ist die gesamte Entgeltregulierung für Endnutzerleistungen gemäß § 39 Abs. 1 dem Vorbehalt unterstellt, dass die Verpflichtungen im Zugangsbereich nicht greifen; auch hier ist also die Situation auf anderen (vorgeschalteten) Märkten in die Prüfung einzubeziehen.

19   Eine Betrachtung ausschließlich des *jeweiligen* Marktes ergibt sich lediglich im **Genehmigungsverfahren** für die Prüfung gemäß § 35 Abs. 2, der auch die Einhaltung der § 28 Maßstäbe (neben dem des § 31 Abs. 1) für die Genehmigungsfähigkeit der Entgelte vorschreibt. Ansonsten ist für Abs. 1 Nr. 1 von einer weiten Auslegung auszugehen.

20   **bb) Vorüberlegungen zur Vergleichsmarktmethode.** – Gemäß § 38 Abs. 2 ist zur Überprüfung der Maßstäbe des § 28 nach dem **Vergleichsmarktprinzip** entsprechend § 35 Abs. 1 Nr. 1 vorzugehen und nur, wenn dies nicht möglich ist, eine Kostenprüfung nach § 33 vorzunehmen.[19] Der Verweis auf das Vergleichsmarktprinzip ist nicht so zu verstehen, dass in das Ex-post-Verfahren nun die Maßstäbe des Ex-ante-Verfahrens, d. h. die strikte Obergrenze der Kosten der effizienten Leistungsbereitstellung eingeführt werden sollen, sondern es dient eindeutig der Überprüfung der Maßstäbe des § 28. Der Verweis auf das **Vergleichsmarktprinzip** entsprechend § 35 Abs. 1 Nr. 1 ist deshalb als reiner **Methodenhinweis** in dem Sinne zu verstehen, dass die durch § 35 Abs. 1 definierte sektorspezifische Variante der Vergleichsmarktbetrachtung anzuwenden ist, nach der für den Vergleich „für den Wettbewerb *geöffnete* Märkte" herangezogen werden können, während im Kartellrecht Wettbewerbsmärkte als Vergleichsmärkte zugrunde gelegt werden. Diese Weiterung erlaubt es, auch geöffnete Märkte, die aber noch nicht im Wettbewerb sind, sondern noch reguliert werden, als Vergleichsmärkte zu verwenden.

21   Die Vergleichsmarktbetrachtung ist also im Ex-ante- und im Ex-post-Verfahren insoweit unterschiedlich anzuwenden, als verschiedene Maßstäbe zu prüfen sind. Da im Ex-post-Verfahren die allgemein wettbewerbsrechtlichen Missbrauchskriterien zu prüfen sind, kann für diesen Anwendungsfall zur Auslegung auf die einschlägige kartellrechtliche Literatur und Praxis zum **Vergleichsmarktkonzept**[20], mittels dessen ein sog. **Als-ob-Wettbewerbspreis** als **Referenzgröße** ermittelt wird, zurückgegriffen werden. Insbesondere für die Überprüfung der **Preisobergrenze** sind deren Erkenntnisse relativ problemlos übertragbar.

22   **b) Ausbeutungsmissbrauch (Abs. 1 Nr. 1).** – Die kartellrechtliche Literatur[21] und Judikatur gehen davon aus, dass dem betroffenen Unternehmen eine **Bandbreite** zwischen dem (idealtypischen) „Als-ob-Wettbewerbspreis" und der **Missbrauchsgrenze** zuzubilligen ist.[22] Dies wird auf zwei Wegen begründet. Zum einen bedürfte es einer **erheblichen Überschreitung**[23], um mit Sicherheit annehmen zu können, dass der Preis nur aufgrund der

---

19 Zur genauen Auslegung siehe § 38 RdNr. 74 ff.

20 *Immenga/Mestmäcker/Möschel*, GWB, § 19 RdNr. 149 ff.; *Langen/Bunte/Schultz*, KartR, § 19 RdNr. 84 ff.; *Bechtold*, Kartellgesetz, § 19 RdNr. 60 ff. Einen guten Überblick gibt auch *Becker*, K&R 1999, 112.

21 Für die nachfolgenden Ausführungen wurde sich v. a. auf *Immenga/MestmäckerMöschel*, GWB, § 19 RdNr. 153 ff. gestützt.

22 *Immenga/Mestmäcker/Möschel*, GWB, § 19 RdNr. 159.

23 So auch – allerdings für die Generalklausel des § 28 Abs. 1 Satz 1 – unter Bezugnahme auf *Möschel* als „*erst recht*"-Argument VG Köln 1 L 6/05 v. 24. 3. 2005, 7 des amtlichen Umdrucks.

marktbeherrschenden Stellung durchsetzbar ist, weshalb ein **Sicherheitszuschlag** auf den Referenzpreis des Vergleichsmarktes, der ebenfalls bereits Korrekturen[24] zur Berücksichtigung struktureller Unterschiede enthalten kann, anzubringen sei. Mit diesem seien auch etwaige Messungenauigkeiten des Vergleichsmaterials abgedeckt.

Die zweite Begründung für einen **Missbrauchszuschlag** findet sich im Tatbestandsmerk- **23** mal des Missbrauchs selbst, wonach ein Missbrauch erst dann ein solcher ist, wenn er eine **erhebliche Abweichung** von der Norm darstellt, wie das bei jedem Rechtsmissbrauch vorausgesetzt wird. Die noch tolerablen Preise werden durch Addition eines sog. **Erheblichkeits-** oder **Missbrauchszuschlag** auf den Referenzpreis, der im Vergleichsmarkt mit Wettbewerb (zumindest aber einer höheren Wettbewerbsintensität) ermittelt wurde, errechnet. In seinem Valium-II-Beschluss[25] hatte das KG einen solchen Missbrauchsaufschlag mit 25 % veranschlagt.[26]

Wie oben ausgeführt, lässt sich der Zuschlag, d.h. die zulässige Abweichung vom (wettbe- **24** werbsanalogen) Referenzpreis, sachlich aber auch mit **Marktunvollkommenheiten** erklären, die in der Realität zu einem Abweichen des tatsächlichen Marktpreises vom idealtypischen Gleichgewichtspreis führen können.

Von Marktunvollkommenheiten wird in der wirtschaftswissenschaftlichen Literatur[27] ge- **25** sprochen, wenn die Bedingungen des perfekten Marktes verletzt werden. Als solche sind insbesondere zu nennen:

- **Homogenität** (in sachlicher, zeitlicher, räumlicher und persönlicher Hinsicht, d.h. aus Sicht der Nachfrager bestehen keine Unterschiede oder persönliche Präferenzen beim Kauf von Gütern oder Dienstleistungen;
- **Markttransparenz** oder vollkommene Information, d.h. alle Marktteilnehmer haben vollständige Kenntnis aller Preise und Parameter und verwerten diese auch sofort in ihren Entscheidungen;
- **unendliche Reaktionsgeschwindigkeit**, d.h. im Falle einer exogenen Störung erfolgt eine sofortige Anpassung, es bestehen keine Hemmnisse wie Wechselkosten oder Kündigungsfristen etc., die Kunden wechseln sofort.

Diese Bedingungen lassen sich in einer einzigen Bedingung, der der **Transaktionskosten-** **26** **freiheit** zusammenfassen, aus der sich das Gesetz der **Preisunterschiedslosigkeit** (*Jevons*'sches Gesetz) ableiten lässt, d.h. es gibt in einem Markt nur einen Preis. Wenn noch die Bedingung der unendlichen Anzahl von rational handelnden Teilnehmern auf beiden Marktseiten erfüllt ist, d.h. es sich um eine sog. **atomistische Konkurrenz** handelt, in der jeder Akteur den Preis hinnehmen muss und nur über die Menge reagieren kann[28], diese

---

24 In Form von **Korrekturzuschlägen**.
25 KG v. 24. 8. 78, WuW/E OLG 2065.
26 Zusätzlich zu den bereits in dem „Vergleichsmarktpreis" enthaltenen Korrekturzuschlägen. Da diese sich jedoch auf über 50 % des Referenzpreises beliefen, hat der BGH diesen nicht mehr als wettbewerbsanalogen Preis angesehen und die Praxis verworfen. BGH v. 12. 12. 80 „Valium II", WuW/E BGH 1678, 1684.
27 Vgl. z.B. *Stobbe*, Volkswirtschaftslehre II – Mikroökonomik, 1983, S. 312 ff.; *Siebert*, Einführung in die Volkswirtschaftslehre, 11. Aufl. 1992, S. 104 f.; *Conrad*, Mikroökonomik III, Skript Universität Mannheim, 2. Aufl. 1990, S. 2 f.
28 Sog. Mengenanpasser.

identische Planungsperioden haben und keine Marktzu- oder -austrittsschranken existieren[29], ist sichergestellt, dass der **Preis** im langfristigen **Gleichgewicht den effizienten Kosten der Leistungsbereitstellung** entspricht.

27 In der Realität werden indessen in aller Regel wenigstens eine oder mehrere der genannten Bedingungen verletzt, so dass es zu **Preisunterschieden** und **-bewegungen** kommt und der Marktpreis aufgrund der Marktunvollkommenheiten von dem idealtypischen Gleichgewichtspreis abweichen kann, ohne dass deshalb schon ein Missbrauch vorzuliegen braucht. Die Marktunvollkommenheiten decken also einen „Unschärfebereich" um den Gleichgewichtspreis ab, in dem die Unternehmen einen **preispolitischen Spielraum** haben und in dem sich der Preis bewegt. Die Missbrauchsgrenze beginnt dann erst ab einem um den Gleichgewichtspunkt (Referenzpreis) gezogenen (gedachten) Kreis, dessen Radius von den im Markt beobachteten Unvollkommenheiten wie Kundenträgheit, Wechselkosten, Uninformiertheit etc. abhängt und zahlenmäßig mit der Höhe des Missbrauchszuschlags zu erfassen versucht wird.

28 Die **Missbrauchsaufschläge** könnten demzufolge nach **Märkten** und u. U. nach Unternehmen (wenn diese z. B. mit Marketingaktivitäten versuchen, ein Markenbewusstsein zu schaffen, im Telekommunikationsbereich eher unwahrscheinlich) differieren. Auf jeden Fall sind bei der Ermittlung **nur** im Markt zu beobachtende Phänomene einzubeziehen, denn der Erklärungsansatz stellt auf *Markt*unvollkommenheiten ab, nicht auf *unternehmensinterne* Gegebenheiten wie die Kostenlage.[30] Diese fließen in die Betrachtung nicht mit ein. Auch in der kartellrechtlichen Literatur[31] wird wegen der grundsätzlich unterschiedlichen Perspektive[32] von einer Unvereinbarkeit der Einbeziehung unternehmensindividueller Kostensituationen in die Vergleichsmarktbetrachtung ausgegangen, denn „Maßstab sollte vielmehr der Preis sein, der – unabhängig von der Frage der Kostendeckung – im Wettbewerb erzielbar wäre".[33]

29 Für die **telekommunikationsrechtliche** Anwendung lässt sich aus der kartellrechtlichen Praxis ableiten, dass zur Bestimmung der Preisobergrenze, ab der ein Preis als missbräuchlich zu untersagen wäre, die „**Zuschlagsmethode**" auf den Referenzpreis verwendet werden könnte, auch wenn der Missbrauchszuschlag über die Marktunvollkommenheiten (noch) anders begründet wird. Für die Bestimmung des **Referenzpreises** könnten – sofern aus dem Ex-ante-Verfahren für den marktmächtigen Betreiber bekannt – die **Kosten der effizienten Leistungsbereitstellung**, die den sich langfristig im Markt einstellenden Gleichgewichtspreis darstellen, verwendet oder ein wettbewerbsanaloger Vergleichsmarktpreis mittels **Best-practice-Ansatz** bestimmt werden. Die beiden Ermittlungsmethoden sind also äquivalent, denn bei beiden Ergebnisgrößen handelt es sich um den **Als-ob-Wettbewerbspreis**, regulatorische Kostenbetrachtung und kartellrechtliche Vergleichspreisbetrachtung werden nicht in unzulässiger Weise miteinander vermischt.

---

29 Und bestimmte Stabilitätsbedingungen erfüllt sind.

30 *Immenga/Mestmäcker/Möschel*, GWB, § 19 RdNr. 160.

31 *Immenga/Mestmäcker/Möschel*, GWB, § 19 RdNr. 160, 171; *Langen/Bunte/Schultz*, KartR, § 19 RdNr. 108; *Bechtold*, Kartellgesetz, § 19 RdNr. 74.

32 „Von einem strikten Vergleichsmarktkonzept her ist die **Anknüpfung an die Kostendeckung nicht schlüssig**; sie erlaubt einem Marktbeherrscher die Produktion von Kosten und ihre Weiterwälzung", *Immenga/Mestmäcker/Möschel*, GWB, § 19 RdNr. 171 [Hervorhebung im Original].

33 *Immenga/Mestmäcker/Möschel*, GWB, § 19 RdNr. 171.

Die genaue **Höhe des Missbrauchszuschlags** wäre dann aus den Marktunvollkommenhei- **30** ten, für deren quantitative Fixierung ggf. hilfsweise die Ergebnisse der Marktanalyse[34] herangezogen werden könnten oder evtl. auch Konsumentenbefragungen[35] durchzuführen wären, zu bestimmen. Auch wenn demzufolge die Zuschläge nach Märkten unterschiedlich hoch sein können, so ist doch das Prinzip[36] über alle Märkte hinweg einheitlich anzuwenden. Alternativ zur Zuschlagsmethode könnte an eine breiter angelegte Vergleichsmarktbetrachtung gedacht werden, bei der nicht der wettbewerbsanaloge Referenzpreis wie im Best-practice-Fall bestimmt wird, sondern etwa ein Durchschnittspreis (Averagepractice) ermittelt würde. Auf diesen darf dann aber kein Missbrauchszuschlag mehr draufgerechnet werden, da er bereits auf dem Kreisrand liegt, also den Unschärfebereich einschließt.[37]

Wenn überhaupt, könnten **unternehmensindividuelle** Aspekte wie die Kostensituation **31** nur bei der **sachlichen Rechtfertigung** zum Tragen kommen.[38] Eine solche ist aber in § 28 für den **Preishöhenmissbrauch** im Gegensatz zu § 24 Abs. 2 TKG 1996, wo diese Möglichkeit auch für Nr. 1 (unzulässige Aufschläge) bestand, **nicht mehr** vorgesehen (nur für die Tatbestände des § 28 Abs. 1 Nr. 2 + 3). Vor dem Hintergrund der fehlenden sachlichen Rechtfertigungsmöglichkeit dürften deshalb **Kostenunterlagen** im Fall des Preishöhenmissbrauchs **keine Rolle** spielen. Der eingangs erwähnte Hinweis in § 38 Abs. 2 auf die Möglichkeit der Kostenprüfung nach § 33 kann sich somit sinnvollerweise nur auf die Fälle des § 28 Abs. 1 Nr. 2 und Nr. 3 beziehen, also insbesondere auf die Überprüfung der Preisuntergrenzen, die ihrerseits kostenbezogen (dürfen die langfristigen zusätzlichen Kosten nicht unterschreiten, Abs. 2 Nr. 1) definiert sind, einzusetzen sein.

Wie oben unter § 27 RdNr. 39f dargelegt, lässt sich ökonomisch (wettbewerbstheoretisch) **32** begründen, dass für ein Unternehmen *ohne* beträchtliche Marktmacht nichts anderes gelten kann als für ein Unternehmen *mit* beträchtlicher Marktmacht, dass also auch in diesem Fall die **Preisobergrenze**, definiert als aufgrund von Marktunvollkommenheiten missbrauchsfreie Abweichung des tatsächlichen Marktpreises von dem langfristigen Gleichgewichtspreis, der durch die Kosten der effizienten Leistungsbereitstellung des effizientesten Betreibers gegeben ist, **nicht durchbrochen** werden kann, weil sonst dieselben **Negativwirkungen** wie im Fall des Preishöhenmissbrauchs durch ein Unternehmen mit beträchtlicher

---

34 Die im Fall des § 30 Abs. 1 S. 2 wegen Nr. 1 (auch auf dem Markt für Endkundenleistungen) ohnehin auch für den Endnutzermarkt durchgeführt werden muss.

35 Inkl. der angerufenen Kunden eines Teilnehmernetzbetreibers bezüglich ihrer Sensibilität für Kosten, die die Anrufer (und nicht sie selbst) zu tragen haben (Beeinflussung ihres [Rück-]Wechselverhaltens).

36 Bestimmung des Zuschlags in Abhängigkeit von den festgestellten Marktunvollkommenheiten.

37 Dem widerspricht auch nicht das Vorgehen der Beschlusskammer 4 bei der erstmaligen Festlegung nichtreziproker Terminierungsentgelte alternativer Teilnehmernetzbetreiber nach TKG 2004 im Beschluss BK4d-04-030/E19. 5. 2004 v. 20. 9. 2004. Zwar wird trotz Verwendung eines Durchschnittsvergleichs anstelle einer Bestenauslese noch ein sog. „Sicherheitszuschlag" addiert. Dieser war aber zur Korrektur erforderlich, da der Referenzwert wegen der Datenlage als „Durchschnitt der reziproken Tarife aus allen Vergleichsländern" ermittelt wurde, d.h. es wurde von den Entgelten der jeweiligen etablierten Betreiber und nicht den – nichtreziproken (höheren) – Entgelten alternativer Netzbetreiber ausgegangen, so dass der Referenzwert noch strukturelle Unterschiede enthielt, die mit dem Sicherheitszuschlag berücksichtigt wurden. Vgl. BK4d-04-030/E19. 5. 2004 v. 20. 9. 2004, 12 ff. des amtlichen Umdrucks.

38 *Immenga/Mestmäcker/Möschel*, GWB, § 19 RdNr. 171; *Becker*, K&R 1999, 112, 116 f.

Marktmacht eintreten würden, nämlich die **Ausbeutung** der Marktgegenseite, d. h. der Endnutzer die letztlich den überhöhten Preis zu zahlen hätte. Das aber soll gerade mit dem Verbot des Preishöhenmissbrauchs verhindert werden.

33   **c) Behinderungsmissbrauch (Abs. 1 Nr. 2).** – Mit diesem wie dem nächsten Tatbestand (Nr. 3 – Diskriminierung) sollen **Verdrängungspraktiken verhindert** werden, die in erster Linie Endnutzermärkte betreffen, wo auf diese Weise versucht (werden) wird[39], verlorene Marktanteile zurückzugewinnen. Die neuere wirtschaftswissenschaftliche Literatur[40] hat über die Einbeziehung strategischer Aspekte gezeigt, dass Verdrängungspraktiken für Unternehmen mit beträchtlicher Marktmacht, mit denen unter Inkaufnahme temporärer Verluste Wettbewerber vom Markt verdrängt[41] werden sollen, langfristig durchaus Sinn machen[42] und ergo profitabel sind. Es kann also durchaus zu **strategischem Preissetzungsverhalten** seitens des marktmächtigen Betreibers kommen, v. a. dann, wenn die mit der Verbundproduktion einhergehenden Möglichkeiten der Verteilung von Gemeinkosten auf mehrere Produkte das Wiederhereinholen der Verluste erleichtern.[43] Die grundsätzliche Schwierigkeit besteht hier in der **Trennung** von regulären (legitimen) Wettbewerbsstrategien, die wegen ihrer ökonomischen Vorteilhaftigkeit auch einem marktmächtigen Unternehmen gestattet sein müssen, und wegen ihrer Wettbewerbsschädlichkeit zu unterbindenden Verdrängungsstrategien.[44] D. h. die hier im Fokus stehenden preispolitischen Aktivitäten sind nicht *per se* unzulässig, sondern nur, wenn sie die **Verdrängungswirkung** aufweisen bzw. eine solche zu erwarten ist.

34   **Verdrängungswettbewerb** ist typischerweise durch drei Stufen gekennzeichnet[45]:

● einen Zeitraum strategisch niedriger Preise,

● das Verdrängen von Wettbewerbern,

● die Erhöhung der Preise nach erfolgreicher Verdrängung[46],

wobei für ein erfolgreiches Verhindern von Verdrängungswettbewerb von der Behörde in (bzw. vor) der ersten Stufe eingegriffen werden muss.

---

39 Vgl. z. B. die Ablehnung des sog. *10-Cent-Tarifs* durch die Beschlusskammer 2, dessen Genehmigung versagt wurde, da „der „10 Cent-Tarif" offenkundig Abschläge im Sinne dieser Vorschrift enthält". Siehe Beschluss BK2a 04/006 v. 27. 5. 2004, 29 des amtlichen Umdrucks.

40 Vgl. z. B. *Bolton/Broadley/Riordan*, Predatory Pricing: Strategic Theory and Legal Policy, Georgetown Law Journal Vol. 88 (2000), 2239; sowie Monopolkommission, Sondergutachten Nr. 33, 24 ff., Tz. 32 ff. m. w. N. Die Gegenmeinung wird z. B. vertreten von *Sidak/Spulber*, Deregulatory Takings and the Regulatory Contract, Cambridge University Press 1998, 92-94, 94; für den deutschen Sprachraum siehe z. B. *Kruse*, Deregulierungsbedarf bei Ferngesprächen, Wirtschaftsdienst Jg. 80 (2000), 409; sowie *Immenga u. a.*, Telekommunikation im Wettbewerb. Eine ordnungspolitische Konzeption nach erfolgreicher Marktöffnung, 2001.

41 Bzw. wenigstens diszipliniert werden sollen.

42 Die ökonomische Rationalität von Verdrängungsstrategien war u. a. von der Chicago-School bestritten worden. Vgl. *Knorr*, WISU 1999, 108.

43 *Knorr* spricht in diesem Zusammenhang von *„Multimarket recoupment"*. Vgl. *Knorr*, WISU 1999, 108, 110.

44 Vgl. z. B. *Vogelsang*, N&R 2004, 18, 19 sowie *Klotz/Fehrenbach*, Two Commission decisions on price abuse in the telecommunications sector, Competition Policy Newsletter 3/2003, 8, 11.

45 Vgl. z. B. *Vogelsang*, MMR 2000, 731, 736.

46 Zunächst um die während der ersten beiden Phasen erlittenen Verluste auszugleichen (*„recoupment"*), danach um zusätzliche Gewinne einzufahren. Siehe auch Fn. 43.

Für die Feststellung dienen der sog. Zusatzkosten- (**Incremental Cost**) und der **Burden-** 35
Test (auch Net-Revenue-Test)[47], mit denen die Verdrängungswettbewerb kennzeichnenden
Merkmale geprüft werden[48]:

- Vorliegen beträchtlicher Marktmacht[49];
- Bestehen von Marktzutrittsschranken[50] als Voraussetzung für den Erfolg von Predation;
- Erwartete Profitabilität der Predation;
- Unterschreiten der Zusatzkosten, d. h. Nicht-Bestehen des Zusatzkosten- und des Burden-Tests.

Für diesen Tatbestand hat die Anpassung an § 19 Abs. 4 GWB die deutlichste Auswirkung, 36
weil die Eingriffsschwelle durch das Einfügen von „**in erheblicher Weise**" angehoben
wurde. Die schärfere Fassung der Aufgreifnorm in § 24 Abs. 2 Nr. 2 TKG 1996 wurde
„fast sechs Jahre nach der vollständigen Marktöffnung" nicht mehr für erforderlich gehalten[51], worin sich die teilweise stürmische Entwicklung der Märkte widerspiegelt. Gleichzeitig wird die Lockerung durch eine präzisere Fassung der Vermutungstatbestände der
Dumpingschwelle und der Preis-Kosten-Schere ausbalanciert. Es wird im nachfolgenden
Unterpunkt IV.2 zu untersuchen sein, ob die Präzisierung der Preisuntergrenze eine strengere Handhabung bisheriger Praxisregeln wie der – mittlerweile auch gerichtlich bestätigten[52] – sog. „IC + 25 %"-Regel (s. u.) bzw. das Aufstellen systematischerer Regeln erforderlich macht.

d) Diskriminierungsmissbrauch (Abs. 1 Nr. 3). – Dieser Tatbestand betrifft nicht die **un-** 37
terschiedliche Behandlung von internen und externen Abnehmern durch ein Unternehmen mit beträchtlicher Marktmacht, denn dieser Sachverhalt[53] wird gesondert durch den
Vermutungstatbestand der Preis-Kosten-Schere (Abs. 2 Nr. 2) erfasst. Es geht hier also um
die unterschiedliche, nicht sachlich gerechtfertigte Behandlung von **Nachfragern bzw.**
Nachfragergruppen.

e) Sachliche Rechtfertigung (Abs. 1 Nr. 2 u. 3). – Eine **sachliche Rechtfertigung** kann 38
das Unternehmen mit beträchtlicher Marktmacht in den Fällen eines die Wettbewerbsmöglichkeiten beeinträchtigenden Preises (Nr. 2) oder eines diskriminierenden Preises (Nr. 3)
vortragen. Rein betriebswirtschaftliche Gründe stellen indessen keine sachliche Rechtfer-

---

47 Siehe im Einzelnen hierzu unten unter den Vermutungstatbeständen (Punkt IV. 2.).
48 Vgl. hierzu *Vogelsang*, MMR 2000, 731, 734, insb. Fußnote 15.
49 Das Vorliegen von beträchtlicher Marktmacht wird in der Marktanalyse gem. § 11 TKG 2004 festgestellt.
50 Das Vorliegen von Marktzutrittsschranken wird mit der Prüfung der Sondermerkmale nach § 10
(sog. *Drei-Kriterien-Test*) festgestellt.
51 Begründung zu § 26 (= § 28 TKG 2004), BT-Drs. 15/2316, S. 67. Zu Beginn der Liberalisierung
wurde hingegen eine schärfere Aufgreifnorm wegen der besonderen Marktstruktur in der Telekommunikation für erforderlich gehalten, weil befürchtet wurde, „dass die Einführung einer Wesentlichkeitsschwelle hier dazu führen [würde], dass für neue Unternehmen der rechtlich eröffnete
Marktzutritt wirtschaftlich verhindert wird", weil diese aufgrund der hohen Anfangsinvestitionen
bei fehlendem Kundenstamm nicht an einem Preisunterbietungswettlauf teilnehmen können. Vgl.
Scheurle/Mayen/Witte, § 24 RdNr. 92 sowie Begründung TKG 1996, BT Drs. 13/3609 zu § 23 (=
§ 24 TKG 1996), S. 43.
52 Vgl. z. B. OVG NRW 13 B 2689/03 v. 29. 1. 2004, 3 f. des amtlichen Umdrucks, ebenso OVG NRW
13 B 2624/03 v. 29. 1. 2004.
53 Also der Sachverhalt, dass sich ein marktmächtiges Unternehmen die intern bezogenen Vorleistungen günstiger in Rechnung stellt als für den von externen erhobenen Preis für dieselbe Vorleistung.

tigung dar[54], was jedoch die Vorlage von Kostenunterlagen nicht ausschließt. Im Unterschied zu § 24 Abs. 2 TKG 1996 kann eine sachliche Rechtfertigung **nur** noch für die **Fälle Nr. 2** und **Nr. 3**, nicht mehr hingegen für den Preishöhenmissbrauch (Nr. 1) angeführt werden. Die **Beweislast** trägt das Unternehmen mit beträchtlicher Marktmacht, was sich sowohl aus der Formulierung „*es sei denn*" wie aus dem Begriff „*nachgewiesen*" ergibt. Die Formulierung „*es sei denn*" ist „ein gebräuchliches sprachliches Mittel, mit dem der Gesetzgeber eine **Beweislastumkehr** zum Ausdruck bringt".[55] Das „*nachgewiesen*" stellt die Art der Mitwirkung des Unternehmens mit beträchtlicher Marktmacht klar, das mit der Vorlage von **Kostenunterlagen** den Nachweis einer sachlichen Rechtfertigung erbringen kann.

39 **2. Vermutungstatbestände (§ 28 Abs. 2). – a) Dumpingschwelle (Abs. 2 Nr. 1). – aa) Definition und Unterschied zu § 24 Abs. 2 Nr. 2 TKG 1996.** – Die Bezugsgröße für die Definition der **Dumpingschwelle** sind jetzt nicht mehr wie im TKG 1996 die Kosten der effizienten Leistungsbereitstellung[56], sondern es wird von einem missbräuchlichen Verhalten ausgegangen, wenn der Preis die bei der Erstellung der betreffenden Leistung anfallenden **langfristigen zusätzlichen Kosten** einschließlich einer angemessenen Verzinsung des eingesetzten Kapitals nicht deckt, d. h. im Gegensatz zur Situation nach TKG 1996 wird die Preisuntergrenze jetzt **ohne** die der Leistung zuzurechnenden **Gemeinkosten** definiert. Der Gesetzgeber beruft sich dabei ausweislich der Begründung[57] auf das europäische Wettbewerbsrecht[58], passt dieses aber mit der Erweiterung auf die *langfristigen*[59] Zusatzkosten noch explizit dem telekommunikationsrechtlichen Kostenkonzept an. Nach dem europäischen Wettbewerbsrecht ist das Unterschreiten der zusätzlichen Kosten missbräuchlich, weil dann die zusätzlichen Erlöse der betreffenden Leistung die durch sie verursachten Zusatzkosten nicht abdecken.[60]

---

54 Vgl. z. B. VG Köln 1 L 1213/99 v. 9. 11. 1999, 9 f des amtlichen Umdrucks.

55 *Bechtold*, Kartellgesetz, § 19 RdNr. 60 ff., 79 sowie *Trute/Spoerr/Bosch*, § 24 RdNr. 80–84, der für die Ebene der Rechtfertigungsprüfung keine wesentlichen Unterschiede mehr zum GWB sieht. Vgl. zur Beweislastumkehr auch *Gosse*, K&R 2005, 154, 159.

56 Vgl. z. B. *Trute/Spoerr/Bosch*, § 24 RdNr. 69; BeckTKG-Komm/*Schuster/Stürmer*, § 24 RdNr. 41; VG Köln 1 L 2594/03 v. 15. 12. 2003; VG Köln 1 L 1213/99 v. 9. 11. 1999, 9 f. des amtlichen Umdrucks; Beschluss BK2-1-99-35 v. 16. 2. 2000, 19 des amtlichen Umdrucks; Beschluss BK3b-00/032 v. 30. 3. 2001, 31 des amtlichen Umdrucks.

57 Begründung zu § 26 (= § 28 TKG 2004), BT-Drs. 15/2316, S. 67.

58 Insbesondere wurde sich auf die Mitteilung der Kommission über die Anwendung der Wettbewerbsregeln auf Zugangsvereinbarungen im Telekommunikationsbereich 98/C 265/02 v. 22. 8. 1998 gestützt.

59 *Vogelsang* hält allerdings die *langfristigen* Kosten zur Beurteilung für die Preissetzung im Markt nur bedingt für geeignet. Vgl. *Vogelsang*, MMR 2003, 509, 511.

60 Allerdings spricht die Mitteilung explizit von den „**gesamten** bei der Erbringung des Dienstes zusätzlich anfallenden Kosten", was die Einbeziehung der anteiligen Gemeinkosten zumindest nicht ausschließt und insofern die Belegkraft der Mitteilung einschränkt. Siehe Mitteilung (ebenda, siehe Fußnote 58), Tz. 114 [Hervorhebung nur hier, A.G.]. Aufschlussreicher ist es deshalb, die Praxis der Kommission wie sie in der Entscheidung gegen die DPAG v. 20. 3. 01 (ABl. L 125 v. 5. 5. 2001) zum Ausdruck kommt, heranzuziehen, die eindeutig die Nichtberücksichtigung der Gemeinkosten zeigt. Vgl. hierzu z. B. *Lüder*, Commission Decision 2001/354 of 20 March 2001: A new Standard for Predatory Pricing, im Internet abzurufen unter http://europa.eu.int/comm/competition/speeches/text/sp2002_023_eu.pdf v. 18. 6. 2002, überprüft 10/2005).

bb) Preisuntergrenzen-Tests in der Theorie. – Der Ansatz, die Preisuntergrenze ohne **40** Einschluss der Gemeinkosten zu definieren, entspricht einem in der wirtschaftswissenschaftlichen Literatur seit Mitte der 70er Jahre des vorigen Jahrhunderts diskutierten Ansatz, der als *Areeda-Turner*-Kriterium[61] auch Eingang in die amerikanische sowie die europäische[62] Antitrust- bzw. Wettbewerbsrechtsprechung gefunden hat.

Während sich das *Areeda-Turner*-Kriterium wegen der Verwendung der **variablen Durch-** **41** **schnittskosten** als Ersatz für die in der Praxis nur schwer feststellbaren Grenzkosten noch auf die sog. kurzfristige Preisuntergrenze[63] bezog, ist mit der Einführung der **zusätzlichen Kosten**[64] in die Analyse durch *Faulhaber*[65] der Ansatz erweitert und für regulierte Netzindustrien nutzbar gemacht worden. Dieser als **moderne Quersubventionierungstheorie** bekannte Ansatz greift auf spieltheoretische Elemente zurück, um die Subventionsfreiheit eines Preisvektors für einen Dienst oder einen Tarif bzw. eine Teilmenge von Diensten,[66] wie sie auch ein zweigeteilter Tarif oder ein Optionstarif[67] darstellt, eines Mehrproduktunternehmens zu überprüfen.[68]

Zur Überprüfung wurde der sog. **modifizierte Zusatzkostentest**[69] entwickelt, der besagt, **42** dass eine Kostenaufteilung, d.h. ein Preisvektor dann subventionsfrei ist, wenn der Preis

---

61 *Areeda/Turner*, Predatory Pricing and Related Practices under Section 2 of the Sherman Act, Harvard Law Review Vol. 88 (1975), 637.

62 Vgl. hierzu z.B. *Hancher/Buendia Sierra*, Cross-Subsidization and EC Law, Common Market Law Review Vol. 35 (1998), 901, der ausführlich auf die in den Fällen Akzo (Rechtssache C-62/86, 1991, ECR, I-3359, Urteil v. 3. 7. 1991) und Tetra Pak II (Rechtssache T-83/91, 1996, ECR, II-826 und C-333/94 P, 1996, ECR, I-5951, Urteil v. 14. 11. 1996) vom EuGH verwendeten Kostenstandards eingeht, siehe hierzu insbesondere 916–922; *Klotz/Fehrenbach*, Two Commission decisions on price abuse in the telecommunications sector, Competition Policy Newsletter 3/2003, 8, 10–13.

63 Vgl. z.B. *Wöhe*, Einführung in die Allgemeine BWL, 17. Aufl. 1990, S. 662 ff., 663.

64 Die einen längeren Zeitraum umfassen und auch in der kurzen Frist fixe Kosten enthalten. Vgl. *Lüder* (Fn. 60) 6. *Lüder* bezieht sich u.a. auf *Baumol*, der die zusätzlichen Kosten (incremental cost) wie folgt definiert: „*The incremental cost* of a service is the addition to the total cost of the enterprise that is caused when the enterprise supplies the current output of that service as compared to the total cost the enterprise would incur in all of its other operations if none of the service in question were supplied by it. The incremental cost of a particular service includes the specific fixed costs of that service, that is, the costs that do not vary with the volume of that service supplied, but which are nevertheless incurred on behalf of that service and serve *no other output of the enterprise*“ (*Baumol*, Testimony before the Postal Rate Commission on behalf of US Postal Service, 20268-0001, Washington 7. Mai 1987, 22 f. [Hervorhebungen im Original]; Vor § 27, RdNr. 19.

65 *Faulhaber*, Cross-Subsidization: Pricing in Public Enterprises, AER Vol. 65 (1975), 966; *Faulhaber/Zajac*, Some Thoughts on Cross-Subsidization in Regulated Industries, Bell Laboratories Discussion Paper Nr. 48 (1976).

66 Wie sie z.B. eine bestimmte preispolitische Maßnahme darstellt.

67 Optionstarife bieten den Kunden die Wahl zwischen unterschiedlichen Kombinationen aus Grund- und Gesprächsentgelten. Flatrates lassen sich als Grenzfall eines Optionstarifs bezeichnen. Vgl. *WAR* (2004), 2.

68 Vgl. zur Darstellung im Folgenden *Windisch*, Privatisierung natürlicher Monopole, S. 83–92; *Knieps*, Entstaatlichung von Wettbewerb, S. 166–171; *Borrmann/Finsinger*, Markt und Regulierung, S. 142–148; *Vogelsang*, Zukunft der Entgeltregulierung, Anhang A und Anhang B sowie *Vogelsang*, MMR 2000, 731 und *Vogelsang*, N&R 2004, 18.

69 Vgl. *Faulhaber* (Fn. 65), 970. Gelegentlich wird dieser Test auch als „*generalized incremental cost test*“ oder auch als „*combinatorial test*“ bezeichnet, da auch die gemeinsamen Zusatzkosten *in*

jeder Einzelleistung wenigstens ihren Zusatzkosten entspricht *und* die Erlöse der betrachteten Teilmenge ihren Gesamtkosten entsprechen (sog. Nullgewinnbedingung). Denn dann sind zum einen für jede Einzelleistung wenigstens deren Zusatzkosten abgedeckt, und zum anderen werden *genau alle* für die Produktion der betrachteten Teilmenge anfallenden gemeinsamen Kosten verdient. Das impliziert eine **Gemeinkostenaufteilung**, bei der alle Gemeinkosten über Preise, die nicht mehr als die Stand-alone-Kosten[70] einzelner Leistungen betragen, abgedeckt werden.[71]

43   Die betrachtete Teilmenge würde ihre Gesamtkosten tragen, so dass **keine Quersubventionierung** von „außen" durch ein anderes Produkt des Unternehmens erfolgt. Gleichzeitig verdient jedes Einzelelement wenigstens seine Zusatzkosten, so dass es auch innerhalb der Teilmenge nicht zur Quersubventionierung zwischen den Einzelelementen[72] kommt, aber gleichwohl innerhalb der betrachteten Teilmenge Variationsmöglichkeiten für die Aufteilung der Gemeinkosten bestehen.[73] Das **Bestehen des Zusatzkostentests** zeigt dann an, dass keine Quersubventionierung vorliegt, mithin der so geprüfte (mehrteilige) Preis auch nicht wettbewerbsschädlich ist.

44   Im Allgemeinen wird der beschriebene **Zusatzkostentest ausreichen**, um eine unzulässige Preissetzung zu identifizieren (und zu untersagen). Theoretisch könnte sich allerdings trotz Bestehens des Zusatzkostentests ein Dumping dann ergeben, wenn die entgangenen Gewinne anderer Dienste oder Tarife als **Opportunitätskosten** mit in die Betrachtung einbezogen würden. Denn dem Unternehmen könnten insofern Mehrkosten dadurch entstehen, dass z. B. der betrachtete Optionstarif einen geringeren Deckungsbeitrag aufweist als der Standardtarif, der wegen der Attraktivität des Optionstarifs weniger genutzt wird, d. h. dem Unternehmen entstünde eine größere **Belastung**, als mit dem Zusatzkostentest erfasst wird.[74]

45   Der in der Praxis wegen hoher Informationsanforderungen[75] kaum durchführbare sog. **Burden-Test** berücksichtigt diese Opportunitätskosten.[76] Wettbewerbsrechtlich findet sich diese Prüfung in der Berücksichtigung der Sogwirkung eines Angebots wieder. Bei Vorliegen von Substitutionsbeziehungen – und das ist im hier untersuchten Vergleich verschiedener

---

combination gedeckt sein müssen. Vgl. *Lüder* (Fn. 60), 10 und *Cave*, MMR-Beilage 10/2003, 23 (in Fn. 12). Die Zusatzbedingung, dass auch die betrachtete Teilmenge ihre Kosten abdeckt, ergibt sich aus dem Vorliegen von Verbundkostenvorteilen. Vgl. *Windisch*, Privatisierung natürlicher Monopole, S. 84 f.

70 Deren Überschreitung auf Ausbeutungsmissbrauch hindeutet, das hieße diese Kundengruppe finanziert die Leistungen einer anderen, der klassische Fall der Quersubvention.

71 Im Zweiproduktfall würde ein Preis in Höhe der Zusatzkosten des einen Produkts bedeuten, dass alle anfallenden Gemeinkosten von dem anderen Produkt zu tragen wären und dessen Preis folglich gleich seinen Stand-alone-Kosten sein müsste. Die Summe der Gemeinkostenaufschläge ist insgesamt kostendeckend. Vgl. *Vogelsang*, MMR 2000, 731, 737.

72 Bzw. den diese Einzelleistungen nachfragenden Kundengruppen.

73 D. h. wenn für ein Element bis auf die Höhe der inkrementellen Kosten heruntergegangen wird, löst dies einen höheren Gemeinkostenzuschlag, der bis zur Höhe der Stand-alone-Kosten gehen kann, bei einer anderen Leistung der Teilmenge aus. Vgl. *Vogelsang*, MMR 2000, 731, 737.

74 Vgl. hierzu *Vogelsang*, MMR 2000, 731, 734 und *Vogelsang*, Zukunft der Entgeltregulierung, Anhang A, S. 229 f.

75 Z. B. ist die Kenntnis der Kreuzpreiselastizitäten erforderlich.

76 Dessen Durchführung der *WAR* mit der Berücksichtigung des gesamten Tarifgefüges und der „sich darin ergebenden wirtschaftlichen Verschiebungseffekte" fordert. *WAR* Optionstarife, 6.

Tarife für denselben Dienst gegeben – könnte also trotz Bestehens des Zusatzkostentests eine Beeinträchtigung der Wettbewerbsmöglichkeiten durch Predation nicht gänzlich ausgeschlossen werden, wenn der Burden-Test nicht erfüllt ist.

cc) Preisuntergrenzen-Tests in der Praxis. – In der Praxis hat die zuständige Beschluss- **46** kammer die Preisuntergrenzenprüfung[77] mit Hilfe der sog. **„IC+25 %"-Regel** vorgenommen, die wegen der Verwendung der genehmigten Zusammenschaltungsentgelte (IC) für die Kosten der Vorleistung zugleich eine Abstandsregel ist, so dass mit diesem **Zusatzkostentest**[78] zugleich auch ein **Preis-Kosten-Scheren-Test**[79] durchgeführt wurde. Die „IC+25 %"-Regel wurde erstmalig im Beschluss BK2-1-99/35 vom 16. 2. 2000 für die Genehmigung verschiedener Preismaßnahmen im Sprachtelefondienst verwendet und dort ausführlich begründet.[80] Verkürzt gesagt, werden mit den Zusammenschaltungsentgelten die Kosten der Netzinfrastruktur[81] erfasst, während mit den „+25 %" die Vertriebskosten einschließlich der produktnahen (mengenfixen) Gemeinkosten abgedeckt werden.

Die Höhe des Zuschlagsatzes wurde anhand einer **Plausibilitätsbetrachtung** ermittelt, in **47** die sowohl Angaben der DTAG wie der Wettbewerber einflossen, denn auch hier sind nicht die tatsächlichen, sondern nur die einem **effizienten Unternehmen** entstehenden Kosten zu berücksichtigen.[82] Danach wird für die produktbezogenen Vertriebskosten (Produktmanagement, Werbung/Akquisition, Kundenbetreuung) im Mittel ein Wert von 2/3 von 20 % des Umsatzes (= 13,35 %) zugrunde gelegt. Zu diesen sind noch rechnungsbezogene Kosten (Inkasso/Fakturierung und Delkredere) in Höhe von 6,5 % zu addieren, so dass sich „von oben" gerechnet 19,85 %, gerundet 20 % ergeben, was „von unten" gerechnet in etwa 25 % entspricht, weshalb die Beschlusskammer einen **Zuschlag in Höhe von 25 %** auf die Zusammenschaltungsentgelte als Kontrollgröße für den Mindestabstand des auf unzulässige Abschläge zu prüfenden Preises zugrunde legt.[83]

Dieser Zusatzkostentest ist für jede **einzelne** Dienstleistung innerhalb einer preispoliti- **48** schen Maßnahme, wie sie z. B. ein Optionsangebot darstellt, durchzuführen. Das ergibt sich aus dem theoretischen Ansatz (s. o.) und war mit § 27 Abs. 2 Satz 2 und Abs. 3 im TKG 1996 auch rechtlich eindeutig vorgegeben sowie gerichtlich bestätigt.[84] Laut Begründung zum TKG 2004 scheint der Gesetzgeber hier eine Lockerung vorzusehen, da – zwar in Zusammenhang mit der Preis-Kosten-Schere[85] – dort ausgeführt wird, dass dies nicht für jeden einzelnen Tarif gilt, sondern lediglich sicherzustellen ist, dass die Tarife in der Kom-

---

77 Prüfung des Abschlagverbots gemäß § 24 Abs. 2 Nr. 2 TKG 1996.
78 Denn um einen solchen handelt es sich. Hiervon geht auch die Beschlusskammer aus (siehe Fn. 80).
79 S. u. RdNr. 69 und Fn. 132.
80 Vgl. Beschluss BK2-1-99-35, 19-21 des amtlichen Umdrucks sowie RegTP Halbjahresbericht 2000, 79 (im Internet abzurufen unter http://www.bundesnetzagentur.de/media/archive/216.pdf, überprüft 10/2005).
81 Wie oben bei der Darstellung der Preisobergrenze gezeigt ist, auch hier von den Kosten der effizienten Leistungsbereitstellung des Unternehmens mit beträchtlicher Marktmacht auszugehen.
82 Siehe hierzu unten ausführlich unter Punkt 2. b) cc) „Preis-Kosten-Scheren und ihre Behandlung in der Praxis".
83 Vgl. Beschluss BK2-1-99-35, 20 f. des amtlichen Umdrucks oder RegTP Halbjahresbericht 2000, 79.
84 VG Köln 1 L 1213/99 v. 9. 11. 1999, 6 des amtlichen Umdrucks; Vgl. auch BeckTKG-Komm/ *Schuster/Stürmer*, § 24 RdNr. 17–22.
85 Siehe unten Punkt 2. b).

bination von einem effizienten Wettbewerber nachvollzogen werden können.[86] Dies widerspricht allerdings dem Wortlaut sowohl von § 28 Abs. 2 Nr. 1, in dem auf „*das* Entgelt *der betreffenden* Leistung" abgestellt wird, als auch – zumindest für das Einzelgenehmigungsverfahren (§ 32 Nr. 1) – dem von § 32 Abs. 2 TKG 2004, der wortgleich zu § 27 Abs. 2 Satz 1 TKG 1996 vorschreibt, dass die Prüfung „für jedes *einzelne* Entgelt" vorzunehmen ist.

49 Der mit der „IC+25 %"-Regel geprüfte **Preis unterschreitet** bei Bestehen des Tests seine **Zusatzkosten nicht**, enthält aber insofern einen Abschlag in Höhe der sonstigen Gemeinkosten auf die Preisuntergrenze der KeL (s. o.) bzw. des im Price-Cap genehmigten Standardtarifs, weshalb noch zu prüfen ist, ob er eine **Wettbewerbsbeeinträchtigung** darstellt. Wie oben erläutert, ist das der Theorie nach dann **nicht der Fall**, wenn auch die zweite Bedingung des **modifizierten Zusatzkostentests** erfüllt ist[87] und die in der Maßnahme anfallenden Kosten insgesamt getragen werden.

50 Bei **Optionsangeboten** mit Flatelementen ist also neben den mit der „IC+25 %"-Regel geprüften Verbindungsminutenkosten wie z. B. im „10-Cent-Tarif"-Verfahren zu prüfen, ob der Festbetrag („Eintrittsentgelt") ausreicht, die in Abhängigkeit von dem durchschnittlichen Nutzungsverhalten (Gesprächshäufigkeit und -dauer des angesprochenen Kundensegments) zu erwartenden Kosten[88] einschließlich etwaiger Unterdeckungen je Gespräch abzudecken.[89] Nur wenn auch diese Bedingung erfüllt ist, erfolgt keine Quersubventionierung durch andere Kundengruppen, die Maßnahme (das Optionsangebot) ist **subventionsfrei** und **nicht wettbewerbswidrig**.[90, 91]

---

86 Begründung zu § 26 (= § 28 TKG 2004), BT-Drs. 15/2316, S. 67.

87 D. h. der Test soll für jede Leistung einzeln und das Bündel/Optionsangebot gelten. Vgl. *Vogelsang*, MMR 2000, 731, 734.

88 Und eingedenk von Prognoseungenauigkeiten bzw. -unsicherheiten.

89 Vgl. „10-Cent-Tarif"-Beschluss BK2a 04/006 v. 27. 5. 2004, 32 des amtlichen Umdrucks.

90 Während diese Bedingung im Falle des abgelehnten „10-Cent-Tarifs" mit einem Überlassungsentgelt von netto 3,63 € von der Beschlusskammer als verletzt angesehen wurde, wurde die Bedingung im nachgebesserten Optionsangebot des „*Enjoy*-Tarifs" bei 12 Cent und einem Überlassungsentgelt von netto 4,03 € als erfüllt angesehen. Vgl. Beschluss BK2a 04/013 v. 25. 6. 2004 und Pressemitteilung der RegTP v. 28. 6. 2004 (letztere im Internet abzurufen unter http://www.bundesnetzagentur.de, überprüft 10/2005). Das *BKartA* hielt wegen kartellrechtlicher Bedenken (Bezugskonzentration infolge des Charakters eines Gesamtumsatzrabattsystems) beide Tarife für nicht genehmigungsfähig. Insbesondere sei auch (wie vom *WAR* gefordert s.o. Fußnote 76) die Gesamtwirkung der verschiedenen Optionsangebote des *AktivPlus*-Pakets, die jeweils gezielt bestimmte Kundengruppen ansprechen und eine Beeinträchtigung der Wettbewerbsmöglichkeiten darstellen, einzubeziehen (wie dies in der Praxis geprüft werden kann, bleibt allerdings unklar, A.G.). Vgl. „10-Cent-Tarif"-Beschluss BK2a 04/006 v. 27. 5. 2004, 25 f. des amtlichen Umdrucks. Mit der Bezugskonzentration verbunden ist eine erhebliche *Sogwirkung*. Die Beschlusskammer prüfte den Vorwurf der Sogwirkung anhand der Entwicklung der Nutzung der Verbindungsnetzbetreiberauswahl-Möglichkeit, verneinte aber eine Beeinträchtigung der Wettbewerbsmöglichkeiten der Verbindungsnetzbetreiber, da nach wie vor „ein nicht ganz unbeträchtlicher Anteil der *Aktiv-Plus*-Kunden" von der Möglichkeit Gebrauch macht. Vgl. „*Enjoy*-Tarif"-Beschluss BK2a 04/013 v. 25. 6. 2004, 35 f. des amtlichen Umdrucks. Vgl. hierzu auch Stellungnahmen des *VATM* zum „10-Cent-Tarif"-Verfahren v. 6. 5. 2004 und zum „*Enjoy*-Tarif"-Verfahren v. 21. 6. 2004, im Internet abzurufen unter www.vatm.de (überprüft 10/2005). Vgl. zur Bewertung des „10-Cent-Tarif"-Beschlusses auch die Anmerkungen von *Schmidt* (aus Sicht der DTAG), N&R 2004, 127; und *Dahlke* (aus Sicht des VATM), MMR 2004, 571. Die DTAG hat gegen die Ablehnung des „10-Cent-Tarifs" geklagt, verschiedene Wettbewerber gegen die Genehmigung des „*Enjoy*-Tarifs",

Insgesamt wurde mit diesem Ansatz einer **Zusatzkostenprüfung** wie sie die „IC+25%"- **51**
Regel darstellt die jetzige **Dumpingschwelle** nach § 28 Abs. 2 Nr. 1 TKG 2004 **vorweggenommen**[92], weil sowohl in wirtschaftswissenschaftlicher wie rechtlicher Hinsicht zurecht (s. o.) davon ausgegangen wurde, dass ein so geprüfter Preis keine Beeinträchtigung
der Möglichkeiten der Wettbewerber darstellt. Da nun noch die Wesentlichkeitsschwelle
(„*erhebliche* Beeinträchtigung") hinzukommt und der Wortlaut auch weiterhin eine Prüfung des *einzelnen* Entgelts nahe legt, steht einer Fortführung der bisherigen Entscheidungspraxis auf den ersten Blick nichts entgegen[93] und die „IC+25%-Regel bleibt grundsätzlich sowie aus Praktikabilitätserwägungen (siehe nächsten Absatz) zunächst weiterver-
wendbar.

Allerdings handelt es sich bei dieser **Regel** auch um eine in der Praxis entwickelte „Faust- **52**
Formel", die – so die Kritik[94] – nicht systematisch genug bzw. zu statisch[95] sei. Richtig ist
sicher, dass es sich um ein in der Praxis genutztes „**approximatives Verfahren**" handelt,
dessen zugrunde gelegte Annahmen und Werte (s. o.) denn auch von Zeit zu Zeit wegen der
eintretenden **Veränderungen** der Überprüfung[96] und ggf. **Anpassung** bedürfen. Grundsätzlich ist allerdings zu bedenken, dass nur eine sehr detaillierte Kenntnis der relevanten
Kostenelemente (insbesondere des Vertriebsbereichs) wirklich weiterführen wird, deren
Untersuchungsaufwand möglicherweise aber im umgekehrten Verhältnis zum Erkenntnisgewinn steht, zumal auch in der betrieblichen Praxis wegen der generellen Schwierigkeiten

---

Letzteres sogar im Eilverfahren. Das VG Köln hat am 17. 2. (1 L 1871/04) und 18. 2. (1 L 1870/04,
1 L 1918/04, 1 L 2101/04) 2005 die Eilklagen der 01051 Telecom GmbH wegen mangelnder Dritt-
schutzwirkung von § 24 Abs. 1 Nr. 2 TKG 1996 abgewiesen. Auch sei eine erhebliche Beeinträchtigung der Wettbewerbsmöglichkeiten gem. § 19 Abs. 1 und 4 Nr. 1 GWB nicht offensichtlich erkennbar. Vgl. VG Köln, 1 L 1870/04, 3 f., 5 f. des amtlichen Umdrucks.

91 Aufschlussreich ist in diesem Zusammenhang auch ein Vergleich der Beschlüsse des VG Köln (1
L 2594/03 v. 15. 12. 2003) und des OVG NRW (13 B 2624/03 v. 29. 1. 2004) zur Genehmigung des
Flatrate-Optionsangebots „AktivPlus xxl (neu)" durch die RegTP mit Beschluss BK2a-03/12 v.
2. 9. 2003, die zu entgegengesetzten Ergebnissen kommen, weil sie auf Basis verschiedener Tests
argumentieren. Während das VG Köln die Abdeckung der aufgrund der zu erwartenden Nutzung
entstehenden Kosten mit der Flatrate miteinbezieht (vollständiger Zusatzkostentest) und deshalb
die Genehmigung für nicht rechtmäßig hält, geht das OVG NRW von der Rechtmäßigkeit der Genehmigung aus, weil es bereits die Erfüllung der „IC+25%"-Regel als ausreichend ansieht und die
Einhaltung der zweiten Bedingung – Abdeckung der insgesamt zu erwartenden Kosten mit der
Flatrate – nicht mehr prüft. Vgl. TKMR 3/2004, 156 ff.

92 *Vogelsang* geht sogar davon aus, dass eine solche Vorstellung bereits dem § 24 Abs. 2 Nr. 2 TKG
1996 zugrunde liegt. Vgl. *Vogelsang*, MMR 12/2000, 731, 733. Jedenfalls lässt sie sich über die
Prüfung der Beeinträchtigung der Wettbewerbsmöglichkeiten ohne weiteres hineinlesen und entspricht damit den dargestellten neueren wirtschaftswissenschaftlichen Erkenntnissen.

93 Anderer Auffassung *Holznagel/Hombergs/Rosengarten*, die eine Zunahme der Genehmigungen
von Optionsangeboten wegen der Absenkung der Dumpingschwelle erwarten. Vgl. *Holznagel/
Hombergs/Rosengarten*, K&R 2004, 505, 508.

94 Vgl. allgemein zur Kritik an der Beschlusspraxis der RegTP zu Optionstarifen Monopolkommission, Sondergutachten Nr. 39, 56 f., Tz. 133–137, 136 und *Geppert/Ruhle*, MMR 2003, 319,
321 ff.; speziell zur „IC+25%"-Regel *Vogelsang*, N&R 2004, 18, 23, 26; *Müller/Piekarowitz/Rüh-
mer/Sommerberg/Ziegenhagen*, Konsistente Entgeltregulierung, S. 138–141; *Schütze*, CR 2004,
493, 498 ff.

95 Vgl. *Müller/Piekarowitz/Rühmer/Sommerberg/Ziegenhagen*, Konsistente Entgeltregulierung,
S. 139.

96 So ist z. B. zu überprüfen, ob sich die zwischen IC-Entgelten und den mit dem 25%-Aufschlag ab-
gedeckten Kosten unterstellte Kostenrelation verschoben hat. Vgl. *Schütze*, CR 2004, 493, 500.

bei der Operationalisierung (gerade in dem hier betrachteten Vertriebsbereich) häufig mit dergleichen Faustformeln gerechnet wird.[97]

53 Die Ausführungen zur Praxis der Preisuntergrenzenprüfung haben deutlich gemacht, dass es hier hauptsächlich um eine Prüfung der *Kostendeckung* bzw. des Verhältnisses zwischen dem geforderten Preis und den Kosten der Leistungserstellung geht. Auch wird die Preisuntergrenze in § 28 Abs. 2 Nr. 1 explizit unter Bezugnahme auf einen bestimmten Kostenstandard – die langfristigen zusätzlichen Kosten – definiert. Die Einhaltung dieses Standards kann dann aber auch nur anhand einer **Kostenprüfung** vorgenommen werden[98], die deshalb u. a. in Reaktion auf die am Regierungsentwurf zu § 36 (= § 38 TKG 2004) vorgetragene Kritik[99] auch in § 38 Abs. 2 durch Verweis auf ein Vorgehen nach § 33 (Kostenunterlagen) ergänzt worden ist.[100]

54 Auf die Schwierigkeiten einer Kostenprüfung im Rahmen eines Ex-post-Verfahrens geht *Mielke*[101] näher ein. Hierbei sollte jedoch nicht außer Acht bleiben, dass das betroffene Unternehmen im Falle der Preisuntergrenzenprüfung – anders als in Ex-ante-Verfahren – ein Mitwirkungsinteresse haben dürfte, weil es mit dem vorgeschlagenen Preis schnellstmöglich auf den Markt kommen will, so dass dem Regulierer wenigstens die Nachweise zur Überprüfung der den Preiskalkulationen zugrunde gelegten in Abhängigkeit von dem durchschnittlichen Nutzungsverhalten erwarteten Kosten vorliegen sollten.

55 **b) Preis-Kosten-Schere (Abs. 2 Nr. 2). – aa) Definition.** – Mit der expliziten Aufnahme der **Preis-Kosten-Schere** als Vermutungstatbestand für missbräuchliches Verhalten eines Unternehmens mit beträchtlicher Marktmacht in das TKG wird das zentrale Wettbewerbsproblem in einem liberalisierten Markt mit einem vertikal integrierten Netzbetreiber aufgegriffen. Denn ein vertikal integriertes Unternehmen, auf dessen Zugangsleistungen die neu in den Markt eintretenden Betreiber angewiesen sind, um mit diesem im nachgeordneten Endnutzermarkt konkurrieren zu können, hat es in der Hand, die beiden **Preise** so zusammenzudrücken („*squeezing*"), dass der **Abstand** zwischen beiden nicht ausreicht, um einem effizienten Unternehmen eine angemessene Verzinsung des eingesetzten Kapitals auf dem Endnutzermarkt zu ermöglichen. Dieses wird folglich vom Markt ausgeschlossen bzw. verdrängt.

56 Die Definition der Preis-Kosten-Schere als einer **nicht ausreichenden Spanne** (verkürzt gesagt) entstammt nahezu wortgleich Textziffer 118 der Mitteilung der Kommission über

---

97 Interessant ist z. B., dass in den Niederlanden der mit sehr viel größerem methodischen Aufwand ermittelte sog. Retailaufschlag, der Marketing-, Vertrieb-, Billing-, Overhead-, allgemeine und Gemeinkosten eines effizienten Betreibers (stellvertretend werden die KPN-Kosten verwendet) abdecken soll, auf die Netzkosten für alle Zusammenschaltungsverkehrstypen *einheitlich* mit 23 % berechnet wurde (und bis heute unverändert fortgilt). Vgl. *Müller/Piekarowitz/Rühmer/Sommerberg/Ziegenhagen*, Konsistente Entgeltregulierung, S. 134, Anhang D, 218–226 unter Bezugnahme auf OPTA, „Integral tariff regulation for end-user and interconnection services", 26. April 2002, abzurufen unter www.opta.nl/download/memor_tariff_reg_uk_260402.pdf, überprüft 10/2005.

98 Monopolkommission, Sondergutachten Nr. 40, 39 ff., Tz. 81.

99 Vgl. z. B. *Thomaschki*, K&R-Beilage 1/2004, 21, 23 f.

100 Sie war in § 36 Abs. 2 (= § 38 TKG 2004) Regierungsentwurf noch nicht vorgesehen. Insofern ist die Begründung („sofern dieses entsprechende Nachweise vorlegt") überholt. Siehe BT-Drs. 15/2316, 19 und Begründung zu § 36, 70.

101 Siehe § 38 RdNr. 74 ff.

Groebel

die Anwendung der Wettbewerbsregeln auf Zugangsvereinbarungen im Telekommunikationsmärkten.[102] Dort wird das Problem treffend auch als *„zweifacher Preisdruck"* – eben von unten (zu hoher Zugangspreis) und von oben (zu niedriger Endnutzerpreis/e) – bezeichnet. Bei der Preis-Kosten-Schere steht also die **Relation** (der Abstand) zweier Preise auf miteinander verbundenen Märkten[103] verschiedener Wertschöpfungsstufen im Mittelpunkt der Betrachtung[104], denn deren **Missverhältnis** beinhaltet die **wettbewerbswidrige** Wirkung.

In ihrer Entscheidung in einem Verfahren nach Art. 82 EG-Vertrag zu den Entgelten der **57** Deutschen Telekom AG (DT) für Zugangsleistungen im Teilnehmeranschlussleitungsbereich vom 21. 5. 2003 hat die Kommission die Definition wie folgt zugespitzt:

„Eine Kosten-Preis-Schere liegt dann vor, wenn die Summe der monatlichen und einmaligen an DT für den Vorleistungszugang zu entrichtenden Entgelte die Wettbewerber zwingt, ihren Endkunden höhere Entgelte zu berechnen als DT ihren eigenen Endkunden für entsprechende Dienstleistungen in Rechnung stellt. Sind die Vorleistungsentgelte höher als die Endkundenentgelte, können die Wettbewerber der DT unter keinen Umständen Gewinne erzielen, selbst wenn sie zumindest ebenso effizient wie DT sind, da sie neben den Vorleistungsentgelten noch zusätzliche Kosten, z. B. für Marketing, Rechnungsstellung, Inkasso usw. haben."[105]

Mit einer Preis-Kosten-Schere kann das Unternehmen mit beträchtlicher Marktmacht **58** durch entsprechende Preisgestaltung selbst effiziente Wettbewerber vom Markt **ausschließen (foreclosure)** oder **verdrängen** und damit eine Zugangsverpflichtung und mithin die Marktöffnung insgesamt ins Leere laufen lassen. Wenn ein solches wettbewerbsverhinderndes Verhalten nicht ausgeschaltet wird, wäre auf lange Sicht eine Re-Monopolisierung nicht auszuschließen.[106] Sofern das Unternehmen auf dem nachgeordneten Markt keine Marktmacht hat, kann **Marktmacht** aus dem vorgelagerten auf diesen Markt **übertragen** (*leveraging*) werden.

Die entscheidende Größe, auf die sich die Untersuchung richtet, ist also die ein **effizientes 59** Wirtschaften erlaubende **Spanne (effiziente Marge)**, der Abstand zwischen Vorleistungs- und Endnutzerpreis(en), wobei über die erforderliche Höhe dieser Differenz keine einheitliche Meinung besteht.[107] Diese Spanne (Erlösdifferenz, p^e-p^z) muss groß genug sein, die bei der Vervollständigung der Vorleistung zu einem Endnutzerprodukt noch entstehenden Kosten (Retailkosten, k^e) abzudecken, also im Falle einer entbündelten Teilnehmeranschlussleitung muss diese z. B. technisch noch durch Hinzufügen einer sog. Linecard zu

---

102 Mitteilung der Kommission über die Anwendung der Wettbewerbsregeln auf Zugangsvereinbarungen im Telekommunikationsbereich 98/C 265/02 v. 22. 8. 1998.

103 Wegen der für die Produktion der Endnutzerleistungen notwendigen Zugangsleistung.

104 Vgl. z. B. *Groebel*, K&R-Beilage 1/2004, 18, 18 f.

105 Entscheidung v. 21. 5. 2003 (Sache COMP/C-1/37.451, 37.578, 37.579 – Deutsche Telekom AG), ABl. L 263 v. 14. 10. 2003, Tz. 102. Der Präzedenzfall ist Napier Brown / British Sugar (Entscheidung der Kommission 88/518/EWG v. 18. 7. 1988, ABl. L 284 v. 19. 10. 1988), als Präzedenzfall der europäischen Rechtsprechung wird i. d. R. auf United Brands v. 14. 2. 1978 (Rechtssache 27/76, 1978, ECR, I-207) verwiesen.

106 *Beard/Kaserman/Mayo*, On the impotence of imputation, Telecommunications Policy Vol. 27 (2003), 585, 586.

107 Vgl. *Müller/Piekarowitz/Rühmer/Sommerberg/Ziegenhagen*, Konsistente Entgeltregulierung, S. 131, Fn. 121.

einem Anschluss vervollständigt werden. Außerdem fallen die gängigen Vertriebskosten einschließlich (produktnaher) Gemeinkosten an.[108]

60 **bb) Preis-Kosten-Scheren und ihre Behandlung in der Theorie.** – Die wirtschaftswissenschaftliche Literatur zu diesem Thema ist inzwischen nahezu unüberschaubar[109], was dessen große Bedeutung unterstreicht. Eine zu geringe Spanne (d. h. eine Preis-Kosten-Schere) kann auf drei Ursachen zurückgeführt werden[110]:

– ein zu hoher Vorleistungs(Zugangs)preis,
– ein zu niedriger Endnutzerpreis(e)[111],
– eine Kombination aus beiden.

61 D. h. im ersten Fall steht ein Ausbeutungs-, im zweiten Fall ein Behinderungsmissbrauch und im dritten Fall beides gleichzeitig hinter der Preis-Kosten-Schere. Das missbräuchliche Verhalten schlägt sich jedenfalls in allen drei Fällen in einer **nicht** zur Deckung der (effizienten) Retailkosten (k^e) **ausreichenden Marge** ($p^e–p^z < k^e$)[112] nieder, was eine Quersubventionierung[113] zwischen Zugangs- und Endnutzerleistung bedeutet und bestimmte für den empirischen Nachweis[114] nutzbare Implikationen hat.

62 Bei gegebenem Endkundenpreis macht das marktmächtige Unternehmen **Verluste** im eigenen Endnutzergeschäft, wenn es die Vorleistungen zu demselben Preis (p^z) bezieht wie der den Wettbewerbern in Rechnung gestellte[115], d. h. die rechnerische Marge ($p^e–(p^z + k^e)$) < 0) ist negativ. Daraus ließe sich auch schließen, dass das marktmächtige Unternehmen sich dann (offenbar) selbst intern einen besseren Preis in Rechnung stellt, mit anderen Worten ein Verstoß gegen das Gleichbehandlungsverbot (interner ≠ externer Preis) vorliegt.

---

108 Vgl. zu den verschiedenen Kostenarten detailliert *Gerpott/Winzer*, K&R 2004, 162, 166.

109 Stellvertretend seien deshalb aus der Vielzahl der Veröffentlichungen nachfolgend einige Beiträge, die sich insbesondere auf die Problematik für den Telekommunikationsmarkt beziehen, genannt: *Cave*, MMR-Beilage 10/2003, 15; *Arnbak/Vrijmoet*, Price Squeeze-Problems and Initial Solutions in the Dutch Telephony Market, in: *Neumann* u. a. (Hrsg.), Price Regulation, WIK Proceedings Nr. 8 – 2002, 21; *Canoy/de Bijl/Kemp* (2002); *Cave*, Remedies for Broadband Services, Paper prepared for DG InfoSoc, September/Nov. 2003, im Internet abzurufen unter http://europa.eu.int/information_society/policy/doc/info_centre/studies_ext_consult/economic_expert_group/broadband%20_cave.pdf, überprüft 10/2005; *Cave/Majumdar/Vogelsang* (Hrsg.), Handbook of Telecommunications Economics, North-Holland 2001; *Laffont/Tirole*, Competition in Telecommunications, MIT Press 2000.

110 Vgl. hierzu und im Folgenden *Canoy/de Bijl/Kemp*, Access to telecommunications networks, 25 ff.; *European Commission*, Pricing issues in relation to unbundled access to the local loop, Dokument ONPCOM 01-17rev1 v. 29. 6. 2001, im Internet abzurufen unter http://forum.europa.eu.int/Public/irc/infso/onp/library?l=/onp_doc_2001&vm=detailed&sb=Title (überprüft 22. 8. 2004), 5 ff.

111 Bzw. ebenfalls zu prüfende Preise anderer Vorleistungen (anderer Zugangsmöglichkeiten). Vgl. z. B. *Cave*, MMR-Beilage 10/2003, 15, 18.

112 M. a. W. die (zusammengefassten) Kosten sind höher als der Endnutzerpreis: $p^z + k^e > p^e$.

113 Bei der über den Preis der Zugangsleistung die Preise der Endnutzer des marktmächtigen Unternehmens quersubventioniert werden.

114 Vgl. Mitteilung der Kommission über die Anwendung der Wettbewerbsregeln auf Zugangsvereinbarungen im Telekommunikationsbereich 98/C 265/02 v. 22. 8. 1998, Tz. 117; sowie ONPCOM01-17rev1 (Fn. 110) 5.

115 Vgl. z. B. *Arnbak/Vrijmoet* (Fn. 109) 24.

Alternativ lässt sich auch sagen, dass die **Differenz nicht** die **Retailkosten reflektiert** ($p^e - p^z \neq k^e$) und kleiner ist als diese.[116]

Für die Überprüfung sind die drei Größen (p^e, p^z, k^e) zu untersuchen, nach dem die **sachlich**   63
relevanten Märkte bestimmt worden sind. Für den Zugangsmarkt als Ausgangspunkt, an
dem der Hebel angesetzt wird, ist dies vergleichsweise einfach, denn in der Regel dürfte es
sich um den Markt für eine bestimmte Vorleistung wie z. B. den Zugang zur Teilnehmeranschlussleitung handeln. Schwieriger ist es, die zugehörigen Endnutzerleistungen zu erfassen, denn generell können durch Vervollständigung der Zugangsleistung mehrere Typen
von Endnutzerprodukten erstellt werden[117], wie z. B. aus der Teilnehmeranschlussleitung
sowohl analoge wie ISDN- wie auch andere Anschlusstypen hergestellt werden können. Es
besteht also nicht zwingend nur eine 1 : 1-Relation, sondern es wird in den meisten Fällen
so sein, dass es zu einer **Zugangsleistung mehrere korrespondierende Endnutzerleistungen gibt.**

Für die Untersuchung einer Preis-Kosten-Schere ist die **Vergleichbarkeit** der Leistungen   64
auf Vorleistungs- und Endnutzermarkt ausschlaggebend.[118] Das bedeutet, dass die korrespondierenden Endnutzerleistungen (im Beispiel die an Endnutzer verkauften Zugangsdienste) nur dann in einen sachlich relevanten Markt zusammengefasst werden können,
wenn die dort angebotenen Leistungen aus Sicht der Endnutzer (Nachfrager) austauschbar
sind wie dies zum Beispiel für verschiedene Anschlusstypen der Fall ist, nicht hingegen
zwischen Anschlüssen und Verbindungsleistungen[119], so dass ein gewichteter[120] Durchschnitt der Preise aller zugehörigen (vergleichbaren) Endnutzer-*Zugangs*leistungen[121] als
für den Abstandstest relevante Endnutzerpreisgröße (p^e) zu bilden ist.

Hinter diesem „**gewichteten Ansatz**"[122] steht die Vorstellung, dass es dem Wettbewerber   65
möglich sein muss, die Kundenstruktur des marktmächtigen Unternehmens nachzubilden,
sich also nicht nur mit einer besseren Kundenstruktur im Markt behaupten kann, sondern
er mit demselben Korb (*basket*[123]) konkurrenzfähig ist. Dies entspricht auch der Forderung
„dass Price-Squeeze-Tests mindestens auf dem Aggregationsniveau wettbewerblich relevanter Märkte stattfinden [sollten]".[124] Nur hierauf kann sich dann der Hinweis in der Gesetzesbegründung beziehen, dass „es nicht notwendig [ist], dass dies für jeden einzelnen

---

116 Vgl. z. B. ONPCOM01-17rev1 (Fn. 110) 5.

117 Das ist sogar gerade der angestrebte Zweck insbesondere entbündelter Zugangsleistungen.

118 Entscheidung v. 21. 5. 2003 (Sache COMP/C-1/37.451, 37.578, 37.579 – Deutsche Telekom AG),
ABl. L 263 v. 14. 10. 2003, Tz. 109.

119 Das schließt eine Quersubventionierung von Anschlüssen durch Verbindungsleistungen aus. Entscheidung v. 21. 5. 2003 (Sache COMP/C-1/37.451, 37.578, 37.579 – Deutsche Telekom AG),
ABl. L 263 v. 14. 10. 2003, Tz. 119 f.

120 Mit den Anteilen der verschiedenen Anschlusstypen im Endnutzermarkt.

121 Wobei *alle Zugangs*leistungen, aber eben *nicht* die Verbindungsleistungen, einbezogen wurden,
was in der DT-Entscheidung der Kommission mit einer Segmentierung der Endnutzer-Zugangs-
leistungen in zwei Märkte – einen für Schmalband- und einen für Breitband-Zugangsleistungen –
einherging. Vgl. Entscheidung v. 21. 5. 2003 (Sache COMP/C-1/37.451, 37.578, 37.579 – Deutsche Telekom AG), ABl. L 263 v. 14. 10. 2003, Tz. 73.

122 Entscheidung v. 21. 5. 2003 (Sache COMP/C-1/37.451, 37.578, 37.579 – Deutsche Telekom AG),
ABl. L 263 v. 14. 10. 2003, Tz. 111.

123 „delivering a *basket* of downstream *comparable retail services*", ONPCOM01-17rev1, a. a. O.
(Fn. 110), 7 [Hervorhebung nur hier, A.G.].

124 *Neumann*, WIK-Newsletter Nr. 54/2004, 1, 2, Tz. 9.

Tarif gilt, sondern nur sichergestellt ist, dass effiziente Konkurrenten des Unternehmens mit beträchtlicher Marktmacht diese Tarife in Kombination nachvollziehen können, ohne Verluste zu machen.[125] *Kombination* ist hier also im Sinne **vergleichbarer** zugehöriger Endnutzerleistungen zu verstehen[126], darf aber wegen der Quersubventionierungsgefahr keinesfalls auf sachlich nicht relevante (nicht verbundene) Märkte wie z. B. Verbindungsleistungen ausgeweitet werden.

66 Zur Ausschaltung eines Ausbeutungsmissbrauchs als Ursache einer Preis-Kosten-Schere wird bei der Überprüfung, ob das Unternehmen mit beträchtlicher Marktmacht bei Bezug zu dem den Wettbewerbern für die Vorleistung in Rechnung gestellten Preis selbst Verluste erleidet, das (normalerweise) ex-ante regulierte **Zugangsentgelt** (p^z, im Beispiel das Entgelt für den Zugang zur entbündelten Teilnehmeranschlussleitung oder wie oben die genehmigten Zusammenschaltungsentgelte) in die Formel **eingesetzt**, das für die Kosten der *effizienten* Erstellung der Vorleistung steht. Damit werden rechnerisch (externe) Wettbewerber und (interner) Endkundenbereich des Unternehmens mit beträchtlicher Marktmacht für den Vorleistungsbezug auf dieselbe Basis gestellt. Dieses Vorgehen ist in der Literatur unter dem Begriff der **Imputation**[127] bekannt.

67 Als letzter Prüfschritt sind schließlich die Endnutzerpreise vergleichbarer Zugangsleistungen und der für die Vorleistung eingesetzte kosteneffizient regulierte Zugangspreis einander gegenüberzustellen, um zu einer Aussage über das Vorliegen einer Preis-Kosten-Schere zu kommen, denn entscheidend ist die **Erlösdifferenz** ($p^e - p^z$). Diese muss ausreichen, um die noch zur Vervollständigung zu einem Endkundenprodukt anfallenden zusätzlichen Kosten[128] (k^e) zu decken. Ansonsten liegt eine **Quersubventionierung** vor, d. h. die Erlöse decken nicht die zusätzlichen Kosten der Leistungserstellung. Die Unterdeckung würde im vorliegenden Fall jedoch nicht von einer anderen Endkundengruppe getragen, sondern von den Nachfragern der Zugangsleistung. Das hat einen besonders **wettbewerbswidrigen** Effekt, da die externen Nachfrager – die Wettbewerber – ihre Verdrängung selbst finanzieren, indem sie die Endnutzerpreise des marktmächtigen Unternehmens quersubventionieren!

68 Der einfachste Fall ist gegeben, wenn der **Vorleistungspreis höher** ist als die entsprechenden **Endnutzerpreise**. Dann ist die Spanne automatisch negativ ($p^z > p^e \Rightarrow p^e - p^z < 0$). In diesem Fall können die Wettbewerber unter keinen Umständen profitabel arbeiten[129] und werden über kurz oder lang aus dem Markt gedrängt. Eine Kosten-Preis-Schere liegt vor und es bedarf keiner Prüfung der Retailkosten mehr.[130] Dies ist hingegen immer dann erforderlich, wenn die Marge positiv ist. Dann ist zu prüfen, ob diese ausreicht, die Retailkosten

---

125 Begründung zu § 26 (= § 28 TKG 2004), BT-Drs. 15/2316, 67.

126 D. h. z. B., dass der Preis für den Zugang zur Teilnehmeranschlussleitung nicht nur dem Preis des analogen Telefonanschlusses, sondern einem der Kundenstruktur entsprechenden Durchschnitt der Endnutzerpreise aller Anschlusstypen (analog, ISDN, ADSL etc.) gegenüberzustellen ist.

127 Siehe hierzu auch kritisch *Beard/Kaserman/Mayo*, On the impotence of imputation, Telecommunications Policy Vol. 27 (2003), 585.

128 Alle zur Vervollständigung zum Endkundenprodukt notwendigen Kosten werden im Folgenden kurz als „Retailkosten" bezeichnet.

129 Vgl. Entscheidung v. 21. 5. 2003 (Sache COMP/C-1/37.451, 37.578, 37.579 – Deutsche Telekom AG), ABl. L 263 v. 14. 10. 2003, Tz. 102.

130 Vgl. Entscheidung v. 21. 5. 2003 (Sache COMP/C-1/37.451, 37.578, 37.579 – Deutsche Telekom AG), ABl. L 263 v. 14. 10. 2003, Tz. 138.

zu decken. Hierfür ist eine Bestimmung der Retailkosten (k^e) erforderlich, was wie vorher gezeigt (s. o.) mit Schwierigkeiten verbunden ist.

cc) Preis-Kosten-Schere und ihre Behandlung in der Praxis. – Wie unter bb) abgelei- **69** tet, ist eine **Preis-Kosten-Schere** durch **Quersubventionierung zwischen Zugangs- und Endnutzerleistungspreis** gekennzeichnet. Wenn nun für den Vorleistungspreis das kosteneffizient regulierte Zugangsentgelt[131] eingesetzt wird („Imputation"), lässt sich die Quersubventionierung eindeutig auf zu niedrige Endnutzerpreise zurückführen. Damit kann für den Nachweis auf die Ausführungen zur Überprüfung des Dumpings zurückgegriffen und der bereits oben betrachtete **Zusatzkostentest** nach der **Imputation** als **Preis-Kosten-Scheren-Test (Margin-Squeeze-Test)** verwendet werden.[132] Ein Nicht-Bestehen bedeutet, dass auch effiziente Wettbewerber vom Markt ausgeschlossen werden können.[133]

Es ist nun zu diskutieren, welche **Retailkosten** der Betrachtung zugrunde zu legen sind. In **70** ihrer Entscheidung gegen die Deutsche Telekom werden wie im Wettbewerbsrecht üblich mit den produktspezifischen Kosten die *tatsächlichen* Kosten des Unternehmens mit beträchtlicher Marktmacht[134] verwendet.[135] *Gerpott/Winzer* ermitteln die durchschnittlichen Kosten alternativer Teilnehmernetzbetreiber und greifen dabei ebenfalls auf *tatsächliche* Kosten zurück.[136,137] Beides wird dem Wortlaut des Gesetzes nicht gerecht, das von einem „effizienten Unternehmen" spricht, dass wie die Begründung konkretisiert „im Endkundenbereich" eine angemessene Verzinsung erwirtschaften können soll.[138] Ebenso spricht § 30 Abs. 5 von einem „*effizienten* Anbieter".[139]

---

131 Was einen Ausbeutungsmissbrauch wegen eines zu hohen Vorleistungspreises und auch ein aus der Kombination folgendes missbräuchliches Verhalten ausschließt (unterstellt der Regulierer arbeitet diesbezüglich fehlerfrei).

132 So z. B. auch die Monopolkommission, die speziell bezogen auf die „IC+25%"-Regel davon ausgeht, dass Abschläge im Sinne von § 24 Abs. 2 Nr. 2 TKG 1996 nur bei einer Verletzung der Regel zu einer Preis-Kosten-Schere führen. Monopolkommission, Sondergutachten Nr. 39, Tz. 146.

133 Vgl. *Vogelsang*, MMR 2000, 731, 734.

134 Insofern ist die Aussage von *Ruhle/Schuster* in ihrer Analyse der Entscheidung, dass ein Vergleich zwischen den „durchschnittlichen Kosten, die *alternativen Teilnehmernetzbetreibern* entstehen, …, und den durchschnittlichen Endkundenentgelten der DTAG" gemacht würde, schlichtweg falsch. Vgl. *Ruhle/Schuster*, MMR 2003, 648, 652 [Hervorhebung nur hier, A.G.].

135 Vgl. Entscheidung v. 21. 5. 2003 (Sache COMP/C-1/37.451, 37.578, 37.579 – Deutsche Telekom AG), ABl. L 263 v. 14. 10. 2003, Tz. 155 f.

136 Vgl. *Gerpott/Winzer*, K&R 2004, 162, 166 f.; *Gerpott*, K&R 2005, 108, 114.

137 Die italienische Regulierungsbehörde *AGCOM* löst das Problem, dass sich tatsächliche Kosten des marktmächtigen Unternehmens und seiner Wettbewerber unterscheiden können, indem sie eine zusätzliche Prüfung durchführt, wenn der Preis des Endnutzerangebots des marktmächtigen Unternehmens zwar dessen Zusatzkosten übersteigt (also der Zusatzkostentest bestanden wurde), aber unterhalb der Kosten der Wettbewerber liegt. Vgl. *AGCOM*, Präsentation vor dem COCOM-Ausschuss am 17. 9. 2002 „Non-discrimination and price squeeze/margin squeeze", im Internet abzurufen unter http://forum.europa.eu.int/Public/irc/infso/cocom1/library?l=/presentations&vm=detailed&sb=Title (überprüft 10/2005). Eine solche zusätzliche Prüfung könnte u. U. für die Beurteilung der Erheblichkeit der Beeinträchtigung der Wettbewerbsmöglichkeiten herangezogen werden.

138 Begründung zu § 26 (= § 28 TKG 2004), BT-Drs. 15/2316, 67.

139 Und auch die Mitteilung spricht von einem „hinreichend *effizienten* Diensteanbieter". Vgl. Mitteilung der Kommission über die Anwendung der Wettbewerbsregeln auf Zugangsvereinbarungen im Telekommunikationsbereich 98/C 265/02 v. 22. 8. 1998, Tz. 118, [Hervorhebung nur hier, A.G.].

71   Für den **telekommunikationsrechtlichen Preis-Kosten-Scheren-Test** ist somit sowohl dem Gesetzeswortlaut wie der wirtschaftswissenschaftlichen Logik nach eindeutig auf die Kosten eines **effizienten** Unternehmens abzustellen. Das bedeutet konsequenterweise dann auch, dass auf die sich im Endnutzermarkt langfristig als Gleichgewichtspreis durchsetzenden Kosten des effizientesten Anbieters abzustellen ist.[140] Die Verwendung eines zwischen den verschiedenen Wertschöpfungsstufen **einheitlichen** Kosten- bzw. Effizienzbegriffes[141] ergibt sich schließlich schon allein aus **Konsistenzgründen** (s. o.).

72   Wie gezeigt, folgt schon aus dem Wortlaut, dass die Kosten eines **effizienten Unternehmens** und nicht die eines **Wettbewerbers** zu verwenden sind. Das bedeutet auch, dass Größenvorteile des Unternehmens nicht künstlich klein gerechnet werden können, indem z. B. nur mit einem geringeren Marktanteil im Endnutzermarkt kalkuliert wird, um den Effekt einer *„self-fulfilling prophecy"* in einem Wachstumsmarkt wie z. B. dem Breitbandzugangsmarkt zu verhindern.[142] Hier bestünde außerdem die Gefahr, dass der Regulierer Marktanteile vorgibt, d. h. die Herausbildung der künftigen Marktstruktur nicht den Marktkräften überlässt, sondern selbst die Verteilung vornimmt.

73   § 28 Abs. 2 Nr. 2 definiert den Abstand somit als **effiziente Marge**, deren Einhaltung die Behörde zu überprüfen hat. Zur Sicherstellung der Verwendung des genehmigten kosteneffizienten Zugangspreises als internen Verrechnungspreis hat die Behörde die Möglichkeit, dem Unternehmen mit beträchtlicher Marktmacht eine Verpflichtung zur **getrennten Rechnungsführung**[143] nach § 24 aufzuerlegen.[144]

74   Die Kommission stellte in der bereits zitierten Entscheidung gegen die DT v. 21. 5. 2003 eine Preis-Kosten-Schere für Zugangsleistungen im Teilnehmeranschlussleitungsbereich fest[145], die sie darauf zurückführte, dass die DT den ihr im **Price-Cap** für die Sprachtelefondienstleistungen zur Verfügung stehenden **Preissetzungsspielraum nicht nutzte**, um die vorhandene Preis-Kosten-Schere zu beheben.[146] Auch die *Monopolkommission* hat in mehreren Sondergutachten kritisiert, dass der DT durch die **verschiedenen** nebeneinander her bestehenden **Arten der Genehmigung** – einerseits das Price-Cap-Verfahren für die Endnutzerentgelte, andererseits das Einzelgenehmigungsverfahren für das Zugangsentgelt zur entbündelten Teilnehmeranschlussleitung – **Missbrauchsmöglichkeiten** eröffnet werden.[147] Wie

---

140 Bei einem nationalen Markt sind dies die volkswirtschaftlichen KeL.

141 Vgl. hierzu auch Monopolkommission, Sondergutachten Nr. 39, Tz. 147–149.

142 Vgl. zu letzterem *Cave*, MMR-Beilage 10/2003, 15, 18; sowie zum Vorschlag mit fiktiven Marktanteilen zu rechnen *ERG* Common Position on Remedies (2004), Annex, 121 ff.

143 Diese Möglichkeit wird auch in Tz. 117 der Mitteilung empfohlen. Vgl. Mitteilung der Kommission über die Anwendung der Wettbewerbsregeln auf Zugangsvereinbarungen im Telekommunikationsbereich 98/C 265/02 v. 22. 8. 1998, Tz. 117. Sie ist Bestandteil der bereits erwähnten Preis-Kosten-Scheren-Tests der italienischen Regulierungsbehörde *AGCOM*. Vgl. *AGCOM* (Fn. 137).

144 Vgl. hierzu ausführlich § 24.

145 Vgl. Entscheidung v. 21. 5. 2003 (Sache COMP/C-1/37.451, 37.578, 37.579 – Deutsche Telekom AG), ABl. L 263 v. 14. 10. 2003, Tz. 153, 161.

146 Vgl. Entscheidung v. 21. 5. 2003 (Sache COMP/C-1/37.451, 37.578, 37.579 – Deutsche Telekom AG), ABl. L 263 v. 14. 10. 2003, Tz. 164 ff..

147 Vgl. Monopolkommission, Sondergutachten Nr. 33, 82 ff., Tz. 125 ff.; Monopolkommission, Sondergutachten Nr. 39, 59 ff., Tz. 142 ff., wobei die Monopolkommission entgegen obiger Vorgehensweise der Kommission nur eine Gegenüberstellung mit dem Endkundenpreis für den analogen Telefonanschluss und nicht mit einem Durchschnittspreis aller Anschlusstypen vornimmt.

oben unter § 27 RdNr. 29–31 ausführlich erläutert wurde, ist diesem Problem mit dem Konsistenzgebot und den Price-Cap-Regelungen hinlänglich Rechnung getragen worden.

Darüber hinaus bedeutet jedoch die Einführung der Preis-Kosten-Schere als **eigener** Vermutungstatbestand, den das Kartellrecht – und auch das TKG 1996 – in dieser Form so nicht kennt[148] (bzw. kannte), der Vorleistungs- und Endnutzerentgelte **systematisch** miteinander **verknüpft**, dass nunmehr bei preispolitischen Maßnahmen des Unternehmens mit beträchtlicher Marktmacht **routinemäßig Preis-Kosten-Scheren-Tests** von der Behörde durchgeführt werden können[149] und auch sollten.[150] Wegen der von Preis-Kosten-Scheren ausgehenden **besonders wettbewerbswidrigen** Wirkung ist eine **strikte Auslegung** des durchgeführten Tests geboten.[151] Bezüglich der Schwierigkeiten der Kostenprüfung für Preisuntergrenzen wird auf das hierzu oben unter Punkt IV. 2. a) Gesagte verwiesen. **75**

c) Ungerechtfertigte Bündelung (Abs. 2 Nr. 3). – aa) Definition. – Bei einem **Bündelangebot** werden dem Kunden mehrere Dienste **gemeinsam** verkauft, d. h. die Dienste können nicht einzeln erworben werden (*reine* Bündelung) oder nur mit einem Preisnachteil (**gemischte** Bündelung). Die Bündelungsproblematik ist im Grundsatz vergleichbar mit dem oben bereits behandelten Dumping bei Optionstarifen, Flatrates oder zweigeteilten Tarifen.[152] Hinzu kommt neben der Bestimmung der Preisuntergrenze des **Bündels** noch die Zusammenstellung der Einzelbestandteile zum Bündel, woran sich die Frage der **Nachbildbarkeit** des Bündels durch die Wettbewerber anschließt. Wegen der grundsätzlichen Trennbarkeit in die Einzelleistungen sind dann auch deren Preise in der Aufsummierung (**Adding-up-Regel**) zu prüfen. **76**

Auch hier ergibt sich wie bei der Preisuntergrenzenbestimmung die grundsätzliche Schwierigkeit, dass nicht jede Bündelung von Produkten per se wettbewerbsschädlich ist[153], denn Produktbündel können bei Komplementarität von den Nachfragern durchaus bevorzugt werden, d. h. sie sind Ausdruck von Bündelungsvorteilen.[154] Problematisch wird eine **Bündelung** dann, wenn auch *effiziente* Wettbewerber **nicht** in der Lage sind, das **Bündelprodukt** zu **vergleichbaren Konditionen** am Markt anzubieten.[155] Dies entspricht einem wettbewerbsrechtlich **unzulässigen Koppelungsgeschäft**.[156] **77**

---

148 Vgl. *Junghanns*, WuW 2002, 567, 567.

149 Und zwar unabhängig davon, um welche Art von Maßnahme – Vorleistungs- oder Endnutzerentgelte – es sich handelt.

150 Neben den o. a. Preis-Kosten-Scheren-Tests der *AGCOM* in Italien (s. o. Fn. 137) ist in den Niederlanden ein solches Konzept von Preis-Kosten-Scheren-Tests bereits seit längerem v. a. für die Verbindungsleistungen (Zusammenschaltungsleistungen) implementiert. Vgl. *OPTA*, Bijlagen Prijssqueezetoets 1 augustus 2002, im Internet abzurufen unter http://www.opta.nl/download/bijlagen_pstoets_230702.pdf, überprüft 10/2005; zum Konzept *OPTA en NMa*, Richtsnoeren prijssquezze 28 februari 2001, im Internet abzurufen unter http://www.nmanet.nl/nederlands/home/actueel/publicaties/richtsnoeren/richtsnoeren_prijssqueeze_opta_nma.asp (überprüft 10/2005) und *Arnbak/Vrijmoet* (Fn. 109), 34 f.

151 Vgl. *Neumann*, WIK-Newsletter 54/2004, 1, 2, Tz. 9.

152 Vgl. hierzu insbesondere *Vogelsang*, N&R 2004, 18, 19. Vgl. auch *Koenig/Braun*, K&R-Beilage 2/2002, 1, 3.

153 Vgl. *Vogelsang*, N&R 2004, 18, 26.

154 Vgl. Begründung zu § 26 (= § 28 TKG 2004), BT-Drs. 15/2316, S. 67.

155 § 28 Abs. 2 Nr. 3 S. 2 und Begründung zu § 26 (= § 28 TKG 2004), BT-Drs. 15/2316, S. 67.

156 Vgl. hierzu *Immenga/Mestmäcker/Möschel*, GWB, § 19 RdNr. 133 f.; sowie speziell bezogen auf den Vermutungstatbestand nach § 28 Abs. 2 Nr. 3 TKG *Holznagel/Hombergs/Rosengarten*, K&R

78 Durch Bündelung kann **Marktmacht übertragen** (*leveraging*) werden, wenn Einzelprodukte unterschiedlicher Wettbewerbsintensität gebündelt werden.[157] Dies ist insbesondere dann der Fall, wenn durch die preisliche[158] oder technische Ausgestaltung Anreize gesetzt werden, das Bündel anstelle der Einzelleistungen zu beziehen[159], so dass die Nachfrage nach diesen von den Märkten abgezogen wird, wodurch die Möglichkeiten der Wettbewerber dort beeinträchtigt werden. Bündelangebote entfalten somit tendenziell eine **Sogwirkung**, die übermäßig werden kann und auf die **Verdrängung** der Wettbewerber zielt. Des weiteren erhöhen sie die Wechselkosten der Nachfrager. Besonders kritisch sind Bündelungen auch dann zu betrachten, wenn das Unternehmen mit beträchtlicher Marktmacht die **Vorleistungen** für die Wettbewerber bereitstellt, weil sich hier wieder die Gefahr einer Preis-Kosten-Schere einstellt und dadurch Marktzutrittsschranken erhöht bzw. geschaffen werden können.[160] Ebenfalls problematisch ist, wenn durch die Bündelung von regulierten und nichtregulierten Leistungen versucht wird, die **Regulierung** zu **umgehen**.[161]

79 **bb) Bündelungsproblematik in der Theorie.** – In der wirtschaftswissenschaftlichen Theorie sind neben dem auch hier anzuwendenden **Zusatzkostentest** zur Überprüfung der **Preisuntergrenze des Bündels und der Einzelpreise** weitere Tests zur Beurteilung der Wettbewerbsbeeinträchtigung entwickelt worden. Der Zusatzkostentest ist auch hier relevant, da ein Nichtbestehen **Quersubventionierung** innerhalb des Bündels anzeigt, die für die wettbewerbsbeeinträchtigende Hebelwirkung genutzt wird. Der Test muss sowohl von den Einzelleistungen wie dem Bündel in seiner Gesamtheit erfüllt werden, denn jeder Dienst muss seine Zusatzkosten tragen, und mit dem Bündelpreis müssen die Gemeinkosten des Bündels abgedeckt werden.[162] Insofern mit dem **Bündel** i. d. R. Extrarabatte verbunden sind, fällt die **Erfüllung der Bedingung** für den **Bündelpreis** u. U. **schwerer** als für die Einzelteile.[163]

2004, 505, 509 ff. Die einschlägigen EuGH-Entscheidungen sind Tetra Pak II (EuGH, Slg. 1996, I-5951, s. o. Fn. 62) und Hilti (EuG, Rs. T-30/89, Slg. 1991, II-1439, EuGH, Rs. C-53/94, Slg. 1994, I-667). *Koenig/Braun* weisen zu Recht darauf hin, dass es hierbei v. a. um die Übertragung von Marktmacht in *benachbarte* Märkte geht, was im neuen Rechtsrahmen speziell als Kriterium bei der Feststellung, ob ein Unternehmen über beträchtliche Marktmacht verfügt, mit Art. 14 (3) RRL aufgenommen wurde. Vgl. *Koenig/Braun*, K&R-Beilage 2/2002, 1, 9.

157 Vgl. zu den Wettbewerbsproblemen von Bündelangeboten auch *Monopolkommission*, Sondergutachten Nr. 33, 137 ff., Tz. 201 ff., 202; *Koenig/Braun*, K&R-Beilage 2/2002, 1, 2 ff. Ein Beispiel hierfür war der von der zuständigen Beschlusskammer untersagte „*Talk2Friends*-Tarif", bei dem City-Verbindungen mit der Verpflichtung zur Abnahme des ISDN-Anschlusses gekoppelt waren. Vgl. Beschluss BK2c-00/026 v. 10. 11. 2000, in Auszügen abgedruckt in MMR 3/2001, 197, zur Klassifizierung als Kopplungsgeschäft siehe insbesondere 199. Bei diesem Tarif hat die DTAG auch deshalb einen strukturellen Vorteil, weil mit dem Tarif Netzexternalitäten ausgenutzt werden können, die naturgemäß umso größer sind, je mehr Teilnehmer das Angebot nutzen (können), was sich in einem steigenden Rabatt niederschlägt, der von Wettbewerbern nicht in gleicher Weise nachvollzogen werden kann. Diese Benachteiligung werten *Koenig/Braun* als „eine sehr subtile Form der *Diskriminierung*". Vgl. *Koenig/Braun*, K&R-Beilage 2/2002, 1, 6 [Hervorhebung im Original].

158 Also etwa wenn der Bündelpreis unter den Preisen für die Einzelleistungen liegt.

159 Vgl. *Holznagel/Hombergs/Rosengarten*, K&R 2004, 505, 509.

160 Vgl. *Vogelsang*, N&R 2004, 18, 21 f.

161 *Koenig/Braun*, K&R-Beilage 2/2002, 1, 3, z. B. durch die Bündelung von Sprachtelefon- und Internetdienstleistungen.

162 Vgl. *Vogelsang*, N&R 2004, 18, 21.

163 Vgl. *Vogelsang*, MMR 2000, 731, 734, insbesondere Fn. 12.

Eine Indikation kann relativ einfach die **Adding-up-Regel**[164] liefern. Diese besagt, dass die **80** Summe der Einzelpreise den Bündelpreis nicht übersteigen darf. Wenn der Bündelpreis unter der Summe der Einzelpreise liegt, muss der Abschlag mit Kostenersparnissen, die etwa durch die gemeinsame Vermarktung der Einzelleistungen als Bündel entstehen, nachgewiesen werden. Sie können eine sachliche **Rechtfertigung** darstellen. Dies setzt voraus, dass das Unternehmen mit beträchtlicher Marktmacht gezwungen ist, den Kostenvorteil an die Kunden weiterzugeben, was wiederum nur dann der Fall sein wird, wenn die Wettbewerber das Bündel mittels geeigneten **Vorleistungsbezugs**[165] zu vergleichbaren Konditionen **nachbilden** können, sofern es sich um **effiziente Sortimentsanbieter** handelt.

Die Neutralität gegenüber effizienten Geschäftsmodellen impliziert jedoch auch, dass **81** nicht nur Sortimentsanbieter die Möglichkeit zu einem konkurrenzfähigen Angebot haben müssen, sondern dass auch **Spezialanbieter** in die Lage versetzt werden müssen, im Markt zu konkurrieren. Letzteres bedeutet, dass ein **Nutzer** sich das **Bündel selbst** aus den separat von Spezialanbietern bezogenen Einzelleistungen **zusammenstellen** können muss, ohne dass die Kombination gegenüber dem Kauf des Bündels nachteilig ist.[166] Die Nachbildbarkeit bzw. Nutzerkombination bezieht sich sowohl auf die Dienste wie die Preise, d. h. nur die (weniger wettbewerbsschädliche[167]) *gemischte* Bündelung ist statthaft.[168]

cc) Bündelungsproblematik in der Praxis.[169] – Mit dem Vermutungstatbestand der sach- **82** lich **ungerechtfertigten Bündelung** (§ 28 Abs. 2 Nr. 3) ist es nun auch telekommunikationsrechtlich möglich, die Bündelungsproblematik direkt zu behandeln und den Ausschluss der Preselection-Möglichkeit[170] als unzulässig zu untersagen.[171] Bisher hat die zuständige Beschlusskammer die Untersagung unter Bezug auf § 19 Abs. 4 Nr. 1 GWB vorgenommen,[172] weil der Ausschluss, der in seiner Wirkung einem Kopplungsgeschäft gleich-

---

164 Sie wurde von *Aron/Wildman* zunächst für die Kombination eines Monopol- mit einem Wettbewerbsdienst entwickelt. Die Regel setzt voraus, dass die Bündelkomponenten auch isoliert angeboten werden (müssen). Vgl. *Aron/Wildman* in *Gillette/Vogelsang* (Hrsg.), Competition, Regulation, and Convergence, 1999, 1; *Nett/Neumann/Vogelsang*, Geschäftsmodelle und konsistente Entgeltregulierung, S. 64 ff. Einen ähnlichen Ansatz gibt es von *Nalebuff*, Bundling as an Entry Barrier, 2000. Vgl. *Vogelsang*, N&R 2004, 18, 21; *Koenig/Braun*, K&R-Beilage 2/2002, 1, 9.
165 V. a. auch hinsichtlich der Entgeltstrukturidentität der Vorleistungen. S. o. unter § 27, RdNr. 25; *Gerpott*, K&R 2005, 108, 115 f.
166 Vgl. *Neumann*, WIK-Newsletter 54/2004, 1, 2, Tz. 7; *Nett/Neumann/Vogelsang*, Geschäftsmodelle und konsistente Entgeltregulierung, S. 5, Tz. 14.
167 Vgl. *Vogelsang*, N&R 2004, 18, 21.
168 Vgl. *Neumann*, WIK-Newsletter 54/2004, 1, 2, Tz. 7; *Nett/Neumann/Vogelsang*, Geschäftsmodelle und konsistente Entgeltregulierung, S. 5, Tz. 14.
169 Zur aktuellen Diskussion über die Nachbildbarkeit von Bündelangeboten und Optionstarifen des etablierten Betreibers vgl. RegTP, MMR-Beilage 6/2005, Zusammenfassung der Diskussion, 21, 30 ff.
170 Wie ihn die DTAG regelmäßig in den Geschäftsbedingungen von Optionstarifen (konkludent in Ziffer 2.1 der jeweiligen AGB) vorsieht, wobei es aber nicht auf die rechtliche Verpflichtung ankommt, die wirtschaftliche Koppelung ist ausreichend. Vgl. *Immenga/Mestmäcker/Möschel*, GWB, § 19 RdNr. 134.
171 Vgl. *Holznagel/Hombergs/Rosengarten*, K&R 2004, 505, 509 f.
172 Vgl. zur Bewertung auch BKartA, Tätigkeitsbericht 2001/2002, BT-Drs. 15/1226, 27. 6. 2003, S. 203 ff., 206.

kommt, eine erhebliche Beeinträchtigung der Wettbewerbsmöglichkeiten anderer Unternehmen darstellt, die sachlich nicht gerechtfertigt ist.[173]

83 Hier ist also eine klare **Verbesserung** der Rechtslage eingetreten, mit der der Behörde ein **Instrumentarium** zur gezielten **Bekämpfung** der mit **Bündelangeboten** (potenziell) verbundenen Behinderungspraktiken an die Hand gegeben wurde. Erneut hat die Regulierungsbehörde jedoch eine im Vergleich zum allgemeinen Wettbewerbsrecht weitergehende Befugnis, da sie nicht nur untersagen, sondern auch die **Entbündelung** gemäß § 38 Abs. 4 S. 5 TKG 2004 anordnen kann.

84 Ein **Bündelpreis unterhalb** der Summe der Einzelpreise ist als – widerlegbares – **Indiz für eine Wettbewerbsbehinderung** zu werten. Dies gilt insbesondere auch deshalb, weil das Unternehmen mit beträchtlicher Marktmacht in aller Regel als Altsasse ohnehin von einem Goodwill-Vorsprung profitiert.[174] Wie bei der von Preis-Kosten-Scheren ausgehenden Gefahr einer wettbewerbswidrigen Wirkung ist auch hier zur Verhinderung des Verdrängungsmissbrauchs eine strikte Auswertung der Überprüfungsergebnisse vorzunehmen und ein strenger Maßstab an die Rechtfertigung zu legen. Für die Durchführung des **Zusatzkostentests**, mit dem die Kostenseite einbezogen wird, gilt das oben zur Überprüfung der Dumpingschwelle Gesagte.

85 Wegen der bei der Bündelung von regulierten und nicht regulierten Diensten bestehenden Umgehungsgefahr sind für die **Gesamtpaket** stets die Regeln der am **striktesten** regulierten **Bündelungskomponente** anzuwenden, weil ansonsten die Schutzwirkung der strengen Vorschriften verloren ginge.[175]

86 **d) Zusammenfassung der Gemeinsamkeiten der Vermutungstatbestände.** – Mit allen drei Vermutungstatbeständen – Dumpingschwelle (Nr. 1), Preis-Kosten-Schere (Nr. 2) und sachlich ungerechtfertigte Bündelung (Nr. 3) wird eine ähnlich gelagerte Problematik erfasst. Es soll verhindert werden, dass das Unternehmen mit beträchtlicher Marktmacht durch eine **wettbewerbsschädliche Aufteilung** der Gemeinkosten die Preise seiner Endnutzerangebote **quersubventioniert** und so die Wettbewerber aus dem Markt **drängt**. Um diese wettbewerbsbeeinträchtigenden Preisstrategien zu unterbinden, wird zur Bestimmung der zulässigen **Preisuntergrenze** in allen drei Fällen der sog. **Zusatzkostentest** durchgeführt, mit dem überprüft wird, ob der Preis der Einzelleistung ihre Zusatzkosten trägt *und* ob die gemeinsam bei einer Kombination von Leistungen[176] anfallenden Gemeinkosten von dem Gesamtpreis gedeckt werden. Wenn dieser Test bestanden wird, handelt es sich bei dem überprüften Endnutzerpreis(en) um ein **legitimes Wettbewerbsinstrument** des Unternehmens mit beträchtlicher Marktmacht, gegen den **effiziente Wettbewerber**[177] erfolgreich konkurrieren können.[178] Wegen der von **Preis-Kosten-Scheren** ausgehenden besonders wettbewerbswidrigen Wirkung ist eine strikte Anwendung des Tests geboten.

---

173 Vgl. z. B. „*Enjoy*-Tarif"-Beschluss BK2a 04/013 v. 25. 6. 2004, 41 des amtlichen Umdrucks. Siehe auch die Entscheidungen zu den „XXL-Tarifen", z. B. Beschluss BK2c-01/012 v. 20. 9. 2001.

174 Vgl. *Vogelsang*, N&R 2004, 18, 26.

175 Vgl. *Vogelsang*, N&R 2004, 18, 24–26; Monopolkommission, Sondergutachten Nr. 33, 137 ff., Tz. 201 ff., 204.

176 Diensten oder Tarifen.

177 Auch hier lässt sich der Begründung entnehmen, dass mit „*effizienter Wettbewerber*" ein „*effizientes Unternehmen*" gemeint ist. Vgl. Begründung zu § 26 (= § 28 TKG 2004) BT-Drs. 15/2316, S. 67.

178 Vgl. *Vogelsang*, MMR 2000, 731, 734.

V. Fazit

Die **Ex-post-Regulierung** wird als Folge der positiven Wettbewerbsentwicklung, die zeigt, **87** dass die Marktöffnung grundsätzlich als gelungen bezeichnet werden kann, in den **Vordergrund** gerückt, um Unternehmen mehr Flexibilität in ihrem Preissetzungsverhalten zu geben. Dafür werden aber im Gegenzug die auf den Endnutzermärkten beobachteten zentralen Probleme eines **Verdrängungswettbewerbs** als sektorspezifische Missbrauchstypen[179] erfasst und deutlich als Verbotsnormen ausformuliert. Diese **Konkretisierung** ermöglicht ein **wirksameres** Vorgehen der RegTP.[180]

Im Sinne der **Annäherung** der sektorspezifischen an die Prinzipien der allgemein wettbe- **88** werbsrechtlichen Aufsicht wird dem nur ex-post regulierten Unternehmen grundsätzlich eine – in gewissen Grenzen – größere Freiheit bei der **Aufteilung der Gemeinkosten** zugestanden als dem ex-ante regulierten, bei dem die RegTP die Aufteilung zur Prüfung vorgelegt werden muss und so von dieser in Form eines einen an*gemessenen* Gemeinkostenzuschlag enthaltenen Entgelts genehmigt wird. Für die Überprüfung wird im Ex-post-Verfahren – wie im kartellrechtlichen Missbrauchsverfahren auch – vorrangig auf die Vergleichsmarktmethode zurückgegriffen, während im Ex-ante-Verfahren weiterhin in der Regel mit der Kostenprüfung begonnen wird.

Durch das **Konsistenzgebot** lässt sich eine in sich schlüssige allen (effizienten) Geschäfts- **89** modellen gegenüber **neutrale** Entgeltregulierung, auch bei ex-ante und ex-post unterschiedlichen Maßstäben sicherstellen, einer Gleichheit der Maßstäbe der präventiven und nachträglichen Entgeltregulierung, wie von der *Monopolkommission*[181] gefordert, bedarf es folglich nicht. Ebenso wenig ist es erforderlich, die Konsistenzprüfung für einzelne Anbietertypen festzuschreiben.[182] Die vorliegende Formulierung des Preis-Kosten-Scheren-Verbots ist ausreichend und ermöglicht die Prüfung in Bezug auf alle Wertschöpfungsstufen, d.h. bezogen auf unterschiedliche Anbietertypen.

Schließlich ist auch keine automatische Anpassung[183] zur Verhinderung von Preis-Kosten- **90** Scheren vonnöten, dies kann u. U. sogar kontraproduktiv wirken. Die der Behörde mit dem Konsistenzgebot als („stehende") **Handlungsanweisung** aufgetragene Aufgabe, die Entgeltregulierungsmaßnahmen in ihrer Gesamtheit aufeinander abzustimmen, **in Verbindung** mit den materiellen Maßstäben des § 28 und der Verfahrensvorschriften der §§ 34[184], 38[185] und 39[186] genügt, um **wettbewerbswidrige und -verzerrende Verhaltensweisen** eines Unternehmens mit beträchtlicher Marktmacht bei der Preissetzung wirksam **zu unterbinden**.[187] Denn damit enthält das Konsistenzgebot die weitergehende (anlassbezogene)

---

179 Dumpingschwelle unter Bezugnahme auf die langfristigen zusätzlichen Kosten, Preis-Kosten-Scheren-Verbot, Bündelungsproblematik mit Bezug auf Nachbildbarkeit durch Wettbewerber.
180 Vgl. auch *Gosse*, K&R 4/2005, 154, 159 f.
181 Monopolkommission, Sondergutachten Nr. 40, 39 ff., Tz. 81.
182 *Gerpott/Winzer*, K&R 2004, 162, 170.
183 *Müller/Piekarowitz/Rühmer/Sommerberg/Ziegenhagen*, Konsistente Entgeltregulierung, S. 22.
184 Möglichkeit, Nebenbestimmungen zur Verhinderung eines Missbrauchs nach § 28 zu verhindern, aufzuerlegen.
185 Anordnungsbefugnis von den Maßstäben des § 28 genügenden Entgelten.
186 Vorlagepflichten für Unternehmen mit beträchtlicher Marktmacht, denen eine Zugangsverpflichtung nach § 21 auferlegt worden ist.
187 Insofern lässt sich auch sagen, dass mit dem Konsistenzgebot eine dem niederländischen integralen Entgeltregulierungskonzept, bei dem mit insgesamt vier Preis-Kosten-Scheren-Tests sicherge-

Prüfkompetenz, eine Entgeltregulierungsmaßnahme immer auch ins Verhältnis zu allen anderen Maßnahmen zu setzen, und etabliert mithin die **Verknüpfung** verschiedener Maßnahmen. Konsistent ist ein Entgeltsystem dann, wenn die Gesamtheit aller relevanten Tests bestanden wurde. Ökonomisch lässt sich das Konsistenzgebot auch als Ausdruck des Konzepts der Infrastrukturleiter erklären.

---

stellt wird, dass die Zusammenschaltungs- und Endkundenentgelte in einem definierten Verhältnis zueinander stehen, vergleichbare Regelung getroffen wurde.

§ 29 Anordnungen im Rahmen der Entgeltregulierung

(1) Die Regulierungsbehörde kann im Rahmen oder zur Vorbereitung von Verfahren der Entgeltregulierung anordnen, dass

1. ihr von einem Unternehmen mit beträchtlicher Marktmacht detaillierte Angaben zum Leistungsangebot, zum aktuellen und erwarteten Umsatz für Dienstleistungen, zu den aktuellen und erwarteten Absatzmengen und Kosten, zu den voraussehbaren Auswirkungen auf die Endnutzer sowie auf die Wettbewerber und sonstige Unterlagen und Angaben zur Verfügung gestellt werden, die sie zur sachgerechten Ausübung ihres Entgeltregulierungsrechts auf Grund dieses Gesetzes für erforderlich hält und

2. ein Unternehmen mit beträchtlicher Marktmacht die Kostenrechnung in einer Form ausgestaltet, die es der Regulierungsbehörde ermöglicht, die für die Entgeltregulierung auf Grund dieses Gesetzes notwendigen Daten zu erlangen.

Die Regulierungsbehörde kann zusätzlich die Übermittlung der Unterlagen nach den Nrn. 1 und 2 auf Datenträgern anordnen. Das Unternehmen hat die Übereinstimmung mit den schriftlichen Unterlagen zu versichern.

(2) Die Regulierungsbehörde kann einem Unternehmen mit beträchtlicher Marktmacht Verpflichtungen in Bezug auf Kostenrechnungsmethoden erteilen. In diesem Fall kann sie das Unternehmen mit beträchtlicher Marktmacht verpflichten, eine Beschreibung der den Auflagen entsprechenden Kostenrechnungsmethode öffentlich verfügbar zu machen, in der mindestens die wichtigsten Kostenarten und die Regeln der Kostenzuweisung aufgeführt werden, sofern sie nicht selbst eine entsprechende Veröffentlichung vornimmt. Die Anwendung der Kostenrechnungsmethode wird von der Regulierungsbehörde überprüft; diese kann auch eine unabhängige Stelle mit der Überprüfung beauftragen. Das Prüfergebnis wird einmal jährlich veröffentlicht.

(3) Die Regulierungsbehörde kann ein Unternehmen mit beträchtlicher Marktmacht durch gesonderte Entscheidung verpflichten, Zugang unter bestimmten Tarifsystemen anzubieten und bestimmte Kostendeckungsmechanismen anzuwenden, soweit dies erforderlich ist, um die Regulierungsziele nach § 2 Abs. 2 zu erreichen. Die Regulierungsbehörde hat bei Auferlegung dieser Verpflichtungen sicherzustellen, dass die wirtschaftliche Effizienz und ein nachhaltiger Wettbewerb gefördert wird und die Verpflichtungen möglichst vorteilhaft für den Endnutzer sind. Trifft die Regulierungsbehörde eine Entscheidung nach Satz 1, hat der Anbieter mit beträchtlicher Marktmacht innerhalb von zwei Wochen einen entsprechenden Entgeltantrag vorzulegen. Die Regulierungsbehörde entscheidet nach Vorlage des Antrags oder nach Ablauf der Frist innerhalb von vier Wochen.

(4) Zur Durchsetzung der Anordnungen nach den Absätzen 1 und 2 kann nach Maßgabe des Verwaltungsvollstreckungsgesetzes ein Zwangsgeld bis zu einer Million Euro festgesetzt werden.

(5) Die Regulierungsbehörde kann vorschreiben, in welcher Form ein Entgelt oder eine Entgeltänderung einschließlich der Leistungsbeschreibung und sonstiger entgeltrelevanter Bestandteile zu veröffentlichen ist.

(6) Die Regulierungsbehörde kann auch von Unternehmen, die nicht über beträchtliche Marktmacht verfügen, Angaben nach Abs. 1 Nr. 1 verlangen sowie nach Abs. 4

vorgehen, wenn dies zur sachgerechten Ausübung der Entgeltregulierung nach diesem Teil erforderlich ist.

Schrifttum: *Doll/Rommel/Wehmeier*, Der Referentenentwurf für ein neues TKG – Einstieg in den Ausstieg aus der Regulierung?, MMR 2003, 522; *Geppert/Ruhle*, Anforderungen an die Novellierung des TKG im Hinblick auf die Entgeltregulierung, MMR 2003, 319; *Geppert/Ruhle*, Reziprok oder nicht-reziprok? – Entgeltregulierung für Zusammenschaltungsleistungen alternativer Teilnehmernetzbetreiber, CR 2004, 424; *Gerpott/Winzer*, Umsetzung des Gebots der Entgeltregulierungskonsistenz bei Großhandelspreisen für ein Reselling von Telefonanschlüssen, K&R 2004, 162; *Groebel*, Die Entgeltgenehmigungspraxis der RegTP – Erfahrungen aus dem TK-Bereich, TKMR-Tagungsband 2004, 39; *Groebel*, Neuerungen im Bereich der Entgeltregulierung, K&R-Beilage 1/2004, 18; *Heun*, Der Referentenentwurf zur TKG-Novelle, CR 2003, 485; *Klotz*, Der Referentenentwurf zum TKG im Licht der europarechtlichen Vorgaben, MMR 2003, 495; *Knauth*, Regulierungsschwerpunkte und offene Fragen bei der Umsetzung der Telekommunikationsrichtlinien, K&R-Beilage 1/2003, 24; *Knauth/Krüger*, Grundlegende Neuerungen des TKG-Regierungsentwurfs, K&R-Beilage 1/2004, 3; *Korehnke*, Beurteilung des Regulierungsentwurfes eines Telekommunikationsgesetzes aus Sicht der Vodafone D2 GmbH, TKMR-Tagungsband 2004, 17; *Möschel/Haug*, Der Referentenentwurf zur Novellierung des TKG aus wettbewerbsrechtlicher Sicht, MMR 2003, 505; *Monopolkommission*, Telekommunikation und Post 2003: Wettbewerbsintensivierung in der Telekommunikation – Zementierung des Postmonopols, Sondergutachten Nr. 39, 11. 12. 2003; *Monopolkommission*, Stellungnahme Zur Reform des Telekommunikationsgesetzes, Sondergutachten Nr. 40, 17. 2. 2004; *Monopolkommission*, Wettbewerbspolitik im Schatten „Nationaler Champions", 15. Hauptgutachten 2002/2003, 9. 7. 2004; *Müller/Piekarowitz/Rühmer/Sommerberg/Ziegenhagen* (Hrsg.), Konsistente Entgeltregulierung in der Telekommunikation, 2003; *Neumann*, Konsistente Entgeltregulierung, WIK-Newsletter Nr. 54 2004, 1; *Scherer/Mögelin*, Regulierung im Übergang, Zu den rechtlichen Grundlagen für die Tätigkeit der Regulierungsbehörde bis zum Abschluss von Marktdefinitions- und Marktanalyseverfahren, K&R-Beilage 4/2004, 3; *Schütz*, Referentenentwurf zum TKG: Weniger Wettbewerb, mehr Bürokratie?, MMR 2003, 518; *Thomaschki*, Referentenentwurf zum TKG – Auswirkungen auf die Praxis der Marktregulierung, MMR 2003, 500; *dies.*, Missbrauchsaufsicht und nachträgliche Entgeltkontrolle im TKG-E, K&R-Beilage 1/2004, 21; *Vogelsang*, Ökonomische Aspekte des Referentenentwurfs zum TKG, MMR 2003, 509; *ders.*, Die Zukunft der Entgeltregulierung im deutschen Telekommunikationssektor, 2002.

Übersicht

I. Normzweck

§ 29 regelt die **Anordnungsbefugnisse** der Regulierungsbehörde im Hinblick auf die **Kos-** 1
tenrechnung in umfassender Weise, denn im Unterschied zur bisherigen Rechtslage nach
§ 31 TKG 1996 werden die Befugnisse der Regulierungsbehörde um **materielle Vorgaben
erweitert**. Sie umfassen nämlich nicht mehr nur die Möglichkeit, die Form der Kostenrechnung vorzuschreiben, sondern darüber hinausgehend können auch **Kostenrechnungsmethoden** (§ 29 Abs. 2) und der Zugang unter bestimmten **Tarifsystemen** sowie die Anwendung bestimmter **Kostendeckungsmechanismen** durch die Behörde explizit vorgegeben werden. Diese nunmehr explizit genannte Möglichkeit stellt eine Verbesserung dar,
weil nun auch dem Wortlaut nach **klargestellt** ist, dass materielle Vorgaben bezüglich der
Kostenrechnung gemacht werden können.

Die **Neufassung** der Anordnungsvorschrift ist eine **Folge** sowohl der entsprechenden **euro-** 2
päischen Vorgaben (Art. 13 ZRL sowie Art. 17 URL) als auch der **gerichtlichen Auseinandersetzungen** über den Umfang der Vorlagepflichten und die inhaltliche Ausgestaltung
der vorzulegenden Kostenunterlagen, die nahezu in allen Entgeltgenehmigungsverfahren
bereits während der Verwaltungsverfahren stattfanden. In diesen Verfahren, bei denen der
Behörde nur maximal 10 Wochen zur Sachaufklärung und Entscheidung zur Verfügung
standen, kam es regelmäßig zu Nachfragen und Nachforderungen von Kostenunterlagen
durch die Behörde, denen das regulierte Unternehmen i. d. R. nur schleppend bzw. gar nicht
nachkam.

Hier setzt eine weitere wesentliche **Verbesserung** des § 29 TKG 2004 an, denn dieser 3
räumt der Behörde **ausdrücklich** die Möglichkeit ein, auch „**zur Vorbereitung** von Verfahren der Entgeltregulierung" Anordnungen zu treffen. Die Behörde kann somit bereits
im **Vorfeld** von Entgeltregulierungsverfahren entsprechende Anordnungen treffen[1], so
dass sie nicht mehr nur während des Verfahrens und innerhalb der kurzen Frist den benötigten Angaben und Unterlagen „hinterherlaufen" muss. Dies stellt **nicht nur** eine **verfahrensökonomische Verbesserung** dar, sondern **erhöht** vor allem auch die Möglichkeit einer **sachgerechten Entscheidungsfindung** innerhalb kurzer Verfahrensfristen **erheblich**.

---

1 Vgl. Begründung zu § 27 (= § 29 TKG 2004), BT-Drs. 15/2316, S. 68.

4   Die **Stärkung** der Stellung der Behörde ist erforderlich, um ihr die Mittel in die Hand zu geben, die von ihr für eine gründliche Aufklärung des Sachverhalts benötigten **Informationen** schnell und vor allem **rechtzeitig beschaffen** zu können, weil Entgeltregulierungsmaßnahmen einen bestimmten Kenntnisstand der Behörde voraussetzen[2]. Auf diese Weise wird die immer zwischen reguliertem Unternehmen und Behörde bestehende **Informationsasymmetrie verringert**.[3] Für wie wichtig auch der Gesetzgeber diese Befugnis hält, zeigt die Schwere der zur Durchsetzung der Anordnungen vorgesehenen Sanktionsmöglichkeit in § 29 Abs. 4. Im Vergleich zu der in § 31 Abs. 1 TKG 1996 maximal möglichen Sanktion wurde das festsetzbare Zwangsgeld auf eine Million Euro verdoppelt.

II. Anwendungsbereich

5   § 29 gehört noch zu dem 1. Unterabschnitt, der die allgemeinen Vorschriften zur Entgeltregulierung (Abschnitt 3) enthält, d. h. er gilt sowohl für die Ex-ante- als auch für die Ex-post-Verfahren[4]. Er richtet sich deshalb auch nicht nur an *Betreiber* eines öffentlichen Telekommunikationsnetzes wie § 30 sondern an Unternehmen. **Normadressaten** sind nicht mehr generell „*Lizenznehmer*" wie dies noch bei § 31 TKG 1996 der Fall war, sondern zunächst „**Unternehmen mit beträchtlicher Marktmacht**". D. h. auch hier findet – wie in den übrigen Vorschriften zur Entgeltregulierung – eine **Fokussierung** auf die auf Grund ihrer beträchtlichen Marktmacht regulierten Unternehmen statt.

6   Allerdings **dehnt § 29 Abs. 6 die Anordnungsbefugnis** nach Abs. 1 Nr. 1 und Abs. 4 auf **Unternehmen**, die nicht **über überbeträchtliche Marktmacht verfügen aus**, wenn dies zur sachgerechten Ausübung der Entgeltregulierung nach diesem Teil erforderlich ist („*kann auch*"). Dies steht im Einklang mit **§ 30 Abs. 4**, nach dem auch die Entgelte von nach § 18 auferlegten Zugangsleistungen von Teilnehmernetzbetreibern *ohne* beträchtliche Marktmacht der Ex-post-Regulierung unterfallen, bei der wiederum nach § 38 Abs. 2 auch auf **Kostenunterlagen nach § 33** zurückgegriffen werden kann.[5]

7   Generell steht **§ 29** in **engem Zusammenhang** zu **§ 33**, der im Übrigen in Abs. 7 auf die Befugnisse nach § 29 verweist. Während dieser die mit einem Entgeltantrag nach § 31 vorzulegenden **Kostenunterlagen** im **Detail** beschreibt, enthält **§ 29** die **allgemeinen Vorgaben** an die **Kostenrechnung** entgeltregulierter Unternehmen. Da sich die Kostennachweise nach § 33 aus der Kostenrechnung des regulierten Unternehmens ergeben, schlagen die Vorgaben nach § 29 auf diese durch. Genau dazu sollen die allgemeinen Vorgaben auch dienen. Denn nach § 29 Abs. 1 Nr. 1 und Nr. 2 trifft die Behörde die Anordnungen, um Unterlagen und Angaben in einer Form zu erlangen, die zur sachgerechten Ausübung ihres Entgeltregulierungsrechts erforderlich sind. Sowohl mit den **formellen** Vorgaben nach § 29 **Abs. 1** wie den **materiellen** Vorgaben nach § 29 **Abs. 2** wird also **bezweckt**, die für eine Entgeltregulierungsentscheidung notwendigen **aussagekräftigen** Kostenunterlagen von dem regulierten Unternehmen zu erhalten. Es geht also nicht um die Vorlage *irgendwelcher* Kostenunterlagen, sondern die **Kostennachweise** müssen **formal** und **inhaltlich** so ausgestaltet sein, dass sie eine **Prüfung** der Regulierungsbehörde sowie eine **Quantifi-**

---

2   Vgl. Begründung zu § 27 (= § 29 TKG 2004), BT-Drs. 15/2316, S. 67.
3   S. u. § 35 RdNr. 38 sowie Begründung zu § 27 (= § 29 TKG 2004), BT-Drs. 15/2316, S. 67.
4   Vgl. Begründung zu § 27 (= § 29 TKG 2004), BT-Drs. 15/2316, S. 68.
5   Vgl. Begründung zu § 27 (= § 29 TKG 2004), BT-Drs. 15/2316, S. 68.

zierung der Kosten der effizienten Leistungsbereitstellung** und eine Entscheidung innerhalb der Frist **ermöglichen** (§ 33 Abs. 4). Dies kann durch entsprechende **Anordnungen für die Kostenrechnung** nach **§ 29 erreicht** werden.

Anordnungen nach § 29 unterfallen nach § 13, in dem sie nicht genannt werden, nicht **8** dem Verfahren nach § 12 TKG. D.h. sie sind **nicht notifizierungspflichtig**, weil es sich bei ihnen nicht um Maßnahmen für einen speziellen Markt handelt. Vielmehr gelten die Vorgaben für die Kostenrechnung, die sich in der formalen und inhaltlichen Ausgestaltung der Kostennachweise niederschlagen, grundsätzlich für **alle Entgeltregulierungsverfahren**, in denen **Kostenunterlagen** vorgelegt werden.

Die **Vorschrift** ist bis auf eine – allerdings nicht **unwesentliche Einfügung** in Abs. 3[6] – **9** **unverändert** zum Regierungsentwurf geblieben.[7] Im Vergleich zum Referentenentwurf ist vor allem die Verpflichtung, Zugang unter bestimmten Tarifsystemen und bestimmte Kostendeckungsmechanismen anzuwenden, hinzugekommen sowie neben redaktionellen Änderungen die Möglichkeit, die **Übermittlung auf Datenträgern** anzuordnen.[8] Bereits im Referentenentwurf war die **Anordnungsbefugnis** auch gegenüber Unternehmen *ohne* beträchtliche Marktmacht vorgesehen.[9]

III. EG-rechtliche Grundlagen

Die europarechtlichen Vorgaben zur Entgeltregulierung von Zugangsleistungen finden **10** sich in **Art. 13 ZRL** (Verpflichtung zur Preiskontrolle und Kostenrechnung), der mit den §§ 30–38 umgesetzt wird, **und Art. 17 URL** (Regulierungsmaßnahmen in Bezug auf Dienste für Endnutzer), der mit § 39 umgesetzt wird. **§ 29** gilt als **allgemeine Vorschrift** sowohl für Zugangs- wie für Endnutzerleistungen, denn die Kostenrechnung ist schon aus Konsistenzgründen zur Ermittlung der Kosten für **alle Leistungen einheitlich**, d.h. nach **denselben Grundsätzen** auszugestalten. Schließlich handelt es sich bei der **Kostenrechnung** um ein *geschlossenes* **Gesamtsystem**, *das in sich stimmig sein muss*.

Somit kann es keine unterschiedlichen Vorschriften für die Kostenrechnung der Kosten der **11** Zugangsleistungen und die der Kosten der Endnutzerleistungen geben, sondern die **Kostenrechnung** ist als **einheitliches Ganzes** zu sehen, das denselben Vorschriften unterliegt. Nur ein Vorgehen nach denselben Vorschriften stellt sicher, dass alle Kosten genau einmal – und nicht mehrfach – erfasst werden, so dass es nicht zu Doppelverrechnungen kommt und genau 100 % der tatsächlichen Kosten gedeckt werden. Die **Trennung** der Kosten in solche, die für die Erstellung von Zugangsleistungen und solche, die für Endnutzerleistungen entstehen, erfolgt *innerhalb* des nach einheitlichen Grundsätzen aufgestellten Kostenrechnungssystems z.B. durch die Vorschrift der **getrennten Rechnungsführung** nach § 24 TKG.[10]

---

6 Eingefügt wurde „*durch gesonderte Entscheidung*" sowie die sich daraus ergebende Ergänzung der Rechtsfolgen, siehe ausführlich unten bei der Einzelerläuterungen unter Punkt IV. 3.

7 Vgl. § 27 (= § 29 TKG 2004), BT-Drs. 15/2316, S. 16.

8 § 25 (= § 29 TKG 2004) des Referentenentwurfs v. 30. 4. 2003, veröffentlicht im Internet (siehe z.B. www.tkrecht.de).

9 Vgl. § 25 Abs. 5 (= § 29 Abs. 6 TKG 2004) des Referentenentwurfs v. 30. 4. 2003, veröffentlicht im Internet (siehe z.B. www.tkrecht.de).

10 Vgl. hierzu oben § 24.

12   Mit § 29 werden die Vorschriften des **Art. 13 Abs. 1 und Abs. 4 ZRL** sowie **Art. 17 Abs. 4 URL**, soweit sie sich auf **Auflagen** in Bezug auf **Kostenrechnungsmethoden** und damit **verbundene Veröffentlichungspflichten** beziehen, in deutsches Recht umgesetzt. Art. 13 Abs. 1 ZRL spricht allgemein von der Möglichkeit, „bestimmte Auflagen in Bezug auf Kostenrechnungsmethoden" zu erteilen, in Art. 17 Abs. 4 URL heißt es präziser, dass die nationalen Regulierungsbehörden „das Format und die anzuwendende Berechnungsmethode" vorgeben können. **§ 29 Abs. 3** setzt die Vorgabe des **Art. 13 Abs. 2 ZRL** hinsichtlich Tarifsystemen und Kostendeckungsmechanismen um.

IV. Einzelerläuterungen

13   **1. Anordnung (§ 29 Abs. 1). – a) Anordnungsbefugnis (Abs. 1 S. 1). –** § 29 Abs. 1 Satz 1 gibt der Behörde die Möglichkeit („*kann*"), **formelle und materielle Vorgaben die Kostenrechnung** des regulierten Unternehmens **betreffend anzuordnen**. Generell hat die **Kostenrechnung** oder synonym das Kostenrechnungssystem eines Unternehmens die Funktion, die **Kosten**, die bei der Erstellung von Leistungen entstehen, zu **ermitteln**.[11] Die Ergebnisse der Berechnungen werden in den Kostenunterlagen festgehalten, die als Kostennachweise gem. § 33 mit einem Entgeltantrag nach § 31 vorzulegen sind.

14   **aa) Zeitpunkt der Anordnung. – Anordnungen** können im Rahmen von Verfahren der Entgeltregulierung getroffen werden oder **zur Vorbereitung** derselben, also im Vorfeld des eigentlichen Verfahrens. Dies hat mehrere Vorteile. Zunächst wird es dadurch der Behörde möglich, **Teile der Kostenprüfung vor** dem Verwaltungsverfahren **durchzuführen**. Des weiteren wird die Prüfung „**standardisiert**", indem die Form der Kostenrechnung und damit die Form der die ermittelten Ergebnisse enthaltenden Kostenunterlagen vorgegeben wird. Dies erleichtert die Kostenprüfung *während* des Verfahrens und führt zur Beschleunigung der Prüfung.

15   Schließlich wird durch die Anordnung von auf **das Ziel** der Kostenermittlung – die **Prüfung der tatsächlichen Kosten** des Unternehmens sowie von diesem Anfangspunkt ausgehend die Quantifizierung der Kosten der effizienten Leistungsbereitstellung zur Feststellung der Genehmigungsfähigkeit der zur Genehmigung vorgelegten Entgelte (§ 33 Abs. 4) – **ausgerichteten Vorgaben** die Aufklärung des Sachverhalts **sichergestellt** bzw. zumindest verbessert. Die Vorgaben dienen also dazu, das **Kostenrechnungssystem** so auszugestalten, dass eine dem **regulatorischen Zweck der Prüfung** entsprechende **Kostenermittlung** stattfindet und entsprechende **Kostenunterlagen** erstellt werden.

16   **bb) Umfang der Anordnung. –** Zur Realisierung der genannten **Vorteile** – Vorziehen von Teilen der Kostenprüfung, Standardisierung der Prüfung und eine auf den **regulatorischen Zweck** ausgerichtete Kostenrechnung – kann die Behörde sowohl **formelle wie materielle Vorgaben** machen. Zu den formellen Vorgaben gehören die in Abs. 1 Nr. 1 aufgelisteten Anordnungsgegenstände sowie die Form der Kostenrechnung insgesamt (Abs. 1 Nr. 2). Bei den materiellen Vorgaben handelt es sich um die Kostenrechnungsmethoden (Abs. 2), mit denen die Kosten ermittelt werden.

17   **b) Anordnungsgegenstände im Einzelnen (Abs. 1 Nr. 1). – aa) Liste der anordnungsfähigen Angaben. –** Die **Liste** der im Einzelnen nach § 29 Abs. 1 Nr. 1 anordnungsfähigen

---

11 Siehe hierzu ausführlich oben Vor § 27.

Angaben ist **unverändert** zu der in **§ 31 TKG 1996**[12] und enthält alle für die Beurteilung von Entgelten bzw. allgemeiner für die Beurteilung von unternehmerischen Preisstrategien **relevanten Daten** wie z. B. Angaben zum Leistungsangebot, zum aktuellen und erwarteten Umsatz sowie den jeweiligen Absatzmengen und Kosten und die voraussehbaren Auswirkungen auf die Endnutzer[13] sowie auf die Wettbewerber. **Üblicherweise** wird ein Unternehmen in seinem **kaufmännischen Kalkül** beim Entwurf einer Preisstrategie[14] für die von ihm angebotenen Produkte diese Größen, die auch die aktuelle Marktlage und die Einschätzung der zukünftigen Wettbewerbssituation (*erwarteter* Umsatz und Absatzmengen) beinhalten und damit Ausdruck für die Wettbewerbsintensität aus Sicht des regulierten Unternehmens sind, einbeziehen und seinen Angebotspreis in Abhängigkeit der darauf fußenden Kalkulationen setzen. Dieses kaufmännisch rationale Verhalten bildet die Kostenrechnung ab. Die Anordnung von Vorgaben, die diese unternehmensinternen Vorgänge transparent machen, erlaubt es der Behörde, die **Entscheidungen** des Unternehmens **nachzuvollziehen** und damit seine **Entgelte auf Kostenorientiertheit** zu **prüfen**.

Insoweit als bei den Anforderungen an die nach § 33 vorzulegenden Kostenunterlagen der   **18** Nachweis der **finanziellen Auswirkungen** auf die Kunden und Wettbewerber **entfällt**, die § 2 Abs. 1 Nr. 5 TEntgV noch verlangte, ist künftig zur Erlangung dieser Angaben bspw. auf **§ 29 Abs. 1 Nr. 1** („voraussehbaren Auswirkungen auf die Endnutzer sowie auf die Wettbewerber") **zurückzugreifen**.

bb) Erforderlichkeit für die Entgeltregulierung. – Alle angeordneten Vorgaben unterlie-   **19** gen einer **Erforderlichkeitsprüfung**, d. h. die Regulierungsbehörde hat zu prüfen, ob sie zur sachgerechten Ausübung ihres Entgeltregulierungsrechts erforderlich sind. Hierin kommt erneut die **Zweckbezogenheit** der Anordnungen zum Ausdruck, die sich durch den gesamten § 29 zieht. Die Vorgaben dienen immer dazu, die Kostenrechnung so auszugestalten, dass eine dem **regulatorischen Prüfungszweck** entsprechende Kostenermittlung erfolgt und zu entsprechenden Kostenunterlagen führen.

Das **Erforderlichkeitskriterium** ist Ausdruck des Verhältnismäßigkeitsprinzips und der   **20** Absicht, die Regulierung auf ein notwendiges Mindestmaß zurückzuführen. Das regulierte Unternehmen soll nicht – auch nicht in Bezug auf formale Kriterien seiner Unternehmensdatenaufbereitung – Maßnahmen ausgesetzt werden, die diesem Anliegen widersprechen.

Zugleich handelt es sich um ein **subjektiviertes Kriterium**. Ob die Maßnahme **erforder-**   **21** **lich** ist, beurteilt sich **aus Sicht der Regulierungsbehörde** („…, die sie [die Regulierungsbehörde, Anm. d. Verf.] zur sachgerechten Ausübung ihres Entgeltregulierungsrechts auf Grund dieses Gesetzes für erforderlich hält."). Der dabei der Behörde eingeräumte **Beurteilungsspielraum** ist gerichtlich nur eingeschränkt überprüfbar. Nur die Behörde kann auf Grund der konkreten, später allenfalls schwer reproduzierbaren Situation beurteilen, welche Maßnahmen auf Grund ihrer fachlichen Expertise nötig sind.

c) Anordnung der Form der Kostenrechnung insgesamt (Abs. 1 Nr. 2). – aa) Formelle   **22** **Vorgaben: Form der Kostenrechnung.** – Diese Vorschrift zielt auf die **Kostenrechnung** als Gesamtsystem, denn eine Vorgabe der Form der Kostenrechnung betrifft immer das ganze System, während sich die Anordnungen nach § 29 Abs. 1 Nr. 1 auf einzelne Anga-

---

12 Vgl. hierzu *Scheurle/Mayen/Witte*, § 31.
13 In § 31 hieß es anstelle von „*Endnutzern*" noch „*Nutzer*".
14 Und Qualitätsstrategie, denn es kommt immer auf das Preis-Leistungs-Verhältnis an, der Preis ist stets in Bezug auf eine bestimmte auch der Qualität nach definierte Leistung zu bewerten.

ben bezogen. Neben der materiellen Vorgabe von Kostenrechnungsmethoden (Abs. 2) ist die Anordnungsbefugnis hinsichtlich der Form der Kostenrechnung bedeutsam, um eine **einheitliche und systematische Ausgestaltung** der **Kostenrechnung in der Gesamtheit** zu erreichen, ohne die eine Prüfung der Kosten auf Vollständigkeit und Richtigkeit – d. h. dass alle Kosten genau einmal erfasst werden – nicht möglich ist.

23   Die Möglichkeit, die **Form der Kostenrechnung** vorzugeben, bestand auch schon nach § 31 Abs. 1 Nr. 2 TKG 1996[15], aber die Behörde hat hiervon bislang keinen Gebrauch gemacht. Allerdings hat sie *allgemeine Verwaltungsvorschriften* zur **Ausgestaltung des Kostenrechnungssystems** erlassen und in ihrem Amtsblatt veröffentlicht.[16] Diese enthielten umfangreiche Vorgaben zu den wesentlichen Elementen des Kostenrechnungssystems des ehemaligen Monopolunternehmens und erfüllten insofern dieselbe Funktion wie eine Anordnung.

24   **bb) Zweck der Anordnung.** – Die Anordnung von die **Form der Kostenrechnung** betreffenden Vorgaben bezweckt zweierlei. Zum einen soll die Kostenrechnung so ausgestaltet werden, dass die **Kostenunterlagen**, die in verschiedenen Entgeltregulierungsverfahren vorgelegt werden, miteinander vergleichbar und **konsistent** sind. Zum anderen sollen die Kostenunterlagen über die Zeit vergleichbar sein, um Entwicklungen in der Zeit zurückverfolgen und die **Kontinuität** von Wertansätzen überprüfen zu können, d. h. um ausschließen zu können, dass sich Kostenänderungen aus unterschiedlichen Wertansätzen oder Neubewertungen ergeben bzw. diese von anderen Ursachen trennen zu können. Mit den **Vorgaben** wird also gewissermaßen ein **Querschnitt** (Kostenunterlagen verschiedener Verfahren) und ein **Längsschnitt** (in der Zeit) durch die Kostenrechnung gelegt.

25   **d) Anordnung der Form der Übermittlung (Abs. 1 S. 2).** – Die Möglichkeit, auch die **Form der Übermittlung** der Unterlagen nach den Nrn. 1 und 2 vorgeben zu können, korrespondiert mit der Vorschrift in § 33 Abs. 1 Nr. 1, nach der die Kostenunterlagen auch auf **Datenträgern vorzulegen** sind, denn dadurch ist die **vollständige** Vorlage der Unterlagen in elektronischer Form gesichert. Mit dieser neu aufgenommenen Vorschrift wird die in den letzten Jahren erfolgte rasante Entwicklung bezüglich der Datenverarbeitungssysteme sowie der Menge der übermittelten bzw. zu übermittelnden Daten nachvollzogen und dem Stand der Technik angepasst.

26   **2. Anordnung der Kostenrechnungsmethoden (§ 29 Abs. 2). – a) Anordnungsbefugnis (Abs. 2 S. 1). – aa) Materielle Vorgaben: Kostenrechnungsmethoden.** – Mit Satz 1 des Abs. 2 erhält die Regulierungsbehörde das Recht, auch **Kostenrechnungsmethoden anzuordnen**. Diese Regelung **bestand** nach § 31 TKG 1996 expressis verbis noch nicht. Sie entspringt den gerichtlichen Auseinandersetzungen[17] zwischen der Regulierungsbehörde und der Deutschen Telekom AG. Letztere vertrat die Auffassung, dass sich Vorgaben nur auf *formale*, nicht hingegen auf *materielle* Sachverhalte beziehen könnten. Mit dieser

---

15   Vgl. hierzu *Scheurle/Mayen/Witte*, § 31 RdNr. 8–11.

16   Siehe „Verwaltungsvorschriften im Bereich Kostenrechnung", Mitteilung Nr. 120/2001 im Amtsblatt Nr. 5/2001 v. 14. 3. 2001.

17   In der Mehrheit noch anhängig. In jüngster Zeit ist die Rechtsauffassung der RegTP jedoch mehrfach bestätigt worden. Vgl. VG Köln, 1 K 639/00, Urteil v. 18. 11. 2004; VG Köln, 1 K 8312/01, Urteil v. 17. 2. 2005 sowie OVG NRW, 13 A 3342/04, Beschluss v. 1. 3. 2005, die alle feststellen, dass Kostenunterlagen **materiellen** Anforderungen genügen müssen, um der Behörde die Überprüfung der Maßstabsgerechtigkeit der beantragten Entgelte zu erlauben. S. auch § 33 RdNr. 12.

Ansicht wäre jedoch die Anordnungsbefugnis nach § 31 TKG 1996 ins Leere gelaufen. Denn – wie bei einem Rechenschaftsbericht[18] – werden die Vorgaben nicht um der Vorgaben willen (sie sind keine „*l'art pour l'art*") gemacht, sondern zur Ergebnisermittlung. Dieses hängt aber unmittelbar von den zu seiner Errechnung benutzten Methoden ab. Um diese Differenz zu bereinigen, hat der Gesetzgeber der **Behörde** nunmehr mit § 29 Abs. 2 ausdrücklich die **Möglichkeit eingeräumt**, auch **Verpflichtungen** bezüglich der **Kostenrechnungsmethoden**, d. h. der Methoden zur Ermittlung der Kosten, **erteilen zu können**. Damit kann sie Vorgaben zur **materiellen Ausgestaltung** des Kostenrechnungssystems und zur Verwendung bestimmter **Berechnungsmethoden** anordnen. Einer Erforderlichkeitsprüfung bedarf es nicht.

bb) Zweck der Anordnung. – Die Anordnung von Kostenrechnungsmethoden sorgt für **27** **materielle** Konsistenz und Kontinuität, d. h. es sind **bestimmte Methoden** zur Ermittlung der Kosten zu verwenden. D. h. z. B., dass über alle Entgeltanträge hinweg dieselben Verteilungsschlüssel für Gemeinkosten anzuwenden sind, um eine **Zuordnung nach derselben Methode** zur Vermeidung von Doppelverrechnungen zu **erreichen**. In zeitlicher Hinsicht ist **Methodenkonstanz** zu wahren, d. h. die Methode kann nicht bei jedem neuen Entgeltantrag gewechselt werden bzw. **nur** bei Darlegung der auf Grund des Methodenwechsels sich ergebenden Kostendifferenz. Letzteres stellt sicher, dass aus **Methodenwechseln** resultierende Kostenänderungen eindeutig auf diese zurückgeführt und von Kostenänderungen aus anderen (externen) Gründen, wie etwa einem Anstieg der Einkaufspreise, unterschieden werden können.

Durch die **Vorgabe bestimmter Kostenberechnungsmethoden** werden also nicht erklär- **28** bare Kostensprünge zwischen verschiedenen Entgeltanträgen und im Zeitablauf offenbart und ggf. vermieden, die eine Aufklärung des Sachverhalts – d. h. der tatsächlichen Kostensituation des regulierten Unternehmens – in der Praxis bisher häufig erschwerten bzw. gänzlich verhinderten, weil es nicht möglich war, die miteinander vermengten **Kostenänderungen** nach ihren Ursachen **aufzugliedern** und nachzuvollziehen. Um die **Kostensituation** richtig einschätzen sowie die Berechtigung bestimmter Kostenpositionen und ihrer Entwicklung beurteilen zu können, ist aber genau das – also die Nachvollziehbarkeit der Methodik – erforderlich, denn ein Kostenanstieg infolge eines Anstiegs der Einkaufspreise

---

18 Vgl. hierzu BVerfG, Beschluss v. 17. 6. 2004 (Az. 2 BvR 383/03, im Internet abzurufen unter http://www.bundesverfassungsgericht.de/cgi-bin/link.pl?entscheidungen) zum Rechenschaftsbericht nach dem Parteiengesetz (PartG 1994). Das Gericht führt als Rechtsgedanken aus, dass die innere Ordnung der Parteien durch die Pflicht zur öffentlichen Rechenschaftslegung gegen undemokratische Einflüsse gesichert werden soll. Dies soll zur Chancengleichheit der Parteien im politischen Wettbewerb beitragen (RdNr. 174). Der Chancengleichheit kann nur durch Vorlage eines *materiell richtigen* [Hervorhebung nur hier, A.G.] Rechenschaftsberichtes Rechnung getragen werden (RdNr. 182). Rechenschaftsberichte müssen *nicht nur formell*, sondern auch *inhaltlich (materiell) richtig* abgefasst sein (RdNr. 189, Hervorhebung nur hier, A.G.), wobei unter einem Rechenschaftsbericht im Sinne dieser Vorschrift [des PartG, Anm. d. Verf.] stets nur ein solcher zu verstehen [ist], der den Vorschriften des Fünften Abschnitts, namentlich den Grundsätzen ordnungsmäßiger Buchführung unter zusätzlicher Berücksichtigung des *Gesetzeszwecks* [Hervorhebung nur hier, A.G.] entspricht (RdNr. 206). Die Aussagen des Gerichts lassen sich ohne weiteres auf die zur Wahrung der Chancengleichheit von Marktteilnehmern im wirtschaftlichen Wettbewerb, der ein zentrales Ziel des TKG ist (§ 2 Abs. 2 Nr. 2 „Sicherstellung eines chancengleichen Wettbewerbs"), notwendigen Maßnahmen übertragen, zu denen die Vorlage *materiell richtiger* Kostenunterlagen gehört.

dürfte regelmäßig berechtigt sein, ein Anstieg aufgrund eines **Methodenwechsels** ist hingegen auf seine Berechtigung zu **hinterfragen**.

29 **b) Veröffentlichungspflichten (Abs. 2 S. 2). – aa) Einzelheiten der Veröffentlichung. –** Mit der **Veröffentlichungspflicht** nach § 29 Abs. 2 Satz 2 wird die Vorgabe des Art. 13 Abs. 4 ZRL und des Art. 17 Abs. 4 URL umgesetzt. Aus der **Liste der zu veröffentlichen Bestandteile** lässt sich die **Detailtiefe** der Auflagen, die in Bezug auf die Kostenberechnungsmethode angeordnet werden kann, entnehmen. Im Einzelnen kann die Behörde das Unternehmen mit beträchtlicher Marktmacht verpflichten, eine **Beschreibung** der den Auflagen entsprechenden Kostenrechnungsmethode zu veröffentlichen, in der mindestens die **wichtigsten Kostenarten** und die **Regeln der Kostenzuweisung** aufgeführt werden. Die Behörde kann die Veröffentlichung auch selbst vornehmen, wenn das verpflichtete Unternehmen seiner Pflicht nicht nachkommt. Daneben bestehen die Sanktionsmöglichkeiten des Abs. 4.

30 **bb) Prüfbefugnisse der Behörde. –** Die Behörde oder eine von ihr beauftragte unabhängige Stelle über**prüft** die **Anwendung der Kostenrechnungsmethode** und **veröffentlicht** das Prüfergebnis einmal jährlich. Diese Vorschrift stellt sicher, dass die Kostenrechnungsmethode von dem Unternehmen mit beträchtlicher Marktmacht zur Ermittlung der Kosten eingesetzt und richtig angewandt wird. Die Vorschrift einer *jährlichen* Veröffentlichung gibt einen jährlichen Prüfrhythmus vor, was betrieblicher Praxis entspricht. Sofern das Prüfergebnis die richtige Anwendung der vorgeschriebenen Kostenrechnungsmethode bestätigt, hat auch das Unternehmen mit beträchtlicher Marktmacht die Sicherheit, dass die vorgelegten Ergebnisse seiner Kostenrechnung nicht (mehr) auf Grund der angewandten Ermittlungsmethode fehlerhaft sein können.

31 **3. Zugang zu bestimmten Tarifsystemen (§ 29 Abs. 3). – a) Anordnungsbefugnis (Abs. 3 S. 1). –** Mit § 29 Abs. 3 wird der Behörde **ausdrücklich** die Befugnis gegeben, durch gesonderte Entscheidung auch den **Zugang unter bestimmten Tarifsystemen** und die **Anwendung bestimmter Kostendeckungsmechanismen anzuordnen.** Diese Regelung ist zum einen Folge der Streitigkeiten während der Entgeltgenehmigungsverfahren und sich daran anschließender gerichtlicher Auseinandersetzungen[19] um den Wechsel von dem entfernungsabhängigen zum elementbasierten Tarifsystem für Zusammenschaltungsentgelte (EBC)[20], der trotz im Markt und mit der Behörde bestehender grundsätzlicher Einigkeit darüber, dass es sich bei EBC um das die Kosten der Netznutzung am verursachungsgerechtesten abbildende Tarifsystem handelt, schlussendlich um insgesamt zwei Jahre verschoben und erst zum 1. 1. 2002 eingeführt wurde.[21] Zum anderen wird damit die Vorgabe des Art. 13 Abs. 2 ZRL umgesetzt.

32 **aa) Materielle Vorgaben. –** Bei der Befugnis nach Abs. 3 geht es darum, dass die Behörde auch **ein anderes** als das von einem Unternehmen mit beträchtlicher Marktmacht vorgeschlagene **Tarifsystem anordnen** kann, weil bei einem Vorrang („*Prä*") des Unternehmens dieses seinerseits **Tarifsysteme vorschlagen** könnte, die geeignet sind, den **Wettbewerb zu behindern.** Es kann dann die formal bestehende Zugangs- bzw. Zusammenschaltungsverpflichtung ins Leere laufen oder m.a.W. die Wettbewerber „am ausgestreckten

---

19 Siehe v.a. OVG NRW, Beschluss 13 B 69/01 v. 3. 5. 2001.
20 Auf das die Begründung beispielhaft hinweist. Vgl. Begründung zu § 27 (= § 29 TKG 2004), BT-Drs. 15/2316, S. 68.
21 Vgl. Beschluss BK4a-01-026/E03. 8. 01 v. 12. 10. 2001.

Arm verhungern" lassen, indem es z. B. ein auf einer veralteten Netzstruktur basierendes Tarifsystem konzipiert, bei dem die Wettbewerber durch die erzwungene Zusammenschaltung an mehr als an der bei *effizienter Leistungsbereitstellung* erforderlichen Anzahl von Zusammenschaltungspunkten überhöhte Entgelte zahlen müssen.

D. h. die Anordnungsbefugnis ergibt sich an und für sich bereits *unmittelbar* aus dem den 33 (genehmigungsfähigen) Entgelten zugrunde zu legenden Maßstab der **Kosten der effizienten Leistungsbereitstellung, weil sich aus diesen ein bestimmtes – effizientes –** Tarifsystem ergibt. Wenn aber die Behörde das Recht hat, die Entgelte anhand des Maßstabs der Kosten der effizienten Leistungsbereitstellung zu genehmigen, impliziert dies auch die Befugnis zur Anordnung von auf einer effizienten Leistungsbereitstellung (hier einer effizienten Netzstruktur) beruhenden Tarifsystemen. Mit der Befugnis, Tarifsysteme (Entgeltstrukturen) anzuordnen, wird nunmehr ausdrücklich festgehalten, dass Entgelte nur dann genehmigungsfähig sind, wenn sie in **Höhe** und **Struktur** die Kosten der effizienten Leistungsbereitstellung nicht überschreiten. Damit eng verbunden ist die Anwendung eines bestimmten Kostendeckungsmechanismus, der implizit in einem Entgelt oder einer Entgeltstruktur enthalten ist.

bb) Gesonderte Entscheidung. – Die **Einfügung**, dass der Zugang unter bestimmten Ta- 34 rifsystemen in einer **gesonderten Entscheidung** anzuordnen ist, ist Ergebnis der parlamentarischen Beratungen. Der Bundesrat[22] wollte die Anordnungsbefugnis unter den Vorbehalt der Feststellung eines missbräuchlichen Verhaltens stellen, was die Bundesregierung[23] zu Recht unter Bezugnahme auf Art. 13 Abs. 2 ZRL mit der Begründung ablehnte, dass die Behörde **unabhängig** von einem missbräuchlichen Verhalten ein **eigenständiges Anordnungsrecht** haben muss. Die Bundesregierung prüfte, ob die Anordnung des Zugangs unter bestimmten Tarifsystemen bzw. der Anwendung bestimmter Kostendeckungsmechanismen einer **gesonderten Entscheidung** bedürfe, so dass das Unternehmen mit beträchtlicher Marktmacht **Gelegenheit erhielte**, einen **Entgeltantrag** zu stellen und innerhalb des ihm zugestandenen **Gestaltungsspielraums** die **Verpflichtung umzusetzen**. Der Ausschuss für Wirtschaft und Arbeit befürwortete die Einfügung einer gesonderten Entscheidung mit anschließender **Entgeltantragstellung** in seiner Beschlussempfehlung[24] vom 10. 3. 2004, so dass dieser Punkt nicht mehr Gegenstand der Anrufung des Vermittlungsausschusses war. Durch die gesonderte Entscheidung erhält das Unternehmen mit beträchtlicher Marktmacht mehr Mitwirkungsmöglichkeiten.

b) Anordnungsgegenstände im Einzelnen. – aa) Zugang unter bestimmten Tarifsyste- 35 **men.** – Wie oben in RdNr. 32 erläutert, handelt es sich bei der Anordnungsbefugnis nach Abs. 3 um eine **materielle Vorgabe**, die die **Ausgestaltung des Tarifsystems**, d. h. einem System, welches aus mehreren Einzeltarifen, die in einem bestimmten Verhältnis zueinander stehen, besteht, und das durch die Art und Weise seines Aufbaus **Wettbewerbswirkungen** entfaltet, weil die Leistungen von verschiedenen Wettbewerbern in unterschiedlichem Maße nachgefragt werden, beeinflusst bzw. bestimmt.

---

22 Vgl. Stellungnahme des Bundesrates v. 19. 12. 2003, Anlage 2 zu BT-Drs. 15/2316, Nr. 24 (zu § 27 Abs. 3 = § 29 Abs. 3 TKG 2004), S. 113.
23 Vgl. Gegenäußerung der Bundesregierung zu der Stellungnahme des Bundesrates v. 14. 1. 2004, BT-Drs. 15/2345, zu Nr. 24 (§ 27 Abs. 3), S. 3.
24 Vgl. Beschlussempfehlung des Ausschusses für Wirtschaft und Arbeit v. 10. 3. 2004, BT-Drs. 15/ 2674, S. 31 und Begründung im Bericht des Ausschusses für Wirtschaft und Arbeit v. 10. 3. 2004, BT-Drs. 15/2679, S. 14.

36   Der **Einschränkung** des Initiativrechts des Unternehmens mit beträchtlicher Marktmacht bei der Gestaltung eines Tarifsystems für von ihm angebotene Leistungen **bedarf** es, weil es sonst das regulierte Unternehmen in der Hand hätte, den Markt durch wettbewerbsfeindliche Tarifsysteme zu steuern und zu seinen Gunsten zu beeinflussen. Das widerspräche aber dem Regulierungsziel der Sicherstellung eines chancengleichen Wettbewerbs (§ 2 Abs. 2 Nr. 2).

37   **bb) Anwendung bestimmter Kostendeckungsmechanismen.** – Wie die Anordnung von Kostenrechnungsmethoden und der Zugang unter bestimmten Tarifsystemen stellt die Anordnung der Anwendung bestimmter **Kostendeckungsmechanismen** eine **materielle Vorgabe** dar, weil sie ergebniswirksam ist. Ein Kostendeckungsmechanismus beschreibt, wie anfallende Kosten zu decken sind, d. h. die Art und Weise, mit der sie über die Einrechnung in die Preise verdient werden sollen. Je nach Art der **Umlegung der Kosten** ist die Auswirkung auf **Höhe und Struktur** der Entgelte verschieden und trifft damit in unterschiedlichem Ausmaß die Kundengruppen.

38   **cc) Erforderlichkeitsprüfung und Zielbezug.** – Wegen der Schwere des Eingriffs – Einschränkung des Initiativrechts des Unternehmens mit beträchtlicher Marktmacht bei der Tarifgestaltung – steht auch diese Anordnungsbefugnis, wie in den Fällen des Abs. 1, unter einer **Erforderlichkeitsprüfung**, hier in Bezug auf die Regulierungsziele nach § 2 Abs. 2. Wie oben in RdNr. 32 gezeigt, ist die explizite Befugnis gerade als **Gegenmittel** zur Verhinderung eines vom Unternehmen mit beträchtlicher Marktmacht vorgeschlagenen wettbewerbsschädlichen Tarifsystems konzipiert worden, so dass die Erforderlichkeit in aller Regel zu bejahen sein wird.

39   Die auferlegten Verpflichtungen, Zugang unter bestimmten Tarifsystemen anzubieten und bestimmte Kostendeckungsmechanismen anzuwenden, stehen unter der Bedingung, dass sie die **wirtschaftliche Effizienz** und einen **nachhaltigen Wettbewerb** fördern sowie **möglichst vorteilhaft für den Endnutzer** sind, was nahezu[25] wörtlich der Zugangsrichtlinie (Art. 13 Abs. 2) entstammt. Wie oben[26] dargelegt, ergibt sich die wirtschaftliche Effizienz – wie die Erfüllung der Regulierungsziele[27] – zwingend aus der Tatsache, dass sich ein Tarifsystem aus den Kosten der effizienten Leistungsbereitstellung ableitet. So wird die Bedingung, die wirtschaftliche Effizienz zu fördern, automatisch erfüllt. Da dadurch aber **zugleich** ein **nachhaltiger Wettbewerb** gefördert wird und dieser wiederum am **vorteilhaftesten für den Endnutzer** ist, sind auch die beiden weiteren Bedingungen – Förderung eines nachhaltigen Wettbewerbs und größtmögliche Vorteilhaftigkeit für den Endnutzer – gegeben.

40   **c) Rechtsfolgen (Abs. 3 S. 3 und 4). – aa) Vorlagepflicht und -frist für Entgeltantrag.** – Als Folge der **gesonderten Entscheidung** über den Zugang unter bestimmten Tarifsystemen erwachsen dem Unternehmen mit beträchtlicher Marktmacht das **Recht** und die **Pflicht**, innerhalb von zwei Wochen einen entsprechenden **Entgeltantrag vorzulegen**. Damit kann es im Rahmen des ihm zugestandenen Gestaltungsspielraum einen eigenen Vorschlag zur Umsetzung des angeordneten Tarifsystems vorlegen, der der Genehmigung durch die Behörde unterliegt.

---

25 § 29 Abs. 3 spricht von „*Endnutzer*" anstelle des in der ZRL verwendeten Begriffs „*Verbraucher*".
26 Siehe RdNr. 33.
27 Siehe RdNr. 38.

bb) Entscheidungspflicht und -frist der Behörde. – Der Behörde obliegt es, den **Entgelt-** **41** **antrag** nach Vorlage zu **bescheiden** oder nach Ablauf der Vorlagefrist eine Entscheidung zu treffen. In beiden Fällen (*„oder"*) hat sie eine **Frist von vier Wochen**. Mit der Pflicht, bei Nichtvorlage eines Entgeltantrags ebenfalls zu entscheiden, wird ein **Vakuum vermieden** und **Druck** auf das Unternehmen mit beträchtlicher Marktmacht **ausgeübt**, seiner Vorlagepflicht fristgerecht nachzukommen.

4. Sanktionsmöglichkeit (§ 29 Abs. 4). – Die Möglichkeit, ein **Zwangsgeld** anzuordnen, **42** ist erforderlich, um die Durchsetzung zu erzwingen, denn, wie die Praxis gezeigt hat, ist die Mitwirkungsbereitschaft oder gerade bei der Bereitstellung von vollständigen und aussagekräftigen Kostenunterlagen nicht oder nur sehr eingeschränkt vorhanden. Diesen Erfahrungen trägt auch der Gesetzgeber Rechnung, indem er das **maximale Zwangsgeld** auf eine Million Euro **verdoppelt** hat.

5. Veröffentlichungsvorgaben (§ 29 Abs. 5). – Abs. 5 enthält die **Veröffentlichungs-** **43** **pflicht** hinsichtlich der **Entgelte und von Entgeltänderungen**. Da ein Entgelt immer in Bezug auf eine Leistung zu sehen ist, ist es folgerichtig, die **Leistungsbeschreibung** und sonstige entgeltrelevanten Bestandteile in die Veröffentlichungspflicht einzuschließen. Die **Veröffentlichung** der Entgelte, von Entgeltänderungen und sonstigen entgeltrelevanten Bestandteilen sorgt für Transparenz am Markt und korrespondiert mit den Veröffentlichungsvorgaben bezüglich der Kostenrechnungsmethoden nach Abs. 2. Es handelt sich um eine generelle Vorschrift, die sich auf alle Entgelte etc. – für Zugangs- oder Endnutzerleistungen – unabhängig von der Art der Entgelte und des Entgeltregulierungsverfahrens – ex-ante oder ex-post – bezieht.

Die Vorschrift ist in Zusammenhang mit den **Veröffentlichungsvorschriften in §§ 35** **44** **Abs. 6 und 36** zu sehen. Während § 36 zunächst beabsichtigte Entscheidungen und beantragte oder vorgesehene Entgeltmaßnahmen und § 35 Abs. 6 nur die letztlich (ex-ante) genehmigten Entgelte betrifft, bezieht sich § 29 Abs. 5 auf die Veröffentlichung der Form der Entgelte oder einer Entgeltänderung einschließlich der Leistungsbeschreibung und sonstiger entgeltrelevanter Bestandteile. § 29 Abs. 5 erfasst somit alle sonstigen Konstellationen und erweist sich deshalb als genereller **Auffangtatbestand**.

6. Anordnungsbefugnisse gegenüber Unternehmen ohne beträchtliche Marktmacht **45** **(§ 29 Abs. 6). – a) Anordnungsbefugnis nach Abs. 1 Nr. 1.** – § 29 Abs. 6 räumt der Regulierungsbehörde **Ermessen** (*„kann"*) ein, Angaben und Informationen nach Abs. 1 Nr. 1 auch von Unternehmen **ohne** beträchtliche Marktmacht zu **verlangen**. Die Anordnungsbefugnis ist die **logische Ergänzung** zur Ex-post-Regulierung von Entgelten von Teilnehmernetzbetreibern für nach § 18 auferlegte Zugangsverpflichtungen nach **§ 30 Abs. 4**.[28] Denn im **Rahmen der Entgeltregulierung nach § 30 Abs. 4** muss die Behörde auch **Zugriff auf Informationen** von Unternehmen ohne beträchtliche Marktmacht haben, um die Entgeltregulierung nach Teil 2 dieses Gesetzes (Marktregulierung) sachgerecht ausüben zu können.[29] Im Rahmen der Ermessensausübung sind **Erforderlichkeitserwägungen** anzustellen.

b) Sanktionsmöglichkeit nach Abs. 4. – Zur Beschaffung der im Rahmen der Entgeltre- **46** gulierung benötigten **Informationen** hat die Behörde – wie bei Unternehmen mit beträcht-

---

28 Siehe ausführlich unten § 30.
29 Vgl. Begründung zu § 27 (= § 29 TKG 2004), BT-Drs. 15/2316, S. 68.

licher Marktmacht – die Möglichkeit, **Sanktionen** nach Abs. 4 zu verhängen, um ihre **Anordnungen durchzusetzen**[30], wobei die Behörde aber nur die Offenbarung von in Abs. 1 Nr. 1 näher beschriebener Informationen und Angaben anordnen kann.

47 **c) Erforderlichkeit für die Entgeltregulierung.** – Die **Beschränkung** der Anordnungsbefugnis **auf** die **für § 29 Abs. 1 Nr. 1 erforderlichen Maßnahmen** ergibt sich aus dem **Zweck** der Vorschrift. Die Anordnung dient der **Erlangung** der für die Entgeltregulierung benötigten **Informationen und Angaben** („…, wenn dies zur sachgerechten Ausübung der Entgeltregulierung nach diesem Teil erforderlich ist."). Sie betrifft nur die in Abs. 1 Nr. 1 genannten Einzelangaben, hingegen nicht die Form des Kostenrechnungssystems insgesamt (Abs. 1 Nr. 2), noch dürfen materielle Vorgaben gemäß Abs. 2 (Kostenrechnungsmethoden) oder Abs. 3 (Zugang unter bestimmten Tarifsystemen und die Anwendung bestimmter Kostendeckungsmechanismen) gemacht werden.

48 Dadurch nimmt der Gesetzgeber eine **deutliche Abstufung** in der Schwere der anordnungsfähigen Verpflichtungen danach vor, ob beträchtliche Marktmacht vorliegt oder nicht. Während sich die Anordnungsbefugnis bei **Unternehmen ohne beträchtliche Marktmacht** auf die **Erlangung der benötigten Informationen beschränkt**, ist sie bei **Unternehmen mit beträchtlicher Marktmacht weitergehend** und umfasst insbesondere auch die materiellen Vorgaben der Absätze 2 und 3, weil diese Unternehmen auch der Ex-ante-Entgeltregulierung nach dem strengen Kostenmaßstab unterfallen. Mit der Anordnung **materieller Vorgaben** wird somit der Verpflichtung zur **Kostenorientierung der Entgelte** Nachdruck verliehen. Es handelt sich um die zwei Seiten einer Medaille.

49 Allerdings lässt es der Wortlaut von § 29 Abs. 1–3 (Unternehmen *mit* beträchtlicher Marktmacht) auch zu, entsprechende Anordnungen **auch für Unternehmen** mit beträchtlicher Marktmacht zu treffen, die lediglich der Ex-post-**Entgeltregulierung** unterliegen.

V. Fazit

50 Mit § 29 werden der Behörde wirksame Instrumente für die Durchführung der im Rahmen der Entgeltregulierung erforderlichen Kostenprüfung an die Hand gegeben. Insbesondere mit den Weiterungen der Abs. 2 und 3, die ausdrücklich auch die Anordnung von **materiellen Vorgaben** – Kostenrechnungsmethoden sowie des Zugangs unter bestimmten Tarifsystemen und die Anwendung bestimmter Kostendeckungsmechanismen – gestatten, verfügt sie über die nötigen Mittel, von denen sie künftig Gebrauch machen sollte.

---

30 S. o. RdNr. 42.

Regulierung von Entgelten für Zugangsleistungen

§ 30 Entgeltregulierung

(1) Vorbehaltlich der nachfolgenden Absätze unterliegen Entgelte eines Betreibers eines öffentlichen Telekommunikationsnetzes, der über beträchtliche Marktmacht verfügt, für nach § 31 auferlegte Zugangsleistungen einer Genehmigung durch die Regulierungsbehörde nach Maßgabe des § 31. Abweichend von Satz 1 soll die Regulierungsbehörde solche Entgelte dann einer nachträglichen Regulierung nach § 38 Abs. 2 bis 4 unterwerfen, wenn

1. der Betreiber nicht gleichzeitig auch auf dem Markt für Endkundenleistungen, auf dem der Betreiber tätig ist, über beträchtliche Marktmacht verfügt,
2. nach In-Kraft-Treten des Gesetzes beträchtliche Marktmacht festgestellt worden ist, ohne dass der Betreiber vor In-Kraft-Treten des Gesetzes auf dem relevanten Markt von der Regulierungsbehörde als marktbeherrschend eingestuft wurde und
3. diese Maßnahme zur Erreichung der Regulierungsziele nach § 2 Abs. 2 ausreicht.

(2) Abweichend von Abs. 1 unterliegen Entgelte für Zugangsleistungen nach § 21 Abs. 2 Nr. 7 einer nachträglichen Regulierung nach § 38 Abs. 2 bis 4. Eine Regulierung dieser Entgelte nach diesem Gesetz ist ausgeschlossen, soweit eine Vereinbarung nach § 21 Abs. 2 Nr. 7 zustande gekommen ist oder es sich um Leistungen handelt, zu denen der Rechnungsersteller nicht verpflichtet werden kann.

(3) Entgelte eines Betreibers eines öffentlichen Telekommunikationsnetzes, der über beträchtliche Marktmacht verfügt, für Zugangsleistungen, die nicht nach § 21 auferlegt worden sind, unterliegen der nachträglichen Regulierung nach § 38.

(4) Entgelte, die ein Betreiber, der den Zugang zu Endnutzern kontrolliert und nicht über beträchtliche Marktmacht verfügt, im Rahmen von Verpflichtungen nach § 18 verlangt, unterliegen einer nachträglichen Regulierung. § 38 Abs. 2 bis 4 gilt entsprechend.

(5) Entgelte eines Betreibers eines öffentlichen Telekommunikationsnetzes, der über beträchtliche Marktmacht verfügt, für Zugangsleistungen zu bestimmten von ihm angebotenen Diensten zu Großhandelsbedingungen, die Dritten den Weitervertrieb im eigenen Namen und auf eigene Rechnung ermöglichen sollen, ergeben sich abweichend von § 31 Abs. 1 aus einem Abschlag auf den Endnutzerpreis, der einem effizienten Anbieter von Telekommunikationsdiensten die Erzielung einer angemessenen Verzinsung des eingesetzten Kapitals auf dem Endnutzermarkt ermöglicht. Das Entgelt entspricht dabei mindestens den Kosten der effizienten Leistungsbereitstellung.

Schrifttum: *Doll/Rommel/Wehmeier*, Der Referentenentwurf für ein neues TKG – Einstieg in den Ausstieg aus der Regulierung?, MMR 2003, 522; *ERG*, Common position on the approach to appropriate remedies in the new regulatory framework, ERG(03)30rev1, 2004, abzurufen im Internet unter www.erg.eu.int; *Geppert/Ruhle*, Anforderungen an die Novellierung des TKG im Hinblick auf die Entgeltregulierung, MMR 2003, 319; *Geppert/Ruhle*, Reziprok oder nicht-reziprok? – Entgeltregulierung für Zusammenschaltungsleistungen alternativer Teilnehmernetzbetreiber, CR 2004, 424; *Ger-*

pott/Winzer, Umsetzung des Gebots der Entgeltregulierungskonsistenz bei Großhandelspreisen für ein Reselling von Telefonanschlüssen, K&R 2004, 162; *Groebel*, Die Entgeltgenehmigungspraxis der RegTP – Erfahrungen aus dem TK-Bereich, TKMR-Tagungsband 2004, 39; *Groebel*, Neuerungen im Bereich der Entgeltregulierung, K&R-Beilage 1/2004, 18; *Heun*, Der Referentenentwurf zur TKG-Novelle, CR 2003, 485; *Klotz*, Der Referentenentwurf zum TKG im Licht der europarechtlichen Vorgaben, MMR 2003, 495; *Knauth*, Regulierungsschwerpunkte und offene Fragen bei der Umsetzung der Telekommunikationsrichtlinien, K&R-Beilage 1/2003, 24; *Knauth/Krüger*, Grundlegende Neuerungen des TKG-Regierungsentwurfs, K&R-Beilage 1/2004, 3; *Korehnke*, Beurteilung des Regulierungsentwurfes eines Telekommunikationsgesetzes aus Sicht der Vodafone D2 GmbH, TKMR-Tagungsband 2004, 17; *Möschel/Haug*, Der Referentenentwurf zur Novellierung des TKG aus wettbewerbsrechtlicher Sicht, MMR 2003, 505; *Monopolkommission*, Telekommunikation und Post 2003: Wettbewerbsintensivierung in der Telekommunikation – Zementierung des Postmonopols, Sondergutachten Nr. 39, 11. 12. 2003; *Monopolkommission*, Stellungnahme Zur Reform des Telekommunikationsgesetzes, Sondergutachten Nr. 40, 17. 2. 2004; *Monopolkommission*, Wettbewerbspolitik im Schatten „Nationaler Champions", 15. Hauptgutachten 2002/2003, 9. 7. 2004; *Müller/Piekarowitz/Rühmer/ Sommerberg/Ziegenhagen* (Hrsg.), Konsistente Entgeltregulierung in der Telekommunikation, 2003; *Neumann*, Konsistente Entgeltregulierung, WIK-Newsletter Nr. 54 2004, 1; *Scherer/Mögelin*, Regulierung im Übergang, Zu den rechtlichen Grundlagen für die Tätigkeit der Regulierungsbehörde bis zum Abschluss von Marktdefinitions- und Marktanalyseverfahren, K&R-Beilage 4/2004, 3; *Schütz*, Referentenentwurf zum TKG: Weniger Wettbewerb, mehr Bürokratie?, MMR 2003, 518; *Thomaschki*, Referentenentwurf zum TKG – Auswirkungen auf die Praxis der Marktregulierung, MMR 2003, 500; *dies.*, Missbrauchsaufsicht und nachträgliche Entgeltkontrolle im TKG-E, K&R-Beilage 1/2004, 21; *Vogelsang*, Ökonomische Aspekte des Referentenentwurfs zum TKG, MMR 2003, 509; *ders.*, Die Zukunft der Entgeltregulierung im deutschen Telekommunikationssektor, 2002.

Übersicht

I. Normzweck

§ 30 als die zentrale **Entgeltregulierungsvorschrift für Zugangsleistungen** erfuhr im **1**
Laufe des Gesetzgebungsprozesses zahlreiche und tiefgehende **Veränderungen**.[1] Auch
wenn bestimmte Eckpunkte wie die Bindung an die Zugangsverpflichtung sowie die Ex-
post-Regulierung von Teilnehmernetzbetreibern ohne beträchtliche Marktmacht von Anfang an feststanden[2], waren insbesondere die **Ausnahmetatbestände**, die sich jetzt in § 30
Abs. 1 Nr. 1–3 finden, bis zuletzt **umstritten**.[3]

§ 30 ist die **Zentralnorm** der **Entgeltregulierung**. Sie regelt das Verhältnis von Ex-ante- **2**
und Ex-post-Entgeltregulierung neu, denn im Unterschied zu den Vorschriften des TKG
1996 ist die **Entgeltregulierung** im TKG 2004 **stärker ausdifferenziert**. Dies ist zum einen eine Folge des konzeptuellen Ansatzes des neuen europäischen Rechtsrahmens, der
einen zielgenaueren, d. h. auf das zu behebende Wettbewerbsproblem zugeschnittenen Ins-
trumenteneinsatz verlangt. Zum anderen hängt die komplexe Ausformulierung mit dem
speziellen Konstrukt des deutschen Telekommunikationsrechts der „*Ex-post*-Entgeltregu-
lierung" zusammen, die das europäische Recht nicht kennt.

Auch wenn die Ex-post-Entgeltregulierung den Eingriffszeitpunkt mit dem allgemeinen **3**
Wettbewerbsrecht gemein hat, geht sie doch über dieses insofern hinaus, als die Regulierungsbehörde missbräuchliche Entgelte nicht nur untersagen, sondern nach § 38 Abs. 4
auch Entgelte, die den Maßstäben des § 28 genügen, anordnen kann. Diese **Anordnungsbefugnis** stellt ein entscheidendes „*Mehr*" im Vergleich zur kartellrechtlichen Missbrauchsaufsicht dar, weshalb auch die Ex-post-Entgelt*regulierung* als (sektor-)spezifische
Verpflichtung im Sinne der Richtlinien einzustufen ist, der die genannten Betreiber nach
Durchführung des Marktanalyseverfahrens nach § 11 TKG 2004 (*vorab*) unterworfen werden. Damit unterliegen sie der **sektorspezifischen Regulierung** und nicht der kartellrechtlichen Missbrauchsaufsicht.

§ 30 Abs. 1 schreibt grundsätzlich die **Ex-ante-Entgeltregulierung** als **Regelverfahren** **4**
für Entgelte für nach **§ 21** auferlegte **Zugangsleistungen**, die von einem Betreiber mit beträchtlicher Marktmacht erbracht werden, vor. Von dieser Regel werden **Ausnahmen** zugelassen, die eine **nachträgliche Entgeltregulierung** nach sich ziehen (S. 2 Nr. 1–3). Ferner
werden Fakturierungs- und Inkassoleistungen nach § 21 Abs. 2 Nr. 7 von der Genehmigungspflicht ausgenommen (§ 30 Abs. 2). Für zwei Kategorien von Zugangsleistungen
wird die **Ex-post-Entgeltregulierung** als **Regelform** normiert. Dies gilt nach § 30 **Abs. 3**

---

1 Vgl. BT-Drs. 15/2316, S. 16 (§ 28 = § 30 TKG 2004).
2 Vgl. § 26 (= § 30 TKG 2004) des Referentenentwurfs v. 30. 4. 2003, veröffentlicht im Internet
   (siehe z. B. www.tkrecht.de).
3 Vgl. z. B. Wortprotokoll der 49. Sitzung des Ausschusses für Wirtschaft und Arbeit vom 9. 2. 2004
   der öffentlichen Anhörung von Sachverständigen zum TKG-Regierungsentwurf, BT-Drs. 15/49
   (Protokoll), S. 789, 799, 807 f., v.a. die Ausführungen von Direktor *Langeheine* von der Generaldirektion Informationsgesellschaft zur Frage der europarechtlichen Zulässigkeit der Doppelmarktbeherrschung; Bericht des Ausschusses für Wirtschaft und Arbeit (9. Ausschuss), BT-Drs. 15/2679
   sowie die Beschlussempfehlung des Ausschusses für Wirtschaft und Arbeit v. 10. 3. 2004, BT-Drs.
   15/2674, S. 31 f. (zu § 28 = § 30 TKG 2004); Empfehlungen der Ausschüsse, BR-Drs. 200/1/04 v.
   23. 3. 2004; Unterrichtung durch den Bundesrat – Anrufung des Vermittlungsausschusses, BT-Drs.
   15/2907 v. 6. 4. 2004; Beschluss des Deutschen Bundestages (BR Drs. 379/04, Beschlussempfehlung des Vermittlungsausschusses – BT-Drs. 15/3063 v. 5. 5. 2004 –) v. 6. 5. 2004, Punkt 8 zu § 28
   Abs. 1 Satz 2 Nr. 2.

für Entgelte eines Betreibers mit beträchtlicher Marktmacht für Zugangsleistungen, die nicht nach § 21 auferlegt worden sind, d. h. freiwillig vereinbarte Zugangsleistungen (§ 21 Abs. 1 Nr. 7). Ebenso unterfallen gemäß § 30 **Abs. 4** Entgelte für nach § 18 Teilnehmernetzbetreibern ohne beträchtliche Marktmacht auferlegte Zugangsleistungen der nachträglichen Entgeltregulierung. Schließlich führt **Abs. 5** für die ex-ante regulierten Wiederverkaufsleistungen (Resale, § 21 Abs. 2 Nr. 3) die Abschlagsmethode (Retail-minus) ein, wobei die Nebenbedingung einzuhalten ist, dass das (so ermittelte) Entgelt mindestens den Kosten der effizienten Leistungsbereitstellung entspricht.

5   Sobald ein Tatbestand des § 30 erfüllt ist, zieht seine **Erfüllung** als **zwingende Rechtsfolge** die jeweils beschriebene Form der Entgeltregulierung nach sich. Eine **Ausnahme** dazu bildet nur § 30 **Abs. 1 S. 2**, der eine **Soll**-Vorschrift enthält. Das dadurch eingeräumte Ermessen ist durch den Gesetzgeber insoweit vorgezeichnet, als die vorgesehene Maßnahme im Regelfall erfolgen „soll", sofern nicht besondere Umstände vorliegen, die dagegen sprechen. Dann beschränkt sich das Ermessen auf die Berücksichtigung solcher besonderen Umstände, d. h. regelabweichend gelagerte Einzelfälle.[4]

6   Die nachfolgende Abbildung veranschaulicht die Zusammenhänge:

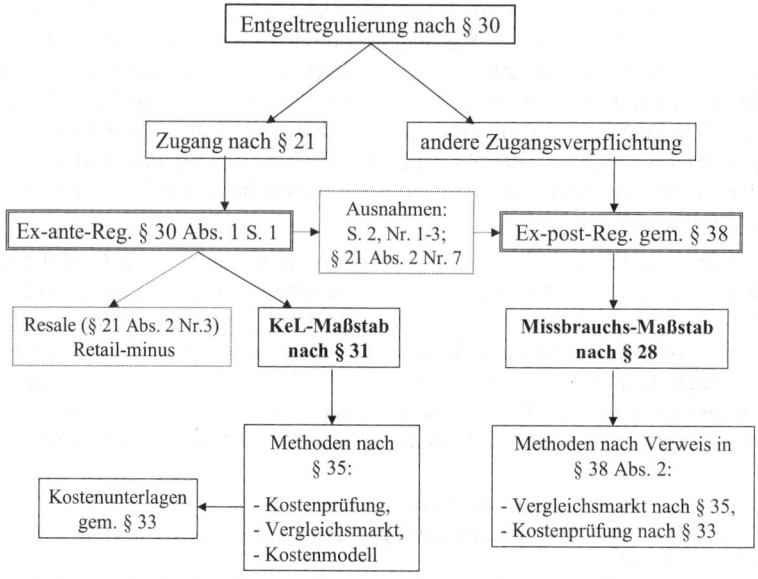

Abb. 1. Entgeltregulierung

7   Mit der komplizierten Konstruktion will der Gesetzgeber eine **Rücknahme** der **Ex-ante-Entgeltregulierung** auf die Fälle, bei denen dies nach wie vor **unerlässlich** ist, erreichen, um von einer flächendeckenden zu einer punktgenauen Entgeltregulierung zu kommen.

---

4 *Eyermann/Rennert*, § 114 RdNr. 15 m. w. N.

II. Anwendungsbereich

§ 30 leitet den 2. Unterabschnitt „Regulierung von Entgelten für Zugangsleistungen" des **8** Abschnitts 3 (Entgeltregulierung) ein. **§ 30** betrifft **ausschließlich** die **Entgeltregulierung von Zugangsleistungen**, denn § 39 verweist für die Regulierung von Endnutzerleistungen lediglich auf die entsprechende Geltung der §§ 31–38. Er richtet sich mit Ausnahme des Absatzes 4 an einen **Betreiber** eines öffentlichen Telekommunikationsnetzes, der **über beträchtliche Marktmacht** verfügt. Absatz 4 richtet sich an einen **Betreiber** eines öffentlichen Telekommunikationsnetzes, der den **Zugang zu Endnutzern kontrolliert** und **nicht über beträchtliche Marktmacht** verfügt.

Die **Anknüpfung** der Art der Entgeltregulierung (ex-ante oder ex-post) an die (vorhandene **9** oder nicht vorhandene) **Marktmacht** setzt ein Marktanalyseverfahren nach § 11 voraus, das mit der Feststellung von Marktmacht bzw. fehlender Marktmacht auf den relevanten Märkten, die im Marktdefinitionsverfahren nach § 10 abgegrenzt werden, endet. Nach § 13 sind die **auferlegten Verpflichtungen** wie z. B. eine Zugangsverpflichtung nach § 21 und daraus folgend die Entgeltregulierung die **Rechtsfolgen** der Marktanalyse. Im TKG ist die **Entgeltregulierung** (in beiden Arten) an die **Zugangsverpflichtung**[5] gebunden.

Es wird diskutiert, ob die mit der **Anbindung** der Entgeltregulierung an die Zugangsver- **10** pflichtung einhergehende **Einschränkung des Auswahlermessens** der Behörde bei der Auferlegung von Verpflichtungen eine **richtlinienkonforme** Umsetzung darstellt. Denn nach dieser Auffassung sehen die Richtlinien vor, dass jede einzelne Verpflichtung des Maßnahmenkatalogs des Art. 9 bis Art. 13 ZRL losgelöst von anderen auferlegt werden kann. Allerdings heißt es in dem hier einschlägigen Art. 8 Abs. 2 ZRL „…, so erlegt die nationale Regulierungsbehörde diesem im erforderlichen Umfang die in den Art. 9 bis 13 der vorliegenden Richtlinie genannten Verpflichtungen auf", was die **Anbindung** der Entgeltregulierung an die Zugangsverpflichtung jedenfalls **nicht ausschließt**. Dem lässt sich auch entnehmen, dass das Auferlegen mehrerer Verpflichtungen zulässig ist, solange es nicht unverhältnismäßig („im erforderlichem Umfang") erfolgt, so dass nach diesem Verständnis die **Anbindung eine richtlinienkonforme Umsetzung** darstellt.

Nach der v. a. von der Europäischen Kommission vertretenen Auffassung sollte die natio- **11** nale Regulierungsbehörde hingegen die Möglichkeit haben, **jede Maßnahme auch einzeln**, d. h. losgelöst von einer anderen aufzuerlegen, das hieße z. B., dass die Regulierung von Entgelten auch unabhängig von einer vorhergehenden Zugangsverpflichtung möglich sein muss. In dieser Auslegung („atomistische Sichtweise") wäre der o. a. Art. 8 Abs. 2 ZRL so zu verstehen, dass ggf. auch nur **eine einzelne Verpflichtung** erforderlich sein kann.

Die Anbindung der Entgeltregulierung an die Zugangsverpflichtung ist auch **ökonomisch 12** gesehen sinnvoll, denn ohne Entgeltregulierung könnte ein Betreiber mit beträchtlicher Marktmacht durch prohibitiv hohe Entgelte jede formal zwar bestehende Zugangsverpflichtung ins Leere laufen lassen. Die Bedeutung der Entgeltregulierung für Zugangsleistungen kommt insbesondere auch in der Vorschrift des § 30 Abs. 3 zum Ausdruck, der auch (und gerade) freiwillig vereinbarte Zugangsleistungen (§ 21 Abs. 1 Nr. 7) der Ex-post-Entgeltregulierung unterstellt, einschließlich der Vorlagepflicht nach § 38 Abs. 1.

---

5 Und bestimmte Nebenbedingungen für die Ausnahmefälle.

13 Da **Ausgangspunkt** der Entgeltregulierung entweder eine **Zugangsverpflichtung** nach § 21 oder nach § 18 ist, ist jeweils derselbe Normadressat wie in der Ausgangsnorm einzusetzen, nämlich ein **Betreiber eines öffentlichen Telekommunikationsnetzes** (§ 21) bzw. bei § 30 Abs. 4 ein **Betreiber eines öffentlichen Telekommunikationsnetzes, der den Zugang zu Endnutzern kontrolliert** (§ 18). Mit der Trennung der Zugangsverpflichtungen, die Netzbetreibern *mit* beträchtlicher Marktmacht (§ 21) und solchen, die Teilnehmernetzbetreibern *ohne* beträchtlicher Marktmacht (§ 18) auferlegt werden können, können auch die daraus folgenden Entgeltvorschriften eindeutig getrennt werden.[6] Ein Netzbetreiber *mit* beträchtlicher Marktmacht unterliegt abgesehen von den Ausnahmefällen (§ 30 Abs. 1 S. 2, Abs. 2 und Abs. 3) stets der Ex-ante-Entgeltregulierung, Teilnehmernetzbetreiber *ohne* beträchtlicher Marktmacht der Ex-post-Entgeltregulierung.

III. EG-rechtliche Grundlagen

14 Die europarechtlichen Vorgaben zur Entgeltregulierung von Zugangsleistungen finden sich in **Art. 13 ZRL** (Verpflichtung zur Preiskontrolle und Kostenrechnung), der mit den §§ 30–38 umgesetzt wird. Mit § 30 erfolgt die Umsetzung von **Art. 13 Abs. 1** in nationales Recht. Art. 13 Abs. 1 ZRL sieht die Auferlegung von **Verpflichtungen** betreffend „**die Kostendeckung und die Preiskontrolle einschließlich kostenorientierter Preise**" hinsichtlich bestimmter Arten von Zusammenschaltung und/oder Zugang vor. Eine explizite europarechtliche Entsprechung der Ex-post-Entgeltregulierung gibt es nicht. Dies ist allerdings unschädlich. Einerseits war der nationale Gesetzgeber durch das Europarecht insoweit nicht gebunden. Andererseits ist das Europarecht selbst einem Verständnis zugänglich, das die Ex-post-Entgeltregulierung mit einschließt.

15 Die Richtlinie schreibt **keine bestimmten Maßnahmen** vor. Die **nationalen Gesetzgeber** sind bei der **Umsetzung** der Richtlinie somit hinsichtlich der **Wahl der Form und der Mittel frei**. Entscheidend ist nur, dass das von der Richtlinie **bezweckte Ziel** erreicht wird, vgl. Art. 249 S. 4 EGV. Die Ziele der Zugangsrichtlinie benennt dessen Art. 1 Abs. 1 S. 2: „Ziel ist es, in Übereinstimmung mit den Grundsätzen des Binnenmarktes einen Rechtsrahmen für die Beziehungen zwischen Netzbetreibern und Diensteanbietern zu schaffen, der einen nachhaltigen Wettbewerb und Interoperabilität der elektronischen Kommunikationsdienste gewährleistet und die Interessen der Verbraucher fördert." Diesem Ziel wird die nationale Umsetzung der Richtlinie gerecht.

16 Der Begriff der *Verpflichtungen* in Art. 13 ZRL umfasst sowohl Ex-ante- als auch Ex-post-Maßnahmen. Der Begriff der Preiskontrolle ist weiter gefasst als der der Kostenorientierung[7], denn es heißt in Art. 13 „Preiskontrolle *einschließlich* kostenorientierter Preise". Die strikte **Kostenorientierung** als Maßstab der Ex-ante-Entgeltregulierung wird nach § 30 Abs. 1 i.V.m. § 31 definiert als „die **Kosten der effizienten Leistungsbereitstellung** nicht überschreitend".[8] Den Maßstab bilden somit wie bisher und im Einklang mit Art. 13 Abs. 3 ZRL die Kosten der *effizienten* Leistungsbereitstellung, nicht die *tatsächlichen* Kosten. Zweifelsohne ist eine Verpflichtung nach Art. 13 ZRL zumindest im engen Sinne der

---

6 Was im Regierungsentwurf noch nicht der Fall war. Vgl. BT-Drs. 15/2316, S. 16 (§ 28 = § 30 TKG 2004), insbesondere § 28 Abs. 4 und 5.

7 Der sich z. B. in Art. 7 Abs. 2 der Zusammenschaltungsrichtlinie (97/33/EG) fand.

8 Zu den Einzelheiten der Definition s. u. § 31.

Vorgabe kostenorientierter Preise die schärfste Maßnahme des Katalogs möglicher Verpflichtungen nach Art. 9–13 ZRL.

IV. Einzelerläuterungen

1. Ex-ante-Entgeltregulierung (§ 30 Abs. 1 und Abs. 2). – a) Genehmigungspflicht für **17** **Zugangsleistungen nach § 21.** – Mit Satz 1 von § 30 Abs. 1 werden **Entgelte** für nach § 21 auferlegte **Zugangsleistungen** eines Betreibers eines öffentlichen Telekommunikationsnetzes mit beträchtlicher Marktmacht grundsätzlich der **Genehmigungspflicht** unterworfen.[9] Als Grundsatz wird also für die nach § 21 auferlegten Zugangsleistungen die strenge **Ex-ante-Entgeltregulierung** aufgestellt, von der nur bei Vorliegen der Ausnahmetatbestände abgewichen wird. Damit wird die **Genehmigungspflicht** von Zugangsleistungen **aufrecht erhalten**, die bisher in § 39 1. Alternative TKG 1996 für Zugangsleistungen marktbeherrschender Unternehmen nach § 35 vorgeschrieben war.

aa) Anknüpfung an die Zugangsverpflichtung nach § 21. – Wegen der **zentralen Be-** **18** **deutung** von Zugangsleistungen für Wettbewerber eines Netzbetreibers mit beträchtlicher Marktmacht ist die **Ex-ante-Regulierung** dieser Entgelte **erforderlich.** Da auch die Auferlegung einer Zugangsverpflichtung nach § 21 einen harten regulatorischen Eingriff darstellt, schreibt der Gesetzgeber nunmehr einen **Katalog von Kriterien** vor, die vor der Auferlegung einer Zugangsverpflichtung von der Behörde abzuprüfen sind. Wenn eine Zugangsverpflichtung auferlegt wurde, ist die Bedeutung der Zugangsverpflichtung für die Wettbewerber festgestellt und damit die Notwendigkeit der Genehmigungspflicht gegeben.

bb) KeL-Maßstab nach § 31. – Als Maßstab der **Ex-ante-Entgeltregulierung** bestimmt **19** § 30 Abs. 1 Satz 1 die **Kosten der effizienten Leistungsbereitstellung** nach § 31. Genehmigungsfähig sind Entgelte dann, wenn sie diese nicht überschreiten. Der Kostenmaßstab wird also fortgeschrieben, allerdings nunmehr als feste Obergrenze verankert, während sich gem. § 24 Abs. 1 TKG 1996 die Entgelte an den Kosten der effizienten Leistungsbereitstellung zu orientieren hatten. Der Maßstab der Kosten der effizienten Leistungsbereitstellung ist ökonomisch geboten, weil damit **Wettbewerbspreise simuliert** werden und die Behörde mit den so regulierten Entgelten die **Marktkräfte stimuliert** und der Prozess auf diese Weise in die wettbewerbliche Richtung gestoßen wird.[10]

b) Ausnahmetatbestand (Abs. 1 S. 2). – Satz 1 des § 30 Abs. 1 schreibt für **Entgelte** von **20** nach § 21 **Betreibern mit beträchtlicher Marktmacht** auferlegten **Zugangsleistungen** grundsätzlich die **Ex-ante-Regulierung** vor. Um eine „ineffiziente Überbürokratisierung"[11] zu vermeiden, sieht der Gesetzgeber allerdings bei Vorliegen bestimmter Tatbestände **Ausnahmen von dieser Regel** vor. Die drei Ausnahmetatbestandsmerkmale haben also dieselbe Stoßrichtung, nämlich Überregulierung zu verhindern und die Regulierung nicht auszuweiten, was dem deregulatorischen Anspruch des neuen Rechtsrahmens entspricht. Die drei **Ausnahmetatbestandsmerkmale** (Nr. 1–3) müssen **kumulativ** („*und*") vorliegen, um ein Abweichen von der Regel zu rechtfertigen.

---

9 Vgl. hierzu z. B. auch *Scherer/Mögelin*, K&R-Beilage 4/2004, 3, 13 f.
10 Der KeL-Maßstab wird im Einzelnen unten bei der Spezialnorm erläutert, siehe § 31.
11 Vgl. Begründung zu § 28 (= § 30 TKG 2004), BT-Drs. 15/2316, S. 68.

21 Bei dem Ausnahmetatbestand des Abs. 1 S. 2 handelt es sich – im Gegensatz zu den übrigen Eingriffstatbeständen – **nicht** um eine **gebundene Entscheidung** („**soll**"). Sie eröffnet die Möglichkeit, dass die zunächst formal erfüllten Ausnahmetatbestandsmerkmale, die einen Sachverhalt der regulären Ex-ante-Regulierung entziehen sollen, trotz ihres Vorliegens *nicht* zu einer Ex-post-Regulierung führen können, sondern die **Ex-ante-Regulierung wieder aufleben** lassen.

22 Das **Ermessen** der Regulierungsbehörde ist dabei auf die Berücksichtung solcher *besonderen* Umstände, die von einem typischerweise auftretenden Sachverhalt abweichen,[12] **eingeschränkt**. Bereits mit dem Vorliegen der Ausnahmetatbestandsmerkmale wird ein zu regulierendes Unternehmen privilegiert, denn es *soll* – abweichend von Abs. 1 S. 1 – *nur* der nachträglichen Entgeltregulierung unterworfen werden. Es bedarf **besonderer Umstände**, diesem Unternehmen dieses **Privileg** wieder **zu entziehen**.

23 Führt die so beschränkte Ermessensausübung zu dem **Ergebnis**, dass eine **Ex-post-Regulierung nicht erfolgen soll**, stellt sich die Frage, ob damit wieder der Regelfall des Abs. 1 S. 1 (Ex-ante-Regulierung) greifen oder nicht reguliert werden soll. Richtigerweise ist von einem **Zurückfallen in die „harte" Ex-ante-Regulierung** auszugehen. Denn *„abweichend"* impliziert, dass die Feststellung beträchtlicher Marktmacht i. S. v. § 11 TKG, welcher generelle Eingriffsvoraussetzung für die Marktregulierung nach Teil 2 des TKG insgesamt ist, erfolgt ist. Nach § 9 Abs. 2 TKG *werden* Unternehmen, die auf Märkten im Sinne des § 11 über beträchtliche Marktmacht verfügen, durch die Regulierungsbehörde *Maßnahmen* nach diesem Teil (Teil 2 des TKG) *auferlegt*. Damit ist die Antwortalternative „keine Regulierung" ausgeschlossen.

24 **aa) Doppelmarktbeherrschung (S. 2 Nr. 1).** – Das Kriterium der **Doppelmarktbeherrschung** fand sich bereits im Referentenentwurf[13]. Es besagt, dass nur, wenn zusätzlich zum Vorliegen beträchtlicher Marktmacht auf dem relevanten Zugangsmarkt auch auf dem Endkundenmarkt beträchtliche Marktmacht festgestellt wird, die Entgelte dieses Betreibers der Ex-ante-Entgeltregulierung unterliegen, andernfalls der Ex-post-Regulierung nach § 38 Abs. 2 bis 4, d. h. ohne Vorlagepflicht. Auf jeden Fall werden die **Zugangsentgelte** jedoch – ex-ante oder ex-post – **reguliert**, was ein wirksameres Eingreifen als bei der kartellrechtlichen Aufsicht ermöglicht.

25 Der Ausnahmetatbestand setzt bei der Art der aufzuerlegenden **Verpflichtung** an, nicht bei der Marktanalyse nach § 11 auf den gemäß § 10 zu untersuchenden Zugangsmärkten. Das bedeutet, dass die auferlegte Verpflichtung zwar gem. **Art. 7 RRL** (§ 13 TKG) zu **notifizieren** ist, aber die Europäische Kommission diesbezüglich **kein Vetorecht** gem. Art. 7 Abs. 4 RRL hat.

26 Die Marktanalyse bzw. deren Ergebnis spielen nur insofern eine Rolle, als üblicherweise bei der Untersuchung eines **Vorleistungsmarktes** die **Verbindung** zu dem bzw. den zugehörigen Endkundenmarkt/-märkten betrachtet wird, weil die **Verhältnisse** auf **dem/den Endkundenmarkt/-märkten** einen Einfluss auf die Situation im Vorleistungsmarkt haben werden. Die Einbeziehung des Endkundenmarktes zur Bestimmung des Ausmaßes des Wettbewerbsproblems auf dem Vorleistungsmarkt entspricht somit der wettbewerbsrecht-

---

12 *Eyermann/Rennert*, § 114 RdNr. 15 m. w. N.
13 Vgl. § 26 (= § 30 TKG 2004) Abs. 4 des Referentenentwurfs v. 30. 4. 2003, veröffentlicht im Internet (siehe z. B. www.tkrecht.de).

lichen Standardanalyse und der ökonomischen Theorie. Davon die Form der Entgeltregulierung – der die Zugangsentgelte von Betreibern mit beträchtlicher Marktmacht in jedem Fall unterfallen – abhängig zu machen, ist nur folgerichtig.[14]

Bei Wettbewerb auf dem Endkundenmarkt reicht grundsätzlich eine Ex-post-Kontrolle für **27** das Entgelt der Zugangsleistung aus, weil der **Wettbewerbsdruck** des Endkundenmarktes auf den Vorleistungsmarkt **zurückwirkt**, während noch nicht wettbewerblich organisierte Endkundenmärkte die Ex-ante-Regulierung der Entgelte auf dem Zugangsmarkt erfordern, um die Wettbewerber durch Bezug der Vorleistung überhaupt erst in die Lage zu versetzen, auf dem Endkundenmarkt zu konkurrieren, d. h. ohne Genehmigungspflicht der Zugangsentgelte würde die Möglichkeit, Wettbewerb auf dem Endkundenmarkt zu schaffen, verbaut.

bb) Marktbeherrschung nach Inkrafttreten (Nr. 2). – Auf den ersten Blick erscheint **28** dieses Kriterium, das in dieser Ausprägung erst ganz am Schluss nach der Sitzung des Vermittlungsausschusses durch die Streichung des Wortes *„erstmals"*[15] festgeschrieben wurde, eine Art „Bestandsschutz" darzustellen. Allerdings zielt dieses **Merkmal** in dieselbe Richtung wie die Doppelmarktbeherrschung, denn es **verhindert** dann eine – leichtfertige – **Ausweitung der Regulierung**, wenn sich ohne Eingriffe in der Vergangenheit Wettbewerb auf den nachgeordneten Märkten herausgebildet hat.

cc) Erreichung der Regulierungsziele (Nr. 3). – Das dritte Kriterium unterscheidet sich **29** von den beiden ersten insoweit, als es nicht auf die Stellung des Betreibers auf den betrachteten Märkten abhebt, sondern die **Gesamtperspektive** einführt und die Maßnahme in den Kontext der **regulatorischen Ziele** stellt. Damit wird eine **Verhältnismäßigkeitsprüfung** im Sinne des Art. 8 ZRL vorgegeben, der besagt, dass die Verpflichtungen im Hinblick auf die Ziele des Art. 8 RRL angemessen und gerechtfertigt sein müssen. Auch dieses Kriterium dient dazu, Überregulierung zu verhindern, und zieht das mildere Mittel dem schärferen vor.

dd) Rechtsfolge: Ex-post-Regulierung nach § 38 Abs. 2–4. – Bei Vorliegen der Ausnah- **30** metatbestände ist die **Rechtsfolge**, dass ein Betreiber mit beträchtlicher Marktmacht nicht der Regelform der Ex-ante-Regulierung, sondern der **Ex-post-Aufsicht** unterliegt, d. h. die Preise können in den Markt gegeben werden, unterliegen aber der nachträglichen Entgeltregulierung nach § 38 Abs. 2–4, die die Einhaltung der Missbrauchskriterien nach § 28 sicherstellt. Eine Vorlagepflicht nach § 38 Abs. 1 besteht nicht.

c) Ausnahmetatbestand § 21 Abs. 2 Nr. 7 (§ 30 Abs. 2). – aa) Rechtsfolge: Ex-post-Re- 31 gulierung nach § 38 Abs. 2–4. – Dieselbe Rechtsfolge, d. h. eine Unterwerfung unter die **nachträgliche Entgeltregulierung** gem. § 38 Abs. 2–4 besteht auch für Zugangsleistungen nach § 21 Abs. 2 Nr. 7, d. h. **Fakturierungs- und Inkassoleistungen**. Diese Leistungen sind eine wichtige Annexleistung bei Zusammenschaltungen, v. a. im Verbindungsleistungsmarkt. Andererseits kann diese Leistung auch von anderen Unternehmen als dem Be-

---

14 Ähnliche Überlegungen hat vor kurzem auch die niederländische Regulierungsbehörde *OPTA* für die Zugangsregulierung angestellt, die vom Grad des Wettbewerbs auf den Endkundenmärkten abhängig gemacht werden soll. Vgl. *OPTA* Regulatory Policy Note no. 3 „Imposing Access Obligations", August 2004, im Internet abzurufen unter http://www.opta.nl/asp/nieuwsenpublicaties/onderzoeken/document.asp?id=1638 (überprüft 10/2005).

15 Beschlussempfehlung des Vermittlungsausschusses BT-Drs. 15/3063 v. 5. 5. 2004, Punkt 8 zu § 28 Abs. 1 Satz 2 Nr. 2.

treiber mit beträchtlicher Marktmacht angeboten werden, so dass die Aussichten auf alternative Angebote und damit die Entwicklung von Wettbewerb für diese Leistung tendenziell höher einzuschätzen sind als für die Zugangsleistung selbst.

32 **bb) Vereinbarung nach § 21 Abs. 2 Nr. 7.** – Gemäß dem **Grundsatz**, dass die schärfste Form der Entgeltregulierung – die Ex-ante-Regulierung – vor allem auf Zugangsleistungen, die für die Wettbewerber unverzichtbar sind, konzentriert werden soll, während für andere Leistungen, dem Ansatz des neuen Rechtsrahmens folgend, die Regulierung tendenziell zurückgefahren werden soll, wird deshalb auch für Fakturierungs- und Inkassoleistungen nur die Ex-post-Entgeltregulierung vorgeschrieben. Auf diese wird sogar dann **ganz verzichtet**, wenn die **Marktteilnehmer** bereits kommerzielle Lösungen gefunden haben, d. h. eine Vereinbarung nach § 21 Abs. 2 Nr. 7 zustande gekommen ist oder es sich um Leistungen handelt, zu denen der Rechnungsersteller nicht verpflichtet werden kann.

33 **2. Ex-post-Entgeltregulierung (§ 30 Abs. 3). – a) Ex-post-Entgeltregulierung nach § 38 für andere Zugangsleistungen. – aa) Freiwillige Zugangsvereinbarungen nach § 21 Abs. 1 Nr. 7.** – § 30 Abs. 3 enthält eine weitere **Ausnahmeregelung.** Entgelte von Betreibern mit beträchtlicher Marktmacht für Zugangsleistungen, die nicht nach § 21 auferlegt worden sind, unterliegen nicht der Ex-ante-Regulierung, sondern der Ex-post-Entgeltregulierung einschließlich der Vorlagepflicht. Bei diesen handelt es sich letztlich um **freiwillig vereinbarte Zugangsleistungen** nach § 21 Abs. 1 Nr. 7. Der Gesetzgeber versucht damit, einem Betreiber mit beträchtlicher Marktmacht einen **Anreiz** zu geben, **kommerzielle Verhandlungslösungen** zu finden und **freiwillig Verträge** über Zugangsleistungen abzuschließen, was dem normalen Geschehen auf einem Wettbewerbsmarkt entspricht.[16]

34 Andererseits besteht hier die **Gefahr**, dass Wettbewerber Angebote unter dem Druck annehmen, sonst zunächst gar keine Zugangsleistung zur Verfügung zu haben, weshalb sie möglicherweise auch für sie **schlechte kommerzielle Bedingungen** akzeptieren, die sie in Vertragsverhandlungen in einem Wettbewerbsmarkt nicht angenommen hätten. Um diese **Missbrauchsgefahr** zu minimieren, werden die Entgelte für diese Leistungen der **nachträglichen Entgeltregulierung** nach § 38 **einschließlich der Vorlagepflicht gem. § 38 Abs. 1** unterworfen, was einen Unterschied zu den Regelungen für die Ausnahmetatbestände des § 30 Abs. 1 S. 2 Nr. 1–3 sowie des § 30 Abs. 2 darstellt.

35 **bb) Missbrauchs-Maßstab nach § 28.** – § 38 Abs. 2 verweist für die nachträgliche Entgeltregulierung auf den **Missbrauchsmaßstab des § 28.**[17] Gemäß § 38 Abs. 1 unterzieht die Behörde die geforderten Angebots- bzw. vereinbarten Preise einer **Offenkundigkeitsprüfung** auf Einhaltung der **Missbrauchskriterien.** Nach Eröffnung eines Verfahrens gem. § 38 Abs. 2 nimmt sie eine **Überprüfung** der Entgelte vor, wobei sie sich der Vergleichsmarktmethode nach § 35 Abs. 1 Nr. 1 bedienen kann oder führt, wenn dies nicht möglich ist, eine Prüfung von Kostenunterlagen nach § 33 durch.

36 **b) Vorlagepflicht nach § 38 Abs. 1.** – Der Gesetzgeber wollte mit der **Vorlagepflicht**[18] nach § 38 Abs. 1 die Eingriffsmöglichkeiten der Behörde und damit die Verhandlungssituation der Wettbewerber gegenüber dem Betreiber mit beträchtlicher Marktmacht stärken, denn so kann sie bei missbräuchlichen Entgelten **rechtzeitig** einschreiten. Die Behörde hat

---

16 Siehe hierzu ausführlich oben § 21.
17 Vgl. zu den Missbrauchskriterien ausführlich oben § 28.
18 Zu den Einzelheiten s. u. § 38.

eine **Offenkundigkeitsprüfung** der vorgelegten Entgelte im Hinblick auf die Einhaltung des Missbrauchsmaßstabs nach § 28 vorzunehmen. Wegen der geschilderten Gefahr sollte die Behörde die Aufsicht für diese Fälle sehr ernst nehmen und **frühzeitig** reagieren sowie ggf. ein entsprechendes Verfahren nach § 38 Abs. 2 einleiten.

3. Ex-post-Regulierung (§ 30 Abs. 4). – Es stellt sich die Frage, ob und wie die **Unterwer-** 37 **fung** der Entgelte von nach § 18[19] TKG Teilnehmernetzbetreibern ohne beträchtliche Marktmacht auferlegten Zugangsleistungen unter die **Ex-post-Entgeltregulierung** (§ 30 Abs. 4) europarechtlich[20] begründet werden kann, denn **einerseits** lässt sich Art. 8 Abs. 3 ZRL als **generelles Verbot** lesen, Betreibern ohne beträchtliche Marktmacht Verpflichtungen nach Art. 9–13 ZRL aufzuerlegen. **Andererseits** lassen sich die Spiegelstriche hinter „*Unbeschadet*", wobei hier v. a. der 1. Spiegelstrich („der Art. 5 Abs. 1 und 2 und des Art. 6[21]" ZRL) interessiert, als **Ausnahme** vom generellen Verbot verstehen, d. h. in diesen Fällen wäre die Entgeltregulierung auch von Teilnehmernetzbetreibern ohne beträchtliche Marktmacht zulässig. Hierfür spricht, dass Art. 5 Abs. 3 ZRL vorsieht, dass die nach Art. 5 Abs. 1 und 2 auferlegten Verpflichtungen und Bedingungen „objektiv, transparent, verhältnismäßig und nichtdiskriminierend" sein müssen, woraus geschlossen werden kann, dass zur Überprüfung der Einhaltung dieser Anforderungen auch Teilnehmernetzbetreiber ohne beträchtliche Marktmacht einer gewissen Kontrolle unterstellt werden können.

Der Gesetzgeber hat sich mit § 30 Abs. 4 offensichtlich für die 2. Lesart – **Zulässigkeit** 38 der Regulierung von Zugangsentgelten auch von Betreibern ohne beträchtliche Marktmacht – entschieden, aber eben nur in der „weichen" Form der Ex-post-Entgeltregulierung. In der Literatur wird die **Anwendbarkeit** zumindest der „harten Entgeltregulierung"[22] für Betreiber ohne beträchtliche Marktmacht **abgelehnt**[23], jedoch durchaus zugestanden, dass „**grundsätzlich** die **Kontrolle** der Terminierungsentgelte **möglich** ist, da nur in diesem Fall eine Zusammenschaltung erst ermöglicht wird."[24] Die Rechtsprechung legt sich nicht abschließend fest, denn einerseits heißt es, „aus diesen Bestimmungen [Art. 8 Abs. 3] lässt sich aber nicht entnehmen, dass ICP-Entgelte ohne weiteres von dem Erfordernis der Orientierung an den Kosten der effizienten Leistungsbereitstellung befreit sein sollen"[25], andererseits aber auch, dass für Entgelte von Betreibern ohne beträchtliche Marktmacht „keine Kostenorientierung nach Maßgabe des Art. 13 ZRL erfolgen soll"[26], jedenfalls sei der Beurteilungsmaßstab unklar.[27]

Richtigerweise setzt die härteste Form der Entgeltregulierung – die Ex-ante-Kontrolle nach 39 dem Maßstab der Kosten der effizienten Leistungsbereitstellung – das **Vorliegen beträcht-**

---

19 Der Art. 5 ZRL umsetzt.
20 Zur ökonomischen Begründung s. u. unter Punkt IV. 3.
21 Art. 6 ZRL betrifft Zugangsberechtigungssysteme und andere Einrichtungen.
22 Die mit einer Verpflichtung nach Art. 13 gleichgesetzt wird. Vgl. *Geppert/Ruhle*, CR 2004, 424, 430.
23 Vgl. *Geppert/Ruhle*, CR 2004, 424, 430; *Doll/Rommel/Wehmeier*, MMR 2003, 522, 525.
24 Vgl. *Geppert/Ruhle*, CR 2004, 424, 430.
25 VG Köln Beschluss v. 28. 1. 2004, 1 L 3161/03 S. 7 des amtlichen Umdrucks.
26 VG Köln Beschluss v. 28. 1. 2004, 1 L 3161/03 S. 9 des amtlichen Umdrucks.
27 Im Beschluss 1 L 6/05 v. 24. 3. 2005 hat dieselbe Kammer unter Verweis auf Art. 8 Abs. 3 S. 1 i. V. m. Art. 13 ZRL allerdings grundsätzliche Bedenken bezüglich der europarechtlichen Zulässigkeit einer Preishöhenregulierung für nicht marktbeherrschende Netzbetreiber geäußert. Vgl. VG Köln 1 L 6/05 v. 24. 3. 2005, 7 des amtlichen Umdrucks.

licher Marktmacht voraus, d.h. die Eingriffshürden sind bewusst **hoch angesetzt worden**. Gleichwohl erfordert die besondere Rolle von Teilnehmernetzbetreibern bei der Terminierung von Gesprächen in ihren Netzen eine **sektorspezifische Aufsicht**, um bei Bestehen einer Zusammenschaltungs- oder Zugangsverpflichtung zur Sicherstellung der Kommunikation aller mit allen marktgerechte Entgelte zu erreichen.

40 **a) Ex-post-Entgeltregulierung entsprechend § 38 Abs. 2–4 für Zugangsverpflichtungen nach § 18. –** Mit § 30 Abs. 4 werden auch Entgelte von Teilnehmernetzbetreibern ohne beträchtliche Marktmacht für nach § 18 auferlegte Zugangsleistungen der **Ex-post-Entgeltregulierung** entsprechend § 38 Abs. 2–4 unterworfen. Die Bundesregierung hatte bereits in ihrer Stellungnahme zum sog. Review-'99-Dokument die Auffassung vertreten, dass wegen der **besonderen Rolle** der Teilnehmernetzbetreiber eine **sektorspezifische Eingriffsmöglichkeit** erforderlich sei, wenn auch nicht nach den Grundsätzen der Kostenorientierung, sondern nur nach den **Missbrauchskriterien**.[28]

41 In dieser Aussage der Bundesregierung kommt die Spannung zum Ausdruck, die darin besteht, dass einerseits auch bei Teilnehmernetzbetreibern *ohne* beträchtliche Marktmacht bei nach § 18 auferlegten Zugangsverpflichtungen eine **sektorspezifische Regulierung** für erforderlich gehalten wird, aber dies andererseits nicht in der scharfen Form der Ex-ante-Entgeltregulierung zu erfolgen braucht, sondern eine Regulierung der Entgelte nach den Ex-post-Maßstäben für ausreichend erachtet wird.

42 Bei nach § 18 auferlegten **Zugangsverpflichtungen** handelt es sich um Zusammenschaltungsverpflichtungen zur Sicherstellung der Kommunikation der Nutzer und der Bereitstellung von Diensten sowie deren Interoperabilität und weitere Zugangsverpflichtungen zur Gewährleistung des End-zu-End-Verbunds, d.h. in erster Linie Terminierungsleistungen. Aus dieser Verpflichtung erwächst auch Teilnehmernetzbetreibern *ohne* beträchtliche Marktmacht insofern ein **Missbrauchspotenzial**, als sie von Abnehmern der Zusammenschaltungs- oder Zugangsleistung, zu deren Erbringung sie verpflichtet sind, überhöhte Entgelte verlangen können, ohne dass für die Abnehmer eine Ausweichmöglichkeit bestünde, weil der Teilnehmernetzbetreiber den Zugang zu den Endnutzern kontrolliert.

43 **b) Sinn und Zweck der Entgeltregulierung von Teilnehmer-Netzbetreibern ohne beträchtliche Marktmacht. –** Das **Missbrauchspotenzial** eines Netzbetreibers, der den Zugang zu Endnutzern kontrolliert, bei der Terminierung von Gesprächen zu diesen Endnutzern, bedarf folglich der Kontrolle. Die **Entgeltregulierung** auch für diesen Fall ist deshalb **notwendiges Gegenstück** zu dem mit der Zusammenschaltungs- oder Zugangsverpflichtung einhergehenden **Kontrahierungszwang**. Der Kontrahierungszwang verpflichtet beide Seiten zum Leistungsaustausch, wodurch das in Vertragsverhandlungen sonst übliche Aushandeln der Preise nur in eingeschränkter Weise stattfinden kann. Mithin ist nicht sichergestellt, dass es zu ökonomisch optimalen Ergebnissen kommt. Der reguläre Mechanismus funktioniert nicht in ausreichendem Maße, weshalb eine **externe – sektorspezifische – Kontrolle** erforderlich wird.

---

28 Vgl. hierzu *Knauth*, K&R-Beilage 1/2003, 24, 27 f., Stellungnahme der Bundesregierung zum Tätigkeitsbericht der RegTP 1998/99 und zum Sondergutachten der Monopolkommission „Wettbewerb auf Telekommunikations- und Postmärkten". BR-Drs. 547/00 v. 8. 9. 2000, S. 6; Stellungnahme der Bundesregierung zur Mitteilung der Kommission „Entwicklung neuer Rahmenbedingungen für elektronische Kommunikationsinfrastrukturen und zugehörige Dienste" – Kommunikationsbericht 1999 –, 11. 2. 2000, S. 5.

Da es sich aber nicht um Betreiber mit beträchtlicher Marktmacht handelt, ist eine **Ex-** 44
post-Entgeltregulierung ausreichend. Mit dieser Form der sektorspezifischen Missbrauchsaufsicht ist der besonderen Rolle der Teilnehmernetzbetreiber bei der Forderung
von Entgelten für Zugangsleistungen, zu deren Erbringung sie nach § 18 verpflichtet sind,
Rechnung getragen worden.

4. Ex-ante-Entgeltregulierung von Resale (§ 30 Abs. 5). – Mit § 30 Abs. 5 wird für die 45
Zugangsform des Wiederverkaufs[29, 30] (Resale) nach § 21 Abs. 3, eine Ausnahme bei der
Berechnung des **genehmigungsfähigen Entgelts** und damit indirekt des Maßstabs der
KeL nach § 31 Abs. 1 eingeführt, allerdings nur unter der Nebenbedingung, dass das Entgelt *mindestens* den KeL entspricht. Der Wiederverkaufspreis ergibt sich abweichend von
§ 31 Abs. 1 aus einem **Abschlag auf den Endnutzerpreis** (Abschlagsmethode), d.h. es
wird zur Ermittlung nicht von der Kostenseite ausgegangen, sondern von dem Endnutzerpreis, was der üblichen Vorgehensweise in der kaufmännischen Praxis bei der Preisbestim-
mung für Wiederverkaufsleistungen entspricht.

Da der Endnutzerpreis nicht zwingend auf Kostenorientiertheit überprüft wurde, kann der 46
mittels der Abschlagsmethode errechnete Wiederverkaufspreis von den KeL abweichen.
Diese werden lediglich als Untergrenze einzogen, während die Obergrenze durch den
Endnutzerpreis vorgegeben ist, d.h. ein **genehmigungsfähiger Wiederverkaufspreis** bewegt sich in der **Spanne zwischen Endkundenpreis und KeL**. Damit kann der Wiederverkaufspreis auch oberhalb der KeL liegen, diese bilden – anders als bei den sonstigen ex-
ante regulierten Zugangsleistungen – die Untergrenze, wobei nicht vergessen werden sollte, dass der Wiederverkauf ebenfalls der Ex-ante-Regulierung unterliegt.

a) Abschlagsmethode (Retail-minus). – Der **Abschlag** soll so bemessen sein, dass er ei- 47
nem **effizienten** Anbieter von Telekommunikationsdiensten die Erzielung einer *angemessenen* Verzinsung des eingesetzten Kapitals auf dem Endnutzermarkt ermöglicht. D.h.
auch hier wird wie im Fall der Preis-Kosten-Schere (§ 28 Abs. 2 Nr. 2) und der ungerechtfertigten Bündelung (§ 28 Abs. 2 Nr. 3) auf einen *effizienten* Anbieter[31] abgestellt. Daraus
folgt, dass der Abschlag die *vermeidbaren* **Kosten der Vertriebsstufe** – und nicht die tatsächlich eingesparten Kosten – beinhalten.[32] Dies sind die gesamten einsparbaren Vertriebskosten, die der Netzbetreiber vermeiden kann, wenn er die Leistung nicht selbst an
den Endnutzer vertreibt, sondern den Vertrieb auf der Einzelhandelsebene den hierauf spezialisierten Diensteanbietern (*Resellern*) überlässt. Die vermeidbaren Kosten umfassen alle direkten und indirekten Kosten des Vertriebs (*Marketing*), der Rechnungsstellung (*Billing*), der Kundenbetreuung (*Customer Care*) sowie darauf entfallende Gemeinkosten
(*Overhead*) und Gewinnanteile.[33]

---

29 Die Einführung dieser Zugangsleistung war extrem umstritten, was schlussendlich dazu führte,
   dass sie zwar im Gesetz vorgesehen ist (§ 21 Abs. 2 Nr. 3), aber der Gesetzgeber mit § 150 Abs. 5
   das sog. „*entbündelte*" Resale, d.h. einen Wiederverkauf von Anschlüssen ohne Verbindungsleistungen, bis zum 30. Juni 2008 ausgesetzt hat. Vgl. zur Diskussion während der parlamentarischen
   Beratungen Wortprotokoll der 49. Sitzung des Ausschusses für Wirtschaft und Arbeit vom 9. 2.
   2004 der öffentlichen Anhörung von Sachverständigen zum TKG-Regierungsentwurf, BT-Drs. 15/
   49 (Protokoll), S. 789, 793–800.
30 Vgl. allgemein zur Auferlegung von Zugangsleistungen oben § 21.
31 Vgl. hierzu oben ausführlich § 28 Abs. 2.
32 Vgl. hierzu oben ausführlich § 27 RdNr. 27.
33 Vgl. *Neumann*, WIK-Newsletter 54/2004, 1, 2–3, Tz. 11.

48 **b) Nebenbedingung: mindestens KeL.** – Die Nebenbedingung dient der **Klarstellung**, dass der so ermittelte Wiederverkaufspreis **konsistent** mit den Preisen anderer Zugangsleistungen sein muss.[34] Wie oben im Zusammenhang mit den sich aus dem Konsistenzgebot[35] ergebenden Konsequenzen ausgeführt, kann der Abschlag nicht so hoch sein, dass der Wiederverkaufspreis **unterhalb** die Preise für andere Zugangsleistungen wie z. B. den entbündelten Zugang zur Teilnehmeranschlussleitung fiele, was über kurz oder lang zur **Verdrängung** von diese Zugangsleistungen nutzenden Netzbetreibern führen würde. Dies wäre aber der Fall, wenn der Wiederkaufspreis nicht mindestens den KeL entspricht. Da dann auch **effiziente Geschäftsmodelle** vom Markt **gedrängt** würden, wäre das Konsistenzgebot verletzt. Die Verwendung eines *effizienten* Abschlags i.V.m. der Nebenbedingung (mindestens KeL) vervollständigt die Vorgaben an ein konsistentes Entgeltsystem, das dazu führt, dass sich ein volkswirtschaftlich optimales Verhältnis zwischen Infrastruktur- und Dienstewettbewerb entwickeln kann.[36]

V. Fazit

49 Mit § 30 wird das System der **Entgeltregulierung** unter Beibehaltung des Grundgerüsts **neu gestaltet** und an die europäischen Vorgaben angepasst. Die ökonomisch sinnvolle und notwendige Verknüpfung von **Zugangsverpflichtung** und **Ex-ante-Entgeltregulierung** wird **fortgeschrieben**, wobei ein Ausnahmetatbestand eingeführt wird. Für Zugangsleistungen von Betreibern mit beträchtlicher Marktmacht, die nicht nach § 21 auferlegt wurden, wird die Ex-post-Entgeltregulierung für ausreichend gehalten, hier wird also die Eingriffsintensität im Einklang mit dem deregulatorischen Ansatz reduziert.

50 Ebenso werden die **Entgelte** von Teilnehmernetzbetreibern *ohne* beträchtliche Marktmacht für nach § 18 auferlegte **Zugangsleistungen** nur noch der **Ex-post-Entgeltregulierung** entsprechend § 38 Abs. 2–4 unterworfen, während sie vorher im Falle einer Anordnung nach § 37 TKG 1996 der Entgeltregulierung nach § 39 2. Alternative TKG 1996 gemäß dem Maßstab der KeL nach § 24 TKG unterlagen, d. h. auch tritt hier eine Lockerung ein.

---

34 Vgl. Begründung zu § 28 Abs. 6 (= § 30 Abs. 5 TKG 2004), BT-Drs. 15/2316, S. 68.
35 Vgl. hierzu oben ausführlich § 27.
36 Vgl. *Neumann*, WIK-Newsletter 54/2004, 1, 2–3, Tz. 11.

§ 31 Entgeltgenehmigung

(1) Entgelte, die nach Maßgabe des § 30 Abs. 1 Satz 1 genehmigungsbedürftig sind, sind genehmigungsfähig, wenn sie die Kosten der effizienten Leistunsbereitstellung nicht überschreiten. In begründeten Einzelfällen kann die Regulierungsbehörde eine Überprüfung der Genehmigungsfähigkeit nach dem Vergleichsmarktprinzip entsprechend § 35 Abs. 1 Satz 1 Nr. 1 vornehmen.

(2) Die Kosten der effizienten Leistunsbereitstellung ergeben sich aus den langfristigen zusätzlichen Kosten der Leistungsbereitstellung und einem angemessenen Zuschlag für leistungsmengenneutrale Gemeinkosten einschließlich einer angemessenen Verzinsung des eingesetzten Kapitals, soweit diese Kosten jeweils für die Leistungsbereitstellung notwendig sind. § 79 bleibt unberührt.

(3) Über Abs. 2 hinausgehende Aufwendungen werden nur berücksichtigt, soweit und solange hierfür eine rechtliche Verpflichtung besteht oder das die Genehmigung beantragende Unternehmen eine sonstige sachliche Rechtfertigung nachweist. Hält die Regulierungsbehörde bei der Prüfung der Kostennachweise wesentliche Bestandteile der nachgewiesenen Kosten für nicht effizient, fordert sie den Betreiber unverzüglich auf darzulegen, ob und inwieweit es sich bei diesen Kostenbestandteilen um Aufwendungen im Sinne des Satzes 1 handelt.

(4) Bei der Festlegung der angemessenen Verzinsung des eingesetzten Kapitals berücksichtigt die Regulierungsbehörde insbesondere

1. die Kapitalstruktur des regulierten Unternehmens,
2. die Verhältnisse auf den nationalen und internationalen Kapitalmärkten und die Bewertung des regulierten Unternehmens auf diesen Märkten,
3. die Erfordernisse hinsichtlich der Rendite für das eingesetzte Eigenkapital, wobei auch die leistungsspezifischen Risiken des eingesetzen Kapitals gewürdigt werden können und
4. die langfristige Stabilität der wirtschaftlichen Rahmenbedingungen, auch im Hinblick auf die Wettbewerbssituation auf den Telekommunikationsmärkten.

(5) Genehmigungsbedürftige Entgelte des Betreibers eines öffentlichen Telekommunikationsnetzes, der über beträchtliche Marktmacht verfügt, für Zugangsleistungen sind der Regulierungsbehörde einschließlich aller zur Genehmigungserteilung erforderlichen Unterlagen vor dem beabsichtigten Inkrafttreten vorzulegen. Bei befristet erteilten Genehmigungen hat die Vorlage mindestens 10 Wochen vor Fristablauf zu erfolgen.

(6) Die Regulierungsbehörde kann zur Stellung von Entgeltgenehmigungsanträgen auffordern. Wird der Aufforderung nicht innerhalb eines Monats nach Zugang Folge geleistet, leitet die Regulierungsbehörde ein Verfahren von Amts wegen ein. Die Regulierungsbehörde entscheidet über Entgeltanträge innerhalb von 10 Wochen nach Eingang der Entgeltvorlage oder nach Einleitung des Verfahrens von Amts wegen. Abweichend von Satz 3 soll die Regulierungsbehörde über Entgeltanträge, die im Rahmen des Verfahrens nach § 34 vorgelegt worden sind, innerhalb von zwei Wochen entscheiden.

Schrifttum: *Doll/Rommel/Wehmeier*, Der Referentenentwurf für ein neues TKG – Einstieg in den Ausstieg aus der Regulierung?, MMR 2003, 522; *ERG*, Common position on the approach to appropriate remedies in the new regulatory framework, ERG(03)30rev1, 2004, abzurufen im Internet unter www.erg.eu.int; *Geppert/Ruhle*, Anforderungen an die Novellierung des TKG im Hinblick auf die Entgeltregulierung, MMR 2003, 319; *dies.*, Reziprok oder nicht-reziprok? – Entgeltregulierung für Zusammenschaltungsleistungen alternativer Teilnehmernetzbetreiber, CR 2004, 424; *Gerpott/Winzer*, Umsetzung des Gebots der Entgeltregulierungskonsistenz bei Großhandelspreisen für ein Reselling von Telefonanschlüssen, K&R 2004, 162; *Groebel*, Die Entgeltgenehmigungspraxis der RegTP – Erfahrungen aus dem TK-Bereich, TKMR-Tagungsband 2004, 39; *dies.*, Neuerungen im Bereich der Entgeltregulierung, K&R-Beilage 1/2004, 18; *Heun*, Der Referentenentwurf zur TKG-Novelle, CR 2003, 485; *Klotz*, Der Referentenentwurf zum TKG im Licht der europarechtlichen Vorgaben, MMR 2003, 495; *Knauth*, Regulierungsschwerpunkte und offene Fragen bei der Umsetzung der Telekommunikationsrichtlinien, K&R-Beilage 1/2003, 24; *Knauth/Krüger*, Grundlegende Neuerungen des TKG-Regulierungsentwurfs, K&R-Beilage 1/2004, 3; *Korehnke*, Beurteilung des Regulierungsentwurfes eines Telekommunikationsgesetzes aus Sicht der Vodafone D2 GmbH, TKMR-Tagungsband 2004, 17; *Mayen*, Marktregulierung nach dem novellierten TKG, CR 2005, 21; *Möschel/Haug*, Der Referentenentwurf zur Novellierung des TKG aus wettbewerbsrechtlicher Sicht, MMR 2003, 505; *Monopolkommission*, Telekommunikation und Post 2003: Wettbewerbsintensivierung in der Telekommunikation – Zementierung des Postmonopols, Sondergutachten Nr. 39, 11. 12. 2003; *Monopolkommission*, Zur Reform des Telekommunikationsgesetzes, Sondergutachten Nr. 40, 17. 2. 2004; *Monopolkommission*, Wettbewerbspolitik im Schatten „Nationaler Champions", 15. Hauptgutachten 2002/2003, 9. 7. 2004; *Müller/Piekarowitz/Rühmer/Sommerberg/Ziegenhagen* (Hrsg.), Konsistente Entgeltregulierung in der Telekommunikation, 2003; *Neumann*, Konsistente Entgeltregulierung, WIK-Newsletter Nr. 54 2004, 1; *Scherer/Mögelin*, Regulierung im Übergang, Zu den rechtlichen Grundlagen für die Tätigkeit der Regulierungsbehörde bis zum Abschluss von Marktdefinitions- und Marktanalyseverfahren, K&R-Beilage 4/2004, 3; *Schütz*, Referentenentwurf zum TKG: Weniger Wettbewerb, mehr Bürokratie?, MMR 2003, 518; *Thomaschki*, Referentenentwurf zum TKG – Auswirkungen auf die Praxis der Marktregulierung, MMR 2003, 500; *dies.*, Missbrauchsaufsicht und nachträgliche Entgeltkontrolle im TKG-E, K&R-Beilage 1/2004, 21; *Vogelsang*, Ökonomische Aspekte des Referentenentwurfs zum TKG, MMR 2003, 509; *ders.*, Die Zukunft der Entgeltregulierung im deutschen Telekommunikationssektor, 2002.

Übersicht

I. Normzweck

§ 31 ist die **Zentralnorm der Ex-ante-Entgeltregulierung** (Entgeltgenehmigung), die **1** den **Maßstab** für die Genehmigungsfähigkeit genehmigungsbedürftiger Entgelte bestimmt (Abs. 1) sowie die **Legaldefinition** dieses Maßstabs – **Kosten der effizienten Leistungsbereitstellung** – enthält (Abs. 2). In Abs. 3 findet sich die Regelung zur Berücksichtigungsfähigkeit sog. **neutraler Aufwendungen**, die aus § 3 Abs. 4 TEntgV herübergezogen und bezüglich verfahrensrechtlicher Pflichten sowohl der Behörde als auch des regulierten Betreibers präzisiert wurde. Neu sind in Abs. 4 **Kriterien** aufgenommen worden, die bei der Festlegung der **angemessenen Verzinsung** des eingesetzten Kapitals von der Behörde „insbesondere" zu berücksichtigen sind. Die Absätze 5 und 6 enthalten Vorschriften zur **Verfahrenseinleitung** und den -**fristen** des **Entgeltgenehmigungsverfahren**.

Als Zentralnorm der Ex-ante-Entgeltregulierung war § 31 gemeinsam mit § 30 die wohl am **2** heftigsten umstrittene Vorschrift zumindest dieses Teils des Gesetzes[1], zu der erst ganz am Schluss des Gesetzgebungsprozesses eine Kompromisslösung für die Absätze 1 und 4 gefunden werden konnte.[2] So wurde in Abs. 1 **Satz 2**, der die **Reihenfolge der anzuwenden-den Methoden** zur Ermittlung der Kosten der effizienten Leistungsbereitstellung in begründeten Einzelfällen betrifft, erst in der Sitzung des Vermittlungsausschusses am 5. 5. 2004 **eingefügt**. Ebenfalls erst in dieser Sitzung wurde der bei der Festlegung der **angemes-**

---

1 Wenn nicht sogar des ganzen Gesetzes.
2 Vgl. im Einzelnen hierzu Stellungnahme des Bundesrates v. 19. 12. 2003, Anlage 2 zu BT-Drs. 15/ 2316, Nr. 27/28 (zu § 29 = § 31 TKG 2004), S. 114; Gegenäußerung der Bundesregierung zu der Stellungnahme des Bundesrates v. 14. 1. 2004, BT-Drs. 15/2345, zu Nr. 27/28 (§ 29), S. 4; Wortprotokoll der 49. Sitzung des Ausschusses für Wirtschaft und Arbeit (9. Ausschuss) vom 9. 2. 2004 der Öffentlichen Anhörung von Sachverständigen zum TKG-Regierungsentwurf, BT-Drs. 15/49 (Protokoll), S. 800, 802, v.a. die Ausführungen von Prof. *Dr. h.c. Martin Hellwig* (Vorsitzender der Monopolkommission) sowie *Matthias Kurth* (Präsident der RegTP) zur Frage der angemessenen Kapitalverzinsung; Beschlussempfehlung des Ausschusses für Wirtschaft und Arbeit v. 10. 3. 2004, BT-Drs. 15/2674, S. 32 f. und Begründung im Bericht des Ausschusses für Wirtschaft und Arbeit v. 10. 3. 2004, BT-Drs. 15/2679, S. 14 (zu § 29); Empfehlungen der Ausschüsse, BR-Drs. 200/1/04 v. 23. 3. 2004, Nr. 3 lit. h); Unterrichtung durch den Bundesrat – Anrufung des Vermittlungsausschusses, BT-Drs. 15/2907 v. 6. 4. 2004, Nr. 8 (zu § 29 Abs. 4); Beschluss des Deutschen Bundestages (BR Drs. 379/04, Annahme der Beschlussempfehlung des Vermittlungsausschusses – BT-Drs. 15/3063 v. 5. 5. 2004 –) v. 6. 5. 2004, Nr. 9 (zu § 29 Abs. 1 und 4), S. 4.

senen **Kapitalverzinsung** zu berücksichtigende **Kriterienkatalog** durch die (Wieder-) Einfügung des Wortes „insbesondere" im Sinne von **nicht abschließend** eingestuft, womit zur Ursprungsfassung der Vorschrift im Referentenentwurf zurückgekehrt wurde.[3]

3   § 31 regelt mit der **Entgeltgenehmigung** den **Kernbereich**[4] der Marktregulierung. Die **Ex-ante-Entgeltregulierung** ist die schärfste Form der Entgeltregulierung, weil sie durch den Eingriffszeitpunkt – im *Vorhinein*, d. h. *bevor* ein Entgelt erhoben werden darf – am stärksten in das unternehmerische Handeln eingreift. Deshalb unterliegen nur **Unternehmen**[5] **mit beträchtlicher Marktmacht** dieser Form der Entgeltregulierung. Diese Form der Entgeltregulierung ist insbesondere dann erforderlich, wenn ein Netzbetreiber mit beträchtlicher Marktmacht über eine Ressource verfügt, auf die die Wettbewerber angewiesen sind, um mit diesem Betreiber im Endnutzermarkt konkurrieren zu können[6], oder wenn andere Mittel wie z. B. die Verpflichtungen zur Betreiber- und Betreibervorauswahl nach § 40 nicht ausreichen. Sie **dient** somit vor allem dem Regulierungsziel der Sicherstellung eines **chancengleichen Wettbewerbs** und der Förderung nachhaltig **wettbewerbsorientierter Märkte** (§ 2 Abs. 2 Nr. 2).

4   § 31 regelt die **Genehmigungsfähigkeit** von Entgelten für Zugangsleistungen, die nach § 30, auf dessen Abs. 1 Satz 1 verwiesen wird, **genehmigungsbedürftig** sind, und von Engelten für Endnutzerleistungen, die nach § 39 Abs. 1, der seinerseits auf die entsprechende Geltung von §§ 31–37 verweist, **genehmigungsbedürftig**, also der Ex-ante-Regulierung unterworfen, sind.

II. Anwendungsbereich

5   Während die **Befugnis**, die Entgelte eines Betreibers (§ 30, Zugangsleistungen) bzw. eines Unternehmens (§ 39, Endnutzerleistungen) mit beträchtlicher Marktmacht der **Genehmigungspflicht** zu unterwerfen, **dem Grunde nach in den §§ 30 und 39** enthalten ist, betrifft § 31 die Genehmigungsfähigkeit, d. h. den an die Genehmigung genehmigungsbedürftiger Entgelte anzulegenden **Maßstab** nach **Höhe und Struktur**. Wie in § 29 RdNr. 32 f dargelegt, folgt die Notwendigkeit der Einbeziehung der Strukturdimension der Entgelte in die Entscheidung über die Genehmigungsfähigkeit aus der Anordnungsbefugnis nach **§ 29 Abs. 3**, nach dem die Behörde auch „Zugang unter bestimmten Tarifsystemen" anordnen kann.

6   Insoweit § 39 Abs. 1 auf die entsprechende Geltung der §§ 31 bis 37 verweist, handelt es sich um einen Rechtsfolgenverweis. Durch ihn werden in § 31 **Abs. 5** die **Tatbestandsmerkmale** *„Betreiber eines öffentlichen Telekommunikationsnetzes"* und *„Zugangsleistungen"* durch *„Unternehmen"* bzw. *„Endnutzerleistungen"* **ersetzt. Normadressaten** sind in beiden Fällen Unternehmen/Betreiber mit **beträchtlicher Marktmacht**.

7   Im Unterschied zum TKG 1996 findet sich in § 31 Abs. 2 TKG 2004 der Hinweis, dass für die Festlegung eines erschwinglichen Preises für die Universaldienstleistung gemäß § 79

---

3 Vgl. § 27 Abs. 4 (= § 31 Abs. 4 TKG 2004) des Referentenentwurfs v. 30. 4. 2003, veröffentlicht im Internet (siehe z. B. www.tkrecht.de).

4 Zu dem neben der Entgelt- v. a. die Zugangsregulierung zählt.

5 Darin sind als Untermenge *„Betreiber eines Telekommunikationsnetzes"* eingeschlossen.

6 Vgl. *Knauth*, K&R-Beilage 1/2003, 24, 26; sowie Begründung zu § 29 (= § 31 TKG 2004), BT-Drs. 15/2316, S. 68 f.

der Maßstab der KeL nicht zur Anwendung kommt. § 79 verweist in Abs. 2 lediglich auf den Maßstab nach § 28.

III. EG-rechtliche Grundlagen

Die europarechtlichen Vorgaben zur Entgeltregulierung von Zugangsleistungen finden **8** sich in **Art. 13 ZRL** (Verpflichtung zur Preiskontrolle und Kostenrechnung), der mit den §§ 30–38 umgesetzt wird, **und Art. 17 URL** (Regulierungsmaßnahmen in Bezug auf Dienste für Endnutzer), der mit § 39 umgesetzt wird. § 31 betrifft vor allem die Verpflichtung zur **Preiskontrolle einschließlich kostenorientierter Preise** nach Art. 13 Abs. 1 ZRL bzw. die Maßnahmen zur **Kontrolle von Einzeltarifen** oder Maßnahmen im Hinblick auf **kostenorientierte Tarife** nach Art. 17 Abs. 2 URL, um einen wirksamen[7] und nachhaltigen[8] Wettbewerb zu fördern.

Der **Kostenmaßstab** ergibt sich zunächst aus dem Begriff der **wirtschaftlichen Effizienz** **9** in Art. 13 **Abs. 2** ZRL[9], der untrennbar mit dem **Effizienzkostenkonzept** verbunden ist. Denn wirtschaftliche Effizienz ist nur bei Kosteneffizienz erreichbar. Vor allem aber ist in Art. 13 **Abs. 3** ZRL – erstmalig im europäischen Recht – nun der Begriff der **Kosten** der [einer] **effizienten Leistungsbereitstellung** unmittelbar enthalten. Den **Maßstab** bilden somit wie bisher (§ 24 Abs. 1 TKG 1996) und im Einklang mit Art. 13 Abs. 3 ZRL die Kosten der *effizienten* Leistungsbereitstellung, nicht die *tatsächlichen* Kosten.[10]

IV. Einzelerläuterungen

1. Genehmigungsfähigkeit (§ 31 Abs. 1). – a) KeL-Maßstab als feste Obergrenze 10 (Abs. 1 S. 1). – aa) Der Maßstab der KeL. – Wie bisher wird als **Maßstab** der Ex-ante-Entgeltregulierung die **Kosten der effizienten Leistungsbereitstellung** vorgegeben.[11] Dies ist ökonomisch geboten, weil die Bezugnahme auf das **Effizienzkriterium**, nach dem **nur** die zur Leistungsbereitstellung **notwendigen Kosten** anerkennungsfähig sind, sicherstellt, dass das Entgelt nach demselben Maßstab genehmigt wird, der in einem **Wettbewerbsmarkt** herrscht. In ihm (also unter Wettbewerbsbedingungen) muss von den die Zugangsleistung nachfragenden neuen Netzbetreibern nur dieses Entgelt gezahlt werden, weil sich im **Wettbewerb** langfristig nur der **effiziente Anbieter durchsetzt**. Mit der **Spiegelung** an den Kosten der effizienten Leistungsbereitstellung wird genau dieser **Preis**, der sich bei funktionierendem **Wettbewerb einstellen** würde, durch die Regulierung **in den Markt gegeben**.

Damit wird mit dem KeL-Maßstab eine *Als-ob-Betrachtung* vorgeschrieben, bei der der **11** **Wettbewerbspreis simuliert** wird und die Behörde mit den so regulierten Entgelten die **Marktkräfte stimuliert**. Deshalb wird auch vom Konzept der **Anreizregulierung**[12] gesprochen. Der **Wettbewerbspreis**, der im langfristigen Marktgleichgewicht mit den Kos-

---

7 Art. 17 Abs. 2 URL.
8 Erwägungsgrund 20 ZRL.
9 Sowie in Erwägungsgrund 20 ZRL.
10 Zur Begründung s. u. ausführlich unter Punkt IV.1.a).
11 Vgl. hierzu und im Folgenden *Groebel*, TKMR-Tagungsband 2004, 39, 41 ff.
12 Sog. „*incentive regulation*".

ten der effizienten Leistungsbereitstellung gleich ist, soll mit dem regulierten Entgelt vorweggenommen werden, um den **Prozess zur Einstellung des Gleichgewichts** (in Wettbewerbsrichtung) hin **anzustoßen**. Der Regulierer **antizipiert** also den zukünftigen Wettbewerbspreis.

12 Mit der behördlichen Festsetzung **effizienter Preise**[13] werden die ökonomisch richtigen Signale gesetzt, die für eine **kostenminimale** Produktion, d.h. eine Produktion mit **optimalem Faktoreinsatz**[14], **und** eine Bewegung hin zum Gleichgewicht des Wettbewerbsmarktes sorgen. Damit hat die Genehmigung kosteneffizienter Entgelte eine Doppelfunktion: markttheoretisch dienen diese Entgelte der **Förderung nachhaltig wettbewerbsorientierter Märkte**, was produktionstheoretisch mit der Realisierung **wirtschaftlicher Effizienz** zusammenfällt.

13 **bb) Der KeL-Maßstab als feste Obergrenze.** – Zwar gilt im TKG 2004 **derselbe Kostenmaßstab** wie in § 24 Abs. 1 TKG 1996 – die KeL, aber diese werden in § 31 Abs. 1 S. 1 als **feste**[15] **Obergrenze** („*nicht überschreiten*") eingezogen, während in § 24 Abs. 1 TKG 1996 noch die *Orientierung* an den KeL vorgegeben war. Die Verengung auf eine feste Obergrenze anstelle der Orientierung an den KeL erfolgte aus zwei Gründen. Zum einen erwies sich der **unbestimmte Rechtsbegriff** der **Orientierung** als in der Praxis **schwer handhabbar** bzw. wenig nützlich[16], was u.a. zu zahlreichen (teilweise noch anhängigen) Rechtsstreitigkeiten führte. Zum anderen lassen sich nur durch das Einziehen einer festen Preisgrenze **Widersprüche** bzw. Überschneidungen („*Grauzonen*") mit dem **Maßstab des § 28 vermeiden**.

14 Der Gesetzgeber hat bewusst für die Ex-ante-Entgeltregulierung den **strengeren Maßstab der KeL** eng gefasst[17], während für die Ex-post-Entgeltregulierung der „weichere" Maßstab der dem allgemeinen Wettbewerbsrecht entsprechenden Missbrauchskriterien nach § 28[18] (weiter) gewählt wurde. Die **Änderung in eine feste Obergrenze** ist somit eine Folge des neuen Entgeltregulierungskonzepts der **Trennung** der Ex-ante- von der Ex-post-Entgeltregulierung.

15 Auch wenn im TKG 2004 **unterschiedliche Maßstäbe** für Ex-ante- und Ex-post-Entgeltregulierung gelten, bleibt zu beachten, dass für die zulässige Abweichung ex-post regulierter Entgelte von dem durch die Kosten der effizienten Leistungsbereitstellung charakterisierten (idealtypischem) Referenzpreis (Wettbewerbspreis) **enge Grenzen** gesetzt sind.[19] Denn auch der Ex-post-Maßstab der Missbrauchskriterien des § 28 nimmt Bezug auf **Preise** in **Wettbewerbsmärkten**, d.h. auch die nur ex-post regulierten Entgelte können

---

13 Vgl. Begründung zu § 29 (= § 31 TKG 2004), BT-Drs. 15/2316, S. 68 f.

14 Ohne Verschwendung von Ressourcen, d.h. z.B. keine Überkapazitäten (Leerstand ist ineffizient). Vgl. zum Effizienzbegriff auch § 27, Fn. 79 und unten RdNr. 22 ff.

15 Und absolute Obergrenze. Denn anders als *Mayen* ausführt, normiert § 31 Abs. 1 die Genehmigungsvoraussetzungen abschließend. Vgl. *Mayern*, CR 2005, 21, 29.

16 Vgl. Begründung zu § 29 (= § 31 TKG 2004), BT-Drs. 15/2316, S. 69. In ihrer Gegenäußerung zu Nr. 27 (§ 29 Abs. 1 = § 31 Abs. 1 TKG 2004) der Stellungnahme des Bundesrates hat die Bundesregierung die Wiederaufnahme des Begriffs der „*Orientierung*" abgelehnt und festgestellt, dass eine feste Obergrenze mit Art. 13 Abs. 1 ZRL vereinbar sei. Vgl. Gegenäußerung der Bundesregierung zu der Stellungnahme des Bundesrates v. 14. 1. 2004, BT-Drs. 15/2345, zu Nr. 27, S. 4.

17 Vgl. Begründung zu § 29 (= § 31 TKG 2004), BT-Drs. 15/2316, S. 69.

18 S. o. hierzu oben ausführlich § 28.

19 Siehe hierzu oben ausführlich § 28 Punkt IV.1.b).

sich nicht weit von Preisen auf Wettbewerbsmärkten entfernen. Daraus folgt, dass der **Maßstab der KeL** (generell) den **Ankerpunkt** bildet.

b) Änderung der Methodenreihenfolge in begründeten Einzelfällen (Abs. 1 S. 2). – **16**
Wie eingangs[20] erläutert, wurde **Satz 2** erst gegen Ende des Gesetzgebungsprozesses eingefügt. Er betrifft die **Reihenfolge** bei der Anwendung der **Methoden** zur Ermittlung der Kosten der effizienten Leistungsbereitstellung, die in beiden Fällen – Satz 1 und Satz 2 – einheitlich den Maßstab bilden. **Maßstab** und **Methode**[21] sind strikt auseinanderzuhalten. **Satz 2** verändert **nicht den Maßstab** der Ex-ante-Regulierung. Dies ergibt sich aus der Systematik. Satz 2 folgt auf Satz 1. Letzterer bildet den Obersatz und gibt den **Maßstab** für die Ex-ante-Regulierung vor. Satz 1 bezieht sich aber zugleich eindeutig nur auf der Ex-ante-Entgeltregulierung unterliegende Entgelte, denn er verweist auf § 30 Abs. 1 S. 1, also gerade nicht auf die Ausnahmeregelung des § 30 Abs. 1 S. 2. Da es folglich **ausschließlich** um den Bereich der Ex-ante-Entgeltregulierung geht, **bleibt** es auch in den begründeten Einzelfällen des **Satzes 2** bei dem **Ex-ante-Maßstab** der Kosten der effizienten Leistungsbereitstellung von **Satz 1**.

Satz 2 enthält somit einen reinen **Methodenhinweis**. Er bezieht sich auf die Reihenfolge **17**
der anzuwendenden Methoden zur Ermittlung der KeL.

Nach § 35 Abs. 1 können drei Methoden[22] für die Ermittlung verwendet werden: die Kos- **18**
tenprüfung (§ 35 Abs. 1 Satz 1), die Vergleichsmarktbetrachtung (§ 35 Abs. 1 Satz 1 Nr. 1) und Kostenmodelle (§ 35 Abs. 1 Satz 1 Nr. 2). Wie im Rahmen von § 35 erläutert[23], schreibt § 35 eine **bestimmte Reihenfolge**[24] für die Anwendung der Methoden vor. Den Ausgangspunkt bildet im Regelfall die Prüfung der Kostenunterlagen nach § 33. Daneben kann die Behörde gem. § 35 Abs. 1 S. 1 zusätzlich nach der Vergleichsmarktmethode oder Kostenmodellen vorgehen.

Der Hinweis in § 31 Abs. 1 Satz 2 auf das Vergleichsmarktprinzip entsprechend § 35 **19**
Abs. 1 Satz 1 Nr. 1 **verändert diese Reihenfolge**. Die **Kostenprüfung** kann **übersprungen** werden und die **Vergleichsmarktbetrachtung** auch **ohne** vorherige Durchführung der nach § 35 vorgesehenen **Kostenprüfung unmittelbar verwendet werden**.

In begründeten Einzelfällen kann also ohne Prüfung der Kostenunterlagen nach § 33 direkt **20**
das Vergleichsmarktprinzip nach § 35 Abs. 1 S. 1 Nr. 1 **unter Beibehaltung** des Maßstabs der Kosten der effizienten Leistungsbereitstellung angewendet werden. Das bedeutet, dass bei der Vergleichsmarktbetrachtung ein reiner **Best-practice-Ansatz** zur Anwendung kommt, bei dem das genehmigungsfähige Entgelt – anders als im Ex-post-Verfahren – *ohne* einen Missbrauchszuschlag als Ergebnis des besten oder der drei besten[25] Vergleichs-

---

20 Siehe oben RdNr. 2
21 Der **Maßstab** gibt das *ökonomische Konzept* vor, während **Methode** das zur Entgeltbestimmung *angewendete Ermittlungsverfahren* beschreibt.
22 Vgl. hierzu unten ausführlich § 35 RdNr. 11 ff.
23 Ebenda § 35 RdNr. 11 ff.
24 Keine Rangfolge, § 35 RdNr. 12.
25 Z.B. als Durchschnitt der drei besten oder des drittbesten Preises. Letzteres ist z.B. die von der Kommission verwendete Standardmethode, in der Vergangenheit für die Zusammenschaltungsentgelte, im Augenblick z.B. für Mietleitungspreise. Vgl. die Empfehlung „Zur Bereitstellung von Mietleitungen in der EU – Teil 2 – Preisgestaltung für Großkunden-Teilmietleitungen" v. 29. 3. 2005 sowie das zugehörige Explanatory Memorandum, beide im Internet abzurufen unter: http://

preise ermittelt wird. Denn nur bei einem **Best-Practice-Ansatz** wird der den **KeL** entsprechende **Gleichgewichtspreis** eines **Wettbewerbsmarktes**[26] ermittelt.

21   **2. Legaldefinition der Kosten der effizienten Leistungsbereitstellung (§ 31 Abs. 2).** – Die **Legaldefinition** der **KeL** wurde aus § 3 Abs. 2 TEntgV unverändert **übernommen**[27]. Sie wurde aber dadurch **aufgewertet**, dass die **Konkretisierung** nunmehr direkt im **Gesetz** und nicht mehr nur durch eine Verordnung erfolgt.[28]

22   **a) Effizienzkriterium.** – Das herausragende Definitionsmerkmal der **Effizienz** wurde oben[29] schon eingehend behandelt. An dieser Stelle sei zusätzlich hervorgehoben, dass nur die für die Bereitstellung der **Leistung notwendigen Kosten** (**Leistungsbezogenheit** der Definition) als **effizient** anerkannt werden. Die Leistungsbezogenheit findet sich auch in der Beschränkung nur auf das *„eingesetzte"* Kapital wieder. Es werden nicht die Kosten aller im Unternehmen vorhandenen Anlagegüter in die Kosten eingerechnet, sondern nur diejenigen, deren Einsatz für die Erstellung der betrachteten Leistung *notwendig* ist.

23   Als **effizient** wird eine Produktion bei gegebener Technologie dann bezeichnet, wenn die Faktoren in der **kostenminimalen Kombination** eingesetzt, d.h. die vorhandenen Ressourcen optimal genutzt werden. Für jede **Technologie** lässt sich dann eine Kostenfunktion in Abhängigkeit von der Ausbringungsmenge ableiten. **Alle effizient** produzierenden Anbieter mit derselben Technologie bewegen sich auf **dieser Kostenfunktion**. Für jeden lässt sich je nach seiner Größe (d.h. seiner Ausbringungsmenge) ein Punkt auf dieser Kostenfunktion bestimmen. Es gibt eine für **alle einheitliche KeL-Funktion**[30], die typischerweise einen fallenden Verlauf[31] aufweist. Die nachfolgende Abbildung veranschaulicht die Zusammenhänge graphisch.

24   Das Diagramm verdeutlicht zweierlei: Ein neuer Netzbetreiber hat umso höhere KeL, desto geringer seine Ausbringungsmenge ist. Technologischer Fortschritt, der es erlaubt, die Produktionsfaktoren kostengünstiger einzusetzen, verschiebt die Funktion zum Ursprung hin.

25   **b) Langfristige Zusatzkosten.** – Es ist darzulegen, weshalb die KeL als „langfristige zusätzliche Kosten" definiert sind.[32]

26   Mit den **langfristigen Zusatzkosten** werden die **Einzelkosten**[33] der betrachteten Leistung erfasst. Hierzu gehören v.a. die Kapitalkosten, die sich aus den Abschreibungs- und Zinskosten zusammensetzen und in einer kapitalintensiven Produktion – wie der Netzproduktion – in der Regel den größten Kostenblock bilden. Hinzu kommen Miet- und Betriebskos-

---

europa.eu.int/information_society/topics/ecomm/useful_information/library/recomm_guidelines/ index_en.htm. Vgl. hierzu § 35 RdNr. 22.

26 S. o. RdNr. 11. Vgl. speziell zum telekommunikationsrechtlichen Vergleichsmarktprinzip auch unten ausführlich § 35 RdNr. 19 ff.

27 Vgl. Begründung zu § 29 (= § 31 TKG 2004), BT-Drs. 15/2316, S. 69. Eine winzige redaktionelle Änderung wurde mit dem Wegfall des ersten *„jeweils"* vorgenommen.

28 Vgl. *Groebel*, K&R-Beilage 1/2004, 18, 19.

29 Vgl. RdNr. 10 ff.

30 Siehe hierzu auch § 27 Fn. 85.

31 Zur Begründung für den fallenden Verlauf siehe unten RdNr. 29 und Fn. 39.

32 Vgl. hierzu und im Folgenden *Groebel*, TKMR-Tagungsband 2004, 39, 42 f.

33 Vgl. zu den Kostenarten etc. ausführlich oben Vor § 27.

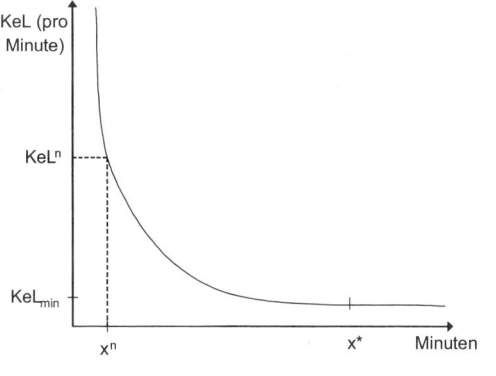

KeL (pro Minute)

KeL^n

KeL$_{min}$

x^n x*   Minuten

^{n} = neuer Netzbetreiber   Quelle: WIK, 2004

Abb. 1: Einheitliche KeL-Funktion

ten sowie je nach Leistungsdefinition verschiedene Prozesskosten[34], z. B. bei dem entbündelten Zugang zur Teilnehmeranschlussleitung für Entstörung und Fakturierung.

aa) Langfristigkeit. – Durch die Verwendung der **langfristigen** Kosten wird sichergestellt, **27** dass **unverzerrte Investitionsanreize** gesetzt werden, denn die Entscheidung eines Netzbetreibers über den Marktzutritt ist stets mit Investitionen verbunden, die wiederum mit **langfristigen** Kosten und Erträgen verbunden sind. **Langfristig** bedeutet dabei, dass alle Produktionsfaktoren **variabel** sind, weshalb auch **keine marginale** Betrachtung durchgeführt wird. Bei einer (kurzfristigen) marginalen Betrachtung würde lediglich die Veränderung der letzten (infinitesimal kleinen) Einheit untersucht, während bei der hier angewendeten **Zusatz**kostenbetrachtung das **Inkrement** die gesamte *hinzukommende* (*zusätzliche*) Leistung[35] umfasst.[36]

Da eine Entscheidungssituation zum heutigen Zeitpunkt betrachtet wird, sind die jetzt ent- **28** stehenden und zukünftig anfallenden Kosten entscheidungsrelevant. Es wird ein **vorausschauender** (*forward-looking*) Kostenbegriff zugrunde gelegt, und es werden keine historischen Kosten berücksichtigt. Die Entscheidung beruht auf den aktuell für die Investitionsgüter zu zahlenden Preisen, die als **Wiederbeschaffungswerte** angesetzt und über die ökonomische (nicht die steuerlich relevante) Lebensdauer abgeschrieben werden. Denn die Investition würde heute getätigt, weshalb auch **heute** am Markt **verfügbare Technologie** gekauft würde, deren Kosten so in die Berechnung einzustellen sind.[37] Zur Bestimmung genehmigungsfähiger Entgelte von Zugangsleistungen sind also die **Kosten** eines Netzes, das ein **effizienter Netzbetreiber** zum **gegenwärtigen Zeitpunkt** errichten würde, zu ermitteln.[38]

---

34 Auch als Produkt- und Angebotskosten bezeichnet.
35 D. h. also z. B. die Kosten der Zusammenschaltungsleistung oder die Kosten des Zugangs zu einer Teilnehmeranschlussleitung.
36 Siehe auch die Definition der Zusatzkosten von *Baumol*, zitiert oben bei § 28 Fn. 64.
37 Vgl. § 35 RdNr. 27.
38 Vgl. § 35 RdNr. 31 ff.

29   bb) Zusatzkosten. – Die **zusätzlichen** Kosten werden verwendet, weil damit die **charakteristischen Kostenstrukturen** von Netzindustrien am ehesten abgebildet werden können und so die Wettbewerber die Partizipation an den **Größenvorteilen** des ehemaligen Monopolisten ermöglicht wird. D.h. sie erhalten den Netzzugang zu den Kosten, die zusätzlich durch ihre Nachfrage bei bestehender „Grundlast" entstehen. Die Kosten der weiteren (*zusätzlichen*) Leistung – z.B. die Netznutzung infolge der Zusammenschaltung – werden gewissermaßen „oben draufgesetzt", wodurch die **Größen- und Verbundvorteile**, die zu geringeren Kosten[39] bei Erbringung weiterer Leistungen bei schon bestehender Basisleistung führen, erfasst werden. Hierdurch wird also der Vorteil des bestehenden großen Netzes des ehemaligen Monopolisten ausgeglichen und an die alternativen Netzbetreiber weitergegeben, die so chancengleiche Wettbewerbsmöglichkeiten erhalten.

30   cc) Ökonomische Begründung der langfristigen Zusatzkosten. – Ökonomisch führt die Verwendung der langfristigen zusätzlichen Kosten zur Neutralität bei den Investitionsanreizen. Einerseits wird die sog. **Make-or-buy-Entscheidung** der neu in den Markt eintretenden Netzbetreiber **nicht verzerrt.** Andererseits wird gleichzeitig die vorhandene Kapazität optimal genutzt. Denn die Entscheidung über Mieten (Nutzen vorhandener Kapazität) oder den Aufbau eigener Netzinfrastruktur (Investieren in neue Kapazität) stellt sich aus Sicht des eingesessenen Netzbetreibers als „Opportunitätskostenbetrachtung" dar, die derselben Logik folgt. Die folgende Abbildung zeigt den Zusammenhang graphisch.

Ökonomische Rationalität:
keine Verzerrung der Make-or-buy-Entscheidung der neuen
Netzbetreiber bei optimaler Nutzung der vorhandenen Kapazität

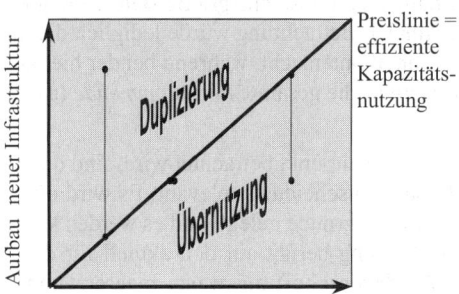

Abb. 2: Make-or-buy-Entscheidung

31   Sofern der Regulierer einen zu hohen Preis – gemessen an der eine **effiziente Kapazitätsnutzung garantierenden Preislinie**, die durch die **45°-Linie** dargestellt wird – festlegen würde, käme es zu einer – ineffizienten – **Duplizierung** von Infrastruktur, da ein neuer Netzbetreiber billiger neu bauen könnte, allerdings zugleich wegen fehlender Nachfrage Leerstand zu beklagen hätte („Investitionsruine"). Umgekehrt würde ein zu niedriger Preis

---

39 Dieser für Netzindustrien typische degressive Kostenverlauf führt zu einer fallenden Durchschnittskostenkurve, d.h. mit steigender Ausbringungsmenge sinken die Kosten pro Stück. Vgl. z.B. *Conrad*, Mikroökonomik III, Skript Universität Mannheim, 2. Aufl. 1990, S. 55 ff.

zu einer **Übernutzung** des bestehenden Netzes führen, weil es für einen neuen Netzbetreiber billiger wäre, bei dem eingesessenen Unternehmen Kapazität zu mieten, anstelle selbst zu investieren. Dieses könnte nicht in erforderlichem Umfang reinvestieren, die vorhandene Infrastruktur würde nicht erneuert und zerfiele – wie die Entwicklung in vielen Planwirtschaften bestätigt hat. In beiden Fällen wäre die **Make-or-buy-Entscheidung verzerrt**, es würde nicht im **optimalen Umfang investiert**, einmal zu viel, das andere Mal zu wenig, beides – Duplizierung oder Übernutzung – kann nicht Ziel der Tätigkeit des Regulierers sein, der folglich ein kosteneffizientes Entgelt festzulegen hat.

c) Angemessene Gemeinkosten. – Laut Legaldefinition beinhalten die Kosten der effi- **32** zienten Leistungsbereitstellung außer den langfristigen zusätzlichen Kosten auch einen **angemessenen Gemeinkostenzuschlag**, mit dem die nicht einer Einzelleistung zuordenbaren Kosten abgedeckt werden, sowie eine angemessene Verzinsung des eingesetzten Kapitals. Beides – der Gemeinkostenzuschlag ebenso wie die Verzinsung – müssen **angemessen** sein. Die Beurteilung der Angemessenheit betrifft die **Höhe** und vor allem die **Zuordnung** (Schlüsselung) der Gemeinkosten.

Zu den schwierigsten Fragen der Kostenrechnung zählen das Aufstellen eines „verursa- **33** chungsnahen" **Schlüssels** für nicht eindeutig einer Leistung zuzuordnende Kosten[40] sowie die Ermittlung der „Angemessenheit" der Verzinsung[41]. Wegen der Schwierigkeiten bei der **Zuordnung von Gemeinkosten zu den sie tragenden Leistungen** sowie der Bedeutung der Zuordnung hat der Gesetzgeber diesbezüglich in § 33 Abs. 2 Nr. 2 besondere Informationsanforderungen an das regulierte Unternehmen gestellt.

d) Angemessene Verzinsung und Wahl der geeigneten Ermittlungsmethode. – aa) An- 34 gemessene Verzinsung. – Die Kosten der effizienten Leistungsbereitstellung schließen eine **angemessene Verzinsung** ein, mit der der Einsatz des Faktors Kapital entlohnt ist – und zwar komplett, d. h. es besteht kein Raum für „Gewinnzuschläge" oder Ähnliches. Zu verzinsen (Verzinsungsbasis) ist nur das **eingesetzte** Kapital[42], denn nur dieses ist zur Erstellung der Leistung notwendig. Wegen der besonderen Bedeutung der Kapitalverzinsung hat der Gesetzgeber in **Abs. 4 Prüfkriterien** aufgenommen[43], die die Behörde bei der **Festlegung „insbesondere" zu berücksichtigen** hat.

Bei der Ermittlung des **angemessenen Zinssatzes** besteht zwischen *RegTP* und der *Deut-* **35** *schen Telekom AG* (*DTAG*) ein „Methodenstreit". Zwar besteht Einigkeit darüber, dass ein **gewogener Kapitalkostensatz**[44] zugrunde zu legen ist, indessen ist die zu der Ermittlung der einzelnen Parameter zu verwendende Methode[45] umstritten. Während die Behörde die sog. **Bilanzmethode**[46] benutzt, zieht die *DTAG* die **Kapitalmarktmethode**[47] heran.

---

40 Siehe hierzu ausführlich oben Vor § 27 RdNr. 67 ff.
41 Siehe hierzu unten die Ausführungen zu Abs. 4.
42 Mit dem die (effiziente) Netzinvestition finanziert wird.
43 Vgl. Begründung zu § 29 (= § 31 TKG 2004), BT-Drs. 15/2316, S. 69.
44 Sog. *WACC* = *W*eighted *A*verage *C*ost of *C*apital, wenn der *WACC* mit *r* bezeichnet wird, lässt sich die Definition auch wie folgt als Formel schreiben: $r = r_e * EK/GK + r_f * FK/GK$, mit r_e = Eigenkapitalrendite, r_f = Fremdkapitalverzinsung, GK = Gesamtkapital, EK/GK = Eigenkapitalanteil, FK/GK = Fremdkapitalanteil. Siehe hierzu unten unter RdNr. 46 ff.
45 Siehe hierzu im Einzelnen unten die Ausführungen zu Abs. 4, RdNr. 49 ff.
46 Auch kalkulatorischer Ansatz genannt. Siehe auch Vor § 27 RdNr. 101 ff., 101 f.
47 Sog. kapitalmarktorientierter Ansatz nach dem Capital Asset Pricing Model (CAP-M). Siehe auch Vor § 27 RdNr. 101 ff., 103 ff.

36 **bb) Wahl der geeigneten Ermittlungsmethode.** – Im Kern geht es bei diesem Streit darum, wem – der Behörde oder dem regulierten Unternehmen – der **Vorrang** („*Prä*") bei der **Wahl der Methode** zukommt, d. h. wer trifft die Entscheidung über die zugrunde zu legende Methode, wenn keine der Methoden abwegig ist, sondern grundsätzlich beide verwendet werden könnten. Diese Frage ist im Kontext des gesamten **Entgeltregulierungsrechts der Behörde** zu beantworten. Sie ist sachlich unverändert nach altem und neuen Recht zugunsten der Behörde zu bejahen.

37 Da die **Genehmigungsfähigkeit** beantragter Entgelte von der Behörde festgestellt wird (§ 35 Abs. 3), dies aber zwingend die **Prüfung der Einhaltung** des Maßstabs der **KeL** einschließt, **steht** der **Behörde** unzweifelhaft die **Befugnis** zu, die **KeL** und die zu deren Ermittlung zu verwendenden **Methoden zu bestimmen.** Da aber die **Kapitalkosten** unstrittig **Bestandteil der KeL** („*einschließlich* einer angemessenen Verzinsung") sind, erstreckt sich die Befugnis, die Methode zu bestimmen, **automatisch** auch auf die **Ermittlung der angemessenen Kapitalverzinsung.** Der Gesetzgeber hat der Behörde m. a. W. das Recht zur Wahl der Methode (Methodenkompetenz) mit dem **Genehmigungsrecht selbst** (*eo ipso*) zugestanden.

38 Der Wille des Gesetzgebers, der **Behörde** die **Methodenkompetenz** zu übertragen, zeigt sich noch an zwei weiteren Stellen. Zum einen hat er ihr in § 29 Abs. 2 ausdrücklich die Befugnis eingeräumt, **Kostenrechnungsmethoden**, zu denen auch die Methode zur Ermittlung der Kapitalkosten zählt, anzuordnen.[48] Zum anderen heißt es in § 31 Abs. 4 „bei der **Festlegung** der angemessenen Verzinsung des eingesetzten Kapitals **berücksichtigt die Behörde** insbesondere…", womit sich auch aus dem Wortlaut ergibt, dass **die Behörde** – und nicht das regulierte Unternehmen – die **Festlegung** vornimmt.

39 **cc) Festlegung der KeL durch die Behörde und Beurteilungsspielraum.** – Der Behörde obliegt es somit, die **geeignete Ermittlungsmethode auszuwählen** und die **KeL einschließlich einer angemessenen Kapitalverzinsung festzulegen**, während es Aufgabe des regulierten Unternehmens ist, mit den Kostenunterlagen nach § 33 die tatsächlichen Kosten des Unternehmens nachzuweisen. Dabei ist wegen der Komplexität der Kostenermittlung eine **große Prüftiefe** der Behörde erforderlich. Deshalb hat ihr der Gesetzgeber durch § 35 Abs. 1 gleich **drei Methoden** an die Hand gegeben, und des Weiteren in § 35 Abs. 2 vorgeschrieben, dass im Genehmigungsverfahren nach § 32 Nr. 1 die Einhaltung der Maßgaben für jedes **einzelne Entgelt** zu prüfen ist. Der **Prüfauftrag** ist also sehr **weitreichend** und beschränkt sich keineswegs auf eine bloße Evidenzprüfung vorgelegter Unterlagen. Er erlaubt zusätzlich den Einsatz weiterer – der Komplexität der Materie entsprechender – Ermittlungsmethoden wie die Vergleichsmarktuntersuchung oder die Verwendung von Kostenmodellen.

40 Sofern bei diesem zweiten Prüfschritt – der Anwendung der zuvor ausgewählten Ermittlungsmethode – die **Methode** ihrerseits Spielräume, z. B. hinsichtlich der Bestimmung der Parameter, eröffnet, kommt der **Behörde** ein gerichtlich nur eingeschränkt überprüfbarer **Beurteilungsspielraum** (Einschätzungsprärogative) zu, den nur sie qua ihrer Sachkompetenz auszufüllen vermag. Die **Rechtssprechung**[49] hat der Behörde **Beurteilungsspielräume** unter Geltung des TKG 1996 bereits **zugestanden.**

---

48 Vgl. hierzu ausführlich oben § 29 RdNr. 26 ff.
49 So das VG Köln in seinem Urteil v. 6. 2. 2003 im Verfahren 1 K 8003/98, 32 des amtlichen Umdrucks. Hingegen nicht eindeutig OVG NRW, B. v. 19. 8. 2005, 13 A 1521/03.

Darüber hinaus hat die *DTAG* ihrerseits z. B. bei der zu verwendenden **Abschreibungsme-** 41
thode – dem anderen wesentlichen Element der Kapitalkosten – die **Vorgabe der Behör-**
de, die **ökonomische Nutzungsdauer** anstelle des steuerlich zulässigen Abschreibungs-
zeitraums der Berechnung der Abschreibung zugrunde zu legen, in Einzelfällen **aner-**
kannt.

3. Neutrale Aufwendungen (§ 31 Abs. 3). – § 31 Abs. 3 entspricht dem bisherigen § 3 42
Abs. 4 TEntgV, d. h. über die KeL hinausgehende Aufwendungen werden nur berücksichtigt, soweit und solange hierfür eine rechtliche Verpflichtung besteht oder das die Genehmigung beantragende Unternehmen eine sonstige sachliche Rechtfertigung nachweist.
Diese Aufwendungen wurden in § 3 Abs. 4 TEntgV als sog. **neutrale Aufwendungen** bezeichnet. Hierdurch erhält das regulierte Unternehmen die Möglichkeit, Aufwendungen,
die seiner Beeinflussung entzogen sind, weil es sich beispielsweise um rechtliche Verpflichtungen handelt, geltend zu machen.

Abs. 3 wird ergänzt um **verfahrensrechtliche Vorschriften.** Die Behörde hat dem Unter- 43
nehmen einen **Hinweis** zu geben, wenn es bei der Prüfung der Kostennachweise wesentliche Bestandteile der **nachgewiesenen Kosten** für nicht effizient hält. Die Modifikationen
gegenüber der Vorgängervorschrift sollen sicherstellen, dass das regulierte Unternehmen
ausreichend Gelegenheit erhält, Aufwendungen, die nicht zugleich KeL sind, zu begründen
bzw. sachlich zu rechtfertigen.[50] Faktisch ist die Behörde auch unter Geltung des TKG
1996 bereits so vorgegangen. Allerdings **schränkt** der Gesetzgeber die **Hinweispflicht** der
Behörde in zeitlicher Hinsicht **ein**, denn in der Begründung heißt es hierzu, dass „der Hinweis nach Satz 2 nur [gilt], sofern noch ein **hinreichender Zeitraum** bis **zum Ende der**
Verfahrensfrist verbleibt".[51]

Die **Anerkennung** dieser sog. neutralen Aufwendungen setzt voraus, dass die **Kosten** 44
nachgewiesen worden sind. Das bedeutet auch, dass in den begründeten Einzelfällen, in
denen auf eine Kostenprüfung verzichtet und direkt eine Vergleichsmarktuntersuchung
vorgenommen wird[52], eine Anerkennung neutraler Aufwendungen nicht möglich ist.

4. Kriterien zur Festlegung der angemessenen Verzinsung (§ 31 Abs. 4). – a) Einfüh- 45
rung und Grundlagen. – In der **kapitalintensiv** produzierenden Telekommunikationsin-
dustrie ist die Festlegung der **angemessenen Kapitalverzinsung** von **zentraler Bedeu-**
tung und deshalb zwischen Behörde und reguliertem Unternehmen entsprechend umstritten (gewesen)[53]. Aus diesem Grund hat der Gesetzgeber der Behörde konkrete **Prüfkrite-**
rien für die Festlegung der angemessenen Verzinsung des eingesetzten Kapitals an die
Hand gegeben.[54] Dieser **Prüfkatalog** ist **nicht abschließend** („*insbesondere*"). Fast alle

---

50 Vgl. Begründung zu § 29 (= § 31 TKG 2004), BT-Drs. 15/2316, S. 69.
51 Begründung zu § 29 (= § 31 TKG 2004), BT-Drs. 15/2316, S. 69 [Hervorhebung nur hier, A.G.].
52 Siehe oben RdNr. 16 ff.
53 Siehe oben RdNr. 35.
54 Vgl. Begründung zu § 29 (= § 31 TKG 2004), BT-Drs. 15/2316, S. 69. Vgl. kritisch zur Einführung
konkreter Prüfkriterien im Gesetz z. B. Monopolkommission, Sondergutachten Nr. 40, 63–50,
Tz. 76 ff., 76. Diese hält die Festlegung der angemessenen Verzinsung eher für eine Frage der Regulierungspraxis. Vgl. Wortprotokoll der 49. Sitzung des Ausschusses für Wirtschaft und Arbeit
(9. Ausschuss) vom 9. 2. 2004 der öffentlichen Anhörung von Sachverständigen zum TKG-Regierungsentwurf, BT-Drs. 15/49 (Protokoll), Ausführungen von Prof. *Dr. h.c. Martin Hellwig* (Vorsitzender der Monopolkommission), 800.

der von ihm aufgestellten Kriterien sind auch schon in der bisherigen Regulierungspraxis in die Entscheidungsfindung eingeflossen, wenn auch in unterschiedlichem Maße.

46 Die **Verzinsung des Gesamtkapitals** wird als sog. **gewogener Kapitalkostensatz** oder **WACC** (*W*eighted-*A*verage-*C*ost-of-*C*apital) bestimmt, d. h. die jeweiligen Zinssätze für Eigenkapital (r_e) und für Fremdkapital (r_f) werden mit dem Eigenkapitalanteil (EK/GK) bzw. Fremdkapitalanteil (FK/GK) am Gesamtkapital (GK) gewichtet und zum Gesamtzinssatz (r) addiert: $r = r_e*\text{EK/GK} + r_f*\text{FK/GK}$. In dieser Grundgleichung[55] kommt zum Ausdruck, dass sich ein Unternehmen aus zwei verschiedenen Arten von Kapital mit unterschiedlichen Kosten finanziert. Es wird auch erkennbar, dass das Unternehmen mit der **Kapitalstruktur**, d. h. den Anteilen von Eigen- und Fremdkapital am Gesamtkapital, bei unterschiedlichen Zinssätzen für beide die **Höhe der Gesamtkapitalverzinsung beeinflussen kann**.

47 Die **Kapitalstruktur**, d. h. die Zusammensetzung des Gesamtkapitals aus Eigen- und Fremdkapital, ist deshalb als **1. Prüfkriterium** in Abs. 4 aufgenommen worden, was eine **Selbstverständlichkeit** ist. Die Gesamtkosten werden dabei außer von den jeweiligen Eigen- und Fremdkapitalzinssätzen von der **Bewertung** des Eigen- und des Fremdkapitals abhängen, die entweder zu Buchwerten (Bilanzwerten) oder zu Marktwerten (Kapitalmarktwerten) erfolgen kann.

48 Die **Höhe der Zinssätze** variiert in Abhängigkeit von den **Kapitalgebern**, denn diese unterscheiden sich durch das **Maß ihrer Risikobeteiligung**, was entsprechend vergütet werden muss. D.h. für die Übernahme eines **höheren Risikos** fordern die Aktionäre des Unternehmens (Eigenkapitalgeber) eine höhere Vergütung in Form einer **Risikoprämie**, die die Differenz zwischen Eigenkapital- und Fremdkapitalzinssatz ausmacht. Insbesondere die Berechnung der adäquaten Risikoprämie verursacht große Schwierigkeiten, und die beiden genannten Methoden – Bilanz- und Kapitalmarktansatz – unterscheiden sich im Hinblick auf diesen Punkt erheblich voneinander.[56]

49 **b) Darstellung der Methoden.** – Zur Bestimmung der verschiedenen Zinssätze ebenso wie zur Bestimmung der Gewichte (Kapitalanteile) werden im Wesentlichen die zwei bereits genannten Methoden verwendet, die sich v. a. in der Bewertung der Kapitalanteile und der Ermittlung des Eigenkapitalzinssatzes unterscheiden.[57] Beide **Methoden** sind **grundsätzlich** zur **Zinssatzbestimmung geeignet** und werden in der wissenschaftlichen Literatur sehr ausführlich und v. a. bezüglich der Berechnung der Eigenkapitalrendite äußerst kontrovers diskutiert.[58]

---

55 Die in der betrieblichen Praxis und in der betriebswirtschaftlichen Literatur unstrittig ist.

56 Siehe hierzu ausführlich den nächsten Punkt (Beschreibung der Methoden), RdNr. 49.

57 Vgl. im Folgenden z. B. Beschluss BK4a-01-001/E19. 1. 01 v. 30. 3. 2001, 41 ff. des amtlichen Umdrucks. Im Urteil 1 K 7903/01 v. 24. 6. 2004 stellt das VG Köln in Bezug auf die Ausführungen zur Ermittlung der Kapitalkosten im Beschluss BK4a-01–001/E19. 1. 01 v. 30. 3. 2001 fest, dass diese „rechtlich nicht zu beanstanden sind“ und das Gericht keine Verletzung des Beurteilungsspielraums erkennen kann. Vgl. VG Köln 1 K 7903/01 v. 24. 6. 2004, 13 f. des amtlichen Umdrucks. Die DTAG hat die Klage gegen den Beschluss BK4a-01–001/E19. 1. 01 v. 30. 3. 2001 in der mündlichen Verhandlung vor der 1. Kammer des VG Köln am 10. 3. 2005 zurückgenommen (das Verfahren wurde mit Beschluss 1 K 3337/01 v. 10. 3. 2005 eingestellt).

58 Vgl. z. B. *Süchting*, Finanzmanagement – Theorie und Politik der Unternehmensfinanzierung, 6. Aufl. 1995, mit weiteren Literaturnachweisen; siehe auch oben Vor § 27 RdNr. 84 ff.

Groebel

Die abzubildende **Entscheidungssituation** besteht darin, die dem Unternehmen für die Fi- **50**
nanzierung der Investition entstehenden Kosten zu erfassen, die die von der zur Leistungsbereitstellung notwendigen Investition zu erwirtschaftende Mindestrendite (Mindestrendi-
teforderung) darstellen.

aa) Die Bilanzmethode. – Bei der **Bilanzmethode** (kalkulatorischer Ansatz), die in der **51**
betrieblichen Praxis weit verbreitet ist, wird die von der getätigten Investition zu erwirtschaftende Mindestrendite intern aus Sicht des Unternehmens durch dessen Entscheidungsträger bestimmt. Die als Gewichte verwendeten Kapitalanteile werden der **Bilanz
des Unternehmens** entnommen und gehen zu **Buchwerten** ein.[59]

Bei dieser Methode wird aus **interner Unternehmenssicht** eine Bewertung vorgenom- **52**
men, die sich grundsätzlich an der für die Investition erwarteten Rendite, ermittelt aus einer
Abschätzung der mit der Investition unter Berücksichtigung des Risikos voraussichtlich
erwirtschaftbaren Erträge in Bezug auf die Investitionsausgabe, orientieren wird. Denn die
Leistung wird durch den Einsatz der mit dem aufgenommenen Kapital finanzierten Investitionsgüter erbracht, die die **realwirtschaftliche** Grundlage für die Renditezahlung an die
Kapitalgeber bildet.

Die Risikoabschätzung erfolgt dabei unter Verwendung von Zuschlägen und Erwartungs- **53**
werten (Ermittlung sog. Sicherheitsäquivalente). Die Erwartungsbildung wird hier also
von den Entscheidungsträgern des Unternehmens in **Kenntnis der spezifischen Ge-
schäftsrisiken**, denen dasselbe unterliegt, vorgenommen. Sie entscheiden letztlich über
das Investitionsprogramm und die dafür notwendige Finanzierungspolitik (i. e. Wahl des
Verschuldungsgrades), woraus sich die Gesamtkapitalverzinsung ergibt.

Die auch im Beschluss zur Genehmigung der Entgelte für den Zugang zur entbündelten **54**
Teilnehmeranschlussleitung v. 29. 4. 2003 angesetzte **Eigenkapitalrendite in Höhe von
20 % vor Steuern**[60], die ursprünglich auf eine Entscheidung DTAG-Vorstands zurückgeht,
stellt nach Auffassung der Behörde einen **stabilen Wert** dar, der auch das **allgemeine unternehmerische Risiko** von Preisänderungen bei Anlagegütern erfasst, die im Fall von sinkenden Wiederbeschaffungswerten die Finanzkapitalerhaltung gefährden können.[61]

Für die Ermittlung des **Fremdkapitalzinssatzes**, bei der sich Bilanz- und Kapitalmarktme- **55**
thode nicht voneinander unterscheiden, ist im Sinne des Kostenmaßstabs vorausschauen-

---

59 Wobei unverzinsliche Positionen wie Pensionsrückstellungen oder „verdeckt verzinsliche" wie
Lieferantenkredite unberücksichtigt bleiben (da keine Zinskosten anfallen bzw. deren Zinskosten
bereits an anderer Stelle in der Kostenrechnung erfasst werden). Vgl. ausführlich BK4a-03-010/
E19. 2. 03 v. 29. 4. 2003, 24 ff., 26 f. des amtlichen Umdrucks.
60 Zur Behandlung der Steuerzahlungen des Unternehmens bei der Ermittlung der angemessenen
Zinssatzes siehe zuletzt Beschluss BK4a-03-010/E19. 2. 03 v. 29. 4. 2003, 24 ff. des amtlichen
Umdrucks, 26; siehe auch oben Vor § 27 RdNr. 84 ff., 126 ff. Zur Kritik vgl. Monopolkommission,
Sondergutachten Nr. 39, 63–82, Tz. 152 ff., 178 ff.
61 Vgl. zu den Einzelheiten der Parameterbestimmung Beschluss BK4a-03-010/E19. 2. 03 v. 29. 4.
2003, 24 ff. des amtlichen Umdrucks. In dem nach neuem Recht ergangenen Beschluss BK4a/b-
05-004/E17. 2. 05 v. 28. 4. 2005 führt die RegTP die bisherige Praxis der Anwendung der Bilanzmethode fort. Sie stützt die Ermittlung der Eigenkapitalrendite auf langfristige Betrachtungen des
Aktienmarktes und kalkuliert einen Eigenkapitalzinssatz von 18,45 % vor Steuern. Vgl. zu den
Einzelheiten Beschluss BK4a/b-05-004/E17. 2. 05 v. 28. 4. 2005, 26 ff. des amtlichen Umdrucks,
26, 29.

der langfristiger Zusatzkosten[62] von den **aktuellen Fremdkapitalzinssätzen** – und nicht den (historischen) Zinssätzen, zu denen das Fremdkapital ursprünglich aufgenommen worden ist – auszugehen. Zur Ermittlung des unternehmensindividuellen Fremdkapitalzinssatzes wird auf die Verzinsung **langfristiger** risikoloser Bundesanleihen zurückgegriffen. Dieser Basiszins ist um den unternehmensindividuellen Risikoaufschlag (*Spread*) zu erhöhen, der die schlechtere Bonität (*Rating*) eines privaten Schuldners im Vergleich zur öffentlichen Hand misst.[63]

56 **bb) Die Kapitalmarktmethode**[64]. – Bei der **Kapitalmarktmethode** (kapitalmarktorientierter Ansatz), die ursprünglich Mitte der 60er Jahre des vorherigen Jahrhunderts in den USA für die **Unternehmensbewertung** entwickelt wurde und noch immer die wissenschaftliche Diskussion dominiert[65], wird der Eigenkapitalzinssatz mit Hilfe des sog. *Capital-Asset-Pricing-Modells* (CAP-M) bestimmt, mittels dessen die markträumenden Börsenkurse (Gleichgewichtspreise) für den Kapitalmarkt errechnet werden. Die Kapitalanteile gehen folglich zu **Marktwerten** (Börsenkapitalisierung ein. D.h. sie ergeben sich aus den Börsenkursen. Die Beurteilung erfolgt **extern** aus **Sicht eines Kapitalanlegers** (Finanzinvestors), der das Unternehmen oder Teile davon kaufen will.

57 Die **Entscheidungssituation** ist mithin eine andere als aus Unternehmenssicht. Während die Kapitalanleger jederzeit wieder „aussteigen", d.h. das Papier wieder abstoßen können, ist das Unternehmen an eine einmal getätigte Investition für einen langen Zeitraum gebunden. Die **Erwartungsbildung** externer Anleger unterscheidet sich deshalb von der interner Entscheidungsträger. Bei der Erwartungsbildung des Kapitalanlegers steht die **finanzwirtschaftliche** Verwertbarkeit im Vordergrund, die Sachinvestitionsrendite bleibt sekundär.

58 Die obige Grundgleichung lässt sich für die **Kapitalmarktmethode** wie folgt schreiben:

$$r = r_e(\text{CAP-M})*\text{EK/GK} + r_f*\text{FK/GK}.$$

Hierbei ergibt sich die von den Kapitalanlegern erwartete Rendite (Renditeforderung, r_e) gemäß folgender Gleichung, in die als Bestimmungsfaktoren das **unternehmensspezifische Risiko** (β) sowie der **Marktpreis für die Risikoübernahme** (Differenz zwischen der allgemeinen Marktrendite r_m und dem risikofreien Zinssatz r_{ff}[66]) einfließen: $r_e = r_{fr} + \beta*(r_m - r_{fr})$. Die **Marktrisikoprämie** ($r_m - r_{fr}$) ist dabei die durchschnittliche Differenz zwischen der Rendite des Marktportefeuilles und dem risikofreien Zinssatz.

59 Der das unternehmensspezifische Risiko messende β-**Faktor** drückt das Risiko einer Anlage in Aktien des bewerteten Unternehmens im Verhältnis zu einer Anlage in ein perfekt diversifiziertes Marktportefeuille aus, d.h. er misst die Rendite- oder Kursschwankungen des Unternehmens im Vergleich zu den allgemeinen Marktschwankungen.[67] Multipliziert mit dem Klammerausdruck ($r_m - r_{fr}$) ergibt sich die sog. **Risikoprämie**, die umso höher ist, je höher die Anleger das Risiko einer Anlage in Aktien des betrachteten Unternehmens be-

---

62 Vgl. oben RdNr. 28.
63 Vgl. zu den Einzelheiten der Parameterbestimmung Beschluss BK4a-03-010/E19. 2. 03 v. 29. 4. 2003, 24 ff. des amtlichen Umdrucks, 26, sowie zuletzt Beschluss BK 4a/b-05-004/E17. 2. 05 v. 28. 4. 2005, 26 ff. des amtlichen Umdrucks.
64 Vgl. Beschluss BK4a-01-001/E19. 1. 01 v. 30. 3. 2001, 41 ff. des amtlichen Umdrucks.
65 In der deutschen betriebswirtschaftlichen Literatur wurde der Ansatz erst etwa ab den 90er Jahren positiv rezipiert. Vgl. hierzu ausführlich die Darstellung oben Vor § 27 RdNr. 103 ff.
66 Dies kann z.B. der Zinssatz risikoloser Bundesanleihen sein.
67 Vgl. zu den Einzelheiten der Parameterberechnung oben Vor § 27 RdNr. 103 ff., 106 f.

werten. D. h. ihre Renditeforderung steigt (linear) mit steigendem β-Faktor. Diese von den **Eigenkapitalgebern geforderte Rendite** wird gleichgesetzt mit den Eigenkapitalkosten, die im Unterschied zu dem kalkulatorischen Ansatz nicht intern aus dem Unternehmen, sondern **extern aus dem Markt** heraus bestimmt werden.

Da mit dem CAP-Modell die **Gleichgewichtspreise** bestimmt werden, müssen verschiede- **60** ne Annahmen getroffen werden, die einen **perfekten Kapitalmarkt** sicherstellen, so dass es in jedem Fall zu einer Gleichgewichtslösung kommt. Für die mathematische Behandlung müssen Annahmen zur vollständigen Teilbarkeit der gehandelten Aktien und hinsichtlich der Risikonutzenfunktionen der Anleger getroffen werden. Alle Anleger haben einen einperiodigen Planungshorizont. Schwierigkeiten ergeben sich insofern bei einer Ausweitung auf einen längerfristigen, d. h. mehrperiodigen Zeitraum, als die β-Werte zeitlich instabil sind. Weiterhin wird eine konstante Kapitalstruktur vorausgesetzt.[68]

Durch die **restriktiven Prämissen** ist das Modell erkennbar nicht realitätsgerecht und **61** muss durch „Vereinfachungen" praktikabel gemacht werden. Diese **mindern** jedoch zum einen seine **Erklärungskraft.** Zum anderen fließen mit den **Anpassungen** und insbesondere der Auswahl der für die Ermittlung der Parameterwerte erforderlichen Marktdaten wieder individuelle Bewertungselemente ein, mit denen man sich von den Marktergebnissen entfernt, so dass der eigentliche Vorteil einer objektiveren Bewertung von außen, anstelle der durch unternehmensinterne Entscheidungsträger vorgenommenen, verloren geht. Damit würde im Ergebnis letztlich nur eine **interne Risikoeinschätzung durch eine von Externen**, die nicht die Informationstiefe und Detailkenntnis der Geschäftsmaterie der internen haben, **ersetzt.**[69]

Gegen die Methode spricht schließlich auch, dass die notwendige Bestimmung der Ein- **62** gangsparameter des CAPM (z. B. des Aktienbetas, der zugrundezulegenden Aktienkurse) erhebliche **Datenbeschaffungs-** bzw. **Datenermittlungsprobleme** aufwirft, was sich in den unterschiedlichen Ergebnissen empirischer Untersuchungen widerspiegelt.[70] Die zahlreichen Methoden zur Quantifizierung der Eingangsparameter eröffnen eine große **Variationsbreite** denkbarer Ergebnisse[71], einschließlich entsprechender Fehlerpotenziale. Hingegen können bei Verwendung des **kalkulatorischen Ansatzes** z. B. die Anteile von Eigen- und Fremdkapital direkt der **Bilanz** des regulierten Unternehmens entnommen werden.

cc) Nominal- vs. Realverzinsung. – Unabhängig von der für die Berechnung benutzten **63** Methode ist zu klären, ob der Nominal- oder der Realzins zu verwenden ist, was von der Verzinsungsbasis abhängt. Die Beschlusskammer führt zur Frage der Verwendung des **Realzinssatzes** in dem Beschluss v. 29. 4. 2003 aus: „Der berechnete Nominalzinssatz war zur Ermittlung eines realen kalkulatorischen Zinssatzes um die allgemeine Inflationsrate (errechnet als Mittel aus den Inflationsraten von Januar und Februar 2003 gegenüber den betreffenden Vorjahresmonaten) von 1,2 % (bisher 1,85 %) zu kürzen.

Die Festlegung des kalkulatorischen Zinssatzes muss generell konsistent zur Bewertung **64** des zu verzinsenden Vermögens erfolgen: Beim Nominalansatz werden Abschreibungen des Vermögens zu Anschaffungspreisen bewertet, die Verzinsung erfolgt deshalb über ei-

---

68 Siehe Beschluss BK4a-01-001/E19. 1. 01 v. 30. 3. 2001, 41 ff. des amtlichen Umdrucks, 44 [Hervorhebungen nur hier, A.G.].
69 Ebenda. Vgl. zur Kritik am CAP-M auch oben Vor § 27 RdNr. 103 ff., 110 ff.
70 Zu den Berechnungsschwierigkeiten vgl. auch Vor § 27 RdNr. 103 ff., 107, 109.
71 Vgl. Beschluss BK4a-03-010/E19. 2. 03 v. 29. 4. 2003, 24 ff. des amtlichen Umdrucks, 30.

nen nominalen Zinssatz. Beim realen Ansatz werden demgegenüber Abschreibungen auf Wiederbeschaffungspreise und reale, d. h. um die allgemeine Inflationsrate bereinigte Zinsen berechnet. Die Konsistenz von Vermögensbewertung und Bestimmung des Zinssatzes verhindert bei Verwendung von Wiederbeschaffungspreisen beispielsweise eine mehrfache Berücksichtigung von Preissteigerungen, die sowohl im Wiederbeschaffungspreis als auch im nominalen Zinssatz enthalten sind.

65   Im Hinblick auf den für die Beurteilung der Entgelte vorgegebenen Maßstab der langfristigen Zusatzkosten sind die Abschreibungen auf Basis von Wiederbeschaffungspreisen zu bilden. Demzufolge muss der kalkulatorische Zinssatz einen realen Zinssatz darstellen.

66   Sofern die Wiederbeschaffungspreise im Unternehmensdurchschnitt in geringerem Maße als die allgemeine Inflationsrate steigen oder sogar fallen sollten, ist das daraus resultierende Unternehmensrisiko durch den o. g. Eigenkapitalzinssatz abgedeckt. Wie oben erläutert, hält die Beschlusskammer gerade in Anbetracht des Preisverfalls in Teilbereichen den vergleichsweise hohen Eigenkapitalzinssatz von 20 % vor Steuern weiterhin für angebracht."[72]

67   Der ermittelte **Zinssatz** ist schließlich auf die **Verzinsungsbasis** anzuwenden, bei der es sich um die zu finanzierende Investitionssumme und damit das eingesetzte Kapital handelt. Im Entgeltregulierungsverfahren ist der z. B. mittels des analytischen Kostenmodells auf Basis aktueller Preise kalkulierte **effiziente Investitionswert** (Wiederbeschaffungsneuwert z. B. einer Teilnehmeranschlussleitung) zugrunde zu legen. Die **Annualisierung** des Investitionswertes in Kapitalkosten erfolgt mittels der Annuitätenformel.[73] Bei der **Abschreibung** ist die **ökonomische Lebensdauer** der Anlagegüter zu verwenden, weil dies die Kosten der effizienten Leistungsbereitstellung abbildet.[74]

68   c) **Wahl der Methode und Prüfkriterien. – aa) Zweck der Ermittlungsmethode. –** Bei der **Wahl** der zur Bestimmung des angemessenen Zinssatzes **geeigneten Methode** ist der **Zweck** seiner Ermittlung ausschlaggebend. Im Kontext der **Entgeltregulierung** sollen die **KeL** einer regulierten *Leistung* bestimmt werden. Es geht demzufolge darum, das *leistungs*wirtschaftliche – und nicht das *finanz*wirtschaftliche – **Risiko** einer Investition zu bestimmen. Dieses **Sachinvestitionsrisiko** ist aus Sicht des investierenden Unternehmens – hier des **regulierten Netzbetreibers**[75] – zu betrachten, nicht aus der Perspektive eines Finanzinvestors (Kapitalanlegers).

69   Denn – wie oben gezeigt – muss bei der Entscheidung über das **Investitionsvorhaben** das **Unternehmen** abschätzen, ob es in der Lage sein wird, die Kosten der Investition durch den Verkauf der damit hergestellten **Leistungen am Telekommunikationsmarkt** zu verdienen. Es hängt von **seiner Einschätzung** der künftigen Marktlage, der erwarteten Nachfrage nach seinen Leistungen, dem erhofften Erfolg seiner Produkte bei den Käufern im

---

72 Vgl. Beschluss BK4a-03-010/E19. 2. 03 v. 29. 4. 2003, 24 ff. des amtlichen Umdrucks, 27.
73 Vgl. unten § 35 RdNr. 31.
74 S. o. RdNr. 10 ff. sowie 21 ff.
75 Im Entgeltregulierungsverfahren durch die Behörde, die die geeignete Methode auswählt. Die Investitionsentscheidung selbst, d.h. die Planung des Investitionsprogramms liegt ausschließlich in der Entscheidungssphäre des regulierten Unternehmens und ist der Beurteilung durch den Regulierer entzogen (keine staatliche Investitionsplanung). Allerdings überprüft der Regulierer die angesetzten Kosten im Hinblick auf ihre Effizienz. Diese Prüfung betrifft die Verzinsungsbasis und erfolgt – wie in § 35 dargestellt – z. B. mittels eines analytischen Kostenmodells.

Vergleich zu den Angeboten der Konkurrenz etc. ab, ob und in welchem Umfang er die Investition tätigt und seine Netzkapazität ausbaut (Kapazitätsdimensionierung) oder sein Netz z.B. mit neuer Technologie aufrüstet. D.h. die **Investitionsentscheidung** wird geprägt von der erwarteten Entwicklung auf den Märkten, auf denen das Unternehmen tätig ist und die im Mittelpunkt der Entgeltregulierung stehen – den **Märkten für Telekommunikationsdienstleistungen**.

bb) Wahl der Ermittlungsmethode und Prüfkriterien.[76] – Die Bedeutung, die vor allem **70** der **Wettbewerbssituation** auf den **Telekommunikationsmärkten** bei der Kapitalkostenbestimmung zukommt, hat mit dem **4. Prüfkriterium** – wenn auch spät[77] – Eingang in das Gesetz gefunden, nach dem die langfristige Stabilität der wirtschaftlichen Rahmenbedingungen, auch im Hinblick auf die **Wettbewerbssituation** auf den Telekommunikationsmärkten zu berücksichtigen ist. Auch nach Auffassung der *Monopolkommission* ist die Stabilität der regulatorischen Rahmenbedingungen ein sehr ernst zu nehmender Faktor.[78]

Die von der Behörde bislang verwendete **Bilanzmethode** (kalkulatorischer Ansatz) ist am **71** ehesten geeignet, den **leistungswirtschaftlichen Aspekt** in die Betrachtung einzubeziehen, während bei der von der *DTAG* präferierten Kapitalmarktmethode die Perspektive der Finanzmarktinvestoren im Vordergrund steht. Das **3. Prüfkriterium** geht hier sogar einen Schritt weiter, in dem es vorsieht, dass *leistungs*spezifische Risiken des eingesetzten Eigenkapitals von der Behörde gewürdigt werden können, was zum Beispiel von der *Monopolkommission* befürwortet wird.[79]

Hiervon hat die **Behörde** in der Vergangenheit hauptsächlich aus Praktikabilitätsgründen[80] **72** – Schwierigkeiten bei der Ermittlung von leistungsspezifischen Risikofaktoren – **abgesehen**. Es sprechen aber auch prinzipielle Erwägungen dagegen. Sie begründen sich u.a. daraus, dass in einem Unternehmen ein „*Risikopooling*" stattfindet, bei dem ein Ausgleich, d.h. das Erwirtschaften einer durchschnittlichen Verzinsung aus allen Aktivitäten durch die Mischung risikoreicher und risikoarmer Aktivitäten angestrebt wird. Zudem werden in der betrieblichen Praxis i.d.R. nach wie vor auch Investitionen unterschiedlichen Risikos mit derselben Kapitalstruktur, also demselben Verhältnis von EK zu FK, finanziert, was gegen die Verwendung leistungsspezifischer Risiken spricht.

Die **Bewertung** des Unternehmens **an den nationalen und internationalen Kapital-** **73** **märkten** bleibt indes nicht unberücksichtigt. Sie fließt mit dem **2. Prüfkriterium** in die Entgeltregulierung ein, nach welchem die Verhältnisse auf den nationalen und internationalen Kapitalmärkten und die Bewertung des regulierten Unternehmens auf diesen Märkten zu berücksichtigen sind. Dieses **Kriterium** steht insofern in einem **Spannungsverhältnis zu dem 4. Kriterium** der *langfristigen Stabilität* als die Kapitalmärkte häufig *kurzfristigen Schwankungen* unterliegen, deren Berücksichtigung bei der Kapitalkostenermittlung diese Schwankungen in die Entgeltregulierung übertragen würde. Hier ist – wie schon in

---

76 Zur Berücksichtigung der Prüfkriterien des § 31 Abs. 4 siehe Beschluss BK4a/b-05–004/E17. 2. 05 v. 28. 4. 2005, 28 ff. des amtlichen Umdrucks, 30 f.

77 Die genaue Formulierung, insbesondere die Ergänzung um die „*Wettbewerbssituation auf den Telekommunikationsmärkten*", ist erst in der Sitzung des Vermittlungsausschusses v. 5. 5. 2004 gefunden worden. Für die Fundstellen s. o. Fn. 2.

78 Monopolkommission, Sondergutachten Nr. 39, 63–82, Tz. 152 ff., 172.

79 Monopolkommission, Sondergutachten Nr. 39, 63–82, Tz. 152 ff., 156–171.

80 Vgl. Beschluss BK4a-03-010/E19. 2. 03 v. 29. 4. 2003, 24 ff. des amtlichen Umdrucks, 26, sowie zuletzt Beschluss BK 4a/b-05-004/E17. 2. 05 v. 28. 4. 2005, 30 des amtlichen Umdrucks.

der Vergangenheit – auch in der künftigen Entscheidungspraxis eine **Abwägung** mit entsprechender Gewichtung der beiden Kriterien durch die Behörde wie z. B. im Beschluss v. 29. 4. 2003 vorzunehmen. Dort heißt es:

74 „Die Beschlusskammer hatte im vorliegenden Fall bei der Wahl der Vorgehensweise zur Bestimmung des kalkulatorischen Zinssatzes abzuwägen zwischen den regulatorischen Zielsetzungen und dem Interesse von Wettbewerbern an einem kurzfristig niedrigeren Wert, der sich nach dem Marktansatz auf Grundlage des aktuellen Börsenkurses und der aktuellen Eingangsparameter des CAPM ergeben und einerseits kurzfristig zu einem niedrigeren Entgelt der hier gegenständlichen Dienstleistung geführt hätte. ...

75 .... Da der kalkulatorische Zinssatz eine wesentliche Einflussgröße der Kapitalkosten ist und die Kapitalkosten, d. h. die Kosten der Netzinfrastruktur, vielfach den entscheidenden Kostenbestandteil von Telekommunikationsdienstleistungen darstellen, wären die nach dem Maßstab der Kosten der effizienten Leistungsbereitstellung zu bewertenden Entgelte bei Rückgriff auf die CAPM/WACC-Methode in hohem Maße abhängig von den oft rational nicht nachvollziehbaren und losgelöst von Unternehmensdaten zu verzeichnenden kurzfristigen Kurssprüngen des Aktienmarktes. Derartige Entgelte aber wären als Instrument für die Sicherstellung von Wettbewerb ungeeignet. Sie wären mit dem Maßstab der langfristigen Zusatzkosten gemäß § 3 Abs. 2 TEntgV nicht vereinbar, würden die für Wettbewerber notwendige Konstanz und Planungssicherheit vermissen lassen und weder der Antragstellerin eine gesicherte Refinanzierung noch den Wettbewerbern rationale Entscheidungen über Netzinfrastrukturinvestitionen ermöglichen. Wollte man die Schwankungen nach dem Marktwertansatz durch Rückgriff auf einen mehr oder weniger langen Durchschnittskurs beseitigen, würden in Abhängigkeit von der Wahl des Zeitraumes unterschiedliche und letztlich willkürliche Ergebnisse erzielt."[81]

76 Die **Entwicklungen** an den **Kapitalmärkten** in den letzten Jahren haben gezeigt, dass diese Befürchtungen realistisch sind. Denn es kam zu nicht mehr erklärbaren Über- und Unterbewertungen, gerade auch von Telekommunikationsunternehmen, deren Aktienkurse durch eine hohe **Volatilität** gekennzeichnet waren (und oft noch sind). Die Aktienkurse standen in keinem Verhältnis mehr zu den **Fundamentaldaten**, denn sie konnten nicht auf die reale (leistungswirtschaftliche) Unternehmenssituation zurückgeführt werden.

77 Zu erratischen Ausschlägen kann es v. a. dann kommen, wenn bestimmte **Rahmenbedingungen** nicht eingehalten werden und/oder **Kontrollmechanismen versagen**, wodurch der **Markt** zeitweilig seine **Effizienz** bei der Verarbeitung von Informationen **verliert** oder nur noch in beschränktem Umfang besitzt, so dass es zu **Fehlbewertungen** kommt.

78 Wenn bspw. Investmentbanken – wie bis vor kurzem der Fall – ihre Analyseabteilung nicht von ihrem Investmentgeschäft trennen, ist die Unabhängigkeit der **Unternehmensbewertungen** durch die Analysten gefährdet, die Informationen werden nicht (richtig) verarbeitet. Fehl- bzw. Falscheinschätzungen der bewerteten Aktien in Form falscher Kauf-/Verkaufsempfehlungen sind das Resultat. Aktien werden von den Analysten (künstlich) „hochgejubelt", weil die Investmentabteilung des Hauses diese erfolgreich am Markt platzieren will. Ein weiterer Grund für **Fehlentwicklungen** kann eine einseitige Ausrichtung

---

81 Vgl. Beschluss BK4a-03-010/E19. 2. 03 v. 29. 4. 2003, 24 ff. des amtlichen Umdrucks, 29 f. Vgl. zuletzt auch die Ausführungen im Beschluss BK 4a/b-05-004/E17. 2. 05 v. 28. 4. 2005, 30 ff. des amtlichen Umdrucks.

auf kurzfristige Quartalsergebnisse sein, während die Investitionen in Sachanlagen erst langfristig Ertrag abwerfen werden.[82]

Unter dem 2. **Kriterium** ist *nicht* ein Vergleich mit der kapitalmarktüblichen Verzinsung **79** vergleichbarer europäischer Anbieter zu verstehen, der ursprünglich im Regierungsentwurf als gesondertes Kriterium vorgesehen war, dann aber verworfen wurde[83], sondern betrachtet die Markt*verhältnisse* in ihrer Gesamtheit, aber nicht speziell die einzelnen Anbieter. Zur Heranziehung der kapitalmarktüblichen Verzinsung hat sich die *Monopolkommission* mehrfach überaus **kritisch** geäußert.[84] Ihr Vorsitzender hat diesbezüglich während der parlamentarischen Beratungen sogar von dem „Potenzial eines Widerspruchs zu den eigentlichen Kriterien dessen, was im Gesetz für die Entgeltregulierung vorgenommen wird"[85], gesprochen. Die deutliche Ablehnung des Vergleichs mit der kapitalmarktüblichen Verzinsung europäischer Anbieter wird aus hiesiger Sicht geteilt.

Das 1. **Kriterium** – die Kapitalstruktur – wurde bereits eingangs bei der Darstellung der **80** Grundgleichung behandelt.[86]

cc) Zusammenfassung und abschließende Bemerkungen. – Es wurde dargelegt, dass **81** die **Behörde** bereits **bisher** die **Prüfkriterien** in ihrem Abwägungsprozess **berücksichtigt hat**. Dies führte wegen der starken Gewichtung des 4. Kriteriums – Berücksichtigung der langfristigen Stabilität der wirtschaftlichen Rahmenbedingungen, auch im Hinblick auf die **Wettbewerbssituation auf den Telekommunikationsmärkten** – zur Bevorzugung der **Bilanzmethode**. Im aktuellen Beschluss zur Genehmigung der Entgelte für den Zugang zur Teilnehmeranschlussleitung lautete das Ergebnis der Berechnungen wie folgt:

$r = r_e * EK/GK + r_f * FK/GK = 0{,}2814 * 20\% + 0{,}5008 * 7{,}05\% = 9{,}2\%$ (nominal, abzüglich 1,2 % allgemeine Inflationsrate führt zu einer Realverzinsung von 8,0 %).[87]

Wegen des **inneren Zusammenhangs** zwischen Kapitalverzinsung (Kapitalrendite) und **82** Rentabilität des mit dem aufgenommenen Kapital finanzierten Investitionsobjekts (Sachinvestitionsrendite) muss der Regulierer, der die Produktion des regulierten Unternehmens an den Kosten der effizienten *Leistungs*bereitstellung ausrichten soll, die **Sachinvestitionsrendite** in den Vordergrund seiner Entscheidungsfindung rücken. Deshalb sind die **realwirtschaftlichen** und nicht die finanzwirtschaftlichen Faktoren bei der Wahl der Methode zur Festlegung der angemessenen Kapitalverzinsung ausschlaggebend. Diese können mit der Bilanzmethode besser berücksichtigt werden.

5. Formelles Genehmigungsverfahren (§ 31 Abs. 5 und 6). – § 31 Abs. 5 und 6 TKG er- **83** gänzen die materiellen Vorschriften der Regulierung von Entgelten für Zugangsleistungen in §§ 30, 31 Abs. 1 bis 4 TKG um Regelungen zum formellen Verfahren der Entgeltregulierung.

---

82 Vgl. z. B. *Wolf,* „Managers should not listen too carefully to the market", FT v. 7. 5. 2003.

83 Vgl. § 29 Abs. 4 Nr. 4 des Regierungsentwurfs, BT-Drs. 15/2316, 17, das Kriterium wurde im Vermittlungsausschuss ersatzlos gestrichen.

84 Vgl. z. B. Monopolkommission, Sondergutachten Nr. 40, 63–50, Tz. 76 ff., 79.

85 Wortprotokoll der 49. Sitzung des Ausschusses für Wirtschaft und Arbeit (9. Ausschuss) vom 9. 2. 2004 der Öffentlichen Anhörung von Sachverständigen zum TKG-Regierungsentwurf, BT-Drs. 15/49 (Protokoll), Ausführungen von Prof. *Dr. h. c. Martin Hellwig* (Vorsitzender der Monopolkommission), S. 800.

86 S. o. RdNr. 47.

87 Vgl. Beschluss BK4a-03-010/E19. 2. 03 v. 29. 4. 2003, 24 ff. des amtlichen Umdrucks, 27.

84 **a) Verfahrenseinleitung durch Antragstellung (Abs. 5).** – Das Entgeltgenehmigungsverfahren wird mit der Antragstellung eingeleitet. Der Eingang des Antrages markiert den **Beginn der Frist zur Entscheidung** nach § 31 Abs. 6 S. 3 bzw. 4 TKG.

85 Zur Antragstellung sind solche Unternehmen verpflichtet, die **Betreiber eines öffentlichen Telekommunikationsnetzes** sind**, der über beträchtliche Marktmacht verfügt.** Der Begriff in § 31 Abs. 5 TKG ist identisch mit dem in §§ 28 Abs. 1 S. 1, 30 Abs. 1 S. 1 TKG.

86 Zur Antragstellung verpflichten nur bestimmte Entgelte. **Genehmigungsbedürftige Entgelte für Zugangsleistungen** sind solche, die der Entgeltregulierung nach § 30 TKG unterworfen werden.

87 **Vorzulegen sind** die genehmigungsbedürftigen Entgelte und die zur Genehmigungserteilung erforderlichen Unterlagen. Welche Unterlagen zur Genehmigung erforderlich sind, ergibt sich aus dem materiellen Recht, § 31 Abs. 1 bis 4 TKG. Ihre Beschaffenheit beschreibt § 33 TKG. Siehe Kommentierung jeweils dort.

88 **Vorlagezeitpunkt: Grundsätzlich** ist der **vollständige Antrag vor Inkrafttreten der Entgelte** vorzulegen, § 31 Abs. 5 S. 1 TKG. Das ist regelmäßig bei der erstmaligen Beantragung einer Entgeltgenehmigung der Fall. Zwar bedarf die Regulierungsbehörde für die Bescheidung des Antrages eines gewissen Prüfungszeitraumes. § 35 Abs. 5 S. 1 TKG stellt jedoch sicher, dass im Falle der vertraglichen Vereinbarung eines Entgeltes die Entgeltgenehmigung auf den Zeitpunkt der erstmaligen Leistungsbereitstellung zurückwirkt.

Folgeanträge zu befristet erteilten, früheren Genehmigungen sind jedoch **mindestens 10 Wochen vor Fristablauf** zu stellen, § 31 Abs. 5 S. 2 TKG. Damit wird sichergestellt, dass es für eine durchgängig angebotene Leistung keinen in Bezug auf die dafür zu entrichtenden Entgelte genehmigungsfreien Zeitraum gibt. Die Regelung resultiert aus der regulatorischen Erfahrung, dass im Hinblick auf die Rückwirkung der Entgeltgenehmigung auf den Zeitpunkt der Antragstellung eine Genehmigungslücke jedenfalls rückwirkend „geheilt" wurde.

89 **b) Verfahrenseinleitung durch Aufforderung zur Antragstellung (Abs. 6 Satz 1 und 2).** – Im Regelfall wird das Entgeltgenehmigungsverfahren durch die Stellung eines Entgeltgenehmigungsantrages eingeleitet. In der Regulierungspraxis hat es sich aber als notwendig erwiesen, dass die **Regulierungsbehörde ermächtigt** sein muss**, auf** die (unterlassene) **Antragstellung** reagieren und ggf. **hinwirken** zu können. Dies stellt § 31 Abs. 6 TKG jetzt ausdrücklich klar.

90 Missachtet das Unternehmen die Aufforderung, einen Antrag zu stellen, ist die Regulierungsbehörde befugt, von Amts wegen ein Verfahren einzuleiten. Die **Ermächtigung zur Verfahrenseinleitung von Amts** wegen tritt per Gesetz **ohne weitere Vorraussetzungen**, insbesondere unabhängig von Verschulden, **mit Ablauf der Monatsfrist** ein, die mit Eingang der Aufforderung beim zur Antragstellung verpflichteten Unternehmen beginnt.

91 Die **Zweistufigkeit dieser Variante der Verfahrenseinleitung** dient der Wahrung des Verhältnismäßigkeitsprinzips. Im Fall der Missachtung der Aufforderung ist das Unternehmen, das zur Antragstellung verpflichtet ist, dieser Pflicht aber nicht nachkommt, gemäß § 33 Abs. 5 S. 1 TKG präkludiert, seine unternehmensspezifischen Kosten nachzuweisen und zu erläutern. Wenn es keinen Antrag gibt, existieren keine antragsbegründenden Unterlagen. Der Antrag wird formal durch die amtsseitige Verfahrenseinleitung ersetzt. Die

Regulierungsbehörde muss auf alternative Erkenntnisquellen zurückgreifen. Diese beschreibt § 35 Abs. 1 S. 1 TKG. Das dortige Tatbestandsmerkmal „zusätzlich" hat in diesem Fall keinen eigenständigen Gehalt mehr, § 35 Abs. 1 S. 2 TKG.

c) Entscheidungsfristen (Abs. 6 Satz 3 und 4). – aa) Regelfall. – Nach § 28 Abs. 2 S. 1   **92** TKG 1996 sollte die Regulierungsbehörde innerhalb einer Frist von 6 Wochen nach Eingang der Entgeltvorlage über den Entgeltantrag entscheiden. § 28 Abs. 2 S. 2 TKG 1996 sah eine im Ermessen der Regulierungsbehörde stehende einmalige Verlängerungsmöglichkeit um weitere 4 Wochen vor. Von dieser Verlängerungsmöglichkeit wurde regelmäßig Gebrauch gemacht. Gleichwohl waren umfangreiche Entgeltanträge nur mit Mühe innerhalb dieses Zeitraumes zu bescheiden. Die jetzt durch § 31 Abs. 5 S. 3 TKG normierte **10-Wochen-Frist** entspricht somit der Entscheidungsfrist, die sich als mindestens **notwendige**, zugleich aber im Sinne zügiger Verfahren, die der Schnelllebigkeit der Materie gerecht werden, **akzeptable Verfahrensdauer** herausgestellt hat.

Das **Entfallen einer Verlängerungsmöglichkeit** im jetzigen Gesetz soll verhindern, dass   **93** auch davon wieder in einem Umfang Gebrauch gemacht wird, der die verlängerte Frist zum praktischen Regelfall werden lässt.

bb) Ausnahme: Entgeltgenehmigungsentscheidung im Price-Cap-Verfahren. – Entgegen der Regelfrist der 10 Wochen soll die Regulierungsbehörde gemäß § 31 Abs. 5 S. 4   **94** TKG binnen 2 Wochen über Entgeltanträge im Price-Cap-Verfahren nach § 34 TKG entscheiden. Erfasst von der verkürzten Entscheidungsfrist wird nur die Entgeltgenehmigungsentscheidung auf zweiter Stufe des Price-Cap. Für die Entscheidung über die Maßgrößenbildung selbst verbleibt es bei der regelmäßigen 10-wöchigen Entscheidungsfrist. Die **Verkürzung der Entscheidungsfrist** dient der Verfahrensbeschleunigung und ist **im Hinblick auf das verkürzte Prüfprogramm** bei Entgeltgenehmigungen im Rahmen des Price-Cap realisierbar.

V. Fazit

§ 31 gibt den Maßstab der Ex-ante-Regulierung vor. Es gilt unverändert der Maßstab der   **95** **Kosten der effizienten Leistungsbereitstellung**, deren Definition als langfristige Zusatzkosten plus einem angemessenen Gemeinkostenzuschlag einschließlich einer angemessenen Kapitalverzinsung, soweit diese **Kosten** jeweils für die **Leistungsbereitstellung notwendig** sind, mit der des § 3 Abs. 2 TEntgV identisch ist. Der KeL-Maßstab hat sich in der Vergangenheit bewährt und setzt die **richtigen ökonomischen Signale**, d. h. die **Investitionsentscheidungen** sowohl des eingesessenen wie der neuen Netzbetreiber werden **nicht verzerrt.**

Anstelle des bisherigen unbestimmten Rechtsbegriffs der „*Orientierung*" an den KeL   **96** (§ 24 Abs. 1 TKG 1996) wird jetzt in § 31 Abs. 1 TKG 2004 eine **feste Preisobergrenze** eingezogen („*nicht überschreiten*"). Dies ist bei getrennter Ex-ante- und Ex-post-Entgeltregulierung erforderlich, um **Überschneidungen** mit dem Maßstab der Missbrauchskriterien nach § 28 zu **vermeiden.**

In **begründeten Einzelfällen** kann die Behörde zur Überprüfung der Einhaltung des Kos-   **97** tenmaßstabs direkt von der Vergleichsmarktbetrachtung entsprechend § 35 Abs. 1 S. 1 Nr. 1 Gebrauch machen, ohne die regulär gem. § 35 zunächst vorzunehmende Prüfung der Kostenunterlagen nach § 33 durchzuführen. Diese **Änderung der Reihenfolge** der anzuwendenden Ermittlungs*methoden* **verändert nicht** den anzulegenden Kosten*maßstab* der KeL.

98   Wegen der zentralen Bedeutung der Festlegung der **angemessenen Verzinsung des einge-setzten Kapitals** bei der KeL-Bestimmung hat der Gesetzgeber der **Behörde**, der die **Wahl** der geeigneten Ermittlungsmethode **zusteht, Prüfkriterien** an die Hand gegeben, die be-reits in der Vergangenheit in die Entscheidungsfindung eingeflossen sind und sich bewährt haben. Insbesondere die Berücksichtigung **stabiler Rahmenbedingungen** und der **Wett-bewerbssituation auf den Telekommunikationsmärkten** führten zur Bevorzugung der **Bilanzmethode** zur Bestimmung der angemessenen Kapitalverzinsung.

99   Die Vorschrift enthält neben den **materiellen Bestimmungen** noch **verfahrensrechtliche Vorgaben** zur Hinweispflicht der Behörde im Falle der sog. neutralen Aufwendungen, zur Antragstellung und den Verfahrensfristen.

100   Als **Gesamtbewertung** ist zu konstatieren, dass der Gesetzgeber für die **Ex-ante-Entgelt-regulierung** zu Recht an dem Maßstab der **Kosten der effizienten Leistungsbereitstel-lung** in der Definition des § 31 Abs. 2 festgehalten hat. Denn die Regulierungsziele der Sicherstellung eines chancengleichen Wettbewerbs und der Förderung nachhaltig wettbe-werbsorientierter Telekommunikationsmärkte (§ 2 Abs. 2 Nr. 2) können am besten mit die-sem Kostenmaßstab erreicht werden.

§ 32 Arten der Entgeltgenehmigung

Die Regulierungsbehörde genehmigt Entgelte

1. auf der Grundlage der auf die einzelnen Dienste entfallenden Kosten der effizienten Leistungsbereitstellung oder
2. auf der Grundlage der von ihr vorgegebenen Maßgrößen für die durchschnittlichen Änderungsraten der Entgelte für einen Korb zusammengefasster Dienste (Price-Cap-Verfahren) nach Maßgabe des § 34.

Schrifttum: *BMPT*, Price-Cap-Regulierung für Monopoldienstleistungen für Zwecke des digitalen zellularen Mobilfunks, 1993; *Crew/Kleindorfer*, Incentive Regulation in the United Kingdom and the United States: Some Lessons, JRE 1996, 211.

Übersicht

I. Bedeutung der Norm

1. Normzweck. – Die Vorschrift stimmt inhaltlich (und fast wörtlich) mit § 27 Abs. 1 TKG **1** 1996 überein. Sie legt die Arten der Entgeltgenehmigung fest, die der RegTP im Rahmen der Ex-ante-Entgeltregulierung **wahlweise** zur Verfügung stehen. Hierbei handelt es sich einerseits um Entgeltgenehmigungen auf der Grundlage einer Prüfung der auf einen einzelnen Dienst entfallenden Kosten der effizienten Leistungsbereitstellung (Nr. 1), also das Verfahren der **Einzelgenehmigung**. Andererseits können Entgeltgenehmigungen aber auch erfolgen auf der Grundlage der von der RegTP vorgegebenen Maßgrößen für die durchschnittlichen Änderungsraten der Entgelte, die sich aus den gewichteten Änderungen der Einzelentgelte der in einem Korb zusammengefassten Dienste ergeben (Nr. 2). Diese Alternative wird als **Price-Cap-Verfahren** bezeichnet. Der Normzweck besteht mithin darin, der RegTP ein Wahlrecht zwischen verschiedenen Entgeltgenehmigungsverfahren einzuräumen, um die Regulierung flexibel an die Marktbedingungen anpassen zu können.

2. Anwendungsbereich. – Systematisch ist § 32 in den Kontext von Teil 2, Abschnitt 3, **2** Unterabschnitt 2 des TKG eingebettet und bezieht sich damit unmittelbar nur auf die Entgeltgenehmigung von **Zugangsleistungen**. Die Voraussetzungen hierfür regelt § 30 Abs. 1 S. 1. **Ausnahmen** ergeben sich aus § 30 Abs. 1 S. 2, Abs. 2 bis 4, der die hiervon betroffenen Zugangsentgelte einer Ex-post-Entgeltregulierung entweder nach § 38 Abs. 2 bis 4 (für Zugangsentgelte gemäß § 30 Abs. 1 S. 2, Abs. 2 und 4) oder nach § 38 insgesamt (für Zugangsentgelte gemäß § 30 Abs. 3) unterwirft.

Soweit Entgelte von **Endnutzerleistungen** (§ 3 Nr. 8) nach § 39 Abs. 1 S. 1 der Genehmi- **3** gungspflicht unterworfen werden, verweist § 39 Abs. 1 S. 3 auf eine entsprechende Anwendung von § 32. Die Begründung zu §37 RegE (= § 39 TKG 2004) macht allerdings deutlich, dass eine Entgeltgenehmigung bei Endnutzerleistungen „künftig die Ausnahme sein soll und nur als letztes Mittel in Betracht kommt."[1]

4   **3. EG-rechtliche Grundlagen.** – Die Vorschrift findet ihre **europarechtliche Entsprechung** in Art. 13 ZRL für die Entgeltregulierung von Zugangsleistungen und in Art. 17 URL für die Entgeltregulierung von Endnutzerleistungen. Beide Vorgaben ermächtigen die nationalen Regulierungsbehörden für den Fall eines mangelnden wirksamen Wettbewerbs als Ergebnis einer Marktanalyse, Verpflichtungen u. a. in Form einer **Entgeltkontrolle** aufzuerlegen. Hierbei bleibt allerdings offen, ob die Entgeltkontrolle in Form einer Genehmigungspflicht (ex-ante) oder erst nach Markteinführung durch das regulierte Unternehmen (ex-post) erfolgen soll. Prinzipiell ist beides möglich. Die Entscheidung hierüber wird den Mitgliedstaaten überlassen. Während aber Art. 13 ZRL keines der beiden Verfahren explizit nennt und folglich weitgehend offen bleibt, befürwortet Art. 17 URL sowohl „geeignete Maßnahmen zu Einhaltung von Obergrenzen bei Endnutzertarifen", was als Hinweis auf das Price-Cap-Verfahren für den Fall einer Ex-ante-Entgeltregulierung gewertet werden kann, als auch „Maßnahmen zur Kontrolle von Einzeltarifen", um die Interessen der Endnutzer zu schützen und einen wirksamen Wettbewerb zu fördern. Letzteres kann als Hinweis auf die Einzelgenehmigung für Verfahren der Ex-ante-Entgeltregulierung gewertet werden.

II. Einzelerläuterungen

5   **1. Überblick. – a) Einzelgenehmigung (Nr. 1).** – Im Rahmen des Verfahrens nach § 32 Nr. 1 genehmigt die RegTP Entgelte auf der Grundlage der auf einen einzelnen Dienst entfallenden Kosten der effizienten Leistungsbereitstellung. Dabei prüft sie gemäß § 35 Abs. 2 S. 1 für **jedes einzelne Entgelt** die Einhaltung der Maßgaben nach §§ 28, 31. Dies umfasst zum Einen die Prüfung, ob ein Unternehmen mit beträchtlicher Marktmacht seine Stellung bei der Forderung und Vereinbarung von Entgelten missbräuchlich ausnutzt. Hierunter fallen Ausbeutungs-, Behinderungs- und Diskriminierungsmissbräuche (§ 28 Abs. 1), wobei vermutet wird, dass Behinderungsmissbrauch im Falle von Preisdumping, Preis-Kosten-Scheren oder unangemessenen Bündelungen vorliegt (§ 28 Abs. 2). Zum Anderen wird geprüft, ob die einzelnen Entgelte die jeweiligen **Kosten der effizienten Leistungsbereitstellung** überschreiten (§ 31 Abs. 1 S. 1). Nur in begründeten Einzelfällen kann die RegTP eine Überprüfung der Genehmigungsfähigkeit nach dem Vergleichmarktprinzip entsprechend § 35 Abs. 1 Nr. 1 vornehmen (§ 31 Abs. 1 S. 2).

6   Regelfall im Rahmen der Einzelgenehmigung ist das **Antragsverfahren** nach § 31 Abs. 5. Nachrangig kann die RegTP das Unternehmen auch zur Stellung von Entgeltanträgen auffordern und ein Verfahren **von Amts wegen** einleiten, sofern ihrer Aufforderung nicht innerhalb eines Monats Folge geleistet wird (§ 31 Abs. 6 S. 1 und 2). Über Entgeltanträge, die das Unternehmen mit beträchtlicher Marktmacht im Rahmen des Verfahrens nach § 32 Nr. 1 vorlegt, hat die RegTP innerhalb von **zehn Wochen** zu entscheiden (§ 31 Abs. 6 S. 3).

7   Mit einem Entgeltantrag nach § 31 Abs. 5 und 6 hat das beantragende Unternehmen die zur Prüfung des Antrags erforderlichen **Kostenunterlagen** vorzulegen (§ 33 Abs. 1). An die Kostenunterlagen wird dabei eine Reihe von Anforderungen gestellt, die sich im Ein-

---

1   BT-Drs. 15/2316, S. 96.

zelnen aus § 33 ergeben. Zu nennen sind bspw. Transparenz, geeignete Aufbereitung, Vollständigkeit, einheitliche Anwendung von Kostenrechnungsmethoden etc. Die Befugnisse nach § 29, nach der die RegTP Anordnungen im Rahmen der Entgeltregulierung treffen kann, bleiben unberührt (§ 33 Abs. 7).

Soweit die der RegTP vorliegenden Kosteninformationen für eine Prüfung der genehmi- **8** gungspflichtigen Entgelte nach § 32 Nr. 1 i.V.m. § 33 nicht ausreichen, kann die Entscheidung der RegTP auch auf Vergleichsmarktbetrachtungen oder auf Kostenmodellen beruhen (§ 35 Abs. 1 S. 2). Die vollständige oder teilweise Genehmigung, die gemäß § 35 Abs. 4 mit einer Befristung zu versehen ist, sowie deren Versagung regelt § 35 Abs. 3. Die begrenzte Rückwirkung von Entgeltgenehmigungen regelt § 35 Abs. 5.

Bei Anträgen im Rahmen des Einzelgenehmigungsverfahrens nach § 32 Nr. 1 sowie im **9** Falle eines Vorgehens nach § 31 Abs. 6 S. 1 und 2 veröffentlicht die RegTP die beantragten oder vorgesehenen Entgeltmaßnahmen (§ 36 Abs. 2).

b) Price-Cap-Verfahren (Nr. 2). – Im Rahmen des Price-Cap-Verfahrens legt die RegTP **10** für einen vorher definierten Zeitraum („Laufzeit des Price-Caps") fest, unter welchen Bedingungen sie Entgelte für genehmigungsfähig hält. Anders als bei der Einzelgenehmigung nach § 32 Nr. 1 werden beim Price-Cap-Verfahren aber nicht einzelne Entgelte einer Prüfung nach Maßgabe der §§ 28, 31 unterzogen. Vielmehr werden die Entgelte mehrerer Leistungen zu einem oder mehreren Körben zusammengefasst und anschließend dahingehend überprüft, ob die durchschnittlichen Preisänderungsraten einer relevanten Price-Cap-Periode (Betrachtungszeitraum), die sich aus den gewichteten Änderungen der Entgelte im jeweiligen Korb ergeben, von der RegTP vorgegebene Maßgrößen einhalten oder nicht.[2] Die Maßgrößen finden Eingang in die **Price-Cap-Formel** (vgl. § 34 RdNr. 6 f.) und als **Nebenbedingungen**, die geeignet sind, einen Missbrauch nach § 28 zu verhindern (vgl. § 34 RdNr. 23 f.). Nur bei Einhaltung der Maßgrößen gelten die Maßgaben nach § 28 und für den jeweiligen Korb nach § 31 als erfüllt (§ 35 Abs. 2 S. 2).

Unabhängig davon, ob es sich um eine Entgeltgenehmigung bei Zugangs- oder Endnutzer- **11** leistungen handelt, sind im Rahmen des Price-Cap-Verfahrens logisch **zwei „Stufen"** zu unterscheiden.

Die **„erste Stufe"** folgt unmittelbar auf die im Rahmen des § 32 getroffene Entscheidung **12** der RegTP, die Entgeltgenehmigung auf Basis eines Price-Cap-Verfahrens und nicht als Einzelgenehmigungsverfahren durchzuführen. Sie besteht im Wesentlichen aus den notwendigen **Vorarbeiten**, auf denen die Prüfung der Genehmigungsfähigkeit der Entgelte letztlich beruht. Dies umfasst die inhaltliche Ausgestaltung des Price-Caps-Systems nach Maßgabe der §§ 34, 39 Abs. 1 S. 4 sowie die Beachtung von Veröffentlichungspflichten (§ 36 Abs. 1 S. 1) und Beteiligungsrechten (§ 36 Abs. 1 S. 2).

Die **„zweite Stufe"** baut auf diesen Vorarbeiten auf und umfasst die eigentliche **Prüfungs- 13 und Genehmigungstätigkeit**. Regelfall ist hierbei das Antragsverfahren (§ 31 Abs. 5). Nachrangig kann die RegTP das Unternehmen auch zur Stellung von Entgeltgenehmigungsanträgen auffordern und ein Verfahren von Amts wegen einleiten, sofern ihrer Aufforderung nicht innerhalb eines Monats Folge geleistet wird (§ 31 Abs. 6 S. 1 und 2). Über Entgeltanträge, die das Unternehmen mit beträchtlicher Marktmacht im Rahmen des Price-Cap-Verfahrens vorlegt, hat die RegTP innerhalb von **zwei Wochen** zu entscheiden

---

2 BT-Drs. 13/3609, S. 44.

(§ 31 Abs. 6 S. 4). Mit einem Entgeltantrag nach § 31 Abs. 5 und 6 hat das beantragende Unternehmen die zur Prüfung des Antrags erforderlichen Unterlagen einzureichen. Hierbei handelt es sich jedoch nicht um Kostenunterlagen, sondern um Unterlagen, die Auskunft über die Einhaltung der Maßgrößen geben können; also im Wesentlichen Preisveränderungen und deren Auswirkungen im Rahmen der Price-Cap-Formel etc. Hinsichtlich der Veröffentlichungspflichten ist § 36 Abs. 2 zu beachten (vgl. § 36 RdNr. 12 f.).

14 **2. Wahl der Verfahrensart.** – Beide Verfahrensarten werden durch § 32 als im Prinzip gleichwertige Alternativen normiert. Der frühere Vorrang des Price-Cap-Verfahrens gegenüber der Einzelgenehmigung ist durch die Aufhebung von § 1 Abs. 1 TEntgV (§ 152 Abs. 2) nicht mehr maßgeblich. Die Einschränkung durch den Wortlaut des § 32 Nr. 2 ist allerdings zu beachten. Denn im Rahmen eines Price-Cap-Verfahrens muss die Genehmigung von Entgelten „für einen Korb zusammengefasster Dienste" erfolgen, d. h. in jedem Korb müssen mehrere, **mindestens aber zwei Leistungen** („Dienste") enthalten sein. Im Rahmen der grundsätzlichen Entscheidung des § 32 ist daher zuerst zu prüfen, ob ein oder mehrere Körbe mit jeweils mindestens zwei Leistungen gebildet werden können. Solange dies nicht möglich ist, muss die Entgeltgenehmigung im Wege der Einzelgenehmigung erfolgen. Erst nach dieser Prüfung stellt sich für die RegTP regelmäßig das Problem, das für die Ex-ante-Entgeltregulierung von Zugangs- und Endnutzerleistungen **zweckmäßige** Verfahren zu wählen. Hierfür ist im Wesentlichen auf die Eigenschaften beider Verfahren abzustellen.

15 Das Price-Cap-Verfahren weist den Vorteil eines zumindest mittel- bis langfristig geringeren administrativen Aufwandes auf, weil nur im Rahmen der inhaltlichen Ausgestaltung der „ersten Stufe" detaillierte Kostenuntersuchungen notwendig sind, im Rahmen der eigentlichen Prüfungs- und Genehmigungstätigkeit der „zweiten Stufe" jedoch nicht. Demgegenüber müssen aufwendige Kostenuntersuchungen bei der Einzelgenehmigung regelmäßig und für jedes einzelne Entgelt vorgenommen werden, u. U. ergänzt durch Vergleichsmarktbetrachtungen und/oder die Heranziehung von Kostenmodellen. Folglich handelt es sich bei der Einzelgenehmigung administrativ um das aufwendigere Verfahren. Hierfür spricht auch die mit zehn Wochen deutlich längere Prüffrist der Einzelgenehmigung gegenüber der zweiwöchigen Prüffrist des Price-Cap-Verfahrens (§ 31 Abs. 6).

16 Ein weiterer Vorteil des Price-Cap-Verfahrens sind seine starken Anreize zu effizienter Produktion bzw. zur Kosteneinsparung für das regulierte Unternehmen.[3] Denn anders als bei der Einzelgenehmigung führen Kosteneinsparungen beim Price-Cap-Verfahren nicht sofort zu einer Absenkung des genehmigungsfähigen Entgeltniveaus, sondern können vom regulierten Unternehmen (teilweise) als zusätzlicher Gewinn internalisiert werden. In der Literatur wird das Price Cap-Verfahren daher regelmäßig als **Anreizregulierung** (engl.: Incentive Regulation[4]) bezeichnet. Allerdings bieten sich für das regulierte Unternehmen auch Anreize, Kosteneinsparungen durch eine verringerte Dienstequalität zu erzielen. Diese Anreize entstehen im Rahmen einer Einzelgenehmigung nicht, weil die Qualität einer Leistung dort ein maßgeblicher Parameter für die Höhe der genehmigungsfähigen Entgelte ist. Im Rahmen eines Price-Cap-Verfahrens muss die RegTP daher auf eine konstante Qualität der zu regulierenden Leistungen achten.

---

3 *BMPT*, Price-Cap-Regulierung für Monopoldienstleistungen für Zwecke des digitalen zellularen Mobilfunks, S. 7.

4 Vgl. z. B. *Crew/Kleindorfer*, JRE 1996, 211.

Während die Wahl des Einzelgenehmigungsverfahrens im Prinzip keinen Restriktionen **17**
unterliegt, kommt eine Anwendung des Price-Cap-Verfahrens „im Zugangsbereich" (und
wegen § 39 Abs. 1 gilt dies entsprechend für den „Endnutzerbereich") laut Begründung zu
§ 32 RegE[5] (= § 34 TKG 2004) nur dann in Betracht, wenn durch entsprechende Auflagen
im Vorhinein, d. h. bei der inhaltlichen Ausgestaltung im Rahmen der „ersten Stufe", ein
Missbrauch nach § 26 RegE (= § 28 TKG 2004) ausgeschlossen werden kann, etwa durch
die Einführung produktspezifischer Preisuntergrenzen oder durch Vorkehrungen gegen
Preis-Kosten-Scheren. Ziel dieser Auflagen ist die Begrenzung der im Rahmen von Price-
Cap-Verfahren prinzipiell gewährten **Preisflexibilität**. Denn da die Überprüfung der Genehmigungsfähigkeit der Entgelte insgesamt auf der Grundlage von vorgegebenen Maßgrößen für die durchschnittlichen Preisänderungsraten erfolgt, entstehen für das regulierte
Unternehmen zwar grundsätzlich Anreize für eine wohlfahrtsoptimale Preissetzung nach
dem Verhältnis der Nachfrageelastizitäten (Ramsey-Preise).[6] Gleichzeitig steigt aber auch
die Gefahr der **missbräuchlichen Ausnutzung** dieser Preisflexibilität, etwa durch eine
Absenkung einzelner Entgelte unter die langfristigen zusätzlichen Kosten einschließlich
einer angemessenen Verzinsung des eingesetzten Kapitals (§ 28 Abs. 2 Nr. 1) oder durch
eine Verringerung der Spanne zwischen einem Zugangsentgelt und dem korrespondierenden Endnutzerentgelt, so dass einem effizienten Unternehmen eine angemessene Verzinsung des eingesetzten Kapitals auf dem Endnutzermarkt nicht mehr möglich ist (§ 28
Abs. 2 Nr. 2). Daher sieht § 34 Abs. 3 Nr. 3 als Maßgrößen auch Nebenbedingungen vor,
die geeignet sind, einen Missbrauch nach § 28 zu verhindern (vgl. § 34 RdNr. 23 f.).

Bei der Wahl der Verfahrensart im Rahmen des § 32 ist folglich auf verfahrensökonomi- **18**
sche Aspekte, auf die mit der jeweiligen Verfahrensart verbundenen Anreizwirkungen und
auf die potenziellen Folgen der Gewährung von Preisflexibilität für das regulierte Unternehmen zu achten. Zentral im Hinblick auf die Ziele der Regulierung nach § 2 Nr. 2 sind
jedenfalls die Folgen einer Gewährung und potenziell missbräuchlichen Ausnutzung der
Preisflexibilität. Entsprechend sollte die RegTP diesem Kriterium besondere Beachtung
schenken und hierbei zwischen Zugangsmärkten und Endnutzermärkten unterscheiden.
Denn zweifellos sind die Folgen der missbräuchlichen Ausnutzung von Preisflexibilität bei
Zugangsleistungen, also von Vorleistungen, die ein anderes Unternehmen zum Zwecke der
Erbringung von Telekommunikationsdiensten (§ 3 Nr. 24) benötigt, schwerwiegender als
bei Endnutzerleistungen. Sofern also starke Anreize für eine missbräuchliche Preissetzung
bestehen, sollte die Entgeltgenehmigung insbesondere bei Zugangsleistungen somit primär
im Wege der Einzelgenehmigung erfolgen. Wird trotzdem das Price-Cap-Verfahren gewählt, muss bei dessen inhaltlicher Ausgestaltung im Rahmen der „ersten Stufe" auf eine
strikte Anwendung der §§ 34, 39 Abs. 1 S. 4 geachtet werden.

---

5 BT-Drs. 15/2316, S. 94.
6 Vgl. zum Konzept der Ramsey-Preise etwa *Fritsch/Wein/Ewers*, Marktversagen und Wirtschaftspolitik, 2. Aufl. 1996, S. 177 f.

§ 33 Kostenunterlagen

(1) Mit einem Entgeltantrag nach § 31 Abs. 5 und 6 hat das beantragende Unternehmen die zur Prüfung des Antrags erforderlichen Unterlagen vorzulegen, insbesondere

1. aktuelle Kostennachweise, die auch auf Datenträgern zur Verfügung zu stellen sind,
2. eine detaillierte Leistungsbeschreibung einschließlich Angaben zur Qualität der Leistung und einen Entwurf der Allgemeinen Geschäftsbedingungen und
3. Angaben über den Umsatz, Absatzmengen, die Höhe der einzelnen Kosten nach Abs. 2 und der Deckungsbeiträge sowie die Entwicklung der Nachfragestrukturen bei der beantragten Dienstleistung für die zwei zurückliegenden Jahre sowie das Antragsjahr und die darauf folgenden zwei Jahre.

(2) Die Kostennachweise nach Abs. 1 Nr. 1 umfassen die Kosten, die sich unmittelbar zuordnen lassen (Einzelkosten) und die Kosten, die sich nicht unmittelbar zuordnen lassen (Gemeinkosten). Im Rahmen der Kostennachweise nach Satz 1 sind insbesondere darzulegen:

1. die der Kostenrechnung zugrunde liegenden Einsatzmengen, die dazu gehörenden Preise, jeweils einzeln und als Durchschnittswert, sowie die im Nachweiszeitraum erzielte und erwartete Kapazitätsauslastung und
2. die Ermittlungsmethode der Kosten und der Investitionswerte sowie die Angabe plausibler Mengenschlüssel für die Kostenzuordnung zu den einzelnen Diensten des Unternehmens.

(3) Darüber hinaus hat das beantragende Unternehmen regelmäßig zu Beginn eines jeden Geschäftsjahres die Gesamtkosten des Unternehmens sowie deren Aufteilung auf die Kostenstellen und auf die einzelnen Leistungen (Kostenträger) nach Einzel- und Gemeinkosten vorzulegen. Die Angaben für nicht regulierte Dienstleistungen können dabei zusammengefasst werden.

(4) Die Kostennachweise müssen im Hinblick auf ihre Transparenz und die Aufbereitung der Daten eine Prüfung durch die Regulierungsbehörde sowie eine Quantifizierung der Kosten der effizienten Leistungsbereitstellung und eine Entscheidung innerhalb der Frist nach § 31 Abs. 6 ermöglichen.

(5) Nicht mit dem Antrag vorgelegte Unterlagen werden nur berücksichtigt, wenn dadurch die Einhaltung der Verfahrensfristen nicht gefährdet wird. Sofern von der Regulierungsbehörde während des Verfahrens zusätzliche Unterlagen und Auskünfte angefordert werden, müssen diese nur dann berücksichtigt werden, wenn sie innerhalb einer von der Regulierungsbehörde gesetzten Frist vom beantragenden Unternehmen vorgelegt werden.

(6) Kostenrechnungsmethoden sind von dem beantragenden Unternehmen grundsätzlich antragsübergreifend einheitlich anzuwenden.

(7) Die Befugnisse nach § 29 bleiben unberührt.

Schrifttum: *Brandt*, Präklusion im Verwaltungsverfahren, NVwZ 1997, 233; *Doll/Rommel/Wehmeier*, Der Referentenentwurf für ein neues TKG – Einstieg in den Ausstieg aus der Regulierung?,

MMR 2003, 522; *ERG,* Opinion on the revision of the Commission Recommendation on accounting separation and cost accounting, ERG (04) 15rev1 plus Annex to ERG (04) 15rev1, 2004, abzurufen im Internet unter http://www.erg.eu.int/documents/docs/index_en.htm; *Geppert/Ruhle,* Anforderungen an die Novellierung des TKG im Hinblick auf die Entgeltregulierung, MMR 2003, 319; *Gerpott/Winzer,* Umsetzung des Gebots der Entgeltregulierungskonsistenz bei Großhandelspreisen für ein Reselling von Telefonanschlüssen, K&R 2004, 162; *Groebel,* Die Entgeltgenehmigungspraxis der RegTP – Erfahrungen aus dem TK-Bereich, TKMR-Tagungsband 2004, 39; *dies.,* Neuerungen im Bereich der Entgeltregulierung, K&R-Beilage 1/2004, 18; *Heun,* Der Referentenentwurf zur TKG-Novelle, CR 2003, 485; *Höffler,* Konsistenzgebot im neuen TKG: Anforderungen und Zielkonflikte, in: RegTP, Konsistenzgebot und Entgeltregulierung – Workshop am 29. 11. 2004, MMR-Beilage 6/2005, 6; *Klotz,* Der Referentenentwurf zum TKG im Licht der europarechtlichen Vorgaben, MMR 2003, 495; *Ipsen,* Einwendungsbefugnis und Einwendungsausschluss im atomrechtlichen Genehmigungsverfahren, DVBl. 1980, 146; *Knauth,* Regulierungsschwerpunkte und offene Fragen bei der Umsetzung der Telekommunikationsrichtlinien, K&R-Beilage 1/2003, 24; *Knauth/Krüger,* Grundlegende Neuerungen des TKG-Regierungsentwurfs, K&R-Beilage 1/2004, 3; *Korehnke,* Beurteilung des Regulierungsentwurfes eines Telekommunikationsgesetzes aus Sicht der Vodafone D2 GmbH, TKMR-Tagungsband 2004, 17; *Möschel/Haug,* Der Referentenentwurf zur Novellierung des TKG aus wettbewerbsrechtlicher Sicht, MMR 2003, 505; *Monopolkommission,* Telekommunikation und Post 2003: Wettbewerbsintensivierung in der Telekommunikation – Zementierung des Postmonopols, Sondergutachten Nr. 39, 11. 12. 2003; *Monopolkommission,* Stellungnahme Zur Reform des Telekommunikationsgesetzes, Sondergutachten Nr. 40, 17. 2. 2004; *Monopolkommission,* Wettbewerbspolitik im Schatten „Nationaler Champions", 15. Hauptgutachten 2002/2003, 9. 7. 2004; *Müller/Piekarowitz/Rühmer/ Sommerberg/Ziegenhagen* (Hrsg.), Konsistente Entgeltregulierung in der Telekommunikation, 2003; *Neumann,* Konsistente Entgeltregulierung, WIK-Newsletter Nr. 54/2004, 1; *Scherer/Mögelin,* Regulierung im Übergang. Zu den rechtlichen Grundlagen für die Tätigkeit der Regulierungsbehörde bis zum Abschluss von Marktdefinitions- und Marktanalyseverfahren, K&R-Beilage 4/2004, 3; *Schütz,* Referentenentwurf zum TKG: Weniger Wettbewerb, mehr Bürokratie?, MMR 2003, 518; *Streinz,* Materielle Präklusion und Verfahrensbeteiligung im Verwaltungsrecht, VerwA 1988, 272; *Thomaschki,* Referentenentwurf zum TKG – Auswirkungen auf die Praxis der Marktregulierung, MMR 2003, 500; *dies.,* Missbrauchsaufsicht und nachträgliche Entgeltkontrolle im TKG-E, K&R-Beilage 1/2004, 21; *Verwaltungsvorschriften im Bereich Kostenrechnung,* Mitteilung Nr. 120/2001, Amtsblatt Nr. 5/2001 v. 14. 3. 2001; *Vogelsang,* Ökonomische Aspekte des Referentenentwurfs zum TKG, MMR 2003, 509; *ders.,* Die Zukunft der Entgeltregulierung im deutschen Telekommunikationssektor, 2002; *Wöhe,* Einführung in die Allgemeine Betriebswirtschaftslehre, 20. Aufl. 2000.

Übersicht

I. Normzweck

§ 33 dient dazu, die für die **Kostenprüfung** benötigten **Unterlagen** von dem regulierten **1**
Unternehmen zu **erhalten** (**Vorlagepflicht**), die mit einem Entgeltantrag nach § 31 Absätze 5 und 6 vorzulegen sind. Die **Kostenprüfung** ist die erste in der Reihe der anzuwendenden Ermittlungsmethoden nach § 35[1]. Sie bildet im **Ex-ante-Entgeltverfahren** den Ausgangspunkt für die Überprüfung der Genehmigungsfähigkeit der beantragten Entgelte. Im
Ex-post-Entgeltregulierungsverfahren kann die Behörde ebenfalls auf Kostenunterlagen
nach § 33 zurückgreifen, aber gemäß § 38 Abs. 2 nur **nachrangig**, wenn eine Überprüfung
nach dem Vergleichsmarktprinzip entsprechend § 35 Abs. 1 Nr. 1 nicht möglich ist.[2]

Die mit dem Entgeltantrag vorzulegenden Kostenunterlagen dienen dazu, Aufschluss über **2**
die **tatsächlichen Kosten** des regulierten Unternehmens zu erlangen, die die **beantragten**
Entgelte begründen. Denn üblicherweise kalkuliert ein im Wettbewerb stehendes Unternehmen bei Abgabe eines Angebots seine Preisuntergrenze auf Basis seiner tatsächlichen
Kostensituation. Die Vorlage von Kostenunterlagen zum Nachweis der tatsächlichen Kosten soll es der Behörde erlauben, diese **kaufmännische Kalkulation nachzuvollziehen**
und so die **Entgelte auf Kostenorientiertheit** zu **überprüfen**.

Da die **Kostenunterlagen Ergebnis der Kostenrechnung** des regulierten Unternehmens **3**
sind, besteht ein **enger Zusammenhang** zwischen den **§§ 29 und 33**. Anordnungen nach
§ 29 bereiten gewissermaßen das Feld *generell* vor[3], während die Kostenunterlagen nach
§ 33 im *konkreten* Entgeltgenehmigungsverfahren Verwendung finden, wobei § 33 losgelöst von § 29 gilt. Je mehr die Anordnungen nach § 29 die Gestaltung der Kostenunterlagen
nach Form und Inhalt vorstrukturiert haben, desto einfacher ist die Durchführung der Kostenprüfung für die Behörde während des Entgeltgenehmigungsverfahrens. Da die **Kos-**
tenunterlagen Voraussetzung für die Kostenprüfung sind und die Ermittlungsmethoden
und ihre Anwendung in § 35 beschrieben sind, steht **§ 33** auch in **unmittelbarer Bezie-**
hung zu **§ 35**.

---

1 Vgl. hierzu ausführlich unten § 35 RdNr. 10 ff.
2 Der Normadressat ergibt sich jeweils aus der dem Grunde nach in Bezug genommenen Entgeltregulierungsvorschrift.
3 Vgl. hierzu ausführlich oben § 29.

4 Sofern Vorgaben zur **getrennten Rechnungsführung** nach § 24[4] bestehen, schlagen sich diese in den Kostenunterlagen nieder. Diese müssen durch die Auflagen der getrennten Rechnungsführung in einer bestimmten Art und Weise gegliedert werden. **Vorgaben nach § 24** stellen eine eigene – nach § 13 notifizierungsverpflichtige – **Verpflichtung**[5] dar. Diese Verpflichtung hat **vorteilhafte Auswirkung** auf die **Kostenunterlagen**, da sich deren (materielle) Qualität erhöht. Denn sie verbessert die Aussichten auf eine erfolgreiche Durchführung der Kostenprüfung mit belastbaren Ergebnissen. Damit trägt sie zur **Erreichung** der **Ziele** der Entgeltregulierung – insbesondere der Sicherstellung eines chancengleichen Wettbewerbs und der Förderung nachhaltig wettbewerbsorientierter Telekommunikationsmärkte (§ 2 Abs. 2 Nr. 2) – bei. Dieser Zusammenhang sollte bei der Auferlegung der getrennten Rechnungsführung **mitberücksichtigt** werden.

5 Beide Maßnahmen – Verpflichtung zur getrennten Rechnungsführung nach § 24 und Anordnungen an die Kostenrechnung nach § 29 – greifen ineinander und sollen zu **formell und materiell** hinreichend **bestimmten Anforderungen genügenden Kostenunterlagen** nach § 33 führen, die der Behörde die Durchführung der Kostenprüfung nach § 35 im **Entgeltgenehmigungsverfahren** nach § 31 erleichtern. Dabei ist die Erleichterung der Kostenprüfung nicht Selbstzweck, sondern liegt im Interesse der Findung richtiger Entgeltentscheidungen sowie nicht zuletzt der (Möglichkeit der) Selbstkontrolle des antragstellenden Unternehmens im Hinblick auf die Begründetheit seiner durch die Antragstellung angemeldeten Entgeltansprüche.

II. Anwendungsbereich

6 **§ 33 Abs. 1** verweist auf einen Entgeltantrag nach § 31, d. h. im Ex-ante-Regulierungsverfahren sind **Kostenunterlagen vorzulegen**. Da ein Entgeltgenehmigungsverfahren nach § 32 als Einzelgenehmigungsverfahren (§ 32 Nr. 1) oder als Price-Cap-Verfahren (§ 32 Nr. 2) durchgeführt werden kann, kann die Behörde auch im Price-Cap-Verfahren nach § 34 die zur Überprüfung des Verhältnisses des Ausgangsentgeltniveaus zu den KeL[6] nach § 31 Abs. 2 (§ 34 Abs. 4) notwendigen Kostenunterlagen nach § 33 anfordern. Nach **§ 35 Abs. 3** stellt die **unvollständige Vorlage** der Kostenunterlagen einen **Versagungsgrund** dar (*„kann … versagen“*).

7 Wegen des Verweises in § 39 Abs. 1 gilt § 33 sowohl in Entgeltregulierungsverfahren für **Zugangs-** als auch für **Endnutzerleistungen.**

8 Der Wortlaut von **§ 38 Abs. 2** (*„kann …. nach § 33 vorgehen“*) lässt auf die Möglichkeit der Behörde zu einer *aktiven* Verfahrensweise schließen, d. h. der Gesetzgeber wollte der Behörde die Möglichkeit geben, auch im Ex-post-Verfahren ggf. Kostenunterlagen nach § 33 *anzufordern*, weil sie ohne diese **nicht nach § 33 vorgehen kann.** Hiervon dürfte in den Fällen der Überprüfung der Einhaltung der **Dumpingschwelle**, die in Bezug auf die langfristigen Zusatzkosten definiert ist, sowie der **Preisdiskriminierung** (§ 28 Abs. 1 Nr. 2 und 3) Gebrauch gemacht werden, wobei insbesondere im Fall des § 28 Abs. 1 Nr. 2

---

4 Vgl. hierzu oben § 24.
5 Verpflichtung zur getrennten Buchführung gem. Art. 11 ZRL.
6 Vgl. hierzu unten ausführlich § 34.

von einem **Mitwirkungsinteresse** des Betreibers mit beträchtlicher Marktmacht auszugehen sein dürfte.[7]

In diesem Zusammenhang stellt sich die Frage, wie im **Ex-post-Entgeltregulierungsver- 9
fahren** mit **fakultativ vorgelegten Kostennachweisen** umzugehen ist, denn im Verfahren
nach § 30 Abs. 4 könnten Betreiber ohne beträchtliche Marktmacht freiwillig Kostenunterlagen vorlegen. Unbeschadet dessen, dass diese aus verfahrensrechtlichen Gründen (Verletzung des rechtlichen Gehörs) von der Behörde zur Kenntnis genommen werden müssen,
können sie **materiell keine Auswirkung** haben.

Erstens sieht § 28 Abs. 1 die Möglichkeit der **sachlichen Rechtfertigung** nur für § 28 **10**
Abs. 1 Nr. *2* und *3*, nicht jedoch für den hier relevanten Fall der Preisobergrenze (§ 28
Abs. 1 Nr. *1*)[8], vor. Zweitens handelt es sich um ein **Ex-post-Verfahren** nach dem Maßstab
der **Missbrauchskriterien** und nicht der KeL. **Neutrale Aufwendungen**, deren begründende Kostenunterlagen nach § 31 Abs. 3 vorgelegt werden, können nur bei Anwendung
des **KeL-Maßstabs** nach § 31 Abs. 1 und 2 **geltend gemacht** werden („über Abs. 2 hinausgehende Aufwendungen"). Im Rahmen der Prüfung der Missbrauchskriterien ist für ihre
Prüfung kein Raum. Selbst wenn man eine Funktion dieser Kostenunterlagen unterstellen
würde, ist zu beachten, dass auch diese fakultativ vorgelegten Kostenunterlagen „nur" dem
Nachweis der tatsächlichen Kosten dienen. Die **Behörde** überprüft die Kostennachweise,
indem sie den gesetzlich vorgeschriebenen **Maßstab anlegt**. Dieser wird **nicht** zugunsten
des Unternehmens **verändert**, das **freiwillig** Kostenunterlagen **vorlegt**.

§ 33 entspricht weitgehend **§ 2 TEntgV**[9], wobei eine generelle **Aufwertung** schon dadurch **11**
erfolgt, dass sich die Vorlage von Kostenunterlagen betreffende Vorschrift nunmehr im Gesetz befindet und diese nicht mehr nur verordnungsrechtlich geregelt ist.[10] Die **Veränderungen** – bei denen man im Allgemeinen aus Sicht der Behörde von Verbesserungen sprechen kann –, die sich im Vergleich zur Vorgängervorschrift des § 2 TEntgV an mehreren
Stellen ergeben haben, haben mehrere Gründe.

Sie resultieren zum einen aus den **Erfahrungen** der Regulierungspraxis bis heute, bei der **12**
es immer wieder zu Auseinandersetzungen zwischen der Behörde und dem regulierten Unternehmen über die Vorlage (formell) **unvollständiger** und/oder (materiell) **aussageloser**,
d. h. **qualitativ unzureichender** (mangelhafter/„nicht prüffähiger"), Kostenunterlagen
durch das regulierte Unternehmen kam.[11] Zu den Veränderungen dieser Kategorie gehören
insbesondere die explizite Aufnahme der Verpflichtung, regelmäßig eine **Gesamtkosten-**

---

7 S. o. hierzu oben ausführlich § 28.
8 S. o. hierzu oben ausführlich § 28.
9 Vgl. Begründung zu § 31 (= § 33 TKG 2004), BT-Drs. 15/2316, S. 69.
10 Vgl. K&R-Beilage 1/2004, 18, 20.
11 In einer kürzlich ergangenen Entscheidung stellt das VG Köln ausdrücklich fest, dass mit unvollständigen Kostenunterlagen ein Genehmigungsanspruch nicht gestützt werden kann, d. h. die Unterlagen müssen nicht bloß formal, sondern materiell vollständig sein, um der RegTP ein sachgerechtes Ausüben des Genehmigungsrechts zu ermöglichen. Der Zweck der Ex-ante-Regulierung
   rechtfertige eine strenge Prüfung der Kostenunterlagen. Vgl. VG Köln, Urteil v. 17. 2. 2005, 1 K
   8312/01, 11 f. des amtlichen Umdrucks. Sowohl das VG Köln wie das OVG NRW stellen eine sehr
   weitgehende und umfassende Darlegungs- und Nachweispflicht des regulierten Unternehmens
   fest. Vgl. VG Köln, Urteil v. 17. 2. 2005, 1 K 8312/01, 11 f. des amtlichen Umdrucks, 17, sowie
   OVG NRW, Beschluss v. 1. 3. 2005, 13 A/3342/04, 6 des amtlichen Umdrucks.

schau (**Abs. 3**), auch in der Form einer **Kostenträgerrechnung**, vorzulegen sowie die **Präklusionsvorschrift (Abs. 5)**.

13   Zum anderen handelt es sich bei den Veränderungen um eine **Aktualisierung** und um die **Ausrichtung** auf das **neue Entgeltregulierungskonzept**, das andere Schwerpunkte setzt und deshalb auch – zumindest teilweise – andere Informationen bzw. anders aufbereitete Daten erfordert. So kommt z. B. für die Überprüfung von § 28 Abs. 1 Nr. 2 und der zugehörigen sektorspezifischen Vermutungstatbestände des § 28 Abs. 2[12] den **Nachfragestrukturen** und ihrer Entwicklung eine große Bedeutung zu, weshalb diese nun in Abs. 1 Nr. 3 als nachzuweisende Angaben aufgenommen worden sind.

14   Mit Ausnahme einer redaktionellen Änderung ist **§ 33 TKG 2004 identisch** mit § 31 des **Regierungsentwurfs**.[13] Auch zu **§ 29 des Referentenentwurfs** haben sich nur einige redaktionelle Änderungen ergeben.[14]

III. EG-rechtliche Grundlagen

15   Die europarechtlichen Vorgaben zur Entgeltregulierung von Zugangsleistungen finden sich in **Art. 13 ZRL** (Verpflichtung zur Preiskontrolle und Kostenrechnung), der mit den §§ 30 bis 38 umgesetzt wird, **und Art. 17 URL** (Regulierungsmaßnahmen in Bezug auf Dienste für Endnutzer), der mit § 39 umgesetzt wird und in Abs. 1, auf die §§ 31 bis 37 Bezug nimmt. Während **§ 29** als **allgemeine Vorschrift** die Kostenrechnung als Gesamtsystem betrifft, bezieht sich **§ 33** auf die in **konkreten Entgeltverfahren** für die Kostenprüfung vorzulegenden **Kostenunterlagen**. Aus diesem Grund sind die Vorgaben in **§ 33 spezieller** als die des § 29 und listen die vorzulegenden Angaben, Informationen, Methoden und Kostennachweise etc. detailliert auf.

16   Mit § 33 wird die Vorgabe des Art. 13 **Abs. 3** ZRL umgesetzt, nach der es einem Betreiber mit beträchtlicher Marktmacht, dem die Verpflichtung zu kostenorientierten Preisen nach Art. 13 Abs. 1 ZRL auferlegt worden ist, obliegt, gegebenenfalls nachzuweisen, dass sich die **Preise aus den Kosten sowie einer angemessenen Investitionsrendite errechnen**. Dies stellt den Bezug zwischen Preisen und Kosten her. Der verpflichtete Betreiber trägt die **Darlegungs- und Beweislast**, er muss die (beantragten) Entgelte *aus* den Kosten heraus begründen.

17   An dieser Stelle sei auf eine Besonderheit der deutschen Umsetzung hingewiesen. Im nationalen Recht wird der Nachweis als **Nachweis der tatsächlichen Kosten** des verpflichteten Betreibers verstanden, d. h. Art. 13 Abs. 3 ZRL wird als „Preise aus *seinen* Kosten [= *den* Kosten *des Betreibers*]" gelesen. Denn vorgelegt werden müssen **Kostenunterlagen im buchhalterischen Sinne**, die die tatsächliche Kostensituation des regulierten Unternehmens nachweisen.[15] Die Überprüfung der Kostennachweise und die Anlegung des **Kostenmaßstabs** nach § 31 (KeL) zur Feststellung der Genehmigungsfähigkeit erfolgt

---

12 S. o. § 28.
13 Vgl. § 31 (= § 33 TKG 2004), BT-Drs. 15/2316, S. 17 f. Im Entwurf hieß es zunächst „*Kalender*jahr" während jetzt in Abs. 3 auf das „*Geschäfts*jahr" abgestellt wird.
14 Vgl. § 29 (= § 33 TKG 2004) des Referentenentwurfs v. 30. 4. 2003, veröffentlicht im Internet (siehe z. B. www.tkrecht.de).
15 Dies ergibt sich schon allein aus der Tatsache, dass der Nachweiszeitraum auch die vergangenen Rechnungsperioden betrifft. Siehe hierzu ausführlich unten bei den Einzelerläuterungen.

hingegen – zu Recht – alleine **durch die Behörde** als fachkundiger (qualifizierter) unabhängiger Stelle im Rahmen des Entgeltgenehmigungsverfahrens. Dem gegenüber fordern die nationalen Regulierungsbehörden anderer Mitgliedstaaten der Gemeinschaft häufig[16] von dem verpflichteten Betreiber, nachzuweisen, dass seine Kosten dem Kostenmaßstab entsprechen. Hinter dieser Nachweisverpflichtung steht ein sich vom deutschen Recht unterscheidendes Überprüfungskonzept. Die Richtlinie lässt beide Lesarten – die deutsche ebenso wie die anderer Mitgliedstaaten – zu.

Nach § 33 i.V.m. § 35 erfolgt die **Überprüfung** der Kostennachweise **im Rahmen des**   18
Entgeltregulierungsverfahrens, d.h. sie wird als **Bestandteil der Verpflichtung zur Preiskontrolle** gesehen. Die Auferlegung kostenorientierter Preise nach Art. 13 Abs. 1 ZRL fällt mit der Überprüfung der Kostenrechnungsunterlagen zusammen. Kostennachweispflicht (Art. 13 Abs. 3 ZRL) und Preiskontrollmaßnahme (Art. 13 Abs. 1 ZRL) sind nicht voneinander zu trennen.

IV. Einzelerläuterungen

1. Vorlagepflicht (§ 33 Abs. 1). – a) Vorlagepflicht (Abs. 1 S. 1). – § 33 Abs. 1 Satz 1   19
etabliert die **Vorlagepflicht** für die in den nachfolgenden Absätzen im Einzelnen beschriebenen Kostenunterlagen *mit* einem Entgeltantrag nach § 31 Abs. 5 und 6, d.h. die Kostenunterlagen müssen mit dem Entgeltantrag zusammen, eingereicht werden. Sie müssen somit **zum Zeitpunkt der Antragstellung** vorliegen, damit die Behörde die gesamte Verfahrensfrist für die Durchführung der Kostenprüfung zur Verfügung hat und die begrenzte Verfahrensfrist nicht mit der Nachforderung von Kostenunterlagen verbringen muss. Die Folgen einer nichtrechtzeitigen Vorlage von Kostenunterlagen werden mit der **Präklusionsvorschrift in Abs. 5** (s.u.) präzisiert. Der Gesetzgeber weist dem regulierten Unternehmen, das die **Beweislast** trägt[17], eine **Mitwirkungspflicht** zu. Diese ist erforderlich, denn nur das regulierte Unternehmen verfügt über die benötigten Informationen, ohne die die Behörde eine Überprüfung nicht vornehmen und ihre Genehmigungsentscheidung nicht an den realen Gegebenheiten anknüpfen kann. Insofern wird die **Amtsermittlungspflicht** der Behörde durch die Mitwirkungspflicht des Unternehmens **ergänzt**.

aa) Regulatorischer Zweck. – Kostenunterlagen dienen dazu, die **reale Kostensituation**   20
des regulierten Unternehmens abzubilden. Sie sind deshalb **unmittelbar** aus dem **unternehmensintern angewandten Kostenrechnungssystem** herzuleiten (Kostenstellen- und Kostenträgerrechnung), mit dem das Unternehmen mit beträchtlicher Marktmacht auch seine Kostenkalkulationen zur Produktpreisbildung vornimmt.[18] Eine vom betrieblichen Kostenrechnungssystem losgelöste Modellrechnung[19], die einen kaum kontrollierbaren Spielraum zur Manipulation böte, kann deshalb vom regulierten Unternehmen allenfalls *zusätzlich*, aber *nicht anstelle* buchhalterischer Kostenunterlagen vorgelegt werden.

---

16 So bspw. im Vereinigten Königreich und Irland.

17 S. o. RdNr. 16.

18 Vgl. Verwaltungsvorschriften im Bereich Kostenrechnung, Mitteilung Nr. 120/2001, ABl. RegTP Nr. 5/2001 v. 14. 3. 2001, S. 647 f., 647 [Hervorhebung nur hier, A.G.].

19 Die Verwendung analytischer Kostenmodelle zur Kalkulation der KeL nach § 35 Abs. 1 Nr. 2 als einer von der Kostenrechnung des Unternehmens *unabhängigen* Methode bleibt der Behörde vorbehalten.

21   Die **Kostennachweise** sind auf der Basis von Ist-Kosten, d. h. Kosten, denen **tatsächliche Mengengerüste** zugrunde liegen, zu erstellen.[20] Die Kostennachweise für die Folgejahre müssen auf den **tatsächlichen Plankosten** des Unternehmens beruhen.[21] Denn den beantragten Entgelten soll eine **seriöse – kaufmännischer Logik folgende – Kostenkalkulation** zugrunde gelegt werden. Mit der Pflicht, unmittelbar aus dem betrieblichen Kostenrechnungssystem hergeleitete Kostenunterlagen vorzulegen, soll strategisches Verhalten des regulierten Unternehmens im Hinblick auf seine Regulierungsunterworfenheit ausgeschlossen werden. Insbesondere soll keine nur für den Regulierer bestimmte („hingetrimmte") Kostenrechnung vorgelegt werden.

22   Die **Kostenunterlagen nach § 33** sollen eine **Prüfung** im Rahmen des **Entgeltregulierungsverfahrens** ermöglichen, d. h. sie müssen in Form und Inhalt so gestaltet sein, dass sie die prüfende Behörde in die Lage versetzen festzustellen, ob die Kosten nachgewiesen wurden und daraus abgeleitet eine Aussage ermöglichen, in welcher **Beziehung** die nachgewiesenen Kosten zu den beantragten Entgelten stehen.[22] Zu diesem **regulatorischen Zweck** gehört auch, dass sie nach **Abs. 4** eine Quantifizierung der Kosten der effizienten Leistungsbereitstellung ermöglichen müssen. Damit haben die Kostenunterlagen nach § 33 eine **Doppelfunktion**[23].

23   Sie dienen zunächst dem **Nachweis der tatsächlichen Kosten** des regulierten Unternehmens. Des Weiteren sind sie Voraussetzung für die **Beurteilung der Genehmigungsfähigkeit** der beantragten Entgelte.[24] Denn die **Kostenprüfung** bildet den Ausgangspunkt für die **Ermittlung der KeL**. D. h. die Behörde legt den KeL-Maßstab an die *nachgewiesenen* Kosten an und nur soweit diese identisch mit den KeL („*Soll*-Kosten") sind, werden sie mit dem genehmigten Entgelt **anerkannt**.[25] Sofern die Kostenunterlagen wegen quantitativer und/oder qualitativer **Unvollständigkeit** für eine Prüfung und die Ermittlung der KeL nicht ausreichen, kann die Genehmigungsentscheidung der Behörde nach § 35 Abs. 1 S. 2 auch auf Basis einer Vergleichsmarktbetrachtung oder einer Kostenmodellkalkulation ergehen[26] oder gem. § 35 Abs. 3 gänzlich versagt werden.

24   **bb) Allgemeine Anforderungen. –** Um den o. a. **regulatorischen Zweck** zu erfüllen, d. h. der Behörde eine Prüfung der realen Kostensituation innerhalb der Verfahrensfrist zu ermöglichen, müssen die Kostenunterlagen **allgemeinen Anforderungen**[27] genügen. Sie

---

20 So auch das VG Köln in 2 rechtskräftigen Urteilen zu Entgeltgenehmigungen der BK4. Siehe Urteil v. 18. 11. 2004, 1 K 639/00, 14/15 u. U. v. 17. 2. 2005, 1 K 8312/01, 10 des amtlichen Umdrucks.

21 Vgl. Verwaltungsvorschriften im Bereich Kostenrechnung, Mitteilung Nr. 120/2001, ABl. RegTP Nr. 5/2001 v. 14. 3. 2001, S. 647 f., 647 [Hervorhebung nur hier, A.G.].

22 So expressis verbis das OVG NRW im Beschluss 13 A/3342/04 v. 1. 3. 2005, 5 und das VG Köln, siehe Urteil v. 18. 11. 2004, 1 K 1639/00, 12 und Urteil v. 17. 2. 2005, 1 K 8312/01, 10 des amtlichen Umdrucks.

23 Vgl. unten § 35 RdNr. 17.

24 Siehe OVG NRW, Beschluss 13 A/3342/04 v. 1. 3. 2005 IIV, 5 des amtlichen Umdrucks.

25 Es sei denn, dass Unternehmen weist für den für die KeL übersteigenden Teil der Kosten nach, dass es sich um sog. neutrale Aufwendungen nach § 31 Abs. 3 handelt. Vgl. dazu oben § 31 RdNr. 42–44.

26 Vgl. unten § 35 RdNr. 38.

27 Die *ERG* Opinion nennt als sog. „*qualitative criteria*: relevance, reliability, comparability and materiality". Vgl. *ERG* Opinion on Proposed Changes to Commission Recommendation of 1998 on Accounting separation and cost accounting, ERG (04) 15rev1, veröffentlicht am 14. 10. 2004, Empfehlung Nr. 2, und Annex, Section 6, 27 ff. Die *ERG* Opinion wurde von der Kommission bei der ERG angefordert. Sie wird der KOM als Vorlage für die Überarbeitung der Empfehlung zur

müssen es der prüfenden Behörde im Rahmen des Entgeltregulierungsverfahrens erlauben, die **Höhe** (das Kostenniveau) und die **Kostenstruktur** festzustellen. Daraus folgt, die **Gesamtkosten** und deren (möglichst) **verursachungsgerechte Zuordnung** zu den einzelnen Leistungen, die diese Kosten zu tragen (**Kostenträger**) haben, müssen nachvollziehbar sein.

Hierfür müssen die Unterlagen **strukturiert** und die in ihnen enthaltenen Informationen **25** **relevant** („*relevance*"[28]) sein, d. h. sie müssen einerseits den **Bezug zur Einzelleistung** erkennen lassen, ohne andererseits durch einen zu hohen Detaillierungsgrad unübersichtlich zu werden und damit einer Prüfung innerhalb der Frist nicht mehr zugänglich zu sein.[29] Demzufolge sollte eine **Zusammenfassung ähnlicher Größen** (Aggregationsniveau) unter Nennung und Erläuterung des Aggregationsprinzips dort erfolgen, wo es ohne Verlust von relevanten Einzelinformationen möglich ist.

Ein Herunterbrechen „auf die letzte Schraube" ist i. d. R. nicht nötig, um die **Relevanz** der **26** **geltend gemachten Kosten zu prüfen**, sondern dient durch eine künstliche Heraufsetzung des Komplexitätsgrades häufig nur der Verschleierung der wahren Kostentreiber[30]. Allgemein erschwert die Übermittlung redundanter Informationen die Durchführung der Kostenprüfung innerhalb der begrenzten Verfahrensfrist. Angesichts knapper Verfahrensfristen kann es – trotz Amtsermittlungsgrundsatz – nicht Aufgabe der Behörde sein, sich die relevanten Informationen erst aus überflüssigen (irreführenden) Angaben herausfiltern zu müssen.[31]

Umgekehrt dürfen keine Informationen fehlen, deren Auslassung eine Beurteilung des Gesamtergebnisses nicht mehr zulässt, weil sie für das **Gesamtergebnis erheblich** („*materiality*"[32]) sind. Welche Informationen im Einzelfall erheblich sind, hängt vom Zusammenhang und der Aggregationsebene ab. **27**

Eingangsdaten müssen verlässlich („*reliability*"[33]) sein, d. h. sie sind unter Beachtung des **28** Grundsatzes der Verfahrensökonomie auf der Basis von **Vollerhebungen** den bestehenden Bestandssystemen zu entnehmen. Sofern keine mit vertretbarem Aufwand zu ermittelnden Unternehmensdaten vorliegen und daher **Stichproben** verwendet werden, muss deren **Vali-**

„Getrennten Buchführung und Kostenrechnung" von 1998 dienen. Der Empfehlungsentwurf, mit dem die genannte Empfehlung von 1998 an den neuen Rechtsrahmen angepasst werden soll, wurde auf der letzten COCOM-Sitzung des Jahres am 15. 12. 2004 eingebracht. Die endgültige Fassung der „Empfehlung der Kommission über Getrennte Buchführung und Kostenrechnungssysteme entsprechend dem Rechtsrahmen für elektronische Kommunikation", C (2005) 3480, wurde am 19. 9. 2005 im Internet veröffentlicht: http://europa.eu.int/information society/policy/ecomm/ .info centre/documentation/recomm guidelines/index en.htm.

28 Vgl. hierzu auch *ERG* Opinion on Proposed Changes to Commission Recommendation of 1998 on Accounting separation and cost accounting, ERG (04) 15rev1, veröffentlicht am 14. 10. 2004, Annex, 27 ff., 27.
29 S. u. RdNr. 63.
30 Kostenverursachende Größe.
31 OVG NRW, Beschluss v. 1. 3. 2005, 13A/3342/04, 6 des amtlichen Umdrucks.
32 Vgl. hierzu auch *ERG* Opinion on Proposed Changes to Commission Recommendation of 1998 on Accounting separation and cost accounting, ERG (04) 15rev1, veröffentlicht am 14. 10. 2004, Annex, 27 ff., 28.
33 Vgl. hierzu auch *ERG* Opinion on Proposed Changes to Commission Recommendation of 1998 on Accounting separation and cost accounting, ERG (04) 15rev1, veröffentlicht am 14. 10. 2004, Annex, 27 ff., 27.

dität und **Repräsentativität** gewährleistet sein.[34] Die Eingangsdaten müssen **komplett** sein, damit nicht durch Weglassungen ein falsches bzw. verzerrtes Bild entsteht.[35]

29 Die **Stetigkeit** der Wertansätze muss überprüfbar sein. Eine Änderung der angewandten Kostenrechnungsmethodik bedarf der Erläuterung und Begründung[36] in Form sog. Überleitungsrechnungen.[37] Neben der **Kontinuität** muss auch die **Konsistenz** der Kostenrechnungsmethoden über die verschiedenen Anträge hinweg gewahrt sein, weshalb der Gesetzgeber in **Abs. 6** grundsätzlich die **antragsübergreifende einheitliche Anwendung** von Kostenrechnungsmethoden vorgeschrieben hat. Beides – Stetigkeit und Einheitlichkeit – stellt die **Vergleichbarkeit** (*„comparibility"*[38]) der Kostenunterlagen sicher, ohne die eine Bewertung ihrer Richtigkeit durch die prüfende Behörde nicht erfolgen kann. Die **Überprüfung** wird durch die Vorgabe des **Absatzes 3**, eine **Gesamtschau**, die einen **vollständigen Überblick** der Kostensituation geben soll, vorzulegen, sichergestellt.

30 Die genannten **allgemeinen Anforderungen**, die die Vorlage **aussagefähiger** Kostenunterlagen sichern sollen, korrespondieren grundsätzlich mit den in **§ 29 beschriebenen Anordnungen** in Bezug auf das **Kostenrechnungssystem** des Unternehmens mit beträchtlicher Marktmacht[39]. Sie wurden hier aber im Hinblick auf die im **Entgeltregulierungsverfahren** benötigten **Kostenunterlagen** konkretisiert.

31 **b) Vorzulegende Unterlagen im Einzelnen.** – Die **vorzulegenden Unterlagen** bestehen aus aktuellen Kostennachweisen (Nr. 1), einer detaillierten Leistungsbeschreibung (Nr. 2) und verschiedenen Angaben (Nr. 3).

32 **aa) Aktuelle Kostennachweise (Abs. 1 Nr. 1).** – § 33 Abs. 1 Nr. 1 legt fest, dass es sich um **aktuelle** Kostennachweise handeln muss,[40] wobei die in den Kostennachweisen enthaltenen Bestandteile in Abs. 2 im Einzelnen aufgelistet werden. Der abzudeckende Zeitraum ist in Abs. 1 Nr. 3 enthalten.

33 Die **Kostennachweise** sind auch auf **Datenträgern** zur Verfügung zu stellen. Während nach § 29 Abs. 1 Satz 1 die Behörde die Übermittlung der Unterlagen anordnen kann, ist im Falle der Kostennachweise deren Vorlage auf Datenträgern bereits **gesetzlich vorgegeben**.

34 **bb) Leistungsbeschreibung etc. (Abs. 1 Nr. 2).** – Die Anforderung einer **detaillierten Leistungsbeschreibung** ergibt sich zunächst daraus, dass ein **Preis** (hier das beantragte Entgelt) immer in Bezug auf eine **bestimmte Leistung** („Preis-Leistungs-Verhältnis") definiert ist. Insbesondere ist eine **Leistung** immer durch bestimmte **Qualitätsmerkmale** gekennzeichnet, die sich im Preis niederschlagen, weshalb die Leistungsbeschreibung (*„ein-*

---

34 Vgl. Verwaltungsvorschriften im Bereich Kostenrechnung, Mitteilung Nr. 120/2001, ABl. RegTP Nr. 5/2001 v. 14. 3. 2001, S. 647 f., 647, 648 [Hervorhebung nur hier, A.G.].

35 Zu den Einzelheiten s. u. Ausführungen zu Abs. 2 Nr. 1.

36 Vgl. hierzu ausführlich oben § 29 RdNr. 24, 27 f.

37 Vgl. Verwaltungsvorschriften im Bereich Kostenrechnung, Mitteilung Nr. 120/2001, ABl. RegTP Nr. 5/2001 v. 14. 3. 2001, S. 647 f., 647.

38 Vgl. hierzu auch *ERG* Opinion on Proposed Changes to Commission Recommendation of 1998 on Accounting separation and cost accounting, ERG (04) 15rev1, veröffentlicht am 14. 10. 2004, Annex, 27 ff., 28.

39 Vgl. zu den Anordnungen im Rahmen der Entgeltregulierung nach § 29 oben § 29.

40 Das VG Köln weist nachdrücklich auf die Pflicht zur Vorlage aktueller Nachweise hin. Siehe Urteil v. 17. 2. 2005, 1 K 8312/01, 10 f. des amtlichen Umdrucks.

schließlich") **Angaben zur Qualität der Leistung** enthalten muss. In der Anforderung der Leistungsbeschreibung tritt die **Leistungsbezogenheit** der **KeL-Definition** deutlich hervor[41].

Die **detaillierte Leistungsbeschreibung** ist unerlässlich für die **Beurteilung der Berech-** **35** **tigung** der geltend gemachten Kosten. Nur in Kenntnis der Leistung und ihrer Bestandteile (der zur Leistung im Einzelnen gehörenden Komponenten) kann **überprüft** werden, ob **einzelne Kostenelemente** überhaupt für die Erstellung der Leistung erforderlich sind bzw. ob die Leistung diese Elemente überhaupt beinhaltet.

cc) Einzelangaben (Abs. 1 Nr. 3). – § 33 Abs. 1 Nr. 3 schreibt außer den Angaben zur Hö- **36** he der Kosten und der Deckungsbeiträge auch vor, dass Angaben über Umsatz, Absatzmengen und die Entwicklung der Nachfragerstrukturen bei der beantragten Dienstleistung über einen bestimmten Nachweiszeitraum zu machen sind. Die Angaben zu Umsatz, Absatzmengen und der Entwicklung der Nachfragerstrukturen sind unerlässlicher **Bestandteil** jeder **kaufmännischen Preiskalkulation**, denn die Kosten und Deckungsbeiträge hängen u. a. von der Absatzstrategie, d. h. den Absatzmengen, dem Umsatz und natürlich von der Entwicklung der Nachfragestrukturen (Kundengruppen bzw. Zielabsatzmärkten) ab. Die Behörde soll damit in die Lage versetzt werden, die **Preiskalkulation nachzuvollziehen**. Erst in Kenntnis aller in die Kalkulation eingehenden Größen kann sie die geltend gemachten Kosten prüfen und daran anschließend die Genehmigungsfähigkeit der beantragten Entgelte beurteilen.

Aussagefähig ist eine solche Rechnung nur, wenn sie die **Entwicklung** über einen ver- **37** gangenen und künftigen Zeitraum darstellt, weshalb die Angaben außer für das Antragsjahr für die zwei zurückliegenden und die zwei auf das Antragsjahr folgenden Jahre vorzulegen sind. Eine Betrachtung der **Kostenentwicklung** ist erforderlich, weil sich **Kostenpositionen** im Zeitablauf **verändern**. Daraus können **Rückschlüsse** insbesondere im Hinblick auf die sich nur allmählich ändernden Kostenstrukturen gezogen werden. Dies ermöglicht eine **Beurteilung** hinsichtlich der Anpassung der Produktionsstrukturen des regulierten Unternehmens, der dafür benötigten Anpassungsfristen und der **Effizienz der Leistungsbereitstellung**. Darauf zielt die Regulierung der Entgelte ausweislich des legislativ gewählten Maßstabes der Kosten der effizienten Leistungsbereitstellung ab.

Im Vergleich zur Regelung in § 2 Abs. 1 Nr. 2 TEntgV ist der **Nachweiszeitraum** erheb- **38** lich **verkürzt** worden. Dies dürfte mit den verkürzten Planungsperioden in einem sehr dynamischen Umfeld und schnelllebigen Telekommunikationsmärkten zu erklären sein, die eine häufigere Anpassung der Marketingstrategien erfordern.

Im Vergleich zur Vorgängerregelung ist der Nachweis der finanziellen Auswirkungen einer **39** Entgeltmaßnahme auf die Kunden (§ 2 Abs. 1 Nr. 5 TEntgV) weggefallen. Stattdessen sind jetzt Angaben über die **Entwicklung der Nachfragerstrukturen** bei der dem Genehmigungsantrag zugrunde liegenden Dienstleistung vorgeschrieben. Diese Änderung ergibt sich aus der **Neufassung der Preisuntergrenzen in § 28 Abs. 1 Nr. 2** und insbesondere den sie konkretisierenden sektorspezifischen Vermutungstatbeständen des § 28 Abs. 2.

2. Kostennachweise im Einzelnen (§ 33 Abs. 2). – a) Kostenarten (Abs. 2 S. 1). – § 33 **40** **Abs. 2** beschreibt den **Inhalt der Kostennachweise** nach Abs. 1 Nr. 1 näher. Die Kostennachweise umfassen die **Einzelkosten** (Kosten, die sich unmittelbar zuordnen lassen) und

---

41 Vgl. oben § 31 RdNr. 22.

die **Gemeinkosten** (Kosten, die sich nicht unmittelbar zuordnen lassen). Gerade Letztere sind bei einer Verbundproduktion, bei der verschiedene Leistungen mit ein und denselben Netzelementen hergestellt werden, von zentraler Bedeutung, weshalb die Darlegung der **Methode der Zurechnung der Gemeinkosten** auf die verschiedenen Leistungen – wie bisher schon – auch explizit vorgeschrieben ist.

41 **b) Anforderungen an die Kostennachweise im Einzelnen (Abs. 2 S. 2).** – Zur **Ermittlung** der betrieblichen Kosten (und damit zu ihrer Überprüfung durch den Regulierer) müssen immer die folgenden **Bestandteile** einer **Kostenkalkulation** bekannt sein:

- Bestandsdaten (Einsatzmengen, Anlagen-, Mengengerüst, Verkehrsvolumina, Kapazitätsauslastung, technische Parameter etc.),
- Bewertungskomponenten (Einkaufspreise, Anlagenbewertung etc.),
- Ermittlungsmethoden (Aggregationsverfahren für die Einzelgrößen zur Gesamtkostengröße und Allokationsmechanismus [Verteilung der Kosten auf die Leistungen]),

wobei jeder der drei Bestandteile (und der genannten Größen) **für sich prüfbar** sein muss, um alle Komponenten und ggf. ihre jeweiligen Änderungen voneinander **isoliert** betrachten zu können. Auf diese Weise kann die **Kausalität** der Einzelkosten und die (möglichst) verursachungsnahe **Allokation** der Gemeinkosten verifiziert werden, so dass die Gesamtkosten in Höhe und Struktur festgestellt und auf ihre Berechtigung (Anerkennungsfähigkeit) hin untersucht werden können.

42 **§ 33 Abs. 2 Satz 2** schreibt deshalb vor, dass die Kostennachweise die o. a. Bestandteile enthalten müssen. Insbesondere sind die zugrunde liegenden Einsatzmengen, die zugehörigen Preise, die Kapazitätsauslastung sowie die Ermittlungsmethode darzulegen.

43 **aa) Angaben zu den Grundlagen der Kostenrechnung (Abs. 2 Nr. 1).** – Abs. 2 Nr. 1 betrifft die in die Kalkulation einfließenden Größen. Grundsätzlich sind den Kalkulationen der einzelnen Leistungen tatsächlich vorhandene und nachprüfbare Anlagegüter- und Mengenstrukturen zugrunde zu legen.[42] Die Verwendung der richtigen Bestandsgrößen sowie der zugehörigen Preise kann nur dadurch nachgewiesen und geprüft werden, indem sie **direkt den Bestandsdatensystemen** entnommen werden. Dies stellt **keine zusätzliche Belastung** des regulierten Unternehmens dar, da es die Bestandssysteme für seine eigenen Entscheidungen benötigt und pflegt. Durch die Verwendung von direkt den Bestandssystemen entnommenen Daten, die – ggf. vor Ort – durch die Behörde überprüfbar sein müssen, ist der **Bezug zur Realität** (Realitätsgehalt der verwendeten Daten) **gewährleistet**. Die zugehörigen Preise liegen dem regulierten Unternehmen – z. B. in Form von Einkaufspreislisten – vor.[43]

44 Sowohl die Einsatzmengen wie die zugehörigen Preise sind jeweils **einzeln und als Durchschnittswert** auszuweisen. Diese neu aufgenommene Vorschrift entspringt dem o. a. Gedanken[44], dass die Kosten sowohl sinnvoll **aggregiert** werden, als auch zugleich getrennte Berechnungen zulassen müssen, mit denen Kostenänderungen **isoliert** und eindeu-

---

42 Vgl. Verwaltungsvorschriften im Bereich Kostenrechnung, Mitteilung Nr. 120/2001, ABl. RegTP Nr. 5/2001 v. 14. 3. 2001, S. 647 f., 647.

43 Auch das VG Köln betont, dass die Herkunft der Daten vom regulierten Unternehmen zu belegen ist und hebt das Ausmaß seiner Darlegungs- und Nachweispflicht hervor. Vgl. VG Köln, Urteil v. 17. 2. 2005, 1 K 8312/01, 16/17 des amtlichen Umdrucks.

44 Vgl. RdNr. 25.

tig auf einzelne Kostenelemente zurückgeführt werden können, um deren Ursache bestimmen zu können.

bb) Kapazitätsauslastung und Investitionswerte. – Für die aus den Investitionswerten **45** abgeleiteten **Kapitalkosten** ist die **erwartete und erzielte Kapazitätsauslastung** des Netzes entscheidend. Bei einer kapitalintensiven Netzproduktion wie der Telekommunikation bilden diese in der Regel den größten Kostenblock[45], dessen Entwicklung im Nachweiszeitraum ("[in der Vergangenheit] *erzielte* und [für die Zukunft] *erwartete* Kapazitätsauslastung") damit auch die Entwicklung der Gesamtkosten prägt. In der erwarteten Kapazitätsauslastung spiegelt sich mithin die Absatz- und Investitionsplanung des Unternehmens wider. Um die **Gesamtkostenentwicklung** beurteilen zu können, muss der Regulierer deshalb die erzielte und erwartete Kapazitätsauslastung als zentrale Größe kennen und prüfen können.

Bei der Bestimmung der **Investitionswerte** und der daraus abgeleiteten Kapitalkosten ist **46** sicherzustellen, dass die **Kostennachweise** auf Basis der **getroffenen** und der **tatsächlich** von dem Unternehmen **geplanten Investitionsentscheidungen** erbracht werden. Eine abstrakt-theoretische Herleitung von Investitionswerten entspricht nicht den Anforderungen an die Realitätsbezogenheit. Allein die getätigten und geplanten Netzinvestititionen bilden somit den Ausgangspunkt für die Kalkulation der einzelnen Produkte/Dienste, so dass der **Zusammenhang** zu den **unternehmensintern verwendeten Berechnungsgrundlagen und -daten gewährleistet** ist.[46]

Wenn Wiederbeschaffungswerte angesetzt werden, so sind diese auf der Basis **aktueller** **47** **Vertragspreise** eindeutig festzulegen; auch Preisindizes sind eindeutig herzuleiten.[47] Verwendete Anlagegüterpreise sind z. B. anhand der Anlagebuchhaltung nachzuweisen.

Bei einer dienstespezifischen Ermittlung der Investitionswerte ist für den **Abgleich** mit **48** den Anlagewerten[48] sicherzustellen, dass von einem **identischen Mengengerüst** ausgegangen wird. Anderenfalls kommt es zu Inkonsistenzen. Vor allem wäre es der Behörde dann nicht möglich zu überprüfen, ob der betrachteten Leistung mehr als die von ihr verursachten Kosten zugerechnet worden sind. Sofern bei dem Abgleich der vorhandene Anlagebestand mit aktuellen Preisen revaluiert wird (Neubewertung zu Wiederbeschaffungspreisen), ist darauf zu achten, dass nicht gleichzeitig eine Veränderung der Mengengrößen stattfindet. D. h. die Revaluierung bzw. die damit bezweckte Ermittlung der auf die betrachtete Leistung entfallenden Kapitalkosten[49] darf **nicht** über den **Umweg einer Modellrechnung** durch das antragstellende Unternehmen vorgenommen[50] werden (hier gelten

---

45 Vgl. oben § 31 RdNr. 26 und unten § 35 RdNr. 25–36, 28.

46 Vgl. Verwaltungsvorschriften im Bereich Kostenrechnung, Mitteilung Nr. 120/2001, ABl. RegTP Nr. 5/2001 v. 14. 3. 2001, S. 647 f., 648 [Hervorhebung nur hier, A.G.].

47 Vgl. Verwaltungsvorschriften im Bereich Kostenrechnung, Mitteilung Nr. 120/2001, ABl. RegTP Nr. 5/2001 v. 14. 3. 2001, S. 647 f., 648 [Hervorhebung nur hier, A.G.].

48 Buchwerte, wie sie sich für die einzelnen Anlageklassen aus der Anlagegüterbuchhaltung ergeben. Vgl. hierzu und im Folgenden Beschluss BK4a-03-010/E19.2.03 v. 29. 4. 2003, 14 ff., 14 des amtlichen Umdrucks.

49 Vgl. Beschluss BK4a-03-010/E19.2.03 v. 29. 4. 2003, 14 ff., 14 des amtlichen Umdrucks.

50 D. h. die tatsächlichen Kapitalkosten dürfen nicht über die Modellrechnung „rückgerechnet" werden.

dieselben Einwände wie oben).[51] Insbesondere darf die Neubewertung nicht dazu dienen, das Mengengerüst, das möglicherweise Ineffizienzen enthält, zu verschleiern.

49 Der Behörde muss eine **isolierte Betrachtung** durchführen können. Nur wenn die vorgenommene **Neubewertung getrennt** von dem zugrunde gelegten **Mengengerüst** ausgewiesen wird und es so der prüfenden Behörde ermöglicht wird, die **Differenz** in der Anlagenbewertung eindeutig auf die **Preiskomponente** zurückzuführen, ist sie zulässig. Vorraussetzung dafür ist, dass nicht gleichzeitig in einer Rechnung Preis- und Mengenkomponente verändert werden. Dann ist ein **Herausrechnen der Kapitalwertveränderung** aufgrund von Preisentwicklungen der Anlagegüter nicht mehr möglich. Neubewertungen und Mengenveränderungen dürfen also auf keinen Fall vermischt werden.

50 **cc) Ermittlungsmethoden (Abs. 2 Nr. 2).** – Um das **Ergebnis der Kostenrechnung nachvollziehen** zu können, müssen neben den Eingangsgrößen (s. o.) die **Ermittlungsmethode der Kosten** und wegen ihrer o. a. überragenden Bedeutung auch die **Ermittlungsmethode der Investitionswerte** der Behörde bekannt sein. Die Ergebnisse der Kostenrechnung sollen also nicht schlicht wiedergegeben sein, sondern ihre **einzelnen Ermittlungsschritte** dargelegt werden.

51 Außerordentlich wichtig ist das im Fall der **Gemeinkosten**[52], von denen in **doppelter Hinsicht** wettbewerbsschädliche Wirkungen ausgehen können. Zum einen deutet ihr hohes **absolutes**[53] Niveau auf **Ineffizienzen** hin, zum anderen wird mit einer **nicht hinreichend verursachungsnahen Aufteilung** der Gemeinkosten auf die Kostenträger ein **Quersubventionierungspotenzial**[54] geschaffen, das für Verdrängungspreisstrategien genutzt werden kann. Um dieser Gefahr vorzubeugen und korrespondierend mit der Normierung der Vermutungstatbestände des § 28 Abs. 2 zur Bekämpfung von Verdrängungspreisstrategien schreibt der Gesetzgeber ausdrücklich auch die Angabe **plausibler Mengenschlüssel** für die Kostenzuordnung zu den einzelnen Diensten vor.[55]

52 **3. Gesamtkostenschau (§ 33 Abs. 3). – a) Gesamtkostennachweis. – § 33 Abs. 3** enthält die ausdrückliche **Verpflichtung** des regulierten Unternehmens, **regelmäßig** zu Beginn jeden Geschäftsjahres eine **Gesamtkostenrechnung** sowohl als **Kostenstellen-** als auch als **Kostenträgerrechnung** vorzulegen. Der Gesetzgeber erfüllt damit eine Forderung der Behörde, die ihren Niederschlag zuvor bereits in den Verwaltungsvorschriften gefunden hatte.[56] Ohne Kenntnis des **Gesamtbildes**, eines **vollständigen Überblicks** über **alle Kosten**, ist eine abschließende Bewertung nicht möglich, weil **Doppelverrechnungen**[57] **und In-**

---

51 Dies hat das VG Köln in dem rechtskräftigen Urteil v. 18. 11. 2005 bestätigt. Siehe Urteil v. 18. 11. 2004, 1 K 639/00, 14 des amtlichen Umdrucks.

52 Vgl. *Groebel*, TKMR-Tagungsband 2004, 39, 44; *Scheurle/Mayen/Witte*, § 24 RdNr. 2 ff., speziell zu Gemeinkosten RdNr. 11–13.

53 Und relativ zu den Gesamtkosten.

54 Siehe hierzu oben ausführlich § 28, Preisuntergrenzen.

55 Vgl. hierzu auch die Verwaltungsvorschriften im Bereich Kostenrechnung, in denen von „hinreichend verursachungsgerechten Mengenschlüsseln und einem geeigneten Gesamtkostenschlüssel" gesprochen wird. Vgl. Verwaltungsvorschriften im Bereich Kostenrechnung, Mitteilung Nr. 120/ 2001, ABl. RegTP Nr. 5/2001 v. 14. 3. 2001, S. 647 f., 647.

56 Vgl. Verwaltungsvorschriften im Bereich Kostenrechnung, Mitteilung Nr. 120/2001, ABl. RegTP Nr. 5/2001 v. 14. 3. 2001, S. 647 f., 647.

57 Z. B. von Gemeinkosten.

konsistenzen[58] **nicht ausgeschlossen** werden können. Insbesondere ist auch die Angemessenheit der den einzelnen Leistungen zugeordneten Kosten materiell nicht überprüfbar.[59]

Die Zuordnung der Kosten auf die sie *tragenden* Leistungen erfolgt mit der **Kosten***träger*- 53 rechnung, die nunmehr auch expressis verbis vorgeschrieben ist.[60] Bei der **Gesamtschau** muss es sich daher um eine in das Rechnungswesen des Unternehmens **integrierte Kostenträgerrechnung** handeln, bei der die Zuordnung der Kosten auf die einzelnen Leistungen sowohl in sachlicher als auch in zeitlicher Hinsicht **möglichst verursachungsgerecht** erfolgt.[61]

Abs. 3 erstreckt sich zwingend auch auf **nicht regulierte Leistungen**, weil gerade die Auf- 54 teilung der Kosten zwischen regulierten und nicht regulierten Leistungen überprüfbar sein muss, was nur möglich ist, wenn auch die Kosten nicht regulierter Leistungen in der **Gesamtrechnung enthalten sind**. Das ergibt sich direkt aus Abs. 3 S. 2, der für die **nicht regulierten Leistungen** lediglich einen **niedrigeren Detaillierungsgrad** („… können dabei *zusammengefasst* werden") vorsieht. Dies setzt voraus, dass die nicht regulierten Leistungen von der Gesamtkostenrechnung umfasst sind. Auch in der „*ERG* Opinion on Proposed Changes to Commission Recommendation of 1998 on Accounting separation and cost accounting" wird mehrfach darauf hingewiesen, dass auch Informationen über sog. „*non-SMP markets*" von einer Verpflichtung nach Art. 16 Abs. 4 RRL erfasst sind.[62]

Die Überprüfung der **Aufteilung von Kosten auf regulierte und nicht regulierte Leis-** 55 **tungen** soll verhindern, dass **überproportional** viele (Gemein-)Kosten **regulierten Leistungen** zugerechnet werden. Dadurch könnte sich das regulierte Unternehmen einen ungerechtfertigten Wettbewerbsvorteil verschaffen.

Auch[63] und gerade bei der **Gesamtschau** ist es für die Behörde unerlässlich, die **Entwick-** 56 **lung** der (aller) Kosten nachverfolgen zu können, weshalb eine **regelmäßige** – jährliche – Vorlage vorgeschrieben ist. Die Gesamtschau soll es der Behörde ermöglichen, das **Gesamtsystem** – von den Eingangsdaten und ihrer „Verarbeitung" mit den verwendeten Ermittlungs- und Zurechnungsmethoden bis zum Gesamtergebnis **durchgängig (lückenlos) auf Widerspruchsfreiheit** (Konsistenz) zu überprüfen.

b) Kostenstellenrechnung. – Während in Abs. 2 mit den **Kostenarten** der erste Schritt 57 der Kostenermittlung vorgegeben wird, sieht Abs. 3 mit der **Kostenstellen**rechnung den nächsten Schritt der Berechnung vor, die mit der **Kostenträger**rechnung zum Abschluss gebracht wird. Die **Kostenartenrechnung** zeigt, **welche** Kosten (z. B. Kapitalkosten etc.) entstanden sind. Die **Kostenstellenrechnung** ermittelt, **wo** die Kosten angefallen sind, d. h.

---

58 Z. B. durch die Verwendung verschiedener Methoden. S. u. RdNr. 95 ff. zu Abs. 6.

59 Vgl. Verwaltungsvorschriften im Bereich Kostenrechnung, Mitteilung Nr. 120/2001, ABl. RegTP Nr. 5/2001 v. 14. 3. 2001, S. 647 f., 647.

60 S. u. ausführlich RdNr. 58. Vgl. auch *Höffler*, MMR-Beilage 6/2005, 6, 7.

61 Vgl. Verwaltungsvorschriften im Bereich Kostenrechnung, Mitteilung Nr. 120/2001, ABl. RegTP Nr. 5/2001 v. 14. 3. 2001, S. 647 f., 647 [Hervorhebungen nur hier, A.G.].

62 Vgl. *ERG* Opinion on Proposed Changes to Commission Recommendation of 1998 on Accounting separation and cost accounting, ERG (04) 15rev1, veröffentlicht am 14. 10. 2004, Erwägungsgrund Nr. 5, Empfehlung Nr. 4, und Annex, Section 7.4, 32 ff., 32. In Section 7.4 (*Relevant market related limitations*) wird ausdrücklich als Ziel auch die Überprüfung des „*level*" und der „*appropriate attribution*" der Gemeinkosten zwischen regulierten und nicht regulierten (*non-SMP markets*) angesprochen.

63 Zur Bedeutung der Überprüfung der Kostenentwicklung siehe oben RdNr. 37.

in welchen Organisationseinheiten. Mit der **Kostenträgerrechnung** werden die Kosten schließlich der Leistung (*Kostenträger*) **zugerechnet**, die die Kosten tragen soll. Sie beantwortet somit die Frage, **wofür** die Kosten entstanden sind, d. h. welchen **Beitrag** der Verkauf der Leistung zur **Deckung** der entstandenen Kosten leisten soll (Deckungsbeitrag).[64] Letzteres ist entscheidend für die **Kalkulation** des Angebotspreises bzw. die Feststellung der **Preisuntergrenze**, die – wie oben dargelegt – eine wesentliche Funktion der **Kostenrechnung**[65] ist. Diese soll sich in den im **Entgeltregulierungsverfahren vorzulegenden Kostenunterlagen** wiederfinden, damit die Behörde die beantragten Entgelte auf Kostenorientiertheit überprüfen kann.

58   **c) Kostenträgerrechnung.** – Während der Regulierer durch die Vorlage der Kostenstellenrechnung einen Überblick über die Verteilung der Kosten nach Organisationseinheiten erhält, gibt erst die **Kostenträgerrechnung** mit der Zuordnung der Kosten auf die Leistung Aufschluss darüber, welche **Kosten** die einzelne **Leistung** und die Gesamtheit der Leistungen **zu tragen hat**. Durch die Gesamtschau kann er überprüfen, dass **alle Kosten** nur einmal – **und genau einmal** – verteilt wurden und das **Verteilprinzip** einheitlich durchgehalten wurde, so dass keine Leistung mit überproportional hohen (Gemein-)Kosten belastet, während eine andere nur unterproportional zur Deckung herangezogen wurde oder mehrere – sich widersprechende – Prinzipien verwendet wurden. Eine solche Prüfung spielt z. B. bei der Feststellung der **Preisuntergrenzen** im Rahmen des § 28 eine Rolle („Zusatzkostentest").[66]

59   Auch bisher schon war eine Kostenträgerrechnung durchzuführen,[67] wie sich aus der Anforderung der Angaben der **Deckungsbeiträge** in Abs. 1 Nr. 3[68] ergibt, die nur mit Hilfe einer **Kostenträgerrechnung** ermittelbar sind.[69] Denn unter Deckungsbeiträgen wird im Allgemeinen die Differenz zwischen dem Preis und den (variablen) Kosten pro Stück verstanden, also das, was dem Unternehmen nach Abzug der für die Herstellung einer Mengeneinheit des Produkts entstehenden Kosten zur Deckung sonstiger (fixer) Kosten verbleibt, d. h. was es an Kosten tragen kann.[70]

60   **d) Zusammenfassung.** - Der Zusammenhang zwischen Kostenarten-, Kostenstellen-, Kostenträgerrechnung und der Ermittlung der beantragten Entgelte wird in der nachfolgenden Abbildung schematisch dargestellt.[71]

---

64   Vgl. z. B. *Wöhe*, Allgemeine Betriebswirtschaftslehre, S. 1120, 1135, 1156 ff; siehe auch Vor § 27 RdNr. 43 ff.; *Scheurle/Mayen/Witte*, § 24 RdNr. 2 ff.
65   S. o. RdNr. 2.
66   Siehe hierzu oben ausführlich § 28, Preisuntergrenzen.
67   Eher skeptisch bezüglich der bisherigen Vorschriften VG Köln, siehe VG Köln, Beschluss v. 18. 11. 2004, 1 K 639/00, 12 f. des amtlichen Umdrucks.
68   S. o. RdNr. 36 und § 2 Abs. 1 Nr. 4 TEntgV.
69   Vgl. auch *Groebel*, TKMR-Tagungsband 2004, 39, 44.
70   Vgl. z. B. *Wöhe*, Allgemeine Betriebswirtschaftslehre, zur Definition des Deckungsbeitrags, S. 421, und zur Deckungsbeitragsrechnung, S. 1156 ff.
71   In dem Referentenentwurf zur Stromnetzentgeltverordnung (StromNEV, Stand 7. 10. 2004) ist diese Abfolge sehr schön in Teil 2 – Methode zur Ermittlung der Netznutzungsentgelte – nachgebildet worden. Der Entwurf ist im Internet abzurufen unter: http://www.bmwi.de/Navigation/Technologie-und-Energie/Energiepolitik/liberalisierung.html.

Kostenrechnung und Schritte zur Ermittlung von Entgelten

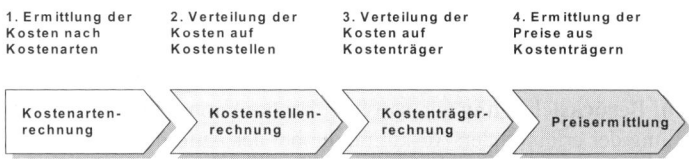

1. Ermittlung der Kosten nach Kostenarten 2. Verteilung der Kosten auf Kostenstellen 3. Verteilung der Kosten auf Kostenträger 4. Ermittlung der Preise aus Kostenträgern

Abb. 1: Kostenrechnung

4. Anforderungen an die Kostenunterlagen insgesamt (§ 33 Abs. 4). – a) Transparenz **61** **und Datenaufbereitung. –** § 33 Abs. 4 erklärt den Zweck der gesetzlichen Anforderungen an die Gestaltung der Kostenunterlagen. Sie haben eine Doppelfunktion[72]. Die Kostenunterlagen müssen im Hinblick auf **Transparenz** und **Datenaufbereitung** zweierlei erlauben: die Kostenprüfung und die KeL-Ermittlung. Die „Generalforderung" nach Transparenz und nach Datenaufbereitung betrifft somit zwar vordergründig die *formale* **Gestaltung** der Kostenunterlagen. Diese muss eine Prüfung innerhalb der Verfahrensfrist gestatten. Das beinhaltet, dass durch die Art der Darstellung und der Aufbereitung der Kosten*unterlagen* die Kosten*rechnung* und ihre Ergebnisse **verständlich**[73] und **nachvollziehbar** werden. Sie stellen damit auch spezifische Anforderungen *materiellen* Charakters an die Kostenunterlagen. Wie die formellen und materiellen Vorgaben in Bezug auf die Kostenrechnung nach § 29 Absätze 1 und 2[74], hat auch die Forderung nach Transparenz und Datenaufbereitung den **Zweck**, die Nachvollziehbarkeit und damit die (qualitative) **Prüffähigkeit** der Kostenunterlagen, ihre **Aussagefähigkeit** sicherzustellen.

b) Verfahrenszweck der Anforderungen. – aa) Quantifizierung der KeL. – § 33 Abs. 4 **62** kennzeichnet die Funktion der Kostenunterlagen als Ausgangspunkt für die Ermittlung der KeL. Die Formulierung **„Quantifizierung der KeL"** ist wesentlich klarer als der Wortlaut in der Vorgängerregelung. § 3 Abs. 1 TEntgV sah eine Prüfung der Kostennachweise dahingehend vor, ob und inwieweit die beantragten Entgelte sich an den KeL „orientieren". In beiden Fällen ist bzw. war das Gleiche gemeint, nämlich die Verwendung der Kostenunterlagen als Ausgangspunkt zur Ermittlung der KeL. **„Quantifizierung"** bedeutet dabei, dass die Kostenunterlagen so aufbereitet sind, dass es der Behörde möglich ist, Elemente, die die KeL übersteigen, zu identifizieren[75] und herauszurechnen. Insoweit die Anwendung der Methoden jetzt in § 35 Abs. 1 enthalten ist, muss **§ 33 Abs. 4** i.V.m. **§ 35 Abs. 1** gelesen werden.

bb) Fristgerechte Entscheidung. – § 33 Abs. 4 setzt Vorgaben vor dem Hintergrund be- **63** grenzter Verfahrensfristen. Die Kostenunterlagen müssen so aufbereitet seien, dass sie eine **Prüfung der tatsächlichen Kosten und** die **KeL-Ermittlung innerhalb** der **Verfahrens-**

---

72 S. o. RdNr. 22.
73 Vgl. *ERG* Opinion on Proposed Changes to Commission Recommendation of 1998 on Accounting separation and cost accounting, ERG (04) 15rev1, veröffentlicht am 14. 10. 2004, Annex, Section 7.1 – Transparency („sufficiently transparent … gain a *clear understanding*"), 30 [Hervorhebung nur hier, A.G.].
74 Vgl. oben § 29 RdNr. 7.
75 So auch OVG NRW, Beschluss v. 1. 3. 2005, 13A/3342/04, 5 des amtlichen Umdrucks.

frist zulassen. Unklarheiten aufgrund unnötig detaillierter[76] und komplizierter Unterlagen[77], die nicht innerhalb der Frist von der Behörde be- und durchgearbeitet werden können, gehen **zu Lasten** des regulierten Unternehmens. In entsprechender Anwendung von § 33 Abs. 5 S. 2 wird auch in solchen Fällen die Behörde weitere Informationen – in diesem Fall nach der Relevanz bestimmter Angaben – anfordern (müssen). Der Antragsteller hat einen **Anspruch auf Berücksichtigung** nur, **soweit** er bei der Vorlage der erläuternden Unterlagen bzw. Erteilung der erläuternden Auskünfte die bei der Anforderung durch die Behörde **gesetzte Frist eingehalten** hat.

64   **5. Präklusion (§ 33 Abs. 5). – a) Allgemeines.** – Die bisherigen Regulierungserfahrungen haben gezeigt, dass die im Rahmen eines Entgeltantrages zu beurteilenden Umstände derart umfangreich sein können, dass die 6- bzw. 10-Wochen-Frist des § 28 Abs. 2 TKG 1996 kaum ausreicht, um die vorgelegten Unterlagen würdigen zu können. Entsprechen die vorgelegten Unterlagen darüber hinaus in der Art und Qualität ihrer Aufbereitung nicht den Anforderungen, die ein zügiges Verständnis ermöglichen bzw. nötige Informationen nicht selbsterklärend beinhalten, ist die Regulierungsbehörde darauf angewiesen, im Laufe des Genehmigungsverfahrens herausstellendem Klärungsbedarf nachzugehen. Die **Einführung von Ausschlussfristen** für die Berücksichtigung unterbreiteten Vortrags bezweckt, das beantragende Unternehmen zu einer sorgfältig vorbereiteten Antragstellung zu bewegen.

65   Der konzentrierte Ablauf des Beschlusskammerverfahrens liegt im Interesse effizienter und effektiver Regulierungsentscheidungen. Während die Regulierungsbehörde dazu z. B. durch §§ 31 Abs. 6, 38 Abs. 3, 25 Abs. 1, 42 Abs. 4 TKG angehalten wird, enthält § 33 Abs. 5 TKG eine ausdrückliche **Verfahrensförderungspflicht für das antragstellende Unternehmen** im Verfahren der Entgeltgenehmigung. Verspäteter Vortrag bzw. Vortrag kurz vor Ende der Entscheidungsfrist können die Grundlagen der Überlegungen, die zu einer Entscheidung führen, verändern. Je nach Gewicht des neuen Vortrages zwingt er zu Änderungen der bereits eingeschlagenen Entscheidungsrichtungen und/oder zieht neue oder zusätzliche Maßnahmen (bspw. neue Kostenrechnungen) nach sich, die im Laufe des verbleibenden Entscheidungszeitraumes nicht mehr realisierbar wären. Die neue Regelung stellt klar, dass das damit verbundene Risiko der Verursacher trägt.

66   § 33 Abs. 5 TKG versucht das **Spannungsverhältnis** zwischen **Amtsermittlungsgrundsatz und Antragsverfahren** aufzulösen. Dieses ist durch die regulierungsspezifische Besonderheit geprägt, dass umfassende antragsbegründende Unterlagen und Auskünfte, die die Regulierungsbehörde in die Lage versetzen, maßstabsgerechte Entgelte zu genehmigen, regelmäßig nur das antragstellende Unternehmen beibringen kann. Genügen die vorgelegten Unterlagen nicht, ist die Versagung der Genehmigung möglich, § 35 Abs. 3 TKG. Da des weiteren – soweit es sich um einen Betreiber eines öffentlichen Telekommunikationsnetzes handelt, der über beträchtliche Marktmacht verfügt – dieser *nur* genehmigte Entgelte erheben darf, § 37 Abs. 1 TKG, liegt es zumindest *auch* in seinem Interesse, dass die Behörde eine umfassende und richtige Tatsachenbasis ihrer Entscheidung zugrunde legen kann.

---

76 S. o. RdNr. 25.
77 Vgl. zu diesem Problem z. B. Beschluss BK4a-03-010/E19.2.03 v. 29. 4. 2003, 14 ff., 14 f. des amtlichen Umdrucks.

Die neue Vorschrift ist ersichtlich an **§§ 282 Abs. 1 und 2, 296 Abs. 1 und 2 ZPO,** **67**
§§ 87 b, 128 a VwGO angelehnt. Die im Zusammenhang mit diesen Präklusionsvorschriften entwickelten Grundsätze können in weitem Umfang in entsprechender Weise auch hier
angewendet werden.[78] Zu beachten sind dabei allerdings die Unterschiede, die daraus folgen, dass die Regulierungsbehörde nicht in demselben Maß, wie ein Gericht konkreten
Prozess-/Verfahrensförderungspflichten unterliegt, allerdings an vorgegebene Entscheidungsfristen gebunden ist und es sich beim Entgeltgenehmigungsverfahren nicht um ein
kontradiktorisches Verfahren handelt. Im Unterschied zu den genannten prozessualen Präklusionsvorschriften sieht § 33 Abs. 5 TKG keine Exkulpationsmöglichkeit vor.

Es bestehen keine Bedenken gegen die **Verfassungsmäßigkeit** der Vorschrift.[79]   **68**

Grundsätzlich gewährt **Art. 103 Abs. 1 GG** keinen Schutz gegen Entscheidungen, die den **69**
Sachvortrag eines Beteiligten aus Gründen des formellen oder materiellen Rechts ganz
oder teilweise außer Acht lassen.[80] Das bedeutet jedoch nicht, dass der verfassungsrechtlich verbürgte Anspruch auf rechtliches Gehör nur nach Maßgabe dessen besteht, was insoweit die gerichtlichen Verfahrensordnungen oder das anzuwendende Gesetzesrecht zulassen. Dieser Anspruch wird durch das einfache Recht näher ausgestaltet, welches jedoch
seinerseits den Mindestanforderungen genügen muss, die im Hinblick auf ein ausreichendes rechtliches Gehör gestellt werden müssen.[81] Deshalb müssen Präklusionsvorschriften
so gefasst sein, dass der Betroffene ausreichend Gelegenheit zum Sachvortrag hatte, diese
Gelegenheit aber ungenutzt hat verstreichen lassen.[82]

Ebenso wenig verwehrt § 33 Abs. 5 TKG den Rechtsweg i. S. d. **Art. 19 Abs. 4 GG.** Die **70**
Vorschrift errichtet weder eine unzumutbare Schranke für den Zugang zum Gericht, noch
verkürzt sie die Wirksamkeit gerichtlichen Rechtsschutzes. Sie passt vielmehr für das antragstellende Unternehmen die Rechtschutztiefe gegen die Entgeltgenehmigungsentscheidung an die Entscheidungsbasis an, die das antragstellende Unternehmen der Regulierungsbehörde unterbreitet hat.

Auch soweit der Schutzbereich des **Art. 14 GG** berührt wird, ist die Präklusionsvorschrift **71**
verfassungsgemäß. Der Gesetzgeber ist grundsätzlich nicht gehindert, aus sachgerechten
Erwägungen heraus Verfahrensregeln, Formen, Fristen und Substantiierungslasten zur
Durchsetzung grundrechtlicher Rechtspositionen einzuführen.[83] Das Nähere darf der Ge-
setzgeber als Inhalts- und Schrankenbestimmung des Eigentums i. S. d. Art. 14 Abs. 1 S. 2
GG regeln. Dies ist mit § 33 Abs. 5 TKG geschehen.

Der damit vorgenommene **Eingriff** des Gesetzgebers steht **in** einem **angemessenen Ver-** **72**
hältnis zu dem mit dem Gesetz im Allgemeinen (Wettbewerbsförderung, §§ 1, 2 Abs. 2
TKG) und der konkreten Regelung im Speziellen (Verfahrensbeschleunigung, Hinwirken
auf Antragstellung unter Vorlage sachgerechter Unterlagen) **angestrebten Ziel.**

Die **Eigentumsbindung** ist für die Erreichung der angestrebten Ziele **geeignet und erfor-** **73**
derlich.

---

78 Zur Verschleppung als Verstoß gegen Treu und Glauben: OVG Münster NWVBl. 1995, 75 f.
79 Umfassend zur Verfassungsmäßigkeit präklusiver Verfahrensvorschriften (dort § 3 Abs. 1 Atom-
AnlVO): BVerfG NJW 1982, 2173 ff.; ferner BVerwG NVwZ 1997, 489 m. w. N.
80 BVerfGE 51, 188, 191; BVerwG NVwZ 1984, 234 f.
81 BVerwG NVwZ 1984, 234.
82 BVerfGE 54, 117, 124.
83 BVerwG NVwZ 1997, 489 m. w. N.

74   Einerseits ist das Entgeltgenehmigungsverfahren ein zeit- und teilweise auch kostenaufwendiger Vorgang, der neben finanziellen Mitteln in erheblicher Weise sachkundige Personalkapazität bindet. Zugleich begehrt der Markt zügige **Rechts- und Planungssicherheit**, die eine Entgeltgenehmigung voraussetzt. Es ist daher ein legitimes Anliegen des Gesetzgebers, dass die Regulierungsbehörde im Stadium der Entscheidungsfindung möglichst frühzeitig alles erfährt, was für eine ausgewogene Entscheidung nötig ist.

75   Andererseits ist es dem antragstellenden Unternehmen unbenommen, von vornherein den Antrag mit sämtlichen relevanten Unterlagen und Informationen zu versehen. Regelmäßig **kann nur** das **antragstellende Unternehmen** allein die **anspruchsbegründenden Nachweise erbringen**. Liegen die Unterlagen vor, hat die Regulierungsbehörde zumindest die Möglichkeit den Antrag zu prüfen und zu genehmigen.

76   Der gesetzgeberische Gestaltungsbereich **erweitert sich** in seiner **Eingriffsintensität, je stärker** eine **soziale Funktion** gegeben ist.[84] Die soziale Funktion des Eigentums an öffentlichen Telekommunikationsnetzen ergibt sich unmittelbar aus ihrer kommunikativen Komponente, die wesentlich dazu beiträgt, für die Endnutzer die Teilhabe an der Gesellschaft zu ermöglichen. Ihre Bedeutung ergibt sich aus der Universaldienstrichtlinie 2002/22/EG. So definiert Erwägungsgrund (4) den Universaldienst als die Bereitstellung eines festgelegten Mindestangebots an Diensten für alle Endnutzer zu einem erschwinglichen Preis. Diese Bedeutung wird konkretisiert in §§ 1, 2 Abs. 2 Nr. 1 und 5 TKG. Hinzu tritt der Umstand, dass einzelne Unternehmen, nämlich die, die aus dem ehemaligen staatlichen Monopolunternehmen hervorgegangen sind, jedenfalls bis zum Zeitpunkt ihrer materiellen Privatisierung ihr Eigentum aus öffentlichen Mitteln und bis zum Zeitpunkt der Liberalisierung unter dem Schutz des staatlichen Monopols erworben haben.

77   **b) Verspätete, nicht angeforderte Unterlagen (Satz 1). – aa) Voraussetzungen. – Unterlagen** sind die zur Prüfung des Antrages erforderlichen Nachweise. Diese beschreibt § 33 Abs. 1 bis 4 TKG.

78   **Nicht mit dem Antrag vorgelegt** sind Unterlagen, die dem Antrag zum Zeitpunkt seines Eingangs bei der Regulierungsbehörde nicht beigefügt waren oder – sofern auf Angaben konkret Bezug genommen wird, die bereits zuvor relevant und deshalb behördenbekannt waren – zu diesem Zeitpunkt bei der Regulierungsbehörde vorgelegen haben.

79   Weitergehender als die verwandten Vorschriften in ZPO und VwGO, die darauf abstellen, ob es zu einer Verzögerung des Rechtsstreites kommt, stellt § 33 Abs. 5 TKG auf die zeitlich vorgegebene Finalität der Entgeltgenehmigungsentscheidung ab. Noch deutlicher als dort gilt hier der **absolute Verzögerungsbegriff**.[85] Denn hier sieht der Gesetzgeber nicht nur eine zügige Prozessführung, also eine Prozessbeschleunigung vor, sondern eine per se begrenzte Verfahrensdauer, nämlich eine 2- bzw. 10-wöchige Entscheidungsfrist, § 31 Abs. 6 S. 3 und 4 TKG (bzw. im Fall der nachträglichen Entgeltregulierung von 2 Monaten, § 38 Abs. 3 TKG), vor.

80   Wann die **Wahrung von Verfahrensfristen gefährdet** wird, ist Tatsachenfrage. Ob durch die Verwertung der verzögert vorgelegten Informationen eine Gefährdung der Wahrung von Verfahrensfristen eintreten kann, hängt von zahlreichen Faktoren ab, vorrangig vom verbleibenden **Entscheidungszeitraum**, jedoch auch vom **Stand des Entscheidungsver-**

---

84 BVerfGE 42, 263, 294; 52, 1, 32; 53, 257, 292 f.; 70, 191, 201; 79, 29, 42; 81, 29, 32; 84, 382, 385.
85 *Eyermann/Geiger*, § 87b RdNr. 11, m. w. N.; *Kopp/Schenke*, VwGO, § 87b RdNr. 11 m. w. N.

fahrens (bspw. bereits herbeigeführte Konsistenz über einen Entscheidungsentwurf), **Art, Inhalt und Umfang** der nachgereichten Unterlagen u. a. m.[86] Auf diese Faktoren hat der nachbessernde Antragsteller keinen Einfluss. Er trägt somit das vollständige Risiko der Verwertung seiner Angaben und damit im Ergebnis auch der Antragsablehnung (vgl. § 35 Abs. 3 S. 3 TKG).

Die **Verzögerung** ist **nicht an Verschulden geknüpft**. Eine Entschuldigung der Verspä- **81** tung, entsprechend § 296 Abs. 1 ZPO a. E., scheidet aus, da die Regulierungsbehörde anders als die Gerichte ihrerseits an außerordentlich knapp bemessene Entscheidungsfristen gebunden ist. Statt auf Verschulden stellt § 33 Abs. 5 S. 1 TKG an die **vom Antragsteller veranlasste Nachbesserung** ab. Der Antragsteller wird in die Pflicht genommen, den zu stellenden Antrag so vorzubereiten, dass eine Nachbesserung nicht nötig ist. Daraus folgt, dass die verspäteten Unterlagen **erheblich** sein müssen. Nicht erhebliche Unterlagen und darin enthaltener Vortrag können das Verfahren regelmäßig nur um die Dauer verzögern, die deren Kenntnisnahme in Anspruch nimmt. In durch Art und Umfang der Unterlagen begründeten Ausnahmefällen mag aber auch dies die Wahrung der Verfahrensfristen gefährden, wenn ihr Erheblichkeitswert nicht rechtzeitig erkannt werden kann. Der Verfahrensförderungspflicht des antragstellenden Unternehmens wohnt deshalb auch die Pflicht inne, Unterlagen in entsprechender Anwendung des § 33 Abs. 4 TKG so nachzureichen, dass deren Relevanz deutlich wird.

Gegen die Fristversäumnis ist die **Wiedereinsetzung in den vorigen Stand** nach § 32 **82** VwVfG **nicht gegeben**. § 33 Abs. 5 TKG ist eine Ausschlussvorschrift i. S. d. § 32 Abs. 5 VwVfG. Aus Sinn und Zweck der Rechtsvorschrift, die Einhaltung der Verfahrensfristen zu wahren, ergibt sich, dass mit der Fristbeachtung dieser Sinn steht und fällt.[87] Außergewöhnliche Härten können in besonderen Ausnahmefällen nach Treu und Glauben gemildert werden.[88]

bb) Rechtsfolge. – Die Regulierungsbehörde entscheidet – nach dem durch diese Vor- **83** schrift manifestierten Willen des Gesetzgebers – **grundsätzlich** auf der Tatsachenbasis, die ihr mit Antragstellung unterbreitet wird. Der Antragsteller kann seinen Antrag nachbessern. Die Regulierungsbehörde muss diese Unterlagen nicht mehr berücksichtigen. Ein **Anspruch** auf Berücksichtigung **besteht nicht**.

c) Verspäteter, angeforderter Vortrag (Satz 2). – Scheint dagegen der Antrag zunächst **84** umfassend, stellt sich jedoch im Laufe des Beschlusskammerverfahrens heraus, dass notwendige Unterlagen nicht beigefügt waren oder beigefügte Unterlagen erklärungsbedürftig sind, bietet § 33 Abs. 5 S. 2 TKG der Regulierungsbehörde eine **spezielle Ermächtigungsgrundlage** unter Fristsetzung, die entsprechenden Unterlagen anzufordern bzw. Auskünfte zu erteilen. **Auskünfte** im Sinne der Vorschrift sind insbesondere Erläuterungen zu den vorgelegten Kostenunterlagen.

Welche **Fristsetzung im konkreten Fall** zu erfolgen hat, steht im **Ermessen** der Regulie- **85** rungsbehörde, die dabei ihrerseits jedoch die Grenzen der Ermessensausübung zu beachten hat. Bei der Fristsetzung wird sich die Regulierungsbehörde an den ihr auferlegten Verfahrensfristen orientieren, da sie einerseits an deren Einhaltung gebunden ist und ein Interesse

---

86 Vgl. zur analogen Situation im Zivilprozess: *Baumbach/Lauterbach/Hartmann,* § 282 RdNr. 5 ff.
87 *Knack/Clausen,* VwVfG, § 32 RdNr. 9.
88 BVerwGE 24, 154; BVerwG DÖV 75, 137.

an einer rechtzeitigen umfassenden Entscheidungsbasis hat, gleichzeitig jedoch noch genügend Gelegenheit haben muss, um die erbetene Information verwerten zu können.

86 Im Falle einer derart durch die Regulierungsbehörde veranlassten Nachbesserung des Antrags hat der Antragsteller einen **Anspruch auf Berücksichtigung** nur, **soweit** er die **gesetzte Frist** zur Vorlage der Unterlagen bzw. Erteilung der Auskünfte **eingehalten** hat. Die Einhaltung der gesetzten Frist ist rein **objektiv** zu beurteilen. Sie ist nicht an Verschulden geknüpft, da die Regulierungsbehörde ihrerseits an außerordentlich knapp bemessene Entscheidungsfristen gebunden ist. Dies ist verhältnismäßig, da zwar vordergründig die Regulierungsbehörde Erklärungs- bzw. Ergänzungsbedarf an den vorgelegten Kostenunterlagen gesehen hat. Dieser kann aber gleichermaßen an ungenügender Aufbereitung der vorgelegten Unterlagen durch den Antragsteller oder an einem Fehlverständnis auf Seiten der Regulierungsbehörde an ausreichend aufbereiteten Unterlagen liegen.

87 Im Übrigen entsprechen Voraussetzungen und Rechtsfolge § 33 Abs. 5 S. 1 TKG.

88 **d) Vortrag Dritter.** – Regelmäßig handelt es sich um **nicht mit dem Antrag vorgelegte Unterlagen durch Dritte**, insbesondere bei den durch die am Verfahren beteiligten Wettbewerber **vorgelegten Unterlagen**. Dazu zählen auch vor Antragstellung durch ein anderes Unternehmen vorsorglich bei der Regulierungsbehörde eingereichte Unterlagen.

89 **Kriterium** für deren Berücksichtigungsfähigkeit, sofern sie für die Entscheidung erheblich sind, ist allein die **Nichtgefährdung der Einhaltung von Verfahrensfristen**.

90 Die **spezielle Ermächtigung** des § 33 Abs. 5 S. 2 TKG, die Vorlage von Unterlagen oder Erteilung von Auskünften unter Fristsetzung zu begehren, besteht ausdrücklich **nicht gegenüber Dritten**. Selbstverständlich ist es der Regulierungsbehörde unbenommen, zur Sachverhaltsaufklärung von Dritten die freiwillige Vorlage von Unterlagen und Erteilung von Auskünften zu erbitten.

91 **e) Entscheidung über Ausschluss.** – Die Entscheidung über die Frage des Ausschlusses vorgelegter Unterlagen bzw. erteilter Auskünfte ist eine Verfahrensfrage. Als solche ist sie grundsätzlich **im Rahmen der Genehmigungsentscheidung** zu treffen und ggf. mit ihr anzugreifen.

92 **f) Reichweite der Präklusion.** – Die Präklusion erstreckt sich nicht nur auf das Verwaltungsverfahren, sondern auch auf das anschließende Gerichtsverfahren.[89] Es handelt sich also um eine Vorschrift **materieller** bzw. **echter**[90] **Präklusion.** Sie bewirkt, dass der Betroffene seine materiellen Rechte vor Gericht nicht mehr gelten machen kann.

93 Anders als in bisher in materiellen Verwirkungsklauseln ist das sektorspezifische Regulierungsrecht von tripolaren Rechtsverhältnissen geprägt. Der Verwirkungsausschluss führt dazu, dass das **antragstellende Unternehmen nach dem Zeitpunkt der Antragstellung** mit weiterem Vortrag nicht mehr gehört wird bzw. gehört werden muss. Die bisher bekannten Vorschriften schlossen dagegen Einwendungen **Dritter gegen die behördliche Entscheidung** aus.[91]

---

89 Allgemein zur Präklusion im Verwaltungsverfahren mit zahlreichen Nachweisen: *Brandt*, NVwZ 1997, 233 ff.

90 Begriff nach *Ipsen*, DVBl. 1980, 146, 150.

91 Vgl. *Brandt*, NVwZ 1997, 233, 234 f., mit einer umfassenden Aufzählung entsprechender Vorschriften; *Ipsen*, DVBl. 1980, 146, 150 f.; *Streinz*, VerwA 1988, 272, 286 ff.

Die materielle Präklusion hat Auswirkungen auf den **Zeitpunkt**, auf den bei der **gerichtli- 94 chen Rechtmäßigkeitkontrolle** abzustellen ist. Im Fall von § 33 Abs. 5 S. 1 TKG, der originär vom antragstellenden Unternehmen veranlassten Nachbesserung des Antrages, gilt damit nicht mehr der Zeitpunkt der letzten Behördenentscheidung im Rahmen der gerichtlichen Rechtmäßigkeitsprüfung. Dieser Zeitpunkt wird **vorverlagert** auf den **Antragszeitpunkt**. Im Falle von § 33 Abs. 5 S. 2 TKG, der von der Regulierungsbehörde veranlassten Nachbesserung des Antrags, ist auf die Sach- und Rechtslage in dem Zeitpunkt abzustellen, der **bei Ablauf der von der Behörde gesetzten Frist** vorlag.

6. Antragsübergreifende Verwendung von Kostenrechnungsmethoden (§ 33 Abs. 6). – 95 § 33 Abs. 6 enthält eine **eindeutig inhaltliche Vorgabe**, nämlich die antragsübergreifende **einheitliche Verwendung** von **Kostenrechnungsmethoden**. Die Verpflichtung zur regelmäßigen Vorlage einer Gesamtschau nach Abs. 3 ermöglicht einen **Quervergleich** zwischen den Anträgen und wahrt so die **Konsistenz** der verschiedenen Entgeltanträge untereinander. Diese Vorschrift ist die **logische Ergänzung** zum **Kosistenzgebot des § 27**[92], dem die Behörde nicht nachkommen kann, wenn das regulierte Unternehmen Entgeltanträge vorlegt, in denen mit verschiedenen Kostenrechnungsmethoden gerechnet wird.

Eine **nicht einheitliche** Verwendung von Kostenrechnungsmethoden kann zu Lücken oder 96 Doppelverrechnungen von Kosten führen, die **Ergebnisse der Kostenrechnung** wären in sich **widersprüchlich**, und das Gesamtergebnis könnte zu hoch oder zu niedrig ausfallen. Die Verwendung verschiedener Methoden eröffnet einen „Manipulationsspielraum", weil Kostenblöcke uneinheitlich erfasst würden und zwischen den Leistungen (= Anträgen) hin und her verschoben werden könnten, ohne dass dies nachververfolgbar wäre. Eine abschließende Prüfung wäre unmöglich.

Da das **Kostenrechnungssystem** als **einheitliches Ganzes** zu sehen ist, müssen innerhalb 97 dieses Systems **dieselben Methoden** verwendet werden.[93]

7. Verhältnis zu § 29 TKG (§ 33 Abs. 7). – § 33 Abs. 7 TKG unterstreicht, dass auch 98 **mangelhafte Kostenunterlagen** die Regulierungsbehörde berechtigen, von den **Anordnungsmöglichkeiten** des **§ 29 TKG** Gebrauch zu machen; vgl. dazu im Einzelnen die Kommentierung zu § 29 TKG. Ist zusätzlicher oder verspäteter Vortrag nötig, genügen die Kostenunterlagen also nicht den Anforderungen des § 33 TKG, um eine Entscheidung treffen zu können, bleibt es – neben den Sanktionsmöglichkeiten des § 29 TKG – bei dem Dilemma der Regulierungsbehörde, den Antrag ganz oder teilweise ablehnen (vgl. § 35 Abs. 3 S. 3 TKG) oder auf andere Erkenntnisquellen (vgl. § 35 Abs. 1 TKG) zurückgreifen zu müssen.

V. Fazit

§ 33 befasst sich mit der Pflicht zur Vorlage von Kostenunterlagen im Rahmen von Entgelt- 99 regulierungsverfahren. Er enthält die Details der vorzulegenden Unterlagen. Diese sollen der Behörde eine **quantitative und qualitative Prüfung** der beantragten Entgelte **auf Kostenorientiertheit** ermöglichen. Im **Ex-ante-Entgeltregulierungsverfahren** dienen die Kostenunterlagen der **Kostenprüfung** und als Ausgangspunkt für die **Ermittlung der**

---

92 Vgl. oben § 27.
93 Vgl. oben § 29 RdNr. 10 f.

KeL (§ 31). Im **Ex-post-Entgeltregulierungsverfahren** werden sie zur **Überprüfung** der Einhaltung der in Bezug auf Kostengrößen definierten **Preisuntergrenzen** (§ 28) herangezogen.

100 Die Vorschrift entspricht in weiten Teilen der Vorgängervorschrift des § 2 TEntgV. Sie ist v. a. um die **ausdrückliche Verpflichtung zur Vorlage** einer **Gesamtkostenrechnung** in Form sowohl der Kostenstellen- als auch der **Kostenträgerrechnung** (Abs. 3) erweitert und damit verbessert worden. Auch die **explizite Regelung der Präklusion** (Abs. 5) schafft im Vergleich zur alten Rechtslage Klarheit.

101 Im Hinblick auf den Verfahrenszweck erfolgt mit der **eindeutigen Vorgabe,** dass die Kostenunterlagen der Behörde die „Quantifizierung der KeL" (Abs. 4) erlauben müssen, ebenfalls eine Verbesserung. Schließlich ist auf den Zusammenhang zwischen der Vorgabe in Abs. 6, **antragsübergreifend einheitliche Kostenrechnungsmethoden** zu verwenden und dem **Konsistenzgebot** des § 27 hinzuweisen, die sich ergänzen.

§ 34 Price-Cap-Verfahren

(1) Die Regulierungsbehörde bestimmt den Inhalt der Körbe. Dabei dürfen Zugangsdienste nur insoweit in einem Korb zusammengefasst werden, als sich die erwartete Stärke des Wettbewerbs bei diesen Diensten nicht wesentlich unterscheidet.

(2) Die Regulierungsbehörde stellt das Ausgangsentgeltniveau der in einem Korb zusammengefassten Zugangsleistungen fest. Sofern bereits genehmigte Entgelte vorliegen, ist von diesen auszugehen.

(3) Die Maßgrößen für die Genehmigung nach § 32 Nr. 2 umfassen

1. eine gesamtwirtschaftliche Preissteigerungsrate,
2. die zu erwartende Produktivitätsfortschrittsrate des Betreibers mit beträchtlicher Marktmacht und
3. Nebenbedingungen, die geeignet sind, einen Missbrauch nach § 28 zu verhindern.

(4) Bei der Vorgabe der Maßgrößen, insbesondere bei der Festlegung der Produktivitätsfortschrittsrate, ist das Verhältnis des Ausgangsentgeltniveaus zu den Kosten der effizienten Leistungsbereitstellung nach § 31 Abs. 2 zu berücksichtigen.

(5) Bei der Vorgabe der Maßgrößen sind die Produktivitätsfortschrittsraten von Unternehmen auf vergleichbaren, dem Wettbewerb geöffneten Märkten zu berücksichtigen.

(6) Die Regulierungsbehörde bestimmt, für welchen Zeitraum die Maßgrößen unverändert bleiben, anhand welcher Referenzzeiträume der Vergangenheit die Einhaltung der Maßgrößen geprüft wird und unter welchen Voraussetzungen der Inhalt von Körben geändert oder Preisdifferenzierungen innerhalb eines Korbes durchgeführt werden können.

Schrifttum: *Beesley/Littlechild*, The regulation of privatized monopolies in the United Kingdom, RANDJoE 1989, 454; *BMPT*, Price-Cap-Regulierung für Monopoldienstleistungen für Zwecke des digitalen zellularen Mobilfunks, 1993; *Crew/Kleindorfer*, Incentive Regulation in the United Kingdom and the United States: Some Lessons, JRE 1996, 211; *Elsenbast*, Produktivitätserfassung in der Price-Cap-Regulierung – Perspektiven für die Preisregulierung der Deutschen Post AG, 1999; *Lang*, Price-Cap-Regulierung, Wirtschaftsdienst 1995, 273; *Vogelsang*, Price Regulation and Access to Telecommunications Networks, JEL 2003, 830.

Übersicht

I. Bedeutung der Norm

1 **1. Normzweck.** – § 34 ist die zentrale Vorschrift für die inhaltliche Ausgestaltung des Price-Cap-Verfahrens im Rahmen von dessen **„erster Stufe"** (vgl. § 32 RdNr. 12). Sie steht in engem Zusammenhang mit § 32, der das Price-Cap-Verfahren (§ 32 Nr. 2) als gleichwertige Alternative zur Einzelgenehmigung (§ 32 Nr. 1) für Verfahren der **Ex-ante-Entgeltregulierung** normiert, und setzt eine Entscheidung der RegTP für eine Entgeltgenehmigung nach dem Price Cap-Verfahren und gegen eine Einzelgenehmigung voraus. Erst nach dieser Entscheidung kann die Bestimmung der einzelnen Modellelemente des Price-Cap-Verfahrens nach Maßgabe von § 34 erfolgen.

2 **2. Anwendungsbereich.** – Systematisch ist § 34 in den Kontext von Teil 2, Abschnitt 3, Unterabschnitt 2 des Gesetzes eingebettet und gilt damit (auch nach seinem Wortlaut) unmittelbar nur für Entgeltgenehmigungen bei **Zugangsleistungen** (§ 3 Nr. 32), die im Rahmen eines Price-Cap-Verfahrens erfolgen.

3 Soweit Entgelte von **Endnutzerleistungen** (§ 3 Nr. 8) nach § 39 Abs. 1 S. 1 der Genehmigungspflicht unterworfen werden, verweist § 39 Abs. 1 S. 3 auf eine entsprechende Anwendung der §§ 31 bis 37 und damit auch von § 32 Nr. 2 i.V.m. § 34.

4 **3. Entstehungsgeschichte.** – Ausweislich der Begründung zu § 32 RegE[1] (= § 34 TKG 2004) entspricht die Vorschrift „im Wesentlichen" den bisherigen §§ 4, 7 Abs. 2 TEntgV, die nach § 152 Abs. 2 aufgehoben sind. Dies trifft jedoch nur **sehr eingeschränkt** zu. Tatsächlich bildet § 34 zwar wesentliche Teile des ehemaligen § 4 TEntgV inhaltlich ab, jedoch ergibt sich auch eine Reihe von Unterschieden, z.B. in Form von Übernahmen aus § 1 Abs. 2 TEntgV (§ 34 Abs. 1), Präzisierungen (§ 34 Abs. 2, 4) und Aufhebungen von Vorgaben aus § 4 Abs. 6 TEntgV. § 7 Abs. 2 TEntgV, der den Umgang mit Leistungsangeboten des „besonderen Netzzugangs" (§ 35 TKG 1996) im Rahmen des Price-Cap-Verfahrens regelte, findet sich in der Vorschrift nicht wieder. Eine **europarechtliche** Entsprechung von § 34 ist nicht ersichtlich.

II. Prüfung der Genehmigungsfähigkeit der Entgelte

5 Im Rahmen eines Price-Cap-Verfahrens legt die RegTP für einen vorher definierten Zeitraum (Laufzeit) fest, unter welchen Bedingungen sie genehmigungspflichtige Entgelte für genehmigungsfähig hält. Praktisch werden hierzu mehrere Leistungen („Dienste") mit ihren jeweiligen Entgelten zu einem oder mehreren Körben zusammengefasst und anschließend dahingehend überprüft, ob die durchschnittlichen Änderungsraten einer Price-Cap-Periode, die sich aus den gewichteten Änderungen der Einzelentgelte im jeweiligen Korb

---

1 BT-Drs. 15/2316, S. 94.

ergeben, von der RegTP vorgegebene Maßgrößen einhalten oder nicht.[2] Die Maßgrößen finden Eingang in die **Price-Cap-Formel** und sind **Nebenbedingungen**, die geeignet sind, einen Missbrauch nach § 28 zu verhindern. Nur bei Einhaltung aller Maßgrößen gelten die Maßgaben nach § 28 und für den jeweiligen Korb nach § 31 als erfüllt (§ 35 Abs. 2 S. 2). Über die Genehmigungsfähigkeit der Entgelte, die im Rahmen der „zweiten Stufe" (vgl. § 32 RdNr. 13) des Price-Cap-Verfahrens geprüft wird, ist innerhalb von zwei Wochen zu entscheiden (§ 31 Abs. 6 S. 4).

1. Price-Cap-Formel. – Die Price-Cap-Formel wird im Rahmen der „ersten Stufe" des 6 Verfahrens nach § 32 Nr. 2 von der RegTP nach Maßgabe des § 34 erarbeitet und wies bis vor kurzem – basierend auf TKG 1996 und TEntgV, aber im Prinzip im Einklang mit dem TKG 2004 – folgende (universelle) Form auf:[3]

$$\sum_{i=1}^{n} w_{i,t} \times \left[\frac{p_{i,t} - p_{i,t-1}}{p_{i,t-1}} \right] \leq I_t - X_t + \Delta.$$

Auf der rechten Seite der Price-Cap-Formel bezeichnen I_t eine **gesamtwirtschaftliche** 7 **Preissteigerungsrate** und X_t die für das regulierte Unternehmen **zu erwartende Produktivitätsfortschrittsrate**, jeweils für die relevante Price-Cap-Periode t, für die ein Entgelt genehmigt werden soll (auch: Betrachtungszeitraum). Zusammen bilden beide Maßgrößen den **Price-Cap-Index**, der für jede Periode und ggf. auch für jeden Korb neu ermittelt wird.[4] Er gibt den vom regulierten Unternehmen einzuhaltenden Preispfad vor. Die Residualvariable Δ stellt einen Faktor dar, der die nicht ausgenutzten Preissetzungsspielräume im Hinblick auf die maximale Höhe des Preisindexes in den als relevant definierten Vorperioden (t-1, t-2 etc.) widerspiegelt. Der Faktor hat den Wert „Null", sofern ein sog. „**Carry-over**", d. h. die Überwälzung von in der Vorperiode durch das regulierte Unternehmen nicht ausgenutzten Preissetzungsspielräumen aus den Vorperioden in die Price-Cap-Periode t nicht erlaubt ist. Sofern ein „Carry-over" erlaubt ist und Preissetzungsspielräume vom regulierten Unternehmen in den Vorperioden nicht vollständig ausgenutzt wurden, hat Δ ein negatives Vorzeichen und führt zur Absenkung des Price-Cap-Index.

Auf der linken Seite der Price-Cap-Formel bezeichnet $P_{i,t}$ die Entgelte der in der betrachte- 8 ten Price-Cap-Periode t in dem jeweiligen Korb enthaltenen Leistungen i (mit i = 1, ..., n), während $P_{i,t-1}$ für die Preise der Leistungen i am Ende der Vorperiode t-1, d. h. unmittelbar vor Beginn der Price-Cap-Periode t steht und das **Ausgangsentgeltniveau** markiert. Der Faktor $w_{i,t}$ ist ein Gewichtungsfaktor und steht für die individuelle Bedeutung einer Leistung i im Verhältnis zu allen übrigen im Korb enthaltenen Leistungen. Er wird ermittelt auf der Basis der Umsätze eines **Referenzzeitraums**, der von der RegTP für den Betrachtungszeitraum t als relevant erachtet wird.

Während also der rechte Teil der Price-Cap-Formel die von der RegTP für den Betrach- 9 tungszeitraum vorgegebenen Bedingungen („Maßgrößen") ausweist, steht der linke Teil

---

2 Vgl. auch BT-Drs. 13/3609, S. 44.
3 Vgl. ABl. RegTP 2/02, S. 147 und für den Postsektor RegTP, BK1b- 02/002 (ABl. RegTP 13/02, S. 1091 = beabsichtigte Entscheidung). Für andere Price-Cap-Formeln vgl. BMPT, Price-Cap-Regulierung für Monopoldienstleistungen für Zwecke des digitalen zellularen Mobilfunks, 13 f und ABl. BMPT 34/97, S. 1892.
4 ABl. RegTP 2/02, S. 150.

für die zu überprüfenden Entgelte des regulierten Unternehmens. Mathematisch handelt es sich hierbei um die **Wachstumsrate** des Entgelts der jeweiligen Leistung i, die mit einem leistungsspezifischen Faktor $w_{i,t}$ gewichtet wird. Die Anwendung der Price-Cap-Formel erfolgt korbspezifisch, da die in ihr enthaltenen Maßgrößen je nach Korb durchaus unterschiedlich ausgeprägt sein können.

10   **2. Nebenbedingungen.** – Um einen Missbrauch nach § 28 zu verhindern, können gemäß § 34 Abs. 3 Nr. 3 zusätzliche Maßgrößen in Form von Nebenbedingungen formuliert werden. Diese Nebenbedingungen werden ebenfalls im Rahmen der „ersten Stufe" des Price-Cap-Verfahrens erarbeitet. In Frage kommen z. B. leistungsspezifische Preisuntergrenzen oder Preiskorridore (vgl. ausführlicher RdNr. 23 f.).

III. Einzelerläuterungen

11   **1. Korbbildung (Abs. 1).** – Die Überprüfung der Genehmigungsfähigkeit von Entgelten erfolgt auf der Basis von in Körben zusammengefassten Leistungen. § 34 Abs. 1 S. 1 legt hierzu fest, dass die RegTP den Inhalt der Körbe bestimmt. Dies bedeutet zunächst, dass die abschließende Entscheidung über die Zusammensetzung der Körbe von der RegTP getroffen werden muss; nicht von dem Unternehmen, dessen Entgelte genehmigt werden sollen, oder anderen Beteiligten. Dies gilt im Übrigen auch für alle anderen Modellelemente innerhalb des Price-Cap-Verfahrens. Zu beachten sind allerdings die Beteiligungsrechte des § 36.

12   Nach dem Wortlaut des § 32 Nr. 2 muss die Genehmigung von Entgelten „für einen Korb zusammengefasster Dienste" erfolgen, d. h. in jedem Korb müssen mehrere, **mindestens aber zwei Leistungen** („Dienste") enthalten sein. Im Rahmen der grundsätzlichen Entscheidung des § 32 über das Für oder Wider eines Price-Cap-Verfahrens ist daher im Hinblick auf die Korbbildung zu prüfen, ob ein oder mehrere Körbe mit jeweils mindestens zwei Leistungen gebildet werden können. Solange dies nicht möglich ist, muss die Entgeltgenehmigung von Leistungen im Wege von Einzelgenehmigungen erfolgen (§ 32 Nr. 1).

13   § 34 Abs. 1 S. 2 schreibt vor, dass Zugangsleistungen nur insoweit in einem Korb zusammengefasst werden dürfen, als sich die erwartete Stärke des Wettbewerbs bei diesen Leistungen nicht wesentlich unterscheidet. Gemeint ist damit die **zukünftige Wettbewerbsintensität** bei diesen Leistungen. Zu deren Abschätzung bedarf es zum Einen der Ermittlung der **längerfristigen Substitutionselastizität**, d. h. der (aktuellen und zukünftigen) Austauschbarkeit der zu regulierenden Leistungen untereinander und mit Leistungen anderer Anbieter aus Sicht der Nachfrager.[5] Zum Anderen bedarf es der Abschätzung des **potenziellen Wettbewerbs**, d. h. der Möglichkeiten des Marktzutritts durch andere Unternehmen und damit letztlich der Abschätzung der „Offenheit" der Märkte, auf denen die zu regulierenden Leistungen gehandelt werden. Beide Aspekte sind zentrale Bestandteile einer in die Zukunft gerichteten Marktabgrenzung, wie sie bspw. auch bei der kartellrechtlichen Beurteilung von Unternehmenszusammenschlüssen erfolgt. Hierfür einschlägig sind im Wesentlichen die Kriterien des § 19 Abs. 2 GWB. Ziel ist es zu verhindern, dass die im Rahmen des Price-Cap-Verfahrens prinzipiell gewährte Preisflexibilität für die Quersubventionierung von wettbewerbsintensiveren Leistungen durch weniger wettbewerbsintensivere Leistungen genutzt wird. Dies konnte insbesondere zu Beginn der Liberalisierung in den

---

5 Vgl. *Kantzenbach/Krüger*, WuW 1992, 472, 473.

Jahren 1998/99 beobachtet werden, als das noch auf Vorgaben des BMPT beruhende Price-Cap-System die damals eher wettbewerbsintensiven Fern- und Auslandsverbindungen mit den eher weniger wettbewerbsintensiven Orts- und Cityverbindungen zusammen in einem Korb auswies.[6] Um Wettbewerbsverzerrungen zu vermeiden, dürfen Leistungen daher nur dann demselben Korb zugeordnet werden, wenn sie eine ähnliche zukünftige Wettbewerbsintensität aufweisen.

Die Zusammenfassung von Entgelten für Zugangsleistungen und Endnutzerleistungen zu **14** einem Korb ist nicht möglich. Dieser in der Literatur unter dem Begriff **„Global Price Cap"** diskutierte Ansatz[7] wird durch § 39 Abs. 1 S. 3 explizit ausgeschlossen. Hintergrund dieser Regelung ist wiederum die Tatsache, dass die im Rahmen eines Price-Cap-Systems gewährte Preisflexibilität durch das Unternehmen missbräuchlich ausgenutzt werden könnte. Denn für das regulierte Unternehmen bestehen bei einer derartigen Korbbildung grundsätzlich starke Anreize, die Entgelte für Endnutzerleistungen zu senken und diejenigen für Zugangsleistungen zu heben, weil es hierdurch seine eigene Wettbewerbsposition im Endnutzermarkt stärkt und gleichzeitig die für seine Konkurrenten notwendigen Zugangsleistungen verteuert. Die Vorgabe in § 39 Abs. 1 S. 3 dient daher in erster Linie der Verhinderung von Preis-Kosten-Scheren nach § 28 Abs. 2 Nr. 2.

2. Ausgangsentgeltniveau (Abs. 2). – Gemäß § 34 Abs. 2 S. 1 stellt die RegTP das Aus- **15** gangsentgeltniveau $p_{i,t-1}$ für die nach dem Price-Cap-Verfahren zu regulierenden Leistungen fest. In der Regulierungspraxis nach dem TKG 1996 wurde hierfür regelmäßig das Entgelt verwendet, dass sich unmittelbar am Ende der Vorperiode t-1 für die jeweilige Leistung einstellte.[8] Gegen diese Praxis ist nichts einzuwenden. Sofern es sich um bereits genehmigte Entgelte handelt, schreibt § 34 Abs. 2 S. 2 deren Berücksichtigung als Ausgangsentgeltniveau $p_{i,t-1}$ fest. Dies gilt sowohl für im Rahmen der **„zweiten Stufe"** (vgl. § 32 RdNr. 13) des Price-Cap-Verfahrens genehmigte Entgelte als auch für zuvor im Wege der Einzelgenehmigung nach § 32 Nr. 1 regulierte Entgelte, die zukünftig im Wege eines Price-Cap-Verfahrens reguliert werden sollen.

3. Maßgrößen (Abs. 3). – a) Gesamtwirtschaftliche Preissteigerungsrate (Nr. 1). – Für **16** die Price-Cap-Formel muss eine gesamtwirtschaftliche Preissteigerungsrate I_t bestimmt werden. Es liegt nahe, hierfür einen telekommunikationsspezifischen Preisindex zu verwenden, der die Preisentwicklung des seit der Liberalisierung vervielfältigten Angebot transparent widerspiegelt. Ein solcher liegt mit dem **Preisindex für Telekommunikationsdienstleistungen** (Statistisches Bundesamt, Fachserie 17, Reihe 9.1 „Preisindizes für Nachrichtenübermittlung") vor. Er bildet die Preisentwicklung bei Telekommunikationsdiensten (§ 3 Nr. 24) ab, kann als amtliche Statistik von Unternehmensseite her nicht beeinflusst werden, wird monatlich aktualisiert und ist als statistischer Ausdruck der Preisniveauentwicklung allgemein akzeptiert. Darüber hinaus erfolgt der Ausweis dieses Preisindexes nicht nur als Gesamtindex, sondern spezifisch auch für Festnetz-, Mobilfunk- und Internetleistungen, so dass I_t ggf. auch bereichsspezifisch konkretisiert werden kann.

Bisher wurde in allen Price-Cap-Verfahren seit dem Jahre 1994 der **Preisindex für die Le- 17 benshaltung aller privaten Haushalte** des Statistischen Bundesamtes (Fachserie 17, Rei-

---

6 Vgl. ABl. BMPT 34/97, S. 1891, 1893.
7 Vgl. z. B. *Vogelsang*, JEL 2003, 842.
8 Vgl. ABl. BMPT 34/97, S. 1891; ABl. RegTP 2/02, S. 147, 148.

he 7 „Preisindizes für die Lebenshaltung") verwendet.[9] Diese Vorgehensweise ist angesichts der obigen Ausführungen nicht sachgerecht. Denn letztlich handelt es sich bei dem Preisindex für die Lebenshaltung um einen allgemeinen (sektorübergreifenden) Verbraucherpreisindex, der für eine telekommunikationssektorspezifische Entgeltgenehmigung verwendet wird. Entgelte von Endnutzerleistungen sind in diesem Verbraucherpreisindex aber nur in sehr geringem Umfang, Entgelte für Zugangsleistungen überhaupt nicht vertreten. Es erscheint daher mehr als fraglich, ob dieser allgemeine Verbraucherpreisindex, der sich überwiegend auf telekommunikationsfremde Leistungen bezieht, die Preisentwicklung im Telekommunikationssektor korrekt abbildet. Faktisch ist seit Beginn der Liberalisierung eine **gegenläufige Entwicklung** zwischen den (steigenden) allgemeinen Verbraucherpreisen und den (sinkenden) Preisen für Telekommunikationsdienste zu beobachten.

18   **b) Produktivitätsfortschrittsrate (Nr. 2).** – § 34 Abs. 3 Nr. 2 sieht die Bestimmung einer „zu erwartenden Produktivitätsfortschrittsrate" X_t vor. Grundsätzlich bezeichnet der Begriff „Produktivität" das in Geldeinheiten ausgedrückte Verhältnis des aus einem Leistungserstellungsprozess resultierenden Outputs zu dem zuvor eingebrachten Input (Arbeit, Kapital etc.). Bezogen auf eine bestimmte Leistung lassen sich hieraus also auch die mit der Erstellung einer Mengeneinheit anfallenden Kosten ermitteln. Relevante Kenngrößen sind z. B. die Kosten pro Teilnehmeranschluss, die Kosten für eine lokale Zusammenschaltung oder auch die Kosten für ein Ferngespräch. Entsprechend handelt es sich bei der Maßgröße X_t um die Veränderung dieser Kenngrößen im Zeitablauf. Sie ist positiv, wenn die Kosten pro Leistungsmengeneinheit sinken et vice versa. Dabei ist prinzipiell unerheblich, ob es sich um **nominelle** Produktivitätsänderungen, hervorgerufen z. B. durch Preisänderungen bei den zur Erstellung der Leistung notwendigen Inputfaktoren, oder **reale** Produktivitätsänderungen, hervorgerufen z. B. durch „echte" Rationalisierungen, handelt. Entscheidend ist lediglich, dass sich die Produktivitätsänderungen – im Positiven wie im Negativen – tatsächlich ergeben haben.

19   Um eine intertemporale Vergleichbarkeit zu ermöglichen, ist bei der Messung der Produktivitätsfortschrittsrate immer eine konstante Qualität der Leistung zu unterstellen. Der Untersuchung sollte daher stets eine **unveränderte Leistungsbeschreibung** zugrunde liegen. Auch sollte bei der Maßgröße X_t nicht auf das Unternehmen insgesamt, sondern auf die im jeweiligen Korb enthaltenen Leistungen abgestellt werden, um Verzerrungen durch differierende Produktivitätsentwicklungen in anderen Unternehmensteilen bzw. -bereichen zu verhindern.

20   Analog der Formulierung in § 34 Abs. 1 ist auch bei der Maßgröße X_t auf den **zu erwartenden** Wert abzustellen, d. h. es bedarf einer Abschätzung der zukünftig wahrscheinlichen Produktivitätsänderungen des regulierten Unternehmens. Diese werden von einer Vielzahl von Faktoren beeinflusst. Zu nennen sind bspw. die Einführung von Produkt- und Prozessinnovationen oder die Durchführung von Schulungs- und Rationalisierungsmaßnahmen. Allein hieran wird deutlich, dass die Bestimmung von X_t ein großes Problem darstellt. Denn es mag zwar das regulierte Unternehmen, nicht aber die RegTP Kenntnis von der Umsetzung derartiger Maßnahmen haben (**Informationsasymmetrie**). Und selbst das regulierte Unternehmen wird die konkrete Umsetzung derartiger Maßnahmen entgegen der eigentlichen Unternehmensplanung mitunter vorziehen, z. B. als Reaktion auf eine zuvor

---

9   Vgl. *BMPT*, Price-Cap-Regulierung für Monopoldienstleistungen für Zwecke des digitalen zellularen Mobilfunks, S. 18; ABl. BMPT 34/97, S. 1891, 1892; ABl. RegTP 2/02, S. 147, 149.

durch die RegTP festgelegte Maßgröße X_t, weil jede Erhöhung der Produktivität über die Maßgröße X_t hinaus zu einer Steigerung des Unternehmensgewinns führt. Eine Erhöhung von X_t durch die RegTP führt daher in der Regel auch zu höheren Investitionen in produktivitätssteigernde Maßnahmen und hat den positiven Nebeneffekt, dass das Quersubventionierungspotenzial und damit letztlich auch die Wahrscheinlichkeit eines Verstoßes gegen § 28 Abs. 2 Nr. 1 verringert wird. Andererseits kann ein zu hoch festgelegtes X_t trotz hoher Rationalisierungsinvestitionen auch zu Verlusten auf Seiten des regulierten Unternehmens führen. Aufgrund dieser Zusammenhänge ist die Maßgröße X_t daher als **zentraler Steuerungsparameter** der Price-Cap-Formel anzusehen.

Für die Festlegung von X_t existieren mehrere Möglichkeiten. Die wohl einfachste Lösung **21** ist die Schätzung dieser Maßgröße durch die RegTP auf der Grundlage ihrer bisherigen Regulierungserfahrung. Aufgrund der bestehenden Informationsasymmetrien ist diese Lösung allerdings ebenso abzulehnen wie die Bestimmung von X_t im Wege der Verhandlung zwischen der RegTP und dem regulierten Unternehmen. Denn die Kenntnisse der RegTP über das regulierte Unternehmen – und insbesondere über die dort zu erwartenden Rationalisierungen – sind insgesamt eher als gering einzuschätzen und führen zwangsläufig zu Schätzfehlern. Auch die Bestimmung von X_t auf der Basis ökonometrischer Prognosemodelle über die Entwicklung der totalen Faktorproduktivität erscheint nicht geeignet. Denn deren Verwendung ist – neben weiteren Problemen – insofern kritisch, als X_t durch das Handeln des regulierten Unternehmens endogen mitbestimmt werden kann und dadurch starke Anreize zu opportunistischem Verhalten auf Seiten des Unternehmens entstehen.[10]

Vielversprechender erscheint das folgende Vorgehen: Um die Informationsasymmetrien – **22** gerade bei den zu regulierenden Leistungen – zu überwinden, sollte die RegTP zunächst Kostenunterlagen anfordern. Diese Kostenunterlagen sind in der Regel zwar vergangenheitsorientiert, können aber einen Eindruck über die Produktivität des regulierten Unternehmens in den letzten Perioden vermitteln. Daneben sollte die RegTP dezidierte Informationen über kurz- bis mittelfristig geplante Rationalisierungsmaßnahmen etc. sowie deren Auswirkungen auf die zukünftige Produktivität bei den zu regulierenden Leistungen anfordern. Hierbei handelt es sich um zukunftsbezogene Informationen. Sowohl die Kostenunterlagen als auch die Informationen über Rationalisierungsmaßnahmen kann die RegTP über eine Anordnung nach § 29 erhalten und anschließend im Rahmen von **Zeitreihenanalysen** leistungsspezifisch auswerten. Parallel hierzu kann die RegTP eigene Berechnungen auf Basis von Kostenmodellen anstellen (§ 35 Abs. 1 Nr. 2). Das Verhältnis des Ausgangsentgeltniveaus zu den Kosten der effizienten Leistungsbereitstellung nach § 32 Abs. 2 und die Produktivitätsfortschrittsraten von Unternehmen auf vergleichbaren, dem Wettbewerb geöffneten Märkten sind bei der Bestimmung von X_t ohnehin zu berücksichtigen (§ 34 Abs. 4 und 5).

c) Nebenbedingungen (Nr. 3). – § 34 Abs. 3 Nr. 3 sieht als Maßgröße für eine Genehmi- **23** gung nach § 32 Nr. 2 auch Nebenbedingungen vor, die geeignet sind, einen Missbrauch nach § 28 zu verhindern. Dies zielt in erster Linie auf eine **Reduktion der Preissetzungsflexibilität**, die dem regulierten Unternehmen im Rahmen des Price-Cap-Verfahrens prinzipiell gewährt wird. Nebenbedingungen können notwendig sein, weil die Genehmigungsfähigkeit der Entgelte im Rahmen des Price-Cap-Verfahrens ausschließlich anhand der

---

10 *Elsenbast*, Produktivitätserfassung in der Price Cap-Regulierung – Perspektiven für die Preisregulierung der Deutschen Post AG, S. 17 f.

durchschnittlichen Änderungsraten der in einem Korb enthaltenen Entgelte überprüft wird und nicht gezielt auf Basis der Einzelentgelte. Hierbei kann es vorkommen, dass die Vorgaben der Price-Cap-Formel insgesamt zwar eingehalten, einzelne Entgelte durch das regulierte Unternehmen aber missbräuchlich gesetzt werden. In Frage kommen z. B. Ausbeutungs- und Behinderungsmissbräuche, Quersubventionierungen, Preisdumping, Preis-Kosten-Scheren usw.

24 Starke Anreize für ein missbräuchliches Preissetzungsverhalten ergeben sich insbesondere bei Leistungen mit relativ kleinen Gewichtungsfaktoren ($w_{i,t}$), weil die hiermit verbundenen Auswirkungen durch korrespondierende Preissetzungen bei anderen Leistungen mit verhältnismäßig höheren Gewichtungsfaktoren leichter ausgeglichen werden können. Aber auch bei Entgelten mit relativ großen Gewichtungsfaktoren können sich derartige Anreize entwickeln, wenn die Vorgaben der Price-Cap-Formel durch das regulierte Unternehmen insgesamt einhaltbar bleiben. Durch die Beachtung der Vorgaben zur Korbbildung nach §§ 34 Abs. 1, 39 Abs. 1 S. 3 werden diese Anreize zwar verringert, können aber nicht gänzlich ausgeschlossen werden.

25 Um Missbrauch in Form von Quersubventionierung und damit einem Verstoß gegen § 28 Abs. 2 Nr. 1 vorzubeugen, bietet es sich an, leistungsspezifische Preisuntergrenzen in Höhe der langfristigen zusätzlichen Kosten einschließlich einer angemessenen Verzinsung des eingesetzten Kapitals als Nebenbedingungen einzubauen. Missbräuchliche Preis-Kosten-Scheren (§ 28 Abs. 2 Nr. 2) lassen sich durch die Vorgabe von leistungsspezifischen Preiskorridoren verhindern, die eine Überschreitung z. B. des Ausgangsentgeltniveaus und eine Unterschreitung der langfristigen zusätzlichen Kosten einschließlich einer angemessenen Verzinsung des eingesetzten Kapitals verbieten. Ausbeutungsmissbräuchen (§ 28 Abs. 1 Nr. 1) könnte durch die Implementierung von Preisobergrenzen in Höhe der Kosten der effizienten Leistungsbereitstellung nach § 31 Abs. 2 begegnet werden.

26 Bei der Formulierung von Nebenbedingungen sollte einerseits darauf geachtet werden, dass dem Unternehmen keine Preissetzungsspielräume entstehen, die zur Verletzung des § 28 führen können. Andererseits sollten die Preissetzungsspielräume des regulierten Unternehmens aber auch nicht unverhältnismäßig stark eingeschränkt werden, um das Price-Cap-System, dessen wesentliches Merkmal die Gewährung von Preissetzungsflexibilität ist, nicht ad absurdum zu führen. Aufgabe der RegTP im Rahmen der Entscheidung nach § 32 für oder wider ein Price-Cap-Verfahren muss es daher sein, das aktuelle Preissetzungsverhalten des regulierten Unternehmens zu analysieren und zukünftige potenziell missbräuchliche Preisstrategien zu antizipieren. Sofern starke Anreize für missbräuchliche Preisstrategien bestehen, sollten die hiervon betroffenen Entgelte nicht im Rahmen eines Price-Cap-Verfahrens reguliert werden.

27 **4. Verhältnis des Ausgangsentgeltniveaus zu den Kosten der effizienten Leistungsbereitstellung (Abs. 4).** – Bei der Vorgabe der Maßgrößen, insbesondere bei der Festlegung der (zu erwartenden) Produktivitätsfortschrittsrate X_t, ist gemäß § 34 Abs. 4 das Verhältnis des Ausgangsentgeltniveaus $p_{i,t-1}$ zu den Kosten der effizienten Leistungsbereitstellung nach § 31 Abs. 2 zu berücksichtigen. Der Wortlaut der Vorschrift („ist") macht deutlich, dass für die Bestimmung der Maßgröße X_t die jeweiligen Kosten der effizienten Leistungsbereitstellung nach § 31 Abs. 2 zwingend **zu ermitteln** sind, da es nicht möglich ist, sie zu berücksichtigen, ohne sie zu kennen. Für die RegTP bedeutet dies zunächst, dass sie im Rahmen der „ersten Stufe" des Price-Cap-Verfahrens für jede der zu regulierenden Leis-

tungen die langfristigen zusätzlichen Kosten der Leistungsbereitstellung und den angemessenen Zuschlag für leistungsmengenneutrale Gemeinkosten, (jeweils) einschließlich einer angemessenen Verzinsung des eingesetzten Kapitals, soweit diese Kosten für die Leistungsbereitstellung notwendig sind, zu ergründen hat. Hierfür sind – wie dargestellt – aussagekräftige Kostenunterlagen und alle weiteren notwendigen Informationen (ggf. durch Anordnungen nach § 29) anzufordern und auszuwerten (vgl. RdNr. 22). Im Anschluss sind die aktuellen Kosten der effizienten Leistungsbereitstellung mit dem jeweiligen Ausgangsentgeltniveau $p_{i,t-1}$ zu vergleichen. Das hieraus resultierende Verhältnis ist bei der Festlegung von X_t zu berücksichtigen. Hierzu ist der prozentuale Unterschied zwischen Ausgangsentgeltniveau und den (aktuellen) Kosten der effizienten Leistungsbereitstellung auf die Maßgröße X_t aufzuschlagen. Sofern sich bei den einzelnen Leistungen unterschiedliche Abstände zwischen $p_{i,t-1}$ und den Kosten der effizienten Leistungsbereitstellung ergeben, bietet es sich an, den leistungsspezifischen Gewichtungsfaktor $w_{i,t}$ in die Betrachtung einzubeziehen und eine „gewichtete" Maßgröße X_t je Korb zu ermitteln. Diese ist anschließend in die Price-Cap-Formel einzustellen.

5. Produktivitätsfortschrittsraten von Unternehmen auf vergleichbaren, dem Wettbe- 28 werb geöffneten Märkten (Abs. 5). – Laut § 34 Abs. 5 sind bei der Vorgabe der Maßgrößen die Produktivitätsfortschrittsraten von Unternehmen auf vergleichbaren, dem Wettbewerb geöffneten Märkten zu berücksichtigen. Damit verfolgt der Gesetzgeber bei der Bestimmung der Maßgröße X_t – nur diese ist gemeint, nicht auch die übrigen Maßgrößen – einen ähnlichen Ansatz wie beim Vergleichsmarktverfahren nach § 35 Abs. 1 Nr. 1. Entsprechend ist auch hier nicht Voraussetzung, dass auf den vergleichbaren Märkten wirksamer Wettbewerb (§ 3 Nr. 31) herrscht, sondern sie müssen lediglich „dem Wettbewerb geöffnet" sein. Auch müssen nicht die „zu erwartenden" Produktivitätsfortschrittsraten (von anderen Unternehmen) berücksichtigt werden, wie dies § 34 Abs. 3 Nr. 2 explizit vorsieht, sondern „nur" die aktuellen. Wie diese zu ermitteln und anschließend bei der Vorgabe der Maßgröße X_t zu berücksichtigen sind, lässt die Vorschrift allerdings offen. Ähnlich fundierte Ermittlungen der RegTP wie im Rahmen des § 34 Abs. 3 Nr. 2 können schon deshalb nicht erforderlich sein, weil die RegTP im Ausland keine hoheitlichen Ermittlungsbefugnisse hat. Anfragen bei anderen nationalen Regulierungsbehörden, z.B. im Rahmen der Independent Regulators Group (IRG) oder der European Regulators Group (ERG), dürften daher ausreichen. Die so ermittelten Produktivitätsfortschrittsraten können dann als **Anhaltspunkte** für die Bestimmung der Maßgröße X_t dienen.

6. Weitere Elemente des Modells (Abs. 6). – a) Veränderung der Maßgrößen. – Gemäß 29 § 34 Abs. 6 gibt die RegTP vor, für welchen Zeitraum die Maßgrößen unverändert bleiben. Die Maßgrößen setzen sich laut § 34 Abs. 3 zusammen aus der gesamtwirtschaftlichen Preissteigerungsrate I_t, der zu erwartenden Produktivitätsfortschrittsrate X_t und Nebenbedingungen, die geeignet sind, einen Missbrauch nach § 28 zu verhindern.

Für die Maßgröße I_t wurde bereits auf den vornehmlich zu verwendenden Preisindex für 30 Telekommunikationsdienstleistungen verwiesen (vgl. RdNr. 16). Er wird vom Statistischen Bundesamt monatlich erhoben und sollte aus Gründen der Aktualität für jede Price-Cap-Periode neu ermittelt werden. Nicht zu empfehlen ist allerdings die bisherige **stichtagsbezogene Erhebung.**[11] Denn hierbei handelt es sich um eine statistisch nicht belastbare **Momentaufnahme.** Sie ist nicht geeignet, einen vorherrschenden Preistrend dezidiert

---

11 Vgl. z.B. ABl. BMPT 34/97, S. 1892; ABl. RegTP 2/02, S. 149.

zu erfassen. Für die Maßgröße I_t wird daher an dieser Stelle für die Verwendung eines **Durchschnittswertes** plädiert, der sich aus den gewichteten monatlichen Preisindizes der Vorperiode (t-1) errechnet.

31 Hinsichtlich der Maßgröße X_t wurde bereits auf deren hohe Bedeutung als zentraler Steuerungsparameter im Rahmen der Price-Cap-Formel verwiesen (vgl. RdNr. 20). Dabei wurde auch deutlich, dass die Ermittlung von X_t regelmäßig eines so hohen Aufwandes bedarf, dass eine periodische Aktualisierung dieser Maßgröße nicht sinnvoll erscheint. X_t sollte daher für die Laufzeit des Price-Cap-Verfahrens, die in der Regulierungspraxis bisher drei bis vier Jahre beträgt, festgelegt werden. Die RegTP sollte sich jedoch die Möglichkeit offen halten, X_t zu modifizieren, sofern sich Anhaltspunkte für eine Fehlsteuerung, z. B. durch einen offensichtlich zu hohen oder zu niedrigen Wert, ergeben. Alternativ könnte die RegTP die **Laufzeit** des Price-Cap-Verfahrens von vornherein auf z. B. zwei Jahre, d. h. zwei Price-Cap-Perioden, **verkürzen** und dadurch eine schnellere Aktualisierung von X_t erreichen. Da die inhaltlichen Anforderungen an die Nebenbedingungen aus § 34 Abs. 3 Nr. 3 denen der Maßgröße X_t stark ähneln, gilt dies für die Nebenbedingungen entsprechend.

32 **b) Referenzzeiträume.** – Die RegTP legt fest, anhand welcher Referenzzeiträume der Vergangenheit die Einhaltung der Maßgrößen geprüft wird. Referenzzeiträume sind von Bedeutung für die Bestimmung des Gewichtungsfaktors $w_{i,t}$ im Rahmen der Price-Cap-Formel. Er steht für das individuelle Gewicht einer Leistung im Korb und sollte ausschließlich auf Basis der **im Referenzzeitraum abgesetzten Mengeneinheiten** einer Leistung berechnet werden. Denn durch die bisher praktizierte Vorgehensweise, den Gewichtungsfaktor auf Basis von Umsatzanteilen der Leistungen im Referenzzeitraum zu berechnen, beinhaltet $w_{i,t}$ sowohl eine **Mengenkomponente** als auch eine **Preiskomponente**. Folglich fließen über $w_{i,t}$ nicht nur die Mengen-, sondern auch die Preisverhältnisse der zu regulierenden Leistungen im Referenzzeitraum in die Price-Cap-Formel ein und beeinflussen die Genehmigungsfähigkeit der zu regulierenden Entgelte. Damit kommt es in der Price-Cap-Formel quasi zu einer „Doppelberücksichtigung" zeitlich inkompatibler Preise im Rahmen der Prüfung der Entgeltgenehmigungsfähigkeit, die zwangsläufig zu **Verzerrungen** führt. Diese Verzerrungen können sowohl zu Gunsten als auch zu Lasten des regulierten Unternehmens gehen. Auf jeden Fall beeinflussen sie über den Faktor $w_{i,t}$ das individuelle Gewicht der einzelnen Entgelte im Korb.

33 Um ein realitätsnahes Bild zu erhalten, sollte die RegTP bei der Berechnung des Gewichtungsfaktors $w_{i,t}$ daher Referenzzeiträume zugrunde legen, in denen die Mengenverhältnisse der zu regulierenden Leistungen denen der relevanten Price-Cap-Periode t möglichst entsprechen. Hierfür bietet sich in der Regel ein Zeitraum **kurz vor Beginn** der relevanten Price-Cap-Periode an, sofern die Datenlage dies zulässt. Die Länge der Referenzzeiträume sollte dabei der Länge der relevanten Price-Cap-Periode t entsprechen und von Periode zu Periode angepasst werden.

34 **c) Veränderung der Korbzusammensetzung.** – Gemäß § 34 Abs. 6 hat die RegTP zu entscheiden, unter welchen Voraussetzungen der Inhalt von Körben geändert werden kann. Dies betrifft sowohl die Aufnahme von Leistungen in die Körbe als auch deren Herausnahme. Eine Aufnahme könnte bspw. dann notwendig sein, wenn das regulierte Unternehmen eine relativ **neue Leistung** anbietet, die (im weiteren Sinne) zu einer im Wege eines Price-Cap-Verfahrens nach § 32 Nr. 2 regulierten Produktgruppe gehört. Erforderlich ist, dass

Voß

von der neuen Leistung bereits Mengeneinheiten im Referenzzeitraum abgesetzt wurden, um den Gewichtungsfaktor $w_{i,t}$ überhaupt bestimmen zu können. Hierbei sollte auch auf den Produktlebenszyklus der Leistung geachtet werden. Denn insbesondere für Leistungen, die sich noch in der **Markteinführungsphase** befinden, eignet sich ein Price-Cap-Verfahren nicht, weil ausreichende Absatzzahlen bzw. Referenzmengen noch nicht vorliegen. Für neue Leistungen empfiehlt sich daher generell das Einzelgenehmigungsverfahren nach § 32 Nr. 1, während für Leistungen in saturierten Märkten eher das Price-Cap-Verfahren geeigneter erscheint.

Zu beachten sind jedenfalls die Vorgaben aus § 34 Abs. 1, d.h. eine Änderung der Korbzu-   **35**
sammensetzung ist geboten, sofern sich Anhaltspunkte für eine zukünftig unterschiedliche Wettbewerbsintensität bei zu einem Korb zusammengefassten Leistungen ergeben. Die RegTP sollte die erwartete Stärke des Wettbewerbs der zu regulierenden Leistungen daher regelmäßig überprüfen. Als geeigneter Zeitpunkt für eine Änderung der Korbzusammensetzung bietet sich daher prinzipiell der Beginn einer neuen Price-Cap-Periode an. Abschließend soll nicht unerwähnt bleiben, dass durch die Änderung der Korbzusammensetzung auch eine **Modifikation der Maßgrößen** notwendig werden kann.

d) Preisdifferenzierungen. – Die RegTP bestimmt, unter welchen Voraussetzungen Preis-   **36**
differenzierungen innerhalb eines Korbes durchgeführt werden können. Preisdifferenzierung bezeichnet das Phänomen, dass eine Leistung zu verschiedenen Preisen angeboten wird, wobei die Preisunterschiede nicht auf höheren oder geringeren Kosten beruhen. Im Telekommunikationssektor bekannt sind insbesondere die **persönliche** Preisdifferenzierung nach Privat- und Geschäftskunden oder die **zeitliche** Preisdifferenzierung nach peak und off-peak. Weitere Formen sind die **räumliche** (z.B. unterschiedliche Preise in städtischen und ländlichen Gebieten), die **quantitative** (z.B. Mengenrabatte) und die **qualitative** (z.B. Preise abhängig vom Verwendungszweck) Preisdifferenzierung. Sie kann sowohl bei Leistungen auftreten, die bereits in den Körben enthalten sind, als auch bei Leistungen, deren Aufnahme in einen oder mehrere Körbe geplant ist.

Ziel der Preisdifferenzierung ist die Abschöpfung von Zahlungsbereitschaft auf der Markt-   **37**
gegenseite und damit im ungünstigsten Fall die Ausnutzung einer marktmächtigen Position. Neben den bereits dargestellten Anforderungen im Hinblick auf Änderung der Korbzusammensetzung etc. ist daher § 28 Abs. 1 Nr. 3 stets zu beachten. Danach sind Entgelte als missbräuchlich zu werten, wenn sie einzelnen Nachfragern Vorteile gegenüber anderen Nachfragern gleichartiger oder ähnlicher Telekommunikationsdienste einräumen, es sei denn, dass hierfür eine sachliche Rechtfertigung nachweisbar ist. Im Falle der **Produktdifferenzierung**, die sich durch unterschiedliche Kosten aufgrund unterschiedlicher Leistungsmerkmale der Produkte auszeichnet und deshalb auch als „**sachliche** Preisdifferenzierung" bezeichnet wird, kann diese sachliche Rechtfertigung regelmäßig angenommen werden.

§ 35 Verfahren der Entgeltgenehmigung

(1) Neben den der Regulierungsbehörde vorliegenden Kosteninformationen kann sie zusätzlich

1. Preise solcher Unternehmen als Vergleich heranziehen, die entsprechende Leistungen auf vergleichbaren, dem Wettbewerb geöffneten Märkten anbieten; dabei sind die Besonderheiten der Vergleichsmärkte zu berücksichtigen und
2. zur Ermittlung der Kosten der effizienten Leistungsbereitstellung auch eine von der Kostenberechnung des Unternehmens unabhängige Kostenrechnung anstellen und hierfür Kostenmodelle heranziehen.

Soweit die der Regulierungsbehörde vorliegenden Kosteninformationen für eine Prüfung der genehmigungspflichtigen Entgelte nach § 32 Nr. 1 in Verbindung mit § 33 nicht ausreichen, kann die Entscheidung der Regulierungsbehörde auf einer Prüfung nach Satz 1 Nr. 1 oder 2 beruhen.

(2) Im Falle der Genehmigung nach § 32 Nr. 1 prüft die Regulierungsbehörde für jedes einzelne Entgelt die Einhaltung der Maßgaben nach den §§ 28 und 31. Im Falle einer Genehmigung nach § 32 Nr. 2 gelten bei Einhaltung der vorgegebenen Maßgrößen die Maßgaben nach § 28 und für den jeweiligen Korb nach § 31 als erfüllt.

(3) Die Genehmigung ist ganz oder teilweise zu erteilen, soweit die Entgelte den Anforderungen der §§ 28 und 31 nach Maßgabe des Absatzes 2 entsprechen und keine Versagungsgründe nach Satz 2 oder 3 vorliegen. Die Genehmigung der Entgelte ist zu versagen, soweit die Entgelte mit diesem Gesetz, insbesondere mit § 28, oder anderen Rechtsvorschriften nicht in Einklang stehen. Die Regulierungsbehörde kann eine Genehmigung der Entgelte auch versagen, wenn das Unternehmen die in § 3 genannten Unterlagen nicht vollständig vorgelegt hat.

(4) Die Regulierungsbehörde soll die Genehmigung mit einer Befristung versehen.

(5) Beinhalten Entgeltgenehmigungen die vollständige oder teilweise Genehmigung eines vertraglich bereits vereinbarten Entgelts, so wirken sie zurück auf den Zeitpunkt der erstmaligen Leistungsbereitstellung durch das Unternehmen mit beträchtlicher Marktmacht. Das Gericht kann im Verfahren nach § 123 der Verwaltungsgerichtsordnung die vorläufige Zahlung eines beantragten höheren Entgelts anordnen, wenn überwiegend wahrscheinlich ist, dass der Anspruch auf die Genehmigung des höheren Entgelts besteht; der Darlegung eines Anordnungsgrundes bedarf es nicht. Verpflichtet das Gericht die Regulierungsbehörde zur Erteilung einer Genehmigung für ein höheres Entgelt, so entfaltet diese Genehmigung die Rückwirkung nach Satz 1 nur, wenn eine Anordnung nach Satz 2 ergangen ist.

(6) Die Regulierungsbehörde veröffentlicht genehmigte Entgelte.

Schrifttum: *Attendorn*, Anm. zu BVerwG, 6 C 1.03, Urt. v. 21. 1. 04, MMR 2004, 398, 404 f.; *Doll/Rommel/Wehmeier*, Der Referentenentwurf für ein neues TKG – Einstieg in den Ausstieg aus der Regulierung?, MMR 2003, 522; *ERG*, Common Position on the approach to Appropriate remedies in the new regulatory framework, ERG(03)30rev1, 2004, abzurufen im Internet unter www.erg.eu.int; *Geppert/Ruhle*, Anforderungen an die Novellierung des TKG im Hinblick auf die Entgeltregulierung, MMR 2003, 319; *Gerpott/Winzer*, Umsetzung des Gebots der Entgeltregulierungskonsistenz bei Großhandelspreisen für ein Reselling von Telefonanschlüssen, K&R 2004, 162; *Groebel*, Die Entgeltgenehmigungspraxis der RegTP – Erfahrungen aus dem TK-Bereich, TKMR-Tagungsband 2004, 39; *dies.*, Neuerungen im Bereich der Entgeltregulierung, K&R-Beilage 1/2004, 18; *Heun*, Der Referentenentwurf zur TKG-Novelle, CR 2003, 485; *Hummel*, Anm. zu VG Köln Urt. v. 9. 11. 2000, 1 K 10406/98, CR 2001, 523, 527; *ders.*, Die vorläufige Endgeltgenehmigung beim besonderen Netzzugang, CR 2000, 291; *Kiekebusch*, Die öffentlich-rechtliche Genehmigung privater Rechtsgeschäfte, VerwA 1966, 17; *Kleinlein/Enaux*, Die Rechtswirkung der Entgeltgenehmigung im Telekommunikationsrecht – Rückwirkung, Vorleistungspflicht, Rechtsschutz, K&R 2003, 275; *Klotz*, Der Referentenentwurf zum TKG im Licht der europarechtlichen Vorgaben, MMR 2003, 495; *Knauth*, Regulierungsschwerpunkte und offene Fragen bei der Umsetzung der Telekommunikationsrichtlinien, K&R-Beilage 1/2003, 24; *Knauth/Krüger*, Grundlegende Neuerungen des TKG-Regierungsentwurfs, K&R-Beilage 1/2004, 3; *Lünenbürger*, Rückwirkende Entgeltgenehmigungen im Telekommunikationsrecht?, CR 2001, 84; *Mayen*, Marktregulierung nach dem novellierten TKG, CR 2005, 21; *Möschel/Haug*, Der Referentenentwurf zur Novellierung des TKG aus wettbewerbsrechtlicher Sicht, MMR 2003, 505; *Monopolkommission*, Telekommunikation und Post 2003: Wettbewerbsintensivierung in der Telekommunikation – Zementierung des Postmonopols, Sondergutachten Nr. 39, 11. 12. 2003; *Monopolkommission*, Stellungnahme Zur Reform des Telekommunikationsgesetzes, Sondergutachten Nr. 40, 17. 2. 2004; *Monopolkommission*, Wettbewerbspolitik im Schatten „Nationaler Champions“, 15. Hauptgutachten 2002/2003, 9. 7. 2004; *Müller/Piekarowitz/Rühmer/Sommerberg/Ziegenhagen* (Hrsg.), Konsistente Entgeltregulierung in der Telekommunikation, 2003; *Neumann*, Konsistente Entgeltregulierung, WIK-Newsletter Nr. 54 2004, 1; *Rädler*, Anm. zu VG Köln, Beschl. v. 4. 10. 2001, 1 L 1915/01, MMR 2001, 838, 839 f.; *Rommel*, Anm. zu OVG Münster, Beschl. v. 14. 12. 2001, 13 B 1362/01, MMR 2002, 335, 340; *Schuster*, EBC, Flatrate, T-DSL, TAL: quo vadis, Entgeltregulierung?, MMR 2001, 298; *Schütz*, Referentenentwurf zum TKG: Weniger Wettbewerb, mehr Bürokratie?, MMR 2003, 518; *Schütze*, Die Rückwirkung von Entgeltgenehmigungen und die „IC+25%-Formel“, CR 2004, 536; *Thomaschki*, Referentenentwurf zum TKG – Auswirkungen auf die Praxis der Marktregulierung, MMR 2003, 500; *dies.*, Missbrauchsaufsicht und nachträgliche Entgeltkontrolle im TKG-E, K&R-Beilage 1/2004, 21; *Tschentscher*, Der privatrechtsgestaltende Verwaltungsakt als Koordinierungsinstrument zwischen öffentlichem Recht und Privatrecht, DVBl. 2003, 1424; *Vogelsang*, Ökonomische Aspekte des Referentenentwurfs zum TKG, MMR 2003, 509; *ders.*, Die Zukunft der Entgeltregulierung im deutschen Telekommunikationssektor, 2002; *Wegmann*, Europa- und verfassungsrechtliche Anmerkungen zum Regierungs- und Referentenentwurf für ein neues TKG, K&R Beilage 1/2004, 25; *Zwach*, Zum Regierungsentwurf eines neuen Telekommunikationsgesetzes, TKMR-Tagungsband 2004, 9.

Übersicht

I. Normzweck

§ 35 befasst sich mit der Ex-ante-Entgeltregulierung und enthält für beide Arten der **Entgeltgenehmigung** (Einzelgenehmigungs- und Price-Cap-Verfahren) die **Verfahrensvorschriften**. Abs. 1 benennt die **Ermittlungsmethoden** und ihr Verhältnis zueinander, während Abs. 2 die **Prüfung** der Einhaltung der **Maßgaben** nach den §§ 28 und 31 betrifft. In Abs. 3 werden die Möglichkeit der **Teilgenehmigung** und die **Versagungsgründe** behandelt. In den Absätzen 4 und 5 werden die Vorschriften zur **Befristung** und **Rückwirkung** dargelegt, Abs. 6 sieht die **Veröffentlichung** genehmigter Entgelte vor.

Während die Absätze 1 und 2 dieser Vorschrift Regelungen und Klarstellungen enthalten, die sich auf die Frage des Verfahrens zur Entgeltermittlung beziehen (**methodenbezogen**), beschreiben die Absätze 3 bis 6 **formal-verfahrensbezogene** Aspekte, die im Rahmen der Entgeltgenehmigung zum Tragen kommen und zum Zweck höherer Rechtssicherheit und -klarheit eingeführt wurden.

Im Unterschied zur Vorgängervorschrift des § 3 TEntgV sind die Maßstäbe der Entgeltregulierung jedoch getrennt von den Ermittlungsmethoden. Die Maßstäbe dürfen nicht mit den Methoden verwechselt werden. Die Maßstäbe der Ex-ante- und Ex-post-Entgeltregulierung befinden sich in den §§ 28 und 31, auf den § 35 Abs. 2 verweist, während Abs. 1 die **Methoden zur Ermittlung** umfasst. Da sowohl § 31, der die Entgeltregulierung nach dem Ex-ante-Maßstab enthält, wie auch § 38, der die Entgeltregulierung nach dem Ex-post-Maßstab betrifft, auf § 35 – nämlich auf das Vergleichsmarktprinzip entsprechend § 35 Abs. 1 Nr. 1 – verweisen, wird die Art und Weise der **Anwendung der Methode** von der Ausgangsvorschrift vorgegeben. In Ex-ante-Verfahren dienen die Methoden also zur Ermittlung der Kosten der effizienten Leistungsbereitstellung, während sie im Ex-post-Verfahren zur Überprüfung auf Nicht-Missbräuchlichkeit der Entgelte verwendet werden.

II. Anwendungsbereich

§ 35 gehört zu den die **Entgeltgenehmigung** betreffenden §§ 31–37. Wie im vorherigen Absatz erläutert, ist das Vergleichsmarktprinzip (§ 35 Abs. 1 Nr. 1) auch im Verfahren der nachträglichen Entgeltregulierung anwendbar. In § 35 Abs. 1 werden verschiedene Vorschriften der TEntgV (§ 3) und des § 27 TKG 1996, die in § 35 Abs. 2 (Einhaltung der Maßgaben) enthalten sind, zusammengefasst. Die Absätze 3–6 betreffen materielle Verfahrensregeln wie die Teilgenehmigung und die Rückwirkung sowie formelle Vorschriften zur

Befristung (Abs. 4, bisher § 28 TKG Abs. 3 1996) und Veröffentlichung (Abs. 6, bisher § 28 Abs. 4 i.V.m. § 9 TEntgV). Insbesondere die Regelungen zur **Teilgenehmigung** (Abs. 3) und zur **Rückwirkung** (Abs. 5) sind neu in das TKG aufgenommen worden und Ausfluss gerichtlicher Streitigkeiten und höchstrichterlicher Entscheidungen zu diesen Punkten.

5   Während die Absätze 1, 3, 4 und 6 unverändert zum Regierungsentwurf[1] sind, wurden in Abs. 2 für die Überprüfung der Einhaltung der Maßgaben nach § 31 im Price-Cap-Verfahren neu die Worte „für den jeweiligen Korb" eingefügt. Mit dieser Änderung sollte u. a. der Kritik der *Monopolkommission*[2] am Regierungsentwurf Rechnung getragen werden. Eine starke Wandlung erfuhren die Vorschriften zur Rückwirkung in Abs. 5 im Vergleich zum Referentenentwurf[3].

III. EG-rechtliche Grundlagen

6   Die europarechtlichen Vorgaben zur Entgeltregulierung finden sich hauptsächlich in **Art. 13 ZRL** (Verpflichtung zur Preiskontrolle und Kostenrechnung), der mit den §§ 30–38 umgesetzt wird, und **Art. 17 URL** (Regulierungsmaßnahmen in Bezug auf Dienste für Endnutzer), der mit § 39 umgesetzt wird. Insbesondere werden mit § 35 die Absätze 2 und 3 des Art. 13 ZRL umgesetzt. **Abs. 2** sieht die Möglichkeit der **Vergleichsmarktbetrachtung** vor, die in § 35 Abs. 1 Nr. 1 TKG fast wörtlich übernommen wurde („auf vergleichbaren, dem Wettbewerb geöffneten Märkten").

7   Beachtenswert ist auch, dass in Art. 13 **Abs. 2** die Ziele der Förderung der „wirtschaftlichen **Effizienz** und des **nachhaltigen Wettbewerbs**" miteinander und mit der Vorteilhaftigkeit für die Verbraucher verknüpft werden, während in europäischen Dokumenten früher häufig ein Gegensatz zwischen „Wettbewerbsförderung" und „Kundenschutz" durchschien. Außerdem ist hervorzuheben, dass sich nun die Begriffe „wirtschaftliche *Effizienz*" und insbesondere „**Kosten einer effizienten Leistungsbereitstellung**" (Art. 13 Abs. 3 ZRL) auch explizit im europäischen Recht wiederfinden.

8   Art. 13 **Abs. 3** ZRL enthält zwei wesentliche Vorschriften. Wenn einem Unternehmen mit beträchtlicher Marktmacht die Verpflichtung zu kostenorientierten Preisen nach Art. 13 Abs. 1 ZRL auferlegt worden ist, obliegt diesem die **Beweislast**, d.h. es muss nachweisen, dass sich die Preise aus den Kosten sowie einer angemessenen Investitionsrendite errechnen. Dies stellt eindeutig den Bezug zwischen Preisen und Kosten her. Das „*sowie*" ist hier eindeutig im Sinne eines „*einschließlich*" („*including*"[4]) zu verstehen, denn die „angemessene Investitionsrendite ist als Kapitalkostenposition bereits in den Kosten enthalten.

9   Genauso wichtig wie die Beweislastregel ist die den nationalen Regulierungsbehörden eingeräumte Möglichkeit, zur Ermittlung der Kosten einer effizienten Leistungsbereitstellung eine von der Kostenberechnung des regulierten Unternehmens **unabhängige Kostenrechnung** anzustellen. Dies findet sich in § 35 Abs. 1 Nr. 2 nahezu wortgleich wieder, denn

---

1   BT-Drs. 15/2316, S. 18 (§ 33 = § 35 TKG 2004).

2   Monopolkommission, Sondergutachten Nr. 40, 39 ff., Tz. 80.

3   § 31 (= § 35 TKG 2004) des Referentenentwurfs v. 30. 4. 2003, veröffentlicht im Internet (siehe z. B. www.tkrecht.de).

4   Die englische Sprachfassung ist hier eindeutig. Siehe Art. 13 Abs. 1 Access Directive (2002/19/EC).

dort heißt es, sie kann „zur Ermittlung der Kosten der effizienten Leistungsbereitstellung auch eine von der Kostenberechnung des Unternehmens *unabhängige* Kostenrechnung anstellen und hierfür Kostenmodelle heranziehen".

IV. Einzelerläuterungen

1. Ermittlungsmethoden (§ 35 Abs. 1). – In § 35 Abs. 1 werden drei Ermittlungsmethoden genannt, eine implizit und zwei explizit. Mit den „vorliegenden Kosteninformationen" wird die Methode der **Kostenprüfung** beschrieben, mit Nr. 1 die **sektorspezifische** Variante der **Vergleichsmarktbetrachtung** („für den Wettbewerb geöffnete Märkte") und mit Nr. 2 der Einsatz von **Kostenmodellen**. Insbesondere die explizite Aufnahme von Kostenmodellen stellt eine Verbesserung zu § 3 Abs. 3 TEntgV dar, der deren Verwendung nicht expressis verbis vorsah, sie aber auch nicht ausschloss, denn in ihm hieß es „*insbesondere* Preise und Kosten…", deshalb bezüglich der Methodenwahl also gerade nicht abschließend war. **10**

a) Gleichrangigkeit der Methoden. – Die Schlüsselworte finden sich am Anfang und am Ende des Absatzes 1, wo es heißt „*neben*" und „… nicht ausreichen, kann die Entscheidung der Regulierungsbehörde auf einer Prüfung nach **Satz 1 Nr. 1 oder 2 beruhen**". Das „**neben**" bedeutet, dass im Unterschied zur bisherigen Regelung die Methoden Nr. 1 und 2 **gleichrangig** mit den Ergebnissen der Kostenprüfung verwendet werden können, während bisher andere Methoden wie etwa die Vergleichsmarktbetrachtung nur „*zusätzlich*" vorgesehen waren. Darüber hinaus kann die Entscheidung der Regulierungsbehörde nach neuer Rechtslage auch **alleine** auf einer Prüfung nach den Methoden Nr. 1 oder 2 beruhen, soweit die vorliegenden Kosteninformationen nicht ausreichen. **11**

Die Möglichkeit, alleine auf die Ergebnisse der Vergleichsmarktbetrachtung bzw. der Kostenmodellierung gestützt entscheiden zu können, stellt eine erhebliche Verbesserung des Instrumentariums der Regulierungsbehörde bzw. der Effektivität seines Einsatzes dar. Zwar ist die **Reihenfolge** der Prüfmethoden nach wie vor zu beachten, d. h. Ausgangspunkt ist wie nach § 3 Abs. 1 TEntgV die Prüfung der vorliegenden Kostennachweise, aber die Behörde kann anschließend eine Entscheidung auch ohne Bezug auf die Kostenprüfung treffen, d. h. es ist zwar eine Reihen-, aber **keine Rangfolge** für die Methodenanwendung mehr vorgegeben. **12**

aa) Ermittlungszweck. – Im Unterschied zur Formulierung in § 3 Abs. 1 TEntgV wird der **Zweck der Prüfung** zumindest für die Kosteninformationen nur noch indirekt genannt. Während es in § 3 Abs. 1 TEntgV hieß „…hat die … vorgelegten Nachweise dahingehend zu prüfen, ob und inwieweit die beantragten Entgelte sich an den Kosten der effizienten Leistungsbereitstellung im Sinne des Absatzes 2 orientieren", wird jetzt von einer „Prüfung der genehmigungspflichtigen Entgelte" im Einzelgenehmigungsverfahren (§ 32 Nr. 1) gesprochen. Indessen dürfte dasselbe gemeint sein, d. h. anhand der gemäß § 33 vorgelegten Kostenunterlagen sind die genehmigungspflichtigen Entgelte auf ihre Genehmigungsfähigkeit zu prüfen, wobei „*genehmigungspflichtige*" hier als „*beantragte*" Entgelte zu verstehen ist, denn für *genehmigungspflichtige* Entgelte ist gem. § 31 Abs. 5 ein Antrag mit Kostenunterlagen nach § 33 vorzulegen, und die *beantragten* Entgelte sind dann zu prüfen. **13**

14 Die Formulierung „vorliegende Kosteninformationen *für* eine Prüfung der genehmigungspflichtigen Entgelte" stellt die **Beziehung** zwischen den **beantragten Entgelten** und den sie **begründenden Kostenunterlagen** her und entspricht der Vorschrift des Art. 13 Abs. 3 ZRL, nach der dem Unternehmen mit beträchtlicher Marktmacht der Nachweis obliegt, dass sich die Preise aus den Kosten sowie einer angemessenen Investitionsrendite errechnen (s. o.). Die beantragten Entgelte müssen sich also aus den Kostennachweisen, die die tatsächliche Kostensituation des Unternehmens darlegen sollen[5], ergeben, diese dienen zu ihrer Herleitung.

15 Gleichzeitig erschließt sich aus dem systematischen Zusammenhang in Satz 2, dass **Zweck der Prüfung** der Kostenunterlagen ist, die Genehmigungsfähigkeit der Entgelte festzustellen, d. h. die Kostenunterlagen dienen somit auch als Ausgangspunkt für die **Ermittlung der Kosten der effizienten Leistungsbereitstellung**. Die Kosten der effizienten Leistungsbereitstellung können aber auch mittels **sektorspezifischer Vergleichsmarktbetrachtung** (Nr. 1) oder **Kostenmodellen** (Nr. 2) ermittelt werden. Da die sektorspezifische Vergleichsmarktbetrachtung (Nr. 1) auch im nachträglichen Entgeltverfahren verwendet werden kann, fehlt der explizite Hinweis auf die „Ermittlung der Kosten der effizienten Leistungsbereitstellung", der bei Nr. 2 vorhanden ist, d. h. Kostenmodelle können nur im Ex-ante-Verfahren eingesetzt werden.

16 Für die **Kostenprüfung** scheint der Hinweis auf das Verfahren nach § 32 Abs. 1 darauf hinzudeuten, dass diese Methode ebenfalls nur im Ex-ante-Verfahren und hier noch spezieller lediglich im Einzelgenehmigungsverfahren Anwendung finden soll. Dem widerspricht jedoch zum einen der Verweis auf Kostenunterlagen nach § 33 in § 38, die – zwar nur nachrangig – auch im Ex-post-Verfahren verwendet werden können, sowie zum anderen die Vorgabe des § 34 Abs. 4, nach dem das Verhältnis des Ausgangsentgeltniveaus zu den Kosten der effizienten Leistungsbereitstellung nach § 31 Abs. 2 zu berücksichtigen ist, womit – wie von oben *Voß*[6] – ausgeführt eine entsprechende Kostenprüfung in der ersten Stufe des Price-Cap-Verfahrens angelegt ist.

17 **bb) Kosteninformationen/-prüfung.** – Die **Prüfung der Kostenunterlagen** unterscheidet sich insofern von den beiden anderen Ermittlungsmethoden, als sie eine **Doppelfunktion** hat. Zunächst hat das Unternehmen mit beträchtlicher Marktmacht mit den nach § 33 vorzulegenden Kostenunterlagen seine **tatsächlichen Kosten** nachzuweisen. Die Prüfung der Unterlagen durch die Behörde folgt deshalb bis zu einem gewissen Grad dem üblichen Prüfschema eines betrieblichen Kostenprüfers. Allerdings geht die Prüfung, die vor allem einen **regulatorischen Zweck** erfüllt, weiter, so dass an die Kostenrechnung bzw. die vorzulegenden Kostennachweise bestimmte **Anforderungen**[7] gestellt werden, die es erlauben, die Ausrichtung der Entgelte an den gesetzlichen Kostenmaßstäben zu überprüfen. D. h. neben der Darstellung der tatsächlichen Kostensituation des Unternehmens mit beträchtlicher Marktmacht bilden die Kostenunterlagen dann den **Ausgangspunkt** für die Ermittlung der Kosten der effizienten Leistungsbereitstellung, etwa durch Kürzung ineffizienter Bestandteile.

18 Im Unterschied dazu dienen die beiden anderen Methoden der sektorspezifischen Vergleichsmarktbetrachtung und der Kostenmodellierung im Ex-ante-Verfahren unmittelbar

---

5 S. o. Kommentierung zu § 33.
6 S. o. § 32 RdNr. 11–13 und § 34 RdNr. 27.
7 Die Anforderungen sowie die Prüfschritte werden im Einzelnen oben bei § 33 erläutert.

der Ermittlung der Kosten der effizienten Leistungsbereitstellung. Das **Verhältnis der drei Methoden** lässt sich wie folgt darstellen:

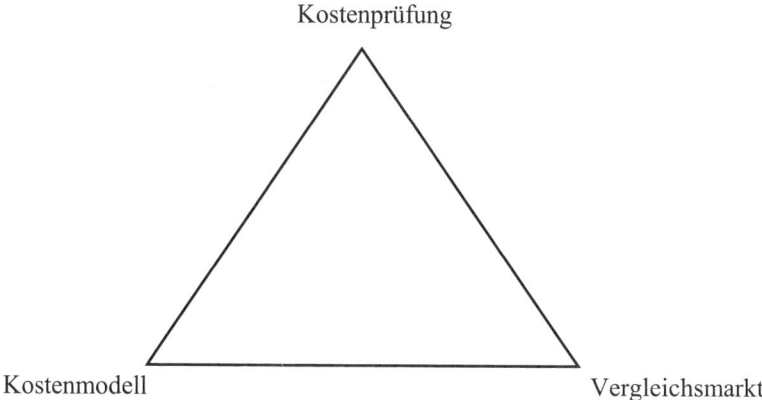

Abb. 1: Kostenprüfung

Bei der Kostenprüfung wird häufig von einer sog. „*Top-down*"-Vorgehensweise gesprochen, weshalb sie in der Abbildung als Spitze des Methoden-Dreiecks dargestellt ist.

b) Vergleichsmarktmethode (Abs. 1 Nr. 1). – Hinsichtlich der **Vergleichsmarktmethode** 19 ergeben sich zwei Änderungen zur bisherigen Regelung in § 3 Abs. 3 TEntgV. Zum einen entfällt der bisher mögliche, allerdings de facto kaum bzw. gar nicht praktizierte Kostenvergleich. Zum anderen wird eine sektorspezifische Variante der Vergleichsmarktbetrachtung eingeführt, die es erlaubt, „**dem Wettbewerb *geöffnete* Märkte**" zum Vergleich heranzuziehen[8], während im kartellrechtlichen Vergleichsmarktkonzept Wettbewerbsmärkte als Vergleichsmärkte zugrunde gelegt werden. Dies ist eine Folge der Tatsache, dass ausländische Telekommunikationsmärkte, die sich zum Vergleich anbieten, in aller Regel ebenfalls reguliert werden und dann streng genommen nicht als Vergleichsmärkte herangezogen werden könnten, auf ihnen aber gleichwohl die am ehesten vergleichbaren bzw. identische Leistungen gehandelt werden.

Es reicht also aus, dem **Wettbewerb geöffnete Märkte** für den Vergleich heranzuziehen, 20 ohne dass auf diesen schon Wettbewerb herrschen muss. Allerdings ist hierbei zu beachten, dass sich schon aus dem Zweck der Vergleichsmarktbetrachtung – nämlich einen **Als-ob-Wettbewerbspreis** zu ermitteln – ergibt, dass die **Wettbewerbsintensität** bei der Auswahl der Vergleichsmärkte zu berücksichtigen ist und nach Möglichkeit die wettbewerbsintensiveren Märkte dem Vergleich zugrunde zu legen sind. Das bedeutet z. B., dass in der Regel eher die schon länger dem Wettbewerb geöffneten Märkte Eingang in die Betrachtung finden werden, weil es bei diesen wahrscheinlich ist, dass der Wettbewerb schon weiter fortgeschritten ist, denn die Marktkräfte konnten sich schon länger entfalten. Auch ist zu prüfen, welche Regeln die Preisbildung auf dem betrachteten Markt beeinflussen, um den

---

8 Vgl. auch Begründung zu § 33 (= § 35 TKG 2004), BT-Drs. 15/2316, S. 69.

Stand des Wettbewerbs bewerten und folglich den „Gehalt an (eigenständiger) wettbewerblicher Preisbildung" einordnen zu können.

21 Wie oben unter § 28 erläutert, basiert die **Vergleichsmarktmethode** auf dem Gedanken, dass die Marktkräfte in einem Wettbewerbsmarkt den Preis langfristig auf das Niveau der Kosten der effizienten Leistungsbereitstellung drücken, weil sich der effizienteste Anbieter durchsetzen wird, wobei in der Realität verschiedene Faktoren (Marktunvollkommenheiten) dazu führen, dass es zu Preisbewegungen kommt und der Marktpreis um den Gleichgewichtspreis oszilliert.

22 Wenn die Vergleichsmarktmethode im **Ex-ante-Verfahren** angewendet wird, dient sie der Bestimmung des kosteneffizienten Preises, d.h. der theoretische Gleichgewichtspreis selbst ist die Zielgröße, die mittels eines sog. **Best-Practice-Ansatzes** zu ermitteln ist. Wegen der zu berücksichtigenden Besonderheiten der Vergleichsmärkte, die selten bis nie zu 100% identische Verhältnisse mit dem deutschen Markt aufweisen, wird in aller Regel nicht der beste, sondern ein Durchschnitt der drei besten oder der drittbeste Preis[9] genommen.

23 Wenn die Vergleichsmarktmethode im **Ex-post-Verfahren** angewendet wird, dient sie der Überprüfung der Einhaltung der **Maßstäbe des § 28**, d.h. es wird nicht auf den Idealpunkt, sondern auf den Unschärfebereich, in dem sich der Marktpreis noch bewegen kann, ohne deshalb schon missbräuchlich zu sein, abgestellt. Die Einzelheiten der Anwendung des Vergleichsmarktprinzips im nachträglichen Entgeltverfahren werden ausführlich oben unter § 28 Abs. 1 Punkt b) dargestellt.

24 Vergleichsmarktbetrachtungen wurden von der RegTP bisher v.a. zur Ermittlung der Zusammenschaltungsentgelte verwendet, wobei internationale Tarifvergleiche durchgeführt wurden.

25 **c) Kostenmodelle (Abs. 1 Nr. 2).** – Als dritte ebenfalls anerkannte Methode zur Ermittlung der Kosten der effizienten Leistungsbereitstellung wurde nunmehr auch explizit die Verwendung von **Kostenmodellen** in das Gesetz aufgenommen.[10] Die Behörde hatte schon früh durch das Wissenschaftliche Institut für Kommunikationsdienste (WIK) sog. „**analytische Kostenmodelle**"[11] entwickeln lassen, mit deren Hilfe effiziente Netzstrukturen berechnet werden können. Hierbei wird „*bottom-up*" ein Telekommunikationsnetz als mathematischer Algorithmus von Knoten (Netzknoten) und Kanten (Übertragungswegen) aufgebaut. Um nicht ein sich von den tatsächlichen Gegebenheiten vollkommen entfernendes (hypothetisches) Netz zu modellieren, ist ein sog. „*Scorched-node*"-Ansatz[12] gewählt wor-

---

9 Dies ist z.B. die von der Kommission verwendete Standardmethode, in der Vergangenheit für die Zusammenschaltungsentgelte, im Augenblick z.B. für Mietleitungspreise. Die Empfehlung „Zur Bereitstellung von Mietleitungen in der EU – Teil 2 – Preisgestaltung für Großkunden-Teilmietleitungen" v. 29. 3. 2005 sowie das zugehörige Explanatory Memorandum, beide im Internet abzurufen unter: http://europa.eu.int/information_society/policy/ecomm/info_centre/documentation/recomm_guidelines/index_en.htm.

10 Vgl. hierzu *Groebel*, TKMR-Tagungsband 2004, 39, 44 f. sowie Vor § 27, RdNr. 32 ff.

11 Ein Modell für das Anschlussnetz und ein Modell für das nationale Verbindungsnetz (Fernnetz). Gegenwärtig wird ein Modell des Breitbandnetzes entwickelt. Die Referenzdokumente können abgerufen werden unter: http://www.bundesnetzagentur.de/enid/61e3a2a06bb3c549290ed 33bb7c898b3,0/Regulierung_Telekommunikation/Analytische_Kostenmodelle_9c.html.

12 Im Gegensatz zu dem sog. „**Greenfield**"-Ansatz, bei dem auch die Standorte der Netzknoten optimiert werden.

den, d. h. die räumliche Verteilung der Netzknoten[13] entspricht der der Realität des Netzes der Deutschen Telekom AG (DTAG), die bislang auf den sachlich und räumlich relevanten Märkten als Unternehmen mit beträchtlicher Marktmacht festgestellt worden und der Regulierung unterworfen ist. Diese werden dann in der Anzahl optimiert. Es handelt sich also um eine sukzessive **Optimierung unter Nebenbedingungen**, so dass der **Realitätsbezug** gewährleistet ist und nicht eine hypothetische Effizienz von dem regulierten Unternehmen verlangt wird.[14]

In das Modell geht eine Vielzahl von **Parametern** und anderen **Inputgrößen** ein, die teil- **26** weise nur von dem regulierten Unternehmen geliefert werden können, wobei die Behörde[15] aber stets einen Plausibilitätscheck anhand anderer Erkenntnisquellen wie z.B. Alternativkalkulationen oder Preisangaben neuer Netzbetreiber vornimmt, bevor die Daten in das Modell eingestellt werden.

Da die Kosten der effizienten Leistungsbereitstellung als die langfristigen Zusatzkosten[16] **27** definiert sind, werden die **aktuellen Preise** für Vermittlungs-, Übertragungs- und Linientechnik etc. verwendet, d.h. es handelt sich um **Wiederbeschaffungswerte** (und nicht um Anschaffungskosten). Da die Entscheidungssituation eines **heute investierenden** Netzbetreibers abgebildet wird, wird der Einsatz der heute am Markt verfügbaren Technologie unterstellt, denn ein jetzt ein Netz aufbauender Betreiber würde heutige Standardtechnik kaufen, wobei es aufgrund von technischem Fortschritt zu Veränderungen der Netzstruktur kommen kann (und in der Regel auch wird). So wird z.B. die im Vergleich zu früher größere Verarbeitungskapazität von Vermittlungsstellen eine Reduzierung ihrer Gesamtzahl nach sich ziehen, d.h. das Verhältnis zwischen Netzknoten und Netzkanten verändert sich entsprechend.

Zur Ermittlung der **Gesamtinvestition** des Netzes, die mit Hilfe des Modells berechnet **28** wird, ist eine Einschätzung der zukünftigen Nachfrage, die den **Kapazitätsbedarf** bestimmt, erforderlich, d.h. wie jeder vor einem Aus- bzw. Aufbau stehende Netzbetreiber muss die Nachfrage anhand der Verkehrsströme und ihrer Verteilung sowie des Wachstums und der daraus folgende Kapazitätsbedarf abgeschätzt werden.[17]

Nach Eingabe aller Bestimmungsgrößen (Standortdaten, technische Parameter, Einkaufs- **29** preise, Verkehrsvolumina etc.) in das Modell kann mittels des **Optimierungsalgorithmus** die unter diesen Rahmenbedingungen bei gegebener Ausgangssituation *effiziente* Netzstruktur und die erforderliche **Gesamtinvestition**[18] ermittelt werden. Das Modell bildet also das Investitionskalkül eines heute investierenden effizienten Netzbetreibers ab, der in

---

13 Die räumliche Verteilung der Netzknoten wird in Form eines Datensatzes, der die Geokoordinaten aller Standorte enthält, in das Modell eingespeist. Die Standorte der Hauptverteiler sind in der Regel an den Bevölkerungs- und damit den Verkehrsschwerpunkten errichtet worden, die im allgemeinen im Zeitablauf stabil bleiben, so dass eine Optimierung der Verteilung entbehrlich ist.

14 Sog. „*pragmatischer* Effizienzbegriff".

15 In Zusammenarbeit mit dem WIK.

16 Plus einem angemessenen Gemeinkostenzuschlag einschließlich einer angemessenen Verzinsung des eingesetzten Kapitals. Siehe hierzu oben ausführlich unter § 31 Abs. 2.

17 Sofern es sich um einen nationalen Markt handelt, ist das Netz von der Größe her so zu dimensionieren, dass die Kapazität ausreicht, die nationale Nachfrage zu bedienen.

18 Die mit Hilfe statistischer Schätzverfahren aus der repräsentativen Stichprobe von Anschlussbereichen hochgerechnet wird und dann auf das betrachtete Inkrement (z.B. eine Teilnehmeranschlussleitung) herunterzubrechen ist.

derselben Weise die effiziente Netzstruktur und das unter Berücksichtigung der Gegebenheiten und der erwarteten Nachfrage nötige Investitionsvolumen mit Hilfe eines Netzmodells berechnen wird, bevor er seine unternehmerische Entscheidung trifft. Denn dies entspricht unternehmerischer Vorsicht, zu der jeder Investor im Wettbewerb gezwungen ist.

30 Sofern – wie z. B. im Energiebereich – Netze verschiedener Größe zu modellieren sind, ließe sich an eine Gruppenbildung denken. In der telekommunikationsrechtlichen Praxis sind analytische Kostenmodelle bisher bei der Genehmigung der Entgelte für den Zugang zur entbündelten Teilnehmeranschlussleitung (WIK-Anschlussnetzmodell[19]) eingesetzt worden.

31 Die **Gesamtinvestitionssumme** ist dann mittels der **Annuitätenformel** in jährliche **Kapitalkosten**, die die Abschreibungen und die Zinskosten (angemessene Verzinsung) enthalten, umzurechnen (zu annualisieren). Zu diesen Netzkosten kommen noch die anderen Elemente, wie Betriebs- und Mietkosten (Sachkosten) und ggf. Kosten anderer Leistungselemente (z. B. Entstörungs- oder Fakturierungskosten) sowie ein **angemessener** Gemeinkostenzuschlag. Wichtig ist in diesem Zusammenhang, dass als Zinsbasis (= eingesetztes Kapital) nur die mit dem Modell ermittelte Netzinvestition zugrunde gelegt wird und nicht der vorhandene Anlagebestand.[20]

32 Im Vergleich zu den tatsächlichen Netzkosten können sich also **Differenzen** v. a. aufgrund der **Preisentwicklung** bei den Investitionsgütern (den Einkaufspreisen) und der Netzstruktur (dem **Mengengerüst**) ergeben. Infolgedessen kann ein **Delta** zwischen den nachgewiesenen **Ist-Kosten** und den mit dem Modell ermittelten (effizienten oder) **Soll-Kosten** entstehen, so dass **nur ein Teil** der geltend gemachten Kosten als Kosten der effizienten Leistungsbereitstellung **anerkennungsfähig** ist und es zu einer **Teilgenehmigung** der beantragten Entgelte käme. Da hier die *top-down* in der Kostenrechnung ermittelten Kosten mit den *bottom-up* kalkulierten Modellkosten verglichen werden, spricht man gelegentlich auch von „*Top-down-Bottom-up*-Abgleich". Die Ursachen für Differenzen in der Investitionssumme sind in nachfolgender Abbildung 2 schematisch dargestellt.

33 In der Abbildung 2 ist ein Preisrückgang der Anlagegüter dargestellt, wie er für Verbindungsnetze typisch ist. Im Anschlussbereich kann es auch zu einem Anstieg der Wiederbeschaffungspreise kommen, so dass der Saldoeffekt nicht eindeutig ist und von der Größe der Effizienzsteigerung des Mengengerüsts abhängt.

34 Wie weiter oben bei der Erläuterung des Begriffs der Kosten der effizienten Leistungsbereitstellung und seiner regulatorischen Zielsetzung[21] dargestellt, versucht der Regulierer auch bei der Modellkalkulation, die Entscheidungen eines **ökonomisch rational handelnden Netzbetreibers** nachzuvollziehen. Genehmigt er auf dieser Basis (den Kosten der effizienten Leistungsbereitstellung) Entgelte, werden Entscheidungen, die der Netzbetreiber ohnehin aus unternehmerischer Logik (kaufmännischer Vorsicht) heraus getroffen hätte, beschleunigt. Denn mit dem genehmigten Entgelt wird der sonst im Wettbewerb wirkende Kostendruck erzeugt, der das Unternehmen zu rationalem Handeln und damit zu effizienter Produktion anreizt.

---

19 Siehe zuletzt die Entscheidung v. 30. 4. 2003 (BK4-03-010/Ea19.2.03). Vgl. auch *Scheurle/ Mayen/Witte* § 24 RdNr. 29 ff.
20 …, der Überkapazitäten enthalten kann.
21 Vgl. oben § 31 Abs. 2, RdNr. 21 ff.

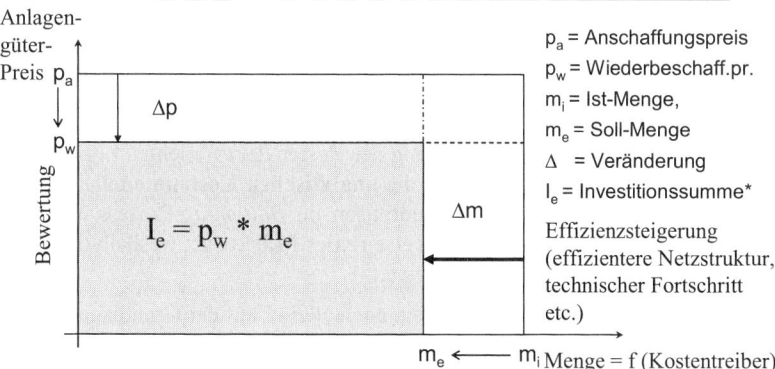

Anlagen-
güter-
Preis p_a

p_a = Anschaffungspreis
p_w = Wiederbeschaff.pr.
m_i = Ist-Menge,
m_e = Soll-Menge
Δ = Veränderung
I_e = Investitionssumme*

Effizienzsteigerung
(effizientere Netzstruktur,
technischer Fortschritt
etc.)

$m_e \longleftarrow m_i$ Menge = f (Kostentreiber)

* Die (mit dem Modell berechnete effiziente) **I**nvestitionssumme (= eingesetztes Kapital) wird mit der Annuitätenformel zu Kapitalkosten annualisiert.

Abb. 2: Modellergebnisse und Ursachen von Kostendifferenzen

Regulierung richtet sich somit nicht gegen die Logik des Marktes, sondern stößt im Gegen- **35**
teil über die Genehmigung von die Kosten der effizienten Leistungsbereitstellung nicht
überschreitenden Entgelten die **Selbststeuerungskräfte** des Marktes an und setzt marktwirtschaftliche Mechanismen in Gang. Der Regulierer gibt **keine bestimmten Netzstrukturen** (keine „Investitionslenkung"), sondern lediglich **Entgelte vor**, während die Anpassung an die effizienten Strukturen dem regulierten Unternehmen selbst überlassen bleibt,
das seine Produktion – wie im Wettbewerb auch – an den Kosten der effizienten Leistung
ausrichten muss.

Mit dem **analytischen Kostenmodell** kalkulierte Kosten kommen dem (theoretischen) **36**
Konzept der langfristigen Zusatzkosten am nächsten, weil sie dessen kennzeichnende
Eigenschaften der Zukunfts- und Effizienzbezogenheit enthalten. Die **Rechtsprechung**
hat unter der vormaligen Rechtslage zumindest für die Festlegung der Zusammenschaltungsentgelte die Verwendung des Verbindungsnetzmodells, ohne darüber in der Sache zu
entscheiden, **faktisch** dadurch **verhindert,** indem sie im Rahmen einer Eilentscheidung
die sofortige Vollziehbarkeit eines entsprechenden Regulierungsbescheides aufhob.[22]
Denn trotz Verwendung eines „Scorched-node"-Modellansatzes in dieser Regulierungsentscheidung vermisste das OVG Münster den Realitätsbezug des WIK-Kostenmodells für
das Verbindungsnetz und hegte aufgrund seiner nur im Eilverfahren durchgeführten summarischen Prüfung „ernstliche Bedenken".[23] Tragender Grund der Vollziehungsaussetzung
in der entsprechenden Eilentscheidung des OVG Münster v. 3. 5. 2001 über den sog. EBC-
Beschluss der RegTP v. 8. 9. 2000[24] war nach Auffassung des Gerichts aber ein Verfahrens-

22 OVG NRW, Beschluss v. 3. 5. 2001, 13 B 69/01.
23 OVG NRW, Beschluss v. 3. 5. 2001, 13 B 69/01, 9 ff. des amtlichen Umdrucks.
24 Einführung sog. elementbasierter Zusammenschaltungsentgelte, Az. BK4a-00-018/Z30.6.00.

fehler, nämlich das Zusammenziehen der Anordnung von Zusammenschaltungsentgelten gem. § 39 2. Alternative TKG 1996 mit der Anordnung der Zusammenschaltung gem. § 37 TKG 1996.[25]

37 **d) Ermittlungsergebnis und Entscheidungsgrundlage (Abs. 1 S. 2).** – Es gibt **drei** Ermittlungsmethoden: die Kostenprüfung, die Vergleichsmarktbetrachtung und die Kalkulation mit Kostenmodellen. **Kostenunterlagen** erfüllen eine Doppelfunktion. Sie dienen dazu, die **tatsächlichen Kosten** des regulierten Unternehmens zu **prüfen** und bilden daran anschließend den **Ausgangspunkt** zur Ermittlung der Kosten der effizienten Leistungsbereitstellung im *Top-down*-Verfahren. Während die **analytischen Kostenmodelle** die Kosten der effizienten Leistungsbereitstellung theoretisch im *Bottom-up*-Prozess ermitteln, stellen **Vergleichsmarktbetrachtungen** auf **Preise realer Märkte** ab, weshalb diese Methode die Möglichkeit eines „*Reality-Checks*" bietet.

38 Die nunmehr der Behörde gegebene Möglichkeit, auch allein[26] auf der Grundlage der Vergleichsmarktmethode oder der Kalkulation mit Kostenmodellen zu entscheiden, nimmt dem regulierten Unternehmen die Möglichkeit, durch die Vorlage **unzureichender Kostennachweise** Entscheidungen **zu verzögern** oder zu seinen Gunsten zu beeinflussen. Die Schwierigkeiten, die sich in der Vergangenheit aus dem Vorrang der Kostennachweise ergaben, zeigt exemplarisch die o. a. Entscheidung des OVG Münster[27] im Fall der EBC-Zusammenschaltungsentgelte. Die Möglichkeit, die Entscheidung auf eine von der Kostenrechnung des Unternehmens **unabhängige Berechnung** zu stellen, kann von der Behörde als Hebel genutzt werden, um das regulierte Unternehmen zu einer **stärkeren Mitwirkung** bei der Bereitstellung der benötigten Kostendaten und -unterlagen zu veranlassen, was die **Informationsasymmetrie**, die dem regulierten Unternehmen einen natürlichen Wissensvorsprung in den Entgeltgenehmigungsverfahren verschafft, **verringert**.

39 **2. Einhaltung der Maßgaben (§ 35 Abs. 2).** – Für die Einhaltung der Maßgaben werden hinsichtlich der Prüfdichte je nach Verfahrensart unterschiedliche Vorgaben gemacht. Im Einzelgenehmigungsverfahren nach § 32 Nr. 1 ist die Einhaltung sowohl des Maßstabs der Kosten der effizienten Leistungsbereitstellung gem. § 31 wie der Missbrauchskriterien des § 28 für **jedes einzelne Entgelt** zu prüfen. Im **Price-Cap-Verfahren** nach § 32 Nr. 2 wird **vermutet**, dass bei Einhaltung der vorgegebenen Maßgrößen die **Maßgrößen nach § 28** und **für den jeweiligen Korb nach § 31 erfüllt** sind.

40 Im Vergleich mit den entsprechenden Vorschriften des § 27 TKG 1996 sind somit die Anforderungen im **Einzelgenehmigungsverfahren** angezogen worden, da die Preisuntergrenzen **nicht mehr nur** einer **Offenkundigkeitsprüfung** wie bisher nach § 27 Abs. 3 TKG 1996 unterliegen[28], während für das **Price-Cap-Verfahren** die Vermutungstatbestände ausgeweitet[29] wurden. Denn nach § 27 Abs. 2 TKG 1996 wurde bei Einhaltung der vorgegebenen Maßgrößen nur eine Erfüllung hinsichtlich der Obergrenze, d. h. des § 24 Abs. 2 Nr. 1 TKG 1996 vermutet, während die **Offenkundigkeitsprüfung** bezüglich der

---

25 OVG Münster, Beschluss 13 B 69/01 v. 3. 5. 2001, 3 ff. des amtlichen Umdrucks.
26 „An Stelle" der Kostenunterlagen. Vgl. Begründung zu § 33 (= § 35 TKG 2004), BT-Drs. 15/2316, S. 69.
27 RdNr. 35.
28 Vgl. auch Begründung zu § 33 (= § 35 TKG 2004), BT-Drs. 15/2316, S. 69.
29 Zur Kritik vgl. Monopolkommission, Sondergutachten Nr. 40, 39 ff., Tz. 80.

Groebel/Seifert

unzulässigen Abschläge (§ 24 Abs. 2 Nr. 2) bzw. diskriminierender Preise **gleichermaßen** im Einzelgenehmigungs- und Price-Cap-Verfahren vorzunehmen war.[30]

Im **Einzelgenehmigungsverfahren** ist die Prüfung der Einhaltung der Maßstäbe des **§ 28** **41** nur hinsichtlich der **Preisuntergrenzen** von Bedeutung, denn bezüglich der **Preisobergrenze** bestimmt **der strengere Maßstab** der Kosten der effizienten Leistungsbereitstellung gem. **§ 31**, die nicht überschritten werden dürfen, die Genehmigungsfähigkeit. Die **Anhebung** der Prüfvorgabe hinsichtlich der Preisuntergrenzen von einer Offenkundigkeitsprüfung zu einer vollen Prüfung folgt zum einen der Logik, gezielt die am Endkundenmarkt beobachteten Probleme des Preisdumpings anzugehen. Zum anderen ergibt es sich aus § 31, der dem regulierten Unternehmen die Möglichkeit offen lässt, auch niedrigere als die kosteneffizienten Preise zu verlangen.[31] Dieser Spielraum darf dann nicht zu missbräuchlich niedrigen Preisen führen, weshalb er durch die Kriterien des § 28 nach unten begrenzt wird.

Auf die Vorkehrungen, die der Gesetzgeber getroffen hat, um den Gefahren, die aus der **42** **Reduzierung** der Prüfdichte im **Price-Cap-Verfahren** durch den Wegfall der Offenkundigkeitsprüfung hinsichtlich der Preisuntergrenzen entstehen, zu begegnen, wurde bereits bei den Ausführungen zum Konsistenzgebot eingegangen.[32] Insofern ist von der Behörde im Price-Cap-Verfahren nach § 34 bei der **Bestimmung der Maßgrößen** besonderes Augenmerk auf **geeignete Nebenbedingungen** zur Verhinderung eines Missbrauchs nach **§ 28** (§ 34 Abs. 3 Nr. 3) zu richten.

3. Anspruch auf Genehmigung, Teilgenehmigung und Versagung der Genehmigung **43** **(Abs. 3). – a) Anspruch auf Erteilung einer Genehmigung.** – Mit dieser Vorschrift wird erstmalig geregelt, unter welchen **Voraussetzungen** ein **Anspruch** (ist zu erteilen) auf die Erteilung einer Entgeltgenehmigung besteht.

Sie schließt an das Prüfprogramm der von der Regulierungsbehörde positiv festzustellenden Genehmigungsvoraussetzungen zusätzlich **negative Genehmigungsvoraussetzungen** **44** an. Die Genehmigung ist, insoweit steht der Regulierungsbehörde kein Ermessen zu, zu versagen, wenn eine dieser negativen Genehmigungsvoraussetzungen erfüllt ist. Diese negativen Genehmigungsvoraussetzungen treten kumulativ neben die positiven Genehmigungsvoraussetzungen.

Es darf kein Verstoß gegen **dieses Gesetz**, insbesondere gegen § 28 TKG, vorliegen. Die **45** Betonung des § 28 TKG als Versagungsgrund hebt dessen herausragende Bedeutung im neuen Regulierungssystem hervor, welches gegenüber § 33 TKG 1996 die Missbrauchsaufsicht erheblich ausgeweitet hat.

Es darf ferner kein Verstoß gegen **andere Rechtsvorschriften** vorliegen. Damit wird an **46** die vormalige Vorschrift des § 27 Abs. 3 3. Alternative TKG 1996 angeknüpft. Dieser Versagungsgrund entwickelt den in § 27 Abs. 3 TKG 1996 angelegten Rechtsgedanken fort, dass eine Genehmigung, selbst wenn die Entgeltgenehmigung den Kostenprüfungsmaßstäben genügt, eine Genehmigung nicht erfolgen darf, wenn offensichtlich andere Rechtsvor-

---

30 Vgl. z. B. *Trute/Spoerr/Bosch*, § 27 RdNr. 25.
31 So die Begründung zu § 29 (= § 31 TKG 2004), BT-Drs. 15/2316, 68 f., 69. Hierbei dürfte es sich zumindest für Zugangsleistungen eher um einen theoretischen Fall handeln.
32 Vgl. § 27 RdNr. 28 ff.

schriften verletzt werden. Erfasst sind damit insbesondere die Vorschriften des allgemeinen Wettbewerbsrechts.

47 Im Falle von Verstößen gegen andere Rechtsvorschriften ist die Regulierungsbehörde auf die Prüfung **offensichtlicher** Verstöße beschränkt.[33] Es ist nicht Aufgabe der Regulierungsbehörde, Kompetenzen Dritter an sich zu ziehen und detaillierte Prüfungen der Sach- und/oder Rechtslage fremder Sachmaterien vorzunehmen. Andererseits soll die Regulierungsbehörde auch nicht gezwungen sein, „sehenden Auges" Verstöße gegen Rechtsvorschriften, die sie aus Anlass der von ihr vorgenommenen Prüfung des Telekommunikationsrechtes erkannt hat, zuzulassen.

48 **b) Versagung wegen Verstößen gegen § 33 TKG.** – Mit § 35 Abs. 3 S. 3 TKG werden die vormaligen §§ 2 Abs. 3, 5 Abs. 2 TEntgV positivistisch im TKG selbst verankert. Die Vorschrift korreliert mit der in § 33 TKG normierten Vorlageverpflichtung, indem sie einen Verstoß mit der Versagungsmöglichkeit **sanktioniert**.

49 Erfasst wird als Verstoß gegen § 33 TKG nicht nur die schlichte Unvollständigkeit der Unterlagen, sondern darüber hinaus den in der Regulierungspraxis als „**fehlende Prüffähigkeit**" vorgelegter Kostenunterlagen bezeichneten Sachverhalt. Denn die dem Antrag beizufügenden Unterlagen setzen voraus, dass dieser daraufhin geprüft werden kann, ob die rechtlichen Voraussetzungen zu seiner Genehmigungsfähigkeit erfüllt sind. Es bedarf deshalb nicht nur formal umfassender Unterlagen, diese müssen zusätzlich **qualitativ** so aufbereitet sein, dass sie aus objektiver Sicht eine Beurteilung der Berechtigung des Antrages auch inhaltlich ermöglichen. Zur Frage, welche Unterlagen zu einer inhaltlichen Prüfung benötigt werden, vgl. Kommentierung zu § 33 TKG.

50 Die Versagung nach S. 3 steht – im Gegensatz zu den Versagungsgründen nach S. 1 und 2 – im **Ermessen** der Regulierungsbehörde („kann"). Im Rahmen der Ermessensausübung ist zu berücksichtigen, welche Wirkung die Versagung der Genehmigung für den Markt hat, die Umstände der Verursachung der Unvollständigkeit, die Zumutbarkeit der Vorlage weiterreichender, detaillierterer Unterlagen, die Interessen an der Genehmigung bzw. der Versagung einer Genehmigung, die Möglichkeit anderweitiger Sachverhaltsaufklärungen u.ä.[34]

51 **c) Teilgenehmigung.** – Es wird durch § 35 Abs. 3 S. 1 TKG ausdrücklich klargestellt, dass auch **Teilgenehmigungen** zulässig sind. Teilgenehmigungen sind im Vergleich zur vollständigen Versagung der Genehmigung weniger einschneidend für den Betroffenen und unter dem Aspekt der Verhältnismäßigkeit gegenüber der völligen Versagung vorzugswürdig.

52 Die Teilgenehmigung kann sowohl in der Höhe insgesamt als auch im Hinblick auf einzelne Bestandteile eines einheitlichen Entgeltes hinter dem Antrag zurückbleiben.

53 **4. Befristung (Abs. 4).** – Die Vorschrift entspricht § 28 Abs. 3 TKG 1996, ohne wie die **Vorgängervorschrift** § 36 Abs. 2 Nr. 1 VwVfG ausdrücklich in Bezug zu nehmen. Eine sachliche Änderung ist damit nicht verbunden.

---

33 BT-Drs. 15/2316, S. 69.

34 *Mayen*, CR 2005, 21, 29: Ermessensreduktion auf Null trotz unvollständiger Kostennachweise, wenn anderweitige Erkennnisquellen eine abschließende Genehmigungsentscheidung ermöglichen.

Die Befristungsmöglichkeit dient vorrangig dem **Zweck** der Sicherstellung der Regulie- **54** rungsziele, die § 2 Abs. 2 TKG benennt.[35] Ausgeschlossen werden dadurch aber weder andere Gründe noch die Beifügung anderer Nebenbestimmungen. Der Umstand, dass das Gesetz nur die Befristungsmöglichkeit ausdrücklich benennt, schließt die Zulässigkeit **sonstiger Nebenbestimmungen** i. S. d. § 36 VwVfG nach allgemeinem Verwaltungsverfahrensrecht, welches subsidiär gilt, nicht aus.[36]

Die Formulierung als Sollvorschrift führt zu einer **Einschränkung des Ermessens**. Die **55** **Befristung** soll der **Regelfall** sein. Das Absehen von einer Befristung bleibt die begründungsbedürftige Ausnahme.

Dies liegt im **Sinn** der Befristung begründet, die der Eigenart des schnelllebigen Telekom- **56** munikationssektors gerecht werden soll. Eine Befristung ermöglicht es reguliertem Unternehmen und Regulierer, zeitnah auf neue technologische und ökonomische Entwicklung reagieren zu können, um bspw. Kosteneinsparungen zeitnah weiterzugeben.

Um dem gerecht zu werden, muss eine Befristung einen **Zeitrahmen** vorsehen, der auf der **57** einen Seite Planungssicherheit über einen nicht zu kurz bemessenen Zeitraum gibt, auf der anderen Seite aber auch nicht zu lange währt, da in diesem Fall die Überprüfung und ggf. nötige Anpassung zu spät erfolgt. **Bewährt** haben sich in der Regulierungspraxis **Befristungszeiträume von 1–2 Jahren**.

Aber auch **während** des **Genehmigungszeitraumes** sind inhaltliche **Änderungen** im Hin- **58** blick auf den Sinn der Befristungsmöglichkeit zulässig.

Uneingeschränkt gilt das für die **Senkung** der Entgelthöhe, da anderenfalls ein Verstoß ge- **59** gen das Diskriminierungsverbot (§ 19 TKG; insbesondere in der Alternative: Angebot von Diensten zu gleichen Bedingungen wie für eigene Produkte) bzw. ein missbräuchliches Verhalten i. S. v. § 28 Abs. 1 TKG vorliegen könnte. Eine Senkung während der Befristung kann zwar theoretisch zu Nachteilen des regulierten Unternehmens führen, das auf Basis des genehmigten Entgelts kalkuliert hat. Dessen Nachteil ist aber nicht praktischer Natur, weil eine Genehmigung neuer niedrigerer Entgelte während des ursprünglich vorgesehenen Geltungszeitraumes voraussetzt, dass diese niedrigeren Entgelte nunmehr den Kostenmaßstäben entsprechen. Dem theoretischen Nachteil steht deshalb eine tatsächliche Kostensenkung gegenüber. Wenn das regulierte Unternehmen seinerseits die Genehmigung eines niedrigeren Entgelts beantragt hat, liegt in diesem Antrag ein konkludenter Verzicht auf den Vertrauensschutz in den Bestand der höheren Entgeltgenehmigung.

Eine **Anhebung** genehmigter Entgelte während einer laufenden Genehmigung, dürfte da- **60** gegen grundsätzlich ausgeschlossen sein. Teil des Zwecks der Befristung ist auch der **Vertrauensschutz** (vgl. insbesondere § 37 TKG) und in dessen Folge Kalkulationssicherheit für die von den Wettbewerbern für eine Leistung zu entrichtenden Entgelte. Dies dient dem allgemeinen Ziel der Wettbewerbsförderung (vgl. § 1) und der Sicherstellung eines chancengleichen Wettbewerbs (vgl. § 2 II Nr. 2). Wird es ausgehebelt, kann sich der komplette Markt nicht auf den Bestand der Genehmigung für den darin festgelegten Zeitraum **im Sinne einer Höhenbegrenzung** verlassen. Allenfalls gravierende, für das regulierte Unternehmen außerordentlich nachteilige und zum Zeitpunkt der ursprünglichen Genehmigung

---

35 BT-Drs. 15/2316, S. 69.
36 Vgl. BT-Drs. 15/2316, S. 69, Begründung zu § 33 Abs. 4.

nicht absehbare Änderungen können dazu führen, dass diese Zwecke zu seinen Gunsten ausnahmsweise zurücktreten müssen.

61   Im Falle einer Änderung während der Befristung soll die zeitlich vorausgehende **Altgenehmigung** keine Wirkung mehr entfalten. Sie ist klarstellend **aufzuheben**, um gleichzeitig nebeneinander bestehende unterschiedliche Genehmigungsstände zu vermeiden. Nur die neue Genehmigung gibt die Entgelte wieder, die dem gesetzlichen Prüfungsmaßstab entsprechen. Sie „überholt" quasi die Altgenehmigung. Dies verlangt die **Anpassung der Verträge**, in denen die entsprechenden Leistungen vereinbart sind. Anderenfalls träte eine Diskriminierung der Wettbewerber ein, die jeweils gegenüber anderen Wettbewerbern nachteiligere Entgelte vereinbart haben. Diese Ungleichbehandlung wäre allein für sehr kurze Zeiträume, beispielsweise infolge nicht rechtzeitiger Kündigungsmöglichkeiten, sachlich zu rechtfertigen.

62   **5. Grundsatz: Rückwirkung von Entgeltgenehmigungen, § 35 Abs. 5 S. 1 TKG. – a) Allgemeines. – aa) Gemeinschaftsrecht.** – Das mit dem vorliegenden Gesetz umgesetzte **Gemeinschaftsrecht gebietet nicht,** dass **Entgeltgenehmigungen auf die Zukunft beschränkt** sind. Art. 13 der RL 2002/19/EG sieht eine Preiskontrolle durch die nationale Regulierungsbehörde vor, verhält sich aber nicht zu der Frage, ob eine Entgeltgenehmigung Rückwirkung entfaltet oder nicht. Aus der VO 2887/2000 ergab sich ebenfalls keine Beschränkung der Genehmigungswirkung auf die Zukunft. Die VO fand Anwendung auf den entbündelten Zugang zu den Teilnehmeranschlüssen und den dazugehörenden Einrichtungen gemeldeter Betreiber mit beträchtlicher Marktmacht (Art. 1 Abs. 2). Sie beschränkte sich auf Anschlüsse in Gestalt von Doppelader-Metallleitungen (Art. 2 Buchst. c). Nach Art. 3 Abs. 2 Satz 1 der Verordnung mussten die betroffenen Netzbetreiber den Begünstigten den entbündelten Zugang zu ihren Teilnehmeranschlüssen und zu zugehörigen Einrichtungen unter transparenten, fairen und nichtdiskriminierenden Bedingungen gewähren. Art. 4 Abs. 3 der Verordnung ist u. a. das Gebot zu entnehmen, den Netzzugang diskriminierungsfrei und fair zu gewähren. Ein europarechtliches Rückwirkungsverbot könnte sich allenfalls daraus ergeben, dass die Auferlegung von Zugangsverpflichtungen nach Art. 12 ZRL an die Feststellung beträchtlicher Marktmacht geknüpft ist und diese nicht rückwirkend festgestellt werden kann. Ein Ausschluss rückwirkender Entgelterhebungen für die Zugangsleistungen nach nationalem Recht lässt sich dem nicht entnehmen, da auch das nationale Recht die vorherige Feststellung beträchtlicher Marktmacht voraussetzt.

63   **bb) Nationales Recht.** – Verwaltungsakte, die auf die Gestaltung privatrechtlicher Beziehungen gerichtet sind, werden als **privatrechtsgestaltende Verwaltungsakte** bezeichnet.[37] Zu ihnen zählen die nach vielen öffentlich-rechtlichen Regelungen erforderlichen Genehmigungen privatrechtlicher Rechtsgeschäfte. Voraussetzungen und Wirkungen privatrechtsgestaltender Verwaltungsakte bestimmen sich nach dem öffentlichen Recht, nicht nach §§ 182 ff. BGB.[38] Die Genehmigung ist Rechtsbedingung[39] für das Privatrechtsgeschäft, das bis zur Erteilung der Genehmigung schwebend unwirksam ist[40]; die Vornahme des Rechtsgeschäfts bleibt bis zur Genehmigung verboten, § 134 BGB. Durch die Geneh-

---

37 Eine umfassende, aktuelle Aufarbeitung zum privatrechtsgestaltenden Verwaltungsakt m. w. N. findet sich bei *Tschenter*, DVBl. 2003, 1424 ff.
38 BVerwGE 11, 198 ff.
39 Für den TK-Bereich: VG Köln CR 2001, 523, 526.
40 BVerwG, Urt. v. 21. 1. 2004, MMR 2004, 398, RdNr. 28.

migung wird das Rechtsgeschäft rückwirkend wirksam. Diese Wirkung folgt nicht aus einer Analogie zu § 184 BGB, sondern aus dem Zweck des Genehmigungserfordernisses.[41] Allerdings ordnet der Gesetzgeber die Rückwirkung teilweise ausdrücklich an.[42] Daraus lässt sich ableiten, dass behördlichen Genehmigungen nicht zwingend Rückwirkungen zukommen.[43]

Die Frage der **Rückwirkung** der von der RegTP zu erteilenden Entgeltgenehmigungen **64** war bis zur jetzt vorliegenden Klarstellung durch den Gesetzgeber höchst **umstritten**. Während RegTP und Wettbewerber eine Rückwirkung von Entgeltgenehmigungen ablehnten, sprachen sich DTAG[44] und die mit der telekommunikationsrechtlichen Rechtsprechung befassten Gerichte[45] für die Rückwirkung von Entgeltgenehmigungen aus. Die Stimmen in Schrifttum und Literatur[46] traten jeweils der Ansicht bei, die die Marktseite vertrat, der sie näher standen.

Der Streit um die in die Vergangenheit reichende Wirkung von Entgeltgenehmigungen **65** liegt in ihrer **wirtschaftlich hohen Relevanz** begründet. Folge rückwirkender Entgeltgenehmigungen und deshalb auch Folge verspäteter Entgeltanträge ist die Ungewissheit der Wettbewerber über den für eine von ihnen in Anspruch genommene Vorleistung zu entrichtenden Preis. Sie zwingt die Wettbewerber zur Bildung von Rückstellungen, ohne dass sie die realistische Möglichkeit haben, ihrerseits von ihren Endkunden nachträglich höhere Entgelte verlangen zu können. Ihnen steht daneben ebenso frei, ihre Endkundenentgelte von vornherein auf Basis der beantragten Entgelte zu kalkulieren. Ob sie dann noch wettbewerbsfähige Produkte anbieten können, wenn sich die beantragten Entgelte im Nachhinein als unbegründet und nicht den materiellen Kostenprüfungsmaßstäben entsprechend herausstellen, ist zweifelhaft. Da die Höhe der zu entrichtenden Entgelte vom Umfang der in Anspruch genommenen Leistung abhängt, erhöht sich das Risiko mit zunehmenden geschäftlichem Erfolg. Folge der unkalkulierbaren Ungewissheit ist, dass die Wettbewerber diese Leistung darum entweder nicht bestellen werden oder nur zu einem Preis, dessen endgültige Höhe zum Zeitpunkt der Bestellung noch unbekannt ist. Die wettbewerbsbehindernde Wirkung ist evident. Die Wettbewerber unterliegen einem permanenten zusätzlichen Wettbewerbsnachteil gegenüber dem regulierten Unternehmen, das von der Notwendigkeit möglicherweise Rückstellungen für rückwirkend höhere zu entrichtende Entgelte zu bilden, nicht betroffen ist. Rückstellungen sind in der Bilanz als Fremdkapital auszuweisen, weshalb sie die Eigenkapitalquote negativ beeinflussen und damit die Bonität des Unternehmens sinken lassen. Da Rückstellungen ferner als Aufwand in die Gewinn- und Ver-

---

41 BGHZ 32, 383, 389; OVG Münster NJW 1982, 1771.

42 Z. B. § 31 AWG, §§ 80, 84 BGB.

43 *Kiekebusch*, VerwA 1966, 17, 43.

44 *Rommel*, Anm. zu OVG Münster, Beschl. v. 14. 12. 2001, 13 B 1362/01, MMR 2002, 335, 340.

45 BVerwG, Urt. v. 21. 1. 2004, 6 C 1.03 und 6 C 2.03, MMR 2004, 398 ff.; OVG Münster, Beschl. v. 20. 1. 2004, 13 A 363/01, K&R 2003, 308 ff.; OVG Münster, Beschl. v. 14. 12. 2001, 13 B 1362/01, CR 2002, 263 ff.; für Endkundenentgelte: OVG Münster, Beschl. v. 1. 7. 2004, 13 A 1703/02, S. 8 f. des amtlichen Abdrucks, noch nicht veröffentlicht; VG Köln, Urt. v. 16. 3. 2005, 21 K 3145/03, noch unveröffentlicht; VG Köln, Beschl. v. 4. 10. 2001, 1 L 1915/01, m. Anm. *Rädler*, MMR 2001, 838 ff.; VG Köln, Urt. v. 9. 11. 2000, 1 K 10406/98, m. Anm. *Hummel*, CR 2001, 523 ff.

46 Für Rückwirkung: *Lünenbürger*, CR 2001, 84, 90; *Rommel*, Anm. zu OVG Münster, Beschl. v. 14. 12. 2001, 13 B 1362/01, MMR 2002, 340; gegen Rückwirkung: *Schuster*, MMR 2001, 298, 302; *Rädler*, Anm. zu VG Köln, Beschl. v. 4. 10. 2001, 1 L 1915/01, MMR 2001, 838, 839 f.; BeckTKG-Komm/*Schuster/Stürmer*, § 29 RdNr. 31.

lustrechnung einzustellen sind, schmälern sie den Gewinn. Die notwendigen Rückstellungen fallen umso höher aus, desto höher der Entgeltantrag des regulierten Unternehmens beziffert ist, was wiederum zu unter strategischen Aspekten, nicht nach gesetzlichen Kostenprüfungsmaßstäben gestellten Entgeltanträgen führen könnte. Rückwirkende Entgeltgenehmigungen können zudem zu Make-or-buy-Entscheidungen (Bestellung oder Investition in eigene Infrastruktur) führen, die der einzelne Wettbewerber in Kenntnis des endgültigen Preises für eine Vorleistung so nicht getroffen hätte. Diese Auswirkungen erkennt der Gesetzgeber durch die Einschränkungen des Rückwirkungsgrundsatzes in S. 2 und 3 an.[47]

66 In der Regulierungspraxis unter dem TKG 1996 traten **Rückwirkungszeiträume** von bis zu zwei Jahren zwischen Vertragsschluss und Stellung des Genehmigungsantrages auf.[48] Der Ausschluss der Rückwirkung der Entgeltgenehmigung konnte deshalb Druckmittel sein, um die ansonsten sanktionslose Verzögerung der Beantragung einer Entgeltgenehmigung zu beschleunigen. Mit § 29 Abs. 4 TKG steht der RegTP heute im Rahmen und zur Vorbereitung von Verfahren der Entgeltregulierung die Möglichkeit der Zwangsgeldfestsetzung zur Seite, um Entgeltgenehmigungsverfahren zu beschleunigen.

67 Der **Zweck** einer Regelung der Rückwirkungsproblematik liegt somit darin, allen Marktbeteiligten hinreichend sichere Kalkulationsgrundlagen zu liefern, wirtschaftliche Risiken zu verteilen und zu begrenzen.

68 **b) Rückwirkung.** – Bei der Rückwirkung kann grundsätzlich differenziert werden zwischen der Rückwirkung auf den Zeitpunkt des **Vertragsschlusses**, der Rückwirkung auf den Zeitpunkt der tatsächlichen erstmaligen **Leistungserbringung** und der Rückwirkung auf den Zeitpunkt der **Antragstellung**. Schließlich ist zu unterscheiden, ob von der **RegTP** zu erteilende Entgeltgenehmigungen zurückwirken und ob die **Gerichte** die RegTP zur Erteilung von Entgeltgenehmigungen für zurückliegende Zeiträume verpflichten können. Diese beiden Fragen sind rechtlich nicht identisch. Ihre Beantwortung ist allerdings eng miteinander verknüpft. Praktische Auswirkungen hat die (unterschiedliche) Beantwortung beider Fragen insoweit, als dass das Entgeltgenehmigungsverfahren zeitlich begrenzt ist – gleichgültig, welchen Rückwirkungszeitpunkt man präferiert – und deshalb die wirtschaftlichen Risiken kalkulierbar sind. Die Dauer von Gerichtsverfahren ist dagegen ungewiss. Kann und muss die RegTP rückwirkende Entgeltgenehmigungen erteilen, spricht dagegen, dass auch die Gerichte die RegTP verpflichten können, rückwirkend höhere Entgeltgenehmigungen zu erteilen, nur die unbestimmte Dauer gerichtlicher Verfahren.

69 § 31 Abs. 5 S. 2 des **Referentenentwurfs** vom 30. 4. 2003 sah deshalb vor, die rückwirkende Änderung der Entgeltgenehmigung durch gerichtliches Urteil grundsätzlich auszuschließen.

70 Der Gesetzgeber hat sich mit der **Gesetzeskraft** erlangenden Regelung für die Rückwirkung entschieden. In § 35 Abs. 5 S. 1 TKG verknüpft er die möglichen Rückwirkungszeitpunkte Vertragsschluss und Leistungsbereitstellung. Entgeltgenehmigungen wirken, soweit sie vertraglich vereinbarte Entgelte enthalten, auf den Zeitpunkt der erstmaligen Leistungsbereitstellung zurück. Rückwirkungszeitpunkt ist der Beginn der Leistungserbrin-

---

47 Vgl. BT zu § 33, BT-Drs. 15/2316, S. 69 f.
48 Vgl. z. B. RegTP v. 31. 8. 2001, BK 4e-01-021/E 22.6.2001 (Entgelte für den entbündelten Zugang zur TAL in der Variante OPAL/ISIS).

gung, welcher zeitlich nach dem Vertragsschluss liegt. Eine Rückwirkung auf nicht vertraglich vereinbarte Entgelte ist damit ebenso ausgeschlossen wie eine teilweise oder vollständig unentgeltliche Leistungserbringung durch das vorleistende Unternehmen. Mit seiner Entscheidung hat das BVerwG[49] sich für die grundsätzlich entgeltliche Zugangsgewährung und damit gegen den Ausschluss eines Entgeltanspruchs ausgesprochen. Die neue gesetzliche Regelung zur Rückwirkung spricht diese folgerichtig generell, allerdings mit der Ausnahme aus, dass die Rückwirkung bei marktmächtigen Unternehmen auf bestimmte Fälle begrenzt ist. Dagegen würde ein Verständnis dieser Vorschrift, dass Rückwirkung **nur** marktmächtige Unternehmen in diesen Fällen trifft, nicht marktmächtigte Unternehmen benachteiligen. Diese könnten nur dann Rückwirkung beanspruchen, wenn sie sich auf eine vorläufige Entgeltgenehmigung und im Rahmen der endgültigen Genehmigung auf den Ausspruch der Rückwirkung berufen könnten.

Die Frage, ob auch die Gerichte die RegTP zur Erteilung von Entgeltgenehmigungen für **71** zurückliegende Zeiträume verpflichten können, hat der Gesetzgeber mit einem speziellen, in § 35 Abs. 5 S. 2 und 3 TKG beschriebenen Verfahren beantwortet. Er hat die Möglichkeit der **Verpflichtbarkeit der RegTP durch die Gerichte zur rückwirkenden Erteilung höherer Entgeltgenehmigungen** grundsätzlich analog zur Rückwirkung der durch die RegTP erteilten Entgeltgenehmigungen bejaht, sie aber an eine zusätzliche Vorrausetzung geknüpft.

aa) Vorleistungsentgelte. – Eine **Unterscheidung zwischen Entgelten** für Leistungen, **72** die vor Genehmigung und solchen, die danach erbracht wurden, ist – da in der Genehmigung zum Ausdruck gebracht wird, dass das Entgelt auf jeden Fall nicht zu beanstanden ist – ebenso wenig nötig,[50] wie eine Unterscheidung zwischen der Ex-nunc- und der Ex-post-Entgeltregulierung. Der wesentliche Unterschied zwischen beiden Regulierungsinstrumenten besteht darin, dass bei der Vorabgenehmigung die Entgelte i. S. einer präventiven Kontrolle erst erhoben werden dürfen, wenn sie genehmigt sind, während die Entgelte bei einer ausschließlich nachträglichen Überprüfung nur einer repressiven Kontrolle unterfallen. Dieser Unterschied bleibt im Fall der Rückwirkung der Vorabgenehmigung gewahrt.[51]

Voraussetzung für die Rückwirkung einer Entgeltgenehmigung nach § 35 Abs. 5 S. 1 **73** TKG ist die vorherige vertragliche Vereinbarung dieses Entgeltes. Diese Voraussetzung knüpft an das nach dem TKG 1996 bestehenden Einzelvertragsprinzip[52] an. Dadurch sind die Fälle ausgeschlossen, in denen eine behördliche Anordnung der Zugangsgewährung oder Zusammenschaltung erfolgt ist. Diese Fallkonstellation ist nicht Gegenstand der Rspr. der Gerichte zur Rückwirkung unter dem TKG 1996 gewesen und mit der vorliegenden Regelung somit erstmals geklärt.

Die Bezugnahme auf die teilweise/vollständige Genehmigung begrenzt die Rückwirkung **74** beantragter Entgelte der **Höhe** nach zunächst auf den von der RegTP genehmigten Betrag.

Die Rückwirkung bezieht sich auf den **Zeitpunkt** der erstmaligen Bereitstellung der Leis- **75** tung durch das Unternehmen mit beträchtlicher Marktmacht. Dadurch ist ein Berufen auf

---

49 BVerwG, Urt. v. 21. 1. 2004, 6 C 1.03 und 6 C 2.03, MMR 2004, 398 ff.
50 Vgl. BVerwG, Urt. v. 21. 1. 2004, 6 C 1 und 2.03, MMR 2004, 398 ff., RdNr. 40.
51 Vgl. BVerwG, Urt. v. 21. 1. 2004, 6 C 1 und 2.03, MMR 2004, 398 ff., RdNr. 32.
52 Z.B. RegTP v. 12. 10. 2001, BK 4a-01-026/E 3. 8. 2001, S. 26; BVerwG, Urt. v. 16. 7. 2003, 6 C 19.02, CR 2004, 29 ff.; OVG Münster, Beschl. v. 20. 12. 2001, 13 A 3112/00, JURIS, Nr. MWRE 203011644; VG Köln, Urt. v. 6. 4. 2000, 1 K 3375/98, MMR 2001, 843.

verschiedene Zeitpunkte, die an die Leistungserbringung gegenüber verschiedene Wettbewerber anknüpft, ausgeschlossen.

76   **bb) Endkundenentgelte.** – Eine rückwirkende Veränderung von Endkundenentgelten ist zulasten des Kunden **ausgeschlossen**, zu seinen Gunsten nur unter den Voraussetzungen von § 28 Abs. 4 TKV i. V. m. § 45 TKG (bzw. § 41 TKG 1996) zulässig.[53] Das *OVG Münster* sah in der Verpflichtung der RegTP zur rückwirkenden Genehmigung höherer Endkundenentgelte keine mit § 28 Abs. 4 TKV unvereinbare „rückwirkende Vertragsänderung". Mit der auf den Zeitpunkt des Genehmigungsantrages rückwirkenden Genehmigung erlange der zuvor „inhaltlich bereits angelegte" Vertrag mit dem Endkunden mit dem in den AGB ausgewiesenen Entgelt von jenem Zeitpunkt ab Rechtswirksamkeit. Mit der Genehmigung würde erst die Berechtigung zur Realisierung der vertraglichen Entgeltforderung geschaffen.[54]

77   **c) Vorleistungspflicht.** – Mit der Rückwirkung korreliert spiegelbildlich die Vorleistungspflicht, vgl. § 37 Abs. 3 TKG. Auch für sie gelten die allgemeinen Grundsätze zu genehmigungsbedürftigen Rechtsgeschäften. Ob ohne die erforderliche Genehmigung nicht nur die Entgeltabrede oder das gesamte Rechtsgeschäft schwebend unwirksam ist, kann im vorliegenden Zusammenhang im Ergebnis offen bleiben. **Leistungspflichten** sind während des Schwebezustandes des Vertrages wirksam **vereinbar**, wenn dies dem Zweck des Genehmigungserfordernisses nicht entgegensteht.[55]

78   Der **Zweck** der Genehmigungspflicht liegt in der Kontrolle der Entgelte durch die RegTP. Der Gesetzgeber hält diese „im Bereich der Zugangs- und Zusammenschaltungsleistungen [für] sinnvoll und erforderlich", insbesondere, wenn es sich bei der betreffenden Leistung um eine solche handelt, bei denen das Unternehmen mit beträchtlicher Marktmacht eine faktische Alleinstellung hat und die somit für die Nachfrager wesentlich ist.[56] Er gibt damit den in § 1 TKG normierten allgemeinen Zwecken des Gesetzes und dem in § 27 Abs. 1 TKG legaldefinierten Ziel der Entgeltregulierung, eine missbräuchliche Ausnutzung, Behinderung oder Diskriminierung von Endnutzern und Wettbewerben durch preispolitische Maßnahmen zu verhindern, zusätzliches Gewicht. Mit diesem Zweck der Genehmigungspflicht ist die Vereinbarung von vorab wirksamen Leistungspflichten vereinbar.

79   **6. Einschränkungen der Rückwirkung. – a) Allgemeines.** – Da § 37 TKG die Erhebung nicht genehmigter Entgelte ausschließt und Entgeltgenehmigungen gem. § 137 Abs. 1 TKG sofort vollziehbar sind, kann das regulierte Unternehmen nicht zunächst die von ihm für rechtmäßig erachteten und beantragten Entgelte verlangen und sich später ggf. als überhöht herausstellende Beträge zurückerstatten. Ergehen nur Teilgenehmigungen oder wird ein Genehmigungsantrag abgelehnt, muss es, um seine Rechte zu wahren, Verpflichtungsklage erheben. Die Einschränkungen der Rückwirkung zwingen das regulierte Unternehmen zusätzlich dazu, gegen alle von ihm rechtlich oder wirtschaftlich für besonders wichtig erachteten Entscheidungen der RegTP das Verfahren nach § 35 Abs. 5 S. 2 TKG anzu-

---

53   Zur Rückwirkungsproblematik bei der Genehmigung von Vorleistungsentgelten im Zusammenhang mit der Genehmigung von Endkundenentgelten und der Anwendung der „IC+25%-Regel", vgl. *Schütze*, CR 2004, 536, 544 f.

54   Vgl. OVG Münster, Beschl. v. 1. 7. 2004, 13 A 1703/02, S. 8 f. des amtlichen Abdrucks, noch nicht veröffentlicht.

55   BGH, NJW 1999, 1329; NJW 1999, 3040.

56   BT-Drs. 15/2316, S. 68 zu § 28.

Groebel/Seifert

strengen, um nicht das „Rückwirkungsprivileg" zu verlieren. Dies kann zu einer **Flut an Eilverfahren** führen, die nur **zur Sicherung von Ansprüchen** des regulierten Unternehmens dienen. Dem modifizierten Anordnungsverfahren nach § 123 VwGO wohnt hinsichtlich seiner präjudiziellen Wirkung für das Hauptsacheverfahren eine wesentlich größere Bedeutung inne als üblichen Eilverfahren gegen Regulierungsentscheidungen. Hinsichtlich der Frage der Rückwirkung ist die Entscheidung im modifizierten einstweiligen Anordnungsverfahren nach § 123 VwGO endgültig. Obsiegt die RegTP, ist die (weitere) Durchführung des Hauptsacheverfahrens für das regulierte Unternehmen wirtschaftlich zwecklos, da es höhere Entgelte, selbst wenn die Hauptsacheentscheidung materiell-rechtlich zu seinen Gunsten zu treffen wäre, nicht verlangen kann.

Bedeutung erlangt das modifizierte einstweilige Anordnungsverfahren nach § 123 VwGO **80** zusätzlich aufgrund des Ausschlusses der Beschwerdemöglichkeit durch die verfahrensbeschleunigende Vorschrift des § 137 Abs. 3 TKG.

b) Verfassungsmäßigkeit der Regelung. – aa) Art. 19 Abs. 4 GG. – Die Abhängigma- **81** chung einer sich wirtschaftlich auszahlenden Verpflichtungsklage von der vorherigen Durchführung eines modifizierten Verfahrens nach **§ 123 VwGO, § 35 Abs. 5 S. 2 TKG** ist **mit Art. 19 Abs. 4 GG vereinbar.**[57] Die verfassungsrechtliche Rechtsschutzgarantie verlangt die Sicherstellung der nicht nur theoretischen Möglichkeit, die Gerichte anzurufen, nicht aber die Schaffung eines bestimmten Verfahrens. Gleiches muss auch für die Beibehaltung bestimmter Verfahrensregeln gelten. Die erfolgreiche Durchführung eines Verfahrens nach § 123 VwGO, § 35 Abs. 5 S. 2 TKG ist für Verpflichtungsklagen, gerichtet auf höhere als die genehmigten Entgelte, effektiv eine Rechtswegzugangsbeschränkung. Denn der wirtschaftliche Erfolg (= Erhebung rückwirkend höherer Entgelte) wird davon abhängig gemacht, dass zunächst das modifizierte Anordnungsverfahren erfolgreich durchgeführt wird. Anderenfalls besteht für das weitere Betreiben der Hauptsacheklage unter wirtschaftlichen Gesichtspunkten kein Interesse mehr. Solche Zugangsbeschränkungen dürfen normiert werden, soweit sie nicht unzumutbar und aus Sachgründen nicht mehr zu rechtfertigen sind.[58] Unzumutbarkeit ist im Hinblick auf die erleichterte Durchführung im Vergleich zum Regelverfahren nach § 123 VwGO zu verneinen. Die Sachgründe liegen auf der Hand. Der Gesetzgeber hat sie in den Materialien benannt[59]: Zahlreiche Wettbewerber wären anderenfalls dem Risiko ausgesetzt, für mehrere Jahre Rückzahlungen zu leisten, wodurch sie in existenzbedrohende Situationen kommen können, und sie dieses Risiko – selbst wenn es sich nicht realisieren sollte – durch Rückstellungen kompensieren müssen.

Mit der **Nichtdurchführung des modifizierten Verfahrens** nach § 123 VwGO, § 35 **82** Abs. 5 S. 2 TKG verwirkt der Verpflichtungskläger de facto sein Recht auf wirtschaftlich erfolgreiche rückwirkende Verpflichtung der RegTP. Die **Verwirkung** folgt aus dem Grundsatz von Treu und Glauben und ist damit Teil des Rechtsstaatsprinzips.[60] Zwar gehört Art. 19 Abs. 4 GG nicht zu den verwirkbaren Rechten i. S. v. Art. 18 GG. Verwirkbar sind aber nach dem allgemeinen Prozessrecht einzelne prozessuale Befugnisse, wie das Recht

---

57 Zweifel äußern *Wegmann*, K&R Beilage 1/2004, 25, 30 f.; *Zwach*, TKMR Tagungsband 2004, 9, 16.
58 *Maunz/Dürig/Schmidt-Aßmann*, Art. 19 Abs. 4, RdNr. 233.
59 Vgl. BT zu § 33, BT-Drs. 15/2316, S. 69 f.
60 BVerfGE 32, 305, 308 f.

der erstmaligen Klageerhebung[61], ebenso sämtliche prozessuale (Ausschluss-) Fristen, die Bestandskraftregelungen nach sich ziehen.

83 Es bedarf insoweit auch **keiner Erhöhung der Prüfdichte** im Eilverfahren.[62] Von **überwiegender Wahrscheinlichkeit** i. S. v. § 35 Abs. 5 S. 2 TKG ist dann auszugehen, wenn eine höhere Wahrscheinlichkeit für das Bestehen eines Anspruchs spricht als für sein Nichtbestehen.[63] Zwar erfolgt im Rahmen des Verfahrens nach § 123 VwGO nur eine summarische Prüfung, nicht eine vollumfassende Sachverhaltsermittlung und rechtliche Würdigung. Diese Prüfung bleibt nach wie vor dem Hauptsacheverfahren vorbehalten. Allerdings liegt das Risiko, dass im Rahmen des modifizierten Anordnungsverfahrens die vorläufige Zahlung eines höheren Entgeltes aufgrund „nur" summarischer Prüfung angeordnet wird, gleichermaßen bei klagendem Unternehmen und Zusammenschaltungspartnern.

84 **bb) Art. 3 GG.** – In der Beschränkung auf Verpflichtungsklagen, die auf höhere Entgeltgenehmigungen gerichtet sind, liegt eine **Ungleichbehandlung** zu Anfechtungsklagen, die auf die Aufhebung der Entgeltgenehmigung gerichtet sind. Anfechtungskläger sind nicht der größeren Hürde der erfolgreichen Durchführung eines Verfahrens nach § 35 Abs. 5 S. 2 unterworfen. Zwar ist das Prozessrisiko in beiden Klagearten gleichartig. Es liegt im Fall der Wettbewerberklage auf Aufhebung der streitgegenständlichen Entgeltgenehmigung darin, nur ein geringeres Entgelt als das genehmigte zahlen zu müssen. Im Fall der Verpflichtungsklage, gerichtet auf Genehmigung höherer Entgelte, kann es grds. gleichfalls nur zur Genehmigung höherer Entgelte als der genehmigten, maximal in Höhe der positiven Differenz zwischen beantragten und genehmigten Entgelten zugunsten des Antragstellers, kommen. Eine Ausnahme besteht im Fall eines Bescheidungs- anstelle eines Verpflichtungsurteils, wenn die Neubescheidung nach der Rechtsauffassung des Gerichts zu niedrigeren als den beantragten, möglicherweise sogar niedrigeren als den ursprünglich genehmigten Entgelten führt. Das Prozessrisiko liegt somit für beide Klägergruppen grds. in einer wirtschaftlichen Besserstellung mit erfolgreichem Abschluss des Rechtsstreits. Ihre Ungleichbehandlung ist gleichwohl **gerechtfertigt**.[64] Ökonomisch betrachtet, kommt der Aussicht des der Entgeltregulierung unterworfenen Unternehmens, zusätzliche Einnahmen zu erzielen, eine andere Qualität zu als die Unterwerfung der Wettbewerber unter die Notwendigkeit zur Bildung von Rücklagen, die diesen unmittelbar Handlungsspielräume abschöpfen und dadurch wettbewerbsbehindernd wirken.

85 **cc) Art. 12 Abs. 1 S. 2 GG.** – Die faktische Notwendigkeit der Durchführung des modifizierten Anordnungsverfahrens berührt die Berufsausübungsfreiheit des regulierten Unternehmens. **Eingriffe in die Freiheit der Berufsausübung** bedürfen einer gesetzlichen Grundlage, die materiell verfassungsgemäß ist. Beschränkungen sind mit der Verfassung materiell vereinbar, wenn sie durch ausreichende Gründe des Gemeinwohls gerechtfertigt sind und dem Gebot der Verhältnismäßigkeit genügen. Eingriffe in das Grundrecht dürfen deshalb nicht weiter gehen, als es die sie rechtfertigenden Gemeinwohlbelange erfordern, und Eingriffszweck sowie Eingriffsintensität müssen in einem angemessenen Verhältnis stehen.[65]

---

61 *Maunz/Dürig/Schmidt-Aßmann*, Art. 19 Abs. 4, RdNr. 234; BVerfGE 44, 294, 298 f.; *Kopp/Schenke*, VwGO, § 74 RdNr. 18 f.
62 A. A. *Wegmann*, K&R Beilage 1/2004, 25, 31.
63 VG Köln, B. v. 18. 5. 2005, 1 L 3263/04, S. 8 f.
64 A. A. *Wegmann*, K&R Beilage 1/2004, 25, 31.
65 BVerfG, st. Rspr. vgl. BVerfGE 94, 372, 390; 101, 331, 347.

Die Abhängigmachung der rückwirkenden Durchsetzbarkeit höherer als der genehmigten **86** Entgelte von der erfolgreichen Durchführung eines zusätzlichen Verfahrens nach § 123 VwGO, § 35 Abs. 5 S. 2 TKG verfolgt den Zweck, die o. a. Nachteile rückwirkender Entgeltgenehmigungen für die einzelnen Wettbewerber, der damit einhergehenden Entwicklung des Wettbewerbs und dem daraus folgenden Interesse der Nutzer an nicht überteuerten Telekommunikationsleistungen zu minimieren. Diese Zielsetzung gehört zu den Gemeinwohlbelangen, die **geeignet** sind, eine Einschränkung der Berufsausübungsfreiheit zu legitimieren.

Gemessen an dem Zweck der Verknüpfung der Rückwirkung von Entgeltgenehmigungen **87** an die erfolgreiche Durchführung des modifizierten Anordnungsverfahrens erweist sich die damit verbundene Belastung des regulierten Unternehmens als **erforderlich**. Kein milderes Mittel reduziert die Risiken rückwirkender Entgeltgenehmigungen mit gleichem Erfolg. Das modifizierte Anordnungsverfahren führt dazu, das Risiko der Wettbewerber, durch rückwirkend höhere Entgeltgenehmigungen im Nachhinein Zahlungsverpflichtungen ausgesetzt zu werden, zu minimieren. Unmittelbar mit Abschluss des Eilverfahrens tritt Rechtssicherheit für die Wettbewerber über die Frage ein, ob aufgrund der Gerichtsverfahren die Möglichkeit besteht, dass sie höhere Entgelte zahlen, d. h. Rücklagen in entsprechender Höhe bilden müssen. Damit trägt die Einschränkung des Rückwirkungsgrundsatzes in S. 3 zur raschen Rechtsbefriedung bei. Die Rechtmäßigkeit bedeutender, vom regulierten Unternehmen angegriffener Regulierungsentscheidungen wird im Rahmen des modifizierten Anordnungsverfahrens entschieden werden.

Zweck und Mittel zur Zielerreichung stehen sich **ausgewogen** gegenüber. Die Frage, **88** wer letztlich das Risiko unrichtiger Regulierungsentscheidungen tragen soll, kann nur zwischen RegTP/Wettbewerber und reguliertem Unternehmen aufgeteilt werden. Sie sind die Beteiligten des Dreiecksverhältnisses, in welchem Regulierungsentscheidungen ergehen. Wenn die RegTP als Beklagte von den Gerichten angehalten wird, behördliche Entscheidungen rückwirkend zu korrigieren, tragen faktisch die Wettbewerber das Risiko. Deren Einflussmöglichkeiten auf die Entscheidungsfindung sind rechtlich und tatsächlich begrenzt. Sie sind durch in der Höhe hinter berechtigten Anträgen zurückbleibenden Entgeltgenehmigungen allenfalls formal begünstigt, da sie Rückstellungen bilden müssen und Make-or-buy-Entscheidungen aufgrund verzerrter Grundlagen treffen; beides ist nicht rückgängig zu machen. Mit der Verknüpfung mit der zusätzlichen Voraussetzung des modifizierten Anordnungsverfahrens wird die Entscheidung, ob das Risiko bei den Wettbewerbern verbleiben soll, in die Hand des regulierten Unternehmens gelegt. Es kann unter erleichterter Beweisführung, nämlich durch Glaubhaftmachung, eine schnelle Klärung herbeiführen, ob der von ihm im Regulierungsverfahren behauptete Anspruch in der geltend gemachten, aber von der RegTP abgelehnten Höhe besteht.

c) § 35 Abs. 5 S. 2. – aa) Regelverfahren nach § 123 VwGO. – § 123 Abs. 1 VwGO **89** schreibt vor, dass das Gericht eine **einstweilige Anordnung zur Regelung eines vorläufigen Zustandes** treffen kann. Daraus ergibt sich das Verbot der Vorwegnahme der Hauptsache.[66] Ein Antrag auf Erlass einer einstweiligen Anordnung ist begründet, wenn dem Antragsteller ein prozessualer Anspruch auf Sicherung des Hauptsacheanspruches zusteht. Das ist der Fall, wenn der zu sichernde oder zu regelnde Anspruch nach dem materiellen

---

66 *Eyermann/Hopp*, § 123 RdNr. 63.

Recht besteht (Anordnungsanspruch) und die Voraussetzungen für den Erlass der einstweiligen Anordnung nach § 123 Abs. 1 VwGO (Anordnungsgrund) gegeben sind.[67]

90   **bb) Modifikationen. –** § 35 Abs. Abs. 5 S. 2 TKG **modifiziert** das **Verfahren nach § 123 VwGO** in zweierlei Hinsicht: in Bezug auf den Anordnungsgrund und in Bezug auf die Vorläufigkeit der Anordnung.

91   Zum einen **entbindet** es den Antragsteller **von der Darlegung** des Vorliegens **eines Anordnungsgrundes.** Er bezeichnet im Verfahren nach § 123 VwGO die Dringlichkeit der Sache[68] und wird als das Typische der einstweiligen Anordnung[69] angesehen. Der Anordnungsgrund setzt voraus, dass dem Antragsteller unter Berücksichtigung seiner Interessen, aber auch der öffentlichen Interessen und der Interessen anderer Personen nicht zumutbar ist, die Hauptsacheentscheidung abzuwarten.[70] Der Gesetzgeber rechtfertigt die Einschränkung der Rückwirkung indes daraus, dass das Unternehmen mit beträchtlicher Marktmacht in der Regel mit einer Vielzahl von Wettbewerbern Zugangsverträge geschlossen hat. Diese Wettbewerber wären dem Risiko ausgesetzt, Nachzahlungen für mehrere Jahre, welche regelmäßig bis zum rechtskräftigen Abschluss entsprechender Gerichtsverfahren vergehen, leisten zu müssen. Die für diesen Fall erforderlichen Rückstellungen in Höhe der Differenz zwischen den beantragten und den genehmigten Entgelten können sich im Hinblick auf die Vielzahl der Vertragsbeziehungen und des Umfangs der bezogenen Leistungen „zu ganz erheblichen Beträgen summieren".[71] Vor diesem Hintergrund bedarf es im modifizierten Anordnungsverfahren keines Anordnungsgrundes, weil es im Interesse des Antragstellers, der öffentlichen Interessen und der Interessen der Wettbewerber unzumutbar ist, die Hauptsacheentscheidung abzuwarten.

92   Zweideutig ist der **Begriff der Darlegung.** Zur Zulässigkeit des Antrages nach § 123 VwGO gehört, dass der Antragsteller analog § 42 Abs. 2 VwGO den Anordnungsgrund bezeichnet[72] bzw. geltend macht[73]. Die Glaubhaftigkeit[74] bzw. Glaubhaftmachung[75] der bezeichneten Tatsachen ist dagegen im Rahmen der Begründetheit des Antrages zu prüfen. Dem Wortsinn nach ist unter Darlegung eher die Bezeichnung von Tatsachen zu verstehen, als die erleichterte Beweisführung, die durch die Glaubhaftmachung ermöglicht wird.[76] Damit wäre der Antragsteller zwar im Rahmen der Zulässigkeit des Antrages nach § 35 Abs. 5 S. 2 TKG, § 123 VwGO davon befreit, den Dringlichkeitsgrund zu benennen, nicht aber davon, diesen – in erleichterter Weise – zu beweisen. Das dürfte marktmächtigen Unternehmen, welche durch eine einzelne Entgeltgenehmigung kaum in ihrer Existenz bedroht sein dürften, regelmäßig nicht möglich sein. Dieses Ergebnis kann vom Gesetzgeber ersichtlich nicht gewollt gewesen sein.

93   Es würde ferner faktisch zu einem mit Art. 19 Abs. 4 GG unvereinbaren Rechtsschutzdefizit führen. Aus dem Wortlaut des Art. 19 Abs. 4 GG lässt sich zwar nichts über die Notwen-

---

67 *Eyermann/Hopp,* § 123 RdNr. 45.
68 *Eyermann/Hopp,* § 123 RdNr. 53.
69 *Eyermann/Hopp,* § 123 RdNr. 53.
70 *Kopp/Schenke,* VwGO, § 123 RdNr. 26.
71 Vgl. BT zu § 33, BT-Drs. 15/2316, S. 69 f.
72 Vgl. § 920 Abs. 1 ZPO; *Eyermann/Hopp,* VwGO, § 123 RdNr. 44.
73 *Kopp/Schenke,* VwGO, § 123 RdNr. 20.
74 *Eyermann/Hopp,* § 123 RdNr. 44.
75 Vgl. §§ 920 Abs. 2 und 921 Abs. 2 ZPO; *Kopp/Schenke,* VwGO, § 123 RdNr. 24.
76 Vgl. *Thomas/Putzo,* ZPO, § 920 RdNr. 4.

digkeit der Gewährung vorläufigen Rechtsschutzes entnehmen. Jedoch hat das BVerfG wiederholt betont, dass Art. 19 Abs. 4 GG nicht nur das formale Recht und die theoretische Möglichkeit, Gerichte anrufen zu können, beinhaltet, sondern auch die Effektivität des Rechtsschutzes garantiert.[77]

Die Gesetzesbegründung legt eher die Entbehrlichkeit der **Glaubhaftmachung** des Arrest- **94** grundes nahe.[78] Ein Beibehalten der Notwendigkeit, den Anordnungsgrund gleichwohl zu bezeichnen, wäre formalistisch und ohne Erkenntnisgewinn.

Nur wenn mit dem Begriff Darlegung **Geltendmachung und Glaubhaftmachung** erfasst **95** werden, wird die Frage der Rückwirkung allein von der überwiegenden Wahrscheinlichkeit abhängig gemacht, dass ein Anspruch auf die Genehmigung höherer als der genehmigten Entgelte besteht.

Zum anderen trifft das Gericht durch seine Anordnung **keine** nur **vorläufige Regelung** **96** über den Streitgegenstand im Hinblick auf die wirtschaftliche Folge eines berechtigten Verpflichtungsbegehrens. Regelmäßig ist eine Vorwegnahme der Hauptsache zugunsten des Antragstellers in Fällen sozialer, beruflicher oder wirtschaftlicher Existenzgefährdung, ausnahmsweise zulässig.[79] Dieser Modifikation kommt damit die Wirkung zu, das Ergebnis der Hauptsache zu Lasten des Antragstellers für den Fall vorwegzunehmen, wenn das modifizierte Anordnungsverfahren erfolglos bleibt.

cc) Charakter des modifizierten Anordnungsverfahrens. – Das modifizierte Verfahren **97** nach § 123 VwGO, § 35 Abs. 5 S. 2 TKG ist **keine Prozessvoraussetzung** für die Hauptsacheklage (Sachurteilsvoraussetzung, Zulässigkeitsvoraussetzung). Das Gericht darf eine Sachentscheidung nur erlassen, wenn die Klage zulässig ist. Diese Voraussetzung ist auch ohne ein vorher (erfolgreich) durchgeführtes modifiziertes Anordnungsverfahren erfüllt. Das Prozessverhältnis kommt gleichwohl zustande.[80] Die Nichtdurchführung oder erfolglose Durchführung des modifizierten Anordnungsverfahrens macht die Klage auf Verpflichtung der RegTP zur rückwirkenden Genehmigung höherer Entgelte nicht unzulässig, es schließt nur eben sachlich diese Rückwirkung aus.

Von der *erfolgreichen* Durchführung hängt die Sachentscheidung ab. Insofern unterschei- **98** det sich das modifizierte Anordnungsverfahren auch vom üblicherweise vor Klageerhebung *erfolglos* durchzuführenden Vorverfahren nach §§ 68 ff. VwGO (Sachurteilsvoraussetzung), welches hier ausgeschlossen ist, vgl. § 137 Abs. 2 TKG. Das modifizierte Anordnungsverfahren beschreibt die sachlich-rechtliche Seite, nämlich das Zustehen eines Rechts, und gehört damit zur **Begründetheit** der Klage. Fehlt sie, so ist sachlich zu entscheiden, dass die Genehmigung keine Rückwirkung entfaltet.

dd) Zulässigkeit einer Anordnung. – Die **Zulässigkeitsvoraussetzungen** des Antrags **99** entsprechen denen des Regelverfahrens nach § 123 VwGO. Gleiches gilt für andere Verfahrensvorschriften (z. B. Beiladung).

Problematisch ist die fehlende Bindung des Antrages an eine **Frist**. Theoretisch eröffnet **100** das die Möglichkeit, bis kurz vor Abschluss des Hauptsacheverfahrens einen Antrag zu

---

77 BVerfGE 35, 263, 274; 35, 382, 401 m. w. N.
78 Vgl. BT zu § 33, BT-Drs. 15/2316, S. 69 f.; *Baumbach/Lauterbach/Hartmann*, § 920 RdNr. 16 mit Verweis auf § 25 UWG.
79 *Eyermann/Hopp,* § 123 RdNr. 63a.
80 *Kopp/Schenke*, VwGO, Vorb. § 40 RdNr. 10.

stellen. Damit würde der Zweck des modifizierten Anordnungsverfahrens, schnelle Rechtssicherheit zu erreichen, unterminiert. Die Wettbewerber werden nicht uneingeschränkt von der Notwendigkeit Rückstellungen zu bilden befreit, da sie eine stattgebende Anordnung auch auf einen noch später gestellten Antrag nicht ausschließen können.

101   Einschränkungen ergeben sich, wie im Regelverfahren nach § 123 VwGO, unter dem Gesichtspunkt der prozessualen **Verwirkung**. Im Hinblick auf das Ziel, schnelle Rechtssicherheit zu erreichen, dürfte der Verwirkungszeitpunkt erheblich vorgezogen sein.

102   Zweifel an der **Zulässigkeit** eines Antrages sind **im Revisionsverfahren** angebracht. Zweck des Revisionsverfahrens ist die Prüfung von Rechtsverletzungen, vgl. § 137 Abs. 2 VwGO. Die Antragstellung erst im Revisionsverfahren wäre nicht Teil dieser Prüfung, sondern würde erst die Vorraussetzung für die Begründetheit der Klage (siehe Rechtscharakter des modifizierten Antragsverfahrens) schaffen. Zudem widerspräche die Antragstellung vor dem Revisionsgericht dem Rechtsgedanken des § 137 Abs. 3 TKG, der die Zulässigkeit von Eilverfahren auf die erste Instanz beschränkt.

103   Dem Verzögern der Antragstellung könnte das Gericht im Rahmen des ihm eingeräumten **Ermessens** („kann") Rechnung tragen. Dabei ist zu berücksichtigen, dass hinsichtlich des „Ob" einer einstweiligen Anordnung jedenfalls im Regelverfahren kein Ermessen besteht; es ist dort auf das „Wie" beschränkt.[81] Andererseits lässt die Regelung des § 35 Abs. 5 S. 2 TKG dem Inhalt der Anordnung kaum Spielraum („kann […] die vorläufige Zahlung eines beantragten höheren Entgelts anordnen"). Praktisch wird das regulierte Unternehmen seinerseits ein Interesse daran haben, schnell – vorläufig – höhere Entgelte erheben zu können, eine Verzögerung führt zur kostenlosen Kreditierung des Differenzbetrages zwischen beantragter und genehmigter Entgelthöhe. Die Anordnung der *vorläufigen* Zahlung eines beantragten höheren Entgelts löst im Fall einer gegenläufigen Hauptsacheentscheidung, die das Ergebnis der summarischen Prüfung des Vorliegens des behaupteten Anspruches nicht bestätigt, eine Rückzahlungsverpflichtung aus.

104   **ee) Begründetheit der Anordnung.** – Der Antrag auf Anordnung ist auch im modifizierten Anordnungsverfahren begründet, wenn aufgrund einer **summarischen Prüfung** eine überwiegende Wahrscheinlichkeit für das Bestehen des Anordnungsanspruchs spricht. Die Tatsachen, auf die der Anordnungsanspruch gestützt wird, sind vom Antragsteller glaubhaft zu machen. Es ergeben sich keine spezifischen Besonderheiten gegenüber dem Regelverfahren nach § 123 VwGO. Insbesondere sind keine Fälle denkbar, in denen trotz glaubhaft gemachter Tatsachen im Anordnungsverfahren und ggf. vorgelegter anspruchsbegründender Kostenunterlagen im Rahmen des Beschlusskammerverfahrens eine einstweilige Anordnung nicht ergeht, sich in der Hauptsache aber ein bestehender Anspruch ergibt.[82] Der Antrag auf Anordnung ist begründet, wenn das Bestehen des Anspruchs auf die Genehmigung des höheren Entgelts wahrscheinlicher ist als sein Nichtbestehen.[83]

105   **ff) Rechtsbehelf gegen Anordnung.** – Entsprechend § 137 Abs. 3 TKG besteht **keine Beschwerdemöglichkeit** gegen die Anordnung. Gleiches gilt für die Nichtanordnung.

106   **d) § 35 Abs. 5 S. 3.** – Diese Einschränkung knüpft den wirtschaftlichen Erfolg einer Verpflichtungsklage auf Erteilung einer Genehmigung höherer Entgelte an die vorherige er-

---

81   *Kopp/Schenke*, VwGO, § 123 RdNr. 23 m. w. N. und 28.

82   A. A. *Mayen*, CR 2005, 21, 29.

83   VG Köln, Beschl. v. 18. 5. 2005, 1 L 3263/04, S. 8 f.

folgreiche Durchführung des modifizierten einstweiligen Rechtsschutzverfahrens. Nur wenn bereits in der dortigen summarischen Prüfung das Vorliegen des Anordnungsanspruchs bejaht worden ist und zu einer Anordnung geführt hat, entfaltet die gerichtliche Hauptsacheentscheidung zur Erteilung einer Genehmigung für ein höheres Entgelt Rückwirkung i. S. v. S. 1. Diese Ausgestaltung **hebt** die ursprüngliche **Begrenzung** der Rückwirkung der Entgelte der Höhe nach auf den genehmigten Betrag **auf** und auf den Betrag an, der sich im Rahmen der gerichtlichen Überprüfung als rechtmäßig herausgestellt hat; für das regulierte Unternehmen also günstigstenfalls auf Höhe der ursprünglich beantragten Entgelte.

Verzichtet der Verpflichtungskläger auf die vorherige Durchführung eines Verfahrens nach **107** § 35 Abs. 5 S. 2 oder unterliegt er in diesem Verfahren, kann er in der Hauptsache mit einem Verpflichtungsantrag – in Bezug auf die Vergangenheit – nicht mehr obsiegen. Der **Antrag** muss insoweit **umgestellt** werden, da anderenfalls die Klageabweisung droht.

Dabei scheidet die **Aufhebung** der ursprünglichen Entgeltgenehmigung für den Rückwir- **108** kungszeitraum aus, da anderenfalls für diesen vergangenen Zeitraum keine Entgeltgenehmigung mehr bestünde.

Die **aufgrund der Verpflichtungsklage zu erteilende Genehmigung** höherer Entgelte **109** entfaltet wegen § 35 Abs. 5 S. 3 TKG keine Rückwirkung, sondern **wirkt nur in die Zukunft**.

Die **ursprünglich zu niedrige Entgeltgenehmigung** entfaltet ebenfalls keine Rückwir- **110** kung mehr, würde sie **aufgehoben**. Sie kann nach der Rspr. des *OVG Münster*[84] indes auch nicht im Sinne einer Genehmigung eines „Sockelbetrages" bestehen bleiben. Das Gericht geht davon aus, dass das TKG kein „sicheres Mindestentgelt" kennt. Ein maßstabsgerechtes Entgelt ist nur der als Ergebnis der rechtmäßigen Entgeltberechnung sich ergebende bestimmte Betrag, nicht ein Bruchteil dessen. Deshalb könne ein von der RegTP zu niedrig ermittelter Entgeltbetrag seinerseits nicht Teil des maßstabsgerecht ermittelten Entgelts sein. Der an sich obsiegende Verpflichtungskläger wäre zur Rückzahlung der rechtsgrundlos erhobenen Entgelte verpflichtet, obgleich ihm materiell-rechtlich ein Anspruch auf gegenüber den genehmigten Entgelten höhere Entgelte zusteht, den er im Hinblick auf den Ausschluss der Rückwirkung allerdings nicht durchsetzen kann. Er stünde deshalb sogar schlechter, als wenn er keine Klage erhoben hätte, da er in diesem Fall die erhobenen Entgelte behalten könnte. Ob dieses Ergebnis vom Gesetzgeber so gewollt gewesen ist, scheint zweifelhaft; ausgeschlossen werden sollte nur die spätere Erhebung höherer Entgelte, nicht die gegenleistungslose Erbringung der Leistung, erst recht nicht, wenn die Regulierungsentscheidung durch Gerichte als rechtswidrig eingestuft wurde. Dieses Ergebnis kann nur vermieden werden, wenn das nicht maßstabsgerecht errechnete zu niedrige Entgelt der angegriffenen Genehmigung entgegen der Rspr. des OVG als „Sockelbetrag" für den Zeitraum der Leistungserbringung Bestand behält.

7. Veröffentlichung (Abs. 6). – Die Vorschrift entspricht § 28 Abs. 4 TKG 1996, ohne wie **111** die **Vorgängerregelung** ausdrücklich darauf zu hinzuweisen, dass die Veröffentlichung im Amtsblatt der RegTP zu erfolgen hat.

---

84 OVG Münster, Beschl. v. 1. 8. 2003, 13 A 1618/01, MMR 2004, 204, 206; OVG Münster, Beschl. v. 8. 5. 2002, 13 B 1636/01, MMR 2002, 567.

112   Die **Form der Veröffentlichung** entspricht § 36 TKG. Siehe im Einzelnen die Kommentierung zu § 36 TKG.

113   Im **Unterschied zu § 36 TKG** (Veröffentlichung beabsichtigter Entscheidungen) erfasst § 35 Abs. 6 TKG (Veröffentlichung genehmigter Entgelte) die Möglichkeit, dass Differenzen zwischen beabsichtigter und endgültiger Entscheidung bestehen, da aber beide zu veröffentlichen sind, erhöht sich die Transparenz der Entscheidungsfindung.

Groebel/Seifert

§ 36 Veröffentlichung

(1) Die Regulierungsbehörde veröffentlicht beabsichtigte Entscheidungen zur Zusammenfassung von Dienstleistungen sowie zur Vorgabe der jeweiligen Maßgrößen nach § 32 Nr. 2 und § 34. Vor der Veröffentlichung gibt sie dem Unternehmen, an das sich die Entscheidung richtet, Gelegenheit zur Stellungnahme.

(2) Bei Anträgen auf Genehmigung von Entgelten nach § 32 Nr. 1 sowie im Falle eines Vorgehens nach § 31 Abs. 6 Satz 1 und 2 veröffentlicht die Regulierungsbehörde die beantragten oder vorgesehenen Entgeltmaßnahmen.

Übersicht

I. Bedeutung der Norm

1. Normzweck. – Der **Normzweck** ergibt sich aus der Überschrift zur Vorläufervorschrift **1** des § 8 TEntgV („Beteiligungsrechte") klarer als nach geltendem Recht („Veröffentlichung"). Die in § 36 geregelte Veröffentlichung zielt in erster Linie darauf ab, dem Adressaten der späteren Entscheidungen sowie Dritten eine effektive Wahrnehmung ihrer gesetzlichen **Beteiligungsrechte** aus § 134 Abs. 2 zu ermöglichen. Darüber hinaus dient die Vorschrift der Herstellung von **Transparenz** gegenüber der Öffentlichkeit. Nur insoweit korrespondiert der Normzweck mit demjenigen des daneben anwendbaren § 35 Abs. 6, wonach eine Pflicht zur Veröffentlichung genehmigter Entgelte nach Verfahrensabschluss besteht.

2. Kurzer Überblick über den Anwendungsbereich. – § 36 gilt unmittelbar für die Ver- **2** öffentlichung im Rahmen der Regulierung von **Zugangsentgelten** nach Teil 2 Abschnitt 2 Unterabschnitt 2 des Gesetzes. Soweit **Endnutzerentgelte** nach § 39 Abs. 1 S. 1 der Genehmigungspflicht unterworfen werden, verweist § 39 Abs. 1 S. 3 auf eine entsprechende Anwendung von § 36. Für das **Mindestangebot von Mietleitungen** findet sich ein Verweis auf § 36 in § 41 Abs. 3 S. 1.

Unklar ist die Anwendung allenfalls im Rahmen einer Ex-ante-Regulierung von **Teilneh- 3 merdaten** nach § 47 Abs. 4 S. 2. Diese Vorschrift verweist nur auf § 31, nicht aber auf § 36 sowie die in dessen Abs. 1 zitierten Vorschriften des § 32 Nr. 2 und § 34. Sofern man hier eine Regelungslücke annimmt, ist § 36 nach seinem Sinn und Zweck aber jedenfalls analog anzuwenden, da nicht ersichtlich ist, weshalb es im Bereich der Entgelte für Teilnehmerdaten weniger auf Transparenz und die Wahrung der Beteiligungsrechte ankäme als bei anderen Genehmigungsverfahren.

3. Entstehungsgeschichte. – § 36 entspricht **§ 8 TEntgV,**[1] der nach § 152 Abs. 2 aufgeho- **4** ben wurde. Die Modifikationen gegenüber der **Vorläufervorschrift** sind eher rechtstech-

---

1 So auch die Begründung zu § 34 des RegE (= § 36 TKG 2004), BT-Drs. 15/2316, S. 95.

nischer Natur. Sie ergeben sich bei § 36 Abs. 2 daraus, dass § 31 Abs. 6 S. 1 und 2 für Einzelgenehmigungsverfahren nunmehr ausdrücklich die Möglichkeit vorsehen, das regulierte Unternehmen zur Stellung von Entgeltgenehmigungsanträgen aufzufordern bzw. ein Verfahren von Amts wegen einzuleiten. **Europarechtlich** gibt es zu dieser Vorschrift keine unmittelbaren Vorgaben. Allenfalls im weiteren Sinne lässt sich diese Vorschrift als Ausformung des in Art. 6 RRL enthaltenen Grundgedankens der Transparenz verstehen.

II. Price-Cap-Verfahren

5   § 36 Abs. 1 regelt Veröffentlichungspflichten und Beteiligungsrechte im Rahmen der „**ersten Stufe**" des **Price-Cap-Verfahrens** nach § 32 Nr. 2 und § 34 (vgl. § 32 RdNr. 12). § 36 Abs. 1 S. 1 verpflichtet die RegTP, beabsichtigte Entscheidungen zur Zusammenfassung von Dienstleistungen sowie zur Vorgabe der jeweiligen Maßgrößen, die im Rahmen des Price-Cap-Verfahrens nach § 32 Nr. 2 und § 34 getroffen wurden, zu veröffentlichen. Laut § 36 Abs. 1 S. 2 muss die RegTP dem Unternehmen, an das sich die Entscheidung richtet, vor der Veröffentlichung Gelegenheit zur Stellungnahme geben. Gegenüber der Rechtslage nach dem früheren § 8 TEntgV, der dies als Sollbestimmung formulierte, sind damit dessen Beteiligungsrechte verstärkt worden.

6   Hintergrund dieser Regelung ist, dass das von der Entscheidung unmittelbar betroffene Unternehmen, dessen Leistungsentgelte im Rahmen des Price-Cap-Verfahrens reguliert werden, einen stärkeren Eingriff in seine verfassungsmäßigen Rechte hinzunehmen hat als andere Verfahrensbeteiligte und deshalb zuerst **angehört** werden muss.[2] Es erhält dadurch die Gelegenheit, Zustimmung oder Bedenken zu äußern und dadurch die Entscheidung der RegTP ggf. noch zu beeinflussen.

7   Auffällig ist in diesem Zusammenhang, dass § 36 von dem Unternehmen spricht, „an" das sich die Entscheidung richtet, während Verfahrensbeteiligter nach § 134 Abs. 2 Nr. 2 ein Unternehmen ist, „gegen" das sich das Verfahren richtet. Diese unterschiedliche Formulierung spricht dafür, die „erste Stufe" der Price-Cap-Regulierung als **objektives Verfahren** zu deuten, das noch keine unmittelbar belastende Wirkung gegenüber dem betroffenen Unternehmen entfaltet. Auch wenn entgegen dieser Auffassung davon ausgegangen wird, dass bereits die Bestimmung der Körbe und die Vorgabe von Maßgrößen unmittelbar belastende Wirkung entfalten, so dass das betroffenen Unternehmen bereits nach § 134 Abs. 2 Nr. 2 beteiligt ist, behält die Regelung ihren Sinn. Sie führt dann dazu, dass sie zu einer zeitlichen Vorverlagerung des ohnehin bestehenden Stellungnahmerechts führt, da dem betroffenen Unternehmen bereits vor der Veröffentlichung der beabsichtigten Entscheidung und nicht erst im Zwischenzeitraum zwischen Veröffentlichung und Erlass der Entscheidung Gelegenheit zur Stellungnahme zu geben ist.

8   Gelegenheit zur Stellungnahme ist auch den **anderen Marktteilnehmern** zu gewähren. Dies wird in der Vorschrift zwar nicht explizit verfügt, geht aber einerseits aus der Begründung zur Vorgängervorschrift § 8 Abs. 1 TEntgV hervor („zuerst") und liegt andererseits auch auf der Hand, denn die RegTP wird verpflichtet, **beabsichtigte** Entscheidungen zu veröffentlichen, nicht die bereits getroffenen. Somit erhält das betroffene Unternehmen **vor**, die übrigen Unternehmen **nach** der Veröffentlichung der beabsichtigten Entscheidung

---

2   Vgl. die Begründung zur Vorläufervorschrift des § 8 Abs. 1 TEntgV.

Gelegenheit zur Stellungnahme. Diese Vorgehensweise entspricht auch der Praxis der RegTP in den bisher von ihr durchgeführten Price-Cap-Verfahren.[3]

Die Verpflichtung zur Veröffentlichung der beabsichtigten Entscheidung bezieht sich auf **9** die **gesamte Entscheidung** und nicht nur auf Teile von ihr; insbesondere nicht nur auf diejenigen Teile, die sich auf die Zusammenfassung von Dienstleistungen und auf die Vorgaben der jeweiligen Maßgrößen beziehen. Eine engere Wortlautauslegung stünde einerseits dem Zweck der Norm und andererseits der bisherigen Veröffentlichungspraxis entgegen. Zur Umsetzung der Verpflichtung genügt es allerdings, dass nur der Tenor der Entscheidung veröffentlicht wird. Nicht veröffentlichungspflichtig sind hingegen diejenigen Fakten und Überlegungen, die das Zustandekommen der beabsichtigten Entscheidung wesentlich beeinflusst haben, also die Gründe des Verwaltungsbeschlusses.

Die **Art und Weise** der Veröffentlichung wird nicht durch § 36 Abs. 1 vorgegeben, son- **10** dern durch § 5 Abs. 1 S. 1. Hiernach bedarf es sowohl der Veröffentlichung im Amtsblatt der RegTP als auch auf ihrer Internetseite.

III. Einzelgenehmigung

§ 36 Abs. 2 regelt die Veröffentlichungspflichten im Rahmen des Verfahrens der **Einzelge-** **11** **nehmigung** nach § 32 Nr. 1. Regelfall ist hierbei das Antragsverfahren (§ 31 Abs. 5), bei dem sich der Umfang der Veröffentlichungspflicht unmittelbar aus dem Antrag ergibt. Dies gilt auch im Falle eines Vorgehens nach § 31 Abs. 6 S. 1, sofern der Aufforderung der RegTP, einen Entgeltantrag zu stellen, Folge geleistet wird. Etwas anderes gilt nur im Falle eines Vorgehens nach § 31 Abs. 6 S. 2, d. h. bei einer Verfahrenseinleitung von Amts wegen. Hier hat die RegTP bereits vor der Veröffentlichung die Entgelte zu identifizieren, für die sie von einer Genehmigungspflicht ausgeht. Die Veröffentlichung beinhaltet dann die implizite Feststellung, welche Entgelte der Genehmigungspflicht unterliegen. Da die Veröffentlichung jedoch nur vorbereitende Funktion für das eigentliche Genehmigungsverfahren entfaltet, ist sie gleichwohl als schlicht hoheitliche Maßnahme ohne den Charakter eines Verwaltungsakts anzusehen. Wie bei § 36 Abs. 1 hat die Veröffentlichung gemäß § 5 Abs. 1 S. 1 sowohl im Amtsblatt als auch auf der Internetseite der RegTP zu erfolgen.

Beantragte Entgeltmaßnahmen im Rahmen der „**zweiten Stufe**" (vgl. § 32 RdNr. 11 f.) des **12** **Price-Cap-Verfahrens**, das auf die Genehmigung konkreter Entgelte zielt, sind nicht zu veröffentlichen. Dies ergibt sich daraus, dass § 36 Abs. 2 nur auf § 32 Nr. 1 Bezug nimmt und in § 36 Abs. 1 das Price-Cap-Verfahren nur insoweit abgebildet ist, als es sich mit der Zusammenfassung von Dienstleistungen und der Vorgabe der Maßgrößen, also der „ersten Stufe" befasst.

Nach dem **Wortlaut** von § 36 Abs. 2 wären allerdings Entgeltmaßnahmen auf der „zweiten **13** Stufe" des Price-Cap-Verfahrens dann zu veröffentlichen, wenn die RegTP derartige Verfahren von Amts wegen einleitet. Grund ist, dass ein Vorgehen „nach § 31 Abs. 6 S. 1 und 2" auch bei Price-Cap-Verfahren möglich ist, da § 31 Abs. 6 S. 4 lediglich die Entscheidungsfrist abkürzt, nicht aber die Befugnis der RegTP zur Einleitung von Amts wegen in Frage stellt. Insoweit bedarf § 36 Abs. 2 aber einer **teleologischen Reduktion**. Der Halbsatz „im Falle eines Vorgehens nach § 31 Abs. 6 S. 1 und 2" soll nur sicherstellen, dass die

---

3 ABl. RegTP 22/99, S. 3788; ABl. RegTP 20/01, S 3087 und ABl. RegTP 2/02, S. 147.

Entgeltmaßnahmen **auch dann** veröffentlicht werden, wenn das Verfahren von Amts wegen geführt werden, nicht aber, dass sie **nur dann** veröffentlicht werden.

14 Der Veröffentlichung unterliegen nur die **Entgeltmaßnahmen**. Sonstige Unterlagen, die nach § 33 mit einem Antrag vorzulegen sind, sind von der Veröffentlichungspflicht bzw. -befugnis nicht umfasst. Dies betrifft insbesondere die Leistungsbeschreibung und den Entwurf der Allgemeinen Geschäftsbedingungen nach § 33 Abs. 1 Nr. 2. Letzterer unterliegt nur insoweit der Veröffentlichung, als sich hieraus die beabsichtigten Entgeltmaßnahmen ergeben, nicht aber hinsichtlich sonstiger darin enthaltener Vertragsbedingungen.

§ 37 Abweichung von genehmigten Entgelten

(1) Ein Betreiber eines öffentlichen Telekommunikationsnetzes, der über beträchtliche Marktmacht verfügt, darf keine anderen als die von der Regulierungsbehörde genehmigten Entgelte verlangen.

(2) Verträge über Dienstleistungen, die andere als die genehmigten Entgelte enthalten, werden mit der Maßgabe wirksam, dass das genehmigte Entgelt an die Stelle des vereinbarten Entgelts tritt.

(3) Eine vertragliche oder gesetzliche Verpflichtung zur Erbringung der Leistung bleibt unabhängig vom Vorliegen einer Entgeltgenehmigung bestehen. Die Regulierungsbehörde kann die Werbung für ein Rechtsgeschäft, den Abschluss, die Vorbereitung und die Anbahnung eines Rechtsgeschäfts untersagen, das ein anderes als das genehmigte oder ein nicht genehmigtes, aber genehmigungsbedürftiges Entgelt enthält.

Schrifttum: *Kleinlein/Enaux*, Die Rechtswirkung der Entgeltgenehmigung im Telekommunikationsrecht, K&R 2003, 275 (zu § 29 TKG 1996).

Übersicht

I. Bedeutung der Norm

1. Normzweck. – § 37 ist Ausdruck davon, dass es sich beim Telekommunikationsrecht **1** um einen als **Regulierungsrecht** zu klassifizierenden Sondertypus des öffentlichen Rechts handelt. Öffentlich-rechtliche und zivilrechtliche Materien sind darin auf enge Weise miteinander verzahnt. So beinhaltet § 37 eine Gemengelage aus öffentlich-rechtlichen Vorgaben (§ 37 Abs 1) und damit korrespondierenden Befugnissen (§ 37 Abs. 3 S. 2) sowie zivilrechtlichen Materien (§ 37 Abs. 2 und Abs. 3 S. 1). Den in § 37 enthaltenen Vorschriften ist gemeinsam, dass sie die Rechtsfolgen einer erteilten bzw. fehlenden Genehmigung regeln.

Der **Zweck der Norm** ist damit ein doppelter. Die Begründung der BReg. zum Entwurf **2** von Abs. 1 der Vorläufervorschrift des § 29 TKG 1996 formulierte dies so: „Die Verpflichtung soll sicherstellen, dass zum einen keine anderen Entgelte als die genehmigten Entgelte verlangt werden, und dass zum anderen auch alle Entgelte, die der Regulierung unterliegen, zur Genehmigung vorgelegt und nicht ohne Genehmigung verlangt werden."[1] Klarer

---

[1] BT-Drs. 13/3609, S. 44 f.

gefasst besteht die Zielsetzung einerseits in der **Durchsetzung der Genehmigungspflicht** mit den Mitteln des öffentlichen Rechts, andererseits in einer **vertragsrechtlichen Transmission**, um dem Genehmigungserfordernis bzw. der erteilten Genehmigung auch zivilrechtlich zur Geltung zu verhelfen.

3   **2. Kurzer Überblick über den Anwendungsbereich.** – § 37 gilt nach seinem Wortlaut und seiner systematischen Stellung in Teil 2, Abschnitt 3, Unterabschnitt 2 („Regulierung von Entgelten für Zugangsleistungen") unmittelbar in allen Fällen, in denen das Gesetz eine **Genehmigungspflicht für Zugangsleistungen** vorsieht. Besteht eine **Genehmigungspflicht für Endnutzerleistungen** infolge einer Unterwerfung nach § 39 Abs. 1 S. 1, ordnet § 39 Abs. 1 S. 3 die entsprechende Geltung von § 37 ausdrücklich an. Klarstellende Verweisungen beinhalten § 23 Abs. 4 S. 5 und § 41 Abs. 3 S. 1 im Falle der Genehmigungspflicht für Entgelte beim **Standardangebot** bzw. beim **Mindestangebot für Mietleitungen.** Eine indirekte Verweisung über das Genehmigungserfordernis nach § 31 beinhaltet schließlich § 47 Abs. 4 S. 2 für den Fall, dass die Entgelte für **Teilnehmerdaten** der Ex-ante-Regulierung unterworfen werden.

4   Im Rahmen der **Ex-post-Regulierung** ist § 37 grundsätzlich nicht einschlägig, da es hierbei an genehmigten bzw. genehmigungsbedürftigen Entgelten fehlt. In Ausnahme hiervon ordnet nur § 38 Abs. 4 S. 4 eine entsprechende Geltung von § 37 an. Die Bedeutung dieser Verweisung ergibt sich aus der Kommentierung zu § 38 (§ 38 RdNr. 130–137).

5   **3. Entstehungsgeschichte.** – § 37 dient nicht der Umsetzung **europarechtlicher Vorgaben.** In Ausfüllung des Umsetzungsspielraums regelt die Vorschrift vielmehr Bedeutung und Wirkung der Entgeltgenehmigung allein im Kontext des nationalen Rechts.

6   Der **Begründung des RegE** zufolge baut die Regelung weitgehend auf **§ 29 TKG 1996** auf. Neu sei die Regelung in Abs. 3, mit der klargestellt werde, dass ein Unternehmen mit beträchtlicher Marktmacht auch ohne Entgeltgenehmigung zur vertraglich vereinbarten Leistung verpflichtet bleibe, ferner die Möglichkeit der RegTP, auch im Vorfeld von Verträgen nicht genehmigte Preise zu untersagen.[2] In der **Regulierungspraxis** erlangte § 29 TKG 1996 vor allem argumentative Bedeutung für die Frage, inwieweit rückwirkende Entgeltgenehmigungen erteilt werden können und inwieweit das regulierte Unternehmen während der Schwebezeit bis zur Erteilung einer Genehmigung zur Leistung verpflichtet war.[3] Diese Rechtsfragen sind nunmehr in § 35 Abs. 5 und 37 Abs. 3 S. 1 ausdrücklich geregelt, so dass die frühere Rechtsprechung und Literatur nur noch dem Verständnis für die Genese des Gesetzes dient, ansonsten aber weitgehend überholt ist.

7   In Ergänzung zu § 29 TKG 1996 sah das frühere Recht in **§ 30 TKV** eine Regelung vor, nach der Vereinbarungen unwirksam waren, für die keine Genehmigung oder vorläufige Anordnung der RegTP vorlag und für die keine Ersetzung durch ein genehmigtes Entgelt in Betracht kam. Obwohl § 30 TKV aufgrund von § 152 Abs. 2 TKG 2004 außer Kraft getreten ist, hat der Gesetzgeber **keine vergleichbare Regelung** in § 37 aufgenommen.

---

2 BT-Drs. 15/2316, S. 95 (zu § 35).
3 Vgl. BVerwGE 120, 54 = NVwZ 2004, 871; OVG Münster, K&R 2003, 308; MMR 2002, 335; VG Köln CR 2001, 523; *Kleinlein/Enaux,* K&R 2003, 275.

II. Einzelerläuterungen

1. Verlangen abweichender Entgelte (Abs. 1). – § 37 Abs. 1 beinhaltet ein **öffentlich-** 8
rechtliches Verbot, andere als die genehmigten Entgelte zu verlangen. Im Gegensatz dazu
sah § 29 Abs. 1 TKG 1996 eine öffentlich-rechtliche[4] Verpflichtung vor, ausschließlich die
genehmigten Entgelte zu verlangen. Weshalb der Gesetzgeber diese Verpflichtung nunmehr als **Verbotsgesetz** ausgestaltet hat, erschließt sich aus den Gesetzesmaterialien nicht.
Die inhaltlichen Unterschiede sind zu vernachlässigen. Im Wesentlichen führt die Umformulierung lediglich dazu, dass die Anwendbarkeit von **§ 134 BGB** nunmehr eindeutig ist.
Nach dieser Vorschrift ist ein Rechtsgeschäft, das gegen ein gesetzliches Verbot verstößt,
nichtig, wenn sich aus dem Gesetz nichts anderes ergibt. Die Anwendbarkeit von § 134
BGB im Rahmen von § 29 Abs. 1 TKG 1996, der als Gebotsnorm formuliert war, war
zweifelhaft (arg. e § 30 TKV; vgl. RdNr. 7).[5] Das geltende Recht stellt die Rechtslage klar.
Allerdings wird die in § 134 BGB grundsätzlich vorgesehene Nichtigkeitsfolge durch die
Sonderregelungen des § 37 Abs. 2 (ggf. i.V.m. § 35 Abs. 5) und § 37 Abs. 3 S. 1 überlagert.

Das Verbot betrifft nach dem Wortlaut von § 37 Abs. 1 nur **Betreiber eines öffentlichen** 9
Telekommunikationsnetzes mit beträchtlicher Marktmacht. Diese Formulierung deckt
sich mit dem Kreis der Unternehmen, die nach § 30 einer Entgeltgenehmigungspflicht für
Zugangsleistungen unterliegen. Sie bleibt aber hinter der Formulierung des § 39 Abs. 1
S. 1 zurück, wonach die RegTP „Unternehmen mit beträchtlicher Marktmacht" auch für
Endnutzerleistungen einer Genehmigungspflicht unterwerfen kann. Die Begriffe sind in-
kongruent, weil nicht jedes Unternehmen mit beträchtlicher Marktmacht zugleich ein öffentliches Telekommunikationsnetz betreiben muss. In der Praxis wird es zwar kaum
Diensteanbieter ohne eigenes Telekommunikationsnetz geben, die über beträchtliche
Marktmacht verfügen. Die Unterscheidung kann jedoch bei verbundenen Unternehmen
(§ 3 Nr. 29) relevant werden, bei denen das eine Unternehmen die Infrastruktur betreibt
und das andere Unternehmen die Dienste gegenüber der Öffentlichkeit anbietet. Dass auch
solchen Unternehmen im Falle einer sie treffenden Genehmigungspflicht untersagt sein
soll, andere als die genehmigten Entgelte zu verlangen, ergibt sich aus dem Zweck der Vorschrift, der auf eine generelle Beachtung des Genehmigungserfordernisses zielt.

Verlangen von Entgelten bedeutet, diese Entgelte zum Gegenstand von Verträgen zu ma- 10
chen. Unabhängig von einer vertraglichen Grundlage werden Entgelte außerdem dann verlangt, wenn ihre Zahlung im konkreten Fall gefordert wird. Das **Werben** mit bestimmten
Entgelten ist hingegen kein Unterfall des Verlangens.[6] Sofern keine Untersagung nach § 37
Abs. 3 S. 2 vorliegt, darf der Betreiber daher jedenfalls dann mit ungenehmigten Entgelten
werben, wenn er in nichtirreführender Weise (§§ 3, 5 UWG) auf die ausstehende Genehmigung hinweist.

Nach dem Wortlaut von § 37 Abs. 1 beschränkt sich das Verbot darauf, **andere als die ge-** 11
nehmigten Entgelte zu verlangen. Fraglich ist, ob dies den Fall einschließt, dass es noch
keine genehmigten Entgelte gibt. Anders als § 37 Abs. 1 differenziert § 37 Abs. 3 S. 2 ausdrücklich zwischen anderen als genehmigten und nichtgenehmigten, aber genehmigungs-

---

4 So auch *Trute/Spoerr/Bosch*, § 29 RdNr. 2 zu § 29 TKG 1996.
5 Für unmittelbare Anwendung *Scheurle/Mayen/Witte*, § 29 RdNr. 6 f.; anders BeckTKG-Komm/
   Schuster/Stürmer, § 29 RdNr. 19 (Unwirksamkeit nach § 30 TKV i.V. m. § 134 BGB).
6 Vgl. OLG Hamburg, RTkom 2000, 227, 230 und 621, 622 (zu § 29 TKG 1996).

bedürftigen Entgelten. Die systematischen Gesichtspunkte sprechen somit dafür, dass § 37 Abs. 1 insoweit eine Regelungslücke enthält. Nach Sinn und Zweck der Regelung macht es aber keinen Unterschied, ob sich das regulierte Unternehmen bewusst über eine bestehende Entgeltgenehmigung hinwegsetzt oder eine solche gar nicht erst einholt. Das Verbot ist daher auch auf diesen Fall zu erstrecken. Folge ist dann eine Teilnichtigkeit des Vertrages hinsichtlich der Entgelte (§ 37 Abs. 1 i.V.m. § 134 BGB), da eine Ersetzung durch genehmigte Entgelte (§ 37 Abs. 2) nicht in Betracht kommt, während die Leistungspflicht bestehen bleibt (§ 37 Abs. 3 S. 1).

12   **Genehmigt** sind Entgelte jedenfalls dann, wenn die sie umfassende Genehmigungsentscheidung der RegTP **bestandskräftig** ist. Da nach dem Wortlaut der Vorschrift nur die Genehmigung, nicht jedoch ihre Bestandskraft Tatbestandsvoraussetzung ist, kann das Unternehmen auch dann von der Genehmigung Gebrauch machen, wenn sie nach § 137 Abs. 1 **sofort vollziehbar** ist.

13   **Fraglich** ist, ob dies auch gilt, wenn auf Antrag eines Dritten, der gegen die Genehmigung klagt, die **aufschiebende Wirkung** angeordnet wird. Die Fallgestaltung ist insoweit mit dem Gebrauchmachen von Erlaubnissen in anderen Rechtsbereichen vergleichbar, etwa dem Ausnutzen einer infolge eines Drittwiderspruchs suspendierten Baugenehmigung. Unabhängig von der umstrittenen dogmatischen Beurteilung des Suspensiveffekts[7] ist davon auszugehen, dass der regulierte Betreiber die genehmigten Entgelte während der Dauer der aufschiebenden Wirkung **nicht verlangen** darf. Auf der Grundlage der **Wirksamkeitstheorie**[8] bzw. der ihr nahe stehenden vermittelnden Lehren folgt dies schon daraus, dass die Wirksamkeit der Genehmigung gehemmt ist bzw. dass die Anordnung der aufschiebenden Wirkung zu einem umfassenden Ausnutzungsverbot führt. Demgegenüber ist nach der verwaltungsgerichtlichen Rechtsprechung zwar der **Vollziehbarkeitstheorie** der Vorzug zu geben.[9] Gleichwohl erkennt die Rechtsprechung an, dass unter der Vollziehung einer Genehmigung im weiteren Sinne auch ihre **Ausnutzung durch den Adressaten** verstanden werden soll, so dass in solchen Fällen Sicherungsmaßnahmen nach bzw. analog § 80a Abs. 1 Nr. 2 oder Abs. 3 S. 1 getroffen werden können.[10] Insoweit wird der „faktische Vollzug" durch den Begünstigten also einer Vollziehung durch die Verwaltungsbehörde gleichgestellt. Diese vor allem im Baurecht relevante Bewertung lässt sich auf § 37 Abs. 1 übertragen. Ist eine Genehmigung zwar erteilt, aber infolge der Anordnung der aufschiebenden Wirkung nicht sofort vollziehbar, so ist auch das Verlangen der genehmigten Entgelte als **faktischer Vollzug** suspensionswidrig und damit nach § 37 Abs. 1 **unzulässig**.

14   Obwohl sich § 37 Abs. 1 nur auf **Entgelte** bezieht, ist zu beachten, dass ihr Anwendungsbereich auch dadurch eröffnet werden kann, dass das regulierte Unternehmen lediglich die

---

7 Zum Streitstand zwischen Vollziebarkeits- und Wirksamkeitstheorie vgl. § 38 RdNr. 112 m.w.N.

8 *Bader/Funke-Kaiser/Kuntze/v. Albedyll*, Verwaltungsgerichtsordnung, Kommentar, 2. Aufl. 2002, § 80 RdNr. 19 ff.; *Eyermann/Schmidt*, § 80 RdNr. 6; *Kopp/Schenke*, VwGO, § 80 RdNr. 22; *Redeker/v. Oertzen*, § 80 RdNr. 4 ff., jeweils m.w.N.

9 BVerwGE 13, 1, 5 ff. = NJW 1962, 602, 604; BVerwGE 24, 92, 98 = ZBR 1966, 287, 288; BVerwGE 66, 218, 221 ff. = NJW 1983, 776 f.; BVerwGE 99, 109, 112 f. = BayVBl. 1996, 183, 184 („ständige Rechtsprechung").

10 OVG Berlin NVwZ-RR 1993, 458–460; OVG Koblenz, DÖV 1993, 625 und DÖV 1994, 1012; OVG Weimar NVwZ 1994, 508 (Leitsatz); OVG Schleswig NVwZ-RR 1997, 626, 627; VGH Kassel NVwZ 1991, 592; DVBl. 1992, 780; VGH Mannheim ESVGH 46, 29–34; a.A. wohl VGH München DVBl. 1992, 452 (Rechtsschutz gegen tatsächlichen Vollzug nur nach § 123 VwGO).

zugrunde liegende Leistung bzw. deren Qualitätsmerkmale[11] ändert. Die Genehmigung für ein Entgelt umfasst zwar nicht die zugrunde liegende Leistung, das genehmigte Entgelt bezieht sich aber auf diese. Damit führt eine substanzielle **Leistungsänderung** bzw. eine Änderung bestimmter mit der Leistung verbundener Qualitätsmerkmale dazu, dass das verlangte Entgelt nicht mehr genehmigt ist, auch wenn es selbst unverändert geblieben ist. Andererseits löst nicht jede Anpassung der vertraglichen Bedingungen das Synallagma auf. So wäre beispielsweise eine datenschutzrechtliche Änderung der AGB für das bei der Genehmigung zu beachtende Verhältnis zwischen Leistung und Gegenleistung ohne Belang. Eine klare Definition, die eine eindeutige Zuordnung im Einzelfall ermöglicht, lässt sich kaum finden. Vom Grundsatz her dürfte maßgeblich sein, ob die Veränderung der vertraglichen Bedingungen dazu führt, dass die angebotene Leistung aus Sicht eines objektiven Nachfragers als neues bzw. qualitativ in erheblicher Weise verändertes Produkt anzusehen ist. Keine Rolle spielt hingegen, ob dieses Produkt unter einer neuen oder weiterhin unter der bisherigen Bezeichnung angeboten wird.

Die vorsätzliche oder fahrlässige **Erhebung eines Entgelts ohne Genehmigung** ist nach **15** § 149 Abs. 1 Nr. 6. eine **Ordnungswidrigkeit**. Diese Vorschrift nimmt allerdings nicht unmittelbar Bezug auf § 37 Abs. 1, sondern differenziert zwischen der Erhebung „ohne Genehmigung nach § 30 Abs. 1 oder § 39 Abs. 1". Obwohl dies letztlich auf die Einhaltung des Verbots aus § 37 Abs. 1 zielt, sind damit nicht alle Fälle der Erhebung eines Entgelts ohne Genehmigung mit Bußgeld bewehrt. Eine **Ausnahme** gilt bei genehmigungspflichtigen Entgelten für **Teilnehmerdaten**. Denn § 47 Abs. 4 S. 2 verweist auf „eine Genehmigungspflicht nach § 31" und nicht nach § 30 Abs. 1. Obwohl hier eine unbeabsichtigte gesetzliche Lücke vorliegen dürfte, verbietet sich eine Analogie wegen des Nulla-poena-Grundsatzes (§ 3 OWiG).

2. Zivilrechtliche Folgen (Abs. 2 und Abs. 3 S. 1). – § 37 Abs. 2 und Abs. 3 S. 1 regeln **16** die zivilrechtlichen Folgen der Genehmigung bzw. ihrer Versagung. Während § 37 Abs. 2 das rechtliche Schicksal der als **Gegenleistung** vereinbarten Entgelte normiert, befasst sich § 37 Abs. 3 S. 1 mit dem Fortbestand der Verpflichtung zur **Leistung**. Systematisch hätte es daher näher gelegen, Abs. 2 und Abs. 3 S. 1 zu einem Absatz zu verbinden. Die Struktur der geltenden Gesetzesfassung lässt die Gemeinsamkeiten beider Vorschriften nicht klar hervortreten.

a) Vertragliche Entgelte (§ 37 Abs. 2). – Nach § 37 Abs. 2 „werden" Verträge über **17** Dienstleistungen, die andere als die genehmigten Entgelte enthalten, mit der Maßgabe wirksam, dass das genehmigte Entgelt an die Stelle des vereinbarten tritt. Im Gegensatz dazu enthielt die ansonsten identische Vorläufervorschrift des § 29 Abs. 2 S. 1 TKG 1996 ein „sind". Die Bedeutung der Umformulierung, zu der die Gesetzesmaterialien schweigen, wird nur vor dem Hintergrund der Rechtsprechung zu § 29 TKG 1996 einerseits und der gesetzlichen Systematik des TKG 2004 andererseits transparent.

Unter dem **TKG 1996** war umstritten, ob Entgeltgenehmigungen **Rückwirkung** entfalten **18** konnten.[12] Diese Frage wurde schließlich durch eine Grundsatzurteil des BVerwG[13] zugunsten einer Rückwirkung entschieden, nachdem sie bereits in verschiedenen Verfahren

---

11 BeckTKG-Komm/*Schuster/Stürmer*, § 29 RdNr. 2 und 6 (zu § 29 TKG 1996).
12 Überblick über den Streitstand bei *Kleinlein/Enaux*, K&R 2003, 275.
13 BVerwGE 120, 54 = NVwZ 2004, 871 mit umfassenden Nachweisen.

die Unterinstanzen[14] beschäftigt hatte. In diesem Zusammenhang führte das OVG Münster aus: „Wäre eine Verlagerung des Wirksamwerdens des Vertrages einschließlich der Entgelthöhe auf den Zeitpunkt der Genehmigung gewollt gewesen, hätte sich für die Gesetzesbegründung die Formulierung ‚wird der Vertrag … wirksam' aufgedrängt und dem entsprechend im Gesetz die Formulierung ‚Verträge … werden mit der Maßgabe wirksam …'erwartet werden können."[15]

19   Für § 37 Abs. 2 spricht die **historische Auslegung** folglich dafür, die Änderung von „sind" bei § 29 Abs. 2 S. 1 TKG 1996 in „werden" bei § 37 Abs. 2 als eine gesetzliche Entscheidung für den **Grundsatz** einer Ersetzung der Entgelte mit **Wirkung ex-nunc** zu verstehen. Dieser Grundsatz wird durch die gesetzliche **Systematik** einerseits bestätigt, andererseits ausgehöhlt. Nach **§ 35 Abs. 5 S. 1** wirken Entgeltgenehmigungen auf den Zeitpunkt der erstmaligen Leistungsbereitstellung zurück, wenn sie die vollständige oder teilweise Genehmigung eines vertraglich bereits vereinbarten Entgelts beinhalten. Diese Regelung ist nur dann erforderlich, wenn man davon ausgeht, dass die Rückwirkung nicht schon aus § 37 Abs. 2 folgt. Systematisch bestätigt damit die **Rückwirkung** nach § 35 Abs. 5 S. 1 als **Ausnahme** die Regel des § 37 Abs. 2, nach der die Genehmigung ex-nunc wirkt.

20   **Praktisch** ist das Regel-Ausnahmeverhältnis eher **umgekehrt**, da § 35 Abs. 5 S. 1 eine **begrenzte Rückwirkung** vorsieht. Diese ist zwar nicht vollständig, geht aber sehr weit. An einer umfassenden Rückwirkung fehlt es dort deshalb, weil der hiernach maßgebliche Zeitpunkt der erstmaligen Leistungsbereitstellung in der Regel nach dem Vertragsschluss liegen wird und weil er nicht notwendig mit dem Zeitpunkt identisch ist, zu dem der Entgeltanspruch entsteht. Beispielsweise kann der zur Entgeltzahlung verpflichtete Vertragspartner zur Vorleistung verpflichtet sein oder kann die Entstehung der Zahlungspflicht an weitere Voraussetzungen (z. B. Rechnungstellung) geknüpft sein.

21   In **Sonderfällen** führt die aus dem Zusammenspiel von § 37 Abs. 2 und § 35 Abs. 5 S. 1 folgende **begrenzte Rückwirkung** gegenüber einer vollständigen Rückwirkung zu **abweichenden Ergebnissen**. Ausdrücklich gesetzlich geregelt ist dies in **§ 35 Abs. 5 S. 2 und 3** für den Fall, dass die RegTP gerichtlich zur Erteilung einer höheren als der zunächst erteilten Genehmigung verpflichtet wird. Hier hängt die zivilrechtliche Rechtslage zwischen den Vertragspartnern von der prozessualen Situation zwischen dem Genehmigungsadressaten und der RegTP ab. Daneben wirken sich die Unterschiede auf den Zeitpunkt des Entstehens von **vertraglichen Nebenpflichten** aus. Die Entgeltabrede ist im Zeitraum zwischen Vertragsschluss und dem Beginn der Rückwirkung, d. h. der erstmaligen Leistungsbereitstellung nach § 35 Abs. 5 S. 1, nichtig (§ 37 Abs. 1 i.V.m. § 134 BGB). Damit ist der Vertrag im Zweifel insgesamt, also einschließlich der hierin vereinbarten Nebenpflichten, nichtig (§ 139 BGB) und nicht etwa nur schwebend unwirksam, da wegen der begrenzten Rückwirkung eine Heilung für diesen Zeitraum nicht möglich ist. Aus diesem Grund erfolgen auch **Zahlungen**, die **vor der erstmaligen Leistungsbereitstellung** erfolgen, endgültig ohne Rechtsgrund, selbst wenn die Genehmigung später mit Rückwirkung nach § 35 Abs. 5 S. 1 erteilt wird. Der **Kondiktionsanspruch** aus § 812 Abs. 1 S. 1 1. Alt. BGB ist dann ggf. mit dem Zahlungsanspruch, der mit bzw. nach der erstmaligen Leistungsbereitstellung entsteht, aufzurechnen.

---

14 Z. B. OVG Münster MMR 2002, 335; K&R 2003, 308, 309; VG Köln CR 2001, 523.
15 OVG Münster MMR 2002, 335, 338.

Die Ersetzungswirkung nach § 37 Abs. 2 setzt voraus, dass ein **genehmigtes Entgelt** vor- **22** liegt. Keine Rolle spielt es, ob das genehmigte Entgelt **höher als das vereinbarte Entgelt** ist. Auch in diesem Fall **ersetzen** die genehmigten die vereinbarten Entgelte, so dass ein über die Vereinbarung hinausgehender Zahlungsanspruch des regulierten Unternehmens entsteht.[16] Die zu § 29 TKG 1996 teilweise vertretene gegenteilige Auffassung[17] ist wegen des eindeutigen Wortlauts von § 37 Abs. 2, der insoweit für eine Auslegung keinen Raum lässt, abzulehnen. Von der kraft Gesetzes eintretenden Ersetzung **zu trennen** ist die Frage der **Zulässigkeit** der Genehmigung eines höheren als eines vertraglich vereinbarten Entgelts durch die RegTP.[18] Für die Antwort hierauf ergeben sich aus § 37 Abs. 2 keine Anhaltspunkte.

Eine Ersetzungswirkung nach § 37 Abs. 2 kommt dann nicht in Betracht, wenn es **kein ge-** **23** **nehmigtes Entgelt** gibt, das an die Stelle des vereinbarten treten könnte. In diesem Fall sind die Entgelte wegen Verstoßes gegen das Verbot aus § 37 Abs. 1 i.V.m. § 134 BGB unwirksam (vgl. RdNr. 8 und 11).

Problematisch ist der Fall, dass zwar eine **Entgeltgenehmigung** vorliegt, hiergegen jedoch **24** auf Antrag eines Dritten die **aufschiebende Wirkung** angeordnet wurde. Anders als bei dem Verbot nach § 37 Abs. 1, andere als die genehmigten Entgelte zu verlangen (vgl. RdNr. 13), geht es bei der Ersetzungswirkung nach § 37 Abs. 2 nicht um einen „faktischen Vollzug" der Genehmigung. Denn während nach § 37 Abs. 1 das Verlangen der Entgelte eine – suspensionswidrige – Handlung des regulierten Unternehmens voraussetzt, tritt die privatrechtsgestaltende Ersetzung nach § 37 Abs. 2 unmittelbar kraft Gesetzes ein.[19] Infolgedessen hängt die Annahme einer Ersetzung davon ab, ob man der Wirksamkeits- oder der Vollziehbarkeitstheorie[20] folgt. Nur auf der Grundlage der Letzteren bleibt die Wirksamkeit der suspendierten Genehmigung als notwendiger Anknüpfungspunkt für die Ersetzung in vollem Umfang bestehen. Die **praktische Bedeutung** dieser Frage ist allerdings zu vernachlässigen. Aus einer etwaigen Ersetzung der vereinbarten durch die genehmigten Entgelte nach § 37 Abs. 2 ergeben sich keine weiteren Rechtsfolgen, da die genehmigten und nach § 37 Abs. 2 Vertragsbestandteil gewordenen Entgelte nach § 37 Abs. 1 nicht verlangt werden dürfen, solange die aufschiebende Wirkung besteht (vgl. RdNr. 13).

b) Vertragliche oder gesetzliche Leistungsverpflichtung (§ 37 Abs. 3 S. 1). – § 37 **25** **Abs. 3 S. 1** regelt als Gegenstück zu § 37 Abs. 2, der sich mit der Gegenleistung befasst, den Fortbestand der Leistungsverpflichtung des Unternehmens, das der Entgeltgenehmigungspflicht unterliegt. Der **Umfang der Leistung**, die von § 37 Abs. 3 S. 1 erfasst wird, ergibt sich entweder aus dem die Leistungsverpflichtung begründenden Gesetz oder Vertrag. Die Grenze ergibt sich aus der gesetzlichen Formulierung „zur Erbringung der Leistung", da es sich um **leistungsbezogene Pflichten** handeln muss. Dies schließt sowohl Haupt- als auch Nebenleistungspflichten ein, umfasst aber sonstige **Nebenpflichten** nicht. Inwieweit diese fortgelten, richtet sich ohne Rückgriff auf § 37 Abs. 3 S. 1 nach allgemeinen zivilrechtlichen Maßstäben.

---

16 So auch BeckTKG-Komm/*Schuster/Stürmer*, § 29 RdNr. 18 zu § 29 Abs. 2 S. 1 TKG 1996.

17 *Trute/Spoerr/Bosch*, § 29 RdNr. 11; *Kleinlein/Enaux*, K&R 2003, 275, 277 (Entgeltgenehmigung könne als „Rechtsbedingung" nur vereinbarten Entgelten zur Wirksamkeit verhelfen).

18 Dies übersehen offenbar *Kleinlein/Enaux*, K&R 2003, 275, 277, die problematisieren, ob „die RegTP" die Entgeltvereinbarung ersetzen könne.

19 Vgl. zur entsprechenden Problematik bei der Ex-post-Regulierung § 38 RdNr. 112–116.

20 Vgl. die Nachweise bei Fn. 8 und 9.

26   Die Regelung hat nur **klarstellende Funktion**, soweit eine **gesetzliche Leistungsverpflichtung** besteht. Dies gilt auch, soweit in sachlicher und zeitlicher Hinsicht nach § 37 Abs. 2 eine **Ersetzung vereinbarter durch genehmigte Entgelte** stattfindet. In diesem Fall ist die Regelung des § 37 Abs. 3 S. 1 eigentlich überflüssig, weil sich die Weitergeltung der vertraglichen Leistungsverpflichtung unmittelbar aus dem Vertrag ergibt, der nur im Umfang des § 37 Abs. 2 modifiziert wird, ansonsten aber unberührt bleibt.

27   Einen **konstitutiven Regelungsgehalt** besitzt § 37 Abs. 3 S. 1 hingegen regelmäßig im Rahmen von Verträgen, für die es an genehmigten Entgelten fehlt, weil eine Genehmigung (noch) nicht erteilt worden ist. In diesem Fall würde die Teilnichtigkeit des Vertrages, die aus der fehlenden Entgeltgenehmigung folgt (§ 37 Abs. 1 i.V.m. § 134 BGB), nach § 139 BGB im Zweifel den gesamten Vertrag erfassen. Dies beträfe auch die hieraus resultierende Verpflichtung zur Erbringung der Leistung durch das regulierte Unternehmen. § 37 Abs. 3 S. 1 führt damit zu einer Ausnahme von der Grundregel des § 139 BGB. Die Formulierung des Gesetzes, wonach die „vertragliche" Verpflichtung „bestehen bleibt", bedeutet, dass der Vertrag trotz der Nichtigkeit der Entgeltabreden im Umfang der Vereinbarungen über die Leistungsverpflichtung gilt. **Anspruchsgrundlage** für die zivilrechtliche Durchsetzung des Erfüllungsanspruchs ist daher nicht unmittelbar § 37 Abs. 3 S. 1, sondern der infolge von § 37 Abs. 3 S. 1 teilweise fortgeltende **Vertrag**.

28   Dass die Verpflichtung zur Erbringung der Leistung **bestehen bleibt**, ist teilweise **missverständlich**. Nach dem Wortlaut des Gesetzes spräche dies dafür, dass die Verpflichtung lediglich nicht untergeht, aber zuvor wirksam entstanden sein muss. Zwar ist eindeutig, dass § 37 Abs. 3 S. 1 **gesetzliche Leistungsverpflichtungen** nicht begründet, sondern nur ihren Fortbestand sichert. Für **vertragliche Leistungsverpflichtungen** geht diese Formulierung aber zu weit. Vor allem bei **bedingten Leistungsverpflichtungen** entsteht vor der Genehmigung keine Leistungsverpflichtung, wenn das Entstehen der Leistungsverpflichtung unter die aufschiebende Bedingung gestellt wird, dass eine Entgeltgenehmigung erteilt wird. Eine Leistungsverpflichtung, die noch nicht besteht, kann nach dem Wortlaut des § 37 Abs. 3 S. 1 auch nicht bestehen „bleiben". Nach **Sinn und Zweck** der Regelung ist aber auch in diesen Fällen davon auszugehen, dass der Anbieter zur Leistung verpflichtet ist. Die Norm dient, vor allem bei Zugangsleistungen, dem Schutz der Nachfrager und des Wettbewerbs. Dass sie das Risiko der fehlenden Genehmigung damit einseitig dem marktmächtigen Betreiber aufbürdet, ist als bewusste gesetzliche Wertung zu verstehen. Rechtstechnisch lässt sich dies damit begründen, dass man § 37 Abs. 3 S. 1 als **zwingendes Recht** ansieht mit der Folge, dass eine Bedingung, die das Entstehen des Leistungsanspruchs von der Genehmigung abhängig macht, unwirksam ist.

29   **Gesetzliche Verpflichtungen** zur Erbringung der Leistung können sich sowohl aus dem TKG als auch aus anderen Gesetzen ergeben. Spezifisch telekommunikationsrechtliche Leistungsverpflichtungen, die unmittelbar aus dem Gesetz folgen und bei denen die korrespondierenden Entgelte einer Genehmigungspflicht unterliegen, finden sich lediglich für **Teilnehmerdaten** in § 47 Abs. 1 i.V.m. einer Unterwerfung nach § 47 Abs. 4 S. 2.

30   In allen anderen Fällen ergeben sich Leistungsverpflichtungen jenseits einer vertraglichen Verankerung nur aus **Verwaltungsakten** der RegTP. Dies gilt auch für § 22 Abs. 1, weil aus der dortigen Angebotspflicht über den Zugang keine unmittelbare Leistungspflicht für den Zugang folgt. § 37 Abs. 3 S. 1 ist insoweit **lückenhaft**. Ob eine angeordnete Leistungsverpflichtung unabhängig von einer Entgeltgenehmigung bestehen bleiben soll, ist daher nicht § 37 Abs. 3 S. 1 zu entnehmen, sondern ergibt sich im Einzelfall aus dem jeweiligen Verwaltungsakt. Ist die Leistungsverpflichtung hierin nur unter der Bedingung angeordnet, dass eine Genehmigung vorliegt, so ist das regulierte Unternehmen vor der Erteilung der Genehmigung weder nach der Anordnung der RegTP noch nach § 37 Abs. 3 S. 1 zur Leistung verpflichtet.

3. Untersagungsbefugnisse (Abs. 3 S. 2). – § 37 Abs. 3 S. 2 ergänzt § 37 Abs. 1, indem **31** das dortige Verbot durch **Eingriffsbefugnisse** der RegTP ergänzt wird. Sachlich gehen diese Befugnisse allerdings zum Teil über die Sanktionierung des nach § 37 Abs. 1 verbotenen Verhaltens hinaus, da auch Maßnahmen untersagt werden können, die nicht als „Verlangen von Entgelten" zu qualifizieren sind.

Die Ermächtigungsgrundlage setzt voraus, dass entweder ein **anderes als das genehmigte** **32** oder ein **nicht genehmigtes, aber genehmigungsbedürftiges** Entgelt vorliegt. Zwar war dies schon nach § 29 Abs. 2 S. 2 TKG 1996 anerkannt, der explizit nur die erste Alternative enthielt, jedoch war fraglich, ob es hierzu einer Analogie bedurfte.[21] Die Nennung beider Alternativen dient damit der Klarstellung. Voraussetzung für eine Untersagungsverfügung ist aber, dass im Vertrag für dieses Rechtsgeschäft, das auch eine einzelne Leistung des regulierungsunterworfenen Unternehmens innerhalb eines mehrere Leistungen umfassenden Vertrags sein kann, überhaupt ein Entgelt vereinbart ist.[22] Enthält der Vertragstext eine Entgeltbestimmung, die wegen eines hierauf bezogenen versteckten Dissenses nicht Vertragsinhalt geworden ist, so ist eine prophylaktische Untersagungsverfügung jedenfalls dann unzulässig, wenn das marktmächtige Unternehmen nicht versucht, das nicht vereinbarte Entgelt gleichwohl am Markt durchzusetzen.

Ob die RegTP von ihren Befugnissen aus § 37 Abs. 3 S. 2 Gebrauch macht, liegt in ihrem **33** **Ermessen**. Da die zivilrechtliche Lage unabhängig davon ist, ob sie die von dieser Vorschrift erfassten Handlungen untersagt, wird eine Untersagung regelmäßig nur dann erforderlich sein, wenn dies die **Klarheit des Rechtsverkehrs** erfordert. Damit wird eine Untersagung vor allem dann in Betracht kommen, wenn der marktmächtige Anbieter mit ungenehmigten Billigangeboten Kunden an sich bindet, da diese bei einer späteren Genehmigung über § 35 Abs. 5 u. U. zu Nachzahlungen verpflichtet sind, ohne dass ihnen dies bei Vertragsabschluss bewusst ist.

Gegenstand der Befugnisse ist die Möglichkeit, die Werbung, den Abschluss, die Vorberei- **34** tung und die Anbahnung eines Rechtsgeschäfts zu untersagen. Der Bedeutungsinhalt der gesetzlich nicht gesondert definierten Begriffe ergibt sich aus dem allgemeinen Sprachgebrauch. Danach ist unter **Werbung** eine Anpreisung von Waren oder Dienstleistungen mit dem Ziel der Absatzförderung zu verstehen. Der **Abschluss** ist das Bewirken der rechtsgeschäftlichen Bindung durch eine Willenserklärung. Der Abschluss liegt also nicht schon im Vertragsangebot, sondern erst in dessen Annahme. **Vorbereitung** ist jede Tätigkeit, die der Förderung des Rechtsgeschäfts dient. Prinzipiell erfasst dies auch solche Tätigkeiten, die sich nur unternehmensintern auswirken, also etwa die wirtschaftliche Kalkulation des Angebots oder die Erstellung von AGB vor deren Veröffentlichung. Solange ein Außenbe-

---

21 Für Wortlaut: VG Köln TMR 2003, 239 und Urteil vom 27. 11. 2003, 1 K 2659/00 (nicht veröffentlicht); BeckTKG-Komm/*Schuster/Stürmer*, § 29 RdNr. 12 a; *Trute/Spoerr/Bosch*, § 29 RdNr. 14; für Analogie: *Manssen*, § 29 RdNr. 9.
22 OVG Münster, Beschluss vom 21. 1. 2005, 13 A 697/04 (nicht veröffentlicht) zu § 29 Abs. 2 S. 2 TKG 1996.

zug fehlt, wird eine Untersagung jedoch schon aus Verhältnismäßigkeitsgesichtspunkten kaum in Betracht kommen. Nicht scharf zu trennen von der Vorbereitung ist die **Anbahnung** des Rechtsgeschäfts. Hierunter dürften solche Vorbereitungshandlungen zu verstehen sein, die einen konkreten geschäftlichen Kontakt zum jeweiligen Nachfrager beinhalten.

35 Gegenüber **§ 29 Abs. 2 S. 2 TKG 1996** stellt die Regelung des § 37 Abs. 3 S. 2 ein **aliud** dar. § 29 Abs. 2 S. 2 TKG 1996 enthielt (nur) die Befugnis, die „**Durchführung**" eines Rechtsgeschäfts zu untersagen. Dies umfasste weder die Vorbereitung noch den Abschluss des Rechtsgeschäfts, sondern setzte voraus, dass ein Vertrag bereits vorlag.[23] Nach der **Entstehungsgeschichte zu § 37**[24] ging die BReg. offenbar davon aus, dass die im geltenden Recht aufgeführten Maßnahmen die Möglichkeit der Untersagung der Durchführung ergänzen sollten. Hierfür spricht die dortige Formulierung, ferner sei neu aufgenommen die Möglichkeit der RegTP, „auch" im Vorfeld von Verträgen nicht genehmigte Preise zu untersagen. Im Gesetz selbst hat diese Absicht jedoch keinen Ausdruck gefunden. Eine Untersagung der Durchführung des Rechtsgeschäfts, d. h. seiner Verwirklichung durch einen tatsächlichen Leistungsaustausch, kann der Vorschrift auch weder aus **systematischen Gründen** noch im Hinblick auf den **Normzweck entnommen** werden. Denn § 37 Abs. 3 S. 1, der das Bestehenbleiben der Leistungsverpflichtung anordnet, trifft eine gegenteilige gesetzgeberische Wertung gerade dahingehend, dass das nichtige oder modifizierte Rechtsgeschäft zumindest teilweise durchgeführt werden soll. Damit umfasst die Untersagungsbefugnis nach **§ 37 Abs. 3 S. 2 keine Maßnahmen**, die einer **Verwirklichung** des bereits abgeschlossenen Rechtsgeschäfts dienen.

36 Inhalt der Anordnung ist eine **Unterlassungsverpflichtung** des belasteten Unternehmens. Diese kann ggf. durch die Androhung und Verhängung von **Zwangsgeld** vollstreckt werden (§§ 6, 11 Abs. 2, 13 und 14 VwVG). Ein schuldhafter Verstoß gegen eine vollziehbare Anordnung nach § 37 Abs. 2 S. 2 stellt gemäß § 149 Abs. 1 Nr. 4a) außerdem eine **Ordnungswidrigkeit** dar.

---

23 VG Köln TMR 2002, 239; *Trute/Spoerr/Bosch*, § 29 RdNr. 14; a. A. BeckTKG-Komm/*Schuster/Stürmer*, § 29 RdNr. 12a (auch Phasen vor Vertrag) und *Scheurle/Mayen/Witte*, § 29 RdNr. 9 (verbindliches Angebot genüge).

24 BT-Drs. 15/2316, S. 70 (zu § 35 des Entwurfs).

§ 38 Nachträgliche Regulierung von Entgelten

(1) Unterliegen Entgelte einer nachträglichen Entgeltregulierung, sind sie der Regulierungsbehörde zwei Monate vor dem geplanten Inkrafttreten vorzulegen. Die Regulierungsbehörde untersagt innerhalb von zwei Wochen nach Zugang der Anzeige der Entgeltmaßnahme die Einführung des Entgelts bis zum Abschluss ihrer Prüfung, wenn die geplante Entgeltmaßnahme offenkundig nicht mit § 28 vereinbar wäre. Entgeltmaßnahmen bezüglich individuell vereinbarter Leistungen, die nicht ohne weiteres auf eine Vielzahl anderer Nachfrager übertragbar sind, sind der Regulierungsbehörde unmittelbar nach Vertragsabschluss zur Kenntnis zu geben.

(2) Wenn der Regulierungsbehörde Tatsachen bekannt werden, die die Annahme rechtfertigen, dass Entgelte für Zugangsleistungen von Unternehmen mit beträchtlicher Marktmacht nicht den Maßstäben des § 28 genügen, leitet die Regulierungsbehörde unverzüglich eine Überprüfung der Entgelte ein. Sie teilt die Einleitung der Überprüfung dem betroffenen Unternehmen schriftlich mit. Sollte der Regulierungsbehörde eine Überprüfung nach dem Vergleichsmarktprinzip entsprechend § 35 Abs. 1 Nr. 1 nicht möglich sein, kann sie auch nach § 33 TKG vorgehen.

(3) Die Regulierungsbehörde entscheidet innerhalb von zwei Monaten nach Einleitung der Überprüfung.

(4) Sofern die Regulierungsbehörde feststellt, dass Entgelte nicht den Maßstäben des § 28 genügen, untersagt sie das nach diesem Gesetz verbotene Verhalten und erklärt die beanstandeten Entgelte ab dem Zeitpunkt der Feststellung für unwirksam. Gleichzeitig kann die Regulierungsbehörde Entgelte anordnen, die den Maßstäben des § 28 genügen. Sofern der Anbieter mit beträchtlicher Marktmacht danach eigene Entgeltvorschläge vorlegt, prüft die Regulierungsbehörde binnen eines Monats, ob diese Entgelte die festgestellten Verstöße gegen die Maßstäbe des § 28 abstellen. § 37 gilt entsprechend. Die Regulierungsbehörde ordnet im Falle eines festgestellten Missbrauchs einer Stellung mit beträchtlicher Marktmacht im Sinne des § 28 Abs. 2 Nr. 3 auch an, in welcher Weise das Unternehmen mit beträchtlicher Marktmacht eine Entbündelung vorzunehmen hat.

Schrifttum: *Gerpott*, Konsistente Entgeltregulierung nach dem neuen TKG, K&R 2005, 108; *Groebel*, Neuerungen im Bereich der Entgeltregulierung, K&R-Beilage 1/2004, 18; *Klotz*, Der Referentenentwurf zum TKG im Licht der europarechtlichen Vorgaben, MMR 2003, 495; *Mayen*, Marktregulierung nach dem neuen TKG, CR 2005, 21; *Thomaschki*, Missbrauchsaufsicht und nachträgliche Entgeltkontrolle im TKG-E, K&R Beilage 1/2004, 21.

Übersicht

I. Bedeutung der Norm

1   **1. Sinn und Zweck.** – § 38 ist die **zentrale Verfahrensvorschrift für die nachträgliche Entgeltregulierung**, die so genannte Ex-post-Kontrolle. Im Unterschied zur Rechtslage nach der „Vorläufervorschrift" des § 30 TKG 1996 sieht das geltende Recht keine dem § 30 Abs. 1 TKG 1996 nachgebildete Ex-post-Kontrolle bereits genehmigter Entgelte mehr vor, bei denen sich im Nachhinein Anhaltspunkte dafür ergeben, dass die gesetzlichen Maßstäbe für die Preisbildung nicht eingehalten werden. Vielmehr beschränkt sich die Ex-post-Kontrolle nach neuem Recht auf eine Preismissbrauchskontrolle ähnlich derjenigen, die in § 30 Abs. 2–4 TKG 1996 für nicht genehmigungspflichtige Entgelte marktbeherrschender Anbieter von Telekommunikationsdienstleistungen vorgesehen war.

2   Im Wesentlichen beinhaltet § 38 **Verfahrensregelungen** über Einleitung, Verlauf und Abschluss des Verfahrens sowie **Ermächtigungsgrundlagen** für die Entscheidungen der RegTP im Ex-post-Verfahren. Ergänzend gelten die sonstigen Verfahrensvorschriften des TKG sowie ggf. subsidiär des VwVfG. Insbesondere sind damit Entscheidungen nach § 38 TKG den Beschlusskammern vorbehalten (§ 132 Abs. 1 S. 1). Darüber hinaus begründen § 38 Abs. 1 S. 1 und 3 TKG **öffentlich-rechtliche Vorlageverpflichtungen** für Unternehmen, die der nachträglichen Entgeltregulierung unterliegen.

3   In welchen **Fallgestaltungen** die nachträgliche Entgeltregulierung stattfindet, folgt nicht aus § 38 selbst, sondern aus anderen Normen, die auf § 38 insgesamt oder einzelne Abschnitte davon verweisen. Die materiellen **Prüfkriterien** ergeben sich aus § 28, auf den § 38 verweist (§ 38 Abs. 2 S. 1 bzw. § 38 Abs. 4). Gleiches gilt für die **Prüfmethoden** des Vergleichsmarktprinzips bzw. der Kostenregulierung (§ 38 Abs. 2 S. 3).

4   **2. Kurzer Überblick über den Anwendungsbereich.** – Systematisch ist § 38 in den Kontext von Teil 2, Abschnitt 3, Unterabschnitt 2 des TKG eingebettet. Damit bezieht sich § 38 unmittelbar nur auf die Regulierung von Entgelten für **Zugangsleistungen**, also von Vorleistungen, die ein anderes Unternehmen zum Zwecke der Erbringung von Telekommunikationsdiensten nachfragt (vgl. § 3 Nr. 32). Durch Verweisungen aus anderen Normen wird der Anwendungsbereich jedoch auf Entgelte für bestimmte **andere Leistungen** ausgeweitet.

5   **Verweisungen auf § 38 insgesamt** finden sich in § 25 Abs. 5 S. 3 (Zugangs- und Zusammenschaltungsanordnungen), § 30 Abs. 3 (nichtauferlegte Zugangsleistungen marktmächtiger Anbieter) und § 41 Abs. 3 S. 1 (Entgelte für Mietleitungen). § 25 Abs. 5 S. 3, der global die §§ 27 bis 38 zitiert, verweist allerdings sowohl auf die Ex-ante-Kontrolle als auch auf die Ex-post-Kontrolle. Der Geltungsbereich der Ex-post-Kontrolle ergibt sich damit aus § 25 Abs. 5 S. 3 i.V.m. § 30 Abs. 4, ggf. auch i.V.m. § 30 Abs. 1 S. 2. Diese Vorschriften beinhaltet nur einen eingeschränkten Verweis auf § 38 Abs. 2–4, so dass die vollständige Verweisung des § 25 Abs. 5 S. 3 auf § 38 einzuschränken ist. Strukturell ähnlich ist die Verweisungstechnik in § 41 Abs. 3 S. 1, wobei hier zusätzlich zu den §§ 27 bis 38 auf § 39 verwiesen wird. Da sich die Entgeltregulierung nach § 41 Abs. 3 S. 1 auf Entgelte für Leistungen i.S.v. § 41 Abs. 1 und 2 bezieht, betrifft die Vorschrift ausschließlich Endkundenentgelte für Mietleitungen, die von Betreibern mit beträchtlicher Marktmacht angeboten werden. Ob insoweit eine Ex-ante-oder Ex-post-Entgeltregulierung stattfindet, entscheidet sich daher nach § 39 Abs. 1 S. 1 bzw. Abs. 3 S. 1. Da § 39 Abs. 3 S. 1 lediglich auf § 38 Abs. 2 bis 4 verweist, nimmt der Kettenverweis auch hier § 38 Abs. 1 nicht in Bezug.

Verweisungen auf § 38 Abs. 2–4 („nach" oder „nach Maßgabe") enthalten die § 30 Abs. 1 **6** S. 2 (auferlegte Zugangsleistungen bei Anordnung der Ex-post-Regulierung durch RegTP), § 30 Abs. 2 S. 1 (Fakturierung und Inkasso), § 40 Abs. 1 S. 5 (Betreiberauswahl und -vorauswahl), § 46 Abs. 3 S. 3 (Rufnummernübertragbarkeit) und § 47 Abs. 4 S. 1 (Teilnehmerdaten außer bei Anordnung der Ex-ante-Regulierung durch RegTP).

Lediglich **„entsprechend"** gilt **§ 38 Abs. 2–4** nach § 30 Abs. 4 S. 2 (Zugangsleistungen **7** nicht marktmächtiger Betreiber, die den Zugang zu Endnutzern kontrollieren), auch i.V.m. § 25 Abs. 5 S. 3 (vgl. RdNr. 5), nach § 39 Abs. 2 (Telefonauskunft und öffentliche Telefonstellen als Universaldienstleistungen) und nach § 39 Abs. 3 S. 1 (Endnutzerleistungen von marktmächtigen Anbietern).

In **Ausnahme** von der gesetzlichen Grundwertung des § 30 Abs. 1 S. 1 findet damit die **8** nachträgliche Entgeltregulierung unter bestimmten Voraussetzungen für enumerativ aufgezählte **Vorleistungen** statt, für die der Gesetzgeber dieses Instrument als ausreichend angesehen oder seine Wahl der RegTP überlassen hat. Demgegenüber stellt die Ex-post-Regulierung den **Regelfall** dar, soweit das Gesetz eine Überprüfung von Entgelten für **Endnutzerleistungen** einschließlich bestimmter Universaldienstleistungen vorsieht.

Als **Ordnungswidrigkeiten** geahndet werden Verstöße gegen § 37 Abs. 3 S. 2 i.V.m. § 38 **9** Abs. 4 S. 4 und gegen § 38 Abs. 4 S. 2, auch in Verbindung mit § 39 Abs. 3 S. 1 (§ 149 Abs. 1 Nr. 4. lit. a)). Ordnungswidrig ist auch die unterlassene, nicht richtige, nicht vollständige oder nicht rechtzeitige Unterrichtung der Reg TP über ein Entgelt oder eine Entgeltmaßnahme entgegen § 38 Abs. 1 S. 1 oder 3 (§ 147 Abs. 1 Nr. 7).

II. Entstehungsgeschichte

Die Vorschrift findet **keine europarechtliche Entsprechung**. Vorgaben für eine richtli- **10** nienkonforme Auslegung sind daher nur in Randbereichen zu beachten, auf die im Kontext der Einzelerläuterungen eingegangen wird.

Bei der Befassung mit den **Gesetzesmaterialien** ist zu berücksichtigen, dass sich sowohl **11** die Nummerierung der Vorschrift als auch die Nummerierung der in ihr zitierten anderen gesetzlichen Regelungen durch **redaktionelle Änderungen** zwischen den Beschlüssen von BT und BRat und der Veröffentlichung des Gesetzes im BGBl. jeweils um zwei Ziffern erhöht hat. § 38 des veröffentlichten Gesetzestextes entspricht also § 36 der als Gesetz beschlossenen Fassung, die insoweit mit der Zählung des RegE übereinstimmt.

Ausweislich der **Begründung zu § 36 RegE** knüpft § 38 TKG 2004 an § 30 Abs. 2–5 TKG **12** 1996 an.[1] Hiernach unterlagen Entgelte und entgeltrelevante Bestandteile Allgemeiner Ge-

---

1 BT-Drs. 15/2316, S. 70 (zu § 36).

schäftsbedingungen für Telekommunikationsdienstleistungen mit Ausnahme von Sprachtelefondienst und Übertragungswegen einer Ex-post-Regulierung.

13 Allerdings gibt es bedeutsame **Unterschiede zum früheren Recht.** Sowohl von der Grundkonzeption her als auch bei einem Textvergleich im Detail lässt sich feststellen, dass § 38 gegenüber dem Vorläufermodell des § 30 Abs. 2–5 TKG 1996 umfangreich geändert worden ist. Damit können Rechtsprechung und Verwaltungspraxis zum TKG 1996 allenfalls sehr eingeschränkt zur Auslegung herangezogen werden.

14 Eine sektorspezifische Regelung wie in § 30 Abs. 1 TKG 1996, der eine nachträgliche **Überprüfung genehmigter Entgelte** vorsah, sollte es nach dem RegE nicht mehr geben. Im Unterschied zur bisherigen Rechtslage sollten genehmigte Entgelte im Nachhinein nur nach den Vorschriften des allgemeinen Verwaltungsrechts überprüfbar sein. Das bedeutet, dass z. B. Widerruf oder Rücknahme einer Genehmigung mit einer anschließenden, abweichenden Neugenehmigung sich nicht nach § 38 TKG richten, sondern nach den Vorschriften über das Genehmigungsverfahren in Verbindung mit den §§ 48 bzw. 49 VwVfG.

15 Die Ex-post-Kontrolle nach dem TKG 1996 war zweistufig angelegt. Auf der ersten Stufe war eine Anpassungsaufforderung, auf der zweiten Stufe eine Untersagungs- und Unwirksamkeitsverfügung durch die RegTP zu erlassen. Diese **Zweistufigkeit** hatte sich nach dem RegE „nicht bewährt und nur zu Verzögerungen geführt",[2] weshalb sie durch ein einstufiges Verfahren ersetzt werden sollte. Der RegTP sollte es ermöglicht werden, missbräuchliche Entgelte sogleich zu untersagen. Mit dem neu eingeführten Vorschlagsrecht des marktbeherrschenden Unternehmens in § 38 Abs. 4 S. 3 ist jedoch erneut ein zweistufiges Verfahren Gesetz geworden.

16 Ein wichtiger Unterschied zu § 30 Abs. 2–5 TKG 1996 besteht in den Kriterien, an denen Entgeltverstöße nach neuem Recht zu messen sind. § 30 Abs. 2 TKG 1996 verwies u. a. auf den in § 24 Abs. 1 TKG 1996 enthaltenen **Maßstab** der Kosten der effizienten Leistungsbereitstellung, der sowohl der Ex-ante- als auch der Ex-post-Regulierung zugrunde zu legen war. Demgegenüber sollten nach der Begründung zu § 36 RegE (= § 38 TKG 2004) Maßstab für eine Überprüfung „grundsätzlich die dem allgemeinen Wettbewerbsrecht entsprechenden Kriterien nach § 26" (scil.: § 28 TKG 2004) sein. Dies zielte sowohl auf eine Änderung des materiellen Prüfmaßstabs als auch auf eine Änderung der **Prüfmethode.** Bei dieser sollte nicht mehr vorrangig die Kostenprüfung angewendet werden, sondern das Vergleichsmarktkonzept.

17 Im Unterschied zur bisherigen Rechtslage unterliegen auch nach hier vertretener Auffasung „**entgeltrelevante Bestandteile von AGB**" nicht mehr der Ex-post-Kontrolle.[3] Mit der Streichung dürfte der Gesetzgeber die Konsequenz daraus gezogen haben, dass z. B. AGB-Regelungen über eine Fälligkeit, einen Abrechnungszeitraum oder einen anderen entgeltrelevanten Bestandteil sich nicht sinnvoll an der bisherigen Kategorie der Kostenorientierung messen ließen. Aufgrund der Rechtsprechung zu § 39, welche die Entgeltregulierung im Endnutzerbereich „nicht etwa auf Entgeltfragen im engeren Sinne" beschränkt sieht,[4] sondern sie auf „weitere endnutzerrelevante Aspekte" erstreckt,[5] ist allerdings davon auszuge-

---

2 BT-Drs. 15/2316, 70 (zu § 36).
3 Vgl. RdNr. 37: ebenso § 39 RdNr. 35.
4 VG Köln 1 K 7854/01, Urteil vom 4. 11. 2004, Bl. 6 des amtl. Umdrucks (nicht veröffentlicht).
5 VG Köln CR 2004, 826.

hen, dass die im neuen Recht gezogene Grenze in der Praxis anders beurteilt werden wird. Im Endnutzerbereich mögen die Konsequenzen einer solchen Auslegung jenseits der durch Wortlaut und Gesetzeshistorie gestützten dogmatischen Bedenken noch hinnehmbar sein. Demgegenüber verwischen bei einer Ex-post-Regulierung „entgeltrelevanter Bestandteile" von Zugangsentgelten nach § 38 die Grenzen zwischen den Verfahren der Zugangs- und der Entgeltregulierung, berücksichtigt man die bisherige weite Interpretation des Begriffs der entgeltrelevanten Bestandteile. Da hier eine Klauselkontrolle bereits über die Verfahren nach den §§ 21, 23 und 25 erfolgen kann, ist eine (nochmalige) Kontrolle über § 38 zumindest entbehrlich. Zudem bliebe sie auch ineffektiv, weil die entgeltrelevanten Bestandteile nur am weiten Begriff der Missbräuchlichkeit nach § 28 gemessen werden könnten, während sie im Genehmigungsverfahren nach § 35 Abs. 3 S. 2 an der Gesamtheit der Rechtsordnung („anderen Rechtsvorschriften") zu überprüfen wären.

Ohne Pendant im TKG 1996 ist schließlich § 38 Abs. 1. Dies gilt sowohl für die hierin geregelten **Vorlagepflichten** (§ 38 Abs. 1 S. 1 und 3) als auch für die **vorläufige Untersagungsbefugnis** der RegTP für die Dauer des Verfahrens (§ 38 Abs. 1 S. 2). **18**

Im **Gesetzgebungsverfahren** ist § 38 gegenüber der im RegE vorgesehenen Fassung[6] weitgehend unverändert geblieben. Ergänzt wurde lediglich Abs. 2 S. 3, mit dem klargestellt werden sollte, dass auch im Rahmen der nachträglichen Entgeltregulierung Kostenprüfungen grundsätzlich möglich sind.[7] Dies entsprach der Beschlussempfehlung des BT-Ausschusses für Wirtschaft und Arbeit,[8] der damit eine entsprechende Anregung des BRates[9] umsetzte. **19**

Bis zuletzt umstritten war die Frage, ob **Antragsrechte** für Wettbewerber in die Regelung aufgenommen werden sollten. Ein Antragsrecht wurde zunächst vom BRat gefordert.[10] BReg.[11] und BT[12] lehnten eine Änderung des RegE ab. Der hierzu vom BRat angerufene[13] Vermittlungsausschuss einigte sich darauf, Antragsrechte nur bei § 42 Abs. 4 (= § 40 Abs. 4 des Gesetzentwurfs), nicht aber bei § 38 Abs. 2 (= § 36 Abs. 2 des Gesetzentwurfs) aufzunehmen. Die entsprechend gefasste Beschlussempfehlung[14] wurde von BT und BRat angenommen,[15] so dass das Gesetz anschließend ohne Antragsrechte bei § 38 verabschiedet wurde. **20**

III. Einzelerläuterungen

1. Präventive Pflichten und Befugnisse (Abs. 1). – § 38 Abs. 1 enthält präventive Pflichten der Unternehmen mit beträchtlicher Marktmacht und korrespondierende Befugnisse der RegTP, die das Verfahren nach den Abs. 2–4 bereits im Vorfeld absichern und ergänzen sollen. Eine Charakterisierung als „unechte Ex-post-Entgeltüberprüfung" bzw. als „ver- **21**

---

6 BT-Drs. 15/2316, S. 19.
7 BT-Drs. 15/2679, S. 14.
8 BT-Drs. 15/2674, S. 37.
9 BR-Drs. 755/03, S. 16 (Nr. 31).
10 BR-Drs. 755/03, S. 17 (Nr. 32).
11 BT-Drs. 15/2345, S. 4 (zu Nr. 32).
12 BT-Prot. 15/98, S. 8778 i.V. m. BT-Drs. 15/2674 bzw. BR-Drs. 200/04.
13 BR-Drs. 200/04 (Beschluss) bzw. BT-Drs. 15/2907.
14 BT-Drs. 15/3063.
15 BT-Prot. 15/108, S. 9771 und BR-Drs. 379/04 (Beschluss).

klausulierte Ex-ante-Entgeltregulierung" als einem eigenständigen Entgeltregulierungsverfahrenstyp[16] wird dem Gehalt der Vorschrift daher nicht gerecht.

a) Anwendungsbereich. – Der **Anwendungsbereich** von § 38 Abs. 1 ist **unklar**. Nach dem Wortlaut bezieht sich § 38 Abs. 1 S. 1 ohne Einschränkung auf **alle** Entgelte, die der nachträglichen Entgeltregulierung unterliegen, mit der Folge, dass die Vorab-Vorlagepflicht des Abs. 1 für sämtliche ex-post regulierten Entgelte gelten würde. Im Gegensatz dazu folgt aus der gesetzlichen Systematik unter Berücksichtigung der auf § 38 verweisenden Vorschriften, dass nur die dort im Einzelnen genannten Entgelte auch von der Vorlageverpflichtung des § 38 Abs. 1 erfasst sind, also nur **einige** und nicht alle ex-post regulierten Entgelte der Behörde 2 Monate vor Inkrafttreten vorzulegen sind. Nach der hier vertretenen Auffassung kann dieser Widerspruch nur durch eine **Reduktion** der zu weit gefassten Vorschrift des § 38 Abs. 1 gelöst werden. Im Einzelnen:

22 Nach dem **Wortlaut**, der für einen **weiten Anwendungsbereich** spricht, sind alle Entgelte, die der nachträglichen Entgeltregulierung unterliegen, der RegTP innerhalb der Zweimonatsfrist vor dem geplanten Inkrafttreten vorzulegen. Welche Entgelte im Verfahren der Ex-post-Kontrolle überprüft werden können, regelt das Gesetz in den auf diese verweisenden Einzelvorschriften[17] mit unterschiedlichen Formulierungen. Zu unterscheiden ist danach, ob die nachträgliche Regulierung unmittelbar aus dem Gesetz folgt („gelten die... § 38", „unterliegen der/einer nachträglichen Regulierung", „unterliegen der/einer nachträglichen Regulierung nach/nach Maßgabe") oder ob dieses Regulierungsmodell durch die RegTP angeordnet wird („einer nachträglichen Regulierung unterworfen"). **Problematisch** dabei ist, dass das Gesetz im Kontext dieser Formulierungen nur vereinzelt auf **§ 38 insgesamt**, überwiegend aber lediglich auf **§ 38 Abs. 2–4 – also ohne Abs. 1 –** verweist. Hieraus ergibt sich die Frage, ob die Normen, in denen kein ausdrücklicher Verweis auf § 38 Abs. 1 vorgesehen ist, die Anwendung dieser Vorschrift, die nach ihrem eigenen Tatbestand erfüllt ist, voraussetzen oder ausschließen.

23 Die Entstehungsgeschichte von § 38 gibt kaum Hinweise für eine **historische Auslegung**, da Abs. 1 der Vorschrift im Gesetzgebungsverfahren unumstritten geblieben ist. Im Ergebnis trägt sie nicht entscheidend zur Lösung des Auslegungsproblems bei. Ein sporadischer Anhaltspunkt findet sich lediglich in der Begründung zu § 36 RegE (= § 38 TKG 2004), in der es heißt: „Hintergrund für die Regelung des Absatzes 1 Satz 3 sind vornehmlich Verträge, die ein Unternehmen mit beträchtlicher Marktmacht nach Durchführung eines Ausschreibungsverfahrens eingegangen ist."[18] Dies ist insofern von Interesse, als die in der Begründung genannte beträchtliche Marktmacht in § 38 Abs. 1 S. 3 nicht als Tatbestandsmerkmal enthalten ist. Dies könnte dafür sprechen, dass die BReg. selbst nur von einer eingeschränkten Anwendung des Abs. 1 ausging, obwohl etwa § 28 Abs. 5 RegE[19] (= § 30 Abs. 4 TKG 2004) die nachträgliche Entgeltregulierung auch für nicht marktmächtige, den Zugang zu Endnutzern kontrollierende Betreiber vorsah. Andererseits bezieht sich die Formulierung in der Begründung nicht auf § 38 Abs. 1 insgesamt. Schon wegen ihres beispielhaften Charakters („vornehmlich") ist sie zu vage, um eine vom Wortlaut der Vorschrift abweichende Auslegung zu tragen.

---

16 So aber *Gerpott*, K&R 2005, 108, 112 f.
17 Vgl. die Ausführungen zu RdNr. 5–7.
18 BT-Drs. 15/2316, S. 70 (zu § 36).
19 BT-Drs. 15/2316, S. 16.

Bei **systematischer Auslegung** sind zunächst die Normen aus dem näheren Kontext der 24
Vorschrift heranzuziehen. Dies betrifft § 30 Abs. 1 S. 2, Abs. 2 S. 1 und Abs. 4 einerseits
und § 30 Abs. 3 andererseits, die sich im gleichen Unterabschnitt (Regulierung von Entgelten für Zugangsleistungen) befinden wie § 38. Hierbei fällt auf, dass sich Verweisungen unterschiedlicher Reichweite nicht nur bei verschiedenen Normen, sondern innerhalb ein und derselben Norm finden. Dass diese Abweichung auf einem Redaktionsversehen beruht, ist aufgrund der textlichen Nähe unwahrscheinlich. Bestätigt wird dieser Befund, wenn man den weiteren Kontext von § 38 Abs. 1 betrachtet. § 39 im folgenden Unterabschnitt (Regulierung von Entgelten von Endnutzerleistungen) ordnet in Abs. 2 und 3 S. 1 nahezu wortgleich mit § 30 Abs. 4 die Geltung der nachträglichen Entgeltregulierung an, wobei § 38 Abs. 2 bis 4 jeweils entsprechend gelten sollen. Anders als § 39 Abs. 2 und § 30 Abs. 4 sieht jedoch nur § 39 Abs. 3 in S. 2–4 Vorlagepflichten marktmächtiger Unternehmen und verfahrensbegleitende Befugnisse der RegTP vor, die sich inhaltlich fast vollständig mit § 38 Abs. 1 decken. Hieraus lässt sich zumindest für § 39 Abs. 3 S. 1 der Schluss ziehen, dass die dortige Formulierung („unterliegen sie der nachträglichen Regulierung; § 38 Abs. 2 bis 4 gilt entsprechend") so zu verstehen ist, dass sie einen Verweis auf § 38 Abs. 1 nicht umfasst. Ansonsten hätte der Gesetzgeber hier Gleiches durch Gleiches ersetzt, was kaum anzunehmen ist. Dass das Gesetz mit Formulierungen in anderen Vorschriften, die bis auf Nuancen der Interpunktion oder des Artikelgebrauchs mit der des § 39 Abs. 1 S. 1 identisch sind, einen anderen Regelungsumfang bezweckt hat, erschließt sich aus seiner Systematik nicht. Damit spricht die systematische Auslegung für einen **engen Anwendungsbereich** von § 38 Abs. 1. Sie deutet darauf hin, dass der Wortlaut zu weit ist, d.h. dass § 38 Abs. 1 nur in den Fällen gilt, in denen die Norm, welche die nachträgliche Entgeltregulierung anordnet, explizit auf § 38 insgesamt, d.h. einschließlich dessen Abs. 1, verweist.

Als **Zwischenergebnis** ergibt sich, dass ein **Normenkonflikt** zwischen § 38 Abs. 1 vor- 25
liegt, der einen weiten Anwendungsbereich beansprucht, und den auf die nachträgliche Entgeltregulierung nach bzw. entsprechend § 38 Abs. 2–4 verweisenden Einzelvorschriften, die nur eine eingeschränkte Anwendung vorsehen. Dieser Normenkonflikt lässt sich nicht im Wege der teleologischen Auslegung bereinigen, da mit dem Konflikt der jeweiligen Normen zugleich ein Konflikt der in ihnen erhaltenen Teloi vorliegt. Für die Lösung dieses Konflikts müssen daher die allgemeinen **Konkurrenzregeln** der Normenhierarchie (lex superior), der Zeitordnung (lex posterior) und der Spezialitätsordnung (lex specialis) befragt werden. Da es sich um gleichrangige und zeitgleich erlassene Vorschriften handelt, kommt vorliegend nur der Grundsatz der lex specialis in Betracht. Dabei ist § 38 Abs. 1 als die allgemeine Norm anzusehen. Sie gilt für alle Formen der nachträglichen Entgeltregulierung, während die auf die nachträgliche Entgeltregulierung in Verbindung mit § 38 Abs. 2–4 verweisenden Einzelnormen Sonderregelungen für eine Teilmenge von Fallkonstellationen innerhalb der nachträglichen Entgeltregulierung schaffen. Die in ihnen enthaltenen Regelungen sind daher speziell auf einen von mehreren Ex-post-Regulierungsfällen ausgerichtet. Damit gehen sie § 38 Abs. 1 als speziellere Regelungen vor, so dass sie dessen Anwendungsbereich einschränken.

Eine **teleologische Auslegung** des § 38 Abs. 1 ist, wie gezeigt, nur eingeschränkt sinnvoll, 26
steht aber diesem Auslegungsergebnis jedenfalls nicht entgegen.

Der **Zweck** der Vorschrift lässt sich mangels anderer Anhaltspunkte nur aus der Rechtsfol- 27
ge des § 38 Abs. 1 S. 2 im Zusammenspiel mit den Vorlagepflichten des § 38 Abs. 1 S. 1
und S. 3 herleiten. Die Vorlage von AGB-Entgelten bzw. Entgelten für individuelle Leis-

tungen, die gleichwohl auf eine Vielzahl von Nachfragern übertragbar sind (§ 38 Abs. 1 S. 1), zielt auf eine abgeschwächte Präventivkontrolle (§ 38 Abs. 1 S. 2). Demgegenüber zielt die Vorlagepflicht nach § 38 Abs. 1 S. 3 darauf, dass die RegTP auch von individualvertraglich vereinbarten Entgelten erfährt, von denen sie sonst keine Kenntnis hätte. Da diese erst nach Abschluss der vertraglichen Vereinbarung vorzulegen sind, kann sich hieran allenfalls eine Ex-post-Kontrolle nach § 38 Abs. 2–4 anschließen. „Phänotypisch" gehört die Vorlagepflicht nach § 38 Abs. 1 S. 3 damit eher zu § 38 Abs. 2 als zu § 38 Abs. 1, auch wenn sie normlogisch eine Ausnahme zu § 38 Abs. 1 S. 1 bildet. Der eigentliche **Schwerpunkt** des § 38 Abs. 1, der zur Auslegung des Normzwecks heranzuziehen ist, liegt aber im Verfahren nach § 38 Abs. 1 S. 2, das eine gegenüber den Genehmigungsverfahren abgeschwächte Form der **präventiven Kontrolle** darstellt. Kennzeichnend für § 38 Abs. 1 insgesamt ist damit das gesetzliche Anliegen, einerseits die unternehmerische Preissetzungsfreiheit weniger stark als bei einem Genehmigungsverfahren zu beschränken, andererseits zu verhindern, dass offenkundig missbräuchliche Entgelte marktwirksam werden. Tatsächlicher Hintergrund waren offenbar Befürchtungen, dass die Behörde insbesondere bei Dumpingvorwürfen höchst unpopuläre Erhöhungen bereits im Markt befindlicher Preise anordnen müsste.[20]

28   Schwierigkeiten für die teleologische Auslegung bereitet der Umstand, dass die in § 38 Abs. 1 S. 3 vorgesehene Rechtsfolge, nach der die Behörde die Einführung des Entgelts temporär aufhalten kann, **zur Erreichung** dieses Zwecks weitgehend **ungeeignet** ist. Der Grundsatz, dass das Gesetz nichts Nutzloses vorschreibt („lex non praecipit inutilia"), scheint hier durchbrochen. Aufgrund der zeitlichen Staffelung (Vorlagefrist vor Inkrafttreten und maximale Verfahrensdauer zwei Monate, Zwischenbeanstandung zwei Wochen nach Vorlage) wirkt sich die verfahrensbegleitende Untersagung nach § 38 Abs. 1 S. 2 effektiv für maximal zwei Wochen (Zeitraum zwischen beabsichtigtem Inkrafttreten der Entgelte und Verfahrensende) aus. Für den Zeitraum davor bedarf es bei fristgerechter Vorlage keiner Untersagung, da die Entgelte während dieser Phase auch dann nicht in Kraft treten würden, wenn die Behörde untätig bliebe. Die zeitliche Abfolge ergibt sich daraus, dass die RegTP spätestens mit der Untersagung nach § 38 Abs. 1 S. 2 ein Verfahren nach § 38 Abs. 2 S. 1 einleiten muss, weil der Begriff des offenkundigen Verstoßes nach § 38 Abs. 2 S. 2 das Bekanntsein von Tatsachen i. S. v. § 38 Abs. 2 S. 1 impliziert. Da für die Entgeltvorlage nach § 38 Abs. 1 S. 1 ebenso wie für die Verfahrensdauer nach § 38 Abs. 3 eine Zweimonatsfrist vorgesehen ist und die Untersagung nach § 38 Abs. 1 S. 1 innerhalb einer Zweiwochenfrist nach Vorlage erfolgen muss, endet die Entscheidungsfrist nach § 38 Abs. 3 im Falle einer Untersagung nach § 38 Abs. 1 S. 2 maximal zwei Wochen nach dem beabsichtigten Inkrafttreten der Entgelte. Im Extrem, nämlich bei einer Verfahrenseinleitung nach § 38 Abs. 2 am Tag der Vorlage der Entgelte nach § 38 Abs. 1 S. 1, enden beide Fristen am Vortag des beabsichtigten Inkrafttretens der Entgelte. In diesem Fall geht die Untersagung nach § 38 Abs. 1 S. 2 gänzlich ins Leere, weil sie das Inkrafttreten der beabsichtigten Entgelte ausschließlich für einen Zeitraum verhindert, für den der Anbieter noch gar nicht beabsichtigte, die Entgelte in Kraft zu setzen.

29   Die teleologische Auslegung beschränkt sich damit auf die Frage, wer das **Risiko der (Nicht-)Anwendung** einer Norm tragen soll, deren Wortlaut im Widerspruch zur gesetzlichen Systematik steht und deren Rechtsfolge zur Erzielung des mit ihr beabsichtigten

---

20 *Thomaschki*, K&R Beilage 1/2004, 21, 24.

Zwecks weitgehend ungeeignet ist. Unter Berücksichtigung der grundrechtlich verbürgten **Berufsausübungsfreiheit** der vorlagepflichtigen Unternehmen (Art. 12 Abs. 1 GG) müssten zumindest sachgerechte und vernünftige Erwägungen des Gemeinwohls dafür sprechen, um die Widersprüche des Gesetzes durch eine umfassende Anwendung von § 38 Abs. 1 zu ihren Lasten aufzulösen. Dies gilt zumal angesichts dessen, dass ein Verstoß gegen § 38 Abs. 1 S. 1 oder 3 nach § 149 Abs. 1 S. 7 mit **Bußgeld** bewehrt ist. Derartige Gründe liegen jedoch für die Fälle, in denen das Gesetz nur einen auf § 38 Abs. 2–4 eingeschränkten Verweis beinhaltet, nicht vor:

Soweit das TKG für **Endnutzerleistungen** die entsprechende Geltung von (lediglich) § 38 **30** Abs. 2–4 vorsieht (§ 39 Abs. 2, § 39 Abs. 3 S. 1, § 40 Abs. 1 S. 5, § 46 Abs. 3 S. 3 i.V.m. S. 1), bedarf es nicht ohne weiteres einer Vorlagepflicht, weil Entgelte typischerweise durch öffentlich zugängliche AGB eingeführt oder geändert werden. Im Regelfall ist schon damit eine Information der RegTP und die rechtzeitige Wahrnehmung ihrer Kontrolle nach § 38 Abs. 2 sichergestellt. Entgelte in Individualverträgen, die in Verbindung mit § 38 Abs. 1 S. 3 vorzulegen wären, werden hier ohnehin kaum vereinbart werden. Nicht unmittelbar in die Kategorie der Endnutzerentgelte passen Entgelte für Kosten, die ein Netzbetreiber einem Anbieter von Telekommunikationsdiensten für die Öffentlichkeit nach § 46 Abs. 3 S. 3 i.V.m. S. 2 in Rechnung stellt. Strukturell sind diese jedoch den in diesem Zusammenhang erhobenen Endnutzerentgelten ähnlich, da nicht andere Kosten vorliegen, sondern diese nur von dem Wettbewerber statt von dem Endnutzer erstattet werden.

Soweit die Ex-post-Regulierung für **Vorleistungen nichtmarktmächtiger Betreiber** angeordnet wird (§ 30 Abs. 4, auch in Verbindung mit § 25 Abs. 5 S. 3, und § 47 Abs. 4 S. 1), **31** ist potenziell eine Vielzahl von Unternehmen als Adressat solcher Verfahren betroffen. Eine Dauerkontrolle der entsprechenden Entgelte ohne konkreten Verdacht, wie sie § 38 Abs. 1 bedeuten würde, wäre damit unpraktikabel. Zudem wären diese Unternehmen bei weiter Auslegung des § 38 Abs. 1 durch die Quasi-Genehmigungspflicht über die erforderliche Missbrauchskontrolle nach § 38 Abs. 2–4 hinaus in ihrer Preissetzungsflexibilität beeinträchtigt, ohne dass dies durch ihre dominante Marktposition gerechtfertigt wäre. Soweit die Maßstäbe der Ex-post-Kontrolle im Rahmen von Zugangsverfahren (§ 25 Abs. 5 S. 3 i.V.m. § 30 Abs. 4) gelten, ist das Verfahren in § 25 Abs. 6 ohnehin spezialgesetzlich abweichend geregelt. Ginge man in diesem Rahmen gleichwohl von einer Vorlagepflicht nach § 38 Abs. 1 aus, würde dies etwa beim zweistufigen Verfahren nach § 25 Abs. 6 S. 1 zu Verzögerungen führen, die mit der streitschlichtenden Funktion des Zugangsverfahrens kaum vereinbar wären.

Bei **Zugangsleistungen** von Anbietern mit **beträchtlicher Marktmacht**, die nach § 30 **32** Abs. 1 S. 2 der nachträglichen Regulierung nach § 38 Abs. 2–4 unterworfen werden, beruht diese Unterwerfung darauf, dass die im Grundsatz vorgesehene Genehmigungspflicht (§ 30 Abs. 1 S. 1) aufgrund besonderer Umstände (§ 30 Abs. 2 Nr. 1–3) nicht mehr erforderlich ist. Bedarf es keiner Genehmigung mehr, so erscheint auch hier eine zeitliche Vorverlagerung der Kontrolle nach § 38 Abs. 1 entbehrlich; andernfalls kann die RegTP es bei der gesetzlichen Grundregel der Genehmigungspflicht belassen.

Im **Ergebnis** beschränkt sich der Anwendungsbereich von § 38 Abs. 1 nach der hier vertre- **33** tenen Auffassung[21] entgegen dem zu weiten Wortlaut auf eine einzige Fallkonstellation,

---

21 Ebenso *Schütz*, Kommunikationsrecht, RdNr. 766; in gleiche Richtung zu § 28 Abs. 5 RegE *Groebel*, K&R-Beilage 1/2004, 18, 21.

nämlich auf Entgelte des marktmächtigen Betreibers eines öffentlichen Telekommunikationsnetzes für Zugangsleistungen, die nicht nach § 21 auferlegt worden sind (§ 30 Abs. 3 i.V.m. § 38). In den beiden anderen Fällen, in denen der gesetzliche Wortlaut § 38 in Bezug nimmt, ist § 38 Abs. 1 aufgrund von Kettenverweisungen auf Vorschriften, die sich lediglich auf § 38 Abs. 2 bis 4 beziehen, ausgeschlossen (§ 25 Abs. 5 S. 3 i.V.m. § 30 Abs. 4 bzw. § 41 Abs. 3 S. 1 i.V.m. § 39 Abs. 3 S. 1). In den übrigen Fällen, in denen das Gesetz eine nachträgliche Entgeltregulierung vorsieht, ergibt sich die Einschränkung der Geltung von § 38 auf dessen Abs. 2 bis 4 direkt aus den verweisenden Normen.

34 Allerdings dürfte auch eine am Wortlaut und öffentlichen Interessen orientierte **gegenteilige Auslegung** nicht unvertretbar sein. Mit Blick auf den Ordnungswidrigkeitentatbestand des § 149 Abs. 1 Nr. 7 beinhaltet dies erhebliche **Risiken** für die Rechtsanwender in den potenziell betroffenen Unternehmen, die daher eine weitergehende (ggf. freiwillige) Anzeige geplanter oder individuell vereinbarter Entgeltmaßnahmen in Betracht ziehen sollten.

35 **b) Allgemeine Vorlagepflicht. – § 38 Abs. 1 S. 1** begründet eine öffentlich-rechtliche Vorlagepflicht für bestimmte beabsichtigte Entgeltmaßnahmen. Vorgelegt werden müssen hiernach nur geplante **Entgelte**. Unter einem Entgelt ist die in Geld ausgedrückte Gegenleistung für die Nutzung von Leistungen zu verstehen,[22] wobei es sich um solche Leistungen handeln muss, die von dem vorlagepflichtigen Unternehmen erbracht werden. In uneinheitlicher Terminologie verwendet das Gesetz daneben in § 38 Abs. 1 S. 3 den Begriff der Entgeltmaßnahme, in § 35 Abs. 1 Nr. 1 den des Preises. Ein systematischer Bedeutungsunterschied ist hieraus nicht abzuleiten. Vielmehr ist davon auszugehen, dass es sich um Synonyme handelt.

36 **Gegenbegriff** zum Entgelt als der in Geld ausgedrückten Gegenleistung ist die **Leistung.** Klauseln, welche die Leistungspflicht des betroffenen Unternehmens beschreiben oder die sich mit den weiteren Modalitäten der Leistungserbringung befassen, sind daher nicht vorzulegen. Nach Sinn und Zweck der Vorlagepflicht, die eine unterstützende Funktion für die Kontrolle durch die Behörde entfaltet, sind die Entgelte aber zumindest so zu beschreiben, dass die Behörde erkennen kann, welches Entgelt für welche Leistung verlangt wird. Hierzu dürfte bei Allgemeinen Geschäftsbedingungen, wie sie etwa die DTAG verwendet, in der Regel die Vorlage der Preisliste reichen, während die detaillierte Leistungsbeschreibung oder die mehrere Produktvarianten umfassenden Rahmenbedingungen nicht vorgelegt werden müssen.

37 **Abzugrenzen** ist das Tatbestandsmerkmal der Entgelte weiterhin von dem in § 25 und 30 TKG 1996 enthaltenen Begriff „**entgeltrelevante Bestandteile** der Allgemeinen Geschäftsbedingungen". Nach der Rechtsprechung des VG Köln waren hierunter solche Klauseln zu fassen, „die entweder die Modalitäten der Entgeltberechnung oder der Entgeltbezahlung betreffen (wie Fälligkeiten und Abrechnungszeiträume oder Tarife oder Taktzeiten) oder die nach der Sorgfalt eines ordentlichen Kaufmanns bei der Ermittlung und Festlegung des Entgeltes für eine Leistung vernünftigerweise zu berücksichtigen sind bzw. anders gewendet solche Bestimmungen, die sich nach allgemeinen Bewertungsmaßstäben bei der Entgeltbildung auswirken."[23] Der praktische Anwendungsbereich dieser Definition war zweifelhaft, da sich auch der Umfang der Leistung oder die Modalitäten der Leistungs-

---

22 Vgl. BeckTKG-Komm/*Schuster/Stürmer*, § 24 RdNr. 9.
23 VG Köln MMR 2002, 636–637 sowie Urteil vom 8. 7. 2004, 1 K 2272/01 (nicht veröffentlicht), jeweils unter Hinweis auf BeckTKG-Komm/*Schuster/Stürmer*, § 25 RdNr. 8 f.

erbringung nach allgemeinen Bewertungsmaßstäben auf die Entgeltbildung auswirken. Hierbei handelt es sich jedoch um leistungsrelevante Elemente, nicht um solche, die für die Gegenleistung, das Entgelt, relevant sind. Für das geltende Recht ist diese Grenzziehung obsolet geworden, da sich die Vorlagepflicht nach dem gesetzlichen Wortlaut von § 38 Abs. 1 S. 1 nur noch auf Entgelte bezieht.[24] Vertragsklauseln, die lediglich mittelbar für die Bestimmung des Werts der Gegenleistung des Vertragspartners bedeutsam sind, ohne unmittelbar selbst in Geldeinheiten ausgedrückt zu sein, müssen daher nicht vorgelegt werden. Allerdings sind vielfältige Grenzfälle denkbar. Beispielsweise ist ein prozentualer **Rabatt** nicht in Geldeinheiten, sondern in einer Relation zum Grundpreis ausgedrückt. Da er aber in einen Geldbetrag umgerechnet werden kann, wird man ihn als Entgelt ansehen müssen. Problematischer ist die Frage bei nichtmonetären Gegenleistungen wie z.B. der Überlassung eines Urheberrechts oder der Durchführung einer Werbemaßnahme durch den Vertragspartner. Diese Gegenleistungen haben zwar offenkundig geldwerten Charakter, lassen sich aber nur nach einer betriebswirtschaftlichen Bewertung in einem Geldbetrag ausdrücken. Da der Begriff des Entgeltes enger als der der Gegenleistung ist, dürfte in solchen Fällen nicht von einer Vorlagepflicht auszugehen sein.

38 Vom **vertraglichen Umfang** her unterliegen der vorherigen Vorlagepflicht nach § 38 Abs. 1 S. 1 zunächst Entgelte, die in Allgemeinen Geschäftsbedingungen enthalten sind. Im Umkehrschluss aus § 38 Abs. 1 S. 3 ergibt sich darüber hinaus, dass § 38 Abs. 1 S. 1 auch Entgelte für Leistungen erfasst, die zwar individualvertraglich ausgehandelt sind, die aber gleichwohl auf eine Vielzahl anderer Nachfrager übertragbar sind. Da solche Entgelte AGB-ähnlichen Charakter haben, wird hiermit eine Umgehung der Vorlagepflicht verhindert.

39 Eine bestimmte **Form** für die Vorlage an die RegTP bestimmt § 38 Abs. 1 S. 1 nicht. Zwar könnte „vorzulegen" vom Wortlaut her im Sinne einer physischen Übermittlung verstanden werden, jedoch verwendet § 38 Abs. 1 S. 2 den neutraleren Begriff der „Anzeige" offenbar synonym. Ausreichend für die Erfüllung der Vorlagepflicht nach § 38 Abs. 1 S. 1 ist daher, dass die RegTP von der geplanten Einführung der Entgelte und ihrem Inhalt rechtzeitig in Kenntnis gesetzt wird. Dies kann durch Übersendung eines Abdrucks der AGB bzw. der Verträge erfolgen, aber z.B. auch durch Überlassung eines elektronischen Dokuments oder eines Links auf eine Extranet-Seite. Erforderlich ist aber, dass diese Unterrichtung gezielt dazu erfolgt, die RegTP über die geplante Einführung in Kenntnis zu setzen. Daher reicht etwa die Übersendung eines Manuskripts an die Amtsblattstelle der RegTP, die zum Zwecke der Veröffentlichung der AGB in ihrem Amtsblatt erfolgt, zur Erfüllung der Vorlagepflicht aus § 38 Abs. 1 S. 1 nicht aus.

40 Für die Berechnung des Beginns der **Frist** des § 38 Abs. 1 S. 1 ist § 31 Abs. 1 VwVfG i.V.m. § 187 BGB ergänzend heranzuziehen. Fraglich ist, ob bei einem unverschuldeten Fristversäumnis eine Wiedereinsetzung in den vorigen Stand gemäß § 32 Abs. 1 VwVfG möglich ist oder ob diese gemäß § 32 Abs. 5 VwVfG ausgeschlossen ist. Ein ausdrücklicher Ausschluss wird durch das Gesetz nicht angeordnet. Jedoch ergibt sich aus der Zielrichtung des § 38 Abs. 1 S. 1 und 2, die gerade eine dem marktwirksamen Inkrafttreten von Entgelten zeitlich vorgelagerte Kontrolle ermöglichen soll, dass eine Wiedereinsetzung nicht in Betracht kommt. Andernfalls würde der präventive Zweck der Vorschrift vereitelt.

---

24 Vgl. aber RdNr. 17.

41   Die **Rechtsfolgen** einer unterbliebenen, unzutreffenden, unvollständigen oder verspäteten Vorlage regelt das Gesetz nur teilweise. Bei schuldhaftem Verhalten des Vorlagepflichtigen kann die RegTP eine Geldbuße bis zu 50 000 Euro oder einem höheren Betrag unter Berücksichtigung des gezogenen wirtschaftlichen Vorteils verhängen (§ 149 Abs. 1 Nr. 7 i.V.m. Abs. 2 und 3). Darüber hinaus kann sie Maßnahmen nach § 126 ergreifen, um die Einhaltung der Verpflichtung sicherzustellen oder den Betreiber an einer fortgesetzten Verletzung zu hindern. Zivilrechtlich sind Entgelte, die ohne ordnungsgemäße Anzeige gegenüber der RegTP erhoben werden, jedoch wirksam. § 37, der bei der Ex-post-Regulierung ohnehin nur im Rahmen des § 38 Abs. 4 S. 4 entsprechend gilt, erfasst diesen Fall nicht.

42   **c) Untersagungsbefugnis.** – Die Untersagungsbefugnis der RegTP nach **§ 38 Abs. 1 S. 2** hat **vorläufigen** und **verfahrenssichernden Charakter.** Es soll vermieden werden, dass vor Abschluss der Prüfungen vollendete Tatsachen geschaffen werden.

43   Der **Maßstab**, an dem die Entgelte im Rahmen dieser summarischen Prüfung zu messen sind, beschränkt sich im Einklang mit dem Untersuchungsprogramm nach § 38 Abs. 2 und 4 auf die Verletzung von § 28. Ein Verstoß gegen sonstige Rechtsvorschriften ist für § 38 Abs. 1 S. 2 unbeachtlich.

44   Voraussetzung für die Untersagung nach § 38 Abs. 1 S. 2 ist, dass die geplanten Entgelte **offenkundig** nicht mit § 28 zu vereinbaren wären.[25] Zur Ausfüllung dieses Begriffs kann in einer **ersten Näherung** auf den Meinungsstand zu § 27 Abs. 3 TKG 1996 zurückgegriffen werden, der die Versagung einer Genehmigung u. a. bei bestimmten offenkundigen Verstößen gegen bestimmte gesetzliche Entgeltmaßstäbe vorsah. Nach einer hierzu vertretenen Auffassung sollte Offenkundigkeit vorliegen, „wenn die Nichteinhaltung des Maßstabs … für einen unvoreingenommenen, mit den in Betracht kommenden Umständen vertrauten, verständigen Beobachter ohne weiteres ersichtlich sein muss, d. h. dass sich die Nichteinhaltung der Maßstäbe geradezu ‚aufdrängen‘ muss“.[26] Demgegenüber sollte nach Ansicht der RegTP Offenkundigkeit gegeben sein, wenn „die Nichteinhaltung der Anforderungen … für die RegTP aufgrund bereits vorhandener Unterlagen, Kenntnisse und Erfahrungen ohne weiteres ersichtlich ist. Eine Offenkundigkeit ist dagegen nicht gegeben, wenn die Beschlusskammer zur Entscheidungsfindung noch Ermittlungen durchführen müsste bzw. auf weitere Nachweise der Antragstellerin oder Stellungnahmen von Beteiligten angewiesen wäre.“[27] Der Unterschied zwischen beiden Ansätzen bestand vor allem in der Frage, inwieweit das Erfordernis weiterer Ermittlungen einer Offenkundigkeit des Verstoßes entgegenstand. Im **Unterschied** zu § 27 Abs. 3 TKG 1996 ist zu beachten, dass die Offenkundigkeitsprüfung nach § 38 Abs. 1 S. 2 nicht im Rahmen einer verfahrensbeendenden, sondern einer verfahrensbegleitenden Entscheidung stattfindet. Bis zum Abschluss des Hauptsacheverfahrens finden noch zwangsläufig weitere Prüfungen statt. Das Erfordernis solcher Ermittlungen kann daher die Offenkundigkeit nicht ausschließen, da die Vorschrift andernfalls leer liefe. Für die Untersagung nach § 38 Abs. 1 S. 2 reicht es somit aus, dass sich die Nichteinhaltung der Maßstäbe des § 28 nach dem Erkenntnisstand zum Zeitpunkt der Entscheidung geradezu aufdrängen muss, wobei eingeleitete oder absehbar

---

25 Zum Begriff den Offenkundigkeit bei § 39 Abs. 3 S. 3 vgl. § 39 RdNr. 92.

26 BeckTKG-Komm/*Schuster/Stürmer*, § 27 RdNr. 27.

27 RegTP, Beschluss vom 4. 3. 1999, BK 2-1-99/004 (nicht veröffentlicht), zitiert nach BeckTKG-Komm/*Schuster/Stürmer*, § 27 RdNr. 25.

Mielke

erforderliche weitere Ermittlungen der Annahme der Offenkundigkeit nicht entgegenstehen.[28]

Systematischer Anknüpfungspunkt für die Untersagungsbefugnis der RegTP ist die Vor- 45
lage nach § 38 Abs. 1 S. 1. Nicht von § 38 Abs. 1 S. 2 erfasst sind solche Entgelte, für die
keine Vorlagepflicht vor ihrem beabsichtigten Inkrafttreten besteht. Dies betrifft insbesondere Entgelte in Individualverträgen nach § 38 Abs. 1 S. 3. Erlangt die RegTP gleichwohl
Kenntnis von solchen geplanten Entgeltmaßnahmen, z.B. durch Werbemaßnahmen oder
die Information durch einen der Vertragspartner, ist sie auf die Ausübung ihrer Befugnisse
nach § 38 Abs. 2–4 beschränkt.

Zweifelhaft ist, ob neben den Befugnissen aus § 38 Abs. 1 S. 2 TKG für **vorläufige Anord-** 46
nungen nach § 130 Raum bleibt, ob also § 38 Abs. 1 S. 2 als abschließende Sondervorschrift anzusehen ist. Dies wird zu bejahen sein. § 38 Abs. 1 S. 2 beinhaltet als Rechtsfolge
ebenfalls eine vorläufige Regelung eines Rechtsverhältnisses, die sich ihrem Umfang nach
mit dem deckt, was in einer Anordnung nach § 130 verfahrensbegleitend zu einer Ex-post-
Kontrolle zulässigerweise angeordnet werden könnte. Hierbei erleichtern die tatbestandlichen Voraussetzungen des § 38 Abs. 1 S. 2 einerseits den Erlass einer solchen Anordnung,
indem es keiner sonst erforderlichen Interessenabwägung bedarf. Andererseits bedarf es
mit der Offenkundigkeitsschwelle eines qualifizierten Verstoßes gegen § 28. Damit nimmt
§ 38 Abs. 1 S. 2 die Interessenabwägung, die sonst im Rahmen der behördlichen Entscheidung vorzunehmen wäre, durch eine spezielle gesetzliche Wertung vorweg. Diese ratio
greift nur dann nicht, wenn § 38 Abs. 1 S. 2 unanwendbar ist, etwa weil keine Vorlagepflicht nach § 38 Abs. 1 S. 1 besteht oder weil das mit dem Eilverfahren verfolgte Rege-
lungsziel nicht darin besteht, das Inkrafttreten der Entgelte hinauszuschieben. Hier verbleibt es bei den allgemeinen Regelungen.

Das **Verfahren** der Untersagung nach § 38 Abs. 1 S. 2 zielt nach dem Wortlaut des § 132 47
Abs. 1 S. 1 auf eine Beschlusskammerentscheidung hin. Eine Ausnahme hiervon ist nicht
geboten, da es sich bei der Untersagung um eine Entscheidung handelt, die ebenso wie Entscheidungen nach § 38 Abs. 4 eine materielle Regelungswirkung beinhaltet. Damit sind an
sich auch die sonstigen **Beschlusskammervorschriften** in Bezug genommen wie etwa
§ 132 Abs. 4 S. 1 (Verfahren zur Herstellung von Konsistenz), § 134 (Beteiligte), § 135
(Stellungnahmerechte und mündliche Verhandlung). Gleiches gilt für die Beteiligung des
Bundeskartellamts (§ 123 Abs. 1 S. 2). Ob der Gesetzgeber diese Konsequenz gesehen hat,
ist fraglich. So erhöht die Durchführung einer öffentlichen mündlichen **Verhandlung** für
das Untersagungsverfahren den bürokratischen Aufwand erheblich. Das Verfahren nach
§ 38 Abs. 1 S. 2 spielt sich im Rahmen des Hauptsacheverfahrens nach § 38 Abs. 2–4 ab,
bei dem ohnehin eine mündliche Verhandlung obligatorisch ist, soweit nicht alle Beteiligten dem schriftlichen Verfahren zustimmen. Hält man die Beschlusskammervorschriften
insgesamt für anwendbar, muss daher über denselben Gegenstand zweimal verhandelt werden. Unter Berücksichtigung des summarischen und vorläufigen Charakters der Entscheidung nach § 38 Abs. 1 S. 2 erscheint daher zumindest der implizite Verweis auf § 135
Abs. 3 S. 1 zu weitgehend und eine mündliche Verhandlung daher als entbehrlich. Im Übrigen sind die besonderen Verfahrensvorschriften für das Beschlusskammerverfahren und
für Entscheidungen der RegTP im Allgemeinen jedoch zu beachten. Insbesondere gilt da-

---

28 Ähnlich *Schütz*, Kommunikationsrecht, RdNr. 768.

mit gemäß § 131 die Pflicht zur **Begründung** und förmlichen **Zustellung** der Untersagungsentscheidung.

48 Die **Entscheidungsfrist** endet zwei Wochen nach Zugang der Anzeige. Ob für den Zeitpunkt des Erlasses der Untersagungsverfügung der Zeitpunkt ihrer Zustellung oder ein früherer Zeitpunkt (z. B. Aufgabe der Entscheidung zur Post) maßgeblich ist, regelt weder das TKG noch das allgemeine Verfahrensrecht. Die Problematik stellt sich in gleicher Weise bei der Entscheidungsfrist des § 38 Abs. 3, so dass auf die dortigen Ausführungen (RdNr. 87–90) verwiesen werden kann.

49 **Inhalt** der Entscheidung ist die Untersagung der Entgelte bis zum Abschluss der Prüfung durch die RegTP. Da die Entgelte zu diesem Zeitpunkt noch nicht eingeführt, sondern erst geplant sind, kommt der Entscheidung keine Gestaltungswirkung zu. Vielmehr handelt es sich um einen **verpflichtenden Verwaltungsakt mit Dauerwirkung.** Dieser hat neben einer verfahrenssichernden Wirkung einen unmittelbaren materiellen Gehalt, so dass § 44 a VwGO nicht anwendbar, sondern die Untersagungsverfügung **isoliert anfechtbar** ist.

50 Anlass zu Zweifeln über den zeitlichen Umfang der Verpflichtung gibt die Formulierung „**bis zum Abschluss ihrer Prüfung**". Gemeint ist hiermit offenbar die Prüfung nach § 38 Abs. 2–4, da § 38 Abs. 1 keine weitere Prüfung nach Erlass der Untersagung gemäß § 38 Abs. 1 S. 2 vorsieht. Nach § 38 Abs. 2 S. 1 leitet die RegTP unter den dort genannten Voraussetzungen eine Prüfung ein, d. h. die Prüfung, auf die sich § 38 Abs. 1 S. 2 bezieht, wird nicht schon durch die Vorlage der Entgeltmaßnahme gemäß § 38 Abs. 1 S. 1 eingeleitet, sondern erst durch ein gezieltes Tätigwerden der RegTP. Ohne eine solche „Einleitungsverfügung" fehlt es damit an einem Bezugsobjekt für die Untersagung nach § 38 Abs. 1 S. 2. Voraussetzung dafür, dass die RegTP von ihrer Untersagungsbefugnis Gebrauch macht, ist daher die vorherige oder gleichzeitige Einleitung eines Verfahrens gemäß § 38 Abs. 2 S. 1. Sofern es an einem gesonderten Einleitungsakt fehlt, wird man spätestens den Erlass einer Entscheidung nach § 38 Abs. 1 S. 2 als (ggf. implizite) Einleitung im Sinne von § 38 Abs. 2 S. 1 ansehen können, die somit uno actu erfolgen kann.

51 Die **faktische Wirkung** der Untersagung nach § 38 Abs. 1 S. 2 beschränkt sich aufgrund der Staffelung zwischen Vorlagepflicht, Verfahrenseinleitung, geplantem Inkrafttreten der Entgelte und Verfahrensbeendigung darauf, das Wirksamwerden der Entgelte für maximal zwei Wochen nach dem ursprünglich geplanten Termin zu verhindern. In dem Zeitraum davor bedarf es der Untersagung eigentlich nicht (vgl. RdNr. 29).

52 **d) Vorlagepflicht bei Individualleistungen. – § 38 Abs. 1 S. 3** stellt eine **Ausnahmevorschrift** zu § 38 Abs. 1 S. 1 dar. Entgeltmaßnahmen sind der RegTP hiernach nicht schon vor Inkrafttreten der Entgelte, sondern erst nach Vertragsschluss zur Kenntnis zu geben. Im Übrigen beurteilt sich der Umfang der Informationspflicht wie bei S. 1. Da die Entgelte der RegTP erst zu einem Zeitpunkt vorgelegt werden müssen, in dem sie infolge der vertraglichen Vereinbarung bereits wirksam sind, ist eine Prüfung und ggf. Untersagung nach § 38 Abs. 1 S. 2 in diesen Fällen ausgeschlossen.

53 Der **Zweck** der Vorschrift ergibt sich aus der Begründung des RegE, nach der Hintergrund für diese Regelung vornehmlich Verträge sind, die ein Unternehmen mit beträchtlicher Marktmacht nach Durchführung eines Ausschreibungsverfahrens eingegangen ist.[29] Damit zielt die Vorschrift darauf, eine Beteiligung des marktmächtigen Unternehmens am Wett-

---

29 BT-Drs. 15/2316, S. 70 (zu § 36).

Mielke

bewerb um solche Aufträge nicht zu behindern, da es sonst schon seine bindenden Angebote nach § 38 Abs. 1 S. 1 der RegTP mit zweimonatigem Vorlauf anzeigen müsste, was eine sinnvolle Teilnahme an dem Ausschreibungsverfahren verhindern würde.

Unklar ist, worauf sich die fehlende **Übertragbarkeit** auf eine Vielzahl anderer Nachfrager beziehen muss. Sprachlich ist sowohl eine Anknüpfung an das Tatbestandsmerkmal der „Entgeltmaßnahmen" als auch an das der „Leistungen" möglich. Sachlich geboten ist eine Prüfung danach, ob es sich um kundenindividuelle Leistungen handelt, da andernfalls das marktmächtige Unternehmen die Vorlagepflicht nach § 38 Abs. 1 S. 1 für Standardleistungen ausgerechnet durch die Vereinbarung diskriminierender Rabatte umgehen könnte. Eine Übertragbarkeit auf eine **Vielzahl** von Nachfragern liegt nach dem maßgeblichen Wortsinn vor, wenn vergleichbare Leistungen mindestens für zwei weitere Nachfrager geeignet oder mit diesen bereits vereinbart sind. **54**

Der rechtliche **Anwendungsbereich** von § 38 Abs. 1 S. 3 ist wie der Anwendungsbereich von § 38 Abs. 1 insgesamt sehr eingeschränkt (vgl. die Ausführungen zu RdNr. 21–34). Kundenindividuell zugeschnittene Leistungen mit einem größeren Auftragsvolumen, die z.B. von Unternehmen oder öffentlichen Auftraggebern für den Eigenbedarf nachgefragt werden, fallen nicht hierunter. Insoweit ist ggf. § 39 Abs. 3 S. 4 heranzuziehen, weil es sich in diesen Fällen nicht um Zugangsleistungen handelt, die „zum Zwecke der Erbringung von Telekommunikationsdiensten" (§ 3 Nr. 32) an Dritte nachgefragt werden. Für § 38 Abs. 1 S. 3 in Betracht kommen folglich nur Entgelte für freiwillig vereinbarte, nichtauferlegte Zugangsleistungen nach § 30 Abs. 3. In tatsächlicher Hinsicht dürfte der Anwendungsbereich damit gegen Null tendieren. Bei solchen Leistungen wird es sich nämlich aufgrund von Nichtdiskriminierungsverpflichtungen, denen der marktmächtige Betreiber etwa nach § 19 unterworfen wird oder nach den §§ 28 Abs. 1 Nr. 3 oder 42 unterliegt, praktisch immer um Leistungen handeln, die auf eine Vielzahl anderer Nachfrager übertragbar sind, so dass sich die Vorlagepflicht nach § 38 Abs. 1 S. 1 und nicht nach S. 3 richtet. Zudem ist eine Vorlage nach § 38 Abs. 1 S. 3 gerade für diesen Bereich überflüssig, da schon § 22 Abs. 3 S. 1 eine Vorlageverpflichtung für Zugangsvereinbarungen vorsieht, die nicht nur die Entgeltmaßnahmen, sondern den kompletten Vertrag umfasst. **55**

2. Verfahrenseinleitung und Prüfmethoden (Abs. 2). – a) Verfahrenseinleitung. – § 38 Abs. 2 S. 1 stellt für den **Verfahrensbeginn** auf die Einleitung der Überprüfung durch die RegTP ab. Damit stellt das Gesetz klar, dass es sich bei der Ex-post-Kontrolle um ein Verfahren **von Amts wegen** handelt. Ein Antragsrecht von Nutzern oder Wettbewerbern des marktmächtigen Unternehmens ist nicht vorgesehen. Nach der Entstehungsgeschichte des Gesetzes (vgl. RdNr. 20) und der heftigen Diskussion dieses Punktes bis hin zur Anrufung des Vermittlungsausschusses, der sich letztlich für die Beibehaltung des ursprünglichen Gesetzentwurfs entschied, unterliegt dieses Ergebnis keinem Zweifel. Ein Antragsrecht kann daher auch nicht aus der missverständlichen Formulierung des § 134 Abs. 1 gefolgert werden, die Amts- und Antragsverfahren nebeneinander stellt. **56**

Die Nichteinführung eines Antragsrechts darf in ihrer Wirkung allerdings nicht verkannt werden. Die Einführung eines solchen Rechts im Kontext des § 38 hätte lediglich dazu geführt, dass Dritten ein **verfahrensrechtlicher Anspruch** auf Einleitung einer Ex-post-Regulierung zugestanden hätte. Das Fehlen eines Antragsrechts schließt daher nur die Geltendmachung eines verfahrensrechtlichen Anspruchs gegen die RegTP aus. Nicht ausgeschlossen ist hingegen ein möglicher öffentlich-rechtlicher **materieller Anspruch** auf Er- **57** lass einer bestimmten Entscheidung durch die RegTP. Ob ein solcher Anspruch gegeben ist, beurteilt sich indes nicht nach § 38, sondern danach, inwieweit die Vorschrift des § 28 oder aus grundrechtlichen Positionen resultierende Schutzpflichten Dritten subjektive Rechte vermitteln. Im **Unterschied** zu einem Antragsverfahren führt ein auf ein materielles subjektives Recht gestützter „Antrag" eines Dritten nicht dazu, dass ein Verfahren eingeleitet ist (vgl. § 42 Abs. 4 S. 3), sondern nur dazu, dass die RegTP zur Verfahrenseinleitung verpflichtet ist. Dies ist vor allem für formelle Fragen wie den Zeitpunkt des Verfahrensbeginns und den Beginn der Entscheidungsfrist bedeutsam. Hinzu kommt, dass der Dritte bei einem Antragsverfahren eine Verletzung eigener Rechte lediglich geltend machen, d. h. behaupten muss (vgl. § 42 Abs. 4 S. 4). Demgegenüber ist für eine erfolgreiche Verpflichtungsklage auf Verfahrenseinleitung – sofern man eine solche neben einer unmittelbar auf eine bestimmte Sachentscheidung gerichteten Klage überhaupt für zulässig hält (vgl. RdNr. 68) – zumindest erforderlich, dass diese Rechtsbehauptung begründet ist. Das Fehlen eines Antragsrechts für Dritte verhindert daher nicht deren Rechtsschutz bei einer materiellen Beschwer, sondern erschwert nur die Anforderungen für seine Ausübung.

58   Soweit aus Art 20 RRL vereinzelt **europarechtliche Bedenken** gegen das Fehlen eines **Antragsrechts** in § 38 erhoben wurden,[30] überzeugen diese nicht. Das nach Art. 20 RRL vorgesehene Streitbeilegungsverfahren ist im nationalen Recht durch § 133 TKG umgesetzt, in dessen Rahmen umfassende Antragsrechte vorgesehen sind. Art. 20 RRL erfordert nicht, dass sämtliche Regulierungsverfahren nach nationalem Recht Antragsrechte beinhalten. Sofern der materielle Regelungsgehalt des nationalen Streitbeilegungsverfahrens hinter den europarechtlichen Vorgaben zurückbleiben sollte, wäre dies eine Frage der Vereinbarkeit von § 133 mit höherrangigem Europarecht, nicht aber der Vereinbarkeit von § 38 mit diesem.[31]

59   Dem **Anwendungsbereich** der Ex-post-Regulierung unterliegen nach dem Wortlaut von § 38 Abs. 2 S. 1 Entgelte für **Zugangsleistungen** von Unternehmen mit **beträchtlicher Marktmacht.**

60   Einerseits ist die gesetzliche Formulierung **zu eng**, da nicht nur Entgelte für Zugangsleistungen, sondern auch für bestimmte Endkundenleistungen dem Verfahren nach § 38 Abs. 2–4 unterfallen (§ 39 Abs. 2, Abs. 3 S. 1, § 40 Abs. 1 S. 5, § 46 Abs. 3 S. 3 i.V.m. S. 1) und da nicht in jedem Fall eine beträchtliche Marktmacht erforderlich ist (§ 30 Abs. 4). Andererseits ist die gesetzliche Formulierung **zu weit** geraten. Entgegen dem Wortlaut von § 38 Abs. 1 S. 1 unterliegen nicht alle Entgelte für Zugangsleistungen i.S.v. § 3 Nr. 32 und Nr. 34 einer Ex-post-Regulierung, sondern nur diejenigen, für die das Gesetz an anderer Stelle die nachträgliche Regulierung anordnet. Eine Ex-post-Kontrolle bereits genehmigter Entgelte entsprechend dem Vorbild von § 30 Abs. 1 TKG 1996 beinhaltet § 38 nach der Begründung des RegE ausdrücklich nicht.[32] Dies wird auch durch die Struktur der Vorschrift und ihr Zusammenwirken mit den Folgeabsätzen bestätigt. Trotz inhaltlicher Abweichungen ist eine Anlehnung an den Aufbau von § 30 Abs. 2–4 TKG 1996 deutlich, während eine dem § 30 Abs. 1 TKG 1996 vergleichbare Formulierung nicht aufgegriffen wurde.

---

30 BT-Prot. 15/49, S. 804 und 807 (Antwort Grünberg/Initiative europäischer Netzbetreiber und Antwort Generaldirektor Langeheine/EU Kommission)

31 Vgl. hierzu *Mielke*, TKMR-Tagungsband 2004, 47, 48, 52.

32 BT-Drs. 15/2316, S. 70 (zu § 36).

Entgegen kritischen Äußerungen zur Ex-post-Regulierung, wie sie im Rahmen des RefE **61** vorgesehen war,[33] bestehen keine durchgreifenden **europarechtlichen Vorbehalte** gegen die Erstreckung des § 38 auf Entgelte für **Zugangsleistungen**. Soweit hiernach eine Unvereinbarkeit der vergleichbaren Vorschrift im RefE (§ 24 RefE) darin gesehen wurde, dass in den EG-Richtlinien eine Ex-post-Regulierung nur für Endkundenentgelte (Art. 17 Abs. 2 URL), nicht aber für Zugangsentgelte (Art. 8 und 13 ZRL) vorgesehen sei, begründet dies allenfalls einen Einwand gegen diejenigen Vorschriften, welche auf § 38 verweisen. § 38 ordnet die Geltung der Ex-post-Regulierung für Zugangsleistungen nicht an, sondern regelt nur das Verfahren für den Fall, dass diese stattfindet.

Soweit das Gesetz von Entgelten „für" Zugangsleistungen von Unternehmen mit beträcht- **62** licher Marktmacht spricht, bedeutet dies, dass es sich um Entgelte für Leistungen handeln muss, die von diesem Unternehmen als **Anbieter** erbracht werden. Diese scheint selbstverständlich, ist aber zu betonen, weil damit eine missbräuchliche Ausübung von **Nachfragemacht** nicht über § 38 sanktioniert wird. Ist das regulierungspflichtige Unternehmen z. B. nur bereit, einen unangemessen niedrigen Preis für Leistungen zu bezahlen, die es von anderen Telekommunikationsunternehmen bezieht, kann dem nicht über § 38 begegnet werden. Dies kann gerade in komplexen Austauschverhältnissen, bei denen sich die Vertragspartner zugleich als Lieferant als auch als Abnehmer von Telekommunikationsdiensten gegenüberstehen, zu Umgehungsstrategien führen. Hier ist nur durch Vertragsauslegung im Einzelfall zu beurteilen, inwieweit Beträge für ersparte Aufwendungen o. Ä., die auf das von dem regulierten Unternehmen zu zahlende Entgelt angerechnet werden, in Wirklichkeit Bestandteil des von ihm verlangten Entgelts sind.

Nach § 38 Abs. 2 S. 1 kann die RegTP nur zu **Entgelten**, nicht aber zu den ihnen zugrunde **63** liegenden **Leistungen** ein Verfahren der nachträglichen Regulierung einleiten. Eine Ausnahme gilt lediglich beim Verdacht auf ungerechtfertigte Bündelungen des Produktangebots. Obwohl es sich hierbei nicht ein Problem der Entgelt-, sondern der Leistungsgestaltung handelt, kann über den Wortlaut von § 38 Abs. 2 S. 1 hinaus auch in diesen Fällen ein Verfahren eingeleitet werden (arg. e § 38 Abs. 3 S. 5 i. V. m. § 28 Abs. 2 Nr. 3). Die Prüfung, inwieweit sonstige Änderungen am „Produktdesign" erforderlich sind, kommt allenfalls im Rahmen gesonderter Verfahren in Betracht. Diese verfahrensmäßige Abschichtung führt zu Problemen für die nachträgliche Entgeltregulierung. (Geforderte) Veränderungen des Leistungsinhalts führen zumindest bei Hauptleistungspflichten dazu, dass Bezugspunkt für die Beurteilung eines Entgeltverstoßes gegen § 28 sinnvollerweise nicht mehr der ursprüngliche, missbräuchliche Leistungsumfang sein kann, sondern nur der künftige, von der RegTP zur Abstellung des Missbrauchs geforderte. Zu diesem wird es jedoch ggf. erst nach langwierigen Gerichtsverhandlungen ein Vertragsangebot geben. Bis dahin scheidet eine Beurteilung der Entgelte am Umfang der künftigen Leistungen jedoch aus, da es eine Leistung, zu deren Einführung bzw. Änderung das regulierte Unternehmen verpflichtet ist, noch nicht gibt, solange es dieser Verpflichtung nicht nachgekommen ist. Somit fehlt es auch an Entgelten für eine solche Leistung. Dieser grundlegende Konstruktionsfehler der nachträglichen Entgeltregulierung war schon im TKG 1996 angelegt.[34] Letztlich wird man sich dieser Problematik jenseits aller dogmatischen Bedenken unter Prakti-

---

33 *Klotz,* MMR 2003, 495, 498 zu § 24 RefE.
34 Zu konkreten Auswirkungen im TKG 1996 vgl. RegTP, Beschluss BK 3b-03/009 vom 18. 7. 2003 (nicht veröffentlicht) – Entgeltregulierung Resale.

kabilitätsaspekten nähern müssen, wobei in der Regel nur eine zeitliche Staffelung der Verfahren in Betracht kommen dürfte.

64 Als weitere Voraussetzung für eine Verfahrenseinleitung ist nach § 38 Abs. 1 S. 1 erforderlich, dass der RegTP **Tatsachen bekannt werden**, die die Annahme eines Verstoßes gegen § 28 rechtfertigen. Dies entspricht der Formulierung in § 30 Abs. 2 TKG 1996. Als Tatsachen sind alle Umstände und Informationen zu werten, die aus Sicht eines neutralen Sachverständigen dazu geeignet sind, den Verdacht eines Verstoßes gegen die Entgeltregulierungsvorschriften zu begründen.[35] Ein Bekanntwerden liegt vor, wenn der RegTP die Bedeutung der Tatsache für die Entgeltregulierung deutlich wird.[36] Zu betonen ist, dass sich die Tatsachen nicht auf die Entgelte, sondern auf den Verstoß der Entgelte gegen § 28 beziehen müssen. Die Veränderung der Entgelte im Zeitablauf ist für sich betrachtet keine Tatsache, die einen Verstoß gegen § 28 indiziert. Liegen keine sonstigen Anhaltspunkte für einen Verstoß gegen § 28 vor, genügen z. B. auch massive Kundenbeschwerden gegen eine Preiserhöhung nicht, um eine Verpflichtung zur Verfahrenseinleitung zu begründen. In solchen Fällen kann die RegTP jedoch Vorermittlungen aufnehmen, indem sie etwa das betroffene Unternehmen um Auskünfte auf freiwilliger Basis ersucht. Werden ihr hierbei Tatsachen bekannt, die die Annahme eines Verstoßes gegen § 28 rechtfertigen, wird sie ein Verfahren einleiten, andernfalls die Beschwerdeführer über die Nichteinleitung nach Abschluss der Vorermittlungen informieren.

65 Auf der Rechtsfolgenseite ist die RegTP bei Vorliegen der tatbestandlichen Voraussetzungen zur Einleitung eines Verfahrens **verpflichtet**. Ein Ermessensspielraum steht ihr nicht zu. Dieser Verpflichtung muss sie **unverzüglich**, also ohne schuldhaftes Zögern (§ 121 BGB), nachkommen. Eine sofortige Einleitung ist nicht erforderlich. Überspannte Anforderungen an das Merkmal der Unverzüglichkeit sind zu vermeiden, da aufgrund der kurzen Verfahrensfrist nach § 38 Abs. 3 vorbereitende Arbeiten im Interesse einer sachgerechten Verfahrensführung zur objektiven Aufklärung des Sachverhalts oftmals unumgänglich sein werden.

66 Unklar ist, welche **Rechtsnatur** der Verfahrenseinleitung zukommt und inwieweit **Rechtsschutz** gegen die Einleitung oder ihre Unterlassung möglich ist. Eine gerichtliche Klärung zu der vergleichbaren Fragestellung nach § 30 Abs. 2 TKG 1996 steht aus. In der Literatur wurde hierzu vertreten, dass es sich um einen anfechtbaren bzw. im Wege der Verpflichtungsklage erzwingbaren Verwaltungsakt handelte.[37] Dieser Auffassung ist nicht zu folgen:

67 Einen **Verwaltungsakt** i. S. v. § 35 VwVfG stellt die Einleitung schon deshalb nicht dar, weil sie keinen Regelungscharakter besitzt. Eine Regelung ist dann anzunehmen, wenn die Maßnahme der Behörde darauf gerichtet ist, eine verbindliche Rechtsfolge zu setzen, d. h. wenn Rechte des Betroffenen unmittelbar begründet, geändert, aufgehoben, mit bindender Wirkung festgestellt oder verneint werden.[38] An einer solchen unmittelbaren Rechtsfolge fehlt es. Diese kommt erst der späteren Sachentscheidung zu. Die Verfahrenseinleitung ist

---

35 Vgl. BeckTKG-Komm/*Schuster/Stürmer*, § 30 RdNr. 10.
36 Vgl. BeckTKG-Komm/*Schuster/Stürmer*, § 30 RdNr. 16.
37 BeckTKG-Komm/*Schuster/Stürmer*, § 30 RdNr. 49 f.
38 BVerwGE 77, 268, 271 = NJW 1988, 87, 88; *Knack/Hennecke*, § 35 RdNr. 22; *Kopp/Ramsauer*, VwVfG, § 35 RdNr. 47, jeweils m. w. N.

daher eine bloße **Verfahrenshandlung**, die lediglich den äußeren, förmlichen Gang des Verfahrens betrifft.

Für **Klagen** gegen derartige Verfahrenshandlungen schließt § 44a VwGO eine isolierte **68** **Anfechtung** aus. Ebenso wie bei der Einleitung von Verfahren außerhalb des TKG, für welche die Anwendbarkeit des § 44a VwGO anerkannt ist,[39] kann das regulierte Unternehmen eine fehlerhafte Einleitung damit nur im Rahmen eines Rechtsmittels gegen die spätere Sachentscheidung geltend machen. Für Klagen Dritter auf **Erzwingung** einer Verfahrenseinleitung durch die RegTP ist zu beachten, dass § 44a VwGO entgegen dem zu engen Wortlaut nicht auf Anfechtungsklagen beschränkt ist, sondern jeden in der VwGO geregelten Rechtsbehelf erfasst,[40] so dass nach der ständigen Rechtsprechung des BVerwG auch Feststellungs, Leistungs- und Verpflichtungsklagen zu den ausgeschlossenen Rechtsbehelfen zählen.[41] Auch Klagen **auf Verfahrenseinleitung** durch die RegTP sind daher unzulässig. Dies gebietet auch der § 44a VwGO zugrunde liegende Gedanke der Prozessökonomie. Soweit im Hinblick auf die Entgeltregulierung überhaupt subjektive Rechte Dritter anzuerkennen sind, steht diesen eine Verpflichtungsklage offen, die unmittelbar **auf Erlass von Anordnungen nach § 38 Abs. 4** gerichtet ist, ohne dass es des Umwegs über eine Klage auf Verfahrenseinleitung und ggf. einer weiteren Klage gegen die danach ergehende Sachentscheidung der RegTP bedürfte. Soweit derartige subjektive Rechte nicht anzuerkennen sind, gibt es ohnehin keinen Grund, das Fehlen von Antragsrechten im Verwaltungsverfahren durch eine gerichtliche Verpflichtung zur Verfahrenseinleitung zu kompensieren.

b) Mitteilung über die Verfahrenseinleitung. – Die nach § 38 Abs. 2 S. 2 erforderliche **69** Mitteilung über die Verfahrenseinleitung ist **deklaratorischer Natur.**[42] Dies ergibt sich aus der Systematik des Gesetzes, da die Einleitung des Verfahrens bereits in § 38 Abs. 2 S. 1 geregelt ist. Bei der Mitteilung handelt es sich demnach um ein zusätzliches Element neben der eigentlichen Verfahrenseinleitung. Mangels eines eigenständigen Regelungscharakters ist sie wie diese nicht als Verwaltungsakt, sondern als bloße, gemäß § 44a VwGO nicht isoliert anfechtbare **Verfahrenshandlung** anzusehen.

Von der Formulierung her ist § 38 Abs. 2 S. 2 mit § 30 Abs. 2 TKG 1996 identisch. Ein **70** Unterschied zur früheren Rechtslage ergibt sich jedoch daraus, dass das frühere Recht eine weitere Mitteilungspflicht in § 6 Abs. 2 TEntgV vorsah. Hiernach hatte die Regulierungsbehörde den **Zeitpunkt** der Einleitung festzustellen und dies dem betroffenen Unternehmen nach § 30 Abs. 2 TKG 1996 mitzuteilen. Da die TEntgV durch § 152 Abs. 2 TKG 2004 aufgehoben wurde, ließe sich vor diesem Hintergrund argumentieren, dass die RegTP nur noch verpflichtet ist, dem betroffenen Unternehmen die Einleitung des Verfahrens mitzuteilen, nicht mehr aber deren Zeitpunkt. Überwiegendes spricht aber dafür, dass der Unterschied zum früheren Recht auf einem handwerklichen Versehen des Gesetzgebers beruht und dass die Verpflichtung der RegTP nicht eingeschränkt werden sollte. Der Sinn der Mitteilung nach § 38 Abs. 2 S. 2 besteht gerade darin, dem betroffenen Unternehmen

---

39 VGH München NVwZ 1988, 742, 743; *Eyermann/Geiger*, § 44a RdNr. 7; *Kopp/Schenke*, VwGO, § 44a RdNr. 5; *Redeker/v. Oertzen*, VwGO, § 44a RdNr. 3.

40 *Eyermann/Geiger*, § 44a RdNr. 12.

41 Zuletzt BVerwGE 115, 373, 377 = NVwZ 2002, 984 m. w. N.

42 Ebenso BeckTKG-Komm/*Schuster/Stürmer*, § 30 RdNr. 22; a. M. *Trute/Spoerr/Bosch*, § 30 RdNr. 20 unter Hinweis auf VG Köln, Beschluss vom 21. 1. 1998, Az.1 L 4289/97, 7 (nicht veröffentlicht), jeweils zu § 30 Abs. 2 S. 2 TKG 1996.

Rechtssicherheit über seinen verfahrensrechtlichen Status zu verschaffen, damit es sich angemessen gegen den Verdacht eines Verstoßes gegen § 28 verteidigen kann. Hierzu gehört auch die Kenntnis über den Lauf der Verfahrensfrist nach § 38 Abs. 3, für die das betroffene Unternehmen den Zeitpunkt des Verfahrensbeginns wissen muss. Die Erstreckung der Mitteilung auf diesen Umstand dient auch der Kontrolle der Fristeinhaltung in einem anschließenden Gerichtsverfahren, da der Zeitpunkt der Einleitung auf diese Weise aktenkundig wird. Die Mitteilung über den Zeitpunkt der Einleitung ist ebenso wie die Mitteilung über die Einleitung selbst deklaratorisch, hat aber starke Indizwirkung, sofern sich keine gegenteiligen Hinweise, etwa ein Einleitungsvermerk der Beschlusskammer, in den Akten befinden.

71   Für die Mitteilung über die Einleitung sieht das Gesetz **Schriftform** vor. Da § 126 BGB auf öffentlich-rechtliche Verfahrenshandlungen nicht anwendbar ist,[43] bedarf es einer autonomen Begriffsbestimmung. Schriftlichkeit ist im verwaltungsrechtlichen Kontext gewahrt, wenn die Gedankenerklärung mit Hilfe von Schriftzeichen auf einem Datenträger in einer ohne weiteres lesbaren Form verkörpert ist.[44] Diese Anforderungen erfüllt u. a. auch ein **Telefax** oder **Computerfax**. Einer eigenhändigen Unterschrift bedarf es für die Einhaltung der Schriftform nicht. § 37 Abs. 3 VwVfG ist nicht maßgeblich, weil es sich bei der Mitteilung über die Einleitung nicht um einen Verwaltungsakt handelt. Für eine entsprechende Anwendung dieser Vorschrift ist kein Raum. Das Schriftformerfordernis im Verfahrensrecht soll lediglich gewährleisten, dass aus dem Schriftstück der Inhalt der Erklärung, die abgegeben werden soll, und die Person, von der sie ausgeht, hinreichend zuverlässig entnommen werden können und dass es sich nicht nur um einen Entwurf handelt.[45] Ausreichend ist daher, dass aus den sonstigen Umständen hervorgeht, dass die Mitteilung authentisch ist. Gemäß § 3a Abs. 2 S. 1 VwVfG ist die Ersetzung der Schriftform durch die **elektronische Form** zulässig, wobei die Mitteilung in diesem Fall gemäß § 3a Abs. 2 S. 2 VwVfG mit einer qualifizierten elektronischen Signatur versehen werden muss.

72   **Mitteilungspflichten** gegenüber **Dritten** über die Einleitung des Verfahrens sieht § 38 Abs. 2 S. 2 nicht vor. Deren Information ist auch nicht ohne weiteres über die nach § 12 Abs. 1 S. 4 einzurichtende einheitliche Informationsstelle sichergestellt. Die von dieser vorzuhaltende Liste „aller" laufenden Anhörungen bezieht sich aus systematischen Gründen nur auf Anhörungen im Rahmen des Marktdefinitions- und Marktanalyseverfahrens. Dies ist europarechtlich bedenklich, da die nationalen Regulierungsbehörden nach Art. 6 RRL umfassenderen Transparenzpflichten unterliegen. Die RegTP wird daher verpflichtet sein, auch die Öffentlichkeit über die Einleitung eines Verfahrens nach § 38 Abs. 2 zu unterrichten, sei es durch eine Publikation in ihrem Amtsblatt, sei es durch Einstellen einer Liste laufender Verfahren oder der Termine mündlicher Verhandlungen ins Internet. Ob man dies im Wege einer europarechtskonformen Auslegung des nationalen Rechts oder im Wege einer Direktwirkung von Art. 6 RRL begründet, ist hierbei von untergeordnetem Interesse.

73   **c) Prüfmethoden.** – Bei der Regelung in § 38 Abs. 2 S. 3 handelt es sich um eine Ergänzung gegenüber dem RegE, die im Laufe des Gesetzgebungsverfahrens eingefügt wurde.

---

43 GmS-OGB BVerwGE 58, 359, 364 = NJW 1980, 172, 174; *Palandt/Heinrichs*, § 126 BGB RdNr. 1.

44 *Kopp/Ramsauer*, VwVfG, § 37 RdNr. 28.

45 GmS-OGB BGHZ 144, 160, 162 = NJW 2000, 2340, 2341.

Mielke

Beabsichtigter **Zweck** dieser Ergänzung war ausweislich des Berichts des Ausschusses für Wirtschaft und Arbeit die Klarstellung, dass auch im Rahmen der nachträglichen Entgeltregulierung Kostenprüfungen grundsätzlich möglich sind.[46] Der genaue Regelungsgehalt der handwerklich misslungenen Vorschrift wird nur vor diesem Hintergrund deutlich.

Für eine Überprüfung nach dem **Vergleichsmarktprinzip** regelt § 38 Abs. 2 S. 3 nicht positiv die Zulässigkeit dieser Prüfmethode, sondern nur negativ die Rechtsfolge im Fall ihrer Unmöglichkeit. Nur in diesem Zusammenhang verweist § 38 Abs. 2 S. 3 auf § 35 Abs. 1 Nr. 1. Eine ausdrückliche Regelung darüber, dass das Vergleichsmarktkonzept im Rahmen der nachträglichen Regulierung zulässig wäre, enthält das Gesetz nicht, da § 35 Abs. 1 Nr. 1 unmittelbar lediglich im Verfahren der Entgeltgenehmigung gilt. Auch aus § 28, der sich nur mit den inhaltlichen Maßstäben, nicht aber mit den Methoden der Prüfung befasst, folgt die Zulässigkeit des Vergleichsmarktkonzepts nicht. Da der Konditionalsatz in § 38 Abs. 2 S. 3 die Zulässigkeit einer Vergleichsmarktprüfung jedoch offenbar voraussetzt, wird man ihn entgegen dem Wortlaut als **unbedingten Verweis** auf eine entsprechende Anwendung von § 35 Abs. 1 Nr. 1 lesen müssen. **74**

Problematisch daran ist, dass § 35 Abs. 1 Nr. 1 die Anwendung des Vergleichsmarktkonzepts nur zusätzlich zu einer Kostenprüfung vorsieht. Es herrscht also hiernach im Grundsatz ein Nebeneinander beider Methoden, wobei die Vergleichsmarktprüfung im Ermessen der Behörde steht. Im Gegensatz dazu beinhaltet § 38 Abs. 2 S. 3 einen **Vorrang des Vergleichsmarktkonzepts** vor der Kostenprüfung. Dieser Widerspruch lässt sich im Wege der Auslegung bereinigen, da § 38 Abs. 2 S. 3 die Regelung des § 35 Abs. 1 Nr. 1 nur „entsprechend" in Bezug nimmt. Deren Einleitungssatz („Neben den der Regulierungsbehörde vorliegenden Kosteninformationen kann sie zusätzlich") ist daher im Rahmen der nachträglichen Entgeltregulierung nicht anzuwenden. **75**

Unmöglich kann der RegTP eine Überprüfung nach dem Vergleichsmarktkonzept entweder aus rechtlichen oder aus tatsächlichen Gründen sein. **76**

Eine **rechtliche Unmöglichkeit** könnte sich beispielsweise aus Widersprüchen zwischen dem nationalen Recht und den **europarechtlichen Vorgaben** ergeben, soweit Ersteres sich mit einer nachträglichen Missbrauchskontrolle begnügt, während Letzteres kostenorientierte Preise erfordert. Dies ist etwa für Teilnehmerdaten im Verhältnis von § 47 Abs. 4 S. 1 i.V.m. § 38 Abs. 2–4 zu Art. 25 Abs. 2 URL kritisch zu hinterfragen. Die europarechtlichen Vorschriften verlangen jedoch nur die Bildung kostenorientierter Preise, nicht die Anwendung von Kostenmethoden bei der Preisbildung oder -überprüfung. Eine Prüfung nach dem Vergleichsmarktkonzept dürfte daher nach § 38 Abs. 2 S. 3 nur dann unmöglich sein, wenn sie zu einem Ergebnis führt, bei dem nichtkostenorientierte Preise gebilligt oder angeordnet werden. **77**

Auf der Ebene des **nationalen Rechts** ist eine Überprüfung nach dem Vergleichsmarktkonzept nicht bzw. nur eingeschränkt möglich, soweit § 28 auf Kostenmaßstäbe verweist. Dies betrifft die Ermittlung der Dumpingschwelle bei der Missbrauchsvermutung nach § 28 Abs. 2 Nr. 1. **78**

Eine **tatsächliche Unmöglichkeit** bei der Überprüfung nach dem Vergleichsmarktkonzept kann daraus resultieren, dass sich keine geeigneten Vergleichsmärkte finden lassen. Die Gründe hierfür können vielfältig sein. Häufig wird die Schwierigkeit darin bestehen, dass **79**

---

46 BT-Drs. 15/2679, S. 14.

die technische oder vertragliche Ausgestaltung der Leistungen auf den in Betracht kommenden Vergleichsmärkten so weit von den nationalen Gegebenheiten abweicht, dass eine Vergleichbarkeit der Preise auch unter Berücksichtigung der Besonderheiten der Vergleichsmärkte nicht mehr in Betracht kommt. Dies kann historische, topographische oder regulatorische Ursachen haben oder schlicht auf einer anderen Geschäftsstrategie der Unternehmen beruhen, die auf den Vergleichsmärkten agieren. Die Überprüfung nach dem Vergleichsmarktkonzept ist der RegTP aber auch dann unmöglich, wenn sie innerhalb der Verfahrensfrist keine hinreichenden Informationen erlangen kann. Da sie gegenüber im Ausland tätigen Unternehmen auf den Vergleichsmärkten keine Auskunftsbefugnisse hat, ist sie in besonderer Weise auf Erkenntnisse angewiesen, die sie über eine Kooperation mit anderen Regulierungsbehörden gewinnt oder die belastbar von den Verfahrensbeteiligten vorgetragen werden.

80 Für den Fall, dass eine Vergleichsmarktprüfung unmöglich ist, kann die Behörde nach dem Willen des Gesetzgebers eine **subsidiäre Kostenprüfung** vornehmen. Die Formulierung des Gesetzes, wonach die RegTP auch nach § 33 vorgehen kann, gibt dabei in mehrfacher Hinsicht zu Zweifelsfragen Anlass.

81 § 33, der durch die Verweisung in Bezug genommen wird, regelt entgegen der Formulierung in § 38 Abs. 2 S. 3 **kein Vorgehen** der RegTP. § 33 enthält weder eine Befugnis der RegTP noch eine Regelung über das Verfahren, das sie bei einer Kostenprüfung anzuwenden hat, sondern begründet und begrenzt lediglich die Vorlage- und Darlegungspflichten eines Unternehmens im Falle der Ex-ante-Regulierung (§ 33 Abs. 1–4 und Abs. 6). Von einem Vorgehen der RegTP kann man allenfalls bei § 33 Abs. 5 sprechen. Eine entsprechende Anwendung des § 33 Abs. 5 S. 1 ist jedoch schon deshalb ausgeschlossen, weil die Präklusion hiernach voraussetzt, dass es einen Entgeltantrag gibt, mit dem die Kostenunterlagen vorgelegt werden. § 33 Abs. 5 S. 2, wonach während des Verfahrens angeforderte Unterlagen nur dann berücksichtigt werden müssen, wenn sie innerhalb einer von der RegTP gesetzten Frist vom beantragenden Unternehmen vorgelegt werden, ist von der Rechtsfolge eindeutig auf das Genehmigungsverfahren zugeschnitten, was einer Analogie entgegensteht. Die Verweisung in § 33 Abs. 7, wonach die Befugnisse nach § 29 unberührt bleiben, hat im Rahmen der Ex-ante-Regulierung nur deklaratorische Bedeutung. Da § 29 zudem bei der Ex-post-Regulierung unmittelbar anwendbar ist, hätte es auch insoweit einer mittelbaren Bezugnahme durch § 38 Abs. 2 S. 3 i. V. m. § 33 Abs. 7 nicht bedurft.

82 Damit erschließt sich der Sinn der Verweisung des § 38 Abs. 2 S. 3 auf § 33 weder aus dem Wortlaut noch aus der Systematik des Gesetzes. Unter Berücksichtigung des gesetzgeberischen Zwecks lässt sich die Vorschrift nur in der Weise (um-)interpretieren, dass sie der RegTP eine Kostenprüfung ermöglichen soll, der die Behörde Unterlagen in einem Umfang zugrunde legen kann, wie sie vergleichbare Unterlagen bei einer Ex-ante-Regulierung hätten oder haben müssten. Da die Behörde ohnehin alle Ermittlungen führen und Beweise erheben darf, die erforderlich sind (§ 128 Abs. 1), ist dies für den zulässigen Prüfungsrahmen nach § 38 Abs. 2 S. 3 nicht unmittelbar relevant. Bedeutung für die nachträgliche Entgeltregulierung erlangt diese Klarstellung aber mittelbar, soweit die RegTP in solchen Verfahren ihre **Auskunftsbefugnisse** nach § 29 Abs. 1 Nr. 1 ausübt. Insoweit ist sichergestellt, dass die RegTP über § 29 Abs. 1 Nr. 1 bei der Ex-post-Regulierung Auskünfte in einem § 33 entsprechenden Umfang einholen kann.

Durch die unklare Verweisung ist ferner zweifelhaft, ob und unter welchen Vorausset- **83**
zungen die RegTP bei der nachträglichen Entgeltregulierung auf der Basis von **Kostenmodellen** i.S.v. § 35 Abs. 1 Nr. 2 entscheiden darf. § 38 Abs. 2 S. 3 stellt lediglich das Vergleichsmarktkonzept und – unter Berücksichtigung der Gesetzesmaterialien – Kostenprüfungen in ein Alternativverhältnis. Problematisch daran ist, dass es sich gemäß der Systematik von § 35 Abs. 1 bei Kostenmodellen nach § 35 Abs. 1 Nr. 2 um eine Methode handelt, die „neben" der Auswertung von Kosteninformationen „zusätzlich" angewendet werden kann. Dies bedeutet, dass § 35 Abs. 1 drei Methoden (Kostenprüfung, Vergleichsmarkt, Kostenmodelle) beinhaltet, von denen § 38 Abs. 2 S. 3 aber nur zwei (Vergleichsmarkt, subsidiär Kostenprüfung) in Bezug nimmt. Aufgrund der Mängel der Vorschrift mit
ihrer fragwürdigen Verweisung auf § 33 ist nicht eindeutig, ob es sich um eine bewusste
Ausklammerung einer Prüfungsmethode handelt. Von der Entstehungsgeschichte her
spricht Überwiegendes für eine versehentliche Lücke. Die Ergänzung entsprach einer Prüfbitte des BRates, mit der sichergestellt werden sollte, dass die RegTP die Möglichkeit haben sollte, „auch" Kostenunterlagen anzufordern.[47] Dem BRat ging es also um ein „klar-
stellendes Mehr" gegenüber einer Beschränkung auf die Vergleichsmarktprüfung, nicht
um ein Weniger gegenüber den Prüfmethoden bei der Ex-ante-Regulierung. Auch Sinn
und Zweck der Vorschrift sprechen dafür, eine Überprüfung anhand von Kostenmodellen
für zulässig zu erachten. Die RegTP befindet sich bei der Ex-post-Kontrolle gegenüber der
Ex-ante-Regulierung ohnehin schon in einer nachteiligen Verfahrens- und Entscheidungs-
position. Kostenunterlagen liegen typischerweise nicht von Beginn des Verfahrens an vor,
das regulierte Unternehmen kann objektiv kein Interesse an einer Förderung des Verfahrens haben und im Non-liquet-Fall steht, sofern man nicht ausnahmsweise von einer Beweislastumkehr ausgehen kann, nur die Verfahrenseinstellung als Handlungsoption zur
Verfügung. Um zu einer materiellen Entscheidung zu kommen, benötigt die RegTP daher
nicht weniger, sondern eher mehr Prüfmöglichkeiten als bei der Ex-ante-Regulierung. Da
nicht angenommen werden kann, dass der Zweck des § 38 Abs. 2 S. 3 darin besteht, Sachentscheidungen zu verhindern, sind im Ergebnis auch Kostenmodelle als ein zulässiges
Prüfinstrument bei der Ex-post-Regulierung anzuerkennen.[48]

Für die **Rangfolge** zwischen dem Vergleichsmarktkonzept und der Kostenprüfung ist nach **84**
§ 38 Abs. 2 S. 1 klar, dass die Kostenprüfung („nach § 33 vorgehen") nur subsidiär möglich
ist. Im Verhältnis zu einer Berücksichtigung von Kostenmodellen fehlt eine solche Regelung. Da Kostenmodelle der Prüfung von Kostenunterlagen methodisch näher stehen als
dem Vergleichsmarktkonzept, wird man zwar auch insoweit einen Vorrang des Vergleichsmarktkonzepts annehmen müssen. Zweifelhaft bleibt aber, ob die Berücksichtigung von
Kostenmodellen erst subsidiär zu Kostenprüfungen oder gleichrangig mit diesen möglich
ist. Zur Ausfüllung dieser Regelungslücke lässt sich auf den Rechtsgedanken des § 35
Abs. 1 zurückgreifen. Hiernach ist von einer eingeschränkten Subsidiarität der Überprüfung anhand von Kostenmodellen auszugehen, d.h. deren Berücksichtigung ist neben der
Prüfung von Kostenunterlagen möglich, wobei die Entscheidung ausschließlich auf Kostenmodelle nur dann gestützt werden kann, wenn die Kosteninformationen für eine Prüfung nicht ausreichen. Demgegenüber wird, wenn die Untersuchungen zu unvereinbaren
Ergebnissen führen, ein gewisser Vorrang der Kostenprüfung anzunehmen sein.

---

47 BR-Drs. 755/03 (Beschluss), S. 16 (zu Nr. 31).
48 Ohne Begründung anders *Gerpott*, K&R 2005, 108, 112.

85   Die Überprüfung auf der Basis von Kostenunterlagen und damit auch von Kostenmodellen ist in das **Ermessen** der Behörde gestellt („kann"). Dass der RegTP bei der Entscheidung, ob sie eine derartige Prüfung vornimmt, Ermessen eingeräumt ist, ergibt sich auch aus der Entstehungsgeschichte. Der BRat hatte ausdrücklich die Einführung einer Ermessensvorschrift vorgeschlagen, um einen durch eine generelle Vorlagepflicht entstehenden unangemessenen Prüfungsaufwand zu vermeiden.[49] Bei der Ausübung des Ermessens wird von der RegTP insbesondere zu berücksichtigen sein, ob die erforderlichen Unterlagen, fristgerechte Vorlage vorausgesetzt, noch innerhalb der Verfahrensfrist des § 38 Abs. 3 berücksichtigt werden können.

86   Von einer **Entscheidung** auf der Grundlage von Kostenunterlagen bzw. Kostenmodellen (d. h. dem „Vorgehen nach § 33") ist die Frage der **Anforderung** von Kostenunterlagen nach § 29 Abs. 1 zu trennen. Deren Zulässigkeit zu einem Zeitpunkt, in dem noch nicht absehbar ist, ob eine Entscheidung auf der Grundlage des Vergleichsmarktkonzepts möglich sein wird, richtet sich nicht nach § 38 Abs. 2 S. 3. Vielmehr ist sie nach § 29 und der in diesem Rahmen zu prüfenden Erforderlichkeit einer Auskunftsanordnung zu beurteilen.

87   **3. Entscheidungsfrist (Abs. 3).** – § 38 Abs. 3 entspricht wörtlich § 30 Abs. 3 TKG 1996. Für die Berechnung der **Zweimonatsfrist** gilt § 31 VwVfG. Abhängig vom konkreten Verlauf ist diese um bis zu elf Tage kürzer als die vergleichbare Zehnwochenfrist bei der Einzelgenehmigung (§ 31 Abs. 6 S. 3). Ein sachlicher Grund für diese Asymmetrie ist nicht erkennbar. Die Informationslage der RegTP zu Verfahrensbeginn ist regelmäßig erheblich schlechter als bei der Ex-ante-Regulierung,[50] da sie zu diesem Zeitpunkt meist nicht über Kostenunterlagen verfügt. Ein großer Teil der Verfahrensfrist steht daher nicht für die Prüfung zur Verfügung, sondern wird für die Informationsgewinnung benötigt. Innerhalb der Verfahrensfrist muss den Beteiligten Gelegenheit zur Stellungnahme gegeben (§ 135 Abs. 1) und eine mündliche Verhandlung durchgeführt werden (§ 135 Abs. 3 S. 1). Darüber hinaus muss vor Erlass einer Entscheidung eine umfassende Abstimmung, Auskunft und Information mit anderen Organisationseinheiten innerhalb der RegTP durchgeführt (§ 132 Abs. 4 S. 1) und dem Bundeskartellamt „rechtzeitig" Gelegenheit zur Stellungnahme gegeben werden (§ 123 Abs. 1 S. 2). Auch wenn manche dieser Verfahrensschritte parallel durchgeführt werden können, ist nicht zu verkennen, dass die sehr kurze Verfahrensfrist eine effektive nachträgliche Entgeltregulierung beeinträchtigt, da der Behörde nur ein geringer Teil der Frist für die eigentliche Prüfung zur Verfügung steht.

88   Ob es für die **Wahrung** der Entscheidungsfrist auf die **Zustellung** (§ 133 Abs. 1 S. 2–4) oder die **Abfassung** der Entscheidung durch die RegTP ankommt, regelt das Gesetz nicht. Diese Frage ist aufgrund der kurzen Bemessung der Frist und der regelmäßig großen Zahl von Beteiligten, an die zuzustellen ist, von erheblicher praktischer Bedeutung. Anders als etwa das Verwaltungsprozessrecht für gerichtliche Entscheidungen (§ 116 Abs. 1 VwGO) sieht das TKG keinen Verkündungstermin vor, in dem eine Beschlusskammerentscheidung bekannt gegeben werden könnte. Eine Bindungswirkung nach außen tritt daher erst mit der Zustellung ein. Die eigentliche Entscheidung, d. h. die Abstimmung im Kollegialorgan, wird jedoch zeitlich davor gefällt. Prinzipiell kommen daher beide Zeitpunkte als maßgebliches Anknüpfungskriterium in Betracht.

---

49 BR-Drs. 755/03 (Beschluss), S. 16 (zu Nr. 31).
50 Unzutreffend *Scheurle/Mayen/Witte*, § 30 RdNr. 30 zu § 30 Abs. 3 TKG 1996.

Systematisch weist die nachträgliche Entgeltregulierung in diesem Aspekt Ähnlichkeiten **89** mit dem Nachprüfungsverfahren der Vergabekammern nach den §§ 107 ff. GWB auf, da es sich hierbei ebenfalls um Kollegialentscheidungen handelt, für die eine sehr kurze Verfahrensfrist gilt. Nach § 113 Abs. 1 GWB „trifft und begründet" die Vergabekammer ihre Entscheidung innerhalb einer Fünfwochenfrist. Dazu bedarf es zumindest der schriftlichen Abfassung der begründeten Entscheidung, die innerhalb der Frist von den nach der Geschäftsordnung maßgeblichen[51] Personen unterschrieben bzw. mit Verhinderungsvermerk versehen sein muss.[52] Ob darüber hinaus die Zustellung oder zumindest deren Einleitung innerhalb der Frist zu fordern ist, ist umstritten.[53] Soweit auf die Zustellung abgestellt wird, wird dies mit der Ablehnungsfiktion des § 116 Abs. 2 GWB begründet, da für den Antragsteller erkennbar sein müsse, wann die Beschwerdefrist nach § 117 Abs. 1 GWB zu laufen beginne.[54] Soweit in abgeschwächter Form die Einleitung der Zustellung für erforderlich gehalten wird, wird dies aus dem Beschleunigungsgebot des § 113 GWB hergeleitet.[55] Im **Unterschied** zum Vergabeverfahren sieht § 38 Abs. 3 keine Beschleunigungsmaxime vor. Ausdrückliche Verfahrensförderungspflichten und Präklusionsvorschriften wie in § 113 Abs. 2 GWB fehlen ebenso wie eine § 116 Abs. 2 GWB vergleichbare Ablehnungsfiktion. Trotz der ansonsten bestehenden Ähnlichkeiten des Verfahrens fehlen damit tragende Begründungselemente für eine Übertragung der Wertungen. Damit lässt sich nur in negativer Abgrenzung feststellen, dass es aus rechtssystematischer Hinsicht jedenfalls keine zwingenden Gründe gibt, die dagegen sprechen, dass schon die schriftliche, formgerechte Abfassung des begründeten Beschlusses die Frist wahrt.

Sinn und Zweck der Entscheidungsfrist sprechen dafür, dass es nicht auf die Zustellung an **90** die Verfahrensbeteiligten ankommt. Dem Grundgedanken der Verfahrensbeschleunigung ist auch dann schon Genüge getan, wenn die Beschlusskammer innerhalb der Frist ihre Entscheidung fasst und dies dadurch objektiviert, dass sie einen formgerechten, begründeten Beschluss zu den Akten nimmt. Zwar kann sie diesen vor der Zustellung noch revidieren, so dass er in gewisser Weise noch Entwurfscharakter hat, jedoch sind dieser Möglichkeit durch die Entscheidungsfrist enge Grenzen gesetzt. Sieht man hingegen die Zustellung für die Fristwahrung als maßgeblich an,[56] führt dies bei Zustellungsmängeln, die nicht mehr innerhalb der Zweimonatsfrist geheilt werden können, zu Wertungswidersprüchen. In diesem Fall wäre die Entscheidung gegenüber denjenigen Beteiligten, an die form- und fristgerecht zugestellt wurde, rechtmäßig, während sie trotz unteilbaren Inhalts gegenüber denjenigen Beteiligten, bei denen der Zustellungsmangel vorliegt, rechtswidrig – wenn auch

---

51 Zu den Einzelheiten BGHZ 148, 55–66 = DVBl. 2001, 1607–1609 (vorangehend OLG Jena VergabeR 2001, 159–161 – Divergenzvorlage zu OLG Düsseldorf VergabeR 2001, 154–159); OLG Düsseldorf, Beschluss vom 12. 3. 2003, Az. VII-Verg 49/02 (= Contracting und Recht 2004, 26–31; insoweit nicht veröffentlicht).

52 OLG Düsseldorf, Beschluss vom 12. 3. 2003, Az. VII-Verg 49/02 (= Contracting und Recht 2004, 26–31; insoweit nicht veröffentlicht).

53 Vgl. OLG Düsseldorf VergabeR 2001, 154 (offen gelassen); *Bechtold*, § 113 RdNr. 1 (Einleitung der Zustellung); BerlK-EnR/*Reider*, § 113 GWB RdNr. 5 und *Immenga/Mestmäcker/Dreher*, § 113 RdNr. 7 (weder Zustellung noch deren Einleitung erforderlich); *Reidt/Stickler/Glahs*, Vergaberecht, 2. Aufl. 2003, § 113 RdNr. 5 (Zustellung).

54 *Reidt/Stickler/Glahs* (Fn. 53), § 113 RdNr. 5.

55 *Bechtold*, § 113 RdNr. 1.

56 So wohl BeckTKG-Komm/*Schuster/Stürmer*, § 30 RdNr. 35 für § 30 Abs. 3 TKG 1996 („zu entscheiden und dem Unternehmen mitzuteilen").

nicht notwendigerweise aufhebbar (§ 46 VwVfG) – wäre. Zudem entschieden dann Zufälligkeiten des Zustellungsverfahrens, dessen ordnungsgemäße Durchführung jedenfalls bei der Zustellung durch die Post (§§ 3 f. VwZG) dem Einflussbereich der Behörde entzogen ist, über die Rechtmäßigkeit der Sachentscheidung. Dass eine besondere Interessenlage der Marktteilnehmer eine derart weitreichende Ausnahme vom allgemeinen Grundsatz der Einfachheit und Zweckmäßigkeit des Verwaltungsverfahrens (§ 10 S. 2 VwVfG) gebieten würde, ist in Ermangelung einer eindeutigen gegenteiligen Gesetzesregelung nicht ersichtlich.

91 Eine **Verlängerung** der Frist sieht § 38 Abs. 3 ebenso wenig vor wie die Möglichkeit ihrer **Unterbrechung** oder **Hemmung**. Zu § 30 Abs. 3 TKG 1996 wurde in der Literatur die Auffassung vertreten, dass die Frist gehemmt werde[57] bzw. der Fristablauf analog § 40 Abs. 2 S. 2 Nr. 2 GWB nicht eintrete[58], wenn das regulierte Unternehmen die Verzögerung durch unzureichende Vorlage von Unterlagen, die von der RegTP angefordert wurden, zu vertreten habe. Beide Auffassungen überzeugen nicht. Für eine Hemmung fehlt es an einer gesetzlichen Grundlage, die ggf. im Wege der Analogie heranzuziehen wäre. In Anbetracht der sachlichen Nähe des TKG und des GWB ist es auch fernliegend anzunehmen, dass das TKG insoweit eine planwidrige Lücke enthält, die durch eine analoge Anwendung von § 40 Abs. 2 GWB zu schließen wäre.[59] Eine Analogie zu § 40 Abs. 2 GWB scheidet auch deshalb aus, weil hiernach auf der Rechtsfolgenseite nicht etwa der Fristablauf verhindert, sondern die Genehmigungsfiktion bei einer Fristüberschreitung beseitigt wird, was im Kontext der nachträglichen Entgeltregulierung keine Entsprechung findet.

92 Davon zu trennen ist die Frage, welche Rechtsfolgen eine **Fristüberschreitung** durch die RegTP hat. Das TKG enthält auch hierüber keine Bestimmungen.

93 Für die Vorläufervorschrift des § 30 Abs. 3 TKG 1996 wurde teilweise ein Entscheidungsverbot vertreten,[60] welches in seiner Wirkung einer Beendigung des Verfahrens kraft Gesetzes mit der Fiktion einer Nichtbeanstandung zumindest nahe kommt. Nach anderer Auffassung war nicht von einer Beendigung des Verfahrens mit endgültigen materiell-rechtlichen Wirkungen auszugehen, so dass die RegTP auch nach Fristablauf noch zu einer Entscheidung befugt war.[61] Das VG Köln ging davon aus, dass es sich um eine Ordnungspflicht handele, deren Verletzung zwar Schadensersatzansprüche auslösen und ggf. den Weg zu einer Untätigkeitsklage auch vor Ablauf der Dreimonatsfrist des § 75 Abs. 2 VwGO eröffnen könne, aber nicht dazu führe, dass die behördlichen Befugnisse, zu deren Ausübung die RegTP gesetzlich verpflichtet sei, vernichtet würden.[62] Das OVG Münster, das diese Frage offen ließ, hielt zwar die Annahme einer bloßen Ordnungsfunktion nicht ohne weiteres für überzeugend, betonte aber andererseits, dass die Interpretation als strikte rechtsvernichtende Frist ohne Rechtsfolge für von dem Unternehmen zu vertretende Fristüberschreitungen keinen angemessenen Ausgleich der beteiligten Interessen böte.[63]

---

57 *Scheurle/Mayen/Witte*, § 30 RdNr. 31.
58 BeckTKG-Komm/*Schuster/Stürmer*, § 30 RdNr. 32.
59 VG Köln MMR 1999, 244, 244 zu § 30 Abs. 3 TKG 1996 im Verhältnis zu § 24a Abs. 2 GWB a. F.; im Ergebnis ebenso *Trute/Spoerr/Bosch*, § 30 RdNr. 22.
60 *Scheurle/Mayen/Witte*, § 30 RdNr. 31.
61 BeckTKG-Komm/*Schuster/Stürmer*, § 30 RdNr. 30 f.; *Trute/Spoerr/Bosch*, § 30 RdNr. 22.
62 VG Köln MMR 1999, 244, 244.
63 OVG Münster, Beschluss vom 17. 2. 1999, 13 B 2059/98, Bl. 2 des amtl. Umdrucks (nicht veröffentlicht).

Mielke

Für das geltende Recht ist nach der hier vertretenen Auffassung davon auszugehen, dass die 94
Fristversäumnis keine **materiell-rechtliche Ausschlusswirkung** mit der Folge einer Nicht-
beanstandungsfiktion hat. Insoweit ist dem Argument des VG Köln beizupflichten, wonach
es für eine derartige „Genehmigungswirkung" einer ausdrücklichen Anordnung durch den
Gesetzgeber bedurft hätte, wie sich rechtssystematisch mit Blick auf allgemeine wettbewerbsrechtliche Vorschriften wie § 40 Abs. 2 S. 1 GWB (Freigabefiktion) oder § 116 Abs. 2
GWB (Ablehnungsfiktion) ergibt. Auch ein verfahrensrechtliches **Entscheidungsverbot**,
das de facto ebenfalls auf eine materielle Nichtbeanstandung hinausliefe, ist nicht anzunehmen. Soweit behördliche Fristversäumnisse derart weitreichende Folgen haben sollen, geht
dies aus gesetzlichen Formulierungen wie z. B. in § 48 Abs. 4 VwVfG oder § 21 Abs. 2
BImSchG („ist nur … zulässig") anders als bei § 38 Abs. 3 eindeutig hervor. Auf der anderen
Seite spricht die strikte gesetzliche Formulierung („entscheidet") auch nicht dafür, dass es
sich um eine bloße **Ordnungsfrist** handelt, über die sich die Behörde ohne weiteres hinwegsetzen könnte, sei es auch unter Hinnahme von Amtshaftungsansprüchen.

Die Lösung des Konflikts zwischen dem öffentlichen Interesse an der Durchsetzung mate- 95
riell „richtiger", d. h. im Einklang mit § 28 stehender Entgelte und dem rechtsstaatlichen
Gebot, diese auf verfahrensrechtlich zulässige Weise im Einklang mit § 38 Abs. 3 durchzusetzen, sollte daher nicht auf der Ebene der Rechtmäßigkeit der verspäteten Entscheidung, sondern auf der Ebene ihrer Aufhebbarkeit gesucht werden. Dies bedeutet, dass eine
Entscheidung außerhalb der Frist des § 38 Abs. 3 **formell rechtswidrig**, jedoch gemäß
§ 46 VwVfG nur **ausnahmsweise aufhebbar** ist, wenn die Verletzung der Frist die Entscheidung in der Sache beeinflusst hat oder das Gegenteil nicht offensichtlich ist. Wird die
Entscheidung unter diesen engen Voraussetzungen aufgehoben, ist die Behörde an einer
neuen Entscheidung gehindert, da diese ebenfalls nur außerhalb der gesetzlichen Frist ergehen könnte. Allerdings kann sie ein neues Verfahren nach § 38 Abs. 2 S. 1 einleiten,
wenn ihr weitere Tatsachen bekannt werden, die die Annahme eines Verstoßes der Entgelte
gegen § 28 rechtfertigen.

4. Entscheidungen der RegTP (Abs. 4). – a) Probleme bei „entsprechender" Anwen- 96
dung. – § 38 Abs. 4 verbindet in systematisch nicht völlig stringenter Ordnung recht unterschiedliche **Regelungsmaterien.** Neben Ermächtigungsgrundlagen (§ 38 Abs. 4 S. 1, 2
und 5) beinhaltet die Vorschrift die Einführung eines „post-mortem"-Verfahrens mit Vorschlagsrecht des regulierten Unternehmens (§ 38 Abs. 4 S. 3). Der Verweis auf § 37 in § 38
Abs. 4 S. 4 stellt schließlich einen Bezug zu einem Bündel zivilrechtlicher und öffentlich-
rechtlicher Regelungen her. Dabei ist die Vorschrift insgesamt darauf zugeschnitten, Entgeltverstöße zu unterbinden, die aus der **Ausnutzung einer marktmächtigen Stellung** resultieren. Dies ergibt sich zum einen aus ihrem Wortlaut (S. 3: „Anbieter mit beträchtlicher
Marktmacht"; S. 5: „Missbrauchs einer Stellung mit beträchtlicher Marktmacht"; „Unternehmen mit beträchtlicher Marktmacht"), zum anderen aus dem Bezug auf die §§ 28 und
37, zu deren Tatbestand teilweise ebenfalls das Vorliegen beträchtlicher Marktmacht gehört.

Diese Grundkonzeption führt in den Fällen zu Auslegungsproblemen, in denen das Gesetz 97
eine **entsprechende Anwendung** von § 38 Abs. 2–4 anordnet, **ohne eine marktmächtige**
Stellung der jeweiligen Normadressaten vorauszusetzen. Dass nur eine entsprechende Anwendung erfolgt, ergibt sich zum Teil unmittelbar aus dem Wortlaut der Vorschriften („gilt
entsprechend"), zum Teil daraus, dass nach ihrem Tatbestand keine beträchtliche Marktmacht erforderlich ist bzw. dass nur im Falle beträchtlicher Marktmacht eine Ex-ante-Re-

gulierung angeordnet werden darf. Dies betrifft jedenfalls von nichtmarktmächtigen Unternehmen verlangte Entgelte im Sinne von § 30 Abs. 4, § 39 Abs. 2, § 46 Abs. 3 S. 3[64] und § 47 Abs. 4 S. 1. Demgegenüber resultiert die nur entsprechende Anwendung in § 39 Abs. 3 S. 1 nicht aus der fehlenden Marktmacht, sondern aus der systematischen Stellung der Vorschrift, die sich anders als § 38 nicht im Kontext des Unterabschnitts 2 („Regulierung von Entgelten von Zugangsleistungen"), sondern im Unterabschnitt 3 („Regulierung von Entgelten für Endnutzerleistungen") befindet.

98 Wie die **Reichweite** dieses expliziten oder impliziten Vorbehalts zu interpretieren ist, ist letztlich eine Frage der Auslegung der in dieser Weise auf § 38 verweisenden **Einzelvorschriften**. Im Rahmen der Kommentierung zu § 38 kann die sich hieraus ergebende Problematik daher nur skizziert werden. Für den Rechtsanwender stellt sich die Frage, inwieweit das Gesetz mit der nur entsprechenden Anwendung von § 38 auf eine uneingeschränkte oder aber auf eine eingeschränkte Anwendung derjenigen Normen abzielt, die § 38 zitiert. M. a. W. ist zu untersuchen, ob und inwieweit auch § 28 (i. V. m. § 38 Abs. 4 S. 1–3, 5) bzw. § 37 (i. V. m. § 38 Abs. 4 S. 4) nur „entsprechend" angewendet werden müssen, d. h. wie hierbei mit der in diesen Vorschriften enthaltenen Tatbestandsvoraussetzung der beträchtlichen Marktmacht umzugehen ist.

99 Soweit **§ 38 Abs. 4 S. 4 i. V. m. § 37** betroffen ist, ist diese Frage nur für § 37 Abs. 1 relevant, da die anderen Absätze dieser Vorschrift keine beträchtliche Marktmacht erfordern. Hier wird man von einem **Rechtsfolgenverweis** ausgehen können, so dass es auf das Tatbestandsmerkmal der beträchtlichen Marktmacht nicht ankommt. Schon bei unmittelbarer Anwendung von § 38, d. h. gegenüber einem Betreiber mit beträchtlicher Marktmacht, gilt § 37 nach dem Wortlaut von § 38 Abs. 4 S. 4 nur „entsprechend". Die doppelte Einschränkung ist daher bereits im Wortlaut des § 38 Abs. 4 S. 4 angelegt.

100 Unklar ist dies hingegen für die entsprechende Anwendung von **§ 38 Abs. 4 i. V. m. § 28**. In der Begründung zu § 45 RegE (= § 47 TKG 2004) findet sich der Hinweis, durch die Bezugnahme in dessen Abs. 4 auf § 36 (= § 38 TKG 2004) bzw. § 29 (= § 31 TKG 2004) erfolge „ein Rechtsfolgenverweis in Teil 2". Dies deutet darauf hin, dass auch hinsichtlich des in Teil 2 befindlichen § 28 ein Rechtsfolgenverweis beabsichtigt gewesen sein könnte. Ein solcher kommt aber deshalb nicht in Betracht, weil § 28 ein unvollständiger Rechtssatz ist, dessen eigentliche Rechtsfolge sich erst im Zusammenspiel mit dem Verfahrensrecht aus § 38 Abs. 4 bzw. bei Genehmigungsverfahren aus § 35 Abs. 3 S. 1 und 2 ergibt. Sinn und Zweck des Gesetzes sprechen daher dafür, in diesen Fällen von einem **eingeschränkten Rechtsgrundverweis** unter Ausklammerung des Tatbestandsmerkmals der beträchtlichen Marktmacht auszugehen. Andernfalls würde das Gesetz zwar in bestimmten Konstellationen das Verfahren der nachträglichen Entgeltregulierung für nicht marktmächtige Unternehmen anordnen, aber eine Prüfung in diesem Verfahren dadurch unmöglich machen, indem es bei den materiellen Entgeltmaßstäben auf die nicht vorhandene marktmächtige Stellung abstellte. Damit ist das **Auslegungs- und Anwendungsproblem** beim Verweis auf § 28 aber keineswegs gelöst. „Subtrahiert" man das Tatbestandsmerkmal der beträchtlichen Marktmacht von § 28, wie es bei einem eingeschränkten Rechtsgrundverweis im Rahmen einer entsprechenden Anwendung erforderlich ist, fällt diese Vorschrift in sich zusammen. Die anderen Kriterien des § 28 sind so eng mit dem Tatbestandsmerkmal der be-

---

64 VG Köln, Beschlüsse vom 25. 2. 2005, 11 L 3438/04 und 3441/04 (nicht veröffentlicht): Rechtsfolgenverweisung auf § 38 Abs. 2–4.

trächtlichen Marktmacht verknüpft, dass dieses nicht hinweggedacht werden kann, ohne den Sinngehalt der Norm zu beeinträchtigen. Eine „Ausnutzung" durch ein Unternehmen ohne Marktmacht ist nicht vorstellbar, da man nur von einer Marktstellung Gebrauch machen kann, die man inne hat. Gleiches gilt zumindest für die Regelbeispiele des § 28 Abs. 1 und Vermutungen des Abs. 2, die explizit an eine beträchtliche Marktmacht anknüpfen. Sofern ein Anbieter seine Marktposition in der durch § 28 beschriebenen Weise ausnutzen kann, spricht dies allenfalls dafür, dass die betroffenen Märkte entgegen der Annahme, die dem Gesetz in den verweisenden Normen zugrunde liegt, strukturell so geprägt sind, dass hier in eng begrenzten Bereichen doch von einer beträchtlichen Marktmacht auszugehen ist. Kann der Anbieter seine Marktposition nicht ausnutzen, weil seine Marktmacht hierfür nicht ausreicht, erschließt sich die ökonomische Rationalität einer Regulierung entsprechend § 38 i.V.m. § 28 nicht. Über die logische Schwierigkeit bei der Anwendung dieser Vorschrift in den Fällen einer nur entsprechenden Geltung von § 38 hilft diese Erkenntnis jedoch nicht hinweg.

Im **Ergebnis** wird man sich für die Rechtsanwendung nur mit einer Prüfung „im Konjunktiv" behelfen können. Zu untersuchen ist danach, ob das Verhalten des nichtmarktmächtigen Anbieters gemäß § 28 missbräuchlich wäre, wenn der Anbieter über beträchtliche Marktmacht verfügte. Letztlich läuft dies auf eine **Fiktion** der beträchtlichen Marktmacht in den Fällen hinaus, in denen das Gesetz die nachträgliche Entgeltregulierung trotz Fehlens dieser Marktmacht anordnet. Der logische Bruch, den dies beinhaltet, ist in der gesetzlichen Systematik selbst angelegt. Argumentativ nicht nachvollziehbar ist es daher, das Regelbeispiel des § 28 Abs. 1 S. 2 Nr. 1 für unanwendbar zu erklären, weil der für einen Ausbeutungsmissbrauch charakteristische Anknüpfungspunkt der beträchtlichen Marktmacht fehlt, andererseits aber eine Beurteilung am Maßstab der Generalklausel des § 28 Abs. 1 S. 1 vorzunehmen, die ebenfalls beträchtliche Marktmacht erfordert.[65] Einen Sonderfall stellt aber § 46 Abs. 3 S. 3 (Ex-post-Regulierung von Portierungsentgelten) dar, da § 46 Abs. 3 S. 1 und 2 einen eigenständigen Prüfungsmaßstab beinhaltet, der im Rahmen des § 38 Abs. 2 bis 4 zusätzlich oder anstelle des § 28 zugrunde zu legen ist.[66] **101**

b) Untersagung und Unwirksamkeitserklärung. – § 38 Abs. 4 S. 1 stellt die grundlegende **Ermächtigungsgrundlage** im Rahmen der nachträglichen Entgeltregulierung dar. Die Vorschrift regelt zugleich, welche Mindestbestandteile eine Beanstandung der RegTP haben muss. Anordnungen aufgrund der Befugnisse nach § 38 Abs. 4 S. 2 und S. 5 treten ggf. hinzu, sind aber nicht in jedem Fall notwendiger Entscheidungsbestandteil. **102**

Voraussetzung für eine Beanstandung nach § 38 Abs. 4 S. 1 ist ein **Verstoß gegen § 28.** Damit ist der Umfang der Prüfung gegenüber dem Verfahren der Entgeltgenehmigung erheblich eingeschränkt. Anders als bei § 35 Abs. 3 S. 2 kommt es nicht darauf an, ob die Entgelte „mit diesem Gesetz oder anderen Rechtsvorschriften in Einklang stehen". Der Wortlaut von § 38 Abs. 4 S. 1 ist insoweit unpräzise, da die RegTP zwar auf der Rechtfolgenseite das „nach diesem Gesetz verbotene Verhalten" untersagen soll, auf der Tatbestandsseite aber nur eine Prüfung nach § 28 vornehmen kann. Unter Berücksichtigung des **103**

---

65 So aber VG Köln CR 2005, 437 mit Anm. *Rädler* für angeordnete Zusammenschaltungsentgelte eines nichtmarktbeherrschenden Unternehmens (§ 25 Abs. 5 S. 3 i.V.m. §§ 30 Abs. 4, 38 Abs. 2–4, 28).

66 Insoweit für Verdrängung des § 28 durch § 46 Abs. 3 S. 1 als lex specialis VG Köln, Beschlüsse vom 25. 2. 2005, 11 L 3438/04 und 3441/04 (nicht veröffentlicht).

durch § 38 Abs. 2 S. 1 gesteckten Rahmens, der ebenfalls nur eine Prüfung anhand der Kriterien des § 28 ermöglicht, ist hier von einer sprachlichen Unschärfe bei der Formulierung der Rechtsfolge auszugehen. Damit fehlt es bei der nachträglichen Entgeltregulierung an einer Befugnis der RegTP, selbst offensichtlich gesetzwidrige Entgelte zu untersagen, solange sich diese Gesetzwidrigkeit nicht aus § 28, sondern allein aus **sonstigen Rechtsvorschriften** ergibt. Von Bedeutung ist dies insbesondere für Verstöße gegen **Art. 82 EGV** oder gegen **§ 19 Abs. 4 GWB**. In solchen Fällen können die subsidiäre Zuständigkeit der allgemeinen Kartellbehörden (§ 2 Abs. 3) und die Sonderzuständigkeit des BKartA für die Anwendung von Art. 82 EGV (§ 50 Abs. 1 GWB) praktische Bedeutung erlangen. Auch Verstöße gegen das **allgemeine Zivilrecht** oder **Wettbewerbsrecht**, etwa im Bereich der AGB-Kontrolle oder des unlauteren Wettbewerbs, können im Rahmen der nachträglichen Entgeltregulierung nicht von der RegTP unterbunden werden. Insoweit kann es zu einem Nebeneinander von zivilgerichtlichen Streitigkeiten und Regulierungsverfahren kommen.

104 Anders als bei § 35 Abs. 2 S. 3 gibt es auch keine materiellen Sanktionsmöglichkeiten für den Fall, dass das regulierte Unternehmen erforderliche **Unterlagen** nicht vollständig vorgelegt hat. Allenfalls lässt sich aus einem solchen Verhalten wegen der darin liegenden Verletzung der allgemeinen verwaltungsverfahrensrechtlichen **Mitwirkungspflicht** nach § 28 Abs. 2 S. 1 und 2 VwVfG eine Beweislasterleichterung für die RegTP herleiten. Einem „Boykott" des Verfahrens durch das regulierte Unternehmen ist damit jedoch nur ausnahmsweise zu begegnen, da es bei der vorrangigen Prüfmethode des Vergleichsmarktprinzips (§ 38 Abs. 2 S. 3) nicht auf Kostenunterlagen ankommt. Sofern eine subsidiäre Kostenprüfung erforderlich ist, lassen sich bei einem non liquet zwar Untersagung bzw. Unwirksamkeitserklärung nach § 38 Abs. 4 S. 1 auf den Gedanken der Beweisvereitelung stützen. Welche Entgelte nach § 38 Abs. 4 S. 2 an die Stelle der beanstandeten treten sollen, vermag die Beschlusskammer in diesem Fall aber nicht zu beurteilen. Sie ist dann auf eine rein kassatorische Anordnung beschränkt.

105 Auf der Rechtsfolgenseite beinhaltet § 38 Abs. 4 S. 1 eine **mehrfache Ermächtigungsgrundlage**. Zum einen hat die RegTP das verbotene Verhalten zu **untersagen**, zum anderen die Entgelte für **unwirksam** zu erklären. Die hierfür grundlegende **Feststellung**, dass die Entgelte nicht den Maßstäben des § 28 genügen, ist dabei grundsätzlich ebenfalls zu tenorieren. Es genügt jedoch auch, wenn sich aus den Gründen des Beschlusses hinreichend bestimmt ergibt, für welche konkreten Entgelte der Verstoß gegen § 28 festgestellt wird.

106 Der **Unterschied** zwischen der **Untersagung** und der **Unwirksamkeitserklärung** liegt weniger in ihrem materiellen Bezugspunkt als vielmehr in ihren unterschiedlichen Rechtsfolgen. Das verbotene Verhalten, das die RegTP untersagt, beschränkt sich gemäß § 28 Abs. 1 auf die Forderung und Vereinbarung missbräuchlicher Entgelte. Dies sind zugleich die Entgelte, für die nach § 38 Abs. 4 S. 1 die Unwirksamkeit anzuordnen ist. Eine getrennte Tenorierung ist gleichwohl erforderlich:

107 Bei der **Untersagung** handelt es sich um einen Verwaltungsakt, der eine **Unterlassungsverpflichtung** des regulierten Unternehmens beinhaltet. Sie kann als sofort vollziehbarer (§ 137 Abs. 1), auf Unterlassung einer unvertretbaren Handlung gerichteter Verwaltungsakt gemäß §§ 6, 11 Abs. 2, 13 und 14 VwVG durch Androhung und Festsetzung von **Zwangsgeld** vollstreckt werden.

Dagegen kommt der **Unwirksamkeitserklärung** Gestaltungswirkung zu. Sie wirkt unmit- **108**
telbar **privatrechtsgestaltend** „inter omnes". Hingegen ist sie **nicht vollstreckungsfähig,**
da gestaltende Verwaltungsakte ebenso wie Gestaltungsurteile[67] die zuerkannte Rechtsfolge unmittelbar selbst herbeiführen und damit weder einer Vollstreckung bedürfen noch dieser zugänglich sind.[68]

Dieser Unterschied hat auch Auswirkungen auf die **zivilrechtliche Rechtslage** zwischen **109**
dem regulierten Anbieter und seinen Vertragspartnern. Da die Untersagung des verbotenen
Verhaltens nur bilateral im Verhältnis zwischen der RegTP und dem Adressaten wirkt, fehlt
es an einer unmittelbaren Auswirkung auf die vertraglichen Verpflichtungen. Demgegenüber werden die beanstandeten Entgelte, worunter gemäß § 28 Abs. 1 S. 1 sowohl die geforderten als auch die bereits vereinbarten Entgelte zu verstehen sind, unmittelbar durch
die Unwirksamkeitserklärung rechtswidrig, so dass aus den entsprechenden Entgeltverein-
barungen keine Ansprüche mehr hergeleitet werden können. Diese Wirkung tritt nicht erst
mit der Bestandskraft der Unwirksamkeitserklärung ein, sondern, wie § 38 Abs. 4 S. 1
klarstellt, „ab dem Zeitpunkt der Feststellung".

Problematisch ist diese Unterscheidung bei einem erfolgreichen Antrag auf Anordnung **110**
der Herstellung der **aufschiebenden Wirkung** gegen den gemäß § 137 Abs. 1 sofort vollziehbaren Ausspruch nach § 38 Abs. 4 S. 1. Ein solcher Antrag ist sowohl hinsichtlich der
Untersagungsverfügung als auch gemäß § 80 Abs. 1 S. 2 VwGO hinsichtlich der Unwirksamkeitserklärung als einem gestaltenden Verwaltungsakt statthaft. Es fragt sich, ob die
Vertragspartner des regulierten Unternehmens vertraglichen Zahlungsverpflichtungen
nachkommen müssen, solange die Unwirksamkeitserklärung durch eine gerichtliche Anordnung nach § 80 Abs. 5 S. 1 VwGO suspendiert ist. Die Beantwortung dieser Frage entscheidet darüber, wer das wirtschaftliche Risiko der Aufhebung der Entscheidung im
Hauptsacheverfahren trägt.

Nach der in der Rechtsprechung ganz überwiegend vertretenen Auffassung wird von der **111**
aufschiebenden Wirkung nur die Vollziehbarkeit, nicht hingegen die Wirksamkeit des Verwaltungsakts erfasst, so dass die Behörde lediglich gehindert ist, Ausführungsmaßnahmen
zu erlassen, die den Eintritt der im Verwaltungsakt verfügten Rechtsänderung voraussetzen
und sich aus dieser – als weitere Folge – ergeben.[69] Diese „**Vollziehbarkeitstheorie**" wird
in der Literatur überwiegend abgelehnt, die stattdessen mit geringfügigen dogmatischen
Unterschieden von einer Hemmung bzw. vorläufigen Hemmung der inneren Wirksamkeit
des Verwaltungsakts ausgeht (**„Wirksamkeitstheorie**" und vermittelnde Theorien).[70]

Auf der Grundlage der **Wirksamkeitstheorie** bzw. der ihr nahestehenden vermittelnden **112**
Lehren ist davon auszugehen, dass es für die Dauer der Suspendierung an der inneren
Wirksamkeit der Kassation der Entgelte durch die RegTP fehlt. Danach können die dritt-
betroffenen Vertragspartner aus dem sie begünstigenden Erlass des suspendierten Beschei-

---

67 *Eyermann*, § 121 RdNr. 16.
68 Zur fehlenden Vollstreckbarkeit von gestaltenden Verwaltungsakten generell BVerwGE 13, 1, 7 =
   NJW 1962, 602, 604; BVerwG DVBl. 1973, 861, 863 (insoweit nicht in BVerwGE 42, 68).
69 BVerwGE 13, 1, 5 ff. = NJW 1962, 602, 604; BVerwGE 24, 92, 98 = ZBR 1966, 287, 288; BVerw-
   GE 66, 218, 221 ff. = NJW 1983, 776 f.; BVerwGE 99, 109, 112 f. = BayVBl. 1996, 183, 184
   („ständige Rechtsprechung").
70 *Bader/Funke-Kaiser/Kuntze/v. Albedyll*, Verwaltungsgerichtsordnung, Kommentar, 2. Aufl. 2002,
   § 80 RdNr. 19 ff.; *Eyermann/Schmidt*, § 80 RdNr. 6; *Kopp/Schenke*, VwGO, § 80 RdNr. 22; *Rede-
   ker/v. Oertzen*, § 80 RdNr. 4 ff., jeweils m. w. N.

des vorerst keine zivilrechtliche Unwirksamkeit der gegen sie erhobenen Forderungen geltend machen.

113 Demgegenüber dürfte die **Vollziehbarkeitstheorie** eher zu dem Ergebnis gelangen, dass die Entgeltforderungen nach Herstellung der aufschiebenden Wirkung vorerst wirksam bleiben. Insoweit dürfte maßgeblich sein, dass es sich nicht um eine Frage der Vollziehung oder sonstigen Ausnutzung des suspendierten Verwaltungsakts handelt, sondern um eine unmittelbar aus dem Zivilrecht folgende Konsequenz. So soll nach der Vollziehbarkeitstheorie beispielsweise die Aussetzung der Vollziehung eines zur Zahlung von Erschließungskosten verpflichtenden Bescheids nicht die gemäß § 135 Abs. 1 BauGB eingetretene Fälligkeit der Zahlungspflicht hemmen, da nicht die Fälligkeit der Beitragsschuld, sondern nur deren Vollziehung durch die aufschiebende Wirkung gehemmt sei.[71] Für die Aufrechnung hat das BVerwG betont, dass sie nicht der aufschiebenden Wirkung unterfalle, weil es sich bei der Vollziehung grundsätzlich um eine hoheitliche, dem öffentlichen Recht zuzuordnende Maßnahme handeln müsse, das Rechtsinstitut der Aufrechnung aber dem Privatrecht zuzurechnen sei.[72]

114 Eine Lösung dieser Problematik sollte sich weniger an dieser eher begriffsjuristisch geprägten Argumentation orientieren als an **Sinn und Zweck** des Gesetzes, das auf eine Wettbewerbsförderung durch Regulierung (§ 1) zielt. Hiernach spricht Überwiegendes dafür, dass Entgelte, die von einer Unwirksamkeitserklärung nach § 38 Abs. 4 S. 1 betroffen sind, zivilrechtlich auch dann **unwirksam bleiben**, wenn die aufschiebende Wirkung gegen den Vollzug des Beschlusses angeordnet wird. Andernfalls hätte es das regulierte Unternehmen in der Hand, die nachteiligen zivilrechtlichen Rechtsfolgen durch einen erfolgreichen Antrag nach § 80 Abs. 5 VwGO für die Dauer des Hauptsacheverfahrens hinauszuschieben, so dass es etwa missbräuchlich überhöhte Entgelte bis zum rechtskräftigen Unterliegen in der Hauptsache faktisch weiter erheben könnte. Die hieran anknüpfenden nachteiligen Folgen für die Entwicklung des Wettbewerbs und die Herausbildung bestimmter Marktstrukturen wären regelmäßig irreversibel. Aus dieser Sichtweise resultieren allerdings erhebliche **Risiken** für das regulierte Unternehmen. Stellt sich seine Klage als begründet heraus, steht damit rückwirkend fest, dass die Unwirksamkeit von Anfang an nicht bestand. Unter Umständen sind die Nachzahlungsforderungen jedoch wegen einer mittlerweile eingetretenen Insolvenz der Vertragspartner nicht mehr durchsetzbar. Um endgültige Nachteile zu vermeiden, wird das regulierte Unternehmen daher zulässigerweise **Sicherheitsleistungen** für den Fall eines Obsiegens in der Hauptsache verlangen können.

115 Hinsichtlich der Untersagung und Unwirksamkeitserklärung hat die RegTP **kein Ermessen**. Hiervon zu trennen ist die Frage, ob die Behörde bei der Überprüfung der Entgelte einen Beurteilungsspielraum hat. Diese beantwortet sich indes nicht nach § 38, sondern nach § 28.

116 Nicht in § 38 Abs. 4 S. 1 geregelt ist die Frage, wie die RegTP vorzugehen hat, wenn sie innerhalb der Verfahrensfrist des § 38 Abs. 3 keinen Verstoß gegen § 28 feststellt. Zur Herstellung von Rechtsklarheit über die verfahrensrechtlichen Rechte und Pflichten der Beteiligten wird die Behörde das Verfahren mit einer förmlichen **Einstellungsverfügung** beenden müssen. Hierbei handelt es sich um eine Entscheidung nach § 131 Abs. 1, nicht nur um eine schriftliche Mitteilung über die Verfahrensbeendigung gemäß § 131 Abs. 2. Der Re-

---

71 BGH NJW 1993, 2232.
72 BVerwGE 66, 218, 221 f. = NJW 1983, 776 f.

gelungsgehalt dieser Entscheidung beschränkt sich auf die Beendigung des Verfahrens. Eine – sei es auch nur implizite – materielle Feststellung des Inhalts, dass die Entgelte nicht missbräuchlich sind, liegt darin nicht. Eine „klarstellende" Aufhebung des Einstellungsbeschlusses nach § 113 Abs. 1 S. 1 VwGO auf die Verpflichtungsklage eines Dritten, der eine Entscheidung in der Sache begehrt, wäre fehlerhaft, da der Dritte nicht durch die Verfahrensbeendigung, sondern allenfalls durch die unterbliebene Sachentscheidung in seinen Rechten verletzt wird. Erfolgt sie gleichwohl, ist das ursprüngliche Verfahren nicht beendet. Das Verfahren ist dann mit den bisherigen Beteiligten fortzusetzen, wobei die Verfahrensfrist nach § 38 Abs. 3 regelmäßig nicht mehr gewahrt werden kann. Andernfalls ist in einem neuen Verfahren zu bescheiden.

c) Entgeltanordnung. – Nach **§ 38 Abs. 4 S. 2** kann die Behörde neben den Verfügungen **117** nach S. 1 eine positive Anordnung über neue Entgelte treffen. **Entstehungsgeschichtlicher Hintergrund** der Ermächtigungsgrundlage war nach der Begründung des RegE die Erwartung der BReg., dass es im Rahmen der nachträglichen Entgeltüberprüfung weniger um Fälle überhöhter Entgelte gehen werde, sondern vorwiegend um wettbewerbsbehindernde Dumpingvorwürfe oder diskriminierende Preisgestaltungen. Die Möglichkeit der Anordnung von Entgelten sei erforderlich, um diese Praktiken zeitnah zu ahnden sowie eine Phase zu vermeiden, in der das Unternehmen mit beträchtlicher Marktmacht Leistungen erbringen müsse, ohne dafür ein Entgelt zu erhalten.[73] Soweit es um die nachträgliche Entgeltregulierung im Bereich der Regulierung von Zugangsleistungen und Vorprodukten im weiteren Sinne geht, ist diese Begründung kaum nachvollziehbar, da hier Dumpingstrategien ökonomisch irrational wären.[74] Nach **Sinn und Zweck** der Regelung steht daher weniger die zeitnahe Ahndung von Verstößen, die auch isoliert über § 38 Abs. 4 S. 1 erreicht werden könnte, als vielmehr der **Schutz des regulierten Unternehmens** im Vordergrund, das nicht zu einer endgültig unentgeltlichen Leistungserbringung verpflichtet werden soll. Der daneben bestehende Gedanke des **Schutzes der Vertragspartner** kommt vor allem darin zum Ausdruck, dass ein Verstoß gegen § 38 Abs. 4 S. 2 als **Ordnungswidrigkeit** geahndet werden kann (§ 149 Abs. 1 Nr. 4. a).

Die Ausübung der Befugnis zur Anordnung neuer Entgelte steht im **Ermessen** der Behör- **118** de. Unter Berücksichtigung des Zwecks der Vorschrift dürften in der Regel überwiegende Ermessensgesichtspunkte dafür sprechen, von der Ermächtigungsgrundlage Gebrauch zu machen. Dazu müssen der RegTP allerdings nicht nur ausreichende Informationen darüber vorliegen, aus welchen Gründen die bisherigen Entgelte missbräuchlich sind, sondern auch darüber, welche Entgelte stattdessen zulässig sind. Dies kann z. B. schwierig sein, wenn sich bei Vorleistungsentgelten, die über den entsprechenden Endnutzerentgelten liegen, ein Preishöhenmissbrauch schon aus der Missbrauchsvermutung des § 28 Abs. 2 Nr. 2 ergibt, zugleich aber eine Vergleichsmarkt- oder Kostenbetrachtung zur willkürfreien Bestimmung eines missbrauchsfreien Entgelts nicht möglich ist.

Fraglich ist, inwieweit bei der Ausübung des Ermessens die ursprüngliche **Struktur** der **119** nach § 38 Abs. 4 S. 1 untersagten Entgelte zu berücksichtigen ist. Einerseits kann einer Orientierung hieran kein entscheidendes Gewicht mehr zukommen, da diese Entgelte nicht nur als missbräuchlich erkannt worden sind, sondern sie auch aufgrund der Unwirksamkeitserklärung nach S. 1 als nicht mehr existent zu behandeln sind. Andererseits ist zu be-

---

73 BT-Drs. 15/2316, S. 70 (zu § 36).
74 Vgl. *Mayen*, CR 2005, 21, 30.

achten, dass eine Vorgabe bestimmter „**Tarifsysteme**" für Zugangsleistungen nach § 29 Abs. 3 S. 1 nur durch „gesonderte Entscheidung" möglich ist. Soweit lediglich die Höhe der untersagten Entgelte missbräuchlich war, wird daher nach § 38 Abs. 4 S. 2 nur ausnahmsweise eine Anordnung von Entgelten möglich sein, die strukturell gravierend von den in den ursprünglichen Entgelten zum Ausdruck gekommenen Vorstellungen des regulierten Unternehmens abweichen.

120 Als Gegenstück zur Unwirksamkeitserklärung nach § 38 Abs. 4 S. 1 hat auch die Entgeltanordnung nach § 38 Abs. 4 S. 2 **privatrechtsgestaltende Wirkung**. Eine Umsetzung durch das regulierte Unternehmen ist nicht erforderlich, sondern die angeordneten Entgelte werden anstelle der nach § 38 Abs. 4 S. 1 für unwirksam erklärten Entgelte unmittelbar Vertragsbestandteil. Eine Auslegung als Anordnung einer bloßen Verpflichtung des regulierten Unternehmens, die angeordneten Entgelte zivilrechtlich zu vereinbaren, widerspräche dem Zweck der Vorschrift, da es hierbei bis zur wirksamen Vereinbarung bei einer Phase ohne wirksame Entgelte verbliebe. Zudem könnte das regulierte Unternehmen insbesondere bei Dumpingfällen eine Erhöhung der vertraglich vereinbarten, für unwirksam erklärten Entgelte im Einklang mit der Anordnung nach § 38 Abs. 4 S. 2 gegen den Willen der Vertragspartner nicht durchsetzen. Einer Heranziehung von § 38 Abs. 4 S. 4 i.V.m. einer entsprechenden Anwendung von § 37 Abs. 2 bedarf es zur Begründung der Ersetzungswirkung nicht. Diese ergibt sich unmittelbar aus dem privatrechtsgestaltenden Charakter der Anordnung. Insoweit kann dahinstehen, ob § 38 Abs. 4 S. 4 sich auch auf S. 2 oder nur auf S. 3 der Vorschrift bezieht.

121 Dieser verfahrensrechtlich effektive Ersetzungsmechanismus dient zwar einer schnellen Umsetzung der Entscheidung, ist aber **rechtsstaatlich bedenklich**. Anders als bei der Kassation nach § 38 Abs. 4 S. 1, durch die der Vertragspartner des regulierten Unternehmens in jedem Fall begünstigt wird, kann die Anordnung neuer Entgelte nach § 38 Abs. 4 S. 2 dazu führen, dass dieser zur Zahlung höherer als der vereinbarten Entgelte verpflichtet wird. Ob der Dritte notwendig beizuladen ist, hängt davon ab, ob und inwieweit man § 134 Abs. 2 Nr. 3 als eine verdrängende Spezialvorschrift gegenüber § 13 Abs. 2 VwVfG ansieht. Faktisch wird es an einer Beiladung mangels Antrags häufig fehlen. Vor allem bei der nachträglichen Entgeltregulierung für Endnutzerleistungen i.V.m. § 39 Abs. 3 S. 1 wird sich die Entgeltänderung regelmäßig ohne vorherige Kenntnis der betroffenen Verbraucher vom Verfahren und seinen Auswirkungen vollziehen.

122 **d) Vorschlagsrecht des Anbieters.** – Das **Vorschlagsrecht** nach § 38 Abs. 4 S. 3 trägt dem Gedanken der Privatautonomie Rechnung. Es ermöglicht dem regulierten Unternehmen innerhalb der großen Bandbreite missbrauchsfreier Entgeltgestaltungen eine von den Vorgaben der Verwaltung abweichende Entgeltfestsetzung. Zugleich ermöglicht es unbeschadet der Bindungswirkung der Beanstandung der ursprünglichen Entgelte eine Anpassung an veränderte Verhältnisse, die z.B. durch eine Änderung des Marktumfelds oder der Kostensituation im Zeitablauf erforderlich werden kann.

123 Ob das regulierte Unternehmen von dieser Möglichkeit Gebrauch macht, steht in seinem Belieben („sofern…"). Es handelt sich hierbei um ein Vorschlagsrecht, nicht um eine Vorschlagspflicht. Dies bedeutet, dass mit Erlass der Anordnung auf der vorigen Stufe nicht feststeht, ob es zu einer Prüfung nach § 38 Abs. 4 S. 3 kommt. Von daher kann das Verfahren nach § 38 Abs. 4 S. 3 nicht als Bestandteil des Entgeltregulierungsverfahrens nach § 38 Abs. 2, 3 und 4 S. 1–2 angesehen werden. Vielmehr handelt es sich um ein **selbststän-**

diges Anschlussverfahren. Trotz der materiellen Bezüge besteht damit keine verfahrensrechtliche Kontinuität zum Ausgangsverfahren, so dass z. B. die dortigen Beteiligtenstellungen nicht einfach fortgeschrieben werden können.

Eine **Frist**, innerhalb derer das regulierte Unternehmen von seinem Vorschlagsrecht Gebrauch machen muss, sieht das Gesetz nicht vor. Die Monatsfrist nach § 38 Abs. 4 S. 3 bezieht sich lediglich auf die Prüfung durch die RegTP. Beginn für die Entscheidungsfrist nach § 38 Abs. 4 S. 3 ist daher der Eingang des Entgeltvorschlags bei der RegTP und nicht der Erlass der Entscheidung nach § 38 Abs. 4 S. 1 und 2. **124**

Einen zeitlichen Bezugspunkt enthält § 38 Abs. 4 S. 3 neben der Fristbestimmung mit der Formulierung **„danach"**. Dies lässt sich sprachlich zum einen auf den Erlass einer Anordnung nach § 38 Abs. 4 S. 2 beziehen, zum anderen auf den in § 38 Abs. 4 S. 2 genannten Zeitpunkt („gleichzeitig"). Relevant ist dies dann, wenn die RegTP nur eine Anordnung nach § 38 Abs. 4 S. 1 erlässt, ohne gleichzeitig ihre Befugnis nach S. 2 auszuüben. Ginge man davon aus, dass „danach" im Sinne von „nach Anordnung von Entgelten nach S. 2" zu verstehen ist, wäre das Vorschlagsrecht nach S. 3 in diesem Fall ausgeschlossen. Eine solche Auslegung würde jedoch Sinn und Zweck des Vorschlagsrechts widersprechen, da bei einer vorangegangenen rein kassatorischen Entscheidung erst recht ein Bedürfnis dafür besteht, zu wirksamen Entgelten zu gelangen, ohne hierfür zunächst die Entscheidung nach § 38 Abs. 4 S. 1 widerrufen zu müssen.[75] **125**

Gegenstand der Prüfung durch die RegTP sind **Entgeltvorschläge**, nicht Entgelte. Die in der Kennzeichnung als Vorschlag liegende Unverbindlichkeit weist auf einen Unterschied zu den Entgelten und Entgeltmaßnahmen nach § 38 Abs. 1 hin. Entgeltvorschläge nach § 38 Abs. 4 S. 3 unterliegen schon von daher keiner Vorlagepflicht nach § 38 Abs. 1. Zugleich bringt das Gesetz mit dieser Formulierung zum Ausdruck, dass der Anbieter die von ihm beabsichtigten Entgelte vor Abschluss der Prüfung durch die RegTP mit seinen Kunden nicht wirksam vereinbaren kann, d. h. auch nicht unter Vorbehalt eines positiven Prüfergebnisses, da sie zunächst bloße Vorschläge bleiben. **126**

Der **Umfang der Prüfung** beschränkt sich nach § 38 Abs. 4 S. 3 darauf, ob die Entgeltvorschläge die **„festgestellten" Verstöße** gegen die Maßstäbe des § 28 abstellen. Nach dem Wortlaut der Vorschrift wäre die RegTP weder verpflichtet noch befugt, darüber zu entscheiden, ob die vorgeschlagenen Entgelte **neue Verstöße** gegen § 28 beinhalten. Würde der Anbieter z. B. eine nach § 38 Abs. 4 S. 1 und 2 geahndete Dumpingstrategie aufgeben und im Rahmen seines Vorschlagsrechts nach § 38 Abs. 4 S. 3 dazu übergehen, die Erhebung missbräuchlich überhöhter Entgelte vorzubereiten, müsste die Prüfung auch dann zu seinen Gunsten ausfallen, wenn dies im Rahmen der Prüfung nach § 38 Abs. 4 S. 3 erkennbar würde. Ein derartiges Ergebnis wäre einerseits mit Sinn und Zweck der nachträglichen Entgeltregulierung nicht vereinbar. Aufgrund der Entscheidungsfrist nach § 38 Abs. 4 S. 3, die sowohl absolut als auch in Relation zur Frist nach § 38 Abs. 3 sehr kurz bemessen ist, können andererseits nicht die gleichen Anforderungen an die Intensität der Prüfung neuer Verstöße gestellt werden wie bei den Entscheidungen auf der vorigen Stufe, d. h. nach § 38 Abs. 4 S. 1 und 2. Damit ist davon auszugehen, dass die RegTP zwar nicht zu einer Prüfung isolierter neuer Verstöße verpflichtet, zu deren Berücksichtigung aber befugt ist, soweit sie bereits im Verfahren nach § 38 Abs. 4 S. 3 erkennbar werden. Wegen des so eingeschränkten Umfangs steht eine Prüfung nach § 38 Abs. 4 S. 3 einer späteren Beanstandung der ge- **127**

---

75 So auch *Schütz*, Kommunikationsrecht, RdNr. 770.

prüften Entgelte nach § 38 Abs. 4 S. 1 und 2 im Rahmen eines Folgeverfahrens nach § 38 Abs. 2 nicht entgegen.

128 Anders als nach § 38 Abs. 4 S. 1 und 2 gibt das Gesetz bei der Prüfung nach S. 3 nicht ausdrücklich vor, wie die **Entscheidung** der RegTP zu tenorieren ist. Stellen die Vorschläge die festgestellten Verstöße gegen die Maßstäbe § 28 ab, kommt entweder eine **Genehmigung** der Entgeltvorschläge oder aber der Erlass eines **feststellenden Verwaltungsakts** in Betracht. Steht dies nicht fest bzw. ist das Gegenteil bewiesen, ist spiegelbildlich entweder eine Versagung der Genehmigung oder der Erlass einer negativen Feststellung (Nichtfeststellung der Vereinbarkeit oder Feststellung der Nichtvereinbarkeit) in Erwägung zu ziehen. Hierin liegt nicht nur ein Unterschied in der Nomenklatur, sondern die Beantwortung dieser Frage entscheidet über den Mechanismus der Inkraftsetzung der geprüften Entgelte. Geht man von einer Genehmigungswirkung der Prüfung aus, handelt es sich um eine bloße Erlaubnis, von welcher der Anbieter noch Gebrauch machen muss, indem er diese – ggf. nach Aufnahme in seine Allgemeinen Geschäftsbedingungen – vertraglich mit seinen Kunden vereinbart. Legt man der Entscheidung hingegen den Charakter einer Feststellung bei, erfolgt die Inkorporation in die Verträge unmittelbar über den Mechanismus des § 38 Abs. 4 S. 4 i.V.m. einer entsprechenden Anwendung von § 37 Abs. 2, d.h. im Wege einer an die Feststellung anknüpfenden gesetzlichen Gestaltungswirkung.

129 Im Ergebnis sprechen überwiegende Gründe dafür, im Zusammenspiel von § 38 Abs. 4 S. 3 und 4 von einem **feststellenden Verwaltungsakt** in Verbindung mit einer **gesetzlichen Gestaltungswirkung** auszugehen. Eine Genehmigung wäre im Rahmen der nachträglichen Entgeltregulierung systemfremd. Sie entspräche auch nicht der sonst (z.B. § 30 Abs. 1) üblichen Terminologie, nach der „Entgelte" und nicht „Entgeltvorschläge" der Genehmigung unterliegen. Von der Erlaubnis, die geprüften Entgeltvorschläge zu vereinbaren, könnte der Anbieter zudem erst nach Widerruf der Entscheidungen nach § 38 Abs. 4 S. 1 und 2 Gebrauch machen, die durch die Genehmigung nicht automatisch ersetzt würden. All diese Unzuträglichkeiten lassen sich bei einer Deutung als feststellender Verwaltungsakt vermeiden.

130 **e) Abweichung von geprüften Entgelten. – § 38 Abs. 4 S. 4** bildet nach seiner systematischen Stellung eine **Ergänzung zu § 38 Abs. 4 S. 3**. Die Vorschrift regelt damit, welche Rechtsfolgen sich aus der hiernach ergehenden behördlichen Feststellung ergeben, dass die Entgeltvorschläge die festgestellten Verstöße gegen § 28 abstellen.

131 Ein praktisches Bedürfnis dafür, die Vorschrift darüber hinaus auf **§ 38 Abs. 4 S. 1 und 2** zu beziehen, ist nicht erkennbar. Ein solcher Bezug würde den Rechtszustand zwischen Untersagung/Unwirksamkeitserklärung und ggf. Anordnung neuer Entgelte einerseits und der Entscheidung über einen neuen Entgeltvorschlag des Anbieters andererseits erfassen. Das Verbot der Erhebung untersagter bzw. die Unwirksamkeit abweichender Entgelte und die Ersetzung durch angeordnete Entgelte ergibt sich in diesem Zeitfenster unmittelbar aus den Anordnungen nach § 38 Abs. 4 S. 1 bzw. S. 2, ohne dass es eines Rückgriffs auf eine entsprechende Anwendung von § 37 bedürfte. Dass Leistungsverpflichtungen auch dann bestehen bleiben, wenn die vertraglichen Entgelte nur für unwirksam erklärt werden, ohne durch neue Entgelte ersetzt worden zu sein, versteht sich jedenfalls bei auferlegten Zugangsverpflichtungen von selbst. Etwaigen Zugangsverweigerungen unter Berufung auf fehlende Entgelte kann ggf. mit einer Zugangsanordnung begegnet werden. Auch im Vorfeld vertraglicher Vereinbarungen verbleiben keine Rechtsschutzlücken, z.B. bei der Werbung für Produkte mit unwirksamen Entgelten, da für die entsprechende Anwendung von § 37 Abs. 3 S. 2 i.V.m. § 38 Abs. 4 die Prüfbedürftigkeit des Rechtsgeschäfts reicht. Insoweit ist nicht erforderlich, dass eine konkrete Prüfung nach Vorlage eines Entgeltvorschlags stattfindet oder bereits abgeschlossen ist.

Eine **entsprechende Anwendung** von § 37 ist erforderlich, weil es zum Zeitpunkt der Fest- **132** stellung nach § 38 Abs. 4 S. 3 weder ein vereinbartes noch ein genehmigtes Entgelt gibt. Das ursprünglich vereinbarte Entgelt ist wegen § 38 Abs. 4 S. 1 unwirksam. Sofern eine Anordnung nach § 38 Abs. 4 S. 2 vorliegt, ist es durch ein hoheitlich angeordnetes Entgelt ersetzt worden, andernfalls als nichtexistent zu behandeln. Statt eines genehmigten Entgelts gibt es nur einen geprüften Entgeltvorschlag nach § 38 Abs. 4 S. 3. Bei der entsprechenden Anwendung von § 37 sind daher die Begriffe auszutauschen:

- An die Stelle des „**vereinbarten Entgelts**" (§ 37 Abs. 2) tritt das nach § 38 Abs. 4 S. 2 **angeordnete Entgelt** oder, soweit es an einer Anordnung nach § 38 Abs. 4 S. 2 fehlt, das nach § 38 Abs. 4 S. 1 für **unwirksam erklärte Entgelt**.
- An die Stelle des „**genehmigten Entgelts**" i.S.v. § 37 tritt der nach § 38 Abs. 4 S. 3 geprüfte **Entgeltvorschlag**.

Dies bedeutet für die entsprechende Anwendung der **einzelnen Absätze** des § 37 i.V.m. § 38 Abs. 4 S. 4 Folgendes:

Nach § 38 Abs. 4 S. 4 i.V.m. einer entsprechenden Anwendung von **§ 37 Abs. 1** darf der **133** Anbieter, dessen Entgeltvorschlag nach § 38 Abs. 4 S. 3 von der RegTP bestätigt worden ist, nur noch dem Vorschlag entsprechende Entgelte verlangen. Diejenigen Entgelte, die zuvor nach § 38 Abs. 4 S. 3 angeordnet worden waren, muss er ab diesem Zeitpunkt weder beachten noch darf er sie weiter erheben.

Nach § 38 Abs. 4 S. 4 i.V.m. einer entsprechenden Anwendung von **§ 37 Abs. 2** werden **134** Verträge über Dienstleistungen, die andere als die nach § 38 Abs. 4 S. 3 geprüften Entgeltvorschläge enthalten, mit der Maßgabe wirksam, dass die nach § 38 Abs. 4 S. 3 bestätigten Entgelte an die Stelle der von diesen abweichenden Entgelte treten. Die Voraussetzungen für diese **Ersetzung** sind immer gegeben, da die Verträge entweder die nach § 38 Abs. 4 S. 2 angeordneten Entgelte beinhalten oder, sofern eine solche Anordnung nicht vorliegt, die nach § 38 Abs. 4 S. 1 unwirksamen, ursprünglich vereinbarten Entgelte. Diese Ersetzungstechnik führt mithin dazu, dass die nach § 38 Abs. 4 S. 3 geprüften und von der RegTP bestätigten Entgelte stets und unmittelbar kraft Gesetzes Vertragsbestandteil werden. Über den Umweg des § 38 Abs. 4 S. 4 i.V.m. § 37 Abs. 2 kommt dem feststellenden Verwaltungsakt nach § 38 Abs. 4 S. 3 damit de facto eine privatrechtsgestaltende Wirkung zu.

Diese Ersetzung vollzieht sich primär auf der Ebene des **Privatrechts**. Davon zu trennen **135** ist die Frage, welche **verwaltungsrechtlichen Konsequenzen** hieraus für die Anordnung nach § 38 Abs. 4 S 2 folgen. Ein Nebeneinander zweier gestaltender Anordnungen unterschiedlichen Inhalts, die sich auf das gleiche Rechtsverhältnis beziehen, ist nicht vorstellbar. An sich müsste die Anordnung nach § 38 Abs. 4 S. 2 für die Zukunft widerrufen werden. Weder Wortlaut noch Systematik von § 38 Abs. 4 geben Anhaltspunkte dafür her, ihr vorläufigen Charakter beizumessen, d.h. sie als auflösend bedingt durch den Erlass einer Feststellung nach § 38 Abs. 4 S. 3 anzusehen. Sinn und Zweck der Ersetzungstechnik gebieten es jedoch, die privatrechtliche Ersetzung auf das Verwaltungsrechtsverhältnis auszudehnen. Andernfalls würde die Umgestaltung der Vertragsverhältnisse gefährdet, falls der Widerruf etwa versehentlich unterbliebe oder wegen formaler Mängel aufzuheben wäre, während zugleich eine nach § 38 Abs. 4 S. 3 wirksame Feststellung getroffen würde. In diesem Fall gäbe es zwei sich widersprechende Anordnungen, so dass bei den beteiligten Marktteilnehmern keine Klarheit über die anzuwendenden Entgelte bestünde. Dies widerspräche offensichtlich Zweck und Zielen des Gesetzes. Daher ist davon auszugehen, dass zugleich mit der Ersetzung der Entgelte in den betroffenen Verträgen nach § 38 Abs. 4 S. 4 i.V.m. § 37 Abs. 2 auch die Entgeltanordnung nach § 38 Abs. 4 S. 3 ab diesem Zeitpunkt **unwirksam wird**, ohne dass es hierzu eines Widerrufs bedarf.

136   Nach § 38 Abs. 4 S. 4 i.V.m. einer entsprechenden Anwendung von **§ 37 Abs. 3 S. 1** bleibt eine vertragliche oder gesetzliche Verpflichtung zur Leistungserbringung „unabhängig vom Vorliegen einer Entgeltgenehmigung" bestehen. Diese Einschränkung spielt bei der entsprechenden Anwendung im Rahmen des § 38 Abs. 4 S. 4 nur dann eine Rolle, wenn die Entgeltprüfung nach § 38 Abs. 4 S. 3 zu dem Ergebnis kommt, dass die Entgeltvorschläge die festgestellten Verstöße gegen § 28 nicht abstellen. Bestehende Leistungsverpflichtungen werden von einem solchen Prüfungsergebnis nicht beeinträchtigt. In diesem Zusammenhang hat die entsprechende Anwendung von § 37 Abs. 3 S. 1 nur eine klarstellende Funktion. Sofern zuvor Entgelte nach § 38 Abs. 4 S. 2 angeordnet worden sind und sich die Behörde nicht nur auf die Unwirksamkeitserklärung nach § 38 Abs. 4 S. 1 beschränkt hat, bleiben die Verträge mit dem Inhalt dieser Anordnung wirksam. Das vertragliche Synallagma ist also nicht gestört, weshalb ein Grund für eine Leistungsverweigerung ohnehin nicht ersichtlich wäre.

137   Nach § 38 Abs. 4 S. 4 i.V.m. einer entsprechenden Anwendung von **§ 37 Abs. 3 S. 2** kann die RegTP die Werbung für ein Rechtsgeschäft, den Abschluss, die Vorbereitung und die Anbahnung eines Rechtsgeschäfts untersagen, das ein anderes als das nach § 38 Abs. 4 S. 3 geprüfte und bestätigte Entgelt enthält. Die gleichen Befugnisse hat sie hinsichtlich eines Rechtsgeschäfts, das ein nicht nach § 38 Abs. 4 S. 3 geprüftes, aber prüfbedürftiges Entgelt enthält. Vor allem der letztere Fall dürfte praktisch relevant sein, da hiermit vermieden werden kann, dass der Anbieter seine Produkte bereits während der Prüfphase mit Entgelten bewirbt, die lediglich seinen noch nicht kontrollierten Vorschlägen entsprechen. Ein Verstoß gegen § 37 Abs. 3 S. 2 i.V.m. § 37 Abs. 4 S. 4 stellt nach § 149 Abs. 1 Nr. 4 a) eine **Ordnungswidrigkeit** dar.

138   **f) Entbündelung.** – **§ 38 Abs. 4 S. 5** beinhaltet die **Ermächtigungsgrundlage** zur Durchsetzung des Bündelungsverbots nach § 28 Abs. 2 Nr. 3. Die Vorgabe einer **Entbündelungsverpflichtung** liegt nicht im Ermessen der RegTP, sondern sie ergeht als **gebundene Entscheidung**.

139   Die Vorschrift ist neben den Ermächtigungsgrundlagen aus § 38 Abs. 4 S. 1 und 2 erforderlich, obwohl sich diese auf § 28 insgesamt beziehen, also auch auf das Bündelungsverbot nach § 28 Abs. 2 Nr. 3. Im Verhältnis zu § 38 Abs. 4 S. 1 folgt dies schon daraus, dass Untersagung und Unwirksamkeitserklärung Verbotscharakter haben, während die Entbündelungsvorgabe ein **Gebot** beinhaltet. Daneben sowie im Verhältnis zu § 38 Abs. 4 S. 2 bedarf es einer gesonderten Regelung, weil die Anordnung einer Entbündelung sich nicht mit der Gestaltung der Entgelte befasst, sondern mit dem Zuschnitt der **Leistung**. Im Kontext der Entgeltregulierung ist diese Ermächtigungsgrundlage daher **systemfremd**.

140   Die Entbündelung kann nach § 38 Abs. 4 S. 5 nur dann durchgesetzt werden, wenn die Produktbündelung einen Verstoß gegen **§ 28 Abs. 2 Nr. 3** beinhaltet. Nicht von § 38 Abs. 4

S. 5 sind **sonstige Entbündelungsvorgaben** wie z. B. aus § 21 Abs. 1 S. 1 erfasst. Regelungstechnisch ist die Verweisung auf § 28 Abs. 2 Nr. 3 wenig geglückt, da es sich bei § 28 Abs. 2 Nr. 3 um eine Vermutungsregelung handelt. Gegen diese kann nicht unmittelbar verstoßen werden, da sie lediglich die Frage der Beweislast im Falle eines Verstoßes gegen das Regelbeispiel des § 28 Abs. 1 S. 2 Nr. 2 regelt, welches seinerseits das Missbrauchsverbot des § 28 Abs. 1 S. 1 konkretisiert. Da es allerdings kaum vorstellbar ist, dass eine sachlich ungerechtfertigte Produktbündelung in den Anwendungsbereich von § 28 Abs. 1 S. 1 bzw. S. 2 Nr. 2 fällt, ohne zugleich von der Vermutung des § 28 Abs. 2 Nr. 3 erfasst zu werden, führt dies nicht zu praktischen Verwerfungen.

Im **verfahrensrechtlichen Kontext** ergeht die Entscheidung über die Entbündelung **gemeinsam** mit der Entscheidung nach **§ 38 Abs. 4 S. 1.** Dies ergibt sich aus dem Wortlaut beider Regelungen, die an die Feststellung des Missbrauchs anknüpfen („feststellt" bzw. „festgestellten") sowie aus der in § 38 Abs. 4 S. 5 enthaltenen Formulierung „auch". **141**

Aufgrund ihrer systematischen Stellung am Ende des Absatzes, d. h. der einen verfahrensmäßigen Nachrang von § 38 Abs. 4 S. 5 gegenüber § 38 Abs. 4 S. 3 andeutenden Satzfolge innerhalb von § 38 Abs. 4, ist die Vorschrift aber im Übrigen nicht mit § 38 Abs. 4 S. 1 verklammert. Vielmehr wird der innere Zusammenhang durch diese Systematik auseinander gerissen. Dies hat zur Folge, dass zur Ausgestaltung einer Entbündelungsvorgabe **kein Vorschlagsrecht** des regulierten Unternehmens nach § 38 Abs. 4 S. 3 besteht. Ebenso ist **§ 37 nicht entsprechend anwendbar**, da sich § 38 Abs. 4 S. 4 nicht auf den Folgesatz bezieht. Verfahrensmäßig ist der regulierte Anbieter, der einer Entbündelungsverpflichtung unterworfen wird, damit schlechter gestellt als bei der Anordnung neuer Entgelte durch die RegTP. **142**

Die Anordnung nach § 38 Abs. 4 S. 5 ist als Verpflichtung zur Vornahme einer unvertretbaren Handlung durch die Verhängung von **Zwangsgeld** vollstreckbar (§§ 6, 9, 11 Abs. 1 S. 1 VwVG). Das Zwangsgeld ist in der Regel mit der Anordnung zu verbinden (§ 13 Abs. 2 S. 2 VwVG), da eine Klage gegen diese nach § 137 Abs. 1 und 2 keine aufschiebende Wirkung hat. **143**

IV. Konkurrenzen zu anderen Regulierungsverfahren

Wegen der Anwendungsprobleme im Verhältnis zu Verfahren und Befugnissen eher genereller Art (z. B. §§ 124, 126, 133) ergeben sich keine Besonderheiten aus der Ausgestaltung der nachträglichen Entgeltregulierung. Insoweit wird auf die dortigen Kommentierungen verwiesen. **144**

Gegenüber **Missbrauchsverfahren nach § 42** ist § 38 als lex specialis anzusehen. Das nach § 38 sanktionierbare Verhalten beschreibt § 28 Abs. 1 S. 1 als die missbräuchliche Ausnutzung einer Stellung mit beträchtlicher Marktmacht „bei der Forderung und Vereinbarung von Entgelten". Dieses einschränkende Merkmal fehlt in § 42 Abs. 1 S. 1, der nur allgemein die missbräuchliche Ausnutzung einer solchen Stellung untersagt. **145**

Dagegen findet die **Vorteilsabschöpfung nach § 43** neben der nachträglichen Entgeltregulierung statt. Der Verstoß kann hierbei nur darin liegen, dass der regulierte Anbieter vorsätzlich oder fahrlässig „gegen eine Vorschrift dieses Gesetzes verstoßen" und dadurch einen wirtschaftlichen Vorteil erlangt hat. Anders als bei Verstößen gegen § 42 Abs. 4 ordnet § 43 Abs. 1 S. 1 die Vorteilsabschöpfung nicht bei der Missachtung einer Verfügung der **146**

RegTP nach § 38 an. Durch die Vorteilsabschöpfung bewehrt sind damit im Rahmen von § 38 nur Verletzungen solcher Regelungen, die sich unmittelbar aus dem Gesetz ergeben. Dies betrifft vor allem Verstöße gegen § 28, die durch die Ex-post-Regulierung nicht mehr verhindert werden können. Von praktischer Bedeutung dürfte dies im Hinblick auf § 38 Abs. 4 S. 1 werden, da die RegTP hiernach die Entgelte lediglich ab dem Zeitpunkt ihrer Feststellung für unwirksam erklären kann. Zeitlich davor liegende Missbräuche bei der Entgeltgestaltung können nicht im Wege der Ex-post-Regulierung, wohl aber durch die Vorteilsabschöpfung geahndet werden, sofern dem Anbieter schuldhaftes Verhalten nachgewiesen werden kann.

Regulierung von Entgelten für Endnutzerleistungen

§ 39 Entgeltregulierung bei Endnutzerleistungen

(1) Rechtfertigen Tatsachen die Annahme, dass die Verpflichtungen im Zugangsbereich oder zur Betreiberauswahl und Betreibervorauswahl nach § 40 nicht zur Erreichung der Regulierungsziele nach § 2 Abs. 2 führen würden, kann die Regulierungsbehörde Entgelte von Unternehmen mit beträchtlicher Marktmacht bezüglich des Angebots von Telekommunikationsdiensten für Endnutzer einer Entgeltgenehmigung unterwerfen. Die Regulierungsbehörde soll die Genehmigungspflicht auf solche Märkte beschränken, auf denen in absehbarer Zeit nicht mit der Entstehung eines nachhaltig wettbewerbsorientierten Marktes zu rechnen ist. Im Falle einer Genehmigungspflicht gelten die §§ 31 bis 37 entsprechend. Dabei dürfen Entgelte für Endnutzerleistungen nicht nach § 32 Nr. 2 mit Entgelten für Zugangsleistungen in einem Korb zusammengefasst werden.

(2) Leistungen nach § 78 Abs. 2 Nr. 3 und 4 unterliegen der nachträglichen Regulierung; § 38 Abs. 2 bis 4 gilt entsprechend.

(3) Sofern Entgelte für Endnutzerleistungen von Anbietern von Telekommunikationsdiensten, die über beträchtliche Marktmacht verfügen, keiner Entgeltgenehmigung unterworfen worden sind, unterliegen sie der nachträglichen Regulierung; § 38 Abs. 2 bis 4 gilt entsprechend. Darüber hinaus kann die Regulierungsbehörde unter Beachtung von Absatz 1 Satz 1 Unternehmen mit beträchtlicher Marktmacht verpflichten, ihr Entgeltmaßnahmen zwei Monate vor dem geplanten Inkrafttreten zur Kenntnis zu geben. Die Regulierungsbehörde untersagt innerhalb von zwei Wochen nach Anzeige der Entgeltmaßnahme die Einführung des Entgelts bis zum Abschluss ihrer Prüfung, wenn die geplante Entgeltmaßnahme offenkundig nicht mit § 28 vereinbar wäre. Entgeltmaßnahmen bezüglich individuell vereinbarter Leistungen, die nicht ohne weiteres auf eine Vielzahl von anderen Endnutzern übertragbar sind, sind der Regulierungsbehörde unmittelbar nach Vertragsabschluss zur Kenntnis zu geben.

(4) Sofern ein Unternehmen, das auf einem Endkundenmarkt über beträchtliche Marktmacht verfügt, verpflichtet ist, Zugang zu einer entsprechenden Zugangsleistung nach § 21 zu gewähren, die Bestandteile enthält, die gleichermaßen für ein Angebot auf dem Endkundenmarkt wesentlich sind, ist das Unternehmen verpflichtet, gleichzeitig mit einer geplanten Entgeltmaßnahme im Endnutzerbereich ein Angebot für die Vorleistung vorzulegen, das insbesondere den Vorgaben des § 28 genügt. Sofern das Unternehmen mit beträchtlicher Marktmacht kein solches Vorleistungsangebot vorlegt, kann die Regulierungsbehörde die Forderung des Endkundenentgelts ohne weitere Prüfung untersagen.

Schrifttum: *Holznagel/Hombergs*, Das Prinzip nachrangiger Regulierung auf den Endnutzermärkten, K&R 2003, 322; *Koenig/Winkler*, Die (Ultima) Ratio der Regulierung des Endnutzermarktes, TKMR 2003, 171; *Scherer*, Die Umgestaltung des europäischen und deutschen Telekommunikationsrechts durch das EU-Richtlinienpaket, K&R 2002, 273 und 385; *Spoerr/Sellmann*, Zugangsregulierung, Entgeltregulierung und Missbrauchsaufsicht vom TKG 1996 bis zum TKG 2004: Rückblick und Ausblick, N&R 2004, 98; *Thomaschki*, Missbrauchsaufsicht und nachträgliche Entgeltkontrolle im TKG-E, K&R-Beilage 1/2004, 21; *Vogelsang*, Die Zukunft der Entgeltregulierung, 2002; *Wegmann*, Europa- und verfassungsrechtliche Anmerkungen zum Regierungs- und Referentenentwurf zum TKG, K&R-Beilage 1/2004, 25.

Entscheidungen: VG Köln, Beschluss v. 6. 9. 2004 – 1 L 1832/04; Urteil v. 14. 10. 2004 – 1 K 6635/01, CR 2005, 111; Urteil v. 4. 11. 2004 – 1 K 7854/01.

Übersicht

A. Normzweck

§ 39 bildet neben dem Unterabschnitt über die allgemeinen Vorschriften der Entgeltregulierung und demjenigen über die Regelungen von Entgelten für Zugangsleistungen den dritten Unterabschnitt des Abschnitts 3 („Entgeltregulierung") der Marktregulierung (Teil 2). Die Norm ist Zeichen dafür, dass das neue TKG anders als das TKG 1996 deutlicher zwischen der Regulierung der **Entgelte für Zugangsleistungen** (als Vorleistungen) einerseits (§§ 30 bis 38) und für **Endkundenleistungen** andererseits (§ 39) **unterscheidet**. Letztere unterliegen nach **Absatz 1 Satz 1** nur noch dann einer Ex-ante-Regulierung, wenn die anderweitigen Regulierungsinstrumente (Zugang auf der Vorleistungsebene, Betreiber[vor]auswahl nach § 40) nicht genügen, um die Regulierungsziele nach § 2 Abs. 2 zu erreichen (**„Insuffizienztest"**). 1

Damit soll die so genannte **„Doppelregulierung"** reduziert werden. Eine wichtige Forderung der DTAG ist es stets gewesen, dass die Ex-ante-Regulierung der Endnutzerentgelte entfallen kann, sofern auf der Vorleistungsebene eine wirksame Entgeltregulierung greift.[1] Gemessen an der Option einer vollständigen Aufgabe der Endnutzerentgeltregulierung ist mit § 39 eine ungleich vielschichtigere Norm geschaffen worden: Sie sieht **keine Abschaffung** des Regulierungsinstruments der Endnutzerentgeltkontrolle und auch **keine** Reduktion dieses Instruments auf eine **„Ultima Ratio"**-Funktion vor. Vielmehr wird der Regulierungsbehörde ein **differenziertes Eingriffsinstrumentarium** für die Endnutzerebene zur Verfügung gestellt. 2

So kann die Regulierungsbehörde zwar tatsächlich für eine Deregulierung sorgen, indem sie von einer Ex-ante-Regulierung gänzlich absieht. Gleichwohl greift selbst in diesem Fall gemäß **Absatz 3 Satz 1** eine **Ex-post-Regulierung** im Rahmen des § 38 Abs. 2 bis 4, die bei entschlossener Anwendung keinesfalls ein stumpfes Schwert darstellen muss. Für die **Universaldienstleistungen** nach § 78 Abs. 2 Nr. 3 und 4 (Telefonauskunft sowie Münz- und Kartentelefone) ist eine entsprechende Ex-post-Regulierung nach **Absatz 2 zwingend** vorgesehen. Allerdings unterlagen die Telefonauskunft und die Bereitstellung von öffentlichen Telefonstellen unter dem TKG 1996 als lizenzfreie Dienstleistungen (siehe insoweit explizit § 1 Nr. 2 lit. a und c TUDLV 1997) keiner Ex-ante-Entgeltregulierung, so dass insoweit keine Deregulierungswirkung eintritt. In Bezug auf bestimmte **individuell verein-** 3

---

1 Siehe etwa *Hefekäuser*, MMR 6/2000, XII, XIV.

barte Leistungen wird für die Ex-post-Kontrolle in **Absatz 3 Satz 4** eine einfache **Anzeigepflicht zwingend** normiert.

4   Auf der nächsten Regulierungsstufe kann sich die Regulierungsbehörde gemäß **Absatz 3 Satz 2** unter Beachtung des Insuffizienztests nach Absatz 1 Satz 1 zwar auf eine Ex-post-Regulierung beschränken, aber gleichwohl eine **Anzeigepflicht mit** einer zweimonatigen **Stillstandsverpflichtung** vorgeben. Danach greift eine qualifizierte Ex-post-Regulierung. Diese **dilatorische Vorlagepflicht** stellt ein **Novum** des neuen TKG dar und nähert die Ex-post-Regulierung sehr stark der Ex-ante-Regulierung an.

5   Sie entspricht der zwitterhaften Regelung des § 38 Abs. 1, die von dem Verweis nach Absatz 3 Satz 1 Halbsatz 2 im Übrigen ausgenommen ist. Danach liegt zwar kein Verbot mit Erlaubnisvorbehalt vor, das letztlich mit einer Ex-ante-Genehmigungspflicht normiert wird. Aber es handelt sich auch nicht um eine einfache Erlaubnis mit Anzeigepflicht. Innerhalb einer Frist von zwei Wochen hat die Regulierungsbehörde dabei gemäß **Absatz 3 Satz 3** die Einführung offenkundig missbräuchlicher Endnutzerentgelte bis zum Abschluss ihrer Prüfung **vorläufig** zu **untersagen**.

6   Schließlich kann die Regulierungsbehörde drittens unter strengen Anforderungen nach **Absatz 1** eine **Ex-ante-Regulierung** anordnen. Dabei finden die Bestimmungen über die Entgeltregulierung gemäß den §§ 31 bis 37 vollumfänglich Anwendung (Absatz 1 Satz 3). Der Insuffizienztest des Absatz 1 Satz 1 macht deutlich, dass im Rahmen einer Erforderlichkeitsbewertung die **parallele Anwendung der Endnutzerentgeltregulierung nachrangig** erfolgt.[2] Ferner soll die Regulierungsbehörde nach Absatz 1 Satz 2 die vorherige Endnutzerentgeltregulierung auf solche Märkte beschränken, auf denen mittelfristig keine nachhaltige Wettbewerbsorientierung zu erwarten ist (**„Wettbewerbstest"**).

7   Die **Deregulierungsbilanz** ist insgesamt **ambivalent und offen**. So ist einerseits der Umstand potenziell regulierungsverschärfend, dass nunmehr eine Doppelregulierung auch von Mobilfunk- und Satelliten-Telekommunikationsdienstleistungen zumindest denkbar ist. Bislang war die Ex-ante-Regulierung von Endnutzerentgelten nach § 25 Abs. 1 TKG 1996 auf die früheren Lizenzklassen 3 und 4 beschränkt, also auf die Bereitstellung von Übertragungswegen und Sprachtelefondienst.[3] Andererseits ist die Doppelregulierung an strenge Voraussetzungen geknüpft, was den Begründungsaufwand für solche Regulierungsmaßnahmen erheblich erhöht. Letztlich entscheiden damit die angesichts ihrer wertungsoffenen Prüfungsvoraussetzungen klageanfälligen Tests des Absatzes 1 Satz 1 und 2 über den Umfang der Deregulierung. Unabhängig davon ist zu betonen, dass die Doppelregulierung selbstverständlich nur **„doppelt marktbeherrschende" Unternehmen** betrifft, also solche, die sowohl auf den Vorleistungs- als auch auf den Endnutzermärkten eine beträchtliche Marktmacht innehaben. Denn das Vorliegen beträchtlicher Marktmacht (als Synonym für Marktbeherrschung) ist in beiden Fällen Regulierungsvoraussetzung. Dies gilt für sämtliche Regulierungsabstufungen einschließlich der einfachen Ex-post-Regulierung (auch nach Absatz 2, siehe dazu RdNr. 79).

8   Die Bestimmungen des § 39 werden schließlich abgerundet durch das **Gleichzeitigkeitsgebot** des **Absatz 4**. Dieses ist gewissermaßen in letzter Minute (wieder) in den § 39 ge-

---

2   Dass dies ökonomisch sinnvoll sein kann, bestätigt auch *Vogelsang*, Die Zukunft der Entgeltregulierung, S. 93.
3   Dazu *Kühling*, Sektorspezifische Regulierung in den Netzwirtschaften, S. 83 ff.

langt (siehe RdNr. 20) und weist einen gegenüber den Absätzen 1 bis 3 leicht abweichenden Regelungsgehalt auf. Es verpflichtet die einen Endkundenmarkt beherrschenden und nach § 21 vorleistungsregulierten Unternehmen, gleichzeitig mit dem Endkundenangebot ein korrespondierendes Vorleistungsangebot bereitzustellen. Liegt ein Verstoß gegen das Gleichzeitigkeitsgebot vor, kann die Regulierungsbehörde „die Forderung des Endkundenentgelts ohne weitere Prüfung untersagen". Damit wird ein weiteres wettbewerbsförderndes Regulierungsinstrument geschaffen, das es den Wettbewerbern erleichtert, konkurrenzfähige Endkundenprodukte rechtzeitig auf den Markt zu bringen.

Angesichts der Vielzahl der verschiedenen Regulierungsabstufungen (siehe dazu auch **9** RdNr. 83) und der Kombination mit dem Gleichzeitigkeitsgebot in Absatz 4 ist mit § 39 weder eine besonders elegante noch eine leicht zugängliche Norm geschaffen worden.

B. Rechtstatsachen

In der Märkteempfehlung der Kommission werden insgesamt sieben „Endkundenmärkte" **10** identifiziert, von denen sechs im Hinblick auf eine Analyse im Sinne des Art. 17 URL aufgeführt werden. Im Einzelnen handelt es sich dabei um die Märkte für den Zugang von Privatkunden (Markt 1) bzw. anderer Kunden (Markt 2) zum öffentlichen Telefonnetz an festen Standorten, die Märkte für öffentliche Orts- und/oder Inlandstelefonverbindungen für Privatkunden (Markt 3) bzw. anderer Kunden (Markt 5) an festen Standorten und die Märkte für öffentliche Auslandstelefonverbindungen für Privatkunden (Markt 4) bzw. andere Kunden (Markt 6) an festen Standorten.

Die Wettbewerbssituation auf Endnutzermärkten divergiert in Deutschland nicht unerheb- **11** lich. Bei den Telefonkanälen betrug der Marktanteil der DTAG im bundesweiten Durchschnitt 2004 92,4%, wobei der Wettbewerberanteil jedoch in einzelnen Ortsnetzen über 20% betrug und außerdem zwischen 1,8% bei analogen Anschlüssen und 21,1% bei ISDN-Primärmultiplexanschlüssen schwankte.[4] Bei breitbandigen Anschlüssen (DSL, rückkanalfähige Kabelfernsehanschlüsse etc.) betrug der Marktanteil der DTAG im Jahr 2004 80%.[5] Im selben Jahr erzielte die DTAG einen Marktanteil von 54% bei den Festnetzwählverbindungen, wobei jedoch die Wettbewerber im Ortsnetzbereich einen Marktanteil von nur 33% erreichten.[6] Im Mobilfunknetzbereich vereinten die DTAG-Tochter T-Mobile (D1) im Jahr 2004 38,5% und Vodafone D2 37,8% aller Teilnehmer in ihrem Netz, während sich die restlichen 23,7% auf die beiden E-Netz-Betreiber verteilten.[7]

C. Entstehungsgeschichte

Bei der Genese des § 39 ist zwischen den grundsätzlichen Vorgaben für die Entgeltregulie- **12** rung bei Endnutzerleistungen (§ 39 Abs. 1 bis 3) und der Verknüpfung mit der Zugangsregulierung durch die Einführung eines Gleichzeitigkeitsgebots (§ 39 Abs. 4) zu unterscheiden. Dabei soll im Folgenden die **generelle terminologische Anpassung** außer Betracht

---

4 RegTP, Jahresbericht 2004, S. 25 f.
5 RegTP, Jahresbericht 2004, S. 28.
6 RegTP, Jahresbericht 2004, S. 36 f.
7 RegTP, Jahresbericht 2004, S. 42.

bleiben, also namentlich die Umstellung von „marktbeherrschenden" Unternehmen auf solche „mit beträchtlicher Marktmacht" sowie von „Endkundenleistungen" auf „Endnutzerleistungen" und die Ersetzung des Begriffs des „funktionsfähigen Wettbewerbs" durch den Begriff des „nachhaltig wettbewerbsorientierten Marktes".

I. Entstehungsgeschichte von § 39 Abs. 1 bis 3

13   Die **Rückführung der Ex-ante-Entgeltregulierung** im Bereich der Fern- und Auslandsgespräche entsprach schon seit einiger Zeit dem erklärten politischen Willen der Bundesregierung.[8] Anders als im Anschluss- und Ortsgesprächsbereich zumindest in den meisten Regionen[9] erschien der Bundesregierung die Vorabkontrolle in diesen Märkten vor dem Hintergrund der Vorleistungsregulierung und der Wirkungen der Betreiberauswahl und -vorauswahl jedenfalls hinsichtlich eines möglichen Preishöhenmissbrauchs[10] weitgehend überflüssig.[11] Die konkrete Entscheidung über Notwendigkeit und Art der Endkundenpreiskontrolle sollte aber letztlich der Regulierungsbehörde obliegen.[12]

14   Der erste zumindest fachöffentlich bekannte Entwurf einer Vorschrift zur Entgeltregulierung bei Endnutzerleistungen, § E 13 TKG-ArbE, entsprach dann bereits im Wesentlichen dem jetzigen § 39. Dabei sind vor allem drei primär terminologische Unterschiede zwischen dem Arbeitsentwurf und dem endgültigen Gesetzestext zu verzeichnen: Nach **§ E 13 Abs. 1 TKG-ArbE** sollte die Regulierungsbehörde Engelte „nur" bei Bestehen des Insuffizienztestes einer Entgeltgenehmigung unterwerfen können, wohingegen § 39 Abs. 1 S. 1 den beschränkenden Charakter der Ermächtigung nicht noch gesondert betont. Außerdem war nach § E 13 Abs. 1 TKG-ArbE im Rahmen des Insuffizienztestes darauf abzustellen, ob die Regulierungsbehörde „zu dem Schluss" der Insuffizienz der vorrangig zu treffenden Maßnahmen kommt, während nach § 39 Abs. 1 S. 1 nunmehr zu fragen ist, ob „Tatsachen die Annahme" der Insuffizienz „rechtfertigen". Und schließlich bezog § E 13 Abs. 1 TKG-ArbE den Begriff des Entgelts rein erheberspezifisch („Entgelte marktbeherrschender Anbieter von Diensten für Endnutzer"), während § 39 Abs. 1 S. 1 ergänzend einen Leistungsbezug herstellt („Entgelte von Unternehmen mit beträchtlicher Marktmacht bezüglich des Angebots von Telekommunikationsdiensten für Endnutzer"). Im Referentenentwurf wurde dann die Gegenleistung des Entgelts als „Telekommunikationsdienste" (für Endnutzer) konkretisiert. Vor allem aber wurde in **§ 35 Abs. 1 S. 1 TKG-RefE** ausdrücklich auf einen der Regulierungsbehörde „zustehenden Beurteilungsspielraum" Bezug genommen. Im Übrigen blieb Absatz 1 der Vorschrift unverändert. **§ 37 Abs. 1 TKG-RegE** verzichtete demgegenüber wieder auf die explizite Verankerung eines Beurteilungsspielraums. Auch ansonsten war § 37 Abs. 1 TKG-RegE gegenüber den Vorgängerentwürfen

---

8 BMWi, Eckpunkte Telekommunikation für eine Stellungnahme der Bundesregierung zum Tätigkeitsbericht der Regulierungsbehörde für Telekommunikation und Post 2000/2001 und zum Sondergutachten der Monopolkommission „Wettbewerbsentwicklung bei Telekommunikation und Post 2001: Unsicherheit und Stillstand", 2002, S. 12.

9 BMWi (Fn. 8), S. 11; Bundesregierung, Stellungnahme zum Tätigkeitsbericht der Regulierungsbehörde für Telekommunikation und Post 2000/2001 und zum Sondergutachten der Monopolkommission „Wettbewerbsentwicklung bei Telekommunikation und Post 2001: Unsicherheit und Stillstand", 2002, S. 13.

10 Bundesregierung (Fn. 9), S. 14.

11 BMWi (Fn. 8), S. 12; Bundesregierung (Fn. 9), S. 14.

12 BMWi (Fn. 8), S. 12; Bundesregierung (Fn. 9), S. 14.

neu gefasst und entsprach in seiner Formulierung nunmehr bereits vollständig dem jetzigen § 39 Abs. 1.

Auch § 39 Abs. 3 war bereits im Arbeitsentwurf weitgehend vorgezeichnet. **§ E 13 Abs. 2 15 S. 1 TKG-ArbE** entsprach der Sache nach bereits vollumfänglich § 39 Abs. 3 S. 1. **§ E 13 Abs. 2 S. 2 TKG-ArbE** war hingegen sprachlich verunglückt.[13] Es war daher nicht erkennbar, ob die Vorschrift marktbeherrschende Unternehmen von Gesetzes wegen dazu verpflichtete, Entgeltmaßnahmen der Regulierungsbehörde zwei Monate vor dem geplanten In-Kraft-Treten zur Kenntnis zu geben, oder ob eine solche Verpflichtung in das Ermessen der Regulierungsbehörde gestellt werden sollte. In jedem Falle fehlte in § E 13 Abs. 2 S. 2 TKG-ArbE noch der Hinweis auf die Beachtung von Absatz 1 Satz 1. Nach **§ E 13 Abs. 2 S. 3 TKG-ArbE** war die vorläufige Untersagung der Einführung des Entgelts bis zum Abschluss der Prüfung in das Ermessen der Regulierungsbehörde gestellt, ohne dass das Gesetz der Behörde insoweit eine Entscheidungsfrist setzte. Eine Sonderregelung für spezielle Individualvereinbarungen, wie sie § 39 Abs. 3 S. 4 enthält, fehlte im Arbeitsentwurf noch völlig. **§ 35 Abs. 2 TKG-RefE** entsprach hingegen – mit einem einzigen Unterschied – bereits vollständig der jetzigen Fassung des § 39 Abs. 3. Lediglich bei den Voraussetzungen für die dilatorische Untersagung einer Entgeltmaßnahme sollte es nicht auf die „offenkundige", sondern auf die „vermutliche" Nichtvereinbarkeit mit den Missbrauchsmaßstäben der Entgeltregulierung (§ 24 TKG-RefE; § 28) ankommen. Auch dieser letzte Unterschied wurde dann aber mit **§ 37 Abs. 3 S. 3 TKG-RegE** beseitigt.

Anders als § 39 Abs. 1 und 3 war § 39 Abs. 2 nicht im Arbeitsentwurf angelegt; eine ent- **16** sprechende Vorschrift fehlte dort genauso wie im Referentenentwurf. Der **Regierungsentwurf** enthielt hingegen in **§ 37 Abs. 2** eine bereits mit der späteren Endfassung identische Regelung.

Im weiteren Gesetzgebungsverlauf wurden alle drei Absätze nur noch der generellen ter- **17** minologischen Umstellung[14] unterzogen und Verweise auf andere Vorschriften des Gesetzes der geänderten Nummerierung angepasst. Nicht folgen mochte der Bundesrat bei seiner Stellungnahme zum Regierungsentwurf insbesondere einem Antrag des Landes Nordrhein-Westfalen. Dieser hatte vor dem gemeinschaftsrechtlichen Hintergrund aus Verhältnismäßigkeitserwägungen heraus eine umfassende **Ausnahme von jeglicher Anzeigepflicht** für Entgeltmaßnahmen bezüglich **individuell vereinbarter Leistungen** durch Streichung von § 37 Abs. 3 S. 4 TKG-RegE und eine ausdrückliche Freistellung von der allgemeinen Anzeigepflicht nach § 37 Abs. 3 S. 2 TKG-RegE vorgesehen.[15]

II. Entstehungsgeschichte von § 39 Abs. 4

Dass gerade auch die nur **verzögerte Bereitstellung von Vorleistungen** durch den Altsas- **18** sen ein bedeutsames regulierungspraktisches Problem darstellt, dem größere regulatorische Aufmerksamkeit zukommen musste, entsprach schon seit einiger Zeit der Haltung der

---

13 § E 13 Abs. 2 S. 2 TKG-ArbE lautete: „Darüber hinaus sind marktbeherrschende Unternehmen verpflichtet, die auf bestimmten Endkundenmärkten marktbeherrschend sind, aufzufordern, Entgeltmaßnahmen der Regulierungsbehörde zwei Monate vor dem geplanten Inkrafttreten zur Kenntnis zu geben."
14 Siehe dazu soeben, RdNr. 12.
15 BR-Drs. 755/5/03.

Bundesregierung.[16] Zu seiner Lösung wurde ein anreizorientiertes Sanktionssystem für notwendig gehalten.[17] Dabei wurde jedoch zunächst vor allem an die Einführung einer Pönalenregelung gedacht,[18] so dass die Lösung ausschließlich auf Ebene der Vorleistungsregulierung gesucht worden wäre.

19 Anregungen aus der Wissenschaft[19] aufgreifend, sah **§ E 13 Abs. 3 TKG-ArbE** darüber hinausgehend dann aber eine Verknüpfung mit der Endnutzermarktregulierung vor: Dem gleichzeitigen Angebot wesentlicher Vorleistungen wurde die Funktion einer potenziellen Genehmigungsvoraussetzung für geplante Entgeltmaßnahmen im Endnutzerbereich zugewiesen. Die Vorschrift entsprach dabei bereits vollständig dem nunmehr Gesetz gewordenen § 39 Abs. 4. Schon der Referentenentwurf hingegen verzichtete wieder auf die Normierung eines Gleichzeitigkeitsgebots als potenzielle Genehmigungsvoraussetzung für Endnutzerentgelte; **§ 35 TKG-RefE** bestand nur noch aus zwei Absätzen.

20 Auf Vorschlag des Wirtschaftsausschusses[20] forderte der Bundesrat in seiner Stellungnahme zum Regierungsentwurf, das ursprünglich vorgesehene Gleichzeitigkeitsgebot wieder vorzusehen.[21] Begründet wurde dies mit der entscheidenden Bedeutung der gleichzeitigen Vorlage eines Angebots für wesentliche Leistungen für die Wettbewerber des regulierten Unternehmens mit Blick auf die wettbewerblichen Ausgangsbedingungen, der es nicht gerecht werde, die Wettbewerber auf ein Missbrauchs- oder Anordnungsverfahren zu verweisen.[22] Die Bundesregierung stimmte dem Vorschlag des Bundesrates in ihrer Gegenäußerung nicht zu. Es sei davon auszugehen, dass für eine wesentliche Vorleistung, auf der ein neu eingeführtes Endkundenprodukt beruhe, genehmigte Bedingungen einschließlich Entgelte entsprechend den §§ 21 ff. vorliegen. Darüber hinausgehende Prüfungen seitens der Regulierungsbehörde seien dann nicht mehr erforderlich.[23] Auf Grundlage entsprechender sachverständiger Empfehlungen im Rahmen der Expertenanhörung[24] und im Einklang mit

---

16 BMWi (Fn. 8), S. 13. Etwas zurückhaltender Bundesregierung (Fn. 9), S. 16.

17 BMWi (Fn. 8), S. 13; Bundesregierung (Fn. 9), S. 16.

18 BMWi (Fn. 8), S. 13; Bundesregierung (Fn. 9), S. 16.

19 *Koenig/Vogelsang/Kühling/Loetz/Neumann*, S. 189.

20 Empfehlungen der Ausschüsse, BR-Drs. 755/2/03, S. 18, Nummer 34.

21 BR-Drs. 755/03 (Beschluss), S. 17, Nummer 33. Nicht so weitgehend der Antrag der Abgeordneten *Dr. Martina Krogmann* sowie anderer Abgeordneter und der Fraktion der CDU/CSU, BT-Drs. 15/2329, S. 8, Ziff. 7, dem zufolge die Bereitstellung „innerhalb einer von der Regulierungsbehörde zu prüfenden Zeitspanne" erfolgen sollte.

22 BR-Drs. 755/03 (Beschluss), S. 17, Nummer 33: „Zur Sicherstellung der wettbewerblichen Ausgangsbedingungen ist es für die Wettbewerber eines Unternehmens mit beträchtlicher Marktmacht von entscheidender Bedeutung, dass ihnen mit der Einführung eines Endkundenproduktes ein Angebot für wesentliche Leistungen vorgelegt wird, auf dessen Grundlage die Wettbewerber ein eigenes Endkundenprodukt entwickeln können. Es ist unzureichend, wenn dieses Angebot erst über ein Missbrauchs- oder Anordnungsverfahren erstritten werden muss."

23 BT-Drs. 15/2345, S. 4, zu Nummer 33.

24 Vgl. hierzu im Protokoll 15/49 des Ausschusses für Wirtschaft und Arbeit die entsprechenden Einlassungen der Sachverständigen *Laurent*, S. 797, und *Kurth*, S. 805, und die Materialien in der Ausschussdrucksache 15(9)949, namentlich die Stellungnahmen des VATM, S. 47, 63 f., des BREKO, S. 86, 101, der AOL Deutschland GmbH & Co. KG, S. 206, sowie der RegTP, S. 227, 232, bzw. zur a. A. die Stellungnahme von *Kirchner*, S. 243, 244.

Forderungen aus dem politischen Raum[25] nahm der Deutsche Bundestag das **Gleichzeitig-keitsgebot** jedoch wieder in den Gesetzestext auf.[26] Damit sollte „ein missbräuchliches Verhalten des Unternehmens mit beträchtlicher Marktmacht frühzeitig verhindert werden".[27]

D. EG-rechtliche Grundlage

§ 39 dient der Umsetzung von Art. 17 URL. Diese Vorschrift trifft zentrale Grundentscheidungen für die ökonomische Telekommunikationsregulierung an **systematisch wenig geeigneter Stelle** – nämlich eingebunden, aber nur schlecht integriert in eine vorwiegend Fragen des Universaldienstes und der Nutzerrechte regelnde Richtlinie. **21**

I. Verpflichtung zu Regulierungsmaßnahmen in Bezug auf Dienste für Endnutzer (Art. 17 Abs. 1 bis 4 URL)

Art. 17 Abs. 1 URL enthält eine an die Mitgliedstaaten gerichtete Verpflichtung, unter zwei Voraussetzungen sicherzustellen,[28] dass Unternehmen mit beträchtlicher Marktmacht auf einem Endnutzermarkt regulatorische Verpflichtungen auferlegt werden. Mit dem **Fehlen wirksamen Wettbewerbs** auf diesem Markt als erstem Erfordernis greift Art. 17 Abs. 1 lit. a URL die allgemeine Voraussetzung des EG-Rechtsrahmens für marktmachtabhängige Regulierungseingriffe auf.[29] Die zweite Voraussetzung etabliert hingegen einen **Insuffizienztest**, in dem zu prüfen ist, ob nicht bereits andere Regulierungsmaßnahmen zur Erreichung der Regulierungsziele ausreichen. Bei diesen vorrangigen Regulierungsmaßnahmen handelt es sich gemäß Art. 17 Abs. 1 lit. b URL um die Verpflichtungen nach der Zugangsrichtlinie und um die Verpflichtungen zur Ermöglichung der Betreiberauswahl und Betreibervorauswahl (Art. 19 URL). Die Richtlinie sieht hier ausdrücklich eine Prognoseentscheidung der Regulierungsbehörde vor:[30] Der Insuffizienztest ist bestanden, wenn sie „zu der Schlussfolgerung kommt", dass die vorrangigen Maßnahmen unzureichend sind. Insoweit bedarf es schon begrifflich eines konkreten Anknüpfungspunktes für die Schlussfolgerung,[31] so dass der Regulierungsbehörde für diese Prognose eine Begründungslast obliegt.[32] Einen wichtigen Anhaltspunkt können insoweit gerade auch Erfahrun- **22**

---

25 Siehe den Redebeitrag der Abgeordneten *Hustedt*, Plenarprotokoll 15/86 des Deutschen Bundestages, S. 7516 B, und den Entschließungsantrag des Abgeordneten *Rainer Funke* sowie anderer Abgeordneter und der Fraktion der FDP, BT-Drs. 15/2686, S. 4 f., Ziff. 8.

26 Beschlussempfehlung des Ausschusses für Wirtschaft und Arbeit, BT-Drs. 15/2674, S. 38.

27 Bericht des Ausschusses für Wirtschaft und Arbeit, BT-Drs. 15/2679, S. 14.

28 Die Wendung „tragen dafür Sorge" ist als Synonym für „stellen sicher" oder „gewährleisten" zu verstehen, vgl. *Koenig/Loetz/Neumann*, Die Novellierung des Telekommunikationsgesetzes, 2003, S. 84 f.

29 *Holznagel/Hombergs*, K&R 2003, 322, 323; *Schütz/Attendorn*, MMR-Beilage 4/2002, 1, 36. Der Verweis auf Art. 16 Abs. 3 URL soll lediglich die Durchführung einer einheitlichen Marktanalyse mit Blick auf die Beibehaltung, Änderung, Aufhebung und Auferlegung von Vorabverpflichtungen sicherstellen, siehe *Koenig/Loetz/Neumann* (Fn. 28), S. 86 f.

30 *Koenig/Loetz/Neumann* (Fn. 28), S. 87 f.; *Koenig/Winkler*, TKMR 2003, 171, 176; *Scherer*, K&R 2002, 385, 389.

31 *Holznagel/Hombergs*, K&R 2003, 322, 328 Fn. 54.

32 *Koenig/Winkler*, TKMR 2003, 171, 177, m. w. N. aus dem Rechtssetzungsprozess.

gen mit bereits bestehenden Regulierungsmaßnahmen liefern.[33] Ist der Insuffizientest bestanden, müssen dem Unternehmen mit beträchtlicher Marktmacht „geeignete regulatorische Verpflichtungen auferlegt" werden. Es ist also **gemeinschaftsrechtswidrig**, wenn trotz bestandenem Insuffizienztest **keine Regulierungsmaßnahmen** in Bezug auf Dienste für Endnutzer getroffen werden.[34]

23 Anders als die Zugangsrichtlinie sieht Art. 17 Abs. 1 URL dabei aber **keine enumerative Aufzählung möglicher Verpflichtungen**, keine festgeschriebene „Obergrenze der Auflagen für Unternehmen"[35] vor. Zwingende materielle Vorgaben enthält Art. 17 URL (nur) insoweit, als die auferlegten Verpflichtungen „geeignet" sein müssen (Art. 17 Abs. 1 URL) sowie „der Art des festgestellten Problems entsprechen und angesichts der Ziele nach Artikel 8 der ... Rahmenrichtlinie ... verhältnismäßig und gerechtfertigt sein" sollen (Art. 17 Abs. 2 S. 1 URL). Auch im Bereich der Endnutzermarktregulierung bleibt die **materielle Steuerungswirkung** des EG-Telekommunikationsrechts somit **gering**.[36] Sie eröffnet auf diese Weise einerseits der über Art. 7 RRL etablierten gemeinschaftlichen Verbundverwaltung[37] und andererseits sowohl dem mitgliedstaatlichen Gesetzgeber als auch in dem von ihm gesetzten Rahmen der nationalen Regulierungsbehörde **erhebliche Gestaltungsspielräume**.[38] Insbesondere erlaubt Art. 17 Abs. 1 URL somit dem mitgliedstaatlichen Gesetzgeber grundsätzlich auch, die nationale Regulierungsbehörde auf **bestimmte regulatorische Vorabverpflichtungen festzulegen** bzw. die Auferlegung bestimmter Vorabverpflichtungen an zusätzliche Bedingungen zu knüpfen.[39] Seitens des sekundären EG-Telekommunikationsrechts wird diese Steuerungsmöglichkeit, die Anwendbarkeit von Art. 7 RRL auf Art. 17 URL unterstellt, nur durch die formellen Harmonisierungsvorgaben des Art. 7 Abs. 5 RRL begrenzt.[40] Der Mitgliedstaat trägt hier ein **Konfliktrisiko**, das mit dem Gestaltungsspielraum korreliert, der ihm bei der Umsetzung von Art. 17 URL zusteht.[41]

24 Eine **beispielhafte, nicht abschließende Aufzählung** möglicher („können auch ... gehören") Vorabverpflichtungen enthält Art. 17 Abs. 2 S. 2 URL.[42] Danach kommen insbesondere Verpflichtungen im Bereich der Entgeltgestaltung in Betracht, namentlich das Verbot

---

33 *Koenig/Winkler*, TKMR 2003, 171, 177.

34 *Husch/Kemmler/Ohlenburg*, MMR 2003, 139, 144; *Koenig/Loetz/Neumann* (Fn. 28), S. 88; *Scherer*, K&R 2002, 385, 389.

35 Erwägungsgrund 14 S. 3 ZRL.

36 *Koenig/Loetz/Neumann* (Fn. 28), S. 90; *Weisser/Bauer*, MMR 2003, 709, 713. Siehe auch *Husch/Kemmler/Ohlenburg*, MMR 2003, 139, 144.

37 Von der Anwendbarkeit des Konsolidierungsverfahrens bei Verpflichtungen nach Art. 17 URL wird dabei trotz zahlreicher Ungereimtheiten im Ergebnis wohl auszugehen sein, vgl. *Koenig/Loetz/Neumann* (Fn. 28), S. 90 ff. Siehe nunmehr auch § 13 Abs. 1 S. 1 TKG.

38 Grundlegend zu den gemeinschaftsrechtlichen Bedingungen dieses Konflikts zwischen einer Harmonisierung auf Gemeinschaftsebene im Rahmen der Verbundverwaltung und der auf die konkreten Besonderheiten eines Marktes zugeschnittenen Regulierung auf mitgliedstaatlicher Ebene *Koenig/Loetz/Neumann* (Fn. 28), S. 3 ff.

39 *Koenig/Loetz/Neumann* (Fn. 28), S. 89 ff. A. A. wohl *Schütz/Attendorn*, MMR-Beilage 4/2002, 1, 24.

40 Zur Bedeutung der Verpflichtung, den Stellungnahmen der anderen Regulierungsbehörden und der Kommission „weitestgehend Rechnung" zu tragen, siehe *Koenig/Loetz/Neumann* (Fn. 28), S. 23 ff.; *Loetz/Neumann*, German Law Journal 2003, 1307, 1314 ff.

41 *Koenig/Loetz/Neumann* (Fn. 28), S. 93 f.

42 Erwägungsgrund 26 S. 8 URL; siehe auch *Husch/Kemmler/Ohlenburg*, MMR 2003, 139, 144; *Koenig/Loetz/Neumann* (Fn. 28), S. 89; *Scherer*, K&R 2002, 385, 390.

ausbeutender oder behindernder Entgelte (Preishöhen- bzw. entgeltlicher Behinderungsmissbrauch). Nach Art. 17 Abs. 2 S. 3 URL können die nationalen Regulierungsbehörden zum Schutz der Interessen der Endnutzer und zur Förderung eines wirksamen Wettbewerbs bestimmte Maßnahmen auferlegen, um die Einhaltung der entgeltbezogenen Verpflichtungen sicherzustellen. Die Vorschrift nennt ausdrücklich Price-Cap-Verfahren ("Maßnahmen zur Einhaltung von Obergrenzen bei Endnutzerpreisen"), Einzelgenehmigungen ("Maßnahmen zur Kontrolle von Einzeltarifen"), die Verpflichtung zur Kostenorientierung ("Maßnahmen im Hinblick auf kostenorientierte Preise") und die Heranziehung des Vergleichsmarktkonzepts ("Maßnahmen im Hinblick auf … Preise von vergleichbaren Märkten"). Sofern Endnutzerentgelte – oder ähnliche "endnutzerrelevante Aspekte" – reguliert werden, haben die Regulierungsbehörden nach Art. 17 Abs. 4 URL des Weiteren auch den Einsatz der erforderlichen und geeigneten Kostenrechnungssysteme zu gewährleisten. Deren Einhaltung ist durch eine qualifizierte unabhängige Stelle zu überprüfen.

Aber Art. 17 Abs. 2 S. 2 URL nennt neben eindeutig entgeltbezogenen Verpflichtungen **25** auch **nicht (ausschließlich) auf die Entgeltebene beschränkte Vorabverpflichtungen:** ein allgemeines Verbot, den Markteintritt nicht zu behindern, ein Diskriminierungsverbot zulasten bzw. zugunsten bestimmter Endnutzer und das Verbot der ungerechtfertigten Bündelung von Diensten. Das Gemeinschaftsrecht eröffnet somit die Möglichkeit einer Entgeltregulierung bei Endnutzerleistungen, ist aber nicht auf diesen Aspekt der Endnutzermärkte beschränkt. Eine reine Fokussierung auf eine Entgeltregulierung auf mitgliedstaatlicher Ebene läuft daher Gefahr, im Einzelfall der Regulierungsbehörde nicht die eigentlich geeigneten und problemsprechenden Regulierungsmaßnahmen zu ermöglichen.[43] Dabei reicht es nicht aus, Maßnahmen im Wege der allgemeinen oder einer besonderen sektorspezifischen Missbrauchsaufsicht zu treffen. Denn Art. 17 Abs. 1 URL verlangt – im Einklang mit dem Regulierungsansatz des sekundären EG-Telekommunikationsrechts – die (vorherige) Auferlegung von Verpflichtungen, die einen (künftigen) Missbrauch gerade verhindern sollen. Demgegenüber ist es aus gemeinschaftsrechtlicher Sicht unerheblich, wo entsprechende Vorabverpflichtungen im mitgliedstaatlichen Recht systematisch verortet werden.[44]

Abgerundet werden die gemeinschaftsrechtlichen Verpflichtungen zu Regulierungsmaß- **26** nahmen in Bezug auf Dienste für Endnutzer durch einen diesbezüglichen **Informationsanspruch der Kommission** und korrespondierende Verpflichtungen der nationalen Regulierungsbehörden (Art. 17 Abs. 3 URL).

II. Grundsätzliches Verbot der Endnutzermarktregulierung bei wirksamem Wettbewerb (Art. 17 Abs. 5 URL)

Während Art. 17 Abs. 1 URL eine Verpflichtung zur Regulierung von Endnutzermärkten **27** vorsieht, enthält Art. 17 Abs. 5 URL ein ausdrückliches **Verbot** einer solchen Regulierung, wenn auf einem geographischen oder einem Nutzermarkt **wirksamer Wettbewerb** festgestellt wurde. In diesem Fall dürfen keine Verfahren nach Art. 17 Abs. 1 URL zur Anwen-

---

43 Siehe auch *Scherer*, K&R 2002, 385, 391.
44 Vgl. die Möglichkeit zur Anordnung einer Entbündelung in § 38 Abs. 4 S. 4, die ihren originären Standort im Bereich der Vorleistungsregulierung hat, oder das allgemeine, nicht auf Endnutzerprodukte beschränkte Verbot der unangemessenen Bündelung nach § 28 Abs. 2 Nr. 3 S. 1.

dung gelangen. Eine Ausnahme ist nur für Maßnahmen nach Art. 9 Abs. 2 URL und Art. 10 URL vorgesehen, also für Maßnahmen zur Sicherstellung erschwinglicher Tarife durch das regulatorisch induzierte Angebot besonderer Tarifoptionen oder Tarifbündel bzw. zur Ausgabenkontrolle gegenüber universaldienstverpflichteten Unternehmen.

28 Nach Art. 17 URL ist somit die Regulierung eines Endnutzermarktes verboten, wenn auf ihm wirksamer Wettbewerb herrscht. Sie ist hingegen gemeinschaftsrechtlich vorgeschrieben, wenn kein wirksamer Wettbewerb herrscht und der Insuffizienztest bestanden ist. Für den Fall, dass zwar **einerseits kein wirksamer Wettbewerb** herrscht, **andererseits aber der Insuffizienztest nicht bestanden** ist, trifft Art. 17 URL keine Aussage. Aus Art. 17 URL selbst ergibt sich somit kein gemeinschaftsrechtlich verpflichtender Nachrang der Endnutzermarktregulierung, sondern lediglich die Vorgabe, dass die Mitgliedstaaten eine solche nachrangige Endnutzermarktregulierung vorsehen müssen.[45] Dies ist in systematischer Hinsicht auffällig, da mit dem Insuffizienztest eine (umsetzungs-)tatbestandliche Voraussetzung geschaffen wurde, die im übrigen Rechtsrahmen keine Entsprechung findet. Vielmehr ist ansonsten das Vorliegen wirksamen Wettbewerbs das einzige entscheidende Kriterium für die Beantwortung der Frage, ob die Mitgliedstaaten Regulierungsmaßnahmen vorsehen müssen oder das im Gegenteil nicht dürfen.[46] Eine **regulatorische Grauzone**, wie sie von Art. 17 Abs. 1 und 5 URL eröffnet wird, ist dem Rechtsrahmen ansonsten unbekannt.

III. Umfang der Harmonisierung der Endnutzermarktregulierung

29 Vor dem Hintergrund der unterschiedlichen (umsetzungs-)tatbestandlichen Voraussetzungen von Art. 17 Abs. 1 und 5 URL (RdNr. 27 f.) ist eine der umstrittensten Fragen im Zusammenhang mit Art. 17 URL, ob die Mitgliedstaaten Maßnahmen der Endnutzermarktregulierung auch dann vorsehen können, wenn zwar kein wirksamer Wettbewerb vorliegt, zugleich aber die zusätzlichen Voraussetzungen des Insuffizienztests nicht erfüllt sind. Die Auslegung der Vorschrift selbst führt dabei nach den bisherigen Feststellungen ohne weiteres zu dem Ergebnis, dass Art. 17 URL eine solche nicht nachrangige Endnutzermarktregulierung zwar nicht vorschreibt, aber eben auch nicht verbietet. Dagegen spricht auch nicht der – die Auslegung mitsteuernde[47] – Erwägungsgrund 26.[48] Diesem zufolge „sollten die nationalen Regulierungsbehörden die Befugnis haben, einem Unternehmen mit beträchtlicher Marktmacht nach gebührender Prüfung als letztes Mittel Regulierungsmaßnahmen auf[49] Bezug auf Endnutzer aufzuerlegen". Nicht nur findet der Insuffizienztest insoweit überhaupt keine Erwähnung. Darüber hinaus ist vielmehr auch die Beschränkung auf Maßnahmen der Endnutzermarktregulierung als „letztes Mittel" nicht als

---

45 *Holznagel/Hombergs*, K&R 2003, 322, 325; *Koenig/Loetz*, TKMR 2004, 132, 140; *Koenig/Loetz/ Neumann* (Fn. 28), S. 87 Fn. 291; *Koenig/Winkler*, TKMR 2003, 171, 174.

46 Vgl. allgemein Art. 16 Abs. 3 und 4 RRL sowie – da es sich bei wirksamem Wettbewerb und der Abwesenheit beträchtlicher Marktmacht um die „zwei Seiten einer Medaille" handelt (vgl. *Koenig/Bartosch/Braun/Braun/Capito*, S. 309, 329 ff.) – für den Bereich der Zugangsregulierung Art. 8 Abs. 2 und 3 ZRL.

47 EuGH, Slg. 1989, 2789, 2808 Tz. 31; *Koenig/Vogelsang/Kühling/Loetz/Neumann*, S. 158 Fn. 588 m. w. N.

48 Ähnlich auch *Koenig/Winkler*, TKMR 2003, 171, 174 f. Abweichend *Holznagel/Hombergs*, K&R 2003, 322, 325.

49 Sic!

zwingende, sondern lediglich als **empfehlende ("sollten") Vorgabe** formuliert und dient überdies gerade der Begründung von Regulierungseingriffen und nicht ihrer Begrenzung.

Der Ausschluss einer nicht nachrangigen Endnutzermarktregulierung oder sogar die An- **30** nahme einer für die Mitgliedstaaten verbindlichen „Ultima Ratio"-Rangfolge kann daher lediglich unter Rückgriff auf andere Vorgaben des sekundären EG-Telekommunikationsrechts begründet werden. Ein beachtliches Argument für die Unzulässigkeit einer nicht nachrangigen Endnutzermarktregulierung ergibt sich dabei aus dem in der **Genehmigungsrichtlinie** verankerten **Grundsatz der Allgemeingenehmigung.**[50] Nach Art. 3 Abs. 2 S. 1 GRL darf das Angebot von elektronischen Kommunikationsnetzen und -diensten grundsätzlich nur von einer Allgemeingenehmigung abhängig gemacht werden, also von der Einhaltung eines unterschiedslos für alle Unternehmen – und damit insbesondere unabhängig von ihrer Marktmacht – geltenden rechtlichen Rahmens für ein derartiges Angebot (Art. 2 Abs. 2 lit. a GRL). Ausnahmen sind, von der Notwendigkeit, über Nutzungsrechte für Funkfrequenzen und Nummern zu verfügen (Art. 5 GRL) abgesehen, nur für besondere Verpflichtungen erlaubt, die Anbietern etwa nach Art. 8 ZRL, aber eben auch „gemäß den Artikeln 16, 17, 18 und 19 der … Universaldienstrichtlinie … auferlegt werden können" (Art. 6 Abs. 2 S. 1 GRL). Diese Regelung kann man sicherlich so verstehen, dass damit die Verpflichtungen in Bezug genommen werden, die nach den genannten Vorschriften aufzuerlegen sind. In diesem Fall läge die Schlussfolgerung nahe, dass dem sekundären EG-Telekommunikationsrecht nicht nur im Bereich der Zugangs-, sondern auch der von Art. 17 URL geregelten Endnutzermarktregulierung vollharmonisierende Wirkung zukäme. Eine nicht nachrangige Endnutzermarktregulierung wäre damit gemeinschaftsrechtswidrig, da sie von der Universaldienstrichtlinie nicht zwingend vorgesehen ist.[51]

Allerdings überzeugt diese Annahme einer umfassenden Vollharmonisierung auch bezüg- **31** lich der **Voraussetzungen**[52] der Endnutzermarktregulierung nicht, wenn man den interpretatorischen Blickwinkel nicht lediglich auf die Genehmigungsrichtlinie erweitert, sondern den gesamten Rechtsrahmen ins Auge fasst. Bei einer solchen Betrachtung erweisen sich gerade mit Blick auf die Vorgaben zur Endnutzermarktregulierung erhebliche **systematische Brüche und Widersprüchlichkeiten**, die der Annahme entgegenstehen, der Umfang der gemeinschaftsrechtlichen Harmonisierung schließe eine nicht nachrangige Endnutzermarktregulierung aus. So ist gerade Art. 17 URL einerseits nicht explizit in das System der Verbundverwaltung eingebunden, welches die materielle Harmonisierung verfahrensrechtlich flankiert.[53] Andererseits spricht aber die Zentralvorschrift zur Marktanalyse, Art. 16 RRL, dafür, dass das sekundäre EG-Telekommunikationsrecht eine Endnutzermarktregulierung grundsätzlich sogar bereits dann vorsieht, wenn lediglich kein wirksamer Wettbewerb besteht, unabhängig von einem darüber hinausgehenden Insuffizienztest. Nach praktisch allgemeiner Ansicht sind die nationalen Regulierungsbehörden nämlich nach Art. 16 Abs. 4 RRL verpflichtet, zumindest **eine** sektorspezifische Vorabverpflichtung vorzusehen, wenn auf dem analysierten Markt kein wirksamer Wettbewerb

---

50 *Koenig/Winkler*, TKMR 2003, 171, 175 f.
51 *Koenig/Winkler*, TKMR 2003, 171, 176.
52 Mangels einer den Art. 8 bis 13 ZRL entsprechenden Beschränkung auf bestimmte Vorabverpflichtungen – siehe RdNr. 23 – erscheint die Annahme einer Vollharmonisierung im Bereich der Endnutzermarktregulierung als „Vollharmonisierung zur nicht harmonisierten Vielfalt" ohnehin eher zweifelhaft, vgl. *Koenig/Loetz/Neumann* (Fn. 28), S. 89 f.
53 Zu dieser Problematik siehe Fn. 37.

herrscht.[54] Dies müsste nach Art. 16 Abs. 2 RRL dann aber eigentlich gerade auch für Maßnahmen nach Art. 17 URL gelten.

32 Das Gesamtbild des sekundären EG-Telekommunikationsrechts ist folglich gerade mit Blick auf die Endnutzermarktregulierung in hohem Maße widersprüchlich, die Integration von Art. 17 URL in den weiteren Rechtsrahmen schlichtweg missglückt. Je nachdem, auf welchen Teilaspekt des Rechtsrahmens man sich stützt, lassen sich somit beliebige Aussagen zum Gehalt und Umfang der Harmonisierung im Bereich der Endnutzermarktregulierung treffen – von dem generellen Verbot nichtnachrangiger Regulierung bis hin zum grundsätzlichen Regulierungsgebot bei Fehlen wirksamen Wettbewerbs. Richtigerweise kann daher nur im Rückgriff auf die einschlägige **Spezialvorschrift des Art. 17 URL** selbst bestimmt werden, was gemeinschaftsrechtlich vorgeschrieben und was gemeinschaftsrechtlich ausgeschlossen ist. Danach besteht für den Bereich der nachrangigen Endnutzermarktregulierung ein Umsetzungsspielraum der Mitgliedstaaten, die selbst entscheiden können, ob sie eine derartige Regulierung vorsehen wollen oder nicht. Dieses Verständnis des sekundären EG-Telekommunikationsrechts findet schließlich gerade auch in Art. 6 Abs. 2 S. 1 GRL seine Stütze. Denn diese Vorschrift bezieht sich eben nicht auf die Verpflichtungen, die etwa nach Art. 17 URL auferlegt werden **müssen** oder auch nur auf diejenigen Verpflichtungen, die nach Art. 17 URL auferlegt **werden.** Vielmehr gilt die Ausnahme für diejenigen Verpflichtungen, die nach Art. 17 URL auferlegt werden **können.** Der Grad der genehmigungsrechtlich relevanten Harmonisierung wird also nicht durch eine vage Bezugnahme auf ein undefiniertes, prämissenbasiertes regulatorisches Gesamtsystem bestimmt, sondern vielmehr durch die jeweils spezifischen Vorgaben der in Bezug genommenen Vorschriften. Verpflichtungen der nichtnachrangigen Endnutzermarktregulierung können nach Art. 17 URL aber gerade auferlegt werden (RdNr. 28 f.), sie müssen es lediglich nicht. Ausgeschlossen ist somit nur die Auferlegung entsprechender Vorabverpflichtungen gegenüber Unternehmen ohne beträchtliche Marktmacht.[55] Eine **nichtnachrangige Endnutzermarktregulierung** gegenüber marktmächtigen Unternehmen ist hingegen gemeinschaftsrechtlich zwar nicht erforderlich, entgegen der h. M.[56] aber zulässig.

---

54 Kommission, Leitlinien zur Marktanalyse und Ermittlung beträchtlicher Marktmacht nach dem gemeinsamen Rechtsrahmen für elektronische Kommunikationsnetze und -dienste, ABl. EG 2002 C 165, 6, RdNr. 114; *Cave/Prosperetti*, Oxford Review of Economic Policy 17 (3) (2001), 416, 428; *Elkettani*, K&R-Beilage 1/2004, 11, 15; *Klotz*, K&R-Beilage 1/2003, 3, 7; *Koenig/Loetz/ Neumann* (Fn. 28), S. 13; *Koenig/Vogelsang/Kühling/Loetz/Neumann*, S. 157 Fn. 583; *Loetz/Neumann*, German Law Journal 2003, 1307, 1310; *Scherer*, K&R 2002, 273, 286. A. A. *Immenga/ Kirchner*, TKMR 2002, 340, 355.

55 Insoweit auch *Koenig/Winkler*, TKMR 2003, 171, 176.

56 Kommission, Arbeitspapier der Kommission „Öffentliche Konsultation zum Entwurf einer Empfehlung der Kommission über relevante Produkt- und Dienstmärkte des elektronischen Kommunikationssektors, die aufgrund der Richtlinie 2002/21/EG des Europäischen Parlaments und des Rates über einen gemeinsamen Rechtsrahmen für elektronische Kommunikationsnetze und -dienste für eine Vorabregulierung in Betracht kommen" v. 18. 6. 2002, S. 13; *Bartosch*, EuZW 2002, 389, 396; *Husch/Kemmler/Ohlenburg*, MMR 2003, 139, 144; *Immenga/Kirchner*, TKMR 2002, 340, 343; *Knauth*, K&R-Beilage 1/2003, 24, 28; *Koenig/Winkler*, TKMR 2003, 171, 175 f.; *Schütz/Attendorn*, MMR-Beilage 4/2002, 1, 18 und 37; *Weisser/Bauer*, MMR 2003, 709, 713.

E. Einzelerläuterungen

I. Genehmigungspflicht (Absatz 1)

1. Persönlicher Anwendungsbereich: Entgeltregulierung als Bestandteil des Verfahrens der Marktregulierung. – § 39 Abs. 1 S. 1 erfasst „Entgelte von Unternehmen mit beträchtlicher Marktmacht bezüglich des Angebots von Telekommunikationsdiensten für Endnutzer". **Adressaten der Endnutzermarktregulierung** sind also „Unternehmen mit beträchtlicher Marktmacht". Da Marktmacht immer nur mit Blick auf einen bestimmten sachlich und räumlich relevanten Markt vorliegt, § 39 Abs. 1 aber keine allgemeine wettbewerbsrechtliche Vorschrift zur marktmachtspezifischen Regulierung enthält, wird die Marktmacht durch die nachgestellte Formulierung „bezüglich des Angebots von Telekommunikationsdiensten für Endnutzer" auf einen konkreten Markt bezogen. Damit wird der persönliche Anwendungsbereich des § 39 Abs. 1 in zweierlei Hinsicht konkretisiert: Das Unternehmen muss beträchtliche Marktmacht auf einem **Markt für Telekommunikationsdienste für Endnutzer** haben und es muss diese Marktmacht als **Anbieter** auf dem betreffenden Markt genießen. § 39 Abs. 1 gilt also **nicht** für **marktmächtige Nachfrager** von Telekommunikationsdiensten für Endnutzer. **33**

Bei isolierter Betrachtung des § 39 Abs. 1 könnte die Entgeltregulierung von Endnutzerleistungen außerdem ein Regulierungsinstrument sein, welches der Regulierungsbehörde generell zur Verfügung steht und nicht an das Verfahren der Marktregulierung nach §§ 9 ff. geknüpft ist. Denn § 39 Abs. 1 bezieht sich generell auf „Unternehmen mit beträchtlicher Marktmacht". Nach § 3 Nr. 4 ist beträchtliche Marktmacht „eines oder mehrerer Unternehmen gegeben, wenn die Voraussetzungen nach § 11 Abs. 1 Satz 3 bis 5 vorliegen". Es spricht daher durchaus einiges dafür, dass bei isolierter Betrachtung des § 39 Abs. 1 das bloße Vorliegen dieser Voraussetzungen ausreicht und es auf das vorherige **Durchlaufen des mehrstufigen Verfahrens der Marktregulierung** nicht ankommt. Dennoch ist § 39 Abs. 1 nur im Rahmen dieses Verfahrens anwendbar. Dies ergibt sich aus der Grundsatznorm des § 9 Abs. 1, die grundsätzlich[57] das Verfahren für den gesamten zweiten Gesetzesteil, also auch für § 39, vorgibt und dessen Anwendbarkeit an eine Marktdefinition nach § 10 und die Feststellung nicht wirksamen Wettbewerbs nach § 11 knüpft. Auch § 13 Abs. 1 S. 1 sieht ausdrücklich die Einbindung von Verpflichtungen nach § 39 in das Verfahren der Marktregulierung vor. § 39 ist also nur auf **solche Endnutzermärkte** anwendbar, bei denen die Regulierungsbehörde nach § 10 festgestellt hat, dass sie **für eine Marktregulierung in Betracht kommen**, und bei denen eine Marktanalyse nach § 11 ergeben hat, dass auf ihnen **kein wirksamer Wettbewerb** besteht. Das oder die dabei identifizierten Unternehmen mit beträchtlicher Marktmacht sind die Adressaten der Regulierungsmaßnahmen, die auf Grundlage des § 39 getroffen werden können. **34**

2. Sachlicher Anwendungsbereich: Entgelte bezüglich des Angebots von Telekommunikationsdiensten für Endnutzer. – Eine Vorabgenehmigung nach § 39 Abs. 1 kommt nur für „Entgelte von Unternehmen mit beträchtlicher Marktmacht bezüglich des Angebots von Telekommunikationsdiensten für Endnutzer" in Betracht. Der Kernbegriff ist daher derjenige des „Entgelts". Unter einem **Entgelt** versteht man eine **Gegenleistung.** Dies wird **35**

---

57 Etwas anderes könnte nur mit Blick auf die besondere Missbrauchsaufsicht nach § 42 gelten, vgl. *Spoerr/Sellmann*, N&R 2004, 98, 107; zweifelnd *Koenig/Loetz/Neumann*, Telekommunikationsrecht, S. 154 f.

regelmäßig eine Gegenleistung in Geld sein, muss dies aber nicht.[58] § 39 Abs. 1 ermöglicht daher vor allem eine **Preiskontrolle**, eine noch im TKG 1996 enthaltene Erstreckung der Kontrolle auf „entgeltrelevante Bestandteile der Allgemeinen Geschäftsbedingungen" fehlt in § 39 Abs. 1. Genehmigungspflichtig können daher nach der neuen Rechtslage nur Entgelte sein.[59] Von dieser tatbestandlichen Eng(er)führung hebt sich jedoch die Bestimmung des Leistungsgegenstands, für den das – ggf. zu regulierende – Entgelt zu entrichten ist, deutlich ab. Zwar konkretisiert der Zusatz „bezüglich des Angebots von Telekommunikationsdiensten für Endnutzer" in allererster Linie den Markt, auf dem das betreffende Unternehmen eine entsprechende Machtposition einnehmen muss (RdNr. 33). Da es im Rahmen der ökonomischen Regulierung um eine Steuerung des Verhaltens marktmächtiger Unternehmen auf den beherrschten Märkten geht, folgt daraus aber auch, dass die Marktmacht bezüglich des Angebots von Telekommunikationsdiensten für Endnutzer nicht Anknüpfungspunkt einer Regulierung sämtlicher Entgelte sein kann, die das Unternehmen auf beliebigen anderen sachlich relevanten Märkten erhebt. Auch die regulierten **Entgelte** müssen daher solche sein, die **„bezüglich des Angebots von Telekommunikationsdiensten für Endnutzer"** erhoben werden.

36 § 39 Abs. 1 S. 1 verlangt demzufolge also gerade nicht, dass es um Entgelte geht, die für die Erbringung von Telekommunikationsdiensten für Endnutzer verlangt werden. Insoweit hätte die Verwendung einer § 25 Abs. 1 entsprechenden Formulierung („Entgelte … für das Angebot") nahe gelegen. Vielmehr löst sich das Gesetz von einer solchen unmittelbaren Verknüpfung durch die Verwendung der Präposition „bezüglich". Das Entgelt muss somit **nicht unmittelbare Gegenleistung für einen Telekommunikationsdienst** für Endnutzer sein, sondern sich lediglich auf das Angebot eines solchen Dienstes **beziehen.** Diese Lockerung des Zusammenhangs wird auch durch die Verwendung des Begriffs „Endnutzerleistungen" in der amtlichen Überschrift zu § 39 (und zu dem von diesem gebildeten dritten Unterabschnitt) sowie in Absatz 1 Satz 4 und Absatz 3 Satz 1 der Vorschrift deutlich, der selbst **keinerlei Hinweis auf telekommunikative Bestandteile** enthält. Auf diese Weise lassen sich gerade auch solche Entgelte erfassen, die **nur im Zusammenhang** mit der eigentlichen Erbringung eines Telekommunikationsdienstes anfallen und typischerweise in Allgemeinen Geschäftsbedingungen geregelt sind – zu denken ist insoweit an Umstellungsentgelte etc. Der **Bezugspunkt** der Entgeltregulierung ist dabei jedoch stets das **Angebot von Telekommunikationsdiensten für Endnutzer.** Das Angebot wird somit durch zwei Parameter bestimmt: Telekommunikationsdienste als sein Gegenstand und Endnutzer als seine Adressaten.

37 **a) Telekommunikationsdienste als Angebotsgegenstand.** – Der Begriff der **Telekommunikationsdienste** ist in § 3 Nr. 24 legaldefiniert als „in der Regel gegen Entgelt erbrachte Dienste, die ganz oder überwiegend in der Übertragung von Signalen über Telekommunikationsnetze bestehen, einschließlich Übertragungsdienste in Rundfunknetzen". Unter der Geltung des TKG 1996 bestand ein zentrales Problem bei der Anwendung der Vorschriften zur Entgeltregulierung in der Behandlung von Annexdienstleistungen und gemischten Dienstebündeln. Dabei sind unter **Annexdienstleistungen** solche Leistungen zu verstehen,

---

58 Vgl. auch *Schermaier*, NJW 2004, 2501.
59 So auch § 38 RdNr. 37; a. A. unter Verweis auf die Einbeziehung von Aspekten der Bündelung in § 28 Abs. 2 Nr. 3 und auf Art. 17 Abs. 4 URL VG Köln, Beschluss v. 6. 9. 2004 – 1 L 1832/04, S. 3 f. des Entscheidungsumdrucks; CR 2005, 111, 112; Urteil v. 4. 11. 2004 – 1 K 7854/01, S. 6 des Entscheidungsumdrucks.

die selbst keine Telekommunikationsdienste sind, mit solchen aber in technischer und/oder wirtschaftlicher Hinsicht so eng verknüpft sind, dass ihre Erbringung für die Beteiligten nur mit Blick auf diese Sinn ergibt. Bei **gemischten Dienstebündeln** stellen die Telekommunikationsdienste hingegen nur einen Bestandteil einer Gesamtdienstleistung dar, die daneben auch andere, nichttelekommunikative Dienste – etwa Tele- oder Mediendienste – umfasst. Da das TKG 1996 eine Entgeltgenehmigungspflicht nur für Telekommunikationsdienstleistungen vorsah, war unklar, wie diese beiden Sonderfälle zu behandeln waren.[60] Für den Bereich der Endnutzermarktregulierung ist diese Streitfrage nunmehr weitgehend hinfällig, da die Entgelte nur noch einen Bezug zu einem Angebot von Telekommunikationsdiensten haben müssen. Dabei darf jedoch nicht verkannt werden, dass sich die Abgrenzungsproblematik damit im Wesentlichen auf die Frage verlagert, wann der **erforderliche Bezug** noch gegeben ist.

Dies ist jedenfalls bei **Annexdienstleistungen** im oben zugrunde gelegten Sinne der Fall. **38** Es gilt aber auch regelmäßig für **gemischte Dienstebündel**, und zwar grundsätzlich unabhängig von der Bedeutung, die den telekommunikativen Bestandteilen innerhalb des Bündels zukommt: Weder enthält der Wortlaut des § 39 Abs. 1 S. 1 insoweit einschränkende Elemente, noch ist eine generelle Anwendungsbeschränkung mit dem Telos einer effektiven, wettbewerbsfördernden Regulierung vereinbar, die gerade etwaigen Umgehungsmöglichkeiten begegnen können muss. Freilich werden gemischte Dienstebündel, die nur einen ganz **unwesentlichen Anteil Telekommunikationsdienste** enthalten, schon aus zwei anderen Gründen der Endnutzermarktregulierung nicht unterfallen: Zum einen werden sie mangels funktionaler Austauschbarkeit zumeist nicht Bestandteil eines Marktes von Telekommunikationsdiensten für Endnutzer sein; und zum anderen wird bei solchen Dienstebündeln in der Regel auch der Insuffizienztest (RdNr. 44 ff.) nicht bestanden sein.

Der **weite Anwendungsbereich** des § 39 Abs. 1 hat im Zusammenspiel mit der gemein- **39** schaftsrechtlich vorgeformten Legaldefinition des Telekommunikationsdienstebegriffs aber noch eine weitere Konsequenz. Da einerseits die **Entgeltlichkeit** der Diensteerbringung **nicht zwingend** ist, andererseits das zu regulierende Entgelt **nicht unmittelbare Gegenleistung** der Diensteerbringung sein muss (RdNr. 36), kann § 39 Abs. 1 auch dann anwendbar sein, wenn die **Übertragungsleistung unentgeltlich** angeboten wird und das Entgelt nur für eine damit im engen (technischen oder wirtschaftlichen) Zusammenhang stehende Dienstleistung erhoben wird. Dies ist auch regulierungsökonomisch sinnvoll, da somit Unternehmen mit beträchtlicher Marktmacht die Möglichkeit genommen wird, durch das Angebot kostenloser Telekommunikationsdienste in den beherrschten Märkten und die davon ausgehende Sog- und Anziehungswirkung ihre Marktmacht in unregulierte Bereiche zu erstrecken und dort Monopolgewinne zu erwirtschaften.

b) Endnutzer als Angebotsadressaten. – Die Marktregulierung ist im Telekommunikati- **40** onsgesetz im Wesentlichen eine Regulierung der Vorleistungsmärkte, also der Märkte, in denen sowohl auf Angebots- als auch auf Nachfrageseite Anbieter von Telekommunikationsdiensten stehen. Die zentrale Ausnahme hiervon ist § 39. Dies kommt darin zum Ausdruck, dass § 39 Abs. 1 S. 1 als Regulierungsvoraussetzung ausdrücklich „**Endnutzer**" als Nachfrager der Telekommunikationsdienste nennt, deren entgeltliche Aspekte gegebenen-

---

60 Siehe hierzu etwa RegTP, MMR 1998, 325; *Koenig/Neumann*, K&R-Beilage 3/2004, 1, 3, 9 f. und 19; *Trute/Spoerr/Bosch*, § 25 RdNr. 27 ff.; BeckTKG-Komm/*Schuster/Stürmer*, § 25 RdNr. 3a ff. Zu Vorprodukten für Telekommunikationsdienstleistungen OVG Münster, K&R 2001, 543.

falls einer Einzelgenehmigungspflicht zu unterwerfen sind. Der Endnutzerbegriff ist in § 3 Nr. 8 als „eine juristische oder natürliche Person, die weder öffentlich zugängliche Telekommunikationsnetze betreibt noch Telekommunikationsdienste für die Öffentlichkeit erbringt", legaldefiniert. Dadurch wird zugleich deutlich, dass die vorstehend dargestellte Unterscheidung nicht völlig exakt ist. Endnutzer im Sinne des TKG können danach nämlich durchaus solche Nutzer sein, die den nachgefragten Telekommunikationsdienst zu dem Zweck nutzen, ihrerseits einen Telekommunikationsdienst anzubieten. Sie dürfen diesen lediglich nicht für die Öffentlichkeit erbringen, ihn also nicht der Allgemeinheit zur Verfügung stellen. § 39 Abs. 1 S. 1 erfasst damit auch **Angebote von Telekommunikationsdiensten für Anbieter von nichtöffentlichen Telekommunikationsdiensten** bzw. von Telekommunikationsdiensten für geschlossene Nutzergruppen (**Anbieterendnutzer**).

41   Dies führt zu **Abgrenzungsschwierigkeiten** mit den Vorschriften zur Regulierung von Entgelten für Zugangsleistungen (§§ 30 ff.). Zugangsleistungen sind nach § 3 Nr. 32 Leistungen, deren Gegenstand in der Bereitstellung von Einrichtungen oder Diensten für ein anderes Unternehmen unter bestimmten Bedingungen zum Zwecke der Erbringung von Telekommunikationsdiensten besteht. Es ist also gerade nicht erforderlich, dass der Zweck in der Erbringung **öffentlicher** Telekommunikationsdienste liegt. Zugangsleistungen können somit auch gegenüber Anbieterendnutzern erbracht werden. Da die betreffenden Leistungen als Leistungen gegenüber Anbietern von nichtöffentlichen Telekommunikationsdiensten regelmäßig nicht nach § 21 auferlegt sein werden, unterliegen sie nach § 30 Abs. 3 in der Regel der **nachträglichen Regulierung** nach § 38. Dies gilt aber nur für Betreiber öffentlicher Telekommunikationsnetze. Sofern also ein solcher Betreiber einem Anbieterendnutzer Telekommunikationsdienste anbietet, sind somit grundsätzlich sowohl § 38 Abs. 1 als auch § 39 Abs. 1 anwendbar. Dabei ist § 38 Abs. 1 im Rahmen des Insuffizienztests nach § 39 Abs. 1 vorrangig. Davon abgesehen bleibt aber die an zusätzliche Tatbestandsmerkmale geknüpfte und eine strengere Rechtsfolge anordnende Vorschrift des § 39 Abs. 1 auf die Fälle anwendbar, in denen auch § 38 Abs. 1 anwendbar ist. Ein darüber hinausgehendes formelles Spezialitätsverhältnis lässt sich allerdings nicht feststellen, da trotz der zusätzlichen Tatbestandsmerkmale in § 39 Abs. 1 der personale Anwendungsbereich der Vorschriften nicht übereinstimmt: Betreiber öffentlicher Telekommunikationsnetze hier (§ 38 Abs. 1 i.V. m. § 30 Abs. 3), Anbieter von Telekommunikationsdiensten für Endnutzer dort (§ 39 Abs. 1).

42   **3. Nachrangigkeit der Genehmigungspflicht.** – Die Ermächtigung der Regulierungsbehörde, Entgelte der Pflicht zur (vorherigen) Genehmigung zu unterwerfen, setzt neben der Eröffnung des persönlichen und sachlichen Anwendungsbereichs voraus, dass sich bestimmte **vorrangige Maßnahmen** als **unzureichend** erweisen. Wie die gemeinschaftsrechtliche Vorgabe des Art. 17 Abs. 1 URL sieht daher auch § 39 Abs. 1 einen **Insuffizienztest** vor, der jedoch an leicht abweichende Voraussetzungen geknüpft ist und aufgrund der divergierenden Funktion – Art. 17 Abs. 1 URL bestimmt die Reichweite der mitgliedstaatlichen Umsetzungsverpflichtung, § 39 Abs. 1 die Voraussetzungen für die Auferlegung einer Entgeltgenehmigungspflicht – auch abweichende Rechtsfolgen hat.

43   **a) Wirkungsmechanismus.** – Dem Insuffizienztest liegt folgende Überlegung zugrunde: Einerseits sollte die hoheitliche **Beschränkung der Endkundenpreissetzungsfreiheit** eines Unternehmens als der wohl zentralsten wettbewerblichen Entscheidungsfreiheit überhaupt auf das **geringstmögliche Maß** reduziert werden, um staatlich induzierte Verfälschungen des Wettbewerbsprozesses weitestmöglich zu vermeiden. Andererseits ist zu-

mindest in der ökonomischen Theorie eine **Regulierung auf der Endkundenstufe über-flüssig**, wenn die Regulierung auf der Vorleistungsebene funktioniert. Denn dann haben die Wettbewerber der regulierten Unternehmen die Möglichkeit, jedwedem potenziell missbräuchlichen Verhalten auf Endkundenstufe durch das Angebot eigener Produkte zu begegnen, deren Konkurrenzfähigkeit durch die regulierte Bereitstellung entsprechender Vorleistungen seitens der marktmächtigen Unternehmen sichergestellt ist. Allerdings ist Regulierung niemals perfekt, so dass in der Regulierungsrealität die so genannte **Doppel-regulierung** von Vorleistungs- und Endnutzerregulierung durchaus angebracht sein kann, um entsprechende Defizite zu kompensieren. Voraussetzung für Maßnahmen der Endnut-zerregulierung ist dann, dass die **Vorleistungsregulierung alleine nicht geeignet** ist, die Regulierungsziele zu erreichen. § 39 Abs. 1 bezieht diesen Wirkungsmechanismus aller-dings nicht generell auf die Regulierung auf der Endkundenstufe, sondern beschränkt ihn auf die Fälle der Entgeltgenehmigungspflicht sowie in deutlich abgeschwächtem Maße – über § 39 Abs. 3 S. 2 (RdNr. 86) – der dilatorischen Vorlagepflicht als besonders intensiver Regulierungsmaßnahmen.

b) Insuffizienztest. – Der in § 39 Abs. 1 S. 1 enthaltene Insuffizienztest ist nur bestanden,   **44** wenn anzunehmen ist, dass **Verpflichtungen im Zugangsbereich** oder zur **Betreibervor-auswahl** und **Betreiberauswahl** nach § 40 nicht zur Erreichung der Regulierungsziele nach § 2 Abs. 2 führen würden. Vorrangig sind also nicht nur Maßnahmen der Vorleis-tungsregulierung, sondern auch Verpflichtungen zur Betreibervorauswahl und Betreiber-auswahl. Dies ist folgerichtig, da jene Verpflichtungen Zugangsvereinbarungen oder -ver-pflichtungen im Vorleistungsbereich voraussetzen und auf die Ebene des Endnutzermark-tes transponieren: Erst wenn der Netzzugangsanbieter seinen Kunden die Möglichkeit zur Betreibervorauswahl und Betreiberauswahl anbietet, können diese überhaupt Verbin-dungsleistungen zusammengeschalteter Netzbetreiber in Anspruch nehmen. Auch Ver-pflichtungen zur Betreibervorauswahl und Betreiberauswahl sind daher als **Transmissi-onsmechanismen der Vorleistungsregulierung** vorrangig gegenüber anderen Interven-tionen mit unmittelbarer Auswirkung auf die Ebene der Endnutzermärkte. Zugleich zeigt das Beispiel der Betreibervorauswahl und -auswahl, dass Vorleistungsregulierung im Ein-zelfall flankierender Vorgaben bedarf, die unmittelbar das Verhältnis zwischen dem regu-lierten Unternehmen und seinen Kunden betreffen.

aa) Vorrangige Maßnahmen. – Eigentlicher Grund für den Nachrang der Endnutzer-   **45** marktregulierung und Kern des Insuffizienztests bleibt damit aber auch stets die Annahme, dass Maßnahmen der Vorleistungsregulierung grundsätzlich die wettbewerbskonformeren Mittel zur Erreichung eines nachhaltig wettbewerblichen Marktumfeldes sind. Dabei er-fasst § 39 Abs. 1 mit der Bezugnahme auf Verpflichtungen im Zugangsbereich jedenfalls sämtliche Maßnahmen nach dem zweiten Abschnitt des zweiten Gesetzesteils, also **sämt-liche Maßnahmen** auf Grundlage der **§§ 16 bis 26.** Dabei ist insbesondere an Zugangsver-pflichtungen nach der Zentralnorm des § 21 zu denken. Der darauf nicht beschränkte Wort-laut erlaubt jedoch darüber hinaus auch die **Einbeziehung der Entgeltverpflichtungen im Zugangsbereich** nach dem zweiten Unterabschnitt des dritten Abschnittes (§§ 30 bis 38). Dies entspricht nicht nur den in den Materialien dokumentierten Vorstellungen der Bundesregierung,[61] sondern ist auch systematisch-teleologisch geboten. Denn die Anord-nung von Zugangsverpflichtungen ist nicht sinnvoll von der Festlegung ihrer entgeltlichen

---

61 BT-Drs. 15/2316, S. 70.

Bedingungen zu trennen – überhöhte Entgelte können Wettbewerber von der Ausübung von Zugangsrechten abhalten. Erst die richtige Preissetzung führt dazu, dass Regulierungsmaßnahmen auf Vorleistungsebene ihr Ziel erreichen können.

46 **bb) Regulierungsziele als Referenzmaßstab des Insuffizienztests. – Referenzmaßstab** des Insuffizienztests ist die Erreichung der Regulierungsziele nach § 2 Abs. 2. Der Insuffizienztest nimmt dabei nicht den Status quo, sondern die **zu erwartende künftige Entwicklung** in den Blick. Das Gesetz geht also implizit davon aus, dass auf dem betreffenden Endnutzermarkt die Regulierungsziele bislang nicht erreicht sind. Dies wird auch der Regelfall sein. Denn es dürfte nur schwer zu begründen sein, warum ein Markt der sektorspezifischen Regulierung nach §§ 9 ff. zu unterwerfen sein sollte, der namentlich nachhaltig wettbewerbsorientiert ist (§ 2 Abs. 2 Nr. 2 Alt. 2) und auf dem sowohl die Interessen der Nutzer gewahrt sind (§ 2 Abs. 2 Nr. 1) als auch ein chancengleicher Wettbewerb sichergestellt ist (§ 2 Abs. 2 Nr. 2 Alt. 1). Sollten die Regulierungsziele entgegen dieser Grundannahme bereits in dem Zeitpunkt erreicht sein, in dem die Regulierungsbehörde den Insuffizienztest durchführt, muss der Insuffizienztest daher in aller Regel als nicht bestanden angesehen werden. Eine Ausnahme kommt nur dann in Betracht, wenn es um die Überprüfung (§ 14, § 13 Abs. 1) eines Marktes geht, auf dem bereits Maßnahmen nach § 39 getroffen wurden. Hier ist nicht zu fragen, ob die Regulierungsziele auch ohne Maßnahme der Endnutzermarktregulierung erreicht **werden**, sondern ob sie nach Zurücknahme dieser Maßnahmen erreicht **bleiben**. Auch in diesem Fall gilt jedoch: Der Insuffizienztest verlangt in einem ersten Schritt von der Regulierungsbehörde eine **Prognose** über die **künftige tatsächliche Entwicklung der Wettbewerbsverhältnisse.** Erst dieser erwartete Zustand des Endnutzermarktes ist dann am Referenzmaßstab der Regulierungsziele zu messen.

47 Bei der damit erforderlichen Prüfung, ob die Regulierungsziele erreicht werden, ist zu berücksichtigen, dass die Marktregulierung des zweiten Gesetzesteils keineswegs in gleichem Maße zur Verwirklichung sämtlicher Regulierungsziele geeignet und konzipiert ist. So werden sich vor allem quantifizierbare Auswirkungen der Marktregulierung auf die **Regulierungsziele nach § 2 Abs. 2 Nr. 6 bis 9** kaum feststellen bzw. prognostizieren lassen. Auch im Rahmen des Insuffizienztests nach § 39 Abs. 1 S. 1 wird die Regulierungsbehörde diese Regulierungsziele daher ermessensfehlerfrei regelmäßig **außer Acht lassen** dürfen. Die ersten fünf Regulierungsziele des § 2 Abs. 2 sind jedoch zumindest potenziell relevant und müssen in die Abschätzung miteinbezogen werden. Auch insoweit ist aber von einer gewissen **unterschiedlichen Relevanz** auszugehen. Besondere Bedeutung besitzt insoweit das Ziel der **Sicherstellung** eines **chancengleichen Wettbewerbs** und der **Förderung nachhaltig wettbewerbsorientierter Märkte** gemäß § 2 Abs. 2 Nr. 2. Zugleich eröffnet es aber auch erhebliche **Prognosespielräume**, da insoweit keine Erfahrungssätze von naturgesetzlicher Genauigkeit bestehen. Eher ambivalent ist auch das Regulierungsziel, die **Nutzerinteressen** zu wahren (§ 2 Abs. 2 Nr. 1). Dieses Ziel mag zwar zunächst für Marktinterventionen mit dem Ziel der Vorgabe niedriger Entgelte sprechen. Langfristig können aber zu geringe Entgelte dazu führen, dass die Gewinnmargen der Unternehmen zu klein sind. Die kurzfristig aus Nutzersicht attraktiven niedrigen Entgelte können somit zur Folge haben, dass Marktzutritte unterbleiben bzw. Unternehmen aus dem Markt ausscheiden. Die Konsequenz wäre eine geringere Wettbewerbsintensität und eine Reduzierung der Angebotsvielfalt, was wiederum den Nutzerinteressen zuwiderliefe.

48 Ebenfalls schwer fassbar sind Auswirkungen auf das Regulierungsziel der **Förderung effizienter Infrastrukturinvestitionen** und der **Unterstützung von Innovationen** (§ 2

Abs. 2 Nr. 3). Das folgt schon daraus, dass Investitionen und Innovationen sowohl durch regulierte Unternehmen als auch durch ihre Wettbewerber erfolgen können und insoweit aus § 2 Abs. 2 Nr. 3 alleine keine Präferenz für die eine oder andere Seite zu gewinnen ist. § 2 Abs. 2 Nr. 3 dürfte daher vor allem dann Berücksichtigung im Rahmen des Insuffizienztests verdienen, wenn durch potenziell unter Kosten gesetzte Entgelte eine alte Technologie weiter für die Endnutzer attraktiv gehalten werden soll, damit diese nicht zu moderneren technischen Lösungen von Wettbewerbern des regulierten Unternehmens wechseln. Es erscheint allerdings zweifelhaft, ob solche Unternehmensstrategien langfristig erfolgreich sein können und daher überhaupt praktisch relevant werden.

Eher geringe praktische Relevanz wird auch dem Regulierungsziel nach § 2 Abs. 2 Nr. 4 **49** zukommen, die **Entwicklung des Binnenmarktes der Europäischen Union** zu fördern. Denkbar – wenngleich durchaus zweifelhaft – ist dabei, dass Maßnahmen der Endnutzermarktregulierung in Betracht zu ziehen sind, wenn solche in allen anderen EG-Mitgliedstaaten etabliert sind und insoweit eine Privilegierung deutscher Unternehmen auf ihrem Heimatmarkt zu befürchten wäre. Hinsichtlich des Regulierungsziels nach § 2 Abs. 2 Nr. 5 ist schließlich dessen begrenzte, auf eine **telekommunikative Grundversorgung** gerichtete Reichweite zu berücksichtigen. Schon deshalb wird seine Bedeutung innerhalb des Insuffizienztests gering bleiben. Eine mögliche Konstellation, in der § 2 Abs. 2 Nr. 5 dabei relevant wird, könnte gegeben sein, wenn – etwa infolge einer Preisdifferenzierung im Raum – die Entgelte der Universaldienstleistungen in ländlichen Gebieten nicht mehr dem Maßstab der Erschwinglichkeit entsprechen.

Im Rahmen des Insuffizienztests kann es jedoch **nicht** bei einer **isolierten Betrachtung** **50** der Auswirkungen auf die **einzelnen Regulierungsziele** bleiben. Vielmehr erfordert § 39 Abs. 1 S. 1, dass „die Regulierungsziele" durch die vorrangig zu treffenden Maßnahmen nicht erreicht würden. Dies ist unproblematisch, wenn die Betrachtung der einzelnen Regulierungsziele stets dasselbe Testergebnis liefert oder sich das jeweilige Regulierungsziel als im konkreten Fall ambivalent erweist: Dann kann das Ergebnis der Gesamtbetrachtung von den Ergebnissen der Einzelbetrachtungen nicht abweichen. Führen die Einzelbetrachtungen aber dazu, dass hinsichtlich mancher Regulierungsziele der Insuffizienztest erfüllt ist, hinsichtlich anderer jedoch nicht, folgt aus den Einzelbetrachtungen kein unmittelbar für § 39 Abs. 1 S. 1 nutzbares Ergebnis. Es werden dann vielmehr etwaige **Zielkonflikte** zwischen den einzelnen Regulierungszielen relevant. Zwar ist insoweit von einer grundsätzlich weitgehenden Parallelität auszugehen, aufgrund derer es regelmäßig nicht zu derartigen Zielkonflikten kommen wird.[62] Gänzlich ausgeschlossen werden können sie allerdings nicht, zumal mit der Novellierung des TKG äußerst ambivalente Regulierungsziele wie insbesondere die der Förderung effizienter Infrastrukturinvestitionen und der Unterstützung von Innovationen (§ 2 Abs. 2 Nr. 3) sowie der Förderung der Entwicklung des Binnenmarktes (§ 2 Abs. 2 Nr. 4) hinzugekommen sind. Insoweit ist zu berücksichtigen, dass **grundsätzlich** alle Regulierungsziele **dieselbe Wertigkeit** besitzen.[63]

62 Zu § 2 Abs. 2 TKG 1996 siehe diesbezüglich *Koenig/Vogelsang/Kühling/Loetz/Neumann*, S. 144 ff.
63 Zu § 2 Abs. 2 TKG 1996: *Koenig/Vogelsang/Kühling/Loetz/Neumann*, S. 139 f.; a. A. – mit unterschiedlicher Einstufung als „Ziel" und „Zweck" – *Holznagel/Enaux/Nienhaus*, S. 19; *Reinke*, Der Zweck des Telekommunikationsgesetzes, 2001, S. 59; BeckTKG-Komm/*Schuster*, § 2 RdNr. 5.

51   Es spricht lediglich einiges für einen **tendenziellen Vorrang** der **Wettbewerbsförderung** (§ 2 Abs. 2 Nr. 2 Alt. 2) und der **Sicherstellung des Universaldienstes** (§ 2 Abs. 2 Nr. 5), da diese nach § 1 zusätzlich erklärte Zwecksetzungen des Gesetzes sind. Außerdem ist im Rahmen des § 39 Abs. 1 S. 1 ausweislich § 39 Abs. 1 S. 2 auch die **Förderung nachhaltig wettbewerbsorientierter Märkte** ein besonders hervorgehobener Telos. Nichtsdestoweniger bleibt die Abwägung im Falle gegenläufiger Auswirkungen der vorrangigen Regulierungsmaßnahmen auf die einzelnen Regulierungsziele eine komplexe, dem **Einzelfall** vorbehaltene Aufgabe.

52   **cc) Einbeziehung bislang nicht auferlegter Verpflichtungen.** – Dabei erfasst der Insuffizienztest ohne weiteres tatsächlich **bereits auferlegte Verpflichtungen.** Fraglich ist jedoch, ob der Verweis auf „die Verpflichtungen" eine Einbeziehung von Verpflichtungen erfordert oder ausschließt, die **noch nicht auferlegt** wurden, aber auferlegt werden könnten.[64] Der Wortlaut steht ihrer Einbeziehung jedenfalls nicht zwingend entgegen, können mit „Verpflichtungen" eben auch die der Regulierungsbehörde zur Verfügung stehenden Verpflichtungen gemeint sein. Auch spricht die gesetzliche Systematik, die in dem Wirkungsmechanismus des Insuffizienztests zum Ausdruck kommt, für eine Einbeziehung bislang noch nicht auferlegter Vorabverpflichtungen im Zugangsbereich und zur Betreiberauswahl und Betreibervorauswahl. Denn eine **bloß formelle Nachrangigkeit** der Endnutzermarktregulierung würde den in § 39 Abs. 1 S. 1 zum Ausdruck kommenden Vorrang davon abhängig machen, welche Maßnahmen die Regulierungsbehörde in den genannten Bereichen tatsächlich getroffen hat, und es ihr somit erlauben, den gesetzlich angeordneten **Vorrang zu umgehen.**[65] Und auch der Regelungszweck, der mit dem Insuffizienztest verfolgt wird, also die Beschränkung besonders intensiver Regulierungseingriffe auf Endnutzermärkten auf das wirklich unabdinglich erforderliche Maß (RdNr. 43), spricht aus den gleichen Gründen dafür, dass die **Nachrangigkeit** der Endnutzermarktregulierung **materielle Elemente** aufweist. Es ist somit grundsätzlich nicht lediglich von den tatsächlich auferlegten Verpflichtungen im Zugangsbereich und zur Betreiberauswahl und Betreibervorauswahl auszugehen, sondern es sind auch solche Verpflichtungen in die Prüfung miteinzubeziehen, die erst noch auferlegt werden könnten.

53   Kommt die Regulierungsbehörde zu dem Schluss, dass derartige Verpflichtungen auch ohne flankierende Maßnahmen der Endnutzermarktregulierung zur Erreichung der Regulierungsziele ausreichen, hat sie daher diese Verpflichtungen aufzuerlegen. Der Insuffizienztest ist dann nicht erfüllt. Diese Prüfung ist allerdings kein Spezifikum des § 39 Abs. 1 S. 1. Vielmehr aktualisiert sich hier nur die **teleologische Bindung** des regulierungsbehördlichen Ermessens an die Regulierungsziele des § 2 Abs. 2. Auch ohne den Insuffizienztest wäre die Regulierungsbehörde daher verpflichtet, den regulierten Unternehmen diejenigen Verpflichtungen im Zugangsbereich und zur Betreiberauswahl und Betreibervorauswahl aufzuerlegen, die zur Erreichung der Regulierungsziele erforderlich sind.[66]

54   **dd) Zeitliche Komponente des Insuffizienztests.** – Dem Wortlaut des § 39 Abs. 1 S. 1 ist keine **zeitliche Komponente** zu entnehmen. Es wäre daher prima facie im Rahmen des Insuffizienztests grundsätzlich irrelevant, ob die Regulierungsziele alleine aufgrund der vor-

---

64   Vgl. zur Parallelproblematik mit Blick auf Art. 17 Abs. 1 URL *Holznagel/Hombergs*, K&R 2003, 322, 326 f.

65   So zu Art. 17 Abs. 1 URL auch *Koenig/Winkler*, TKMR 2003, 171, 177.

66   Ähnlich aus gemeinschaftsrechtlicher Sicht auch *Holznagel/Hombergs*, K&R 2003, 322, 327.

rangigen Regulierungsmaßnahmen kurzfristig oder erst in ferner Zukunft erreicht würden. Einerseits spricht gegen eine solche Sichtweise, dass die Regulierungsziele damit im Wesentlichen zu reinen Programmsätzen herabgewürdigt und wettbewerbskonforme Marktergebnisse in die Zukunft verschoben würden, was auch den Interessen der Nutzer (§ 2 Abs. 2 Nr. 1) zuwiderliefe. Andererseits kann der Insuffizienztest nach § 39 Abs. 1 S. 1 aber auch nicht auf eine möglichst kurzfristige Herstellung von Marktergebnissen gerichtet sein, die denjenigen entsprechen, die sich im Falle chancengleichen Wettbewerbs auf nachhaltig wettbewerbsorientierten Märkten einstellen würden. Vielmehr geht es darum, einen Kompromiss zwischen der auch kurz- und mittelfristig zu beachtenden Wahrung der Nutzer- und Wettbewerbsinteressen und der regelmäßig nur längerfristig zu erreichenden Schaffung nachhaltig wettbewerbsorientierter Märkte zu erreichen. Die zeitliche Komponente ist also **per se Bestandteil** der **Prüfung**, ob die Regulierungsziele erreicht werden, als solcher jedoch nicht pauschal als Argument für oder gegen eine Intervention auf Endnutzermärkten heranzuziehen. Auch hier geht es also darum, die Gesamtheit der getroffenen Maßnahmen einzubeziehen und auf dieser Grundlage die Wirkungen einer etwaigen Regulierung von Endnutzerleistungen zu beurteilen.

c) Regulierungsbehördliche Prognose. – Im Insuffizienztest wird über eine **hypothetische Entwicklung** entschieden: Würden die Regulierungsziele durch (bloße) Anwendung der vorrangigen Regulierungsmaßnahmen erreicht? Insoweit fordert das Gesetz allerdings eine Rechtfertigung der behördlichen Annahme durch Tatsachen. Ist eine solche Rechtfertigung möglich, stellt sich dennoch die Frage nach einem (nicht vollständig gerichtlich überprüfbaren) Beurteilungsspielraum der Regulierungsbehörde. **55**

aa) Durch Tatsachen gerechtfertigte Annahme. – Das Erfordernis, dem zufolge eine behördliche Einschätzung **durch Tatsachen gerechtfertigt** sein muss, ist ein gängiges Tatbestandsmerkmal wirtschaftsverwaltungsrechtlicher Vorschriften, die in besonderem Maße auf Steuerung und Planung angelegt sind. Es findet sich auch an anderer Stelle im TKG[67] sowie in zahlreichen anderen verwaltungsrechtlichen Rechtsvorschriften.[68] Da Tatsachen vorliegen müssen, **reichen bloße Vermutungen** für die behördliche Annahme **nicht aus.**[69] Die Regulierungsbehörde muss für ihre Prognoseentscheidungen also konkrete (Markt-) Daten anführen können, die empirisch erhoben sein müssen und nicht auf Schätzungen beruhen dürfen. **56**

Dass die Tatsachen des Weiteren die Annahme der Insuffizienz rechtfertigen müssen, erfordert eine **Bezugnahme auf Erfahrungssätze**, die **hinreichend sicher** sind, um die dann eingreifende Rechtsfolge rechtfertigen zu können.[70] Erforderlich sind also zunächst einmal Erfahrungssätze. Im Rahmen des Insuffizienztests werden das in der Regel ökonomische Gesetzmäßigkeiten sein. Diese müssen überdies hinreichend sicher sein, so dass die Berufung auf nur vereinzelt vertretene, empirisch nicht belegte und von der ganz überwiegenden Auffassung in der betreffenden Fachwissenschaft – zumeist also der Volkswirtschaftslehre – ausdrücklich abgelehnte Theorien jedenfalls in der Regel den Anforderungen des § 39 Abs. 1 S. 1 nicht genügt. Das heißt jedoch gerade nicht, dass **neue wissenschaftliche** **57**

---

67 Vgl. § 86 Abs. 1 S. 1 TKG, dort allerdings nicht auf die Regulierungsbehörde, sondern auf das universaldienstverpflichtete Unternehmen bezogen.
68 Siehe etwa § 35 Abs. 4 Nr. 2 lit. d BauGB; § 34 Abs. 1 Nr. 1, § 34a Abs. 1 Nr. 1 GewO; § 6 Abs. 1 WaffG.
69 BVerfG, NJW 2004, 2213, 2217 (zu § 39 Abs. 1 AWG).
70 BVerfG, NJW 2004, 2213, 2217 (zu § 39 Abs. 1 AWG).

Erkenntnisse nur aufgrund ihrer Neuheit unberücksichtigt bleiben müssen. Außerdem sind an das Rechtfertigungserfordernis **keine allzu hohen Anforderungen** zu stellen. Insoweit ist der besondere Wirkungsmechanismus des Insuffizienztests zu berücksichtigen: Ist der Insuffizienztest nämlich nicht erfüllt, ist zwar von der Auferlegung einer Genehmigungspflicht hinsichtlich der Endnutzerleistungsentgelte abzusehen. An deren Stelle kann jedoch die Auferlegung weiterer, durchaus eingriffsintensiver Vorabverpflichtungen im Zugangsbereich oder zur Betreiberauswahl und Betreibervorauswahl treten (RdNr. 52 f.). Anders als im Regelfall besteht die Alternative hier also nicht in der behördlichen Entscheidung zwischen einem Grundrechtseingriff und dem Verzicht hierauf. Vielmehr geht es um eine in ihrer Regelungsintensität abgestufte Maßnahme, woraus gegenüber dem Regelfall reduzierte Anforderungen an das Rechtfertigungselement folgen.

58 **bb) Beurteilungsspielraum der Regulierungsbehörde.** – Auch wenn zwingender Anknüpfungspunkt der Annahme der Regulierungsbehörde Tatsachen sein müssen, kann sie letzten Endes nur auf hinreichend gesicherte Erfahrungssätze gestützt werden. Die Annahme, dass der Insuffizienztest erfüllt ist, ist also **kein Vorgang der naturwissenschaftlich eindeutigen Erkenntniserzeugung**, sondern letztlich **prognostischer Natur.** Wie jeder Prognose wohnt auch ihr damit eine Restunsicherheit inne. Diese ist überdies nicht marginal. Denn die Frage, ob die vorrangigen Maßnahmen zur Erreichung der Regulierungsziele ausreichen, führt angesichts der erheblichen Unbestimmtheiten und Ambivalenzen zwischen der Gesamtheit der Regulierungsziele, aber auch bereits innerhalb einzelner Regulierungsziele (RdNr. 47 ff.), in einen Bereich **komplexer Abwägungs- und Wertungsentscheidungen.** § 39 Abs. 1 S. 1 wirft daher die Frage auf, ob der Regulierungsbehörde bei ihrer Prognose insoweit ein nicht vollständig justiziabler Beurteilungsspielraum eröffnet ist.

59 Allerdings wurde eine im **Referentenentwurf** ausdrücklich enthaltene Bezugnahme auf einen der Regulierungsbehörde **„zustehenden Beurteilungsspielraum"**[71] im Regierungsentwurf wieder fallen gelassen (RdNr. 14). Dies ist ein beachtliches Argument dafür, dass der Gesetzgeber nunmehr doch gerade keinen derartigen Beurteilungsspielraum zulassen wollte,[72] zumal eine entsprechende Formulierung an anderer Stelle (§ 10 Abs. 2 S. 2) beibehalten wurde. Allerdings darf die genetische Auslegung auch nicht überschätzt werden; insbesondere können die – sich ggf. im Laufe des Gesetzgebungsverfahrens wandelnden – Vorstellungen der Ministerialbürokratie nicht mit einem Willen des Gesetzgebers gleichgesetzt werden.[73] Überdies kann aus dem bloßen Verzicht auf die ausdrückliche Festschreibung eines Beurteilungsspielraums – dessen genauer Umfang und dessen Grenzen ja ohnehin wiederum erst im Wege der Auslegung hätten bestimmt werden können – nicht zwingend darauf geschlossen werden, dass ein solcher auch dann ausgeschlossen werden sollte, wenn nach allgemeinen Grundsätzen von einem Beurteilungsspielraum auszugehen wäre. Die **Gesetzesgenese** schließt mithin die Annahme eines Beurteilungsspielraums nicht aus, macht aber die **Notwendigkeit** seiner rechtsdogmatisch präzisen **Begründung** besonders deutlich. Die Annahme, dass das Gesetz einer Behörde einen kontrollfreien Beurteilungsspielraum einräumt, ist aufgrund der in Art. 19 Abs. 4 GG enthaltenen Verpflichtung der

---

71 Kritisch – allerdings ohne weitere Substantiierung – zum Zusammenspiel von Beurteilungsspielraum und Wettbewerbstest *Möschel/Haug*, MMR 2003, 505, 507.

72 *Wegmann*, K&R-Beilage 1/2004, 25, 31.

73 Genau umgekehrt wohl *Holznagel*, MMR 2003, 513, 517 (der Gesetzgeber könne einen Beurteilungsspielraum nicht vorsehen, stattdessen solle die Eingliederung erwünschter Spielräume in die gerichtlich anerkannten Fallgruppen in der Gesetzesbegründung erläutert werden).

Gerichte, Verwaltungsentscheidungen in rechtlicher und tatsächlicher Hinsicht vollständig nachzuprüfen,[74] ohnehin besonders begründungsbedürftig. Insoweit markieren allerdings die Funktionsgrenzen der Rechtsprechung[75] gerade auch innerhalb des Art. 19 Abs. 4 GG die unterschiedlichen Aufgabenbereiche der Exekutive einerseits und der Judikative andererseits.

Diese **Funktionsgrenzen** sind erreicht, wenn das Gericht auch unter Hinzuziehung exter- **60** nen Sachverstands oder von Beweismitteln die **Gründe der behördlichen Maßnahme nicht selbstständig nachvollziehen** und daher insoweit auch **nicht überprüfen** kann.[76] Soweit dies der Fall ist, kann das Gericht nur überprüfen, ob die Behörde ihre Entscheidung fehlerfrei als eine richtige getroffen hat, und muss die Entscheidungsgründe insoweit gelten lassen, wie es sie nicht widerlegen kann. Solche Funktionsgrenzen sind der Rechtsprechung vor allem in zwei Konstellationen gezogen:[77] So ist von einer reduzierten judikativen Überprüfbarkeit auszugehen, wenn die **Subsumtion** eines Sachverhaltes unter einen unbestimmten Rechtsbegriff **nicht diskursiv begründbar**, sondern nur schätzungsweise möglich ist. Gleiches gilt dann, wenn das Gesetz auf **ungesicherte außerrechtliche Maßstäbe** verweist, was insbesondere die Fälle betrifft, in denen die zukünftige Entwicklung abzuschätzen ist. Eine anerkannte Fallgruppe für gerichtlich nur eingeschränkt überprüfbare behördliche Beurteilungsspielräume – deren Heranziehung freilich nicht die Begründung im Einzelfall ersetzen kann – bilden daher die **Fälle eines Prognosespielraums.**[78] In diesen hängt der Gegenstand des unbestimmten Rechtsbegriffs nicht lediglich von komplexen Wertungen, sondern überdies von einer prognostischen Entscheidung ab.[79]

Genau einen solchen Prognosespielraum eröffnet aber der Insuffizienztest. Er besteht in **61** einem ersten Schritt aus einer **Einschätzung der Entwicklung der Marktverhältnisse** (RdNr. 46) und in einem zweiten Schritt aus der komplexe, nicht naturwissenschaftlich determinierte **Abwägungen** erfordernden Entscheidung, ob mit dieser erwarteten Entwicklung die **Regulierungsziele erreicht werden** (RdNr. 47 ff.). Schon vor diesem Hintergrund liegen die anerkannten Voraussetzungen für die Annahme eines gerichtlich nur eingeschränkt überprüfbaren Beurteilungsspielraums vor. Darüber hinaus begnügt sich das Gesetz selbst ausdrücklich mit einer durch Tatsachen gerechtfertigten Annahme der Regulierungsbehörde (RdNr. 56 f.). Es ist also gerade nicht erforderlich, dass die vorrangigen Maßnahmen zur Erreichung der Regulierungsziele führen werden. Schon dies ist ein deutliches Indiz dafür, dass der Überprüfbarkeit durch die Rechtsprechung hier gewisse Funktionsgrenzen gezogen sind. Auch nach Maßgabe der so genannten normativen Ermächtigungslehre[80] – die freilich in der Sache nicht mehr besagt, als dass die Annahme eines Beurteilungsspielraums wie jedes Auslegungsergebnis auch aus der interpretierten Norm gewonnen werden muss, – ist somit davon auszugehen, dass die Regulierungsbehörde bei Durchführung des Insuffizienztests über einen **Beurteilungsspielraum** verfügt, der **nur eingeschränkt** der **Überprüfung durch die Gerichte** unterliegt.[81]

---

74 BVerfGE 84, 34, 49.
75 BVerfGE 84, 34, 50; *Brohm*, DVBl. 1986, 326, 329 ff.
76 BVerwGE 62, 86, 101 f.; 75, 275, 279; *Wolff/Bachof/Stober*, § 31 RdNr. 18 (S. 448).
77 Zu beiden Konstellationen *Wolff/Bachof/Stober*, § 31 RdNr. 18 (S. 448).
78 BVerwGE 79, 208, 214; 79, 307, 310 f.; *Ossenbühl*, DVBl. 1974, 309, 313.
79 BVerwGE 75, 275, 279.
80 *Ossenbühl*, DVBl. 1974, 309, 310 f.
81 A. A. *Wegmann*, K&R-Beilage 1/2004, 25, 31.

62 **4. Unterwerfungsentscheidung.** – Ist der Anwendungsbereich des § 39 Abs. 1 eröffnet und auch der Insuffizienztest erfüllt, kann die Regulierungsbehörde von den erfassten Unternehmen mit beträchtlicher Marktmacht verlangen, die dem sachlichen Anwendungsbereich unterfallenden Entgelte einer Entgeltgenehmigung zu **unterwerfen.** Die Regulierungsbehörde kann daher den betreffenden Unternehmen eine Genehmigungspflicht auferlegen.

63 **a) Ermessensvorschrift.** – Die Unterwerfungsentscheidung wird dabei von § 39 Abs. 1 S. 1 in das **Ermessen** der Regulierungsbehörde gestellt. Das betrifft vor allem die Frage, ob die Genehmigungspflicht auferlegt werden soll. Dieses **Entschließungsermessen** ist jedoch durch die Sollvorschrift des § 39 Abs. 1 S. 2 **reduziert** (dazu unter b), RdNr. 65 ff.). Von dieser Reduzierung abgesehen unterliegt die Entscheidung aber der Einschätzung der Regulierungsbehörde, die sich dabei von konzeptionellen und planerischen Erwägungen leiten lassen darf. Insoweit sind jedoch stets die üblichen **Grenzen der Ermessensausübung** zu berücksichtigen. Insbesondere wird man bei erfolgter Unterwerfungsentscheidung von einem Ermessensfehlgebrauch ausgehen müssen, wenn der Nichterreichung der Regulierungsziele durch die vorrangigen Maßnahmen Ursachen zugrunde liegen, die nicht durch Entgeltmaßnahmen auf Ebene des Endnutzermarktes kompensiert werden können.

64 Ein **Auswahlermessen** steht der Regulierungsbehörde hingegen im Rahmen des § 39 Abs. 1 S. 1 nur in geringem Umfang zu. Vielmehr ist die Rechtsfolge, die Auferlegung der Genehmigungspflicht, im Wesentlichen vorgegeben. Eine gewisse Entscheidungsfreiheit wird insoweit vor allem im Zusammenspiel mit § 39 Abs. 3 S. 1 und 2 hergestellt. Der Regulierungsbehörde wird hier von Gesetzes wegen ermöglicht, die Entgelte nicht einer Genehmigungs-, sondern lediglich einer bloßen dilatorischen Vorlagepflicht zu unterwerfen oder es sogar bei einer bloßen Ex-post-Regulierung zu belassen. Doch auch im Rahmen des § 39 Abs. 1 S. 1 verbleibt der Regulierungsbehörde ein **gewisses Auswahlermessen.** Sie kann nämlich einerseits sämtliche Entgelte, welche die Unternehmen mit beträchtlicher Marktmacht auf dem relevanten Endnutzermarkt erheben, der Entgeltgenehmigung unterwerfen. Sie kann die Genehmigungspflicht aber auch auf bestimmte, besonders bedeutsame oder missbrauchsrelevante Entgelte beschränken.

65 **b) Wettbewerbstest (Satz 2).** – Nach § 39 Abs. 1 S. 2 soll die Regulierungsbehörde „die Genehmigungspflicht auf solche Märkte beschränken, auf denen in absehbarer Zeit nicht mit der Entstehung eines nachhaltig wettbewerbsorientierten Marktes zu rechnen ist" **(Wettbewerbstest).** Prima facie scheint damit das Auswahlermessen der Regulierungsbehörde dahin gehend reduziert zu werden, dass die Rechtsfolge der Genehmigungspflicht auf bestimmte Märkte beschränkt werden soll. Der Wortlaut steht jedoch nicht im Einklang mit der systematischen Einbindung des § 39 Abs. 1 in das Verfahren der Marktregulierung. Denn dieses ist notwendigerweise marktbezogen, da es auf der Definition der sachlich und räumlich relevanten Märkte nach § 10 und ihrer Analyse nach § 11 aufsetzt (RdNr. 34). Dafür, dass § 39 Abs. 1 S. 2 eine weitere Segmentierung der der Marktregulierung unterliegenden Märkte in Teilmärkte bezweckt, spricht nichts. Vielmehr ist angesichts der komplexen Vorgaben für Marktdefinition und -analyse nicht davon auszugehen, dass die Vorgabe des § 39 Abs. 1 S. 2 einen Ausbruch aus diesem System legitimiert. Damit kann § 39 Abs. 1 S. 2 aber nur das **Entschließungsermessen** der Regulierungsbehörde betreffen, reduziert also dieses und nicht das Auswahlermessen der Regulierungsbehörde.

Demnach muss die Regulierungsbehörde die Wettbewerbsverhältnisse des betreffenden **66** Endnutzermarktes in den Blick nehmen. Sie muss feststellen, ob auf ihm in absehbarer Zeit mit der Entstehung eines nachhaltig wettbewerbsorientierten Marktes gerechnet werden kann oder nicht. Schon die genauere Festlegung des **maßgeblichen Zeitraums** erweist sich dabei als problematisch. Anders als z. B. in § 10 Abs. 2 S. 1 („längerfristig") wird in § 39 Abs. 1 S. 2 weniger auf einen objektivierbaren als auf einen **relativen Maßstab** abgestellt. Was „absehbar" ist, hängt primär von zwei Kriterien ab: dem **Umfang des Ausgangswissens** und der **Prognostizierbarkeit** der zu erwartenden Veränderungen. Je genauer der gegenwärtige Zustand bekannt ist und je genauer künftige Entwicklungen prognostizierbar sind, desto länger ist die Zeit, die „absehbar" ist. Gerade in komplexen Märkten wie denen der Telekommunikation ist jedoch insbesondere hinsichtlich des zweiten Kriteriums **große Zurückhaltung** angebracht. Rückschlüsse auf eine absolute Obergrenze lassen sich auch § 14 Abs. 2 entnehmen: Offensichtlich können sich die Marktverhältnisse innerhalb eines Zeitraums von zwei Jahren so erheblich ändern, dass es einer grundsätzlichen Überprüfung der bisherigen Feststellungen bedarf. Im Regelfall muss daher eine **absolute Obergrenze** von zwei Jahren auch für das ansonsten relativ zu bestimmende Tatbestandsmerkmal der „absehbare(n) Zeit" in § 39 Abs. 1 S. 2 gelten.

Innerhalb dieser Zeit muss damit zu rechnen sein, dass sich der betreffende Endnutzer- **67** markt in einen nachhaltig wettbewerbsorientierten Markt gewandelt hat.[82] Gemäß § 3 Nr. 12 ist dies „ein Markt, auf dem der Wettbewerb so abgesichert ist, dass er auch nach Rückführung der sektorspezifischen Regulierung fortbesteht". Da es sich bei dem Endnutzermarkt aber um einen der Marktregulierung unterliegenden Markt handelt (RdNr. 34), ist wegen § 10 Abs. 2 S. 1 davon auszugehen, dass er „längerfristig nicht zu wirksamem Wettbewerb" tendiert. Dann ist aber erst recht „in absehbarer Zeit" **nicht mit wirksamem Wettbewerb zu rechnen.** Der Wettbewerbstest ist daher nur für solche Märkte nicht bestanden, auf denen zwar kein wirksamer Wettbewerb zu erwarten ist, aber doch ein hinreichend abgesicherter Wettbewerb. Weil wirksamer Wettbewerb ein Wettbewerb ohne Unternehmen mit beträchtlicher Marktmacht ist (vgl. § 3 Nr. 31), muss im Ergebnis mit einer Situation zu rechnen sein, in der es zwar **Unternehmen mit beträchtlicher Marktmacht** gibt, der Wettbewerb aber dennoch so **abgesichert** ist, dass es **keiner sektorspezifischen Regulierung bedarf.** Das gilt jedenfalls, wenn man unterstellt, dass „wirksamer Wettbewerb" i. S. d. § 10 Abs. 2 S. 1 so zu verstehen ist, wie er in § 3 Nr. 31 legaldefiniert ist.

Diese Absicherung kann insbesondere erwartet werden, wenn in absehbarer Zeit mit einem **68** **Wegfall** der strukturell oder rechtlich bedingten **Marktzutrittsschranken** zu rechnen ist, die den Markt ebenfalls ausweislich § 10 Abs. 2 S. 1 gegenwärtig noch kennzeichnen. Dies ist regulierungsökonomisch plausibel, da gerade die Marktstruktur für die Absicherung des Wettbewerbs von zentraler Bedeutung ist.[83] Die Tatsache, dass auf den betroffenen Märkten längerfristig Unternehmen mit beträchtlicher Marktmacht vertreten sein werden, wirft jedoch die Frage auf, wann von der mit dem Wettbewerbstest bezeichneten Situation nicht auszugehen sein soll. Denn gerade bei einer wettbewerbsfreundlichen Marktstruktur ohne rele-

---

82 Die Formulierung des Gesetzes selbst ist insoweit etwas unglücklich und erweckt den Anschein, dass auf dem Endnutzermarkt ein neuer Markt – etwa als Teilmarkt – entstehen muss. Diese sprachliche Insuffizienz ist dem Umstand geschuldet, dass in der Schlussphase des Gesetzgebungsprozesses das Konzept des „funktionsfähigen Wettbewerbs" durch die Bezugnahme auf einen „nachhaltig wettbewerbsorientierten Markt" ersetzt wurde.

83 *Koenig/Vogelsang/Kühling/Loetz/Neumann*, S. 129 ff.

vante Marktzutrittsschranken müssten entsprechende Machtpositionen eigentlich angreifbar sein. Auf Märkten, die der Marktregulierung unterliegen, ist somit regelmäßig „in absehbarer Zeit nicht mit der Entstehung eines nachhaltig wettbewerbsorientierten Marktes zu
rechnen". In der Regulierungspraxis wird das Bestehen des Wettbewerbstests daher **nur mit
größter Zurückhaltung zu verneinen** sein. Damit **läuft** die **vermeintliche Beschrän-
kungswirkung** von § 39 Abs. 1 S. 2 **weitgehend leer**, wenn nicht ungenügende Prüfungen
im Rahmen des § 10 Abs. 2 S. 1 erst im Rahmen des Wettbewerbstests geheilt werden. Regulierte (Endnutzer-)Märkte erfüllen regelmäßig die Voraussetzungen des Wettbewerbstests.
Das Entschließungsermessen der Regulierungsbehörde wird durch § 39 Abs. 1 S. 2 mithin
faktisch kaum reduziert.

69   **c) Gemeinschaftsrechtskonformität.** – Nach § 39 Abs. 1 S. 1 und 2 ist bei bestandenem
Insuffizienztest die **Unterwerfungsentscheidung** nicht zwingend vorgesehen, sondern in
das **Ermessen der Regulierungsbehörde** gestellt. Da Art. 17 Abs. 1 URL unter den Voraussetzungen des (gemeinschaftsrechtlichen) Insuffizienztests die Auferlegung zumindest einer Vorabverpflichtung zwingend vorsieht (RdNr. 22), könnten insoweit Zweifel an
der **Gemeinschaftsrechtskonformität** von § 39 Abs. 1 S. 1 und 2 bestehen. Insoweit ist
jedoch das dreigestufte Regulierungsinstrumentarium der Entgeltregulierung bei Endnutzerleistungen zu berücksichtigen: Selbst wenn keine Unterwerfungsentscheidung nach
§ 39 Abs. 1 erfolgt, bleibt die Anordnung einer dilatorischen Vorlagepflicht nach § 39
Abs. 3 S. 2 als Reaktion auf einen bestandenen Insuffizienztest. Sie ist allerdings auch in
das Ermessen der Regulierungsbehörde gestellt, so dass die Ex-post-Entgeltregulierung
nach § 39 Abs. 3 S. 1 als dritte, eingriffsschwächste Stufe der Endnutzermarktregulierung
ins Blickfeld rückt. Sie gilt für alle Endnutzerleistungsentgelte, die keiner Genehmigungspflicht unterworfen sind. Sie käme also auch bei bestandenem Insuffizienztest als Auf-
fangregulierung zur Anwendung, wenn es weder zu einer Unterwerfungsentscheidung
nach § 39 Abs. 1 noch zur Anordnung einer dilatorischen Vorlagepflicht nach § 39 Abs. 3
S. 2 gekommen ist.

70   Daraus ergeben sich jedoch erhebliche Folgefragen. Grundsätzlich erfüllt die **Ex-post-
Entgeltregulierung** nach bzw. entsprechend § 38 Abs. 2 bis 4 allerdings die Anforderun-
gen an eine **sektorspezifische Vorabverpflichtung.**[84] Denn die damit **implizit verknüpfte
Verpflichtung**, die Entgeltmaßstäbe des § 28 (ex ante) einzuhalten (§ 38 Abs. 2 S. 1 und
Abs. 4 S. 1), geht über die Anforderungen des allgemeinen Wettbewerbsrechts hinaus.[85]
Die Rechtsfolge der Ex-post-Entgeltregulierung ergibt sich jedoch unmittelbar aus § 39
Abs. 3 S. 1. Steht man auf dem Standpunkt, dass Art. 17 Abs. 1 URL – etwa aus Gründen
der Transparenz und in Übereinstimmung mit dem verfahrensgerichteten Grundansatz des
EG-Rechtsrahmens – eine **individuelle Verpflichtung** des regulierten Unternehmens
durch die Regulierungsbehörde erfordert,[86] würde dem § 39 Abs. 3 S. 1 nicht gerecht. Es

---

84 Differenzierend *Klotz*, MMR 2003, 495, 498, der die Verpflichtung zur Einhaltung besonderer
    Entgeltmaßstäbe, die nur im Wege einer Ex-post-Entgeltregulierung kontrolliert wird, für keine
    Vorabverpflichtung hält, wenn sie im Vorleistungsbereich erfolgt, sie im Endnutzerbereich jedoch
    für eine Maßnahme im Sinne des Art. 17 (Abs. 2) URL hält. Diese Differenzierung überzeugt
    nicht, da auf beiden Ebenen eine Vorabverpflichtung erforderlich ist und die Einstufung daher ein-
    heitlich erfolgen muss.
85 Implizit auch *Doll/Rommel/Wehmeier*, MMR 2003, 522, 525; *Wegmann*, K&R-Beilage 1/2004,
    25, 28; *Zwach*, TKMR Tagungsband 2004, 9, 12.
86 Zu Art. 16 Abs. 4 RRL *Koenig/Loetz/Neumann* (Fn. 28), S. 41 Fn. 130 und S. 119, m. w. N.

bestünde dann die Gefahr, dass trotz bestandenem Insuffizienztest dem Unternehmen mit beträchtlicher Marktmacht keine Vorabverpflichtung auferlegt wird.

Dem ließe sich regulierungspraktisch auf zwei Arten begegnen: Zum einen ließe sich § 39 **71** Abs. 3 S. 2 dahin gehend auslegen, dass das dort scheinbar eröffnete **Ermessen** durch die ausdrückliche Bezugnahme auf „Absatz 1 Satz 1" **auf Null** zugunsten der Anordnung einer dilatorischen Vorlagepflicht **reduziert** ist, wenn zwar der Insuffizienztest bestanden, aber keine Unterwerfungsentscheidung erfolgt ist. Zum anderen könnte auch die Unterwerfung unter die **Ex-post-Entgeltregulierung** zum **Bestandteil einer Regulierungsverfügung** gemacht werden. § 13 spricht allgemein von „Verpflichtungen" und „Entscheidungen" (auch) nach § 39, ohne insoweit auf bestimmte Absätze der Vorschrift Bezug zu nehmen. Dies würde es ohne weiteres erlauben, die Feststellung, dass die Entgelte für Endnutzerleistungen der nachträglichen Regulierung entsprechend § 38 Abs. 2 bis 4 unterliegen, zum Gegenstand der Regulierungsverfügung zu machen. Dafür spräche auch, dass ansonsten die Marktdefinitions- und Marktanalyseverfahren im Endnutzerbereich oftmals ohne abschließende verwaltungsrechtsförmliche Entscheidung enden würden.[87] Denn in diesen Märkten erschöpft sich das zur Verfügung stehende Regulierungsinstrumentarium im Wesentlichen in § 39 – und § 13 Abs. 3 sieht vor, dass die Ergebnisse der Verfahren nach den §§ 10 und 11 gerade nicht als eigenständige (feststellende) Verwaltungsakte, sondern mit der einzelnen Regulierungsentscheidung als einheitlicher Verwaltungsakt ergehen.

5. Form der Entscheidung, Verfahren. – Die Entscheidung darüber, ob ein Unternehmen **72** einer Ex-ante-Regulierung der Endnutzerentgelte unterworfen wird, erfolgt im Wege einer **Regulierungsverfügung** im Sinne der Klammerdefinition des § 13 Abs. 1 S. 1 Hs. 1. Es handelt sich dabei um einen Verwaltungsakt, wie sich auch aus § 132 Abs. 1 S. 2 ergibt. Gemäß § 13 Abs. 1 S. 1 Hs. 2 greifen die ergänzenden Verfahrensanforderungen des Konsultations- und Konsolidierungsverfahrens nach § 12 Abs. 1 Nr. 1, Abs. 2 Nr. 1, 2 und 4, sofern die Regulierungsverfügung Auswirkungen auf den zwischenstaatlichen Handel hat (zu den Einzelheiten siehe die Kommentierung zu § 13 Abs. 1). Die Regulierungsverfügung wird auf einer dritten Stufe nach der Marktdefinition und der Marktanalyse gemäß §§ 10 und 11 getroffen. Allerdings sieht § 13 Abs. 1 S. 3 vor, dass die Regulierungsverfügung in demselben Verfahren zusammen mit dem Konsultations- und Konsolidierungsverfahren ergeht.

Die Regulierungsverfügung wird gemäß § 132 Abs. 1 S. 1 Hs. 1 von der Beschlusskammer **73** gefasst. Sofern Feststellungen nach den §§ 10 und 11 getroffen werden, erfolgen diese durch die Präsidentenkammer (§ 132 Abs. 4 S. 2). In verfahrenstechnischer Hinsicht werden die Bestimmungen des allgemeinen Verwaltungsrechts weitgehend durch die spezielleren Normen des TKG verdrängt (siehe etwa zur Anhörung § 135 als lex specialis zu § 38 VwVfG; siehe zu Einzelheiten die Kommentierung der Abschnitte 2 und 3 des achten Teils). Aus § 39 ergeben sich insoweit **keine Besonderheiten.**

6. Rechtsfolge: entsprechende Anwendung der §§ 31 bis 37 – Ex-ante-Entgeltregulie- **74** **rung.** – Absatz 1 Satz 3 sieht vor, dass im Falle einer angeordneten Ex-ante-Regulierung der Endnutzerentgelte die §§ 31 bis 37 entsprechende Anwendung finden. Damit wird auf den gesamten Unterabschnitt 2 über die Regulierung von Entgelten für Zugangsleistungen verwiesen, mit Ausnahme von § 30 und § 38. Dies ist sachlogisch, da **§ 30** die Schaltnorm

---

87 Hierzu auch *Gurlit*, K&R-Beilage 1/2004, 32, 35 (mit weiteren Lösungsvorschlägen zu §§ 10, 11).

ist, die über die Anwendung der Ex-ante-Entgeltregulierung für Zugangsleistungen entscheidet. Sie stellt also das Pendant zu § 39 Abs. 1 im Bereich der Vorleistungsentgeltregulierung dar. § 38 betrifft hingegen den hier gerade nicht relevanten Fall der Ex-post-Regulierung der Vorleistungsentgelte.

75 Dabei greifen **grundsätzlich keine Besonderheiten** allein deswegen, weil eine Endnutzerentgeltregulierung vorliegt. So folgt der Kostenmaßstab aus **§ 31 und § 28** (vgl. § 35 Abs. 2). Die Genehmigungsverfahren finden sich in § 32. Für das **Price-Cap-Verfahren** nach § 32 Nr. 2 gibt **§ 39 Abs. 1 S. 4** allerdings vor, dass Endnutzerentgelte nicht mit Entgelten für Zugangsleistungen in einem Korb zusammengefasst werden dürfen. Dies soll verhindern, dass „doppelt marktbeherrschende" Unternehmen eine Mischfinanzierung zwischen Vorleistungs- und Endnutzerentgelten vornehmen können, da darin offensichtlich ein erhebliches wettbewerbsgefährdendes Potenzial gesehen wird. § 39 Abs. 1 S. 4 ist damit lex specialis zu § 34 Abs. 1 S. 2. Im Übrigen gilt § 34. Ferner sind die Kostenunterlagen nach § 33 im vollen Umfang beizubringen. Das Verfahren nach § 35 ergänzt durch die Veröffentlichungspflicht des § 36 findet umfänglich Anwendung.

76 Für den Fall, dass das regulierte Unternehmen von den genehmigten Endnutzerentgelten abweicht, greift die Regelung des § 37. Sofern das regulierte Unternehmen einen Preishöhenmissbrauch begangen hat, ist dies unproblematisch. Im umgekehrten Fall eines **unzulässigen kostenunterdeckenden Endnutzerentgelts** entgegen einer anderweitigen Entgeltgenehmigung stehen hingegen unangenehme Konsequenzen für den Endnutzer im Raume. So tritt nach § 37 Abs. 2 das höhere genehmigte Entgelt an die Stelle des vereinbarten niedrigeren Entgelts. Kannte der Endnutzer die abweichende Entgeltgenehmigung nicht, steht § 37 Abs. 2 einem Verzicht auf das höhere Entgelt ebenso wenig wie einem Schadensersatzanspruch des Vertragspartners gegen das regulierte Unternehmen im Wege. Da Ersatzansprüche der Wettbewerber gegen das regulierte Unternehmen etwa aus § 8 UWG in Betracht kommen und die Vorteilsabschöpfung nach § 43 greifen kann, konterkariert ein solcher Anspruch des Endnutzers nicht den Sinn und Zweck der Regelung des § 37 Abs. 2, die primär den (**nicht** kollusiv handelnden) Vertragspartner des regulierten Unternehmens schützen will. Zu weiteren Detailfragen kann auf die Kommentierung der jeweiligen Normen verwiesen werden. Ergänzend ist darauf hinzuweisen, dass die Bestimmungen des ersten Abschnitts (**§§ 27 bis 29**) aus gesetzessystematischen Gründen ohnehin Anwendung finden.

77 **Verstößt** ein Unternehmen gegen die Genehmigungspflicht nach Absatz 1 Satz 1, so greifen dieselben Konsequenzen wie im Fall der Ex-ante-Regulierung von Vorleistungsentgelten. So kann die Regulierungsbehörde die Entgeltmaßnahme nach § 126 allein deshalb **untersagen**. Da keine Genehmigungsunterlagen vorliegen, wird der Regulierungsbehörde auch keine andere Wahl im Rahmen der Ermessensausübung nach § 126 Abs. 2 S. 2 bleiben. Das Unternehmen muss dann nach einer Untersagungsentscheidung einen entsprechenden Antrag stellen. Ferner liegt eine **Ordnungswidrigkeit** nach § 149 Abs. 1 Nr. 6 vor. Dies hat zur Folge, dass ein Bußgeld nach § 149 Abs. 2 in Höhe von bis zu 500.000 € bzw. bis zur Höhe des aus dem Fehlverhalten gezogenen wirtschaftlichen Vorteils verhängt werden kann.

II. Obligatorische und einfache Ex-post-Regulierung für Universaldienstleistungen im Bereich Auskunft/Münz- und Kartentelefone (Absatz 2)

Für Universaldienstleistungen nach § 78 Abs. 2 Nr. 3 und 4, also für die Bereitstellung eines öffentlichen Telefonauskunftdienstes und öffentlicher Münz- und Kartentelefone, sieht Absatz 2 eine **obligatorische Ex-post-Regulierung** vor. Die Option einer Ex-ante-Regulierung ist damit ausgeschlossen. Das bedeutet im Ergebnis, dass der **Gesetzgeber** selbst die **Wertung getroffen** und also über den „Insuffizienztest" bzw. den „Wettbewerbstest" entschieden hat. Zugleich hat der Gesetzgeber umgekehrt entschieden, dass für die genannten Leistungen eine Ex-post-Regulierung möglich ist, auch soweit es sich nicht um Telekommunikationsdienstleistungen handelt. Dabei ist davon auszugehen, dass der Gesetzgeber annimmt, dass angesichts der bestehenden Vorleistungsregulierung und der niedrigen Markteintrittsschwellen eine Ex-post-Regulierung genügt. Dies wird vom bisherigen Ordnungsrahmen bestätigt, in dem auch keine Ex-ante-Regulierung vorgesehen war (siehe dazu RdNr. 3), ohne dass dies zu Problemen in der Regulierungspraxis geführt hätte. **78**

Auch wenn in Absatz 2 Halbsatz 1 anders als in den übrigen Regulierungsverpflichtungen des § 39 und insbesondere in Absatz 3 Satz 1 Halbsatz 1 keine explizite Beschränkung der Regulierung auf **Unternehmen mit beträchtlicher Marktmacht** vorgenommen wird, ist eine solche Beschränkung gleichwohl im Ergebnis vorzunehmen. So wäre es in teleologischer Hinsicht sinnwidrig, gerade im weniger missbrauchsgefährdeten Bereich der genannten Universaldienstleistungen nichtmarktbeherrschende Unternehmen zu verpflichten, zumal das gegenüber dem alten § 30 Abs. 2 i.V.m. § 25 Abs. 2 TKG 1996 eine Regulierungsverschärfung darstellte. Da Absatz 2 als Ergänzung zu Absatz 1 gelesen werden kann, dass für die genannten Universaldienstleistungen zwingend eine nachträgliche Regulierung vorgesehen ist und das Tatbestandsmerkmal der Marktbeherrschung aus Absatz 1 zu ergänzen ist, wird das gegenläufige systematische Argument überspielt, dass § 39 das Tatbestandsmerkmal der beträchtlichen Marktmacht im Übrigen stets anführt. Dieses systematische Argument wird auch dadurch relativiert, dass sich Regulierungsmaßnahmen nach § 9 Abs. 2 grundsätzlich auf marktbeherrschende Unternehmen beziehen. Der abweichende Fall des § 18 wird in § 9 Abs. 3 explizit erwähnt. Zudem betont § 18 Abs. 1 S. 1 selbst ausdrücklich, dass das Vorliegen einer beträchtlichen Marktmacht nicht erforderlich ist. Vergleichbares ist für § 39 Abs. 2 nicht festzustellen. Ergänzend tritt hinzu, dass der Verweis des § 39 Abs. 2 Hs. 2 i. V. m. § 38 Abs. 2 dem Wortlaut nach als entsprechende Rechtsgrundverweisung verstanden werden kann und § 38 Abs. 2 das Tatbestandsmerkmal der Marktbeherrschung enthält. Schließlich kann auch der gemeinschaftsrechtliche Ausschluss einer Endnutzerregulierung für nichtmarktbeherrschende Unternehmen nach Art. 17 Abs. 5 URL auf die genannten Universaldienstleistungen bezogen werden. Dann wird aber bei einer gemeinschaftsrechtskonformen Auslegung das Tatbestandsmerkmal der Marktbeherrschung zwingend erforderlich. **79**

In Bezug auf die Vorgaben im Richtlinienpaket ist im Übrigen darauf hinzuweisen, dass nach der hier vertretenen Ansicht von einer **gemeinschaftsrechtlichen Zulässigkeit** auszugehen ist, da auch bei nicht erfülltem Insuffizienztest für marktbeherrschende Unternehmen eine Regulierung erlaubt ist (dazu RdNr. 32). Geht man hingegen – anders als hier – davon aus, dass eine Endnutzerentgeltregulierung auch für Universaldienstleistungen in diesem Fall unzulässig ist, und nimmt man weiter zutreffend an, dass auch die Auferlegung **80** einer Ex-post-Regulierung eine Vorabverpflichtung darstellt (siehe dazu auch RdNr. 70), muss Absatz 2 entweder gemeinschaftsrechtskonform auf die Fälle eines bestandenen Insuffizienztests beschränkt oder als gemeinschaftsrechtswidrig verworfen[88] werden.

81 Die Ex-post-Regulierung ist insofern **reduziert**, als **keine (dilatorische) Vorlagepflicht** nach § 38 Abs. 1 besteht, da auf diese Norm nicht verwiesen wird. Anders als für sonstige Endnutzerleistungen in Absatz 3 Satz 2 ist der Regulierungsbehörde auch nicht die Möglichkeit an die Hand gegeben worden, eine dilatorische Vorlagepflicht aufzuerlegen.

82 Als Rechtsfolge sieht Absatz 2 Halbsatz 2 einen Verweis auf den Ex-post-Regulierungsmechanismus nach **§ 38 Abs. 2 bis 4** vor. Es sind insoweit grundsätzlich **keine Besonderheiten** gegenüber der Ex-post-Regulierung von Vorleistungsentgelten festzustellen. So findet das zweimonatige Kontrollverfahren gemäß § 38 Abs. 3 ab Kenntnis der den Missbrauchsverdacht nach § 28 begründenden Tatsachen (gemäß § 38 Abs. 2) Anwendung. Zu den Einzelheiten – wie der Berechnung der Frist und den Folgen bei einem Fristversäumnis seitens der Regulierungsbehörde – siehe die Kommentierung zu § 38 Abs. 3. Es wird sich anbieten, die Ex-post-Regulierungsverpflichtung im Rahmen einer **Regulierungsverfügung** festzustellen (dazu RdNr. 71).

III. Grundsatz der Ex-post-Regulierung für Endnutzerleistungen (Absatz 3)

83 Zum Aufbau des Absatz 3 ist klarstellend darauf hinzuweisen, dass allein dieser im Ergebnis **drei unterschiedliche Regulierungsabstufungen** enthält. **Satz 1** sieht wie Absatz 2 eine einfache Ex-post-Regulierung ohne dilatorische Vorlagepflicht vor. **Satz 2** eröffnet die Möglichkeit, eine dilatorische Vorlagepflicht anzuordnen. Dann greift auch die Möglichkeit der vorläufigen Untersagung nach Satz 3. **Satz 4** normiert schließlich eine obligatorische Vorlagepflicht ohne dilatorische Wirkung. Wie Absatz 2 verweist auch Absatz 3 Satz 1 Halbsatz 2 auf § 38 Abs. 2 bis 4 (siehe dazu RdNr. 82). Voraussetzung sämtlicher Regulierungsverpflichtungen nach Absatz 3 ist das Vorliegen **beträchtlicher Marktmacht**, so dass ein entsprechendes Marktdefinitions- und Marktanalyseverfahren gemäß §§ 10 und 11 zu durchlaufen ist (siehe dazu auch RdNr. 34).

84 **1. Weitgehende Parallele zur Ex-post-Regulierung der Vorleistungsentgelte (Satz 1).** – Absatz 3 Satz 1 Halbsatz 1 ist Kernstück der **Deregulierung** im Bereich der Entgeltgenehmigung. Er gibt die Regel vor, dass Endnutzerleistungen grundsätzlich lediglich einer Expost-Regulierung unterliegen. Wird also keine Regulierungsverfügung nach Absatz 1 (dazu RdNr. 72) oder nach Absatz 3 Satz 2 (siehe RdNr. 88) getroffen, greift automatisch eine einfache Ex-post-Regulierung. Auch hier wird es sich anbieten, die Ex-post-Regulierungsverpflichtung im Rahmen einer **Regulierungsverfügung** festzustellen (dazu RdNr. 71). Die einfache Ex-post-Regulierung ist nach hier vertretener Ansicht auch ohne positiven Insuffizienztest **gemeinschaftsrechtlich zulässig**. Insoweit kann auf die Ausführungen zu Absatz 2 verwiesen werden (siehe dort RdNr. 80).

85 **2. Abweichung: bloß fakultative dilatorische Vorlagepflicht (Satz 2). – a) Anordnung der dilatorischen Vorlagepflicht.** – Da § 38 Abs. 1 vom Verweis ausgenommen ist, findet die in der Regulierung der Vorleistungsentgelte vorgesehene obligatorische dilatorische

---

88 So wohl konsequenterweise für Absatz 2 und 3 *Wegmann*, K&R-Beilage 1/2004, 25, 28.

Vorlagepflicht, die eine Stillstandsverpflichtung von zwei Monaten verlangt, nicht automatisch Anwendung. Eine Vorlagepflicht kann (und muss) vielmehr unter Beachtung des § 39 Abs. 1 S. 1 von der Regulierungsbehörde eigens auferlegt werden. Insofern greift im Ergebnis eine gegenüber der Ex-post-Regulierung auf der Vorleistungsebene weniger eingriffsintensive Variante einer **fakultativen dilatorischen Vorlagepflicht**.

Die Anordung der dilatorischen Vorlagepflicht setzt angesichts der Vorgabe „unter Beachtung von Absatz 1 Satz 1" eine Prüfung am Maßstab des **Insuffizienztests** voraus. Reichen also die Verpflichtungen im Zugangsbereich und diejenigen zur Betreiber(vor)auswahl nicht aus, kann die Regulierungsbehörde entweder eine Ex-ante-Regulierung nach Absatz 1 anordnen oder – sofern dies als hinreichende Regulierungsmaßnahme anzusehen ist – eine dilatorische Vorlagepflicht bestimmen. Allerdings handelt es sich beim Insuffizienztest in Absatz 3 Satz 2 – anders als in Absatz 1 Satz 1 – nur um eine **Ermessensdirektive** und nicht um ein Tatbestandsmerkmal. Das bedeutet, dass § 39 Abs. 3 S. 2 auch greifen kann, wenn der Insuffizienztest nicht bestanden ist. Allerdings werden in diesem Fall erheblich gesteigerte Anforderungen an die Rechtfertigung des Eingriffs zu stellen sein. **86**

In Bezug auf die **Ermessensausübung** („kann") wird es vor allem darum gehen nachzuweisen, dass die Stillstandsverpflichtung erforderlich ist, weil andernfalls den Gefahren eines auch nur kurzfristigen Missbrauchs nicht angemessen begegnet werden kann. Dies ist etwa bei Preisdumping-Maßnahmen in neuen Märkten wie dem DSL-Markt denkbar, sofern dargelegt werden kann, dass selbst ein **kurzfristiger Preismissbrauch erhebliche Gefahren für den Wettbewerb** bedingt. Ergänzend kommt die Anordnung der dilatorischen Vorlagepflicht in Betracht, wenn die Rücknahme einmal im Markt etablierter Entgelte zu einer Beeinträchtigung der Interessen der Marktteilnehmer, insbesondere der Kunden, führen würde.[89] **87**

Auch bei der **Anordnung** der dilatorischen Vorlagepflicht handelt es sich um eine **Regulierungsverfügung**, so dass auf die Ausführungen zur Anordnung der Ex-ante-Regulierung verwiesen werden kann (siehe dort RdNr. 72 f.). **88**

b) Umfang, Verstoß, gemeinschaftsrechtliche Zulässigkeit. – Ebenso wie § 38 Abs. 1 S. 1 (siehe auch § 38 RdNr. 35 ff.) stellt sich auch für § 39 Abs. 3 S. 2 die Frage nach dem genauen **Umfang der Kenntnisgabepflicht**, da der Begriff der „Entgeltmaßnahme" keinesfalls eindeutig ist. Im Ergebnis ist in Anlehnung an § 33 Abs. 1 Nr. 2 zu verlangen, dass „eine **detaillierte Leistungsbeschreibung** einschließlich Angaben zur Qualität der Leistung" und ein „Entwurf der Allgemeinen Geschäftsbedingungen" sowie der geplante Preis mitzuteilen ist. Nur so kann das Ziel der Ex-post-Regulierung erreicht werden, dass eine Plausibilitätsprüfung der Entgelte eröffnet wird. Dazu sind sämtliche genannten Leistungs-Gegenleistungs-Parameter mitzuteilen. Weitergehende Informationen wie Kostennachweise müssen hingegen nicht zur Kenntnis gegeben werden. Diese können dann jedoch im Rahmen einer gegebenenfalls eingeleiteten Untersuchung auf der Grundlage von § 29 angefordert werden. **89**

Verstößt ein Unternehmen gegen die Kenntnisgabepflicht, kann die Regulierungsbehörde die Entgeltmaßnahme nach § 126 allein deshalb **untersagen**. Bei der Ermessensausübung **90**

---

89 *Knauth/Krüger*, K&R-Beilage 1/2004, 3, 6. Vgl. auch *Thomaschki*, K&R-Beilage 1/2004, 21, 24; *dies.*, MMR 2003, 500, 503, unter Hinweis auf die Unpopularität einer solcher Rücknahme bei (zu) niedrigen Entgelten.

nach § 126 Abs. 2 S. 2 hat die Regulierungsbehörde die Rechtmäßigkeit des Entgelts zu beachten, da die Anzeigepflicht kein Selbstzweck ist, sondern der Überwachung der Rechtmäßigkeit dient. Allerdings genügen bloße Zweifel hinsichtlich der Rechtmäßigkeit bereits, weil nur so die Schutzfunktion der Stillstandsverpflichtung gewährleistet wird. Das Unternehmen muss dann nach einer Untersagungsentscheidung eine entsprechende Anzeige vornehmen. Erst dann greifen die Fristen nach § 39 Abs. 3 S. 2 und 3. Anders als im Fall des Absatz 1 Satz 1 (dazu RdNr. 77) und im Fall des Absatzes 3 Satz 4 (dazu RdNr. 103) stellt ein solcher Verstoß jedoch **keine Ordnungswidrigkeit** dar.

91 Die fakultative dilatorische Vorlagepflicht ist **gemeinschaftsrechtlich zulässig.** Angesichts der seit dem Referentenentwurf (siehe RdNr. 15) vorgesehenen Ausrichtung der Ermessensausübung am Insuffizienztest kommt ein gemeinschaftsrechtswidriges Regulierungsübermaß nur für den Fall in Betracht, dass eine dilatorische Vorlagepflicht auch ohne positiven Insuffizienztest angeordnet wird. Es wurde aber bereits dargelegt, dass Art. 17 URL eine derartige Regulierung nicht verbietet (siehe dazu RdNr. 32). Der Umstand, dass die dilatorische Vorlagepflicht lediglich fakultativ ist, stellt auch keinen Verstoß gegen gemeinschaftsrechtliche Regulierungsverpflichtungen dar, weil bereits die Regulierungsoption nach § 39 Abs. 3 S. 1 als „geeignete regulatorische Verpflichtungen" im Sinne des Art. 17 Abs. 1 a. E. und Abs. 2 URL eingestuft werden kann (siehe dazu auch RdNr. 70).

92 **3. Vorläufige Untersagung bei offensichtlichem Verstoß gegen § 28 (Satz 3). – a) Offenkundigkeit.** – Sofern eine dilatorische Vorlagepflicht auferlegt worden ist, greift nach § 39 Abs. 3 S. 3 auch die **Parallelvorgabe zu § 38 Abs. 1 S. 2**, nämlich die zweiwöchige Entscheidungszeit für eine **vorläufige Entgeltuntersagung** im Falle eines offenkundigen Verstoßes gegen § 28. Der **Begriff der Offenkundigkeit** wurde auch im TKG 1996 in § 27 Abs. 3 Var. 2 als Prüfungsmaßstab verwendet. Die dortigen Erkenntnisse zur Begriffsbestimmung können insoweit herangezogen werden.[90] Danach muss – in Anlehnung auch an das Verständnis der „Offenkundigkeit" im allgemeinen Verwaltungsrecht, namentlich in § 44 VwVfG – eine derart **schwere Fehlerhaftigkeit** gegeben sein, dass diese der Entgeltmaßnahme gleichsam **„auf die Stirn geschrieben"** steht.[91] Abweichend vom Verständnis der Offenkundigkeit in § 44 VwVfG ist jedoch auf den **Horizont eines erfahrenen Regulierers** und nicht auf denjenigen eines „weder sach- noch rechtskundigen, aber aufgeschlossenen Durchschnittsbetrachters"[92] abzustellen. Angesichts der zeitlichen Beschränkung auf eine Entscheidung innerhalb von zwei Wochen muss die Fehlerhaftigkeit auch **ohne weitere zeitaufwendige Ermittlungsmaßnahmen** erkennbar sein.[93]

93 **b) Zeitliche Befristung.** – Die Regulierungsbehörde hat zwei Wochen ab Anzeige Zeit, um eine vorläufige Untersagung vorzunehmen. Für die **Fristberechnung** gilt § 31 VwVfG, der in Absatz 2 bis 5 eigene Regelungen trifft und nach Absatz 1 Satz 1 ergänzend die §§ 187 bis 193 BGB heranzieht. **Fristbeginn** ist der Eingang der Kenntnisgabe bei der Regulierungsbehörde. Dabei muss es sich jedoch – anders als bei der Ex-ante-Re-

---

90 Siehe dazu vor allem BeckTKG-Komm/*Schuster/Stürmer*, § 27 RdNr. 22 ff., m. w. N.

91 Dazu *Kopp/Ramsauer*, VwVfG, § 44 RdNr. 9, m. w. N.; für § 27 TKG 1996 BeckTKG-Komm/ *Schuster/Stürmer*, § 27 RdNr. 27, m. w. N.

92 *Kopp/Ramsauer*, VwVfG, § 44 RdNr. 9, m. w. N.

93 Anders für den Begriff der Offenkundigkeit in § 27 TKG 1996 BeckTKG-Komm/*Schuster/Stürmer*, § 27 RdNr. 26, entgegen RegTP, Beschluss v. 4. 3. 1999 – BK 2-1-99/004 (nicht veröffentlicht). In § 27 TKG 1996 war allerdings keine vergleichbar enge zeitliche Befristung vorgesehen.

gulierung[94] – um eine **vollständige** Anzeige handeln, da hier nicht die Möglichkeit der Genehmigungsverweigerung wegen unvollständiger Informationslage besteht. Eine vorläufige Untersagung ist vielmehr an den Offenkundigkeitsmaßstab gebunden, der nicht bereits durch die Unvollständigkeit erfüllt wird.

Läuft die Frist ab, ist der Regulierungsbehörde eine vorläufige Untersagung verwehrt. Ihre **94** Anordnung wäre rechtswidrig. Die Durchführung weiterer Untersuchungen und die Vornahme **endgültiger Untersagungen** bleiben davon **unberührt**. Dies folgt bereits aus dem Aufbau des § 38, der den Untersagungsmechanismus der Absätze 2 bis 4 neben die dilatorische Anzeigepflicht nach Absatz 1 stellt. Das gilt gleichermaßen für § 39 Abs. 3.

Die zeitliche Beschränkung der vorläufigen Entgeltuntersagung auf die **Zwei-Wochen-** **95** **Frist** nach Anzeige soll der weiteren **Verfahrensbeschleunigung dienen**. Dieses Ziel wird jedoch **nicht erreicht**, da die Zwei-Wochen-Frist genauso wenig wie in § 38 Abs. 1 S. 2 auf die zweimonatige Stillstandsverpflichtung und auf die zweimonatige Entscheidungsfrist nach § 39 Abs. 3 S. 1 Hs. 1 i. V. m. § 38 Abs. 3 abgestimmt ist. Hat die Regulierungsbehörde eine dilatorische Vorlagepflicht angeordnet, verfügt sie anschließend über zwei Handlungsoptionen: Entweder kann sie nach der Anzeige innerhalb von zwei Wochen eine vorläufige Untersagungsentscheidung treffen. Oder sie leitet zu einem späteren Zeitpunkt eine Untersuchung ein. In beiden Fällen hat die Regulierungsbehörde gemäß § 38 Abs. 3 i. V. m. § 39 Abs. 3 S. 1 Hs. 1 weitere zwei Monate Zeit, um die (endgültige) Entscheidung zu treffen.

Im ersten Fall darf das Unternehmen während der zweimonatigen Entscheidungszeit das **96** Entgelt nicht einführen. Im zweiten Fall kann sie nach Ablauf (der restlichen Zeit) der zweimonatigen Karenzphase das Entgelt einführen, selbst wenn die Regulierungsbehörde zwischenzeitlich eine Überprüfung eingeleitet hat und noch weiter prüft. Der zeitliche Beschleunigungseffekt der Zwei-Wochen-Frist liegt damit letztlich nur darin, dass die Möglichkeit einer vorläufigen Untersagung zeitlich befristet wird. So kann nicht der maximale Verzögerungsfall eintreten, dass die Regulierungsbehörde gegebenenfalls erst ganz am Ende der zweimonatigen Karenzzeit eine vorläufige Untersagungsentscheidung trifft und dann die zweimonatige Entscheidungsfrist nach § 39 Abs. 3 S. 1 Hs. 1 i. V. m. § 38 Abs. 3 voll ausschöpft, um endgültig zu entscheiden, mit der Folge, dass das Unternehmen vier Monate lang die geplante Entgeltmaßnahme nicht einführen könnte. Ob es allerdings für ein Unternehmen sinnvoll ist, trotz laufenden Prüfungsverfahrens der Regulierungsbehörde ein Entgelt einzuführen, dürfte oftmals zweifelhaft sein.[95]

Offen bleibt dann jedoch noch die Frage, ab welchem Zeitpunkt die **zweimonatige Ent-** **97** **scheidungsfrist** nach § 38 Abs. 3 i. V. m. § 39 Abs. 3 S. 1 Hs. 2 für die endgültige Entscheidung im Fall einer vorläufigen Untersagungsentscheidung nach § 39 Abs. 3 S. 2 **läuft**: Gilt der Zeitpunkt der Anzeige, der **Zeitpunkt der tatsächlichen Aufnahme der Überprüfung** durch die Regulierungsbehörde oder der Zeitpunkt der vorläufigen Untersagungsentscheidung? Im Fall des § 38 Abs. 2 ist die Bestimmung des Fristbeginns unproblematisch, da dort ein Vermerk über die Einleitung einer Überprüfung vorzunehmen und das betreffende Unternehmen sofort zu informieren ist. Da auch hier eine Anzeige nach § 38

---

94 Siehe dazu BeckTKG-Komm/*Schuster/Stürmer*, § 28 RdNr. 10.
95 Motiv könnte lediglich sein, über die Unpopularität der Untersagung eines etablierten niedrigen Endnutzerentgelts – vgl. *Thomaschki*, K&R-Beilage 1/2004, 21, 24; *dies.*, MMR 2003, 500, 503, – die Entscheidung der Regulierungsbehörde zu beeinflussen.

Abs. 1 S. 1 erfolgt, ohne dass dies den maßgeblichen Zeitpunkt für den Lauf der zweimonatigen Entscheidungsfrist darstellt, kann angesichts der entsprechenden Anwendung des § 38 Abs. 2 bis 4 gemäß § 39 Abs. 3 S. 1 Hs. 2 auch dort der Zeitpunkt der Anzeige nicht maßgeblich sein. Zudem stellt § 38 Abs. 3 seinem klaren Wortlaut nach auf den Zeitpunkt der Einleitung der Überprüfung ab. Das muss genauso für die vorläufige Untersagungsentscheidung gelten.

98 Daraus folgt auch, dass von der **Regulierungsbehörde** zu verlangen ist, dass sie im Rahmen der vorläufigen Untersagungsentscheidung den **Zeitpunkt** der Einleitung der Überprüfung **bekannt gibt**, damit das regulierte Unternehmen den Ablauf der zweimonatigen Überprüfungsfrist nach § 38 Abs. 3 errechnen kann. Dabei muss die Regulierungsbehörde den Zeitpunkt der tatsächlichen Aufnahme entsprechender Untersuchungsmaßnahmen benennen und kann nicht willkürlich einen Zeitpunkt festsetzen. Der (denkbare) Streit über diese Frage[96] ist jedoch von nachrangiger Bedeutung, da der Zeitpunkt jedenfalls innerhalb der zweiwöchigen Entscheidungsfrist liegen muss und damit sehr eingegrenzt ist. Er kann frühestens mit dem Tag der Anzeige und spätestens mit dem Tag der Entscheidung zusammenfallen. Damit hat § 39 Abs. 3 S. 2 die ergänzende Folge, dass die zweimonatige Karenzzeit um maximal zwei Wochen faktisch dadurch verlängert werden kann, dass die Regulierungsbehörde am Ende der zweiwöchigen Frist eine vorläufige Untersagungsentscheidung trifft und anschließend die zweimonatige Entscheidungsfrist nach § 38 Abs. 3 i.V.m. § 39 Abs. 3 S. 1 Hs. 2 voll ausschöpft.

99 Da auf die Anzeige abgestellt wird, scheiden schließlich Maßnahmen nach § 39 Abs. 3 als Reaktion auf bloße **Entgeltankündigungen** noch nicht angezeigter Entgelte aus.[97]

100 **4. Individuell vereinbarte Leistungen (Satz 4).** – Für individuell vereinbarte Leistungen, „die nicht ohne weiteres auf eine Vielzahl von anderen Endnutzern übertragbar sind", sieht Absatz 3 Satz 4 eine eigenständige Regelung vor. Diese können zwar **keiner dilatorischen Vorlagepflicht** unterworfen werden. Dafür unterliegen sie einer **obligatorischen Ex-post-Vorlagepflicht**. Das entspricht der Regelung des § 38 Abs. 1 S. 3.

101 In der dortigen Begründung zum Gesetzentwurf gibt es auch einen Hinweis, um was für Leistungen es sich handelt: „Verträge, die ein Unternehmen mit beträchtlicher Marktmacht nach Durchführung eines Ausschreibungsverfahrens eingegangen ist." Damit dürften die Fälle gemeint sein, in denen ein Unternehmen mit einer starken Nachfragemacht nach Telekommunikationsdienstleistungen eine Ausschreibung durchführt, um den günstigsten Anbieter auszuwählen und (offensichtlich im Verhandlungsverfahren) einzelne Leistungsbedingungen auf seine spezifische Nachfrage hin aushandelt. Hier – wie in anderen Fällen – erscheint insbesondere die Gefahr eines Preishöhenmissbrauchs gegenüber dem Vertragspartner des entgeltregulierten Unternehmens gering, so dass eine dilatorische Vorlagepflicht unangemessen wäre. Entscheidend ist jedoch insgesamt, dass von **nicht flächendeckend angebotenen Einzelverträgen** erheblich geringere Gefahren für den Wettbewerb ausgehen als von Standardverträgen, da Wettbewerber nicht „mit einem Schlag" beispielsweise in Form eines Dumpingpreises in Bedrängnis gebracht werden können.

---

96 Siehe zu einem entsprechenden Streit in Bezug auf die Ex-post-Regulierung nach § 30 TKG 1996 BeckTKG-Komm/*Schuster/Stürmer*, § 30 RdNr. 26, mit gleichem Ergebnis wie hier und unter Hinweis auf eine gegenteilige Praxis der Regulierungsbehörde.
97 A.A. für § 30 TKG 1996 BeckTKG-Komm/*Schuster/Stürmer*, § 30 RdNr. 15.

Weil gleichwohl auch eine „Nadelstichtaktik" individuell ausgehandelter Verträge im Ein- 102
zelfall wettbewerbsgefährend sein kann, erscheint die **obligatorische Ex-post-Vorlage-**
pflicht, die von der DTAG im Gesetzgebungsprozess als unangemessener Bürokratieauf-
wand kritisiert wurde,[98] noch als **gerechtfertigt**. Denn die Regulierungsbehörde hat im Fall
von Individualverträgen erheblich größere Probleme, die Marktübersicht ohne Vorlagepflicht zu behalten, als bei Standardverträgen. Gleichwohl muss das Anzeigeverfahren so
ausgestaltet werden, dass der Verwaltungsaufwand möglichst gering bleibt. Es genügt jedenfalls die Übermittlung einer **Vertragskopie** einschließlich entsprechender Nebenbedingungen etwa in Allgemeinen Geschäftsbedingungen.

Die Bedeutung, die der Gesetzgeber der Vorlagepflicht beimisst, wird nicht zuletzt daran 103
deutlich, dass er einen **Verstoß** gegen sie in § 149 Abs. 1 Nr. 7 eigens als **Ordnungs-**
widrigkeit aufgenommen hat. Angesichts des **Vorteilsabschöpfungsgebots** in § 149
Abs. 2 S. 2 ist diese Einstufung durchaus von Belang und kann nicht nur eine Geldbuße
von 50.000 € gemäß § 149 Abs. 2 S. 1 nach sich ziehen.

IV. Gleichzeitigkeitsgebot bei der Zurverfügungstellung wesentlicher Vorleistungen (Absatz 4)

1. Allgemeines. – Absatz 4 verpflichtet auf Vorleistungs- und Endkundenmärkten glei- 104
chermaßen marktbeherrschende Unternehmen, gleichzeitig mit dem Endnutzerangebot ein
korrespondierendes Vorleistungsangebot zur Verfügung zu stellen. Die Verpflichtungswirkung der gleichzeitigen Angebotsvorlage erfolgt also auf der Vorleistungsebene, während
die Rechtsfolge der Untersagung des Endnutzerentgelts im Fall eines Verstoßes gegen die
Verpflichtung auf Endnutzerebene ausgesprochen wird. Damit weist Absatz 4 eine **Zwit-**
ternatur aus Endnutzermarkt- und Vorleistungsregulierung auf.

Geht man anders als hier vertreten davon aus, dass eine Regulierung der Endnutzermärkte 105
nur unter der Voraussetzung zulässig ist, dass der Insuffizienztest bejaht wurde (siehe dazu
RdNr. 32), wäre eine eindeutige Qualifikation als Endnutzermarkt- oder Vorleistungsregulierung erforderlich. Dabei dürfte angesichts des Umstandes, dass die Verpflichtungswirkung die Vorabverpflichtung im Sinne des Gemeinschaftsrechts darstellt, von einer Qualifikation als Vorleistungsregulierung ausgegangen werden. Dies kann nach hier vertretener
Auffassung jedoch dahinstehen, da jedenfalls eine **gemeinschaftsrechtlich zulässige** Regulierung vorliegt. Denn ein positiver Insuffizienztest ist auch für die Endnutzermarktregulierung keine notwendige Voraussetzung.

Auch für das Gleichzeitigkeitsgebot wird es sich anbieten, die Verpflichtung im Rahmen 106
einer **Regulierungsverfügung** festzustellen (dazu RdNr. 71).

Terminologisch ist darauf hinzuweisen, dass in Absatz 4 anders als in den übrigen Absät- 107
zen der Norm auch vom „Endkunden" anstatt vom **„Endnutzer"** die Rede ist (**„Endkun-**
denmarkt"), ohne dass mit dieser Unterscheidung ein erkennbarer Bedeutungsunterschied
einherginge. Beide Begriffe sind daher in Bezug auf § 39 synonym zu verstehen.

---

98 DTAG, Schriftliche Stellungnahme zur öffentlichen Anhörung am 9. Februar 2004 in Berlin zum
   Entwurf eines Telekommunikationsgesetzes (TKG) – Drucksachen 15/2316, 15/2329, 15/2345 –,
   Ausschussdrucksache 15(9)949, S. 151, 158.

108 **2. Zugangsregulierung nach § 21.** – Erste Tatbestandsvoraussetzung des Gleichzeitig-keitsgebots ist, dass das Unternehmen einer Zugangsregulierung nach § 21 unterliegt. Da-mit sind nur **„doppelt marktbeherrschende" Unternehmen Verpflichtete** des Gleichzei-tigkeitsgebots. Denn nur solche Unternehmen, die auf dem Vorleistungsmarkt eine markt-beherrschende Stellung innehaben, unterliegen einer Zugangsregulierung nach § 21, und gemäß § 39 Abs. 4 S. 1 müssen diese zugleich „auf dem Endkundenmarkt über beträchtli-che Marktmacht verfüg[en]".

109 **3. Wesentliche Bestandteile der Zugangsleistung.** – Die Zugangsleistung muss darüber hinaus Bestandteile enthalten, die für das Endkundenprodukt **wesentlich** sind. Mit dem Tatbestandsmerkmal der Wesentlichkeit taucht einer der **umstrittensten Begriffe des TKG 1996** an versteckter Stelle des neuen TKG wieder auf. So war in Bezug auf die Zu-gangsnorm des § 33 Abs. 1 TKG 1996 umstritten, ob als „wesentlich" nur solche Leistun-gen anzusehen sind, die monopolistische, nicht angreifbare Engpasseinrichtungen darstel-len. Eine derartige an „Essential-Facilities"-Ansätzen orientierte Interpretation wurde aber mit gewichtigen Gründen von der Rechtsprechung[99] und herrschenden Literaturansicht[100] zurückgewiesen.

110 Die im Rahmen dieser Auseinandersetzung angeführten Argumente sind zum Teil auf § 39 Abs. 4 S. 1 übertragbar und führen zu einem vergleichbaren Ergebnis. So sind entspre-chend der Interpretation des § 33 Abs. 1 TKG 1996 solche Zugangsleistungen als wesent-lich anzusehen, die **notwendiger, telekommunikationsspezifischer Bestandteil des End-kundenprodukts** des „doppelt marktbeherrschenden" Unternehmens sind.[101]

111 Bereits der **Wortlaut** macht deutlich, dass Bezugspunkt der Wesentlichkeit das Endkun-denprodukt ist („für ein Angebot auf dem Endkundenmarkt"). Für dieses Produkt muss die gleichzeitig angebotene Leistung also wesentlich sein. Damit ergibt sich auch zwanglos der spezifische Bezug auf Telekommunikationsleistungen.[102] In **historisch-genetischer** Perspektive lassen sich dem Entstehungsprozess (siehe dazu RdNr. 19 f. mit Wortlautzita-ten) keinerlei Hinweise auf eine Einschränkung des Gleichzeitigkeitsgebots insbesondere am Maßstab der Erfordernisse der Substituierbarkeit und Duplizierbarkeit entnehmen. Ganz im Gegenteil deuten die Äußerungen darauf hin, dass angesichts der Betonung der Wettbewerbsförderungsfunktion eine weitreichende Verpflichtung normiert werden sollte.[103]

112 Durchschlagend ist jedoch die **systematische** und zugleich **teleologische** Überlegung, dass in die Entscheidung über die Regulierung der Zugangsleistung nach § 21 Abs. 1 S. 1 Nr. 1 bereits Erwägungen der Duplizierbarkeit und Substituierbarkeit einfließen, allerdings le-diglich als relevante Faktoren und nicht als negative Tatbestandserkmale.[104] Eine nochma-

---

99 Besonders deutlich OVG Münster TMR 2002, 50, 53; siehe auch BVerwGE 114, 160, 181 f.
100 *Holznagel/Koenig/Loetz*, Der Begriff der wesentlichen Leistungen nach § 33 TKG, 2001, passim; *Kühling* (Fn. 3), S. 219 ff.; dezidiert a. A. *Engel/Knieps*, Die Vorschriften des Telekommunikati-onsgesetzes über den Zugang zu wesentlichen Leistungen, 1998, S. 16 ff.
101 *Holznagel/Koenig/Loetz* (Fn. 100), S. 65 und passim.
102 Siehe dazu die Parallelargumentation zu § 33 Abs. 1 S. 1 TKG 1996 bei *Holznagel/Koenig/Loetz* (Fn. 100), S. 20 f.
103 Siehe insbesondere den Hinweis in Fn. 22; für eine vergleichbare Argumentation in Bezug auf § 33 Abs. 1 S. 1 TKG 1996 siehe *Holznagel/Koenig/Loetz* (Fn. 100), S. 32 f.
104 Siehe dazu bereits (allerdings mit Blick auf die insoweit identische Vorgängerbestimmung in § 16 Abs. 1 S. 2 Nr. 1 TKG-RefE) *Kühling* (Fn. 3), S. 223.

lige Aufladung des Merkmals der Wesentlichkeit mit „Essential-Facilities"-Gedanken oder vergleichbaren Elementen erübrigt sich damit.

Jeder notwendige, telekommunikationsspezifische Bestandteil des Endkundenprodukts, **113** der einer Vorleistungsregulierung nach § 21 unterliegt, ist damit zeitgleich mit dem Endkundenangebot als Vorleistung den Wettbewerbern zur Verfügung zu stellen. Die **Bedeutung des Vorleistungselements** hat die Regulierungsbehörde allerdings im Rahmen ihres **Ermessens** auf der Rechtsfolgenseite bei der Untersagungsentscheidung zu berücksichtigen (dazu unten RdNr. 121).

Schließlich ist zu betonen, dass sich die Angebotspflicht auf **Bestandteile** der Zugangsleis- **114** tung bezieht. Das wirft die Frage auf, ob nach Absatz 4 gegebenenfalls unabhängig von einer Aktualisierung der Entbündelungsverpflichtung gemäß § 21 die Pflicht zu einer (zusätzlichen) **Entbündelung** der angebotenen Zugangsleistung bestehen kann. Dafür spricht der Wortlaut des Absatzes 4, der die Angebotspflicht auf die „Vorleistung" bezieht und eben nicht auf die Zugangsleistung. Als „Vorleistung" können aber nur die wesentlichen Bestandteile der Zugangsleistung gemeint sein, also einzelne – entbündelte – Elemente der Zugangsleistung. In teleologischer Hinsicht lassen sich durchaus Gründe für eine solche Auslegung finden. Denn gerade durch eine entsprechende Entbündelung können etwaige Verzögerungen vermieden werden, die eine kaum einholbare Verfestigung der Marktmacht des marktbeherrschenden Unternehmens bei neuen Produkten bewirken. So hätte die DTAG beispielsweise zeitgleich mit der Endkundenmaßnahme ein Angebot für die Nutzung des DSL-Spektrums als Vorleistung für entsprechende Endkundenprodukte nach Absatz 4 machen müssen, auch wenn die diesbezügliche Zugangsregulierung nach § 21 sich noch auf die Bereitstellung der gesamten Teilnehmeranschlussleitung und noch nicht auf das entbündelte DSL-Spektrum bezogen hätte. Andererseits handelt es sich bei einem zusätzlichen Entbündelungsgebot um eine eingriffsintensive Regulierungsmaßnahme,[105] so dass vor dem Hintergrund des legislativen Bestimmtheitsgebots[106] Zweifel an der insoweit wenig eindeutigen Abfassung des Absatzes 4 verbleiben. Dabei kann nicht darauf verwiesen werden, dass eine entsprechende Entbündelungspflicht schon aus der eigenständigen Formulierung des Absatzes 4 Satz 1 folge, der andernfalls neben dem Sanktionsinstrument des Absatzes 4 Satz 2 überflüssig wäre. Vielmehr könnte der Sinn des Absatzes 4 Satz 1 auch darin gesehen werden, dass lediglich die Gleichzeitigkeit des Angebots normiert würde, während die Entbündelungstiefe ausschließlich über § 21 gesteuert würde. Trotz dieser Bedenken kann § 39 Abs. 4 S. 1 eine Entbündelungsdimension zugesprochen werden. Dann muss aber auf der **Ermessensebene** die besondere Schärfe dieses Eingriffs Beachtung finden (dazu RdNr. 121).

4. Entgeltmaßnahme im Endnutzerbereich. – Das Vorleistungsangebot ist „gleichzeitig **115** mit einer geplanten Maßnahme im Endnutzerbereich" vorzulegen. Unter einer Entgeltmaßnahme ist die erstmalige Erhebung sowie jede Änderung eines Entgelts zu verstehen. Die **erstmalige Erhebung** bei der Einführung neuer technischer Produkte bildet den zentralen Anwendungsfall des Gleichzeitigkeitsgebots. Dabei wird zugleich deutlich, dass die Entgelterhebung nur als Anknüpfungspunkt gewählt wird. In der Sache geht es um die Bereitstellung eines neuen Produktes. Die **Änderung** dürfte hingegen kaum von Bedeutung

---

105 Vgl. auch *Thomaschki*, K&R-Beilage 1/2004, 21, 24.
106 Siehe dazu gerade mit Blick auf die Umsetzung der gemeinschaftsrechtlichen Vorgaben *Koenig/ Loetz/Neumann* (Fn. 28), S. 64 ff.

sein, da in diesem Fall ein reguliertes Vorleistungsprodukt bereits zur Verfügung gestellt wird. Die Streichung eines Entgelts angesichts eines **Wegfalls** des Angebots wird nicht erfasst, stellt jedoch hinsichtlich des Gleichzeitigkeitserfordernisses auch kein Problem dar.

116 5. **Pflicht zum gleichzeitigen Angebot.** – **Formal** muss das Angebot über die **üblichen Vertriebskanäle bekannt gemacht** worden sein. **Inhaltlich** müssen die Vorleistungen zu Entgelten angeboten werden, die insbesondere im Einklang mit **§ 28** stehen. Damit geht es vor allem um die Überprüfung der Kernvorgaben der Entgeltregulierung, zu denen insbesondere das Verbot eines Preishöhenmissbrauchs und einer Preis-Kosten-Schere zählen. Die Einzelheiten ergeben sich insoweit aus der Kommentierung zu § 28. Ergänzend können die **weiteren Entgeltregulierungsvorgaben** des ersten und zweiten Unterabschnitts herangezogen werden, da der Verweis auf § 28 nicht exklusiv ist („insbesondere"). Wichtiger ist jedoch der Hinweis, dass auch **nichtpreisliche Anforderungen** an den Bereitstellungszeitraum, den Umfang und die Zuverlässigkeit der bereitgestellten Leistung überprüft werden können.[107]

117 Das **zusätzliche Regulierungselement** des § 39 Abs. 4 ist in einer ganz bestimmten inhaltlichen Perspektive zu sehen, nämlich der zeitlichen. Insoweit kann § 39 Abs. 4 als lex specialis zu § 23 Abs. 3 S. 3 aufgefasst werden, der der Regulierungsbehörde die Möglichkeit eröffnet, dem regulierten Unternehmen Verpflichtungen hinsichtlich der Rechtzeitigkeit der Bereitstellung eines Standardangebots aufzuerlegen. Fraglich ist allerdings, welche genaue zeitliche Konsequenz sich aus dem Gebot der **Gleichzeitigkeit** ergibt. Grundsätzlich bedeutet „gleichzeitig mit einer geplanten Entgeltmaßnahme im Endnutzerbereich", dass keinem Endnutzer ein Vertragsangebot gemacht werden darf, wenn nicht zeitgleich die entsprechenden Vorleistungen den Wettbewerbern zur Verfügung gestellt werden. Die Formulierung der „**geplanten** Entgeltmaßnahme"[108] macht deutlich, dass die Bereitstellung der Vorleistung sorgfältig auf die Einführung der Endnuzterentgeltmaßnahme abzustimmen ist. Wenn die Endnutzerentgelte beispielsweise nach § 39 Abs. 1 einer Ex-ante-Regulierung unterliegen, sollten die Anträge für die Genehmigung der Endnutzerentgelte grundsätzlich zeitgleich mit den Anträgen für die Genehmigung der Vorleistungsentgelte gestellt werden. Nur so wird eine gleichzeitige Bereitstellung der Vorleistungen ermöglicht. Verzögert sich die Genehmigung für die Vorleistungsentgelte, können jedenfalls die Endnutzerentgeltmaßnahmen noch nicht eingeführt werden.

118 Bloße **Werbemaßnahmen** für einen Endnutzertarif bleiben davon schließlich unberührt, sofern nicht anschließend ein entsprechender Tarif tatsächlich beantragt, angezeigt bzw. eingeführt wird.[109] Vielmehr kann die bloße Ankündigung ohne spätere Beantragung, Anzeige oder Einführung, die lediglich die Position der Wettbewerber gefährden soll, ihrerseits missbräuchlich sein und daher der besonderen Missbrauchskontrolle nach § 42 unterliegen.

119 Die Normierung des Gleichzeitigkeitsgebots ist angesichts seiner Bedeutung für die Schaffung von fairen Wettbewerbsbedingungen **nicht unverhältnismäßig**.[110] Zum einen partizi-

---

107 Zur Bedeutung der umfassenden Erfassung entsprechender nichtpreislicher Anforderungen *Koenig/Vogelsang/Kühling/Loetz/Neumann*, S. 189.

108 Im Original nicht hervorgehoben.

109 A. A. für die Ex-post-Regulierung nach § 30 TKG 1996 BeckTKG-Komm/*Schuster/Stürmer*, § 30 RdNr. 15.

110 Positiv auch die Bewertung von *Thomaschki*, K&R-Beilage 1/2004, 21, 24.

piert das regulierte Unternehmen über die Bereitstellung der wesentlichen Teilleistungen an den Einkünften der Wettbewerber, die diese durch Markteinführung des neuen Produkts erzielen. Zum anderen behält das **regulierte Unternehmen** einen **zeitlichen Vorsprung** ohnehin dadurch, dass die Wettbewerber schon deswegen zeitlich im Nachteil sind, weil sie regelmäßig relativ kurzfristig mit Bereitstellung der Vorleistungen ihr „Wettbewerbsprodukt" entwickeln müssen. Dieser Wettbewerbsvorteil des regulierten Unternehmens kann angesichts der klaren Vorgabe einer („bloßen") Gleichzeitigkeit jedoch nicht durch eine extensive Interpretation des Absatz 4 Satz 1 relativiert werden.

6. Rechtsfolge: Untersagung der Forderung des Endnutzerentgelts ohne weitere Prü- 120 fung (Satz 2). – Als zentrale Rechtsfolge und wichtiges **Sanktionsinstrument** sieht § 39 Abs. 4 S. 2 vor, dass bereits der Verstoß gegen das Gleichzeitigkeitsgebot die Untersagung des Endnutzerentgelts rechtfertigt. Auf die materielle Rechtmäßigkeit des Entgelts im Übrigen kommt es dann nicht mehr an. Insoweit entfällt eine „weitere Prüfung". Dies enthebt selbstverständlich nicht von der Verpflichtung, den Verstoß gegen das Gleichzeitigkeitsgebot sorgfältig festzustellen. Dabei ist insbesondere zu untersuchen, ob tatsächlich sämtliche wesentliche Vorleistungen angeboten werden und ob insoweit die regelmäßig erforderlichen Entgeltgenehmigungen vorliegen.

Bei der Untersagungsentscheidung handelt sich um einen **Verwaltungsakt**, der in das Er- 121 messen der Regulierungsbehörde gestellt ist. Bei der Ausübung des **Ermessens** hat die Regulierungsbehörde insbesondere die **Bedeutung des Vorleistungsprodukts** für die Bereitstellung eines alternativen Endkundenprodukts zu beachten. Insbesondere die Begründung von **Entbündelungspflichten** aus Absatz 4 Satz 1 ist nur mit äußerster Vorsicht möglich (siehe RdNr. 114). Entspricht das Vorleistungsangebot nicht den Vorgaben des § 28 oder anderer Bestimmungen des TKG kann auch das Ausmaß der Abweichungen von den inhaltlichen Vorgaben berücksichtigt werden. Bedenken hinsichtlich der **Rechtmäßigkeit des Endnutzerentgelts** können gleichermaßen in das Ermessen einbezogen werden. Angesichts der Formulierung „ohne weitere Prüfung" ist von einem weiten Ermessensspielraum der Regulierungsbehörde auszugehen.

V. Rechtsschutz

Beim Rechtsschutz sind im Rahmen des § 39 zwei zentrale Fragenkreise zu unterscheiden: 122 der Umfang der gerichtlichen Kontrolldichte einerseits und die Rechtsschutzmöglichkeiten Dritter andererseits. Für **Unternehmen mit beträchtlicher Marktmacht** ergeben sich hinsichtlich des Rechtsschutzes **keine Besonderheiten.** Im Falle von Regulierungsverfügungen (§ 39 Abs. 1 S. 1, § 39 Abs. 3 S. 2), (teilweisen) Genehmigungsversagungsentscheidungen (§ 39 Abs. 1 S. 1 und 3 i. V. m. § 35 Abs. 3 S. 1 bis 3), (teilweisen) Ex-post-Entgeltuntersagungen (§ 39 Abs. 2, § 39 Abs. 3 S. 1 i. V. m. § 38 Abs. 4), Anordnungen der dilatorischen Vorlagepflicht (§ 39 Abs. 3 S. 2) und Untersagungsentscheidungen nach § 39 Abs. 4 sind die betroffenen Unternehmen mit beträchtlicher Marktmacht als **Adressaten von Verwaltungsakten** (§ 132 Abs. 1 S. 1 und 2) ohne weiteres in subjektiven Rechten betroffen und damit **anfechtungs- bzw. verpflichtungsklagebefugt.** Ein **Vorverfahren** findet insoweit gemäß § 137 Abs. 2 nicht statt, der **gerichtliche Rechtsschutz** ist nach Maßgabe des § 137 Abs. 3 **eingeschränkt.** Soweit § 39 die entsprechende Anwendung von Vorschriften des zweiten Abschnittes anordnet, gelten überdies die dortigen Kommentierungen auch hinsichtlich des Rechtsschutzes gegen Maßnahmen der Regulierung von Endnutzerleistungen.

123   **1. Gerichtliche Kontrolldichte.** – Die Rechtsanwendung durch die Regulierungsbehörde ist **grundsätzlich vollumfänglich justitiabel.** Das betrifft im Anwendungsbereich des § 39 beispielsweise die Frage, ob der persönliche oder sachliche Anwendungsbereich der einzelnen Bestimmungen eröffnet ist, die Frage, ob ein Entgelt gemäß § 39 Abs. 3 S. 3 offenkundig unvereinbar mit § 28 ist, und die Frage, ob ein Vorleistungsbestandteil wesentlich im Sinne von § 39 Abs. 4 S. 1 ist. Soweit die Regulierungsbehörde jedoch über einen **Beurteilungs-** (§ 39 Abs. 1 S. 1 auch i. V. m. § 39 Abs. 3 S. 2) **oder Ermessensspielraum** (§ 39 Abs. 1 S. 1, § 39 Abs. 3 S. 2, § 39 Abs. 4 S. 2) verfügt, ist die **gerichtliche Kontrolldichte eingeschränkt.** Die Gerichte können entsprechende Entscheidungen der Regulierungsbehörde daher im Wesentlichen nur auf eine Überschreitung und Unterschreitung des Spielraums sowie auf einen Missbrauch hin überprüfen.[111] Dies gilt nicht für die zugrunde liegenden Tatsachen (RdNr. 56) und andere der Beurteilung bzw. Prognose oder der Ermessensausübung vorgelagerte Fragen, die der vollständigen gerichtlichen Überprüfung unterliegen.

124   Liegt ein Beurteilungs- oder Ermessensfehler vor, ist die Entscheidung der Regulierungsbehörde wegen Rechtswidrigkeit aufzuheben und die **Regulierungsbehörde** zu **erneuter Bescheidung** zu verpflichten. Ausnahmsweise kann das Gericht die Regulierungsbehörde zum Erlass einer bestimmten Entscheidung verpflichten, wenn der Beurteilungs- oder Ermessensspielraum so verkürzt ist, dass nur eine rechtmäßige Entscheidung ergehen kann.[112]

125   **2. Rechtsschutzmöglichkeiten Dritter.** – Ob **Dritte,** die **nicht Adressaten eines Verwaltungsaktes** sind, gegen einen Verwaltungsakt oder seine Ablehnung Rechtsschutz begehren können, hängt davon ab, ob sie insoweit in eigenen Rechten verletzt sein können. Es kommt dann darauf an, ob sie sich für ihr Rechtsschutzbegehren auf eine öffentlich-rechtliche Norm stützen können, die nach dem in ihr enthaltenen Entscheidungsprogramm auch sie als Dritte schützt.[113] Das hängt davon ab, ob sich aus den individualisierenden Tatbestandsmerkmalen einer Norm ein einschlägiger Personenkreis entnehmen lässt, der sich von der Allgemeinheit unterscheidet.[114] Aus dem interpretatorisch zu ermittelnden **Schutzzweck der Vorschrift** muss sich ergeben, dass sie **unmittelbar** zumindest auch **den rechtlichen Interessen** des jeweiligen **Personenkreises** dienen soll.[115] Die bloß tatsächliche, also reflexartige Berührung der Rechte dieser Dritten reicht hingegen nicht.[116] Im Rahmen des § 39 ist dabei zu unterscheiden zwischen Maßnahmen, die spezifisch auf dieser Vorschrift beruhen, und daran anknüpfende Maßnahmen auf Grundlage der entsprechend zur Anwendung gebrachten Vorschriften des zweiten Unterabschnitts.

---

111 Zu diesen Maßstäben der gerichtlichen Kontrolle im Falle eines Beurteilungsspielraums BVerwGE 72, 339, 347; *Wolff/Bachof/Stober*, § 31 RdNr. 25 ff. (S. 452 ff.), sowie mit Blick auf Ermessensfehler *Wolff/Bachof/Stober*, § 31 RdNr. 45 ff. (S. 462 ff.). Zur Parallelität bei Spielräumen auf den unterschiedlichen normstrukturellen Ebenen siehe *Schuppert*, DVBl. 1988, 1191, 1199 f.

112 Vgl. für den Beurteilungsspielraum BVerwGE 79, 208, 214, sowie für den Bereich des Ermessens *Wolff/Bachof/Stober*, § 31 RdNr. 56 (S. 466).

113 BVerwG, NJW 2001, 909.

114 BVerwGE 94, 151, 158.

115 BVerwG, NVwZ 2003, 605, 607.

116 BVerwG, NVwZ 2003, 605, 607.

a) Drittschutz bei der Entgeltgenehmigung und -untersagung. – Letztgenannte Maß- **126** nahmen umfassen also insbesondere die (vollständige oder teilweise) Erteilung oder Versagung einer Entgeltgenehmigung sowie die nachträgliche Untersagung eines Entgelts bzw. das Unterlassen einer solchen Untersagung. Inwieweit hier Drittschutz besteht, richtet sich allein nach den jeweiligen Vorschriften, auf deren Kommentierung insoweit hinsichtlich der einzelnen Details zu verweisen ist. Dabei kommt den jeweiligen **Maßstabsnormen** entscheidende Bedeutung zu – also insbesondere **§ 28** als dem materiellen Fundament[117] der telekommunikationsrechtlichen Entgeltregulierung sowie ergänzend (vgl. § 35 Abs. 2 S. 1) **§ 31** für den Bereich der Genehmigungspflicht. Dabei können für § 31 Abs. 1 S. 1 die Erkenntnisse zu § 24 Abs. 1 TKG 1996 zumindest dem Grunde nach herangezogen werden. Entsprechend könnte für die Reichweite des von § 28 Abs. 1 S. 2 vermittelten Drittschutzes an den Diskussionsstand zu § 24 Abs. 2 TKG 1996 angeknüpft werden.[118]

Insoweit ist allerdings zu berücksichtigen, dass **weitgehende Einigkeit nur** dahin gehend **127** bestand, dass jedenfalls die § 28 Abs. 1 S. 2 Nr. 2 entsprechende Vorschrift des **§ 24 Abs. 2 Nr. 2 TKG 1996** drittschützende Wirkung gegenüber Wettbewerbern entfaltete, da die Vorschrift gerade die Beeinträchtigung ihrer Wettbewerbsmöglichkeiten zum missbrauchsbegründenden Tatbestandsmerkmal machte.[119] Uneinigkeit bestand jedoch hinsichtlich der beiden anderen Missbrauchsbeispiele,[120] da insoweit bereits zweifelhaft erschien, ob ihnen ein von der Allgemeinheit unterscheidbarer, hinreichend individualisierter Personenkreis entnommen werden konnte.[121] Noch stärkere Bedenken bestanden hinsichtlich eines zugunsten von Endnutzern wirkenden Drittschutzes,[122] zumal sich die Annahme einer drittschützenden Wirkung von § 24 Abs. 2 Nr. 2 TKG 1996 auf die ausdrückliche Erwähnung „anderer Unternehmen auf einem Telekommunikationsmarkt" bezog, die gerade keine Einbeziehung von Endnutzern erlaubte.

Die bei § 24 Abs. 2 TKG 1996 noch unvollständige Individualisierung wird nunmehr je- **128** doch durch die **Zielbestimmung des § 27 Abs. 1** komplettiert. Der Vorschrift zufolge soll die Entgeltregulierung „eine missbräuchliche Ausbeutung, Behinderung oder Diskriminierung von Endnutzern oder von Wettbewerbern … verhindern". Das erlaubt eine **Eingrenzung** des in den Anwendungsbereich der einzelnen Missbrauchsbeispiele **einbezogenen Personenkreises.** Alle drei Missbrauchsbeispiele enthalten tatbestandliche Ansatzpunkte für die weitere Eingrenzung eines Personenkreises: die Marktgegenseite in Nr. 1, die anderen Unternehmen in Nr. 2 und die Nachfrager in Nr. 3. Deshalb ist nunmehr durch die systematisch-teleologische Auslegungsdirektive des § 27 Abs. 1 eine **hinreichend** von der

---

117 *Vogelsang*, N&R 2004, 18, 25.

118 *Schütz*, Kommunikationsrecht, RdNr. 771 (S. 386).

119 VG Köln, MMR 2003, 689, 690; *Manssen*, C § 27 RdNr. 16 (Nr. 1); *Trute/Spoerr/Bosch*, § 24 RdNr. 86; a. A. *Mayen*, MMR 2000, 117, 119.

120 Einen Drittschutz insoweit bejahend VG Köln, MMR 2003, 689, 690; *Trute/Spoerr/Bosch*, § 24 RdNr. 87 (Nr. 1 und 3); *Manssen*, C § 27 RdNr. 16 (Nr. 3); a. A. *Mayen*, MMR 2000, 117, 119; offen gelassen bei BVerwG, NVwZ 2003, 605, 609 und 610. Zum Streit, ob die einzelnen Missbrauchsbeispiele hinsichtlich ihrer drittschützenden Dimension einheitlich zu handhaben sind, vgl. – bejahend *Trute/Spoerr/Bosch*, § 24 RdNr. 87, – sowie – (implizit) verneinend – *Manssen*, C § 27 RdNr. 16.

121 *Manssen*, C § 27 RdNr. 16 (Nr. 1). In der Tendenz wohl a. A. mit Blick auf § 24 Abs. 2 Nr. 3 TKG 1996 BVerwG, NVwZ 2003, 605, 609.

122 Drittschutz verneinend BVerwG, NVwZ 2003, 605, 607 ff. (Nr. 1); *Manssen*, C § 27 RdNr. 16 (Nr. 1).

„Allgemeinheit" **abgrenzbare Individualisierung** möglich.[123] Alle drei Missbrauchsbeispiele kommen somit als **drittschützende Normen** sowohl gegenüber **Wettbewerbern** als auch gegenüber **Endnutzern** in Betracht.[124] Freilich müssen dabei die einzelnen Tatbestandsmerkmale gewahrt sein, d. h. Wettbewerber können sich beispielsweise nur auf Drittschutz nach § 28 Abs. 2 S. 2 Nr. 1 berufen, wenn sie selbst (für Vorleistungen) missbräuchlich überhöhte Entgelte entrichten müssen, und Endnutzer sind nur dann potenziell von § 28 Abs. 2 S. 2 Nr. 2 geschützt, wenn sie zugleich „Unternehmen auf einem Telekommunikationsmarkt" sind, also wenn sie z. B. Anbieterendnutzer sind (siehe dazu RdNr. 40).

129 Dem Maßstab der **Kosten der effizienten Leistungsbereitstellung**, der im Rahmen der vorherigen Entgeltgenehmigung nach § 31 Abs. 1 S. 1 zu beachten ist, kommt hingegen **grundsätzlich keine eigenständige Drittschutzdimension** zu – weder gegenüber Wettbewerbern noch gegenüber Nutzern.[125] Insoweit fehlt es an jeglichen individualisierenden Merkmalen, welche auf eine norminterne Berücksichtigung der Interessen eines bestimmten Personenkreises schließen ließen. Mit Blick auf die nachträgliche Entgeltregulierung ist schließlich noch an die **Möglichkeit** einer **zivilgerichtlichen Billigkeitskontrolle** nach § 315 Abs. 3 BGB zu erinnern.[126]

130 **b) Drittschutz bei spezifisch auf § 39 beruhenden Entscheidungen.** – § 39 betrifft zwar Leistungen, die ausdrücklich gegenüber einem bestimmten Personenkreis erbracht werden. Daraus folgt aber noch nicht, dass die Norm dem Schutz der damit angesprochenen Endnutzer dient. Vielmehr ist § 39 eine Vorschrift der Marktregulierung, die lediglich an bestimmte Leistungen der regulierten Unternehmen anknüpft. Sie zielt **nicht schon als solche** auf einen **unmittelbaren Schutz** der rechtlichen Interessen **von Endnutzern.** Das ergibt sich bereits daraus, dass die Entgeltregulierung bei Endnutzerleistungen gerade auch der Untersagung von Kampfpreisen (Preisdumping) dient, also unmittelbar zu höheren Zahlungsverpflichtungen der Endnutzer führen kann. Auch im Rahmen des § 39 kommt es daher auf die einzelnen Rechtssätze an. Als spezifisch auf § 39 beruhende Regelungen, deren jeweiliges Normprogramm die rechtlichen Interessen Dritter unmittelbar berücksichtigen könnte, lassen sich dabei die Unterwerfungsentscheidung nach § 39 Abs. 1 S. 1, die Anordnung der dilatorischen Vorlagepflicht nach § 39 Abs. 3 S. 2, die vorläufige Untersagung nach § 39 Abs. 3 S. 3 und die Forderungsuntersagung nach § 39 Abs. 4 S. 2 identifizieren.

131 Das Normprogramm der **Unterwerfungsentscheidung** nach § 39 Abs. 1 S. 1 sieht vor allem eine Berücksichtigung der Regulierungsziele vor. Diese berücksichtigen nur den Wettbewerb als Institution und Prozess (§ 2 Abs. 2 Nr. 2), nicht aber die Wettbewerber als solche. Gerade vor diesem Hintergrund scheint die ausdrückliche Nennung der Interessen der Nutzer als Regulierungsziel (§ 2 Abs. 2 Nr. 1) für eine entsprechende Drittschutzdimension zu sprechen. § 2 Abs. 2 Nr. 1 erfasst die Nutzer jedoch nicht als Träger von Individualinteressen, sondern als Teil der Allgemeinheit. Die Wahrung der Nutzerinteressen geht im Wesentlichen im objektiven Allgemeininteresse an dem Bestehen von Wettbewerb im Be-

---

123 Tendenziell auch *Holznagel*, MMR 2003, 513, 516 f. (mit rechtspolitischer Kritik); *Spoerr/Sellmann*, N&R 2004, 98, 106.
124 Differenzierend (Drittschutz nur zugunsten von Wettbewerbern) *Spoerr/Sellmann*, N&R 2004, 98, 106.
125 Zu § 24 Abs. 1 TKG 1996 BVerwG, NVwZ 2003, 605, 610; VG Köln, N&R 2004, 75, 76.
126 BVerwG, NVwZ 2003, 605, 608.

reich der Telekommunikation[127] und der Verfügbarkeit einer telekommunikativen Grundversorgung auf.[128] Nicht das einzelne, sondern das gemeinsame Nutzerinteresse ist in § 2 Abs. 2 Nr. 1 gemeint.[129] § 39 Abs. 1 S. 1 kommt demzufolge **keine drittschützende Wirkung** zu. Gegen Unterwerfungsentscheidungen nach § 39 Abs. 1 S. 1 oder ihre Ablehnung steht weder Wettbewerbern noch sonstigen Dritten Rechtsschutz zu. Gleiches gilt für die **Anordnung der dilatorischen Vorlagepflicht** nach § 39 Abs. 3 S. 2. Sie knüpft ausdrücklich an § 39 Abs. 1 S. 1 an und teilt insoweit die auf die Wettbewerbsförderung beschränkte Zielrichtung dieser Vorschrift.

Demgegenüber ist die **vorläufige Untersagung** nach § 39 Abs. 3 S. 3 der Sache nach eine **132** zeitlich vorgelagerte Entgeltregulierungsmaßnahme. Dies zeigt sich besonders deutlich in der expliziten Bezugnahme auf die Maßstäbe des § 28. § 39 Abs. 3 S. 3 **entspricht** somit unter Drittschutzgesichtspunkten **anderen Maßnahmen der Entgeltregulierung**, die materiell auf § 28 gestützt sind (vgl. hierzu RdNr. 127 f.). Gleiches gilt grundsätzlich auch für die **Forderungsuntersagung** nach § 39 Abs. 4 S. 2. Zum Normprogramm dieser Vorschrift gehört die vorgeschaltete Prüfung, ob das Angebot für die Vorleistung den Vorgaben des § 28 genügt. Hier ist allerdings zu beachten, dass sich die Steuerungswirkung des § 39 Abs. 4 primär auf die Vorleistungsebene erstreckt (RdNr. 105). Die Forderung des Endkundenentgelts wird nicht untersagt, weil von diesem Entgelt als solchem Gefährdungen für den Wettbewerb, für Wettbewerber oder Endnutzer ausgingen. Sie wird vielmehr untersagt, um Zugangsmöglichkeiten der Wettbewerber auf Vorleistungsebene und deren wettbewerbskonforme Bepreisung durchzusetzen. Es kann also auch hinsichtlich des Drittschutzes nur um diese Ebene gehen. § 39 Abs. 4 S. 1 nimmt hierbei Bezug auf ein „Angebot für die Vorleistung", welches regulierte Unternehmen abgeben müssen. Damit sind die Interessen der Wettbewerber als der potenziellen Nachfrager eines solchen Angebotes in das Normprogramm der Vorschrift aufgenommen. Der Forderungsuntersagung nach § 39 Abs. 4 S. 2 kommt somit eine drittschützende Wirkung gegenüber den Wettbewerbern der regulierten Unternehmen zu. Gegenüber Endnutzern entfaltet sie hingegen keinen Drittschutz.

---

127 BVerwG, NVwZ 2003, 605, 607.
128 Dies entspricht dem Gesetzeszweck nach § 1 TKG, vgl. bereits die Anmerkung in RdNr. 51.
129 BVerwG, NVwZ 2003, 605, 607. A. A. (aber im Ergebnis ähnlich) *Trute/Spoerr/Bosch*, § 24 RdNr. 88.

Sonstige Verpflichtungen

§ 40 Betreiberauswahl und Betreibervorauswahl

(1) Die Regulierungsbehörde verpflichtet Unternehmen, die bei der Bereitstellung des Anschlusses an das öffentliche Telefonnetz und dessen Nutzung an festen Standorten als Unternehmen mit beträchtlicher Marktmacht eingestuft wurden, nach Maßgabe des Satzes 4 dazu, ihren Teilnehmern den Zugang zu den Diensten aller unmittelbar zusammengeschalteten Anbieter von Telekommunikationsdiensten für die Öffentlichkeit zu ermöglichen. Das geschieht sowohl durch Betreiberauswahl im Einzelwahlverfahren durch Wählen einer Kennzahl als auch durch Betreibervorauswahl, wobei jedoch bei jedem Anruf die Möglichkeit besteht, die festgelegte Vorauswahl durch Wählen einer Betreiberkennzahl zu übergehen. Der Teilnehmer soll dabei auch unterschiedliche Voreinstellungen für Orts- und Fernverbindungen vornehmen können. Im Rahmen der Ausgestaltung der zur Erfüllung dieser Verpflichtung erforderlichen Zusammenschaltung ist bei Entscheidungen nach dem Zweiten Teil dieses Gesetzes zu gewährleisten, dass Anreize zu effizienten Investitionen in Infrastruktureinrichtungen nicht entfallen, die langfristig einen stärkeren Wettbewerb sichern, und dass eine effiziente Nutzung des vorhandenen Netzes durch ortsnahe Zuführung erfolgt. Etwaige Entgelte für Endnutzer, die die vorgenannten Leistungen in Anspruch nehmen wollen, unterliegen der nachträglichen Regulierung nach Maßgabe des § 38 Abs. 2 bis 4.

(2) Verpflichtungen nach Abs. 1 sollen bezüglich anderer Unternehmen mit beträchtlicher Marktmacht nur dann auferlegt werden, wenn ansonsten die Regulierungsziele nach § 2 Abs. 2 nicht erreicht werden. Insofern nachhaltiger Dienstewettbewerb auf dem Mobilfunkendnutzermarkt besteht, sollen die Verpflichtungen nach Abs. 1 für den Mobilfunkmarkt nicht auferlegt werden. Nachhaltiger Dienstewettbewerb auf dem Mobilfunkendnutzermarkt ist ein chancengleicher Wettbewerb zwischen Diensten der öffentlichen Mobilfunknetzbetreiber und den Diensten der Mobilfunkdiensteanbieter für die Öffentlichkeit auf der Endnutzerebene; dieser chancengleiche Wettbewerb setzt voraus, dass von den Betreibern öffentlicher Mobilfunknetze unabhängige Mobilfunkdiensteanbieter für die Öffentlichkeit mittels Diensten auch auf Basis der Vorleistungen der Betreiber öffentlicher Mobilfunknetze zu einem nachhaltig wettbewerbsorientierten Mobilfunkendnutzermarkt beitragen.

Schrifttum: *Capito/Elspaß*, Die Auswahl des Betreibers und der neue Rechtsrahmen der Europäischen Gemeinschaft für die Märkte der elektronischen Kommunikation, K&R 2003, 110; *Koenig*, Die fallweise Auswahl des Verbindungsnetzbetreibers in Mobilfunknetzen, MMR-Beilage 1/2002, 11; *Koenig/Loetz*, Infrastruktur- und Dienstewettbewerb im EG-Telekommunikationsrecht, TKMR 2004, 132; *Kruse*, Verbindungsnetzbetreiberauswahl im Mobilfunk, MMR 2003, 29; *Möschel*, Verbindungsnetzbetreiberauswahl und Marktbeherrschung im Mobilfunkbereich, MMR-Beilage 1/2002, 28; *Rädler*, Preselection im Zusammenschaltungsregime, CR 2002, 648; *Ruhle*, Ortsnetz – bitte warten, Tele-Talk 2003, 18; *Schuster/Müller*, Verbindungsnetzbetreiberauswahl und Entgeltregulierung im Mobilfunk, MMR-Beilage 1/2002, 35.

Übersicht

I. Systematik

1   Die Regelungen zur Betreiberauswahl und Betreibervorauswahl waren im TKG 1996 in § 43 enthalten, der die Aufgaben der Nummerierung enthielt. Diese systematische Stellung ließ sich damit begründen, dass die Betreiberauswahl mittels einer Kennzahl erfolgt, die von der Regulierungsbehörde zugeteilt wird. Für die Betreibervorauswahl war ein Zusammenhang mit den Aufgaben der Nummerierung jedoch nicht offensichtlich.[1] Gegen die Aufnahme der Verpflichtung zur Ermöglichung der Betreiberauswahl und der Betreibervorauswahl in die Nummerierungsvorschrift wurde eingewandt, dass es sich bei der Wahl des Netzbetreibers durch den Teilnehmer sowohl in technischer als auch in rechtlicher Hinsicht um einen Vorgang der Zusammenschaltung handele.[2] Die jetzige Stellung der Vorschriften zur Betreiberauswahl und Betreibervorauswahl in Teil 2 des TKG, der die Einzelheiten der Marktregulierung normiert, ist sachgerechter.

2   § 40 enthält in Abs. 1 S. 1 und 2 die Verpflichtung bestimmter Unternehmen, ihren jeweiligen Teilnehmern den Zugang zu den Diensten aller unmittelbar zusammengeschalteten Anbieter durch Betreiberauswahl und Betreibervorauswahl zu ermöglichen. Erfasst sind hiervon zunächst nur Festnetzbetreiber mit beträchtlicher Marktmacht. Abs. 1 S. 4 normiert Vorgaben für die Ausgestaltung der zur Erfüllung der Verpflichtung erforderlichen

---

1   Vgl. auch § 66 RdNr. 6 f.
2   *Bock/Völcker*, MMR 1998, 473, 477; a. A. RegTP, Beschluss v. 15. 6. 1998, MMR 1998, 562.

Zusammenschaltung. Abs. 1 S. 5 enthält rechtliche Vorgaben für Entgelte, die Endnutzern in Rechnung gestellt werden.

In Abs. 2 Satz 1 ist eine Einschränkung der Verpflichtung für Unternehmen mit beträchtli- **3** cher Marktmacht, die nicht Festnetzbetreiber sind, geregelt. S. 2 und 3 dieses Absatzes enthalten spezielle Regelungen für die Verpflichtung von Mobilfunknetzbetreibern zur Sicherstellung von Betreiberauswahl und Betreibervorauswahl. Spezielle Regelungen zur Nummerierung finden sich in der Vorschrift nicht.

II. Normzweck

Mit der Regelung einer Betreiberauswahl und einer Betreibervorauswahl hat der Gesetzge- **4** ber bereits im TKG 1996 eine wesentliche Voraussetzung für den Wettbewerb im Fernverkehr geschaffen.[3] Durch eine Änderung des § 43 TKG 1996 im Jahr 2002 wurden darüber hinaus Impulse für den Wettbewerb bei Ortsnetzverbindungen gegeben. § 40 enthält nunmehr erstmals auch spezielle Vorschriften für die Betreiberauswahl und die Betreibervorauswahl bei Mobilfunkverbindungen.

Die Norm dient der nachhaltigen Stärkung des Wettbewerbs, insbesondere auch im Orts- **5** netz und in den Mobilfunknetzen. Durch die Beseitigung von Hindernissen beim Wechsel des Telekommunikationsdiensteanbieters wird der Wettbewerb gesichert.[4] Die schon von Art. 9 Abs. 1 der ZusammenschaltungsRL angestrebte Ende-zu-Ende-Kommunikation zum größtmöglichen wirtschaftlichen Nutzen und zum größtmöglichen Nutzen für die Endnutzer setzt eine derartige Kommunikation in Sprachform über mehrere Netze hinweg voraus.[5] Zudem soll ein gerechter Ausgleich zwischen einem Dienste- und einem Infrastrukturwettbewerb gefunden werden.

Schließlich dient § 40 der Umsetzung von Art. 19 URL, dessen Regelungen ein essentiel- **6** ler und integraler Baustein im gesamten Konzept der Marktregulierung sind.[6]

III. Entstehungsgeschichte im Lichte des Europarechts

1. Nummerierungsrichtlinie und TKG 1996. – Nach Art. 2 der Richtlinie 98/61/EG des **7** Europäischen Parlamentes und des Rates vom 24. 9. 1998 zur Änderung der Richtlinie 97/33/EG hinsichtlich der Übertragbarkeit von Nummern und der Betreiberauswahl[7] war die Bundesrepublik verpflichtet, eine Betreibervorauswahl einzuführen. Die Richtlinie war bis zum 31. 12. 1998 umzusetzen.

Dementsprechend enthielt das TKG 1996 in § 43 Abs. 6 eine Verpflichtung der Netzbetrei- **8** ber zur Sicherstellung von Betreiberauswahl und Betreibervorauswahl. § 43 Abs. 6 TKG 1996 war nach § 100 Abs. 2 TKG 1996 ab dem 1. 1. 1998 anwendbar. Die DTAG bot die Betreiberauswahl und die Betreibervorauswahl für Fern- und Auslandsgespräche seit Beginn der Liberalisierung am 1. 1. 1998 an. Da zunächst eine Betreiberauswahl für alle Ruf-

---

3 BeckTKG-Komm/*Paul/Mellewigt*, § 43 RdNr. 28.
4 OVG Münster, Beschluss v. 20. 1. 2003, Az.: 13 A 2869/01, CR 2004, 197, 199.
5 OVG Münster, Beschluss v. 20. 1. 2003, Az.: 13 A 2869/01, CR 2004, 197, 199.
6 *Koenig/Loetz*, TKMR 2004, 132, 140.
7 Nummerierungsrichtlinie, ABl. EG Nr. L 268 vom 3. 10. 1998, S. 37.

nummern mit dem Präfix 0 eingerichtet wurde, war zudem auch für Mehrwertdienste, die unter anderem unter Rufnummern der Gassen 0180 und 0190 erreichbar waren, eine Betreiberauswahl grundsätzlich möglich.

9 Nach Beratungen der Netzbetreiber im Arbeitskreis für technische und betriebliche Fragen der Nummerierung und der Netzzusammenschaltung (AKNN) wurde die generelle Betreiberauswahl aufgehoben und beschlossen, dass Anrufe zu Mehrwertdiensten nicht mehr automatisch dem voreingestellten oder im Einzelfall ausgewählten Verbindungsnetzbetreiber zugeführt werden.[8] Eine Betreiberauswahl und eine Betreibervorauswahl im Ortsnetz wurde von der DTAG nicht angeboten.

10 **2. Betreiberauswahl und Betreibervorauswahl im Ortsnetz. – a) TKG 1996 und das Ortsnetz. –** § 43 Abs. 6 TKG 1996 besagte in Verbindung mit § 3 Nr. 21 und 23 TKG 1996, dass Verbindungsnetze keine Teilnehmeranschlüsse aufweisen und verschiedene Teilnehmernetze verbinden. Somit fiel die Herstellung von Verbindungen innerhalb eines Orts- bzw. Teilnehmernetzes nicht unter den Anwendungsbereich des TKG 1996. Dementsprechend hat die Regulierungsbehörde auch einen Antrag auf Zusammenschaltung zum Zwecke der Erbringung einer Betreiberauswahl im Ortsnetz durch einen Wettbewerber der DTAG abgelehnt.[9]

11 **b) Vertragsverletzungsverfahren wegen Öffnung des Ortsnetzes. –** Streit herrschte darüber, ob die Zusammenschaltungsrichtlinie in Art. 12 Abs. 7 eine Verpflichtung enthielt, nach der die DTAG zur Betreiberauswahl und Betreibervorauswahl im Ortsnetz verpflichtet gewesen wäre.

12 Die Bundesrepublik übermittelte das TKG vom 1. 8. 1996 mit der darin enthaltenen Regelung zur Betreiberauswahl und Betreibervorauswahl, dort in § 43 Abs. 6. Nach Auffassung der Europäischen Kommission war mit den notifizierten Vorschriften des TKG die vollständige Umsetzung von Art. 12 Abs. 7 RL 97/33/EG in der durch die RL 98/61/EG geänderten Fassung nicht hinreichend gewährleistet, da nach ihrer Kenntnis von der als Organisation mit beträchtlicher Marktmacht gemeldeten Betreiberin noch keine Betreiberauswahl für Ortsgespräche angeboten wurde.

13 Die Kommission gab am 15. 6. 2000 ihren Beschluss bekannt, ein förmliches Vertragsverletzungsverfahren gegen Deutschland und das Vereinigte Königreich einzuleiten, um die Einführung einer Betreibervorauswahl auch im Ortsnetzbereich sicherzustellen. Ähnliche Verfahren hatte sie bereits gegen Belgien, Frankreich, Italien, die Niederlande, Österreich und Finnland angestrengt. Die Kommission gab der Bundesrepublik daher gemäß Art. 226 EGV mit Schreiben vom 8. 6. 2000 Gelegenheit zur Stellungnahme innerhalb von zwei Monaten. Die Bundesrepublik war zunächst der Ansicht, die Zusammenschaltungsrichtlinie sehe eine Betreiberauswahl im Ortsnetz nicht vor. Von dieser Ansicht ist sie später abgerückt.[10]

14 Am 30. 10. 2000 richtete die Kommission gemäß Art. 226 EGV eine mit Gründen versehene Stellungnahme an die Bundesrepublik Deutschland. Darin bezeichnete die Kommission die Betreibervorauswahl als Schlüsselelement für die Erreichung der tatsächlichen Wahlmöglichkeit der Verbraucher und eines wirksamen Wettbewerbs auf dem liberalisierten Te-

---

8 BeckTKG-Komm/*Paul/Mellewigt*, § 43 RdNr. 30.
9 Beschluss der RegTP vom 1. 8. 2001, Az.: BK 4c-01-016 / Z 23. 5. 01.
10 BT-Drs. 14/9194 vom 3. 6. 2002.

lekommunikationsmarkt. Sie forderte die Bundesrepublik gemäß Art. 226 Abs. 2 EGV auf, die erforderlichen Maßnahmen zur Umsetzung der RL 97/33/EG in der durch die RL 98/61/EG geänderten Fassung innerhalb von zwei Monaten zu treffen. Am 26. 6. 2002 hat die Europäische Kommission den sofortigen Vollzug ihrer Klageerhebung beschlossen.

c) Gesetzesnovelle 2002. – Vor dem Hintergrund des Vertragsverletzungsverfahrens veröf- **15** fentlichte das BMWA im Frühjahr 2002 den Entwurf einer „Kleinen TKG-Novelle", der unter anderem eine Regelung zur Änderung des § 43 Abs. 6 TKG 1996 beinhaltete. Der Bundesrat beschloss in seiner 776. Sitzung am 31. 5. 2002, gemäß § 76 Abs. 2 GG zu dem Gesetzentwurf Stellung zu nehmen. Am 3. 6. 2002 wurde der Gesetzentwurf der Bundesregierung vorgelegt.[11] Dessen Begründung enthielt folgenden Hinweis: „Das Telekommunikationsgesetz soll im nächsten Jahr grundlegend überarbeitet und novelliert werden. … Erforderlich ist es allerdings, vorab einzelne gesetzliche Änderungen vorzunehmen, um Übereinstimmung mit den Vorgaben des europäischen Gemeinschaftsrechts herzustellen."[12] Der Deutsche Bundestag hat am 5. 7. 2002 den „Entwurf eines Ersten Gesetzes zur Änderung des Telekommunikationsgesetzes" mit Änderungen verabschiedet[13] und eine Entschließung angenommen. Der Bundesrat hat seine Zustimmung gemäß Art. 87 f. Abs. 1 GG verweigert[14], so dass die Bundesregierung gemäß Art. 77 Abs. 2 GG den Vermittlungsausschuss angerufen hat[15].

Der Vermittlungsausschuss einigte sich am 10. 9. 2002 und verabschiedete eine Beschluss- **16** empfehlung.[16] Er empfahl, den vorgeschlagenen Gesetzestext dahingehend zu ergänzen, dass „der vom Nutzer ausgewählte Netzbetreiber angemessen an den Kosten des dem Nutzer bereitgestellten Teilnehmeranschlusses beteiligt wird."[17] Die Zustimmung des Bundestages zur Gesetzesänderung erfolgte am 12. 9. 2002.[18] Der Bundesrat hat die Änderung des TKG 1996 am 27. 9. 2002 beschlossen.[19]

Die Veröffentlichung der Änderung des TKG erfolgte am 21. 10. 2002.[20] Der durch das **17** Erste Gesetz zur Änderung des Telekommunikationsgesetzes geänderte § 43 Abs. 6 TKG 2002 ist zum 1. 12. 2002 in Kraft getreten.

d) Aussetzung der Verpflichtung. – Wie auch das TKG 1996 enthielt das TKG 2002 in **18** § 43 Abs. 6 S. 5 die Möglichkeit für die Regulierungsbehörde, die Verpflichtung aus § 43 Abs. 6 S. 1 ganz oder teilweise auszusetzen, solange und soweit dies aus technischen Gründen gerechtfertigt war. Die Regulierungsbehörde machte von dieser Möglichkeit Gebrauch und setzte die Verpflichtung zunächst mit Schreiben vom 29. 11. 2002 gegenüber der verpflichteten DTAG bis zum 28. 2. 2003 aus, da die DTAG vorgetragen hatte, dass die notwendigen technischen und betrieblichen Realisierungsprozesse in ihrem Netz für die (fallweise) Betreiberauswahl erst zum 24. 4. 2003 und für die Betreibervorauswahl erst zum

---

11 BT-Drs. 14/9194.
12 BT-Drs. 14/9194 vom 3. 6. 2002.
13 BT-Drs. 14/9711.
14 BT-Drs. 14/9793.
15 BT-Drs. 14/9889.
16 BT-Drs. 14/9938 vom 10. 9. 2002.
17 BT-Drs. 14/9938 vom 10. 9. 2002; vgl. hierzu im Einzelnen RdNr. 46 ff.
18 BR-Drs. 721/02 vom 12. 9. 2002.
19 BR-Drs. 721/02 (Beschluss) vom 27. 9. 2002.
20 BGBl. I S. 4186.

8. 7. 2003 abgeschlossen werden könnten.[21] Die unterschiedlichen Einführungstermine für die Betreiberauswahl und die Betreibervorauswahl führte die DT AG darauf zurück, dass es sich um unterschiedliche Geschäftsprozesse handelte, die technisch unterschiedlich implementiert werden mussten.

19   Mit Pressemitteilung vom 29. 11. 2002 und einer Amtsblatt-Verfügung[22] veröffentlichte die Regulierungsbehörde die Aussetzungsverfügung. Zudem führte sie eine Anhörung zur Notwendigkeit einer weiteren Aussetzung durch.[23] Die Regulierungsbehörde fragte in der Anhörung, bis zu welchem Zeitpunkt eine Aussetzung der Betreiberauswahl und der Betreibervorauswahl jeweils aus technischen Gründen notwendig sei. Die Anhörungsfrist endete am 15. 1. 2003.

20   Ein Unternehmen hatte sich am 29. 11. 2002 mit der DTAG auf eine Ergänzungsvereinbarung zur bestehenden Zusammenschaltungsanordnung geeinigt, durch die dem Unternehmen die Betreiberauswahl zum 1. 5. 2003 und die Betreibervorauswahl zum 1. 8. 2003 ermöglicht wurde. Nach Auswertung der Anhörung hat die Regulierungsbehörde entschieden, die Verpflichtung der DTAG zur Betreiberauswahl bis zum 24. 4. 2003 auszusetzen. Die Betreibervorauswahl wurde bis zum 8. 7. 2003 ausgesetzt. Ein Unternehmen hat die Aussetzungsverfügung beklagt, ist im Rechtsstreit jedoch unterlegen.[24]

21   Die Europäische Kommission hat aufgrund der durch die Regulierungsbehörde erfolgten Aussetzung der Verpflichtung nach § 43 Abs. 6 TKG 2002[25] mit Schriftsatz vom 26. 11. 2002 ein Klageverfahren beim EuGH gegen Deutschland nach Art. 226 EGV eingeleitet.[26] Der Klage beigefügt war die mit Gründen versehene Anhörung der Bundesrepublik sowie eine begründete Stellungnahme der Kommission, in der diese die Vertragsverletzung der Bundesrepublik wegen Nichtanwendung bzw. Nichtumsetzung der Nummerierungsrichtlinie (97/33/EG) darstellte.

22   **e) Technische Umsetzung.** – Die technische und operative Umsetzung der Betreiberauswahl und der Betreibervorauswahl wurde vom Arbeitskreis für technische und betriebliche Fragen der Netzzusammenschaltung und Nummerierung (AKNN) durch die Ausarbeitung von Spezifikationen vorbereitet. Im Zusammenhang mit der Änderung des § 43 Abs. 6 TKG 1996 durch das TKG 2002 hat der AKNN auf seiner 77. Sitzung am 8. 10. 2002 vier Unterarbeitskreisen jeweils ein Mandat zur Veränderung der Spezifikationen erteilt. Zum 12. 11. 2002 wurden vom AKNN Änderungen verabschiedet. Diese betreffen die Spezifikationen „Betreiberauswahl"[27], „Administrative und betriebliche Abläufe bei der dauerhaften Voreinstellung des Verbindungsnetzbetreibers" und „Entgeltinformation für Endkunden über Netzgrenzen". Damit war es den Netzbetreibern möglich, die nötigen technischen Änderungen ihrer Systeme schon vorzunehmen. Auch die Spezifikation „Elektronische Schnittstelle für Preselectionaufträge" wurde geändert.

---

21   Vfg. 40/2002 vom 18. 12. 2002 (RegTPABl. 24/2002).
22   Vfg. 40/2002 vom 18. 12. 2002 (RegTPABl. 24/2002).
23   Mit. 562/2002 vom 18. 12. 2002 (RegTPABl. 24/2002).
24   VG Köln, Beschluss vom 11. 4. 2003, 11 L 619/03.
25   Vfg. 40/2002 vom 18. 12. 2002 (RegTPABl. 24/2002).
26   Az.: 2001/2109.
27   Die Spezifikation wurde zum 15. 2. 2005 erneut überarbeitet.

IV. Betreiberauswahl

Eine Betreiberauswahl ist nach der gesetzlichen Formulierung möglich, wenn ein Teilneh- **23** mer durch Wählen einer Kennzahl im Einzelwahlverfahren Zugang zu den Diensten aller unmittelbar zusammengeschalteten Anbieter von Telekommunikationsdiensten hat. Er kann somit eine Telekommunikationsverbindung über einen beliebig auszuwählenden Netzbetreiber führen und muss nicht zwangsläufig die Telekommunikationsdienste seines Teilnehmernetzbetreibers oder des vorausgewählten Netzbetreibers in Anspruch nehmen.[28] Die Betreiberauswahl im Einzelfall wird auch „Call by Call" genannt.

V. Betreibervorauswahl

Die Betreiberauswahl wird in der Literatur und Presse häufig auch als „Preselection" eines **24** Netzbetreibers bezeichnet. Eine Betreibervorauswahl oder Preselection liegt dann vor, wenn der Teilnehmer einen Netzbetreiber mit dem Ziel auswählt, dass alle von ihm aufgebauten Telekommunikationsverbindungen durch dauerhafte Voreinstellung seines Anschlusses automatisch über den ausgewählten Netzbetreiber geführt werden.[29] Die normative Regelung stellt dabei klar, dass es bei einer dauerhaften Voreinstellung möglich sein muss, die festgelegte Vorauswahl durch Wählen einer Betreiberkennzahl zu übergehen. Wesentlich ist zudem die Regelung, dass es dem Kunden möglich sein muss, unterschiedliche Netzbetreiber für Fern- und für Ortsgespräche vorauszuwählen und somit besonders attraktive Angebote zu kombinieren.

Die Leistung „Betreibervorauswahl" wird technisch durch Umprogrammierungsmaßnah- **25** men in der für den Anschluss des Kunden zuständigen Teilnehmervermittlungsstelle des Teilnehmernetzbetreibers des Kunden erbracht.[30] Dadurch wird dann die jeweilige Gesprächsverbindung von der umprogrammierten Teilnehmervermittlungsstelle zu dem nächsten Übergabepunkt geführt, an dem das Netz des vom Kunden ausgewählten Netzbetreibers mit dem des Teilnehmernetzbetreibers des Kunden zusammengeschaltet ist.[31] Es handelt sich somit technisch um eine Leitwegeänderung.

VI. Verpflichtete Unternehmen

1. Geltung für das Festnetz (Abs. 1). – Nach § 40 Abs. 1 S. 1 kann die Regulierungsbe- **26** hörde Unternehmen verpflichten, die bei der Bereitstellung des Anschlusses an das öffentliche Telefonnetz und dessen Nutzung an festen Standorten als Unternehmen mit beträchtlicher Marktmacht eingestuft wurden. Diese gesetzliche Regelung entspricht der Vorgabe in Art. 19 Abs. 1 S. 1 URL. Der Gesetzgeber hat den Anwendungsbereich mit dieser Formulierung auf Festnetzbetreiber begrenzt und Mobilfunknetzbetreiber damit ausdrücklich von der Verpflichtung aus Abs. 1 ausgenommen. Die Regelung setzt eine Marktbeherrschung voraus und gibt den entscheidenden Markt vor. Im Jahr 2004 lag der Wettbewerbsanteil bei Analoganschlüssen bei 1,8 %, bei ISDN-Basisanschlüssen bei 12,1 %. Die Sum-

---

28 *Manssen/Demmel*, § 43 RdNr. 112.
29 *Manssen/Demmel*, § 43 RdNr. 112.
30 VG Köln, Urt. Vom 21. 2. 2002, Az.: 1 K 5694/98.
31 VG Köln, Urt. Vom 21. 2. 2002, Az.: 1 K 5694/98.

me der Wettbewerberanteile an den Anschlüssen betrug 5,0%.[32] An einer marktbeherrschenden Stellung der DTAG kann kein Zweifel bestehen.

27 **2. Geltung für sonstige Unternehmen (Abs. 2).** – Art. 19 Abs. 2 UniversaldienstRL regelt, dass die Anforderungen der Nutzer hinsichtlich der Bereitstellung von Betreiberauswahl und Betreibervorauswahl in Netzen, die nicht von Art. 19 Abs. 1 URL erfasst sind,
gemäß dem Marktanalyseverfahren bewertet und nach Art. 12 ZRL umgesetzt werden. Bereits der Referentenentwurf des BMWA für ein TKG enthielt zur Umsetzung von Art. 19
Abs. 2 URL in nationales Recht die Vorschrift, dass Verpflichtungen zur Betreiberauswahl
und Betreibervorauswahl auch Unternehmen mit beträchtlicher Marktmacht auferlegt werden können, die nicht von Abs. 1 erfasst sind.[33] Im Gesetzentwurf der Bundesregierung[34]
und auch im folgenden Gesetzgebungsverfahren wurde diese Regelung beibehalten. Unternehmen im Sinne dieser Bestimmung können zum Beispiel Kabelnetzbetreiber und Mobilfunkbetreiber sein[35], wenn ihre beträchtliche Marktmacht nach § 11 festgestellt wurde.

28 Voraussetzung ist allerdings, dass die Regulierungsziele nach § 2 Abs. 2 anders nicht erreicht werden können. Damit muss neben einer Analyse des betroffenen Marktes auch die
Prüfung erfolgen, ob die Wahrung der Interessen der Nutzer (§ 2 Abs. 2 Nr. 1), die Sicherstellung eines chancengleichen Wettbewerbs (§ 2 Abs. 2 Nr. 2), die Förderung effizienter
Infrastrukturinvestitionen (§ 2 Abs. 2 Nr. 3), die Entwicklung des Binnenmarktes der Europäischen Union (§ 2 Abs. 2 Nr. 4) und die Sicherstellung einer flächendeckenden Grundversorgung mit Telekommunikationsdiensten zu erschwinglichen Preisen (§ 2 Abs. 2
Nr. 5) auch auf andere Art und Weise erreicht werden können.

29 Diese Vorschrift orientiert sich ebenfalls an Art. 19 Abs. 2 URL, der die „Anforderungen
der Nutzer" hinsichtlich der Bereitstellung von Betreiberauswahl und -vorauswahl „in anderen Netzen oder auf andere Art und Weise" regelt.[36] Die Bundesregierung ging aufgrund
dieser Formulierung in Art. 19 Abs. 2 URL zu Recht davon aus, dass insoweit ein Auswahlermessen besteht, in welcher Art und Weise die Anforderungen der Nutzer umgesetzt werden.[37] Wie bei den sonstigen Entscheidungen der Regulierungsbehörde sind auch bei der
Anordnung der Verpflichtung zur Betreiberauswahl und Betreibervorauswahl die Regulierungsziele maßgeblich. Dies gewährleistet eine einheitliche und konsistente Regulierung.

30 **3. Sonderregelung für den Mobilfunk (Abs. 2 S. 2 und 3).** – a) **§ 43 Abs. 6 TKG 1996.** –
Zu Beginn der Regulierung sah das TKG 1996 in § 43 Abs. 6 vor, dass alle Betreiber von
Telekommunikationsnetzen die Betreiberauswahl und die Betreibervorauswahl sicherzustellen haben. Von dieser Regelung waren demnach auch die Mobilfunknetzbetreiber erfasst.[38] Zudem eröffnete die Vorschrift die Möglichkeit für die Regulierungsbehörde, diese
Verpflichtung aus technischen Gründen ganz oder teilweise auszusetzen. Von dieser Befugnis hat die Regulierungsbehörde für die Betreiberauswahl und Betreibervorauswahl in

---

32 Jahresbericht 2004 der Regulierungsbehörde, S. 25.
33 Referentenentwurf des BMWA für ein TKG vom 30. 4. 2003, § 36 Abs. 2.
34 BR-Drs. 755/03 vom 17. 10. 2003, § 38 Abs. 2.
35 Begründung zu § 38 des Gesetzentwurfs der Bundesregierung, BR-Drs. 755/03 vom 17. 10. 2003;
    Capito/Elspaß, K&R 2003, 115.
36 Begründung zu § 38 des Gesetzentwurfs der Bundesregierung, BR-Drs. 755/03 vom 17. 10. 2003.
37 Begründung zu § 38 des Gesetzentwurfs der Bundesregierung, BR-Drs. 755/03 vom 17. 10. 2003.
38 *Koenig*, MMR Beilage 1/2002, 11; BeckTKG-Komm/*Schütz*, § 6 RdNr. 70; *Schuster/Müller*,
    MMR Beilage 1/2002, 35, 42.

Mobilfunknetzen Gebrauch gemacht. Mit einer Verfügung vom 17. 12. 1997 wurde die Verpflichtung zur dauerhaften Voreinstellung bis zum 31. 12. 1998 und die Verpflichtung zur Betreiberauswahl im Einzelfall bis zum 30. 6. 1998 ausgesetzt.[39] Nach Ablauf der Frist hat die Regulierungsbehörde die Aussetzung nicht verlängert. Dies war auch nicht notwendig, da vor dem Hintergrund des § 97 Abs. 5 S. 1 TKG 1996 für die Mobilfunknetzbetreiber, deren Lizenz nach § 2 Abs. 1 des Gesetzes über Fernmeldeanlagen (FAG) erteilt wurde, eine Pflicht zur Sicherstellung der Netzbetreiberauswahl nicht bestand, da sie in den bestandskräftigen Alt-Lizenzen nicht enthalten war.[40] Unabhängig von dieser rechtlichen Bewertung wurde teilweise vertreten, dass eine Netzbetreiberauswahl im Mobilfunk nicht sinnvoll sei, da im Mobilfunk Verbindungsnetzbetreiber keine eigene Dienstleistung im Verbindungsnetz zwischen den Teilnehmernetzen erbringen könnten.[41] Die Mobilfunknetze seien als Teilnehmernetze dem Ortsnetz im Festnetzbereich gleichzusetzen.[42] Schließlich wurde gemäß § 43 Abs. 6 TKG 1996 eine Betreiberauswahl in Mobilfunknetzen nicht angeboten, da kein alternativer Anbieter die insofern erforderliche Netzzusammenschaltung mit einem Mobilfunknetzbetreiber vertraglich vereinbart hatte. Einen entsprechenden Zusammenschaltungsantrag lehnte die Regulierungsbehörde mit einer Entscheidung vom 19. 4. 2002 ab.[43]

b) „Kleine" TKG-Novelle 2002. – Durch Art. 2 des Ersten Gesetzes zur Änderung des **31** Telekommunikationsgesetzes[44] wurde im Jahr 2002 § 43 Abs. 6 TKG 1996 geändert. Art. 1 dieses Gesetzes enthielt eine Ergänzung des § 43 Abs. 6 TKG 1996. Es wurde als Satz 3 eine Aussetzung der Verpflichtung, eine Betreiberauswahl oder eine Betreibervorauswahl zu ermöglichen, für Betreiber von Mobilfunknetzen in das Gesetz aufgenommen. Zudem enthielt § 43 Abs. 6 TKG 2002 in Satz 4 eine Revisionsklausel, nach der die Aussetzung der Verpflichtung aus § 43 Abs. 6 S. 1 für Betreiber von Mobilfunknetzen im Rahmen der Umsetzung der Universaldienstrichtlinie überprüft werden sollte.

c) „Große" TKG-Novelle 2004. – Der Erwägungsgrund 29 URL sieht vor, dass die natio- **32** nalen Regulierungsbehörden von Mobilfunknetzbetreibern verlangen können, dass sie ihren Teilnehmern den Zugang zu den Diensten aller zusammengeschalteten Anbieter öffentlich zugänglicher Telefondienste im Einzelwahlverfahren durch Wählen einer Kennzahl oder durch Vorauswahl ermöglichen. Voraussetzung dafür soll allerdings eine Analyse des entsprechenden Marktes von Mobilfunknetzbetreibern mit beträchtlicher Marktmacht sein.

§ 40 Abs. 2 S. 1 regelt, dass Verpflichtungen zur Betreiberauswahl und Betreibervoraus- **33** wahl auch Unternehmen auferlegt werden können, die nicht von Abs. 1 erfasst sind, wenn die Regulierungsziele nach § 2 Abs. 2 anders nicht erreicht werden können.

Darüber hinaus ist eine Sonderregelung für den Mobilfunkmarkt enthalten. Für diesen sol- **34** len Verpflichtungen nach Abs. 1 nicht auferlegt werden, wenn nachhaltiger Dienstewettbe-

---

39 Vfg. 304/1998 vom 17. 12. 1997 (BMPT ABl. 34/1997).
40 A. A. *Koenig*, MMR Beilage 1/2002, 11, 25 ff.
41 *Trute/Spoerr/Bosch*, § 43 RdNr. 67; a. A. RegTP, Beschluss vom 18. 2. 2000, Az. BK 1b-98/005, Vfg. 14/2000 vom 23. 2. 2000 (RegTP ABl. 4/2000).
42 *Scheurle/Mayen*, § 43 RdNr. 29.
43 Beschluss der RegTP vom 19. 4. 2002, Az.: BK 4a-02-006/Z08. 2. 02; vgl. zu den Gründen auch Tätigkeitsbericht der RegTP 2002/2003, BT-Drs. 15/2220 vom 9. 12. 2003, S. 57 f.
44 BGBl. I S. 4186 vom 21. 10. 2002.

werb auf dem Mobilfunkendnutzermarkt besteht. Damit ist das in Abs. 2 S. 1 vorgesehene Auswahlermessen für den Mobilfunkbereich bereits vom Gesetzgeber ausgeübt worden.

35 Die Bundesregierung ging davon aus, dass den Anforderungen der Nutzer in Mobilfunknetzen Genüge getan wird, wenn ausreichender Dienstewettbewerb besteht, der zur Entwicklung oder Erhaltung funktionsfähiger Wettbewerbsstrukturen beiträgt.[45]

36 Auf Empfehlung des Bundesrates vom 9. 12. 2003[46] wurde diese in Abs. 2 S. 2 enthaltene Sonderregelung für den Mobilfunkmarkt ergänzt um eine Definition nachhaltigen Dienstewettbewerbs. Der Bundesrat hielt eine solche Regelung aus Gründen der Rechtssicherheit bei der Anwendung des Begriffs des nachhaltigen Dienstewettbewerbs und damit für die Planungssicherheit der Marktteilnehmer für nötig.[47] Entsprechend der Empfehlung des Bundesrates[48] nahm der Deutsche Bundestag die Ergänzung des § 40 Abs. 2 an.[49] Abs. 2 S. 3 definiert nachhaltigen Dienstewettbewerb auf dem Mobilfunkendnutzermarkt als chancengleichen Wettbewerb zwischen Diensten der öffentlichen Mobilfunknetzbetreiber und den Diensten der Mobilfunkdiensteanbieter für die Öffentlichkeit auf der Endnutzerebene. Voraussetzung für den chancengleichen Wettbewerb ist nach dem Wortlaut des Gesetzes, dass von den Mobilfunknetzbetreibern unabhängige Mobilfunkdiensteanbieter auch auf Basis der Vorleistungen der Mobilfunknetzbetreiber mittels Diensten für die Öffentlichkeit zu einem nachhaltig wettbewerbsorientierten Mobilfunkendnutzermarkt beitragen. Die Definition soll klarstellen, in welchen Fällen Mobilfunkunternehmen nicht nach Abs. 1 zur Sicherstellung einer Betreiberauswahl und Betreibervorauswahl verpflichtet werden sollen, und orientiert sich an dem Begriff des nachhaltig wettbewerbsorientierten Marktes, der in § 3 Nr. 12 legaldefiniert ist.[50] Danach ist ein „nachhaltig wettbewerbsorientierter Markt" ein Markt, auf dem der Wettbewerb so abgesichert ist, dass er auch nach Rückführung der sektorspezifischen Regulierung fortbesteht. Darüber hinaus soll mit der Regelung eine Überregulierung der Mobilfunknetze verhindert werden.[51]

37 Die Monopolkommission ist der Ansicht, dass derzeit auf dem Endkundenmarkt des Mobilfunks funktionsfähiger Wettbewerb herrscht.[52] Diese Auffassung wird von der Bundesregierung geteilt. Sie geht davon aus, dass derzeit auf dem Mobilfunkmarkt noch keine regulatorischen Eingriffe erforderlich sind.[53] Es gibt zahlreiche Mobilfunkdiensteanbieter, die dem Endkunden ihre Produkte auf Grundlage der Vorleistungen der Mobilfunknetzbetreiber anbieten. Mit einer Einführung der Betreiberauswahl und der Betreibervorauswahl im Mobilfunk ist daher in naher Zukunft nicht zu rechnen.

---

45 Begründung zu § 38 des Gesetzentwurfs der Bundesregierung, BR-Drs. 755/03 vom 17. 10. 2003.
46 Ziffer 36, S. 19, Drs. 755/2/03.
47 BR-Drs. 755/03 vom 19. 12. 2003, S. 18, Ziffer 35.
48 Gegenäußerung der Bundesregierung vom 14. 1. 2004, BT-Drs. 15/2316, S. 4.
49 BT-Drs. 200/04 vom 12. 3. 2004 unter Verweis auf BT-Drs. 15/2674 vom 10. 3. 2004.
50 BT-Drs. 15/2674 vom 10. 3. 2004.
51 Anrufung des Vermittlungsausschusses durch den Bundesrat, BR-Drs. 200/04 (Beschluss) vom 2. 4. 2004, Ziffer 9.
52 Sondergutachten der Monopolkommission vom 8. 12. 2003, BT-Drs. 15/2220 vom 9. 12. 2003, S. 265 f.
53 Stellungnahme der Bundesregierung zu dem Sondergutachten der Monopolkommission, BT-Drs. 15/4564 vom 16. 12. 2004, S. 3 und BR-Drs. 994/04 vom 16. 12. 2004, S. 3.

VII. Unmittelbare Zusammenschaltung

1. „Kleine" TKG-Novelle 2002. – Im Regierungsentwurf zur Novelle des TKG 1996 im **38** Jahr 2002 war in § 43 Abs. 6 vorgesehen, als Begünstigte „alle zusammengeschalteten Betreiber von öffentlichen Telekommunikationsnetzen" vorzusehen.[54] Der Bundesrat hat in seiner Stellungnahme vom 31. 5. 2002 ausgeführt, dass diese Formulierung zu präzisieren ist.[55] Sie müsse sich auf alle unmittelbar zusammengeschalteten Betreiber von Telekommunikationsnetzen beziehen, denn eine Netzbetreiberauswahl sei technisch nur umsetzbar, wenn zwischen dem Teilnehmernetzbetreiber und dem Verbindungsnetzbetreiber eine unmittelbare Zusammenschaltung bestehe. Eine rein mittelbare Zusammenschaltung über das Netz der DT AG reiche derzeit technisch nicht aus.[56] Die Bundesregierung stimmte dem Vorschlag zu.[57] Die gesetzliche Formulierung im TKG 2002 entsprach damit Art. 12 Abs. 7 der damals geltenden Zusammenschaltungsrichtlinie.

2. „Große" TKG-Novelle 2004. – Wie § 43 Abs. 6 TKG 2002 sahen sowohl der Referen- **39** tenentwurf als auch der Entwurf der Bundesregierung im Gesetzgebungsverfahren zur Novellierung des TKG eine Verpflichtung bestimmter Netzbetreiber zur Gewährung des Zugangs zu den Diensten aller unmittelbar mit ihnen zusammengeschalteten öffentlichen Telekommunikationsdiensteanbieter vor.[58] In seiner Empfehlung vom 9. 12. 2003 bat der Bundesrat die Bundesregierung zu prüfen, ob das Wort „unmittelbar" entfallen könne.[59] So lautet auch sein Beschluss vom 19. 12. 2003.[60] Der Bundesrat begründete dies damit, dass Art. 19 Abs. 1 URL dieses Erfordernis nicht enthalte. Die Bundesregierung hat in ihrer Gegenäußerung mitgeteilt, dass sie dem Vorschlag des Bundesrates, der dessen Empfehlung aus dem Jahr 2002 widerspricht, nicht zustimme.[61] Der Einschub „unmittelbar" diene der Klarstellung, dass für den nicht marktmächtigen Betreiber eines zwischengeschalteten Netzes keine Verpflichtung besteht, eine Betreiberauswahl oder Betreibervorauswahl in seinem Netz zu realisieren. Diese Pflicht habe nur der marktmächtige Betreiber eines Telekommunikationsnetzes im Verhältnis zu seinem „unmittelbaren" Vertragspartner.[62]

VIII. Erfordernis einer ortsnahen Zuführung

1. Festlegungen des TKG 2002 und der Regulierungsbehörde. – § 40 Abs. 1 enthält die **40** Regelung, dass bei der Ausgestaltung der erforderlichen Zusammenschaltung zu gewährleisten ist, dass eine effiziente Nutzung des vorhandenen Netzes durch ortsnahe Zuführung erfolgt. Diese Vorschrift wurde mit der Novellierung des § 43 Abs. 6 TKG 1996 zur Einführung einer Betreiberauswahl und einer Betreibervorauswahl im Ortsnetz eingeführt[63] und im Rahmen dieser „Kleinen TKG-Novelle" im Jahr 2002 umfassend diskutiert.

---

54 BT-Drs. 14/9194.
55 BT-Drs. 14/9194.
56 BT-Drs. 14/9194, S. 8.
57 Gegenäußerung der Bundesregierung vom 5. 6. 2002, BT-Drs. 14/9237.
58 BR-Drs. 755/03, vom 17. 10. 2003, § 38.
59 BR-Drs. 755/2/03, Ziffer 35, S. 18 f.
60 BR-Drs. 755/03 vom 19. 12. 2003, S. 18, Ziffer 34a.
61 BT-Drs. 15/22345 vom 14. 1. 2004, S. 4.
62 BT-Drs. 15/22345 vom 14. 1. 2004, S. 4.
63 BGBl. I 2002 Nr. 76 vom 25. 10. 2002, S. 4186.

41   Bereits vor Inkrafttreten des geänderten TKG 2002 am 1. 12. 2002 hat die Regulierungsbehörde eine öffentliche Anhörung zur Auslegung u. a. des Begriffes der „ortsnahen Zuführung" durchgeführt.[64] Stellungnahmen zu den von der Regulierungsbehörde gestellten
fünf Fragen konnten bis zum 22. 11. 2002 abgegeben werden.[65] Die Regulierungsbehörde
sah es als notwendig an, die Voraussetzungen der Betreiberauswahl im Ortsnetz und die
Auslegung der unbestimmten Rechtsbegriffe des § 43 Abs. 6 TKG 2002 schon vor dessen
Inkrafttreten zu klären, um im Rahmen der für das Angebot einer Betreiberauswahl erforderlichen Zusammenschaltung keine Verpflichtungen aufzuerlegen, die dazu führen, dass
der Aufbau effizienter Infrastrukturen verhindert und die langfristige Sicherung des Wettbewerbs gefährdet wird. Dazu berief sich die Regulierungsbehörde einerseits auf Art. 8
Abs. 2 RRL und Art. 12 ZRL und andererseits auf die Entschließung des Bundestages vom
5. 7. 2002.[66] Der Bundestag führte darin aus, dass bei der Festsetzung der Bedingungen der
Zusammenschaltung auch bereits getätigte Investitionen im Rahmen der Entgeltregulierung zu berücksichtigen seien, da nach dem Wortlaut des § 43 Abs. 6 TKG 2002 bei den
erforderlichen Zusammenschaltungsvereinbarungen zu gewährleisten sei, dass Anreize zu
effizienten Investitionen in Infrastruktureinrichtungen nicht entfallen.[67] Der Begriff „ortsnahe Zuführung" setzt nach Auffassung des Bundestages voraus, dass die Unternehmen,
die eine Betreiberauswahl oder Betreibervorauswahl im Ortsnetz anbieten wollen, in den
jeweiligen lokalen Einzugsbereichen einen Zusammenschaltungspunkt einrichten.[68]

42   Ortsnahe Zuführung im Sinne des § 43 Abs. 6 TKG 2002 wurde von der Regulierungsbehörde so ausgelegt, dass für das bundesweit flächendeckende Angebot von Betreiberauswahl Zusammenschaltungen an allen 475 Zusammenschaltungspunkten bestehen müssen.[69] Für das Angebot von Betreiberauswahl in einem Ortsnetz müssen sämtliche lokalen
Einzugsbereiche dieses Ortsnetzes erschlossen sein.[70] Die Entscheidung der Regulierungsbehörde wurde stark kritisiert und als wettbewerbsverhindernd bezeichnet. Es wurde die
Auffassung vertreten, die Regelung diene dazu, „Marktzutritte von Wettbewerbern mit wenig Infrastruktur zu verhindern und stattdessen Infrastrukturinvestitionen von alternativen
Teilnehmernetzbetreibern auch in der Fläche anzureizen."[71]

43   **2. Ortsnahe Zuführung und Europarecht.** – Die EG-Richtlinien enthalten ein Erfordernis der „ortsnahen Zuführung" nicht. Art. 19 URL regelt, dass jedes Unternehmen mit beträchtlicher Marktmacht verpflichtet ist, seinen Teilnehmern „den Zugang zu den Diensten
aller zusammengeschalteten Anbieter" zu ermöglichen hat. Eine Einschränkung der Art
und Weise der Zusammenschaltung ergibt sich daraus zunächst nicht. Allerdings ist davon
auszugehen, dass in Art. 19 URL nicht ausgeschlossen werden soll, dass besondere Anforderungen an die für das Angebot der Betreiberauswahl und Betreibervorauswahl erforderliche Zusammenschaltung gestellt werden. Vielmehr regelt die Norm ausschließlich, dass
eine Betreiberauswahl zu ermöglichen ist, wenn eine Zusammenschaltung dafür vorliegt.
Dies gilt insbesondere vor dem Hintergrund des Art. 8 der RRL. Nach Art. 8 Abs. 2 RRL

---

64 Mit. 463/2002 vom 16. 10. 2002 (RegTPABl. 20/2002).
65 Mit. 463/2002 vom 16. 10. 2002 (RegTPABl. 20/2002).
66 BR-Drs. 626/02 vom 5. 7. 2002 und BT-Drs. 14/9711 vom 3. 7. 2002.
67 BT-Drs. 14/9711 vom 3. 7. 2002, S. 6.
68 BT-Drs. 14/9711 vom 3. 7. 2002, S. 7.
69 Beschluss vom 21. 2. 2003, Az.: BK 4c-02-045/Z13. 12. 02.
70 Beschluss vom 21. 2. 2003, Az.: BK 4c-02-045/Z13. 12. 02.
71 *Ruhle*, TeleTalk 1/2003, 19.

müssen nationale Regulierungsbehörden gewährleisten, dass es keine Wettbewerbsverzerrungen oder -beschränkungen im Bereich der elektronischen Netze gibt. Ziel der Auslegung der gesetzlichen Regelung durch die Regulierungsbehörde war es, zum damaligen Zeitpunkt bereits Art. 8 RRL zu berücksichtigen.[72]

3. Gesetzgebungsverfahren 2004. – Im Gesetzgebungsverfahren zur „Großen" TKG-Novelle bat der Bundesrat in seiner Empfehlung vom 9. 12. 2003 die Bundesregierung zu prüfen, ob das im Referentenentwurf und im Kabinettsbeschluss der Bundesregierung enthaltene Kriterium der ortsnahen Zuführung entfallen könne[73]. In seiner Stellungnahme vom 19. 12. 2003 beschloss der Bundesrat, das Erfordernis der ortsnahen Zuführung zu streichen.[74] Der Bundesrat begründete dies damit, dass Art. 19 Abs. 1 UniversaldienstRL dieses Erfordernis nicht enthalte. Ein konsistentes Entgeltkonzept sei gegenüber infrastrukturellen Vorgaben vorzugswürdig.[75] **44**

Die Bundesregierung stimmte diesem Vorschlag nicht zu.[76] Die Vorgabe, dass eine ortsnahe Zuführung zu erfolgen hat, diene der auch europarechtlich begründbaren Zielsetzung des Art. 8 Abs. 2 Nr. 2c RRL, den Aufbau von Telekommunikationsinfrastruktur zu fördern und einen effizienten Telekommunikationsverkehr sicherzustellen.[77] **45**

IX. Angemessene Kostenbeteiligung

§ 43 Abs. 6 TKG 2002 enthielt neben dem Erfordernis der „ortsnahen Zuführung" noch die Vorgabe, dass „der vom Nutzer ausgewählte Netzbetreiber angemessen an den Kosten des dem Nutzer bereitgestellten Teilnehmeranschlusses beteiligt wird". **46**

Der Kabinettsbeschluss des TKG-Entwurfs 2002 machte die Betreiberauswahl nicht von einer angemessenen Kostenbeteiligung abhängig.[78] Die Formulierung wurde vom Vermittlungsausschuss in seiner am 10. 9. 2002 verabschiedeten Beschlussempfehlung eingebracht.[79] Die Regelung wurde stark kritisiert, da sie zu Inkompatibilitäten sowohl mit dem EG-Recht als auch mit der bestehenden Entgeltregulierung im Vorleistungsbereich führe.[80] Sie laufe durch die Vermischung der Anschlussnetzkosten mit den Zusammenschaltungskosten der ganzen bisherigen Entgeltregulierung zuwider.[81] **47**

Eine von der Regulierungsbehörde im Vorfeld des Inkrafttretens des § 43 Abs. 6 TKG 2002 durchgeführte Anhörung[82] betraf vor allem Fragen, die im Zusammenhang mit der Regelung des Anschlusskostenbeitrags standen. Eine Auswertung der Anhörung wurde nicht veröffentlicht; die Ergebnisse flossen aber in das Beschlusskammerverfahren zur Höhe des Anschlusskostenbeitrages ein. **48**

---

72 Beschluss vom 21. 2. 2003, Az.: BK 4c-02-045/Z 13. 12. 02.
73 BR-Drs. 755/2/03, Ziffer 35, S. 18 f.
74 BR-Drs. 755/03, S. 18, Ziffer 34b.
75 BR-Drs. 755/03, S. 18, Ziffer 34b.
76 Gegenäußerung der Bundesregierung vom 14. 1. 2004, BT-Drs. 15/2345, S. 4.
77 BT-Drs. 15/2345 vom 14. 1. 2004, S. 4.
78 BT-Drs. 14/9194 vom 3. 6. 2002.
79 BT-Drs. 14/9938 vom 10. 9. 2002.
80 *Ruhle*, TeleTalk 1/2003, 19.
81 *Ruhle*, TeleTalk 1/2003, 19.
82 Mit. 463/2002 vom 16. 10. 2002 (RegTPABl. 20/2002).

49 Am 19. 2. 2003 beantragte die DTAG die Genehmigung von Aufschlägen in Höhe von 0,3 Cent pro Verbindungsminute auf jegliche Zuführungs- und Terminierungsleistung, so genannte Anschlusskostenbeiträge. Da die Regulierungsbehörde davon ausging, dass die DTAG ein Anschlusskostendefizit in Höhe von 1,41 % pro Monat hat, genehmigte sie am 29. 4. 2003 gemäß § 39 1. Alt. TKG 1996 in Verbindung mit § 43 Abs. 6 TKG 2002 einen Aufschlag in Höhe von 0,4 Cent/Verbindungsminute auf die Entgelte für die Verbindungsleistung, die für das Angebot einer Betreiberauswahl und Betreibervorauswahl im Ortsnetz Voraussetzung ist.[83] Gemäß der Entscheidung der Regulierungsbehörde durfte dieser Aufschlag ab dem 1. 7. 2003 befristet bis zum 30. 11. 2003 von der DTAG in Rechnung gestellt werden. Um eine Doppelbezahlung von Anschlusskosten zu verhindern, stand der Beschluss der Regulierungsbehörde unter einem Vorbehalt des Widerrufs für den Fall, dass die Entgelte für die Bereitstellung oder Überlassung der Teilnehmeranschlüsse durch die DTAG erhöht werden.[84]

50 Die Entscheidung der Regulierungsbehörde wurde wie die den Anschlusskostenbeitrag betreffende gesetzliche Regelung kritisiert, da es eine Abweichung der Zusammenschaltungsentgelte für Betreiberauswahl im Ortsnetz von den bisherigen Entgelten für lokale Zusammenschaltung nicht geben dürfe.[85] Gegen den Beschluss wurde von mehreren Wettbewerbern und der DTAG einstweiliger Rechtschutz nach § 80a Abs. 3 S. 2, 80 Abs. 5 S. 1, Abs. 2 S. 1 Ziffer 3 VwGO in Verbindung mit § 80 Abs. 2 TKG zur Aussetzung der sofortigen Vollziehung beantragt. Das Verwaltungsgericht Köln ist den kritischen Stimmen gefolgt.[86] Es war der Auffassung, dass allein der Maßstab der Kostenorientierung für die Bemessung von Zusammenschaltungsentgelten maßgeblich sein darf. Der zu erhebende Anschlusskostenbeitrag hätte nach Ansicht des Gerichts gemäß § 27 Abs. 1 TKG 1996 in einem einheitlichen Entgeltgenehmigungsverfahren nach den §§ 39, 24, 25 Abs. 1 und 27 TKG 1996 überprüft werden müssen.[87] Zudem seien die Fristen, innerhalb derer die Europäische Kommission Ausgleichszahlungen für Zugangsdefizite zugelassen hat, bereits seit dem 1. 1. 2000 abgelaufen.[88]

51 Das OVG Münster sah in dem genehmigten Anschlusskostenbeitrag kein Entgelt im Sinne des TKG 1996 und auch keine Gebühr für die Zusammenschaltung, sondern eine Kostenbeteiligung zur Herstellung vergleichbarer Wettbewerbsbedingungen der Alternativnetzbetreiber.[89] Es handele sich um eine zweckgerichtete Abgabe im Sinne einer Wettbewerbslenkungsmaßnahme, die für die DTAG lediglich ein positiver Nebeneffekt sei.[90]

52 Die Regulierungsbehörde machte am 20. 9. 2003 von dem im Beschluss vom 29. 4. 2003 enthaltenen Widerrufsvorbehalt Gebrauch und hob gemäß § 49 Abs. 2 Nr. 1 VwVfG ihren

---

83 Beschluss der RegTP vom 29. 4. 2003, Az.: BK 4a-03-009.
84 Mit. 112/2003 vom 29. 4. 2003 (RegTP ABl. 9/2003); Beschluss der RegTP vom 29. 4. 2003, Az.: BK 4a-03-009.
85 *Ruhle*, TeleTalk 1/2003, 19; Sondergutachten der Monopolkommission vom 8. 12. 2003, BT-Drs. 15/2220, S. 229.
86 VG Köln, Beschluss vom 27. 6. 2003, Az.: 1 L 1214/03, 1 L 1223/03, 1 L 1214/03.
87 VG Köln, Beschluss vom 27. 6. 2003, Az.: 1 L 1214/03, 1 L 1223/03, 1 L 1214/03.
88 VG Köln, Beschluss vom 27. 6. 2003, Az.: 1 L 1214/03, 1 L 1223/03, 1 L 1214/03; vgl. auch Sondergutachten der Monopolkommission vom 8. 12. 2003, BT-Drs. 15/2220, S. 229.
89 OVG Münster, Beschluss vom 2. 12. 2003, Az.: 13 B 1423/03.
90 OVG Münster, Beschluss vom 2. 12. 2003, Az.: 13 B 1424/03.

Beschluss vor dem Hintergrund der Erhöhung der Endkundenentgelte für den Teilnehmeranschluss[91] auf.[92]

Vor diesem Hintergrund wurde der Begriff der „angemessenen Kostenbeteiligung" in § 40 **53** aufgegeben. Er war zwar im Referentenentwurf des BMWA zunächst enthalten[93], fand sich aber im Gesetzentwurf der Bundesregierung[94] nicht wieder.

X. Nummerierungsfragen

1. Betreiberkennzahlen. – Der anrufende Teilnehmer nimmt die Betreiberauswahl im **54** Einzelfall vor, indem er vor der Rufnummer des angerufenen Teilnehmers eine Ziffernfolge wählt, die den ausgewählten Netzbetreiber identifiziert. § 40 Abs. 1 S. 2 bezeichnet diese vorzuwählende Ziffernfolge als Kennzahl bzw. Betreiberkennzahl. Eine Betreiberkennzahl ist erforderlich, um Verbindungsnetze aus Teilnehmernetzen zu adressieren. Sie ist eine Zeichenfolge, die in Telekommunikationsnetzen Zwecken der Adressierung dient, und somit eine Nummer im Sinne des § 3 Nr. 13. Entsprechend § 66 Abs. 1 nimmt die Regulierungsbehörde die Aufgaben der Nummerierung wahr. Sie stellt Nummerierungsressourcen für verschiedene Nutzungszwecke bereit und teilt diese Nummerierungsressourcen an die von ihr jeweils bestimmten Antragsberechtigten zu.

Für die Betreiberauswahl hat die Regulierungsbehörde einen Nummernbereich für fünf- **55** oder sechsstellige Verbindungsnetzbetreiberkennzahlen definiert und für die Zuteilung dieser Nummern „Vorläufige Regeln über die Zuteilung von Verbindungsnetzbetreiberkennzahlen"[95] erlassen. Die Kennzahlen können von demjenigen beantragt werden, der nachweisen kann, dass er ein Verbindungsnetz zu betreiben beabsichtigt.[96] Da es sich bei den kurzstelligen Kennzahlen um eine Nummerierungsressource handelt, die knapp ist und einen großen Nummernraum belegt, ist die Zuteilung auf eine Kennzahl pro Verbindungsnetzbetreiber beschränkt. Jeder Verbindungsnetzbetreiber kann dadurch grundsätzlich nur ein Angebot für die Betreiberauswahl machen.

In den Jahren seit der Einführung der Netzbetreiberauswahl haben verschiedene Unterneh- **56** men versucht, die Vorgaben der Regulierungsbehörde und die gesetzlichen Regelungen zu umgehen, indem sie andere Nummerierungsressourcen als Betreiberkennzahl zum Angebot von Call-by-Call-Diensten auch im Ortsnetzbereich genutzt haben. So wurde zunächst eine lediglich zu Testzwecken zugeteilte Einwahlnummer genutzt. Das Landgericht Köln erklärte dieses Vorgehen jedoch für wettbewerbswidrig.[97]

2. Call by Call über 0190er-Rufnummern. – Seit einigen Jahren bieten verschiedene Un- **57** ternehmen, zumeist Tochterfirmen von Verbindungsnetzbetreibern, Dienste über 0190er-

---

91 Beschluss der RegTP vom 27. 6. 2003, Az.: BK 2a 03/016; vgl. hierzu auch Sondergutachten der Monopolkommission vom 8. 12. 2003, BT-Drs. 15/2220, S. 229.
92 Mit. 317/2003 vom 8. 10. 2003 (RegTP ABl. 20/2003), Beschluss der RegTP vom 20. 9. 2003, Az.: BK 4a-03-009; Tätigkeitsbericht 2002/2003 der Regulierungsbehörde, BT-Drs. 15/2220 vom 9. 12. 2003, S. 65.
93 Referentenentwurf eines TKG vom 30. 4. 2003, § 36 Abs. 1 S. 4.
94 BR-Drs. 755/03 vom 17. 10. 2003, § 38.
95 Vfg. 62/1997 vom 19. 3. 1997 (BMPT ABl. 8/1997).
96 Vgl. im Einzelnen § 66 RdNr. 106.
97 LG Köln, Urt. v. 30. 11. 2000, Az.: 84 O 127/00, CR 2001, 391 f.

Rufnummern an, die aus Verbrauchersicht einer Betreiberauswahl entsprechen. 0190er-Rufnummern, die bis zum 31. 3. 2003 beantragt werden konnten und von der Regulierungsbehörde in Rufnummernblöcken von jeweils 1000 Rufnummern originär zugeteilt wurden, mussten nach den mit der Zuteilung verbundenen Vorgaben zehnstellig an Nutzer abgeleitet zugeteilt werden. Um einen bestimmten Dienst auszuwählen, wurden von den Netzbetreibern, die 0190er-Rufnummernblöcke zugeteilt bekommen haben, Rufnummern zusammengefasst an die Anbieter des Call-by-Call-Dienstes abgeleitet zugeteilt. Die Diensteanbieter bewarben die Rufnummern verkürzt wie eine kurzstellige Kennzahl. Die nach den Zuteilungsregeln der Regulierungsbehörde[98] erforderliche Rufnummernlänge für 0190er-Rufnummern[99] wurde erst durch die Wahl der Teilnehmerrufnummer des Angerufenen erreicht, die die 0190er-Rufnummern insofern komplettierte.

58 Durch dieses Vorgehen werden Vorgaben der Regulierungsbehörde umgangen. Insbesondere vor Öffnung der Gasse 0900 für Premium-Rate-Dienste wurde durch die Verwendung von 0190er-Rufnummernblöcken die in der Rufnummerngasse 0190 bereits herrschende Knappheit an Rufnummern noch verstärkt. Maßnahmen der Regulierungsbehörde nach § 43 Abs. 4 TKG 1996[100] wären vor diesem Hintergrund möglich gewesen. Zudem wurden über 0190er-Rufnummern auch Dienste angeboten, die einer Betreiberauswahl im Ortsnetz entsprachen, obwohl nach Ansicht der Regulierungsbehörde und der Bundesregierung die DT AG unter Geltung des TKG 1996 nicht verpflichtet war, sich mit anderen Netzbetreibern zum Zwecke der Ermöglichung einer Betreiberauswahl im Ortsnetz zusammenzuschließen.

59 Die Regulierungsbehörde hat die Nutzung von 0190er-Rufnummern für Call-by-Call-Dienste erst nach der Änderung des TKG im Jahr 2002 und der Festlegung der sich aus der TKG-Novelle 2002 ergebenden ökonomischen Randbedingungen untersagt.[101] Die Entscheidung wurde unter anderem damit begründet, dass Vorgaben für die Call-by-Call-Auswahl im Ortsnetz durch die Nutzung von 0190er-Rufnummern für entsprechende Dienste umgangen werden. Das Verwaltungsgericht Köln hat die Entscheidung der Regulierungsbehörde aufgehoben, da es sie für formell rechtswidrig hielt.[102]

XI. Entgelte für die Betreibervorauswahl

60 § 43 Abs. 6 TKG 1996 enthielt keine Regelung zu Entgelten, die dem Teilnehmer für die Einrichtung einer Betreibervorauswahl in Rechnung gestellt werden dürfen. Dennoch war es zulässig, für die vom Teilnehmernetzbetreiber im Zusammenhang mit der Betreibervorauswahl gegenüber seinem Kunden erbrachte Leistung ein Entgelt zu verlangen.[103] Die Regulierungsbehörde hat unter Geltung des TKG 1996 entsprechende Entgelte nach §§ 25, 27 Abs. 1 Nr. 1, Abs. 2 und 3 i.V.m. § 24 ex ante genehmigt.[104] Die Regulierungsbehörde

---

98 Vfg. 303/1997 vom 17. 12. 1997 (BMPT ABl. 34/1997).
99 Vgl. im Einzelnen § 66 RdNr. 128.
100 Jetzt § 66 Abs. 3 S. 1.
101 Vfg. 50/2003 vom 5. 11. 2003 (RegTP ABl. 22/2003).
102 VG Köln, Beschluss vom 17. 12. 2003, 11 L 2782/03.
103 *Manssen/Demmel*, § 43 RdNr. 115; *Schmidt*, ArchPT 1998, 104; BeckTKG-Komm/*Paul/Mellewigt*, § 43 RdNr. 34.
104 Beschluss v. 15. 6. 1998, Az.: BK 2b-98/001, MMR 198, 562.

ging dabei zutreffend[105] davon aus, dass es sich bei Leistungen, die im Zusammenhang mit der Sicherstellung der dauerhaften Voreinstellung auf einen anderen Netzbetreiber erbracht werden, um Sprachtelefondienst handelt.[106] Dieser Ansicht folgten das Verwaltungsgericht Köln[107] und das Oberverwaltungsgericht Münster.[108] Die Regulierungsbehörde hat der DTAG ein gestaffeltes Entgelt für die dauerhafte Voreinstellung in Höhe von zunächst 27 DM genehmigt, welches am 1. 1. 1999 auf 20 DM und am 1. 1. 2000 auf 10 DM gesenkt werden musste. Mit Entscheidung vom 5. 2. 2001 hat die Regulierungsbehörde ein Entgelt in Höhe von 9,99 DM brutto (8,62 DM netto) bis zum 31. 3. 2003 genehmigt.[109] Mit Entscheidung vom 31. 3. 2003 hat die Regulierungsbehörde diese Genehmigung des Entgeltes in Höhe von 4,40 € netto bis zum 31. 12. 2004 verlängert.[110]

Für die Betreiberauswahl im Einzelwahlverfahren galt etwas anderes. Die bei der DTAG **61** für die Einrichtung der Möglichkeit einer Betreiberauswahl im Einzelfall anfallenden Kosten konnten dem Teilnehmer nicht gesondert in Rechnung gestellt werden. Sie waren als Kosten zu behandeln, die das Unternehmen zur Wahrung der eigenen Rechtsposition hatte.

Art. 19 Abs. 3 der URL verpflichtet die Regulierungsbehörden dazu, dafür zur sorgen, dass **62** die Gebühren für Zugang und Zusammenschaltung im Zusammenhang mit der Bereitstellung der Betreiberauswahl und der Betreibervorauswahl von den verpflichteten Unternehmen kostenorientiert festgelegt werden. Zudem dürfen Gebühren, sofern sie dem Verbraucher für die Inanspruchnahme von Betreiberauswahl oder Betreibervorauswahl direkt in Rechnung gestellt werden, keine abschreckende Wirkung haben.

Dementsprechend enthält Abs. 1 S. 5 die Regelung, dass Entgelte für Endnutzer der Regu- **63** lierung durch die Regulierungsbehörde nach § 38 Abs. 2 bis 4 unterliegen. Anders als unter Geltung des TKG 1996[111] handelt es sich nun um eine nachträgliche Entgeltkontrolle. Die Regulierungsbehörde kann die Entgelte, die Endnutzer für die Einrichtung einer Betreibervorauswahl zahlen müssen, überprüfen, wenn ihr Tatsachen bekannt werden, die die Annahme rechtfertigen, dass die Entgelte unter missbräuchlicher Ausnutzung von beträchtlicher Marktmacht zustande gekommen sind. Nach Abs. 1 S. 5 in Verbindung mit § 38 Abs. 4 S. 2 kann die Regulierungsbehörde bei einem Verstoß gegen § 28 zudem bestimmte Entgelte anordnen. Die Entscheidung der Regulierungsbehörde erfolgt gemäß § 132 Abs. 1 durch eine Beschlusskammer und ergeht durch Verwaltungsakt.

XII. Verfahrensfragen

§ 43 Abs. 6 TKG 2002 verpflichtete die Betreiber von Telekommunikationsnetzen unmit- **64** telbar; ein vorheriges Tätigwerden der Regulierungsbehörde war nicht erforderlich.[112] Nach Art. 19 URL sind die nationalen Regulierungsbehörden verpflichtet, die Betreiber-

105 *Bosman*, CR 2004, 199; a. A. *Rädler*, CR 2002, 648 ff.
106 Bescheid der RegTP vom 6. 1. 1998, Az.: B 2b vom 6. 1. 1998; Beschluss v. 5. 2. 2001, Az.: BK 2c 00/035.
107 VG Köln, Urt. v. 30. 8. 2001, Az.: 1 K 1725/98; VG Köln, Urt. v. 21. 2. 2002, Az.: 1 K 5694/98, CR 2003, 37 ff.; VG Köln, Urt. v. 28. 2. 2002, Az.: 1 K 539/99.
108 Beschluss des OVG Münster v. 20. 11. 2003, Az.: 13 A 2869/01, CR 2004, 197 ff.
109 Beschluss v. 5. 2. 2001, Az.: BK 2c 00/035.
110 Beschluss v. 31. 3. 2004, Az.: BK 2a 03/003.
111 Vgl. z. B. Vfg. 69/1998 vom 24. 6. 1998 (RegTPABl. 12/1998).
112 *Capito/Elspaß*, K&R 2003, 111.

auswahl anzuordnen. § 40 Abs. 1 folgt dieser Systematik, um Rechtsstreit über die Auslegung des Gemeinschaftsrecht zu vermeiden. Teilweise wurde vertreten, dass eine gesetzesunmittelbare Verpflichtung der Netzbetreiber zur Betreiberauswahl nicht richtlinienkonform wäre und auch dem flexiblen Regulierungskonzept des neuen EG-Rechtsrahmens zuwider laufe. Dieser sehe ausdrücklich vor, dass die Regulierungsbehörde Marktanalyseverfahren nach Art. 16 RRL durchführt.[113]

65   § 40 Abs. 1 schreibt vor, dass die Regulierungsbehörde die Unternehmen verpflichtet. Dementsprechend hat am 27. 4. 2005 die Regulierungsbehörde ein Verfahren zur vorläufigen Festlegung einer Call-by-Call- und Preselection-Verpflichtung gemäß § 12 Abs. 2 Nr. 4 i. V. m. § 40 Abs. 1 eingeleitet.[114] Damit sollen bestehende Unsicherheiten in Bezug auf den Fortbestand einer Call-by-Call- und Preselection-Verpflichtung im Übergangszeitraum bis zur endgültigen Regulierungsverfügung vermieden werden.[115] Am 18. 7. 2005 hat die Regulierungsbehörde die DTAG verpflichtet, bis zum Erlass einer Regulierungsvergütung ihren Teilnehmern den Zugang zu den Diensten aller unmittelbar zusammengeschalteten Anbieter von Telekommunikationsdiensten für die Öffentlichkeit zu ermöglichen.[116] Zudem hat die Regulierungsbehörde der DTAG in einem Verfahren nach § 42 untersagt, von den Wettbewerbern im Rahmen der elektronischen Übermittlung von Preselection-Auftragsdaten zu verlangen, dass eine unterschriebene Willenserklärung des Kunden vorliegt. Der DTAG wurde auch untersagt, Informationen, die sie im Zusammenhang mit der Bearbeitung des Preselection-Auftrages erlangt, zur Rückgewinnung von Kunden zu nutzen.[117]

XIII. Überprüfung der Einhaltung der Verpflichtungen

66   § 43 Abs. 7 TKG 1996 enthielt eine Regelung, nach der die Regulierungsbehörde zur Durchsetzung von Anordnungen zur Sicherstellung der Betreiberauswahl und der Betreibervorauswahl nach Maßgabe des Verwaltungsvollstreckungsgesetzes ein Zwangsgeld bis zu 500 000 Euro festsetzen konnte. Eine entsprechende Vorschrift enthält § 40 nicht. Ein Verstoß gegen die Verpflichtungen aus § 40 stellt auch keine Ordnungswidrigkeit dar.

67   Die Regulierungsbehörde ist aber nach § 126 befugt, die Einhaltung der Verpflichtungen aus § 40 zu überwachen. Sie kann die dazu erforderlichen Maßnahmen nach § 126 Abs. 2 S. 1 anordnen und nach § 130 bis zur endgültigen Entscheidung eine vorläufige Anordnung treffen.

68   Teilnehmer haben einen Anspruch darauf, ihre Telekommunikationsverbindungen durch Betreiberauswahl oder Betreibervorauswahl über einen gewünschten zusammengeschalteten Netzbetreiber zu führen.[118] Zur Durchsetzung dieses Anspruches können sie eine Verpflichtungsklage erheben mit dem Ziel des Erlasses einer Anordnung nach § 126 durch die Regulierungsbehörde.[119] Der Anspruch beschränkt sich allerdings auf die mit ihrem Teilnehmernetzbetreiber zusammengeschalteten Netzbetreiber; ein Anspruch auf Zusammenschaltung bestimmter Netzbetreiber besteht nach dem TKG nicht.

---

113 *Capito/Elspaß*, K&R 2003, 112.
114 Mit. 106/2005 vom 4. 5. 2005 (RegTP ABl. 8/2005).
115 Mit. 106/2005 vom 4. 5. 2005 (RegTP ABl. 8/2005).
116 Mit. 182/2005 vom 27. 7. 2005 (RegTP ABl. 14/2005).
117 Mit. 182/2005 vom 27. 7. 2005 (RegTP ABl. 14/2005).
118 BeckTKG-Komm/*Paul/Mellewigt*, § 43 RdNr. 28; *Schuster/Müller*, MMR Beilage 1/2002, 35, 42.
119 *Manssen/Demmel*, § 43 RdNr. 118.

§ 41 Angebot von Mietleitungen

(1) Die Regulierungsbehörde verpflichtet Unternehmen, die auf dem Markt für die Bereitstellung eines Teils oder der Gesamtheit des Angebots an Mietleitungen über beträchtliche Marktmacht verfügen, zur Bereitstellung des Mindestangebots an Mietleitungen entsprechend dem jeweils gültigen Verzeichnis von Normen, welches die Kommission auf der Grundlage des Art. 17 der Richtlinie 2002/21/EG des Europäischen Parlaments und des Rates vom 7. 3. 2002 über einen gemeinsamen Rechtsrahmen für elektronische Kommunikationsnetze und -dienste (Rahmenrichtlinie) (ABl. EG Nr. L 108 S. 33) erstellt.

(2) Die Unternehmen haben die Bedingungen 3.1 bis 3.3 nach Anhang VII der Richtlinie 2002/22/EG des Europäischen Parlaments und des Rates vom 7. 3. 2002 über den Universaldienst und Nutzerrechte bei elektronischen Kommunikationsnetzen und -diensten (Universaldienstrichtlinie) (ABl. EG Nr. L 108 S. 51) zu veröffentlichen. Hinsichtlich der Lieferbedingungen nach Punkt 3.3 kann die Regulierungsbehörde erforderlichenfalls Zielvorgaben festsetzen.

(3) Bezüglich der Entgeltregulierung gelten die §§ 27 bis 39. Die Vorschriften über die Zugangsregulierung nach den §§ 16 bis 26 bleiben unberührt.

Übersicht

I. Normzweck und Historie

Gemäß § 41 TKG soll ein Mindestangebot von Mietleitungen gemäß den von der EU-Kommission festgelegten Bedingung zur Verfügung stehen, solange auf dem Markt der Mietleitungen Unternehmen über beträchtliche Marktmacht verfügen. **1**

Bis zum Inkrafttreten des TKG 2002 wurde ein Mindestangebot an Übertragungswegen bzw. Mietleitungen durch § 17 TKG 1996 i.V.m. § 1 Nr. 3 TUDLV sichergestellt. Die Sicherstellung eines Mindestangebots von Mietleitungen war damit Teil des Universaldienstregimes. Dies hatte zur Folge, dass – falls die Deutsche Telekom AG die ihr durch § 97 Abs. 1 TKG 1996 zufallende Sicherstellung der Erbringung des Universaldienstes nicht mehr hätte erbringen wollen – die Erbringung der Universaldienstleistung durch das Verfahren gemäß §§ 18 ff. TKG 1996 sicherzustellen gewesen wäre. Im Rahmen dieses Verfahrens hätte die Regulierungsbehörde Verpflichtungen auferlegen können, wobei im Falle **2** der Nichterbringung letztlich ein Ausgleich durch eine Universaldienstabgabe aller Unternehmen vorgesehen war.

3 Die Regelung des § 41 beschreitet nunmehr einen anderen Weg: Sie steht nicht im die Erbringung von Universaldienstleistungen regelnden 6. Teil des Gesetzes, sondern im 2. Teil, der die Marktregulierung regelt, unter der Überschrift „Sonstige Verpflichtungen". Die Sicherstellung eines Mindestangebots von Mietleitungen ist somit schon allein aufgrund der Stellung der Vorschrift **keine Aufgabe des klassischen Universaldienstes mehr**. In dieser Struktur folgt das Gesetz den Vorgaben der Universaldienstrichtlinie, die ebenfalls die Sicherstellung eines Mindestangebots von Mietleitungen nicht unter den Abschnitt „Universaldienstverpflichtungen einschließlich sozialer Verpflichtungen" fasst, welcher neben der Erbringung der Universaldienstleistungen auch die Finanzierung der Universaldienstverpflichtungen regelt (vgl. Art. 13 URL), sondern vielmehr in einem eigenen Unterabschnitt „Regulierungsmaßnahmen in Bezug auf Unternehmen mit beträchtlicher Markmacht auf speziellen Märkten". Art. 18 URL enthält insofern lediglich Vorgaben, in welchen Fällen die Regulierungsbehörde Verpflichtungen auferlegen kann, etwaige Finanzierungsvorgaben oder Ausgleichsabgaben für die Erbringung dieses Mindestangebots sind jedoch nicht vorgesehen. Insofern entfernt sich die Vorgabe des Europarechts von dem klassischen Universaldienst, der ein Mindestangebot für die Allgemeinheit darstellen soll und im Fall der Nichterbringlichkeit durch die potenten Marktteilnehmer als ausgleichsbewährte Maßnahme von allen Marktteilnehmern zu erbringen war.

II. Regelungsbereich des § 41 Abs. 1

4 **1. Adressat.** – § 41 sieht vor, dass die Regulierungsbehörde Unternehmen verpflichtet, die auf dem Markt für die Bereitstellung eines Teils oder der Gesamtheit des Angebots an Mietleitungen über **beträchtliche Marktmacht** verfügen.

5 Verfügt ein Unternehmen auf dem Markt der Gesamtheit des Angebots an Mietleitungen über beträchtliche Marktmacht, kann das Unternehmen aufgrund seiner besonderen Stellung das Angebot an Mietleitungen und den wirksamen Wettbewerb auf dem gesamten Markt der Mietleitungen wesentlich beeinflussen. Insofern erscheint es gerechtfertigt, dass dieses Unternehmen auch verpflichtet ist, für ein gewisses Mindestangebot an Mietleitungen zu sorgen.

6 Verfügt ein (oder mehrere) Unternehmen lediglich auf einem Teilmarkt über eine beträchtliche Marktmacht, so wird auch dieses Unternehmen der Verpflichtung des § 41 unterworfen. Soweit dieses Unternehmen den räumlich und sachlich relevanten Teilmarkt beherrscht, der durch das von der Kommission festgelegte Verzeichnis der Normen abgedeckt ist, so liegt es ebenfalls auf der Hand, die Verpflichtung zur Gewährleistung eines Mindestangebots von den bezeichneten Mietleitungen diesem Unternehmen aufzuerlegen, da es gerade dieser Markt ist, der durch die beträchtliche Marktmacht keinem wirksamen Wettbewerb unterliegt.

7 Jedoch grenzt die Vorschrift des § 41 nicht den Kreis der Adressaten auf diejenigen ein, die auf dem relevanten Markt über eine beträchtliche Marktmacht verfügen, sondern auf diejenigen, die auf einem Teil des Angebots von Mietleitungen über eine beträchtliche Marktmacht verfügen. **Insofern ist der Adressatenkreis gerade nicht auf die Mietleitungen beschränkt, die nach dem Mindestangebot zur Verfügung stehen sollen.** Ansonsten

würde die Vorschrift des § 41 auch leer laufen, da Unternehmen der Verpflichtung entgehen könnten, wenn sie die in dem Verzeichnis der Kommission enthaltenen Mietleitungen nicht mehr anböten.

Da die Vorschrift sich jedoch lediglich auf Unternehmen mit beträchtlicher Marktmacht **8** bezieht, mag es Ausnahmefälle geben, in denen eine Anwendung des § 41 unverhältnismäßig erscheint. Sollte beispielsweise auf dem Markt der derzeit von der Festlegung der Kommission erfassten – niederbitratigen – Mietleitungen grundsätzlich Wettbewerb herrschen und insofern kein Marktteilnehmer eine beträchtliche Marktmacht besitzen, doch auf dem Markt der hochbitratigen Mietleitungen sich ein Unternehmen auf den hochbitratigen Verbund von Ballungszentren spezialisiert haben und als einziger Anbieter auf diesem Markt über eine beträchtliche Marktmacht verfügen, so wäre dieses Unternehmen nach dem Wortlaut der Vorschrift Verpflichteter des § 41. Ein solches unangemessenes Ergebnis lässt sich jedoch allenfalls durch eine entsprechende Festlegung der relevanten Märkte oder durch eine Verpflichtung nach § 18 beheben.

Sollten **mehrere Unternehmen** über eine marktbeherrschende Stellung verfügen, so richtet sich die Verpflichtung des § 41, die keinen Ermessensspielraum vorsieht (siehe dazu unter Ziffer 4), gleichermaßen an alle Unternehmen. **9**

2. Begünstigter. – Keine explizite Aussage trifft der Text des § 41, an wen das Angebot der **10** Mietleitungen gerichtet sein soll. Nach dem Wortlaut ist das Mindestangebot an Mietleitungen lediglich bereitzustellen. Dies spricht dafür, dass es Endnutzern wie auch Telekommunikationsunternehmen in gleichem Maße zur Verfügung zu stellen ist. Dies hätte möglicherweise Auswirkungen auf die Regulierung der Entgelte für die Leistung. Da sich die Vorschrift jedoch auf die Mietleitungen bezieht, die nach dem Verzeichnis der Normen der Kommission auf der Grundlage der Art. 18 URL i.V.m. Art. 17 RRL festgelegt sind, muss der systematische Zusammenhang der Universaldienstrichtlinie berücksichtigt werden. Die Verpflichtung zur Gewährleistung eines Mindestangebots gehört in diesem Sinne als sonstige Verpflichtung weiterhin zur Universaldienstleistung, welche nach Art. 1 Abs. 1 URL „die Bereitstellung elektronischer Kommunikationsnetze und -dienste für Endnutzer" betrifft.

Insofern ist § 41 einschränkend dahingehend auszulegen, dass **nur ein dem Endnutzer ge- 11 genüber zu gewährleistendes Mindestangebot** erfasst ist. Vorleistungen sind damit nicht von § 41 erfasst, sondern von der Regulierung des 2. Teils des TKG.

3. Mietleitungen. – Nach § 41 soll die Verfügbarkeit eines Mindestangebots an Mietleitun- **12** gen sichergestellt sein. Das TKG enthält keine Definition des Begriffs der „Mietleitung". Man wird jedoch in diesem Sinne als Mietleitung nach § 41 einen Übertragungsweg im Sinne von § 3 Nr. 31 anzusehen haben, soweit er von einem Netzbetreiber gegen Entgelt (Miete) überlassen wird. Festgelegt werden die in § 41 bezeichneten Übertragungswege letztlich jedoch **durch das von der Kommission festgelegten Verzeichnis des Mindestangebots an Mietleitungen**.

Im Folgenden ist das zur Zeit der Kommentierung gültige Verzeichnis gemäß des Be- **13** schlusses der Kommission vom 24. 7. 2003. abgedruckt[1].

---

1 Veröffentlicht ABl.EU Nr. L 186 vom 25. 7. 2003, S. 43.

14 a) Beschluss der Kommission über das Mindestangebot an Mietleitungen.

BESCHLUSS DER KOMMISSION
vom 24. 7. 2003

über das Mindestangebot an Mietleitungen mit harmonisierten Merkmalen und die entsprechenden Normen gemäß Art. 18 der Universaldienstrichtlinie

(2003/548/EG)
DIE KOMMISSION DER EUROPÄISCHEN GEMEINSCHAFTEN –

gestützt auf den Vertrag zur Gründung der Europäischen Gemeinschaft, gestützt auf die Richtlinie 2002/22/EG des Europäischen Parlaments und des Rates vom 7. 3. 2002 über den Universaldienst und Nutzerrechte bei elektronischen Kommunikationsnetzen und -diensten (Universaldienstrichtlinie)[2], insbesondere Art. 18 Abs. 3, in Erwägung nachstehender Gründe:

(1) Gemäß Art. 18 Abs. 3 der Universaldienstrichtlinie werden das Mindestangebot an Mietleitungen mit harmonisierten Merkmalen und die entsprechenden Normen im Amtsblatt der Europäischen Union als Bestandteil des in Art. 17 der Richtlinie 2002/21/EG des Europäischen Parlaments und des Rates vom 7. 3. 2002 über einen gemeinsamen Rechtsrahmen für elektronische Kommunikationsnetze und -dienste (Rahmenrichtlinie)[3] genannten Verzeichnisses der Normen veröffentlicht.

(2) Das Mindestangebot an Mietleitungen wurde in Anhang II der Richtlinie 92/44/EWG des Rates vom 5. 6. 1992 zur Einführung des offenen Netzzugangs bei Mietleitungen[4] (ONP) festgelegt, zuletzt geändert durch die Entscheidung 98/80/EG der Kommission[5]. Diese Richtlinie wurde mit Wirkung vom 25. 7. 2003 durch die Rahmenrichtlinie aufgehoben.

(3) Dieser Beschluss dient der Aufrechterhaltung der Rechtsgrundlage für das Mindestangebot an Mietleitungen zur Umsetzung der entsprechenden Bestimmungen der Rahmenrichtlinie und der Universaldienstrichtlinie. Das Mindestangebot an Mietleitungen in diesem Beschluss stimmt mit dem in der Richtlinie 92/44/EWG überein, es wurden darin lediglich die Bezugnahmen auf Europäische Telekommunikationsnormen (ETS) durch Bezugnahmen auf Europäische Normen (EN) ersetzt, wie dies im Europäischen Institut für Telekommunikationsnormen (ETSI) im Jahr 2001 vereinbart worden war. Allerdings gilt der Grundsatz, dass Mietleitungen, die den Anforderungen der vorherigen ETS-Normen entsprechen, auch den Anforderungen an das Mindestangebot an Mietleitungen genügen.

---

2 ABl. L 108 vom 24. 4. 2002, S. 51.
3 ABl. L 108 vom 24. 4. 2002, S. 33.
4 ABl. L 165 vom 19. 6. 1992, S. 27.
5 ABl. L 14 vom 20. 1. 1998, S. 27.

(4) Durch diesen Beschluss werden das Mindestangebot an Mietleitungen mit harmonisierten Merkmalen und die entsprechenden Normen festgelegt; sie sind Bestandteil des Verzeichnisses der Normen, das gemäß Art. 17 der Richtlinie 2002/21/EG (Rahmenrichtlinie) veröffentlicht wird. Die derzeitige Ausgabe des Verzeichnisses der Normen, die nur freiwillige Bestimmungen enthält, wurde im Dezember 2002 im Amtsblatt der Europäischen Gemeinschaften veröffentlicht[6]. Aufgrund verschiedener Verfahren und Rechtswirkungen ist es zweckdienlich, in diesem Beschluss zwischen Kapiteln des Verzeichnisses, die verbindliche Bestimmungen enthalten, und Kapiteln, die lediglich freiwillige Bestimmungen enthalten, zu unterscheiden.

(5) Die in diesem Beschluss vorgesehenen Maßnahmen entsprechen der Stellungnahme des Kommunikationsausschusses

BESCHLIESST:

Einziger Artikel

Das Mindestangebot an Mietleitungen mit harmonisierten Merkmalen und die entsprechenden Normen werden im Anhang festgelegt.

ANHANG

Verzeichnis der Normen und/oder Spezifikationen für elektronische Kommunikationsnetze und -dienste sowie zugehörige Einrichtungen und Dienste

Verbindlicher Teil
Festlegung des Mindestangebots an Mietleitungen

1. Zweck
In dieser Veröffentlichung werden das Mindestangebot an Mietleitungen mit harmonisierten Merkmalen und die entsprechenden Normen gemäß Art. 18 der Richtlinie 2002/22/EG (Universaldienstrichtlinie) festgelegt.

Dieses Verzeichnis ist Bestandteil des in Art. 17 der Richtlinie 2002/21/EG (Rahmenrichtlinie) genannten Verzeichnisses der Normen.

Diese Veröffentlichung ergänzt das Verzeichnis der Normen und/oder Spezifikationen für elektronische Kommunikationsnetze und -dienste sowie zugehörige Einrichtungen und Dienste, das im Dezember 2002 im Amtsblatt der Europäischen Gemeinschaften veröffentlicht wurde[7].

---

6 ABl. C 331 vom 31. 12. 2002, S. 32.
7 ABl. C 331 vom 31. 12. 2002, S. 32.

2. Technische Normen

Bei den hier genannten Normen handelt es sich um ETSI-Dokumente entsprechend dem derzeitigen ETSI-Verzeichnis. Nach den „ETSI-Richtlinien" (ETSI Directives)[8] sind diese Unterlagen wie folgt definiert:

Europäische Norm (Reihe Telekommunikation), EN (European Standard, telecommunications series): Ein Dokument des ETSI, das normative Bestimmungen enthält, unter Mitwirkung der nationalen Normenorganisationen bzw. der nationalen Delegationen im ETSI zur Veröffentlichung freigegeben wird und sich auf die Stillhaltefristen und die Umsetzung in nationale Normen auswirkt.

Harmonisierte Norm: Eine Europäische Norm (Reihe Telekommunikation), mit deren Entwurf ETSI von der Europäischen Kommission aufgrund der Richtlinie 98/48/EG (letzte Änderung der Richtlinie 83/189/EWG) beauftragt wird, die nach den geltenden grundlegenden Anforderungen der Richtlinie nach dem „neuen Konzept" erarbeitet und deren Fundstelle anschließend im Amtsblatt der Europäischen Union veröffentlicht wird.

Bei den in diesem Verzeichnis aufgeführten Normen handelt es sich um die zum Zeitpunkt der Veröffentlichung gültige Fassung.

3. Bezugsquellen für Referenzdokumente

ETSI Publications Office[9]

Postanschrift:	F-06921 Sophia Antipolis Cedex
Telefon:	(33) 4 9294 4241
	(33) 4 9294 4258
Fax:	(33) 4 9395 8133
E-Mail:	publications@etsi.fr
Website:	http://www.etsi.fr

4. Quellenangaben zu EU-Rechtsvorschriften

Die folgenden Rechtsvorschriften, auf die sich das Verzeichnis stützt, stehen unter http://europa.eu.int/information_society/topics/telecoms/regulatory/index_en.htm zur Verfügung.

– Richtlinie 2002/21/EG (Rahmenrichtlinie) des Europäischen Parlaments und des Rates vom 7. 3. 2002 über einen gemeinsamen Rechtsrahmen für elektronische Kommunikationsnetze und -dienste (ABl. L 108 vom 24. 4. 2002, S. 33);

---

8 Erhältlich unter: http://portal.etsi.org/directives/.
9 ETSI-Dokumente können unter folgender Adresse abgerufen werden: http://pda.etsi.org/pda/queryform.asp

– Richtlinie 2002/22/EG (Universaldienstrichtlinie) des Europäischen Parlaments und des Rates vom 7. 3. 2002 über den Universaldienst und Nutzerrechte bei elektronischen Kommunikationsnetzen und -diensten (ABl. L 108 vom 24. 4. 2002, S. 51).

Festlegung des Mindestangebots an Mietleitungen mit harmonisierten technischen Merkmalen und den entsprechenden Normen

ANALOGE MIETLEITUNGEN

Mietleitungstyp	Quelle	Anmerkungen
Sprachbandbreite normaler Qualität[a]	–2-Draht: ETSI EN 300 448 oder – 4-Draht: ETSI EN 300 451	Anschlussmerkmale und Darstellung der Netzschnittstelle
Sprachbandbreite besonderer Qualität[b]	– 2-Draht: ETSI EN 300 449 oder – 4-Draht: ETSI EN 300 452	Anschlussmerkmale und Darstellung der Netzschnittstelle

(a) Mietleitungen, die den Anforderungen von ETS 300 448 (2-Draht) oder ETS 300 451 (4-Draht) entsprechen, gelten als mit den Anforderungen an diesen Mietleitungstyp vereinbar.

(b) Mietleitungen, die den Anforderungen von ETS 300 449 (2-Draht) oder ETS 300 452 (4-Draht) entsprechen, gelten als mit den Anforderungen an diesen Mietleitungstyp vereinbar.

DIGITALE MIETLEITUNGEN

Mietleitungstyp	Quelle	Anmerkungen
64 kbit/s[c]	– ETSI EN 300 288 – ETSI EN 300 289	Darstellung der Netzschnittstelle Anschlussmerkmale
2 048 kbit/s – E1 (unstrukturiert)[d]	– ETSI EN 300 418 – ETSI EN 300 247	Darstellung der Netzschnittstelle Anschlussmerkmale
2 048 kbit/s – E1 (strukturiert)[e]	– ETSI EN 300 418 – ETSI EN 300 419	Darstellung der Netzschnittstelle Anschlussmerkmale

(c) Mietleitungen, die den Anforderungen von ETS 300 288, ETS 300 288/A1 und ETS 300 289 entsprechen, gelten als mit den Anforderungen an diesen Mietleitungstyp vereinbar.

(d) Mietleitungen, die den Anforderungen von ETS 300 418, ETS 300 247 und ETS 300 247/A1 entsprechen, gelten als mit den Anforderungen an diesen Mietleitungstyp vereinbar.

(e) Mietleitungen, die den Anforderungen von ETS 300 418 und ETS 300 419 entsprechen, gelten als mit den Anforderungen an diesen Mietleitungstyp vereinbar.

15 **b) Kommentierung.** – Der Inhalt der Norm ergibt sich insofern aus dem Zusammenspiel von nationalstaatlicher Regelung, Festlegung der Kommission und den darin enthaltenen Spezifikationen. Auf die Problematik einer solchen Verweisungstechnik und der damit verbundenen Unsicherheiten (einschließlich der Spezifikationen verweist die Vorschrift auf mehreren hundert Seiten) kann in diesem Rahmen nicht eingegangen werden. Allerdings erweist sich eine solche Technik im Hinblick auf die Klarheit der Norm als wenig förderlich. Insbesondere hinsichtlich der drastischen Folgen des TKG – wie beispielsweise die Vorteilsabschöpfung nach § 43 – bestehen einige Bedenken gegen die gesetzliche Bestimmtheit der Norm (vgl. Art. 103 II GG).

Erfasst sind jedenfalls folgende Mietleitungen:

16 **aa) Analoge Mietleitungen.** – Es sind von der Festlegung der Kommission analoge Mietleitungen mit einer Sprachbandbreite normaler Qualität der Varianten 2 Draht (ETSI EN 300 448) und 4 Draht (ETSI EN 300 451) und Sprachbandbreite besonderer Qualität der Varianten 2 Draht (ETSI EN 300 449) und 4 Draht (ETSI EN 300 452) erfasst.

17 **bb) Digitale Mietleitungen.** – Das Normenverzeichnis der Kommission erfasst niederbitratige digitale Mietleitungen und zwar Mietleitungen einer Kapazität von 64 kbit/s und 2048 kbit/s in den Varianten unstrukturiert und strukturiert. Die Mietleitungen des Types 64 kbit/s müssen den Spezifikationen ETSI EN 300 288 und ETSI EN 300 289 entsprechen. Die Mietleitungen des Types 2048 kbit/s (unstrukturiert) müssen den Spezifikationen ETSI EN 300 418 und ETSI EN 300 247, die des Types 2048 kbit/s (strukturiert) den Spezifikationen ETSI EN 300 418 und ETSI EN 300 419 entsprechen.

18 **4. Gebundene Entscheidung.** – Die Regulierungsbehörde verpflichtet Unternehmen, die auf einem der relevanten Märkte über eine beträchtliche Marktmacht verfügen, zur Bereitstellung der Mietleitung entsprechend der Festlegung der Kommission. Bei seiner Entscheidung steht der Regulierungsbehörde hinsichtlich der Auferlegung der Verpflichtung **kein Ermessensspielraum** zu. Kommt sie daher im Rahmen der Untersuchung der relevanten Märkte zu der Feststellung einer marktbeherrschenden Stellung eines oder mehrerer Unternehmen, so ergeht die Verpflichtung in gebundener Entscheidung. Missverständlich ist insoweit allerdings die Gesetzesbegründung, die wohl davon ausgeht, dass hier der Behörde ein Ermessen bei der Auferlegung zukommt[10]. Angesicht des klaren Wortlautes der Vorschrift des § 41 und im Übrigen auch der klaren europarechtlichen Vorgabe des Art. 18 URL kommt ein Ermessen der Behörde hinsichtlich Auswahl des Unternehmens als auch der Auferlegung der Verpflichtung jedoch nicht in Betracht.

III. Transparenzgebot nach Abs. 2

19 **1. Veröffentlichungsverpflichtung.** – Gemäß § 41 Abs. 2 sind die Unternehmen verpflichtet, die Bedingungen gemäß den Vorgaben der Ziffern 3.1 bis 3.3 des Anhangs VII der URL zu veröffentlichen.

20 **a) Adressat.** – Von der Verpflichtung des § 41 Abs. 2 sind aufgrund des Wortlautes und des Systemzusammenhangs **nur die Unternehmen erfasst, die einer Verpflichtung nach Abs. 1 unterworfen sind.**

---

10 Vgl. BT-Drs. 15/2316, S. 71.

b) Die einzelnen Bedingungen. – Zu beachten sind die Bedingungen 3.1 bis 3.3 des An- **21** hang VII der URL (Auszug aus Anhang VII der URL veröffentlich im Amtblatt der Europäischen Gemeinschaften L 108/77 vom 24. 4. 2002):

> *„3.1. Technische Merkmale, einschließlich der physischen und elektrischen Kenndaten, sowie detaillierte technische Spezifikationen und Leistungsspezifikationen für den Netzabschlusspunkt.*
>
> *3.2. Tarife, einschließlich der Gebühren für die erstmalige Bereitstellung des Anschlusses, regelmäßige Mietgebühren und andere Gebühren. Falls es gestaffelte Tarife gibt, ist dies anzugeben.*
>
> *Hält es ein Unternehmen, das gemäß Art. 18 Abs. 1 als Unternehmen mit beträchtlicher Marktmacht ermittelt wurde, auf einen bestimmten Antrag hin für nicht vertretbar, eine Mietleitung im Rahmen des Mindestangebots zu seinen veröffentlichten Tarifen und Lieferbedingungen bereitzustellen, so muss es die Zustimmung der nationalen Regulierungsbehörde zur Änderung dieser Bedingungen für diesen Fall einholen.*
>
> *3.3. Lieferbedingungen, einschließlich folgender Mindestangaben:*
> - *Informationen über das Auftragsverfahren;*
> - *typische Lieferfrist: die Zeitspanne, in der 95 % aller Mietleitungen desselben Typs zu den Kunden durchgeschaltet worden sind; diese Frist wird von dem Zeitpunkt an berechnet, zu dem der Benutzer einen förmlichen Antrag für eine Mietleitung gestellt hat. Diese Frist wird aufgrund der tatsächlichen Lieferfristen für Mietleitungen während eines Zeitraums von angemessener Dauer in der jüngsten Vergangenheit ermittelt. Bei der Berechnung dürfen keine Fälle berücksichtigt werden, bei denen der Kunde selbst eine längere Lieferfrist verlangt hat;*
> - *Vertragslaufzeit: sie umfasst die grundsätzlich vorgesehene Vertragsdauer und die Mindestlaufzeit, die der Benutzer akzeptieren muss;*
> - *typische Reparaturzeit: die Zeitspanne von der Fehlermeldung an die zuständige Stelle des Unternehmens, das gemäß Art. 18 Abs. 1 als Unternehmen mit beträchtlicher Marktmacht ermittelt wurde, bis zu dem Zeitpunkt, zu dem 80 % aller Mietleitungen desselben Typs wieder hergestellt und zutreffendenfalls dem Benutzer als wieder funktionsfähig gemeldet worden sind. Falls für ein und denselben Mietleitungstyp unterschiedliche Reparaturqualitäten angeboten werden, werden die jeweiligen typischen Reparaturzeiten veröffentlicht;*
> - *Rückerstattungsmodalitäten jeglicher Art.*
>
> *Ist darüber hinaus ein Mitgliedstaat der Auffassung, dass die bei der Bereitstellung des Mindestangebots an Mietleitungen erreichte Leistung dem Bedarf der Nutzer nicht gerecht wird, kann er angemessene Zielvorgaben für die oben aufgeführten Lieferbedingungen festlegen. "*

aa) Technische Merkmale. – Zu veröffentlichen sind demnach gemäß Ziffer 3.1 bestimm- **22** te technische Merkmale, physischer und elektrischer Natur sowie detaillierte technische Spezifikationen, insbesondere die Leistungsspezifikationen für den Netzabschlusspunkt.

bb) Entgelte. – Gemäß Ziffer 3.2 sind sowohl die einmaligen Entgelte als auch regelmäßig **23** zu entrichtende Entgelte für die Leistung anzugeben. Auf eine etwaige Staffelung der Tarife ist hinzuweisen. Ziffer 3.2 enthält hier jedoch eine wichtige Ausnahme: Falls ein Unternehmen es nicht für vertretbar hält, eine Mietleitung zu den veröffentlichen Bedingungen bereitzustellen, so schreibt Ziffer 3.2 vor, dass das Unternehmen die Zustimmung der nationalen Regulierungsbehörde zu Änderungen der Bedingungen in diesem Fall einholen muss. Als Umkehrschluss ergibt sich daraus jedoch, **dass das Unternehmen in begründeten Ausnahmefällen mit Zustimmung der Regulierungsbehörde von der veröffentlichten Entgeltstruktur abweichen darf.**

cc) Lieferbedingungen. – Ziffer 3.3 schreibt die Veröffentlichung der Lieferbedingung **24** vor. Dabei sind zum einen Informationen zum Bestellvorgang zu veröffentlichen, zudem typische Lieferfristen, insbesondere die Zeitspanne, innerhalb derer 95 % des jeweiligen

Mietleitungstypes bereitgestellt wurden, die Vertragslaufzeit, die typische Reparaturzeit und Rückerstattungsmodalitäten jeglicher Art. Sollten die Lieferbedingungen nach Punkt 3.3 nach Ansicht der Regulierungsbehörde nicht ausreichen, so ist sie gemäß § 41 Abs. 2 S. 2 i.V.m. Ziffer 3.3 Anhang VII URL ermächtigt, **selbst angemessene und erforderliche Zielvorgaben festzusetzen**.

IV. Entgeltregulierung (Abs. 3)

25   § 41 Abs. 3 S. 1 stellt klar, dass hinsichtlich der Entgeltregulierung die §§ 27 bis 39 zur Anwendung gelangen. Da es sich bei der Leistung um eine Endnutzerleistung handelt, werden die Entgelte **in aller Regel der Ex-Post-Regulierung** gemäß § 39 unterliegen.

26   Nach § 41 Abs. 3 S. 2 ist klargestellt, dass die Vorschriften über die Zugangsregulierung unberührt bleiben. Dies betont den besonderen Charakter der Vorschrift als Sonderregelung einer Universaldienstverpflichtung.

Abschnitt 5:
Besondere Missbrauchsaufsicht

§ 42 Missbräuchliches Verhalten eines Unternehmens mit beträchtlicher Marktmacht

(1) Ein Anbieter von Telekommunikationsdiensten, von Leistungen nach § 78 Abs. 2 Nr. 3 und 4 oder von telekommunikationsgestützten Diensten, der über beträchtliche Marktmacht verfügt, oder ein Betreiber eines öffentlichen Telekommunikationsnetzes, der über beträchtliche Marktmacht verfügt, darf seine Stellung nicht missbräuchlich ausnutzen. Ein Missbrauch liegt insbesondere vor, wenn andere Unternehmen unmittelbar oder mittelbar unbillig behindert oder deren Wettbewerbsmöglichkeiten ohne sachlich gerechtfertigten Grund erheblich beeinträchtigt werden.

(2) Ein Missbrauch im Sinne des Absatzes 1 wird vermutet, wenn ein Unternehmen mit beträchtlicher Marktmacht sich selbst, seinen Tochter- oder Partnerunternehmen den Zugang zu seinen intern genutzten oder zu seinen am Markt angebotenen Leistungen zu günstigeren Bedingungen oder zu einer besseren Qualität ermöglicht, als es sie anderen Unternehmen bei der Nutzung der Leistung für deren Telekommunikationsdienste oder mit diesen in Zusammenhang stehenden Diensten einräumt, es sei denn, das Unternehmen weist Tatsachen nach, die die Einräumung ungünstigerer Bedingungen sachlich rechtfertigen.

(3) Ein Missbrauch im Sinne des Absatzes 1 wird auch dann vermutet, wenn ein Betreiber eines öffentlichen Telekommunikationsnetzes mit beträchtlicher Marktmacht seiner Verpflichtung aus § 22 Abs. 1 nicht nachkommt, indem die Bearbeitung von Zugangsanträgen ohne sachlichen Grund verzögert wird.

(4) Auf Antrag oder von Amts wegen trifft die Regulierungsbehörde eine Entscheidung, um die missbräuchliche Ausnutzung einer marktmächtigen Stellung zu beenden. Dazu kann sie dem Unternehmen, das seine marktmächtige Stellung missbräuchlich ausnutzt, ein Verhalten auferlegen oder untersagen oder Verträge ganz oder teilweise für unwirksam erklären. Eine solche Entscheidung soll in der Regel innerhalb einer Frist von vier Monaten nach Einleitung des Verfahrens getroffen werden. Bei einer Antragstellung nach Satz 1 ist der Eingang des Antrags der Fristbeginn. Den Antrag nach Satz 1 kann jeder Anbieter von Telekommunikationsdiensten stellen, der geltend macht, in eigenen Rechten verletzt zu sein.

Schrifttum: *Baur*, Anwendungsprobleme der Mißbrauchsaufsicht über marktbeherrschende Unternehmen, JA 1987, 118; BeckTKG-Komm/*Gersdorf*, 3. Aufl. 2005, Einleitung – Abgrenzung zu anderen Rechtsgebieten; *Dörr/Gersdorf*, Der Zugang zum digitalen Kabel, 2002; *Gersdorf*, Kabeleinspeisung von Programmbouquets, 2000; *Gosse*, Mutmaßung statt Gewissheit – Die Zunahme gesetzlicher Vermutungen im Wirtschaftsrecht am Beispiel der §§ 28, 42 TKG, K&R 2005, 154; *Holzhäuser*, Besonderer Netzzugang – Das Verhältnis von § 33 und § 35 TKG, MMR 2000, 466; *Holznagel/Koenig*, Der Begriff der wesentlichen Leistungen nach § 33 TKG, 2001; *Lammich*, Telekommunikationsgesetz, Stand: 5. Erg.-Lfg. 09/01; *Markert*, Die Wettbewerbsbehinderung im GWB nach der 4. Kartellnovelle, 1982; *Möschel*, Das Recht der Wettbewerbsbeschränkungen, 1983; *Neitzel*, Verpflichtung zur Abgabe eines Resale-Angebotes, CR 2002, 740; *Riehmer*, Anmerkung zum Beschluss des OVG Münster vom 29. 9. 1997 – 13 B 1987/97, 13 B 2159/97, 13 B 2160/97, MMR 1998, 100; *Robert*, Die besondere Missbrauchsaufsicht nach § 42 TKG, K&R 2005, 354; *Scherer*, Die Entwicklung des Telekommunikationsrechts in den Jahren 1996 und 1997, NJW 1998, 1607; *Schütz*, Kommunikationsrecht – Regulierung von Telekommunikation und elektronischen Medien, 2005; *Spoerr/Sellmann*, Zugangsregulierung, Entgeltregulierung und Missbrauchsaufsicht vom TKG 1996 bis zum TKG 2004 – Rückblick und Ausblick, N&R 2004, 98; *Tschentscher/Neumann*, Das Telekommunikationsrechtliche Regulierungsverfahren – Verfahrensfragen, Mißbrauchsaufsicht, Entbündelung, BB 1997, 2437; *Verband Privater Rundfunk und Telekommunikation e. V. (VPRT)*, Positionspapier zum Arbeitsentwurf der Novelle des Telekommunikationsgesetzes (Stand: 20. 2. 2003); *Weisser/Bauer*, Verbreitung breitbandiger Inhalte nach dem neuen Telekommunikationsrecht, MMR 2003, 709; *Weisser/Meinking*, Zugang zum digitalen Fernsehkabelnetz außerhalb von must-carry-Regelungen, WuW 1998, 831; *Wichmann*, Vielfaltsicherung in digitalisierten Breitbandkabelnetzen, 2004.

Übersicht

A. Normzweck

1 Ziel des § 42 ist die Schaffung eines allgemeinen Missbrauchs- und Diskriminierungsverbots im Rahmen des TKG. Innerhalb des TKG erfüllt § 42 die Funktion einer **Generalklausel**[1], die nur dann Anwendung findet, wenn zum einen kein spezialgesetzlicher Missbrauchs- und Diskriminierungtatbestand einschlägig und zum anderen keine entsprechende Befugnisnorm im TKG bereit steht. § 42 Abs. 1 bis 3 begründet **allgemeine Missbrauchs- und Diskriminierungtatbestände**, während § 42 Abs. 4 der RegTP die erforderliche (allgemeine) Ermächtigungsgrundlage zur Verfügung stellt, um die missbräuchliche Ausnutzung einer marktmächtigen Stellung zu beenden (**Befugnisnorm**). Der Funktion einer Generalklausel entsprechend findet § 42 sowohl im Hinblick auf die allgemeinen Missbrauchs- und Diskriminierungtatbestände (§ 42 Abs. 1 bis 3) als auch auf die Befugnisnorm des § 42 Abs. 4 nur **subsidiär** Anwendung.

2 Im Verhältnis zum GWB enthält § 42 eine **bereichsspezifische Sonderregelung** im Sinne des § 2 Abs. 3. Auf diese Weise soll die umfassende Zuständigkeit der RegTP im Telekommunikationsbereich (Telekommunikationsdienste, Universaldienstleistungen, telekommu-

---

1 Vgl. hierzu im Einzelnen noch unter RdNr. 5 ff.

nikationsgestützte Dienste) gewährleistet bleiben, soweit regulierungsbedürftige Märkte im Sinne der §§ 10, 11 betroffen sind[2]. Da die RegTP auf diesen Märkten für die Regulierung des Zugangs bzw. der Entgelte zuständig ist, sei sie – so die Gesetzesbegründung – im Vergleich zum Bundeskartellamt die sachnähere Behörde, um Missbräuchen auf diesen Märkten wirksam begegnen zu können.

Die Bezeichnung „besondere Missbrauchsaufsicht" in der Überschrift des fünften Abschnitts des TKG und in der Gesetzesbegründung[3] darf nicht den Blick davor verstellen, dass § 42 innerhalb des TKG als **allgemeine Missbrauchs- und Diskriminierungsvorschrift** fungiert. Ihrer Funktion als Generalklausel entsprechend drängt die Bestimmung nur auf Verwirklichung, wenn das TKG keine bereichsspezifischen, besonderen Missbrauchs- und Diskriminierungsregelungen bereithält. Kurzum: Die besondere Missbrauchsaufsicht nach § 42 beruht auf allgemeinen (gesetzlichen) Missbrauchs- und Diskriminierungsregelungen. 3

Der Gesetzgeber orientiert sich bei § 42 ausweislich der Gesetzesbegründung an den §§ 19, 20, 32 GWB bzw. dem § 32 PostG[4]; diese Vorschriften dienen innerhalb ihres Regelungsrahmens ebenso wie § 42 als allgemeine Missbrauchs- und Diskriminierungstatbestände. 4

B. Verhältnis zu anderen Vorschriften

I. Verhältnis zu besonderen Missbrauchs- und Diskriminierungstatbeständen des TKG

Das Verhältnis des § 42 zu den weiteren Missbrauchs- und Diskriminierungstatbeständen im TKG bestimmt sich nach der Funktion der Vorschrift. Wäre § 42 als Generalklausel konzipiert, so wäre der Auffangtatbestand nur dann anwendbar, wenn der in Rede stehende Sachverhalt keinem spezialgesetzlichen Missbrauchs- und Diskriminierungstatbestand zugeordnet werden kann. Auch wenn § 42 nicht unerhebliche Auslegungsprobleme aufwirft, ist diese Bestimmung im Ergebnis als **Generalklausel** zu qualifizieren: 5

Einerseits wird § 42 in der Gesetzesbegründung ausdrücklich als Generalklausel bezeichnet[5]. Andererseits ist in der Gesetzesbegründung davon die Rede, dass das Verfahren nach § 42 „unabhängig" von dem Verfahren nach § 25 (Anordnungen im Rahmen von Zugangsansprüchen) „durchgeführt werden" könne[6]. Diese Formulierung könnte Anlass zu der Schlussfolgerung sein, dass § 42 stets neben § 25 zur Anwendung gelänge, was mit einer Charakterisierung als Generalklausel unvereinbar wäre. Indes ist die Formulierung „unabhängig" im Lichte der weiteren Ausführungen in der Gesetzesbegründung zu deuten. Der Gesetzgeber wollte erkennbar zum Ausdruck bringen, dass § 42 – im Vergleich zu § 25 und zu anderen speziellen Missbrauchs- und Diskriminierungstatbeständen – „vom Anwendungsbereich her deutlich weiter" ist und „etwa auch im Endnutzerbereich" gelte[7]. Die 6

---

2 Begründung des Gesetzentwurfs der Bundesregierung, BT-Drs. 15/2316, S. 71.
3 BT-Drs. 15/2316, S. 71.
4 BT-Drs. 15/2316, S. 71.
5 BT-Drs. 15/2316, S. 71.
6 BT-Drs. 15/2316, S. 71.
7 Begründung des Gesetzentwurfs der Bundesregierung, BT-Drs. 15/2316, S. 71.

Wendung „unabhängig" ist deshalb wohl auf diesen „weiter" reichenden, über § 25 hinausgehenden Bereich bezogen. Nach Maßgabe dieser Deutung unterfallen die von § 25 und von den sonstigen besonderen Missbrauchs- und Diskriminierungstatbeständen nicht erfassten Fälle dem § 42. Der generalklauselartige Charakter des § 42, auf den in der Gesetzesbegründung ausdrücklich verwiesen wird[8], bleibt dann unberührt.

7   Weitere Probleme im Hinblick auf eine Deutung des § 42 als Generalklausel ergeben sich aus § 42 Abs. 3. § 42 Abs. 3 begründet einen Vermutungstatbestand für missbräuchliches Verhalten, wenn ein Unternehmen mit beträchtlicher Marktmacht die Bearbeitung von Zugangsanträgen nach § 22 Abs. 1 ohne sachlichen Grund verzögert. Aus § 42 Abs. 3 folgt demnach, dass die allgemeine Missbrauchsaufsicht des § 42 Abs. 1 auch im Fall des § 22 zum Tragen kommen kann. Das könnte dafür sprechen, dass § 42 stets und in jedem Fall neben den besonderen Missbrauchstatbeständen – wie etwa dem § 25 in Verbindung mit § 22 Abs. 1 – Anwendung findet; in diesem Fall wäre eine Klassifizierung des § 42 als Generalklausel nicht möglich. Indes erweist sich auch dieser mögliche Einwand als nicht zwingend. Denn der von § 42 Abs. 3 erfasste Fall einer verzögerten Bearbeitung eines Zugangsantrages im Sinne des § 22 ist in der bereichsspezifischen Befugnisnorm des § 25 nicht geregelt. § 25 berechtigt die RegTP allein, nach Maßgabe der gesetzlich bestimmten Voraussetzungen einen Netzzugang anzuordnen. Neben dieser Befugnis zur Anordnung des Netzzugangs sieht § 25 keine weiteren Instrumente vor. Insbesondere enthält § 25 keine Sanktionen für den Fall, dass ein Netzbetreiber seiner Verpflichtung nach § 22 nicht nachkommt, indem er die Bearbeitung eines Zugangsantrages ohne sachlichen Grund verzögert. Auch wenn es nicht so recht einleuchtet, weshalb der Gesetzgeber diesen Fall nicht ebenfalls in § 25 geregelt hat[9], soll diese Schutzlücke offenbar durch § 42 Abs. 1 und 3 geschlossen werden. Erblickt man die Funktion des § 42 Abs. 3 in der Schließung dieser nach § 25 in Verbindung mit § 22 Abs. 1 bestehenden Schutzlücke, so streitet diese Bestimmung nicht gegen, sondern letztlich sogar für eine Qualifizierung des § 42 als Generalklausel.

8   Dieser generalklauselartige Charakter des § 42 kommt schließlich auch im Wortlaut der Vorschrift deutlich zum Ausdruck. Der **Adressatenkreis** des § 42 ist sehr weit gefasst und umschließt sämtliche Anbieter von Telekommunikationsdiensten, von Leistungen nach § 78 Abs. 2 Nr. 3 und 4 oder von telekommunikationsgestützten Diensten, die über beträchtliche Marktmacht verfügen, sowie Betreiber eines öffentlichen Telekommunikationsnetzes mit beträchtlicher Marktmacht. Der Kreis der **Normbegünstigten** ist in § 42 mit Bedacht nicht umgrenzt. Vielmehr soll die Vorschrift bei jedwedem missbräuchlichen Verhalten gelten, „etwa auch im Endnutzerbereich"[10]. Der Funktion als Generalklausel entsprechend ist § 42 also sehr weit gefasst.

9   Als Generalklausel findet § 42 nur dann Anwendung, wenn kein bereichspezifischer, besonderer Missbrauchs- und Diskriminierungstatbestand bzw. keine bereichsspezifische, besondere Befugnisnorm im TKG geregelt ist. Die Frage, ob eine solche, die Anwendbarkeit des § 42 ausschließende Spezialbestimmung vorliegt, ist im Lichte einer vergleichenden Analyse der Regelungen des sachlichen Schutzbereiches, des Kreises der Normver-

---

8 Vgl. nochmals BT-Drs. 15/2316, S. 71.
9 Zu dem Problem, dass der besondere (vgl. § 25) im Gegensatz zum allgemeinen Missbrauchs- und Diskriminierungstatbestand (§ 42 Abs. 4) keine verfahrensrechtliche Umhegung aufweist, vgl. noch unten bei RdNr. 50.
10 Begründung des Gesetzentwurfs der Bundesregierung, BT-Drs. 15/2316, S. 71.

pflichteten sowie der Normberechtigten zu beantworten. Hierauf wird noch gesondert einzugehen sein[11].

II. Verhältnis zur Missbrauchskontrolle nach dem GWB

Das Verhältnis des § 42 zu den Missbrauchs- und Diskriminierungstatbeständen des GWB, **10** insbesondere der §§ 19, 20, 32 GWB, bestimmt sich nicht ausschließlich nach § 2 Abs. 3, wonach das allgemeine Kartellrecht nur anwendbar ist, wenn nicht im TKG ausdrücklich abschließende Regelungen getroffen sind. Vielmehr sind insoweit die Vorschriften über das Verfahren der Marktregulierung, insbesondere § 10 Abs. 2, zusätzlich in den Blick zu nehmen. Nach § 10 Abs. 2 Satz 1 kommen für eine Regulierung nach dem zweiten Teil des TKG – und damit auch nach § 42 – nur solche Märkte in Betracht, die durch beträchtliche und anhaltende, strukturell oder rechtlich bedingte Marktzutrittsschranken gekennzeichnet sind und auf denen die Anwendung des allgemeinen Wettbewerbsrechts allein nicht ausreicht, um dem betreffenden Marktversagen entgegenzuwirken.[12] Die Märkte werden von der RegTP im Rahmen des ihr zustehenden Beurteilungsspielraumes bestimmt (§ 10 Abs. 2 Satz 2)[13]. Die RegTP hat demnach bei der Festlegung der sektorspezifisch zu regulierenden Märkte zu überprüfen, ob nicht das allgemeine Kartellrecht als Regulierungsinstrumentarium ausreicht. Diese Festlegung der zu regulierenden Märkte ist Voraussetzung für die Anwendbarkeit des zweiten Teils des TKG und damit auch des § 42. Sofern die RegTP im Rahmen des Verfahrens nach § 10 Abs. 2 zu dem Ergebnis kommt, dass bestimmte Märkte nicht der sektorspezifischen Regulierung nach dem TKG unterfallen, weil das allgemeine Kartellrecht zur Überwindung der Marktprobleme ausreicht, ist § 42 nicht anwendbar. In diesem Fall gelten die allgemeinen kartellrechtlichen Vorschriften, insbesondere die §§ 19, 20, 32 GWB.

Gegen diese Argumentation spricht auch nicht, dass nach der Gesetzesbegründung die **11** RegTP im Bereich der Telekommunikationsregulierung als „sachnähere Behörde" bezeichnet wird[14]. Hierdurch entsteht zwischen § 42 und § 10 Abs. 2 kein Widerspruch. Denn ausweislich der Gesetzesbegründung soll im Telekommunikationssektor die Zuständigkeit nur bei der RegTP verbleiben, „soweit regulierungsbedürftige Märkte betroffen sind, die nach den §§ 10 und 11 als relevante Märkte identifiziert worden sind"[15]. Die RegTP wird demnach im Bereich der Telekommunikationsregulierung nicht schlechthin als „sachnähere Behörde" qualifiziert. Vielmehr soll die RegTP nur nach Maßgabe des § 10 Abs. 2 zuständig sein. Das setzt voraus, dass die RegTP im Rahmen des Verfahrens nach § 10 zuvor eine sektorspezifische Regulierungsnotwendigkeit festgestellt hat. Für die Beurteilung die-

---

11 Vgl. RdNr. 13 ff.

12 Ebenso *Schütz*, Kommunikationsrecht, RdNr. 859; *Robert*, K&R 2005, 354, 358 f.; a. A. *Spoerr/ Sellmann*, N&R 2004, 98, 107.

13 Die konkrete Fassung des § 10 Abs. 2 ist auf die Intervention des Bundesrates im Gesetzgebungsverfahren zurückzuführen (vgl. BT-Drs. 15/2316, S. 110; BT-Drs. 15/2345, S. 2). Der Gesetzentwurf der Bundesregierung knüpfte noch an den Begriff des „funktionsfähigen Wettbewerbs" an, der nach der Legaldefinition des § 3 Nr. 10 TKG-E nur dann nicht vorlag, wenn das allgemeine Kartellrecht zur Abwendung des Marktversagens nicht ausreichte (vgl. BT-Drs. 15/2316, S. 8, 61). Diese Voraussetzung ist in den Kriterienkatalog der Marktdefinition nach § 10 Abs. 2 aufgenommen worden.

14 BT-Drs. 15/2316, S. 71.

15 BT-Drs. 15/2316, S. 71.

ser Frage kommt es u. a. darauf an, ob das allgemeine Wettbewerbsrecht zur Abwendung von Marktversagen auf dem betreffenden Markt ausreicht (vgl. § 10 Abs. 2 Satz 1).

III. Anwendungsbereich der allgemeinen Missbrauchs- und Diskriminierungsregelungen

12 Eine Marktregulierung nach Maßgabe der Vorschriften des zweiten Teils des TKG und damit auch des § 42 setzt voraus, dass es sich um sektorspezifisch regulierungsbedürftige Märkte im Sinne der §§ 10, 11 handelt. Einer Marktregulierung nach § 42 unterliegen nur Märkte, auf denen die Voraussetzungen des § 10 vorliegen und für die eine Marktanalyse nach § 11 ergeben hat, dass kein wirksamer Wettbewerb vorliegt. Die Anwendbarkeit des § 42 erfordert demnach eine Vorprüfung nach Maßgabe der Bestimmungen der §§ 10, 11.[16]

13 Aus der Funktion als Generalklausel[17] folgt, dass § 42 nur dann anwendbar ist, wenn das TKG keinen bereichspezifischen, besonderen Missbrauchs- und Diskriminierungstatbestand bzw. keine bereichspezifische, besondere Befugnisnorm bereithält. Die Frage, ob eine solche, die Anwendbarkeit des § 42 ausschließende Spezialbestimmung vorliegt, ist im Lichte einer vergleichenden Analyse der Regelungen des sachlichen Schutzbereiches, des Kreises der Normverpflichteten sowie der Normberechtigten zu beantworten.

14 **1. Bereich der Zugangsregulierung.** – Wie bereits erwähnt, soll ausweislich der Gesetzesbegründung das Verfahren nach § 42 „unabhängig" von dem Verfahren nach § 25 (Anordnungen im Rahmen von Zugangsansprüchen) durchgeführt werden können[18]. Mit der aus der Gesetzesbegründung ebenfalls klar erkennbar zum Ausdruck kommenden Funktion des § 42 als Generalklausel[19] wäre es jedoch unvereinbar, wenn diese Bestimmung stets und in jedem Fall neben § 25 zur Anwendung gelangte. Der Generalklauselfunktion des § 42 entsprechend betrifft diese Vorschrift nur die von § 25 nicht erfassten Fälle. **§ 25 ist im Verhältnis zu § 42 die speziellere Norm**; die Bestimmung verdrängt infolgedessen den Auffangtatbestand des § 42. Nur die von § 25 nicht geregelten Fälle können dem Anwendungsbereich des § 42 zugeordnet werden. Für die Frage, ob § 42 im konkreten Fall subsidiär Anwendung findet, ist zwischen den Missbrauchs- und Diskriminierungsregelungen einerseits (§ 42 Abs. 1 bis 3) und der Befugnisnorm des § 42 Abs. 4 andererseits zu unterscheiden.

15 § 25 verweist auf die Fälle der §§ 18, 22. § 25 in Verbindung mit § 18 Abs. 1 ist eine Spezialvorschrift, welche die allgemeine Bestimmung des § 42 verdrängt. Das Gleiche gilt für den besonderen Diskriminierungstatbestand des § 18 Abs. 2, bei dem ebenfalls die Befugnisnorm des § 25 zum Tragen kommt. Allerdings sieht die Verweisungsvorschrift des § 18 Abs. 2 Satz 2 vor, dass § 42 Abs. 4 entsprechend gilt, sofern die RegTP von ihrer Ermächtigung nach § 25 in Verbindung mit § 18 Abs. 2 Satz 1 Gebrauch gemacht hat. Kraft dieser Verweisungsnorm hat die RegTP bei einem potenziell missbräuchlichen Verhalten die Befugnisse nach § 42 Abs. 4[20].

---

16 Vgl. hierzu oben RdNr. 10 f.
17 Vgl. hierzu oben RdNr. 5 ff.
18 BT-Drs. 15/2316, S. 71.
19 Vgl. hierzu eingehend oben RdNr. 6.
20 Begründung des Gesetzentwurfs der Bundesregierung, BT-Drs. 15/2316, S. 64.

Bei unterbliebener Zugangsgewährung im Sinne des § 22 hat die RegTP gemäß § 25 die 16 Möglichkeit, den Netzzugang anzuordnen. § 25 in Verbindung mit §§ 21, 22 verdrängt insoweit § 42. Das gilt indes nicht, wenn ein Betreiber eines öffentlichen Telekommunikationsnetzes seiner Verpflichtung aus § 22 Abs. 1 nicht nachkommt, indem er die Bearbeitung von Zugangsanträgen ohne sachlichen Grund verzögert. Dieser – von der Spezialvorschrift des § 25 nicht erfasste Fall – ist in § 42 Abs. 3 ausdrücklich geregelt[21]. Bei einer sachlich nicht zu rechtfertigenden Verschleppung von Zugangsanträgen im Sinne des § 22 greifen der Missbrauchstatbestand des § 42 Abs. 1 und 3 sowie die Befugnisnorm des § 42 Abs. 4 Platz.

Normadressat des Zugangsregimes und damit auch der Spezialvorschrift des § 25 in Ver- 17 bindung mit §§ 21, 22 bzw. § 18 sind ausschließlich Betreiber öffentlicher Telekommunikationsnetze mit beträchtlicher Marktmacht. Nur dann, wenn sich die in Rede stehende Maßnahme gegen Betreiber öffentlicher Telekommunikationsnetze richten soll, kann die bereichsspezifische Regelung des § 25 zum Tragen gelangen und damit § 42 verdrängen. Geht es hingegen um ein mögliches missbräuchliches Verhalten von Anbietern von Telekommunikationsdiensten, von Leistungen nach § 78 Abs. 2 Nr. 3 und 4 oder von telekommunikationsgestützten Diensten im Sinne des § 3 Nr. 25, ist die spezielle Zugangsvorschrift des § 25 von vornherein nicht anwendbar. Im Zusammenhang mit Zugangsfragen unterfällt dieser gesamte Personenkreis allein der allgemeinen Missbrauchsregelung des § 42. Maßstabsnorm für die Feststellung eines missbräuchlichen Verhaltens dieses Personenkreises ist § 42 Abs. 1 bis 3. Die insoweit korrespondierende Befugnisnorm folgt aus § 42 Abs. 4.

In Bezug auf den Kreis der **Normbegünstigten** haben das Zugangsregime und § 42 zwar 18 einen vergleichsweise größeren Überschneidungsbereich. Gleichwohl reicht § 42 auch insoweit deutlich weiter als die §§ 16 ff. § 42 gilt für jegliches missbräuchliche Verhalten[22] und schützt damit sämtliche hiervon betroffenen (natürlichen oder juristischen) Personen. Demgegenüber sind Normbegünstigte im Sinne des § 18 ausschließlich Betreiber öffentlicher Telekommunikationsnetze[23]. Normberechtigte der Zugangsvorschriften der §§ 21, 22 sind prinzipiell allein Anbieter von Telekommunikationsdiensten. Dies folgt aus dem Zugangsbegriff nach § 3 Nr. 32, wonach von einem Netzzugang nur dann die Rede ist, wenn dieser zum „Zwecke der Erbringung von Telekommunikationsdiensten" begehrt wird. Eine Ausnahme hiervon gilt allein für den Bereich der Fakturierung und des Inkassos nach § 21 Abs. 2 Nr. 7. In diesem Bereich werden nicht nur Anbieter von Telekommunikationsdienstleistungen, sondern auch Anbieter von Universaldienstleistungen nach § 78 Abs. 2 Nr. 3 und von telekommunikationsgestützten Diensten geschützt. Darüber hinausgehende Ansprüche, die sich vor allem auf den Zugang zum Netz beziehen, stehen diesem Personenkreis nach den §§ 21, 22 nicht zu.

---

21 Vgl. hierzu bereits oben RdNr. 7.

22 Begründung des Gesetzentwurfs der Bundesregierung, BT-Drs. 15/2316, S. 71.

23 Zwar dient die Möglichkeit einer Zusammenschaltungsverpflichtung nach § 18 der Gewährleistung umfassender Kommunikation der Nutzer und deren Zugang zu Universaldienstleistungen nach § 78 Abs. 2 Nr. 3 und 4 und zu telekommunikationsgestützten Diensten im Sinne des § 3 Nr. 25 (vgl. Begründung des Gesetzentwurfs der Bundesregierung, BT-Drs. 15/2316, S. 64). Nutzer, Anbieter von Universaldienstleistungen nach § 78 Abs. 2 Nr. 3 und 4 sowie Anbieter telekommunikationsgestützter Dienste zählen jedoch nicht zu dem Kreis der Normbegünstigten, sondern sind nur reflexartig betroffen (vgl. hierzu sogleich unten RdNr. 19).

19 Ebenso wenig wie der Netzzugang der Anbieter von telekommunikationsgestützten Diensten durch §§ 21, 22 geschützt ist, unterfallen die sonstigen[24] **Contentanbieter** dem Zugangsregime. **Rundfunkveranstalter, Anbieter von Medien- und Telediensten** erbringen inhaltsbezogene Dienstleistungen. Vom Zugangsregime des TKG sind indes nicht (inhaltsbezogene) Dienstleistungen **durch** Telekommunikation, sondern lediglich Dienste **der** Telekommunikation geschützt. Berechtigt zur Nachfrage nach Zugangsleistungen sind – wie sich aus der Legaldefinition des Zugangsbegriffs nach § 3 Nr. 32 ergibt – Unternehmen, die bestimmte Leistungen nachfragen, um selbst Telekommunikationsdienste erbringen zu können. Rundfunkveranstalter, Anbieter von Medien- und Telediensten, die von Netzbetreibern Transportdienstleistungen nachfragen, ohne selbst Telekommunikationsdienstleistungen anbieten zu wollen, unterfallen nicht der Zugangsvorschrift des § 21[25]. Der Netzzugang sämtlicher Contentanbieter bestimmt sich ausschließlich nach der Generalklausel des § 42. Ausweislich der Gesetzesbegründung soll der weit gefasste Tatbestand des § 42 auch im „Endnutzerbereich" zum Tragen kommen. Rundfunkveranstalter sowie Anbieter von Medien- und Telediensten betreiben regelmäßig weder öffentliche Telekommunikationsnetze, noch erbringen sie prinzipiell Telekommunikationsdienste für die Öffentlichkeit. Als Endnutzer im Sinne des § 3 Nr. 8 unterliegen sie demnach dem Schutzbereich des § 42[26].

20 Anders liegen indes die Dinge, wenn Rundfunkveranstalter im Rahmen des Digital Video Broadcasting entsprechende technische Dienstleistungen (Multiplexing, Betrieb des Systems der Zugangskontrolle etc.) erbringen und diese Telekommunikationsdienste der Öffentlichkeit anbieten. In diesem Fall werden sie zu Anbietern von Telekommunikationsdiensten und zu den Destinatären eines Schutzanspruches nach §§ 21, 22[27]. Entscheidend hierfür ist jedoch, dass die Unternehmen die technischen Dienste nicht nur zu eigenen, sondern zu kommerziellen Zwecken erbringen. Nur dann handelt es sich um eine „gegen Entgelt" erbrachte Dienstleistung im Sinne des § 3 Nr. 24. Solange Rundfunkveranstalter – wie etwa die öffentlich-rechtlichen Rundfunkanstalten – DVB-Dienstleistungen nur zu eigenen Zwecken erbringen und Dritten nicht gegen Entgelt zur Verfügung stellen, werden sie nicht als Anbieter von Telekommunikationsdiensten tätig. Etwaige Zugangsansprüche bestimmen sich dann nicht nach §§ 21, 22, sondern nach § 42.

---

24 Rundfunkdienste unterfallen nicht dem Begriff der telekommunikationsgestützten Dienste; zu dem Begriff der telekommunikationsgestützten Dienste ausführlich, BeckTKG-Komm/*Gersdorf*, Einleitung – Abgrenzung zu anderen Rechtsgebieten, RdNr. 18 ff.

25 So ausdrücklich in Bezug auf Programmanbieter die Begründung des Gesetzentwurfs der Bundesregierung, BT-Drs. 15/2316, S. 64; zur früheren Rechtslage, nach der sich der Zugang von Rundfunkveranstaltern und sonstigen Contentanbietern regelmäßig nicht nach § 33 TKG a. F., sondern nach § 35 TKG a. F. bestimmte, vgl. ausführlich *Wichmann*, Vielfaltsicherung in digitalisierten Breitbandkabelnetzen, S. 122 ff.; *Gersdorf*, Kabeleinspeisung von Programmbouquets, S. 87 ff.; *Dörr/Gersdorf*, Der Zugang zum digitalen Kabel, S. 245, 304 f.; siehe in diesem Zusammenhang auch BGH NJW 2003, 3762, 3763, der auf etwaige Zugangsansprüche der Contentanbieter nach dem TKG a. F. nicht eingeht.

26 Vgl. auch *Weisser/Bauer*, MMR 2003, 709, 713; da das Antragsrecht nach § 42 Abs. 4 Satz 5 nur Anbietern von Telekommunikationsdiensten, nicht aber Contentanbietern zusteht, ist die materielle Schutzposition (§ 42 Abs. 1) der Rundfunkveranstalter sowie der Anbieter von Medien- und Telediensten verfahrensrechtlich nicht abgesichert; vgl. hierzu noch RdNr. 49.

27 In Bezug auf § 33 TKG a. F. vgl. bereits *Gersdorf*, Kabeleinspeisung von Programmbouquets, S. 88 f.; *Dörr/Gersdorf*, Der Zugang zum digitalen Kabel, S. 245, 305.

2. Bereich der Entgeltregulierung. – Da § 42 als Missbrauchs- und Diskriminierungstat- **21** bestand konzipiert ist und keine **vorherige** (Entgelt-)Regulierung ermöglicht, stellt sich die Frage nach dem Verhältnis zu den Vorschriften der vorherigen Entgeltregulierung von vornherein nicht. Die für die vorherige Regulierung von Entgelten für Zugangsleistungen und Endnutzerleistungen geltenden Bestimmungen (§§ 30 bis 37 und § 39 Abs. 1) finden Anwendung.

Für den Bereich der **nachträglichen** Entgeltregulierung sehen die §§ 27 ff. Sonderregelun- **22** gen vor, welche der Generalklausel des § 42 vorgehen: Die Maßstäbe für die Bewertung von Entgelten für **Zugangsleistungen** finden sich in § 38 i.V.m. § 28, der die Regelungen des § 42 Abs. 1 bis 2 verdrängt. Die insoweit korrespondierenden Befugnisvorschriften sind in § 38 geregelt, so dass ein Rückgriff auf § 42 Abs. 4 ausgeschlossen ist. Das Gleiche gilt für den **Endnutzerbereich** (§ 39 Abs. 3 i.V.m. §§ 38 Abs. 2 bis 4 und § 28). Über den Bereich der Telekommunikationsdienste hinaus gelten entgeltbezogene Sondervorschriften auch für Leistungen nach § 78 Abs. 2 Nr. 3 und 4 (vgl. § 39 Abs. 2 i.V.m. §§ 38 Abs. 2 bis 4 und § 28). Damit bleibt ein eigenständiger Anwendungsbereich des § 42 nur für die von einem **Anbieter telekommunikationsgestützter Dienste** geltend gemachten Entgelte. Diese Personengruppe ist von den speziellen Entgeltregulierungsvorschriften des TKG nicht erfasst. Die für die Inanspruchnahme telekommunikationsgestützter Dienste erhobenen Entgelte unterfallen dem Anwendungsbereich des § 42.

C. Erläuterungen
I. Materielle Voraussetzungen (§ 42 Abs. 1 bis 3)

1. Normadressaten und Normbegünstigte. – Entsprechend der Funktion des § 42 als **23** Generalklausel[28] ist der Kreis der Normadressaten weit gefasst. Neben dem Betreiber eines öffentlichen Telekommunikationsnetzes unterfallen Anbieter von Telekommunikationsdiensten, von Leistungen nach § 78 Abs. 2 Nr. 3 und 4 oder von telekommunikationsgestützten Diensten dem Normbereich. In allen diesen Fällen setzt § 42 voraus, dass das Unternehmen über beträchtliche Marktmacht verfügt. Dies bestimmt sich nach § 11 Abs. 1 Satz 3. Danach gilt ein Unternehmen als Unternehmen mit beträchtlicher Marktmacht, wenn es entweder allein oder gemeinsam mit anderen eine der Beherrschung gleichkommende Stellung einnimmt, die es ihm gestattet, sich in beträchtlichem Umfang unabhängig von Wettbewerbern und Endnutzern zu verhalten.

Der Kreis der Normbegünstigten ist in § 42 nicht näher bestimmt. Die Vorschrift gilt für **24** jegliches missbräuchliche Verhalten, etwa auch im Endnutzerbereich[29]. Besondere praktische Bedeutung wird § 42 insbesondere für Contentanbieter (Rundfunkveranstalter, Anbieter von Medien- und Telediensten) erlangen, die sich – ungeachtet der spezifischen Regelung des § 21 Abs. 2 Nr. 7 – nicht auf die Vorschriften des Zugangsregimes berufen können[30].

2. Missbrauch. – § 42 Abs. 1 Satz 1 verbietet allgemein das missbräuchliche Verhalten **25** eines Unternehmens mit beträchtlicher Marktmacht. § 42 Abs. 1 Satz 2 nennt hierfür ein –

---

28 Vgl. RdNr. 5 ff.
29 Begründung des Gesetzentwurfs der Bundesregierung, BT-Drs. 15/2316, S. 71.
30 Vgl. hierzu oben RdNr. 19.

nicht abschließend zu verstehendes („insbesondere") – Beispiel. Danach liegt ein Missbrauch vor, wenn andere Unternehmen unmittelbar oder mittelbar unbillig behindert oder deren Wettbewerbsmöglichkeiten ohne sachlich rechtfertigenden Grund erheblich beeinträchtigt werden. In den Absätzen 2 und 3 des § 42 finden sich zwei Vermutungstatbestände[31] für das Vorliegen eines solchen missbräuchlichen Verhaltens. Im Fall des § 42 Abs. 2 kann diese Vermutung durch den von dem betreffenden Unternehmen zu führenden Nachweis der sachlichen Rechtfertigung entkräftet werden; im Fall des § 42 Abs. 3 steht die Vermutung unter dem Vorbehalt der sachlichen Rechtfertigung.

26 Wegen des generalklauselartigen Charakters[32] hat die Vorschrift einen nur sehr begrenzten Anwendungsbereich. Vor allem das Zulassungs- und Entgeltregulierungsregime des TKG enthält Spezialvorschriften, welche die Anwendbarkeit des § 42 ausschließen[33].

27 **a) Behinderungsmissbrauch (§ 42 Abs. 1 Satz 2).** – § 42 Abs. 1 Satz 2 ist ersichtlich dem Behinderungsmissbrauch nach allgemeinem Kartellrecht nachgebildet (vgl. §§ 19 Abs. 4 Nr. 1, 20 Abs. 1 GWB). Ebenso wie dort stellt sich auch bei § 42 Abs. 1 Satz 2 die Frage, ob zwischen beiden Missbrauchsformen zu differenzieren ist oder ob insoweit ein einheitlicher Tatbestand des Behinderungsmissbrauchs vorliegt. In der Sache wird man zwischen Behinderung und Beeinträchtigung der Wettbewerbsmöglichkeiten kaum einen Unterschied machen können. Auch Unbilligkeit und fehlende sachliche Rechtfertigung dürften einander entsprechen. Daher dürften sich beide Regelungsformen im Wesentlichen decken[34].

28 „Andere Unternehmen" erfordert nicht, dass eine Mehrzahl von Unternehmen betroffen sein muss[35]. Es kann sich – etwa in einem engen, räumlich relevanten Markt – nur um ein Unternehmen handeln. Auch bei einer solchen Konstellation kann der Schutzzweck des § 42 auf Verwirklichung drängen. Die qualitative Dimension kann überdies im Rahmen des Merkmals erhebliche Beeinträchtigung/Behinderung Berücksichtigung finden.

29 Für die **Beeinträchtigung/Behinderung** kommt es darauf an, dass sich das Verhalten auf die wettbewerblichen Handlungsmöglichkeiten anderer Unternehmen nachteilig auswirkt[36]. Das Tatbestandsmerkmal der Beeinträchtigung/Behinderung ist wertneutral zu verstehen und impliziert kein negatives Werturteil im Sinne eines wettbewerbswidrigen oder wettbewerbsfremden Verhaltens. Nach der Regelungssystematik gehört dies zum Bewertungselement der Unbilligkeit bzw. des sachlich nicht rechtfertigenden Grundes[37].

30 Nach dem Wortlaut des § 42 Abs. 1 Satz 2 muss die grundlose Beeinträchtigung der Wettbewerbsmöglichkeiten anderer Unternehmen **„erheblich"** sein. Im Hinblick auf die Paral-

---

31 Zu Vermutungstatbeständen im Wirtschaftsrecht grundsätzlich *Gosse*, K&R 2005, 154 ff.
32 Vgl. hierzu oben RdNr. 5 ff.
33 Vgl. hierzu oben RdNr. 14 ff.
34 So zum GWB *Markert*, Die Wettbewerbsbehinderung im GWB nach der 4. Kartellnovelle, S. 22 f.; *Emmerich*, Kartellrecht, S. 187 f. mit ausführlicher Auseinandersetzung der abweichenden Position vor allem des Kammergerichts.
35 So zu § 19 Abs. 4 Nr. 1 GWB *Immenga/Mestmäcker/Möschel*, § 19 RdNr. 111.
36 So zu § 19 Abs. 4 Nr. 1 GWB *Bechtold*, Kartellgesetz, § 19 RdNr. 63; *Immenga/Mestmäcker/Möschel*, § 19 RdNr. 112.
37 So zu § 19 Abs. 4 Nr. 1 GWB *Bechtold*, Kartellgesetz, § 19 RdNr. 63; *Immenga/Mestmäcker/Möschel*, § 19 RdNr. 112.

lelvorschrift des § 19 Abs. 4 Nr. 1 GWB ist bislang nicht geklärt, was damit gemeint ist[38]. Wenn man diesem quantitativen Tatbestandsmerkmal eine eigenständige Bedeutung nicht beimessen mag, findet der Aspekt der Erheblichkeit gleichwohl im Rahmen der notwendigen Interessenabwägung Beachtung[39].

Der Tatbestand des missbräuchlichen Verhaltens eines Unternehmens mit beträchtlicher **31** Marktmacht ist erst dann erfüllt, wenn das Verhalten **sachlich nicht gerechtfertigt** ist. Das Tatbestandsmerkmal der sachlichen Rechtfertigung ist dem allgemeinen Kartellrecht entlehnt. Die Frage nach dem Vorliegen eines sachlich rechtfertigenden Grundes lässt sich daher unter Verwertung der von Rechtsprechung und Literatur zum kartellrechtlichen Diskriminierungsverbot entwickelten Grundsätze beantworten[40]. Die Prüfung der sachlichen Rechtfertigung setzt die Ermittlung der Interessen der Beteiligten und ihre gegenseitige Abwägung voraus, und zwar unter Berücksichtigung der gesetzlichen Zielsetzungen[41]. Die sachliche Rechtfertigung im Sinne des § 42 Abs. 1 Satz 2 kommt vor allem bei Koppelungsgeschäften, Exklusivvereinbarungen oder Wettbewerbsverboten zum Tragen. Auch bei unterschiedlicher Behandlung an sich gleichartiger Nachfrager ist sie von Bedeutung. Insoweit kann in vollem Umfang auf die im allgemeinen Kartellrecht entwickelten Grundsätze zurückgegriffen werden. Demgegenüber ist von § 42 Abs. 1 Satz 2 nicht die Konstellation erfasst, dass das Unternehmen mit beträchtlicher Marktmacht anderen Unternehmen im Vergleich zu sich selbst ungünstigere Bedingungen einräumt. Dieser Fall ist durch § 42 Abs. 2 gesondert geregelt.

Wie bereits erwähnt, wird § 42 im Zusammenhang mit den von **Contentanbietern** (Rund- **32** funkveranstalter, Anbieter von Medien- und Telediensten) geltend gemachten Netzzugangsansprüchen von praktischer Bedeutung sein. Für die Beurteilung, ob eine mögliche Zugangsverweigerung durch den Netzbetreiber sachlich gerechtfertigt ist, ist zu differenzieren: Stehen genügend Übertragungskapazitäten zur Verfügung, hat jeder Contentanbieter prinzipiell einen Anspruch auf Einspeisung seiner Inhalte in das Netz. Insbesondere darf ein vertikal integrierter Netzbetreiber nicht den Zugang zu den Netzen verweigern, um sich auf nachgelagerten Märkten (Rundfunkwerbemarkt, Markt für Pay-TV) Vorteile zu verschaffen[42]. Demgegenüber ist es im Fall einer Kapazitätsknappheit telekommunikationsrechtlich nicht zu beanstanden, wenn der einzelne Kabelnetzbetreiber nur solche Inhalte in sein Kabelnetz einzuspeisen bereit ist, die aus seiner Sicht zur Attraktivität des Kabelangebots beitragen. Sub specie des Telekommunikationsgesetzes ist es sachlich gerechtfertigt, wenn der Netzbetreiber in diesem Fall reichweitenschwachen (Minderheiten-)Programmen den Zugang zum Kabelnetz verweigert. Da jeder kaufmännisch handelnde Unternehmer sich bei der Belegung der Netze nach den (Mehrheits-)Wünschen der Kabelkunden richtet, beruht eine solche Netzzugangsverweigerung nicht auf willkürlichen und wirtschaftsfremden Überlegungen. Sie ist Ausdruck einer marktkonformen Entscheidungsrationalität, da sie den Gesetzen

---

38 KG WuW/E OLG 3124, 3129; BGH WuW/E BGH 1965 ff.; *Baur*, JA 1987, 118, 119; *Emmerich*, Kartellrecht, S. 188 f.; *Möschel*, Das Recht der Wettbewerbsbeschränkungen, RdNr. 548.

39 *Emmerich*, Kartellrecht, S. 188 f.

40 Siehe zu § 33 TKG a. F. statt aller BeckTKG-Komm/*Piepenbrock*, § 33 RdNr. 50; *Weisser/Meinking*, WuW 1998, 831, 843.

41 Vgl. nur BGHZ 38, 90, 102; BGH GRUR 1989, 774 ff.; BGHZ 128, 17, 33; *Immenga/Mestmäcker/ Markert*, § 20 RdNr. 129 m. w. N.; *Weisser/Meinking*, WuW 1998, 831, S. 843 f.; *Dörr/Gersdorf*, Der Zugang zum digitalen Kabel, S. 245, 321.

42 Vgl. hierzu *Dörr/Gersdorf*, Der Zugang zum digitalen Kabel, S. 245, 322 f.

und Ordnungsprinzipien des freien Wirtschaftslebens folgt. Beschränkungen des freien Netzzuganges sind insoweit also sachlich gerechtfertigt[43].

33   **b) Verpflichtung zur Gleichbehandlung (§ 42 Abs. 2).** – § 42 dient der Umsetzung des Art. 10 ZRL[44]. Zugleich wird das vormals geltende Regelungsmodell des § 33 TKG a. F. fortentwickelt. In der Gesetzesbegründung ist davon die Rede, dass die Vorschrift des § 42 Abs. 2 auf § 33 TKG a. F. „aufsetze"[45]. Diese Formulierung darf nicht dahin missverstanden werden, dass mit § 42 Abs. 2 lediglich die alte Rechtslage in das neue TKG übernommen wurde. Vielmehr weicht § 42 Abs. 2 in mehrfacher Hinsicht von der bisherigen Rechtssituation ab. Dies zeigt sich unter anderem daran, dass der Kreis der Normberechtigten nicht wie bei § 33 TKG a. F. auf Anbieter von Telekommunikationsdienstleistungen beschränkt, sondern umfassend – etwa auch unter Einbeziehung der Endnutzer – geregelt ist. § 42 Abs. 2 stellt sich im Wesentlichen als Kombination der §§ 33, 35 TKG a. F. dar.

34   Da § 42 Abs. 2 einen Vermutungstatbestand im Sinne des § 42 Abs. 1 begründet[46], entspricht der Kreis der Normadressaten dem des § 42 Abs. 1.

35   Gegenstand der Verpflichtung zur Gleichbehandlung nach § 42 Abs. 2 sind die vom betreffenden Unternehmen intern genutzten oder am Markt angebotenen **Leistungen**. Da § 42 auf § 33 TKG a. F. „aufsetzt", kann für die Begriffsbestimmung nach § 42 Abs. 2 auf den Leistungsbegriff des § 33 TKG a. F. zurückgegriffen werden. Höchstrichterlich geklärt ist, dass der Begriff der „Leistung" im Sinne des § 33 Abs. 1 TKG a. F. nicht mit dem der Telekommunikationsdienstleistung (§ 3 Nr. 18 TKG a. F.) übereinstimmte. Es genügte, wenn die nachgefragten Leistungen im Zusammenhang mit der von dem Wettbewerber beabsichtigten Erbringung von Telekommunikationsdienstleistungen für die Öffentlichkeit gegenüber dem Endnutzer stehen[47]. Ebenso wenig lässt sich der Begriff der Leistung nach § 42 Abs. 2 auf Telekommunikationsdienste im Sinne des § 3 Nr. 24 reduzieren. Auch die so genannten „Vorprodukte", die das Unternehmen mit beträchtlicher Marktmacht intern für die Bereitstellung seiner Telekommunikationsdienste nutzt oder am Markt anbietet, sind demnach Leistungen im Sinne des § 42 Abs. 2.

36   Fraglich ist, ob das Gleichbehandlungsgebot des § 42 Abs. 2 auf **wesentliche** Leistungen – im Sinne der essential facilities doctrine – beschränkt ist. § 33 Abs. 1 TKG a. F. enthielt eine entsprechende Beschränkung des Zugangsrechts auf wesentliche Leistungen. Wesentlich waren demnach solche Leistungen des marktbeherrschenden Anbieters, ohne die Telekommunikationsdienstleistungen für die Öffentlichkeit, für welche die Leistungen von dem Wettbewerber nachgefragt werden, von diesem objektiv nicht erbracht werden können[48].

---

43 *Gersdorf*, Kabeleinspeisung von Programmbouquets, S. 112 ff.; *Dörr/Gersdorf*, Der Zugang zum digitalen Kabel, 245, 323 ff.; *Wichmann*, Vielfaltsicherung in digitalisierten Breitbandkabelnetzen, S. 166 ff.

44 Begründung des Gesetzentwurfs der Bundesregierung, BT-Drs. 15/2316, S. 71.

45 BT-Drs. 15/2316, S. 71.

46 Begründung des Gesetzentwurfs der Bundesregierung, BT-Drs. 15/2316, S. 71.

47 BVerwGE 114, 160, 180 f.; BVerwG MMR 2004, 347, 349; VG Köln CR 1997, 639, 640; VG Köln K&R 1999, 91, 92 f.; OVG Münster MMR 1998, 98, 99; ebenso siehe nur *Gersdorf*, Kabeleinspeisung von Programmbouquets, S. 86 f.; BeckTKG-Komm/*Piepenbrock*, § 33 RdNr. 26; *Riehmer*, MMR 1998, 100, 101; *Scherer*, NJW 1998, 1607, 1611; *Tschentscher/Neumann*, BB 1997, 2437, 2443.

48 BVerwG MMR 2004, 347, 349; OVG Münster CR 2000, 369, 372; *Holznagel/Koenig*, Der Begriff der wesentlichen Leistungen nach § 33 TKG, S. 65; *Orthwein*, Resale von Telekommunikations-

Der Umstand, dass § 42 auf § 33 TKG a. F. „aufsetzt"[49], könnte darauf hindeuten, dass der § 42 Abs. 2 in Fortschreibung der bisherigen Rechtslage auf wesentliche Leistungen begrenzt ist. Hiergegen muss man jedoch den Wortlaut des § 42 Abs. 2 als Argument ins Feld führen, dem sich keinerlei Anhaltspunkte für eine solche Beschränkung entnehmen lassen. Im Gegensatz zu § 33 Abs. 1 TKG a. F., der ausdrücklich eine entsprechende Regelung enthielt („soweit sie wesentlich sind"), ist in § 42 Abs. 2 von einem solchen einschränkenden Zusatz nicht die Rede. Außerdem ist zu bedenken, dass die Regulierung „wesentlicher Leistungen" Gegenstand spezieller Vorschriften des TKG (vgl. § 21) ist, die den § 42 verdrängen. Wenn die Verpflichtung zur Gleichbehandlung nach § 42 gegenständlich auf „wesentliche Leistungen" beschränkt wäre, wäre der Anwendungsbereich der Norm entscheidend verkürzt.

Ebenso wie § 33 TKG a. F. erstreckt sich die Vorschrift des § 42 Abs. 2 nicht nur **auf am** 37 **Markt angebotene**, sondern auch auf (lediglich) **intern genutzte** Leistungen. Der Gesetzgeber weicht damit von der im allgemeinen Kartellrecht bestehenden Rechtslage ab. Nach herrschender Meinung darf ein marktbeherrschendes Unternehmen seine konzernangehörigen Unternehmen besser behandeln als Wettbewerber, solange es alle Wettbewerber formal gleich behandelt[50]. § 42 Abs. 2 bezieht sich auch auf die nur intern angebotenen Leistungen. Damit erstreckt sich die nach § 42 Abs. 2 erforderliche Vergleichsperspektive auch auf die Tochter- und Partnerunternehmen der Konzernmutter.

Während in § 33 Abs. 1 TKG a. F. recht allgemein von „Bedingungen" des Zugangsanspru- 38 ches die Rede war, konkretisiert § 42 Abs. 2 das Gleichbehandlungsgebot. Danach darf das Unternehmen mit beträchtlicher Marktmacht sich, seinen Tochter- oder Partnerunternehmen den Zugang zu seinen Leistungen weder zu **günstigeren Bedingungen** noch zu einer **besseren Qualität** ermöglichen. Mit „Qualität" sind die technischen Nutzungsbedingungen gemeint. Zu den übrigen „Bedingungen" gehören die kaufmännischen und betrieblichen Nutzungsbedingungen[51]. Das Gleichbehandlungsgebot nach § 42 Abs. 2 verlangt grundsätzlich, dass hinsichtlich der Bedingungen des Zugangs zu Leistungen **formale Gleichheit** gewahrt wird[52]. Dies gilt nach der Rechtsprechung des BVerwG indes nicht uneingeschränkt. Dem Gebot sind solche Ungleichbehandlungen der betroffenen Unternehmen gegenüber dem Unternehmen mit beträchtlicher Marktmacht entzogen, die ihren Grund in den allgemeinen Prämissen des TKG und dem ihm zugrunde liegenden Regulierungskonzept finden und in diesem Sinne strukturell vorgeprägt sind[53]. Für die Missbrauchsvermutung nach § 42 Abs. 2 kommt es nicht darauf an, ob das Unternehmen mit

---

dienstleistungen, S. 233; *Manssen*, Telekommunikations- und Multimediarecht, C § 33 RdNr. 7; *Neitzel*, CR 2002, 740; *Tschentscher/Neumann*, BB 1997, 2437, 2444; *Holzhäuser*, MMR 2000, 466, 468 f.; a. A. *Scheuerle/Mayen/Glahs*, § 33 RdNr. 35.

49 Vgl. RdNr. 33.
50 Vgl. hierzu BGH NJW 1982, 2775, 2776; BeckTKG-Komm/*Piepenbrock*, § 33 RdNr. 33; *Immenga/Mestmäcker/Markert*, § 20 RdNr. 126 m. w. N.; FK/*Rixen*, § 20 RdNr. 144 m. w. N.
51 Vgl. zu § 33 a. F. BeckTKG-Komm/*Piepenbrock*, § 33 RdNr. 34.
52 BVerwG MMR 2004, 398, 399; *Scheuerle/Mayen/Glahs*, TKG, § 33 RdNr. 44; BeckTKG-Komm/*Piepenbrock*, § 33 RdNr. 34; *Lammich*, TKG, § 33 RdNr. 6.
53 So in Bezug auf die Regulierung von Nutzungsentgelten BVerwG MMR 2004, 398, 399.

beträchtlicher Marktmacht ein Marktergebnis durchzusetzen beabsichtigt, das es bei funktionsfähigem Wettbewerb nicht erreichen könnte[54].

39   Der früheren Rechtslage (vgl. § 33 Abs. 2 Satz 3 TKG a. F.) entsprechend kann die Missbrauchsvermutung durch den Nachweis einer **sachlichen Rechtfertigung** entkräftet werden (§ 42 Abs. 2). Die Beweislast trägt das jeweilige Unternehmen mit beträchtlicher Marktmacht.

40   Im Fall der Zugangsverweigerung wird man im Rahmen der nach § 42 Abs. 2 erforderlichen umfassenden Interessenabwägung die Regelungskriterien des § 21 Abs. 1 Satz 2 sinngemäß berücksichtigen müssen. § 21 Abs. 1 Satz 2 zielt darauf, „eine angemessene Balance zwischen Dienstewettbewerb in der Telekommunikation auf der einen Seite und infrastrukturbasiertem Wettbewerb auf der anderen Seite zu erreichen."[55] Damit soll zugleich der Intention der ZRL entsprochen werden, wonach „die den Wettbewerb belebende Verpflichtung zur Gewährung des Zugangs nicht dazu führen [sollte], dass die Anreize für Wettbewerber zur Investition in Alternativeinrichtungen, die langfristig einen stärkeren Wettbewerb sichern, entfallen."[56] Diese den § 21 Abs. 1 Satz 2 und die ZRL tragenden Gesichtspunkte drängen auch im Rahmen des § 42 Abs. 2 auf Verwirklichung. Auch insoweit gilt es, einen sachgerechten Ausgleich zwischen den Notwendigkeiten eines wirksamen Wettbewerbs im Dienstebereich einerseits und im Infrastrukturbereich andererseits herbeizuführen. Darüber hinaus wird damit zugleich den Erfordernissen des Grundsatzes der Verhältnismäßigkeit entsprochen. Der durch § 42 Abs. 1 und 2 bewirkte Eingriff in die grundrechtlich geschützten Positionen (Art. 12, 14 GG) des verpflichteten Unternehmens ist nur unter strikter Wahrung des Grundsatzes der Verhältnismäßigkeit zulässig[57]. Die in § 21 Abs. 1 Satz 2 aufgeführten Kriterien dienen diesem verfassungsrechtlichen Erfordernis.

41   **c) Verbot der Verzögerung von Zugangsanträgen (§ 42 Abs. 3).** – § 42 Abs. 3 beinhaltet einen Vermutungstatbestand für missbräuchliches Verhalten, wenn ein Unternehmen mit beträchtlicher Marktmacht die Bearbeitung von Zugangsanträgen verzögert. Vergleichsmaßstab für die nicht unverzügliche Bearbeitung von Zugangsanträgen ist der übliche Zeitrahmen bei anderen Nachfragern oder eigenen Tochterunternehmen oder eigener Unternehmenssparte[58].

42   Wie bereits gezeigt[59], schließt § 42 Abs. 3 die Lücke, die § 25 aufweist. Die (Spezial-)Vorschrift des § 25 in Verbindung mit § 22 berechtigt die RegTP lediglich zur Anordnung des Netzzugangs. Sie regelt jedoch nicht den Fall, dass ein Netzbetreiber seiner Verpflichtung nach § 22 nicht nachkommt, indem er die Bearbeitung eines Zugangsantrages ohne sachlichen Grund verzögert. Auch wenn es nicht so recht einleuchtet, weshalb der Gesetzgeber diesen Fall nicht ebenfalls in § 25 geregelt hat[60], soll diese Schutzlücke offenbar durch § 42

---

54 So in Bezug auf § 33 Abs. 2 Satz 3 TKG a. F. BVerwG MMR 2004, 398, 404 unter ausdrücklicher Aufgabe seiner bis dato vertretenen Rechtsüberzeugung, vgl. BVerwGE 114, 160, 189; BVerwG TKMR 2004, 89, 92.
55 Begründung des Gesetzentwurfs der Bundesregierung, BT-Drs. 15/2316, S. 65.
56 Erwägungsgrund 19 ZRL.
57 Vgl. in Bezug auf § 33 TKG a. F. BVerwGE 114, 160, 191; BVerwG TKMR 2004, 89, 93 f.
58 Begründung des Gesetzentwurfs der Bundesregierung, BT-Drs. 15/2316, S. 71.
59 Vgl. RdNr. 7, 16.
60 Zu dem Problem, dass der besondere (vgl. § 25) im Gegensatz zum allgemeinen Missbrauchs- und Diskriminierungstatbestand (§ 42 Abs. 4) keine verfahrensrechtliche Umhegung aufweist, vgl. noch unten bei RdNr. 50.

Abs. 1 und 3 geschlossen werden. Die entsprechende Anordnungsbefugnis der RegTP bei Verletzung des § 42 Abs. 1 und 3 folgt aus § 42 Abs. 4.

II. Anordnungsbefugnisse (§ 42 Abs. 4 Satz 1 bis 4)

Zum Zwecke der Durchsetzung der materiellen Regelungen des § 42 Abs. 1 bis 3 sieht **43** § 42 Abs. 4 eine entsprechende Anordnungsbefugnis der RegTP vor. Nach § 42 Abs. 4 Satz 1 trifft die RegTP eine Entscheidung, um eine missbräuchliche Ausnutzung einer marktmächtigen Stellung zu beenden. Bereits aus dem Wortlaut („um ... zu beenden") folgt, dass die RegTP gegenüber dem betreffenden Unternehmen lediglich zum **repressiven**, nicht aber zum präventiven Einschreiten berechtigt ist.

Die RegTP kann dem Unternehmen, das seine marktmächtige Stellung im Sinne des § 42 **44** Abs. 1 bis 3 missbräuchlich ausnutzt, ein Verhalten auferlegen oder untersagen oder Verträge ganz oder teilweise für unwirksam erklären. Im Gegensatz zur bisherigen Rechtslage (vgl. § 33 Abs. 2 Satz 2 TKG a. F.) kann die RegTP ein missbräuchliches Verhalten **sogleich** untersagen, ohne zuvor das Unternehmen mit beträchtlicher Marktmacht auffordern zu müssen, den beanstandeten Missbrauch abzustellen. Damit sollen der RegTP die nach allgemeinem Wettbewerbsrecht bestehenden Befugnisse (vgl. § 32 GWB) eingeräumt werden[61].

Nach früherem Recht war die RegTP bei ihrer Entscheidung an keine Frist gebunden. Nunmehr sieht § 42 Abs. 4 Satz 3 vor, dass die RegTP in der Regel innerhalb einer Frist von **45** vier Monaten nach Einleitung des Verfahrens eine Entscheidung treffen soll. Im Fall einer Antragstellung ist der Eingang des Antrags für den Fristbeginn maßgebend (§ 42 Abs. 4 Satz 4).

III. Antragsrechte zur Einleitung eines Verfahrens der Missbrauchskontrolle (§ 42 Abs. 4 Satz 1 und 5)

Nach § 42 Abs. 4 Satz 1 trifft die RegTP von Amts wegen oder auf Antrag die zur Beendi- **46** gung der Ausnutzung einer marktmächtigen Stellung erforderlichen Maßnahmen. Diesen Antrag kann gemäß § 42 Abs. 4 Satz 5 jeder Anbieter von Telekommunikationsdiensten stellen, der geltend macht, in eigenen Rechten verletzt zu sein. Bedeutung und Tragweite dieses Antragsrechts der Anbieter von Telekommunikationsdiensten zur Einleitung eines Verfahrens der Missbrauchskontrolle erschließen sich aus der **Entstehungsgeschichte** der Norm:

Der Gesetzentwurf der Bundesregierung enthielt in zentralen Regulierungsfeldern des Ver- **47** fahrens der Marktdefinition oder der Marktanalyse, der nachträglichen Entgeltkontrolle im Vorleistungssektor sowie im Rahmen der Missbrauchsaufsicht keine Antragsrechte der Wettbewerber. Diese fehlende verfahrensrechtliche Umhegung der materiellrechtlichen Schutzpositionen der Wettbewerber stieß im Gesetzgebungsverfahren teilweise auf Kritik[62]. Auch speziell für den Bereich des Rundfunks wurde ein Antragsrecht der Rundfunk-

---

61 Begründung des Gesetzentwurfs der Bundesregierung, BT-Drs. 15/2316, S. 71.
62 Vgl. etwa den Antrag der Fraktion CDU/CSU „Mehr Wettbewerb, Wachstum und Innovation in der Telekommunikation schaffen", BT-Drs. 15/2329, S. 2, 8.

veranstalter gefordert[63]. Der Bundesrat verlangte in seiner Stellungnahme für die Bereiche der nachträglichen Entgeltkontrolle im Vorleistungssektor und der allgemeinen Missbrauchsaufsicht ein Antragsrecht der Wettbewerber[64]. In ihrer Gegenäußerung zu der Stellungnahme des Bundesrates lehnte die Bundesregierung diese Forderungen ab. Es sei ausreichend, wenn die RegTP nach pflichtgemäßem Ermessen tätig werden müsse. Zusätzliche Antragsrechte bürgten die Gefahr eines erheblichen bürokratischen Aufwandes, weil sich die RegTP mit einer großen Anzahl „unbegründeter" Anträge befassen müsste[65]. In dem anschließenden Vermittlungsverfahren stellte die Frage nach der Begründung von Antragsrechten der Marktteilnehmer in den Regulierungsfeldern der Marktdefinition und Marktanalyse, der nachträglichen Überprüfung von Entgelten im Vorleistungsbereich und der allgemeinen Missbrauchsaufsicht einen zentralen Erörterungs- und Streitgegenstand dar[66]. Die nunmehr geltenden Regelungen tragen erkennbar den Charakter eines **Kompromisses** zwischen den konträren Positionen der Bundesregierung und des Bundesrates. Während sich die Bundesregierung in den Feldern des Verfahrens der Marktdefinition und der Marktanalyse sowie der nachträglichen Entgeltregulierung im Vorleistungssektor durchsetzen konnte, wurde im Bereich der allgemeinen Missbrauchsaufsicht der Forderung des Bundesrates entsprochen und ein entsprechendes Antragsrecht der Anbieter von Telekommunikationsdiensten geregelt[67].

48   Die **personellen** und **sachlichen** Voraussetzungen für eine Antragsstellung sind in § 42 Abs. 4 Satz 5 geregelt. Antragsberechtigt sind allein Anbieter von Telekommunikationsdiensten im Sinne des § 3 Nr. 24, die geltend machen können, in eigenen Rechten verletzt zu sein. Diese sachliche Voraussetzung ist ersichtlich dem § 42 Abs. 2 VwGO – ohne den dort geltenden Vorbehalt einer anderweitigen gesetzlichen Regelung – nachgebildet.

49   Das Antragsrecht bezieht sich also ausschließlich auf Anbieter von Telekommunikationsdiensten. Obgleich die Regelung des § 42 Abs. 1 auch im Endnutzerbereich gilt und etwa Contentanbieter (Rundfunkveranstalter, Anbieter von Medien- und Telediensten) mit einbezieht[68], steht diesem Kreis der Normbegünstigten kein Antragsrecht nach § 42 Abs. 4 Satz 1 und 5 zu. In personeller Hinsicht „hinkt" daher die verfahrensrechtliche Regelung des § 42 Abs. 4 Satz 1 und 5 der materiellen Vorschrift des § 42 Abs. 1 hinterher. Nicht sämtliche von § 42 Abs. 1 geschützten Normbegünstigten sind zugleich Inhaber eines Antragsrechts nach § 42 Abs. 4 Satz 1 und 5. Diese Diskrepanz zwischen materiellen und formellen Schutzpositionen erscheint rechtspolitisch äußerst anfechtbar.

50   Über diese rechtspolitischen Bedenken hinaus ergeben sich aus der unterschiedlichen verfahrensrechtlichen Ausgestaltung der Tatbestände der besonderen Missbrauchsaufsicht einerseits und der allgemeinen Missbrauchsaufsicht (§ 42) andererseits **verfassungsrechtliche Probleme**. Während im Bereich der allgemeinen Missbrauchskontrolle entsprechende Antragsrechte gewährt werden (vgl. § 42 Abs. 4 Satz 1 und 5), fehlt es bei den besonderen Missbrauchstatbeständen etwa im Zugangs- oder Entgeltregulierungsregime an einem solchen Antragsrecht der Wettbewerber. Diese Diskrepanz ist Ausdruck eines mit Bedacht

---

63 Positionspapier des Verbandes Privater Rundfunk und Telekommunikation e. V. (VPRT) zum Arbeitsentwurf der Novelle des Telekommunikationsgesetzes (Stand: 20. Februar 2003), S. 2.
64 BT-Drs. 15/2316, 114 f. und 115.
65 BT-Drs. 15/2345, S. 2, 4.
66 BT-Drs. 15/2907, S. 1.
67 Beschlussempfehlung des Vermittlungsausschusses, BT-Drs. 15/3063, S. 2 f.
68 Vgl. RdNr. 19.

gefundenen Kompromisses[69]; sie begründet keine „Regelungslücke", die im Wege einer analogen Anwendung des § 42 Abs. 4 Satz 1 und 5 geschlossen werden könnte. Im Übrigen erstreckt sich das Antragsrecht nach § 42 Abs. 4 Satz 1 und 5 allein auf die allgemeine Befugnisnorm des § 42 Abs. 4 Satz 1 bis 4, die keine Anwendung findet, wenn im TKG wie im Zugangs- und Entgeltregulierungsregime spezielle Befugnisnormen zur Verfügung stehen[70]. Ob die Unterschiede bei der verfahrensrechtlichen Ausgestaltung der Tatbestände der besonderen und allgemeinen Missbrauchsaufsicht vor dem Hintergrund des Art. 3 Abs. 1 GG verfassungsrechtlichen Bestand haben, bedürfte einer eingehenden Untersuchung.

Aufgrund der Verweisungsnorm des § 18 Abs. 2 Satz 2 stellt sich die Frage, ob das Antragsrecht nach § 41 Abs. 4 Satz 1 und 5 auch im Hinblick auf eine mögliche Anordnung gilt, welche die RegTP auf der Grundlage des § 18 Abs. 2 Satz 2 in Verbindung mit § 42 Abs. 4 erlässt. Hiergegen spricht bereits die Entstehungsgeschichte der Norm. Denn die Verweisungsregelung des § 18 Abs. 2 Satz 2[71] befand sich bereits im Gesetzentwurf der Bundesregierung, der – wie gezeigt[72] – ein entsprechendes Antragsrecht nicht vorsah. Durch die im Zuge des Vermittlungsverfahrens erfolgte Änderung des § 42 Abs. 4 sollte die Verweisungsvorschrift des § 18 Abs. 2 Satz 2 ersichtlich keinen anderen Inhalt erhalten. Vor allem aber ist zu bedenken, dass sich das Antragsrecht nach § 42 Abs. 4 Satz 1 und 5 ausschließlich auf Anbieter von Telekommunikationsdiensten erstreckt. Betreiber öffentlicher Telekommunikationsnetze, die im Schutzzentrum des § 18 Abs. 2 Satz 1 stehen, sind hiervon nicht erfasst. Deshalb steht ihnen auch kein Antragsrecht nach § 18 Abs. 2 Satz 2 in Verbindung mit § 42 Abs. 4 Satz 1 und 5 zu.

51

---

69 Vgl. RdNr. 47.
70 Vgl. hierzu RdNr. 9, 13.
71 BT-Drs. 15/2316, S. 12.
72 Vgl. RdNr. 47.

§ 43 Vorteilsabschöpfung durch die Regulierungsbehörde

(1) Hat ein Unternehmen gegen eine Verfügung der Regulierungsbehörde nach § 42 Abs. 4 oder vorsätzlich oder fahrlässig gegen eine Vorschrift dieses Gesetzes verstoßen und dadurch einen wirtschaftlichen Vorteil erlangt, soll die Regulierungsbehörde die Abschöpfung des wirtschaftlichen Vorteils anordnen und dem Unternehmen die Zahlung eines entsprechenden Geldbetrags auferlegen.

(2) Abs. 1 gilt nicht, sofern der wirtschaftliche Vorteil durch Schadensersatzleistungen oder durch die Verhängung oder die Anordnung des Verfalls ausgeglichen ist. Soweit das Unternehmen Leistungen nach Satz 1 erst nach der Vorteilsabschöpfung erbringt, ist der abgeführte Geldbetrag in Höhe der nachgewiesenen Zahlungen an das Unternehmen zurückzuerstatten.

(3) Wäre die Durchführung einer Vorteilsabschöpfung eine unbillige Härte, soll die Anordnung auf einen angemessenen Geldbetrag beschränkt werden oder ganz unterbleiben. Sie soll auch unterbleiben, wenn der wirtschaftliche Vorteil gering ist.

(4) Die Höhe des wirtschaftlichen Vorteils kann geschätzt werden. Der abzuführende Geldbetrag ist zahlenmäßig zu bestimmen.

(5) Die Vorteilsabschöpfung kann nur innerhalb einer Frist von fünf Jahren seit Beendigung der Zuwiderhandlung und längstens für einen Zeitraum von fünf Jahren angeordnet werden.

Schrifttum: *Drathjer*, Die Abschöpfung rechtswidrig erlangter Vorteile im Ordnungswidrigkeitenrecht, 1997; *Köhler*, Das neue UWG, NJW 2004, 2121; *Maurer*, Verwaltungsrecht, 14. Aufl. 2002; *Müther*, Die Vorteilsabschöpfung im Ordnungswidrigkeitenrecht in § 17 Abs. 4 OWiG unter Berücksichtigung des deutschen und europäischen Kartellrechts, 1999; *Tilmann*, Zur Rechtsstellung des Verbrauchers bei Wettbewerbsdelikten, ZHR 141 (1977), 32; *Veltins/Veltins*, Zulässigkeit und Grenzen der Mehrerlösabschöpfung nach § 37 b GWB, WRP 1981, 619.

A. Normzweck

Mit § 43 werden sowohl repressive als auch präventive Zwecke verfolgt. Zum einen soll **1** durch die Vorschrift sichergestellt werden, dass die durch den Verstoß gegen das TKG erlangten wirtschaftlichen Vorteile nicht bei dem gesetzeswidrig handelnden Unternehmen verbleiben[1]; niemand soll sich aus einem Rechtsbruch Vorteile im Wettbewerb mit anderen

---

1 Vgl. die Begründung des Gesetzentwurfs der Bundesregierung zur Änderung des GWB, an dem sich § 43 orientiert (Begründung des Gesetzentwurfs der Bundesregierung, BT-Drs. 15/2316, S. 72), BR-Drs. 441/04, S. 95.

Unternehmen verschaffen dürfen. Zum anderen soll durch die Androhung der Abschöpfung des wirtschaftlichen Vorteils der Anreiz für den Missbrauch einer marktmächtigen
Stellung reduziert und auf diese Weise der Gefahr von Verstößen gegen das TKG wirksam
entgegengetreten werden[2]. Die Vorteilsabschöpfung ist ein spezifisches verwaltungsrechtliches Instrument, das von straf- und bußgeldrechtlichen Sanktionen strikt zu trennen ist[3].

B. Entstehungsgeschichte

2   § 43 wurde mit der TKG-Novelle im Jahre 2004 in das TKG eingefügt. In der Fassung des
Gesetzentwurfs der Bundesregierung entsprach § 43 noch § 34 GWB[4] und orientierte sich
ausweislich der Begründung an dieser Regelung[5].

3   In seiner Stellungnahme übte der Bundesrat Kritik an der geplanten Regelung. Zum einen
wendete er sich gegen die im Gesetzentwurf der Bundesregierung vorgesehene Ermessensregelung („kann"[6]) für die Vorteilsabschöpfung. Eine verpflichtende Regelung sei unerlässlich, da eine in das Ermessen der RegTP gestellte Vorteilsabschöpfung in der Praxis
kaum Wirksamkeit entfalten werde, zumal der RegTP in Bezug auf die Tatbestandsmerkmale „unbillige Härte", „geringer Mehrerlös" und „anderweitige Schadensersatzpflicht"
ohnehin ein breiter (Beurteilungs-)Spielraum zustehe. Zum anderen forderte der Bundesrat, den durch den Verstoß gegen das TKG erlangten wirtschaftlichen Vorteil auch rückwirkend abschöpfen zu können. Schließlich merkte der Bundesrat an, dass man sich bei der
Ausgestaltung einer Vorteilsabschöpfungsregelung im TKG nicht am GWB orientieren
dürfe, da die Missbrauchsaufsicht nach dem TKG gerade für einen nicht funktionierenden
Markt gelten solle[7].

4   In ihrer Gegenäußerung stimmte die Bundesregierung dem Vorschlag des Bundesrates
nicht zu. Eine Abweichung vom allgemeinen Wettbewerbsrecht lasse sich nicht rechtfertigen, da in beiden Fällen missbräuchliches Verhalten geahndet werden solle. Zugleich wurde indes avisiert, einen möglichen Anpassungsbedarf im Zuge der laufenden GWB-Novelle zu prüfen[8].

5   Die vom Bundestag verabschiedete Fassung des § 43 entsprach im Wesentlichen den Regelungen des § 34 GWB, allerdings mit Ausnahme des § 34 Abs. 2 GWB[9]. Im Rahmen des
sich hieran anschließenden Vermittlungsverfahrens[10] erhielt die Regelung ihre endgültige
Fassung[11]. Die Abschöpfungsregelung wurde an die entsprechende Bestimmung in der

---

2   Vgl. *Riebel*, Plenarprotokoll 799 zur Sitzung des Bundesrates am 14. Mai 2004, S. 231.
3   Begründung des Gesetzentwurfs der Bundesregierung zur Änderung des GWB, BR-Drs. 441/04,
    S. 95.
4   Vgl. Gesetzentwurf der Bundesregierung, BT-Drs. 15/2316, S. 20.
5   Vgl. die Begründung des Gesetzentwurfs der Bundesregierung, BT-Drs. 15/2316, S. 72.
6   Im Referentenentwurf (vgl. § 39 Abs. TKG-E) des Bundesministeriums für Wirtschaft und Arbeit
    vom 30. 4. 2003 war noch eine „Ist-Regelung" vorgesehen.
7   Vgl. Stellungnahme des Bundesrates, BT-Drs. 15/2316, S. 115 f.
8   Vgl. Gegenäußerung der Bundesregierung zur Stellungnahme des Bundesrates, BT-Drs. 15/2345,
    S. 5.
9   Vgl. BR-Drs. 200/04, S. 18.
10 Vgl. BT-Drs. 15/2907, S. 1.
11 Beschlussempfehlung des Vermittlungsausschusses, BT-Drs. 15/3063, S. 5.

GWB-Novelle angepasst[12], so dass sich die Bundesregierung mit der von ihr intendierten Synchronisierung beider Regelungswerke letztlich durchsetzen konnte. Der Bundesrat konnte erreichen, dass die von der Bundesregierung ursprünglich geplante „*Kann*-" durch eine „*Soll*-Vorschrift" ersetzt und damit auch im Vergleich zu § 34 GWB-E verschärft wurde.

C. Regelungsgegenstand

Gemäß § 43 soll die RegTP eine Vorteilsabschöpfung anordnen, wenn ein Unternehmen **6** gegen eine Verfügung der RegTP nach § 42 Abs. 4 oder vorsätzlich oder fahrlässig gegen eine Vorschrift dieses TKG verstößt und dadurch einen wirtschaftlichen Vorteil erlangt hat. Die Vorschrift orientiert sich im Wesentlichen an der Regelung des § 34 GWB-E, die der Kartellbehörde unter bestimmten Umständen die Möglichkeit der Abschöpfung des wirtschaftlichen Vorteils bei Unternehmen eröffnet. Weitere, zumindest teilweise vergleichbare Bestimmungen finden sich in § 73 StGB, § 17 Abs. 4 OWiG, § 8 WiStG und § 10 UWG[13].

I. Vergleich mit § 34 GWB

§ 34 GWB-E knüpft zwar an den bisherigen § 34 GWB an, erweitert aber die bisherige **7** Mehrerlösabschöpfung zu einem Instrument der Abschöpfung des gesamten, durch den Kartellrechtsverstoß erlangten wirtschaftlichen Vorteils. Bislang galt § 34 GWB im Wesentlichen nur für den sehr seltenen Fall der Zuwiderhandlung gegen eine Verfügung der Kartellbehörde. § 34 GWB-E erfasst alle Verstöße gegen Vorschriften des deutschen oder europäischen Wettbewerbsrechts.

Auch wenn sich § 43 an § 34 GWB-E orientiert, unterscheiden sich beide Vorschriften **8** gleichwohl: **Erstens** reicht bei § 34 GWB-E ein Verstoß gegen jedwede Verfügung der Kartellbehörde aus, während von § 43 nur Verfügungen nach § 42 Abs. 4 erfasst sind; Anordnungen der RegTP, die auf der Grundlage anderer Vorschriften des TKG ergehen (vgl. etwa §§ 25, 29, 38), unterfallen nicht dem § 43. Während **zweitens** die Vorteilsabschöpfungsregelung des § 34 GWB-E für sämtliche Begehungstatbestände Verschulden voraussetzt, gilt im TKG das Verschuldenserfordernis nur bei Verstößen gegen Vorschriften des TKG; bei einem Zuwiderhandeln gegen eine Verfügung nach § 42 Abs. 4 ist die Vorteilsabschöpfung nicht an ein Verschulden des betreffenden Unternehmens gebunden[14]. Und **drittens** sieht § 34 GWB-E eine „Kann-Regelung" vor, während § 43 – als Reaktion auf die vom Bundesrat geforderte Verschärfung[15] – eine „Soll-Bestimmung" enthält.

---

12 *Riebel*, Plenarprotokoll 799 zur Sitzung des Bundesrates am 14. Mai 2004, S. 231.
13 Vgl. hierzu *Köhler*, NJW 2004, 2121, 2125 f.
14 Dieser Unterschied dürfte in der Praxis jedoch keine besondere Bedeutung erlangen, vgl. hierzu noch RdNr. 12.
15 Vgl. RdNr. 3, 5.

II. Tatbestandsvoraussetzungen

9   Eine Vorteilsabschöpfung nach § 43 erfolgt in Reaktion auf die Verletzung telekommunikationsrechtlicher Regelungen durch Unternehmen. Insoweit ist zwischen zwei Bege-
hungsformen zu unterscheiden, die in den beiden Alternativen des § 43 Abs. 1 geregelt
sind.

10   **1. § 43 Abs. 1 1. Alt.** – Die erste Alternative verlangt zunächst, dass ein Unternehmen gegen eine Verfügung der RegTP nach § 42 Abs. 4 verstößt. Es muss eine Verfügung der
RegTP gegen ein Unternehmen mit beträchtlicher Marktmacht vorliegen, das seine Stellung missbräuchlich ausnutzt. Im Gegensatz zur zweiten Alternative des § 43 Abs. 1 richtet
sich die Vorteilsabschöpfung insoweit lediglich gegen Unternehmen mit beträchtlicher
Marktmacht im Sinne des § 11 Abs. 1 Satz 3 bis 5.

11   Weiterhin muss das Unternehmen „dadurch", also adäquat-kausal, einen wirtschaftlichen
Vorteil[16] erlangen.

12   Im Gegensatz zu § 34 GWB und § 34 GWB-E ist die erste Begehungsform nicht an schuldhaftes Verhalten geknüpft. Freilich wird dieser Unterschied in der Praxis regelmäßig keine
Bedeutung erlangen. Denn in aller Regel kann der Vorwurf zumindest fahrlässigen Verhaltens gemacht werden, sofern ein Unternehmen mit beträchtlicher Marktmacht gegen eine
Anordnung der RegTP nach § 42 Abs. 4 verstößt.

13   In Abweichung zu § 34 GWB-E erstreckt sich die Abschöpfungsmöglichkeit des § 43
Abs. 1 1. Alt. nicht auf jedwede nach dem TKG mögliche Verfügung (vgl. etwa §§ 25, 29,
38). Vielmehr betrifft § 43 Abs. 1 1. Alt. nur Verfügungen nach § 42 Abs. 4 (allgemeine
Missbrauchsaufsicht).

14   § 43 Abs. 1 1. Alt. dürfte – ebenso wie § 34 GWB – keine besondere praktische Relevanz
haben, da Unternehmen, die Adressat einer Verfügung der RegTP nach § 42 Abs. 4 sind,
regelmäßig nicht gegen diese verstoßen werden.

15   Besondere Probleme wirft die **Bestimmung des Zeitpunkts** des nach § 43 Abs. 1 1. Alt.
abzuschöpfenden wirtschaftlichen Vorteils auf. Die ursprünglich vom Bundestag verabschiedete Fassung des § 43 Abs. 1 sah eine ausdrückliche Regelung dieser Frage vor. Danach war eine Abschöpfung allein des nach Zustellung der Verfügung im Sinne des 42
Abs. 4 erlangten wirtschaftlichen Vorteils möglich[17]. Die endgültige, erst im Zuge des Vermittlungsverfahrens[18] gefundene Fassung des § 43 enthält keine vergleichbare ausdrückliche Regelung dieses Problems. Allerdings folgt aus dem Erfordernis einer Kausalität zwischen dem Verstoß gegen die Verfügung nach § 42 Abs. 4 und dem „dadurch" erlangten
wirtschaftlichen Vorteil, dass auf Grund des § 43 Abs. 1 1. Alt. nur der nach Zustellung der
Verfügung erlangte wirtschaftliche Vorteil abgeschöpft werden kann. Eine rückwirkende
Abschöpfung des bereits vor der Verfügung erlangten Vorteils ermöglicht § 43 Abs. 1
1. Alt. nicht.

16   Damit stellt sich die Frage, ob eine **rückwirkende Abschöpfung** eines bereits **vor einer
Verfügung** im Sinne des § 42 Abs. 4 erlangten Vorteils zulässig wäre. Insoweit käme allein

---

16 Siehe RdNr. 26 f. zum Begriff des wirtschaftlichen Vorteils.
17 BR-Drs. 200/04, S. 18.
18 Der Bundesrat hatte in seiner Stellungnahme zu dem Gesetzentwurf der Bundesregierung verlangt,
    dass die Vorteilsabschöpfung „rückwirkend" erfolgen müsse (vgl. BT-Drs. 15/2316, S. 116).

eine Abschöpfung nach der zweiten Alternative des § 43 Abs. 1 in Betracht. Hierfür könnte man anführen, dass es dem Gesetzgeber erkennbar darum ging, das Instrument der Vorteilsabschöpfung über den (seltenen) Fall der Zuwiderhandlung gegen eine Verfügung nach § 42 Abs. 4 hinaus auf sämtliche Verstöße gegen das TKG zu erstrecken[19]. Fraglich ist indes, ob dies auch für Verstöße gegen die Regelungen der allgemeinen Missbrauchsaufsicht (§ 42 Abs. 1 bis 3) gilt. Nur bejahendenfalls wäre für eine Vorteilsabschöpfung nach § 43 Abs. 1 2. Alt. i.V.m. § 42 Abs. 1 bis 3 Platz. Indes ergeben sich gegen eine solche Konstruktion erhebliche rechtsstaatliche Bedenken. Der Gesetzgeber hat sich für zwei Tatbestandsalternativen entschieden, welche eine Vorteilsabschöpfung auslösen können. Soll die erste Alternative eine eigenständige Funktion erfüllen und nicht lediglich einen Unterfall der zweiten Alternative des § 43 Abs. 1 ohne einen eigenständigen, spezifischen Gehalt darstellen, so wird man § 43 Abs. 1 1. Alt. als **abschließende Abschöpfungsregelung für den Bereich der allgemeinen Missbrauchskontrolle** nach § 42 qualifizieren müssen. Dies schließt es aus, die hierdurch entstehende Lücke durch ergänzende Anwendung des § 43 Abs. 1 2. Alt. zu schließen. Schließlich ist daran zu erinnern, dass Ermächtigungen der Exekutive zur Vornahme belastender Verwaltungsakte durch das ermächtigende Gesetz nach Inhalt, Zweck und Ausmaß hinreichend bestimmt und begrenzt sein müssen, so dass die Eingriffe messbar, in gewissem Umfang für den Einzelnen voraussehbar und berechenbar sind[20]. Daher verstößt es gegen das Rechtsstaatsprinzip, die gesetzliche Ermächtigungsgrundlage für einen belastenden Verwaltungsakt im Wege der analogen Anwendung einer Norm zu gewinnen[21]. Ähnlich liegt die Konstellation hier. Es wäre rechtsstaatlich bedenklich, eine rückwirkende Vorteilsabschöpfung auch im Bereich der allgemeinen Missbrauchskontrolle durch Anwendung des § 43 Abs. 1 2. Alt. i.V.m. Art. 42 Abs. 1 bis 3 zu ermöglichen, obgleich § 43 Abs. 1 1. Alt. erkennbar eine auf § 42 bezogene Spezialregelung darstellt.

2. § 43 Abs. 1 2. Alt. – Der Anwendungsbereich der zweiten Alternative reicht im Vergleich zur ersten Alternative des § 43 Abs. 1 deutlich weiter. Er erfasst den Verstoß gegen jedwede Bestimmung, mit Ausnahme des § 42, auf den sich allein die erste Alternative des § 43 Abs. 1 bezieht[22]. Er betrifft im Gegensatz zu § 43 Abs. 1 1. Alt. i.V.m. § 42 Abs. 4 nicht nur Unternehmen mit beträchtlicher Marktmacht im Sinne des § 11 Abs. 1 Satz 3 bis 5, sondern jedes Unternehmen. Die zweite Alternative des § 43 Abs. 1 errichtet nur insoweit eine höhere Hürde, als nach ihr die Vorteilsabschöpfung einen schuldhaften Verstoß gegen Bestimmungen des TKG voraussetzt, während die erste Alternative des § 43 Abs. 1 verschuldensunabhängig ist[23]. 17

Weiterhin muss das Unternehmen durch den Verstoß gegen das TKG einen wirtschaftlichen Vorteil[24] erlangen. 18

Fraglich ist, ob die Vorteilsabschöpfung nach § 43 Abs. 1 2. Alt. – wie bei § 43 Abs. 1 1. Alt. – eine entsprechende Verfügung in den Fällen voraussetzt, in denen die RegTP über 19

---

19 So deutlich die Begründung des Gesetzentwurfs der Bundesregierung zur Änderung des GWB, an dem sich § 43 orientiert (Begründung des Gesetzentwurfs der Bundesregierung, BT-Drs. 15/2316, S. 72), BR-Drs. 441/04, S. 95.
20 Vgl. BVerfGE 8, 274, 325; 13, 153, 160; 52, 1, 41; BVerfG NJW 1996, 3146.
21 BVerfG NJW 1996, 3146.
22 Vgl. RdNr. 16.
23 Vgl. RdNr. 12.
24 Siehe RdNr. 26 f. zum Begriff des wirtschaftlichen Vorteils.

eine solche Anordnungsbefugnis verfügt. Die RegTP hat etwa im Bereich der Zugangs- und Entgeltregulierung entsprechende Anordnungsmöglichkeiten (vgl. §§ 25, 29, 38). Es stellt sich das Problem, ob eine Vorteilsabschöpfung nach Maßgabe des § 43 Abs. 1 2. Alt. auch ohne Anordnung der RegTP zulässig ist. Nach dem Wortlaut der Bestimmung ist eine solche Anordnung zur Vorteilsabschöpfung nicht erforderlich. Danach reicht es aus, wenn ein Unternehmen schuldhaft gegen eine Vorschrift des TKG verstößt. Dieses Auslegungsergebnis entspricht auch dem erkennbaren Willen des Gesetzgebers. Mit der Neuregelung der Vorteilsabschöpfung nach allgemeinem Kartellrecht (vgl. § 34 GWB-E), die der telekommunikationsrechtlichen Regelung des § 43 als Grundlage diente, sollte sich dieses verwaltungsrechtliche Instrument über den (seltenen) Fall der Zuwiderhandlung gegen eine Verfügung der Kartellbehörde hinaus auf jeden Kartellrechtsverstoß erstrecken. Mit dieser intendierten „Erweiterung"[25] des Anwendungsbereichs des Instruments der Vorteilsabschöpfung wäre es kaum vereinbar, beide Begehensformen des § 43 Abs. 1 an eine zuvor ergangene Verfügung der RegTP zu binden. Aus diesem Grunde wäre auch dem weiteren möglichen Einwand der Boden entzogen, dass die Vorschriften des TKG nur abstrakte Pflichten begründeten, die einer Konkretisierung durch eine entsprechende Verfügung der RegTP bedürften, um hinreichend konkrete Verhaltenspflichten im Sinne des § 43 Abs. 1 2. Alt. auslösen zu können. Der Gesetzgeber geht in § 43 Abs. 1 2. Alt. davon aus, dass sich die Pflichten der auf den Märkten der Telekommunikation tätigen Unternehmen bereits aus den Vorschriften des TKG ergeben. Einer weiteren Konkretisierung durch eine Anordnung der RegTP bedarf es hierzu nicht. Daher besteht unabhängig von einer etwaigen Verfügung der RegTP die Möglichkeit der Vorteilsabschöpfung nach § 43 Abs. 1 2. Alt., sofern ein Unternehmen schuldhaft gegen eine Vorschrift des TKG verstößt und dadurch einen wirtschaftlichen Vorteil erlangt.

20   Im Gegensatz zu § 43 Abs. 1 1. Alt., der eine Abschöpfung nur des nach Zustellung des Anordnungsbescheides (vgl. § 42 Abs. 4) erlangten wirtschaftlichen Vorteils gestattet und der einer Abschöpfung der bereits im Zeitpunkt des Verstoßes gegen § 42 Abs. 1 bis 3 entstandenen Vorteile entgegensteht[26], erlaubt **§ 43 Abs. 1 2. Alt.** eine solche **rückwirkende Vorteilsabschöpfung**. Während also im Fall des § 43 Abs. 1 1. Alt. Verstöße gegen § 42 Abs. 1 bis 3 solange keine Vorteilsabschöpfung nach sich ziehen können, bis die RegTP von ihrer Befugnis nach § 42 Abs. 4 Gebrauch gemacht hat, können bei Verstößen gegen die übrigen Bestimmungen des TKG gemäß § 43 Abs. 1 2. Alt. alle hierdurch erlangten Vorteile abgeschöpft werden. Bei Lichte betrachtet führt diese gesetzliche Ausgestaltung des Instruments der Vorteilsabschöpfung dazu, dass die gegen § 42 Abs. 1 bis 3 verstoßenden Unternehmen gegenüber denjenigen Unternehmen privilegiert werden, welche die übrigen Bestimmungen des TKG verletzen. Dieses gesetzgeberisch wohl kaum intendierte, gleichwohl aber faktisch bewirkte **Haftungsprivileg** im Bereich des allgemeinen Missbrauchtatbestandes (§ 42) stößt vor dem Hintergrund des **allgemeinen Gleichheitssatzes (Art. 3 Abs. 1 GG)** auf durchgreifende verfassungsrechtliche Bedenken. Es ist weit und breit kein sachlicher Grund ersichtlich, der die unterschiedliche Behandlung der § 42 Abs. 1 bis 3 verletzenden Unternehmen einerseits und der gegen die sonstigen telekommunikationsrechtlichen Bestimmungen verstoßenden Unternehmen andererseits rechtfertigen könnte. Schließlich lässt sich § 43 nicht in dem Sinne verfassungskonform deuten, dass

---

25 Begründung des Gesetzentwurfs der Bundesregierung zur Änderung des GWB, BR-Drs. 441/04, S. 95.
26 Vgl. hierzu RdNr. 15 f.

sich die Berechtigung zur rückwirkenden Vorteilsabschöpfung auch auf den Fall eines Verstoßes gegen § 42 Abs. 1 bis 3 bezieht. Zwar wäre dann dem Erfordernis des Gleichheitssatzes entsprochen. Gleichwohl verböte sich bereits aus rechtsstaatlichen Gründen eine solche Auslegung. Die Gleichheitsprobleme können nicht im Wege einer zu zusätzlichen Belastungen der betroffenen Unternehmen führenden Interpretation des § 43 gelöst werden[27]. Außerdem verfügt der Gesetzgeber über mehrere Möglichkeiten, einen den Gleichheitssatz wahrenden Zustand herbeizuführen. So könnte der Gesetzgeber die Vorteilsabschöpfung – über den in § 43 Abs. 1 1. Alt. i.V.m. § 42 Abs. 4 geregelten Fall hinaus – in sämtlichen Bereichen von einer entsprechenden Anordnung der RegTP abhängig machen.

III. Rechtsfolgen

1. Allgemein. – § 43 ist ein Instrument der RegTP zur Abschöpfung des gesamten, durch **21** den Verstoß gegen das TKG erlangten wirtschaftlichen Vorteils. Dabei handelt es sich um ein verwaltungsrechtliches und nicht um ein straf- oder bußgeldrechtliches Instrument[28].

2. Anordnung. – Sind die Tatbestandsvoraussetzungen des § 43 Abs. 1 erfüllt, soll die **22** RegTP die Abschöpfung des wirtschaftlichen Vorteils anordnen. Die Anordnung der Vorteilsabschöpfung ergeht als **Verwaltungsakt** (§ 132 Abs. 1 Satz 2) und steht im pflichtgemäßen Ermessen der RegTP. Auf Drängen des Bundesrates wurde die im Gesetzentwurf der Bundesregierung enthaltene Kann-Bestimmung durch eine Soll-Regelung ersetzt[29]. Danach ist die RegTP in der Regel verpflichtet, die Vorteilsabschöpfung anzuordnen; Abweichungen sind nur in atypischen Fällen möglich[30].

Die Ausnahmebestimmung des § 43 Abs. 3 Satz 1 ist Ausdruck des allgemeinen Grundsatzes der Verhältnismäßigkeit, der auch im Rahmen der Vorteilsabschöpfung Anwendung **23** findet[31]. Nach § 43 Abs. 1 Satz 1 soll die Anordnung auf einen angemessenen Geldbetrag beschränkt werden oder ganz unterbleiben, wenn die Durchführung einer Vorteilsabschöpfung eine unbillige Härte wäre. Eine unbillige Härte kann insbesondere dann vorliegen, wenn durch die Abschöpfung die Existenz des betreffenden Unternehmens gefährdet wäre[32]. Nach § 43 Abs. 3 Satz 2 soll die Anordnung unterbleiben, wenn der wirtschaftliche Vorteil gering ist. Dieser Regelung liegen Effizienzüberlegungen zugrunde.

Der abzuführende Geldbetrag ist in der Anordnung zur Vorteilsabschöpfung zahlenmäßig **24** zu bestimmen (§ 43 Abs. 4 Satz 2). Die Vorteilsabschöpfung kann nur innerhalb einer Frist von fünf Jahren erfolgen (§ 43 Abs. 5[33]); die Frist beginnt mit der Beendigung der Zuwi-

---

27 Vgl. hierzu oben RdNr. 16.
28 Begründung des Gesetzentwurfs der Bundesregierung zur Änderung des GWB, BR-Drs. 441/04, S. 95.
29 Vgl. hierzu oben RdNr. 3, 5, 8.
30 *Müther*, Die Vorteilsabschöpfung im Ordnungswidrigkeitenrecht in § 17 Abs. 4 OWiG, S. 74 f.; *Maurer*, Verwaltungsrecht, § 7 RdNr. 11.
31 Begründung des Gesetzentwurfs der Bundesregierung zur Änderung des GWB, BR-Drs. 441/04, S. 96.
32 Vgl. die Begründung des Gesetzentwurfs der Bundesregierung zu § 37 b GWB, der Vorläufer des § 34 GWB ist, BT-Drs. 8/2136, S. 26.
33 Die Frist wurde erst im Zuge des Vermittlungsverfahrens mit Blick auf die intendierte Anpassung an § 34 GWB-E von drei auf fünf Jahre erhöht; siehe dazu Beschlussempfehlung des Vermittlungsausschusses, BT-Drs. 15/3063, S. 3.

derhandlung. Die Vorteilsabschöpfung kann längstens für einen Zeitraum von fünf Jahren angeordnet werden (§ 43 Abs. 5).

25 Widerspruch und Klage gegen die (Vorteilsabschöpfungs-)Anordnung der RegTP haben keine aufschiebende Wirkung (§ 137 Abs. 1).

26 **3. Wirtschaftlicher Vorteil.** – Der Begriff des wirtschaftlichen Vorteils[34] ist entsprechend der zu § 17 Abs. 4 OWiG entwickelten Grundsätze zu bestimmen; er erfasst nicht nur geldwerte, sondern auch sonstige wirtschaftliche Vorteile wie z. B. die Verbesserung der Marktposition durch die Ausschaltung oder das Zurückdrängen von Wettbewerbern[35]. Die Bestimmung des wirtschaftlichen Vorteils macht eine Gegenüberstellung der vermögenswerten Gesamtsituation des Betroffenen erforderlich, wie sie sich durch die Zuwiderhandlung ergeben hat und ohne diese für ihn eingetreten wäre (**Saldierungsgrundsatz**[36]).

27 Auch wenn der abzuführende Vorteil zahlenmäßig zu bestimmen ist (§ 43 Abs. 4 Satz 2), kann die Höhe des wirtschaftlichen Vorteils im Sinne des § 287 ZPO geschätzt werden (§ 43 Abs. 4 Satz 1[37]). Bei der Schätzung sind grundsätzlich dieselben Gesichtspunkte und Tatsachen wie bei der Regelberechnung zu berücksichtigen. Nur gelten im Fall der Schätzung vergleichsweise geringere Anforderungen an den Nachweis der Richtigkeit der Tatsachen[38].

IV. Subsidiarität

28 Gemäß § 43 Abs. 2 Satz 1 gilt die Vorteilsabschöpfungsregelung nicht, sofern der wirtschaftliche Vorteil durch **Schadensersatzleistungen** oder durch die **Verhängung oder die Anordnung des Verfalls** ausgeglichen ist. Durch diese **Subsidiaritätsregelung** soll eine Doppelbelastung des betroffenen Unternehmens vermieden werden. Die Anordnung des Verfalls kommt im Wesentlichen nur unter den Voraussetzungen des § 29a OWiG sowie der §§ 73 Abs. 3, 73a StGB, wenn zugleich eine Straftat verübt wurde und § 73 Abs. 1 Satz 2 StGB nicht zum Tragen kommt, in Betracht[39]. Soweit das Unternehmen Schadensersatzleistungen oder Leistungen im Rahmen des Verfalls erst nach der Vorteilsabschöpfung erbringt, ist der abgeführte Geldbetrag in Höhe der nachgewiesenen Zahlungen an das Unternehmen von der RegTP zurückzuerstatten (§ 43 Abs. 2 Satz 2).

29 Die Subsidiaritätsregelung des § 43 Abs. 2 Satz 1 regelt nicht den Fall, dass der wirtschaftliche Vorteil bereits durch ein **Bußgeld** nach anderen Vorschriften ausgeglichen wird. Nach § 149 Abs. 2 Satz 2 soll die Geldbuße den wirtschaftlichen Vorteil, den der Täter aus der

---

34 Zum Begriff des wirtschaftlichen Vorteils vgl. *Drathjer*, Die Abschöpfung rechtswidrig erlangter Vorteile im Ordnungswidrigkeitenrecht, S. 62 ff.; *Müther*, Die Vorteilsabschöpfung im Ordnungswidrigkeitenrecht in § 17 Abs. 4 OWiG, S. 52 ff.; *Veltins/Veltins*, WRP 1981, 619, 620.

35 Begründung des Gesetzentwurfs der Bundesregierung, BT-Drs. 15/2316, S. 106; Begründung des Gesetzentwurfs der Bundesregierung zur Änderung des GWB, BR-Drs. 441/04, S. 95.

36 Begründung des Gesetzentwurfs der Bundesregierung zur Änderung des GWB, BR-Drs. 441/04, S. 95.

37 Kritisch bis ablehnend zur Berechnung des von Gläubigern im Sinne des § 34 a GWB-E geltend zu machenden Abschöpfungsanspruches die Empfehlungen des Wirtschaftsausschusses und des Rechtsausschusses, BR-Drs. 441/1/04, S. 13 f.

38 *Immenga/Mestmäcker/Emmerich*, § 34 RdNr. 10 m. w. N.

39 Begründung des Gesetzentwurfs der Bundesregierung zur Änderung des GWB, BR-Drs. 441/04, S. 96.

Ordnungswidrigkeit gezogen hat, übersteigen. Vor diesem Hintergrund stellt sich die Frage, ob im Fall eines Verstoßes gegen eine bußgeldbewährte Vorschrift des TKG neben der Ordnungsstrafe eine Vorteilsabschöpfung nach § 43 in Betracht kommt. Im Gesetzentwurf der Bundesregierung war diese Frage noch ausdrücklich geregelt. Danach sollte eine Vorteilsabschöpfung nicht in Betracht kommen, wenn der Vorteil durch Geldbuße ausgeglichen ist[40]. Erst im Vermittlungsverfahren ist diese Geltungserstreckung der Subsidiaritätsregelung des § 43 Abs. 2 Satz 1 auf die Geldbuße entfallen[41]. Da nach der Parallelregelung des § 34 Abs. 2 GWB-E auch Geldbußen von der Subsidiaritätsregelung erfasst sind, erscheint § 43 Abs. 2 Satz 1 als klassische Form eines Redaktionsversehens. Es entspricht erkennbar nicht dem Willen des Gesetzgebers, im Gegensatz zu § 34 GWB-E eine Vorteilsabschöpfung auch in dem Fall zuzulassen, in dem der aus dem Verstoß gegen eine Vorschrift des TKG erlangte wirtschaftliche Vorteil bereits durch Geldbuße ausgeglichen wird; dies ist bei Verstößen gegen bußgeldbewährte Bestimmungen des TKG stets der Fall (vgl. nochmals § 149 Abs. 2 Satz 2). Der redaktionelle Fehler lässt sich entweder durch (analoge) Anwendung des § 43 Abs. 2 Satz 1 oder durch Heranziehung des § 43 Abs. 3 Satz 1 („unbillige Härte") überwinden. Auch könnte man an dem Vorhandensein eines wirtschaftlichen Vorteils zweifeln, sofern dieser bereits im Zuge eines Bußgeldverfahrens an die RegTP abzuführen ist.

Dieses Ergebnis entspricht auch dem Rechtsgedanken des § 73 Abs. 1 Satz 2 StGB, durch **30** den sichergestellt wird, dass dem Täter durch den Verfall insgesamt nicht mehr genommen wird, als ihm nach Erfüllung von Ersatzansprüchen übrig bleibt[42]. Auch im Rahmen des § 17 Abs. 4 OWiG gilt, dass Ersatzansprüche Dritter den wirtschaftlichen Vorteil des Täters mindern[43] bzw. die Anwendung des § 17 Abs. 4 OWiG entfällt, wenn der Vorteil bereits aufgrund anderer Vorschriften abgeschöpft wird[44]. Sofern die Abführung eines rechtswidrig erlangten wirtschaftlichen Vorteils gewährleistet ist, ist dem spezifischen Ziel der Vorteilsabschöpfungsregelung bereits entsprochen.

Hieraus folgt, dass eine Vorteilsabschöpfung nach § 43 nur in den Fällen möglich ist, so- **31** fern der wirtschaftliche Vorteil noch nicht durch ein Bußgeld abgeschöpft worden ist. Bei der Verletzung bußgeldbewährter Bestimmungen des TKG ist der wirtschaftliche Vorteil, den das Unternehmen aus der Ordnungswidrigkeit gezogen hat, bereits durch Bußgeld auszugleichen (vgl. § 149 Abs. 2 Satz 2). Für eine Vorteilsabschöpfung nach § 43 ist in diesem Fall nur dann Platz, wenn von dieser Möglichkeit nicht Gebrauch gemacht wird.

---

40 BT-Drs. 15/2316, S. 20.
41 Beschlussempfehlung des Vermittlungsausschusses, BT-Drs. 15/3063, S. 3.
42 *Tilmann*, ZHR 141 (1977), 32, 61.
43 *Tilmann*, ZHR 141 (1977), 32, 62.
44 *Müther*, Die Vorteilsabschöpfung im Ordnungswidrigkeitenrecht in § 17 Abs. 4 OWiG, S. 74.

Teil 3: Kundenschutz

Vor § 44

Schrifttum: *Allgaier*, Zum Anscheinsbeweis bei überhöhten Telefonrechnungen und zur Rechtsnatur des Telefondienstvertrages, RDV 2000, 53; *Bartosch*, Nummernmanagement, NJW-CoR 1999, 103; *Beese/Pfromm*, Mobile Number Portability – zum Scheitern schon verurteilt?, MMR 2002, 595; *Böhm*, Die Regelungen der TKV 1995, ArchivPT 1997, 118; *Breyer*, Aktuelle Probleme der Entgeltregulierung gemäß den §§ 24 ff. TKG, CR 2002, 722; *Demmel/Skrobotz*, Rechtsfragen der Nutzung von Premium rate-Diensten (0190–Nummern), CR 1999, 561; *Gersdorf/Witte*, Inkasso- und Einzelverbindungsnachweispflicht bei Call by Call?, RTkom 2000, 22; *Gnielinski*, Vergütungsansprüche im Telekommunikations- und Multimediabereich, MMR 2000, 602; *Gramlich*, Rechtsfragen der Nummerierung nach § 43 TKG, ArchivPT 1998, 5; *Großkopf/Taubert*, Kundenschutz beim Mobilfunk, CR 1998, 603; *Grote*, Call-by-Call – oder: Wenn der Zählimpuls nicht richtig tickt, K&R 1998, 61; *dies.*, Die Telekommunikations-Kundenschutzverordnung, BB 1998, 1117; *dies.*, Telekommunikations-Kundenschutzverordnung, 2000; *Hahn*, AGB in TK-Dienstleistungsverträgen, MMR 1999, 251 und 586; *ders.*, Telekommunikationsdienstleistungs-Recht, 2001; *Hefeküser/Schulz*, Inkasso bei Preselection und Call-by-Call, CR 1998, 403; *Hoffmann*, Der unerklärliche Einwendungsverlust bei Gebühren für Telefon-Mehrwertdienste, ZIP 2002, 1705; *ders.*, Zweite VO zur Änderung der TKV, MMR 2002, Heft 9, XXV; *Kammerlohr*, Kundenschutz im Telekommunikationsrecht, K&R 1998, 90; *Koenig/Loetz*, Fakturierung und Einziehung von TK-Entgelten nach der Inkasso-Entscheidung der RegTP – eine Kritik, K&R 2000, 153; *ders./Neumann*, Internet-Protokoll-Adressen als „Nummern" im Sinne des Telekommunikationsrechts?, K&R 1999, 145; *Küppers*, Die Telekommunikations-Kundenschutzverordnung (TKV 1995), ArchivPT 1996, 133; *Leo*, Rechnungen nach der neuen TKV, K&R 1998, 381; *Nacimiento/Bornhofen*, K&R 2003, 440; *Piepenbrock/Müller*, Fakturierung, Forderungseinzug und Inkasso bei TK-Dienstleistungen, MMR-Beilage 4/2000, 1; *Rampazzo*, Datenschutz und Verbraucherschutz im deutschen und italienischen Telekommunikationsrecht, 2002; *Reimann*, Beweisprobleme bei Rechnungen über Telekommunikationsdienstleistungen, DuD 2001, 27; *Riehmer*, Compliance-Pflichten für TK-Unternehmen, CR 1998, 273; *Ruhle/Geppert*, Auskunfts- und Verzeichnisdienste in einem liberalisierten Telekommunikationsmarkt, K&R 1998, 374; *Säcker/Calliess*, Billing und Inkasso fremder Telekommunikationsdienstleistungen, K&R 1999, 289 und 337; *Scherer/Ellinghaus*, Die neue Telekommunikations-Kundenschutzverordnung, NJW 1998, 883; *Schmidt*, Wechselprobleme, ArchivPT 1998, 104; *Schütz*, Recht auf eine eigene Telefonnummer?, MMR 1998, 287; *ders./Müller*, Entgeltregulierung in der Telekommunikation, MMR 1999, 128; *Schulz*, AGB der Anbieter von Telekommunikationsdienstleistungen für die Öffentlichkeit, CR 1998, 213; *ders.*, Kundenschutz im Bereich der Telekommunikation, NJW 1999, 765; *Spindler* (Hrsg.), Vertragsrecht der Telekommunikations-Anbieter, 2000; *Struck*, Hinweis auf die Rechtsfolgen der Löschung von Verbindungsdaten, MMR 2001, 507; *Westphalen/Grote/Pohle*, Der Telefondienstvertrag, 2001.

Die Bestimmungen über den Kundenschutz sind im TKG 2004 gegenüber dem TKG 1996 **1** ausgeweitet worden. Das alte TKG regelte den Kundenschutz als Fünften Teil in den §§ 40 bis 42 TKG 1996. Dort waren nicht nur die Voraussetzungen für einen Anspruch auf Schadensersatz und Unterlassung sowie die Ermächtigung zum Erlass der Kundenschutzverordnung enthalten, sondern darüber hinaus – systematisch verfehlt – Bestimmungen über Rundfunksendeanlagen aufgenommen worden.

Diese Unsystematik hat der Reformgesetzgeber beseitigt. Der Kundenschutz bildet heute **2** den Teil 3 des TKG 2004, der aus den §§ 44 bis 47 besteht. Die vier Paragraphen sind überschrieben mit „Anspruch auf Schadensersatz und Unterlassung", „Kundenschutzverordnung", „Rufnummernübertragbarkeit, europäischer Telefonnummernraum" und „Bereitstellen von Teilnehmerdaten". Neu in die Kundenschutzbestimmungen überführt sind die Regelungen über die Rufnummernübertragbarkeit (§ 46 Abs. 1 bis 3 TKG), über den europäischen Telefonnummernraum (§ 46 Abs. 4 TKG) sowie über das Bereitstellen von Teilnehmerdaten (§ 47 TKG). Dafür wurden die Bestimmungen über Rundfunksendeanlagen aus dem Kundenschutz entfernt.

3 Der Kundenschutz, der auch eines der Regulierungsziele des § 2 Abs. 2 darstellt, ist im neu gefassten TKG aufgewertet worden. Er folgt systematisch den „Allgemeinen Vorschriften" des Teils 1 sowie dem gewichtigen Teil 2 über die Marktregulierung und steht damit allen sonstigen Regelungen des TKG voran.

4 Die Bestimmungen über den Kundenschutz, denen Vorgaben der URL vom 7. 3. 2002[1] zugrunde liegen, waren im Gesetzgebungsverfahren lange Zeit umstritten. § 44 TKG verdankt seine jetzige Form einer Empfehlung des Wirtschaftsausschusses des Bundestags vom 10. 3. 2004;[2] § 45 TKG hat erst am 5. 5. 2004 im Vermittlungsausschuss seine endgültige Gestalt erhalten.[3] Die geplante neue Telekommunikations-Kundenschutzverordnung (TKV) im Rahmen des § 45 TKG ist noch nicht verabschiedet worden, obwohl ein erster Referentenentwurf seit April 2003 und ein zweiter seit Juli 2004 vorliegen. In der Zwischenzeit gilt gemäß § 152 Abs. 2 weitgehend die alte TKV 1997, von § 4 TKV 1997 abgesehen, fort.[4]

5 Die Bestimmungen des Teils 3 über den Kundenschutz enthalten den Kundenschutz im Bereich der Telekommunikation nicht vollständig. Einerseits werden sie durch die TKV und durch die Telekommunikations-Nummerierungsverordnung (TNV) präzisiert. Andererseits regelt § 44 TKG nur gesetzliche Ansprüche, und auch diese nicht abschließend. Vertragliche Primär- und Sekundäransprüche bleiben unberührt.[5] Auch finden die Bestimmungen über AGB (§§ 305 bis 310 BGB) im Bereich der Telekommunikation ebenso Anwendung wie die §§ 312 ff. BGB und die BGB-InfoV, soweit sie nicht durch speziellere Vorschriften der TKV verdrängt werden.

6 Durch das Gesetz vom 6. 8. 2003 wurden §§ 43a und 43b TKG eingefügt,[6] die auch nach Inkrafttreten des TKG 2004 fortgelten.[7] Dadurch sollte der Missbrauch von bestimmten Mehrwertdiensterufnummern noch vor der Verabschiedung des TKG 2004 eingedämmt und auf diese Weise ausdrücklich der Kundenschutz verbessert werden.[8] Gleichwohl wurden diese Bestimmungen (insbesondere § 43b TKG) nicht in den Fünften Teil „Kundenschutz", sondern in den Sechsten Teil „Nummerierung" eingefügt.

7 Diese unglückliche Eingruppierung ist mittlerweile teilweise korrigiert worden. Zwar wurden die Regelungen über den Missbrauch von Mehrwertdiensterufnummern auch im TKG 2004 nicht in den Teil 3 „Kundenschutz" überführt, dafür aber auch nicht in den Bestimmungen über die Nummerierung (§§ 66 und 67) belassen. Statt dessen sollen sie für-

---

1 Richtlinie 2002/22/EG des Europäischen Parlaments und des Rates vom 7. 3. 2002 über den Universaldienst und Nutzerrechte bei elektronischen Kommunikationsnetzen und -diensten (Universaldienstrichtlinie), ABl. EG Nr. L 108 vom 24. 4. 2002, S. 51.
2 Näheres siehe § 44 RdNr. 3, 8 ff.
3 Näheres siehe § 45 RdNr. 2.
4 Näheres siehe § 45 RdNr. 3.
5 Näheres siehe § 44 RdNr. 32.
6 Gesetz zur Bekämpfung des Missbrauchs von 0190er-/0900er-Mehrwertdiensterufnummern, BGBl. 2003 I S. 1590.
7 § 152 Abs. 1 Satz 2 und 3.
8 BT-Drs. 15/907, S. 2 und 8.

derhin in der TNV inkorporiert werden, die sich sowohl auf die Ermächtigungsgrundlage des § 45 Abs. 1 als auch des § 66 Abs. 4 stützt.

Von diesem Vorhaben nahm die Bundesregierung Anfang 2005 Abstand und entschied sich **8** dafür, keine TKV auf der Grundlage des § 45 Abs. 1 zu erlassen, sondern die dafür vorgesehenen Bestimmungen in das TKG zu inkorporieren. Der zu diesem Zweck in den Bundestag eingebrachte Entwurf eines Gesetzes zur Änderung telekommunikationsrechtlicher Vorschriften[9] ist aber wegen des vorzeitigen Endes der 15. Legislaturperiode nicht mehr verabschiedet worden.

---

9 BT-Drs. 15/5213.

§ 44 Anspruch auf Schadensersatz und Unterlassung

(1) Ein Unternehmen, das gegen dieses Gesetz, eine auf Grund dieses Gesetzes erlassene Rechtsverordnung, eine auf Grund dieses Gesetzes in einer Zuteilung auferlegte Verpflichtung oder eine Verfügung der Regulierungsbehörde verstößt, ist dem Betroffenen zur Beseitigung und bei Wiederholungsgefahr zur Unterlassung verpflichtet. Der Anspruch besteht bereits dann, wenn eine Zuwiderhandlung droht. Betroffen ist, wer als Endverbraucher oder Wettbewerber durch den Verstoß beeinträchtigt ist. Fällt dem Unternehmen Vorsatz oder Fahrlässigkeit zur Last, ist es einem Endverbraucher oder einem Wettbewerber auch zum Ersatz des Schadens verpflichtet, der ihm aus dem Verstoß entstanden ist. Geldschulden nach Satz 4 hat das Unternehmen ab Eintritt des Schadens zu verzinsen. Die §§ 288 und 289 Satz 1 des Bürgerlichen Gesetzbuchs finden entsprechende Anwendung.

(2) Wer in anderer Weise als durch Verwendung oder Empfehlung von Allgemeinen Geschäftsbedingungen gegen Vorschriften dieses Gesetzes oder Vorschriften einer auf Grund dieses Gesetzes erlassenen Rechtsverordnung verstößt, die dem Schutz der Verbraucher dienen, kann im Interesse des Verbraucherschutzes von den in § 3 des Unterlassungsklagengesetzes genannten Stellen in Anspruch genommen werden. Werden die Zuwiderhandlungen in einem geschäftlichen Betrieb von einem Angestellten oder einem Beauftragten begangen, so ist der Unterlassungsanspruch auch gegen den Inhaber des Betriebes begründet. Im Übrigen bleibt das Unterlassungsklagengesetz unberührt.

Übersicht

I. Normzweck

Die Vorschrift ist rein **zivilrechtlicher** Natur. Sie behandelt in Abs. 1 zivilrechtliche Ansprüche des Betroffenen gegen ein Unternehmen und in Abs. 2 die Klagebefugnis von Verbraucherschutzorganisationen. **1**

Abs. 1 bestimmt die Voraussetzungen für Ansprüche des Betroffenen auf Schadensersatz, Beseitigung und Unterlassung. Er stellt dem Betroffenen neben den allgemeinen privatrechtlichen Anspruchsgrundlagen weitere Anspruchsgrundlagen gegen ein Unternehmen zur Verfügung, das gegen eine telekommunikationsrechtliche Norm verstoßen hat. Dazu ist § 44 als ein verschuldensunabhängiger Anspruch auf Beseitigung und Unterlassung und als ein verschuldensabhängiger Schadensersatzanspruch ausgestaltet worden.

2 Auf diese Weise wird der einem Betroffenen durch das Zivilrecht gewährte **Rechtsschutz** gegen ein Fehlverhalten eines Unternehmens **erweitert**. Zugleich kann der Betroffene vermöge des Abs. 1 das Unternehmen zur Einhaltung der telekommunikationsrechtlichen Normen anhalten, ohne auf ein Einschreiten der Regulierungsbehörde angewiesen zu sein. Der **Schutz des Wettbewerbs** im Telekommunikationssektor bleibt zwar nach wie vor genuine Aufgabe der Regulierungsbehörde, jedoch wird er mittelbar auch durch die Geltendmachung der Ansprüche eines Betroffenen gegen ein Unternehmen gelebt. Ausgeweitet wird diese Tendenz dadurch, dass außer der Regulierungsbehörde und dem Betroffenen in Abs. 2 auch Verbraucherschutzorganisationen im Interesse des Verbraucherschutzes zu einem eigenständigen Einschreiten gegen das Fehlverhalten eines Unternehmens berechtigt sind.

II. Entstehungsgeschichte

3 Der jetzige § 44 ist gegenüber der Vorgängervorschrift des § 40 TKG 1996 vollkommen umgestaltet worden. Während der alte § 40 lediglich aus zwei Sätzen bestand, weist § 44 zwei Absätze mit insgesamt neun Sätzen auf. Der Regierungsentwurf begnügte sich noch mit der Fortschreibung des alten § 40, der um einen dritten Satz mit Regelungen über die Klagebefugnis von Verbraucherschutzorganisationen ergänzt werden sollte.[1] Erst der Wirtschaftsausschuss des Bundestags brachte § 44 in die jetzige Form.[2]

4 Neu sind vor allem die Einführung der Betroffenheit, die gesetzliche Festschreibung eines vorbeugenden Unterlassungsanspruchs, die Regelung des Zinsbeginns sowie die Klagebefugnis der Verbraucherschutzorganisationen. Wenngleich die URL Vorgaben für den Kundenschutz enthält und allgemein einen Rechtsschutz gegen Fehlverhalten der Unternehmen vorsieht, schreibt sie die in § 44 getroffenen Bestimmungen nicht im Einzelnen vor.

III. Ansprüche des Betroffenen (Abs. 1)

5 Verstößt ein Unternehmen gegen eine telekommunikationsrechtliche Norm, gewährt § 44 Abs. 1 dem davon Betroffenen gegen das Unternehmen einen verschuldensunabhängigen Anspruch auf Beseitigung und Unterlassung und, sofern das Unternehmen schuldhaft gehandelt hat, einen Schadensersatzanspruch.

6 **1. Schuldner.** – Der Anspruch richtet sich gegen ein Unternehmen. Das „Unternehmen" hat der Gesetzgeber in § 3 Nr. 29 dergestalt definiert, dass sowohl das Einzelunternehmen als auch im Sinn von § 36 Abs. 2 und § 37 Abs. 1 und 2 GWB verbundene Unternehmen Normadressaten sind.[3]

---

1 BT-Drs. 15/2316, S. 21, 72.
2 BT-Drs. 15/2674, S. 41 f.
3 Näheres siehe § 3 RdNr. 62 ff.

2. Gläubiger. – Den Gläubiger bezeichnet das Gesetz als „Betroffenen". Betroffen ist, wer 7
entweder als Endverbraucher oder als Wettbewerber durch den Verstoß des Unternehmens
beeinträchtigt ist (Satz 3). Weder für den Begriff des Endverbrauchers noch den des Wettbewerbers findet sich im TKG eine Definition.

a) Endverbraucher. – In den Katalog der Begriffsbestimmungen des § 3 sind zwar der 8
„Endnutzer"[4], der „Nutzer"[5] und der „Teilnehmer"[6] aufgenommen worden, und in
§ 45 Abs. 1 Satz 1 wird der Endnutzer mit dem „Kunden" gleichgesetzt. Jedoch fehlt im
TKG 2004 sowohl eine Definition des „Verbrauchers" als auch des „Endverbrauchers".
Der Begriff des „Endverbrauchers", der dem TKG 1996 unbekannt war, taucht im
TKG 2004 einzig in § 44 Abs. 1 auf.

Der Regierungsentwurf ging noch vom Begriffspaar **Endnutzer und Wettbewerber** aus.[7] 9
Der Endnutzer sollte an die Stelle des Nutzers aus § 40 TKG 1996 treten, weil der Terminus „Nutzer" im novellierten TKG aufgrund gemeinschaftsrechtlicher Vorgaben[8] inhaltlich anders besetzt ist.[9] Hiergegen erhob der Bundesrat in seiner Stellungnahme keine Einwendungen.[10] Der Wirtschaftsausschuss des Bundestags schließlich gestaltete Abs. 1 von
Grund auf neu, und plötzlich taucht das Begriffspaar **Endverbraucher und Wettbewerber** auf.[11] Die Begründung des Ausschusses mutet seltsam an: „Anpassung an die sonst im
TKG verwendeten Begriffe."[12]

Auf gemeinschaftsrechtlicher Ebene ist der **Verbraucher**[13] erläutert als „jede natürliche 10
Person, die einen öffentlich zugänglichen elektronischen Kommunikationsdienst zu ande-
ren als gewerblichen oder beruflichen Zwecken nutzt oder beantragt".[14] Das deutsche
Recht wiederum hat den Verbraucher, nicht aber den Endverbraucher in § 13 BGB legaldefiniert. Danach ist Verbraucher „jede natürliche Person, die ein Rechtsgeschäft zu einem
Zwecke abschließt, der weder ihrer gewerblichen noch ihrer selbständigen beruflichen Tätigkeit zugerechnet werden kann". Aus § 45 Abs. 1 Satz 1 lässt sich entnehmen, dass der
Verbraucher eine Untergruppe der Endnutzer bzw. Kunden ist. Es heißt dort, die Bundesregierung wird „zum besonderen Schutz der Endnutzer (Kunden), insbesondere der Verbraucher" zum Erlass einer Rechtsverordnung ermächtigt. **Endnutzer** ist eine juristische
oder natürliche Person, die weder öffentliche Telekommunikationsnetze betreibt noch
Telekommunikationsdienste für die Öffentlichkeit erbringt, wie das TKG und die URL
übereinstimmend festlegen.[15] Was aber soll dann ein **Endverbraucher** sein? Handelt es
sich hierbei um einen Unterfall des Verbrauchers, der seinerseits eine Untergruppe des
Endnutzers bildet? Oder hat der Gesetzgeber versehentlich die Termini „Endnutzer" und
„Verbraucher" miteinander vermengt und daraus einen „Endverbraucher" geschaffen?

---

4 § 3 Nr. 8 TKG.
5 § 3 Nr. 14 TKG.
6 § 3 Nr. 20 TKG.
7 BT-Drs. 15/2316, S. 21 (§ 42 Satz 3).
8 Art. 2 lit. h und n RRL.
9 BT-Drs. 15/2316, S. 72 (zu § 42).
10 BT-Drs. 15/2316, S. 116 (Nr. 40 und 41).
11 BT-Drs. 15/2674, S. 41.
12 BT-Drs. 15/2679, S. 14 (zu § 42 Abs. 1).
13 Vgl. § 45 RdNr. 12.
14 Art. 2 lit. i RRL.
15 § 3 Nr. 8; Art. 2 lit. n RRL.

Oder hat er unbewusst den im TKG häufig anzutreffenden Fachbegriff des Endnutzers mit dem in der Alltagssprache geläufigen Endverbraucher assoziiert? Wie bereits der Wortlaut bezeugt, ist der Endverbraucher nicht dasselbe wie der Verbraucher und auch nicht wie der Endnutzer. Hierbei handelt es sich nicht um interpretatorische Finessen, bestimmt das Gesetz doch ausdrücklich, dass nach Abs. 1 nur der Betroffene anspruchsberechtigt ist, d. h., wer „als Endverbraucher oder Wettbewerber" durch den Verstoß beeinträchtigt wird.

11 Berücksichtigt man, dass der Wirtschaftsausschuss die Terminologie an die im TKG gebräuchliche anpassen wollte, wird klar, dass er mit dem Endverbraucher keine Neuschöpfung ins TKG einzuführen beabsichtigte. Den gemeinschaftsrechtlichen Richtlinien,[16] die die Neufassung des TKG 2004 erforderlich machten, aber auch dem GWB ist der Endverbraucher ebenfalls unbekannt. Daraus wird deutlich, dass der Endverbraucher aufgrund eines **legislatorischen Missgeschicks** ins TKG gelangt ist.

12 Dass der Gesetzgeber bei § 44 Abs. 1 den **Endnutzer** und nicht den Verbraucher im Sinn hatte, ergibt sich aus Folgendem: Wenngleich beide Begriffe dem TKG bekannt sind, ist doch zumeist vom Endnutzer die Rede.[17] Im Gegensatz zum Verbraucher ist der Endnutzer[18] im TKG definiert. Satz 3 benennt als Betroffene zwei Personengruppen, von denen der Wettbewerber die eine Gruppe darstellt. Den Komplementärbegriff hierzu bildet im TKG stets der Endnutzer. Das Begriffspaar „Endnutzer und Wettbewerber" bzw. „Wettbewerber und Endnutzer" verwendet das TKG mehrfach,[19] die Verbindung „Verbraucher und Wettbewerber" kein einziges Mal. Auch spricht der Umstand, dass sich die Norm im Teil „Kundenschutz" befindet, dafür, dass der Endnutzer gemeint ist, den das TKG auch als Kunden bezeichnet.[20] Schließlich enthalten die Gesetzesmaterialien keinen Hinweis darauf, dass der Bundesrat oder der Wirtschaftsausschuss den Kreis der Anspruchsberechtigten gegenüber dem Regierungsentwurf verändern wollte. Vielmehr konturierte er dessen Bestimmungen schärfer und teilte zu diesem Zweck die Regelungen über Endnutzer und Wettbewerber in den jetzigen Abs. 1 und die über Verbraucherschutzorganisationen in einen eigenen Abs. 2 auf. Erst im Zusammenhang mit diesen Organisationen wird der Verbraucher in Abs. 2 erwähnt.

13 **b) Wettbewerber.** – Ebenso wenig wie den „Endverbraucher" hat der Gesetzgeber den „Wettbewerber" näher bestimmt. In Anbetracht des Umstandes, dass das Telekommunikationsrecht eine Sonderform des Kartellrechts bildet, ist dies unschädlich, weil hierfür auf die Rechtsprechung und Literatur zum GWB zurückgegriffen werden kann. Erwähnt sei lediglich, dass es sich um Wettbewerber auf demselben Markt handeln muss und im Rah-

---

16 Der Endverbraucher taucht in den deutschen Fassungen der telekommunikationsrechtlichen Richtlinien des Jahres 2002 einzig in der ZRL an zwei Stellen (Erwägung 20: *Endverbraucherpreise* und Art. 12 Abs. 1: *Endverbraucherebene*) auf, denen aber beide Male derselbe Übersetzungsfehler zugrunde liegt. Wie die englischen, französischen und spanischen Fassungen zeigen, ist dort nicht der Endverbraucher, sondern der Einzelhändler gemeint (*retail prices* bzw. *retail level*, *prix de détail* bzw. *marché de détail* und *servicios minoristas* bzw. *escala minorista*).
17 Während der Endnutzer *passim* im TKG anzutreffen ist, taucht der Verbraucher nur an vier Stellen auf (§ 2 Nr. 1, § 44 Abs. 2, § 45 Abs. 1 und § 122 Abs. 1).
18 § 3 Nr. 8.
19 § 11 Abs. 1 Satz 3, § 27 Abs. 1, § 29 Abs. 1 Satz 1 Nr. 1. In § 66 Abs. 4 begegnet zweimal die Zusammenstellung von Endnutzer und Marktteilnehmer; beim Marktteilnehmer handelt es sich lediglich um eine andere Bezeichnung für den Wettbewerber.
20 § 45 Abs. 1 Satz 1.

men des Abs. 1 jeder Wettbewerber anspruchsberechtigt sein kann, der durch einen Verstoß seines Mitwettbewerbers gegen eine telekommunikationsrechtliche Norm beeinträchtigt ist. Bei den Wettbewerbern mag es sich um Unternehmen mit oder ohne beträchtliche Marktmacht oder auch um solche ohne jegliche Marktmacht handeln. Es genügt, dass sie sich auf demselben Markt aktuell oder potenziell miteinander im Wettbewerb befinden.[21]

3. Rechtsverstoß. – Das Unternehmen muss gegen eine telekommunikationsrechtliche 14 Norm verstoßen haben (Satz 1). Als einschlägige Rechtsnormen werden das Gesetz, Rechtsverordnungen und Verwaltungsakte benannt.

a) Gesetz. – Das Unternehmen kann gegen „dieses Gesetz" verstoßen haben. Dieses Ge- 15 setz ist einzig das TKG 2004. Das ergibt sich eindeutig aus § 152; dort heißt es zum einen: „Dieses Gesetz tritt […] am Tag nach der Verkündung in Kraft" (Abs. 1) und zum anderen: das TKG 1996 tritt „am Tag nach der Verkündung dieses Gesetzes außer Kraft" (Abs. 2). Ein Verstoß gegen das TKG 1996 ist von Satz 1 nicht erfasst, weil das TKG 1996 einerseits nicht „dieses Gesetz" ist und andererseits aufgrund von § 152 Abs. 2 am Tag nach der Verkündung des TKG 2004 außer Kraft getreten ist.

b) Rechtsverordnung. – Verstoßen worden sein kann gegen „eine auf Grund dieses Geset- 16 zes erlassene Rechtsverordnung". Aufgrund dieses Gesetzes, d. h. des TKG 2004 sind bislang erst wenige Rechtsverordnungen erlassen worden.[22] Die zum TKG 1996 erlassenen Rechtsverordnungen sind zumeist am Tag nach der Verkündung des TKG 2004 außer Kraft getreten.[23] Ein Verstoß gegen die TKV 1997, die nicht aufgehoben worden ist, sondern weitergilt,[24] unterfällt ebenfalls nicht Satz 1, weil die TKV 1997 nicht aufgrund des TKG 2004 erlassen worden ist. Die gleiche Situation hatte sich seinerzeit im Zusammenhang mit der TKV 1995 ergeben, weil sie bereits vor dem Inkrafttreten des TKG 1996 erlassen worden war, das auch einen Verstoß gegen eine „auf Grund dieses Gesetzes erlassene Rechtsverordnung" verlangte.[25] Dort war es anerkannt, dass Verstöße gegen die TKV 1995 nicht durch das TKG 1996 sanktioniert wurden.[26] Das Gleiche gilt etwa für die Telekommunikations-Überwachungsverordnung vom 22. 1. 2002.[27]

c) Verwaltungsakt. – Als weitere Rechtsnorm nennt Satz 1 bestimmte Verwaltungsakte 17 der Regulierungsbehörde. Es handelt sich hierbei einerseits um Verpflichtungen, die die Regulierungsbehörde einem Unternehmen in einer Zuteilung aufgrund dieses Gesetzes auferlegt. Hier ist etwa an die Frequenzzuteilung nach §§ 52 ff., insbesondere an § 60 Abs. 2 zu denken, oder an die Nummernzuteilung nach § 66 Abs. 1.

---

21 *Immenga/Mestmäcker/Zimmer*, § 1 RdNr. 134 ff.; *Bechthold*, § 1 RdNr. 53; *Wiedemann/Richter*, § 20 RdNr. 66 ff.
22 So die Frequenzbereichszuweisungsplanverordnung vom 28. 9. 2004 (BGBl. I S. 2499), die TKG-Übertragunsverordnung vom 22. 11. 2004 (BGBl. I S. 2899) und die Erste Verordnung zur Änderung der Frequenzschutzbeitragsverordnung vom 27. 5. 2005 (BGBl. I S. 1538).
23 § 152 Abs. 2.
24 Ebd.
25 § 40 Satz 1 TKG 1996.
26 BeckTKG-Komm/*Büchner*, § 40 RdNr. 3; *Manssen/Haß*, § 40 RdNr. 4.
27 BGBl. 2002 I S. 458, zuletzt geändert durch Art. 3 des Gesetzes vom 21. 12. 2004 (BGBl. I S. 3603, 3608). Auch wenn § 150 Abs. 10 bestimmt, bis zum Inkrafttreten einer aufgrund der Ermächtigung des § 110 Abs. 2 erlassenen Rechtsverordnung solle die bisherige Telekommunikations-Überwachungsverordnung aus 2002 an deren Stelle treten, stellt sie keine aufgrund des TKG 2004 erlassene Rechtsverordnung dar.

18 Bei den Verwaltungsakten handelt es sich andererseits um Verfügungen der Regulierungsbehörde. Hierunter sind Gebote oder Verbote zu verstehen,[28] die entweder als Einzelverfügung an ein bestimmtes Unternehmen gerichtet sind oder aber als Allgemeinverfügung im Sinn vom § 35 Satz 2 VwVfG ergehen. Hervorgehoben seien die so genannten Regulierungsverfügungen[29] im Zusammenhang mit §§ 19, 20, 21, 24, 30, 39, 40 und 41 Abs. 1 sowie die Verfügungen nach §§ 42 Abs. 4[30], 126, 127 Abs. 1 bis 3.

19 **d) Verstoß.** – Der Verstoß gegen die Rechtsnorm kann entweder bereits geschehen sein oder aber erst drohen. Vom bereits erfolgten Verstoß gegen die Rechtsnorm handelt Satz 1. Der Verstoß ist geschehen, wenn das Unternehmen etwas tut, was eine Rechtsnorm ihm verbietet, oder etwas nicht tut, was eine Rechtsnorm von ihm verlangt. Der geschehene Verstoß kann mithin in einem Tun oder in einem Unterlassen bestehen.

20 Das TKG verlegt den Schutz des potenziell Betroffenen bereits vor den Zeitpunkt vor, in dem ein Verstoß gegen eine Rechtsnorm nach Satz 1 stattgefunden hat. Der Anspruch besteht bereits, „wenn eine Zuwiderhandlung droht" (Satz 2). Dieser präventive Schutz richtet sich gegen eine Zuwiderhandlung gegen eine Rechtsnorm, die noch nicht begangen ist, sondern erst droht, also erst in der Zukunft eintreten kann. Welche Intensität und Aktualität die Drohung aufweisen muss, bestimmt Satz 2 nicht. Da es sich bei § 44 um zivilrechtliche Ansprüche handelt, kann hinsichtlich der drohenden Zuwiderhandlung, die zu unterlassen ist, auf die Rechtsprechung zu § 1004 Abs. 1 Satz 2 BGB zurückgegriffen werden.[31] Dort ist unstreitig, dass der Anspruch auf Unterlassung nicht erst dann gegeben ist, wenn eine Beeinträchtigung bereits stattgefunden hat und eine Wiederholungsgefahr besteht, sondern schon dann, wenn die Gefahr eines erstmaligen Eingriffs drohend bevorsteht.[32] Bereits die ernstliche Bedrohung mit einer ersten Zuwiderhandlung gegen die Rechtsnorm genügt.

21 **4. Betroffenheit.** – Das TKG 2004 hat für die Ansprüche des Abs. 1 das Konzept des Drittschutzes einer Norm, wie es im TKG 1996 vorherrschte,[33] aufgegeben und durch das Konzept der Betroffenheit ersetzt. Beim Drittschutz musste die Norm zumindest auch den Schutz desjenigen bezwecken, der den Anspruch geltend machte. Die Betroffenheit hingegen kennt diese Voraussetzung nicht mehr. Nunmehr ist es erforderlich und ausreichend, dass der Endnutzer oder Wettbewerber durch den Rechtsverstoß des Unternehmens beeinträchtigt ist. Ob eine Beeinträchtigung vorliegt, ist eine faktische und keine rechtliche Frage.

22 **5. Kausalität.** – Der Verstoß gegen eine telekommunikationsrechtliche Norm muss zu einer Beeinträchtigung des Betroffenen führen. Der Normverstoß muss Ursache der Beeinträchtigung sein. Hierfür ist, wie allgemein im Zivilrecht, adäquate Kausalität notwendig.[34]

---

28 *Wolff/Bachof/Stober*, Bd. 2, § 46 RdNr. 3; *Stelkens/Bonk/Stelkens*, § 35 RdNr. 203 ff.; *Knack/Henneke*, § 35 RdNr. 12.

29 § 13 Abs. 1 Satz 1.

30 Hierzu § 43 Abs. 1.

31 Ähnlich BT-Drs. 15/2316, S. 116 (Nr. 40).

32 BGHZ 2, 394; MünchKomm/*Medicus*, § 1004 RdNr. 95; *Erman/Ebbing*, § 1004 BGB RdNr. 76; *Bamberger/Roth/Fritzsche*, § 1004 RdNr. 87 ff.

33 Nach § 40 Satz 1 TKG 1996 bestand ein Anspruch nur, „sofern die Vorschrift oder die Verpflichtung den Schutz eines Nutzers bezweckt".

34 MünchKomm/*Oetker*, § 249 RdNr. 104 ff.; *Staudinger/Schiemann*, § 249 RdNr. 12 ff.; *Erman/Kuckuk*, vor §§ 249 RdNr. 32 f.; *Palandt/Heinrichs*, vor § 249 RdNr. 58 ff.

6. Rechtsfolgen. – Die Rechtsfolge ist davon abhängig, ob ein Verschulden des Unterneh- **23** mens vorliegt oder nicht. Verschuldensunabhängig sind die Ansprüche auf Beseitigung und auf Unterlassung (Satz 1), wohingegen das Unternehmen zum Schadensersatz nur verpflichtet ist, wenn es schuldhaft gehandelt hat (Satz 4).

a) Beseitigung. – Die Beseitigung der Beeinträchtigung bedeutet die Abstellung der fort- **24** dauernden Beeinträchtigung und nicht etwa die Herstellung des früheren Zustands durch die Beseitigung ihrer Folgen.[35] Die Wiederherstellung des früheren Zustands kann nur im Wege des Schadensersatzes gefordert werden. Die Kosten der Beseitigung hat das Unternehmen zu tragen.[36]

b) Unterlassung. – Der Unterlassungsanspruch setzt kein Verschulden voraus.[37] Er besteht **25** nach erfolgter Beeinträchtigung bei Wiederholungsgefahr, aber auch bereits bei der ersten drohenden Zuwiderhandlung. Das Unternehmen schuldet nicht nur die Untätigkeit in der Zukunft, sondern ein Verhalten, das bewirkt, dass die drohende Beeinträchtigung überhaupt nicht erst eintritt.[38]

c) Schadensersatz. – Der Schadensersatzanspruch setzt neben der Beeinträchtigung des **26** Betroffenen durch den Rechtsverstoß Verschulden des Unternehmens, also Vorsatz oder Fahrlässigkeit, voraus. Es genügt jede Form der Fahrlässigkeit. Der Schaden muss adäquat kausal verursacht sein. Art und Umfang des Schadensersatzes folgen aus §§ 249 ff. BGB.

d) Zinsen. – Eigens geregelt sind in Satz 5 und 6 die Zinsen, die als Schadensersatz geltend **27** gemacht werden können. Richtet sich der Schadensersatz auf Geld, hat das Unternehmen die Geldschuld bereits ab Eintritt des Schadens zu verzinsen. Die Fälligkeit tritt hier an die Stelle des Verzugs, der sonst für einen Zinsanspruch nach § 288 Abs. 1 Satz 1 BGB notwendig wäre. Auf diese Weise ist eine Geldschuld unabhängig von den Voraussetzungen des Verzugs stets von dem Zeitpunkt an zu verzinsen, in dem der Schaden eingetreten ist.

Da auf das Erfordernis des Verzugs verzichtet wird, erklärt Satz 6 §§ 288 und 289 **28** Satz 1 BGB nicht für unmittelbar, sondern nur für entsprechend anwendbar. Die Höhe der Zinsen ergibt sich aus § 288 Abs. 1 Satz 2 bzw. aus § 288 Abs. 2 BGB; dabei handelt es sich lediglich um den Mindestschaden.[39] Legt der Gläubiger dar und beweist er es notfalls, dass ihm aus einem anderen Rechtsgrund ein höherer Zinsschaden durch die Beeinträchtigung entstanden ist, so kann er auch den über dem Mindestschaden liegenden Zinsschaden nach § 288 Abs. 3 BGB ersetzt verlangen. Darüber hinaus kann der Gläubiger gemäß § 288 Abs. 4 BGB einen weiteren Schaden geltend machen, hinsichtlich dessen der Schuldner aber – wie auch sonst üblich – sich gemäß § 286 BGB im Verzug befinden muss.[40] Der Gläubiger kann vom Schuldner keine Verzinsung des Zinsschadens fordern

---

35 BGHZ 28, 110, 113; MünchKomm/*Medicus*, § 1004 RdNr. 71; *Staudinger/Grunsky*, § 1004 RdNr. 133; *Erman/Ebbing*, § 1004 RdNr. 64.

36 BGHZ 97, 231, 236 f.; 135, 235, 239; MünchKomm/*Medicus*, § 1004 RdNr. 89; *Bamberger/Roth/ Fritzsche*, § 1004 RdNr. 75; *Palandt/Bassenge*, § 1004 RdNr. 30.

37 Vgl. BT-Drs. 15/2679, S. 14 (zu § 42 Abs. 1). Bei § 40 TKG 1996 war noch umstritten, ob der Unterlassungsanspruch Verschulden erforderte (verneint von BeckTKG-Komm/*Büchner*, § 40 RdNr. 1, bejaht von *Manssen/Haß*, § 40 RdNr. 15 und *Scheurle/Mayen/Husch*, § 40 RdNr. 30).

38 BGHZ 2, 394; *Staudinger/Grunsky*, § 1004 RdNr. 204, 207; *Erman/Ebbing*, § 1004 RdNr. 76; *Palandt/Bassenge*, § 1004 RdNr. 34.

39 *Palandt/Heinrichs*, § 288 RdNr. 4.

40 MünchKomm/*Ernst*, § 288 RdNr. 27; *Bamberger/Roth/Grüneberg*, § 288 RdNr. 8; *Palandt/Heinrichs*, § 288 RdNr. 12.

(§ 289 Satz 1 BGB). Allerdings steht das Zinseszinsverbot nicht einem Schadensersatzanspruch wegen verzögerter Zinszahlung nach §§ 288 Abs. 1 Satz 2 bzw. Abs. 2, 286 BGB entgegen,[41] weil Satz 6 keinen Einfluss auf die allgemeine zivilrechtliche Norm des § 289 Satz 2 BGB hat.

29 **7. Verjährung.** – Die Ansprüche verjähren nach §§ 195, 199 BGB. Unterlassungsansprüche beginnen erst mit der Zuwiderhandlung zu verjähren.[42]

30 **8. Beweislast.** – Der Betroffene muss als Gläubiger die Voraussetzungen für seinen Anspruch darlegen und ggf. beweisen. Dies gilt unabhängig von der Anspruchsart für den Rechtsverstoß, die Beeinträchtigung des Betroffenen sowie die Kausalität zwischen dem Rechtsverstoß und der Beeinträchtigung. Begehrt der Betroffene **Schadensersatz**, ist er außerdem darlegungs- und beweisbelastet für seinen Schaden sowie – vorbehaltlich einer Beweislastumkehr – für die haftungsausfüllende Kausalität und das Verschulden des Unternehmens.[43]

31 Bei **Unterlassung**sansprüchen ist die Beweislast davon abhängig, ob ein Rechtsverstoß bereits stattgefunden hat oder die Zuwiderhandlung erst droht. Ist der Betroffene bereits durch den erfolgten Rechtsverstoß beeinträchtigt, besteht eine tatsächliche widerlegbare Vermutung für das Vorliegen der Wiederholungsgefahr.[44] Im Falle eines Unterlassungsanspruchs gegen eine erstmals drohende Zuwiderhandlung ist der Betroffene hingegen auch für die drohende Zuwiderhandlung darlegungs- und beweisbelastet.[45]

32 **9. Konkurrenzen.** – Abs. 1 handelt nur von gesetzlichen Ansprüchen. Er beschränkt sich auf Verstöße gegen telekommunikationsrechtliche Normen, die er nicht abschließend sanktioniert. Gesetzliche Ansprüche aufgrund anderer Gesetze, etwa nach §§ 823 ff. BGB oder nach ProdHaftG, bleiben von Abs. 1 unberührt. Sie sind ebenso wenig ausgeschlossen wie vertragliche Schadensersatzansprüche.[46]

IV. Ansprüche von Verbraucherschutzorganisationen (Abs. 2)

33 Die Vorschrift des Abs. 2 ersetzt § 2 Abs. 1 und 2 UKlaG, mit dem sie teilweise wörtlich übereinstimmt. Satz 1 überträgt den Wortlaut des § 2 Abs. 1 Satz 1 UKlaG auf das Telekommunikationsrecht und fügt bei der Gelegenheit die telekommunikationsspezifischen Verbraucherschutzgesetze ein. Satz 1 weist gegenüber der Ausgangsnorm den Unterschied auf, dass das UKlaG vom Unterlassungsanspruch handelt, während im TKG vom „Anspruch" die Rede ist. Das TKG schränkt den Anspruch nicht auf den **Unterlassungsanspruch** ein und ermöglicht damit auch **Beseitigungsansprüche**. Satz 2 ist dagegen mit § 2 Abs. 1 Satz 2 UKlaG identisch.

---

41 BGH NJW 1993, 1260.
42 § 199 Abs. 5 BGB.
43 MünchKomm/*Oetker*, § 249 RdNr. 442, 447 ff.; *Staudinger/Schiemann*, vor §§ 249 ff. RdNr. 88 ff., 98 ff.; *Erman/Kuckuk*, vor §§ 249 RdNr. 189 ff.
44 BGHZ 140, 1, 10; MünchKomm/*Medicus*, § 1004 RdNr. 96; *Erman/Ebbing*, § 1004 BGB RdNr. 77; *Bamberger/Roth/Fritzsche*, § 1004 RdNr. 83, 121.
45 *Staudinger/Grunsky*, § 1004 RdNr. 232; *Bamberger/Roth/Fritzsche*, § 1004 RdNr. 121; *Erman/Ebbing*, § 1004 BGB RdNr. 77.
46 Vgl. *Hahn*, Telekommunikationsdienstleistungs-Recht 2001, RdNr. 302.

1. Anspruchsgegner. – Die Auflistung der möglichen Anspruchsgegner ist dieselbe wie in 34
§ 2 Abs. 1 Satz 1 UKlaG.[47]

2. Anspruchsberechtigter. – Wer zum Kreis der Anspruchsberechtigten gehört, bestimmt 35
im Einzelnen § 3 UKlaG.[48]

3. Rechtsverstoß. – Der Anspruchsgegner muss gegen Vorschriften des TKG 2004[49] oder 36
einer aufgrund des TKG 2004 erlassenen Rechtsverordnung[50] verstoßen haben, die dem
Schutz der Verbraucher dienen. Derartige Rechtsnormen werden in § 2 Abs. 1 Satz 1
UKlaG als „**Verbraucherschutzgesetze**" bezeichnet. Ein Verstoß gegen Verwaltungsakte
genügt, anders als bei den Ansprüchen eines Betroffenen in Abs. 1, nicht.

Der Verstoß muss in einer Zuwiderhandlung gegen eine Norm der telekommunikations- 37
rechtlichen Verbraucherschutzgesetze bestehen. Die Zuwiderhandlung darf sich nicht auf
die Verbreitung oder Empfehlung von AGB beschränken; dagegen richten sich bereits Un-
terlassungs- und Widerrufsansprüche nach § 1 UKlaG. Vielmehr muss die Zuwiderhandlung in einem anderen verbraucherschutzwidrigen Tun oder Unterlassen bestehen wie etwa
im Abschluss oder in der Durchführung eines Vertrages, der gegen eine telekommunikationsrechtliche Verbraucherschutznorm verstößt.[51]

4. Interesse des Verbraucherschutzes. – Die Geltendmachung und Durchsetzung des An- 38
spruchs muss „im Interesse des Verbraucherschutzes" erfolgen (Satz 1). Dies ist dann der
Fall, wenn der Verstoß die Kollektivinteressen der Verbraucher berührt und sich nicht auf
das Einzelinteresse eines Verbrauchers beschränkt. Die Zuwiderhandlung muss in ihrem
Gewicht und in ihrer Bedeutung über den Einzelfall hinausreichen und eine generelle Klärung geboten erscheinen lassen.[52]

5. Konkurrenzen. – Satz 3 regelt die Konkurrenzen nur teilweise. Dort ist klargestellt, 39
dass das UKlaG, von § 2 Abs. 1 und 2 UKlaG abgesehen, unberührt bleibt. Deshalb gelten
insbesondere die Verfahrensvorschriften und Auskunftsansprüche des UKlaG auch für Ansprüche aus § 44 Abs. 2. Die Ansprüche gemäß § 44 Abs. 2 stehen anderen Ansprüchen
nach dem UKlaG[53] ebenso wenig entgegen wie Ansprüchen aufgrund anderer Gesetze wie
dem UWG oder dem GWB[54].

---

47 Siehe zu den Anspruchsgegnern *Erman/Roloff*, § 2 UKlaG RdNr. 3 und *Palandt/Bassenge*, § 2
 UKlaG RdNr. 9 f. (jeweils m. w. N.).
48 Vgl. *Erman/Roloff*, § 3 UKlaG RdNr. 2 ff.; *Palandt/Bassenge*, § 3 UKlaG RdNr. 3 ff.
49 RdNr. 15.
50 RdNr. 16.
51 Vgl. *Palandt/Bassenge*, § 2 UKlaG RdNr. 4.
52 BT-Drs. 14/2658, S. 53 (zur Vorgängervorschrift); *Palandt/Bassenge*, § 2 UKlaG RdNr. 6; *Erman/
 Roloff*, § 2 UKlaG RdNr. 5.
53 Etwa §§ 1, 2a, 13, 13a UKlaG.
54 § 2 Abs. 3 Satz 1.

§ 45 Kundenschutzverordnung

(1) Die Bundesregierung wird ermächtigt, zum besonderen Schutz der Endnutzer (Kunden), insbesondere der Verbraucher, durch Rechtsverordnung mit Zustimmung des Deutschen Bundestages und des Bundesrates Rahmenvorschriften für die Inanspruchnahme von Telekommunikationsdiensten und für die Sicherstellung der Genauigkeit und Richtigkeit der Entgeltabrechnungen zu erlassen. Dabei sind die Interessen behinderter Menschen besonders zu berücksichtigen. In der Verordnung sind die Befugnisse der Regulierungsbehörde im Einzelnen festzulegen. Insbesondere sind die Artikel 21 und 22 der Richtlinie 2002/22/EG des Europäischen Parlaments und des Rates vom 7. März 2002 über den Universaldienst und Nutzerrechte bei elektronischen Kommunikationsnetzen und -diensten (Universaldienstrichtlinie) (ABl. EG Nr. L 108 S. 51) zu berücksichtigen.

(2) In der Rechtsverordnung können insbesondere Regelungen über den Vertragsabschluss, den Gegenstand und die Beendigung der Verträge getroffen und die Rechte und Pflichten der Vertragspartner sowie der sonstigen am Telekommunikationsverkehr Beteiligten festgelegt werden, einschließlich der Informationsverpflichtungen nach Anhang II der Richtlinie 2002/22/EG des Europäischen Parlaments und des Rates vom 7. März 2002 über den Universaldienst und Nutzerrechte bei elektronischen Kommunikationsnetzen und -diensten (Universaldienstrichtlinie) (ABl. EG Nr. L 108 S. 51). Die Rechtsverordnung kann auch vorsehen, die Dienstequalität in einem bestimmten Messverfahren durchzuführen und dass die Allgemeinen Geschäftsbedingungen der Unternehmen Angaben über Bereitstellungsfristen und Dienstequalität enthalten müssen.

(3) In der Rechtsverordnung sind im Einzelnen insbesondere Regelungen zu treffen über

1. die Haftung der Unternehmen,
2. die Form des Hinweises auf Allgemeine Geschäftsbedingungen und Entgelte und die Möglichkeit ihrer Einbeziehung,
3. Informationspflichten und Regelungen bei Verletzungen dieser Pflichten,
4. Verpflichtungen der Unternehmen, die sich aus Anhang I Teil A der Richtlinie 2002/22/EG des Europäischen Parlaments und des Rates vom 7. März 2002 über den Universaldienst und Nutzerrechte bei elektronischen Kommunikationsnetzen und -diensten (Universaldienstrichtlinie) (ABl. EG Nr. L 108 S. 51) ergeben, damit die Kunden ihre Ausgaben überwachen und steuern können,
5. die Eintragung in Teilnehmerverzeichnisse und Auskunftsdienstedatenbanken,
6. außergerichtliche Streitbeilegungsverfahren für Kunden und
7. die Grundstückseigentümererklärung.

Übersicht

I. Normzweck

1   Die Vorschrift ermöglicht den Erlass einer Telekommunikationskundenschutzverordnung (TKV). Sie gibt dazu den formalen und inhaltlichen Rahmen vor. Die TKV dient der Umsetzung von Vorgaben der URL,[1] die Mindestvoraussetzungen für den Kundenschutz aufstellt.

II. Entstehungsgeschichte

2   Gegenüber dem ehemaligen § 41 TKG 1996 hat § 45 mehrere Änderungen erfahren, nachdem er im Gesetzgebungsverfahren in Teilen bis zuletzt umstritten geblieben war. Die Kontroverse rankte sich vor allem um zweierlei: zum einen um die Frage, ob dem Erlass der TKV neben dem Bundesrat auch der Bundestag zustimmen muss, wie es der Wirtschaftsausschuss des Bundestags empfahl;[2] und zum anderen um die Ermächtigungsgrundlage zur Qualitätssicherung bei Entgelten und Diensten, die nach der Vorstellung des Bundesrats im Katalog des Abs. 3 aufgeführt werden sollte,[3] als Ergebnis des Vermittlungsausschusses[4] jedoch teils in Abs. 1 Satz 1, teils in Abs. 2 Satz 2 eingefügt worden ist.[5]

3   Die TKV 2005 kann auf drei Vorgängerinnen zurückblicken, auf die Telekommunikationsverordnung von 1991/1992,[6] auf die TKV 1995[7] und auf die TKV 1997,[8] die wegen § 152 Abs. 2 bis zum Inkrafttreten der TKV 2005 weiterhin anwendbar bleibt, soweit die jeweilige Bestimmung nicht von einer Vorschrift des TKG wegen des Vorrangs des Geset-

---

1 Richtlinie 2002/22/EG des Europäischen Parlaments und des Rates vom 7. 3. 2002 über den Universaldienst und Nutzerrechte bei elektronischen Kommunikationsnetzen und -diensten (Universaldienstrichtlinie), ABl. EG Nr. L 108 S. 51.
2 BT-Drs. 15/2674, S. 42; BT-Drs. 15/2679, S. 14.
3 Stellungnahme des Bundesrats: BT-Drs. 15/2316, S. 116 (Nr. 42); Gegenäußerung der Bundesregierung: BT-Drs. 15/2345, S. 5.
4 BT-Drs. 15/2907, S. 1 (Nr. 15).
5 BT-Drs. 15/3063, S. 3 (Nr. 12).
6 BGBl. 1991 I S. 1376, 1992 I S. 1717.
7 BGBl. 1995 I S. 2020.
8 BGBl. 1997 I S. 2910, zuletzt geändert durch § 152 Abs. 2 des Gesetzes vom 22. 6. 2004, BGBl. I S. 1190, 1242.

zes derogiert ist. Das trifft etwa auf die §§ 6, 9 Abs. 1 und § 11 TKV 1997 zu, die ganz oder teilweise in den §§ 84 bis 86 aufgegangen sind.

Bereits im April 2003 war ein erster Referentenentwurf zu einer neuen TKV vorgelegt **4** worden, dem im Juli 2004 ein weiterer Referentenentwurf folgte. Während die TKV 1997 noch aus 37 Paragraphen bestand, kam der Entwurf von 2003 mit 17 Paragraphen aus. Der Entwurf von 2004 wuchs wieder auf 21 Paragraphen an. Die deutliche Reduzierung der Vorschriften gegenüber der TKV 1997 lässt sich darauf zurückführen, dass Teilbereiche bereits in das TKG 2004 überführt worden sind und nicht mehr in der TKV geregelt werden müssen.

Nachdem das Bundeswirtschaftsministerium noch Ende Oktober 2004 mitgeteilt hatte, an **5** der Ausarbeitung der TKV zu sitzen, die im September 2005 in Kraft treten sollte, überraschte die Bundesregierung die Öffentlichkeit im Februar 2005 mit einer Kehrtwende: Der vorliegende § 45, gegen dessen Eignung als Ermächtigungsgrundlage für den Erlass der TKV Bedenken erhoben worden waren (RdNr. 9, 20), sollte wenige Monate nach der Verabschiedung des TKG 2004 gestrichen und die Regelungen der TKV in das TKG eingefügt werden. Die Stelle des bisherigen § 45 sollte ein neuer § 45 einnehmen, der die Gesetzesüberschrift „Berücksichtigung der Interessen behinderter Menschen" führt. Den Regierungsentwurf des Gesetzes zur Änderung telekommunikationsrechtlicher Vorschriften[9] missbilligte der Bundesrat in zahlreichen Punkten.[10] Wegen des vorzeitigen Endes der 15. Legislaturperiode wurde das Gesetz nicht mehr verabschiedet.

III. Zustandekommen der TKV

Die Vorschrift ermächtigt zum Erlass der TKV und unterliegt dabei den allgemeinen Anforderungen des Art. 80 GG. Nach § 45 Abs. 1 ist allein die Bundesregierung, d. h. die Bundesregierung als Kollegium,[11] zum Erlass der TKV ermächtigt worden; eine Weiterübertragung der Ermächtigung auf einen oder mehrere Bundesminister sieht die Vorschrift nicht vor. Zum Zustandekommen der TKV bedarf es wie bisher der Zustimmung des Bundesrats und nunmehr auch derjenigen des Bundestags. Durch die Beteiligung des Bundestags soll der Bedeutung der TKV Rechnung getragen werden.[12]

IV. Inhaltliche Vorgaben

Die Vorgaben an den Verordnungsgeber weisen unterschiedliche Regelungsgrade auf. Sie **7** sind teils geschlossen, teils offen. Abs. 1 gibt den Regelungszweck für die TKV vor. Abs. 3 legt verbindlich fest, welche Bestimmungen die TKV enthalten muss, während Abs. 2 lediglich vorgibt, welche Bestimmungen dort aufgenommen werden können.

1. Zweck (Abs. 1). – Die TKV soll zum Schutz der Endnutzer Rahmenvorschriften für die **8** Inanspruchnahme von Telekommunikationsdiensten und für die Sicherstellung der Genauigkeit und Richtigkeit der Entgeltabrechnungen bieten.

---

9 BT-Drs. 15/5213, S. 7 ff.
10 BT-Drs. 15/5213, S. 29 ff.
11 *v. Münch/Kunig/Bryde*, Art. 80 RdNr. 12; *Sachs/Lücke*, Art. 80 RdNr. 13; *Dreier/Bauer*, Art. 80 RdNr. 21.
12 BT-Drs. 15/2679, S. 14 (zu § 43 Abs. 1).

9 **a) Schutz der Endnutzer.** – Die TKV dient dem besonderen Schutz der Endnutzer (Kunden), insbesondere der Verbraucher. Im Gesetz ist nicht benannt, vor wem diese Personen geschützt werden sollen. Das veranlasste den Bundesrat in seiner Stellungnahme, eine Einschränkung des Adressatenkreises zu empfehlen, gegen den sich die Schutzvorschriften richten.[13] Die Bundesregierung erklärte sich bereit, den Adressatenkreis für die konkreten Verpflichtungen in der TKV näher einzugrenzen.[14] Aus den nachfolgenden Regelungen lässt sich immerhin erschließen, dass es sich um den Schutz der Kunden vor Unternehmen handelt, die Telekommunikationsdienste erbringen oder abrechnen. Deutlicher sind dagegen Art. 20 und 21 URL, die von Vertragsbeziehungen zwischen Verbrauchern bzw. Endnutzern und Telekommunikationsdienste anbietenden Unternehmen handeln.

10 **aa) Endnutzer.** – In die Begriffsbestimmungen des § 3 hat einzig der Endnutzer, der auf gemeinschaftsrechtlicher Ebene in Art. 2 lit. n RRL definiert ist, Eingang gefunden. Nach § 3 Nr. 8 ist eine juristische oder natürliche Person, die weder öffentliche Telekommunikationsnetze betreibt noch Telekommunikationsdienste für die Öffentlichkeit erbringt, ein Endnutzer.[15]

11 **bb) Kunden.** – Im Gegensatz zur „Kundenkarte"[16] wird der Kunde im TKG nicht eigens definiert. Vielmehr wird er in Abs. 1 Satz 1 kurzerhand dem Endnutzer gleichgestellt. Im TKG 1996 verhielt es sich ähnlich: Auch dort wurde der Begriff des Kunden nicht im TKG erläutert; erst in § 1 Abs. 1 TKV 1997 wurden die Kunden als diejenigen bestimmt, die Telekommunikationsdienstleistungen vertraglich in Anspruch nehmen oder begehren. Darauf greift § 1 Abs. 1 RegE TKV 2005 zurück, wobei wie im TKG 2004 die Begriffe Kunde und Endnutzer einander entsprechen. Der gescheiterte Gesetzentwurf von 2005 begnügt sich mit dem Endnutzer und verzichtet auf den Kunden.

12 **cc) Verbraucher.** – Eine Erläuterung des Begriffs Verbraucher fehlt im TKG. In Art. 2 lit. i RRL ist auf gemeinschaftsrechtlicher Ebene der Verbraucher definiert als „jede natürliche Person, die einen öffentlich zugänglichen elektronischen Kommunikationsdienst zu anderen als gewerblichen oder beruflichen Zwecken nutzt oder beantragt". Das deutsche Recht kennt keinen eigenen telekommunikationsspezifischen Verbraucherbegriff, sondern hat den Verbraucher allgemein in § 13 BGB geregelt. Danach ist Verbraucher „jede natürliche Person, die ein Rechtsgeschäft zu einem Zwecke abschließt, der weder ihrer gewerblichen noch ihrer selbständigen beruflichen Tätigkeit zugerechnet werden kann". Der Begriff des Verbrauchers ist enger als die Begriffe „Kunde" bzw. „Endnutzer".

13 **b) Rahmenvorschriften.** – Für zwei Bereiche muss die TKV Rahmenvorschriften enthalten: zum einen für die Inanspruchnahme von Telekommunikationsdiensten und zum anderen dafür, dass die Genauigkeit und Richtigkeit der Entgeltabrechnungen gesichert ist (Satz 1).

14 **aa) Inanspruchnahme von Telekommunikationsdiensten.** – Telekommunikationsdienste sind Dienste, die in der Regel gegen Entgelt erbracht werden und die ganz oder überwiegend in der Übertragung von Signalen über Telekommunikationsnetze bestehen, wobei auch die Übertragungsdienste in Rundfunknetzen mit einbezogen sind.[17] Das Gesetz trifft

---

13 BT-Drs. 15/2316, S. 116 f. (Nr. 43).
14 BT-Drs. 15/2345, S. 5 (zu Nr. 43).
15 Näheres siehe § 3 RdNr. 12 f.
16 § 3 Nr. 11.
17 § 3 Nr. 24; dazu im Einzelnen § 3 RdNr. 38 ff.

keine Entscheidung darüber, wann derartige Dienste in Anspruch genommen sind, ob dazu also eine Vertragsbeziehung bestehen muss oder ob auch die außervertragliche Nutzung eines solchen Dienstes mit oder gegen den Willen des Endnutzers bzw. des anbietenden Unternehmens ausreicht.

bb) Entgeltabrechnungen. – Mit Hilfe der Rechtsverordnung soll die Genauigkeit und 15 Richtigkeit der Entgeltabrechnungen sichergestellt werden. Dazu sieht die TKV 2005 Regelungen zur Ermittlung und Berechnung des Entgelts sowie zur Rechnungserstellung vor.[18]

c) Befugnisse der Regulierungsbehörde. – Anders als bei den Rahmenvorschriften für 16 die Inanspruchnahme von Telekommunikationsdiensten und für die Entgeltabrechnungen muss die TKV hinsichtlich der Regulierungsbehörde im Einzelnen festlegen, welche Befugnisse sie im Zusammenhang mit dem Schutz der Endnutzer im Rahmen der TKV hat (Satz 3). So kann die Regulierungsbehörde etwa die Befugnis erhalten, die Mindestbestandteile, die ein Vertrag zwischen einem Anbieter und einem Kunden aufweisen muss, auszuweiten sowie die Rechtmäßigkeit von AGB der Anbieter zu prüfen und darauf hinzuwirken, dass AGB den rechtlichen Anforderungen der TKV genügen.[19] Auch kann die Regulierungsbehörde Anbieter verpflichten, die Angaben zur Dienstequalität und Abrechnungsgenauigkeit regelmäßig stichprobenartig zu überprüfen.[20]

d) Berücksichtigung. – Schließlich gibt das TKG dem Verordnungsgeber vor, dass er 17 beim Erlass der TKV die Interessen Behinderter sowie insbesondere Art. 21 und 22 URL zu berücksichtigen hat.

aa) Interessen Behinderter. – Neu in das TKG aufgenommen ist der Auftrag an den Ver- 18 ordnungsgeber, beim Schutz der Endkunden die Interessen behinderter Menschen zu berücksichtigen (Satz 2). Nachdem dieser Auftrag beim ersten Referentenentwurf zur neuen TKV nicht ausgeführt worden ist, enthält der zweite Entwurf in § 1 Abs. 2 die allgemeine Bestimmung, dass die Interessen Behinderter bei der Erbringung von Telekommunikationsdiensten für die Öffentlichkeit „besonders" zu berücksichtigen sind. Er greift damit auf Art. 7 URL zurück, der besondere Maßnahmen für behinderte Endnutzer vorsieht, um ihnen den Zugang zu derartigen Diensten zu erschwinglichen Preisen zu gewähren. Im Gesetzentwurf von 2005 sind die Interessen Behinderter im neuen § 45 verankert.

bb) Salvatorische Klausel. – Satz 4 enthält eine salvatorische Klausel, die betont, dass 19 insbesondere Art. 21 URL („Transparenz und Veröffentlichung von Informationen") und Art. 22 URL („Dienstqualität") beim Erlass der Rechtsverordnung zu berücksichtigen sind. Teile dieser Artikel sind in den Absätzen 2 und 3 eigens aufgeführt.[21]

2. Geschlossene Vorgaben (Abs. 3). – In der TKV sind Regelungen zu sieben namentlich 20 aufgeführten Bereichen zu treffen. Ungeschickt formuliert Abs. 3, in der TKV „sind im Einzelnen insbesondere Regelungen zu treffen". Entweder bestimmt der Gesetzgeber, was der Verordnungsgeber im Einzelnen regeln muss, oder aber er stellt einen bloßen Rahmen auf und lässt den Verordnungsgeber entscheiden, ob und wie weit er ihn ausfüllen will. In der Wendung, in der Rechtsverordnung sei etwas insbesondere zu regeln, ist entweder das

---

18 §§ 10 bis 13 RefE TKV 2005; vgl. §§ 45 e bis j des Gesetzentwurfs von 2005.
19 § 19 RefE TKV 2005.
20 § 10 RefE TKV 2005.
21 Etwa § 45 Abs. 2 Satz 2 und Abs. 3 Nr. 3.

„insbesondere" fehl am Platz, oder die Bestimmung ist im Hinblick auf das Bestimmtheitsgebot des Art. 80 Abs. 1 Satz 2 GG bedenklich, weil der Verordnungsgeber nicht wissen kann, worüber jenseits dessen, was der Gesetzgeber bereits in Abs. 3 benannt hat, noch Regelungen zu treffen sind.

21 **a) Haftung der Unternehmen (Nr. 1).** – Abs. 3 legt einen Katalog von Themen fest, über welche die TKV im Einzelnen Regelungen enthalten muss. An erster Stelle findet sich die Haftung der Unternehmen. Angesichts des § 44, der bereits in sich geschlossen die Ansprüche gegen Unternehmen auf Schadensersatz, Beseitigung und Unterlassung regelt, scheint dies überflüssig zu sein. Merkwürdigerweise soll aufgrund dieser Ermächtigung ausgerechnet in einer Rechtsverordnung, die dem besonderen Schutz der Kunden dienen soll,[22] der Kreis der haftenden Unternehmen eingeschränkt und die Haftung der Unternehmen für Schäden, die sie Kunden zufügen, begrenzt werden.[23] Eine derartige Regelung in den Teil „*Kunden*schutz" des TKG und dann in die Telekommunikations-**Kunden**schutzverordnung aufzunehmen, ist unpassend.

22 Dieses Vorgehen ist nicht neu. Bereits mit § 41 Abs. 3 Nr. 1 TKG 1996 gab es eine ähnliche Vorschrift. Bislang enthält § 7 Abs. 2 TKV 1997 eine gesetzliche Haftungsbegrenzung der Anbieter, sofern der Vermögensschaden nicht vorsätzlich verursacht ist. Dies führen § 3 Abs. 2 RefE TKV 2005 sowie § 44 a des Gesetzentwurfs von 2005 fort.[24] Trotz allgemeinen Preisanstiegs werden die Höchstbeträge auf dem Stand von 1995 belassen.[25] Wie bisher wird die Summe, die ein Anbieter für ein schadenverursachendes Ereignis der Gesamtheit der Geschädigten schuldet, auf 10 Mio. Euro begrenzt, wobei auf den einzelnen geschädigten Kunden höchstens 12 500 Euro entfallen.

23 Die gemeinschaftsrechtlichen Vorgaben sehen dergleichen gesetzliche Haftungsbegrenzungen nicht vor. Vielmehr bestimmt Art. 20 Abs. 2 lit. f URL, dass der Vertrag zwischen dem Anbieter und dem Verbraucher „etwaige Entschädigungs- und Erstattungsregelungen bei Nichteinhaltung der vertraglich vereinbarten Dienstqualität" enthalten müssen. Die Regulierungsbehörde muss darüber hinaus sicherstellen, dass der Verbraucher über „Entschädigungs-/Erstattungsregelungen einschließlich Einzelangaben zu praktizierten Entschädigungs-/Erstattungsregelungen" informiert wird.[26] Dies soll geschehen, damit die Verbraucher „in voller Sachkenntnis eine Wahl treffen können" zwischen den Anbietern, mit denen sie kontrahieren wollen.[27] Der deutsche Gesetz- bzw. Verordnungsgeber beraubt die inländischen Verbraucher dieser Möglichkeit, zwischen verschiedenen Anbietern zu wählen, weil er für alle einen einheitlichen Haftungsrahmen vorgibt und dabei zugleich die Haftung der Unternehmen der Höhe nach begrenzt. Die gesetzliche Haftungsbegrenzung im deutschen Recht steht deswegen im **Widerspruch zur URL.**

24 **b) AGB (Nr. 2).** – Der Wortlaut der Nr. 2 ist identisch mit § 41 Abs. 3 Nr. 4 TKG 1996. Der Verordnungsgeber muss Regelungen über die Form des Hinweises auf AGB und Ent-

---

22 So ausdrücklich § 45 Abs. 1 Satz 1.

23 Vgl. die Stellungnahme des Bundesrats in BT-Drs. 15/2316, S. 116 (Nr. 43) und die Gegenäußerung der Bundesregierung in BT-Drs. 15/2345, S. 5 (zu Nr. 43).

24 Eine Haftungsbegrenzung ebenfalls ablehnend: *Schulz*, NJW 1998, 765, 766 f.; *Manssen/Lammich*, § 41/§ 7 TKV RdNr. 5; BeckTKG-Komm/*Büchner*, § 41 RdNr. 19; a. A. *Scheurle/Mayen/Schadow*, § 41 RdNr. 53.

25 Vgl. § 20 Abs. 2 Satz 1 TKV 1995.

26 Art. 21 Abs. 1 i.V. m. Anhang II Nr. 2.3 URL.

27 Anhang II Satz 2 a. E. URL.

gelte sowie auf ihre Einbeziehung in den Vertrag zwischen dem Endnutzer und dem Unternehmen treffen. Welche Gründe den Gesetzgeber bewogen haben, abermals Sondervorschriften für den Telekommunikationssektor zu schaffen, nachdem er gerade erst durch das Schuldrechtsmodernisierungsgesetz die Vorschriften über AGB reformiert und in das BGB inkorporiert hat, teilt er nicht mit; insbesondere begründet er nicht, welche Notwendigkeit es für eine vom BGB abweichende Spezialregelung geben soll.[28] Die URL jedenfalls veranlasste ein derartiges Vorgehen nicht.

c) Informationspflichten und Sanktionen (Nr. 3). – Während § 41 Abs. 3 Nr. 5 TKG **25** 1996 nur die Informationspflichten erwähnte, sind in der TKV nunmehr auch Regelungen für den Fall zu treffen, dass diese Pflichten verletzt werden. Die Bestimmung geht auf Art. 21 und 22 URL zurück.

d) Ausgabenkontrolle (Nr. 4). – Aufgrund von Art. 10 Abs. 2 URL haben die Mitglied- **26** staaten dafür zu sorgen, dass die im Anhang I Teil A der URL aufgeführten Einrichtungen und Dienste im Rahmen des Universaldienstes[29] bereitstehen, damit die Teilnehmer ihre Ausgaben überwachen und steuern können. Sinn dieser Ausgabenkontrolle ist es, zu vermeiden, dass die Dienste abgeschaltet werden, etwa weil der Teilnehmer sich ungewollt in Zahlungsverzug befindet. Dazu muss die Möglichkeit beispielsweise von Einzelverbindungsnachweisen, Voraus- und Ratenzahlungen und der selektiven kostenlosen Sperrung bestimmter Rufnummern für abgehende Verbindungen gegeben sein.

e) Eintragungen (Nr. 5). – In der TKV sollen Regelungen über die Eintragung in Teilneh- **27** merverzeichnissen und Auskunftsdienstedatenbanken getroffen werden. Diese Vorschrift ist neu in das TKG aufgenommen worden, um Art. 5 URL und Art. 12 DRL umzusetzen. Nach Art. 5 URL muss den Endnutzern mindestens ein umfassendes, regelmäßig aktualisiertes Teilnehmerverzeichnis und ein umfassender Telefonauskunftsdienst zur Verfügung stehen. Aufgrund von Art. 12 DRL müssen die Endnutzer vor der Aufnahme in ein Teilnehmerverzeichnis über den Zweck und Umfang des Verzeichnisses informiert werden. Sie können darüber entscheiden, ob und in welchem Umfang sie in den Verzeichnissen aufgeführt werden wollen.

Um diese Vorgaben zu erfüllen, bedarf es einer Regelung über die Eintragungen in die ent- **28** sprechenden Verzeichnisse. Sie fehlte im ersten Referentenentwurf zur TKV. Der zweite Referentenentwurf vom Juli 2004 hingegen regelt die Aufnahme in öffentliche Teilnehmer- und Auskunftsdiensteverzeichnisse in § 16 und der Gesetzentwurf von 2005 in § 45 m.

f) Außergerichtliche Streitbeilegungsverfahren für Kunden (Nr. 6). – Durch § 45 **29** Abs. 3 Nr. 6 wird das außergerichtliche Streitbeilegungsverfahren für Kunden ermöglicht, das in der TKV und in der Schlichtungsordnung näher ausgestaltet wird. Um zu verdeutlichen, dass es ausschließlich bei Beteiligung von Kunden statthaft ist, hat der Gesetzgeber der Vorgängervorschrift[30] das Attribut „für Kunden" beigefügt.

Die Bestimmung beruht auf Art. 34 URL. Hierin verpflichten sich die Mitgliedstaaten, **30** Verbrauchern und ggf. anderen Endnutzern transparente, einfache und kostengünstige au-

---

28 Ähnlich BeckTKG-Komm/*Büchner*, § 41 RdNr. 22 zum TKG 1996.
29 Zum Universaldienst siehe §§ 78 ff.
30 In § 41 Abs. 3 Nr. 8 TKG 1996 hieß es noch „außergerichtliche Streitbeilegungsverfahren".

ßergerichtliche Streitbeilegungsverfahren zur Verfügung zu stellen, die eine „gerechte und zügige Beilegung von Streitfällen" ermöglichen.[31]

31 Das außergerichtliche Streitbeilegungsverfahren für Kunden ist von der Streitschlichtung gemäß § 51 und von den sonstigen Streitigkeiten zwischen Unternehmen gemäß § 133 zu unterscheiden. Mit Hilfe der Streitschlichtung können die nach §§ 48 bis 50 Berechtigten und Verpflichteten Streitfragen, die sich aus der Anwendung dieser Vorschriften ergeben, durch die Regulierungsbehörde als Schlichtungsstelle lösen lassen. Bei den sonstigen Streitigkeiten zwischen Unternehmen stehen sich zwei Unternehmen gegenüber, die öffentliche Telekommunikationsnetze betreiben oder Telekommunikationsdienste für die Öffentlichkeit anbieten, bei der außergerichtlichen Streitbeilegung für Kunden hingegen ein Unternehmen und der Kunde bzw. Endnutzer, der *per definitionem* gerade weder öffentliche Telekommunikationsnetze betreibt noch Telekommunikationsdienste für die Öffentlichkeit anbietet.[32]

32 Anders als das außergerichtliche Streitbeilegungsverfahren für Kunden vor der Regulierungsbehörde findet das in § 124 erwähnte Mediationsverfahren nicht vor der Regulierungsbehörde statt. Vielmehr versucht eine Gütestelle, die keine Sachentscheidungskompetenz hat, eine einvernehmliche Einigung zwischen den Parteien herbeizuführen.[33]

33 Das außergerichtliche Streitbeilegungsverfahren für Kunden ist bislang in § 35 TKV 1997[34] und in der Verfahrensordnung für das Schlichtungsverfahren[35] geregelt. Der Gesetzentwurf von 2005 wollte als § 47a die „Schlichtung" einführen. Die Kosten des außergerichtlichen Streitbeilegungsverfahrens bestimmen sich nach § 145.[36]

34 **g) Grundstückseigentümererklärung (Nr. 7).** – Bislang in § 10 TKV 1997 enthalten, bildet die Grundstückseigentümererklärung im Referentenentwurf vom Juli 2004 den wortgleichen § 5 TKV und sollte durch den Gesetzentwurf von 2005 in modifizierter Fassung als § 45a in das TKG eingefügt werden.

35 **3. Offene Vorgaben (Abs. 2).** – In Abs. 2 benennt das Gesetz eine Reihe von Gegenständen, die der Verordnungsgeber in der TKV regeln kann. Dieser Katalog ist nicht abschließend, wie das Wort „insbesondere" zeigt.

36 **a) Vertrag.** – Satz 1 ist weitgehend mit der Vorgängervorschrift identisch. Wiederum sollen in der TKV der Vertragsschluss („Vertragsabschluss"), der Vertragsgegenstand und die Vertragsbeendigung sowie die Rechte und Pflichten der Vertragsparteien und sonstiger am Telekommunikationsverkehr Beteiligter ausgestaltet werden.

37 **b) Informationsverpflichtungen.** – Neu aufgenommen wurden in Satz 1 die „Informationsverpflichtungen" der Unternehmen nach Anhang II der URL. Um zu betonen, dass es sich nicht um vertragsspezifische Pflichten eines Unternehmens wie in Abs. 3 Nr. 3, die gegenüber einem bestimmten Endnutzer bestehen, sondern um allgemeine Pflichten gegenüber allen Endnutzern und der Regulierungsbehörde handelt, spricht das Gesetz von „Verpflichtungen". Die Informationsverpflichtungen beruhen auf Art. 21 URL. Darin ist

---

31 Art. 34 Abs. 1 URL.
32 § 3 Nr. 8.
33 Vgl. § 124 RdNr. 12 und 14.
34 Vgl. § 20 RefE TKV 2005.
35 ABl. RegTP 22/2001, S. 3359 f.
36 Näheres siehe § 145 RdNr. 3 ff.

den Mitgliedstaaten aufgegeben, dafür zu sorgen, dass Endnutzern und Verbrauchern transparente und aktuelle Informationen über anwendbare Preise und Tarife sowie über Standardkonditionen bezüglich des Zugangs zu und der Nutzung von öffentlichen Telefondiensten zugänglich sind. Die Informationsverpflichtung erstreckt sich auf den Namen und die Anschrift des Unternehmens, die Art und den Umfang der angebotenen öffentlich zugänglichen Telefondienste, die Standardtarife, die Entschädigungs- bzw. Erstattungsregelungen, den angebotenen Wartungsdienst, die Allgemeinen Vertragsbedingungen, das Verfahren zur Streitbeilegung sowie die Angaben über den Universaldienst. Die Informationsverpflichtungen aufgrund der TKV lassen nach anderen Gesetzen und Rechtsverordnungen bestehende Informationspflichten unberührt.[37]

Satz 1 spricht lediglich davon, dass in der TKV derartige Regelungen festgelegt werden **38** „können". Demgegenüber verpflichtet Art. 21 Abs. 1 URL die Mitgliedstaaten sicherzustellen, dass dergleichen Informationen den Endnutzern zugänglich sind.

c) Dienstequalität. – Nach Satz 2 kann die Verordnung vorsehen, „die Dienstequalität in **39** einem bestimmten Messverfahren durchzuführen". Diese Regelung war im Regierungsentwurf nicht enthalten; sie ist erst aufgrund der Empfehlung des Wirtschaftsausschusses des Bundestages eingefügt worden.[38] Der Wortlaut erfuhr im weiteren Gesetzgebungsverfahren keine Änderung. Die Formulierung ist schief. Es ergibt wenig Sinn, die Dienstequalität in einem Messverfahren, und sei es auch ein bestimmtes Messverfahren, durchzuführen. Der Gesetzgeber bemühte sich wohl, Art. 22 Abs. 2 URL umzusetzen, der von der „Dienstqualität" handelt. Danach können die nationalen Regulierungsbehörden unter anderem die zu erfassenden Parameter für die Dienstequalität und den Inhalt, die Form und die Art der zu veröffentlichenden Angaben vorschreiben und dazu die Parameter, Definitionen und Messverfahren des Anhangs III der URL verwenden.

d) Angaben in AGB. – Die TKV kann gemäß Satz 2 vorsehen, dass die AGB der Unter- **40** nehmen Angaben über Bereitstellungsfristen und die Dienstequalität enthalten müssen. Dies geht auf Art. 21 Abs. 1 und Art. 22 Abs. 1 Satz 1 URL zurück. Die gemeinschaftsrechtlichen Vorgaben sind hinsichtlich der Angaben über die Bereitstellungsfristen bislang nicht vollständig umgesetzt worden. Aufgrund von Art. 21 Abs. 1 URL müssen die Mitgliedstaaten sicherstellen, dass Endnutzer und Verbraucher aktuelle Informationen über Standardkonditionen bezüglich des Zugangs zu öffentlichen Telefondiensten zugänglich sind. Zu den Standardkonditionen gehört unter anderem die Frist bis zum erstmaligen Anschluss.[39] Deshalb genügt es nicht, wenn Satz 2 lediglich eine Option über Angaben zu Bereitstellungsfristen bietet. Vielmehr muss die TKV vorsehen, dass die AGB Angaben über die Bereitstellungsfristen enthält.

---

37 BGHZ 155, 301, 303.
38 BT-Drs. 15/2674, S. 42; BT-Drs. 15/2679, S. 15.
39 Art. 20 Abs. 2 Satz 2 lit. b URL.

§ 46 Rufnummernübertragbarkeit, europäischer Telefonnummernraum

(1) Betreiber öffentlich zugänglicher Telefonnetze haben in ihren Netzen sicherzustellen, dass Teilnehmer ihre Rufnummer unabhängig von dem Unternehmen, das den Telefondienst erbringt, wie folgt beibehalten können:

1. im Falle geographisch gebundener Rufnummern an einem bestimmten Standort und
2. im Fall nicht geographisch gebundener Rufnummern an jedem Standort.

Die Regelung in Satz 1 gilt nur innerhalb der Nummernräume oder Nummerteilräume, die für einen Telefondienst festgelegt wurden. Insbesondere ist die Übertragung von Rufnummern für Telefondienste an festen Standorten, zu solchen ohne festen Standort und umgekehrt unzulässig.

(2) Anbieter von Telekommunikationsdiensten für die Öffentlichkeit müssen sicherstellen, dass ihre Endnutzer ihnen zugeteilte Rufnummern bei einem Wechsel des Anbieters von Telekommunikationsdiensten für die Öffentlichkeit entsprechend Absatz 1 beibehalten können.

(3) Dem Teilnehmer können nur die Kosten in Rechnung gestellt werden, die einmalig beim Wechsel entstehen. Das Gleiche gilt für die Kosten, die ein Netzbetreiber einem Anbieter von Telekommunikationsdiensten für die Öffentlichkeit in Rechnung stellt. Etwaige Entgelte unterliegen einer nachträglichen Regulierung nach Maßgabe des § 38 Abs. 2 bis 4.

(4) Betreiber öffentlicher Telefonnetze haben in ihren Netzen sicherzustellen, dass alle Anrufe in den europäischen Telefonnummernraum ausgeführt werden.

Übersicht

I. Normzweck

§ 46 beschäftigt sich mit zwei Bereichen: in den Absätzen 1 bis 3 mit der Rufnummern- 1 übertragbarkeit und im Absatz 4 mit dem europäischen Telefonnummernraum. Die Möglichkeit, die Rufnummer trotz eines Wechsels des Betreibers oder Anbieters zu behalten, ist ein Mittel, um gemäß § 1 den Wettbewerb im Bereich der Telekommunikation zu fördern, weil dadurch die Wechselbereitschaft der Endnutzer erhöht wird. Die Rufnummernübertragbarkeit gilt als einer der „Hauptfaktoren" für einen wirksamen Wettbewerb im Telekommunikationsbereich.[1]

II. Entstehungsgeschichte

2 Der Regierungsentwurf des § 46[2] erfuhr im Laufe des Gesetzgebungsverfahrens mehrere Änderungen. Einzig Abs. 1 Satz 1 wurde unverändert Gesetz. Aufgrund der Stellungnahme des Bundesrats[3] brachte der Wirtschaftsausschuss des Bundestages[4] Abs. 1 Satz 2 in die jetzige Form und ergänzte ihn um Satz 3, dessen sonderbare Kommasetzung nachfolgend nicht mehr korrigiert wurde. Die Absätze 2 bis 4 wurden vom Wirtschaftsausschuss terminologisch vereinheitlicht:[5] Aus „Diensteanbieter" sind „Anbieter von Telekommunikationsdiensten für die Öffentlichkeit" geworden, und die „Betreiber öffentlich zugänglicher Telefonnetze" wurden schlichte „Betreiber öffentlicher Telefonnetze". Erstmals im Bundesgesetzblatt begegnet in Abs. 1 Satz 1 die orthographische Variante „im Falle" (Nr. 1) statt wie in Nr. 2 „im Fall".[6]

3 Die Regelungen über die Rufnummernübertragbarkeit ersetzen § 43 Abs. 5 TKG 1996 aus dem damaligen Teil „Numerierung". Sie gehen auf Art. 30 URL zurück und gehören nunmehr zum Teil „Kundenschutz". Neu ins Gesetz aufgenommen wurde die Unterscheidung zwischen geographisch gebundenen und nicht geographisch gebundenen Rufnummern.

Die Ausführungen zum europäischen Telefonnummernraum beruhen auf Art. 27 und 28 URL.

III. Rufnummernübertragbarkeit (Abs. 1 bis 3)

4 Die Regelungen über die Rufnummernübertragbarkeit, für den das alte TKG noch den unpassenden Ausdruck „Netzbetreiberportabilität" verwandte,[7] behandeln die Pflicht des Netzbetreibers (Abs. 1) bzw. des Diensteanbieters (Abs. 2), die Rufnummernübertragbarkeit zu ermöglichen, und die daraus resultierenden Kosten (Abs. 3).

5 **1. Netzbetreiber (Abs. 1).** – Die Betreiber öffentlicher Telefonnetze müssen es in ihren jeweiligen Netzen den Teilnehmern ermöglichen, die bisherigen Rufnummern beizubehalten, selbst wenn der Telefondienst von einem anderen Unternehmen erbracht wird. Weder darf der Netzbetreiber eigenmächtig die bisherige Rufnummer eines Teilnehmers gegen eine neue austauschen, noch muss der Teilnehmer auf seine angestammte Rufnummer nur deshalb verzichten, weil er zu einem anderen Telefondiensteanbieter wechselt. Vielmehr

---

1 URL Erwägung 40. Bei Schaffung des TKG 1996 wurde die Sicherstellung der Rufnummernübertragbarkeit und die Ausgestaltung der Entgeltregulierung sogar „als ausschlaggebend für den Erfolg des Telekommunikationsgesetzes gewertet" (BT-Drs. 13/4864, S. 75). Zur Bedeutung der Rufnummernübertragbarkeit *Wissmann/Baumgarten*, RdNr. 7.66 ff.
2 BT-Drs. 15/2316, S. 21, 72 (zu § 44).
3 BT-Drs. 15/2316, S. 117 (Nr. 44).
4 BT-Drs. 15/2674, S. 43; BT-Drs. 15/2679, S. 15.
5 BT-Drs. 15/2679, S. 15.
6 BGBl. 2004 I S. 1190, 1207 f.
7 § 45 Abs. 5 Satz 1 TKG 1996; zur Kritik: *Trute/Spoerr/Bosch*, § 43 RdNr. 54; *Wissmann/Baumgarten*, RdNr. 7.65.

hat der Teilnehmer grundsätzlich gegenüber dem Netzbetreiber einen Anspruch auf Beibehaltung seiner Rufnummer.

a) Betreiber öffentlicher Telefonnetze. – Die Verpflichtung des Abs. 1 bezieht sich nur 6 auf Betreiber „öffentlich zugänglicher Telefonnetze". Laut den Begriffsbestimmungen des § 3 gibt es aber entweder ein „öffentliches Telefonnetz"[8] oder einen „öffentlich zugänglichen Telefondienst"[9]; ein öffentlich zugängliches Telefonnetz ist dort unbekannt. Gemeint ist sicherlich wie in Abs. 4 ein öffentliches Telefonnetz. Darunter versteht das TKG ein Telekommunikationsnetz, das zur Bereitstellung des öffentlich zugänglichen Telefondienstes genutzt wird und darüber hinaus weitere Dienste wie Telefax- oder Datenfernübertragung und einen funktionalen Internetzugang ermöglicht.[10]

b) Teilnehmer. – Jede natürliche oder juristische Person, die mit einem Anbieter von Tele- 7 kommunikationsdiensten einen Vertrag über die Erbringung derartiger Dienste geschlossen hat, ist ein Teilnehmer.[11] Unter Telekommunikationsdienste sind Dienste zu verstehen, die in der Regel gegen Entgelt erbracht werden und ganz oder überwiegend in der Übertragung von Signalen über Telekommunikationsnetze bestehen.[12]

c) Telefondienst. – Das Gesetz definiert in § 3 Nr. 17 lediglich den öffentlich zugänglichen 8 Telefondienst. Wenn dieser einen der Öffentlichkeit zur Verfügung stehenden Dienst für das Führen von Inlands- und Auslandsgesprächen darstellt und die Möglichkeit, Notrufe abzusetzen, einschließt, lässt sich im Umkehrschluss daraus ableiten, dass der einfache Telefondienst ein Dienst ist, der das Führen von Inlands- und Auslandsgesprächen zum Gegenstand hat.

d) Rufnummer. – Die Rufnummer ist eine besondere Art der Nummer innerhalb eines 9 Nummernraums oder Nummernteilraums. **Nummern** stellen Zeichenfolgen dar, die in Telekommunikationsnetzen Zwecken der Adressierung dienen.[13] Die **Rufnummer** ist eine Nummer, durch deren Wahl im öffentlichen Telefondienst eine Verbindung zu einem bestimmten Ziel aufgebaut werden kann.[14] Die Rufnummern lassen sich in geographisch gebundene und in nicht geographisch gebundene Rufnummern einteilen. Dieses Konzept liegt der URL zugrunde und ist in das TKG 2004 eingeführt worden.

Die **geographisch gebundene** Rufnummer oder, wie es in der URL heißt, die geographisch 10 gebundene Nummer wird nur in der URL, nicht aber im TKG definiert. Hierbei handelt es sich um eine Nummer des nationalen Nummernplans, bei der ein Teil der Ziffernfolge einen geographischen Bezug hat, der für die Leitwegbestimmung von Anrufen zum physischen Standort des Netzabschlusspunkts benutzt wird.[15] Demgegenüber stellt eine Nummer des nationalen Nummernplans, die nicht geographisch festgelegt ist, eine **nicht ge-**

---

8 § 3 Nr. 16.
9 § 3 Nr. 17.
10 § 3 Nr. 16; dazu im Einzelnen § 3 RdNr. 28.
11 § 3 Nr. 20; dazu im Einzelnen § 3 RdNr. 32.
12 § 3 Nr. 24; dazu im Einzelnen § 3 RdNr. 38 ff.
13 § 3 Nr. 13; dazu im Einzelnen § 3 RdNr. 21 ff.
14 § 3 Nr. 18; dazu im Einzelnen § 3 RdNr. 30. Ausführlich zur Rufnummer etwa *Wissmann/Baumgarten*, RdNr. 7.3 ff.; *Scheurle/Mayen/Scheurle*, § 43 RdNr. 3 ff.; *Manssen/Demmel*, § 43 RdNr. 12 ff.
15 Art. 2 Abs. 2 lit. d URL.

ographisch gebundene Rufnummer dar. Hierunter fallen beispielsweise Nummern für Mobiltelefone, gebührenfreie Dienste oder Sonderdienste mit erhöhtem Tarif.[16]

11   **e) Standort.** – Der Begriff „Standort" wird im TKG nicht erläutert. Aus § 3 Nr. 19 lässt sich ableiten, dass der Standort des Endgeräts gemeint ist. Ähnlich geht die DRL vom „geographischen Standort des Endgeräts"[17] bzw. vom „Netzpunkt, an dem sich das Endgerät zu einem bestimmten Zeitpunkt befindet"[18], aus, während die URL vom „physischen Standort des Netzabschlusspunktes" spricht.[19] Wie sich aus dem Vergleich mit der DRL und URL ergibt, ist mit Standort der Ort gemeint, an dem sich das Endgerät bzw. der Netzabschlusspunkt[20] befindet.[21]

12   **f) Übertragbarkeit.** – Die Übertragbarkeit einer Rufnummer für Telefondienste ist davon abhängig, dass der Teilnehmer nicht den Nummernraum oder Nummernteilraum[22] verlässt (Satz 2). Der Teilnehmer muss **im selben Nummern(teil)raum** verbleiben. Weder ist eine Rufnummer für Telefondienste an einem festen Standort auf eine solche ohne festen Standort übertragbar noch eine Rufnummer ohne festen Standort auf eine solche mit einem festen Standort (Satz 3). Deshalb kann die Rufnummer für einen Festnetzanschluss ebenso wenig auf einen Mobilfunkanschluss wie die Rufnummer für einen Mobilfunkanschluss auf einen Festnetzanschluss übertragen werden. Hingegen ist eine Rufnummer aus dem Festnetz oder aus dem Mobilfunknetz auf einen Anschluss übertragbar, für den sowohl eine Festnetznummer als auch eine Mobilfunknummer vergeben wird.[23]

13   Bleibt der Teilnehmer im selben Nummern(teil)raum und will er die **nicht geographisch gebundene Rufnummer** beibehalten, so muss der Betreiber des öffentlich zugänglichen Telefonnetzes ihm die Fortführung der Rufnummer an jedem Standort ermöglichen. Bei **geographisch gebundenen Rufnummern** muss der Betreiber dem Teilnehmer nur dann die Beibehaltung der Rufnummer sicherstellen, wenn sich der Standort nicht ändert. Der Betreiber ist allerdings rechtlich nicht gehindert, den Teilnehmer auch bei einer Änderung des Standorts die bisherige Rufnummer weiternutzen zu lassen. Der Netzbetreiber kann gegenüber dem Verlangen des Teilnehmers, die Rufnummer beizubehalten, kein Zurückbehaltungsrecht wegen irgendwelcher Verbindlichkeiten des Teilnehmers geltend machen.[24]

14   **g) Rechtsschutz.** – Verweigert der Netzbetreiber die begehrte Rufnummernübertragbarkeit, kann der Teilnehmer um Rechtsschutz bei der Regulierungsbehörde nach § 126 bzw. als Unternehmen nach § 133 nachsuchen. Da der Teilnehmer auf diese Weise sein Rechtsschutzziel auf einfacherem und billigerem Wege erreichen kann[25] als durch die Anrufung

---

16   Art. 2 Abs. 2 lit. f URL.
17   Art. 2 Abs. 2 lit. c DRL.
18   DRL Erwägung 14; ähnlich Erwägung 15 und 35.
19   Art. 2 Abs. 2 lit. d URL.
20   Art. 2 Abs. 2 lit. e URL.
21   Dagegen setzt *Manssen/Demmel*, § 43 RdNr. 98 den Standort mit dem Ortsnetz gleich, während für das VG Köln (MMR 2001, 556) der Standort beim Festnetz das Ortsnetz und beim Mobilfunk das gesamte Gebiet der Bundesrepublik Deutschland ist.
22   In § 46 Abs. 1 Satz 2 heißt es sprachlich inkorrekt „Nummerteilräume".
23   BT-Drs. 15/2674, S. 43; BT-Drs. 15/2679, S. 15 mit Bezug auf BT-Drs. 15/2316, S. 117 (Nr. 44).
24   VG Köln TMR 2003, 53, 56.
25   Vgl. *Rosenberg/Schwab/Gottwald*, § 89 RdNr. 30; MünchKommZPO/*Lüke*, vor § 253 RdNr. 10; *Zöller/Greger*, vor § 253 RdNr. 18b.

der ordentlichen Gerichte, wäre eine Klage oder einstweiliger Rechtsschutz vor Zivilgerichten zur Durchsetzung der Rufnummernübertragbarkeit mangels Rechtsschutzbedürfnisses unzulässig.[26] Hingegen unterliegen Schadensersatzansprüche gegen den Betreiber wegen verweigerter oder verspätet ermöglichter Rufnummernübertragbarkeit der Zivilgerichtsbarkeit.

Das Rechtsschutzbedürfnis für ein Zivilverfahren gegen den Betreiber fehlt jedoch nicht, **15** falls die Regulierungsbehörde ein Einschreiten gegen den Betreiber ablehnt oder nicht binnen der Höchstfrist von vier Monaten, gerechnet vom Eingang des Rechtsschutzbegehrens,[27] über das Begehren entscheidet. Es ist dem Teilnehmer nämlich nicht zuzumuten, gegen die Regulierungsbehörde vor einem Verwaltungsgericht zu klagen, um einen zivilrechtlichen Anspruch gegen den Betreiber im Umweg über die Verpflichtung der Regulierungsbehörde durchzusetzen. Hat die Regulierungsbehörde es zu Unrecht unterlassen, überhaupt oder innerhalb der vier Monatsfrist gegen den Betreiber einzuschreiten, besteht gegen sie ein Amtshaftungsanspruch.

2. Diensteanbieter (Abs. 2). – Früher war es umstritten, ob die Pflicht zur Ermöglichung **16** der Rufnummernübertragbarkeit auch für Diensteanbieter galt.[28] Abs. 2 stellt nunmehr klar, dass Anbieter von Telekommunikationsdiensten für die Öffentlichkeit dafür sorgen müssen, dass ihre Endnutzer die ihnen vom Anbieter zugeteilten Rufnummern bei einem Wechsel des Anbieters unter den Voraussetzungen des Abs. 1 beibehalten können. Dies gilt auch, wenn der Endnutzer nicht unmittelbar Vertragspartei eines Netzbetreibers ist.[29]

Die Telekommunikationsdienste sind in § 3 Nr. 24[30], die Endnutzer in § 3 Nr. 8[31] legaldefi- **17** niert. Die Übertragbarkeit der Rufnummer richtet sich nach Abs. 1, wobei lediglich zu beachten ist, dass an die Stelle der Teilnehmer die Endnutzer und an die Stelle der Betreiber die Anbieter treten, so dass auf die obigen Ausführungen zu Abs. 1 (RdNr. 12 ff.) verwiesen werden kann.

3. Kosten (Abs. 3). – Wird der Betreiber des Telefonnetzes (Abs. 1) bzw. der Anbieter der **18** Telekommunikationsdienste (Abs. 2) gewechselt und die bisherige Rufnummer beibehalten, entstehen durch die Weiterleitung[32] an den neuen Betreiber bzw. Anbieter Kosten. Nachdem in § 43 Abs. 5 TKG 1996 nicht klar bestimmt war, wer die Kosten der Rufnummernmitnahme zu tragen hatte,[33] ist die Frage in Abs. 3 kraft Gesetzes entschieden und zugleich festgelegt, welchen Umfang die Kosten nicht überschreiten dürfen.

Die Vorschrift beruht auf Art. 30 Abs. 2 und 3 URL. Danach muss die Regulierungsbehör- **19** de dafür sorgen, dass die Preise für die Zusammenschaltung im Zusammenhang mit der Rufnummernübertragbarkeit „**kostenorientiert**" sind und Verbraucher nicht durch die Hö-

---

26 Ähnlich VG Köln TMR 2003, 53, 55 f.
27 § 133 Abs. 1 Satz 2.
28 Vgl. *Trute/Spoerr/Bosch*, § 43 RdNr. 60; BeckTKG-Komm/*Paul/Mellewigt*, § 43 RdNr. 23; *Manssen/Demmel*, § 43 RdNr. 96 ff.; *Heun/Zwetkow*, RdNr. 1.181.
29 BT-Drs. 15/2316, S. 72 (zu § 44).
30 Näheres siehe § 3 RdNr. 38 ff.
31 Näheres siehe § 3 RdNr. 12 f. und § 44 RdNr. 10, 12.
32 Zum technischen Vorgang ausführlich OVG Münster CR 2004, 197, 198 f.; VG Köln MMR 2001, 711, 712 und TMR 2002, 485, 486 f.
33 Vgl. die unterschiedlichen Ansichten der RegTP (MMR 1998, 383, 384) einerseits und des VG Köln (TMR 2002, 485, 486 f.) andererseits.

he etwaiger direkter Entgelte davon abgeschreckt werden, von der Möglichkeit der Rufnummernübertragbarkeit Gebrauch zu machen. Um den Wettbewerb nicht zu verfälschen, darf die Regulierungsbehörde hierbei allerdings keine besonderen oder gemeinsamen Endnutzertarife für die Rufnummernübertragbarkeit festlegen.[34]

20 Der Netzbetreiber kann dem Teilnehmer für den Wechsel die durch die Rufnummernübertragbarkeit entstandenen Kosten nur **einmal** berechnen. Ebenso ist der Netzbetreiber nur ein einziges Mal berechtigt, vom Diensteanbieter Kosten für die in Anspruch genommene Rufnummernübertragbarkeit zu fordern. Dabei dürfen Aufwendungen, die der Netzbetreiber bereits infolge der Kündigung hat, nicht als Kosten geltend gemacht werden.[35] Folgekosten für die Aufrechterhaltung der Rufnummernübertragbarkeit können nicht gefordert werden.[36]

21 Werden den Teilnehmern oder Diensteanbietern Entgelte in Rechnung gestellt, unterliegen sie einer **nachträglichen Regulierung.** Die nachträgliche Entgeltregulierung ist jedoch nur eingeschränkt möglich. Satz 3 verweist nämlich nicht auf den gesamten § 38, der die nachträgliche Regulierung von Entgelten für Zugangsleistungen regelt, sondern lediglich auf dessen Absätze 2 bis 4. Nicht in Bezug genommen ist § 38 Abs. 1, der vorsieht, dass allgemeine Entgelte zwei Monate vor dem geplanten Inkrafttreten der Regulierungsbehörde vorzulegen sind und diese im Fall von Entgelten für individuell vereinbarte Leistungen unmittelbar nach Vertragsschluss zu informieren ist. Das gilt jedoch nicht für die Entgelte im Rahmen der Rufnummernübertragbarkeit.

22 Die nachträgliche Regulierung der Entgelte für die Rufnummernübertragbarkeit erfolgt nur, wenn der Regulierungsbehörde Tatsachen bekannt werden, die die Annahme rechtfertigen, dass die Entgelte, welche Unternehmen mit beträchtlicher Marktmacht fordern, nicht den Maßstäben des § 28 genügen.[37] Entgelte, die von Unternehmen ohne beträchtliche Marktmacht verlangt werden, unterliegen nicht der nachträglichen Regulierung; insoweit sind die Vorgaben des Art. 30 Abs. 2 URL nicht umgesetzt worden. Hinsichtlich des weiteren Verfahrens vor der Regulierungsbehörde sei auf § 38 RdNr. 57 ff. verwiesen.

23 Stellt die Regulierungsbehörde fest, dass die Entgelte nicht den Maßstäben des § 28 genügen, erklärt sie die beanstandeten Entgelte für unwirksam und kann ihrerseits die Höhe der Entgelte festsetzen.[38] Die Unwirksamkeit wirkt nicht *ex tunc*, sondern nur *ex nunc*.[39] Durch die Unwirksamerklärung ist die diesbezügliche Entgeltforderung nach § 134 BGB **nichtig,** hierauf bereits geleistete Zahlungen können wegen ungerechtfertigter Bereicherung zurückgefordert werden.

---

34 Art. 30 Abs. 3 URL.
35 RegTP MMR 1998, 383, 384; *Wissmann/Baumgarten*, RdNr. 7.80; *Manssen/Demmel*, § 43 RdNr. 101.
36 RegTP MMR 1998, 383; *Bartosch*, NJW-CoR 1999, 103, 108; *Manssen/Demmel*, § 43 RdNr. 103; BeckTKG-Komm/*Paul/Mellewigt*, § 43 RdNr. 26; *Wissmann/Baumgarten*, RdNr. 7.79 f.; *Heun/Zwetkow*, RdNr. 1.180; a. A. *Scheurle/Mayen/Scheurle*, § 43 RdNr. 27.
37 § 46 Abs. 3 Satz 3 i. V. m. § 38 Abs. 2 Satz 1; vgl. VG Köln (K&R 2005, 238), das beim ähnlich gelagerten § 25 Abs. 5 Satz 3 TKG eine Rechtsgrundverweisung annimmt.
38 § 46 Abs. 3 Satz 3 i. V. m. § 38 Abs. 4 Satz 1 und 2.
39 § 46 Abs. 3 Satz 3 i. V. m. § 38 Abs. 2 Satz 1 a. E.

IV. Europäischer Telefonnummernraum (Abs. 4)

Die Regelung über den Europäischen Telefonnummernraum in Abs. 4 ist weniger umfang- 24 reich ausgefallen als in der URL. Aufgrund von Abs. 4 müssen die Betreiber öffentlicher Telefonnetze in ihren Netzen sicherstellen, dass alle Anrufe in den europäischen Telefonnummernraum ausgeführt werden. Art. 27 URL („Europäische Telefonvorwahlen") verpflichtet die Mitgliedstaaten in Abs. 1 sicherzustellen, dass die Vorwahl 00 die Standardvorwahl für Auslandsverbindungen ist, gestattet jedoch besondere Regelungen für Verbindungen zwischen benachbarten Orten im grenzüberschreitenden Verkehr zwischen Mitgliedstaaten, über die die Endnutzer „umfassend" zu informieren sind.[40] Dem Art. 27 Abs. 2 Hs. 1 URL entspricht § 46 Abs. 4. Keiner besonderen Umsetzung bedurfte Art. 27 Abs. 2 Hs. 2 URL, weil darin lediglich klargestellt wird, dass Betreiber öffentlicher Telefonnetze die Möglichkeit haben, sich die Kosten für die Weiterleitung von Anrufen in ihren Netzen erstatten zu lassen.

Aufgrund von Art. 28 URL müssen die Mitgliedstaaten dafür sorgen, dass Endnutzer aus 25 anderen Mitgliedstaaten im Rahmen der technischen und wirtschaftlichen Möglichkeiten Zugang zu nicht geographisch gebundenen Rufnummern in ihrem Hoheitsgebiet erhalten. Diese Verpflichtung besteht nicht, falls der angerufene Teilnehmer aus wirtschaftlichen Gründen Anrufe aus bestimmten geographischen Gebieten ausgeschlossen oder eingeschränkt hat. Der europäische Telefonnummernraum ist in internationalen Nummerierungsplänen mit der Nr. 3883 beschrieben.[41]

Die Verpflichtung des Abs. 4 trifft nur **Betreiber öffentlicher Telefonnetze**. Obwohl ein 26 öffentliches Telefonnetz ein Telekommunikationsnetz ist, das zur Bereitstellung des öffentlich zugänglichen Telefondienstes genutzt wird und darüber hinaus weitere Dienste wie Telefax- oder Datenfernübertragung und einen funktionalen Internetzugang ermöglicht,[42] stellen auffallenderweise sowohl Art. 27 Abs. 2 Hs. 1 URL wie auch § 46 Abs. 4 einzig darauf ab, dass „alle Anrufe" in den europäischen Telefonnummernraum ausgeführt werden. Ein **Anruf** ist definiert als „eine über einen öffentlich zugänglichen Telefondienst aufgebaute Verbindung, die eine zweiseitige Echtzeitkommunikation ermöglicht".[43] Eine zweiseitige Kommunikation in Echtzeit gestattet gegenwärtig nur das Telefongespräch.[44] Deshalb sind die Betreiber öffentlicher Telefonnetze lediglich verpflichtet, in ihren Netzen sicherzustellen, dass alle Telefongespräche in den europäischen Telefonnummernraum ausgeführt werden. Die Übermittlung von Telefaxen, E-Mails oder nicht sprachgebundenen Internetverbindungen ins europäische Ausland sind hingegen wegen des klaren Wortlauts („Anrufe") nicht von Abs. 4 erfasst.

Eine weitere Einschränkung erfährt Abs. 4 dadurch, dass lediglich die Anrufe **in den euro-** 27 **päischen Telefonnummernraum** ausgeführt werden müssen. Nicht erwähnt sind einerseits Anrufe in andere Telefonnummernräume, andererseits Anrufe aus dem europäischen Telefonnummernraum, die in das Netz eines Betreibers öffentlicher Telefonnetze eingehen. Auf ankommende Telefongespräche bezieht sich die Verpflichtung aus Abs. 4 nicht.

---

40 Art. 27 Abs. 1 Satz 3 URL.
41 Vgl. BT-Drs. 15/2316, S. 72 (zu § 44).
42 § 3 Nr. 16; dazu im Einzelnen § 3 RdNr. 28.
43 § 3 Nr. 1; Art. 2 Abs. 2 lit. e DRL.
44 Vgl. *Wissmann/Kreitlow/Tautscher*, RdNr. 4.35; *Hoeren/Sieber/Göckel*, RdNr. 23.34 f.; BeckTKG-Komm/*Schütz*, § 3 RdNr. 18a; *Meinberg/Grabe*, K&R 2004, 409, 414.

Die Formulierung „in den europäischen Telefonnummernraum" geht auf Art. 27 Abs. 2
Hs. 1 URL zurück, wo es gleichfalls „alle Anrufe in den europäischen Telefonnummernraum" heißt. Hierbei handelt es sich nicht etwa um einen Übersetzungsfehler, wie der Vergleich mit den englischen und französischen Fassungen zeigt.[45] Die Unterscheidung zwischen ausgehenden und eingehenden Verbindungen erlangt spätestens im Rahmen des
§ 44 Abs. 1 Bedeutung. Da eingehende Telefongespräche aus dem europäischen Telefonnummernraum nicht unter § 46 Abs. 4 fallen, kann ein Betreiber inländischer öffentlicher
Telefonnetze diese Norm nicht verletzen, wenn beispielsweise aus dem europäischen Ausland ins Inland eingehende Telefongespräche nicht beim inländischen Gesprächspartner
ankommen. Ob ein derartiges Ergebnis vom europäischen und vom deutschen Gesetzgeber
tatsächlich gewollt ist, mag bezweifelt werden.

---

45 Dort heißt es „*all calls to the European telephony numbering space*" bzw. „*l'ensemble des appels
destinés à l'espace de numérotation téléphonique européen*".

§ 47 Bereitstellen von Teilnehmerdaten

(1) Jedes Unternehmen, das Telekommunikationsdienste für die Öffentlichkeit erbringt und Rufnummern an Endnutzer vergibt, ist verpflichtet, unter Beachtung der anzuwendenden datenschutzrechtlichen Regelungen, jedem Unternehmen auf Antrag Teilnehmerdaten nach Absatz 2 Satz 4 zum Zwecke der Bereitstellung von öffentlich zugänglichen Auskunftsdiensten und Teilnehmerverzeichnissen zu Verfügung zu stellen. Die Überlassung der Daten hat unverzüglich und in nicht diskriminierender Weise zu erfolgen.

(2) Teilnehmerdaten sind die nach Maßgabe des § 104 in Teilnehmerverzeichnissen veröffentlichten Daten. Hierzu gehören neben der Nummer sowohl die zu veröffentlichenden Daten selbst wie Name, Anschrift und zusätzliche Angaben wie Beruf, Branche, Art des Anschlusses und Mitbenutzer, soweit sie dem Unternehmen vorliegen. Dazu gehören auch alle nach dem jeweiligen Stand der Technik unter Beachtung der anzuwendenden datenschutzrechtlichen Regelungen in kundengerechter Form aufbereiteten Informationen, Verknüpfungen, Zuordnungen und Klassifizierungen, die zur Veröffentlichung dieser Daten in öffentlich zugänglichen Auskunftsdiensten und Teilnehmerverzeichnissen nach Satz 1 notwendig sind. Die Daten müssen vollständig und inhaltlich sowie technisch so aufbereitet sein, dass sie nach dem jeweiligen Stand der Technik ohne Schwierigkeiten in ein kundenfreundlich gestaltetes Teilnehmerverzeichnis oder eine entsprechende Auskunftsdienstedatenbank aufgenommen werden können.

(3) Ergeben sich Streitigkeiten zwischen Unternehmen über Rechte und Verpflichtungen aus den Absätzen 1 und 2 gilt § 133 entsprechend.

(4) Für die Überlassung der Teilnehmerdaten kann ein Entgelt erhoben werden; dieses unterliegt in der Regel einer nachträglichen Regulierung nach Maßgabe des § 38 Abs. 2 bis 4. Ein solches Entgelt soll nur dann einer Genehmigungspflicht nach § 31 unterworfen werden, wenn das Unternehmen auf dem Markt für Endnutzerleistungen über eine beträchtliche Marktmacht verfügt.

Schrifttum: *Eckhart*, Datenschutz und Überwachung im Regierungsentwurf zum TKG, CR 2003, 805; *Mielke*, Das Streitbeilegungsverfahren nach § 131 TKG-E: Sprengsatz im deutschen Rechtssystem?, TKMR Tagungsband 2004, 47.

Übersicht

I. Bedeutung der Norm

1 **1. Normzweck.** – § 47 ist die zentrale Vorschrift für das Bereitstellen von Teilnehmerdaten zum Zwecke des Erstellens von öffentlich zugänglichen Teilnehmerverzeichnissen[1] und des Betreibens von Auskunftsdiensten. Sie ersetzt die privatautonome Entscheidung über das „Ob" und das „Wie" der Bereitstellung weitgehend durch zwingendes Gesetzesrecht[2] und dient der Erreichung der Ziele der Regulierung aus § 2 Abs. 2 damit in zweierlei Hinsicht: Einerseits ermöglicht sie die Sicherstellung einer flächendeckenden Grundversorgung mit öffentlich zugänglichen Teilnehmerverzeichnissen und Auskunftsdiensten gemäß § 2 Abs. 2 Nr. 5 für den Fall, dass die Regulierungsbehörde einem oder mehreren Unternehmen in Anwendung des § 81 i.V.m. § 78 Abs. 2 Nr. 2 und 3 entsprechende Universaldienstverpflichtungen auferlegt. Andererseits ermöglicht sie allen Anbietern, unabhängig von deren Marktstellung und -anteilen, das Angebot von Teilnehmerverzeichnissen und Auskunftsdiensten. Dies dient der Sicherstellung eines chancengleichen Wettbewerbs auf den Märkten für Auskunfts- und Verzeichnisdienste und fördert die Entwicklung nachhaltig wettbewerbsorientierter Endnutzermärkte im Sinne des § 2 Abs. 2 Nr. 2. Gleichzeitig erhöht es die Angebotsvielfalt.

2 Abs. 1 der Norm formuliert, ebenso wie die Vorgängervorschrift des § 12 Abs. 1 S. 1 TKG 1996, von der er sich im Wortlaut jedoch wesentlich unterscheidet, einen **Kontrahierungszwang**, der ein netz- und diensteübergreifendes Angebot von öffentlich zugänglichen Auskunftsdiensten und Teilnehmerverzeichnissen erst ermöglicht. Die Erläuterung des Begriffs Teilnehmerdaten in Abs. 2 soll Rechtsklarheit schaffen im Hinblick auf die interpretationsbedürftigen Begriffe „zumutbare Anträge", „relevante Informationen" und „vereinbartes Format" in Art. 25 Abs. 2 URL. Da es sich nicht bei allen Unternehmen, die Teilnehmerverzeichnisse erstellen oder Auskunftsdienste betreiben, um Antragsberechtigte im Sinne des § 133 handelt, erweitert Abs. 3 dessen persönlichen Anwendungsbereich für Streitigkeiten über die Rechte und Verpflichtungen aus den Abs. 1 und 2 auch auf diese Unternehmen. Abs. 4 enthält einen für die Regulierung der Überlassungsentgelte notwendigen Rechtsfolgenverweis in Teil 2 des Gesetzes.[3]

3 **2. Anwendungsbereich.** – Teilnehmerdaten, insbesondere aber die in ihnen enthaltenen Rufnummern, gelten als die „telekommunikative Adresse"[4] eines Teilnehmers. Sie bilden die **unverzichtbare Vorleistung** („essential facility") für gedruckte und elektronische Teilnehmerverzeichnisse (z.B. in Telefonbüchern[5], auf CD-ROMs oder im Rahmen von Internetauskunftdiensten) und telefonische Auskunftsdienste, an deren Bereitstellung ein er-

---

1 Die Vorschrift behandelt nicht die urheber-, datenhersteller- und wettbewerbsrechtlichen Schutzaspekte der Übernahme von Teilnehmerdaten z.B. aus Telefonverzeichnissen. Vgl. hierzu BGHZ 141, 329 = NJW 1999, 2898; OLG Dresden ZUM 2001, 595; OLG Frankfurt CR 1997, 275 m. Anm. *Kerkhoff*; OLG Karlsruhe CR 2000, 169; WRP 1997, 473 m. Anm. *Vollmer*; OLG Köln MMR 2001, 385; LG Mannheim DuD 1996, 363; LG Stuttgart ArchivPT 1996, 273 sowie *Leistner*, MMR 1999, 636 und *Wiebe*, RTkom 1999, 61.
2 So *Gärtner*, Anm. zu LG Köln TMR 2002, 48 zur Vorgängervorschrift des § 12 TKG 1996 und insoweit weiterhin zutreffend.
3 BT-Drs. 15/2316, S. 72.
4 *Ruhle/Geppert*, K&R 1998, 375.
5 Zum telekommunikationsrechtlichen Verhältnis der Begriffe „Telefonbuch" und „Teilnehmerverzeichnis" vgl. RegTP, Beschluss vom 2. 2. 2005, Az. BK3d-04/026.

hebliches öffentliches Interesse besteht, und sind von daher als wesentliche Leistung[6] im Sinne von § 19 Abs. 4 GWB zu qualifizieren. Der Anwendungsbereich der Vorschrift erstreckt sich daher auf den **Markt für Teilnehmerdaten**. Er erstreckt sich nicht auf den (nachgelagerten) Markt für Endnutzerleistungen, auf den in § 47 Abs. 4 S. 2 im Zusammenhang mit der Auferlegung einer Genehmigungspflicht der Überlassungsentgelte verwiesen wird.

Auf dem Markt für Teilnehmerdaten werden zwei Formen der Bereitstellung unterschieden. Im Rahmen der **Offline-Bereitstellung** erfolgt die Überlassung der in einer Datenbank gespeicherten Teilnehmerdatensätze in Abhängigkeit einerseits von den technischen Möglichkeiten und andererseits von den Wünschen des Abnehmers ("kundengerechte Form") auf Papier, Diskette, Magnetband, CD-ROM oder durch Dateidownload mit anschließender Speicherung der Datensätze in einer Teilnehmerdatenbank des nachfragenden Unternehmens. Diese Form der Bereitstellung ist geeignet für sämtliche auf dem Markt angebotenen Teilnehmerverzeichnisse und Auskunftsdienste. Dem gegenüber erfolgt die Überlassung im Rahmen der **Online-Bereitstellung** durch Zugriff (mittels TCP/IP) auf einen unabhängig arbeitenden Datenserver, der wiederum auf die in einer Datenbank gespeicherten Teilnehmerdatensätze zugreifen kann. Diese Form der Bereitstellung eignet sich ausschließlich für den Betrieb eines telefonischen Auskunftsdienstes: Der mit dem Kunden in telefonischem Kontakt stehende Call-Center-Agent verfügt dabei über einen Online-Zugriff auf einen stets aktuellen Teilnehmerdatenbestand, wobei er den jeweils für seinen Kunden relevanten Datensatz mittels eines im Rahmen der Online-Bereitstellung zusätzlich bereitgestellten Such- und Rechercheprogramms ermitteln kann.

Während im Rahmen der Offline-Bereitstellung die Teilnehmerdaten somit quasi **entbündelt** überlassen werden, erfolgt die Überlassung im Rahmen der Online-Bereitstellung **gebündelt**, d. h. die Teilnehmerdaten werden zusammen mit einem bei dieser Bereitstellungsform zwingend notwendigen Such- und Rechercheprogramm überlassen. Eine Bereitstellungspflicht lässt sich aus § 47 Abs. 1 aber nur für die Teilnehmerdaten selbst ableiten, nicht jedoch für das zusätzlich bereitgestellte Such- und Rechercheprogramm. Letzteres bleibt dem Anwendungsbereich der Vorschrift entzogen. Denn eine Verpflichtung zur Überlassung auch des Such- und Rechercheprogramms liefe darauf hinaus, dass ein zur Bereitstellung verpflichtetes Unternehmen, das selbst einen telefonischen Auskunftsdienst betreibt, den Teilnehmerdaten abnehmenden Unternehmen regelmäßig das fertige Vorprodukt für deren telefonischen Auskunftsdienst liefern müsste. Hieraus würde eine Wettbewerbsverzerrung zu Lasten des verpflichteten Unternehmens resultieren, da dieses das alleinige Risiko von Fehlinvestitionen in das Such- und Rechercheprogramm zu tragen hätte. Denn sollte sich dessen Anschaffung als unvorteilhaft erweisen, stünde es den Abnehmern von Teilnehmerdaten auch frei, eine eigene Teilnehmerdatenbank aus offline bereit gestellten Teilnehmerdaten aufzubauen und ein eigenes Such- und Rechercheprogramm darauf zu installieren.[7] Dieses könnte anschließend für den eigenen telefonischen Auskunftsdienst genutzt werden und als alternatives Online-Bereitstellungsangebot auf dem Markt für Teilnehmerdaten fungieren. Je nach Bereitstellungsform sind daher verschiedene sachlich relevante **Teilmärkte** für Teilnehmerdaten anzunehmen: Der Teilmarkt für offline bereit ge-

---

6 Zum Begriff vgl. *Immenga/Mestmäcker/Möschel*, § 19 RdNr. 178 f.
7 LG Köln TMR 2002, 45, 47 f.

stellte Teilnehmerdaten ist dabei dem Teilmarkt für online bereit gestellte Teilnehmerdaten prinzipiell vorgelagert.

6 **3. EG-rechtliche Grundlagen.** – Europarechtliche Vorgaben zur Bereitstellung von Teilnehmerdaten wurden erstmals in Art. 16 lit c) RL 95/62/EG[8] und dem sich unmittelbar anschließenden Art. 6 Abs. 3 RL 98/10/EG formuliert. Die aktuelle (Nachfolge-)Regelung ist Art. 25 Abs. 2 URL. Danach haben die Mitgliedstaaten sicherzustellen, „dass alle Unternehmen, die Teilnehmern Telefonnummern zuweisen, allen zumutbaren Anträgen, die relevanten Informationen zum Zweck der Bereitstellung von öffentlich zugänglichen Auskunftsdiensten und Teilnehmerverzeichnissen in einem vereinbarten Format und zu gerechten, objektiven, kostenorientierten und nichtdiskriminierenden Bedingungen zur Verfügung stellen, entsprechen."[9] Die im Rahmen der Bereitstellung zu beachtenden datenschutzrechtlichen Regelungen beruhen im Wesentlichen auf Art. 12 DRL.[10] Sie ergänzt die sektorübergreifende RL 95/46/EG um telekommunikationssektorspezifische Vorgaben und ersetzt die zuvor einschlägige RL 97/66/EG, die der Anpassung an die Entwicklung der Märkte und Technologien für elektronische Kommunikationsdienste bedurfte. Die Sonderregelung zur Streitbeilegung basiert auf Art. 20 f. RRL.[11] Soweit eine Kostenorientierung der Überlassungsentgelte durch den im Rahmen der nachträglichen Entgeltregulierung gemäß § 47 Abs. 4 i.V.m. §§ 38 Abs. 2 bis 4, 28 zu verwendenden Prüfmaßstab gewährleistet wird, ist die Umsetzung der europarechtlichen Vorgaben in deutsches Recht erfolgt.

II. Rechte und Pflichten im Rahmen der Bereitstellung (Abs. 1)

7 **1. Kreis der Verpflichteten.** – Unabhängig vom Vorliegen beträchtlicher Marktmacht verpflichtet § 47 Abs. 1 S. 1 jedes Unternehmen, „das Telekommunikationsdienste für die Öffentlichkeit erbringt **und** Rufnummern an Endnutzer vergibt" und knüpft die Bereitstellungspflicht von Teilnehmerdaten „nach Abs. 2 S. 4" damit an zwei Tatbestandsmerkmale.

8 Diese Verknüpfung war in § 45 RegE[12] (= § 47 TKG 2004) ursprünglich nicht vorgesehen. Dort war der Kreis der Verpflichteten noch weiter gefasst und erstreckte sich auf „jedes Unternehmen, das Rufnummern an Endnutzer vergibt." § 3 Nr. 18 definiert eine Rufnummer als „eine Nummer, durch deren Wahl im öffentlichen Telefondienst eine Verbindung zu einem bestimmten Ziel aufgebaut werden kann." Endnutzer ist laut § 3 Nr. 8 „eine juristische oder natürliche Person, die weder öffentliche Telekommunikationsnetze betreibt noch Telekommunikationsdienste für die Öffentlichkeit erbringt." Daher wurde der Kreis der Verpflichteten durch die Formulierung in § 45 RegE (= § 47 TKG 2004) nicht auf den tatsächlich notwendigen Adressatenkreis beschränkt. Denn auch Unternehmen, Konzerne, Behörden und andere Organisationen sowie sog. „Corporate Networks" und geschlossene Benutzergruppen, bei denen eine Bereitstellungspflicht aber höchstens in wenigen Ausnahmefällen bestehen kann, wären dann zum Kreis der Verpflichteten zu zählen.[13] Tatsächlich handelt es sich bei diesen aber unstreitig um Teilnehmer im Sinne von Art. 2 lit. k)

---

8 Vgl. auch Erwägungsgrund 32 RL 95/62/EG.
9 Vgl. auch Erwägungsgründe 11 und 35 URL.
10 Vgl. auch Erwägungsgründe 38 und 39 DRL.
11 Vgl. auch Erwägungsgründe 32 und 33 RRL.
12 BT-Drs. 15/2316, S. 21.
13 So die berechtigte Kritik des Bundesrats in BR-Drs. 755/03 (Beschluss), S. 23.

RRL bzw. § 3 Nr. 20. Zur sinnvollen Eingrenzung des Adressatenkreises hätte die Verwendung ausschließlich des einen Tatbestandsmerkmals mithin nicht ausgereicht.

Nur vordergründig problematisch ist, dass das Tatbestandsmerkmal „Erbringen von Tele- **9** kommunikationsdiensten für die Öffentlichkeit" im Gesetz nicht definiert ist. Denn aus sachlogischen Erwägungen und aus Gründen der Konformität mit Art. 25 Abs. 2 URL wird es sich bei dem Kreis der Verpflichteten überwiegend um **Betreiber von öffentlichen Telefonnetzen** handeln. Denn ein öffentliches Telefonnetz ist gemäß § 3 Nr. 16 ein „Telekommunikationsnetz, das zur Bereitstellung des öffentlich zugänglichen Telefondienstes genutzt wird und darüber hinaus weitere Dienste wie Telefax- oder Datenfernübertragung und einen funktionalen Internetzugang ermöglicht." Und beim öffentlich zugänglichen Telefondienst (§ 3 Nr. 17: „ein der Öffentlichkeit zur Verfügung stehender Dienst für das Führen von Inlands- und Auslandsgesprächen einschließlich der Möglichkeit, Notrufe abzusetzen…") handelt es sich unzweifelhaft um einen „Telekommunikationsdienst für die Öffentlichkeit." Bei Betreibern öffentlicher Telefonnetze liegen mithin beide erforderlichen Tatbestandsmerkmale vor.

Aber auch **Reseller** im Sinne des § 21 Abs. 2 Nr. 3 sind in den Kreis der Verpflichteten auf- **10** zunehmen, sofern sie öffentlich zugänglichen Telefondienst anbieten. Denn sie treten gegenüber Endnutzern als diejenigen auf, die ihnen den Telefondienst verschaffen, erbringen damit Telekommunikationsdienste für die Öffentlichkeit und vergeben auch die Rufnummer an den Teilnehmer. Vom Reseller zu unterscheiden ist dagegen der **Rebiller**. Er vertreibt öffentlich zugänglichen Telefondienst ohne eigene Wertschöpfung und auf fremde Rechnung. Rebiller sind daher nicht zum Kreis der Verpflichteten zu zählen.[14]

Zwischen Festnetz und Mobilfunk wird hierbei nicht (mehr) differenziert. Dies folgt dem **11** generell technologieneutralen Ansatz des Gesetzes. Anders als noch in der Vorgängervorschrift des § 12 TKG 1996 müssen nun also auch die bisher nicht zur Bereitstellung verpflichteten **Service Provider** im Mobilfunk Teilnehmerdaten bereitstellen, sofern sie als Reseller auf eigenen Namen und auf eigene Rechnung tätig sind.

2. Datenschutz. – Die Pflicht zur Bereitstellung von Teilnehmerdaten steht unter dem Vor- **12** behalt der Beachtung der „anzuwendenden datenschutzrechtlichen Regelungen." Einschlägig sind in diesem Zusammenhang insbesondere die §§ 104, 105 in Teil 7, Abschnitt 2 des Gesetzes, die ganz wesentlich auf den europarechtlichen Vorgaben der DRL beruhen. Sie treten an die Stelle der bisher einschlägigen Datenschutzregelungen des § 89 Abs. 8 und 9 TKG 1996 und der §§ 13, 14 TDSV.[15] Die allgemeinen datenschutzrechtlichen Vorschriften gelten gemäß § 1 Abs. 4 BDSG subsidiär. Nicht einschlägig sind die Regelungen des TDDSG. Sie gelten gemäß § 1 Abs. 1 TDDSG nur für Teledienste. Deren Definition in § 2 Abs. 1 TDG sowie die Positivliste in § 2 Abs. 2 TDG machen deutlich, dass das Bereitstellen von Teilnehmerdaten keinen Teledienst darstellt.

§ 104 unterwirft das „Ob" und das „Wie" eines Eintrags in gedruckte oder elektronische **13** Teilnehmerverzeichnisse einem **Zustimmungsvorbehalt** des Teilnehmers sowie der ggf. mit einzutragenden Mitbenutzer und macht dies formal von einem Antrag des Teilnehmers abhängig. In diesem Antrag kann der Teilnehmer bestimmen, mit welchen Angaben er in

---

14 Zum Unterschied zwischen Resale und Rebilling vgl. *Kurth*, MMR 2001, 653, 654, der sich auf VG Köln, Beschluss vom 9. 7. 2001, Az. 1 L 1099/01 (= MMR 2001, 840) bezieht.
15 BT-Drs. 15/2316, S. 119.

ein Teilnehmerverzeichnis aufgenommen werden möchte. Genannt werden Name, Anschrift, Beruf, Branche, Art des Anschlusses und Mitbenutzer.

14   § 104 wurde im Vergleich zu den Vorgängervorschriften § 89 Abs. 8 TKG 1996 und § 13 TDSV insoweit geändert, als Teilnehmer nun nicht mehr das Wahlrecht haben, in gedruckten und elektronischen Verzeichnissen unterschiedliche Eintragungen vornehmen zu lassen, sondern dass die Eintragungen einander zu entsprechen haben. Dies ist auch verständlich, weil die Annahme der ursprünglichen Regelungen, nämlich dass elektronische Verzeichnisse weitergehende Suchmöglichkeiten gewähren als gedruckte Verzeichnisse, vor dem Hintergrund der aktuellen technischen Entwicklung weitgehend obsolet geworden ist. Denn auch gedruckte Verzeichnisse können ohne größeren technischen Aufwand, z. B. durch Scannen, in eine elektronische Form gebracht werden. Zudem wurde der Text neutraler formuliert, um nicht nur Diensteanbietern im Sinne von § 3 Nr. 6 die Erstellung und Herausgabe von Teilnehmerverzeichnissen zu ermöglichen, sondern z. B. auch spezialisierten Telefonbuchverlagen.[16]

15   § 105 regelt die Auskunftserteilung über telefonische Auskunftsdienste. Laut Abs. 1 dürfen Auskünfte über die in Teilnehmerverzeichnissen enthaltenen Rufnummern nur erteilt werden unter Beachtung der Einschränkungen der §§ 104, 105 Abs. 2 und 3. Dies setzt über den Zustimmungsvorbehalt des § 104 hinaus zusätzlich voraus, dass der Teilnehmer gemäß § 105 Abs. 2 S. 1 in angemessener Weise über ein diesbezügliches **Widerspruchsrecht** informiert wurde und er hiervon keinen Gebrauch gemacht hat. Über Rufnummern hinausgehende Auskünfte bedürfen gemäß § 105 Abs. 2 S. 2 der **Einwilligung** des Teilnehmers in eine weitergehende Auskunftserteilung. Die Inverssuche, d. h. die Auskunftserteilung nicht auf Basis eines Namens oder eines Suchwortes, sondern auf Basis einer Rufnummer, bedarf gemäß § 105 Abs. 3 eines Hinweises an den Teilnehmer durch den Diensteanbieter über das Widerspruchsrecht des Teilnehmers sowie dessen ausbleibenden Widerspruch. Maßstab für „angemessene Information" und „Hinweis" ist sicherlich die bisherige Vorgehensweise der DTAG, die den Teilnehmer durch eine Kundenmitteilung über die aufgenommenen Eintragungen in Verzeichnisse und über die Auskunftserteilung informiert hat. Hierdurch wird dem Teilnehmer die Möglichkeit gegeben, die Eintragungen ggf. noch einmal zu korrigieren.

16   Ein Widerspruch nach § 105 Abs. 2 S. 1 oder eine Einwilligung nach § 105 Abs. 2 S. 2, Abs. 3 ist in den Datenbanken des Diensteanbieters oder des Anbieters nach § 105 Abs. 1 unverzüglich zu vermerken. Beides ist auch von Nachfragern von Teilnehmerdaten zu beachten, sobald sie in zumutbarer Weise Kenntnis hierüber erlangen; also i. d. R. im Rahmen der Bereitstellung, spätestens aber zu dem Zeitpunkt, in dem der Widerspruch bzw. die Einwilligung im Teilnehmerverzeichnis der DTAG, das jährlich erscheint und alle Teilnehmerinformationen erfasst, vermerkt ist.[17]

17   Für das Bereitstellen von Teilnehmerdaten treffen diese Vorschriften allerdings keine gesonderte Regelung. Denn z. B. die in § 105 Abs. 2 S. 1 geregelte Informationspflicht des Diensteanbieters sowie das dort ebenfalls normierte Widerspruchsrecht der Teilnehmer „über die Weitergabe ihrer Rufnummer" bezieht sich nicht auf die Bereitstellung, sondern auf die Auskunftserteilung gegenüber Auskunftssuchenden. Dies ergibt sich aus dem Kontext dieser Vorschrift. Ein zusätzliches Widerspruchsrecht oder Einwilligungserfordernis

---

16 Vgl. BT-Drs. 15/2316, S. 123.
17 Vgl. BT-Drs. 15/2316, S. 123.

des Teilnehmers im Hinblick auf die Bereitstellung „seiner" Teilnehmerdaten lässt sich hieraus nicht ableiten. Vielmehr hat der Teilnehmer die ihm zustehende Abwägung über die Veröffentlichung der Daten mit Antragsstellung, und noch einmal, nachdem er auf angemessene Weise (Kundenmitteilung) über die zu veröffentlichenden Daten informiert wurde, bereits vorgenommen. Die Zustimmung des Teilnehmers und diejenige eventueller Mitbenutzer zur Veröffentlichung von Angaben in Teilnehmerverzeichnissen und zur Auskunftserteilung sowie ungenutzte Widerspruchsrechte sind daher als Zustimmung zur Bereitstellung der Teilnehmerdaten auch an andere Anbieter von Verzeichnis- und Auskunftsdiensten zu werten. Ein Leerlaufen von § 47 wird dadurch verhindert.

3. Datenüberlassungsvertrag. – Der Bereitstellung von Teilnehmerdaten geht ein **Antrag** 18 an den Verpflichteten voraus. Dieser Antrag ist die Grundlage für den Abschluss eines Datenüberlassungsvertrags. Anspruchberechtigt ist jedes Unternehmen, dass Teilnehmerdaten zum Zwecke der Bereitstellung von öffentlich zugänglichen Auskunftsdiensten und Teilnehmerverzeichnissen verwendet. In seinem Antrag hat der potenzielle Abnehmer daher darzulegen, zu welchem Zwecke er die Datenüberlassung begehrt. Die Datenüberlassung für wesentlich andere als die genannten Zwecke, wie z. B. für einen Adresshandel, ist nicht „zumutbar" und mithin unzulässig. In diesem Fall hat der zur Bereitstellung Verpflichtete das Recht (und die Pflicht), den Abschluss eines Datenüberlassungsvertrags – und mithin die Datenlieferung – zu verweigern. Zweifellos „zumutbar" im Sinne von Art. 25 Abs. 2 URL ist dagegen die Verwendung von offline bereit gestellten Teilnehmerdaten für die Erstellung eines eigenen Online-Bereitstellungsangebots (vgl. RdNr. 4 f.). Denn eine solche Verwendung dient zumindest mittelbar der Bereitstellung von öffentlich zugänglichen Auskunftsdiensten. Außerdem fördert es den Wettbewerb auf dem Teilmarkt für die Online-Bereitstellung von Teilnehmerdaten, ist somit Folge des generell wettbewerbsfördernden Regulierungsansatzes in § 1 des Gesetzes und dient den Zielen der Regulierung in § 2 Abs. 2.

Die Überlassung hat gemäß § 47 Abs. 1 S. 2 **unverzüglich**, d. h. ohne schuldhaftes Zögern 19 (§ 121 BGB), und in **nichtdiskriminierender Weise** zu erfolgen. Es spricht vieles dafür, diese Vorgaben nicht nur auf den bloßen Akt der Übergabe von Teilnehmerdaten zu beziehen, sondern auch auf den Abschluss des Datenüberlassungsvertrags. Denn nur bei dieser Auslegung kann ein strategisches Verhalten der Verpflichteten während der Vertragsverhandlungen verhindert werden. Einerseits kann eine Verzögerung von Vertragsverhandlungen rational sein, wenn dadurch z. B. die frühzeitige Herausgabe eines konkurrierenden Telefonbuchs verhindert würde. Anderseits kann auch eine willkürliche Ungleichbehandlung z. B. zwischen konzerneigenen und konzernfremden Abnehmern von Teilnehmerdaten rational sein, wenn der zur Bereitstellung Verpflichtete vertikal integriert ist. Eine Gleichbehandlung aller Abnehmer im Sinne von § 20 Abs. 1 GWB und § 42 Abs. 2 („interne gleich externe Behandlung") ist gleichwohl geboten. Eine Ungleichbehandlung ist nur dann gerechtfertigt, wenn sie auf einem sachlichen Grund beruht. Um eine unverzügliche und diskriminierungsfreie Überlassung zu ermöglichen, wäre daher die Formulierung eines Standardangebots für die Bereitstellung von Teilnehmerdaten in Anlehnung an § 23 zu empfehlen.

Ein Datenüberlassungsvertrag kann sowohl für die Offline-Bereitstellung und als auch für 20 die Online-Bereitstellung geschlossen werden (vgl. RdNr. 4). § 47 Abs. 1 gewährt einen Kontrahierungszwang allerdings nur für eine Datenüberlassung im Wege der Offline-Bereitstellung. Eine Pflicht zur Datenüberlassung im Wege der Online-Bereitstellung besteht aufgrund dessen Ausgestaltung als Bündelangebot (vgl. RdNr. 5) nicht.

21 **4. Folgen einer Pflichtverletzung.** – Stellt der Verpflichtete entgegen § 47 Abs. 1 vorsätzlich oder fahrlässig nicht, nicht richtig, nicht vollständig oder nicht rechtzeitig Teilnehmerdaten zur Verfügung, handelt er gemäß § 149 Abs. 1 Nr. 8 ordnungswidrig. Die Ordnungswidrigkeit kann nach § 149 Abs. 2 mit einer Geldbuße von bis zu 50 000 Euro geahndet werden. Übersteigt der wirtschaftliche Vorteil, der aus der Ordnungswidrigkeit gezogen wurde, diesen Betrag, so kann die Geldbuße laut § 149 Abs. 2 S. 3 entsprechend erhöht werden. Neben einer Verfolgung als Ordnungswidrigkeit kommt eine Vorteilsabschöpfung nach § 43 in Betracht.

III. Anforderungen an Teilnehmerdaten (Abs. 2)

22 **1. Relevante Informationen.** – § 47 Abs. 2 S. 1 definiert Teilnehmerdaten als „die nach Maßgabe des § 104 in Teilnehmerverzeichnissen veröffentlichten Daten." Hierzu gehören nach § 47 Abs. 2 S. 2 neben der Rufnummer sowohl die zu veröffentlichenden Angaben selbst, wie Name und Anschrift sowie zusätzliche Angaben wie Beruf, Branche, Art des Anschlusses (z. B. Fax) und Mitbenutzer.

23 Die Vorschrift gibt damit im Vergleich zur Vorgängervorschrift des § 12 TKG 1996 zwar relativ umfangreiche Hinweise auf die bereitstellungspflichtigen relevanten Informationen, trifft letztlich aber auch keine dezidierte Aussage. Denn die Aufzählungen in §§ 47 Abs. 2 S. 2, 104 S. 1 sind nicht abschließend, sondern lediglich beispielhaft, wie die Formulierungen der beiden Regelungen („wie") nahe legen. Auch § 21 Abs. 2 TKV 1997 trägt zur Lösung dieses Problems etwas bei. Allerdings wird dort lediglich aufgezählt, welche Angaben in Teilnehmerverzeichnissen mindestens enthalten sein müssen, nämlich Name, Vorname, Rufnummer und Anschrift. Nicht zwingend („kann") ist der Eintrag von Mitbenutzern. Auch hieraus können mithin keine abschließenden Rückschlüsse auf bereitstellungspflichtige relevante Informationen gezogen werden. Um die Vorschrift weiter handhabbar zu machen, ist es daher sinnvoll, einschlägige Entscheidungen auszuwerten.

24 In diesem Zusammenhang ist zum einen das Ergebnis eines (einvernehmlich eingestellten) Verfahrens des **Bundeskartellamtes** aus den Jahren 1998/99 relevant.[18] In diesem Verfahren wurde u. a. der Frage nachgegangen, ob die nicht vollständige Überlassung der bei der DTAG vorliegenden Teilnehmerdaten als unbillige Behinderung der Abnehmer von Teilnehmerdaten gemäß § 26 Abs. 2 GWB a. F. zu werten sei. Das Bundeskartellamt hatte diese Frage nach dem Feststellen der marktbeherrschenden Stellung der DTAG auf dem Markt für Teilnehmerdaten bejaht. Seiner Ansicht nach beziehe sich die Pflicht zur Bereitstellung **auf nahezu sämtliche von den eigenen Kunden gewünschte Eintragungen** mit Ausnahme der optischen Hervorhebungen und der Sortierung nach Kundenwunsch. Von entscheidender Bedeutung, Letzteres von der Bereitstellungspflicht auszunehmen, sei, dass mit diesen Eintragungen keinerlei (relevante) zusätzliche Information über den Teilnehmer verbunden seien.

25 Zum anderen ist ein Urteil des **EuGH**[19] über die Auslegung der Verpflichtungen aus Art. 6 Abs. 3 RL 98/10/EG, der als Vorgängervorschrift von § 25 Abs. 2 URL anzusehen ist (vgl.

---

18 Vgl. hierzu auch BeckTKG-Komm/*Büchner*, § 12 RdNr. 12 a.
19 Vgl. EuGH MMR 2005, 227 f.

RdNr. 6), hervorzuheben. Der EuGH führt hierin zunächst aus, dass eine Verpflichtung zur Bereitstellung von Teilnehmerdaten im Rahmen der Bereitstellung des Universaldienstes prinzipiell bestehe. Es sei daher zu prüfen, welche Daten für die Bereitstellung eines solchen Dienstes nötig seien. Dabei ergebe sich aus Art. 6 Abs. 2 lit. b RL 98/10/EG, dass in die Verzeichnisse, die den Nutzern zur Verfügung zu stellen seien, alle Teilnehmer, die einen Eintrag nicht abgelehnt hätten, mit Rufnummern von ortsfesten Anschlüssen, Mobiltelefonanschlüssen und personenbezogenen Nummern aufzunehmen seien. Zu übermitteln seien grundsätzlich der Name und die Anschrift der Teilnehmer, einschließlich der Postleitzahl, sowie die Rufnummer(n), welche das betreffende Unternehmen an sie vergeben habe. Andere als diese sog. **Basisdaten** seien für die Erstellung eines Verzeichnisses im Rahmen des Universaldienstes nicht erforderlich.

Nach Ansicht des EuGH ist diese Auslegung der Vorschrift im Übrigen auch mit dem Ziel **26** der Entwicklung wettbewerbsorientierter Märkte vereinbar. Denn es lasse sich zwar nicht ausschließen, dass sich die Weigerung, Teilnehmerdaten über die obigen Angaben hinaus bereitzustellen, auf die Bedingungen auswirken, unter denen sich ein wettbewerbsorientierter Markt für Unternehmen, die Verzeichnisse anbieten, entwickeln könne. Allerdings sehe Art. 6 Abs. 3 RL 98/10/EG hinsichtlich der Bereitstellungsbedingungen vor, dass sie „gerecht, kostenorientiert und nichtdiskriminierend" sein müssten. Solle also den in der Vorschrift aufgestellten Mindestanforderungen Genüge getan werden, dann müsse das zur Bereitstellung verpflichtete Unternehmen nicht auch zusätzliche Daten liefern, die seine Wettbewerber erhalten möchten.

Im Ergebnis – so der EuGH weiter – sei die Formulierung „relevante Informationen" in **27** Art. 6 Abs. 3 RL 98/10/EG somit **eng** auszulegen. Es müsse lediglich sichergestellt werden, dass die zur Bereitstellung verpflichteten Unternehmen diejenigen Basisdaten übermitteln, welche Teilnehmer betreffen, die einem Eintrag in ein Teilnehmerverzeichnis nicht abgelehnt hätten, und die ausreichten, um den Nutzern eines Verzeichnisses die Identifizierung der Teilnehmer, die sie suchen, zu ermöglichen. Mit der Verwendung der Formulierung „relevante Informationen" sei allerdings **keine vollständige Harmonisierung** aller Kriterien, die zur Identifizierung der Teilnehmer notwendig erscheinen könnten, bezweckt worden. In Anbetracht besonderer nationaler Gegebenheiten könnten die Mitgliedstaaten daher auch vorsehen, dass denjenigen Unternehmen, die Teilnehmerdaten nachfragten, auch zusätzliche Daten zur Verfügung zu stellen seien.[20]

Nach hier vertretener Ansicht ist § 47 Abs. 2 sowohl mit der Entscheidung des Bundeskar- **28** tellamtes als auch mit derjenigen des EuGH gut vereinbar, denn das Ziel der Vorschrift kann nur sein, unter Beachtung der anzuwendenden datenschutzrechtlichen Regelungen einen **Mindeststandard** zu definieren, der im Falle der Auferlegung einer Universaldienstverpflichtung nach § 81 i.V.m. § 78 Abs. 2 Nr. 2 und 3 eine flächendeckende Grundversorgung zu erschwinglichen Preisen ermöglicht und der gleichzeitig geeignet ist, einen chancengleichen Wettbewerb auf den bereits seit längerem dem Wettbewerb geöffneten Märkten für Auskunfts- und Verzeichnisdienste zu ermöglichen. Teilnehmerdaten sind daher – ggf. auch im Rahmen einer Einzelfallbetrachtung – so zu definieren, dass sie die **wesentlichen Angaben** enthalten, die als „Rohmaterial" für Verzeichnisse und Auskunftsdienste zwingend notwendig sind. Dies lässt den Abnehmern von Teilnehmerdaten Raum für eine **eigene Wertschöpfung**, z.B. in Form von eigenen Recherchen, Umsortierungen und Ge-

---

20 Vgl. EuGH MMR 2005, 227, 228.

staltungen, und gibt ihnen die Gelegenheit, ihr Angebot sachlich zu differenzieren und vielfältig zu gestalten.

29 Nicht mit § 47 Abs. 2 vereinbar ist dagegen, Teilnehmerdaten, die von anderen Verpflichteten stammen, von der Bereitstellungspflicht grundsätzlich auszunehmen. Denn die Pflicht zur Bereitstellung gilt nach dem Wortlaut des § 47 Abs. 2 S. 2 ausdrücklich unabhängig von Herkunft und Ursprung der Teilnehmerdaten. Die Vorschrift ist insoweit eindeutig, als es die Bereitstellung von Teilnehmerdaten vorschreibt, „**soweit sie dem Unternehmen vorliegen.**" Hierbei ist offensichtlich unerheblich, ob die Teilnehmerdaten von „eigenen" Endnutzern oder von Endnutzern anderer Unternehmen stammen. Entsprechend muss ein zur Bereitstellung verpflichtetes Unternehmen, das eine Datenbank mit bundesweitem Teilnehmerdatenbestand betreibt, wie z.B. die DTAG, potenziellen Abnehmern sämtliche relevanten Informationen bereitstellen, soweit im Unternehmen vorhanden. Dies ist im Übrigen auch unter volkswirtschaftlichen Aspekten effizient, denn ein derartiges „One-stop-shopping" führt zu Transaktionskostenersparnissen, z.B. in Form von sinkenden Vertrags- und Suchkosten.

30 Eine **Pflicht zur Beschaffung** von Teilnehmerdaten kann dem Wortlaut der Vorschrift allerdings nicht entnommen werden. Ein Abnehmer kann einen Verpflichteten also nicht beauftragen, Teilnehmerdaten, die nicht von „dessen" Endnutzern stammen, von anderen Diensteanbietern zu beschaffen. Die Bereitstellungspflicht erstreckt sich mithin ausschließlich auf die tatsächlich vorhandenen Teilnehmerdaten. Diese sind jedoch vollumfänglich bereitzustellen.

31 Zusammenfassend lässt sich somit festhalten, dass bestimmte Informationen eines Teilnehmerdatensatzes unter Beachtung der datenschutzrechtlichen Vorschriften – also soweit vom Teilnehmer beantragt – grundsätzlich immer relevant und damit immer auch bereitstellungspflichtig sind. Zu nennen sind hier Name, Vorname, Rufnummer, Anschrift, Beruf, Branche, Art des Anschlusses und Mitbenutzer. Aber z.B. auch weitere Rufnummern, Telefaxnummern, Untereinträge etc. Diese Informationen sind unverzichtbar zur Identifikation des Teilnehmers. Andere Informationen, wie bspw. werbliche Hervorhebungen, Fett-, Kursiv- und Farbdrucke, Sortierungen nach Kundenwunsch und (bestimmte) Eigenrecherchen, stellen dagegen keine relevante Informationen dar und sind daher nicht bereitstellungspflichtig. Dazwischen verbleibt eine **Grauzone**, in der im konkreten Einzelfall entschieden werden muss.

32 **2. Kundengerechte Form.** – Laut § 47 Abs. 2 S. 3 zählen zu den Teilnehmerdaten auch alle nach dem jeweiligen Stand der Technik unter Beachtung der datenschutzrechtlichen Regelungen in kundengerechter Form aufbereiteten Informationen, Verknüpfungen, Zuordnungen und Klassifizierungen, die zur Veröffentlichung der Daten in öffentlich zugänglichen Auskunftsdiensten und Teilnehmerverzeichnissen notwendig sind. Hierbei handelt es sich im Gegensatz zu § 47 Abs. 2 S. 1 und 2 nicht um zu veröffentlichende Angaben bzw. vom Teilnehmer gewünschte Eintragungen, sondern um für die systematische Übernahme der Teilnehmerdaten in eine Datenbank notwendige **Annexleistungen**. In Frage kommen hierfür etwa die Sortierung nach Buchabschnitten oder nach Netzkennzahlen, die zusammenhängende Übergabe von Haupt- und Untereinträgen sowie Einordnungen, Gruppenbildungen und Formate.

33 Die Annexleistungen bilden die Grundlage für eine **effiziente Weiterverarbeitung** der Datensätze beim Abnehmer. Der Abnehmer kann daher gemäß § 47 Abs. 2 S. 4 verlangen,

dass die Teilnehmerdaten vollständig (d. h. grundsätzlich alle von Teilnehmern gewünschten Eintragungen mit relevanten Informationen; je nach Wunsch auch regelmäßige Updates), inhaltlich (z. B. nach seinen Wünschen sortiert) und technisch (z. B. per Diskette, Magnetband, CD-ROM, gängige Formate etc.) so durch den Verpflichteten aufbereitet werden, dass sie nach dem jeweiligen Stand der Technik ohne Schwierigkeiten in ein kundenfreundlich gestaltetes Teilnehmerverzeichnis oder in eine (Auskunftsdienste-)Datenbank aufgenommen werden können.

IV. Streitbeilegung (Abs. 3)

§ 47 Abs. 3 verweist im Falle von Streitigkeiten zwischen Unternehmen über die Rechte **34** und Verpflichtungen aus den § 47 Abs. 1 und 2 auf das Streitbeilegungsverfahren des § 133 und erweitert damit dessen **persönlichen Anwendungsbereich**, der eigentlich nur Betreiber öffentlicher Telekommunikationsnetze und Anbieter von Telekommunikationsdiensten für die Öffentlichkeit umfasst, auch auf alle übrigen Unternehmen, soweit sachliche Streitigkeiten über die Bereitstellung von Teilnehmerdaten betroffen sind.[21]

Die Ausweitung des Anwendungsbereichs des § 133 ist insoweit notwendig, als es sich **35** eben nicht bei allen Unternehmen, die im Rahmen des § 47 Abs. 1 Satz 1 die Überlassung von Teilnehmerdaten zum Zwecke der Bereitstellung von öffentlich zugänglichen Auskunftsdiensten und Teilnehmerverzeichnissen beantragen, um Unternehmen im Sinne des § 133 handelt. Denn tatsächlich handelt es sich hierbei vielfach auch um **spezialisierte Unternehmen**, wie Telefon- oder Branchenbuchverlage, Anbieter von telefonischen Auskunftsdiensten oder CD-ROMs usw. § 47 Abs. 3 stellt diese Unternehmen den Antragsberechtigten des § 133 mithin gleich.

Eine Streitbeilegung kann nur hinsichtlich der Rechte und Verpflichtungen aus § 47 Abs. 1 **36** oder 2 beantragt werden. Gemeint sind hiermit die **grundsätzlichen Streitigkeiten**, die im Rahmen von Vertragsverhandlungen im Zusammenhang mit der Auslegung des § 47 Abs. 1 und 2 entstehen; also z. B. Fragen der Lieferweigerung, des Umfangs bereitstellungspflichtiger Teilnehmerdaten oder der kundengerechten Weitergabe; nicht jedoch Streitigkeiten z. B. über eine vermeintliche Schlechterfüllung des Datenüberlassungsvertrags. Die Klärung derartiger Streitigkeiten obliegt den Zivilgerichten.

Eine umfassende Prüfung anhand aller Kriterien der Teile 2 und 3 des Gesetzes, wie in der **37** Begründung zu § 45 RegE[22] (= § 47 TKG 2004) dargelegt, kann dem Wortlaut der Regelung nicht entnommen werden.

V. Entgeltregulierung (Abs. 4)

Mit § 47 Abs. 4 verfolgt der Gesetzgeber das Ziel, die europarechtlichen Vorgaben des **38** Art. 25 Abs. 2 URL im Hinblick auf **kostenorientierte Überlassungsentgelte** umzusetzen. Soweit dies durch den im Rahmen der nachträglichen Entgeltregulierung nach § 38 Abs. 2 bis 4 i. V. m. § 28 verwendeten Maßstab gewährleistet wird, ist die Umsetzung dieser Vorgabe in deutsches Recht erfolgt. Für den Fall einer Entgeltgenehmigungspflicht ist eine

---

21 Vgl. *Mielke*, TKMR-Tagungsband 2004, 47.
22 Vgl. BT-Drs. 15/2316, S. 99.

Kostenorientierung angesichts des einschlägigen Prüfmaßstabs des § 31 (Kosten der effizienten Leistungsbereitstellung) gegeben.

39 **1. Überlassungsentgelte.** –Nach § 47 Abs. 4 S. 1 kann für die Überlassung von Teilnehmerdaten ein Entgelt erhoben werden. Dies ist auch unmittelbar einsichtig, denn die Überlassung von Teilnehmerdaten ist mit Kosten verbunden, an denen alle Abnehmer zu beteiligen sind. Fraglich ist hierbei insbesondere, welche Kosten im Rahmen der Überlassungsentgelte **dem Grunde nach** berücksichtigungsfähig sind.

40 Über die Zusammensetzung der Überlassungsentgelte dem Grunde nach gibt der Wortlaut der Vorschrift keine Auskunft. Potenziell können unter die Überlassungsentgelte mehrere Kategorien von Kosten subsumiert werden. Hierbei handelt es sich erstens um Kosten, die im Zusammenhang mit der Datenbank stehen, in denen die Teilnehmerdaten gespeichert werden (**Kostenkategorie 1**). Diese Kostenkategorie besteht sowohl aus Kapitalkosten (für Abschreibungen und Zinsen) und Betriebskosten (für Wartung und Pflege der Datenbank) als auch aus Kosten im Zusammenhang mit der Entwicklung der Datenbank. Da eines der wichtigsten Qualitätsmerkmale von Teilnehmerdaten deren Aktualität ist, sind zweitens möglicherweise Kosten für die Pflege des stets aktuell zu haltenden Teilnehmerdatenbestandes zu berücksichtigen (**Kostenkategorie 2**). Diese Kostenkategorie setzt sich im Wesentlichen zusammen aus Prozesskosten für das manuelle Bearbeiten der Teilnehmerdaten, also um Kosten im Zusammenhang mit der erstmaligen Aufnahme, der möglichen Änderung und der abschließenden Löschung von Teilnehmerdaten. Schließlich könnten drittens Kosten zu berücksichtigen sein, die im direkten Zusammenhang mit der Überlassung von Teilnehmerdaten an Abnehmer entstehen (**Kostenkategorie 3**). Auch bei dieser Kostenkategorie handelt es sich im Wesentlichen um Prozesskosten. Allerdings resultieren diese Prozesskosten eher aus Tätigkeiten im Zusammenhang z. B. mit dem Abschluss von Datenüberlassungsverträgen, der Abnehmerbetreuung, der inhaltlichen und technischen Datenaufbereitung (§ 47 Abs. 2 S. 4), der Auftragsannahme und Auftragsabwicklung, dem Datentransport und der Fakturierung. Fraglich ist nun, welche dieser drei Kostenkategorien in den Überlassungsentgelten vom zur Bereitstellung verpflichteten Unternehmen berücksichtigt werden dürfen.

41 Der EuGH[23] entschied diese Frage der Berücksichtigung von Kosten auf Basis von Art. 6 Abs. 3 RL 98/10/EG (vgl. RdNr. 6) dahingehend, dass – entsprechend den Ausführungen des EU-Generalanwalts in Nr. 49 seiner Schlussanträge[24] – der **Erhalt** und die **Zuordnung** von Basisdaten (vgl. hierzu RdNr. 25 f.) untrennbar mit dem Telefondienst verbunden seien und keinen besonderen Aufwand erforderten. Daher seien die mit dem Erhalt und der Zuordnung dieser Daten verbundenen Kosten jedenfalls vom Anbieter des Sprachtelefondienstes zu tragen und in den Kosten und Einnahmen des Sprachtelefondienstes enthalten. Die mit dem Erhalt und der Zuordnung der Basisdaten verbundenen Kosten an die Abnehmer von Basisdaten weiterzugeben, würde zu einem ungerechtfertigten Mehrausgleich dieser Kosten führen. Daher könnten, wenn diese Daten Abnehmern zur Verfügung gestellt würden, die auf dem Markt für die Bereitstellung von Verzeichnissen miteinander konkurrieren, nur die zusätzlichen mit diesem **Zurverfügungstellen** verbundenen Kosten in Rechnung gestellt werden.[25]

---

23 Vgl. EuGH MMR 2005, 227, 228.
24 Vgl. EU-Generalanwalt, Schlussanträge vom 14. 7. 2004, Az. C-109/03.
25 Vgl. EuGH MMR 2005, 227, 229.

Etwas anderes gelte jedoch – so der EuGH weiter[26] – wenn es um die Kosten für „zusätz- 42
liche Daten" ginge, zu deren Bereitstellung ein Anbieter durch RL 98/10/EG nicht verpflichtet werde. Denn keine Vorschrift dieser Richtlinie verwehre einem Anbieter, für die
freiwillige Bereitstellung von zusätzlichen Daten die zusätzlichen Kosten, die für den Erhalt und die Zuordnung dieser zur Erbringung des Telefondienstes nicht notwendigen Daten aufgewendet wurden, in Rechnung zu stellen. Allerdings müsse insoweit eine nicht
diskriminierende Behandlung gewährleistet sein, wobei der EuGH allerdings offen lässt,
woraus er diese spezielle materielle Anforderung ableitet.

Im Hinblick auf die Anwendung dieser Vorgaben auf die nationale Regelung des § 47 43
Abs. 4 – und damit letztlich zur Beantwortung der Frage, welche Kosten im Rahmen der
Überlassungsentgelte dem Grunde nach berücksichtigungsfähig sind – ergeben sich hierbei zunächst unerwartete Probleme. Denn während der EuGH von Erhalt, Zuordnung und
Zurverfügungstellen im Zusammenhang mit der Berücksichtigungsfähigkeit von Kosten
dem Grunde nach spricht, verwendet der EU-Generalanwalt in seinen Schlussanträgen, denen sich der EuGH inhaltlich offensichtlich vollumfänglich anschließt, andere Begriffe,
nämlich **Erhebung, Führung und Lieferung**. Dem gegenüber spricht § 47 Abs. 4 S. 1 explizit von **Überlassung**. Zur Beantwortung der oben gestellten Frage der dem Grunde nach
berücksichtigungsfähigen Kosten ist daher auch die terminologische Einordnung und der
Regelungsgehalt der jeweils verwendeten Begriffe zu klären. Hierfür wird von nachfolgender Tabelle ausgegangen:

EuGH	EU-Generalanwalt	§ 47 Abs. 4 S. 1
Erhalt	Erhebung	–
Zuordnung	Führung	–
Zurverfügungstellen	Lieferung	Überlassung

Diese terminologische Einordnung ergibt sich unmittelbar und zwingend einerseits aus der 44
Lektüre der hier einschlägigen Primärquellen und andererseits aus der Tatsache, dass § 47
laut Begründung zu § 45 RegE[27] (= § 47 TKG 2004) die europarechtliche Vorschrift des
Art. 25 Abs. 2 URL in nationales Recht umsetzt. Diese muss zumindest hinsichtlich der
dem Grunde nach berücksichtigungsfähigen Kosten für Basisdaten nicht nur nach Sinn
und Zweck, sondern auch nach dem Wortlaut („zu gerechten, kostenorientierten und nichtdiskriminierenden Bedingungen") als weitestgehend identische Nachfolgeregelung von
Art. 6 Abs. 3 RL 98/10/EG angesehen werden.

Hinsichtlich der Überlassungsentgelte ist entsprechend dieser Auffassung dem Grunde 45
nach nur die Kostenkategorie 3 berücksichtigungsfähig. Denn nur die Kostenkategorie 3
steht nicht im Zusammenhang mit dem Erhalt bzw. der Erhebung und der Zuordnung bzw.
der Führung von Basisdaten im Sinne des EuGH, sondern im Zusammenhang mit dem Zurverfügungstellen bzw. der Lieferung von Basisdaten. Dem gegenüber sind sowohl die Da-
tenbankkosten der Kostenkategorie 1 als auch die Pflegekosten der Kostenkategorie 2 gemäß EuGH und EU-Generalanwalt dem Sprachtelefondienst zuzurechnen, denn – so der
EU-Generalanwalt – schließlich sei es „für die Anbieter von Sprachtelefondiensten von äu-

---

26 Vgl. EuGH MMR 2005, 227, 229.
27 BT-Drs. 15/2316, S. 72.

ßerster Wichtigkeit, dass ihre Teilnehmer in den Telefonverzeichnissen aufgeführt sind, da dies die Nutzung ihrer Dienste" fördere.[28] Auch könne „der Ausgleich der mit der Erhebung und Führung dieser in einer Datenbank enthaltenen Informationen verbundenen Kosten nicht Teil dieser (kostenorientierten; d.Verf.) Bedingungen sein."[29] Die Situation sei nur dann anders, wenn der Telefonanbieter nachweisen könnte, dass ihm aufgrund der Verpflichtung zur Erhebung und Lieferung der Basisdaten besondere zusätzliche Kosten entstanden seien und dass er solche Kosten im Zusammenhang mit der Verwaltung seiner eigenen Teilnehmer nicht hätte tragen müssen. Ein offensichtliches Beispiel für derartige besondere zusätzliche Kosten seien daher die Kosten für die Weitergabe von Verzeichnisinformationen an einen Drittherausgeber. Der Begriff der gerechten und kostenorientierten Bedingungen in Art. 6 Abs. 3 RL 98/10/EG verlange, dass solche (zusätzlichen) Kosten von den Abnehmern von Teilnehmerdaten zu tragen seien.[30]

46   Als Ergebnis dieser Überlegungen dürfen die Überlassungsentgelte für **offline** bereit gestellte Basisdaten daher nur Kosten der Kostenkategorie 3 umfassen. Dies gilt grundsätzlich auch für **online** bereit gestellte Basisdaten. Allerdings dürften den Überlassungsentgelten dort – insbesondere aufgrund der Eigenschaft des Online-Bereitstellungsangebots als Bündelprodukt, das zusätzliche Leistungskomponenten umfasst – weitere Kosten dem Grunde nach hinzuzurechnen sein. Ein Beispiel hierfür sind die Kosten für das zusätzlich bereitgestellte Such- und Rechercheprogramm.

47   **2. Anforderungen an eine Entgeltgenehmigungspflicht.** – Die Entscheidung, ob die Überlassungsentgelte eines Anbieters von Teilnehmerdaten, die nach § 47 Abs. 4 S. 1 in der Regel einer nachträglichen Regulierung nach Maßgabe des § 38 Abs. 2 bis 4 unterliegen, genehmigungspflichtig sind, ist gemäß § 47 Abs. 4 S. 2 vom Vorliegen einer beträchtlichen Marktmacht auf dem Markt für Endnutzerleistungen abhängig. Die Verhängung einer Genehmigungspflicht nach § 47 Abs. 4 S. 2 über § 150 Abs. 1 auf eine marktbeherrschende Stellung eines Unternehmens zu stützen, die noch unter dem TKG 1996 festgestellt wurde, kommt hierbei allerdings nicht in Betracht. Denn hinsichtlich der Verhängung einer Genehmigungspflicht hat die RegTP ein Ermessen. Die Vorschrift beinhaltet keine strikte Bindung der RegTP, da diese ein zur Bereitstellung verpflichtetes Unternehmen „nur dann" einer Genehmigungspflicht unterwerfen „soll", wenn weitere Tatbestandsvoraussetzungen, insbesondere aber eine beträchtliche Marktmacht (§ 3 Nr. 4) auf dem Markt für Endnutzerleistungen vorliegen und eine nachträgliche Entgeltregulierung nicht ausreichend ist, um missbräuchliches Verhalten der zu Bereitstellung verpflichteten Unternehmen zu verhindern. Die Formulierung „soll nur dann" ist daher im Sinne von „darf nur dann" und nicht im Sinne von „soll dann" zu verstehen. Dies ergibt sich auch unter systematischen Gesichtspunkten im Vergleich zu § 30 Abs. 1 S. 2, wo der RegTP eine vergleichbare Unterwerfungsbefugnis zusteht, bei der das Gesetz aber im Unterschied zu § 47 Abs. 4 S. 2 ausdrücklich die Wendung „soll dann" verwendet.

48   Die Feststellung des Tatbestandsmerkmals „beträchtliche Marktmacht auf dem Markt für Endnutzerleistungen" erfolgt unter Berücksichtigung der Ergebnisse förmlicher Marktanalyseverfahren nach Teil 2, Abschnitt 1 des Gesetzes; und zwar, obwohl es sich bei der Entscheidung nach § 47 Abs. 4 S. 2 nicht um eine Entscheidung der Marktregulierung i.e.S.

---

28 Vgl. EU-Generalanwalt, Schlussanträge vom 14. 7. 2004, Az. C-109/03, Rz. 48.
29 Vgl. EU-Generalanwalt, Schlussanträge vom 14. 7. 2004, Az. C-109/03, Rz. 49.
30 Vgl. EU-Generalanwalt, Schlussanträge vom 14. 7. 2004, Az. C-109/03, Rz. 51.

handelt, die im Rahmen einer Regulierungsverfügung ergeht, da diese Vorschrift weder zu Teil 2 des Gesetzes gehört (§ 9 Abs. 1 „dieses Teils") noch sie von § 13 Abs. 1 zitiert wird. Materiell ist sie allerdings mit den Unterwerfungsentscheidungen nach § 30 Abs. 1 S. 2 und nach § 39 Abs. 1 vergleichbar, die gemäß § 13 grundsätzlich erst nach einer abgeschlossenen Marktanalyse ergehen können. Eine derartige Vorgehensweise ist insbesondere mit Blick auf die Schwere der Grundrechtsbeeinträchtigung (Entgeltgenehmigungspflicht!) des zu unterwerfenden Unternehmens auch verhältnismäßig. Im Rahmen der Entscheidung über die Unterwerfung nach § 47 Abs. 4 S. 2 ist es daher geboten, dass sich die RegTP zumindest an aktuellen, im Rahmen eines Marktanalyseverfahrens konsultierten und konsolidierten Marktuntersuchungen orientiert. Dies dient im Übrigen auch der Vermeidung sonst möglicher formeller und materieller Inkonsistenzen zwischen einer „inzidenten" Marktanalyse und der „förmlichen" Marktanalyse nach den §§ 9 ff.

3. Markt für Endnutzerleistungen. – In § 47 Abs. 4 S. 2 wird die etwaige Auferlegung **49** einer Genehmigungspflicht für die Überlassungsentgelte eines zur Bereitstellung von Teilnehmerdaten verpflichteten Unternehmens von dessen beträchtlicher Marktmacht auf dem Markt für Endnutzerleistungen abhängig gemacht. Unzweifelhaft ist, dass im Rahmen der Marktanalyse nicht von „dem" Markt für Endnutzerleistungen als relevantem Markt ausgegangen werden kann. Denn der Markt für Endnutzerleistungen ist im Grunde allumfassend. Theoretisch umfasst er sämtliche Leistungen, die Endnutzern (§ 3 Nr. 8) angeboten werden und damit zweifellos auch Leistungen, die – entgegen dem bei der Marktabgrenzung üblichen Bedarfsmarktkonzept – aus Nachfragersicht nicht miteinander austauschbar sind. Weil ein derartiger Markt für Endnutzerleistungen aber nicht homogen ist, besteht mithin die Gefahr, dass die Vorschrift hinsichtlich einer potenziellen Auferlegung einer Genehmigungspflicht leer läuft. Insofern gilt es für die Durchführung der Marktanalyse, einen mit der Bereitstellung von Teilnehmerdaten im Zusammenhang stehenden – und mithin – „naheliegenden" Markt für Endnutzerleistungen zu identifizieren. Hierfür kommen prinzipiell **zwei Alternativen** in Betracht.

Zum einen kann es sich bei dem Markt für Endnutzerleistungen um die **Märkte für den 50 Zugang von Endnutzern zum öffentlichen Telefonnetz an festen Standorten** und damit die Märkte 1 und 2 der Empfehlung der Kommission über relevante Produkt- und Dienstemärkte handeln.[31] Denn gemäß Begründung zu § 47 Abs. 1 steht das Angebot von Auskunftsdiensten und Teilnehmerverzeichnissen auf der Basis von bereitgestellten Teilnehmerdaten in unmittelbarem Zusammenhang mit dem (öffentlich zugänglichen) Telefondienst.[32] Unter dem „Zugang von Endnutzern zum öffentlichen Telefonnetz an festen Standorten" wiederum wird der sog. Endkundenanschluss verstanden, unter den regelmäßig analoge, ISDN-Basis und ISDN-Primärmultiplex-Anschlüsse subsumiert werden. Und auch die Vergabe einer Rufnummer an Endnutzer erfolgt im direkten Zusammenhang mit der Bereitstellung eines dieser Endkundenanschlüsse. Entsprechend wäre es naheliegend, eine etwaige Genehmigungspflicht der Überlassungsentgelte von dem Vorliegen einer beträchtlichen Marktmacht auf einem so definierten Markt für Endnutzerleistungen abhängig zu machen.

---

31 Vgl. Empfehlung der Kommission vom 11. 2. 2003 (2003/311/EG) über relevante Produkt- und Dienstemärkte des elektronischen Kommunikationssektors, die aufgrund der RL 2002/21/EG für eine Vorabregulierung in Betracht kommen.
32 Vgl. BT-Drs. 15/2316, S. 99.

51 Zum anderen kann es sich bei dem Markt für Endnutzerleistungen auch um den oder die nachgelagerten **Märkte für Auskunfts- und Verzeichnisdienste** handeln. Denn Teilneh-merdaten bilden die notwendige Vorleistung für Auskunfts- und Verzeichnisdienste, die zweifellos Endnutzerleistungen darstellen. Allerdings sind die hier relevanten Endnutzer-leistungen (etwa: Telefonbücher, CD-ROMs, Telefon- und Internetauskunftsdienste) nicht zwingend einem einzigen Markt für Auskunfts- und Verzeichnisdienste zurechenbar. Denn kostenlose Telefonbücher sind aufgrund ihrer geringeren Aktualität und ihrer Regionalität aus Nachfragersicht sicherlich nicht gleichwertig mit tagesaktuellen und bundesweit gel-tenden Telefonauskunfts- und Internetauskunftsdiensten, die allerdings Telefongebühren bzw. Internetzugangskosten verursachen. Hinsichtlich ihrer geringeren Aktualität weisen Telefonbücher eher Ähnlichkeiten mit CD-ROMs auf, die i. d. R. aber bundesweite Daten enthalten und darüber hinaus auch käuflich erworben werden müssen. Für die Nutzung von CD-ROMs und Internetauskunftsdiensten wird ein Computer benötigt. Allerdings unter-scheiden sich gerade diese beiden Leistungen gravierend hinsichtlich ihrer Aktualität. We-der Telefonbücher noch CD-ROMs sind daher als austauschbar mit den relativ gleichwerti-gen Telefon- und Internetauskunftsdiensten anzusehen. Bei der regelmäßig üblichen An-wendung des Bedarfsmarktkonzepts spricht somit vieles dafür, bei den hier relevanten Endnutzerleistungen mehrere relevante Märkte voneinander abzugrenzen. Auch die bishe-rige Kartellrechtsprechung geht von mehreren relevanten Märkten bei diesen Leistungen aus.[33] Sofern also diese Märkte als Ausgangspunkt für die Feststellung beträchtlicher Marktmacht auf dem Markt für Endnutzerleistungen verwendet werden, empfiehlt es sich, sie jeweils isoliert einer Marktanalyse entsprechend Teil 2, Abschnitt 1 des Gesetzes zu un-terwerfen.

---

33 LG Mannheim, Urteil vom 21. 11. 2003, Az. 22 O 58/02 (Kart.), 8 f. (nicht veröffentlicht).

Teil 4: Rundfunkübertragung

Vor § 48 TKG

Schrifttum: *Balda/Schmits*, Fernsehen ohne Grenzen auf dem Weg zur Konvergenz, CR 1998, 421; *Bauer*, Die Bundestreue, 1992; *Benda/Maihofer/Vogel*, Handbuch des Verfassungsrechts, 2. Auflage 1994; *Beucher/Leyendecker/v. Rosenberg*, Kommentar Mediengesetze, 1999; *Bullinger*, Verbreitung entgeltlicher Rundfunkprogramme und Mediendienste in Paketen, AfP 1997, 761; *Bullinger/Mestmäcker*, Multimediadienste – Struktur und staatliche Aufgaben nach deutschem und europäischem Recht, 1997; *Dörr/Gersdorf*, Der Zugang zum digitalen Kabel, 2002; *Dreier*, Grundgesetz, 1998; *Eberle*, Rundfunkübertragung – Rechtsfragen der Nutzung terrestrischer Rundfunkfrequenzen, in: Schriften zu Kommunikationsfragen, Bd. 13, 1989; *ders.*, Neue Übertragungstechniken und Verfassungsrecht, ZUM 1995, 249; *Eberle/Rudolf/Wasserburg*, Mainzer Rechtshandbuch der Neuen Medien, 2003; *Ellinghaus*, TKG-Novelle und Europarecht: Probleme mit der Flexibilisierung, CR 2004, 23; *Engels*, Regelungen zur rundfunkrechtlichen Frequenzoberverwaltung: das Beispiel Hamburg, ZUM 1997, 106; *Europäische Audiovisuelle Informationsstelle* (Hrsg.), Regulierung des Zugangs zum digitalen Fernsehen, 2004; *dies.*, Glossar zum digitalen Fernsehen, 2004; *Frevert*, Regelungen des neuen TKG zur Rundfunkübertragung, MMR 2005, 23; *Gersdorf*, Regelungskompetenzen bei der Belegung digitaler Kabelnetze, 1996; *ders.*, Die dienende Funktion der Telekommunikationsfreiheiten: zum Verhältnis von Telekommunikations- und Rundfunkordnung, AfP 1997, 424; *ders.*, Chancengleicher Zugang zum digitalen Fernsehen, 1998; *ders.*, Grundzüge des Rundfunkrechts, 2003; *Gabriel-Bräutigam*, Rundfunkkompetenz und Rundfunkfreiheit, 1990; *Gounalakis*, Das TK-Sonderkartellrecht und die Regelungen zur Belegung von Übertragungskapazitäten auf dem Prüfstand, K&R 2003, 49; *Grupp*, Zur Mitwirkung des Bundestages bei dem Erlass von Rechtsverordnungen, DVBl. 1974, 177; *Hahn/Vesting* (Hrsg.), Beck'scher Kommentar zum Rundfunkrecht, 2003; *Hartstein/Ring/Kreile/Dörr/Stettner*, Kommentar zum Rundfunkstaatsvertrag, Loseblattsammlung, 2005; *Heinsen*, Die Zustimmung des Bundesrates zu Bundesgesetzen, Recht im Amt (RiA) 1973, 146; *Held/Schulz*, Überblick über die Gesetzgebung für elektronische Medien von 1994 bis 1998: Aufbau auf bestehenden Regelungsstrukturen, RuF 1999, S. 78; *Hesse*, Rundfunkrecht, 3. Aufl. 2003; *Heun*, Das neue Telekommunikationsgesetz 2004, CR 2004, 893; *Hoffmann-Riem/Wieddekind*, Frequenzplanung auf der Suche nach Planungsrecht in: Erbguth/Cebbecke/Rengeling/Schulte (Hrsg.), Festschrift für Werner Hoppe, 2000; *Holznagel*, Probleme der Rundfunkregulierung im Multimedia-Zeitalter, ZUM 1996, 16; *ders.*, Weiterverbreitung und Zugangssicherung beim digitalen Fernsehen, MMR 2000, 480; *Holznagel/Daufeldt*, Zugangssicherungen bei digitaler Fernsehübertragung, Medienrecht 1998, 151; *Holznagel/Bysikiewicz/Enaux/Nienhaus*, Grundzüge des Telekommunikationsrechts, 2000; *Isensee/Kirchhof*, Handbuch des Staatsrechts, Bd. III, 1988; *Jarass/Pieroth*, Kommentar zum Grundgesetz der Bundesrepublik Deutschland, 5. Aufl., 2000; *Jarass*, Kartellrecht und Landesrundfunkrecht, Köln 1991; *Koenig/Kühling*, EG-beihilferechtlicher „Switch-Off" für das digitale terrestrische Fernsehen (DVB-T)?, K&R 2004, 201; *Kreile*, Kompetenz und kooperativer Föderalismus im Bereich des Kabel- und Satellitenrundfunks, München 1986; *Ladeur*, Die Regulierung von Telekommunikation und Medien im Zeitalter ihrer Konvergenz, RTkom 1999, 68; *ders.*, Zur flexiblen Abstimmung von Bundes- und Landeskompetenzen auf den Gebieten des Telekommunikations- und des Rundfunkrechts, ZUM 1998, 261; *ders.*, Das Europäische Telekommunikationsrecht im Jahre 2003, K&R 2004, 153; *Libertus*, Zur Notwendigkeit einer Neubestimmung des Verhältnisses von Rundfunk- und Telekommunikationsrecht am Beispiel der Frequenzordnung, ZUM 1997, 702; *Nowosadtko*, Frequenzplanungsrecht, 1998; *Ossenbühl*, Rundfunk zwischen nationalem Verfassungsrecht und europäischen Gemeinschaftsrecht, 1986; *Papier*, Fernmeldemonopol der Post und Privatrundfunk, DÖV 1990, 217; *Ricker/Schiwy*, Rundfunkverfassungsrecht, 1997; *Sachs*, Grundgesetz Kommentar, 2. Aufl., 1999; *Schenke*, Die Verfassungsorgantreue, 1977; *Scherer*, Frequenzverwaltung zwischen Bund und Ländern unter dem TKG, K&R Beilage 11/1999, 1; *ders.*, Die Entwicklung des Telekommunikationsrechts in den Jahren 1998 und 1999, NJW 1998, 772; *ders.*, Telekommunikationsrecht und Telekommunikationspolitik, 1985; *Schmidt*, Öffentliches Wirtschaftsrecht, Besonderer Teil, Bd. 1, 1995; *Scholz*, Zustimmung des Bundesrates zu Rechtsverordnungen des Bundes, DÖV 1990, 455; *Schulz/Wasner*, Rundfunkrechtlich relevante Fragen der Lizenzierung und Frequenzverwaltung nach dem TKG, ZUM 1999, 513; *Schulz/ Vesting*, Frequenzmanagement und föderale Abstimmungspflichten, 2000; *Schürmann*, Die Umgehung des Bundesrates im sog. „Ersten Durchgang" einer Gesetzesvorlage, AöR 115 (1990), 45; *Wassermann* (Hrsg.), Alternativkommentar zum Grundgesetz für die Bundesrepublik Deutschland, Band 2, 1989; *Weisser/Bauer*, Verbreitung breitbandiger Inhalte nach dem neuen Telekommunikationsrecht, MMR 2003, 709; *Zorn*, Fernsehen ohne Grenzen – Digitalisierung, nationale Verschlüsselung und die Folgen, K&R 2003, 130.

Positionen/Stellungnahmen: *ARD/ZDF/DLR*, Gemeinsame Stellungnahme zum Referentenentwurf des TKG (30. 4. 2003) vom 28. 5. 2003; *BDI*, Stellungnahme zum Regierungsentwurf (Stand: 15. 10. 2003) für ein neues Telekommunikationsgesetz vom 7. 11. 2003; *Gemeinsame Stelle Digitaler Zugang*, Anforderungen an Navigatoren vom 4. 5. 2004; *Kirchner*, Stellungnahme zum TKG-Referentenentwurf vom 28. 5. 2003; *VATM*, Stellungnahme des VATM zum TKG-Regierungsentwurf vom 15. 10. 2003; *VPRT*, Positionspapier zum Referentenentwurf der Novelle des TKG (Stand: 30. 4. 2003) vom 2. 6. 2003; *ders.*, Position des VPRT zu Set-Top-Boxen und Navigatoren vom 9. 3. 2004; *ders.*, Positionspapier zum Gesetzentwurf der Bundesregierung zur Novelle des TKG (Stand: 9. 1. 2004) vom 5. 2. 2004; *ders.*, Anmerkungen des VPRT zu dem Entwurf der Verfahrensordnung für die Streitschlichtung nach § 51 TKG vom 22. 6. 2004 sowie zu den entsprechenden Verfahrensabläufen vom 8. 2. 2005.

Übersicht

I. Bedeutung der Regelungen in den §§ 48 ff. TKG

1 Die digitale Übertragungstechnik im Rundfunk[1] bietet die Möglichkeit, Anwendungen der **Sprach- und Datenkommunikation** in Hörfunk- und Fernsehdarbietungen zu integrieren. Der Rundfunkbegriff im TKG ist nicht mit dem von § 2 RStV deckungsgleich. Er umfasst zwar auch Hörfunk und Fernsehen, allerdings zielt er auf das Kapazitätsmanagement an sich, so dass Funkdienste und insbesondere die Mediendienste des MDStV mit erfasst werden.[2] Das Medium rückt näher an das Internet heran, sowohl bezüglich seiner inhaltlichen und technischen Möglichkeiten als auch hinsichtlich der Art und Weise der Nutzung. Bisher technisch bedingte Restriktionen bei der **Konvergenz elektronischer Anwendungen** von Individual- und Massenkommunikation könnten zunehmend entfallen.[3] Und schließ-

---

1 *Hahn/Vesting/Schulz*, RStV, § 2 RdNr. 39.
2 *Hahn/Vesting/Schulz*, § 2 RdNr. 39.
3 Zur Konvergenz der Medien: Europäische Audiovisuelle Informationsstelle, Glossar des digitalen Fernsehens, S. 1; Gemeinsame Stelle Digitaler Zugang, Anforderungen an Navigatoren, S. 2 f.; s. a. *Balda/Schmits*, CR 1998, 421 ff.

lich lassen sich durch die Komprimierung der Inhalte die Kapazitäten optimieren, so dass z. B. mehrere Programme über einen Kanal verbreitet werden können.[4]

Diesem Potenzial entsprechend folgert Erwägungsgrund 5 RRL[5], dass *„angesichts der Verschmelzung von Telekommunikation, Medien und Informationstechnologien […] für alle Übertragungsnetze und -dienste ein einheitlicher Rechtsrahmen gelten"* solle. Der Regulierungsansatz wird dabei vom **Grundsatz der Technologieneutralität** bestimmt. Dies bedeutet, dass die Regulierung unabhängig von den jeweiligen Telekommunikationsdienstleistungen und der genutzten Netzinfrastruktur erfolgen soll.[6] Das Wort **Dienste** ist nicht in der Weise zu verstehen, dass der Rechtsrahmen auch auf Inhalte Anwendung finden würde. Tatsächlich zieht die Richtlinie diesbezüglich sogar eine scharfe Grenze: Bei der Definition eines elektronischen Kommunikationsnetzes in Art. 2 a RRL sind zwar die **„Netze für Hör- und Fernsehfunk sowie Kabelfernsehnetze"** einbezogen, gleichzeitig wird aber jeder Bezug zu den darüber verbreiteten Informationen verneint. Der Regulierungsrahmen – und die hier gegenständlichen §§ 48 ff. TKG – stehen daher nicht in Konkurrenz zu der die Fernsehprogramme inhaltlich bestimmenden **Fernsehrichtlinie**[7]. Die Richtlinien[8] sind vielmehr komplementär, und zwar nicht nur aus rechtlichen, sondern auch aus tatsächlichen Gründen.[9] Insbesondere bei der Gewährleistung des Pluralismus der Medien, dem Ziel der kulturellen Vielfalt und des Verbraucherschutzes[10] bedingen die Regelungen einander und sind entsprechend wechselseitig einzubeziehen. Dies ist nicht immer unproblematisch und wird im deutschen Recht durch die verfassungsrechtlich getrennten Zuständigkeiten von Bund und den Ländern im Telekommunikations- und Medienbereich zusätzlich verkompliziert (siehe dazu RdNr. 5 ff.).

Das Richtlinienpaket ist bezogen auf den Rundfunk ein deutlicher Richtungsweiser, weg von herkömmlicher analoger Nutzung der Rundfunkfrequenzen hin zur digitalen Übertragungstechnik. Dieser Übergang ist in Teilbereichen im vollen Gange, auf das Ganze gesehen aber längst noch nicht abgeschlossen. Aufgrund der enormen Aufwendungen im Endnutzerbereich und der sich verändernden Distributionswege ist der **analoge Switch-Off** in Deutschland bisher für das Fernsehen im Zeitraum bis zum Jahr 2010 und für den UKW-Hörfunk für das Jahr 2015 vorgesehen.[11] In mehreren Bundesländern wurde das terrestrische Fernsehen bereits in den **DVB-T-Betrieb** überführt[12], im Kabel- und Satellitenrundfunkbereich hat die Digitalisierung schon vor ein paar Jahren Einzug erhalten.[13] Fest steht

---

4 Zum technischen Hintergrund der Komprimierung: Europäische Audiovisuelle Informationsstelle, Glossar zum digitalen Fernsehen, S. 6 m. w. N.

5 Richtlinie 2001/21/EG vom 7. März 2002 über einen gemeinsamen Rechtsrahmen für elektronische Kommunikationsnetze und -dienste (Rahmenrichtlinie) (ABl. EG L 108 vom 24. April 2002, S. 33) – siehe dazu *Ladeur*, K&R 2004, 154.

6 *Koenig/Kühling*, K&R 2004, 207.

7 Richtlinie 97/36/EG vom 19. Juni 1997 zur Änderung der Richtlinie 89/552/EWG zur Koordinierung bestimmter Rechts- und Verwaltungsvorschriften der Mitgliedstaaten über die Ausübung der Fernsehtätigkeit (ABl. EG L 202 vom 30. Juli 1997).

8 Siehe dazu Einl. II RdNr. 54 ff.

9 Siehe zu den europarechtlichen Grundlagen auch *Heun*, CR 2004, S. 893.

10 Erwägungsgrund 5 RRL.

11 § 63 Abs. 5 TKG; vgl. *Hahn/Vesting/Schulz* RStV, § 53 RdNr. 2; *Holznagel*, MMR 2000, 480.

12 Als Vorreiter gelten hier Berlin/Brandenburg und Nordrhein-Westfalen – vgl. *Koenig/Kühling*, K&R 2004, 201 f.

13 Vgl. *Eberle*, ZUM 1995, 249 f.

jedoch, dass je rascher sich die Marktbeteiligten auf gemeinsame Übergangsszenarien einigen, desto besser werden sich **Wachstumspotenziale** verwirklichen lassen, die auf Basis der analogen Übertragungstechnik weitgehend verschlossen sind.

4 In besonderer Weise nimmt sich das Richtlinienpaket auch der Bedingung an, wie die aus der Digitalisierung erwachsenen Möglichkeiten zum Wohle aller genutzt werden können. Beispielhaft lässt sich die Relevanz entsprechender Vorgaben am **Vertriebsweg digitaler Medieninhalte** veranschaulichen: Die Signale der Programme müssen beim Kunden mit einem Decoder entschlüsselt werden, gleichzeitig können Navigatorensysteme den Zuschauern helfen, sich im stark ausdifferenzierten Gesamtangebot zurechtzufinden.[14] Wird an den **Schlüsselfunktionen** der eigene Inhalt jedoch bevorzugt oder werden bestimmte Programme nicht mehr sichtbar gemacht, so kann sich daraus eine Gefahr für die Verwirklichung der Meinungsvielfalt ergeben. Ziel der §§ 48 ff. TKG ist daher, den Digitalisierungsprozess im Bereich der Rundfunkübertragung zu fördern und gleichzeitig auf **Wettbewerb, Offenheit, Transparenz und Chancengleichheit** der unterschiedlichen Zugangstechnologien hinzuwirken.[15]

II. Entstehungsgeschichte

5 Die Regelungen der §§ 48 ff. TKG haben **keine Vorgängerbestimmungen** im TKG 1996. Vielmehr wird mit den Normen der Versuch unternommen, im entwicklungsträchtigen Bereich der konvergierenden Medien und im Spannungsfeld unterschiedlicher Zuständigkeiten und Normenquellen von TK- und Medienrecht wenigstens eine Konzentrierung der Bestimmungen in einem Gesetz zu erreichen. So führt Teil 4 des TKG die an unterschiedlicher Stelle in den EU-Richtlinien platzierten Vorschriften mit konkretem Bezug zu Hörfunk und Fernsehen zusammen. Rundfunkfragen werden in der RRL, der ZRL[16] und der URL[17] behandelt. Außerdem werden Vorschriften des **Fernsehsignalübertragungsgesetzes (FÜG a.F.)**[18] in das neue TKG integriert – jedenfalls im heute noch notwendigen Umfang. Das FÜG a.F. trat nach § 152 Abs. 2 TKG außer Kraft.

6 Das FÜG a.F. war als Antwort des deutschen Gesetzgebers auf die **Richtlinie 95/47/EG** vom 24. 10. 1995[19] erlassen worden. Die Gemeinschaft hatte bereits Ende der 80er Jahre die strategische Bedeutung fortschrittlicher und **hochauflösender Fernsehdienste** (HDTV) für die europäische Konsumelektronikwirtschaft und die Film- und Fernsehindustrie erkannt. Vor diesem Hintergrund beschloss der Rat am 22. 7. 1993 einen **Aktionsplan**

---

14 Vgl. *Eberle*, ZUM 1995, 250; *Holznagel/Daufeld*, CR 1998, 151.
15 *Frevert*, MMR 2005, 23.
16 Richtlinie 2002/19/EG vom 7. März 2002 über den Zugang zu elektronischen Kommunikationsnetzen und zugehörigen Einrichtungen sowie deren Zusammenschaltung (Zugangsrichtlinie) (ABl. EG L 108 vom 24. April 2002, S. 7).
17 Richtlinie 2002/22/EG vom 7. März 2002 über den Universaldienst und Nutzungsrechte bei elektronischen Kommunikationsnetzen und -diensten (Universalrichtlinie) (ABl. EG L 108 vom 24. April 2002, S. 51).
18 FÜG vom 14. November 1997 (BGBl. I S. 2710) zuletzt geändert am 23. November 2003 (BGBl. I S. 2304).
19 Richtlinie 95/47/EG vom 24. Oktober 1995 über die Anwendung von Normen für die Ausstrahlung von Fernsehsignalen (ABl. EG L 281 vom 23. November 1995, S. 54).

zur Einführung fortschrittlicher Fernsehdienste.[20] Mit diesem sollte u. a. das **Breitbild-schirmformat 16:9** gefördert werden, und zwar unabhängig von der verwendeten europäischen Fernsehnorm und Übertragungstechnik. Das Breitbildschirmformat war auf internationaler Ebene von der internationalen Fernmeldeunion (ITU) für hochauflösendes Fernsehen angenommen worden. Für die Zwecke der Richtlinie 95/47/EG wurden an die Übertragungssysteme von Breitbildschirmfernsehdiensten Mindestanforderungen gestellt (z. B. bezüglich der Darstellung eines Bildes in voller vertikaler Auflösung). Weiterhin wurde es als unerlässlich anerkannt, gemeinsame Normen für die Digitalübertragung dieser fortschrittlichen Dienste zu schaffen; nur so könne sich ein freier und effektiver Wettbewerb einstellen. Schließlich wandte man sich auch der Frage von **Zugangsberechtigungssystemen und Verschlüsselungsalgorithmen** zu. Ziel der Richtlinie war es sicherzustellen, dass alle Anbieter von entsprechenden Diensten grundsätzlich allen Kunden in der europäischen Gemeinschaft ihre Programme liefern können. Da die Richtlinie eine Fülle von Vorgaben betraf, die Rechtspflichten für Anbieter von Fernsehdiensten oder Hersteller von Fernsehgeräten beinhalteten, bedurfte es in Deutschland der Umsetzung in Gestalt eines förmlichen Gesetzes. Dieses musste als eigenständiges Normenwerk ergehen, weil einerseits keine Rechtsvorschriften betreffend die Fernsehsignalübertragung existierten und andererseits die Vorschriften wegen ihres **wettbewerbsrechtlichen Charakters** auch nicht schlicht als technische Verordnung verabschiedet werden konnten.[21] Am 14. 11. 1997 setzte der deutsche Gesetzgeber sodann das FÜG a. F. in Kraft; letztlich reichlich verspätet, da nach Art. 8 Abs. 1 der Richtlinie 95/47/EG die Umsetzung bereits innerhalb von neun Monaten hätte erfolgen müssen. Das Gesetz sah Bestimmungen über die Übertragung und Verteilung von Fernsehdiensten (§§ 3, 4 FÜG a. F.), über Fernsehgeräte, Fernsehempfänger und Decoder (§ 5 FÜG a. F.) sowie Zugangsberechtigungssysteme für digitale Fernsehdienste und das Anbieten solcher Berechtigungen (§§ 6, 7 FÜG a. F.) vor. Daneben waren Normen erforderlich, welche die praktische Wirksamkeit des Gesetzes sicherstellten. Dies sollte durch die von der Richtlinie vorgegebene Schaffung einer Schlichtungsstelle bei Verstößen gegen gesetzliche Vorgaben und durch entsprechende Ordnungswidrigkeittatbestände erreicht werden (§§ 10, 11 und 12 FÜG a. F.). Während die gestaltenden Normen des FÜG a. F. in den folgenden Jahren eine wichtige Leitfunktion für die Entwicklung digitaler Märkte hatten, erscheint rückblickend die **Bedeutung des Schlichtungsverfahrens gering**. Dies mag schon darin begründet sein, dass die Schlichtungsstelle entsprechend § 11 Abs. 1 FÜG a. F. erst zu Beginn des Jahres 2000 bei der Regulierungsbehörde errichtet wurde.[22] Die Schlichtungsstelle gab sich auch noch eine Verfahrensordnung und benannte ihre Mitglieder.[23] Bis zum Außer-Kraft-Treten des FÜG a. F. nach § 152 Abs. 2 TKG wurde die Schlichtungsstelle jedoch weder angerufen, noch hat sie in sonstiger Weise Gelegenheit gehabt, auch nur ein einziges Mal rechtsgestaltend in Erscheinung zu treten.

---

20 Beschluss 93/424/EWG über einen Aktionsplan zur Einführung fortschrittlicher Fernsehdienste in Europa (ABl. EG L 196 vom 5. August 1993, S. 48).
21 Amtliche Begründung zum FÜG, BT-Drs. 13/7337, S. 7.
22 Errichtungsverordnung für die Schlichtungsstelle entsprechend § 11 Abs. 1 des Gesetzes über die Anwendung von Normen für die Übertragung von Fernsehsignalen, Mitteilung Nr. 42/2000, ABl. RegTP 2/2000, S. 172.
23 Verfahrensordnung für das Schiedsverfahren nach § 11 Abs. 1 FÜG, Mitteilung Nr. 44/2000, ABl. RegTP 2/2000, S. 172 ff.; Besetzungsanordnung für die Schlichtungsstelle entsprechend § 11 Abs. 1 FÜG, Mitteilung Nr. 43/2000, ABl. RegTP 2/2000, S. 172.

7   Mit der Novelle des TKG strebte der deutsche Gesetzgeber entsprechend der Amtlichen Begründung außerdem *„eine Optimierung der kompetenzrechtlich begründeten Regelungsdualität mit der Telekommunikationshoheit des Bundes und der Rundfunkhoheit der Länder"*[24] an. Vor diesem Hintergrund sollen durch die §§ 48 ff. TKG *„Doppelregulierungen geheilt und Verfahrensabläufe zwischen Bund und Ländern verbessert werden"*[25]. Nicht immer scheint dies allerdings konzeptionell umfassend und zufriedenstellend gelungen zu sein. Denn es ist problematisch, bestehenden Regelungen auf Landesebene, wie **§ 53 Rundfunkstaatsvertrag (RStV)**[26], auf der Ebene der Regulierungsbehörde noch einmal das gleiche Instrumentarium gegenüberzustellen und den Interessenausgleich dann auf der Verfahrensebene zwischen Behörde und den zuständigen Stellen nach Landesrecht zu erhoffen.[27] Diesem Ansatz war der Gesetzgeber allerdings auch schon im Jahre 1997 mit Erlass des FÜG a. F. erlegen, als man wie heute die Richtlinie mehr oder weniger wörtlich übernahm, ohne die begrifflichen und dogmatischen Probleme im Detail zu bewältigen.[28] Damals führte dies nur dazu, dass die Regelungen im FÜG a. F. schlicht ohne praktische Relevanz blieben; im Zeitalter der Konvergenz kann man allerdings nicht darauf bauen, dass die Bereiche Telekommunikation und Rundfunk nicht in Konflikt geraten. Zur Zeit arbeitet die Regulierungsbehörde an dem Entwurf einer Verfahrensordnung, die vor allem die Zusammenarbeit und den Informationsaustausch zwischen der Regulierungsbehörde und der zuständigen Stelle nach Landesrecht regeln soll.[29]

III. Verfassungsrechtlicher Hintergrund

8   Die Übertragung von Rundfunksignalen, so wie sie in Teil 4 des TKG kodifiziert ist, tangiert nicht nur technisch die **Schnittstelle zwischen Übertragungsweg und Inhalt**. Es ist gerade auch die rechtliche Zuordnung, die aufgrund der verfassungsrechtlichen **Kompetenzverteilung zwischen Bund und Ländern** problematisch und umstritten ist.[30]

9   In Deutschland ist die Gesetzgebung über die Medien betreffende Fragen gemäß grundgesetzlicher Kompetenzregelungen zwischen Bund und Ländern aufgeteilt.[31] Dem Bund steht die Gesetzgebungskompetenz regelmäßig dann zu, wenn die zu regelnde Materie einem Kompetenztitel der Art. 72 ff. GG unterfällt. Der Gesetzgeber stützt seine Zuständigkeit für die Regelung der Rundfunkübertragung im Teil 4 des TKG insbesondere auf **Art. 73 Nr. 7 GG**, der **ausschließlichen Gesetzgebungskompetenz über das Postwesen und die Telekommunikation**.[32] Der Begriff der Telekommunikation ist mit Blick auf die international gebräuchliche Terminologie im Zuge der Verfassungsänderung aus dem Jahre 1994 an die Stelle des früheren Begriffs des Fernmeldewesens (Art. 73 Nr. 7 GG a. F.) ge-

---

24 Amtliche Begründung zum TKG, BT-Drs. 15/2316, S. 73.
25 Amtliche Begründung zum TKG, BT-Drs. 15/2316, S. 73.
26 Rundfunkstaatsvertrag vom 31. August 1991 zuletzt geändert durch Art. 1 des Siebten Rundfunkänderungsstaatsvertrages vom 1. April 2004 – vgl. *Hahn/Vesting*, RStV, S. 1 ff.
27 Kritisch auch VPRT, Positionspapier 2. 6. 2003, S. 9.
28 Vgl. *Holznagel/Daufeld*, CR 1998, 155; *Ladeur*, K&R 2004, 153.
29 Siehe dazu auch Anmerkungen der VPRT zum Entwurf der Verfahrensordnung vom 8. 2. 2005.
30 Vgl. *Ladeur*, ZUM 1998, 261 ff.; *Ricker/Schiwy*, Rundfunkverfassungsrecht, S. 146 ff.; *Hahn/Vesting/Schulz*, RStV, § 53 RdNr. 17 ff.
31 *Rudolf*, in: Mainzer Rechtshandbuch der Neuen Medien, S. 73 ff.
32 Siehe Amtliche Begründung zum TKG, BT-Drs. 15/2316, S. 55; *Frevert*, MMR 2005, 24.

treten, ohne dass damit eine sachliche Änderung erfolgt ist.[33] Telekommunikation im Sinne des Art. 73 Nr. 7 GG ist ein technischer, am Vorgang der Übermittlung von Signalen orientierter Begriff.[34] Demnach betrifft die **ausschließliche Regelungskompetenz des Bundes** für den Bereich der Telekommunikation alle für einen geordneten Ablauf der Übermittlung und des Empfangs von Sendesignalen erforderlichen Regelungen.[35] Die kontrovers diskutierte Frage, ob dies auch die Übertragung von Rundfunk einschließt, hat mit dem **Urteil des Bundesverfassungsgerichtes** vom 28. 2. 1961 eine bis heute fortwirkende Antwort gefunden.[36] In Abgrenzung zu der Kompetenz der Länder, die aus der Rundfunkfreiheit des Art. 5 GG zu gewährleistenden Grundlagen in materiellrechtlicher und organisatorischer Hinsicht zu normieren, hat das Bundesverfassungsgericht die Materie des Fernmeldewesens auf den **sendetechnischen Bereich** des Rundfunks beschränkt. Das Rundfunkrecht sei Sache der Länder, die Regelung der Bereitstellung geeigneter Übertragungsmittel und Übertragungswege sei Sache des Bundes.[37] Auch der Gesichtspunkt der Überregionalität von Rundfunksendungen könne keine Bundeskompetenz kraft Sachzusammenhanges begründen.[38] Die Telekommunikation diene dem Rundfunk und dessen publizistischer Funktion; ihr komme deshalb nur eine untergeordnete Bedeutung zu.[39] Diese Sicht gründet auf der Annahme, dass sich die Bedeutung der Telekommunikation lediglich auf die **Transportfunktion von Sendesignalen** erstreckt, mitunter das Fernmeldewesen dem Rundfunk nur die zu seiner Funktionalität erforderlichen technischen Voraussetzungen verschafft.

Während also für die **technische Regulierung der Übertragungswege** der Bund zuständig ist, unterfällt die Regulierung von Inhalten im Rundfunk der Gesetzgebungskompetenz der Länder. Problemfelder ergeben sich nun dadurch, dass mit dem technologischen Fortschritt eine zunehmende **Verschmelzung von Telekommunikation, Medien und Informationstechnologien** stattfindet. Insbesondere Anwendungs-Programmierschnittstellen und Zugangsberechtigungssysteme, die beide einerseits Bestandteil des technischen Übertragungswegs, andererseits wesentliche Parameter für den Zugang zu Rundfunkangeboten sind, sind hier beispielhaft zu nennen (siehe dazu RdNr. 17 und 19). Eine klare Abgrenzung zwischen dem Bereich der Telekommunikation, die dem Rundfunk und dessen publizistischer Funktion dienen soll[40], und Rundfunk ist heute immer weniger möglich oder jedenfalls deutlich erschwert. Die Einführung digitaler Übertragungstechnik, die es erlaubt, Anwendungen der Sprach- und Datenkommunikation in Rundfunkdarbietungen zu integrieren, verschärft diese **Abgrenzungsschwierigkeiten** weiter. Diese Diskussion wird aber letztlich seit dem Gesetzgebungsverfahren zum FÜG a. F. geführt.[41] In seiner Stellungnahme zweifelte der Bundesrat damals die Regelungskompetenz des Bundes bezüglich der §§ 7, 8 FÜG a. F. an (Anbieten von Diensten mit Zugangsberechtigung u. a.).[42] Die Bundes-

10

---

33 *Gersdorf*, Chancengleicher Zugang zum digitalen Fernsehen, S. 51 m. w. N.
34 *Gersdorf*, in: Mainzer Rechtshandbuch der Neuen Medien, S. 136.
35 *Gersdorf*, in: Mainzer Rechtshandbuch der Neuen Medien, S. 136.
36 BVerfGE 12, 205 – „Fernsehurteil".
37 Bonner Komm./*Badura*, Art. 73 Nr. 7 RdNr. 20.
38 *Gersdorf*, Grundzüge des Rundfunkrechts, S. 49.
39 Bonner Komm./*Badura*, Art. 73 Nr. 7 RdNr. 20.
40 *Eberle*, Rundfunkübertragung – Rechtsfragen der Nutzung terrestrischer Rundfunkfrequenzen, S. 27; *Frevert*, MMR 2005, 24.
41 Vgl. *Ladeur*, ZUM 1998, 261 ff.
42 BT-Drs. 13/7337, Anlage 2, S. 11.

regierung entgegnete, dass die Normen keine Verhaltenspflichten für die Rundfunkveranstalter ergäben und nur deren Rolle als Diensteanbieter geregelt seien.[43] Das Gesetz wurde bekanntermaßen verabschiedet. Auch beim neuen TKG wurden im Gesetzgebungsverfahren verfassungsrechtliche Bedenken geäußert[44], die letztlich aber vom Wissen um die Notwendigkeit der Regelung verdrängt wurden.

11 In Anbetracht dieses verfassungsrechtlichen Kompetenzkonfliktes kommt dem **Grundsatz der Bundestreue** und dem daraus abgeleiteten **Gebot länder- bzw. bundesfreundlichen Verhaltens** eine zentrale Bedeutung zu.[45] Das **Prinzip des bundesfreundlichen Verhaltens** begründet die wechselseitige Pflicht zwischen Bund und Ländern, keine Regelungen zu schaffen, welche die berechtigten Interessen der jeweils anderen Seite konterkarieren.[46] Diesem Grundsatz folgend, dürfen die Länder nicht kraft der rundfunkrechtlichen Sachkompetenz Entwicklungen der Telekommunikation blockieren.[47] Die Formel von der lediglich dienenden Funktion der Telekommunikation gegenüber dem Rundfunk kann dazu freilich in Konflikt geraten. Insbesondere das durch die Formel suggerierte **Stufenverhältnis** zwischen Rundfunk und Telekommunikation[48] wird deshalb schon aus sachlichen in der Hybridisierung und Konvergenz der Medientechnologien[49] liegenden Gründen in Frage gestellt.[50] Hinzu kommt, dass die **Liberalisierung des Telekommunikationsmarktes** gemäß Art. 87 f. GG ebenfalls **Verfassungsrang** hat und somit die technischen Weiterentwicklungschancen durchaus in die notwendige Güterabwägung einzubeziehen sind.

12 Eine Lösung der Kompetenzschwierigkeiten kann somit nicht allein über das Prinzip des bundesfreundlichen Verhaltens entwickelt werden, da aus diesem Grundsatz erst bei einer besonders schweren Divergenz eine **aktive Pflicht zur Zusammenarbeit** abgeleitet werden kann.[51] An der Schnittstelle zwischen Telekommunikation und Rundfunk erwarten die Beteiligten aber eine klare Regelung der Materie. Eine Doppelzuständigkeit darf es gemäß Bundesverfassungsgericht auch hier nicht geben.[52] Ausgehend von einem modernen Ansatz betreffend das Verhältnis zwischen Rundfunk- und Telekommunikationsrecht ist eine Lösung der Kompetenzproblematik daher nur auf **kooperativer Basis zwischen Bund und Ländern** zu suchen. Eine Kompetenzbeschränkung des Bundes bei grundlegenden Aspekten der fernmelderechtlichen Komponente des Rundfunkwesens hat daher in der Weise zu erfolgen, dass der Bund eine **Pflicht zur Rücksichtnahme** auf den medienrechtlichen Entscheidungsspielraum der Länder hat.[53] Soweit das Telekommunikationsrecht den zu berücksichtigenden Gestaltungsspielraum der Länder im Bereich des Rundfunkrechts tangiert, ergeben sich zudem **Informations-, Anhörungs- und Abwägungspflichten des Bundes** gegenüber den Ländern[54] bzw. eine **allgemeine Pflicht zur Zusammenar-**

---

43 BT-Drs. 13/7337, Anlage 3, S. 14.
44 ARD/ZDF/DLF, Stellungnahme zum Referentenentwurf, S. 7 ff.
45 *Hahn/Vesting/Schulz*, RStV, § 53 RdNr. 19.
46 *Schulz/Vesting*, Frequenzmanagement und föderale Abstimmungspflichten, S. 9.
47 Bonner Komm./*Badura*, Art. 73 Nr. 7 RdNr. 31.
48 Vgl. zu diesem Stufenverhältnis *Schulz/Wasner*, ZUM 1999, 515.
49 *Ladeur*, ZUM 1998, 261 ff.
50 Zum Ganzen: *Schulz/Vesting*, Frequenzmanagement und föderale Abstimmungspflichten, S. 10.
51 *Schulz/Vesting*, Frequenzmanagement und föderale Abstimmungspflichten, S. 11.
52 *Gersdorf*, Chancengleicher Zugang zum digitalen Fernsehen, S. 48 m. w. N.
53 *Hesse*, Rundfunkrecht, S. 47; *Ricker/Schiwy*, Rundfunkverfassungsrecht, S. 249.
54 *Gabriel-Bräutigam*, Rundfunkkompetenz und Rundfunkfreiheit, S. 114.

beit.[55] Soweit die zu treffenden Regelungen hingegen nur medienrechtliche Sachverhalte betreffen, soll die Regelungskompetenz aufgrund des rundfunkrechtlichen Charakters allein den Ländern zufallen.[56]

Im Interesse der Rechtssicherheit für die Nutzung und die Weiterentwicklung der neuen **13** Medien haben der Bund und die Länder die Regelungskompetenz nach diesem kooperativen Ansatz bereits einige Male in Teilbereichen praktiziert.[57] So einigte man sich in einer **Bund-Länder-Absprache vom 1. 7. 1996** darauf, die reine Individualkommunikation, Datendienste und Telespiele dem Bund, die elektronische Presse und Video-on-Demand-Angebote hingegen den Ländern zur Regelung zu überlassen.[58] Ähnliches lässt sich hinsichtlich der in die Kompetenz des Bundes fallenden Teledienste im TKG 1996 bzw. den zur Zuständigkeit der Länder gehörenden Mediendiensten im Mediendienste-Staatsvertrag sagen.[59] Wie in der Regelung im 4. Teil des TKG – insbesondere in § 49 Abs. 3 TKG und § 50 Abs. 4 TKG – hat der Gesetzgeber reine Kompetenzfragen zugunsten der sachgerechten Lösung hinten angestellt. Dieser Imperativ der Rücksichtnahme auf die Belange des Rundfunks in der Telekommunikation wurde in § 2 Abs. 5 TKG ausdrücklich verankert. Anders als in den genannten Fällen hat man im TKG allerdings keine funktionale Aufteilung vorgenommen, sondern sich eine **verfahrensmäßige Zusammenarbeit** auferlegt. Letztlich wurden dadurch die kompetenzrechtlichen Probleme von der verfassungsmäßigen und gesetzgeberischen Ebene auf die Verfahrensebene verschoben.[60] Zur Zeit arbeitet die Regulierungsbehörde an dem Entwurf einer Verfahrensordnung, die vor allem die Zusammenarbeit und den Informationsaustausch zwischen der Regulierungsbehörde und der zuständigen Stelle nach Landesrecht regeln soll.[61]

IV. Glossar zum digitalen Rundfunk

1. Interoperabilität. – Unter Interoperabilität versteht man die Fähigkeit von Systemkom- **14** ponenten, so zusammenzuarbeiten, dass Inhalte transferiert werden können und dennoch ihre volle Funktionalität erhalten bleibt. Ziel ist es, die gemeinsame Nutzung von Daten, Programmen und Prozessen verschiedener Hersteller oder Anbieter zu ermöglichen. Interoperabilität reicht begrifflich weiter als **Kompatibilität**, welche nur die Verträglichkeit von Systemen bezeichnet. Um das interoperative Potenzial des digitalen Fernsehens auszuschöpfen, bedarf es standardisierter Schnittstellen und einer einheitlichen Interpretation der digitalen Signale.[62] Eine Harmonisierungsaufgabe in diesem Bereich erfüllt u. a. das Institut **ETSI (European Telecommunications Standards Institute)**.[63]

2. Verschlüsselung. – Verschlüsselung ist die Veränderung der Signale mit einem **krypto- 15 graphischen Programm**. Nur wenn man über einen für die Rückumwandlung entspre-

---

55 *Kreile*, Kompetenz und kooperativer Föderalismus im Bereich des Kabel- und Satellitenrundfunks, S. 141.
56 *Ricker/Schiwy*, Rundfunkverfassungsrecht, S. 149.
57 *Rudolf*, in: Mainzer Rechtshandbuch der Neuen Medien, S. 75, RdNr. 112.
58 *Rudolf*, in: Mainzer Rechtshandbuch der Neuen Medien, S. 75, RdNr. 112 m. w. N.
59 *Rudolf*, in: Mainzer Rechtshandbuch der Neuen Medien, S. 75, RdNr. 112.
60 *Gounalakis*, K&R 2003, 51; *Frevert*, MMR 2005, 24.
61 Siehe dazu auch Anmerkungen der VPRT zum Entwurf der Verfahrensordnung vom 8. 2. 2005.
62 Europäische Audiovisuelle Informationsstelle, Glossar des digitalen Fernsehens, S. 3.
63 http://www.etsi.org/ – siehe auch Fernsehdienstnormenverordnung vom 4. 2. 1999 (BGBl. I S. 85).

chenden Schlüssel verfügt, wie er in Decodern zu finden ist, lassen sich die unkenntlich gemachten Inhalte rezipieren. Die Verschlüsselung ist vor allem für zugangskontrollierte Dienste wie Pay-TV bzw. altersbeschränkte Sendungen oder auch für territoriale Eingrenzungen (beim Satellitenrundfunk) notwendig.[64] Bei der Verschlüsselung wird der Datenstrom nach einer mathematischen Regel in der Reihenfolge verändert. In Europa erfolgt dies unter Zuhilfenahme des standardisierten **Common Scrambling Algorithmus**.[65]

16   **3. Decoder.** – Der Decoder oder die Set-Top-Box enthält die zum Entschlüsseln digitaler Signale erforderliche Hard- und Software. Er kann als externes Gerät mit einem Kabel angeschlossen werden oder bereits im Empfangsgerät integriert sein. Soll der Decoder auch zugangsbeschränkte Inhalte erkennen und entsprechend aufbereiten, so muss die Set-Top-Box ein **Entschlüsselungsmodul** enthalten oder jedenfalls über ein Common Interface verfügen (siehe RdNr. 19), in das man das jeweilige Entschlüsselungsmodul einstecken kann. Decoder ohne Entschlüsselungsmodul bezeichnet man als **Zapping-Box** – mit ihnen kann man frei digital verbreitete Programme empfangen.[66]

17   **4. Anwendungs-Programmierschnittstelle (Application Programming Interface – API).** – Unter einer Anwendungs-Programmierschnittstelle versteht man die Schnittstelle, über die Anwendungsprogramme einzelner Dienste- oder Serviceanbieter auf die Betriebssoftware der Set-Top-Box aufsetzen können. Die Anwendungs-Programmierschnittstelle übersetzt gewissermaßen die Sprache der Anwendungsprogramme in die Sprache des Decoders.[67] Eine offene Anwendungs-Programmierschnittstelle ermöglicht die Programmanwendung unterschiedlicher Anbieter auf der gleichen Set-Top-Box. Derzeit gebräuchliche Anwendungs-Programmierschnittstellen sind OpenTV, Mediahighway und Betanova. Der Begriff der Anwendungs-Programmierschnittstelle ist gesetzlich in § 3 Nr. 2 TKG definiert (siehe § 3 RdNr. 4).

18   **5. Multimedia Home Platform (MHP).** – Die Anwendungs-Programmierschnittstelle ist von wesentlicher Bedeutung für die Entwicklung der digitalen Märkte.[68] Tatsächlich ist die Interoperabilität aber nicht durchgängig gegeben. Vor diesem Hintergrund wurde die von der Hardware unabhängige **Multimedia Home Platform** als eine allgemein zugängliche technische Lösung für alle multimedialen Anwendungen und Dienste im Rahmen von digitalem Rundfunk entwickelt.[69] Bei MHP handelt es sich um einen offenen Standard, der keiner Lizenzierung unterliegt. Die Spezifikation ist frei zugänglich und basiert auf der **Java-Technologie**. Dadurch können Decoder nicht nur alle digitalen Fernsehprogramme und elektronischen Programmführer (EPGs), sondern auch unterschiedliche Multimedia-Anwendungen vollständig darstellen. MHP legt eine Spezifikation für die Betriebssoftware, nicht aber für die spezielle Architektur des Empfangsgerätes fest. Die Hersteller sind demnach in ihrer Entscheidung frei, auf welche Art und Weise sie MHP in die Empfangsgeräte

---

64 Europäische Audiovisuelle Informationsstelle, Glossar des digitalen Fernsehens, S. 9; *Zorn*, K&R 2003, 131.

65 ETSI Ref ETR 289.

66 Europäische Audiovisuelle Informationsstelle, Glossar des digitalen Fernsehens, S. 17 f.; zu den damit einhergehenden praktischen Problemen beim Rechtemanagement im Fernsehen vgl. *Zorn*, K&R 2003, 131.

67 Europäische Audiovisuelle Informationsstelle, Glossar des digitalen Fernsehens, S. 19.

68 Siehe Art. 17, 18 RRL.

69 Vgl. *Zorn*, K&R 2003, 133.

implementieren. MHP kann sowohl im Decoder als auch in separaten Fernsehempfangsgeräten und PCs integriert werden.[70]

6. Zugangsberechtigungssysteme. – Der Begriff Zugangsberechtigungssystem wird weit **19** verstanden. Er umfasst neben der Zugangskontrolle meist auch alle damit verbundenen administrativen Dienstleistungen (z. B. Abonnentenverwaltung).[71] Der Begriff leitet sich aus dem Begriff Conditional Access System ab und bezeichnet jede technische Maßnahme, die den Zugang zu einem geschützten Dienst in verständlicher Form von einer vorherigen individuellen Erlaubnis abhängig macht.[72] Sinn eines Zugangsberechtigungssystems ist, TV- und Hörfunkprogramme gebündelt in Abonnementform oder auch als Einzelabruf an Endnutzer zu vermarkten. Dazu werden die Programme in geschützter, d. h. verschlüsselter Form verbreitet. Die Nutzung dieser Programme ist im Unterschied zu frei empfangbaren Programmen nur dann möglich und erlaubt, wenn der Zugang zum Endnutzer individuell freigeschaltet wird. Zugangsberechtigungssysteme können über ihre Funktionsweise auch eine Kontrolle des Marktzugangs bewirken. Eine solche **Marktabschottung** ist möglich, wenn ein Programmanbieter seine Inhalte mit einem bestimmten Zugangsberechtigungssystem verschlüsselt und gleichzeitig bestimmt, dass nur seine Lizenznehmer das System in die Empfangsgeräte einbauen dürfen.[73] Wird ein Empfangsgerät in dieser Weise mit einem exklusiven Zugangsberechtigungssystem ausgestattet, spricht man von einem **proprietären System**. Zur Öffnung der Zugangsberechtigungssysteme für andere Programmanbieter gibt es verschiedene Möglichkeiten. Dabei kommen insbesondere die Verfahren Simulcrypt und Multicrypt zur Anwendung. Beim erstgenannten Verfahren **Simulcrypt** werden mehrere Verschlüsselungsvarianten bzw. die Kennungen mehrerer Zugangsberechtigungssysteme gleichzeitig versendet. Solange der Decoder des Empfängers über eines davon verfügt, kann die Entschlüsselung erfolgen. Damit die Interoperabilität zwischen den verschiedenen Systemen gewährleistet ist, müssen die Signale so aufbereitet sein, dass sie den speziellen Verschlüsselungsstandard unterstützen, gleichzeitig aber auch mit den anderen Systemen kommunizieren können. Auf der Seite des Senders muss demnach bei der Verschlüsselung des Programms ein hoher technischer Aufwand betrieben werden, damit im Ergebnis jeder beliebige Decoder alle Programme empfangen kann. Beim **Multicrypt-Verfahren** kommt es hingegen auf die Auslegung des Decoders an, ob ein oder mehrere Codes erkannt werden. Die Interoperabilität wird hier in den Endgeräten hergestellt. Jeder Programmanbieter fügt der Verschlüsselung seiner Programme nur die Zugangsberechtigungsnachrichten seiner eigenen Verschlüsselung bei. Die Aktivierung eines Entschlüsselungsmoduls erfolgt über die **Smartcard.** Um dennoch die Interoperabilität zu unterschiedlich verschlüsselten Programmpaketen zu sichern, müssen die Decoder über die unterschiedlichen **Entschlüsselungsmodule** verfügen oder als solche jedenfalls in den Decoder integriert werden können. Die dafür notwendigen Steckplätze sind von ETSI als **Common Interface** genormt worden.[74]

---

70 *Dörr/Janik/Zorn*, Der Zugang zum digitalen Kabel, S. 35.
71 *Holznagel/Daufeld*, CR 1998, 155; *Eberle*, ZUM 1995, 251; siehe die Graphiken in: Europäische Audiovisuelle Informationsstelle, Glossar des digitalen Fernsehens, S. 10.
72 Vgl. die gesetzliche Definition in § 3 Nr. 33 TKG; Art. 2 b Richtlinie 1998/84/EG über den rechtlichen Schutz von zugangskontrollierten Diensten und von Zugangskontrolldiensten (ABl. EG L 320 vom 28. November 1998, S. 54).
73 *Bullinger*, AfP 1997, 761; *Holznagel*, ZUM 1996, 22.
74 *Dörr/Janik/Zorn*, Zugang zum digitalen Kabel, S. 41 mit weiteren Hinweisen.

§ 48 Interoperabilität von Fernsehgeräten

(1) Jedes zum Verkauf, zur Miete oder anderweitig angebotene analoge Fernsehgerät mit integriertem Bildschirm, dessen sichtbare Diagonale 42 Zentimeter überschreitet, muss mit mindestens einer von einer anerkannten europäischen Normenorganisation angenommenen Schnittstellenbuchse ausgestattet sein, die den Anschluss digitaler Fernsehempfangsgeräte ermöglicht.

(2) Jedes zum Verkauf, zur Miete oder anderweitig angebotene digitale Fernsehempfangsgerät muss,

1. soweit es einen integrierten Bildschirm enthält, dessen sichtbare Diagonale 30 Zentimeter überschreitet, mit mindestens einer Schnittstellenbuchse ausgestattet sein, die von einer anerkannten europäischen Normenorganisation angenommen wurde oder einer gemeinsamen, branchenweiten, offenen Spezifikation entspricht und den Anschluss digitaler Fernsehempfangsgeräte sowie die Möglichkeit einer Zugangsberechtigung erlaubt,
2. soweit es eine Anwendungs-Programmierschnittstelle enthält, die Mindestanforderungen einer solchen Schnittstelle erfüllen, die von einer anerkannten europäischen Normenorganisation angenommen wurde oder einer gemeinsamen, branchenweiten, offenen Schnittstellenspezifikation entspricht und die Dritten unabhängig vom Übertragungsverfahren Herstellung und Betrieb eigener Anwendungen erlaubt.

(3) Jedes zum Verkauf, zur Miete oder anderweitig angebotene digitale Fernsehempfangsgerät, das für eine Zugangsberechtigung vorgesehen ist, muss Signale darstellen können,

1. die dem einheitlichen europäischen Kodieralgorithmus „Common Scrambling" entsprechen, wie er von einer anerkannten europäischen Normenorganisation verwaltet wird,
2. die keine Zugangsberechtigung erfordern. Bei Mietgeräten gilt dies nur, sofern die mietvertraglichen Bestimmungen vom Mieter eingehalten werden.

Übersicht

I. Normzweck und Entstehungsgeschichte

1 Die Vorschrift setzt in den Absätzen 1, 2 Nr. 1 und 3 die Vorgaben aus Art. 24 i.V.m. Anhang VI URL um bzw. übernimmt inhaltlich den bisherigen § 5 FÜG a.F.; Abs. 2 Nr. 2 hingegen transformiert Art. 18 RRL in das TKG.

2 Die Vorschrift fasst unterschiedliche **Vorgaben in Bezug auf Eigenschaften** zusammen, welche die zum Fernsehempfang erforderlichen Geräte aufweisen müssen. Gemeinsames Ziel der Bestimmungen ist es, den Anbietern digitaler Fernsehdienste eine Sicherheit zu bieten, bei Nutzung entsprechend genormter Technik tatsächlich einen **breiten Zuschauerkreis** erreichen zu können. Zu diesem Zweck ist für alle Fernsehgeräte, die für den Empfang entsprechender Dienste konzipiert sind, der Einbau mindestens einer genormten Anschlussbuchse vorgeschrieben. Der Einbau zusätzlicher, individuell gewählter Schnittstellen bleibt unbenommen.

3 Die Vorschrift beabsichtigt, auf einen auf den **Endnutzer orientierten Fernsehempfangsgerätemarkt mit einheitlichen technischen Standards** hinzuwirken. Insbesondere sollen mit Blick auf das Digitalisierungsziel der Jahre 2010/2015 heute noch in den Markt gebrachte analoge Geräte jedenfalls den **Anschluss eines externen Decoders ermöglichen,** um später digital übertragene Fernsehprogramme und Zusatzangebote nutzen zu können.[1] Andererseits wird auch nicht jedes heute verkaufte digitale Fernsehempfangsgerät für jede der zukünftig möglichen Anwendungen geeignet sein: Daher müssen solche Geräte ab einer bestimmten Bildschirmgröße über **einheitliche Schnittstellen (Common Interface),** (siehe Vorbemerkung zu §§ 48 ff. RdNr. 19) verfügen, an die Zusatzgeräte angeschlossen werden können.

II. Einzelerläuterungen

4 **1. Interoperabilitätsanforderungen an analoge Fernsehempfangsgeräte (Abs. 1).** – Die Regelung erfasst einen sehr weiten Geschäftsbereich für Fernsehempfangsgeräte. Nicht nur **verkaufte oder vermietete Geräte,** sondern auch **anderweitig angebotene Empfänger** müssen den Interoperabilitätsanforderungen entsprechen. Das TKG geht insofern über die Vorgängernorm in § 5 Abs. 1 FÜG a.F. sowie Anhang VI Abschnitt 2 Abs. 1 URL hinaus; dort wird nur von Kauf und Miete gesprochen. Mit dem Tatbestandsmerkmal des anderweitigen Anbietens sollen auch die Geschäftsformen erfasst werden, die nicht formal unter die §§ 433 und 535 BGB fallen.

5 In Fortschreibung von § 5 FÜG a.F. ist vorgesehen, dass analoge **Fernsehempfangsgeräte über 42 cm sichtbarer Bildschirmdiagonale** mit einer genormten Schnittstellenbuchse für den Anschluss digitaler Fernsehempfangsgeräte ausgestattet sein müssen.

6 Das Gesetz verzichtet auf die ausdrückliche Benennung einer bestimmten Norm für die **Schnittstellenbuchse.** Dies hängt damit zusammen, dass die Standards bereits ausreichend im Markt etabliert sind. Anhang VI Abschnitt 2 Abs. 1 URL stellt deshalb auch nur beispielhaft fest, dass die Interoperabilitätsforderung bei einem analogen Fernsehempfangsgerät von der **SCART-Buchse** (CENELEC-Norm 50 049–1:1997) erfüllt wird.[2] SCART

---

1 Amtliche Begründung zum TKG, BT-Drs. 15/2316, S. 73; zu § 5 FÜG a.F. siehe *Gounalakis,* K&R 2003, 50.

2 Amtliche Begründung zum TKG, BT-Drs. 15/2316, S. 73.

steht für **Syndicat des Constructeurs d'Appareils Radio Récepteurs et Téléviseurs** und bezeichnet die 21-polige Steckverbindung, die u. a. die Audio-/Video-Signale zur Ansteuerung der Bildröhre und des Audio-Ausgangs eines Fernsehempfangsgerätes festlegt. CE-NELEC ist das **Comité Européen de Normalisation pour l'Électrotechnique** und fungiert neben dem ETSI als eine europäische Organisation zur Erstellung technischer Normen.

Ermöglicht werden soll der **Anschluss eines digitalen Fernsehempfangsgerätes** im Sinne 7
der gesetzlichen Definition (siehe RdNr. 9 unten, sowie Ausführungen zu § 3 RdNr. 10). Begrifflich bezeichnet dieses Gerät sowohl einen Fernseher mit integriertem digitalen Decoder als auch den an ein Fernsehgerät **anschließbaren Decoder** zur Nutzung digital übertragener Fernsehsignale. Für Abs. 1 wird regelmäßig die zweite Alternative einschlägig sein, weil in der Praxis einem analogen Fernseher eher der einzelne Decoder statt eines zweiten Fernsehempfangsgerätes mit integriertem Decoder beigestellt wird.

**2. Mindestbedingungen für digitale Fernsehempfangsgeräte ohne und mit Zugangs- 8
berechtigung (Abs. 2 und Abs. 3).** – In Abs. 2 werden die Mindestbedingungen für digitale Fernsehempfangsgeräte festgelegt. Im Falle eines zusätzlich angelegten Systems für Zugangsberechtigungen gelten die Bedingungen nach Abs. 3.[3] Die beiden Absätze bedingen einander nicht, sondern sind **im Einzelfall kumulativ** anzuwenden. Die Anforderungen an digitale Fernsehempfangsgeräte mit Zugangsberechtigung gelten daher **auch für Geräte mit einer geringeren Bildschirmdiagonale** als nach Abs. 2 Nr. 1 festgelegt.[4] Man hat die im Referentenentwurf zum TKG vom 30. 4. 2003 noch in einem Absatz zusammengefassten Bedingungen deshalb aus gutem Grund getrennt[5].

Unter **digitalem Fernsehempfangsgerät** versteht man nach der gesetzlichen Definition 9
des § 3 Nr. 7 TKG ein Fernsehgerät mit integriertem digitalem Decoder oder einen an ein Fernsehgerät anschließbaren digitalen Decoder zur Nutzung digital übertragener Fernsehsignale, die mit Zusatzsignalen, einschließlich einer Zugangsberechtigung, angereichert sein können. Diese gesetzliche Begriffsbestimmung schließt den Begriff des erweiterten digitalen Fernsehgerätes nach Art. 2 o RLL ein. Erweitert im Sinne der RLL ist ein Fernsehempfangsgerät dann, wenn es über den Empfang von Rundfunksignalen hinaus bestimmte höherwertige Zusatzsignale nutzen kann, die auch eine elektronische Rückäußerung erfordern können. Dafür muss das digitale Empfangsgerät mit einer **Anwendungs-Programmierschnittstelle** ausgestattet sein (siehe dazu Vorbemerkung zu §§ 48 ff., RdNr. 17). Auch wenn die Geräteausstattung mit Anwendungs-Programmierschnittstellen aus Gründen der Marktentwicklung interaktiver Anwendung wünschenswert ist, soll nach dem Willen des Gesetzgebers dem Endkunden die Möglichkeit bleiben, sich für ein nicht-erweitertes Gerät zu entscheiden. In dieser Situation ist jedenfalls § 48 Abs. 2 Nr. 1 TKG einschlägig. Der in der RLL verwendete Begriff der Set-Top-Box wurde durch den Begriff Decoder ersetzt, wobei es sich um ein Beistellgerät, welches dem Fernsehempfangsgerät vorgeschaltet wird, oder um eine im Gerät eingebaute elektronische Baugruppe handeln kann.

Die Regelungen der Absätze 2 und 3 erfassen einen **sehr weiten Geschäftsbereich der** 10
kommerziellen Vermarktung digitaler Fernsehempfangsgeräte. Verkaufte oder vermiete-

---

3 Amtliche Begründung zum TKG, BT-Drs. 15/2316, S. 73.
4 Vgl. Art. 24 i.V. m. Anhang VI Abschnitt 1 und Abschnitt 2 URL.
5 Siehe dort § 40 Abs. 2 TKG-RefE.

te Geräte, sowie anderweitig angebotene Empfänger müssen den gesetzlichen Bedingungen entsprechen. Dies gleicht der früheren Rechtslage und ist auch in Anlage IV der URL zu finden.[6]

11 **a) Anforderungen an digitale Fernsehempfangsgeräte ohne Zugangsberechtigung (Abs. 2). – aa)** Anders als bei den analogen Fernsehempfangsgeräten des § 48 Abs. 1 TKG gilt die Regelung des Abs. 2 Nr. 1 bereits ab einer **sichtbaren Bildschirmdiagonale von über 30 cm.**

12 Die entsprechenden digitalen Geräte müssen mit einer **Schnittstellenbuchse** ausgestattet sein, die bestimmten Normierungsvorgaben oder aber **gemeinsamen, branchenweiten, offenen Spezifikationen** entspricht. Nr. 1 setzt insofern die entsprechenden Bestimmungen aus Anhang VI Abschnitt 2 Abs. 2 URL um. Der Interoperabilitätsanforderung genügt beispielsweise die standardisierte Schnittstelle **Common Interface**[7] (siehe Vorbemerkung zu §§ 48ff. TKG, RdNr. 19). Um die technischen Weiterentwicklungen auf diesem Gebiet nicht zu behindern, erlaubt das TKG neben genormten Schnittstellen auch solche Buchsen zu verwenden, die anderen technischen Spezifikationen genügen. Der Gesetzgeber hat sich – wie schon in Abs. 1 betreffend analoge Fernsehempfangsgeräte – deshalb einer ausdrücklichen Normbenennung enthalten.[8] Wurden Spezifikationen nicht von einer anerkannten europäischen Normenorganisation (z.B. CENELEC, ETSI) angenommen, so müssen sie offen sein und einer in der Branche akzeptierten Übereinkunft entsprechen. Solche Schnittstellen können Multifunktionsschnittstellen sein, deren Eigenschaften weit über den Anschluss eines Zugangsberechtigungssystems hinausreichen. Im Sinne dieses Teils ist eine technische Norm oder Spezifikation offen, wenn sie zu **chancengleichen, angemessenen und nichtdiskriminierenden Bedingungen** (siehe zu diesen Begriffen § 49 RdNr. 11 ff.) verfügbar ist. Alle Diensteanbieter, Rundfunkveranstalter oder Hersteller von Endgeräten, die diese Informationen für das Design ihrer Anwendungen oder Geräte benötigen, müssen darauf zugreifen können.[9] Ob es zweckdienlich und praktikabel ist, den Offenheitsbegriff weiter zu fassen, ist Gegenstand von Diskussionen.

13 Mit der spezifischen Schnittstellenbuchse muss man zudem in der Lage sein, weitere digitale Fernsehempfangsgeräte anzuschließen. Außerdem muss die Schnittstelle jedenfalls die Möglichkeit eröffnen, ein Zugangsberechtigungssystem einzurichten.

14 **bb)** Abs. 2 Nr. 2 betrifft **digitale Fernsehempfangsgeräte mit Anwendungs-Programmierschnittstellen.** Die Vorschrift bildet eine Grundlage für die Interoperabilität von Diensten, die über die reine Übertragung digitaler Programme hinausgehen und z.B. einen Rückkanal erfordern. Auf eine bestimmte Bildschirmgröße kommt es nicht an. Die Bestimmung setzt Art. 18 Abs. 1 Nr. b RRL um und übernimmt sinngemäß § 3 Abs. 1 Nr. 3 FÜG a.F. Sie wurde vom Gesetzgeber in § 48 TKG aufgenommen, weil der Aspekt der Anwendungs-Programmierschnittstellen nicht nur für die Übertragung digitaler Inhalte von Bedeutung ist, sondern auch **entsprechende Maßnahmen der Hersteller von Empfangsgeräten bedingt.**[10]

---

6 § 5 Abs. 3 FÜG a.F.; vgl. RdNr. 4 oben im Zusammenhang mit § 48 Abs. 1 TKG.
7 Amtliche Begründung zum TKG, BT-Drs. 15/2316, S. 73; *Frevert*, MMR 2005, 25.
8 Tatsächlich wird bezüglich digitaler Empfangsgeräte in Anhang VI der URL wiederum die DVB-Schnittstelle beispielhaft benannt.
9 Amtliche Begründung zum TKG, BT-Drs. 15/2316, S. 74.
10 Im bisherigen Gesetz befand sich die Bestimmung noch im Kontext der Übertragungssysteme.

Derzeit sind unterschiedliche, zum Teil herstellerspezifische Anwendungs-Programmier- 15
schnittstellen auf dem Markt (siehe dazu Vorbemerkungen zu §§ 48 RdNr. 17 f.). Es ist daher folgerichtig, dass das TKG sich auf keine einzelne Normierung festlegt. Wie bezüglich
der Schnittstellenbuchse in Abs. 2 Nr. 1 wird deshalb gefordert, dass die Anwendungs-Programmierschnittstelle entweder **bestimmten Normierungsvorgaben oder aber gemeinsamen, branchenweiten, offenen Spezifikationen** entsprechen muss. Eine Spezifikation
ist offen, wenn sie zu chancengleichen, angemessenen und nichtdiskriminierenden Bedingungen (siehe zu den Begriffen § 49 RdNr. 11 ff.) allen Diensteanbietern, Rundfunkveranstaltern oder Herstellern von Fernsehempfangsgeräten, welche die Informationen für ihre
Anwendungen oder Geräte benötigen, zur Verfügung steht. Die **MHP-Norm genügt der
gesetzlichen Interoperatibilitätsanforderung**[11] (siehe Vorbemerkung zu §§ 48 ff.,
RdNr. 18). Wichtig ist im Zusammenhang mit § 48 Abs. 2 Nr. 2 TKG schließlich noch,
dass sich die hier bezeichneten Anforderungen an die Anwendungs-Programmierschnittstellen nicht auf den Umfang der möglichen Funktionalität erstrecken.[12] Die gesetzliche
Bestimmung steht daher nicht gegen die Verwendung von Decodern, die zwar den digitalen
Programmempfang ermöglichen, aber keine Zugangsberechtigung anbieten.

Aufgrund der noch nicht abgeschlossenen technischen Entwicklung wurde den Anbietern 16
von digitalen Fernsehempfangsgeräten mit Anwendungs-Programmierschnittstellen vom
Gesetzgeber ein **Übergangszeitraum** gewährt, der ihnen die notwendigen Zeitperspekti-
ven eröffnen sollte, gemeinsame Lösungen zu erzielen. Die Regelung gilt nach § 150
Abs. 6 TKG erst für seit dem **1. 1. 2005** auf den Markt gebrachte Geräte.

b) Anforderungen an digitale Fernsehempfangsgeräte mit Zugangsberechtigung 17
(Abs. 3). – Die Regelung in Abs. 3 soll auf der **Hardware-Seite** sicherstellen, dass alle Anbieter von digitalen Diensten dem Grunde nach alle Kunden in Europa gleichberechtigt erreichen können.[13] Eine entsprechende Bestimmung enthielt bereits § 5 Abs. 3 FÜG a. F.,
(siehe auch Anhang VI Abs. 1 URL).

Die Regelung richtet sich an die digitalen Fernsehempfangsgeräte, die zum Verkauf, zur 18
Miete oder anderweitig angeboten werden und für die eine Zugangsberechtigung vorgesehen ist. Nach der gesetzlichen Definition in § 3 Nr. 33 TKG sind unter Zugangsberechtigungssystemen technische Verfahren oder Vorrichtungen zu verstehen, welche die erlaubte
Nutzung geschützter Rundfunkprogramme von einem Abonnement oder einer individuellen Erlaubnis abhängig machen (siehe dazu Vorbemerkung zu §§ 48 ff. RdNr. 19). Wie bereits ausgeführt, unterscheidet sich diese Regelung von Abs. 2 in der Weise, dass in den
**digitalen Fernsehempfangsgeräten die Zugangsberechtigung enthalten sein muss und
es keine Mindestgröße für die Bildschirmdiagonale** gibt. Daraus folgt, dass jedes in den
Verkehr gebrachte entsprechende Fernsehempfangsgerät die nachfolgend aufgeführten Bedingungen erfüllen muss.

aa) Nr. 1 legt fest, dass für den Fall einer Zugangsberechtigung das Fernsehempfangsgerät 19
dem einheitlichen Kodieralgorithmus **Common Scrambling** entsprechen muss. Scrambling bedeutet, dass der Datenstrom eines Programms oder Dienstes nach einer mathematischen Gesetzmäßigkeit in seiner Reihenfolge verändert wird. Die Verwürfelung ist als Teil

---

11 Amtliche Begründung zum TKG, BT-Drs. 15/2316, S. 74; VPRT, Positionspapier 9. Januar 2004,
   S. 9.
12 Amtliche Begründung zum TKG, BT-Drs. 15/2316, S. 74.
13 Amtliche Begründung zum FÜG, BT-Drs. 13/7337, S. 8.

des DVB-Systems durch den genannten **einheitlichen Kodieralgorithmus** europaweit standardisiert. Er ist als eine offene Spezifikation verfügbar und bei ETSI hinterlegt (siehe zu Zugangsberechtigungssystemen Vorbemerkung zu §§ 48ff. RdNr. 15; § 50 RdNr. 4ff.).

20 **bb)** Mit Nr. 2 soll sichergestellt werden, dass ein Endnutzer, der z. B. mit Hilfe eines **Mietgerätes** Abonnementfernsehen nutzt, auch Programme empfangen kann, die Anbieter über dasselbe Übertragungsmedium unverschlüsselt anbieten.[14] Bedingung darf allerdings sein, dass der Endnutzer die **Pflichten aus dem entsprechenden Mietvertrag eingehalten** hat. Befindet er sich im Zahlungsverzug, so kann der Anbieter auch den Zugang zu den unverschlüsselten Programmen unterbinden.

21 **cc)** Warum das Gesetz die Offenheit nur für digitale Fernsehempfangsgeräte, die für eine Zugangsberechtigung vorgesehen sind, bestimmt, ist nicht ersichtlich. Die Richtlinien enthalten diese Beschränkung in dieser Deutlichkeit nicht. Jedenfalls dürfte die Interoperabilität von Free-to-Air-Empfangsgeräten nicht weniger wünschenswert sein als die Interoperabilität von Fernsehempfangsgeräten, die für eine Zugangsberechtigung vorgesehen sind. Es ist allerdings fraglich, ob es für solche Geräte einen Markt geben kann.[15]

22 **3. Sanktionen und Verfahren.** – Stellt die Regulierungsbehörde fest, dass ein Unternehmen seinen Pflichten aus § 48 TKG nicht nachkommt, so fordert sie das Unternehmen zur Stellungnahme und Abhilfe auf. Sie setzt dazu eine Frist. Die Parameter dazu sind den allgemeinen Regelungen der §§ 126 ff. TKG zu entnehmen.

---

14 Amtliche Begründung zum TKG, BT-Drs. 15/2316, S. 101.
15 *Frevert*, MMR 2005, 26.

§ 49 Interoperabilität der Übertragung digitaler Fernsehsignale

(1) Betreiber öffentlicher Telekommunikationsnetze, die digitale Fernsehsignale übertragen, müssen solche Signale, die ganz oder teilweise zur Darstellung im 16:9–Bildschirmformat gesendet werden, auch in diesem Format weiterverbreiten.

(2) Rechteinhaber von Anwendungs-Programmierschnittstellen sind verpflichtet, Herstellern digitaler Fernsehempfangsgeräte sowie Dritten, die ein berechtigtes Interesse geltend machen, auf angemessene, chancengleiche und nichtdiskriminierende Weise und gegen angemessene Vergütung alle Informationen zur Verfügung zu stellen, die es ermöglichen, sämtliche durch die Anwendungs-Programmierschnittstellen unterstützten Dienste voll funktionsfähig anzubieten. Es gelten die Kriterien der §§ 28 und 42.

(3) Entsteht zwischen den Beteiligten Streit über die Einhaltung der Vorschriften der Absätze 1 und 2, kann jeder der Beteiligten die Regulierungsbehörde anrufen. Die Regulierungsbehörde trifft nach Anhörung der Beteiligten innerhalb von 2 Monaten eine Entscheidung. Im Rahmen dieses Verfahrens gibt die Regulierungsbehörde der zuständigen Stelle nach Landesrecht Gelegenheit zur Stellungnahme. Sofern die zuständige Stelle nach Landesrecht medienrechtliche Einwendungen erhebt, trifft sie innerhalb des vorgegebenen Zeitrahmens eine entsprechende Entscheidung. Die beiden Entscheidungen können in einem zusammengefassten Verfahren erfolgen.

(4) Die Beteiligten müssen eine Anordnung der Regulierungsbehörde nach Abs. 3 unverzüglich befolgen, es sei denn, die Regulierungsbehörde hat eine andere Umsetzungsfrist bestimmt. Zur Durchsetzung der Anordnung kann die Regulierungsbehörde nach Maßgabe des Verwaltungsvollstreckungsgesetzes ein Zwangsgeld bis zu 500 000 Euro festsetzen.

Übersicht

I. Normzweck und Entstehungsgeschichte

Die Vorschrift dient dem Ziel, über die gesamte Wertschöpfungskette der Übertragung digitaler Rundfunksignale **Interoperabilität und Diskriminierungsfreiheit** nachhaltig zu sichern, um den Endnutzern ein optimales Angebot zu ermöglichen.[1] Wiederum werden   **1**

---

1 Amtliche Begründung zum TKG, BT-Drs. 15/2316, S. 74.

Normen aus dem EU-Richtlinienpaket umgesetzt und Bestimmungen aus dem FÜG a. F. überführt. So setzt Abs. 1 die Regelungen aus Art. 4 Abs. 2 ZRL um und übernimmt zugleich inhaltlich die Anforderungen aus § 3 Abs. 2 und § 4 FÜG a. F.; in Abs. 2 greift der Gesetzgeber die Vorgaben von Art. 18 Abs. 2 RRL auf.

II. Einzelerläuterungen

2   **1. Das Bildschirmformat (Abs. 1).** – **Verpflichtete** im Sinne dieser Norm sind **Betreiber öffentlicher Telekommunikationsnetze**. Gemäß der Legaldefinition des § 3 Nr. 27 TKG versteht man unter dem Telekommunikationsnetz die Gesamtheit von Übertragungssystemen und jede Vermittlungs- und Leitwegeinrichtung sowie anderweitige Ressourcen, welche die Übertragung von Signalen über Kabel, Funk, optische und andere elektromagnetische Einrichtungen ermöglichen. Dazu zählen auch Satellitennetze, feste und mobile terrestrische Netze und Stromleitungssysteme, soweit sie zur Signalübertragung genutzt werden, und Netze für Hör- und Fernsehfunk einschließlich Kabelfernsehnetzen (siehe § 3 RdNr. 46). Durch das Kriterium der **Öffentlichkeit** sind Betreiber von nichtöffentlichen, internen Übertragungssystemen von der gesetzlichen Pflicht frei.[2] Für die nähere Bestimmung des Begriffs der Öffentlichkeit kommt es nach der Rechtsprechung des OVG Münster auf die Leistungszielrichtung aus der Sicht des Diensteanbieters an.[3] Öffentlichkeit ist danach jede beliebige natürliche oder juristische Person, die nach der Eigenart der jeweiligen Leistungen als Empfänger, Nutzer oder Verbraucher in Betracht kommt.[4] Dem gegenüber steht die geschlossene Benutzergruppe, die sich von der Öffentlichkeit dadurch unterscheidet, dass ihre Mitglieder durch bestimmte Beziehungen miteinander verbunden sind. Dies können gesellschaftsrechtliche oder vertragsrechtliche Beziehungen, aber auch sonstige dauerhafte Verbindungen zur Verfolgung gemeinsamer beruflicher, wirtschaftlicher oder hoheitlicher Ziele sein.[5] Insbesondere Betreiber von **Firmennetzen** oder anderen **geschlossenen Benutzergruppen** sollen nicht die besonderen Aufwendungen einer möglichen Aufrüstung tragen müssen und unterliegen folglich nicht den Verpflichtungen eines öffentlichen Telekommunikationsnetzes. Andererseits muss man befürchten, dass auch Betreiber von kleinen Kabelanlagen in z. B. einem Wohnhaus dieses Kriterium nutzen werden, um der Norm zu entgehen. Die Einschränkung ist insofern misslich, weil die Regelung in § 49 Abs. 1 TKG schon in anderer Hinsicht enger ist, als es § 3 Abs. 2 FÜG a. F. war. Dort wurde neben den jetzt genannten Betreibern von Telekommunikationsnetzen auch den **Anbietern von Fernsehdiensten** die entsprechende Pflicht zur Verwendung des Breitbildschirmformates auferlegt, sofern sie vollständig digitalisierte Übertragungssysteme nutzten.[6]

3   **Gegenstand der Norm** ist das **Fernsehbreitbildschirmformat**, bei dem das Verhältnis von Breite zu Höhe der **Bildfläche 16:9** beträgt, im Gegensatz zum üblichen Format von 4:3. Das Seitenverhältnis von 16:9 entspricht in etwa dem Breitformat im Kino. Das 16:9-Format ist international als Fernsehbreitbildschirmformat im Gegensatz zum herkömmli-

---

2 BeckTKG-Komm/*Schütz*, § 3 RdNr. 22.
3 *Schütz*, Kommunikationsrecht, S. 8, RdNr. 18.
4 OVG Münster, Beschluss vom 1. 10. 2001, MMR 2002, 636; *Schütz*, Kommunikationsrecht, S. 8, RdNr. 18.
5 *Schütz*, Kommunikationsrecht, S. 7, RdNr. 16.
6 *Frevert*, MMR 2005, 26.

chen **Letter-Box-Format** bekannt.[7] Bei der Fernsehsignalübertragung wird zwecks Kompatibilität der Bilder zur 4:3-Norm ein Teil schwarz übertragen. Dadurch entstehen bei herkömmlichen 4:3-Format-Fernsehgeräten schwarze Balken am oberen und unteren Rand des Fernsehbildes. Die Vorschrift lässt es zu, dass Betreiber öffentlicher Kommunikationsnetze bei **analoger Fernsehverbreitung** technisch weiterhin nur das 4:3-Format unterstützen. Die Verpflichtung bezieht sich nur auf die digitale Übertragung.

Nach dem Willen des Gesetzgebers sollte der Vorgängernorm des § 4 FÜG a. F. **Schutzge-** **4** **setzcharakter nach § 823 Abs. 2 BGB** zukommen[8], dies gilt auch für § 49 Abs. 1 TKG.

2. Verpflichtung der Rechteinhaber von Anwendungs-Programmierschnittstellen **5** **(Abs. 2).** – Die Regelung zum Zur-Verfügung-Stellen von Informationen über die Anwendungs-Programmierschnittstelle steht in engem **Zusammenhang mit § 48 Abs. 2 Nr. 2 TKG** (siehe § 48 RdNr. 14). Dort wird die Forderung aufgestellt, dass alle zum Verkauf, zur Miete oder anderweitig angebotenen digitalen Fernsehempfangsgeräte, soweit sie eine Anwendungs-Programmierschnittstelle enthalten, die Mindestanforderungen einer Schnittstelle erfüllen müssen, die von einer anerkannten europäischen Normenorganisation angenommen wurde oder einer gemeinsamen, branchenweiten offenen Schnittstellenspezifikation entspricht und die Dritten unabhängig vom Übertragungsverfahren Herstellung und Betrieb eigener Anwendungen erlaubt. § 49 Abs. 2 TKG soll die **Hersteller** der Fernsehempfangsgeräte mit den entsprechenden Informationen **in die Lage versetzen**, dieser Verpflichtung aus § 48 TKG tatsächlich nachzukommen.

a) Anwendungs-Programmierschnittstelle. – Unter einer **Anwendungs-Programmier-** **6** **schnittstelle** versteht man nach der gesetzlichen Definition in § 3 Nr. 2 TKG die **Software-Schnittstelle zwischen Anwendungen und Betriebsfunktionen** digitaler Fernsehempfangsgeräte (siehe § 3 RdNr. 10). Die Anwendungs-Programmierschnittstelle übersetzt gewissermaßen die Sprache der Anwendungsprogramme in die Sprache des Decoders.[9] Nur eine offene Anwendungs-Programmierschnittstelle ermöglicht die Programmanwendung unterschiedlicher Anbieter auf der gleichen Set-Top-Box (siehe Vorbemerkung zu §§ 48 ff. RdNr. 17 f.). Die Bestimmung in § 49 TKG wird vor allem in den Situationen Bedeutung entfalten, wenn **keine von einer anerkannten europäischen Normenorganisation angenommene Anwendungs-Programmierschnittstelle** zum Einsatz kommt.[10] Im Fall der Anerkennung durch eine Normenorganisation bedarf es keiner Verpflichtung zum Zur-Verfügung-Stellen von Informationen über das TKG, weil bereits nach allgemeinen Grundsätzen zur **Verfügbarkeit technischer Normen die Offenheit gewährleistet** ist. Davon unabhängig gilt aber, dass die Rechteinhaber auch im Fall der Annahme durch eine Normenorganisation **keine Bereiche verdeckt halten** dürfen: Es gilt sich hinsichtlich sämtlicher durch die Anwendungs-Programmierschnittstelle unterstützter Dienste zu öffnen, also ggf. auch außerhalb des anerkannt normierten Segmentes auf der Schnittstelle. § 49 Abs. 2 TKG spricht gerade von der **Funktionalität sämtlicher** durch die Anwendungs-Programmierschnittstelle **unterstützter Dienste**.

b) Berechtigte und Verpflichtete. – **Inhaber von Rechten** an Anwendungs-Programmier- **7** schnittstellen – und somit Verpflichteter nach der Norm – kann ein großer Personenkreis

---

7 Europäische Audiovisuelle Informationsstelle, Glossar des digitalen Fernsehens, S. 27.
8 Amtliche Begründung zum FÜG, BT-Drs. 13/7337, S. 8.
9 Europäische Audiovisuelle Informationsstelle, Glossar des digitalen Fernsehens, S. 19.
10 Amtliche Begründung zum TKG, BT-Drs. 15/2316, S. 74.

sein. Es sind damit die tatsächlichen **Urheber** der Rechte, aber auch **Diensteanbieter** i. S.v. § 3 Nr. 6 TKG gemeint. **Diensteanbieter** – bei denen es sich um jedermann handeln kann, der ganz oder teilweise geschäftsmäßig Telekommunikationsdienste erbringt oder an der Erbringung solcher Dienste mitwirkt (siehe § 3 RdNr. 8) – werden die Rechte an einer Anwendungs-Programmierschnittstelle von den entsprechenden Urhebern regelmäßig lizenziert haben. Damit dürften von der Regelung in der Praxis primär **Kabelnetzbetreiber** erfasst sein. Es ist daneben aber auch an **Rundfunkveranstalter** zu denken, wenn sie an der Leistungserbringung durch den Diensteanbieter mitwirken oder ggf. selbst Rechte an den Anwendungs-Programmierschnittstellen halten.[11]

8   **Berechtigt** von der Norm werden **Hersteller von digitalen Fernsehempfangsgeräten** und **Dritte**, die ein **berechtigtes Interesse** geltend machen.

9   **Hersteller digitaler Fernsehempfangsgeräte** produzieren Fernsehgeräte mit integriertem digitalem Decoder bzw. an Fernsehgeräte anschließbare digitale Decoder zur Nutzung digital übertragener Fernsehsignale (vgl. zur gesetzlichen Definition des digitalen Fernsehempfangsgerätes § 3 RdNr. 10). Der Hersteller muss nach dem Gesetzeswortlaut nicht nachweisen, für welchen Zweck oder welches Produkt er die Informationen genau erwirbt. Zudem ergibt sich aus der Norm keine Verpflichtung, die Informationen für die von ihm hergestellten Geräte auch tatsächlich in vollem Umfang zu nutzen.

10   Während die Geltendmachung des Rechts durch den Gerätehersteller somit ohne praktische Schwierigkeiten erfolgen kann, könnte im Einzelfall problematisch sein, welche Art **berechtigtes Interesse der ebenfalls legitimierte Dritte** geltend machen muss. Aus dem Gesetz heraus sind nur geringe Anforderungen zu stellen, weil in jedem Fall die Durchlässigkeit des Marktes gewahrt werden soll. Somit dürfte jedermann, der zumindest **schlüssig und glaubhaft** sein Interesse geltend macht, Träger des Anspruchs sein. Der Rechteinhaber ist insoweit gegen Missbrauch geschützt, als er die Informationen nur gegen ein angemessenes Entgelt freizugeben hat. Dies reicht jedoch aufgrund der betroffenen Verfassungsgüter der Parteien nicht aus. Vielmehr bedarf es immer dann, wenn ein berechtigtes Interesse geltend gemacht wird, einer **Interessenabwägung**. Würde man die Inhaber der Rechte durch die Vergütungspflicht als ausreichend geschützt anerkennen, so wäre zu befürchten, dass die betroffenen Unternehmen im Sinne einer kaufmännischen Maximierung doch generell möglichst wenig herausgeben würden: Wenn die Informationen gegenüber jedermann herauszugeben wären, würde in der Praxis jedenfalls eine qualitative Beschränkung erfolgen. Dies erscheint für die gesetzgeberisch bezweckte Offenheit jedoch kontraproduktiv. Deshalb ist letztlich eine **Beschränkung des Kreises der Anspruchsberechtigten** erforderlich.[12] Berechtigtes Interesse im Sinne der Vorschrift hat daher derjenige, dessen **Interesse erheblich berührt wird**. Interessen rein ideeller Natur, die etwa im Rahmen des allgemeinen Verwaltungsverfahrens Berücksichtigung finden können, reichen im Sinne dieser Vorschrift nicht aus.[13]

11   **c) Modalitäten des Zur-Verfügung-Stellens.** – Die Informationen sind vom Rechteinhaber **zweckgerichtet** zur Verfügung zu stellen, um es den genannten Herstellern und Dritten zu ermöglichen, die durch die Anwendungs-Programmierschnittstellen unterstützten Dienste funktionsfähig herzustellen bzw. anzubieten. Die Offenlegung erfolgt somit zur **Herstel-**

---

11 ARD/ZDF/DLR, Stellungnahme zum Referentenentwurf, S. 2; *Frevert*, MMR 2005, 26.
12 ARD/ZDF/DLR, Stellungnahme zum Referentenentwurf, S. 11.
13 *Kopp/Ramsauer*, VwVfG, § 13 RdNr. 2 ff.

lung der Interoperabilität (siehe Vorbemerkung zu §§ 48 ff. RdNr. 14). Die Norm ist insoweit mit der urheberrechtlichen **Ausnahmevorschrift des § 69e UrhG** vergleichbar. Dort wird von der grundsätzlich geltenden Zustimmungspflicht des Rechteinhabers abgewichen, wenn die Vervielfältigung des Codes oder die Übersetzung der Codeform unerlässlich ist, um mit den Informationen die Interoperabilität eines unabhängig geschaffenen Computerprogramms mit anderen Programmen zu erzielen.[14]

Das Gesetz sieht vor, dass der Rechteinhaber die Informationen auf **angemessene, chan-** **12** **cengleiche und nichtdiskriminierende Weise und gegen angemessene Vergütung zur Verfügung stellen** muss. Ob die Begriffe auf unterschiedliche Tatbestandsmerkmale verweisen oder teilweise deckungsgleich sind, ist im Zusammenhang mit der insoweit inhaltlich entsprechenden Regelung in § 53 RStV umstritten.[15] Der Streit ist im Ergebnis jedoch ohne große praktische Relevanz. So beschreiben die **Begriffe in ihrer Gesamtheit** eine Vorgabe, die nur schwer in einzelne Tatbestände aufgeschlüsselt werden kann. Es bedarf einer Abwägung im Einzelfall, so dass die Terminologie zweitrangig erscheint. Dies gilt umso mehr deshalb, weil man jede Art eines Verstoßes gegen beispielsweise die Chancengleichheit auch als Diskriminierung einordnen kann.

aa) Die **Angemessenheit** der Bedingungen wird vom Gesetz gleich zweimal gefordert. Sie **13** hängt vor allem von der **Gestaltung der Vergütung** ab. Der Rechteinhaber muss seine Preisgestaltung verhältnismäßig am **wirtschaftlichen Vorteil des Nachfragenden** und an den **eigenen Kosten** ausrichten. Die Regelung in § 49 TKG stellt ausdrücklich klar, dass die Informationen **nicht kostenlos** herauszugeben sind. Da die Angemessenheit begrifflich aber auch isoliert gebraucht wird, sind **zusätzliche andere Umstände mit einzubeziehen**. Hier ist an **Zeit- und Verfahrensfragen** zu denken, welche gegenüber dem Nachfragenden nicht prohibitiv sein dürfen. Der Rechteinhaber darf dem Berechtigten die **Informationsbeschaffung** also nicht in praktischer Weise unangemessen erschweren.

bb) Der Begriff der **Chancengleichheit** bringt zum Ausdruck, dass jedem Beteiligten die **14** **realistische Chance auf die Informationen** eingeräumt werden muss. Nicht jeder Berechtigte hat dabei identisch oder schematisch behandelt zu werden. Chancengleichheit beinhaltet auch das Recht zu Differenzierungen bei der Gestaltung im Einzelfall.[16]

cc) Komplexer ist der Begriff der **Nichtdiskriminierung**. Die Beurteilung, ob die Bedin- **15** gungen nichtdiskriminierend sind, hat sich **an den §§ 28 und 42 TKG** zu orientieren. Zur Klarstellung wurde der Hinweis auf diese Regelungen im Laufe des Gesetzgebungsverfahrens eingefügt.

Innerhalb des Gesetzes erfüllt **§ 42 TKG die Funktion einer Generalklausel**, die Anwen- **16** dung findet, wenn kein spezialgesetzlicher Missbrauchs- und Diskriminierungtatbestand einschlägig ist (siehe § 42 RdNr. 5 ff.). Für den Bereich der nachträglichen Entgeltregulierung sehen z.B. die §§ 27 ff. TKG entsprechende Sonderregelungen vor. § 42 Abs. 1 TKG verbietet allgemein das missbräuchliche Verhalten eines Unternehmens mit beträchtlicher Marktmacht und nennt hierfür ein nicht als abschließend zu verstehendes Beispiel: Danach liegt ein Missbrauch vor, wenn andere Unternehmen unmittelbar oder mittelbar unbillig

---

14 Vgl. *Schricker*, UrhG, § 69e RdNr. 10.
15 *Schulz/Vesting*, RStV, § 53 RdNr. 42; *Beucher/Leyendecker/v. Rosenberg*, RStV, § 53 RdNr. 9.
16 Vgl. *Hartstein/Ring/Kreile/Dörr/Stettner*, RStV, § 53 RdNr. 14; a. A.: *Beucher/Leyendecker/v. Rosenberg*, RStV, § 53 RdNr. 9; *Gersdorf*, Chancengleicher Zugang zum digitalen Fernsehen, S. 148 f., der von einer strikten Gleichbehandlung ohne jede Differenzierungsmöglichkeit ausgeht.

behindert oder ihre Wettbewerbsmöglichkeiten ohne sachlich rechtfertigenden Grund erheblich beeinträchtigt werden. Das Beispiel ist dem Behinderungsmissbrauch nach allgemeinem Kartellrecht nachgebildet (vgl. §§ 19 Abs. 4 Nr. 1, 20 Abs. 1 GWB) (siehe § 42 RdNr. 27 ff.).[17] Für die **Behinderung und Beeinträchtigung** kommt es darauf an, dass sich das Verhalten auf die wettbewerblichen Handlungsmöglichkeiten anderer Unternehmen nachteilig auswirkt. Das Tatbestandsmerkmal der Behinderung und Beeinträchtigung ist **wertneutral** zu verstehen und impliziert noch kein negatives Werturteil im Sinne eines wettbewerbswidrigen Verhaltens. Weiterhin muss nach dem Wortlaut des § 42 Abs. 1 TKG die grundlose Beeinträchtigung der Wettbewerbsmöglichkeiten anderer Unternehmen **erheblich** sein. Und schließlich ist der Tatbestand des missbräuchlichen Verhaltens eines Unternehmens mit beträchtlicher Marktmacht dann erfüllt, wenn das Verhalten **sachlich nicht gerechtfertigt** ist. Auch das Merkmal der sachlichen Rechtfertigung ist dem allgemeinen Kartellrecht entlehnt. Die Prüfung der sachlichen Rechtfertigung setzt die Ermittlung der **Interessen der Beteiligten und ihre gegenseitige Abwägung** voraus, und zwar unter Berücksichtigung der gesetzlichen Zielsetzungen. Die sachliche Rechtfertigung im Sinne des § 42 Abs. 1 TKG kommt vor allem bei **Koppelungsgeschäften, Exklusiv-Vereinbarungen oder Wettbewerbsverboten** zum Tragen. Auch bei unterschiedlicher Behandlung an sich gleichartiger Nachfrager ist sie von Bedeutung.[18]

Demgegenüber ist von § 42 Abs. 1 TKG nicht die Konstellation erfasst, dass das Unternehmen mit beträchtlicher Marktmacht anderen Unternehmen im Vergleich zu verbundenen eigenen Einheiten ungünstigere Bedingungen einräumt. Dieser Fall ist in § 42 Abs. 2 TKG gesondert geregelt (siehe § 42 RdNr. 33 ff.). Danach darf das Unternehmen mit beträchtlicher Marktmacht sich oder seinen Tochter- oder Partnerunternehmen den Zugang zu seinen Leistungen weder zu **günstigeren Bedingungen** noch zu einer **besseren Qualität** ermöglichen. Mit Qualität sind die **technischen Nutzungsbedingungen** gemeint. Zu den übrigen Bedingungen gehören die **kaufmännischen und betrieblichen Nutzungsbedingungen**. Das Gleichbehandlungsgebot nach § 42 Abs. 2 TKG verlangt demnach, dass hinsichtlich der Bedingungen des Zugangs zu Leistungen **formale Gleichheit** gewahrt wird.[19]

§ 42 Abs. 3 TKG beinhaltet einen Vermutungstatbestand für missbräuchliches Verhalten, wenn ein Unternehmen mit beträchtlicher Marktmacht die **Bearbeitung von Zugangsanträgen** verzögert (siehe § 42 RdNr. 41 f.). Vergleichsmaßstab für die nicht unverzügliche Bearbeitung von Zugangsanträgen ist der **übliche Zeitrahmen** bei anderen Nachfragern oder eigenen Tochterunternehmen oder eigener Unternehmenssparte.

17   Tatsächlich verweist § 49 Abs. 2 TKG auch auf die Kriterien des § 28 TKG. Bevor deshalb aus dem Vorgenannten die Schlüsse für das Verhalten der Rechteinhaber betreffend die Offenlegung von Informationen über die Anwendungs-Programmierschnittstelle gezogen werden, soll auch noch auf dieses spezielle Missbrauchsverbot eingegangen werden.

§ 28 TKG unterscheidet drei verschiedene Fallgruppen (siehe § 28 RdNr. 5). Der Fall des **Behinderungsmissbrauchs** liegt insbesondere vor, wenn die Möglichkeiten anderer Unternehmen in einem Markt in erheblicher Weise beeinträchtigt werden. Beim **Diskriminierungsmissbrauch** geht es um die unterschiedliche, nicht sachlich gerechtfertigte Behand-

---

17 *Bechtold*, Kartellgesetz, § 19 RdNr. 63.
18 Vgl. insgesamt BeckTKG-Komm/*Piepenbrock*, § 33 RdNr. 50.
19 BeckTKG-Komm/*Piepenbrock*, § 33 RdNr. 34.

lung von Nachfragern. Rein betriebswirtschaftliche Gründe sind keine sachliche Rechtfertigung. Schließlich ist auch noch der **Preishöhenmissbrauch** zu nennen.

Über den Verweis auf die §§ 28 und 42 TKG wird verdeutlicht, dass die Rechteinhaber sich **18** in der gleichen Weise wettbewerbstreu zu verhalten haben, wie Parteien, die direkt den speziellen Wettbewerbsnormen des TKG unterliegen. Insbesondere aufgrund der Ausführungen zu § 42 TKG lassen sich einige wichtige Aussagen treffen, was beim Zur-Verfügung-Stellen von Informationen als diskriminierend anzusehen ist. So darf das Geschäft der Hersteller und berechtigten Dritten durch den Rechteinhaber **nicht in erheblicher Weise behindert oder beeinträchtigt werden, ohne dass dazu ein sachlich gerechtfertigter Grund** vorliegt. Es sind die Interessen der Parteien zu bewerten und abzuwägen. Wie schon bei der **Chancengleichheit** (siehe RdNr. 14) kann zumindest eine formale Gleichheit bei der Behandlung der Anfragen erwartet werden. Die Ausführungen zu § 42 Abs. 3 TKG unterstützen wiederum die Aspekte der verfahrensmäßigen Behandlung; auch nach Wettbewerbsrecht müssen im Zusammenhang mit § 49 Abs. 2 TKG übliche Zeitabläufe eingehalten werden. In seiner Bedeutung strahlt der Verweis auf die §§ 28 und 42 TKG daher im Sinne eines **umfassenden Nichtdiskrimierungsansatzes** auf die gesamte Offenlegungsregelung für Anwendungs-Programmierschnittstellen aus.

3. Verfahren zur Streitbeilegung und Durchsetzung (Abs. 3 und Abs. 4). – Den Betei- **19** ligten am Wertschöpfungsprozess soll – zusätzlich zu dem unverbindlichen Schlichtungsverfahren nach § 51 TKG[20] – eine **Beschwerdemöglichkeit mit definitiver Entscheidung** der Regulierungsbehörde bzw. zuständigen Stelle nach Landesrecht eingeräumt werden.

a) Das Verfahren. – aa) Das Verfahren wurde im Hinblick auf das Zusammenwachsen **20** elektronischer Anwendungen der Individual- und Massenkommunikation gewählt, welches auch eine zunehmende **Verzahnung von Aufgaben der Regulierungsbehörde und der zuständigen Stelle nach Landesrecht** in diesem Bereich zur Folge hat. Nach dem Willen des Gesetzgebers soll die Regelung einerseits einer **effektiveren Problembehandlung**, andererseits einer größeren Kundenfreundlichkeit im Sinne eines „One-stop-shopping-Konzepts"[21] dienen, indem die **Regulierungsbehörde Ansprechpartner** ist, unabhängig davon, ob es sich im Einzelfall um ein telekommunikationsrechtlich und/oder medienrechtlich verortetes Problem handelt. Für eine erfolgreiche Umsetzung dieses Konzeptes ist eine **vertrauensvolle Zusammenarbeit** zwischen Regulierungsbehörde und zuständiger Stelle nach Landesrecht insbesondere bezüglich des Informationsaustauschs Voraussetzung (vgl. dazu eingehend Vorbemerkung zu §§ 48 ff. RdNr. 8 ff.).

Die **Zuständigkeiten** von Regulierungsbehörde und zuständiger Stelle nach Landesrecht **21** für die jeweils zu prüfenden Sachverhalte ergeben sich aufgrund der **Vorschriften des TKG bzw. des RStV**. Dies bedeutet insbesondere, dass die Regulierungsbehörde medienrechtliche Einwendungen nicht dahingehend überprüft, ob die Zuständigkeit der Stelle nach Landesrecht im Einzelfall auch tatsächlich gegeben ist und umgekehrt. Sollte im Grenzbereich zwischen Bundes- und Landesrecht Klärungsbedarf entstehen, so verständigen sich Bund und Länder diesbezüglich auf eine praktikable Lösung.[22] Dies hat auf **kooperativer Basis** zu erfolgen. Es hat eine Kompetenzbeschränkung des Bundes bei grundlegenden Aspekten der fernmelderechtlichen Komponente des Rundfunkwesens in der

---

20 *Frevert*, MMR 2005, 24.
21 Amtliche Begründung zum TKG, BT-Drs. 15/2316, S. 75; *Frevert*, MMR 2005, 24.
22 Amtliche Begründung zum TKG, BT-Drs. 15/2316, S. 75.

Weise zu erfolgen, dass der Bund eine **Pflicht zur Rücksichtnahme** auf den medienrecht-lichen Entscheidungsspielraum der Länder hat.[23] Soweit das Telekommunikationsrecht den zu berücksichtigenden Gestaltungsspielraum der Länder im Bereich des Rundfunk-rechts tangiert, ergeben sich **Informations-, Anhörungs- und Abwägungspflichten des Bundes** gegenüber den Ländern[24] bzw. eine **allgemeine Pflicht zur Zusammenarbeit.**[25] Soweit die zu treffenden Regelungen hingegen allein medienrechtliche Sachverhalte auf-weisen, soll die Regelungskompetenz aufgrund des rundfunkrechtlichen Charakters allein den Ländern zufallen.[26] Zur Zeit arbeitet die Regulierungsbehörde an dem Entwurf einer Verfahrensordnung, die vor allem die Zusammenarbeit und den Informationsaustausch zwischen der Regulierungsbehörde und der zuständigen Stelle nach Landesrecht regeln soll.[27]

22 bb) **Gegenstand des Beschwerderechts** muss ein Streit über die Einhaltung der **Vor-schriften nach § 49 Abs. 1 und Abs. 2 TKG** sein. Es geht somit nur um Fragen der Über-tragung von digitalen Signalen im Fernsehbreitbildschirmformat sowie um Offenlegungs-pflichten betreffend Anwendungs-Programmierschnittstellen. Dadurch wird deutlich, dass mit dem Beschwerderecht des § 49 Abs. 3 TKG **nicht in Konkurrenz zum umfassenden Schlichtungsverfahren** des § 51 TKG getreten wird.

23 **Jeder Beteiligte** kann die Regulierungsbehörde anrufen. Die Beteiligtenfähigkeit bestimmt sich maßgeblich aus der Verpflichtung bzw. Berechtigung nach Abs. 1 und Abs. 2. Potenzi-ell berechtigt ist damit ein **sehr großer Personenkreis**, insbesondere weil eine Vielzahl von Personen Rechteinhaber von Anwendungs-Programmierschnittstellen sein können und eine noch weniger eingrenzbare Gruppe als berechtigter Dritter die Schnittstelleninformationen einfordern kann (siehe dazu oben RdNr. 10). Regelmäßig werden deshalb **Inhalteanbieter** (z. B. Rundfunkveranstalter), **Diensteanbieter** (z. B. Anbieter von Zugangsberechtigungs-systemen), **Hersteller von Fernsehempfangsgeräten** und **Netzbetreiber** (Verbreiter digi-taler Rundfunksignale) berechtigt sein.[28] Aufgrund ihrer *ratio legis* muss die Norm glei-chermaßen dann anwendbar sein, wenn es **Streit über die Berechtigung eines Dritten** gibt.

24 Die Regulierungsbehörde muss eine Beschwerde aufgreifen und der zuständigen Stelle nach Landesrecht **Gelegenheit zur Stellungnahme** geben, auch wenn die zu behandelnde Angelegenheit **keine medienrechtliche Komponente** enthält. Mit Stellen nach Landes-recht sind die entsprechenden Aufsichtsbehörden gemäß der Medien- und Rundfunkgeset-ze auf Landesebene sowohl bezüglich des Privatrundfunks als auch der öffentlich-rechtli-chen Sender gemeint. Die Befugnis fällt jeweils in den Zuständigkeitsbereich der Stelle, die nach Landesrecht dazu bestimmt ist.[29] Falls die zuständige Stelle nach Landesrecht eine Beschwerde erhält, unterrichtet sie die Regulierungsbehörde entsprechend – wenngleich diese Verpflichtung ihren Rechtsgrund dann allerdings nicht im TKG, sondern in Rund-funk- und Mediengesetzen findet.

---

23 *Hesse*, Rundfunkrecht, S. 47; *Ricker/Schiwy*, Rundfunkverfassungsrecht, S. 249.
24 *Gabriel-Bräutigam*, Rundfunkkompetenz und Rundfunkfreiheit, S. 114.
25 *Kreile*, Kompetenz und kooperativer Föderalismus im Bereich des Kabel- und Satellitenrund-funks, S. 141.
26 *Ricker/Schiwy*, Rundfunkverfassungsrecht, S. 149.
27 Siehe dazu auch Anmerkungen der VPRT zum Entwurf der Verfahrensordnung vom 8. 2. 2005.
28 Amtliche Begründung zum TKG, BT-Drs. 15/2316, S. 75.
29 Stellungnahme des Bundesrates, Beschluss vom 19. Dezember 2003, BT-Drs. 755/03, S. 25.

Die Regulierungsbehörde bzw. die zuständige Stelle nach Landesrecht müssen die Be- **25** schwerde **innerhalb der festgelegten Frist von zwei Monaten bescheiden** und können in einem **zusammengefassten Verfahren** die Beteiligten darüber informieren.[30] Die jeweilige Entscheidung selbst treffen Regulierungsbehörde und zuständige Stelle nach Landesrecht **streng getrennt** jeweils für ihren Zuständigkeitsbereich. Mögliche Einwendungen richten sich dann direkt an die Behörde, welche die jeweilige Entscheidung getroffen hat. Unklar ist nach derzeitiger Rechtslage noch, was gelten soll, wenn die Regulierungsbehörde und die zuständige Stelle nach Landesrecht ihre **Entscheidungen nicht zusammenfassen** und diese ggf. **divergierende Inhalte** haben. Zur Zeit arbeitet die Regulierungsbehörde an dem Entwurf einer Verfahrensordnung, die vor allem die Zusammenarbeit und den Informationsaustausch zwischen der Regulierungsbehörde und der zuständigen Stelle nach Landesrecht regeln soll und die hoffentlich auch eine Lösung für den Fall vorsehen wird, in dem die Entscheidungen der Regulierungsbehörde und der zuständigen Stelle nach Landesrecht unterschiedliche Inhalte haben.[31]

b) Die Durchsetzung von Anordnungen der Regulierungsbehörde. – § 49 Abs. 4 TKG **26** wurde angefügt, um einer Entscheidung der Regulierungsbehörde in den sie betreffenden Fragen auch die **nötige Durchsetzungskraft** zu verleihen.[32] Die Beteiligten müssen eine Anordnung der Regulierungsbehörde nach § 49 Abs. 3 TKG **unverzüglich** befolgen, es sei denn, die Regulierungsbehörde hat eine andere Umsetzungsfrist bestimmt. Zur Durchsetzung der Anordnung kann die Regulierungsbehörde nach Maßgabe des Verwaltungsvollstreckungsgesetzes ein **Zwangsgeld** bis zu **500 000 Euro** festsetzen. Gegen die Anordnung können Rechtsmittel eingelegt werden.[33]

---

30 Die Zusammenfassung in einem Verfahren wurde erst im Gesetzgebungsverfahren aufgenommen, in § 41 Abs. 3 TKG-RefE war diese Bestimmung noch nicht enthalten.

31 Siehe dazu auch Anmerkungen der VPRT zum Entwurf der Verfahrensordnung vom 8. 2. 2005.

32 Amtliche Begründung zum TKG, BT-Drs. 15/2316, S. 75.

33 *Frevert*, MMR 2005, 24.

§ 50 Zugangsberechtigungssysteme

(1) Anbieter von Zugangsberechtigungssystemen müssen diese technisch so auslegen, dass sie die kostengünstige Übergabe der Kontrollfunktionen gestatten und damit Betreibern öffentlicher Telekommunikationsnetze auf lokaler oder regionaler Ebene die vollständige Kontrolle der Dienste ermöglichen, die solche Zugangsberechtigungssysteme nutzen.

(2) Entschließen sich Inhaber gewerblicher Schutzrechte an Zugangsberechtigungssystemen, Lizenzen an Hersteller digitaler Fernsehempfangsgeräte zu vergeben oder an Dritte, die ein berechtigtes Interesse nachweisen, so muss dies zu chancengleichen, angemessenen und nichtdiskriminierenden Bedingungen geschehen. Es gelten die Kriterien der §§ 28 und 42. Die Inhaber dürfen dabei technische und wirtschaftliche Faktoren in angemessener Weise berücksichtigen. Die Lizenzvergabe darf jedoch nicht von Bedingungen abhängig gemacht werden, die den Einbau

1. einer gemeinsamen Schnittstelle zum Anschluss anderer Zugangsberechtigungssysteme oder
2. spezifischer Komponenten eines anderen Zugangsberechtigungssystems aus Gründen der Transaktionssicherheit der zu schützenden Inhalte

beeinträchtigen.

(3) Anbieter und Verwender von Zugangsberechtigungssysteme müssen

1. allen Rundfunkveranstaltern die Nutzung ihrer benötigten technischen Dienste zur Nutzung ihrer Systeme sowie die dafür erforderlichen Auskünfte zu chancengleichen, angemessenen und nichtdiskriminierenden Bedingungen ermöglichen,
2. soweit sie auch für das Abrechnungssystem mit den Endnutzern verantwortlich sind, vor Abschluss eines entgeltpflichtigen Vertrages mit einem Endnutzer diesem eine Entgeltliste aushändigen,
3. über ihre Tätigkeit als Anbieter dieser Systeme eine getrennte Rechnungsführung haben,
4. vor Aufnahme sowie einer Änderung ihres Angebots die Angaben zu den Nummern 1 bis 3 sowie die einzelnen angebotenen Dienstleistungen für Endnutzer und die dafür geforderten Entgelte der Regulierungsbehörde anzeigen.

(4) Die Regulierungsbehörde unterrichtet die zuständige Stelle nach Landesrecht unverzüglich über die Anzeige nach Absatz 3 Nr. 4. Kommen Regulierungsbehörde oder zuständige Stelle nach Landesrecht jeweils für ihren Zuständigkeitsbereich auf Grund der Anzeige innerhalb einer Frist von zwei Monaten zu dem Ergebnis, dass das Angebot den Anforderungen nach Absatz 3 Nr. 1 bis 4 nicht entspricht, verlangen sie Änderungen des Angebots. Können die Vorgaben trotz Änderungen nicht erreicht werden oder werden die Änderungen trotz Aufforderung nicht erfüllt, untersagen sie das Angebot.

(5) Verfügen ein oder mehrere Anbieter oder Verwender von Zugangsberechtigungssystemen nicht über beträchtliche Marktmacht, so kann die Regulierungsbehörde die Bedingungen nach den Absätzen 1 bis 3 in Bezug auf die oder den Betroffenen ändern oder aufheben, wenn

1. die Aussichten für einen wirksamen Wettbewerb auf den Endnutzermärkten für die Übertragung von Rundfunksignalen sowie für Zugangsberechtigungssysteme und andere zugehörige Einrichtungen dadurch nicht negativ beeinflusst werden und

2. die zuständige Stelle nach Landesrecht festgestellt hat, dass die Kapazitätsfestlegungen und Übertragungspflichten nach Landesrecht dadurch nicht negativ beeinflusst werden.

Für das Verfahren nach Satz 1 gelten die §§ 11 bis 14 Abs. 1 entsprechend. Die Entscheidung nach Satz 1 überprüft die Regulierungsbehörde alle zwei Jahre.

Übersicht

I. Normzweck und Entstehungsgeschichte

1   Die Zugangsfreiheit zu Programmen und Dienstleistungen beschäftigt den Gesetzgeber seit Mitte der neunziger Jahre. Motiviert wurde das Handeln primär durch die Vorgaben der **Richtlinie 95/47/EG** des Europäischen Parlaments und des Rates vom 25. 10. 1995 über die Anwendung von Normen für die Übertragung von Fernsehsignalen.[1] Es waren aber auch die **sich verändernden technischen und ökonomischen Voraussetzungen** – das Aufkommen von digitalen Fernsehangeboten, die DAB/DVB-Pilotprojekte in den einzelnen Bundesländern[2], der Ausbau der Marktposition der Unternehmen der Kirch-Gruppe[3] – die eine regulatorische Reaktion forderten. Denn erstmals konnte durch die normale Funktionsweise des Empfangsgerätes gleichzeitig eine effektive Kontrolle des Marktzu-

---

1 Abl. EG Nr. L 281/54 vom 23. November 1995, S. 51.
2 *Held/Schulz*, RuF 1999, 109 ff.
3 Siehe in diesem Zusammenhang auch die BSkyB-Entscheidung der EU-Kommission, welche im März 2000 über den Zusammenschluss des Pay-TV Geschäftes der Kirchgruppe und des British Broadcasting Group plc. befand – vgl. dazu *Hartstein/Ring/Kreile*, RStV, RdNr. 4; *Hahn/Vesting/Schulz*, RStV, § 53 RdNr. 23.

gangs bewirkt werden. Eine solche Marktabschottung wird möglich, wenn ein Programmanbieter seine Inhalte mit einem bestimmten Zugangsberechtigungssystem verschlüsselt und gleichzeitig bestimmt, dass nur seine Lizenznehmer das System in die Empfangsgeräte einbauen dürfen.[4]

Als Antwort auf die Richtlinie 95/47/EG wurde zum 1. 1. 1997 durch den **3. Rundfunkän-** **2** **derungsstaatvertrag** die Norm des § 53 a.F. in den RStV eingeführt. Die Anbieter von Decodern wurden nach Abs. 1 verpflichtet, den Zugang allen Veranstaltern zu gleichen Chancen sowie zu angemessenen und nichtdiskriminierenden Bedingungen zu gewährleisten. Anspruch auf Zugang hatten alle Fernsehdienste, d. h. alle verschlüsselten und unverschlüsselten analogen und digitalen Fernsehprogramme. In Abs. 2 wurde diese Verpflichtung auf Anbieter von Navigationssystemen erweitert. Auf der Grundlage dieser Regelung des RStV entwickelte die **Direktorenkonferenz der Landesmedienanstalten (DLM)** ihre seit Anfang 1996 formulierten **Eckwertepapiere zum digitalen Fernsehen**[5] weiter, was dann bereits im **4. Rundfunkänderungsstaatsvertrag** (mit Wirkung zum 1. 4. 2000) zu einer Novelle des § 53 RStV führte. Der erweiterte Abs. 1 stellt nun klar, dass Diskriminierungsfreiheit nur dann gewährleistet ist, wenn die Decoder über zugangsoffene Schnittstellen verfügen, die Dritten die Herstellung und den Betrieb eigener Anwendungen erlauben. Zudem wird die Gleichwertigkeit der Benutzeroberflächen der Navigatoren präzisiert. Wesentlich ist die Einfügung eines Abs. 3, der das in § 33 TKG 1996 enthaltene **Diskriminierungsverbot rundfunkmäßig** ausformt bzw. ergänzt. Anders als im TKG ist Adressat nicht der Diensteanbieter, der Programme und Dienste lediglich technisch bündelt, sondern ein Anbieter, der bei der Bündelung und Vermarktung von Programmen eine marktbeherrschende Stellung innehat. Außerdem nahmen die Landesgesetzgeber eine ganze Reihe von Verfahrensregeln in § 53 RStV auf.[6]

Parallel zu den Bemühungen der Landesregierungen wurde auch der Bundesgesetzgeber **3** tätig und erließ im Jahre 1997 das **FÜG a. F.** (siehe dazu Vorbemerkung zu §§ 48 ff. RdNr. 5 f.). Normen des FÜG a. F. finden sich im hier vorliegenden § 50 TKG wieder. So übernimmt die Vorschrift inhaltlich § 6 und § 9 FÜG a. F. und setzt gleichzeitig Art. 6 i. V. m. Anhang I Teil I Buchst. a und c ZRL um. Erwägungsgrund 10 ZRL gibt dazu u. a. an, dass der für die Zugangsberechtigung bereits existierende Regelungsrahmen fortgeführt werden soll, *„um die Verfügbarkeit einer großen Bandbreite an Programmen und Dienstleistungen sicherzustellen"*. Die Vorschrift richtet sich sowohl an Betreiber öffentlicher Telekommunikationsnetze (z. B. Kabelnetzbetreiber), die selbst Zugangsberechtigungssysteme einsetzen, als auch an Anbieter solcher Systeme, die die Programmangebote bündeln und als Abonnement-Pakete vermarkten, selbst aber keine Betreiber öffentlicher Telekommunikationsnetze sind.[7]

II. Einzelerläuterungen

1. Zugangsberechtigungssysteme als Gegenstand der Norm. – Der **Begriff Zugangsbe-** **4** **rechtigungssystem** wird weit verstanden, er umfasst neben der Zugangskontrolle meist

---

4 *Bullinger*, AfP 1997, 761.
5 Siehe dazu *Hahn/Vesting/Schulz*, RStV, § 53 RdNr. 5 f.
6 *Hartstein/Ring/Kreile*, RStV, § 53 RdNr. 26 ff.
7 Amtliche Begründung zum TKG, BT-Drs. 15/2316, S. 75.

auch alle damit verbundenen administrativen Dienstleistungen (z. B. Abonnentenverwaltung).[8] Der Begriff leitet sich von dem Begriff **Conditional Access System** ab und ist jede technische Maßnahme, die den Zugang zu einem geschützten Dienst in verständlicher Form von einer vorherigen individuellen Erlaubnis abhängig macht.[9] Jedenfalls erfasst ist damit die für die Bereitstellung solcher Verschlüsselungsangebote erforderliche Software, nicht jedoch der digitale Decoder (Hardware).[10] Sinn eines Zugangsberechtigungssystems ist, TV- und Hörfunkprogramme gebündelt in Abonnementform oder auch als Einzelabruf an Endnutzer zu vermarkten. Dazu werden die Programme in geschützter, d. h. verschlüsselter Form verbreitet. Die Nutzung dieser Programme ist im Unterschied zu frei empfangbaren Programmen nur dann möglich und erlaubt, wenn der Zugang zum Endnutzer individuell freigeschaltet wird. Wird ein Empfangsgerät mit einem exklusiven Zugangsberechtigungssystem ausgestattet, spricht man von einem **proprietären System**. Zur Öffnung der Zugangsberechtigungssysteme für andere Programmanbieter gibt es verschiedene Möglichkeiten. Dabei kommen insbesondere die Verfahren **Simulcrypt** und **Multicrypt** zur Anwendung (siehe dazu weitergehend Vorbemerkung zu §§ 48 ff. RdNr. 19).

5 **2. Technische Auslegung von Zugangsberechtigungssystemen (Abs. 1).** – Nach Abs. 1 müssen Anbieter von Zugangsberechtigungssystemen diese so auslegen, dass eine **kostengünstige Übergabe der Kontrollfunktionen** gestattet ist und damit Betreibern öffentlicher Telekommunikationsnetze auf lokaler und regionaler Ebene die **Kontrolle ihrer Dienste** ermöglicht wird.

6 Zum einen soll es für den Anbieter eines Zugangsberechtigungssystems, der eine bereits zugangsgeschützte Anwendung verbreitet bzw. weiterverbreitet, technisch möglich sein, die Anwendung in das **eigene zugangsgeschützte Angebot zu integrieren (Schlüsselwechsel)**. Dies muss gleichzeitig auf eine kostengünstige Weise erfolgen, weil sonst die technische Ausübung der Kontrollfunktion durch ökonomische Hürden verhindert würde. Dies bedeutet freilich, dass die Übergabe auch zu keiner anderen unerlaubten Unterbrechung des Signalflusses führen darf. So darf die Übergabe nicht genutzt werden, um personenbezogene Daten unzulässig abzugreifen. Dies ist technisch problemlos umsetzbar, da Programminhalte, Kundeninformationen und Kontrolldaten unabhängig voneinander kodierbar und dekodierbar sind. Eine Einbeziehung der früheren Vorschrift nach § 6 Abs. 2 FÜG a. F. scheint damit aus guten Gründen entbehrlich.[11]

Zum anderen dient § 50 Abs. 1 TKG der **technischen Kontrolle der Dienste**: der Fehlerortung und dem Ermöglichen von Prüfmaßnahmen, ob und wie ein Fehler mit dem Signal vom Vorlieferanten eingeschleust wurde oder bei der Weiterverbreitung im eigenen Netz entstanden ist.[12] In beiden Fällen dürfen die Eingriffe nur nach vorheriger Zustimmung des/der Vorlieferanten (i. d. R. Rundfunkveranstalter[13] und/oder zuliefernder Netzbetreiber) erfolgen.

---

8 *Holznagel/Daufeld*, CR 1998, 155; *Eberle*, ZUM 1995, 251; siehe die Graphiken in: Europäische Audiovisuelle Informationsstelle, Glossar des digitalen Fernsehens, S. 10.
9 Vgl. die gesetzliche Definition in § 3 Nr. 33 TKG; Art. 2b Richtlinie 1998/84/EG über den rechtlichen Schutz von zugangskontrollierten Diensten und von Zugangskontrolldiensten (ABl. EG L 320 vom 28. November 1998, S. 54).
10 *Schütz*, Kommunikationsrecht, S. 83, RdNr. 184; S. 243, RdNr. 501.
11 Amtliche Begründung zum TKG, BT-Drs. 15/2316, S. 75.
12 Amtliche Begründung zum TKG, BT-Drs. 15/2316, S. 75.
13 VPRT, Positionspapier 9. Januar 2004, S. 9.

Verpflichtete der Norm sind die Anbieter der Systeme. **Berechtigt** sind Betreiber öffentli- 7
cher Telekommunikationsnetze. Gemäß der Legaldefinition des § 3 Nr. 27 TKG versteht
man unter dem Telekommunikationsnetz die Gesamtheit von Übertragungssystemen und
jede Vermittlungs- und Leitwegeinrichtung sowie anderweitige Ressourcen, welche die
Übertragung von Signalen über Kabel, Funk, optische und andere elektromagnetische Ein-
richtungen ermöglichen. Dazu zählen auch Satellitennetze, feste und mobile terrestrische
Netze und Stromleitungssysteme, soweit sie zur Signalübertragung genutzt werden, und
Netze für Hör- und Fernsehfunk einschließlich Kabelfernsehnetzen (siehe § 3 RdNr. 46).
Durch das Kriterium der **Öffentlichkeit** sind Betreiber von nichtöffentlichen, internen
Netzen von der gesetzlichen Pflicht frei.[14]

3. Lizenzvergabe an Hersteller digitaler Fernsehempfangsgeräte (Abs. 2). – Die Rege- 8
lung des § 50 Abs. 2 TKG sieht vor, dass **Inhaber von gewerblichen Schutzrechten** an
Zugangsberechtigungssystemen, sofern sie sich zu einer Lizenzierung entschließen, diese
dann zu chancengleichen, angemessenen und nicht nichtdiskriminierenden Bedingungen
gegenüber Herstellern digitaler Fernsehempfangsgeräte sowie Dritten, die ein berechtigtes
Interesse nachweisen, einräumen müssen. Hinzu kommen einige weitere Verfahrenspara-
meter (siehe dazu unten RdNr. 15 ff.).

a) Lizenzierung gewerblicher Schutzrechte an Zugangsberechtigungssystemen. – Der 9
Begriff **Zugangsberechtigungssystem** wird weit verstanden, er umfasst neben der Zugangskontrolle auch alle damit verbundenen administrativen Dienstleistungen (z. B. Abonnentenverwaltung, siehe dazu oben RdNr. 4). **Gewerbliche Schutzrechte** daran können
sich aus Urheberrecht, Markenrecht, Geschmacksmusterrecht oder Patentrecht ergeben.
Der Gesetzgeber hat sich einer Präzisierung enthalten, um den Eigenarten des Einzelfalls
gerecht zu werden.

Zusätzlicher Anknüpfungspunkt ist die Lizenzierung, also die vertragliche Einräumung 10
von zeitlich, räumlich oder sachlich definierten Nutzungsrechten an den oben genannten
Schutzrechten. Der Inhaber ist allerdings **nicht generell zur Lizenzierung verpflichtet**.
Der Inhaber kann durchaus ein exklusives System für sich aufbauen und – in den Grenzen
von § 50 Abs. 3 TKG (siehe unten RdNr. 23 ff.) – allein nutzen. Entschließt er sich aber
einmal zur Herausgabe von Informationen, dann muss dies unter den Bedingungen dieser
Norm erfolgen.

b) Berechtigte und Verpflichtete. – Inhaber von gewerblichen Schutzrechten an Zu- 11
gangsberechtigungssystemen kann ein großer Personenkreis sein. Es sind damit die tatsächlichen **Urheber** der Rechte, aber auch **Diensteanbieter** i. S. v. § 3 Nr. 6 TKG gemeint.
Diensteanbieter – bei denen es sich um jedermann handeln kann, der ganz oder teilweise
geschäftsmäßig Telekommunikationsdienste erbringt oder an der Erbringung solcher
Dienste mitwirkt (siehe § 3 RdNr. 8 ff.) – werden die Rechte an entsprechenden Zugangsberechtigungssystemen von den entsprechenden Urhebern regelmäßig lizenziert haben.
Damit dürften von der Regelung in der Praxis primär **Kabelnetzbetreiber** erfasst sein. Es
ist daneben aber auch an **Rundfunkveranstalter** zu denken, wenn sie an der Leistungserbringung durch den Diensteanbieter mitwirken und ggf. selbst Rechte an Zugangsberechtigungssystemen halten.

---

14 Zum Begriff der Öffentlichkeit siehe § 49 RdNr. 2.

12 **Berechtigt** durch die Norm sind **Hersteller von digitalen Fernsehempfangsgeräten** und **Dritte**, sofern sie ein **berechtigtes Interesse** geltend machen.

13 **Hersteller digitaler Fernsehempfangsgeräte** produzieren Fernsehgeräte mit integriertem digitalem Decoder bzw. an Fernsehgeräte anschließbare digitale Decoder zur Nutzung digital übertragener Fernsehsignale (vgl. zur gesetzlichen Definition des digitalen Fernsehempfangsgerätes § 3 RdNr. 10).

14 Während die Geltendmachung des Rechts durch den Gerätehersteller ohne praktische Schwierigkeiten erfolgt, kann im Einzelfall problematisch sein, welche Art **berechtigtes Interesse der ebenfalls legitimierte Dritte** geltend machen muss. Aus dem Gesetz heraus sind nur geringe Anforderungen zu stellen, weil in jedem Fall die Durchlässigkeit des Marktes gewahrt werden soll. Somit dürfte jedermann, der zumindest **schlüssig und glaubhaft** sein Interesse geltend macht, Träger des Anspruchs sein. Der Rechteinhaber ist insoweit gegen Missbrauch geschützt, als er die Informationen nur gegen ein angemessenes Lizenzentgelt freizugeben hat. Dies reicht jedoch aufgrund der betroffenen Verfassungsgüter der Parteien nicht aus. Vielmehr bedarf es immer dann, wenn ein berechtigtes Interesse geltend gemacht werden kann, einer **Interessenabwägung**. Wie schon bei § 49 TKG (siehe dazu ausführlich § 49 RdNr. 10) ist letztlich eine **Beschränkung des Kreises der Anspruchsberechtigten** erforderlich. Berechtigtes Interesse im Sinne der Vorschrift hat daher derjenige, dessen **Interesse erheblich berührt wird**. Interessen rein ideeller Natur reichen im Sinne dieser Vorschrift nicht aus.

15 **c) Modalitäten der Lizenzvergabe.** – Die Informationen sind vom Rechteinhaber **zweckgerichtet** zur Verfügung zu stellen, um es den genannten Herstellern und Dritten zu ermöglichen, die Zugangsberechtigungssysteme funktionsfähig herzustellen bzw. anzubieten. Das Gesetz sieht vor, dass der Rechteinhaber die Informationen auf **angemessene, chancengleiche und nichtdiskriminierende Weise zur Verfügung stellen** muss. Ob die Begriffe auf unterschiedliche Tatbestandsmerkmale verweisen oder teilweise deckungsgleich sind, ist im Zusammenhang mit der insoweit inhaltlich entsprechenden Regelung in § 53 RStV umstritten.[15] Der Streit ist jedoch im Ergebnis ohne große praktische Relevanz. So beschreiben die **Begriffe in ihrer Gesamtheit** eine Vorgabe, die nur schwer in einzelne Tatbestände aufgeschlüsselt werden kann. Es bedarf ohnehin einer Abwägung im Einzelfall, so dass die Terminologie zweitrangig erscheint. Dies gilt umso mehr deshalb, weil man jede Art eines Verstoßes gegen beispielsweise die Chancengleichheit auch als Diskriminierung einordnen kann.

16 **aa) Angemessenheit** der Bedingungen bedeutet, dass der Rechteinhaber seine Preisgestaltung verhältnismäßig am **wirtschaftlichen Vorteil des Nachfragenden** und an den **eigenen Kosten** ausrichten muss. Die Regelung in § 50 TKG stellt klar, dass die Informationen **mit einer Gegenleistung** herauszugeben sind; es sind dabei wirtschaftliche Faktoren mit zu berücksichtigen. Da die Angemessenheit begrifflich aber auch isoliert gebraucht wird, sind **neben den Fragen des Lizenzentgeltes auch andere Umstände mit einzubeziehen**. Hier ist an **Zeit- und Verfahrensfragen** zu denken. Der Rechteinhaber darf dem Berechtigten die **Lizenzierung** nicht in praktischer Weise unangemessen gestalten.

---

15 *Hahn/Vesting/Schulz*, RStV, § 53 RdNr. 42; *Beucher/Leyendecker/v. Rosenberg*, RStV, § 53 RdNr. 9.

Schmits

bb) Der Begriff der **Chancengleichheit** bringt zum Ausdruck, dass jedem Beteiligtem die **17** realistische Chance auf die Informationen eingeräumt werden muss. Nicht jeder Berechtigte hat dabei identisch oder schematisch behandelt zu werden. Chancengleichheit beinhaltet auch das Recht zu Differenzierungen bei der Gestaltung im Einzelfall.[16]

cc) Komplexer ist der Begriff der **Nichtdiskriminierung**. Für die Beurteilung, ob die Be- **18** dingungen nichtdiskriminierend sind, hat sich die **Auslegung an den §§ 28 und 42 TKG** zu orientieren. Der Verweis auf die Regelungen wurde im Laufe des Gesetzgebungsverfahrens eingefügt; in § 42 Abs. 2 Referentenentwurf zum TKG vom 30. 4. 2003 war er nicht enthalten.

Innerhalb des Gesetzes erfüllt **§ 42 TKG die Funktion einer Generalklausel**, die Anwen- **19** dung findet, wenn kein spezialgesetzlicher Missbrauchs- und Diskriminierungstatbestand einschlägig ist (siehe § 42 RdNr. 5ff.). § 42 Abs. 1 TKG verbietet allgemein das missbräuchliche Verhalten eines Unternehmens mit beträchtlicher Marktmacht und nennt hierfür ein nicht als abschließend zu verstehendes Beispiel: Danach liegt ein Missbrauch vor, wenn andere Unternehmen unmittelbar oder mittelbar unbillig behindert oder ihre Wettbewerbsmöglichkeiten ohne sachlich rechtfertigenden Grund erheblich beeinträchtigt werden. Das Beispiel ist dem Behinderungsmissbrauch nach allgemeinem Kartellrecht nachgebildet (vgl. §§ 19 Abs. 4 Nr. 1, 20 Abs. 1 GWB) (siehe § 42 RdNr. 27ff.).[17] Für die **Behinderung und Beeinträchtigung** kommt es darauf an, dass sich das Verhalten auf die wettbewerblichen Handlungsmöglichkeiten anderer Unternehmen nachteilig auswirkt. Das Tatbestandsmerkmal der Behinderung und Beeinträchtigung ist **wertneutral** zu verstehen und impliziert noch kein negatives Werturteil im Sinne eines wettbewerbswidrigen Verhaltens. Weiterhin muss nach dem Wortlaut des § 42 Abs. 1 TKG die grundlose Beeinträchtigung der Wettbewerbsmöglichkeiten anderer Unternehmen **erheblich** sein. Und schließlich ist der Tatbestand des missbräuchlichen Verhaltens eines Unternehmens mit beträchtlicher Marktmacht dann erfüllt, wenn das Verhalten **sachlich nicht gerechtfertigt** ist. Auch das Merkmal der sachlichen Rechtfertigung ist dem allgemeinen Kartellrecht entlehnt. Die Prüfung der sachlichen Rechtfertigung setzt die Ermittlung der **Interessen der Beteiligten und ihre gegenseitige Abwägung** voraus, und zwar unter Berücksichtigung der gesetzlichen Zielsetzungen. Die sachliche Rechtfertigung im Sinne des § 42 Abs. 1 TKG kommt vor allem bei **Koppelungsgeschäften, Exklusiv-Vereinbarungen oder Wettbewerbsverboten** zum Tragen. Auch bei unterschiedlicher Behandlung an sich gleichartiger Nachfrager ist sie von Bedeutung.[18]

Demgegenüber ist von § 42 Abs. 1 TKG nicht die Konstellation erfasst, dass das Unternehmen mit beträchtlicher Marktmacht anderen Unternehmen im Vergleich zu verbundenen eigenen Einheiten ungünstigere Bedingungen einräumt. Dieser Fall ist in § 42 Abs. 2 TKG gesondert geregelt (siehe § 42 RdNr. 33 ff.). Danach darf das Unternehmen mit beträchtlicher Marktmacht sich oder seinen Tochter- oder Partnerunternehmen den Zugang zu seinen Leistungen weder zu **günstigeren Bedingungen** noch zu einer **besseren Qualität** ermöglichen. Mit Qualität sind die **technischen Nutzungsbedingungen** gemeint. Zu den übrigen Bedingungen gehören die **kaufmännischen und betrieblichen Nutzungsbedin-**

---

16 Vgl. *Hartstein/Ring/Kreile/Dörr/Stettner*, RStV, § 53 RdNr. 14; a. A.: *Beucher/Leyendecker/v. Rosenberg*, RStV, § 53 RdNr. 9.

17 *Bechtold*, Kartellgesetz, § 19 RdNr. 63.

18 Vgl. insgesamt BeckTKG-Komm/*Piepenbrock*, § 33 RdNr. 50.

gungen. Das Gleichbehandlungsgebot nach § 42 Abs. 2 TKG verlangt demnach, dass hinsichtlich der Bedingungen des Zugangs zu Leistungen **formale Gleichheit** gewahrt wird.[19]

§ 42 Abs. 3 TKG beinhaltet einen Vermutungstatbestand für missbräuchliches Verhalten, wenn ein Unternehmen mit beträchtlicher Marktmacht die **Bearbeitung von Zugangsanträgen** verzögert (siehe § 42 RdNr. 41f.). Vergleichsmaßstab für die nicht unverzügliche Bearbeitung von Zugangsanträgen ist der **übliche Zeitrahmen** bei anderen Nachfragern oder eigenen Tochterunternehmen oder eigener Unternehmenssparte.

20 § 28 TKG hingegen unterscheidet drei verschiedene Fallgruppen (siehe § 28 RdNr. 15 ff.). Der Fall des **Behinderungsmissbrauchs** liegt insbesondere vor, wenn die Möglichkeiten anderer Unternehmen in einem Markt in erheblicher Weise beeinträchtigt werden. Beim **Diskriminierungsmissbrauch** geht es um die unterschiedliche, nicht sachlich gerechtfertigte Behandlung von Nachfragern. Rein betriebswirtschaftliche Gründe sind indessen keine sachliche Rechtfertigung. Schließlich ist auch noch der **Preishöhenmissbrauch** zu nennen.

21 Über den Verweis auf die §§ 28 und 42 TKG wird verdeutlicht, dass die Rechteinhaber sich in der gleichen Weise wettbewerbstreu zu verhalten haben, wie Parteien, die direkt den speziellen Wettbewerbsnormen des TKG unterliegen. Insbesondere aufgrund der Ausführungen zu § 42 TKG lassen sich einige wichtige Aussagen darüber treffen, was im Zuge der Lizenzierung als diskriminierend anzusehen ist. So darf das Geschäft der Hersteller und berechtigten Dritten durch den Rechteinhaber **nicht in erheblicher Weise behindert oder beeinträchtigt werden, ohne dass dazu ein sachlich gerechtfertigter Grund** vorliegt. Es sind die Interessen der Parteien zu bewerten und abzuwägen. Wie schon bei der **Chancengleichheit** (siehe RdNr. 14) kann zumindest eine formale Gleichheit bei der Behandlung der Anfragen erwartet werden. Die Ausführungen zu § 42 Abs. 3 TKG unterstützen die Aspekte der verfahrensmäßigen Behandlung; auch nach Wettbewerbsrecht müssen im Zusammenhang mit § 50 Abs. 2 TKG übliche Zeitabläufe eingehalten werden. In seiner Bedeutung strahlt der Verweis auf die §§ 28 und 42 TKG daher im Sinne eines **umfassenden Nichtdiskrimierungsansatzes** auf die gesamte Rechteeinräumung an Zugangsberechtigungssystemen aus.

22 **d) Ausgeschlossene Bedingungen.** – § 50 Abs. 2 TKG legt schließlich noch fest, dass die Lizenzvergabe **nicht von Bedingungen abhängig gemacht** werden darf, die den Einbau einer **gemeinsamen Schnittstelle** zum Anschluss anderer Zugangsberechtigungssysteme oder spezifischer Komponenten eines anderen Zugangsberechtigungssystems aus Gründen der Transaktionssicherheit der zu schützenden Inhalte beeinträchtigen. Der Verbreiter/ Weiterverbreiter durch Zugangsberechtigung geschützter Rundfunksignale muss die Möglichkeit haben, aus Gründen der Transaktionssicherheit (Schutz vor Datenverlust während der Übertragung) die ihm anvertrauten Daten für die Übertragung z. B. mit einer zusätzlichen **Transportverschlüsselung** zu versehen.

23 **4. Anforderungen an Anbieter und Verwender von Zugangsberechtigungssystemen (Abs. 3).** – § 50 Abs. 3 TKG setzt Art. 6 in Verbindung mit Anhang I Teil I Buchst. b ZRL um und übernimmt inhaltlich §§ 7 und 8 FÜG a. F. sowie Teile aus § 53 RStV. Ziel der Vorschrift ist, Rundfunkveranstaltern die **chancengleiche und diskriminierungsfreie Nutzung** der Zugangsberechtigungssysteme zu ermöglichen und damit auch den **Endverbrau-**

---

19 BeckTKG-Komm/*Piepenbrock*, § 33 RdNr. 34.

chern entsprechende Wahlmöglichkeiten zu sichern. Eine größere Regulierungstiefe z. B. gegenüber den Vorschriften über Anwendungs-Programmierschnittstellen in § 49 TKG erscheint für den Bereich der Zugangsberechtigungssysteme angebracht, zumindest, bis sich auch in diesem Segment ein chancengleicher und funktionsfähiger Wettbewerb etabliert hat.[20]

Verpflichtete der Norm sind die Anbieter und Verwender von Zugangsberechtigungs- **24** systemen. Hierunter fallen alle Unternehmen, die Zugangsberechtigungssysteme **operativ betreiben** (z. B. Kabelnetzbetreiber oder Pay-TV-Anbieter).[21] Nicht unter die Anzeigepflicht fallen hingegen Hersteller solcher Verschlüsselungssysteme, die nicht unmittelbar gegenüber Veranstaltern oder Endkunden auftreten, sondern ihre Systeme lediglich Dritten für deren operativen Betrieb bereitstellen.[22] Entscheidendes Kriterium ist somit die Ausgestaltung des Verhältnisses zwischen Anbieter und Endnutzer. Im Rahmen ihrer Anzeigepflicht treten die Anbieter und Verwender von Zugangsberechtigungssystemen auf verschiedene Weise in Erscheinung. Bei den Auskunftspflichten der Nr. 1 treten sie als Rechteinhaber dem Rundfunkveranstalter gegenüber. Bei Nr. 2 und 3 werden sie verpflichtet, wenn sie gegenüber Endnutzern auch das Abrechnungssystem verantworten. Bei Nr. 4 sind die Anbieter und Verwender wiederum zur Anmeldung gegenüber der Regulierungsbehörde verpflichtet, weil sie das Angebot allgemein verantworten und ggf. auch die Entgeltfrage tangiert wird.

a) Nutzungsmöglichkeit und Auskünfte (Nr. 1). – Nr. 1 übernimmt im Wesentlichen die **25** Formulierung von § 53 Abs. 1 RStV (sowie inhaltlich § 7 Abs. 1 Nr. 1 FÜG a. F.). Es sind gerade die Risiken der **Gatekeeper**-Funktion des marktbeherrschenden Anbieters von Verschlüsselungstechnik, die der Gesetzgeber im Blick hatte.[23] Die Vorschrift stellt sicher, dass Rundfunkveranstalter auch den Endnutzern, die einen zugangsgeschützten Dienst nutzen, im Rahmen der technischen Möglichkeiten des Dienstes eigene Anwendungen über dieses Endgerät anbieten können.

Berechtigt sind Rundfunkveranstalter, welche die Nutzung der technischen Dienste zur **26** Nutzung der Systeme benötigen. Um dies zu ermöglichen, haben die Anbieter und Verwender von Zugangsberechtigungssystemen die erforderlichen Auskünfte zu chancengleichen, angemessenen und nichtdiskriminierenden Bedingungen zu erteilen. Wie dies im Einzelfall zu erfolgen hat, ist an den allgemeinen Grundsätzen des § 42 TKG zu bewerten (siehe oben RdNr. 15 ff.). Ein Verstoß gegen das Gleichbehandlungsgebot wird etwa nach der zum entsprechenden Regelungsgegenstand im RStV erlassenen Satzung über die Zugangsfreiheit zu digitalen Diensten gemäß § 53 Abs. 7 RStV vom 26. 6. 2000 dann vermutet, wenn der Anbieter einem ihm zurechenbaren Unternehmen den Dienst zu anderen Bedingungen als Dritten anbietet.[24] Die Zugangsbedingungen sind nach der genannten Satzung außerdem dann regelmäßig chancengleich, wenn sie allen Nachfragern „reale Chancen" auf Zugang ermöglichen.[25] Zusammenfassend wird man festhalten können, dass die Rundfunkveranstalter **nicht in erheblicher Weise behindert oder beeinträchtigt werden dür-**

---

20 Amtliche Begründung zum TKG, BT-Drs. 15/2316, S. 75.
21 *Schütz*, Kommunikationsrecht, S. 83, RdNr. 185.
22 *Schütz*, Kommunikationsrecht, S. 83, RdNr. 185.
23 *Holznagel/Daufeld*, CR 1998, 155; *Eberle*, ZUM 1995, 252.
24 *Schütz*, Kommunikationsrecht, S. 240, RdNr. 496.
25 *Schütz*, Kommunikationsrecht, S. 241, RdNr. 496.

fen, ohne dass dazu ein sachlich gerechtfertigter Grund vorliegt. Es sind die Interessen der Parteien zu bewerten und abzuwägen. Wie schon bei der **Chancengleichheit** kann zumindest eine formale Gleichheit bei der Behandlung der Anfragen erwartet werden.

27   Da es sich bei Endgeräten, die zugangsgeschützte Dienste empfangen können, i. d. R. um digitale Fernsehempfangsgeräte mit Anwendungs-Programmierschnittstelle handeln wird, **gelten für diese Geräte auch die Bestimmungen einer offenen Anwendungs-Programmierschnittstelle nach § 48 Abs. 2 TKG.** Insoweit ist die Diskriminierungsfreiheit zugleich durch den Einsatz dieser Geräte umfassend sichergestellt.[26]

28   **b) Aushändigung der Entgeltliste (Nr. 2).** – Nr. 2 übernimmt die Vorschrift nach § 8 FÜG a. F. Gegenüber dem **Endnutzer** ist der Verwender bzw. Anbieter des Zugangsberechtigungssystems auch nach dieser Norm verpflichtet, wenn er **selbst das Abrechnungssystem verantwortet.** In diesem Fall muss dem Endnutzer vor Abschluss eines entgeltpflichtigen Vertrages mit ihm eine Entgeltliste ausgehändigt werden.

29   **c) Getrennte Rechnungsführung (Nr. 3).** – In eine ähnliche Richtung geht Nr. 3, die Regelung entspricht § 7 Abs. 1 Nr. 2 FÜG a. F. Nach ihr müssen Anbieter und Verwender von Zugangsberechtigungssystemen über ihre Tätigkeit als Anbieter der Systeme eine **getrennte Rechnungsführung** haben.

30   **d) Anzeigepflicht gegenüber der Regulierungsbehörde (Nr. 4).** – Nach § 50 Abs. 3 Nr. 4 TKG haben Anbieter und Verwender von Zugangsberechtigungssystemen vor **Aufnahme oder Änderung** ihres Angebots die Angaben zu den Nrn. 1 bis 3 sowie die einzelnen angebotenen Dienstleistungen für Endnutzer und die dafür geforderten Entgelte der **Regulierungsbehörde anzuzeigen.** Eine medienrechtliche Anzeigepflicht besteht zudem für **Anbieter von Diensten mit Zugangsberechtigung,** die Zugangsdienste zu Fernsehdiensten herstellen oder vermarkten. Sie ergibt sich unmittelbar aus § 53 Abs. 2 RStV und besteht gegenüber der zuständigen Landesmedienanstalt. Im Ergebnis haben beide Anzeigepflichten einen im Wesentlichen gleichen Inhalt.[27] Sachlich ist in § 53 Abs. 1 RStV zwar von „Diensten" die Rede, gemeint ist damit aber die Bereitstellung von Zugangsberechtigungssystemen für Dritte. Unterschiede zwischen den Anzeigepflichten ergeben sich bezüglich des einzuhaltenden Anzeigezeitpunktes. Während die Anzeige gegenüber der RegTP gemäß § 50 Abs. 3 Nr. 4 **vor** Aufnahme bzw. Änderung des Angebots zu erfolgen hat, folgt aus dem Wortlaut der medienrechtlichen Anzeigepflicht, dass der Anbieter mit der Bereitstellung seines Angebots beginnen kann, bevor die Unbedenklichkeit festgestellt wird. In der Praxis dürfte es sich empfehlen, beide Anzeigen vor Bereitstellung des Dienstes abzugeben.[28] Der Prüfungsmaßstab der Regulierungsbehörde erstreckt sich allein auf Vorschriften des TKG, während die Landesmedienanstalten die Zulässigkeit des Angebotes anhand des Maßstabs des RStV prüfen.[29] Programminhaltliche Fragen darf die Regulierungsbehörde daher ebenso wenig aufgreifen wie die Landesmedienanstalt telekommunikationsrechtliche Fragen. In der Praxis dürfte es jedoch schwierig sein, die Prüfungskompetenzen klar zu trennen, da beide Gesetze dieselben Zugangsrechte für Veranstalter begründen.[30]

---

26 Amtliche Begründung zum TKG, BT-Drs. 15/2316, S. 75.
27 *Schütz,* Kommunikationsrecht, S. 83, RdNr. 183.
28 *Schütz,* Kommunikationsrecht, S. 85, RdNr. 193.
29 *Schütz,* Kommunikationsrecht, S. 87, RdNr. 196.
30 *Schütz,* Kommunikationsrecht, S. 87, RdNr. 196.

Wie schon im Rundfunkstaatsvertrag[31] verzichtet der Gesetzgeber im TKG auf ein Verbot 31
mit Erlaubnisvorbehalt und legt den Anbietern und Verwendern statt dessen die Pflicht zur
unverzüglichen Anzeige auf, damit die Regulierungsbehörde in Zusammenarbeit mit den
zuständigen Stellen nach Landesrecht die **Rechtskonformität prüfen** kann (siehe
RdNr. 33).

Unvollständige oder falsche Angaben kann die Regulierungsbehörde mit einem **Bußgeld** 32
belegen, das sich nach § 149 Nr. 15 TKG bemisst.

5. Abstimmung zwischen Regulierungsbehörde und den zuständigen Stellen nach 33
Landesrecht (Abs. 4). – Gemäß § 50 Abs. 4 TKG unterrichtet die Regulierungsbehörde
die zuständige Stelle nach Landesrecht unverzüglich über die Anzeige nach Abs. 3 Nr. 4
(siehe RdNr. 30 ff.). Kommen die Regulierungsbehörde und/oder die zuständige Stelle
nach Landesrecht jeweils für ihren Zuständigkeitsbereich auf Grund der Anzeige innerhalb
einer **Frist von zwei Monaten** zu dem Ergebnis, dass das Angebot den Anforderungen
nach § 50 Abs. 3 Nr. 1 bis Nr. 4 TKG nicht entspricht, verlangen sie **Änderungen des An-**
gebots. Können die Vorgaben trotz Änderungen nicht erreicht werden oder werden die Änderungen trotz Aufforderung nicht erfüllt, **untersagen sie das Angebot.**

Das Verfahren wurde im Hinblick auf das Zusammenwachsen elektronischer Anwendun- 34
gen der Individual- und Massenkommunikation gewählt, welches auch eine zunehmende
Verzahnung von Aufgaben der Regulierungsbehörde und der zuständigen Stelle nach
Landesrecht in diesem Bereich zur Folge hat. Nach dem Willen des Gesetzgebers soll die
Regelung einerseits einer **effektiveren Problembehandlung**, andererseits einer größeren
Kundenfreundlichkeit im Sinne eines „One-stop-shopping-Konzepts"[32] dienen, indem die
Regulierungsbehörde Ansprechpartner ist, unabhängig davon, ob es sich im Einzelfall
um ein telekommunikationsrechtlich und/oder ein medienrechtlich verortetes Problem
handelt. Für eine erfolgreiche Umsetzung dieses Konzeptes ist eine **vertrauensvolle Zu-**
sammenarbeit zwischen Regulierungsbehörde und zuständiger Stelle nach Landesrecht
insbesondere bezüglich des Informationsaustauschs Voraussetzung (vgl. dazu eingehend
Vorbemerkung zu §§ 48 ff. RdNr. 8 ff.).

Die **Zuständigkeiten** von Regulierungsbehörde und zuständiger Stelle nach Landesrecht 35
für die jeweils zu prüfenden Sachverhalte ergeben sich aufgrund der **Vorschriften des**
TKG bzw. des RStV. Das bedeutet insbesondere, dass die Regulierungsbehörde medienrechtliche Einwendungen nicht dahingehend überprüft, ob die Zuständigkeit der Stelle
nach Landesrecht im Einzelfall auch tatsächlich gegeben ist und umgekehrt. Sollte im
Grenzbereich zwischen Bundes- und Landesrecht Klärungsbedarf entstehen, so verständigen sich Bund und Länder diesbezüglich auf eine praktikable Lösung.[33] Dies hat auf **ko-**
operativer Basis zu erfolgen. Es hat eine Kompetenzbeschränkung des Bundes bei grundlegenden Aspekten der fernmelderechtlichen Komponente des Rundfunkwesens in der
Weise zu erfolgen, dass der Bund eine **Pflicht zur Rücksichtnahme** auf den medienrechtlichen Entscheidungsspielraum der Länder hat.[34] Soweit das Telekommunikationsrecht
den zu berücksichtigenden Gestaltungsspielraum der Länder im Bereich des Rundfunkrechts tangiert, ergeben sich **Informations-, Anhörungs- und Abwägungspflichten des**

---

31 Zur Anzeigepflicht im RStV s. u. a. *Holznagel*, MMR 2000, 485.
32 Amtliche Begründung zum TKG, BT-Drs. 15/2316, S. 75.
33 Amtliche Begründung zum TKG, BT-Drs. 15/2316, S. 75.
34 *Hesse*, Rundfunkrecht, S. 47; *Ricker/Schiwy*, Rundfunkverfassungsrecht, S. 249.

Bundes gegenüber den Ländern[35] bzw. eine **allgemeine Pflicht zur Zusammenarbeit**.[36] Soweit die zu treffenden Regelungen hingegen allein medienrechtliche Sachverhalte aufweisen, soll die Regelungskompetenz aufgrund des rundfunkrechtlichen Charakters allein den Ländern zufallen.[37] Zur Zeit arbeitet die Regulierungsbehörde an dem Entwurf einer Verfahrensordnung, die vor allem die Zusammenarbeit und den Informationsaustausch zwischen der Regulierungsbehörde und der zuständigen Stelle nach Landesrecht regeln soll.[38]

36   **6. Handlungsmöglichkeiten der Regulierungsbehörde bei beträchtlicher Marktmacht (Abs. 5).** – Die Bestimmung ermöglicht der Regulierungsbehörde die Überprüfung der Auflagen entsprechend Art. 6 Abs. 3 ZRL. Generell wird hiermit die auf europäischer Ebene vorgesehene Ermessensfreiheit der Regulierungsbehörde implementiert.[39] Dies muss allerdings im Rahmen eines **Marktanalyseverfahrens**[40] nach §§ 11 ff. TKG geschehen und schließt insbesondere auch das **Konsultationsverfahren** nach § 12 TKG mit ein.

37   Die Regulierungsbehörde kann die **Bedingungen ändern oder aufheben**, wenn die Aussichten für einen wirksamen Wettbewerb auf den Endnutzermärkten für die Übertragung von Rundfunksignalen sowie für Zugangsberechtigungssysteme und andere zugehörige Einrichtungen dadurch **nicht negativ beeinflusst** werden, und die zuständige Stelle nach Landesrecht festgestellt hat, dass die Kapazitätsfestlegungen und Übertragungspflichten nach Landesrecht dadurch nicht negativ beeinflusst werden. Bedingung ist aber in jedem Fall, dass die betreffenden Verwender und Anbieter von Zugangsberechtigungssystemen jedenfalls über **keine beträchtliche Marktmacht**[41] verfügen.

38   Die Entscheidung über die besagten Änderungen überprüft die Regulierungsbehörde alle zwei Jahre.

39   **7. Sanktionen und Verfahren bei § 50 Abs. 1 und 2.** – Stellt die Regulierungsbehörde fest, dass ein Unternehmen seinen Pflichten aus § 50 Abs. 1 und 2 TKG nicht nachkommt, so fordert sie das Unternehmen zur Stellungnahme und Abhilfe auf. Sie setzt dazu eine Frist. Die Parameter dazu sind den allgemeinen Regelungen der §§ 126 ff. TGK zu entnehmen.

---

35 *Gabriel-Bräutigam*, Rundfunkkompetenz und Rundfunkfreiheit, S. 114.
36 *Kreile*, Kompetenz und kooperativer Föderalismus im Bereich des Kabel- und Satellitenrundfunks, S. 141.
37 *Ricker/Schiwy*, Rundfunkverfassungsrecht, S. 149.
38 Siehe dazu auch Anmerkungen der VPRT zum Entwurf der Verfahrensordnung vom 8. 2. 2005.
39 *Ladeur*, K&R 2004, 155.
40 Siehe auch *Ellinghaus*, CR 2004, 25 f.
41 Siehe auch *Weisser/Bauer*, MMR 2003, 713.

§ 51 Streitschlichtung

(1) Die durch die Bestimmungen dieses Teils Berechtigten oder Verpflichteten können zur Beilegung ungelöster Streitfragen in Bezug auf die Anwendung dieser Vorschriften die Schlichtungsstelle gemeinsam anrufen. Die Anrufung erfolgt in Schriftform. Die Regulierungsbehörde entscheidet innerhalb einer Frist von höchstens zwei Monaten.

(2) Die Schlichtungsstelle wird bei der Regulierungsbehörde errichtet. Sie besteht aus einem vorsitzenden Mitglied und zwei beisitzenden Mitgliedern. Die Regulierungsbehörde regelt Errichtung und Besetzung der Schlichtungsstelle und erlässt eine Verfahrensordnung. Errichtung und Besetzung der Schlichtungsstelle sowie die Verfahrensordnung sind von der Regulierungsbehörde zu veröffentlichen.

(3) Die Schlichtungsstelle gibt der zuständigen Stelle nach Landesrecht im Rahmen dieses Verfahrens Gelegenheit zur Stellungnahme. Sofern die zuständige Stelle nach Landesrecht medienrechtliche Einwendungen erhebt, trifft sie innerhalb des vorgegebenen Zeitrahmens eine entsprechende Entscheidung. Die beiden Entscheidungen können in einem zusammengefassten Verfahren erfolgen.

Übersicht

I. Normzweck und Entstehungsgeschichte

Die Vorschrift eröffnet für **Streitigkeiten über die Vorschriften des hier gegenständlichen Teils 4** des TKG die Möglichkeit, in einem zeitlich überschaubaren Rahmen einen **unverbindlichen Schiedsspruch** zu erwirken.[1] Ein vergleichbares Verfahren war bereits unter dem Regime des FÜG a.F. eingeführt worden. Die Schlichtungsstelle entsprechend § 11 Abs. 1 FÜG a.F. wurde zu Beginn des Jahres 2000 bei der Regulierungsbehörde errichtet und hatte sich auch eine Verfahrensordnung gegeben.[2] Bis zum Außerkrafttreten des FÜG a.F. nach § 152 Abs. 2 TKG wurde die Schlichtungsstelle jedoch weder angerufen, noch hatte sie in sonstiger Weise Gelegenheit, nur ein einziges Mal rechtsgestaltend in Erscheinung zu treten. Ungeachtet dieser Vorgeschichte soll mit der erneuten Einrichtung einer eigenen **Schlichtungsstelle bei der Regulierungsbehörde** für diesen Bereich der 1

---

1 Amtliche Begründung zum TKG, BT-Drs. 15/2316, S. 76.
2 Errichtungsverordnung für die Schlichtungsstelle entsprechend § 11 Abs. 1 des Gesetzes über die Anwendung von Normen für die Übertragung von Fernsehsignalen, Mitteilung Nr. 42/2000, Amtsblatt RegTP 2/2000, S. 172; Verfahrensordnung für das Schiedsverfahren nach § 11 Abs. 1 FÜG, Mitteilung Nr. 44/2000, ABl. RegTP 2/2000, S. 172 ff.

Bedeutung und den besonderen Gegebenheiten des Marktsegments „Rundfunkübertragung" an der Schnittstelle zwischen Bundes- und Landesrecht Rechnung getragen werden. Insbesondere will der Gesetzgeber damit auch Rundfunkveranstaltern, die nicht unter den **Adressatenkreis der Streitregelung vor den Beschlusskammern nach § 133 TKG** fallen, die Möglichkeit der außergerichtlichen unparteiischen Streitbeilegung bieten.

II. Einzelerläuterungen

Die Regulierungsbehörde regelt Errichtung und Besetzung der Schlichtungsstelle durch die Verfahrensordnung. Diese befindet sich noch im Entwurfsstadium, ist aber der alten Regelung weitgehend nachempfunden.[3]

2 **1. Die Schlichtungsstelle und ihre Besetzung.** – Nach § 51 Abs. 2 TKG wird die **Schlichtungsstelle bei der Regulierungsbehörde** errichtet. Dies bedeutet, dass die Regulierungsbehörde **örtlich** und die Schlichtungsstelle **sachlich** zuständig ist (§ 2 Abs. 1 Verfahrensordnung). Die Stelle besteht wie ihre Vorgängerin[4] aus **einem Vorsitzenden** und **zwei beisitzenden Mitgliedern.** Der Verfahrensordnung ist zu entnehmen, dass der Vorsitzende die Befähigung für eine Laufbahn des höheren Dienstes erworben haben muss (§ 3 Abs. 1 Verfahrensordnung). Für jedes Mitglied der Stelle wird ein **Vertreter** bestellt, der bei Verhinderung von Mitgliedern in die Funktion eines Beisitzers aufrückt; gemäß § 3 Abs. 2 Verfahrensordnung übernimmt bei Verhinderung des Vorsitzenden der ranghöchste Beisitzer dessen Rolle.

3 **2. Gegenstand der Schlichtung.** – Gegenstand der Schlichtung sind **ungelöste Streitfragen zwischen Berechtigten und Verpflichteten** über die Anwendung der §§ 48 bis 51 TKG. Thematisch darf sich das Schlichtungsverfahren **mit jeder Frage befassen,** die zwischen Berechtigten und Verpflichteten im Zusammenhang mit den Normen streitig ist. Es kann sich daher auch um die Aspekte handeln, für die das Streitbeilegungsverfahren nach § 49 Abs. 3 TKG zulässig ist. Es besteht **keine Verfahrenskonkurrenz** zwischen den Regelungen.[5] Missverständlich ist das Erfordernis der **ungelösten Streitfrage,** weil gelöste Auseinandersetzungen regelmäßig als erledigt zu betrachten sein dürften und es dieser Präzisierung somit eigentlich nicht bedarf. Es soll aber schon an dieser Stelle zum Ausdruck gebracht werden, dass durch die Schlichtung eine **Lösung durch und mit den Parteien** angestrebt werden soll. Dies zeigt sich übrigens auch darin, dass die Betroffenen die **Stelle gemeinsam anrufen müssen** (§ 51 Abs. 1 TKG). Das Schlichtungsverfahren ist daher bewusst **gegen das arbiträre Streitbeilegungsverfahren** nach § 49 Abs. 3 TKG gesetzt. Keiner Partei soll die Schlichtung aufgezwungen werden; wenn eine Partei dazu nicht bereit ist, soll das Verfahren erst gar nicht in Gang gesetzt werden können.[6] Die Verfahrensordnung trägt diesem Konzept an zahlreichen Punkten Rechnung.

---

3 Die Verfahrensordnung wird nach Erlass im Amtsblatt der Regulierungsbehörde veröffentlicht.

4 Vgl. Besetzungsanordnung für die Schlichtungsstelle entsprechend § 11 Abs. 1 FÜG, Mitteilung Nr. 43/2000, ABl. RegTP 2/2000, S. 172.

5 *Frevert*, MMR 2005, 24.

6 Unter § 11 FÜG a. F. und der dazu geltenden Verfahrensordnung war der Antrag von einer Partei einzureichen, und erst im Verfahren wurde der Antragsgegner vor die Wahl gestellt, sich der Schlichtung zu öffnen oder diese abzulehnen. Das neue Regime vermeidet unnötigen Verfahrensaufwand.

3. Das Schlichtungsverfahren. – a) Anrufung der Schlichtungsstelle. – Nach § 51   4
Abs. 1 TKG ist die Schlichtungsstelle von den **Parteien des Streits gemeinsam anzurufen.** Antragsberechtigt sind die Parteien, wenn sie die Verletzung eigener Rechte, die ihnen
aufgrund von Teil 4 des TKG zustehen, geltend machen. Erforderlich ist, dass die Parteien
die **Verletzung der Individualrechte schlüssig darlegen** und der Schlichtungsstelle anzeigen. Hinsichtlich der Berechtigung an sich wird man **keine großen Anforderungen**
stellen. Denn zum einen sind diejenigen erfasst, die nach den ohnehin breiten personalen
Anwendungsbereichen der §§ 49ff. TKG mit Rechten und Pflichten bedacht sind. Zum anderen muss die Schlichtung folgerichtig auch darüber zulässig sein, ob eine Partei mit
Rechten aus dem Gesetz versehen wurde. So kann es um die Frage gehen, ob eine Person
berechtigter Dritter im Sinne von § 49 Abs. 2 TKG ist, d. h. ob ihm Informationen zur Anwendungs-Programmierschnittstelle zugänglich gemacht werden müssen. Die Gruppe der
möglichen Beteiligten der Schlichtung ist daher sogar noch **größer als die formal berechtigten Personen nach §§ 48 ff. TKG.**

Das Antragsverfahren knüpft an weitere Voraussetzungen, die erfüllt sein müssen. So darf   5
kein Gerichtsverfahren mit demselben Streitgegenstand rechtshängig sein sowie **kein
Schlichtungsverfahren** mit demselben Streitgegenstand der Schlichtungsstelle vorliegen
oder durchgeführt worden sein. Liegen die Bedingungen vor, ist der Antrag **schriftlich in
vierfacher Ausfertigung bei der Schlichtungsstelle einzureichen.** Er hat neben den Namen der Beteiligten und dem verfolgten Antragsziel auch eine alle Tatsachen und Dokumente umfassende Sachverhaltsdarstellung zu enthalten. Zudem muss gemäß Verfahrensordnung ein Nachweis über den vergeblichen Versuch einer Einigung erbracht werden.

Sollte der Antrag den genannten Anforderungen nicht entsprechen, ist die Schlichtungs-   6
stelle gemäß Verfahrensordnung verpflichtet, den Antragstellern eine angemessene **Frist
zur Ergänzung** ihres Antrages einzuräumen. Erfolgt die Antragsergänzung nicht fristgemäß, gilt der Antrag als zurückgenommen.

Nach altem Recht hatten die die Schlichtungsstelle anrufenden Parteien einen von der   7
Schlichtungsstelle festgesetzten **Kostenvorschuss** zu zahlen. Erfolgte die Vorschusszah-
lung nicht fristgerecht, so konnte die Schlichtungsstelle das Verfahren einstellen. Es ist
nach der aktuellen Verfahrensordnung nicht mehr vorgesehen, Kosten für die Schlichtung
zu erheben. Wenn überhaupt ergibt sich daher eine Kostentragungspflicht aufgrund der allgemeinen Kostenbestimmungen des TKG (siehe dazu unten RdNr. 11).

b) Verfahren und Ablauf. – Das Verfahren wird in der Regel als **schriftliches Verfahren**   8
geführt. Zur Klärung des Streitgegenstands kann die Schlichtungsstelle nach Prüfung des
Antrags durch die Schlichtungsstelle und die beteiligte zuständige Stelle nach Landesrecht
jedoch eine mündliche Anhörung der Parteien durchführen. Die mündliche Anhörung
muss hierbei **öffentlich** erfolgen. Während des gesamten Schlichtungsverfahrens ist für
die Wahrung von Betriebs- und Geschäftsgeheimnissen aller Beteiligten zu sorgen. Die
Beteiligung der zuständigen Stelle nach Landesrecht war im Verfahren der Schlichtungsstelle gemäß FÜG a. F. nicht vorgesehen.[7]

Zur Verfahrensbeschleunigung sieht § 51 Abs. 1 TKG eine **Entscheidungsfrist von zwei**   9
Monaten vor, die gemäß der Verfahrensordnung mit Zustimmung der Parteien und der beteiligten zuständigen Stelle nach Landesrecht verlängert werden kann. Die Regelung der

---

7 *Frevert*, MMR 2005, 24.

Entscheidungsfrist wurde erst im Laufe des Gesetzgebungsverfahrens eingefügt, § 43 Abs. 1 Referentenentwurf in das TKG vom 30. 4. 2003 machte dazu noch keine Aussage. Damit soll unabhängig von der internen Verfahrensordnung das gesetzgeberische Ziel einer schnellen Streitbeilegung unterstrichen werden. Dogmatisch unsauber scheint dieser letzte Satz hinsichtlich der Urheberschaft der Entscheidung. Wie ausgeführt, wird die Schlichtungsstelle als unabhängiges Gremium bei der Regulierungsbehörde geschaffen. Die Entscheidung wird daher **durch die Schlichtungsstellung** selbst und gerade nicht durch die Regulierungsbehörde getroffen.

10   **c) Einigungsvorschlag.** – Gemäß Verfahrensordnung entwirft die Schlichtungsstelle einen schriftlichen und mit einer Begründung versehenen **Einigungsvorschlag**. Der Entwurf des Einigungsvorschlags wird den Parteien mit der Aufforderung zugesandt, sich innerhalb einer Frist von längstens einer Woche zu äußern. Unter Berücksichtigung der Stellungnahmen der Parteien zu dem Entwurf unterbreitet die Schlichtungsstelle einen schriftlichen und von den Mitgliedern der Schlichtungsstelle notwendig zu unterschreibenden Einigungsvorschlag. Innerhalb einer Frist von längstens einer Woche haben die Parteien die Möglichkeit, sich zu dem Einigungsvorschlag zu äußern. Können sich die Parteien **nicht auf den Einigungsvorschlag verständigen** oder reagiert eine der Parteien trotz nochmaliger Fristsetzung nicht auf die Aufforderung zur Stellungnahme zum Schlichtungsvorschlag, endet das Verfahren mit der **Feststellung, dass keine Einigung im Rahmen des Schlichtungsverfahrens erzielt werden konnte** und die Schlichtung gescheitert ist.

11   **d) Kosten.** – Es ist nach der aktuellen Verfahrensordnung nicht mehr vorgesehen, Kosten für die Schlichtung zu erheben, wenn überhaupt, ergibt sich daher eine Kostentragungspflicht aufgrund der allgemeinen Kostenbestimmungen des TKG. Diesbezüglich wird aber die Frage diskutiert, unter welche der Normen die Kostenpflichtigkeit subsumiert werden kann – ausdrücklich verweisen §§ 142 ff. TKG nicht auf § 51 TKG. Hier wird ggf. der Gesetzgeber selbst nachbessern müssen.

12   **4. Die Abstimmung zwischen der Regulierungsbehörde und den zuständigen Stellen nach Landesrecht.** – Bezüglich des Verfahrens der Zusammenarbeit zwischen Regulierungsbehörde und zuständiger Stelle nach Landesrecht gelten die Ausführungen zu § 49 Abs. 3 TKG entsprechend (siehe § 49 RdNr. 18). Erst im Gesetzgebungsverfahren wurde aufgenommen, dass die Entscheidungen in einem zusammengefassten Verfahren erfolgen können.[8] Unklar ist nach derzeitiger Rechtslage noch, was gelten soll, wenn die Regulierungsbehörde und die zuständige Stelle nach Landesrecht ihre Entscheidungen nicht zusammenfassen und diese ggf. divergierende Inhalte haben.

---

8 Vgl. § 43 Abs. 3 TKG-RefE.

Teil 5: Vergabe von Frequenzen, Nummern und Wegerechten

Abschnitt 1:
Frequenzordnung

§ 52 Aufgaben

(1) Zur Sicherstellung einer effizienten und störungsfreien Nutzung von Frequenzen und unter Berücksichtigung der in § 2 Abs. 2 genannten weiteren Ziele werden der Frequenzbereichszuweisungsplan und der Frequenznutzungsplan aufgestellt, Frequenzen zugeteilt und Frequenznutzungen überwacht.

(2) Die Regulierungsbehörde trifft Anordnungen bei Frequenznutzungen im Rahmen des Betriebs von Funkanlagen auf fremden Land-, Wasser- und Luftfahrzeugen, die sich im Geltungsbereich dieses Gesetzes aufhalten.

(3) Für Frequenznutzungen, die in den Aufgabenbereich des Bundesministeriums der Verteidigung fallen, stellt das Bundesministerium für Wirtschaft und Arbeit das Einvernehmen mit dem Bundesministerium für Verteidigung her.

Schrifttum: *Eidenmüller*, Post- und Fernmeldewesen, Band II, Loseblatt, Erg.-Lfg. 41/August 1987; *Gersdorf*, Die dienende Funktion der Telekommunikationsfreiheiten: Zum Verhältnis von Telekommunikations- und Rundfunkordnung, AfP 1997, 424; *Hoffmann-Riem/Wieddekind*, Frequenzplanung auf der Suche nach Planungsrecht, FS Hoppe, 2000, 745; *Holznagel*, Frequenzplanung im Telekommunikationsrecht, FS Hoppe, 2000, 767; *Klodt/Laaser/Lortz/Maurer*, Wettbewerb und Regulierung in der Telekommunikation, 1995; *Meister*, Das telekommunikationsrechtliche Frequenzplanungsrecht im System des allgemeinen Planungsrechts, 2003; *Nowosadtko*, Frequenzplanungsrecht, 1999; *Papier*, Fernmeldemonopol der Post und Privatrundfunk, DÖV 1990, 217; *Paulweber*, Regulierungszuständigkeiten in der Telekommunikation, 1999; *Scherer*, Die Umgestaltung des europäischen und deutschen Telekommunikationsrechts durch das EU-Richtlinienpaket, K&R 2002, 273 (Teil I), 329 (Teil II) und 385 (Teil III); *ders.*, Frequenzverwaltung zwischen Bund und Ländern, 1987; *ders.*, Frequenzverwaltung zwischen Bund und Ländern unter dem TKG, K&R Beil. 2/1999; *Schulz/Wasner*, Rundfunkrechtlich relevante Fragen der Lizenzierung und Frequenzverwaltung nach dem TKG, ZUM 1999, 513; *Schütz/Attendorn*, Das neue Kommunikationsrecht der Europäischen Union – Was muss Deutschland ändern?, MMR Beil. 4/2002; *Tegge*, Die Internationale Telekommunikations-Union, 1994; *Wegmann*, Nutzungsrechte an Funkfrequenzen und Rufnummern, K&R 2003, 448.

I. Bedeutung der Norm

1 § 52 ist die programmatische Grundnorm der im fünften Teil des Gesetzes geregelten Frequenzordnung. Unter Bezugnahme auf die in § 2 Abs. 2 normierten Regulierungsziele und insbesondere mit Blick auf das in § 2 Abs. 2 Nr. 7 verankerte Leitbild einer effizienten und störungsfreien Frequenznutzung benennt der Gesetzgeber in § 52 die wesentlichen **Aufgaben staatlicher Frequenzverwaltung**, um sie dann in den §§ 53 ff. zu konkretisieren und näher auszugestalten: die **Frequenzplanung**, die **Frequenzzuteilung** und die **Überwachung der Frequenznutzung**.

2 Frequenzen sind ein **begehrtes Wirtschaftsgut** in der Telekommunikation. Sie werden benötigt, um funkgestützte Telekommunikationssysteme zu betreiben. Im Vergleich zur drahtgebundenen Übertragungstechnik bietet die Funktechnik zahlreiche Vorteile. Sie lässt sich schneller auf- bzw. ausbauen und ermöglicht eine mobile Kommunikation sowie die gleichzeitige Erreichbarkeit einer Vielzahl von Empfängern. Moderne Telekommunikation ist ohne die Nutzung von Funktechnologie und damit auch von Funkfrequenzen kaum noch vorstellbar. Der Bedarf an nutzbaren Frequenzen steigt ständig. Dem gegenüber steht der Umstand, dass das nutzbare elektromagnetische Spektrum von Natur aus begrenzt und nicht beliebig erweiterbar ist. Frequenzen sind eine **potenziell knappe Ressource**[1]. Dabei ist von entscheidender Bedeutung, dass ein bestimmter Frequenzbereich zur gleichen Zeit und in gewisser räumlicher Nähe jeweils nur von einem Anwender sinnvoll genutzt werden kann, weil ansonsten funktechnische Störungen (Interferenzen) entstehen[2]. Darüber hinaus sind die Ausbreitungseigenschaften von Funkwellen frequenzabhängig unterschiedlich ausgeprägt mit der Folge, dass sich nicht jeder Frequenzbereich für alle Anwendungen in gleicher Weise eignet[3]. Im Übrigen sind bestimmte Frequenzen bereits für Sonderaufgaben

1 VG Köln, Urteil v. 24. 5. 2002 – 11 K 9775/00, MMR 2003, 61 ff., 62; aus dem Schrifttum: *Nowosadtko*, Frequenzplanungsrecht, S. 19, 23 ff.; *Scherer*, Frequenzverwaltung zwischen Bund und Ländern, S. 10; *Heun/Jenny*, Kap. 2 RdNr. 1; *Holznagel*, FS Hoppe, 2000, S. 767 ff., 769 f.; *Wegmann*, K&R 2003, 448 ff., 448, 450 ff.
2 *Holznagel/Enaux/Nienhaus*, Grundzüge des Telekommunikationsrechts, S. 141; *Nowosadtko*, Frequenzplanungsrecht, S. 23 ff.; *Klodt/Laaser/Lortz/Maurer*, Wettbewerb und Regulierung in der Telekommunikation, S. 129 ff.
3 *Meister*, Das telekommunikationsrechtliche Frequenzplanungsrecht im System des allgemeinen Planungsrechts, S. 30 ff.; *Heun/Jenny*, Kap. 2 RdNr. 1; BeckTKG-Komm/*Korehnke/Grotelüschen*, Vor § 44 RdNr. 12 ff.

reserviert, so dass von vornherein schon nicht das gesamte nutzbare Frequenzspektrum für Zwecke der kommerziellen Telekommunikation zur Verfügung steht[4].

Aus dieser potenziellen Knappheitssituation ergibt sich die Notwendigkeit, das Wirt- **3** schaftsgut Frequenzen einer **staatlichen Aufsicht und Regulierung** zu unterwerfen. Dabei gilt es zunächst, die unterschiedlichen Nutzungsbedürfnisse zu strukturieren und zu kanalisieren. Das verfügbare Frequenzspektrum muss aufgeteilt und den verschiedenen Nutzungsarten zugewiesen werden. Dies ist die Aufgabe der **Frequenzplanung**. Nähere Regelungen hierzu finden sich in den §§ 53 und 54. Darüber hinaus ist zu entscheiden, wer einen bestimmten Frequenzbereich in persönlicher Hinsicht nutzen darf. Der Gesetzgeber spricht hier von der **Frequenzzuteilung**, wobei die Einzelheiten in den §§ 55 ff. geregelt sind. Als dritte Aufgabe staatlicher Frequenzverwaltung ist schließlich die **Überwachung der Frequenznutzung** vorgesehen. Denn eine den Zielen des § 2 Abs. 2 verpflichtete Frequenzordnung vermag ihren Zweck nur dann zu erfüllen, wenn die sie konstituierenden Regelungen auch eingehalten werden. Die entsprechenden Kontrollinstrumente finden sich in § 64.

II. Internationale Frequenzordnung

Die Zuständigkeit zur Regelung von Frequenzangelegenheiten fällt in den Bereich einzel- **4** staatlicher Hoheitsrechte. Es ist Sache der souveränen Staaten, für ihr jeweiliges Hoheitsgebiet eine Frequenzordnung zu erstellen und durchzusetzen. Da jedoch Funkwellen an staatlichen Grenzen nicht halt machen, besteht die Notwendigkeit einer internationalen Harmonisierung und Koordinierung. Dabei gilt es insbesondere, wechselseitige Störungen von Funkdiensten in grenznahen Räumen zu vermeiden und die universelle Einsetzbarkeit von funkgestützen Telekommunikationssystemen zu fördern. Hierzu bedarf es eines Frequenznutzungskonzeptes, das jedenfalls in seinen Grundzügen global abgestimmt ist.

Auf internationaler Ebene wird die Koordinierung und Harmonisierung der Frequenznut- **5** zung durch die **Internationale Fernmeldeunion** (International Telecommunications Union – **ITU**)[5] mit Sitz in Genf wahrgenommen. Rechtliche Grundlage ihrer Tätigkeit ist die **ITU-Konstitution**[6], ergänzt durch die **ITU-Konvention**[7] und zwei **Vollzugsordnungen**, die den Fernmeldeverkehr regeln und für alle Mitgliedstaaten verbindlich sind (vgl. Art. 4 Nr. 3 ITU-Konstitution). Es handelt sich dabei um die **Vollzugsordnung für internationale Fernmeldedienste** und die für die internationale Frequenzordnung besonders bedeutsame **Vollzugsordnung für den Funkdienst** (**VO Funk**[8]). Nach Art. 48 ITU-Konvention ist die Zuständigkeit der Union auf den zivilen Funkverkehr beschränkt. In Bezug auf militärische Funkanlagen behalten die Mitgliedstaaten ihre volle Freiheit.

Die ITU-Regelungen zur Frequenznutzung in den Mitgliedstaaten werden auf **internatio-** **6** **nalen Funkkonferenzen** getroffen, die weltweit oder auch regional begrenzt einberufen

---

4 So sind beispielsweise manche Frequenzbereiche exklusiv der Weltraumforschung vorbehalten und müssen von jeder Sendeaktivität freigehalten werden.

5 http://www.itu.int/home/index.html; zu Historie, Organisation und den Aufgaben der ITU s. Einl. IV RdNr. 1 ff.; *Tegge*, Die Internationale Telekommunikations-Union, S. 27 ff., 83 ff., 159 ff.; *Meister*, Das telekommunikationsrechtliche Frequenzplanungsrecht im System des allgemeinen Planungsrecht, S. 41 ff.; *Geppert/Ruhle/Schuster*, RdNr. 703 ff.

6 BGBl. II 2001 S. 1131 ff.

7 BGBl. II 2001 S. 1162 ff.

8 Englisch: Radio Regulations (RR); zu deren Inhalt und Bedeutung s. auch Einl. IV RdNr. 16 ff.

werden können (vgl. Art. 13 ITU-Konstitution)[9]. Während die Beschlüsse **regionaler Funkkonferenzen** den Bestimmungen der VO Funk nicht widersprechen dürfen (Art. 13 Nr. 4 ITU-Konvention), besteht im Rahmen der **weltweiten Funkkonferenzen** (World Radio Conferences – **WRC**) die Möglichkeit, die VO Funk zu ändern, zu ergänzen oder – in Ausnahmefällen – auch vollständig zu revidieren (Art. 13 Nr. 1 ITU-Konstitution). Weltweite Funkkonferenzen werden normalerweise alle zwei bis drei Jahre einberufen (Art. 13 Nr. 2 ITU-Konstitution).

7   Aus der ITU-Konstitution ergeben sich die drei wesentlichen **Ziele des internationalen Frequenzregimes**: Erstens geht es um die Sicherstellung eines störungsfreien internationalen Funkverkehrs (vgl. Art. 1 Nr. 2 lit. a; Art. 45 ITU-Konstitution), zweitens wird eine möglichst wirtschaftliche Ressourcennutzung angestrebt (Art. 44 ITU-Konstitution) und drittens soll der gleichberechtigte Zugang aller Staaten zu den benötigten Kapazitäten gewährleistet sein (vgl. Art. 44 Nr. 2 ITU-Konstitution). Zur Umsetzung dieser Zielvorgaben bedient sich die ITU insbesondere folgender **Instrumente**: Sie weist einzelnen Funkdiensten im Rahmen einer internationalen Frequenzbereichsplanung bestimmte Frequenzbänder zu, entscheidet über die Zuteilung von Senderechten an Staaten und Regionen und legt darüber hinaus Qualitätsstandards für Funkstationen zur Förderung einer effizienten Ressourcennutzung fest.

8   **1. Internationaler Frequenzbereichsplan.** – Kernstück des ITU-Frequenzregimes ist der Internationale Frequenzbereichsplan, der den Frequenzbereichen bestimmte Funkdienste zuordnet. Er ist integraler Bestandteil der Vollzugsordnung für den Funkdienst (Art. 8 VO Funk) und damit für die Mitgliedstaaten der ITU **verbindlich** (vgl. Art. 4 Nr. 3 ITU-Konstitution). Dies setzt der Gestaltung nationaler Frequenzpolitik enge Grenzen[10].

9   Die Systematik des Internationalen Frequenzbereichsplans lässt sich wie folgt beschreiben[11]: Auf der obersten Gliederungsebene sind die verschiedenen **Frequenzbereiche** (Frequenzbänder) physikalisch definiert. Innerhalb eines Frequenzbereichs werden drei Spalten gebildet, die jeweils einer von drei geographischen **Regionen** zugewiesen sind. Region 1 umfasst Europa, Afrika, den Mittleren Osten, die ehemalige Sowjetunion und die Mongolei, Region 2 besteht aus Nord-, Mittel- und Südamerika, und Region 3 setzt sich aus den übrigen asiatischen Staaten und Ozeanien zusammen. In den drei Spalten finden sich die einzelnen **Funkdienste**, die auf dem betreffenden Frequenzband in der jeweiligen Region betrieben werden dürfen. Diese Funkdienste stehen teilweise in einem Rangverhältnis zueinander. Bei den im Plan mit Großbuchstaben aufgeführten Funkdiensten handelt es sich um **primäre Dienste**, denen ein Vorrang vor den in Kleinbuchstaben gedruckten **sekundären Diensten** eingeräumt wird.

10   **Nationale Ausnahmen** von den Planfestsetzungen sind möglich. Solche Abweichungen werden im Plan durch **Fußnoten** kenntlich gemacht. Sie sollen Härten für einzelne Staaten bei der Änderung von Frequenzzuweisungen abmildern und dienen dazu, nationale Besonderheiten angemessen zu berücksichtigen. Um die Funktionsfähigkeit des Regelwerks

---

9 Vertiefend hierzu Einl. IV RdNr. 8 ff.
10 BeckTKG-Komm/*Korehnke/Grotelüschen*, Vor § 44 RdNr. 40.
11 Vertiefend hierzu: *Tegge*, Die Internationale Telekommunikations-Union, S. 245; *Meister*, Das telekommunikationsrechtliche Frequenzplanungsrecht im System des allgemeinen Planungsrechts, S. 45 f.

nicht zu gefährden, ist die ITU allerdings stets bemüht, die Zahl der Ausnahmen zu redu-zieren[12].

2. Zuteilung von Senderechten. – Nach Maßgabe des Internationalen Frequenzbereichs- 11
plans nimmt die ITU eine Zuteilung von exklusiven Senderechten an Staaten und Regionen
vor. Auf diese Weise sollen Störungen zwischen Funkstationen innerhalb des gleichen Frequenzbereichs vermieden werden. Dabei haben sich zwei unterschiedliche Verfahrenstypen etabliert: das einfache Registrierverfahren und das planerische Verfahren[13].

In den meisten Frequenzbändern kommt das einfache **Registrierverfahren** zur Anwen- 12
dung. Die Zuteilung der Senderechte erfolgt dabei ohne Befristung und auf Grund einer
schlichten Anmeldung der Mitgliedstaaten. Nach Einleitung des Verfahrens prüft die ITU
die Vereinbarkeit der angemeldeten Frequenznutzung mit dem Frequenzbereichsplan und
den anderen Bestimmungen der VO Funk sowie mögliche Störungen bestehender Funkstationen. Leitendes Allokationsprinzip ist der Grundsatz zeitlicher Priorität (first come first
served)[14]. Demgegenüber werden Nutzungsrechte bei Anwendung des **planerischen Verfahrens** nach Maßgabe besonderer Allokationspläne vergeben. Solche Pläne existieren für
den terrestrischen Rundfunk, den Mobilfunk und den Satellitenfunk[15]. Es handelt es sich
um zwischenstaatliche Abkommen, die auf den Funkonferenzen der ITU ausgehandelt
werden und ein Mindestkontingent von Nutzungsrechten für alle Staaten vorsehen. Die im
planerischen Verfahren zugeteilten Rechte sind zeitlich durch die Gültigkeit des jeweiligen
Plans befristet (i. d. R. 15 bis 20 Jahre).

Sowohl beim Registrierverfahren als auch im Bereich des planerischen Verfahrens werden 13
die Senderechte nicht direkt an die Betreiber der Funkstationen, sondern **ausschließlich an
die Mitgliedstaaten** vergeben. Für die weitere Zuteilung der Rechte an die nationalen Betreiber sind dann die Mitgliedstaaten zuständig. Die Staaten erhalten die ihnen zugewiesenen Nutzungsrechte von der ITU **kostenlos**.

3. Qualitätsstandards für Funkstationen. – Die kostenlose Zuteilung von Senderechten 14
auf internationaler Ebene hat zur Folge, dass der Preismechanismus als Instrument einer
effizienten Ressourcennutzung ausscheidet. Statt dessen ist die ITU bemüht, den wirtschaftlichen Umgang mit Funkfrequenzen durch regulative Vorgaben zu erreichen. Hierzu
gehören insbesondere die im Funksektor der ITU ausgearbeiteten Qualitätsstandards für
Funkstationen[16]. Diese Standards haben teilweise den Status einer Empfehlung, teilweise
werden sie aber auch in die VO Funk oder in die Allokationspläne inkorporiert und erlangen damit rechtliche Verbindlichkeit für die Mitgliedstaaten. Inhaltlich geht es im Wesentlichen darum, Maximalwerte für ungewollte Emissionen von Funkstationen festzulegen
und bei einigen Funkdiensten auch die Verwendung neuer Technologien vorzuschreiben,
die eine effizientere Nutzung von Frequenzen ermöglichen.

---

12 *Tegge* (Fn. 11) S. 247.
13 Ausführlich hierzu: *Tegge* (Fn. 11) S. 242 ff., 248 ff. (Registrierverfahren) sowie S. 252 ff. (planerisches Verfahren)
14 Zu den Besonderheiten des Registrierverfahrens bei Satellitennetzen vgl. § 56 RdNr. 6.
15 S. hierzu auch § 56 RdNr. 5.
16 Im Einzelnen hierzu: *Tegge* (Fn. 11) S. 259 f.

III. Europäische Frequenzordnung

15 Auf europäischer Ebene ist in erster Linie die CEPT (European Conference of Postal and Telecommunications Administrations) für die Harmonisierung der Frequenznutzung in ihren Mitgliedstaaten zuständig. Daneben nimmt aber auch die Europäische Union in diesem Bereich zunehmend koordinierende und harmonisierende Aufgaben wahr und strebt eine eigenständige EU-Frequenzpolitik an.

16 **1. CEPT.** – Die CEPT[17] hat ihren Sitz in Bern und umfasst derzeit 46 europäische Staaten, darunter auch alle Mitglieder der EU. Wegen der von der EU im Rahmen der Liberalisierung der Telekommunikationsmärkte geforderten Trennung zwischen Regulierern auf der einen und Netzbetreibern auf der anderen Seite[18] ist die CEPT seit 1993 organisatorisch auf die Regulierungsverwaltungen ihrer Mitgliedstaaten beschränkt[19]. Innerhalb der CEPT obliegt die Harmonisierung des Telekommunikationssektors seit September 2001 dem **ECC** (Electronic Communications Committee). Das ECC ging hervor aus dem ECTRA (European Committee for Regulatory Telecommunications Affairs) und – speziell für Frequenzangelegenheiten – dem ERC (European Radiocommunications Committee) mit ihren jeweiligen Büros, dem ETO (European Telecommunications Office) und dem ERO (European Radiocommunications Office). Angesichts zunehmender Konvergenz der Medien wurden ECTRA und ERC im Jahre 2001 durch das ECC als einheitliche Unterorganisation der CEPT abgelöst[20].

17 Das ECC hat im Wesentlichen beratende und gutachterliche Funktionen. Es erarbeitet gemeinsame Strategien zur Frequenzregulierung unter Berücksichtigung der internationalen Rahmenbedingungen, bemüht sich um eine Vorausplanung und Harmonisierung der effizienten Spektrumsnutzung zu Gunsten der Nutzer und der Industrie und fördert den freien Warenverkehr für Funkgeräte zur Unterstützung offener und wettbewerblicher Märkte. Darüber hinaus koordiniert das ECC die europäischen Interessen auf internationaler Ebene und trägt dazu bei, die Positionen der europäischen Mitglieder bei der ITU zu vereinheitlichen. Die Arbeitsergebnisse des ECC münden in Entscheidungen (Decisions), Empfehlungen (Recommendations), Berichten (Reports) und gemeinsamen Vorschlägen für die Weltfunkkonferenzen (European Common Proposals – ECP)[21]. Dabei sind lediglich die Entscheidungen für die Mitgliedstaaten bindend, und diese auch nur, soweit sie ausdrücklich anerkannt werden. Ungeachtet dieser rechtlichen Machtlosigkeit gewinnt die Tätigkeit des ECC in praktischer Hinsicht zunehmend am Bedeutung[22].

18 **2. Europäische Union.** – Die EU hat bisher nur vereinzelt auf die Frequenzplanung in den Mitgliedstaaten eingewirkt und sich im Wesentlichen auf eher fragmentarische Koordinierungsmaßnahmen beschränkt. Sie ist allerdings bemüht, ihre diesbezüglichen Aktivitäten hin zu einer eigenen, von der CEPT unabhängigen EU-Frequenzpolitik auszudehnen. Ein Grünbuch aus dem Jahre 1998 und die sog. Frequenzentscheidung vom 7. 3. 2002 markieren diesen Weg. Darüber hinaus finden sich im EU-Richtlinienpaket konkrete Vorgaben zur Frequenzvergabe in den Mitgliedstaaten.

---

17 http://www.cept.org.
18 *Paulweber*, Regulierungszuständigkeiten in der Telekommunikation, S. 94 ff.
19 S. auch *Holznagel/Enaux/Nienhaus*, Grundzüge des Telekommunikationsrechts, S. 146.
20 *Wissmann/Kreitlow*, Kap. 5 RdNr. 13.
21 Hierzu auch *Holznagel/Enaux/Nienhaus*, Grundzüge des Telekommunikationsrechts, S. 147 f.
22 *Wissmann/Kreitlow*, Kap. 5 RdNr. 14.

a) Fragmentarische Koordinierungsmaßnahmen. – Die Tätigkeit der EU im Bereich   19
des Frequenzwesens beschränkte sich lange Zeit auf eher fragmentarische Maßnahmen zur
Koordinierung von Frequenzzuweisungen für die gemeinschaftsweite Bereitstellung bestimmter Telekommunikationsdienste[23]. Hervorzuheben sind in diesem Zusammenhang
insbesondere die europäischen Regelungen zur Einführung des öffentlichen zellularen digitalen terrestrischen Mobilfunkdienstes nach GSM-Standard[24], des Funkrufsystems ER-
MES[25], der europäischen schnurlosen Digital-Kommunikation (DECT)[26], satellitenge-
stützter persönlicher Kommunikationsdienste[27] und eines Drahtlos- und Mobilkommunikationssystems der dritten Generation (UMTS)[28]. Daneben partizipiert die EU an der Arbeit der ITU und des CEPT und koordiniert gemeinsame Standpunkte der EU-Mitgliedstaaten zur Vorbereitung der Weltfunkkonferenzen[29].

b) Grünbuch zur Frequenzpolitik. – In dem Bemühen, die gemeinsamen Aktivitäten in   20
Frequenzangelegenheiten auszuweiten, legte die Kommission am 9. 12. 1998 ein Grünbuch zur Frequenzpolitik[30] vor. Darin wurden Fragen zur strategischen Planung der Frequenznutzung, zur Harmonisierung der Frequenzzuweisungen („allocation"), den Frequenzzuteilungen („assignment") und Genehmigungen, zu Funkgeräten und Normen sowie zu den institutionellen Rahmenbedingungen für die Frequenzkoordinierung thematisiert und zur Diskussion gestellt[31]. Insgesamt zielte der Fragenkatalog der Kommission auf
eine eigene, vom CEPT unabhängige EU-Frequenzpolitik ab[32].

c) Frequenzentscheidung. – Als Ergebnis der Konsultationen zum Grünbuch wurde am   21
7. 3. 2002 die Frequenzentscheidung des Europäischen Parlaments und des Rates erlassen[33]. Sie bildet den Rahmen für eine gemeinschaftsweite Harmonisierung von Frequenznutzungen auf der Grundlage einer eigenen und für die Mitgliedstaaten bindenden EU-Fre-

---

23 *Scherer*, K&R Beil. 11/1999, 4 f.
24 Richtlinie 87/372/EWG des Rates vom 25. 6. 1987 über die Frequenzbänder, die für die koordinierte Einführung eines europaweiten öffentlichen zellularen digitalen terrestrischen Mobilfunkdienstes in der Gemeinschaft bereitzustellen sind, ABl. EG Nr. L 196/85 vom 17. 7. 1987.
25 Richtlinie 90/544/EWG des Rates vom 9. 10. 1990 über die Frequenzbänder für die koordinierte
Einführung eines europaweiten terrestrischen öffentlichen Funkrufsystems in der Gemeinschaft,
ABl. EG Nr. L 310/28 vom 9. 11. 1990.
26 Richtlinie 91/287/EWG des Rates vom 3. 6. 1991 über das Frequenzband, das für die koordinierte
Einführung europäischer schnurloser Digital-Kommunikation (DECT) in der Gemeinschaft vorzusehen ist, ABl. EG Nr. L 144/45 vom 8. 6. 1991.
27 Entscheidung Nr. 710/97/EG des Europäischen Parlaments und des Rates vom 24. 3. 1997 über
ein koordiniertes Genehmigungskonzept für satellitengestützte persönliche Kommunikationsdienste in der Gemeinschaft, ABl. EG Nr. L 105/4 vom 23. 4. 1997.
28 Entscheidung Nr. 128/1999/EG des Europäischen Parlaments und des Rates vom 14. 12. 1998
über die koordinierte Einführung eines Drahtlos- und Mobilkommunikationssystems (UMTS) der
dritten Generation in der Gemeinschaft, ABl. EG Nr. L 17/1 vom 22. 1. 1999.
29 S. hierzu *Wissmann/Kreitlow*, Kap. 5 RdNr. 16 f.; *Scherer*, K&R Beil. 2/1999, 4 f.; *Holznagel*, FS
Hoppe, 2000, S. 767 ff., 778.
30 Europäische Kommission, Grünbuch zur Frequenzpolitik, KOM (1998) 596.
31 Grünbuch zur Frequenzpolitik (Fn. 30) Kapitel 4, unter (1) bis (5).
32 *Scherer*, K&R 2002, 385 ff., 396; kritisch hierzu *Holznagel*, FS Hoppe, 2000, S. 767 ff., 779.
33 Entscheidung Nr. 676/2002/EG des Europäischen Parlaments und des Rates vom 7. 3. 2002 über
einen Rechtsrahmen für die Funkfrequenzpolitik der Europäischen Gemeinschaft (Frequenzentscheidung), ABl. EG Nr. L 108/1 vom 24. 4. 2002.

quenzpolitik[34]. Die Frequenzentscheidung enthält selbst keine unmittelbaren Harmonisierungsmaßnahmen, schafft aber die organisations- und verfahrensrechtlichen Voraussetzungen für deren Erlass. Ihr Ziel ist es, politische Entscheidungen über die strategische Planung und Harmonisierung der Funkfrequenznutzung in der Gemeinschaft zu erleichtern, eine wirksame Umsetzung der gemeinsamen Frequenzpolitik zu gewährleisten, die koordinierte und rechtzeitige Bereitstellung von Informationen zur Zuweisung, Verfügbarkeit und Nutzung des Frequenzspektrums in der Gemeinschaft sicherzustellen und die Koordinierung der Interessen der Gemeinschaft bei internationalen Verhandlungen zu erreichen (Art. 1 Frequenzentscheidung).

22 Im Hinblick auf diese Zielsetzung wurden der Kommission entsprechende Umsetzungs- und Harmonisierungsbefugnisse eingeräumt (Art. 4 Frequenzentscheidung) sowie bestimmte Beobachtungs- und Berichtspflichten auferlegt (Artt. 6; 9 Frequenzentscheidung). Die Mitgliedstaaten sind ihrerseits verpflichtet, der Kommission die erforderlichen Informationen bereitzustellen (Artt. 5; 6; 7 Frequenzentscheidung) und die auf der Grundlage der Frequenzentscheidung erlassenen Maßnahmen umzusetzen (Art. 10 Frequenzentscheidung).

23 Gemäß Art. 3 der Frequenzentscheidung wird die Kommission bei ihrer Arbeit durch den **Frequenzausschuss** (Radio Spectrum Committee – **RSC**) unterstützt, der sich aus Vertretern der Mitgliedstaaten zusammensetzt. Das Verhältnis von Kommission und Frequenzausschuss bestimmt sich nach den sog. „Komitologie-Regeln"[35], auf die Art. 3 der Frequenzentscheidung Bezug nimmt. Abhängig vom Inhalt der beabsichtigten Maßnahme werden Entscheidungen von Kommission und Frequenzausschuss entweder im Beratungs- oder im Regelungsverfahren getroffen. Während der Frequenzausschuss im ersten Falle lediglich beratende Stimme hat[36], kann er bei Anwendung des Regelungsverfahrens die Vorlage an den Rat erzwingen, der bei Meinungsverschiedenheiten zwischen Kommission und Frequenzausschuss entscheidet, ob die Maßnahme in Kraft tritt oder nicht[37]. Soweit die geplanten Maßnahmen in den Zuständigkeitsbereich der CEPT fallen, sieht Art. 4 der Frequenzentscheidung in den Absätzen 2, 3 und 4 eine entsprechende Kooperation vor[38]. Die Kommission und der Frequenzausschuss sind jedoch an die Arbeitsergebnisse der CEPT nicht gebunden.

24 **d) EU-Richtlinienpaket.** – Konkrete Regelungen zur Ausgestaltung der Frequenzordnungen in den Mitgliedstaaten finden sich im EU-Richtlinienpaket vom 7. 3. 2002[39], namentlich in der **Rahmenrichtlinie** (RL 2002/21/EG - **RRL**) und der **Genehmigungsrichtlinie** (RL 2002/20/EG – **GRL**)[40]. Diese betreffen allerdings im Wesentlichen nur Fragen der Frequenzzuteilung, nicht der Frequenzplanung.

---

34 *Scherer*, K&R 2002, 385 ff., 396 f.
35 Beschluss 1999/468/EG des Rates vom 28. 6. 1999 zur Festlegung der Modalitäten für die Ausübung der der Kommission übertragenen Durchführungsbefugnisse, ABl. EG Nr. L 184/23 vom 17. 7. 1999.
36 Art. 4 Abs. 2 i.V. m. Art. 3 Abs. 2 Frequenzentscheidung i.V. m. Art. 3 und Art. 7 des Beschlusses 1999/468/EG.
37 Art. 4 Abs. 3, 4 und 6 i.V. m. Art. 3 Abs. 3 Frequenzentscheidung i.V. m. Art. 5 und Art. 7 des Beschlusses 1999/468/EG.
38 Im Einzelnen hierzu *Scherer*, K&R 2002, 385 ff., 397.
39 Zum neuen EU-Rechtsrahmen s. Einl. II RdNr. 45 ff.
40 Ausführlicher zu den jeweils relevanten Richtlinienbestimmungen: § 55 RdNr. 4 ff.; § 60 RdNr. 2 ff.; § 61 RdNr. 6 ff.; § 62 RdNr. 2 ff.; § 64 RdNr. 4 ff. Weiterführend aus dem Schrifttum:

So verlangt Art. 9 Abs. 1 RRL unter Bezugnahme auf das in Art. 8 Abs. 2 lit. a RRL vorge- **25** gebene Ziel einer effizienten Frequenzverwaltung, dass die Zuteilung und Zuweisung von Frequenzen durch die nationalen Regulierungsbehörden auf objektiven, transparenten, nichtdiskriminierenden und angemessenen Kriterien beruhen muss. Art. 9 Abs. 3 RRL statuiert eine Rechtspflicht der Mitgliedstaaten zur Förderung der Harmonisierung von Frequenznutzungen im Hinblick auf die Frequenzentscheidung. Die Absätze 3 und 4 des Art. 9 RRL befassen sich mit der Übertragbarkeit von Frequenznutzungsrechten. Die Richtlinie stellt es den Mitgliedstaaten frei, Unternehmen die Übertragung solcher Rechte an ein anderes Unternehmen zu gestatten (Art. 9 Abs. 3 RRL). Voraussetzung hierfür ist jedoch, dass bestimmte Transparenz- und Informationspflichten erfüllt werden, Vorkehrungen gegen eine Verzerrung des Wettbewerbs getroffen sind und darüber hinaus die Übertragung nicht zu einer Veränderung von bereits harmonisierten Frequenznutzungen führt (Art. 9 Abs. 4 RRL).

Weitere Vorgaben zum Erwerb und der Ausgestaltung von Nutzungsrechten an Funkfre- **26** quenzen sind in der Genehmigungsrichtlinie geregelt. Art. 5 Abs. 1 GRL sieht vor, dass Frequenznutzungen – soweit möglich – auf der Basis von **„Allgemeingenehmigungen"** zugelassen und nicht von der Erteilung **„individueller Nutzungsrechte"** abhängig gemacht werden sollen. Ist die Zuteilung individueller Nutzungsrechte unerlässlich, etwa um funktechnische Störungen zu vermeiden, so soll die Zahl der zu vergebenden Rechte grundsätzlich nicht beschränkt werden (vgl. Art. 5 Abs. 2, 3, 5 GRL). Eine zahlenmäßige Beschränkung ist nur zulässig, soweit dies für eine effiziente Frequenznutzung unter Beachtung der in Art. 7 Abs. 1 GRL vorgesehenen Kriterien notwendig ist. In diesem Falle erfolgt die Frequenzvergabe im Wege wettbewerbsorientierter oder vergleichender Auswahlverfahren auf der Grundlage objektiver, transparenter, nichtdiskriminierender und verhältnismäßiger Auswahlkriterien (Art. 7 Abs. 3, 4 GRL). Gemäß Art. 6 Abs. 1 GRL dürfen Allgemeingenehmigungen und individuelle Nutzungsrechte an Funkfrequenzen nur an die im Anhang der Richtlinie im Einzelnen aufgeführten Bedingungen geknüpft werden.

Die Artt. 10 und 11 GRL enthalten spezielle Informationsverpflichtungen sowie sonstige **27** Maßnahmen, die den Unternehmen zur Sicherstellung einer ordnungsgemäßen Frequenznutzung von den nationalen Regulierungsbehörden auferlegt werden können. In den Artt. 12 und 13 GRL finden sich Maßgaben, die von den Mitgliedstaaten bei der Erhebung von Verwaltungsabgaben und Entgelten im Rahmen der Gewährung von Nutzungsrechten zu berücksichtigen sind. Die Artt. 14 und 17 GRL befassen sich mit der nachträglichen Änderung von Rechten und Pflichten im Zusammenhang mit Allgemeingenehmigungen und Nutzungsrechten. So ist gem. Art. 14 GRL eine Änderung der Rechte, Bedingungen und Verfahren nur in objektiv gerechtfertigten Fällen unter Wahrung der Verhältnismäßigkeit, mit entsprechender Ankündigung, Anhörung der Beteiligten und ausreichender Fristsetzung zulässig. Art. 17 GRL regelt speziell den Fortbestand bestehender Genehmigungen, die bereits vor Inkrafttreten der Richtlinie galten. Nach Art. 15 GRL haben die Mitgliedstaaten sicherzustellen, dass alle einschlägigen Informationen über Rechte, Bedingungen, Verfahren, Abgaben, Entgelte und Entscheidungen angemessen veröffentlicht und ständig aktualisiert werden.

Wegmann, K&R 2003, 448 ff., 449 ff.; *Scherer*, K&R 2002, 273 ff., 268 f.; *ders.*, K&R 2002, 329 ff., 331 f.; *Schütz/Attendorn*, MMR Beil. 4/2002, 9 f., 29 f.

IV. Frequenzregulierung im bundesstaatlichen Kompetenzgefüge

28　**1. Kompetenzabgrenzung.** – In Deutschland bestimmt sich das kompetenzrechtliche Verhältnis von Bund und Ländern bei Frequenzangelegenheiten anhand der Abgrenzung der Regelungsbereiche **Telekommunikation** und **Rundfunk**[41]. Denn die Gesetzgebung und Verwaltung auf dem Gebiet der Telekommunikation ist gem. Artt. 73 Nr. 7; 87 f GG ausschließlich Sache des Bundes. Demgegenüber liegt die Rundfunkhoheit mangels ausdrücklicher Kompetenzzuweisung im Grundgesetz bei den Ländern (vgl. Artt. 30; 70 Abs. 1; 83 GG). Im 1. Rundfunkurteil vom 28. 2. 1961[42] hat das BVerfG insoweit eine deutliche, auch in der weiteren Rechtsprechung nicht mehr veränderte und in der verfassungsrechtlichen Literatur allgemein anerkannte[43] Grenzlinie gezogen. Danach ist die Telekommunikationskompetenz des Bundes im Bereich des Frequenzwesens strikt auf die **fernmeldetechnischen Aspekte** beschränkt, deren Regelung für einen geordneten Ablauf von Betrieb und Empfang unerlässlich ist. **Inhaltsrelevante Regelungen**, d. h. solche, die sich auf die telekommunikativ übertragenen Inhalte beziehen oder auswirken, sind auf der Grundlage des Kompetenztitels Telekommunikation unzulässig.

29　**2. Kompetenzausübung.** – Auch wenn sich die Regelungskompetenzen des Bundes und der Länder anhand der Formel „Technik – Inhalt" recht klar voneinander abgrenzen lassen, darf dies nicht darüber hinwegtäuschen, dass gerade im Bereich der Frequenzverwaltung beide Kompetenztitel eng miteinander verknüpft sind. Staatliche Maßnahmen der Frequenzplanung und -zuteilung haben oftmals nicht nur eine technische, sondern zugleich auch eine inhaltsrelevante Seite und tangieren damit sowohl den Telekommunikations- als auch den Rundfunkbereich. In solchen Fällen bedarf es einer regelgeleiteten Koordination der beiderseitigen Kompetenzausübung. Verfassungsrechtlich bestimmt sich das Verhältnis von Bund und Ländern in derartigen Konstellationen nach dem vom BVerfG entwickelten Institut der „dienenden Funktion" des Telekommunikationsrechts, dem Gebot der Bundestreue und dem „Grundsatz eigenverantwortlicher Aufgabenwahrnehmung".

30　**a) Dienende Funktion des Telekommunikationsrechts.** – Nach der Rechtsprechung des BVerfG im 1. Rundfunkurteil besteht zwischen der Telekommunikationskompetenz des Bundes und der Rundfunkkompetenz der Länder ein spezifischer Steuerungszusammenhang dergestalt, dass die Telekommunikation gegenüber dem Rundfunk lediglich eine „dienende Funktion"[44] habe. Das Gericht begründet dies mit der Feststellung, dass den fernmeldetechnischen Vorgängen gegenüber den übertragenen Inhalten wegen der herausragenden politischen und kulturellen Rolle des Rundfunks lediglich untergeordnete Bedeutung zukomme[45]. Dies ist auch im Schrifttum nach wie vor ganz überwiegend anerkannt[46].

41　Instruktiv hierzu *Scherer*, K&R Beil. 2/1999, 6 ff. (Bundeskompetenz für Telekommunikation), 8 f. (Länderkompetenz für den Rundfunk); *Schulz/Wasner*, ZUM 1999, 513 ff., 514 ff.

42　BVerfGE 12, 205 ff.

43　Vgl. nur BonnerKomm/*Badura*, Art. 73 Nr. 7 RdNr. 20 (m. w. N.); *Maunz/Dürig/Lerche*, Art. 87 f RdNr. 50 f.; *Sachs/Degenhart*, Art. 73 RdNr. 35.

44　BVerfGE 12, 212, 227.

45　BVerfGE 12, 212, 226 f.

46　S. insbes. *Scherer*, K&R Beil. 2/1999, 9 f., 23; *Meister*, Das telekommunikationsrechtliche Frequenzplanungsrecht im System des allgemeinen Planungsrechts, S. 100 f.; *Schulz/Wasner*, ZUM 1999, 513 ff., 515 f.; *Gersdorf*, AfP 1997, 424 ff. 426 ff.; *Maunz/Dürig/Lerche*, Art. 87 f RdNr. 78 f.; BonnerKomm/*Badura*, Art. 73 Nr. 7 RdNr. 20, 31. Kritisch hierzu *Hoffmann-Riem/Wieddekind*, FS Hoppe, 2000, S. 745 ff., 756 ff., die das Institut der „dienenden Funktion" angesichts innovati-

Die dienende Funktion des Telekommunikationsrechts ist auf jeder Stufe der Frequenzverwaltung – Planung und Zuteilung – zu beachten und durch geeignete verfahrensrechtliche Vorkehrungen abzusichern[47]. Soweit der Bund im Rahmen seiner Telekommunikationspolitik oder -regulierung die Rundfunkhoheit der Länder berührt, bedarf es einer Abstimmung mit den Ländern. Darüber hinaus ist eine rundfunkfreundliche Auslegung der Normen des TKG geboten, die den Ländern ihre rundfunkpolitischen Gestaltungsmöglichkeiten – insbesondere auch mit Blick auf die Fortentwicklung der Rundfunkordnung – belässt[48].

b) Gebot der Bundestreue. – Während das Institut der „dienenden Funktion" nur speziell **31** bei frequenzrechtlichen Kompetenzkonflikten zur Anwendung kommt, gilt das Gebot der Bundestreue ganz allgemein für die Zusammenarbeit von Bund und Ländern. Es verlangt, dass „sowohl der Bund als auch die Länder bei der Wahrnehmung ihrer Kompetenzen die gebotene und ihnen zumutbare Rücksicht auf das Gesamtinteresse des Bundesstaats und auf die Belange der Länder nehmen"[49]. Damit erweist es sich generell als Kompetenzausübungsschranke und normative Regel des rücksichtsvollen Umgangs und Verfahrens zwischen den Gliedern des Bundesstaats[50]. Im Bereich der Frequenzregulierung erlangt das Gebot der Bundestreue wegen der wechselseitigen Abhängigkeit fernmeldetechnischer und rundfunkinhaltlicher Fragen indes gesteigerte Bedeutung. So hat der Bund auf die Rundfunkregelungskompetenz der Länder vor allem in der Weise Rücksicht zu nehmen, dass er über Fragen der Kommunikationstechnologie die medienpolitischen Entscheidungen des Landesgesetzgebers nicht einseitig präjudizieren darf[51]. Insbesondere wäre es mit dem Gebot der Bundestreue nicht vereinbar, wenn der Bund die Veranstalter von Rundfunksendungen bei der Frequenzverteilung nicht gebührend nach Maßgabe der landesrechtlichen Rundfunkgesetze berücksichtigen würde[52].

c) Grundsatz eigenverantwortlicher Aufgabenwahrnehmung. – Die aus dem Gebot der **32** Bundestreue und dem Topos der „dienenden Funktion" abgeleiteten Kooperations- und Koordinationspflichten werden ihrerseits durch den vom BVerfG entwickelten „Grundsatz eigenverantwortlicher Aufgabenwahrnehmung"[53] beschränkt. Danach liegt die verfassungsrechtlich kritische Grenze zwischen zulässigem Zusammenwirken und unzulässiger Kompetenzverschiebung dort, wo ein Verwaltungsträger „wesentlichen Einfluss"[54] auf eine im Kompetenzbereich des anderen Verwaltungsträgers liegende Entscheidung gewinnt. Für die einfachgesetzliche Ausgestaltung der Frequenzordnung hat dies zur Folge, dass Bund und Länder für die ihnen zur eigenverantwortlichen Wahrnehmung zugewiesenen Aufgaben jeweils die Letztentscheidung treffen müssen[55]. Daraus ergibt sich die kompetenzrechtliche Notwendigkeit, die Frequenzplanung und -zuteilung durch eine klare „ver-

---

ver Technologien für überholt ansehen und statt dessen eine rundfunkrechtliche (und -politische) Neutralität des Telekommunikationsrechts und der telekommunikationsrechtlichen Frequenzplanung fordern.
47 *Scherer*, K&R Beil. 2/1999, 23.
48 *Schulz/Wasner*, ZUM 1999, 528 ff., 516.
49 BVerfGE 92, 202 ff. 230; E 81, 310 ff., 337; ständ. Rspr.
50 *Papier*, DÖV 1990, 217 ff., 219.
51 *Scherer*, K&R Beil. 2/1999, 11; *Sachs/Degenhart*, Art. 73 RdNr. 36.
52 Vgl. BVerfGE 12, 205 ff., 249 f.
53 BVerfGE 63, 1 ff., 41 – Schornsteinfegergesetz.
54 BVerfGE 63, 1 ff., 43.
55 Hierzu grundlegend *Scherer*, K&R Beil. 2/1999, 11 f., 23.

fahrensrechtliche Stufung und Zuordnung"[56] so zu gestalten, dass (Teil-)Entscheidungen zu fernmeldetechnischen Fragen vom Bund und solche zu rundfunkinhaltlichen Fragen von den Ländern getroffen werden können. Spezielle Anhörungs- und Benehmensrechte ermöglichen dabei eine Abstimmung und Synchronisation an den Schnittstellen; sie dürfen aber die jeweiligen Letztentscheidungsbefugnisse nicht unterlaufen.

V. Einzelkommentierung

33   **1. Ziele und Aufgaben der Frequenzverwaltung (Abs. 1).** – § 52 Abs. 1 gibt in programmatischer Weise sowohl die Struktur als auch die inhaltliche Ausrichtung staatlicher Frequenzregulierung vor. Ausgangspunkt sind die dort genannten Ziele. Sie sind normative Vorgabe und zugleich Auslegungsmaxime für alle Regelungen und Entscheidungen, die im Rahmen der Frequenzverwaltung getroffen werden. Hiervon ausgehend werden die Aufgaben der Frequenzverwaltung bestimmt, die ihrerseits einem System stufenweiser Konkretisierung[57] folgen.

34   **a) Ziele.** – Ziel der Frequenzverwaltung ist zunächst einmal die Sicherstellung einer effizienten und störungsfreien Frequenznutzung. Dies ist bereits in § 2 Abs. 2 Nr. 7 angelegt und in § 52 Abs. 1 nochmals ausdrücklich hervorgehoben. Darüber hinaus sind aber auch die weiteren Regulierungsziele des § 2 Abs. 2 zu berücksichtigen.

35   **aa) Effiziente und störungsfreie Frequenznutzung.** – Die Vorgaben der Effizienz und Störungsfreiheit stehen nicht notwendigerweise im Einklang miteinander. Ausgehend vom betriebswirtschaftlichen Effizienzbegriff wäre eine Frequenzplanung effizient, wenn das gegebene Frequenzspektrum eine maximale Ausnutzung erfahren würde (Maximalprinzip). Dies ließe sich erreichen, indem man die Abstände zwischen den Kanälen auf das Minimum verkürzen würde. Die damit zu erzielende maximale Ausnutzung ginge jedoch unmittelbar zu Lasten der Störungsfreiheit. Denn minimale Kanalabstände führen gerade zu maximalen Interferenzen zwischen den Anwendungen. Auf der anderen Seite wäre es ökonomisch nicht effizient, die Kanalabstände so breit auszulegen, dass Interferenzen völlig ausgeschlossen sind, denn damit würde die Zahl der insgesamt verfügbaren Kanäle übermäßig beschränkt und der Ausnutzungsgrad minimiert. Insoweit sind Effizienz und Störungsfreiheit (potenziell) **konfligierende Ziele**. Worauf es ankommt, ist – mit den Worten der Betriebswirtschaft gesprochen – ein „Ausgleich der Grenzkosten der Interferenzvermeidung mit dem Grenznutzen des interferenzfreien Sende- und Empfangsbetriebs"[58]. In die Kategorien des Rechts übersetzt bedeutet das: Es kann nicht Ziel staatlicher Frequenzplanung sein, die Effizienz oder die Störungsfreiheit der Frequenznutzung jeweils isoliert zu maximieren. Die Forderung lautet vielmehr, beide Ziele unter wechselseitiger Berücksichtigung im Wege wertender Abwägung bedarfsgerecht zum Ausgleich zu bringen[59]. Das Ziel der effizienten und störungsfreien Frequenznutzung beinhaltet also in diesem Sinne ein **Ausgleichsgebot**, kein Maximierungsgebot.

---

56 *Scherer*, K&R Beil. 2/1999, 12.
57 *Heun/Jenny*, Kap. 2 RdNr. 19.
58 *Klodt/Laaser/Lortz/Maurer*, Wettbewerb und Regulierung in der Telekommunikation, S. 129.
59 Ganz in diesem Sinne auch *Trute/Spoerr/Bosch*, § 44 RdNr. 11 (Gebot des schonenden Ausgleichs) und RdNr. 12 (Gebot der bedarfsgerechten Zuordnung).

bb) Weitere Regulierungsziele. – Im Hinblick auf die weiteren in § 2 Abs. 2 genannten   **36**
Ziele, die § 52 Abs. 1 in Bezug nimmt, erlangen die Vorgaben in § 2 Abs. 2 Nr. 2, 7 und 9
besondere Bedeutung für die Frequenzverwaltung.

§ 2 Abs. 2 Nr. 2 fordert die „Sicherstellung eines chancengleichen Wettbewerbs und die   **37**
Förderung nachhaltig wettbewerbsorientierter Märkte". Durch die Verweisung in § 52
Abs. 1 ist zum Ausdruck gebracht, dass die Frequenzverwaltung nicht etwa auf eine Tech-
nikregulierung beschränkt ist, sondern eine erhebliche **wettbewerbspolitische Dimension**
besitzt. Dies wirkt sich insbesondere bei der Vergabe von Nutzungsrechten aus. Hier hat
die Behörde einen chancengleichen Zugang zu gewährleisten und durch geeignete Rahmenbedingungen dafür Sorge zu tragen, dass der Wettbewerb nicht beeinträchtigt wird.

§ 2 Abs. 2 Nr. 7 enthält – wie bereits oben ausgeführt – die Zielvorgabe der effizienten   **38**
und störungsfreien Frequenznutzung. Insoweit ist auf die dortigen Ausführungen zu verweisen. In einem Punkt geht § 2 Abs. 2 Nr. 7 allerdings über § 52 Abs. 1 hinaus: Die Vorschrift verlangt ausdrücklich auch die **Berücksichtigung der Belange des Rundfunks**.
Diese Forderung gilt gem. § 2 Abs. 5 generell für jegliche Telekommunikationsregulierung. Gerade im Bereich der Frequenzverwaltung erlangt sie aber besondere Relevanz,
weil dort fernmeldetechnische und rundfunkinhaltliche Fragen vielfach eng miteinander
verknüpft sind. **Verfassungsrechtlich** erklärt sich die besondere Hervorhebung des Rundfunks aus seiner Bedeutung als Medium und Faktor der öffentlichen Meinungsbildung[60],
der in Art. 5 Abs. 1 S. 3 GG normierten Rundfunkfreiheit und dem daraus folgenden
Grundversorgungsauftrag[61] des Staates. Darüber hinaus ergeben sich verfassungsrechtlich
begründete Besonderheiten aus dem bundesstaatlichen Kompetenzgefüge, wonach die Regelungszuständigkeit für Telekommunikation beim Bund und für Rundfunk bei den Ländern liegt[62]. Insoweit ist § 2 Abs. 2 Nr. 7 auch im Lichte der verfassungsrechtlichen Vorgaben auszulegen. Das bedeutet, an kompetenzrechtlichen Schnittstellen von Telekommu-
nikations- und Rundfunkrecht haben die zuständigen Behörden des Bundes und der Länder
in einer Weise zu kooperieren, die den verfassungsrechtlichen Anforderungen der „dienenden Funktion" des Telekommunikationsrechts[63], dem Gebot der Bundestreue[64] und dem
„Grundsatz eigenverantwortlicher Aufgabenwahrnehmung"[65] gerecht wird und dabei insbesondere auch gewährleistet, dass die für eine Grundversorgung nötigen Frequenzen für
die Rundfunkübertragung zur Verfügung stehen.

§ 2 Abs. 2 Nr. 9 verlangt die Wahrung der **Interessen der öffentlichen Sicherheit**. Im Be-   **39**
reich der Frequenzverwaltung gewinnt diese Vorgabe insbesondere dann Bedeutung, wenn
es um stark sicherheitsrelevante Funkdienste geht, etwa bei Anwendungen im Bereich des
Flugverkehrs oder bei Polizei- und Sicherheitsbehörden. Dies kann sich dahingehend auswirken, dass dem Ziel der Störungsfreiheit bei der planerischen Abwägung zwischen effizienter Ausnutzung des Spektrums und störungsfreier Nutzung größeres Gewicht zukommt. So wird man beispielsweise im Bereich des Flugfunks nur ein sehr geringes Inter-
ferenzniveau tolerieren können, was bei der Planung, aber auch bei der Zuteilung und
Überwachung entsprechender Frequenznutzungen zu berücksichtigen ist.

---

60 BVerfGE 12, 205 ff., 260 – 1. Rundfunkurteil.
61 BVerfGE 73, 118 ff., 157 ff.; E 83, 238 ff., 297 ff.
62 S. hierzu RdNr. 28 ff.
63 RdNr. 30.
64 RdNr. 31.
65 RdNr. 32.

40 **b) Aufgaben. –** § 52 Abs. 1 benennt die Aufgaben staatlicher Frequenzverwaltung. Sie bilden ein System stufenweiser Konkretisierung[66] der vorzunehmenden administrativen Schritte: Zunächst erlässt die Bundesregierung einen **Frequenzbereichszuweisungsplan** in Form einer Rechtsverordnung (§ 53). Darin werden die Frequenzbereiche den Funkdiensten und anderen Anwendungen elektromagnetischer Wellen nach Maßgabe des Internationalen Frequenzbereichsplans[67] zugeordnet. Der Frequenzbereichszuweisungsplan der Bundesregierung bildet – nach dem Vorbild des Bauplanungsrechts – die Grundlage für den detaillierteren **Frequenznutzungsplan.** Er ist von der Regulierungsbehörde zu erstellen und enthält eine weitere Aufteilung der Frequenzbereiche sowie Festlegungen für die Frequenznutzungen (§ 54). Auf der Basis der Festsetzungen des Frequenznutzungsplans erfolgt die konkrete **Frequenzzuteilung** durch die Regulierungsbehörde an die Nutzer (§§ 55 ff.). Diese unterliegen im Rahmen ihrer Frequenznutzung der **Überwachung** durch die Regulierungsbehörde (§ 64).

41 Im Hinblick auf den unmittelbaren Zusammenhang zwischen Frequenzbereichszuweisungsplan, Frequenznutzungsplan und Frequenzzuteilung wird im Schrifttum die Auffassung vertreten, dass aus der Aufgabenzuweisung in § 52 Abs. 1 auch eine **Pflicht zur Frequenzplanung** folge[68]. Dem wird man angesichts Grundrechtsrelevanz der Materie und des Wortlauts der Norm („werden … aufgestellt") zustimmen müssen. Damit erlangt § 52 Abs. 1 insoweit eine eigenständige Bedeutung, als das „Ob" der Planaufstellung nicht im Ermessen der Bundesregierung und der Regulierungsbehörde steht, sondern gesetzlich zwingend vorgeschrieben ist.

42 Nicht ausdrücklich im Gesetz erwähnt ist die **Mitwirkung an der internationalen und europäischen Frequenzplanung.** Es kann aber kein Zweifel daran bestehen, dass die Bundesregierung auch diese Aufgabe hat. Sie wird durch das zuständige Referat des BMWA wahrgenommen. Die Vollzugszuständigkeit der Regulierungsbehörde bedingt dabei eine intensive Kooperation zwischen dem BMWA und der Regulierungsbehörde[69].

43 **2. Funkanlagen auf fremden Fahrzeugen (Abs. 2). –** § 52 Abs. 2 geht zurück auf § 5 des alten Fernmeldeanlagengesetzes (FAG), der später, nahezu inhaltsgleich, durch § 44 Abs. 2 TKG 1996 ersetzt wurde und nunmehr – mit lediglich geringfügigen und rein sprachlichen Veränderungen – im neuen TKG weitergilt.

44 Die Vorschrift gibt der Regulierungsbehörde die **Befugnis,** Anordnungen über den Betrieb von Funkanlagen auf fremden Fahrzeugen zu treffen und ist damit Ausdruck staatlicher Souveränität im Hoheitsbereich des Bundes. Dies ist im Hinblick auf das Ziel einer störungsfreien Frequenznutzung erforderlich, weil die auf fremden Fahrzeugen genutzten Funkanlagen störende Auswirkungen auf die Nutzung anderer, im Inland betriebener Funkanlagen haben können[70]. Eine gesonderte Frequenzzuteilung durch die Regulierungsbehörde ist in derartigen Fällen allerdings nicht notwendig (vgl. § 57 Abs. 3).

---

66 *Heun/Jenny*, Kap. 2 RdNr. 19.
67 RdNr. 8 ff.
68 BeckTKG-Komm/*Korehnke/Grotelüschen*, § 44 RdNr. 7 ff.; *Meister*, Das telekommunikationsrechtliche Frequenzplanungsrecht im System des allgemeinen Planungsrecht, S. 215, 217; *Heun/Jenny*, Kap. 2 RdNr. 21.
69 Vgl. auch *Trute/Spoerr/Bosch*, § 44 RdNr. 18.
70 BeckTKG-Komm/*Korehnke/Grotelüschen*, § 44 RdNr. 10.

Der in § 52 Abs. 2 verwendete Begriff der **Frequenznutzung** ist in § 3 Nr. 9 legal definiert **45** als „jede gewollte Aussendung oder Abstrahlung elektromagnetischer Wellen zwischen 9 kHz und 3000 GHz zur Nutzung durch Funkdienste und andere Anwendungen elektromagnetischer Wellen". Nach § 3 Nr. 9 S. 2 gilt zwar auch die Führung von elektromagnetischen Wellen in und längs von Leitern als Frequenznutzung. § 52 Abs. 2 bezieht sich jedoch ausdrücklich nur auf Frequenznutzungen „im Rahmen des Betriebs von Funkanlagen", so dass eine Frequenznutzung in und längs von Leitern nicht von der Norm erfasst wird.

Fremd im Sinne des § 52 Abs. 2 sind solche Fahrzeuge, die nach den einschlägigen Be- **46** stimmungen keine deutschen Fahrzeuge sind. So sind etwa bei Seeschiffen regelmäßig die rechtmäßige Beflaggung, bei Binnenschiffen die Beheimatung und bei Luftfahrzeugen die Eintragung in der Luftfahrzeugrolle und das Kennzeichen ausschlaggebend[71].

Der **Geltungsbereich des Gesetzes** erstreckt sich auf das Territorium, die Hoheitsgewässer **47** und den Luftraum der Bundesrepublik Deutschland. Der **Aufenthalt** im Geltungsbereich des Gesetzes setzt keinen festen Aufenthaltsort voraus. Es ist also nicht erforderlich, dass ein Schiff ankert oder ein Luftfahrzeug landet. Nach dem Schutzzweck der Norm reicht es vielmehr aus, wenn sich das Fahrzeug im Geltungsbereich des Gesetzes bewegt, also etwa ein Hoheitsgewässer durchfährt oder den Luftraum überfliegt[72].

3. Einvernehmen mit dem Verteidigungsministerium (Abs. 3). – Sollen Frequenznut- **48** zungen geregelt werden, die in den Aufgabenbereich des Bundesministeriums der Verteidigung fallen, hat das Bundesministerium für Wirtschaft und Arbeit (BMWA) gem. § 52 Abs. 3 das Einvernehmen mit dem Bundesministerium der Verteidigung (BMVg) herzustellen. Die Vorschrift entspricht § 44 Abs. 3 TKG 1996, der wiederum § 1 Abs. 6 FAG ablöste[73]. Im Übrigen korrespondiert sie mit § 2 Abs. 4, wonach das TKG die hoheitlichen Rechte des BMVg unberührt lässt.

Regelungsgegenstand des § 52 Abs. 3 sind Frequenznutzungen, die **in den Aufgabenbe- 49 reich des BMVg fallen**, die also Verteidigungszwecken dienen. Hinsichtlich des Begriffs der **Frequenznutzung** ist auf die Legaldefinition in § 3 Nr. 9 zu verweisen. Soweit derartige Nutzungen betroffen sind, hat das BMWA das **Einvernehmen** mit dem BMVg herzustellen. Das Einvernehmen erfordert nach allgemeinem verwaltungsrechtlichem Verständnis die Zustimmung beider Seiten[74]. Kommt eine Einigung nicht zustande, so hat die Bundesregierung als übergeordnete Stelle über den Konflikt zu entscheiden[75].

Praktische Bedeutung erlangt die Vorschrift insbesondere dann, wenn bisher militärisch **50** genutzte Frequenzen für zivile Zwecke geräumt werden sollen[76]. In derartigen Fällen setzt eine rechtswirksame Räumung der betroffenen Frequenzbereiche das Einvernehmen zwischen dem BMWA und dem BMVg voraus[77].

---

71 *Eidenmüller*, Post- und Fernmeldewesen, Band II, § 5 FAG Anm. 2.

72 Vgl. *Eidenmüller* (Fn. 71), § 5 FAG Anm. 4.

73 Nach § 1 Abs. 6 FAG durften Fernmeldeanlagen, die zur Verteidigung des Bundesgebietes bestimmt waren, nur vom Bundesministerium für Verteidigung errichtet und betrieben werden.

74 Vgl. etwa *Wolff/Bachof/Stober*, Verwaltungsrecht II, § 45 RdNr. 66 f.

75 *Trute/Spoerr/Bosch*, § 44 RdNr. 23.

76 Vgl. auch *Scheurle/Mayen/Hahn*, § 44 RdNr. 6.

77 S. insoweit z. B. die Entscheidung der Präsidentenkammer vom 14. 4. 1999 über das Verfahren zur Vergabe weiterer Frequenzen im Bereich 1800 MHz für Mobilfunkanwendungen nach dem GSM-1800-Standard, ABl. RegTP 7/1999, S. 1251 f.

§ 53 Frequenzbereichszuweisung

(1) Die Bundesregierung wird ermächtigt, durch Rechtsverordnung, die nicht der Zustimmung des Bundesrates bedarf, die Frequenzbereichszuweisung für die Bundesrepublik Deutschland in einem Frequenzbereichszuweisungsplan festzulegen und Änderungen des Frequenzbereichszuweisungsplans vorzunehmen. Verordnungen, in denen Frequenzen dem Rundfunk zugewiesen werden, bedürfen der Zustimmung des Bundesrates. In die Vorbereitung sind die von Zuweisungen betroffenen Kreise einzubeziehen.

(2) Im Freqenzbereichszuweisungsplan werden die Frequenzbereiche den Funkdiensten und anderen Anwendungen elektromagnetischer Wellen zugewiesen. Soweit aus Gründen einer störungsfreien und effizienten Frequenznutzung erforderlich, enthält der Frequenzbereichszuweisungsplan auch Bestimmungen über Frequenznutzungen und darauf bezogene nähere Festlegungen. Satz 2 gilt auch für Frequenznutzungen in und längs von Leitern; für die hiervon betroffenen Frequenzbereiche sind räumliche, zeitliche und sachliche Festlegungen zu treffen, bei deren Einhaltung eine freizügige Nutzung zulässig ist.

Schrifttum: *Denninger*, Verfassungsrechtliche Anforderungen an die Normsetzung im Umwelt- und Technikrecht, 1990; *Engels*, Regelungen zur rundfunkrechtlichen Frequenzoberverwaltung, ZUM 1997, 107; *Gersdorf*, Regelungskompetenzen bei der Belegung digitaler Kabelnetze, 1996; *Holznagel*, Frequenzplanung im Telekommunikationsrecht, FS Hoppe, 2000, 767; *Hoppe/Grotefels*, Bauplanungsrecht, 1995; *Isensee/Kirchhof/Hoppe*, Handbuch des Staatsrechts III, 1988, § 71; *dies./Lerche*, Handbuch des Staatsrechts V, 1992, § 121; *dies./Ossenbühl*, Handbuch des Staatsrechts III, 1988, § 64; *Ladeur*, Frequenzverwaltung und Planungsrecht, CR 2002, 181; *Libertus*, Zur Notwendigkeit einer Neubestimmung des Verhältnisses von Rundfunk- und Telekommunikationsrecht am Beispiel der Frequenzordnung, ZUM 1997, 702; *Meister*, Das telekommunikationsrechtliche Frequenzplanungsrecht im System des allgemeinen Planungsrechts, 2003; *Nowosadtko*, Frequenzplanungsrecht, 1999; *Scherer*, Frequenzverwaltung zwischen Bund und Ländern unter dem TKG, K&R Beil. 2/1999.

Übersicht

I. Bedeutung der Norm und Entstehungsgeschichte

1   **1. Bedeutung der Norm.** – Die Frequenzbereichszuweisung ist das höchstrangige Regelungsinstrument der nationalen Frequenzordnung. Im Rahmen eines Systems stufenweiser Konkretisierung[1] bildet der Frequenzbereichszuweisungsplan die Grundlage für den detaillierteren Frequenznutzungsplan (§ 54), der wiederum die konkreten Frequenzzuteilungen an die Nutzer (§§ 55 ff.) determiniert. Die Festsetzungen des Frequenzbereichszuweisungsplans sind ihrerseits durch den Internationalen Frequenzbereichsplan der ITU[2] vorgezeichnet. Während § 52 die Frequenzbereichszuweisung als Aufgabe staatlicher Frequenzverwaltung benennt, regelt § 53 deren Durchführung. Die Vorschrift ermächtigt die Bundesregierung zum Erlass einer Frequenzbereichszuweisungsplanverordnung und normiert die hierfür geltenden formellen und materiellen Anforderungen.

2   **2. Entstehungsgeschichte.** – § 53 entspricht der Regelung in § 45 TKG 1996. Im damaligen Gesetzgebungsverfahren waren die Rechtsform des Frequenzbereichszuweisungsplans und die Zuständigkeit für deren Erlass allerdings nicht unumstritten. So sah noch der Regierungsentwurf vom 30. 1. 1996 vor, dass der Plan von der Regulierungsbehörde erlassen und lediglich in deren Amtsblatt veröffentlicht werden sollte[3]. Erst auf Grund der Beschlussempfehlung des Ausschusses für Post und Telekommunikation[4] wurde dies revidiert. Der Ausschuss hatte die Rechtsform der Verordnung für notwendig befunden, um „dem zu erstellenden Frequenzbereichszuweisungsplan einen außenwirksamen und rechtsverbindlichen Charakter zu geben". Die Regelungszuständigkeit der Bundesregierung war mit deren Einbindung in die „internationale Abstimmung zur Nutzung bestimmter Frequenzbereiche" begründet worden. Allerdings sah die Beschlussempfehlung vor, dass die Regulierungsbehörde „selbstverständlich in die Vorbereitung und Fortschreibung des Planes einbezogen" werden sollte.

3   Nachdem § 45 TKG 1996 verabschiedet worden war, gelangte die auf dessen Grundlage zu erlassende Verordnung lange Zeit nicht über das Entwurfsstadium hinaus[5]. In dieser Zeit behalf sich die Praxis mit Verwaltungsvorschriften, den sog. Verwaltungsgrundsätzen Frequenznutzungen (VwGrs-FreqN), die von der Regulierungsbehörde als Loseblattsammlung zusammengestellt, aktualisiert und veröffentlicht wurden. Erst am 26. 4. 2001 verabschiedete die Bundesregierung auf Grund des § 45 TKG 1996 die erste Frequenzbereichszuweisungsplanverordnung[6], die am 9. 5. 2001 in Kraft trat[7]. Unter Geltung des TKG 2004 blieb sie zunächst unverändert wirksam[8], wurde jedoch am 28. 9. 2004 auf der Grundlage des § 53 neu erlassen. Diese – neue – Frequenzbereichszuweisungsplanverordnung[9] trat am 7. 10. 2004 in Kraft[10].

---

1 § 52 RdNr. 40.
2 § 52 RdNr. 8 ff.
3 BT-Drs. 13/3609, Zu § 44 Abs. 1, Abs. 3.
4 BT-Drs. 13/4864, Zu § 44.
5 So wurde etwa der Entwurf für eine Frequenzbereichszuweisungsplanverordnung in BR-Drs. 541/97 später wieder zurückgezogen.
6 BGBl. I 2001 S. 778.
7 § 5 FreqBZPV v. 26. 4. 2001.
8 Vgl. BT-Drs. 15/2316, Zu § 51.
9 BGBl. I 2004 S. 2499.
10 § 5 FreqBZPV v. 28. 9. 2004.

II. Formelle Planungsvorgaben (Abs. 1)

§ 53 Abs. 1 sieht vor, dass der Frequenzbereichszuweisungsplan – im Interesse der Rechts- 4
verbindlichkeit[11] – in der **Rechtsform** einer Verordnung erlassen und geändert wird und
enthält eine entsprechende Ermächtigungsgrundlage. Die **Planungszuständigkeit** liegt
bei der Bundesregierung (Satz 1). Hinsichtlich des **Verfahrens der Planaufstellung** finden sich in den Sätzen 1 bis 3 des § 53 nähere Regelungen. Danach ist die Verordnung
grundsätzlich nicht zustimmungsbedürftig (Satz 1). Nur dann, wenn Frequenzen dem
Rundfunk zugeordnet werden, ist die Zustimmung des Bundesrates erforderlich (Satz 2).
Im Planaufstellungsverfahren sind darüber hinaus die von den Zuweisungen betroffenen
Kreise einzubeziehen (Satz 3). Die formellen Anforderungen an den **Planerlass** ergeben
sich aus den allgemeinen Vorschriften. Demnach ist in der Verordnung deren Ermächtigungsgrundlage ausdrücklich anzugeben (Art. 80 Abs. 1 S. 3 GG). Außerdem soll der Tag
des Inkrafttretens bestimmt werden (Art. 82 Abs. 2 S. 1 GG). Nach der Ausfertigung durch
die Bundesregierung als erlassender Stelle ist die Verordnung schließlich im Bundesgesetzblatt zu verkünden (Art. 82 Abs. 1 S. 2 GG).

1. Ermächtigung der Bundesregierung (Satz 1). – Satz 1 ermächtigt die Bundesregie- 5
rung zum Erlass und zur Änderung einer Frequenzbereichszuweisungsplanverordnung.
Die Regelungszuständigkeit liegt bei der Bundesregierung als **Kollegialorgan**, d.h. beim
Bundeskanzler und den Bundesministern (vgl. Art. 62 GG), nicht etwa bei einem einzelnen
Ministerium. Die Bundesregierung übt ihre Verordnungskompetenz durch Beschluss aus,
der entweder auf einer Kabinettsitzung oder im Wege eines Umlaufverfahrens herbeigeführt wird[12]. Die Zustimmung des Bundesrates ist dabei grundsätzlich nicht erforderlich.

Da sich die Feststetzungen des Frequenzbereichszuweisungsplans – über den Frequenznut- 6
zungsplan – auf die konkreten Frequenzzuteilungen auswirken und sich damit im grund-
rechtsrelevanten Bereich bewegen, ist davon auszugehen, dass mit der Ermächtigung in
Satz 1 auch eine **Verpflichtung zum Verordnungserlass** verbunden ist[13]. Hierfür spricht
im Übrigen auch der Wortlaut der Aufgabenzuweisung in § 52 Abs. 1 („werden … aufgestellt"). Das „Ob" der Planaufstellung steht somit nicht im Ermessen der Bundesregierung,
sondern ist gesetzlich zwingend vorgeschrieben[14].

2. Zustimmung des Bundesrates (Satz 2). – Eine Zustimmung des Bundesrates ist – ab- 7
weichend vom Grundsatz in Satz 1 – ausnahmsweise erforderlich, wenn „Frequenzen dem
Rundfunk zugewiesen werden" sollen. Das Zustimmungserfordernis des Satzes 2 beinhaltet gem. Art. 80 Abs. 3 GG auch ein **materielles Initiativrecht**, d.h. der Bundesrat hat –
soweit es um Frequenzzuweisungen an den Rundfunk geht – ein Verordnungsvorschlags-
recht. **Organisationsrechtlicher Hintergrund** der Vorschrift ist das bundesstaatliche
Kompetenzgefüge des Grundgesetzes. Während die Regelung des Rundfunks Ländersache
ist, liegt die Zuständigkeit für Telekommunikation ausschließlich beim Bund, was in Über-
schneidungsbereichen zu Kooperations- und Koordinierungspflichten führt[15].

---

11 BT-Drs. 15/2316, Zu § 51.
12 Vgl. *Trute/Spoerr/Bosch*, § 45 RdNr. 3.
13 BeckTKG-Komm/*Korehnke/Grotelüschen*, § 45 RdNr. 1; *Meister*, Das telekommunikationsrecht-
    liche Frequenzplanungsrecht im System des allgemeinen Planungsrechts, S. 215; *Heun/Jenny*,
    Kap. 2 RdNr. 21.
14 S. auch § 52 RdNr. 41.
15 § 52 RdNr. 28 ff.

8 Während des Gesetzgebungsverfahrens zu § 45 TKG 1996 hatte der Bundesrat noch gefordert, die den Frequenzbereichszuweisungsplan enthaltende Verordnung insgesamt für zustimmungsbedürftig zu erklären[16], konnte sich damit aber nicht durchsetzen. Stattdessen unterscheidet der Gesetzgeber in § 53 Abs. 1 zwischen zustimmungsbedürftigen Verordnungen, „in denen Frequenzen dem Rundfunk zugewiesen werden" (Satz 2) und nicht zustimmungsbedürftigen Verordnungen, in denen die Zuweisung zu anderen Funkdiensten erfolgt (Satz 1). Die damit gewählte Regelungstechnik, Rechtsverordnungen mit derselben Ermächtigungsgrundlage nur unter bestimmten Voraussetzungen von der Zustimmung des Bundesrates abhängig zu machen, ist zwar untypisch, verfassungsrechtlich aber nicht ausgeschlossen[17].

9 **In der Praxis** wurde der Frequenzbereichszuweisungsplan allerdings nicht – wie in § 53 Abs. 1 vorgesehen – in unterschiedliche (zustimmungsbedürftige und zustimmungsfreie) Einzelverordnungen gegliedert. Aus Gründen der Verfahrensvereinfachung hat man es vielmehr vorgezogen, den Gesamtplan mit Zustimmung des Bundesrates in einer einheitlichen Frequenzbereichszuweisungsplanverordnung zu erlassen[18].

10 Diese pragmatische Vorgehensweise entbindet freilich nicht vom verfassungskompetenzrechtlich begründeten Erfordernis einer **inhaltlichen Abgrenzung der Zustimmungsbefugnisse**[19]. Nach dem Wortlaut des Satz 2 sind zunächst einmal nur solche Regelungen zustimmungsbedürftig, mit denen Frequenzen **dem Rundfunk zugewiesen** werden. Darüber hinaus ist ein Zustimmungserfordernis auch dann zu bejahen, wenn ein bisher dem Rundfunk zugewiesener Frequenzbereich im Wege der Planänderung – als **actus contrarius** – einem anderen Funkdienst zugewiesen wird[20].

11 Fraglich ist allerdings, ob auch im Falle einer **Nichtausweisung von Rundfunkfrequenzen** die Zustimmung des Bundesrates erforderlich ist. Insoweit ist zu berücksichtigen, dass nahezu jede Entscheidung, bestimmte Frequenzbereiche einem Nicht-Rundfunkdienst zuzuweisen, mittelbare Auswirkung auf den Rundfunk hat. Denn dieser Frequenzbereich kann dann gerade nicht mehr für den Rundfunk genutzt werden und präjudiziert damit die rundfunkrechtlichen Gestaltungsmöglichkeiten der Länder[21]. Gleichwohl wird man in der bloßen Nichtausweisung von Rundfunkfrequenzen noch keinen zustimmungspflichtigen Tatbestand im Sinne von Satz 2 sehen können. Dies stünde im offenen Widerspruch zum Wortlaut der Norm und würde das Regel-Ausnahme-Verhältnis der Sätze 1 und 2 faktisch ins Gegenteil verkehren. Im Hinblick auf die verfassungsrechtlichen Koordinationspflichten ergibt sich aber die Notwendigkeit, die Länder bei der Vorbereitung der Planung als „betroffene Kreise" nach Satz 3 auch im Falle einer beabsichtigten Nichtausweisung von Rundfunkfrequenzen entsprechend einzubinden.

---

16 BT-Drs. 13/4438, Zu § 44.
17 BeckTKG-Komm/*Korehnke/Grotelüschen*, § 45 RdNr. 7a.
18 S. auch die Schlussformel der FreqBZPV: „Der Bundesrat hat zugestimmt".
19 *Scherer*, K&R Beil. 2/1999, 18.
20 *Nowosadtko*, Frequenzplanungsrecht, S. 47 f.; *Meister*, Das telekommunikationsrechtliche Frequenzplanungsrecht im System des allgemeinen Planungsrechts, S. 208 f.; *Scherer*, K&R Beil. 2/1999, 16; *Holznagel*, FS Hoppe, 2000, S. 767 ff., 783; *Ladeur*, CR 2002, 181 ff., 186. Kritisch hierzu *Heun/Jenny*, Kap. 2 RdNr. 30.
21 Vgl. hierzu auch *Gersdorf*, Regelungskompetenzen bei der Belegung digitaler Kabelnetze, S. 52; *Scherer*, K&R Beil. 2/1999, 16; *Libertus*, ZUM 1997, 702 ff., 704 f.; *Engels*, ZUM 1997, 107 ff., 113; *Novosadtko* (Fn. 20) S. 182; *Meister* (Fn. 20) S. 209 f.

3. Einbeziehung der betroffenen Kreise (Satz 3). – Satz 3 verpflichtet die Bundesregie- 12
rung, die „betroffenen Kreise" in die Vorbereitung der Planung einzubeziehen. Dies dient
zunächst einmal dem **Rechtsgüterschutz** der Betroffenen[22]. Durch die Einbeziehung der
betroffenen Kreise im Vorfeld der Planung sollen deren Belange festgestellt werden, die
dann im Wege planerischer Abwägung zum Ausgleich zu bringen sind[23]. Darüber hinaus –
und eng hiermit verknüpft – zielt die Vorschrift auch auf eine **Sicherung der Planungsqualität** ab[24]. Denn eine Beteiligung der betroffenen Kreise ermöglicht es, deren Kenntnisse und Fachkunde zu nutzen und die Planung im Wege einer „Erkenntnisförderung durch
Kontrastinformationen"[25] auf eine breitere tatsächliche Grundlage zu stellen.

Im Hinblick auf diese Normzwecke ist es geboten, die Betroffenen nicht nur im Vorfeld der 13
erstmaligen Planaufstellung, sondern auch vor **späteren Planänderungen** zu beteiligen[26]. Dies ergibt sich im Übrigen auch systematisch aus der Gleichstellung von Planaufstellung und Planänderungen in Satz 1.

a) Betroffene Kreise. – Der Gesetzgeber hat die in Satz 3 genannten **betroffenen Kreise** 14
nicht weiter konkretisiert. Ein Vergleich mit dem Wortlaut des § 54, der in Bezug auf den
Frequenznutzungsplan eine „Beteiligung der Öffentlichkeit" fordert, legt den Schluss nahe, dass die „betroffenen Kreise" in Satz 3 gerade nicht die gesamte (interessierte) Öffentlichkeit umfassen[27]. Andererseits dürfen die Beteiligungsmöglichkeiten auch nicht zu eng
gefasst werden. Sinn und Zweck der Norm – Rechtsgüterschutz und Sicherung der Planungsqualität – machen eine weite Auslegung erforderlich. „Betroffen" sind in diesem Sinne nicht nur die von dem zu erlassenden Plan unmittelbar in eigenen Rechten tangierten
Kreise. Vielmehr sind auch solche Personen, Vereinigungen und Einrichtungen in die Vorbereitung der Planung einzubeziehen, deren **Interessen oder Aufgaben**[28] **mittelbar oder
unmittelbar**[29], **aktuell oder potenziell**[30] **von den Auswirkungen der beabsichtigten Frequenzbereichszuweisung berührt werden**. Dies setzt allerdings nicht voraus, dass jeder
einzelne Betroffene anzuhören ist. Es reicht aus, wenn **sachgerecht ausgewählte Vertreter** beteiligt werden, die die betroffenen Gruppen repräsentieren[31].

Zu den nach Satz 3 einzubeziehenden betroffenen Kreisen gehören auch öffentlich-recht- 15
liche Kompetenzträger[32]. Dies gilt insbesondere im **Bereich des Rundfunks**. Da die Rundfunkhoheit nicht beim Bund sondern bei den Ländern liegt[33], ist Satz 3 insoweit im Lichte

22 Allgemein zur grundrechtssichernden Funktion von Verfahren: *Isensee/Kirchhof/Lerche*, Handbuch des Staatsrechts V, § 121 RdNr. 35.
23 S. auch *Libertus*, ZUM 1997, 702 ff., 705.
24 Generell zur Optimierung der administrativen Normsetzung durch Beteiligung außerstaatlicher
   Stellen: *Isensee/Kirchhof/Ossenbühl*, Handbuch des Staatsrechts III, § 64 RdNr. 59 ff., 64.
25 *Denninger*, Verfassungsrechtliche Anforderungen an die Normsetzung im Umwelt- und Technikrecht, S. 172.
26 So auch *Scherer*, K&R Beil. 2/1999, 16.
27 A. A. *Scheurle/Mayen/Hahn*, § 45 RdNr. 3.
28 BeckTKG-Komm/*Korehnke/Grotelüschen*, § 45 RdNr. 9.
29 *Trute/Spoerr/Bosch*, § 45 RdNr. 8.
30 Vgl. *Heun/Jenny*, Kap. 2 RdNr. 27; tendenziell einschränkend hierzu *Ladeur*, CR 2002, 181 ff.,
   186, wonach „betroffene Kreise" nur diejenigen sein sollen, die „gegenwärtig" von der Planungsentscheidung berührt werden.
31 *Trute/Spoerr/Bosch*, § 45 RdNr. 9.
32 *Trute/Spoerr/Bosch*, § 45 RdNr. 10; a. A. *Ladeur*, CR 2002, 181 ff., 187.
33 § 52 RdNr. 28.

des Grundsatzes der **Bundestreue**[34] und des vom BVerfG entwickelten Topos der „**dienenden Funktion**" des Telekommunikationsrechts[35] auszulegen und anzuwenden. Dabei ist zu berücksichtigen, dass es faktisch kaum Frequenzzuweisungen gibt, die für den Rundfunkbereich keine Bedeutung hätten. Denn auch die Zuweisung von Frequenzen an Nicht-Rundfunkdienste hat präformierende und präjudizierende Wirkung dergestalt, dass diese Frequenzbereiche gerade nicht mehr für den Rundfunk zur Verfügung stehen[36]. Verfassungsrechtlich wäre es nicht zulässig, wenn der Bund den Gestaltungsfreiraum der Länder als Rundfunkgesetzgeber so weit beschränken würde, dass sie eine vorab getroffene Frequenzzuweisungsentscheidung des Bundes nur noch nachvollziehen könnten[37]. Aus diesem Grund müssen die **Länder** regelmäßig mit besonderem Gewicht in die Vorbereitung der Planung einbezogen werden[38]. Darüber hinaus sind vielfach auch die **Landesmedienanstalten** und die (öffentlich-rechtlichen und privaten) **Rundfunkveranstalter** als betroffene Kreise zu beteiligen.

16 **b) Form der Einbeziehung.** – Wie die in Satz 3 geforderte Einbeziehung der betroffenen Kreise zu erfolgen hat, ist im Gesetz nicht näher geregelt[39]. Es ist davon auszugehen, dass den Betroffenen bzw. deren Vertretern im Rahmen einer **Anhörung** Gelegenheit zur Stellungnahme zu geben ist. Aus Gründen der Transparenz wird es regelmäßig auch geboten sein, die Aufforderung zur Stellungnahme **öffentlich bekannt zu machen**[40]. Die Beteiligung muss so **frühzeitig** erfolgen, dass die mit ihr verfolgten Zwecke – Rechtsgüterschutz und Sicherung der Planungsqualität – erreicht werden und die Ergebnisse der Anhörung noch angemessen Berücksichtigung finden können[41]. Die Einbeziehung der betroffenen Kreise bereits vor Erstellung eines Planentwurfes ist möglich und ggf. auch erforderlich, etwa um vorab die betroffenen Interessen und den entstehenden Bedarf zu ermitteln[42]. In der Literatur wird darüber hinaus vereinzelt ein **Initiativrecht** (bestimmter) Betroffener zum Ingangsetzen des Planungsverfahrens gefordert[43]. Der Regelung in § 53 lässt sich ein solches Initiativrecht indes nicht entnehmen.

17 **c) Rechtsfolgen unterlassener Einbeziehung.** – Fraglich ist, welche Rechtsfolgen eine fehlende oder mangelhafte Einbeziehung der betroffenen Kreise nach sich zieht. Im Schrifttum besteht insoweit keine Einigkeit. Unter Hinweis auf eine Entscheidung des

---

34 § 52 RdNr. 31.

35 § 52 RdNr. 30.

36 S. auch RdNr. 10 f.

37 *Libertus*, ZUM 1997, 702 ff., 705.

38 In der Praxis werden die Länder bereits in der Phase der Frequenzbereichszuweisung auf internationaler Ebene einbezogen. Sie sind in den Delegationen vertreten, die von der Bundesregierung zu den Weltfunkkonferenzen der ITU entsandt werden und können dort ihre Standpunkte vertreten. Vertiefend hierzu *Scherer*, K&R Beil. 2/1999, 16. Nach *Ladeur* (CR 2002, 181 ff., 187 f.) sollen die Länder zwar nicht zu den „betroffenen Kreisen" gehören, jedoch verlange das Planungsrecht die „Berücksichtigung der Länderinteressen", wenn die Belange des Rundfunks berührt würden.

39 Kritisch zur fehlenden Konkretisierung durch den Gesetzgeber: *Meister*, das telekommunikationsrechtliche Planungsrecht im System des allgemeinen Planungsrechts, S. 160; *Holznagel*, FS Hoppe, 2000, S. 767 ff., 784 f.; *Ladeur*, CR 2002, 181 ff., 187.

40 Im Vorfeld der FreqBZPV v. 26. 4. 2001 hatte das BMWi im Amtsblatt der Regulierungsbehörde über die Anhörung informiert (s. Mitteilung Nr. 54/1999, ABl. RegTP 1999, S. 515 ff.)

41 *Libertus*, ZUM 1997, 702 ff., 706.

42 *Trute/Spoerr/Bosch*, § 45 RdNr. 7.

43 *Libertus*, ZUM 1997, 702 ff., 706; *Holznagel*, FS Hoppe, 2000, S. 767 ff., 784.

BVerwG zum Hessischen Beamtengesetz[44] wird teilweise die Auffassung vertreten, die fehlende Einbeziehung führe nicht zur Nichtigkeit der Verordnung[45]. In der zitierten Entscheidung hatte der Senat festgestellt, dass eine mangelnde Beteiligung nicht als formeller Fehler des Verordnungsgebungsverfahrens gerügt werden könne, wenn das entsprechende Beteiligungsrecht lediglich im Vorfeld des eigentlichen Rechtssetzungsverfahrens angesiedelt sei. § 53 Abs. 1 S. 3 verlangt indes nur eine Einbeziehung der betroffenen Kreise in der Vorbereitungsphase. Dies könnte dafür sprechen, dass der Gesetzgeber in Satz 3 nicht das eigentliche Verordnungsgebungsverfahren regeln wollte, so dass die Einbeziehung keine formelle Rechtmäßigkeitsvoraussetzung der Verordnung wäre[46].

Auf der anderen Seite wird dem entgegengehalten, dass die Einbeziehung der betroffenen **18** Kreise – anders als in dem vom BVerwG entschiedenen Fall – in § 53 Abs. 1 S. 3 Bestandteil der konkreten Ermächtigungsnorm ist. Dies spricht dafür, dass der Gesetzgeber mit Satz 3 ein die gesetzliche Ermächtigung einschränkendes Mitwirkungsrecht einräumen wollte, dessen Einhaltung der gerichtlichen Kontrolle unterliegt[47].

Dem ist im Grundsatz zuzustimmen, zumal gerade der Einbeziehung der betroffenen Krei- **19** se im Hinblick auf die damit verfolgten Ziele – Rechtsgüterschutz und Sicherung der Planungsqualität (s. o.) – im Planaufstellungsverfahren besondere Bedeutung zukommt. Allerdings dürfte es angesichts der extensiven Auslegung des Begriffs der betroffenen Kreise (s. o.) zu weit führen, wenn jede unterlassene Beteiligung von Personen, deren Interessen in irgendeiner Weise von den Auswirkungen der beabsichtigten Frequenzbereichszuweisung berührt werden, ohne weiteres zur Nichtigkeit der Verordnung führen würde. Im Interesse der Rechtssicherheit erscheint es vielmehr geboten, die Nichtigkeit auf solche Fälle zu beschränken, bei denen die fehlende Einbeziehung dazu führt, dass ein Mindestmaß an Ausgewogenheit bei der Feststellung der betroffenen Interessen und Belange nicht mehr gewährleistet ist.

III. Materielle Planungsvorgaben (Abs. 2)

§ 53 Abs. 2 gibt den **Inhalt** des Frequenzbereichszuweisungsplans vor. Seine Primärfunk- **20** tion ist die Aufteilung des elektromagnetischen Spektrums in Frequenzbereiche und deren Zuweisung an bestimmte Funkdienste oder andere Anwendungen elektromagnetischer Wellen (Satz 1). Darüber hinaus enthält der Frequenznutzungsplan auch Bestimmungen über Frequenznutzungen und darauf bezogene nähere Festlegungen (Satz 2). Letzteres gilt auch für Frequenznutzungen in und längs von Leitern (Satz 3).

Hinsichtlich der **Ausgestaltung** der Planfestsetzungen hat der Verordnungsgeber zunächst **21** einmal einen planerischen Gestaltungsfreiraum. Dieser ist allerdings in mehrfacher Hinsicht begrenzt. So sind die Festsetzungen des Frequenzbereichszuweisungsplans in erster Linie durch die bindenden Vorgaben des Internationalen Frequenzbereichsplans determiniert. Soweit die internationalen Bestimmungen nationale Spielräume belassen, hat sich die Planung insbesondere an den in § 52 Abs. 1 genannten Zielen zu orientieren. Außer-

---

44 BVerwGE 59, 48 ff., 51 ff.

45 *Trute/Spoerr/Bosch*, § 45 RdNr. 24.

46 So *Trute/Spoerr/Bosch*, a. a. O.

47 BeckTKG-Komm/*Korehnke/Grotelüschen*, § 45 RdNr. 12; in diesem Sinne auch *Ladeur*, CR 2002, 181 ff., 190.

dem sind die im Planaufstellungsverfahren festzustellenden Belange der betroffenen Kreise angemessen zu berücksichtigen und im Wege planerischer Abwägung zum Ausgleich zu bringen.

22   **1. Frequenzbereichszuweisungen (Satz 1).** – Der Frequenzbereichszuweisungsplan teilt das nutzbare elektromagnetische Spektrum auf, definiert auf diese Weise bestimmte Frequenzbereiche und weist sie einzelnen Funkdiensten und anderen Anwendungen elektromagnetischer Wellen zu, die ihrerseits definiert und typisiert werden. Ein **Funkdienst** ist – in Anlehnung an die Begriffsbestimmung in Art. 8 VO Funk – die Gesamtheit der Funknutzungen, deren Verwendungszweck ein wesentliches gemeinsames Merkmal besitzt (vgl. § 4 Nr. 9 FreqBZPV). **Sonstige Anwendungen elektromagnetischer Wellen** sind insbesondere die sog. ISM-Anwendungen, d. h. Nutzungen elektromagnetischer Wellen durch Geräte oder Vorrichtungen für die Erzeugung und lokale Nutzung von Hochfrequenzenergie für industrielle, wissenschaftliche, medizinische, häusliche oder ähnliche Zwecke, die nicht Funkanwendungen sind (vgl. § 4 Nr. 11 FreqBZPV). Die Frequenzbereichszuweisungen sind abstrakt-genereller Natur. Eine konkrete Zuweisung an einzelne Nutzer erfolgt auf dieser Ebene nicht.

23   **2. Nutzungsbestimmungen (Satz 2).** – § 53 Abs. 2 S. 2 ermöglicht weitergehende Festlegungen hinsichtlich der Frequenznutzung in den jeweiligen Frequenzbereichen. Voraussetzung ist allerdings, dass dies aus Gründen einer störungsfreien und effizienten Frequenznutzung erforderlich ist. Die **FreqBZPV** enthält solche Nutzungsbestimmungen in der **Anlage, Teil B**. Dabei handelt es sich um Vorgaben und Parameter, die das Betreiben von Funkdiensten oder sonstiger Anwendungen in technischer oder administrativer Hinsicht beschränken. So ist es beispielsweise möglich, bestimmte Übertragungsverfahren, Sendearten oder Strahlungsleistungen für die jeweiligen Frequenznutzungen vorzuschreiben. Bei Diensten, die in angrenzenden Frequenzbereichen betrieben werden, kann es auch erforderlich sein, ein sog. Schutzband zu installieren, das von den betreffenden Diensten nicht genutzt werden darf.

24   **3. Regelungen für Frequenznutzungen in und längs von Leitern (Satz 3).** – Gegenstand des Frequenzbereichszuweisungsplans sind auch spezielle Regelungen für Frequenznutzungen in und längs von Leitern. Das Führen elektromagnetischer Wellen in und längs von Leitern – etwa in Telekommunikations- oder Stromkabeln – verursacht ungewollte, aber teilweise nicht unerhebliche Störstrahlungen, die Funkanwendungen beeinträchtigen können. Nach Satz 3 soll der Verordnungsgeber für die hiervon betroffenen Frequenzbereiche räumliche, zeitliche und sachliche Festlegungen treffen, bei deren Einhaltung eine freizügige Nutzung zulässig ist. Dabei gilt es die (potenziell) kollidierenden Interessen der Funkanwender einerseits und der Kabelnetzbetreiber andererseits im Hinblick auf das Ziel störungsfreier und effizienter Frequenznutzung zum Ausgleich zu bringen. Die Nutzungsbestimmungen müssen einerseits sicherstellen, dass Funkanwendungen unter normalen Betriebsbedingungen keinen unangemessenen Störungen ausgesetzt sind und dürfen andererseits auch nicht so restriktiv ausgestaltet sein, dass innovative Verfahren der leitergebundenen Telekommunikation verhindert werden.

25   In der geltenden **FreqBZPV** finden sich die entsprechenden Regelungen in der **Anlage, Teil B, Nr. 30 – Nutzungsbestimmung 30 (NB 30)**. Danach können Frequenzen für Telekommunikationsanlagen und -netze in und längs von Leitern im Frequenzbereich von 9 kHz bis 3 GHz freizügig – d. h. ohne weitere Regelungen im Einzelfall – genutzt werden, wenn in dem betroffenen Frequenzbereich keine sicherheitsrelevanten Funkdienste betrieben werden und im Abstand von 3 Metern bestimmte Grenzwerte der Störfeldstärke (gemäß Tabelle) nicht überschritten werden (NB 30, Abs. 1). Sicherheitsrelevante Funkdienste in diesem Sinne sind insbesondere der Flugfunk, der Flugnavigationsfunk, der Funk der Behörden und Organisationen mit Sicherheitsaufgaben (z.B. Bundesgrenzschutz, Polizei und Feuerwehr) sowie bestimmte Anwendungen im Seefunk und Seenavigationsfunk[48]. Soweit keine freizügige Nutzung nach Maßgabe der Regelung in NB 30 Abs. 1 möglich ist, können die räumlichen, zeitlichen und sachlichen Festlegungen zur Frequenznutzung in und längs von Leitern gem. NB 30 Abs. 3 durch die Regulierungsbehörde – entweder im Frequenznutzungsplan oder in den jeweiligen Frequenzzuteilungen – getroffen werden.

**4. Determinanten des Planungsermessens. – a) Internationaler Frequenzbereichs- 26
plan.** – Grundlage des Frequenzbereichszuweisungsplans ist der Internationale Frequenzbereichsplan der ITU[49]. Als integraler Bestandteil der Vollzugsordnung für den Funkdienst (Art. 8 VO Funk) ist er für die Mitgliedstaaten der ITU bindend (vgl. Art. 4 Nr. 3 ITU-Konstitution). Abweichungen sind nur unter den einschränkenden Bedingungen der VO Funk zulässig. Für Deutschland gelten die Planfestsetzungen der Region 1 (Europa, Afrika, Mittlerer Osten, ehemalige Sowjetunion und Mongolei). Änderungen des Internationalen Frequenzbereichsplans sind die Folge Internationaler Funkkonferenzen und müssen entsprechend auch bei den nationalen Planungen berücksichtigt werden. Damit beschränkt sich der Gestaltungsfreiraum des nationalen Verordnungsgebers von vornherein auf solche Festsetzungen, die im Internationalen Frequenzbereichsplan nicht bereits abschließend geregelt sind.

b) Planzielbestimmungen. – Die Ziele der Frequenzplanung ergeben sich aus § 52 Abs. 1: 27
Es geht um die Sicherstellung einer effizienten und störungsfreien Frequenznutzung unter Berücksichtigung der weiteren in § 2 Abs. 2 genannten Regulierungsziele. An diesen Vorgaben haben sich die Planfestsetzungen des Verordnungsgebers auszurichten. Dabei gilt es insbesondere, die (potenziell) konfligierenden Ziele der Effizienz und Störungsfreiheit unter wechselseitiger Berücksichtigung im Wege wertender Abwägung bedarfsgerecht zum Ausgleich zu bringen[50]. Das bedeutet, die einzelnen Frequenzbereiche sind so zu definieren, dass sie für die hierfür vorgesehenen Funkdienste und sonstigen Anwendungen tauglich sind und schädliche Interferenzen nach Möglichkeit verhindert werden. Zugleich ist darauf zu achten, dass die jeweiligen Dienste auf einen möglichst kleinen Teil des Spektrums beschränkt bleiben[51]. Frequenzen sind potenziell knappe Ressourcen[52] und dürfen nicht verschwendet werden. Eine in diesem Sinne effiziente Frequenzplanung hat auch den technischen Fortschritt – etwa neue Technologien, die einen sparsameren Umgang mit den Ressourcen ermöglichen – einzubeziehen[53]. Darüber hinaus sind aber auch die weiteren Ziele des § 2 Abs. 2 – insbesondere die Wettbewerbsförderung, die Belange des Rundfunks und die öffentlichen Sicherheitsinteressen – bei der Planung angemessen zu berücksichtigen[54]. Im Hinblick auf die Belange des Rundfunks hat der Verordnungsgeber vor allem si-

48 Vgl. Begründung zum Entwurf einer FreqBZPV v. 11. 12. 2000, Zu Nutzungsbestimmung 30.
49 S. hierzu § 52 RdNr. 8 ff.
50 § 52 RdNr. 35.
51 *Holznagel*, FS Hoppe, 2000, S. 767 ff., 782.
52 § 52 RdNr. 2.
53 *Holznagel*, FS Hoppe, 2000, S. 767 ff., 782.
54 Vertiefend hierzu § 52 RdNr. 36 ff.

cherzustellen, dass genügend Rundfunkfrequenzen bereitgestellt werden, um ein ausreichend vielfältiges Programmangebot zu gewährleisten[55].

28 **c) Allgemeine Prinzipien des Planungsrechts.** – Neben den speziellen Planzielbestimmungen des § 52 Abs. 1 ist der Verordnungsgeber auch an die allgemeinen Prinzipien des rechtsstaatlichen Planungsrechts gebunden. Diese fordern die Einstellung aller „nach Lage der Dinge" zu berücksichtigenden Belange, deren angemessene Gewichtung sowie eine durch das Verhältnismäßigkeitsprinzip gelenkte Rangentscheidung[56]. Voraussetzung hierfür ist, dass der Verordnungsgeber vor der eigentlichen Planaufstellung zunächst einmal den bestehenden Frequenzbedarf ermittelt[57]. Werden dabei Knappheitssituationen festgestellt, so sind die konkurrierenden Nutzungsansprüche im Wege sachgerechter Abwägung miteinander ins Verhältnis zu setzen. Für die konkurrierenden Nutzungsansprüche gilt dabei das Gebot wechselseitiger Rücksichtnahme[58]. Darüber hinaus ist – insbesondere bei Planänderungen – auch der Grundsatz des Vertrauensschutzes zu beachten[59]. Das bedeutet, dass ursprüngliche Bewertungen nicht willkürlich geändert werden dürfen. Eine Umplanung ist daher mit einer erhöhten Rechtfertigungs- und Begründungslast verbunden. Gegebenenfalls müssen Überraschungseffekte durch entsprechende Übergangsfristen abgemildert werden[60].

IV. Aufbau und Struktur der FreqBZPV

29 Die Frequenzbereichszuweisungsplanverordnung (FreqBZPV)[61] besteht aus einem Hauptteil und zwei Anlagen (Teil A und Teil B). Im **Hauptteil** finden sich Regelungen zum Geltungsbereich, dem Inhalt und dem Aufbau des Frequenzbereichszuweisungsplans (§§ 1, 2 und 3 FreqBZPV). Darüber hinaus enthält § 4 FreqBZPV einen umfangreichen Katalog von Begriffsbestimmungen. Dort werden insbesondere die einzelnen Funkdienste – in weitgehender Anlehnung an die entsprechenden Regelungen in der VO Funk – legaldefiniert.

30 **Teil A der Anlage** beinhaltet den eigentlichen **Frequenzbereichszuweisungsplan.** Er ist in Form einer Tabelle erstellt. Die erste Spalte enthält eine durchgehende Nummerierung der Einträge. In der zweiten Spalte finden sich die einzelnen Frequenzbereiche (in kHz, MHz und GHz). In der dritten Spalte werden die jeweiligen Frequenzbereiche den verschiedenen Funkdiensten und sonstigen Anwendungen zugewiesen. Dabei unterscheidet man **primäre Funkdienste,** die im Plan durch Großbuchstaben kenntlich gemacht sind, und – in Normalschrift eingetragene – **sekundäre Funkdienste.** Das Verhältnis primärer und sekundärer Funkdienste ist in § 3 Abs. 3 FreqBZPV geregelt. Danach kann der Betreiber eines primären Funkdienstes Schutz gegen Störungen durch Funkstellen sekundärer Funkdienste verlangen. Innerhalb der primären und sekundären Funkdienste gilt jeweils das Prinzip zeitlicher Priorität, d. h. es kann jeweils diejenige Funkstelle Schutz vor Störungen verlangen, der die Frequenz früher zugeteilt wurde. Die vierte Spalte des Frequenzbe-

---

55 *Holznagel*, FS Hoppe, 2000, S. 767 ff., 783.
56 Vgl. *Hoppe/Grotefels*, Bauplanungsrecht, § 7 RdNr. 32 ff.; *Ladeur*, CR 2002, 181 ff., 185.
57 *Ladeur*, CR 2002, 181 ff., 184; *Trute/Spoerr/Bosch*, § 45 RdNr. 22.
58 *Trute/Spoerr/Bosch*, § 45 RdNr. 22.
59 *Isensee/Kirchhof/Hoppe*, Handbuch des Staatsrechts III, § 71 RdNr. 97 f.
60 BeckTKG-Komm/*Korehnke/Grotelüschen*, § 45 RdNr. 17.
61 BGBl. I 2004 S. 2499.

reichszuweisungsplans gibt schließlich an, ob der betreffende Frequenzbereich zivil (ziv), militärisch (mil) oder gemeinsam zivil und militärisch (ziv/mil) genutzt wird.

Die nach § 53 Abs. 2 S. 2 zu erlassenden **Nutzungsbestimmungen** wurden aus Gründen **31** der Übersichtlichkeit nicht in die Tabelle selbst eingefügt, sondern finden sich in **Teil B der Anlage**. Die einzelnen Nutzungsbestimmungen sind wiederum durchnummeriert. Soweit die Nummer durch ein großes D gekennzeichnet ist, handelt es sich um eine für Deutschland geltende Vorgabe der internationalen Frequenzbereichsplanung (Art. S5 der VO Funk). Die Nummern ohne Zusatz kennzeichnen Nutzungsbestimmungen mit rein nationalem Ursprung. Im tabellarischen Plan (Teil A der Anlage) wird dann auf die jeweiligen Nummern der verschiedenen Nutzungsbestimmungen Bezug genommen. Dabei gilt gem. § 3 Abs. 2 FreqBZPV folgendes: Steht die Nummer unterhalb eines Frequenzbereichs (in der zweiten Spalte), so gilt die entsprechende Nutzungsbestimmungen für den gesamten Frequenzbereich. Nutzungsbestimmungen, deren Nummern hingegen neben einem Funkdienst (in der dritten Spalte) stehen, beziehen sich nur auf diesen Funkdienst.

V. Rechtsschutz

Da der Frequenzbereichszuweisungsplan in der Rechtsform einer Verordnung erlassen **32** wird, richtet sich der Rechtsschutz gegen dessen Festsetzungen nach den Regeln zur gerichtlichen Überprüfung von Normen. Dabei ist zu unterscheiden zwischen prinzipalen Normenkontrollverfahren[62], bei denen die Rechtmäßigkeit der Verordnung den Entscheidungsgegenstand bildet, und der inzidenten Normenkontrolle, d. h. einer Rechtmäßigkeitsprüfung der Verordnung im Rahmen eines gerichtlichen Verfahrens gegen eine behördliche Entscheidung, die auf der Grundlage der Verordnung erlassen wurde.

1. Prinzipale Normenkontrolle. – Die Rechtsordnung sieht Normenkontrollverfahren **33** grundsätzlich auf verwaltungs- und auf verfassungsgerichtlicher Ebene vor. Ein verwaltungsgerichtliches Normenkontrollverfahren nach § 47 VwGO scheidet hier jedoch aus, da die FreqBZPV als Rechtsverordnung des Bundes weder auf Grund des BauGB erlassen wurde (vgl. § 47 Abs. 1 Nr. 1 VwGO), noch im Rang unter dem Landesgesetz steht (vgl. § 47 Abs. 1 Nr. 2 VwGO). Möglich ist allerdings eine Überprüfung der FreqBZPV durch das BVerfG. Ein statthaftes Verfahren ist die **abstrakte Normenkontrolle** nach Art. 93 Abs. 1 Nr. 2 GG. Antragsbefugt sind gem. Art. 93 Abs. 1 Nr. 2 GG jedoch nur die Bundesregierung, eine Landesregierung oder ein Drittel der Mitglieder des Bundestags. Eine konkrete Normenkontrolle gem. Art. 100 Abs. 1 GG im Wege einer Richtervorlage kommt nicht in Betracht, da diese auf formelle Gesetze (Parlamentsgesetze) beschränkt ist. Zur Rüge von Verstößen gegen Beteiligungsrechte der Länder, die den Grundsatz der Bundestreue berühren, besteht im Übrigen auch die Möglichkeit eines **Bund-Länder-Streits** nach Art. 93 Abs. 1 Nr. 3 GG[63].

Will sich der einzelne Bürger unmittelbar gegen den Frequenzbereichszuweisungsplan **34** wehren, so bleibt ihm nur die Möglichkeit einer **Verfassungsbeschwerde**. Sie kann gem. Art. 93 Abs. 1 Nr. 4a GG von jedermann erhoben werden. Voraussetzung ist jedoch, dass der Beschwerdeführer geltend machen kann, bereits durch den Erlass der Verordnung (ohne dass es noch eines Umsetzungsaktes der Verwaltung bedürfte) selbst, gegenwärtig und

---

62 Zum Begriff: *Wolff/Bachof/Stober*, Verwaltungsrecht I, § 28 RdNr. 25.
63 *Ladeur*, CR 2002, 181 ff., 190.

unmittelbar in seinen eigenen Grundrechten oder grundrechtsgleichen Rechten verletzt zu sein[64]. Bedarf es für die Frequenznutzung noch der Frequenzzuteilung durch die Regulierungsbehörde, so wird es regelmäßig an der unmittelbaren und gegenwärtigen Betroffenheit fehlen[65]. Etwas anderes kann jedoch gelten, wenn die Festsetzungen der FreqBZPV bereits konkrete Auswirkungen auf die Dispositionsfreiheit des Beschwerdeführers haben[66]. Soweit eine Frequenzzuteilung schon erfolgt ist, können unmittelbare Rechtswirkungen insbesondere durch die Änderung von Nutzungsbestimmungen oder durch die Herabstufung eines ursprünglich primären Funkdienstes zu einem sekundären Funkdienst ausgelöst werden[67].

35 **2. Inzidente Normenkontrolle.** – Entscheidungen der Regulierungsbehörde, die auf der Grundlage der FreqBZPV ergangen sind, unterliegen der Kontrolle der Verwaltungsgerichte. Im Rahmen eines verwaltungsgerichtlichen Verfahrens gegen die Behördenentscheidung überprüfen die Gerichte – inzident – auch die Rechtmäßigkeit der zu Grunde liegenden Verordnung. Dabei steht dem Richter – anders als bei formellen Gesetzen – eine **Verwerfungskompetenz**[68] hinsichtlich der als rechtswidrig erkannten Verordnung zu. Die entsprechende Gerichtsentscheidung ist allerdings nicht allgemeinverbindlich, sondern entfaltet nur Wirkungen zwischen den Parteien des konkreten Rechtsstreits (inter partes).

36 Im Wege der Inzidentkontrolle prüfen die Gerichte, ob die Verordnung an formellen oder materiellen Mängeln leidet. Zu den **formellen Mängeln** zählt etwa der Verstoß gegen das Zitiergebot (Art. 80 Abs. 1 S. 3 GG), die fehlende Zuständigkeit[69], die nicht eingeholte Zustimmung des Bundesrates bei zustimmungsbedürftigen Festsetzungen[70] oder auch die unzureichende Einbeziehung der betroffenen Kreise im Sinne von § 53 Abs. 1 S. 3[71]. Im Hinblick auf die **materielle Rechtmäßigkeit** der Verordnung wird in einem ersten Schritt geprüft, ob die Planfestsetzungen erforderlich, d. h. angesichts der Planzielbestimmungen[72] geboten sind. Die Auslegung der Planziele unterliegt dabei einer uneingeschränkten gerichtlichen Kontrolle[73]. Die im zweiten Schritt folgende Prüfung des eigentlichen Abwägungsvorgangs ist auf Grund des der Exekutive zustehenden Planungsermessens lediglich einer beschränkten gerichtlichen Kontrolle zugänglich[74]. Die Verwaltungsgerichte prüfen lediglich, ob ein Ermessens- bzw. Abwägungsfehler vorliegt, d. h. ob alle planungserheblichen Aspekte und Belange erkannt, in der Entscheidung gewürdigt und unter Beachtung des Verhältnismäßigkeitsprinzips in vertretbarer Weise gegeneinander abgewogen worden sind[75].

---

64 Vgl. BVerfGE 40, 156 ff.; E 70, 50 ff.
65 BeckTKG-Komm/*Korehnke/Grotelüschen*, § 45 RdNr. 4a; *Heun/Jenny*, Kap. 2 RdNr. 36.
66 Vgl. BVerfGE 90, 128 ff., 136 ff.
67 BeckTKG-Komm/*Korehnke/Grotelüschen*, § 45 RdNr. 4a; *Heun/Jenny*, Kap. 2 RdNr. 36.
68 Vgl. *Isensee/Kirchhof/Ossenbühl*, Handbuch des Staatsrechts III, § 64, RdNr. 77 f.
69 S. hierzu RdNr. 4, 5.
70 Im Einzelnen dazu RdNr. 7 ff.
71 Zum Streitstand hinsichtlich der Rechtsfolgen einer unzureichenden Einbeziehung s. RdNr. 17 ff.
72 S. hierzu RdNr. 27.
73 Vgl. BVerwGE 71, 176 ff., 168.
74 S. hierzu auch *Heun/Jenny*, Kap. 2 RdNr. 39; BeckTKG-Komm/*Korehnke/Grotelüschen*, § 45 RdNr. 16.
75 Ausführlich hierzu *Kopp/Schenke*, VwGO, § 114 RdNr. 34 ff., m. w. N. aus Rspr. und Schrifttum.

§ 54 Frequenznutzungsplan

(1) Die Regulierungsbehörde erstellt den Frequenznutzungsplan auf der Grundlage des Frequenzbereichszuweisungsplanes unter Berücksichtigung der in § 2 Abs. 2 genannten Ziele, der europäischen Harmonisierung, der technischen Entwicklung und der Verträglichkeit von Frequenznutzungen in den Übertragungsmedien.

(2) Der Frequenznutzungsplan enthält die weitere Aufteilung der Frequenzbereiche auf die Frequenznutzungen sowie Festlegungen für diese Frequenznutzungen. Der Frequenznutzungsplan kann aus Teilplänen bestehen.

(3) Der Frequenznutzungsplan wird unter Beteiligung der Öffentlichkeit aufgestellt. Die Bundesregierung wird ermächtigt, das Verfahren zur Aufstellung des Frequenznutzungsplanes durch eine Rechtsverordnung, die der Zustimmung des Bundesrates bedarf, zu regeln.

Schrifttum: S. die Literaturangaben zu § 52.

Übersicht

I. Bedeutung der Norm und Entstehungsgeschichte

1. Bedeutung der Norm. – Der Frequenznutzungsplan konkretisiert die Festsetzungen des **1** Frequenzbereichszuweisungsplans (§ 53) und bildet die normative Grundlage für die Zuteilung von Frequenzen an die Nutzer (§ 55). Wegen seines hohen Detaillierungsgrades ist der Frequenznutzungsplan sehr viel umfangreicher als der Frequenzbereichszuweisungsplan und zur leichteren Handhabung in mehrere Teilpläne untergliedert. Anders als der Frequenzbereichszuweisungsplan wird der Frequenznutzungsplan nicht als Rechtsverordnung der Bundesregierung, sondern auf untergesetzlicher Ebene durch die Regulierungsbehörde erlassen. § 54 knüpft systematisch an § 52 an, der die Aufstellung des Frequenznutzungsplans als staatliche Aufgabe definiert, und normiert die hierfür geltenden formellen und materiellen Planungsvorgaben.

2 **2. Entstehungsgeschichte.** – Die Vorschrift entspricht der Regelung in § 46 TKG 1996. Im damaligen Gesetzgebungsverfahren hatte der Bundesrat noch gefordert, dass der Frequenznutzungsplan – wie der Frequenzbereichszuweisungsplan – in Form einer zustimmungsbedürftigen Rechtsverordnung der Bundesregierung erlassen wird[1], konnte sich damit aber nicht durchsetzen. Die Bundesregierung hatte der Forderung des Bundesrates entgegengehalten, dass es im Hinblick auf die Rechtsklarheit und Transparenz der Planung ausreiche, wenn das Verfahren der Planaufstellung in einer Verordnung geregelt werde. Hinsichtlich des Frequenznutzungsplans selbst sei die Rechtsform der Verordnung nicht zweckmäßig, weil damit die Inkraftsetzung der (Teil-)Pläne verzögert werden könne[2].

II. Formelle Planungsvorgaben

3 **1. Regelungszuständigkeit und Rechtsnatur des Plans.** – Der Frequenznutzungsplan wird – anders als der Frequenzbereichszuweisungsplan – nicht von der Bundesregierung, sondern von der **Regulierungsbehörde** erlassen. Dies ergibt sich aus § 54 Abs. 1. Mit dieser Regelungskompetenz ist zugleich auch eine **Verpflichtung zum Planerlass** verbunden[3]. Denn die Festsetzungen des Frequenznutzungsplans wirken sich unmittelbar auf die konkreten Frequenzzuteilungen aus und besitzen damit erhebliche Grundrechtsrelevanz. Darüber hinaus spricht auch der Wortlaut des § 52 Abs. 1 („werden … aufgestellt") dafür, dass das „Ob" der Planaufstellung nicht im Ermessen der Regulierungsbehörde liegt, sondern zwingend vorgeschrieben ist. Voraussetzung für das Tätigwerden der Regulierungsbehörde ist allerdings die Existenz des Frequenzbereichszuweisungsplans, da er gem. § 54 Abs. 1 die rechtliche Grundlage des Frequenznutzungsplans bildet.

4 Zur Rechtsnatur des Frequenznutzungsplans trifft § 54 keine ausdrückliche Aussage. Eine Rechtsverordnung scheidet allerdings aus, da § 54 – anders als § 53 – keine Verordnungsermächtigung enthält. Stattdessen handelt es sich beim Frequenznutzungsplan um eine **interne Verwaltungsvorschrift** ohne unmittelbare Außenwirkung[4]. Grundsätzlich denkbar wäre es zwar auch, den Plan – mit unmittelbarer Außenwirkung – als Bündel von Allgemeinverfügungen (§ 35 S. 2 Alt. 3 VwVfG) zu qualifizieren. Der systematische Vergleich mit § 53 und die Materialen sprechen aber dafür, dass der Gesetzgeber eine unmittelbare Außenwirkung nur für den Frequenzbereichszuweisungsplan und gerade nicht für den Frequenznutzungsplan wollte[5]. Dementsprechend sind die Festsetzungen des Frequenznut-

---

1 BT-Drs. 13/4438, Zu § 45 Abs. 3.

2 BT-Drs. 13/4438, Zu Nummer 55.

3 So auch BeckTKG-Komm/*Korehnke/Grotelüschen*, § 46 RdNr. 1; *Meister*, Das telekommunikationsrechtliche Frequenzplanungsrecht im System des allgemeinen Planungsrechts, S. 217. Gleiches gilt im Übrigen auch für den Frequenzbereichszuweisungsplan, s. § 53 RdNr. 6.

4 *Heun/Jenny*, Kap. 2 RdNr. 41 f.; *Meister* (Fn. 3) S. 254 f.; *Wissmann/Kreitlow*, Kap. 5 RdNr. 34; BeckTKG-Komm/*Korehnke/Grotelüschen*, § 46 RdNr. 2 f.; a.A. *Ladeur*, CR 2002, 181 ff., 189: „quasi-dingliche Allgemeinverfügung".

5 Im Referentenentwurf für ein TKG vom 30. 1. 1996 (BT-Drs. 13/3609) war noch vorgesehen, dass weder der Frequenzbereichszuweisungsplan noch der Frequenznutzungsplan als Verordnung ergehen. Für den Frequenzbereichszuweisungsplan wurde dies im Laufe des Gesetzgebungsverfahrens

zungsplans zunächst einmal nur für die behördlichen Entscheidungträger verbindlich. Im Verhältnis zum Bürger wirken sie prinzipiell nur reflektierend[6], d. h. der Einzelne hat einen Anspruch darauf, dass die Behörde die Planfestsetzungen bei Entscheidungen ihm gegenüber beachtet.

2. Planaufstellungsverfahren (Abs. 3). – Der Frequenznutzungsplan wird unter Beteiligung der Öffentlichkeit aufgestellt (S. 1). Damit soll gewährleistet werden, dass interessierte Gruppen und Einzelpersonen über die künftige Frequenznutzung informiert werden, die Möglichkeit haben, Vorschläge einzubringen, ihre spezifischen Interessen deutlich zu machen und ihren besonderen Sachverstand in die Planung einfließen zu lassen[7]. Die Öffentlichkeitsbeteiligung dient also letztlich – wie auch die Beteiligung der „betroffenen Kreise" nach § 53 Abs. 1 S. 3 – dem Rechtsgüterschutz und der Sicherung der Planungsqualität[8]. 5

Das Verfahren der Planaufstellung – und damit auch die konkrete Ausgestaltung der Öffentlichkeitsbeteiligung – ist im Gesetz allerdings nicht näher geregelt. Dies ist gem. Satz 2 vielmehr Gegenstand einer Rechtsverordnung der Bundesregierung, die der Zustimmung des Bundesrates bedarf. Bereits auf der Grundlage des § 46 Abs. 3 S. 2 TKG 1996, der inhaltlich § 54 Abs. 3 S. 2 entspricht, wurde am 26. 4. 2001 die **Frequenznutzungsplanaufstellungsverordnung (FreqNPAV)**[9] erlassen. Sie gilt auch nach Inkrafttreten des neuen TKG unverändert fort[10]. Dort sind die Verfahrensschritte im Einzelnen festgelegt. 6

a) Planerarbeitung (§ 4 FreqNPAV). – Grundsätzlich können der Behörde jederzeit Anregungen zur Aufstellung oder Änderung von Frequenznutzungsteilplänen unterbreitet werden (§ 4 Abs. 1 Hs. 1), wobei ein Anspruch des Einzelnen auf Einleitung eines Planungsverfahrens nach der ausdrücklichen Regelung in § 4 Abs. 1 Hs. 2 nicht besteht[11]. Hat sich die Behörde zur Einleitung eines Verfahrens entschieden, so erarbeitet sie zunächst einen **ersten Entwurf** des jeweiligen Teilplanes (§ 4 Abs. 2 S. 1). Dabei wird der bei der Behörde gebildete Beirat angehört. Dies ergibt sich aus § 120 Nr. 6 TKG, ist aber auch in § 4 Abs. 2 S. 2 ausdrücklich vorgesehen. Der Beirat setzt sich paritätisch aus neun Mitgliedern des Bundestags und neun Vertretern des Bundesrats zusammen (§ 118 TKG). Der Planentwurf soll eine kurze Begründung enthalten (§ 4 Abs. 2 S. 6). 7

Anschließend veröffentlicht die Regulierungsbehörde eine **Mitteilung über die Fertigstellung** des Planentwurfs in ihrem Amtsblatt und im Bundesanzeiger (§ 4 Abs. 2 S. 3). Die Veröffentlichung ist Grundlage für die spätere Beteiligung der Öffentlichkeit. Aus Gründen der Praktikabilität ist die Behörde allerdings nicht verpflichtet, die bisweilen sehr umfangreichen Planentwürfe als solche zu veröffentlichen. Es reicht vielmehr aus, wenn öffentlich bekannt gemacht wird, dass der Entwurf des jeweiligen Teilplanes fertig gestellt 8

---

geändert mit der ausdrücklichen Begründung, dem Plan einen „außenwirksamen und rechtsverbindlichen Charakter" geben zu wollen (BT-Drs. 13/4864, Zu § 44). Für den Frequenznutzungsplan wurde eine solche Änderung nicht vorgenommen, was dafür spricht, dass dieser Plan nach dem Willen des Gesetzgebers gerade keine unmittelbare Außenwirkung entfalten soll.

6 Allgemein hierzu *Wolff/Bachof/Stober*, Verwaltungsrecht I, § 24 RdNr. 27 ff.

7 Vgl. Begründung zur FreqNPAV, I. Allgemeiner Teil, Zweck und Notwendigkeit der Verordnung.

8 § 53 RdNr. 12.

9 BGBl. I 2001 S. 827.

10 BT-Drs. 15/2316, Zu § 52.

11 Nach *Heun/Jenny*, Kap. 2 RdNr. 50, besteht allerdings ein „Anspruch auf ermessensfehlerfreie Entscheidung über Anregungen zur Frequenzplanung".

ist und bei Bedarf bei der Regulierungsbehörde abgefordert werden kann (§ 4 Abs. 2 S. 5). Eine Kostenpflicht für die Abforderung wurde bewusst nicht normiert, um keine Abschreckungswirkung zu erzeugen[12]. Die vom Planentwurf betroffenen obersten Bundes- und Landesbehörden sind gesondert über dessen Fertigstellung zu benachrichtigen (§ 4 Abs. 2 S. 4).

9 **b) Beteiligung des Bundes und der Länder (§ 5 FreqNPAV).** – Nach der Erstellung des ersten Entwurfs und der öffentlichen Mitteilung über dessen Fertigstellung hat die Regulierungsbehörde – in einem zweiten Verfahrensschritt – unter Beteiligung des BMWA das Benehmen mit den betroffenen obersten Bundes- und Landesbehörden herzustellen (§ 5 Abs. 1 S. 1). Auf diese Weise soll sichergestellt werden, dass die durch die Behörden vertretenen öffentlichen Belange noch vor einer Beteiligung der Öffentlichkeit Eingang in den Planentwurf finden. Die dadurch zum Ausdruck kommende **Priorität der Träger öffentlicher Belange** ist im Gesetz (§ 2 Abs. 2 Nr. 9 TKG – Interessen der öffentlichen Sicherheit; § 2 Abs. 5 TKG – Belange des Rundfunks; § 52 Abs. 1 TKG), in der Gemeinsamen Geschäftsordnung der Bundesregierung (§§ 23, 26 GGO II) und darüber hinaus – soweit es um die Belange des Rundfunks geht – auch verfassungsrechtlich ("dienende Funktion" des Telekommunikationsrechts[13], Gebot der Bundestreue[14], Grundsatz "eigenverantwortlicher Aufgabenwahrnehmung"[15]) vorgegeben.

10 § 5 Abs. 1 S. 1 verlangt vom Wortlaut her lediglich, das **"Benehmen"** mit den betroffenen Bundes- und Landesbehörden herzustellen. Dies unterscheidet sich qualitativ vom sog. "Einvernehmen", d.h. der Herstellung völliger Willensübereinstimmung[16]. Die Mitwirkungsform des Benehmens ermöglicht es dem mitwirkungsberechtigten Verwaltungsträger, seine eigene Vorstellung zu der in Aussicht gestellten Maßnahme vorzutragen, ohne dass eine Zustimmung vorausgesetzt wäre[17]. Im Ergebnis wird diese relativ schwache verfahrensrechtliche Stellung der betroffenen Bundes- und Landesbehörden allerdings **durch zwingende materielle Planungsvorgaben überlagert.** So ist nach § 5 Abs. 1 S. 2 "sicherzustellen", dass die Interessen der öffentlichen Sicherheit gewahrt werden und dem Rundfunk die auf der Grundlage der rundfunkrechtlichen Festlegungen zustehenden Kapazitäten für Rundfunkübertragungen im Zuständigkeitsbereich der Länder zur Verfügung stehen. Dies folgt im Übrigen auch aus den Planzielvorgaben des § 52 Abs. 1 TKG i.V.m. § 2 Abs. 2 Nr. 9 TKG (öffentliche Sicherheit) und § 2 Abs. 5 TKG (Belange des Rundfunks). Das bedeutet: Die Mitwirkungsform des schlichten "Benehmens" ermöglicht es zwar in formeller Hinsicht, sich über Einwände der betroffenen Träger öffentlicher Belange hinweg zu setzen. Materiell ist der Plan jedoch rechtswidrig, wenn die betroffenen Belange nicht hinreichend berücksichtigt werden. Speziell für den Bereich des Rundfunks wird man sogar noch einen Schritt weiter gehen müssen. Insoweit bedarf der in § 5 Abs. 1 S. 1 verwendete Begriff des "Benehmens" einer **verfassungskonformen Auslegung** dergestalt, dass die Länder die in ihren Kompetenzbereich fallenden rundfunkrechtlichen Planvorgaben eigenverantwortlich zu formulieren haben und die Regulierungsbehörde verpflichtet

---

12 Begründung zur FreqNPAV, Zu § 4.
13 § 52 RdNr. 30.
14 § 52 RdNr. 31.
15 § 52 RdNr. 32.
16 Vgl. BVerwGE 57, 98 ff., 101; E 11, 195 ff., 200.
17 Vgl. OVG Münster DÖV 1958, 716.

ist, diese in den Frequenznutzungs(teil)plan aufzunehmen[18]. Dies folgt aus dem verfassungsrechtlichen Grundsatz „eigenverantwortlicher Aufgabenwahrnehmung"[19]. Für die Feinabstimmung gilt das Gebot der Bundestreue.

Nach § 5 Abs. 2 ist den betroffenen obersten Bundes- und Landesbehörden eine **angemessene Frist** für ihre Stellungnahme zu setzen. Äußern sie sich innerhalb der gesetzten Frist nicht, so kann die Regulierungsbehörde davon ausgehen, dass die von diesen Beteiligten wahrzunehmenden öffentlichen Belange nicht berührt werden. Diese **Unbedenklichkeitsklausel** dient der Vereinfachung und Beschleunigung des Verfahrens. Es handelt sich dabei allerdings nicht um eine zwingende Ausschlussklausel. Die Behörde „kann" von einer Nichtbetroffenheit ausgehen. Sie hat also insoweit ein Ermessen. Bestehen objektive Anhaltspunkte dafür, dass bestimmte öffentliche Belange berührt sind, so wird sie diese im Rahmen pflichtgemäßer Ermessensausübung materiell zu berücksichtigen haben und ggf. auch weitere Ermittlungen anstellen müssen, selbst wenn sich der jeweilige Hoheitsträger hierzu nicht fristgerecht geäußert hat. **11**

c) Beteiligung der interessierten Kreise (§ 6 FreqNPAV). – Gem. **§ 6 Abs. 1** haben interessierte Kreise innerhalb einer Frist von zwei Monaten nach Veröffentlichung der Mitteilung über die Fertigstellung des Planentwurfs im Bundesanzeiger die Möglichkeit, Anregungen und Bedenken zum Entwurf schriftlich vorzutragen (Satz 1), worauf auch in der Veröffentlichung hinzuweisen ist (Satz 2). Bei dringendem Planungsbedarf, der allerdings einer besonderen Begründung bedarf, kann die Frist auf zwei Wochen verkürzt werden (Satz 3). Die Regulierungsbehörde ist nicht gehindert, auch nach Fristablauf noch Anregungen entgegenzunehmen und zu prüfen. Eine rechtliche Verpflichtung hierzu besteht aber grundsätzlich nicht. Nach Ablauf der Stellungnahmefrist legt die Behörde die fristgerecht vorgebrachten Anregungen und Bedenken einen Monat lang zur Kenntnisnahme aus (Satz 4), wobei die Stelle, bei der Einsicht genommen werden kann, und die Dauer der Auslegung im Amtsblatt und im Bundesanzeiger zu veröffentlichen sind (Satz 5). **12**

§ 6 Abs. 2 begründet eine Prüfungs- und damit auch eine Abwägungspflicht aller fristgemäß vorgebrachten Anregungen und Bedenken (Satz 1). Aus Gründen der Begrenzung des Verwaltungsaufwands ist die Behörde nicht gehalten, das Prüf- und Abwägungsergebnis generell mitzuteilen und zu begründen (Satz 2). Lediglich in Fällen besonderer Bedeutung soll sie das Ergebnis der Prüfung veröffentlichen oder einzelne Betroffene hiervon unterrichten (Satz 3). Wird der Planentwurf nach dessen öffentlicher Bekanntmachung im Zuge der Beteiligung der interessierten Kreise wesentlich geändert, so ist den betroffenen Bundes- und Landesbehörden sowie den interessierten Kreisen erneut Gelegenheit zur Stellungnahme zu geben. Hierzu soll die Regulierungsbehörde im Amtsblatt und im Bundesanzeiger öffentlich bekannt machen, dass der geänderte Planentwurf fertig gestellt ist und eingesehen werden kann (Satz 4). Hinsichtlich der Stellungnahmefrist gilt § 6 Abs. 1 entsprechend. Im Falle einer erneuten Anhörung dürfte allerdings häufig eine Verkürzung auf zwei Wochen gerechtfertigt sein. **13**

Nach **§ 6 Abs. 3** kann die Regulierungsbehörde zur weiteren Klärung widerstreitender Belange flankierend zu dem in § 6 Abs. 1 vorgesehenen schriftlichen Verfahren auch eine mündliche Anhörung durchführen. Dies kann zur Beilegung von Meinungsverschiedenhei- **14**

---

18 So *Scherer*, K&R Beil. 2/1999, 19, allerdings noch unter Zugrundelegung des Entwurfs für eine FreqNPAV v. 15. 4. 1999, der eine „Abstimmung", kein bloßes „Benehmen" vorsah.
19 § 52 RdNr. 32.

ten zwischen Planungsbehörde und interessierten Kreisen, aber auch zum Ausgleich von Interessengegensätzen der (potenziellen) Nutzer untereinander sinnvoll sein. Über das Ob und die Ausgestaltung einer mündlichen Anhörung hat die Behörde nach pflichtgemäßem Ermessen zu entscheiden. Im Falle einer mündlichen Anhörung gilt, wie auch im schriftlichen Verfahren, dass eine Mitteilung des Prüf- und Abwägungsergebnisses nur im Ausnahmefall – bei besonderer Bedeutung – erfolgen muss und dass bei einer wesentlichen Änderung des ursprünglichen Planentwurfs den betroffenen Behörden und interessierten Kreisen erneut Gelegenheit zur Stellungnahme zu geben ist (§ 6 Abs. 3 S. 2).

15 **d) Entscheidung und Veröffentlichung (§ 8 FreqNPAV).** – Mit der Entscheidung über den betreffenden Frequenznutzungsteilplan und dessen Veröffentlichung findet das Planaufstellungsverfahren seinen Abschluss. Nach § 8 Abs. 1 hat die Regulierungsbehörde bei ihrer Planungsentscheidung die Stellungnahmen der gem. § 5 beteiligten Bundes- und Landesbehörden zu beachten und die Ergebnisse der öffentlichen Anhörung nach § 6 zu würdigen. Darüber hinaus – obwohl in § 8 nicht ausdrücklich erwähnt – müssen natürlich auch die Planungsziele und sonstigen Determinanten des Planungsermessens bei der Entscheidung über die Planfestsetzungen entsprechende Berücksichtigung finden[20].

16 Nach der Entscheidung über die Planfestsetzungen hat die Regulierungsbehörde in ihrem Amtsblatt und im Bundesanzeiger öffentlich mitzuteilen, dass der betreffende Frequenznutzungsteilplan abschließend fertig gestellt ist (§ 8 Abs. 2 S. 1). Die nach § 5 beteiligten Bundes- und Landesbehörden müssen gesondert über die Fertigstellung informiert werden (§ 8 Abs. 2 S. 2). Der Plan ist in seinen Grundzügen zu begründen (§ 8 Abs. 3). Detaillierte Einzelbegründungen sind wegen des damit verbundenen Verwaltungsaufwands nicht vorgeschrieben. Die tragenden Gründe der getroffenen Planungsentscheidung sind jedoch aus Gründen der Transparenz und Nachvollziehbarkeit von der Behörde darzulegen.

17 **e) Vereinfachtes Verfahren bei Planänderungen (§ 9 FreqNPAV).** – Grundsätzlich gelten die §§ 4 bis 8 nicht nur für die erstmalige Planaufstellung, sondern auch entsprechend bei einer nachträglichen Änderung (§ 9 S. 1). Sofern dadurch allerdings die Grundzüge des jeweiligen Teilplans nicht berührt werden, d.h. bei Planänderungen von untergeordneter Bedeutung, sieht § 9 erhebliche Verfahrensvereinfachungen vor. In diesem Falle kann die Regulierungsbehörde davon absehen, die in den §§ 4 ff. vorgesehenen Verfahrensschritte durchzuführen (§ 9 S. 2). Stattdessen reicht es aus, wenn sie den von der Änderung betroffenen Inhabern von Frequenzzuteilungen und den obersten Bundes- und Landesbehörden unter Beteiligung des BMWA innerhalb einer angemessenen Frist Gelegenheit zur Stellungnahme gibt (§ 9 S. 3).

III. Materielle Planungsvorgaben

18 Gemäß § 54 Abs 2. enthält der Frequenznutzungsplan die weitere Aufteilung der Frequenzbereiche auf konkrete Frequenznutzungen sowie Festlegungen für diese Frequenznutzungen. Bezüglich der Ausgestaltung der Planfestsetzungen steht der Regulierungsbehörde ein planerischer Gestaltungsfreiraum zu, der jedoch in mehrfacher Hinsicht determiniert ist. So hat die Behörde – neben den allgemeinen Grundsätzen rechtstaatlicher Planung – insbesondere auch die in § 54 Abs. 1 genannten Vorgaben, Ziele und Belange zu beachten.

---

20 S. hierzu RdNr. 22 ff.

Wegmann

1. Inhalt des Frequenznutzungsplans (Abs. 2). – Der Frequenznutzungsplan konkreti- 19
siert die Festsetzungen des Frequenzbereichszuweisungsplans. Die dort definierten Frequenzbereiche werden in Teilbereiche untergliedert und einzelnen – durch konkrete Festlegungen näher bestimmten – Frequenznutzungen zugewiesen (Satz 1). Diese Festlegungen umfassen sowohl technische Parameter, die für eine effiziente und störungsfreie Nutzung erforderlich sind (vgl. § 3 Abs. 1 FreqNPAV), als auch Nutzungsbedingungen betrieblicher und regulatorischer Art, wie etwa Angaben zur Nutzungsdauer, zu Nutzungsbeschränkungen und zu geplanten künftigen Nutzungen (vgl. § 3 Abs. 2 FreqNPAV).

Zur Verdeutlichung mag folgendes Beispiel dienen: Im geltenden Frequenzbereichszuwei- 20
sungsplan[21] ist der Frequenzbereich Nr. 227 (890–960 MHz) für feste und mobile Funkdienste sowohl ziviler als auch militärischer Nutzung vorgesehen. Dabei bleibt zunächst
offen, ob die konkrete Nutzung etwa durch digitale zellulare Mobilfunkdienste, Daten-
funkdienste, Bündelfunkdienste oder Funkrufdienste erfolgen soll. Der hierzu erlassene
Frequenznutzungsplan[22] untergliedert den Frequenzbereich Nr. 227 in verschiedene Frequenzteilbereiche, ordnet diesen konkrete Frequenznutzungen zu und legt die hierauf anzuwendenden Nutzungsbedingungen fest. So ist etwa der Teilbereich 890 bis 915 MHz für
den digitalen zellularen Mobilfunk nach GSM-Standard reserviert. Darüber hinaus finden
sich hier auch konkrete technische Bestimmungen[23], die bei einer entsprechenden Nutzung
einzuhalten sind.

Gemäß § 54 Abs. 2 S. 2 kann der Frequenznutzungsplan aus Teilplänen bestehen. Anges- 21
sichts der Detailtiefe und des daraus resultierenden Umfangs der Planfestsetzungen wäre
es praktisch auch kaum handhabbar, das gesamte nutzbare Frequenzspektrum in einem einzigen Verfahren zu beplanen. Die Untergliederung in Teilpläne schafft der Regulierungsbehörde die nötige Flexibilität, um sachgerecht Prioritäten setzen zu können. Tatsächlich
hat die Behörde den geltenden Frequenznutzungsplan aus insgesamt 462 Frequenznutzungsteilplänen zusammengesetzt, die jeweils einen der im Frequenzbereichszuweisungsplan definierten Frequenzbereiche zum Gegenstand haben.

2. Determinanten des Planungsermessens (Abs. 1). – Bei der Ausübung des planeri- 22
schen Ermessens hat die Regulierungsbehörde zunächst einmal die allgemeinen Prinzipien
rechtsstaatlicher Planung zu beachten. Das bedeutet, alle nach Lage der Dinge zu berücksichtigenden Belange sind in den Planungsvorgang einzustellen, angemessen zu gewichten
und im Wege sachgerechter Abwägung miteinander ins Verhältnis zu setzen[24]. Darüber hinaus finden sich in § 54 Abs. 1 konkrete normative Planungsvorgaben:

a) Festsetzungen des Frequenzbereichszuweisungsplans. – Grundlage des Frequenznut- 23
zungsplans ist der Frequenzbereichszuweisungsplan. Seine Festsetzungen sind für die Regulierungsbehörde verbindlich. Dies ergibt sich aus § 54 Abs. 1 und der Rechtsnatur des
Frequenzbereichszuweisungsplans als Verordnung. Planungsspielräume bestehen daher
nur insoweit, als der Frequenzbereichszuweisungsplan keine abschließende Regelung getroffen hat. Änderungen des Frequenzbereichszuweisungsplans, die i. d. R. auf Änderungen

---

21 BGBl. I 2004 S. 2499.
22 Mitteilung 359/2003, ABl. RegTP 23/2003.
23 Im konkreten Beispiel gelten folgende technische Bestimmungen: Duplexfrequenzbereich 935–
    960 MHz, Kanalbandbreite 200 kHz, Kanalraster 200 kHz.
24 Näher hierzu § 53 RdNr. 28.

des Internationalen Frequenzbereichsplans zurückgehen[25], sind im Frequenznutzungsplan entsprechend anzupassen.

24 **b) Ziele des § 2 Abs. 2.** – Bei der Erstellung des Frequenznutzungsplans sind die in § 2 Abs. 2 genannten Ziele zu berücksichtigen. Dies ist in § 54 Abs. 1 wie auch in der allgemeineren Vorschrift des § 52 Abs. 1 ausdrücklich erwähnt. Von besonderer Bedeutung ist dabei die **Sicherstellung einer effizienten und störungsfreien Frequenznutzung** (§ 2 Abs. 2 Nr. 7). Im Sinne eines planerischen Ausgleichsgebots[26] folgt daraus für die Behörde, dass die einzelnen Frequenzteilbereiche so definiert und die hierfür vorgesehenen Freqenznutzungen – unter Einbeziehung des technischen Fortschritts – so festlegt und konditioniert werden müssen, dass schädliche Interferenzen – bei zugleich möglichst sparsamer Ressourcenverwendung – auf das notwendige Maß beschränkt bleiben.

25 Ferner sind die **Belange des Rundfunks** (§ 2 Abs. 2 Nr. 7 Hs. 2) zu berücksichtigen. Dies ist im Übrigen auch verfassungsrechtlich geboten. Zum einen gewinnen die Belange des Rundfunks durch Art. 5 Abs. 1 S. 3 GG besonderes Gewicht, so dass die Planungsbehörde sicherstellen muss, dass die zur Gewährleistung einer Grundversorgung[27] nötigen Frequenzen verfügbar sind[28]. Zum anderen folgt aus den kompetenzrechtlichen Vorgaben des Grundgesetzes[29], dass die Länder die in ihren Zuständigkeitsbereich fallenden rundfunkrechtlichen Planvorgaben eigenverantwortlich zu formulieren haben und die Regulierungsbehörde verpflichtet ist, diese in den Frequenznutzungs(teil)plan aufzunehmen, wobei für die Feinabstimmung das Gebot der Bundestreue gilt[30]. Ganz in diesem Sinne hat die Regulierungsbehörde auch nach § 5 Abs. 1 S. 2 FreqNPAV im Planaufstellungsverfahren sicherzustellen, dass „dem Rundfunk die auf der Grundlage der rundfunkrechtlichen Festlegungen zustehenden Kapazitäten für die Übertragung von Rundfunk im Zuständigkeitsbereich der Länder im Rahmen der gemäß der Frequenzbereichszuweisungsplanverordnung dem Rundfunk zugewiesenen Frequenzen zur Verfügung stehen".

26 Darüber hinaus hat die Behörde ihre Planung auf das Ziel der **Wettbewerbsförderung** (§ 2 Abs. 2 Nr. 2) auszurichten. Dies kann unter Umständen zu einem Zielkonflikt mit der Vorgabe effizienter und störungsfreier Frequenznutzung führen. Denn technische Maßnahmen, die eine störungsfreie und zugleich effiziente Nutzung fördern, verursachen oftmals erhebliche zusätzliche Kosten für Nutzer und Nutzergruppen und können damit die Entwicklung von Wettbewerb behindern. In diesen Fällen hat die Behörde beide Ziele unter wechselseitiger Berücksichtigung im Wege wertender Abwägung zu größtmöglicher Entfaltung zu bringen.

27 Im Bereich der Frequenzplanung können ferner die **Interessen der öffentlichen Sicherheit** (§ 2 Abs. 2 Nr. 9) besondere Relevanz erlangen. Daher räumt auch § 5 Abs. 1 S. 2 FreqNPAV den öffentlichen Sicherheitsinteressen bei Beteiligung des Bundes und der Länder im Rahmen des Planaufstellungsverfahrens besonderes Gewicht ein. In diesem Zusammenhang ist vor allem an Funkanwendungen im Bereich des Flugverkehrs oder bei Polizei- und Sicherheitsbehörden zu denken. Dies kann sich dahingehend auswirken, dass dem Ziel

25 § 53 RdNr. 26.
26 § 52 RdNr. 35.
27 Zu Inhalt und Umfang der Grundversorgung s. nur BVerfGE 73, 118 ff., 157 ff.; E 83, 238 ff., 297 f.
28 Hierzu auch *Heun/Jenny*, Kap. 2 RdNr. 14.
29 S. hierzu § 52 RdNr. 28 ff.
30 *Scherer*, K&R Beil. 2/1999, 19; s. hierzu auch oben RdNr. 10.

der Störungsfreiheit im Rahmen der planerischen Abwägung zwischen effizienter Ausnutzung des Spektrums und störungsfreier Nutzung größeres Gewicht zukommt. In solchen Fällen sind ggf. Sicherheitsbänder einzuplanen, die das Risiko von Interferenzen verringern.

c) Europäische Harmonisierungsvorgaben. – Eine weitere Determinante des planeri- **28** schen Ermessens sind gem. § 54 Abs. 1 die europäischen Harmonisierungen. Damit sind die Harmonisierungsmaßnahmen der CEPT (European Conference of Postal and Telecommunications Administrations) und der Europäischen Union gemeint[31]. Dies unterstreicht die zunehmende Bedeutung einer einheitlichen europäischen Frequenzordnung.

d) Technische Entwicklung. – Die in § 54 Abs. 1 vorgegebene Berücksichtigung der tech- **29** nischen Entwicklung steht in engem Zusammenhang mit dem Planungsziel der effizienten und störungsfreien Frequenznutzung. Die Regulierungsbehörde ist grundsätzlich gehalten, bei ihren Planfestsetzungen vor allem innovativen und frequenzeffizienten technischen Lösungen den Vorrang zu geben[32].

e) Verträglichkeit von Frequenznutzungen in den Übertragungswegen. – Der Auftrag, **30** die **„Verträglichkeit von Frequenznutzungen"** zu gewährleisten, folgt bereits aus § 2 Abs. 2 Nr. 7 (störungsfreie Frequenznutzung) und ist in § 54 Abs. 1 nochmals ausdrücklich hervorgehoben. Dabei ist zu berücksichtigen, dass die geforderte Störungsfreiheit bzw. Verträglichkeit der Frequenznutzung im potenziellen Zielkonflikt mit anderen Planungsvorgaben – namentlich der in § 2 Abs. 2 Nr. 7 vorgegebenen effizienten Ausnutzung des Spektrums[33] und der in § 2 Abs. 2 Nr. 2 postulierten Wettbewerbsförderung[34] – steht. Würde man in der Planung die Kanalabstände so breit auslegen, dass Interferenzen ausgeschlossen wären, so ginge dies zu Lasten einer ökonomisch effizienten Ausnutzung des Frequenzspektrums. Die Festlegung von technischen Schutzmaßnahmen zur Sicherstellung der Verträglichkeit kann sich wegen der damit verbundenen zusätzlichen Kosten negativ auf die Wettbewerbsentwicklung auswirken. In dieser Gemengelage ist es Aufgabe der Planungsbehörde, die konfligierenden Zielvorgaben bedarfsgerecht zum Ausgleich zu bringen.

Der Zusatz **„in den Übertragungsmedien"** stellt klar, dass die Betrachtung der Verträg- **31** lichkeit nicht auf Frequenzanwendungen im Freiraum untereinander beschränkt ist, sondern sich auch auf das Verhältnis von Frequenzanwendungen im Freiraum und solchen innerhalb und längs von elektrischen Leitern bezieht[35]. Dies beruht auf der Erfahrung, dass nicht von einer vollständigen Entkoppelung der Frequenznutzungen in den verschiedenen Übertragungsmedien ausgegangen werden kann. So verursacht das Führen elektromagnetischer Wellen in und längs von Leitern – etwa in Telekommunikations- und Kabelnetzen – Störstrahlungen, die Funkanwendungen beeinträchtigen können. Daher ist es erforderlich, durch geeignete Festlegungen die kollidierenden Interessen der Funkanwender und der Kabelnetzbetreiber im Hinblick auf das Ziel störungsfreier und effizienter Frequenznutzung zum Ausgleich zu bringen. Im geltenden Frequenznutzungsplan wurden insoweit die ent-

---

31 BT-Drs. 15/2316, Zu § 52; zur Harmonisierung der Frequenznutzung auf europäischer Ebene durch CEPT und EU s. § 52 RdNr. 15 ff.
32 BT-Drs. 15/2316, Zu § 52.
33 S. hierzu auch oben RdNr. 24.
34 S. hierzu auch oben RdNr. 26.
35 Vgl. BT-Drs. 15/2316, Zu § 52.

sprechenden Regelungen der Nutzungsbestimmung 30 aus der Anlage B zur Frequenzbereichszuweisungsplanverordnung[36] übernommen und sind auch dort als „Nutzungsbestimmung 30" veröffentlicht.

IV. Rechtsschutz

32   Da der Frequenznutzungsplan als interne Verwaltungsvorschrift ohne direkte Außenwirkung erlassen wird[37], findet unmittelbarer Rechtsschutz gegen die Planfestsetzungen nicht statt[38]. Ein verwaltungsgerichtliches **Normenkontrollverfahren** nach § 47 VwGO scheidet bereits mangels Rechtsnormqualität des Plans aus. Aber auch eine **allgemeine Feststellungsklage** nach § 43 VwGO ist nicht zulässig, weil der Frequenznutzungsplan als reines Verwaltungsinternum gerade kein feststellungsfähiges Rechtsverhältnis begründet[39]. Allerdings besteht die Möglichkeit, die im Rahmen der FreqNPAV eingeräumten Beteiligungsrechte gerichtlich durchzusetzen. Außerdem können die Festsetzungen des Frequenznutzungsplans bei Klagen gegen Frequenzzuteilungsentscheidungen der Regulierungsbehörde einer gerichtlichen Überprüfung im Wege einer Inzidentkontrolle unterzogen werden.

33   **1. Durchsetzung von Beteiligungsrechten.** – Nach § 7 FreqNPAV hat jede natürliche oder juristische Person, die durch den Plan einen Nachteil erleiden kann, die Möglichkeit, die Einhaltung der ihr zustehenden Beteiligungsrechte gerichtlich überprüfen zu lassen. Dabei handelt es sich um eine bemerkenswerte Vorschrift, denn die gerichtliche Durchsetzbarkeit von Beteiligungsrechten bei einem nicht außenwirksamen Plan ist der Rechtsordnung – soweit ersichtlich – ansonsten unbekannt.[40] **Überprüfungsgegenstand** im Verfahren nach § 7 FreqNPAV ist nicht der Inhalt des Frequenznutzungs(teil)plans, sondern allein die Frage, ob im Planaufstellungsverfahren Beteiligungsrechte des Antragstellers verletzt wurden. Ein Beteiligungsmangel in diesem Sinne kann beispielsweise darin liegen, dass die Mitteilung über die Fertigstellung des Planentwurfs nach §§ 4 Abs. 2 S. 3; 6 Abs. 2 S. 4 FreqNPAV oder ein Hinweis nach §§ 4 Abs. 2 S. 4 oder 6 Abs. 1 S. 2 FreqNPAV unterblieben ist. Beteiligungsrechte sind hingegen nicht verletzt, wenn die im Rahmen der Planerstellung vorgebrachten Bedenken und Anregungen nicht berücksichtigt worden sind.

34   **Antragsbefugt** sind alle natürlichen und juristischen Personen. Hierzu gehören auch juristische Personen des öffentlichen Rechts, also beispielsweise Rundfunkanstalten oder Landesmedienanstalten[41]. Voraussetzung ist aber in jedem Fall, dass der Antragsteller durch den Plan – genauer: durch dessen Umsetzung – einen Nachteil erleiden kann. Hierunter fallen zunächst einmal alle, die bereits vom Planentwurf betroffene Frequenzen nutzen.

---

36   S. hierzu § 53 RdNr. 25.

37   S. o. RdNr. 4.

38   A.A. konsequenterweise *Ladeur*, CR 2002, 181 ff., 190, der den Frequenznutzungsplan als Allgemeinverfügung qualifiziert und daher die Anfechtungsklage nach § 42 Abs. 1 Alt. 1 VwGO für statthaft hält.

39   *Heun/Jenny*, Kap. 2 RdNr. 66; *Meister*, Das telekommunikationsrechtliche Frequenzplanungsrecht im System des allgemeinen Planungsrechts, S. 255 f.; a.A. allerdings *Manssen/Demmel* § 46 RdNr. 9.

40   Kritisch zur Vereinbarkeit des § 7 FreqNPAV mit seiner Ermächtigungsgrundlage und mit § 44 a VwGO: *Meister* (Fn. 40) S. 257 f.

41   *Heun/Jenny*, Kap. 2 RdNr. 67.

Darüber hinaus sind im Hinblick auf die Zukunftsgerichtetheit der Planung aber auch diejenigen als antragsbefugt anzusehen, die zwar noch keine Frequenzzuteilung besitzen, aber eine Frequenznutzung im betroffenen Bereich planen. Zur Vermeidung von Popularklagen wird man allerdings eine hinreichende Konkretisierung dieser Nutzungsabsichten verlangen müssen[42]. Aus Gründen der Rechts- und Planungssicherheit kann der Überprüfungsantrag gem. § 7 S. 1 FreqNPAV nur binnen einer **Antragsfrist** von zwei Monaten ab Kenntnis des Beteiligungsmangels gestellt werden. Unabhängig davon, ob und wann der Mangel bekannt geworden ist, ist der Antrag spätestens sechs Monate nach Veröffentlichung des betreffenden Frequenznutzungsteilplans zu stellen.

Nicht geregelt ist allerdings, welche **Rechtsfolgen** eine Verletzung von Beteiligungsrechten nach sich zieht. Ein früherer Entwurf der Verordnung[43] hatte insoweit noch die Verpflichtung vorgesehen, das Planaufstellungsverfahren teilweise oder vollständig zu wiederholen. Auf Druck des Bundesrates ließ man diese Regelung allerdings später wieder fallen, so dass die Frage nach den Rechtsfolgen in der Verordnung selbst nicht beantwortet wird. In Betracht käme zunächst einmal eine schlichte **Feststellung**, dass Beteiligungsrechte des jeweiligen Antragstellers verletzt wurden, ohne dass hieran weitere Konsequenzen für die Regulierungsbehörde geknüpft wären. Gegen ein solches Verständnis spricht jedoch, dass dem Antragsteller mit einer solchen Feststellung wenig gedient wäre. In § 7 FreqNPAV ist ausdrücklich von einer „Durchsetzung" von Beteiligungsrechten die Rede. Eine schlichte Feststellung wäre nicht geeignet, die verletzten Rechte durchzusetzen. Nach zutreffender Auffassung ist daher den Antragstellern ein **Anspruch** zuzuerkennen, das Planaufstellungsverfahren ab dem Verfahrensschritt, bei dem es zum Beteiligungsmangel kam, **wiederholen zu lassen**[44]. Dieser Anspruch ist im Wege einer verwaltungsgerichtlichen **Leistungsklage** durchsetzbar.

Wird eine gerichtliche Überprüfung nach § 7 FreqNPAV noch während der Planaufstellung **36** eingeleitet, so hindert dies die Regulierungsbehörde nicht an der weiteren Durchführung des Planungsverfahrens (Satz 2). Der Überprüfungsantrag hat also keinen Suspensiveffekt im Hinblick auf das laufende Planaufstellungsverfahren. Will der Betroffene die Fortsetzung des Verfahrens verhindern, bis das Vorliegen eines Beteiligungsmangels gerichtlich geklärt und dem ggf. abgeholfen ist, so muss er **vorläufigen Rechtsschutz** beantragen. Da in der Hauptsache die Situation einer Leistungsklage vorliegt, richtet sich der Eilrechtsschutz nach **§ 123 VwGO**. Nach der ausdrücklichen Regelung in § 7 S. 3 FreqNPAV bleibt § 123 VwGO unberührt. Dies bestätigt im Übrigen auch das oben gefundene Ergebnis, dass der Antragsteller bei Vorliegen eines Beteiligungsmangels einen mit der Leistungsklage durchsetzbaren Anspruch auf Verfahrenswiederholung ab dem Fehler hat. Denn wenn ein solcher Anspruch nicht bestünde, würde der Verweis auf § 123 VwGO in § 7 S. 3 FreqNPAV keinen Sinn machen.

35

---

42 *Heun/Jenny*, Kap. 2 RdNr. 68; weniger restriktiv insoweit *Wissmann/Kreitlow*, Kap. 5 RdNr. 39, die konkrete Nutzungspläne nicht für erforderlich halten.
43 BR-Drs. 746/99.
44 *Heun/Jenny*, Kap. 2 RdNr. 74; restriktiver insoweit *Wissmann/Kreitlow*, Kap. 5 RdNr. 41, die lediglich eine Nachholung der fehlenden Beteiligung ohne die nachfolgenden Verfahrensschritte verlangen; extensiver BeckTKG-Komm/*Korehnke/Grotelüschen*, § 46 RdNr. 20, die im Falle einer wesentlichen Verletzung von Beteiligungsrechten eine Verpflichtung der Behörde zu vollständiger Neuplanung bejahen.

37   **2. Inzidentkontrolle der Planfestsetzungen.** – Im Rahmen von gerichtlichen Klagen gegen Frequenzzuteilungsentscheidungen der Regulierungsbehörde unterliegt auch der den Entscheidungen zu Grunde liegende Frequenznutzungsplan einer – inzidenten – Kontrolle durch die Gerichte. Anders als im Verfahren nach § 7 FreqNPAV wird dabei nicht nur die Einhaltung der vorgeschriebenen Beteiligungsrechte überprüft. Prüfungsmaßstab ist vielmehr sowohl die formelle[45] als auch die materielle Rechtmäßigkeit[46] des Plans. Gegenstand der **formellen Rechtmäßigkeitsprüfung** sind – mangels spezieller Bestimmungen zur Planerhaltung, wie sie sich etwa in den §§ 214 ff. BauGB finden – sämtliche kompetenz- und verfahrensrechtlichen Vorschriften, die für die Planaufstellung gelten. Hinsichtlich der **materiellen Rechtmäßigkeit** des Plans prüfen die Gerichte zunächst, ob die Planfestsetzungen mit den Planzielbestimmungen im Einklang stehen. Die Auslegung der Planziele unterliegt dabei einer uneingeschränkten richterlichen Kontrolle[47]. In Bezug auf den eigentlichen planerischen Abwägungsvorgang ist die gerichtliche Kontrolldichte wegen des der Exekutive zustehenden Planungsermessens allerdings beschränkt. Die Gerichte prüfen lediglich, ob ein **Ermessens- bzw. Abwägungsfehler** vorliegt, d. h. ob alle planungserheblichen Aspekte und Belange erkannt, in der Entscheidung gewürdigt und unter Beachtung des Verhältnismäßigkeitsprinzips in vertretbarer Weise gegeneinander abgewogen worden sind[48]. Kommt das Gericht zu dem Ergebnis, dass der Plan aus formellen oder materiellen Gründen rechtswidrig ist, so hat dies nicht die Unwirksamkeit oder Nichtigkeit zur Folge, weil der Frequenznutzungsplan als Verwaltungsvorschrift ohnehin keine Außenwirkung entfaltet. Stattdessen ist der Plan in diesem Fall lediglich für die Entscheidung im Einzelfall **unbeachtlich**.

---

45 Zu den formellen Planungsvorgaben s. o. RdNr. 3 ff.
46 Zu den materiellen Planungsvorgben s. o. RdNr. 18 ff.
47 Vgl. BVerwGE 71, 176 ff., 168.
48 Ausführlich hierzu *Kopp/Schenke*, VwGO, § 114 RdNr. 34 ff., m. w. N. aus Rspr. und Schrifttum.

§ 55 Frequenzzuteilung

(1) Jede Frequenznutzung bedarf einer vorherigen Frequenzzuteilung, soweit in diesem Gesetz nichts anderes geregelt ist. Eine Frequenzzuteilung ist die behördliche oder durch Rechtsvorschriften erteilte Erlaubnis zur Nutzung bestimmter Frequenzen unter festgelegten Bedingungen. Die Frequenzzuteilung erfolgt zweckgebunden nach Maßgabe des Frequenznutzungsplanes und diskriminierungsfrei auf der Grundlage nachvollziehbarer und objektiver Verfahren. Eine Frequenzzuteilung ist nicht erforderlich, wenn die Frequenznutzungsrechte auf Grund einer sonstigen gesetzlichen Regelung ausgeübt werden können. Sofern für Behörden zur Ausübung gesetzlicher Befugnisse die Nutzung bereits anderen zugeteilter Frequenzen erforderlich ist und durch diese Nutzung keine erheblichen Störungen dieser Frequenznutzungen zu erwarten sind, ist die Nutzung unter Einhaltung der von der Regulierungsbehörde im Benehmen mit den Bedarfsträgern festgelegten Rahmenbedingungen gestattet, ohne dass dies einer Frequenzzuteilung bedarf.

(2) Frequenzen werden in der Regel von Amts wegen als Allgemeinzuteilungen durch die Regulierungsbehörde für die Nutzung von bestimmten Frequenzen durch die Allgemeinheit oder einen nach allgemeinen Merkmalen bestimmten oder bestimmbaren Personenkreis zugeteilt. Die Frequenzzuteilung wird veröffentlicht.

(3) Ist eine Allgemeinzuteilung nicht möglich, werden Frequenzen für einzelne Frequenznutzungen natürlichen Personen oder Personenvereinigungen, soweit ihnen ein Recht zustehen kann, auf schriftlichen Antrag als Einzelzuteilung durch die Regulierungsbehörde zugeteilt. Dies gilt insbesondere, wenn die Gefahr von funktechnischen Störungen nicht anders ausgeschlossen werden kann oder wenn dies zur Sicherstellung einer effizienten Frequenznutzung notwendig ist.

(4) In dem Antrag nach Abs. 3 ist das Gebiet zu bezeichnen, in dem die Frequenznutzung erfolgen soll. Die Erfüllung der subjektiven Voraussetzungen für die Frequenzzuteilung ist im Hinblick auf eine effiziente und störungsfreie Frequenznutzung und weitere Bedingungen nach Anhang B der Richtlinie 2002/20/EG des Europäischen Parlaments und des Rates vom 7. 3. 2002 über die Genehmigung elektronischer Kommunikationsnetze und -dienste (Genehmigungsrichtlinie) (ABl. EG Nr. L 108, S. 21) darzulegen. Die Regulierungsbehörde entscheidet über vollständige Anträge innerhalb von sechs Wochen. Diese Frist lässt die geltende internationale Vereinbarung über die Nutzung von Funkfrequenzen und Erdumlaufpositionen unberührt.

(5) Frequenzen werden zugeteilt, wenn

1. sie für die vorgesehene Nutzung im Frequenznutzungsplan ausgewiesen sind,
2. sie verfügbar sind,
3. die Verträglichkeit mit anderen Frequenznutzungen gegeben ist und
4. eine effiziente und störungsfreie Frequenznutzung durch den Antragsteller sichergestellt ist.

Der Antragsteller hat keinen Anspruch auf eine bestimmte Einzelfrequenz.

(6) Der Regulierungsbehörde ist Beginn und Beendigung der Frequenzzuteilung unverzüglich anzuzeigen. Namensänderungen, Anschriftenänderungen, Änderungen in

den Eigentumsverhältnissen und identitätswahrende Umwandlungen bedürfen der Anzeige bei der Regulierungsbehörde.

(7) Eine Änderung der Frequenzzuteilung ist unverzüglich bei der Regulierungsbehörde unter Vorlage der entsprechenden Nachweise in Schriftform zu beantragen, wenn

1. Frequenznutzungsrechte durch Einzel- oder Gesamtrechtsnachfolge übergehen sollen,
2. Frequenzen auf ein verbundenes Unternehmen im Sinne des § 15 des Aktiengesetzes übertragen werden sollen,
3. Frequenzen von einer natürlichen Person auf eine juristische Person, an der die natürliche Person beteiligt ist, übertragen werden sollen oder
4. ein Erbe die Frequenzen weiter nutzen will.

In diesen Fällen können Frequenzen bis zur Entscheidung über den Änderungsantrag weiter genutzt werden. Dem Änderungsantrag ist zuzustimmen, wenn die Voraussetzungen für eine Frequenzzuteilung nach Abs. 4 vorliegen, eine Verzerrung des Wettbewerbs auf dem sachlich und räumlich relevanten Markt nicht zu besorgen ist und die Sicherstellung einer effizienten und störungsfreien Frequenznutzung gewährleistet ist. Frequenzen, die nicht mehr genutzt werden, sind unverzüglich durch schriftliche Erklärung zurückzugeben. Wird eine juristische Person, der Frequenzen zugeteilt waren, aufgelöst, ohne dass es einen Rechtsnachfolger gibt, muss derjenige, der die Auflösung durchführt, die Frequenzen zurückgeben. Verstirbt eine natürliche Person, ohne dass ein Erbe die Frequenzen weiter nutzen will, müssen diese vom Erben oder von Nachlassverwalter zurückgegeben werden.

(8) Frequenzen werden in der Regel befristet zugeteilt, eine Verlängerung der Befristung ist möglich. Die Befristung muss für den betreffenden Dienst angemessen sein.

(9) Sind für Frequenzen nicht in ausreichendem Umfang verfügbare Frequenzen vorhanden oder sind für bestimmte Frequenzen mehrere Anträge gestellt, kann die Regulierungsbehörde unbeschadet des Absatzes 5 anordnen, dass die Zuteilung der Frequenzen ein Vergabeverfahren auf Grund der von der Regulierungsbehörde festzulegenden Bedingungen nach § 61 voranzugehen hat. Vor der Entscheidung sind die betroffenen Kreise anzuhören. Die Entscheidung der Regulierungsbehörde ist zu veröffentlichen.

(10) Eine Frequenzzuteilung kann ganz oder teilweise versagt werden, wenn die vom Antragsteller beabsichtigte Nutzung mit den Regulierungszielen nach § 2 Abs. 2 nicht vereinbar ist. Sind Belange der Länder bei der Übertragung von Rundfunk im Zuständigkeitsbereich der Länder betroffen, ist auf der Grundlage der rundfunkrechtlichen Festlegungen das Benehmen mit der zuständigen Landesbehörde herzustellen.

Schrifttum: *Herrmann*, Rundfunkrecht, 1994; *Hey/Hartung*, Pfandrechte an Telekommunikationslizenzen – taugliche Sicherheit für Kreditgeber?, K&R 2000, 533; *Hummel*, Lizenz- und Frequenzzuteilung beim Unternehmenskauf, K&R 2000, 479; *Mayen*, Übergang und Rechtsnachfolge bei Lizenzen nach dem Telekommunikationsgesetz, CR 1999, 690; *Neumaier*, Zur Frage der Rechtsnachfolge bei Lizenzen und Frequenzzuteilungen nach dem TKG, RTkom 2001, 149; *Scherer*, Die Umgestaltung des europäischen und deutschen Telekommunikationsrechts durch das EU-Richtlinienpaket – Teil I und II, K&R 2002, 273 und 329; *ders.*, Frequenzverwaltung zwischen Bund und Ländern unter dem

TKG, K&R Beil. 2/1999; *Schulz*, Lizenzvergabe bei Frequenzknappheit, 2003; *Schütz/Attendorn*, Das neue Kommunikationsrecht der Europäischen Union – Was muss Deutschland ändern?, MMR Beil. 4/ 2002; *Spoerr/Deutsch*, Das Wirtschaftsverwaltungsrecht der Telekommunikation – Regulierung und Lizenzen als neue Schlüsselbegriffe des Verwaltungsrechts?, DVBl. 1997, 300; *Wegmann*, Multipolare Marktzugangskonflikte im Telekommunikationsrecht, DVBl. 2002, 1446; *ders.*, Nutzungsrechte an Funkfrequenzen und Rufnummern, K&R 2003, 448; *ders.*, Regulierte Marktöffnung in der Telekommunikation, 2001; *Wissmann/Kreitlow*, Übertragbarkeit von Frequenzen, K&R 2003, 257; *Zimmer*, Verhindert das TKG eine sinnvolle Kreditsicherung?, CR 2002, 13.

Übersicht

I. Bedeutung der Norm und Entstehungsgeschichte

1. Bedeutung der Norm. – Die Zuteilung von Frequenzen ist – neben der Frequenzpla- **1** nung und der Überwachung von Frequenznutzungen – eine der zentralen Aufgaben staat- licher Frequenzverwaltung (vgl. § 52 Abs. 1). Während die Frequenzplanung nach Maßga- be der §§ 53 und 54 das verfügbare Frequenzspektrum sachlich aufteilt und den verschie- denen Nutzungsarten zuordnet, geht es bei der Frequenzzuteilung um die konkrete Ent- scheidung, wer einen bestimmten Frequenzbereich in persönlicher Hinsicht nutzen darf. § 55 setzt hierfür den normativen Rahmen. Absatz 1 Satz 1 enthält den zentralen Grund- satz, dass jede Frequenznutzung einer vorherigen Frequenzzuteilung bedarf und begründet damit ein präventives Nutzungsverbot mit staatlichem Erlaubnisvorbehalt. Außerdem fin- den sich in § 55 grundlegende Regelungen betreffend die Prinzipien, die Arten, die Voraus- setzungen und die Änderung von Frequenzzuteilungen. Sie werden ergänzt und teilweise auch modifiziert durch die speziellen Vorschriften der §§ 56 bis 63 und 65.

2   **2. Entstehungsgeschichte.** – § 55 geht im Wesentlichen auf § 47 TKG 1996 und die auf seiner Grundlage erlassene Frequenzzuteilungsverordnung (FreqZutV) vom 26. 4. 2001[1] zurück. Nach altem Recht beschränkte sich der Gesetzgeber auf die Regelung einiger grundlegender Zuteilungsprinzipien. Die Einzelheiten bezüglich Inhalt, Umfang und Verfahren der Frequenzzuteilung blieben der genannten Verordnung vorbehalten. Diese Regelungssystematik wurde nunmehr aufgegeben. Die Frequenzzuteilungsverordung ist nach der Verkündung des neuen TKG außer Kraft getreten (vgl. § 152 Abs. 2). Soweit der Gesetzgeber normativen Handlungsbedarf sah, wurden ihre Regelungen in § 55 und die §§ 56 ff. integriert.

3   Inhaltlich blieb die Kontinuität der Vorschriften allerdings in weiten Bereichen gewahrt. In Bezug auf § 55 erscheinen lediglich zwei Änderungen bemerkenswert: Zum einen sieht § 55 Abs. 2 ausdrücklich die Allgemeinzuteilung von Frequenzen als Regelfall vor, während exklusive Einzelzuteilungen nur ausnahmsweise erfolgen sollen[2]. Dieser Vorrang der Allgemeinzuteilung ist europarechtlich begründet und war in § 3 FreqZutV noch nicht vorgesehen. Zum anderen finden sich in § 55 Abs. 7 nunmehr ausdrückliche Regelungen zum Übergang von Frequenznutzungsrechten im Wege der Einzel- und Gesamtrechtsnachfolge[3]. Unter Geltung des § 47 Abs. 6 S. 1 TKG 1996 waren die diesbezüglichen Möglichkeit noch sehr umstritten[4].

II. Europarechtliche Vorgaben

4   Auf der Ebene des Europarechts finden sich konkrete Vorgaben zur Ausgestaltung der mitgliedstaatlichen Frequenzzuteilungsregeln im EU-Richtlinienpaket vom 7. 3. 2002[5], namentlich in der Rahmenrichtlinie (RL 2002/21/EG – RRL) und insbesondere auch in der Genehmigungsrichtlinie (RL 2002/20/EG – GRL)[6].

5   **1. Rahmenrichtlinie.** – Die grundlegenden Prinzipien der Frequenzzuteilung in den Mitgliedstaaten sind in Art. 9 Abs. 1 RRL verankert. Unter Bezugnahme auf das in Art. 8 Abs. 2 lit. a RRL vorgegebene Ziel einer effizienten Frequenzverwaltung wird hier gefordert, dass die Zuteilung und Zuweisung von Frequenzen durch die nationalen Regulierungsbehörden auf objektiven, transparenten, nichtdiskriminierenden und angemessenen Kriterien beruhen muss. **Objektivität**, **Transparenz**, **Diskriminierungsfreiheit** und **Angemessenheit** (Verhältnismäßigkeit) sind damit Maßstab und zentrale Leitlinie jeder staatlichen Frequenzvergabe.

6   **2. Genehmigungsrichtlinie.** – Detailliertere Regelungen zur Ausgestaltung des Frequenzzuteilungsregimes finden sich in der Genehmigungsrichtlinie. Nach Art. 5 Abs. 1 GRL sollen Frequenznutzungen – soweit möglich – auf der Basis von „Allgemeingenehmigungen" zugelassen und nicht von der Erteilung „individueller Nutzungsrechte" abhängig gemacht werden. Es gilt also im Grundsatz ein **Vorrang der Allgemeingenehmigung**.

---

1 BGBl. I 2001 S. 829.
2 S. u. RdNr. 21 ff.
3 S. u. RdNr. 41 ff.
4 Vgl. die Nachweise in Fn. 36.
5 Zum neuen EU-Rechtsrahmen s. Einl. II RdNr. 45 ff.
6 S. hierzu auch *Wegmann*, K&R 2003, 448 ff., 449 ff.; *Scherer*, K&R 2002, 273 ff., 268 f. sowie 329 ff., 331 f.; *Schütz/Attendorn*, MMR Beil. 4/2002, 9 f., 29 f.

Ist der Vorbehalt einer **Individualerlaubnis** – etwa wegen der Gefahr funktechnischer Stö- 7
rungen – unerlässlich, so sieht Art. 5 Abs. 2 GRL vor, dass die jeweiligen Nutzungsrechte
prinzipiell jedem Unternehmen zugeteilt werden, das einen entsprechenden Antrag stellt.
Der Richtliniengeber geht folglich davon aus, dass der Einzelne grundsätzlich einen **gebundenen Zuteilungsanspruch** hat[7]. Dabei sollen die nationalen Regulierungsbehörden
so schnell wie möglich über Zuteilungsanträge entscheiden. Gem. Art. 5 Abs. 3 GRL gilt
hier eine **Entscheidungsfrist** von grundsätzlich sechs Wochen. Die Zahl der zu vergebenden Nutzungsrechte darf prinzipiell nicht beschränkt werden (vgl. Art. 5 Abs. 2, 3, 5
GRL). Insoweit gilt der **Grundsatz unkontingentierter Frequenzvergabe**. Eine zahlenmäßige Beschränkung ist nur zulässig, soweit dies für eine effiziente Frequenznutzung unter Beachtung der in Art. 7 Abs. 1 GRL vorgesehenen Kriterien notwendig ist. In diesem
Falle erfolgt die Frequenzvergabe im Wege **wettbewerbsorientierter oder vergleichender Auswahlverfahren** auf der Grundlage objektiver, transparenter, nichtdiskriminierender und verhältnismäßiger Auswahlkriterien (Art. 7 Abs. 3, 4 GRL), wobei die in Art. 5
Abs. 3 GRL genannte Entscheidungsfrist von sechs Wochen um maximal acht Monate verlängert werden kann (Art. 7 Abs. 4 GRL).

Gemäß Art. 6 Abs. 1 S. 1 GRL dürfen Allgemeingenehmigungen und individuelle Nut- 8
zungsrechte an Funkfrequenzen nur an die im Anhang der Richtlinie im Einzelnen aufgeführten **Bedingungen** geknüpft werden. Dabei handelt es sich um eine **Maximalliste**, d. h.
die Mitgliedstaaten sind nicht befugt, darüber hinaus gehende Anforderungen zu stellen. In
der Richtlinie wird unterschieden zwischen „Bedingungen, die an eine Allgemeingenehmigung geknüpft werden können" (Teil A), und „Bedingungen, die an Frequenznutzungsrechte geknüpft werden können" (Teil B)[8]. Außerdem müssen die Bedingungen gem.
Art. 6 Abs. 1 S. 2 in Bezug auf das betreffende Netz oder den betreffenden Dienst objektiv
gerechtfertigt, nichtdiskriminierend, verhältnismäßig und transparent sein.

Die Artt. 10 und 11 GRL enthalten spezielle **Informationsverpflichtungen** sowie **sonstige** 9
Maßnahmen, die den Unternehmen zur Sicherstellung einer ordnungsgemäßen Frequenznutzung von den nationalen Regulierungsbehörden auferlegt werden können. Nach Art. 10
Abs. 1 i.V.m. Art. 11 Abs. 1 GRL dürfen die Behörden im Rahmen von Frequenzzuteilungen nur solche Informationen verlangen, die angemessen und objektiv gerechtfertigt sind
für eine Überprüfung der im Anhang der Richtlinie genannten Bedingungen (lit. a, b), für
die Entscheidung über Zuteilungsanträge (lit. c) sowie für die Veröffentlichung von Quali-
täts- und Preisvergleichen (lit. d), statistische Zwecke (lit. e) und die Durchführung einer
Marktanalyse (lit. f). Auf Verlangen haben die nationalen Regulierungsbehörden anzugeben, zu welchem Zweck die Informationen genutzt werden (Art. 11 Abs. 2 GRL). Die Absätze 2 bis 6 des Art. 10 GRL sehen besondere Maßnahmen und Sanktionen vor, die im
Falle eines Verstoßes gegen die auferlegten Nutzungsbedingungen von den nationalen Regulierungsbehörden erlassen werden können. Dabei ist den betroffenen Unternehmen zuvor eine Frist zur Stellungnahme und Abhilfe zu setzen (Art. 10 Abs. 2 GRL).

Die Artt. 14 und 17 GRL befassen sich mit der **nachträglichen Änderung von Rechten** 10
und Pflichten im Zusammenhang mit Allgemeingenehmigungen und Nutzungsrechten.
So ist gem. Art. 14 GRL eine Änderung der Rechte, Bedingungen und Verfahren nur in
objektiv gerechtfertigten Fällen unter Wahrung der Verhältnismäßigkeit, mit entsprechen-

---

7 *Wegmann*, K&R 2003, 448 ff., 449.
8 S. hierzu auch § 60 RdNr. 4.

der Ankündigung, Anhörung der Beteiligten und ausreichender Fristsetzung zulässig. Art. 17 GRL regelt speziell den Fortbestand bestehender Genehmigungen, die bereits vor In-Kraft-Treten der Richtlinie galten. Nach dessen Abs. 1 haben die Mitgliedstaaten in solchen Altfällen sicherzustellen, dass die Genehmigungen fünfzehn Monate nach dem In-Kraft-Treten der Richtlinie[9] mit dem neuen Rechtsrahmen im Einklang stehen. Eine Fristverlängerung ist nur in begründeten Fällen unter den Voraussetzungen der Absätze 2 und 3 möglich.

11 Art. 15 GRL dient der **Transparenz und Nachvollziehbarkeit** der nationalen Zuteilungsregimes. Danach haben die Mitgliedstaaten alle einschlägigen Informationen über Rechte, Bedingungen, Verfahren, Abgaben, Entgelte und Entscheidungen angemessen zu veröffentlichen und ständig zu aktualisieren, wobei insbesondere auch auf eine benutzerfreundliche Bereitstellung der Daten zu achten ist.

III. Einzelkommentierung

12 **1. Grundlagen der Frequenzzuteilung (Abs. 1).** – Aus präventiven Gründen gilt der Grundsatz, dass jede Frequenznutzung einer vorherigen Frequenzzuteilung bedarf (Satz 1). Nach allgemeiner verwaltungsrechtlicher Dogmatik handelt es sich dabei um ein **Verbot mit Erlaubnisvorbehalt.** Zuwiderhandlungen sind gem. § 149 Abs. 1 Nr. 10 **bußgeldbewehrt.** In § 55 Abs. 1 Satz 2 wird der Begriff der **„Frequenzzuteilung"** legaldefiniert als behördliche oder durch Rechtsvorschriften erteilte Erlaubnis zur Nutzung bestimmter Frequenzen unter festgelegten Bedingungen. Damit ist klargestellt, dass die Nutzungsrechte frequenzbezogen und nicht etwa gerätebezogen erteilt werden[10]. **Bestehende Frequenznutzungsrechte**, die unter Geltung des TKG 1996 und des Fernmeldeanlagengesetzes (FAG) erteilt wurden, bleiben wirksam (§ 150 Abs. 3). **Ausnahmen** von der grundsätzlichen Zuteilungsbedürftigkeit jeder Frequenznutzung sind in § 55 S. 4 und 5 – ergänzt durch die Sonderregelungen in § 57 Abs. 2 und 3 – vorgesehen. Satz 3 legt tragende Prinzipien fest, die bei der Frequenzzuteilung zu beachten sind.

13 **a) Reichweite des Zuteilungsvorbehalts (Sätze 1, 4 und 5).** – Gem. § 55 Abs. 1 S. 1 ist grundsätzlich „jede Frequenznutzung" zuteilungsbedürftig. Damit gewinnt dar Begriff der **„Frequenznutzung"** zentrale Bedeutung für die Reichweite der Norm. Nach der Legaldefinition in § 3 Nr. 9 S. 1 fällt darunter jede gewollte Aussendung oder Abstrahlung elektromagnetischer Wellen zwischen 9 kHz und 3000 GHz zur Nutzung durch Funkdienste oder andere Anwendungen elektromagnetischer Anwendungen.

14 Da es hierbei nur um die **„Aussendung oder Abstrahlung"** geht, bedarf nur die aktive Verwendung von Frequenzen einer Zuteilung, nicht hingegen der bloße Betrieb von Empfangsgeräten[11]. **„Andere Anwendungen"** im Sinne von § 3 Nr. 9 S. 1 sind insbesondere Nutzungen durch Geräte oder Vorrichtungen für die Erzeugung und lokale Nutzung von

---

9 Die Richtlinie wurde am 24. 4. 2002 im EG-Amtsblatt veröffentlicht und ist gem. Art. 19 GRL an diesem Tage in Kraft getreten.
10 BT-Drs. 15/2316, Zu § 53.
11 Vgl. auch BT-Drs. 15/2316, Zu § 58: „Da der Betrieb reiner Empfangsanlagen mangels Ressourcenverbrauch keine Frequenznutzung ist und eine Frequenzzuteilung deshalb nicht erforderlich ist, […]." Im Ergebnis wie hier: *Heun/Jenny*, Kap. 2 RdNr. 81; BeckTKG-Komm/*Ehmer*, § 47 RdNr. 2; a.A. *Trute/Spoerr/Bosch*, § 47 RdNr. 5.

Hochfrequenzenergie für industrielle, wissenschaftliche, medizinische, häusliche oder ähnliche Zwecke, die nicht Funkanwendungen sind (sog. ISM-Anwendungen). Mit der Beschränkung auf **„gewollte"** Aussendungen oder Abstrahlungen sind die von vielen elektrischen Geräten ungewollt, aber unvermeidbar ausgehenden elektromagnetischen Wellen vom Zuteilungsvorbehalt des § 55 Abs. 1 S. 1 ausgenommen.

Dessen ungeachtet stellt die **Führung elektromagnetischer Wellen in und längs von Leitern** eine – grundsätzlich zuteilungsbedürftige – Frequenznutzung im Sinne des Gesetzes dar. Dies ergibt sich aus der expliziten Regelung in **§ 3 Nr. 9 S. 2**. Etwas anderes gilt allerdings dann, wenn für die Frequenznutzung in und längs von Leitern eine **„Freizügigkeit nach § 53 Abs. 2 S. 3"** gegeben ist. Dies ist der Fall, wenn die in der Nutzungsbestimmung 30 des Frequenzbereichszuweisungsplans (NB 30) enthaltenen Vorgaben eingehalten sind. Das bedeutet, bei Beachtung der Bedingungen und Grenzwerte der NB 30 sind Frequenznutzungen in und längs von Leitern ohne weitere Frequenzzuteilungen zulässig. **15**

In § 55 Abs. 1 S. 4 und 5 finden sich **Ausnahmen** zur grundsätzlichen Zuteilungsbedürftigkeit jeder Frequenznutzung. Nach Satz 4 ist eine Frequenzzuteilung nicht erforderlich, wenn die Nutzungsrechte auf Grund einer sonstigen gesetzlichen Regelung ausgeübt werden können. Hierbei kann es sich aus Kompetenzgründen nur um solche des Bundesrechts handeln. Beispiele hierfür sind etwa die einschlägigen Bestimmungen aus dem Amateurfunkgesetz oder dem Zusatzabkommen zum NATO-Truppenstatut. Satz 5 tritt neben Satz 4 und ergänzt diesen für die Fälle, in denen eine Frequenzen nach Satz 4 genutzt werden, die bereits anderen Nutzern zugeteilt wurden. Dies gilt beispielsweise für den Einsatz des sog. IMSI-Catchers durch deutsche Sicherheitsbehörden auf der Grundlage des § 100i StPO[12]. **16**

Darüber hinaus enthält § 57 Abs. 2 und 3 **Sonderregelungen** i. S. v. § 55 Abs. 1 S. 1 („soweit in diesem Gesetzt nichts anderes geregelt ist") für Frequenznutzungen im militärischen Bereich sowie auf fremden Wasser- oder Luftfahrzeugen, wonach eine Frequenzzuteilung durch die Regulierungsbehörde unter den dort genannten Voraussetzungen nicht erforderlich ist[13]. **17**

b) Zuteilungsprinzipien (Satz 3). – § 55 Abs. 1 S. 3 normiert die grundlegenden Prinzipien der Frequenzzuteilung. Danach erfolgt die Frequenznutzung **zweckgebunden nach Maßgabe des Frequenznutzungsplans.** Das bedeutet, Frequenzen dürfen nicht beliebig, sondern zu den im Frequenznutzungsplan vorgesehenen und in der Zuteilung anzugebenden Zwecken verwendet werden. Ohne diese „nutzungsspezifische Zweckbindung"[14] würde die planerische Strukturierung des elektromagnetischen Spektrums durch internationale Vereinbarungen[15] den nationalen Frequenzbereichszuweisungsplan (§ 53) und den Frequenznutzungsplan (§ 54) mangels tatsächlicher Umsetzung ins Leere laufen. **18**

Neben der Zweckbindung, die den Inhalt der Zuteilung betrifft, legt § 55 Abs. 1 S. 3 auch die Grundsätze für die Art und Weise der Frequenzzuteilung fest. Danach haben die Zuteilungen **diskriminierungsfrei auf der Grundlage nachvollziehbarer und objektiver Verfahren** zu erfolgen. Dies korrespondiert mit den europarechtlichen Vorgaben aus Art. 9 Abs. 1 RRL, wobei Nachvollziehbarkeit im Sinne von Transparenz zu verstehen ist. **19**

---

12 BT-Drs. 15/2316, Zu § 53.
13 § 57 RdNr. 11 f.
14 *Wegmann*, K&R 2003, 448 ff., 452.
15 § 52 RdNr. 4 ff.

Der in der Richtlinie zudem genannte Aspekt der **Angemessenheit** ist in Satz 3 zwar nicht ausdrücklich erwähnt, gilt aber dessen ungeachtet im nationalen Recht schon auf Grund des allgemeinen Verhältnismäßigkeitsgrundsatzes.

20 **c) Keine Konzentrationswirkung der Frequenzzuteilung.** – Eine Konzentrationswirkung – wie man sie etwa aus dem Planfeststellungs- oder Immissionsschutzrecht kennt[16] – kommt der Frequenzzuteilung nicht zu. Dies ergibt sich aus dem Fehlen einer dem § 75 VwVfG oder dem § 13 BImSchG entsprechenden Sonderregelung im TKG[17]. Die Frequenzzuteilung lässt auf Grund anderer Rechtsvorschriften bestehende Verpflichtungen zur Herbeiführung behördlicher Genehmigungen und Entscheidungen zur Einhaltung technischer und betrieblicher Anforderungen unberührt[18]. Das bedeutet, für die Errichtung und den Betrieb von Funksendeanlagen bedarf es – neben der Frequenzzuteilung – ggf. weiterer behördlicher Erlaubnisse und Verfahren nach Maßgabe der jeweiligen Fachgesetze. In Betracht kommen neben speziellen telekommunikationsbezogenen Bestimmungen – etwa aus dem Gesetz über Funkanlagen und Telekommunikationsendeinrichtungen (FTEG) oder dem Gesetz über die elektromagnetische Verträglichkeit (EMVG) – insbesondere auch Genehmigungserfordernisse aus den Landesbauordnungen sowie Anforderungen aus dem Immissionsschutzrecht.

21 **2. Allgemeinzuteilungen (Abs. 2).** – Entsprechend dem in Art. 5 Abs. 1 GRL konstatierten Vorrang der „Allgemeingenehmigung"[19] sieht § 55 Abs. 2 vor, dass Nutzungsrechte an Frequenzen „in der Regel von Amts wegen als Allgemeinzuteilungen" vergeben werden. Sie sind nicht an eine konkrete Einzelperson adressiert, sondern richten sich an die „Allgemeinheit oder einen nach allgemeinen Merkmalen bestimmten oder bestimmbaren Personenkreis". Als Rechtsform für eine solche Regelung käme grundsätzlich ein Gesetz oder eine Allgemeinverfügung (§ 35 S. 2 VwVfG) in Betracht. Da die Zuständigkeit für eine Allgemeinzuteilung allerdings bei der Regulierungsbehörde liegt, scheidet eine gesetzliche Regelung aus Kompetenzgründen aus. Allgemeinzuteilungen ergehen daher als **Allgemeinverfügungen** im Sinne von § 35 S. 2 VwVfG, d. h. als Verwaltungsakte der Regulierungsbehörde. Gem. § 55 Abs. 2 S. 2 sind sie aus Gründen der Transparenz zu **veröffentlichen** (Abs. 2 S. 2). Dies geschieht im Amtsblatt und auf der Internetseite der Behörde (vgl. § 5).

22 Gängige Praxis waren solche Allgemeinzuteilungen bereits unter Geltung des TKG 1996 und der Frequenzzuteilungsverordnung bei Funkanwendungen, die ein geringes Störpotenzial besitzen und i. d. R. als Massenware vertrieben werden, so etwa bei schnurlosen Telefonen nach DECT-Standard, ISM-Anwendungen, Funkfernsteuerungen oder CB-Funkgeräten[20]. Nach dem Willen des europäischen und deutschen Gesetzgebers sollen sie indes künftig zum **Regelfall** werden. Der damit einhergehende Verzicht auf individuelle Zuteilungsakte verringert nicht nur den Verwaltungsaufwand, sondern führt auch zu einer „Deregulierung von Marktzugangsbarrieren"[21] und schließt ein „Frequenzhorten" Einzelner mittels „Antragstellung auf Vorrat" von vornherein aus.

---

16 Vgl. insoweit *Kopp/Ramsauer*, VwVfG, § 9 RdNr. 45.
17 S. hierzu auch *Heun/Jenny*, Kap. 2 RdNr. 89.
18 Vgl. auch § 7 Abs. 3 S. 1 FreqZutV v. 26. 4. 2002.
19 S. o. RdNr. 6.
20 Eine Liste der verfügten Allgemeinzuteilungen ist als Mitteilung 193/2003 veröffentlicht im ABl. RegTP 14/2003 vom 16. 7. 2003.
21 *Wegmann*, K&R 2003, 448 ff., 448 ff., 449.

Allerdings ist das Instrument der Allgemeinzuteilung nicht in allen Fällen geeignet, den **23** Anforderungen einer effizienten und störungsfreien Nutzung (§ 52 Abs. 1) Rechnung zu tragen. Denn Allgemeinzuteilungen haben per definitionem keinen „Exklusivitätscharakter"[22]. Wer auf Grund einer Allgemeinzuteilung zur Frequenznutzung berechtigt ist, erwirbt dieses Recht nicht für sich allein, sondern immer gemeinsam mit einer unbestimmten Anzahl weiterer Personen. Vielfach ist aber gerade eine **Exklusivität der Frequenznutzung unabdingbar**. Dies ist eine Folge der natürlichen Ausbreitungseigenschaften von Funkwellen. Wird ein bestimmter Frequenzbereich in bestimmter räumlicher Nähe zeitgleich von mehreren Anwendern genutzt, so kann es zu funktechnischen Störungen kommen. Solche Störungen sind zwar bisweilen tolerierbar oder können durch technische, zeitliche oder räumliche Auflagen minimiert werden. Insbesondere in sicherheitsrelevanten Bereichen, aber auch bei vielen anderen wirtschaftlich bedeutsamen Anwendungen wird man jedoch nach wie vor auf die Zuteilung individueller Nutzungsrechte nicht verzichten können.

3. Einzelzuteilungen (Abs. 3 und 4). – Nach § 55 Abs. 3 soll eine Einzelzuteilung durch **24** die Regulierungsbehörde erfolgen, wenn eine **Allgemeinzuteilung nicht möglich** ist (Satz 1), insbesondere wenn die Gefahr von funktechnischen Störungen nicht anders ausgeschlossen werden kann oder eine Einzelzuteilung zur Sicherstellung einer effizienten Frequenznutzung erforderlich ist (Satz 2). Dies steht im Einklang mit Art. 5 Abs. 1 GRL, wonach Allgemeinzuteilungen nur „soweit möglich, vor allem wenn die Gefahr funktechnischer Störungen unbedeutend ist", Vorrang vor Einzelzuteilungen genießen. Der Begriff der **„funktechnischen Störung"** ist in Art. 2 Abs. 2 lit. b GRL definiert als Störeffekt, der für das Funktionieren eines Funknavigationsdienstes oder anderer sicherheitsbezogener Dienste eine Gefahr darstellt oder einen Funkdienst, der im Einklang mit den geltenden gemeinschaftlichen oder einzelstaatlichen Regelungen betrieben wird, anderweitig schwerwiegend beeinträchtigt, behindert oder wiederholt unterbricht.

Dies hat die Regulierungsbehörde in Ihrer **Mitteilung 193/2003** vom 16. 7. 03[23] konkretisiert und Grundsätze zur Anwendbarkeit von Allgemeinzuteilungen entwickelt. Nach **25** Nr. 2 der Mitteilung kommt eine Allgemeinzuteilung von Frequenzen nur in Betracht, wenn eine technische Koordinierung (Frequenz- und Standortkoordinierung) zwischen den Nutzern nicht erforderlich ist (Punkt 1), der betreffende Frequenzbereich bundesweit zur Verfügung steht (Punkt 2), auf eine Nutzerindividualisierung verzichtet werden kann (Punkt 3), durch geeignete Parameter gewährleistet ist, dass die im Wege einer Verträglichkeitsuntersuchung festgestellten Schwellen des zulässigen Störpotenzials nicht überschritten werden (Nr. 4) und die betreffende Frequenz langfristig nutzbar ist (Nr. 5).

Bei der Einzelzuteilung handelt es ich um einen behördlichen **Verwaltungsakt** (§ 35 S. 1 **26** VwVfG). Sie verleiht dem Zuteilungsnehmer eine **„exklusive Individualerlaubnis"**[24] zur Frequenznutzung, die andere Anwender von der Nutzung der zugeteilten Frequenz ausschließt. Anders als Allgemeinzuteilungen werden Einzelzuteilungen nicht von Amts wegen, sondern nur auf **schriftlichen Antrag** zugeteilt. Die Entscheidungszuständigkeit liegt hier wie dort bei der Regulierungsbehörde. **Antragsberechtigt** sind natürliche und juristische Personen sowie Personenvereinigungen, soweit ihnen ein Recht zustehen kann. Dies

---

22 *Wegmann*, K&R 2003, 448 ff., 449.
23 ABl. RegTP 14/2003.
24 *Wegmann*, K&R 2003, 448 ff., 449.

knüpft an die Regelungen in § 61 VwGO und § 11 VwVfG an. Juristische Personen sind nicht nur solche des privaten, sondern auch des öffentlichen Rechts[25]. Zu den gleichgestellten Personenvereinigungen gehören beispielsweise BGB-Gesellschaften und der nichtrechtsfähige Verein[26].

27 Das **Antragsverfahren** ist in § 55 Abs. 4 geregelt. Danach ist das räumliche Gebiet der beabsichtigten Frequenznutzung zu bezeichnen. Zudem obliegt es dem Antragsteller darzulegen, dass er die gesetzlichen oder behördlichen Nutzungsbedingung, die im Einklang mit dem Katalog des Anhangs B der GRL stehen müssen[27], in subjektiver Hinsicht einzuhalten vermag. Für häufig vorkommende Anträge veröffentlicht die Regulierungsbehörde im Internet[28] Formblätter, deren Verwendung sich empfiehlt. Die sechswöchige **Entscheidungsfrist** des Abs. 4 S. 3 entspricht der Vorgabe aus Art. 5 Abs. 3 GRL.

28 **4. Zuteilungsvoraussetzungen (Abs. 5).** – § 55 Abs. 5 entspricht weitgehend der außer Kraft getretenen Regelung in § 4 Abs. 1 FreqZutV vom 26. 4. 2001 und normiert die materiellen Frequenzzuteilungsvoraussetzungen. Mit der Formulierung „werden zugeteilt" in Satz 1 ist klar zum Ausdruck gebracht, dass es sich bei der Frequenzzuteilung um eine **gebundene Entscheidung** handelt. Dies entspricht auch den Vorgaben aus Art. 5 Abs. 2 GRL. Ein Ermessen steht der Behörde insoweit nicht zu. Bei Vorliegen der Zuteilungsvoraussetzungen besteht daher im Grundsatz ein **Rechtsanspruch auf Frequenzzuteilung**[29]. Die Einschränkung des § 55 Abs. 5 S. 2 ändert hieran nichts. Die Vorschrift schließt lediglich den Anspruch auf eine bestimmte Wunschfrequenz, z. B. exakt 100,0 MHz, aus und schafft die im Interesse der gesetzlichen Aufgabenerfüllung (§ 52 Abs. 1) notwendige Flexibilität für die Regulierungsbehörde[30].

29 Im Wege einer systematischen Auslegung ergibt sich allerdings, dass der grundsätzlich gebundene Zuteilungsanspruch des § 55 Abs. 5 diversen **Vorbehalten** unterliegt. So folgt etwa aus **§ 55 Abs. 9 i. V. m. § 61**, dass bei einem Nachfrageüberhang, d. h. wenn nicht in ausreichendem Umfang verfügbare Frequenzen vorhanden sind, kein gebundener Zuteilungsanspruch jedes Antragstellers bestehen kann. In derartigen Konstellationen reduziert sich der Anspruch des Einzelnen auf eine rechtmäßige Auswahlentscheidung[31]. Darüber hinaus sieht **§ 55 Abs. 10** vor, dass eine Frequenzzuteilung versagt werden kann, wenn die beabsichtigte Nutzung mit den Regulierungszielen nach § 2 Abs. 2 nicht vereinbar ist. Außerdem enthält **§ 57** spezielle Zuteilungsvoraussetzungen, die – für die dort geregelten Fälle – teilweise über die Anforderungen des § 55 Abs. 5 hinausgehen.

30 Wesentliche Zuteilungsvoraussetzung ist nach § 55 Abs. 5 S. 1 **Nr. 1**, dass die beabsichtigte Nutzung **mit dem Frequenznutzungsplan vereinbar** ist. Dies steht in engem Zusammenhang mit der in Abs. 1 S. 3 vorgesehenen Zweckbindung von Frequenzzuteilungen. Die Durchsetzung einer an den Zielen der Effizienz und Störungsfreiheit ausgerichteten staatlichen Frequenzplanung setzt zwingend voraus, dass die Zuteilung und Nutzung von Frequenzen an die einschlägigen Festsetzungen des Frequenznutzungsplans, die ihrerseits

---

25 *Kopp/Schenke*, VwGO, § 61 RdNr. 6.
26 *Kopp/Schenke*, VwGO, § 61 RdNr. 9.
27 S. o. RdNr. 8.
28 www.regtp.de.
29 VG Köln, Urteil v. 24. 5. 2002 – 11 K 9775/00, MMR 2003, 61 ff., 62.
30 BT-Drs. 15/2316, Zu § 53.
31 *Wegmann*, DVBl. 2002, 1446 ff., 1453.

wiederum den Regelungen des Frequenzbereichszuweisungsplans folgen, gebunden werden. Zwar besteht nach § 58 die Möglichkeit, Frequenznutzungen auch abweichend von Plänen zuzulassen. Dabei handelt es sich aber um eine eng begrenzte Sondervorschrift, die nur in begründeten Einzelfällen und unter den dort geregelten besonderen Voraussetzungen anwendbar ist.

§ 55 Abs. 5 S. 1 **Nr. 2** enthält die im Grunde selbstverständliche Voraussetzung, dass die **31** **beantragten Frequenzen noch verfügbar** sind. Dies schließt allerdings Mehrfachzuteilungen nicht kategorisch aus. So ist es unter den besonderen Voraussetzungen des § 59 auch möglich, Frequenzen mehreren Nutzern gemeinschaftlich zuzuteilen. Sieht man einmal von diesem Sonderfall ab, sind Frequenzanträge aber grundsätzlich abzulehnen, wenn die beantragten Frequenzen bereits vergeben sind. Dies ist zu unterscheiden von dem Fall, dass nutzbare Frequenzen zwar grundsätzlich noch vorhanden, aber nicht in ausreichender Zahl für alle (potenziellen) Antragsteller verfügbar sind. In derartigen Konstellationen ist die beantragte Frequenzzuteilung nicht per se abzulehnen. Vielmehr sind die verfügbaren – aber knappen – Frequenzen im Rahmen eines Auswahlverfahrens nach Maßgabe der §§ 55 Abs. 9 i.V.m. 61 zu vergeben.

Die Zuteilung von Frequenzen setzt nach § 55 Abs. 5 S. 1 **Nr. 3** auch voraus, dass die **Ver-** **32** **träglichkeit mit anderen Frequenznutzungen** gegeben ist. Dies steht im engen Zusammenhang mit den allgemeinen Zielen der Effizienz und Störungsfreiheit. Dabei gilt es, funktechnische Störungen (Interferenzen) zwischen den verschiedenen Funkanwendungen bei möglichst optimaler Ausnutzung des verfügbaren Spektrums auf ein akzeptables Maß zu reduzieren[32]. Dies geschieht in erster Linie durch die Festsetzungen des Frequenzbereichszuweisungsplan und des Frequenznutzungsplans. Aber auch auf der Ebene der Frequenzzuteilung ist die Verträglichkeit der Nutzungen sicherzustellen. So obliegt es der Behörde beispielsweise, geographische Frequenzverteilungspläne („Rautenpläne") zu erstellen, die näher beschreiben, wann von einer funktionierenden Frequenznutzung in der Fläche ausgegangen werden kann[33].

Schließlich verlangt § 55 Abs. 5 S. 1 **Nr. 4**, dass eine **effiziente und störungsfreie Fre-** **33** **quenznutzung durch den Antragsteller sichergestellt** ist. Während die o.g. Anforderungen aus Nr. 1 bis Nr. 3 bereits vor Inkrafttreten des neuen TKG nach § 4 Abs. 1 FreqZutV galten, handelt es sich bei Nr. 4 um eine Zuteilungsvoraussetzung, die vorher so nicht geregelt war. Fraglich ist allerdings, welche eigenständige Bedeutung der Norm zukommt. Die „effiziente und störungsfreie Frequenznutzung" ist ohnehin Maßstab und Leitlinie jeder staatlichen Frequenzverwaltung. Dies ergibt sich bereits aus § 52 Abs. 2 und § 2 Abs. 2 Nr. 7 und hätte keiner besonderen Hervorhebung in § 55 Abs. 5 bedurft. Die Betonung der zitierten Passage dürfte daher mehr auf dem Zusatz „**durch den Antragsteller sicherge-** **stellt**" liegen. Offenbar werden hier besondere Anforderungen an die Person des Antragstellers gestellt. Es geht also um subjektive Zuteilungsvoraussetzungen.

Die Norm lässt jedoch offen, welche persönlichen Eigenschaften vom Antragsteller erwar- **34** tet werden. Auch die Gesetzesbegründung hilft nicht weiter. Erfolgversprechender ist ein Blick auf die alte Rechtslage: Unter Geltung des TKG 1996 unterlag der Betrieb frequenzgestützter Übertragungswege nicht nur einem Frequenzzuteilungsvorbehalt, sondern –

---

32 § 52 RdNr. 35 („Ausgleichsgebot").
33 BT-Drs. 15/2316, Zu § 53.

nach Maßgabe des § 6 TKG 1996 – auch einer Lizenzpflicht[34]. Diese Lizenz war nach § 8 Abs. 3 Nr. 2 lit. a TKG 1996 zu versagen, wenn Tatsachen die Annahme rechtfertigten, dass der Antragsteller nicht die erforderlich Zuverlässigkeit, Leistungsfähigkeit und Fachkunde besaß[35]. Im geltenden TKG wurde die Lizenzpflicht ersatzlos gestrichen. Gleichwohl liegt es nahe, die – neuen – subjektiven Frequenzzuteilungsvoraussetzungen nach § 55 Abs. 5 S. 1 Nr. 4 im Lichte der – alten – subjektiven Lizenzzuteilungsanforderungen zu konkretisieren. In diesem Sinne wäre vom Antragsteller zu fordern, dass er die erforderliche **Zuverlässigkeit**, **Leistungsfähigkeit** und **Fachkunde** besitzt, um eine effiziente und störungsfreie Frequenznutzung sicherzustellen.

35 **5. Anzeigepflichten (Abs. 6).** – Die Vorschrift enthält verschiedene Tatbestände, die bei der Regulierungsbehörde anzuzeigen sind. In Satz 1 geht es um den Beginn und die Beendigung der tatsächlichen Nutzung der zugeteilten Frequenzen. Satz 2 regelt eine Anzeigepflicht bei bestimmten Änderungen, die die Person des Zuteilungsnehmers betreffen.

36 **a) Beginn und Beendigung der Frequenznutzung (Satz 1).** – § 55 Abs. 6 S. 1 entspricht der Regelung in § 7 Abs. 5 der alten FreqZutV und verpflichtet den Zuteilungsnehmer, Beginn und Beendigung der Frequenznutzung unverzüglich bei der Regulierungsbehörde anzuzeigen. Die Vorschrift steht im engen Zusammenhang mit § 63 Abs. 1, der eine Widerrufsmöglichkeit vorsieht, wenn innerhalb eines Jahres nach der Frequenzzuteilung nicht mit der Nutzung begonnen wurde oder wenn die Frequenz länger als ein Jahr nicht genutzt worden ist. Satz 1 verschafft der Behörde die notwendigen Informationen, um ihre Widerrufsbefugnisse im Interesse einer effizienten Frequenznutzung ausüben zu können.

37 **b) Änderungen bei der Person des Zuteilungsnehmers (Satz 2).** – Nach § 55 Abs. 6 S. 2 besteht eine Anzeigepflicht bei **Namensänderungen**, **Anschriftenänderungen**, **Änderungen in den Eigentumsverhältnissen** und **identitätswahrenden Umwandlungen**. Damit ist zugleich zum Ausdruck gebracht, dass die in Satz 2 genannten „Änderungen" keine „Änderung der Frequenzzuteilung" i.S.v. Abs. 7 erforderlich machen. Die hier in Rede stehenden Änderungen lassen die Frequenzzuteilung vielmehr unberührt und sind lediglich bei der Behörde anzuzeigen. Gemeinsames konstitutives Merkmal der in Satz 2 genannten Fälle ist, dass die rechtliche **Identität der Person des Zuteilungsnehmers** gewahrt bleibt. Dies unterscheidet die bloß anzeigepflichtigen Änderungen im Sinne von Satz 2 von den Konstellationen, die nach Abs. 7 einer Zustimmung der Regulierungsbehörde bedürfen.

38 **aa) Änderung der Eigentumsverhältnisse.** – Die in Satz 2 vorgesehene Anzeigepflicht im Falle einer Änderung der Eigentumsverhältnisse entspricht der alten Rechtslage. Denn auch nach § 47 Abs. 6 S. 1 i.V.m. § 9 Abs. 2 TKG 1996 war ein „Wechsel der Eigentumsverhältnisse" beim Frequenznehmer anzeigepflichtig und bedurfte keiner weiteren Zustimmung oder Genehmigung der Behörde[36]. Der Eigentumsbegriff des Satzes 2 ist – ebenso wie der des § 9 Abs. 2 TKG 1996 – im wirtschaftlichen Sinne zu verstehen: gemeint sind

---

34 Zum Verhältnis von Lizenzerteilung und Frequenzzuteilung nach altem Recht: *Wegmann*, Regulierte Marktöffnung in der Telekommunikation, S. 109 ff.

35 Zur Auslegung dieser unbestimmten Rechtsbegriffe s. *Wegmann* (Fn. 34), S. 92 ff.

36 Dass im Falle eines Wechsels der Eigentumsverhältnisse nach altem Recht lediglich eine Anzeigepflicht bestand, war allgemein anerkannt. Ansonsten war die Reichweite der Verweisung in § 47 Abs. 6 TKG 1996 sehr umstritten; vgl. hierzu – mit unterschiedlichen Ansätzen: *Neumaier*, RTKom 2001, 149 ff., 151; *Wissmann/Kreitlow*, K&R 2003, 257 ff., 258; *Zimmer*, CR 2002, 13 ff., 19; *Hey/Hartung*, K&R 2000, 533 ff., 540; *Hummel*, K&R 2000, 479 ff., 483.

die **Beteiligungsverhältnisse** bei Kapital- und Personengesellschaften[37]. Anzeigepflichtig sind also Änderungen im Gesellschafterkreis des Zuteilungsnehmers. Der Wortlaut des Satzes 2 erfasst zunächst einmal jede Änderung von Gesellschaftsanteilen. Dies bedarf jedoch einer **teleologischen Reduktion**, denn tatsächlich wäre es kaum praktikabel, wenn beispielsweise bei einer Aktiengesellschaft jede Übertragung von Aktien im börsentäglichen Handel automatisch eine Anzeigepflicht auslösen würde. Nach Sinn und Zweck der gesetzlichen Regelung sind daher nur solche Änderungen der Beteiligungsverhältnisse anzuzeigen, die **auf die Geschäftspolitik des Unternehmens Einfluss** haben können[38]. Dies richtet sich nach den einschlägigen gesellschaftsrechtlichen Bestimmungen[39]. Da die Regulierungsbehörde derartige Änderungen – anders als die nach § 55 Abs. 7 zu beurteilenden Rechtsnachfolgen – auch bei drohenden Wettbewerbsverzerrungen mangels Zustimmungserfordernis nicht ex ante verhindern kann, besteht nach § 63 Abs. 2 S. 1 Nr. 4 die Möglichkeit, die Frequenzzuteilung zu widerrufen, wenn durch die Änderung der Eigentumsverhältnisse eine Verzerrung des Wettbewerbs zu besorgen ist[40].

bb) Identitätswahrende Umwandlung. – Anzeigepflichtig ist nach § 55 Abs. 6 S. 2 auch **39** eine identitätswahrende Umwandlung. Darunter fallen alle gesellschaftsrechtlichen Umwandlungen nach §§ 190 ff. UmwG, die sich in einem bloßen Formwechsel erschöpfen und keine Vermögensübertragung beinhalten. In diesen Fällen bleibt die Kontinuität des Rechtsträgers gewahrt[41]. Nicht von § 55 Abs. 6 S. 2 erfasst sind indes Verschmelzungen (§§ 2 ff. UmwG), Spaltungen (§§ 123 ff. UmwG) und Vermögensübertragungen (174 ff. UmwG)[42]. Hierbei handelt es sich um „übertragende" Umwandlungen, die das Vermögen und die Identität des Unternehmens verändern. Bei diesen Formen der Umwandlung findet eine Rechtsnachfolge statt, die nicht unter Abs. 6 S. 2 fällt, sondern nach Abs. 7 zu beurteilen ist.

6. Änderung und Rückgabe von Frequenzzuteilungen (Abs. 7). – § 55 Abs. 7 umfasst **40** zwei unterschiedliche Regelungsgegenstände. Während die Sätze 1 bis 3 solche Fälle regeln, bei denen eine Änderung der Frequenzzuteilung durch die Regulierungsbehörde erforderlich ist, geht es in den Sätzen 4 bis 6 um spezielle Rückgabeverpflichtungen, wenn Frequenzen nicht mehr durch den Zuteilungsnehmer oder dessen Rechtsnachfolger genutzt werden.

a) Änderung der Frequenzzuteilung (Sätze 1, 2 und 3). – Nach § 55 **Abs. 7 Satz 1** bedarf **41** es einer Änderung der Frequenzzuteilung durch die Regulierungsbehörde, wenn Frequenznutzungsrechte durch Einzel- oder Gesamtrechtsnachfolge übergehen sollen. Damit ist zugleich auch zum Ausdruck gebracht, dass eine **Rechtsnachfolge in Frequenznutzungsrechte** generell möglich ist, was nach alter Rechtslage noch umstritten war[43]. Einzel- und Gesamtrechtsnachfolgen i. S. v. Abs. 7 S. 1 führen jeweils zu einem Wechsel in der Person des Zuteilungsnehmers. Dadurch unterscheiden sie sich von den in Abs. 6 S. 2 geregelten Fällen der Änderung in der Person des Zuteilungsnehmers, bei denen die Identität des Zu-

---

37 *Trute/Spoerr/Bosch*, § 9 RdNr. 19.
38 So auch BeckTKG-Komm/*Schütz*, § 9 RdNr. 16; *Trute/Spoerr/Bosch*, § 9 RdNr. 20.
39 Vgl. hierzu allgemein *Emmerich/Sonnenschein/Habersack*, Konzernrecht, 7. Aufl. 2001, S. 30 ff.
40 S. auch § 63 RdNr. 8.
41 *Lutter/Decher*, UmwG, Band II, 2. Aufl. 2000, § 190 RdNr. 3.
42 Nach alter Rechtslage waren dies Fälle eines „anderweitigen Übergangs" im Sinne von § 9 Abs. 2 Alt. 1 TKG 1996. Instruktiv hierzu *Mayen*, CR 1999, 690 ff., 695.
43 S. hierzu die Nachweise in Fn. 36.

teilungsnehmers gerade gewahrt bleibt[44]. Die beiden Tatbestände sind daher wie folgt voneinander **abzugrenzen**: Bleibt die **Identität des Zuteilungsnehmers gewahrt**, führen Änderungen, die seine Person betreffen, lediglich zu einer **Anzeigepflicht nach Maßgabe des Abs. 6 S. 2**. Bei einem **Wechsel des Zuteilungsnehmers** im Wege der Rechtsnachfolge ist eine **Änderung der Frequenzzuteilung nach Abs. 7 S. 1 erforderlich**.

42   Unter einer **Gesamtrechtsnachfolge** i. S. d. Abs. 7 S. 1 Nr. 1 versteht man den unmittelbaren Übergang eines Vermögens mit allen Rechten und Verpflichtungen auf den Gesamtrechtsnachfolger, der damit völlig in die Stellung des Rechtsvorgängers eintritt. In Abs. 7 Satz 1 Nr. 4 wird die **Erbschaft** als häufigster Fall der Gesamtrechtsnachfolge bei natürlichen Personen ausdrücklich genannt. Darüber hinaus sind aber insbesondere auch die gesellschaftsrechtlichen Formen der „übertragenden" Umwandlung – **Verschmelzung** (§§ 2 ff. UmwG), **Spaltung** (§§ 123 ff. UmwG) und **Vermögensübertragung** (174 ff. UmwG) – als Gesamtrechtsnachfolgen von Abs. 7 S. 1 Nr. 1 erfasst. In diesen Fällen bedarf es einer Änderung der Frequenzzuteilung nach Maßgabe des § 55 Abs. 7.

43   Eine Änderung der Frequenzzuteilung ist nach Abs. 7 S. 1 Nr. 1 auch im Falle der **Einzelrechtsnachfolge** erforderlich. Einzelrechtsnachfolgen sind durch einen singulären Rechtsakt gekennzeichnet, der auf die zu übertragenden Frequenzen als solche abstellt. Hier geht es – anders als bei einer Gesamtrechtsnachfolge – um die isolierte Übertragung von Nutzungsrechten. Insoweit stellt sich die Frage nach der **Abgrenzung** zu dem in § 62 geregelten „Frequenzhandel". Denn auch der Handel mit Frequenzen ist auf die isolierte Übertragung von Frequenznutzungsrechten gerichtet. Würde man sämtliche Einzelrechtsnachfolgen in Frequenznutzungsrechte – also auch die Fälle des Frequenzhandels – im Wege einer Änderung der Frequenzzuteilung nach Maßgabe des § 55 Abs. 7 zulassen, so würden damit die besonderen Anforderungen des § 62 unterlaufen. Aus diesem Grund bedarf es einer **systematisch-teleologischen Reduktion** des § 55 Abs. 7 S. 1 Nr. 1 dergestalt, dass der „Frequenzhandel" – gleichsam als Sonderfall einer Einzelrechtsnachfolge – nicht in den Anwendungsbereich des § 55 Abs. 7 fällt.

44   Damit schließt sich zwangsläufig die Frage nach dem **konstitutiven Merkmal** an, das den „Frequenzhandel" (§ 62) von einer (sonstigen) „Einzelrechtsnachfolge" im Sinne des § 55 Abs. 7 S. 1 Nr. 1 unterscheidet. Im Gesetz wird der Begriff des Frequenzhandels nicht näher definiert. Nach allgemeinem Verständnis ist der Handel mit Gütern aber typischerweise geprägt durch eine Erlöserzielungsabsicht desjenigen, der den Handel betreibt. Normativ findet dieser Ansatz eine Stütze in § 62 Abs. 3. Danach sollen die „Erlöse aus dem Frequenzhandel" dem Veräußerer zustehen. Offenbar ging also auch der Gesetzgeber davon aus, dass der Handel mit Frequenzen wesentlich auf die Erzielung von Erlösen gerichtet ist. Das bedeutet: Stehen bei einer geplanten Frequenzübertragung die **Erlöserzielungsabsichten** des Veräußerers im Vordergrund, so handelt es sich um einen Fall des **Frequenzhandels**, der nur unter den Voraussetzungen des § 62 zulässig ist. Dient die Frequenzübertragung hingegen vorrangig **anderen Zwecken**, bedarf es hierfür lediglich einer Änderung der Frequenzzuteilung nach Maßgabe des **§ 55 Abs. 7**. Insoweit ist insbesondere an **konzern- bzw. gesellschaftsrechtliche Umstrukturierungszwecke** zu denken. In diesem Sinne hat der Gesetzgeber in § 55 Abs. 7 S. 1 Nr. 2 und Nr. 3 auch ausdrücklich die Frequenzübertragung auf ein verbundenes Unternehmen (Nr. 2) sowie die Übertragung von einer

---

44 S. o. RdNr. 37 ff.

natürlichen auf eine juristische Person, an der die natürliche Person beteiligt ist (Nr. 3), als Fälle einer nach § 55 Abs. 7 zu bewertenden Einzelrechtsnachfolge hervorgehoben.

Lässt sich der beabsichtigter Frequenzübergang als (Einzel- oder Gesamt-)Rechtsnachfolge im Sinne von Abs. 7 S. 1 Nr. 1 bis 4 qualifizieren, so ist die Änderung der Frequenzzuteilung unverzüglich bei der Regulierungsbehörde zu beantragen. Der **Antrag** bedarf der Schriftform und ist mit den entsprechenden Nachweisen zu versehen. **Abs. 7 Satz 2** lässt ausdrücklich die Möglichkeit zu, die in Rede stehenden Frequenzen bis zur Entscheidung über den Änderungsantrag weiter zu nutzen und räumt den Berechtigten damit einen **vorläufigen Fortführungsanspruch** während des laufenden Antragsverfahrens ein. Nach **Abs. 7 Satz 3** hat die Regulierungsbehörde dem Änderungsantrag zuzustimmen, wenn die Voraussetzungen für eine Frequenzzuteilung nach Abs. 4 vorliegen und zudem eine Wettbewerbsverzerrung nicht zu besorgen sowie eine effiziente und störungsfreie Frequenznutzung gewährleistet ist. Nach dem Wortlaut der Norm („ist zuzustimmen") hat der Antragsteller einen **gebundenen Anspruch auf Zustimmung** zur Änderung der Frequenzzuteilung, wenn die vorgenannten Voraussetzungen gegeben sind. Ein Ermessen steht der Regulierungsbehörde insoweit nicht zu. Auch hat die Behörde im Rahmen eines Antragsverfahrens nach Abs. 7 S. 1 bis 3 keine Befugnis, die Frequenznutzungsbestimmungen, die mit der Frequenzzuteilung verbunden sind, nachträglich zu ändern[45]. Wird die Zustimmung verweigert, so schließt dies die Möglichkeit eines Frequenzhandels nach § 62 nicht aus[46].

b) Rückgabepflichten (Sätze 4, 5 und 6). – Frequenzzuteilungen beinhalten ein immanentes Nutzungsgebot[47]. Wer ein Nutzungsrecht erworben hat, dem obliegt es auch, dieses bestimmungsgemäß auszuüben. Mit Blick auf die normative Zielvorgabe einer effizienten Frequenznutzung (§ 52 Abs. 1) gilt es zu verhindern, dass die potenziell knappen Ressourcen durch eine Lagerhaltung Privater („Frequenzhorten") dauerhaft dem Markt entzogen werden. Aus diesem Grund sieht § 55 Abs. 7 S. 4 vor, dass Frequenzen, die nicht mehr genutzt werden, unverzüglich durch schriftliche Erklärung zurückgegeben werden.

Allerdings ist davon auszugehen, dass eine bloß vorübergehende Nutzungsunterbrechung der zugeteilten Frequenzen noch keine Verpflichtungen zur Rückgabe auszulösen vermag. Anders wäre es nicht zu erklären, dass nach § 63 Abs. 1 ein Widerruf der Frequenzzuteilung frühestens dann möglich ist, wenn die jeweiligen Frequenzen länger als ein Jahr ungenutzt bleiben. Vor diesem Hintergrund ist § 55 Abs. 7 S. 4 dahingehend auszulegen, dass eine Pflicht zur Rückgabe nur dann besteht, wenn die in Rede stehenden Frequenzen **dauerhaft nicht genutzt** werden sollen. Ob eine Nichtnutzung im konkreten Fall lediglich als vorübergehende Unterbrechung oder auf Dauer angelegt ist, wird man im Einzelfall anhand der äußeren Umstände und des konkreten Verhaltens des Zuteilungsnehmers zu beurteilen haben.

§ 55 Abs. 7 Satz 5 und Satz 6 regeln zwei Sonderfälle der Rückgabe zugeteilter Frequenzen bei dauerhaften Nichtnutzung: Satz 5 erfasst den Fall, dass der Zuteilungsnehmer ohne Rechtsnachfolger aufgelöst wird (bei juristischen Personen). Hier trifft die Rückgabepflicht denjenigen, der die Auflösung durchführt. Satz 6 betrifft den Todesfall (bei natürlichen Personen). Verstirbt der Zuteilungsnehmer, ohne dass ein Erbe die Frequenzen wei-

45 BT-Drs. 15/2316, Zu § 53.
46 BT-Drs. 15/2316, Zu § 53.
47 *Wegmann*, K&R 2003, 448 ff., 452.

ter nutzen möchte, so ist in Satz 6 vorgesehen, dass die Frequenzen vom Erben oder vom Nachlassverwalter zurückgegeben werden müssen.

49 **7. Befristung (Abs. 8).** – Frequenzen werden grundsätzlich nur befristet zugeteilt (Satz 1). Im TKG 1996 und der damaligen Frequenzzuteilungsverordnung war dies noch nicht so vorgesehen. Die Vorschrift soll der Behörde offensichtlich die erforderliche Flexibilität für eine innovationsoffene und effiziente Frequenzplanung schaffen. Die Befristung muss für den betreffenden Dienst angemessen sein (Satz 2). Bei der Bemessung der Frist wird man insbesondere auch die Höhe der Investitionen berücksichtigen müssen, die für eine bestimmungsgemäße Nutzung der jeweiligen Frequenzen erforderlich werden. In Einzelfällen ist auch eine unbefristete Zuteilung möglich. Dies bedarf jedoch einer besonderen Begründung durch die Regulierungsbehörde. Eine nachträgliche Verlängerung der Frist ist nicht ausgeschlossen[48].

50 **8. Frequenzvergabe bei Nachfrageüberhang (Abs. 9).** – § 55 Abs. 9 regelt den Fall, dass „nicht in ausreichendem Umfang" nutzbare Frequenzen vorhanden sind oder „für bestimmte Frequenzen mehrere Anträge" gestellt wurden. Es geht hier also um den Umgang mit Knappheitssituationen bei einem Nachfrageüberhang. Dies ist zu unterscheiden von der in Abs. 5 Nr. 2 geregelten Konstellation, dass gar keine Frequenzen zur Verfügung stehen, die dem Antragsteller zugeteilt werden könnten. Sind nutzbare Frequenzen nicht (mehr) verfügbar, etwa weil sie bereits vergeben wurden, so sind Zuteilungsanträge nach Abs. 5 Nr. 2 abzulehnen. Demgegenüber sieht Abs. 9 in Knappheitssituationen die Durchführung eines Vergabeverfahrens nach Maßgabe des § 61 vor[49]. In diesem Falle hat der Einzelne einen **Anspruch auf rechtmäßige Auswahlentscheidung**[50].

51 Nicht näher geregelt ist, in welcher Weise die Behörde die in Abs. 9 S. 1 tatbestandlich vorausgesetzten Knappheitssituation zu ermitteln hat. Bei einem **aktuellen Nachfrageüberhang**, d. h. wenn die Zahl der verfügbaren Frequenzen nicht ausreicht, um alle bereits gestellten Zuteilungsanträge zu bedienen (Satz 1 Alt. 2), liegt die Feststellung der Knappheit auf der Hand. Die Vorschrift findet aber auch Anwendung, wenn – unabhängig von den bereits gestellten Anträgen – nicht in ausreichendem Umfang verfügbare Frequenzen vorhanden sind (Satz 1 Alt. 1). Erfasst ist also auch ein **potenzieller Nachfrageüberhang**. Dessen Feststellung ist Aufgabe der Regulierungsbehörde im Rahmen ihrer Amtsermittlungspflicht (§ 24 VwVfG). Insbesondere mit Blick auf die europarechtlichen Vorgaben der Transparenz und Diskriminierungsfreiheit (Art. 9 Abs. 1 RRL) reicht die in Abs. 9 S. 2 vorgesehene Anhörung der betroffenen Kreise insoweit nicht aus. Sofern objektive Anhaltspunkte für einen möglichen Nachfrageüberhang vorliegen, ist vielmehr ein formalisiertes und transparentes **Bedarfsermittlungsverfahren**[51] zu fordern. Dabei hat die Behörde die Aufforderung zu veröffentlichen, innerhalb einer angemessenen Frist Bedarfs-

---

48 BT-Drs. 15/2316, Zu § 53.

49 Zur eingeschränkten Anwendbarkeit des § 55 Abs. 9 im Falle des Frequenzhandels s. § 62 RdNr. 17: Sofern sich der Veräußerer mit einem Erwerber hinsichtlich der Rechtsübertragung einigt und die der in Rede stehenden Frequenzen zum Zwecke der Vollziehung des Rechtsübergangs an die Behörde zurückgibt (vgl. § 62 Abs. 1 S. 2), hat Behörde auch dann kein Vergabeverfahren durchzuführen, wenn sich in der Zeit zwischen der Rückgabe und der Neuzuteilung ein drittes Unternehmen um die Frequenzen bewirbt.

50 *Wegmann*, DVBl. 2002, 1446 ff., 1453.

51 *Wegmann*, Regulierte Marktöffnung in der Telekommunikation, S. 97 f.; *Schulz*, Lizenzvergabe bei Frequenzknappheit, S. 55; BeckTKG-Komm/*Geppert*, § 10 RdNr. 6.

prognosen hinsichtlich der in Rede stehenden Frequenzen einzureichen und ggf. Zuteilungsanträge zu stellen.

Hat die Regulierungsbehörde einen (aktuellen oder potenziellen) Nachfrageüberhang fest- **52**
gestellt, so kann sie nach Abs. 9 S. 1 anordnen, dass der Frequenzzuteilung ein Vergabeverfahren nach Maßgabe des § 61 voranzugehen hat. Das im Wortlaut der Norm angelegte **Ermessen** der Behörde („kann") erfährt bei verfassungskonformer Auslegung eine **Reduktion auf Null**, wenn die zu betreffenden Frequenzen für eine berufliche Tätigkeit benötigt werden. In diesen Fällen „muss" die Behörde die Durchführung eines Vergabeverfahrens anordnen[52]. Denn Art. 3 GG steht in Verbindung mit Art. 12 Abs. 1 GG nicht nur für eine Chancengleichheit und willkürfreie Sachgerechtigkeit, sondern verlangt bei berufsbezogenen Auswahlentscheidungen auch, dass der Gesetzgeber selbst die Art der Vergabekriterien und ein hinreichend deutlich begrenztes Programm für deren Verhältnis zueinander festlegt[53]. Für den Fall knapper Frequenzen bietet § 61 ein solches normatives Auswahlkonzept. Dessen Anwendung darf – jedenfalls im Schutzbereich des Art. 12 Abs. 1 GG – nicht von einer Ermessensentscheidung der Regulierungsbehörde abhängig gemacht werden.

Vor der Entscheidung nach § 55 Abs. 9 S. 1 sind die **betroffenen Kreise** anzuhören (Satz **53**
2). Darunter fallen alle Personen, Vereinigungen und Einrichtungen, deren Interessen oder Aufgaben mittelbar oder unmittelbar, aktuell oder potenziell von den Auswirkungen der Entscheidung berührt werden[54]. In Art. 7 Abs. 1 lit. b) GRL ist ferner vorgesehen, dass auch Nutzern und Verbrauchern Gelegenheit zur Stellungnahme zu geben ist. Doch auch hier wird man schon aus Gründen der Praktikabilität zumindest eine potenzielle Interessenberührung voraussetzen müssen. Nach § 55 Abs. 9 S. 3 ist die Entscheidung zu **veröffentlichen**. Dies korrespondiert mit Art. 7 Abs. 1 lit. c GRL, der allerdings ausdrücklich fordert, dass bei der Veröffentlichung auch die Entscheidungsgründe anzugeben sind. Darüber hinaus finden sich in **Art. 7 Abs. 1 GRL** weitere Anforderungen, die in § 55 Abs. 9 nicht ausdrücklich erwähnt, aber gleichwohl zu beachten sind. Inhaltliche Leitlinie der Entscheidung muss die Maximierung des Nutzens für die Anwender und die Erleichterung des Wettbewerbs sein (lit. a). Außerdem ist die Entscheidung in angemessenen Abständen oder auf angemessenen Antrag der betroffenen Unternehmen daraufhin zu überprüfen, ob die mit der Entscheidung einhergehende zahlenmäßige Beschränkung von Frequenznutzungsrechten weiterhin erforderlich ist (lit. e).

Die Entscheidung über die Durchführung eines Vergabeverfahrens obliegt der **Präsiden- 54
tenkammer** bei der Regulierungsbehörde (§ 132 Abs. 1 S. 1; Abs. 3). Sie ergeht als Verwaltungsakt. Dies ergibt sich bereits formal aus § 132 Abs. 1 S. 2. Aber auch inhaltlich erfüllt die Entscheidung alle Kriterien, die nach § 35 VwVfG einen Verwaltungsakt konstituieren. Insbesondere entfaltet bereits sie – und nicht erst die nachfolgende Zuteilungsentscheidung im Vergabeverfahren – eine unmittelbare Rechtswirkung nach außen. Denn mit der Entscheidung über die Durchführung eines Vergabeverfahrens wandelt sich der grundsätzlich gebundene Zuteilungsanspruch des § 55 Abs. 5 in einen Anspruch auf er-

---

52 Zur entsprechenden Thematik nach alter Rechtslage vgl. *Wegmann* (Fn. 51), S. 100, 107; *Schulz* (Fn. 51), S. 65 f.; *Spoerr/Deutsch*, DVBl. 1997, 300 ff., 307.

53 *„Numerus Clausus Rechtsprechung"*: BVerfGE 33, 303 ff., 329 ff.; E 43, 291 ff., 313 ff.

54 S. hierzu § 53 RdNr. 14.

messensfehlerfreie Auswahlentscheidung. Da sie an eine Vielzahl von Adressaten gerichtet ist, handelt es sich um eine **Allgemeinverfügung** i. S.d. § 35 S. 2 VwVfG.

55 **9. Regulierungsziele und Belange der Länder (Abs. 10).** – Die Vorschrift geht auf § 4 Abs. 2 FreqZutV zurück. Sie soll gewährleisten, dass Frequenzzuteilungen mit den Regulierungszielen des § 2 Abs. 2 im Einklang stehen (Satz 1) und die Belange der Länder bei der Übertragung von Rundfunk gewahrt werden (Satz 2).

56 **a) Vereinbarkeit mit den Regulierungszielen (Satz 1).** – § 55 Abs. 10 S. 1 gibt der Regulierungsbehörde die Möglichkeit, einen Antrag auf Frequenzzuteilung abzulehnen, wenn die vom Antragsteller beabsichtigte Nutzung nicht mit den Regulierungszielen aus § 2 Abs. 2 vereinbar ist. Rechtstechnisch handelt es sich dabei nicht um eine vom Antragsteller darzulegende (negative) Zuteilungsvoraussetzung, sondern um einen im **Ermessen** der Behörde („kann") stehenden **Versagungsgrund**, was zu einer besonderen Darlegungs- und Begründungslast der Behörde führt. **Intention des Gesetzgebers** war es, der Regulierungsbehörde ein Instrument an die Hand zu geben, um „bei der Gestaltung von Funknetzen prüfen zu können, ob hier nicht lediglich aus Kostengründen oder um Konkurrenten eine Erweiterung ihrer Netze zu verbauen, die Anlagen so gestaltet werden, dass mehr Frequenzen benötigt werden, als sachlich zum gegenwärtigen Zeitpunkt für das geplante Netz erforderlich sind"[55]. Die Norm soll also insbesondere verhindern, dass Frequenzen gehortet oder infolge ineffizienter Gestaltung von Funkanlagen verschwendet werden.

57 Tatbestandlich geht die Norm allerdings über diese gesetzgeberische Intention hinaus und ermöglicht der Behörde generalklauselartig eine Frequenzversagung bei jeglicher Regulierungszielwidrigkeit der beabsichtigten Nutzung. Dies ist nicht unproblematisch, denn letztlich wird auf diese Weise der in § 55 Abs. 5 verankerte – und in Art. 5 Abs. 2 GRL fundierte – gebundene Zuteilungsanspruch erheblich relativiert. Konzeptionell soll die Frequenzzuteilung an einen Antragsteller gerade nicht von einer Ermessensausübung der Behörde abhängen. Dies gebietet eine **restriktive Anwendung** der in Abs. 10 S. 1 vorgesehenen Versagungsmöglichkeiten. So hat die Regulierungsbehörde im Rahmen ihrer Ermessensausübung sehr sorgfältig abzuwägen, ob eine festgestellte Beeinträchtigung der Regulierungsziele im Einzelfall so schwer ins Gewicht fällt, dass eine Frequenzversagung gerechtfertigt ist. Im Übrigen kommt eine Versagung aus Gründen der Verhältnismäßigkeit nur als **ultima ratio** in Betracht, wenn die Gefährdung der Regulierungsziele nicht durch mildere Mittel – etwa eine Nebenbestimmung nach § 60 – beseitigt werden kann.

58 **b) Belange der Länder (Satz 2).** – Sind die Belange der Länder bei der Übertragung von Rundfunk im Zuständigkeitsbereich der Länder betroffen, so hat die Regulierungsbehörde nach § 55 Abs. 10 S. 2 auf der Grundlage der rundfunkrechtlichen Festlegungen das Benehmen mit den zuständigen Landesbehörden herzustellen. Hintergrund der Regelung ist das **bundesstaatliche Kompetenzgefüge** des Grundgesetzes, wonach rundfunkrechtlich-inhaltliche Fragen in die Zuständigkeit der Länder fallen und lediglich die fernmeldetechnischen Aspekte der Frequenzverwaltung Sache des Bundes sind[56]. Soweit der Bund im Rahmen seiner Frequenzregulierung die Rundfunkhoheit der Länder berührt, bedarf es einer Abstimmung und Koordinierung.

---

55 BT-Drs. 15/2316, Zu § 53.
56 Vertiefend hierzu § 52 RdNr. 28 ff.

Der in der Vorschrift verwendete Begriff des „**Benehmens**" setzt nach allgemeinem Wort- **59**
verständnis – anders als das „Einvernehmen" – keine völlige Willensübereinstimmung voraus[57]. Leitbild ist eine auf Einigung abzielende Zusammenarbeit. Greift die beabsichtigte
Maßnahme allerdings in den Zuständigkeitsbereich der Länder ein, so ist eine Zustimmung
der betroffenen Landesbehörden bei verfassungskonformer Auslegung unerlässlich. Dies
ergibt sich aus dem Grundsatz eigenverantwortlicher Aufgabenwahrnehmung[58].

Bei den in Satz 2 genannten „**rundfunkrechtlichen Festlegungen**" kann es sich sowohl **60**
um gesetzliche oder verordnungsrechtliche Regelungen als auch um Einzelfallentscheidungen der zuständigen Landesbehörden handeln[59]. Gemeint sind nicht nur Festlegungen
in Bezug auf den Rundfunkdienst im engen Sinne des § 4 Nr. 33 und Nr. 34 FreqBZPV,
sondern auch Regelungen zu rundfunkähnlichen und Mediendiensten, da auch diese unter
den verfassungsrechtlichen Rundfunkbegriff fallen und damit der Zuständigkeit der Länder unterliegen[60].

Die tatbestandliche Beschränkung des Satz 2 auf die Übertragung von Rundfunk „**im Zu-** **61**
ständigkeitsbereich der Länder" trägt dem Umstand Rechnung, dass es auch Rundfunkveranstalter gibt, für die ausnahmsweise keine Landeszuständigkeit besteht. Ein Beispiel
hierfür ist die Deutsche Welle, die – gestützt auf die Kompetenz des Bundes für auswärtige
Angelegenheiten – eine Rundfunkanstalt nach Bundesrecht ist[61]. Aber auch die Sender der
alliierten Streitkräfte fallen nicht in den Zuständigkeitsbereich der Länder. In diesen Sonderfällen bedarf es mangels landesrechtlicher Zuständigkeit keiner Abstimmung mit den
Landesbehörden.

Der sachliche **Anwendungsbereich** der Benehmensregel in Satz 2 dürfte sich im Wesentli- **62**
chen auf die Fälle einer rundfunkrelevanten Frequenzversagungen nach Satz 1 oder einer
Änderung von Frequenzzuteilungen mit Rundfunkbezug nach Abs. 7 beschränken. Soweit
die Belange des Rundfunks im Rahmen der Zuteilung von Frequenzen, der Festlegung von
Nebenbestimmungen, der Zulassung eines Handels mit Frequenzen oder des Widerrufs
von Frequenzzuteilungen berührt sind, finden sich besondere Regelungen in den §§ 57
Abs. 1; 58; 60 Abs. 2 und 4; 62 Abs. 2 sowie 63 Abs. 2 und 3, die jeweils spezialgesetzlich
eine Abstimmung mit den Ländern vorsehen.

---

57 Vgl. hierzu auch § 54 RdNr. 10.
58 S. hierzu § 52 RdNr. 32.
59 BT-Drs. 15/2316, Zu § 53.
60 Vgl. *Scherer*, K&R Beil. 2/1999, 17 f., 20.
61 *Heun/Jenny*, Kapitel 2 RdNr. 184 (Fn. 5); *Herrmann*, Rundfunkrecht, § 4 RdNr. 55.

§ 56 Orbitpositionen und Frequenznutzungen durch Satelliten

(1) Jede Ausübung deutscher Orbit- und Frequenznutzungsrechte bedarf neben der Frequenzzuteilung nach § 55 Abs. 1 der Übertragung durch die Regulierungsbehörde. Die Regulierungsbehörde führt auf Antrag Anmeldung, Koordinierung und Notifizierung von Satellitensystemen bei der Internationalen Fernmeldeunion durch und überträgt dem Antragsteller die daraus hervorgegangenen Orbit- und Frequenznutzungsrechte. Voraussetzung dafür ist, dass

1. Frequenzen und Orbitpositionen verfügbar sind,
2. die Verträglichkeit mit anderen Frequenznutzungen sowie anderen Anmeldungen von Satellitensystemen gegeben ist,
3. öffentliche Interessen nicht beeinträchtigt werden.

(2) Für vorhandene deutsche Planeinträge und sonstige ungenutzte Orbit- und Frequenznutzungsrechte bei der Internationalen Fernmeldeunion kann ein Vergabeverfahren auf Grund der von der Regulierungsbehörde festzulegenden Bedingungen durchgeführt werden.

(3) Die Übertragung kann widerrufen werden, wenn diese Rechte länger als ein Jahr nicht ausgeübt wurden oder die Voraussetzungen des Absatzes 1 Satz 3 nicht mehr erfüllt sind.

Schrifttum: *Binz,* Geschichte der Frequenzverwaltung in der Bundesrepublik Deutschland mit Berlin (West), Archiv für das Post- und Fernmeldewesen 1990, 417; *ders./Schult,* Weltweite Verwaltungskonferenz für die Planung des Rundfunkdienstes über Satelliten in den Frequenzbereichen 11,7–12,2 GHz (in den Regionen 2 und 3) und 11,7–12,5 GHz (in Region 1), Genf, 1. 10.–13. 2. 1977, Archiv für das Post und Fernmeldewesen 1977, 503; *Doyle,* Space Law and the Geostationary Orbit: The ITU's WARC ORB 85–88 Concluded, Journal of Space Law 1989, 13; *Luyken,* Direktstrahlende Rundfunksatelliten, 1985; *Smith,* International Regulation of Satellite Communication, 1990; *Tegge,* Die Internationale Telekommunikations-Union, 1994; *Wegmann,* Nutzungsrechte an Funkfrequenzen und Rufnummern, K&R 2003, 448.

Übersicht

I. Bedeutung der Norm

§ 56 enthält spezielle Regelungen für die Ausübung deutscher Orbit- und Frequenznut- **1** zungsrechte beim Weltraumfunk über Kommunikationssatelliten. Hier bedarf es neben der Frequenzzuteilung nach § 55 zusätzlich einer „Übertragung". Hintergrund ist, dass derartige Nutzungsrechte mit grenzüberschreitender Reichweite dem Allokationsregime der ITU unterstehen. Die Zuteilung erfolgt dabei nicht direkt an die Betreiber der Funkstationen, sondern ausschließlich an die ITU-Mitgliedstaaten[1]. Deren Aufgabe ist es dann, die ihnen zugeteilten Orbitpositionen und Frequenzen an die nationalen Betreiber zu übertragen. Nach § 56 Abs. 1 ist hierfür in Deutschland die Regulierungsbehörde zuständig.

2   Orbitpositionen sind Plätze in der Erdumlaufbahn, auf denen Kommunikationssatelliten „geparkt" werden können. Besonders begehrt sind dabei die Standorte auf einer bestimmten Umlaufbahn, dem sog. geostationären Orbit. Er beschreibt ein Band um die Erde in 36 km Höhe über dem Äquator mit einem Umfang von 265.000 km[2]. Die dort platzierten Satelliten haben den Vorteil, dass sie die gleiche Umlaufgeschwindigkeit wie die Erde besitzen und deshalb nicht ständig von den zugehörigen Erdstationen nachgeführt werden müssen[3]. Dies senkt die Investitions- und Betriebskosten des entsprechenden Satellitennetzes.

3   Während der (geostationäre) Orbit gleichsam als „Parkplatz" für Kommunikationssatelliten im Weltraum fungiert, dienen die Frequenzen als Transportträger für die jeweiligen Signale zwischen den Funkstationen. Allerdings eignet sich nicht das gesamte nutzbare Frequenzspektrum für Satellitenfunkdienste. Aus physikalischen Gründen kommt hierfür nur der Bereich von 1–10 GHz in Betracht[4]. Wer Satellitenfunkanlagen betreiben möchte, benötigt daher sowohl eine Orbitposition als Standort für den Satelliten im Weltall als auch die für derartige Anwendungen geeigneten Frequenzen. Beides sind (potenziell) knappe Güter[5], deren Bewirtschaftung auf globaler Ebene von der ITU wahrgenommen wird.

II. Orbit- und Frequenzzuteilungsregime der ITU

4   Rechtliche Grundlage für die Tätigkeit der ITU ist deren Konstitution, ergänzt durch eine Konvention und zwei Vollzugsordnungen[6]. Nach **Art. 1 Nr. 2 lit. a) der ITU-Konstitution** übernimmt die Union u. a. die Aufgabe, Frequenzen und alle zugehörigen Orbitpositionen in der Umlaufbahn der geostationären Satelliten bzw. alle zugehörigen Merkmale von Satelliten in anderen Umlaufbahnen zu verteilen und zu registrieren, damit schädliche Störungen zwischen den Funkstellen der verschiedenen Länder vermieden werden. Zur Erfüllung dieses Auftrags bedient sich die Union zweier unterschiedlicher **Verfahren**, des Registrierverfahrens und des planerischen Verfahrens, wobei die jeweiligen Orbit- und Frequenznutzungsrechte in beiden Fällen nicht den nationalen Betreibern von Funkstationen, sondern **ausschließlich den Mitgliedstaaten** zugeteilt und auch nur von diesen beantragt werden können[7].

---

1   *Tegge*, Die Internationale Telekommunikations-Union, S. 244.
2   Ausführlich zur Beschaffenheit des geostationären Orbits: *Luyken*, Direktstrahlende Rundfunksatelliten, S. 64 ff.; *Smith*, International Regulation of Satellite Communication, S. 5 ff.
3   *Tegge* (Fn. 1) S. 235.
4   Niedrigere Frequenzen sind nicht geeignet, weil sie auf Grund ihrer physikalischen Eigenschaften der Erdkrümmung folgen. Höhere Frequenzen eignen sich nicht, weil sie starken atmosphärischen Störungen ausgesetzt sind.
5   Zu den Ursachen dieser potenziellen Knappheit und den Wechselwirkungen zwischen Frequenzknappheit und Knappheit von Orbitpositionen s. im Einzelnen *Tegge* (Fn. 1) S. 234 ff., 236.
6   S. hierzu § 52 RdNr. 5.
7   Ausführlich hierzu *Tegge* (Fn. 1) S. 242 ff., 248 ff. (Registrierverfahren) und S. 252 ff. (planerisches Verfahren); s. insoweit auch § 52 RdNr. 12.

Im **planerischen Verfahren** werden die Nutzungsrechte nach Maßgabe besonderer Allo- 5
kationspläne vergeben. Dabei handelt es sich um zwischenstaatliche Abkommen, die auf
den Funkkonferenzen der ITU ausgehandelt werden und ein Mindestkontingent von Nutzungsrechten für alle Staaten vorsehen. Derartige Pläne existieren für direktstrahlende
Rundfunksatelliten[8] sowie für Fernmeldesatelliten[9]. Will ein Mitgliedstaat die für ihn in
den Plänen reservierten Orbitpositionen und Frequenzen nutzen, so hat er einen entsprechenden Antrag bei der ITU zu stellen. Weicht die angestrebte Nutzung von den Plänen ab
oder sind Funkstörungen mit bereits angemeldeten Satellitensystemen zu befürchten, sind
Koordinationsverhandlungen mit allen betroffenen Staaten zu führen.

Soweit keine Allokationspläne für die benötigten Ressourcen existieren, kommt das **Regis-** 6
trierverfahren zur Anwendung. Die Vollzugsordnung für den Funkdienst (VO Funk)[10] unterscheidet dabei die Registrierung von terrestrischen Funkstationen einerseits (Artt. 12;
13) und von Satellitennetzen andererseits (Art. 11)[11]. Im Bereich der Satellitennetze wird
das Verfahren durch den Antrag eines Mitgliedstaates zur Vorveröffentlichung des Systems
eingeleitet. Sofern die betroffenen anderen Staaten oder die Union Interferenzen erwarten,
ist eine Koordination zwischen den bestehenden Satellitennetzen und der neuen Anlage vorgeschrieben. Nur wenn die Koordinationsverhandlungen erfolgreich abgeschlossen werden,
kann der jeweilige Mitgliedstaat das in Rede stehende Satellitensystem bei der ITU anmelden und durch die anschließende Registrierung die benötigten Nutzungsrechte erwerben.

III. Einzelkommentierung

1. Übertragung von Orbit- und Frequenznutzungsrechten (Abs. 1).

1. Übertragung von Orbit- und Frequenznutzungsrechten (Abs. 1). – Der Betrieb von 7
Satellitenfunkanlagen erfordert – neben einer Frequenzzuteilung nach § 55 für Frequenznutzungen im Geltungsbereich des TKG – zusätzlich nach § 56 Abs. 1 S. 1 eine Übertragung von Orbit- und Frequenznutzungsrechten, die wegen ihrer grenzüberschreitenden
Reichweite dem Zuteilungsregime der ITU unterstehen. Da im Zuteilungsverfahren vor
der ITU lediglich die **Bundesrepublik** als Staat – nicht die Betreiber der Funkstationen –
antragsberechtigt ist, weist Satz 2 der **Regulierungsbehörde** als Bundesoberbehörde die
Zuständigkeit und zugleich auch die Aufgabe zu, die für eine Zuteilung der Nutzungsrechte erforderliche Anmeldung, Koordinierung und Notifizierung auf Antrag des nationalen
Betreibers bei der ITU durchzuführen und diesem die daraus hervorgegangenen Rechte zu
übertragen. Der vom Gesetzgeber gewählte Begriff der „Übertragung" steht daher letztlich
für eine **abgeleitete Zuteilung** von international verwalteten Nutzungsrechten an die nationalen Betreiber. Dabei handelt es sich um einen **Verwaltungsakt** der Regulierungsbehörde. Insbesondere entfaltet die Übertragung auch die nach § 35 S. 1 VwVfG konstitutive
unmittelbare Rechtswirkung nach außen, denn erst durch sie werden die begehrten Nutzungsrechte beim nationalen Antragsteller begründet. Wer deutsche Orbit- und Frequenznutzungsrechte ohne entsprechende Übertragung ausübt, begeht gem. § 149 Abs. 1 Nr. 11
eine **Ordnungswidrigkeit** und kann mit Bußgeld belegt werden.

---

8 Im Einzelnen hierzu: *Smith* (Fn. 2) S. 63 f.; *Tegge* (Fn. 1) S. 256 ff.; *Binz/Schult*, Archiv für das
  Post und Fernmeldewesen 1977, 503 ff.
9 Vertiefend hierzu *Binz*, Archiv für das Post- und Fernmeldewesen 1990, 417 ff., 444 ff.; *Doyle*,
  Journal of Space Law 1989, 13 ff.; *Tegge* (Fn. 1) S. 258 f.; *Smith* (Fn. 2) S. 87 ff.
10 S. hierzu Einl. IV RdNr. 16 ff. und § 52 RdNr. 5.
11 Ausführlich hierzu: *Tegge* (Fn. 1) S. 248 ff.

8 **a) Gebundener Verfahrensdurchführungs- und Übertragungsanspruch.** – Nach dem Wortlaut des Abs. 1 S. 2 („führt … durch und überträgt …") hat der nationale Antragsteller einen **gebundenen Anspruch** sowohl auf **Durchführung** des erforderlichen Zuteilungsverfahrens bei der ITU als auch auf die **Übertragung** der daraus hervorgegangenen Orbit- und Frequenznutzungsrechte. Der Anspruch richtet sich gegen die Bundesrepublik als Träger der Regulierungsbehörde. Im Vergleich zur Rechtslage nach dem TKG 1996, der eine derartige Vorschrift nicht enthielt, wird damit die Position der nationalen Antragsteller im Verhältnis zur Behörde erheblich gestärkt. Sie ist gegenüber dem Antragsteller zunächst verpflichtet, die für eine Zuteilung der Rechte notwendigen **Verfahrensschritte auf internationaler Ebene** vorzunehmen. Je nachdem, ob im konkreten Fall das planerische Verfahren oder das Registrierverfahren vor der ITU zu Anwendung kommt[12], können hier unterschiedliche Handlungen notwendig sein. Dabei verpflichtet Satz 2 die Regulierungsbehörde auch ausdrücklich zur „**Koordination**". Wenn also der vom Antragsteller beabsichtigte Funkbetrieb Interferenzen mit anderen Satellitennetzen befürchten lässt oder von internationalen Allokationsplänen abweicht, hat die Behörde gemäß den internationalen Regelungen Koordinationsverhandlungen mit den betroffenen anderen Staaten mit dem Ziel einer Einigung zu führen. Teilt die ITU der Bundesrepublik daraufhin die begehrten Nutzungsrechte zu, so ist es wiederum Aufgabe und Verpflichtung der Regulierungsbehörde, diese dem Antragsteller zu **übertragen**.

9 **b) Anspruchsvoraussetzungen.** – Der in Satz 2 vorgesehene Verfahrensdurchführungs- und Übertragungsanspruch besteht allerdings nur unter den in Satz 3 vorgesehenen Voraussetzungen. In Satz 3 **Nr. 1** wird zunächst gefordert, dass die begehrten Frequenzen und Orbitpositionen **verfügbar** sind und noch nicht anderweitig vergeben wurden. Nach **Nr. 2** muss ferner die **Verträglichkeit** mit anderen Frequenznutzungen sowie anderen Anmeldungen von Satellitensystemen gegeben sein. Soweit eine mögliche Unverträglichkeit mit Satellitensystemen im Raume steht, die von anderen ITU-Mitgliedstaaten angemeldet wurden, ist allerdings zu beachten, dass die Behörde grundsätzlich nach Satz 2 gehalten ist, sich im Wege von Koordinationsverhandlungen um eine Einigung auf internationaler Ebene zu bemühen. Hier wäre eine Ablehnung des Antrags noch vor dem Versuch einer Koordination grundsätzlich unzulässig. Lässt sich indes objektiv feststellen, dass die Verträglichkeit evident nicht gegeben ist und auch im Verhandlungswege nicht hergestellt werden kann, so wird man von der Behörde wohl nicht verlangen können, diesen erkennbar aussichtslosen Schritt zu unternehmen. In derartigen Fällen dürfte eine Ablehnung des Antrags gerechtfertigt sein. Schließlich verlangt Satz 3 **Nr. 3**, dass die **öffentlichen Interessen** nicht beeinträchtigt werden. Die Unbestimmtheit dieses Rechtsbegriffs birgt freilich die Gefahr, generalklauselartig für die Ablehnung von Anträgen herangezogen zu werden und damit den in Satz 2 vorgesehenen Anspruch auszuhöhlen. Dies gebietet eine restriktive Handhabung.

10 **2. Vergabeverfahren (Abs. 2).** – Für vorhandene deutsche Planeinträge und sonstige ungenutzte Orbit- und Frequenznutzungsrechte bei der ITU kann die Regulierungsbehörde nach Abs. 2 ein Vergabeverfahren durchführen. Gemeint sind dabei offenbar solche Fälle, bei denen die in Rede stehenden Nutzungsrechte auf internationaler Ebene in den Allokationsplänen der ITU für die Bundesrepublik reserviert sind (im planerischen Verfahren) oder bei denen die Rechte international noch nicht genutzt werden, so dass sie nach einer

---

12 S. o. RdNr. 5, 6.

entsprechenden Anmeldung der Bundesrepublik zugeteilt werden, ohne dass hier eine weitere Koordination erforderlich wäre (im Registrierverfahren).

In derartigen Fällen „kann" die Regulierungsbehörde ein Vergabeverfahren durchführen. **11** Nach dem Wortlaut der Norm steht ihr insoweit ein **Ermessen** zu. Da Satellitenfunkstationen in aller Regel zu beruflichen Zwecken genutzt werden und die Zuteilung der hierfür erforderlichen Frequenz- und Orbitnutzungsrechte somit Einfluss auf die Berufswahl der (potenziellen) Betreiber hat, sind bei der Ausübung dieses Ermessens die verfassungsrechtlichen Vorgaben aus Art. 12 Abs. 1 und Art. 3 GG zu beachten. Danach hat die Vergabe knapper berufsnotwendiger Ressourcen im Wege eines normativen Auswahl- und Verteilungsprogramms zu erfolgen[13]. Im Hinblick auf die von der Behörde zu treffende Entscheidung, ob ein Vergabeverfahren durchgeführt wird oder nicht, findet daher eine **Ermessensreduktion** auf Null statt, wenn Anhaltspunkte dafür bestehen, dass die Nachfrage für die zu vergebenden Orbit- und Frequenznutzungsrechte größer ist als das bestehende Angebot.

Trifft die Behörde die Entscheidung, ein Vergabeverfahren durchzuführen, so reduziert **12** sich der grundsätzlich gebundene Anspruch auf Übertragung der Nutzungsrechte nach Abs. 1 S. 2 auf einen **Anspruch auf rechtmäßige Auswahlentscheidung**.

Hinsichtlich der **Bedingungen des Vergabeverfahrens** sieht Abs. 2 vor, dass diese von der **13** Regulierungsbehörde festgelegt werden. Fraglich ist insoweit, ob dabei das in § 61 geregelte Verfahren zur Anwendung kommt. Eine ausdrückliche Verweisung ist in § 56 Abs. 2 – anderes als in § 55 Abs. 9 – nicht enthalten. Dies spricht zunächst einmal dafür, dass § 61 hier nicht gelten soll. Andererseits fordert das Verfassungsrecht, dass bei berufsbezogenen Auswahlentscheidungen der Gesetzgeber selbst die Art der Vergabekriterien und ein hinreichend deutlich begrenztes Programm für deren Verhältnis zueinander festlegt[14]. Eine schlichte Festlegung der Vergabebedingungen der Behörde reicht insoweit nicht aus. Bei verfassungskonformer Auslegung wird man vielmehr fordern müssen, dass jedenfalls die normativ festgelegten **Grundsätze des in § 61 geregelten Vergabeverfahrens** auch hier zur Anwendung kommen.

3. Widerrufsgründe (Abs. 3). – Nach § 56 Abs. 3 hat die Regulierungsbehörde die Mög- **14** lichkeit, die Übertragung von Orbit- und Frequenznutzungsrechten zu widerrufen, wenn die Rechte länger als ein Jahr nicht ausgeübt wurden oder die Voraussetzungen des Absatzes 1 Satz 3 nicht mehr erfüllt sind. Dabei handelt es sich um gesetzliche Widerrufsgründe i. S. v. § 49 Abs. 2 S. 1 Nr. 1 VwVfG. Sie dienen der Sicherstellung einer störungsfreien und effizienten Ressourcennutzung i. S. v. § 52 Abs. 1. Insbesondere die Widerrufsmöglichkeit bei Nichtausübung der Rechte (Abs. 3 Alt. 1) soll verhindern, dass die potenziell knappen Güter durch eine „Lagerhaltung Privater"[15] dauerhaft dem Markt entzogen werden. Insoweit bringt die Vorschrift zum Ausdruck, dass mit der Übertragung der Rechte auch ein Gebot zur bestimmungsgemäßen Nutzung verbunden ist. Soweit neben der Übertragung nach § 56 auch eine Frequenzzuteilung nach § 55 vorliegt, richtet sich deren Widerruf nach § 63.

---

13 *„Numerus-clausus-Rechtsprechung"*: BVerfGE 33, 303 ff., 329 ff.; E 43, 291 ff., 313 ff.
14 Vgl. die Rechtsprechungsnachweise in Fn. 13.
15 *Wegmann*, K&R 2003, 448 ff., 452.

§ 57 Besondere Voraussetzungen der Frequenzzuteilung

(1) Für die Zuteilung von Frequenzen zur Übertragung von Rundfunk im Zuständigkeitsbereich der Länder ist neben den Voraussetzungen des § 55 auf der Grundlage der rundfunkrechtlichen Festlegungen das Benehmen mit der zuständigen Landesbehörde herzustellen. Die jeweilige Landesbehörde teilt den Versorgungsbedarf für Rundfunk im Zuständigkeitsbereich der Länder der Regulierungsbehörde mit. Die Regulierungsbehörde setzt diese Bedarfsanmeldungen bei der Frequenzzuteilung nach § 55 um. Näheres zum Verfahren legt die Regulierungsbehörde auf der Grundlage rundfunkrechtlicher Festlegungen der zuständigen Landesbehörden fest. Die dem Rundfunkdienst im Frequenzbereichszuweisungsplan zugewiesenen und im Frequenznutzungsplan ausgewiesenen Frequenzen können für andere Zwecke als der Übertragung von Rundfunk im Zuständigkeitsbereich der Länder genutzt werden, wenn dem Rundfunk die auf der Grundlage der rundfunkrechtlichen Festlegungen zustehende Kapazität zur Verfügung steht. Die Regulierungsbehörde stellt hierzu das Benehmen mit den zuständigen Landesbehörden her.

(2) Frequenznutzungen des Bundesministeriums der Verteidigung bedürfen in den ausschließlich für militärische Nutzungen im Frequenznutzungsplan ausgewiesenen Frequenzbereichen keiner Frequenzzuteilung.

(3) Als zugeteilt gelten Frequenzen, die im Frequenznutzungsplan für die Seefahrt und die Binnenschifffahrt sowie den Flugfunkdienst ausgewiesen sind und die auf fremden Wasser- oder Luftfahrzeugen, die sich im Geltungsbereich dieses Gesetzes aufhalten, zu den entsprechenden Zwecken genutzt werden.

(4) Für Frequenzen, die im Frequenznutzungsplan für den Funk der Behörden und Organisationen mit Sicherheitsaufgaben (BOS-Funk) ausgewiesen sind, legt das Bundesministerium des Innern im Benehmen mit den zuständigen obersten Landesbehörden in einer Richtlinie fest

1. die Zuständigkeit der beteiligten Behörden,
2. das Verfahren zur Anerkennung als Berechtigter zur Teilnahme am BOS-Funk,
3. das Verfahren und die Zuständigkeiten bei der Bearbeitung von Anträgen auf Frequenzzuteilung innerhalb der BOS,
4. die Grundsätze zur Frequenzplanung und die Verfahren zur Frequenzkoordinierung innerhalb der BOS sowie
5. die Regelungen für den Funkbetrieb und für die Zusammenarbeit.

Die Richtlinie ist, insbesondere die Nrn. 4 und 5 betreffend, mit der Regulierungsbehörde abzustimmen. Das Bundesministerium des Innern bestätigt im Einzelfall nach Anhörung der jeweils sachlich zuständigen obersten Bundes- oder Landesbehörden die Zugehörigkeit eines Antragstellers zum Kreis der nach Satz 1 anerkannten Berechtigten.

(5) Frequenzen für die Nutzung von Bodenfunkstellen im mobilen Flugfunkdienst und ortsfeste Flugnavigationsfunkstellen werden nur dann zugeteilt, wenn die nach § 81 Abs. 1 und 2 Luftverkehrs-Zulassungsordnung geforderten Zustimmungen zum Errichten und Betreiben dieser Funkstellen erteilt sind.

(6) Frequenzen für die Nutzung durch Küstenfunkstellen des Revier- und Hafenfunkdienstes werden nur dann zugeteilt, wenn die Zustimmung der Wasser- und Schifffahrtsverwaltung vorliegt.

Schrifttum: *Engels*, Regelungen zur rundfunkrechtlichen Frequenzoberverwaltung, ZUM 1997, 106; *Herrmann*, Rundfunkrecht, 1994; *Hoffmann-Riem/Wieddekind*, Frequenzplanung auf der Suche nach Planungsrecht, FS Hoppe, 2000, 745; *Scherer*, Frequenzverwaltung zwischen Bund und Ländern unter dem TKG, K&R Beil. 2/1999; *Schulz/Wasner*, Rundfunkrechtlich relevante Fragen der Lizenzierung und Frequenzverwaltung nach dem TKG, ZUM 1999, 513.

I. Bedeutung der Norm

1   § 57 ergänzt und modifiziert die allgemeinen Frequenzzuteilungregelungen des § 55 für diverse Sonderfälle. Hier geht es insbesondere um das komplexe Verhältnis der telekommunikationsrechtlichen Frequenzzuteilung zu den einschlägigen rundfunkrechtlichen Festlegungen (Abs. 1). Aber auch Frequenzen, die im Bereich der militärischen Nutzung (Abs. 2), der Schifffahrt und des Luftverkehrs (Abs. 3), der Behörden und Organisationen mit Sicherheitsaufgaben (Abs. 4), des Flug- und Flugnavigationsfunks (Abs. 5) und des Revier- und Hafenfunks (Abs. 6) genutzt werden, unterliegen – neben den allgemeinen Bestimmungen des § 55 – den spezialgesetzlichen Vorschriften des § 57.

II. Einzelkommentierung

1. Frequenzen zur Übertragung von Rundfunk (Abs. 1). – Der Rundfunk nimmt im Be- **2**
reich der Frequenzverwaltung eine Sonderstellung ein. Dies ergibt sich nicht nur aus seiner
Rolle als Medium und Faktor der öffentlichen Meinungsbildung[1], sondern auch aus der
Kompetenzverteilung zwischen Bund und Ländern[2]. Während die Länder für die rundfunkrechtlich-inhaltlichen Aspekte zuständig sind, ist die fernmeldetechnische Seite der
Frequenzverwaltung Sache des Bundes. Bei der Zuteilung von Frequenzen für die Übertragung von Rundfunk sind die telekommunikationsrechtlichen Regelungskompetenzen des
Bundes und die rundfunkrechtlichen Zuständigkeiten der Länder in besonderem Maße miteinander verzahnt. Dies erfordert eine **regelgeleitete Koordination und Abstimmung** der
beiderseitigen Kompetenzausübung. § 57 Abs. 1 ist hierfür die einfachgesetzliche Grundlage. Verfassungsrechtlich bestimmt sich das Verhältnis von Bund und Ländern in diesen
Fällen nach dem vom BVerfG entwickelten Institut der „dienenden Funktion" des Telekommunikationsrechts, dem Gebot der Bundestreue und dem „Grundsatz eigenverantwortlicher Aufgabenwahrnehmung"[3].

a) Rundfunkrechtliches Frequenzzuweisungsregime. – Das rundfunkrechtliche Fre- **3**
quenzzuweisungsregime ist an publizistischen Kriterien orientiert (vgl. §§ 25 ff. RStV).
Dabei geht es nicht etwa um funktechnische Verträglichkeiten und auch nicht (primär) um
die Sicherung von Marktchancen einzelner Unternehmen, sondern vielmehr um die Gewährleistung einer **Meinungsvielfalt und kommunikativen Chancengleichheit**[4]. In Anknüpfung an § 50 f. RStV haben die Länder entweder eigene Frequenzvergabegesetze geschaffen[5] oder frequenzzuweisende Regelungen in den Landesrundfunkgesetzen verankert[6]. Nach Maßgabe der jeweiligen landesrechtlichen Vorschriften wird zunächst im Rahmen der sog. **rundfunkrechtlichen Frequenzoberverwaltung**[7] entschieden, ob die in Rede stehenden Frequenzen durch öffentlich-rechtliche oder private Rundfunkveranstalter
genutzt werden sollen. Wird eine Frequenz auf der Ebene der Frequenzoberverwaltung
dem **privaten Rundfunk** zugeordnet, so erteilt die zuständige Landesmedienanstalt nach
einer Ausschreibung und ggf. einem Auswahlverfahren einem Antragsteller die **rundfunkrechtliche Zulassung**, d. h. die Erlaubnis zur Veranstaltung von Rundfunk auf einer bestimmten Frequenz[8]. Im Bereich des **öffentlich-rechtlichen Rundfunks** ist eine solche
Zulassung nicht vorgesehen. Hier fällt die Entscheidung über die Nutzung der betreffenden
Rundfunkfrequenz durch einen Veranstalter bereits auf der Ebene der landesrechtlichen
Frequenzoberverwaltung[9].

b) Gemengelage der Frequenzzuweisungsregelungen. – In der Gemengelage telekom- **4**
munikations- und rundfunkrechtlicher Frequenzzuweisungsregelungen ergibt sich damit

---

1 Vgl. BVerfGE 12, 205 ff., 260 – 1. Rundfunkurteil.
2 Ausführlicher hierzu § 52 RdNr. 28 ff.
3 S. dazu im Einzelnen § 52 RdNr. 32 (m. w. N.).
4 *Schulz/Wasner*, ZUM 1999, 513 ff., 514, 515.
5 So das hamburgische Frequenzvergabe-Gesetz v. 20. 4. 1994 (HmbGVBl. 1994, 130).
6 S. hierzu die Übersicht bei *Engels*, ZUM 1997, 106 ff., 109 f.
7 *Engels*, ZUM 1997, 106 ff., 108 ff.; *Schulz/Wasner*, ZUM 1999, 513 ff., 519, 526.
8 Vertiefend hierzu *Herrmann*, Rundfunkrecht, § 17 RdNr. 47 ff.; die landesrechtlichen Verfahren
    unterscheiden sich teilweise.
9 *Hoffmann-Riem/Wieddekind*, FS Hoppe, 2000, S. 745 ff., 763; *Schulz/Wasner*, ZUM 1999, 513 ff.,
    526.

folgende Situation: Zur Übertragung von Rundfunk bedarf es sowohl einer rundfunkrechtlichen Frequenzzuweisungsentscheidung nach Maßgabe der einschlägigen Landesgesetze (Frequenzoberverwaltung und ggf. Zulassung) als auch einer telekommunikationsrechtlichen Frequenzzuteilung gemäß § 55 TKG. Die beiden Regelungsbereiche betreffen die Nutzung derselben Frequenzen, verfolgen aber unterschiedliche Ziele und Ansätze[10]. Die Zuweisungsentscheidung auf Länderebene gestattet die Frequenznutzung durch einen Veranstalter unter Berücksichtigung **rundfunkrechtlicher Kriterien** (Meinungsvielfalt, kommunikative Chancengleichheit). Demgegenüber bescheinigt die telekommunikationsrechtliche Frequenzzuteilung nach § 55, dass die Frequenznutzung mit **sendetechnischen Erfordernissen** (Verträglichkeit mit anderen Frequenznutzungen) im Einklang steht. Aus Sicht des Verfassungsrechts ist das Verhältnis von rundfunkrechtlicher Frequenzzuweisung und telekommunikationsrechtlicher Frequenzzuteilung maßgeblich geprägt durch den vom BVerfG entwickelten Grundsatz der „**dienenden Funktion**" des Telekommunikationsrechts[11]. Hieraus folgt die **Akzessorietät** der telekommunikationsrechtlichen Frequenzzuteilung zur rundfunkrechtlichen Zuweisungsentscheidung und – damit einhergehend – ein **prioritäres Zugriffsrecht der Länder** auf Frequenzbereiche, die nach Maßgabe des Frequenznutzungsplans für den Rundfunk vorgesehen sind[12].

5 **c) Abstimmungserfordernis bei der Zuteilung von Rundfunkfrequenzen.** – Vor dem Hintergrund der aufgezeigten Gemengelage telekommunikations- und rundfunkrechtlicher Regelungen sieht § 57 Abs. 1 **Satz 1** vor, dass die Zuteilung von Frequenzen zur Übertragung von Rundfunk im Zuständigkeitsbereich der Länder[13] neben den telekommunikationsrechtlichen Anforderungen des § 55 auch das Benehmen[14] mit der zuständigen Landesbehörde auf der Grundlage der rundfunkrechtlichen Festlegungen[15] voraussetzt. Die Vorschrift geht auf § 5 Abs. 2 der nach der Verkündung des neuen TKG außer Kraft getretenen Frequenzzuteilungsverordnung (FreqZutV) zurück. Bemerkenswert ist allerdings, dass in § 57 Abs. 1 – anders als in § 5 Abs. 2 FreqZutV und § 47 Abs. 3 TKG 1996 – nun nicht mehr ausdrücklich auf das Vorliegen einer „medienrechtlichen Genehmigung" als Voraussetzung für eine telekommunikationsrechtliche Frequenzzuteilung abgestellt wird.

6 Die Rede ist vielmehr nur von einem „Benehmen", das auf der Grundlage der rundfunkrechtlichen Festlegungen mit der Landesbehörde herzustellen ist. Nach dem allgemeinen Wortverständnis setzt ein „Benehmen" – anders als das „Einvernehmen" – gerade keine völlige Willensübereinstimmung voraus. In der Sache dürfte dies allerdings nichts daran ändern, dass die telekommunikationsrechtliche Zuteilung nur dann erfolgen darf, wenn eine **rundfunkrechtliche Zuweisungsentscheidung** (auf der Ebene der Frequenzoberverwaltung oder der rundfunkrechtlichen Zulassung) vorliegt[16]. Dies ergibt sich bereits aus dem Verfassungsprinzip der dienenden Funktion des Telekommunikationsrechts und dem da-

---

10 Vgl. hierzu auch *Schulz/Wasner*, ZUM 1999, 513 ff., 526.

11 S. hierzu § 52 RdNr. 30, m. w. N.

12 *Scherer*, K&R Beil. 2/1999, 21 ff.

13 Zur Bedeutung der tatbestandlichen Einschränkung „im Zuständigkeitsbereich der Länder" s. § 55 RdNr. 61.

14 Zum Begriff des „Benehmens" s. § 55 RdNr. 59.

15 Zur Reichweite „rundfunkrechtlicher Festlegungen" s. § 55 RdNr. 60.

16 Allerdings müssen der Adressat der rundfunkrechtlichen Zuweisungsentscheidung (Rundfunkveranstalter) und der Adressat der telekommunikationsrechtlichen Frequenzzuteilung (Sendernetzbetreiber) nicht zwangsläufig personenidentisch sein. Vertiefend hierzu: *Hoffmann-Riem/Wieddekind*, FS Hoppe, 2000, S. 745 ff., 764 f.; *Scherer*, K&R Beil. 2/1999, 22 f.

raus folgenden prioritären Zugriffsrecht der Länder auf die ausgewiesenen Rundfunkfrequenzen. Ausweislich der Materialien gingen davon offenbar auch die Gesetzesverfasser aus[17].

Nach § 57 Abs. 1 **Satz 2** teilt die jeweilige Landesbehörde den **Versorgungsbedarf** für **7** Rundfunk mit. Grundlage hierfür sind die Festlegungen des Frequenzbereichszuweisungs- und Frequenznutzungsplans, die – unter Beteiligung der Länder im jeweiligen Planaufstellungsverfahren – vorgeben, welche Frequenzen für den Rundfunk zur Verfügung stehen. Auf der Basis dieser telekommunikationsrechtlichen Nutzungsplanung nehmen die Länder eine hiervon zu unterscheidende **rundfunkrechtliche Bedarfsplanung**[18] wahr. Gegenstand dieser Bedarfsplanung ist ein Anforderungsprofil für die Rundfunkversorgung, das aus den Versorgungswünschen der öffentlich-rechtlichen und privaten Programmveranstalter resultiert. Der von den Ländern festgestellte Bedarf kann beispielsweise auf ein zu versorgendes Gebiet, die Optimierung einer vorhandenen Sendekette oder die Einrichtung eines lokalen oder regionalen Senders zielen und auch Frequenzvorschläge enthalten. Da eine sachgerechte Bedarfsplanung durch die Länder voraussetzt, dass die zuständigen Landesstellen Kenntnis von allen ungenutzten – insbesondere auch den neu freigewordenen – Frequenzen erhalten, die für den Rundfunk verfügbar sind, trifft die Regulierungsbehörde insoweit eine besondere **Informations- bzw. Benachrichtigungspflicht**[19]. Dies ist zwar nicht ausdrücklich im Gesetz vorgesehen, ergibt sich aber bei verfassungskonformer Auslegung aus der „dienenden Funktion" des Telekommunikationsrechts und dem Grundsatz der Bundestreue.

Auf der Grundlage der rundfunkrechtlichen Bedarfsplanung nehmen die zuständigen Landesstellen eine **Bedarfsanmeldung** vor, die gemäß § 57 Abs. 1 **Satz 3** von der Regulierungsbehörde bei der Frequenzzuteilung nach § 55 umzusetzen ist. Das bedeutet, die Regulierungsbehörde hat grundsätzlich alle für den angemeldeten Bedarf benötigten Frequenzen zuzuteilen, sofern die sendetechnischen Anforderungen des § 55 (insbes. die Verträglichkeit mit anderen Frequenznutzungen) nicht zwingend entgegenstehen. Dies ist eine Folge der Akzessorietät der telekommunikationsrechtlichen Frequenzzuteilung und des primären Zugriffsrechts der Länder auf die ausgewiesenen Rundfunkfrequenzen.

Zum **Verfahrensablauf** von der Bedarfsanmeldung durch die zuständige Landesstelle bis **9** zur Frequenzzuteilung durch die Regulierungsbehörde enthält das Gesetz keine näheren Bestimmungen. Stattdessen sieht § 57 Abs. 1 **Satz 4** vor, dass die Regulierungsbehörde hierzu Regelungen erlässt. Materielle Grundlage hierfür sind die einschlägigen rundfunkrechtlichen Festlegungen der Landesbehörden. Satz 4 enthält keinen ausdrücklichen Hinweis auf die Rechtsnatur der zu erlassenden Verfahrensregelungen. Eine Rechtsverordnung scheidet aber schon deshalb aus, weil die Regulierungsbehörde gem. Art. 80 Abs. 1 GG kein zulässiger Adressat einer Verordnungsermächtigung ist. Es handelt sich vielmehr um **Verwaltungsvorschriften**[20]. Wegen ihrer besonderen Bedeutung – insbesondere auch mit Blick auf die verfassungsrechtliche Stellung des Rundfunks – und im Interesse der Verfah-

---

17 BT-Drs. 15/2316, Zu § 55: „Die Verknüpfung der telekommunikationsrechtlichen Frequenzzuteilung mit der rundfunkrechtlichen Genehmigung stellt wie bereits nach den Regelungen im TKG-alt (§ 47 Abs. 3) und der FreqZutV (§ 5 Abs. 2) sicher, dass […]."
18 *Scherer*, K&R Beil. 2/1999, 21 f.
19 *Schulz/Wasner*, ZUM 1999, 513 ff., 520.
20 Kritisch insoweit mit Recht *Scherer*, K&R Beil. 2/1999, 21, wonach „mindestens die Grundzüge des Verfahrensablaufs" durch Rechtsverordnung geregelt werden müssten.

renstransparenz und Rechtssicherheit ist aber zu fordern, dass sie im Amtsblatt der Behörde veröffentlicht werden.

10 d) Abstimmungserfordernis bei der Nutzung von Rundfunkfrequenzen für andere Zwecke. – Frequenzen, die nach Maßgabe des Frequenzbereichszuweisungsplans (§ 53) und des Frequenznutzungsplans (§ 54) für den Rundfunk vorgesehen sind, können gem. § 57 Abs. 1 **Satz 5** gleichwohl für andere Zwecke genutzt werden, wenn dem Rundfunk die auf der Grundlage der rundfunkrechtlichen Festlegungen zustehende Kapazität zur Verfügung steht. Mit den in Satz 5 angesprochenen **rundfunkrechtlichen Festlegungen**[21] dürfte in diesem Zusammenhang die rundfunkrechtliche Bedarfsplanung gemeint sein. Denn sie gibt Aufschluss über den absehbaren Kapazitätsbedarf der Länder. Ergibt sich daraus, dass der Rundfunk bereits ausreichend mit Frequenzen versorgt ist, so können die noch freien Kapazitäten anderweitig genutzt werden. Dies soll ein Brachliegen der Ressourcen verhindern. Nach § 57 Abs. 1 **Satz 6** ist hierzu das **Benehmen**[22] mit den zuständigen Landesbehörden herzustellen. Wegen des verfassungsrechtlich begründeten prioritären Zugriffsrechts der Länder auf die Rundfunkfrequenzen wird man hier im Grundsatz – über das bloße Benehmen hinaus – eine Zustimmung der Ländern fordern müssen. Wenn jedoch die landesrechtliche Bedarfsplanung ergibt, dass die in Rede stehenden Frequenzen nicht benötigt werden, widerspräche es dem Gebot bundesfreundlichen Verhaltens, wenn die Länder ihre Zustimmung willkürlich verweigern würden. Soweit eine anderweitige Nutzung der Rundfunkfrequenzen von den Festsetzungen des Frequenzbereichszuweisungsplans oder des Frequenznutzungsplans abweicht, sind zusätzlich die besonderen Anforderungen des **§ 58** zu prüfen.

11 2. Frequenzen für die militärische Nutzung (Abs. 2). – Die Vorschrift entspricht § 47 Abs. 2 TKG 1996 und sieht vor, dass Frequenznutzungen des BMVg in den ausschließlich für militärische Nutzungen im Frequenznutzungsplan ausgewiesenen Frequenzbereichen keiner Frequenzzuteilung bedürfen. Dabei handelt es sich um eine gesetzliche Ausnahme vom grundsätzlichen Zuteilungsvorbehalt des § 55 Abs. 1 S. 1. Die Regelung in § 57 Abs. 2 korrespondiert mit § 2 Abs. 4, wonach das TKG die hoheitlichen Rechte des BMVg unberührt lässt. In diesem Zusammenhang steht auch § 52 Abs. 3, der ein Einvernehmen zwischen dem BMVg und dem BMWA verlangt, wenn es um Frequenznutzungen geht, die in den Aufgabenbereich des BMVg fallen. Daraus ergibt sich folgende Systematik: Frequenzen, die laut Frequenznutzungsplan ausschließlich für militärische Zwecke vorgesehen sind, darf das BMVg gem. § 57 Abs. 2 ohne vorherige Zuteilung nutzen. In allen anderen Frequenzbereichen bedarf es einer Frequenzzuteilung nach § 55 Abs. 1, wobei gem. § 52 Abs. 3 das Einvernehmen zwischen BMVg und BMWA herzustellen ist[23].

12 3. Frequenznutzungen auf fremden Wasser- oder Luftfahrzeugen (Abs. 3). – Die Bestimmung geht auf § 3 Abs. 2 FreqZutV zurück und schafft die auf Grund internationaler

---

21 Vgl. allgemein hierzu § 55 RdNr. 60.
22 Zum Begriff des Benehmens s. § 55 RdNr. 59.
23 Vgl. auch BeckTKG-Komm/*Ehmer*, § 47 RdNr. 13; *Scheurle/Mayen/Hahn*, § 47 RdNr. 21. Vom Ansatz her abweichend *Heun/Jenny*, Kap. 2 RdNr. 210, wonach das Einvernehmen „an die Stelle" der Frequenzzuteilung treten soll. Im praktischen Ergebnis dürfte sich dieser Unterschied allerdings nicht gravierend auswirken, da das Einvernehmen die Zustimmung beider Seiten voraussetzt (vgl. etwa *Wolff/Bachof/Stober*, Verwaltungsrecht II, § 45 RdNr. 66 f.), so dass eine Frequenznutzung in diesen Fällen jedenfalls nicht gegen den Willen des BMWA zulässig wäre.

Vereinbarungen erforderlichen Sonderregelungen für Funkanwendungen auf fremden[24] Wasser- und Luftfahrzeugen, die sich im Geltungsbereich des TKG aufhalten[25]. Streng genommen handelt es sich hierbei nicht um eine Ausnahme vom Zuteilungsvorbehalt des § 55 Abs. 1, sondern um die gesetzliche Fiktion einer Frequenzzuteilung („Als zugeteilt gelten …"). Derartige Frequenznutzungen sind zwar ohne gesonderten Zuteilungsakt der Regulierungsbehörde zulässig, unterliegen aber gleichwohl der Hoheitsgewalt des Bundes. Dies ergibt sich aus § 52 Abs. 2 und der dort geregelten Anordnungsbefugnis. Im Falle einer regelwidrigen Nutzung kann die Behörde also durchaus Maßnahmen gegen die Betreiber der Funkanlagen ergreifen.

4. Frequenzen für den BOS-Funk (Abs. 4). – § 57 Abs. 4 geht auf § 5 Abs. 3 FreqZutV **13** zurück. Inhaltlich wurde die Norm zwar ergänzt und spezifiziert, die Zielsetzung ist aber unverändert geblieben: Es geht um ein **koordiniertes Zusammenwirken** der beteiligten Stellen des Bundes und der Länder bei der Zuteilung und Verwaltung von Funkfrequenzen, die von Behörden und Organisationen mit Sicherheitsaufgaben (BOS)[26] zur Ausübung ihrer Tätigkeit benötigt werden. Zu diesem Zweck sieht § 57 Abs. 4 Satz 1 und 2 den Erlass einer „**Richtlinie**" vor, die insbesondere ein **Anerkennungsverfahren** hinsichtlich der Berechtigung zur Teilnahme am BOS-Funk (Satz 1 Nr. 2) sowie diverse Grundsätze und koordinierte Verhaltensweisen bzgl. des **internen Frequenzmanagements** der teilnehmeberechtigten Behörden und Organisationen (Satz 1 Nr. 3 bis 5) beinhaltet. Das in der Richtlinie zu regelnde Anerkennungsverfahren wird ergänzt durch die in § 57 Abs. 4 Satz 3 vorgesehene Befugnis des BMI zur einzelfallbezogenen **Bestätigung der Anerkennung**. Dabei handelt es sich um eine besondere Voraussetzung für die Zuteilung von Frequenzen, die im Frequenznutzungsplan für den BOS-Funk vorgesehen sind. Das bedeutet, vor einer Zuteilung von BOS-Frequenzen hat die Regulierungsbehörde neben den allgemeinen Anforderungen des § 55 Abs. 5 auch zu prüfen, ob der Antragsteller als teilnahmeberechtigte Behörde oder Organisation anerkannt ist.

a) Erlass einer Richtlinie (Sätze 1 und 2). – Normatives Regelungsinstrument zur Koor- **14** dinierung der beteiligten Stellen im Rahmen der Nutzung von BOS-Frequenzen ist eine Richtlinie, die gem. § 57 Abs. 4 S. 1 vom **Bundesministerium des Innern** (BMI) erlassen wird. Diese Richtlinie hat die Rechtsnatur einer **Verwaltungsvorschrift**[27], nicht etwa einer Rechtsverordnung. Das Verfahren zum Erlass der Richtlinie und deren Inhalt sind in Satz 1 und 2 näher spezifiziert.

aa) Verfahrensrechtliche Vorgaben. – Im Hinblick auf das Verfahren zum Erlass der **15** Richtlinie sieht das Gesetz vor, dass das BMI das Benehmen mit den zuständigen obersten Landesbehörden herstellt (Satz 1) und zusätzlich eine Abstimmung mit der Regulierungsbehörde durchführt (Satz 2). Der in Satz 1 verwendete Begriff des **Benehmens** setzt nach allgemeinem Begriffsverständnis grundsätzlich keine völlige Willensübereinstimmung voraus, so dass eine Zustimmung der Landesbehörden nicht zwingend erforderlich ist[28]. Aber auch die im Verhältnis zur Regulierungsbehörde vorgesehene **Abstimmung** dürfte im Ergebnis eine Zustimmung der Behörde nicht zwingend voraussetzen. Denn BMI und Regu-

---

24 S. hierzu § 52 RdNr. 46.
25 S. hierzu § 52 RdNr. 47.
26 BOS sind beispielsweise Polizei, Feuerwehr oder auch die ärztlichen Notdienste.
27 Vgl. BT-Drs. 15/2316, Zu § 55.
28 S. auch § 55 RdNr. 59.

lierungsbehörde repräsentieren letztlich denselben Rechtsträger, wobei § 57 Abs. 4 dem BMI die Federführung für den Erlass der Richtlinie überträgt. Dies spricht dafür, dass mit der in Satz 2 vorgesehenen Abstimmung lediglich die besondere Sachkompetenz der Regulierungsbehörde einbezogen werden soll, die Letztentscheidungskompetenz im Falle eines inhaltlichen Konflikts aber beim BMI liegt.

16   **bb) Inhaltliche Vorgaben.** – Der Inhalt der zu erlassenden Richtlinie ist in § 57 Abs. 4 Satz 1 Nr. 1 bis 5 näher spezifiziert. Während Nr. 1 die Zuständigkeiten der beteiligten Behörden betrifft, finden sich in Nr. 2 bis 5 die eigentlichen Regelungsgegenstände. Systematisch lassen sie sich in zwei Kategorien einteilen: In Nr. 2 geht es um die der Frequenzzuteilung vorgelagerte Frage, welche Behörden und Organisationen berechtigt sein sollen, am BOS-Funk teilzunehmen. Dem gegenüber thematisieren Nr. 3, 4 und 5 das interne Frequenzmanagement der teilnahmeberechtigten Behörden und Organisationen nach erfolgter Frequenzzuteilung.

17   **aaa) Festlegungen betreffend die Zuständigkeiten der beteiligten Behörden (Satz 1 Nr. 1).** – Nach Satz 1 Nr. 1 soll das BMI die „Zuständigkeiten der beteiligten Behörden" festlegen. Dies bedarf einer erläuternden Auslegung, denn die Zuständigkeiten von Behörden für bestimmte Aufgaben sind generell in den einschlägigen Fachgesetzen des Bundes und der Länder normiert und nicht im Wege einer Verwaltungsvorschrift des BMI veränderbar. Der in Nr. 1 verwendete Begriff der „**Zuständigkeit**" kann also nicht im Sinne einer gesetzlichen Aufgabenzuständigkeit gemeint sein. Er ist vielmehr im Kontext der weiteren Tatbestände des Abs. 4 Satz 1 zu lesen und zu verstehen. Dort ist im Wesentlichen vorgesehen, dass das BMI bestimmte Verfahren und koordinierte Verhaltensweisen in Bezug auf die Zuteilung und Nutzung von BOS-Frequenzen normiert. Vor diesem Hintergrund dürfte der in Satz 1 Nr. 1 verwendete Begriff der Zuständigkeit im Sinne einer Zuständigkeit im Verfahrensablauf, also einer **verfahrensmäßigen Beteiligung** zu interpretieren sein. Das bedeutet, das BMI hat bei der Festlegung der Verfahren und koordinierten Verhaltensweisen nach Maßgabe von Satz 1 Nr. 2 bis 5 auch die Art und Weise der verfahrensmäßigen Beteiligung der betroffenen Behörden mit zu regeln.

18   **bbb) Festlegungen betreffend das Verfahren zur Anerkennung der Teilnahmeberechtigung am BOS-Funk (Satz 1 Nr. 2).** – Die Frage nach der Berechtigung zur Teilnahme am BOS-Funk ist als Regelungsgegenstand von zentraler Bedeutung für die Verwaltung der BOS-Frequenzen. Denn hiervon hängt es letztlich ab, ob die Regulierungsbehörde einem Antrag auf Zuteilung der entsprechenden Frequenzen entsprechen darf oder nicht. § 57 Abs. 4 **Satz 1 Nr. 2** sieht daher vor, dass in der zu erlassenden Richtlinie ein „Verfahren zur Anerkennung als Berechtigter zur Teilnahme am BOS-Funk" festgelegt wird. Mit anderen Worten: Das BMI hat den Auftrag, ein **Anerkennungsverfahren** in der Richtlinie zu etablieren, auf dessen Grundlage festgestellt werden kann, ob eine bestimmte Behörde oder Organisation die Berechtigung zur Teilnahme am BOS-Funk hat. Die Vorschrift steht im engen Zusammenhang mit § 57 Abs. 4 Satz 3. Während Satz 1 Nr. 2 die abstrakt generelle Regelung eines Anerkennungsverfahrens in der Richtlinie verlangt, geht es in Satz 3 um die konkret individuelle Anerkennung von einzelnen Behörden und Organisationen auf der Grundlage der Richtlinienbestimmungen.

19   **ccc) Festlegungen betreffend das interne Frequenzmanagement der teilnahmeberechtigten Behörden und Organisationen (Satz 1 Nr. 3, 4 und 5).** – § 57 Abs. 4 S. 1 Nr. 3 bis 5 betreffen das interne Frequenzmanagement der teilnahmeberechtigten Behörden und Or-

ganisationen nach erfolgter Frequenzzuteilung. Die vom BMI zu erlassende Richtlinie soll insoweit allgemeine Grundsätze, Verfahren und koordinierte Verhaltensweisen enthalten, die den Behörden und Organisationen mit Sicherheitsaufgaben vorgeben, in welcher Weise sie mit den ihnen zugeteilten BOS-Frequenzen umzugehen haben. Strukturell lassen sich dabei drei Regelungsbereiche unterscheiden: die **interne Frequenzplanung** (Nr. 4), die **interne Frequenzzuteilung** (Nr. 3) und die **Koordinierung der Frequenznutzung** (Nr. 5)[29]. So soll das BMI gem. § 57 Abs. 5 **Satz 1 Nr. 4** in der Richtlinie die Grundsätze zur Frequenzplanung und die Verfahren zur Frequenzkoordinierung innerhalb der BOS festlegen. Auf diese Weise soll erreicht werden, dass die BOS die ihnen zugeteilten Frequenzen planvoll und effizient bewirtschaften. Nach **Satz 1 Nr. 3** sind ferner Regelungen in Bezug auf die das Verfahren und die Zuständigkeiten bei der Bearbeitung von Anträgen auf Frequenzzuteilungen innerhalb der BOS zu treffen. Dabei geht es um die interne Vergabe von Frequenzen, die den BOS zuvor originär durch die Regulierungsbehörde zugeteilt worden sind. Rechtstechnisch handelt es sich bei den in Nr. 3 angesprochenen Frequenzzuteilungen innerhalb der BOS daher um **abgeleitete Frequenzzuteilungen**. Schließlich ist in **Satz 1 Nr. 5** vorgesehen, dass die Richtlinie auch Vorgaben hinsichtlich des Funkbetriebs und der Zusammenarbeit der Frequenznutzer im BOS-Funk enthält. Dabei gilt es insbesondere, funktechnische Störungen bei der Nutzung von BOS-Funkanwendungen zu vermeiden.

b) Einzelfallbezogene Bestätigung der Berechtigung zur Teilnahme am BOS-Funk **20** **(Satz 3).** – Während das Verfahren zur Anerkennung der Teilnahmeberechtigung am BOS-Funk Gegenstand der nach § 57 Abs. 4 Satz 1 zu erlassenden Richtlinie ist, betrifft § 57 Abs. 4 Satz 3 die **konkret-individuelle Anerkennung** von einzelnen Behörden und Organisationen. Die Zuständigkeit liegt auch insoweit beim BMI. Es „bestätigt im Einzelfall nach Anhörung der jeweils zuständigen obersten Bundes- oder Landesbehörden die Zugehörigkeit eines Antragstellers zum Kreis der nach Satz 1 anerkannten Berechtigten".

Der Wortlaut der Norm („bestätigt … nach Satz 1 anerkannten …") legt zunächst einmal **21** die Vermutung nahe, dass es sich hierbei lediglich um eine deklaratorische Feststellung handelt. Die Gesamtsystematik spricht aber entscheidend dafür, dass die Gesetzverfasser den Satz 3 lediglich missverständlich formuliert haben und das BMI diesbezüglich tatsächlich eine **konstitutive Entscheidung** trifft. Denn „nach Satz 1" werden gerade keine Berechtigten „anerkannt", sondern lediglich die verfahrensmäßigen Voraussetzungen hierfür geschaffen. Die eigentliche Anerkennung erfolgt erst – konstitutiv – in einem zweiten Schritt durch das BMI.

Die somit konstitutive Anerkennung durch das BMI stellt eine **besondere Frequenzzutei-** **22** **lungsvoraussetzung** dar, die speziell im Bereich der BOS-Frequenzen neben die allgemeinen Anforderungen des § 55 Abs. 5 tritt. Das bedeutet: Frequenzen, die im Frequenznutzungsplan für den BOS-Funk ausgewiesen sind, dürfen nur dann von der Regulierungsbehörde nach § 55 Abs. 5 zugeteilt werden, wenn die antragstellende Behörde oder Organisation eine Anerkennung des BMI – nach Maßgabe des § 57 Abs. 4 S. 3 und der gem. § 57 Abs. 4 S. 1 Nr. 2 erlassenen Verfahrensbestimmungen – vorweisen kann.

---

29 Die für das interne Frequenzmanagement der BOS vorgesehene Systematik ist strukturell vergleichbar mit der dreistufigen Konzeption der von der Regulierungsbehörde wahrgenommenen staatlichen Frequenzverwaltung: Frequenzplanung, Frequenzzuteilung und Überwachung der Frequenznutzung (s. hierzu § 52 RdNr. 3).

23 **5. Frequenzen für den Flug- und Flugnavigationsfunk (Abs. 5).** – Die Errichtung und der Betrieb von Bodenfunkstellen im mobilen Flugfunkdienst sowie ortsfester Flugnavigationsfunkstellen setzt nach § 81 Abs. 1 und 2 der Luftverkehrs-Zulassungsordnung diverse Zustimmungen der zuständigen Fachbehörden voraus. § 57 Abs. 5 stellt eine **Akzessorietät** der telekommunikationsrechtlichen Frequenzzuteilung zu den **luftverkehrsrechtlichen Zustimmungen** dergestalt her, dass die benötigten Funkfrequenzen von der Regulierungsbehörde nur zugeteilt werden dürfen, wenn die erforderlichen Zustimmungen der Luftverkehrsbehörden vorliegen. Systematisch handelt es sich dabei um **besondere Frequenzzuteilungsvoraussetzungen**, die neben den allgemeinen Anforderungen des § 55 Abs. 5 vor einer Zuteilung der entsprechenden Frequenzen zu prüfen sind.

24 **6. Frequenzen für den Revier- und Hafenfunkdienst (Abs. 6).** – § 57 Abs. 6 ist strukturell vergleichbar mit § 57 Abs. 5. Auch hier geht es um die Herstellung einer **Akzessorietät** zwischen der telekommunikationsrechtlichen Frequenzzuteilung und der erforderlichen fachbehördlichen Zustimmung. Inhaltlich betrifft die Vorschrift allerdings nicht den Flug- und Flugnavigationsfunk, sondern die Nutzung von Küstenfunkstellen des Revier- und Hafenfunkdienstes. Die hierfür benötigten Frequenzen dürfen von der Regulierungsbehörde nur zugeteilt werden, wenn die erforderliche **Zustimmung der Wasser- und Schifffahrtsverwaltung** vorliegt. Die fachbehördliche Zustimmung stellt somit eine **besondere Frequenzzuteilungsvoraussetzung** dar, die neben die allgemeinen Anforderungen des § 55 Abs. 5 tritt.

§ 58 Frequenznutzungen abweichend von Plänen

In begründeten Einzelfällen, insbesondere zur Erprobung innovativer Technologien in der Telekommunikation oder bei kurzfristig auftretendem Frequenzbedarf, kann von den im Frequenzbereichszuweisungsplan oder im Frequenznutzungsplan enthaltenen Festlegungen bei der Zuteilung von Frequenzen befristet abgewichen werden unter der Voraussetzung, dass keine im Frequenzbereichszuweisungsplan oder im Frequenznutzungsplan eingetragene Frequenznutzung beeinträchtigt wird. Diese Abweichung darf die Weiterentwicklung der Pläne nicht stören. Sind Belange der Länder bei der Übertragung von Rundfunk im Zuständigkeitsbereich der Länder betroffen, ist auf der Grundlage der rundfunkrechtlichen Festlegungen das Benehmen mit der zuständigen Landesbehörde herzustellen.

1. Bedeutung der Norm. – § 58 geht zurück auf die Regelung in § 4 Abs. 3 der Frequenz- 1 zuteilungsverordnung vom 26. 4. 2001. Aus Gründen der Flexibilität wird der Regulierungsbehörde die Möglichkeit eingeräumt, in begründeten Einzelfällen unter den genannten Voraussetzungen Frequenzen abweichend von den Festsetzungen des Frequenzbereichszuweisungsplans (§ 53) und des Frequenznutzungsplans (§ 54) zuzuteilen. Systematisch ist § 58 eine Ausnahmevorschrift zu § 55 Abs. 5 Nr. 1, wonach Frequenzen grundsätzlich nur zugeteilt werden, wenn „sie für die vorgesehene Nutzung im Frequenznutzungsplan ausgewiesen sind".

2. Einzelkommentierung. – Um die gesetzliche Aufgabe einer planvollen und geordneten 2 Frequenzbewirtschaftung (vgl. § 52 Abs. 1) nicht zu gefährden, ist eine von den Planfestsetzungen abweichende Frequenzzuteilung auf eng begrenzte Sonderfälle zu beschränken. Planabweichungen müssen durch einen **besonderen Grund** gerechtfertigt sein. In § 58 Satz 1 finden sich hierfür zwei **Regelbeispiele**: die Erprobung innovativer Technologien und ein kurzfristig auftretender Frequenzbedarf. Dabei handelt es sich zwar nicht um eine abschließende Aufzählung („insbesondere"). Bei der Anerkennung weiterer Fälle ist jedoch zu beachten, dass diese wertungsmäßig mit den genannten Regelbeispielen vergleichbar sein müssen.

Liegt ein besonderer Grund im o.g. Sinne vor, so ist eine Planabweichung unter zwei 3 **Voraussetzungen** zulässig: Zum einen dürfen die im Frequenznutzungsplan und im Frequenzbereichszuweisungsplan eingetragenen Nutzungen nicht beeinträchtigt werden (Satz 1 a. E.). Zum anderen sind Abweichungen nur zulässig, wenn sie die Weiterentwicklung der Pläne nicht stören (Satz 2). Dabei ist zu beachten, dass der Antragsteller, der eine Zuteilung von Frequenzen in Abweichung von den Planfeststellungen begehrt, selbst keinen Schutz vor Beeinträchtigungen durch eingetragene Frequenznutzungen beanspruchen kann[1].

Sind die gesetzlichen Voraussetzungen für eine Planabweichung erfüllt, so steht es im **Er-** 4 **messen** der Regulierungsbehörde, ob sie die beantragten Frequenzen zuteilt oder nicht. Anders als im Falle einer Frequenzzuteilung entsprechend der im Frequenznutzungsplan ausgewiesenen Nutzung (§ 55 Abs. 5 S. 1 Nr. 1) hat der Antragsteller im Falle einer Abweichung von den Planfestsetzungen keinen gebundenen Zuteilungsanspruch, sondern lediglich einen **Anspruch auf pflichtgemäße Ermessensausübung**. Allerdings ist es möglich,

---

1 BT-Drs. 15/2316, Zu § 56.

dass sich dieses Ermessen – etwa aus Gleichbehandlungsgründen – auf Null reduziert, was dann letztlich zu einem gebundenen Zuteilungsanspruch führt[2].

5   Im Falle einer Frequenzzuteilung in Abweichung zu den Planfestsetzungen trifft die Regulierungsbehörde eine **besondere Begründungspflicht**, die über die allgemeinen Anforderungen des § 39 VwVfG hinausgeht. Dies ergibt sich aus der Formulierung „In begründeten Einzelfällen" in § 58 Satz 1. Die Behörde hat im Einzelnen darzulegen, weshalb der konkrete Fall eine Planabweichung rechtfertigt. Darüber hinaus sieht die Norm auch eine **Befristung** der Frequenzzuteilung vor („kann von den … Festlegungen … befristet abgewichen werden"). Auf diese Weise soll eine Perpetuierung von Planabweichungen verhindert werden. Bei der Bemessung der Frist ist der Grundsatz der Verhältnismäßigkeit zu beachten.

6   § 58 Satz 3 trägt den **Besonderheiten des Rundfunks**[3] Rechnung. Sind durch die Frequenzzuteilung die Belange der Länder bei der Übertragung von Rundfunk im Zuständigkeitsbereich der Länder[4] betroffen, so hat die Regulierungsbehörde auf der Grundlage der rundfunkrechtlichen Festlegungen[5] das Benehmen[6] mit der zuständigen Landesbehörde herzustellen. Soweit ausgewiesene Rundfunkfrequenzen in Abweichung von den Planfestsetzungen einer Nutzung für andere Zwecke als der Übertragung von Rundfunk zugeführt werden sollen, sind zusätzlich die besonderen Anforderungen des § 57 Abs. 1 Satz 5[7] zu berücksichtigen.

---

2 Vgl. auch *Heun/Jenny*, Kap. 2 RdNr. 118.
3 Vgl. hierzu § 52 RdNr. 28 ff. und RdNr. 38 sowie § 57 RdNr. 2 ff., jeweils m. w. N.
4 Zu dieser Einschränkung s. § 55 RdNr. 61.
5 Vgl. hierzu § 55 RdNr. 60 und § 57 RdNr. 10.
6 Zum Begriff des Benehmens s. § 55 RdNr. 59 sowie § 57 RdNr. 10.
7 S. hierzu § 57 RdNr. 10.

§ 59 Gemeinsame Frequenznutzung

Frequenzen, bei denen eine effiziente Nutzung durch einen Einzelnen allein nicht zu erwarten ist, können auch mehreren zur gemeinschaftlichen Nutzung zugeteilt werden. Die Inhaber dieser Frequenzzuteilungen haben Beeinträchtigungen hinzunehmen, die sich aus einer bestimmungsgemäßen gemeinsamen Nutzung der Frequenz ergeben.

1. Bedeutung der Norm. – § 59 entspricht der Regelung in § 6 Abs. 1 der Frequenzzuteilungsverordnung vom 26. 4. 2001. Im Interesse einer effizienten Ausnutzung des Frequenzspektrums (vgl. § 52 Abs. 1) wird der Regulierungsbehörde die Möglichkeit eingeräumt, Frequenzen mehreren zur gemeinschaftlichen Nutzung zuzuteilen. Systematisch handelt es sich dabei um eine Sonderregelung zu § 55 Abs. 5 Nr. 2, denn im Anwendungsbereich des § 59 ist eine Frequenzzuteilung auch dann zulässig, wenn die beantragte Frequenz bereits vergeben, also nicht mehr „verfügbar" i.S.d. § 55 Abs. 5 Nr. 2 ist. Da Mehrfachzuteilungen naturgemäß erhebliche Konfliktpotenziale im Verhältnis der Zuteilungsnehmer untereinander bieten, kommt den Fragen des Drittschutzes insoweit besondere Bedeutung zu.

2. Einzelkommentierung. – Eine Mehrfachzuteilung setzt nach § 59 Satz 1 voraus, dass eine „effiziente Nutzung durch einen Einzelnen allein nicht zu erwarten ist". Mit Blick auf das Regulierungsziel effizienter und störungsfreier Frequenznutzung (§ 52 Abs. 1)[1] ist die Norm dahingehend zu konkretisieren, dass Mehrfachzuteilungen nur dann in Betracht kommen, wenn sie nicht nur unter dem Aspekt der effizienten Ausnutzung des vorhandenen Spektrums geboten, sondern auch in Bezug auf das Ziel möglichst störungsfreier Frequenznutzung verträglich sind.

Vor diesem Hintergrund sind Mehrfachzuteilungen insbesondere dann in Erwägung zu ziehen, wenn Frequenzen nur unregelmäßig genutzt werden oder wenn Möglichkeiten bestehen, etwaigen Störungen durch andere Nutzer derselben Frequenz mit technischen Mitteln zu begegnen[2]. Die Gesetzesbegründung nennt als einen Anwendungsfall den Betriebsfunk, bei dem die „Knappheit der dafür zur Verfügung stehenden Frequenzen" und die „besondere Nutzungsart" eine Mehrfachzuteilung gebiete[3].

Nach § 59 Satz 2 haben die Zuteilungsnehmer im Falle einer Mehrfachzuteilung solche Beeinträchtigungen hinzunehmen, die sich aus einer bestimmungsgemäßen gemeinsamen Nutzung der Frequenz ergeben. Insoweit kommt der Prioritätsgrundsatz aus § 3 Abs. 3 S. 3 FreqBZPV[4], wonach der Inhaber der früheren Frequenzzuteilung Schutz vor Störungen des Inhabers späterer Zuteilungen verlangen kann, nicht zu Anwendung[5]. Gegen Störungen, die sich aus einer bestimmungsgemäßen gemeinsamen Nutzung im Rahmen einer Mehrfachzuteilung ergeben, sind die Zuteilungsnehmer nicht geschützt.

---

1 Vertiefend hierzu § 52 RdNr. 35.
2 S. auch *Heun/Jenny*, Kap. 2 RdNr. 143; zu den technischen Möglichkeiten einer Mehrfachverwendung (Patagierung) von Frequenzen s. BeckTKG-Komm/*Korehnke/Grotelüschen*, Vor § 44 RdNr. 20 ff.
3 BT-Drs. 15/2316, Zu § 57.
4 S. hierzu § 53 RdNr. 30.
5 Vgl. auch *Heun/Jenny*, Kap. 2 RdNr. 143.

5 **3. Drittschutz.** – Die Mehrfachzuteilung von Frequenzen birgt erhebliche Konfliktpotenziale. Wenn sich ein Zuteilungsnehmer durch eine gemeinsame Nutzung unzumutbar in der Ausübung seiner eigenen Nutzungsrechte gestört sieht, stellt sich die Frage nach den Möglichkeiten verwaltungsgerichtlichen Drittschutzes. Nach der Typologie neuerer verwaltungsrechtlicher Drittschutzdogmatik handelt es sich dabei um Fälle **atypischer Kehrseitigkeit**[6].

6 Da Rechtsschutz vor den Verwaltungsgerichten nur bei einer **subjektiven Rechtsverletzung** gewährt wird (§ 42 Abs. 2 VwGO), kommt es entscheidend darauf an, ob § 59 in diesem Sinne **drittschützend** ist. Nach dem im Vordringen befindlichen[7] Ansatz der **Konfliktschlichtungsformel**[8] hat eine Norm drittschützenden Charakter, wenn sie „die kollidierenden Privatinteressen in ihrer Gegensätzlichkeit und Verflochtenheit wertet, begrenzt, untereinander gewichtet und derart in ein normatives Konfliktschlichtungsprogramm einordnet, dass die Verwirklichung der Interessen des einen Privaten notwendig auf Kosten des anderen geht".

7 Diese Anforderungen sind bei § 59 Satz 1 erfüllt. Die Vorschrift steht im engen systematischen Zusammenhang mit § 3 Abs. 3 S. 3 FreqBZPV. Liegen die Voraussetzung des § 59 Satz 1 für eine Mehrfachzuteilung vor, so hat der frühere Zuteilungsnehmer – in Abweichung von dem in § 3 Abs. 3 S. 3 FreqBZPV geregelten Grundsatz – gewisse Störungen durch spätere Frequenznutzer hinzunehmen. Insoweit werden die Verschonungsinteressen des Altnutzers und die Zugangsinteressen des neuen Zuteilungspetenten dergestalt in ein normatives Konfliktschlichtungsprogramm eingeordnet, dass der Altnutzer dann – und nur dann – Beeinträchtigungen durch Neuzuteilungen hinzunehmen hat, wenn die gesetzlichen Anforderungen des § 59 Satz 1 erfüllt sind. Das bedeutet, eine **nach § 59 Satz 1 unzulässige Mehrfachzuteilung** verletzt den **Altnutzer** in eigenen Rechten.

8 Darüber hinaus entfaltet auch § 59 Satz 2 drittschützende Wirkung. Nach dem Wortlaut der Norm haben die Inhaber der Frequenzzuteilungen nur solche Beeinträchtigungen hinzunehmen, die sich aus einer bestimmungsgemäßen gemeinsamen Nutzung der Frequenz ergeben. Im Umkehrschluss folgt daraus, dass die Zuteilungsnehmer solche Störungen des jeweils anderen, die über den bestimmungsgemäßen Rahmen hinausgehen, nicht tolerieren müssen. Der Rechtsbegriff der „bestimmungsgemäßen gemeinsamen Nutzung" impliziert

---

6 Grundlegend zur typologischen Abgrenzung kehrseitiger und wechselbezüglicher Konfliktlagen im multipolaren Verwaltungsrechtsverhältnis: *Schmidt-Preuß*, Kollidierende Privatinteressen im Verwaltungsrecht, 1992, S. 31 ff., 34 ff. Von *Kehrseitigkeit* wird gesprochen, wenn aktive Gestaltungsinteressen eines privaten Rechtssubjekts mit passiven Verschonungsinteressen eines anderen kollidieren. Dabei ist das Begehren des einen ausschließlich darauf gerichtet, die Begünstigung des anderen abzuwehren. Ein darüber hinaus gehendes Interesse, die dem anderen gewährte Begünstigung selbst zu erhalten, besteht bei derartigen Konstellationen nicht. Darin liegt der entscheidende Unterschied zu den Fällen der *Wechselbezüglichkeit*. Dort kommt es dem Antragsteller gerade darauf an, anstelle des anderen begünstigt zu werden (zum Rechtsschutz im wechselbezüglichen Frequenzvergabekonflikt s. § 61 RdNr. 47 ff.). *Atypisch kehrseitige Konfliktlagen* zeichnen sich dadurch aus, dass sie – ähnlich wie die Fälle der Wechselbezüglichkeit – aus kapazitätsbedingten Konkurrenzsituationen entstehen. Entscheidend für ihre dogmatische Zuordnung ist jedoch, dass es hier nicht darum geht, die Begünstigung des anderen – an dessen Stelle – für sich selbst zu erhalten. Das Rechtsschutzbegehren ist vielmehr isoliert darauf gerichtet, die Begünstigung des anderen abzuwehren.

7 S. die Nachweise bei § 61 Fn. 87.

8 Grundlegend hierzu *Schmidt-Preuß* (Fn. 6) S. 246 ff.

eine Wertung, Gewichtung und Begrenzung der kollidierenden Nutzerinteressen und stellt ein normatives Konfliktschlichtungsprogramm im Sinne der oben zitierten Formel dar. Das heißt: Eine **über das Maß des § 59 Satz 2 hinausgehende Beeinträchtigung** bei der gemeinsamen Frequenznutzung verletzt den **jeweils anderen Zuteilungsnehmer** in eigenen Rechten.

Im Ergebnis wird man den drittschützenden Charakter von § 59 Satz 1 und Satz 2 aber auch auf der Grundlage der traditionellen Schutznormtheorie (**eingliedrige Interessenschutzformel**)[9] zu bejahen haben. Denn es ist anzunehmen, dass die gesetzlichen Voraussetzungen einer Mehrfachzuteilung (Satz 1) und die Anforderungen an die gemeinsame Nutzung (Satz 2) nicht ausschließlich auf das öffentliche Interesse an einer effizienten und störungsfreien Ressourcennutzung abzielen, sondern – zumindest auch – dem Schutz der individuellen Interessen der konkret betroffenen Zuteilungsnehmer zu dienen bestimmt sind. **9**

---

9 Vgl. die Nachweise bei § 61 Fn. 90.

§ 60 Bestandteile der Frequenzzuteilung

(1) In der Frequenzzuteilung sind insbesondere die Art und der Umfang der Frequenznutzung festzulegen, soweit dies zur Sicherung einer effizienten und störungsfreien Nutzung der Frequenzen erforderlich ist. Eine Nutzung zugeteilter Frequenzen darf nur mit Funkanlagen erfolgen, die für den Betrieb in der Bundesrepublik Deutschland vorgesehen bzw. gekennzeichnet sind.

(2) Zur Sicherung einer effizienten und störungsfreien Nutzung der Frequenzen kann die Frequenzzuteilung mit Nebenbestimmungen versehen werden. Wird nach der Frequenzzuteilung festgestellt, dass auf Grund einer erhöhten Nutzung des Frequenzspektrums erhebliche Einschränkungen der Frequenznutzung auftreten oder dass auf Grund einer Weiterentwicklung der Technik erhebliche Effizienzsteigerungen möglich sind, so können Art und Umfang der Frequenznutzung nach Absatz 1 nachträglich geändert werden. Sind Belange der Länder bei der Übertragung von Rundfunk im Zuständigkeitsbereich der Länder betroffen, ist auf der Grundlage der rundfunkrechtlichen Festlegungen das Benehmen mit der zuständigen Landesbehörde herzustellen.

(3) Die Frequenzzuteilung soll Hinweise darauf enthalten, welche Parameter bezüglich der Empfangsanlagen die Regulierungsbehörde den Festlegungen zu Art und Umfang der Frequenznutzung zugrunde gelegt hat. Bei Nichteinhaltung der mitgeteilten Parameter wird die Regulierungsbehörde keinerlei Maßnahmen ergreifen, um Nachteilen zu begegnen.

(4) Frequenzen, die der Übertragung von Rundfunk im Zuständigkeitsbereich der Länder dienen, werden im Benehmen mit der zuständigen Landesbehörde mit Auflagen zugeteilt, die sicherstellen, dass die rundfunkrechtlichen Belange der Länder berücksichtigt werden.

Übersicht

I. Bedeutung der Norm

Während § 55 die Voraussetzungen und die Modalitäten der Frequenzzuteilung regelt, geht **1** es in § 60 um den zulässigen Inhalt dieser Zuteilungen und damit um die Reichweite der mit einer Frequenzzuteilung erworbenen Nutzungsrechte. Die Vorschrift geht auf § 7 der Frequenzzuteilungsverordnung vom 26. 4. 2001 zurück. Sie gibt der Regulierungsbehörde die Möglichkeit, Art und Umfang der konkreten Frequenznutzung festzulegen und den Zuteilungsbescheid mit Nebenbestimmungen und diversen Hinweisen zu versehen. § 60 wird ergänzt durch § 61 Abs. 7 für den Fall, dass die Frequenzzuteilung im Wege eines Vergabeverfahrens erfolgt. Danach werden Verpflichtungen, die der Zuteilungsnehmer im Laufe einer Versteigerung oder Ausschreibung eingegangen ist, zugleich auch Bestandteile der Frequenzzuteilung.

II. Europarechtliche Vorgaben

2 Europarechtliche Vorgaben zur inhaltlichen Ausgestaltung von Frequenznutzungsrechten finden sich in der **Genehmigungsrichtlinie** (RL 2002/20/EG – GRL)[1].

3 Nach **Art. 6 Abs. 1 GRL** dürfen die Mitgliedstaaten Nutzungsrechte für Funkfrequenzen nur an die Maximalliste der im Anhang der Richtlinie aufgeführten Bedingungen knüpfen (Satz 1). Außerdem müssen die Bedingungen in Bezug auf das betreffende Netz oder den betreffenden Dienst objektiv gerechtfertigt, nichtdiskriminierend, verhältnismäßig und transparent sein (Satz 2). In Teil B des Anhangs der Richtlinie sind die „Bedingungen, die an Frequenznutzungsrechte geknüpft werden können", im Einzelnen aufgeführt

4 Zulässige Frequenznutzungsbedingungen nach **Teil B des Anhangs** sind: Regelungen betreffend die über die Frequenzen erbrachten Dienstleistungen und Vorgaben zur Art des eingesetzten Netzes und der verwendeten Technologie (Nr. 1), Anforderungen in Bezug auf eine effektive und effiziente Frequenznutzung, auch hinsichtlich der Reichweite (Nr. 2), technische Betriebsbedingungen zur Vermeidung funktechnischer Störungen und zur Verringerung elektromagnetischer Felder (Nr. 3), Befristungen (Nr. 4), Voraussetzungen für eine Übertragung der Nutzungsrechte (Nr. 5), Nutzungsentgelte (Nr. 6), Verpflichtungen, die der Frequenznutzer im Rahmen eines wettbewerblichen Frequenzvergabeverfahrens eingegangen ist (Nr. 7) sowie schließlich Anforderungen, die sich aus internationalen Vereinbarungen über die Nutzung von Frequenzen ergeben (Nr. 8).

5 **Art. 14 Abs. 1 GRL** befasst sich mit der nachträglichen Änderung von Nutzungsrechten. Dies ist nur in objektiv gerechtfertigten Fällen und unter Wahrung der Verhältnismäßigkeit zulässig. Außerdem haben die Mitgliedstaaten sicherzustellen, dass beabsichtigte Änderungen in geeigneter Weise angekündigt werden und die Beteiligten eine ausreichende Frist erhalten, um ihren Standpunkt zu den geplanten Maßnahmen darlegen zu können. Die Frist hat – von außergewöhnlichen Umständen abgesehen – mindestens vier Wochen zu betragen.

III. Einzelkommentierung

6 **1. Nutzungsbestimmungen (Abs. 1; Abs. 2 Satz 2).** – Nach **§ 60 Abs. 1 Satz 1** hat die Regulierungsbehörde Art und Umfang der Frequenznutzung im Zuteilungsbescheid festzulegen. Dabei geht es um den materiellen Kern der behördlichen Zuteilungsentscheidung, der verbindlich bestimmt, in welcher Weise der Zuteilungsnehmer das ihm zugeteilte Nutzungsrecht ausüben darf. Typische Regelungsgegenstände behördlicher Nutzungsbestimmungen, die die **Art der Frequenznutzung** betreffen, sind etwa Festlegungen in Bezug auf den Standort, die Kanalbandbreite, das Modulationsverfahren, die Sendeleistung, die Feldstärkegrenzwerte und deren räumliche und zeitliche Verteilung sowie Nutzungsbeschränkungen im Hinblick auf die Verträglichkeit mit anderen Frequenznutzungen und den Betrieb von stationären Messeinrichtungen der Regulierungsbehörde. Zum **Umfang der**

---

1 S. hierzu auch *Wegmann*, K&R 2003, 448 ff., 449 ff.; *Scherer*, K&R 2002, 273 ff., 268 f. sowie 329 ff., 331 f.; *Schütz/Attendorn*, MMR Beil. 4/2002, 9 f., 29 f.

Frequenznutzung kann beispielsweise die Zahl der Funkanlagen gehören, die betrieben werden dürfen[2].

Da der Einzelne einen grundsätzlich gebundenen Zuteilungsanspruch hat (vgl. Art. 5 Abs. 3   7 GRL; § 55 Abs. 5 TKG)[3], sind derartige Nutzungsbestimmungen nicht uneingeschränkt zulässig. So sind die Festlegungen gem. § 60 Abs. 1 S. 1 a.E., der insoweit den allgemeinen Verhältnismäßigkeitsgrundsatz konkretisiert, auf das Maß zu beschränken, das zur Sicherung einer **störungsfreien und effizienten Frequenznutzung**[4] erforderlich ist. Zudem müssen sie sich im Rahmen der Maximalliste zulässiger Frequenznutzungsbedingungen aus **Teil B des Anhangs der Genehmigungsrichtlinie** halten (Art. 6 Abs. 1 S. 1 GRL) und in Bezug auf das betreffende Netz oder den betreffenden Dienst objektiv gerechtfertigt, nichtdiskriminierend, verhältnismäßig und transparent sein (Art. 6 Abs. 1 S. 2 GRL).

§ 60 Abs. 2 Satz 2 ermöglicht eine **nachträgliche Änderung** der nach Abs. 1 festgelegten   8 Nutzungsbestimmungen. Aus Gründen des Vertrauensschutzes ist dies allerdings nur in den dort genannten Fällen zulässig. So sind nachträgliche Änderungen gerechtfertigt, wenn auf Grund einer erhöhten Nutzung des Spektrums erhebliche Einschränkungen der Frequenznutzung auftreten oder wenn auf Grund einer Weiterentwicklung der Technik erhebliche Effizienzsteigerungen möglich sind. Ist einer der genannten Tatbestände erfüllt, so steht eine mögliche Änderung der Nutzungsbestimmungen im **Ermessen** der Regulierungsbehörde („so können … nachträglich geändert werden"), das sie unter Wahrung des Verhältnismäßigkeitsgrundsatzes pflichtgemäß auszuüben hat (vgl. § 40 VwVfG). Mit Blick auf **Art. 14 Abs. 1 GRL** ist zudem zu fordern, dass eine beabsichtigte Änderungsmaßnahme zuvor von der Behörde angekündigt wird und die Betroffenen eine angemessene Frist – in der Regel vier Wochen – zur Stellungnahme erhalten.

§ 60 Abs. 1 Satz 2 stellt klar, dass eine Nutzung zugeteilter Frequenzen nur mit Funkanlagen   9 erfolgend darf, die für den Betrieb in der Bundesrepublik Deutschland vorgesehen bzw. gekennzeichnet sind. Dabei handelt es sich im Regelfall um solche Funkanlagen, die gemäß § 10 des Gesetzes über Funkanlagen und Telekommunikationsendeinrichtungen (FTEG) rechtmäßig in Verkehr gebracht wurden. Für bestimmte Funkanlagen, beispielsweise im Bereich des Amateurfunks, der militärischen Nutzung oder des Seefunks, gelten jedoch spezielle Zulassungsvorschriften auf nationaler, europäischer und internationaler Ebene[5].

2. Nebenbestimmungen (Abs. 2 Satz 1). – Da nach § 55 Abs. 5 ein Anspruch auf Fre- 10 quenzzuteilung besteht[6], sind Nebenbestimmungen gem. § 36 Abs. 1 VwVfG nur zulässig, wenn sie durch Rechtsvorschrift zugelassen sind oder die Erfüllung der gesetzlichen Zuteilungsvoraussetzungen sicherstellen sollen. Vor diesem Hintergrund sieht § 60 Abs. 2 Satz 1 vor, dass die Regulierungsbehörde Frequenzzuteilungen zur Sicherung einer effizienten und störungsfreien Nutzung mit Nebenbestimmungen versehen kann. Systematisch handelt es sich dabei um eine **„Rechtsvorschrift" i.S.v. § 36 Abs. 1 VwVfG**.

---

2 Die angeführten – typischen – Nutzungsbestimmungen waren in § 7 Abs. 1 S. 1 FreqZutV noch ausdrücklich genannt. Bei Erlass des neuen TKG wurden sie nicht mehr in den Gesetzestext übernommen, finden sich aber in der Gesetzesbegründung (s. BT-Drs. 15/2316, zu § 58).
3 S. § 55 RdNr. 7 und 28.
4 Ausführlicher zum Regulierungsziel einer störungsfreien und effizienten Frequenznutzung s. § 52 RdNr. 35.
5 Vgl. BT-Drs. 15/2316, Zu § 58.
6 S. o. Fn. 3.

11 Eine Konkretisierung des Inhalts solcher Nebenbestimmungen hat der Gesetzgeber in § 60 Abs. 2 S. 1 nicht vorgenommen. Grundsätzlich kommen daher alle Formen von Nebenbestimmungen in Betracht, die in **§ 36 Abs. 2 VwVfG** vorgesehen sind, also Befristungen, Bedingungen, Widerrufsvorbehalte, Auflagen und Auflagenvorbehalte. Nach **§ 149 Abs. 1 Nr. 12** ist die Zuwiderhandlung gegen eine vollziehbare Auflage bußgeldbewehrt.

12 Über die Anordnung von Nebenbestimmungen hat die Behörde nach pflichtgemäßem **Ermessen** zu entscheiden („kann"). Dabei gelten dieselben Anforderungen wie bei der Festlegung von Nutzungsbestimmungen. So sind Nebenbestimmungen gem. § 60 Abs. 2 S. 1 ebenfalls nur zur „Sicherung einer effizienten und störungsfreien Nutzung" zulässig. Außerdem gelten auch hier die Vorgaben des **Art. 6 Abs. 1 GRL**, so dass auch Nebenbestimmungen nicht über die in Teil B des Anhangs genannten Bedingungen hinausgehen dürfen und im Übrigen objektiv gerechtfertigt, nichtdiskriminierend, verhältnismäßig und transparent sein müssen.

13 **3. Hinweise (Abs. 3).** – Nach § 60 Abs. 3 **Satz 1** soll die Frequenzzuteilung Hinweise darauf enthalten, welche Parameter in Bezug auf die Empfangsanlagen die Regulierungsbehörde im Rahmen ihrer Entscheidung über die Nutzungsbestimmungen zugrunde gelegt hat. Derartige Hinweise sind keine Nutzungs- oder Nebenbestimmungen und begründen auch keine rechtlichen Pflichten. Sie dienen der Information des Anlagenbetreibers[7], dessen **Obliegenheit** es ist, die gegebenen Hinweise im eigenen Interesse zu berücksichtigen. Denn nur bei Einhaltung der angegebenen Parameter kann mit hinreichender Wahrscheinlichkeit davon ausgegangen werden, dass die Funkübertragung funktioniert. Dementsprechend sieht § 60 Abs. 3 **Satz 2** vor, dass die Regulierungsbehörde bei Nichteinhaltung der mitgeteilten Parameter keinerlei Maßnahmen ergreift, um den entsprechenden Nachteilen zu begegnen. Das bedeutet, wer eine Empfangsanlage unter Missachtung der nach Satz 1 gegebenen Hinweise betreibt, muss zwar keine behördlichen Zwangsmaßnahmen gegen sich befürchten, darf aber auch nicht mit einem Eingreifen der Behörde zu seinen Gunsten rechnen und handelt insoweit **auf eigenes Risiko**[8].

14 **4. Sonderregelungen für den Rundfunk (Abs. 2 Satz 3; Abs. 4).** – Die Regelungen in § 60 Abs. 2 Satz 3 und Abs. 4 tragen den Besonderheiten des Rundfunks[9] Rechnung. Während Abs. 2 Satz 3 lediglich die allgemeine Benehmensregel des § 55 Abs. 10 S. 2[10] wiederholt und damit deutlich macht, dass sie auch im Zusammenhang mit der Festlegung von Nutzungs- und Nebenbestimmungen gilt, bringt § 60 Abs. 4 einen zusätzlichen Aspekt. Danach hat die Regulierungsbehörde – im Benehmen mit den zuständigen Landesbehörden – Rundfunkfrequenzen mit Auflagen zuzuteilen, die sicherstellen, dass die rundfunkrechtlichen Belange der Länder berücksichtigt werden. Wenn also beispielsweise im Rahmen der rundfunkrechtlichen Bedarfsplanung[11] Festlegungen zur Übertragung eines bestimmten Programms in einem bestimmten Versorgungsgebiet getroffen werden, so hat die Regulierungsbehörde nach § 60 Abs. 4 durch Auflagen im Zuteilungsbescheid sicherzustellen, dass der Frequenznutzer den rundfunkrechtlichen Vorgaben entspricht.

---

7 BT-Drs. 15/2316, Zu § 58.
8 BT-Drs. 15/2316, Zu § 58.
9 Zu den Besonderheiten des Rundfunks im Rahmen der Frequenzverwaltung s. insbes. § 52 RdNr. 28 und 38 sowie § 57 RdNr. 2 ff.
10 S. hierzu § 55 RdNr. 59.
11 Zur rundfunkrechtlichen Bedarfsplanung s. § 57 RdNr. 7.

§ 61 Vergabeverfahren

(1) Wurde nach § 55 Abs. 9 angeordnet, dass der Zuteilung von Frequenzen ein Vergabeverfahren voranzugehen hat, kann die Regulierungsbehörde nach Anhörung der betroffenen Kreise das Versteigerungsverfahren nach Absatz 5 oder das Ausschreibungsverfahren nach Absatz 6 durchführen. Die Entscheidung über die Wahl des Verfahrens sowie die Festlegungen und Regeln für die Durchführung der Verfahren sind von der Regulierungsbehörde zu veröffentlichen. Die Zuteilung der Frequenzen erfolgt nach § 55, nachdem das Vergabeverfahren nach Satz 1 durchgeführt worden ist.

(2) Grundsätzlich ist das in Absatz 5 geregelte Verfahren durchzuführen, es sei denn, dieses Verfahren ist nicht geeignet, die Regulierungsziele nach § 2 Abs. 2 sicherzustellen. Dies kann insbesondere der Fall sein, wenn auf dem sachlich und räumlich relevanten Markt, für den die Funkfrequenzen unter Beachtung des Frequenznutzungsplanes verwendet werden dürfen, bereits Frequenzen ohne vorherige Durchführung eines Versteigerungsverfahrens zugeteilt wurden, oder ein Antragsteller für die zuzuteilenden Frequenzen eine gesetzlich begründete Präferenz geltend machen kann. Für Frequenzen, die für Rundfunkdienste vorgesehen sind, findet das in Absatz 5 geregelte Verfahren keine Anwendung.

(3) Ein Antragsteller kann von der Teilnahme an einem Vergabeverfahren ausgeschlossen werden, wenn zu erwarten ist, dass durch dessen erfolgreiches Gebot nach Absatz 5 oder durch eine erfolgreiche Bewerbung nach Absatz 6 ein chancengleicher Wettbewerb auf dem sachlich und räumlich relevanten Markt, für den die zu vergebenden Frequenzen unter Beachtung des Frequenznutzungsplanes verwendet werden dürfen, gefährdet wird. Bei dieser Entscheidung sind die berechtigten Interessen der jeweiligen Antragsteller an der Anwendung neuer Technologien angemessen zu berücksichtigen.

(4) Mit dem Vergabeverfahren soll festgestellt werden, welcher oder welche der Antragsteller am besten geeignet sind, die zu vergebenden Frequenzen effizient zu nutzen. Die Regulierungsbehörde bestimmt vor Durchführung eines Vergabeverfahrens

1. die von einem Antragsteller zu erfüllenden fachlichen und sachlichen Mindestvoraussetzungen für die Zulassung zum Vergabeverfahren,
2. den sachlich und räumlich relevanten Markt, für den die zu vergebenden Frequenzen unter Beachtung des Frequenznutzungsplanes verwendet werden dürfen,
3. die für die Aufnahme des Telekommunikationsdienstes notwendige Grundausstattung an Frequenzen, sofern dies erforderlich ist,
4. die Frequenznutzungsbestimmungen einschließlich des Versorgungsgrades bei der Frequenznutzung und seiner zeitlichen Umsetzung.

(5) Im Falle der Versteigerung legt die Regulierungsbehörde vor der Durchführung des Vergabeverfahrens die Regeln für die Durchführung des Versteigerungsverfahrens im Einzelnen fest; diese müssen objektiv, nachvollziehbar und diskriminierungsfrei sein und die Belange kleiner und mittlerer Unternehmen berücksichtigen. Die Regulierungsbehörde kann ein Mindestgebot für die Teilnahme am Versteigerungsverfahren festsetzen.

(6) Im Falle der Ausschreibung bestimmt die Regulierungsbehörde vor Durchführung des Vergabeverfahrens die Kriterien, nach denen die Eignung der Bewerber bewertet

wird. Kriterien sind die Fachkunde und Leistungsfähigkeit der Bewerber, die Eignung von vorzulegenden Planungen für die Erbringung des ausgeschriebenen Telekommunikationsdienstes und die Förderung eines nachhaltig wettbewerbsorientierten Marktes. Bei der Auswahl sind diejenigen Bewerber bevorzugt zu berücksichtigen, die einen höheren räumlichen Versorgungsgrad mit den entsprechenden Telekommunikationsdiensten gewährleisten. Die Regulierungsbehörde legt ferner die Regeln für die Durchführung des Ausschreibungsverfahrens im Einzelnen fest; diese müssen objektiv, nachvollziehbar und diskriminierungsfrei sein. Erweist sich auf Grund des Ausschreibungsverfahrens, dass mehrere Bewerber gleich geeignet sind, entscheidet das Los.

(7) Verpflichtungen, die Antragsteller im Laufe eines Versteigerungs- oder Ausschreibungsverfahrens eingegangen sind, werden Bestandteile der Frequenzzuteilung.

(8) Bei einem Versteigerungsverfahren nach Absatz 5 oder einem Ausschreibungsverfahren nach Absatz 6 kann die in § 55 Absatz 4 genannte Höchstfrist von sechs Wochen so lange wie nötig, längstens jedoch um acht Monate verlängert werden, um für alle Beteiligten ein chancengleiches, angemessenes, offenes und transparentes Verfahren sicherzustellen. Diese Fristen lassen geltende internationale Vereinbarungen über die Nutzung von Frequenzen und die Satellitenkoordinierung unberührt.

Schrifttum: *Arndt*, Versteigerung der UMTS-Lizenzen – ein Plädoyer für die verfassungsrechtliche Unzulässigkeit, K&R 2001, 23; *Becker*, Die Versteigerung von UMTS-Lizenzen: eine neuartige Form der Allokation von Rechten, Die Verwaltung 2002, 1; *Beese/Naumann*, Versteigerungserlöse auf dem TK-Sektor und deren Verwendung – Wettbewerb zwischen Regulierung und Gewinnerzielung, MMR 2000, 145; *Berg*, Die Verwaltung des Mangels, Der Staat 1976, 1; *Breuer*, Verfassungsrecht und Versteigerungsverfahren nach § 11 Telekommunikationsgesetz, FS Maurer, 2001, 25; *Degenhart*, Versteigerung der UMTS-Lizenzen: Telekommunikationsrecht und Telekommunikationsverfassungsrecht, K&R 2001, 32; *Fehling*, Die Konkurrentenklage bei der Zulassung privater Rundfunkveranstalter, 1994; *Frenz*, Verwaltungsgerichtlicher Rechtsschutz in Konkurrenzsituationen, 1999; *Gersdorf*, Die dienende Funktion der Telekommunikationsfreiheiten: Zum Verhältnis von Telekommunikations- und Rundfunkordnung, AfP 1997, 424; *Grzeszick*, Lizenzvergabe nach dem Telekommunikationsgesetz, ZUM 1997, 911; *Heine/Neun*, Konkurrentenklagen im Telekommunikationsrecht, MMR 2001, 352; *Hiltl/Großmann*, Grundfragen des neuen deutschen Telekommunikationsrechts, BB 1996, 169; *Huber*, Konkurrenzschutz im Verwaltungsrecht, 1991; *Kämmerer*, Gemeingüter unter dem Hammer, NVwZ 2002, 161; *Keuter/Nett/Stumpf*, Regeln für das Verfahren zur Versteigerung von ERMES-Lizenzen/ Frequenzen sowie regionaler ERMES Frequenzen, WIK Diskussionsbeitrag Nr. 165, 1996; *Koenig*, Die öffentlich-rechtliche Verteilungslenkung, 1994; *ders.*, Die Versteigerung der UMTS-Lizenzen auf dem Prüfstand des deutschen und europäischen Telekommunikationsrechts, K&R 2001, 41; *ders.*, Versteigerung von Telekommunikationslizenzen und Europäisches Gemeinschaftsrecht, K&R 1998, 243; *Kruhl*, Die Versteigerung knapper Frequenzen, 2003; *Müller-Terpitz*, Verwaltungsrechtliche Aspekte des Vergabeverfahrens nach § 11 TKG, K&R 2002, 75; *Piepenbrock/Müller*, UMTS-Lizenzvergabe, 2001, 8; *dies./Altmeppen/Bunte*, ebd., 443; *dies./Ehlers*, ebd., 114; *Ruffert*, Regulierung im System des Verwaltungsrechts – Grundstrukturen des Privatisierungsfolgenrechts der Post und Telekommunikation, AöR 124 (1999), 237; *Ruhle/Geppert*, Versteigerungsverfahren für Funkfrequenzen und Lizenzen, MMR 1998, 175; *Sachs*, Bestandskraft der RegTP-Entscheidungen im Versteigerungsverfahren der UMTS-Lizenzen, K&R 2001, 13; *Schaumann*, Gleichheit und Gesetzmäßigkeitsprinzip, JZ 1966, 721; *Schenke*, Rechtsprobleme des Konkurrentenschutzes im Wirtschaftsverwaltungsrecht, NVwZ 1993, 718; *Scherer*, Das neue Telekommunikationsgesetz, NJW 1996, 2953; *ders.*, Die Umgestaltung des europäischen und deutschen Telekommunikationsrechts durch das EU-Richtlinienpaket – Teil I und Teil II, K&R 2002, 273 und 329; *ders.*, Frequenzverwaltung zwischen Bund und Ländern unter dem TKG, K&R Beil. 2/1999; *Schmidt-Preuß*, Kollidierende Privatinteressen im Verwaltungsrecht,

1992; *ders.*, Das Allgemeine des Verwaltungsrechts, FS Maurer, 2001, 777; *Schulz*, Lizenzvergabe bei Frequenzknappheit, 2003; *Schumacher*, Versteigerungserlöse nach § 11 als Verleihungsgebühr?, NJW 2000, 3096; *Schuster/Müller*, Rechtliche Grundlagen und Praxis der Frequenzzuteilung durch die RegTP, MMR 2000, 26; *Schütz/Attendorn*, Das neue Kommunikationsrecht der Europäischen Union – Was muss Deutschland ändern?, MMR Beil. 4/2002; *Schwarz*, UMTS-Lizenzversteigerungserlöse und Finanzverfassung des Grundgesetzes, RTkom 2001, 141; *Selmer*, Die UMTS-Versteigerung vor dem BVerfG: Alle Fragen bleiben offen, NVwZ 2003, 1304; *Storr*, Versteigerung von Telekommunikationslizenzen, K&R 2002, 67; *Tomuschat*, Güterverteilung als rechtliches Problem, Der Staat 1973, 433; *Varadinek*, Rechtmäßigkeit des UMTS-Lizenzvergabeverfahrens im Hinblick auf das TKG und Art. 12 GG, CR 2001, 17; *Wegmann*, Multipolare Marktzugangskonflikte im Telekommunikationsrecht, DVBl. 2002, 1446; *ders.*, Nutzungsrechte an Funkfrequenzen und Rufnummern, K&R 2003, 448; *ders.*, Regulierte Marktöffnung in der Telekommunikation, 2001.

Übersicht

I. Bedeutung der Norm und Entstehungsgeschichte

1. Bedeutung der Norm. – Die Vorschrift knüpft systematisch an § 55 Abs. 9 an. In der **1** Sache geht es um den Umgang mit Knappheitssituationen, wenn die vorhandenen Frequenzen nicht für alle interessierten Unternehmen ausreichen. Im Falle eines solchen Nachfrageüberhangs führt die Frequenzzuteilung an einen Antragsteller zwangsläufig zum Ausschluss der anderen („kapazitätsbedingte Ausschlusswirkung"[1]). Daraus ergibt sich die staatliche Aufgabe, eine Auswahl unter mehreren konkurrierenden Bewerbern zu treffen. Hierfür bedarf es eines **normativen Auswahl- und Verteilungskonzepts** nach Maßgabe rechtsstaatlicher Grundsätze. Insoweit gelten zunächst einmal die rechtsstaatlichen Mindestanforderungen der Chancengleichheit und willkürfreien Sachgerechtigkeit. Werden die zu vergebenden Frequenzen zu beruflichen Zwecken benötigt, fordert das Verfassungsrecht darüber hinaus, dass der Gesetzgeber selbst die Art der Vergabekriterien und ein hin-

---

1 *Schmidt-Preuß*, Kollidierende Privatinteressen im Verwaltungsrecht, S. 34.

reichend deutlich begrenztes Programm für deren Verhältnis zueinander festlegen muss[2].

2 Die gesetzliche Regelung in § 61 sieht **zwei unterschiedliche Auswahlverfahren** vor: die Versteigerung (Abs. 5) und die Ausschreibung (Abs. 6). Beide Vergabearten sind auf das gleiche Ziel hin ausgerichtet. Sie dienen der Feststellung, welcher Antragsteller am besten geeignet ist, die zu vergebenden Frequenzen effizient zu nutzen (§ 61 Abs. 4 S. 1). Hinsichtlich des konzeptionellen Ansatzes unterscheiden sie sich jedoch grundlegend. Während die Versteigerung auf dem schematischen Konzept des höchsten Gebots basiert, liegt der Ausschreibung ein qualitatives Auswahlprogramm unterschiedlicher Kriterien zu Grunde[3].

3 Grundsätzlich erfolgt die Vergabe knapper Frequenzen im Wege einer **Versteigerung** nach § 61 Abs. 5. Einziges Auswahlkriterium ist dabei die Höhe der von den Bewerbern abgegebenen Gebote. Bei dem Bieter mit der größten Zahlungsbereitschaft vermutet der Gesetzgeber die beste Eignung, die ersteigerten Lizenzrechte effizient zu nutzen[4]. Einer wertenden materiellen Auswahlentscheidung der Regulierungsbehörde bedarf es bei diesem Verfahren nicht. Inhaltlich regelt der Markt letztlich selbst, welcher Bieter zu welchem Preis den Zuschlag erhält. Das Versteigerungsverfahren bietet hierfür einen „marktwirtschaftlichen Auswahl- und Preisbildungsmechanismus"[5]. Die Aufgabe der Regulierungsbehörde beschränkt sich darauf, den schematisch-ökonomischen Entscheidungsfindungsprozess mittels entsprechender Festlegungen und Durchführungsregeln (§ 61 Abs. 4 S. 2, Abs. 5) prozedural zu begleiten und das Ergebnis festzustellen. Im Schrifttum wurde die Europa- und Verfassungsrechtskonformität des telekommunikationsrechtlichen Versteigerungsverfahrens unter verschiedenen Aspekten intensiv diskutiert[6]. Nach zutreffender und wohl

---

2 „Numerus-clausus-Rechtsprechung": BVerfGE 33, 303 ff., 329 ff.; E 43, 291 ff., 313 ff.

3 Grundlegend zur typologischen Unterscheidung schematischer und qualitativer Kriterien bei kapazitätsbezogenen Auswahl- und Verteilungsentscheidungen: *Schmidt-Preuß* (Fn. 1) S. 35, 392 ff. (*qualitative Leistungskriterien*) sowie S. 415 ff. (*schematische Rangkriterien*).

4 BT-Drs. 15/2316, Zu § 59: „Das erfolgreiche Gebot belegt typischerweise die Bereitschaft und die Fähigkeit, die zuzuteilende Frequenz im marktwirtschaftlichen Wettbewerb der Dienstleistungsangebote möglichst optimal einzusetzen und sich um eine wirtschaftliche und sparsame Verwendung der Frequenz zu bemühen."

5 *Wegmann*, Regulierte Marktöffnung in der Telekommunikation, S. 102.

6 S. hierzu – mit unterschiedlichen Ansätzen und Schwerpunkten – *Kruhl*, Die Versteigerung knapper Frequenzen, S. 143 ff.; *Schulz*, Lizenzvergabe bei Frequenzknappheit, S. 26 ff., 96 f.; *Wegmann* (Fn. 5), S. 103 ff.; *Heun/Jenny*, Kap 2 RdNr. 252 ff.; *Selmer*, NVwZ 2003, 1304 ff., 1307; *Kämmerer*, NVwZ 2002, 161 ff., 162 ff.; *Storr*, K&R 2002, 67 ff.; *Becker*, Die Verwaltung 2002, 1 ff.; *Breuer*, FS Maurer, 2001, S. 25 ff., 35 ff.; *Piepenbrock/Müller*, UMTS-Lizenzvergabe, S. 8 ff., 35 ff., 54 (Verfassungswidrigkeit der Versteigerung); *Piepenbrock/Müller/Altmeppen/Bunte*, ebd., S. 443 ff. (unter kartellrechtlichen Gesichtspunkten); *Arndt*, K&R 2001, 23 ff. (Verfassungswidrigkeit der Versteigerungserlöse); *Koenig*, K&R 2001, 41 ff.; *Degenhart*, K&R 2001, 32 ff. (mit besonderem Blick auf Art. 87 f GG); *Varadinek*, CR 2001, 17 ff., 22 ff. (Vereinbarkeit mit Art. 12 GG); *Schwarz*, RTkom 2001, 141 ff. (unter finanzverfassungsrechtlichen Aspekten); *Beese/Naumann*, MMR 2000, 145 ff.; *Schumacher*, NJW 2000, 3096 ff.; *Ruffert*, AöR 124 (1999), 237 ff., 257; *Koenig*, K&R 1998, 243 ff., 245 ff. (Vereinbarkeit mit europäischem Gemeinschaftsrecht); *Grzeszick*, ZUM 1997, 911 ff., 919 f. (Zweifel an der Sachgerechtigkeit des Verfahrens); *Scherer*, NJW 1996, 2953 ff., 2958; *Hiltl/Großmann*, BB 1996, 169 ff., 171 (Hinweis auf die Gefahr von Spekulationen); *Trute/Spoerr/Bosch*, § 11 RdNr. 26 ff.

überwiegender Auffassung ist die gesetzliche Regelung im Ergebnis mit höherrangigem Recht vereinbar[7]. Gerichtlich ist dies aber noch nicht abschließend geklärt[8].

Erweist sich eine Versteigerung von Frequenzen im Einzelfall als ungeeignet, die Regulie- **4** rungsziele sicherzustellen, so kommt das in § 61 Abs. 6 TKG geregelte **Ausschreibungsverfahren** zur Anwendung. Anders als im Falle einer Versteigerung handelt es sich hierbei nicht um einen ökonomisch-schematischen Vergabemechanismus. Die Bewerberauswahl erfolgt vielmehr im Wege einer qualitativ-wertenden Gesamtschau unterschiedlicher leistungsbezogener Vergabekriterien („beauty contest"). Die Regulierungsbehörde hat das Verfahren nicht nur prozedural – mittels Festlegungen und Durchführungsbestimmungen – zu begleiten, sondern darüber hinaus auch die materielle Auswahlentscheidung zu treffen. In § 61 Abs. 6 S. 2 sind die von der Behörde anzuwendenden Auswahlkriterien normativ festgelegt: Fachkunde und Leistungsfähigkeit, Eignung der vorzulegenden Planungen sowie Förderung eines nachhaltig wettbewerbsorientierten Marktes. Dabei räumt § 61 Abs. 6 S. 3 denjenigen Bewerbern Priorität ein, die einen höheren räumlichen Versorgungsgrad gewährleisten.

2. Entstehungsgeschichte. – § 61 geht zurück auf die Regelung in **§ 11 TKG 1996**. Ge- **5** genstand der dort geregelten Vergabe waren allerdings nicht die Frequenzen als solche, sondern die seinerzeit für eine Betätigung auf den Märkten erforderlichen **Lizenzen** (vgl. § 6 Abs. 1 TKG 1996), soweit diese aufgrund einer Frequenzknappheit einer zahlenmäßigen Beschränkung unterlagen (vgl. § 11 Abs. 1 i.V.m. § 10 TKG 1996)[9]. Da der staatliche Lizenzvorbehalt hinsichtlich der Betätigung auf den Telekommunikationsmärkten – veranlasst durch europäische Liberalisierungsvorgaben – im Rahmen der Novellierung des Gesetzes aufgegeben wurde, beziehen sich die Regelungen zum Vergabeverfahren in § 61 nunmehr unmittelbar auf die **Frequenzen**. Was die inhaltliche Ausgestaltung der neuen Regelung betrifft, wurde allerdings weitestgehend die **Kontinuität** gewahrt. Die normativen Vorgaben und Grundsätze des Verfahrens haben sich materiell nicht geändert, so dass hinsichtlich der Auslegung der Normen vielfach auf die alten Regelungen zurückgegriffen werden kann.

II. Europarechtliche Vorgaben

Konkrete gemeinschaftsrechtliche Anforderungen im Hinblick auf die Ausgestaltung der **6** Frequenzvergaberegeln in den Mitgliedstaaten finden sich in der Genehmigungsrichtlinie (RL 2002/20/EG – GRL)[10]. Grundsätzlich sieht die Richtlinie vor, dass Frequenzen unkon-

---

7 So u.a. *Wegmann* (Fn. 5), S. 104, 105; *Kruhl* (Fn. 6), S. 214 f., 262, 280 f.; *Selmer*, NVWZ 2003, 1313; *Kämmerer*, NVWZ 2002, 168; *Storr*, K&R 2002, 74; *Varadinek*, CR 2001, 24; a. A. insbes. *Piepenbrock/Müller*, UMTS-Lizenzvergabe, S. 54. Eine andere Frage ist allerdings, ob die konkrete behördliche Durchführung und Ausgestaltung des Verfahrens im Einzelfall den europa- und verfassungsrechtlichen Anforderungen entspricht.

8 Das BVerfG hatte mit Urteil v. 28. 3. 2002 (2 BvJ 1/01 u.a. – DÖV 2002, 661 ff.) lediglich über die Verteilung der Versteigerungserlöse zwischen dem Bund und den Ländern zu entscheiden und legte sich hinsichtlich der Verfassungsmäßigkeit des Versteigerungsverfahrens nicht abschließend fest.

9 Zur Verknüpfung von Lizenzerteilung und Frequenzzuteilung nach alter Rechtslage s. *Wegmann* (Fn. 5) S. 109 ff.

10 S. hierzu auch *Wegmann*, K&R 2003, 448 ff., 449 ff.; *Scherer*, K&R 2002, 273 ff., 268 f. und 329 ff., 331 f.; *Schütz/Attendorn*, MMR Beil. 4/2002, 9 f., 29 f.

tingentiert an die Antragsteller vergeben werden sollen. Eine **zahlenmäßige Beschrän-**
kung der Nutzungsrechte ist nur zulässig, wenn dies angesichts des begrenzten Frequenzspektrums unumgänglich und zur Sicherstellung einer effizienten Frequenznutzung notwendig ist (vgl. Erwägungsgrund 11 und Art. 7 Abs. 1 GRL).

7 Ist in einem bestimmten Bereich nach erfolgter Kontingentierung der zu vergebenden Frequenzen die **Nachfrage größer als das verfügbare Angebot**, so haben die Mitgliedstaaten
die entsprechenden Nutzungsrechte nach **objektiven, transparenten, nichtdiskriminie-**
renden und verhältnismäßigen Kriterien im Rahmen **wettbewerbsorientierter oder**
vergleichender Auswahlverfahren zu vergeben (vgl. Erwägungsgrund 22 und 23 sowie
Art. 7 Abs. 3 S. 1 GRL). Bei der Festlegung der Vergabekriterien haben die Mitgliedstaaten
den in Art. 8 der Rahmenrichtlinie (RL 2002/21/EG – RRL) genannten Zielen – **Förde-**
rung des Wettbewerbs (Art. 8 Abs. 2 RRL), **Entwicklung des Binnenmarktes** (Art. 8
Abs. 3 RRL) und **Schutz der Bürgerinteressen** (Art. 8 Abs. 4 RRL) – Rechnung zu tragen
(vgl. Erwägungsgrund 23 und Art. 7 Abs. 3 S. 2 GRL). Sofern die Anwendung objektiver,
nichtdiskriminierender und verhältnismäßiger Auswahlkriterien zur Förderung des Wettbewerbs im Einzelfall zum **Ausschluss bestimmter Unternehmen** führt, steht dies nicht
per se im Widerspruch zur Richtlinie (Erwägungsgrund 23 GRL).

8 Darüber hinaus haben Mitgliedstaaten gem. Erwägungsgrund 13 GRL auch die Möglichkeit, als „Teil des Verfahrens für die Vergabe von Nutzungsrechten für eine Funkfrequenz"
zu überprüfen, ob die jeweiligen Antragsteller die erforderlichen **persönlichen Fähigkei-**
ten aufweisen, um die mit den zu vergebenden Frequenzen verknüpften Bedingungen erfüllen zu können. Zu diesem Zweck kann der Antragsteller aufgefordert werden, geeignete
Nachweise vorzulegen. Kommt er dieser Aufforderung nicht nach, so können die Mitgliedstaaten dessen Antrag auf Zuteilung des Nutzungsrechts ablehnen.

9 Nach Art. 6 Abs. 1 GRL dürfen die Mitgliedstaaten Nutzungsrechte für Funkfrequenzen
nur an die Maximalliste der in Teil B des Anhangs der Richtlinie aufgeführten **Nutzungs-**
bedingungen knüpfen[11]. Für die Frequenzvergabe im Wege wettbewerbsorientierter oder
vergleichender Auswahlverfahren gilt gem. Teil B Nr. 7, dass Verpflichtungen, die ein Unternehmen im Laufe eines solchen Verfahrens eingegangen ist, auch als Bedingungen an
die Frequenznutzungsrechte geknüpft werden dürfen. Allerdings müssen sie im Einzelfall
objektiv gerechtfertigt, nicht diskriminierend, verhältnismäßig und transparent sein (Art. 6
Abs. 1 S. 2 GRL).

10 In Art. 7 Abs. 4 GRL finden sich Vorgaben in Bezug auf die **Verfahrensfristen**. Danach
können die Mitgliedstaaten die in Art. 5 Abs. 3 GRL genannte Höchstfrist von sechs Wochen für die Frequenzzuteilung bei Durchführung eines wettbewerblichen oder vergleichenden Auswahlverfahrens so lange wie nötig, höchstens jedoch um acht Monate verlängern, um für alle Beteiligten ein faires, angemessenes und transparentes Verfahren sicherzustellen (Art. 7 Abs. 4 S. 1 GRL). Diese Fristen lassen geltende internationale Vereinbarungen über die Nutzung von Funkfrequenzen und die Satellitenkoordinierung unberührt
(Art. 7 Abs. 4 S. 2 GRL).

---

11 S. hierzu auch § 60 RdNr. 3 f.

III. Einzelkommentierung

1. Grundlagen der Frequenzvergabe (Abs. 1). – Hat die Regulierungsbehörde einen (ak- **11** tuellen oder potenziellen) Nachfrageüberhang[12] hinsichtlich bestimmter Frequenzen festgestellt und deshalb nach § 55 Abs. 9 angeordnet, dass der Frequenzzuteilung ein Vergabeverfahren voranzugehen hat, so kann sie gem. § 61 Abs. 1 Satz 1 – nach Anhörung der betroffenen Kreise – ein Versteigerungsverfahren oder ein Ausschreibungsverfahren durchführen. Die Behörde hat also eine **Verfahrensauswahlentscheidung** zu treffen. Dabei geht es nicht etwa um die bereits nach Maßgabe des § 55 Abs. 9 vorentschiedene Frage, ob überhaupt ein Vergabeverfahren durchgeführt werden soll, sondern allein darum, welche Verfahrensart – Versteigerung oder Ausschreibung – im konkreten Fall zur Anwendung kommt.

Anders als der Wortlaut der Norm („kann") vermuten lässt, steht der Regulierungsbehörde **12** bei der nach § 61 Abs. 1 S. 1 zu treffenden Verfahrensauswahlentscheidung **kein Ermessen** zu. Denn nach § 61 Abs. 2 darf eine Frequenzvergabe nur dann im Wege einer Ausschreibung erfolgen, wenn ein Versteigerungsverfahren ungeeignet wäre, die Regulierungsziele sicherzustellen. Dabei obliegt es der Behörde, auf der Tatbestandsseite zu beurteilen, ob eine Versteigerung im konkreten Fall geeignet ist oder nicht. Für ein Ermessen auf der Rechtsfolgenseite bleibt insoweit kein Raum[13]. Vielmehr handelt es sich um eine **gebundene Entscheidung**[14]. Hält die Behörde eine Versteigerung im Einzelfall für ungeeignet, so muss sie ein Ausschreibungsverfahren durchführen.

Die Verfahrensauswahlentscheidung obliegt gem. § 132 Abs. 3 der **Präsidentenkammer** **13** bei der Regulierungsbehörde. Nach § 61 Abs. 1 S. 1 hat sie zuvor eine **Anhörung der betroffenen Kreise** durchzuführen. Dies dient zum einen der Offenheit und Transparenz des Verfahrens, wie es auch in Art. 7 Abs. 3 und 4 GRL gefordert wird. Zum anderen soll sich die Behörde im Wege der Anhörung aber auch die notwendige Tatsachenkenntnis verschaffen, um sachgerecht beurteilen zu können, ob eine Versteigerung im jeweiligen Einzelfall geeignet ist oder nicht. Zu den „betroffenen Kreisen" gehören alle Personen, Vereinigungen und Einrichtungen, deren Interessen oder Aufgaben mittelbar oder unmittelbar, aktuell oder potenziell von den Auswirkungen der Entscheidung berührt werden[15]. Darüber hinaus ist die Entscheidung nach § 61 Abs. 1 S. 2 zu **veröffentlichen**.

Flankierend zu der nach Abs. 1 Satz 1 zu treffenden Verfahrensauswahlentscheidung hat **14** die Regulierungsbehörde gem. Abs. 1 **Satz 2** auch „**Festlegungen und Regeln für die Durchführung der Verfahren**" zu veröffentlichen. Inhaltliche Vorgaben für den Erlass dieser Durchführungsbestimmungen finden sich in den Absätzen 4, 5 und 6. Die sprachliche Unterscheidung in Abs. 1 Satz 2 legt nahe, dass mit „Festlegungen" solche nach Abs. 4 gemeint sind und der Begriff „Regeln" auf Abs. 5 und 6 abzielt. Nach dem Wortlaut des § 61 Abs. 1 bezieht sich die in Satz 1 vorgesehene **Anhörungspflicht** zwar nur auf die Verfahrensauswahlentscheidung, mit Blick auf Sinn und Zweck der Norm ist aber auch vor Erlass der Durchführungsbestimmungen eine Anhörung zu fordern[16].

---

12 Vgl. § 55 RdNr. 51.
13 Dies scheint *Varadinek*, CR 2001, 17 ff., 20, zu verkennen, die der Regulierungsbehörde einen Ermessensspielraum bei der Entscheidung zugesteht, welches Verfahren zur Verfolgung der Regulierungsziele „am geeignetsten" ist.
14 *Wegmann* (Fn. 5) S. 108.
15 S. hierzu § 53 RdNr. 14 f.
16 Vgl. BeckTKG-Komm/*Geppert*, § 11 RdNr. 4.

15 **2. Grundsätzlicher Vorrang der Versteigerung (Abs. 2).** – In § 61 Abs. 2 finden sich die normativen Kriterien für die von der Regulierungsbehörde nach Abs. 1 zu treffende Verfahrensauswahlentscheidung. Dabei begründet Abs. 2 **Satz 1** ein gesetzliches **Regel-Ausnahme-Verhältnis**[17]. Die Vergabe knapper Frequenzen erfolgt – grundsätzlich – nach Durchführung einer Versteigerung, es sei denn, dieses Verfahren ist – ausnahmsweise – nicht geeignet, die Regulierungsziele nach § 2 Abs. 2[18] sicherzustellen. Die Materialen bestätigen, dass der Gesetzgeber die Versteigerung als vorrangigen „gesetzlichen Regelfall"[19] ansah. Der Regulierungsbehörde obliegt die **einzelfallbezogene Beurteilung**, ob die Versteigerung in der konkreten Situation ungeeignet ist, die Regulierungsziele sicherzustellen.

16 Das somit für die Verfahrensauswahl maßgebliche Kriterium der **regulierungszielbezogenen Eignung** wird in Abs. 2 **Satz 2** weiter **konkretisiert**. Danach kann eine Versteigerung insbesondere ungeeignet sein, wenn auf dem relevanten Markt bereits Frequenzen ohne vorherige Durchführung eines Versteigerungsverfahrens zugeteilt wurden[20] oder ein Antragsteller eine gesetzlich begründete Präferenz[21] geltend machen kann. Wie sich aus dem Wortlaut der Norm ergibt, sind diese **Regelbeispiele** weder abschließend („insbesondere") noch zwingend („kann"). Ihr Vorliegen indiziert aber eine fehlende Eignung, so dass die Anordnung einer Versteigerung in diesen Fällen einer besonderen Begründung mit tragfähigen Argumenten bedarf[22].

17 Unabhängig davon, ob einer der in Abs. 2 S. 2 genannten Beispielsfälle vorliegt oder nicht, hat die Behörde stets eine **Prüfung der regulierungszielbezogenen Eignung** vorzunehmen. Wegen der Grundsatzentscheidung des Gesetzgebers für das Versteigerungsverfahren als Regelfall (Satz 1) können allgemeine Überlegungen zur generellen Zweckmäßigkeit des Verfahrens dabei allerdings keine Rolle spielen[23]. Erforderlich ist vielmehr eine konkrete Prüfung im Einzelfall. Dies setzt eine empirische Analyse der bestehenden Marktsituation sowie eine situationsbezogene Konkretisierung und Gewichtung der jeweils relevanten Regulierungsziele voraus[24]. Die Prüfungspflicht beschränkt sich allerdings vom Ansatz her auf die Frage, ob das im Regelfall vorgeschriebene Versteigerungsverfahren im Einzelfall **ungeeignet** ist[25]. Wird dies bejaht, so kommt automatisch das Ausschreibungsverfahren zum Zuge, ohne dass es hinsichtlich der Ausschreibung auf eine zusätzliche Eignungsprüfung ankäme[26].

---

17 *Wegmann* (Fn. 5) S. 107.
18 S. hierzu § 2 RdNr. 2 ff. und § 52 RdNr. 34 ff.
19 BT-Drs. 15/2316, Zu § 59.
20 Ein Beispiel aus der Praxis war die Vergabe der vierten GSM-Mobilfunklizenz (E2). Sie erfolgte im Ausschreibungsverfahren, weil auch die drei bereits vergebenen Mobilfunklizenzen ausgeschrieben worden waren und eine Versteigerung der vierten Lizenz zu einer erheblichen Benachteiligung des vierten Marktteilnehmers geführt hätte (vgl. Vfg. 114/1996, ABl. BMPT 1996, S. 941).
21 Die Gesetzesbegründung nennt als Beispielsfälle für gesetzlich begründete Präferenzen den „Polizeifunk oder Ansprüche von Betreibern von Rundfunksendeanlagen" (BT-Drs. 15/2316, zu § 59). Kritisch zum Ganzen *Heun/Jenny*, Kap. 2 RdNr. 228.
22 *Schulz* (Fn. 6) S. 86.
23 Vgl. auch *Scheurle/Mayen/Hahn*, § 11 RdNr. 18.
24 Ausführlich hierzu *Trute/Spoerr/Bosch*, § 11 RdNr. 16 ff.
25 Unzutreffend insoweit *Schuster/Müller*, MMR 2000, 26 ff., 29, wonach das Versteigerungsverfahren nur dann zur Anwendung kommen soll, wenn es „im Einzelfall geeignet ist".
26 *Schulz* (Fn. 6) S. 84.

§ 61 Abs. 2 **Satz 3** betrifft den Sonderfall der **Frequenzvergabe für Rundfunkdienste.** 18 Hier ist die Durchführung eines Versteigerungsverfahrens qua gesetzlicher Spezialregelung unzulässig. Eine Versteigerung von Rundfunkfrequenzen – sei es an Rundfunkveranstalter oder an Netzbetreiber, die im Auftrag von Rundfunkveranstaltern Sendernetze betreiben – wäre auch mit der verfassungsrechtlichen Sonderstellung des Rundfunks[27] kaum vereinbar[28]. So darf nach der Rechtsprechung des BVerfG die „Frage, wem eine der knappen Möglichkeiten zur Programmveranstaltung zugute kommen soll, [...] nicht dem Zufall oder dem freien Spiel der Kräfte anheim gegeben werden".[29] Das bedeutet, knappe Rundfunkfrequenzen sind ausschließlich im Wege der Ausschreibung zu vergeben.

3. Ausschluss von Antragstellern (Abs. 3). – Nach § 61 Abs. 3 kann die Regulierungsbe- 19 hörde einen Antragsteller vom Vergabeverfahren ausschließen, wenn zu erwarten ist, dass durch dessen erfolgreiche Beteiligung ein chancengleicher Wettbewerb auf dem jeweils relevanten Markt gefährdet würde. Behördenintern ist hierfür die **Präsidentenkammer** zuständig (§ 132 Abs. 3), die insoweit gem. § 123 Abs. 1 das **Einvernehmen mit dem Bundeskartellamt** herzustellen hat. § 61 Abs. 3 steht in engem Zusammenhang mit **§ 2 Abs. 2 Nr. 2**, der die „Sicherstellung eines chancengleichen Wettbewerbs und die Förderung nachhaltig wettbewerbsorientierter Märkte" als allgemeines Regulierungsziel definiert. Tatbestandlich setzt § 61 Abs. 3 eine **Prognose der künftigen Wettbewerbssituation** für den Fall einer erfolgreichen Beteiligung des betreffenden Antragstellers voraus. Grundlage dieser Prognose ist eine **Analyse der bestehenden Marktlage.** Sofern sich dabei ergibt, dass eine Gefährdung chancengleichen Wettbewerbs zu erwarten ist, hat die Behörde nach **pflichtgemäßem Ermessen** („kann") über den Ausschluss zu entscheiden.

Aus europa- und verfassungsrechtlichen Gründen ist indes eine **restriktive Anwendung** 20 der Ausschlussmöglichkeit des § 61 Abs. 3 geboten. **Europarechtlich** ist der Ausschluss einzelner Unternehmen zur Sicherung der Regulierungsziele zwar nicht per se unzulässig, jedoch in besonderem Maße an die Anforderungen der Objektivität, Nichtdiskriminierung und Verhältnismäßigkeit gebunden (vgl. Erwägungsgrund 23 GRL). Aus **verfassungsrechtlicher Sicht** ist zu berücksichtigen, dass die zu vergebenden Frequenzen regelmäßig für eine berufliche Betätigung benötigt werden. Daher handelt es sich bei einem Ausschluss nach § 61 Abs. 3 typischerweise um eine (objektive) Berufswahlbeschränkung, die nach der einschlägigen Rechtsprechung des BVerfG[30] zu Art. 12 Abs. 1 S. 1 GG nur zur Abwehr „nachweisbarer oder höchstwahrscheinlicher schwerer Gefahren für ein überragend wichtiges Gemeinschaftsgut" gerechtfertigt ist.

Das bedeutet, der bloße Verdacht oder die abstrakte Gefahr einer Wettbewerbsbeeinträchti- 21 gung vermag einen Ausschluss nach § 61 Abs. 3 nicht zu rechtfertigen. Erforderlich ist vielmehr eine anhand der festgestellten Tatsachenlage **nachweisbare oder höchstwahrscheinliche konkrete Gefährdung** chancengleichen Wettbewerbs. Diese Gefährdung muss im Übrigen so **schwerwiegend**[31] sein, dass das öffentliche Interesse an einem Aus-

---

27 S. hierzu § 52 RdNr. 28 ff. und 38 sowie § 57 RdNr. 2.
28 So bereits *Scherer*, K&R Beil. 2/1999, 22, 24; *Gersdorf*, AfP 1997, 424 ff., 425.
29 BVerfGE 57, 295 ff., 327, m. w. N.
30 Grundlegend BVerfGE 7, 377 ff., 405 ff., 408 – „Apothekenurteil".
31 Vgl. auch Entscheidung der Präsidentenkammer v. 10. 5. 1999 über das Verfahren zur Vergabe von Lizenzen für ein Universal Mobile Telecommunications System (UMTS), Mobilkommunikation der dritten Generation, ABl. RegTP Nr. 9 v. 26. 5. 1999, 21: „Der Ausschluss bestimmter Unternehmen [...] kommt nach alledem nur in Betracht, wenn deren Teilnahme und Berücksichtigung

schluss im Rahmen einer gebotenen **Abwägung** höher zu bewerten ist als die kollidierenden Interessen des Einzelnen an einer Teilnahme am Verfahren. § 61 Abs. 3 **Satz 3** hebt insoweit besonders die Interessen des Antragstellers an der Anwendung neuer Technologien hervor, die angemessen zu berücksichtigen sind. Auf diesen Aspekt darf sich die behördliche Angemessenheitsprüfung aber nicht beschränken. Erforderlich ist vielmehr eine umfassende Abwägung und Gewichtung aller relevanten Belange.

22 Vor diesem Hintergrund wäre ein abstrakter oder dauerhafter Ausschluss von Bewerbern – etwa allein auf Grund ihrer besonderen Marktmacht oder weil ihnen bereits früher Frequenzen zugeteilt wurden – als generell „kompensatorische Maßnahme" von vornherein unzulässig[32]. Aber auch dann, wenn eine Prüfung im Einzelfall ergibt, dass eine konkrete und schwerwiegende Gefährdung des chancengleichen Wettbewerb nachweisbar oder höchstwahrscheinlich ist, hat die Behörde im Rahmen ihrer Ermessensausübung vor einem Ausschluss zunächst einmal zu prüfen, ob der Gefahr nicht auch mit milderen Mitteln begegnet werden kann. Aus Gründen der Verhältnismäßigkeit kommt ein Ausschluss vom Verfahren nur als **ultima ratio** in Betracht, wenn weniger eingreifende Maßnahmen zur Sicherung chancengleichen Wettbewerbs – beispielsweise verhaltenskontrollierende Nebenbestimmungen zur Frequenzzuteilung – keinen Erfolg versprechen[33].

23 **4. Verfahrenszweck und Festlegungen der Regulierungsbehörde (Abs. 4).** – In programmatischer Weise definiert § 61 Abs. 4 **Satz 1** den **Zweck des Vergabeverfahrens**: Es dient der Feststellung, „welcher oder welche der Antragsteller am besten geeignet sind, die zu vergebenden Frequenzen effizient zu nutzen". Dies trägt der Knappheit der Ressourcen und dem daraus resultierende Regulierungsziel der effizienten und störungsfreien Frequenznutzung Rechnung (vgl. § 52 Abs. 1 und § 2 Abs. 2 Nr. 7). Bei einem Vergleich zwischen § 61 Abs. 4 Satz 1 und den Verfahrenszweckbestimmungen in § 11 Abs. 4, Abs. 6 TKG 1996 fällt auf, dass die früheren Formulierungen stärker auf die Nutzerinteressen ausgerichtet waren. So sollte mit dem Ausschreibungsverfahren gem. § 11 Abs. 6 Satz 1 TKG 1996 festgestellt werden, wer am besten geeignet ist, die „Nachfrage der Nutzer nach der zu lizenzierenden Telekommunikationsdienstleistung für die Öffentlichkeit zu befriedigen". Es ging also im Wesentlichen um eine möglichst optimale Befriedigung der Nutzerbedürfnisse[34].

24 Gleichwohl ist davon auszugehen, dass mit dem neuen Wortlaut kein inhaltlicher Paradigmenwechsel beabsichtigt war. Wenn der Gesetzgeber heute die „Nachfrage der Nutzer" nicht mehr ausdrücklich erwähnt, so liegt dies daran, dass nach neuem Recht nicht mehr Lizenzen zum Angebot von Telekommunikationsdienstleistungen für die Öffentlichkeit (vgl. § 6 Abs. 1 TKG 1996), sondern lediglich die hierfür benötigten Frequenzen Gegenstand des Vergabeverfahrens sind. Diese Frequenzen dienen jedoch nicht zwangsläufig dem Angebot von Telekommunikationsdienstleistungen für die Öffentlichkeit. Deshalb war der Gesetzgeber veranlasst, die Verfahrenszielbestimmung in § 61 Abs. 4 S. 1 neutraler zu fassen und nur allgemein auf die **Effizienz** abzustellen. In der Sache ändert dies aber

---

bei der Vergabe zu erkennbaren schwerwiegenden Störungen bei der Entwicklung eines funktionsfähigen Marktes führen würde."

32 So auch Entscheidung der Präsidentenkammer v. 14. 4. 1999 über das Verfahren zur Vergabe weiterer Frequenzen im Bereich 1800 MHz für Mobilfunkanwendungen nach dem GSM-1800-Standard, ABl. RegTP Nr. 7 v. 28. 4. 1999, S. 1251 ff., 1252 ff.

33 Vgl. auch BT-Drs. 15/2316, Zu § 59, sowie *Scheurle/Mayen/Hahn*, § 11 RdNr. 32.

34 *Heun/Jenny*, Kap. 2 RdNr. 251.

nichts daran, dass damit eine Effizienz gemeint ist, die sich in erster Linie auf eine **möglichst optimale Befriedigung der Nutzerbedürfnisse** bezieht, sofern die zu vergebenden Frequenzen für das Angebot von Telekommunikationsdienstleistungen für die Öffentlichkeit bestimmt sind.

Während § 61 Abs. 4 Satz 1 den Zweck des Vergabeverfahrens normativ vorgibt, obliegt es **25** gem. § 61 Abs. 4 **Satz 2** der Regulierungsbehörde, im Einzelfall konkrete **Festlegungen für die Verfahrensdurchführung** zu treffen. Die behördeninterne Zuständigkeit hierfür liegt bei der **Präsidentenkammer** (§ 132 Abs. 3). In verfahrensrechtlicher Hinsicht hat sie zuvor die **betroffenen Kreise anzuhören**[35] und die daraufhin getroffenen Festlegungen zu **veröffentlichen** (vgl. § 61 Abs. 1 S. 2). Die **materiellen Regelungsgegenstände** finden sich in § 61 Abs. 4 **Satz 2 Nr. 1 bis 4**. Danach hat die Behörde Festlegungen zu treffen in Bezug auf die von einem Antragsteller zu erfüllenden fachlichen und sachlichen Mindestvoraussetzungen (Nr. 1), den sachlich und räumlich relevanten Markt, für den die Frequenzen verwendet werden dürfen (Nr. 2), die für die Aufnahme des Telekommunikationsdienstes notwendige Grundausstattung an Frequenzen (Nr. 3) sowie hinsichtlich der Frequenznutzungsbestimmungen einschließlich des Versorgungsgrades und seiner zeitlichen Umsetzung (Nr. 4).

Die gem. § 61 Abs. 4 S. 2 **Nr. 1** von der Behörde festzulegenden **fachlichen und sachli-** **26** **chen Mindestvoraussetzungen** für die Zulassung zum Vergabeverfahren zielen auf die Zuverlässigkeit, Leistungsfähigkeit und Fachkunde des Antragstellers[36] ab. Dies steht im Einklang mit Erwägungsgrund 13 GRL, der den Mitgliedstaaten ausdrücklich die Möglichkeit einer persönlichen Eignungsprüfung eröffnet. Während die Zuverlässigkeit auf die Einhaltung der einschlägigen Rechtsvorschriften abzielt und die Leistungsfähigkeit insbesondere die Verfügbarkeit der erforderlichen Sach- und Finanzmittel zum Gegenstand hat, ist bei der Fachkunde das Vorliegen der notwendigen Kenntnisse, Erfahrungen und Fertigkeiten beim Antragsteller bzw. seinen Mitarbeitern gefragt[37]. Dabei geht es ausdrücklich nur um die Festlegung von „Mindestvoraussetzungen". Keinesfalls darf § 61 Abs. 4 S. 2 Nr. 1 als Einfallstor dafür genutzt werden, auf dieser frühen Verfahrensstufe eine Vorauswahl von „besser" oder „weniger gut" geeigneten Bewerbern zu treffen[38]. Jeder, der die Mindestvoraussetzungen erfüllt, ist zum Verfahren zuzulassen. Die Auswahl des „besten" Bewerbers erfolgt erst im weiteren Verfahren nach Maßgabe spezieller Zuschlagskriterien.

Bei der Festlegung und Prüfung von persönlichen und fachlichen Mindestvoraussetzungen **27** nach Maßgabe des § 61 Abs. 4 S. 2 Nr. 1 ergeben sich **Überschneidungen zu § 55 Abs. 5 Nr. 4**, der nach zutreffender Auslegung ebenfalls eine persönliche Eignungsprüfung als Frequenzzuteilungsvoraussetzung vorsieht[39]. Insoweit ist eine Synchronisation der Normen erforderlich. Aus Gründen der Verfahrenseffizienz gilt es zu vermeiden, dass ein Bewerber zunächst ein aufwendiges Vergabeverfahren durchläuft, um dann – nachdem er den Zuschlag erhalten hat – an den personenbezogenen Voraussetzungen des § 55 Abs. 5 Nr. 4 zu scheitern. Deshalb hat die Regulierungsbehörde die in § 55 Abs. 5 Nr. 4 vorgesehene

---

35 S. o. RdNr. 13.
36 Vgl. auch die Bedingungen zur Vergabe der ERMES-Lizenzen, ABl. BMPT Nr. 10 v. 8. 5. 1996, S. 630.
37 *Wegmann* (Fn. 5) S. 93 f.
38 *Trute/Spoerr/Bosch*, § 11 RdNr. 41.
39 § 55 RdNr. 33 ff. Zur Abgrenzung zwischen § 61 Abs. 4 S. 2 Nr. 1 und § 61 Abs. 6 S. 2 s. unten RdNr. 39.

persönliche Eignungsprüfung im Falle einer Vergabe knapper Frequenzen verfahrensmäßig vorzuziehen und die entsprechenden Anforderungen bereits im Rahmen des vorgeschalteten Vergabeverfahrens als Mindestvoraussetzungen i.S.d. § 61 Abs. 4 S. 2 Nr. 1 festzulegen und zu prüfen.

28 Nach § 61 Abs. 4 S. 2 **Nr. 2** hat die Regulierungsbehörde den **sachlich und räumlich relevanten Markt** festzulegen, für den die zu vergebenden Frequenzen unter Beachtung des Frequenznutzungsplanes verwendet werden dürfen. Dies erfolgt gem. § 120 Nr. 2 unter Mitwirkung des bei der Behörde gebildeten Beirats (vgl. § 118). Die Festlegung dient der Konkretisierung des Verfahrensgegenstandes und der Information der Auktionsteilnehmer im Hinblick auf mögliche Geschäftätigkeiten, die sich mit den zu vergebenden Frequenzen realisieren lassen. Dabei sind die Festlegungen des Frequenznutzungsplanes (§ 54) hinsichtlich der zulässigen Nutzung der in Rede stehenden Frequenzen zu beachten. Grundlage für die in § 61 Abs. 4 S. 2 Nr. 2 vorgesehene Abgrenzung und Festlegung der jeweils relevanten Märkte ist das im Kartellrecht entwickelte Bedarfsmarktkonzept[40]. Insbesondere im Bereich des Mobilfunks wird hier fein differenziert zwischen dem Mobilfunk der zweiten und dritten Generation (GSM und UMTS), dem Funkruf, dem Datenfunk und dem Bündelfunk[41].

29 § 61 Abs. 2 S. 2 **Nr. 3** sieht darüber hinaus vor, dass die Regulierungsbehörde die für die Aufnahme des Telekommunikationsdienstes notwendige **Grundausstattung an Frequenzen** festlegt, sofern dies erforderlich ist. Im Falle der erstmaligen Vergabe von Frequenzen für einen bestimmten Telekommunikationsdienst, wenn es also nicht lediglich um die Erweiterung bereits zugeteilter Frequenzen geht, wird eine solche Festlegung regelmäßig erforderlich sein, um eine bestimmungsgemäße Ausübung der Nutzungsrechte sicherzustellen. Die konkrete Festlegung der notwendigen Grundausstattung durch die Behörde steht im Spannungsfeld der (potenziell) konfligierenden Ziele effizienter und störungsfreier Frequenznutzung[42]. Denn die Festlegung einer sehr geringen Grundausstattung wäre zwar effizient in dem Sinne, dass insgesamt mehr Bewerber mit Frequenzen bedient werden könnten, ginge aber tendenziell zu Lasten einer störungsfreien Nutzung, weil hierfür aus technischen Gründen eine gewisse Bandbreite benötigt wird. Die Behörde hat daher eine Mindestausstattung zu definieren, die beide Ziele unter wechselseitiger Berücksichtigung bedarfsgerecht zum Ausgleich bringt[43].

30 Schließlich hat die Regulierungsbehörde gem. § 61 Abs. 4 S. 2 **Nr. 4** vor Durchführung eines Vergabeverfahrens auch Festlegungen hinsichtlich der **Frequenznutzungsbestimmungen** zu treffen. § 120 Nr. 2 sieht dabei eine Mitwirkung des bei der Behörde gebildeten Beirats vor. In der Sache geht es nicht nur um Bestimmungen zu Art und Umfang der Frequenznutzung (vgl. § 60 Abs. 1), sondern insbesondere auch um Auflagen, die eine effiziente Ressourcennutzung sowie die dauerhafte Einhaltung der Vergabebedingungen[44] sicherstellen sollen. Sie werden gem. § 61 Abs. 7 nach erfolgtem Zuschlag Bestandteil der

---

40 Allgemein und ausführlich hierzu *Immenga/Mestmäcker/Möschel*, GWB, § 19 RdNr. 24 ff., 35 ff.

41 Vertiefend hierzu *Heun/Jenny*, Kap. 2, RdNr. 319 ff.

42 Zu diesem Zielkonflikt s. § 52 RdNr. 35.

43 Zur Frage, ob die Behörde – über den Wortlaut der Norm hinaus – zusätzlich auch eine Höchstausstattung an Frequenzen festlegen darf, die ein Bewerber im Vergabeverfahren maximal erwerben kann, s. *Heun/Jenny*, Kap. 2 RdNr. 262 ff. (im Ergebn. bejahend).

44 Vgl. z. B. UMTS-Musterlizenz, Teil C.2., betreffend die wettbewerbliche Unabhängigkeit der Lizenznehmer (Anlage 1 zu Vfg 13/2000, ABl. RegTP 2000, S. 516 ff., 557 ff.).

Frequenzzuteilung. Inhaltlich haben sich die von der Behörde festzulegenden Nutzungsbestimmungen im Rahmen der nach Teil B des Anhangs der GRL zulässigen Bedingungen zu halten[45]. Die in § 61 Abs. 4 S. 2 Nr. 4 ausdrücklich genannten Festlegungen zum **Versorgungsgrad** und seiner zeitlichen Umsetzung sind in erster Linie vor Versteigerungen zu treffen[46], weil hier die spätere Auswahlentscheidung allein anhand des höchsten Gebots erfolgt. Im Gegensatz dazu sieht § 61 Abs. 6 S. 6 im Falle einer Ausschreibung vor, dass der Versorgungsgrad eines Bewerbers als materielles Zuschlagskriterium berücksichtigt werden soll.

5. Versteigerungsverfahren (Abs. 5). – Trifft die Regulierungsbehörde nach Maßgabe **31** von § 61 Abs. 1 und Abs. 2 die Entscheidung, Frequenzen im Wege einer Versteigerung zu vergeben, so hat sie gem. Abs. 5 im Vorfeld der Vergabe die **Durchführungsregeln für das Verfahren** festzulegen. Anders als bei einer Ausschreibung bedarf es im Falle einer Versteigerung keiner besonderen Festlegung hinsichtlich der materiellen Auswahlkriterien, denn Versteigerungen zeichnen sich gerade dadurch aus, dass der Bieter mit dem höchsten Gebot – schematisch und ohne weitere wertende Auswahlentscheidung der Behörde – den Zuschlag erhält. Insoweit beschränkt sich die Aufgabe der Behörde darauf, den Entscheidungsfindungsprozess nach Maßgabe rechtsstaatlicher Grundsätze prozedural zu begleiten und das Ergebnis festzustellen[47]. Aus diesem Grund finden sich in Abs. 5 – anders als in Abs. 6 – **keine Auswahlkriterien**, sondern lediglich Vorgaben zu den von der Behörde zu erlassenden „Regeln für die Durchführung" des Verfahrens.

Die behördeninterne Zuständigkeit für den Erlass dieser Durchführungsregeln liegt bei der **32** **Präsidentenkammer** der Regulierungsbehörde (§ 132 Abs. 3). In verfahrensrechtlicher Hinsicht hat sie zunächst die **betroffenen Kreise anzuhören**[48] und die daraufhin erlassenen Regelungen zu **veröffentlichen** (vgl. § 61 Abs. 1 S. 2).

Was die inhaltliche Ausgestaltung der Durchführungsregeln betrifft, ist die Behörde gem. **33** § 61 Abs. 5 S. 1 an die Grundsätze der **Objektivität**, **Nachvollziehbarkeit** und **Diskriminierungsfreiheit** gebunden. Dies entspricht den Vorgaben aus Art. 7 Abs. 3 GRL und den Anforderungen des allgemeinen Gleichheitssatzes aus Art. 3 Abs. 1 GG. Dabei sind ausdrücklich auch die **Belange kleiner und mittlerer Unternehmen** zu berücksichtigen. Dies darf allerdings nicht in der Weise geschehen, dass die Gebote kleiner und mittlerer Unternehmen stärker gewichtet werden[49], denn damit würde das normativ vorgegebene Auswahlkonzept des höchsten Gebots bei Versteigerungen konterkariert. Aber auch sonst sind die Möglichkeiten eines Mittelstandsschutzes im Rahmen von Versteigerungsregeln i.S.v. § 61 Abs. 5 S. 1 wegen des dem Verfahren immanenten ökonomischen Prinzips eher beschränkt. Insoweit hat die Norm mehr den Charakter einer allgemeinen politischen Zielvorgabe[50].

45 S. o. RdNr. 9 sowie § 60 RdNr. 3 f.
46 Beispiel hierfür ist Teil B. 4. der UMTS-Musterlizenz (Fn. 44), worin den Lizenznehmern auferlegt wurde, bis Ende 2003 25 % und bis Ende 2005 50 % der Bevölkerung mit UMTS-Dienstleistungen versorgen zu können.
47 S. o. RdNr. 3.
48 S. o. RdNr. 14.
49 So allerdings noch die Forderung des Bundesrates während des Gesetzgebungsverfahrens zu § 11 TKG 1996 (BT-Drs. 13/4438, Zu § 11 Abs. 6).
50 *Heun/Jenny*, Kap. 2 RdNr. 269; *Manssen*, § 11 RdNr. 16; BeckTKG-Komm/*Geppert*, § 11 RdNr. 24.

34 § 61 Abs. 5 S. 2 gibt der Regulierungsbehörde die Möglichkeit, ein **Mindestgebot für die Teilnahme am Versteigerungsverfahren** festzulegen. So lässt sich verhindern, dass Frequenzen zu unvertretbar niedrigen Preisen abgegeben werden[51]. Darüber hinaus dienen Mindestgebote auch der Verfahrenseffizienz. Denn auf diese Weise kann vermieden werden, dass sich die Verfahren aufgrund einer Vielzahl von Versteigerungsrunden weit unterhalb des späteren Ergebnisses in die Länge ziehen[52]. Dementsprechend hat die Regulierungsbehörde in der Vergangenheit Mindestgebote aufgrund einer Schätzung des wirtschaftlichen Wertes abzüglich eines „angemessenen" Abschlags vorgenommen[53].

35 Zu der Frage, welche **konkreten Verfahrensregeln** im Rahmen einer Versteigerung anzuwenden sind, finden sich im Gesetz keine näheren Vorgaben. § 61 Abs. 5 beschränkt sich insoweit auf einige wenige und abstrakt formulierte Leitlinien. Dies eröffnet der Regulierungsbehörde einen erheblichen **Gestaltungsspielraum**, den es insbesondere mit Blick auf den Zweck des Vergabeverfahrens (§ 61 Abs. 4 S. 1) und die Ziele der Frequenzverwaltung (§ 52) sowie des Gesetzes (§ 2 Abs. 2) auszufüllen gilt. Grundsätzlich unterscheidet man bei Versteigerungen sog. offene und geschlossene Auktionen, die jeweils in unterschiedlichen Varianten durchgeführt werden können[54]. Die Entscheidung, welcher Verfahrenstyp mit welchen Konditionen für die jeweils zu versteigernden Frequenzen geeignet ist, obliegt der Regulierungsbehörde.

36 In der **Behördenpraxis** hat sich bislang ein **simultanes und mehrstufiges Bietverfahren** durchgesetzt[55]. Es wurde anlässlich der Versteigerung der ERMES-Lizenzen im Jahre 1996[56] entwickelt und fand später auch bei der Versteigerung zusätzlicher GSM-Frequenzen im Jahre 1999[57] sowie bei der Versteigerung der UMTS-Lizenzen im Jahre 2000[58] Anwendung. Das Verfahren ist dadurch gekennzeichnet, dass alle Versteigerungsgüter gleichzeitig aufgerufen werden und alle Bieter gleichzeitig, unabhängig voneinander und geheim ihre Gebote innerhalb einer vorgegebenen Zeit abgeben können („simultan"). Am Ende einer Auktionsrunde werden die Gebote ausgewertet. Anschließend erhalten die Teilnehmer Kenntnis von den Höchstgeboten sowie den jeweiligen Bietern. Die „Mehrstufigkeit" des Verfahrens ergibt sich daraus, dass es über mehrere Runden läuft und so lange fortgesetzt wird, bis kein Bieter mehr ein valides Angebot abgibt. Ein Gebot ist valide, wenn es in der ersten Runde die Anforderungen des Mindestgebots erfüllt und in den nachfolgenden Runden stets um einen bestimmten Prozentsatz (Mindestinkrement) erhöht wird.

---

51 *Trute/Spoerr/Bosch*, § 11 RdNr. 53; *Ruhle/Geppert*, MMR 1998, 175 ff., 177; a. A. insoweit *Heun/Jenny*, Kap. 2 RdNr. 272, die ein Mindestgebot mit dem Ziel der Sicherung eines minimalen Versteigerungserlöses für unvereinbar mit dem Grundgedanken des Versteigerungsverfahrens (Ermittlung des ökonomischen Wertes der Frequenzen) halten.

52 *Heun/Jenny*, Kap. 2 RdNr. 272, die darin den einzigen legitimen Zweck der Festsetzung von Mindestgeboten sehen.

53 Vgl. die UMTS-Versteigerungsregeln, Vfg. 13/2000, ABl. RegTP 2000, S. 516, 553.

54 Zu den verschiedenen Varianten offener und geschlossener Auktionen s. *Kruhl* (Fn. 6) S. 131 ff.; *Ruhle/Geppert*, MMR 1998, 175 ff., 177 ff.

55 S. hierzu *Keuter/Nett/Stumpf*, WIK Diskussionsbeitrag Nr. 165, 1996; *Ruhle/Geppert*, MMR 1998, 175 ff., 177 ff.; *Heun/Jenny*, Kap. 2 RdNr. 274 ff.; BeckTKG-Komm/*Geppert*, § 11 RdNr. 23; *Scheurle/Mayen/Hahn*, § 11 RdNr. 44 ff.

56 Vfg. 115/1996, ABl. BMPT 1996, S. 948.

57 Vfg. 45/1999, ABl. RegTP 1999, S. 1251.

58 Vfg. 14/2000, ABl. RegTP 2000, S. 564.

6. Ausschreibungsverfahren (Abs. 6). – Während die Regulierungsbehörde im Falle einer   37
Versteigerung lediglich die Aufgabe hat, den am schematisch-ökonomischen Prinzip des
höchsten Gebots ausgerichteten Entscheidungsfindungsprozess durch rechtsstaatlich ein-
wandfreie Durchführungsregelungen prozedural zu begleiten und das Ergebnis festzustellen, obliegt ihr bei einem Ausschreibungsverfahren zusätzlich auch die **materielle Auswahlentscheidung** anhand qualitativer leistungsbezogener Kriterien[59]. Aus diesem Grund
sieht § 61 Abs. 6 vor, dass die Behörde nicht nur „**Regeln für die Durchführung des Ausschreibungsverfahrens**" festlegt (Satz 4), sondern insbesondere auch die qualitativen
„**Kriterien**" bestimmt, nach denen „die Eignung der Bewerber bewertet wird" (Sätze 1, 2
und 3). Für den Fall, dass „mehrere Bewerber gleich geeignet sind", soll – dann wiederum
schematisch – das **Los** entscheiden (Satz 5). Die behördeninterne Zuständigkeit für die
Festlegung der Durchführungsregeln (Satz 4) und die Bestimmung der Auswahlkriterien
(Satz 1) liegt gem. § 132 Abs. 3 bei der **Präsidentenkammer**. Sie hat die entsprechenden
Entscheidungen zu **veröffentlichen** (§ 61 Abs. 1 S. 2) und zuvor die **betroffenen Kreise
anzuhören**[60].

a) Materielle Auswahlkriterien (Sätze 1, 2 und 3). – Nach § 61 Abs. 6 Satz 1 „bestimmt"   38
die Regulierungsbehörde vor Durchführung des Ausschreibungsverfahrens die materiellen
Auswahlkriterien. Damit ist allerdings **keine originäre Festsetzungskompetenz** der Behörde gemeint. Denn die Kriterien als solche hat bereits der Gesetzgeber in den Sätzen 2
und 3 vorgegeben: Danach kommt es auf die Fachkunde und Leistungsfähigkeit der Bewerber, die Eignung ihrer Planungen und die Höhe des von ihnen gewährleisteten räumlichen
Versorgungsgrades an. Diese Auswahlkriterien sind abschließend[61] und für die Behörde
nicht veränderbar. Sie bilden den zwingenden Maßstab der Vergabeentscheidungen. Etwas
anderes wäre auch aus verfassungsrechtlichen Gründen nicht zulässig, denn nach der
Rechtsprechung des BVerfG verlangt Art. 12 Abs. 1 i.V.m. Art. 3 GG bei berufsbezogenen
Auswahlentscheidungen, dass der Gesetzgeber selbst die Art der Vergabekriterien und ein
hinreichend deutlich begrenztes Programm für deren Verhältnis zueinander festlegt[62]. Vor
diesem Hintergrund ist die in § 61 Abs. 6 Satz 1 angesprochene Bestimmung von Auswahlkriterien bei **verfassungs- und systemkonformer Auslegung** im Sinne einer bloßen
Konkretisierung zu verstehen[63]. Der Behörde obliegt es, die normativ in den Sätzen 2 und
3 vorgegebenen Auswahlkriterien insbesondere durch die **Formulierung konkreter
Nachweisanforderungen** im Einzelfall anwendbar zu machen. Sie ist weder befugt, die
gesetzlichen Kriterien inhaltlich zu verändern, noch steht es ihr zu, einzelne Kriterien auszuschließen oder neue hinzuzufügen.

aa) Fachkunde und Leistungsfähigkeit. – Gem. § 61 Abs. 6 Satz 2 kommt es zunächst   39
einmal auf die Fachkunde und Leistungsfähigkeit der Bewerber an. Während der Begriff
der Fachkunde vor allem auf die Kenntnisse, Erfahrungen und Fertigkeiten des Antragstellers bzw. seiner Mitarbeiter abstellt, geht es bei der Leistungsfähigkeit insbesondere um
die Verfügbarkeit von Sach- und Finanzmitteln[64]. Damit ergeben sich **Überschneidungen**

---

59 Zur typologischen Unterscheidung schematischer und qualitativer Auswahlkonzepte s. die Nachweise in Fn. 3.
60 S. o. RdNr. 14.
61 *Schuster/Müller*, MMR 2000, 26 ff., 31.
62 „Numerus-Clausus-Rechtsprechung", S. die Nachweise in Fn. 2.
63 *Wegmann* (Fn. 5) S. 106 f.
64 *Wegmann* (Fn. 5) S. 93 f.

zu § 61 Abs. 4 S. 2 Nr. 1, wonach die Fachkunde und Leistungsfähigkeit der Antragsteller bereits vor einer Zulassung zum Vergabeverfahren als Bestandteil der von den Bewerbern zu erfüllenden „fachlichen und sachlichen Mindestvoraussetzungen" zu prüfen ist[65]. Die systematische Abgrenzung der beiden Normen erfolgt anhand des in Abs. 4 S. 2 Nr. 1 genannten Begriffs der „Mindestvoraussetzungen". Während es bei der Prüfung nach Abs. 4 S. 2 Nr. 1 lediglich darum geht, solche Bewerber von Verfahren auszuschließen, die per se ungeeignet sind, zielt Abs. 6 Satz 2 auf eine **Bestenauslese** ab. Das bedeutet, im Rahmen von Abs. 4 S. 2 Nr. 1 prüft die Behörde nur einen Mindeststandard zwingend erforderlicher Kenntnisse, Erfahrungen, Fertigkeiten und Ausstattung ab. Bei der Auswahlentscheidung nach Maßgabe des Abs. 6 S. 2 hat die Behörde **vergleichend zu bewerten**, welcher Teilnehmer die fundiertesten Kenntnisse, die einschlägigsten Erfahrungen, die ausgeprägtesten Fertigkeiten sowie die beste finanzielle und sachliche Ausstattung vorzuweisen hat.

40 **bb) Eignung der vorzulegenden Planungen.** – Als weiteres Auswahlkriterium sieht § 61 Abs. 6 **Satz 2** die Eignung der vorzulegenden Planungen vor. Dabei geht es nicht etwa darum, dem Antragsteller eine generelle Eignung seiner Pläne zu attestieren. Der wettbewerbliche Charakter des Verfahrens macht auch hier eine **vergleichende Bewertung** dahingehend erforderlich, welche Planungen der jeweiligen Bewerber am besten geeignet sind. Diese Bewertung hat sich auf die „**Erbringung des ausgeschriebenen Telekommunikationsdienstes**" zu beziehen. Die zitierte Passage ist zwar vom Wortlaut her insoweit missglückt, als keine „Telekommunikationsdienste", sondern Frequenzen ausgeschrieben werden. Die inhaltliche Aussage korrespondiert aber mit dem Verfahrenszweck aus Abs. 4 S. 1. Das dort genannte Ziel der effizienten Nutzung ist angesichts der Entstehungsgeschichte der Norm im Sinne einer **nutzerbezogenen Effizienz** zu verstehen, d. h. es geht um eine möglichst optimale Befriedigung der Nutzerbedürfnisse in Bezug auf Telekommunikationsdienstleistungen[66]. Vor diesem Hintergrund ist § 61 Abs. 6 S. 2 so zu verstehen, dass die Regulierungsbehörde anhand der vorzulegenden Planungen zu beurteilen hat, welcher Bewerber am besten geeignet ist, die Bedürfnisse der Nutzer im Hinblick auf die mit den ausgeschriebenen Frequenzen zu realisierenden Telekommunikationsdienste zu befriedigen.

41 **cc) Wettbewerbsförderung.** – Darüber hinaus nennt § 61 Abs. 6 **Satz 2** das Kriterium der „Förderung eines nachhaltig wettbewerbsorientierten Marktes". Die Vorschrift ist insoweit unglücklich formuliert, als die „Förderung" von Marktstrukturen allenfalls ein Regulierungsziel der Behörde sein kann, nicht aber die Eignung eines Bieters kennzeichnet. Gemeint ist aber offensichtlich, dass die Behörde eine Prognose dahingehend aufzustellen hat, wie sich die sachlich und räumlich relevanten Märkte (vgl. Abs. 4 Satz 2 Nr. 2) entwickeln würden, wenn die jeweiligen Bieter dort mit Telekommunikationsangeboten auf der Grundlage der ausgeschriebenen Frequenzen aufträten. Dieser Aspekt steht typischerweise in einer **Wechselbeziehung zur fachlichen Erfahrung** eines Bewerbers, die im Rahmen der Bewertung des Auswahlkriteriums „Fachkunde" zum Tragen kommt. Denn Erfahrungen mit den relevanten Technologien können insbesondere solche Unternehmen nachweisen, die bereits am Markt tätig sind. Eine rigide Forderung einschlägiger Erfahrungen in diesem Sinne würde somit dazu führen, dass Newcomer in diesem Bereich kaum eine Marktzutrittschance hätten. Insoweit kann der in § 61 Abs. 6 S. 2 genannte Gesichtspunkt

---

[65] S. o. RdNr. 26.
[66] S. o. RdNr. 24.

der Wettbewerbsförderung eine **relativierende Wirkung** entfalten[67]. Das bedeutet, wenn ein Newcomer auf Grund seiner persönlichen Eigenschaften und der bestehenden Marktstrukturen erwarten lässt, dass sein Marktzutritt zur Förderung eines nachhaltigen Wettbewerbs beiträgt, so kann dies bestimmte Defizite hinsichtlich seiner Erfahrungen im Rahmen einer Gesamtwertung überlagern.

dd) Räumlicher Versorgungsgrad. – Nach § 61 Abs. 6 **Satz 3** sind diejenigen Bewerber 42 „bevorzugt zu berücksichtigen", die einen „höheren räumlichen Versorgungsgrad" mit den entsprechenden Telekommunikationsdiensten gewährleisten. Fraglich ist, in welchem **systematischen Verhältnis** die Vorschrift **zu den in Satz 2 genannten Kriterien** steht. Im Schrifttum wird insoweit vertreten, der räumliche Versorgungsgrad sei lediglich ein **„Hilfskriterium"** für den Fall, dass zwei Bewerber im Hinblick auf Fachkunde, Leistungsfähigkeit und Eignung der vorgelegten Planung als gleichrangig gewertet wurden[68]. Ein solches Verständnis wird jedoch der besonderen Bedeutung nicht gerecht, die der Gesetzgeber dem Versorgungsgrad auch mit Blick auf das Verfahrensziel nutzerbezogener Effizienz[69] einräumt. Während der Versorgungsgrad bei Versteigerungen regelmäßig im Wege einer Frequenznutzungsbestimmung von der Behörde vorgegeben wird, soll er im Falle einer Ausschreibung nach dem Willen des Gesetzgebers maßgeblichen Einfluss auf die Auswahlentscheidung der Behörde haben. Allerdings wird man Satz 3 trotz seines Wortlauts („sind … bevorzugt zu berücksichtigen") auch nicht im Sinne einer absoluten Vorrangregelung gegenüber Satz 2 auszulegen haben, denn anderenfalls würden die dort genannten differenzierten Kriterien weitestgehend ausgehebelt. Sachgerecht dürfte daher eine Interpretation im Sinne einer **relativen Vorrangregelung**[70] sein. Das bedeutet, dem Aspekt der räumlichen Versorgung nach Satz 3 wird für die Auswahlentscheidung besonderes Gewicht beigemessen, ohne jedoch die Kriterien des Satzes 2 zu überlagern. So kann etwa ein Unternehmen, das lediglich den zweitbesten Versorgungsgrad garantiert, gleichwohl den Zuschlag erhalten, wenn es beispielsweise die höchste fachliche Qualifikation vorzuweisen hat.

b) Durchführungsregeln (Satz 4). – Wie im Falle einer Versteigerung hat die Regulie- 43 rungsbehörde auch bei einer Ausschreibung zuvor die Regeln für die Durchführung des Verfahrens festzulegen. Hierbei sind wiederum – im Einklang mit Art. 7 Abs. 3 GRL und Art. 3 Abs. 1 GG – die allgemeinen rechtsstaatlichen Anforderungen der Objektivität, Nachvollziehbarkeit und Diskriminierungsfreiheit zu berücksichtigen. Im Übrigen überlässt der Gesetzgeber der Behörde einen weiten Ausgestaltungsspielraum, der allerdings insbesondere im Lichte des Verfahrenszwecks (§ 61 Abs. 4 S. 1) sowie der Ziele der Frequenzverwaltung (§ 52 Abs. 1) und der allgemeinen Regulierungsziele (§ 2 Abs. 2) auszuüben ist.

c) Restauslosung (Satz 5). – Erweist sich auf Grund des Ausschreibungsverfahrens, dass 44 mehrere Konkurrenten gleich geeignet sind, entscheidet gem. § 61 Abs. 6 Satz 5 – schematisch[71] – das Los als sach- und wertneutralstes Kriterium. Dieses rein formale Vergabekon-

---

67 Vgl. auch *Schuster/Müller*, MMR 2000, 26 ff., 31 f.
68 *Schuster/Müller*, MMR 2000, 26 ff., 32.
69 S. o. RdNr. 40.
70 So auch *Trute/Spoerr/Bosch*, § 11 RdNr. 66.
71 Zur typologischen Unterscheidung schematischer und qualitativer Auswahlkonzepte s. die Nachweise in Fn. 3.

zept ist im Hinblick auf das einschlägige **Verfassungsrecht** nicht unproblematisch, denn ein Absehen von sachlichen Unterschieden gerät in Konflikt mit dem Gleichheitssatz[72], der eben auch gebietet, Ungleiches nicht gleich zu behandeln[73]. Auch Art. 12 Abs. 1 GG verlangt grundsätzlich in kapazitätsbezogenen Auswahlsituationen eine sachlich abgewogene Differenzierung[74]. Die formale Gleichheit des Losverfahrens negiert aber gerade die Berücksichtigung von Qualitätsgesichtspunkten[75]. Aufgrund dieser Einwände ist die Verlosung von Grundrechtsausübungschancen nur zulässig als **„ultima ratio"**[76], wo es schlechthin an rationalen Kriterien fehlt[77]. Eine „Restauslosung"[78] nach Ausschöpfung abwägungsfähiger, kollisionsausgleichender Auswahlkriterien ist mit dem Grundgesetz vereinbar[79]. So liegt der Fall hier: Erst wenn aus der „Vorrunde" des Ausschreibungsverfahrens, nach Abwägung der entsprechenden Kriterien, eine als gleichwertig einzustufende Bewerbervielzahl hervorgeht, kommt es gem. § 61 Abs. 6 S. 5 – in zweiter Runde – zum Losentscheid. Dies ist verfassungsrechtlich nicht zu beanstanden[80].

45 **7. Verpflichtungen aus dem Vergabeverfahren (Abs. 7).** – Nach § 61 Abs. 7 werden Verpflichtungen, die Antragsteller im Laufe eines Vergabeverfahrens eingegangen sind, Bestandteile der Frequenzzuteilung. Dies steht im Einklang mit Art. 6 Abs. 1 S. 1 i.V.m. Anhang Teil B Nr. 7 GRL. **„Verpflichtungen"** in diesem Sinne können sowohl die von der Behörde vor Durchführung des Verfahrens nach Abs. 4 S. 2 bestimmten Festlegungen als auch die individuellen Zusagen und Versprechungen aus den im Verfahren abgegebenen Bewerbungen sein. Mit der Vergabeentscheidung und der darauf folgenden Zuteilung der entsprechenden Frequenzen erlangen sie für den erstrangigen Bieter als „Bestandteile der Frequenzzuteilung" unmittelbare rechtliche Verbindlichkeit. Wenn also beispielsweise ein Bewerber im Rahmen einer Ausschreibung einen bestimmten räumlichen Versorgungsgrad zusagt (vgl. Abs. 6 S. 3), so erwächst ihm daraus im Falle einer späteren Frequenzzuteilung die Auflage, diesen Versorgungsgrad auch tatsächlich zu erreichen.

46 **8. Verfahrensfristen (Abs. 8).** – Mit § 61 Abs. 8 hat der Gesetzgeber die europarechtlichen Anforderungen aus Art. 7 Abs. 4 GRL umgesetzt. Die im Antragsverfahren geltende Höchstfrist von sechs Wochen (§ 55 Abs. 4; Art. 5 Abs. 3 GRL) kann danach maximal um weitere acht Monate verlängert werden. Abweichungen auf Grund internationaler Vereinbarungen über die Nutzung von Frequenzen und die Satellitenkoordinierung[81] bleiben hiervon allerdings unberührt.

---

72 *Berg*, Der Staat 1976, 1 ff., 22.

73 Vgl. BVerfGE 3, 58 ff., 135; E 42, 64 ff., 72; E 71, 255 ff., 271.

74 *Schmidt-Preuß* (Fn. 1) S. 118 f., 420 f.; vgl. auch *Koenig*, Die öffentlich-rechtliche Verteilungslenkung, S. 226.

75 Vgl. *Schaumann*, JZ 1966, 721 ff., 723/Fn. 15; s. auch *Schmidt-Preuß* (Fn. 1) S. 420: Das Losverfahren stellt eine „Zufallsgleichheit" her.

76 *Schmidt-Preuß* (Fn. 1) S. 420 unter besonderer Betonung des Zeitfaktors; s. auch *Tomuschat*, Der Staat 1973, 433 ff., 446.

77 *Tomuschat*, Der Staat 1975, 433 ff., 446; vgl. auch BVerwGE 16, 190 ff., 191.

78 *Berg*, Der Staat 1976, 1 ff., 23.

79 *Koenig* (Fn. 74) S. 231; *Schmidt-Preuß* (Fn. 1) S. 420 f.: Das grundrechtliche Zugangsrecht „gerinnt […] zur statistischen (Los-) Chance".

80 *Wegmann* (Fn. 5) S. 105 f.

81 Zu den Grundzügen des Orbit- und Frequenzzuteilungsregimes der ITU s. § 56 RdNr. 4 ff.

IV. Rechtsschutz unterlegener Bewerber

Die Zuteilung knapper Frequenzen an den erstrangigen Bieter führt bei einem bestehenden 47
Nachfrageüberhang zwangsläufig dazu, dass nachrangige Bewerber nicht zum Zuge kommen können. In diesem Sinne stehen die Frequenzzuteilung an den einen und die Ablehnung der Zuteilungsanträge der anderen in einem Verhältnis der **Wechselbezüglichkeit**[82].
Dabei stellt sich die Frage nach den Rechtsschutzmöglichkeiten eines übergangenen Bewerbers, der geltend macht, die Auswahlentscheidung der Regulierungsbehörde im Vergabeverfahren sei rechtswidrig, und ihm selbst hätten – statt seines Konkurrenten – die Frequenzen zugeteilt werden müssen[83].

1. Statthafte Klageart. – Will der im Vergabeverfahren unterlegene Bieter gerichtlich 48
durchsetzen, dass er selbst anstelle seines Konkurrenten die begehrten Frequenzen erhält,
so lässt sich dies wegen der beschriebenen Wechselbezüglichkeit der Konstellation nicht
im Wege einer isolierten – auf Frequenzzuteilung gerichteten – Verpflichtungsklage erreichen[84]. Erforderlich ist vielmehr eine **kombinierte Anfechtungs- und Verpflichtungsklage**[85]. Im wechselbezüglichen Zugangskonflikt gilt der „Grundsatz primärer Vornahme und
akzessorischer Aufhebung"[86], d.h. selbst wenn das Rechtsschutzziel des Antragstellers primär auf die Zuteilung der Frequenzen an sich selbst gerichtet ist, muss er – logisch vorrangig – zunächst die seinen Konkurrenten begünstigende Zuteilungsentscheidung anfechten,
um die begehrten Frequenzen wieder verfügbar zu machen.

2. Notwendigkeit eines Vorverfahrens. – Fraglich ist, ob vor Erhebung der kombinierten 49
Anfechtungs- und Verpflichtungsklage ein Widerspruchsverfahren nach §§ 68 ff. VwGO
durchzuführen ist. § 137 Abs. 2 sieht vor, dass gegen Entscheidungen der Beschlusskammern kein Vorverfahren stattfindet. Nach § 132 Abs. 1, Abs. 3 entscheidet die Beschlusskammer (Präsidentenkammer) u.a. „in den Fällen" des § 61. Wenn also eine Entscheidung
nach § 61 angefochten wird, so bedarf es hierfür keines Vorverfahrens. Genau genommen
handelt es sich dabei allerdings nur um Entscheidungen betreffend die Verfahrensauswahl
(§ 61 Abs. 1, Abs. 2), den Ausschluss von Teilnehmern (§ 61 Abs. 3), Festlegungen zum
Verfahren (§ 61 Abs. 4), die Regelung von Durchführungsbestimmungen (§ 61 Abs. 5,
Abs. 6) und die Bestimmung von Auswahlkriterien (§ 61 Abs. 6). Die eigentliche Fre-

---

82 Grundlegend zur typologischen Abgrenzung kehrseitiger und wechselbezüglicher Konfliktlagen
   im multipolaren Verwaltungsrechtsverhältnis: *Schmidt-Preuß* (Fn. 1) S. 31 ff., 34 ff.
83 Zur weiterführenden Frage, ob und inwieweit die Teilnehmer eines Vergabeverfahrens auch gerichtlich gegen die während des (gestuften) Verfahrens von der Behörde erlassenen Zwischenentscheidungen vorgehen können s. *Schulz* (Fn. 6) S. 137 ff.; *Piepenbrock/Schuster/Ehlers*, UMTS
   Lizenzvergabe, S. 114 ff.; *Müller-Terpitz*, K&R 2002, 75 ff., 80 f.; *Sachs*, K&R 2001, 13 ff., 14 ff.;
   Heine/Neun, MMR 2001, 352 ff., 354 ff.
84 So allerdings *Schenke*, NVwZ 1993, 718 ff., 721 ff., der die Statthaftigkeit einer isolierten Verpflichtungsklage in derartigen Konstellationen bejaht.
85 So beispielsweise BayVGH DVBl. 1983, 274 f.; OVG Lüneburg NJW 1992, 1979 ff., 1980; OVG
   Magdeburg DVBl. 1996, 162 f. Aus dem Schrifttum: *Schmidt-Preuß* (Fn. 1) S. 472 f., 580 ff.;
   Frenz, Verwaltungsgerichtlicher Rechtsschutz in Konkurrenzsituationen, S. 67; *Huber*, Konkurrenzschutz im Verwaltungsrecht, S. 472 ff.; *Fehling*, Die Konkurrentenklage bei der Zulassung privater Rundfunkveranstalter, S. 275 ff., 285. Speziell für den telekommunikationsrechtlichen Zugangskonflikt: *Wegmann* (Fn. 5) S. 349; *ders.*, DVBl. 2002, 1446 ff., 1452; *Heine/Neun*, MMR
   2001, 352 ff., 355 f.; *Grzeszick*, ZUM 1997, 911 ff., 924; *Manssen*, § 11 RdNr. 20; BeckTKG-Komm/*Geppert*, § 11 RdNr. 34.
86 *Schmidt-Preuß* (Fn. 1) S. 465.

quenzzuteilung bzw. -versagung erfolgt nach der ausdrücklichen Regelung des § 61 Abs. 1 S. 3 erst im Anschluss an die Durchführung des Vergabeverfahrens „nach § 55" und ist damit gerade nicht den Beschlusskammern vorbehalten. Soweit sich das Rechtsschutzbegehren daher gegen die nach § 55 getroffene Zuteilungs- bzw. Versagungsentscheidung richtet, muss angesichts der aufgezeigten Normensystematik davon ausgegangen werden, dass vor Klageerhebung ein Widerspruchsverfahren durchzuführen ist. Entsprechend der im Klageverfahren erforderlichen Antragshäufung bedarf es in solchen Fällen eines kombinierten Anfechtungs- und Verpflichtungswiderspruchs.

50   **3. Subjektive Rechtsverletzung.** – Gem. § 42 Abs. 2 VwGO setzt eine zulässige Klageerhebung voraus, dass der Kläger geltend machen kann, in seinem subjektiven öffentlichen Recht verletzt zu sein. Insoweit gilt Folgendes:

51   Hinsichtlich der akzessorischen **(Dritt-)Anfechtungsklage** wird der Kläger vortragen müssen, dass die seinen Konkurrenten begünstigende Zuteilungsentscheidung unter Verletzung der Vergabebestimmungen aus **§ 61 Abs. 4 S. 1** i.V.m. **Abs. 5** (bei Versteigerungen) bzw. **Abs. 6** (bei Ausschreibungen) zustande gekommen ist. Entscheidend kommt es daher darauf an, ob die zitierten Vorschriften dem übergangenen Bewerber ein subjektives öffentliches Recht einräumen, also **drittschützend** sind. Nach neuerer, im Vordringen befindlicher[87] Drittschutzdogmatik ist dies der Fall, wenn „eine Ordnungsnorm die kollidierenden Privatinteressen in ihrer Gegensätzlichkeit und Verflochtenheit wertet, begrenzt, untereinander gewichtet und derart in ein normatives Konfliktschlichtungsprogramm einordnet, dass die Verwirklichung der Interessen des einen Privaten notwendig auf Kosten des anderen geht" (**Konfliktschlichtungsformel**)[88]. Sowohl § 61 Abs. 4 S. 1 i.V.m. Abs. 5 als auch § 61 Abs. 4 S. 1 i.V.m. Abs. 6 erfüllen die vorgenannten Anforderungen. In beiden Fällen geht es um die Feststellung, welcher Bewerber „am besten geeignet" ist, die knappen Frequenzen effizient zu nutzen (Abs. 4 S. 1). Die Absätze 5 und 6 bieten mit dem dort geregelten Versteigerungs- bzw. Ausschreibungsverfahren jeweils ein **leistungsbezogenes (schematisches bzw. qualitatives) Auswahlkonzept** zur Wertung und Gewichtung der kollidierenden Zugangsinteressen mit dem Ziel, einem der Bewerber – auf Kosten der anderen – die begehrten Frequenzen zuzuteilen. Die genannten Normen sind daher drittschützend im Sinne der oben zitierten Konfliktschlichtungsformel und gewähren dem unterlegenen Bewerber ein **subjektives öffentliches Recht auf Einhaltung der gesetzlichen Vergabebestimmungen**[89]. Aber auch auf der Grundlage der traditionellen Schutznormtheorie

---

87   Vgl. etwa *Maunz/Dürig/Schmidt-Aßmann*, Art. 19 Abs. 4 RdNr. 140; *Schoch/Schmidt-Aßmann/Pietzner*, VwGO, Einleitung RdNr. 194; *Wahl* (ebd.) Vor § 42 Abs. 2 RdNr. 77 ff., 98 ff.; *Dolde/Sparwasser*, Umweltrecht im Wandel, 2001, S. 1017 ff., 1024 ff.; *Koch/Rubel/Heselhaus*, Allgemeines Verwaltungsrecht, 3. Aufl. 2004, § 8 RdNr. 62; *Koch/Hendler*, Baurecht, Raumordnungs- und Landesplanungsrecht, 4. Aufl. 2004, § 28 RdNr. 13; *Wegmann* (Fn. 5) S. 343 ff.; *Huber*, Allgemeines Verwaltungsrecht, 2. Aufl. 1997, S. 113, 116, 119; *Spoerr*, DVBl. 1997, 1309 ff., 1314; *Trute/Spoerr/Bosch*, § 24 RdNr. 86 ff.; *Mampel*, BauR 1998, 697 ff., 701; *Schrödter/Schmaltz*, BauGB, 6. Aufl. 1998, § 31 RdNr. 46; *Blümel/Sauthoff*, Umweltgesetzbuch – Klagebefugnis, 1999, S. 75 ff., 88; *Steiner/Oldiges*, Besonderes Verwaltungsrecht, 6. Aufl. 1999, IV RdNr. 361; *Ehlers*, FS Hoppe, 2000, S. 1041 ff., 1045.

88   Grundlegend hierzu *Schmidt-Preuß* (Fn. 1) S. 246 ff.; *ders.*, FS Maurer, 2001, S. 777 ff., 793 f.

89   *Wegmann* (Fn. 5) S. 350; *ders.*, DVBl. 2002, 1446 ff., 1452 f.

(**eingliedrige Interessenschutzformel**)[90] wird man im Ergebnis den drittschützenden Charakter der Versteigerungs- und Ausschreibungsregeln zu bejahen haben[91]. Denn es ist anzunehmen, dass die in Rede stehenden Vorschriften zumindest auch dem Schutz der individuellen Interessen des Einzelnen zu dienen bestimmt sind.

Was die (primäre) **Verpflichtungsklage** betrifft, ergibt sich das erforderliche subjektive öffentliche Recht aus **§ 55 Abs. 5**. Die Vorschrift gibt grundsätzlich jedem Antragsteller einen gebundenen Anspruch auf die entsprechende Frequenzzuteilung[92]. Im Falle einer Frequenzknappheit kann dies freilich nicht uneingeschränkt gelten. Ein strikter Erteilungsanspruch – aller Bewerber – wäre in dieser Situation nicht realisierbar. Allerdings geht der Frequenzzuteilungsanspruch des § 55 Abs. 5 infolge der Knappheit nicht etwa ersatzlos unter. An seine Stelle tritt vielmehr ein **Anspruch auf rechtmäßige Auswahlentscheidung**[93]. Dessen mögliche Verletzung begründet die Befugnis zur Erhebung einer Verpflichtungsklage. **52**

4. Eilrechtsschutz. – Bei der praktischen Rechtsverfolgung ist zu berücksichtigen, dass Widerspruch und Klage gegen Entscheidungen der Regulierungsbehörde nach der Sonderregelung des § 137 Abs. 1 **keine aufschiebende Wirkung** haben. Das bedeutet, die den Konkurrenten begünstigende Frequenzzuteilung bleibt auch nach Erhebung der Anfechtungsklage grundsätzlich bis zum Abschluss des gerichtlichen Verfahrens wirksam. Vor dem Hintergrund der bestehenden kapazitätsbedingten Knappheitssituation hat dies wiederum zur Folge, dass eine Frequenzerteilung an den übergangenen Bewerber bis zur rechtskräftigen Entscheidung des Verwaltungsgerichts in der Hauptsache mangels verfügbarer Frequenzen nicht möglich ist. Im Hinblick auf den oftmals erheblichen Zeitaufwand von verwaltungsgerichtlichen Hauptsacheverfahren wäre dem um Rechtsschutz suchenden Unternehmen wenig gedient, wenn es die begehrten Frequenzen erst nach einem rechtskräftigen Urteil erhalten könnte und damit gezwungen wäre, den eigenen Marktzutritt bis zu diesem Zeitpunkt hinauszuschieben. **53**

Ziel des übergangenen Bewerbers wird es also regelmäßig sein, die dem Konkurrenten erteilten Frequenzen bereits vor Abschluss des Hauptsacheverfahrens zu Fall zu bringen, um sich auf diese Weise den Weg zu einer eigenen – vorläufigen – Frequenzzuteilung zu eröffnen. Damit stellt sich die Frage nach der **statthaften Antragsart im einstweiligen Rechtsschutz**. Diese richtet sich nach den Anträgen im Hauptsacheverfahren. Da in der Hauptsache eine Kombination von Anfechtungs- und Verpflichtungsklage erforderlich ist, kann der übergangene Bewerber auch im Eilrechtsschutz seine eigene – vorläufige – Zulassung nur im Wege einer **Antragskombination** erreichen. Das bedeutet, der primär zu stellende **Antrag auf Erlass einer einstweiligen Anordnung** auf eigene vorläufige Zulassung nach § 123 Abs. 1 S. 2 VwGO (Regelungsanordnung) ist mit einem akzessorischen **Antrag auf Anordnung der aufschiebenden Wirkung** nach § 80a Abs. 3 S. 2 i.V.m. § 80 Abs. 5 S. 1 VwGO hinsichtlich der Konkurrentenbegünstigung zu verbinden[94]. **54**

---

90 S. hierzu BVerwGE 82, 343, 344; E 94, 151, 158; *Bauer*, AöR 113 (1988), 582 ff.; *Wolff/Bachof/Stober*, Verwaltungsrecht I, § 43 RdNr. 12; *Kopp/Schenke*, VwGO, § 42 RdNr. 78 ff.; *Maurer*, Allgemeines Verwaltungsrecht, § 8 RdNr. 8 f.

91 So etwa *Heine/Neun*, MMR 2001, 352 ff., 357.

92 § 55 RdNr. 28.

93 *Wegmann* (Fn. 5) S. 101, 351; *ders.*, DVBl. 2002, 1446 ff., 1453.

94 *Wegmann*, DVBl. 2002, 1446 ff., 1454.

55 Was die **Begründetheit** der beiden Anträge betrifft, ist wiederum zu unterscheiden: Der (primäre) **Antrag auf Erlass einer einstweiligen Anordnung** ist begründet, wenn sich bei summarischer Prüfung die **hohe Erfolgswahrscheinlichkeit**[95] ergibt, dass die im Streit stehenden Frequenzen bei fehlerfreier Anwendung des normativen Auswahlprogramms dem Antragsteller hätten zugeteilt werden müssen (Anordnungsanspruch) und eine vorläufige Zuteilung der Frequenzen an ihn erforderlich ist, um wesentliche Nachteile abzuwenden (Anordnungsgrund)[96]. Hinsichtlich des (akzessorischen) **Antrags auf Anordnung der aufschiebenden Wirkung** bedarf es einer **multipolaren Interessenabwägung**[97]. Dabei ist zu berücksichtigen, dass sich der – wenn auch rechtswidrig – Begünstigte einen Angriff auf seine Position durch den privaten Konkurrenten nur gefallen lassen muss, wenn eine hohe Wahrscheinlichkeit dafür spricht, dass der unterlegene Bewerber bei formell ordnungsgemäßem Vergabeverfahren und materiell abwägungsfehlerfreier Entscheidung selbst zum Zuge gekommen wäre[98]. In diesem Sinne schlägt das für den Anordnungsanspruch nach § 123 Abs. 1 S. 2 VwGO zu prüfende Kriterium der **hohen Erfolgswahrscheinlichkeit** bei den hier in Rede stehenden wechselbezüglichen Zugangskonflikten auf die nach § 80a Abs. 3 S. 2 i.V.m. § 80 Abs. 5 S. 1 VwGO vorzunehmende Interessenabwägung durch. Mit anderen Worten: Der (akzessorische) Aussetzungsantrag nach § 80a Abs. 3 S. 2 i.V.m. § 80 Abs. 5 S. 1 VwGO kann nur dann Erfolg haben, wenn eine Erfolgsprognose ergibt, dass der Antragsteller auch einen (primären) Anordnungsanspruch nach § 123 Abs. 1 S. 2 VwGO hat.

---

95 *Schmidt-Preuß* (Fn. 1) S. 599.
96 Allgemein hierzu *Kopp/Schenke*, VwGO, § 123 RdNr. 23 ff.
97 *Schmidt-Preuß* (Fn. 1) S. 606 ff.
98 *Schmidt-Preuß* (Fn. 1) S. 465.

§ 62 Frequenzhandel

(1) Die Regulierungsbehörde kann nach Anhörung der betroffenen Kreise Frequenzbereiche für den Handel freigeben sowie die Rahmenbedingungen und das Verfahren für den Handel festlegen, wenn Interesse an Frequenzhandel für das entsprechende Frequenzspektrum besteht. Das Verfahren hat die Aufhebung der Frequenzzuteilung und den Erlass einer neuen Frequenzzuteilung zu beinhalten.

(2) Die Rahmenbedingungen und das Verfahren für den Handel haben insbesondere sicherzustellen, dass

1. die Effizienz der Frequenznutzung gesteigert oder gewahrt wird,
2. das ursprüngliche Vergabeverfahren einer Frequenzzuteilung nach Frequenzhandel nicht entgegensteht,
3. keine Verzerrung des Wettbewerbs auf dem sachlich und räumlich relevanten Markt zu besorgen ist,
4. die sonstigen rechtlichen Rahmenbedingungen, insbesondere die Nutzungsbestimmungen und internationale Vereinbarungen zur Frequenznutzung, eingehalten werden und
5. die Regulierungsziele nach § 2 Abs. 2 sichergestellt sind.

Die Entscheidung über die Rahmenbedingungen und das Verfahren für den Frequenzhandel sind zu veröffentlichen. Bei Frequenzen, die für Rundfunkdienste vorgesehen sind, erfolgt die Entscheidung im Einvernehmen mit der nach Landesrecht zuständigen Stelle.

(3) Erlöse aus dem Frequenzhandel stehen dem Veräußerer der Frequenznutzungsrechte abzüglich der Verwaltungskosten zu.

Schrifttum: *Stumpf/Nett/Martins/Ellinghaus/Scherer/Vogelsang*, Eckpunkte zur Ausgestaltung eines möglichen Handels mit Frequenzen, 2002; *Klodt/Laaser/Lortz/Maurer*, Wettbewerb und Regulierung in der Telekommunikation, 1995; *Lenhard/Rickert*, Flexibilisierung des UMTS-Marktes durch die Übertragung von Frequenzen, K&R 2002, 578; *Schulz/Wasner*, Rundfunkrechtlich relevante Fragen der Lizenzierung und Frequenzverwaltung nach dem TKG, ZUM 1999, 513; *Scherer*, Frequenzverwaltung zwischen Bund und Ländern unter dem TKG, K&R Beil. 2/1999; *Wissmann/Kreitlow*, Übertragbarkeit von Frequenzen, K&R 2003, 257.

Übersicht

I. Bedeutung der Norm

1 § 62 eröffnet der Regulierungsbehörde erstmals die Möglichkeit, Frequenzbereiche für den Handel freizugeben, und stellt damit die wohl **prägnanteste Änderung** im Bereich der Frequenzordnung gegenüber der alten Rechtslage dar. Auslöser für diesen Schritt waren die gemeinschaftsrechtlichen Vorgaben, die eine Zulassung des Frequenzhandels in den Mitgliedstaaten zwar nicht verbindlich vorschreiben, darin aber potenzielle Effizienzvorteile für die Frequenznutzung sehen[1]. Aus ökonomischer Sicht ist der Frequenzhandel ein **Instrument der Allokationsoptimierung.** Wenn Frequenzen etwa auf Grund unternehmensspezifischer oder technologischer Entwicklungen vom ursprünglichen Zuteilungsnehmer nicht mehr effizient genutzt werden, kann der Handel dazu beitragen, dass derjenige die Nutzungsrechte erhält, der ihnen zum jeweiligen Zeitpunkt die höchste Wertschätzung entgegenbringt[2]. Gleichwohl ist der Handel mit Frequenzen nach § 62 nicht per se zulässig. Hierzu bedarf es vielmehr einer expliziten **Freigabeentscheidung** der Regulierungsbehörde, flankiert durch die Festlegung von **Rahmenbedingungen und Verfahrensregeln** für den Handel zur Sicherstellung öffentlicher Belange und der Transparenz. Dabei sieht das Gesetz – anders als das allgemeine Verständnis des Begriffs „Handel" vermuten ließe – eine rechtsgeschäftliche Übertragung der jeweiligen Frequenznutzungsrechte nicht vor. Der Rechtsübergang nach erfolgreicher (schuldrechtlicher) Einigung setzt vielmehr eine **Aufhebung mit anschließender Neuzuteilung** durch die Regulierungsbehörde voraus (vgl. § 62 Abs. 1 S. 2).

II. Europarechtliche Vorgaben

2 Auf der Ebene des Gemeinschaftsrechts wird der Frequenzhandel vor allem in der **Rahmenrichtlinie** (RL 2002/21/EG – RRL) thematisiert. Aber auch in der **Genehmigungsrichtlinie** (RL 2002/20/EG – GRL) finden sich insoweit relevante Regelungen.

3 Gem. **Art. 9 Abs. 3 RRL** steht es den Mitgliedstaaten frei, Unternehmen die **Übertragung von Frequenznutzungsrechten an andere Unternehmen** zu gestatten. Nach Ansicht des europäischen Gesetzgebers kann dies „ein wirksames Mittel zur effizienteren Frequenznutzung" darstellen, wobei allerdings „hinreichende Sicherungsmaßnahmen zum Schutz der öffentlichen Interessen", insbesondere im Hinblick auf „die Transparenz und die Beaufsichtigung derartiger Übertragungen", zu gewährleisten sind (Erwägungsgrund 19 RRL). Das bedeutet: Wenn sich ein Mitgliedstaat entschließt, die Übertragung von Frequenzen freizugeben, so hat er dies durch entsprechende Sicherungsmaßnahmen zu flankieren.

4 Zur Ausgestaltung dieser „**Sicherungsmaßnahmen**" enthält **Art. 9 Abs. 4 RRL** einige Grundsätze und Leitlinien: Zunächst einmal haben die Mitgliedstaaten nach **Art. 9 Abs. 4 Satz 1 RRL** dafür zu sorgen, dass bestehende **Übertragungsabsichten** den jeweils zuständigen nationalen Regulierungsbehörden **mitgeteilt** und bereits erfolgte **Übertragungen öffentlich bekannt gegeben** werden. Die **Übertragung** selbst ist nach einem „**von dieser Behörde festgelegten Verfahren**" durchzuführen. Damit steht fest, dass die Übertragung von Frequenznutzungsrechten nicht allein im Wege zivilrechtlicher Verträge zwischen Pri-

---

1 S. u. RdNr. 3.

2 *Stumpf/Nett/Martins/Ellinghaus/Scherer/Vogelsang*, Eckpunkte zur Ausgestaltung eines möglichen Handels mit Frequenzen, S. 1.

vaten erfolgen kann[3]. Grundlage der Frequenzübertragung muss vielmehr ein behördliches Verfahren sein. Nach **Art. 9 Abs. 4 Satz 2 RRL** haben die nationalen Regulierungsbehörden dabei sicherzustellen, dass der **Wettbewerb** infolge derartiger Übertragungen **nicht verzerrt wird**. Außerdem dürfen gem. **Art. 9 Abs. 4 Satz 3 RRL** gemeinschaftsweit **harmonisierte Frequenznutzungen** durch die Übertragung von Nutzungsrechten **nicht verändert** werden.

Neben diesen speziellen Anforderungen aus Art. 9 Abs. 4 RRL sind aber auch die **allgemeinen Ziele und Grundsätze** der Rahmenrichtlinie bei der behördlichen Festlegung von Verfahren zur Übertragung von Frequenzen zu berücksichtigen. So haben die nationalen Regulierungsbehörden bei der Ausgestaltung dieser Verfahren den in **Art. 8 RRL** festgelegten Zielen – **Förderung des Wettbewerbs** im Bereich der Telekommunikation (Abs. 2), **Entwicklung des Binnenmarktes** (Abs. 3) und **Schutz der EU-Bürger** (Abs. 4) – angemessen Rechnung zu tragen. Darüber hinaus finden selbstverständlich auch die in **Art. 9 Abs. 1 RRL** dokumentierten rechtsstaatlichen Grundsätze der **Objektivität, Transparenz, Diskriminierungsfreiheit** und **Verhältnismäßigkeit** in vollem Umfang Anwendung. 5

Nach **Art. 5 Abs. 2 S. 3 GRL** haben die Mitgliedstaaten bei der Erteilung von Frequenznutzungsrechten anzugeben, **ob und unter welchen Bedingungen** diese Rechte auf Veranlassung des Rechtsinhabers übertragen werden können. Soweit die nationalen Regulierungsbehörden die Übertragung von Frequenznutzungsrechten an Bedingungen knüpfen, die im Einklang mit den Vorgaben der Rahmenrichtlinie stehen, wird in **Ziffer 5 des Anhangs B GRL** ausdrücklich klargestellt, dass diese Bedingungen auch nach **Art. 6 Abs. 1 GRL** zulässig sind. Allerdings werden die Anforderungen der Objektivität, Transparenz, Diskriminierungsfreiheit und Verhältnismäßigkeit in Art. 6 Abs. 1 S. 2 GRL nochmals besonders hervorgehoben. 6

III. Einzelkommentierung

1. Frequenzhandel als Rechtsbegriff. – Der im Mittelpunkt des § 62 stehende Begriff des Frequenzhandels ist vergleichsweise schillernd und wurzelt vom Ansatz her mehr in der (wohlfahrts-)ökonomischen Theorie[4] denn in rechtlicher Dogmatik. Eine Legaldefinition findet sich weder in § 62 noch in § 3 oder sonstigen Vorschriften des Gesetzes. Daraus ergibt sich die Notwendigkeit, ihm im Wege der Auslegung **rechtliche Konturen** zu verleihen. Ausgehend vom allgemeinen Sprachgebrauch wird man ein Wesensmerkmal des Frequenzhandels darin zu sehen haben, dass Frequenznutzungsrechte von einem Rechtssubjekt (Veräußerer) auf ein anderes (Erwerber) übertragen werden. Es geht also final um die **Übertragung von Frequenznutzungsrechten** eines Veräußerers auf einen Erwerber. Dies korrespondiert auch mit Art. 9 Abs. 3 RRL, der ebenfalls maßgeblich auf die Rechtsübertragung abstellt. 7

Anders als das allgemeine Verständnis des Begriffs „Handel" vermuten ließe, vollzieht sich die Übertragung der Frequenznutzungsrechte allerdings nicht im Wege eines zivilrechtlichen Verfügungsgeschäfts, sondern **qua staatlichen Hoheitsaktes**. Dies folgt aus 8

---

3 *Stumpf/Nett/Martins/Ellinghaus/Scherer/Vogelsang* (Fn. 2) S. 37.
4 Die ökonomische Theorie geht davon aus, dass der freie Handel mit Gütern unter bestimmten idealtypischen Bedingungen zu einer Pareto-optimalen Allokation und damit im Allgemeinen zu wohlfahrtsökonomisch wünschenswerten Resultaten führt. S. hierzu *Stumpf/Nett/Martins/Ellinghaus/Scherer/Vogelsang* (Fn. 2) S. 7 ff.

§ 62 Abs. 1 S. 2, wonach das Verfahren für den Handel mit Frequenzen „die Aufhebung der Frequenzzuteilung und den Erlass einer neuen Frequenzzuteilung" zu beinhalten hat. Allerdings wird man von einem „Handel" nur dann sprechen können, wenn die – behördlich zu vollziehende – Rechtsübertragung **privatautonom**, d. h. typischerweise durch ein zivilrechtliches Verpflichtungsgeschäft zwischen dem Veräußerer und dem Erwerber der Nutzungsrechte, **veranlasst** ist. Ein staatlicher Zwang zur Veräußerung an einen bestimmten Erwerber wäre dem (Frequenz-)Handel in seiner Funktion als Instrument marktgerechter Ressourcenallokation wesensfremd[5].

9   Zudem impliziert der Begriff des Handels eine **Erlöserzielungsabsicht** des Veräußerers. Sie ist Anreiz und zugleich Voraussetzung für die mit dem Handel erwartete Allokationsoptimierung auf den Märkten. In diesem Sinne stellt auch § 62 Abs. 3 klar, dass die „Erlöse aus dem Frequenzhandel" dem Veräußerer zustehen. Rechtlich erlangt das Kriterium der Erlöserzielungsabsicht zentrale Bedeutung, wenn es darum geht, den Frequenzhandel von den in § 55 Abs. 7 geregelten (sonstigen) Fällen der Frequenzübertragung abzugrenzen[6]. Insoweit gilt Folgendes: Stehen bei einer Frequenzübertragung die Erlöserzielungsabsichten des Veräußerers im Vordergrund, so handelt es sich um einen Fall des Frequenzhandels, der nur unter den Voraussetzungen des § 62 zulässig ist. Dient die Frequenzübertragung hingegen vorrangig anderen Zwecken, insbesondere der Realisierung konzern- bzw. gesellschaftsrechtlicher Umstrukturierungsmaßnahmen, so bedarf es hierfür lediglich einer Änderung der Frequenzzuteilung nach Maßgabe des § 55 Abs. 7.

10   Vor diesem Hintergrund lassen sich die wesentlichen **rechtlichen Merkmale des Frequenzhandels** auf folgende **Kurzformel** bringen: Frequenzhandel i. S. d. § 62 ist die durch Erlöserzielungsabsicht motivierte, privatautonom veranlasste und im Wege staatlichen Hoheitsakts vollzogene Übertragung von Frequenznutzungsrechten eines Veräußerers auf einen Erwerber.

11   **2. Freigabe durch die Regulierungsbehörde (Abs. 1 S. 1).** – Gem. § 62 Abs. 1 S. 1 kann die Regulierungsbehörde Frequenzbereiche **für den Handel freigeben**. Damit ist zugleich zum Ausdruck gebracht, dass Frequenznutzungsrechte vom Grundsatz her nicht handelbar sind. Rechtstechnisch hat der Gesetzgeber auf diese Weise ein **präventives Verbot mit Erlaubnisvorbehalt** normiert. Das grundsätzliche Verbot eines Handels mit Frequenzen steht unter dem Vorbehalt einer behördlichen Freigabe. Die Entscheidung hierüber obliegt gem. § 132 Abs. 1, Abs. 3 der **Präsidentenkammer** bei der Regulierungsbehörde. Zuvor hat sie die **betroffenen Kreise** anzuhören[7]. Nach dem Willen des Gesetzgebers erfolgt die Freigabe nicht pauschal für das gesamte vergebene Spektrum, sondern stets bezogen auf bestimmte **Frequenzbereiche**. Voraussetzung ist, dass insoweit ein **Interesse an Frequenzhandel** besteht. Ein besonderes oder qualifiziertes Interesse ist allerdings nicht erforderlich, so dass diese Hürde in der Praxis leicht zu nehmen sein dürfte.

12   Stellt die Regulierungsbehörde fest, dass ein entsprechendes Interesse besteht, so liegt es in ihrem **Ermessen** („kann"), ob sie den jeweiligen Frequenzbereich für den Handel frei-

---

5   In diesem Sinne auch *Stumpf/Nett/Martins/Ellinghaus/Scherer/Vogelsang* (Fn. 2) S. 1, die mit Blick auf die mit dem Frequenzhandel bezweckte Allokationsverbesserung fordern, dass „eine Übertragung der Verfügungsrechte zur Frequenznutzung zu einem vereinbarten Preis nur dann erfolgt, wenn beide Parteien einem solchen Vertrag zustimmen".
6   S. hierzu auch § 55 RdNr. 44.
7   Zum Begriff der „betroffenen Kreise" s. § 53 RdNr. 14.

gibt oder nicht. Dieses Ermessen hat sie nach allgemeinen Grundsätzen pflichtgemäß auszuüben (vgl. § 40 VwVfG). Das bedeutet, die für und gegen einen Frequenzhandel sprechenden öffentlichen und privaten Belange sind im konkreten Fall zu gewichten und gegeneinander abzuwägen. Dabei spielen die vorhandene **Nachfrage** nach dem entsprechenden Frequenzbereich, die feststellbare **Veräußerungsbereitschaft** der derzeitigen Nutzer sowie die prognostizierten Auswirkungen der Zulassung eines Handels auf die **Effizienz der Frequenznutzung** (vgl. § 62 Abs. 2 S. 1 Nr. 1) und auf den **Wettbewerb** (vgl. § 62 Abs. 2 S. 1 Nr. 3) eine besondere Rolle[8]. Die in § 62 Abs. 1 S. 1 vorgeschriebene Anhörung der betroffenen Kreise dient insoweit der Informationsbeschaffung der Behörde.

Unter dem Stichwort „**Frequenzhandel mit retrospektiver Gültigkeit**" hatte man während des Gesetzgebungsverfahrens diskutiert, ob die Möglichkeit einer Freigabe für den Handel auch für solche Frequenznutzungsrechte eingeräumt werden sollte, die bereits vor In-Kraft-Treten des neuen TKG zugeteilt worden waren[9]. Auf der einen Seite erwartete man sich davon Effizienzvorteile. Auf der anderen Seite wurden aber auch negative Auswirkungen – insbesondere im Hinblick auf den Vertrauensschutz und die Gefahr von Wettbewerbsverzerrungen – gesehen. Im Ergebnis hat sich der Gesetzgeber in **§ 150 Abs. 8** gegen einen Frequenzhandel mit retrospektiver Gültigkeit entschieden. Danach findet § 62 Abs. 1 bis 3 auf Verleihungen nach § 2 Abs. 1 FAG sowie auf Lizenz- und Frequenzzuteilungen nach den §§ 10, 11 und 47 Abs. 5 TKG 1996 für den jeweils geltenden Zuteilungszeitraum keine Anwendung. Das bedeutet, Frequenznutzungsrechte, die vor In-Kraft-Treten den neuen TKG zugeteilt wurden, dürfen während des gesamten Zuteilungszeitraums **nicht für den Handel freigegeben** werden. **13**

3. Festlegung von Rahmenbedingungen und Verfahren (Abs. 1, Abs. 2). – Gibt die Regulierungsbehörde bestimmte Frequenzbereiche für den Handel frei, so obliegt ihr nach § 62 Abs. 1 S. 1 auch die Festlegung der Rahmenbedingungen und des Verfahrens für den Handel. Die Formulierung der Norm als „Kann-Vorschrift" darf nicht dahingehend missverstanden werden, dass die Behörde ein Entschließungsermessen hinsichtlich der Festlegung der Rahmenbedingungen und des Verfahrens hätte. Das behördliche Ermessen bezieht sich lediglich auf die Freigabeentscheidung, also auf das **„Ob" des Frequenzhandels**. Entscheidet sich die Behörde für eine Freigabe, so folgt daraus zwingend die Verpflichtung, auch die Rahmenbedingungen und das Verfahren – also das **„Wie" des Frequenzhandels** – zu regeln. In diesem Sinne sind Freigabeentscheidung und Festlegung von Rahmenbedingungen und Verfahren **untrennbar miteinander verknüpft**. Dies ergibt sich im Übrigen auch aus **Art. 9 Abs. 3 und Abs. 4 RRL**. Danach haben die Mitgliedstaaten, sofern sie Unternehmen die Übertragung von Frequenznutzungsrechten gestatten, dafür zu sorgen, dass „jegliche Übertragung" nach einem von der „zuständigen nationalen Regulierungsbehörde" festgelegten Verfahren erfolgt (Art. 9 Abs. 4 S. 1 RRL). Dabei geht es insbesondere um den **Schutz öffentlicher Interessen** und die Sicherstellung der erforderlichen **Transparenz** (vgl. Erwägungsgrund 19 RRL). **14**

Die Zuständigkeit für die Festlegung der Rahmenbedingungen und des Verfahrens liegt bei der **Präsidentenkammer** der Regulierungsbehörde (§ 132 Abs. 1, Abs. 3). In prozeduraler **15**

---

8 Vgl. BT-Drs. 15/2316, Zu § 60.
9 *Stumpf/Nett/Martins/Ellinghaus/Scherer/Vogelsang* (Fn. 2) S. 35; *Wissmann/Kreitlow*, K&R 2003, 257 ff., 263 f.

Hinsicht sieht § 62 Abs. 1 S. 1 eine **Anhörung der betroffenen Kreise** vor[10]. Außerdem ist die Entscheidung über die Rahmenbedingungen und das Verfahren nach § 62 Abs. 2 S. 2 aus Gründen der Transparenz zu **veröffentlichen**[11]. Was die **materielle Ausgestaltung** der Rahmenbedingungen und des Verfahrens betrifft, ist die Regulierungsbehörde insbesondere an die normativen Vorgaben aus **§ 62 Abs. 1 S. 2** (Art und Weise des Rechtsübergangs) und **§ 62 Abs. 2 S. 1 Nr. 1 bis 5** (Zielvorgaben) gebunden. Darüber hinaus sind auch die **europarechtlichen Anforderungen** zu berücksichtigen. Im Übrigen räumt der Gesetzgeber der Behörde hinsichtlich des institutionellen Arrangements eines Frequenzhandelsregimes aber einen relativ weiten Gestaltungsspielraum ein.

16   **a) Rechtsübergang durch Aufhebung und Neuzuteilung (Abs. 1 S. 2).** – Nach § 62 Abs. 1 S. 2 hat das Verfahren die Aufhebung der Frequenzzuteilung und den Erlass einer neuen Frequenzzuteilung zu beinhalten. Eine unmittelbare rechtsgeschäftliche Übertragung von Frequenznutzungsrechten zwischen Privaten ist damit ausgeschlossen. Zwar lässt sich die Verpflichtung zur Rechtsübertragung im Rahmen des Frequenzhandels zivilrechtlich begründen (Verpflichtungsgeschäft). Deren Vollziehung – also die eigentliche Rechtsübertragung – bedarf aber eines **staatlichen Hoheitsaktes**. Darauf wurde bereits hingewiesen[12]. Über diesen grundsätzlichen Aspekt hinaus ist im vorliegenden Zusammenhang von Bedeutung, dass § 62 Abs. 1 S. 2 ausdrücklich eine **Aufhebung** der Frequenzzuteilung beim Veräußerer **mit anschließender Neuzuteilung** an den Erwerber fordert. Anders als im Falle der Rechtsübertragung nach § 55 Abs. 7 ist im Rahmen des Frequenzhandels eine schlichte „Änderung der Frequenzzuteilung" nicht vorgesehen. Die in § 62 Abs. 1 S. 2 geforderte Aufhebung mit anschließender Neuzuteilung hat – anders als die schlichte Änderung – konstruktionsbedingt zur Folge, dass die in Rede stehenden Nutzungsrechte übergangsweise wieder an die Regulierungsbehörde zurückfallen.

17   Während dieser **Zwischenphase** ist nicht auszuschließen, dass dritte Unternehmen sich um eine Zuteilung bewerben und mit dem vom Veräußerer ausgewählten Erwerber in Konkurrenz treten. Der sich daraus ergebende **Nachfrageüberhang** hätte grundsätzlich zur Folge, dass die in Rede stehenden Frequenzen nach § 55 Abs. 9 i.V.m § 61 versteigert oder ausgeschrieben werden müssten. Würde dies auch im Falle des Frequenzhandels uneingeschränkt gelten, könnte sich der Erwerber letztlich nie darauf verlassen, dass er tatsächlich Inhaber der ihm von Veräußerer versprochenen Nutzungsrechte wird. Frequenzhandel wäre damit – für Veräußerer und Erwerber – ein unkalkulierbares Glücksspiel, was seine Tauglichkeit als Instrument effizienter Ressourcenallokation grundlegend in Frage stellen würde. Deshalb erscheint es teleologisch geboten, **im Falle des Frequenzhandels** den Anwendungsbereich des **§ 55 Abs. 9** wie folgt **einzuschränken**: Hat sich der Veräußerer mit einem Erwerber auf die Übertragung von Frequenzen geeinigt und aus diesem Grund – zur Vollziehung des Rechtsübergangs nach Maßgabe des § 62 Abs. 1 S. 2 – die in Rede stehenden Frequenzen an die Regulierungsbehörde zurückgegeben, so erfolgt die **Neuzuteilung** an den Erwerber, ungeachtet möglicher Zuteilungsanträge Dritter, **ohne Durchführung eines Vergabeverfahrens**.

---

10 Zum Begriff der „betroffenen Kreise" s. § 53 RdNr. 14.

11 Bei europarechtskonformer Auslegung bezieht sich die Veröffentlichungspflicht des § 62 Abs. 2 S. 2 nicht nur auf die Rahmenbedingungen und das Verfahren des Frequenzhandels, sondern auch auf bereits vollzogene Übertragungen; s. hierzu RdNr. 24.

12 S. o. RdNr. 8.

b) Zielvorgaben des Abs. 2 S. 1 Nr. 1 bis 5. – Die Rahmenbedingungen und das Verfahren 18
für den Frequenzhandel haben nach § 62 Abs. 2 S. 1 insbesondere sicherzustellen, dass die
Effizienz der Frequenznutzung gesteigert oder gewahrt wird (Nr. 1), das ursprüngliche
Vergabeverfahren dem nicht entgegensteht (Nr. 2), keine Verzerrung des Wettbewerbs auf
dem relevanten Markt zu besorgen ist (Nr. 3), die sonstigen rechtlichen Rahmenbedingungen, insbesondere die Nutzungsbedingungen und internationale Vereinbarungen, eingehalten werden (Nr. 4) und die Regulierungsziele des § 2 Abs. 2 sichergestellt sind (Nr. 5).
Ausgehend vom Wortlaut der Norm sind die genannten Aspekte bei der Ausgestaltung der
Bedingungen und des Verfahrens („Wie") zu beachten. Darüber hinaus können sie aber
auch Bedeutung für die nach § 62 Abs. 1 Nr. 1 zu treffende Freigabeentscheidung („Ob")
erlangen. Wenn beispielsweise der Frequenzhandel in einem bestimmten Bereich keine Effizienzvorteile erwarten oder Wettbewerbsverzerrungen befürchten lässt, so wird die Behörde dies bei der Entscheidung über die Freigabe im Rahmen ihrer Ermessensausübung
zu berücksichtigen haben.

Nach § 62 Abs. 2 S. 1 **Nr. 1** haben die Rahmenbedingung und das Verfahren für den Han- 19
del sicherzustellen, dass die **Effizienz der Frequenznutzung** gesteigert oder gewahrt
wird. Aus Sicht der Ökonomie kann der Handel mit Frequenzen dazu beitragen, dass unabhängig von der ursprünglichen Zuteilung derjenige die Frequenzen erhält, der ihnen zum
jeweiligen Zeitpunkt am Markt die „höchste Wertschätzung" entgegenbringt. In diesem
Sinne fungiert der Frequenzhandel – unter idealtypischen Bedingungen – als Instrument
Pareto-optimaler Ressourcenallokation[13]. Vor diesem Hintergrund dürfte der Effizienzbegriff des § 62 Abs. 2 S. 1 Nr. 1 in erster Linie im Sinne einer Allokationsoptimierung zu
verstehen sein. Das bedeutet, die Rahmenbedingungen und das Verfahren für den Handel
müssen dessen allokationsoptimierender Wirkungsweise gerecht werden und dürfen die
ihm immanenten marktbezogenen Verteilungsmechanismen nicht außer Kraft setzen.

Darüber hinaus sind die Bedingungen und das Verfahren nach § 62 Abs. 2 S. 1 **Nr. 2** so aus- 20
zugestalten, dass das **ursprüngliche Vergabeverfahren** einer Frequenzzuteilung nach Frequenzhandel nicht entgegensteht. Die Vorschrift zielt offensichtlich auf die vor Durchführung einer Versteigerung oder Ausschreibung zu treffenden „Festlegungen und Regeln"
(§ 61 Abs. 1 S. 2) ab. Zum Schutz der Unternehmen, die ihre jeweilige Teilnahme- und
Bietentscheidung im Vergabeverfahren auf der Grundlage und im Vertrauen auf die Geltung
dieser Bestimmungen getroffen haben sowie zur Absicherung der damit verfolgten öffentlichen Belange hat die Behörde dafür Sorge zu tragen, dass ein anschließender Frequenzhandel mit den ursprünglichen Vergabebedingungen im Einklang steht. Damit impliziert § 62
Abs. 2 S. 1 Nr. 2 aber auch die Aussage, dass allein der Umstand eines zuvor durchgeführten
Vergabeverfahrens den anschließenden Handel mit den vergebenen Frequenzen nicht ausschließt. Lediglich die Rahmenbedingungen und das Verfahren für den Handel haben den
Bedingungen des ursprünglichen Vergabeverfahrens Rechnung zu tragen.

§ 62 Abs. 2 S. 1 **Nr. 3** verlangt von der Regulierungsbehörde eine Ausgestaltung des Fre- 21
quenzhandels in der Weise, dass keine **Verzerrung des Wettbewerbs** auf dem sachlich
und räumlich relevanten Markt zu besorgen ist. Diesbezügliche Regelungen hat die Behörde gem. **§ 123 Abs. 1** im Einvernehmen mit dem Bundeskartellamt zu treffen. In der regu-

---

13 *Stumpf/Nett/Martins/Ellinghaus/Scherer/Vogelsang* (Fn. 2) S. 1, 7 f. Als „Pareto-optimal" werden
Zustände bezeichnet, bei denen sich niemand verbessern kann, ohne dass sich andere verschlech-
tern würden.

lierungsökonomischen Literatur werden mögliche wettbewerbsverzerrende Auswirkungen des Frequenzhandels insbesondere unter dem Aspekt des „Frequenzhortens" diskutiert[14]. Man sieht die Gefahr, dass zahlungskräftige Marktteilnehmer Frequenzen durch ein strategisches Aufkaufen für Wettbewerber blockieren und damit künstliche Markteintrittsbarrieren errichten könnten. Wenn derartige Verhaltensweisen im konkreten Fall zu erwarten sind, hat die Behörde dem durch geeignete Festlegungen in den Rahmenbedingungen entgegenzutreten. Eine Möglichkeit wäre insoweit die Einführung von Höchstgrenzen für die von einem Unternehmen zu erwerbenden Frequenzblöcke (sog. „Spectrum Caps")[15].

22 Ferner hat die Regulierungsbehörde gem. § 62 Abs. 2 S. 1 **Nr. 4** dafür Sorge zu tragen, dass die sonstigen rechtlichen Rahmenbedingungen, insbesondere die **Nutzungsbestimmungen** und **internationale Vereinbarungen** zur Frequenznutzung, eingehalten werden. Die Vorschrift trägt dem Umstand Rechnung, dass die Zuteilung und Ausübung von Frequenznutzungsrechten auf internationaler, europäischer und nationaler Ebene einer Planung und Aufsicht unterliegt[16]. Aus diesem Grund können Zuteilungsnehmer kein umfassendes und unbeschränktes Nutzungsrecht erwerben. Vielmehr legt die Regulierungsbehörde nach Maßgabe des § 60 die Art und den Umfang zulässiger Frequenznutzung im Rahmen der Zuteilung fest und ergänzt dies ggf. durch entsprechende Nebenbestimmungen. Nach § 61 Abs. 7 sind darüber hinaus auch die Verpflichtungen aus dem Vergabeverfahren Bestandteile der Frequenzzuteilung. Es versteht sich von selbst, dass im Falle einer Rechtsübertragung die Einhaltung der rechtlichen Rahmenbedingungen auch durch den Erwerber gewährleistet sein muss.

23 Schließlich obliegt es der Regulierungsbehörde nach § 62 Abs. 2 S. 1 **Nr. 5** auch, durch entsprechende Rahmenbedingungen und Verfahrensregeln die **Regulierungsziele** nach § 2 Abs. 2 sicherzustellen. Wesentliche Ziele des § 2 Abs. 2 im Bereich der Frequenzverwaltung – namentlich die Gewährleistung einer effizienten Frequenznutzung (§ 2 Abs. 2 Nr. 7) und die Wettbewerbsförderung (§ 2 Abs. 2 Nr. 2) – sind bereits in § 62 Abs. 2 S. 1 Nr. 1 und Nr. 3 als Zielvorgaben für die Ausgestaltung des Frequenzhandels normiert. Darüber hinaus verpflichtet § 62 Abs. 2 S. 1 Nr. 5 die Behörde beim Erlass der entsprechenden Rahmenbedingungen und Verfahren auch auf die weiteren Ziele des § 2 Abs. 2. Insoweit ist zunächst hervorzuheben, dass nach § 2 Abs. 2 Nr. 7 das Gebot der Störungsfreiheit gleichberechtigt neben dem der Effizienz steht[17]. Ferner dürften die in § 2 Abs. 2 Nr. 9 genannten Interessen der öffentlichen Sicherheit[18] eine besondere Rolle spielen. Die in § 2 Abs. 2 Nr. 7 angesprochenen Belange des Rundfunks finden über die spezielle Regelung in § 62 Abs. 2 S. 3 (s. u.) Berücksichtigung.

24 **c) Europarechtliche Anforderungen.** – Die nach § 62 Abs. 1 S. 1 festzulegenden Rahmenbedingungen und Verfahren für den Frequenzhandel müssen auch den europarechtlichen Anforderungen genügen. In der Terminologie der Rahmenrichtlinie handelt es sich

---

14 *Klodt/Laaser/Lortz/Maurer*, Wettbewerb und Regulierung in der Telekommunikation, S. 59; *Lenhard/Rickert*, K&R 2002, 578 ff., 580; *Stumpf/Nett/Martins/Ellinghaus/Scherer/Vogelsang* (Fn. 2) S. 14 ff.

15 *Wissmann/Kreitlow*, K&R 2003, 257 ff., 264.

16 Vertiefend hierzu § 52 RdNr. 4 ff. (internationale Frequenzordnung), 15 ff. (europäische Frequenzordnung) sowie 3 (nationale Frequenzordnung im Überblick).

17 Zum Verhältnis der (potenziell konfligierenden) Ziele der Effizienz und der Störungsfreiheit s. § 52 RdNr. 35.

18 S. hierzu § 52 RdNr. 39.

dabei um „Sicherungsmaßnahmen zum Schutz der öffentlichen Interessen" (Erwägungsgrund 19 RRL). Insoweit fordert **Art. 9 Abs. 4 RRL**, dass die nationalen Regulierungsbehörden Vorkehrungen zum **Schutz vor Wettbewerbsverzerrungen (Satz 3)** und zur **Einhaltung harmonisierter Nutzungsbestimmungen (Satz 4)** treffen müssen. Dies korrespondiert in der deutschen Umsetzung mit den Zielvorgaben aus § 62 Abs. 2 S. 1 Nr. 3 (Schutz vor Wettbewerbsverzerrungen) und aus § 62 Abs. 2 S. 1 Nr. 4 (Einhaltung internationaler Vereinbarungen zur Frequenznutzung). Die Anforderungen des **Art. 9 Abs. 4 S. 1 RRL** haben indes keinen unmittelbaren Niederschlag im deutschen TKG gefunden. Das Gemeinschaftsrecht fordert insoweit, dass bestehende **Übertragungsabsichten** den jeweils zuständigen nationalen Regulierungsbehörden **mitgeteilt** und bereits erfolgte **Übertragungen öffentlich bekannt gegeben** werden. Was die Mitteilung der Übertragungsabsichten betrifft, ist dies zwar in § 62 nicht ausdrücklich vorgeschrieben, aber im praktischen Ergebnis doch gewährleistet. Da die Rechtsübertragung nach § 62 Abs. 1 S. 2 nur durch die Regulierungsbehörde vollzogen werden kann, wird die Behörde von konkreten Übertragungsabsichten auch Kenntnis erlangen. Hinsichtlich der weiteren Anforderung des Art. 9 Abs. 4 S. 1 RRL, wonach erfolgte Übertragungen öffentlich bekannt zu geben sind, ist jedoch in § 62 ein **Umsetzungsdefizit** feststellbar. So ist nach § 62 Abs. 2 S. 2 lediglich die Entscheidung über die Rahmenbedingungen und das Verfahren zu veröffentlichen. Dies ist bei **europarechtskonformer Auslegung** dahingehend auszuweiten, dass sich die **Veröffentlichungspflicht des § 62 Abs. 2 S. 2** auch auf die **vollzogenen Übertragungen** bezieht.

4. Handel mit Rundfunkfrequenzen (Abs. 2 S. 3). – § 62 Abs. 2 S. 3 trägt den Besonder- **25**
heiten des Rundfunks im Bereich der Frequenzverwaltung Rechnung. Diese ergeben sich zum einen aus dem **bundesstaatlichen Kompetenzgefüge** des Grundgesetzes, wonach der Bund lediglich für die technischen Aspekte der Frequenzverteilung und -zuweisung zuständig ist und die nichttechnischen, inhaltsrelevanten Regelungsbefugnisse den Ländern vorbehalten bleiben[19]. Zum anderen nimmt der Rundfunk mit Blick auf seine Bedeutung als **Medium und Faktor der öffentlichen Meinungsbildung**[20], die in Art. 5 Abs. 1 S. 3 GG normierte **Rundfunkfreiheit** und den daraus folgenden **Grundversorgungsauftrag**[21] des Staates eine verfassungsrechtliche Sonderstellung gegenüber sonstigen Funkdiensten ein.

In diesem Sinne darf die Frage, wem eine der knappen Möglichkeiten der Programmgestal- **26**
tung zukommen soll, nach der Rechtsprechung des BVerfG nicht dem „freien Spiel der Kräfte" anheim gegeben werden[22]. Das Verfassungsrecht steht somit einer **freien Handelbarkeit** von Rundfunkfrequenzen **entgegen**. In Betracht kommt allenfalls ein Handel mit diesen Frequenzen innerhalb des **beschränkten Teilnehmerkreises**[23] derjenigen, die den rundfunkrechtlichen Kriterien der Meinungsvielfalt und kommunikativen Chancengleichheit[24] gerecht werden. Die konkrete **Auswahl** dieser Teilnehmer liegt dabei – aus den bereits erwähnten kompetenzrechtlichen Gründen – nach Maßgabe der jeweiligen rundfunkrechtlichen Frequenzzuteilungsregimes[25] in der **Zuständigkeit der Länder**.

---

19 Vertiefend hierzu § 52 RdNr. 28 ff.
20 BVerfGE 12, 205 ff., 260 – 1. Rundfunkurteil.
21 BVerfGE 73, 118 ff., 157 ff.; E 83, 238 ff., 297 ff.
22 BVerfGE 57, 295 ff., 327, m. w. N.
23 Vgl. *Stumpf/Nett/Martins/Ellinghaus/Scherer/Vogelsang* (Fn. 2) S. 49.
24 Vgl. *Schulz/Wasner*, ZUM 1999, 513 ff., 514, 515.
25 S. hierzu § 57 RdNr. 3 ff.

27 Vor diesem Hintergrund sieht § 62 Abs. 2 S. 3 vor, dass bei Frequenzen, die für Rundfunkdienste vorgesehen sind, die Entscheidung im Einvernehmen mit der nach Landesrecht zuständigen Stelle erfolgt. Welche Frequenzen in diesem Sinne „**für Rundfunkdienste vorgesehen**" sind, ergibt sich aus den entsprechenden Festsetzungen des Frequenzbereichszuweisungs- und Frequenznutzungsplans, die insoweit ihrerseits unter Beteiligung der Länder aufgestellt werden[26]. Dabei gilt der verfassungsrechtliche Rundfunkbegriff, d. h. neben dem „herkömmlichen Rundfunk" sind auch sog. „rundfunkähnliche Kommunikationsdienste" mit umfasst[27]. Maßgeblich ist, dass „Sendungen gleichen Inhalts" an eine „unbestimmte Vielzahl" von Empfängern übermittelt werden, wobei letztere „Auswahlentscheidungen" treffen[28].

28 Fraglich ist indes, welche „**Entscheidung**" in § 62 Abs. 2 S. 3 gemeint ist. Die Systematik der Norm legt zunächst einmal nahe, dass es sich dabei um die in § 62 Abs. 2 S. 2 angesprochene „Entscheidung über die Rahmenbedingungen und das Verfahren" handelt. Im Wege verfassungskonformer Auslegung muss man jedoch zu dem Ergebnis kommen, dass § 62 Abs. 2 S. 3 auch die Freigabeentscheidung nach § 62 Abs. 1 S. 1 erfasst. Denn mit Blick auf die Vorgaben des Grundgesetzes wäre es nicht vertretbar, das Einvernehmen der nach Landesrecht zuständigen Stellen lediglich in Bezug auf das „Wie" (die Rahmenbedingungen und das Verfahren) einzufordern, und das „Ob" (die Freigabe von Rundfunkfrequenzen für den Handel) der alleinigen Entscheidungsbefugnis des Bundes zu überlassen.

29 Nach § 62 Abs. 2 S. 3 hat die Regulierungsbehörde das „**Einvernehmen**" mit der nach Landesrecht zuständigen Stelle herzustellen. Anders als in den §§ 55 Abs. 10 S. 2; 57 Abs. 1; 58 S. 3; 60 Abs. 2 S. 3, Abs. 4 und 63 Abs. 2 S. 2 lässt der Gesetzgeber hier ein bloßes „Benehmen" nicht ausreichen. Das in § 62 Abs. 2 S. 3 geforderte Einvernehmen verlangt die Herstellung völliger Willensübereinstimmung[29], und zwar – wie oben ausgeführt – sowohl in Bezug auf die Freigabeentscheidung als auch hinsichtlich der Festlegung der Rahmenbedingungen und des Verfahrens. Aus verfassungsrechtlichen Gründen ist dabei insbesondere zu fordern, dass die Landesbehörden – sofern sie einer Freigabe grundsätzlich zustimmen – in eigener Kompetenz und nach Maßgabe rundfunkrechtlicher Kriterien die Auswahl derjenigen treffen, die an einem Handel mit Rundfunkfrequenzen teilnehmen dürfen.

30 **5. Erlöse aus dem Frequenzhandel (Abs. 3).** – § 62 Abs. 3 stellt ausdrücklich klar, dass die Erlöse aus dem Frequenzhandel – abzüglich der Verwaltungskosten – dem Veräußerer der Frequenznutzungsrechte zustehen. Ein staatliches Abschöpfen der Veräußerungserlöse ist damit ausgeschlossen. Wäre dies anders, so hätte der Inhaber von Nutzungsrechten kaum Anreize, diese anderen anzubieten. Damit wäre die Funktionsfähigkeit des Frequenzhandels als Instruments der Allokationsoptimierung grundlegend in Frage gestellt. Im Übrigen wäre ein „doppeltes Abkassieren" des Staates auch unter finanzverfassungsrechtlichen Aspekten fragwürdig[30].

---

26 S. hierzu § 53 RdNr. 7 ff., 15; § 54 RdNr. 25.
27 *Scherer*, K&R Beil. 2/1999, 15.
28 BVerfGE 74, 297 ff., 352.
29 Vgl. BVerwGE 57, 98 ff., 101; E 11, 195 ff., 200.
30 Vgl. *Wissmann/Kreitlow*, K&R 2003, 257 ff., 260 unter Hinweis auf BVerfGE 93, 319 ff., 346 (Wasserentnahmeentgelte); a.A. offenbar *Stumpf/Nett/Martins/Ellinghaus/Scherer/Vogelsang* (Fn. 2) S. 6, 50, die dies nicht problematisieren.

§ 63 Widerruf der Frequenzzuteilung, Verzicht

(1) Eine Frequenzzuteilung kann widerrufen werden, wenn nicht innerhalb eines Jahres nach der Frequenzzuteilung mit der Nutzung der zugeteilten Frequenz im Sinne des mit der Zuteilung verfolgten Zwecks begonnen wurde oder wenn die Frequenz länger als ein Jahr nicht im Sinne des mit der Zuteilung verfolgten Zwecks genutzt worden ist.

(2) Die Frequenzzuteilung kann außer in den in § 49 Abs. 2 des Verwaltungsverfahrensgesetzes genannten Fällen auch widerrufen werden, wenn

1. eine der Voraussetzungen nach § 55 Abs. 5 und § 57 Abs. 4 bis 6 nicht mehr gegeben ist,

2. einer aus der Frequenzzuteilung resultierenden Verpflichtung wiederholt zuwidergehandelt oder trotz wiederholter Aufforderung nicht nachgekommen wird,

3. durch eine nach der Frequenzzuteilung eintretende Frequenzknappheit der Wettbewerb oder die Einführung neuer frequenzeffizienter Techniken verhindert oder unzumutbar gestört wird oder

4. durch eine Änderung der Eigentumsverhältnisse in der Person des Inhabers der Frequenzzuteilung eine Verzerrung des Wettbewerbs auf dem sachlich und räumlich relevanten Markt zu besorgen ist.

Die Frist bis zum Wirksamwerden des Widerrufs muss angemessen sein. Sofern Frequenzen für die Übertragung von Rundfunk im Zuständigkeitsbereich der Länder betroffen sind, stellt die Regulierungsbehörde auf der Grundlage der rundfunkrechtlichen Festlegungen das Benehmen mit der zuständigen Landesbehörde her.

(3) Die Frequenzzuteilung soll widerrufen werden, wenn bei einer Frequenz, die zur Übertragung von Rundfunk im Zuständigkeitsbereich der Länder zugeteilt ist, alle rundfunkrechtlichen Festlegungen der zuständigen Landesbehörde für Rundfunk, der auf dieser Frequenz übertragen wird, entfallen sind. Anstelle des Widerrufs nach Satz 1 kann die Regulierungsbehörde, wenn bei einer Frequenz nach Satz 1 eine oder alle rundfunkrechtlichen Festlegungen nach Satz 1 entfallen sind und innerhalb von sechs Monaten keine neue rundfunkrechtliche Festlegung erteilt wird, im Benehmen mit der zuständigen Landesbehörde dem bisherigen Inhaber der Frequenzzuteilung – auch abweichend von dem vorherigen Vergabeverfahren – diese Frequenz mit eingeschränkter oder ohne Verpflichtung zur Übertragung von Rundfunk im Zuständigkeitsbereich der Länder nach Maßgabe des Frequenznutzungsplanes zuteilen.

(4) § 49 Abs. 6 des Verwaltungsverfahrensgesetzes ist auf den Widerruf nach den Absätzen 2 und 3 nicht anzuwenden.

(5) Die Regulierungsbehörde soll Frequenzzuteilungen für analoge Rundfunkübertragungen auf der Grundlage der rundfunkrechtlichen Festlegungen der zuständigen Landesbehörde nach Maßgabe des Frequenznutzungsplanes für den Fernsehrundfunk bis spätestens 2010 und für den UKW-Hörfunk bis spätestens 2015 widerrufen. Die Hörfunkübertragungen über Lang-, Mittel- und Kurzwelle bleiben unberührt. Die Frequenzzuteilung erlischt nach einer im Widerruf festzusetzenden angemessenen Frist von mindestens einem Jahr.

(6) Die Frequenzzuteilung erlischt durch Verzicht. Der Verzicht ist gegenüber der Regulierungsbehörde schriftlich unter genauer Bezeichnung der Frequenzzuteilung zu erklären.

Schrifttum: *Grünwald*, Analoger Switch-Off, 2001; *Scherer*, Frequenzverwaltung zwischen Bund und Ländern unter dem TKG, K&R Beil. 2/1999; *Wegmann*, Nutzungsrechte an Funkfrequenzen und Rufnummern, K&R 2003, 448.

Übersicht

I. Bedeutung der Norm

1 § 63 regelt mit dem Widerruf und dem Verzicht spezielle Erlöschensgründe für Frequenzzuteilungen. Während der Widerruf nach allgemeinen Grundsätzen als behördlicher Verwaltungsakt ergeht, handelt es sich beim Verzicht um eine (schriftliche) Erklärung des Zuteilungsnehmers. Die Vorschrift geht auf § 47 Abs. 5 S. 3 TKG 1996 und § 8 der Frequenzzuteilungsverordnung (FreqZutV) vom 26. 4. 2001[1] zurück. Inhaltlich wurden die Regelungen weitgehend unverändert ins neue Recht übernommen. Die Widerrufstatbestände des § 63 treten systematisch neben die allgemeinen Bestimmungen in § 49 VwVfG und modifizieren diese im Hinblick auf telekommunikationsrechtliche Besonderheiten[2].

II. Einzelkommentierung

2 **1. Widerruf bei Nichtnutzung (Abs. 1).** – § 63 Abs. 1 entspricht § 47 Abs. 5 S. 3 TKG 1996 und eröffnet der Regulierungsbehörde eine Widerrufsmöglichkeit, wenn Frequenzen länger als ein Jahr nicht bestimmungsgemäß genutzt werden. Die Vorschrift zielt darauf ab, eine **private Lagerhaltung**[3] knapper Frequenzressourcen (Frequenzhorten) und damit verbundene **Wettbewerbsbehinderungen** und **Nutzungsineffizienzen** zu verhindern. Inhaltlich korrespondiert sie mit § 55 Abs. 6 S. 1, wonach der Zuteilungsnehmer verpflichtet ist, der Regulierungsbehörde den Beginn und die Beendigung der Frequenznutzung unverzüglich anzuzeigen. Dies soll der Behörde die notwendige Kenntnis von möglichen Widerrufsfällen verschaffen. § 63 Abs. 1 stellt die Ausübung der dort normierten Widerrufsbefugnis ins **Ermessen** der Regulierungsbehörde („kann"), das sie nach allgemeinen Grundsätzen pflichtgemäß auszuüben hat (vgl. § 40 VwVfG). Das bedeutet, die für und gegen

---

1 BGBl. I 2001 S. 829; die FreqZutV ist nach der Verkündung des neuen TKG außer Kraft getreten (vgl. § 152 Abs. 2 TKG).
2 BT-Drs. 15/2316, Zu § 61.
3 *Wegmann*, K&R 2003, 448 ff., 452.

einen Widerruf sprechenden Interessen und Belange sind zu ermitteln, zu gewichten und gegeneinander abzuwägen. Dabei ist insbesondere auch im Einzelfall zu prüfen, ob ein möglicher Widerruf mit Blick auf die damit verfolgten Ziele **verhältnismäßig** ist. Dies dürfte regelmäßig nur dann zu bejahen sein, wenn die in Rede stehenden Frequenzen tatsächlich am Markt benötigt werden. Denn anderenfalls wird ein Widerruf kaum zu einer effizienteren Nutzung oder Wettbewerbsförderung führen können. Vor diesem Hintergrund ist zu fordern, dass die Regulierungsbehörde vor einem Widerruf nach § 63 Abs. 1 im Rahmen ihrer Ermessensausübung zu ermitteln hat, ob für die jeweiligen Frequenzen überhaupt ein **Bedarf am Markt** besteht[4].

2. Weitere Widerrufsgründe (Abs. 2). – § 63 Abs. 2 geht im Wesentlichen auf § 8 Abs. 1   **3** FreqZutV zurück. Die Vorschrift enthält in **Satz 1 Nr. 1 bis 4** weitere Gründe, die zu einem Widerruf von Frequenzzuteilungen führen können und die allgemeinen Widerrufstatbestände des § 49 Abs. 2 VwVfG ergänzen und teilweise auch modifizieren. In der Sache geht es um den nachträglichen Wegfall der Zuteilungsvoraussetzungen (Nr. 1), den wiederholten Verstoß gegen Verpflichtungen aus der Frequenzzuteilung (Nr. 2) sowie um nach der Frequenzzuteilung eintretende Frequenzknappheit (Nr. 3) und wettbewerbsverzerrende Änderungen der Eigentumsverhältnisse in der Person des Frequenzinhabers (Nr. 4). Dabei räumt § 63 Abs. 2 S. 1 – wie auch § 63 Abs. 1 – der Regulierungsbehörde ein **Ermessen** ein („kann"), das sie nach Maßgabe allgemeiner Grundsätze pflichtgemäß (vgl. § 40 VwGO) und unter Beachtung des Verhältnismäßigkeitsprinzips auszuüben hat.

Nach § 63 Abs. 2 **Satz 1 Nr. 1** kann die Frequenzzuteilung widerrufen werden, wenn eine   **4** der **Zuteilungsvoraussetzungen** nach § 55 Abs. 5 und § 57 Abs. 4 bis 6 **nicht mehr gegeben** ist. Bei § 55 Abs. 5 handelt es sich um die allgemeinen Anforderungen, die vor jeder Frequenzzuteilung von der Behörde geprüft werden[5]. § 57 enthält besondere Voraussetzungen für die Zuteilung von Frequenzen für spezielle Anwendungen. In § 57 Abs. 4 bis 6 geht es um Frequenzzuteilungen für Behörden und Organisationen mit Sicherheitsaufgaben (Abs. 4)[6], für den Flug- und Flugnavigationsfunk (Abs. 5)[7] sowie für den Revier- und Hafenfunk (Abs. 6)[8]. Die in § 57 Abs. 1 normierten besonderen Voraussetzungen für die Zuteilung von Rundfunkfrequenzen sind in § 63 Abs. 2 S. 1 Nr. 3 nicht in Bezug genommen, so dass deren nachträglicher Wegfall keinen Widerrufsgrund nach § 63 Abs. 2 darstellt. Für den Widerruf von Rundfunkfrequenzen in Fällen, bei denen die speziellen rundfunkrechtlichen Anforderungen nachträglich entfallen sind, gelten vielmehr die besonderen Regelungen des § 63 Abs. 3.

§ 63 Abs. 2 **Satz 1 Nr. 2** betrifft den **wiederholten Verstoß gegen Verpflichtungen** aus   **5** der Frequenzzuteilung. Dies gilt sowohl für positive Verhaltenspflichten („trotz wiederholter Aufforderung nicht nachgekommen") als auch für Unterlassenspflichten („wiederholt zuwidergehandelt"). Bei den in Nr. 2 genannten Verpflichtungen handelt es sich typischerweise um Nutzungsbestimmungen und Auflagen sowie Pflichten aus dem Vergabeverfahren, die nach Maßgabe der §§ 60 Abs. 1, Abs. 2 und 61 Abs. 7 Bestandteile der Frequenzzuteilung werden. Keine Verpflichtungen in diesem Sinne sind hingegen bloße Hinweise

---

4 *Wissmann/Kreitlow*, Kap. 5 RdNr. 71.
5 S. hierzu § 55 RdNr. 28 ff.
6 § 57 RdNr. 13 ff.
7 § 57 RdNr. 23.
8 § 57 RdNr. 24.

nach § 60 Abs. 3. Sie dienen lediglich der Information des Anlagenbetreibers[9], so dass ein Verstoß hiergegen keinen Widerruf der Frequenzzuteilung zu begründen vermag. Im Übrigen setzt ein Widerruf nach § 63 Abs. 2 S. 1 Nr. 2 ausdrücklich eine „wiederholte" Zuwiderhandlung bzw. eine „wiederholte" Aufforderung voraus. Das bedeutet, der erstmalige Verstoß gegen eine Verpflichtung aus der Frequenzzuteilung rechtfertigt einen Widerruf noch nicht. Insoweit wird der allgemeine Widerrufstatbestand des § 49 Abs. 2 S. 1 Nr. 2 VwVfG (Nichterfüllung einer Auflage), der nicht zwingend einen wiederholten Verstoß voraussetzt, spezialgesetzlich überlagert.

6   Mit Blick auf die gemeinschaftsrechtlichen Vorgaben der **Genehmigungsrichtlinie** (RL 2002/20/EG – GRL) ist § 63 Abs. 2 Satz 1 Nr. 2 dahingehend **europarechtskonform auszulegen**, dass es sich nicht nur um eine wiederholte, sondern auch um eine **schwere Pflichtverletzung** handeln muss. Denn **Art. 10 Abs. 5 GRL** erlaubt eine Aberkennung der zugeteilten Nutzungsrechte nur „im Falle schwerer und wiederholter Nichterfüllung" der an die Allgemeingenehmigung oder an die Nutzungsrechte geknüpften Bedingungen und besonderen Verpflichtungen. Außerdem setzt Art. 10 Abs. 5 GRL voraus, dass andere „Maßnahmen zur Sicherstellung der Erfüllung der Anforderungen" erfolglos geblieben sind. In diesem Sinne ist ein Widerruf trotz wiederholter und schwerer Pflichtverletzung nur als **ultima ratio** zulässig. Darüber hinaus hat die Regulierungsbehörde dem betroffenen Unternehmen nach **Art. 10 Abs. 2 GRL** eine **angemessene Frist** einzuräumen, um zu dem festgestellten Pflichtverstoß Stellung nehmen zu können oder etwaige Mängel zu beseitigen. Diese Frist beträgt grundsätzlich einen Monat ab Mitteilung des Verstoßes. Liegt bereits eine wiederholte Zuwiderhandlung vor, so kann die Behörde aber auch eine kürzere Frist festsetzen.

7   § 63 Abs. 2 **Satz 1 Nr. 3** gibt der Regulierungsbehörde eine Widerrufsbefugnis bei einer **nach der Frequenzzuteilung eintretenden Frequenzknappheit**, wenn dadurch der Wettbewerb oder die Einführung neuer frequenzeffizienter Techniken verhindert oder unzumutbar gestört wird. Der Begriff der Frequenzknappheit dürfte im Sinne des § 55 Abs. 9 zu verstehen sein. Es geht also um den Fall eines Nachfrageüberhangs[10]. Diese Frequenzknappheit muss entsprechend dem Wortlaut des § 63 Abs. 2 S. 1 Nr. 3 „nach der Frequenzzuteilung" eintreten. Das bedeutet, ein Widerruf ist nach dieser Vorschrift nicht möglich, wenn die Knappheitssituation bereits bei der Frequenzzuteilung vorlag. Durch die nachträglich eintretende Frequenzknappheit muss der Wettbewerb oder die Einführung neuer frequenzeffizienter Techniken „verhindert" oder „unzumutbar gestört" werden. Eine bloße Beeinträchtigung reicht also nicht aus. Die Störung muss vielmehr die Schwelle der Zumutbarkeit überschreiten. Dabei hat die Behörde aus Gründen der Verhältnismäßigkeit insbesondere auch zu prüfen, ob die drohenden Störungen nicht auch mit milderen Mitteln – etwa durch die nachträgliche Änderung von Nutzungsbestimmungen nach Maßgabe des § 60 Abs. 2 S. 2 – behoben werden können[11].

8   Schließlich sieht § 63 Abs. 2 **Satz 1 Nr. 4** eine Widerrufsmöglichkeit vor, wenn durch eine **Änderung der Eigentumsverhältnisse in der Person des Frequenzinhabers** eine Wettbewerbsverzerrung auf dem sachlich und räumlich relevanten Markt zu besorgen ist. Die

---

9   S. § 60 RdNr. 13.
10   S. hierzu § 55 RdNr. 50 ff.
11   Vgl. auch BT-Drs. 15/2316, Zu § 58 (entspricht § 60 des verabschiedeten Gesetzes): „Die Regelung dient auch dazu, den sonst vielfach notwendigen Widerruf der Zuteilung zu vermeiden."

Vorschrift steht im engen Zusammenhang mit § 55 Abs. 6, wonach eine „Änderung in den Eigentumsverhältnissen" bei der Regulierungsbehörde anzuzeigen ist. Gemeint sind Änderungen der Beteiligungsverhältnisse bei Kapital- und Personengesellschaften, die auf die Geschäftspolitik des Unternehmens Einfluss haben können[12]. Da es in diesen Fällen – anders als bei den nach § 55 Abs. 7 zu beurteilenden Konstellationen der Rechtsnachfolge[13] – lediglich einer Anzeige und keiner behördlichen Zustimmung bedarf, kann die Behörde insoweit drohende Wettbewerbsverzerrungen nicht ex ante verhindern. Aus diesem Grund besteht hier die Möglichkeit, die Frequenzzuteilung nach Änderung der Eigentumsverhältnisse zu widerrufen. Mit Blick auf den Verhältnismäßigkeitsgrundsatz wird man allerdings fordern müssen, dass bereits eine konkrete Gefahr erheblicher Wettbewerbsverzerrungen besteht, die bei einzelfallbezogener Abwägung die Belange des Wettbewerbsschutzes im konkreten Fall höherrangig erscheinen lässt als die Interessen des Zuteilungsnehmers, und zudem mildere Maßnahmen nicht möglich oder ausreichend sind, um die drohende Wettbewerbsverzerrung zu verhindern.

Nach § 63 **Abs. 2 Satz 2** muss die **Frist** bis zum Wirksamwerden des Widerrufs **angemessen** sein. Die Vorschrift gilt entsprechend ihrer systematischen Stellung für alle vier Widerrufstatbestände des § 63 Abs. 2 Satz 1. Die Angemessenheit der Frist bestimmt sich im Einzelfall anhand einer Abwägung aller betroffenen Interessen und Belange. **9**

§ 63 **Abs. 2 Satz 3** hat – ebenso wie auch § 63 Abs. 3 – den **Widerruf von Rundfunkfrequenzen** zum Gegenstand. Beide Vorschriften tragen der verfassungsrechtlichen Sonderstellung des Rundfunks im Bereich der Frequenzverwaltung Rechnung[14]. Während § 63 Abs. 3 einen besonderen Widerrufsgrund für Rundfunkfrequenzen zur Sicherstellung der Akzessorietät mit den rundfunkrechtlichen Festlegungen der Länder normiert, geht es in § 63 Abs. 2 Satz 3 um die Abstimmung zwischen Bund und Ländern bei Vorliegen eines der in § 63 Abs. 2 Satz 1 geregelten Widerrufsgründe. Danach hat die Regulierungsbehörde das „Benehmen"[15] mit der zuständigen Landesbehörde auf der Grundlage der „rundfunkrechtlichen Festlegungen"[16] herzustellen, sofern Frequenzen für die Übertragung von Rundfunk „im Zuständigkeitsbereich der Länder"[17] betroffen sind. Das bedeutet, vor dem möglichen Widerruf einer Rundfunkfrequenz nach Maßgabe des § 63 Abs. 2 Satz 1 muss die Regulierungsbehörde die zuständigen Landesbehörden konsultieren und sich um eine einvernehmliche Regelung bemühen. **10**

3. Besonderer Widerrufsgrund bei Rundfunkfrequenzen (Abs. 3). – § 63 Abs. 3 Satz 1 **11** geht zurück auf § 8 Abs. 2 Satz 1 FreqZutV. Die Vorschrift enthält einen besonderen Widerrufsgrund für Frequenzen, die zur Übertragung von Rundfunk im Zuständigkeitsbereich der Länder zugeteilt sind. Eine solche Frequenzzuteilung soll widerrufen werden, wenn alle rundfunkrechtlichen Festlegungen der zuständigen Landesbehörde für Rundfunk, der auf dieser Frequenz übertragen wird, entfallen sind. Mit anderen Worten: Die Regulierungsbehörde soll die Zuteilung von Rundfunkfrequenzen widerrufen, wenn die entsprechenden rundfunkrechtlichen Festlegungen ihre Geltung verlieren.

---

12 § 55 RdNr. 38.
13 S. hierzu § 55 RdNr. 41 ff.
14 Vgl. § 52 RdNr. 28 ff., 38 sowie § 57 RdNr. 2 ff.
15 Zum Begriff des Benehmens s. § 55 RdNr. 59.
16 S. hierzu § 55 RdNr. 60.
17 Zur Bedeutung dieser Einschränkung s. § 55 RdNr. 61.

12 Systematisch steht § 63 Abs. 3 S. 1 im engen Zusammenhang mit § 57 Abs. 1. Vor dem Hintergrund des **bundesstaatlichen Kompetenzgefüges**, wonach der Bund lediglich für die fernmeldetechnische Seite der Frequenzverwaltung zuständig ist und die rundfunkrechtlich-inhaltlichen Aspekte den Ländern vorbehalten sind[18], geht es in beiden Vorschriften um eine **Koordination der beiderseitigen Kompetenzausübung**. Während § 57 Abs. 1 die Abstimmung zwischen Bund und Ländern im Rahmen der Zuteilung von Rundfunkfrequenzen zum Gegenstand hat, regelt § 63 Abs. 3 – gleichsam spiegelbildlich – das Verhältnis bundes- und landesrechtlicher Regelungen im Hinblick auf den Widerruf von Rundfunkfrequenzen. In diesem Sinne stellt § 63 Abs. 3 S. 1 eine **Akzessorietät**[19] zwischen dem telekommunikationsrechtlichen Widerruf und den „rundfunkrechtlichen Festlegungen" dergestalt her, dass Rundfunkfrequenzen widerrufen werden sollen, wenn die hierfür geltenden rundfunkrechtlichen Festlegungen entfallen. Diese Akzessorietät der telekommunikationsrechtlichen Regelung, die im Übrigen auch für die Frequenzzuteilung nach § 57 Abs. 1 entsprechend gilt[20], wurzelt verfassungsrechtlich in der vom BVerfG entwickelten „**dienenden Funktion**" der Telekommunikationskompetenzen im Bereich der Rundfunkübertragung[21].

13 Für die praktische Anwendung des § 63 Abs. 3 S. 1 stellt sich damit insbesondere die Frage, was mit den dort genannten „**rundfunkrechtlichen Festlegungen**" konkret gemeint ist. Allgemein kann es sich dabei sowohl um gesetzliche oder verordnungsrechtliche Regelungen als auch um Einzelfallentscheidungen im Bereich des Rundfunks handeln[22]. Wegen des Zusatzes „der zuständigen Landesbehörde" in § 63 Abs. 3 S. 1 dürften im vorliegenden Zusammenhang allerdings gesetzliche Regelungen nicht von der Norm erfasst sein. Inhaltlich beschränkt sich der Begriff der „rundfunkrechtlichen Festlegungen" nicht nur auf Regelungen in Bezug auf den Rundfunkdienst im engen Sinne des § 4 Nr. 33 und Nr. 34 FreqBZPV, sondern beinhaltet auch Festlegungen zu rundfunkähnlichen oder Mediendiensten, da auch diese unter den verfassungsrechtlichen Rundfunkbegriff fallen und damit der Zuständigkeit der Länder unterliegen[23].

14 Der im Kontext des § 63 Abs. 3 S. 1 wohl wichtigste Fall einer rundfunkrechtlichen Festlegung sind die **rundfunkrechtlichen Frequenzzuweisungsentscheidungen** der jeweiligen Landesbehörden, d.h. die Zuweisung von Frequenzen an öffentlich-rechtliche Rundfunkveranstalter im Rahmen der rundfunkrechtlichen Frequenzoberverwaltung und die rundfunkrechtliche Zulassung privater Veranstalter[24]. Wenn eine solche rundfunkrechtliche Frequenzzuweisung widerrufen wird oder aus sonstigen Gründen entfällt, so soll die Regulierungsbehörde nach § 63 Abs. 3 S. 1 auch die entsprechende Frequenzzuteilung widerrufen. Darüber hinaus kann die Vorschrift aber auch Bedeutung erlangen, wenn – zulassungsfreie – rundfunkähnliche oder Mediendienste von der zuständigen Aufsichtsbehörde untersagt werden (vgl. § 18 Abs. 2 MDStV). Denn die **Untersagung und Sperrung rundfunkähnlicher oder Mediendienste** ist ebenfalls als „rundfunkrechtliche Festlegung" im Sinne des § 63 Abs. 3 S. 1 zu qualifizieren, so dass die Regulierungsbehörde auch in diesen

---

18 Vertiefend hierzu § 52 RdNr. 28 ff.
19 *Scherer*, K&R Beil. 2/1999, 20 f.
20 S. § 57 RdNr. 4.
21 BVerfGE 12, 212 ff., 227 – 1. Rundfunkurteil; s. hierzu auch § 52 RdNr. 30.
22 Vgl. BT-Drs. 15/2316, Zu § 53.
23 *Scherer*, K&R Beil. 2/1999, 17 f., 20.
24 S. hierzu § 57 RdNr. 3.

Fällen gehalten ist, die entsprechende Frequenzzuteilung – auf Hinweis der jeweiligen Landesbehörde – zu widerrufen[25].

§ 63 Abs. 3 S. 1 ist – anders als § 63 Abs. 1 und Abs. 2 – als „**Soll-Vorschrift**" formuliert. **15** Nach Wegfall der rundfunkrechtlichen Festlegungen „soll" die Frequenzzuteilung widerrufen werden. Mit Blick auf die Rundfunkhoheit der Länder und die dienende Funktion der Telekommunikationskompetenz wird das Widerrufsermessen der Regulierungsbehörde regelmäßig auf Null reduziert sein, wenn die rundfunkrechtliche Frequenzzuweisungsentscheidung entfällt oder eine Untersagung und Sperrung von rundfunkähnlichen oder Mediendiensten durch die zuständige Landesbehörde verfügt worden ist.

Gleichwohl lässt die „Soll-Vorschrift" des § 63 Abs. 3 S. 1 auch Raum für eine **abweichen-** **16** **de Handhabung in Ausnahmefällen**[26]. In § 63 Abs. 3 **Satz 2** ist eine solche Ausnahme gesetzlich normiert. Danach kann die Regulierungsbehörde – im Benehmen mit der zuständigen Landesbehörde – trotz vollständigen oder teilweisen Wegfalls der rundfunkrechtlichen Festlegungen anstelle eines Widerrufs dem bisherigen Frequenzinhaber diese Frequenz mit eingeschränkter oder ohne Verpflichtung zur Übertragung von Rundfunk nach Maßgabe des Frequenznutzungsplanes zuteilen, sofern innerhalb von sechs Monaten keine neue rundfunkrechtliche Festlegung erteilt wird. Ausweislich der Materialien wollte der Gesetzgeber damit eine flexible Regelung schaffen insbesondere für den Fall, dass bei Nutzung digitaler Übertragungsverfahren neben digitalem Rundfunk auch andere Dienste oder Anwendungen in einem sog. „**Datencontainer**" angeboten werden[27]. In solchen Konstellationen soll das Entfallen einer rundfunkrechtlichen Zulassung nicht automatisch zum Widerruf der Frequenz führen, weil dies zwangsläufig auch die Beendigung der anderen im Container angebotenen Dienste zur Folge hätte. Deshalb eröffnet § 63 Abs. 3 S. 2 der Regulierungsbehörde die Möglichkeit, derartige Datencontainer, wenn sie nicht mehr der Rundfunkübertragung vorbehalten bleiben sollen, für andere Funkdienste zu öffnen[28].

Dabei hat die Regulierungsbehörde das **Benehmen** mit der zuständigen Landesbehörde **17** herzustellen. Dies setzt zwar nach allgemeinem Verständnis keine zwingende Willensübereinstimmung voraus[29]. Wenn aber Frequenzen, die ursprünglich (auch) für die Übertragung von Rundfunk vorgesehen waren, einer (teilweise) neuen Nutzung zugeführt werden sollen, so ist damit die Rundfunkhoheit der Länder im Kern berührt. Daher wird man die Benehmensregel in § 63 Abs. 3 S. 2 dahingehend **verfassungskonform auslegen** müssen, dass es in solchen Konstellationen zwingend der **Zustimmung** der jeweiligen Landesbehörden bedarf.

4. Keine Entschädigung (Abs. 4). – § 63 Abs. 4 entspricht der Regelung in § 8 Abs. 2 S. 2 **18** FreqZutV und schließt die Anwendbarkeit des § 49 Abs. 6 VwVfG bei einem Widerruf nach § 63 Abs. 2 und Abs. 3 aus. Das bedeutet, in diesen Fällen ist keine Entschädigung für den Verlust der widerrufenen Frequenzen vorgesehen.

5. Analoger Switch-off für Hörfunk und Fernsehen (Abs. 5). – § 63 Abs. 5 geht auf § 8 **19** Abs. 3 FreqZutV zurück. Danach sollen Frequenzzuteilungen für analoge Rundfunküber-

---

25 In diesem Sinne bereits *Scherer*, K&R Beil. 2/1999, 17 f., 20 unter Hinweis auf die „dienende Funktion" der Telekommunikationskompetenz.
26 BT-Drs. 15/2316, zu § 61.
27 BT-Drs. 15/2316, ebd.
28 BT-Drs. 15/2316, ebd.
29 Vgl. OVG Münster DÖV 1958, 716.

tragungen bis spätestens 2010 (UKW-Hörfunk) bzw. bis spätestens 2015 (Fernsehrundfunk) auf der Grundlage der rundfunkrechtlichen Festlegungen der zuständigen Landesbehörde und nach Maßgabe des Frequenznutzungsplans widerrufen werden. Ziel ist eine umfassende **Digitalisierung der Übertragungstechnik** im Bereich des UKW-Hörfunks und des Fernsehens, um damit die infrastrukturellen Grundlagen für innovative digitale Produkte sowohl beim klassischen Rundfunk als auch in Bezug auf neue multimediale Dienste zu schaffen. Wegen der bestehenden Frequenzknappheit auf diesem Gebiet ist hierfür die weitgehende Einstellung der bisherigen analogen Rundfunkübertragung – der **analoge Switch-off** – notwendig[30]. Zur Abstimmung der hierfür erforderlichen Vorgänge haben der Bund und die Länder – unter Mitwirkung der Marktbeteiligten – die **Initiative Digitaler Rundfunk (IDR)** ins Leben gerufen[31]. Dabei konnte unter den Beteiligten Konsens erzielt werden, bis zum Jahre **2010** die analoge terrestrische Fernsehrundfunkübertragung aufzugeben und durch eine digitale Übertragung zu ersetzen. Hinsichtlich der digitalen terrestrischen Hörfunkübertragung (Standard DAB) ist man im Rahmen der IDR überein gekommen, bis zum Jahre 2010 durch gemeinsame Anstrengungen eine weitgehende Digitalisierung zu erreichen, um dann die analoge Hörfunkübertragung im UKW-Bereich bis spätestens **2015** auslaufen zu lassen. Die Hörfunkübertragungen im Lang-, Mittel- und Kurzwellenbereich werden hiervon bis auf weiteres nicht berührt. Ausweislich der Materialien wollte der Gesetzgeber „diesem einvernehmlichen Willen der Marktteilnehmer, der Länder und des Bundes" eine Rechtsgrundlage geben[32].

20 Vor diesem Hintergrund wurden der Regulierungsbehörde in § 63 Abs. 5 **Satz 1** die Befugnis und zugleich auch der Auftrag erteilt, Frequenzen für die analoge Rundfunkübertragung spätestens **bis 2010 bzw. bis 2015** zu widerrufen. Mit dem Zusatz „spätestens" ist zum Ausdruck gebracht, dass ein Widerruf durchaus auch früher erfolgen kann. Insoweit hat die Regulierungsbehörde ein Ermessen, das sie insbesondere unter Beachtung der rundfunkrechtlichen Festlegungen[33] und der Vorgaben des Frequenznutzungsplans auszuüben hat. Die Formulierung der Norm als „**Soll-Vorschrift**" ermöglicht der Behörde andererseits auch, den Widerruf ggf. über die genannten Termine hinaus zu verschieben, etwa wenn sich die technischen Voraussetzungen oder die Marktgegebenheiten grundlegend ändern[34]. Gem. § 63 Abs. 5 **Satz 2** bleiben Hörfunkübertragungen über Lang-, Mittel- und Kurzwelle von der Regelung unberührt. Dementsprechend bezieht sich die Widerrufsbefugnis des Satzes 1 – im Einklang mit dem IDR-Kompromiss – nur auf Frequenzen zur Übertragung von **UKW-Hörfunk**. Nach § 63 Abs. 5 **Satz 3** erlischt die Frequenzzuteilung nach einer „im Widerruf festzusetzenden angemessenen Frist von mindestes einem Jahr". Die Gesetzesbegründung enthält insoweit den Hinweis, die Regelung sei „als Soll- und nicht als Muss-Vorschrift ausgelegt", so dass flexibel „auch mit kürzeren Fristen" reagiert werden könne[35]. Dies widerspricht jedoch dem Wortlaut der Norm. Als „Soll-Vorschrift" ist lediglich Satz 1 formuliert, nicht jedoch die hier maßgebliche Regelung des Satz 3. Hier ist vielmehr ausdrücklich von einer im Widerruf „festzusetzenden" angemessenen Frist von „mindestens einem Jahr" die Rede. Es handelt sich also um eine **Mindestfrist**, die

---

30 BT-Drs. 15/2316, Zu § 61.
31 Näher hierzu: *Grünwald*, Analoger Switch-Off, S. 66 f.
32 BT-Drs. 15/2316, Zu § 61.
33 Zu diesem Begriff s. § 55 RdNr. 60.
34 *Wissmann/Kreitlow*, Kap 5 RdNr. 87.
35 BT-Drs. 15/2316, Zu § 61.

zwingend festzusetzen ist und aus Gründen der Angemessenheit lediglich verlängert, nicht aber verkürzt werden kann.

6. Verzicht (Abs. 6). – Nach § 63 Abs. 6, der § 8 Abs. 4 S. 1 Nr. 4 FreqZutV entspricht, **21** erlischt eine Frequenzzuteilung durch Verzicht. Aus Gründen der Rechtssicherheit bedarf es hierfür einer schriftlichen Erklärung gegenüber der Regulierungsbehörde unter genauer Bezeichnung der Frequenzzuteilung. Nach § 55 Abs. 7 S. 4 besteht eine gesetzliche Pflicht zur Rückgabe von Frequenzen, wenn sie nicht mehr genutzt werden. Im Übrigen kann aber auch im Hinblick auf die Beitragspflicht des § 143 ein Anreiz für den Zuteilungsnehmer bestehen, freiwillig auf seine Frequenzen zu verzichten[36].

---

36 Vgl. auch BT-Drs. 15/2316, Zu § 61.

§ 64 Überwachung, Anordnung der Außerbetriebnahme

(1) Zur Sicherstellung der Frequenzordnung überwacht die Regulierungsbehörde die Frequenznutzung. Soweit es dazu, insbesondere zur Identifizierung eines Frequenznutzers, erforderlich und angemessen ist, sind die Bediensteten der Regulierungsbehörde befugt, sich Kenntnis von den näheren Umständen eines Telekommunikationsvorgangs zu verschaffen und in besonderen Fällen auch in Aussendungen hineinzuhören. Die durch Maßnahmen nach Satz 2 erlangten Informationen dürfen nur zur Sicherstellung der Frequenzordnung verwendet werden. Abweichend hiervon dürfen Informationen an die zuständigen Behörden übermittelt werden, soweit dies für die Verfolgung einer in § 100 a der Strafprozessordnung genannten Straftat erforderlich ist. Das Grundrecht des Fernmeldegeheimnisses nach Artikel 10 des Grundgesetzes wird nach Maßgabe der Sätze 2 bis 4 eingeschränkt.

(2) Zur Sicherstellung der Frequenzordnung kann die Regulierungsbehörde eine Einschränkung des Betriebes oder die Außerbetriebnahme von Geräten anordnen. Zur Durchsetzung dieser Anordnungen kann nach Maßgabe des Verwaltungsvollstreckungsgesetzes ein Zwangsgeld bis zu 500 000 Euro festgesetzt werden.

Übersicht

I. Bedeutung der Norm

Die Überwachung der Frequenznutzung ist – neben der Frequenzplanung und der Zuteilung von Frequenznutzungsrechten – der dritte Bereich staatlicher Frequenzverwaltung (vgl. § 52 Abs. 1). Während die Frequenzplanung (§§ 53, 54) das elektromagnetische Spektrum in sachlicher Hinsicht den verschiedenen Nutzungsarten zuordnet und die Frequenzzuteilung (§ 55) darüber entscheidet, wer einen bestimmten Frequenzbereich in persönlicher Hinsicht nutzen darf, geht es bei der Überwachung der Frequenznutzung nach Maßgabe des § 64 Abs. 1 in erster Linie darum, die tatsächliche Einhaltung der die Frequenzordnung konstituierenden Regelungen zu kontrollieren. **1**

§ 64 Abs. 1 Satz 2 stattet die Regulierungsbehörde daher mit speziellen Überwachungsbefugnissen aus, die ihr eine Sachverhaltsermittlung ermöglichen. Sie darf sich Kenntnis von den näheren Umständen eines Telekommunikationsvorgangs verschaffen und – in besonderen Fällen – auch in die Aussendungen hineinhören. **2**

Stellt die Behörde dabei Gefahren für die Frequenzordnung fest, finden sich in § 64 Abs. 1 jedoch keine Befugnisse, die es ihr ermöglichen, die ermittelten Störungen zu beseitigen. Insoweit hat sie vielmehr auf spezielle Eingriffsbefugnisse in anderen Normen zurückzu- **3** greifen. Eine herausgehobene Rolle spielt insoweit die in § 64 Abs. 2 Satz 1 geregelte Befugnis zur Einschränkung des Betriebs oder der Außerbetriebnahme von Geräten. Daneben hat die Behörde aber beispielsweise auch die Möglichkeit, Frequenzzuteilungen nach Maßgabe des § 63 zu widerrufen oder die Nutzungsbedingungen einer Frequenzzuteilung unter den Voraussetzungen des § 62 Abs. 2 S. 2 nachträglich zu ändern.

II. Europarechtliche Vorgaben

4 In **Art. 10 der Genehmigungsrichtlinie** (RL 2002/20/EG – GRL) finden sich konkrete europarechtliche Vorgaben zur Sicherstellung der mit einer Frequenzzuteilung verknüpften Bedingungen und Verpflichtungen.

5 Nach Art. 10 **Abs. 1** GRL (i.V.m. Art. 11 GRL) können die nationalen Regulierungsbehörden von Frequenzinhabern die erforderlichen **Informationen** verlangen, um zu prüfen, ob die bestehenden Anforderungen eingehalten werden. Stellt die Behörde einen Verstoß fest, so hat sie dies gem. Art. 10 **Abs. 2** GRL dem betroffenen Unternehmen **mitzuteilen** und ihm – unter **angemessener Fristsetzung** – Gelegenheit zu geben, hierzu **Stellung zu nehmen** oder die **Mängel abzustellen**. Grundsätzlich gilt insoweit eine Frist von **einem Monat ab der Mitteilung**, die allerdings auch verlängert oder – bei wiederholten Zuwiderhandlungen oder mit Einverständnis des betroffenen Unternehmens – verkürzt werden kann.

6 Beseitigt der Frequenzinhaber die Mängel innerhalb dieser Frist nicht, so trifft die zuständige Behörde nach Art. 10 **Abs. 3** GRL die **gebotenen und angemessenen Maßnahmen**, um die Einhaltung der Anforderungen sicherzustellen, wobei auch Geldstrafen verhängt werden können. Die Maßnahmen und die Gründe dafür werden dem Unternehmen innerhalb einer Woche nach der Entscheidung mitgeteilt. Dabei ist dem Unternehmen eine **angemessene Umsetzungsfrist** zu gewähren. Gem. Art. 10 **Abs. 4** GRL besteht die Möglichkeit einer Geldstrafe auch dann, wenn ein Unternehmen seinen Informationspflichten innerhalb einer angemessenen Frist nicht nachgekommen ist.

7 Im Falle **schwerer und wiederholter Nichterfüllung** der mit einer Frequenznutzung verbundenen Bedingungen und Verpflichtungen ist es nach Art. 10 **Abs. 5** GRL zulässig, das Unternehmen an der **weiteren Bereitstellung von Netzen oder Diensten zu hindern** oder die **Nutzungsrechte auszusetzen oder abzuerkennen**. Voraussetzung ist jedoch, dass mildere Maßnahmen nach Abs. 3 zur Sicherstellung der mit der Frequenzzuteilung verbundenen Anforderungen erfolglos geblieben sind. In diesem Sinne dürfen Maßnahmen nach Abs. 5 nur als **ultima ratio** ergriffen werden. Dies entspricht im Übrigen auch den Anforderungen des allgemeinen Verhältnismäßigkeitsgrundsatzes.

8 Art. 10 **Abs. 6** GRL sieht vor, dass die nationalen Regulierungsbehörden – im Vorgriff auf mögliche endgültige Maßnahmen – auch **einstweilige Sofortmaßnahmen** treffen können. Dies setzt allerdings voraus, dass die festgestellten Verstöße eine unmittelbare und ernste Gefährdung der öffentlichen Ordnung, Sicherheit und Gesundheit darstellen oder bei anderen Anbietern oder Nutzern von Netzen oder Diensten zu ernsten wirtschaftlichen oder betrieblichen Problemen führen. Hierfür müssen der Behörde jeweils Beweise vorliegen. Außerdem ist den betroffenen Unternehmen im Falle einer Anordnung einstweiliger Sofortmaßnahmen im Nachhinein Gelegenheit zur Stellungnahme zu geben.

Art. 10 **Abs. 7** GRL betrifft den **Rechtsschutz**. Ergreift die Regulierungsbehörde Maßnah- 9
men nach Art. 10 GRL, so müssen die betroffenen Unternehmen die Möglichkeit haben,
hiergegen einen Rechtsbehelf einzulegen.

III. Einzelkommentierung

1. Überwachung der Frequenznutzung (Abs. 1). – § 64 Abs. 1 ist die rechtliche Grund- 10
lage für die Überwachung der Frequenznutzung durch die Regulierungsbehörde. Die Vorschrift geht auf die Regelung in § 49 Satz 1 TKG 1996 zurück. Sie wurde jedoch im Zuge
der Novellierung erheblich ergänzt und konkretisiert. Während § 64 Abs. 1 Satz 1 – in Anlehnung an die Formulierungen des alten Recht – die behördliche Überwachungsaufgabe
und -zuständigkeit definiert, finden sich in den Sätzen 2, 3 und 4 nunmehr auch spezielle
Regelungen zu den einzelnen Überwachungsbefugnissen und zur Verwertung der im Rahmen der Überwachung gewonnenen Informationen. Insbesondere hat die Behörde nach
neuer Rechtslage auch die Möglichkeit, in Aussendungen hineinzuhören. Unter Geltung
des § 49 TKG 1996 war dies mangels gesetzlicher Grundlage noch als unzulässig angesehen worden[1].

a) Aufgaben- und Zuständigkeitszuweisung (Satz 1). – Nach § 64 Abs. 1 Satz 1 über- 11
wacht die Regulierungsbehörde die Frequenznutzung zur Sicherstellung der Frequenzordnung. Konkrete Überwachungsbefugnisse sind hier – anders als in Satz 2 – nicht benannt.
Es handelt sich daher nicht um eine Befugnisnorm, sondern lediglich um eine Aufgaben-
und Zuständigkeitszuweisung an die Regulierungsbehörde[2]. Eigenständige Bedeutung erlangt die Vorschrift aber insoweit, als dort mit der Festlegung des Überwachungszwecks
(„Sicherstellung der Frequenzordnung") und des Überwachungsgegenstandes („Frequenznutzung") die Reichweite behördlicher Überwachungstätigkeit normativ definiert und begrenzt wird.

Zweck der Überwachung ist nach § 64 Abs. 1 Satz 1 die „**Sicherstellung der Frequenz-** 12
ordnung". Damit ist zunächst einmal zum Ausdruck gebracht, dass eine zielgerichtete
Kontrolle der ausgesendeten Kommunikationsinhalte, etwa zu Zwecken der Strafverfolgung, nicht von der Norm gedeckt ist[3]. Die Vorschrift zielt vielmehr auf die rechtlichen,
technischen und betrieblichen Anforderungen einer effizienten und störungsfreien Frequenznutzung i.S.d. § 52 Abs. 1 ab. Der Begriff der „Frequenzordnung" umfasst zunächst
einmal den Gesamtbereich der im 5. Teil, Abschnitt 1, des Gesetzes enthaltenen Normen
(„Frequenzordnung", §§ 52 bis 65) einschließlich der hierzu ergangenen Verordnungen
und Entscheidungen. Darüber hinaus wird man auch die Regelungen zu den Frequenzgebühren und dem Frequenznutzungsbeitrag (§§ 142 f.) einzubeziehen haben. Fraglich ist indes, ob § 64 Abs. 1 Satz 1 auch die Überwachung der nach Maßgabe des EMVG[4] geltenden
Schutzanforderungen in Bezug auf die elektromagnetische Verträglichkeit von Geräten

---

1 Vgl. *Scheurle/Mayen/Zerres*, § 49 RdNr. 5; *Trute/Spoerr/Bosch*, § 49 RdNr. 3; BeckTKG-Komm/
  Ehmer, § 49 RdNr. 3.
2 So auch bereits *Trute/Spoerr/Bosch*, § 49 RdNr. 1, 3.
3 § 64 Abs. 1 Satz 4 steht hierzu nicht im Widerspruch. Die Norm erlaubt lediglich in bestimmten
  Fällen die Weiterleitung von Inhalten, von denen die Behörde bei Gelegenheit der Überwachung
  der Frequenznutzung Kenntnis erlangt hat. Eine Befugnis zur zielgerichteten Ermittlung von Kommunikationsinhalten ist damit nicht verbunden. S. dazu auch RdNr. 24.
4 Gesetz über die elektromagnetische Verträglichkeit von Geräten.

mit umfasst. Unter Geltung des § 49 TKG 1996 wurde dies von einem Teil des Schrifttums unter Hinweis auf die damalige Gesetzesbegründung[5] bejaht[6]. Die Gegenauffassung lehnte dies ab, weil die EMV-Schutzanforderungen nach der Systematik des TKG gerade nicht zur „Frequenzordnung" gehören[7]. Dem ist im Ergebnis zuzustimmen, zumal sich in § 8 EMVG eigenständige Überwachungsbefugnisse im Hinblick auf die spezifischen Anforderungen dieses Gesetzes finden. Im Übrigen wurde die von den Vertretern der erstgenannten Literaturmeinung zitierte Passage der Gesetzesbegründung zu § 49 TKG 1996 auch nicht in die Materialien zu § 64 übernommen.

13   Der **Überwachungsgegenstand** ist in § 64 Abs. 1 S. 1 mit dem Begriff der „**Frequenznutzung**" festgelegt. Ausweislich der Legaldefinition in § 3 Nr. 9 S. 1 handelt es sich dabei um „jede gewollte Aussendung oder Abstrahlung elektromagnetischer Wellen zwischen 9 kHz und 3000 GHz zur Nutzung durch Funkdienste oder andere Anwendungen elektromagnetischer Wellen". Der reine Empfang oder die ungewollte Abstrahlung elektromagnetischer Wellen ist demnach keine Frequenznutzung[8] und somit auch nicht nach Maßgabe des § 64 Abs. 1 zu überwachen. Unerheblich ist jedoch, ob die Nutzung der elektromagnetischen Wellen durch Funkdienste oder „andere Anwendungen" erfolgt. Bei Letzteren sind insbesondere die sog. ISM-Anwendungen gemeint. Dabei handelt es sich um Nutzungen durch Geräte oder Vorrichtungen für die Erzeugung und lokale Nutzung von Hochfrequenzenergie im industriellen, wissenschaftlichen, medizinischen und häuslichen Bereich, die keine Funkanwendungen sind[9]. Nach § 3 Nr. 9 S. 2 gilt auch die „Führung elektromagnetischer Wellen in und längs von Leitern" als Frequenznutzung im Sinne des Gesetzes, sofern „keine Freizügigkeit nach § 53 Abs. 2 Satz 3 gegeben ist". Eine solche Freizügigkeit liegt vor, wenn die Festlegungen und Grenzwerte der „Nutzungsbestimmung 30" (NB 30)[10] eingehalten sind. In diesem Falle sind Frequenznutzungen in und längs von Leitern folglich nicht Gegenstand einer Überwachung nach § 64 Abs. 1. Hinsichtlich der – vorgelagerten – Frage, ob die Anforderungen der NB 30 im konkreten Fall erfüllt sind und somit eine freizügige Nutzung möglich ist, wird man jedoch eine Überwachungszuständigkeit der Regulierungsbehörde zu bejahen haben.

14   **b) Überwachungsbefugnisse (Satz 2).** – Unter Bezugnahme auf das Ziel der Sicherstellung der Frequenzordnung normiert § 64 Abs. 1 Satz 2 die Überwachungsbefugnisse der Regulierungsbehörde: Sie darf sich Kenntnis von den näheren Umständen des Telekommunikationsvorgangs verschaffen und in besonderen Fällen auch in Aussendungen hineinhören. Systematisch tritt die Vorschrift neben die allgemeinen Befugnisse der §§ 126 ff. Bei tatbestandlichen Überschneidungen sind ggf. beide Normen nebeneinander anwendbar.

15   **aa) Befugnis zur Informationsbeschaffung.** – § 64 Abs. 1 S. 2 befugt die Regulierungsbehörde in Form einer **Generalklausel**, sich Kenntnis von den näheren Umständen eines Telekommunikationsvorgangs zu verschaffen. Eine konkrete Beschreibung oder gar ein Katalog zulässiger Maßnahmen der Informationsbeschaffung findet sich in der Norm nicht. In der Praxis wird sich die Behörde typischerweise technischer Messverfahren bedie-

---

5 BT-Drs. 13/3609, Zu § 48: „Der Funkmeßdienst der Regulierungsbehörde überwacht [...] sowie die Einhaltung der EMV-Schutzanforderungen bei Geräten."
6 BeckTKG-Komm/*Ehmer*, § 49 RdNr. 2; *Trute/Spoerr/Bosch*, § 49 RdNr. 2.
7 *Scheurle/Mayen/Zerres*, § 49 RdNr. 3.
8 S. hierzu § 55 RdNr. 14.
9 Vgl. § 4 Nr. 10 FreqBZPV.
10 S. hierzu § 53 RdNr. 25.

nen[11]. Aber auch andere Mittel der Informationsbeschaffung – etwa ein spezifisches Auskunftsverlangen – sind auf der Grundlage des § 64 Abs. 1 S. 2 denkbar und möglich[12].

Allerdings beschränkt sich die Befugnis des § 64 Abs. 1 S. 2 auf die Beschaffung von In- **16** formationen hinsichtlich der **„näheren Umstände eines Telekommunikationsvorgangs"**. Mit Blick auf die Legaldefinition des Telekommunikationsbegriffs in § 3 Nr. 22 folgt daraus, dass nur solche Daten ermittelt werden dürfen, die sich auf das Aussenden, Übermitteln und Empfangen von Signalen mittels Telekommunikationsanlagen beziehen. Diese Einschränkung erstaunt insoweit, als der Überwachungsgegenstand nach § 64 Abs. 1 Satz 1 – die Frequenznutzung – durchaus auch Anwendungen umfasst, die keine Telekommunikation darstellen, namentlich die sog. ISM-Anwendungen[13]. Daraus ergibt sich die Situation, dass die Regulierungsbehörde zwar nach Satz 1 die Aufgabe hat, auch die Frequenznutzung bei ISM-Anwendungen zu überwachen, ihr hierfür jedoch in Satz 2 keine Überwachungsbefugnisse eingeräumt werden. Hinsichtlich dieser Anwendungen ist die Behörde daher auf solche Mittel der Informationsbeschaffung beschränkt, die nicht in die Freiheitsrechte der Frequenznutzer eingreifen, soweit nicht die allgemeinen Befugnisse (§§ 126 ff.) weitergehende Maßnahmen rechtfertigen.

Überwacht die Regulierungsbehörde nach Maßgabe des § 64 Abs. 1 S. 2 Frequenznutzun- **17** gen im Bereich der Telekommunikation (Funkanwendungen), so darf sie nur solche Maßnahmen der Informationsbeschaffung einsetzen, die in Bezug auf den Überwachungszweck („Sicherstellung der Frequenzordnung") im konkreten Fall **„erforderlich und angemessen"** sind. Das bedeutet, die Behörde hat bei der Auswahl und dem Einsatz ihrer Mittel eine Verhältnismäßigkeitsprüfung vorzunehmen und dabei insbesondere auch eine einzelfallbezogene Abwägung der betroffenen Interessen durchzuführen.

bb) Befugnis zum Hineinhören in Aussendungen. – In besonderen Fällen ermöglicht **18** § 64 Abs. 1 S. 2 der Behörde auch das Hineinhören in Aussendungen. Systematisch handelt es sich dabei um eine spezielle Maßnahme der Informationsbeschaffung. Da ein solches Hineinhören jedoch den Schutzbereich des **Art. 10 Abs. 1 GG** (Fernmeldegeheimnis) tangiert, war insoweit eine ausdrückliche gesetzliche Regelung erforderlich[14]. Dem hat der Gesetzgeber in § 64 Abs. 1 Satz 2 Rechnung getragen und mit dem Hinweis in Satz 5 auch dem Zitiergebot des Art. 19 Abs. 1 S. 2 GG Genüge getan.

Nach Maßgabe des § 64 Abs. 1 S. 2 ist das Hineinhören in Aussendungen – wegen der be- **19** sonderen Grundrechtsrelevanz der Maßnahme – nur unter engen **Voraussetzungen** zulässig. Insoweit sind insbesondere die Bindung an den Überwachungszweck, die Beschränkung auf „besondere Fälle" und der Grundsatz der Verhältnismäßigkeit zu beachten.

Zunächst einmal ist ein Hineinhören in Aussendungen an den **Überwachungszweck** des **20** Satz 1 – „Sicherstellung der Frequenzordnung" – gebunden. Damit scheidet ein Hineinhören in Aussendungen zu anderen Zwecken von vornherein aus. So wäre etwa ein zielgerichtetes „Abhören" von Inhalten zur Strafverfolgung oder zur Abwehr nationaler Sicherheits-

---

11 Derartige Verfahren werden vom „Prüf- und Messdienst" der Regulierungsbehörde durchgeführt.
12 Soweit spezifische Auskünfte zur Sicherstellung der Frequenzordnung verlangt werden, ist § 64 Abs. 1 S. 2 ggf. auch neben § 127 anwendbar.
13 S. o. RdNr. 13.
14 Unter Geltung des § 49 TKG 1996 wurden Frequenz-Überwachungsmaßnahmen, die das Fernmeldegeheimnis des Art. 10 Abs. 1 GG tangierten, mangels gesetzlicher Grundlage als unzulässig angesehen; vgl. hierzu die Nachweise in Fn. 1.

gefahren, wie dies in den §§ 100a ff. StPO und den Regelungen des Gesetzes zur Beschränkung des Brief-, Post- und Fernmeldegeheimnisses (G 10) vorgesehen ist, von § 64 Abs. 1 S. 2 nicht gedeckt.

21   Darüber hinaus sind derartige Maßnahmen – auch wenn sie der Sicherstellung der Frequenzordnung dienen – nur „**in besonderen Fällen**" zulässig. Mit Blick auf die verfassungsrechtliche Stellung des Fernmeldegeheimnisses wird man dies dahingehend auszulegen haben, dass bereits die konkrete Gefahr einer erheblichen Störung der Frequenzordnung vorliegen muss. Ausweislich der Gesetzesbegründung ist dabei insbesondere an sicherheitsrelevante Funkdienste wie beispielsweise den Flugfunk zu denken, wenn das Hineinhören in die Aussendungen die einzige Möglichkeit darstellt, die gebotene zügige Aufklärung zu erreichen[15].

22   Im Übrigen gilt auch hier der allgemeine Grundsatz, dass die konkrete Maßnahme im Hinblick auf den damit verfolgten Zweck „**erforderlich und angemessen**" sein muss. Während der Begriff der Erforderlichkeit darauf abzielt, dass ein Hineinhören nicht erfolgen darf, wenn mildere Mittel der Kenntnisverschaffung zum gleichen Ergebnis führen, geht es bei der Angemessenheit um die einzelfallbezogene Abwägung der verfassungsrechtlich geschützten Geheimhaltungsinteressen des Betroffenen einerseits und der Aufklärungsinteressen des Staates in Bezug auf die konkrete Gefährdung der Frequenzordnung andererseits.

23   **c) Verwertung der Überwachungsergebnisse (Sätze 3 und 4).** – Die in § 64 Abs. 1 S. 2 vorgesehene Bindung der behördlichen Durchführung von Überwachungsmaßnahmen an den Zweck des Satzes 1 („Sicherstellung der Frequenzordnung") findet in **Satz 3** ihr Pendant dergestalt, dass auch die Verwertung der durch die Maßnahmen erlangten Informationen **grundsätzlich** nur zur „**Sicherstellung der Frequenzordnung**" erfolgen darf. So kann die Behörde beispielsweise auf der Grundlage der gewonnenen Erkenntnisse – nach Maßgabe der jeweils einschlägigen materiellen Normen – die Nutzungsbestimmungen der Frequenzzuteilung nachträglich ändern (§ 60 Abs. 2 S. 2), Frequenzzuteilungen widerrufen (§ 63 Abs. 1 und 2), die Außerbetriebnahme von Geräten anordnen (§ 64 Abs. 2), Bußgelder bei frequenzspezifischen Ordnungswidrigkeiten verhängen (§ 149 Abs. 1 Nr. 10, 11 und 12) und ggf. auch Konsequenzen hinsichtlich der Festsetzung und Einziehung von Frequenzgebühren und Frequenznutzungsbeiträgen ziehen (§§ 143, 144). Aber nicht nur im Rahmen des **repressiven Verwaltungshandelns**, sondern auch im Bereich der **planerisch-gestaltenden Frequenzverwaltung** können die Überwachungsergebnisse Bedeutung erlangen. Gerade die Frequenzplanung (§§ 53, 54) ist in hohem Maße auf Erkenntnisse hinsichtlich des tatsächlichen Nutzungsverhaltens angewiesen, um eine effiziente und störungsfreie Frequenznutzung entsprechend des gesetzlichen Auftrags (vgl. § 52 Abs. 1) sicherstellen zu können[16]. Daneben dürften die Informationen aus der Überwachung vielfach auch hinsichtlich der Festsetzung von Nutzungsbestimmungen bei neuen Frequenzzuteilungen (§ 60) eine Rolle spielen.

24   Während § 64 Abs. 1 Satz 3 den Grundsatz der überwachungszweckgebundenen Verwertung normiert, findet sich in **Satz 4** die hierzu geltende **Ausnahme**. Danach dürfen die gewonnenen Informationen – abweichend von Satz 3 – an die zuständigen Behörden übermittelt werden, soweit dies für die Verfolgung einer in § 100a StPO genannten Straftat erfor-

---

15 BT-Drs. 15/2316, Zu § 62.
16 *Scheurle/Mayen/Zerres*, § 49 RdNr. 4.

derlich ist. Typischerweise kann dies relevant werden, wenn die Regulierungsbehörde nach Maßgabe des § 64 Abs. 1 Satz 2 von ihrer Befugnis zum **Hineinhören in Aussendungen** Gebrauch macht. Das bedeutet aber nicht etwa, dass die Regulierungsbehörde eine solche Maßnahme zielgerichtet zur Verfolgung der genannten Straftaten ergreifen dürfte[17]. Die gesetzliche Konzeption ist vielmehr eine andere: Das Hineinhören in Aussendungen ist nach § 64 Abs. 1 Satz 2 ausschließlich mit dem Zweck der „Sicherstellung der Frequenzordnung" und nicht zur Strafverfolgung zulässig. Erlangt die Behörde jedoch – **bei Gelegenheit des Hineinhörens** – Informationen, die zur Verfolgung einer in § 100a StPO genannten Straftaten erforderlich sind, so dürfen diese – ausnahmsweise – nach § 64 Abs. 1 Satz 4 auch für die Strafverfolgung verwertet werden. Diesbezüglich gestattet die Norm eine Weitergabe der erlangten Informationen an die zuständigen Strafverfolgungsbehörden. Da hiermit ein Eingriff in den Schutzbereich des Art. 10 Abs. 1 GG (Fernmeldegeheimnis) verbunden ist, war insoweit nicht nur aus systematischen, sondern auch aus verfassungsrechtlichen Gründen eine ausdrückliche gesetzliche Regelung erforderlich. Dem Zitiergebot des Art. 19 Abs. 1 S. 2 GG ist der Gesetzgeber in § 64 Abs. 1 Satz 5 nachgekommen.

2. Anordnung der Außerbetriebnahme (Abs. 2). – § 64 Abs. 2 **Satz 1** gibt der Regulie- 25 rungsbehörde die Befugnis, zur Sicherstellung der Frequenzordnung Einschränkungen des Betriebes und die Außerbetriebnahme von Geräten anzuordnen. Die Regelung geht auf § 49 Satz 2 TKG 1996 zurück, wurde jedoch nicht unverändert übernommen. Während 49 Satz 2 TKG 1996 derartige Anordnungen ausdrücklich nur bei einem Verstoß gegen das Gesetz oder die Frequenzzuteilungsverordnung zuließ, setzt § 64 Abs. 2 S. 1 vom Wortlaut her zunächst einmal nur voraus, dass die Maßnahme der „**Sicherstellung der Frequenzordnung**" dient. Wie bei der Überwachungsbefugnis nach § 64 Abs. 1 begrenzt auch hier der spezifische Anordnungszweck die Reichweite der Norm. Insoweit kann auf die obigen Ausführungen verwiesen werden[18]. So wäre beispielsweise eine Betriebsbeschränkung oder ein Betriebsverbot für Geräte aus Gründen der allgemeinen Gefahrenabwehr oder zur Durchsetzung von Schutzanforderungen aus dem EMVG nicht von § 64 Abs. 2 S. 1 gedeckt.

Fraglich ist indes, ob der Gesetzgeber mit der Neuformulierung der Regelung in § 64 26 Abs. 2 S. 1 gegenüber § 49 S. 2 TKG 1996 zum Ausdruck bringen wollte, dass die Anordnung einer Betriebsbeschränkung oder eines Betriebsverbots auch ohne konkreten Normenverstoß möglich ist. Auf den ersten Blick mag ein Vergleich der beiden Vorschriften diesen Schluss nahelegen. Bei Lichte betrachtet wird man jedoch zu dem Ergebnis kommen müssen, dass auch § 64 Abs. 2 S. 1 tatbestandlich den **Verstoß gegen eine Norm** voraussetzt. Denn die „Frequenzordnung" im Sinne des Gesetzes wird gerade durch die sie konstituierenden gesetzlichen, verordnungsrechtlichen und administrativen Regelungen definiert. Folglich liegt eine konkrete Gefährdung der Frequenzordnung nur dann vor, wenn ihre Normen nicht eingehalten werden. Daraus folgt, dass eingriffsintensive Anordnungen, wie sie in § 64 Abs. 2 S. 1 vorgesehen sind, zur „Sicherstellung der Frequenzordnung" nur dann gerechtfertigt sein können, wenn gegen Gesetze, Verordnungen oder behördliche Entscheidungen verstoßen wurde, die der Sicherstellung dieser Frequenzordnung dienen.

---

17 S. o. RdNr. 12.
18 RdNr. 12.

27 Soweit das betroffene Unternehmen durch ein Betriebsverbot oder eine Betriebsbeschränkung gehindert wird, weiterhin ein Telekommunikationsnetz zu betreiben oder Telekommunikationsdienste anzubieten, wird man sogar noch einen Schritt weiter gehen müssen: In diesen Fällen vermag ein einfacher Normenverstoß derartige Maßnahmen nicht zu rechtfertigen. Denn nach **Art. 10 Abs. 5 GRL** darf ein Unternehmen nur im Falle schwerer und wiederholter Nichterfüllung der mit der Frequenznutzung verbundenen Bedingungen und Verpflichtungen an der weiteren Bereitstellung von Netzen oder Diensten gehindert werden. Außerdem müssen mildere Maßnahmen erfolglos geblieben sein. In diesem Sinne ist § 64 Abs. 2 S. 1 **europarechtskonform auszulegen.** Das bedeutet, wenn die Anordnung eines Betriebsverbotes oder einer Betriebsbeschränkung zur Folge hat, dass der **Netzbetrieb oder das Diensteangebot eingestellt** werden muss, so ist dies nur zulässig, wenn das Unternehmen **schwer und wiederholt** gegen die Regelungen der Frequenzordnung verstoßen hat und zudem **mildere Maßnahmen erfolglos geblieben** sind.

28 Besondere **verfahrensrechtliche Voraussetzungen** für die Anordnung von Betriebsbeschränkungen oder Betriebsverboten sieht § 64 Abs. 2 S. 1 nicht vor. Insoweit gelten zunächst einmal die allgemeinen Regelungen des **Verwaltungsverfahrensgesetzes.** Dementsprechend hat die Regulierungsbehörde ihre Entscheidung gem. § 39 VwVfG zu **begründen** und dem Betroffenen zuvor nach Maßgabe des § 28 VwVfG **Gelegenheit zur Stellungnahme** zu geben. Mit Blick auf die Vorgaben des **Art. 10 Abs. 2 GRL** ist diese Anhörungspflicht im Wege **europarechtskonformer Auslegung** dahingehend zu konkretisieren, dass dem betroffenen Unternehmen zunächst einmal die festgestellte Störung **mitgeteilt** werden muss, um ihm dann – unter **angemessener Fristsetzung** – die Gelegenheit zu geben, sich hierzu zu äußern oder die Mängel abzustellen. Dabei ist grundsätzlich eine Frist von einem Monat zu gewähren, die allerdings bei Bedarf verlängert und – im Falle wiederholter Zuwiderhandlung oder mit Einverständnis des Betroffenen – auch verkürzt werden kann.

29 Gegenstand der Anordnungsbefugnis nach § 64 Abs. 2 S. 1 sind „**Geräte**". Insoweit findet sich zwar weder in § 64 noch in § 3 eine Legaldefinition. Eine am Regelungszweck orientierte Auslegung legt aber ein weites Begriffsverständnis nahe. Ein Gerät in diesem Sinne ist demnach jeder Gegenstand, von dem eine Beeinträchtigung der Frequenzordnung ausgehen kann[19]. Hierzu gehören insbesondere Funkanlagen, aber beispielsweise auch Apparate oder Vorrichtungen für ISM-Anwendungen[20]. Darüber hinaus sind auch solche Geräte von der Norm erfasst, bei denen Frequenzen ungewollt ausgesendet werden. Zwar ist der Betrieb dieser Geräte keine Frequenznutzung im Sinne des § 3 Nr. 9[21], eine Beeinträchtigung der Frequenzordnung kann aber auch von ihnen ausgehen. Wenn allerdings eine festgestellte Störung allein darauf beruht, dass bei einem Gerät die einschlägigen EMV-Schutzanforderungen nicht eingehalten sind, kann ein Betriebsverbot nicht auf § 64 Abs. 2 S. 1 gestützt werden, da die Einhaltung dieser Anforderungen gerade nicht vom Anordnungszweck der „Sicherstellung der Frequenzordnung" umfasst ist[22].

30 § 64 Abs. 2 S. 1 räumt der Regulierungsbehörde ein Entschließungs- und Auswahlermessen ein („kann"). Dies hat sie nach Maßgabe allgemeiner Grundsätze pflichtgemäß (vgl.

---

19 BeckTKG-Komm/*Ehmer*, § 49 RdNr. 7; *Trute/Spoerr/Bosch*, § 49 RdNr. 9.
20 S. o. RdNr. 13.
21 S. o. ebd.
22 S. o. RdNr. 12.

§ 40 VwVfG) und insbesondere auch unter Beachtung des Verhältnismäßigkeitsgrundsatzes auszuüben. Im Rahmen ihres **Entschließungsermessens**, d.h. bei der Frage, ob überhaupt eine Anordnung ergehen soll, wird die Behörde auf der einen Seite insbesondere die Bedeutung des festgestellten Regelverstoßes, die damit verbundenen Gefahren für die Frequenzordnung und für die Rechte Dritter an einer ungestörten Frequenznutzung sowie die mögliche Vorbildwirkung einer sanktionslosen Hinnahme von Verstößen zu berücksichtigen haben. Auf der anderen Seite sind in erster Linie die mit einer Anordnung verbundenen Einschränkungen der Rechte der Betroffenen, die wirtschaftlichen Auswirkungen der Maßnahme sowie die Interessen Dritter an einer Aufrechterhaltung des Gerätebetriebs in die Abwägung einzustellen[23]. Auf ein Verschulden des Verstoßenden kommt es indes nicht an, da § 64 Abs. 2 S. 1 keinen Strafcharakter hat, sondern ausschließlich die „Sicherstellung der Frequenzordnung" bezweckt[24].

Führt die Abwägung zu dem Ergebnis, dass eine Anordnung angezeigt ist, so hat die Behörde im Rahmen ihres **Auswahlermessens** zu entscheiden, welche konkrete Maßnahme zum Einsatz kommen soll. Auch hier spielt der Verhältnismäßigkeitsgrundsatz eine zentrale Rolle. Insoweit ist zunächst einmal dem Umstand Rechnung zu tragen, dass die Anordnung einer Außerbetriebnahme wegen der damit verbundenen maximalen Eingriffswirkung nur als ultima ratio in Betracht kommt, wenn mildere Maßnahmen, etwa die Einschränkung des Betriebs oder andere Mittel, keinen Erfolg versprechen[25]. Aber auch bei der Frage nach der konkreten Ausgestaltung von Betriebsbeschränkungen sind die Belastungen des Betroffenen auf das erforderliche Maß zu beschränken. Dabei kann unter Umständen auch eine Befristung der Maßnahme geboten sein. Im Übrigen hat die Regulierungsbehörde auch hier eine Angemessenheitsprüfung unter Abwägung aller betroffenen Interessen und Belange durchzuführen. **31**

Zur Durchsetzung der Anordnung von Betriebsverboten und Betriebsbeschränkungen nach Maßgabe des § 64 Abs. 2 S. 1 kann die Regulierungsbehörde gem. § 64 Abs. 2 **Satz 2**, der im Rahmen der Novellierung neu ins Gesetzes eingefügt wurde, ein **Zwangsgeld bis zu 500 000 Euro** verhängen. Die Zulässigkeit einer solchen Festsetzung richtet sich nach den einschlägigen Regelungen des Verwaltungsvollstreckungsgesetzes. Da Rechtsmittel gegen Entscheidungen der Regulierungsbehörde nach § 137 keine aufschiebende Wirkung haben, dürften die Voraussetzungen des § 6 Abs. 1 VwVG regelmäßig gegeben sein. Grundsätzlich sind Zwangsgelder gem. § 11 Abs. 3 VwVG nur bis maximal 2000 DM zulässig. Diese allgemeine Begrenzung wird im Anwendungsbereich des § 64 Abs. 2 aber gerade durch die Regelung des Satz 2 spezialgesetzlich überlagert[26], so dass bei Verstößen gegen eine vollziehbare Anordnung von Betriebsverboten und Betriebsbeschränkungen Zwangsgelder bis zu 500 000 Euro möglich sind. Gleichwohl ist aber selbstverständlich auch hier die Verhältnismäßigkeit der Mittel zu wahren. **32**

---

23 *Scheurle/Mayen/Zerres*, § 49 RdNr. 12.
24 *Scheurle/Mayen/Zerres*, § 49 RdNr. 12, unter Hinweis auf VG Köln, Urt. v. 16. 2. 2001, Az. 25 K 8565/98, S. 8.
25 BeckTKG-Komm/*Ehmer*, § 49 RdNr. 6.
26 Unter Geltung des § 49 TKG 1996, der eine dem § 64 Abs. 2 S. 2 entsprechende Regelung noch nicht vorsah, galt für Zwangsgelder zur Durchsetzung von Betriebsverboten und -beschränkungen noch die allgemeine Höchstgrenze von 2000 DM; vgl. hierzu auch *Scheurle/Mayen/Zerres*, § 49 RdNr. 16.

§ 65 Einschränkung der Frequenzzuteilung

Die Nutzung der zugeteilten Frequenzen kann vorübergehend eingeschränkt werden, wenn diese Frequenzen von den zuständigen Behörden zur Bewältigung ihrer Aufgaben im Spannungs- und im Verteidigungsfall, im Rahmen von Bündnisverpflichtungen, im Rahmen der Zusammenarbeit mit den Vereinten Nationen, im Rahmen internationaler Vereinbarungen zur Notfallbewältigung oder bei Naturkatastrophen und besonders schweren Unglücksfällen benötigt werden.

Die Vorschrift trägt dem Umstand Rechnung, dass in den genannten Krisenfällen oftmals **1** ein kurzfristiger Bedarf an zusätzlichen Frequenzen entsteht. In § 65 findet sich die rechtliche Grundlage, um diesen zusätzlichen Frequenzbedarf durch eine vorübergehende Einschränkung bereits zugeteilter Frequenznutzungsrechte zu decken. Die Regelung geht auf § 9 Abs. 2 der Frequenzzuteilungsverordnung (FreqZutV) vom 26. 4. 2001[1] zurück, wurde allerdings nicht vollständig ins neue Recht übernommen. Während § 9 Abs. 2 FreqZutV derartige Nutzungsbeschränkungen nur „an Stelle eines Widerrufs der Frequenzzuteilung nach § 49 Abs. 2 Nr. 5 des Verwaltungsverfahrensgesetzes" zuließ, was dahingehend ausgelegt wurde, dass auch die Anforderungen des § 49 Abs. 2 Nr. 5 VwVfG in jedem Falle erfüllt sein mussten[2], hat der Gesetzgeber nunmehr in § 65 auf die zitierte Passage verzichtet. Das bedeutet, soweit Frequenzen zur Bewältigung einer der im Gesetz enumerativ[3] aufgezählten Notsituationen benötigt werden, sind Nutzungsbeschränkungen nach Maßgabe des § 65 unabhängig davon möglich, ob die Grenze des „schweren Nachteils für das Gemeinwohl" i. S. d. § 49 Abs. 2 Nr. 5 VwVfG bereits überschritten ist oder nicht. Wenn allerdings ein „schwerer Nachteil für das Gemeinwohl" in diesem Sinne feststellbar ist, besteht vom Grundsatz her auch die Option, Frequenzzuteilungen nach Maßgabe des § 49 Abs. 2 Nr. 5 VwVfG zu widerrufen. Da jedoch eine vorübergehende Nutzungsbeschränkung gegenüber dem Widerruf das mildere Mittel ist[4], dürfte ein Widerruf in den Fällen des § 65 regelmäßig aus Gründen der Verhältnismäßigkeit ausscheiden. Darüber hinaus ist mit Blick auf den Verhältnismäßigkeitsgrundsatz auch zu fordern, dass Nutzungsbeschränkungen nach Maßgabe des § 65 in zeitlicher Hinsicht nicht länger aufrecht erhalten bleiben, als dies zur Bewältigung der konkreten Krisenfalles erforderlich ist.

---

1 BGBl. I 2001 S. 829; Die FreqZutV ist mit Verkündung des neuen TKG außer Kraft getreten (vgl. § 152 Abs. 2).
2 *Heun/Jenny*, Kap. 2 RdNr. 176.
3 *Heun/Jenny*, a. a. O.
4 BT-Drs. 15/2316, Zu § 63.

§ 66 Nummerierung

(1) Die Regulierungsbehörde nimmt die Aufgaben der Nummerierung wahr. Ihr obliegt insbesondere die Strukturierung und Ausgestaltung des Nummernraumes mit dem Ziel, den Anforderungen von Endnutzern, Betreibern von Telekommunikationsnetzen und Anbietern von Telekommunikationsdiensten zu genügen. Die Regulierungsbehörde teilt ferner Nummern an Betreiber von Telekommunikationsnetzen, Anbieter von Telekommunikationsdiensten und Endnutzer zu. Ausgenommen ist die Verwaltung von Domänennamen oberster und nachgeordneter Stufen.

(2) Die Regulierungsbehörde kann zur Umsetzung internationaler Verpflichtungen oder Empfehlungen sowie zur Sicherstellung der ausreichenden Verfügbarkeit von Nummern Änderungen der Struktur und Ausgestaltung des Nummernraumes und des nationalen Nummernplanes vornehmen. Dabei sind die Belange der Betroffenen, insbesondere die den Betreibern, Anbietern von Telekommunikationsdiensten und Nutzern entstehenden Umstellungskosten, angemessen zu berücksichtigen. Beabsichtigte Änderungen sind rechtzeitig vor ihrem Wirksamwerden bekannt zu geben. Die von diesen Änderungen betroffenen Betreiber von Telekommunikationsnetzen und Anbieter von Telekommunikationsdiensten sind verpflichtet, die zur Umsetzung erforderlichen Maßnahmen zu treffen.

(3) Die Regulierungsbehörde kann zur Durchsetzung der Verpflichtungen nach Absatz 2 Anordnungen erlassen. Zur Durchsetzung der Anordnungen können nach Maßgabe des Verwaltungsvollstreckungsgesetzes Zwangsgelder bis zu 500 000 Euro festgesetzt werden.

(4) Die Bundesregierung wird ermächtigt, durch Rechtsverordnung, die der Zustimmung des Deutschen Bundestages und des Bundesrates bedarf, die Maßstäbe und Leitlinien für die Strukturierung, Ausgestaltung und Verwaltung der Nummernräume, für den Erwerb, den Umfang und den Verlust von Nutzungsrechten an Nummern einschließlich der Vorgaben für telekommunikationsgestützte Dienste zu regeln sowie internationale Empfehlungen und Verpflichtungen in nationales Recht umzusetzen. Dabei sind insbesondere die effiziente Nummernnutzung, die Belange der Marktbeteiligten einschließlich der Planungssicherheit, die wirtschaftlichen Auswirkungen auf die Marktteilnehmer, die Anforderungen an die Nummernnutzung und die langfristige Bedarfsdeckung sowie die Interessen der Endnutzer zu berücksichtigen. In der Verordnung sind die Befugnisse der Regulierungsbehörde sowie die Rechte und Pflichten der Marktteilnehmer und der Endnutzer im Einzelnen festzulegen. Absatz 1 Satz 4 gilt entsprechend.

Schrifttum: *Bartosch*, Nummernmanagement, NJW-CoR 1999, 103; *Bröcher*, Domainnamen und das Prioritätsprinzip im Kennzeichenrecht, MMR 2004, 203; *Ermert*, Das regulierte Internet, c't 2004, 64; *Gramlich*, Rechtsfragen der Nummerierung nach § 43 TKG, ArchivPT 1998, 5; *Holznagel*, Dominamen- und IP-Nummern-Vergabe – eine Aufgabe der Regulierungsbehörde?, MMR 2003, 219; *Katko*, Voice-over-IP, CR 2005, 189; *Koenig/Neumann*, Die neue Top-Level-Domain „.eu" als Beitrag zum Auf- und Ausbau transeuropäischer Netze?, EuZW 2002, 485; *dies.*, Europas Identität im Internet – die Einführung der Top-Level-Domain „.eu", JurPC Web-Dok. 154/2002, Abs. 1–36; *Koos*, Die Domain als Vermögensgegenstand zwischen Sache und Immaterialgut, MMR 2004, 359; *Leib*, ICANN und der Konflikt um die Internet-Ressourcen: Institutionenbildung im Problemfeld Internet Governance zwischen multinationaler Staatstätigkeit und globaler Selbstregulierung, Dissertation an der

Universität Konstanz; *Mosing/Otto*, Internet-Adressverwaltung in Österreich, Medien und Recht 2002, 176; *Nett*, Marktorientierte Allokationsverfahren bei Nummern, Diskussionsbeitrag Nummer 223 des Wissenschaftlichen Instituts für Kommunikationsdienste, 2001; *Schäfer*, ENUM-Domainnamensystem und Rufnummernraum wachsen zusammen, CR 2002, 690; *Schafft*, Streitigkeiten über „.eu"-Domains, GRUR 2004, 986; *Schwarz-Schilling*, Nummernverwaltung bei Wettbewerb in der Telekommunikation, Diskussionsbeitrag Nummer 180 des Wissenschaftlichen Instituts für Kommunikationsdienste, 1997; *Schütz*, Recht auf eine eigene Telefonnummer?, MMR 1998, 287; *Simon/Goeckel*, Anmerkung zum Urteil des VG Köln vom 27. 10. 2002, RTkom 2001, 110; *Sokolov*, Kein Anschluss unter … Europas Vorwahlen im Dornröschenschlaf, c't 2005, 74; *Wegmann*, Nutzungsrechte an Funkfrequenzen und Rufnummern, K&R 2003, 448.

Übersicht

I. Bedeutung von Nummern

1   Nummern sind eine technische Voraussetzung für den Zugang zu und die Erbringung von Telekommunikationsdiensten. Ihre Eindeutigkeit, die die Identifizierung des Kommunikationszieles ermöglicht, ist für die Funktionsfähigkeit der öffentlichen Telekommunikation unabdingbar. Die Gesamtheit aller Nummern, die Nummernräume, stellen nationale Ressourcen dar, deren Verwaltung durch staatliche Stellen im Interesse der Allgemeinheit liegt.[1] In Erwägungsgrund 20 RRL wird der Zugang zu Nummerierungsressourcen nach transparenten, objektiven und nichtdiskriminierenden Kriterien als wesentliche Voraussetzung für den Wettbewerb im Bereich der elektronischen Kommunikation angesehen.

2   Rufnummern, die einen wesentlichen Teil der Nummern ausmachen, ermöglichen die Identifikation von Telekommunikationsteilnehmern und stellen somit eine unverzichtbare Ressource für die im Wettbewerb tätigen Telekommunikationsanbieter dar.[2] Rufnummern

---

1   ETO, Non-discriminatory Access to Numbering Resources, Kopenhagen, 1996, S. 19.
2   BR-Drs. 80/96 vom 9. 2. 1996.

sind Grundlage und Voraussetzung kommunikativer Kontakte. Erst die Zuteilung von Rufnummern an eine bestimmte Person bezieht diese ordnungsgemäß in den öffentlichen Telekommunikationsverkehr ein.[3]

Die Nummernverwaltung ist eine wichtige regulatorische Aufgabe der Regulierungsbehör- **3** de.[4] Dementsprechend sprach sich bereits im Gesetzgebungsverfahren 1996 der Ausschuss für Wirtschaft des Deutschen Bundestages dafür aus, die Regelungen zur Nummernverwaltung zu konkretisieren, da dieser Bereich „für das Entstehen eines wirklichen Wettbewerbs essentiell" sei.[5]

II. Systematik

Die Vorschrift regelt die Aufgabe und wesentliche Befugnisse der Regulierungsbehörde **4** auf dem Gebiet der Nummerierung und ermächtigt die Bundesregierung zum Erlass einer Rechtsverordnung, in der ergänzende Vorschriften im Zusammenhang mit den Aufgaben der Nummerierung normiert werden können.

Die Regelung ersetzt § 43 Abs. 1 bis 4 und Abs. 7 TKG 1996. Anders als das TKG 1996 **5** enthält § 66 keine Regelungen zur Übertragbarkeit von Rufnummern (Nummernportabilität) und zur Betreiberauswahl und Betreibervorauswahl. Beide Themenbereiche stehen allerdings im (teilweise mittelbaren) Zusammenhang mit der Nummerierung.

Bei der Betreiberauswahl wird eine Kennzahl vorgewählt, um das Netz eines bestimmten **6** Anbieters zu nutzen. Diese Kennzahlen stellen Nummern dar und werden von der Regulierungsbehörde zugeteilt. Die Betreibervorauswahl erfolgt durch Umstellung des Teilnehmers. Spezielle Nummerierungsressourcen sind für diesen Vorgang nicht notwendig. Ein Zusammenhang mit den Aufgaben der Nummerierung ist nicht ersichtlich. Die Regelungen zur Betreiberauswahl und Betreibervorauswahl betreffen im wesentlichen Zugangsregelungen und Vorschriften zur Ausgestaltung der Zusammenschaltung. Sie sind nunmehr in Abschnitt 4 des Teils 2 (Marktregulierung) des TKG enthalten.[6]

Die Verpflichtung zur Ermöglichung der Übertragbarkeit von Rufnummern ist jetzt in § 46 **7** geregelt, der in Teil 3 (Kundenschutz) enthalten ist. Damit wird klar geregelt, dass es sich um einen Anspruch des Teilnehmers gegen seinen Netzbetreiber handelt, bei einem Wechsel die Rufnummern beizubehalten.[7]

Ebenfalls in § 43 TKG 1996 geregelt war eine Rechtsgrundlage für den Erlass einer Num- **8** merngebührenverordnung. Diese Vorschrift wurde nun in einem gesonderten Teil 9 des TKG (Abgaben) gemeinsam mit den anderen gebührenpflichtigen Tatbeständen in § 142 geregelt.

---

3 *Gramlich*, ArchivPT 1998, 15.
4 *Gramlich*, ArchivPT 1998, 5.
5 BT-Drs. 13/4864 vom 12. 6. 1996, Nr. 71.
6 Vgl. hierzu auch § 40 RdNr. 1.
7 Vgl. hierzu § 46, RdNr. 5.

III. EG-rechtliche Grundlagen

9 Nach Art. 8 Abs. 2 d) RRL sind die Regulierungsbehörden verpflichtet, den Wettbewerb zu fördern, indem sie für eine effiziente Nutzung der Nummerierungsressourcen sorgen und deren effiziente Verwaltung sicherstellen. Mit den nummerierungsrechtlichen Vorschriften wird Art. 10 Abs. 1 RRL umgesetzt, nach dem „die nationalen Regulierungsbehörden die Zuteilung aller nationalen Nummerierungsressourcen und die Verwaltung der nationalen Nummernpläne kontrollieren."[8] Art. 10 Abs. 1 RRL verpflichtet darüber hinaus die Regulierungsbehörde, für die Bereitstellung adäquater Nummern und Nummerierungsbereiche für alle öffentlich zugänglichen elektronischen Kommunikationsdienste zu sorgen. Weitere europarechtliche Vorgaben enthalten Art. 5 Abs. 2 bis 4 GRL sowie Art. 6 in Verbindung mit Teil C des Anhangs der GRL, der eine abschließende Aufzählung der Bedingungen enthält, die an Nummernnutzungsrecht geknüpft werden können. Die Umsetzung der europarechtlichen Vorgaben wird teilweise durch eine Nummerierungsverordnung, die auf Grundlage des § 66 Abs. 4 erlassen wird, erfolgen. Dies gilt zum Beispiel für die Vorgabe des Art. 5 Abs. 3 GRL, der bestimmt, dass Entscheidungen über die Zuteilung von Nummern im Regelfall innerhalb von drei Wochen nach Erhalt des vollständigen Antrags getroffen werden müssen.

IV. Nummerierung als Aufgabe der Regulierungsbehörde (Abs. 1)

10 **1. Hoheitliche Aufgabe.** – Eine hoheitliche Vergabe **knapper Ressourcen** ist erforderlich, um einen diskriminierungsfreien und transparenten Zugang aller Marktbeteiligten zu den Ressourcen zu gewährleisten. Die Frage, ob Nummern knappe Ressourcen sind, wurde von der Europäischen Kommission positiv beantwortet.[9] Sie war zudem entscheidungsrelevant in Gerichtsverfahren über die Höhe von Gebühren, die für die Zuteilung von Nummern zu zahlen sind. Das Verwaltungsgericht Köln hat den Terminus „knappe Ressource" als „zu schonende Ressource" ausgelegt, deren optimale Nutzung sichergestellt werden muss, auch wenn eine akute Knappheit der Ressource nicht gegeben ist. Das Gericht wies darauf hin, dass Nummern aus technischen, wirtschaftlichen, rechtlichen und praktischen Gründen nicht unbegrenzt vermehrt werden können und daher die Gefahr besteht, dass ohne eine hoheitliche Bewirtschaftung die Nachfrage das Angebot in absehbarer Zeit übersteigen könnte.[10] Das Oberverwaltungsgericht folgte dieser Wertung in seiner Berufungsentscheidung[11] ebenso wie das Bundesverwaltungsgericht.[12] Nummern sind demnach eine knappe Ressource, die wie die Frequenzen hoheitlich zu verwalten sind.[13]

11 Nach Art. 87 f Abs. 1 GG gewährleistet der Bund im Bereich der Telekommunikation flächendeckend angemessene und ausreichende Dienstleistungen. Die Vorschrift erteilt damit einen **originären Versorgungsauftrag** an den Bund, der von der verfassungsrechtlichen Bedeutung her der Gewährleistung des bundesweiten Eisenbahnverkehrs und der Versor-

---

8 So auch Begründung zum Kabinettsbeschluss, zu § 64 (Nummerierung).

9 Grünbuch über ein Nummerierungskonzept für Telekommunikationsdienste in Europa, KOM(96) 590, vom 20. 11. 1996; Entschließung des Rates vom 22. 9. 1997, ABl. EG 97/C 303 vom 4. 10. 1997, S. 1 ff., BR-Drs. 991/96 vom 17. 12. 1996.

10 VG Köln, Urteil vom 8. Dezember 2000, Az: 11 K 10253/99, MMR 2001, 327 ff.

11 OVG Köln, Urteil vom 6. Dezember 2001, Az: 9 A 589/01, K&R 2002, 268 ff.

12 BVerwG, Vorlagebeschluss vom 30. 4. 2003, Az: 6 C 6/02; BVerwGE 118, 128 ff.

13 So auch u. a. *Gramlich*, ArchivPT 1998, S. 16; a. A. *Müller*, K&R 2001, 357, 359.

gung im Bereich des Postwesens gleichgestellt ist. Die Nummerierung ist eine wesentliche Voraussetzung angemessener Versorgung mit Telekommunikationsdiensten im gesamten Bundesgebiet.

Art. 87f Abs. 2 S. 2 GG regelt, dass die hoheitlichen Tätigkeiten im Bereich der Telekommunikation in bundeseigener Verwaltung ausgeführt werden. Dementsprechend erklärt § 2 Abs. 1 die Regulierung der Telekommunikation zu einer hoheitlichen Aufgabe des Bundes. Die Aufgabe der Nummerierung ist Teil dieser hoheitliche Aufgabe. Dies ergibt sich als logische Konsequenz aus § 2 Abs. 2 Nummer 8, der als Ziel der Regulierung die Gewährleistung einer effizienten Nutzung von Nummerierungsressourcen festschreibt. **12**

Die bundeseigene Verwaltung im Bereich der Telekommunikation wird gemäß § 116 Abs. 1 durch die Regulierungsbehörde als Bundesoberbehörde wahrgenommen. § 66 Abs. 1 Satz 1 weist der Regulierungsbehörde die sachliche Zuständigkeit für alle Aufgaben zu, die im Zusammenhang mit der Nummerierung stehen. Damit hat der Gesetzgeber den Zugang zu Nummernressourcen in die Regulierung des Telekommunikationsmarktes durch die Regulierungsbehörde eingegliedert. **13**

2. Nummerierungsfragen in sonstigen nationalen Gremien. – Über normative Vorschriften hinaus kann nach § 66 Abs. 1 S. 1 nur die Regulierungsbehörde verbindliche Vorgaben auf dem Gebiet der Nummerierung machen. Nummerierungsfragen werden darüber hinaus aber auch in verschiedenen anderen Organisationen diskutiert. Dies sind im Wesentlichen der Arbeitskreis für technische und betriebliche Fragen der Nummerierung und der Netzzusammenschaltung (AKNN) und der Verein „Freiwillige Selbstkontrolle Telefonmehrwertdienste e. V." (FST). **14**

a) Freiwillige Selbstkontrolle Telefonmehrwertdienste e. V. (FST). – Der 1997 gegründete Verein ist ein Zusammenschluss von Netzbetreibern, Diensteanbietern, Verbänden und sonstigen Organisationen und vertritt damit einen großen Teil des Mehrwertdienstemarktes. Ziel des FST ist die Ausgestaltung der nicht gesetzlich geregelten Rahmenbedingungen für Mehrwertdienste, um einen angemessenen Ausgleich der Interessen der Anbieter von Mehrwertdiensten und der Verbraucher zu schaffen und so ein transparentes und missbrauchsfreies Angebot der verschiedenen Mehrwertdienste zu gewährleisten. Um dieses Ziel zu erreichen, erlässt der FST einen Verhaltenskodex, der ständig aktualisiert wird. Darin sind Regeln für das Angebot der verschiedenen Mehrwertdienste am Markt aufgestellt, deren Verletzung durch die Vereinsmitglieder auch mit Sanktionen geahndet werden kann. **15**

b) Arbeitskreis für technische und betriebliche Fragen der Nummerierung und der Netzzusammenschaltung (AKNN). – Der 1997 aus dem Lenkungsausschuss „Technische Fragen der Nummerierung" hervorgegangene AKNN ist ein Arbeitskreis der Telekommunikationsnetzbetreiber und -hersteller mit derzeit über 100 Mitgliedern, der keine Rechtspersönlichkeit besitzt. Laut § 2 der Geschäftsordnung besteht sein Zweck darin, technische Schnittstellen und betriebliche und organisatorische Abläufe in einem von vielen Netzbetreibern geprägten Umfeld zu entwickeln sowie Lösungen zu allgemeinen Fragestellungen der Nummerierung und Netzzusammenschaltung unter Beachtung der wettbewerbsrechtlichen Rahmenbedingungen zu erarbeiten. Der AKNN arbeitet dazu Spezifikationen aus, die vielfach als Grundlage für Netzzusammenschaltungen zwischen den Netzbetreibern dienen. Zur Wahrnehmung dieser selbstgestellten Aufgabe richtet der AKNN jeweils Unterarbeitskreise ein, die Vorschläge für Spezifikationen erstellen. Aktuell gibt es einen Un- **16**

terarbeitskreis (UAK) MABEZ zur Weiterentwicklung der Strukturierung des Nummernraumes für Massenverkehr zu bestimmten Zielen.

17   Die Regulierungsbehörde hat die Öffentlichkeit über die Existenz des AKNN und dessen
Zweck mit einer Mitteilung in ihrem Amtsblatt informiert. Sie beschreibt den AKNN als
„Plattform, um allgemeine technische und betriebliche Probleme, die sich im Zusammenhang mit Nummerierung und Netzzusammenschaltung stellen, einer einheitlichen Lösung
zuzuführen."[14]

V. Aufgaben der Nummerierung

18   **1. Übersicht.** – § 66 Abs. 1 enthält keine Definition von Nummerierung und keinen abschließenden Katalog der Aufgaben der Nummerierung. In Abs. 1 Satz 2 sind die Strukturierung und Ausgestaltung des Nummernraumes und in Abs. 1 Satz 3 die Zuteilung von
Nummern als Aufgaben der Nummerierung hervorgehoben, die die Regulierungsbehörde
insbesondere wahrzunehmen hat.[15]

19   Andere Aufgaben, die die Regulierungsbehörde im Zusammenhang mit der Nummerierung wahrnimmt, sind die Überwachung der Einhaltung der mit der Zuteilung verbundenen
Vorgaben und die Beratung der Verbraucher.

20   Eine weitere wesentliche Aufgabe der Nummerierung ist die Vertretung der Bundesrepublik in den nationalen sowie internationalen Gremien und Organisationen, die Nummerierungsfragen behandeln. Die Regulierungsbehörde ist nach Art. 10 Abs. 5 RRL im Rahmen
der Zuständigkeit für die Nummerierung verpflichtet, in internationalen Gremien mitzuar-
beiten und ihre Standpunkte mit anderen Regulierungsbehörden zu koordinieren, soweit
dies zur Sicherstellung der vollen globalen Interoperabilität der Dienste angebracht ist.

21   Schließlich betreibt die Regulierungsbehörde im Zusammenhang mit der Nummernverwaltung eine Masterdatenbank, die Grundlage für die Verkehrsführung, das Routing verschiedener Nummern ist.[16]

22   Grundsätzlich ergibt sich der Anwendungsbereich des § 66 aus der Definition für Nummern. Wie schon in § 3 Nr. 10 TKG 1996 sind Nummern legaldefiniert in § 3 Nr. 13 als
Zeichenfolgen, die in Telekommunikationsnetzen Zwecken der Adressierung dienen.

23   Die Vorschrift nennt zwei wesentliche Aufgaben der Nummerierung und gibt einen Rahmen für ihre Erfüllung vor, indem sie Gruppen nennt, deren Interessen bei Nummerie-
rungsentscheidungen besonders zu berücksichtigen sind. Dies sind die Gruppe der Endnutzer, die Betreiber von Telekommunikationsnetzen und die Anbieter von Telekommunikationsdiensten. Endnutzer sind entsprechend der Legaldefinition in § 3 Nr. 8 juristische oder
natürliche Personen, die weder öffentliche Telekommunikationsdienste betreiben noch
Telekommunikationsdienste für die Öffentlichkeit erbringen.[17] Betreiber von Telekommu-

---

14 Mit. 108/1997 vom 16. 7. 97 (BMPT ABl. 20/1997).
15 Siehe dazu im Einzelnen RdNr. 24 ff.
16 Mit. 499/2001 vom 5. 9. 2001: „Rufnummern für „Premium Rate"-Dienste aus dem Bereich
(0)190; Einführung eines elektronischen Verfahrens für den Portierungsdatenaustausch" (RegTP
ABl. 17/2001).
17 Vgl. § 3 RdNr. 12 f.

nikationsnetzen sind definiert in § 3 Nr. 27. Telekommunikationsdienste sind definiert in § 3 Nr. 24.

2. Strukturierung und Ausgestaltung des Nummernraums. – a) Widmung von Nummernressourcen für bestimmte Zwecke. – Für das öffentliche Telefonnetz/ISDN hat die Regulierungsbehörde den nationalen Nummernraum strukturiert, indem sie für bestimmte Nutzungszwecke Nummernbereiche des E.164-Nummernraumes bereitgestellt hat. Sie hat in einer Amtsblattmitteilung eine zusammenfassende Darstellung über alle Strukturierungsmaßnahmen veröffentlicht[18]. Diese Strukturierung hat die Regulierungsbehörde fortgeschrieben[19]. Die Mitteilungen enthalten eine tabellarische Übersicht über die Nummern bzw. den Nummernraum und deren Verwendung sowie gegebenenfalls Angaben dazu, welche Änderungen die Regulierungsbehörde in dem jeweiligen Nummernraum plant. **24**

Mit Verfügung 36/1999 vom 14. 4. 1999[20] hat die Regulierungsbehörde im Rahmen der Strukturierung und Ausgestaltung des Nummernraumes Festlegungen für die Nutzung des durch die Empfehlung E.164 der Internationalen Fernmeldeunion definierten Nummernraums für das öffentliche Telefonnetz/ISDN getroffen. Sie hat festgelegt, dass vom 1. 6. 1999 an für die Adressierung von Anschlüssen des öffentlichen Telefonnetzes in Deutschland nur noch Rufnummern des deutschen Nummernraumes (Landeskennzahl 49 nach ITU-T-Empfehlung E.164) genutzt werden dürfen, sofern die Regulierungsbehörde auf Antrag des Inhabers eines Anschlusses im grenznahen Bereich, der an einem Telekommunikationsnetz im Ausland angebunden ist, keine Ausnahme gewährt. Von dieser Verfügung unberührt blieb die Adressierung von Anschlüssen durch internationale Dienstekennzahlen oder Netzkennzahlen nach ITU-T-Empfehlung E.164 und durch Rufnummern eines ausländischen Nummernplans, wenn diese im Ausland in deutsche Rufnummern umgewertet werden, sowie die Möglichkeit des „International Roaming" beim Mobilfunk. **25**

Bei der **erstmaligen Strukturierung** und Ausgestaltung des Nummernraums durch die Regulierungsbehörde handelt es sich um schlicht-hoheitliches Verwaltungshandeln. Der Nummernraum als Gesamtheit knapper öffentlicher Güter wird zur effektiven Trennung bestimmter Nutzungszwecke (Einteilung durch Ausweisung von Dienstekennzahlen) und zur Gliederung (nach Tarifen etc.) strukturiert. **26**

b) Art des Nummerierungssystems. – Die Regulierungsbehörde legt im Rahmen der Strukturierung des Nummernraumes fest, ob das System der offenen oder das System der verdeckten Nummerierung angewendet wird. Bei der **offenen Nummerierung** muss der Anrufer die Netzkennzahl nicht wählen, wenn er einen Teilnehmer im selben Netz erreichen möchte.[21] Bei der versteckten Nummerierung muss die Netzkennzahl immer mitgewählt werden, unabhängig davon, in welchem Netz die Verbindung terminiert wird. **27**

Einige europäische Länder wenden das System der **verdeckten Nummerierung** an. In Deutschland wird für Mobilfunkrufnummern und Ortsnetzrufnummern das System der offenen Nummerierung angewendet. Ein Teilnehmer, der einen Teilnehmer, der sich im selben Ortsnetz befindet oder Kunde desselben Mobilfunknetzbetreibers ist, muss die Orts- **28**

---

18 Mit. 38/1998 vom 4. 3. 1998 (RegTP ABl. 4/1998).
19 Mit. 358/1999 vom 25. 8. 1999 (RegTP ABl. 15/1999), Mit. 196/2000 vom 22. 3. 2000 (RegTP ABl. 6/2000) und Mit. 659/2000 vom 22. 11. 2000 (RegTP ABl. 22/2000).
20 RegTP ABl. 6/99 vom 14. 4. 1999.
21 Abschnitt 6. 3. des Abschlussberichts des Expertengremiums zu Nummerierungsfragen vom 5. 12. 1995.

netzkennzahl oder Mobilfunkdienstekennzahl nicht mitwählen. Es ist aber nicht auszu-schließen, dass die Regulierungsbehörde mittelfristig eine grundlegende Reform des geo-graphisch strukturierten Nummernraumes durchführen wird, um dem steigenden Bedarf an Rufnummern gerecht werden zu können.[22]

29 **c) Übermittlung bestimmter Informationen.** – Nummernräume und -bereiche können so ausgestaltet sein, dass sie einen Informationsgehalt haben.[23] Im Rahmen ihrer Aufgabe zur Strukturierung und Ausgestaltung der einzelnen Nummernressourcen legt die Regulie-rungsbehörde fest, welche Informationen die jeweiligen Nummernarten übermitteln. In Betracht kommen zum Beispiel Informationen über die Art oder den Inhalt eines unter ei-ner Rufnummer erbrachten Dienst, über den Tarif für die Verbindung zu einer Rufnummer und über die Belegenheit des unter einer Rufnummer erreichbaren Anschlusses. Auch die Abrechnungsweise von Diensten kann durch die Ausgestaltung der jeweiligen Nummern-ressource festgelegt werden. Bis zur Einführung der Netzbetreiberportabilität im Mobil-funk ließ sich anhand einer Mobilfunkrufnummer auch der Netzbetreiber, in dessen Netz die Rufnummer geschaltet war, erkennen.

30 **d) Länge der jeweiligen Nummernressource.** – Nummern müssen in den Telekommuni-kationsnetzen hinsichtlich ihres Ziels ausgewertet werden. Eine für das Funktionieren der Telekommunikation wesentliche Aufgabe der Regulierungsbehörde bei der Ausgestaltung der Nummernressourcen ist daher die Festlegung, welche Länge diese jeweils haben. Da die Auswertung jeder zusätzlichen Ziffer einer Nummer kostenintensive Anpassungen in den Telekommunikationsnetzen erfordert, sollen so kurz wie möglich sein. Dies ist zudem auch nutzerfreundlicher. Andererseits wird durch kürzere Nummern ein Nummernraum in-effizient genutzt. Je zusätzliche Nummernstelle wird ein zehnmal größerer Nummernraum eröffnet und ein entsprechender Bedarf gedeckt werden.

31 Die Länge einer Nummernressource kann von internationalen Vorgaben abhängen. So ist bei Rufnummern aus dem E.164-Nummernraum die zweistellige Landeskennzahl 49 be-reits durch eine internationale Festlegung vorgegeben.[24] Bei Rufnummern aus diesem Nummernraum kann die Regulierungsbehörde die Rufnummernlänge nur noch über die Festlegung der Länge der nationalen Bereichskennzahl und der sich daran anschließenden Teilnehmerrufnummer bestimmen.[25] Hinsichtlich der maximalen Rufnummernlänge ist sie an die Empfehlung E.164 der ITU gebunden. Auch die Struktur einiger technischer Nummernressourcen wurde durch internationale Festlegungen bereits bestimmt und kann von der Regulierungsbehörde nicht geändert werden.

32 **e) Zuteilung von Nutzungsrechten an Nummern.** – Eine wesentliche Aufgabe, die die Regulierungsbehörde im Zusammenhang mit der Nummerierung wahrzunehmen hat, ist die Zuteilung von Nummern an Betreiber von Telekommunikationsnetze, Anbieter von Te-lekommunikationsdiensten und Endnutzer. Die Zuteilung von Nummern verschafft dem Zuteilungsnehmer kein Eigentum an der Nummer. Nummern sind ein öffentliches Gut, an dem dem Zuteilungsnehmer ein Nutzungsrecht gewährt wird. Das Nutzungsrecht ist ausge-staltet durch Vorgaben der Regulierungsbehörde und wird mit Auflagen verbunden zuge-

---

22 Vgl. Empfehlungen 8 und 9 und Abschnitt 6.3 des Abschlussberichts des Expertengremiums zu Nummerierungsfragen vom 5. Dezember 1995.
23 *Scheurle/Mayen*, § 43 RdNr. 6.
24 Abschnitt 6.3 der ITU-T Recommendation E.164.1.
25 *Scheurle/Mayen*, § 43 RdNr. 7.

teilt. Dies ist notwendig, um Anpassungen an der Struktur und Ausgestaltung der Nummernpläne und der Nummernräume vornehmen zu können.

f) Vergabeformen. – Bei der Ausgestaltung der einzelnen Nummernräume oder Nummernbereiche werden verschiedene Arten der Zuteilung von Nummernressourcen an die Marktbeteiligten durch die Regulierungsbehörde vorgeschrieben.[26] Es können Nummern in kleineren oder größeren Blöcken oder einzeln zugeteilt werden. Der Festlegung der jeweiligen Vergabeform liegen verschiedene Erwägungen zugrunde. So kann es aus Verbraucherschutzgründen erforderlich sein, Nummern einzeln an die Nutzer der Nummer zuzuteilen, um Namen und Anschrift des Zuteilungsnehmers zu kennen und bei Verstößen unmittelbar gegen ihn tätig werden zu können. Andererseits kann es die technische Verkehrsführung im Netz, das Routen, notwendig machen, Nummern in größeren Nummernblöcken zuzuteilen, da nur Nummernblöcke ausgewertet werden können, um das Zielnetz zu identifizieren. Schließlich ist eine Zuteilung von Rufnummernblöcken auch für die Regulierungsbehörde ökonomischer, da dann kein Massengeschäft bei der Nummernverwaltung anfällt.[27] Mit der Auswahl der Vergabeform entscheidet die Regulierungsbehörde demnach darüber, wer antragsberechtigt für eine bestimmte Nummernressource ist. **33**

aa) Direkte Zuteilung. – Eine direkte Zuteilung liegt vor, wenn der Zuteilungsnehmer das Nutzungsrecht an einer Nummer unmittelbar durch Zuteilung seitens der Regulierungsbehörde erwirbt. Eine direkte Zuteilung von Nutzungsrechten an Nummern an den Endkunden ist nur dann möglich, wenn die vollständige Auswertung der Nummer möglich ist. Dieses Verfahren ist sehr aufwändig, da die Regulierungsbehörde Datenbänke zur Erfassung der Daten der Zuteilungsnehmer vorhalten muss. Ein Vorteil der direkten Zuteilung ist die sehr hohe Effizienz der Nutzung des jeweiligen Nummernraumes.[28] Die Regulierungsbehörde kann alle Nummern zuteilen, so dass keine Ressourcen ungenutzt bleiben. **34**

bb) Originäre Zuteilung. - Werden einem Betreiber von Telekommunikationsnetzen von der Regulierungsbehörde Nummernressourcen mit der Maßgabe zugeteilt, dass dieser die Ressourcen verwaltet und aus den Ressourcen Nummern an Anbieter von Telekommunikationsdiensten und Endnutzern weitergibt, handelt es sich um eine originäre Zuteilung. Diese Vergabeform wird vor allem bei Ortsnetzrufnummern und bei Mobilfunkrufnummern angewendet. Dabei werden in der Regel dem Betreiber von Telekommunikationsdiensten Nummernblöcke zugeteilt. Denkbar ist aber auch eine Zuteilung an Anbieter von Telekommunikationsdiensten. **35**

Nach Art. 10 Abs. 2 S. 2 verpflichtet die Regulierungsbehörde sicherzustellen, dass originäre Zuteilungsnehmer sich gegenüber anderen Anbietern von Telekommunikationsdiensten hinsichtlich der Nummern für den Zugang zu ihren Diensten nicht diskriminierend verhält. Eine entsprechende Vorgabe enthält § 66 nicht. Die Vorgabe wird durch die Nummerierungsverordnung umgesetzt werden. **36**

cc) Abgeleitete Zuteilung. – Bei einer originären Zuteilung von Nummernblöcken an einen Betreiber von Telekommunikationsnetzen erhalten Anbieter von Telekommunikationsdiensten und Endnutzer das Nutzungsrecht an den Nummernressourcen durch eine so genannte abgeleitete Zuteilung. Im Fall einer originären Zuteilung an den Anbieter von Te- **37**

---

26 Vgl. auch § 5 Abs. 1 TNV-E (Erwerb von Rechten an Nummern).
27 *Schwarz-Schilling*, Nummernverwaltung bei Wettbewerb in der Telekommunikation, S. 19.
28 *Schwarz-Schilling*, a. a. O.

lekommunikationsdiensten schließt dieser mit den Endnutzern Verträge über die Nutzung der Nummer ab.

38 Fraglich ist, welche Rechtsnatur die abgeleitete Zuteilung hat. Bei der abgeleiteten Zuteilung einer Nummer durch den Betreiber von Telekommunikationsnetzen an den Anbieter von Telekommunikationsdiensten handelt es sich nicht um einen Verwaltungsakt. Voraussetzung für ein hoheitliches Handeln der originären Zuteilungsnehmer wäre nämlich deren Beleihung oder deren Qualifikation als Verwaltungshelfer mit der Folge, dass den Netzbetreibern insofern öffentlich-rechtliche Befugnisse und Zuständigkeiten übertragen worden sind (sog. beliehene Unternehmer). Für eine Beleihung sind eine gesetzliche Grundlage im TKG und ein Beleihungsakt der Regulierungsbehörde erforderlich. Die abgeleitete Zuteilung stellt lediglich einen zivilrechtlichen Vertrag dar.

39 Nachteil des zweistufigen Zuteilungsverfahrens ist, dass zwischen den abgeleiteten Zuteilungsnehmern und der Regulierungsbehörde kein Rechtsverhältnis besteht, in dessen Rahmen zum Beispiel eine Sanktion des wettbewerbswidrigen Verhaltens der Inhaber von abgeleiteten Zuteilungen unmittelbar möglich wäre. Die Regulierungsbehörde kennt den tatsächlichen Nutzer der Nummer in der Regel nicht einmal. Es ist auch nicht ausgeschlossen, dass die Inhaber einer abgeleiteten Zuteilung das Nutzungsrecht an der Nummer an dritte Diensteanbieter rechtsgeschäftlich übertragen. Es kommt dann zu Ketten von „Zuteilungsnehmern" mit der Konsequenz, dass die Ermittlung des zivilrechtlich Verpflichteten erschwert wird. Dies gilt insbesondere dann, wenn das Nutzungsrecht einem Anbieter mit Wohnsitz im Ausland übertragen wird. § 5 Abs. 2 des Entwurfs der TNV versucht, diesen Missstand durch Untersagung mehrfach abgeleiteter Zuteilungen zu beseitigen.

40 **g) Auswahl des Zuteilungsnehmers (Vergabeprinzip).** – Die Regulierungsbehörde entscheidet, nach welchem Prinzip sie die Nutzungsrechte an Nummern vergibt. § 66 macht dazu keine Vorgaben. Erwägungsgrund 20 Satz 1 und Art. 10 Abs. 1 S. 3 RRL schreibt vor, dass durch die Regulierungsbehörde der Zugang zu Nummerierungsressourcen nach transparenten, objektiven und nichtdiskriminierenden Kriterien zu gewährleisten ist. Diesen Vorgaben genügen mehrere Vergabeprinzipien, die auch miteinander kombiniert werden können.

41 **aa) Vergabe nach dem Prinzip: „First come first served".** – Dieses Verfahren wurde vom European Telecommunication Office (ETO) für die Vergabe von Nummerierungsressourcen empfohlen.[29] Die Regulierungsbehörde hat dementsprechend diese Vergabeform für die Zuteilung fast aller Nummernressourcen vorgegeben. Bei diesem Verfahren werden die Nummern in der Reihenfolge zugeteilt, wie die vollständigen Anträge gestellt worden sind. Setzt man voraus, dass ausreichend gleichwertige Nummern vorhanden sind, führt dieses Verfahren zu einer transparenten und diskriminierungsfreien Vergabe der vorhandenen Ressourcen. Weitere Vorteile des Verfahrens sind, dass es einfach zu handhaben ist und Nummern ständig zugeteilt werden können.[30] Die Einhaltung der in Art. 5 Abs. 3 GRL vorgegebenen Frist von drei Wochen für die Entscheidung über die Zuteilung von Nummern wird so erleichtert. Im Rahmen des First come first served – Verfahrens ist es zudem möglich, aus der Liste der noch freien Nummern eine oder mehrere Wunschnummern zu beantragen.

---

29 ETO, „Harmonised National Numbering Conventions", Kopenhagen 1997, S. 26.
30 *Schwarz-Schilling*, Nummernverwaltung bei Wettbewerb in der Telekommunikation, S. 24.

Nachteilig ist das Verfahren nur dann, wenn für bestimmte Nummerierungsressourcen die **42** Nachfrage höher als das Angebot ist. Dann kann entgegen § 66 Abs. 1 S. 2 den Anforderungen aller potentiellen Zuteilungsnehmer nicht mehr genügt werden, und es läge ein diskriminierendes Zuteilungsverfahren vor, wenn derjenige, der die knappe Ressource zufällig zuerst beantragt, einen Vorteil hätte.

bb) Tag-eins-Verfahren. – Werden Nummernräume oder Nummernbereiche neu geöffnet, **43** führt die Regulierungsbehörde abweichend vom „First come first served"-Verfahren ein so genanntes Tag-eins-Verfahren durch. Dabei können alle Antragsteller bis zum einem von der Regulierungsbehörde festgelegten Stichtag Anträge auf Zuteilung von Nummern für den entsprechenden Nummernraum oder -bereich abgeben. Alle bis zu dem Zeitpunkt eingegangenen Anträge werden dann von der Regulierungsbehörde als gleichzeitig eingegangen gewertet.

Dieses Verfahren ist bei der Bereitstellung neuer Nummerierungsressourcen durch die Re- **44** gulierungsbehörde notwendig, da gerade dann bei allen Antragstellern ein hoher Bedarf an diesen Nummernressourcen besteht und damit zu rechnen ist, dass viele gleichgerichtete Anträge eingehen. Ist dies der Fall, kommen im Rahmen des Tag-eins-Verfahrens weitere Vergabemechanismen zur Anwendung. Dies können z. B. Losverfahren oder die Bevorrechtigung bestimmter Antragsteller sein. Bei letzterem Verfahren werden bei einer Verlagerung von Nummern aus einer Gasse in eine andere Gasse Inhaber von Zuteilungen in der alten Gasse bei der Beantragung von Nummern aus der neuen Gasse bevorzugt. Nummern werden also in eine neue Gasse eingebettet.

cc) Verlosung. – Bei einer Verlosung wird zwischen allen Anträgen auf Zuteilung der **45** gleichen Nummer durch Los entschieden. Die Auswahl des Zuteilungsnehmers erfolgt durch das Zufallsprinzip. Dieses Vergabeverfahren ist diskriminierungsfrei und transparent. Es kommt vor allem dann in Betracht, wenn mehrere gleichberechtigte Antragsteller dieselbe Nummernressource beantragt haben, es also weniger Ressourcen als Antragsteller gibt. Dies wird zum Beispiel dann der Fall sein, wenn es um die Zuteilung einer kurzen oder leicht merkbaren Nummer geht. Ein weiterer Anwendungsfall kann das Tag-eins-Verfahren sein.

dd) Schönheitswettbewerb. – Die Entscheidung über die Zuteilung von Nummern kann **46** auch aufgrund von Schönheitswettbewerben erfolgen. Die Vergabeentscheidung wird mittels eines Kriterienkatalogs getroffen, anhand dessen die Antragsteller bewertet werden, um zu entscheiden, welcher Antragsteller der am besten geeignete Zuteilungsnehmer ist.[31] Ein solch aufwändiges Verfahren erscheint jedoch für das mit der Nummernvergabe verbundene Massengeschäft nur bedingt geeignet. Es kann aber zum Beispiel dann in Betracht kommen, wenn die Erbringung eines Dienstes im öffentlichen Interesse steht und daher bestimmte qualitative Anforderungen an den Zuteilungsnehmer zu stellen sind.

ee) Auktion. – Erwägungsgrund 21 RRL eröffnet den Mitgliedstaaten die Möglichkeit, für **47** die Zuteilung von Nummern mit außergewöhnlichem wirtschaftlichen Wert wettbewerbsorientierte oder vergleichende Auswahlverfahren vorzusehen. Zulässig wären demnach auch Auktionen von Nummern, sofern deren außergewöhnlicher wirtschaftlicher Wert feststeht. § 66 und der Entwurf der Nummerierungsverordnung greifen diese Möglichkeit

---

31 *Nett*, Marktorientierte Allokationsverfahren bei Nummern, S. 23.

nicht auf. Auch unter Geltung des TKG 1996 war die Regulierungsbehörde nicht befugt, Versteigerungen von Nummernressourcen durchzuführen.

48 Auktionen sind transparente Verfahren, die zu einer effizienten Vergabe der vorhandenen Ressourcen führen würden, da derjenige das Nutzungsrecht an der Ressource erhält, dem sie am meisten wert ist.[32] Einer Durchführung von Auktionen im Bereich der Zuteilung von Nummern steht jedoch eine Vielzahl von Bedenken entgegen. Für die Regulierungsbehörde dürfte es schwer sein festzustellen, ob eine Nummer einen außergewöhnlich hohen wirtschaftlichen Wert hat. Da jede Rufnummer zum Beispiel auch alphanumerisch mittels Buchstaben abgebildet werden kann, ist es möglich, dass eine auf den ersten Blick uninteressante Rufnummer mehrere Markennamen ergibt und von hohem wirtschaftlichen Wert für die betroffenen Unternehmen ist. Zudem besteht die Gefahr, dass durch hohe Kosten für den Erwerb von Nutzungsrechten an Nummern neue Wettbewerber gehindert werden, die für den Marktzutritt erforderlichen Ressourcen zu erhalten.

49 Die Versteigerung von Nummern ist zudem ein für die Nummernverwaltung sehr aufwändiges Verfahren, da zunächst ein Versteigerungsverfahren konzipiert werden muss. Es ist nicht auszuschließen, dass der Aufwand für die Versteigerung die Auktionserlöse übersteigen würde. Die Ermittlung des wirtschaftlichen Wertes einer Nummer durch die Regulierungsbehörde ist zudem zeitintensiv, so dass erhebliche Zeitverzögerungen bei der Zuteilung nicht auszuschließen wären.[33]

50 **3. Erlass und Weiterentwicklung von Zuteilungsregeln. – a) Inhalt der Zuteilungsregeln. –** Das Bundesamt für Post und Telekommunikation (BAPT) und seit dem 1. 1. 1998 die Regulierungsbehörde haben die verschiedenen Nummernräume im Einzelnen strukturiert und für die verschiedenen Dienste unterschiedliche Nummernbereiche vorgesehen. Diese Nummernbereiche wurden durch das BAPT und die Regulierungsbehörde ausgestaltet, indem sie sog. Zuteilungsregeln für den jeweiligen Nummernraum bzw. Nummernbereich erlassen haben. Die Zuteilungsregeln werden von der Regulierungsbehörde fortgeschrieben und angepasst, soweit dies erforderlich ist.

51 Die Zuteilungsregeln enthalten jeweils eine Definition der Nummernart, in der das System der Zuteilungen festgelegt wird, d. h. ob eine Nummer unmittelbar von der Regulierungsbehörde an den Endnutzer zugeteilt wird oder ob die Regulierungsbehörde Nummern in Blöcken an den Antragsteller originär zuteilt, aus denen die Antragsteller dann einzelne Rufnummern an die Endnutzer abgeleitet zuteilen. Darüber hinaus ist in den Zuteilungsregeln der Nummernraum festgelegt und die Struktur der Nummern beschrieben. Es wird festgelegt, wer antragsberechtigt ist und wie das Antragsverfahren ausgestaltet ist. Die Zuteilungsregeln enthalten jeweils die Auflagen, die mit der Zuteilung verbunden werden, und Widerrufsgründe. Als „Verfügung" werden die Zuteilungsregeln im Amtsblatt der Regulierungsbehörde öffentlich bekannt gegeben.[34]

52 Dieses System soll auch durch die Nummerierungsverordnung, die auf Grund des § 66 Abs. 4 ergehen wird, grundsätzlich nicht verändert werden.[35] Zwar werden einzelne, bisher in den jeweiligen Zuteilungsregeln enthaltene Regelungen in die Nummerierungsverord-

---

32 *Schwarz-Schilling*, Nummernverwaltung bei Wettbewerb in der Telekommunikation, S. 28 f.
33 *Nett*, Marktorientierte Allokationsverfahren bei Nummern, S. 15.
34 Vgl. § 43 Abs. 2 S. 2 TKG 1996.
35 Vgl. Anhang zu Absatz 4, § 11.

nung überführt.[36] Der Verordnungsentwurf enthält jedoch auch eine Ermächtigungsgrundlage für Zuteilungsregeln.[37]

b) Rechtsnatur der Zuteilungsregeln. – Die Zuteilungsregeln wurden von der Regulie- **53**
rungsbehörde bis zum In-Kraft-Treten des TKG n. F. auf Grundlage von § 43 Abs. 2 TKG
1996 erlassen, danach ergibt sich diese Befugnis der Regulierungsbehörde aus §§ 66
Abs. 1 S. 1 und 3, 67 Abs. 1 S. 1 TKG sowie der nach § 66 Abs. 4 TKG zu erlassenden
Nummerierungsverordnung.

Die Rechtsnatur der Zuteilungsregeln bestimmt sich danach, ob und in welchem Umfang **54**
sie unmittelbare Rechtswirkung nach außen entfalten. Ob sie als Verwaltungsakt oder als
Verwaltungsvorschriften anzusehen sind, ist maßgeblich für die Rechtsverbindlichkeit, vor
allem aber für den Rechtsschutz der Zuteilungsempfänger und anderer (Dritt-)Betroffener.
Entscheidend für die Qualifizierung ist, ob die Bestimmungen verfügenden Charakter haben, insbesondere ob sie einen Einzelfall regeln.

So wie eine Maßnahme mehrere selbständige Verwaltungsakte enthalten kann, ist es auch **55**
möglich, dass Verwaltungsakte mit der (öffentlichen) Bekanntgabe von Verwaltungsvorschriften und behördlichen Hinweisen verbunden sind. Die Zuteilungsregeln sind zwar als
Verfügung bezeichnet, enthalten allerdings keine konkrete Adressierung und keine Rechtsbehelfsbelehrung. Zur Bestimmung der Rechtsnatur sind daher die einzelnen Regelungen
der jeweiligen Zuteilungsregeln gesondert auf ihren materiellen Gehalt zu untersuchen.

aa) Strukturierung und Ausgestaltung des Nummernraums. – Durch **Strukturie- 56
rungsmaßnahmen** der Regulierungsbehörde für einzelne Nummernräume, mit denen
erstmalig einzelne Nummernbereiche für einen bestimmten Nutzungszweck festgelegt
werden, wird ein konkretes Nutzungsrecht nicht begründet, geändert, übertragen oder aufgehoben. Es handelt sich um ein inneradministratives Konzept, gegen das kein selbstständiges Rechtsmittel gegeben ist.[38] Die Maßnahmen zur Strukturierung erlangen erst mit Erteilung oder Versagung der konkreten (beantragten) Zuteilung einer Nummernressource
unmittelbare Rechtswirkung nach außen. Dementsprechend kann der betroffene Antragsteller nur den jeweiligen Zuteilungsbescheid anfechten mit dem Ziel, die Vergabe einer
bestimmten Rufnummer oder eines bestimmten Rufnummernblocks zu erreichen.

Zu bedenken ist jedoch auch die Möglichkeit der (faktischen) Beeinträchtigung der durch **57**
Art. 12 Abs. 1 GG gewährleisteten Berufsfreiheit von Netzbetreibern und Anbietern von
Telekommunikationsdiensten. Solche Beschränkungen könnten theoretisch zum Beispiel
darin liegen, dass die Regulierungsbehörde insgesamt keine Nummernbereiche für Mehrwertdienste bereitstellt oder für bestimmte Dienste keine Nummerngassen vorsieht. Im Fall
der möglichen Verletzung der genannten Rechte könnte der Betroffene, der nicht Adressat
eines Zuteilungsbescheids ist, die begehrte Ausgestaltung des Nummernraums dann mit
allgemeiner Leistungsklage verfolgen, § 43 Abs. 2 VwGO.

Im Gegensatz hierzu sind **Änderungen der Strukturierung** des Nummernraums nach **58**
§ 49 VwVfG als Verwaltungsakt einzuordnen. Sie wirken auf bestehende Rechtsverhältnisse (Nutzungsrechte an zugeteilten Nummern) ein und ergehen insoweit als (personale)

---

36 Siehe dazu im Einzelnen RdNr. 266.
37 Anlage zu Absatz 4, § 11.
38 *Trute/Spoerr/Bosch*, § 43 RdNr. 40.

Allgemeinverfügung. Der Adressatenkreis ist bei Erlass der Maßnahme bestimmt oder nach allgemeinen Merkmalen bestimmbar, § 35 S. 2 Alt. 1 VwVfG.

59 Die Regulierungsbehörde berücksichtigt in diesen Fällen die betroffenen Belange der Netzbetreiber, Diensteanbieter und Nutzer regelmäßig durch eine öffentliche Anhörung vor Erlass der neuen Zuteilungsregeln. Die entsprechende Allgemeinverfügung wird gemäß § 41 Abs. 3 VwVfG öffentlich bekannt gegeben und bedarf keiner gesonderten Begründung, § 39 Abs. 2 Nummer 5 VwVfG.

60 **bb) Antragsverfahren.** – Die Regelungen zum Antragsverfahren sind als Verwaltungsvorschriften einzuordnen[39]. Sie gelten für eine unbestimmte Anzahl an Fällen und legen unter anderem fest, in welcher Form Anträge auf Zuteilung gestellt werden können und wie bei der Bearbeitung zu verfahren ist. Es handelt sich um Verwaltungsanweisungen, die sich die Regulierungsbehörde zum Zweck der einheitlichen Ausübung des Entschließungsermessens (Antragserfordernis) und des Auswahlermessens (Modalitäten der Zuteilung) gibt.

61 Das Auswahlermessen der Behörde wird insbesondere für den Fall konkretisiert, dass mehrere Antragsteller die Zuteilung derselben Rufnummer zeitgleich beantragen. Die Berücksichtigung einer bestimmten Rangreihenfolge ist für die Rechtsanwendung verwaltungsintern verbindlich. Den betreffenden Zuteilungsregeln kommt mittelbare Außenwirkung kraft Selbstbindung der Verwaltung zu. Die öffentliche Bekanntgabe erfüllt zum einen den Zweck der Information pozenzieller Antragsteller über das Antragsverfahren, zum anderen legt sie die ständige Verwaltungspraxis bei der Zuteilung offen und dient so der Rechtssicherheit. Diese Regelungen sind nicht selbstständig anfechtbar. Sie werden zum Beispiel durch Bezugnahme in der Begründung des Zuteilungsbescheids in diesen inkorporiert.

62 **cc) Auflagen und Widerruf der Zuteilung.** – Die Bestimmungen zu Auflagen und zum Widerruf der Zuteilung in den Zuteilungsregeln enthalten Vorgaben für die Ausübung und den Entzug des Nutzungsrechts an der Nummer.

63 Für die Gruppe der bei Erlass feststehenden bekannten Zuteilungsempfänger sind die Regelungen als personenbezogene Allgemeinverfügung einzuordnen. Eine solche liegt gemäß § 35 S. 2 Alt. 1 VwVfG vor, wenn der Verwaltungsakt sich an einen nach allgemeinen Merkmalen bestimmten oder bestimmbaren Personenkreis richtet.[40]

64 Es ist jedoch rechtlich problematisch, die Zuteilungsregeln bezüglich der Nebenbestimmungen zukünftiger Zuteilungen als Allgemeinverfügung zu behandeln. Durch die Zuteilungsregeln sollen aber gerade auch die Rechtsverhältnisse zu zukünftigen Antragstellern und Inhabern eines Nutzungsrechts ohne zeitliche Begrenzung geregelt werden. Es handelt sich demnach nicht um eine anlassbezogene Regelung, die Betroffene eines konkreten einmaligen Ereignisses – wie zum Beispiel der Versteigerung der UMTS-Lizenzen[41] – erfasst. Die Erstreckung der Wirkung auf die Zukunft legt nahe, dass die Zuteilungsregeln insoweit eine abstrakt-generelle Regelung enthalten.

65 Die Regelung in den Zuteilungsregeln erfüllt auch nicht das in § 35 S. 2 Alt. 3 VwVfG normierte Tatbestandsmerkmal der Benutzung einer öffentlich-rechtlichen Sache durch

---

39 *Manssen/Demmel*, § 43 RdNr. 20 ff.; BVerwG, Beschluss vom 11. 12. 2003, Az. 6 B 60/03, MMR 2004, 345.
40 *Kopp/Ramsauer*, VwVfG, § 35 RdNr. 102 f.
41 *Ehlers*, K&R 2001, 1; *Sachs*, K&R 2001, 13; *Gramlich*, CR 1999, 752, 763.

die Allgemeinheit.[42] Der öffentliche Nummernraum stellt keine Sache in diesem Sinne dar. Zwar ist der Sachbegriff des § 35 S.2 VwVfG mit dem Sachbegriff der §§ 90 ff. BGB nicht völlig deckungsgleich.[43] Es soll zum Beispiel auch der Fall erfasst sein, dass Fachgesetze einen Gegenstand dem Sachbegriff zuordnen, obwohl mangels Körperlichkeit keine Sache im Sinne des § 90 BGB vorliegt.[44] Der Nummernraum an sich kann jedoch schwerlich als Sache im Sinne des TKG angesehen werden. Es handelt sich bei einem Nummernraum nicht um einen lediglich räumlich nicht abgrenzbaren Gegenstand, sondern um eine Gesamtheit von Systemkennzahlen, die das Routing im Telekommunikationsnetz ermöglichen.

Die Bestimmungen zu Auflagen und Widerruf der Zuteilung regeln somit für zukünftige **66** Sachverhalte keinen Einzelfall und haben auch keine unmittelbare Rechtswirkung nach außen. Die Verwaltungsauffassung würde zu dem Ergebnis führen, dass für zukünftige Antragsteller und Rechtsinhaber schon Nebenbestimmungen zu einem (noch) nicht existenten Verwaltungsakt gelten. Das Substrat für die Anwendung der Nebenbestimmungen – das öffentlich-rechtliche Rechtsverhältnis, das durch Zuteilung des Nutzungsrechts entsteht – fehlt in diesem Fall jedoch vollkommen.

Diese Teile der Zuteilungsregeln können daher erst durch Inkorporation in den eigentli- **67** chen Zuteilungsbescheid als Nebenbestimmungen (§ 36 VwVfG) unmittelbare Rechtswirkung nach außen erlangen.[45] Dies ist schon durch eine entsprechende Bezugnahme im Zuteilungsbescheid sichergestellt. Werden die Auflagen nach der erfolgten Zuteilung geändert, stellt dies eine teilweise Rücknahme oder einen teilweisen Widerruf der Zuteilung dar, die nur unter den Voraussetzungen der §§ 48, 49 VwVfG zulässig sind.[46]

4. Festlegungen für den Nummernraum für das öffentliche Telefonnetz/ISDN in **68** **Deutschland. – a) Rufnummern in den Ortsnetzbereichen. – aa) Grundsätzliche** **Strukturvorgaben der Regulierungsbehörde.** – Das Bundesamt für Post und Telekommunikation (BAPT) hat bereits 1997 „Vorläufige Regeln für die Zuteilung von Rufnummern in den Ortsnetzbereichen" erlassen.[47] In den vergangenen Jahren ist der Bedarf an Ortsnetzrufnummern stark angestiegen, so dass es einer schonenden Bewirtschaftung des für Ortsnetzrufnummern zur Verfügung stehenden Nummernraumes bedarf. Die Zuteilungsregeln enthalten vor diesem Hintergrund Vorgaben, die im Vergleich zu anderen Zuteilungsregeln sehr komplex sind.

Deutschland ist in etwa 5200 Ortsnetzbereiche unterteilt, um die Adressierung aller Teil- **69** nehmeranschlüsse in öffentlichen Telefonnetzen zu ermöglichen. Die Regulierungsbehörde stellt einmal jährlich eine Übersicht über die Ortsnetzbereichsgrenzen zur Verfügung, die jedermann kostenlos nutzen kann.[48] Jedem Ortsnetzbereich ist eine Ortsnetzkennzahl zugewiesen. Demnach ist aus der jeweils genutzten Rufnummer ersichtlich, in welchem geographischen Ortsnetz der adressierte Anschluss belegen ist. Grundsätzlich liegen alle Ortsnetzbereiche in Deutschland. Eine Ausnahme gilt nur für die österreichischen Gemein-

---

42 A. A. *Manssen/Demmel*, § 43 RdNr. 6 f.
43 *Stelkens/Bonk/Sachs*, § 35 RdNr. 222.
44 *Sachs*, K&R 2001, 13, 14.
45 So auch *Trute/Spoerr/Bosch*, § 43 RdNr. 36.
46 *Kopp/Ramsauer*, VwVfG, § 36 RdNr. 50.
47 Vfg. 109/1997 vom 7. 5. 1997 (BMPT ABl. 13/1997).
48 Mit. 465/2002 vom 16. 10. 2002 (RegTP ABl. 20/2002); Mit. 251/2005 (RegTP ABl. 19/2005).

den Jungholz in Tirol und Mittelberg im Kleinwalsertal, die jeweils deutschen Ortsnetzen angeschlossen sind, da sie auch geographisch nur über in Deutschland liegende Zufahrts-straßen erreicht werden können. Die Regulierungsbehörde veröffentlicht jährlich ein so ge-nanntes Ortsnetzbereichsverzeichnis, aus welchem sich die Zuordnung von Ortsnetzkenn-zahlen, Ortsnetzbereichen und Gemeinden durch Gegenüberstellung der Ortsnetze und Gemeinden ergibt.[49] Ändern sich zwischenzeitlich Ortsnetzkennzahlen oder Ortsnetzna-men, wird dies von der Regulierungsbehörde auf ihren Internetseiten veröffentlicht.

70   Für Ortsnetzkennzahlen steht der Nummernbereich 02 bis 09 des E.164-Nummernraums zur Verfügung. Die Ortsnetzkennzahl, der das Präfix 0 voranzustellen ist, kann zwei- bis fünfstellig sein. Ihr folgt eine Teilnehmerrufnummer, deren Länge zwischen fünf und neun Ziffern beträgt. Grundsätzlich sind Ortsnetzrufnummern zehn Stellen lang. Kürzere Ruf-nummern können auslaufend noch genutzt werden. Bei neu zugeteilten Rufnummern ist die Verwendung kürzerer Rufnummern nur bei Zentralen von Telekommunikationsanlagen zulässig.

71   Da es zu einer akuten Knappheit kommen kann, sehen die Zuteilungsregeln vor, dass die Regulierungsbehörde zur Vermeidung akuter Knappheit in einem Ortsnetzbereich festle-gen kann, dass alle für den betroffenen Ortsnetzbereich neu zuzuteilenden Rufnummern oder alle neu für Telekommunikationsanlagen zuzuteilenden Rufnummern elfstellig sein müssen. Die Regulierungsbehörde hat von beiden Varianten bereits Gebrauch gemacht und in einigen Ortsnetzen die Elfstelligkeit für alle neu zuzuteilenden Rufnummern oder für alle neu zuzuteilenden Rufnummern für Telekommunikationsanlagen angeordnet. Eine Übersicht über die getroffenen Maßnahmen befindet sich auf der Internetseite der Regulie-rungsbehörde. Dort sind auch Verzeichnisse der bereits zugeteilten, der freien Rufnum-mernblöcke und der Rufnummernblöcke, die vor der Liberalisierung von der Deutschen Telekom AG genutzt wurden, veröffentlicht. Die umfassenden Publikationen der Regulie-rungsbehörde dienen der Erhöhung von Transparenz und Planungssicherheit.

72   Rufnummernblöcke für einen Ortsnetzbereich kann derjenige beantragen, der in dem be-treffenden Ortsnetzbereich ein öffentliches Telekommunikationsnetz betreibt oder dies be-absichtigt, mittels dieses Netzes Nutzern Anschlüsse bereitstellt oder dies beabsichtigt und am Portierungsdatenaustauschverfahren teilnimmt. Der Antragsteller muss die Antragsbe-rechtigung durch Vorlage von Unterlagen nachweisen, die die Regulierungsbehörde im Einzelnen aufzählt.[50]

73   Ortsnetzrufnummern werden in Form von Blöcken mit jeweils 1000 Rufnummern originär an Netzbetreiber zugeteilt. Da es möglich ist, dass ein neuer Netzbetreiber gleichzeitig mehr als 1000 Rufnummern benötigt, hat die Regulierungsbehörde ein Verzeichnis veröf-fentlicht, in dem sie für jeden Ortsnetzbereich eine Losgröße, das heißt, die Höchstmenge der zu beantragenden Rufnummernblöcke festlegt. In Ortsnetzen mit einer zweistelligen Ortsnetzkennzahl können zum Beispiel mit einem Antrag 50 Rufnummernblöcke bean-tragt werden, wobei für große Städte höhere Losgrößen gelten. Die Losgrößen werden von der Regulierungsbehörde monatlich aktualisiert. Antragsteller, denen bereits Rufnum-mernblöcke für ein bestimmtes Ortsnetz zugeteilt wurden, müssen bei Folgeanträgen nach-

---

49 U.a. Mit. 95/1998 vom 27. 5. 98 (RegTP ABl. 10/1998); Vfg. 72/1999 vom 30. 6. 1999 (RegTP ABl. 11/1999); Vfg. 25/2002 vom 4. 9. 2002 (RegTP ABl. 17/2002); Mit. 150/2004 vom 19. 5. 2004 (RegTP ABl. 10/2004).
50 Vfg. 30/2003 vom 16. 7. 2003 (RegTP ABl. 14/2003).

weisen, dass alle zuvor für diesen Ortsnetzbereich zugeteilten Rufnummernblöcke in Summe zu mehr als 75% genutzt sind.[51] Weist der Antragsteller nach, dass die ihm zur Verfügung stehenden Rufnummern trotz einer geringeren Auslastung nicht ausreichen, kann ausnahmsweise trotzdem eine Zuteilung weiterer Rufnummernblöcke erfolgen.

Die Netzbetreibern originär zugeteilten Rufnummernblöcke dürfen ausschließlich für ab- **74** geleitete Zuteilungen von Rufnummern an Nutzer verwendet werden. Dabei muss die von der Regulierungsbehörde vorgegebene Rufnummernlänge beachtet werden. Die abgeleitete Zuteilung von Rufnummern, die nicht zehn- oder elfstellig sind, ist grundsätzlich unzulässig. Eine Ausnahme ist für den Fall der Anschlussübernahme geregelt. Hier können die Netzbetreiber eine kürzere Rufnummer an den Nutzer weitergeben, wenn dieser bereits mit der Rufnummer identifiziert wird. Dies ist zum Beispiel bei der Übernahme eines Geschäftes oder der Reaktivierung eines vor weniger als 6 Monaten gekündigten Anschlusses der Fall.[52]

Pro Anschluss ist grundsätzlich eine Rufnummer abgeleitet zuzuteilen. Für nicht durch- **75** wahlfähige ISDN-Anschlüsse werden bis zu drei Rufnummern abgeleitet zugeteilt. Darüber hinaus können bei Bedarf des Nutzers bis zu sieben Rufnummern zusätzlich zugeteilt werden, wobei diese Rufnummern nach einer Regelung der Regulierungsbehörde in bestimmten Fallgestaltungen länger sein können als die drei zuerst zugeteilten Rufnummern.[53]

Bei durchwahlfähigen Telekommunikationsanlagen richtet sich die Zahl der abgeleitet zu- **76** zuteilenden Rufnummern nach der Zahl der an ein öffentliches Telefonnetz geschalteten Anschlüsse. Benötigt ein Nutzer mehr Rufnummern, kann er bei der Regulierungsbehörde eine Bescheinigung seines Rufnummernbedarfs beantragen.[54] Der bescheinigte Bedarf kann dann dem Nutzer vom Netzbetreiber abgeleitet zugeteilt werden.

bb) Zuteilung von Rufnummernblöcken mit je 10 oder 100 Rufnummern. – Es ist in **77** der Vergangenheit vorgekommen, dass Nutzer ihre Telekommunikationsanlagen erweitern wollten und dafür zusätzliche Rufnummern benötigten. Problematisch waren diese Fälle insbesondere dann, wenn die bereits genutzten Rufnummern zu Blöcken gehörten, die nicht von der Regulierungsbehörde zugeteilt wurden, sondern aus dem so genannten Altbestand stammten. Hatte der Nutzer den Netzbetreiber gewechselt und seine Rufnummern portiert, konnte der neue Netzbetreiber die für die Erweiterung notwendigen Rufnummern dem Nutzer nicht abgeleitet zuteilen, weil er nicht Inhaber des entsprechenden Rufnummernblockes ist. Die Regulierungsbehörde hat zur Ermöglichung von Erweiterungen von Telekommunikationsanlagen eine Ausnahme von den Zuteilungsregeln verfügt.[55] Danach können Netzbetreiber die Zuteilung von 10er- oder 100er-Rufnummernblöcken beantragen, wenn sie diese benötigen, weil einer ihrer Kunden seine Telekommunikationsanlage um die Blöcke erweitern will. Eine weitere Voraussetzung ist, dass die benötigten Rufnummernblöcke frei sind und an der Zuteilung ein besonderes öffentliches Interesse besteht.

---

51 Abschnitt 5.1.3 der Vfg. 109/1997 vom 7. 5. 1997 (BMPT ABl. 13/1997).
52 Vfg. 32/1998 vom 1. 4. 1998 (RegTP ABl. 6/1998).
53 Vfg. 65/1999 vom 16. 6. 99 (RegTP ABl. 10/1999).
54 Anlage 3, Methode 2 der Vfg. 109/1997 vom 7. 5. 1997 (BMPT ABl. 13/1997).
55 Vfg. 18/2002 vom 10. 7. 2003 (RegTP ABl. 13/2002), ersetzt durch Vfg. 10/2003 vom 5. 3. 2003 (RegTP ABl. 5/2003).

78   cc) Neugestaltung der Zuteilungsregeln für Ortsnetzrufnummern. – Am 10. 7. 2002 hat die Regulierungsbehörde mitgeteilt, dass sie beabsichtigt, die „Vorläufigen Regeln für die Zuteilung von Rufnummern in den Ortsnetzbereichen" durch eine Neufassung zu ersetzen.[56] Dazu hat sie einen entsprechenden Entwurf zur Kommentierung gestellt und ein Fachgespräch durchgeführt. Es ist vorgesehen, dass Rufnummern, die neu für durchwahlfähige Anschlüsse grundsätzlich elfstellig sind. In Fällen, in denen der Bedarf an Ortsnetzrufnummern trotz der Elfstelligkeit nicht gedeckt werden kann, soll die Regulierungsbehörde die Zwölfstelligkeit für alle neu zuzuteilenden Rufnummern für durchwahlfähige Anschlüsse festlegen können. Die bisher nur ausnahmsweise zulässige Zuteilung von kleineren Rufnummernblöcken soll regelmäßig möglich sein, um eine schonende Bewirtschaftung des knappen Nummernraumes zu gewährleisten. Bisher hat die Regulierungsbehörde noch keine Neufassung der Zuteilungsregeln für Ortsnetzrufnummern erlassen.

79   dd) Nutzung von Ortsnetzrufnummern für Internettelefonie („Voice over IP – VoIP"). – Die Telekommunikationsmärkte unterliegen einer starken Entwicklung durch die Erforschung und den Einsatz neuer Technologien. Es ist in der Vergangenheit vorgekommen, dass die Erbringung und Abrechnung neuer Dienste über bestehende Nummernressourcen mit ihren jeweiligen Vorgaben für die Zuteilung und die Nutzung nicht in Betracht kam. Dies ist vor allem bei der Einführung von Voice over IP der Fall gewesen. Hier kam es zu einem Bedarf an Rufnummern für Teilnehmer, die über das Internet oder internetbasierte Teilnehmernetze an das öffentliche Telefonnetz angebunden sind. Bei der Telefonie über das Internet-Telefonprotokoll kann ein Nutzer, der einen Festnetzanschluss mit einer Rufnummer hat, unabhängig von seinem Aufenthaltsort weltweit über dieselbe Rufnummer erreicht werden und auch selbst über diese Rufnummer telefonieren. Insofern handelt es sich um einen nomadisch nutzbaren Dienst, der grundsätzlich geeignet ist, einen Telefonanschluss zu ersetzen.

**80   **Die Anbieter dieser VoIP-Dienste nutzten zunächst Ortsnetzrufnummern für das Angebot der Dienste, die sie von einem Betreiber eines Telekommunikationsnetzes abgeleitet zugeteilt bekommen haben. Diese Rufnummern gaben sie dann an Nutzer der VoIP-Dienste weiter, ohne darauf zu achten, in welchem Ortsnetzbereich sich der Anschluss des Nutzers befand. Die Regulierungsbehörde hat diese Verfahrensweise mit der Begründung untersagt[57], die Nutzung von Ortsnetzrufnummern für VoIP-Kunden verstoße gegen die Zuteilungsregeln für Ortsnetzrufnummern[58]. Diese sähen vor, dass die Ortsnetzrufnummern ortsgebunden zugeteilt werden, also die Belegenheit des Anschlusses des Kunden zu beachten ist.[59] Weiterhin könne es durch die regelwidrige Nutzung der Ortsnetzrufnummern zu einer weiteren Knappheit in einzelnen Ortsnetzbereichen kommen, was den nationalen Nummernplan insgesamt gefährde und zu Lasten der Wettbewerber gehe, die sich rechtskonform verhalten.[60] Die Entscheidung sei zudem erforderlich, weil entgegen § 46 TKG eine Portierung der Rufnummern technisch nicht möglich ist.

**81   **Die Regulierungsbehörde hat entschieden, dass abgeleitete Zuteilungen von Ortsnetzrufnummern für VoIP-Dienste an Kunden ab dem 15. 10. 2004 nicht mehr zulässig sind. Be-

---

56 Mit. 324/2002 vom 10. 7. 2002 (RegTP ABl. 13/2002).
57 *Katko*, CR 2005, 191; *Paschke*, K&R 2005, 315; *Holznagel/Bonnekoh*, MMR 2005, 588 f.
58 Vfg. 109/1997 vom 7. 5. 1997 (BMPT ABl. 13/1997).
59 Mit. 306/2004 vom 6. 10. 2004 (RegTP ABl. 20/2004), vgl. auch RdNr. 69.
60 Pressemitteilung der Regulierungsbehörde vom 20. 8. 2004; *Paschke*, K&R 2005, 316.

reits für Internettelefonie genutzte Ortsnetzrufnummern können bis zum 1. 8. 2005 genutzt werden. Am 1. 6. 2006 hat die Regulierungsbehörde mitgeteilt, dass diese Frist bis zum 1. 2. 2007 verlängert wird.[61] Die Regulierungsbehörde erwägt, die Zuteilungsregeln für Ortsnetzrufnummern zu ändern. Um auch Nummern bereitzustellen, die einen geographischen Bezug haben, soll der Anschlussbezug durch einen Wohnortbezug ersetzt werden.[62]

b) 032: Nationale Teilnehmerrufnummern. – Um die Internettelefonie zu ermöglichen **82** und ein Ausweichen auf andere Rufnummerngassen zu verhindern, war es erforderlich, dass die Regulierungsbehörde einen ausreichend großen Nummernbereich zur Verfügung stellt, für den keine Vorgaben gelten, die das Angebot von Voice-over-IP-Diensten ausschließen.

Am 17. 12. 2003 hat die Regulierungsbehörde den Entwurf von Zuteilungsregeln für natio- **83** nale Teilnehmerrufnummern veröffentlicht und zur Kommentierung gestellt, um ihrem gesetzlichen Auftrag, den Anforderungen auch von Betreibern von Telekommunikationsnetzen zu genügen, nachzukommen.[63] Sie hat dabei mitgeteilt, dass die Funktionalität der nationalen Teilnehmerrufnummern derjenigen von Ortsnetzrufnummern entsprechen soll. Nach Auswertung der eingegangenen Stellungnahmen hat die Regulierungsbehörde am 15. 4. 2004 eine öffentliche mündliche Anhörung durchgeführt.[64] Die „Regeln für die Zuteilung von nationalen Teilnehmerrufnummern" wurden am 24. 11. 2004 veröffentlicht; Zuteilungen erfolgen seit Anfang 2005.

Die Zuteilungsregeln der Regulierungsbehörde sehen die Rufnummerngasse 032 des **84** E.164-Nummernraums für die Zuteilung von nationalen Teilnehmerrufnummern vor. Dabei handelt es sich bei den Ziffern „32" um die Dienstekennzahl, der das Präfix „0" vorangestellt wird. An die Dienstekennzahl sollen sich dann eine sechsstellige Blockkennung und eine dreistellige Endnummer anschließen, so dass nationale Teilnehmerrufnummern in der Regel insgesamt eine Rufnummernlänge von elf Stellen haben.[65]

Mit einem Antrag kann die originäre Zuteilung von bis zu zehn Rufnummernblöcken zu je **85** 1000 Rufnummern beantragt werden. Antragsberechtigt sind Betreiber von Telekommunikationsnetzen, die einen Dienst anbieten wollen, bei dem der Teilnehmer örtlich nicht an einen bestimmten physischen Netzabschlusspunkt gebunden ist und die sonstigen von der Regulierungsbehörde vorgegebenen Voraussetzungen erfüllt sind. Der Antragsteller kann seinen Sitz auch in einem anderen Mitgliedstaat der Europäischen Union haben.[66] Der Zuteilungsnehmer teilt dann die Rufnummern abgeleitet an in Deutschland ansässige Teilnehmer zu. Der Teilnehmer ist örtlich nicht an einen bestimmten Standort gebunden.[67] Die Rufnummernblöcke werden nach dem First-come-first-served-Verfahren zugeteilt, wobei bei Öffnung der Gasse ein Tag-eins-Verfahren vorgesehen ist. Dieses hat die Regulierungsbehörde am 31. 1. 2005 durchgeführt und ca. 350 000 nationale Teilnehmerrufnummern

---

61 Mit. 125/2005 vom 1. 6. 2005 (RegTP ABl. 10/2005).
62 *Dommermuth*, N&R 2005, 29; *Gramlich*, CR 2005, 567; Mit. 229/2005 vom 21. 9. 2005 (RegTP ABl. 18/2005).
63 Mit. 397/2003 vom 17. 12. 2003 (RegTP ABl. 25/2003).
64 Mit. 106/2004 vom 21. 4. 2004 (RegTP ABl. 8/2004).
65 Vgl. Abschnitt der Vfg. 51/2004 vom 26. 11. 2004 (RegTP ABl. 23/2004).
66 Vfg. 42/2005 vom 29. 6. 2005 (RegTP ABl. 12/2005).
67 Vgl. auch *Katko*, CR 2005, 191; ausführlich *Paschke*, K&R 2005, 316 f.

zugeteilt. Bei Folgeanträgen soll dann der Nutzungsgrad der bereits genutzten Rufnummernblöcke angegeben werden.

86 Die Regulierungsbehörde hat in den Zuteilungsregeln festgelegt, dass die Nutzung von nationalen Teilnehmerrufnummern für Premium-Rate-Dienste oder für Dienste, die einer Betreiberauswahl entsprechen, nicht zulässig ist, um einen Missbrauch der nationalen Teilnehmerrufnummern zu verhindern.[68] Zudem soll für die nationalen Teilnehmerrufnummern eine Netzbetreiberauswahl nach § 46 möglich sein. Der Erfolg der 032-Rufnummern hängt nun noch von der technischen Umsetzung der Vorgaben ab. Die technischen Fragen werden im AKNN geklärt.

87 **c) 19xxx: Bundeseinheitliche Rufnummern in den Ortsnetzbereichen (INDI-Rufnummern).** – Die Bundespost und die Deutsche Telekom AG haben bis zum 31. 12. 1997[69] für Anwendungen, die in mehreren Ortsnetzbereichen unter der gleichen Rufnummer erreichbar sein sollten, so genannte INDI-Rufnummern zugeteilt. Diese Rufnummern haben die Struktur 19xxx. Am bekanntesten ist die für Rettungsleitstellen genutzte Rufnummer 19222, zu der die Innenminister der Länder Vorgaben gemacht haben.

88 Am 7. 5. 1997 hat der Rechtsvorgänger der Regulierungsbehörde, das Bundesamt für Post und Telekommunikation, die „Vorläufigen Regeln für die Zuteilung von Rufnummern in den Ortsnetzbereichen"[70] erlassen. Danach ist für Ortsnetzrufnummern eine bestimmte Rufnummernlänge vorgegeben. Ortsnetzrufnummern müssen demnach 10 oder 11 Ziffern umfassen. Die Vorgabe dient dazu, den schonenden Umgang mit der knappen Ressource der Ortsnetzrufnummern sicherzustellen. Diese Festlegung, die die Regulierungsbehörde im Rahmen der Strukturierung des Nummernraumes getroffen hat, wird bei den INDI-Rufnummern nicht eingehalten. Diese Rufnummern nehmen einen großen Nummernraum ein. Der Zuteilungsnehmer kann nämlich entscheiden, in welchen Ortsnetzbereichen er die Einrichtung der INDI-Rufnummer bei einem Netzbetreiber beauftragt. Die Rufnummer werden in den anderen Ortsnetzbereichen aber freigehalten und können dort noch geschaltet werden, was zu einer ineffizienten Nutzung des Nummernraums führt. Die Regulierungsbehörde teilt daher keine Rufnummern der Struktur 19xxx zu. Bereits verwendete INDI-Rufnummern dürfen aber weiter genutzt werden. Eine Änderung dieser Vorgaben wäre nach § 66 Abs. 2 im Rahmen der Überarbeitung der Zuteilungsregeln für Ortsnetzrufnummern möglich.

89 **d) 015, 017 und 0160, 0162 sowie 0163: Rufnummern für Mobilfunkdienste (GSM).** – **aa) Vorgaben der Regulierungsbehörde.** – Nach einer Anhörung[71] hat die Regulierungsbehörde am 11. 10. 2000 Regeln für die Zuteilung von Rufnummern für öffentliche zellulare Mobilfunkdienste erlassen, die unter anderem Vorgaben für die Rufnummernstruktur, das Antragsverfahren und die mit einer Zuteilung verbundenen Auflagen enthalten.[72] Die Antragsberechtigung wurde nach Ablauf der Umsetzungsfrist von Art. 3 Abs. 2 und Art. 18 GRL angepasst.[73] Antragsberechtigt sind demnach diejenigen Unternehmen, die Inhaber von Frequenzen für den Betrieb eines öffentlichen zellularen Mobilfunknetzes

---

68 Vgl. Abschnitt der Vfg. 51/2004 vom 26. 11. 2004 (RegTP ABl. 23/2004).
69 Vgl. Abschnitt 6.2 der Vfg. 109/1997 vom 7. 5. 1997 (BMPT ABl. 13/1997).
70 Vfg. 109/1997 vom 7. 5. 1997 (BMPT ABl. 13/1997).
71 Mit. 414/2000 vom 12. 7. 2000 (RegTP ABl. 13/2000).
72 Vfg. 84/2000 vom 6. 12. 2000 (RegTP ABl. 23/2000).
73 Vfg. 31/2003 vom 16. 7. 2003 (RegTP ABl. 14/2003).

sind. Mobilfunkrufnummern werden im Wege originärer Zuteilungen in Blöcken von jeweils 10 Millionen Rufnummern an die Mobilfunknetzbetreiber zugeteilt. Die Zuteilungsnehmer nehmen dann aus diesen Rufnummernblöcken abgeleitete Zuteilungen von einzelnen Rufnummern an Nutzer vor. Die Regulierungsbehörde teilt in ihrem Amtsblatt mit, welcher Rufnummernblock von welchem Mobilfunknetzbetreiber genutzt wird.[74]

Die Regulierungsbehörde hat für öffentliche zellulare Mobilfunknetze die Rufnummern-   **90** bereiche 015 und 017 bereitgestellt. Zusätzlich stehen die Nummerngasse 0160, 0162 und 0163 zur Verfügung. 015er-Mobilfunkrufnummern setzen sich aus der zweistelligen Dienstekennzahl „15", einer zweistelligen Blockkennung und einer siebenstelligen Endeinrichtungsnummer zusammen. Sie haben insgesamt elf Stellen, das Präfix „0" muss vorgewählt werden. Mobilfunkrufnummern aus den Bereichen 016 und 017 haben nach der jeweiligen Dienstekennzahl eine einstellige Blockkennung und eine siebenstellige Endeinrichtungsnummer. Diese Rufnummern sind zehnstellig, wobei ebenfalls das Präfix vorangestellt werden muss. Von der Regulierungsbehörde wurden Rufnummernblöcke für die einzelnen Mobilfunknetzbetreiber reserviert. Die reservierten Blöcke werden auf Antrag zugeteilt, wobei bei Folgeanträgen nachzuweisen ist, dass bereits zugeteilte Mobilfunknummernressourcen zu mehr als 40 % genutzt sind.

bb) Virtueller Mobilfunknetzbetreiber (Mobile Virtual Network Operator – MVNO).   **91** – Problematisch ist die nummerierungsrechtliche Behandlung von so genannten virtuellen Mobilfunknetzbetreibern. Unter dem Begriff „virtueller Mobilfunknetzbetreiber" werden Geschäftsmodelle zusammengefasst, bei denen Unternehmen mit eigener Plattform und eigener Kernnetzinfrastruktur Mobilfunkfrequenzen von Mobilfunknetzbetreibern anmieten, um gegenüber den Kunden wie ein selbstständiger Mobilfunknetzbetreiber aufzutreten.

Die Regulierungsbehörde hat sich bereits 2001 mit der Vergabe von Rufnummernblöcken   **92** für öffentliche zellulare Mobilfunknetze an MVNO beschäftigt. Nach einer Anhörung[75] hat sie die Zuteilungsregeln für Mobilfunkrufnummern geändert, um dem Bedarf von MVNO-Geschäftsmodellen an Nummernressourcen gerecht zu werden. Wenn ein Mobilfunknetzbetreiber eine Netznutzungsvereinbarung mit einem Betreiber eines Telekommunikationsnetzes vorlegt, die letzterem die Nutzung der Nummern ermöglicht, kann der Mobilfunknetzbetreiber unabhängig vom Nutzungsgrad ihm bereits zugeteilter Rufnummernblöcke die Zuteilung eines weiteren Rufnummernblockes für dieses Geschäftsmodell beantragen. Mit dieser Regelung ist sichergestellt, dass auch MVNO-Geschäftsmodellen ausreichend Nummernressourcen zur Verfügung stehen.

Die Regulierungsbehörde hat ihre Entscheidung umfassend begründet.[76] So hat sie der Än-   **93** derung der Zuteilungsregeln unter anderem zugrunde gelegt, dass sie zum schonenden Umgang mit den knappen Nummernressourcen verpflichtet ist. Da ihrer Ansicht nach nicht absehbar sei, wie viele Kunden ein einzelner virtueller Mobilfunknetzbetreiber haben werde, hielt die Regulierungsbehörde eine Zuteilung von Rufnummernblöcken mit jeweils 10 Millionen Rufnummern an jeden MVNO für ein Verfahren, welches den schonenden Umgang mit den knappen Nummernressourcen nicht in ausreichendem Maße gewährleiste. Die Zuteilung von Blöcken mit weniger als 10 Millionen Rufnummern schied nach

---

74 Zum Beispiel Mit. 49/2003 vom 19. 2. 2003 (RegTPABl. 4/2003, 0176-O2).
75 Mit. 245/2001 vom 9. 5. 2001 (RegTPABl. 9/2001).
76 Mit. 222/2002 vom 17. 4. 2002 (RegTPABl. 7/2002).

Angaben der Regulierungsbehörde aus netztechnischen Gründen aus. Zudem sei es schon deshalb nicht erforderlich, den MVNO „eigene" Nummernressourcen zuzuteilen, da vor dem Hintergrund der Netzbetreiberportabilität im Mobilfunk ohnehin an einer Rufnummer nicht mehr sicher erkannt werden kann, in welchem Mobilfunknetz diese eingerichtet ist.

94 Die Entscheidung der Regulierungsbehörde wurde stark kritisiert. Die FDP-Bundestagsfraktion hatte im Gesetzgebungsverfahren einen Entschließungsantrag gestellt, nach dem der Deutsche Bundestag die Bundesregierung auffordern sollte, für faire Chancen für MVNO zu sorgen, indem geregelt wird, dass diese Geschäftsmodelle im TKG im Zusammenhang mit der Nummernvergabe explizit genannt werden.[77] Die Entscheidung der Regulierungsbehörde aus dem Jahr 2002 habe das Zustandekommen von MVNO-Vereinbarungen verhindert. Die FDP-Fraktion hatte vorab eine Kleine Anfrage zu MVNO-Geschäftsmodellen an die Bundesregierung gerichtet.[78] Der Deutsche Bundestag ist dem Entschließungsantrag nicht gefolgt. Das TKG erwähnt die unter dem Begriff des virtuellen Mobilfunknetzbetreibers zusammengefassten Geschäftsmodelle nicht, enthält aber auch keine Regelungen, die derartige Geschäftsmodelle verhindern.

95 **cc) Kurzwahlnummern für Premium-SMS.** – Seit dem Jahr 2002 ist es zu einem steigenden Angebot von so genannten Premium-SMS gekommen, über die Dienstleistungen, die ein Mobilfunkkunde in Anspruch nimmt, abgerechnet werden. Beispiele für Premium-SMS sind die Bestellung von Logos oder Klingeltönen für Mobiltelefone, Erotikdienste oder sonstige „Chats", Abstimmungen im Rahmen von Fernsehsendungen und auch Gewinnspiele. Häufig kommt durch das Abonnement eines bestimmten Dienstes auch ein Dauerschuldverhältnis zustande, so dass der Mobilfunkkunde für jede der regelmäßig eingehenden Kurznachrichten zahlen muss. Für diese Geschäftsmodelle werden meist fünfstellige Kurzwahlnummern verwendet, die die Mobilfunknetzbetreiber Diensteanbietern zur Verfügung stellen. Es ist zu einem starken Anstieg der Verbraucherbeschwerden gekommen. Die Probleme im Zusammenhang mit den Kurzwahlnummern entsprechen inhaltlich denen, die auch im Bereich der 0190er-Rufnummern diskutiert werden. Es kommt zu unerwünschter Werbung mittels SMS, Unklarheiten über den Preis von Diensten und den Vertragspartner. Zudem gelten die Regelungen der § 152 Abs. 1 S. 1 in Verbindung mit §§ 43a und b TKG 2003 nicht für die Kurzwahlrufnummern. Es gilt demnach keine Preisobergrenze. Kurzwahlnummern werden von der Regulierungsbehörde nicht zugeteilt. Es kommen daher bei rechtsmissbräuchlicher Nutzung der Kurzwahlnummern keine Sanktionen durch die Regulierungsbehörde in Betracht.

96 Die Regulierungsbehörde hat bisher vertreten, dass Kurzwahlrufnummern keine Nummern im Sinne von § 3 Nr. 13 sind, da es sich um lediglich netzintern verwendete Nummernressourcen handele, so dass keine Adressierung in Telekommunikationsnetzen vorliege. Fraglich ist, ob diese Ansicht zutreffend ist. Derzeit prüft die Regulierungsbehörde erneut ihre Handlungsmöglichkeiten.[79] Sie hat eine Anhörung durchgeführt.

97 Teilweise wird vertreten, Kurzwahlnummern seien keine Nummern im Sinne des TKG, da sie – wie auch Domain-Namen – nur in IP-Adressen umgewandelt werden. Sie dienten zwar dem jeweiligen SMS-Center als „Codewort" für eine IP-Adresse, unter der die SMS dem Diensteanbieter bereitgestellt wird, nicht aber zur Adressierung in Telekommunikationsnet-

---

77 BT-Drs. 15/2686.
78 BT-Drs. 15/1381; Antwort der Bundesregierung BT-Drs. 15/1449.
79 *von Hammerstein*, MMR 7/2004, XVI ff.

zen.[80] Zudem stellten Kurzwahlnummern keine nationale Nummernressource dar, da sie aufgrund ihrer jeweiligen netzinternen Nutzung national nicht nur einmal verfügbar seien. Sie seien von Art. 10 RRL mithin nicht erfasst.[81] Schließlich handele es sich bei Kurzwahlnummern nicht um ein knappes Gut, so dass kein Regulierungsbedürfnis bestehe.

Dieser Auffassung kann nicht gefolgt werden. Eine Vielzahl der Kurzwahlnummern wird **98** netzübergreifend beworben, da aufgrund von Absprachen zwischen den Mobilfunknetzbetreibern über sie immer der gleiche Dienst erreicht wird. Zwecken der Adressierung dient eine Zeichenfolge, wenn durch sie ein bestimmter Empfänger in einem Telekommunikationsnetz eindeutig identifiziert wird. Zwar ist es zutreffend, dass Premium-SMS über die Kurzwahlnummer zunächst an das jeweilige SMS-Center gesendet werden, wo die Nummer umgewandelt wird. Jedoch stellt das SMS-Center bereits einen Teil des Telekommunikationsnetzes dar, so dass es sich bei diesem Vorgang bereits um eine Adressierung in einem Telekommunikationsnetz handelt. Die in § 3 Nr. 13 enthaltene Definition für Nummern, die eine Adressierung in Telekommunikationsnetzen vorsieht, steht der Einordnung von Kurzwahlnummern als Nummern im Sinne des TKG nicht entgegen. Diese Formulierung will die Verwendung von Zeichenfolgen in den verschiedenen existierenden Telekommunikationsnetzen erfassen, ohne dabei die Maßnahmen der Regulierungsbehörde auf die Ressourcen zu beschränken, die netzübergreifend in mehreren Telekommunikationsnetzen genutzt werden. Es ist nicht ersichtlich, inwiefern das Regulierungsbedürfnis von der Art der technischen Realisierung eines Dienstes abhängig sein soll. Die Definition erfasst sowohl die in einem als auch die in mehreren Telekommunikationsnetzen zur Adressierung genutzten Zeichenfolgen. Zudem dienen die Kurzwahlnummern für den Kunden unstreitig zur Adressierung eines bestimmten Diensteanbieters im Telekommunikationsnetz. Dem SMS-Kunden ist eine andere Nummer zur Adressierung gar nicht bekannt. Eine Adressierung des gewünschten Dienstes durch den Kunden direkt über die IP-Adresse ist technisch nicht möglich. Schließlich ist eine Nummerierungsressource nicht erst dann knapp, wenn keine Nummern mehr vergeben werden können. Eine Regulierungsmaßnahmen erfordernde Knappheit ist schon dann gegeben, wenn die Gefahr besteht, dass ohne eine hoheitliche Bewirtschaftung die Nachfrage das Angebot in absehbarer Zeit übersteigen könnte.[82] Da Kurzwahlnummern nicht beliebig vermehrt werden können, stellen sie eine knappe Ressource in diesem Sinne dar.

Die Regulierungsbehörde sollte den für Kurzwahlnummern genutzten Nummernbereich **99** verwalten und die Kurzwahlnummern entsprechend dem Verfahren bei den 0900er-Rufnummern an Diensteanbieter zuteilen. Darüber hinaus sollten die für Premium-Rate-Diensterufnummern geltenden Vorgaben auch auf Kurzwahlnummern anwendbar sein, so dass es keine Regelungslücke gibt, die zu Lasten der Verbraucher geht.

e) 118xy und 1180yy: Rufnummern für Auskunftsdienste. – aa) Festlegungen der Re- **100** **gulierungsbehörde.** – Die Regulierungsbehörde hat als Strukturierungsmaßnahme festgelegt, dass in jedem durch eine Ortsnetzkennzahl definierten Teilnehmernetz der Teilbereich 118 des E.164-Nummernraumes für Auskunftsdienste zur Verfügung steht und die Rufnummer 01188 und 01199 für Auskunftsdienste nur noch bis zum 31. 1. 1998 genutzt

---

80 *von Hammerstein*, MMR 7/2004, XVII.
81 *von Hammerstein*, MMR 7/2004, XVIII.
82 VG Köln, Urteil vom 8. 12. 2000, Az. 11 K 10253/99, MMR 2001, 327 ff.

werden dürfen.[83] Als Routingnummern für Auskunftsdienste hat die Regulierungsbehörde den Nummernbereich 01989 zur Verfügung gestellt.[84] Zudem hat sie 1997 „Vorläufige Regeln für die Zuteilung von Rufnummern für Auskunftsdienste"[85] veröffentlicht, die sie 1998 geändert hat[86]. Zur weiteren Änderung wurde am 13. 7. 2005 (Mit. 170/2005) angehört.

101   Rufnummern für Auskunftsdienste der Struktur 118xy sind fünfstellig, solche der Struktur 1180yy sechsstellig. Auskunftsdiensterufnummern können von Anbietern von Auskunftsdiensten beantragt werden. Voraussetzung für die Zuteilung ist, dass der Antragsteller ein umfängliches Realisierungskonzept vorlegt, um nachzuweisen, dass er einen Auskunftsdienst im Sinne der Zuteilungsregeln anbieten wird. Für eine schonende Verwaltung der knappen Nummernressource hat die Regulierungsbehörde festgelegt, dass jedem Antragsteller höchstens fünf Auskunftsdiensterufnummern zugeteilt werden dürfen.[87] Verbundenen Unternehmen im Sinne von § 15 Aktiengesetz werden bis zu sieben Auskunftsdiensterufnummern zugeteilt. Dadurch wird den Anbietern von Auskunftsdiensten ermöglicht, mehrere Auskunftsdienste anzubieten, die sich hinsichtlich ihrer Ausgestaltung unterscheiden. 118er-Rufnummern werden nach der Reihenfolge des Eingangs der Anträge zugeteilt. Anders verfährt die Regulierungsbehörde, wenn Auskunftsdiensterufnummern an sie zurückgegeben werden oder in sonstiger Weise an sie zurückfallen. In diesen Fällen veröffentlicht sie die frei gewordenen Auskunftsdiensterufnummern und legt ein Datum fest, bis zu dem Anträge auf Zuteilung der veröffentlichten Rufnummern gestellt werden können.[88] Alle vollständigen Anträge werden dann als zeitgleich eingegangen gewertet. Unter den Antragstellern wird der künftige Zuteilungsnehmer für jede frei gewordene Auskunftsdiensterufnummer ausgelost.

102   Auskunftsdienste sind nach den Vorgaben der Regulierungsbehörde bundesweit jederzeit telefonisch vorwahlfrei erreichbare Informationsdienste, die ausschließlich der Weitergabe von Rufnummer, Name, Anschrift und sonstigen Angaben zu Telekommunikationsnutzern dienen. Eine sonstige Angabe kann zum Beispiel der Beruf desjenigen sein, der unter der erfragten Rufnummer verzeichnet ist. Unter einer Auskunftsdiensterufnummer müssen mindestens alle inländischen Rufnummern von Teilnehmern des Sprachtelefondienstes und der Mobilfunknetze sowie alle Rufnummern von Teilnehmern ausländischer Sprachtelefondienste erfragt werden können. Dies gilt jedoch nur für die Daten, die dem Auskunftsdiensteanbieter zu angemessenen Entgelten zur Verfügung stehen. Außerdem dürfen Daten nicht mitgeteilt werden, wenn der Teilnehmer der Beauskunftung widersprochen hat. Seit Inkrafttreten des novellierten TKG ist auch eine so genannte Inverssuche zulässig, das heißt, zu einer bekannten Rufnummer kann der Name des Teilnehmers mitgeteilt werden, sofern dieser nicht widersprochen hat.

103   **bb) Weitervermittlung zu einer Rufnummer.** – Die Zuteilungsregeln sehen vor, dass die Weitervermittlung zu einer erfragten Rufnummer Bestandteil des Auskunftsdienstes sein

---

83 Vfg. 228/1997 vom 10. 9. 1997 (BMPT ABl. 25/1997).

84 Vfg. 224/1997 vom 10. 9. 1997 (BMPT ABl. 25/1997).

85 Vfg. 61/1997 vom 19. 3. 1997 (BMPT ABl. 8/1997).

86 Vfg. 143/1998 vom 9. 12. 1998 (RegTP ABl. 24/1998).

87 Abschnitt 5.1 der Vfg. 143/1998 vom 9. 12. 1998 (RegTP ABl. 24/1998).

88 Tag-eins-Verfahren, RdNr. 43; vgl. zum Beispiel Vfg. 73/1999 vom 30. 6. 1999 (RegTP ABl. 11/1999); Vfg. 70/2000 vom 9. 8. 2000 (RegTP ABl. 15/2000); Vfg. 44/2003 vom 10. 9. 2003 (RegTP ABl. 18/2003); Vfg. 46/2004 vom 10. 11. 2004 (RegTP ABl. 22/2004).

kann. Die Weitervermittlung ist nach einer Konkretisierung der Regulierungsbehörde jedoch nur zulässig, wenn das Ziel, zu dem weitervermittelt wird, auch direkt über eine eigenständige Rufnummer aus dem öffentlichen Telefonnetz angewählt werden kann.[89] Zudem muss die Rufnummer, zu der weitervermittelt wird, angesagt werden, wenn nicht der Auskunftssuchende darauf ausdrücklich oder konkludent verzichtet.

Die Regelungen zur Weitervermittlung sind einerseits verbraucherfreundlich, da der Aus-   **104** kunftssuchende nicht erst die erfragte Rufnummer notieren muss, begegnen aber andererseits hinsichtlich des Verbraucherschutzes Bedenken. So werden zahlreiche Auskunftsdienste im Wesentlichen betrieben, um zu Premium-Rate-Diensten weiterzuvermitteln. Unabhängig davon, zu welcher Rufnummer weitervermittelt wird, ist auf der Telefonrechnung nur die Verbindung zu der angewählten Auskunftsdiensterufnummer aufgeführt. Es ist daher für den Anrufer im Nachhinein schwer nachvollziehbar, welche Dienstleistung er zu welchem Preis in Anspruch genommen hat. § 152 Abs. 1 S. 1 in Verbindung mit § 43 b Abs. 2 TKG 2003 sieht allerdings vor, dass bei der Weitervermittlung zu einem Premium-Rate-Dienst der Preis für das weitervermittelte Gespräch vor der Weitervermittlung kostenfrei anzusagen ist.[90]

f) 010xy und 0100yy: Kennzahlen für Verbindungsnetzbetreiber. – Verbindungsnetzbe-   **105** treiberkennzahlen sind erforderlich für die Adressierung von Verbindungsnetzen aus Teilnehmernetzen. Der Anrufer wählt den Verbindungsnetzbetreiber aus, indem er diese „Vorwahlen" bei einem Anruf der Rufnummer des angerufenen Teilnehmers voranstellt. Das Gespräch wird zum Tarif des Verbindungsnetzbetreibers abgerechnet.[91] Diese Tarife werden regelmäßig in Tageszeitungen veröffentlicht, da sie sich schnell ändern können. Die Regulierungsbehörde veröffentlicht auf ihren Internetseiten eine Übersicht mit den Namen und Adressen der Zuteilungsnehmer der jeweiligen Verbindungsnetzbetreiberkennzahl.

1997 wurden „Vorläufige Regeln für die Zuteilung von Kennzahlen für Verbindungsnetz-   **106** betreiber" veröffentlicht.[92] Damit erfolgte die Bereitstellung des Nummernbereiches 010 als fünfstellige Kennzahlen für die Netzbetreiberauswahl. Zusätzlich wurde ab dem 2. 6. 1998 der Rufnummernbereich 0100 mit sechsstelligen Kennzahlen zur Verfügung gestellt.[93] Antragsberechtigt waren zunächst Verbindungsnetzbetreiber, die eine telekommunikationsrechtliche Lizenz hatten. Nach Ablauf der Umsetzungsfrist von Art. 3 Abs. 2 und Art. 18 GRL und dem damit verbundenen Wegfall der Lizenzpflicht hat die Regulierungsbehörde die Voraussetzungen für die Beantragung dem neuen Rechtsrahmen angepasst.[94] Antragsberechtigt für die Zuteilung von Verbindungsnetzbetreiberkennzahlen ist danach, wer beabsichtigt, ein Verbindungsnetz zu betreiben. Zum Nachweis dieser Absicht ist ein Realisierungskonzept für das zu betreibende öffentliche Telekommunikationsnetz, ein Beweis über die Funktionsherrschaft, das heißt, die rechtliche und tatsächliche Kontrolle über dieses Netz, eine Zusammenschaltungsvereinbarung und eine Beschreibung des geplanten Dienstes vorzulegen. Das Realisierungskonzept soll dabei nach einer Konkretisierung der Regulierungsbehörde eine ausführliche Beschreibung der geschäftlichen, technischen und

---

89 Mit. 305/2002 vom 26. 6. 2002 (RegTP ABl. 12/2002).
90 Mit. 19/2004 vom 21. 1. 2004 (RegTP ABl. 2/2004); vgl. hierzu im Einzelnen § 67 RdNr. 54 ff.
91 Vgl. zur Netzbetreiberauswahl, § 40, RdNr. 24 f.
92 Vfg. 62/1997 vom 19. 3. 1997 (BMPT ABl. 8/1997).
93 Vfg. 43/1998 vom 13. 5. 1998 (RegTP ABl. 9/1998).
94 Vfg. 32/2003 vom 16. 7. 2003 (RegTP ABl. 14/2003).

betrieblichen Planung beinhalten. Die Zuteilung ist durch die Zuteilungsregeln auf eine einzige Verbindungsnetzbetreiberkennzahl pro Unternehmen beschränkt, um eine ausreichende Verfügbarkeit dieser Ressource für alle neuen Wettbewerber sicherzustellen.

107 Für die erstmalige Zuteilung von Verbindungsnetzbetreiberkennzahlen hat die Regulierungsbehörde ein Tag-eins-Verfahren[95] durchgeführt. Alle bis zum 15. 5. 1997 eingegangenen Anträge galten als zeitgleich eingegangen. Die Reihenfolge, in der die schriftlich bevollmächtigten Vertreter der Antragsteller Kennzahlen aus dem Bestand auswählen durften, wurde in einem Losverfahren ermittelt. Das gleiche Verfahren wendet die Regulierungsbehörde an, wenn Verbindungsnetzbetreiberkennzahlen an sie zurückgegeben werden oder in sonstiger Weise an sie zurückfallen.[96] Die Zuteilung sonstiger noch freier Verbindungsnetzbetreiberkennzahlen erfolgt in der Reihenfolge, in der die Anträge eingegangen sind.

108 **g) 0800: Rufnummern für Freephone-Dienste (entgeltfreie Mehrwertdienste). – aa) Vorgaben der Regulierungsbehörde.** – Am 18. 6. 1997 hat das Bundesamt für Post und Telekommunikation (BAPT) im Rahmen der Strukturierung und Ausgestaltung des Nummernraums den Nummernbereich 0800 für entgeltgeltfreie Mehrwertdienste zur Verfügung gestellt und gleichzeitig entschieden, dass der Nummernbereich 0130 für diese Dienste nur noch auslaufend bis zum 31. 12. 2000 genutzt werden darf.[97] Mit demselben Datum hat das BAPT „Vorläufige Regeln für die Zuteilung von Rufnummern für entgeltfreie Mehrwertdienste" erlassen.[98] Nach diesen Regeln hat der Angerufene bei der Inanspruchnahme von Freephone-Diensten zwar kein Entgelt zu entrichten, die Möglichkeit der Erhebung eines Entgeltes für die Nutzung eines Endgerätes bleibt aber unbenommen.

109 Die Rufnummern sind zehnstellig. Das Präfix 0 muss vorgewählt werden. 0800er-Rufnummern können von Nutzern beantragt werden, die die Einrichtung dieser Rufnummer bei einem Betreiber eines Telekommunikationsnetzes beauftragen wollen. Zur Einführung der 0800er-Rufnummern wurde ein Tag-eins-Verfahren durchgeführt, bei dem diejenigen Antragsteller bevorrechtigt waren, die eine genutzte 0130er-Rufnummer in die Gasse 0800 einbetten wollten. Nach dem Tag-eins-Verfahren hat die Regulierungsbehörde begonnen, Rufnummern für Freephone-Dienste nach dem First-come-first-served-Prinzip entsprechend der Reihenfolge des Eingangs der Anträge zu vergeben. Die Rufnummerngasse 0801 dient als Reserve für den Fall, dass keine 0800er-Rufnummern mehr für Zuteilungen zur Verfügung stehen.

110 **bb) R-Gespräche.** – Auch im Zusammenhang mit der Nutzung von 0800er-Rufnummern sind Verbraucherschutzprobleme aufgetreten. In den letzten Jahren gab insbesondere das Geschäftsmodell des so genannten R-Gesprächs Anlass zu Diskussionen. Bei R-Gesprächen wählt der Anrufer die 0800er-Rufnummer eines R-Gesprächsanbieters, das Gespräch ist für den Anrufer kostenlos. Der Anrufer teilt dem Diensteanbieter die Rufnummer des Anschlusses mit, zu dem er verbunden werden möchte. Der Diensteanbieter stellt die gewünschte Verbindung her und fragt den Angerufenen, ob er die Kosten für das R-Gespräch übernehmen will. Sofern der Angerufene durch einen Tastendruck oder mündlich zu-

---

95 Vgl. hierzu RdNr. 43.
96 Vgl. zum Beispiel: Vfg. 54/2000 vom 24. 5. 2000 „Zurückgegebene Kennzahlen" (RegTP ABl. 10/2000).
97 Vfg. 137/1997 vom 18. 6. 1997 (BMPT ABl. 17/1997).
98 Vfg. 138/1997 vom 18. 6. 1997 (BMPT ABl. 17/1997).

stimmt, verbindet der Diensteanbieter den Anrufer mit dem gewünschten Anschluss. Die Kosten für das Gespräch zahlt der Angerufene, der erklärt hatte, die Kosten übernehmen zu wollen, mit seiner Telefonrechnung.

Die Möglichkeit eines solchen R-Gesprächs gibt es schon seit langem. Seit ca. zwei Jahren **111** werden jedoch neue R-Gesprächsdienste angeboten, die stärker beworben und genutzt werden. Insbesondere gibt es Geschäftsmodelle, bei denen statt einer Verbindung zu einem anderen Endnutzer eine kostenpflichtige Verbindung zu einem Mehrwertdienst hergestellt wird. R-Gespräche unterscheiden sich auf Seiten des Angerufenen nicht von anderen eingehenden Anrufen. Die Annahme von R-Gesprächen kann daher vom Anschlussinhaber nicht gesondert unterbunden werden. Dies hat zu Problemen zum Beispiel im Hotelgewerbe geführt, wo der Gast möglicherweise bereits abgereist ist, wenn die Kosten für das von ihm akzeptierte R-Gespräch auf der Telefonrechnung des Hotelbesitzers erscheinen.

R-Gespräche sind grundsätzlich zulässig. Das TKG 1996 und die auf ihm beruhenden Verordnungen enthielten keine Regelungen zu R-Gesprächen, die ein Tätigwerden der Regulierungsbehörde zum Schutz der Verbraucher ermöglicht hätten. Zudem finden die Normen der TKV 1998 auf R-Gespräche keine Anwendung, so dass auch eine Begrenzung der Entgelthöhe nach § 18 TKV 1998 den Verbraucher nicht zu schützen vermag. Für den Vertragsschluss und die daraus resultierenden Zahlungsverpflichtungen gelten lediglich die allgemeinen zivilrechtlichen Grundsätze.

Die Bundesregierung hat zur Lösung des Problems in den Entwurf der nach § 66 Abs. 4 zu **113** erlassenden Nummerierungsverordnung unter anderem eine Regelung aufgenommen, nach der die Regulierungsbehörde eine Sperr-Liste mit Rufnummern von Anschlüssen, die für eingehende R-Gespräche zu sperren sind, führen muss. Hat ein Verbraucher seine Rufnummern über seinen Teilnehmernetzbetreiber in diese Sperr-Liste eintragen lassen, muss er nachfolgende R-Gespräche, die ihm in Rechnung gestellt werden, nicht mehr bezahlen.[99]

cc) Vanitynummern. – α) Einleitung. – Eine Telefonnummer setzt sich aus mehreren Ziffern **114** zusammen. Die ITU hat 1998 nach einer Studie zur Nutzerfreundlichkeit der Nummerierung eine Empfehlung[100] ausgesprochen, nach der international einheitlich jeder Ziffer mehrere Buchstaben zugeordnet sind. Es ist dadurch möglich, eine bestimmte Rufnummer auch alphanumerisch mittels einer Buchstabenkombination darzustellen. So ist zum Beispiel die Rufnummer 0180–3 686637 auch als 0180–3-Nummer darstellbar. Wählt der Anrufer unter Nutzung der auf den Tasten seines Telefons abgebildeten Buchstaben die 0180–3-Nummer, wird er mit dem unter 0180–3 686637 erreichbaren Anschluss verbunden, der Nummernverwaltung der Regulierungsbehörde.

Rufnummern, die durch Wörter abgebildet werden können, so genannte Vanitynummern, können die Bewerbung von Diensten erleichtern. Probleme hat es daher vor allem bei der Zuteilung von Servicerufnummern (0180er und 0800er Rufnummern) gegeben.

β) Zuteilung von Vanitynummern. – Vanitynummern werden von der Regulierungsbehörde **115** nicht als solche zugeteilt. Die Zuteilung von Rufnummern bezieht sich allein auf Ziffernfolgen. Es ist aber in den Nummernbereichen 0180, 0800, 700 und 0900 möglich,

---

99 Referentenentwurf der Telekommunikations-Nummerierungsverordnung (TNV), Anlage zu Abs. 4, § 16 Abs. 2.
100 ITU-Empfehlung E.161 Option A.

die einer bestimmten Buchstabenkombination entsprechende Rufnummer als Wunschrufnummer zu beantragen. Sofern die Rufnummer noch ungenutzt ist und die sonstigen Voraussetzungen für eine Zuteilung erfüllt sind, kann die Rufnummer dem Antragsteller zugeteilt und dann als Vanitynummer beworben werden.

116   Fraglich ist, ob der Inhaber einer eingetragenen Marke die bevorzugte Zuteilung einer Vanitynummer im Rahmen eines Losverfahrens oder eines Tag-eins-Verfahrens verlangen kann.

117   Die Verwaltungsgerichte hatten zu klären, ob das Vorgehen der Regulierungsbehörde, bei der (erstmaligen) Zuteilung von 0800er-Rufnummern Markenrechte nicht zu berücksichtigen, rechtmäßig war. In erster Instanz hat das VG Köln entschieden, dass die vorläufigen Regeln für die Zuteilung von 0800er-Rufnummern weder den Bestimmungen des TKG noch dem Grundgesetz oder dem europäischen Gemeinschaftsrecht widersprechen.[101] Die Regulierungsbehörde sei daher nicht verpflichtet gewesen, eine bestimmte Rufnummer vorrangig dem Inhaber der Marke zuzuteilen, die sich durch die alphanumerische Abbildung der Rufnummer ergibt. Der Inhaber eines eingetragenen Markenrechts habe insbesondere keinen Anspruch auf Zuteilung der Rufnummer, die aus den dieser Wortmarke entsprechenden Ziffern gebildet wird.[102]

118   Das OVG folgte der Entscheidung des VG Köln. Es entschied, dass das bei den 0800er-Nummern angewendete Vergabeverfahren rechtmäßig gewesen sei und stellte fest, dass die Vergabe und Verwendung einer nummernförmigen Kennung noch keine Anwendung einer buchstaben- und bildförmig ausgestalteten Wortmarke sei. Die Behörde habe aus Praktikabilitätsgründen auf eine Berücksichtung von Vanities verzichten können.[103] Schließlich wurde diese Rechtsprechung auch vom BVerwG bestätigt[104]. Dieses ließ die Revision gegen die Entscheidung des OVG nicht zu.

119   Streitig war auch die zivilrechtliche Rechtslage, wenn die Regulierungsbehörde eine Vanitynummer schon einem Dritten zugeteilt hatte und die Rufnummer von diesem Zuteilungsnehmer verwendet wurde. Zivilgerichte haben entschieden, dass die Verwendung einer Vanitynummer keine fremden Namens- oder Markenrechte verletzt.[105] Der BGH hat die Frage in einem Grundsatzurteil[106] entschieden, welches von der Rechtsprechung viel zitiert[107] wird. In diesem ging es um die Nutzung einer 0800er-Rufnummer, die alphanumerisch 0800–RECHTSANWALT ergibt. In der Vorinstanz hatte das OLG Stuttgart entschieden, dass die Bewerbung dieser Rufnummer unzulässig ist, da sie eine wettbewerbswidrige alleinige Inanspruchnahme darstellt. Die Vanitynummer sei einer Berufsbezeichnung zugeordnet. Der einzelne Rechtsanwalt weise sich unter der Vielzahl seiner Berufskollegen einen Vorsprung im Zugang zu Mandanten zu.[108] Der BGH folgte dieser Ansicht nicht und hob das Urteil des OLG Stuttgart auf.

---

101 VG Köln, Urteil vom 27. 10. 2000, Az: 1 K 11947/98, RTkom 2001, 107 ff.
102 A. A. *Simon/Goeckel*, RTkom 2001, 110 f.
103 Beschluss des OVG Münster vom 1. 7. 2003, Az: 13 A 361/01; VG Köln, Urteil vom 27. 10. 2000, Az: 11 K 7361/00; MMR 2001, 190.
104 BVerwG, Beschluss vom 11. 12. 2003, Az: 6 B 60/03, NJW 2004, 2177.
105 LG Aachen, Urteil vom 29. 12. 2000, Az: 11 O 457/00, MMR 2001, 178.
106 BGH, Urteil vom 21. 2. 2002, Az: I ZR 281/99.
107 U. a. Hanseatisches Oberlandesgericht Hamburg, Urteil vom 27. 2. 2003, Az: 3 U 7/01; BHG, Urteil vom 24. 6. 2004, Az: I ZR 26/02.
108 OLG Stuttgart, Urteil vom 15. 10. 1999, Az: 2 U 52/99.

BVerwG und BGH begründen ihre Entscheidungen damit, dass sich aufgrund der Bele- 120
gung einer Telefontaste mit 3 bis 4 Buchstaben für die jeweilige Ziffernfolge eine Vielzahl
von möglichen Buchstabenkombinationen ergibt.[109] Es seien also Fälle denkbar, in denen
eine bestimmte Ziffernkombination mehrere geschützte Namen abbildet. Insofern mangele
es an der Eindeutigkeit der Übersetzung der Rufnummer in einen bestimmten Markennamen.[110] In der Vergabe und Verwendung einer bestimmten Rufnummer, die bei alphanume-
rischer Übersetzung einem Markennamen entspricht, sei daher keine Benutzung der jeweiligen Marke zu sehen.[111]

Die in der Rechtsprechung vorherrschende Ansicht überzeugt. Es kann vorkommen, dass 121
der Nutzer einer Vanitynummer sich nicht einmal dessen bewusst ist, dass er eine einer
Marke entsprechende Rufnummer nutzt, sondern diese lediglich als Ziffernfolge zur Identifikation seines Telefonanschlusses verwendet.[112] Zwar ist es möglich, dass Antragsteller
Rufnummern beantragen, die bekannten Markennamen entsprechen, um das Nutzungsrecht an diesen Rufnummern den Inhabern der Marke später zum Kauf anzubieten. Ein solches Vorgehen widerspräche aber möglicherweise den mit der Zuteilung der Rufnummer
verbundenen Auflagen und könnte von der Regulierungsbehörde unterbunden werden. Gemäß § 67 Abs. 1 kann darüber hinaus auch eine Zuteilung widerrufen werden, die unter
Verstoß gegen Vorschriften des UWG genutzt wird.

γ) Weiterentwicklung der 0800er-Zuteilungsregeln. – Mit Wirkung zum 1. 10. 2004 hat 122
die Regulierungsbehörde die Zuteilungsregeln vom 18. 6. 1997 an die Vorschriften des
TKG 2004 und die derzeitige Verwaltungspraxis angepasst.[113] Dabei hat sie unter anderem
Regelungen zu Vanitynummern aufgenommen, die dem bei den 0180er- und 0900er-Ruf-
nummern festgelegten Verfahren entspricht. Nach diesen Regelungen ist bei gleichzeitiger
Beantragung einer bestimmten Rufnummer derjenige bei der Zuteilung bevorrechtigt, der
ein eingetragenes Schutzrecht (Rang 1) oder ein Namensrecht (Rang 2) an einem mittels
der Rufnummer darstellbaren Begriff nachweisen kann. Auch wurde ausdrücklich geregelt, dass freigewordene Rufnummern nach einer Sperrfrist im Tag-eins-Verfahren neu
vergeben werden. Dabei beträgt die Sperrfrist 180 Tage bei Rufnummern, die genutzt waren, und 90 Tage bei Rufnummern, die nicht genutzt waren.

h) 0180: Rufnummern für Shared-Cost-Dienste. – Das Bundesamt für Post und Tele- 123
kommunikation (BAPT) hat im Jahr 1997 Regeln für die Zuteilung von Rufnummern für
Shared-Cost-Dienste erlassen.[114] Als Rufnummernbereich für Shared-Cost-Dienste wurde
die Gasse 0180 bereitgestellt.[115] Die Zuteilungsregeln wurden nach Inkrafttreten des TKG
2004 an die neue Rechtlage und die anderen Zuteilungsregeln für Mehrwertdiensterufnummern angepasst.[116]

Es wurde festgelegt, dass SCD im Sinne dieser Regeln Telekommunikationsdienstleistun- 124
gen sind, bei deren Inanspruchnahme das für die Verbindung zu entrichtende Entgelt

---

109 LG Aachen, Urteil vom 29. 12. 2000, Az: 11 O 457/00, MMR 2001, 178.
110 VG Köln, Urteil vom 27. 10. 2000, Az: 1 K 11947/98, RTkom 2001, 107 ff.
111 BVerwG, Beschluss vom 11. 12. 2003, Az: 6 B 60/03, NJW 2004, 2177.
112 BVerwG, Beschluss vom 11. 12. 2003, Az: 6 B 60/03, NJW 2004, 2177.
113 Vfg. 36/2004 vom 11. 8. 2004 (RegTP ABl. 16/2004).
114 Vfg. 302/1997 vom 17. 12. 1997 (BMPT ABl. 34/1997).
115 Vfg. 301/1997 vom 17. 12. 1997 (BMPT ABl. 34/1997).
116 Vfg. 34/2004 vom 11. 8. 2004 (RegTP ABl. 16/2004).

grundsätzlich teilweise vom Anrufenden und teilweise vom Nutzer der Nummer gezahlt wird. Es ist ausgeschlossen, dass vom Anrufenden ein Entgelt erhoben wird, das an den Nutzer der Nummer ausgezahlt wird, wodurch diese Nummernressource von den Premium-Rate-Diensterufnummern abgegrenzt ist. Allerdings sind seit der Bereitstellung der Shared-Cost-Diensterufnummern die Entgelte für Telekommunikationsverbindungen erheblich gesunken, die Tarife für die Anwahl von 0180er-Rufnummern im Wesentlichen aber gleichgeblieben. 0180er-Rufnummern wurden in den vergangenen Jahren teilweise wie Premium-Rate-Dienste beworben. Die Regulierungsbehörde hat vor diesem Hintergrund mitgeteilt, dass sie eine Streichung des Kostenteilungsprinzips in den Zuteilungsregeln erwäge, da sie erhebliche Zweifel habe, ob bei höherpreisigen 0180er-Rufnummern das Verständnis des Kostenteilungsprinzips „noch von allen Marktbeteiligen geteilt wird".[117] Die erwogene Änderung wurde bisher nicht durchgeführt, so dass es bei den Vorgaben der Zuteilungsregeln bleibt.

125 Rufnummern für Shared-Cost-Dienste setzen sich aus der Dienstekennzahl 180 und einer siebenstelligen Teilnehmerrufnummer zusammen, deren erste Ziffer eine Tarifkennung darstellt. Damit sind diese Rufnummern grundsätzlich zehnstellig. Das Präfix „0" muss stets vorgewählt werden. Die Tarifkennungen 2 und 4 kennzeichnen feste Tarife, die nicht zeitabhängig sind, während über Rufnummern mit den Tarifkennungen 1, 3 oder 5 zeitabhängig abgerechnete Verbindungen hergestellt werden. Bis zum 31. 12. 1998 waren die Höchsttarife, die gegenüber dem Anrufenden abgerechnet werden durften, festgelegt.[118] Nach dem Auslaufen der Regelung hat die Regulierungsbehörde darauf hingewiesen, dass sie der Auffassung ist, dass im Sinne des Verbraucherschutzes von ihr neu vorgegebene Tarife nicht überschritten werden sollen.[119] Die geänderten Zuteilungsregeln sehen vor, dass der Teilnehmernetzbetreiber die jeweiligen Tarife festsetzt. Zudem enthalten sie den ausdrücklichen Hinweis, dass die Zuteilungsregeln mit ihrem Inkrafttreten die Mitteilung zu den Anrufertarifen ersetzen.[120] Die Teilnehmernetzbetreiber sind demnach völlig frei in der Bepreisung von Shared-Cost-Diensten, solange sie das Verbot von Ausschüttungen an den Angerufenen beachten.

126 0180er-Rufnummern können von denjenigen bei der Regulierungsbehörde beantragt werden, die die Einrichtung einer solchen Rufnummer bei einem Betreiber eines Telekommunikationsnetzes beauftragen und die Rufnummer nutzen wollen. Die Beauftragung der Einrichtung kann auch indirekt über einen Diensteanbieter erfolgen. Die Beantragung von Vanitynummern ist möglich. Bei zeitgleicher Beantragung einer bestimmten Rufnummer von mehreren Antragstellern sind Inhaber eines eingetragenen Schutzrechtes oder Namensrechtes bei der Zuteilung bevorrechtigt. Ansonsten richtet sich die Zuteilung von 0180er-Rufnummern nach der Reihenfolge des Eingangs der Anträge.

127 **i) 0190: Rufnummern für Premium-Rate-Dienste.** – Bereits 1997 wurden „Vorläufige Regeln für die befristete Zuteilung von noch freien Rufnummern aus dem Teilbereich 0190 für Premium-Rate-Dienste" erlassen.[121] Premium-Rate-Dienste sind in den Zuteilungsre-

---

117 Mit. 434/2001 vom 8. 8. 2001 (RegTP ABl. 15/2001).
118 Vfg. 301/1997 vom 17. 12. 97 (BMPT ABl. 34/1997).
119 Mit. 3/1999 vom 20. 1. 1999: Hinweis zu den Anrufertarifen bei Shared Cost-Diensten, (RegTP ABl. 1/1999).
120 Abschnitt 11 der Vfg. 34/2004 vom 11. 8. 2004 (RegTP ABl. 16/2004).
121 Vfg. 303/1997 vom 17. 12. 1997 (BMPT ABl. 34/1997).

geln als Telekommunikationsdienstleistungen definiert, bei denen ein separater Vertrag zwischen dem Anrufenden und dem Angerufenen zustande kommt und ein Teil des vom Anrufer zu zahlenden Entgeltes an den Angerufenen geht. Die Regeln sehen vor, dass 0190er-Rufnummern in Blöcken mit jeweils 1000 Rufnummern originär an Betreiber von Telekommunikationsnetzen, die für die Erbringung ihrer Telekommunikationsdienstleistungen Premium-Rate-Diensterufnummern benötigen, zugeteilt werden. Damit wurden den Wettbewerbern Rufnummern zur Verfügung gestellt, wie sie von der Deutschen Telekom AG bereits für Premium-Rate-Dienste genutzt wurden. Die Zuteilungsnehmer waren dann verpflichtet, aus den Rufnummernblöcken Rufnummern im Wege einer abgeleiteten Zuteilung an Nutzer weiterzugeben.

0190er-Rufnummern setzen sich aus dem Präfix 0, der Dienstekennzahl 190, einer einstel- **128** ligen Tarifkennung und einer fünfstelligen Teilnehmerrufnummer zusammen. Zeitgleich mit dem Erlass der Zuteilungsregeln wurden für die einzelnen Tarifkennungen der 0190er-Rufnummern Tarife für die Nutzung der Rufnummern aus dem Festnetz festgelegt.[122] Diese Festlegungen wurden aufgrund der Einführung des Euro angepasst.[123] Die vorgegebenen Tarife gelten nicht für die Anwahl aus dem Mobilfunk. Für die einzelnen Tarifkennungen gelten bei Anwahl aus dem Festnetz folgende Tarife:

4, 6	€ 0,0533 (netto) pro angefangener Zeiteinheit von 9 Sekunden oder äquivalente sekundengenaue Abrechnung, entspricht 0,43 € je Minute
1, 2, 3, 5	€ 0,0533 (netto) pro angefangener Zeiteinheit von 6 Sekunden oder äquivalente sekundengenaue Abrechnung, entspricht 0,62 € je Minute
7, 9	€ 0,0533 (netto) pro angefangener Zeiteinheit von 3 Sekunden oder äquivalente sekundengenaue Abrechnung, entspricht 1,24 € je Minute
8	€ 0,0533 (netto) pro angefangener Zeiteinheit von 2 Sekunden oder äquivalente sekundengenaue Abrechnung, entspricht 1,86 € je Minute

Der Nummernbereich 0190 wurde vom Bundesamt für Post und Telekommunikation zu- **129** nächst befristet bis zum 31. 12. 2003 für Premium-Rate-Dienste bereitgestellt. Entsprechend einer Empfehlung des Expertengremiums zu Nummerierungsfragen sollten Premium-Rate-Dienste in den Nummernbereich 0900 verlagert werden. Es wurde verfügt, dass Rufnummernblöcke aus dem Nummernbereich 0190 nur bis zum 30. 9. 1998 bei der Regulierungsbehörde beantragt werden können und die Zuteilungsnehmer nach dem 31. 12. 1998 keine abgeleiteten Zuteilungen an Nutzer mehr vornehmen dürfen.[124] Diese Fristen wurden von der Regulierungsbehörde wiederholt verlängert.[125] Zuletzt wurde festgelegt, dass Netzbetreiber bei der Regulierungsbehörde 0190er-Rufnummernblöcke bis zum 31. 3. 2003 beantragen konnten. Abgeleitete Zuteilungen von Rufnummern durch Netzbetreiber an Nutzer waren bis zum 30. 4. 2003 zulässig. Seit dem Ablauf dieser Fristen dürfen 0190er-Rufnummern nicht mehr neu vergeben werden. Allerdings ist die Nutzung bereits

---

122 Vfg. 301/1997 vom 17. 12. 1997 (BMPT ABl. 34/1997).
123 Mit. 517/2001 vom 19. 9. 2001 (RegTP ABl. 18/2001).
124 Vfg. 301/1997 vom 17. 12. 1997 (BMPT ABl. 34/1997).
125 Vfg. 113/1998 vom 30. 9. 1998 (RegTP ABl. 19/1998); Vfg. 32/1999 vom 24. 3. 1999 (RegTP ABl. 5/1999); Vfg. 101/1999 vom 25. 8. 1999 (RegTP ABl. 15/1999); Vfg. 11/2000 vom 9. 2. 2000 (RegTP ABl. 3/1999); Vfg. 69/2000 vom 9. 8. 2000 (RegTP ABl. 15/2000); Vfg. 27/2001 vom 25. 4. 2001 (RegTP ABl. 8/2001).

abgeleitet zugeteilter 0190er-Rufnummern parallel zur Einführung der 0900er-Rufnummern noch bis zum 31. 12. 2005 gestattet.[126]

130   In den vergangenen Jahren ist es zur Entwicklung neuer Geschäftsmodelle für Premium-Rate-Dienste gekommen. Deren Angebot im Markt hat zu vielen Verbraucherbeschwerden geführt. Die Netzbetreiber haben aus den ihnen zugeteilten Rufnummernblöcken einzelne Rufnummern oder kleinere Rufnummernblöcke an Diensteanbieter und Inhalteanbieter durch abgeleitete Zuteilungen weitergegeben. Diese haben die Rufnummern teilweise genutzt, teilweise aber ihrerseits weitergegeben. Dies führte zu einer erheblichen Intransparenz. Für denjenigen, der 0190er-Dienste in Anspruch genommen hatte, war nicht ersichtlich, wer die über die Telekommunikationsdienstleistung hinausgehende Dienstleistung überhaupt erbracht hatte. Diese Information lag aufgrund der Kette von Nutzern der Rufnummer auch dem Netzbetreiber als Inhaber der originären Zuteilung teilweise nicht vor. Die erheblichen bestehenden Probleme haben dazu geführt, dass trotz der zeitlichen Befristung der 0190er-Rufnummern im Jahr 2002 die Telekommunikations-Kundenschutzverordnung und im Jahr 2003 das TKG geändert[127] und umfangreiche Regelungen zur Verbesserung des Verbraucherschutzes aufgenommen wurden.

131   0190er-Rufnummern werden unter anderem auch für einen Dienst genutzt, der für den Anrufer einer Betreiberauswahl entspricht. Durch diesen Dienst wurde eine große Menge der ohnehin knappen 0190er-Rufnummern verwendet, der für „klassische" Mehrwertdienste nicht mehr zur Verfügung stand. Die Regulierungsbehörde hat im Jahr 2003 den Entwurf einer Änderung der Zuteilungsregeln veröffentlicht, mit dem die Definition von Premium-Rate-Diensten derart angepasst wurde, dass 0190er-Rufnummern für Dienste, die dem Angebot einer Betreiberauswahl entsprechen, nicht mehr zulässig sind.[128] Nach Auswertung der Stellungnahmen hat sie die beabsichtigte Änderung der Zuteilungsregeln vorgenommen.[129] Das Verwaltungsgericht Köln hat diese Entscheidung bezüglich der 0190er-Rufnummern faktisch aufgehoben. Diese Entscheidung hat es damit begründet, dass die Verfügung der Regulierungsbehörde formell rechtsfehlerhaft gewesen sei.[130]

132   **j) 0900: Rufnummern für Premium-Rate-Dienste.** – Für Premium-Rate-Dienste dürfen nach dem Ablaufen der Nutzungsfrist für die 0190er-Rufnummern nur noch 0900er-Rufnummern genutzt werden. Die Rufnummern ersetzen insofern die 0190er-Rufnummern. Seit dem 1. 1. 2003 werden beide Rufnummerngassen für Premium-Rate-Dienste genutzt. Unter Premium-Rate-Diensten sind Dienste zu verstehen, bei denen neben der durch den Netzbetreiber erbrachten Telekommunikationsdienstleistung eine weitere Dienstleistung erbracht wird, die gemeinsam mit der Telekommunikationsdienstleistung abgerechnet wird. 0900er-Rufnummern können dementsprechend für alle Dienste genutzt werden, die auch über 0190er-Rufnummern angeboten werden. Die zusätzliche Dienstleistung kann gleichzeitig mit der Telekommunikationsdienstleistung (zum Beispiel Erotikdienste) oder später (Übersendung einer Eintrittskarte) erbracht werden. Nicht zulässig ist die Nutzung

---

126 Vfg. 51/2001 vom 14. 11. 2001 (RegTPABl. 22/2001); Vfg. 61/2005 (RegTPABl. 18/2005).

127 „Gesetz zur Bekämpfung des Missbrauchs von 0190er-/0900er-Mehrwertdiensterufnummern", vgl. hierzu § 67 RdNr. 5 ff.

128 Mit. 141/2003 vom 4. 6. 2003 (RegTPABl. 11/2003).

129 Vfg. 50/2003 vom 5. 11. 2003 (RegTPABl. 22/2003).

130 VG Köln, Beschluss vom 17. 12. 2003, Az.: 11 L 2782/03.

der Rufnummern für Dienste, die kommerziell dem Angebot einer Betreiberauswahl entsprechen.[131]

Vor dem Erlass von Zuteilungsregeln für 0900er-Rufnummern hat die Regulierungsbehörde zwei Anhörungsverfahren zu Entwürfen durchgeführt.[132] Am 14. 3. 2001 hat sie „Regeln für die Zuteilung von (0)900er-Rufnummern für Premium-Rate-Dienste" veröffentlicht.[133] Darin war vorgesehen, dass die Zuteilung von 0900er-Rufnummern ab dem 3. 9. 2001 beantragt werden kann. Im August 2001 hat die Regulierungsbehörde jedoch den Beginn der Antragsfrist um drei Monate verschoben[134] und eine Anhörung zu der Frage durchgeführt, ab wann 0900er-Rufnummern genutzt werden sollen.[135] Problematisch war insbesondere die Erreichbarkeit von 0900er-Rufnummern aus den Mobilfunknetzen. Nach Auswertung der Anhörung[136] hat die Regulierungsbehörde verfügt, dass das Zuteilungsverfahren für die 0900er-Rufnummern nicht erneut verschoben wird.[137] 0900er-Rufnummern konnten dementsprechend vom 3. 12. 2001 bis zum 1. 2. 2002 beantragt werden. Die Regulierungsbehörde hat nach Ablauf der Antragsfrist ein Tag-eins-Verfahren durchgeführt. Am 11. 8. 2004 hat die Regulierungsbehörde die Zuteilungsregeln an die mit In-Kraft-Treten des TKG geltende Rechtslage angepasst.[138] **133**

Rufnummern aus dem Nummernbereich 0900 sind zehnstellig. Nach der Dienstekennzahl 900 folgt eine Ziffer, die als Inhaltekennung dient. Bisher hat die Regulierungsbehörde nur 0900er-Rufnummern mit den Inhaltekennungen 1, 3 und 5 an Antragsteller zugeteilt. Die Rufnummern mit den Inhaltekennungen 0, 2 ,4 ,6 und 8 dienen als Reserve. Die Regulierungsbehörde hat in den Zuteilungsregeln selbst keine Einteilung der Dienste in bestimmte inhaltliche Gruppen vorgenommen. Sie verweist in einem Anhang der Zuteilungsregeln auf den Verhaltenskodex des FST e. V., und begründet dies damit, dass so Zuteilungsnehmern ermöglicht werde, sich dem Verhaltenskodex des FST e. V. zu unterwerfen. Dieser sieht vor, dass unter Rufnummern des Teilbereichs 09001 nur Informationsdienste und unter Rufnummern des Teilbereichs 09003 nur Unterhaltungsdienste, die keinen sexuellen oder erotischen Bezug aufweisen, angeboten werden dürfen. Für sonstige Dienste, also auch solche mit erotischen Inhalten, sind im Verhaltenskodex des FST e. V. die 09005er-Rufnummern vorgesehen. Es ist aufgrund dieser Formulierung davon auszugehen, dass die Regulierungsbehörde die Regelungen des FST e. V. nicht durchsetzen kann. Bei einer derartigen Absicht hätte sie eine dem Verhaltenskodex entsprechende Regelung als mit den Zuteilungen verbundene Auflage formulieren müssen. Wird ein Dienst nicht über eine für ihn vorgesehene Rufnummer verwendet, kommen lediglich Maßnahmen des FST e. V. in Betracht. **134**

0900er-Rufnummern können von jedem beantragt werden, der die Einrichtung einer Rufnummer für Premium-Rate-Dienste bei einem Betreiber eines Telekommunikationsnetzes beauftragen will. Damit ist die Regulierungsbehörde von dem System der Zuteilung von **135**

---

131 Vfg. 51/ 2003 vom 5. 11. 2003 (RegTP ABl. 22/2003).
132 Mit. 275/1998 vom 25. 11. 1998 (RegTP ABl. 23/1998) und Mit. 413/2000 vom 12. 7. 2000 (RegTP ABl. 13/2000).
133 Vfg. 19/2001 vom 14. 3. 2001 (RegTP ABl. 5/2001).
134 Vfg. 33/2001 vom 8. 8. 2001 (RegTP ABl. 15/2001).
135 Mit. 435/2001 vom 8. 8. 2001 (RegTP ABl. 15/2001).
136 Mit. 639/2001 vom 14. 11. 2001 (RegTP ABl. 22/2001).
137 Vfg. 50/2001 vom 14. 11. 2001 (RegTP ABl. 22/2001).
138 Vfg. 37/2004 vom 11. 8. 2004 (RegTP ABl. 16/2004).

Rufnummernblöcken, wie sie es bei 0190er-Rufnummern praktiziert hat, abgerückt. Sie teilt 0900er-Rufnummern einzeln an die Nutzer zu. Sie hat zudem mitgeteilt, dass sie davon ausgeht, dass der Antragsteller der Nutzer der Rufnummer ist und als solcher gegenüber dem Anrufer die Verantwortung für deren rechtskonforme Nutzung hat, auch wenn der Antragsteller die Rufnummer im Rahmen einer Dienstleistung für einen Kunden nutzt.[139]

136 Da die 0900er-Rufnummern die 0190er-Rufnummern ablösen sollen, räumt die Regulierungsbehörde bei der Zuteilung von 0900er-Rufnummern Bevorrechtigungen für diejenigen ein, die eine bereits genutzte 0190er-Rufnummer in die Rufnummerngasse 0900 einbetten wollten. Auch Inhaber von eingetragenen Schutzrechten und Namensrechten sind gegenüber den anderen Antragstellern bevorrechtigt. Beantragen mehrere gleichberechtigte Antragsteller die Zuteilung derselben Rufnummer, führt die Regulierungsbehörde ein elektronisches Losverfahren zur Vergabe der Rufnummer durch. In allen übrigen Fällen erfolgt die Zuteilung nach der Reihenfolge des Eingangs der Anträge. Die Beantragung von Vanitynummern ist zulässig.

137 Anders als bei den 0190er-Rufnummern hat die Regulierungsbehörde für 0900er-Rufnummern keine Tarife vorgegeben. Der Tarif für 0900er-Dienste wird in Absprache mit dem Netzbetreiber vom Anbieter der Dienstleistung festgelegt, die neben der Telekommunikationsdienstleistung erbracht wird. Aufgrund der teilweise sehr hohen Preise bei 0900er-Rufnummern ist es zu Verbraucherbeschwerden gekommen. Durch das Gesetz zur Bekämpfung des Missbrauchs von 0190er-/0900er-Mehrwertdiensterufnummern wurde eine Vielzahl von Regelungen für den Schutz der Verbraucher bei der Inanspruchnahme von über 0900er-Rufnummern abgerechneten Diensten normiert.[140] Vorgesehen ist zum Beispiel eine Ansage des Preises vor Beginn der Entgeltpflichtigkeit der Verbindung. Von Verbraucherseite und Anbietern von Premium-Diensten wurde die Regulierungsbehörde gebeten, auch in der Gasse 0900 einen Bereich einzurichten, bei dem anhand der Rufnummer erkennbar ist, wie viel der Anruf kosten wird. Daraufhin hat die Regulierungsbehörde in einer Mitteilung gefragt, ob es einen Bedarf für solche Rufnummern gibt.[141] Das Ergebnis der Anhörung wurde am 21. 9. 2005 mit Mit. 227/2005 im ABl. 18/2005 veröffentlicht.

138 **k) 09009: Rufnummern für Dialer.** – § 43 b Abs. 5 des Gesetzes zur Bekämpfung des Missbrauchs von 0190er/0900er-Mehrwertdiensterufnummern (TKG 2003) regelt, dass Dialer nur in einer dafür von der Regulierungsbehörde bereitgestellten Rufnummerngasse angeboten werden dürfen. Dementsprechend hat die Regulierungsbehörde am 13. 8. 2003 mitgeteilt, dass sie den Rufnummernbereich 09009 für diesen Zweck bereitgestellt hat.[142] Sie hat mit demselbem Datum „Regeln für die Zuteilung von 09009er-Rufnummern für über Anwählprogamme erreichbare Premium-Rate-Dienste" erlassen.[143] 09009er-Rufnummern sind elfstellig. Sie setzen sich aus der Dienstekennzahl 9009 und einer siebenstelligen Teilnehmerrufnummer zusammen. Das Präfix 0 muss vorgewählt werden. Die Rufnummern können von jedem beantragt werden, der ein Anwählprogramm aufgrund

---

139 Mit. 563/2002 vom 18. 12. 2002 (RegTP ABl. 24/2002), mittlerweile ersetzt durch Vfg. 37/2004 vom 11. 8. 2004 (RegTP ABl. 16/2004).
140 Siehe hierzu § 67, RdNr. 32 ff.
141 Mit. 150/2005 vom 29. 6. 2005 (RegTP ABl. 12/2005).
142 Vfg. 39/2003 vom 13. 8. 2003 (RegTP ABl. 16/2003).
143 Vfg. 38/2003 vom 13. 8. 2003 (RegTP ABl. 16/2003).

von § 152 Abs. 1 S. 1 in Verbindung mit § 43b Abs. 5 S. 1 TKG 2003 registrieren lassen und einsetzen will.[144] 09009er-Rufnummern werden von der Regulierungsbehörde in der Reihenfolge des Eingangs der Anträge zugeteilt. Sie dürfen nur für registrierte Dialer verwendet werden.[145]

l) 0137: Rufnummern für *Ma*ssenverkehr zu *be*stimmten Zielen (MABEZ). – aa) Ver- **139** **fahren der Regulierungsbehörde.** – Rufnummern für Massenverkehr sind in den letzten Jahren sehr bekannt geworden, da sie zum Beispiel in vielen Fernsehsendungen für Anrufaktionen verwendet werden. Diesen Rufnummern kommt insofern eine hohe Bedeutung zu. Dienste, bei denen Massenverkehr zu bestimmten Zielen erzeugt wird, können zu Netzüberlastungen führen. Die DT AG führte deshalb bereits vor der Liberalisierung des Telekommunikationsmarktes MABEZ-Rufnummern ein, bei denen ursprungsnah der Verkehr gedrosselt wird, um Netzstörungen durch dessen Überlastung zu vermeiden.

Die Regulierungsbehörde hat bisher keine Zuteilungsregeln für Dienste, bei denen Mas- **140** senverkehr zu bestimmten Zielen erzeugt wird, erlassen. Um den Wettbewerbsvorteil der DT AG zu verringern und dem Bedarf der Nachfrager und damit ihrem gesetzlichen Auftrag gerecht zu werden, teilt die Regulierungsbehörde auf Antrag Rufnummernblöcke aus dem Nummernbereich 0137 für verschiedene Geschäftsmodelle originär an Betreiber von Telekommunikationsnetzen, die kurzfristig MABEZ-Dienste anbieten wollen, zu. Die Zuteilungsnehmer sind verpflichtet, die ihnen zugeteilten Rufnummernblöcke für abgeleitete Zuteilungen an Nutzer zu verwenden. Die Zuteilungsnehmer der einzelnen Rufnummernblöcke sind auf den Internetseiten der Regulierungsbehörde veröffentlicht. Ein Rufnummernblock umfasst 10 000 zehnstellige Rufnummern. An die Dienstekennzahl 0137 schließt sich eine einstellige Tarifkennung an. Den jeweiligen Tarif legt der Betreiber von Telekommunikationsnetzen als Zuteilungsnehmer fest, wobei es fünf Tarifstufen gibt. Die Dienste werden im so genannten Online-Billing-Verfahren abgerechnet.[146]

Der Tarifkennung folgt eine Ziffer, die die Anrufrate bestimmt, das heißt, die Anzahl der **141** Anrufe, die pro Minute abgerufen und ausgewertet werden können. Die Anrufraten sind in einer Spezifikation des AKNN definiert.[147] Die MABEZ-Rufnummern werden anhand der vom AKNN geregelten Obergrenzen für Anrufraten in fünf MABEZ-Typen unterteilt. Bei den höherpreisigen MABEZ-Rufnummern erfolgt eine Ausschüttung an den Angerufenen, so dass die Rufnummern den 0190er und 0900er-Rufnummern ähneln. Es ist daher seit Inkrafttreten des Gesetzes zur Bekämpfung des Missbrauchs von 0190er-/0900er-Mehrwertdiensterufnummern verstärkt zu beobachten, dass missbräuchliche Geschäftsmodelle auf die Rufnummerngasse 0137 verlagert werden. Die Regulierungsbehörde kann in diesen Fällen Maßnahmen nach § 67 ergreifen.[148]

bb) So genannte „Lockanrufe". – Im Zusammenhang mit der Nutzung von 0137er-Ruf- **142** nummern ist es zu einer Vielzahl von Verbraucherbeschwerden gekommen. So wurden Rufnummern aus diesem Bereich zum Beispiel für so genannte Lockanrufe genutzt. Für so genannte Lockanrufe können grundsätzlich alle hochpreisigen Diensterufnummern eingesetzt werden. Da viele Verbraucher die 0190er-Rufnummern bereits gesperrt haben und die

144 Siehe hierzu im Einzelnen § 67 RdNr. 96 ff.
145 Siehe hierzu im Einzelnen § 67 RdNr. 109.
146 Vgl. hierzu § 67 RdNr. 56.
147 Spezifikation „Behandlung von Massenverkehr zu bestimmten Zielen".
148 Vgl. § 67 RdNr. 6 f.

Warnfunktion dieser Rufnummergasse relativ hoch ist, werden für Lockanrufe oftmals die ebenfalls hochpreisigen 0137er-Rufnummern eingesetzt.

143 Dabei werden automatisiert vor allem Mobilfunktelefone angerufen. Seitens des Anrufers ist nicht beabsichtigt, den Angerufenen tatsächlich zu erreichen. Die Anrufe werden so kurz gehalten, dass in der Regel ein Antworten des Angerufenen nicht möglich ist, so dass ihm ein „Anruf in Abwesenheit" angezeigt wird. Als Rufnummer, unter der der Anrufer zu erreichen ist, wird eine Mehrwertdiensterufnummer angezeigt. Wählt der Angerufene diese Nummer, nimmt er damit ungewollt einen teuren Dienst in Anspruch.

144 Das LG München hat für den Fall von Lockanrufen mit der Angabe von Auslandsrufnummern entschieden, dass dieses Vorgehen eine unzulässige, belästigende Werbung darstellt und gegen die Vorschriften des UWG verstößt.[149] Der Mobilfunkkunde werde veranlasst, die hinterlassenen Rufnummern zurückzurufen in der Annahme, ihn wolle ein Gesprächspartner ernsthaft erreichen. Erst beim Rückruf erkenne der Verbraucher, dass es sich um einen Dienst handelt, den er nicht in Anspruch nehmen wollte. Nach dieser Rechtsprechung handelt es sich bei diesem Geschäftsmodell um eine missbräuchliche Nutzung von Nummern, die Maßnahmen nach § 67 Abs. 1 rechtfertigt.

145 Einen ähnlich gelagerten Fall hatte die Staatsanwaltschaft beim OLG Frankfurt in einem Betrugsverfahren zu beurteilen. Die Staatsanwaltschaft entschied, dass die Angabe einer 0190er-Rufnummer in einer E-Mail noch keine betrügerische Täuschungshandlung darstellt, weil darauf spekuliert wird, dass der Empfänger der Nachricht aus Neugier zurückruft.[150] Die Verfügung des Generalstaatsanwaltes Frankfurt/Main ist stark kritisiert worden.[151] Mit der Frage eines Verstoßes gegen Vorschriften des UWG hat sich die Staatsanwaltschaft naturgemäß nicht beschäftigt. Eine Strafbarkeit wegen Betrugs nach § 263 StGB nahm das LG Hildesheim an.[152] Die Angeklagten hatten über eine Audiotex-Plattform automatisch Mobilfunkteilnehmer angerufen und die Verbindung sofort nach vollständiger Anwahl der Rufnummer unterbrochen. Nach Ansicht des LG Hildesheim täuschten sie damit ein nicht vorhandenes Kommunikationsanliegen vor.

146 **cc) Erstellung von Zuteilungsregeln.** – Im Jahr 1998 hatte die Regulierungsbehörde bereits mitgeteilt, dass sie einen Entwurf für „Vorläufige Regeln für die Zuteilung von Rufnummern für Dienste mit hohem Verkehrsaufkommen (MABEZ)" erstellt hat, und zu dessen Kommentierung aufgerufen.[153] Am 21. 7. 2003 hat sie um Kommentierungen zu einem überarbeiteten Entwurf gebeten.[154] Der Entwurf sieht vor, dass die Tarifkennung 9 für Dienste, die im Offline-Billing-Verfahren abgerechnet werden sollen, zur Verfügung steht. Die MABEZ-Rufnummern sollen den Nummernbereich 0902 belegen. Da Premium-Rate-Dienste den Nummernbereich 0900 belegen, wäre mit einer solchen Regelung eine hohe Signalwirkung verbunden. Diese ist erforderlich, weil mit der Nutzung einer MABEZ-Ruf-

149 LG München I, Az: 1HK O 7754/03.
150 StA b. d. OLG Frankfurt, Entscheidung vom 10. 1. 2003, Az. 3 Zs 82/03; ITRB 2003, 120 f.
151 *Breyer*, Unzutreffende Versprechungen über Mehrwertnummern straflos, MMR 2003, 269; ebenso für SMS-Werbung *Jaguttis/Parameswaran*, Bei Anruf – Betrug – erschlichene „Zuneigungsgeschäfte" am Telefon, NJW 2003, 2277 ff.
152 LG Hildesheim, Urt. v. 10. 2. 2004, MMR 2005, 130 ff.
153 Mit. 198/1998 vom 30. 9. 1998 (RegTPAB l. 19/1998).
154 Mit. 194/2003 vom 16. 7. 2003 (RegTPAB l. 14/2003).

nummer für den Anrufer ähnlich hohe Entgelte verbunden sein können wie bei der Anwahl von 0900er-Rufnummern.

An die Dienstekennzahl 902 soll sich eine siebenstellige Teilnehmerrufnummer anschlie- **147** ßen, deren erste Ziffer den Tarif und deren zweite Ziffer den MABEZ-Typ kennzeichnet. Es ist beabsichtigt, die Rufnummern einzeln oder in Form von Blöcken mit jeweils 10 oder 100 Rufnummern zuzuteilen. Antragsberechtigt soll jeder sein, der „als für den Inhalt des Dienstes Verantwortlicher die Einrichtung einer Rufnummer oder eines Rufnummern-blocks für MABEZ bei einem Betreiber eines Telekommunikationsnetzes beauftragen will"[155]. Mit dieser verbraucherfreundlichen Regelung kann ausgeschlossen werden, dass eine Situation wie bei den 0190er-Rufnummern entsteht, bei denen der Regulierungsbe-hörde nicht bekannt war, wer inhaltlich für den angebotenen Dienst verantwortlich war. Weiterhin ist für die erstmalige Zuteilung ein Tag-eins-Verfahren vorgesehen. Beantragen mehrere Antragsteller zeitgleich die Zuteilung derselben Rufnummer oder desselben Blo-ckes, soll ein Losverfahren durchgeführt werden.

Es ist derzeit nicht klar, ob die Regulierungsbehörde ihren Entwurf aufgrund der einge- **148** gangenen Stellungnahmen noch ändert, bevor sie die Zuteilungsregeln veröffentlicht. Da die Einführung einer neuen Rufnummerngasse Vorbereitungen auf Seiten der Unterneh-men und auch der Regulierungsbehörde erfordert, ist darüber hinaus fraglich, zu welchem Zeitpunkt die Rufnummern MABEZ-Dienste letztendlich verlagert werden.

m) 0191 bis 0194: Rufnummern für Online-Dienste. – Die Regulierungsbehörde hatte **149** bereits 1998 einen Entwurf für „Vorläufige Regeln für die Zuteilung von Rufnummern für Online-Dienste" erstellt und um Kommentierungen gebeten.[156] Um zu identifizieren, wel-che Eigenschaften Rufnummern für Online-Dienste haben sollen, hat sie nach Auswertung der Stellungnahmen zu Fachgesprächen eingeladen[157]. Zur Vorbereitung der Fachgesprä-che hat sie Fragen zur Struktur, zu einem möglichen Zuteilungsverfahren und zur techni-schen Realisierung von Online-Diensterufnummern formuliert und einen überarbeiteten Entwurf für Zuteilungsregeln zur Kommentierung gestellt. Nach dem Entwurf war als Nummernbereich 0905 vorgesehen. Mittlerweile erwägt die Regulierungsbehörde aber, den Nummernbereich 0194 für Online-Dienste zur Verfügung zu stellen. Eine endgültige Entscheidung über den Nummernbereich und die Struktur für Rufnummern für Online-Dienste steht noch aus.

Um dennoch einen Wettbewerb bei Online-Diensten zu ermöglichen, teilt die Regulie- **150** rungsbehörde seit einigen Jahren auf Antrag vier- oder sechsstellige Rufnummern für On-line-Dienste aus den Nummernbereichen 0191 bis 0194 zu. Diese Zuteilungen sind jedoch zeitlich befristet bis zum dem Zeitpunkt, zu dem die Online-Diensterufnummern aufgrund einer Strukturierungsmaßnahme der Regulierungsbehörde in einen anderen Nummernbe-reich verlagert werden. Die zugeteilten Rufnummern müssen für einen Telekommunikati-onsdienst genutzt werden, der den Zugang zu Datendiensten, wie zum Beispiel zum Inter-net, ermöglicht. Es ist nicht zulässig, über die Rufnummern Verbindungen zu Mehrwert-diensten herzustellen und abzurechnen.

---

155 Abschnitt 4 des Entwurfs der Zuteilungsregeln vom 21. 7. 2003.
156 Vfg. 76/1998 vom 8. 7. 1998 (RegTP ABl. 13/1998).
157 Mit. 598/2000 vom 25. 10. 2000 (RegTP ABl. 20/2000); Mit. 152/2001 vom 28. 3. 2001 (RegTP ABl. 6/2001).

151 **n) 0700: Persönliche Rufnummern.** – Bereits 1997 wurden „Vorläufige Regeln für die Zuteilung von Persönlichen Rufnummern" veröffentlicht.[158] Am 23. 12. 1998 hat die Regulierungsbehörde im Rahmen der Strukturierung und Ausgestaltung des Nummernraumes entschieden, dass der Nummernbereich 0700 des E.164-Nummernraumes für den Dienst „Persönliche Rufnummern" zur Verfügung steht.[159] Der Nummernbereich 0701 dient als Reserve. Nach Inkrafttreten des TKG 2004 hat die Regulierungsbehörde die Zuteilungsregeln aus 1997 überarbeitet und der neuen Rechtslage angepasst.[160]

152 Der Dienst „Persönliche Rufnummern" stellt einen sehr flexiblen Dienst dar. Durch diese Rufnummern ist ein Zugang zu und von allen Telekommunikationsnetzen unter einer einzigen Rufnummer möglich. Es kommt weder auf den Standort noch auf das Endgerät, die Übertragungsart oder die genutzte Technologie an. Der Nutzer einer 0700er-Rufnummer kann unter dieser Rufnummer je nach eigener Entscheidung zum Beispiel an einem Mobilfunkgerät, an einem Festnetzanschluss oder an einem Faxgerät erreichbar sein. Anrufende müssen nur eine Nummer kennen, wobei die Beantragung einer leicht merkbaren Vanitynummer möglich ist. Der Nutzer der 0700er-Rufnummer ist immer erreichbar.

153 Nach der Festlegung der Regulierungsbehörde sind Persönliche Rufnummern elfstellig. Sie bestehen aus der Dienstekennzahl 700 und einer achtstelligen Teilnehmerrufnummer. Vor der Dienstekennzahl muss die 0 gewählt werden. 0700er-Rufnummern können von jedem beantragt werden, der eine solche Rufnummer bei einem Betreiber eines Telekommunikationsnetzes beauftragen will. Die Anträge werden nach der Reihenfolge ihres Eingangs bearbeitet, es gilt insofern das First-come-first-served-Verfahren. Gehen am selben Tag per Post mehrere Anträge für eine Rufnummer ein, werden diese als gleichzeitig eingegangen behandelt. In diesem Fall wird Inhabern eines eingetragenen Schutzrechts oder eines Namensrechts eine Bevorrechtigung bei der Zuteilung der Rufnummer eingeräumt. Die Auswahl zwischen mehreren gleichberechtigten Antragstellern erfolgt durch ein elektronisches Losverfahren.

154 **o) 012: Rufnummern für innovative Dienste.** – Die Regulierungsbehörde hat den gesetzlichen Auftrag, im Zusammenhang mit der Nummerierung den Bedürfnissen der Betreiber von Telekommunikationsnetzen, Anbietern von Telekommunikationsdiensten und Endnutzern gerecht zu werden. Um diesem Auftrag nachzukommen, hat sie Rufnummern für innovative Dienste zur Verfügung gestellt. Bei innovativen Diensten handelt es sich um Dienste, für die aufgrund der Vorgaben der verschiedenen Zuteilungsregeln keine anderen Nummernressourcen genutzt werden können. Um die Erbringung dieser Dienste dennoch zu ermöglichen, wurde ab dem 22. 4. 1999 die Rufnummerngasse 012 als Auffanggasse bereit gestellt.[161] So werden in dieser Rufnummerngasse unter anderem Internetdienste und Datingdienste, die die Möglichkeit bieten, für den Gesprächspartner anonym zu bleiben, angeboten. Darüber hinaus hat die Regulierungsbehörde „Vorläufige Regeln für die Zuteilung von Rufnummern für innovative Dienste" veröffentlicht.[162] Sie hat am 23. 5. 2001 mitgeteilt, dass sie erwägt, die in den Zuteilungsregeln vorgegebene Strukturierung der Ruf-

---

158 Vfg. 249/1997 vom 8. 10. 1997 (BMPT ABl. 27/1997).
159 Vfg. 149/1998 vom 23. 12. 1998 (RegTP ABl. 25/1998).
160 Vfg. 35/2004 vom 11. 8. 2004: „Regeln für die Zuteilung von Persönlichen Rufnummern" (RegTP ABl. 16/2004).
161 Vfg. 27/1999: „Festlegung zur Nutzung des Teilbereiches 012 des Nummernraums für das öffentliche Telefonnetz" vom 10. 3. 1999 (RegTP ABl. 4/1999).
162 Vfg. 28/1999 vom 10. 3. 1999 (RegTP ABl. 4/1999).

nummern für innovative Dienste zu ändern.[163] Nach Auswertung der Stellungnahmen hat sie eine Änderung der „Regeln für die Zuteilung von Rufnummern für innovative Dienste" verfügt.[164]

Die Rufnummerngasse 012 für innovative Dienste ist ein Teilbereich des E.164-Nummern- **155** raumes. Die Rufnummern sind elf- bis dreizehnstellig und werden in Rufnummernblöcken zugeteilt, deren Größe vom jeweiligen Bedarf des Antragstellers abhängt. Eine vier- bis sechsstellige Dienstekennzahl, der das Präfix 0 vorangestellt wird, identifiziert den Rufnummernblock. Der Dienstekennzahl folgt eine fünf- bis neunstellige Teilnehmerrufnummer. Rufnummernblöcke für innovative Dienste mit den Dienstekennzahlen 12200 bis 12299 können in der Größe von 10 Millionen elfstelligen, 100 Millionen zwölfstelligen Rufnummern oder 1 Milliarde dreizehnstelligen Rufnummern zugeteilt werden. Identifizieren die Dienstekennzahlen 123000 bis 123999 den Rufnummernblock, ist die Zuteilung von Rufnummernblöcken in Größe von 100 000 elfstelligen Rufnummern, 1 Million zwölfstelligen Rufnummern oder 10 Millionen dreizehnstelligen Rufnummern möglich. Die Dienstekennzahlen 1240 bis 1299 stellen eine Reserve dar und werden erst nach einer Verfügung der Regulierungsbehörde zugeteilt.

Antragsberechtigt für Rufnummern für innovative Dienste sind Unternehmen, die durch **156** Vorlage eines Realisierungskonzeptes nachweisen können, dass sie einen innovativen Dienst anbieten wollen. Soweit den Unternehmen keine Portierungskennung durch die Regulierungsbehörde zugeteilt wurde, müssen sie zudem einen Vertrag mit einem Netzbetreiber, dem eine Portierungskennung zugeteilt wurde, vorlegen. Beim Zuteilungsverfahren prüft die Regulierungsbehörde, ob für den Dienst kein anderer Rufnummernbereich genutzt werden kann und ob der Dienst eine Innovation darstellt. Diese Prüfung ist erforderlich, um eine Umgehung von für andere Nummernbereiche geltende Vorgaben auszuschließen und einen schonenden Umgang mit Nummernressourcen sicherzustellen. Daher ist in den Zuteilungsregeln vorgesehen, dass die Zeit zwischen der Antragstellung und der Zuteilung gemäß den Zuteilungsregeln bis zu 180 Tage betragen kann. Diese Regelung dürfte im Hinblick auf Art. 5 Abs. 3 S. 1 GenRL unwirksam sein, da dort vorgesehen ist, dass Zuteilungen innerhalb von drei Wochen nach Antragstellung zu erfolgen haben.

p) 0182 bis 0189: Rufnummern für Nutzergruppen. – Am 22. 1. 1997 hat das BAPT **157** „Vorläufige Regeln für die Zuteilung von Rufnummern für Nutzergruppen" veröffentlicht.[165] Sie hat Vorgaben für diese Rufnummernressource gemacht, die hinsichtlich der über die Rufnummern zu erbringenden Dienste keine Regelungen treffen. Voraussetzung für die Zuteilung von Rufnummern für Nutzergruppen ist nur, dass der Antragsteller verschiedene inländische Standorte hat, die über die gleichen Rufnummern erreichbar sein sollen. Antragsberechtigt sind demnach beliebige Gruppen natürlicher oder juristischer Personen. Rufnummern für Nutzergruppen werden in Form von Blöcken zugeteilt. Der Rufnummernblock einer Nutzergruppe wird durch eine Kennzahl definiert, die sich aus der Ziffernfolge 18 sowie einer zwei- bis siebenstelligen Nutzerkennung zusammensetzt. An die Kennzahl schließt sich abhängig von der Länge der Nutzerkennung eine zwei- bis siebenstellige Endeinrichtungsnummer an. Dabei gilt, dass die Endeinrichtungsnummer umso kürzer ist, je länger die Nutzerkennung ist. Die Rufnummern für Nutzergruppen ha-

---

163 Mit. 285/2001 vom 23. 5. 2001 (RegTPABl. 10/2001).
164 Vfg. 39/2001 vom 5. 9. 2001 (RegTPABl. 17/2001).
165 Vfg. 23/1997 vom 22. 1. 1997 (BMPT ABl. 2/1997).

ben insgesamt eine Länge von 11 Stellen, wobei Zentralen kürzere Rufnummern verwenden dürfen.

158 Um den zur Verfügung stehenden Nummernbereich schonend zu verwalten, enthalten die Zuteilungsregeln wie die Zuteilungsregeln für Ortsnetzrufnummern detaillierte Vorgaben darüber, wie die Größe eines Rufnummernblocks, der einer Nutzergruppe zugeteilt werden kann, zu bestimmen ist. Es sind zwei Methoden vorgesehen. Bei der Methode 1 richtet sich die Größe des zuzuteilenden Rufnummernblockes nach der Anzahl der insgesamt zu adressierenden Endeinrichtungen, bei der Methode 2 nach der Zahl der Rufnummernblöcke, die von bestehenden Telekommunikationsanlagen in Anspruch genommen werden.[166] Der Antragsteller entscheidet, welche Methode die Regulierungsbehörde bei der Ermittlung der Größe des Rufnummernblockes anwenden soll. Die in den Zuteilungsregeln aus dem Jahr 1997 enthaltenen Vorgaben zur Größe von Rufnummernblöcken für Nutzergruppen wurden nach einer Anhörung[167] am 21. 4. 2004 geändert[168]. Danach ergibt sich bei Anwendung der Methode 1 die Größe des Rufnummernblockes durch Aufsummierung der Rufnummernblöcke für die einzelnen Standorte, die auf den nächsten Rufnummernblock mit 100, 1 000, 10 000, 100 000, 1 000 000 oder 10 000 000 Rufnummern aufgerundet werden. Bei Methode 2 ergibt sich die Größe des Rufnummernblockes durch Aufsummierung der bislang von den einzelnen Telekommunikationsanlagen in Anspruch genommenen Rufnummernblöcke. Die Summe wird dann auf den nächsten Rufnummernblock mit 100, 1 000, 10 000, 100 000, 1 000 000 oder 10 000 000 Rufnummern aufgerundet. In ihrem Amtsblatt vom 20. 10. 2004 hat die Regulierungsbehörde eine Anhörung veröffentlicht zu der Frage, ob für einen Teilbereich der Gasse 018xx das Online-Tarifierungsverfahren eingeführt werden soll.[169]

159 Das bekannteste Beispiel für Nutzergruppen stellt der Informationsverbund Berlin-Bonn (IVBB) dar, dem der durch die Kennzahl 1888 identifizierte Rufnummernblock für die Nutzung durch die Bundesregierung zugeteilt wurde. Anders als es grundsätzlich bei Ortsnetzrufnummern der Fall ist, lassen Rufnummern keinen Rückschluss auf den geographischen Standort des angerufenen Anschlusses zu. So werden über 01888er-Rufnummern teilweise Büros der Ministerien in Berlin, teilweise Büros in Bonn erreicht.

160 **q) 0181: Rufnummern für internationale virtuelle private Netze.** – Im Zuge der internationalen Verflechtung von Unternehmen werden Rufnummern benötigt, mittels derer natürliche oder juristische Personen, die ihre Standorte sowohl im Inland und als auch im Ausland haben, unter einheitlichen Rufnummern zu erreichen sind. Für diesen Zweck hat das BAPT Rufnummern für Internationale Virtuelle Private Netze bereitgestellt und Zuteilungsregeln für diese Nummernressource erlassen.[170] Als Nummernbereich wurde der Bereich 0181 im E.164-Nummernraum gewidmet. Die Struktur von IVPN sieht nach der Ziffernfolge 181 eine drei- oder vierstellige IVPN-Kennung vor. Die ersten sechs oder sieben Stellen ergeben gemeinsam die Kennzahl für IVPN. Der Kennzahl folgt eine Endeinrich-

---

166 Abschnitt 3.1 der Vfg. 23/1997 vom 22. 1. 1997 (BMPT ABl. 2/1997).
167 Mit. 518/2001 vom 19. 9. 2001 (RegTP ABl. 18/2001).
168 Vfg. 12/2004 vom 21. 4. 2004 (RegTP ABl. 8/2004).
169 Mit. 337/2004 vom 20. 10. 2004 (RegTP ABl. 21/2004); zum Online-Tarifierungsverfahren vgl. § 67 RdNr. 56 ff.
170 Vfg. 132/1997: „Vorläufige Regeln für die Zuteilung von Rufnummern für Internationale Virtuelle Private Netze" vom 4. 6. 1997 (BMPT ABl. 16/1997).

tungsnummer, die bis zu sieben Stellen haben kann. Die gesamte IVPN-Rufnummer ist damit höchstens 14-stellig. Bei der Anwahl ist das Präfix 0 zu wählen.

IVPN können nach den Zuteilungsregeln von Gruppen natürlicher oder juristischer Perso- **161** nen, die über Niederlassungen im Inland und im Ausland verfügen, beantragt werden. Zugeteilt werden sie in Form von Rufnummernblöcken, die im Regelfall durch eine siebenstellige Kennung identifiziert werden.

r) 0167: Rufnummern für öffentliche Bündelfunknetze. – Die Regulierungsbehörde hat **162** „Vorläufige Regeln für die Zuteilung von Rufnummern für öffentliche Bündelfunknetze" erlassen.[171] Öffentliche Bündelfunknetze im Sinne dieser Regeln sind Mobilfunknetze, die auf die Bedürfnisse von Nutzergruppen ausgerichtete Leistungsmerkmale aufweisen. Rufnummern für öffentliche Bündelfunknetze bestehen aus der Dienstekennzahl 167, an die sich eine siebenstellige Teilnehmerrufnummer anschließt, die sich aus einer ein- bis zweistelligen Blockkennung und einer fünf- bis sechsstelligen Endeinrichtungsnummer zusammensetzt. Sie werden in Rufnummernblöcken von jeweils 100 000 oder 1 000 000 originär an Unternehmen, die ein öffentliches Bündelfunknetz betreiben, zugeteilt. Folgeanträge können nur dann positiv beschieden werden, wenn alle zuvor zugeteilten Rufnummernblöcke einen hohen Auslastungsgrad haben. Die Anträge werden entsprechend der Reihenfolge ihres Eingangs bearbeitet, wobei Prioritäten angegeben werden können.

Mit der Zuteilung eines Rufnummernblockes für öffentliche Bündelfunknetze ist die Auf- **163** lage verbunden, dass der Zuteilungsnehmer den zugeteilten Rufnummernblock für abgeleitete Zuteilungen nutzt. Dabei darf die Rufnummernlänge nicht unterschritten werden. Zudem müssen die abgeleiteten Zuteilungen diskriminierungsfrei erfolgen. Es ist zulässig, für die abgeleitete Zuteilung an Nutzer ein Entgelt zu erheben, welches aber die mit der abgeleiteten Zuteilung verbundenen Kosten nicht überschreiten darf.

s) Zielnetzbetreiberkennungen zur Generierung von Routingnummern für Interna- **164** **tionale Entgeltfreie Mehrwertdienste (ZkGR).** – Die Einführung von Internationalen Entgeltfreien Mehrwertdiensten machte es erforderlich, Kennungen zuzuteilen, die es ermöglichen, den aus dem Ausland kommenden internationalen Verkehr zu diesen Diensten unmittelbar zum Zielnetzbetreiber zu führen. Zielnetzbetreiber ist derjenige, der das Vertragsverhältnis mit dem Kunden des Dienstes hat. Anhand einer Zielnetzbetreiberkennung kann der Zielnetzbetreiber eine Routingnummer generieren und dann den Verkehr zum gewünschten Ziel führen.

Die Regulierungsbehörde hat eine entsprechende Nummernressource zur Verfügung ge- **165** stellt und zu deren Strukturierung und Ausgestaltung „Regeln für die Zuteilung von Zielnetzbetreiberkennungen zur Generierung von Routingnummern für Internationale Entgeltfreie Mehrwertdienste"[172] erlassen. Sie hat für die ZkGR den Bereich 01988 des nationalen Nummernraums E.164 für öffentliche Telefonnetze gewidmet und festgelegt, dass sie achtstellig sind. Die ersten zwei Ziffern sind die Landeskennzahl für Deutschland „49", an die sich die Kennzahl „1988" und eine zweistellige Kennung des Zielnetzbetreibers anschließen. Nach den Zuteilungsregeln können ZkGR beantragt werden von Betreibern von Telekommunikationsnetzen, die sie für Zwecke der Verkehrslenkung von Internationalen Entgeltfreien Mehrwertdiensten bei einer unmittelbaren länderübergreifenden Zusammen-

---

171 Vfg. 22/2000 vom 8. 3. 2000 (RegTPABl. 5/2000).
172 Vfg. 1/2004 vom 7. 1. 2004 (RegTPABl. 1/2004).

schaltung von Telekommunikationsnetzen für den ankommenden Verkehr zu Internationalen Entgeltfreien Mehrwertdiensten nutzen wollen.

166 **t) 112 und 110: Notrufnummern.** – In Art. 26 URL werden die Mitgliedstaaten verpflichtet sicherzustellen, dass alle Endnutzer gebührenfreie Notrufe mit der einheitlichen europäischen Notrufnummer 112 durchführen können. Die in diesem Zusammenhang in der UniversaldienstRL festgelegten Regelungen werden durch § 108 (Notruf) umgesetzt. In dieser Vorschrift ist darüber hinaus eine Ermächtigung zur Festlegung zusätzlicher nationaler Notrufnummern in einer Rechtsverordnung enthalten. In Deutschland wurde neben der Notrufnummer 112 auch die Nummer 110 zur Verfügung gestellt, unter der im Notfall die Polizei erreicht werden kann.

167 **u) 116 116 und 0116116: Rufnummern zur Sperrung elektronischer Berechtigungen. – aa) Entwurf der Regulierungsbehörde.** – Am 11. 8. 2004 teilte die Regulierungsbehörde mit, dass das Bundesministerium für Wirtschaft und Arbeit sie gebeten habe, eine bundesweit einheitliche Rufnummer für einen Dienst zur Sperrung elektronischer Berechtigungen (Sperrungsdienst) einzuführen.[173] Da elektronische Berechtigungen in Deutschland an Bedeutung für Unternehmen und Verbraucher zunähmen, sei ein Schutz der Verbraucher vor Missbrauch erforderlich. Die Sperrung von Bank- und Kreditkarten, elektronischen Signaturen und Zugangscodes für das Online-Banking könne am besten durch eine Stelle geschehen, die unter einer leicht merkfähigen Rufnummer einfach und schnell erreichbar ist.

168 Die Regulierungsbehörde hat daraufhin besondere Zuteilungsbedingungen ausgearbeitet und zur Kommentierung gestellt.[174] Nach Auswertung der eingegangenen Stellungnahmen hat sie das Zuteilungsverfahren eröffnet und den Entwurf eines Zuteilungsbescheides publiziert, der die wesentlichen Regelungen zur Nutzung der zur Verfügung gestellten Nummernressourcen enthält.[175] Die Zuteilungsbedingungen sehen die Widmung der Rufnummer 116116 für die Sperrung elektronischer Berechtigungen vor. Darüber hinaus soll auch die Rufnummer 0116116 bereit gestellt werden, um eine Sperrung elektronischer Berechtigungen aus dem Ausland zu ermöglichen. Antragsberechtigt sind Organisationen, die diese beiden Rufnummern nutzen wollen, um eine zentrale Anlaufstelle für die Sperrung elektronischer Berechtigungen zu betreiben. Die Verfügung der Regulierungsbehörde sieht vor, dass die Stelle, die die Rufnummern 116116 und 0116116 beantragen kann, keine erwerbswirtschaftlichen Ziele verfolgen darf. Ihre Tätigkeit muss sich auf die Erbringung des Dienstes zur Sperrung elektronischer Berechtigungen beschränken. Zudem muss der Antragsteller fachkundig, leistungsfähig und zuverlässig sein.[176]

169 Die Auswahl des Zuteilungsnehmers soll durch einen so genannten Schönheitswettbewerb[177] erfolgen. Die Regulierungsbehörde hat eine Vielzahl von Kriterien für ein Realisierungskonzept des Dienstes ausgearbeitet. Maßgeblich ist, welches der vorgelegten Realisierungskonzepte aufgrund seiner technischen, wirtschaftlichen und rechtlichen Realisierbarkeit die dauerhafte Unterhaltung des Dienstes zur Sperrung elektronischer Berechtigun-

---

173 Mit. 261/2004 vom 11. 8. 2004 (RegTPABl. 16/2004).
174 Mit. 261/2004 vom 11. 8. 2004 (RegTPABl. 16/2004).
175 Vfg. 45/2004 vom 20. 10. 2004 (RegTPABl. 21/2004).
176 Abschnitt 1 der Vfg. 45/2004 vom 20. 10. 2004 (RegTPABl. 21/2004).
177 Vgl. RdNr. 46.

gen am ehesten erwarten lässt. Bei gleicher Eignung mehrerer Antragsteller soll ein Losverfahren durchgeführt werden.

Nach dem Entwurf des Zuteilungsbescheides „Bedingungen für die Nutzung der Rufnummern" ist die Anwahl der Rufnummer 116 116 aus dem Inland kostenfrei. Die Rufnummer muss zudem bundesweit und vorwahlfrei aus dem öffentlichen Telefonnetz erreichbar sein. Die Rufnummer 0116 116 ist nur für kommende Auslandsverbindungen zu nutzen. Der Zuteilungsnehmer muss im Rahmen des wirtschaftlich Zumutbaren darauf hinwirken, dass die Rufnummer 0116 116 aus allen Staaten erreichbar ist. Die Anwahl der 0116 116 aus dem Ausland muss nicht entgeltfrei sein. Beide Rufnummern sind so einzurichten, dass sie faxfähig sind, um auch sprach- und hörgeschädigten Verbrauchern die Inanspruchnahme des Sperrdienstes zu ermöglichen. Über die Rufnummern darf ausschließlich ein Sperrdienst angeboten werden. Dementsprechend hat die Regulierungsbehörde am 21. 12. 2004 dem Sperr e. V. (Verein zur Förderung der Sicherheit in der Informationsgesellschaft) die Rufnummer 116 116 zugeteilt.[178] Seit dem 1. 7. 2005 bietet der Sperr e. V. einen Dienst zur sofortigen Sperrung von elektronischen Berechtigungen an. **170**

bb) Regelungen auf europäischer Ebene. – Die Europäische Konferenz der Verwaltungen für Post und Telekommunikation (CEPT) arbeitet derzeit an einer Regelung zur Bereitstellung eines europaweiten Nummernraums für Kurzrufnummern. Es ist beabsichtigt, diese Dienste in der Gasse 116 anzusiedeln, wobei drei weitere Ziffern zur Identifikation des jeweiligen Dienstes vergeben werden sollen.[179] In diesem Zusammenhang wird auch diskutiert, alle Mitgliedstaaten zu verpflichten, die Rufnummer 116 116 als einheitliche Rufnummer zur Sperrung elektronischer Berechtigungen bereitzustellen. Es ist noch unklar, ob diese Festlegung erfolgen wird. Die Zuteilungsbedingungen der Regulierungsbehörde für die Rufnummern 116 116 und 0116 116 tragen den Diskussionen auf europäischer Ebene Rechnung. Es ist vorgesehen, die Zuteilung auflösend bedingt für den Fall auszusprechen, dass eine europaweite Harmonisierung erfolgt. Dies bedeutet, dass bei Vergabe einer europaweit harmonisierten Rufnummer eine Verlagerung des Dienstes zur Sperrung von elektronischen Berechtigungen auf diese Rufnummer erfolgt. **171**

cc) Bewertung. – In Deutschland bieten die einzelnen Kreditinstitute bereits Rufnummern zur Sperrung von Bank- und Kreditkarten an. Diese Rufnummern sind jedoch lang und daher schlecht merkfähig. Aus diesen praktischen Gründen und insbesondere aus Verbrauchersicht ist die Widmung einer kurzen Rufnummer für eine einheitliche Rufnummer zur Sperrung elektronischer Berechtigungen sehr zu begrüßen. So wird zum Beispiel bei einem Diebstahl der Handtasche oft neben der Kreditkarte auch die SIM-Karte des Mobiltelefons zu sperren sein. **172**

Betrachtet man jedoch die Aufgabe der Regulierungsbehörde, den zur Verfügung stehenden, knappen Nummernraum E.164 umsichtig und effizient zu bewirtschaften, ist die Entscheidung der RegTP kritisch zu bewerten. Die sechsstellige Rufnummer nimmt einen großen Nummernraum ein, der zum Beispiel für die Nutzung für Dienste mit 11-stelligen Rufnummern nicht mehr zur Verfügung steht. Die Regulierungsbehörde hat deshalb in den vergangenen Jahren Anträge auf Zuteilung ungewöhnlich kurzer Rufnummern für bestimmte Dienste stets abgelehnt und die Interessenten auf bereits bestehende Nummernbereiche wie 0180 und 0800 verwiesen. Zudem hat sie im Zuge der Strukturierung des Nummern- **173**

---

178 Vfg. 61/2004 vom 22. 12. 2004 (RegTP ABl. 25/2004).
179 Vfg. 45/2004 vom 20. 10. 2004 (RegTP ABl. 21/2004).

raumes die Zuteilung von INDI-Rufnummern auslaufen lassen.[180] Es ist nicht ersichtlich, inwieweit ein Dienst zur Sperrung elektronischer Berechtigungen gegenüber anderen Diensten zu privilegieren ist. So ist zu erwarten, dass Anbieter von sozialen Diensten ebenfalls die Zuteilung einer Rufnummer beantragen werden, die hinsichtlich Struktur und Ausgestaltung der 116116 entspricht. Die Regulierungsbehörde wird aus Gleichbehandlungsgründen dann möglicherweise Rufnummern der Struktur 116xyz für diese Dienste zuteilen müssen.

174 **v) Zusammenfassende tabellarische Darstellung der RegTP (Stand: 11. 1. 2005)**

Nr. bzw. Nummernraum	Verwendung	Planungen
0	nationale Verkehrsausscheidungsziffer	
00	internationale Verkehrsausscheidungsziffer	
010xy, 0100yy mit x = 1 bis 9 und y = 0 bis 9	optional der Verkehrsausscheidungsziffer voranzustellende Ziffernfolge zur Verbindungsnetzbetreiberauswahl Call by Call	
(0)11	Mehrwertdienste (auslaufend)	Verlagerung wird gegenwärtig vorbereitet; danach: Reserve
(0)12	Innovative Dienste	
(0)13	frei; Ausnahmen:	soweit frei: Reserve
(0)137, (0)1381	– Televotum, Teledialog	Verlagerung geplant; danach Reserve
(0)14	frei	Reserve
(0)15*) (0)1505 (0)1511 (0)1520 (0)1566	Mobilfunk (GSM und UMTS/ IMT-2000): Group 3G (Quam) T-Mobile Vodafone MobilCom	Reservierungen: (0)150 Group 3G (0)151 T-Mobile (0)152 Vodafone (0)155 E-Plus 3G Luxb. (0)156 MobilCom (0)157 E-Plus (0)159 O$_2$ (Germany)

---

180 Vgl. RdNr. 87f.

(0)16*) (0)160 (0)161 (0)162 (0)163 (0)164 (0)165 (0)166	Mobilfunk : T-Mobile Frei Vodafone E-Plus Mobilfunk Cityruf (e*message) Frei Telmi (e*message)	Reserve Reserve
(0)167 (0)1672	Bündelfunknetze: Dolphin Telecom (Deutsch-land)	
(0)168 (0)169	Scall (e*message) Cityruf, Scall, Skyper (e*mes-sage)	
(0)17*) (0)170 (0)171 (0)172 (0)173 (0)174 (0)175 (0)176 (0)177 (0)178 (0)179	Mobilfunk (GSM und UMTS/IMT2000): T-Mobile T-Mobile Vodafone Vodafone Vodafone T-Mobile O_2 (Germany) E-Plus Mobilfunk E-Plus Mobilfunk (O_2 (Germany)	
(0)180	Shared-Cost-Dienste	
(0)181xxx, (0)181xxxx	Kennzahlen für Internationale Virtuelle Private Netze (IVPN)	
(0)18xy, (0)18xyy, (0)18xyyy, (0)18xyyyy, (0)18xyyyyy, (0)18xyyyyyy mit x = 2 bis 9 und y = 0 bis 9	Kennzahlen für geschlossene Nutzergruppen	
(0)19	frei; Ausnahmen:	soweit frei: Reserve
(0)190	– Premium-Rate-Dienste	Verlagerung nach (0)900x danach: Reserve
(0)19xz bis (0)19yzzz mit x = 1 bis 3, y = 1 bis 4 und z = 0 bis 9	– Online-Dienste	
(0)1987	– Routingnummern für Ruf-nummern der Struktur 116xyz	

(0)1988	– Zielnetzbetreiberkennungen zur Generierung von Routingnummern für Internationale Entgeltfreie Mehrwertdienste	
(0)1989	– Routingnummern für Auskunftsdienste	
(0)199	– Netzinterne Verkehrslenkung	
(0)xy, (0)xyy, (0)xyyy, (0)xyyyy mit x = 2 bis 9 und y = 0 bis 9	Ortsnetzkennzahlen (ONKz); Ausnahmen:	
(0)31 (0)31–0 (0)31–1	– Testrufnummern – Test der Betreiberauswahl und der Betreibervorauswahl bei Fernverbindungen – Test der Betreiberauswahl und der Betreibervorauswahl bei Ortsverbindungen	
(0)32	– Nationale Teilnehmerrufnummern	
(0)500, (0)501, (0)600 (z. Z. belegt, erst bei Bedarf freizuräumen), (0)601	– frei	Reserve für Telekommunikationsdienste
(0)700 (0)701	– Persönliche Rufnummern – frei	Reserve für Persönliche Rufnummern
(0)800 (0)801	– Freephone-Dienste – frei	Reserve für Freephone Dienste
(0)900x mit x = 1, 3 und 5 (0)9009	Premium-Rate-Dienste Registrierungspflichtige Anwählprogramme	
(0)901, (0)902, (0)903, (0)904, (0)905	– frei	Reserve für Telekommunikationsdienste
xyy (auslaufend), xy yy (auslaufend), x yy yy, xy yy yy, x yy yy yy, xy yy yy yy mit x = 1 bis 9 und y = 0 bis 9	Teilnehmerrufnummern; Ausnahmen:	
110 112	– Polizei – Notruf, Feuerwehr	

Brodkorb

116 116	– Sperrrufnummer für elektronische Berechtigungen	
118xy mit x = 1 bis 9 und y = 0 bis 9 1180yy	– Auskunftsdienste; Rufnummern der Struktur 1180yy werden nur zugeteilt, wenn keine Rufnummern der Struktur 118xy mehr verfügbar sind	
übrige Bereiche der Gasse 11	– netzinterne Nutzung	

*) In den Nummernbereichen (0)15, (0)16 und (0)17 sind die Zuteilungsnehmer von Rufnummernblöcken (RNB) angegeben. Aufgrund der gesetzlichen Verpflichtung zur Netzbetreiberportabilität in Mobilfunknetzen können Rufnummern aus diesen RNB von anderen Mobilnetzbetreibern betrieben werden. **175**

5. Technische Nummernressourcen. – a) National Signalling Point Codes (NSPC) und **176** **International Signalling Point Codes (ISPC).** – Gemäß der Empfehlung E.105 der ITU[181] besteht das Signalisierungsnetz für den globalen Telefondienst aus einem internationalen Signalisierungsnetz und den mit diesem verbundenen nationalen Signalisierungsnetzen. Dabei sind die Signalisierungspunkte[182] durch so genannte Codes identifiziert. Nach ihrem Verwendungsbereich werden nationale, internationale und betreibereigene Signalling Point Codes (SPC) unterschieden. NSPC und ISPC werden von der Regulierungsbehörde vergeben.

National Signalling Point Codes sind zur eindeutigen Identifikation eines Zeichengabe- **177** punktes im deutschen Zeichengabezwischennetz erforderlich. Sie dienen der Adressierung. Das Bundesamt für Post und Telekommunikation hat am 22. 1. 1997 „Vorläufige Regeln für die Zuteilung von National Signalling Point Codes (NSPC) für das Zeichengabezwischennetz" erlassen.[183] Da hiernach Inhaber einer Lizenz der Klassen 1, 2 oder 4 die Zuteilung von NSPC beantragen konnten, hat die Regulierungsbehörde in Umsetzung von Art. 3 und Art. 18 GenRL am 16. 7. 2003 die Antragsberechtigung neu gefasst.[184]

Die in den Zuteilungsregeln festgelegte Struktur der Codes zur Adressierung von nationa- **178** len Signalisierungspunkten entspricht den Vorgaben der ITU.[185] Es ist geregelt, dass NSPC aus 14 Bit bestehen, wodurch insgesamt 16.384 NSPC zur Verfügung stehen. Für das Zuteilungsverfahren ist vorgesehen, dass je Zeichengabepunkt des Zeichengabesystems Nummer 7 nur ein NSPC zugeteilt wird.

Im internationalen Telekommunikationsverkehr werden Signalisierungspunkte mittels In- **179** ternational Signalling Point Codes adressiert. Betreiber von Telekommunikationsanlagen benötigen demnach diese Nummernressource, um nach dem Zeichengabesystem Nummer 7 eine Verkehrsbeziehung mit einem anderen Betreiber von Telekommunikationsanlagen im internationalen Zeichengabezwischennetz zu unterhalten. In der Empfehlung

---

181 08/92.
182 Auch Zeichengabepunkt.
183 Vfg. 22/1997 vom 22. 1. 1997 (BMPT ABl. 2/97).
184 Vfg. 33/2003 vom 16. 7. 2003 (RegTP ABl. 14/2003.
185 ITU-T-Empfehlung Q.705 (03/93).

Q.708[186] ist die Struktur von International Signalling Point Codes (ISPC) für das Zeichen-gabesystem Nummer 7 definiert. Die Regulierungsbehörde teilt ISPC zu, hat aber bisher keine Zuteilungsregeln erlassen.

180   **b) Portierungskennungen.** – Portierungskennungen werden den Betreibern von Telekom-munikationsnetzen zugeteilt, damit diese die in § 46 vorgesehene Netzbetreiberportabilität sicherstellen können. Das BAPT hat zur Vergabe von Portierungskennungen „Vorläufige Regeln für die Zuteilung von Portierungskennungen" veröffentlicht.[187] Die Portierungs-kennungen bilden danach einen eigenständigen Nummernraum, dessen Ressourcen der netzübergreifenden Zeichengabe zu Adressierungszwecken dienen und den Charakter ei-nes Präfixes haben. Portierungskennungen bestehen aus der Hexadezimalzahl D, der drei Ziffern folgen. Antragsberechtigt sind all die Betreiber von Telekommunikationsnetzen, die nach § 46 zur Sicherstellung der Netzbetreiberportabilität verpflichtet sind. Mit Ein-führung der Netzbetreiberportabilität im Mobilfunk im November 2003 wurden den Mo-bilfunknetzbetreibern Portierungskennungen zugeteilt.[188] Durch eine Verfügung vom 24. 11. 2004 hat die Regulierungsbehörde die Antragsberechtigung erweitert auf Inkasso- und Fakturierungsdienstleister.[189] Im Sinne eines schonenden Umgangs mit dem Num-mernraum wird jedem der antragsberechtigten Netzbetreiber grundsätzlich nur eine Portie-rungskennung zugeteilt, wobei die Reihenfolge des Eingangs der Anträge maßgeblich ist. Weist der Netzbetreiber nach, dass er für die Durchführung einer technischen Änderungs-maßnahme eine zweite Portierungskennung benötigt, wird ihm diese auf Antrag befristet zugeteilt.[190]

181   **c) Closed User Group Interlock Codes (CUGIC).** – Die Regulierungsbehörde hat „Vor-läufige Regeln für die Zuteilung von Closed User Group Interlock Codes (CUGIC)" veröf-fentlicht.[191] CUGIC dienen danach zur Realisierung von geschlossenen Nutzergruppen und werden im Zeichengabesystem Nummer 7 der ITU übertragen. Sie werden in Form von Interlock-Code-Blöcken zugeteilt, die jeweils 100 CUGIC enthalten. Die Struktur von CUGIC ist in Empfehlung X.180 der ITU festgelegt. Die Zuteilungsregeln folgen dieser Empfehlung.[192]

182   CUGIC können von Betreibern von Telekommunikationsnetzen beantragt werden, die ihr Netz auf Basis des Zeichengabesystems Nummer 7 der ITU betreiben und für ihre Kunden geschlossene Benutzergruppen einrichten wollen. Jedem Antragsteller wird beim ersten Antrag ein Interlock-Code-Block zugeteilt. Weitere Interlock-Code-Blöcke werden nur zu-geteilt, wenn der Nutzungsgrad aller zuvor zugeteilten Blöcke mehr als 75 % beträgt. Das Zuteilungsverfahren ist auf der Basis des First-come-first-served-Prinzips ausgestaltet.

183   **d) „Service Centre Addresses" (SCA).** – Für die Vergabe so genannter Service Centre Adresses (SCA) hat die Regulierungsbehörde keine Zuteilungsregeln erlassen. Mit Verfü-

---

186 03/99: Numbering of international signalling point codes (ISPC).
187 Vfg. 52/1997 vom 19. 2. 1997 (BMPT ABl. 5/97), geändert durch Vfg. 43/2009 vom 8. 9. 2004 (RegTP ABl. 18/2004).
188 Vgl. Mit 397/02 vom 21. 8. 2002 (RegTP ABl. 16/2003 – Vodafone); Mit. 426/2002 vom 2. 10. 2002 (RegTP ABl. 19/2002 – E-Plus); Mit. 464/2002 vom 16. 10. 2002 (RegTP ABl. 20/2002 – T-Mobile).
189 Vfg. 52/2004 vom 24. 11. 2004 (RegTP ABl. 23/2004).
190 Vfg. 85/1999 vom 14. 7. 1999 (RegTP ABl. Nr. 12/99).
191 Vfg. 16/1998 vom 4. 3. 1998 (RegTP ABl. 4/98).
192 Abschnitt 2 der Vfg. 16/1998 vom 4. 3. 1998 (RegTP ABl. 4/98).

gung vom 4. 2. 1998 hat sie aber im Rahmen der Strukturierung des Nummernraumes festgelegt, dass Unternehmen, denen gemäß den „Vorläufigen Regeln für die Zuteilung von
Portierungskennungen" [193] eine Portierungskennung zugeteilt wurden, bis auf Weiteres den
Bereich (0)10 XXX für die Ableitung von „Service Centre Addresses" (SCA) nutzen können.[194]

e) Tarifierungsreferenzzweige (TRZ).– Tarifierungsreferenzzweige sind Ziffernfolgen, **184**
aus denen Tarifizierungsreferenzkennungen abgeleitet werden können. Der Europäische
Standard ES 201 296 regelt, dass sie verwendet werden, um Netzknoten zum Zwecke der
Generierung von Tarifierungsinformationen eindeutig zu identifizieren.[195] Diesen Zweck
hat die Regulierungsbehörde in den „Vorläufigen Regeln für die Zuteilung von Tarifie-
rungsreferenzzweigen" festgeschrieben.[196] TRZ beginnen nach Abschnitt 2 der Regeln mit
der Ziffernfolge 0–2–263, an die sich ein zwischen 0 und 16.383 liegender Wert anschließt,
der den Betreiber des Telekommunikationsnetzes identifiziert. Die Ableitung von Tarifizierungsreferenzkennungen nimmt der Betreiber des Telekommunikationsnetzes durch
Anhängen eines Wertes zwischen 0 und 65.535 vor.

Die Zuteilungsregeln in der durch Verfügung 34/2003 geänderten Form[197] sehen vor, dass **185**
TRZ beantragen kann, wer ein öffentliches Telekommunikationsnetz oder eine Telekommunikationsanlage mit Vermittlungsfunktion oder vermittlungsunterstützender Funktion
betreibt oder den Betrieb beabsichtigt und mit anderen Antragsberechtigten Tarifierungsinformationen entsprechend dem ES 201 296 austauschen will. Die Zuteilung ist auf einen
TRZ je Antragsteller beschränkt. Sie erfolgt im First-come-first-served-Verfahren.

f) Data Network Identification Code (DNIC). – Das Bundesamt für Post und Telekom- **186**
munikation hat am 12. 8. 1992 ein vorläufiges Vergabeverfahren für die Zuteilung des Data
Network Identification Code (DNIC) verfügt.[198] Die Regulierungsbehörde als Rechtsnachfolgerin des BAPT hat bisher keine Zuteilungsregeln für DNIC erlassen, die Verfügung
vom 12. 8. 1992 aber auch nicht aufgehoben. Ein DNIC kann von Betreibern eines Telekommunikationsnetzes beantragt werden werden. Er ist erforderlich für den Datenverkehr
mit anderen nationalen oder internationalen Datennetzen, die bereits mit einem DNIC registriert sind.

g) Öffentliche Versorgungsbereiche (Administration Management Domain-Namen – **187**
ADMD-Namen). – Eine weitere bereits vom BAPT strukturierte Nummernressource stellen die so genannten Administration Management Domain-Namen dar. Dabei handelt es
sich um Nummern im Sinne von § 3 Nummer 13, durch deren Zusammenschaltung eine
internationale Plattform zur Übertragung von Mitteilungen gebildet wird.[199] Dies geschieht, indem die Management Domain-Namen den Informationstransport im Mitteilungs-Übermittlungs-System (Message Handling System – MHS -) übernehmen.[200] Die

---

193 Vfg. 52/1997 vom 19. 2. 97 (BMPT ABl. Nr. 2/97) .
194 Vfg. 19/1998 vom 4. 3. 98 (RegTP ABl. 4/98).
195 Abschnitt 1 der Vfg. 37/1999 vom 14. 4. 1999 (RegTP ABl. 6/99).
196 Vfg. 37/1999 vom 14. 4. 1999 (RegTP ABl. 6/99).
197 Vfg. 34/2003 vom 16. 7. 2003 (RegTP ABl. 14/03).
198 Vfg. 118/1992 vom 12. 8. 1992 (BMPT ABl. 15/92).
199 Vfg. 135/1992 vom 9. 9. 1992 (BMPT ABl. 17/1992): Vorläufiges Verfahren zur Notifizierung
 von öffentlichen Versorgungsbereichen (ADMD) im Mitteilungs-Übermittlungs-System (MHS).
200 Vgl. Empfehlungen des Comité Consultatif International Téléphonique et Télégraphique
 (CCITT-Empfehlungen) der X.400-Serie.

Vorgaben geben Betreibern von öffentlichen Versorgungsbereichen auf, Unterlagen zur Notifizierung von öffentlichen Versorgungsbereichen an die Regulierungsbehörde zu senden. Dabei ist ein ADMD-Name anzugeben. Zudem verpflichtet sich der Betreiber eines öffentlichen Versorgungsbereichs dazu, Mitteilungen in andere Versorgungsbereiche weiterzuleiten.[201]

188 **h) International Carrier Codes (ICC).** – International Carrier Codes sind standardisierte Kennungen, die genutzt werden, um nationale und internationale Netzbetreiber zu identifizieren.[202] Der Anwendungsbereich von ICC ist im Detail in der Empfehlung M.1400 der Internationalen Fernmeldeunion (ITU) beschrieben. Die jeweiligen nationalen Netzbetreiber wählen sich ihre Kennung selbst, diese wird nicht von der ITU oder der Regulierungsbehörde zugeteilt. Die gewählte Kennung muss jeder Netzbetreiber bei der ITU notifizieren.

189 **i) Objektkennungsäste für Netzbetreiber und Diensteanbieter (OKA-ND).** – Objektkennungsäste sind notwendig, um zuteilungsnehmerspezifische Objektkennungen abzuleiten. Letztgenannte dienen der Identifizierung von Objekten in Protokollen, die in Telekommunikationsnetzen für den Informationsaustausch verwendet werden.[203] Die Regulierungsbehörde hat in den „Vorläufigen Regeln für Zuteilung von Objektkennungsästen für Netzbetreiber und Diensteanbieter"[204] vorgegeben, dass OKA-ND entsprechend internationalen Vorgaben mit den Ziffern 2–16–276–1 beginnen, an die ein Wert zur Identifikation des Netzbetreibers oder Diensteanbieters angefügt wird. Es ist zulässig, dass der Antragsteller an diese Nummer weitere Werte anhängt, um Verzweigungen für verschiedene Anwendungsgebiete zu erhalten. Die Bearbeitung der Anträge der Netzbetreiber und Diensteanbieter erfolgt nach der Reihenfolge ihres Eingangs.

190 **j) Herstellerkennungen für Telematikprotokolle (HKT).** – Nach einer Anhörung[205] hat die Regulierungsbehörde am 22. 3. 2000 „Vorläufige Regeln für die Zuteilung von Herstellerkennungen für Telematikprotokolle" erlassen.[206] HKT im Sinne dieser Regeln sind Kennungen gemäß der Empfehlung T.35 der ITU. Sie werden für die Generierung von Kennungen für nichtstandardisierte Leistungsmerkmale verwendet, die in Telematikprotokollen benötigt werden. HKT setzen sich aus der Ein-Byte-Landeskennung für die Bundesrepublik Deutschland (0000 01002) und einer zwei Byte langen nationalen Herstellerkennung zusammen. An die so gebildete HKT schließt sich dann eine herstellerorientierte Kennung an, die die Antragsteller selbst festlegen.

191 Herstellerkennungen für Telematikprotokolle können von Endeinrichtungsherstellern, Software-Herstellern und Diensteanbietern, die sie für eine Anwendung benötigen, beantragt werden. Jeder Antragsteller erhält nur eine Nummer. Sie werden nach dem Firstcome-first-served-Prinzip zugeteilt.

192 **k) Internationale Kennungen für mobile Endeinrichtungen (International Mobile Equipment Identification – IMEI).** – Zur Strukturierung und Ausgestaltung des Nummernraumes hat die Regulierungsbehörde „Vorläufige Regeln für die Zuteilung von Inter-

---

201 Abschnitt 2.2 der Vfg. 135/1992 vom 9. 9. 1992 (BMPT ABl. 17/1992).
202 Vfg. 86/1999 vom 14. 7. 1999 (RegTP ABl. 12/1999).
203 Abschnitt 1 der Vfg. 149/1999 vom 1. 12. 1999 (RegTP ABl. 22/1999).
204 Vfg. 149/1999 vom 1. 12. 1999 (RegTP ABl. 22/1999).
205 Mit. 570/1999 vom 22. 12. 1999 (RegTP ABl. 23/1999).
206 Vfg. 30/2000 vom 22. 3. 2000 (RegTP ABl. 6/2000).

nationalen Kennungen für mobile Endeinrichtungen" veröffentlicht.[207] Sie hat festgelegt, dass IMEI im Sinne dieser Regeln eindeutige Adressen von mobilen Endeinrichtungen gemäß dem GSM-Standard 03.03 des Europäischen Instituts für Standardisierung in der Telekommunikation sind. Über IMEI wird zusammen mit der jeweiligen in das Mobiltelefon eingesetzten SIM-Karte die Verbindung zum Mobilfunknetz hergestellt.[208] Jedem Mobiltelefon wird vom Hersteller oder Mobilfunknetzbetreiber eine eindeutige IMEI als Hardwarekennung zugewiesen. Dementsprechend sind Hersteller und Mobilfunknetzbetreiber berechtigt, die Zuteilung von IMEI zu beantragen.

Eine IMEI besteht aus 15 Ziffern, wobei die ersten 8 Ziffern jeweils die IMEI-Blockken- **193** nung darstellen. Als deren erste beide Ziffern sind der Regulierungsbehörde „4" und „9" für eine Vergabe an Hersteller und Mobilfunknetzbetreiber zugeordnet. Die sich an die Blockkennung anschließenden 7 Ziffern der IMEI werden vom Hersteller oder Mobilfunknetzbetreiber verwaltet. Diese 7 Ziffern setzen sich aus einer Seriennummer und einer Prüfziffer zusammen.[209] Da von den Herstellern und Mobilfunknetzbetreibern aufgrund der Vielzahl der verkauften Mobiltelefone eine große Menge an IMEI benötigt wird, werden IMEI in Blöcken zu jeweils 1 000 000 IMEI zugeteilt.

l) Individuelle TETRA Teilnehmerkennungen (Individual TETRA Subscriber Identi- **194** **ty – ITSI).** – ITSI sind Kennungen, deren Struktur im Standard ETS 300 392–1 des Europäischen Instituts für Standardisierung in der Telekommunikation festgelegt ist. ITSI setzen sich aus der TETRA Mobilen Landeskennzahl für Deutschland 262, einer 14 Bits großen TETRA Mobilen Netzkennung und einer 24 Bit großen Teilnehmerkurzkennung zusammen. Die beiden erstgenannten Bestandteile bilden zusammen die ITSI-Blockkennung, durch die ein ITSI-Block identifiziert wird.

ITSI werden zur Adressierung von Teilnehmern in digitalen Bündelfunknetzen verwendet. **195** Die Regulierungsbehörde hat Regeln für die Zuteilung von ITSI erlassen.[210] Darin ist festgelegt, dass ITSI in Blöcken von 16.777.216 ITSI an Bündelfunknetzbetreiber und Hersteller originär zugeteilt werden. Die Zuteilungsnehmer werden verpflichtet, abgeleitete Zuteilungen an Nutzer vorzunehmen. Jedem Antragsteller wird nur ein Block zugeteilt, wobei es möglich ist, die Zuteilung eines bestimmte ITSI-Blockes zu beantragen. Es ist darüber hinaus zulässig, ITSI-Blöcke für Testzwecke zu beantragen. Diese werden befristet für zwei Jahre, die aber auf Antrag verlängert werden können, zugeteilt.

m) Internationale Kennungen für mobile Teilnehmer (International Mobile Subscri- **196** **ber Identities- IMSI).** – Internationale Kennungen für mobile Teilnehmer werden für mobile drahtlose und drahtgebundene Dienste zur Adressierung von Teilnehmern verwendet. Sie sind Kennungen im Sinne von Empfehlung E.212 der ITU.[211] Die Regulierungsbehörde hat die Struktur und das Verfahren zur Vergabe von IMSI in den „Regeln für die Zuteilung von Internationalen Kennungen für Mobile Teilnehmer" festgelegt.[212] IMSI bestehen danach aus der von der ITU festgelegten dreistelligen Mobilen Landeskennzahl (MCC) für Deutschland 262, der sich eine zweistellige Mobile Netzkennung (MNC) und eine zehn-

---

207 Vfg. 40/2000 vom 5. 4. 2000 (RegTPABl. 7/2000).
208 LG Ravensburg, Beschluss vom 19. 12. 2003, Az: 1 Qs 113/03; MMR 9/2004, 633 f.
209 Abschnitt 2 (Nummernraum) der Vfg. 40/2000 vom 5. 4. 2000 (RegTPABl. 7/2000).
210 Vfg. 83/2000 vom 6. 12. 2000 (RegTPABl. 23/2000).
211 11/98.
212 Vfg. 85/2000 vom 6. 12. 2000 (RegTPABl. 23/2000).

stellige Identifikationsnummer des Mobilen Teilnehmers (MSIN) anschließen. In den Zuteilungsregeln ist geregelt, dass IMSI in Blöcken von 10 000 000 000 IMSI an Betreiber von Mobilfunknetzen und Hersteller zugeteilt werden können.

197 Die Zuteilungsregeln für IMSI aus dem Jahr 2000 sahen zunächst vor, dass jedem Antragsteller nur ein IMSI-Block zugeteilt wird.[213] Diese Vorgabe wurde zur Ermöglichung des Geschäftsmodells „Virtuelle Mobilfunknetzbetreiber" entsprechend der Änderung der Antragsberechtigung für Mobilfunkrufnummern weiter gefasst.[214] So können nun Mobilfunknetzbetreiber, die eine Netznutzungsvereinbarung mit einem Betreiber eines Telekommunikationsnetzes vorlegen, die diesem die Nutzung von IMSI ermöglicht, die Zuteilung weiterer IMSI-Blöcke beantragen. Am 2. 12. 2003 hat die Regulierungsbehörde außerdem eine Verfügung erlassen, nach der in besonderen Fällen eine erweiterte Antragsberechtigung vorliegt.[215]

198 **n) Rufzeichen im CB-Funk.** – Nicht mehr hoheitlich vergeben werden Rufzeichen für den CB-Funk. Das BAPT hatte zunächst für diese Nummern vorläufige Zuteilungsregeln erlassen.[216] Antragsberechtigt waren CB-Funker oder diejenigen, die ein CB-Funkgerät betrieben haben. Am 27. 5. 1998 hat die Regulierungsbehörde diese Zuteilungsregeln jedoch aufgehoben.[217]

199 **6. Internationale Nummernressourcen. – a) 00800: Rufnummern für Internationale Entgeltfreie Mehrwertdienste (Universal International Freephone Numbers – UIFN).** – Die ITU hat Rufnummern für Internationale Entgeltfreie Mehrwertdienste bereitgestellt[218], deren Vergabe sie nach einem von ihr ausgearbeiteten Verfahren vornimmt[219]. UIFN werden einzeln zugeteilt. Die Zuteilung muss von einem anerkannten Netzbetreiber im Auftrag eines Diensteanbieters beantragt werden und erfolgt gegen eine Gebühr von 200 CHF. Diese Rufnummern sind weltweit einheitlich und können auch international entgeltfrei angerufen werden. Allerdings stellen einzelne Netzbetreiber bei der Anwahl dieser Rufnummern ein Entgelt für die Nutzung des Endgeräts in Rechnung. Auch für die Anwahl von 00800er-Rufnummern aus Mobilfunknetzen kann eine Gebühr anfallen. Einzelheiten zur Strukturierung und Ausgestaltung des Nummernbereichs für UIFN regelt eine ITU-Empfehlung.[220] Danach ist der Nummernbereich 00800 für Internationale Entgeltfreie Mehrwertdienste vorgesehen. Dieser Dienstekennzahl folgt eine achtstellige Teilnehmerrufnummer.

200 **b) 00979: Rufnummern für Internationale Premium-Rate-Dienste (Universal International Premium-Rate Numbers – UIPRN).** – Die ITU hat einen Nummernbereich für Internationale Premium-Rate-Dienste zur Verfügung gestellt, aus der sie seit dem 2. 5. 2001 Zuteilungen vornimmt.[221] Das Verfahren zur Zuteilung wurde von der ITU geregelt.[222] Die

---

213 Abschnitt 4 (Antragsverfahren), Vfg. 85/2000 vom 6. 12. 2000 (RegTP ABl. 23/2000).
214 Vfg. 11/2002 vom 17. 4. 2002 (RegTP ABl. 7/2002); siehe hierzu auch RdNr. 92 ff.
215 Vfg. 55/2003 vom 3. 12. 2003 (RegTP ABl. 24/2003).
216 Verfügung 288/1999 vom 3. 12. 1999 (BMPT ABl. 32/1997).
217 Verfügung 49/1998 vom 27. 5. 1998 (RegTP ABl. 10/1998).
218 Mit. 125/1996 vom 6. 11. 1996 (BMPT ABl. 27/1996).
219 ITU-T Empfehlung E.169 „Application of Recommendation E.164 Numbering Plan for Universal International Freephone Numbers for International Freephone Sercvice".
220 ITU-T Empfehlung E.152 „International Freephone Service".
221 Mit. 121/2001 vom 14. 3. 2001 (RegTP ABl. 5/2001).
222 ITU-T Empfehlung E.169.2 „Application of Recommendation E.164 numbering plan for universal international premium rate number(s) for the International premium rate service".

Beantragung dieser Rufnummern ist sinnvoll, wenn ein Premium-Rate-Dienst unter einer einheitlichen Rufnummer in verschiedenen Ländern beworben und angeboten werden soll. Beispiele können internationale Umfragen, Wettbewerbe und Bewerbungen verschiedener Produkte sein. In einer weiteren Empfehlung hat die ITU eine Beschreibung der internationalen Premium-Rate-Dienste geregelt und Vorgaben zur Implementierung der dafür zugeteilten Nummernressource gemacht.[223] Als UIPRN-Ressource hat die ITU die Dienstekennzahl 979 zur Verfügung gestellt. Die internationale Verkehrsausscheidungsziffer 00 muss vor dieser Kennzahl gewählt werden. Nach der 979 folgen eine einstellige Tarifkennung und eine achtstellige Teilnehmerrufnummer. Die Zuteilung kann nur von einem anerkannten nationalen Netzbetreiber für den jeweiligen Diensteanbieter beantragt werden. Für die Zuteilung einer einzelnen Rufnummer ist eine Gebühr in Höhe von 200 CHF zu zahlen.

c) 00808: Rufnummern für Internationale Shared-Cost-Dienste (Universal International Shared Cost Numbers – UISCN). – Für Internationale Shared-Cost-Dienste hat die ITU einen gesonderten Rufnummernbereich gewidmet.[224] Das seit dem 2. 6. 2001 durchgeführte Vergabeverfahren richtet sich nach einer Empfehlung der ITU.[225] Die Rufnummern können in verschiedenen Ländern zu dem Tarif angerufen werden, der für nationale Gespräche im Land des Anrufers in Rechnung gestellt wird. Die darüber hinausgehenden Kosten werden vom Angerufenen übernommen, so dass die Kosten der Verbindung zwischen dem Anrufer und dem Angerufenen geteilt werden. Der Internationale Shared-Cost-Dienst und die technische Ausgestaltung der dafür bereitgestellten Rufnummern werden in einer Empfehlung der ITU beschrieben.[226] Für den Dienst wurde der Rufnummernbereich 00808 bestimmt. Nach der Dienstekennzahl 808 folgt eine achtstellige globale Teilnehmernummer. Zur Erreichbarkeit der Internationalen Shared Cost-Dienste muss vor der Dienstekennzahl stets das internationale Präfix, die 00, gewählt werden. UISCN werden einzeln zugeteilt; die Zuteilung erfolgt gegen eine Gebühr, die 200 CHF beträgt.

201

d) Internationale Netzkennzeichnungsadressen der ITU für ATM-Netze. – Die Regulierungsbehörde hat mitgeteilt[227], dass die ITU eine Empfehlung[228] zu Adressierungsmöglichkeiten für breitbandige Telekommunikationsnetze erarbeitet hat. Eine Variante stellt die Adressierung mittels Internationaler Netzkennzeichnungsadressen der ITU (ITU IND) dar. Technisch gesprochen handelt es sich dabei um eine ATM-Endsystemadressierung (AESA) für die Internationale Netzkennzeichnung der ITU (ITU IND) zur Bereitstellung von so genannten ATM-Diensten durch Diensteanbieter. Mit dieser Ressource ist es für Unternehmen, Gesellschaften und Regierungsinstitutionen möglich, einen ATM-Adressierungsplan für öffentliche ATM-Dienste zu realisieren, die ggfs. auch über internationale Grenzen hinweg angeboten werden können.[229] Die Ressource besteht aus einer Berechti-

202

---

223 ITU-T Empfehlung E.155.
224 Mit. 151/2001 vom 28. 3. 2001 (RegTP ABl. 6/2001).
225 ITU-T Empfehlung E.169.3 „Application of Recommendation E.164 numbering plan for universal international shared cost number(s) for the International shared cost service".
226 ITU-T Empfehlung E.154 „International Shared Cost Service".
227 Mit. 246/2001 vom 9. 5. 2001 (RegTP ABl. 9/2001); Mit. 182/2002 vom 3. 4. 2002 (RegTP ABl. 6/2002).
228 ITU-T-Empfehlung E.191.1„Kriterien und Verfahren für die Zuteilung von internationalen Netzkennzeichnungsadressen der ITU-T" Operational Bulletin Nr. 736 vom 15. 3. 2001 der Internationalen Fernmeldeunion (ITU).
229 Mit. 246/2001 vom 9. 5. 2001 (RegTP ABl. 9/2001).

gungs- und Formatkennung, einer Anfangsbereichskennung und einem bereichsspezifischen Teil.

203 **e) 003883: Nummernraum für paneuropäische Dienste.** – Im Jahr 2001 hat die ITU 24 europäischen Ländern die internationale Kennzahl 3883 für die Verwirklichung eines Nummernraums für paneuropäische Dienste (European Telecommunications Telephony Numbering Space – ETNS) zugeteilt.[230] Damit wird es für internationale Unternehmen möglich, einheitliche Rufnummern zu nutzen. Die ITU sieht vor, dass das Entgelt für den Anrufer nicht höher sein soll als der nationale Tarif. Der Nummernraum für paneuropäische Dienste ist unterteilt in Anwendungen, die im öffentlichen Interesse stehen (003883–1–XXX), Kundendienstanwendungen (003883–3–X XXX XXX), Nutzergruppen (003883–5–XXX XXX XXX) und persönliche Rufnummern (003883–7–XXX XXX XXX). Alle Nummernarten können seit dem 1. 3. 2001 beantragt werden. Rufnummern für Nutzergruppen werden in Blöcken von 1000 Rufnummern, 10 000 Rufnummern, 100 000 Rufnummern und 1 000 000 Rufnummern zugeteilt. Die ITU kann darüber hinaus Nummern für andere ETNS-Dienste, zum Beispiel für einen Multimedia-Dienst, festlegen oder andere europäische Länder in das Verfahren einbeziehen. Zuständig für die Verwaltung des ETNS ist das Europäische Telekommunikationsbüro (European Telecommunications Office – ETO).[231] Der ETNS-Nummernraum wird nicht sehr stark genutzt.[232]

204 **7. Nummerierung im Internet (Abs. 1 S. 4). – a) Europarechtlicher Hintergrund.** – Art. 10 RRL enthält Vorgaben für die Vergabe von Nummern, Namen und Adressen. Die Vorschrift verpflichtet die nationale Regulierungsbehörde, die Zuteilung aller nationalen Nummerierungsressourcen und die Verwaltung der nationalen Nummerierungspläne zu kontrollieren. Nationale Regulierungsbehörden sind verpflichtet, für die Bereitstellung adäquater Nummern und Nummerierungsbereiche für alle öffentlich zugänglichen Kommunikationsdienste zu sorgen. Gleichzeitig regelt die RRL in Erwägungsgrund 20, dass mit der Richtlinie keine neuen Zuständigkeitsbereiche in Bezug auf die Vergabe von Namen und Adressen im Internet geschaffen werden.

205 Für die Frage, ob Domänennamen und IP-Adressen nach RRL auch der Kontrolle der Vergabe durch die RegTP unterliegen können, kommt es demnach darauf an, ob bereits nach dem TKG 1996 eine Zuständigkeit der Regulierungsbehörde für Nummernressourcen des Internets bestand. Diese Frage ist sehr umstritten.

206 **b) Domänennamen. – aa) Funktion und Aufbau.** – Domänennamen sind zur Erleichterung der Adressierung im Internet bestimmt. Sie werden vom Nutzer in das Adressfenster des Internetbrowsers eingegeben, um einen Computer im Internet anhand seines Namens zu finden.[233] Domänennamen bestehen aus Buchstaben oder Wörtern und sind in der Regel leicht merkfähig.

207 Funktionsweise und Struktur der Domänennamen werden im von der Internet Engineering Task Force (IETF) erstellten Dokument RFC 1034[234] geregelt. Danach wird vom Computer nach Eingabe eines Domänennamens über das Domänennamen-System (Domain Name System – DNS) eine Information zu dieser Domäne abgerufen. Das DNS stellt unter ande-

---

230 Mit. 150/2001 vom 28. 3. 2001 (RegTPABl. 6/2001).
231 Vgl. zum Europäischen Nummernraum im Einzelnen: § 46, RdNr. 24 ff.
232 *Sokolov*, c't 2005, 74.
233 *Leib*, ICANN und der Konflikt um die Internet-Ressourcen, S. 61.
234 Request for Comments 1034 vom November 1987 „Domain Names – Concept and Facilities".

rem ein Abfrageprotokoll dar. Es löst die Domänennamen auf, indem es sie in die entsprechenden IP-Adressen übersetzt, die es dann dem anfragenden Computer übermittelt.

Domänennamen werden hierarchisch gebildet und bezeichnen die logische Adresse eines **208** Internethosts.[235] Domänennamen setzen sich in der Regel zusammen aus der Buchstabenkombination „www", die als Kürzel für das weltweite Internet, das World Wide Web, steht, einem zweiten Wort, das das adressierte Unternehmen oder die adressierte Person identifiziert und die Domain zweiter Stufe darstellt, und einer Buchstabenkombination, die als Domain erster Stufe entweder eine Länderbezeichnung (Ländercode-Top Level Domain, country code Top Level Domain – ccTLD, zum Beispiel „.de") oder eine bestimmte Gattungsbezeichnung (generic Top Level Domain – gTLD, zum Beispiel „.org") enthält. Bei dem Domänennamen www.regtp.de stellt demnach „.de" die Domäne oberster Stufe und „.regtp" die Domäne zweiter, also nachgeordneter Stufe dar.

bb) Regulatorische Einordnung. – Die Vergabe der Top Level Domains wird von der In- **209** ternet Corporation of Assigned Numbers (ICANN) koordiniert. Sie entscheidet unter anderem über die Einführung neuer TLD und akkreditiert die Registrare für die gTLD.[236] Damit übernimmt ICANN Regulierungsfunktionen für den Domänenmarkt.[237] Domänennamen der Domain „.de" werden in Deutschland von der DENIC Domain Verwaltungs- und Betriebsgesellschaft eG (DENIC) vergeben, die Betreiberin des ccTLD-Registers für Deutschland ist.

Es ist umstritten, ob der Nummernbegriff der §§ 43, 3 Nr. 10 TKG 1996 auch Domänenna- **210** men umfasste. Diese Frage wird teilweise unter Verweis auf die den sonstigen Nummern entsprechende Situation bejaht.[238] Andere Stimmen sprechen sich gegen eine Einordnung der Domänennamen als Nummern im Sinne des TKG aus.[239] Sie begründen diese Auffassung vor allem damit, dass Domänennamen nicht der Adressierung in Telekommunikationsnetzen dienen. Domänennamen und das DNS substituiere funktional lediglich den Blick in ein Verzeichnis von IP-Adressen.[240] Die Adressierung im Bereich der Internetkommunikation erfolge lediglich über die IP-Adressen.[241]

Für eine Einordnung der Domänennamen als hoheitlich zu verwaltende Nummern spricht **211** die Tatsache, dass die Domain „.eu" als „länderspezifische Domäne oberster Ordnung"[242] eingeführt wurde. Eine Verordnung der Europäischen Gemeinschaft regelt, dass die Euro-

---

235 *Hillebrand/Büllingen*, Internet-Governance – Politiken und Folgen der institutionellen Neuordnung der Domainverwaltung durch ICANN, Diskussionsbeitrag Nr. 218 des WIK, S. 5.

236 *Leib* (Fn. 233) S. 80.

237 *Leib* (Fn. 233) S. 79.

238 *Hanloser*, Die Internet Corporation for Assigned Names and Numbers (ICANN) – Legislative, exekutive und judikative Selbstverwaltung im Internet, JurPC Web-Dok. 158/2000, Abs. 1–46, Abs. 34; *Mosing/Otto*, MR 2002, 176; *Mosing/Otto/Proksch*, Internet Governance oder die (Nicht-)Legitimation zur Domain-Verwaltung, in: IT in Recht und Staat, 2002, S. 145, 154; *Schäfer*, CR 2002, 690, 693; *Trute/Spoerr/Bosch*, § 43 RdNr. 16; BeckTKG-Komm/*Schuster* § 3 RdNr. 13.

239 *Koenig/Neumann* CR 2003, 182, 184; *Holznagel*, MMR 2003, 219.

240 *Koenig/Neumann*, CR 2003, 182, 184.

241 *Koenig/Neumann*, K&R 1999, 145, 148; *Koenig/Neumann*, CR 2003, 182, 184; *Holznagel*, MMR 2003, 219, 220; a.A. *Herrmann*, MMR 10/2002, VIII, IX; siehe auch Fn. 222.

242 Art. 1 EG-VO 733/2002 des Europäischen Parlaments und des Rates vom 22. April 2002 zur Einführung der Domäne oberster Stufe „.eu" (EG ABl. L 113/1 vom 30. 4. 2002); *Eckhardt/Nolte*, MMR 9/2002, VIII; vgl. grundsätzlich *Neubauer*, K&R 2005, 343 ff.

päische Gemeinschaft in Bezug auf die TLD „.eu" alle Rechte hat, womit auch die Rechte des geistigen Eigentums eingeschlossen sind.[243] Auch gibt es bei den Domänennamen wie bei den übrigen Nummern ein Regulierungsbedürfnis.[244] Der Domänenname ist das zentrale Marketinginstrument. Die Registrierung des eigenen Markennamens als Domäne gilt als zentrale Voraussetzung für den wirtschaftlichen Erfolg im Internet.[245] Dies hat zahlreiche markenrechtliche Streitigkeiten zur Folge.[246] Zudem handelt es sich bei Domänennamen um knappe Ressourcen[247] und das jetzige Vergabesystem kann zu deren Hortung führen[248].

212   Aus Nutzersicht stellt die Verwendung eines Domänennamens die Adressierung dar. Der Nutzer bestimmt das Kommunikationsziel mit Hilfe des Domänennamens.[249]

213   Das DNS mit den Domänennamen ist ein eigenes globales Netzwerk, welches Teil des Telekommunikationsnetzes Internet ist. Die Domänennamen bilden die Grundlage für das Auffinden und die Adressierung von Internetangeboten.[250] Die Definition in § 3 Nr. 13 setzt voraus, dass Nummern Zwecken der Adressierung in Telekommunikationsnetzen dienen, nicht aber, dass sie allein zur Erreichung des Kommunikationsziels ausreichen.[251] Zudem dienen die Domänennamen heutzutage nicht mehr rein dem Komfort des Anwenders, sondern werden unmittelbar zur Adressierung benötigt, weil viele Server so aufgesetzt werden, dass sie nur eine IP-Adresse besitzen, obwohl sie von unterschiedlichen Domänen angesprochen werden, die jeweils auf unterschiedliche Ziele verweisen.[252] Die Definition in § 3 Nr. 13 umfasst daher grundsätzlich auch Domänennamen.

214   Um vor diesem Hintergrund[253] eine Regulierung der Domänennamen auszuschließen, enthält Abs. 1 S. 4 eine Regelung zur regulatorischen Einordnung von Domänennamen. Der Bundesrat sprach sich dafür aus, Domänennamen weiterhin von der DENIC eG als Einrichtung der Internetwirtschaft verwalten zu lassen.[254] Die Formulierung in Abs. 1 S. 4 trägt diesem Anliegen Rechnung und bestärkt die Auffassung der Bundesregierung, die bereits im Jahr 2000 keinen Anlass für eine Überführung der Registrierung von Domänennamen in einen anderen rechtlichen und organisatorischen Rahmen sah.[255] Sie schließt die Vergabe der Domänennamen sowohl der ersten Ordnung als auch der nachgeordneten Stufen durch die Regulierungsbehörde ausdrücklich aus.

---

243 Art. 7 EG-VO 733/2002; siehe auch Pressemitteilung „Die .eu-Verordnung im Detail", MMR 7/ 2002, V.
244 *Hillebrand/Büllingen* (Fn. 235) S. 20.
245 *Hillebrand/Büllingen* (Fn. 235) S. 1.
246 Zum Beispiel OLG Celle, Urt. vom 8. 4. 2004, Az.: 13 U 213/03, K&R 8/2004, 396; BGH, Urt. vom 19. 2. 2004, Az. I ZR 82/01; vgl. hierzu *Bröcher*, MMR 2005, 203 ff.; BGH, Urt. vom 9. 9. 2004, Az.; I ZR 65/02, CR 2005, 362 f. mit Anm. *Eckhardt*.
247 *Koenig/Neumann*, K&R 1999, 145, 151; *Koenig/Neumann*, CR 2003, 182, 184; *Mosing/Otto*, MR 2002, 176, 177; *Mosing/Otto/Proksch* (Fn. 238) S. 145, 154.
248 *Leib* (Fn. 233) S. 126.
249 *Mosing/Otto*, MR 2002, 176, 177.
250 *Hillebrand/Büllingen* (Fn. 235) S. 1.
251 *Mosing/Otto*, MR 2002, 176, 178.
252 *Mosing/Otto*, MR 2002, 176, 177.
253 *Ermert*, c't 2002, 92, 93.
254 BR-Drs. 755/2/03 vom 9. 12. 2003, S. 30 f.
255 BT-Drs. 14/3956 vom 28. 7. 2000.

c) ENUM. – aa) Hintergrund. – ENUM ist die Abkürzung für „Telephone *Nu*mber *Map*- **215**
ping" und stellt ein System dar, welches Telefonnummern nach dem Standard E.164[256] unter Nutzung des DNS als Domänennamen darstellt. ENUM-Adressen sind demnach Domänennamen mit besonderen technischen Möglichkeiten.

Alle Funktionen der ENUM-Domänennamen wurden im von der Internet Engineering **216**
Task Force (IETF) entwickelten Standard RFC 2916[257] definiert. Dieser Standard wurde
im April 2004 durch den Standard RFC 3761[258] ersetzt. Die ENUM-Domänennamen dienen nach dem Standard dazu, verschiedene Dienste zu identifizieren, die mit einer E.164-
Nummer verbunden sind.[259] Solche Dienste können Sprache, Fax oder E-Mail sein. ENUM
bietet somit eine große Flexibilität bei der Nutzung der verschiedenen Kommunikationsdienste.

bb) Testbetrieb. – Die Domäne erster Ordnung für ENUM-Domänennamen ist e164.arpa. **217**
Sie wird von RIPE NCC verwaltet, die auf Antrag einzelne Ländercodes an lokale Länder-
organisationen delegiert.[260] Derzeit läuft in verschiedenen Staaten ein unbefristeter Feldversuch des Projektes ENUM, der in Deutschland von der DENIC durchgeführt wird. Die Regulierungsbehörde hat im Rahmen dieses Feldversuchs mit der DENIC eine Vereinbarung geschlossen, in der beide Parteien bestimmte Pflichten übernehmen. Eine der wichtigsten im
Feldversuch zu klärenden Fragen war die Rufnummernvalidierung, d. h. die Prüfung, ob die
als ENUM-Domain zu registrierende Telefonnummer tatsächlich dem Antragsteller zusteht.
Es wird derzeit ein Prozess eingeführt, mit dem eine Rufnummernvalidierung automatisiert
möglich ist. DENIC hat am 28. 9. 2005 einen Abschlussbericht übersandt und plant den Beginn des Wirkbetriebs für Dezember 2005.

cc) Regulatorische Einordnung. – ENUM-Domänennamen sind Domänennamen und so- **218**
mit nach Abs. 1 S. 4 von der Vergabe durch die Regulierungsbehörde ausdrücklich ausgenommen.

Die Begründung des Gesetzentwurfs der Bundesregierung erwähnt ENUM als Beispiel für **219**
aktuelle neue technische Entwicklungen und damit verbundene innovative Dienstleistungen. Die Bundesregierung stellte klar, dass sie die Verantwortlichkeit der Regulierungsbehörde zum Beispiel für ENUM für erforderlich hält, da ein reibungsloses Zusammenspiel
mit den übrigen Nummerierungsressourcen zu gewährleisten sei. Die Regulierungsbehörde sollte aber nach dem Willen der Bundesregierung die Möglichkeit erhalten, die Verantwortlichkeit vertraglich auf Dritte zu übertragen, wenn die Aufgabenerfüllung durch die
Dritten gewährleistet ist.[261] Diese Ausführungen waren in der Begründung des Referentenentwurfs nicht enthalten. Dieser enthielt lediglich eine Wiedergabe des Ressourcen des Internets betreffenden Teils des Erwägungsgrundes 20 RRL. Der Bundesrat hatte sich auf
Empfehlung des Wirtschaftsausschusses[262] in seiner Stellungnahme dafür ausgesprochen,
dass die Verwaltung von Domänennamen weiterhin durch die DENIC e.G. erfolgen solle.

---

256 Vgl. RdNr. 24 f.
257 Request for Comments 2916 vom September 2000 „The E.164 number and DNS".
258 Request for Comments 3761 vom April 2004 „The E.164 to Uniform Resource Identifiers (URI)
    Dynamic Delegation Discovery System (DDS) Application (ENUM)".
259 RFC 3761, Abschnitt 1 „Introduction".
260 Wikipedia, Suchwort: ENUM; ITU TSB Circular 105 vom 30. 5. 2002.
261 BR-Drs. 755/03, S. 112.
262 BR-Drs. 755/2/03, S. 30, Nr. 55.

Zudem hat er die Bundesregierung gebeten zu prüfen, wie im Falle der Verknüpfung von Domänennamen mit Telefonnummern durch Technologien wie z. B. ENUM eine effiziente Aufgabenverteilung und Zusammenarbeit zwischen der DENIC und der Regulierungsbehörde geregelt werden kann.[263] In ihrer Gegenäußerung hat die Bundesregierung mitgeteilt, dass sie der gleichen Ansicht wie der Bundesrat ist und die bisherige bewährte Selbstregulierung durch die DENIC eG beizubehalten gedenkt, der Regulierungsbehörde aber das geeignete Instrumentarium geben möchte, um tätig werden zu können, wo spezielle Adressierungsfragen bzw. die Verknüpfung mit nationalen Nummernplänen im Vordergrund stehen.[264]

220 Die in Abs. 1 S. 4 geregelte Vorschrift begrenzt ein Tätigwerden der Regulierungsbehörde im Zusammenhang mit der Technologie ENUM auf alle Fragen, die die E.164-Nummern betreffen. Eine Überwachung der Vergabe von ENUM-Domänennamen unter anderen Gesichtspunkten ist durch Satz 4 ausgeschlossen.

221 **d) IP-Adressen. – aa) Struktur und Vergabe.** – IP-Adressen bestehen aus binären Zahlen und werden entsprechend dafür von der Internet Assigned Numbers Authority (IANA) geregelten Standards in durch Punkte unterteilten Nummernblöcken abgebildet.

222 IP-Adressen werden blockweise von der IANA unter der Aufsicht der ICANN an regionale Vergabestellen, die Regional Internet Registries (RIR) vergeben. Die unter anderem für Deutschland zuständige RIR ist die gemeinnützige Vereinigung Réseaux IP Européens Network Coordination Centre (RIPE NCC), die ihren Sitz in Amsterdam hat.[265] Für die Vergabe von IP-Adressen wurde der Standard RFC 2050 erlassen.[266] Große Internetdiensteanbieter (Internet Service Provider – ISP) können IP-Adressen direkt bei der RIPE NCC beantragen, während kleinere ISP ihre Adressen von ihrem Netzbetreiber erhalten, die insofern als lokale oder nationale Internet-Register dienen.

223 **bb) Regulatorische Einordnung.** – Rechner im Internet werden mit Hilfe von IP-Adressen identifiziert, die für die physische Adresse eines Computers steht.[267] Das Internet besteht aus einer Vielzahl von einzelnen Netzen, die funktional zu einem einzigen Datennetz verbunden sind.[268] Es ist ein Telekommunikationsnetz im Sinne des § 3 Nr. 27.[269] IP-Adressen dienen unstreitig Zwecken der Adressierung in diesem Telekommunikationsnetz und sind demnach Nummern im Sinne der Definition des § 3 Nr. 13.[270]

224 Einer Regulierung durch die Regulierungsbehörde steht aber entgegen, dass es sich bei den IP-Adressen bisher nicht um eine national abgrenzbare Ressource handelt, die dem Geltungsbereich des TKG unterfällt. Sollte dem Vorschlag der ITU, dass IP-Adressen länderbasiert vergeben werden[271], gefolgt werden, ist die Frage der regulatorischen Einordnung von IP-Adressen neu zu klären.

---

263 BR-Drs. 755/03, S. 28, Ziffer 53.
264 BT-Drs. 15/2345, S. 6.
265 Vgl. im Einzelnen *Leib* (Fn. 233) S. 77 ff. .
266 Request for Comments 2050 vom November 1996: „Internet Registry IP Allocation Guidelines".
267 *Hillebrand/Büllingen* (Fn. 235) S. 4.
268 *Holznagel*, MMR 2003, 219, 220.
269 Begr. RegE zu § 3 Nr. 27.
270 *Holznagel*, MMR 2003, 219.
271 *Wilson*, The Geography of Internet Addressing; *Ermert*, c't 2004, 65.

VI. Änderungen von Struktur und Ausgestaltung des Nummernraumes und des Nummernplanes (Abs. 2)

1. Überblick. – Die Regelung entspricht weitgehend der des § 43 Abs. 4 TKG 1996. Die **225** Vorschrift dient der Gewährleistung der ausreichenden Verfügbarkeit von Nummernressourcen[272] und der Umsetzung internationaler Vorgaben. Umstellungen von Diensten auf andere Rufnummerngassen können mit sehr hohen unmittelbaren und mittelbaren Kosten verbunden sein. Sie sind für alle Betroffenen sehr kostenaufwändig. Technische Anpassungen sind erforderlich, Spezifikationen müssen ausgearbeitet werden, fachliche Stellungnahmen bei der Regulierungsbehörde abgegeben werden, Dienste neu beworben werden u. Ä. Dennoch werden Änderungen der Struktur und Ausgestaltung des Nummernraumes und des Nummernplanes in bestimmten Fällen notwendig, um das uneingeschränkte Funktionieren der Netznutzung zu gewährleisten.

Anders als im TKG 1996 wird durch § 66 Abs. 2 die Regulierungsbehörde nicht mehr aus- **226** drücklich ermächtigt, die Zuteilungen zu ändern. Ihre Befugnis ist nach dem Wortlaut beschränkt auf die Änderung der Struktur sowie der Ausgestaltung des Nummernraumes und des nationalen Nummernplanes, soweit dies zur Umsetzung internationaler Verpflichtungen oder Empfehlungen oder zur Sicherstellung der ausreichenden Verfügbarkeit von Nummern erforderlich ist. Die Regulierungsbehörde hat ein Auswahl- und Entschließungsermessen. Sie entscheidet zum einen, ob Maßnahmen erforderlich sind, und zum anderen, welche Maßnahmen geeignet, erforderlich und verhältnismäßig im engeren Sinne sind.

2. Internationale Verpflichtungen und Empfehlungen. – Nach Erwägungsgrund 20 S. 4 **227** RRL und Art. 10 Abs. 5 RRL sollen die Mitgliedstaaten ihre einzelstaatlichen Standpunkte in internationalen Organisationen und Gremien, in denen nummerierungsrelevante Entscheidungen getroffen werden, abstimmen, sofern dies zur Sicherstellung der uneingeschränkten weltweiten Interoperabilität von Diensten angezeigt ist. Diese Regelung wird ergänzt durch die Vorgabe in Art. 10 Abs. 4 RRL, nach der die Mitgliedstaaten die Vereinheitlichung der Zuweisung der Nummerierungsressourcen zur Entwicklung paneuropäischer Dienste unterstützen.

In Betracht kommen vor allem Vorgaben der Europäischen Gemeinschaft oder Empfehlun- **228** gen der Internationalen Fernmeldeunion (International Telecommunications Union – ITU). Erstere sind für die Mitgliedstaaten rechtlich bindend. Die Empfehlungen der ITU sind zwar rechtlich nicht bindend, ihre Einhaltung ist aber für das Funktionieren des internationalen Telefonverkehrs und die Sicherstellung der internationalen Erreichbarkeit Voraussetzung, so dass eine faktische Bindung besteht. Die Änderung des deutschen Nummernplanes und die Umstrukturierung des Nummerraumes dient insofern der Eingliederung des bundesdeutschen Systems in weltweite Rahmenbedingungen und somit der Sicherstellung der Funktionsfähigkeit des internationalen Kommunikationsnetzes.[273]

Bei der ITU entwickelt ein Standardisierungssektor (Comité Consultatif International Té- **229** léfonique et Télégraphique – CCITT) Empfehlungen für die Strukturierung des Nummernraumes in den Mitgliedstaaten. Hervorzuheben ist vor allem die Empfehlung E.164 für den

---

272 *Geppert/Ruhle/Schuster*, § 43 RdNr. 17.
273 *Manssen/Demmel*, § 43 RdNr. 82.

ISDN-Rufnummernraum[274], die bereits Grundlage für mehrere Strukturierungsmaßnahmen der Regulierungsbehörde war. Darin ist die grundsätzliche Struktur von Rufnummern festgelegt, z. B. dass seit dem 1. 1. 1997 eine Rufnummer aus höchstens 15 Ziffern bestehen darf, um die internationale Erreichbarkeit zu gewährleisten. Jeder Endnutzer muss eine individuelle Nummer haben, und alle Nummern werden in Nummernplänen verwaltet.

230   Auch die 1959 errichtete Europäische Konferenz der Verwaltungen für Post und Telekommunikation (Conférence Européenne des Administration des Postes – CEPT) kann durch den Europäischen Ausschuss für Regulierungsfragen Telekommunikation (European Committee for Telecommunications Regulatory Affairs ECTRA) Empfehlungen zur Nummerierung verabschieden, die bindend sind und eine Änderung der Ausgestaltung einzelner Nummernräume erforderlich machen. Empfehlungen für die Nummerierung kann darüber hinaus auch das von der CEPT gegründete Europäische Institut für Telekommunikationsnormen (European Telecommunications Standards Institute – ETSI) machen, welches Aufgaben von der CEPT übernommen hat.

231   Das Europäische Nummerierungsforum (European Numbering Forum – ENF) wurde durch Entschließung des Rates der Europäischen Gemeinschaften[275] gegründet und ist ein mit ECTRA verbundenes Gremium, welches die Kommission der Europäischen Gemeinschaften, ECTRA, ETSI und andere Vereinigungen repräsentiert. ENF ist ein Forum, welches z. B. Studien zu Nummernplänen durchführt und dem Austausch von Informationen für die Koordinierung der Nummerierungsfragen dient. ENF kann ECTRA Vorschläge machen.

232   Auch die Europäische Gemeinschaft kann im Bereich Nummerierung Vorgaben machen. Sie hat z. B. entschieden, dass das Präfix 00 als Verkehrsausscheidungsziffer für den internationalen Verkehr dient[276] und diese Vorgabe für die Strukturierung des Nummernraums in Art. 12 Abs. 1 S. 1 RRL für alle Mitgliedstaaten verbindlich gemacht. Darüber hinaus hat die Europäische Gemeinschaft festgelegt, dass die Nummer 112 als Notrufnummer für alle Mitgliedstaaten einzuführen ist.[277] Auch diese Entscheidung hat sie in der Rahmenrichtlinie verbindlich vorgeschrieben, vgl. Art. 26 Abs. 1 S. 1 RRL. 1996 hat die Europäische Kommission zudem ein Grünbuch über die Nummerierung veröffentlicht und darin die Schaffung eines langfristigen Nummernplans für Europa als eine der Kernaufgaben der Nummerierung in der Europäischen Union bezeichnet.[278]

233   In Erwägungsgrund 20 S. 3 RRL ist geregelt, dass die Kommission der Europäischen Union technische Umsetzungsmaßnahmen für Nummerierungsressourcen machen kann, sofern eine Harmonisierung zur Unterstützung der Entwicklung europaweiter Dienste erforderlich ist.

---

274 CCITT, Recommendation E.164, Numbering Plan for the ISDN Era, CCITT Blue Book, Volume II, Fascicle II.2, Genf 1989.
275 Entschließung 92/C3189/02 des Rates.
276 92/264/EWG: Entscheidung des Rates vom 11. 5. 1992.
277 91/396/EWG: Entscheidung des Rates vom 29. 7. 1991 zur Einführung einer einheitlichen europäischen Notrufnummer.
278 Auf dem Weg zu einem europäischen Nummerierungsumfeld, Grünbuch über ein Nummerierungskonzept für Telekommunikationsdienste in Europa, KOM(96) 590, vom 20. 11. 1996; Entschließung des Rates vom 22. 9. 1997, ABl. EG 97/C 303 vom 4. 10. 1997, S. 1 ff., BR-Drs. 991/96 vom 17. 12. 1996.

3. Sicherstellung ausreichender Verfügbarkeit von Nummern. – Gerade bei Einführung **234** neuer Dienste oder neuer Dienstemerkmale bei bestehenden Diensten kann es dazu kommen, dass ein Nummernraum oder Nummernbereich sich aufgrund seiner Struktur als nicht ausreichend erweist, um den Anforderungen der Betreiber von Telekommunikationsnetzen, der Anbieter von Telekommunikationsdiensten und der Endnutzer zu genügen. Z.B. kam es durch die Einführung von ISDN zu einem schnell steigenden Bedarf an Ortsnetzrufnummern. Die Aufgabe der Behörde gemäß § 66 Abs. 1 S. 2, bei der Strukturierung und Ausgestaltung des Nummernraumes jederzeit den Anforderungen dieser Gruppen gerecht zu werden, wird ergänzt durch die Ermächtigung in Abs. 2.

Für Maßnahmen nach Abs. 2 ist nicht erforderlich, dass eine akute Nummernknappheit be- **235** reits vorliegt. Vielmehr sind auch Maßnahmen zulässig, die geeignet sind, eine akute Nummernknappheit zu vermeiden. Damit für die Marktteilnehmer transparent wird, wann mit Umstrukturierungsmaßnahmen der Regulierungsbehörde zu rechnen ist, sollte die Regulierungsbehörde vorausschauend aktuelle Verfügbarkeitsangaben für die einzelnen Nummernräume veröffentlichen, soweit ihr diese bekannt sind.[279] Stützt die Regulierungsbehörde Maßnahmen zur Umstrukturierung auf eine drohende Nummernknappheit, sollte sie dies durch geeignete Zahlen belegen.

4. Mögliche Maßnahmen: Änderungen der Struktur und Ausgestaltung. – Die Rege- **236** lung ermächtigt die Regulierungsbehörde, Änderungen der Struktur und der Ausgestaltung des Nummernraums und des Nummernplans vorzunehmen. Es kommen vielfältige Maßnahmen in Betracht, bei deren Auswahl die Regulierungsbehörde den Verhältnismäßigkeitsgrundsatz zu beachten hat.

Als vergleichsweise geringen Eingriff kann die Regulierungsbehörde eine zusätzliche Ruf- **237** nummerngasse für einen bestimmten Dienst zur Verfügung stellen und damit den Nummernplan weiterentwickeln. Soweit es möglich war, hat die Regulierungsbehörde bei Nummernknappheit neue, zusätzliche Nummernräume eröffnet. Die Regulierungsbehörde hat z.B. für Mobilfunkdienste die Rufnummerngasse 015 bereitgestellt und hält für Auskunftsdienste die zusätzliche Gasse 1180yy vor.

Als weitergehende Maßnahme kann die Regulierungsbehörde die Rufnummerngasse, in **238** der ein Dienst erbracht werden darf, ändern und dabei auch die Strukturierung der Rufnummern umgestalten. Neben der Verlagerung der entgeltfreien Mehrwertdienste aus der Gasse (0)130 in die Gasse (0)800 ist ein wesentliches Beispiel für entsprechende Maßnahmen die Verlagerung der Premium-Rate-Dienste aus der Gasse (0)190 in die Gasse (0)900. Hierbei werden sowohl die Ausgestaltung des Nummernplanes als auch die Struktur der Rufnummern für Premium-Rate-Dienste geändert. Anders als die Rufnummern der Gasse 0190 signalisieren die Rufnummern der Gasse 0900 nicht mehr das zu zahlende Entgelt. Vielmehr wird der Inhalt des über die Rufnummer erreichbaren Dienstes mit der Rufnummer angezeigt. Darüber hinaus wird auch das Zuteilungsverfahren umgestellt, da die 0900er Rufnummern einzeln an Inhalteanbieter zugeteilt werden.

Bei einer akuten Knappheit von Rufnummern kann die Regulierungsbehörde die Länge **239** der zuzuteilenden Rufnummern in der bisherigen Gasse ändern. Diese Maßnahme hat die Regulierungsbehörde bereits in einigen Ortsnetzbereichen verfügt, wo aufgrund der akuten Knappheit ein zusätzlicher Bedarf an Rufnummernblöcken nicht mehr befriedigt werden

---

279 *Manssen/Demmel*, § 43 RdNr. 80.

konnte. Es wurde vorgeschrieben, dass Teilnehmerrufnummern in den betroffenen Ortsnetzen elfstellig sein müssen.

240   Abs. 2 ermächtigt die Regulierungsbehörde weiterhin, die Nutzungsbestimmungen für eine bestimmte Gasse zu ändern, wenn durch diese Maßnahme eine Knappheit beseitigt oder vermieden werden kann. Es können auch Dienste in eine andere Rufnummerngasse verlagert werden. Darüber hinaus kommt eine Aufgliederung eines konkreten Dienstes nach festgelegten Kriterien in Betracht, wie die Regulierungsbehörde sie gerade im Bereich der Rufnummern für Massenverkehr zu bestimmten Zielen (MABEZ) erwägt.

241   Die Regulierungsbehörde kann Vorschriften zur besseren Ausnutzung der Kapazität in bestehenden Nummernblöcken[280] machen. Sie kann das Zuteilungssystem ändern und einführen, dass kleinere Blöcke zugeteilt werden. Eine solche Maßnahme hat die Regulierungsbehörde getroffen, als sie verfügte, dass aus nichtgenutzten Rufnummernblöcken für Ortsnetzrufnummern kleinere Blöcke zugeteilt werden[281]. Eine andere Maßnahme ist die Umstellung vom System der originären Blockzuteilung auf das System der direkten Einzelzuteilung von Rufnummern, wie es die Regulierungsbehörde beim Übergang der 0190er- zu den 0900er-Rufnummern verfügt hat.[282]

242   Schließlich kommt eine grundlegende Neustrukturierung des Nummernraums in Betracht, wenn durch andere Maßnahmen die ausreichende Verfügbarkeit von Nummern oder die internationale Erreichbarkeit nicht sichergestellt werden kann. Bereits das Expertengremium für Nummerierungsfragen beim Bundesministerium für Post und Telekommunikation hatte in seinem Abschlussbericht vom 5. 12. 1995 eine Empfehlung ausgesprochen zur mittelfristigen Neustrukturierung des geographischen Nummernraums.

243   Die Regulierungsbehörde hat in der Vergangenheit mehrfach von der Befugnis zur Änderung von Struktur und Ausgestaltung der Nummernräume Gebrauch gemacht. Sie hat die Nutzung einiger Rufnummerngassen auslaufen lassen, indem sie deren Nutzung in einer Amtsblattverfügung oder in den Zuteilungsregeln zeitlich beschränkt hat. Bei allen Maßnahmen nach Abs. 2 veröffentlicht die Regulierungsbehörde einen Entwurf und stellt diesen zur Kommentierung. Dann wertet sie die Anhörung aus und veröffentlicht eine begründete Verfügung. Bei allen bisherigen Maßnahmen hat die Regulierungsbehörde ausreichende Übergangsfristen gewährt.

244   **5. Anwendung auf bereits zugeteilte Rufnummern.** – In § 43 Abs. 4 TKG 1996 war die Regulierungsbehörde ausdrücklich dazu ermächtigt worden, bei Knappheit oder zur Umsetzung internationaler Vorgaben auch Änderungen der Zuteilung von Nummern vorzunehmen. Alle bestehenden Zuteilungen waren also von der Maßnahme erfasst. In § 66 Abs. 2 findet sich keine ausdrückliche Regelung mehr, die der Regulierungsbehörde die Änderung bestehender Zuteilungen ermöglicht. Es ist jedoch davon auszugehen, dass von Änderungen der Struktur und der Ausgestaltung des Nummernraumes und des nationalen Nummernplanes durch die Regulierungsbehörde bestehende Zuteilungen auch ohne ausdrückliche Erwähnung erfasst sind. Anderenfalls liefe die Regelung leer, und der Regulierungsbehörde blieben viele Maßnahmen verwehrt. Insbesondere die Umsetzung internationaler Empfehlungen erfordert die Verlagerung bereits genutzter Dienste in eine andere

---

280 BeckTKG-Komm/*Paul/Mellewigt*, § 43 RdNr. 19.
281 Vfg. 10/2003 vom 5. 3. 2003 (RegTPABl. 5/2003).
282 Vfg. 19/2001 vom 14. 3. 2001 (RegTPABl. 5/2001).

Gasse. § 66 Abs. 2 regelt demnach inzident die Befugnis der Regulierungsbehörde zum (teilweisen oder gesamten) Widerruf des Zuteilungsbescheides. Der Widerruf ist nach § 49 Abs. 2 Nummer 1, Alt. 1 VwVfG in Verbindung mit § 66 Abs. 2 S. 1 zulässig. Änderungen der Strukturierung und Ausgestaltung der Nummernraumes, die bestehende Nutzungsrechte betreffen, werden durch öffentlich bekannt gegebene Allgemeinverfügung der Regulierungsbehörde angeordnet. Die Regelung in § 66 Abs. 2 TKG stellt somit ebenso wie vorher § 43 Abs. 4 eine sonderrechtliche Einschränkung des Nutzungsrechts an Nummern dar[283].

6. Angemessene Berücksichtigung der Belange der Betroffenen. – Abs. 2 S. 2 ver- **245** pflichtet die Regulierungsbehörde dazu, bei den aufgrund von Satz 1 verfügten Änderungen die Belange der Betroffenen angemessen zu berücksichtigen. Als zu berücksichtigende Belange werden insbesondere die Umstellungskosten der Betreiber von Telekommunikationsnetzen, der Anbieter von Telekommunikationsdiensten und der Nutzer hervorgehoben.

a) Kreis der Betroffenen. – Der Wortlaut der Vorschrift erfasst bewusst nicht nur die Be- **246** lange der Zuteilungsnehmer, sondern zieht den Kreis der „Begünstigten" weiter, indem sie den Begriff der Betroffenen verwendet. Betroffener ist im Verwaltungsrecht jeder, der von einer behördlichen Maßnahme in seinem Rechtskreis berührt wird.[284] Betroffen ist letztendlich, wer ein rechtlich geschütztes Interesse an der Strukturierung und Ausgestaltung des Nummernraumes und des Nummernplans hat.[285] Zu berücksichtigen sind demnach die Interessen aller Nutzer von Nummern.[286] Betroffen sind in erster Linie die Inhaber von Nutzungsrechten aus direkter, originärer oder abgeleiteter Zuteilung. Bei Zuteilung der Rufnummern an Anbieter von Telekommunikationsdiensten oder Endkunden können darüber hinaus auch die Betreiber von Telekommunikationsnetzen betroffen sein, da die Änderung von Nummerngassen technische Auswirkungen auf das Routing usw. hat. Bei Zuteilung von bestimmten Ressourcen ausschließlich an Netzbetreiber können Diensteanbieter und Endkunden von Maßnahmen nach Abs. 2 betroffen sein, weil sie ebenfalls technische Umstellungen vornehmen oder ihre Dienste neu bewerben müssen. Eine Betroffenheit kann sich in Einzelfällen auch aus wettbewerbsrechtlichen Gründen ergeben.[287]

Nutzt die Regulierungsbehörde ihre Befugnis aus Abs. 2 zur Umgestaltung der Ortsnetze **247** durch Änderung der Ortsnetzgrenzen oder der Ortsnetzvorwahl, kann die entsprechende Gemeinde in ihrem Selbstverwaltungsrecht aus Art. 28 Abs. 2 S. 1 GG betroffen sein, da die Ortsnetzgestaltung sich auf die örtlichen Angelegenheiten auswirkt.[288]

b) Berücksichtigung der Belange. – Bei Maßnahmen der Regulierungsbehörde nach **248** Abs. 2 handelt es sich um Maßnahmen, die im Allgemeininteresse liegen und notwendig sind. Bei Vorliegen der Voraussetzungen geht das Allgemeininteresse vor.[289] Dementsprechend hat der Gesetzgeber, anders als zum Beispiel bei § 138 Abs. 2 TKG, die Regulierungsbehörde bei der Änderung der Strukturierung des Nummernraumes und des Num-

---

283 *Trute/Spoerr/Bosch*, § 43 RdNr. 47.
284 *Creifelds*, Rechtswörterbuch, S. 206.
285 *Manssen/Demmel*, § 43 RdNr. 81.
286 *Trute/Spoerr/Bosch*, § 43 RdNr. 47: unabhängig davon, ob das Recht zur Nummernnutzung durch Verwaltungsakt erlangt worden ist.
287 *Manssen/Demmel*, § 43 RdNr. 81.
288 *Manssen/Demmel*, § 43 RdNr. 81; BVerwG DVBl. 1981, 218, 219.
289 *Manssen/Demmel*, § 43 RdNr. 82.

mernplans nicht verpflichtet, eine Interessenabwägung vorzunehmen. Die Behörde hat die Belange der Betroffenen lediglich zu berücksichtigen. Das bedeutet, dass die Regulierungsbehörde vor Durchführung einer Maßnahme die Belange der Betroffenen ermitteln und in einem zweiten Schritt prüfen muss, auf welchem Weg die Erreichung des in § 2 Abs. 2 Nummer 8 normierten Regulierungsziels mit möglichst geringen Eingriffen in die Rechtspositionen der Betroffenen gewährleistet werden kann.

249 Der Gesetzgeber hat bewusst den Aspekt der Umstellungskosten hervorgehoben und das Tätigwerden der Regulierungsbehörde über die pflichtgemäße Ermessensausübung hinaus an weitere Voraussetzungen gebunden. Daraus lässt sich schließen, dass die Regulierungsbehörde im Bereich der Erstellung von Nummernplänen und bei der Strukturierung der Nummernräume mit größter Sorgfalt und Weitsicht vorzugehen hat, um finanzielle und sonstige Belastungen für die Betroffenen möglichst gering zu halten oder ganz zu vermeiden.[290]

250 **7. Rechtzeitige Bekanntgabe der Maßnahmen.** – Rechtzeitig im Sinne von Abs. 2 S. 3 bedeutet, dass die Maßnahmen so bekannt gegeben werden müssen, dass die Netzbetreiber und Diensteanbieter ihrer Pflicht nach Satz 4 zur Umsetzung der Maßnahmen mit möglichst geringem Aufwand nachkommen können. Darüber hinaus muss der Zeitrahmen so bemessen sein, dass den Unternehmen ermöglicht wird, die Änderungen den Nutzern näher zu erklären, damit die Maßnahmen von der Öffentlichkeit angenommen werden. So wird auch vermieden, dass die Maßnahmen zu einer unbeabsichtigten Einschränkung der Inanspruchnahme von Diensten durch die Nutzer führt.

251 In der Regel werden die Betroffenen von der beabsichtigten Maßnahme bereits dann erfahren, wenn die Regulierungsbehörde die betroffenen Belange durch eine öffentliche Anhörung ermittelt. Darüber hinaus fordert Abs. 2 jedoch, dass die Maßnahmen in der Form bekannt gegeben werden, die in § 41 VwVfG für Verwaltungsakte vorgegeben ist. In der Regel wird es sich bei den Maßnahmen um Allgemeinverfügungen im Sinne von § 35 S. 2 VwVfG handeln, die nach § 42 Abs. 3 S. 2 VwVfG öffentlich bekannt gegeben werden können. Von einer Begründung im Einzelnen kann dann nach § 39 VwVfG abgesehen werden.

252 § 66 Abs. 2 S. 3 setzt Art. 10 Abs. 3 RRL um, der den Mitgliedstaaten aufgibt, alle nachträglichen Erweiterungen oder Änderungen der Nummernpläne zu veröffentlichen, soweit nicht Gründe der Staatssicherheit dagegen sprechen.

253 **8. Verpflichtung der Adressaten.** – Von der jeweiligen Änderung betroffene Unternehmen müssen die zur Umsetzung der von der Regulierungsbehörde verfügten Vorgaben erforderlichen Maßnahmen treffen. Abs. 2 enthält hiermit eine Pflicht aller Betreiber von Telekommunikationsnetzen und Anbieter von Telekommunikationsdiensten, die rechtlichen und technischen Einfluss auf die Verwirklichung der geplanten Maßnahmen haben.[291]

254 Eine Verpflichtung besteht auch für die Inhaber eines abgeleitet zugeteilten Nutzungsrechts an der Rufnummer, das heißt für diejenigen, die Nutzungsrechte von den „öffentlich-rechtlich originär Berechtigten" erworben haben[292]. Die abgeleitete Zuteilung kann nach den entsprechenden Zuteilungsregeln immer nur im Rahmen des Gesetzes und der

---

290 So auch *Geppert/Ruhle/Schuster*, § 43 RdNr. 18.
291 *Manssen/Demmel*, § 43 RdNr. 85.
292 *Trute/Spoerr/Bosch*, § 43 RdNr. 51.

darauf beruhenden Regelungen erfolgen. Eine entsprechende Regelung war bisher in den jeweiligen Zuteilungsregeln und in § 20 Abs. 3 TKV enthalten. Im Falle einer abgeleiteten Zuteilung ergeht der Verwaltungsakt zur Änderung der Struktur der Rufnummer gegenüber dem Adressaten der originären Zuteilung. Die Änderung entfaltet dann drittbelastende Wirkung gegenüber dem kraft zivilrechtlichen Vertrages nutzungsberechtigten Endkunden.[293] Diese Regelung wird in die Nummerierungsverordnung überführt, vgl. § 13 Abs. 2 (abgeleitete Zuteilung von Nummern) des Referentenentwurfs der TNV[294]. Der Referentenentwurf der TNV sieht darüber hinaus auch eine Regelung vor, nach der Änderungen von Nummern hinzunehmen sind, wenn diese durch Maßnahmen oder Entscheidungen der Regulierungsbehörde gegenüber dem Zuteilungsnehmer nach § 66 Abs. 2 des Telekommunikationsgesetzes und der dazu ergangenen Verfahrensregelungen veranlasst sind.[295]

9. Durchsetzbarkeit. – Zur Durchsetzung der Verpflichtungen aus Abs. 2 kann die Regu- **255** lierungsbehörde gemäß Abs. 3 vollziehbare Anordnungen erlassen und ein Zwangsgeld festsetzen, welches gegenüber dem im Verwaltungsvollstreckungsgesetz vorgesehenen Zwangsgeld erhöht ist. Anders als die gemäß § 29 Abs. 4 mit einem erhöhten Zwangsgeld durchsetzbaren Anordnungen nach § 29 Abs. 1 und 2 und abweichend vom TKG 1996, wo ein Verstoß gegen eine Anordnung eine Ordnungswidrigkeit darstellte[296], ist die Verletzung des § 66 Abs. 2 jedoch nicht zusätzlich bußgeldbewehrt.

10. Rechtsschutz. – Gegen die Maßnahmen nach Abs. 2 ist gemäß § 68 Abs. 1 S. 1 in Ver- **256** bindung mit § 73 Abs. 1 S. 1 Nummer 2 VwGO Widerspruch bei der Regulierungsbehörde statthaft. Nach Durchführung des Vorverfahrens ist die Erhebung einer Anfechtungsklage zulässig. Klagebefugt sind nach § 42 Abs. 2 VwGO die von der jeweiligen Maßnahme nach Abs. 2 in ihren Rechten verletzten Personen. Bei einer Änderung der Rufnummerngasse sind dies die direkten und die originären Zuteilungsnehmer, die das Nutzungsrecht an einer Rufnummer oder einem Rufnummernblock durch Verwaltungsakt der Regulierungsbehörde erhalten haben. Darüber hinaus müssen auch die Inhaber einer abgeleiteten Zuteilung berechtigt sein, gegen die Änderungen der Struktur des Nummernraumes gerichtlich vorzugehen, da sie die betroffenen Dienste erbringen und somit unmittelbar in ihren Rechten betroffen sind. Da die Vorgaben der Regulierungsbehörde auch auf die zivilrechtlichen Verträge über abgeleitete Zuteilungen einwirken, können auch Inhaber von abgeleiteten Zuteilungen klagebefugt sein. Abhängig vom Inhalt der Maßnahme kommt zudem auch eine Klage von einer Gemeinde in Betracht.

11. Verhältnis zu Vorgaben der Nummerierungsverordnung. – Nach § 66 Abs. 4 ist die **257** Bundesregierung ermächtigt, in einer Rechtsverordnung Maßstäbe und Leitlinien u. a. für den Verlust von Nutzungsrechten festzulegen. Soweit der Verordnungsgeber von dieser Ermächtigung Gebrauch macht, haben die Vorgaben der Verordnung Vorrang gegenüber den Entscheidungen der Regulierungsbehörde, es sei denn, die Verordnung regelt ausdrücklich, dass die Regulierungsbehörde von der Verordnung abweichende Regelungen verfügen kann.

Der Referentenentwurf der Telekommunikations-Nummerierungsverordnung (TNV-E) **258** des BMWA vom 30. 7. 2004 sieht eine Ergänzung der Befugnisse der Regulierungsbehörde

---

293 *Manssen/Demmel*, § 43 RdNr. 79.
294 Vgl. Anlage zu Abs. 4.
295 Vgl. § 13 Abs. 4 der Anlage zu Abs. 4.
296 § 96 Abs. 1 Nr. 7 TKG 1996.

nach § 66 Abs. 2 vor, ohne diese einzuschränken.[297] Durch § 4 Abs. 1 TNV-E soll die Regulierungsbehörde ermächtigt werden, durch Allgemeinverfügung i.S.d. § 35 S. 2 VwVfG auch in bestehende Zuteilungen einzugreifen, „um die Ziele der Nummerierung des § 2 Abs. 2 TKG und § 1 dieser Verordnung zu erreichen".

259 Darüber hinaus soll § 66 Abs. 2 durch die TNV konkretisiert werden. Im Referentenentwurf ist vorgesehen, dass im Fall, dass Nummernräume oder Nummernbereiche zu räumen sind, die Regulierungsbehörde entscheidet, ob eine ersatzlose Aufhebung von Nutzungsrechten oder eine Verlagerung vorgenommen wird und welche Übergangsfristen eingeräumt werden. Nach der Begründung des Referentenentwurfs soll mit dieser Vorschrift ein Verfahren zur Änderung von Nutzungsrechten bestehender Rufnummerngassen eingeführt werden, das, falls notwendig, auch in Bestandsrechte eingreifen kann.

VII. Anordnungen der Regulierungsbehörde (Abs. 3)

260 Die Regelung entspricht § 43 Abs. 7 TKG 1996. Lediglich der Anwendungsbereich wurde entsprechend der Neustrukturierung der Vorschriften der Nummerierung enger gefasst.

261 Die Vorschrift ist erforderlich, damit die Regulierungsbehörde die Einhaltung der Verpflichtungen der Betreiber von Telekommunikationsnetzen und Anbietern von Telekommunikationsdiensten aus Abs. 2 wirksam durchsetzen kann. Sie stellt die Rechtsgrundlage für den Erlass von Verwaltungsakten mit vollstreckungsfähigem Inhalt zur Durchsetzung von Maßnahmen zur Nummernänderung dar.[298]

262 Im TKG 2004 findet sich keine gesonderte Vorschrift für die Vollstreckung von vollziehbaren Anordnungen. Vielmehr gilt grundsätzlich das Verwaltungsvollstreckungsgesetz. Da dieses für die Festsetzung von Zwangsgeldern in § 11 Abs. 3 nur einen Zwangsgeldrahmen von bis zu 1000 Euro pro Zwangsgeldfestsetzung vorsieht, wurde wie auch schon in § 43 Abs. 7 TKG 1996 in Abs. 3 der Zwangsgeldrahmen auf bis zu 500 000 Euro erhöht. Damit liegt er niedriger als die bei anderen Verstößen vorgesehenen Zwangsgelder, die bis zu einer Million Euro reichen (vgl. z.B. §§ 25 Abs. 8 S. 2, 29 Abs. 4), entspricht aber der Höhe des Zwangsgeldes z.B. bei § 64 Abs. 2, ist also vergleichbar der vorgesehenen Zwangswirkung bei Anordnungen der Regulierungsbehörde zur Sicherstellung der Frequenzordnung.

263 Nicht ausgeschlossen ist durch die Regelung die Anwendung der sonstigen im Verwaltungsvollstreckungsgesetz (VwVG) vorgesehenen Zwangsmittel durch die Regulierungsbehörde, der Ersatzvornahme (§ 10 VwVG) sowie des unmittelbaren Zwangs (§ 12 VwVG). Eine Ersatzvornahme wird jedoch in der Regel für die Regulierungsbehörde nicht praktikabel sein. Die Anwendung unmittelbaren Zwangs dürfte an der fehlenden Verhältnismäßigkeit scheitern.

264 Gemäß § 13 Abs. 2 S. 2 VwVG soll die Androhung des Zwangsgeldes direkt mit der Anordnung verbunden werden, da die Anordnungen der Regulierungsbehörde gemäß § 137 Abs. 1 sofort vollziehbar sind.[299] Wird gegen die Androhung des Zwangsgeldes Widerspruch eingelegt, erstreckt sich dieser gemäß § 18 Abs. 1 S. 2 VwVG auf die Anordnung,

---

297 Vgl. § 4 des Anhanges 1 zu § 66 Abs. 4.
298 *Manssen/Demmel*, § 43 RdNr. 119.
299 *Manssen/Demmel*, § 43 RdNr. 119.

soweit diese nicht bereits Gegenstand eines Rechtsmittel- oder gerichtlichen Verfahrens ist.

Anders als die gemäß § 29 Abs. 4 mit einem erhöhten Zwangsgeld durchsetzbaren Anord- **265** nungen nach § 29 Abs. 1 und 2 ist die Verletzung des § 66 Abs. 2 nicht zusätzlich bußgeld-bewehrt.[300]

VIII. Telekommunikations-Nummerierungsverordnung (Abs. 4)

1. Grundsätzliche Bewertung des Systemwechsels. – Abs. 4 enthält die Ermächtigung **266** für die Bundesregierung, bisher von der Regulierungsbehörde regulierte Sachverhalte in einer Nummerierungsverordnung zu regeln. Diese Änderung des rechtlichen Rahmens der Nummerierung war rechtlich nicht erforderlich. Das BVerwG hat in seiner Entscheidung zu den Vanitynummern[301] ausgeführt, dass die Entscheidung des Gesetzgebers, der Verwaltung eine eigenständige Befugnis zur Festlegung der Einzelheiten der Nummernzuteilung einzuräumen, nicht gegen Verfassungsrecht verstoße. Aus dem verfassungsrechtlichen Vorbehalt des Gesetzes ergebe sich nicht, dass die Einzelheiten der Zuteilung von Rufnum-mern in einem förmlichen Gesetz oder auf der Grundlage einer entsprechenden Ermächti-gung in einer Verordnung geregelt werden müssen.[302]

Dennoch stellt die Überführung der wesentlichen Grundsätze der Nummerierung in eine **267** Rechtsverordnung eine positive Weiterentwicklung dar. Die in den Zuteilungsregeln nie-dergelegten Grundsätze zur Strukturierung, Ausgestaltung und Verwaltung von Nummern-räumen konnten nach einer Anhörung der Marktbeteiligten durch Verfügung der Regulie-rungsbehörde jederzeit geändert werden, so dass insofern keine große Rechtssicherheit ge-geben war. Zudem war die Frage der Rechtsqualität der Zuteilungsregeln umstritten, was insbesondere bei Eingriffen der Regulierungsbehörde rechtlich problematisch war.[303] Mit einer Festlegung der Grundsätze der Nummerierung in einer Rechtsverordnung hat der Ge-setzgeber einen dogmatisch saubereren Weg gewählt.

2. Rechtsetzungsverfahren. – Die Verordnung wird von der Bundesregierung erlassen, **268** wobei neben der Zustimmung des Bundesrates auch die Zustimmung des Bundestages vor-gesehen ist. Der Erlass von Rechtsverordnungen ist in Art. 80 GG geregelt. Nach Art. 80 Abs. 2 GG bedürfen Rechtsverordnungen der Bundesregierung unter anderem dann der Zustimmung des Bundesrates, wenn sie auf Grund von Bundesgesetzen ergehen, die der Zustimmung des Bundesrates bedürfen. Das TKG ist gemäß Art. 87 f GG ein zustim-mungspflichtiges Gesetz.

Es ist für Rechtsverordnungen ungewöhnlich, dass ihnen der Bundestag zustimmen muss. **269** Art. 80 GG sieht ein solches Verfahren für den Erlass von Rechtsverordnungen nicht vor. Im vorliegenden Fall werden durch die Verordnung aber Sachverhalte geregelt, die für den Schutz der Verbraucher auf dem Gebiet der Telekommunikation von großer Bedeutung und damit sehr öffentlichkeitswirksam sind. Unter anderem sollen die im Jahr 2003 durch das Gesetz zur Bekämpfung des Missbrauchs von 0190er/0900er-Rufnummern in das TKG eingefügten §§ 43 a und b in der Nummerierungsverordnung fortgeschrieben werden.

---

300 Vgl. hierzu § 29, RdNr. 42.
301 BVerwG, Beschluss vom 11. 12. 2003, Az: 6 B 60/03, NJW 2004, 2177.
302 So auch *Trute/Spoerr/Bosch*, § 43 RdNr. 38.
303 Vgl. RdNr. 53 ff.

Es ist daher nachvollziehbar, wenn der Bundestag der Weiterentwicklung der in einem von ihm mitgestalteten Gesetz verankerten Normen zustimmen möchte. Möglicherweise verbleiben die in §§ 43 a und b TKG 2003 enthaltenen Regelungen auch im Gesetz. Die Bundesregierung hat einen entsprechenden Entwurf des Gesetzes zur Änderung telekommunikationsrechtlicher Vorschriften vorgelegt.[304]

270 **3. Maßstäbe und Leitlinien.** – Wie Art. 80 Abs. 1 GG für den Erlass von Rechtsverordnungen vorschreibt, enthält Abs. 4 eine ausführliche Regelung zum Inhalt der zu erlassenden Verordnung. Die Verordnungsermächtigung fügt sich in das System des Abs. 1 S. 1 und 2 ein, nach dem die Regulierungsbehörde die Aufgaben der Nummerierung, insbesondere die Strukturierung und Ausgestaltung des Nummernraumes wahrnimmt. Die Bundesregierung wird in Abs. 4 lediglich ermächtigt, Leitlinien und Maßstäbe für die Wahrnehmung der Nummerierungsaufgaben durch die Regulierungsbehörde zu regeln. Die Vorschrift nennt die Nummerierungsaufgaben, hebt aber den Erwerb, Umfang und Verlust von Nutzungsrechten an Nummern hervor als Gegenstand der Tätigkeit der Regulierungsbehörde, für den Leitlinien und Maßstäbe vorgegeben werden können. Damit kann der Verordnungsgeber allgemein geltende Auflagen, die bisher über die jeweiligen Zuteilungsregeln mit der Zuteilung verbunden waren, normativ für alle Zuteilungsnehmer regeln. Auch die wesentlichen Grundzüge des Nummerierungssystems können in der Rechtsverordnung festgeschrieben werden. Dies wird bei Verstößen die Durchsetzung der Vorgaben zum Beispiel auch gemäß § 67 Abs. 1 wesentlich erleichtern, da der Rechtsnormcharakter und damit die Verbindlichkeit der Verpflichtungen feststehen.

271 Schließlich ermächtigt Abs. 4 S. 1 die Bundesregierung, bei der Beschreibung der Nutzungsrechte an Nummern Vorgaben für telekommunikationsgestützte Dienste zu machen. Dies bezieht sich vor allem, aber nicht ausschließlich, auf die verbraucherschützenden Regelungen im Zusammenhang mit Mehrwertdiensterufnummern.

272 **4. Berücksichtigung verschiedener Belange.** – Abs. 4 S. 2 bindet die Bundesregierung beim Erlass der Rechtsverordnung, indem sie ihr aufgibt, eine Vielzahl von Belangen zu berücksichtigen. Die aufgeführten Belange sind im Einzelnen die effiziente Nummernnutzung, die Belange der Marktbeteiligten einschließlich der Planungssicherheit, die wirtschaftlichen Auswirkungen auf die Marktteilnehmer, die Anforderungen an die Nummernnutzung und die langfristige Bedarfsdeckung sowie die Interessen der Endnutzer.

273 Dieser Katalog ist nicht gelungen. Die einzelnen zu berücksichtigenden Sachverhalte lassen sich nicht voneinander abgrenzen. So stellen die Belange der Marktbeteiligten einen Oberbegriff dar und schließen sowohl die gesondert genannten wirtschaftlichen Auswirkungen auf die Marktteilnehmern als auch die ebenfalls gesondert genannten Interessen der Endnutzer ein. Auch die Kriterien der effizienten Nummernnutzung und der langfristigen Bedarfsdeckung sind nicht vollständig gegeneinander abzugrenzen, sondern überschneiden sich teilweise. So dienen Vorgaben für eine effiziente Nummernnutzung in der Regel in erster Linie der Sicherstellung einer langfristigen Bedarfsdeckung. Es ist unklar, welche Bedeutung dem Gesichtspunkt der zu berücksichtigenden Anforderungen an die Nummernnutzung neben den oben genannten Kriterien zukommen soll.

274 Eine Gewichtung oder Rangfolge der einzelnen Belange ist in der Ermächtigung nicht enthalten. Zur Berücksichtigung verschiedener Belange gilt das bereits im Zusammenhang

---

[304] Vgl. Anhang I, Nummerierung, §§ 66 a f.

mit Maßnahmen der Regulierungsbehörde nach Abs. 2 Gesagte.[305] Insbesondere handelt es sich hierbei nicht um eine Abwägung der betroffenen Interessen.

5. Festlegungen in der Verordnung. – In der Verordnung müssen nach Abs. 4 S. 3 die Befugnisse der Regulierungsbehörde im Zusammenhang mit der Nummerierung im Einzelnen festgelegt werden. Es kann sich hierbei aber allenfalls um Befugnisse handeln, die über die in §§ 66 Abs. 1 bis 3 und § 67 Abs. 1 bereits geregelten Befugnisse der Regulierungsbehörde hinausgehen. Zudem sind Rechte und Pflichten der Marktteilnehmer und der Endnutzer detailliert festzulegen. Diese Vorgabe ist erforderlich, um Eingriffe der Regulierungsbehörde zu ermöglichen. Denn nur, wenn eine konkret formulierte und hinreichend bestimmte Rechtspflicht verletzt wird, ist ein hoheitlicher Eingriff in geschützte Rechtspositionen zulässig. **275**

6. Ausnahme für Domain-Namen. – Domain-Namen sind nach Auffassung des Gesetzgebers Nummern im Sinne des § 3 Nr. 13.[306] Damit wäre nach der Ermächtigung in Satz 1 eine Regelung von Befugnissen der Regulierungsbehörde im Zusammenhang mit der Verwaltung von Domain-Namen in der Nummerierungsverordnung grundsätzlich zulässig.[307] Abs. 4 S. 4 verweist jedoch auf Abs. 1 S. 4 und ordnet dessen entsprechende Anwendung an. Da nach Abs. 1 S. 4 die Verwaltung von Domain-Namen von der Zuständigkeit der Regulierungsbehörde für Nummerierungsaufgaben ausgenommen ist, darf nach dieser Verweisung auch die Nummerierungsverordnung keine Maßstäbe und Leitlinien für die Ausgestaltung, Strukturierung und Verwaltung von Domänennamen enthalten und keine entsprechenden Befugnisse der Regulierungsbehörde regeln. **276**

7. Anlage zu § 66 Abs. 4 **277**

**Entwurf einer
Telekommunikations-Nummerierungsverordnung
(TNV)**

Auf Grund der §§ 45 Abs. 1 und 66 Abs. 4 des Telekommunikationsgesetzes vom 22. 6. 2004 (BGBl. I S. 1190) verordnet die Bundesregierung mit Zustimmung des Deutschen Bundestages und des Bundesrates:

Inhaltsübersicht

**Teil 1
Allgemeine Vorschriften**

---

305 Vgl. hierzu RdNr. 245 ff.
306 A. A. *von Hammerstein*, MMR aktuell 7/2004, XVI, XVII.
307 Vgl. hierzu RdNr. 206 ff.

Teil 1
Allgemeine Vorschriften

§ 1 Ziele der Nummerierung

(1) Die Maßnahmen der Regulierungsbehörde im Bereich der Nummerierung erfolgen nach transparenten, objektiven und nichtdiskriminierenden Kriterien. Sie dienen der Förderung des Wettbewerbs im Bereich der Telekommunikation und den Interessen der Endnutzer, insbesondere der Verbraucher.

(2) Die Regulierungsbehörde verfolgt im Rahmen der Nummerierung insbesondere
   a) die effiziente Nummernnutzung,
   b) die langfristige Bedarfsdeckung,
   c) die Förderung der Interessen der Endnutzer, insbesondere des Verbraucherschutzes,
   d) die Förderung der Belange der Marktbeteiligten einschließlich der Planungssicherheit, die wirtschaftliche Förderung der Marktteilnehmer,
   e) die Förderung eines diskriminierungsfreien Wettbewerbs unter allen Markbeteiligten und
   f) die Umsetzung internationaler Empfehlungen und Verpflichtungen.

§ 2 Nummern und Dienste

(1) Nummern sind Zeichenfolgen, die in Telekommunikationsnetzen Zwecken der Adressierung dienen. Die Regulierungsbehörde stellt durch Mitteilung in ihrem Amtsblatt

klar, welche Zeichenfolgen Nummern im Sinne von § 3 Nr. 13 des Telekommunikationsgesetzes sind und in ihrer Gesamtheit jeweils einen Nummernraum bilden.

(2) Dienste im Sinne der §§ 14 bis 16 sind unter Nutzung von Nummern erbrachte Leistungen, bei denen die Strukturierung und Ausgestaltung der verwendeten Nummernräume durch § 3 dieser Verordnung näher bestimmt wird.

§ 3 Strukturierung und Ausgestaltung von Nummernräumen

(1) Die Regulierungsbehörde legt durch Allgemeinverfügung für jeden Nummernraum im Einzelnen fest, für welchen Zweck er zu nutzen ist und wie er strukturiert und ausgestaltet ist.

(2) Die Regulierungsbehörde kann im Rahmen der Strukturierung und Ausgestaltung eines Nummernraumes diesen in Nummernbereiche einteilen. Die Regulierungsbehörde legt dann durch Allgemeinverfügung für jeden Nummernbereich im Einzelnen fest, für welchen Zweck er zu nutzen ist und wie er strukturiert und ausgestaltet ist.

(3) Im Rahmen der Strukturierung und Ausgestaltung kann die Regulierungsbehörde für einzelne Nummernräume, Nummernbereiche oder Nummernteilbereiche bestimmen,

a) an welcher Stelle der Wertschöpfungskette der Endnutzerpreis festgesetzt wird,

b) dass für Verbindungen zu diesen Nummern bestimmte, von der Regulierungsbehörde vorgegebene Endkundenpreise zu verlangen sind, oder

c) dass bei Verwendung dieser Nummern bestimmte, von der Regulierungsbehörde vorgegebene Endkundenpreise nicht überschritten werden dürfen.

(4) Die Regulierungsbehörde kann für Rufnummerngassen bestimmte Preise vorgeben.

(5) Ist ein bestimmter Zweck ausdrücklich einem Nummernraum oder einem Nummernbereich vorbehalten, dürfen für diesen Zweck keine Nummern aus anderen Nummernräumen oder Nummernbereichen verwendet werden.

(6) Vor Maßnahmen zur Strukturierung und Ausgestaltung nach § 3 Abs. 1 bis 4 ist grundsätzlich eine öffentliche Anhörung durchzuführen.

(7) Wesentliche Elemente der Strukturierung und Ausgestaltung veröffentlicht die Regulierungsbehörde, soweit dem Gründe der nationalen Sicherheit nicht entgegenstehen.

§ 4 Änderungsmaßnahmen

(1) Um die Ziele der Nummerierung des § 2 Abs. 2 TKG und § 1 dieser Verordnung zu erreichen, kann die Regulierungsbehörde den Nutzungszweck sowie die Struktur und Ausgestaltung bestehender Nummernräume und Nummernbereiche durch Allgemeinverfügung verändern oder aufheben. Die Regulierungsbehörde entscheidet unter Berücksichtigung der Ziele der Nummerierung und eines angemessenen Vertrauensschutzes, ob und inwieweit Änderungen auch für bestehende Zuteilungen gelten.

(2) Sind Nummernräume oder Nummernbereiche zu räumen, entscheidet die Regulierungsbehörde, ob eine ersatzlose Aufhebung von Nutzungsrechten oder eine Verlagerung vorgenommen wird und welche Übergangsfristen eingeräumt werden.

(3) Vor Änderungsmaßnahmen ist grundsätzlich eine öffentliche Anhörung durchzuführen.

(4) Beabsichtigte Änderungen sind rechtzeitig bekannt zu geben. Die Regelungen des § 66 Abs. 2 und 3 des Telekommunikationsgesetzes bleiben unberührt.

§ 5 Erwerb von Rechten an Nummern

(1) Zuteilungsnehmer erwerben Rechte zur Nutzung von Nummern oder Nummernblök-
ken abhängig von der Nummernart entweder
   a) unmittelbar durch Zuteilung seitens der Regulierungsbehörde (direkte Zuteilung)
      oder
   b) mittelbar durch Zuteilung seitens eines Betreibers von Telekommunikationsnetzen
      oder eines Anbieters von Telekommunikationsdiensten (abgeleitete Zuteilung), der
      die Nutzungsrechte zu diesem Zwecke vorab von der Regulierungsbehörde zuge-
      teilt erhielt (originäre Zuteilung).

(2) Über Absatz 1 Buchst. b hinaus ist eine rechtsgeschäftliche Weitergabe oder Übertragung von zugeteilten Nutzungsrechten unzulässig.

(3) Im Fall von Absatz 1 Buchst. b erhalten Betreiber von Telekommunikationsnetzen
oder Anbieter von Telekommunikationsdiensten das Recht zur Zuteilung von Nummern an Teilnehmer durch Zuteilung von Nummern oder Nummernblöcken seitens der
Regulierungsbehörde (originäre Zuteilung). Eine rechtsgeschäftliche Weitergabe oder
Übertragung von originären Zuteilungen ist unzulässig.

(4) Die Zuteilungen seitens der Regulierungsbehörde erfolgen auf Antrag.

(5) Die Zuteilung erfolgt grundsätzlich unbefristet; in begründeten Fällen kann die Regulierungsbehörde befristete Zuteilungen vornehmen.

(6) Die Regulierungsbehörde kann Nummern, die aus Nummernräumen und Nummernbereichen stammen, deren Strukturierung und Ausgestaltung im Sinne des § 2 noch aus-
steht, übergangsweise auch vorläufig zuteilen. Dabei sind der Nutzungszweck sowie
die vorläufige Struktur und Ausgestaltung der Nummern vorzugeben.

(7) Die Zuteilung von Nummern begründet ein durch das Telekommunikationsgesetz, diese Verordnung, die Verfügungen nach den §§ 2 und 3 sowie die Nebenbestimmungen
der Zuteilung beschränktes Nutzungsrecht.

(8) In Telekommunikationsnetzen dürfen Nummern nur eingerichtet werden, wenn sie zugeteilt sind. Die Einrichtung darf nur für den Zuteilungsnehmer erfolgen. Andernfalls
kann die Regulierungsbehörde die sofortige Abschaltung anordnen.

(9) Die Inhaber von Nutzungsrechten an Nummern sind für die ordnungsgemäße Nutzung
der Nummern im Sinne des Absatzes 7 verantwortlich. Die Regulierungsbehörde kann
Anträge auf Zuteilung von Nummern ablehnen, wenn der Antragsteller wiederholt
schwerwiegend gegen die nach Absatz 7 maßgeblichen Vorschriften verstoßen hat.

§ 6 Antragsverfahren

(1) Die Bearbeitung von Anträgen richtet sich grundsätzlich nach der Reihenfolge ihres
Eingangs. Maßgeblich ist der Zeitpunkt, in dem der Antrag vollständig vorliegt. Wenn
Nummern neu beantragbar sind, kann die Regulierungsbehörde ein Datum festsetzen,
bis zu dem alle eingegangenen Anträge als zeitgleich eingegangen gewertet werden
(Tag-Eins-Verfahren) und Kriterien für die Auswahl des Zuteilungsnehmers bestim-
men.

(2) Die Zuteilung von Nummern soll innerhalb von drei Wochen nach Stellung eines vollständigen Antrags erfolgen. Auf unvollständige Anträge hat die Regulierungsbehörde
unverzüglich hinzuweisen.

Brodkorb

§ 7 Nutzungsrechte

(1) Die Nutzung von Nummern unterliegt der Zweckbindung der jeweils geltenden Verfügungen zur Strukturierung und Ausgestaltung des jeweiligen Nummernraums oder des Nummernbereichs nach den §§ 3 und 4. Jeder, der eine Nummer nutzt, ist an die Zweckbindung gebunden.

(2) Vereinbarungen, in denen die Rückgabe von Nummern mit einer Gegenleistung an den bisherigen Zuteilungsnehmer verknüpft wird, sowie Werbe- und Vermarktungsmaßnahmen, in denen der Eindruck erweckt wird, dass solche Vereinbarungen möglich sind, sind unzulässig.

(3) Bei direkt oder originär zugeteilten Nummern muss unter Vorlage entsprechender Nachweise unverzüglich schriftlich eine Änderung der Zuteilung beantragt werden, wenn es zu einer Firmenübernahme oder einer Rechtsnachfolge kommt, insbesondere wenn

   a) eine Nummer auf ein verbundenes Unternehmen im Sinne von § 15 des Aktiengesetzes übertragen werden soll, oder

   b) eine Nummer zwischen einer natürlichen Person und einer juristischen Person, an der die natürliche Person beteiligt ist, übertragen werden soll oder

   c) der Zuteilungsnehmer verstirbt und ein Erbe die Nummer weiter nutzen will.

In den genannten Fällen kann die Nummer bis zur Entscheidung über den Änderungsantrag zunächst weiter genutzt werden.

(4) Direkt oder originär zugeteilte Nummern, die nicht mehr genutzt werden, sind unverzüglich durch schriftliche Erklärung zurückzugeben. Nutzungsunterbrechungen sind zulässig, solange sie nicht länger als 365 Tage dauern und die Nummern in diesem Zeitraum an insgesamt mindestens sieben Kalendertagen genutzt werden. Ein Block von originär zugeteilten Nummern gilt als genutzt, wenn mindestens eine Nummer abgeleitet zugeteilt und genutzt ist. Eine direkt zugeteilte Nummer oder eine abgeleitet zugeteilte Nummer ist genutzt, wenn sie ordnungsgemäß in einem öffentlichen Telekommunikationsnetz eingerichtet ist und bei ihrer Anwahl ein dem Zweck der Nummer entsprechender Dienst erbracht wird.

(5) Wird eine juristische Person oder Personengesellschaft, der Nummern direkt oder originär zugeteilt waren, aufgelöst, ohne dass es einen Rechtsnachfolger gibt, muss derjenige, der die Auflösung durchführt, die Nummern zurückgeben. Sofern es sich um Nummernblöcke handelt, muss er dabei angeben, inwieweit diese genutzt waren. Ist der Zuteilungsnehmer eine natürliche Person und verstirbt diese, ohne dass ein Erbe die Nummer weiter nutzen will, muss die Nummer vom Erben oder vom Nachlassverwalter zurückgegeben werden.

§ 8 Widerruf, Untersagung

(1) Direkte und originäre Nummernzuteilungen können von der Regulierungsbehörde außer bei Vorliegen der Voraussetzungen des § 49 des Verwaltungsverfahrensgesetzes auch widerrufen werden, wenn

   1. eine Nummer rechtswidrig genutzt wird oder

   2. der Zuteilungsnehmer eine Gebühr schuldig bleibt, die für eine Amtshandlung im Zusammenhang mit der Rufnummer erhoben wird oder

   3. eine die Nummer betreffende Änderung nach § 66 Abs. 2 des Telekommunikationsgesetzes durchgeführt wird oder

4. der Zuteilungsnehmer weder unter der ihm zugeteilten Nummer noch unter der von ihm angegebenen Anschrift erreichbar ist (Unerreichbarkeit). Die Regulierungsbehörde stellt die Unerreichbarkeit vierzehn Kalendertage nach dem letzten Versuch, den Zuteilungsnehmer zu erreichen, fest oder

5. Anhaltspunkte dafür vorliegen, dass der Zuteilungsnehmer keinen Bedarf an den ihm zugeteilten Nummern hat und er sich auf eine entsprechende Anfrage der Regulierungsbehörde nicht zur weiteren Nutzungsabsicht äußert.

(2) In den Fällen des Absatzes 1 kann die Regulierungsbehörde die Nutzung zugeteilter Nummern soweit erforderlich ganz oder teilweise untersagen.

(3) Vor einem beabsichtigten Widerruf oder einer beabsichtigten Untersagung führt die Regulierungsbehörde grundsätzlich eine Anhörung durch.

§ 9 Wiederverwendung freigewordener Nummern

(1) Durch Rückgabe einer Nummer, Widerruf oder Rücknahme einer Zuteilung in den Bestand neu zuteilbarer Nummern der Regulierungsbehörde gelangte Nummern werden grundsätzlich erst nach einer Sperrfrist neu zugeteilt. Der jeweilige Stichtag, ab dem freigewordene Nummern neu beantragt und zugeteilt werden können, wird von der Regulierungsbehörde veröffentlicht. Bei Nummern, die genutzt waren, beträgt die Sperrfrist 180 Tage.

(2) Eine Nummer kann ohne Einhaltung einer Sperrfrist beantragt und erneut zugeteilt werden, wenn der Antragsteller nachweist, dass er in den letzten 180 Tage vor ihrem Freiwerden mit der Nummer identifiziert wurde.

§ 10 Listen

(1) Die Regulierungsbehörde veröffentlicht Listen der aktuell von ihr zugeteilten Nummern und Nummernblöcke.

(2) Die Regulierungsbehörde veröffentlicht Listen der wieder freigewordenen Nummern und Nummernblöcke unter Angabe der Stichtage, ab denen sie neu beantragt und zugeteilt werden können.

(3) Die Regulierungsbehörde kann Listen mit ladungsfähigen Anschriften von Zuteilungsnehmern veröffentlichen, soweit dem Gründe des Datenschutzes nicht entgegenstehen.

§ 11 Ermächtigung für Zuteilungsregeln

(1) Die Regulierungsbehörde kann für jeden Nummernraum und Nummernbereich durch Allgemeinverfügung spezifische Regelungen erlassen, sofern dies zur Erreichung der Regulierungsziele erforderlich ist. Insbesondere kann

1. das Antragsverfahren näher ausgestaltet werden,
2. die Antragsberechtigung an bestimmte Voraussetzungen geknüpft werden,
3. die Antragsform festgelegt werden,
4. die Einreichungsadresse festgelegt werden,
5. festgelegt werden, wie viele Tage vor dem gewünschten Wirksamwerden der Zuteilung ein Antrag gestellt werden kann,
6. in dem Fall, dass dem Antragsteller bereits Nummern zugeteilt sind, die Zuteilung weiterer Nummern davon abhängig gemacht werden, dass die zuvor zugeteilten zu einem bestimmten Anteil genutzt werden,

7. festgelegt werden, wie viele Nummern einem Antragsteller höchstens zugeteilt werden (Obergrenze),
8. festgelegt werden, wie viele Tage nach Wirksamwerden einer Zuteilung Nummern spätestens genutzt sein müssen und wann eine Nummer als genutzt gilt,
9. bei originären Zuteilungen das Verfahren für abgeleitete Zuteilungen näher geregelt werden,
10. festgelegt werden, welche Informationspflichten dem Zuteilungsnehmer auferlegt werden.

§ 12 Datenaustauschverfahren

Die Regulierungsbehörde kann Betreiber von öffentlichen Telekommunikationsnetzen für einzelne Nummernräume oder Nummernbereiche verpflichten, ihr Informationen über Schaltungen, Portierungen und Abschaltungen von Nummern zu übersenden. Die Regulierungsbehörde kann das Verfahren hierfür durch Allgemeinverfügung festlegen.

§ 13 Abgeleitete Zuteilung von Nummern

(1) Bei abgeleiteten Zuteilungen ist sicherzustellen, dass der Zuteilungsnehmer, sofern er seinen Sitz im Ausland hat, seine ladungsfähige Anschrift sowie einen Empfangsbevollmächtigten im Inland angibt.
(2) Es besteht ein Anspruch auf diskriminierungsfreie Zuteilung von Nummern im Rahmen der Bedingungen und Regelungen nach dieser Verordnung und der dem originären Zuteilungsnehmer aufgegebenen Verpflichtungen. Mit der abgeleiteten Zuteilung wird ein vom Anbieter unabhängiges dauerhaftes Nutzungsrecht an der Nummer erworben.
(3) Für abgeleitete Zuteilungen dürfen nur die mit der Zuteilung verbundenen Kosten verlangt werden.
(4) Änderungen von Nummern sind hinzunehmen, wenn diese durch Maßnahmen oder Entscheidungen der Regulierungsbehörde gegenüber dem Zuteilungsnehmer nach § 66 Abs. 2 des Telekommunikationsgesetzes und der dazu ergangenen Verfahrensregelungen veranlasst sind.
(5) Einwendungen gegen Nummernzuteilungen oder Änderungen dieser kann der Teilnehmer seinem Anbieter gegenüber nur innerhalb einer Ausschlussfrist von sechs Wochen ab Zugang der Zuteilung geltend machen. War der Zuteilungsnehmer ohne Verschulden verhindert, diese Einwendungsfrist einzuhalten, kann er die Einwendungen innerhalb von zwei Wochen nach Wegfall des Hindernisses nachholen. Der Zuteilungsnehmer ist in der Zuteilung auf die Frist hinzuweisen.

Teil 2
Spezielle verbraucherschützende Regelungen

§ 14 Bedingungen für die Nutzung bestimmter Mehrwertdiensterufnummern

(1) [1]Wer gegenüber Endnutzern gewerbs- oder geschäftsmäßig oder in sonstiger Weise Premium-Rate-Dienste anbietet oder dafür gegenüber Endnutzern wirbt, hat den für die Inanspruchnahme des Premium-Rate-Dienstes zeitabhängig je Minute oder zeitunabhängig je Inanspruchnahme zu zahlenden Preis einschließlich der Umsatzsteuer und

sonstiger Preisbestandteile zusammen mit der Rufnummer anzugeben. [2]Die Preisangabepflicht gilt ebenfalls für das Angebot von Auskunftsdiensten, Massenverkehr zu besonderen Zielen, Shared Cost-Diensten, Innovativen Diensten, Kurzwahl-Diensten. [3]Bei Angabe des Preises muss der Preis deutlich sichtbar, gut lesbar und in unmittelbarem Zusammenhang mit der Rufnummer angegeben werden. [4]Bei Anzeige der Rufnummer darf die Preisangabe nicht zeitlich kürzer als die Rufnummer angezeigt werden. [5]Auf den Abschluss eines Dauerschuldverhältnisses ist hinzuweisen; S. 3 und 4 gelten entsprechend. [6]Soweit für die Inanspruchnahme eines Dienstes nach Satz 2 keine einheitlichen Preise gelten, sind diese in einer Von-bis-Preisspanne anzugeben. [7]Bei Telefaxdiensten ist zusätzlich die Zahl der zu übermittelnden Seiten anzugeben. [8]Bei Datendiensten ist zusätzlich der Umfang der zu übermittelnden Daten anzugeben. [9]Ein Anspruch auf ein Entgelt besteht nur, wenn der Endnutzer vor Beginn der Inanspruchnahme der Dienstleistung nach Maßgabe dieses Absatzes informiert wurde.

(2) [1]Bei Inanspruchnahme von Rufnummern für sprachbasierte Premium-Rate-Dienste und sprachbasierten Kurzwahl-Dienste hat derjenige, der den vom Endnutzer zu zahlenden Preis für die Inanspruchnahme dieser Rufnummer festlegt, vor Beginn der Entgeltpflichtigkeit dem Endnutzer den für die Inanspruchnahme dieser Rufnummer zu zahlenden Preis zeitabhägig je Minute oder zeitunabhängig je Datenvolumen oder sonstiger Inanspruchnahme einschließlich der Umsatzsteuer und sonstiger Preisbestandteile nach Maßgabe des Satzes 3 anzusagen. [2]Ändert sich dieser Preis während der Inanspruchnahme des Dienstes, so ist wiederum vor Beginn des neuen Tarifabschnitts der nach der Änderung zu zahlende Preis nach Maßgabe des Satzes 3 anzusagen. [3]Die Ansage muss spätestens drei Sekunden vor Beginn der Entgeltpflichtigkeit unter Hinweis auf den Zeitpunkt des Beginns derselben erfolgt sein. [4]Die Verpflichtungen dieses Absatzes gelten auch bei der Weitervermittlung von einer Rufnummer auf eine in Satz 1 genannte Nummer. [5]Ein Anspruch auf ein Entgelt besteht nur, wenn der Kunde vor Beginn der Inanspruchnahme der Dienstleistung nach Maßgabe dieses Absatzes über den erhobenen Preis informiert wurde.

(3) [1]Der Preis für zeitabhängig über Rufnummern für Premium-Rate-Dienste und Kurzwahl-Sprachdienste abgerechnete Dienstleistungen darf höchstens 2 Euro pro Minute betragen. [2]Die Abrechnung darf höchstens im Sechzigsekundentakt erfolgen. [3]Der Preis für zeitunabhängig über Rufnummern für Premium-Rate-Dienste und Kurzwahl-Sprachdienste abgerechnete Dienstleistungen wird auf 30 Euro pro Verbindung begrenzt. [4]Die Kombination von zeitabhängigen und zeitunabhängigen Tarifierungen ist unzulässig. [5]Telefaxdienste dürfen nur in Form von zeitunabhängigen Tarifen abgerechnet werden. [6]Über die Preisgrenzen der S. 1, 3 und 5 hinausgehende Preise dürfen nur erhoben werden, wenn sich der Kunde vor Inanspruchnahme der Dienstleistung gegenüber dem Diensteanbieter durch ein geeignetes Verfahren legitimiert; die Einzelheiten regelt die Regulierungsbehörde. [7]Ein Anspruch auf ein Entgelt besteht nur, wenn das Kombinationsverbot und die Preisobergrenzen nach Maßgabe dieses Absatzes eingehalten wurden.

(4) [1]Der Diensteanbieter, bei dem die Rufnummer für Premium-Rate-Dienste oder Kurzwahl-Sprachdienste eingerichtet ist, hat alle Verbindungen zu Rufnummern für Premium-Rate-Dienste und Kurzwahl-Sprachdienste, die zeitabhängig abgerechnet werden, nach einer Stunde automatisch zu trennen. [2]Diese Verpflichtung gilt auch bei der Weitervermittlung von einer Rufnummer zu einer Rufnummer für Premium-Rate-Dienste oder für Kurzwahl-Sprachdienste. [3]Von dieser Verpflichtung kann abgewichen werden,

wenn sich der Endnutzer vor der Inanspruchnahme der Dienstleistung gegenüber dem Diensteanbieter durch ein geeignetes Verfahren legitimiert; die Einzelheiten regelt die Regulierungsbehörde. [4]Ein Anspruch auf ein Entgelt besteht nur, wenn die zeitliche Obergrenze nach Maßgabe dieses Absatzes eingehalten wurde.

(5) [1]Anwählprogramme, die Verbindungen herstellen, bei denen neben der Telekommunikationsdienstleistung Inhalte abgerechnet werden (Dialer), dürfen nur eingesetzt werden, wenn diese vor Inbetriebnahme bei der Regulierungsbehörde registriert werden, von ihr vorgegebene Mindestvoraussetzungen erfüllt sind und ihr gegenüber schriftlich versichert wird, dass eine rechtswidrige Nutzung ausgeschlossen ist. [2]Unter einer Zielrufnummer registriert die Regulierungsbehörde jeweils nur einen Dialer. [3]Programmänderungen führen zu einer neuen Registrierungspflicht. [4]Die Regulierungsbehörde regelt die Einzelheiten des Registrierungsverfahrens und den Inhalt der abzugebenden schriftlichen Versicherung. [5]Wird ein Dialer entgegen den Vorschriften dieses Absatzes eingesetzt, besteht kein Anspruch auf ein Entgelt. [6]Verbindungen zu Rufnummern, unter denen neben einem registrierten Dialer ein nicht registrierter Dialer betrieben werden, begründen ebenfalls keine Zahlungspflicht.

(6) Eine Registrierung soll abgelehnt werden, wenn der Antragsteller wiederholt und schwerwiegend gegen die Vorschriften des zweiten Teils dieser Verordnung verstoßen hat.

(7) [1]Dialer dürfen nur über Rufnummern aus einer von der Regulierungsbehörde hierzu zur Verfügung gestellten Gasse angeboten werden. [2]Wird ein Dialer entgegen Satz 1 eingesetzt, besteht kein Anspruch auf ein Entgelt.

(8) Unbeschadet der vorangegangenen Bestimmungen besteht kein Anspruch auf Entgelt, wenn ein Diensteanbieter eine Rufnummer in der Weise nutzt, dass dies den Entzug oder die Abschaltung einer Rufnummer durch die Regulierungsbehörde gemäß § 67 Abs. 1 des Telekommunikationsgesetzes rechtfertigen würde.

§ 15 Auskunftsanspruch, Datenbank für (0)900er-Rufnummern

(1) [1]Jedermann kann in Schriftform von der Regulierungsbehörde Auskunft über den Namen und die ladungsfähige Anschrift desjenigen verlangen, der über eine (0)190er-Rufnummer Dienstleistungen anbietet. [2]Diese Auskunft soll innerhalb von zehn Werktagen erteilt werden. [3]Die Regulierungsbehörde kann von ihren Zuteilungsnehmern Auskunft über die in Satz 1 genannten Angaben verlangen. [4]Die Auskunft muss innerhalb von fünf Werktagen nach Eingang der Anfrage durch die Regulierungsbehörde erteilt werden. [5]Die Zuteilungsnehmer haben die Angaben erforderlichenfalls bei ihren Kunden zu erheben und aktuell zu halten. [6]Jeder, der die entsprechende (0)190er-Rufnummer weitergegeben hat oder nutzt, ist zur Auskunft gegenüber dem Zuteilungsnehmer und gegenüber der Regulierungsbehörde verpflichtet. [7]Die in diesem Absatz enthaltenen Pflichten gelten auch für denjenigen, in dessen Netz die (0)190er-Rufnummer geschaltet ist.

(2) [1]Alle (0)900er-Rufnummern werden in einer Datenbank bei der Regulierungsbehörde erfasst. [2]Die Datenbank für (0)900er-Rufnummern ist unter Angabe des Namens und der ladungsfähigen Anschrift des Diensteanbieters im Internet zu veröffentlichen. [3]Jedermann kann gegenüber der Regulierungsbehörde Auskunft über die in der Datenbank gespeicherten Daten verlangen.

(3) ¹Jeder, der ein berechtigtes Interesse hat, kann von demjenigen, in dessen Netz eine Rufnummer für Massenverkehr zu bestimmten Zielen (MABEZ), für Shared Cost-Dienste oder für Kurzwahl-Dienste geschaltet ist, unentgeltlich Auskunft über den Namen und die ladungsfähige Anschrift desjenigen verlangen, der über eine dieser Rufnummern Dienstleistungen anbietet. ²In wessen Netz die in Satz 1 genannten Nummern geschaltet sind, hat das rechnungsstellende Unternehmen auf der Telefonrechnung mitzuteilen; andernfalls ist das rechnungsstellende Unternehmen Adressat der Auskunftsverpflichtung nach Satz 1. ³Die Auskunft muss innerhalb von zehn Werktagen nach Eingang der schriftlichen Anfrage erteilt werden. ⁴Die Auskunftsverpflichteten haben die Angaben erforderlichenfalls bei ihren Kunden zu erheben und aktuell zu halten. ⁵Der Auskunftsanspruch besteht im Falle von Rufnummern für innovative Dienste gegenüber dem originären Zuteilungsnehmer der Regulierungsbehörde.

§ 16 R-Gespräche

(1) ¹Aufgrund von Verbindungen, bei denen dem Angerufenen das Verbindungsentgelt in Rechnung gestellt wird (R-Gespräche), dürfen keine Ausschüttungen an den Anrufer erfolgen. ²Das Angebot von R-Gesprächsdiensten mit Ausschüttung ist unzulässig, ein Entgeltanspruch gegenüber dem Angerufenen entsteht in diesem Fall nicht.

(2) ¹Die Regulierungsbehörde führt eine Sperr-Liste mit Rufnummern von Anschlüssen, die für eingehende R-Gespräche zu sperren sind. ²Endkunden können ihren Teilnehmernetzbetreiber beauftragen, die Aufnahme ihrer Nummern in der Sperrliste oder eine Löschung unentgeltlich zu veranlassen. ³Der Anbieter übermittelt den Endkundenwunsch sowie etwaig erforderliche Streichungen wegen Wegfall der abgeleiteten Zuteilung. ⁴Die Regulierungsbehörde stellt die Sperr-Liste Anbietern von R-Gesprächsdiensten zum Abruf bereit. ⁵Einen Tag nach Eintrag in die Sperr-Liste entfällt die Zahlungspflicht des Endkunden für nachfolgende R-Gespräche.

§ 17 Rufnummeranzeige

¹Als Rufnummer des Anrufers darf beim Angerufenen nur die Ortsnetzrufnummer oder die Mobilfunkrufnummer des Anrufers angegeben werden. ²Die Übermittlung einer anderen Rufnummer ist unzulässig. ³Für durchwahlfähige Anschlüsse mit Ortsnetzrufnummern, für die ein Rufnummernblock zugeteilt wurde, ist die Übermittlung der Rufnummer einer Zentralstelle zulässig. ⁴Bei Nutzergruppen, denen (0)18er Rufnummern zugeteilt sind, ist es zulässig, diese zu übermitteln.

§ 18 Internationaler Freephone-Dienst

¹Anrufe bei (00)800er-Rufnummern des Internationalen Freephone-Dienstes müssen für den Anrufer unentgeltlich sein. ²Die Erhebung eines Entgeltes für die Inanspruchnahme eines Endgerätes bleibt unbenommen.

§ 19 Umgehungsverbot, gesetzliches Verbot

(1) ¹Die Vorschriften des zweiten Teils finden auch Anwendung, wenn sie durch anderweitige Gestaltungen umgangen werden. ²Dies gilt insbesondere, wenn Dienste abweichend von ihrer bestimmungsgemäßen Nutzung nach den §§ 3, 5 und 7 dieser Verord-

nung verwendet werden. [3]§ 67 Abs. 1 des Telekommunikationsgesetzes bleibt unberührt.

(2) Die vorstehenden Regelungen des Teil 2 sind Verbotsgesetze im Sinne von § 134 des Bürgerlichen Gesetzbuches.

Teil 3
Bußgeldvorschriften, Übergangsvorschriften, Änderungsvorschriften

§ 20 Bußgeldvorschriften

Ordnungswidrig im Sinne des § 149 Abs. 1 Nr. 13 des Telekommunikationsgesetzes handelt, wer vorsätzlich oder fahrlässig

1. entgegen § 3 Abs. 5 Nummern verwendet,
2. entgegen § 5 Abs. 8 Satz 1 oder Satz 2 Nummern in Telekommunikationsnetzen ohne Beauftragung durch den Zuteilungsnehmer einrichtet,
3. entgegen § 14 Abs. 1 Satz 1 bis 3 oder 6 bis 8 eine Preisangabe nicht, nicht richtig, nicht vollständig oder nicht rechtzeitig macht,
4. entgegen § 14 Abs. 1 Satz 4 die Preisangabe zeitlich kürzer anzeigt oder entgegen § 14 Abs. 1 Satz 5 auf ein Dauerschuldverhältnis nicht hinweist,
5. entgegen § 14 Abs. 2 Satz 1 bis 4, eine Preisansage nicht, nicht richtig, nicht vollständig oder nicht rechtzeitig macht,
6. entgegen § 14 Abs. 3 Satz 1 bis 6 Dienstleistungen abrechnet,
7. entgegen § 14 Abs. 4 Satz 1 oder Satz 2 eine Verbindung nicht oder nicht rechtzeitig trennt,
8. entgegen § 14 Abs. 5 Satz 1 oder Abs. 7 Satz 1 einen Dialer einsetzt,
9. einer vollziehbaren Anordnung nach § 15 Abs. 1 Satz 3 oder Satz 7 zuwiderhandelt,
10. entgegen § 16 Abs. 1 Satz 2 R-Gesprächsdienste anbietet,
11. entgegen § 17 Satz 1 eine unzulässige Rufnummernanzeige veranlasst.

§ 21 Übergangsvorschriften

(1) Bis zum Erlass von Allgemeinverfügungen im Sinne des § 11 gelten die im Amtsblatt des Bundesministeriums für Post und Telekommunikation sowie der Regulierungsbehörde für Telekommunikation und Post veröffentlichten Zuteilungsregeln, soweit sie Vorgaben zu Nutzungszwecken sowie der Strukturierung und Ausgestaltung von Nummernräumen und Nummernbereichen enthalten, als Allgemeinverfügungen im Sinne des § 3.

(2) Nummern, die aus Nummernräumen oder Nummernbereichen stammen, für die bei Inkrafttreten dieser Verordnung keine Zuteilungsregeln bestehen, gelten bis zum Erlass von entsprechenden Allgemeinverfügungen nach § 5 Abs. 6 als übergangsweise zugeteilt.

(3) Die Preisansagepflicht des § 14 Abs. 2 gilt für die Inanspruchnahme von Kurzwahl-Sprachdiensten erst ab dem (ein halbes Jahr nach Inkrafttreten).

(4) §§ 14 Abs. 1 bis 4 und 15 Abs. 3 gelten, sofern Rufnummern für Kurzwahl-Sprachdienste betroffen sind, erst ab dem (ein halbes Jahr nach Inkrafttreten).

(5) Die Regelung des § 14 Abs. 5 S. 2 gilt ab dem (ein halbes Jahr nach Inkrafttreten).

(6) Die Regelung des § 16 Abs. 2 gilt ab dem (ein Jahr nach Inkrafttreten).

§ 22 Inkrafttreten

Diese Verordnung tritt am Tag nach der Verkündung in Kraft.

Der Deutsche Bundestag und der Bundesrat haben zugestimmt.

278 **8. Überblick über den Referentenentwurf der Nummerierungsverordnung. – a) Überblick.** – Der Referentenentwurf der Nummerierungsverordnung wurde am 30. 7. 2004 vom Bundesministerium für Wirtschaft und Arbeit vorgelegt. Die in ihm enthaltenen Normen sollen, soweit sie Nummerierungsfragen regeln, auf Grundlage des § 66 Abs. 4 erlassen werden. Soweit die Regelungen des Entwurfs die Inanspruchnahme von Telekommunikationsdiensten durch die Endnutzer betreffen, findet die Ermächtigung des § 45 Abs. 1 Anwendung. Mit dem Referentenentwurf der Nummerierungsverordnung werden viele wesentliche Nummerierungsprinzipien erstmals normiert, um den Marktbeteiligten Rechtssicherheit zu geben. Die Vorschriften sind zudem durchgängig auf einen starken Verbraucherschutz gerichtet und schließen viele im TKG 2003 noch enthaltene Lücken.

279 **b) Teil 1 Allgemeine Bestimmungen.** – Teil 1 enthält eine Zusammenfassung der wichtigsten Nummerierungsvorgaben, die bisher im TKG 1996, TKG 2003, in der TKV und in den verschiedenen Mitteilungen und Verfügungen, insbesondere in den Zuteilungsregeln der Regulierungsbehörde, geregelt waren. Grundsätzliche Vorgaben, wie z. B. zum System der direkten, originären und abgeleiteten Zuteilung und zur Vergabe nach dem Grundsatz „First come first served", werden nunmehr auf Verordnungsebene geregelt. Dadurch erfolgt eine Vereinheitlichung der Vorgaben für alle Nummernräume und Nummernbereiche. Die Regelung schließt Auktionen von Nummern als Vergabemechanismus aus, obwohl Auktionen nach Erwägungsgrund 21 RRL in bestimmten Fällen zulässig wären.[308] Einen neuen Grundsatz stellt die vorgeschlagene Vorschrift des § 1 TNV-E dar, die die Ziele der Nummerierung erst grundsätzlich und dann in Abs. 2 als Auflistung im Einzelnen normiert.

280 Bemerkenswert sind vor allem einige ausdrückliche Befugnisse der Regulierungsbehörde, die sehr weitgehend sind und bisher nicht im TKG oder darauf beruhenden Rechtsverordnungen geregelt waren. So soll die Regulierungsbehörde im Rahmen der Strukturierung und Ausgestaltung einzelner Nummernräume, Nummernbereiche oder Nummernteilbereiche bestimmen können, ob der Netzbetreiber oder der Diensteanbieter den Endnutzerpreis festsetzt. Sie wird zudem befugt sein, für Verbindungen zu bestimmten Nummern bestimmte Endnutzerpreise oder Preisobergrenzen für die Endnutzerpreise vorgeben.

281 Aus Verbraucherschutzgründen sehr zu begrüßen ist das ausdrückliche Verbot des § 3 Abs. 5 des Entwurfs, für einen bestimmten Zweck einen anderen als den dafür vorgesehenen Nummernraum oder Nummernbereich zu verwenden. § 5 Abs. 2 schließt zudem eine rechtsgeschäftliche Weitergabe oder Übertragung von zugeteilten Nutzungsrechten aus. Durch diese Vorgaben bleibt die Strukturierung der Nummernressourcen auch für die Endnutzer transparent, und der Wettbewerb zwischen den Marktbeteiligten wird nicht durch die Nutzung unterschiedlicher Ressourcen mit verschiedenen Voraussetzungen für den gleichen Dienst verzerrt.

---

308 Vgl. hierzu § 66 RdNr. 47.

Hervorzuheben ist die Regelung in § 4 des Entwurfs, die die Vorgaben des § 66 Abs. 2 für **282** Änderungen der Strukturierung und Ausgestaltung des Nummernraumes erweitert auf Fälle, in denen Änderungen zur Erreichung der Nummerierungsziele erforderlich sind.[309] Vor dem Hintergrund von Art. 12 GG und § 66 Abs. 1 S. 2[310] ist die Vorschrift des § 5 Abs. 9 TNV-Entwurf, nach der ein Antrag auf Zuteilung abgelehnt werden kann, wenn der Antragsteller wiederholt schwerwiegend gegen nummerierungsrechtliche Vorgaben verstoßen hat, rechtlich bedenklich.

Schließlich enthält § 11 die Befugnis für die Regulierungsbehörde, für jeden Nummern- **283** raum und Nummernbereich durch Allgemeinverfügung spezifische Zuteilungsregeln zu erlassen, sofern dies zur Erreichung der Regulierungsziele erforderlich ist. In den Zuteilungsregeln kann zum Beispiel festgelegt werden, wie viele Nummern einem Antragsteller höchstens zugeteilt werden oder zu welchem Anteil dem Antragsteller bereits zugeteilte Ressourcen genutzt sein müssen, bevor ihm weitere Nummern zugeteilt werden. Inwiefern die in § 11 genannten Vorgaben durch Verwaltungsakt in Form einer Allgemeinverfügung ergehen können, ist streitig.[311]

c) Teil 2 Spezielle verbraucherschützende Regelungen. – Der 2. Teil enthält die Rege- **284** lungen, die 2003 als §§ 43a und b durch das Gesetz zur Bekämpfung des Missbrauchs von 0190er-/0900er-Rufnummern in das TKG eingeführt wurden. Sie wurden jedoch teilweise in ihrem Anwendungsbereich erheblich ausgeweitet. Neben über 0190er- und 0900er-Rufnummern abgerechneten Premium-Rate-Diensten sollen einige der Vorschriften des 2. Teils nun auch für andere Dienste gelten.

Der Entwurf der Nummerierungsverordnung sieht zum Beispiel eine Verpflichtung zur **285** Preisangabe bei der Bewerbung von Premium-Rate-Diensten, Auskunftsdiensten, Massenverkehr zu besonderen Zielen, Shared-Cost-Diensten, Innovativen Diensten und Kurzwahl-Diensten vor. Damit schließt der Entwurf eine wesentliche Lücke des TKG 2003. Eine Preisangabe bei der Bewerbung aller hochpreisigen Dienste führt dazu, dass das Angebot dieser Dienste für die Verbraucher transparent wird und das Vertrauen in die Rechtmäßigkeit der erbrachten Dienste steigt. Dementsprechend wurde auch die in § 43b Abs. 2 TKG 2003 enthaltene Pflicht zur entgeltfreien Preisansage beim Angebot von sprachbasierten Premium-Rate-Diensten auf Angebote über Kurzwahl-Sprachdienste erweitert. Für das Angebot von Auskunftsdiensten gilt nach der Regelung keine Preisansagepflicht.

Die Preisobergrenzen von 2 Euro pro Minute für über Rufnummern für Premium-Rate- **286** Dienste abgerechnete Dienstleistungen sollen nun auch für Kurzwahl-Sprachdienste gelten. Das Überschreiten der Preisobergrenze ist weiterhin nur nach einer Legitimation zulässig. Die Regelungen für sog. Dialer entsprechen weitgehend den Regelungen des § 43b Abs. 5 und 6 TKG 2003.

Die Auskunftsansprüche der Verbraucher sollen erheblich erweitert werden. Bestand nach **287** § 43a Abs. 1 und 2 TKG 2003 ein Anspruch auf Beauskunftung des Diensteanbieters nur für 0190er- und 0900er-Rufnummern, wird nun ein solches Recht auch für Rufnummern für Massenverkehr zu bestimmten Zielen (MABEZ), für Shared-Cost-Dienste oder für

---

309 Vgl. hierzu § 66 RdNr. 257 ff.
310 Vgl. § 66 RdNr. 32 ff.
311 Vgl. hierzu § 66 RdNr. 53 ff.

Kurzwahl-Dienste geregelt. Damit wird die Ermittlung desjenigen, der gegebenenfalls zivilrechtlich in Anspruch genommen werden kann, wesentlich erleichtert.

288   Um die Verbraucherprobleme im Zusammenhang mit R-Gesprächen zu lösen, ist im Entwurf der Nummerierungsverordnung vorgesehen, dass die Regulierungsbehörde eine Sperr-Liste mit Rufnummern von Anschlüssen, die für eingehende R-Gespräche zu sperren sind, führt. Endkunden können dann ihren Teilnehmernetzbetreiber beauftragen, die Aufnahme ihrer Nummern in der Sperrliste oder eine Löschung unentgeltlich zu veranlassen. Dies soll dazu führen, dass für trotz des Eintrags in die Liste abgerechnete R-Gespräche keine Zahlungspflicht des Endkunden besteht.

289   Im zweiten Teil ist darüber hinaus eine Regelung enthalten, die darauf gerichtet ist, so genannte Lockanrufe zu unterbinden, die den Angerufenen zum Anruf kostenintensiver Mehrwertdiensterufnummern verleiten sollen. Es ist in § 17 des Entwurfs vorgesehen, dass als Rufnummer des Anrufers beim Angerufenen nur die Ortsnetzrufnummer oder die Mobilfunkrufnummer des Anrufers angegeben werden darf. Die Übermittlung einer anderen Rufnummer soll unzulässig sein.

290   **d) Teil 3 Bußgeldvorschriften, Übergangsvorschriften, Änderungsvorschriften.** – Teil 3 des Entwurfs der Nummerierungsverordnung enthält einen Bußgeldkatalog, nach dem in Verbindung mit §§ 149 Abs. 1 Nummer 13 und Abs. 2 Verstöße mit einem Bußgeld von bis zu 100 000 Euro geahndet werden können. Schließlich enthält dieser Teil auch Übergangsvorschriften vor allem für Kurzwahl-Sprachdienste, da zum Beispiel die Realisierung einer kostenlosen Preisansage technische Anpassungen erforderlich macht.

291   **e) Verordnung oder Gesetz.** – Es ist noch unklar, ob die Nummerierungsverordnung in der Gestalt des Referentenentwurfs erlassen werden wird. Die Bundesregierung hat zwischenzeitlich den Entwurf eines Gesetzes zur Änderung telekommunationsrechtlicher Vorschriften vorgelegt.[312] Dieser Entwurf sieht vor, dass die in Teil 2 und Teil 3 des Entwurfs der Nummerierungsverordnung enthaltenen verbraucherschützenden Vorschriften weiterhin als Gesetz erlassen werden und im TKG fortgeschrieben werden.[313]

---

312 BT-Drs. 15/5213.
313 Vgl. hierzu im Einzelnen, Anhang I, Nummerierung, §§ 66a–66l.

§ 67 Befugnisse der Regulierungsbehörde

(1) Die Regulierungsbehörde kann im Rahmen der Nummernverwaltung Anordnungen und andere geeignete Maßnahmen treffen, um die Einhaltung gesetzlicher Vorschriften und der von ihr erteilten Bedingungen über die Zuteilung von Nummern sicherzustellen. Insbesondere kann die Regulierungsbehörde bei Nichterfüllung von gesetzlichen oder behördlich auferlegten Verpflichtungen die rechtswidrig genutzte Nummer entziehen. Sie soll ferner im Fall der gesicherten Kenntnis von der rechtswidrigen Nutzung einer Rufnummer gegenüber dem Netzbetreiber, in dessen Netz die Nummer geschaltet ist, die Abschaltung der Rufnummer anordnen. Die Regulierungsbehörde kann den Rechnungsersteller bei gesicherter Kenntnis einer rechtswidrigen Nutzung auffordern, für diese Nummer keine Rechnungslegung vorzunehmen. Die Regulierungsbehörde kann in begründeten Ausnahmefällen Kategorien von Dialern verbieten; Einzelheiten des Verbotsverfahrens regelt die Regulierungsbehörde.

(2) Die Rechte der Länder sowie die Befugnisse anderer Behörden bleiben unberührt.

(3) Die Regulierungsbehörde teilt Tatsachen, die den Verdacht einer Straftat oder einer Ordnungswidrigkeit begründen, der Staatsanwaltschaft oder der Verwaltungsbehörde mit.

Übersicht über § 43 b TKG 2003

Schrifttum: *Bahr*, Zur Mitstörerhaftung bei unverlangter 0190-Faxwerbung: Bedeutung und Reich-weite des neuen § 13 a TKV; *Berger*, Verantwortlichkeit von TK-Unternehmen für wettbewerbswidrig genutzte Rufnummern, MMR 2003, 642; *Braun*, Verbesserung des Verbraucherschutzes durch das Gesetz zur Bekämpfung des Missbrauchs von 0190er/0900er-Mehrwertdiensterufnummern, VuR 2003, 414; *Brodkorb/Ohlenburg*, Wider den Missbrauch – Das neue Mehrwertdienstegesetz und dessen Ausführung durch die Regulierungsbehörde, CR 2003, 727; *Ditscheid/Rudloff*, Das Gesetz zur Bekämpfung des Missbrauchs von 0190er-/0900er-Mehrwertdiensterufnummern – sinnvolle Lösungen im Spannungsfeld zwischen Verbraucherschutz und Wirtschaft, TKMR 2003, 406; *Ditscheid/Rudloff*, Fakturierung und Inkasso von Mehrwertdiensten, K&R 2004, 1; *Fluhme*, Pay by Call – Über die Legitimität eines Gesetzes zur Bekämpfung des Missbrauchs von Mehrwertdiensterufnummern, CR 2003, 103; *Grabe*, Das Dialer-Problem und was zu klären übrig blieb ..., CR 2004, 262; *Härting/Schirmbacher*, Dialer: Das Urteil fällt und viele Fragen offen, CR 2004, 334; *Härting*, Die wunderbare Welt der Mehrwertdienste, ITRB 2003, 103; *ders.*, Informationspflichten der Anbieter von Mehrwertdiensten,

CR 2003, 204; *ders.*, Recht der Mehrwertdienste – 0190/0900, 2003; *ders.*, Vertragsgestaltung bei Mehrwertdiensten – 0190-Providerverträge-, ITRB 2003, 38; *Hoeren*, Die Pflicht zur Preisangabe für Leistungen eines telefonischen Auskunftsdienstes, MMR 2003, 784; *ders.*, Virenscanning und Spamfilter – Rechtliche Möglichkeiten im Kampf gegen Viren, Spams & Co., NJW 2004, 3514; *Jaguttis/ Parameswaran*, Bei Anruf – Betrug – erschlichene „Zuneigungsgeschäfte" am Telefon, NJW 2003, 2277; *Klees*, Vertragsverhältnisse bei der Nutzung von Mehrwertdiensterufnummern, CR 2003, 331; *Köhler/Piper*, UWG-Kommentar, 3. Aufl. 2002; *Lettl*, Der Schutz der Verbraucher nach der UWG-Reform, GRUR 2004, 449; *Mankowski*, Die Beweislastverteilung in 0190er-Prozessen, CR 2004, 185; *Oechsler*, Risikotragung bei heimlicher Installation eines Internet-Einwahlprogramms – Die Dialer-Problematik, LMK 2004, 114; *Oppermann/Müller*, Wie verbraucherfreundlich muss das UWG sein?, GRUR 2005, 280; *Remmertz*, Werbebotschaften per Handy, MMR 2003, 314; *Rösler*, Die Bekämpfung des Missbrauchs von Mehrwertdiensterufnummern, NJW 2003, 2633; *Rösler*, Zur Zahlungspflicht für heimliche Dialereinwahlen, NJW 2004, 2566; *Schlegel*, Dialer und Mehrwertdiensterufnummern – Die Abrechnung in der Prozesspraxis, MDR 2004, 125; *Spindler/Volkmann*, Störerhaftung für wettbewerbswidrig genutzte Mehrwertdienste-Rufnummern und Domains, NJW 2004, 808; *Tiedemann*, Mehrwertdiensterufnummern: Der Schutz der Verbraucher und der seriösen Anbieter vor schwarzen Schafen – eine (un-)lösbare Aufgabe?, K&R 2003, 328; *Vahle*, Bekämpfung des Missbrauchs von 0190er-/0900er-Mehrwertdiensterufnummern, DSB 2003, Nr. 10, 12; *Zagouras*, Zivilrechtliche Pflichten bei der Verwendung von Sprachmehrwertdiensten, MMR 2005, 80.

I. Systematik

Die Regelung knüpft an § 66 Abs. 1 S. 1 an, der der Regulierungsbehörde die Zuständigkeit für die Wahrnehmung der Aufgaben der Nummerierung zuweist. Die Vorschrift soll die Regulierungsbehörde in die Lage versetzen, bei Missbräuchen, die im Zusammenhang mit der Nutzung von Nummern stehen, wirksame Maßnahmen zu ergreifen. Es handelt sich insofern um eine Norm, die einen effizienten und effektiven **Schutz der Verbraucher auch vor missbräuchlichen Diensten** ermöglicht. Das finanzielle Risiko der Verbraucher insbesondere bei der Inanspruchnahme von Mehrwertdiensten wird durch eine wirkungsvolle Aufsicht reduziert. Die Tätigkeit der Regulierungsbehörde nach § 67 trägt damit wesentlich zur Erreichung des in § 2 Abs. 2 Nr. 1 geregelten Regulierungsziels bei, nach dem insbesondere die Verbraucherinteressen auf dem Gebiet der Telekommunikation zu wahren sind. **1**

II. Entstehungsgeschichte

Seit dem Jahr 2001 kam es zu einem starken Anstieg der missbräuchlichen Nutzung von Mehrwertdiensterufnummern. 0190-Nummern wurden als die dunkle Seite der Kommunikation bezeichnet.[1] Zu Beginn trat das Phänomen der massenhaften Versendung unerwünschter Telefaxschreiben aus dem In- und Ausland auf. In den Faxschreiben wurden verschiedenste Dienste beworben, deren Gemeinsamkeit darin bestand, dass sie unter Mehrwertdiensterufnummern erreichbar waren. Das Versenden unerwünschter Werbefaxschreiben stellte nach der damals geltenden Rechtslage zwar einen Verstoß gegen § 1 UWG dar[2], jedoch hatte die Regulierungsbehörde telekommunikationsrechtlich keine Möglichkeit, gegen diesen Missbrauch vorzugehen.[3] Zunächst novellierte die Bundesregierung zur Lö- **2**

---

1 *Wettig/Wildemann*, K&R 2003, 240; ausführlich *Vander*, Mehrwertdienste, Diss. Düsseldorf 2005.
2 BGH, Urteil vom 25. 10. 1995 I ZR 255/93, CR 1996, 337; LG Frankfurt/M. Urteil von 7. 1. 2000, 2/3 O 422/01, NJW-RR 2002, 1468; *Köhler/Piper*, UWG, § 1 UWG RdNr. 161 .

sung des Problems die Telekommunikations-Kundenschutzverordnung (TKV) und ergänzte sie im August 2002 um einen § 13 a.[4] Dieser sieht vor, dass diejenigen, die Kunden Mehrwertdiensterufnummern zur Nutzung überlassen, die Kunden unter anderem darauf hinzuweisen haben, dass die Rufnummern nicht zur Versendung von unerwünschter Werbung genutzt werden dürfen. Zudem ist derjenige, der Mehrwertdiensterufnummern weitergibt, verpflichtet, unverzüglich geeignete Maßnahmen zu ergreifen, wenn er gesicherte Kenntnis hat, dass sein Kunde die Rufnummer rechtsmissbräuchlich nutzt.[5] So hat zum Beispiel der Netzbetreiber, der Rufnummern weitergibt, nach § 13 a TKV die seinem Kunden überlassene Rufnummer zu sperren, wenn dieser die Rufnummern nutzt, um unrechtmäßige Dialer anzubieten.[6]

3 Nachdem mit den Vorschriften der TKV die bestehenden Probleme nicht effektiv gelöst werden konnten[7] und der Missbrauch von Mehrwertdiensterufnummern sich durch das zunehmende Angebot so genannter Dialer eher verschärfte, hat die Bundesregierung im Jahr 2003 mit den §§ 43 a bis c des Gesetzes zur Bekämpfung des Missbrauchs von 0190er-/0900er-Mehrwertdiensterufnummern wirkungsvolle verbraucherschützende Regelungen in das TKG aufgenommen.[8]

4 § 67 schreibt § 43c TKG 2003 fort. §§ 43 a und b TKG 2003 werden in die nach § 66 Abs. 4 zu erlassende Nummerierungsverordnung überführt, finden aber bis zu deren In-Kraft-Treten gemäß § 152 Abs. 1 S. 1 TKG 2004 Anwendung.

5 Mit dem Gesetz zur Bekämpfung des Missbrauchs von 0190er-/0900er-Mehrwertdiensterufnummern hat der Gesetzgeber ein wirkungsvolles Instrumentarium zur Unterbindung der rechtsmissbräuchlichen Nutzung von Premium-Rate-Diensterufnummern geschaffen. Besonders gelungen ist dabei die Verbindung von gesetzlichen Vorgaben für die Premium-Rate-Dienste mit Befugnissen der Regulierungsbehörde. So ist für den Fall, dass eine Anpassung von Vorgaben erforderlich wird, um auf technische Änderungen oder neue Dienstemodelle zu reagieren und damit einen größtmöglichen Verbraucherschutz zu gewährleisten, eine Kompetenz der Regulierungsbehörde zum Erlass von Verfügungen normiert. Die Regelungen des Gesetzes zur Bekämpfung des Missbrauchs von 0190er-/0900er-Mehrwertdiensterufnummern stellen eine **wesentliche Erweiterung der Befugnisse der Regulierungsbehörde** dar, da über die Vorgaben zu Diensterufnummern erstmals auch Telekommunikationsdienste reguliert werden.

---

3 *Brodkorb/Ohlenburg*, CR 2003, S. 728; a. A. *Hoeren*, NJW 2002, 1521.
4 Zweite Verordnung zur Änderung der TKV vom 20. 8. 2002, BGBl. I vom 27. 8. 2002, 3365.
5 Im Einzelnen *Rösler/Zagouras*, NJW 2002, 2930 f.; *Koenig/Koch*, TKMR 2002, 457, 458 ff.; *Berger*, MMR 2003, 642 ff.
6 LG Köln, Urteil vom 3. 7. 2003, Az: 31 O 287/03, CR 2003, 930 ff. mit Anmerkung *Katko.*; LG Köln , Urteil vom 2. 10. 2003, Az: 31 O 349/03, MMR 2004, 110 f.
7 So auch *Braun*, ZUM 2003, 202, 204; *Ditscheid/Rudloff*, TKMR 2003, 406, 409; *Tiedemann*, K&R 2003, 329; *Spindler/Volkmann*, NJW 2004, 808 ff.; *Klees/Hübner*, CR 2005, 263; *Mayer/Möller*, K&R 2005, 257.
8 Gesetz zur Bekämpfung des Missbrauchs von 0190er-/0900er-Mehrwertdiensterufnummern vom 9. 8. 2003, BGBl. I, S. 1590.

III. Befugnisse der Regulierungsbehörde bei missbräuchlicher Nummernnutzung (Abs. 1)

1. Anwendungsbereich. – Die wesentliche Schwäche des Gesetzes zur Bekämpfung des 6
Missbrauchs von 0190er-/0900er-Mehrwertdiensterufnummern war sein Anwendungsbereich.[9] Der Anwendungsbereich des § 43 c TKG 2003 war beschränkt auf Maßnahmen bei
einem Missbrauch von Rufnummern aus den Nummernbereichen 0190 und 0900. Nachdem in anderen Nummernbereichen des E.164-Nummernraumes und bei Kurzwahlrufnummern ebenfalls ein erhöhtes Aufkommen an Verbraucherbeschwerden zu verzeichnen
war, hat der Gesetzgeber den **Anwendungsbereich des § 67 nicht begrenzt**, so dass Maßnahmen der Regulierungsbehörde bei der missbräuchlichen Nutzung aller Nummern im
Sinne des § 3 Nr. 13 in Betracht kommen.[10] Damit bildet die Vorschrift einen wirksamen
Rahmen für die Regulierungsbehörde; ihr kommt so neben den Staatsanwaltschaften und
Zivilgerichten eine bedeutende Aufgabe beim Schutz der Verbraucher im Bereich der Telekommunikationsdienste zu.

Nicht unter die Regelung des § 67 Abs. 1 fallen die Domain-Namen. Diese sind zwar Nummern im Sinne des § 3 Nr. 13, jedoch gemäß § 66 Abs. 1 S. 4 ausdrücklich von der Verwaltung durch die Regulierungsbehörde ausgenommen.[11] Da § 67 Abs. 1 S. 1 die Regulierungsbehörde nur befugt, **im Rahmen der Nummernverwaltung** Anordnungen und andere Maßnahmen zu treffen, sind die von der Nummernverwaltung ausgenommenen Nummernräume vom Anwendungsbereich des § 67 ebenfalls nicht erfasst.

2. Voraussetzungen. – Die Regulierungsbehörde kann nach Abs. 1 S. 1 tätig werden, um 8
die Einhaltung gesetzlicher Vorschriften und der von ihr erteilten Bedingungen über die
Zuteilung von Nummern sicherzustellen. Gesetzliche Vorschriften sind in erster Linie die
telekommunikationsrechtlichen Vorgaben, wie zum Beispiel die Regelungen des § 152
Abs. 1 in Verbindung mit §§ 43 a und b TKG 2003 und des § 66. Ein missbräuchliches Verhalten kann aber auch dann vorliegen, wenn gegen die auf der Grundlage dieser Paragraphen erlassenen Verfügungen der Regulierungsbehörde oder gegen die Vorschriften der
nach § 66 Abs. 4 zu erlassenden Rechtsverordnung verstoßen wird. Maßnahmen sind demnach zulässig, wenn Rufnummern unter Verstoß gegen § 152 Abs. 1 S. 1 in Verbindung mit
den Regelungen der §§ 43 a und b TKG 2003 genutzt werden. Ein wichtiger Anwendungsfall des Absatzes 1 ist, wenn gemäß § 152 Abs. 1 S. 1 in Verbindung mit § 43 b Abs. 5
TKG 2003 ein nichtregistrierter Dialer[12] eingesetzt oder ein Dialer unter einer nicht hierfür
von der Regulierungsbehörde zur Verfügung gestellten Rufnummer angeboten wird.[13]
Auch das Angebot eines Dienstes, der unter Verstoß gegen die in § 152 Abs. 1 S. 1 in Verbindung mit § 43 b Abs. 1 TKG 2003 geregelten Vorgaben beworben wird, kann zu Maßnahmen der Regulierungsbehörde nach Abs. 1 führen.

§ 67 ist zudem bei Verletzung anderer Gesetze einschlägig, soweit die Rechtsverletzung im 9
Zusammenhang mit der Nutzung einer Nummer im Sinne des § 3 Nr. 13 steht. In Betracht

---

9 *Ditscheid/Rudloff*, TKMR 2004, 406, 407; *Tiedemann*, K&R 2003, 328, 336.
10 Vgl. auch Jahresbericht 2004 der RegTP; *Klees/Hübner*, CR 2005, 265.
11 Vgl. § 66 RdNr. 206 ff.
12 Siehe hierzu im Einzelnen RdNr. 96 ff.
13 Siehe hierzu im Einzelnen RdNr. 105 ff.

kommen Vorschriften des BGB und des StGB[14], aber zum Beispiel auch der Preisangaben-verordnung. Die Regulierungsbehörde kann nach § 67 Abs. 1 auch im Bereich des Spam-mings tätig werden, wenn eine Rufnummer genutzt wurde.[15] So verstößt jemand, der unver-langte Werbung über SMS versendet, gegen §§ 823 Abs. 1, 1004 Abs. 1 S. 2 BGB.[16] Ent-sprechendes gilt für Fax-Spam oder E-Mail-Spam. Eine wesentliche Bedeutung kommt den Regelungen des neu gefassten UWG[17] zu. Dieses dient nach § 1 S. 1 unter anderem dem Schutz von Verbrauchern vor unlauterem Wettbewerb.[18] § 7 Abs. 2 UWG enthält ein ausdrückliches Verbot der Werbung über Telefon, E-Mail oder Telefax für den Fall, dass der Verbraucher nicht ausdrücklich mit der Werbung einverstanden ist. Damit ermöglicht der Verstoß gegen diese Vorschrift der Regulierungsbehörde, Maßnahmen nach Abs. 1 auch für die Nummernräume und Nummernbereiche anzuordnen, für die keine speziellen Verbraucherschutzvorgaben erlassen wurden. Ein weiterer Anwendungsfall des § 67 ist der Verstoß gegen § 312 c BGB i.V.m. § 1 BGB InfoV.[19]

10   Von der Regulierungsbehörde erteilte Bedingungen im Sinne der Vorschrift sind vor allem die Zuteilungsregeln, die die Behörde zur Strukturierung und Ausgestaltung der Num-mernräume oder Nummernbereiche erlassen hat. Darüber hinaus können auch Verstöße ge-gen Anordnungen der Regulierungsbehörde nach § 66 Abs. 2 zu Sanktionen im Sinne des § 67 Abs. 1 führen.

11   Da Abs. 1 ausdrücklich von gesetzlichen Vorschriften spricht, kommen Maßnahmen etwa bei Verstoß gegen die Regelungen des Vereins Freiwillige Selbstkontrolle Telefonmehr-wertdienste (FST e. V.) nicht in Betracht. Etwas anderes gilt, wenn diese Regelungen aus-drücklich und rechtswirksam in die Zuteilungsregeln inkorporiert wurden oder als Ausle-gungshilfe im Rahmen des UWG dienen.

12   **3. Mögliche Maßnahmen.** – Die Befugnisse der Regulierungsbehörde sind sehr weit ge-fasst. Die Regulierungsbehörde kann, um die Einhaltung gesetzlicher Bestimmungen oder der Zuteilungsregeln sicherzustellen, **Anordnungen und andere geeignete Maßnahmen** treffen. Abs. 1 S. 2 bis 5 nennen einige der in Betracht kommenden Maßnahmen, die die Regulierungsbehörde ergreifen kann. Diese Regelungen stellen jedoch nur Beispiele dar und sind nicht abschließend.[20] Sofern mildere oder effektivere Mittel in Betracht kommen und zur Beseitigung des Rechtsverstoßes geeignet sind, können diese Mittel nach Abs. 1 S. 1 ebenfalls ergriffen werden.

13   Gemäß Abs. 1 S. 2 ist der Entzug des Nutzungsrechts an der rechtswidrig genutzten Num-mer zulässig. Da Nummern eine Voraussetzung für den Zugang zu Telekommunikations-diensten darstellen, ist diese Maßnahme als sehr wirksam zu erachten. Bei gesicherter Kenntnis von der rechtswidrigen Nutzung einer Rufnummer soll die Regulierungsbehörde gemäß Satz 3 TKG anordnen, dass der Netzbetreiber, in dessen Netz die Rufnummer ein-

---

14 Vgl. Begründung des insofern gleichlautenden Gesetzes zur Bekämpfung des Missbrauchs mit 0190er-/0900er-Mehrwertdiensterufnummern: BT-Drs. 15/907, S. 10.
15 Jahresbericht 2004 der Regulierungsbehörde, S. 7; *Mayer/Möller*, K&R 2005, 251 ff.
16 LG Berlin, Urteil vom 14. 1. 2003, 14 O 420/02, K&R 2003, 246 ff.; *Mayer/Möller*, K&R 2005, 253.
17 Gesetz gegen den unlauteren Wettbewerb vom 8. 7. 2004 (BGBl. I Nr. 32 vom 7. 7. 2004, S. 1414).
18 *Lettl*, GRUR 2004, 449.
19 Vgl. auch Jahresbericht 2004 der Regulierungsbehörde, S. 7; *Mayer/Möller*, K&R 2005, 255.
20 *Brodkorb/Ohlenburg*, CR 2003, S. 731; *Mayer/Möller*, K&R 2005, 255.

gerichtet ist, die Rufnummer abschaltet. Den Begriff „**gesicherte Kenntnis**" hat der Gesetzgeber bereits in § 13 a TKV 2002 verwendet. Gesicherte Kenntnis i. S. v. § 13 a TKV liegt vor, wenn wiederholt Verstöße unter Angaben bestimmter Rufnummern mitgeteilt wurden.[21] Die Mitteilung einer Verbraucherzentrale über den Missbrauch einer Mehrwertdiensterufnummer an einen Netzbetreiber begründet nicht generell dessen „gesicherte Kenntnis".[22] Eine entsprechende Auslegung des Begriffes im Rahmen des § 67 Abs. 1 bietet sich in der Regel an. Es sind jedoch die Umstände des jeweiligen Einzelfalles zu würdigen. Maßgeblich können die Beweiskraft der der Regulierungsbehörde vorliegenden Unterlagen und die Menge der Verbraucherbeschwerden sein.[23] Satz 3 enthält die einzige Regelung in § 67, die sich nicht auf alle Nummern erstreckt, sondern ausdrücklich auf Rufnummern beschränkt ist.

Ebenfalls bei gesicherter Kenntnis der rechtswidrigen Nutzung einer Nummer kann die **14** Regulierungsbehörde nach Satz 4 den Rechnungssteller auffordern, für diese Nummer **keine Rechnungslegung** vorzunehmen, soweit diese noch nicht erfolgt ist. Die Vorschrift bezieht sich damit ihrem Wortlaut nach auf die Fakturierung. Nicht ausdrücklich geregelt ist der Fall, dass die Rechnung dem Verbraucher schon gestellt wurde, der Verbraucher aber noch nicht gezahlt hat. In der Begründung zu der entsprechenden Regelung des § 43 c TKG 2003 wurde die Inkassierung des Verbindungsentgeltes der Rechnungslegung gleich gestellt, indem die Begriffe als Synonyme verwendet wurden.[24] Auch wenn das Inkasso einer Forderung der ersten Rechnungslegung zeitlich nachfolgt und es sich nicht um identische Begriffe handelt, ist hier davon auszugehen, dass der verwendete Begriff der Rechnungslegung den gesamten Zahlungsvorgang und damit gegebenenfalls auch das Beitreiben der Forderung umfasst. Anderenfalls käme man zu dem Ergebnis, dass Forderungen für Verbindungsentgelte, deren Abrechnung rechtswidrig ist, da auf sie kein Anspruch bestand, beigetrieben werden, obwohl die Rechtswidrigkeit bereits feststeht. Dies widerspräche letztendlich auch dem Grundsatz des Rechts zur Leistungsverweigerung bei missbräuchlicher Rechtsausübung durch den Gläubiger. Hiernach darf nicht eingezogen werden, was ohnehin zurückzuerstatten ist („Dolo agit qui petit quod statim redditurus est"). Schließlich stellt Satz 4 lediglich ein Beispiel für Maßnahmen der Regulierungsbehörde dar. Die Generalnorm des Abs. 1 Satz 1 bleibt hiervon unberührt, so dass ein Inkassoverbot auch auf Satz 1 gestützt werden könnte.

In § 43 c TKG 2003 nicht enthalten war die Regelung des Satzes 5. Dieser gibt der Regulie- **15** rungsbehörde für begründete Ausnahmefälle die Befugnis, **Kategorien von Dialern** zu verbieten. Einzelheiten zu dem in diesem Fall stattfindenden Verbotsverfahren regelt die Regulierungsbehörde.

Dialer im Sinne dieser Vorschrift sind Programme oder Teilprogramme, welche direkt oder **16** mittelbar eine Telekommunikationsverbindung zu einem Mehrwertdienst herstellen oder herstellen und kontrollieren. Außerdem sind auch solche Programme erfasst, die direkt oder mittelbar die Konfiguration des Endgeräts des Nutzers zur Herstellung einer Tele-

---

21 LG Köln, Urteil vom 3. 7. 2003 – 31 O 287/03. Vgl. auch amtliche Begründung zu § 13a TKV: BR-Drs. 505/02, S. 4.
22 OLG Köln, Urt. vom 5. 3. 2004 – 6 U 141/03, K&R 2004, 543; a. A. *Mayer/Möller*, K&R 2005, 257.
23 Antwort der Bundesregierung auf die Frage Nr. 43 der Großen Anfrage der CDU/CSU-Fraktion zu Mehrwertdiensten, BT-Drs. 15/4092.
24 BT-Drs. 15/907.

kommunikationsverbindung beeinflussen oder verändern.[25] Die Vorschrift erleichtert es der Regulierungsbehörde zu reagieren, wenn im Markt neue Dialer angeboten werden, die alle den gleichen Mechanismus nutzen, um die Vorgaben der Regulierungsbehörde zu umgehen. Nach Abs. 1 S. 5 muss die Regulierungsbehörde dann nicht mehr die Registrierung jedes einzelnen rechtswidrigen Dialers aufheben, sondern kann verfügen, dass alle Dialer, die dem Verbraucher zur Nutzung angeboten werden und bestimmte Merkmale aufweisen, unzulässig sind, so dass dem Endnutzer gegebenenfalls kein Verbindungsentgelt in Rechnung gestellt werden darf.

17 Als milderes Mittel kann neben den in Abs. 2 S. 2 bis 5 ausdrücklich genannten Maßnahmen zum Beispiel die Nutzung der Rufnummer für ein bestimmtes rechtswidriges Geschäftsmodell untersagt werden. Bei Missbrauch im Zusammenhang mit Dialern, die bei der Regulierungsbehörde nach § 152 Abs. 1 in Verbindung mit § 43b Abs. 5 TKG 2003 registriert wurden, kann eine geeignete Maßnahme im Sinne des Absatzes 1 S. 1 zudem der **Widerruf oder die Rücknahme der Registrierung des Dialers** sein mit der Folge, dass der Diensteanbieter gegen den Verbraucher bei Nutzung dieses Anwählprogramms keinen Anspruch auf ein Entgelt hat. Die Rücknahme kann entsprechend den Vorgaben des § 48 VwVfG auch rückwirkend erfolgen. Weitere mögliche Maßnahmen sind die Aufhebung der Zuteilung der missbräuchlich verwendeten Nummer sowie Abmahnungen.[26]

18 Zweifelhaft ist jedoch, ob eine Maßnahme, wie sie die irische Regulierungsbehörde Commission for Communications Regulation (ComReg) am 20. 9. 2004 zur Bekämpfung des Missbrauchs von Dialern getroffen hat, nach § 67 Abs. 1 zulässig wäre. Um die irischen Verbraucher wirksam zu schützen, hatte die ComReg Betreiber von öffentlichen Telefonnetzen verpflichtet, Telefonverbindungen zu dreizehn Ländern spätestens ab dem 4. 10. 2004 zu unterbinden, da sich unter Rufnummern dieser Länder Dialer automatisch und ohne Zustimmung der Verbraucher auf deren Computern installiert haben. Telefongespräche in die betreffenden Länder waren durch die Betreiber von öffentlichen Telefonnetzen nur zuzulassen, wenn der Anrufer dies ausdrücklich wünscht und der Netzbetreiber geprüft hat, ob unter der angewählten Telefonnummer ein rechtmäßiger Dienst erreichbar ist.[27] In Deutschland ist eine solche Maßnahme nicht erforderlich, da wegen § 152 Abs. 1 S. 1 in Verbindung mit § 43b Abs. 6 TKG 2003 eine Abrechnung von Dialern, die nicht über die von der Regulierungsbehörde zur Verfügung gestellte Rufnummerngasse erbracht werden, unzulässig ist.[28] ComReg hat ihre Vorgaben nur wenige Wochen nach deren Anordnung wieder aufgehoben.

19 **4. Ermessen der Regulierungsbehörde.** – § 67 Abs. 1 räumt der Regulierungsbehörde ein Entschließungs- und ein Auswahlermessen ein. Das heißt, dass die Regulierungsbehörde entscheidet, ob und wenn ja, welche Maßnahmen sie durchführt. Lediglich von der in Abs. 1 S. 3 geregelten Befugnis zur Anordnung der Abschaltung der Rufnummer hat die Regulierungsbehörde im Regelfall Gebrauch zu machen. Von der Anwendung dieser Soll-Vorschrift kann nur in begründeten Ausnahmefällen abgewichen werden. Die Regelung ist

---

25 Abschnitt A I. der Vfg. 54/2003 der RegTP vom 3. 12. 2003, RegTP ABl. 24/2003.
26 Pressemitteilung der RegTP, CR aktuell R 28.
27 Anhang A, Verfügung 2, Decision Notice „Protecting Phone Users from Internet Dialler Scam" vom 20. 9. 2004, Decision No. D13/04, Document No 04/99.
28 Siehe hierzu im Einzelnen RdNr. 105.

Brodkorb

erforderlich, um weitere Verbraucher effizient vor einem über eine bestimmte Rufnummer erbrachten missbräuchlichen Dienst zu schützen.

Die Regulierungsbehörde hat seit In-Kraft-Treten der Gesetzes zur Bekämpfung des Miss- **20** brauchs von 0190er-/0900er-Mehrwertdiensterufnummern eine Vielzahl von Maßnahmen auf § 43c TKG 2003 und § 67 Abs. 1 gestützt, die sie regelmäßig auf ihrer Internetseite veröffentlicht.

5. Durchsetzung der Anordnungen der Regulierungsbehörde. – Durch das Gesetz zur **21** Bekämpfung des Missbrauchs von 0190er-/0900er-Mehrwertdiensterufnummern wurde § 96 Abs. 1 Nummer 9f in das TKG 1996 eingefügt. Die Regulierungsbehörde konnte demnach unter Geltung des TKG 2003 ein Bußgeld bis zu einer Höhe von 100 000 Euro verhängen, wenn der Adressat einer vollziehbaren Anordnung nach § 43c Abs. 1 Satz 4 zuwiderhandelte. Zwar verweist § 152 Abs. 1 S. 1 auf § 96 Abs. 1 Nummer 9a TKG 2003 und erklärt diesen für anwendbar, bis eine Nummerierungsverordnung nach § 66 Abs. 4 in Kraft tritt. § 96 Nummer 9a TKG 2003 läuft jedoch leer, soweit er Verstöße gegen Anordnungen der Regulierungsbehörde nach § 43c S. 4 TKG 2003 bußgeldbewehrt. Denn § 43c TKG 2003 ist anders als §§ 43a und b TKG 2003 nicht mehr anwendbar. § 149 TKG 2004 enthält jedoch **keine Bußgeldvorschrift für Verstöße gegen Anordnungen nach § 67 Abs. 1**. Es ist davon auszugehen, dass es sich hierbei um ein gesetzgeberisches Versehen handelt.

IV. Abgrenzung zu Befugnissen anderer Behörden und der Länder (Abs. 2)

§ 67 Abs. 2 regelt, dass die Rechte der Länder sowie die Befugnisse anderer Behörden von **22** der Zuständigkeit der Regulierungsbehörde unberührt bleiben. Eine gleichlautende Regelung wurde als § 43c Abs. 2 im Gesetzgebungsverfahren zur Änderung des TKG im Jahr 2003 durch den Vermittlungsausschuss vorgeschlagen[29], der auf Antrag Bayerns einberufen worden war.[30] Der Bundestag bestätigte den Vorschlag des Vermittlungsausschusses einstimmig. Die Formulierung in Abs. 2 stellte einen Kompromiss dar, der sich in einer deklaratorischen Klarstellung der ohnehin geltenden Zuständigkeiten erschöpft.[31] Als Zuständigkeiten, die die Länder neben der Regulierungsbehörde wahrnehmen, kommen insbesondere die Aufgaben der Landesmedienanstalten nach dem Rundfunkstaatsvertrag in Betracht. Daneben sollen die Staatsanwaltschaften strafrechtlich relevantes Verhalten weiterhin ahnden können. Schließlich werden durch § 67 auch zivilrechtliche Verfahren nicht ausgeschlossen.

V. Zusammenarbeit mit Staatsanwaltschaft und Verwaltungsbehörden (Abs. 3)

Nach Abs. 3 muss die Regulierungsbehörde Tatsachen, die den Verdacht einer Straftat be- **23** gründen, der Staatsanwaltschaft mitteilen. Kommt eine Ordnungswidrigkeit in Betracht, hat sie die Verwaltungsbehörde zu informieren. Auch diese Vorschrift wurde durch das

---

29 BT-Drs. 15/1355.
30 BR-Drs. 395/03 bzw. BT-Drs. 15/1198.
31 *Rösler*, NJW 2003, 2633, 2635.

Vermittlungsverfahren zum Entwurf des Gesetzes zur Bekämpfung des Missbrauchs von 0190er-/0900er-Mehrwertdiensterufnummern eingefügt.[32] Durch die Regelung wird sichergestellt, dass einem rechtswidrigen Verhalten im Zusammenhang mit der Nutzung einer Nummer mit allen möglichen Maßnahmen entgegengewirkt wird. Die Vorschrift ist sinnvoll, da die verschiedenen Rechtsgebiete unterschiedliche Sanktionen desselben Verhaltens vorsehen.

§ 43a Auskunftsanspruch, Datenbank für 0900er-Mehrwertdiensterufnummern

(1) Jedermann kann von der Regulierungsbehörde Auskunft über den Namen und die ladungsfähige Anschrift desjenigen verlangen, der über eine 0190er-Mehrwertdiensterufnummer Dienstleistungen anbietet. Diese Auskunft soll innerhalb von zehn Werktagen erteilt werden. Die Regulierungsbehörde kann von ihren Zuteilungsnehmern Auskunft über die in Satz 1 genannten Angaben verlangen. Die Auskunft muss innerhalb von fünf Werktagen nach Eingang der Anfrage durch die Regulierungsbehörde erteilt werden. Die Zuteilungsnehmer haben die Angaben erforderlichenfalls bei ihren Kunden zu erheben und aktuell zu halten. Jeder, der die entsprechende 0190er-Mehrwertdiensterufnummer weitergegeben hat oder nutzt, ist zur Auskunft gegenüber dem Zuteilungsnehmer verpflichtet.

(2) Alle 0900er-Mehrwertdiensterufnummern werden in einer Datenbank bei der Regulierungsbehörde erfasst. Die Datenbank für 0900er-Mehrwertdiensterufnummern ist unter Angabe des Namens und der ladungsfähigen Anschrift des Diensteanbieters im Internet zu veröffentlichen. Jedermann kann gegenüber der Regulierungsbehörde Auskunft über die in der Datenbank gespeicherten Daten verlangen.

I. Anwendungsbereich der Vorschrift

24 Gemäß § 152 Abs. 1 findet § 43a TKG 2003 bis zum In-Kraft-Treten einer Verordnung nach § 66 Abs. 4 weiter Anwendung. Die in § 43a TKG 2003 normierten Regelungen werden in der Telekommunikations-Nummerierungsverordnung fortgeschrieben. Dabei besteht für den Verordnungsgeber die Möglichkeit, die Norm zu verschärfen, soweit sich dies im Zusammenhang mit der Anwendung der Norm durch die Regulierungsbehörde als notwendig erwiesen hat. Insbesondere wäre wünschenswert, wenn der Anwendungsbereich der Regelung über die 0190er und 0900er-Rufnummern hinaus auch auf andere Mehrwertdienste ausgedehnt würde, um den Verbraucherschutz weiter zu stärken.[33]

II. Beauskunftung des Anbieters von Dienstleistungen bei 0190er-Rufnummern (Abs. 1)

25 **1. Hintergrund.** – Durch die mehrfache Weitergabe von 0190er-Rufnummern aus den an Netzbetreiber zugeteilten Rufnummernblöcken kam es dazu, dass weder Verbraucher noch

---

32 BT-Drs. 15/1355.
33 Im Ergebnis auch *Ditscheid/Rudloff*, TKMR 2003, 406, 413.

die Regulierungsbehörde wussten, wer unter einer bestimmten 0190er-Rufnummern welche Inhalte anbietet. Diese Anonymität der Anbieter führte zu einer Erschwerung der Durchsetzung zivilrechtlicher Ansprüche und der strafrechtlichen Verfolgung. Die Regulierungsbehörde hatte zunächst im Mai 2003 eine Recherchemöglichkeit für 0190er-Rufnummern auf ihrer Internetseite bereit gestellt, durch die der Netzbetreiber ermittelt werden konnte, dem ein bestimmter 0190er-Rufnummernblock zugeteilt war. Verbraucher mussten sich dann an den Netzbetreiber wenden, um zu erfahren, wem dieser die jeweilige Rufnummer abgeleitet zugeteilt hatte. Nicht selten führte die Kette der Inhaber des Nutzungsrechts ins Ausland, was eine Rechtsverfolgung praktisch unmöglich machte.[34]

2. Verfahren und Fristen für die Erteilung der Auskunft. – Um zügige rechtliche Maß- **26** nahmen der Verbraucher gegen einen Diensteanbieter zu ermöglichen, regelt die Vorschrift für die Erteilung der Auskunft eine kurze Frist. So soll die Regulierungsbehörde dem Verbraucher Namen und ladungsfähige Anschrift des Diensteanbieters innerhalb von 10 Tagen übermitteln. Da der Regulierungsbehörde selbst die zu beauskunftenden Daten nicht vorliegen, muss sie die Informationen von ihren Zuteilungsnehmern einholen. Diese haben nach Eingang der Anfrage der Regulierungsbehörde fünf Werktage Zeit, um die angeforderte Auskunft mitzuteilen.

Um das Verfahren reibungslos und möglichst effizient zu gestalten, hat die Regulierungs- **27** behörde auf ihrer Internetseite ein Formblatt zur Beantragung einer Auskunft nach Abs. 1 veröffentlicht, welches ausgedruckt werden kann und dann ausgefüllt an die Regulierungsbehörde zu senden ist. Eine Übermittlung ist per Post oder per Telefax möglich.

3. Anbieter von Dienstleistungen im Sinne von Abs. 1. – Abs. 1 ist darauf gerichtet, die **28** Anonymität der Anbieter von Premium Rate-Diensten wirksam aufzuheben und so die Rechtsposition der Verbraucher und Behörden zu stärken. Die Regelung gewährt jedem Verbraucher einen Anspruch gegenüber der Regulierungsbehörde auf Beauskunftung desjenigen, der über eine 0190er-Rufnummern Dienstleistungen anbietet. Dies ist derjenige Diensteanbieter, der als Letztverantwortlicher über die betreffende Nummer eine Dienstleistung anbietet.[35] Es genügt also nicht, wenn der Netzbetreiber der Regulierungsbehörde mitteilt, wem er die Rufnummer durch Rechtsgeschäft abgeleitet zugeteilt hat.[36]

4. Anwendung von Abs. 1 bei portierten Rufnummern. – Problematisch ist der Aus- **29** kunftsanspruch des Absatzes 1 aufgrund dessen Formulierung bei Rufnummern, die zu einem anderen Netzbetreiber portiert wurden. In diesem Fall kann der Netzbetreiber, dem der die betreffende Rufnummer umfassende Rufnummernblock originär zugeteilt wurde, keine aktuellen Daten des zu einem anderen Netzbetreiber gewechselten Diensteanbieters mitteilen, da sie ihm in der Regel nicht vorliegen.[37] Er weiß nicht, wer die bei einem anderen Netzbetreiber geschaltete Rufnummer aktuell nutzt. Der Netzbetreiber, in dessen Netz die Rufnummer zum Zeitpunkt des Auskunftsverlangens eingerichtet ist, kann zwar von seinem Diensteanbieter die Daten erfragen, ist jedoch nicht der Zuteilungsnehmer des Rufnummernblocks, zu dem die Rufnummer ursprünglich gehört hat, und bei enger Auslegung der Vorschrift nicht zur Auskunft gegenüber der Regulierungsbehörde verpflichtet. Für eine solche Auslegung spricht auch Satz 5, der die Zuteilungsnehmer verpflichtet, die

---

34 *Tiedemann*, K&R 2003, 331.
35 Begründung zu § 43 a TKG 2003 in BT-Drs. 15/907, S. 8.
36 *Ditscheid/Rudloff*, TKMR 2003, 409; Begründung zu § 43 a TKG 2003 in BT-Drs. 15/907, S. 8.
37 *Ditscheid/Rudloff*, TKMR 2003, 409.

zu beauskunftenden Daten bei ihren Kunden zu erheben. Folgte man dieser Ansicht, könnte dies bedeuten, dass der Auskunftsanspruch bei portierten Rufnummern leer liefe.

30 Es ist davon auszugehen, dass mit der Auswahl der Zuteilungsnehmer als zur Auskunft Verpflichtete nicht nur der jeweilige originäre Zuteilungsnehmer eines Rufnummernblockes gemeint ist, sondern die Gruppe aller Inhaber von Zuteilungen von 0190er-Rufnummernblöcken. Eine Klarstellung in der Nummerierungsverordnung wäre jedoch sinnvoll.

31 **5. Bußgeld (§ 152 Abs. 1 S. 1 in Verbindung mit § 96 Abs. 1 Nr. 9a und Abs. 2 S. 1 TKG 2003).** – Fordert die Regulierungsbehörde einen Netzbetreiber gemäß Abs. 1 S. 3 auf, ihr Auskunft über den Namen und die ladungsfähige Anschrift desjenigen zu erteilen, der über eine 0190er-Mehrwertdiensterufnummer Dienstleistungen anbietet, und kommt der Netzbetreiber dieser Aufforderung nicht nach, kann die Regulierungsbehörde nach § 152 Abs. 1 S. 1 in Verbindung mit § 96 Abs. 1 Nr. 9a und Abs. 2 S. 1 TKG 2003 ein Bußgeld in Höhe von bis zu 100 000 Euro verhängen.

III. Datenbank für 0900er-Rufnummern (Abs. 2)

32 0900er-Rufnummern können seit dem 1. 1. 2003 neben den 0190er-Rufnummern genutzt werden und lösen die 0190er-Nummern nach einer Übergangsfrist vollständig ab[38]. Die Regulierungsbehörde teilt 0900er-Rufnummern nicht wie die 0190er-Rufnummern als Rufnummernblöcke an Netzbetreiber zu, sondern vergibt diese Rufnummern direkt an Diensteanbieter[39]. Eine abgeleitete Zuteilung oder Weitergabe der Rufnummern durch die Zuteilungsnehmer ist unzulässig. Der Regulierungsbehörde liegen somit für jede einzelne 0900er-Rufnummer der Name und die ladungsfähige Adresse des Diensteanbieters vor. Die Regulierungsbehörde hat seit dem 24. 7. 2003 auf ihrer Internetseite eine Suchmaschine veröffentlicht, mit der zu jeder (0)900er Rufnummer der Name des Zuteilungsnehmers und seine ladungsfähige Anschrift ermittelt werden kann.

§ 43 b Bedingungen für die Nutzung von 0190er- oder 0900er-Mehrwertdiensterufnummern

(1) Wer gegenüber Letztverbrauchern gewerbs- oder geschäftsmäßig oder in sonstiger Weise regelmäßig 0190er- oder 0900er-Mehrwertdienste anbietet oder dafür gegenüber Letztverbrauchern wirbt, hat den für die Inanspruchnahme dieser 0190er- oder 0900er-Mehrwertdiensterufnummer aus dem deutschen Festnetz je Minute oder je Inanspruchnahme zu zahlenden Preis einschließlich der Umsatzsteuer und sonstiger Preisbestandteile zusammen mit der Rufnummer anzugeben. Soweit für die Inanspruchnahme einer 0190er- oder 0900er-Mehrwertdiensterufnummer nicht einheitliche Preise gelten, sind diese in einer Von-bis-Preisspanne anzugeben. Bei der Preisangabe ist darauf hinzuweisen, dass es ein deutscher Festnetzpreis ist. Bei Telefaxdiensten ist zusätzlich die Zahl der zu übermittelnden Seiten anzugeben. Bei Datendiensten ist zusätzlich der Umfang der zu übermittelnden Daten anzugeben.

---

38 Vgl. zur Befristung der 0190er-Rufnummern Vfg. 51/2001 vom 15. 11. 2001 (RegTP ABl. 22/2001).
39 Mit. 563/2002 vom 18. 12. 2002 (RegTPABl. 24/2002).

(2) Bei Inanspruchnahme von 0190er- oder 0900er-Mehrwertdiensterufnummern aus dem deutschen Festnetz heraus, ausgenommen Telefaxdiensterufnummern, hat derjenige, der den vom Letztverbraucher zu zahlenden Preis für die Inanspruchnahme dieser Rufnummer festlegt, vor Beginn der Entgeltpflichtigkeit dem Letztverbraucher den für die Inanspruchnahme dieser Rufnummer zu zahlenden Preis aus dem deutschen Festnetz je Minute oder je Inanspruchnahme einschließlich der Umsatzsteuer und sonstiger Preisbestandteile nach Maßgabe des Satzes 4 anzusagen. Ändert sich dieser Preis während der Inanspruchnahme des Mehrwertdienstes, so ist wiederum vor Beginn des neuen Tarifabschnitts der nach der Änderung zu zahlende Preis nach Maßgabe des Satzes 4 mitzuteilen. Bei der Preisangabe ist darauf hinzuweisen, dass es ein deutscher Festnetzpreis ist. Die Mitteilung muss spätestens drei Sekunden vor Beginn der Entgeltpflichtigkeit unter Hinweis auf den Zeitpunkt des Beginns derselben erfolgt sein. Die Verpflichtung nach Satz 1 gilt auch bei der Weitervermittlung von einer Rufnummer zu einer 0190er- oder 0900er-Mehrwertdiensterufnummer. Ein Anspruch auf das vertraglich vereinbarte Entgelt besteht nur, wenn der Kunde vor Beginn der Inanspruchnahme der Dienstleistung nach Maßgabe dieses Absatzes über den erhobenen Preis informiert wurde.

(3) Der Preis für zeitabhängig über 0190er- oder 0900er-Mehrwertdiensterufnummern abgerechnete Dienstleistungen darf höchstens 2 Euro pro Minute betragen. Die Abrechnung darf höchstens im Sechzigsekundentakt erfolgen. Der Preis für zeitunabhängig über 0190er- oder 0900er-Mehrwertdiensterufnummern abgerechnete Dienstleistungen (Blocktarife) wird auf 30 Euro pro Verbindung begrenzt. Über die Preisgrenzen der Sätze 1 und 3 hinausgehende Preise für 0190er- oder 0900er-Mehrwertdiensterufnummern dürfen nur erhoben werden, wenn sich der Kunde vor Inanspruchnahme der Dienstleistung gegenüber dem Diensteanbieter durch ein geeignetes Verfahren legitimiert; die Einzelheiten regelt die Regulierungsbehörde.

(4) Der Diensteanbieter, bei dem die 0190er- oder 0900er Mehrwertdiensterufnummer eingerichtet ist, hat alle Verbindungen zu 0190er- oder 0900er-Mehrwertdiensterufnummern, die zeitabhängig abgerechnet werden, nach einer Stunde automatisch zu trennen. Von dieser Verpflichtung kann abgewichen werden, wenn sich der Kunde vor der Inanspruchnahme der Dienstleistung gegenüber dem Diensteanbieter durch ein geeignetes Verfahren legitimiert; die Einzelheiten regelt die Regulierungsbehörde.

(5) Anwählprogramme über 0190er- oder 0900er-Mehrwertdiensterufnummern (Dialer) dürfen nur eingesetzt werden, wenn diese vor Inbetriebnahme bei der Regulierungsbehörde registriert werden, von ihr vorgegebene Mindestvoraussetzungen erfüllt sind und ihr gegenüber schriftlich versichert wird, dass eine rechtswidrige Nutzung ausgeschlossen ist. Programmänderungen führen zu einer neuen Registrierungspflicht. Die Regulierungsbehörde regelt die Einzelheiten des Registrierungsverfahrens und den Inhalt der abzugebenden schriftlichen Versicherung.

(6) Kostenpflichtige Dialer, bei denen neben der Telekommunikationsdienstleistung Inhalte abgerechnet werden, dürfen nur über Rufnummern aus einer von der Regulierungsbehörde hierzu zur Verfügung gestellten Gasse angeboten werden.

I. Anwendungsbereich

33 Auch § 43b wurde im Jahr 2003 durch das Gesetz zur Bekämpfung des Missbrauchs von 0190er-/0900er-Mehrwertdiensterufnummern in das TKG eingefügt. Wie § 43a TKG 2003 gilt die Vorschrift nach § 152 Abs. 1 S. 1 bis zum In-Kraft-Treten der aufgrund des § 66 Abs. 4 zu erlassenden Rechtsverordnung fort. § 43b enthält wesentliche Vorschriften zur Verbesserung der Transparenz bei der Bewerbung, Inanspruchnahme und Abrechnung von Premium-Rate-Diensten. Die Vorschrift ist wie § 43a TKG 2003 in ihrem Anwendungsbereich auf 0190er- und 0900er-Rufnummern beschränkt.

II. Pflicht zur Preisangabe beim Angebot oder der Bewerbung von Premium-Rate-Diensten (Abs. 1)

34 **1. Übersicht.** – Abs. 1 enthält detaillierte Regelungen zur Angabe des Preises, der bei Inanspruchnahme eines Premium-Rate-Dienstes zu zahlen ist, und dient zur Verbesserung der Transparenz dieser Dienste. Damit soll das Vertrauen der Endnutzer von Mehrwertdiensten gestärkt werden.

35 Die Vorschrift verpflichtet denjenigen, der gegenüber Letztverbrauchern regelmäßig Premium-Rate-Dienste anbietet oder dafür gegenüber Letztverbrauchern wirbt, beim Angebot oder bei der Werbung den Preis für die Inanspruchnahme des Dienstes je Minute oder je Inanspruchnahme anzugeben.

36 Gemäß § 97 Abs. 6 TKG 2003 galt für Druckerzeugnisse zum Angebot oder zur Bewerbung von 0190er-/0900er-Nummern, die vor In-Kraft-Treten des Gesetzes zur Bekämpfung des Missbrauchs von 0190er-/0900er-Mehrwertdiensterufnummern bereits gedruckt waren und den Anforderungen des § 43b Abs. 1 TKG nicht genügten, eine Übergangsfrist von sechs Monaten. Seit dem 1. 2. 2004 gilt die Vorschrift jedoch uneingeschränkt.

37 Da ursprünglich beabsichtigt war, die Vorschrift in einem neu einzufügenden § 5a PAngV zu regeln, kann zur Auslegung der einzelnen Begriffsbestimmungen auf die Kommentierungen des systematisch ähnlichen § 1 Preisangabenverordnung (PAngV) zurückgegriffen werden.[40]

38 **2. Letztverbraucher.** – Der Begriff Letztverbraucher entspricht der in § 1 Abs. 1 PAngV verwendeten Terminologie. Dabei sind letzte Verbraucher diejenigen, die Leistungen für den Privatgebrauch in Anspruch nehmen.[41] Mit Letztverbraucher im Sinne von Abs. 1 S. 1 ist demnach der Endnutzer gemäß § 3 Nr. 8 TKG gemeint, das heißt, eine Person, die weder öffentliche Telekommunikationsnetze betreibt, noch Telekommunikationsdienste für die Öffentlichkeit erbringt. Eine Anpassung der Formulierung an die Terminologie des TKG wäre wünschenswert.

39 **3. Angebot oder Werbung.** – Das Angebot nach § 145 BGB als Willenserklärung zum Abschluss eines Vertrages stellt zweifelsfrei ein Angebot auch im Sinne von § 1 Abs. 1 S. 1 PAngV und somit § 43b Abs. 1 S. 1 TKG 2003 dar. Darüber hinaus ist ein Angebot im Sinne dieser Regelungen auch bei allen sonstigen Erklärungen des zur Preisangabe Verpflichteten anzunehmen, die vom Verkehr in einem rein tatsächlichen Sinne üblicherweise

---

40 *Brodkorb/Ohlenburg*, CR 2003, 727, 730.
41 *Köhler/Piper*, UWG, Einführung PAngV RdNr. 14.

als Angebot aufgefasst werden. Ein Angebot in diesem Sinne liegt zum Beispiel vor, wenn der Endnutzer gezielt auf die Anbahnung geschäftlicher Beziehungen angesprochen wird.[42] Dabei ist es auch ausreichend, wenn das Angebot sich an alle Endnutzer als Gruppe richtet. Es kann auch eine reine Ankündigung genügen, wenn sie so bestimmt ist, dass für den Abschluss eines Vertrages keine wesentlichen Angaben fehlen.[43]

Die Werbung für einen Dienst liegt vor, wenn der Verpflichtete versucht, die Entscheidung **40** des Endnutzers, einen bestimmten Dienst zu nutzen, durch gezielte Maßnahmen zu beeinflussen. Anders als beim Anbieten eines Dienstes müssen dabei nicht alle für den Vertragsschluss wesentlichen Angaben vorliegen.[44] Werbung für Premium-Rate-Dienste erfolgt üblicherweise in Rundfunk und Fernsehen, in Zeitungen und Prospekten, aber zum Beispiel auch auf Plakaten oder Telefaxsendungen.

4. Gewerbsmäßig, geschäftsmäßig oder in sonstiger Weise regelmäßig. – Gewerbsmä- **41** ßig bedeutet, dass der Anbieter oder Werbende mit andauernder Gewinnerzielungsabsicht von einigem Gewicht handelt.[45] Geschäftsmäßiges Handeln erfordert im Gegensatz dazu keine Absicht, Gewinne zu erzielen, solange die Absicht besteht, gleichartige Tätigkeiten zu wiederholen.[46] Die Formulierung „in sonstiger Weise regelmäßig" soll als Auffangtatbestand all die Handlungen zum Angebot oder zur Werbung eines Premium-Rate-Dienstes erfassen, die nach Art und Weise dem gewerbs- oder geschäftsmäßigen Handeln vergleichbar sind.[47]

Mit der Aufnahme der Trias aus „gewerbsmäßig, geschäftsmäßig oder in sonstiger Weise **42** regelmäßig" hat der Gesetzgeber deutlich gemacht, dass der sachliche Anwendungsbereich von Abs. 1 den **gesamten geschäftlichen Verkehr** zwischen dem Anbieter oder Bewerber eines Premium-Rate-Dienstes und dem Endnutzer erfassen soll. Damit sind alle Maßnahmen erfasst, die auf die Förderung eines beliebigen Geschäftszwecks gerichtet sind, nicht aber rein privat oder rein betriebsintern bleibende Maßnahmen.[48]

5. Inhalt der Preisangabe (Preis je Minute oder je Inanspruchnahme). – Es gibt grund- **43** sätzlich zwei **Arten der Tarifbildung** bei Premium-Rate-Diensten. Eine Dienstleistung kann minutenbasiert abgerechnet werden, d. h. der Preis für die Verbindung wird durch Multiplikation eines feststehenden Preises pro Minute mit der Dauer des Gesprächs ermittelt. Diese Abrechnungsmethode wird daher auch als zeitabhängige Abrechnung bezeichnet. Die andere Form der Abrechnung ist der so genannte Blocktarif. Dabei wird für die Verbindung ein fester Tarif abgerechnet, der unabhängig von der Dauer der Verbindung ist und ab der ersten Sekunde in Rechnung gestellt wird. Deswegen wird er auch als zeitunabhängiger Tarif bezeichnet. Die Formulierung in Abs. 1 S. 1 stellt sicher, dass der Preis so angegeben wird, wie die beworbene Verbindung auch abgerechnet werden soll. Bei minutenbasierter Abrechnung ist also der Preis pro Minute und bei Abrechnung über einen Blocktarif der Preis der Inanspruchnahme anzugeben.

---

42 OLG Stuttgart, Urteil vom 24. Juli 1998, Az. 2 U 28/98; BGH, Urteil vom 16. Januar 1980, Az: I ZR 25/78, NJW 1980, 1388.
43 OLG Koblenz, Urteil vom 29. Dezember 1986, Az.: 6 U 1469/86.
44 OLG Koblenz, Urteil vom 29. Dezember 1986, Az.: 6 U 1469/86.
45 BGHZ 49, 258, 260 f.
46 BayOblG, NStZ 81, 29.
47 *Köhler/Piper*, UWG, § 1 PAngV RdNr. 5.
48 *Köhler/Piper*, UWG, Einführung PAngV RdNr. 15.

44 Von der Vorschrift nicht ausdrücklich erfasst sind so genannte **Kombinationstarife**, das heißt Tarife, die sich aus einem Blocktarif und einem minutenbasierten Tarif zusammensetzen. So könnte ein Diensteanbieter beispielsweise seine Tarife so gestalten, dass die ersten drei Minuten des Gesprächs pauschal, also über einen Blocktarif, abgerechnet werden, bei einer über diese Zeit hinausgehenden Verbindung aber jede anschließende Verbindungsminute über einen Minutenpreis abgerechnet wird. Bei diesem Modell, sofern es überhaupt zulässig ist[49], müsste die Tarifgestaltung bei der Bewerbung oder dem Angebot des Dienstes transparent gemacht werden.

45 Bei der Bewerbung oder dem Angebot des Dienstes ist der Preis aus dem deutschen Festnetz anzugeben. Der Preis muss die **Umsatzsteuer und sonstige Preisbestandteile** bereits enthalten. Diese Regelung entspricht ebenfalls § 1 Abs. 1 PAngV. Sonstige Preisbestandteile sind alle Preise und Kosten, die der Diensteanbieter üblicherweise in die Kalkulation seiner Endpreise einbezieht, weil sie obligatorisch anfallen.[50]

46 Die Preisangabe hat in einem Zusammenhang mit der Angabe der Rufnummer zu erfolgen. Dies bedeutet bei akustischen Angebots- und Werbemaßnahmen, dass die Preisangabe unmittelbar vor oder nach der Rufnummer zu erfolgen hat.[51] Dadurch ist sichergestellt, dass die Endnutzer verstehen, dass für die Anwahl der beworbenen Rufnummer der angegebene Preis zu zahlen ist. § 1 Abs. 5 S. 2 PAngV enthält darüber hinaus eine Vorschrift, nach der die Angabe des Preises dem Angebot eindeutig zuzuordnen sowie leicht erkennbar und deutlich lesbar oder wahrnehmbar sein muss.[52] In § 43 b Abs. 1 wurde keine entsprechende Regelung aufgenommen.

47 **6. Angabe einer Preisspanne (Satz 2).** – Satz 2 regelt, dass bei Geltung nicht einheitlicher Preise für die Inanspruchnahme des Dienstes aus dem Festnetz Von-bis-Preisspannen anzugeben sind. Bei Rufnummern aus den Gassen 0190-1 bis 0190-9 hat die Regulierungsbehörde die Tarife für eine Inanspruchnahme der darüber abgerechneten Dienstleistungen mit der Strukturierung des Nummernraums festgelegt.[53] Die Regelung des Satzes 2 findet in diesen Fällen keine Anwendung, da die behördlichen Vorgaben bestimmte Preise für einen ebenfalls bestimmten Zeitraum vorsehen, so dass es bei Anwahl aus dem deutschen Festnetz nicht zu unterschiedlichen Preisen kommen kann. Bei Rufnummern aus den Gassen (0)190-0 und (0)900 legt der Verbindungsnetzbetreiber den Preis für die Verbindung fest. Der Preis ist dann einheitlich für alle aus dem Festnetz kommenden Verbindungen. In der Regel werden daher bei 0190er- und 0900er-Rufnummern keine Preisspannen angegeben.

48 Sofern aber Dienste angeboten werden, bei denen der Tarif für eine Verbindung aus dem deutschen Festnetz nicht einheitlich ist, sondern sich zum Beispiel während des Bestehens der Verbindung ändert, muss eine **Spanne vom niedrigsten bis zum höchsten Preis** angegeben werden. Der Verbraucher kann in diesen Fällen aus der Bewerbung noch nicht den tatsächlichen Preis für die Inanspruchnahme des Dienstes entnehmen, weiß jedoch, mit welchen ungefähren finanziellen Folgen die Inanspruchnahme des Dienstes verbunden ist. Insbesondere kennt er den Preis, der höchstens für eine Verbindung aus dem deutschen Festnetz zu dem beworbenen Dienst in Rechnung gestellt werden kann. Ein Anwendungs-

---

49 Vgl. dazu unten RdNr. 78 ff.
50 OLG Stuttgart, Urteil vom 24. Juli 1998 – 2 U 28/98; *Köhler/Piper*, UWG, § 1 PAngV RdNr. 28.
51 BT-Drs. 15/907.
52 BGH, Urteil vom 8. 10. 1998 – I ZR 187/97, MDR 1999, 49.
53 Vfg. 301/1997 vom 17. 12. 1997 (BMPT ABl. 34/1997); vgl. auch § 66 RdNr. 127 ff.

fall der Regelung könnte zum Beispiel ein Premium-Rate-Dienst sein, bei dem in den Dienst ein Auswahlmenu integriert ist. Der Anrufer hat in solchen Fällen bei Bestehen der Verbindung die Wahl, welche von mehreren Dienstleistungen er in Anspruch nehmen möchte. Kann er zwischen unterschiedlich bepreisten Diensten wählen, ist in der Werbung oder dem Angebot die Preisspanne anzugeben.

7. Telefaxdienste und Datendienste (S. 4 und 5). – Abs. 1 S. 4 enthält eine Spezialrege- **49** lung für **Telefaxdienste**. Da die Übertragungsdauer bei Telefaxen unterschiedlich ist, kann der Preis für die Inanspruchnahme des Faxabrufdienstes variieren.[54] Bei einem Faxabruf hängen die Kosten für die Inanspruchnahme des Dienstes aber unter anderem von der Anzahl der zu übermittelnden Seiten ab. Satz 4 sieht dementsprechend vor, dass zusätzlich zum Preis je Minute oder je Inanspruchnahme die Zahl der zu übermittelnden Seiten anzugeben ist. Dies gewährleistet eine hohe Transparenz auch bei Telefaxdiensten.

Auch bei **Datendiensten** ist der Preis für eine Verbindung von der Übertragungsdauer ab- **50** hängig. Diese wiederum hängt nicht nur von der Schnelligkeit der Verbindung ab, sondern vor allem von der übermittelten Datenmenge. Damit derjenige, der Datendienste in Anspruch nimmt, die finanziellen Folgen abschätzen kann, muss gemäß Abs. 1 S. 5 bei Datendiensten zusätzlich zum Preis je Minute oder je Inanspruchnahme des Dienstes der Umfang der zu übermittelnden Daten angegeben werden.

8. Pflicht zur Preisangabe bei anderen Rufnummernarten. – Die Rechtsprechung hat **51** auch bei nicht von § 43 b Abs. 1 TKG 2003 erfassten Rufnummernarten eine Pflicht zur Angabe des Preises bei der Bewerbung oder dem Angebot von Diensten über diese Rufnummern angenommen. Der BGH hat **für Auskunftsdiensterufnummern** entschieden, dass nach § 1 Abs. 1 S. 1 PAngV bei der Werbung für oder dem Angebot von Auskunftsdiensten in Printmedien oder im Fernsehen der Preis anzugeben ist.[55] Das Gericht hat damit das anders lautende Urteil des OLG Köln[56] aufgehoben.

Das LG Frankfurt hat zudem für Auskunftsdienste entschieden, dass bei der Weitervermitt- **52** lung zu einer erfragten Rufnummer der Auskunftsdiensteanbieter die Kosten pro Minute für das weitervermittelte Telefonat anzugeben hat, wenn der Entgeltrahmen, mit dem der Verbraucher üblicherweise noch rechnen muss, deutlich überschritten wird.[57] Erfolgt in diesem Fall vor der Weitervermittlung kein Hinweis auf die bei einer Weitervermittlung anfallenden Kosten, liegt nach Ansicht des LG Frankfurt ein Verstoß gegen § 3 UWG vor.

Andererseits hat das LG Saarbrücken entschieden, dass es keinen Wettbewerbsverstoß dar- **53** stellt, wenn bei der Werbung mit einer 0700er-Rufnummer nicht darauf hingewiesen wird, dass Verbindungen zu der Rufnummer entgeltpflichtig sind und in welcher Höhe Kosten entstehen.[58] Es sei nämlich allgemein bekannt, dass für Telekommunikationsdienstleistungen in der Regel Entgelte verlangt werden.[59]

---

54 BT-Drs. 15/907.
55 BGH, Urteil vom 3. 7. 2003, Az: I ZR 211/01, BGHZ 155, 301 ff.; vgl. im Einzelnen *Schirmbacher*, CR 2003, 817–819; *Hoeren*, MMR 2003, 784 f.; *Dittmer*, EWiR 2004, 31 f.; *Quantius*, WRP 2002, 901 ff. zur anderslautenden Entscheidung des OLG Köln.
56 OLG Köln, Urteil vom 22. 6. 2001, AZ: 6 U 23/01, MMR 2001, 826 f.
57 LG Frankfurt, Urteil vom 22. 3. 2003, Az. 3/12 O 128/01, GRUR-RR 2003, 290 ff.
58 LG Saarbrücken, Urteil vom 27. 1. 2004, Az: 7 II O 116/03; MMR 2004, 498.
59 LG Saarbrücken, Urteil vom 27. 1. 2004, Az: 7 II O 116/03; MMR 2004, 498.

III. Pflicht zur Preisansage (Abs. 2)

54 **1. Grundsätzliches.** – Neben der Preisangabe beim Angebot oder der Bewerbung von über 0190er- oder 0900er-Rufnummern abgerechneten Diensten stellt die Verpflichtung zur **kostenlosen Preisansage** eine wesentliche Vorschrift zum Schutz derjenigen dar, die diese Dienste in Anspruch nehmen wollen. Auch diese Regelung ist auf die Anwahl von 0190er- und 0900er Rufnummern beschränkt und sollte auf alle hochpreisigen Dienste erweitert werden.

55 **2. Verpflichteter.** – Zur Mitteilung des Preises für die Inanspruchnahme des Dienstes ist derjenige verpflichtet, der den vom Letztverbraucher zu zahlenden Preis für die Verbindung festlegt. Die Abrechnung zwischen den Netzbetreibern und gegenüber Letztverbrauchern kennt zwei Verfahren: das so genannte **Offline-Billing** und das so genannte **Online-Billing.**[60]

56 **a) Online-Billing.** – Verbindungen zu Rufnummern der Gassen 0190-1 bis 0190-9 werden im Online-Billing-Verfahren abgerechnet. Beim Online-Billing bietet der **Teilnehmer-netzbetreiber** die Verbindung dem Endnutzer als eigene Leistung an. Er kauft, soweit dies erforderlich ist, Verbindungsbestandteile als Vorleistungen bei Verbindungsnetzbetreibern, die die Plattform zur Einrichtung von Mehrwertdiensterufnummern betreiben, oder bei Diensteanbietern ein.[61] Es erfolgt dann eine Abrechnung der Vorleistungen zwischen dem Teilnehmernetzbetreiber und dem Verbindungsnetzbetreiber.

57 Der Teilnehmernetzbetreiber hat bei dieser Abrechnungsvariante die Tarifhoheit über den vom Endnutzer in Anspruch genommenen Dienst. Er legt fest, zu welchem Preis eine Verbindung abgerechnet wird. Dem Teilnehmernetzbetreiber liegen alle Daten vor, die zur Abrechnung der Verbindung notwendig sind. Er tritt bei dieser Abrechnungsart gegenüber dem Endnutzer auf. Er stellt die Rechnung, inkassiert vom Endnutzer nicht gezahlte Entgelte und trägt das Risiko des Forderungsausfalls.

58 Bei der Abrechnung von Premium-Rate-Diensten im Online-Billing-Verfahren ist problematisch, dass mit dem Verbindungsentgelt auch eine Dienstleistung abgegolten wird, die über die vom Netzbetreiber erbrachte Telekommunikationsdienstleistung hinausgeht.[62] Dem Endnutzer wird auf der Rechnung jedoch nur der Teilnehmernetzbetreiber genannt, nicht aber derjenige, der inhaltlich für den ebenfalls abgerechneten Dienst verantwortlich ist. Diesem Umstand trägt die Vorschrift des § 43 a Abs. 1 Rechnung, die insofern Transparenz schaffen will.

59 Bei Anwahl von Rufnummern, über die online abgerechnete Premium-Rate-Dienste erbracht werden, aus dem Mobilfunk ist zur Ansage des Preises der Mobilfunknetzbetreiber verpflichtet, bei Anwahl der Rufnummern aus dem Festnetz der jeweilige Festnetzbetreiber.

60 **b) Offline-Billing.** – Verbindungen zu den Rufnummerngassen 0190-0 und 0900 werden im Offline-Billing-Verfahren abgerechnet. Beim Offline-Billing bietet der **Verbindungs-netzbetreiber, der die Mehrwertdiensteplattform betreibt,** dem Endnutzer den Premi-

---

60 Vgl. auch Spezifikation des AKNN „Abrechnungsverfahren zwischen Netzbetreiber sowie Netzbetreibern und Endkunden".
61 Abschnitt 3.1 der AKNN-Spezifikation.
62 Abschnitt 1 der Regeln für die Zuteilung von (0)900-Rufnummern für Premium Rate-Dienste, Vfg. 19/2001 vom 14. 3. 2001 (RegTP ABl. 5/2001).

um-Rate-Dienst an. Bei dieser Abrechnungsform erbringt der Teilnehmernetzbetreiber Zuführungsleistungen, die entsprechend dem Zusammenschaltungsvertrag zwischen den Netzbetreibern abgerechnet werden. Der Verbindungsnetzbetreiber hat die Tarifhoheit und setzt den Preis für die Verbindung fest. Er trägt das Risiko für den Ausfall der Forderung. Die Rechnung weist den Verbindungsnetzbetreiber als leistungserbringenden Netzbetreiber aus. Er ist demnach für die Ansage des Preises verantwortlich.

Im Zusammenhang mit dem Offline-Billing war in der Vergangenheit die Frage sehr umstritten, ob der Teilnehmernetzbetreiber verpflichtet ist, dem Endnutzer die Rechnung für offline abgerechnete Mehrwertdienste im Auftrag des Verbindungsnetzbetreibers zu stellen und den in Rechnung gestellten Betrag zu inkassieren. Diese Frage ist insbesondere von Bedeutung, weil dem Verbindungsnetzbetreiber in der Regel die Daten des Endnutzers nicht vorliegen, so dass er nicht ohne weiteres selbst eine Rechnung erstellen kann. Der Verbindungsnetzbetreiber hat nur die Datensätze über die Dauer der Verbindung zu dem jeweiligen Mehrwertdienst. Zudem weiß er, welcher Teilnehmernetzbetreiber ihm das Gespräch zugeführt hat. Das Problem wurde jedoch durch Aufnahme von § 21 Abs. 2 Nr. 7 in das TKG dahingehend gelöst, dass die Regulierungsbehörde marktbeherrschende Netzbetreiber verpflichten kann, dem Endnutzer Verbindungen zu Premium-Rate-Diensten, die nicht die Preisobergrenzen gemäß §§ 152 Abs. 1 in Verbindung mit § 43 b Abs. 3 TKG 2003 oder die Zeitgrenze nach gemäß §§ 152 Abs. 1 in Verbindung mit § 43 b Abs. 4 TKG 2003 überschreiten, in Rechnung zu stellen.[63] **61**

3. Inhalt und Zeitpunkt der Preisansage. – Wie auch bei der Werbung oder dem Angebot nach Abs. 1 ist der für die Inanspruchnahme der 0190er- oder 0900er-Rufnummer zu zahlende Preis je Minute oder je Inanspruchnahme anzusagen.[64] Der angesagte Preis muss die Umsatzsteuer und sonstige Preisbestandteile bereits enthalten. **62**

Satz 1 normiert, dass die Ansage vor Beginn der Entgeltpflichtigkeit der Verbindung erfolgen muss. Diese Vorgabe wird konkretisiert durch Satz 4, der ausdrücklich regelt, dass die Preisansage spätestens drei Sekunden vor Beginn der Entgeltpflichtigkeit erfolgt sein muss. Die Ansage muss zudem einen Hinweis enthalten, dass die Verbindung drei Sekunden nach dem Ende der Preisansage entgeltpflichtig wird. Durch diese Regelung hat der Verbraucher die Gelegenheit zu entscheiden, ob er den angewählten Dienst zu dem mitgeteilten Preis in Anspruch nehmen oder die Verbindung noch vor Beginn der Entgeltpflichtigkeit unterbrechen möchte.[65] **63**

4. Ansage des Preises während des Gesprächs. – Es sind Preisgestaltungen denkbar, bei denen sich der Tarif während der bestehenden Verbindung zu einem über eine 0190er- oder 0900er-Rufnummern abgerechneten Mehrwertdienst ändert. Um eine Regelungslücke zu vermeiden und auch in diesen Fällen Transparenz für den Endnutzer sicherzustellen, enthält Satz 2 die ausdrückliche Verpflichtung, den Preis bei einer Änderung während der Inanspruchnahme vor Beginn des neuen Tarifabschnitts anzusagen. Die Regelung nimmt dabei ausdrücklich Bezug auf die Vorschrift des Satzes 4, so dass klargestellt ist, dass auch bei einer Änderung des Tarifs die Ansage kostenlos zu erfolgen hat. Der Endnutzer soll wissen, welche Kosten für die Verbindung auf ihn zukommen. Gleichzeitig soll er auch bei **64**

---

63 Vgl. hierzu im Einzelnen: § 21 RdNr. 134.
64 Siehe hierzu RdNr. 34 ff.
65 BT- Drs. 15/907.

einem Tarifwechsel die Möglichkeit haben, nach der erneuten Preisansage zu entscheiden, ob er den Premium-Rate-Dienst zum geänderten Tarif weiternutzen möchte.

65   **5. Anwendbarkeit der Vorschrift bei Weitervermittlungen zu 0190er-/0900er-Rufnummern.** – Ein anderes Modell regelt Satz 5. Er enthält eine Regelung, nach der eine Preisansage auch dann zu erfolgen hat, wenn von einer beliebigen Rufnummer zu einer 0190er- oder 0900er-Mehrwertdiensterufnummer weitervermittelt wird. Durch diese Vorschrift soll verhindert werden, dass die Pflicht zur Preisansage umgangen wird.[66] Streitig war in diesem Zusammenhang vor allem, ob eine kostenlose Preisansage auch zu erfolgen hat, wenn von einer Auskunftsdiensterufnummer zu einem Premium-Rate-Dienst vermittelt wurde. Die Regulierungsbehörde hat in einer Amtsblattveröffentlichung mitgeteilt, dass sie der Ansicht ist, dass § 43 b Abs. 2 für die Weitervermittlung von Auskunftsdiensten zu Premium-Rate-Diensten gelte.[67] Auch sei die – inzwischen ohnehin abgelaufene – Übergangsfrist des § 97 Abs. 7 TKG 2003 nicht einschlägig, da Auskunftsdienste im so genannten Offline-Billing-Verfahren abgerechnet würden, für das die Übergangsfrist nicht gelte.

66   Dieser Auffassung schloss sich das OLG Frankfurt/Main an. Es entschied, dass Anrufern der Tarif vor der Weitervermittlung anzusagen ist, wenn sie im Rahmen der Nutzung eines Auskunftsdienstes zu einem Mehrwertdienst weiterverbunden werden, der unter einer 0190er-Rufnummer angeboten wird.[68] Dabei mache es keinen Unterschied, dass die Weitervermittlung technisch auf ein anderes Ziel als die 0190er-Rufnummer erfolge, da dem Anrufer auf Nachfrage für eine unmittelbare Anwahl des Dienstes die 0190er-Rufnummer genannt werde. Für eine Informationspflicht könne es keinen Unterschied geben, auf welchem technischen Weg die Verbindung hergestellt werde.

67   **6. Anwendbarkeit des UWG.** – Fraglich ist, ob die Verletzung des § 152 Abs. 1 S. 1 in Verbindung mit § 43 b Abs. 2 TKG 2003 zugleich einen Verstoß gegen § 1 UWG darstellt. Dies ist dann der Fall, wenn die Rechtsverstöße den erforderlichen und ausreichenden Wettbewerbsbezug aufweisen. Das OLG Frankfurt hat dies bejaht und dem § 43 b Abs. 2 TKG 2003 unter Bezugnahme auf die Rechtsprechung des BGH[69] die gleiche Wirkung wie den Regelungen der PAngV zugebilligt.[70] Vergegenwärtigt man sich das Verfahren zum Erlass des § 43 b TKG 2003, ist dies nur konsequent, denn es war ursprünglich beabsichtigt, die Regelungen des § 43 b Abs. 1 und 2 als § 5a in der PAngV zu verankern.[71]

68   **7. Verbotsgesetz im Sinne des § 134 BGB.** – Satz 6 bestimmt ausdrücklich, dass die in Abs. 2 geregelte Preisansage erforderlich ist, damit ein wirksamer Vertrag zwischen dem Anrufer und dem Diensteanbieter zustande kommt und ein Anspruch auf das Verbindungsentgelt besteht. Damit ist Abs. 2 ein Verbotsgesetz im Sinne des § 134 BGB mit der Folge, dass Verträge nichtig sind, wenn die Verpflichtungen aus Abs. 2 nicht eingehalten wurden.

69   **8. Übergangsvorschriften.** – § 97 Abs. 7 TKG 2003 gewährte zunächst eine Übergangsfrist für die Verpflichtung zur Preisansage für Verbindungen zu Rufnummern, die im On-

---

66 Begründung des Gesetzentwurfs der Bundesregierung, BT-Drs. 15/907, S. 10.
67 Mit. 19/2004 vom 21. 1. 2004 „Hinweise zu den Regeln für die Zuteilung von Rufnummern für Auskunftsdienste (118xy)" (RegTP ABl. 2/2004 vom 21. 1. 2004).
68 OLG Frankfurt/M., Beschluss vom 24. 6. 2004; Az: 6 U 29/04, MMR 2004, 614 f. mit Anmerkung *Ditscheid.*
69 BGH, Urteil vom 3. 7. 2003, Az: I ZR 211/01, MMR 2003, 783 f.
70 OLG Frankfurt/M., Beschluss vom 24. 6. 2004; Az: 6 U 29/04, MMR 2004, 614, 615.
71 *Brodkorb/Ohlenburg*, CR 2003, 727, 730.

line-Billing-Verfahren abgerechnet werden. Dies war notwendig, weil die Realisierung einer Preisansage vor Beginn der Entgeltpflichtigkeit der Verbindung Anpassungen der Abrechnungssysteme der Teilnehmernetzbetreiber erforderlich machte.[72] Der Gesetzgeber wollte verhindern, dass die Preisansage entgeltpflichtig gewesen wäre und damit zusätzliche Kosten für die Verbraucher verursacht hätte.[73] Seit dem 1. 2. 2004 hat jedoch auch bei Verbindungen zu Rufnummern aus den Gassen 0190-1 bis 0190-9 eine kostenlose Preisansage zu erfolgen.

Eine weitere Übergangsfrist enthielt Art. 3 des Gesetzes zur Bekämpfung des Missbrauchs **70** von 0190er-/0900er-Mehrwertdiensterufnummern für die Anwahl von Premium-Rate-Diensterufnummern aus dem **Mobilfunk**. Nach dieser Regelung war die Verpflichtung zur Preisansage für diesen Bereich erst ab dem 1. 8. 2004 anwendbar, da auch hier zur Realisierung einer kostenlosen Preisansage technische Anpassungen erforderlich waren.[74] Art. 3 des Gesetzes über die Bekämpfung des Missbrauchs von 0190er-/0900er-Mehrwertdiensterufnummern wurde in § 152 Abs. 1 S. 2 übernommen, so dass seit dem 1. 8. 2004 die Pflicht zur Preisansage auch für Verbindungen zu Premium-Rate-Diensterufnummern aus dem Mobilfunk gilt.

9. Ausnahme: Telefaxdienste. – Die Regelungen des Abs. 2 gelten nicht für Rufnummern, **71** mittels derer ein **Faxgeräteanschluss** erreicht wird. In diesen Fällen ist eine sprachbasierte Preisangabe in der Regel technisch nicht möglich, so dass die Regelung leer laufen würde.

IV. Preisobergrenzen (Abs. 3)

1. Risikobegrenzung durch Preis- und Zeitgrenzen. – Absätze 3 und 4 enthalten weitere **72** Regelungen, die das finanzielle Risiko für Verbraucher bei der Nutzung von Premium-Rate – Diensten einschränken. Es sind zum Schutz der Verbraucher für jede Verbindung zu einer 0190er- und 0900er-Rufnummer eine Preisobergrenze und eine zeitliche Höchstdauer festgelegt. Damit die Endnutzer auch teurere Dienste in Anspruch nehmen können, regeln die Vorschriften, dass die Preis- oder Zeitgrenzen nach einer Legitimation des Endnutzers überschritten werden dürfen.

2. Preisobergrenzen (Abs. 3 S. 1 bis 3). – Abs. 3 schreibt Preisobergrenzen **für alle über** **73** **0190er- oder 0900er-Rufnummern** abgerechnete Dienstleistungen vor. Die Regelung erfasst alle Verbindungen zu Premium-Rate-Diensten, gilt also auch für Anwählprogramme, sog. Dialer. Die Vorschrift unterscheidet zwischen zeitabhängig[75] und zeitunabhängig[76] abgerechneten Dienstleistungen.

Bei **zeitabhängig abgerechneten Verbindungen** dürfen pro Minute nicht mehr als 2 Euro **74** in Rechnung gestellt werden. Darüber hinaus ist festgelegt, dass die Abrechnung höchstens im Sechzigsekundentakt erfolgen darf. Der Kabinettbeschluss enthielt noch eine Preisober-

---

72 Gegenäußerung der Bundesregierung, BT-Drs. 15/1068, S. 4.
73 *Brodkorb/Ohlenburg*, CR 2003, 730.
74 *Hoffmann*, MMR 9/2004, XI.
75 Vgl. zur Erläuterung des Begriffes RdNr. 74 ff.
76 Vgl. zur Erläuterung des Begriffes RdNr. 77.

grenze von 3 Euro pro Minute.[77] Nach einem Beschluss des Deutschen Bundestages wurde die Obergrenze jedoch auf 2 Euro abgesenkt.[78]

75 Die Regelung hat zu vielen Diskussionen geführt. Die festgelegte Obergrenze ist unproblematisch für alle Verbindungen aus dem Festnetz zu Rufnummern aus den Bereichen 0190-1 bis 0190-9, da für diese Rufnummern die Preise pro Minute von der Regulierungsbehörde festgelegt wurden und 2 Euro nicht überschreiten.[79] Eingeschränkt werden jedoch alle Dienste, die über Rufnummern aus den Gassen 0190-0 und 0900 erbracht und abgerechnet werden, sowie Verbindungen zu allen Premium-Rate-Diensterufnummern aus dem Mobilfunk.[80]

76 Die Normierung der Preisobergrenze von 2 Euro könnte einen Eingriff in die verfassungsrechtlich garantierte Berufsausübungsfreiheit der betroffenen Unternehmen darstellen, der durch die Notwendigkeit der Wahrung der Interessen der Allgemeinheit aber gerechtfertigt wäre. Zudem ist die Vorschrift verhältnismäßig, da sie die Möglichkeit einer Überschreitung der Preisobergrenze von 2 Euro durch eine Legitimation eröffnet.

77 Das Entgelt für **zeitunabhängig tarifierte Verbindungen** zu 0190er- und 0900er-Rufnummern darf grundsätzlich nicht mehr als 30 Euro betragen. Darüber hinausgehende Entgelte dürfen nur nach einer vorherigen Legitimation des Endnutzers[81] in Rechnung gestellt werden.

78 **3. Zulässigkeit der Kombination von Tarifen.** – § 43b unterscheidet hinsichtlich der Preisobergrenzen zwischen zeitabhängigen und zeitunabhängigen Tarifen. Denkbar sind darüber hinaus aber auch Geschäftsmodelle, bei denen beide Tarifierungsarten miteinander kombiniert werden. Diese Fälle werden von der Vorschrift nicht erwähnt, so dass unklar ist, ob diese Modelle zulässig sind und welche Preisobergrenze gegebenenfalls einzuhalten ist.

79 Mit der Festlegung von konkreten Preisobergrenzen verfolgte der Gesetzgeber die Absicht, das finanzielle Risiko des Verbrauchers bei der Inanspruchnahme von Premium-Rate-Diensten auf einmalig 30 Euro oder 2 Euro pro Minute zu begrenzen.[82] Ließe man eine Kombination von minutenbasiert tarifierten mit blocktarifierten Verbindungsbestandteilen zu, könnte dieser Schutzzweck der Norm umgangen werden.[83] Unklar ist zudem, wie bei kombinierten Tarifen die Transparenz für den Verbraucher gewährleistet werden soll. Da für jede Verbindung nur ein Gesamtpreis auf der Telefonrechnung abgerechnet wird, wäre für den Verbraucher bei Kombinationstarifen nicht ersichtlich, ob für die einzelnen Bestandteile der Verbindung die jeweilige Preisobergrenze eingehalten wurde.[84]

---

77 BT-Drs. 15/907.

78 BT-Drs. 15/1126.

79 Vorläufige Regeln für die befristete Zuteilung von noch freien Rufnummern aus dem Teilbereich 0190 für Premium Rate-Dienste, Vfg. 303/97 vom 17. 12. 1997 (BMPT ABl. 34/1997) in Verbindung mit Vfg. 301/1997 vom 17. 12. 1997 (BMPT ABl. 34/1997) in Verbindung mit Mit. 517/2001 vom 19. 9. 2001 (RegTP ABl. 18/2001).

80 Vgl. auch Begründung des Entwurfs der Bundesregierung, BT-Drs. 15/1068, S. 4; *Ditscheid/Rudloff*, TKMR 2003, 411.

81 Siehe RdNr. 88 ff.

82 *Ditscheid/Rudloff*, TKMR 2003, 411.

83 *Brodkorb/Ohlenburg*, CR 2003, 730.

84 Vgl. auch die Begründung zu § 14 des Referentenentwurfs der Nummerierungsverordnung.

Letztendlich hängt die Bewertung der Zulässigkeit von kombinierten Tarifen von dem je- **80** weiligen Geschäftsmodell ab. Unzulässig ist zum Beispiel ein so genanntes Einwahlentgelt, welches zu Beginn jeder Verbindung zusätzlich zur dann ebenfalls beginnenden zeitabhängigen Abrechnung anfällt. Bei einer solchen Kombination der Tarife handelt es sich bei der Verbindung insgesamt um einen zeitabhängigen Dienst im Sinne von Abs. 4.[85] Dies hat zur Folge, dass die Verbindung in diesem Fall nach § 43 b Abs. 3 TKG 2003 keinen Bestandteil enthalten darf, der über den Sechzigsekundentakt hinausgeht oder mehr als 2 Euro pro Minute kostet.

Eine Kombination der beiden Tarifmodelle und der jeweils geltenden Preisgrenzen wird **81** demnach in den meisten Fällen unzulässig sein. Um weiteren Rechtsstreit zu vermeiden, enthält der Referentenentwurf der auf Grundlage des § 66 Abs. 4 zu erlassenden Nummerierungsverordnung in § 14 Abs. 3 S. 4 eine Regelung, nach der die Kombination von zeitabhängigen und zeitunabhängigen Tarifierungen unzulässig ist.[86]

V. Begrenzung der Verbindungsdauer (Abs. 4)

1. Geltungsbereich. – Abs. 4 regelt, dass alle Verbindungen zu 0190er-/0900er-Mehrwert- **82** diensterufnummern, die zeitabhängig abgerechnet werden, nach einer Stunde automatisch getrennt werden müssen, wenn der Endnutzer nicht durch eine Legitimation deutlich macht, den Dienst länger in Anspruch nehmen zu wollen. Die Vorschrift ist damit beschränkt auf zeitabhängig abgerechnete Verbindungen. Da bei zeitunabhängig tarifierten Verbindungen das gesamte Entgelt von der ersten Sekunde des Bestehens der Verbindung anfällt und sich durch eine lange Gesprächsdauer nicht erhöht, wird der Schutz der Verbraucher bei dieser Abrechnungsvariante durch die Verpflichtung zur Preisangabe bei der Bewerbung oder dem Angebot (Abs. 1) und zur Preisansage bei der Inanspruchnahme des Dienstes (Abs. 2) hinreichend gewährleistet.

Die Vorschrift begrenzt ebenso wie die Preisobergrenzen das finanzielle Risiko für den **83** Endnutzer. Bereits vor In-Kraft-Treten des TKG 2003 hatten Gerichte[87] und für online abgerechnete Mehrwertdienste die Regulierungsbehörde[88] entschieden, dass eine Verbindung zu Premium-Rate-Diensterufnummern nach einer Stunde zu trennen sei. Die Entscheidungen wurden teilweise damit begründet, dass dem Teilnehmernetzbetreiber die Gefahr bekannt war, dass im Zusammenhang mit über 0190er-Rufnummern erbrachten Diensten Telefonverbindungen unbemerkt aufrecht erhalten werden können, ohne dass der Kunde eine ihm nützliche Leistung erhält.[89]

2. Verpflichteter. – Nach dem Wortlaut der Norm ist der „Diensteanbieter, bei dem die **84** 0190er- oder 0900er Mehrwertdiensterufnummer eingerichtet ist," zur Beendigung der Verbindung nach einer Stunde verpflichtet. Die Plattform, auf der 0190er- und 0900er-Rufnummern eingerichtet sind, betreibt ein Netzbetreiber, der so genannte Verbindungsnetzbetreiber mit Serviceplattform. Diensteanbieter schließen Verträge mit dem Verbindungs-

---

85 Mündliche Verhandlung VG Köln, 11 K 6880/03.
86 Vgl. Anlage zu § 66 Abs. 4.
87 OLG Frankfurt/M., Urteil vom 24. 6. 2004, Az.: 3 U 13/03, MMR 2004, 613 f.; LG Heidelberg, NJW 2002, 2960.
88 Beschluss der RegTP vom 8. 3. 2000, Az.: BK 4c-99-067/Z 39. 12. 99.
89 OLG Hamm, NJW 2003, 760 ff. = K&R 2003, 237 ff. m. Anm. *Wettig/Wildemann.*

netzbetreiber über die Einrichtung einer Rufnummer in dessen Netz ab, betreiben selber aber keine Plattform, auf der Rufnummern eingerichtet werden können.[90] Die Gesetzesformulierung ist insofern unscharf, als sie diese Begrifflichkeiten vermengt und nicht klar zwischen einem Netzbetreiber einerseits und einem Diensteanbieter andererseits unterscheidet.

85 Im Entwurf des Gesetzes zur Bekämpfung des Missbrauchs von 0190er-/0900er-Mehrwertdiensterufnummern war eine Verpflichtung des jeweiligen Telekommunikationsnetzbetreibers, in dessen Netz die 0190er-/0900er-Mehrwertdiensterufnummer eingerichtet ist, zur Unterbrechung der Verbindung enthalten.[91] Diese Formulierung wurde nach einem entsprechenden Beschluss des Ausschusses für Wirtschaft und Arbeit des Deutschen Bundestages geändert und durch eine Verpflichtung des Diensteanbieters ersetzt.[92]

86 Der Begriff des Diensteanbieters war im TKG 2003 nicht definiert. Die Änderung des Deutschen Bundestages wurde teilweise so ausgelegt, dass nun statt des Netzbetreibers der (letztverantwortliche) Diensteanbieter die Zwangstrennung vorzunehmen habe.[93] Diensteanbieter im Sinne von § 43b Abs. 4 TKG kann jedoch nur der Verbindungsnetzbetreiber sein, der die Diensteplattform, auf der die Mehrwertdiensterufnummer eingerichtet ist, betreibt.[94] Er setzt in der Regel den Preis fest und bietet den Dienst insofern dem Kunden an. Diesem Verständnis steht auch nicht § 3 Nr. 6 TKG 2004 entgegen, der den Diensteanbieter als denjenigen definiert, der ganz oder teilweise geschäftsmäßig Telekommunikationsdienste erbringt oder an der Erbringung solcher Dienste mitwirkt.

87 **3. Verbotsgesetz.** – § 43b Abs. 4 ist ein Verbotsgesetz im Sinne von § 134 BGB mit der Folge der Nichtigkeit des Vertrages über die Nutzung eines Premium-Rate-Dienstes bei einem Verstoß gegen die Vorschrift. Die Verbindungskosten dürfen dann nicht in Rechnung gestellt werden.[95]

VI. Ausgestaltung des Legitimationsverfahrens
(Abs. 3 S. 4 und Abs. 4 S. 2)

88 **1. Zweck des Legitimationsverfahrens und grundsätzliche Regelung.** – Das Gesetz zur Bekämpfung des Missbrauchs von 0190er-/0900er-Mehrwertdiensterufnummern diente dem Zweck, die Bedingungen bei der Inanspruchnahme von Premium-Rate-Diensten durch die Endnutzer sicherer und transparenter zu gestalten und so Endnutzer wirksam vor Missbräuchen zu schützen. Die Erbringung von Diensten sollte aber dennoch nicht unverhältnismäßig erschwert oder unmöglich gemacht werden. Diesem Grundgedanken tragen die Regelungen der Abs. 3 S. 4 und Abs. 4 S. 2 Rechnung, die vorsehen, dass höhere als die in Abs. 3 S. 1 und 3 vorgesehenen Preise oder eine längere als die in Abs. 4 S. 1 vorgesehene Verbindungsdauer zulässig sind, wenn der Endnutzer vorher durch eine Legitimation erklärt, auf den Schutz durch die Preis- und Zeitbegrenzung zu verzichten.

---

90 *Härting*, ITRB 2003, 38 ff.
91 BT-Drs. 15/907.
92 BT-Drs. 15/1126.
93 *Tiedemann*, K&R 2003, 328, 334.
94 So auch Vfg. 36/2003 vom 13. 8. 2003 (RegTP ABl. 16/2003).
95 BT-Drs. 15/907.

Das Gesetz legt kein konkretes Legitimationsverfahren fest, überlässt seine Ausgestaltung   89
aber auch nicht den Netzbetreibern. Vielmehr wird die Regulierungsbehörde ermächtigt,
Einzelheiten eines Legitimationsverfahrens zu regeln. Die Regulierungsbehörde hat bereits vor In-Kraft-Treten des TKG 2003 einen Entwurf für ein Legitimationsverfahren ausgearbeitet und zur Kommentierung gestellt.[96] Nach Auswertung der Anhörung hat sie ein
Legitimationsverfahren vorgegeben und mit einer Begründung veröffentlicht. [97]

2. Verpflichtung der „Diensteanbieter". – In beiden Fällen der Anwendung eines Legiti-   90
mationsverfahrens sieht das Gesetz vor, dass der Diensteanbieter dieses durchzuführen hat.
In Abschnitt 1 der Festsetzung eines Legitimationsverfahrens stellt die Regulierungsbehörde klar, wer jeweils der Diensteanbieter ist. Dabei scheidet eine Verpflichtung des Inhalteanbieters aus, da diese regelmäßig nicht die technischen Möglichkeiten hat, ein tatsächliches Legitimationsverfahren durchzuführen.[98] Im Fall der **Überschreitung von Preis-**
obergrenzen ist Diensteanbieter im Sinne von Abs. 3 derjenige, der den Preis für den Endnutzer festsetzt und diesen auch nach Abs. 3 anzusagen hat. Er bietet dem Endnutzer seinen
Dienst an.[99] Wählt der Endnutzer Rufnummern aus den **Gassen 0190-1 bis 0190-9**, muss
der Teilnehmernetzbetreiber die Legitimation durchführen. Die von der Regulierungsbehörde vorgegebenen Tarife für die Anwahl von Rufnummern aus diesen Gassen aus dem
Festnetz liegen allerdings unter den Preisgrenzen des § 43 b Abs. 3, so dass eine Legitimation nur bei Anwahl dieser Rufnummern aus den Mobilfunknetzen in Betracht kommen
kann. Da der Mobilfunknetzbetreiber den Preis festsetzt und den Dienst dem Endnutzer als
eigenen anbietet, ist er zur Durchführung eines Legitimationsverfahrens verpflichtet, wenn
er höherpreisige Dienste anbieten will. Die Regulierungsbehörde hat außerdem geregelt,
dass in dem Fall, in dem zum Beispiel ein Mobilfunkdiensteanbieter die Tarifhoheit hat,
dieser gegebenenfalls zur Durchführung des Legitimationsverfahrens verpflichtet ist.

Bei Verbindungen zu Rufnummern aus den Gassen 0190-0 und 0900 hat der Verbindungs-   91
netzbetreiber, der die Diensteplattform betreibt, eine Legitimation des Endnutzers vor der
Überschreitung der Preisobergrenzen sicherzustellen.[100]

Bei **Überschreitung der Zeitgrenze** muss unabhängig vom Abrechnungsverfahren der   92
Verbindungsnetzbetreiber, der die Diensteplattform betreibt, auf der die Mehrwertdiensterufnummer eingerichtet ist, das Legitimationsverfahren durchführen.[101] Zudem ist geregelt, dass der jeweils zur Durchführung eines Legitimationsverfahrens Verpflichtete einen
Dritten damit beauftragen kann.

3. Inhaltliche Vorgaben für eine Legitimation. – § 43 b Abs. 3 S. 4 und Abs. 4 S. 2 re-   93
geln, dass der Endnutzer sich durch ein „geeignetes Verfahren" legitimieren muss. Die Regulierungsbehörde hat ein PIN-Verfahren vorgegeben, wie es zum Beispiel auch bei Bankgeschäften üblich ist. Der Anschlussinhaber muss zunächst bei dem zur Durchführung des
Legitimationsverfahren Verpflichteten schriftlich oder elektronisch mit qualifizierter elek-

---

96 Mit. 191/2003 vom 16. 7. 2003: Gesetz zur Bekämpfung des Missbrauchs von 0190er-/0900er-
   Mehrwertdiensterufnummern; hier: Anhörung zur Ausgestaltung der Legitimationsverfahren gemäß Art. 1 Nr. 1 § 43 Abs. 3 und Abs. 4 S. 2 (RegTP ABl. 14/2003).
97 Vfg. 36/2003, vom 13. 8. 2003 (RegTP ABl. 16/2003).
98 So auch RegTP, Vfg. 36/2003, vom 13. 8. 2003 (RegTP ABl. 16/2003).
99 Begründung zu Abschnitt 1.1 der Vfg. 36/2003, vom 13. 8. 2003 (RegTP ABl. 16/2003).
100 Vfg. 36/2003, vom 13. 8. 2003 (RegTP ABl. 16/2003).
101 Vfg. 36/2003, der RegTP vom 13. 8. 2003 (RegTP ABl. 16/2003).

tronischer Signatur die Übersendung einer PIN anfordern.[102] Der jeweilige Verpflichtete muss dann dem Anschlussinhaber schriftlich in einem verschlossenen Umschlag oder elektronisch mit qualifizierter elektronischer Signatur eine an die Rufnummer des Anschlussinhabers gekoppelte vierstellige PIN senden.

94 Die PIN muss vor jeder Überschreitung der Preisgrenzen zur Legitimation eingegeben oder angesagt werden. Bei der Überschreitung der Zeitbegrenzung für Verbindungen kann die PIN auch erst dann angesagt oder eingegeben werden, wenn die Zeitgrenze überschritten wird. Von wesentlicher Bedeutung ist auch die Regelung, dass bei Streit über die Höhe der Rechnung der zur Durchführung des Legitimationsverfahrens Verpflichtete nachweisen muss, dass bei der abgerechneten Verbindung eine PIN eingegeben wurde.[103] Diese Regelung ist erforderlich, da der Rechnungsempfänger in der Regel nicht nachweisen kann, dass er keine PIN eingegeben hat.[104] Weitere Vorgaben der Regulierungsbehörde betreffen die Sperrung einer PIN bei dreimaliger Falscheingabe oder auf Wunsch des Anschlussinhabers.

95 **4. Verbotsgesetz im Sinne von § 134 BGB.** – Auch bei § 43 b Abs. 3 und 4 handelt es sich um Verbotsgesetze im Sinne von § 134 BGB, so dass bei Verstößen gegen die Vorschriften der Vertrag über die Inanspruchnahme des Premium-Rate-Dienstes nichtig ist. Dies hat wiederum zur Folge, dass für die Verbindung kein Entgelt verlangt werden darf.

VII. Registrierung von Dialern (Abs. 5)

96 **1. Überblick.** – Nach § 152 Abs. 1 S. 1 in Verbindung mit § 43 b Abs. 5 S. 1 TKG müssen Dialer bei der Regulierungsbehörde registriert werden, bevor sie zur Abrechnung von Dienstleistungen eingesetzt werden. Außerdem muss schriftlich gegenüber der Regulierungsbehörde versichert werden, dass eine rechtswidrige Nutzung ausgeschlossen ist. Die Vorschrift verpflichtet die Regulierungsbehörde zur Vorgabe von Mindestvoraussetzungen für Dialer und des Inhalts der anzugebenden schriftlichen Versicherung sowie zur Regelung der Einzelheiten des Registrierungsverfahrens.

97 Die überwiegende Zahl der Anordnungen und Maßnahmen der Regulierungsbehörde nach § 67 Abs. 1 beruht auf einer Verletzung der Vorgaben, die die Regulierungsbehörde nach § 152 Abs. 1 S. 1 in Verbindung mit § 43 b Abs. 5 TKG 2003 verfügt hat. Die Regulierungsbehörde hat bis zum Ende des Jahres 2004 die Registrierungen für mehr als 400 000 Dialer widerrufen.[105] Damit kommt dieser Vorschrift eine zentrale Bedeutung zu.

98 **2. Vorgaben der Regulierungsbehörde.** – Wie auch hinsichtlich des Legitimationsverfahrens hat die Regulierungsbehörde bereits vor In-Kraft-Treten des TKG 2003 einen Entwurf mit Eckpunkten für eine entsprechende Verfügung erarbeitet und veröffentlicht, zu dem sie um Stellungnahme gebeten hat.[106] Sie hat am 16. 7. 2003 nach Auswertung der Kommentare eine Verfügung erlassen, die Vorgaben für das Registrierungsverfahren, den Text einer abzugebenden Versicherung und die Mindestvoraussetzungen enthielt und den Ablauf des

---

102 Abschnitt 3 der Vfg. 36/2003 der RegTP vom 13. 8. 2003 (RegTP ABl. 16/2003).
103 Abschnitt 6 der Vfg. 36/2003, der RegTP vom 13. 8. 2003 (RegTP ABl. 16/2003).
104 *Brodkorb/Ohlenburg*, CR 2003, S. 732.
105 Jahresbericht 2004 der Regulierungsbehörde, S. 6.
106 Vgl. Mit. 173/2003 vom 16. 7. 2003 „Gesetz zur Bekämpfung des Missbrauchs von 0190er-/0900er-Mehrwertdiensterufnummern; hier: Eckpunkte für Registrierungsverfahrens und Anhörung zum Entwurf" (RegTP ABl. 14/2003).

Verfahrens zur Registrierung von Dialern umfassend darstellte.[107] Die verfügten Vorgaben galten mit In-Kraft-Treten des § 43 b Abs. 5 TKG 2003 für alle Anwählprogramme, die 0190er- oder 0900er-Mehrwertdiensterufnummern nutzen, und sind auf der Internetseite der Regulierungsbehörde abrufbar. Kurz darauf veröffentlichte die Regulierungsbehörde eine Erläuterung der verfügten Regelungen.[108] Am 14. 12. 2003 traf die Regulierungsbehörde neue Festlegungen, die die Verfügung vom 16. 7. 2003 ersetzten und für alle Dialer gelten, die 0900-9er-Rufnummern nutzen.[109]

a) Registrierungsverfahren für Dialer. – Die **Registrierung von Dialern** erfolgt über ei- **99**
ne elektronische Schnittstelle. Derjenige, der einen Dialer registrieren will, muss ein Registrierungsprogramm verwenden, welches die Regulierungsbehörde auf ihrer Internetseite bereitgestellt hat. Die Regulierungsbehörde nimmt nach Eingang der Unterlagen eine Plausibilitätsprüfung vor und registriert dann den Dialer.[110]

Die Regulierungsbehörde hat festgelegt, dass die Registrierung derjenige vornehmen **100**
muss, der über eine Premium-Rate-Diensterufnummer Dienstleistungen erbringt und hierfür ein Anwählprogramm zum Zwecke einer entgeltpflichtigen Verbindungsherstellung anbietet.[111] Für die Registrierung von Dialern hat die Regulierungsbehörde vorgeschrieben, dass zur **eindeutigen Erkennung des Anwählprogramms** durch den Verbraucher die Bezeichnung des Dialers einschließlich seiner Versionsnummer anzugeben ist. Darüber hinaus müssen für die Registrierung unter anderem die Rufnummer, über die die Verbindung zum Premium-Rate-Dienst hergestellt wird, eine Kurzbeschreibung der Verhaltensweise des Dialers, die Art des angebotenen Dienstes und der Name sowie die ladungsfähige Anschrift des Registrierungsverpflichteten mitgeteilt werden. Schließlich ist der so genannte Hashwert des Dialers aufzuführen. Dieser stellt gleich einem digitalen Fingerabdruck einen Identifikationswert des Anwählprogramms dar und kann mittels eines auf der Internetseite der Regulierungsbehörde verfügbaren Programms von Verbrauchern verglichen werden.[112] Zudem ist dem Registrierungsantrag eine unterzeichnete Rechtskonformitätserklärung beizufügen.[113]

Bis zum Ende des Jahres 2004 waren mehr als 1,1 Mio. Dialer bei der Regulierungsbehörde **101**
registriert.[114] Die registrierten Anwählprogramme hat die Regulierungsbehörde in eine Datenbank eingepflegt, die die Verbraucher nutzen können, um sich über Anwählprogramme zu informieren, die unter bestimmten Rufnummern angeboten werden.

b) Mindestanforderungen an Dialer. – Zum wirksamen Schutz der Verbraucher hat die **102**
Regulierungsbehörde **Mindestanforderungen** definiert, die Anwählprogramme erfüllen müssen. Diese Mindestanforderungen sollen den Endnutzer in die Lage versetzen, bewusste Handlungen durchzuführen. Die Regulierungsbehörde kann die Mindestanforderungen anpassen. Die Änderungen erfassen dann auch bereits erfolgte Registrierungen.[115]

---

107 Vfg. 37/2003, der RegTP vom 13. 8. 2003 (RegTPABl. 16/2003).
108 Mit. 243/2003 vom 27. 8. 2003: Erläuterungen zur Amtsblattverfügung 37/2003 (RegTPABl. 17/2003).
109 Vfg. 54/2003 vom 3. 12. 2003 (RegTPABl. 24/2003).
110 Abschnitt D der Vfg. 54/2003 vom 3. 12. 2003 (RegTPABl. 24/2003).
111 Abschnitt A I. der Vfg. 54/2003 vom 3. 12. 2003 (RegTPABl. 24/2003).
112 *Brodkorb/Ohlenburg*, CR 2003, S. 732.
113 Abschnitt A II. 1. der Vfg. 54/2003 vom 3. 12. 2003 (RegTPABl. 24/2003).
114 Jahresbericht 2004 der Regulierungsbehörde, S. 6.
115 Abschnitt B der Vfg. 54/2003 vom 3. 12. 2003 (RegTPABl. 24/2003).

103 Im Einzelnen hat die Regulierungsbehörde vorgegeben, dass die Bedingungen für die Nutzung des Premium-Rate-Dienstes für den Endnutzer entgeltfrei, lesbar und druckbar verfügbar sein müssen. Insbesondere der Tarif bzw. das Entgelt für die Inanspruchnahme des Dienstes muss vor der Herstellung der Verbindung entgeltfrei mitgeteilt werden.[116] Nach der Information des Endnutzers ist dessen **explizite Zustimmung** erforderlich. Dabei reicht es nicht, dass er die mit „OK" vorgegebene Schaltfläche anklickt. Er muss zum Beispiel eine Zeichenfolge selbst eingeben. Unzulässig sind demnach die Anwählprogramme, die ohne eine ausdrückliche Zustimmung mit der Einwahl beginnen. Beim Herunterladen eines Dialers aus dem Internet muss die Zustimmung zur Nutzung des Premium-Rate-Dienstes in Textform mittels eines gesonderten Zustimmungsfensters erfolgen. Die Informationen, die das Zustimmungsfenster enthält, müssen in einer vorgegebenen Mindestgröße von 10 Punkt gestaltet sein und in einer klar lesbaren Schriftart und Schriftfarbe angezeigt werden.[117] Zur Ausgestaltung des Zustimmungsfensters hat die Regulierungsbehörde eine Anhörung durchgeführt.[118] Nach deren Abschluss hat die Regulierungsbehörde ein Zustimmungsfenster konkret vorgegeben und dadurch die Verfügung 54/2003 ergänzt.[119] Die Änderungen der Regulierungsbehörde traten für Neuregistrierungen am 17. 3. 2005 in Kraft. Bereits genutzte Dialer, die die neuen Vorgaben nicht erfüllten, durften bis zum 16. Juni genutzt werden. Im Einzelnen hat die Regulierungsbehörde die Gestaltung und den Inhalt des vor der Herstellung der Verbindung angezeigten dritten Zustimmungsfensters vorgeschrieben, um den zahlreichen Verbraucherbeschwerden Rechnung zu tragen.[120] Nach In-Kraft-Treten der Regelungen haben sich einige Anbieter von Dialern aus dem Markt zurückgezogen.

104 Die bei der Registrierung des Dialers anzugebenden Daten sind nach den Festlegungen der Regulierungsbehörde auch dem Nutzer zur Verfügung zu stellen. Anwählprogramme dürfen keine schädigende Software installieren oder aktivieren und Einstellungen oder die Funktionsweise anderer Programme des genutzten Computers nicht beeinträchtigen oder dauerhaft verändern. Der Nutzer muss die Verbindung zu dem über den Dialer erreichten Premium-Rate-Dienst jederzeit unterbrechen können. Dafür müssen Anwählprogramme eine Schaltfläche enthalten, die ständig deutlich sichtbar ist und den Abbruch des Programmes ermöglicht. Schließlich sind die Dialer unzulässig, die eine Wegsurfsperre haben. Das VG Köln hat eine entsprechende Entscheidung der Regulierungsbehörde bestätigt.[121] Ein Dialer muss sich ausschalten, wenn der Verbraucher den kostenpflichtigen Bereich des Internets verlässt.

VIII. 0900-9: Gesonderte Rufnummerngasse für Dialer (Abs. 6)

105 **1. Zweck der Regelung.** – Die Regelung des Absatzes 6 wurde im Verfahren zum Erlass des Gesetzes zur Bekämpfung des Missbrauchs von 0190er-/0900er-Mehrwertdiensterufnummern vom Bundestag eingebracht. Dialer dürfen nach dieser Vorschrift nur über Rufnummern aus einer von der Regulierungsbehörde hierzu zur Verfügung gestellten Gasse

---

116 Abschnitt B IV.7 der Vfg. 54/2003 vom 3. 12. 2003 (RegTPABl. 24/2003).
117 Abschnitt B I.4 der Vfg. 54/2003 vom 3. 12. 2003 (RegTPABl. 24/2003).
118 Mit. 259/2004 vom 11. 8. 2004 (RegTPABl. 16/2004).
119 Vfg. 4/2005 vom 16. 2. 2005 (RegTPABl. 3/2005).
120 CR 2005, R 54; MMR 5/2005, XXV.
121 VG Köln, Urteil vom 18. 3. 2005 – 11 K 7198/04 und 11 K 7199/04; vgl. auch MMR 5/2005, VI.

angeboten werden. Durch die Widmung einer gesonderten Rufnummerngasse soll eine besondere Signalwirkung für die Nutzer von Premium-Rate-Diensten, die über Dialer angewählt werden, ausgehen.

2. Entscheidungen der Regulierungsbehörde. – Die Regulierungsbehörde hat bereits vor **106** In-Kraft-Treten der Regelung am 15. 8. 2003 einen Entwurf der Zuteilungsregeln für Rufnummern für Premium-Rate-Dienste, die über Dialer erreichbar sind, erarbeitet und in ihrem Amtsblatt mitgeteilt, dass der Entwurf angefordert werden und bis zum 23. 7. 2003 kommentiert werden könne.[122] Nach Auswertung der Kommentierungen hat sie „Regeln für die Zuteilung von 0900-9er-Rufnummern für über Anwählprogramme erreichbare „Premium-Rate"-Dienste" veröffentlicht.[123] Gleichzeitig hat sie verfügt, dass als Gasse für registrierungspflichtige Dialer nach § 43 b Abs. 6 der Rufnummernbereich 0900-9 bereitgestellt wird.

Bei der Auswahl des Nummernbereiches hatte die Regulierungsbehörde zu beachten, dass **107** die Vorgaben der § 43 a und § 43 b Abs. 1 bis 4 nur für 0190er- und 0900er-Rufnummern gelten. In Betracht kam also nur ein Teilbereich aus diesen Rufnummerngassen, um die Verbraucher wirksam durch Preisobergrenzen und Zwangstrennung zu schützen. Ein weiterer Vorteil der Regelung ist, dass Endnutzer diesen Teilbereich der 0900er-Rufnummern gesondert sperren lassen können, wenn sie Dialer nicht nutzen wollen[124], wobei die Nutzung anderer, über sonstige 0900er-Rufnummern abgerechneter Dienste aber möglich bleibt. Unbenommen bleibt dem Endnutzer auch, den gesamten 0900er-Rufnummernbereich sperren zu lassen.

Da die Zuteilung der Rufnummern dieser Gasse einige Zeit in Anspruch nahm, hat die Re- **108** gulierungsbehörde übergangsweise bis zum 13. 12. 2003 zugelassen, dass Dialer Rufnummern aus den Rufnummerngassen 0190 und 0900 nutzen können.[125] Um den Übergang auf die Gasse 0900-9 jedoch zu beschleunigen, hat die Regulierungsbehörde Anträge auf Registrierung eines Anwählprogramms mit einer 0190er- oder 0900er-Rufnummer nur beschieden, wenn mit dem Antrag auf Registrierung ein Antrag auf Zuteilung einer 09009er-Rufnummer gestellt wurde.[126] Sie hat verfügt, dass jedes Anwählprogramm unverzüglich neu bei der Regulierungsbehörde registriert werden muss, wenn Rufnummern aus der Gasse 09009 zugeteilt wurden.[127] Durch diese Vorgaben wurde eine schnelle Umsetzung der der Regulierungsbehörde übertragenen Befugnisse gewährleistet.

3. Wesentlicher Inhalt der Zuteilungsregeln.[128] – Die Rufnummerngasse 0900-9 war ein **109** bis dahin nicht genutzter Teilbereich des Nummernbereichs 0900, so dass hinsichtlich der Strukturierung dieses Nummernbereiches die für den Nummernbereich 0900 bestehenden Vorgaben gelten. Die Rufnummern werden ebenso wie die 0900er-Rufnummern[129] einzeln zugeteilt. Antragsberechtigt für die Zuteilung von Rufnummern des Teilbereichs 0900-9

122 Mit. 192/03 vom 16. 7. 2003 (RegTP ABl. 14/2003).
123 Vfg. 38/2003 vom 13. 8. 2003 (RegTP ABl. 16/2003).
124 *Brodkorb/Ohlenburg*, CR 2003, S. 727, 730.
125 Vfg. 39/2003 der RegTP vom 13. 8. 2003 (RegTP ABl. 16/2003).
126 Abschnitt 4, Punkt 2 der Vfg. 37/2003, o. Fn. 100.
127 Abschnitt 4, Punkt 3 der Vfg. 37/2003, o. Fn. 100.
128 Vgl. hierzu auch § 66, RdNr. 132 ff.
129 Regeln über die Zuteilung von 0900-Premium Rate-Diensterufnummern, veröffentlicht mit Vfg. 19/2001 vom 14. 3. 2001, (RegTP ABl. 5/2001).

sind diejenigen, die einen Dialer gemäß § 43 b Abs. 5 S. 1 registrieren lassen und einsetzen wollen.[130] Als Auflage für die Nutzung der Rufnummer ist vorgegeben, dass sie nur für einen über ein registriertes Anwählprogramm erreichbaren Premium-Rate-Dienst genutzt werden darf. Das Anwählprogramm wiederum muss die in der Verfügung über die Registrierung festgelegten Erfordernisse in der jeweiligen Fassung erfüllen.[131] Damit ergeben die Vorschriften der §§ 43 b Abs. 5 und Abs. 6 TKG 2003 ein einheitliches System.

110 Die Rufnummern des Nummernbereiches 0900-9 werden nach dem Prinzip „First come first served" zugeteilt. Da es auf eine besonders merkfähige Ziffernfolge bei Dialern nicht ankommt und diese Rufnummern nicht beworben werden, ist die Beantragung von Wunschrufnummern nicht möglich.

111 **4. Dialer, die andere nationale Nummernbereiche, Auslandsrufnummern oder Satellitenrufnummern nutzen.** – In Deutschland werden zum Teil Dialer eingesetzt, die sich über Auslands- oder Satellitennummern einwählen und über diese Verbindung Premium-Rate-Dienste erbringen. Auch die Nutzung von Online-Diensterufnummern für die Verbindung zu Premium-Rate-Diensten war zu beobachten. Schließlich hatte die Regulierungsbehörde zu prüfen, ob sie Maßnahmen gegen die Nutzung von Ortsnetzrufnummern für Anwählprogramme ergreifen kann. All diese Geschäftsmodelle haben zum Ziel, bestehende Rufnummernsperren und die für Anwählprogramme geltenden Vorgaben der Regulierungsbehörde zu umgehen.

112 Da sich Anwählprogramme, bei denen neben der Telekommunikationsdienstleistung Inhalte abgerechnet werden, nur über Rufnummern aus der Gasse 0900-9er einwählen dürfen, entsprechen Dialer, die andere nationale oder internationale Nummernbereiche nutzen, nicht den gesetzlichen Bestimmungen des § 152 Abs. 1 S. 1 in Verbindung mit § 43 Abs. 6 TKG 2003. Sie sind daher unzulässig; § 67 ist anwendbar.

113 Bei Nutzung ausländischer Rufnummer laufen einzelne Regelungen des § 67 jedoch leer. So kann die Nummer zum Beispiel nicht entzogen werden, wenn sie von einer ausländischen Nummernverwaltung oder internationalen Organisation zugeteilt wurde. In Betracht kommt aber ein Verbot der Rechnungslegung und Inkassierung, wenn über ausländische Rufnummern hergestellte Verbindungen zu Dialern deutschen Endnutzern in Rechnung gestellt werden.

IX. Bußgeldvorschriften

114 Neben den Vorschriften der §§ 43 a bis c wurden durch das Gesetz zur Bekämpfung des Missbrauchs von 0190er-/0900er-Mehrwertdiensterufnummern auch die in § 96 TKG 1996 enthaltenen Bußgeldvorschriften ergänzt. Nach § 152 Abs. 1 S. 1 ist § 96 Abs. 1 Nr. 9 a bis 9 f in Verbindung mit Abs. 2 S. 1 TKG 2003 bis zum In-Kraft-Treten der Verordnung nach § 66 Abs. 4 anwendbar.

---

130 Abschnitt 4 der Zuteilungsregeln für 09009er-Rufnummern, veröffentlicht mit Vfg. 38/2003 vom 13. 8. 2003, (RegTP ABl. 16/2003).
131 Abschnitt 6 b.) der Zuteilungsregeln für 09009er-Rufnummern, veröffentlicht mit Vfg. 38/2003 vom 13. 8. 2003 (RegTP ABl. 16/2003).

Danach gilt hinsichtlich der Verstöße gegen Regelungen des § 43 b TKG 2003 Folgendes: **115**

„Ordnungswidrig handelt, wer vorsätzlich oder fahrlässig (…)

9 b. entgegen § 43 b Abs. 1 Satz 1, 2, 4 oder 5 eine Angabe nicht, nicht richtig, nicht vollständig oder nicht rechtzeitig macht,

9 c. entgegen § 43 b Abs. 2 Satz 1, auch in Verbindung mit Satz 5, eine Mitteilung nicht, nicht richtig, nicht vollständig oder nicht rechtzeitig macht,

9 d. entgegen § 43 b Abs. 4 eine Verbindung nicht oder nicht rechtzeitig trennt,

9 e. entgegen § 43 b Abs. 5 Satz 1 einen Dialer einsetzt."

Die Regulierungsbehörde kann gemäß § 152 Abs. 1 S. 1 in Verbindung mit § 96 Abs. 2 S. 1 Bußgelder bis zu einer Höhe von 100 000 Euro festsetzen.

Gemäß § 149 Abs. 1 Nr. 4 b kann die Regulierungsbehörde zudem eine Geldbuße in einer **116** Höhe von bis zu 100 000 Euro verhängen, wenn ein Rechnungsersteller trotz einer entsprechenden Anordnung der Regulierungsbehörde weiterhin für eine bestimmte Nummer eine Rechnungslegung vornimmt.

Abschnitt 3:

Wegerechte

§ 68   Grundsatz der Benutzung öffentlicher Wege

(1) Der Bund ist befugt, Verkehrswege für die öffentlichen Zwecken dienenden Telekommunikationslinien unentgeltlich zu benutzen, soweit dadurch nicht der Widmungszweck der Verkehrswege dauernd beschränkt wird (Nutzungsberechtigung). Als Verkehrswege gelten öffentliche Wege, Plätze und Brücken sowie die öffentlichen Gewässer.

(2) Telekommunikationslinien sind so zu errichten und zu unterhalten, dass sie den Anforderungen der öffentlichen Sicherheit und Ordnung sowie den anerkannten Regeln der Technik genügen.

(3) Die Verlegung neuer Telekommunikationslinien und die Änderung vorhandener Telekommunikationslinien bedürfen der schriftlichen Zustimmung der Träger der Wegebaulast. Bei der Verlegung oberirdischer Leitungen sind die Interessen der Wegebaulastträger, der Betreiber öffentlicher Telekommunikationsnetze und die städtebaulichen Belange abzuwägen. Soweit die Verlegung im Rahmen einer Gesamtbaumaßnahme koordiniert werden kann, die in engem zeitlichen Zusammenhang nach der Antragstellung auf Zustimmung durchgeführt wird, soll die Verlegung in der Regel unterirdisch erfolgen. Die Zustimmung kann mit Nebenbestimmungen versehen werden, die diskriminierungsfrei zu gestalten sind; die Zustimmung kann außerdem von der Leistung einer angemessenen Sicherheit abhängig gemacht werden. Die Nebenbestimmungen dürfen nur die Art und Weise der Errichtung der Telekommunikationslinie sowie die dabei zu beachtenden Regeln der Technik, die Sicherheit und Leichtigkeit des Verkehrs, die im Bereich des jeweiligen Wegebaulastträgers übliche Dokumentation der Lage der Telekommunikationslinie nach geographischen Koordinaten und die Verkehrssicherungspflichten regeln.

(4) Ist der Wegebaulastträger selbst Betreiber einer Telekommunikationslinie oder mit dem Betreiber im Sinne des § 37 Abs. 1 oder 2 des Gesetzes gegen Wettbewerbsbeschränkungen zusammengeschlossen, so ist die Zustimmung nach Abs. 3 von einer Verwaltungseinheit zu erteilen, die unabhängig von der für den Betrieb der Telekommunikationslinie bzw. der für die Wahrnehmung der Gesellschaftsrechte zuständigen Verwaltungseinheit ist.

Schrifttum: *Bullinger*, Durchleitungsrechte, Mitbenutzungsrechte und Planfeststellung für konkurrierende Telekommunikationsnetze, ArchPT 1998, 105; *Burgi*, Der telekommunikative Sondergebrauch: Systematischer Standort und Struktur des § 50 TKG, DVBl. 2001, 845; *Burgi/Brauner*, Die Infrastrukturgesellschaft im Anwendungsbereich des § 50 TKG, MMR 2001, 429; *Hoeren*, Wegerechte auf dem Prüfstand, MMR 1998, 1; *Krimmel*, Unentgeltliche Leitungsrechte an öffentlichen Wegen für private Telekommunikationsunternehmen, 1998; *Nienhaus*, Wegerechte für Telekommunikationslinien auf Privatgrundstücken, 2000; *Püttner*, Telekommunikation und gemeindliches Wegerecht, ArchPT 1996, 307 ff.; *Schacke/Rosin*, Die Zuständigkeit des Bundes zur Regelung der unentgeltlichen Benutzung öffentlicher Verkehrswege für Telekommunikationslinien, DVBl 1997, 471; *Scholz*, Unentgeltliche Durchleitungsrechte für Zwecke der Telekommunikation – Verfassungsgemäßes Korrelat zum Grundversorgungsauftrag, ArchPT 1996, 95 ff.

Übersicht

I. Normzweck

1   Die grundsätzliche unentgeltliche Nutzungsberechtigung des Bundes in Bezug auf Verkehrswege ist ein unverzichtbares Mittel zur Erfüllung seines verfassungsrechtlichen **Gewährleistungsauftrages** aus Art. 87f Abs. 1 GG. Nur mit dem in Abs. 1 S. 1 festgeschriebenen Nutzungsprivileg kann der Bund eine flächendeckende Telekommunikationsinfrastruktur sicherstellen. Darüber hinaus werden die Anforderungen an Errichtung und Unterhaltung sowie das Verfahren der Verlegung und Änderung von Telekommunikationslinien geregelt.

II. Grundlagen

2   Die unentgeltliche Nutzung von öffentlichen Verkehrswegen zu Zwecken der Telekommunikation gehörte zu den am stärksten umstrittenen Fragen im Gesetzgebungsverfahren zum TKG 1996. Im Gegensatz zu den Kommunen, welche die Verfassungsmäßigkeit dieser Vorschrift in Zweifel zogen, hielt die Bundesregierung sie für rechtlich zulässig und rechtspolitisch unabdingbar, um den Wettbewerb auf dem zu liberalisierenden Telekommunika

tionsmarkt zu ermöglichen. Im Ergebnis setzte sich die Auffassung der Bundesregierung in Bundestag und Bundesrat durch.

1. Entstehungsgeschichte. – Die Regelung des unentgeltlichen Durchleitungsrechts geht 3 zurück auf den Beschluss des Bundesrates des Norddeutschen Bundes vom 25. 6. 1869. In noch sehr eingeschränkter Form wurde der Post hier ein Benutzungsrecht an den „Staats-Kunststraßen", nicht aber an den übrigen öffentlichen Wegen und Gewässern, insbesondere nicht an den Straßen innerhalb der Städte, auf dem Gebiet des Norddeutschen Bundes eingeräumt.[1] Schon damals wurde das Recht zur unentgeltlichen Nutzung öffentlicher Verkehrswege mit der hoheitlichen Pflicht des Bundes begründet, den öffentlichen Telegraphen- und Fernmeldeverkehr sicherzustellen. Eine Regelung für das gesamte Reichsgebiet enthielt das im Jahr 1899 folgende Telegraphenwegegesetz.[2] Hiernach war die „Telegraphenwegeverwaltung befugt, Verkehrswege für ihre zu öffentlichen Zwecken dienenden Telegraphenlinien zu benutzen, soweit nicht dadurch der Gemeingebrauch der Verkehrswege dauernd beschränkt ist". Dem Träger der Telegraphenverwaltung wurden mithin zur Erfüllung seiner hoheitlichen Aufgabe die Nutzungs- und Gebrauchsrechte an öffentlichen Straßen übertragen.[3]

Das TWG blieb von seinem In-Kraft-Treten am 1. 1. 1900 bis zum Erlass des TKG vom 4 25. 7. 1996[4] nahezu unverändert. Das der einstigen Telegraphenverwaltung hierdurch zugewiesene Nutzungsrecht überdauerte die Postreformen und wurde nacheinander der Deutschen Bundespost, der Deutschen Bundespost Telekom, der Deutschen Telekom AG sowie schließlich dem Bund eingeräumt.[5]

§ 1 TWG war die Vorgängervorschrift zu § 50 TKG a. F., jetzt § 68 TKG. Hiernach hatte 5 die Deutsche Bundespost und später die Deutsche Bundespost Telekom bzw. die Deutsche Telekom AG als deren Rechtsnachfolgerin das Netzmonopol inne und damit auch die Befugnis, öffentliche Verkehrswege für ihre Fernmeldelinien zu benutzen, soweit sich daraus keine dauernde Beschränkung des Gemeingebrauchs ergab. Mit In-Kraft-Treten des TKG am 25. 7. 1996 wurde der Telekommunikationsmarkt für den Wettbewerb geöffnet, und der Bund übertrug nach § 50 Abs. 2 S. 1 TKG a. F. seine Nutzungsberechtigung durch Lizenzen zum Betreiben von Übertragungswegen auf die Lizenznehmer nach § 6 Abs. 1 Nr. 1 TKG a. F. Die Übertragung der Nutzungsberechtigung durch den Bund wurde mit der TKG-Novelle aus dieser Vorschrift ausgegliedert und ist nunmehr in § 69 neu gefasst.

2. Verfassungsrechtlicher Rahmen. – a) Gesetzgeberische Intention. – Art. 87 f Abs. 1 6 GG enthält einen verfassungskräftigen **Gewährleistungsauftrag** an den Bundesgesetzgeber. Der Bund hat danach im Bereich des Telekommunikationswesens flächendeckend angemessene und ausreichende Dienstleistungen sicherzustellen. Als Gewährleistungsträger steht ihm das Recht zur Benutzung öffentlicher Wege daher zwar originär zu, doch das Privatisierungsgebot in Art. 87 f Abs. 2 S. 1 GG bestimmt, dass diese Dienstleistungen als pri-

---

1 Vgl. *Aubert/Klingler,* 2. Kap., RdNr. 5–10 m. w. N.
2 Vom 18. Dezember 1899, RGBl. S. 705.
3 *Püttner,* ArchPT 1996, 307, 308 m. w. N.
4 BGBl. I S. 1120.
5 Gesetz zur Neustrukturierung des Post- und Fernmeldewesens und der Deutschen Bundespost vom 8. Juni 1989, BGBl. I S. 1026; Telegraphenwegegesetz i. d. F. der Bekanntmachung vom 24. April 1991, BGBl. I S. 1053; Gesetz zur Neuordnung des Postwesens und der Telekommunikation vom 14. September 1994, Art. 8 Nr. 1, BGBl. I S. 2325.

vatwirtschaftliche Tätigkeiten durch die Deutsche Telekom AG und durch andere private Anbieter zu erbringen sind. Das Netzmonopol eines mit ausschließlichen Rechten ausgestatteten Alleinanbieters, der eine verfassungsrechtlich begründete Versorgungspflicht erfüllt, entfällt mithin, sodass neben die Deutsche Telekom AG eine Vielzahl von Wettbewerbern auf dem Markt der Telekommunikationsdienstleistungen tritt. Der Bund, der gleichsam als Funktionsnachfolger in das bisherige Recht nach § 1 TWG eintritt[6], ist deswegen gemäß Art. 87 f Abs. 2 S. 1 GG i.V.m. § 69 Abs. 1 TKG verpflichtet, sein unentgeltliches Nutzungsrecht auf die Betreiber öffentlicher Telekommunikationsnetze zu übertragen.

7 **b) Gesetzgebungskompetenz des Bundes.** – Die Gesetzgebungskompetenz des Bundes hinsichtlich der Nutzungsberechtigung öffentlicher Verkehrswege für die öffentlichen Zwecken dienenden Telekommunikationslinien ist eine notwendige Folge des Infrastrukturgewährleistungsauftrags aus Art. 87 f Abs. 1 GG. Das Nutzungsrecht an öffentlichen Verkehrswegen ist akzessorisch zur verfassungsrechtlichen Gestaltungsvorgabe in Bezug auf die Telekommunikation. Wenn man daher nicht schon den Gesetzgebungsauftrag in Art. 87 f Abs. 1 GG selbst kompetenzbegründend verstehen will[7], so ergibt sich die **ausschließliche Zuständigkeit des Bundes** jedenfalls aus Art. 73 Nr. 7 GG[8]. Der dort verwendete Begriff der „Telekommunikation" ist inhaltlich an den älteren des Fernmeldewesens angelehnt und umfasst damit der Sache nach weiterhin die körperlose Übermittlung von Informationen auf fernmeldetechnischem Wege[9], also durch elektromagnetische Schwingungen, leitungsgebunden oder drahtlos, analog oder digital[10]. Die Verfassungsnorm umfasst die fernmeldetechnischen, aber eben auch die infrastrukturellen Voraussetzungen dieser Übertragung, nicht aber ihre materiell-inhaltliche Seite[11]. §§ 68 ff. TKG betreffen diese Voraussetzungen und greifen nur bei dieser Gelegenheit in das Straßen- und Wegerecht hinüber.

8 Hinter die spezielle Begründung der ausschließlichen Gesetzgebungskompetenz des Bundes durch Art. 87 f Abs. 1 bzw. Art. 73 Nr. 7 GG treten die möglichen konkurrierenden Kompetenztitel aus Art. 74 Abs. 1 Nr. 11 (Recht der Wirtschaft) oder Art. 74 Abs. 1 Nr. 18 GG (Bodenrecht) als **subsidiär** zurück – unabhängig davon, ob diese Bestimmungen im vorliegenden Zusammenhang überhaupt greifen[12].

9 **3. Ordnungspolitischer Rahmen. – a) Förderung des Wettbewerbs.** – Die Bundesregierung unterstrich schon zum TKG 1996 die Bedeutung, welche dem unentgeltlichen Wegenutzungsrecht für die Liberalisierung des Telekommunikationsmarktes sowie für die internationale Wettbewerbsfähigkeit der Telekommunikationsunternehmen zukommt[13]. Die statt dessen teilweise geforderten Konzessionsabgaben[14] würden als zusätzliche Unterneh-

---

6 *Bullinger,* ArchPT 1998, 105, 111 f.

7 So z.B. *Scholz,* ArchPT 1996, 95, 101; *Scheurle/Mayen/Ulmen,* § 50 RdNr. 8; *Münch/Kunig/Uerpmann,* GG, Art. 87 f RdNr. 9; *Sachs/Windthorst,* GG, Art. 87 f RdNr. 20.

8 *Schacke/Rosin,* DVBl. 1997, 471, 476; *Manssen,* ArchPT 1998, 236, 241; *Koenig/Siewer,* NVwZ 2000, 609, 610 f. A. A. *Püttner,* ArchPT 1996, 307, 310 f.

9 BVerfGE 12, 205, 226.

10 BVerfGE 46, 120, 139–144. Zusammenfassend statt aller *Sachs/Degenhart,* GG, Art. 73 RdNr. 32.

11 Zu den Abgrenzungsproblemen z. B. *Sachs/Degenhart,* GG, Art. 73 RdNr. 36.

12 Dagegen z. B. *Püttner,* ArchPT 1996, 307, 312.

13 BT-Drs. 13/4438, Gegenäußerung der Bundesregierung, Anlage 3, zu Nr. 61.

14 Vgl. z. B. BT-Drs. 13/4438, Stellungnahme des Bundesrates, Anlage 2, Nr. 61.

menslasten Liberalisierung, Wettbewerb und Innovation im Bereich der Telekommunikation behindern.

b) Grundversorgung oder Konzessionsabgaben. – Der flächendeckende Anschluss der 10
Bevölkerung an das Telekommunikationsnetz gehört zur öffentlichen Grundversorgung.
Eine Konzessionsabgabe, wie sie teilweise von Ländern und Kommunen gefordert wurde,
würde sich hierauf nachteilig auswirken. Insbesondere der ländliche Raum hätte im Vergleich zu städtischen Ballungsgebieten unter einer überproportionalen Verteuerung der Telekommunikationsdienstleistungen zu leiden mit der Folge einer Stagnation des dortigen
Infrastrukturaufbaus. Auch stand zu befürchten, dass die Attraktivität der ländlichen Gebiete für Investitionen erheblich gemindert worden wäre.[15]

Die Entscheidung für die Unentgeltlichkeit der Wegenutzung entfaltet – entgegen den ursprünglichen Bedenken der Länder und Kommunen – keine präjudizielle Wirkung für das 11
Abgabenrecht im Energieversorgungsbereich. Das Recht der Kommunen, in diesem Bereich Konzessionsabgaben zu vereinbaren, bleibt damit unberührt.[16]

III. EG-rechtliche Grundlagen

Die gemeinschaftsrechtlichen Grundlagen des § 68 finden sich im EG-Sekundärrecht an 12
verschiedenen Stellen. In nationales Recht umzusetzende Vorgaben enthält zum einen die
auf das Marktverhalten öffentlicher Unternehmen abzielende **Richtlinie der Europäischen Kommissio**n von 1990[17]. Daneben stehen die Anforderungen der auf der Binnenmarktkompetenz (Art. 95 EGV) beruhenden Harmonisierungsrichtlinien von Rat und Parlament (RRL und GRL).

1. Kommissionsrichtlinie. – Bereits das TKG 1996 hatte im Wegerecht EG-rechtliche 13
Vorgaben zu beachten. Die Kommissionsrichtlinie von 1990 bestimmt unter Hinweis auf
die wegerechtlichen Privilegien der bis dato bestehenden Monopolunternehmen, dass die
Durchleitungsrechte auf eine möglichst große Anzahl von Marktteilnehmern auszuweiten
seien; neue Marktteilnehmer sowie die Anbieter aus anderen Mitgliedstaaten sollten hierbei mit den ehemaligen Monopolisten vergleichbare Möglichkeiten erhalten und nicht
diskriminiert werden.[18] § 50 TKG a. F. – wie auch der neue § 68 TKG – sollen diesen von
der Kommission geforderten effektiven, offenen und diskriminierungsfreien Zugang zu öffentlichen Wegen sicherstellen. Nach der **Rechtsprechung des EuGH** zu Art. 4d der Kommissionsrichtlinie setzt dies konkret voraus, dass die für die Erteilung von Nutzungsrechten zuständige Behörde klar benannt ist und dass für die Inanspruchnahme solcher Rechte
transparente Verwaltungsverfahren vorgesehen sind; der Bürger muss mithin in der Lage
sein, von allen seinen Rechten Kenntnis zu erlangen. [19]

---

15 BT-Drs. 13/4438, Anlage 3 (Gegenäußerung der Bundesregierung), zu Nr. 61; BT-Drs. 13/4864,
   Beschlussempfehlung und Bericht des Ausschusses für Post und Telekommunikation, Beschlussempfehlung, unter II.
16 BT-Drs. 13/4864, Beschlussempfehlung und Bericht des Ausschusses für Post und Telekommunikation, Beschlussempfehlung II und III.
17 RL 90/388/EWG der Kommission vom 28. Juni 1990 über den Wettbewerb auf dem Markt für
   Telekommunikationsdienste, ABl. EG Nr. L 192/10, geändert durch RL 96/19/EG der Kommission vom 13. März 1996, ABl. EG Nr. L 74 /13.
18 Gründe Nr. 19 und 23; Art. 4d.
19 EuGH Slg. 2003, I-5797, RdNr. 36 f. – *Kommission/Luxemburg*.

14 Wie in den meisten EG-Mitgliedstaaten[20] findet die Übertragung des Nutzungsrechts an öffentlichen Wegen auch in Deutschland unentgeltlich statt. Die **Unentgeltlichkeit** des Nutzungsrechts ist indes **keine zwingende gemeinschaftsrechtliche Vorgabe**[21], denn das Diskriminierungsverbot aus Art. 4d der Kommissionsrichtlinie ist diesbezüglich neutral formuliert: Neben der Nichtdiskriminierung, die als solche belastungsneutral ist, verlangt die Bestimmung nur, dass die Mitgliedstaaten den Zugang zu bestehenden Einrichtungen „zu angemessenen Bedingungen sicherstellen". Der nationale Gesetzgeber wäre sonach nicht gehindert, ein entgeltliches Wegerecht einzuführen, solange dies alle Netzbetreiber trifft und das Entgelt „angemessen" ausgestaltet ist. Auch Art. 13 GRL lässt unter diesen Voraussetzungen eine Entgelterhebung zu.

15 **2. Binnenmarktrichtlinien. –** § 68 TKG dient zudem der Umsetzung von **Art. 11 RRL.** Dort sind Anforderungen an das Verfahren festgelegt, die bei der Prüfung eines Antrags auf Erteilung von Rechten für die Installation von Einrichtungen der Telekomunikationsinfrastruktur einzuhalten sind. Dabei ist es unerheblich, ob diese Einrichtungen auf öffentlichem oder privatem Grundbesitz errichtet werden und ob sie der Bereitstellung öffentlicher oder nichtöffentlicher Kommunikationsnetze dienen. Das Antragsverfahren muss transparent, öffentlich zugänglich, diskriminierungsfrei und zügig ausgestaltet sein.

16 Nach Art. 11 RRL i.V.m. Art. 6 Abs. 1 GRL kann eine Allgemeingenehmigung und die Einräumung von Nutzungsrechten auch an **„Bedingungen"** geknüpft werden, vorausgesetzt natürlich, die Grundsätze der Transparenz und Nichtdiskriminierung werden beachtet. In diesem Zusammenhang ist Anhang Teil A Nr. 5 GRL zu sehen, der die zulässigen Gründe für solche „Bedingungen", die an eine Allgemeingenehmigung[22] zur Bereitstellung elektronischer Kommunikationsdienste oder -netze geknüpft werden können, abschließend aufzählt. Diese „Bedingungen" müssen verhältnismäßig sein, dürfen also das erforderliche Maß nicht überschreiten.[23] Weitere Kautelen ergeben sich aus Art. 6 Abs. 2 und 3 GRL.

17 Der Umsetzung dieser Vorgaben, vor allem derjenigen aus Anhang A Nr. 5 GRL, dient insbesondere § 68 Abs. 3 S. 4 und 5 TKG. Dabei ist der gemeinschaftsrechtliche **Begriff der** **„Bedingung"** nicht im technischen Sinne des deutschen Verwaltungsrechts zu verstehen. Jede inhaltlich auf die Genehmigung bezogene Einschränkung unterfällt diesem Begriff, sodass auch die in § 68 Abs. 3 TKG verwendeten „Nebenbestimmungen" davon umfasst sind.

18 Des Weiteren beziehen sich sowohl § 68 Abs. 3 als auch § 69 Abs. 2 TKG auf **Art. 9 GRL.** Die geforderte Konkretisierung derjenigen Umstände, unter denen ein Unternehmen das Recht zur Installation von Einrichtungen beantragen kann, ist hier in deutsches Recht umgesetzt.

---

20 So etwa in Belgien, Finnland, Frankreich, Großbritannien, Irland, Luxemburg, den Niederlanden, Portugal, Schweden und der Schweiz. In Belgien, Finnland, Frankreich und Luxemburg sollen jedoch keine Leitungen an Autobahnen verlegt werden.

21 A.A. BeckTKG-Komm/*Schütz*, § 50 RdNr. 6.

22 Zu diesem Begriff vgl. die Legaldefinition in Art. 2 Abs. 2 lit. a GRL.

23 Erwägungsgrund Nr. 15 und Art. 6 Abs. 1 S. 2 GRL.

IV. Einzelerläuterungen

1. Benutzung öffentlicher Verkehrswege durch den Bund (Abs. 1). – a) Befugnis des 19
Bundes. – Nach § 68 Abs. 1 S. 1 steht die primäre Berechtigung zur unentgeltlichen Benutzung öffentlicher Verkehrswege dem Bund zu. Dieser nimmt seine Nutzungsberechtigung gemäß § 69 Abs. 1 i.V.m. § 116 Abs. 1 durch die Regulierungsbehörde wahr, indem er sie auf die Betreiber öffentlicher Telekommunikationsnetze überträgt.

b) Verkehrswege. – § 68 Abs. 1 S. 2 erstreckt den Begriff der Verkehrswege auf öffentli- 20
che Wege, Plätze, Brücken und öffentliche Gewässer. Inhaltlich ist der Begriff dabei an das öffentliche **Straßen- und Wegerecht** angelehnt, sodass er alle Straßen und Wege umfasst, die dem öffentlichen Verkehr gewidmet sind. Wegen dieser Anlehnung sind die Wertungen des Straßenrechts an entsprechender Stelle auch bei Auslegung und Anwendung des TKG zu berücksichtigen.

aa) Öffentliche Wege. – Öffentliche Wege sind alle dem öffentlichen Verkehr gewidmeten 21
Straßen und Wege. Nach § 2 Abs. 1 i.V.m. Abs. 2 FStrG und den Straßengesetzen der Länder[24] wird der öffentlich-rechtliche Charakter eines Verkehrsweges durch den **Widmungsakt** begründet; auf das privatrechtliche Eigentum einer juristischen Person des öffentlichen Rechts kommt es nicht an. Die straßenrechtliche Widmung stellt einen Verwaltungsakt in der Rechtsform einer sachbezogenen Allgemeinverfügung nach § 35 S. 2 VwVfG dar.[25] Daneben ist eine Widmung durch Gesetz, Verwaltungsvertrag, Planfeststellungsbeschluss oder durch gesetzliche Widmungsfiktion möglich.[26] Entsprechend erstreckt sich die telekommunikationsrechtliche Nutzungsberechtigung auch auf solche Flächen, die ihre öffentlich-rechtliche Eigenschaft durch eine implizite Widmung erhalten haben, etwa durch Verkehrsübergabe bei marginal geänderten Wegeläufen[27].

Zu den „öffentlichen Wegen" zählen neben den Bundesfernstraßen gemäß § 1 Abs. 2 22
FStrG nach Landesrecht die Landes-, Kreis-, Gemeinde- und sonstigen Straßen. Die **öffentliche Straße** umfasst gemäß § 1 Abs. 4 FStrG und entsprechendem Landesstraßenrecht den Straßenkörper, insbesondere den Straßengrund, den Straßenunterbau, die Straßendecke, die Brücken, Tunnel, Durchlässe, Dämme, Gräben, Entwässerungsanlagen, Böschungen, Stützmauern, Lärmschutzanlagen, Trenn-, Seiten-, Rand- und Sicherheitsstreifen, Rad- und Gehwege, Parkflächen sowie den Luftraum über dem Straßenkörper.

Im Übrigen aber geht der **Straßenbegriff des allgemeinen Straßen- und Wegerechts** 23
über den telekommunikationsrechtlichen hinaus. So sind zwar gemäß § 1 Abs. 4 FStrG z.B. auch das der Sicherheit und Leichtigkeit des Straßenverkehrs und dem Schutz der Anwohner dienende Zubehör, die Straßenbegrünung, die Mautstellen, die Anlagen der Straßenbauverwaltung als Nebenanlagen sowie die Nebenbetriebe umfasst. Für die Zwecke des TKG unterliegen diese Einrichtungen jedoch nicht dem Begriff des öffentlichen Weges, da sie mit der Ermöglichung der Verlegung von Telekommunikationslinien nicht im Zusammenhang stehen.[28] Sofern solche Einrichtungen dennoch betroffen werden, befin-

---

24 Z.B. Art. 1 Satz 1 i.V.m. Art. 6 BayStrWG; § 2 Abs. 1 i.V.m. § 3 BerlStrG; § 2 Abs. 1 i.V.m. § 6
    BbgStrG; § 2 Abs. 1 Satz 1 i.V.m. § 6 NStrG; § 2 Abs. 1 i.V.m. § 6 SächsStrG.
25 *Maurer*, Allgemeines Verwaltungsrecht, § 9 RdNr. 33; *v. Danwitz*, Straßen- und Wegerecht, in:
    Schmidt-Aßmann (Hrsg.), Besonderes Verwaltungsrecht, 12. Auflage, 2003, RdNr. 41.
26 *v. Danwitz* (Fn. 25), RdNr. 41 m.w.N.
27 Vgl. z.B. § 5 Abs. 7 StrG BW, § 6 Abs. 6 NStrG, § 6 Abs. 5 SächsStrG.
28 *Manssen/Demmel*, § 50 RdNr. 13.

den sich entsprechende Regelungen in § 74 TKG über besondere Anlagen. Auch tatsächlich öffentliche Wege[29] zählen ebenfalls nicht zu den öffentlichen Wegen im telekommunikationsrechtlichen Sinn[30], da die Zugehörigkeit zum öffentlichen Verkehrsgrund in diesem Fall nicht durch Widmung entsteht, sondern durch andauernde und geduldete Benutzung.

24 Des Weiteren fallen **Schienenwege** und Bahngelände nicht unter den Begriff des öffentlichen Verkehrsweges.[31] Es fehlt hier an dem förmlichen, wegerechtlichen Widmungsakt[32], durch den die öffentlich-rechtliche Eigenschaft hergestellt wird. Auch die Einstufung von Bahngleisen als öffentliche Sachen führt nicht zu einer (stillschweigenden) Widmung für jedermann.[33]

25 **bb) Brücken.** – Brücken sind in der Regel **wesentliche Bestandteile** der öffentlichen Wege[34]; dies ergibt sich auch aus dem Rechtsgedanken des § 93 BGB. Sie werden daher von der Widmung der Straße zum öffentlichen Verkehr unschwer erfasst. Dass Brücken im Gegensatz zu Tunneln in Abs. 1 Satz 2 gesondert aufgeführt werden, ist ohne Bedeutung[35], denn sowohl in § 1 Abs. 4 Nr. 1 FStrG als auch im einschlägigen Landesrecht werden Brücken und Tunnel gleichermaßen als Bestandteil der öffentlichen Straßen behandelt.

26 Indes liegt die **Brückenbaulast**, insbesondere bei Eisenbahnbrücken über Straßen oder nach §§ 41, 42 WaStrG bei Straßenbrücken über Wasserstraßen, nicht beim Träger der Straßenbaulast, sondern bei einem Dritten. Diese Unterscheidung ist für die Bestimmung des zuständigen Trägers der Wegebaulast für die Zustimmung nach § 68 Abs. 3 Satz 1 TKG maßgeblich.

27 **cc) Plätze.** – Im allgemeinen Straßenrecht unterfallen auch Plätze dem Begriff der öffentlichen Straße.[36] Bei Plätzen handelt es sich um an öffentliche Wege angrenzende Flächen. Da sie nicht – wie Straßen und Wege – unmittelbar der Fortbewegung im Verkehr dienen, sind sie in der Regel nur unwesentliche Bestandteile der öffentlichen Wege.[37] Dennoch bedürfen sie als Bestandteile der öffentlichen Wege einer Widmung für den öffentlichen Verkehr, um im Rahmen der Nutzungsberechtigung unentgeltlich mitgenutzt werden zu können.[38]

28 **dd) Öffentliche Gewässer.** – Im wegerechtlichen Sinn des TKG sind öffentliche Gewässer alle natürlichen und künstlichen Wasserläufe sowie Häfen, Seen und geschlossene Gewässer, die nach Bundes- und Landeswasserrecht der Benutzung durch die Allgemeinheit zur Verfügung stehen.[39] Auf die Schiffbarkeit eines Gewässers kommt es nicht an.[40] Bei Seewasserstraßen ist insbesondere die Anlandung von Seekabeln zu beachten, denn diese

29 Zu diesem Begriff *Kodal/Krämer/Krämer*, Kap. 4, RdNr. 15.3.
30 *Aubert/Klingler*, 2. Kap., RdNr. 39.
31 *Aubert/Klingler*, 2. Kap., RdNr. 29; *Trute/Spoerr/Bosch*, § 50 RdNr. 8; *Hoeren/Brauner*, NWVBl. 1998, 129 f.
32 Allgemein zur eisenbahnrechtlichen Widmung vgl. *Steenhoff*, UPR 1998, 182 ff.
33 *Hoeren*, MMR 1998, 1, 2.
34 BeckTKG-Komm/*Schütz*, § 50 RdNr. 22; *Eidenmüller*, § 1 TWG, Anm. 10.
35 So auch BeckTKG-Komm/*Schütz*, § 50 RdNr. 23; *Manssen/Demmel*, § 50 RdNr. 16.
36 Vgl. etwa § 2 Abs. 1 BbgStrG; § 2 Abs. 1 S. 1 HStrG; § 2 Abs. 1 S. 2 NStrG.
37 *Manssen/Demmel*, § 50 RdNr. 17; BeckTKG-Komm/*Schütz*, § 50 RdNr. 21.
38 BeckTKG-Komm/*Schütz*, § 50 RdNr. 21.
39 OLG Bamberg, RTkom 2001, 103; *Aubert/Klingler*, 2. Kap., RdNr. 42, 43 m. w. N.; *Trute/Spoerr/ Bosch*, § 50 RdNr. 9.
40 *Aubert/Klingler*, 2. Kap., RdNr. 42; *Trute/Spoerr/Bosch*, § 50 RdNr. 9.

bringt über das Telekommunikations- und Straßenrecht hinausgehende Genehmigungserfordernisse mit sich, beispielsweise in Bezug auf den deutschen Festlandssockel.

c) Öffentlichen Zwecken dienende Telekommunikationslinien. – Die unentgeltliche **29** Nutzungsberechtigung des Bundes für Verkehrswege ist nach § 68 Abs. 1 S. 1 auf solche Telekommunikationslinien beschränkt, die öffentlichen Zwecken dienen.

aa) Telekommunikationslinie. – Der Begriff der Telekommunikationslinie ist in § 3 **30** Nr. 26 **legaldefiniert**. Danach ist eine Telekommunikationslinie eine unter- oder oberirdisch geführte Telekommunikationskabelanlage einschließlich ihrer zugehörigen Schalt- und Verzweigungseinrichtungen, Masten und Unterstützungen, Kabelschächte und Kabelkanalrohre. Hierbei kommt es stets auf die technische Zweckbestimmung an: Solange es sich um Übertragungswege für Zwecke der Telekommunikation handelt, ist unerheblich, welche Kabel verlegt werden. Vom Nutzungsrecht erfasst ist daher auch die Verlegung von Breitbandkabeln[41] und Lichtwellenleiterkabeln[42]. Darüber hinaus fallen auch leere Schutzrohre unter den Begriff der Telekommunikationslinie, wenn sie zeitnah zur Verlegung ein Telekommunikationskabel aufnehmen.[43] Nicht Bestandteil einer Telekommunikationslinie sind dagegen isolierte Kabeltröge, die als solche zweckneutral sind, also etwa für Versorgungsleitungen aller Art genutzt werden können.[44]

Ob Abschlusseinrichtungen – etwa **öffentliche Telefonzellen** – auch unter den Begriff der **31** Kabelanlage als deren Endpunkt und damit Bestandteil der Telekommunikationslinie fallen, ist der Legaldefinition in § 3 Nr. 26 nicht ausdrücklich zu entnehmen. Im Ergebnis ist das aber nicht der Fall, denn die Begriffsbestimmung in § 3 Nr. 26 weicht von ihrer Vorgängervorschrift in § 1 Abs. 1 TWG[45] ab und schränkt die Reichweite des Nutzungsrecht dieser gegenüber ein. Der Begriff der Telekommunikationslinie meint ausschließlich unter- und oberirdische Zuführungs- und Leitungsinstallationen einschließlich ihres Zubehörs, nicht aber Telefonzellen, die zu den Endeinrichtungen zählen.[46]

bb) Öffentliche Zwecke. – Eine Telekommunikationslinie dient öffentlichen Zwecken, **32** wenn sie der **Nutzung durch die Öffentlichkeit** zu dienen bestimmt ist. Eine Zweckbestimmung für die Öffentlichkeit ist grundsätzlich dann anzunehmen, wenn die Telekommunikationslinien der Allgemeinheit zur Nutzung zur Verfügung stehen, d. h. der Kreis der Teilnehmer für die jeweils erbrachte Telekommunikationsdienstleistung nicht von vornherein beschränkt ist.[47] Jeder potenzielle Nutzer muss auf sein Verlangen an die Telekommunikationslinie und die durch sie erbrachte Leistung angeschlossen werden können.[48] Vom Nutzungsrecht ausgeschlossen sind damit vor allem private Übertragungswege für ge-

---

41 BVerwGE 77, 128 = NJW 1987, 2096.
42 *Hoeren/Brauner,* NWVBl. 1998, 129, 130.
43 BeckTKG-Komm/*Schütz,* § 50 RdNr. 17; *Trute/Spoerr/Bosch,* § 50 RdNr. 10.
44 BGH, NVwZ 2000, 710, 712.
45 Zum Begriff der Fernmeldelinie nach § 1 TWG z. B. OVG Münster, ArchPF 1987, 172, 173; *Eidenmüller,* § 1 TWG, Anm. 6.
46 VG Berlin, NVwZ 2004, 1014, 1015; *Manssen/Demmel,* § 50 RdNr. 21; *Nienhaus,* S. 97 f. A. A. BeckTKG-Komm/*Schütz,* § 50 RdNr. 18; *Kodal/Krämer/Bauer,* Kap. 27 RdNr. 128.
47 *Manssen/Demmel,* § 50 RdNr. 19; BeckTKG-Komm/*Schütz,* § 50 RdNr. 19. Vgl. auch die Legaldefinitionen des öffentlichen Telefonnetzes sowie des öffentlich zugänglichen Telefondienstes in § 3 Nr. 16, 17.
48 *Bullinger,* ArchPT 1998, 105, 122.

schlossene Benutzergruppen, etwa für Mitarbeiter eines einzigen Unternehmens („corporate networks").

33   **d) Unentgeltlichkeit. – aa) Allgemeines. –** § 68 Abs. 1 S. 1 sieht vor, dass dem Bund die Nutzungsberechtigung unentgeltlich zusteht. Unentgeltlichkeit der Wegenutzung bedeutet im vorliegenden Zusammenhang, dass die Länder und Gemeinden die Nutzung ihres Eigentums an öffentlichen Wegen kostenlos dulden müssen. Der Nutzungsberechtigte hat also für die reguläre Nutzung weder eine Sondernutzungsgebühr noch ein zivilrechtliches Entgelt an den Eigentümer zu entrichten. Demgegenüber haben Länder und Gemeinden für die Nutzung der unentgeltlich verlegten Telekommunikationslinien regelmäßig Gebühren an den jeweiligen Betreiber zu zahlen.[49]

34   **bb) Verfassungsmäßigkeit. –** Die Unentgeltlichkeit der Nutzungsberechtigung war in den Gesetzesberatungen zum TKG 1996 höchst umstritten[50] und sah sich aus mehreren Gründen dem Vorwurf der Verfassungswidrigkeit ausgesetzt. Neben der – angeblich[51] – fehlenden Gesetzgebungskompetenz des Bundes machten vor allem die Kommunen eine Verletzung der kommunalen Selbstverwaltungsgarantie aus Art. 28 Abs. 2 GG, des allgemeinen Gleichheitssatzes (Art. 3 Abs. 1 GG) sowie der Eigentumsgarantie (Art. 14 Abs. 1 GG) geltend. Eine daraus resultierende Kommunalverfassungsbeschwerde gegen die Unentgeltlichkeit der Wegenutzung hat das Bundesverfassungsgericht indes nicht zur Entscheidung angenommen.[52]

35   **(1) Art. 28 Abs. 2 GG. –** Die kommunale **Selbstverwaltungsgarantie** aus Art. 28 Abs. 2 S. 1 GG ist nicht verletzt, da die gesetzliche Regelung der unentgeltlichen Wegenutzung für Telekommunikationsdienstleister den Gemeinden keine Aufgaben der örtlichen Daseinsvorsorge entzieht.[53] Insbesondere wegen der in § 52 a. F. (jetzt § 71) normierten Rücksichtnahmepflichten ist auch die Eigenverantwortlichkeit der Kommunen im Hinblick auf die Verwaltung der Gemeindestraßen nicht in der Weise betroffen, dass damit in den Schutzbereich der Selbstverwaltungsgarantie eingegriffen würde.[54] Des Weiteren besteht zugunsten der Gemeinden als Träger der Wegebaulast ein Mitbestimmungsrecht in Gestalt des Zustimmungserfordernisses nach § 68 Abs. 3 S. 1 n. F.

36   Darüber hinaus ist Art. 28 Abs. 2 GG auch nicht über die **Finanzhoheit** der Gemeinden verletzt, da die Verwaltung kommunalen Vermögens, die hier allein betroffen ist, nicht zu den garantierten Aufgaben der Kommunen im Sinne der Verfassungsnorm zählt. Die verfassungsrechtlich gewährleistete Eigenverantwortlichkeit kommunalen Wirtschaftens insgesamt aber wird den Gemeinden nicht entzogen; vielmehr sind durch das Wegenutzungsrecht nur einzelne Vermögenspositionen betroffen.[55]

37   Nicht betroffen ist schließlich die **Planungshoheit** der Gemeinden. Denn Art. 87f Abs. 2 S. 2 GG weist hoheitliche Aufgaben im Telekommunikationssektor der bundeseigenen

---

49 BeckTKG-Komm/*Schütz*, § 50 RdNr. 35; *Manssen/Demmel*, § 50 RdNr. 23.
50 Vgl. BT-Drs. 13/4438, S. 15; BT-Drs. 13/4893, S. 1.
51 Dazu oben RdNr. 7.
52 BVerfG, NVwZ 1999, 520.
53 BVerfG, NVwZ 1999, 520.
54 BVerfG, NVwZ 1999, 520 f. A. A. noch *Püttner*, ArchPT 1996, 307, 313.
55 BVerfG, NVwZ 1999, 520, 521.

Verwaltung zu, sodass es sich hierbei schon gar nicht um eine Angelegenheit der örtlichen Verwaltung im Sinne des Art. 28 Abs. 2 S. 1 GG handelt.[56]

(2) Art. 3 Abs. 1 GG. – Auch ein Verstoß gegen den allgemeinen Gleichheitssatz aus **38** Art. 3 Abs. 1 GG ist nicht ersichtlich. Als Vergleichsfall werden von den Kommunen die originären Versorgungsunternehmen (Gas, Wasser, Energie) herangezogen, die im Gegensatz zu den Telekommunikationsunternehmen Konzessionsabgaben für die Wegenutzung zu zahlen haben. Doch zum einen obliegen diesen im Gegensatz zu den Telekommunikationsdienstleistern gerade Aufgaben der örtlichen Daseinsvorsorge.[57] Zum anderen werden die Konzessionsabgaben für exklusive (örtliche) Nutzungsrechte gezahlt, die durch die Liberalisierung des Telekommunikationsmarktes in diesem Bereich nicht mehr bestehen.[58] Es fehlt daher schon an einer Vergleichbarkeit der Sachverhalte.[59]

(3) Art. 14 Abs. 1 GG. – Soweit der Vorwurf der Unvereinbarkeit der unentgeltlichen We- **39** genutzungsberechtigung mit der Eigentumsgarantie aus Art. 14 Abs. 1 GG von den Kommunen als Eigentümern der Verkehrswege erhoben wird, greift er ebenso wenig durch. Die Gemeinden sind als Hoheitsträger nicht grundrechtsberechtigt[60], sodass Eingriffe des Gesetzgebers in ihr privates Eigentum keiner Rechtfertigung nach Art. 14 Abs. 1 GG bedürfen, sondern lediglich an Art. 28 Abs. 2 GG zu messen sind[61].

e) Beschränkung durch den Widmungszweck. – Die unentgeltliche Wegenutzung ist **40** nach § 68 Abs. 1 S. 1 nur so lange möglich, wie der Widmungszweck des Weges dadurch nicht beschränkt wird. Maßstab hierfür ist insbesondere der **Gemeingebrauch**. Dieser wird im bundes-[62] und landesrechtlichen[63] We gerecht allgemein definiert als der jedermann gestattete Gebrauch eines Weges im Rahmen der Widmung und der verkehrsrechtlichen Vorschriften einschließlich des Straßenanliegergebrauchs.

§ 68 Abs. 1 S. 1 bestimmt weiter, dass die Nutzungsberechtigung nur durch eine „dauern- **41** de" Beschränkung des Widmungszwecks begrenzt wird. Im Gegensatz zu einer bloßen Beeinträchtigung setzt die Beschränkung einen Eingriff von einigem Gewicht in den Widmungszweck voraus.[64] Eine Minderung der Sicherheit und Leichtigkeit des Verkehrs ist hierfür nicht ausreichend; die Verkehrssicherheit muss vielmehr erheblich verschlechtert werden.[65] Ist die Beschränkung der Verkehrsbelange lediglich vorübergehend, wie das regelmäßig bei Arbeiten an den Telekommunikationslinien der Fall ist, kann die Nutzungsberechtigung ausgeübt werden[66]. Wann die Grenze zu einer dauerhaften Beschränkung erreicht ist, hängt von den Umständen des Einzelfalls ab.

---

56 BVerfG, NVwZ 1999, 520, 521.
57 BeckTKG-Komm/*Schütz,* § 50 RdNr. 8.
58 *Heun,* Teil 6, RdNr. 25.
59 VG Regensburg, NVwZ-RR 1999, 404, 406.
60 BVerfGE 61, 82, 100 ff.; VG Regensburg, NVwZ-RR 1999, 404, 405.
61 *Manssen,* ArchPT 1998, 236, 241.
62 § 7 Abs. 1 FStrG; §§ 5, 6 WaStrG.
63 Vgl. z. B. § 14 Abs. 2 und 4 BbgStrG; §§ 14, 22 HStrG, §§ 14 Abs. 1, 20 NStrG; § 23 WHG i. V. m. Landesrecht.
64 *Hoeren/Brauner,* NWVBl. 1998, 129, 132 f.; BeckTKG-Komm/*Schütz,* § 50 RdNr. 32; *Trute/ Spoerr/Bosch,* § 50 RdNr. 15.
65 BeckTKG-Komm/*Schütz,* § 50 RdNr. 32 m. w. N. und Beispielen.
66 BVerwG, NVwZ 2001, 1170, 1171.

42   **f) Umfang und Rechtsfolgen der Nutzungsberechtigung.** – Liegen die Tatbestandsvoraussetzungen vor, so ist die Rechtsfolge ein umfangreiches unentgeltliches Nutzungsrecht an den öffentlichen Verkehrswegen. Das Nutzungsrecht stellt als **telekommunikationsrechtliches Sondergebrauchsrecht** ein öffentlich-rechtlich ausgestaltetes Recht zur Mitbenutzung fremden Eigentums dar.[67] Es begründet ein öffentlich-rechtliches Benutzungsverhältnis. Umfasst sind insbesondere die unter- und oberirdische Verlegung der Kabelanlagen sowie die hiermit verbundenen Tätigkeiten einschließlich der Grabungsarbeiten und der Lagerung von Gerätschaften und Material. Allgemein fallen sämtliche Tätigkeiten unter die Nutzungsberechtigung, die der Verwirklichung der Informationsübertragung auf der Telekommunikationslinie dienlich sind.[68] In diesem Rahmen ergibt sich aus der Nutzungsberechtigung für den Wegebaulastträger eine öffentlich-rechtliche Duldungspflicht[69], d.h. zwischen ihm und dem Bund besteht ein öffentlich-rechtliches Rechtsverhältnis nichtverfassungsrechtlicher Art, welches nach Maßgabe von § 69 auf Netzbetreiber erstreckt wird.[70]

43   Das Mitbenutzungsrecht begründet keine selbstständigen Rechte und Pflichten, sondern ist funktional auf die Unterbringung von Telekommunikationslinien beschränkt. Diese werden nach Maßgabe des **§ 95 Abs. 1 S. 2 BGB** verlegt, sodass sie kein wesentlicher Bestandteil des Grundstücks im Sinne des § 94 Abs. 1 BGB werden.[71]

44   Das durch § 68 Abs. 1 begründete öffentlich-rechtliche Benutzungsverhältnis fällt insgesamt aus dem Anwendungsbereich des Landesstraßenrechts heraus[72]. Damit macht die gesetzliche Nutzungsberechtigung auch eine **Sondernutzungserlaubnis** für die im Zusammenhang mit der Nutzung vorzunehmenden Tätigkeiten **entbehrlich**, solange sich die Beschränkung des Widmungszwecks im zeitlich zulässigen Rahmen hält.[73] Von der regulären Nutzung gedeckt und damit nicht erlaubnispflichtig sind jedenfalls die erforderlichen Herstellungs-, Reparatur- und Wartungsarbeiten. Nicht entbehrlich sind hingegen andere für die Durchführung der Arbeiten u. U. erforderliche Genehmigungen, wie z. B. solche nach Denkmal- oder Naturschutzrecht.[74]

45   Mit dem Erfordernis einer Erlaubnis entfällt auch eine etwaige **Gebührenpflicht** für derartige Arbeiten. Beschränkt sich die Inanspruchnahme des öffentlichen Straßenraumes auf das unbedingt erforderliche Maß, so fallen daher auch keine Sondernutzungsgebühren an.[75] Umstritten ist dagegen das Recht der Gemeinden, Verwaltungsgebühren für sog. „Aufgrabgenehmigungen" zu erheben[76]. Die Gefahr, dass die gesetzlich angeordnete Unentgeltlichkeit auf diesem Weg unterlaufen wird, spricht gegen die Zulässigkeit solcher und ähnlicher Abgaben. Demgegenüber steht die Unentgeltlichkeit der Nutzung einer Gebühr nicht entgegen, die für die Erteilung der Zustimmung gemäß § 68 Abs. 3 erhoben wird[77]. Auch die

---

67 *Scholz,* ArchPT 1996, 95, 108; *Burgi,* DVBl. 2001, 845, 848.
68 BayVGH, RTkom 1999, 192, 193; BeckTKG-Komm/*Schütz,* § 50 RdNr. 22.
69 *Kodal/Krämer/Bauer,* Kap. 27 RdNr. 127.2; *Manssen/Demmel,* § 50 RdNr. 36.
70 BGH, MMR 2005, 306, 307.
71 *Eidenmüller,* § 1 TWG, Anm. 3. A. A. *Aubert/Klingler,* 2. Kap., RdNr. 56.
72 BVerwG, NVwZ 2001, 1170.
73 BeckTKG-Komm/*Schütz,* § 50 RdNr. 44.
74 *Manssen/Demmel,* § 50 RdNr. 35.
75 *Manssen/Demmel,* § 50 RdNr. 34; *Burgi,* DVBl. 2001, 845, 849.
76 Dafür VG Arnsberg, RTkom 2000, 59, 60 f. Dagegen VG Osnabrück, RTkom 1999, 106.
77 BVerwG, TKMR 2002, 468.

Erhebung von Gebühren für straßenverkehrsrechtliche Anordnungen gemäß § 45 Abs. 6 S. 1 StVO bleibt zulässig.[78]

Entfallen die tatbestandlichen Voraussetzungen der Nutzungsberechtigung nachträglich **46** (z.B. weil die Lizenz des Betreibers oder der öffentliche Zweck der Telekommunikationslinie entfällt), so erlischt das Nutzungsrecht. Der Wegebaulastträger erwirbt einen **Beseitigungsanspruch** aus § 1004 Abs. 1 S. 1 BGB, sofern nicht die Voraussetzungen des § 76 Abs. 1 TKG vorliegen[79]. Entfällt das Nutzungsrecht, weil der öffentliche Verkehrsweg eingezogen wird, so gilt § 72 Abs. 2 und 3 TKG. Unberührt vom Wegfall der Nutzungsberechtigung bleibt allerdings die Sonderrechtsfähigkeit (§ 95 BGB) der verlegten Telekommunikationslinie selbst sowie das zivilrechtliche Eigentum des Betreibers an ihr[80].

2. Anforderungen an Errichtung und Unterhaltung von Telekommunikationslinien **47** **(Abs. 2).** – § 68 Abs. 2 stellt den für alle Telekommunikationslinien geltenden Mindeststandard auf, dass ihre Errichtung und Unterhaltung den Anforderungen der öffentlichen Sicherheit und Ordnung sowie den anerkannten Regeln der Technik entsprechen muss.

a) Anforderungen der öffentlichen Sicherheit und Ordnung. – Die Begriffe der öffent- **48** lichen Sicherheit und der Ordnung sind unbestimmte Rechtsbegriffe, die allerdings im deutschen Gefahrenabwehrrecht seit den Zeiten des preußischen PVG eine feststehende inhaltliche Prägung erhalten haben[81]. Danach umfaßt die **öffentliche Sicherheit** die gesamte objektive Rechtsordnung, die rechtlich geschützten Individualrechtsgüter sowie Einrichtungen und Veranstaltungen des Staates. Auf Telekommunikationslinien bezogen geht es vor allem um die konkret in Rechtsvorschriften festgelegten Anforderungen, z.B. solche des Unfallschutzes und der Verkehrssicherheit.[82]

Die **öffentliche Ordnung** steht im allgemeinen Polizeirecht für die ungeschriebenen So- **49** zialnormen, deren Befolgung nach den jeweils herrschenden Anschauungen für ein gedeihliches Miteinander der betroffenen Menschen als unentbehrlich angesehen wird. Dieses Konzept, das auf Sitte und Moral rekurriert und schon im Polizeirecht nicht unumstritten ist, macht im Zusammenhang mit dem Betrieb von Telekommunikationslinien wenig Sinn. Dafür, dass der Gesetzgeber diesem Begriff hier einen vom Üblichen abweichenden Inhalt geben wollte, gibt es jedoch keine Anhaltspunkte. Als Anwendungsfälle werden genannt der Verunstaltungsschutz oder das Gebot der Rücksichtnahme auf das Gesamtbild der Umgebung.[83]

b) Anerkannte Regeln der Technik. – Die außerdem einzuhaltenden Regeln der Technik **50** ergeben sich aus den Anschauungen der Praxis und ihrer **Anerkennung in einschlägigen Fachkreisen**. Konkret sind sie zu entnehmen aus DIN-Normen, technischen Vorschriften, Richtlinien und Merkblättern, die regelmäßig von der Forschungsgesellschaft für Straßenwesen herausgegeben werden.

Anerkannte Regeln der Technik sind insbesondere: **51**
– DIN 1076 Ingenieurbauwerke im Zuge von Straßen und Brücken (Überwachung und Prüfung)

---

78 BVerwG, NVwZ 2005, 821, 822 f.
79 *Trute/Spoerr/Bosch*, § 50 RdNr. 28.
80 Statt aller *Schenke*, Polizei- und Ordnungsrecht, 3. Aufl. 2004, RdNr. 53–68.
81 *Trute/Spoerr/Bosch*, § 50 RdNr. 16.
82 BeckTKG-Komm/*Schütz*, § 50 RdNr. 34.
83 Zu diesem Instrument vgl. *Maurer*, Allgemeines Verwaltungsrecht, § 9 RdNr. 51–54.

- DIN 1998 Unterbringung von Leitungen und Anlagen in öffentlichen Flächen (Richtlinien für die Planung)
- DIN 18920 Aufgrabungsarbeiten im Bereich von Bäumen
- Richtlinie für das Verlegen und Anbringen von Leitungen an Brücken (Ri-Lei-Brü)
- Richtlinien für die Anlage von Straßen (RAS), Teil: Landschaftsgestaltung (RAS-LG), Abschnitt4: Schutz von Bäumen und Sträuchern im Bereich von Baustellen (RAS.LG4)
- Richtlinie für Sicherheit von Arbeitsstellen an Straßen (RSA)
  - zusätzliche Technische Vertragsbedingungen und Richtlinien
  - für Aufgrabungen in Verkehrsflächen (ZTV A-StB89)
  - für Erdarbeiten im Straßenbau (ZTVE-StB94)
  - für Tragschichten im Straßenbau (ZTVT-StB95)
  - für den Bau von Fahrbahndecken aus Asphalt (ZTV Asphalt 94)
- Merkblatt über Baumstandorte und unterirdische Ver- und Entsorgungsanlagen der Forschungsgesellschaft für Straßen- und Verkehrswesen (Ausgabe 1989)

52   **3. Zustimmungserfordernis (Abs. 3).** – Die Verlegung von Telekommunikationslinien erfordert nach § 68 Abs. 3 S. 1 die Zustimmung des Trägers der Wegebaulast. Von der Konstruktion her handelt es sich hierbei um ein präventives Verbot mit Erlaubnisvorbehalt; die Zustimmung ist mithin in verwaltungsrechtlicher Diktion eine **Kontrollerlaubnis**: Sie betrifft ein Verhalten, das nicht grundsätzlich zu unterbleiben hat, sondern nur im Einzelfall vorweg behördlich geprüft werden soll.[84]

53   **a) Träger der Wegebaulast.** – Der Begriff „Träger der Wegebaulast" wird lediglich im TKG verwendet. Das öffentlich-rechtliche Straßen- und Wegerecht benutzt heute stattdessen einheitlich den Begriff „Träger der Straßenbaulast". Die unterschiedliche Bezeichnung zieht jedoch keine inhaltlichen Differenzen nach sich. Der Träger der Wegebaulast ist derjenige Verwaltungsträger, dem die Verantwortung und die Kostentragungspflicht für Unterhaltung und Ausbau der Verkehrswege zugewiesen ist.[85] Diese **gesetzlich zugewiesene Verantwortung** ist unabhängig vom Eigentum am Wegekörper. Es handelt sich um eine öffentlich-rechtliche Pflicht, die gegenüber der Wegeaufsichtsbehörde besteht und sämtliche Aufgaben umfasst, die mit der Unterhaltung der öffentlichen Wege zusammenhängen.[86]

54   Die Zuweisung der Baulast richtet sich nach der **Klassifizierung** der öffentlichen Straße. Bei Bundesfernstraßen ist dies der Bund, bei Landesstraßen grundsätzlich das Land, bei Kreis- oder Gemeindestraßen regelmäßig Kreis bzw. Gemeinde.[87] Für Ortsdurchfahrten ist meistens Abweichendes geregelt.[88] Die Einstufung von Plätzen, Brücken und Tunneln richtet sich nach der Einstufung derjenigen Straße, der sie zugeordnet sind.

55   Für **Kreuzungen** bestehen besondere Regelungen in den entsprechenden Straßengesetzen, durch welche die Kostentragung in der Regel ebenfalls dem Wegebaulastträger zugewiesen

---

84 Vgl. z. B. § 3 Abs. 1 FStrG; § 9 Abs. 1 BbgStrG; § 9 Abs. 1 HStrG; § 9 Abs. 1 NStrG.
85 *Kodal/Krämer/Rinke*, Kap. 12, RdNr. 10 ff.
86 Vgl. z. B. § 5 Abs. 1 FStrG; § 9 Abs. 4 BbgStrG; § 41 Abs. 1 und 2 HStrG, § 43 Abs. 1 NStrG; für Bundeswasserstraßen § 7 Abs. 1 WaStrG und für andere öffentliche Gewässer § 29 WHG.
87 Vgl. z. B. § 5 Abs. 2 bis 4 FStrG; §§ 5, 9 Abs. 5 BbgStrG; §§ 7, 41 Abs. 3 und 4 HStrG, §§ 4, 43 Abs. 2 NStrG.
88 Vgl. z. B. §§ 12 ff. FStrG; § 40 ff. WaStrG.

wird.[89] Bei der Verlegung von Telekommunikationslinien an Kreuzungen ist die Zustimmung der verschiedenen Träger der Wegebaulast einzuholen. Bei höhengleichen Kreuzungen von öffentlichen Wegen und Bahnanlagen ist daher die Zustimmung des Wegebaulastträgers des öffentlichen Weges und diejenige des Eisenbahnunternehmers notwendig, obgleich das Kreuzungsstück, das sowohl dem Eisenbahnverkehr als auch dem Straßenverkehr dient, nach § 14 Abs. 2 Nr. 1 EBKrG zu den Bahnanlagen zählt. Diese Einordnung der öffentlichen Wege dient indes nicht der Verlagerung der Wegebaulast auf den Eisenbahnunternehmer, sondern stellt lediglich eine Konkretisierung der Kostentragungsregelung des § 14 Abs. 1 EBKrG dar. Die Wegebaulast als solche bleibt davon unberührt.[90]

b) Zustimmungsbedürftigkeit. – Zustimmungsbedürftig sind nach § 68 Abs. 3 S. 1 die **56** Änderung bereits vorhandener sowie die Verlegung neuer Telekommunikationslinien. Die Verlegung umfasst **sämtliche Baumaßnahmen**, die erforderlich sind, um die Telekommunikationslinien fachgerecht anzubringen und zu installieren. Auch Eingriffe in die vorhandene Bausubstanz können erforderlich sein, insbesondere im Rahmen einer unterirdischen Verlegung. Die Zustimmung des Trägers der Wegebaulast ist in jedem Fall vor Beginn der Arbeiten zur Verlegung der Telekommunikationslinie einzuholen. Der Wortlaut der Vorschrift ist diesbezüglich zwar offen, doch der Zweck des Zustimmungserfordernisses liegt in der Abstimmung der konkreten Ausgestaltung und des Umfangs der Wegenutzung (Verlegetiefe, Abstand zum Fahrbahnrand, Koordinierung mit anderen, unmittelbar bevorstehenden Bauvorhaben etc.). Dies ist sinnvoll lediglich im Vorfeld der Arbeiten möglich.[91]

c) Rechtsnatur der Zustimmung. – Die Zustimmung des Wegebaulastträgers ist, wenn **57** dieser eine öffentlich-rechtliche Körperschaft ist, ein **Verwaltungsakt** im Sinne des § 35 S. 1 VwVfG. Denn es handelt sich um eine hoheitliche Maßnahme einer Behörde auf dem Gebiet des öffentlichen Rechts zur Regelung eines Einzelfalls mit unmittelbarer Außenwirkung. Die Zustimmung ist zunächst eine hoheitliche Maßnahme, da sie einseitig in Vollzug einer öffentlich-rechtlichen Norm erfolgt: § 68 Abs. 3 berechtigt durch das Zustimmungserfordernis ausschließlich die Behörden (§ 1 Abs. 4 VwVfG) des Wegebaulastträgers als Träger hoheitlicher Gewalt.[92] Die Zustimmung begründet das Recht des Nutzungsberechtigten zur Verlegung neuer bzw. Änderung vorhandener Telekommunikationslinien und besitzt daher Regelungscharakter. Sie ergeht stets im Einzelfall und nicht nur als innerdienstliche Weisung, ist also auf Außenwirkung gerichtet. Nur wenn der Träger der Wegebaulast keine juristische Person des öffentlichen Rechts ist, erfolgt die Abgabe der Zustimmung nach den Vorschriften des Privatrechts.[93]

Bei der Zustimmung handelt es sich darüber hinaus um einen **gebundenen Verwaltungs- 58 akt**, weil der Wegebaulastträger grundsätzlich nicht über ein Zustimmungsermessen verfügt. Sind die Voraussetzungen der Absätze 1 und 2 erfüllt, dann muss der Verwaltungsträger die Zustimmung erteilen[94]. Bei der Prüfung des Zulassungsantrages sind lediglich die im Zusammenhang mit der Wegeunterhaltungspflicht maßgeblichen Fragen der techni-

---

89 BeckTKG-Komm/*Schütz,* § 50 RdNr. 42 ff.; *Manssen/Demmel*, § 50 RdNr. 47.
90 Vgl. auch BT-Drs. 13/3609, S. 49.
91 Zur Abgrenzung von öffentlichem Recht und Privatrecht vgl. statt aller *Maurer,* Allgemeines Verwaltungsrecht, § 3 RdNr. 12 ff.
92 *Manssen/Demmel*, § 50 RdNr. 51.
93 *Burgi*, DVBl. 2001, 845, 851. Vgl. auch BVerwG, NVwZ 2000, 316, („ist zu erteilen").
94 Vgl. auch BT-Drs. 13/3609, S. 49; *Schütz*, NVwZ 1996, 1053, 1054.

schen Ausgestaltung zu berücksichtigen.[95] Planerische Belange und Zweckmäßigkeitserwägungen hinsichtlich der Änderung und Errichtung von Telekommunikationslinien sind ebenso außer Betracht zu lassen wie eine Kapazitätsbewirtschaftung.[96] Ein Abwägungsermessen kommt dem Wegebaulastträger nur ausnahmsweise, nämlich bei der Verlegung oberirdischer Leitungen (§ 68 Abs. 3 S. 2), zu (dazu unten RdNr. 62).

59 Da das Gesetz keine Form für die öffentlich-rechtliche Zustimmung zwingend vorschreibt, kann sie statt durch einen Verwaltungsakt auch im Rahmen eines (subordinationsrechtlichen) **Verwaltungsvertrages** nach § 54 S. 2 VwVfG erteilt werden.[97] Ein solcher Vertrag zwischen dem Wegebaulastträger und dem Nutzungsberechtigten darf letzteren nur zu einer „angemessenen" Gegenleistung im Sinne von § 56 VwVfG verpflichten. Soweit es sich um eine gebundene Entscheidung handelt (s. RdNr. 58), sind die möglichen Gegenleistungen durch die zulässigen Nebenbestimmungen determiniert (§ 56 Abs. 2 VwVfG). In einem solchen Fall richtet sich die vertragliche Ausgestaltung daher nach § 68 Abs. 3 S. 4 und 5.

60 Die Zustimmung bezieht sich lediglich auf den **Wegeabschnitt**, der in der Unterhaltungsverantwortung des jeweiligen Wegebaulastträgers steht. Überschreitet das Verlegungsbzw. Änderungsvorhaben die örtlichen Grenzen seines Zuständigkeitsbereichs, so muss der Nutzungsberechtigte ggf. die Zustimmungen weiterer Verwaltungsträger einholen.

61 Die Zustimmung gibt als Genehmigung die von ihr umfaßten Verlegungs- und Änderungsmaßnahmen frei. Sie entfaltet **Konzentrationswirkung** für diese Maßnahmen jedoch nur insoweit, als es die straßenrechtliche Sondernutzung betrifft. Eine selbstständige Sondernutzungserlaubnis ist nicht mehr erforderlich. Nach anderen Fachgesetzen erforderliche Genehmigungen werden jedoch nicht entbehrlich, sodass etwa Genehmigungen nach Bau, Wasser-, Natur- oder Denkmalschutzrecht gesondert eingeholt werden müssen[98].

62 **d) Inhaltliche Determinierung der Zustimmung.** – Abweichend vom grundsätzlich gebundenen Charakter der Zustimmung (oben RdNr. 58) ist ein **Zustimmungsermessen** des Wegebaulastträgers im Rahmen von § 68 Abs. 3 S. 2 und 3 eröffnet. Das ergibt sich aus dem dort statuierten Abwägungsgebot (S. 2) sowie aus der Begrenzung des Gebots unterirdischer Verlegung auf den Regelfall (S. 3). Nach der Systematik der Bestimmung handelt es sich sowohl um ein Entschließungs- als auch um ein Auswahlermessen, d.h. der Wegebaulastträger kann, wenn die tatbestandlichen Voraussetzungen von S. 2 bzw. 3 (nicht) vorliegen, seine Zustimmung inhaltlich ausgestalten, aber ggf. auch ganz verweigern. Stets aber ist Ermessen nur eröffnet, wenn es um die oberirdische Verlegung von Telekommunikationslinien geht.

63 Nach § 68 Abs. 3 S. 2 sind bei der **Verlegung oberirdischer Leitungen** die Interessen der Wegebaulastträger, der Betreiber öffentlicher Telekommunikationsnetze und die städtebaulichen Belange gegeneinander abzuwägen. Zwar sollen nach den Vorstellungen des Gesetzgebers die unter- und die oberirdische Verlegung von Telekommunikationslinien gleichberechtigte Verlegungsformen sein.[99] Jedoch ist der Wegebaulastträger im letzteren Fall nicht mehr auf die Prüfung technischer Voraussetzungen beschränkt, sondern kann

---

95 Zu Letzterem *Burgi*, DVBl. 2001, 845, 850 ff.
96 *Burgi*, DVBl. 2001, 845, 851.
97 BVerfGE 108, 169, 179 f.
98 BT-Drs. 13/3609, S. 49.
99 Vgl. hierzu nach altem Recht (§ 7 TWG) BayVGH, ArchivPT 1997, 213, 215.

auch städtebauliche Belange einbeziehen und Zweckmäßigkeitserwägungen anstellen. Auch die wirtschaftlichen Interessen der Betreiber öffentlicher Telekommunikationsnetze müssen Berücksichtigung finden. Die Verlegung einer oberirdischen Leitung kann mithin nur dann rechtmäßig versagt werden, wenn aufgrund einer umfassenden Abwägung die städtebaulichen Belange das wirtschaftliche Interesse des Betreibers wesentlich überwiegen.[100] Der Abwägungsvorgang unterliegt als Ermessensausübung einer eingeschränkten gerichtlichen Überprüfung. Abwägungsfehler liegen vor, wenn die Behörde von einem unzutreffenden Sachverhalt ausgeht oder sachfremde, willkürliche oder mit dem Gesetzeszweck nicht vereinbare Erwägungen in ihre Abwägung einstellt.[101]

§ 68 Abs. 3 S. 3 ist im Zuge der TKG-Novelle neu eingefügt worden. Er bestimmt im Hinblick auf die Zustimmung des Wegebaulastträgers, dass die Verlegung von Leitungen **unterirdisch erfolgen soll**, soweit dies im Rahmen einer zeitnah anstehenden Gesamtbaumaßnahme koordiniert werden kann. Ist also absehbar, dass eine Telekommunikationslinie dort zu verlegen ist, wo in Kürze Straßenbauarbeiten oder die Verlegung von Energie- und Wasserversorgungsleitungen erfolgen soll, so sind die Baumaßnahmen aufeinander abzustimmen und gebündelt vorzunehmen. Das ist insbesondere der Fall, wenn ein Neubaugebiet erschlossen wird oder bestehende Straßenzüge einer umfassenden Erneuerung unterzogen werden. Die Norm determiniert damit das Zustimmungsermessen für den Regelfall; nur ausnahmsweise kann auch angesichts einer anstehenden Baumaßnahme eine oberirdische Verlegung erfolgen. **64**

Für die Erteilung der Zustimmung kann der Wegebaulastträger eine **Verwaltungsgebühr** erheben, und zwar auch in der Ausgestaltung als Wertgebühr[102]. Die in § 68 Abs. 1 festgeschriebene Unentgeltlichkeit der Nutzung wäre von einer solchen Gebühr erst dann berührt, wenn diese Anteile enthielte, die auf die Benutzung der Verkehrswege entfallen[103]. **65**

e) Zustimmung mit Nebenbestimmungen. – Die Zustimmung des Trägers der Wegebaulast zur Leitungsverlegung kann nach § 68 Abs. 3 S. 4 Hs. 1 mit Nebenbestimmungen versehen werden. Die Nebenbestimmung ist eine **zusätzliche Bestimmung**, durch welche die Hauptregelung – hier: die Zustimmung des Trägers der Wegebaulast – ergänzt oder beschränkt wird. Nach der Legaldefinition in § 36 Abs. 2 VwVfG kommen als Nebenbestimmungen Befristungen, Bedingungen, Widerrufsvorbehalte, Auflagen sowie Auflagenvorbehalte in Betracht. Befristung und Bedingung bestimmen den zeitlichen Geltungsbereich der Zustimmung. Während die Befristung insoweit einen bestimmten Termin festlegt, knüpft die Bedingung die Wirksamkeit der Zustimmung an ein bestimmtes Ereignis, dessen Eintritt jedoch ungewiss ist[104]. Demgegenüber ergänzt die Auflage die Zustimmung um eine selbstständige Verpflichtung des Adressaten. Die in § 68 Abs. 3 S. 4 Hs. 2 ausdrücklich erwähnte Sicherheitsleistung ist, da die Zustimmung von ihr „abhängig" sein soll, wohl in Form einer aufschiebenden Bedingung gedacht. **66**

Schließen Wegebaulastträger und Nutzungsberechtigter (zulässigerweise) einen **Verwaltungsvertrag** über die Zustimmung, so werden die Ergänzungen und Beschränkungen, die **67**

---

100 Vgl. *Kopp/Schenke*, VwGO, § 114 RdNr. 12 ff.; BeckTKG-Komm/*Schütz*, § 50 RdNr. 51 mit Beispielen. Für eine volle gerichtliche Überprüfbarkeit dagegen *Manssen*, ArchivPT 1998, 236, 241.
101 BVerwG, TKMR 2002, 468.
102 BVerwG, TKMR 2002, 468, 469.
103 Zur typologischen Unterscheidung *Maurer*, Allgemeines Verwaltungsrecht, § 12 RdNr. 6.
104 *Manssen/Demmel*, § 50 RdNr. 56.

im Rahmen eines Verwaltungsaktes Gegenstand von Nebenbestimmungen wären, verpflichtender Vertragsbestandteil. Das widerspricht auch nicht den gemeinschaftsrechtlichen Vorgaben, denn diese enthalten keine Formvorschrift für die Erteilung der Zustimmung.

68   **aa) Diskriminierungsfreiheit.** – Wird die Zustimmung des Wegebaulastträgers mit Nebenbestimmungen versehen, so sind diese nach § 68 Abs. 3 S. 4 Hs. 1 diskriminierungsfrei zu gestalten. Dieses Gebot ergibt sich für die öffentlich-rechtlichen Träger der Wegebaulast bereits aus dem **allgemeinen Gleichheitssatz** des Art. 3 Abs. 1 GG, der hier lediglich eine bereichsspezifische Konkretisierung erfährt. Wegen des gemeinschaftsrechtlichen Hintergrunds ist aber auch das Diskriminierungsverbot des **EG-Rechts** zu beachten: Ziel der Bestimmung ist es damit nicht zuletzt, eine Benachteiligung EG-ausländischer Nutzungsberechtigter aufgrund ihrer Herkunft zu verhindern. Ist der Wegebaulastträger ausnahmsweise eine Privatperson, so schränkt das Diskriminierungsverbot deren Privatautonomie ein.[105]

69   Eine diskriminierungsfreie **Ausgestaltung der Zustimmungspraxis** setzt voraus, dass ihr eine einheitliche und transparente Verfahrensweise zugrunde liegt. Unterschiedliche Antragsteller dürfen nicht willkürlich ungleich behandelt werden. Von einer zuvor geübten Zustimmungspraxis kann somit nur dann abgewichen werden, wenn hierfür ein sachlicher Grund vorliegt. Im Übrigen aber darf ein einzelner Zustimmungsantrag nicht abweichend behandelt werden, solange er sich nicht erheblich von den vorangegangenen Anträgen unterscheidet.[106]

70   **bb) Inhaltliche Vorgaben.** – Die inhaltlichen Einschränkungen, welche § 68 Abs. 3 S. 5 für Nebenbestimmungen zur Zustimmung des Wegebaulastträgers enthält, setzen Anhang Teil A Nr. 5 GRL in nationales Recht um. In den Varianten 1 und 2 darf die Nebenbestimmung lediglich die **Art und Weise der Errichtung** einer Telekommunikationslinie sowie die hierbei zu beachtenden Regeln der Technik betreffen. Die Vorgaben hinsichtlich der Art und Weise der Errichtung müssen zweckmäßig und auf die örtlichen Gegebenheiten des Baubereichs abgestimmt sein. Die **Regeln der Technik** haben sich am jeweils aktuellen Stand der Dinge zu orientieren.

71   Außerdem dürfen nach § 68 Abs. 3 S. 5 Var. 3 solche Nebenbestimmungen mit der Zustimmung verbunden werden, welche der Gewährleistung der **Sicherheit und Leichtigkeit des Verkehrs** dienen. Dem Betreiber einer öffentlichen Telekommunikationslinie kann für die Durchführung der Arbeiten aufgegeben werden, Vorkehrungen gegen störende Einwirkungen zu treffen, die durch die Baumaßnahmen für den Verkehr entstehen können.[107] In diesen Zusammenhang sind auch die **Verkehrssicherungspflichten** (§ 68 Abs. 3 S. 5 Var. 5) einzuordnen, die dem Bauherrn zum Schutz des Verkehrs und der Allgemeinheit obliegen.

72   Schließlich kann die Zustimmung des Trägers der Wegebaulast nach § 68 Abs. 3 S. 5 Var. 4 davon abhängig gemacht werden, dass die Lage der Telekommunikationslinie **in der ortsüblichen Form zu dokumentieren** ist. Dies war dort aufgrund der bislang fehlenden positiv-gesetzlichen Regelung in Literatur und Rechtsprechung umstritten. Die nunmehr normierte Möglichkeit des Wegebaulastträgers, dem Netzbetreiber die Dokumentations-

---

105 *Manssen/Demmel*, § 50 RdNr. 55.
106 Vgl. *Marschall/Schroeter/Kastner/Grupp*, Bundesfernstraßengesetz, FStrG, § 9 RdNr. 1.
107 BR-Drs. 755/03, S. 113.

pflicht als Nebenbestimmung aufzugeben, ist insbesondere für große Städte von Bedeutung, da dort aufgrund der Dichte der verlegten Leitungen die Zuordnung oder Rekonstruktion der Leitungsnetze oftmals nicht mehr möglich ist.[108]

Die durch § 68 Abs. 3 S. 4 Hs. 2 gegebene Möglichkeit, die Zustimmung zur Verlegung **73** einer Telekommunikationslinie von einer angemessenen **Sicherheitsleistung** abhängig zu machen, stellt der Sache nach eine weitere Variante einer zulässigen Nebenbestimmung dar, wenngleich die gesetzliche Bestimmung sie davon abzugrenzen scheint („außerdem"). Diese Kautele soll eine finanzielle Garantie für die ordnungsgemäße Ausführung von Infrastrukturarbeiten bieten.[109] Um angemessen zu sein, hat sich die Höhe der Sicherheit daher an den für die Baumaßnahme erwarteten Kosten zu orientieren.

4. Zuständigkeitsverlagerung (Abs. 4). – § 68 Abs. 4 bestimmt, dass die Zuständigkeit **74** zur Erteilung der Zustimmung nach Abs. 3 auf eine „unabhängige Verwaltungseinheit" übergeht, wenn entweder der Träger der Wegebaulast selbst Betreiber einer Telekommunikationslinie ist oder mit einem solchen im kartellrechtlichen Sinn zusammengeschlossen ist, also mindestens zu 25 v. H. an diesem beteiligt ist.[110] Diese Zuständigkeitsverlagerung soll Interessenkonflikten bei der Leitungsverlegung vorbeugen. Sie setzt die Anforderung aus Art. 11 Abs. 2 RRL um, dass eine **„tatsächliche strukturelle Trennung"** zwischen der Stelle, welche für die Erteilung der Wegerechte zuständig ist, und dem Netzbetrieb besteht.

In § 50 Abs. 4 TKG a. F. war für derartige Fälle die **Zuständigkeit der Regulierungsbe- 75 hörde** vorgesehen. Diese Kompetenzverlagerung zugunsten des Bundes war jedoch vom BVerfG für **verfassungswidrig** erklärt worden, da sie dem verfassungsrechtlichen Gebot klarer Zuständigkeitsbestimmung widersprach.[111] Da die Zuständigkeit für die Ausführung des TKG gemäß Art. 30, 83 GG grundsätzlich bei den Ländern liege, müsse auch die Zuständigkeitsverlagerung im Sonderfall des Abs. 4 zugunsten von Länder- oder Kommunalbehörden erfolgen. Ein Fall der bundeseigenen Verwaltung im Sinne von Art. 87 f Abs. 2 S. 2 GG, der die prinzipielle Länderzuständigkeit durchbrechen könnte, liege nach der Ausgestaltung des Gesetzgebers nicht vor.

Die Neufassung der Vorschrift ist wesentlich allgemeiner gehalten. Nunmehr soll im Fall **76** eines drohenden Interessenkonflikts eine „Verwaltungseinheit" zuständig sein, die von der für den Linienbetrieb zuständigen „Verwaltungseinheit" unabhängig ist. Der Begriff der **unabhängigen Verwaltungseinheit** wird im Gesetz nicht näher definiert, und auch der Gesetzesbegründung sind keine weiterführenden Hinweise zu entnehmen. Überhaupt ist der Begriff der Verwaltungseinheit dem deutschen Verwaltungsorganisationsrecht fremd, das insoweit lediglich zwischen Verwaltungsträgern, Organen und Behörden unterscheidet.[112] Angesichts des gemeinschaftsrechtlich vorgegebenen Trennungsgebots, das offensichtlich auf die tatsächlich handelnde Stelle abstellt, wird man im vorliegenden Zusammenhang auf den Behördenbegriff abstellen müssen: Die Zustimmungserteilung muss einer anderen Behörde als derjenigen, die für den Netzbetrieb zuständig ist, obliegen. Wohl aber kann es sich um Behörden desselben Verwaltungsträgers (Land, Landkreis) handeln,

---

108 Vgl. Anhang Teil A Nr. 5 GRL.
109 BT-Drs. 13/3609, S. 49.
110 BVerfGE 108, 169, 181 ff.
111 Vgl. nur *Maurer*, Allgemeines Verwaltungsrecht, § 21 RdNr. 1 ff.
112 EuGH, Slg. 2003, I-5797, RdNr. 36 f. – Kommission/Luxemburg, und oben RdNr. 13.

solange dadurch eine diskriminierungsfreie Entscheidung über die Verkehrswegenutzung nicht in Frage gestellt ist. Nach den außerdem zu beachtenden Vorgaben des BVerfG darf jedenfalls nicht eine Behörde des Bundes zuständig sein, sondern die Bestimmung der konkret zuständigen Behörde muss gemäß Art. 84 Abs. 1 GG nach Landesrecht erfolgen. Ob diese offene Zuständigkeitsbegründung allerdings dem Klarheits- und Transparenzgebot aus Art. 4d der Kommissionsrichtlinie 90/388[113] genügt, ist sehr zweifelhaft.

77 Die betroffenen **Gemeinden** sind in den Entscheidungsprozeß der unabhängigen Verwaltungseinheit über die Leitungsverlegung zumindest im Rahmen einer Anhörung einzubeziehen. Nach allgemeinen Grundsätzen muss eine Beteiligung der Gemeinden in Planungsfragen erfolgen, wenn die Maßnahme nachhaltige Auswirkungen auf den örtlichen Bereich zeitigt.[114] Hierzu zählen insbesondere Grundsatzentscheidungen über Linienführung, Verlegungshöhe und -tiefe bei der Gebietserschließung sowie über die Änderung vorhandener Energie- und Wasserversorgungsleitungen.

78 **5. Rechtsschutz.** – Art. 11 Abs. 3 RRL schreibt vor, dass die nationale Umsetzung „wirksame Verfahren" gewährleisten muss, in denen die Unternehmen gegen Entscheidungen über die Erteilung von Wegerechten Beschwerde bei einer unabhängigen Stelle einlegen können. Die Bestimmung konkretisiert das **Gemeinschaftsgrundrecht auf effektiven Rechtsschutz**[115], das als Auslegungsmaßstab in Zweifelsfällen zu berücksichtigen ist. Im deutschen TKG finden sich keine speziellen Rechtsschutzbestimmungen, sodass die allgemeinen Regeln greifen und den EG-rechtlichen Vorgaben genügen müssen.

79 **a) Errichtung von Telekommunikationslinien.** – Gegen die Verlegung neuer Telekommunikationslinien kann vor allem betroffenen Anliegern Rechtsschutz offenstehen. Wird der Anliegergebrauch oder das sonstige Eigentumsrecht eines Nachbarn durch die Verlegung dauerhaft beeinträchtigt, so kommt die **Anfechtung** der öffentlich-rechtlichen Zustimmung gemäß § 42 Abs. 1, 2 VwGO in Betracht. Die (mögliche) Rechtsverletzung des Nachbarn entsteht zwar letztlich erst durch die Verlegung der Telekommunikationsline selbst, geht aber verwaltungsrechtlich unmittelbar auf die als Genehmigung wirkende Behördenentscheidung zurück. Diese wäre im Falle ihrer Rechtswidrigkeit Auslöser einer Rechtsverletzung.[116] Wurde die Zustimmung im Rahmen eines Verwaltungsvertrages erteilt, so ist statt der Anfechtungs- eine allgemeine Leistungsklage zu erheben. Ein Bürger, der den betroffenen Verkehrsweg lediglich im Rahmen der Widmung benutzen will, kann daraus kein Klagerecht herleiten, da ein subjektives Recht auf Aufrechterhaltung des Gemeingebrauchs nicht besteht.[117]

80 **b) Versagung der Zustimmung.** – Da es sich bei der Zustimmung des Wegebaulastträgers um einen begünstigenden Verwaltungsakt handelt[118], kann der antragstellende Netzbetreiber sie gemäß § 42 Abs. 1 VwGO mit der verwaltungsgerichtlichen **Verpflichtungsklage** erstreiten. Das dafür nach § 42 Abs. 2 VwGO erforderliche subjektive Recht ergibt sich

---

113 BVerwGE 31, 263, 264; 56, 110, 137; 77, 128, 132–134.

114 Zu diesem *Dörr*, Der europäisierte Rechtsschutzauftrag deutscher Gerichte, 2003, S. 45–47, *Rengeling/Szczekalla*, Grundrechte der Europäischen Union, 2004, § 44.

115 Anders *Manssen/Demmel*, § 50 RdNr. 63.

116 BVerwGE 32, 222, 225. Vgl. die entsprechenden Regelungen in der Straßengesetzen, z. B. in § 14 S. 2 HStrG; § 14 Abs. 2 NStrG, § 14 Abs. 1 S. 2 BbgStrG, § 34 Abs. 1 S. 2 LStrGRP.

117 S. oben RdNr. 57.

118 Vgl. BVerwGE 81, 185, 186; 100, 335, 338; 112, 221, 224; *Kopp/Schenke*, VwGO, § 42 RdNr. 22.

aus dem Grundrecht der Berufs- und Unternehmensfreiheit (Art. 12 Abs. 1, Art. 2 Abs. 1 GG) bzw. aus der aus ihrem Einfluß resultierenden Gebundenheit der Verwaltungsentscheidung.

c) Nebenbestimmungen. – Der verwaltungsgerichtliche Rechtsschutz gegen Nebenbe- **81** stimmungen ist seit jeher sehr umstritten. In jüngerer Zeit schält sich jedoch in der Rechtsprechung der Grundsatz heraus, dass gegen abtrennbare Nebenbestimmungen – egal ob Bedingung oder Auflage – die **Teilanfechtungsklage** statthaft ist[119], während bei einer sog. modifizierende Gewährung[120], wenn also die einschränkende Bestimmung die beantragte Zustimmung inhaltlich verändert, Verpflichtungsklage auf die beantragte Zustimmung zu erheben ist.

---

119 Zu dieser Figur z.B. *Maurer*, Allgemeines Verwaltungsrecht, § 12 RdNr. 16; *Kopp/Schenke*, VwGO, § 42 RdNr. 23.

§ 69 Übertragung des Wegerechts

(1) Der Bund überträgt die Nutzungsberechtigung nach § 68 Abs. 1 durch die Regulierungsbehörde auf schriftlichen Antrag an die Betreiber öffentlicher Telekommunikationsnetze.

(2) In dem Antrag nach Abs. 1 ist das Gebiet zu bezeichnen, für das die Nutzungsberechtigung übertragen werden soll. Die Regulierungsbehörde erteilt die Nutzungsberechtigung, wenn der Antragsteller nachweislich fachkundig, zuverlässig und leistungsfähig ist, Telekommunikationslinien zu errichten und die Nutzungsberechtigung mit den Regulierungszielen nach § 2 Abs. 2 vereinbar ist. Die Regulierungsbehörde erteilt die Nutzungsberechtigung für die Dauer der öffentlichen Tätigkeit. Die Regulierungsbehörde entscheidet über vollständige Anträge innerhalb von sechs Wochen.

(3) Beginn und Beendigung der Nutzung sowie Namensänderungen, Anschriftenänderungen und identitätswahrende Umwandlungen des Unternehmens sind der Regulierungsbehörde unverzüglich mitzuteilen. Die Regulierungsbehörde stellt diese Informationen den Wegebaulastträgern zur Verfügung. Für Schäden, die daraus entstehen, dass Änderungen nicht rechtzeitig mitgeteilt wurden, haftet der Nutzungsberechtigte.

Übersicht

I. Normzweck

Durch die TKG-Novelle wurden die Übertragung des Wegerechts als Lizenzerteilung nach **1**
§ 8 TKG a. F. sowie der Grundsatz der Benutzung öffentlicher Wege (§ 50 Abs. 2 S. 1 TKG
a. F.) in § 69 zusammengefasst und neu geregelt. Diese Bestimmung enthält nun die Anspruchsgrundlage für die Erteilung der unentgeltlichen Nutzungsberechtigung zugunsten
der Betreiber öffentlicher Telekommunikationsnetze. Die Notwendigkeit einer solchen Regelung ergibt sich aus dem Privatisierungsgebot des Art. 87f Abs. 2 S. 1 GG. Denn wenn

danach Telekommunikationsdienstleistungen auch durch private Anbieter erbracht werden, so muss dies als **verfassungsrechtliches Postulat eines fairen Wettbewerbs** zwischen den Nachfolgeunternehmen der Deutschen Bundespost und privaten Anbietern verstanden werden.[1] Um dieses Verfassungsgebot zu erfüllen, muss der Bund im Rahmen seiner Gewährleistungsverantwortung sein originäres Nutzungsrecht an privatwirtschaftlich organisierte Netzbetreiber übertragen.

II. EG-rechtliche Grundlagen

2   Neben der Umsetzung von **Art. 11 RRL**[2] dient § 69 Abs. 2 der Konkretisierung von Art. 11 Abs. 1 lit. c) GRL. Die Richtlinie bestimmt, dass die das Nutzungsrecht erteilende Behörde ausschließlich solche Informationen von dem Antragsteller verlangen darf, die für das Antragsverfahren auf Erteilung von Nutzungsrechten sowie im Hinblick auf die Überprüfung solcher Anträge angemessen und objektiv gerechtfertigt sind. Vor diesem Hintergrund verlangt § 69 Abs. 2, dass zum einen der Antrag das Gebiet zu bezeichnen hat und dass der Antragsteller den Nachweis seiner Fachkunde, Zuverlässigkeit und Leistungsfähigkeit erbringen muss.

3   Des Weiteren gebietet Art. 11 Abs. 1 RRL ein **zügiges Verfahren** für die Bearbeitung eines Antrags auf Erteilung eines wegerechtlichen Nutzungsrechts. Diese europarechtliche Vorgabe findet Berücksichtigung in § 69 Abs. 2 S. 4, welcher der Regulierungsbehörde eine Bearbeitungsfrist von sechs Wochen setzt.

III. Einzelerläuterungen

4   **1. Übertragung der Nutzungsberechtigung (Abs. 1). – a) Konzept.** – Die Übertragung der wegerechtlichen Nutzungsberechtigung auf einen Netzbetreiber enthält sowohl ein feststellendes als auch ein gestattendes Element.[3] Die Feststellung bestätigt, dass die materiell-rechtlichen Voraussetzungen des Nutzungsrechts gegeben sind. Der gestattende Teil hebt das generelle Verbot der Nutzung öffentlicher Wege für solche Zwecke auf, die der Telekommunikation dienen. § 69 liegt somit ein **Verbot mit Erlaubnisvorbehalt** zugrunde: Es handelt sich um eine grundsätzlich erwünschte private Tätigkeit, die lediglich mit einem staatlichen Prüfungsvorbehalt versehen ist. Der Vorbehalt wird durch die behördliche Kontrollerlaubnis aufgehoben. Auf diese hat der Antragsteller, wenn die gesetzlichen Voraussetzungen erfüllt sind, einen Anspruch (subjektiv-öffentliches Recht).[4] Durch die Übertragung entsteht zwischen dem Nutzungsberechtigten und dem Wegebaulastträger ein öffentlich-rechtliches Rechtsverhältnis.[5]

5   Die Übertragung nach § 69 Abs. 1 ist vor allem eine **Personalkonzession,** d. h. sie knüpft vor allem an die persönliche Qualifikation des Begünstigten an. Das ergibt sich aus den subjektiven Erteilungsvoraussetzungen in § 69 Abs. 2 S. 2: Fachkunde, Zuverlässigkeit

---

1   *Sachs/Windthorst*, GG, Art. 87 f, RdNr. 25 m. w. N.
2   Vgl. § 68 RdNr. 15 f.
3   Zum alten Recht vgl. die kurze Darstellung bei *Scheurle/Mayen*, § 8 RdNr. 9.
4   Zum Konzept des Verbots mit Erlaubnisvorbehalts statt aller *Maurer*, Allgemeines Verwaltungsrecht, § 9 RdNr. 51–53.
5   BGH, MMR 2005, 306, 307.

und Leistungsfähigkeit müssen in der Person des Antragstellers vorliegen. Ein Element der **Sachkonzession** enthält die Überprüfung der beantragten Nutzung am Maßstab der Regulierungsziele des § 2 Abs. 2.

b) Übertragung durch die Regulierungsbehörde. – aa) Verwaltungsakt. – Die Übertra- **6** gung ist ein Verwaltungsakt, weil sie den Wechsel in der Trägerschaft der Nutzungsberechtigung vom Bund auf den Antragsteller vollzieht und damit **Regelungscharakter** besitzt. Es handelt sich um einen gebundenen Verwaltungsakt, da die Regulierungsbehörde gemäß § 69 Abs. 2 S. 2 („erteilt") zur Erteilung verpflichtet ist, wenn die gesetzlichen Voraussetzunge vorliegen. Ein behördliches Ermessen besteht nicht.

Statt eines Verwaltungsakts kann die Regulierungsbehörde aber auch einen **Verwaltungs-** **7** **vertrag** mit dem Netzbetreiber schließen (§ 54 S. 2 VwVfG). Dabei ist indes danach zu differenzieren, ob sich die Behörde vertraglich zur Erteilung der Nutzungsberechtigung verpflichtet, die sodann durch Verwaltungsakt erfolgt, oder ob die Erteilung der Nutzungsberechtigung selbst durch Vertrag erfolgt.[6] Auch Letzteres ist nach dem TKG grundsätzliches ohne weiteres zulässig, denn ein – ausdrückliches oder implizites – Verbot der vertraglichen Handlungsform ist dem TKG nicht zu entnehmen.[7] Das Gesetz geht zwar offensichtlich von einseitigem Handeln der Regulierungsbehörde als Regelform aus, doch genügt dies für die Annahme eines Vertragsformverbotes nicht.[8]

Da die Übertragung kraft Gesetzes eine gebundene Entscheidung ist, muss ein Verwal- **8** tungsvertrag mit diesem Inhalt jedoch das **Kopplungsverbot** des § 56 Abs. 2 VwVfG beachten. Danach kann nur eine solche Gegenleistung des Netzbetreibers vereinbart werden, die bei Erlass eines Verwaltungsaktes auch Inhalt einer Nebenbestimmung nach § 36 VwVfG sein könnte. Da eine einschränkende Bestimmung in § 69 selbst nicht zugelassen ist, erlaubt § 36 Abs. 1 VwVfG nur solche Gegenleistungen, welche die gesetzlichen Voraussetzungen der Nutzungsberechtigung, also die Anforderungen des § 69 Abs. 2 S. 2, sicherstellen sollen.

bb) Antragsbedürftig. – Die Übertragung der wegerechtlichen Nutzungsberechtigung ist **9** ein antragsbedürftiger Verwaltungsakt. Das bedeutet, das Erteilungsverfahren wird **nicht** **von Amts wegen** eingeleitet (vgl. § 22 S. 2 Nr. 2 VwVfG), sondern nur auf (schriftlichen) Antrag eines (potenziellen) Netzbetreibers. Der Antrag muss den inhaltlichen Anforderungen des Abs. 2 (zu diesen unten RdNr. 13, 17–23) genügen und ist bei der Regulierungsbehörde zu stellen, die für den Bund die Übertragungsbefugnis ausübt.

Antragsteller nach § 69 Abs. 1 sind die (künftigen) Betreiber öffentlicher Telekommuni- **10** kationsnetze. Ein solcher Antrag kann von mehreren Personen gemeinsam gestellt werden. Statt durch einen Vertreter kann sich der Antragsteller gemäß § 14 Abs. 1 VwVfG durch einen Bevollmächtigten vertreten lassen. Bei ausländischen Antragstellern kann die Regulierungsbehörde nach § 15 S. 1 VwVfG die Benennung eines Empfangsbevollmächtigten verlangen.

cc) Schriftform. – § 69 Abs. 1 bestimmt, dass der Antrag des Netzbetreibers zur Übertra- **11** gung der Nutzungsberechtigung schriftlich zu erfolgen hat. Hierbei handelt es sich um eine spezialgesetzliche Ausnahme zur Nichtförmlichkeit des Verwaltungsverfahrens (§ 10 S. 1

---

6 *Scheurle/Mayen*, § 8 RdNr. 25 ff.
7 Ebenso z. B. *Scherer,* NJW 1996, 2953, 2956. Ablehnend jedoch *Manssen,* C § 8 RdNr. 9.
8 Vgl. zum alten Recht etwa *Scheurle/Mayen*, § 8 RdNr. 27.

VwVfG). Entsprechend den allgemeinen Regeln (§ 126 Abs. 1 BGB) muss der Antrag schriftlich abgefasst und vom Antragsteller **eigenhändig unterzeichnet** sein. Selbst wenn eine Unterschrift fehlt, kann ein wirksamer Antrag vorliegen, wenn sichergestellt ist, dass die Erklärung vom Antragsteller stammt und mit seinem Willen in den Rechtsverkehr gebracht wurde.[9] Auch eine Antragstellung zur Niederschrift der Regulierungsbehörde sollte grundsätzlich möglich sein.[10]

12   Der Schriftform stehen **moderne Kommunikationsformen** gleich, welche die Willenserklärung in einer der Schriftform vergleichbaren Weise verkörpern und ihren Urheber erkennen lassen. Zulässig ist daher jedenfalls die Antragstellung per Telegramm, Fernschreiben, Telex, Telefax und Computerfax.[11] Unter den Voraussetzungen des § 3a Abs. 2 VwVfG ist statt dessen auch die elektronische Form zulässig. Erforderlich ist hierfür vor allem eine qualifizierte elektronische Signatur.

13   **dd) Antragsinhalt (Abs. 2 S. 1).** – In Bezug auf den Inhalt des nach Abs. 1 zu stellenden Antrags schreibt § 69 Abs. 2 S. 1 vor, darin „**das Gebiet zu bezeichnen**, für das die Nutzungsberechtigung übertragen werden soll". Es handelt es sich um dasjenige Gebiet, auf dem der Antragsteller Übertragungswege zu betreiben gedenkt. Die bisherige Genehmigungspraxis verlangt, dass das Nutzungsgebiet ein zusammenhängendes ist; für nicht zusammenhängende Gebiete sind getrennte Berechtigungen zu beantragen.[12]

14   **c) Auswirkungen auf alte Gestattungsverträge.** – Vor Inkrafttreten des TKG stand lediglich der Deutschen Bundespost sowie ihren Nachfolgeunternehmen ein unentgeltliches Nutzungsrecht an öffentlichen Wegen zu. Wettbewerber konnten daher seinerzeit ihre Telekommunikationslinien ausschließlich aufgrund einer Verleihung der entsprechenden Rechte nach § 2 FAG errichten und betreiben. Im Hinblick auf das Wegerecht mussten sie regelmäßig separate Gestattungsverträge mit dem Träger der Wegebaulast abschließen. Für die Arbeiten an der Telekommunikationslinie war darüber hinaus regelmäßig eine straßenrechtliche Sondernutzungserlaubnis erforderlich,[13] Durch das Inkrafttreten des TKG sind die nach altem Recht geschlossenen Gestattungsverträge **nicht automatisch unwirksam** geworden.

15   Bei diesen Verträgen handelte es sich um subordinationsrechtliche **Verwaltungsverträge** nach § 54 S. 2 VwVfG, welche die Wettbewerber zur (kostenpflichtigen) Wegenutzung berechtigten.[14] Verwaltungsverträge aber bleiben, wenn sie nicht nichtig sind (§ 59 VwVfG) oder anderes vereinbart ist, auch im Fall einer wesentlichen Rechtsänderung grundsätzlich bestehen. In Betracht kommt angesichts der fundamental geänderten Verhältnisse (unentgeltliche Nutzungsübertragung an alle Netzbetreiber) jedoch eine **Vertragskündigung** gemäß § 60 VwVfG. Eine Anpassung entgeltlicher Gestattungsverträge an das Konzept des TKG dürfte schwerlich möglich, jedenfalls dem privaten Netzbetreiber nicht zuzumuten sein, so dass die Kündigungsvoraussetzung des § 60 Abs. 1 S. 1 VwVfG gegeben ist. Die Bestimmung geht als spezielle Norm dem § 313 BGB vor. Die Kündigung beendet das Ver-

---

9 Vgl. für die Klageschrift BVerwGE 81, 32 = NJW 1989, 1175, BVerwG, NJW 1995, 2121, 2122.
10 Vgl. allgemein *Kopp/Ramsauer*, VwVfG, § 22 RdNr. 33.
11 Vgl. allgemein *Stelkens/Bonk/Sachs/Stelkens/Schmitz*, VwVfG, § 22 RdNr. 32 f.; *Kopp/Ramsauer*, VwVfG, § 64 RdNr. 10 m. w. N. Zur Btx-Mitteilung BVerwG, NJW 1995, 2121.
12 RegTP, Verfügung 158/1999 vom 22. 12. 1999, ABl. RegTP Nr. 23/1999, S. 4090.
13 BeckTKG-Komm/*Schütz*, § 50 RdNr. 58.
14 *Manssen/Demmel*, § 50 RdNr. 68. A. A. BeckTKG-Komm/*Schütz*, § 50 RdNr. 58.

tragsverhältnis mit Wirkung *ex nunc*. Dem Träger der Wegebaulast fehlt fortan das Recht, ein Entgelt für die Wegenutzung zu fordern.[15]

2. Entscheidung der Regulierungsbehörde (Abs. 2). – Da es sich bei der Entscheidung **16** nach § 69 Abs. 1 um eine gebundene **Kontrollerlaubnis** handelt, muss die Regulierungsbehörde die beantragte Nutzungsberechtigung übertragen, wenn die gesetzlichen Voraussetzungen vorliegen. Diese Voraussetzungen, welche die Behörde allein zu prüfen hat, nennt Abs. 2 S. 2; sie unterteilen sich in persönliche Anforderungen an den Antragsteller und eine Prüfung am Maßstab der Regulierungsziele. Der Inhalt der behördlichen Entscheidung ist außer durch § 69 Abs. 1 (Übertragung) nur durch Abs. 2 S. 3 determiniert. Abs. 2 S. 4 schließlich setzt der Regulierungsbehörde eine Entscheidungsfrist.

a) Entscheidungskriterien (Satz 2). – Obwohl es sich um eine gebundene Erlaubnis handelt, sind die materiellen Entscheidungskriterien in § 69 Abs. 2 S. 2 nicht als Versagungsgründe formuliert – anders als noch in § 8 Abs. 3 TKG a. F. Während es nach altem Recht, wie auch sonst bei zwingenden Versagungsgründen, der Behörde oblag, das Vorliegen der Versagungsgründe darzulegen[16], verschiebt § 69 Abs. 2 S. 2 nunmehr die **materielle Beweislast** zu Lasten des Antragstellers: Jedenfalls die persönlichen Anforderungen der Norm müssen „nachweislich" vorliegen, was nach dem Wortlaut nur bedeuten kann, dass der Antragsteller selbst diesen Nachweis gegenüber der Regulierungsbehörde führen muss. Bleibt das Vorliegen der gesetzlich geforderten Qualifikation unerweislich, so kann die Behörde die Nutzungsberechtigung versagen. Davon unberührt bleibt der allgemeine verwaltungsrechtliche Untersuchungsgrundsatz (§ 24 Abs. 1 VwVfG), wonach die Regulierungsbehörde in jedem Fall den Sachverhalt von Amts wegen zu ermitteln hat.

aa) Persönliche Anforderungen. – Wie zuvor § 8 Abs. 3 S. 1 Nr. 2 a) und S. 2 TKG a. F. **18** stellt auch § 69 Abs. 2 mit Fachkunde, Zuverlässigkeit und Leistungsfähigkeit persönliche Anforderungen an den Antragsteller. Da nach der Begründung zum TKG 2004 eine inhaltliche Änderung in bezug auf diese Anforderungen nicht beabsichtigt war[17], kann auf die Legaldefinitionen des alten Rechts zurückgegriffen werden.

§ 8 Abs. 3 S. 2 Nr. 3 TKG a. F. definierte **Fachkunde** dahingehend, dass „die bei der Ausübung der Lizenzrechte tätigen Personen über die erforderlichen Kenntnisse, Erfahrungen und Fertigkeiten verfügen" müssen. Dazu zählt Know-how aus den technischen, ingenieurwissenschaftlichen und datenverarbeitungsspezifischen Disziplinen.[18] Zum Zeitpunkt der Antragstellung muss das Personal mit der relevanten Fachkunde jedoch noch nicht vorgehalten werden. Bei einem erst im Aufbau befindlichen Unternehmen ist jedoch die Personalplanung darzulegen: Es genügt, wenn Vorkehrungen getroffen sind, die erwarten lassen, dass die erforderliche Fachkunde dann zur Verfügung steht, wenn sie vom antragstellenden Netzbetreiber gebraucht wird.[19]

Fehlt der Fachkundenachweis, so muss die Regulierungsbehörde, statt den Antrag zurück- **20** zuweisen, prüfen, ob die Nutzungsberechtigung unter einer entsprechenden **Nebenbestimmung** erteilt werden kann. Eine solche wäre, da es darum geht, die gesetzlichen Erteilungs-

---

15 Vgl. BeckTKG-Komm/*Schütz,* § 50 RdNr. 60; *Manssen/Demmel,* § 50 RdNr. 68 m. w. N.

16 *Scheurle/Mayen,* § 8 RdNr. 62; *Trute/Spoerr/Bosch,* § 8 RdNr. 44.

17 Vgl. BR-Drs. 755/03 vom 17. 10. 2003, S. 114 (Gesetzesbegründung zu § 67).

18 BeckTKG-Komm/*Schütz,* § 8 RdNr. 47.

19 Zum alten Recht *Trute/Spoerr/Bosch,* § 8 RdNr. 35.

voraussetzungen sicherzustellen, gemäß § 36 Abs. 2 VwVfG grundsätzlich zulässig und in diesem Fall aus Gründen der Verhältnismäßigkeit regelmäßig geboten.

21 **Zuverlässigkeit** meint, wie es in § 8 Abs. 3 S. 2 Nr. 1 TKG a. F. umschrieben war, dass der Antragsteller „die Gewähr dafür bietet, dass er als Lizenznehmer die Rechtsvorschriften einhalten wird". Diese Legaldefinition, die auch im Rahmen des § 69 Abs. 2 zugrunde zu legen ist, knüpft in der Sache an die traditionelle Bestimmung der Zuverlässigkeit im Gewerberecht an.[20] Ihre Beurteilung erfordert stets eine **Prognose** über das zukünftige Verhalten des Antragstellers, die auf Tatsachen zu stützen ist. Diese Tatsachen müssen zumindest einen mittelbaren Bezug zu den Tätigkeiten und Pflichten eines Telekommunikationsunternehmers aufweisen.[21] Maßgeblicher Bezugspunkt für die Prognoseentscheidung über die Zuverlässigkeit ist grundsätzlich die Person des Antragstellers; bei juristischen Personen kommt es entscheidend auf die Betriebsorganisation und die Zuverlässigkeit des Leitungspersonals an.[22] Es sind also solche juristischen Personen als zuverlässig einzustufen, deren Organisationsstruktur und Geschäftsführung garantieren, dass sie als Betreiber öffentlicher Telekommunikationsnetze die Rechtsvorschriften einhalten werden.

22 In der Praxis verlangt die Regulierungsbehörde, um die Zuverlässigkeit prüfen zu können, **Angaben** dazu, ob dem Antragsteller, einem mit ihm verbundenes Unternehmen (§ 36 Abs. 2, § 37 GWB) oder sein Leitungspersonal in den letzten fünf Jahren

– eine Telekommunikationslizenz entzogen wurde,
– Auflagen wegen der Nichterfüllung von Verpflichtungen aus einer solchen Lizenz gemacht wurden,
– ob einer der genannten Personen wegen eines Verstoßes gegen Telekommunikations- oder Datenschutzrecht belangt wurde
– oder ob gegen sie zur Zeit ein derartiges Verfahren anhängig ist.[23]

23 **Leistungsfähigkeit** bedeutet nach der Legaldefinition in § 8 Abs. 3 S. 2 Nr. 2 TKG a. F., dass der Antragsteller „die Gewähr dafür bietet, dass ihm die für den Aufbau und Betrieb der zur Ausübung der Lizenzrechte erforderlichen Produktionsmittel zur Verfügung stehen werden". In Abgrenzung zum Erfordernis der Fachkunde geht es also um die **wirtschaftliche Leistungsfähigkeit**. Die Regulierungspraxis hält einen Antragsteller in diesem Sinne für leistungsfähig, wenn die Finanzierung seines Vorhabens einschließlich etwaiger Lizenzgebühren für einen Zeitraum von fünf Jahren sichergestellt ist.[24] Dies hat der Antragsteller schlüssig und nachvollziehbar darzulegen, z. B. durch Vorlage von Bilanzen, Finanzierungszusagen (Bürgschaften, Kredite, Garantien, Eigenmittel) oder anderen Belegen. Bloße Absichtserklärungen Dritter oder Bemühenszusagen des Antragstellers genügen nicht. Allerdings ist auch bei der Prüfung der Leistungsfähigkeit darauf zu achten, dass das gesetzliche Kriterium nicht als Marktzutrittsschranke wirkt, die es lediglich etablierten Unternehmen ermöglicht, auf dem Telekommunikationsmarkt tätig zu werden. Auf diesem Wege dürfen deshalb nur völlig ungeeignete Bewerber von der wegerechtlichen Nutzungsberechtigung ausgeschlossen werden.[25]

---

20 Zu dieser statt aller BVerwGE 65, 1, 4; BVerwG, GewArch 1997, 242, 243.
21 *Trute/Spoerr/Bosch*, § 8 RdNr. 31.
22 *Trute/Spoerr/Bosch*, § 8 RdNr. 32. Für das Gaststättenrecht z. B. *Michel/Kienzle,* GastG, 13. Auflage 1999, § 4 RdNr. 34.
23 RegTP, Verfügung 158/1999 vom 22. 12. 1999, ABl. RegTP Nr. 23/1999, S. 4090.
24 RegTP, Verfügung 158/1999 vom 22. 12. 1999, ABl. RegTP Nr. 23/1999, S. 4090.
25 Ebenso zum alten Recht *Etling-Ernst*, § 8 RdNr. 31; *Trute/Spoerr/Bosch*, § 8 RdNr. 37.

bb) Vereinbarkeit mit den Regulierungszielen. – Darüber hinaus schreibt § 69 Abs. 2 **24**
S. 2 vor, dass die beantragte Nutzungsberechtigung mit den Regulierungszielen des § 2
Abs. 2 vereinbar sein muss. Dadurch soll lediglich der bei Erteilung des wegerechtlichen
Nutzungsrechts anzulegende Prüfungsmaßstab klargestellt werden.[26] In ihrer Formulierung
in § 2 Abs. 2 sind die Regulierungsziele jedoch viel **zu allgemein und unbestimmt** gehal-
ten, um Grundlage einer Versagungsentscheidung im Einzelfall sein zu können. Da die
Verweigerung der Nutzungsberechtigung, auf die ein gesetzlicher Anspruch besteht, einen
Eingriff in die Grundrechte (Art. 12 Abs. 1, Art. 2 Abs. 1 GG) des Antragstellers darstellt,
unterliegt die gesetzliche Grundlage den Anforderungen der verfassungsrechtlichen „Wesentlichkeitstheorie"[27]: Der Gesetzgeber muss die wesentlichen Voraussetzungen für den
Grundrechtseingriff selbst festlegen und darf sie nicht – etwa in Gestalt von Leerformeln –
der Verwaltung überlassen.[28] Daher taugen die Zielfestlegungen des § 2 Abs. 2 ohne weitere inhaltliche Konkretisierungen nur bedingt als selbstständige Versagungsgrundlage.

Unabhängig davon aber bleibt die **interpretatorische Leitfunktion** der Regulierungsziele, **25**
die ihre systematische Stellung in § 69 Abs. 2 S. 2 erklärt: Die persönlichen Anforderungen der Norm sind im Lichte des § 2 Abs. 2 und der dort aufgelisteten Regulierungsziele
auszulegen.[29] In Fällen, in denen die Erfüllung der Pflichten, welche der Sicherstellung der
Regulierungsziele dienen, von vornherein auszuschließen ist, wird regelmäßig schon die
gesetzlich vorgeschriebene Zuverlässigkeit fehlen.[30]

b) Entscheidungsinhalt: Dauer der Nutzungsberechtigung (Satz 3). – Die Nutzungsbe- **26**
rechtigung wird dem Netzbetreiber nach § 69 Abs. 2 S. 3 für die Dauer der **öffentlichen
Tätigkeit** erteilt. Die „öffentliche Tätigkeit" bezieht sich auf die „öffentlichen Zwecke" in
§ 68 Abs. 1, also auf den Betrieb von Telekommunikationslinien, welche grundsätzlich der
Öffentlichkeit zur Nutzung offensteht.[31] Dahinter steht die Gewährleistungsverantwortung
des Bundes gemäß Art. 87f Abs. 1 GG, die nach der Übertragung der Nutzungsberechtigung durch den privaten Netzbetreiber wahrgenommen wird. Aus diesem Grund ist seine –
eigentlich privatnützige – Tätigkeit eine „öffentliche". Eine Beleihung o. Ä. durch den
Bund erfolgt in diesem Zusammenhang nicht.

Da die Nutzungsberechtigung zwingend nur „für die Dauer" der öffentlichen Tätigkeit er- **27**
teilt wird, ist der entsprechende Verwaltungsakt **kraft Gesetzes auflösend bedingt.** Sobald
der Netzbetrieb durch den Nutzungsberechtigten endet, erlischt automatisch auch die Nutzungsberechtigung selbst. Einer behördlichen Aufhebung bedarf es nicht mehr. Auch wenn
die praktischen Wirkungen dieselben sind, handelt es sich doch nicht um eine Nebenbestimmung im Sinne von § 36 VwVfG, weil die einschränkende Regelung durch den Gesetzgeber selbst, nicht durch die Behörde erfolgt.

Die öffentliche Tätigkeit des Nutzungsberechtigten **„endet"**, wenn er den Betrieb der Tele- **28**
kommunikationslinie vollständig einstellt oder aber diese nicht mehr der Öffentlichkeit zur
Verfügung stellt.

---

26 Vgl. BR-Drs. 755/03, S. 114 (Gesetzesbegründung zu § 67).
27 Dazu statt aller *Sachs/Sachs*, GG, Art. 20 RdNr. 128.
28 Grundlegend BVerfGE 49, 89 (127).
29 Ebenso schon zum alten Recht *Scheurle/Mayen*, § 8 RdNr. 75.
30 *Scheurle/Mayen*, § 8 RdNr. 76.
31 Zu diesem Merkmal vgl. § 68 RdNr. 32.

29 **c) Entscheidungsfrist (Satz 4).** – Im Gegensatz zur Vorgängervorschrift des § 8 Abs. 1 S. 3 TKG a. F. „soll" die Regulierungsbehörde nicht nur innerhalb von sechs Wochen entscheiden, sondern sie „**entscheidet**" gemäß § 69 Abs. 1 S. 4 innerhalb von sechs Wochen über vollständige Anträge. Die Frist ist in jedem Fall zwingend, Ausnahmefälle für eine weniger zügige Bearbeitung sind nicht zulässig. Ein Verfahrensermessen der Behörde besteht insoweit nicht mehr.

30 Diese Verschärfung der Fristenregelung kommt aus der Sicht des Gemeinschaftsrechts in mehrfacher Hinsicht zu spät. Sie sollte das deutsche Recht mit den **EG-rechtlichen Vorgaben** aus Art. 9 Abs. 2 RL 97/13/EG[32] in Einklang bringen, der die Festlegung angemessener Fristen für die Entscheidung über den Genehmigungsantrag vorschrieb. Danach war dem Antragsteller schnellstmöglich, spätestens aber sechs Wochen nach Eingang seines Antrags, die Entscheidung darüber mitzuteilen. Nur in objektiv begründeten Fällen war eine Überschreitung dieser Frist zulässig, jedoch hätten diese Ausnahmefälle in den nationalen Umsetzungsbestimmungen „einzeln aufgeführt" werden müssen. Diesen strengen Anforderungen entsprach das TKG 1996 nicht.[33] Die Verschärfung in § 69 Abs. 2 S. 4 kommt nun nicht nur deshalb zu spät, weil die Vorgabe aus RL 97/13/EG bis zum 31. 12. 1997 umzusetzen gewesen wäre. Sie ist auch deshalb unzeitgemäß, weil die gesamte RL 97/13/EG durch Art. 26 RRL nunmehr aufgehoben ist und das geltende EG-Recht eine vergleichbare Fristanforderung nicht mehr enthält. **Art. 11 Abs. 1, 3. Spiegelstrich RRL** verlangt nur noch, dass die zuständige Behörde für die Erteilung von Wegerechten transparente Verfahren „unverzüglich anwendet". Striktere Fristvorgaben enthält lediglich Art. 5 Abs. 3 GRL für Nutzungsrechte für Funkfrequenzen und Nummern.

31 Immerhin ist dieser Genese des Gemeinschaftsrechts wohl zu entnehmen, dass die nunmehr im deutschen Recht bindend festgeschriebene Sechswochenfrist der geforderten „**Unverzüglichkeit**" entspricht. Sie beginnt zu laufen, wenn der vollständige Antrag, der insbesondere die Angaben nach Abs. 2 S. 1 und 2 enthält, bei der Regulierungsbehörde eingeht oder wenn ein bereits eingegangener Antrag vervollständigt ist.

32 Die **Rechtsfolgen einer Fristüberschreitung** sind im Gesetz nicht geregelt und auch sonst nicht klar ersichtlich. Immerhin dürfte eine sog. Untätigkeitsklage gemäß § 75 VwGO, d. h. eine Verpflichtungs- oder Bescheidungsklage ohne Vorverfahren, statthaft sein, und zwar wegen der Spezialregelung in § 69 Abs. 2 S. 4 bereits nach Ablauf von sechs Wochen. Erleidet der Antragsteller durch die Verzögerung einen kausalen Schaden, so kommt grundsätzlich auch ein Amtshaftungsanspruch gegen den Bund (§ 839 BGB i.V.m. Art. 34 GG) in Betracht.

33 **3. Pflichten im Zusammenhang mit der Nutzungsberechtigung (Abs. 3).** – **a) Mitteilungspflichten des Nutzungsberechtigten.** – § 69 Abs. 3 S. 1 verpflichtet den Netzbetreiber, der Regulierungsbehörde bestimmte Informationen zur Verfügung zu stellen, um der Behörde die **Wahrnehmung ihrer Aufsichtsfunktion** im Zusammenhang mit der Nutzung öffentlicher Wege zu erleichtern. Die vorgeschriebenen Auskünfte betreffen einerseits die genehmigte Nutzung (konkret: ihren Beginn und ihre Beendigung), andererseits Veränderungen beim Netzbetreiber selbst: Änderungen von Namen oder Anschrift sowie gesellschaftsrechtliche Umwandlungen, welche die Identität des Unternehmens als Rechtsperson unberührt lassen.

---

32 ABl. EU 1997, Nr. L 117/15, 20.
33 Zur alten Rechtslage *Trute/Spoerr/Bosch*, § 8 RdNr. 19 f.

Letzteres bezieht sich auf die im Umwandlungsgesetz geregelten **Arten der Umwandlung** 34
inländischer Rechtsträger. Von den in § 1 Abs. 1 UmwG genannten Umwandlungsarten
lassen die Abspaltung (§ 123 Abs. 2 UmwG), die Ausgliederung (§ 123 Abs. 3 UmwG)
und die Vermögensteilübertragung (§ 174 Abs. 2 Nr. 2 und 3 UmwG) die Rechtspersönlichkeit des übertragenden Rechtsträgers unberührt. Verschmelzung (§ 2 Abs. 1 Nr. 1
UmwG), Aufspaltung (§ 123 Abs. 1 UmwG) und Vermögensvollübertragung (§ 174
Abs. 1 UmwG) tangieren nicht den Fortbestand des übernehmenden Rechtsträgers. Generell ohne Folgen für die Rechtspersönlichkeit eines Unternehmens ist der bloße Formwechsel (§§ 190 ff. UmwG). Jeden Umwandlungsprozess, den ein Netzbetreiber in diesem Sinne „überlebt", hat er der Regulierungsbehörde anzuzeigen.

Die Mitteilung nach § 69 Abs. 3 hat **unverzüglich** zu erfolgen. Dem herkömmlichen Ver- 35
ständnis dieser Formel entsprechend (vgl. § 121 S. 1 BGB) ist die zeitliche Vorgabe erfüllt,
wenn die Mitteilung „ohne schuldhaftes Zögern" erfolgt.

b) Weitergabe an Wegebaulastträger. – Gemäß § 69 Abs. 3 S. 2 ist die Regulierungsbe- 36
hörde **berechtigt und verpflichtet**, die nach Satz 1 erhaltenen Informationen an den Träger der Wegebaulast weiterzugeben. Die Norm sorgt für Transparenz gegenüber dem Verwaltungsträger, der für die Unterhaltung der betroffenen öffentlichen Wege verantwortlich
ist und auf diese Weise über die Nutzung der ihm anvertrauten öffentlichen Sache informiert bleibt.

Die **Berechtigungswirkung** der Vorschrift bezieht sich auf die Weitergabe von persönli- 37
chen und Unternehmensdaten an einen anderen Träger öffentlicher Verwaltung. Dadurch
wird das Grundrecht auf informationelle Selbstbestimmung beschränkt, welches für die
natürliche Person aus Art. 2 Abs. 1 i.V.m. Art. 1 Abs. 1 GG[34], für das Unternehmen aus
Art. 14 GG[35] abgeleitet wird.

Die **Verpflichtungswirkung** berührt das Rechtsverhältnis der Regulierungsbehörde zum 38
Wegebaulastträger. Dieser sollte die Informationsweitergabe letztlich mit einer allgemeinen Leistungsklage vor dem Verwaltungsgericht erstreiten können. Entsteht dem Wegebaulastträger durch eine unterlassene Weitergabe ein kausaler Schaden, so sollte eine Haftung des Bundes die Folge sein. Ein entsprechender Haftungsanspruch läßt sich im Rahmen des durch die Nutzungsberechtigung begründeten öffentlich-rechtlichen Sonderverhältnisses zwischen Bund und Wegebaulastträger (vgl. § 68 RdNr. 42) in Parallele zu anderen verwaltungsrechtlichen Schuldverhältnissen[36] nach zivilrechtlichen Grundsätzen
entwickeln.

c) Haftung des Nutzungsberechtigten. – § 69 Abs. 3 S. 3 enthält eine **eigenständige An-** 39
spruchsgrundlage für einen Schadenersatzanspruch gegen den nutzungsberechtigten
Netzbetreiber. Dieser soll absolut für solche Schäden einstehen müssen, die aus einer Ver-
säumung der Mitteilungspflicht nach Satz 1 entstehen. Unklar ist nach dem Wortlaut der
Norm wie nach der Gesetzesbegründung, wem gegenüber die Haftung eintreten soll: der
Regulierungsbehörde (Bund), dem Wegebaulastträger oder Dritten. Im Verhältnis zum
Wegebaulastträger würde es sich um die Haftung im Rahmen des öffentlich-rechtlichen

---

34 Grundlegend BVerfGE 65, 1, 41 ff.
35 Vgl. BVerfGE 67, 100, 142 f.
36 Zu Ansprüchen aus verwaltungsrechtlichen Schuldverhältnissen vgl. nur *Ossenbühl*, Staatshaftungsrecht, 5. Aufl. 1998, 336 ff.

Sonderverhältnisses handeln, welches durch die Übertragung der Nutzungsberechtigung entstanden ist.

40   Auch die konkreten **Haftungsvoraussetzungen** lässt die Norm im Dunkeln. Die apodiktische Formulierung lässt auf eine verschuldensunabhängige Haftung schließen, die allein auf die kausalen Folgen der Pflichtverletzung abstellt. Nach Wortlaut („mitgeteilt") und Sinn kann es dabei nur um Pflichtverletzungen gehen, die dem Nutzungsberechtigten selbst zur Last fallen, nicht aber um Verletzungen der Weitergabepflicht der Regulierungsbehörde gemäß Satz 2. Auch wird der „nicht rechtzeitigen" Mitteilung die vollends unterbliebene Mitteilung gleichzustellen sein.

§ 70 Mitbenutzung

Soweit die Ausübung des Rechts nach § 68 für die Verlegung weiterer Telekommunikationslinien nicht oder nur mit einem unverhältnismäßig hohen Aufwand möglich ist, besteht ein Anspruch auf Duldung der Mitbenutzung anderer für die Aufnahme von Telekommunikationskabeln vorgesehenen Einrichtungen, wenn die Mitbenutzung wirtschaftlich zumutbar ist und keine zusätzlichen größeren Baumaßnahmen erforderlich werden. In diesem Fall hat der Mitbenutzungsberechtigte an den Mitbenutzungsverpflichteten einen angemessenen geldwerten Ausgleich zu leisten.

Übersicht

I. Normzweck

Die Bestimmung entspricht § 51 TKG 1996, der mithin inhaltlich unverändert fortgilt.[1] Sie **1** dient der Infrastruktursicherung, indem sie die Eigentümer vorhandener Telekommunikationslinien zugunsten anderer Netzbetreiber in die Pflicht nimmt. Während es im gesetzlichen Regelfall den Netzbetreibern überlassen ist, in neue Kabelführungsanlagen zu investieren oder die Mitbenutzung vorhandener Anlagen am Markt zu vereinbaren, regelt das Gesetz den Ausnahmefall, dass die „Ressource Wegerecht" knapp ist und die Netzbetreiber auf die Nutzung vorhandener Linien angewiesen sind.[2] § 70 verhindert so, dass Eigentum und Besitz an Telekommunikationslinien für ein „natürliches" Monopol genutzt werden können, weil der Marktzutritt wegen der hohen Infrastrukturkosten wirtschaftlich unmöglich ist.[3] Mit dieser **Sicherung eines fairen Wettbewerbs** wird zugleich das Interesse an preiswerten Telekommunikationsleistungen gefördert.

II. EG-rechtliche Grundlagen

Gemeinschaftsrechtlich ist § 70 determiniert durch **Art. 4d der sog. Dienste-Richtlinie**[4]. **2** Danach müssen die Mitgliedstaaten, wenn die Einräumung zusätzlicher Wegerechte an Telekommunikationsunternehmen nicht möglich ist, den Zugang zu bestehenden Einrichtungen „zu angemessenen Bedingungen sicherstellen". In den Erwägungsgründen zur Änderungsrichtlinie wies die Kommission ausdrücklich darauf hin, dass es darum geht, einen Missbrauch marktbeherrschender Stellung durch eingesessene Telekommunikationsorga-

---

1 BR-Drs. 755/03, S. 114 (Gesetzesbegründung zu § 68).
2 Vgl. die Begründung zum TKG a. F. in BT-Drs. 13/3609, S. 50. Grundlegend zur Konzeption der Mitbenutzungsregelungen *Bullinger,* ArchivPT 1998, 107, 124 f.
3 *Trute/Bosch/Spoerr,* § 51 RdNr. 1.
4 RL 90/388/EWG i. d. F. von RL 96/19/EG, ABl. EU 1996, Nr. L 74/13.

nisationen zu verhindern und den privaten Wettbewerbern den Zugang zu bestehenden Kabelkanälen und Masten zum Aufbau ihrer eigenen Netze zu eröffnen.[5]

III. Einzelerläuterungen

3 **1. Duldungsanspruch.** – § 70 S. 1 gewährt eine **privatrechtlichen Duldungsanspruch**, der sich auf die Mitbenutzung von Telekommunikationskabeltrassen bezieht. Er richtet sich gegen denjenigen, der das Eigentum oder die tatsächliche Sachherrschaft an den Einrichtungen innehat, welche für die Aufnahme von Telekommunikationskabeln vorgesehen sind. Für die Anspruchsverpflichtung kommt es auf die Stellung als Betreiber oder Lizenzinhaber nicht an.[6] Anspruchsberechtigt kann nur sein, wer zu den nach §§ 68 Abs. 1, 69 Abs. 1 Nutzungsberechtigten gehört, wem also die Regulierungsbehörde das Nutzungsrecht an öffentlichen Wegen wirksam übertragen hat.

4 **a) Unmöglichkeit der Verlegung neuer Telekommunikationslinien.** – Der Duldungsanspruch besteht nur dann, wenn im Rahmen der Ausübung der Nutzungsberechtigung die Verlegung weiterer Telekommunikationslinien nicht oder nur mit einem unverhältnismäßig hohen Aufwand möglich ist. Diese Unmöglichkeit kann sich **sowohl aus rechtlichen als auch aus tatsächlichen Gründen** ergeben. In rechtlicher Hinsicht kommt insbesondere die fehlende Zustimmung des Trägers der Wegbaulast (§ 68 Abs. 3) in Betracht.[7] Aus welchen Gründen der Wegebaulastträger seine Zustimmung verweigert, ist für den Anspruch aus § 70 S. 1 unerheblich.[8] Bei oberirdischer Trassierung kann die Verlegung auch aus planerischen, städtebaulichen Gründen unmöglich sein. Um eine tatsächliche Unmöglichkeit handelt es sich, wenn die örtlichen Gegebenheiten die Unterbringung zusätzlicher Einrichtungen nicht zulassen.[9] Ist die Ungeeignetheit der örtlichen Gegebenheiten offensichtlich, so muss sich der Berechtigte, um einen Anspruch aus § 70 S. 1 zu erwerben, nicht darauf verweisen lassen, zunächst die Versagung der Zustimmung zur Verlegung eigener Telekommunikationslinien abzuwarten.

5 Der Unmöglichkeit einer Verlegung neuer Kabelführungseinrichtungen steht es gleich, wenn die Verlegung einen **unverhältnismäßig hohen Aufwand** erforderte. Dieses alternative Tatbestandsmerkmal ist vor allem wirtschaftlich zu verstehen. Es liegt daher vor, wenn die gewöhnlichen Kosten der Errichtung einer Telekommunikationskabelanlage und damit auch die Kosten einer Mitbenutzung erheblich überstiegen würden.[10] Für diesen Vergleich kann die eigene Wirtschaftlichkeitsberechnung des Anspruchsstellers nicht allein maßgeblich sein, da dieser es sonst in der Hand hätte, sich die Voraussetzungen des Mitbenutzungsanspruchs selbst zu schaffen.[11] Objektiver Maßstab muss vielmehr eine Gegenüberstellung der Kosten der Mitbenutzung und der Neuverlegung einer Kabeltrasse sein: Wenn jene deutlich unter diesen liegen und die Kosten einer Neuverlegung die Wirtschaftlichkeit des Vorha-

---

5 RL 96/19/EG, Erwägungsgrund Nr. 23, ABl. EU 1996, Nr. L 74/13 (19).
6 *Trute/Spoerr/Bosch*, § 51 RdNr. 13. Anders BeckTKG-Komm/*Schütz*, § 51 RdNr. 3 und 10, der nur den „Betreiber" der vorhandenen Einrichtung verpflichtet sieht.
7 BeckTKG-Komm/*Schütz,* § 51 RdNr. 6; *Manssen/Demmel*, § 51 RdNr. 8; *Trute/Spoerr/Bosch*, § 51 RdNr. 8.
8 So *Manssen/Demmel*, § 51 RdNr. 8.
9 BeckTKG-Komm/*Schütz*, § 51 RdNr. 6; *Manssen/Demmel*, § 51 RdNr. 9.
10 So zum Begriff der unverhältnismäßig hohen Kosten in § 56 Abs. 2 S. 2 TKG a. F. BVerwG, NJW 1976, 906, 907.
11 BeckTKG-Komm/*Schütz*, § 51 RdNr. 7.

bens in Frage stellen, kann sich der Anspruch aus § 70 S. 1 ergeben.[12] Die Nachweispflicht für die Unverhältnismäßigkeit des notwendigen Aufwands liegt beim Anspruchssteller.

b) Zumutbarkeit. – Der Duldungsanspruch aus § 70 S. 1 besteht nicht, wenn die Mitbe- **6** nutzung für den Duldungsverpflichteten unzumutbar wäre. Diese zweite Anspruchsvoraussetzung zerfällt im Text der Norm in die wirtschaftliche Zumutbarkeit und die Nichterforderlichkeit zusätzlicher Baumaßnahmen. Die Mitbenutzung ist dem Inhaber einer bestehenden Kabelführungseinrichtung **wirtschaftlich zumutbar**, wenn seine Dispositionsfreiheit dadurch nur unerheblich beeinträchtigt wird.[13] Nicht hinnehmen muss der Pflichtige hingegen außergewöhnliche technische Schwierigkeiten oder unverhältnismäßige Kosten, etwa für Schutzmaßnahmen an seinen Kabeln.[14] Auch wenn sich wesentliche Einschränkungen in der Nutzbarkeit der vorhandenen Anlagen ergeben, dürfte die Duldungspflicht entfallen. Unerheblich ist es aber, ob die gewünschte Mitbenutzung für den Verpflichteten überhaupt mit Kosten verbunden ist, denn bis zur Grenze der Unzumutbarkeit werden solche Kosten durch die nach § 70 S. 2 zu leistende Entschädigung abgegolten.[15]

Darlegung und Nachweis der wirtschaftlichen (Un-)Zumutbarkeit der Mitbenutzung ob- **7** liegt dem Verpflichteten, also dem Inhaber der bestehenden Kabelführungseinrichtung, da dieses Merkmal im Gesetz der Sache nach als rechtsvernichtende Einwendung angelegt ist[16] und es im Übrigen Umstände betrifft, die ausschließlich im Einflussbereich des Verpflichteten liegen[17].

Ein Duldungsanspruch wäre für den Verpflichteten weiterhin dann unzumutbar, wenn in- **8** folge der Mitbenutzung **zusätzliche größere Baumaßnahmen** erforderlich würden. Neben dem Interesse des (potenziell) Verpflichteten soll diese negative Voraussetzung auch dem öffentlichen Interesse des Wegebaulastträgers Rechnung tragen.[18] Der zu erwartende Aufwand der Bauarbeiten für die Mitbenutzung ist dem Ausmaß der für eine Neuverlegung erforderlichen Arbeiten gegenüberzustellen. Würden die für eine Mitbenutzung notwendigen Bauarbeiten ungefähr den Umfang der Neuverlegungsarbeiten erreichen, so handelt es sich um „größere" Maßnahmen mit der Folge, dass die Mitbenutzung nicht geduldet werden muss.[19]

c) Mitbenutzung vorhandener Kabelführungseinrichtungen. – Der Anspruch aus § 70 **9** S. 1 richtet sich auf Mitbenutzung vorhandener **Einrichtungen, welche für die Aufnahme von Telekommunikationslinien vorgesehen sind**. Das betrifft solche Anlagen, die zu diesem Zweck verlegt wurden oder inzwischen in erheblichem Umfang zu diesem Zweck genutzt werden. Die Benutzung von Energie- und Wasserversorgungsleitungen kann daher regelmäßig nicht nach § 70 S. 1 beansprucht werden.[20] Etwas anderes gilt jedoch dann,

---

12 BeckTKG-Komm/*Schütz*, § 51 RdNr. 7. Großzügiger *Trute/Spoerr/Bosch*, § 51 RdNr. 9.
13 *Manssen/Demmel*, § 51 RdNr. 13.
14 BeckTKG-Komm/*Schütz*, § 51 RdNr. 11.
15 BeckTKG-Komm/*Schütz*, § 51 RdNr. 11.
16 So *Trute/Spoerr/Bosch*, § 51 RdNr. 11.
17 So BeckTKG-Komm/*Schütz*, § 51 RdNr. 12.
18 Für eine ausschließlich öffentliche Schutzrichtung aber BeckTKG-Komm/*Schütz*, § 51 RdNr. 13; *Trute/Spoerr/Bosch*, § 51 RdNr. 10.
19 BeckTKG-Komm/*Schütz*, § 51 RdNr. 13; *Manssen/Demmel*, § 51 RdNr. 14.
20 *Manssen/Demmel*, § 51 RdNr. 12.

wenn diese Leitungen mit solchen Einrichtungen ausgestattet sind, die ihrerseits der Aufnahme von Telekommunikationskabeln dienen.[21]

10 Da der Gesetzeswortlaut nicht zwischen **unter- und oberirdisch** verlegten Anlagen unterscheidet, sind sowohl unterirdische Einrichtungen wie Schächte und (Leer-)Rohre, als auch oberirdische wie Masten und Unterstützungen erfasst.[22] Bei den unter- und oberirdisch bestehenden Anlagen muss es sich um Einrichtungen handeln, die nur der Aufnahme von Kabeln dienen; andere Einrichtungen wie beispielsweise Antennenstandorte fallen nicht in den Anwendungsbereich des § 70 S. 1.[23]

11 Weiterhin gilt das Mitbenutzungsrecht ausschließlich für Einrichtungen **auf öffentlichen Verkehrswegen**, während die Mitbenutzung vorhandener Anlagen auf privaten Grundstücken nicht dem Anspruch aus § 70 S. 1 unterfällt. Das ergibt sich vor allem aus der ausdrücklichen Anknüpfung an § 68, der nur die Nutzung öffentlicher Wege betrifft, sowie aus dem systematischen Verhältnis zu § 76, der die Inanspruchnahme privaten Grundeigentums regelt.[24]

12 **d) Reichweite der Duldungspflicht.** – Das Ziel des Anspruchs aus § 70 S. 1 liegt in der Duldung der Mitbenutzung. Sie umfasst sämtliche **Maßnahmen, welche für die Ausübung des Wegenutzungsrechts erforderlich** sind, insbesondere das Einziehen weiterer Kabel, aber grundsätzlich auch bauliche Eingriffe in die vorhandene Substanz[25]. Allerdings muss eine verfassungskonforme Bemessung der Duldungspflicht, soweit es um eine Inhaltsbestimmung von Eigentum geht, die Anforderungen des Art. 14 GG beachten.

13 **2. Ausgleichsanspruch des Duldungspflichtigen.** – Dem Mitbenutzungsverpflichteten steht für die Duldung der Mitbenutzung nach § 70 S. 2 ein angemessener geldwerter Ausgleich zu, der vom Mitbenutzungsberechtigten zu leisten ist. Es handelt sich wiederum um einen **privatrechtlichen Anspruch**, der durch den Duldungsanspruch nach Satz 1 ausgelöst wird. Er umfasst alle Kosten, die dem Betreiber der vorhandenen Kabelführungsanlage durch die Duldung der Mitbenutzung entstehen. Hinzu kommt ein Ausgleich für den Verlust, den der Duldungspflichtige dadurch erleidet, dass er die freien Kapazitäten in seinen Kabelführungseinrichtungen nun nicht mehr für eigene Zwecke nutzen oder frei vermarkten kann.[26]

14 Die genaue **Höhe des fälligen Ausgleichs** orientiert sich zum einen an den tatsächlich entstehenden Kosten, zum anderen am Preis, der am Markt für die Nutzung der betreffenden Kabelanlagen erzielbar ist.[27]

15 Der Ausgleichsanspruch nach § 70 S. 2 ist unmittelbar gegenüber dem Mitbenutzungsberechtigten vor den Zivilgerichten **geltend zu machen**. Er entsteht mit dem Beginn der Duldung der Mitbenutzung[28] und verjährt gemäß § 77 i. V. m. § 195 BGB grundsätzlich nach drei Jahren. Ein Zurückbehaltungsrecht des Duldungspflichtigen im Sinne von § 273 Abs. 1 BGB scheidet im Hinblick auf den Zweck des Duldungsanspruchs aus.[29]

---

21 *Trute/Spoerr/Bosch*, § 51 RdNr. 5.
22 BeckTKG-Komm/*Schütz*, § 51 RdNr. 8.
23 *Trute/Spoerr/Bosch*, § 51 RdNr. 6.
24 Ausführlich BeckTKG-Komm/*Schütz*, § 51 RdNr. 9.
25 *Trute/Spoerr/Bosch*, § 51 RdNr. 12.
26 BeckTKG-Komm/*Schütz*, § 51 RdNr. 14.
27 BeckTKG-Komm/*Schütz*, § 51 RdNr. 14; *Manssen/Demmel*, § 51 RdNr. 15. Kritisch *Trute/Spoerr/Bosch*, § 51 RdNr. 14.
28 BeckTKG-Komm/*Schütz*, § 51 RdNr. 15.
29 *Trute/Spoerr/Bosch*, § 51 RdNr. 15.

§ 71 Rücksichtnahme auf Wegeunterhaltung und Widmungszweck

(1) Bei der Benutzung der Verkehrswege ist eine Erschwerung ihrer Unterhaltung und eine vorübergehende Beschränkung ihres Widmungszwecks nach Möglichkeit zu vermeiden.

(2) Wird die Unterhaltung erschwert, so hat der Nutzungsberechtigte dem Unterhaltspflichtigen die aus der Erschwerung erwachsenden Kosten zu ersetzen.

(3) Nach Beendigung der Arbeiten an den Telekommunikationslinien hat der Nutzungsberechtigte den Verkehrsweg unverzüglich wieder instand zu setzen, sofern nicht der Unterhaltspflichtige erklärt hat, die Instandsetzung selbst vornehmen zu wollen. Der Nutzungsberechtigte hat dem Unterhaltspflichtigen die Auslagen für die von ihm vorgenommene Instandsetzung zu vergüten und den durch die Arbeiten an den Telekommunikationslinien entstandenen Schaden zu ersetzen.

Übersicht

I. Normzweck

§ 71 ist identisch mit § 52 TKG 1996 und damit gleichzeitig die Nachfolgevorschrift zu **1** § 2 TWG. Er regelt das Rechtsverhältnis zwischen dem Nutzungsberechtigten und dem für den benutzten Verkehrsweg Unterhaltspflichtigen, in der Regel also dem Wegebaulastträger. Die Bestimmung ist Ausdruck einer Interessengewichtung zugunsten des öffentlichen Verkehrsweges und seiner widmungsgemäßen Nutzung.[1] Bei der Benutzung von Verkehrswegen für Telekommunikationslinien handelt es sich nach der gesetzlichen Wertung um eine untergeordnete Nutzungsart, die dem **vorrangigen Widmungszweck** des Verkehrsweges in Konfliktfällen stets zu weichen hat.[2] Um diesen Vorrang zu gewährleisten, begründet § 71 für den nutzungsberechtigten Netzbetreiber verschiedene Verhaltenspflichten im Rahmen des öffentlich-rechtlichen Sonderverhältnisses zum Wegebaulastträger.

II. Einzelerläuterungen

1. Pflicht zur Rücksichtnahme (Abs. 1). – Abs. 1 begründet die gesetzliche Pflicht des **2** Nutzungsberechtigten, auf die Unterhaltung und den Widmungszweck des benutzten Verkehrswegs Rücksicht zu nehmen. Die Benutzung hat in einer Art und Weise zu erfolgen,

---

1 So zur Rechtslage nach § 2 TWG BVerwG, NVwZ 1987, 887 f.
2 VGH Kassel, MMR 1998, 160, 161 f.

dass die Unterhaltung der Verkehrswege³ nicht erschwert und ihr Widmungszweck auch nicht nur vorübergehend beschränkt werden. Die Strenge dieser Vermeidungspflicht wird relativiert durch den Zusatz „nach Möglichkeit". Das heißt, der Nutzungsberechtigte muss **sämtliche Vorkehrungen treffen**, die technisch durchführbar und wirtschaftlich zumutbar sind, um eine Beeinträchtigung des Gemeingebrauchs zu vermeiden.⁴ Zur Beseitigung außergewöhnlicher technischer Schwierigkeiten sowie zur Übernahme unverhältnismäßiger Kosten ist er indes nicht verpflichtet.⁵

3 **a) Keine Erschwerung der Unterhaltung.** – Das Vermeidungsgebot des Abs. 1 gilt zum einen im Hinblick auf die Unterhaltung der Verkehrswege durch den Träger der Wegebaulast. Der Begriff der **„Unterhaltung"** umfasst im Wesentlichen dreierlei Arten von Maßnahmen: solche zur Vorsorge (Instandhaltung) vor und zur Beseitigung (Instandsetzung) von Abnutzungserscheinungen infolge bestimmungsgemäßer Benutzung des Verkehrswegs sowie solche zur Beseitigung von Schäden durch bestimmungswidrige Einwirkungen (z. B. von Natureinflüssen).⁶ Nicht erfasst sind dagegen Maßnahmen zur Wahrnehmung der Verkehrssicherungspflicht, wie z. B. die Anbringung von Beleuchtungskörpern oder die Kampfmittelräumung.⁷

4 Zu vermeiden ist die **Erschwerung** der Unterhaltung. Das meint augenscheinlich nicht das bloße Vorhandensein eines Telekommunikationskabels in einem öffentlichen Verkehrsweg, da ansonsten die durch §§ 68, 69 begründete Nutzungsberechtigung des Netzbetreibers leerliefe.⁸ Eine Unterhaltungserschwerung ist hingegen anzunehmen, wenn Telekommunikationslinien in geringerem Abstand als 1,50 m seitlich vom Fahrbahnrand bzw. in weniger als 1,20 m Tiefe verlegt werden, da Arbeiten zur Unterhaltung des Verkehrsweges üblicherweise in diesem Bereich vorgenommen werden.⁹ In diesen Abmessungen muss der Träger der Wegebaulast daher die Verlegung weder dulden noch sich vor Beginn der Unterhaltungsarbeiten über die Lage von Telekommunikationslinien vergewissern.¹⁰ Durch die Verursachung einer „Erschwerung" wird die Nutzung des Verkehrswegs nicht rechtswidrig, sondern lediglich der Ersatzanspruch nach Abs. 2 ausgelöst.

5 **b) Keine Beschränkung des Widmungszwecks.** – Zum anderen trifft den Nutzungsberechtigten eine Rücksichtnahmepflicht in Bezug auf den Widmungszweck des von ihm genutzten Verkehrswegs. Eine – auch nur vorübergehende – Beschränkung ist nach Möglichkeit zu vermeiden. Der **Widmungszweck** des Verkehrswegs ergibt sich regelmäßig aus der Widmungsverfügung, selten auch aus einer impliziten Widmung durch faktische Zurverfügungstellung für den öffentlichen Gebrauch. Er bezieht sich regelmäßig auf den Gemeingebrauch durch die Allgemeinheit, kann insoweit aber auf bestimmte Verkehrsarten beschränkt sein.¹¹ Erfasst ist als gesteigerter Gemeingebrauch auch der sog. Anliegerge-

---

3 Zum Begriff der Verkehrswege vgl. § 68 RdNr. 20–28.
4 BeckTKG-Komm/*Schütz*, § 52 RdNr. 3.
5 *Aubert/Klingler*, 2. Kap., RdNr. 121; *Eidenmüller*, § 2 TWG, Anm. 4.
6 BeckTKG-Komm/*Schütz*, § 52 RdNr. 4; *Kodal/Krämer/Rinke*, Kap. 12 RdNr. 12.3.
7 *Manssen/Demmel*, § 52 RdNr. 4.
8 BeckTKG-Komm/*Schütz*, § 52 RdNr. 5.
9 VGH Kassel, MMR 1998, 160 (161).
10 VGH Kassel, MMR 1998, 160 (162).
11 Zum Widmungszweck schon § 68 RdNr. 40–41.

brauch, also das Recht auf Zufahrt und Zugang zum eigenen Grundstück; auch hieraus können sich nunmehr Grenzen für das Nutzungsrecht von Netzbetreibern ergeben.[12]

Eine **Beschränkung** des Widmungszwecks liegt vor, wenn der Verkehrsweg aufgrund des 6 Eingriffs ganz oder teilweise nicht mehr bestimmungsgemäß genutzt werden kann. Es geht mithin um eine faktische Beeinträchtigung der durch die Widmung zugelassenen Nutzungsarten, die von einigem Gewicht sein muss, um als „Beschränkung" gelten zu können.[13] In Betracht kommen hier z. B. Arbeiten zur Verlegung, Erneuerung, Wartung oder Entfernung von Telekommunikationslinien. Der Widmungszweck ist durch derartige Maßnahmen immer dann „beschränkt", wenn die Verkehrssicherheit erheblich verschlechtert wird.[14]

Das Vermeidungsgebot des Abs. 1 bezieht sich nur auf **vorübergehende** Beschränkungen 7 des Widmungszwecks, nicht hingegen auf solche von Dauer. Im letzteren Fall nämlich stößt das Nutzungsrecht des Netzbetreibers selbst an seine gesetzliche Grenze, da es sich von dem des Bundes ableitet und dieses gemäß § 68 Abs. 1 S. 1 von vornherein unter dem Vorbehalt einer Bewahrung des Widmungszwecks vor dauernden Beschränkungen steht. Daher hat eine dauerhafte Beschränkung die Beseitigungspflicht nach § 72 Abs. 1 zur Folge. Demgegenüber ist eine nur „vorübergehende" Beschränkung, die sich trotz zumutbarer Anstrengungen nicht vermeiden lässt, nach der Systematik des Gesetzes zwar unerwünscht, aber nicht unzulässig; besondere Rechtsfolgen ergeben sich in diesem Fall nicht. Wann die Grenze von einer „vorübergehenden" zu einer dauerhaften Beschränkung überschritten wird, lässt sich nur im Einzelfall bestimmen.[15]

2. Pflicht zum Kostenersatz (Abs. 2). – Die „Erschwerung" der Wegeunterhaltung soll 8 nach Abs. 1 zwar möglichst vermieden werden. Tritt sie aber dennoch ein, so hat der Wegebaulastträger dies nach der Systematik des § 71 zu dulden, kann jedoch nach Abs. 2 die dadurch entstehenden „Kosten" liquidieren. Er erwirbt einen Anspruch auf Ausgleich in Geld gegen den Nutzungsberechtigten. Da dieser Anspruch in dem öffentlich-rechtlichen Sonderverhältnis wurzelt, das durch die Übertragung gemäß § 69 begründet wurde, handelt es sich um einen **öffentlich-rechtlichen Anspruch**, den der Unterhaltungspflichtige als Verwaltungsträger durch einen Verwaltungsakt festsetzen oder auch unmittelbar mit der verwaltungsgerichtlichen Leistungsklage geltend machen kann.[16]

Der **Anspruchsumfang** bemisst sich anhand der Mehraufwendungen, die dem Unterhal- 9 tungspflichtigen „aus der Erschwerung erwachsen". Entgegen dem Wortlaut der Norm wird die Bemessung der kausalen Kostenfolgen allerdings schwerlich an der „Erschwerung" als solcher ansetzen können, sondern sich auf die Nutzung insgesamt beziehen müssen: Auszugleichen sind die Mehrkosten, die durch die Nutzung des Verkehrswegs für Telekommunikationszwecke für seine Unterhaltung anfallen; Vergleichsmaßstab sind die Unterhaltungskosten ohne eine solche Nutzung.[17] Eine pauschalierte Bemessung ist nicht

---

12 BeckTKG-Komm/*Schütz,* § 52 RdNr. 6; *Manssen/Demmel,* § 52 RdNr. 2.

13 *Trute/Spoerr/Bosch,* § 52 RdNr. 13.

14 *Kodal/Krämer/Bauer,* Kap. 27 RdNr. 129.

15 S. schon § 68 RdNr. 41 a. E.

16 BeckTKG-Komm/*Schütz,* § 52, RdNr. 16; im Grundsatz auch *Trute/Spoerr/Bosch,* § 52 RdNr. 23. Zur Frage des Rechtsschutzbedürfnisses in solchen Fällen z. B. *Kopp/Schenke,* VwGO, vor § 40 RdNr. 50.

17 Ebenso wohl BeckTKG-Komm/*Schütz,* § 52, RdNr. 8; *Aubert/Klingler,* 2. Kap., RdNr. 124.

generell unzulässig[18], darf aber nicht dazu führen, dass das private Nutzungsrecht aus §§ 68, 69 wirtschaftlich entwertet wird.

10   **3. Pflicht zur Instandsetzung (Abs. 3).** – § 71 Abs. 3 begründet eine bedingte Instandsetzungspflicht des Nutzungsberechtigten, wenn Arbeiten an den Telekommunikationslinien abgeschlossen sind. Der Netzbetreiber, der die Arbeiten veranlasst hat, muss den Verkehrsweg grundsätzlich selbst wieder herrichten. Diese gesetzliche Pflicht besteht nur **im Verhältnis zum Wegebaulastträger** und begründet kein subjektiv-öffentliches Recht für Dritte. Sie steht zudem unter dem Vorbehalt, dass der unterhaltungspflichtige Wegebaulastträger nicht erklärt, die Instandsetzung selbst vornehmen zu wollen. Im Fall der Selbstvornahme erwirbt der Baulastträger einen Ausgleichsanspruch gegen den Nutzungsberechtigten, für den die Vergütungspflicht an die Stelle der Instandsetzungspflicht tritt. Es handelt sich um einen gesetzlich geregelten Fall öffentlich-rechtlicher Geschäftsführung ohne Auftrag.

11   **a) Wiederinstandsetzung durch den Nutzungsberechtigten.** – Die Instandsetzungspflicht nach § 71 Abs. 3 S. 1 schließt an das Vermeidungsgebot nach Abs. 1 an: Die erschwerte Unterhaltung eines Verkehrswegs wird vermieden, wenn er unverzüglich wieder hergerichtet wird. Dies meint die Herstellung des früheren, vor Beginn der Arbeiten an der Telekommunikationslinie bestehenden Zustands mit Baumitteln, die nach Art und Umfang, Tragfähigkeit und Güte **mit dem ursprünglichen Zustand vergleichbar** sind.[19] Die Instandsetzung beschränkt sich mithin auf das Integritätsinteresse im Sinne von § 249 Abs. 1 BGB.[20] Der Umfang der erforderlichen Instandsetzungsarbeiten richtet sich nach dem Umfang der Benutzung[21]; die Herstellung eines verbesserten Zustands kann vom Nutzungsberechtigten daher grundsätzlich nicht verlangt werden.[22] Ästhetische Gesichtspunkte, die sich kostensteigernd auswirken, müssen für Art und Umfang der Instandsetzung außer Betracht bleiben.[23] Die Instandsetzung muss den anerkannten Regeln der Straßenbautechnik entsprechen.

12   Die Instandsetzungspflicht des Nutzungsberechtigten hat in Abs. 3 S. 1 zwei zeitliche Komponenten: Zum einen entsteht sie dem Wortlaut der Norm zufolge erst **„nach Beendigung der Arbeiten"**. Im Hinblick auf das Vermeidungsgebot aus Abs. 1 dürfte jedoch gelten, dass eine Instandsetzung stets so bald wie möglich erfolgen muss, auch wenn einzelne Arbeiten an der Telekommunikationslinie noch andauern.[24] Der systematische Zusammenhang der Norm beeinflusst insoweit ihre Auslegung. Im Übrigen ist der Verkehrsweg, sobald die Instandsetzungspflicht greift, **„unverzüglich"**, also ohne schuldhaftes Zögern (§ 121 Abs. 1 S. 1 BGB) herzurichten.

13   Entscheidet sich der Wegebaulastträger gegen die Selbstvornahme, so kann er die Instandsetzungspflicht **durch Verwaltungsakt geltend machen** und ggf. im Weg des Verwal-

---

18 *Manssen/Demmel*, § 52 RdNr. 6; kritisch *Scherer*, NJW 1998, 1607 (1614).

19 BeckTKG-Komm/*Schütz*, § 52, RdNr. 10; *Aubert/Klingler*, 2. Kap., RdNr. 126; *Eidenmüller*, § 2 TWG, Anm. 8.

20 OVG Münster ArchivPT 1998, 406 (408).

21 BeckTKG-Komm/*Schütz*, § 52 RdNr. 11.

22 *Aubert/Klingler*, 2. Kap., RdNr. 128; *Eidenmüller*, § 2 TWG, Anm. 8.

23 VGH München ArchivPF 1982, 443 (444 f.); *Eidenmüller*, § 2 TWG, Anm. 8.

24 *Manssen/Demmel*, § 52 RdNr. 7.

tungszwangs durchsetzen.[25] Die Verwaltungsaktsbefugnis ist insoweit der klaren gesetzlichen Verpflichtung, die ausschließlich dem Wegebaulastträger gegenüber besteht, immanent. Auch der Abschluss von Verwaltungsverträgen (§§ 54 ff. VwVfG) ist insoweit denkbar.

b) Selbstvornahme durch den Unterhaltungspflichtigen. – Der unterhaltungspflichtige **14** Baulastträger erhält in § 71 Abs. 3 S. 1 die Option, die erforderlichen Instandsetzungsarbeiten selbst vorzunehmen. Es handelt sich um ein **Wahlrecht des zuständigen Verwaltungsträgers**, das nur durch Erklärung gegenüber dem Nutzungsberechtigten ausgeübt werden kann. Da diese Erklärung die Instandsetzungspflicht des Nutzungsberechtigten entfallen und eine Auslagenerstattungspflicht an ihre Stelle treten lässt, also eine gesetzliche Rechtsfolge auslöst, handelt es sich um einen Verwaltungsakt. Anderes gilt nur, wenn die Unterhaltungspflicht im Einzelfall ausnahmsweise bei einem Privaten liegt.

Wegen dieser Rechtsfolge muss die Erklärung **grundsätzlich vor Beginn entsprechender** **15** **Bauarbeiten** erfolgen, zumal nur so mögliche wirtschaftliche Dispositionen des Netzbetreibers geschützt werden können. Anderes kann aber dann gelten, wenn sich während der Durchführung der Arbeiten konkrete Anhaltspunkte dafür ergeben, dass die Instandsetzung durch den Nutzungsberechtigten nicht den gesetzlichen Anforderungen (oben RdNr. 11) genügen wird.[26]

Wählt der Wegebaulastträger die Selbstvornahme, so erfüllt er nach der Systematik des **16** § 71 in der Sache eine gesetzliche Pflicht des Nutzungsberechtigten. Da es sich praktisch also um einen Fall öffentlich-rechtlicher Geschäftsführung ohne Auftrag handelt, gewährt § 71 Abs. 3 S. 2 dem Unterhaltspflichtigen einen entsprechenden **Vergütungsanspruch.** Dieser umfasst nur die Aufwendungen für die Wiederherstellung des früheren Zustands, nicht auch solche für eine Verbesserung des Verkehrswegs, die vielleicht bei Gelegenheit der Wiederherstellung vorgenommen wird.[27] Ansatzfähig sind jedenfalls die Gemeinkosten wie Materialkosten, Löhne, Umsatzsteuer sowie die üblichen Unkostenzuschläge.[28] Der Unterhaltspflichtige muss sich jedoch die Ersparnis solcher Aufwendungen anrechnen lassen, die er ohnehin für fällige Unterhaltungsmaßnahmen hätte aufwenden müssen.[29]

Auch den Auslagenersatzanspruch kann der Unterhaltungspflichtige, wenn es sich um ei- **17** nen öffentlich-rechtlichen Verwaltungsträger handelt, **durch Verwaltungsakt** geltend machen.[30]

c) Schadensersatzpflicht. – Unabhängig von der Durchführung der Instandsetzung hat **18** der Nutzungsberechtigte gemäß § 71 Abs. 3 S. 2, 2. Alt. dem Unterhaltspflichtigen den Schaden zu ersetzen, der durch Arbeiten an der Telekommunikationslinie entsteht. Es handelt sich um eine **verschuldensunabhängige Haftung des Nutzungsberechtigten**[31], sodass die für die Halterhaftung nach dem StVG aufgestellten Grundsätze der Gefährdungshaftung entsprechende Anwendung finden sollen.[32] Die Ersatzpflicht greift ohne Rücksicht

---

25 BeckTKG-Komm/*Schütz*, § 52 RdNr. 18. A. A. *Manssen/Demmel*, § 52 RdNr. 10.
26 *Manssen/Demmel*, § 52 RdNr. 9.
27 BeckTKG-Komm/*Schütz*, § 52 RdNr. 14; *Manssen/Demmel*, § 52 RdNr. 11.
28 *Eidenmüller*, § 2 TWG, Anm. 10.
29 BeckTKG-Komm/*Schütz*, § 52 RdNr. 14; *Eidenmüller*, § 2 TWG, Anm. 10.
30 BeckTKG-Komm/*Schütz*, § 52 RdNr. 16. A. A. *Manssen/Demmel*, § 52 RdNr. 11 a. E.
31 *Manssen/Demmel*, § 52 RdNr. 12; BeckTKG-Komm/*Schütz*, § 52 RdNr. 15.
32 *Manssen/Demmel*, § 52 RdNr. 12; BeckTKG-Komm/*Schütz*, § 52 RdNr. 15.

darauf, ob der Nutzungsberechtigte oder der Unterhaltungspflichtige die Instandsetzungsarbeiten vornimmt.

19 Der **Umfang der Ersatzpflicht** wird durch den systematischen Kontext der Regelung mitbestimmt. Insbesondere ist zu berücksichtigen, dass die Schadensersatzpflicht unabhängig
neben der Instandhaltungspflicht des Nutzungsberechtigten steht, also auf sonstige, quasi
unplanmäßige Vermögenseinbußen des Wegebaulastträgers zielt.[33] Daher erfasst die Scha-
densersatzregelung nur solche Nachteile, deren Beseitigung nicht unter dem Gesichtspunkt
ordnungsgemäßer Instandsetzung verlangt werden kann; mangelhafte Instandsetzung ist in
diesem Sinne kein Schaden, sondern eine Nichterfüllung der Instandsetzungspflicht.[34] Mit
dieser Maßgabe aber entspricht der Begriff des Schadens auch hier dem allgemeinen Scha-
densbegriff[35], d.h. erfasst sind nicht nur unmittelbar am Weg selbst entstandene Schäden,
sondern auch mittelbare Schäden, die dem Wegebaulastträger als adäquate Folge von Arbeiten der Netzbetreiber an ihren im öffentlichen Straßenraum untergebrachten Telekommunikationslinien erwachsen (z.B. Haftpflichtschäden).[36] Der Wegebaulastträger muss
sich entsprechend § 254 BGB eigenes Verschulden anrechnen lassen.[37]

20 Auch der Schadensersatzanspruch aus § 71 Abs. 3 S. 2 kann, da es sich um einen gesetzlichen Anspruch aus einem öffentlich-rechtlichen Sonderverhältnis handelt, **durch Verwaltungsakt** durchgesetzt werden. Anderes gilt wiederum, wenn der anspruchsberechtigte
Unterhaltungspflichtige ein Privater ist.

---

33 BeckTKG-Komm/*Schütz,* § 52 RdNr. 15.
34 OVG Münster ArchivPT 1998, 406, 408.
35 BGHZ 36, 217, 221 f.
36 BGHZ 36, 217, 222; *Aubert/Klingler,* 2. Kap., RdNr. 130; *Eidenmüller,* § 2 TWG, Anm. 11.
37 *Aubert/Klingler,* 2. Kap., RdNr. 130, *Eidenmüller,* § 2 TWG, Anm. 11.

§ 72 Gebotene Änderung

(1) Ergibt sich nach Errichtung einer Telekommunikationslinie, dass sie den Widmungszweck eines Verkehrsweges nicht nur vorrübergehend beschränkt oder die Vornahme der zu seiner Unterhaltung erforderlichen Arbeiten verhindert oder die Ausführung einer von dem Unterhaltungspflichtigen beabsichtigten Änderung des Verkehrsweges entgegensteht, so ist die Telekommunikationslinie, soweit erforderlich, abzuändern oder zu beseitigen.

(2) Soweit ein Verkehrsweg eingezogen wird, erlischt die Befugnis des Nutzungsberechtigten zu seiner Benutzung.

(3) In allen diesen Fällen hat der Nutzungsberechtigte die gebotenen Maßnahmen an der Telekommunikationslinie auf seine Kosten zu bewirken.

Übersicht

Schrifttum: *Biletzki,* Folge- und Folgekostenpflicht von TK-Unternehmen, MMR 1999, 80.

I. Normzweck

Mit § 72 gilt § 53 TKG a. F. inhaltlich unverändert fort. Die Regelung ergänzt die Bestimmungen des § 71 über die Rücksichtnahme des Nutzungsberechtigten, also des Betreibers der Telekommunikationslinie auf den öffentlich-rechtlichen Widmungszweck des Verkehrswegs. Sie ist Ausdruck der gesetzlichen Gewichtung der Interessen von Wegebaulastträger und Nutzungsberechtigtem.[1] In diesem Interessenkonflikt kommt dem Widmungszweck des Verkehrsweges, namentlich dem straßenrechtlichen Gemeingebrauch, grundsätzlich der Vorrang zu. Ausdruck dieses Vorrangs ist auch § 72, der den Nutzungsberechtigten verpflichtet, seine Telekommunikationslinie zu ändern oder gar zu beseitigen, wenn der öffentliche Zweck des Weges dies erfordert. **1**

II. Änderungs- und Beseitigungspflicht (Abs. 1)

Die Pflicht zu Änderung oder Beseitigung einer „störenden" Telekommunikationslinie ist in Abs. 1 als zwingende Rechtsfolge an **drei alternative Tatbestände** geknüpft. Daneben stellt Abs. 2 mit der Einziehung des Verkehrswegs eine vierte Konstellation dar, in welcher der Eigentümer die Beseitigung der Telekommunikationseinrichtungen verlangen kann. **2**

---

1 BeckTKG-Komm/*Schütz,* § 53 RdNr. 1; *Manssen/Demmel,* § 53 RdNr. 1.

Stets geht es um Nutzungskonflikte, die **nach Errichtung** der Telekommunikationslinie entstehen; im Vorhinein bestehende Unvereinbarkeiten schließen bereits die Nutzungsberechtigung aus (§ 68 Abs. 1 S. 1).

3 **1. Beschränkung des Widmungszwecks.** – Zum einen kann sie verlangt werden, wenn die Telekommunikationslinie den Widmungszweck des Verkehrsweges beschränkt. Maßstab der Beschränkung ist der Widmungszweck, wie er sich aus der Widmungsverfügung ergibt. Er umfasst bei öffentlichen Verkehrswegen die **Nutzung durch die Allgemeinheit** im Rahmen des Gemeingebrauchs sowie den Anliegergebrauch.[2]

4 Eine **Beschränkung** des widmungsgemäßen Gebrauchs setzt – im Gegensatz zur bloßen Beeinträchtigung – eine gewisse Erheblichkeit des Eingriffs voraus. Nicht jede Minderung der Sicherheit und Leichtigkeit des Verkehrs ist also ausreichend. Wird etwa durch die Errichtung von Leitungsmasten die Verkehrssicherheit erheblich verschlechtert, so ist darin eine dauernde Beschränkung zu sehen. Hingegen stellen Schaltkästen oder Telefonzellen innerhalb des Verkehrsraumes, am Gehwegrand oder zwischen den Fahrbahnen nur eine Beeinträchtigung der Leichtigkeit des Verkehrs dar und sind damit zulässig.[3]

5 Die Beschränkung muss, um die Änderungspflicht auszulösen, **nicht nur vorübergehend**, sondern von Dauer sein. Diese zeitliche Anforderung, die sich nur auf diesen ersten Tatbestand des Abs. 1 bezieht, ist erfüllt, wenn eine Beendigung der Verkehrsbeschränkung in absehbarer Zeit nicht zu erwarten ist.[4] Als nur vorübergehende Beschränkung nicht tatbestandsmäßig ist dagegen regelmäßig die Verlegung, Wartung oder Erneuerung von Leitungen.

6 **2. Verhinderung von Unterhaltungsarbeiten.** – Der zweite Tatbestand betrifft die durch öffentliche Verkehrssicherungspflichten vorgegebene Unterhaltung des Verkehrsweges. Werden die zu diesem Zweck erforderlichen Arbeiten durch die Telekommunikationslinie verhindert, so wird ebenfalls die Änderungs- oder Beseitigungspflicht nach Abs. 1 ausgelöst. Dabei deutet das Verb „**verhindern**" auf eine hohe Schwelle hin, die mehr meint als nur eine Erschwerung oder Beeinträchtigung. Die notwendigen Arbeiten müssen praktisch unmöglich gemacht werden. Wenngleich eine dem ersten Tatbestand („nicht nur vorübergehend") vergleichbare zeitliche Einschränkung hier fehlt, werden die Arbeiten im Wortsinne nur „verhindert", wenn sie auf Dauer unmöglich werden.[5]

7 Zu den erforderlichen **Unterhaltungsarbeiten** gehören solche, die in den Aufgaben des Wegebaulastträgers begründet sind, also z. B. das Auftragen einer neuen Straßendecke oder das Anlegen bzw. die Änderung von Entwässerungsanlagen. Das Fällen von Bäumen am Straßenrand unterfällt der Unterhaltung nur, soweit es dem Schutz des Straßenkörpers dient, nicht aber wenn es aus Gründen der Verkehrssicherheit geschieht. Denn die Wahrnehmung der Verkehrssicherungspflicht ist keine originäre Maßnahme der Straßenbaulast, die allein mit der „Unterhaltung" von Verkehrswegen angesprochen ist.[6] Erst recht gilt dies für gestalterische Maßnahmen zur Verschönerung des Straßenbildes o. Ä.

---

2 BeckTKG-Komm/*Schütz,* § 53 RdNr. 3.
3 *Kodal/Krämer/Bauer,* Kap. 27, RdNr. 129.
4 BeckTKG-Komm/*Schütz,* § 53 RdNr. 5.
5 Ebenso z. B. *Trute/Spoerr/Bosch,* § 53 RdNr. 8; BeckTKG-Komm/*Schütz,* § 53 RdNr. 8.
6 BeckTKG-Komm/*Schütz,* § 53 RdNr. 7 m. w. N.; a.A. BGHZ 98, 244, 249; *Trute/Spoerr/Bosch,* § 53 RdNr. 7.

3. Verhinderung einer Verkehrswegänderung. – Drittens greift die Änderungspflicht **8** ein, soweit die Telekommunikationslinie einer vom Wegebaulastträger beabsichtigten Änderung des Verkehrsweges entgegensteht. Von einer **Änderung des Verkehrsweges** wird gesprochen, wenn der Weg auf demselben Grund und Boden verbleibt und lediglich baulich in den Straßenkörper eingegriffen werden soll.[7] Eine Änderung des Verkehrsweges ist nach der Rechtssprechung auch dann gegeben, wenn vorübergehend eine Behelfsfahrbahn eingerichtet wird[8] oder Bäume im Zuge der Verkehrsberuhigung einer Straße zum Schutz der Anlieger vor dem Straßenverkehr angepflanzt werden.[9] Um keine Änderung des Verkehrsweges handelt es sich jedoch, wenn der Weg an eine andere Stelle verlegt wird. Hierbei ist nach der Systematik des TKG von einer Einziehung auszugehen, die unter § 72 Abs. 2 fällt.[10]

Die Änderung oder Beseitigung der Telekommunikationslinie kann allerdings nur dann **9** verlangt werden, wenn die Verkehrswegänderung **vom Unterhaltspflichtigen beabsichtigt** ist. Das ist der Fall, wenn sie durch ein eigenes Interesse des unterhaltspflichtigen Wegebaulastträgers selbst und nicht maßgeblich durch Dritte motiviert ist.[11] Ein solches Eigeninteresse ist anzunehmen, wenn die notwendigen straßenbaulichen Voraussetzungen für die Aufrechterhaltung des Kraftfahrzeugverkehrs geschaffen werden müssen; was die Durchführung der erforderlichen Arbeiten dann konkret auslöst, ist irrelevant.[12] Auch liegt ein absichtsbegründendes Eigeninteresse des Wegebaulastträgers vor, wenn dieser die Kosten der Änderung selbst trägt[13] oder die Änderung des Verkehrsweges als notwendige Folgemaßnahme nach § 75 Abs. 1 VwVfG vom Planungsträger eines Verkehrsweges durchgeführt wird.[14]

Es fällt auf, dass, obwohl ansonsten die alte Norm wörtlich übernommen wurde, § 72 **10** Abs. 1 nunmehr davon spricht, dass **„die Ausführung"** einer geplanten Verkehrswegänderung nicht entgegenstehen darf, während es in § 53 Abs. 1 TKG 1996 an dieser Stelle noch „der Ausführung" hieß. Nimmt man dies als gewollte Änderung und nicht nur als Redaktionsversehen, so ist die „Ausführung" vom Dativobjekt, das sich auf die Änderung des Verkehrswegs bezog, zum Subjekt des letzten „oder"-Satzes geworden. Sie kann sich dann grammatikalisch nur auf die Telekommunikationslinie beziehen. Ob mit dieser Änderung eine inhaltliche Abweichung gegenüber der alten Fassung beabsichtigt ist, kann nicht festgestellt werden; auch die Materialien sind insoweit wenig erhellend.[15]

4. Erforderlichkeit. – Liegt einer der Tatbestände des Abs. 1 vor, trifft den Nutzungsbe- **11** rechtigten die Verpflichtung, seine Telekommunikationslinie **abzuändern oder zu beseitigen.** Der Umfang der gebotenen Maßnahmen richtet sich danach, was erforderlich ist, um einen widmungsgemäßen Gebrauch, die gebotene Straßenunterhaltung oder die geplante Straßenänderung zu ermöglichen. Insoweit stellt die Gesetzesbegründung klar, dass eine

---

7 BVerwGE 109, 192; RGZ 136, 26, 31; *Eidenmüller,* § 3 TWG, Anm. 7; *Aubert/Klingler,* 2. Kap., RdNr. 134.
8 BVerwG, NVwZ 1987, 887, 888; *Aubert/Klingler,* 2. Kap., RdNr. 134.
9 VGH Mannheim, ArchivPF 1984, 304, 305.
10 BeckTKG-Komm/*Schütz,* § 53, RdNr. 9.
11 *Aubert/Klingler,* 2. Kap., RdNr. 94; BeckTKG-Komm/*Schütz,* § 53 RdNr. 12.
12 BVerwG, NVwZ 1987, 887, 888.
13 *Eidenmüller,* § 3 TWG, Anm. 7.
14 Vgl. BVerwGE 109, 192, 201 f.
15 Vgl. BR-Drs. 755/03, S. 114.

Änderung schon dann geboten ist, wenn die Leitung bei Wegeänderungen „nach den üblichen Baumethoden entsprechend den anerkannten Regeln der Technik Probleme bereitet".[16] Den Umfang der vom Nutzungsberechtigten zu ergreifenden Maßnahmen, also
die Erforderlichkeit, hat der Träger der Wegebaulast darzutun und ggf. zu beweisen.[17] Eine
Abänderung wäre z.B. die Entfernung einer oberirdischen Leitung und ihrer Stützmasten,
ihre Verlegung in die Erde oder die Entfernung der Leitung auf einer Straßenseite und die
Neuverlegung auf der anderen. Beseitigung meint die vollständige Entfernung aller störenden Telekommunikationslinien auf einem Verkehrsweg.[18]

III. Einziehung eines Verkehrsweges (Abs. 2)

12 Die telekommunikationsrechtliche Nutzungsberechtigung erlischt gemäß § 72 Abs. 2, sobald der Verkehrsweg eingezogen wird. Die Einziehung eines öffentlichen Verkehrsweges
erfolgt durch **Entwidmung**, welche der Straße ihre öffentlich-rechtliche Zweckbestimmung nimmt. Damit entfallen gemäß § 2 Abs. 7 S. 1 FStrG der Gemeingebrauch sowie wi-
derrufliche Sondernutzungen. Gleichzeitig erlöschen die öffentliche Straßenbaulast und,
da sie an diese geknüpft ist (vgl. § 68, RdNr. 20 ff.), damit auch die telekommunikationsrechtliche Nutzungsbefugnis. Das Eigentum wird von seiner öffentlich-rechtlichen Überlagerung befreit, die Ausschließungsrechte des Eigentümers kommen wieder zur Geltung.
Die Telekommunikationslinie ist daher zu entfernen, wenn der Eigentümer dies verlangt
(§ 1004 BGB).[19]

13 Eine **Teileinziehung** ist im Hinblick auf die telekommunikationsrechtliche Nutzung nicht
nach Abs. 2, sondern nach Abs. 1 als Änderung des Verkehrsweges zu beurteilen. Auch die
Einziehung eines unselbstständigen Wegstücks fällt unter die Regelung in Abs. 2.[20]

14 Eine Einziehung ist gemäß § 2 Abs. 4 FStrG **zulässig**, wenn ihre Verkehrsbedeutung entfallen ist oder sonst überwiegende Gründe des Allgemeinwohls vorliegen.[21] Sie ergeht in
Form einer sachbezogenen Allgemeinverfügung (§ 35 S. 2 VwVfG) und ist mit der Anfechtungsklage (§ 42 Abs. 1 VwGO) angreifbar. Deren Erhebung setzt allerdings voraus,
dass der Kläger die Verletzung eigener subjektiver Rechte geltend machen kann (§ 42
Abs. 2 VwGO). Dies wird dem Betreiber einer Telekommunikationslinie im Regelfall
kaum möglich sein, da er keinen Anspruch auf Aufrechterhaltung der öffentlich-rechtlichen Widmung besitzt.

IV. Kostentragung (Abs. 3)

15 In den Fällen der Abs. 1 und 2 muss der Nutzungsberechtigte die gebotenen Maßnahmen
an der Telekommunikationslinie selbst und auf eigene Kosten veranlassen („bewirken").
Insbesondere ist der Träger der Wegebaulast ist nicht berechtigt, die gebotenen Änderun-

---

16 BR-Drs. 755/03, S. 114.
17 *Eidenmüller,* § 3 TWG, Anm. 8.
18 *Eidenmüller,* § 3 TWG, Anm. 8.
19 BGHZ 125, 56, 63; *Eidenmüller,* § 3 TWG, Anm. 9.
20 So bereits RGZ 136, 26, 30.
21 Vgl. z.B. auch § 8 Abs. 1 NStrG. Im Einzelnen *Kodal/Krämer/Herber,* Kap. 10, insb.
   RdNr. 12.41 ff.

gen eigenständig durchzuführen.[22] Die Kostentragungspflicht des Nutzungsberechtigten ist das gesetzessystematische **Äquivalent** zur Pflicht des Wegebaulastträgers, die Verkehrswege unentgeltlich zur Benutzung für Telekommunikationszwecke zur Verfügung zu stellen.[23]

Dementsprechend soll sie nur dann bestehen, wenn die Änderungen im unmittelbaren Interesse des Wegebaulastträgers durchgeführt werden. Wird jedoch die Telekommunikationslinie **im Interesse eines Dritten** geändert oder beseitigt, so soll der Dritte dem Netzbetreiber auch die Kosten der Maßnahme erstatten müssen.[24] Schadensersatzansprüche eines Dritten können nicht auf Abs. 3 gestützt werden.[25] **16**

V. Geltendmachung von Ansprüchen

Der **Träger der Wegebaulast** kann seinen Änderungs- oder Beseitigungsanspruch durch Verwaltungsakt geltend machen, eine entsprechende Befugnis ist § 72 Abs. 1 implizit zu entnehmen.[26] Falls von vornherein mit einer Anfechtung zu rechnen ist, sollte der Verwaltungsträger auch ein hinreichendes Rechtsschutzbedürfnis besitzen, um statt dessen unmittelbar Leistungsklage zu erheben.[27] Es ist der Rechtsweg zu den Verwaltungsgerichten eröffnet (§ 40 Abs. 1 VwGO). Nach Einziehung des Verkehrsweges ist für den Beseitigungsanspruch des **Grundstückseigentümers** gegen den Nutzungsberechtigten (§ 1004 BGB) der ordentliche Rechtsweg gegeben. Dieser Anspruch entsteht mit dem Erlöschen der Nutzungsberechtigung unabhängig davon, ob der Grundstückseigentümer von der Existenz der in seinem Grund und Boden verlaufenden Leitungen Kenntnis hat oder sie als störend empfindet.[28] **17**

22 *Eidenmüller*, § 3 TWG, Anm. 10.
23 *Aubert/Klingler*, 2. Kap., RdNr. 149; *Trute/Spoerr/Bosch*, § 53 RdNr. 15.
24 So jedenfalls BeckTKG-Komm/*Schütz*, § 53 RdNr. 21.
25 OVG Lüneburg, ArchivPF 1980, 176, 176 f.
26 A. A. *Trute/Spoerr/Bosch*, § 53 RdNr. 16.
27 Vgl. *Schoch/Schmidt-Aßmann/Pietzner/Pietzcker*, VwGO, § 42 Abs. 1 RdNr. 171.
28 BGHZ 152, 56, 63 f.

§ 73 Schonung der Baumpflanzungen

(1) Die Baumpflanzungen auf und an den Verkehrswegen sind nach Möglichkeit zu schonen, auf das Wachstum der Bäume ist Rücksicht zu nehmen. Ausästungen können nur insoweit verlangt werden, als sie zur Herstellung der Telekommunikationslinie oder zur Verhütung von Betriebsstörungen erforderlich sind; sie sind auf das unbedingt notwendige Maß zu beschränken.

(2) Der Nutzungsberechtigte hat dem Besitzer der Baumpflanzungen eine angemessene Frist zu setzen, innerhalb welcher er die Ausästungen selbst vornehmen kann. Sind die Ausästungen innerhalb dieser Frist nicht oder nicht genügend vorgenommen, so bewirkt der Nutzungsberechtigte die Ausästungen. Dazu ist er auch berechtigt, wenn es sich um die dringliche Verhütung oder Beseitigung einer Störung handelt.

(3) Der Nutzungsberechtigte ersetzt den an den Baumpflanzungen verursachten Schaden und die Kosten der auf sein Verlangen vorgenommenen Ausästungen.

Übersicht

I. Normzweck

Auch § 73 hat durch die TKG-Novelle keine inhaltliche Änderung erfahren, sodass sich **1** kein Unterschied zu § 54 TKG 1996 ergibt. Die Norm regelt die rechtlichen Beziehungen zwischen dem Netzbetreiber, der zur Nutzung öffentlichen Straßenlands berechtigt ist, und dem Besitzer von Baumpflanzungen auf und an Verkehrswegen. Sie gewährt dem Nutzungsberechtigten unter bestimmten Voraussetzungen ein Recht zum Eingriff in den Baumbestand, verpflichtet ihn im Gegenzug aber, auf die Baumpflanzungen Rücksicht zu nehmen.

II. Anwendungsbereich

Baumpflanzungen werden von § 73 nur insoweit erfasst, wie die **Gefahr einer Kollision 2** mit der Nutzung des öffentlichen Verkehrsweges durch den Nutzungsberechtigten besteht.[1] Sie müssen sich daher entweder auf dem Verkehrsweg, also beispielsweise auf dem Gehweg, befinden oder an einem Verkehrsweg, also z. B. auf einem Privatgrundstück, doch mit Ästen, die in den Luftraum des Verkehrsweges hineinragen.[2]

Soweit § 73 als lex specialis die Rechtsbeziehungen zwischen Nutzungsberechtigtem und **3** Baumbesitzer regelt, ist eine entsprechende Anwendung der allgemeinen Bestimmungen des Bürgerlichen Gesetzbuches ausgeschlossen.[3] Unberührt von § 73 bleibt die Verpflich-

---

1 BeckTKG-Komm/*Schütz,* § 54 RdNr. 1; *Manssen/Demmel,* § 54 RdNr. 1.
2 *Aubert/Klingler,* 2. Kap., RdNr. 183.
3 *Aubert/Klingler,* 2. Kap., RdNr. 186; BeckTKG-Komm/*Schütz,* § 54 RdNr. 4.

tung des Besitzers einer Baumpflanzung, morsche Bäume unverzüglich zu entfernen, sobald von ihnen eine Gefahr für die Telekommunikationslinie ausgeht. Sie ergibt sich vielmehr bereits aus der allgemeinen **Verkehrssicherungspflicht**.[4] Der Baumbesitzer kann in diesen Fällen insbesondere nicht vom Nutzungsberechtigten verlangen, dass dieser ohne jedwede Entschädigung seine Freileitung niederlegt, um die Baumfällarbeiten zu ermöglichen.[5]

III. Schonungsgebot (Abs. 1)

4   Der Nutzungsberechtigte hat gemäß Abs. 1 S. 1 die Baumpflanzungen nach Möglichkeit zu schonen und Rücksicht auf das Wachstum der Bäume zu nehmen. Das Schonungsgebot gilt damit nicht unbedingt, sondern nur **„nach Möglichkeit"**. Der Nutzungsberechtigte muss mithin alle Vorkehrungen treffen, die technisch durchführbar und wirtschaftlich zumutbar sind, um eine Beeinträchtigung der Baumpflanzungen zu vermeiden.[6] Er ist jedoch nicht verpflichtet, außergewöhnliche technische Schwierigkeiten und die Übernahme unverhältnismäßiger Kosten zu tragen.[7] Aus Abs. 1 S. 1 ergibt sich mithin keine Verpflichtung, die Telekommunikationslinie so anzulegen, dass Baumpflanzungen unter keinen Umständen berührt werden. Auch im Hinblick auf das Wachstum der Bäume besteht keine Pflicht des Nutzungsberechtigten, die Telekommunikationslinie zu verlegen, wenn die Bäume – ggf. nach vielen Jahren – groß geworden sind.[8]

5   Gemäß Abs. 1 S. 2 kann der Nutzungsberechtigte vom Besitzer der Baumpflanzungen verlangen, dass dieser **Ausästungen** an seinen Baumpflanzungen durchführt, soweit dies zur Errichtung der Telekommunikationslinie oder zur Verhütung von Betriebsstörungen erforderlich ist und sich die Eingriffe auf das unbedingt notwendige Maß beschränken. Daher kann der Nutzungsberechtigte in der Regel nicht verlangen, dass die Baumpflanzungen mehr als einen Meter von den Freileitungen entfernt sind. Ein ausreichender Abstand ist bereits anzunehmen, wenn die Äste mindestens 60 cm in alle Richtungen entfernt sind.[9] Die vollständige Beseitigung von gesunden Bäumen kann nicht verlangt werden.[10]

6   Das Rechte des Nutzungsberechtigten richtet sich gegen den **Besitzer der Baumpflanzungen**. Besitzer ist entweder der Eigentümer, der Nießbraucher oder der Pächter der Bäume. Es kann aber auch der Eigentümer, Nießbraucher, Mieter oder Pächter des Grundstücks sein, auf dem sich die Bäume befinden.[11]

IV. Durchführung von Ausästungen (Abs. 2)

7   Im Grundsatz muss der Baumbesitzer (RdNr. 6) nach Abs. 2 S. 1 die Ausästungen **eigenhändig** vornehmen; der Nutzungsberechtigte hat dem Baumbesitzer für die Durchführung

---

4 BeckTKG-Komm/*Schütz,* § 54 RdNr. 3. Allgemein zu den Verkehrssicherungspflichten vgl. *Palandt/Sprau,* § 823 RdNr. 45 ff., für den vorliegenden Zusammenhang RdNr. 190 m. w. N.
5 *Aubert/Klingler,* 2. Kap., RdNr. 185.
6 BeckTKG-Komm/*Schütz,* § 54 RdNr. 9.
7 BeckTKG-Komm/*Schütz,* § 54 RdNr. 9.
8 BeckTKG-Komm/*Schütz,* § 54 RdNr. 9.
9 *Aubert/Klingler,* 2. Kap., RdNr. 190; *Eidenmüller,* § 4 TWG, Anm. 8.
10 *Eidenmüller,* § 4 TWG, Anm. 5.
11 *Eidenmüller,* § 4 TWG, Anm. 9.

der erforderlichen Arbeiten eine angemessene Frist zu setzen. Kommt der Baumbesitzer dem Verlangen nach Ausästung innerhalb der gesetzten Frist nicht oder nur unzureichend nach, so kann der Nutzungsberechtigte die erforderlichen Ausästungen eigenhändig vornehmen. Nach Abs. 2 S. 2 ist der Nutzungsberechtigte ausnahmsweise auch dann zur Durchführung von Ausästungen berechtigt, wenn sie erforderlich sind, um eine Störung zu verhindern („dringliche Verhütung") oder zu beseitigen.

Führt der Nutzungsberechtigte die Ausästungen eigenhändig durch, so ist der Besitzer der **8** Baumpflanzungen verpflichtet, diese zu **dulden**. Sind die Ausästungen indes rechtswidrig, kann er nach den §§ 862, 1004 BGB Unterlassung verlangen.[12]

V. Schadens- und Kostenersatz (Abs. 3)

Abs. 3 bestimmt, dass der Nutzungsberechtigte den an den Baumpflanzungen verursachten **9** Schaden und die **Kosten** der auf sein Verlangen vorgenommenen Ausästungen zu ersetzen hat. Dieser Anspruch besteht unabhängig vom Verschulden des Nutzungsberechtigten und umfasst sämtliche durch die Ausästung entstandenen **Schäden**. Nicht zu ersetzen sind hingegen ideelle Schäden, z.B. eine durch die Ausästung beeinträchtigte Schönheit der Baumpflanzung.[13] Der Ersatzanspruch nach Abs. 3 besteht nur dann, wenn die Ausästung unter den Voraussetzungen des Abs. 1 durchgeführt wurde. Danach muss die Ausästung der Herstellung der Telekommunikationslinie oder ihrem Schutz dienen und auf Verlangen des Nutzungsberechtigten vorgenommen worden sein.

Ob der Baumbesitzer vom Nutzungsberechtigten **Aufwendungsersatz** für unaufgefordert **10** durchgeführte Ausästungen verlangen kann, richtet sich nach Bestimmungen über die Geschäftsführung ohne Auftrag (§§ 677 ff. BGB).[14] Der erforderliche Fremdgeschäftsführungswille ist jedoch nicht gegeben, wenn die Ausästung ohnehin im Rahmen der ordnungsgemäßen Baumpflege vorgenommen wurde.[15]

VI. Geltendmachung von Ansprüchen

Für die Ansprüche sowohl des Nutzungsberechtigten als auch des Baumbesitzers aus § 73 **11** ist der **ordentliche Rechtsweg** gegeben.[16] Bei unberechtigtem Ausästungsverlangen und drohender Selbstvornahme kann sich der Baumbesitzer vor den Zivilgerichten mit dem Antrag auf Erlass einer einstweiligen Verfügung wehren.[17] Die Ersatzansprüche des Besitzers von Baumpflanzungen verjähren gemäß § 77 i.V.m. § 195 BGB regelmäßig in drei Jahren. Die Verjährung beginnt mit dem Schluss des Jahres, in dem der Anspruch entstanden ist (§ 77 i.V.m. § 199 Abs. 1 Nr. 1 BGB).

---

12 BeckTKG-Komm/*Schütz,* § 54 RdNr. 8; *Manssen/Demmel,* § 54 RdNr. 9.
13 *Aubert/Klingler,* 2. Kap., RdNr. 192; *Eidenmüller,* § 4 TWG, Anm. 11.
14 BeckTKG-Komm/*Schütz,* § 54 RdNr. 10.
15 *Manssen/Demmel,* § 54 RdNr. 12.
16 BeckTKG-Komm/*Schütz,* § 54 RdNr. 12.
17 *Manssen/Demmel,* § 54 RdNr. 13.

§ 74 Besondere Anlagen

(1) Die Telekommunikationslinien sind so auszuführen, dass sie vorhandene besondere Anlagen (der Wegeunterhaltung dienende Einrichtungen, Kanalisations-, Wasser-, Gasleitungen, Schienenbahnen, elektrische Anlagen und dergleichen) nicht störend beeinflussen. Die aus der Herstellung erforderlicher Schutzvorkehrungen erwachsenden Kosten hat der Nutzungsberechtigte zu tragen.

(2) Die Verlegung oder Veränderung vorhandener besonderer Anlagen kann nur gegen Entschädigung und nur dann verlangt werden, wenn die Benutzung des Verkehrsweges für die Telekommunikationslinie sonst unterbleiben müsste und die besondere Anlage anderweitig ihrem Zweck entsprechend untergebracht werden kann.

(3) Auch beim Vorliegen dieser Voraussetzungen hat die Benutzung des Verkehrsweges für die Telekommunikationslinie zu unterbleiben, wenn der aus der Verlegung oder Veränderung der besonderen Anlage entstehende Schaden gegenüber den Kosten, welche dem Nutzungsberechtigten aus der Benutzung eines anderen ihm zur Verfügung stehenden Verkehrsweges erwachsen, unverhältnismäßig groß ist.

(4) Die Absätze 1 bis 3 finden auf solche in der Vorbereitung befindliche besondere Anlagen, deren Herstellung im öffentlichen Interesse liegt, entsprechende Anwendung. Eine Entschädigung auf Grund des Absatzes 2 wird nur bis zu dem Betrag der Aufwendungen gewährt, die durch die Vorbereitung entstanden sind. Als in der Vorbereitung begriffen gelten Anlagen, sobald sie auf Grund eines im Einzelnen ausgearbeiteten Planes die Genehmigung des Auftraggebers und, soweit erforderlich, die Genehmigung der zuständigen Behörden und des Eigentümers oder des sonstigen zur Nutzung Berechtigten des in Anspruch genommenen Wegen erhalten haben.

Übersicht

I. Normzweck

Die Vorschrift hat durch die TKG-Novelle keine inhaltliche Änderung erfahren, sodass sie **1** praktisch § 55 TKG 1996 im neuen Recht fortsetzt. Die §§ 74, 75 regeln das Zusammentreffen von Telekommunikationslinien mit besonderen Anlagen, die sich in demselben öffentlichen Verkehrsraum befinden bzw. dort geplant sind, der auch vom nutzungsberechtigten Netzbetreiber beansprucht wird. Es handelt sich um telekommunikationsrechtliches **Kollisionsrecht**[1], welches das Rechtsverhältnis zwischen dem nutzungsberechtigten TK-Unternehmen und dem Betreiber einer besonderen Anlage als ein öffentlich-rechtliches ausgestaltet.[2] Weitere Regelungen mit demselben Ziel, nämlich Störungen zwischen Tele-

---

1   BeckTKG-Komm/*Schütz*, § 55 RdNr. 1.
2   So jedenfalls jetzt BGH MMR 2005, 306.

kommunikationsanlagen und anderen Infrastruktureinrichtungen zu vermeiden, finden sich in anderen Gesetzen, wie z. B. im Gesetz über die elektromagnetische Verträglichkeit von Geräten.[3]

2   Die Kollisionsregeln der §§ 74, 75 sind bestimmt vom **Grundsatz der zeitlichen Priorität**: Die ältere, vorhandene Anlage genießt grundsätzlich Vorrang vor der später nachfolgenden, darf durch diese also nicht in ihrer betrieblichen Funktion beeinträchtigt werden.[4] In diesem Sinne darf die Telekommunikationslinie als nachfolgende Anlage nach § 74 Abs. 1 S. 1 die vorhandenen Anlagen nicht störend beeinflussen. Den umgekehrten Fall, also den Schutz der Telekommunikationslinie als bereits vorhandene Anlage, regelt § 75.

3   §§ 74 und 75 betreffen allein die Beziehungen zwischen dem Betreiber einer Telekommunikationslinie und den Betreibern „sonstiger Anlagen" als Nutzungsberechtigten am öffentlichen Verkehrsweg. Folgepflichten und Folgekosten im **Verhältnis zum Träger der Wegebaulast** sind demgegenüber in § 72 geregelt.[5]

II. Anwendungsbereich: „Besondere Anlagen"

4   §§ 74, 75 bezeichnen die zusammentreffenden Infrastruktureinrichtungen als „besondere Anlagen". Aus dem systematischen Standort der Vorschriften ergibt sich, dass nur solche Anlagen in Betracht kommen, die einen **Zusammenhang zu Verkehrswegen** aufweisen.[6] Konkret geht es um Einrichtungen in oder auf Verkehrswegen, die **nicht dem bestimmungsgemäßen Zweck des Weges** dienen.[7] Dabei kommt es nicht darauf an, ob die Einrichtung einen Teil des Straßenkörpers darstellt oder im zivilrechtlichen Sinn einen wesentlichen Bestandteil des Straßengrundstücks bildet.[8] § 74 Abs. 1 S. 1 selbst gibt eine beispielhafte Aufzählung. Darüber hinaus sind besondere Anlagen auch die Straße selbst oder Umgestaltungen der Straße, etwa bei der Einrichtung von Bus- oder Taxispuren[9], Tankanlagen, Eisenbahntunnel und -kreuzungen, Straßenbrücken.[10] Ebenfalls erfasst sind Einrichtungen an Verkehrswegen, die dem Zugang einzelner Anlieger zu den Verkehrswegen dienen.[11]

5   Keine besonderen Anlagen sind die **Telekommunikationslinien** eines Nutzungsberechtigten i. S. v. § 68, da das Gesetz diese den besonderen Anlagen in §§ 74 und 75 gerade gegenüberstellt. Gegenseitige Störungen von Telekommunikationsanlagen sind nach Maßgabe von § 109 zu bewältigen.[12]

---

3 Ausführlich hierzu *Aubert/Klingler*, 3. Kap., RdNr. 147 ff.

4 BeckTKG-Komm/*Schütz*, § 55 RdNr. 2; *Trute/Spoerr/Bosch*, § 55 RdNr. 1.

5 BVerwGE 109, 192, 197.

6 *Trute/Spoerr/Bosch*, § 55 RdNr. 5.

7 BeckTKG-Komm/*Schütz*, § 55 RdNr. 3.

8 BVerwG, ArchivPF 1991, 216 (221).

9 BVerwG, ArchivPF 1983, 160 (161); *Aubert/Klingler*, 3. Kap., RdNr. 52 m. w. N.

10 BeckTKG-Komm/*Schütz*, § 55 RdNr. 4.

11 Nach BVerwGE 64, 176 (182) auch Grundstückszufahrten; hierzu auch *Aubert/Klingler*, 3. Kap., RdNr. 51.

12 BeckTKG-Komm/*Schütz*, § 55 RdNr. 5; kritisch *Trute/Spoerr/Bosch*, § 55 RdNr. 6.

III. Vermeidung von Störungen (Abs. 1)

Gemäß Abs. 1 S. 1 darf die spätere Telekommunikationslinie die besondere Anlage nicht **6** **störend beeinflussen**. Eine störende Beeinflussung ist jedenfalls dann anzunehmen, wenn der Betrieb der vorhandenen Anlage durch den Betrieb der hinzukommenden Anlage gestört wird.[13] Darüber hinaus fallen auch Betriebsstörungen durch Beschädigungen einschließlich der Folgeschäden, welche an einer vorhandenen Anlage infolge des Baus einer neuen Anlage entstehen können, hierunter.[14] Es sind also sämtliche Störungen zu vermeiden, die durch die Errichtung, die Lage und den Betrieb der Telekommunikationslinien verursacht werden können.[15]

Sind Schutzvorkehrungen erforderlich, so hat der Nutzungsberechtigte nach Abs. 1 S. 2 **7** die aus der Herstellung erwachsenden Kosten zu tragen. **Schutzvorkehrungen** in diesem Sinne sind gegenständliche, auf Dauer hergestellte Einrichtungen, die dem Schutz der vorhandenen besonderen Anlage vor Störungen aller Art einschließlich der Störungen infolge von Beschädigungen dienen.[16] Nur vorübergehende Sicherungen während der Bauphase fallen nicht hierunter.[17] Die Schutzvorkehrungen zur Vermeidung der störenden Beeinflussung können sowohl an der später errichteten Telekommunikationslinie als auch an der bereits vorhandenen besonderen Anlage angebracht werden. Entscheidend für die Wahl der Mittel ist allein, welche Maßnahmen am ehesten geeignet und erforderlich sind, um Störungen auszuschließen. Können diese selbst durch Schutzvorkehrungen nicht vermieden werden, sind Verlegung und Betrieb der Telekommunikationslinie unzulässig.[18]

Der Nutzungsberechtigte der Telekommunikationslinie hat auf jeden Fall die **Kosten** der **8** Herstellung der Schutzvorkehrung zu tragen. Das gilt auch dann, wenn nicht er, sondern der Eigentümer der besonderen Anlage die Schutzvorkehrung anbringt.[19]

IV. Verlegung/Veränderung vorhandener Anlagen (Abs. 2, 3)

§ 74 Abs. 2 und 3 bilden zusammen eine Ausnahme vom Grundsatz der zeitlichen Priorität **9** (RdNr. 2). Denn hiernach kann der Nutzungsberechtigte ausnahmsweise die Verlegung oder Veränderung einer bestehenden besonderen Anlage verlangen. Dieser **Anspruch** setzt dreierlei kumulativ voraus:

– die Benutzung des Verkehrswegs für die Telekommunikationslinie müsste ansonsten unterbleiben,
– die besondere Anlage kann anderweitig zweckentsprechend untergebracht werden,
– und der aus Verlegung/Veränderung entstehende Schaden ist gegenüber den Kosten, die dem Netzbetreiber aus der Benutzung eines anderen Verkehrsweges erwüchsen, nicht unverhältnismäßig groß (Abs. 3).

---

13 *Trute/Spoerr/Bosch*, § 55 RdNr. 7.
14 BVerwGE 79, 218, 220.
15 BeckTKG-Komm/*Schütz*, § 55 RdNr. 6.
16 BVerwGE 79, 218, 224.
17 BVerwGE 79, 218, 225.
18 BeckTKG-Komm/*Schütz*, § 55 RdNr. 7.
19 *Trute/Spoerr/Bosch*, § 55 RdNr. 9; vgl. auch *Eidenmüller,* § 5 TWG, Anm. 5.

10 Die erste Anspruchsvoraussetzung zeigt, dass es stets nur um eine **ultima ratio** gehen kann. Ein Veränderungs- oder Verlegungsbegehren kommt nur in Betracht, wenn die telekommunikationsrechtliche Nutzung des konkreten Verkehrsweges ansonsten unzulässig wäre, insbesondere weil selbst Schutzvorkehrungen (Abs. 1) nicht ausreichen, um eine Störung der besonderen Anlage auszuschließen.

11 In jedem Fall muss eine **zweckentsprechende Unterbringung** der besonderen Anlage gewährleistet sein, so dass sie ihren bisherigen Zweck weiter erfüllen kann. Auch nur geringe Einbußen in der Zwecktauglichkeit müssen nicht hingenommen werden. In Betracht kommt auch die Unterbringung auf einem Privatgrundstück.

12 Abs. 3 schließlich macht die Anspruchsentstehung von einer **Interessenabwägung** abhängig: Auch wenn die Voraussetzungen des Abs. 2 vorliegen, kommt es auf einen Vergleich der Aufwendungen für die Verlegung/Veränderung der besonderen Anlage mit denjenigen an, die mit dem Ausweichen der Telekommunikationslinie auf einen anderen Verkehrsweg verbunden wären. In diesem Zusammenhang ist „Schaden" diejenige Vermögenseinbuße, die der Eigentümer der besonderen Anlage durch deren Verlegung oder Veränderung erleiden würde. Aus der Fassung von Abs. 3 ergibt sich, dass es sich um eine Einwendung gegen den Verlegungs- bzw. Veränderungsanspruch handelt, deren Voraussetzungen der Anlageneigentümer darzulegen und ggf. zu beweisen hat.[20]

13 Der Anspruch ist, wenn seine Voraussetzungen vorliegen, auf **Verlegung oder Veränderung** der vorhandenen besonderen Anlage gerichtet. Bei einer Verlegung wird die Anlage an einen anderen Ort gebracht oder an einem anderen Ort neu errichtet.[21] Die Veränderung gestaltet demgegenüber nur die besondere Anlage um, bringt aber keine räumliche Verlegung mit sich.[22] Die Verlegung ist also der stärkere Eingriff und kann deshalb nur gefordert werden, wenn eine Veränderung nicht ausreichend ist.[23] Ausnahmsweise kann auch nur eine Verlegung in Betracht kommen, wenn eine Veränderung wegen Unverhältnismäßigkeit an Abs. 3 scheitern würde (z. B. bei einer längeren Betriebsstilllegung der besonderen Anlage)[24].

14 Die Verlegung oder Veränderung vorhandener Anlagen kann **nur gegen Entschädigung** verlangt werden: Dem Anlageneigentümer ist der Schaden zu ersetzen, der durch die Verlegung oder Veränderung seiner Anlage verursacht wird. Es gelten die Grundsätze der §§ 249 ff. BGB, sodass auch alle adäquaten Folgeschäden umfasst sind, wie z. B. die Kosten der notwendigen Bauarbeiten. Ebenfalls ersatzfähig sind die Nachteile einer Betriebsunterbrechung als entgangener Gewinn.[25]

V. Geplante besondere Anlagen (Abs. 4)

15 Nach Abs. 4 findet das in Abs. 1 bis 3 normierte Prinzip der zeitlichen Priorität auch in Bezug auf besondere Anlagen Anwendung, die sich noch in der Vorbereitung befinden. Voraussetzung ist nur, dass ihre Herstellung „im öffentlichen Interesse liegt". Dies ist der

---

20 Ebenso BeckTKG-Komm/*Schütz*, § 55 RdNr. 12. A. A. *Trute/Spoerr/Bosch*, § 55 RdNr. 14.
21 BVerwG, NJW 1976, 906 (907); *Eidenmüller*, § 5 TWG, Anm. 6.
22 BeckTKG-Komm/*Schütz*, § 55 RdNr. 13.
23 *Aubert/Klingler*, 3. Kap., RdNr. 58 m. w. N.
24 *Trute/Spoerr/Bosch*, § 55 RdNr. 11.
25 BeckTKG-Komm/*Schütz*, § 55 RdNr. 14.

Fall, wenn die Anlage der Allgemeinheit nützt, was bei den hier in Betracht kommenden Infrastruktureinrichtungen (Bahnanlagen, öffentliche Versorgungsanlagen) regelmäßig anzunehmen sein wird.[26]

Gemäß Abs. 4 S. 3 sind besondere Anlagen **„in Vorbereitung befindlich"**, sobald **16**

– für sie ein im Einzelnen ausgearbeiteter Plan besteht,
– sie aufgrund dessen vom Auftraggeber genehmigt wurden,
– soweit erforderlich, die Genehmigungen der zuständigen Behörden und des Wegeeigentümers oder Wegenutzungsberechtigten erhalten haben.

Eine erforderliche behördliche Genehmigung umfasst in diesem Zusammenhang auch die Zustimmung des Wegebaulastträgers zur geplanten Anlage.[27]

Der **Entschädigungsanspruch** nach Abs. 2 ist hier gemäß Abs. 4 S. 2 der Höhe nach auf **17** jene Aufwendungen **begrenzt**, die durch die Vorbereitung bereits entstanden sind. Hat der Planungsträger infolge der Verlegung oder Veränderung nunmehr eine kostenintensivere Planung durchzuführen, so sind diese Mehraufwendungen danach also nicht ersatzfähig.[28]

VI. Geltendmachung von Ansprüchen

Die in § 74 normierten Ansprüche sind unmittelbar gegenüber der anderen Partei geltend **18** zu machen. Da es sich nach Auffassung des BGH um ein öffentlich-rechtliches Rechtsverhältnis handelt, steht den Parteien ggf. der Weg zu den Verwaltungsgerichten offen.[29] Der Entschädigungsanspruch nach Abs. 2 und der Kostenersatzanspruch nach Abs. 1 S. 2 verjähren gemäß § 77 i.V.m. § 195 BGB regelmäßig in drei Jahren, beginnend mit dem Schluss des Jahres, in dem sie entstanden sind und der Gläubiger Kenntnis von ihnen hatte (§ 77 i.V.m. § 199 Abs. 1 BGB). Gleiches gilt auch für den Verlegungs- bzw. Veränderungsanspruch selbst.

---

26 BeckTKG-Komm/*Schütz,* § 55 RdNr. 16; *Trute/Spoerr/Bosch,* § 55 RdNr. 16.
27 BeckTKG-Komm/*Schütz,* § 55 RdNr. 16; *Trute/Spoerr/Bosch,* § 55 RdNr. 16.
28 *Manssen/Demmel*, § 55 RdNr. 17.
29 BGH, MMR 2005, 306.

§ 75 Spätere besondere Anlagen

(1) Spätere besondere Anlagen sind nach Möglichkeit so auszuführen, dass sie die vorhandenen Telekommunikationslinien nicht störend beeinflussen.

(2) Dem Verlangen auf Verlegung oder Veränderung einer Telekommunikationslinie muss auf Kosten des Nutzungsberechtigten stattgegeben werden, wenn sonst die Herstellung einer späteren besonderen Anlage unterbleiben müsste oder wesentlich erschwert werden würde, welche aus Gründen des öffentlichen Interesses, insbesondere aus volkswirtschaftlichen oder Verkehrsrücksichten, von den Wegeunterhaltspflichtigen oder unter ihrer überwiegenden Beteiligung ausgeführt werden soll. Dient eine kabelgebundene Telekommunikationslinie nicht lediglich dem Orts-, Vororts- oder Nachbarortsverkehr, kann ihre Verlegung nur dann verlangt werden, wenn die kabelgebundene Telekommunikationslinie ohne Aufwendung unverhältnismäßig hoher Kosten anderweitig ihrem Zweck entsprechend untergebracht werden kann.

(3) Muss wegen einer solchen späteren besonderen Anlage die schon vorhandene Telekommunikationslinie mit Schutzvorkehrungen versehen werden, so sind die dadurch entstehenden Kosten von dem Nutzungsberechtigten zu tragen.

(4) Überlässt ein Wegeunterhaltspflichtiger seinen Anteil einem nicht unterhaltspflichtigen Dritten, so sind dem Nutzungsberechtigten die durch die Verlegung oder Veränderung oder durch die Herstellung der Schutzvorkehrungen erwachsenden Kosten, soweit sie auf dessen Anteil fallen, zu erstatten.

(5) Die Unternehmer anderer als der in Abs. 2 bezeichneten besonderen Anlagen haben die aus der Verlegung oder Veränderung der vorhandenen Telekommunikationslinien oder aus der Herstellung der erforderlichen Schutzvorkehrungen erwachsenden Kosten zu tragen.

(6) Auf spätere Änderungen vorhandener besonderer Anlagen finden die Absätze 1 bis 5 entsprechende Anwendung.

Übersicht

I. Normzweck

Die Vorschrift führt in der Sache § 56 TKG 1996 fort und nimmt lediglich einige sprachliche Korrekturen vor. Hier geht es um den gegenüber § 74 umgekehrten Fall, dass nach- **1** träglich zu errichtende besondere Anlagen auf bereits vorhandene Telekommunikationslinien treffen. Auch § 75 ist Ausdruck der öffentlich-rechtlichen Ausgestaltung des Rechtsverhältnisses zwischen Nutzungsberechtigtem und Anlagenbetreiber.[1] Ebenso wie in § 74 gilt auch hier grundsätzlich das **Prinzip der zeitlichen Priorität** (vgl. § 74 RdNr. 2). § 75 bestimmt daher, dass die spätere besondere Anlage die bereits vorhandene Telekommunikationslinie nach Möglichkeit nicht störend beeinflussen darf. Ausnahmsweise wird das Prioritätsprinzip durchbrochen, wenn die spätere besondere Anlage im öffentlichen Interesse liegt; in diesem Falle ist sie – unter den strengen Voraussetzungen des Abs. 2 – gegenüber der vorhandenen Telekommunikationslinie bevorrechtigt. Der Begriff der **besonderen Anlage** entspricht dem in § 74, verwendeten (zu diesem § 74 RdNr. 4–5).

II. Schonende Ausführung besonderer Anlagen (Abs. 1)

2 Im Grundsatz gilt nach Abs. 1, dass die bereits vorhandene Telekommunikationslinie nach Möglichkeit nicht von einer späteren besonderen Anlage **störend beeinflusst** werden darf.[2] Das gilt auch bei bevorrechtigten Anlagen im Sinne des Abs. 2.[3] Die Besserstellung der späteren bevorrechtigten Anlage gilt jedoch ausschließlich hinsichtlich der Schutzvorkehrungen und der Verlegungs- und Veränderungsansprüche. Ansonsten, namentlich bei der Ausgestaltung dieser Anlage, bleibt es weiterhin beim Prioritätsgrundsatz. Die bereits vorhandene Telekommunikationslinie ist also insofern bessergestellt.[4]

3 Dass die störende Beeinflussung lediglich **„nach Möglichkeit"** zu unterbleiben hat, unterscheidet die Regelung von der in § 74 Abs. 1 S. 1. Dies bedeutet, dass der Nutzungsberechtigte nur solche Ansprüche gegen den Inhaber der besonderen Anlage geltend machen kann, die diesem technisch möglich und wirtschaftlich zumutbar sind.[5] Das technisch Mögliche bestimmt sich nach den einschlägigen technischen Regelwerken, für die wirtschaftliche Zumutbarkeit kommt es auf den Wert der störenden Anlage an.[6] Dabei zu berücksichtigen sind zum einen die Kosten möglicher Maßnahmen und zum anderen die hierdurch u. U. sinkende Rentabilität der Anlage. Der Anlageninhaber ist nicht zur Übernahme unverhältnismäßiger Kosten verpflichtet[7], jedoch stehen Mehrkosten nicht der Pflicht zur möglichst störungsfreien Ausführung der besonderen Anlage entgegen. Diese sind – außer im Falle des Abs. 3 – vom Betreiber der besonderen Anlage zu tragen. Diese zusätzlichen Kosten sind nach Sinn und Zweck des Abs. 3 durch die Höhe der Kosten der ansonsten erforderlichen Schutzvorkehrungen begrenzt.[8]

---

1 BGH, MMR 2005, 306.
2 Zum Begriff der störenden Beeinflussung vgl. § 74 RdNr. 6.
3 BVerwG, DÖV 1986, 656 (656 f.); *Eidenmüller,* § 6 TWG, Anm. 4.
4 BeckTKG-Komm/*Schütz,* § 56 RdNr. 3.
5 *Aubert/Klingler,* 3. Kap., RdNr. 37; *Eidenmüller,* § 6 TWG, Anm. 2.
6 *Aubert/Klingler,* 3. Kap., RdNr. 37.
7 BeckTKG-Komm/*Schütz,* § 56 RdNr. 5.
8 OVG Hamburg, DVBl. 1986, 1011, 1015.

Dörr

III. Verlegung und Veränderung vorhandener Telekommunikationslinien (Abs. 2)

1. Bevorrechtigte besondere Anlagen. – § 75 Abs. 2 lässt vorhandene Telekommunikati- 4
onslinien hinter besondere Anlagen zurücktreten, wenn diese, obwohl zeitlich nachfolgend, **im öffentlichen Interesse** liegen. Beispielhaft für ein solches Interesse nennt Abs. 2 S. 1 volkswirtschaftliche Interessen und Verkehrsrücksichten. Grundsätzlich ist in diesem Zusammenhang vom Vorliegen eines öffentlichen Interesses auszugehen, wenn besondere Anlagen der allgemeinen Versorgung mit Strom, Gas und Wasser oder dem allgemeinen Verkehr dienen.[9]

Eine im öffentlichen Interesse liegende besondere Anlage ist nach Abs. 2 S. 1 nur dann be- 5
vorrechtigt, wenn sie **von den Wegeunterhaltspflichtigen** oder unter ihrer überwiegenden Beteiligung ausgeführt werden soll. Gemeint sind mit der verunglückten Bezeichnung offensichtlich die Unterhaltungspflichtigen, also die Träger der Wege- oder Straßenbaulast. Wer Straßenbaulastträger ist, richtet sich nach dem einschlägigen Straßen- und Wegerecht.[10] Nicht ausreichend ist eine lediglich mittelbare Wegeunterhaltungspflicht, die auf der Leistung von Kostenbeiträgen beruht.[11]

Erforderlich und ausreichend ist nach Abs. 2 S. 1 die **überwiegende Beteiligung** des 6
Wegebaulastträgers an der Ausführung der besonderen Anlage. Der Begriff der Beteiligung ist nicht im gesellschaftsrechtlichen Sinn zu verstehen.[12] Es ist vielmehr ausreichend, wenn der Träger der Wegebaulast vorhabenbezogene wirtschaftliche Aufwendungen tätigt und auf diese Weise sein Interesse an der Ausführung der besonderen Anlage bekundet. Erforderlich ist ein wirtschaftlicher Beitrag zur Herstellung der Anlage[13], der jedenfalls durch die Teilnahme an der planmäßigen Finanzierung der Anlage erbracht ist.[14] Die Beteiligung des Wegebaulastträgers überwiegt, wenn seinen gesamten Leistungen und Aufwendungen des Straßenbaulastträgers gegenüber den sonstigen Aufwendungen für die Anlage überwiegende Bedeutung zukommt.[15] Es genügt nicht, wenn der verantwortliche Verwaltungsträger lediglich als Bauherr auftritt, ohne tatsächlich mit Kosten belastet zu sein.[16]

2. Pflicht zu Veränderung/Verlegung. – Ist eine besondere Anlage bevorrechtigt, so ent- 7
steht die Pflicht zu Veränderung/Verlegung der Telekommunikationslinie, wenn die Anlage sonst nur **unter erschwerten Bedingungen oder gar nicht errichtet** werden könnte (Abs. 2 S. 1). Kann die bevorrechtigte Anlage zwar nicht auf dem öffentlichen Verkehrsweg, wohl aber auf einem benachbarten Gelände ohne wesentliche Erschwernisse und einer unzumutbaren Kostenlast errichtet werden, so besteht kein Anspruch auf Verlegung oder Veränderung der Telekommunikationslinie. Darüber hinaus ist der Anspruch auf Verlegung auch dann nicht gegeben, wenn eine anderweitige Unterbringung oder Gestaltung

---

9 *Aubert/Klingler*, 3. Kap., RdNr. 75 m. w. N.; Beispiele aus Rspr. und Literatur bei *Manssen/Demmel*, § 56 RdNr. 4.
10 Vgl. hierzu § 68 RdNr. 53-55.
11 *Eidenmüller*, § 6 TWG, Anm. 9.
12 So bereits RGZ 65, 304, 309 f.; 90, 114, 118.
13 BeckTKG-Komm/*Schütz*, § 56 RdNr. 13.
14 RGZ 90, 114, 118; ausführlich *Aubert/Klingler*, 3. Kap., RdNr. 81 ff.
15 RGZ 78, 223, 227; 90, 114, 118; *Aubert/Klingler*, 3. Kap., RdNr. 89; *Eidenmüller*, § 6 TWG, Anm. 9.
16 BeckTKG-Komm/*Schütz*, § 56 RdNr. 14.

der besonderen Anlage kostengünstiger wäre als ihre Installation auf dem Verkehrsweg; dies stellt keine wesentliche Erschwernis oder gar Unmöglichkeit dar.[17]

8 Liegen die Anspruchsvoraussetzungen vor, so gilt für die Rechtsfolge das zu § 74 Abs. 2 Gesagte (s. § 74 RdNr. 13). Die Telekommunikationslinie ist zu verändern oder als ultima ratio zu verlegen. Im Rahmen der **Verlegung** wird die besondere Anlage an einen anderen Ort gebracht oder an einem anderen Ort neu errichtet. Die **Veränderung** greift in die Gestaltung der Anlage ein, bringt aber keine räumliche Verlegung mit sich.

9 **3. Einschränkung bei Telekommunikationslinien für den Fernverkehr.** – Abs. 2 S. 2 beschränkt die Rechtsfolge des S. 1, in dem er den Verlegungs- bzw. Veränderungsanspruch konkretisiert[18]: Die Verlegung einer kabelgebundenen Telekommunikationslinie kann nicht begehrt werden, wenn

– diese „nicht lediglich dem Orts-, Vororts- oder Nachbarortsverkehr" dient
– und nur unter „Aufwendung unverhältnismäßig hoher Kosten anderweitig ihrem Zweck entsprechend untergebracht werden kann".

Die Norm dient dem **Schutz von Fernlinien**, die technisch aufwendiger konzipiert sind und aus höherwertigerem Material bestehen, als das bei Kurzstreckenlinien der Fall ist. Des Weiteren wiegt der Ausfall einer Fernlinie während der Verlegungsarbeiten sowohl für den Betreiber als auch für den Kunden schwerer als derjenige einer Kurzstreckenlinie.[19]

10 Eine **Fernlinie** liegt vor, wenn zumindest eine Leitung der Kabeltrasse für den Fernverkehr bestimmt ist und den höheren technischen Anforderungen hierfür entspricht. Leitungen zwischen Orts- und Fernvermittlungsstellen sowie Leitungen zwischen Fernvermittlungsstellen sind als Fernlinien einzuordnen.[20]

11 Wird die Verlegung einer kabelgebundenen Fernlinie verlangt, so muss diese nach § 75 Abs. 2 S. 2 ihres Zwecks entsprechend **anderweitig untergebracht** werden können. Es muss also entweder eine andere Trasse in demselben Verkehrsweg oder aber ein anderer Verkehrsweg für die Telekommunikationslinie genutzt werden können. Auf die Benutzung von privaten Grundstücken kann der Nutzungsberechtigte nicht verwiesen werden.[21] Auch kann der Anspruch auf Verlegung nur geltend gemacht werden, wenn die anderweitige Unterbringung der Telekommunikationslinie keine **unverhältnismäßig hohen Kosten** verursacht. Unverhältnismäßig hoch sind die Verlegungskosten, wenn sie diejenigen einer normalen Verlegung erheblich übersteigen.[22]

12 Ist die Verlegung der Fernlinie nicht unter den genannten Voraussetzungen möglich, so kann der Nutzungsberechtigte die Verlegung der Telekommunikationslinie verweigern. Der Betreiber der bevorrechtigten Anlage kann indes auf der Verlegung der Telekommunikationslinie bestehen, wenn er sich verpflichtet, die unverhältnismäßig hohen Kosten für

---

17 *Aubert/Klingler,* 3. Kap., RdNr. 115 f.
18 VG Münster, DÖV 1987, 163, 163.
19 *Eidenmüller,* § 6 TWG, Anm. 11.
20 BVerwG, NJW 1976, 906, 907.
21 *Aubert/Klingler,* 3. Kap., RdNr. 121; *Eidenmüller,* § 6 TWG, Anm. 12.
22 BVerwG, NJW 1976, 906, 907; VGH München, BayVBl. 1981, 86, 87; *Aubert/Klingler,* 3. Kap., RdNr. 124.

eine anderweitige, zweckentsprechende Unterbringung der Telekommunikationslinie sowie den gesamten weiteren mit der Verlegung verbundenen Aufwand zu übernehmen.[23]

IV. Kostentragung für Schutzvorkehrungen (Abs. 3)

Abs. 3 enthält eine Kostentragungsregel, die **Rückwirkungen auf Abs. 2** erkennen lässt: **13** Genügt der Einbau einer Schutzvorkehrung[24], um den Konflikt zwischen Telekommunikationslinie und späterer besonderer Anlage auszuräumen, so ist dieser Weg auf Kosten des Netzbetreibers zu wählen – der Veränderungs- bzw. Verlegungsanspruch entfällt. Die Bestimmung begründet jedoch keinen Anspruch des Wegebaulastträgers auf die Installation einer Schutzvorkehrung.[25] Unterbleibt diese, kann der Anspruch aus Abs. 2 S. 1 zum Tragen kommen.

Der Nutzungsberechtigte muss nur die **Kosten der erforderlichen Schutzvorkehrungen** **14** tragen. Stehen mehrere gleichwertige Möglichkeiten zur Auswahl, so ist der kostengünstigsten der Vorzug zu geben. Ein unnötiger Mehraufwand ist nicht erstattungsfähig.[26]

V. Anteilige Kostenerstattung bei Beteiligung Dritter (Abs. 4)

Nach Abs. 4 **entfällt die Bevorrechtigung** der besonderen Anlage, wenn der Wegebaulast- **15** träger, der ja durch seine Beteiligung an der Anlage dieser die Bevorrechtigung erst verschafft hat, seinen Anteil einem nicht unterhaltungspflichtigen Dritten überlässt. In diesem Fall hat der Nutzungsberechtigte einen Anspruch auf Ersatz der Kosten, die ihm durch Anbringen von Schutzvorkehrungen oder durch die Verlegung oder Veränderung der Telekommunikationslinie entstanden sind, soweit sie auf den Anteil des Wegebaulastträgers fallen.

Der Begriff des **Anteils** entspricht hier dem der Beteiligung in Abs. 2. Eine übertragungs- **16** fähige Beteiligungsform ist nicht erforderlich.[27] Einer Überlassung des Anteils kommt es gleich, wenn der Träger der Wegebaulast Eigentümer der gesamten Anlage ist und sie an einen Dritten veräußert.[28] Dagegen bedeutet eine Verpachtung der Anlage keine Anteilsüberlassung.[29] Die Bevorrechtigung der Anlage endet auch dann nicht, wenn der Träger der Wegebaulast zwar seinen Anteil veräußert, aber dennoch an der Anlage überwiegend beteiligt bleibt – etwa als Gläubiger eines dem Inhaber der Anlage für deren Finanzierung gewährten Darlehens.[30]

Der **Kostenerstattungsanspruch** nach Beendigung der Bevorrechtigung richtet sich ge- **17** gen den Träger der Wegebaulast, wenn dieser Alleineigentümer der Anlage war, bzw. ge-

---

23 BVerwG, NJW 1976, 906, 908; *Aubert/Klingler*, 3. Kap., RdNr. 127; *Eidenmüller*, § 6 TWG, Anm. 13.
24 Zum Begriff der Schutzvorkehrungen oben § 74 RdNr. 7; BeckTKG-Komm/*Schütz*, § 56 RdNr. 17 f.
25 OVG Hamburg, DVBl. 1986, 1011, 1013.
26 *Aubert/Klingler*, 3. Kap., RdNr. 111.
27 RGZ 78, 216, 221; BeckTKG-Komm/*Schütz*, § 56 RdNr. 29.
28 BeckTKG-Komm/*Schütz*, § 56 RdNr. 29.
29 So bereits RGZ 63, 88, 92.
30 Vgl. hierzu im einzelnen *Aubert/Klingler*, 3. Kap., RdNr. 135 f.

gen den Anlageninhaber, wenn der Träger der Wegebaulast nur überwiegend an der Anlage beteiligt war und seinen Anteil einem nicht unterhaltungspflichtigen Dritten überlassen hat.[31] Der Anspruch umfasst daher alle notwendigen Kosten für die Verlegung oder Veränderung der Telekommunikationslinie bzw. für die Installation der Schutzvorkehrungen.[32]

VI. Kostentragung bei Verlegung anderer besonderer Anlagen (Abs. 5)

18 Abs. 5 enthält eine Kostentragungsregel für den Fall, dass eine nicht bevorrechtigte besondere Anlage mit einer bereits vorhandenen Telekommunikationslinie kollidiert. Hier schlägt der **Prioritätsgrundsatz** wieder durch, der Inhaber – die Norm spricht vom „Unternehmer" – der Anlage hat die Kosten für die Verlegung oder Veränderung bzw. für die Herstellung der erforderlichen Schutzvorkehrungen zu tragen.[33]

VII. Änderung vorhandener besonderer Anlagen (Abs. 6)

19 Nach Abs. 6 finden die Abs. 1 bis 5 entsprechende Anwendung auf die Änderung vorhandener besonderer Anlagen. Vorhandene besondere Anlagen, welche der Änderung bedürfen, haben demzufolge nach Abs. 1 auf die vorhandene Telekommunikationslinie Rücksicht zu nehmen; lediglich bevorrechtigte Anlagen genießen nach Abs. 2 auch bei Änderungen Vorrang. In diesem Zusammenhang umfasst der **Begriff der Änderung** sämtliche Umgestaltungen, die sich störend auf die bereits vorhandene Telekommunikationslinie auswirken können.[34] Ist an den späteren Änderungen der Träger der Wegebaulast zumindest überwiegend beteiligt, so erlangt nicht die gesamte Anlage, sondern lediglich die Änderung den Status der bevorrechtigten Anlage im Sinne von Abs. 2 und 3.[35]

VIII. Geltendmachung von Ansprüchen

20 Zur Durchsetzung der wechselseitigen Leistungs- und Ersatzansprüche aus § 75 ist der Verwaltungsrechtsweg gegeben.[36] Die Ansprüche verjähren gemäß § 77 i.V.m. § 195 BGB regelmäßig in drei Jahren.

---

31 *Aubert/Klingler,* 3. Kap., RdNr. 140; *Eidenmüller,* § 6 TWG, Anm. 16.
32 Ausführlich BeckTKG-Komm/*Schütz,* § 56 RdNr. 30.
33 Vgl. hierzu auch VG Oldenburg, ArchivPT 1998, 410, 411; *Aubert/Klingler,* 3. Kap., RdNr. 98; *Eidenmüller,* § 6 TWG, Anm. 17.
34 *Trute/Spoerr/Bosch,* § 56 RdNr. 18; *Eidenmüller,* § 6 TWG, Anm. 18.
35 *Eidenmüller,* § 6 TWG, Anm. 18.
36 Vgl. BGH, MMR 2005, 306.

§ 76 Beeinträchtigung von Grundstücken

(1) Der Eigentümer eines Grundstücks, das kein Verkehrsweg im Sinne des § 68 Abs. 1 Satz 2 ist, kann die Errichtung, den Betrieb und die Erneuerung von Telekommunikationslinien auf seinem Grundstück insoweit nicht verbieten, als

1. auf dem Grundstück eine durch ein Recht gesicherte Leitung oder Anlage auch für die Errichtung, den Betrieb und die Erneuerung einer Telekommunikationslinie genutzt und hierdurch die Nutzbarkeit des Grundstücks nicht dauerhaft zusätzlich eingeschränkt wird oder
2. das Grundstück durch die Benutzung nicht oder nur unwesentlich beeinträchtigt wird.

(2) Hat der Grundstückseigentümer eine Einwirkung nach Abs. 1 zu dulden, so kann er von dem Betreiber der Telekommunikationslinie oder dem Eigentümer des Leitungsnetzes einen angemessenen Ausgleich in Geld verlangen, wenn durch die Errichtung, die Erneuerung oder durch Wartungs-, Reparatur- oder vergleichbare, mit dem Betrieb der Telekommunikationslinie unmittelbar zusammenhängende Maßnahmen eine Benutzung seines Grundstücks oder dessen Ertrag über das zumutbare Maß hinaus beeinträchtigt wird. Für eine erweiterte Nutzung zu Zwecken der Telekommunikation kann darüber hinaus ein einmaliger Ausgleich in Geld verlangt werden, sofern bisher keine Leitungswege vorhanden waren, die zu Zwecken der Telekommunikation genutzt werden konnten. Wird das Grundstück oder sein Zubehör durch die Ausübung der aus dieser Vorschrift folgenden Rechte beschädigt, hat der Betreiber oder der Eigentümer des Leitungsnetzes auf seine Kosten den Schaden zu beseitigen. § 840 Abs. 1 des Bürgerlichen Gesetzbuchs findet Anwendung.

Schrifttum: *Haidinger/Rädler*, Die Duldungspflicht des Grundstückseigentümers aus § 57 TKG, MMR 1999, 330; *Hoeren*, Wegerechte auf dem Prüfstand – § 57 TKG und die Nachverlegung von Lichtwellenleiterkabeln, MMR 1998, 1; *Nienhaus*, Wegerechte für Telekommunikationslinien auf Privatgrundstücken, 2000; *Schäfer/Giebel*, Die Ausformung des § 57 TKG durch die neuere Rechtsprechung, ZfIR 2003, 49; *dies.*, Private Wegerechte im neuen Telekommunikationsgesetz, ZfIR 2004, 661; *Schuster*, Wegerecht für Telekommunikationsnetze gemäß § 57 TKG auf dem Prüfstand der Gerichte, MMR 1999, 137; *Wendlandt*, Ausgleichsansprüche gem. § 57 Abs. 2 Satz 2 TKG, MMR 2004, 297; *Wimmer*, Die erweiterte Nutzung privater Grundstücke für Telekommunikationslinien, K&R 2001, 208.

Übersicht

I. Normzweck

1 Die Vorschrift übernimmt § 57 TKG 1996 in das neue TKG. Sie regelt die **Benutzung privater Grundstücke** für die Zwecke von Telekommunikationslinien und begründet in diesem Zusammenhang ein gesetzliches Schuldverhältnis zwischen Grundstückseigentümer und Nutzungsberechtigtem. Dessen Nutzungsanspruch schränkt die zivilrechtlichen Ausschließungsrechte des Grundeigentümers ein, um der durch Art. 87f Abs. 2 GG gewährleisteten Betätigungfreiheit privater Telekommunikationsanbieter auch gegenüber Privaten zur Durchsetzung zu verhelfen. § 76 ist damit zugleich Ausdruck der verfassungsrechtlichen Gewährleistungsverantwortung des Staates für privatwirtschaftliche Telekommunikation. Verfassungsrechtlich handelt es sich zudem um eine **Inhalts- und Schrankenbestimmung im Sinne von Art. 14 Abs. 1 S. 2 GG**, die wegen des Bezuges zum Auftrag nach Art. 87f GG durch einen Gemeinwohlbelang legitimiert ist.[1] Gesetzessystematisch tritt § 76 neben die §§ 68–75, welche ausschließlich die Benutzung öffentlicher Wege zum Gegenstand haben.

II. EG-rechtliche Grundlagen

2 Neben dem verfassungsrechtlichen Auftrag sind auch die Vorgaben des Gemeinschaftsrechts als Hintergrund von § 76 zu sehen. Die einschlägigen Richtlinien differenzieren regelmäßig nicht danach, ob die für Telekommunikationsleistungen notwendigen Wegerechte öffentliches Straßenland oder privaten Grundbesitz betreffen. Sie verpflichten die Mitgliedstaaten vielmehr dazu, die transparente und diskriminierungsfreie Einräumung solcher Rechte in jedem Fall sicherzustellen. Diese Verpflichtung besteht unterschiedslos für den **„Zugang zu öffentlichem und privatem Grundbesitz".**[2] Art. 6 i.V.m. Anhang A GRL lässt bestimmte Bedingungen für die Einräumung von Nutzungsrechten zu, wenn sie u. a. nichtdiskriminierend, verhältnismäßig und transparent sind. Die Ausgleichsverpflichtungen der Netzbetreiber aus § 76 Abs. 2 sollten diesen Anforderungen genügen.

III. Duldungspflicht des Eigentümers (Abs. 1)

3 § 76 Abs. 1 enthält **zwei Duldungstatbestände.** Zum einen muss der private Grundstückseigentümer Telekommunikationslinien auf seinem Grundstück dulden, wenn dieses dadurch nicht oder nur unwesentlich beeinträchtigt wird (Nr. 2). In diesen Fällen ist die Grundstücksnutzung also kraft Gesetzes von vornherein nicht erlaubnispflichtig.[3] Überschreitet die telekommunikationsrechtliche Nutzung die Schwelle der unwesentlichen Beeinträchtigung, so muss sie der Grundeigentümer nur dann dulden, wenn sie durch ein obligatorisches oder dingliches Recht des Netzbetreibers gedeckt ist. Solche Rechte sind Dritten häufig bereits zu anderen Zwecken als der Telekommunikation eingeräumt, z. B. zur Energieversorgung. Hieran knüpft der Duldungstatbestand der Nr. 1 an, wenn er quasi

---

1 BVerfG, NJW 2000, 798, 799; NJW 2001, 2960, 2961; NJW 2003, 196, 198; BGHZ 145, 16, 26 f.

2 Vgl. Erwägungsgrund 23 der RL 96/19/EG, ABl. EU 1996, Nr. L 74/13, 19; Art. 11, 1. Spiegelstrich RL 2002/21/EG, ABl. EU 2002, Nr. L 108/33, 43; Anhang A Nr. 5 RL 2002/20/EG, ABl. EU 2002, Nr. L 108/21, 31.

3 BeckTKG-Komm/*Schütz*, § 57 RdNr. 3.

die telekommunikationsbezogene „Umnutzung" einer vorhandenen, durch ein Recht gesicherten Leitung oder Anlage normiert: Der Grundeigentümer muss die veränderte Nutzung dulden, soweit die Nutzbarkeit seines Grundstücks dadurch nicht „dauerhaft zusätzlich eingeschränkt wird". Dieses ist der gegenüber der Nr. 2 speziellere Duldungstatbestand.[4]

1. Anwendungsbereich. – Die wichtigste Eingrenzung des Anwendungbereichs von § 76 **4** ergibt sich aus seiner Abgrenzung zu den §§ 68–75: Während diese nur auf öffentliche Verkehrswege[5] Anwendung finden, gilt die Norm nur für Grundstücke, die **nicht Verkehrswege im Sinne von § 68 Abs. 1** sind.[6] Da Schienenwege und Bahngelände nicht zu den öffentlichen Verkehrswegen zählen[7], sind die entsprechenden Flächen „Grundstücke" im Sinne von § 76 Abs. 1.[8] Eine rechtliche Verpflichtung, vorrangig öffentliche Verkehrswege für die Verlegung von Telekommunikationslinien in Anspruch zu nehmen, ergibt sich aus dem Regelungssystem des TKG jedoch nicht.[9]

Der persönliche Anwendungsbereich von § 76 ist **nicht auf Netzbetreiber im Sinne von § 69 beschränkt**. Das ergibt sich nicht nur aus dem weitergehenden Wortlaut von § 76, der **5** generell an Errichtung, Betrieb oder Erneuerung von Telekommunikationslinien anknüpft, sondern auch aus seinem Sinn und Zweck: Dieser zielt auf den Interessenausgleich zwischen Grundeigentum und telekommunikationsspezifischer Grundstücksnutzung; ein des Ausgleichs bedürftiger Interessenkonflikt kann sich jedoch nicht erst beim Betrieb einer Telekommunikationslinie, sondern bereits bei ihrer Errichtung ergeben. Eine sachangemessene Auslegung der Norm bezieht diese also auch auf die Grundstücksnutzung durch Leitungsunternehmen, die keinen eigenen Netzbetrieb planen.[10]

§ 76 privilegiert in Gestalt einer Duldungspflicht zu Lasten der Grundstückseigentümer **6** nur die **„Errichtung, den Betrieb und die Erneuerung von Telekommunikationslinien"**, nicht aber jedwede telekommunikationsbezogene Nutzung fremden Eigentums. Es geht ausschließlich um die Durchquerung fremder Grundstücke. Nicht erfasst sind aber z.B. Anschlussleitungen und Kabelanlagen in Gebäuden, die allein der Versorgung der Bewohner mit Programmangeboten dienen.[11]

2. Erlaubnisfreie Nutzung (Abs. 1 Nr. 2). – Der Tatbestand, der ersichtlich § 906 Abs. 1 **7** BGB nachgebildet ist, verpflichtet den Grundstückseigentümer insoweit zur Duldung des Betriebs und der Erneuerung von Telekommunikationslinien, als das Grundstück durch die Benutzung nicht oder nur unwesentlich beeinträchtigt wird. Gemeint sein kann nach dem Sinn und Zweck der Regelung nicht die physische Beschaffenheit des Grundstücks, sondern seine **Nutzbarkeit**. Erst wenn die „normale Nutzung"[12] wesentlich beeinträchtigt wird, endet die Duldungspflicht des Eigentümers. Maßstab für die Feststellung einer Beeinträchtigung ist die Zweckbestimmung, die der Eigentümer seinem Grundstück gegeben hat und die seiner äußeren Gestaltung entspricht.

---

4 BGHZ 145, 16, 22.
5 Zu diesem Begriff vgl. § 68 RdNr. 20–28.
6 BeckTKG-Komm/*Schütz*, § 57 RdNr. 5; *Trute/Spoerr/Bosch*, § 57 RdNr. 4.
7 S. § 68 RdNr. 24.
8 BeckTKG-Komm/*Schütz*, § 57 RdNr. 5.
9 BeckTKG-Komm/*Schütz*, § 57 RdNr. 6.
10 Ebenso im Ergebnis zu § 57 TKG 1996 BGHZ 145, 16, 24–28; OLG Düsseldorf MMR 1998, 533; OLG Frankfurt/Main, MMR 1999, 161, 164; NJW 1997, 3030, 3031.
11 BGH, MMR 2004, 163.
12 So *Trute/Spoerr/Bosch*, § 57 RdNr. 11.

8 Was eine **(un)wesentliche Beeinträchtigung** ist, bestimmt sich in Anlehnung an die Rechtsprechung zu § 906 Abs. 1 BGB. Maßstab ist somit das Empfinden eines verständigen Durchschnittsbenutzers des betroffenen Grundstücks in seiner durch Natur, Gestaltung und Zweckbestimmung geprägten konkreten Beschaffenheit[13] und nicht das subjektive Empfinden des Gestörten.[14] Hierbei sind nicht zuletzt wegen der Festlegungen in § 906 Abs. 1 S. 2 und 3. BGB auch Wertungen des öffentlichen Rechts zu berücksichtigen. So ist die Wesentlichkeit identisch mit der „Erheblichkeit" im Sinne von § 3 Abs. 1 BImSchG.[15] Zu berücksichtigen sind vor allem die Intensität des Errichtungsaktes sowie die von der dauerhaften Nutzung, also dem Betrieb der Telekommunikationslinie ausgehenden Wirkungen auf das Grundstück.[16] Wenn die Rechtsprechung zu § 906 BGB zudem berücksichtigt, ob die störende Tätigkeit behördlich genehmigt bzw. wenigstens genehmigungsfähig ist[17], so mag bei einem Netzbetreiber, der die Nutzung eines privaten Grundstücks beansprucht, eine Rolle spielen, ob er der Meldepflicht aus § 6 genügt hat oder nicht.

9 Anhand dieser Maßstäbe haben Praxis und Literatur die Wesentlichkeit für verschiedene Konstellationen der Beeinträchtigung bestimmt. So stellt die bloße **Kreuzung des Luftraums** eines Grundstücks im Regelfall keine wesentliche Beeinträchtigung dar, soweit nicht Haltepunkte an Gebäuden angebracht oder Ausästungen vorgenommen werden.[18] Auch das **„Durchschießen" eines Kabels** durch das Erdreich soll normalerweise vom Eigentümer hinzunehmen sein.[19] Anderes kann allerdings gelten, wenn das Kabel wegen zu geringer Verlegungstiefe die Bewirtschaftung eines Ackers behindert.

10 Keine Beeinträchtigung ergibt sich weiter aus der Tatsache allein, dass bei der Grundstücksnutzung in Zukunft auf die Telekommunikationslinie Rücksicht zu nehmen ist. Auch das hypothetische **Haftungsrisiko**, das ein im Grundstück verlegtes Kabel stets darstellen kann, führt nicht zur wesentlichen Beeinträchtigung, da der Duldungstatbestand der Nr. 2 ansonsten leerliefe.[20]

11 Allein nach dem Maßstab objektiver Wesentlichkeit wäre wohl auch das Durchziehen eines weiteren Kabels durch eine **vorhandene Kabelführungseinrichtung** zu dulden, da die Grundstücksnutzung dadurch ersichtlich nicht weiter berührt wird. Hier allerdings ist die Systematik des § 76 Abs. 1 zu beachten: Steht das vorhandene Kabelschutzrohr einem Dritten aufgrund eines Rechts zu, so ist die Nr. 1 als *lex specialis* (bzw. das Nutzungsrecht selbst) einschlägig, nicht aber der Duldungstatbestand der Nr. 2.[21] Dieser soll ebenfalls keine Anwendung finden, wenn es um die Nutzung einer Führungseinrichtung geht, die dem Grundstückseigentümer selbst gehört: Der die Nutzung beanspruchende Dritte solle nicht davon profitieren können, dass der Eigentümer auf eigene Kosten einen Leitungskanal verlegt hat.[22] Woraus sich diese angebliche Zielrichtung der Vorschrift aber ableiten lassen soll, bleibt unklar. Mehr spricht daher dafür, auf diesen Fall ebenfalls den Tatbestand der

---

13 Vgl. BVerfG, NJW 2000, 798, 800.
14 BGHZ 120, 239, 255; 140, 1, 5. Dazu auch *Vieweg/Röthel*, NJW 1999, 969 ff.
15 BGHZ 122, 76, 78.
16 BeckTKG-Komm/*Schütz*, § 57 RdNr. 10.
17 Vgl. BGHZ 140, 1, 9 f.
18 BeckTKG-Komm/*Schütz*, § 57 RdNr. 11.
19 BeckTKG-Komm/*Schütz*, § 57 RdNr. 11.
20 BGHZ 145, 16, 23; *Trute/Spoerr/Bosch*, § 57 RdNr. 11.
21 BeckTKG-Komm/*Schütz*, § 57 RdNr. 12.
22 So BeckTKG-Komm/*Schütz*, § 57 RdNr. 12.

Nr. 2 anzuwenden. Gleiches muss dann gelten, wenn die Nutzung einer vorhandenen Einrichtung eines Dritten ohne ein korrespondierendes Nutzungsrecht (also außerhalb der Nr. 1) beansprucht wird.

Ein **Überschreiten der Wesentlichkeitsschwelle** der Nr. 2 kommt vor allem in Betracht, **12** wenn Kabel eingegraben oder eingepflügt werden sollen, da die Eingriffsintensität hier deutlich erhöht ist und auch der nur einmalige Eingriff in die Grundstücksnutzung an dieser Schwelle zu messen ist. Wesentlich wird die Beeinträchtigung etwa sein, wenn im Anschluss an die Verlegungsarbeiten der Boden aufwändig rekultiviert werden muss.[23] Auch die Verlegung eines neuen Leerrohres[24] sowie die Errichtung oberirdischer, weithin sichtbarer und dauerhafter Anlagen wie z. B. eines sechs Meter hohen Fernmeldemasts und eines Kabelverzweigers[25] sind im Regelfall nicht mehr zumutbar und damit „wesentlich".

3. Vereinbartes Nutzungsrecht. – Nicht in § 76 Abs. 1 geregelt ist die Duldungspflicht, **13** die sich daraus ergibt, dass der Eigentümer dem Betreiber der Telekommunikationslinie ein schuldrechtliches oder dingliches Nutzungsrecht eingeräumt hat. Dieses Nutzungsrecht kann ausdrücklich zu Zwecken gewerblicher Telekommunikationsleistungen eingeräumt sein. Ist dies nicht der Fall, so ist durch **Auslegung** zu ermitteln, ob sich entsprechende Vereinbarungen oder Dienstbarkeiten auch auf solche Zwecke erstrecken.

Das wird gerade bei beschränkt persönlichen Dienstbarkeiten, die auf eine bestimmte Nutzungsart und auf einen bestimmten Benutzer bezogen sind, nur selten der Fall sein. Vor allem gilt dies für Dienstbarkeiten, die im Grundbuch herkömmlich **für Zwecke der Energieversorgung** eingetragen sind. Sie decken wegen ihrer erkennbaren Zweckbindung im allgemeinen eine Nutzung, die auf Telekommunikation bezogen ist, nicht ab.[26] Auch unter dem Gesichtspunkt der Bedarfssteigerung wird sich eine Nutzungsänderung nur selten begründen lassen, da diese im Regelfall qualitativen Charakter besitzt und damit unzulässig ist.[27] Im Übrigen ist das Problem der veränderten Nutzung vorhandener Leitungen in Abs. 1 Nr. 1 angesprochen.

4. Erweitertes Nutzungsrecht (Abs. 1 Nr. 1). – Nach Nr. 1 muss der Eigentümer die tele- **15** kommunikationsbezogene Nutzung seines Grundstücks dulden, wenn dort eine rechtlich gesicherte Leitung oder Anlage vorhanden ist, die eigentlich für eine andere Nutzungsart vorgesehen ist, die aber auch für Errichtung, Betrieb oder Erneuerung einer Telekommunikationslinie genutzt werden kann. Die **Duldungspflicht** entfällt allerdings, wenn durch die veränderte Nutzung die Nutzbarkeit des Grundstücks „dauerhaft zusätzlich eingeschränkt" wird.

Die erweiterte Duldungspflicht wird ausgelöst, wenn eine auf dem Grundstück vorhandene **16** Leitung oder Anlage **„durch ein Recht gesichert"** ist. Dies meint wegen des offenen Wortlauts der Norm sowohl dingliche Sicherungsrechte (z. B. beschränkt persönliche Dienstbarkeiten) als auch schuldrechtliche Nutzungsrechte (z. B. aus Miet-, Pacht- oder reinen Gestattungsverträgen).[28] Auch der Zweck der Regelung, vor allem die vorhandenen

---

23 BeckTKG-Komm/*Schütz*, § 57 RdNr. 13 a. E.
24 OLG Oldenburg, NJW 1999, 957, 958.
25 Vgl. BVerfG, NJW 2000, 798, 800.
26 Vgl. BGHZ 145, 16, 20 f.
27 Vgl. BGHZ 145, 16, 21 f.; OLG Frankfurt/Main, MMR 1999, 161, 163. Weitergehend BeckTKG-Komm/*Schütz*, § 57 RdNr. 18. Offen gelassen von OLG Oldenburg, NJW 1999, 957, 958.
28 BeckTKG-Komm/*Schütz*, § 57 RdNr. 20.

Rechte von Energieversorgungsunternehmen zu erfassen und diesen den Einstieg in das Telekommunikationsgeschäft zu erleichtern[29], spricht für dieses weite Verständnis. Nicht erforderlich ist, dass das sichernde Recht bereits den Betrieb einer Telekommunikationslinie oder andere Telekommunikationszwecke einschließt, denn gerade den Fall, dass dem nicht so ist, will die Bestimmung regeln.

17 Der in Nr. 1 verwendete **Begriff der „Anlage"** ist weit zu verstehen und bezieht sich auf den gesamten (z. B.) von der Dienstbarkeit für die Verlegung von Leitungen und Zubehör geschützten Bereich, den sog. Schutzstreifen; davon umfasst sind verlegte Rohre ebenso wie Zubehöreinrichtungen.[30] Auch mit diesem weiten Anlagenbegriff ist die Vorschrift unter rechtsstaatlichen Gesichtspunkten hinreichend bestimmt.[31]

18 Der Duldungstatbestand **begünstigt nur den Inhaber des sichernden Nutzungsrechts** (Leitungsrechtsinhaber)[32], erweitert also im Ergebnis lediglich dessen sachlichen Geltungsbereich. Dagegen wird der Eigentümer nicht gegenüber Dritten („Trittbrettfahrern") zur Duldung verpflichtet[33]; die Einschränkung seiner Ausschließungsbefugnis ist also nur relativ. Zwar ist der Wortlaut insoweit offen. Da sich aber ein Ausgleichsanspruch gemäß § 76 Abs. 2 nur für den Grundstückseigentümer, nicht jedoch für den nutzungsberechtigten Leitungsinhaber ergeben kann, ist für Abs. 1 Nr. 1 zu vermuten, dass Letzterer nicht zur Duldung einer Nutzung durch Dritte verpflichtet ist.

19 Das bedeutet allerdings nicht, dass Leitungsrechtsinhaber und der Betreiber der Telekommunikationslinie in jedem Fall identisch sein müssen. Vielmehr muss sich der nach Nr. 1 zu duldende Betrieb (etc.) der Telekommunikationslinie lediglich stets vom Inhaber des Leitungsrechts ableiten. Dieser kann aber ohne weiteres die Nutzungsberechtigung **an Dritte weitergeben**, etwa indem er die Nutzung der vorhandenen Leitung gestattet oder eine Telekommunikationslinie vermietet.[34]

20 Zur Duldung **verpflichtet** wird aus Abs. 1 Nr. 1 neben dem Grundstückseigentümer jeder, dem ein dingliches Recht am Grundstück zusteht, also z. B. Erbbauberechtigte, Nießbraucher und Inhaber von Dienstbarkeiten.[35] Auch der vom Eigentümer verschiedene Besitzer muss die Einwirkung dulden.[36]

21 Die Duldungspflicht aus der Nr. 1 entfällt, wenn die Nutzbarkeit des Grundstücks im Vergleich zur bisherigen Belastung „dauerhaft zusätzlich eingeschränkt" wird. An einer **„zusätzlichen Einschränkung"** fehlt es, wenn die telekommunikationsbezogene Nutzung nach Art und Umfang nicht über den bislang eingeräumten Nutzungsrahmen hinausgeht.[37] Zulässig ist in diesem Sinne z. B. die Neuverlegung einer Telekommunikationslinie durch vorhandene Leitungseinrichtungen. Zu dulden hat es der Eigentümer daher, wenn in einem – rechtlich gesicherten – Leerrohr ein vorhandenes Kabel durch ein anderes ersetzt und

---

29 Vgl. BT-Drs. 13/3609, S. 50; BVerfG, NJW 2000, 798, 799.
30 BGHZ 149, 213, 216–220 = BGH, NJW 2002, 678.
31 BVerfG, NJW 2003, 196, 197.
32 Vgl. BGHZ 145, 16, 28.
33 BeckTKG-Komm/*Schütz*, § 57 RdNr. 22. Differenzierend *Nienhaus*, Wegerechte, S. 128–134.
34 Vgl. OLG Frankfurt/Main, NJW 1997, 3030, 3031; OLG Düsseldorf, NJW 1999, 956, 957.
35 *Nienhaus*, Wegerechte, S. 82.
36 Vgl. BGH, MMR 2003, 103.
37 BGH, NJW 2002, 678, 680.

dieses für Telekommunikationszwecke in Betrieb genommen wird.[38] Auch die Verlegung eines neuen Kabelleerrohres in einer rechtlich geschützten „Anlage" (z. B. Kabelschacht, -trog oder -trasse), in der bislang andere Leitungen verlegt sind, ist grundsätzlich zu dulden.[39]

Die Duldungspflicht entfällt nur, wenn die Nutzbarkeit des Grundstücks **„dauerhaft"** über 22 das Bestehende hinaus eingeschränkt wird. Vorübergehende Beschränkungen, etwa infolge von Verlege-, Wartungs- oder Reparaturarbeiten, sind dagegen vom Grundstückseigentümer hinzunehmen.

Da die Duldungspflicht nach Nr. 1 zum bestehenden Nutzungsrecht akzessorisch ist, endet 23 sie, wenn dieses erlischt. Bei **Erlöschen** des – dinglichen oder schuldrechtlichen – Nutzungsrechts leben die zivilrechtlichen Unterlassungs- und Beseitigungsrechte des Eigentümers wieder auf. Diese können dann auch die Beseitigung der verlegten Telekommunikationslinie umfassen.[40]

5. Duldungspflicht und ihre Durchsetzung. – Ist einer der beiden Duldungstatbestände 24 erfüllt, so tritt die Rechtsfolge ein, die § 76 Abs. 1 – in Anlehnung an § 906 Abs. 1 S. 1 BGB – damit bezeichnet, dass der Eigentümer die Einwirkung auf sein Grundstück **„nicht verbieten" kann**. Es handelt sich um die Statuierung einer Duldungspflicht im Sinne von § 1004 Abs. 2 BGB, welche den Abwehranspruch des Eigentümers aus § 1004 Abs. 1 BGB ausschließt. Gleichzeitig gestattet § 76 Abs. 1 die telekommunikationsrechtliche Nutzung des Grundstücks mit der Folge, dass es sich nicht um „verbotene Eigenmacht" im Sinne von § 858 Abs. 1 BGB handelt. Soweit die Nutzung von einem der Duldungstatbestände gedeckt ist, entfallen damit auch die possessorischen Besitzschutzansprüche aus §§ 861, 862 BGB.[41] Verlegung und Betrieb einer Telekommunikationslinie dürfen also auch gegen den Willen des Grundstückseigentümers erfolgen, ohne dass es dazu eines gerichtlichen Duldungstitels bedarf.[42]

Die Telekommunikationslinie bleibt unabhängig davon, ob sie ober- oder unterirdisch geführt wird, Eigentum desjenigen, der sie errichtet oder für den sie errichtet wird. Sie wird 25 kein wesentlicher Bestandteil des Grundstücks im Sinne von § 94 Abs. 1 S. 1 BGB.[43] Vielmehr sind auch unterirdische Anlagen nur **Scheinbestandteile** des Grundstücks (§ 95 Abs. 1 BGB), da sie nur zu einem vorübergehenden Zweck mit diesem verbunden werden.

Vereitelt der Eigentümer die Nutzung seines Grundstücks, so verletzt er eine Hauptpflicht 26 aus dem gesetzlichen Schuldverhältnisses nach § 76 und kann daher gemäß § 280 Abs. 1 BGB dem Nutzungsberechtigten zum **Schadensersatz** verpflichtet sein. Auch ein Verzug des Eigentümers als „Duldungsschuldner" gemäß § 286 Abs. 1 BGB kommt in Betracht.[44] Der im Haftungsfall nach den §§ 249 ff. BGB zu bemessende Schaden des Nutzungsberechtigten umfasst insbesondere den entgangenen Gewinn (§ 252 BGB) sowie ggf. einen

---

38 Vgl. z. B. BGHZ 145, 16, 22 f.; OLG Frankfurt/Main, NJW 1997, 3030, 3031; MMR 1999, 161, 163.
39 OLG Düsseldorf, NJW 1999, 956 f.; OLG Oldenburg, NJW 1999, 957, 958; OLG München, MMR 2000, 91 f.
40 BeckTKG-Komm/*Schütz*, § 57 RdNr. 31.
41 BGHZ 145, 16, 19 f.; BGH, MMR 2003, 103; OLG Düsseldorf, NJW 1999, 956, 957.
42 *Haidinger/Rädler*, MMR 1999, 330, 332.
43 BeckTKG-Komm/*Schütz*, § 57 RdNr. 8.
44 Vgl. *Haidinger/Rädler*, MMR 1999, 330, 332 f.; BeckTKG-Komm/*Schütz*, § 57 RdNr. 34.

Haftungsschaden, wenn der Nutzungsberechtigte einem Dritten zur Überlassung verpflichtet war.[45]

27 Der Grundstückseigentümer kann die Erfüllung seiner Duldungspflicht nicht von der Zahlung eines angemessenen Ausgleichs (§ 76 Abs. 2) abhängig und insoweit **kein Zurückbehaltungsrecht** (§ 273 BGB) geltend machen.[46] Ein solches Recht wäre mit dem Zweck des Gesetzes unvereinbar, flächendeckende Telekommunikationsleistungen zu fördern und dazu den Aufbau der notwendigen Infrastruktur zu erleichtern.

IV. Ausgleichansprüche des Eigentümers (Abs. 2)

28 Infolge der Duldungspflichten nach Abs. 1 verlagert sich der Rechtsschutz des Grundstückseigentümers von der Primär- auf die **Sekundärebene**.[47] Als Ausgleich für die Pflicht zur Hinnahme der Nutzung seines Eigentums erhält er in § 76 Abs. 2 eine ganze Palette von Ansprüchen gegen den Netzbetreiber bzw. -eigentümer. Eine unzumutbare Beeinträchtigung der Grundstücksnutzung bringt ihm eine angemessene Entschädigung nach S. 1, die erweiterte Nutzung vorhandener Leitungen darüber hinaus eine einmalige Entschädigung (S. 2), und im Falle einer Beschädigung erwirbt der Eigentümer einen Anspruch auf Schadensbeseitigung nach S. 3. Für die Geltendmachung aller Ansprüche aus Abs. 2 ist der ordentliche Rechtsweg (§ 13 GVG) gegeben.

29 **1. Ausgleich für Beeinträchtigungen (Abs. 2 S. 1).** – Der Ausgleichsanspruch nach S. 1 setzt neben einer Duldungspflicht nach Abs. 1 eine **unzumutbare Beeinträchtigung** der Grundstücksbenutzung oder des Grundstücksertrags voraus, die aus Errichtung, Erneuerung oder Betrieb der Telekommunikationslinie oder damit zusammenhängenden Maßnahmen resultiert. Wegen der Zumutbarkeitsschwelle wird sich der Anwendungsbereich dieser Ausgleichspflicht praktisch auf die Duldungspflicht nach Abs. 1 Nr. 1 beschränken, da eine Duldung nach Nr. 2 nur bei einer unwesentlichen Beeinträchtigung der Grundstücksnutzung überhaupt in Betracht kommt. Die Maßstäbe von Zumutbarkeit und Wesentlichkeit dürften sich ungefähr decken, so dass im Falle einer Duldungspflicht wegen Unwesentlichkeit eine Ausgleichspflicht wegen Unzumutbarkeit von vornherein ausscheidet.[48]

30 Auch in Bezug auf die Duldungspflicht nach Abs. 1 Nr. 1 ist die Bestimmung der entschädigungsrelevanten Zumutbarkeitsschwelle nicht einfach. Denn, damit der Duldungstatbestand eingreift, darf es sich nicht um eine „dauerhafte zusätzliche Einschränkung" der Nutzbarkeit des Grundstücks handeln. Den Anspruch auslösen können also nur **„Beeinträchtigungen"**, die vorübergehend, aber erheblich den Nutzungsrahmen des vorhandenen Leitungsrechts überschreiten. Dies könnten z. B. kurzfristige Bauarbeiten sein, die zur Errichtung, Reparatur oder Wartung einer Telekommunikationslinie notwendig sind. Ob darüber hinaus auch Einschränkungen denkbar sind, die nicht „zusätzlich", aber von Dauer sind und aus diesem Grund die Zumutbarkeitsschwelle erreichen, ist zweifelhaft. Denn sie dürften den Nutzungsrahmen des eingeräumten Leitungsrechts nicht überschreiten, müssten aber gleichzeitig für den Eigentümer unzumutbar sein. Unter Umständen kommen Fälle in Betracht, in denen die Einräumung des Leitungsrechts und seine

---

45 *Haidinger/Rädler*, MMR 1999, 330, 334.
46 BGHZ 145, 16, 28.
47 BeckTKG-Komm/*Schütz*, § 57 RdNr. 4.
48 Ebenso BeckTKG-Komm/*Schütz*, § 57 RdNr. 39.

rechtliche Sicherung nicht auf eine freiwillige Vereinbarung mit dem Eigentümer zurückgehen.

Die Ausgleichspflicht entsteht, wenn Benutzung oder Ertrag des Grundstücks **„über das** **31**
zumutbare Maß hinaus" beeinträchtigt werden. Diese Schwelle soll erreicht sein, wenn
die Beeinträchtigungen einen solchen Umfang erreichen, dass der Nutzungsberechtigte
nach den marktüblichen Bedingungen redlicherweise nicht damit rechnen konnte, der Eigentümer werde sie ersatzlos hinnehmen.[49] Der fachgerecht vorgenommene Austausch eines Kabels durch ein leistungsstärkeres oder die Nutzung des neuen Kabels als solche begründen ein solches „Sonderopfer" in der Regel nicht.[50]

Der Umfang des **„angemessenen Ausgleichs"** bemisst sich nach dem Ausmaß der Beein- **32**
trächtigung. Maßstab ist das Entgelt, das der Netzbetreiber ohne die Duldungspflicht für
die Benutzung des konkreten Grundstücks nach den jeweiligen Marktverhältnissen zu entrichten gehabt hätte. Ob dabei die Grundstücksnutzung insgesamt oder nur der das zumutbare Maß übersteigende Teil[51] zugrunde zu legen ist, lässt der Wortlaut von S. 1 offen: Die
Ausgleichspflicht entsteht, „wenn" – nicht etwa „soweit" – die Beeinträchtigung unzumutbar ist. Der Sinn des Gesetzes, die Nutzung privaten Grundeigentums für Telekommunikationszwecke zu erleichtern, spricht allerdings für die engere Sicht, wonach nur die „überschießende Benutzungsspitze" ausgleichspflichtig ist.

Der Ausgleichsanspruch nach S. 1 dient der Kompensation des Ausschlusses von Abwehr- **33**
ansprüchen und **steht daher auch dem Besitzer zu**, wenn dieser nicht mit dem Eigentümer
identisch ist.[52] Dies ist die notwendige Konsequenz aus der Tatsache, dass die Duldungspflicht nach Abs. 1 neben dem Abwehrrecht des Eigentümers auch die possessorischen Besitzschutzansprüche ausschließt (oben RdNr. 24). Auch diese Verpflichtung, Beeinträchtigungen des Besitzes zu dulden, wird nach S. 1 ausgeglichen, und zwar in der Höhe des Ver-
mögenswerts, den das Recht zum Besitz ausmacht. Das ist insbesondere der Ertrag des
Grundstücks, der dem Besitzer zusteht.[53]

Schuldner des Ausgleichsanspruchs sind nach S. 1 alternativ der Betreiber der Telekom- **34**
munikationslinie „oder" der Eigentümer des Leitungsnetzes. Sind beide nicht identisch, so
haften sie als Gesamtschuldner: Die Rechtsfolgenverweisung in S. 4 auf § 840 Abs. 1 BGB
bezieht sich auf alle Ansprüche des Abs. 2.[54] Im Regelfall wird der Netzeigentümer auch
der Inhaber des Leitungsrechts sein, welches die Duldungspflicht nach Abs. 1 Nr. 1 auslöst. Zwingend ist das aber nicht, denn der Leitungsrechtsinhaber kann sein Nutzungsrecht
an Dritte weitergeben (oben RdNr. 17).

2. Ausgleich für erweiterte Nutzung (Abs. 2 S. 2). – Zusätzlich zum evtl. Ausgleich we- **35**
gen Unzumutbarkeit hat der Eigentümer Anspruch auf eine einmalige Entschädigung,
wenn die Nutzung einer vorhandenen Leitungseinrichtung nun zu Telekommunikationszwecken erweitert wird und auf dem Grundstück bislang keine telekommunikationstaugli-
chen Leitungswege vorhanden waren. Der Anspruch **knüpft an die Duldungspflicht nach**
Abs. 1 Nr. 1 an und trägt dem Umstand Rechnung, dass die dort geregelte Erweiterung

---

49 BeckTKG-Komm/*Schütz*, § 57 RdNr. 42.
50 Vgl. BGHZ 145, 16, 29.
51 Dafür BeckTKG-Komm/*Schütz*, § 57 RdNr. 43.
52 BGH, MMR 2003, 103.
53 BGH, MMR 2003, 103.
54 *Schäfer/Giebel*, ZfIR 2004, 661, 663.

eines vorhandenen Nutzungsrechts auf Telekommunikationszwecke sich für den Grundstückseigentümer als Inhalts- und Schrankenbestimmung im Sinne von Art. 14 Abs. 1 GG darstellt. Als solche bedarf sie des finanziellen Ausgleichs, um nicht unverhältnismäßig und damit grundrechtswidrig zu sein.[55] Kompensiert wird die telekommunikationsbezogene „Umnutzung" der vorhandenen Einrichtungen als solche, ohne dass auf eine gesteigerte, unzumutbare o.ä. Inanspruchnahme des Grundstücks selbst ankäme. Die betroffenen Eigentümer müssen nicht hinnehmen, dass Dritte ihr Grundeigentum nutzen, daraus privaten Gewinn erzielen und sie dafür keinen Geldausgleich erhalten.[56]

36 Wesentliche Anspruchsvoraussetzung ist, dass zuvor keine Leitungswege vorhanden waren, die **„zu Zwecken der Telekommunikation genutzt werden konnten"**. Nach dem Wortlaut dieser Bestimmung geht es hier nicht darum, ob private oder öffentliche Telekommunikation, sondern ob eine solche überhaupt möglich war. Nach Auffassung des BGH, der hierfür eine verfassungskonforme Auslegung bemüht, löst jedoch auch der Übergang von einer betriebsinternen Kommunikation zur kommerziellen öffentlichen Telekommunikation den Anspruch auf eine einmalige Ausgleichszahlung aus.[57] Ausgleichspflichtig als Eigentumsstörung sind also nicht nur „völlig neue Nutzungen"[58] vorhandener Leitungen, sondern auch die erweiterte Telekommunikationsnutzung. Im Übrigen kommt es wegen des klaren Normwortlauts nicht darauf an, ob die Leitungswege tatsächlich zur Telekommunikation genutzt wurden, sondern ob sie für eine solche Nutzung geeignet waren.

37 Die **Höhe** der für die erweiterte Nutzung geschuldeten Entschädigung richtet sich wiederum danach, was „am Markt" für die erstmalige Einräumung eines Nutzungsrechts am betreffenden Grundstück zu Telekommunikationszwecken gezahlt werden müßte.[59] Im Zweifel soll auf Vergütungen zurückgegriffen werden, die üblicherweise für die Verlegung von Versorgungsleistungen entrichtet werden.[60] Der Anspruch entsteht bereits mit der telekommunikationsbezogenen Aufrüstung der vorhandenen Leitungen, nicht erst wenn die tatsächliche Nutzung zu diesem Zweck beginnt.[61]

38 **Schuldner** des Ausgleichsanspruchs ist derjenige, der die veränderte Nutzung des Grundstücks betreibt. Obwohl S. 2 dies offen lässt, ist davon auszugehen, dass es sich wiederum sowohl um den Betreiber der Telekommunikationslinie als auch um den Eigentümer des Leitungsnetzes handeln kann.[62] Sind beide nicht identisch, haften sie als Gesamtschuldner (S. 4 i.V.m. § 840 Abs. 1 BGB). Steht die tatsächliche Telekommunikationsnutzung noch aus, so ist der Leitungsberechtigte Betreiber und alleiniger Anspruchsgegner.[63]

39 **3. Schadensbeseitigung bei Beschädigung (Abs. 2 S. 3).** – Wird im Zuge der telekommunikationsbezogenen Nutzung das Grundstück oder sein Zubehör beschädigt, so entsteht ein

---

55 Vgl. BGHZ 145, 16, 32 f.; BVerfG, NJW 2003, 196, 198. Zur Figur der ausgleichspflichtigen Inhaltsbestimmung im Verfassungsrecht z.B. *Kischel*, JZ 2003, 604 ff., *Dreier/Wieland*, GG I, 2. Aufl. 2004, Art. 14 RdNr. 132–135 m.w.N.

56 BGHZ 145, 16, 32. Vgl. auch BVerfG, NJW 2003, 196, 198.

57 BGHZ 145, 16, 29–34. Kritisch z.B. *Wimmer*, K&R 2001, 208, 211 f. A. A. vor der BGH-Entscheidung z.B. OLG Frankfurt/Main, MMR 1999, 161, 164; BeckTKG-Komm/*Schütz*, § 57 RdNr. 45.

58 So noch die Änderungsbegründung in BT-Drs. 13/4864, (neu), S. 81.

59 BGHZ 145, 16, 34; OLG München, MMR 2000, 91, 92.

60 BGHZ 145, 16, 34 f.

61 *Wendlandt*, MMR 2004, 297, 298 f.; vgl. OLG Hamm, NJW-RR 2002, 769.

62 *Schäfer/Giebel*, ZfIR 2004, 661, 663.

63 *Wendlandt*, MMR 2004, 297, 299.

Beseitigungsanspruch gegen Netzbetreiber oder -eigentümer. Sind beide nicht identisch, so sollte **Anspruchsgegner** derjenige sein, der die Beschädigung verursacht hat. Haben verschiedene Verursachungsbeiträge zusammengewirkt, so haften beide nach S. 4 i.V.m. § 840 Abs. 1 BGB als Gesamtschuldner.

Die **Anspruchsberechtigung** ist in der Norm nicht geregelt, daher kann ihr keine Be- **40** schränkung auf den Grundstückseigentümer entnommen werden.[64] Vielmehr erfasst Abs. 2 S. 3 auch Schäden am Zubehör, die dessen Eigentümer und nicht notwendig den Eigentümer des Grundstücks treffen. Die Beseitigung von Schäden am Grundstück kann nur vom Grundstückseigentümer verlangt werden[65], im Übrigen aber kommen als Anspruchsberechtigte auch Mieter, Pächter oder Erbbauberechtigte in Betracht.[66]

Der Anspruch wird ausgelöst durch eine **Beschädigung** von Grundstück oder Zubehör. In **41** Betracht kommen etwa Schäden an Bäumen, Sträuchern, Gebäuden, soweit sie wesentliche Bestandteile (§ 94 BGB) des Grundstücks bilden. Die Zubehöreigenschaft einer beweglichen Sache in Bezug auf das betroffene Grundstück richtet sich nach den allgemeinen Regeln der §§ 97, 98 BGB. Ein Verschulden des Beseitigungspflichtigen ist nicht Anspruchsvoraussetzung.

Inhalt des Anspruchs ist nicht Entschädigung, sondern **Naturalrestitution**. Der Ver- **42** pflichtete muss den eingetretenen Schaden auf seine Kosten beseitigen. Trotz der anderslautenden Formulierung handelt es sich in der Sache um echten Schadensersatz, sodass der Maßstab des § 249 Abs. 1 BGB zur Anwendung gelangt: Es ist der Zustand herzustellen, der ohne das schädigende Ereignis bestehen würde. Der zu beseitigende „Schaden" umfasst sowohl den unmittelbaren Schaden an Grundstück und Zubehör als auch mittelbare Schäden wie z.B. Nutzungsausfall oder sonstwie entgangenen Gewinn.[67] Letztere können naturgemäß nur in Geld ausgeglichen werden. Auch im Übrigen kann der Berechtigte gemäß § 249 Abs. 2 S. 1 BGB Geldersatz statt Naturalrestitution verlangen.

---

64 BGH, MMR 2003, 103, 104.
65 BGH, MMR 2003, 103, 104.
66 BeckTKG-Komm/*Schütz*, § 57 RdNr. 51.
67 BeckTKG-Komm/*Schütz*, § 57 RdNr. 52.

§ 77 Ersatzansprüche

Die Verjährung der auf den §§ 70 bis 76 beruhenden Ansprüche richtet sich nach den Regelungen über die regelmäßige Verjährung nach dem Bürgerlichen Gesetzbuch.

Schrifttum: *Schäfer/Giebel*, Private Wegerechte im neuen Telekommunikationsgesetz, ZfIR 2004, 661.

Die Bestimmung enthält die **neue Verjährungsregel** des TKG für wegerechtliche Ansprü- **1** che. Während § 58 TKG 1996 sich insoweit auf „Ersatzansprüche" beschränkt und eine zweijährige Verjährungsfrist angeordnet hatte, verweist die neue Norm nunmehr einheitlich auf die Regelverjährung des BGB. Warum die Norm auch in der amtlichen Veröffentlichung[1] noch immer mit „Ersatzansprüche" überschrieben ist, erscheint unklar.

Dieselbe Verjährungsfrist gilt daher nun für alle **Ansprüche**, die ihre rechtliche Grundlage **2** in §§ 70–76 finden. Darunter fallen sowohl Ersatzansprüche, also solche, die auf Schadenersatz, Entschädigung, Auslagen- oder Kostenerstattung gerichtet sind (§ 71 Abs. 2 und Abs. 3 S. 2, § 73 Abs. 3, § 74 Abs. 1 S. 2 sowie Abs. 2 und 4, § 75 Abs. 3, 4, 5 und 6 sowie § 76 Abs. 2 S. 1 bis 3), als auch sonstige Ansprüche. Sonstige Ansprüche sind die Änderungs- und Beseitigungsansprüche in § 72 Abs. 1, § 74 Abs. 2 sowie der Duldungsanspruch gemäß § 76 Abs. 1. Nach dem eindeutigen Gesetzeswortlaut („§§ 70 bis 76") nicht erfasst ist der Haftungsanspruch aus § 69 Abs. 3 S. 3, obwohl es sich hierbei um eine eigenständige Anspruchsgrundlage handelt (s. § 69 RdNr. 39); hier dürfte dann die allgemeine Verjährungsregel für Schadensersatzansprüche gemäß § 199 Abs. 3 BGB gelten.

Der Verweis auf die Regelungen über die regelmäßige Verjährung bezieht sich zum einen **3** auf die **Verjährungsfrist** des § 195 BGB. Sie beträgt nunmehr einheitlich für alle wegerechtlichen Ansprüche der §§ 70–76 drei Jahre.

Zum anderen ist auf die Vorschriften über den **Verjährungsbeginn** verwiesen, dies ist für **4** die regelmäßige Verjährungsfrist § 199 Abs. 1 BGB. Danach beginnt die dreijährige Frist erst mit dem Schluss des Jahres zu laufen, in dem der Anspruch entstanden ist und der Gläubiger von den Anspruchsvoraussetzungen und der Person des Schuldners Kenntnis hat oder infolge grober Fahrlässigkeit nicht erlangt hat. Durch dieses subjektive Element, das nun zur objektiven Anspruchsentstehung hinzutreten muss, wird die Position des Grundstückseigentümers gestärkt. Dem liegt die Einsicht zugrunde, dass es für diesen erfahrungsgemäß praktisch sehr schwierig ist, innerhalb der Dreijahresfrist z. B. von einer erweiterten Nutzung der auf seinem Grundstück verlegten Leitungen (§ 76 Abs. 2 S. 2) Kenntnis zu erlangen.[2] Auch für die Ansprüche aus §§ 70–76 gelten die Höchstfristen des § 199 Abs. 3 und 4 BGB.

Der **Übergang von der alten auf die neue Verjährungsregelung** ist in den Übergangsvor- **5** schriften des § 150 nicht geregelt. Sicher ist, dass sich Ansprüche, die nach In-Kraft-Treten des neuen TKG (26. 6. 2004) entstanden sind, nach § 77 i. V. m. §§ 195, 199 BGB richten. Ebenso klar sollte sein, dass die neue Regelung solche Ansprüche nicht erfasst, die bei ihrem In-Kraft-Treten bereits gemäß § 58 TKG 1996 verjährt waren.[3] Läuft dagegen die Ver-

---

1 BGBl. 2004 I S. 1190, 1217.
2 *Schäfer/Giebel*, ZfIR 2004, 661, 664.
3 *Wendlandt*, MMR 2004, 297, 300.

jährung noch, so bietet sich eine entsprechende Anwendung von Art. 229 § 6 EGBGB an mit der Folge, dass für noch nicht verjährte Ansprüche gemäß Art. 229 § 6 Abs. 4 EGBGB die kurze Verjährung nach § 58 TKG 1996 läuft.[4]

4 *Wendlandt*, MMR 2004, 297, 300; *Schäfer/Giebel*, ZfIR 2004, 661, 664.

Teil 6: Universaldienst

Vor § 78

Schrifttum: *Cannivé*, Infrastrukturgewährleistung in der Telekommunikation zwischen Staat und Markt, 2001; *Eifert*, Grundversorgung mit Telekommunikationsleistungen im Gewährleistungsstaat, 1998; *Freund*, Infrastrukturgewährleistung in der Telekommunikation, 2002; *Gramlich*, Kommunikations-Grundversorgung zwischen Markt und Staat, ZUM 1998, 365; *Hermes*, Staatliche Infrastrukturverantwortung: rechtliche Grundstrukturen netzgebundener Transport- und Übertragungssysteme zwischen Daseinsvorsorge und Wettbewerbsregulierung am Beispiel der leitungsgebundenen Energieversorgung in Europa, 1998; *Mestmäcker*, Daseinsvorsorge und Universaldienst im europäischen Kontext, in: FS Zacher, 1998, 635; *Nett/Neu*, Die Gewährleistung eines Universaldienstes und die Bestimmung der Universaldienstkosten bei Wettbewerb im Telekommunikationsbereich, ZögU 22 (1999), 134; *Windthorst*, Der Universaldienst im Bereich der Telekommunikation. Eine öffentlichrechtliche Betrachtung unter Einbezug des amerikanischen Rechts, 2000.

Übersicht

I. Infrastruktur als Staatsaufgabe

Das besondere staatliche Interesse für die Infrastruktur – zunächst Straßen und Wege und **1** über diese vermittelte Kommunikation, später Eisenbahnen, Energieversorgung und leitungsgebundene Fernkommunikation – besteht von Anbeginn der Staatswerdung.[1] Der Begriff der **Infrastrukturgewährleistung** ist dagegen ähnlich neu wie der verwandte Begriff des Universaldienstes[2], zumindest in der deutschen Rechtsordnung[3]. Diese neuen Begriffe sind jedoch nicht Ausdruck einer neuen Staatsaufgabe, sondern Ausdruck einer neuen Form staatlicher Aufgabenwahrnehmung, einer Entwicklung, die schlagwortartig als Wandel von der Erfüllungs- zur Gewährleistungsverantwortung gekennzeichnet wird.[4]

Zutreffend ist hervorgehoben worden, dass die Verbindung von Raum und Überwindung **2** von Entfernung mit Hilfe der das Territorium netzartig überziehenden Infrastrukturen nicht

---

1 *Hermes*, Staatliche Infrastrukturverantwortung, S. 256 ff.
2 Siehe zum Begriff des Universaldienstes *Windthorst*, Der Universaldienst im Bereich der Telekommunikation, S. 112–118; zum Begriff Infrastruktur *Hermes* (Fn. 1) S. 168 f.
3 Zur Herkunft aus dem anglo-amerikanischen Sprachraum siehe *Windthorst* (Fn. 2) S. 113 f.; zur Entwicklung in den USA *ders.*, ebenda, S. 486 ff., 522 ff.; *Kubicek*, CR 1997, 1 ff.
4 Siehe nur *Eifert*, Grundversorgung mit Telekommunikationsleistungen im Gewährleistungsstaat, 1998, S. 15 ff., 31 ff., 139 ff.; *Freund*, Infrastrukturgewährleistung in der Telekommunikation, S. 8 ff.; *Cannivé*, Infrastrukturgewährleistung in der Telekommunikation zwischen Staat und Markt, S. 50.

nur aus militärischen Gründen, sondern – dem noch vorausliegend – zur Herstellung staatlicher **Integration** in politischer, wirtschaftlicher und sozialer Hinsicht für den Staat existenznotwendig und daher originäre Staatsaufgabe ist.[5] Die Besonderheit dieser Aufgabe, die in ihrem Gegenstand (Netze) und in ihrer Funktion (allgemeine Versorgung und Verbindung) liegt, ist in den Zeiten einer weitgreifenden Leistungsverwaltung hinter dem allgemeinen Begriff der Daseinsvorsorge verborgen geblieben.[6] Erst angesichts der Überforderung des leistenden Staates und der Forderung nach Leistungsabbau und Privatisierung wurden sowohl die Besonderheiten der Infrastruktur gegenüber allgemein sozialstaatlich motivierten Staatsleistungen hervorgehoben wie auch erkannt, dass Staatsaufgabe und staatliche Verantwortung nicht notwendig staatliche Leistungsbereitstellung und Aufgabenerfüllung bedeuten.[7] Der Begriff der Infrastrukturgewährleistung kennzeichnet vor diesem Hintergrund die Grenze für den Rückzug staatlicher Verantwortung in Bezug auf Infrastruktureinrichtungen.[8]

II. Unterscheidung zwischen Netzen und Diensten

3   Allen Infrastrukturen ist die Angewiesenheit auf raumgreifende Netze gemeinsam. Hiervon lassen sich die auf, entlang oder mittels der Netze vollbrachten Dienste unterscheiden.[9]

4   **1. Besonderheiten der Netze. – Infrastrukturnetze** nehmen gewöhnlich – wenn auch in unterschiedlicher Intensität – Raum in Anspruch. Daraus folgt, dass sie regelmäßig zumindest auf die Mitbenutzung von Grundeigentum Dritter angewiesen sind. Deshalb und wegen hoher Kosten sind sie nicht beliebig vermehrbar. Infrastrukturnetze haben daher eine Nähe zum natürlichen **Monopol**.[10] Daraus ergeben sich staatliche Aufgaben in verschiedener Hinsicht: Nur die staatliche Gewalt kann Enteignungen durchführen.[11] Zur Wahrung der Verhältnismäßigkeit derartiger Eingriffe sowie zur Sicherung der gleichmäßigen Erschließung des Raumes bedarf es zudem der **Netzplanung**.[12] Nicht zuletzt muss aufgrund der Monopolstruktur der allgemeine und diskriminierungsfreie **Netzzugang** sichergestellt werden.[13] Diese Charakteristika haben sich im Bereich der Telekommunikation infolge des technischen Fortschritts zwar erheblich verringert und verringern sich weiter.[14] Sie haben jedoch zum einen früher vorgelegen und wirken noch heute nach, zum anderen besteht zumindest in Teilbereichen der Telekommunikation nach wie vor ein netzbezogener **Ressourcenmangel**.[15] Mit der zunehmenden Zahl von Netzen und Netzbetreibern tritt an die Stelle

5 *Hermes* (Fn. 1) S. 271, 325, 352; zur allgemeinen Bedeutung des Universaldienstes s. auch *Nett/Neu*, ZögU 22 (1999) 134 f.
6 *Hermes* (Fn. 1) S. 340–342; *Freund* (Fn. 4) S. 14 ff.
7 *Hermes* (Fn. 1) S. 336 ff.
8 *Hermes* (Fn. 1) S. 342 f.; *Sachs/Windthorst*, Art. 87 f RdNr. 8; s. auch BeckTKG-Komm/*Schütz* Vor § 17 RdNr. 5; *Mestmäcker*, FS Zacher, 1998, S. 635, 648.
9 *Hermes* (Fn. 1) S. 330; *Windthorst* (Fn. 2) S. 89 ff.
10 *Eifert* (Fn. 4) S. 143 ff., 219; *Hermes* (Fn. 1) S. 343.
11 *Hermes* (Fn. 1) S. 273 weist darauf hin.
12 *Hermes* (Fn. 1) S. 357.
13 *Hermes* (Fn. 1) S. 281.
14 *Hermes* (Fn. 1) S. 344.
15 S. die Kommentierung zur Frequenzverwaltung, § 52 RdNr. 2 f.

der Verwaltung des Monopols bzw. des Mangels außerdem die Notwendigkeit der **Standardisierung** zur Herstellung von Verbund und Interoperabilität.[16]

2. Besonderheiten der Dienste. – Auch in Bezug auf die Dienste gründet das staatliche   5
Interesse nicht primär und nicht ausschließlich in sozialstaatlichen Motiven, sondern in der
staatsnotwendigen politischen, wirtschaftlichen und dann auch sozialen Integration.[17] Dies
erfordert den Zugang aller, die es wünschen, zu den Diensten, die hierfür zu einem gegebenen Zeitpunkt als notwendig angesehen werden. Im Falle einer Monopolstruktur bei Netzen und Diensten entspricht dem Versorgungsmonopol eine **Versorgungspflicht**[18] gemäß
dem Stand der finanzierbaren Technik. Die Notwendigkeit, die Dienste zu benennen, die
zu einem gegebenen Zeitpunkt in einer Gesellschaft als unabdingbar erachtet werden und
zu denen alle, die es wünschen, Zugang haben müssen, ergibt sich erst im Falle einer Vielzahl von Anbietern, deren Interesse darauf gerichtet ist, wirtschaftlich rentable Dienste anzubieten.[19] Anstelle der staatlichen Bereitstellung der Dienste tritt dann als staatliche Aufgabe, die Universaldienste zu benennen – dies ist Aufgabe des parlamentarischen Gesetzgebers[20] – und die Gewährleistung, dass diese Dienste auch im Falle des Marktversagens[21]
bereitstehen.

III. Status der Betreiber von Infrastruktureinrichtungen

Aus den dargestellten Besonderheiten der Infrastrukturnetze und -dienste ergeben sich   6
Konsequenzen für den Status von Netzbetreibern und Diensteanbietern. Soweit die Netzbetreiber für die Errichtung, Erhaltung und den Ausbau ihrer Netze auf staatliches Tätigwerden angewiesen sind, insbesondere im Hinblick auf Netzplanung, Inanspruchnahme
des Eigentums Dritter oder Standardisierung, prägt die staatliche **Gemeinwohlbindung**
auch ihren Status. Sie können sich dieser Bindung nicht unter Berufung auf Grundrechte
entziehen, weil die Grundrechtsbetätigung bedingt ist durch die staatlichen Vorleistungen.
Infrastruktureinrichtungen sind privater Initiative eben gerade nicht ohne Weiteres frei zugänglich.[22] Betreiber von Infrastruktureinrichtungen sind in diesem Sinne Inhaber abgeleiteter Rechte. Dies hat auch Auswirkungen für die reinen Diensteanbieter, da diese auf die
Existenz von Netzen angewiesen sind und sich deshalb nicht von der Gemeinwohlbindung,
die die Netzbetreiber trifft, freizeichnen können. Vor diesem Hintergrund erweist sich die
im Falle des Marktversagens bestehende Möglichkeit, Betreiber von Infrastrukturnetzen
und -diensten für Universaldienstleistungen verpflichten zu können, als notwendiger Bestandteil ihres Status.[23]

---

16 *Hermes* (Fn. 1) S. 348, 375.
17 *Hermes* (Fn. 1) S. 352.
18 *Hermes* (Fn. 1) S. 330.
19 *Sachs/Windthorst*, Art. 87 f RdNr. 8.
20 *Sachs/Windthorst*, Art. 87 f RdNr. 20.
21 Zum Marktversagen als Ansatzpunkt der staatlichen Gewährleistungspflicht s. *Hermes* (Fn. 1)
S. 150; *Cannivé* (Fn. 4) S. 50; *Freund* (Fn. 4) S. 35 f.; *Gramlich*, ZUM 1998, 365, 370; s. auch
Lege, DÖV 2001, 969, 975.
22 *Hermes* (Fn. 1) S. 380 f.
23 *Hermes* (Fn. 1) S. 380 f. spricht von einer Kombination von Rechten- und Pflichtenstatus; s. auch
Lege, DÖV 2001, 969, 976.

IV. Verfassungsrechtliche und europarechtliche Grundlagen

7   Der Abschnitt über die Universaldienste enthält die Konkretisierung der verfassungsrechtlichen Infrastrukturgewährleistung im Bereich der Telekommunikation gemäß **Art. 87 f GG** sowie die Umsetzung von wesentlichen Teilen der **Universaldienstrichtlinie**.

8   **1. Verfassungsrecht.** – Art. 87 f Abs. 1 GG ist als notwendige Ergänzung der Aufgabenprivatisierung im Zuge der **Postreform II** im Jahre 1994 in das Grundgesetz eingefügt worden.[24] Er bestimmt, dass der Bund im Bereich der Telekommunikation flächendeckend angemessene und ausreichende Dienstleistungen gewährleistet. Der folgende Absatz, wonach die genannten Dienstleistungen privatwirtschaftlich und im Wettbewerb zu erbringen sind, stellt klar, dass die Gewährleistung keine Pflicht unmittelbar staatlicher Aufgabenerfüllung enthält. Der Inhalt der Gewährleistung ist dem Gesetzgeber zur näheren Bestimmung überlassen, wobei dies nach Maßgabe eines zustimmungsbedürftigen Bundesgesetzes geschieht. Angesichts der notwendigen Vermittlung durch den Gesetzgeber wird Art. 87 f Abs. 1 GG als **Staatszielbestimmung** eingeordnet.[25] Der Gewährleistungsinhalt des Art. 87 f Abs. 1 GG wird in der Legaldefinition des § 78 Abs. 1 TKG in den Begriffen „unabdingbare Grundversorgung" in „bestimmter Qualität" zu einem „erschwinglichen Preis" sowie für „alle Endnutzer unabhängig von ihrem Wohn- oder Geschäftsort" aufgenommen.

9   **2. Europarechtliche Grundlagen.** – Aufgrund der integrativen Funktion von Infrastrukturen hat die EU kein minder großes Interesse an Telekommunikationsdienstleistungen, die allen EU-Bürgern bzw. allen auf dem Territorium der EU lebenden Menschen zugänglich sind.[26] Dies belegt auch der Abschnitt über die transeuropäischen Netze im EG-Vertrag.[27] Flankierend zu der maßgeblich von der EU betriebenen **Liberalisierung** der Telekommunikationsmärkte[28] finden sich in den europäischen Regelungswerken Verpflichtungen zur Universaldienstgewährleistung. Der Universaldienstrichtlinie vorausgegangen waren insoweit insbesondere im Jahre 1994 die Entschließung des Rates zum Universaldienst[29] sowie im Jahre 1995 die Sprachtelefonierichtlinie[30], die 1998 durch die Richtlinie 98/10/EG über die Anwendung des offenen Netzzugangs beim Sprachtelefondienst und den Universaldienst im Telekommunikationsbereich in einem wettbewerbsorientierten Umfeld[31] ersetzt wurde. Alle diese Rechtsakte werden nunmehr durch das Richtlinienpaket, zu dem auch die Universaldienstrichtlinie gehört, ersetzt.

---

24 Einl. III RdNr. 255 ff., 276.

25 *Freund* (Fn. 4) S. 39 f., 46 f.; *Schütz/Cornils*, DVBl. 1997, 1146; *Sachs/Windthorst*, Art. 87 f RdNr. 14; Bonner Komm/*Badura*, Art. 87 f RdNr. 26, 28.

26 S. schon 8. Erwägungsgrund der RL 97/33/EG, ABl. L 199, S. 32 v. 27. 7. 1997 – Zusammenschaltungsrichtlinie, wo von einem Beitrag zum Gemeinschaftsziel des wirtschaftlichen und sozialen Zusammenhalts und zu territorialer Ausgewogenheit die Rede ist. S. dazu BeckTKG-Komm/*Schütz*, Vor § 17 RdNr. 3; *Manssen/C. Klein*, § 17 RdNr. 3.

27 Art. 154–156 EG; *Hermes* (Fn. 1) S. 352.

28 Einl. II RdNr. 1 ff.

29 ABl. EG Nr. C 48 v. 16. 2. 1994, S. 1.

30 ABl. EG Nr. L 321 v. 30. 12. 1995, S. 6.

31 ABl. EG Nr. L 101 v. 1. 4. 1998, S. 24.

V. Überblick über den Abschnitt „Universaldienst"

In Übereinstimmung mit den unter I. dargelegten Staatsaufgaben in Bezug auf den Erhalt **10** und das Funktionieren von Infrastrukturen gehört die Sicherstellung einer flächendeckenden Grundversorgung mit Telekommunikationsleistungen zu einem erschwinglichen Preis gemäß § 2 Abs. 2 Nr. 5 zu den Regulierungszielen des TKG. In dem Abschnitt „Universaldienst" wird vom parlamentarischen Gesetzgeber zunächst einmal die zu gewährleistende **Grundversorgung** im Bereich der Telekommunikation nach Inhalt und Preis verbindlich festgelegt (§§ 78, 79). Die „Gewährleistung" schlägt sich nieder in Regelungen über die Sicherstellung dieser Dienste im Falle des Marktversagens (§§ 80, 81). Diese werden flankiert durch Bestimmungen über die **Finanzierung** des Universaldienstes (§§ 82, 83, 87), der im Falle des Marktversagens nicht kostendeckend erbracht werden kann. Der Gesetzgeber hat an der schon bisher geltenden **Abgabenlösung**[32] festgehalten und sich von den verbreiteten Zweifeln an der Verfassungsmäßigkeit der Universaldienstabgabe zu Recht nicht beirren lassen.[33] Schließlich enthält der Abschnitt Rechte von **Endnutzern** gegenüber Universaldienstleistern (§§ 84, 85) sowie Rechte dieser gegenüber Endnutzern (§ 86). Die Ausgestaltung des Universaldienstes ist insgesamt geprägt durch die Grundsätze der **Objektivität** und **Transparenz** hinsichtlich Leistungen und Kosten sowie der **Nichtdiskriminierung** und **Verhältnismäßigkeit** in Bezug auf die Rechte bzw. Pflichten von Anbietern wie Endnutzern.[34]

Da die Verpflichtung zur Bereitstellung von Universaldienstleistungen und die dann gel **11** tenden Finanzierungsregelungen nur im Fall des Marktversagens zur Wirkung kommen, ein Fall, der bisher noch nicht eingetreten ist[35], handelt es sich bei dem Abschnitt „Universaldienst" bisher weitgehend um „Recht auf Vorrat".[36]

---

32 § 21 TKG a. F.
33 Siehe dazu § 83 RdNr. 4 ff.
34 *Scherer*, K&R 2002, 385, 386.
35 Jahresbericht der RegTP 2003 Abschnitt Universaldienstleistungen. Abzurufen unter www.regtp.de.
36 Siehe auch *Schütz/Cornils*, DVBl. 1997, 1146: Reservefunktion.

§ 78 Universaldienstleistungen

(1) Universaldienstleistungen sind ein Mindestangebot an Diensten für die Öffentlichkeit, für die eine bestimmte Qualität festgelegt ist und zu denen alle Endnutzer unabhängig von ihrem Wohn- oder Geschäftsort zu einem erschwinglichen Preis Zugang haben müssen und deren Erbringung für die Öffentlichkeit als Grundversorgung unabdingbar geworden ist.

(2) Als Universaldienstleistungen werden bestimmt:

1. der Anschluss an ein öffentliches Telefonnetz an einem festen Standort und der Zugang zu öffentlichen Telefondiensten an einem festen Standort mit – soweit technisch möglich – den Dienstemerkmalen Anklopfen, Anrufweiterschaltung und Rückfrage/Makeln,
2. die Verfügbarkeit mindestens eines von der Regulierungsbehörde gebilligten gedruckten öffentlichen Teilnehmerverzeichnisses (§ 104), das dem allgemeinen Bedarf entspricht und regelmäßig mindestens einmal jährlich aktualisiert wird,
3. die Verfügbarkeit mindestens eines umfassenden, öffentlichen Telefonauskunftsdienstes, auch für Nutzer öffentlicher Münz- und Kartentelefone, einschließlich der Netzkennzahlen von Teilnehmern und ausländischer Anschlussinhaber, soweit die Teilnehmerdaten zur Verfügung stehen und unter Berücksichtigung datenschutzrechtlicher Vorschriften,
4. die flächendeckende Bereitstellung von öffentlichen Münz- oder Kartentelefonen an allgemeinen und jederzeit für jedermann zugänglichen Standorten entsprechend dem allgemeinen Bedarf; die öffentlichen Telefonstellen sind in betriebsbereitem Zustand zu halten, und
5. die Möglichkeit, von allen öffentlichen Münz- oder Kartentelefonen unentgeltlich und ohne Verwendung eines Zahlungsmittels Notrufe durch einfache Handhabung mit der Nummer 112 und den nach Maßgabe der Rechtsverordnung nach § 108 Abs. 2 Satz 1 Nr. 1 festgelegten nationalen Notrufnummern durchzuführen.

(3) Unternehmen, die Universaldienstleistungen nach Abs. 2 Nr. 2 und 3 erbringen, haben bei der Verarbeitung der ihnen von anderen Unternehmen bereitgestellten Informationen den Grundsatz der Nichtdiskriminierung zu beachten.

(4) Nach Anhörung des Universaldienstverpflichteten kann die Regulierungsbehörde den allgemeinen Bedarf der Universaldienstleistung nach Absatz 2 hinsichtlich der Bedürfnisse der Endnutzer feststellen, insbesondere hinsichtlich der geographischen Versorgung, der Zahl der Telefone, der Zugänglichkeit und der Dienstequalität. Zur Sicherstellung des Dienstes sowie der Dienstemerkmale ist die Regulierungsbehörde befugt, den Unternehmen Verpflichtungen aufzuerlegen. Die Regulierungsbehörde kann von solchen Verpflichtungen für Teile oder das gesamte Hoheitsgebiet absehen, wenn eine Anhörung der betroffenen Kreise ergibt, dass diese Dienstemerkmale oder vergleichbare Dienste als weithin verfügbar erachtet werden.

Schrifttum: *Kubicek,* Universaldienstregelungen in den USA und in Deutschland, CR 1997, 1; *Scherer,* Die Umgestaltung des europäischen und deutschen Telekommunikationsrechts durch das EU-Richtlinienpaket – Teil III, K&R 2002, 385; *Schütz/Attendorn,* Das neue Kommunikationsrecht der EU, MMR Beilage 4/2002.
Siehe auch die Schrifttumsangaben zu den Vorbemerkungen.

Übersicht

I. Normzweck

1   Mit § 78 bestimmt der Gesetzgeber Begriff und Inhalt von Universaldienstleistungen für den Bereich der Telekommunikation. Dies geschieht in Form einer **Legaldefinition** in Abs. 1. Die darin enthaltene Bestimmung der Universaldienstleistungen als „Mindestangebot" und „Grundversorgung" bedarf angesichts der technischen Entwicklung und Dynamik in diesem Lebensbereich der Konkretisierung. Diese nimmt der Gesetzgeber in Abs. 2 vor. Die Absätze 3 und 4 enthalten zusätzliche Bestimmungen für spezifische Universaldienstleistungen: zum einen den Grundsatz der **Nichtdiskriminierung** bei der Verarbeitung von Teilnehmerdaten im Zusammenhang mit der Anfertigung von Teilnehmerverzeichnissen und der Realisierung von Auskunftsdiensten; zum anderen Befugnisse der RegTP zur Feststellung des allgemeinen Bedarfs an öffentlichen Münz- und Kartentelefonen.

II. Rechtstatsachen

2   Auch nach der Organisationsprivatisierung der Deutschen Bundespost 1994[1] wurden die Universaldienstleistungen zunächst noch von der Deutschen Telekom AG auf der Grundlage des § 8 PTRegG[2] i.V.m. der TPflLV[3] erbracht. Erst zum 1. 1. 1998 entfiel gemäß § 99 Abs. 1 Nr. 1b TKG a.F. diese Verpflichtung.[4] Der Gesetzgeber ging allerdings davon aus, dass die Deutsche Telekom AG auch weiterhin faktisch die Universaldienstleistungen erbringen würde. Nur vor diesem Hintergrund ist die Übergangsvorschrift des § 97 Abs. 1 TKG a.F. zu verstehen, wonach die Deutsche Telekom AG der RegTP anzuzeigen hat, wenn sie Universaldienstleistungen nicht oder nicht mehr im vollen Umfang anzubieten beabsichtigt.[5] Das neue TKG enthält eine gleichlautende Bestimmung in § 150 Abs. 9.

---

1 Siehe dazu *Freund*, Infrastrukturgewährleistung in der Telekommunikation, S. 33–36; *Cannivé*, Infrastrukturgewährleistung in der Telekommunikation zwischen Staat und Markt, S. 40–46; *Windthorst*, Der Universaldienst im Bereich der Telekommunikation, S. 394–401.

2 BGBl. 1994 I S. 2325, 2371.

3 BGBl. 1992 I S. 1614.

4 Siehe nur *Cannivé* (Fn. 1) S. 47.

5 Siehe *Gramlich*, ZUM 1998, 365, 368; *Manssen/C. Klein*, § 17 RdNr. 14; *Trute/Spoerr/Bosch*, § 17 RdNr. 2.

Die **Versorgung** der privaten Haushalte in der Bundesrepublik Deutschland mit Telefonen 3
liegt gemäß der Erhebung des Statistischen Bundesamtes aus dem Jahre 2003 bei 98,7%.
Differenziert man weiter nach stationären und mobilen Telefonen, ergeben sich für erstere
eine Versorgung von 94,5%, für Mobiltelefone von 72,5% der Haushalte. Ein Telefaxgerät
findet sich in 20,7% der Haushalte. Über einen Internetanschluss verfügen 46%, über einen ISDN-Anschluss 23,4% der Haushalte.[6] Die Zahl der Münz- und Kartentelefone geht
aufgrund der hohen und immer noch wachsenden Verbreitung von Mobiltelefonen kontinuierlich zurück. Gab es Ende 1998 noch 148 000 „Telefonzellen", betrug der Bestand im
ersten Quartal 2003 noch 109 700. Von diesen Geräten werden 96,7% von der Deutschen
Telekom AG gestellt.[7]

III. Entstehungsgeschichte

Die Legaldefinition des Begriffs „Universaldienstleistungen" enthält die einfachgesetzli- 4
che Umsetzung sowohl der verfassungsrechtlichen Infrastrukturgewährleistung des
Art. 87f Abs. 1 GG wie auch der Vorgaben des Europarechts, die sich nunmehr[8] neben der
Rahmenrichtlinie[9] insbesondere in der Universaldienstrichtlinie[10] finden.

Die gemäß Art. 87f Abs. 1 GG vom Bund zu gewährleistenden flächendeckenden, ange- 5
messenen und ausreichenden Dienstleistungen im Bereich der Telekommunikation definiert § 78 Abs. 1 als Mindest- und Grundversorgung von Dienstleistungen einer bestimmten Qualität zu einem erschwinglichen Preis unabhängig vom Wohn- und Geschäftsort.
Diese Formulierung entspricht dem bisherigen § 17 Abs. 1 S. 1 TKG a. F. Ersetzt wurde
nur der Begriff der „Telekommunikationsdienstleistungen" durch den offeneren Begriff
der „Dienste". Damit trägt der Gesetzgeber der Tatsache Rechnung, dass zu den Universaldienstleistungen auch Dienste gehören, die keine Telekommunikationsdienstleistungen im
eigentlichen Sinne darstellen.[11] Dies gilt namentlich für die Bereitstellung eines Teilnehmerverzeichnisses sowie für den Auskunftsdienst, die auch schon bisher als Universaldienstleistungen benannt waren.[12] Bei diesen Diensten handelt es sich nicht um Telekommunikationsdienste im Sinne der Legaldefinition des § 3 Nr. 24[13], sondern um unterstützende Dienste.

Der maßgebliche Einfluss des Europarechts auf das TKG zeigt sich nicht zuletzt darin, dass 6
der Wortlaut des § 78 Abs. 1 eine größere Nähe zu den Definitionen der einschlägigen

---

6 Statistisches Bundesamt, Einkommens- und Verbrauchsstichprobe – Ausstattung privater Haushalte mit langlebigen Gebrauchsgütern, Dezember 2003.
7 Tätigkeitsbericht der RegTP 2002/2003, www.regtp.de; siehe auch www.regtp.de/aktuelles/in_03-
06-00-00-00_m/02/index.html.
8 Siehe die Auflistung der Rechtsakte, die mit dem In-Kraft-Treten des Richtlinienpakts aufgehoben
werden, in Art. 26 RL 2002/21/EG – RaRL. Eine Zusammenstellung der bisherigen Rechtsgrundlagen findet sich auch bei *Schütz/Attendorn*, MMR Beilage 4/2002, 4.
9 RL 2002/21/EG.
10 RL 2002/22/EG.
11 Siehe die Begr. zum TKG-E, BT-Drs. 15/2316, S. 84; zur Problematik *Manssen/C. Klein*, § 17
RdNr. 8.
12 Siehe § 1 Nr. 2 a) und b) TUDLV.
13 Telekommunikationsdienste sind danach solche, in der Regel gegen Entgelt erbrachte Dienste, die
ganz oder überwiegend in der Übertragung von Signalen über Telekommunikationsnetze bestehen.
Siehe auch schon bisher § 3 Nr. 18 und 19 TKG a. F.

Richtlinien als zum Wortlaut des Art. 87 f Abs. 1 GG aufweist. **Die Rahmenrichtlinie** definiert in ihrem Art. 2 Abs. 1 lit. j) den Universaldienst als in der Richtlinie 2002/22/EG (Universaldienstrichtlinie) definiertes **Mindestangebot** an Diensten von bestimmter Qualität, das allen Nutzern unabhängig von ihrem Standort und, gemessen an den landesspezifischen Bedingungen, zu einem erschwinglichen Preis zur Verfügung steht. An diese Definition knüpft die URL an. In Art. 1 Abs. 2 S. 2 URL heißt es, dass die Richtlinie im Hinblick auf die Gewährleistung eines Universaldienstes in einem Umfeld mit offenen und wettbewerbsorientierten Märkten das Mindestangebot an Diensten mit definierter Qualität festlegt, zu denen alle Endnutzer unter Berücksichtigung der nationalen Gegebenheiten zu einem erschwinglichen Preis und unter Vermeidung von Wettbewerbsverzerrungen Zugang haben. Die Verpflichtung der Mitgliedstaaten, die im Folgenden genauer bestimmten Universaldienste zur Verfügung zu stellen, enthält Art. 3 Abs. 1 URL, der noch einmal betont, dass die Verpflichtung unabhängig von dem geografischen Standort der Endnutzer besteht. In Abs. 2 wird die Erfüllung der Verpflichtung an die Grundsätze der **Objektivität**, **Transparenz**, **Nichtdiskriminierung** und **Verhältnismäßigkeit** geknüpft. Ziel ist es, die Mitgliedstaaten zu verpflichten, die Erfüllung ihrer Gewährleistungspflicht, die erst im Falle des Marktversagens ihre eigentliche Bedeutung entfaltet, dennoch so marktkonform wie möglich zu gestalten. Es soll verhindert werden, das unter dem Deckmantel der Universaldienstgewährleistung etwaige noch bestehende wettbewerbshindernde Marktverhältnisse aufrecht erhalten werden.

7   Die konkrete Aufzählung der Dienste in Abs. 2 war bisher in der TUDLV geregelt. Für die Bestimmung durch eine Rechtsverordnung sprach die leichtere Änderbarkeit, die der Dynamik des Telekommunikationswesens angemessen erschien.[14] Die Regelung unmittelbar im Gesetz ist allerdings benutzerfreundlicher. Da die Konkretisierung in den wesentlichen Grundzügen ohnehin vom Gesetzgeber vorzunehmen[15] und der Inhalt der Universaldienstleistungen nunmehr vom Europarecht zwingend vorgegeben ist[16], ist der Flexibilitätsvorteil der Rechtsetzung im Verordnungswege letztlich zu vernachlässigen. Die Inhalte der bisherigen TUDLV sind demgemäß nunmehr vollständig in das neue TKG integriert.

8   Der in Abs. 1 Nr. 1 genannte Universaldienst soll Art. 4 Abs. 1 und 2 URL umsetzen.[17] Inhalt des Universaldienstes ist danach ein **Festnetzanschluss**. Dieser muss es den Endnutzern ermöglichen, Orts-, Inlands- und Auslandsgespräche zu führen sowie Telefax- und Datenkommunikation mit Übertragungsraten, die für einen funktionalen Internetzugang ausreichen, durchzuführen. Die Internetfähigkeit ist in den Umfang der Universaldienstleistungen neu aufgenommen worden.[18]

9   Die in Nr. 2 als Universaldienst genannte Verfügbarkeit eines dem allgemeinen Bedarf entsprechenden **Teilnehmerverzeichnisses** setzt Art. 5 Abs. 1 lit. a) und Abs. 2 URL um, der ein „umfassendes" Teilnehmerverzeichnis verlangt.[19] Dieser Wortlaut fand sich auch noch im TKG-E. Die Gesetz gewordene Formulierung trägt dem Sinn und Zweck der europarechtlichen Vorgabe jedoch hinreichend Rechnung und ist präziser, weil ein Teilnehmer-

---

14   BeckTKG-Komm/*Schütz*, § 17 RdNr. 14; *Manssen/C. Klein*, § 17 RdNr. 5, 12.
15   Zu den Anforderungen des Bestimmtheitsgrundsatzes s. *Manssen/C. Klein* § 17 RdNr. 18 ff.; BeckTKG/*Schütz*, § 17 RdNr. 14.
16   *Scherer*, K&R 2002, 385, 386 mit Hinweis auf Erwägungsgrund Nr. 25 URL.
17   Begr. zum TKG-E, BT-Drs. 15/2316, S. 85.
18   *Scherer*, K&R 2002, 385, 386.
19   Begr. zum TKG-E, BT-Drs. 15/2316, S. 85.

verzeichnis, das unter dem Vorbehalt des Datenschutzes steht, niemals „umfassend" im Wortsinne sein wird. Dem „allgemeinen Bedarf" entspricht ein Teilnehmerverzeichnis, das an den Bedürfnissen der Endnutzer und Verbraucher ausgerichtet ist.[20] Die jährliche **Aktualisierungspflicht** ist europarechtlich vorgegeben. Gedruckte und elektronische Form behandelt Art. 5 Abs. 1 lit. a) URL als gleichwertig und lässt die Wahl. In der Entwurfsfassung des neuen TKG war zunächst zwingend die gedruckte und die elektronische Form verlangt, während es in der TUDLV die Unterscheidung zwischen diesen beiden Formen noch nicht gab. Die Endfassung benennt nunmehr als Bestandteil des Universaldienstes nur noch die Verfügbarkeit eines gedruckten Telefonverzeichnisses. Die in der Entwurfsfassung noch enthaltenen datenschutzrechtlichen Vorbehalte sind nunmehr durch den Verweis auf § 104 in Bezug genommen.

In der Nr. 3 wird die Verfügbarkeit eines **Telefonauskunftsdienstes** als Universaldienst **10** niedergelegt. Die Formulierung ist detaillierter, setzt in der Sache aber ohne Änderungen Art. 5 Abs. 1 lit. b) und Abs. 2 URL um.[21]

Der in § 78 Abs. 3 festgeschriebene Grundsatz der Nichtdiskriminierung bei der Bearbei- **11** tung von Informationen, die von anderen Unternehmen dem Unternehmen bereitgestellt werden, das die Universaldienstleistung nach den Nr. 2 und 3 erbringt, setzt fast wortgleich die Anforderung des Art. 5 Abs. 3 URL um.[22]

Nr. 4 ist das nationale Pendant zu der in Art. 6 Abs. 1 URL enthaltenen Gewährleistung in **12** Bezug auf **öffentliche Münz- oder Kartentelefone**.[23] In Erweiterung gegenüber dem bisherigem § 1 Abs. 2 lit. c) TUDLV ist zusätzlich zu den Merkmalen „flächendeckend", „allgemein und jederzeit zugänglich" sowie „nach dem allgemeinen Bedarf" noch das Merkmal „für jedermann zugänglich" eingefügt worden.[24] Damit wird dem Umstand Rechnung getragen, dass Art. 6 Abs. 1 URL auch verlangt, in angemessenem Umfang die freie Zugänglichkeit der öffentlichen Telefone für **behinderte Nutzer** sicherzustellen. Die in Art. 7 URL enthaltene Verpflichtung der Mitgliedstaaten „gegebenenfalls" besondere Maßnahmen für behinderte Nutzer zu ergreifen, findet im Übrigen keine explizite Umsetzung. Die tatbestandliche Einschränkung „gegebenenfalls" kann – insbesondere im Vergleich mit dem folgenden Absatz, in dem den Mitgliedstaaten in Bezug auf weitergehende Maßnahmen zugunsten Behinderter Ermessen eingeräumt ist – nur in dem Sinne einer Bedürfnisprüfung verstanden werden. Maßnahmen zugunsten behinderter Nutzer in Bezug auf Universaldienste sind danach erforderlich, soweit ein unbefriedigtes Bedürfnis danach besteht. Dies ist bei der Auslegung der einzelnen Universaldienste nach § 78 Abs. 2 zu berücksichtigen.

Nr. 5 legt in Übereinstimmung mit Art. 6 Abs. 3 URL[25] den kostenfreien **Notruf** von öf- **13** fentlichen Telefonen als Universaldienst fest. Die Notrufnummer 112 gilt europaweit einheitlich und ist gemeinschaftsrechtlich vorgegeben.[26] In der Entwurfsfassung war dem als nationale Notrufnummer 110 hinzugefügt. Die Gesetz gewordene Fassung verweist nun-

---

20 Vgl. Erwägungsgrund Nr. 11 URL.
21 Begr. zum TKG-E, BT-Drs. 15/2316, S. 85.
22 Begr. zum TKG-E, BT-Drs. 15/2316, S. 85.
23 Begr. zum TKG-E, BT-Drs. 15/2316, S. 85.
24 Begr. zum TKG-E, BT-Drs. 15/2316, S. 85.
25 Begr. zum TKG-E, BT-Drs. 15/2316, S. 85.
26 Art. 6 Abs. 3 URL.

mehr auf die Rechtsverordnung nach § 108 Abs. 2 Satz 1 Nr. 1. Dies eröffnet eine größere Flexibilität.

14 § 78 Abs. 4 enthält Befugnisse für die RegTP, um den nach Maßgabe des „allgemeinen Bedarfs" konkretisierungsbedürftigen Universaldienst der flächendeckenden Versorgung mit öffentlichen Münz- oder Kartentelefonen näher zu bestimmen. Die Befugnis, von entsprechenden Universaldienstverpflichtungen nach Anhörung der betroffenen Kreise abzusehen, entspricht Art. 6 Abs. 2 URL.[27] Diese Vorschrift verweist auf das in Art. 33 URL vorgesehene Verfahren der Anhörung Betroffener. Die betroffenen Kreise im Sinne des § 78 Abs. 4 sind demgemäß im Lichte des Art. 33 URL zu konkretisieren.

15 Nicht mehr als Universaldienstleistung eingeordnet ist die bisher in § 1 Abs. 3 TUDLV geregelte Bereitstellung von Übertragungswegen bei **Mietleitungen**. Hierbei handelt es sich gemäß Art. 18 URL nur noch um eine Pflichtleistung, die SMP-Unternehmen auferlegt werden kann, ohne dass das Universaldienstregime zur Anwendung kommt.[28]

IV. Einzelerläuterungen

16 **1. Legaldefinition des Begriffs Universaldienstleistung.** – § 78 Abs. 1 konkretisiert die verfassungsrechtliche Gewährleistung flächendeckender, angemessener und ausreichender Dienstleistungen im Bereich der Telekommunikation in Übereinstimmung mit den europarechtlichen Vorgaben als „**Mindestangebot**". Der Inhalt des Mindestangebots orientiert sich an einer nach dem Stand der tatsächlichen Verhältnisse zu bemessenden Grundversorgung, die für die Öffentlichkeit unabdingbar geworden ist.[29] Nach diesem Konzept sind die Universaldienstleistungen wegen der mit ihnen verbundenen markt- und wettbewerbsunabhängigen Verpflichtungen als enge Ausnahme von der gewollten privatwirtschaftlich und nach den Grundsätzen des Wettbewerbs gestalteten Ordnung des Telekommunikationssektors zu verstehen.[30] Diesem Verständnis der Universaldienstleistung als Belastung von Unternehmen und Marktgeschehen ließe sich ein wirtschaftsförderndes Verständnis von Universaldienstleistungen gegenüberstellen, wonach Universaldienstleistungen als Unterstützung des Weges in die moderne Kommunikationsgesellschaft und als Innovationsförderung zu konzipieren wären.[31] Ein solches Konzept widerspräche jedoch der europarechtlich angestrebten Verwirklichung eines freien Marktes, dessen Herstellung und Bewahrung Transparenz erfordert und damit eine Trennung von staatlichem Handeln zur Kompensation von Marktversagen und staatlichem Handeln zur Wirtschaftsförderung verlangt. Die Universaldienstleistungen sind als Mindest- und Grundversorgung folglich ausschließlich diejenigen Dienste der Telekommunikation, die für alle so bedeutsam sind, dass deren Aus-

---

27 Begr. zum TKG-E, BT-Drs. 15/2316, S. 85.
28 *Scherer*, K&R 2002, 385, 388.
29 Siehe auch BeckTKG-Komm/*Schütz*, § 17 RdNr. 10.
30 BeckTKG-Komm/*Schütz*, Vor § 17 RdNr. 2 spricht sogar vom Universaldienstregime als „marktimmanentem Ausgleichssystem"; siehe auch *Gramlich*, ZUM 1998, 365, 375, der hervorhebt, dass der Staat nicht selbst einspringen darf, sondern das Mittel des Universaldienstes „marktkonform" einsetzen muss. Vgl. auch den eindeutigen Wortlaut von Art. 87 f Abs. 1 S. 1 GG.
31 So *Kubicek*, CR 1997, 1, 5 ff. für die neue Konzeption in den USA.

fall infolge Marktversagens das Eingreifen des Staates verlangt. Als **Jedermann-Grund-versorgung** ist ihr eine Differenzierung nach Nutzergruppen wesensfremd.[32]

Der Dynamik der Verhältnisse trägt die URL dadurch Rechnung, dass Art. 15 die regelmä- **17** ßige **Überprüfung** des Umfangs der Universaldienstleistungen durch die Kommission vorschreibt. Die erste Überprüfung hat innerhalb von zwei Jahren nach dem Zeitpunkt des Anwendungsbeginns der Richtlinie zu erfolgen. Diese Frist lief am 25. 7. 2005 ab. Anschließend ist die Überprüfung in einem Dreijahresrhythmus vorgesehen. Die Kriterien der Überprüfung sind in Anhang V der URL enthalten. In Augenschein zu nehmen sind danach die soziale, die technische und die Marktentwicklung. Wesentlich ist, ob die Nichtverfügbarkeit eines Dienstes zur sozialen Ausgrenzung führt bzw. inwieweit der allgemeine Gesamtnutzen für alle Verbraucher von der Verfügbarkeit abhängt. Eine Änderung des Umfangs der europaweit festgelegten Universaldienstleistungen müsste durch eine Richtlinie zur Änderung der URL erfolgen. In Umsetzung einer solchen Änderungsrichtlinie wäre dann auch § 78 Abs. 2 anzupassen.

Die Mindestversorgung verlangt Dienste in einer „bestimmten **Qualität**". Qualitative An- **18** forderungen enthalten die Konkretisierungen in § 78 Abs. 2 der Universaldienstleistungen. Parameter für die einzuhaltenden Qualitätsstandards sind in Anhang III der URL niedergelegt. Dieser verweist auf die Normung der **ETSI**[33]. Gemäß § 84 Abs. 3 müssen Unternehmen, die Universaldienstleistungen erbringen, der RegTP auf deren Anfrage die notwendigen Informationen zur Beurteilung der Qualität nach Maßgabe von Anhang III der URL mitteilen und veröffentlichen.[34] Sanktionsmöglichkeiten der RegTP für den Fall, dass ein Unternehmen die Qualitätsanforderungen nicht erfüllt, sind in dem Abschnitt über die Universaldienstleistungen nicht geregelt. Europarechtlich sind sie gemäß Art. 11 Abs. 6 gefordert.[35] Die Befugnisse der RegTP hierfür finden sich in § 126.[36]

Die verfassungsrechtliche Anforderung der flächendeckend ausreichenden Versorgung so- **19** wie die europarechtliche Anforderung der **Versorgung aller Endnutzer** unabhängig von ihrem geografischen Standort nimmt die Legaldefinition des § 78 Abs. 1 in der Formulierung von der Zugänglichkeit für alle Endnutzer unabhängig von ihrem Wohn- oder Geschäftsort auf.[37] Wenn es in der amtlichen Begründung heißt, dass damit Wohn- oder Geschäftsorte innerhalb einer geschlossenen Bebauung gemeint sind[38], so stellt dies die Konkretisierung der europarechtlichen Begrenzung auf „zumutbare"[39] Anträge auf Anschluss an das öffentliche Telefonnetz dar. In Bezug genommen wird hiermit die bauplanungsrechtliche Zulässigkeit mit der Anforderung, dass ein Bauvorhaben nur verwirklicht werden darf, wenn die Erschließung gesichert ist.[40] Dies ist eine nachvollziehbare und systemgerechte Bestimmung „zumutbarer" Anschlussbegehren.

---

32 S. auch BeckTKG-Komm/*Schütz*, § 17 RdNr. 5; *Manssen/C. Klein*, § 17 RdNr. 7; für eine nutzergruppenspezifische Bestimmung der Unabdingbarkeit und Flächendeckung plädiert *Eifert*, Grundversorgung mit Telekommunikationsleistungen im Gewährleistungsstaat, S. 224.
33 European Telecommunications Standards Institute.
34 Siehe § 84 RdNr. 16 ff.
35 *Scherer*, K&R 2002, 385, 387.
36 § 126 RdNr. 9 ff.
37 Siehe zu § 17 Abs. 1 TKG a. F. schon *Manssen/C. Klein*, § 17 RdNr. 9.
38 Begr. zum TKG-E, BT-Drs. 15/2316, S. 85.
39 Art. 4 Abs. 1 URL.
40 Vgl. §§ 30, 34, 35 BauGB.

20 Die verfassungsrechtlich geforderte angemessene Versorgung umfasst auch die **Erschwinglichkeit**.[41] Sie ist ausdrücklicher Bestandteil der europarechtlichen und einfachgesetzlichen Legaldefinition des Begriffs „Universaldienstleistung". Die Erschwinglichkeit bedarf der normativen Konkretisierung. Diese fand sich bisher in § 2 TUDLV. Sie ist nunmehr Gegenstand des § 79.

21 **2. Gesetzliche Bestimmung der Universaldienstleistungen. – a) Festnetzanschluss. –** Die an erster Stelle genannte Universaldienstleistung im Bereich der Telekommunikation ist die Gewährleistung der **Sprachtelefonie**. Art. 4 Abs. 2 URL verlangt insoweit einen Anschluss, der Orts-, Inlands- und Auslandsgespräche, die Nutzung von Telefaxgeräten und einen funktionalen Internetzugang ermöglicht. Eine Übertragungsrate oder eine bestimmte Technik ist nicht vorgegeben. Dies hat seinen Grund darin, dass die Übertragungsrate, die von einem einzelnen Schmalbandanschluss an das öffentliche Telefonnetz unterstützt wird, sowohl von der Teilnehmerendeinrichtung wie auch von dem Anschluss abhängt. Daher erschien es weder auf Gemeinschaftsebene noch auf nationaler Ebene angezeigt, eine bestimmte Übertragungsrate oder Technik vorzugeben.[42] In Nr. 8 der Erläuterungen zur URL wird darauf hingewiesen, dass derzeit verfügbare Modems regelmäßig Übertragungsraten von 56 kbit/s aufweisen, ohne dies jedoch als Standard vorzuschreiben.[43]

22 Nach Art. 4 Abs. 2 Satz 2 URL sind die von der Mehrzahl der Teilnehmer vorherrschend verwendeten Technologien und die technische Durchführbarkeit zu berücksichtigen. ISDN oder bestimmte ISDN-Leistungsmerkmale sind nicht vorgeschrieben. Die in § 78 Abs. 2 Nr. 1 genannten Merkmale „Anklopfen", „Anrufweiterschaltung" und „Rückfrage/Makeln" gehen damit über den europarechtlichen Mindeststandard hinaus und stehen folgerichtig unter dem Vorbehalt des technisch Möglichen.[44] Die bisher von § 1 Nr. 1 TUDLV nach Möglichkeit bereitzustellenden Leistungsmerkmale des Einzelverbindungsnachweises und der Entgeltanzeige sind nunmehr Gegenstand von § 45 Abs. 3 Nr. 4 i.V. m. der Kundenschutzverordnung unter Beachtung von Art. 10 Abs. 2 URL. Dieser verpflichtet die Mitgliedstaaten sicherzustellen, dass universaldienstleistungsverpflichtete Unternehmen die in Anhang I Teil A aufgeführten besonderen Einrichtungen und Dienste bereitstellen, damit die Teilnehmer ihre Ausgaben überwachen und steuern können. In dem genannten Anhang sind hierfür etwa aufgeführt Einzelverbindungsnachweise, selektive Sperre oder die Möglichkeit von Vorauszahlungen.

23 **b) Teilnehmerverzeichnis. –** Die Herausgabe von Teilnehmerverzeichnissen gehörte auch schon auf der Grundlage des § 1 TUDLV zu den Universaldienstleistungen. Es handelt sich zwar nicht um einen Telekommunikationsdienst im Sinne des § 3 Nr. 24, jedoch um einen bedeutenden Hilfs-, Annex- oder Unterstützungsdienst. Art. 5 Abs. 1 lit. a) URL verlangt mindestens „ein umfassendes Teilnehmerverzeichnis". Dies lässt die Vorstellung aufkommen, als müsste es *ein* Telefonbuch geben, das alle Teilnehmer des Staatsgebiets erfasst. Die anschließende Formulierung „in einer von der zuständigen Behörde gebilligten Form" eröffnet für die Präsentation des Teilnehmerverzeichnisses jedoch Spielraum. Die übliche

---

41 *von Münch/Kunig/Uerpmann*, GG, Art. 87f RdNr. 8 m. w. N.; *Sachs/Windthorst*, Art. 87f RdNr. 12; *Schütz/Cornils*, DVBl. 1997, 1145, 1148.
42 Begr. zum TKG-E, BT-Drs. 15/2316, S. 85.
43 S. auch *Schütz/Attendorn*, MMR Beilage 4/2002, 20.
44 *Scherer*, K&R 2002, 385, 388: Einordnung als Pflichtdienst, für den Art. 32 URL zu beachten ist. Das bedeutet, dass eine Finanzierung im Umlageverfahren ausgeschlossen ist.

Unterteilung nach Ortsnetzen steht in Übereinstimmung mit den europarechtlichen Anforderungen und entspricht dem „allgemeinen Bedarf". Auch insoweit ist der Gesetz gewordene Wortlaut gegenüber der europarechtlichen Vorgabe vorzugswürdig.[45] Gemäß Art. 5 Abs. 1 lit. a) URL und gegenüber der bisherigen Fassung strenger ist nunmehr die jährliche **Aktualisierung** zwingend vorgeschrieben.

Der Begriff der **Verfügbarkeit** ist im Lichte des Art. 7 Abs. 1 URL auszulegen, der „gegebenenfalls" Maßnahmen zugunsten behinderter Nutzer verlangt. Dieser Fall ist gegeben, wenn ein Bedürfnis besteht. Demgemäß müssen etwa Verzeichnisse in Blindenschrift zur Verfügung stehen, wenn eine nicht nur vereinzelte und nicht anders kompensierbare Nachfrage festzustellen ist.[46] Verfügbarkeit bedeutet nicht, dass jeder Endnutzer sein persönliches Telefonbuch für sämtliche Teilnehmer innerhalb der Grenzen des Mitgliedstaats oder gar in den Grenzen der europäischen Gemeinschaft besitzen muss. Die Verfügbarkeit ist bereits dann zu bejahen, wenn eine Nummer mit verhältnismäßigem Aufwand selbstständig ermittelt werden kann. Die **Vollständigkeit** erstreckt sich nur auf die Teilnehmeranschlüsse innerhalb des Geltungsbereichs des TKG. Des Weiteren verlangt der Begriff der Verfügbarkeit keine Unentgeltlichkeit[47], sondern ist in Übereinstimmung mit Abs. 1 als Zugang zu einem erschwinglichen Preis zu verstehen, der wiederum in § 79 Abs. 2 legaldefiniert ist. **24**

Bei der Aufstellung der Verzeichnisse ist dem **Datenschutz** Rechnung zu tragen. Dies findet verfassungsrechtlich seine Grundlage in dem Recht auf **informationelle Selbstbestimmung** aus Art. 2 Abs. 1 i.V.m. Art. 1 Abs. 1 GG, welches das Recht umfasst, selbst zu bestimmen, wer welche persönlichen Daten zu welchem Zweck erhält und verwendet.[48] Entsprechende europarechtliche Bestimmungen speziell für den Bereich der Telekommunikation finden sich in der **Datenschutzrichtlinie** für elektronische Kommunikation. Art. 5 Abs. 2 URL verweist insoweit auf Art. 11 der RL 97/66/EG[49], die durch die **Datenschutzrichtlinie** vom 12. 7. 2002[50] abgelöst wurde. Art. 12 Abs. 2 der neuen Datenschutzrichtlinie gewährleistet nunmehr das Recht der Teilnehmer, über die Aufnahme ihrer persönlichen Daten in Teilnehmerverzeichnisse selbst zu bestimmen. Dies ist in § 104 in das deutsche Telekommunikationsrecht umgesetzt, auf den § 78 Abs. 2 Nr. 2 Bezug nimmt.[51] Damit der Universaldienst nach Abs. 2 Nr. 2 nicht am Wettbewerb zwischen verschiedenen Anbietern von Telekommunikationsdienstleistungen scheitert, enthält § 47 die Pflicht aller Unternehmen, die Rufnummern an Endnutzer vergeben, die notwendigen Daten[52] für die Erstellung eines vollständigen Teilnehmerverzeichnisses auf Antrag unverzüglich und in nichtdiskriminierender Weise zur Verfügung zu stellen.[53] **25**

c) Teilnehmerauskunft. – Dem Teilnehmerauskunftsdienst kommt in Bezug auf die Sprachtelefonie eine vergleichbare Hilfsfunktion zu wie dem Teilnehmerverzeichnis. Er **26**

---

45 Siehe schon oben RdNr. 9.
46 Siehe weitere Beispiele in der Erläuterung Nr. 13 zur URL.
47 So auch BeckTKG-Komm/*Schütz*, Anh § 17 § 1 TUDLV RdNr. 5.
48 Grundlegend BVerfGE 65, 1 – Volkszählung; s. auch *Manssen/C. Klein*, § 17 RdNr. 6.
49 RL des EP und des Rates über die Verarbeitung personenbezogener Daten und den Schutz der Privatsphäre im Bereich der Telekommunikation.
50 RL 2002/58/EG vom 12. 7. 2002, ABl. EG Nr. L 201, v. 31. 7. 2002, S. 37.
51 Siehe dazu § 104 RdNr. 7.
52 Siehe die Auflistung in § 47 Abs. 2 und dazu § 47 RdNr. 22 ff.
53 Siehe § 47 RdNr. 7, 19.

ergänzt die Nutzung von Teilnehmerverzeichnissen und kann sie ersetzen. Dennoch ist die Verfügbarkeit beider Dienste unabhängig voneinander zu beurteilen. Indem das Gesetz den Auskunftsdienst über die Netzkennzahlen hinaus auch auf ausländische Anschlüsse ausdrücklich erstreckt, geht die Reichweite des Teilnehmerauskunftsdienstes über den Inhalt der Teilnehmerverzeichnisse, die den Endnutzern zur Verfügung stehen müssen, hinaus. Die mit dem Begriff „umfassend" geforderte Vollständigkeit steht – wie für das Teilnehmerverzeichnis ausgeführt – unter dem Vorbehalt des Datenschutzes.[54] Anders als in Bezug auf die Verfügbarkeit von Telefonverzeichnissen erstreckt sich die geforderte Verfügbarkeit des Telefonauskunftsdienstes allerdings ausdrücklich auch auf die Nutzung von öffentlichen Münz- und Kartentelefonen.

27 **d) Öffentliche Telefonstellen.** – Zu den Universaldienstleistungen gehört schließlich die flächendeckende Versorgung mit öffentlichen Münz- oder Kartentelefonen. Während in Bezug auf die Universaldienstleistungen der Nr. 1–3 der Bezug für die Beurteilung der flächendeckenden Versorgung jeder einzelne Endnutzer ist, dessen Bedarf gesetzlich vorausgesetzt wird, kommt hierfür hinsichtlich der öffentlichen Telefonstellen naturgemäß nur der **allgemeine Bedarf** in Betracht. Dieser ist örtlich verschieden und wandelbar, weshalb er festgestellt werden muss. Hierfür enthält Abs. 4 die näheren Regelungen.

28 Für die Feststellung der flächendeckenden **Verfügbarkeit** sind öffentliche Münz- und Kartentelefone als gleichwertig und austauschbar anzusehen. Es handelt sich nicht um zwei verschiedene Kategorien, die jeweils für sich flächendeckend zur Verfügung stehen müssten. Dies ergibt sich ohne weiteres aus der Verwendung der Konjunktion „oder". Die allgemeine, jederzeitige und für jedermann bestehende Zugänglichkeit ist nur gegeben, wenn keinerlei Barrieren oder Hindernisse die Nutzung erschweren. Die Formulierung „für jedermann" zugänglich trägt dem in der URL besonders hervorgehobenen Erfordernis Rechnung, dass gleichwertige Zugänglichkeit auch für behinderte Benutzer bestehen muss.[55]

29 Die Regelung, dass die Telefonstellen in betriebsbereitem Zustand zu halten sind, erscheint als Selbstverständlichkeit, da funktionsuntüchtige Telefonstellen nicht „bereit" stehen. Sie enthält allerdings insoweit einen eigenen Regelungsgehalt, als ihr zu entnehmen ist, dass reaktives Reparieren der Telefonstellen, die in besonderer Weise Störungen und Zerstörungen ausgesetzt sind, nicht genügt, sondern dass proaktives Warten und Überwachen der **Funktionstüchtigkeit** verlangt ist.

30 **e) Notruf von öffentlichen Telefonstellen.** – Schließlich fordert Nr. 5, dass die öffentlichen Münz- und Kartentelefone technisch so ausgestattet sind, dass von ihnen **kostenfrei** und ohne Schwierigkeiten die europäische Notrufnummer 112 sowie die deutsche Notrufnummer 110 ausgeführt werden können.

31 **3. Grundsatz der Nichtdiskriminierung.** – Wie oben bereits erwähnt, sind die Anbieter von Telekommunikationsdienstleistungen gemäß § 47 verpflichtet, die ihnen zur Verfügung stehenden Daten zum Zweck der Anfertigung eines vollständigen **Teilnehmerverzeichnisses** sowie zur Bereitstellung eines **Auskunftsdienstes** an das universaldienstleistende Unternehmen zu überlassen. Dieses ist durch § 78 Abs. 3 seinerseits verpflichtet, die erlangten Daten nicht „diskriminierend" zu behandeln. Dies verlangt die Verarbeitung aller

---

54 S. o. RdNr. 25.
55 *Schütz/Attendorn*, MMR Beilage 4/2002, 20.

erlangten Daten nach denselben Maßstäben, insbesondere ist die unterschiedliche Behandlung von Daten eigener und fremder Kunden verboten.

4. Befugnisse der RegTP. – Da Bezugspunkt des Universaldienstes „Bereitstellung von 32 öffentlichen Telefonstellen" nicht ein auf jedermann bezogener individueller, sondern der allgemeine Bedarf ist, steht dieser nicht fest, sondern muss nach den jeweiligen lokalen und regionalen Gegebenheiten festgestellt werden. Zu erfüllen sind nach den Vorgaben des Art. 6 Abs. 1 URL die vertretbaren Bedürfnisse der Endnutzer. Diese festzustellen ist die Aufgabe der RegTP.[56] Zu diesem Zweck ist sie verpflichtet, den oder die jeweiligen Universaldienstverpflichteten anzuhören, die zunächst einmal den besten Überblick über die tatsächliche Versorgung und die tatsächliche Nachfrage haben. Die Bewertung als dem allgemeinen Bedarf am jeweiligen Ort genügend, obliegt dann der RegTP. Zur Sicherstellung des Dienstes kann die RegTP den Unternehmen **Verpflichtungen** auferlegen. Diese Befugnis knüpft an die allgemeine Regelung für die Auferlegung von Universaldienstverpflichtungen gemäß § 81 an und enthält die Grundlage für die näheren Spezifizierungen, die in Bezug auf diesen Universaldienst erforderlich sind. Zu denken ist etwa an die Aufstellung oder Verlegung einer Telefonzelle an einen bestimmten Ort oder an die Aufstellung behindertengerechter Telefonstellen. Möglich ist auch die Vorgabe von Wartungsroutinen. Angesichts der Gleichwertigkeit von Münz- und Kartentelefonen erscheint eine diesbezügliche Vorgabe allerdings ausgeschlossen.

Da es sich bei dem allgemeinen Bedarf in erster Linie um die Feststellung tatsächlicher 33 Gegebenheiten handelt, die von dem Verhalten der Endnutzer abhängt, ist es folgerichtig, dass das Gesetz auch eine **Anhörung** der betroffenen Kreise vorsieht. Ausdrücklich geregelt ist eine solche Anhörung allerdings nur für den Fall, dass die RegTP in Betracht zieht, von Verpflichtungen zur Sicherstellung des Dienstes oder einzelner Dienstmerkmale abzusehen. Dies kann sie tun, wenn die Anhörung der betroffenen Kreise ergibt, dass ein Dienstmerkmal oder vergleichbare Dienste als weithin verfügbar erachtet werden. Nach der Systematik ist damit der Fall gemeint, dass zwar hinsichtlich des Universaldienstes nach Nr. 4 eine Unterversorgung besteht, da anderenfalls schon dem Grunde nach keine Universaldienstverpflichtung auferlegt werden könnte, dass aber der allgemeine Bedarf an Sprachtelefonie einschließlich eines Auskunftsdienstes und öffentlicher Notrufmöglichkeiten weitgehend auf andere Weise befriedigt wird. Zu denken ist vor allem an die Verbreitung von Mobiltelefonen, die Auswirkungen auf die Nachfrage nach öffentlichen Telefonstellen hat.

Obwohl die Anhörung der beteiligten Kreise nur für den dargestellten Fall geregelt ist, 34 dürfte es rationalem und effizientem Vorgehen entsprechen, stets sowohl die Universaldienstverpflichteten wie auch die beteiligten Kreise anzuhören, um den allgemeinen Bedarf sowie den Grad der Befriedigung des Bedarfs durch vergleichbare Dienste feststellen zu können und damit die Tatsachengrundlagen für alle gemäß § 78 Abs. 4 möglichen Ent-

---

56 Die RegTP hat hierfür bereits in der Vergangenheit Kriterien festgelegt. Siehe Mitteilung Nr. 127/ 1999, ABl. RegTP 1999, 1127 und die Zusammenfassung dieser Mitteilung in BeckTKG-Komm/ *Schütz*, Anh § 17 § 1 TUDLV RdNr. 7; die Kriterien gelten nach wie vor (Mitteilung Nr. 195/2000 im ABl. Nr. 6/2000 vom 22. 3. 2000, Mitteilung Nr. 737/2000 im ABl. Nr. 24/2000 vom 20. 12. 2000; Mitteilung Nr. 136/2002 im ABl. Nr. 04/2002 vom 6. 3. 2002), gleichzeitig läuft angesichts der weiterhin nachlassenden Nachfrage nach öffentlichen Telefonstellen ein Pilotversuch zum Einsatz sog. Basistelefone, siehe dazu www.regtp.de/aktuelles/pinwand/01251/index.html; siehe auch den Jahresbericht der RegTP für das Jahr 2003 zum Stichwort Universaldienstleistungen.

scheidungsalternativen zu ermitteln. Dies entspricht auch der Regelung des Art. 33 Abs. 1 URL, wonach alle Mitgliedstaaten sicherstellen, dass die nationalen Regulierungsbehörden die Ansichten von Endnutzern und Verbrauchern, insbesondere auch von behinderten Nutzern, Herstellern und Unternehmen, die elektronische Kommunikationsnetze und/oder -dienste bereitstellen, in allen mit Endnutzer- und Verbraucherrechten bei öffentlich zugänglichen elektronischen Kommunikationsdiensten zusammenhängenden Fragen berücksichtigen, soweit dies angemessen ist. Die betroffenen Kreise im Sinne des § 78 Abs. 4 sind vor diesem Hintergrund zu konkretisieren als Verbraucher der betroffenen Region unter besonderer Berücksichtigung von behinderten Nutzern. Die bisherigen Kriterien der RegTP sehen vor allem eine Einbeziehung der Kommunen vor. Dies trägt zwar der Rechtsstellung der Gemeinden gemäß Art. 28 Abs. 2 GG zutreffend Rechnung, wird in Zukunft aber nicht mehr genügen. Vielmehr sind die Verbraucher bzw. die verschiedenen Verbrauchergruppen unmittelbar einzubeziehen.

§ 79 Erschwinglichkeit der Entgelte

(1) Der Preis für die Universaldienstleistung nach § 78 Abs. 2 Nr. 1 gilt als erschwinglich, wenn er den realen Preis der Telefondienstleistungen nicht übersteigt, die von einem Privathaushalt außerhalb von Städten mit mehr als 100 000 Einwohnern zum 1. Januar 1998 durchschnittlich nachgefragt wurden. Dabei werden die zu diesem Zeitpunkt erzielten Leistungsqualitäten einschließlich der Lieferfristen und die bis zum 31. Dezember des jeweiligen Vor-Vorjahres festgestellte Produktivitätsfortschrittsrate berücksichtigt.

(2) Universaldienstleistungen nach § 78 Abs. 2 Nr. 2 bis 4 gelten als erschwinglich, wenn die Entgelte den Maßstäben des § 28 entsprechen.

Schrifttum: Siehe die Schrifttumsangaben zu den Vorbemerkungen und zu § 78.

Übersicht

I. Normzweck

Zum Begriff der Universaldienstleistung gehört nach der Legaldefinition des § 78 Abs. 1 **1** auch die „Erschwinglichkeit". Während in § 78 Abs. 2 der Inhalt der Universaldienstleistungen gesetzlich fixiert wird, definiert § 79 das Merkmal der Erschwinglichkeit, denn dieses erklärt sich nicht aus sich selbst. Es bedarf vielmehr der **normativen Festlegung**, von welcher Preisschwelle an Marktversagen vorliegt und die Gewährleistungspflicht des Staates eintritt.[1] Für den Universaldienst der Sprachtelefonie ist die Erschwinglichkeit als eine **Preisobergrenze** festgelegt.[2] Durch Orientierung an den Kosten für Sprachtelefonie, die Endnutzern einen Tag nach Beendigung des Monopols außerhalb von Ballungsgebieten durchschnittlich entstanden sind, soll verhindert werden, dass Anbieter den Preisdruck, der infolge des Wettbewerbs vor allem in den leichter zu versorgenden Ballungsgebieten entsteht, mittels Preiserhöhungen in der Peripherie kompensieren.[3] Derartigen Quersubventionierungen, die während des Monopols üblich und legitim waren[4], sollen unter den Bedin-

---

1 *Scheurle/Mayen/Witte*, § 17 RdNr. 18.
2 So schon die alte Rechtslage, siehe dazu *Manssen/C. Klein*, § 17 RdNr. 13; *Schütz/Cornils*, DVBl. 1997, 1146, 1148; BeckTKG-Komm/*Schütz*, Anh § 17 § 2 TUDLV RdNr. 2.
3 *Manssen/C. Klein*, § 17 RdNr. 13 mit Hinweis auf BT-Drs. 13/6196, S. 5; BeckTKG-Komm/*Schütz*, Anh. § 17 § 2 TUDLV RdNr. 2; *Scheurle/Mayen/Witte*, § 17 RdNr. 19.
4 *Nett/Neu*, ZögU 22 (1999), 134, 136; *Eifert*, Grundversorgung mit Telekommunikationsleistungen im Gewährleistungsstaat, S. 211; *Cannivé*, Infrastrukturgewährleistung in der Telekommunikation zwischen Staat und Markt, S. 272.

gungen des Wettbewerbs im Interesse der Sicherung der flächendeckenden angemessenen und ausreichenden Grundversorgung Grenzen gesetzt werden.[5]

2　Der in § 79 festgelegte Höchstpreis, der die Gewährleistungspflicht des Staates und damit das Universaldienstregime auslöst, ist nicht zu verwechseln mit den Preisobergrenzen, die – nach bisher geltendem Recht gemäß § 25 TKG a. F. ex ante, nunmehr auf der Grundlage von § 34 regelmäßig nur noch ex post – im Price-Cap-Verfahren der Entgeltregulierung von der RegTP festgelegt werden.[6] Die Entgeltregulierung auf der Grundlage dieser Bestimmungen orientiert sich an den **Kosten der effizienten Leistungsbereitstellung** und dient der Wahrung und Sicherung des Wettbewerbs. Erst wenn der Markt unter Ausschöpfung aller Regulierungsmaßnahmen versagt und die Kosten der effizienten Leistungsbereitstellung die in § 79 geregelte Preisobergrenze überschreiten, kommt die staatliche Gewährleistungspflicht zum Zuge.

3　Die Erschwinglichkeit für die anderen Universaldienstleistungen wird in Anlehnung an § 28 als Preis unterhalb der wettbewerbsrechtlichen Grenze des **Missbrauchs beträchtlicher Marktmacht** definiert.

II. Rechtstatsachen

4　Mit dem Wegfall des Monopols für Sprachtelefonie zum 31. 12. 1997[7] sind die Preise für Orts-, Fern- und Auslandsgespräche tatsächlich zunächst drastisch, seit 1999 nur noch geringfügig, aber doch kontinuierlich gefallen.[8] Aus diesem Grund ist die Vorläufervorschrift des § 79, § 2 TUDLV, ohne jede praktische Bedeutung geblieben.[9] Relevant wurde nur – weit unterhalb der Legaldefinition des erschwinglichen Preises – die Ex-ante-Preisregulierung für den Sprachtelefondienst auf der Grundlage der §§ 24, 25 TKG a.F i.V. m. der nunmehr aufgehobenen TEntgVO. Obwohl die Ex-ante-Regulierung für den Sprachtelefondienst gemäß § 39 Abs. 1 nunmehr an die Bedingung geknüpft ist, dass die Regulierung im Zugangsbereich oder bezüglich Betreiberauswahl und Betreibervorauswahl zur Herstellung eines funktionsfähigen Wettbewerbs nicht ausreicht, ist infolge der bestehenden Marktbedingungen und der nach wie vor gegebenen Entgeltregulierungsmechanismen ex post nicht zu erwarten, dass § 79 Abs. 1 irgendeine praktische Bedeutung erlangen wird.

5　Die Teilnehmerverzeichnisse für das jeweilige Ortsnetz sind nach wie vor kostenlos. Auch die Preise für den Auskunftsdienst haben sich wettbewerbsbedingt zugunsten der Endnutzer entwickelt. Der Minutenpreis ist bei der DTAG von 1,94 € im Jahr 2001 auf 1,19 € am Stichtag 1. 12. 2003 gefallen. Stellte ein Tarif von 1,58 € pro Minute im Jahr 2001 noch das günstigste Angebot dar, ist die Dienstleistung jetzt für 0,50 € zu haben.[10] Durch die Verbreitung von Mobiltelefonen ist die Nachfrage nach öffentlichen Telefonstellen extrem ge-

---

5　*Freund*, Infrastrukturgewährleistung in der Telekommunikation, S. 112; *Mestmäcker*, FS Zacher, 1998, S. 635, 648.

6　Zu § 2 TUDLV als verdrängende Sonderregelung siehe *Trute/Spoerr/Bosch*, § 17 RdNr. 13; s. auch *Manssen/C. Klein*, § 17 RdNr. 13; *Windthorst*, Der Universaldienst im Bereich der Telekommunikation, S. 456.

7　§ 99 Abs. 1 Nr. 1 b) TKG a. F.

8　Siehe die Abbildung Nr. 2 aus der Information der RegTP zum Sprachtelefondienst, www.regtp. de/aktuelles/in_03-06-00-00-00_m/02/index.html.

9　Siehe *Scheurle/Mayen/Witte*, § 17 RdNr. 19.

10　Siehe den Preisvergleich bei www.netcologne.de/download/privatkunden/tarifueb_11_03.pdf.

ring.[11] Insoweit ist eine kostendeckende Bereitstellung dieses Dienstes[12] nicht durchgängig möglich. Nach den Kriterien der RegTP zur Sicherstellung einer flächendeckenden Bereitstellung von öffentlichen Telefonstellen sollen – unter Beachtung weiterer Bedingungen – nur Standorte mit Einnahmen unter 250 DM aufgehoben werden.[13]

III. Entstehungsgeschichte

§ 79 ersetzt nach seinem Regelungsgegenstand § 2 der aufgehobenen TUDLV und dient **6** der Umsetzung von Art. 3 Abs. 1, 9 Abs. 1[14] und Abs. 4 URL. Art. 3 Abs. 1 URL stellt klar, dass sich die Erschwinglichkeit nicht europaweit einheitlich bestimmt, sondern von den jeweiligen landesspezifischen Gegebenheiten abhängt.[15] Gemäß Art. 9 Abs. 1 URL überwachen die nationalen Regulierungsbehörden die Entwicklung und Höhe der Entnutzertarife für die Universaldienstleistungen insbesondere im Verhältnis zu den nationalen Verbraucherpreisen und Einkommen. Gemäß Abs. 4 können die Mitgliedstaaten den universaldienstverpflichteten Unternehmen unter Berücksichtigung der nationalen Gegebenheiten die Anwendung einheitlicher Tarife oder die Einhaltung von Preisobergrenzen vorschreiben. Der deutsche Gesetzgeber hat sich für die letztgenannte Variante entschieden. Von der in Art. 9 Abs. 2 und 3 URL eröffneten Möglichkeit, besondere Preisregelungen für einkommensschwache oder in sonstiger Weise bedürftige Benutzergruppen zu treffen, hat der deutsche Gesetzgeber keinen Gebrauch gemacht.[16]

Gegenüber der bisherigen Regelung in § 2 TUDLV stellt der Gesetzgeber nunmehr nicht **7** mehr auf den letzten Tag des Monopols, den 31. 12. 1997, sondern auf den ersten Tag nach Beendigung des Monopols, den 1. 1. 1998, ab. Aus systematischen Gründen mag es vorzugswürdig sein, ein Datum zu nehmen, das nicht mehr in den Geltungszeitraum für das Rechtsregime des Monopols, sondern bereits in den Anwendungszeitraum des Rechtsregimes für den regulierten Wettbewerb fällt. Eine tatsächliche Änderung der Bezugsgröße ist damit nur verbunden, wenn sich vom 31. 12. 1997 auf den 1. 1. 1998 die Leistungsmerkmale oder der reale Preis tatsächlich verändert haben, was nicht der Fall ist.

Eine weitere Änderung besteht in der Einbeziehung einer **Produktivitätsfortschrittsrate** **8** bei der Berechnung des erschwinglichen Preises. Die Einbeziehung der Produktivitätsfortschrittsrate in die Preisobergrenzenbestimmung stammt aus dem Price-Cap-Verfahren der Entgeltregulierung.[17] Er bezieht sich auf die Verbilligung der Produktion durch Fortschritte

---

11 Vgl. den Jahresbericht der RegTP für das Jahr 2003 zum Thema Universaldienst, www.regtp.de. Dort ist die Rede von mehr als 61 Millionen Mobilfunkteilnehmern. Siehe auch schon oben § 78 RdNr. 3 und 32 mit Fn. 55.

12 Vgl. § 28 Abs. 2 Nr. 1, aus dem zu folgern ist, dass die gemäß § 79 Abs. 2 vorgegebene Erschwinglichkeitsgrenze des § 28 eingehalten ist, wenn die zusätzlichen langfristigen Kosten einer Leistung nicht überschritten werden.

13 S. Mitteilung Nr. 127/1999 im ABl. Nr. 6/1999 v. 14. 4. 1999, zuletzt verlängert durch Mitteilung Nr. 136/2002 im ABl. Nr. 4/2002 v. 6. 3. 2002 sowie die Information der RegTP zum Thema Öffentliche Telefonstellen www.regtp.de/aktuelles/pinwand/01251/index. Auf welchen Zeitraum sich dieser Betrag bezieht, war nicht zu ermitteln (vermutlich monatlich).

14 So die Begr. zum TKG-E, BT-Drs. 15/2316, S. 85.

15 *Scherer*, K&R 2002, 385; siehe auch *Scheurle/Mayen/Witte*, § 17 RdNr. 24.

16 Krit. schon zur alten Rechtslage *Windthorst* (Fn. 6) S. 457; *Manssen/C. Klein*, § 17 RdNr. 14; BeckTKG-Komm/*Schütz*, Anh § 17 § 2 TUDLV RdNr. 2.

17 Siehe jetzt § 34.

im **Herstellungsprozess**, die sich in einem funktionierenden Markt auch auf den Preis auswirken. Auch wenn es in § 79 nicht um Wettbewerbssicherung geht, sondern um die Schwelle für die Auslösung der Gewährleistungspflicht des Staates, ist die Einbeziehung der Produktivitätsfortschrittsrate sinnvoll. Anderenfalls würde sich die Schwelle für den Eintritt der Gewährleistungspflicht kontinuierlich erhöhen.

9 Hinsichtlich der Definition der Erschwinglichkeit der anderen Universaldienstleistungen ist an die Stelle der Kosten der effizienten Leistungsbereitstellung im Sinne des § 3 TEntgV[18] der **Missbrauch einer marktbeherrschenden Stellung** im Sinne des § 28 getreten. Beide Kriterien weisen zwar einen Überschneidungsbereich auf, insoweit die Kosten der effizienten Leistungsbereitstellung maßgeblich durch die langfristigen zusätzlichen Kosten bestimmt werden,[19] eine Größe, die wiederum im Rahmen der Bestimmung von Missbrauch von Bedeutung ist.[20] Die Neuregelung gibt Marktmechanismen jedoch einen größeren Spielraum und ist damit Ausdruck eines erhöhten Vertrauens in den funktionierenden Wettbewerb, der dem Richtlinienpaket insgesamt zugrunde liegt.

IV. Einzelerläuterungen

10 **1. Erschwinglichkeit von Festnetzanschlüssen.** – Vereinfacht ausgedrückt definiert § 79 Abs. 1 die Erschwinglichkeit des Preises für Festnetzanschlüsse als **Preisobergrenze**, die ihrer Höhe nach der Durchschnittsrechnung eines Privathaushalts außerhalb von Ballungsgebieten zum Zeitpunkt der Liberalisierung entspricht.[21] Hiervon ist ein Abschlag gemäß einer durch die RegTP festgesetzten Produktivitätsfortschrittsrate vorzunehmen.

11 **a) Realer Preis.** – Auch wenn die Wortwahl es nicht nahe legt, handelt es sich bei dem realen Preis um eine statistische Größe und damit nicht um einen realen, sondern um einen **Durchschnittspreis**, eine fiktive Größe. Mit der Kennzeichnung des Preises als „real" soll zum einen deutlich gemacht werden, dass es um die Summe aller Kosten geht, die für die Nutzung eines Festnetzanschlusses durch den näher beschriebenen – real nicht existierenden – Durchschnittsnutzer zu dem genannten Zeitpunkt tatsächlich angefallen sind.[22] Bezugspunkt sind also nicht die verschiedenen zum genannten Zeitpunkt geltenden Einzelpreise und Tarife für den Anschluss, die Orts-, Fern- und Auslandsgesprächseinheiten, aus denen sich die Kosten für die Nutzung eines Festnetzanschlusses zusammensetzen, sondern die sich bei dem räumlich und zeitlich näher bestimmten Durchschnittsendnutzer ergebende Summe dieser Einzelbeträge. Damit geht der Gesetzgeber davon aus, dass sich das durchschnittliche Telefonierverhalten nicht grundsätzlich verändert.[23] Der Begriff des realen Preises (im Gegensatz zum nominalen Preis) verlangt zudem, dass der für den 1. 1. 1998 errechnete Durchschnittspreis als Vergleichsgröße für spätere Zeitpunkte inflationsbereinigt werden muss.[24]

---

18 Siehe zur alten Rechtslage *Scheurle/Mayen/Witte*, § 17 RdNr. 23.
19 Vgl. § 3 TEntgV.
20 Vgl. § 28 Abs. 2 Nr. 1.
21 *Freund* (Fn. 5) S. 112.
22 Siehe die Erläuterung bei *Scheurle/Mayen/Witte*, § 17 RdNr. 20 f. zur alten Rechtslage.
23 Zur Problematik *Scheurle/Mayen/Witte*, § 17 RdNr. 22.
24 *Freund* (Fn. 5) S. 112.

b) Bezugsgröße. – Der relevante Durchschnittsendnutzer ist zeitlich, sachlich und räum- 12
lich näher bestimmt. Mit dem 1. 1. 1998 ist der Zeitpunkt der Liberalisierung benannt.[25]
Maßgeblich ist sachlich das durchschnittliche Telefonierverhalten von **Privathaushalten.**
Dies entspricht dem Sinn des gesamten Abschnitts, eine Grundversorgung für jedermann
zu gewährleisten. Räumlich ist im Interesse der Gewährleistung einer flächendeckenden
Versorgung nicht das Ballungsgebiet, sondern „die Fläche" Bezugsgröße, definiert als Gebiet außerhalb von Städten mit 100 000 Einwohnern.

Zur Definition der Erschwinglichkeit des Preises gehört auch die **Leistung,** für die zu zah- 13
len ist. Sie wird in Anlehnung an die Leistungsmerkmale und Lieferzeiten zum Zeitpunkt
der Liberalisierung bestimmt. Auch wenn von den „erzielten" Leistungsmerkmalen und
Lieferzeiten die Rede ist, besteht ein normativer Bezug. Dieser ergab sich zum Zeitpunkt
des Monopols aus der TPflLV, mit dem 1. 1. 1998 aus den inhaltlich identischen Qualitätsanforderungen an den Universaldienst der Sprachtelefonie gemäß § 1 Nr. 1 TUDLV.

c) Produktivitätsfortschrittsrate. – Die Produktivitätsfortschrittsrate bezeichnet die pro- 14
zentuale Steigerung des Produktivitätsergebnisses im Verhältnis zu den Produktivitätsfak-
toren Arbeit und Kapital. Sie muss von der RegTP im Rahmen der Entgeltregulierung festgesetzt werden. Diese Festsetzung erfolgt, wie die Entgeltregulierung, jeweils zeitlich befristet. Hierauf ist zur Ermittlung der im Rahmen von § 79 Abs. 1 relevanten Produktivitätsfortschrittsrate Bezug zu nehmen. Für die Leistungen der Sprachtelefonie hatte die Behörde im Price-Cap von 1998 bis 2002 eine Produktivitätsfortschrittsrate von 1% festgesetzt. Dies gilt unverändert für den Zeitraum von 2002–2004.[26] Im Gesetzgebungsverfahren war zunächst auf die bis zum 31. 12. 2002 festgestellte Produktivitätsfortschrittsrate
Bezug genommen worden. Da diese statische Fixierung auf einen Zeitpunkt im Gegensatz
steht zu dem Sinn der Berücksichtigung einer Produktivitätsfortschrittsrate, nämlich der
Veränderung der Produktivität in der Zeit Rechnung zu tragen, ist der maßgebliche
Zeitpunkt für die Ermittlung der Produktivitätsfortschrittsrate nunmehr **dynamisch be-
stimmt** als der 31. 12. des Vor-Vorjahres des Zeitpunkts, für den die Erschwinglichkeit des
Preises für einen Festnetzanschluss festgestellt werden soll.

2. Erschwinglichkeit der übrigen Universaldienstleistungen. – Für die Bestimmung der 15
Erschwinglichkeit aller anderen Universaldienstleistungen wird auf den Tatbestand des
§ 28 verwiesen. Nicht mehr erschwinglich sind danach solche Preise, die Ausdruck des
Missbrauchs einer marktbeherrschenden Stellung sind.[27]

---

25 S. o. RdNr. 7 sowie Fn. 7.
26 Mitteilung Nr. 75/2002 im ABl. Nr. 2/2002 vom 6. 2. 2003.
27 S. dazu § 28 RdNr. 15 ff.

§ 80 Verpflichtung zur Erbringung des Universaldienstes

Wird eine Universaldienstleistung nach § 78 durch den Markt nicht ausreichend und angemessen erbracht oder ist zu besorgen, dass eine solche Versorgung nicht gewährleistet sein wird, ist jeder Anbieter, der auf dem jeweiligen sachlich relevanten Markt tätig ist und einen Anteil von mindestens 4 Prozent des Gesamtumsatzes dieses Marktes im Geltungsbereich dieses Gesetzes auf sich vereint oder auf dem räumlich relevanten Markt über eine beträchtliche Marktmacht verfügt, verpflichtet, dazu beizutragen, dass der Universaldienst erbracht werden kann. Die Verpflichtung nach Satz 1 ist nach Maßgabe der Bestimmungen dieses Abschnitts zu erfüllen.

Schrifttum: *Klotz*, Der Referentenentwurf zum TKG im Licht der europarechtlichen Vorgaben, MMR 2003, 495; *Scherer*, Die Umgestaltung des europäischen und deutschen Telekommunikationsrechts durch das EU-Richtlinienpaket – Teil I, K&R 2002, 273 und Teil III, K&R 2002, 385; *Schütz/Attendorn*, Das neue Kommunikationsrecht der EU, MMR Beilage 4/2002.
Siehe auch die Schrifttumsangaben zu den Vorbemerkungen.

Übersicht

I. Normzweck

Während die §§ 78, 79 gesetzlich definieren, was Gegenstand des Universaldienstes ist, enthält § 80 den Tatbestand, bei dessen Vorliegen das europarechtlich und verfassungsrechtlich geforderte Gewährleistungsregime[1] ausgelöst wird. Die an den Tatbestand anknüpfende Rechtsfolge, zur Erbringung des Universaldienstes beizutragen, bleibt in § 80 abstrakt-generell.[2] Das Verfahren und die Befugnisse der RegTP, um die Universaldienstleistungsverpflichtung im Gewährleistungsfall zu konkretisieren, ist erst in den folgenden Bestimmungen geregelt: hinsichtlich der tatsächlichen Erbringung insbes. in § 81, hinsichtlich der Verpflichtung zur Mitfinanzierung insbes. in § 83. Die Bezeichnung des § 80 als „Verpflichtung zur Erbringung des Universaldienstes" ist daher nicht ganz treffend. **1**

Seine eigentliche Funktion entfaltet § 80 in Bezug auf die in § 83 geregelte Pflicht, zum Universaldienst durch eine Abgabe beizutragen. Hierfür enthält § 80 die gesetzgeberische **2**

---

1 Siehe Vor § 78 RdNr. 8 und 9.
2 *Trute/Spoerr/Bosch*, § 18 RdNr. 1; *Manssen/C. Klein*, § 18 RdNr. 1: „keine a priori Verpflichtung"; *Hoffmann-Riem*, DVBl. 1999, 125, 133; ebenso Begr. zum TKG-E, BT-Drs. 15/2316, S. 85; a. A. anscheinend BeckTKG-Komm/*Schütz*, § 18 RdNr. 41: „Beitragspflicht kraft Gesetzes".

Feststellung der „homogenen Gruppe"[3], die Voraussetzung für die Auferlegung einer **Sonderabgabe** ist.[4] Vielfach wird kritisiert, dass mit der Vorschrift erst konstitutiv diese Voraussetzung für die Verpflichtung zur Leistung einer Sonderabgabe geschaffen werde.[5] Dies trifft nur dann zu, wenn die Vorschrift nicht an bereits bestehende Gemeinsamkeiten zwischen den Anbietern anknüpft. Die notwendige **Homogenität** ergibt sich jedoch – dem § 80 vorausliegend – aus den Besonderheiten des Telekommunikationsmarktes: Die Anbieter auf diesem Markt sind unmittelbar oder mittelbar in erheblichem Umfang auf staatliche Vorleistungen angewiesen.[6] Dies rechtfertigt es, die Unternehmergrundrechte schon auf verfassungsrechtlicher Ebene mit kompensatorischen Verpflichtungen zur Sicherstellung einer telekommunikativen Grundversorgung bei Marktversagen belastet zu sehen.[7] Der Normzweck des Verpflichtungstatbestandes nach § 80 besteht deshalb nicht in der normativen Begründung von Gruppenhomogenität,[8] sondern vielmehr darin, die Gesamtheit der Anbieter, die auf der Grundlage dieser Gemeinsamkeit als Verpflichtungsadressaten in Betracht kommen, auf die Leistungsfähigen zu beschränken.[9] Hierbei handelt es sich in erster Linie um eine Maßnahme der **Marktzutrittserleichterung** für Newcomer.[10]

II. Rechtstatsachen

3 Bisher ist der Markt den Erwartungen des Gesetzgebers[11] gerecht geworden und hat die in den §§ 78, 79 normierte Grundversorgung erbracht. Insbesondere werden nach wie vor sämtliche Universaldienste (auch) von der ehemaligen Monopolistin, der DTAG, geleistet. Beabsichtigt diese, eine Universaldienstleistung nicht mehr zu erbringen, so ist sie gemäß § 150 Abs. 9 verpflichtet, dies der RegTP ein Jahr vor Einstellung des Dienstes mitzuteilen. Eine solche Erklärung hat sie bisher nicht abgegeben. Eine Unterversorgung wäre in erster Linie in Bezug auf die flächendeckende Bereitstellung von öffentlichen Telefonstellen zu erwarten.[12]

III. Entstehungsgeschichte

4 Die 4%-Schwelle zur Eingrenzung der Verpflichtungsadressaten fand sich bereits in § 18 TKG a. F. und hat ihre europarechtliche Legitimationsgrundlage nunmehr in Art. 13 Abs. 3

---

3 S. Begr. zum TKG-E, BT-Drs. 15/2316, S. 85.
4 BVerfGE 108, 186, 218, 222 – Altenpflegeausbildungsvergütung; 101, 141, 147, 150 – Hess. Sonderurlaubsgesetz; 93, 319, 344 – Wasserpfennig; 91, 186, 203, 205 – Kohlepfennig; 82, 159, 180 – Absatzfonds; 67, 256, 276 – Investitionshilfegesetz; 55, 274, 298 – Ausbildungsplatzförderung.
5 *Windthorst*, Der Universaldienst im Bereich der Telekommunikation, S. 479 ff.; *Scherer*, NJW 1996, 2953, 2959; *Trute/Spoerr/Bosch*, § 18 RdNr. 2; *Manssen/C. Klein*, § 18 RdNr. 2; BeckTKG-Komm/*Schütz*, § 18 RdNr. 2; *Freund*, Infrastrukturgewährleistung in der Telekommunikation, S. 137 ff.; *Cannivé*, Infrastrukturgewährleistung in der Telekommunikation zwischen Staat und Markt, S. 220 ff.
6 Vor § 78 RdNr. 4–6.
7 Vgl. auch *Lege*, DÖV 2001, 969, 975.
8 Unklar die Begr. zum TKG-E, BT-Drs. 15/2316, S. 85.
9 Von Funktionslosigkeit in Bezug auf § 18 TKG a. F. spricht dagegen *Freund* (Fn. 5) 139.
10 *Windthorst* (Fn. 5), 461; *Scheurle/Mayen/Witte*, § 18 RdNr. 9; *Manssen/C. Klein*, § 18 RdNr. 22; *Schütz/Attendorn* MMR Beilage 4/2002, S. 13, 33.
11 Begr. zum TKG-E, BT-Drs. 15/2316, S. 85.
12 § 78 RdNr. 3.

S. 2 URL. Dort heißt es in Bezug auf die Finanzierung der Universaldienstverpflichtung, dass es den Mitgliedstaaten freisteht, von Unternehmen, deren Inlandsumsatz unterhalb einer bestimmten Grenze liegt, keine Beiträge zu erheben. Im Gesetzgebungsverfahren zum Erlass des TKG a. F. war zunächst eine 5 %-Umsatzgrenze im Gespräch, die dann jedoch angesichts der Marktverhältnisse als zu hoch angesehen und auf 4 % gesenkt wurde.[13]

Für die **Benennung** zur Erbringung einer Universaldienstleistung bestimmt Art. 8 Abs. 2 **5**
S. 1 URL dagegen, dass kein Unternehmen von vornherein von der Benennung zur Erbringung ausgeschlossen werden darf. Das deutsche Recht setzt dies in § 81 in der Weise um, dass einer Verpflichtung zur Erbringung einer Universaldienstleistung zwingend eine **Ausschreibung** vorausgehen muss, an der sich jedes Unternehmen beteiligen kann.[14] Eine Verpflichtung zur Erbringung des Universaldienstes kann jedoch nur den Kreis der in § 80 umrissenen Verpflichtungsadressaten treffen.[15] Anderenfalls wäre § 80 – entgegen seinem Wortlaut – für die Verpflichtung zur tatsächlichen Erbringung einer Universaldienstleistung in Bezug auf sein subjektives Tatbestandselement gegenstandslos.

Das Universaldienstverpflichtungsregime enthält Regulierungsbefugnisse ausschließlich **6**
für den Fall des Marktversagens.[16] Dies wird durch die neu aufgenommene Passage „durch den Markt" noch einmal ausdrücklich klargestellt, auch wenn dies – jedenfalls in Deutschland – nie streitig war.

Da das neue TKG eine Lizenzierung von Telekommunikationsdienstleistungen nicht mehr **7**
kennt,[17] ist die Problematik, die sich in Bezug auf die Vorgängervorschrift daraus ergab, dass die Universaldienstverpflichtung an die Lizenzierung anknüpfte, aber nicht alle Universaldienstleistungen der Lizenzierung unterlagen,[18] gegenstandslos geworden.

Noch im TKG-E war in Übereinstimmung mit der bisherigen Regelung in § 18 TKG a. F. **8**
von der „marktbeherrschenden Stellung" im räumlichen Markt die Rede. Bezug genommen wurde damit auf die Regelungen des deutschen Kartellrechts, namentlich § 19 GWB.[19] Gesetz geworden ist nunmehr das Kriterium der **beträchtlichen Marktmacht**. Dieser Begriff ist legaldefiniert in § 3 Nr. 4 i. V. m. § 11 Abs. 1 S. 3–5.[20] Die Anknüpfung an das deutsche Kartellrecht ist damit abgelöst worden durch Anknüpfung an die **sektorspezifische Regulierung** des Telekommunikationsmarktes, die ihrerseits durch das Richtlinienpaket dem allgemeinen europäischen Kartellrecht weiter angenähert worden ist.[21] Mit der Änderung des Wortlauts sind die Probleme, die anderenfalls infolge der Differen-

---

13 *Scheurle/Mayen/Witte*, § 18 RdNr. 8 f.; *Manssen/C. Klein*, § 18 RdNr. 16 mit Hinweis auf BT-Drs. 13/4438, S. 11.
14 Siehe dazu § 81 RdNr. 5.
15 Siehe dazu § 81 RdNr. 20.
16 Vgl. Begr. zum TKG-E, BT-Drs. 15/2316, S. 85; BeckTKG-Komm/*Schütz*, § 18 RdNr. 1; *Trute/ Spoerr/Bosch*, § 18 RdNr. 1; Vor § 78 RdNr. 11.
17 *Schütz/Attendorn*, MMR Beilage 4/2002, 8, 27; *Scherer*, K&R 2002, 329, 330.
18 Siehe zu diesem Streit BeckTKG-Komm/*Schütz*, § 18 RdNr. 11 – 16, 42; *Manssen/C. Klein*, § 18 RdNr. 20 f.; *Scheurle/Mayen/Witte*, § 18 RdNr. 20 f.
19 BeckTKG-Komm/*Schütz*, § 18 RdNr. 29–40; *Manssen/C. Klein*, § 18 RdNr. 6, 14, 17; *Trute/ Spoerr/Bosch*, § 18 RdNr. 5.
20 Siehe § 11 RdNr. 13 ff.
21 *Schütz/Attendorn*, MMR Beilage 4/2002, 13; *Scherer*, K&R 2002, 273, 283 f.; *Husch/Kemmler/ Ohlenburg*, MMR 2003, 139, 141; *Klotz*, MMR 2003, 495, 496.

zen zwischen dem deutschen allgemeinen Kartellrecht und dem europäischen allgemeinen Kartellrecht zu erwarten gewesen wären,[22] verhindert worden.

IV. Einzelerläuterungen

9 **1. Der Gewährleistungsfall.** – Der Gewährleistungsfall liegt vor bei bestehendem oder drohendem Marktversagen.

10 **a) Unzureichendes Angebot einer Universaldienstleistung.** – Der Markt hat versagt, wenn eine Universaldienstleistung nicht angemessen *oder* nicht ausreichend erbracht wird.[23] Damit wird an den Wortlaut des Art. 87f Abs. 1 GG angeknüpft.[24] Diese sich auf **Qualität und Quantität** der Grundversorgung im Bereich der Telekommunikation beziehenden Anforderungen[25] sind ihrerseits in den §§ 78 und 79 gesetzlich konkretisiert, so dass ein Marktversagen besteht, wenn eine Universaldienstleistung nicht den gesetzlichen Merkmalen entsprechend erbracht wird.[26] Zur Qualität der Universaldienstleistung gehört insbesondere auch der **Preis.** Ein Marktversagen liegt deshalb dann vor, wenn eine Universaldienstleistung nicht mehr innerhalb der Preisvorgaben des § 79 kostendeckend erbracht werden kann.[27] Ob ein Universaldienst ausreichend im Sinne von quantitativ genügend erbracht wird, richtet sich ebenfalls nach den gesetzlichen Anforderungen an die **Versorgungsdichte.** In Bezug auf die Universaldienste Sprachtelefonie, Telefonverzeichnis und Telefonauskunft ist die flächendeckende Versorgung als Jedermann-Versorgung definiert.[28] In diesen Fällen wird der Universaldienst schon dann nicht ausreichend erbracht, wenn nur *ein* zumutbarer Anspruch auf Universaldienstleistung nicht erfüllt wird.[29] Dagegen orientiert sich die Bereitstellung öffentlicher Telefonstellen am öffentlichen Bedarf, der von der RegTP festgestellt wird.[30] Dieser Universaldienst wird dementsprechend dann nicht ausreichend erbracht, wenn die Versorgungsdichte hinter der von der RegTP als erforderlich festgestellten Zahl zurückbleibt.

11 Qualität und Quantität von Universaldienstleistungen sind nicht immer haarscharf voneinander zu trennen, so etwa bei Lieferzeiten oder in Bezug auf die Erreichbarkeit eines Auskunftsdienstes: Ist stets besetzt, wird der Auskunftsdienst quantitativ und qualitativ unzureichend erbracht.

12 **b) Besorgnis eines unzureichenden Angebots.** – Der verfassungsrechtliche Infrastrukturgewährleistungsauftrag verlangt die ununterbrochene Versorgung mit Universaldienstleis-

---

22 Dazu *Klotz*, MMR 2003, 495, 497; positiv zur alten Fassung *Vogelsang*, MMR 2003, 509, 510.
23 Zur Alternativität *Schütz/Cornils*, DVBl. 1997, 1146, 1148; BeckTKG-Komm/*Schütz*, § 18 RdNr. 5 a; *Manssen/C. Klein*, § 18 RdNr. 9.
24 *Scheurle/Mayen/Witte*, § 18 RdNr. 3.
25 *Sachs/Windthorst*, Art. 87 f RdNr. 12; BeckTKG-Komm/*Schütz*, § 18 RdNr. 5 a; *Manssen/C. Klein*, § 18 RdNr. 9.
26 Ähnlich zur alten Rechtslage *Trute/Spoerr/Bosch*, § 18 RdNr. 14.
27 So Begr. zum TKG-E, BT-Drs. 15/2316, S. 85.
28 § 78 RdNr. 27.
29 In Bezug auf die Sprachtelefonie ebenso BeckTKG-Komm/*Schütz*, § 18 RdNr. 8; *Trute/Spoerr/Bosch*, § 18 RdNr. 14.
30 § 78 RdNr. 27, 32 ff.

tungen. Im Hinblick auf das aufwendige Verpflichtungsverfahren ist es daher nur folgerichtig, wenn bereits die **Besorgnis des Marktversagens** zum Verpflichtungstatbestand gehört.[31] Der Begriff der Besorgnis lässt sich in Anlehnung an den polizeirechtlichen Begriff der konkreten Gefahr[32] dahin definieren, dass eine Besorgnis der Unterversorgung dann vorliegt, wenn bei ungehindertem Geschehensablauf eine hinreichende Wahrscheinlichkeit für den Eintritt einer Unterversorgung in Bezug auf eine Universaldienstleistung besteht. Die Verwendung des polizeirechtlichen Gefahrenbegriffes wäre dennoch unpassend, da ein funktionierender Markt nicht zu den polizeirechtlichen Schutzgütern gehört. Aus diesem Grunde ist auch die Schwelle der hinreichenden Wahrscheinlichkeit für die Besorgnis des Marktversagens deutlich höher anzusiedeln, als dies für die Annahme einer konkreten Gefahr für polizeirechtliche Schutzgüter möglich ist. Zu fordern ist, dass nach objektiven Anhaltspunkten die Wahrscheinlichkeit eines Marktversagens deutlich überwiegt.[33]

Die Besorgnis der Unterversorgung liegt nicht per se vor[34], sondern ist von der RegTP aber **13** in jedem Fall zu prüfen, wenn die DTAG gemäß **§ 150 Abs. 9** die Mitteilung macht, dass sie eine sachlich und/oder räumlich spezifizierte Universaldienstleistung nicht mehr erbringen wird.[35]

2. Adressaten der Verpflichtung. – a) Anbieter auf dem sachlich relevanten Markt. – **14** Verpflichtet, einen Beitrag zum unzureichenden Universaldienst zu erbringen, sind alle Anbieter auf dem sachlich relevanten Markt[36], sofern ihr Umsatz die Erheblichkeitsschwelle von 4 % des bundesweiten Gesamtumsatzes[37] auf diesem Markt erreicht.[38] Die sachliche Marktabgrenzung wird im Wesentlichen bereits durch die Definition der unterschiedlichen Universaldienste vorgenommen.[39] So stellt die Sprachtelefonie im Festnetz einen anderen sachlichen Markt dar als das Betreiben von öffentlichen Telefonstellen.[40]

Streitig war unter der Geltung des alten Rechts, ob die beiden **Annexdienste** Telefonauskunft und Telefonverzeichnis einen gegenüber der Sprachtelefonie selbstständigen sachlichen Markt darstellen.[41] Dieser Streit war deshalb von Bedeutung, weil die Annexdienste nicht zu den lizenzpflichtigen Diensten zählten, zu einem Universaldienstbeitrag aber nur Lizenznehmer verpflichtet werden konnten. Unter dieser Bedingung sprach die nur in Be-

---

31 *Manssen/C. Klein*, § 18 RdNr. 12.
32 Den Begriff verwendet *Manssen/C. Klein*, § 18 RdNr. 12.
33 *Trute/Spoerr/Bosch*, § 18 RdNr. 15 „hohe Wahrscheinlichkeit".
34 So aber anscheinend *Scheurle/Mayen/Witte*, § 18 RdNr. 7.
35 Von einer Erleichterung der Feststellung sprechen BeckTKG-Komm/*Schütz*, § 18 RdNr. 36 und *Manssen/C. Klein*, § 18 RdNr. 13.
36 Siehe zu diesem Begriff § 10 RdNr. 30 ff.; s. auch *Schütz/Attendorn*, MMR Beilage 4/2002, 13; *Scherer*, K&R 2002, 273, 284.
37 Zur Berechnung des Umsatzanteils siehe § 87 RdNr. 9 ff.
38 Siehe zu dieser Schwelle oben RdNr. 4.
39 Vgl. Erwägung Nr. 2 der Empfehlung der Kommission v. 11. 2. 2003, ABl. EG Nr. L 114 v. 8. 5. 2003, S. 45.
40 BeckTKG-Komm/*Schütz*, § 18 RdNr. 18.
41 Dafür *Scheurle/Mayen/Witte*, § 18 RdNr. 14, 15; *Manssen/C. Klein*, § 18 RdNr. 20; BeckTKG-Komm/*Schütz*, § 18 RdNr. 21, 23 f.; a. A. *Trute/Spoerr/Bosch*, § 18 RdNr. 7.

zug auf die Sprachtelefonie sinnvolle Funktion der Annexdienste ebenso wie die Angewiesenheit der Sprachtelefonie auf diese Dienste, gegen deren Beurteilung als sachlich selbstständige Märkte. Unter den Bedingungen des geltenden Rechts und am Maßstab der Austauschbarkeit der Leistung aus der Sicht des Leistungsnehmers[42] kann dagegen von einem einheitlichen sachlichen Markt nicht gesprochen werden. Sprachtelefonie und Nutzung eines Telefonverzeichnisses sind nicht austauschbar. Auch die Telefonauskunft ist ein abgrenzbarer und damit selbstständiger Teilmarkt der Sprachtelefonie.

16 Im Übrigen wird sich die RegTP – wie für die Marktregulierung gemäß § 10 Abs. 2 vorgegeben – auch im Rahmen des § 80 an den Empfehlungen zur Marktabgrenzung orientieren, die die Kommission auf der Grundlage des Art. 15 Abs. 1 RaRL erlässt.[43]

17 **b) Beträchtliche Marktmacht auf dem räumlich relevanten Markt.** – Zusätzlich zu den Anbietern, die auf dem sachlich relevanten Markt einen Anteil von 4 % am bundesweiten Gesamtumsatz auf sich vereinigen, müssen die Anbieter auf dem sachlich relevanten Markt, die zwar bundesweit unterhalb der genannten Schwelle bleiben, aber im räumlich relevanten Markt[44] eine herausgehobene Bedeutung haben, zur Erbringung des Universaldienstes beitragen.[45] Diese Regelung ist insbes. sinnvoll im Blick auf die mögliche Verpflichtung, zur tatsächlichen Erbringung des Universaldienstes beizutragen, die im Falle einer räumlich begrenzten Unterversorgung ggf. am besten und günstigsten durch einen auf diesen Raum spezialisierten Anbieter erbracht werden kann. Sie ist auch, gemessen an der Funktion der 4 %-Schwelle, Marktzugangshürden zu vermeiden[46], systemkonform: Ein Unternehmen, das – wenn auch nur in einem räumlich begrenzten Markt – über beträchtliche Marktmacht verfügt, ist hinreichend belastbar.

18 Der Begriff der beträchtlichen Marktmacht ist in § 3 Nr. 4 unter Verweis auf § 11 Abs. 1 Sätze 3–5 legaldefiniert. Mit dieser Definition wird die sektorspezifische Regulierung des Telekommunikationsmarktes dem allgemeinen europäischen Kartellrecht angenähert.[47]

19 Die Abgrenzung des räumlichen Marktes kann nicht gemäß der räumlichen Ausdehnung der Unterversorgung bestimmt werden, denn ein in dieser Weise bestimmter räumlicher Markt wäre ggf. ohne jeden Anbieter, womit die Regelung sinnlos würde.[48] Der räumlich relevante Markt muss sich deshalb nach der räumlichen Ausdehnung des Angebots von solchen Unternehmen richten, die räumlich an das unterversorgte Gebiet unmittelbar angrenzen.[49]

20 **3. Inhalt der Verpflichtung.** – Für den Inhalt der Verpflichtung verweist Satz 2 auf die „Bestimmungen dieses Abschnitts". Gemäß § 81 Abs. 2 kommt der RegTP die Befugnis

---

42 Zu diesem Kriterium siehe § 10 RdNr. 32 ff.; *Scherer*, K&R 2002, 273, 284; *Schütz/Attendorn*, MMR Beilage 4/2002, 13.

43 Empfehlung der Kommission vom 11. 2. 2003, ABl. EG Nr. L 114 v. 8. 5. 2003, S. 45.

44 Zum Begriff siehe § 10 RdNr. 42 ff.; s. auch sogleich RdNr. 18.

45 BeckTKG-Komm/*Schütz*, § 18 RdNr. 24 und *Manssen/C. Klein*, § 18 RdNr. 19 betonen zutreffend, dass es auch insoweit um die Bedeutung auf dem sachlich relevanten Markt geht.

46 S. o. RdNr. 2 m. w. N.

47 Siehe schon oben RdNr. 8 und ausführlich § 11 RdNr. 5, 6 f.; siehe auch *Scherer*, K&R 2002, 273, 283 f.; *Schütz/Attendorn*, MMR Beilage 4/2002, 13.

48 BeckTKG-Komm/*Schütz*, § 18 RdNr. 26 f.; *Manssen/C. Klein*, § 18 Rdnr. 18; *Trute/Spoerr/Bosch*, § 18 RdNr. 10.

49 So BeckTKG-Komm/*Schütz*, § 18 RdNr. 27 f.

zu, „in Betracht kommende Unternehmen" zur Erbringung einer Universaldienstleistung zu verpflichten. Nach § 83 Abs. 1 trifft „Unternehmen nach § 80" eine Finanzierungsbeitragspflicht. Mit § 80 wird somit für die näher bestimmten Unternehmen generell-abstrakt die Verpflichtung begründet, unzureichende Universaldienstleistungen mitzufinanzieren und ggf. auch, sie zu erbringen.[50]

---

50 *Schütz/Attendorn*, MMR Beilage 4/2002, 41; zur alten Rechtslage BeckTKG-Komm/*Schütz*, § 18 RdNr. 1 f., 43. In der Begr. zum TKG-E, BT-Drs. 15, 2316, S. 85 ist dagegen nur von der Mitfinanzierungspflicht die Rede.

§ 81 Auferlegung von Universaldienstverpflichtungen

(1) Die Regulierungsbehörde veröffentlicht die Feststellung, auf welchem sachlich und räumlich relevanten Markt oder an welchem Ort eine Universaldienstleistung nach § 78 Abs. 2 nicht angemessen oder ausreichend erbracht wird oder zu besorgen ist, dass eine solche Versorgung nicht gewährleistet sein wird. Sie kündigt an, nach den Vorschriften der §§ 81 bis 87 vorzugehen, sofern sich kein Unternehmen innerhalb von einem Monat nach Bekanntgabe dieser Veröffentlichung bereit erklärt, diese Universaldienstleistung ohne Ausgleich nach § 82 zu erbringen.

(2) Die Regulierungsbehörde kann nach Anhörung der in Betracht kommenden Unternehmen entscheiden, ob und inwieweit sie eines oder mehrere dieser Unternehmen verpflichten will, die Universaldienstleistung zu erbringen. Eine solche Verpflichtung darf die verpflichteten Unternehmen im Verhältnis zu den anderen Unternehmen nicht unbillig benachteiligen.

(3) Macht ein Unternehmen, das nach Absatz 2 zur Erbringung einer Universaldienstleistung verpflichtet werden soll, glaubhaft, dass es im Falle der Verpflichtung einen Ausgleich nach § 82 verlangen kann, schreibt die Regulierungsbehörde an Stelle der Entscheidung, einen oder mehrere Unternehmen zu verpflichten, die Universaldienstleistung aus und vergibt sie an denjenigen Bewerber, der sich als geeignet erweist und den geringsten finanziellen Ausgleich dafür verlangt, die Universaldienstleistung nach Maßgabe der in den Vorschriften dieses Gesetzes festgelegten Bedingungen zu erbringen. Die Regulierungsbehörde kann unter Berücksichtigung der Kriterien des Satzes 1 verschiedene Unternehmen oder Unternehmensgruppen für die Erbringung verschiedener Bestandteile des Universaldienstes sowie zur Versorgung verschiedener Teile des Bundesgebietes verpflichten.

(4) Vor der Ausschreibung der Universaldienstleistung hat die Regulierungsbehörde festzulegen, nach welchen Kriterien die erforderliche Eignung des Universaldienstleisters bewertet wird. Sie hat ferner die Regeln für die Durchführung des Ausschreibungsverfahrens im Einzelnen festzulegen; diese müssen objektiv, nachvollziehbar und diskriminierungsfrei sein.

(5) Wird durch das Ausschreibungsverfahren kein geeigneter Bewerber ermittelt, verpflichtet die Regulierungsbehörde das nach Absatz 2 ermittelte Unternehmen, die Universaldienstleistung nach Maßgabe dieses Gesetzes zu erbringen.

Schrifttum: *Freund*, Infrastrukturgewährleistung in der Telekommunikation, 2002; *Scherer*, Die Umgestaltung des europäischen und deutschen Telekommunikationsrechts durch das EU-Richtlinienpaket – Teil III, K&R 2002, 385; *Schütz/Attendorn*, Das neue Kommunikationsrecht der EU, MMR Beilage 4/2002; *Windthorst*, Der Universaldienst im Bereich der Telekommunikation. Eine öffentlich-rechtliche Betrachtung unter Einbezug des amerikanischen Rechts, 2000.

Übersicht

I. Normzweck

1 § 81 enthält die direkte Umsetzung der verfassungsrechtlich und europarechtlich vorgegebenen Gewährleistungspflicht des Staates[1], indem er der RegTP die Befugnis einräumt, einen vom Markt nicht mehr sichergestellten Universaldienst durch Verpflichtung geeigneter
Unternehmen aufrechtzuerhalten oder wiederherzustellen.[2] Diese Verpflichtung ist als **Ul-
tima-ratio-Befugnis** ausgestaltet und verwirklicht damit den Grundsatz der **Verhältnismäßigkeit** sowohl gegenüber dem oder den letztlich verpflichteten Unternehmen wie auch
gegenüber denjenigen, die den Universaldienst mitzufinanzieren haben.

2 Die öffentliche Feststellung des Gewährleistungsfalls mit der Ankündigung hat den
Zweck, etwaige Informationslücken der RegTP in Bezug auf den relevanten Markt zu
schließen.[3] Sie stellt mit der Suche nach Freiwilligen außerdem sicher, dass eine etwaige
Verpflichtung auch tatsächlich erforderlich ist und wahrt auf diese Weise den Grundsatz
der Verhältnismäßigkeit. Nicht zuletzt dient die Regelung dem Zweck des TKG, Telekommunikationsdienstleistungen einschließlich der Universaldienstleistungen in erster Linie
durch den Markt zu erbringen.[4]

3 Das Verfahren bis zur Verpflichtung, insbesondere die vorrangige Ausschreibung[5], soll den
europarechtlichen Vorgaben eines effizienten, objektiven, transparenten und nichtdiskriminierenden **Benennungsverfahrens** gemäß Art. 8 Abs. 2 URL genügen. Das im Falle eines zu erwartenden Kostenausgleichs – im Gegensatz zur bisherigen Rechtslage[6] – zwingend durchzuführende **Ausschreibungsverfahren** dient nicht zuletzt der auch europa-

---

1 Dazu Vor § 78 RdNr. 7–9.
2 Vgl. *Manssen/Manssen*, § 19 RdNr. 1; BeckTKG-Komm/*Schütz*, § 19 RdNr. 1.
3 So Begr. zum TKG-E, BT-Drs. 15/2316, S. 86; s. auch *Scheurle/Mayen/Witte*, § 19 RdNr. 11:
   Transparenz auf dem Markt erhöhen.
4 Siehe § 80 RdNr. 3 sowie Vor § 78 RdNr. 8, 11.
5 Dazu RdNr. 19 f.
6 § 19 Abs. 5 TKG a. F.

rechtlich vorgeschriebenen Pflicht, den Universaldienst auf die kostengünstigste Weise sicherzustellen.[7]

II. Rechtstatsachen

Bisher musste die RegTP noch keine Entscheidung gemäß § 81 bzw. auf der Grundlage der 4
Vorläufervorschrift, des § 19 TKG a. F., treffen.[8]

III. Entstehungsgeschichte

§ 81 enthält gegenüber der bisherigen Regelung in § 19 TKG a. F. erhebliche Änderungen. 5
Dies betrifft sowohl den Kreis derjenigen, die zur Erbringung des Universaldienstes verpflichtet werden können, wie auch das Verfahren. Der Grund hierfür sind in erster Linie die präzisierten und verschärften Anforderungen an das europarechtlich sog. Benennungsverfahren in **Art. 8 URL**. Während nach den Richtlinien 97/33 und 98/10 die Benennung nur den Grundsätzen der Verhältnismäßigkeit und Nichtdiskriminierung genügen musste[9], verlangt Art. 8 Abs. 2 URL ausdrücklich, dass kein Unternehmen von vornherein von der Benennung ausgeschlossen werden darf. Des Weiteren muss ein **effizientes, objektives, transparentes** und **nichtdiskriminierendes Benennungsverfahren** gewährleisten, dass der Universaldienst auf die kostengünstigste Weise erbracht wird. Die bisherige Beschränkung der Verpflichtungsadressaten auf Lizenznehmer mit marktbeherrschender Stellung war angesichts dieser Vorgaben nicht mehr zulässig.[10] Die Beschränkung auf Lizenzinhaber, die erhebliche Rechtsprobleme verursacht und entsprechende Kritik erfahren hat[11], musste mit dem Wegfall der Lizenzierung von Telekommunikationsdienstleistungen[12] ohnehin entfallen. Die Beschränkung auf marktbeherrschende Unternehmen ließ sich zwar im Lichte des Verhältnismäßigkeitsgrundsatzes als geringster Eingriff in den Markt rechtfertigen[13], war allerdings auch dem Einwand ausgesetzt, die Marktverhältnisse zu versteinern[14]. Art. 8 Abs. 2 S. 1 URL verbietet nunmehr ausdrücklich eine solche Einschränkung. Dem wird dadurch Rechnung getragen, dass nach § 81 Abs. 1 kein Unternehmen davon ausgeschlossen ist, sich zur freiwilligen Erbringung des Universaldienstes zu melden und dass des Weiteren gemäß § 81 Abs. 2 im Falle eines zu erwartenden Kostenausgleichs einer Verpflichtungsentscheidung zwingend ein Ausschreibungsverfahren vorauszugehen hat, an dem sich wiederum alle Unternehmen beteiligen können.

---

7 Diesen Zweck sollte auch schon das fakultative Ausschreibungsverfahren nach § 19 Abs. 5 TKG
a. F. erfüllen. S. BeckTKG-Komm/*Schütz*, § 19 RdNr. 2, 18 mit Hinweis auf BT-Drs. 13/3609,
S. 42.

8 Siehe zu den Rechtstatsachen auch § 78 RdNr. 2 f.; § 79 RdNr. 4 f.; § 80 RdNr. 3.

9 Erläuterung Nr. 8 und Art. 5 Abs. 1 RL 97/33/EG, Erläuterung Nr. 6 und Art. 5 Abs. 1 RL 98/10/
EG.

10 *Schütz/Attendorn*, MMR Beilage 4/2002, 41; *Scherer*, K&R 2002, 385, 388; unzutreffend dagegen
die Begr. zum TKG-E, BT-Drs. 15/2316, S. 85.

11 Siehe dazu BeckTKG-Komm/*Schütz*, § 19 RdNr. 31 – 34.

12 Dazu § 80 RdNr. 7 m. w. N.

13 So *Windthorst*, Der Universaldienst im Bereich der Telekommunikation, S. 462 ff.; siehe auch
BeckTKG-Komm/*Schütz*, § 19 RdNr. 11.

14 Siehe *Trute/Spoerr/Bosch*, § 19 RdNr. 9; BeckTKG-Komm/*Schütz*, § 19 RdNr. 11, 27.

6   Abgesehen davon kann eine Verpflichtungsentscheidung „alle in Betracht kommenden Unternehmen" treffen. Welcher Adressatenkreis damit umschrieben ist, ist allerdings nicht ganz zweifelsfrei.[15]

IV. Einzelerläuterungen

7   **1. Feststellung des Verpflichtungstatbestands und Ankündigung der Auferlegung von Universaldienstleistungsverpflichtungen durch die Regulierungsbehörde.** – In § 80 ist der Gewährleistungsfall abstrakt-generell umschrieben.[16] Ob und in welchem Umfang eine Universaldienstleistung unzureichend erbracht wird, bedarf schon aus Gründen der Rechtssicherheit der verbindlichen Feststellung. Diese Feststellung hat nach § 81 Abs. 1 S. 1 die RegTP zu treffen.

8   **a) Inhalt der Feststellung.** – Die Feststellung betrifft einen konkreten Gewährleistungsfall, wie er abstrakt bereits in § 80 umschrieben ist. § 81 Abs. 1 S. 1 nimmt diese Definition fast wortgleich auf. Ein Gewährleistungsfall liegt vor, wenn eine Universaldienstleistung auf einem bestimmten sachlichen und/oder räumlichen Markt bzw. an einem Ort nicht angemessen oder ausreichend erbracht wird oder dies zu besorgen ist.[17] Maßstab für diese Feststellung sind Qualität und Quantität wie sie für die Universaldienstleistungen in § 78 Abs. 2 festgelegt sind, den § 81 Abs. 1 S. 1 seinerseits in Bezug nimmt.

9   **b) Rechtsnatur der Feststellung.** – Umstritten war bereits auf der Grundlage des § 19 TKG a. F. die Rechtsnatur der Feststellung. Zum Teil wird vertreten, es handele sich um einen Verwaltungsakt.[18] Hierfür spricht die Regelung des § 132 Abs. 1, bisher § 73 Abs. 1 TKG a. F., wonach die Beschlusskammer u. a. in den Fällen des § 81 durch Verwaltungsakt entscheidet. Allerdings ist dieses systematische Argument nicht zwingend, da die Regelung in § 132 Abs. 1 sich allein auf die Verpflichtungsentscheidung beziehen kann.[19] Die Untersuchung der Rechtsnatur nach allgemeinen verwaltungsrechtlichen Grundsätzen spricht gegen die Verwaltungsaktsqualität der Feststellung. Zwar handelt es sich um eine Willenserklärung einer Behörde, die durchaus auch rechtlich verbindlich und erheblich ist. Ein Verwaltungsakt verlangt jedoch eine Regelung. Eine Regelung ist eine behördliche Willenserklärung, durch die Rechte oder Pflichten begründet, aufgehoben oder verbindlich festgestellt werden.[20] Die Feststellung des Gewährleistungsfalls stellt zwar verbindlich diese rechtserhebliche Tatsache fest, damit ist jedoch keine verbindliche Feststellung inhaltlich konkreter und individuell zuzuordnender Rechte oder Pflichten verbunden.[21] Ausgelöst wird allein eine Verfahrensfrist, an die jedoch wiederum weder eine Rechtsbegründung noch ein Rechtsverlust gekoppelt sind. Die Feststellung ist nach alledem eine rechtsverbindliche **Willenserklärung mit Verfahrensrelevanz**, jedoch kein Verwaltungsakt.[22]

---

15 Dazu RdNr. 14.

16 Siehe § 80 RdNr. 1.

17 Einzelheiten oben § 80 RdNr. 9–12.

18 *Schütz/Cornils*, DVBl. 1997, 1146, 1149; BeckTKG-Komm/*Schütz*, § 19 RdNr. 7 f.; *Scheurle/Mayen/Witte*, § 19 RdNr. 9; für Allgemeinverfügung *Trute/Spoerr/Bosch*, § 19 RdNr. 2 und *Windthorst* (Fn. 13) S. 459.

19 So auch *Manssen/Manssen*, § 19 RdNr. 9; *Freund*, Infrastrukturgewährleistung in der Telekommunikation, S. 140 f.

20 *Maurer*, Allgemeines Verwaltungsrecht, § 9 RdNr. 6.

21 So auch *Freund* (Fn. 19) S. 140 f.

22 Ebenso *Freund* (Fn. 19) S. 140 f.; *Manssen/Manssen*, § 19 RdNr. 9.

Eine andere Einordnung ist auch im Lichte eines effektiven Rechtsschutzes nicht erforder- 10
lich. Zum Zeitpunkt der Feststellung ist die Einleitung weiterer Verfahrensschritte gerade
wegen der angestrebten Möglichkeit, dass sich ein Unternehmen freiwillig zur Erbringung
des Universaldienstes bereit erklärt, noch völlig offen. Würde man die Feststellung als Verwaltungsakt einordnen, würde genau die Monatsfrist, die insoweit Klarheit schafft, die Bestandskraft der Feststellungsentscheidung herbeiführen. Diese müsste also stets vorsorglich angefochten werden. Dies ist ein sinnwidriges Ergebnis.[23]

Allein die Verneinung der Verwaltungsaktsqualität schließt den **Rechtsschutz** auch nicht 11
aus. Denkbar wäre eine Klage auf Feststellung, dass der von der RegTP festgestellte Gewährleistungsfall nicht vorliegt. Ein Feststellungsinteresse ließe sich für mögliche Verpflichtungsadressaten einschließlich derjenigen, die eine Mitfinanzierungspflicht trifft, allerdings erst dann begründen, wenn nach Ablauf der Monatsfrist in Abs. 1 feststeht, dass
niemand den Universaldienst freiwillig erbringen wird. Demselben Adressatenkreis steht
allerdings auch die Anfechtungsklage gegen eine Verpflichtungsentscheidung auf der
Grundlage der Absätze 3 oder 5 offen.[24] Damit stellt sich die Frage nach der Subsidiarität
der Feststellungsklage. Insoweit ließe sich argumentieren, dass die Anfechtungsklage nicht
denselben Streitgegenstand hat wie die Feststellungsklage. Vielmehr ist die Rechtmäßigkeit der Feststellung des Gewährleistungsfalls nur eine Vorfrage für die sehr viel umfassendere Frage nach der Rechtmäßigkeit der Verpflichtungsentscheidung. Hieran zeigt sich
aber der eigentliche Grund für die Unzulässigkeit der Feststellungsklage: Die Feststellung
des Gewährleistungsfalls nach Abs. 1 hat nur eine Verfahrensfunktion.[25] Die selbstständige
Überprüfung von Verfahrenshandlungen ist jedoch gemäß § 44a VwGO eingeschränkt.[26]
Danach können nur diejenigen die Feststellung der RegTP angreifen, die insoweit ein
schutzwürdiges Interesse, jedoch keine andere Möglichkeit haben, gegen die Feststellung
vorzugehen. Wer dies sein sollte, ist nicht erkennbar.

c) Veröffentlichung mit Ankündigung. – Die RegTP hat die Feststellung des Gewährleis- 12
tungsfalls zu veröffentlichen. Veröffentlichungsmedium ist gemäß § 5 das Amtsblatt der
RegTP sowie deren Internetseite. Die Feststellung ist gemäß § 81 Abs. 1 S. 2 mit der An-
kündigung zu verbinden, dass die RegTP von ihren Befugnissen zur Gewährleistung des
Universaldienstes Gebrauch machen wird, wenn sich nicht innerhalb eines Monats nach
Bekanntgabe der Veröffentlichung ein Unternehmen bereit erklärt, den Universaldienst
freiwillig und ohne Ausgleich zu erbringen. Die **Fristberechnung** richtet sich nach § 31
VwVfG.[27] Im Hinblick auf die verfassungsrechtliche Gewährleistungspflicht darf die
RegTP sich nicht mit einer unverbindlichen Absichtserklärung begnügen.[28] Es bedarf zumindest einer verbindlichen Selbstverpflichtung. Denkbar ist auch ein öffentlich-rechtlicher Vertrag.[29] Wegen der erforderlichen Verbindlichkeit kann auch dieser Teil dem Benennungsverfahren im Sinne des Art. 8 Abs. 2 URL zugerechnet werden.

---

23 Für Anfechtbarkeit aber *Schütz/Cornils*, DVBl. 1997, 1146, 1149; BeckTKG-Komm/*Schütz*, § 19
RdNr. 10; *Trute/Spoerr/Bosch*, § 19 RdNr. 2; *Scheurle/Mayen/Witte*, § 19 RdNr. 9.
24 Dazu unten RdNr. 26, 30.
25 So auch *Freund* (Fn. 19) S. 140 f.; *Manssen/Manssen*, § 19 RdNr. 9.
26 So *Freund* (Fn. 19) S. 142.
27 BeckTKG-Komm/*Schütz*, § 19 RdNr. 22.
28 BeckTKG-Komm/*Schütz*, § 19 RdNr. 22; *Manssen/Manssen*, § 19 RdNr. 12; a. A. wohl *Scheurle/
Mayen/Witte*, § 19 RdNr. 12.
29 BeckTKG-Komm/*Schütz*, § 19 RdNr. 22.

13   **2. Anhörung der in Betracht kommenden Unternehmen in Bezug auf eine Verpflichtungsentscheidung der RegTP. – a) Anhörung der in Betracht kommenden Unternehmen.** – Wie sich aus der Ankündigung gemäß § 81 Abs. 1 S. 2 ergibt, findet die in § 81 Abs. 2 geregelte Anhörung erst nach Ablauf der in Abs. 1 gesetzten Monatsfrist und nur unter der Voraussetzung statt, dass sich kein Freiwilliger gefunden hat, der bereit und in der Lage ist, den Universaldienst zu erbringen. Ist dies der Fall, ist die Anhörung der in Betracht kommenden Unternehmen **zwingend** durchzuführen. Das „kann", das Ermessen ausdrückt, bezieht sich schon dem Wortlaut nach nicht auf die Anhörung, sondern auf die auf der Grundlage der Anhörung zu treffende Entscheidung.

14   Anzuhören sind „die in Betracht kommenden Unternehmen". Gemeint sind damit die Unternehmen, die für eine Verpflichtung in Betracht kommen. Keinesfalls können Unternehmen gemeint sein, die sich freiwillig zur Erbringung des Universaldienstes gemeldet haben, da unter diesen Umständen gemäß Abs. 1 ein Vorgehen „nach den Vorschriften der §§ 81–87" nicht mehr möglich ist. Die Formulierung von den „in Betracht kommenden Unternehmen" ist damit aber noch nicht eindeutig bestimmt. Sie kann als **Eingrenzung** gegenüber dem in § 80 abstrakt-generell umschriebenen Kreis der Verpflichtungsadressaten auf die im konkreten Fall nicht von vornherein ungeeigneten Unternehmen aufgefasst werden. Sie kann aber auch als Ausweitung gegenüber den Verpflichtungsadressaten nach § 80 auf sämtliche Unternehmen, die als Anbieter auf dem Markt der zu erbringenden Universaldienstleistung tätig sind, zu verstehen sein.[30] Für die erstgenannte Auffassung spricht das systematische Argument. Die Unternehmen, die Adressaten von Verpflichtungen im Zusammenhang mit Universaldienstleistungen sind, sind abstrakt-generell in § 80 bestimmt. Hieran knüpfen die Verpflichtungstatbestände in § 81 Abs. 2 und 5 sowie in § 83 an, auf die § 80 in seinem S. 2 seinerseits verweist. Anderenfalls würde § 80 durch § 81 implizit in der Weise modifiziert, dass er hinsichtlich seines subjektiven Tatbestandselements nur noch Bedeutung für die Mitfinanzierungspflicht entfaltete.[31] Gesetzestechnisch wäre § 80 dann verfehlt. Angesichts dieser Konsequenz müssten für das ausweitende Verständnis zwingende Gründe sprechen. Anführen ließe sich für diese Auffassung, dass Art. 8 Abs. 2 URL verbietet, Unternehmen von vornherein von der Benennung auszuschließen. Dieses Argument ist jedoch nicht zwingend, weil § 81 durch seine Ausgestaltung insgesamt den europarechtlichen Anforderungen genügt: Zum einen ist gemäß § 81 Abs. 1 kein Unternehmen von der freiwilligen Erbringung des Universaldienstes ausgeschlossen und außerdem ist gemäß § 81 Abs. 3 bei zu erwartendem Kostenausgleich zwingend ein Ausschreibungsverfahren durchzuführen, an dem sich wiederum alle Unternehmen beteiligen können.[32] Besteht somit bei systemgerechter Auslegung für alle Unternehmen die Chance, einen Universaldienst kostendeckend wie auch mit Kostenausgleich zu erbringen und ist nur eine Verpflichtung gegen den Willen eines Unternehmens auf den in § 80 umschriebenen Kreis von Unternehmen begrenzt, so widerspricht dies nicht dem Ausschlussverbot des Art. 8 Abs. 2 URL.

15   **b) Inhalt und Funktion der Anhörung.** – Die Anhörung soll der RegTP die nötigen Entscheidungsgrundlagen für eine etwaige Verpflichtungsentscheidung vermitteln. Bemerkenswert ist, dass nach dem Wortlaut – „verpflichten *will*" – die Anhörung noch nicht unmittelbar auf die Verpflichtungsentscheidung gerichtet ist, sondern dass es nur um die **Vor-**

---

30   So anscheinend Begr. zum TKG-E, BT-Drs. 15/2316, S. 86.
31   Siehe schon oben § 80 RdNr. 5.
32   So auch Begr. zum TKG-E, BT-Drs. 15/2316, S. 86.

bereitung einer solchen Entscheidung geht. Aus Abs. 5 ergibt sich allerdings, dass die Vorbereitung so eingehend sein muss, dass das oder die zu verpflichtenden Unternehmen feststehen, wenn das nach Abs. 3 vorgesehene Ausschreibungsverfahren erfolglos bleibt. Dieses Ausschreibungsverfahren ist wiederum zwingend, wenn ein Unternehmen, das nach Abs. 2 verpflichtet werden soll, glaubhaft macht, dass es einen Ausgleich nach § 82 verlangen kann, mit anderen Worten, dass es den Universaldienst nicht kostendeckend erbringen kann. Die Obliegenheit, die zu erwartenden Kosten plausibel zu prognostizieren, trifft nach dieser Formulierung nur die Unternehmen, deren **Verpflichtung** die RegTP nach der Anhörung beabsichtigt. Hieraus sowie aus Abs. 2 S. 2, wonach die Verpflichtung die verpflichteten Unternehmen im Verhältnis zu den anderen Unternehmen nicht unbillig benachteiligen darf, ergibt sich, dass die Anhörung darauf gerichtet ist, unter den in Betracht kommenden Unternehmen dasjenige oder diejenigen auszuwählen, die für die Erbringung am geeignetsten sind und für die die Erbringung die geringste Belastung darstellt. Die in Betracht kommenden Unternehmen sind deshalb gehalten, sämtliche Gründe, die für und insbesondere gegen ihre Verpflichtung sprechen, vorzubringen. Hierzu gehören nicht nur etwaige Kostenbelastungen, die im Rahmen der Anhörung jedoch noch nicht glaubhaft gemacht werden müssen; neben Kosten können vielmehr auch entgegenstehende strategische Ausrichtungen, beabsichtigte Investitionen in anderen Märkten, Liquiditätsprobleme[33] oder Ähnliches vorgebracht werden.

Auf der so gewonnenen Tatsachenbasis „kann" die RegTP sodann entscheiden, ob und inwieweit sie ein oder mehrere Unternehmen verpflichten will. Die Formulierung als „kann"-Vorschrift deutet nach allgemeinem verwaltungsrechtlichem Sprachgebrauch darauf hin, dass der RegTP **Ermessen** eingeräumt ist. Genauerer Untersuchung bedarf allerdings, worauf sich das Ermessen bezieht. Es lässt sich unterscheiden zwischen Eingriffsermessen und Auswahlermessen, also dem Ermessen hinsichtlich des „Ob" einer Verpflichtungsentscheidungsabsicht und dem Ermessen hinsichtlich des „Wie" einer Verpflichtungsentscheidungsabsicht. Das „Wie" ist wiederum auf den Inhalt und auf die Verpflichtungsadressaten zu beziehen. Die Entscheidung über die **Verpflichtungsadressaten** ist nach dem Gesetzeswortlaut eindeutig Gegenstand des behördlichen Ermessens. Ermessensgrenze ist das Benachteiligungsverbot gemäß Abs. 2 S. 2. Dieses **Benachteiligungsverbot** sowie die gesetzlichen Vorgaben für die Erbringung des Universaldienstes sind einzuhaltende Vorgaben für die inhaltliche Verpflichtungsentscheidung. Im Übrigen steht der RegTP z. B. hinsichtlich der sachlichen oder räumlichen Aufteilung zwischen mehreren Unternehmen Ermessen zu.[34] **16**

Zu prüfen bleibt, inwieweit der RegTP Entschließungsermessen zusteht. Das „Ob" im Wortlaut des Gesetzestextes könnte sich ausschließlich auf die Entscheidung zwischen einem oder mehreren Verpflichtungsadressaten beziehen und damit allein das Auswahlermessen betreffen. Da die RegTP im Gewährleistungsfall die verfassungsrechtliche Pflicht trifft, den Universaldienst sicherzustellen und zu diesem Zeitpunkt feststeht, dass niemand sich bereit erklärt hat, den unzureichenden oder zur Besorgnis Anlass gebenden Universaldienst zu erbringen, muss die RegTP tätig werden. Ermessen zwischen Verpflichtung oder Untätigkeit ist nicht eröffnet. Ebensowenig ist ein Ermessen zwischen Verpflichtungsent- **17**

---

33 Zu bedenken ist, dass das zur Erbringung der Universaldienstleistung verpflichtete Unternehmen zwar einen Ausgleichsanspruch hat, aber für 1 Jahr in Vorleistung gehen muss. S. § 82 Abs. 5.
34 Zu Ermessenskriterien siehe noch RdNr. 24, 25.

scheidung oder Ausschreibungsverfahren gegeben, wie es das bisherige Recht vorsah.[35] Das **Ausschreibungsverfahren** knüpft daran an, dass ein Unternehmen, das nach Abs. 2 verpflichtet werden soll, einen zu erwartenden Ausgleichsanspruch geltend macht, und setzt damit eine Verpflichtungsabsicht nach Abs. 2 voraus. Außerdem bestimmt Abs. 5, dass im Falle eines erfolglosen Ausschreibungsverfahrens das nach Abs. 2 „ermittelte" – nicht das erst zu ermittelnde (!) – Unternehmen verpflichtet wird. Nur theoretisch möglich erscheint die Variante, dass nach ergebnislosem Verstreichen der Monatsfrist die Anhörung ergibt, dass ein oder mehrere Unternehmen den Universaldienst kostendeckend sicherstellen könnten, dies aber nicht wollen. Auch der Gesetzgeber hat diesen Fall allem Anschein nach nicht für möglich gehalten, denn § 81 enthält keine Verpflichtungsbefugnis ohne vorheriges Ausschreibungsverfahren. Theoretisch denkbar ist allein, dass die RegTP unter Verzicht auf eine Entscheidung nach Abs. 2 und damit unter Verzicht auf die mit der Glaubhaftmachung der Unternehmen verbundene weitere Sachverhaltsaufklärung sogleich ein Ausschreibungsverfahren durchführt in der Überzeugung, dass dieses zum Erfolg führen wird. Nach alledem kommt der RegTP hinsichtlich des „Ob" einer Verpflichtungsentscheidungsabsicht tatsächlich kein Ermessen zu. Das „Ob" im Wortlaut bezieht sich allein auf die Auswahl zwischen der Verpflichtung eines oder mehrerer Unternehmen.

18 Mit ihrer Entscheidung nach Abs. 2 trifft die RegTP also zunächst eine Auswahl derjenigen, die die **Obliegenheit**[36] trifft, die zu erwartenden Kosten der Erbringung des Universaldienstes glaubhaft zu machen. Ein Verwaltungsakt kann auch darin nicht gesehen werden. Es handelt sich vielmehr um die Ankündigung eines Verwaltungsakts, die ihrerseits Verfahrensrelevanz hat.

19 **3. Ausschreibungsverfahren.** – Die Absätze 3 und 4 enthalten Regelungen für das Ausschreibungsverfahren, das einer Verpflichtung zwingend vorausgehen muss, wenn eine kostendeckende Erbringung des Universaldienstes nicht erwartet werden kann.

20 **a) Voraussetzung des Ausschreibungsverfahrens.** – Diese Prognose unterliegt nicht allein dem Amtsermittlungsgrundsatz, sondern ist durch Abs. 3 der **Glaubhaftmachung** des- oder derjenigen Unternehmen übertragen, deren Verpflichtung die RegTP beabsichtigt.[37] Die Variante, dass keines der Unternehmen, die verpflichtet werden sollen, einen Ausgleichsanspruch geltend macht, später aber ein Defizit entsteht, ist vom Gesetz nicht vorgesehen. § 82 sieht einen Ausgleichsanspruch nur für Verpflichtete vor, die durch ein Ausschreibungsverfahren ermittelt worden sind oder nach einem erfolglosen Ausschreibungsverfahren verpflichtet werden. Für eine Verpflichtung ohne Ausschreibung hält das Gesetz keine Rechtsgrundlage bereit. Im Gegenschluss aus dieser Rechtslage, insbesondere aus § 81 Abs. 5, ergibt sich, dass die RegTP auch dann, wenn kein Unternehmen einen Ausgleichsanspruch geltend macht, ein Ausschreibungsverfahren durchführen muss. Zugegebenermaßen ist die beschriebene und nicht geregelte Konstellation nicht sehr wahrscheinlich, da die Unternehmen, die verpflichtet werden sollen, in der Regel ein eigenes wirtschaftliches Interesse daran haben, durch das Ausschreibungsverfahren die kostengünstigste Möglichkeit zur Erbringung des Universaldienstes zu ermitteln, denn auch sie müssen anteilig die Kosten mittragen. Zum anderen kann die Verpflichtungsent-

---

35 Zur alten Rechtslage s. *Manssen/Manssen*, § 19 RdNr. 15; *Scheurle/Mayen/Witte*, § 19 RdNr. 13 f., 20.
36 Von Obliegenheit spricht auch *Trute/Spoerr/Bosch*, § 19 RdNr. 8.
37 *Trute/Spoerr/Bosch*, § 19 RdNr. 8.

scheidung durch andere Unternehmen angefochten werden, wenn sie der Auffassung sind, dass diese fehlerhaft ergangen ist.[38] Das subjektive Recht folgt aus der Verpflichtung zur anteiligen Kostentragung.

Glaubhaft zu machen ist ein **Ausgleichsanspruch** nach § 82. Voraussetzung ist neben der **21** Verpflichtung zur Erbringung des Universaldienstes ein Defizit bei dessen Erbringung. Dieses errechnet sich gemäß § 82 Abs. 2 aus der Differenz der Kosten für den Betrieb des jeweiligen Unternehmens ohne Universaldienstverpflichtung und den Kosten für den Betrieb unter Einhaltung der Universaldienstverpflichtung, wobei Vorteile und Erträge einschließlich immaterieller Vorteile zu berücksichtigen sind.[39] Die Glaubhaftmachung verlangt nicht den Nachweis, dass ein Anspruch mit an Sicherheit grenzender Wahrscheinlichkeit entstehen wird, sondern nur den Nachweis überwiegender Wahrscheinlichkeit.[40] Hierfür können alle Beweismittel verwendet werden einschließlich der eidesstattlichen Versicherung (vgl. §§ 294, 355 ff. ZPO).[41] Darzulegen wäre etwa, inwieweit die besonderen Verhältnisse des sachlich und räumlich relevanten Marktes sowie die Kostenstruktur des Betriebes zu Verlusten führen werden.[42] Eine bestimmte Anspruchshöhe muss nicht glaubhaft gemacht werden. Zwingende Rechtsfolge der Glaubhaftmachung eines Ausgleichsanspruchs ist die Durchführung eines Ausschreibungsverfahrens nach § 81 Abs. 3 und 4.

b) Durchführung des Ausschreibungsverfahrens. – Gemäß den europarechtlichen Anforderungen in Art. 8 Abs. 2 URL muss das Ausschreibungsverfahren objektiv, transparent und diskriminierungsfrei sein. **Transparenz** wird insbesondere dadurch hergestellt, dass die RegTP gemäß Abs. 4 S. 1 die Kriterien vorab festlegen muss, anhand derer sie die Eignung der Bewerber für die Erbringung des Universaldienstes beurteilt. Diese Eignungskriterien sind ihrerseits in Orientierung an den gesetzlichen Vorgaben für den Universaldienst zu bestimmen, um dessen Sicherstellung es geht. Neben der Sicherstellung der erforderlichen Qualität wird es der RegTP darum gehen müssen, die Nachhaltigkeit der Erbringung zu erreichen und den Wettbewerb so wenig wie möglich zu beeinträchtigen.[43] Bereits aus den Eignungskriterien muss sich ergeben, inwieweit die Erbringung von sachlichen oder räumlichen Teilen des Universaldienstes für die Eignungsbeurteilung von Bedeutung ist.

Auch die Regeln für die Durchführung hat die RegTP vorab im Einzelnen festzulegen. **23** Dies betrifft etwa Fristen, Art und Inhalt der einzureichenden Ausschreibungsunterlagen und insbesondere die Art und Weise der Kostenberechnung. Die geforderte Festlegung „im Einzelnen" verlangt eine genaue Regelung, die jeden Verfahrensschritt offen legt, vorhersehbar macht und jeden vermeidbaren Gestaltungsspielraum im Verfahrensablauf ausschließt. Die Regelungen sind objektiv, wenn sie ohne Ansehung von Personen respektive Unternehmen sachlich erforderlich sind; sie sind nachvollziehbar, wenn ihr Sinn für das

---

38 Dazu unten RdNr. 26, 30.
39 Einzelheiten § 82 RdNr. 10 ff.
40 Zum Begriff der Glaubhaftmachung siehe BeckTKG-Komm/*Schütz*, § 19 RdNr. 28; *Manssen/ Manssen*, § 19 RdNr. 15; *Trute/Spoerr/Bosch*, § 19 RdNr. 7 f.
41 BeckTKG-Komm/*Schütz*, § 19 RdNr. 28; gegen Anwendbarkeit der eidesstattlichen Versicherung *Trute/Spoerr/Bosch*, § 19 RdNr. 7 unter Hinweis auf § 76 Abs. 6 TKG a. F., nunmehr § 128 Abs. 6. Die dort geregelte Zeugenvereidigung und die eidesstattliche Versicherung sind jedoch zweierlei.
42 *Freund* (Fn. 19) S. 145.
43 Vgl. *Schütz/Attendorn*, MMR Beilage 4/2002, 21; BeckTKG-Komm/*Schütz*, § 19 RdNr. 19.

Verfahren erkennbar ist, und sie sind diskriminierungsfrei, wenn sie kein Unternehmen ungerechtfertigt bevorzugen oder benachteiligen.[44]

24 **c) Entscheidung der RegTP.** – Die RegTP hat auf der Grundlage der Ausschreibung den Universaldienst an das- oder diejenigen Unternehmen zu vergeben, die sich als geeignet erweisen und den geringsten finanziellen Ausgleich verlangen. Die Eignung ist anhand der im Ausschreibungsverfahren offen gelegten Eignungskriterien zu beurteilen. Der kostengünstigste Anbieter ist durch **Vergleich der Kostenberechnungen** zu ermitteln.[45] Die Vergleichbarkeit der Kostenberechnungen erweist sich damit als ein wesentliches Anliegen der Vorgaben für das Ausschreibungsverfahren.

25 Die RegTP ist verpflichtet, die kostengünstigste Lösung für die Erbringung des Universaldienstes zu ermitteln. Allerdings hat sie in Bezug auf die sachliche und räumliche Aufteilung Ermessen, wobei sie die Kriterien der Eignung und Kosten zu berücksichtigen hat. Bei einer sachlichen und/oder räumlichen Aufteilung dürfen auch Kriterien wie die Nachhaltigkeit der Erbringung des Universaldienstes[46] sowie die Sicherung des Wettbewerbs eine Rolle spielen. Maßgebliches Kriterium ist jedoch angesichts europarechtlicher wie verfassungsrechtlicher Anforderungen – Art. 8 Abs. 2 URL einerseits, das grundrechtliche Verhältnismäßigkeitsprinzip andererseits – letztlich der Kostenfaktor: Die Befugnis zur sachlichen und/oder räumlichen Aufteilung des Universaldienstes ist der RegTP gegeben, um unter den möglichen die kostengünstigste Lösung zu ermitteln, nicht um Wettbewerbspolitik zu betreiben. Dies ergibt sich notwendig aus der Überwälzung der Kosten auf die jeweiligen Marktteilnehmer, die so gering wie möglich zu halten sind.

26 Die Vergabe gemäß § 81 Abs. 3 erfolgt durch **Verwaltungsakt**. In § 82 Abs. 1 wird auch diese Entscheidung als eine Verpflichtung zur Erbringung des Universaldienstes bezeichnet. Zuständig ist gemäß § 132 Abs. 1 die Beschlusskammer. Die Entscheidung ist durch übergangene Bewerber[47] sowie durch alle Unternehmen, die eine Mitfinanzierungspflicht trifft, angreifbar.[48]

27 **4. Verpflichtungsentscheidung gemäß Abs. 5 und Rechtsschutz.** – Gemäß dem Grundsatz der Verhältnismäßigkeit kommt als letztes Mittel die Verpflichtung des nach Abs. 2 ermittelten Unternehmens in Betracht. Voraussetzung ist, dass durch das Ausschreibungsverfahren kein Unternehmen ermittelt werden konnte, das am Maßstab der gesetzlichen Vorgaben und der daraus abgeleiteten Eignungskriterien in der Lage ist, den Universaldienst zu erbringen.

28 Verpflichtet wird nach dem Wortlaut das nach Abs. 2 ermittelte Unternehmen. Da die RegTP gemäß Abs. 2 den Willen bekunden kann, auch mehrere Unternehmen zu verpflichten, muss Abs. 5 so gelesen werden, dass auch auf seiner Grundlage die Verpflichtung mehrerer Unternehmen möglich ist. Das der RegTP gemäß Abs. 2 insoweit eröffnete und sich in der Verpflichtungsentscheidung des Abs. 5 auswirkende Ermessen ist inhaltlich ebenso determiniert wie für das Ausschreibungsverfahren in Abs. 3 geregelt.[49]

---

44 *Manssen/Manssen*, § 19 RdNr. 22.
45 BeckTKG-Komm/*Schütz*, § 19 RdNr. 18; *Scheurle/Mayen/Bosch*, § 19 RdNr. 13.
46 Siehe *Schütz/Attendorn*, MMR Beilage 4/2002, 21: Gewährleistung der Integrität des Netzes sowie der Kontinuität und Qualität der Dienste.
47 So *Trute/Spoerr/Bosch*, § 19 RdNr. 5; *Manssen/Manssen*, § 19 RdNr. 27.
48 Siehe noch RdNr. 30.
49 Siehe oben RdNr. 25.

Die Verpflichtungsentscheidung ergeht gemäß § 132 Abs. 1 im Beschlusskammerverfah- **29** ren durch Verwaltungsakt.[50] Das oder die verpflichteten Unternehmen können gegen die Entscheidung **Anfechtungsklage** erheben.[51] Ein Vorverfahren findet gemäß § 137 Abs. 2 nicht statt. Aufschiebende Wirkung kommt der Klage gemäß § 137 Abs. 1 nicht zu.

Klagebefugt sind neben dem oder den verpflichteten Unternehmen auch die im Ausschrei- **30** bungsverfahren übergangenen Unternehmen sowie die zur Mitfinanzierung verpflichteten Unternehmen, für die bereits mit der Verpflichtungsentscheidung dem Grunde nach eine konkrete Mitfinanzierungspflicht begründet wird. Die Pflicht der Vergabe an den oder die kostengünstigsten Anbieter besteht primär im Interesse der zur Kostentragung Verpflichteten. Die Pflichten in Bezug auf das Ausschreibungsverfahren sind ebenfalls nicht nur im öffentlichen Interesse erlassen, sondern dienen einem fairen Wettbewerb im Interesse aller Teilnehmer am Ausschreibungsverfahren.

---

50 § 132 RdNr. 30.
51 *Freund* (Fn. 19) S. 147.

§ 82 Ausgleich für Universaldienstleistungen

(1) Wird ein Unternehmen nach § 81 Abs. 3 verpflichtet, eine Universaldienstleistung zu erbringen, gewährt die Regulierungsbehörde den im Ausschreibungsverfahren anerkannten finanziellen Ausgleich für die Erbringung der Universaldienstleistung.

(2) Wird ein Unternehmen nach § 81 Abs. 5 verpflichtet, eine Universaldienstleistung zu erbringen, ermittelt die Regulierungsbehörde den zu leistenden Ausgleich für die Bereitstellung des Universaldienstes aus der Differenz der Kosten eines verpflichteten Unternehmens für den Betrieb ohne Universaldienstverpflichtung und den Kosten für den Betrieb unter Einhaltung der Universaldienstverpflichtung. Außerdem sind Vorteile und Erträge des Universaldienstbetreibers, einschließlich immaterieller Vorteile, zu berücksichtigen.

(3) Die Regulierungsbehörde stellt fest, ob die ermittelten Kosten eine unzumutbare Belastung darstellen. In diesem Fall gewährt die Regulierungsbehörde dem Unternehmen auf Antrag den berechneten finanziellen Ausgleich.

(4) Zur Berechnung des Ausgleichs kann die Regulierungsbehörde die erforderlichen Unterlagen von dem universaldienstverpflichteten Unternehmen fordern. Die eingereichten Unterlagen sind von der Regulierungsbehörde insbesondere auf die Notwendigkeit zur Leistungsbereitstellung zu prüfen. Die Ergebnisse der Kostenberechnung wie auch der Prüfung sind, unter Berücksichtigung der Wahrung von Betriebs- oder Geschäftsgeheimnissen der betroffenen Unternehmen, zu veröffentlichen.

(5) Der Ausgleich wird nach Ablauf des Kalenderjahres, in dem ein Defizit bei der Erbringung der Universaldienstleistung entsteht, gewährt.

Schrifttum: Zu Geheimnisschutz: *Breuer*, Schutz von Betriebs- und Geschäftsgeheimnissen im Umweltrecht, NVwZ 1986, 171; *Elsenbast*, Universaldienst unter Wettbewerb, 1999; *Freund*, Infrastrukturgewährleistung in der Telekommunikation, 2002; *Kirchner*, Die Bedeutung der Europäischen Wettbewerbsvorgaben für den Universaldienst im Post- und Telekommunikationssektor, ZögU 25 (2002), 297; *Knieps*, Der Irrweg analytischer Kostenmodelle als regulatorische Schattenrechnungen, MMR 1998, 598; *Koenig*, Die neuen EG-beihilfenrechtlichen Kompensationsmaßstäbe in der Daseinsvorsorge – das Altmark Trans-Urteil in der Praxis „Nettomehrkosten minus Monopolabschlag"?, BB 2003, 2185; *Nett/Neu*, Die Gewährleistung eines Universaldienstes und die Bestimmung der Universaldienstkosten bei Wettbewerb im Telekommunikationsbereich, ZögU 22 (1999), 134; *Scherer*, Die Umgestaltung des europäischen und deutschen Telekommunikationsrechts durch das EU-Richtlinienpaket – Teil III, K&R 2002, 385; *Schütz/Attendorn*, Das neue Kommunikationsrecht der EU, MMR Beilage 4/2002; *Schütz/Esser-Wellié*, Wettbewerb in der Telekommunikation?, AfP 1995, 580; *Vogelsang*, Analytische Kostenmodelle – ein notwendiges Übel, MMR 1998, 594; *Windthorst*, Der Universaldienst im Bereich der Telekommunikation, 2000.

Übersicht

I. Normzweck

1   Die Vorschrift regelt den Anspruch auf Ausgleich für die Unternehmen, die die RegTP zur Erbringung von Universaldienstleistungen auf der Grundlage von § 81 Abs. 3 oder 5 verpflichtet hat. Mit den Vorgaben für die Kostenberechnung und der Verpflichtung zu deren Veröffentlichung zielt die Regelung auf größtmögliche **Transparenz.** Die Vorschrift enthält außerdem die Befugnis für die RegTP, die für die Kostenberechnung erforderlichen Unterlagen von den verpflichteten Unternehmen zu verlangen. Die Gewährung des Ausgleichsanspruchs erst mit Ablauf des Kalenderjahres, in dem ein Defizit bei der Erbringung der Universaldienstleistung entstanden ist, stellt sicher, dass ein Ausgleich nur gewährt wird, wenn er tatsächlich erforderlich ist.

II. Rechtstatsachen

2   Bisher konnten alle Universaldienstleistungen ohne Ausgleich durch den Markt erbracht werden. Beispielhafte Berechnungen haben gezeigt, dass insbesondere bei Einbeziehung immaterieller Marktvorteile mit einem Ausgleichsanspruch praktisch nicht gerechnet werden kann.[1]

III. Entstehungsgeschichte

3   § 82 enthält die Umsetzung von **Art. 12 URL.**[2] Dieser regelt die Berechnung der Universaldienstkosten und eröffnet hierfür zwei Möglichkeiten: Zum einen können die Kosten im Rahmen des Benennungsverfahrens ermittelt werden. Diese Möglichkeit nimmt § 82 Abs. 1 in der Weise auf, dass dem oder den im Ausschreibungsverfahren verpflichteten Unternehmen die Kosten ersetzt werden, die die RegTP in diesem Verfahren anerkannt hat. Zum anderen können die Kosten individuell berechnet werden. Hierfür verweist Art. 12 URL auf den Anhang IV der Richtlinie. Diese Möglichkeit findet Umsetzung in § 82 Abs. 2 und gilt für Unternehmen, die nach erfolglosem Ausschreibungsverfahren auf der Grundlage von § 81 Abs. 5 verpflichtet worden sind. Der in § 82 Abs. 2 niedergelegte Kostenberechnungsmaßstab ist im Lichte des Anhangs IV der URL zu interpretieren.

4   Im Gegensatz zur Vorläuferregelung in § 20 TKG a. F. ist im Zusammenhang mit der Kostenberechnung nicht mehr von den langfristigen zusätzlichen Kosten einer effizienten Bereitstellung der Universaldienstleistung[3] die Rede. Grundlage für die Berechnung des Aus-

---

1 *Nett/Neu,* ZögU 22 (1999), 134, 144 ff.; *Kirchner,* ZögU 25 (2002), 297, 301 jeweils mit Hinweis auf eine Untersuchung des Office of Telecommunication (Oftel), Universal Telecommunications Services, Consultative Document, London, February 1996; s. auch *Scheurle/Mayen/Witte,* § 20 RdNr. 13. Zweifel an der praktischen Durchführbarkeit der Einbeziehung von immateriellen Vorteilen äußert *Freund,* Infrastrukturgewährleistung in der Telekommunikation, S. 164.
2 Begr. zum TKG-E, BT-Drs. 15/2316, S. 86.
3 Siehe zu diesem Begriff *Nett/Neu,* ZögU 22 (1999), 134, 140 f.; *Scheurle/Mayern/Witte,* § 20 RdNr. 26–31; siehe zur Berechnung am Maßstab des § 20 TKG a. F. auch *Freund* (Fn. 1) S. 162 ff.; *Windthorst,* Der Universaldienst im Bereich der Telekommunikation, S. 476 ff.

gleichsanspruchs sind nunmehr die für den Universaldienstverpflichteten durch die Erbringung des Universaldienstes tatsächlich in einem Kalenderjahr entstandenen zusätzlichen Kosten.[4] Als Korrekturmaßstab fungiert Abs. 3, wonach nur die Kosten, die eine unzumutbare Belastung darstellen, ausgleichsfähig sind. Ob dem eine Änderung in den europarechtlichen Vorgaben oder nur eine Anpassung an die schon bisher geltenden europarechtlichen Vorgaben zugrunde liegt, ist nicht ganz eindeutig. Anhang IV der URL entspricht weitgehend Anhang III der bisher geltenden Richtlinie 97/33.[5] Allerdings enthält Anhang IV der URL nicht mehr die Passage, dass die Kostenberechnung sich an der zukünftigen Entwicklung orientieren soll.[6]

Gegenüber der bisherigen Regelung neu und in Anpassung an die Anforderungen des Art. 12 **5** Abs. 2 URL, der Objektivität und Transparenz der Kostenberechnung sicherstellen soll, finden sich in § 82 Abs. 4 Ermittlungsbefugnisse der RegTP und Veröffentlichungspflichten.

IV. Einzelerläuterungen

1. Ausgleich für Verpflichtete nach § 81 Abs. 3. – § 82 Abs. 1 knüpft unmittelbar an die **6** Regelung des Ausschreibungsverfahrens nach § 81 Abs. 3 an und stellt klar, dass die im Ausschreibungsverfahren geltend gemachten Kosten nicht nur Zuschlagkriterium sind, sondern einen wesentlichen Bestandteil der Verpflichtungsentscheidung bilden und die Höhe des Ausgleichsanspruchs verbindlich festsetzen.[7] Die zur Mitfinanzierung verpflichteten Wettbewerber haben also ein erhebliches Interesse daran, dass im Ausschreibungsverfahren tatsächlich die kostengünstigste Variante zur Sicherstellung des Universaldienstes gefunden wird. Hieraus resultiert eine verfahrensmäßige Sicherung der Angemessenheit und Plausibilität der prognostizierten Kosten. Dies wiederum rechtfertigt es, dem Ausgleichsanspruch nicht das tatsächlich entstandene Defizit, sondern das **prognostizierte** und verbindlich anerkannte **Defizit** zugrunde zu legen.[8] Der zum Universaldienst Verpflichtete trägt insoweit das unternehmerische Risiko, das auch die Chance auf einen Gewinn umfasst, der sich aus der Differenz zwischen kalkulierten und tatsächlich entstandenen Kosten ergibt. Eine solche Differenz dürfte angesichts der verfahrensmäßigen Vorkehrungen regelmäßig nur gering sein.[9]

Entsteht entgegen der Kostenkalkulation, die Gegenstand der Verpflichtungsentscheidung **7** geworden ist, keinerlei Defizit bei der Erbringung der Universaldienstleistung, so entsteht auch kein Ausgleichsanspruch.[10] Dies ergibt sich zwingend aus der Regelung des Abs. 5, wonach ein Ausgleichsanspruch erst nach Ablauf des Kalenderjahres, „in dem ein Defizit bei der Erbringung der Universaldienstleistung entstanden ist", gewährt wird. Im Übrigen kann die RegTP das **Fehlkalkulationsrisiko**, das für beide Seiten besteht, durch Aufnahme einer auflösenden Bedingung oder durch eine Befristung der Verpflichtung minimieren.[11]

---

4 *Schütz/Attendorn*, MMR Beilage 4/2002, 21: die „konkret entstandenen spezifischen Nettokosten".

5 *Geppert/Ruhle/Schuster*, RdNr. 173.

6 Siehe zu dieser Anforderung Anhang III der RL 97/33/EG, zu ihrer Bedeutung siehe *Manssen/C. Klein*, § 20 RdNr. 2, 9.

7 Begr. zum TKG-E, BT-Drs. 15/2316, S. 86.

8 So auch *Trute/Spoerr/Bosch*, § 20 RdNr. 8; *Scheurle/Mayen/Witte*, § 20 RdNr. 32.

9 So auch die Einschätzung bei *Manssen/C. Klein*, § 20 RdNr. 19.

10 So auch *Trute/Spoerr/Bosch*, § 20 Rdnr. 6.

8 Auch das Problem von erheblichen Abweichungen in der Kalkulationsgrundlage nach Abschluss des Ausschreibungsverfahrens[12] lässt sich durch Anwendung des allgemeinen Verwaltungsrechts lösen. Zum einen handelt es sich bei der Verpflichtungsentscheidung um einen echten **Dauerverwaltungsakt**.[13] Dies bedeutet, dass die Verpflichtung nur für die Dauer der Unterversorgung und für die der Verpflichtungsentscheidung zugrunde gelegten Marktverhältnisse besteht. Zum anderen kommt bei einer nachträglichen **Veränderung der Verhältnisse zu Gunsten** des Unternehmers – klarstellend – ein **Widerruf** auf der Grundlage von § 49 Abs. 2 Nr. 3 VwVfG in Betracht.[14] Zeigen sich angesichts dieser neuen Tatsachen kostengünstigere Möglichkeiten zur Erbringung des Universaldienstes, wäre die RegTP berechtigt, die Verpflichtungsentscheidung nicht zu erlassen. Die Tatsache, dass die Wettbewerber unter den neuen Umständen ohne Widerruf gezwungen wären, nicht entstandene Kosten zu finanzieren, erfüllt die Voraussetzung einer Gefährdung des öffentlichen Interesses. Problematisch ist somit vor allem eine **Änderung der Verhältnisse zu Lasten** des Verpflichteten. Dieser muss geltend machen, dass es sich um eine Änderung handelt, die die durch die Verpflichtungsentscheidung geregelte Situation und damit die Verbindlichkeit der Verpflichtungsentscheidung entfallen lässt.[15]

9 **2. Ausgleich für Verpflichtete nach § 81 Abs. 5.** – Hat sich im Wege des Ausschreibungsverfahrens kein geeigneter Bewerber gefunden, so dass eine Verpflichtung auf der Grundlage des § 81 Abs. 5 erfolgt ist, ist es Sache der RegTP, die Höhe des Ausgleichsanspruchs des bzw. der verpflichteten Unternehmen zu ermitteln. Bereits aus dem Verfahren bis zur Verpflichtung gemäß § 81 Abs. 5 folgt, dass ein solcher Defizitausgleich zu erwarten ist, denn die verpflichteten Unternehmen waren gehalten, ein Defizit glaubhaft zu machen.[16] Aus § 82 Abs. 2 ergibt sich nunmehr, dass die RegTP das Defizit nach den im Verlauf eines Kalenderjahres tatsächlich entstandenen Kosten zu ermitteln hat.

10 **a) Berechnungsmaßstab.** – Das für den Ausgleichsanspruch maßgebliche Defizit definiert Abs. 2. Die RegTP muss danach zunächst die Differenz zwischen den Kosten eines verpflichteten Unternehmens für den Betrieb ohne Universaldienstverpflichtung und den Kosten für den Betrieb unter Einhaltung der Universaldienstverpflichtung ermitteln. Diese **Differenzrechnung** verlangt, aus den tatsächlich angefallenen Kosten insgesamt die Kosten herauszurechnen, die durch die Leistung des Universaldienstes zusätzlich entstanden sind. Gemeinkosten können folglich keine Berücksichtigung für die Ermittlung des Ausgleichsanspruchs finden.[17] Bei der Berechnung der Kosten hat die RegTP Vorteile und Erträge des Universaldienstbetreibers einschließlich immaterieller Vorteile zu berücksichtigen. Maßgeblich für den Ausgleichsanspruch sind also die den Universaldienstleister tatsächlich als zusätzliche Belastung verbleibenden **Nettokosten**. Schließlich hat die RegTP zu beurteilen, ob die auf diese Weise ermittelten Kosten für das verpflichtete Unternehmen

---

11 Dafür *Trute/Spoerr/Bosch*, § 20 RdNr. 8; *Scheurle/Mayen/Witte*, § 20 RdNr. 32.
12 Siehe zum Problem ausführlich BeckTKG-Komm/*Schütz*, § 20 RdNr. 23–25.
13 Siehe zum Begriff des Dauerverwaltungsakts *Mager*, Der maßgebliche Zeitpunkt für die Beurteilung der Rechtswidrigkeit von Verwaltungsakten, 1994, S. 80, 82.
14 Siehe auch BeckTKG-Komm/*Schütz*, § 20 RdNr. 24; allg. zum Widerruf bei nachträglicher Änderung *Mager* (Fn. 13) S. 138 ff., insbes. 141 f.
15 Vgl. auch BeckTKG-Komm/*Schütz*, § 20 RdNr. 25: entsprechende Anwendung der Grundsätze über den Wegfall der Geschäftsgrundlage; *Manssen/C. Klein*, § 20 RdNr. 20: Nachverhandlungen, wenn anderenfalls unangemessene Ergebnisse.
16 Begr. zum TKG-E, BT-Drs. 15/2316, S. 86.
17 *Nett/Neu*, ZögU 22 (1999), 134, 140 f.; BeckTKG-Komm/*Schütz*, § 20 RdNr. 9b.

eine **unzumutbare Belastung** darstellen. Die Tatsache, dass auch das zur Universaldienstleistung verpflichtete Unternehmen diese gemäß § 83 mitzufinanzieren hat[18], ist kein Bestandteil der Berechnung des Ausgleichsanspruchs. Die jeweiligen Ansprüche sind voneinander unabhängig.

Bereits die **Differenzrechnung** ist eine höchst komplexe Angelegenheit[19], die betriebswirtschaftliche und technische Kenntnisse und Annahmen in einem Ausmaß voraussetzt, die eine detaillierte juristische Steuerung unmöglich machen. Die juristischen Vorgaben lassen sich als Pflöcke einer Kostenrechnung verstehen, die im Ergebnis dem Universaldienstleister weder Wettbewerbsvorteile noch Wettbewerbsnachteile verschaffen soll. Sie lassen sich in Parallele setzen zu den Anforderungen, die der EuGH an die staatliche Finanzierung von Leistungen der Daseinsvorsorge gestellt hat.[20] Nach dieser Rechtsprechung muss ein Unternehmen mit klar definierten Aufgaben der öffentlichen Daseinsvorsorge verbindlich betraut sein. Die Parameter zur Berechnung des Ausgleichs müssen vorab feststehen, objektiv und transparent sein und Wettbewerbsvorteile ausschließen. Der Ausgleich darf nicht über das Erforderliche hinausgehen, wobei die erzielten Einnahmen und ein angemessener Gewinn berücksichtigt werden dürfen. Erfolgt die Kostenermittlung nicht im Wege eines Ausschreibungsverfahrens, sind die Kosten am Maßstab eines durchschnittlich gut geführten Unternehmens zu ermitteln, das in der Lage ist, den Dienst zu erbringen.[21] **11**

Diesen Anforderungen entsprechen die gesetzlichen Regelungen für die Gewährung des Ausgleichsanspruchs nach § 82 weitgehend[22]: Die Universaldienstleistung wird sachlich und räumlich spezifiziert und verbindlich auferlegt. Hieraus ergeben sich im konkreten Fall und in Verbindung mit den Vorgaben des Anhangs IV zur URL die objektiven Maßstäbe für die Kostenberechnung, deren Transparenz zusätzlich durch die Veröffentlichungspflicht gesichert wird. Die Verpflichtung, bei der Berechnung der Kosten alle Vorteile einschließlich der immateriellen zu berücksichtigen, sorgt dafür, dass nicht mehr als das Erforderliche ausgeglichen wird. Die Orientierung an den Kosten eines durchschnittlich gut geführten Unternehmens kann schließlich Eingang finden in die von der RegTP vorzunehmende Beurteilung der **Unzumutbarkeit** der tatsächlich angefallenen Kosten. Unzumutbar sind danach nur Kosten, die auch ein durchschnittlich gut geführtes Unternehmen nicht vermeiden konnte. **12**

Während in § 82 Abs. 2 von „Kosten" die Rede ist, findet in Art. 12 URL und überwiegend auch in Anhang IV der Begriff der **Nettokosten** Verwendung. Ein ergebnisrelevanter Unterschied liegt darin nicht. Es ist klar und wird in § 82 Abs. 2 S. 2 ausdrücklich festgestellt, dass auf die Kosten die Erträge und sonstigen Vorteile anzurechnen sind. Die Schwierigkeit besteht in jedem Fall darin, Kosten, Erträge und Vorteile der jeweiligen Universaldienstleistung zuzuordnen und von den Kosten, Erträgen und Vorteilen der anderen Geschäftsbereiche abzugrenzen. Im Interesse der Transparenz fordert Anhang IV, dass die Nettokosten **13**

---

18 Siehe dazu § 83 RdNr. 17.
19 Siehe dazu das Analytische Kostenmodell der WIK, www.regtp.de, Stichwort: Analytisches Kostenmodell; siehe auch *Vogelsang*, MMR 1998, 594 ff.; *Knieps*, MMR 1998, 598 ff.; *Nett/Neu*, ZögU 22 (1999), 134, 139, 142.
20 Siehe EuGH, Rs. C-280/00, Urteil vom 24. 7. 2003, NJW 2003, 2515 – Altmark Trans und dazu *Koenig*, BB 2003, 2185 ff.
21 Zusammenfassung der Rechtsprechung bei *Koenig*, BB 2003, S. 2185 f. m. w. N.; s. auch EuGH (Fn. 20) RdNr. 89–93.
22 Eine Parallele zieht auch *Koenig*, BB 2003, 2185, 2186 f.

für alle Dienstebestandteile zunächst getrennt zu berechnen sind. Dies verlangt eine Zuordnung von Kosten, Erträgen und Vorteilen zu jedem einzelnen Dienstebestandteil. Erst abschließend ist die Summe der Nettokosten der Universaldienstverpflichtung zu bilden. **Erträge** sind die Einnahmen aus dem Universaldienst. Materielle Vorteile sind die an das Bestehen des Universaldienstes anknüpfenden Erträge für Leistungen über den Universaldienst hinaus, z. B. Erlöse aufgrund von Zusammenschaltungsvereinbarungen.[23] Sowohl in § 82 Abs. 2 S. 2 als auch in den Vorschriften der URL kommt zum Ausdruck, dass in die Berechnung der (Netto-)Kosten auch die **immateriellen Vorteile** einfließen sollen. Der immaterielle Vorteil besteht insbesondere in dem Werbeeffekt, der aus dem Status als Universaldienstleister folgt und in der flächendeckenden Verfügbarkeit des Angebots (Ubiquität).[24] Ein immaterieller Vorteil ist auch das Bestehen von Kundenbeziehungen.

14 Anhang IV zur URL benennt in abstrakter Form **Kosten**, die als Universaldienstkosten ausweisbar sind. Dies sind zum einen Bestandteile der auferlegten Dienste, die nur mit Verlust oder in einer Kostensituation außerhalb normaler wirtschaftlicher Standards erbracht werden. Zum anderen zählen dazu Kosten, die durch besondere Endnutzer oder Gruppen von Endnutzern, die in Anbetracht der Kosten für die Bereitstellung des besonderen Netzes und der besonderen Dienste, der erwirtschafteten Erträge und einer möglicherweise auferlegten räumlichen Durchschnittsbildung bei den Preisen nur mit Verlust oder in einer Kostensituation außerhalb normaler wirtschaftlicher Standards bedient werden können.

15 **b) Unzumutbare Belastung.** – Während die Verpflichtung zur Universaldienstleistung nach § 81 Abs. 5 auf der Grundlage einer glaubhaft gemachten unzumutbaren Belastung erfolgt, muss die RegTP für die Gewährung des Ausgleichsanspruchs verbindlich feststellen, dass die durch die Erbringung des Universaldienstes entstandenen Kosten für das Unternehmen eine unzumutbare Belastung darstellen. Dies ist grundsätzlich der Fall, wenn die Universaldienstleistung nicht kostendeckend erbracht werden kann und auch durch die mit ihr im Zusammenhang stehenden Vorteile nicht aufgewogen wird. Die Tatsache, dass die entstandenen Kosten einer Bewertung auf ihre Zumutbarkeit unterzogen werden, belegt jedoch, dass nicht jedes durch Erbringung des Universaldienstes tatsächlich entstandene Defizit ausgeglichen wird. Die Prüfung der Unzumutbarkeit ermöglicht die **Überprüfung der Wirtschaftlichkeit der Leistungserbringung.** Kosten, die durch unwirtschaftliche Leistungserbringung entstanden sind und somit vermeidbar gewesen wären, sind keine unzumutbaren Kosten. Unzumutbare Kosten sind nur unvermeidbare Kosten. In Übereinstimmung mit der Rechtsprechung des EuGH ist Maßstab insoweit nicht die Leistungserbringung durch ein optimal geführtes Unternehmen, sondern die Leistungserbringung durch ein durchschnittlich gut geführtes Unternehmen.[25] Die mit diesen Einschätzungen verbundenen Unwägbarkeiten können nur konstatiert, nicht aber weginterpretiert werden.

16 **3. Ermittlungsbefugnisse und Prüfungspflichten der RegTP.** – In Umsetzung von Art. 12 Abs. 2 URL hat der deutsche Gesetzgeber der RegTP die Verantwortung für die Objektivität und Richtigkeit der Kostenberechnung übertragen.

17 **a) Ermittlungsbefugnisse.** – Um dieser Verantwortung gerecht werden zu können, muss die RegTP Zugriff auf die erforderlichen **Betriebsunterlagen** haben. Hierfür enthält § 82

---

23 *Freund* (Fn. 1) S. 164.
24 *Nett/Neu*, ZögU 22 (1999), 134, 140; *Kirchner*, ZögU 25 (2002), 297, 301; *Scheurle/Mayen/Witte*, § 20 RdNr. 13; *Manssen/C. Klein*, § 20 RdNr. 12; *Freund* (Fn. 1) S. 164.
25 Dies hebt *Koenig*, BB 2003, 2185, 2187 hervor; s. auch EuGH (Fn. 20) RdNr. 93.

Abs. 4 S. 1 die Rechtsgrundlage. Kommt das Unternehmen einer formlosen Aufforderung nicht nach, kann die RegTP einen Verwaltungsakt erlassen, der Vollstreckungstitel für eine zwangsweise Durchsetzung auf der Grundlage des VwVG werden kann. Als Zwangsmittel kommt in erster Linie ein Zwangsgeld in Betracht. Mit der Einführung dieser Ermittlungs-befugnis wird auch einer verbreiteten Kritik[26] an der insoweit zahnlosen Vorläufervor-schrift Rechnung getragen.

b) Prüfungspflichten. – Die Unterlagen sind von der RegTP zu prüfen. Ausdrücklich her- **18** vorgehoben ist die Pflicht, die **Notwendigkeit zur Leistungsbereitstellung** einer Prüfung zu unterziehen. Maßstab für die Beurteilung der Notwendigkeit einer Leistungsbereitstel-lung ist der Inhalt der Verpflichtungsentscheidung. Die RegTP hat also zu prüfen, ob die geltend gemachten Kosten sich auf Dienstleistungen beschränken, zu denen das Unterneh-men verpflichtet worden ist. Dies dient der Umsetzung der europarechtlichen Vorgabe in Art. 13 Abs. 2 S. 2 URL, wonach ausschließlich die Kosten der Universaldienstleistungen gemäß Art. 3–10 URL finanziert werden dürfen. Kontrolliert wird damit zugleich die in § 84 Abs. 2 enthaltene Pflicht der Universaldienst leistenden Unternehmen, die Leistungen **entbündelt** anzubieten.

Darüber hinaus hat die RegTP die Richtigkeit der Zuordnung von Kosten, Erträgen und **19** Vorteilen zu prüfen. Diese Zuordnung muss – wie dargelegt – in Bezug auf die einzelnen Dienstebestandteile erfolgen.

4. Veröffentlichung der Ergebnisse der Prüfung und Kostenberechnung, Geheimnis- 20 schutz. – Gemäß Art. 12 Abs. 2 S. 2 URL müssen die Ergebnisse der Kostenberechnung und Prüfung der Öffentlichkeit zugänglich sein. Dies setzt § 82 Abs. 4 S. 2 unter dem Vor-behalt um, dass Betriebs- und Geschäftsgeheimnisse zu wahren sind. In diesem Vorbehalt liegt keine Abweichung von den europarechtlichen Vorgaben, denn die Wahrung der Be-triebs- und Geschäftsgeheimnisse ist ein allgemeiner Rechtsgrundsatz des Gemeinschafts-rechts, jedenfalls insoweit dieser Schutz seine Grundlage in der Eigentums-, Berufs- und Unternehmerfreiheit findet.[27] Es ist bereits Ausdruck der Berücksichtigung dieses Grund-satzes, dass nicht der gesamte Prozess der Prüfung und jeder einzelne Schritt der Kosten-berechnung, sondern allein die Ergebnisse der Prüfung und Kostenberechnung zu veröf-fentlichen sind. Der Begriff „Ergebnisse" lässt sich geradezu als Resultat der Abwägung zwischen Transparenzanforderungen einerseits, dem Geheimnisschutz andererseits inter-pretieren. Der Vorbehalt in § 82 Abs. 4 S. 2 hat bei diesem Verständnis der europarechtli-chen Anforderungen dann nur klarstellende Funktion.

Als Betriebs- oder Geschäftsgeheimnis ist jede Tatsache anzusehen, die im Zusammenhang **21** mit einem wirtschaftlichen Geschäftsbetrieb steht, nur einem eng begrenzten Personenkreis bekannt ist, nach dem Willen des Unternehmers geheim gehalten werden soll und Gegen-stand eines berechtigten wirtschaftlichen Geheimhaltungsinteresses des Unternehmers ist.[28]

---

26 *Manssen/C. Klein*, § 20 RdNr. 10; *Schütz/Attendorn*, MMR Beilage 4/2002, 41.

27 Zum Schutz der Betriebs- und Geschäftsgeheimnisse durch die Berufs- und Eigentumsfreiheit des GG siehe nur BVerwG, NVwZ 2004, 105, 107; zu diesen Grundrechten als Bestandteil des Ge-meinschaftsrechts siehe *Calliess/Ruffert/Kingreen*, EGV/EUV, Art. 6 EU RdNr. 129 ff., 140 ff.; vgl. auch Art. II-15–II-17 EUVerf.; s. auch Art. 287 EG.

28 *Breuer*, NVwZ 1986, 171, 172 m. w. N.; *Kopp/Ramsauer*, VwVfG, § 30 Rn. 9 a; *Beater*, Unlauterer Wettbewerb, 2002, § 18 RdNr. 9.

22 Betriebsgeheimnisse gehören zum technischen Bereich, Geschäftsgeheimnisse zum kaufmännischen Bereich des Unternehmens.[29]

Beispiele für Betriebsgeheimnisse:
Patentanmeldungen, Entwicklungs- und Forschungsprojekte,[30] Produktionsmethoden, Verfahrensabläufe.[31]

Beispiele für Geschäftsgeheimnisse:
Ertragslagen, Geschäftsbücher, Kundenlisten, Bezugsquellen, Marktstrategien, Unterlagen zur Kreditwürdigkeit, Kalkulationsunterlagen,[32] Investitionswerte, Kapitalkosten, Abschreibungsmöglichkeiten, Betriebs- und Gemeinkosten, Produkt- und Angebotskalkulationen; Kostenberechnungen z. B. für Bau eines Kabelschachts oder für die Erdverkabelung pro Meter.[33]

23 Nicht geheim sind solche Daten, die außerhalb des Unternehmens ermittelt werden können, oder solche Daten, auf die Dritte einen Rechtsanspruch haben.[34]

24 Ein berechtigtes Geheimhaltungsinteresse liegt vor, wenn die Information aus der Perspektive der objektiven Interessen der Unternehmerseite **Wettbewerbsrelevanz** hat.[35]

25 Das Interesse des Universaldienstleisters an der Geheimhaltung derartiger wettbewerbsrelevanter Informationen ist gemäß § 82 Abs. 4 S. 2 zu berücksichtigen. Dies bedeutet, dass das Geheimhaltungsinteresse des Unternehmers mit der Verpflichtung zur Transparenz bei der Erbringung von Universaldienstleistungen abzuwägen ist. Da der Transparenz in Bezug auf die Kosten der Erbringung der Universaldienstleistung hohes Gewicht zukommt, nicht zuletzt, weil diese Kosten von den Wettbewerbern mitzutragen sind, lässt sich folgern, dass schutzwürdig in erster Linie solche Informationen sind, die wettbewerbsrelevante Rückschlüsse für Geschäftsbereiche zulassen, die nicht dem Universaldienst zuzurechnen sind. Im Übrigen ist jeweils zu prüfen, inwieweit eine Information für die Nachvollziehbarkeit der geltend gemachten Kosten erforderlich ist.

26 **5. Zeitpunkt der Ausgleichsgewährung.** – Der Ausgleich wird erst nach Ablauf des Kalenderjahres, in dem ein Defizit bei der Erbringung der Universaldienstleistung entsteht, gewährt.[36] Dies dient der Vermeidung eines Subventionseffekts und der Berechnung des Ausgleichs anhand der tatsächlich angefallenen Kosten.

27 Da es sich um einen öffentlich-rechtlichen Anspruch handelt, ist im Streitfall der **Rechtsweg** zu den Verwaltungsgerichten eröffnet.[37]

---

29 *Breuer*, NVwZ 1986, 171, 172; *Jarass*, BImSchG, Kommentar, 5. Aufl. 2002, § 10 RdNr. 34.

30 *Stelkens/Bonk/Sachs/Kallerhoff*, § 30 RdNr. 13.

31 *Kopp/Ramsauer*, VwVfG, § 30 RdNr. 9 a; siehe auch *Köhler/Pieper*, Gesetz gegen den unlauteren Wettbewerb, Kommentar, 3. Aufl. 2002, § 17 RdNr. 10.

32 *Stelkens/Bonk/Sachs/Kallerhoff*, § 30 RdNr. 13; siehe auch *Beater* (Fn. 28) § 18 RdNr. 13; *Köhler/Pieper* (Fn. 31) § 17 RdNr. 10

33 BVerwG, NVwZ 2004, 105, 108.

34 *Jarass* (Fn. 29) § 10 RdNr. 35.

35 *Breuer*, NVwZ 1986, 171, 172 f.; vgl. auch BVerwG, NVwZ 2004, 105, 108.

36 Siehe auch BeckTKG-Komm/*Schütz*, § 20 RdNr. 16, 16 a; *Manssen/C. Klein*, § 20 RdNr. 16.

37 *Trute/Spoerr/Bosch*, § 20 RdNr. 9; BeckTKG-Komm/*Schütz*, § 20 RdNr. 26.

§ 83 Universaldienstleistungsabgabe

(1) Gewährt die Regulierungsbehörde einen Ausgleich nach § 82 für die Erbringung einer Universaldienstleistung, trägt jedes Unternehmen, das zur Erbringung des Universaldienstes nach § 80 verpflichtet ist, zu diesem Ausgleich durch eine Universaldienstleistungsabgabe bei. Der Anteil bemisst sich nach dem Verhältnis des Umsatzes des jeweiligen Unternehmens zu der Summe des Umsatzes aller auf dem sachlich relevanten Markt nach Satz 1 Verpflichteten. Kann von einem abgabenpflichtigen Unternehmen die auf ihn entfallende Abgabe nicht erlangt werden, so ist der Ausfall von den übrigen Verpflichteten nach dem Verhältnis ihrer Anteile zueinander zu leisten.

(2) Nach Ablauf des Kalenderjahres, für das ein Ausgleich nach § 82 Abs. 1 oder 3 gewährt wird, setzt die Regulierungsbehörde die Höhe des Ausgleichs sowie die Anteile der zu diesem Ausgleich beitragenden Unternehmen fest und teilt dies den betroffenen Unternehmen mit. Die Höhe des Ausgleichs ergibt sich aus dem von der Regulierungsbehörde errechneten Ausgleichsbetrag zuzüglich einer marktüblichen Verzinsung. Die Verzinsung beginnt mit dem Tag, der dem Ablauf des in Satz 1 genannten Kalenderjahres folgt.

(3) Die zum Ausgleich nach Absatz 1 beitragenden Unternehmen sind verpflichtet, die von der Regulierungsbehörde festgesetzten auf sie entfallenden Anteile innerhalb eines Monats ab Zugang des Festsetzungsbescheides an die Regulierungsbehörde zu entrichten.

(4) Ist ein zum Ausgleich verpflichtetes Unternehmen mit der Zahlung der Abgabe mehr als drei Monate im Rückstand, erlässt die Regulierungsbehörde einen Feststellungsbescheid über die rückständigen Beträge der Abgabe und betreibt die Einziehung.

Schrifttum: *Cannivé*, Infrastrukturgewährleistung in der Telekommunikation zwischen Markt und Staat, 2001; *von Danwitz*, Die Universaldienstfinanzierungsabgaben im Telekommunikationsgesetz und im Postgesetz als verfassungswidrige Sonderabgaben, NVwZ 2000, 615; *Elicker*, Bedenken gegen die Infrastrukturabgabe nach § 16 des Entwurfs zum neuen Postgesetz aus finanzverfassungsrechtlicher Sicht, ArchPT 1997, 288; *Elicker*, Die Abgabe nach § 16 des neuen Postgesetzes als verfassungswidrige Sonderabgabe, ArchPT 1998, 201; *Freund*, Infrastrukturgewährleistung in der Telekommunikation, NVwZ 2003, 408; *Gersdorf*, Zulässigkeit einer Universaldienstleistungsabgabe im Regulierungsrecht, untersucht am Beispiel des Telekommunikations- und Postrechts, in: FS Selmer, 2004, 351; *Gramlich*, Rechtliche Möglichkeiten der Finanzierung von Infrastrukturgewährleistungen im Post- und Telekommunikationsbereich durch die Einrichtung eines Infrastrukturfonds, ArchPT 1995, 189; *Heimlich*, Die Abgabepflichten des Telekommunikationsgesetzes, NVwZ 1998, 122; *Lege*, Wer soll die Grundversorgung mit Post und Telefon bezahlen? – Zur Verfassungsmäßigkeit der Universaldienstabgaben –, DÖV 2001, 969; *Pohl*, Universaldienst in der Telekommunikation. Zur Verfassungsmäßigkeit der Universaldienstabgabe, 1998; *Ruffert*, Regulierung im System des Verwaltungsrechts, AöR 124 (1999) 237; *Scherer*, Umgestaltung des europäischen und deutschen Telekommunikationsrechts durch das EU-Richtlinienpaket – Teil III, K&R 2002, 385; *Schütz/Attendorn*, Das neue Kommunikationsrecht der EU, MMR Beilage 4/2002; *Schütz/Cornils*, Universaldienst und Telekommunikation, DVBl. 1997, 1146; *Schütz/Esser-Wellié*, Wettbewerb in der Telekommunikation? Anmerkungen zum Entwurf eines Telekommunikationsgesetzes, AfP 1995, 580; *Windthorst*, Der Universaldienst im Bereich der Telekommunikation. Eine öffentlich-rechtliche Betrachtung unter Einbezug des amerikanischen Rechts, 2000.
Siehe auch die Schrifttumsangaben zu den Vorbemerkungen.

Übersicht

I. Normzweck

1 Während es das Ziel des § 81 ist, im Falle des Marktversagens die tatsächliche Erbringung der defizitären Universaldienstleistung sicherzustellen[1] und § 82 dem verpflichteten Unternehmen für die nicht kostendeckend zu erbringenden Leistungen einen Ausgleichsanspruch gewährt[2], regelt § 83 die Finanzierung dieses Ausgleichs. Die Vorschrift konkretisiert auf diese Weise die in § 80 enthaltene Verpflichtung zum Universaldienst „beizutragen" als Verpflichtung zur Finanzierung des defizitären Universaldienstes im Wege der Zahlung einer Abgabe[3] und regelt Einzelheiten über die Berechnung und Erhebung dieser Abgabe.

II. Entstehungsgeschichte

2 Schon § 21 TKG a. F. enthielt eine vergleichbare Verpflichtung zur Zahlung einer Universaldienstleistungsabgabe. Der Gesetzgeber hatte diese Finanzierungsform aus den europarechtlich eröffneten Möglichkeiten[4] ausgewählt, weil die Einrichtung eines Fonds erheblich höhere Verwaltungskosten[5] und die Erhebung von Zusammenschaltungsentgelten nachteilige Effekte für den Wettbewerb erwarten ließen[6], während die staatliche Finanzierung aus Steuermitteln eine Privatisierung der Gewinne und eine Verstaatlichung der Verluste zur Folge hätte[7], ein Ergebnis, das angesichts des Zwecks der Privatisierung, den Staat und damit die Allgemeinheit finanziell zu entlasten, inakzeptabel war.

---

1 Dazu § 81 RdNr. 1.
2 Dazu § 82 RdNr. 1, 6 ff., 9 ff.
3 Dazu § 80 RdNr. 2, 20.
4 Dazu *Freund*, Infrastrukturgewährleistung in der Telekommunikation, 169 f. mit Hinweis auf RL 97/33/EG sowie die Mitteilung der Kommission über Bewertungskriterien für nationale Systeme der Kostenrechnung und Finanzierung im Universaldienst in der Telekommunikation und Leitlinien für die Anwendung dieser Systeme, KOM (96) 608 endg., S. 3, 5, m. w. N. Siehe auch *Manssen/C. Klein*, § 21 RdNr. 2–4.
5 *Freund* (Fn. 4) S. 171 m. w. N.; *Manssen/C. Klein*, § 21 RdNr. 4 mit Hinweis auf *Hiltl/Großmann*, BB 1996, 169, 174; *Scheurle/Mayen/Witte*, § 21 RdNr. 3.
6 *Cannivé*, Infrastrukturgewährleistung in der Telekommunikation zwischen Markt und Staat, S. 277 These 36; *Freund* (Fn. 4) S. 170; BeckTKG-Komm/*Schütz*, § 21 RdNr. 2; *Schütz/Esser-Wellié*, AfP 1995, 580, 584.
7 *Lege*, DÖV 2001, 969, 974.

Die URL lässt nunmehr die Möglichkeit, defizitäre Universaldienstleistungen durch die **3**
Erhebung von Zusammenschaltungsentgelten zu finanzieren, nicht mehr zu. **Art. 13
Abs. 1 URL** sieht entweder eine Finanzierung aus öffentlichen Mitteln oder eine Aufteilung der Kosten unter den Betreibern von elektronischen Kommunikationsnetzen oder
-diensten vor. Aus europarechtlicher Perspektive konnte der Gesetzgeber somit an der Abgabenlösung festhalten. Die verbreiteten Zweifel an der Verfassungsmäßigkeit dieser Finanzierungsform[8] haben ihn davon nicht abgehalten. Die Unstimmigkeit in der bisherigen
Regelung, die sich aus der Beschränkung des Adressatenkreises auf Lizenzinhaber ergab[9],
ist mit dem Lizenzierungsverfahren entfallen.

III. Einzelerläuterungen

1. Verfassungsmäßigkeit der Universaldienstleistungsabgabe. – Die Auffassung, die **4**
Abgabenlösung stelle eine verfassungswidrige **Sonderabgabe** dar, ist weit verbreitet.[10] Ihr
ist dennoch nicht zu folgen. Die Auffassungen, die zum Ergebnis der Verfassungswidrigkeit gelangen, missverstehen die vom Bundesverfassungsgericht aufgestellten Anforderungen an Sonderabgaben vielfach als quasi-gesetzliche abschließend normierte Tatbestände.[11] Darüber hinaus ist eine unreflektierte Gleichsetzung des Telekommunikationsmarktes mit jedem anderen Markt von Konsumgütern zu beobachten.[12]

Einigkeit besteht, dass es sich bei der Universaldienstleistungsabgabe nicht um eine Steuer **5**
handelt.[13] Die speziellen Regelungen der Finanzverfassung gelangen folglich nicht zur Anwendung. Auch die Bezeichnung als verdeckte Steuer[14] ist unzutreffend, denn es muss zwischen der Klassifizierung einer Abgabe und ihrer Rechtmäßigkeitsprüfung unterschieden
werden.[15] Eine Abgabe mit Finanzierungsfunktion ist **keine Steuer** und auch keine verdeckte Steuer, wenn sie nicht gegenleistungsfrei, regelmäßig und ohne zwingende Verknüpfung von Erhebungstatbestand und Mittelverwendung erhoben wird.[16] Die Erhebung
der Universaldienstleistungsabgabe setzt aber ein schon von Gesetzes wegen als Ausnahme
gedachtes **Marktversagen** voraus und verlangt zusätzlich, dass tatsächlich unzumutbare
Kosten bei der Erbringung einer Universaldienstleistung durch ein verpflichtetes Unternehmen entstanden sind.[17]

---

8 Dazu RdNr. 4 ff.
9 Dazu *Freund* (Fn. 4) S. 198 f.; *Manssen*, ArchPT 1998, 236, 239; *Manssen/C. Klein*, § 21
    RdNr. 25; BeckTKG-Komm/*Schütz*, § 21 RdNr. 12 f.
10 Siehe die Nachweise in Fn. 11, 26–31.
11 Vgl. etwa *Elicker*, ArchPT 1997, 288, 291; *Schütz/Cornils*, DVBl. 1997, 1146, 1151; *Freund*,
    NVwZ 2003, 408, 412; *Manssen/C. Klein*, § 21 RdNr. 12; BeckTKG-Komm/*Schütz*, § 21
    RdNr. 4–6; s. die Kritik daran bei *Lege*, DÖV 2001, 969, 971, 975; *Gersdorf*, FS Selmer, 2004,
    Abschn. III.
12 Zu den Besonderheiten des Telekommunikationsmarktes schon Vor § 78 RdNr. 4–6 und noch un-
    ten RdNr. 13.
13 *Freund* (Fn. 4) S. 181 f.; *Gramlich*, ArchPT 1995, 189, 207; *Lege*, DÖV 2001, 969, 971; *Gersdorf*,
    FS Selmer, 2004, Abschn. III. 1.; *Manssen/C. Klein*, § 21 RdNr. 10 f.; *Scheurle/Mayen/Witte*, § 21
    RdNr. 5; BeckTKG-Komm/*Schütz*, § 21 RdNr. 4.
14 So *Schwintowski*, CR 1997, 630, 633; *Manssen/C. Klein*, § 21 RdNr. 18.
15 BVerfGE 108, 1 – Rückmeldegebühr.
16 *Freund* (Fn. 4) S. 179 ff.; vgl. § 3 AO.
17 Vgl. Vor § 78 RdNr. 11 und § 82 RdNr. 1; s. auch *Lege*, DÖV 2001, 969, 978; *Gersdorf*, FS Selmer,
    2004, Abschn. III. 1.

6 Leicht zu verneinen ist auch die Einordnung als Gebühr oder Beitrag (Vorzugslast). Die Universaldienstleistungsabgabe ist **keine Gebühr**, denn sie ist keine unmittelbare Gegenleistung für eine staatliche Leistung.[18] Sie stellt auch **keinen Beitrag** dar, denn sie ist kein Entgelt für die Möglichkeit der Nutzung einer staatlichen Einrichtung.[19] Zwar sind die Unternehmen im Bereich der Telekommunikation in einer signifikanten Weise, die sie von der Allgemeinheit und von anderen Unternehmen unterscheidet, auf Leistungen des Staates angewiesen, doch zahlen sie die Universaldienstleistungsabgabe nicht für diese Leistungen.

7 Damit ist die Universaldienstleistungsabgabe als Sonderabgabe einzuordnen, aus der in der Rechtsprechung des Bundesverfassungsgerichts inzwischen die Unterformen der Lenkungs-, Ausgleichs-, Vorteilsabschöpfungs- und Finanzierungsabgabe[20] gebildet wurden. Diese Ausformungen der Sonderabgabe sind jedoch nicht abschließend.[21] Entscheidend für die **Verfassungsmäßigkeit der Universaldienstleistungsabgabe** ist nicht, dass sie die Voraussetzungen erfüllt, die das Bundesverfassungsgericht für andere Sonderabgaben aufgestellt hat, sondern dass sie die Verfassungsgrundsätze wahrt, die das Bundesverfassungsgericht dann für den jeweiligen Einzelfall konkretisiert hat: Dies sind die Kompetenzordnung, das parlamentarische Budgetrecht und die Haushaltstransparenz sowie der Schutz der Grundrechte.[22] Insoweit ist insbesondere die **Belastungsgleichheit** der Abgabenschuldner untereinander und im Verhältnis zur Allgemeinheit der Steuerzahler zu wahren.

8 Die **Bundeskompetenzen** zur Regelung und Erhebung der Universaldienstleistungsabgabe folgen aus Art. 73 Nr. 3 GG und Art. 87 f Abs. 1 GG.[23] Das **Budgetrecht** des Parlaments ist nicht berührt, weil sich die Höhe der zu erhebenden und zu verwendenden Mittel zwingend aus dem jeweils anfallenden Defizit ergibt. Damit stellt sich auch das Problem eines Schattenhaushalts von vornherein nicht.

9 Näherer Prüfung bedarf allein die Frage der grundrechtlichen Rechtfertigung, insbesondere der **Belastungsgleichheit** der Sonderabgabenschuldner mit der Allgemeinheit der Steuerzahler. Diese sieht das BVerfG nach bisheriger Rechtsprechung gewahrt, wenn es sich bei den Abgabenschuldnern um eine **homogene Gruppe** handelt, die der zu finanzierenden Sachaufgabe evident näher steht als die Allgemeinheit, insbesondere weil sie eine besondere Verantwortung oder ein besonderes Interesse an der zu finanzierenden Aufgabe hat. Der Wahrung der Belastungsgleichheit dient auch die Anforderung, dass das Abgaben-

---

18 *Freund* (Fn. 4) S. 178; *Manssen/C. Klein*, § 21 RdNr. 9; *Scheurle/Mayen/Witte*, § 21 RdNr. 6; BeckTKG-Komm/*Schütz*, § 21 RdNr. 4.

19 Allg. Meinung; s. nur *Freund* (Fn. 4) S. 179; *Manssen/C. Klein*, § 21 RdNr. 9, BeckTKG-Komm/ *Schütz*, § 21 RdNr. 4.

20 Siehe dazu *Lege*, DÖV 2001, 969, 972 f.; *Elicker*, ArchPT 1998, 201, 209 ff.; aus der Rspr. s. zu Lenkungs- und Ausgleichsabgaben BVerfGE 55, 274 – Ausbildungsplatzabgabe; 57, 139 – Schwerbehindertenabgabe; 92, 19 – Feuerwehrabgabe; 101, 141 – Hess. Sonderurlaubsgesetz; 108, 186 – Altenpflegeausbildungsvergütung; zur Vorteilsabschöpfung siehe BVerfGE 78, 249 – Fehlbelegungsabgabe; 93, 319 – Wasserpfennig; zur Finanzierungsabgabe siehe BVerfGE 8, 274 – Preisausgleichsabgabe; 67, 256 – Investitionshilfegesetz; 91, 186 – Kohlepfennig.

21 Dies betont auch *Gersdorf*, FS Selmer, 2004, Abschn. III. vor 1. und III. 4.

22 Siehe BVerfGE 93, 319, 342 f. – Wasserpfennig und dazu *Lege*, DÖV 2001, 969, 977; *Gersdorf*, FS Selmer, 2004, Abschn. III.

23 *Pohl*, Universaldienst in der Telekommunikation, S. 226 These 6; *Freund* (Fn. 4) S. 182 f.; *Gramlich*, ArchPT 1995, 189, 212; *Heimlich*, NVwZ 1998, 122, 123; *Manssen/C. Klein*, § 21 RdNr. 14.

aufkommen gruppennützig verwendet wird und dass die fortdauernde Notwendigkeit der Abgabe regelmäßig zu überprüfen ist.[24]

Während die Gruppenhomogenität mit der Eigenschaft als Unternehmer auf demselben **10** sachlichen Telekommunikationsmarkt ohne Schwierigkeiten zu begründen ist[25], wird das Bestehen einer **Gruppenverantwortung** überwiegend abgelehnt. Gruppenverantwortung könne insbesondere nicht einfachgesetzlich geschaffen werden, wie der Gesetzgeber es mit § 80 – § 18 TKG a. F. – beabsichtigt habe.[26] Eine vornormativ gegebene tatsächliche Verantwortung oder ein besonderes Interesse an der Erbringung von Universaldienstleistungen hätten die Telekommunikationsunternehmer nicht.[27] Interesse an der Universaldienstleistung hätten vielmehr nur die Endnutzer und die Allgemeinheit[28]; die **Gewährleistungsverantwortung** trage der Staat[29]. Bei der Gewährleistung der Universaldienste handele es sich um eine typische Gemeinwohlaufgabe, die deshalb auch von der Allgemeinheit der Steuerzahler zu finanzieren sei.[30] Mit der **Privatisierung** des Telekommunikationssektors sei zwar die Leistungserbringung privatisiert worden, nicht aber die Finanzierung von deren Gemeinwohlbestandteilen.[31]

Diese Argumentation greift zu kurz. Sie übersieht, dass auch in Bezug auf die Finanzierung **11** defizitärer Universaldienstleistungen von Bedeutung ist, was im Übrigen stets hervorgehoben wird, nämlich, dass der Verfassungs- und Gesetzgeber die **Privatisierung** mit der Erwartung durchgeführt und geregelt hat, dass auch die Universaldienstleistungen grundsätzlich durch den Markt erbracht werden, und dies insgesamt sogar besser und billiger als durch das bisherige Monopol. Der Telekommunikationsmarkt ist daher nur eröffnet worden unter Einschluss der Erbringung des Universaldienstes.[32] **Marktversagen** ist folglich ein Versagen der auf dem Markt agierenden Unternehmer.[33] Es ist ihrer Verantwortungs-

---

24 S. aus der Rechtsprechung etwa BVerfGE 55, 274, 305 – Berufsbildungsabgabe; 82, 159, 182 – Absatzfonds; 91, 186, 201 – Kohlepfennig; 93, 319, 342 – Wasserpfennig; Zusammenfassung der Rechtsprechung bei *Freund* (Fn. 4) S. 185.

25 *Freund* (Fn. 4) S. 186 – 189; *Cannivé* (Fn. 6) S. 215 ff. u. 276 These 27; *Gramlich*, ArchPT 1995, 189, 212; *Schütz/Cornils*, DVBl. 1997, 1146, 1154; *Heimlich*, NVwZ 1998, 122, 123; *Manssen/C. Klein*, § 21 RdNr. 15; BeckTKG-Komm/*Schütz*, § 21 RdNr. 8; Bedenken bei *Pohl* (Fn. 23) S. 172 ff., 182 ff. u. 227 These 7.c.aa., der das Kriterium allerdings auf die Endkunden zur Anwendung bringt; *Elicker*, ArchPT 1997, 288, 293 in Bezug auf Postdienstleister; *ders.*, ArchPT 1998, 201, 217; *von Danwitz*, NVwZ 2000, 615, 619 ff.

26 So *Cannivé* (Fn. 6) S. 220 u. 276 These 28; *Elicker*, ArchPT 1997, 288, 293; *ders.*, ArchPT 1998, 201, 218; *Freund* (Fn. 4) S. 190 f.; *Schütz/Cornils*, DVBl. 1997, 1146, 1154; *Manssen/C. Klein*, § 21 RdNr. 18; BeckTKG-Komm/*Schütz*, § 21 RdNr. 8 a; *von Danwitz*, NVwZ 2000, 615, 620; a. A. *Trute/Spoerr/Bosch*, § 21 RdNr. 2. S. dazu auch schon § 80 RdNr. 2.

27 *Freund* (Fn. 4) S. 192; BeckTKG-Komm/*Schütz*, § 21 RdNr. 8; a. A. *Gramlich*, ArchPT 1996, 189, 213.

28 *Manssen/C. Klein*, § 21 RdNr. 18; BeckTKG-Komm/*Schütz*, § 21 RdNr. 7 a, 8; *Schütz/Esser-Wellié*, AfP 1995, 580, 584; *Schütz/Cornils*, DVBl. 1997, 1146, 1154.

29 *Cannivé* (Fn. 6) S. 231, 239 u. S. 276 These 30; *Freund* (Fn. 4) S. 191.

30 *Elicker*, ArchPT 1997, 288, 295; *Freund* (Fn. 4) S. 193; *Manssen/C. Klein*, § 21 RdNr. 18.

31 *Freund* (Fn. 4) S. 191; *Schütz/Cornils*, DVBl. 1997, 1146, 1154; BeckTKG-Komm/*Schütz*, § 21 RdNr. 7 a; a. A. *Gramlich*, ArchPT 1995, 189, 208.

32 *Lege*, DÖV 2001, 969, 975; vgl. auch *Scheurle/Mayen/Witte*, § 21 RdNr. 2 und 4.

33 Siehe auch *Lege*, DÖV 2001, 969, 976.

sphäre zuzurechnen. Die staatliche Gewährleistung ist in diesem Lichte **Organisationshilfe** bei der Lastenverteilung[34], wenn die marktmäßige Selbstregulierung versagt.

12 Darüber hinaus wird übersehen, dass die Unternehmer durchaus ein eigenes Interesse an den Universaldienstleistungen haben.[35] Der Wert ihrer Leistungen hängt angesichts der alle verbindenden Netzstruktur von der Erreichbarkeit jedes einzelnen Teilnehmers (mit) ab. Bei der Berechnung des Ausgleichsanspruchs wird dieser Aspekt als immaterieller Vorteil der **Ubiquität** dem Universaldienstleister sogar auf seinen Ausgleichsanspruch angerechnet.[36]

13 Des Weiteren ist zu bedenken, dass der Telekommunikationsmarkt ein Markt ist, der in besonderer Weise der staatlichen **Regulierung** bedarf. Dies gilt nicht nur, weil ihm ein **Monopol** vorausgegangen ist[37], sondern auch aufgrund seiner **Netzstruktur**[38]. Der Staat ermöglicht diesen Markt u. a. durch die Gewährung von Wegerechten, durch Frequenz- und Nummernverwaltung.[39] Auch dies rechtfertigt es, die Unternehmer auf diesem Markt als eine Gruppe von Begünstigten anzusehen, die auch aufgrund ihrer Begünstigung eine besondere Verantwortung für den Fall des **Marktversagens** trifft.[40] Die Verpflichtung des Unternehmens, das den Universaldienst am kostengünstigsten erbringt und die Umlage der unvermeidbaren Kosten auf alle Marktteilnehmer stellt dann eine verhältnismäßige und die **Belastungsgleichheit** in der Gruppe wahrende Ausgestaltung dieser Verantwortung dar.[41]

14 Schließlich dient auch das Kriterium der zeitlichen Befristung bzw. regelmäßigen Überprüfung einer Sonderabgabe der Wahrung der **Belastungsgleichheit** der Sonderabgabenschuldner mit der Allgemeinheit der Steuerzahler. Die Gefahr, dass die Universaldienstleistungsabgabe über den Bedarf hinaus erhoben wird, der ihre Erhebung rechtfertigt, besteht aber schon nach ihrer Ausgestaltung von vornherein nicht, da sie bereits tatbestandsmäßig Ausnahmeerscheinung[42] und auch der Höhe nach bedarfsabhängig ist.[43]

15 Der Gesetzgeber hat nach alledem zu Recht an der Abgabenlösung festgehalten. Sie wird den europarechtlichen Anforderungen der **Verhältnismäßigkeit**, geringsten Marktverfälschung, **Nichtdiskriminierung** und **Transparenz** gerecht[44] und sie verhindert vor allem eine durch nichts zu rechtfertigende **Privatisierung** der Gewinne und Sozialisierung der Verluste[45].

---

34 Vgl. schon *Gramlich*, ArchPT 1995, 189, 208; siehe auch *Heimlich*, NVwZ 1998, 122, 124 f.; *Lege*, DÖV 2001, 969, 976.

35 Siehe auch *Gramlich*, ArchPT 1995, 189, 213; *Lege*, DÖV 2001, 969, 974.

36 Siehe § 82 RdNr. 13.

37 So *Lege*, DÖV 2001, 969, 975.

38 Dazu Vor § 78 RdNr. 3–6 unter Hinweis auf die Untersuchung von *Hermes*, Staatliche Infrastrukturverantwortung, 1998.

39 Vor § 78 RdNr. 4.

40 Vgl. *Lege*, DÖV 2001, 969, 972, 974, 976, 978.

41 Ähnlich *Gersdorf*, FS Selmer, 2004, Abschn. III. 4.; s. auch *Lege*, DÖV 2001, 969, 974.

42 A. A. *Schütz/Cornils*, DVBl. 1997, 1146, 1155; BeckTKG-Komm/*Schütz*, § 21 RdNr. RdNr. 9.

43 § 82 RdNr. 1, 10 ff.; im Ergebnis wie hier *Cannivé* (Fn. 6) S. 237 f. u. S. 277 These 32; *Heimlich*, NVwZ 1998, 122, 125; a. A. *Pohl* (Fn. 23) S. 194 u. 228 These 7.c.dd.; *Manssen/C. Klein*, § 21 RdNr. 21; *Schütz/Cornils*, DVBl. 1997, 1146, 1154 f.

44 Vgl. Art. 13 Abs. 3 URL.

45 *Lege*, DÖV 2001, 969, 974, 978–980.

2. Verpflichtung zur Universaldienstleistungsabgabe. – a) Tatbestandliche Vorausset- 16
zung. – Die Vorschrift verpflichtet den nach **§ 80** umschriebenen Adressatenkreis, einen
Beitrag zur Sicherstellung des defizitären Universaldienstes durch eine Abgabe zu leisten.
Voraussetzung für die konkrete Verpflichtung zur Abgabenleistung ist also zum einen, dass
ein **Ausgleichsanspruch** nach **§ 82** entstanden ist, zum anderen, dass der Adressat der Abgabenforderung zum Kreis der Verpflichtungsadressaten nach § 80 gehört. Abgabenpflich-
tig sind danach alle Anbieter, die auf dem jeweiligen sachlich relevanten Markt tätig sind
und einen Anteil von mindestens 4 % des Gesamtumsatzes dieses Marktes im Geltungsbereich dieses Gesetzes auf sich vereinen[46] oder auf dem räumlich relevanten Markt über eine
beträchtliche Marktmacht verfügen[47]. Die 4 %-Klausel findet ihre europarechtliche Grundlage in Art. 13 Abs. 3 S. 2 URL, wonach es den Mitgliedstaaten freisteht, von Unternehmen, deren Inlandsumsatz unterhalb einer bestimmten Grenze liegt, keine Beiträge zu erheben.[48]

Zum Kreis der **abgabeverpflichteten Unternehmen** gehört grundsätzlich auch das zur tat- 17
sächlichen Leistung des Universaldienstes verpflichtete Unternehmen.[49] Anderenfalls bliebe es von jeglicher Kostentragung verschont. Dies wäre weder mit dem Gleichheitssatz
vereinbar noch mit den europarechtlichen Aufteilungsgrundsätzen der geringsten Marktverfälschung und **Nichtdiskriminierung**. Eine gesetzliche Regelung für das Verhältnis
von **Ausgleichsanspruch** gegen die RegTP und Abgabenanspruch der RegTP gegenüber
dem universaldienstleistungsverpflichteten Unternehmen gibt es nicht.[50] Die Möglichkeit
der Aufrechnung besteht nach den allgemeinen Regeln.[51]

b) Bemessungsmaßstab. – Die verpflichteten Unternehmen haben einen anteiligen Bei- 18
trag zur Finanzierung des defizitären Universaldienstes zu leisten. Der Anteil bemisst sich
nach dem Anteil des Umsatzes des jeweiligen Unternehmens an dem Gesamtumsatz aller
abgabeverpflichteten Unternehmen auf dem sachlich relevanten Markt, wie er von der
RegTP gemäß § 81 Abs. 1 S. 1 abgegrenzt worden ist. Berechnungsgrundlage für den Anteil ist also nicht der Gesamtumsatz aller Unternehmen auf dem sachlich relevanten Markt,
sondern nur der **Gesamtumsatz der gemäß § 80 abgabeverpflichteten Unternehmen**.
Auskunftsverpflichtet bezüglich ihrer Umsätze auf dem sachlich relevanten Markt sind gemäß § 87 im Falle einer Verpflichtungsentscheidung jedoch alle Unternehmen dieses
Marktes. Auf diese Weise verfügt die RegTP über das notwendige Zahlenmaterial, um sowohl die Verpflichtungsadressaten nach § 80 wie auch die Höhe der jeweiligen Beiträge zu
ermitteln.

Sofern Abgabepflichtige ausfallen, wird deren Anteil nach demselben Maßstab auf die ver- 19
bleibenden Unternehmen umgelegt. Der **Verhältnismäßigkeitsgrundsatz** lässt eine Über-

---

46 Dazu § 80 RdNr. 14–16.
47 Dazu § 80 RdNr. 17–19.
48 Dazu § 80 RdNr. 4.
49 *Freund* (Fn. 4) S. 173; *Schütz/Cornils*, DVBl. 1997, 1146, 1151; *Manssen/C. Klein*, § 21 RdNr. 23;
   Trute/Spoerr/Bosch, § 21 RdNr. 6; *Scheurle/Mayen/Witte*, § 21 RdNr. 4, 15; BeckTKG-Komm/
   Schütz, § 21 RdNr. 3 a, 17.
50 Kritisch *Freund* (Fn. 4) S. 174.
51 Siehe zur Aufrechnung im öffentlichen Recht *Detterbeck*, DÖV 1996, 868; *Ehlers*, JuS 1990, 777;
   Maurer, Allgemeines Verwaltungsrecht, § 9 RdNr. 10.

wälzung des Anteils nur zu, wenn auch die zwangsweise Einziehung der Abgabenforderung[52] ohne Erfolg bleibt.

20 **3. Festsetzung durch die Regulierungsbehörde und Verzinsung. – a) Festsetzung und Mitteilung.** – Die Festsetzung der jeweiligen Anteile knüpft nicht nur der Höhe, sondern auch dem Zeitpunkt nach an die Festsetzung des zu gewährenden Ausgleichs an. Da der **Ausgleichsanspruch** gemäß § 82 Abs. 5 erst mit Ablauf des Kalenderjahres, in dem ein Defizit bei der Erbringung der Universaldienstleistung entstanden ist, gewährt wird, regelt § 83 Abs. 2 S. 1 folgerichtig auch die Festsetzung der Finanzierungsanteile für diesen Zeitpunkt. Nach dem Wortlaut von S. 1 findet die Festsetzung der Anspruchshöhe und der Finanzierungsanteile gleichzeitig statt. Die Festsetzung ist ein **Verwaltungsakt**. Dies war nach alter Rechtslage umstritten[53], ergibt sich aber nunmehr eindeutig aus dem Wortlaut von § 83 Abs. 3, wo in Bezug auf die Festsetzung nach § 83 Abs. 2 der Begriff „Festsetzungsbescheid" verwendet wird.

21 Gemäß § 83 Abs. 2 S. 1 ist die Festsetzung den Unternehmen mitzuteilen, die zum Ausgleich beitragen. Dies erscheint angesichts der Tatsache, dass es sich um einen Verwaltungsakt handelt, selbstverständlich, ist aber insofern von klarstellender Bedeutung, als die Festsetzung nicht nur den eigenen Anteil, sondern auch die Anteile aller anderen beitragenden Unternehmen umfasst und damit Informationen enthält, die über die Regelung der jeweils individuellen Situation hinausgehen.

22 **b) Marktübliche Verzinsung.** – Die Höhe des Ausgleichs, den die RegTP der Berechnung der Finanzierungsanteile zugrunde legt, ist nicht identisch mit den für ein Kalenderjahr als unzumutbar anerkannten **Nettokosten** der Universaldienstleistungserbringung. Hinzuzurechnen ist eine marktübliche Verzinsung. Die Marktüblichkeit verweist auf die Kosten, die zu dem gegebenen Zeitpunkt am Markt für die Erlangung der Summe in der Höhe der Nettokosten zu zahlen ist und ist dementsprechend mit Unwägbarkeiten verbunden. Auch sie bedarf daher der Ermittlung und Festsetzung durch die RegTP.

23 Die Verzinsung beginnt mit dem Ablauf des Kalenderjahres, für das ein Ausgleich gewährt wird. Daraus ergibt sich, dass die Verzinsung nicht die Funktion haben kann, die Belastungen des Unternehmens auszugleichen, die sich aus dessen Vorleistungen über ein Kalenderjahr ergeben. **Sinn der Verzinsung** ist es vielmehr, die Dauer und die Kosten dieser Vorleistung nicht noch auf die Zeit auszudehnen, die die Ermittlung der Höhe des Ausgleichs und der Finanzierungsanteile in Anspruch nimmt. Die Verzinsung mit dem gesetzlichen Entstehungszeitpunkt des Ausgleichsanspruchs hält alle beteiligten Unternehmen an, das ihrerseits Nötige zu tun, um die Festsetzung zu ermöglichen. Auf der anderen Seite ist auch die RegTP aus Gründen der **Verhältnismäßigkeit** gehalten, die Festsetzung so schnell wie möglich vorzunehmen. Sieht man hierin den Zweck der Verzinsung, so ergibt sich daraus auch, dass diese nicht über den Zeitpunkt der Festsetzung hinaus läuft. Die Zahlungsfrist von einem Monat nach § 83 Abs. 3 ist danach verzinsungsfrei. Das Gleiche gilt für den Fall der Säumnis. Dies ist auch deshalb folgerichtig, weil diese Verzögerungskosten nicht mehr den Universaldienstleistenden, sondern den Staat treffen, denn mit der Festsetzung steht der Ausgleichsanspruch des universaldienstleistenden Unternehmens fest, und

---

52 *Manssen/C. Klein*, § 21 RdNr. 27; BeckTKG-Komm/*Schütz*, § 21 RdNr. 16.

53 Gegen VA-Qualität *Freund* (Fn. 4) S. 174 f.; BeckTKG-Komm/*Schütz*, § 21 RdNr. 19; für VA-Qualität *Manssen/C. Klein*, § 21 RdNr. 28; *Trute/Spoerr/Bosch*, § 21 RdNr. 7.

seine Erfüllung durch die RegTP ist nicht davon abhängig, dass die Finanzierungsanteile eingezahlt worden sind.

4. Zahlungspflicht und Zahlungsfrist. – § 83 Abs. 3 regelt gesetzlich die Pflicht zur Zah- **24** lung des festgesetzten Finanzierungsanteils innerhalb der Frist von einem Monat ab Zugang des **Festsetzungsbescheids**. Die Festsetzung ist nach dieser Formulierung ein feststellender Verwaltungsakt, aber kein Leistungsbescheid. Sein Regelungsgehalt besteht in der verbindlichen Festsetzung des Finanzierungsanteils für jeden einzelnen Verpflichteten. Die Zahlungspflicht selbst folgt dagegen unmittelbar aus dem Gesetz.[54] Als Verwaltungsakt ist der Festsetzungsbescheid mit Widerspruch und Anfechtungsklage angreifbar. Der Ausschluss des Vorverfahrens gemäß § 137 Abs. 2 i.V.m. § 132 kommt nicht zur Anwendung, da in § 132 zwar der Fall des § 81 erwähnt ist, nicht aber § 83. Aufschiebende Wirkung kommt den **Rechtsbehelfen** gemäß § 137 Abs. 1 nicht zu.

Der Zeitpunkt des Zugangs bestimmt sich nach § 41 VwVfG. Zustellung ist von Gesetzes **25** wegen nicht vorgesehen. Eine entsprechende behördliche Anordnung liegt allerdings nahe. Die Fristberechnung richtet sich nach § 31 VwVfG.

Auch wenn die **Zahlungsfrist** nach § 83 Abs. 3 nur einen Monat beträgt, beläuft sie sich **26** doch **faktisch auf vier Monate**, da die RegTP gemäß § 83 Abs. 4 erst im Falle eines Zahlungsrückstands[55] von mehr als drei Monaten die Einziehung der rückständigen Finanzierungsbeiträge betreibt. Zahlungsempfänger der Beiträge ist die RegTP.

5. Rechtsfolgen bei Säumnis. – Im Fall eines Zahlungsrückstands von mehr als drei Mo- **27** naten ist die RegTP verpflichtet, einen **Feststellungsbescheid** über die rückständigen Beträge der Abgabe zu erlassen und die Einziehung zu betreiben.

a) Zahlungsrückstand von mehr als drei Monaten. – Von einem Zahlungsrückstand **28** kann erst nach Ablauf der in Abs. 3 gewährten Zahlungsfrist von einem Monat die Rede sein. Die Dreimonatsfrist nach Abs. 4 beginnt also erst mit Ablauf der einmonatigen Zahlungsfrist nach Abs. 3 zu laufen.

b) Feststellungsbescheid. – Mit Ablauf der genannten Frist ist die RegTP verpflichtet, ei- **29** nen Feststellungsbescheid über die rückständigen Beträge zu erlassen. Dieser Bescheid unterscheidet sich von dem Festsetzungsbescheid dahingehend, dass er ausschließlich den Anteil feststellt, der von dem säumigen Abgabenpflichtigen zu zahlen ist. Die Höhe des Betrages kann von dem im Festsetzungsbescheid festgestellten Anteil abweichen, z.B. dann, wenn das säumige Unternehmen bereits einen Teilbetrag gezahlt hat.

Erstaunlich erscheint auf den ersten Blick, dass es sich wiederum um einen feststellenden **30** **Verwaltungsakt** und nicht um einen Leistungsbescheid handelt, zumal ein Leistungsbescheid gemäß § 3 Abs. 2 lit. a) VwVG des Bundes Voraussetzung für die zwangsweise Durchsetzung einer Geldforderung ist. Das Problem ist in der Weise aufzulösen, dass mit dem Feststellungsbescheid im Sinne des § 83 Abs. 4 die aus § 83 Abs. 3 folgende Verpflichtung zur Leistung verbindlich festgestellt wird, womit es sich um einen Leistungsbescheid im Sinne des Vollstreckungsrechts handelt.

c) Einziehung. – Die Verpflichtung der RegTP, die Einziehung zu betreiben, kann nur da- **31** hin verstanden werden, dass die Behörde die zwangsweise Durchsetzung der Forderung

---

54 BeckTKG-Komm/*Schütz*, § 21 RdNr. 20.
55 Siehe dazu RdNr. 28.

verfolgt.[56] Die Formulierung „Einziehung betreiben" anstelle von „vollstrecken" ist der Tatsache geschuldet, dass die RegTP nach dem VwVG nicht selbst die Vollstreckungshandlungen vornehmen kann. Sie ist zwar gemäß § 3 VwVG zuständig für den Erlass der Vollstreckungsanordnung. Als **Vollstreckungsbehörde** kommt sie jedoch nicht in Betracht, da sie hierzu nicht gemäß § 4 lit. a) VwVG von einer obersten Bundesbehörde im Einvernehmen mit dem Bundesminister des Innern benannt worden ist. Vollstreckungsbehörde ist somit gemäß § 4 lit. b) VwVG die zuständige Vollstreckungsbehörde der Bundesfinanzverwaltung.

---

56 Vgl. *Freund* (Fn. 4) S. 175.

§ 84 Verfügbarkeit, Entbündelung und Qualität von Universaldienstleistungen

(1) Soweit Unternehmen Universaldienstleistungen erbringen, haben Endnutzer im Rahmen der Gesetze und der Allgemeinen Geschäftsbedingungen einen Anspruch darauf, dass diese Leistungen erbracht werden.

(2) Soweit Unternehmen Universaldienstleistungen erbringen, haben sie Leistungen so anzubieten, dass Endnutzer nicht für Einrichtungen oder Dienste zu zahlen haben, die nicht notwendig oder für den beantragten Dienst nicht erforderlich sind.

(3) Soweit Unternehmen Universaldienstleistungen erbringen, haben sie der Regulierungsbehörde auf Anfrage angemessene und aktuelle Informationen über ihre Leistungen bei der Bereitstellung des Universaldienstes mitzuteilen und zu veröffentlichen. Dabei werden die Parameter, Definitionen und Messverfahren für die Dienstqualität zugrunde gelegt, die in Anhang III der Richtlinie 2002/22/EG des Europäischen Parlaments und des Rates vom 7. März 2002 über den Universaldienst und Nutzerrechte bei elektronischen Kommunikationsnetzen und -diensten (Universaldienstrichtlinie) (ABl. EG Nr. L 108 S. 51) dargelegt sind.

Schrifttum: *Scherer*, Die Umgestaltung des europäischen und deutschen Telekommunikationsrechts durch das EU-Richtlinienpaket – Teil III, K&R 2002, 385; *Schütz/Attendorn*, Das neue Kommunikationsrecht der EU, MMR Beilage 4/2002.

Übersicht

I. Normzweck

Mit § 84 Abs. 1 kommt der Staat seiner europarechtlich und verfassungsrechtlich beste- **1** henden Verpflichtung zur Gewährleistung einer Telekommunikationsgrundversorgung nach, indem er jedem einzelnen **Endnutzer** einen **Anspruch** auf Erbringung der Universaldienstleistungen gegenüber Telekommunikationsunternehmen einräumt, die diese Leistungen anbieten. Der Anspruch ist nach Abs. 2 zum Schutz der Endnutzer auf entbündelte Universaldienstleistungen gerichtet.

Letztlich auch im Interesse des **Endnutzers**, aber nicht von diesen, sondern von der RegTP **2** einzufordern, ist die in Abs. 3 enthaltene Pflicht, bestimmte **Informationen** über die Universaldienstleistungen der RegTP mitzuteilen und zu veröffentlichen. Diese Pflicht besteht zum Zweck der Kontrolle, Transparenz und Qualitätssicherung der Mindestversorgung.

II. Entstehungsgeschichte

3 § 84 umfasst endnutzerbezogene Sachverhalte, die bisher auf der Grundlage von § 41 TKG a. F. in der TKV a. F. geregelt waren. Ein auf Universaldienstverpflichtete beschränkter **Kontrahierungszwang** war in § 9 Abs. 1 TKV a. F.[1], eine marktbeherrschende Unternehmen betreffende **Entbündelungspflicht** war bisher in § 3 TKV a. F.[2] geregelt. Mitteilungs- und Veröffentlichungspflichten für Festnetzbetreiber und Anbieter von Sprachtelefoniediensten enthielten bereits die §§ 32 und 33 TKV a. F.[3] Diese Regelungsbereiche sind nunmehr mit inhaltlichen Modifikationen in das neue TKG übernommen und im Abschnitt über den Universaldienst platziert worden, weil[4] und soweit sie ausschließlich Universaldienstleistungen betreffen.

4 Der den Endnutzern eingeräumte **Anspruch** auf Erbringung der Universaldienstleistungen nach Abs. 1 dient der Umsetzung von **Art. 3 Abs. 1 und Art. 4 Abs. 1 und 2 URL**[5], die die Mitgliedstaaten zur Gewährleistung eines Universaldienstes im Bereich der Telekommunikation verpflichten. Für den Bereich des Universaldienstes, d. h. beschränkt auf Festnetzanschlüsse, wird zugleich Art. 20 Abs. 2 URL umgesetzt. Danach haben die Mitgliedstaaten sicherzustellen, dass die Verbraucher bei der Anmeldung zu Diensten, die die Verbindung mit dem öffentlichen Telefonnetz und/oder Zugang zu diesem Netz bereitstellen, Anspruch auf einen Vertrag mit dem oder den Unternehmen haben, die derartige Dienste bereitstellen. Dieser Anspruch ist nicht auf förmlich verpflichtete Universaldienstleister beschränkt.[6]

5 Die **Entbündelungspflicht** nach § 84 Abs. 2 setzt **Art. 10 Abs. 1 URL** um.[7] Nach dieser Vorschrift haben die Mitgliedstaaten sicherzustellen, dass Unternehmen, die für die Erbringung des Universaldienstes benannt worden sind, die Bedingungen für diese so festlegen, dass der Teilnehmer nicht für Einrichtungen oder Dienste zu zahlen hat, die nicht notwendig oder für den beantragten Dienst nicht erforderlich sind.

6 Die Verpflichtung, **Informationen über die Dienstqualität** von Universaldienstleistungen zu veröffentlichen, hat ihre europarechtliche Grundlage in **Art. 11 Abs. 1 URL**.[8] Verpflichtet sind danach nur die Unternehmen, die zur Erbringung von Universaldienstleistungen benannt worden sind. Eine Vorschrift zur Sicherung der Dienstqualität durch Informationserhebung und Veröffentlichung enthält darüber hinaus **Art. 22 URL**. Dessen Anwendungsbereich ist nicht auf förmlich verpflichtete Universaldienstleister beschränkt, son-

---

1 Siehe dazu BeckTKG-Komm/*Schütz*, § 9 TKV Anh § 41 RdNr. 5.

2 Siehe dazu *Scheurle/Mayen/Schadow*, § 41 RdNr. 55; *Trute/Spoerr/Bosch*, § 41 RdNr. 10; BeckTKG-Komm/*Büchner*, § 41 RdNr. 10; BeckTKG-Komm/*Piepenbrock*, § 3 TKV Anh § 41 RdNr. 1 ff.

3 BeckTKG-Komm/*Kerkhoff*, § 32 und § 33 TKV Anh § 41 jeweils RdNr. 1 ff.

4 Nicht überzeugend Begr. zum TKG-E, BT-Drs. 15/2316, S. 87, wonach es sich um Verpflichtungen für förmlich benannte Universaldienstleistungserbringer handeln soll. Dazu noch RdNr. 7.

5 Begr. zum TKG-E, BT-Drs. 15/2316, S. 87.

6 Siehe auch *Scherer*, K&R 2002, 385, 394 der gegenüber § 9 TKV a. F. Änderungsbedarf anmahnt.

7 Begr. zum TKG-E, BT-Drs. 15/2316, S. 87.

8 Begr. zum TKG-E, BT-Drs. 15/2316, S. 87.

dern erfasst alle Unternehmen, die öffentlich zugängliche elektronische Kommunikationsdienste bereitstellen.

III. Einzelerläuterungen

1. Verpflichtungsadressaten. – Verpflichtet nach Abs. 1 sind Unternehmen, soweit sie 7 Universaldienstleistungen erbringen. In der Begründung zum TKG-E wird dies im Sinne von Unternehmen, die zum Universaldienst verpflichtet worden sind, ausgelegt.[9] Dies entspricht der Regelung des § 9 Abs. 1 TKV a.F. Der Wortlaut des § 84 Abs. 1 spricht allerdings gegen diese Auslegung. Danach kommt es allein darauf an, ob der Gegenstand der Dienstleistung zu den in § 78 Abs. 2 festgeschriebenen Universaldienstleistungen gehört. Diese Interpretation wird bestätigt durch den Vergleich mit der Umschreibung der Verpflichtungsadressaten nach §§ 85 und 86: In diesen beiden Vorschriften ist – anders als in § 84 – explizit die Rede von einem „Unternehmen, das nach § 81 zur Erbringung von Universaldienstleistungen verpflichtet worden ist oder das Leistungen nach § 150 Abs. 9 erbringt". Auch die europarechtlichen Grundlagen in den Art. 3 Abs. 1, 4 Abs. 1 und 2 und Art. 20 Abs. 2 URL[10] sowie die Tatsache, dass der deutsche Gesetzgeber davon ausgeht, dass die Universaldienstleistungen prinzipiell ohne staatliches Eingreifen durch den Markt erbracht werden[11], bestätigen die Auslegung, wonach § 84 Abs. 1 auf alle Telekommunikationsunternehmen anwendbar ist, die **faktisch Universaldienstleistungen** im Sinne des § 78 Abs. 2 **anbieten**.[12]

2. Anspruch der Endnutzer auf Erbringung der Universaldienstleistung. – a) An- 8 **spruchsinhaber.** – Inhaber des Anspruchs nach § 84 Abs. 1 sind alle Endnutzer. Dieser Begriff ist in § 3 Nr. 8 legaldefiniert. Endnutzer sind danach juristische oder natürliche Personen, die weder öffentliche Telekommunikationsnetze betreiben noch Telekommunikationsdienste für die Öffentlichkeit erbringen.[13]

b) Anspruchsinhalt. – Der Inhalt des Anspruchs ist dem Wortlaut nach gerichtet auf die 9 Erbringung der Universaldienstleistungen, wie sie in § 78 Abs. 2 bestimmt sind. Dies bezieht sich sowohl auf den **Leistungsinhalt** wie auf die **Erschwinglichkeit**, wobei der in § 84 Abs. 1 geregelte Individualanspruch sich notwendig auf die Universaldienstleistungen beschränkt, zu deren Inhalt die individuelle Verfügbarkeit gehört[14].

Der Anspruch wird gewährt im Rahmen der Gesetze und der Allgemeinen Geschäftsbedin- 10 gungen. Hieraus ergibt sich, dass es sich nicht um einen unmittelbaren und selbstständigen Leistungsanspruch, sondern um einen gesetzlich und vertraglich vermittelten Anspruch handelt. Geregelt ist damit ein Anspruch auf Abschluss eines Vertrages, der die Erbringung von Universaldienstleistungen zum Gegenstand hat **(Kontrahierungszwang).** Den gesetzlichen Rahmen ziehen insbesondere das TKG und das BGB. Die Allgemeinen Geschäfts-

9 Begr. zum TKG-E, BT-Drs. 15/2316, S. 87.
10 Oben RdNr. 4.
11 Vor § 78 RdNr. 11.
12 Vgl. auch *Scherer*, K&R 2002, 385, 394.
13 Vgl. Art. 2 lit. n) RRL.
14 Dazu § 78 RdNr. 27.

bedingungen sind rahmensetzend, soweit sie ihrerseits den gesetzlichen Vorgaben genügen.[15] Streitigkeiten sind vor den Zivilgerichten auszutragen.[16]

11 **3. Entbündelung.** – Sinn der Entbündelungspflicht ist es, dem Endnutzer zu ermöglichen, tatsächlich nicht mehr als die Mindestversorgung in Anspruch zu nehmen.

12 **a) Verpflichtungsadressaten.** – Für den Kreis der Verpflichteten gilt das zu Abs. 1 Ausgeführte. Zwar ist in Art. 10 Abs. 1 URL die Entbündelungspflicht auf die „benannten Unternehmen" beschränkt. Der mit § 84 Abs. 1 identische Wortlaut des Abs. 2, der Vergleich mit den anderslautenden §§ 85 und 86 sowie das Universaldienstkonzept des deutschen Gesetzgebers rechtfertigen jedoch auch in Bezug auf § 84 Abs. 2 die Annahme, dass es allein auf die faktische Erbringung von Universaldienstleistungen ankommt.

13 **b) Nicht notwendige Einrichtungen und Dienste.** – Der Begriff der nicht notwendigen Einrichtungen und Dienste ist als Gegen- und Abgrenzungsbegriff zu dem Begriff der Universaldienstleistung zu verstehen. Es geht um alle Angebote und Dienstleistungen, die nicht von den gesetzlich festgelegten Universaldienstleistungen umfasst sind. Dies ist in Bezug auf den Telefonanschluss z. B. ein ISDN- oder DSL-Anschluss statt eines gewöhnlichen Anschlusses.

14 **c) Für beantragten Dienst nicht erforderliche Einrichtungen und Dienste.** – Während der Bezugspunkt der ersten Alternative die gesamte Angebotspalette ist, ist Bezugspunkt der zweiten Alternative der einzelne Dienst. Auch insoweit muss der Universaldienst in Reinform angeboten werden. Zusatzdienstleistungen sind möglich, müssen aber gesondert ausgewiesen[17] und dürfen vor allem nicht pauschal mitgezählt werden. Eine genaue Abgrenzung zur ersten Alternative ist nicht möglich, aber auch nicht notwendig. Ziel beider Regelungsvarianten ist es, dem Endnutzer zu ermöglichen, die Universaldienstleistung nach Leistung und Kosten in Reinform zu erhalten.

15 **4. Qualitätssicherung durch Information.** – **a) Verpflichtungsadressaten.** – Auch wenn Art. 11 Abs. 1 URL die Kontrolle der Dienstequalität durch Informationspflichten wiederum nur für die Unternehmen vorsieht, denen Universaldienstverpflichtungen auferlegt sind, gilt für den Kreis der Verpflichtungsadressaten nach § 84 Abs. 3 dasselbe, wie zu den Abs. 1 und 2 ausgeführt. Dies entspricht auch der bisherigen Regelung in den §§ 32 und 33 TKV a. F. und hat seine europarechtliche Grundlage in Art. 22 URL.[18]

16 **b) Mitteilungspflicht.** – Die Verpflichtung zur Mitteilung spezifischer leistungsbezogener Informationen setzt voraus, dass die RegTP entsprechende Informationen anfordert. Europarechtlich ist sie hierzu verpflichtet, sofern Unternehmen die Erbringung von Universaldienstleistungen förmlich auferlegt ist.[19] Im Übrigen steht die Anfrage in ihrem pflichtgemäßen **Ermessen**[20], dessen Ausübung an einer effektiven Gewährleistung des Universaldienstes wie auch am **Gleichbehandlungsgrundsatz** zu orientieren ist.

---

15 BeckTKG-Komm/*Schütz*, § 9 TKV Anh § 41 RdNr. 7.
16 BeckTKG-Komm/*Schütz*, § 9 TKV Anh § 41 RdNr. 8.
17 *Scheurle/Mayen/Schadow*, § 41 RdNr. 55; *Trute/Spoerr/Bosch*, § 41 RdNr. 11; BeckTKG-Komm/ *Büchner*, § 41 RdNr. 20.
18 S. o. RdNr. 3 und 6.
19 Art. 11 Abs. 1 URL.
20 Vgl. Art. 22 Abs. 1 S. 1 URL.

Die angeforderten Informationen müssen angemessen und aktuell sein. Die Angemessen- 17
heit wird konkretisiert durch den Verweis auf die Qualitätsparameter nach Anhang III der
URL. Darüber hinaus verlangt der Begriff der Angemessenheit, dass die Darstellung **verständlich** und **nachvollziehbar** gestaltet ist. Die Aktualität ist zu konkretisieren im Lichte
des Aufwands, den die Ermittlung der jeweiligen Daten verursacht, sowie des Zeitraums,
der für eine aussagekräftige Mittelwertbildung erforderlich ist. Wenn keine gravierenden
Änderungen zu berücksichtigen sind, ist davon auszugehen, dass Daten, die nicht älter sind
als ein Jahr, das Kriterium der Aktualität erfüllen.

c) Veröffentlichungspflicht. – Die dazu aufgeforderten Unternehmen haben die jeweili- 18
gen Informationen über ihre zu den Universaldiensten gehörenden Leistungen nicht nur
der RegTP mitzuteilen, sondern auch zu veröffentlichen. Nach dem Wortlaut handelt es
sich eindeutig um eine Veröffentlichungspflicht der Unternehmen, nicht der RegTP. Dennoch dürfte der Verpflichtung auch dadurch Genüge getan sein, dass das Unternehmen die
Daten liefert und die RegTP diese gemäß § 5 in ihrem Amtsblatt veröffentlicht.[21]

d) Verweis auf den Anhang III URL. – Für den Inhalt der geforderten Informationen ver- 19
weist § 84 Abs. 3 S. 2 auf Anhang III der URL. Parameter für die Bestimmung der Dienstqualität sind danach

- die Frist für die erstmalige Bereitstellung des Anschlusses,
- die Fehlerquote pro Anschlussleitung,
- die Fehlerbehebungszeit,
- die Häufigkeit des erfolglosen Verbindungsaufbaus,
- die Verbindungsaufbauzeit,
- die Antwortzeiten bei vermittelten Diensten,
- die Antwortzeiten bei Auskunftsdiensten,
- der Anteil funktionsfähiger öffentlicher Münz- und Kartentelefone,
- die Beschwerden über Abrechnungsfehler.

Definitionen und Messverfahren für diese Parameter hat das European Telecommunication
Standards Institute (ETSI) entwickelt. Anlage III der URL verweist in Bezug auf sämtliche
Parameter für die Definitionen und Messverfahren auf ETSI EG 201 769-1.[22]

---

21 Vgl. *Schütz/Attendorn*, MMR Beilage 4/2002, 22.
22 Abrufbar unter www.etsi.org.

§ 85 Leistungseinstellungen

(1) Ein Unternehmen, das nach § 81 zur Erbringung von Universaldienstleistungen verpflichtet ist oder das Leistungen nach § 150 Abs. 9 erbringt, darf diese Leistungen nur vorübergehend auf Grund grundlegender, in Übereinstimmung mit dem Recht der Europäischen Union stehender Anforderungen einstellen und beschränken. Es hat auf die Belange der Endnutzer Rücksicht zu nehmen und die Leistungseinstellungen oder -beschränkungen im Rahmen der technischen Möglichkeiten auf den betroffenen Dienst zu beschränken.

(2) Grundlegende Anforderungen, die eine Beschränkung von Universaldienstleistungen rechtfertigen, sind

1. **die Sicherheit des Netzbetriebes,**
2. **die Aufrechterhaltung der Netzintegrität, insbesondere die Vermeidung schwerwiegender Störungen des Netzes, der Software oder gespeicherter Daten,**
3. **die Interoperabilität der Dienste und**
4. **der Datenschutz.**

I. Normzweck

Die Vorschrift dient unmittelbar der Sicherstellung des Universaldienstes[1], also einer stetig **1** und allgemein verfügbaren **Mindestversorgung**, indem die Gründe ausdrücklich und abschließend benannt sind, die eine vorübergehende Leistungseinstellung rechtfertigen.

II. Rechtstatsachen

Da eine förmliche Verpflichtung eines Unternehmens zur Erbringung von Universaldienst- **2** leistungen bisher nicht nötig war, ist zur Zeit allein die DTAG auf der Grundlage von § 150 Abs. 9 Adressatin der Verpflichtung aus § 85.

III. Entstehungsgeschichte

§ 85 entspricht fast wortgleich § 6 Abs. 1 und 2 TKV a. F. Da die Verpflichtung mit der Er- **3** bringung von Universaldienstleistungen verknüpft ist, wurde die Vorschrift aus systematischen Gründen dem Abschnitt Universaldienst zugeordnet.[2]

§ 6 Abs. 1 und 2 TKV diente insbesondere der Umsetzung der Art. 13 Abs. 2 der RL 98/10/ **4** EG[3] und Art. 6 Abs. 2 und 3 RL 92/44/EWG.[4,5] Diese Richtlinien wurden inzwischen durch Art. 26 RRL aufgehoben. Die Integrität des Netzes wird nunmehr in **Art. 23 URL** thematisiert. Danach haben die Mitgliedstaaten alle gebotenen Maßnahmen zu treffen, um die Integrität von öffentlichen Telefonnetzen und – bei einem Vollausfall des Netzes oder in Fällen höherer Gewalt – die Verfügbarkeit von öffentlich zugänglichen Telefondiensten an festen

---

1 BeckTKG-Komm/*Schütz*, § 6 TKV Anh. § 41 RdNr. 1.
2 Begr. zum TKG-E, BT-Drs. 15/2316, S. 87.
3 ONP-Sprachtelefonie Richtlinie v. 26. 2. 1998, ABl. EG Nr. L 101 v. 1. 4. 1998, S. 24 ff.
4 Mietleitungsrichtlinie v. 5. 6. 1992, ABl. EG Nr. L 165 v. 19. 6. 1992, S. 27 ff.
5 BeckTKG-Komm/*Schütz*, § 6 TKV Anh. § 41 RdNr. 2.

Standorten sicherzustellen. Die Mitgliedstaaten sorgen dafür, dass Unternehmen, die öffentlich zugängliche Telefondienste an festen Standorten bereitstellen, alle angemessenen Maßnahmen zur Gewährleistung des ununterbrochenen Zugangs zu Notdiensten treffen.

IV. Einzelerläuterungen

5 **1. Verpflichtete.** – Adressaten dieser Vorschrift sind die förmlich zum Universaldienst verpflichteten Unternehmen sowie die in § 150 Abs. 9 als faktische Universaldiensterbringerin angesprochene DTAG. Dies entspricht dem Zweck der Vorschrift, die Erbringung der Universaldienstleistungen sicherzustellen.

6 **2. Bedingungen der Leistungseinstellung. – a) Grundlegende Anforderungen.** – Da es um die Sicherstellung von Universaldienstleistungen geht[6], kommt eine Leistungseinstellung oder -beschränkung nur aus Gründen in Betracht, die die Voraussetzungen dieser Dienste, ihre Sicherung oder Wiederherstellung betreffen. Eben dies ist mit dem Begriff der „grundlegenden Anforderungen" gemeint. Leistungseinstellung oder -beschränkungen sind somit erlaubt, wenn sie zur **Sicherung** oder **Wiederherstellung der Leistungserbringung** erforderlich sind. Eine Legaldefinition der grundlegenden Anforderungen findet sich in Abs. 2. Der Verweis auf das Recht der Europäischen Union[7] verlangt die europarechtliche Auslegung des Begriffs der „grundlegenden Anforderungen".[8] Spielräume für nationale Eigenheiten sind nicht eröffnet.

7 **b) Vorübergehend.** – Eine dauerhafte Einstellung der Leistung kommt von vornherein nicht in Betracht. Auch dies folgt notwendig aus der Tatsache, dass es um Universaldienstleistungen geht. Der mit „vorübergehend" bezeichnete Zeitraum kann nur der sein, der erforderlich ist, um das Hindernis für die Leistungserbringung zu beseitigen bzw. – wenn eine Einflussnahme nicht möglich ist – der Zeitraum, bis das Hindernis für die Leistungserbringung wieder entfallen ist.

8 **c) Belange der Endnutzer und technische Beschränkung.** – Die vorübergehende Leistungseinstellung bzw. -beschränkung ist sowohl technisch wie auch in Bezug auf die Beeinträchtigung der Endnutzer auf das geringst mögliche Maß zu begrenzen. Die Berücksichtigung der Belange der Endnutzer erlaubt und verlangt eine Orientierung an dem im Kreis der Endnutzer durchaus unterschiedlichen Bedarf. Als absoluter Mindeststandard ist in Art. 23 URL die Verfügbarkeit von **Notrufen** ausgewiesen.

9 **3. Legaldefinition des Begriffs „grundlegende Anforderungen".** – Der Begriff der grundlegenden Anforderungen wird in § 85 Abs. 2 legaldefiniert. Abs. 2 ist wortgleich mit § 6 Abs. 2 TKV a. F., der wiederum in enger Anlehnung an Art. 13 Abs. 2 RL 98/10/EG formuliert wurde. Die Auflistung ist abschließend.

10 **a) Sicherheit des Netzbetriebs und Netzintegrität.** – Die aus Art. 13 Abs. 2 RL 98/10/EG übernommene und sich nicht ohne weiteres selbst erklärende Unterscheidung zwischen der Sicherheit des Netzbetriebs und der Netzintegrität findet sich in Art. 23 URL nicht mehr. Dieser trägt die Überschrift „Integrität des Netzes". Damit dürfte auch eine glasklare Abgrenzung für das deutsche Recht entbehrlich sein.

---

6 Siehe oben RdNr. 1.
7 Siehe oben RdNr. 4.
8 BeckTKG-Komm/*Schütz*, § 6 TKV Anh. § 41 RdNr. 3.

Art. 13 Abs. 2 RL 98/10/EG nannte in Bezug auf die Anforderung der Sicherheit des Netz- **11** betriebs beispielhaft, dass auch im Falle von außergewöhnlichen Witterungsverhältnissen, Erdbeben, Überschwemmungen, Blitzschlag oder Feuer die Verfügbarkeit von festen öffentlichen Telefonnetzen aufrechterhalten werden soll. Um dies zu gewährleisten, können etwa räumlich begrenzte Leistungseinstellungen oder Beschränkungen der Dienste erforderlich sein.

Was mit der Aufrechterhaltung der Netzintegrität gemeint ist, wird beispielhaft erläutert **12** mit der Vermeidung schwerwiegender Störungen des Netzes, der Software oder gespeicherter Daten.[9] Hieraus geht hervor, dass es um die Unversehrtheit des Netzes und seiner Bestandteile geht. Die Durchführung von Reparaturen oder die Abwehr von Eingriffen von außen können danach Leistungseinstellungen oder -beschränkungen rechtfertigen. Universaldienstverpflichteten wird auf diese Weise ermöglicht, notfalls auch durch Einschränkungen des Universaldienstes ihren Verpflichtungen aus § 109 TKG[10] nachzukommen.

b) Interoperabilität. – Auch mit der Interoperabilität der Dienste[11] ist eine Anforderung **13** benannt, die Voraussetzung für die Erbringung von Universaldienstleistungen unter Marktbedingungen ist und deren Beeinträchtigung daher vorübergehende Einstellungen oder Beschränkungen von Universaldienstleistungen im Interesse ihrer Wiederherstellung und Sicherung erlaubt.

c) Datenschutz. – Anders als bei den zuvor genannten Anforderungen ist der Datenschutz **14** keine zwingende Voraussetzung für die tatsächliche Existenz von Telekommunikation. Er ist aber rechtlich zwingende Voraussetzung für Freiheit von Telekommunikation, und diese qualitative Anforderung ist innerhalb der EU, die sich rechtsstaatlichen Grundsätzen verpflichtet hat und die Menschenrechte achtet[12], zwingend. Universaldienstverpflichtete sind somit in der Lage, ihren datenschutzrechtlichen Verpflichtungen notfalls auch durch Leistungseinstellungen und -beschränkungen nachzukommen. Die Datenschutzanforderungen sind europarechtlich vorgegeben durch die Datenschutzrichtlinie.[13]

---

9 Vgl. Art. 13 Abs. 2 lit. b) RL 98/10/EG = § 85 Abs. 2 Nr. 2.
10 § 109 RdNr. 7 ff., 17 ff.
11 Vgl. Art. 13f Abs. 2 lit. c) RL 98/10/EG.
12 Art. 6 Abs. 1 und 2 EU; Art. 8 Charta der Grundrechte = Art. II-8 EUVerf.
13 RL 2002/58 v. 12. 7. 2002, ABl. EG Nr. L 201 v. 31. 7. 2002, S. 37 ff.

§ 86 Sicherheitsleistungen

(1) Anbieter von Telekommunikationsdiensten für die Öffentlichkeit, die nach § 81 zur Erbringung von Universaldienstleistungen verpflichtet sind oder das Unternehmen, das Leistungen nach § 150 Abs. 9 erbringt, sind berechtigt, Universaldienstleistungen an den Endnutzer von einer Sicherheitsleistung in angemessener Höhe abhängig zu machen, wenn Tatsachen die Annahme rechtfertigen, dass der Endnutzer seinen vertraglichen Verpflichtungen nicht oder nicht rechtzeitig nachkommt. Die Sicherheitsleistung kann durch Bürgschaftserklärung eines im Europäischen Wirtschaftsraum zugelassenen Kreditinstituts erfolgen. Der Anbieter ist berechtigt, die Sicherheitsleistung auf eine solche Bürgschaftserklärung und die Hinterlegung von Geld zu beschränken. Die Sicherheitsleistung ist unverzüglich zurückzugeben oder zu verrechnen, sobald die Voraussetzungen für die Erbringung weggefallen sind.

(2) Als angemessen im Sinne des Absatzes 1 Satz 1 ist in der Regel ein Betrag in Höhe des Bereitstellungspreises zuzüglich des sechsfachen Grundpreises anzusehen. Eine Anforderung höherer Beiträge ist gegenüber dem Endnutzer anhand der Umstände seines Einzelfalles zu begründen.

I. Normzweck

Die Vorschrift trägt dem besonderen Risiko Rechnung, welches daraus folgt, dass ein zum Universaldienst verpflichtetes Unternehmen nicht nur gemäß § 84 Abs. 1 dem **Kontrahierungszwang** „im Rahmen der Gesetze und der Allgemeinen Geschäftsbedingungen"[1] unterliegt, sondern unabhängig von der pünktlichen Erfüllung der Vertragspflichten des **Endnutzers** zur Aufrechterhaltung der **Mindestversorgung** verpflichtet ist. Folglich muss ein solches Unternehmen anderweitig gegen etwaige Zahlungsunzuverlässigkeit, -unwilligkeit oder -unfähigkeit seiner Vertragspartner geschützt werden.[2]   **1**

II. Rechtstatsachen

Wie schon zu § 85 ausgeführt, betrifft auch diese Vorschrift zur Zeit nur die DTAG. Der   **2** von der DTAG verlangte Bereitstellungspreis für einen analogen Telefonanschluss beträgt zur Zeit (10/2005) 59,95 €, der Grundpreis 15,95 €.[3] Die im Regelfall angemessene Sicherheitsleistung im Sinne von Abs. 2 beträgt somit 155,65 €.

III. Entstehungsgeschichte

§ 86 ersetzt den fast wortgleichen § 11 Abs. 1 und 2 TKV a. F.[4] Dieser trat an die Stelle von   **3** § 9 TKV 1995, der dasselbe Problem unter den Bedingungen des **Monopols** regelte.[5] Eine Neuheit gegenüber § 11 Abs. 1 TKV a. F. ist die Einbeziehung der DTAG auf der Grund-

---

1   Dazu § 84 RdNr. 10.
2   Siehe auch schon BeckTKG-Komm/*Schütz*, § 11 TKV Anh § 41 RdNr. 2, 6.
3   www.t-com.de
4   Begr. zum TKG-E, BT-Drs. 15/2316, S. 87.
5   BeckTKG-Komm/*Schütz*, § 11 TKV Anh § 41 RdNr. 1.

lage ihres faktischen Universaldienstleisterstatus, der in § 150 Abs. 9 vorausgesetzt wird.[6] Da sie, soweit sie Universaldienstleistungen erbringt, nicht nur dem **Kontrahierungs-zwang** nach § 84 Abs. 1 unterliegt[7], sondern sich auch nur unter den Bedingungen des § 150 Abs. 9 von ihrem Status als faktischer Universaldienstleister lösen kann, ist ihre Absicherung durch Einbeziehung in den Anwendungsbereich von § 86 Abs. 1 folgerichtig.

4 Da die Regelung, abgesehen von der DTAG, ausschließlich förmlich zum Universaldienst Verpflichtete betrifft, steht sie in systematischem Zusammenhang mit dem Universaldienstregime, was ihre Aufnahme in diesen Abschnitt rechtfertigt.[8]

IV. Einzelerläuterungen

5 **1. Berechtigte einer Sicherheitsleistung.** – Nach § 86 Abs. 1 berechtigt sind Unternehmen, die im Verfahren nach § 81 zum Universaldienst förmlich verpflichtet worden sind, sowie auf der Grundlage von § 150 Abs. 9 die DTAG.

6 **2. Voraussetzungen einer Sicherheitsleistung.** – Sicherheitsleistungen können nur von **Endnutzern**[9] verlangt werden. Voraussetzung für die Forderung einer Sicherheitsleistung ist, dass nicht mit einer pünktlichen und vollständigen Erfüllung der Vertragspflichten, also mit der Bezahlung der in Anspruch genommenen Dienste durch den Endnutzer gerechnet werden kann. Es müssen konkrete, individuell auf den Endnutzer bezogene Tatsachen vorliegen, die eine solche Annahme rechtfertigen. Dies können insbesondere Erfahrungen aus früheren Vertragsverhältnissen sein[10] oder Auskünfte einer Schuldnerauskunft[11]. Entfallen die Gründe, auf die das Verlangen einer Sicherheitsleistung gestützt worden war, ist die Sicherheitsleistung zurückzugewähren oder zu verrechnen. Hält sich die Sicherheitsleistung im Rahmen des Üblichen, wie er in Abs. 2 definiert ist, liegt eine Verrechnung nahe. Das Interesse des Endnutzers an einer Rückgabe der Sicherheitsleistung setzt sich aber zumindest dann durch, wenn eine über diesen Rahmen hinausgehende Sicherheitsleistung verlangt wurde und die Gründe dafür entfallen sind.

7 **3. Art und Weise der Sicherheitsleistung.** – Die Sicherheitsleistung muss nicht in Form einer Hinterlegung oder Überlassung baren Geldes erfolgen. Ausdrücklich zugelassen ist auch eine Bankbürgschaft. Der Bürgschaftsnehmer muss Bürgschaften von allen im europäischen Wirtschaftsraum zugelassenen Kreditinstituten akzeptieren. Dies ist aufgrund der Dienstleistungs- und Kapitalverkehrsfreiheit europarechtlich zwingend.[12] Andere Formen der Sicherheitsleistung kann, muss der Berechtigte aber nicht akzeptieren.

8 **4. Angemessenheit der Höhe der Sicherheitsleistung.** – Gemäß § 86 Abs. 1 S. 1 darf eine Sicherheitsleistung in „angemessener" Höhe verlangt werden. Abs. 2 bestimmt, was im Regelfall, d. h. bei einem durchschnittlichen Endnutzerverhalten, angemessen ist. Die angemessene Höhe setzt sich zusammen aus dem vom Universaldienstverpflichteten verlangten Bereitstellungspreis zuzüglich des sechsfachen Grundpreises. Legt man die geltenden

---

6 § 150 RdNr. 47.
7 Dazu § 84 RdNr. 7.
8 Begr. zum TKG-E, BT-Drs. 15/2316, S. 87.
9 Siehe die Legaldefinition in § 3 Nr. 8.
10 Begr. zum TKG-E, BT-Drs. 15/2316, S. 87.
11 BeckTKG-Komm/*Schütz*, § 11 TKV Anh § 41 RdNr. 6.
12 BeckTKG-Komm/*Schütz*, § 11 TKV Anh § 41 RdNr. 7.

Preise der DTAG zugrunde[13], beläuft sich die angemessene Höhe einer Sicherheitsleistung zur Zeit auf 59,95 € plus 95,70 € (sechsmal 15,95 €), das sind insgesamt 155,65 €.

Ausnahmsweise kann auch eine höhere Sicherheitsleistung verlangt werden. Hierzu muss **9** der Endnutzer durch sein Nutzerverhalten Anlass geben.[14] Die Gründe für die erhöhte Anforderung sind gegenüber dem Endnutzer konkret und individuell darzulegen. Entsteht über die Höhe der Sicherheitsleistung Streit, ist dies vor den Zivilgerichten auszutragen.

---

13 Siehe oben RdNr. 2.
14 Für Beispiele s. § 11 TKV Abs. 2 S. 3 a. F. und, dem folgend Begr. zum TKG-E, BT-Drs. 15/2316, S. 87.

§ 87 Umsatzmeldungen

(1) Ist eine Universaldienstleistung nach § 81 Abs. 3 oder 5 auferlegt, haben alle Unternehmen, die in dem jeweiligen sachlich relevanten Markt der betreffenden Telekommunikationsdienste tätig sind, der Regulierungsbehörde ihre Umsätze auf diesem Markt jeweils auf Verlangen jährlich mitzuteilen. Anderenfalls kann die Regulierungsbehörde eine Schätzung vornehmen.

(2) Bei der Ermittlung der Umsätze nach Absatz 1 gelten § 36 Absatz 2 und § 38 des Gesetzes gegen Wettbewerbsbeschränkungen entsprechend.

(3) Die Regulierungsbehörde veröffentlicht unter Berücksichtigung von Betriebs- oder Geschäftsgeheimnissen der betroffenen Unternehmen jährlich einen Bericht, in dem die berechneten Kosten der Universaldienstverpflichtung und die Beiträge aller Unternehmen aufgeführt sind und in dem die etwaigen Marktvorteile des benannten Unternehmens dargelegt werden.

Übersicht

I. Normzweck

Das in § 87 enthaltene Recht der RegTP, von Telekommunikationsunternehmen **Umsatzmeldungen** zu verlangen, dient der Durchführung der Umlage der Universaldienstkosten. Die RegTP ist auf diese Informationen angewiesen, um die Universaldienstverpflichteten nach § 80 sowie deren jeweiligen Anteile an der Kostentragung zu ermitteln.[1] Abs. 2 stellt sicher, dass hinsichtlich der Umsatzermittlung sektorale Regulierung und allgemeines Kartellrecht übereinstimmen.[2] Die neu geschaffene Veröffentlichungspflicht in Abs. 3 dient der Transparenz der Finanzierung der Universaldienstleistung. **1**

II. Entstehungsgeschichte

Die Verpflichtung zur Abgabe einer Umsatzmeldung sowie der Verweis auf das allgemeine Kartellrecht für den Umsatzermittlungsmodus gab es auch schon nach alter Rechtslage. Beides war in § 22 TKG a. F. geregelt. **2**

---

1 Vgl. *Trute/Spoerr/Bosch*, § 22 RdNr. 1, *Scheurle/Mayen/Witte*, § 22 RdNr. 1; BeckTKG-Komm/ *Schütz*, § 22 RdNr. 1, 3.
2 *Scheurle/Mayen/Witte*, § 22 RdNr. 5.

3 Die Veröffentlichungspflichten nach Abs. 3 tragen den Transparenzanforderungen der URL Rechnung. Sie enthalten in erster Linie die Umsetzung des **Art. 14 Abs. 2 URL**.[3] Danach haben die nationalen Regulierungsbehörden vorbehaltlich der gemeinschaftlichen und einzelstaatlichen Rechtsvorschriften über das Geschäftsgeheimnis dafür zu sorgen, dass ein jährlicher Bericht veröffentlicht wird, in dem die berechneten Kosten der Universaldienstverpflichteten angegeben sind und die Beiträge aller Unternehmen aufgeführt sowie alle etwaigen dem als Universaldienstbetreiber benannten Unternehmen entstehenden Marktvorteile dargelegt werden, soweit ein Fonds eingerichtet wurde und tätig ist.

4 Ein gewisser Überschneidungsbereich besteht mit § 82 Abs. 4, der seinerseits der Umsetzung des Art. 12 Abs. 2 URL dient.[4] Die darin enthaltene Verpflichtung zur Veröffentlichung der Ergebnisse der Kostenberechnung und ihrer Prüfung ist allerdings unabhängig von der Finanzierung der Universaldienstkosten durch einen Fonds. Hierin besteht ein wesentlicher Unterschied zu Art. 14 Abs. 2 URL, dessen Transparenzanforderungen nur für den Fall einer Fondsfinanzierung gelten, wobei die Umlagefinanzierung nach deutschem Recht trotz des Fehlens einer institutionellen Verselbstständigung eines Fonds hierzu gezählt werden kann. Ein Zusammenhang besteht außerdem mit Art. 13 Abs. 3 URL, der für das Aufteilungsverfahren **Transparenz** verlangt und dem bereits § 83 Abs. 2 Rechnung trägt.

IV. Einzelerläuterungen

5 **1. Verpflichtung zur jährlichen Umsatzmeldung.** – Wie bereits nach alter Rechtslage unterliegt die Verpflichtung drei Voraussetzungen: Zum einen muss mindestens ein Unternehmen förmlich zur Erbringung einer Universaldienstleistung verpflichtet worden sein. Zum zweiten muss an die betroffenen Unternehmen eine **Aufforderung der RegTP** zur Umsatzmeldung ergangen sein und zum dritten besteht die Verpflichtung zur Umsatzmeldung nur einmal jährlich.[5] Die Aufforderung begründet konkret die Meldepflicht und stellt somit einen Verwaltungsakt dar. Die Jährlichkeit der Verpflichtung belegt den dienenden Charakter für die Berechnung der Abgabenanteile, die gemäß § 83 Abs. 2 S. 1 jährlich erfolgt.[6]

6 **Verpflichtungsadressaten** sind alle Unternehmer auf dem sachlich relevanten Markt, für den eine förmliche Verpflichtung zur Universaldienstleistung besteht, und zwar – unabhängig von einer räumlichen Beschränkung der Universaldienstverpflichtung – im gesamten Bundesgebiet.[7] Dies ergibt sich zwingend aus dem Wortlaut, aus dem Zusammenhang mit § 80, der den Kreis der Universaldienstverpflichteten umschreibt, und aus dem Zweck der Vorschrift, für den konkreten Fall die Beitragspflichtigen zu ermitteln.

7 Kommt ein Unternehmen der berechtigten Aufforderung zur Umsatzmeldung nicht nach, so hat die RegTP nicht nur die Befugnis, die Umsätze dieses Unternehmens zu **schätzen**, das Unternehmen begeht gemäß § 149 Abs. 1 Nr. 14 auch eine **Ordnungswidrigkeit**, die

---

3 Begr. zum TKG-E, BT-Drs. 15/2316, S. 87.
4 Siehe § 82 RdNr. 3; zum Zusammenhang zwischen Art. 87 Abs. 3 und Art. 12 Abs. 2 URL s. auch Begr. zum TKG-E, BT-Drs. 15/2316, S. 87.
5 BeckTKG-Komm/*Schütz*, § 22 RdNr. 2.
6 *Manssen/C. Klein*, § 22 RdNr. 4 spricht von Konnexität; s. auch BeckTKG-Komm/*Schütz*, § 22 RdNr. 5.
7 *Trute/Spoerr/Bosch*, § 22 RdNr. 1; *Scheurle/Mayen/Witte*, § 22 RdNr. 1 f.; BeckTKG-Komm/*Schütz*, § 22 RdNr. 3.

gemäß § 149 Abs. 2 mit einer Geldbuße von bis zu 10.000 € geahndet werden kann.[8] Angesichts dessen ist die Verpflichtung zur Umsatzmeldung nicht nur eine Obliegenheit[9], die bei Missachtung zum Rechtsverlust führt, sie ist eine echte Rechtspflicht, deren Vollstreckbarkeit allerdings nicht in Betracht kommt[10], weil das Gesetz das mildere Mittel der Schätzung bereithält.

2. Befugnis der Regulierungsbehörde zur Umsatzschätzung. – Die Befugnis der RegTP **8** zur Schätzung des Umsatzes für den Fall, dass ein Unternehmen der Aufforderung zur Umsatzmeldung nicht nachkommt, hält einerseits zur Meldung an, ist andererseits notwendig, damit die RegTP ihre Aufgaben nach § 83 – Berechnung der Anteile an den Universaldienstkosten – erfüllen kann. Die RegTP muss im Falle einer Schätzung die ihr bekannten oder leicht zugänglichen Daten verwenden, z.B. Geschäftsberichte[11]. Sie ist jedoch nicht zu Ermittlungen verpflichtet.[12] Gegenüber der tatsächlichen Lage nachteilige Schätzungen hat das Unternehmen sich selbst zuzuschreiben.[13]

3. Verweis auf das GWB. – Für die Ermittlung der relevanten Umsätze verweist § 87 **9** Abs. 2 auf die §§ 36 Abs. 2 und 38 GWB. § 36 Abs. 2 GWB enthält mit seinen Regelungen für die Beurteilung von Unternehmenszusammenschlüssen Vorgaben für den personalen Bezugspunkt, § 38 GWB regelt die sachliche Abgrenzung der relevanten Umsätze.

§ 36 Abs. 2 GWB lautet: **10**

(2) Ist ein beteiligtes Unternehmen ein abhängiges oder herrschendes Unternehmen im Sinne des § 17 des Aktiengesetzes oder ein Konzernunternehmen im Sinne des § 18 des Aktiengesetzes, sind die so verbundenen Unternehmen als einheitliches Unternehmen anzusehen. Wirken mehrere Unternehmen derart zusammen, dass sie gemeinsam einen beherrschenden Einfluss auf ein anderes Unternehmen ausüben können, gilt jedes von ihnen als herrschendes.

§ 38 GWB bestimmt:

(1) Für die Ermittlung der Umsatzerlöse gilt § 277 Abs. 1 des Handelsgesetzbuchs. Umsatzerlöse aus Lieferungen und Leistungen zwischen verbundenen Unternehmen (Innenumsatzerlöse) sowie Verbrauchsteuern bleiben außer Betracht.

(2) Für den Handel mit Waren sind nur drei Viertel der Umsatzerlöse in Ansatz zu bringen.

(3) … (betrifft Zeitungen und Rundfunkprogramme)

(4) … (betrifft Kreditinstitute und Bausparkassen)

(5) … (betrifft den Erwerb des Vermögens eines anderen Unternehmens).

Da es bei den Universaldienstverpflichtungen primär um Dienstleistungen geht, ist der Verweis in § 38 Abs. 1 GWB auf § 277 Abs. 1 HGB von besonderer Bedeutung. Diese Vorschrift lautet:

---

8 So auch schon § 96 Abs. 1 Nr. 5, Abs. 2 S. 1 TKG a. F. Dazu *Manssen/C. Klein*, § 22 RdNr. 1.
9 So aber BeckTKG-Komm/*Schütz*, § 22 RdNr. 2.
10 *Trute/Spoerr/Bosch*, § 22 RdNr. 2; BeckTKG-Komm/*Schütz*, § 22 RdNr. 2.
11 *Scheurle/Mayen/Witte*, § 22 RdNr. 4; *Manssen/C. Klein*, § 22 RdNr. 5.
12 *Scheurle/Mayen/Witte*, § 22 RdNr. 4; BeckTKG-Komm/*Schütz*, § 22 RdNr. 6.
13 *Trute/Spoerr/Bosch*, § 22 RdNr. 2; *Scheurle/Mayen/Witte*, § 22 RdNr. 4; BeckTKG-Komm/*Schütz*, § 22 RdNr. 2, 6; *Manssen/C. Klein*, § 22 RdNr. 5 unter der Bedingung objektiver Schätzung.

(1) Als Umsatzerlöse sind die Erlöse aus dem Verkauf und der Vermietung oder Verpachtung von für die gewöhnliche Geschäftätigkeit der Kapitalgesellschaft typischen Erzeugnissen und Waren sowie aus von für die gewöhnliche Geschäftätigkeit der Kapitalgesellschaft typischen Dienstleistungen nach Abzug von Erlösschmälerungen und der Umsatzsteuer auszuweisen.

11 § 277 Abs. 1 HGB enthält keine **Beschränkung auf Inlandsumsätze**.[14] Eine solche Beschränkung ergibt sich für die Umsatzermittlung zum Zweck der Bestimmung der Höhe der Universaldienstabgabe jedoch aus Art. 13 Abs. 3 und 4 URL. Für die **Beschränkung auf Inlandsumsätze** spricht außerdem, dass das Universaldienstregime der Verwirklichung der staatlichen **Infrastrukturgewährleistungspflicht** dient, die nicht nur verfassungsrechtlich, sondern auch europarechtlich auf das mitgliedstaatliche Territorium begrenzt ist. Innerhalb des § 87 Abs. 2 lässt sich dies als Ergebnis einer „entsprechenden Anwendung" des § 38 GWB begründen.

12 **4. Veröffentlichungspflichten und Geheimnisschutz. – a) Zu veröffentlichende Daten.** – Die in § 87 Abs. 3 enthaltene Pflicht zur jährlichen Veröffentlichung von Daten, die für die Transparenz der Universaldienstfinanzierung von Bedeutung sind, umfasst die berechneten Kosten der Erbringung des Universaldienstes[15], die Beiträge der Universaldienstabgabeverpflichteten[16] sowie die Marktvorteile des benannten Unternehmens[17].

13 **b) Berücksichtigung von Betriebs- und Geschäftsgeheimnissen.** – Bei der Bestimmung der Daten, die veröffentlicht werden, hat die RegTP die Betriebs- und Geschäftsgeheimnisse der betroffenen Unternehmen zu berücksichtigen. Die Tatsache, dass in Art. 14 Abs. 2 URL nur von „Geschäftsgeheimnissen" die Rede ist, ist nicht Ausdruck einer sachlichen Differenz, sondern einer unterschiedlichen Begrifflichkeit: Der Begriff des Geschäftsgeheimnisses, wie er in der Richtlinie verwendet wird, umfasst auch die nach deutscher Rechtsterminologie davon unterschiedenen Betriebsgeheimnisse. Dies ist auch das Ergebnis einer primärrechtskonformen Auslegung.[18] Auf jeden Fall erlaubt bzw. verlangt Art. 14 Abs. 2 URL ausdrücklich den Schutz der „Geschäftsgeheimnisse" nicht nur nach den gemeinschaftlichen, sondern auch nach den jeweiligen einzelstaatlichen Rechtsvorschriften. Der Begriff der Betriebs- und Geschäftsgeheimnisse im Rahmen des § 87 Abs. 3 ist ebenso zu verstehen wie im Rahmen des § 82 erläutert.[19]

14 Der Gesetzgeber hat den gemeinschaftsrechtlichen Vorbehalt zugunsten des Schutzes von „Geschäftsgeheimnissen" als Berücksichtigungspflicht umgesetzt. Dies wäre nur problematisch, wenn der gemeinschaftsrechtliche Geheimnisschutz weiter ginge als der nationale. Dies kann, gerade im Bereich der Regulierung des Telekommunikationsmarktes mit seinen hohen Transparenzanforderungen nicht angenommen werden. Die Berücksichtigungspflicht ist ebenso zu verstehen, wie zu § 82 ausgeführt.[20] Die RegTP hat eine **Abwägung** vor-

---

14 *Trute/Spoerr/Bosch*, § 22 RdNr. 7.
15 Dazu schon oben § 82 RdNr. 10 ff. und 20.
16 Dazu § 83 RdNr. 18 f.
17 Dazu schon oben § 82 RdNr. 13.
18 Vgl. Art. 287 EG; Art. 41 Abs. 2 Charta der Grundrechte = Art. II-41 Abs. 2 EUVerf. Die letztgenannten Vorschriften sind zwar noch nicht verbindlich, ihrem Inhalt kommt jedoch Rechtsverbindlichkeit gemäß Art. 6 Abs. 2 EU zu.
19 § 82 RdNr. 20–24.
20 Siehe § 82 RdNr. 25.

zunehmen, in deren Rahmen insbesondere die Erforderlichkeit einer unternehmensbezogenen Information für die **Nachvollziehbarkeit** der Kostenberechnung und Kostenaufteilung einerseits, die **Wettbewerbsrelevanz** dieser Information andererseits[21] maßgeblich sind.

---

21 Vgl. BVerwG NVwZ 2004, 105, 108.

Teil 7: Fernmeldegeheimnis, Datenschutz, öffentliche Sicherheit[1]

Abschnitt 1:
Fernmeldegeheimnis

§ 88 Fernmeldegeheimnis

(1) Dem Fernmeldegeheimnis unterliegen der Inhalt der Telekommunikation und ihre näheren Umstände, insbesondere die Tatsache, ob jemand an einem Telekommunikationsvorgang beteiligt ist oder war. Das Fernmeldegeheimnis erstreckt sich auch auf die näheren Umstände erfolgloser Verbindungsversuche.

(2) Zur Wahrung des Fernmeldegeheimnisses ist jeder Diensteanbieter verpflichtet. Die Pflicht zur Geheimhaltung besteht auch nach dem Ende der Tätigkeit fort, durch die sie begründet worden ist.

(3) Den nach Abs. 2 Verpflichteten ist es untersagt, sich oder anderen über das für die geschäftsmäßige Erbringung der Telekommunikationsdienste einschließlich des Schutzes ihrer technischen Systeme erforderliche Maß hinaus Kenntnis vom Inhalt oder den näheren Umständen der Telekommunikation zu verschaffen. Sie dürfen Kenntnisse über Tatsachen, die dem Fernmeldegeheimnis unterliegen, nur für den in Satz 1 genannten Zweck verwenden. Eine Verwendung dieser Kenntnisse für andere Zwecke, insbesondere die Weitergabe an andere, ist nur zulässig, soweit dieses Gesetz oder eine andere gesetzliche Vorschrift dies vorsieht und sich dabei ausdrücklich auf Telekommunikationsvorgänge bezieht. Die Anzeigepflicht nach § 138 des Strafgesetzbuches hat Vorrang.

(4) Befindet sich die Telekommunikationsanlage an Bord eines Fahrzeugs für Seefahrt oder Luftfahrt, so besteht die Pflicht zur Wahrung des Geheimnisses nicht gegenüber der Person, die das Fahrzeug führt oder gegenüber ihrer Stellvertretung.

Schrifttum: *Berger/Gramlich*, Corporate Networks im Telekommunikationsrecht, CR 1999, 150; *Bizer*, Keine Rechtsgrundlage für die Durchsuchung einer Mailbox, DuD 1996, 627; *Bizer*, Die dienstliche Kommunikation unter dem Schutz des Fernmeldegeheimnisses, DuD 2001, 618; *Demko*, Die Erstellung von Bewegungsbildern mittels Mobiltelefon als neuartige strafprozessuale Observationsmaßnahme, NStZ 2004, 57; *Derksen*, Zur Verwertbarkeit von Erkenntnissen aus einem auf Veranlassung der Ermittlungsbehörden geführten Privatgespräch im Strafprozeß, JR 1997, 167; *Ernst*, Der Arbeitgeber, die E-Mail und das Internet, NZA 2002, 585; *Gola*, Neuer Tele-Datenschutz für Arbeitnehmer? Die Anwendung von TKG und TDDSG im Arbeitsverhältnis, MMR 1999, 322; *Gramlich*, Art. 10 nach der zweiten Postreform 1994, CR 1996, 102; *Gramlich*, Internetnutzung zu privaten Zwecken in Behörden und Unternehmen, RDV 2001, 123; *Groß*, Die Schutzwirkung des Brief-, Post- und Fernmeldegeheimnisses nach der Privatisierung der Post, JZ 1999, 326; *Gundermann*, Das neue TKG-Begleitgesetz – Digitalisierte Telekommunikation und staatliche Eingriffsbefugnisse, K&R 1998, 48; *ders.*, Polizeilicher Zugriff auf Telekommunikationsverbindungsdaten, DuD 1999, 681; *Hoeren*, Recht der Access-Provider, 2004; *Kiper/Ruhmann*, Überwachung der Telekommunikation – Abgesang auf

---

1 Herrn Rechtsreferendar Stephan Schlegel danke ich für Vorarbeiten und weiterführende Diskussionen.

ein Grundrecht der Informationsgesellschaft, DuD 1998, 155; *Klesczewski*, Das Ende des Auskunftsersuchens nach § 12 FAG, JZ 1997, 719; *ders.*, Strafrecht. Besonderer Teil, Die examensrelevanten Delikte im Grundriss, 2. Aufl. 2003; *Koecher*, Zentrale Spam- und Virenfilterung, DuD 2004, 272; *Königshofen*, Die Umsetzung von TKG und TDSV durch Netzbetreiber, Service-Provider und Telekommunikationsdienstleistungsanbieter, RDV 1997, 97; *Kudlich*, Mitteilung der Bewegungsdaten eines Mobiltelefons als Überwachung der Telekommunikation – BGH, NJW 2001, 1587, JuS 2001, 1165; *Lang*, Die Frage, ob (private) Anbieter von Telekommunikationsdiensten aus Gründen des Jugendschutzes das Fernmeldegeheimnis durchbrechen können, ArchPT 1997, 298; *v. Mangoldt/Klein/ Starck*, Kommentar zum Grundgesetz, 4. Aufl. 2000; *Palm/Roy*, Mailboxen: Staatliche Eingriffe und andere rechtliche Aspekte, NJW 1996, 1791; *Pieroth/Schlink*, Grundrechte Staatsrecht II, 20. Aufl., 2004; *Post-Ortmann*, Der Arbeitgeber als Anbieter von Telekommunikations- und Telediensten, RDV 1999, 202; *Schmidt-Bleibtreu/Klein*, Kommentar zum Grundgesetz, 10. Aufl. 2004; *Sieber*, Verantwortlichkeit im Internet – Technische Kontrollmöglichkeiten und multimediarechtliche Regelungen, München, 1999; *Stadler*, Sperrungsverfügung gegen Access-Provider, MMR 2002, 343; *Theis*, Die Multimedia-Gesetze – Erläuterungen, Gesetzestexte, amtliche Begründungen, Neuwied 1997; *Thiele*, Probleme bei der Ermittlung von Bestands- und Verbindungsdaten, Kriminalistik 2004, 104; *Vassilaki*, Telekommunikationsüberwachung – Eine Darstellung der aktuellen Rechtsfragen, RDV 2004, 11; *Viethen*, Datenschutz als Aufgabe der EU-Bestandsaufnahme des datenschutzspezifischen Sekundärrechts und Analyse anhand der Kompetenzordnung des EG-Vertrages, 2003; *Windthorst*, Zur Grundrechtsfähigkeit der Deutschen Telekom AG, VerwArch 2005, 377; *Wohlers/Demko*, Der strafprozessuale Zugriff auf Verbindungsdaten (§§ 100g, 100h StPO), StV 2003, 241; *Wuermeling/Felixberger*, Fernmeldegeheimnis und Datenschutz im Telekommunikationsgesetz, CR 1997, 230; *Zimmermann*, Polizeiliche Gefahrenabwehr und das Internet, NJW 1999, 3145.

Übersicht

I. Normzweck, Entstehungsgeschichte und EG-rechtliche Grundlagen

1 Die Vorschrift stellt eine einfachgesetzliche Ausprägung des in Art. 10 Abs. 1 GG niedergelegten Fernmeldegeheimnisses dar.[2] Während hoheitliche Stellen unmittelbar aus Art. 10 Abs. 1 GG zur Wahrung des Fernmeldegeheimnisses verpflichtet sind[3], trifft dies für Privat-

---

2   BR-Drs. 80/96; BeckTKG-Komm/*Büchner*, § 85 RdNr. 1.

personen nicht zu. Im Unterschied zum Grundrecht verpflichtet § 88 jedoch bestimmte Private, nämlich die in Abs. 2 genannten Diensteanbieter. Flankiert wird § 88 durch § 206 StGB. Nach dieser Vorschrift macht sich strafbar, wer als Inhaber oder Beschäftigter eines Unternehmens, das geschäftsmäßig Telekommunikationsdienste erbringt, Tatsachen mitteilt, die dem Fernmeldegeheimnis unterliegen.[4] Im Übrigen kann sich nach § 201 StGB strafbar machen, wer fremde Ferngespräche aufnimmt oder mit einem Abhörgerät abhört.[5]

§ 88 dient dem Schutz der Nutzer von Telekommunikationsdiensten, die zu deren Inanspruchnahme auf Diensteanbieter angewiesen sind und deren freie Kommunikation daher gerade ihnen gegenüber besonders gefährdet ist. Durch die Privatisierung der Post sieht sich der Einzelne nicht mehr nur mit der Möglichkeit eines staatlichen Eingriffes konfrontiert, sondern auch mit dem Zugriff Privater, die ein Interesse an der Kenntnisnahme seiner Kommunikation haben. Somit bedurfte es einer Regelung, welche die zuvor schon im Verhältnis des Bürgers zum Staat bestehende Garantie des Fernmeldegeheimnisses[6] auf die Beziehung der Bürger untereinander überträgt. **2**

Abgesehen von einer terminologischen Klarstellung ist § 88 im Wortlaut mit § 85 TKG a.F. identisch.[7] Da nun § 3 Nr. 6 den Begriff des Diensteanbieters allgemein definiert, konnte § 88 Abs. 2 darauf Bezug nehmen. Weitere Änderungen haben sich nicht durchsetzen können (s. u. RdNr. 16, 30). **3**

Nach Art. 8 Abs. 1 EMRK hat jeder das Recht auch Achtung seiner Korrespondenz, dies umfasst auch das Recht auf Achtung der Privatsphäre bei der Telekommunikation.[8] Dieses Menschenrecht findet sich auch in Art. 7 der Grundrechtscharta der **Europäischen Union** wieder. Zur Gewährleistung dieses Menschenrechts haben die Mitgliedstaaten gemäß Art. 5 DRL[9] die Vertraulichkeit der mit öffentlichen Kommunikationsnetzen und öffentlich zugänglichen Kommunikationsdiensten übertragenen Nachrichten und der damit verbundenen Verkehrsdaten durch innerstaatliche Vorschriften sicherzustellen. Insbesondere müssen sie jegliche Art des Abfangens, Überwachens oder Speicherns von Nachrichten untersagen. Fehlt es an einer Einwilligung der betroffenen Nutzer, gestattet Art. 15 Abs. 1 DRL derartige Eingriffe in das Fernmeldegeheimnis nur aufgrund besonderer gesetzlicher Ermächtigung. **4**

II. Allgemeines; insbesondere das Verhältnis zu Art. 10 Abs. 1 GG

§ 88 steht in einem engen Zusammenhang zu dem Fernmeldegeheimnis nach **Art. 10 Abs. 1 GG**. Dieses umfasst zuvörderst den Kommunikationsinhalt. Die öffentliche Gewalt soll grundsätzlich nicht die Möglichkeit haben, sich Kenntnis vom **Inhalt**, des über Fern- **5**

---

3 *Scheurle/Mayen/Zerres*, § 85 RdNr. 1; *Trute/Spoerr/Bosch*, § 85 RdNr. 11.
4 *Kleszczewski*, BT § 6 III. E.; *Schönke/Schröder/Lenckner*, § 206 RdNr. 3 ff.; *Tröndle/Fischer*, § 206 RdNr. 2 ff.
5 *Kleszczewski*, BT § 6 III. A.; *Schönke/Schröder/Lenckner*, § 201 RdNr. 3 ff.; *Tröndle/Fischer*, § 201 RdNr. 3 ff.
6 *Trute/Spoerr/Bosch*, § 85 RdNr. 2.
7 Zur Rechtslage vor dem Inkrafttreten des TKG a.F. vgl. *Eidenmüller*, Post- und Fernmelderecht § 10 FAG RdNr. 1 ff.; *Gramlich*, CR 1996, 102 ff.
8 Grundlegend EGMR *Klass vs. Germany*, v. 6. 9. 1978 Series A no. 28 = NJW 1979, 1755, 1756 ff.; *Malone vs. United Kingdom*, v. 2. 8. 1984 Series A no. 82 (st. Rspr.).
9 Dazu *Viethen*, S. 36 ff.

meldeanlagen geführten mündlichen oder schriftlichen individuellen Informations- und Gedankenaustauschs zu verschaffen. Der Grundrechtsschutz bezieht sich dabei auf jede mittels Fernmeldetechnik ausgetauschte Kommunikation.[10] Ein Unterschied zwischen verschiedenen Kommunikationsinhalten wird nicht gemacht. Private, geschäftliche oder politische Inhalte stehen sich gleich.[11] Der Schutz ist auch nicht auf die früher von der Deutschen Bundespost genutzten Technologien und angebotenen Fernmeldedienste (wie Telefon, Telefax oder Teletext) beschränkt. Vielmehr umfasst er sämtliche verfügbaren Telekommunikationstechniken, die Nachrichten übermitteln. Auf die konkrete Art der Übermittlung (etwa über Kabel oder Funk, durch analoge oder digitale Technik) und Ausdrucksform (etwa Sprache, Bilder, Töne, Zeichen oder sonstige Daten) kommt es nicht an.[12] Das Fernmeldegeheimnis nach Art. 10 Abs. 1 GG umfasst auch die **Umstände** der Kommunikation. Ob, wann und wie oft zwischen welchen Personen oder Fernmeldeanschlüssen Telekommunikation stattgefunden hat oder versucht worden ist, alles dies sind insbesondere Tatsachen, die in das Fernmeldegeheimnis fallen.[13] Geschützt sind also vor allem die Verkehrsdaten (§ 3 Nr. 30), während die Bestandsdaten als solche (§ 3 Nr. 3) nicht dem Fernmeldegeheimnis unterliegen.[14] Indem das Grundrecht die einzelnen Kommunikationsvorgänge grundsätzlich dem staatlichen Zugriff entzieht, will es zugleich die Bedingungen einer freien Telekommunikation überhaupt aufrecht erhalten. Ein Meinungs- und Informationsaustausch mittels Fernmeldeanlagen soll nicht deswegen unterbleiben oder nach Form und Inhalt verändert verlaufen, weil die Beteiligten damit rechnen müssen, dass staatliche Stellen sich in die Kommunikation einschalten und Kenntnisse über die Kommunikationsbeziehungen oder -inhalte gewinnen.[15]

6   Ein **Eingriff**, in das Fernmeldegeheimnis im verfassungsrechtlichen Sinne liegt nur vor, wenn staatliche Stellen sich ohne Zustimmung der Beteiligten Kenntnis von dem Inhalt oder den Umständen eines fernmeldetechnisch vermittelten Kommunikationsvorgangs verschaffen.[16] Dabei ist es ausreichend, falls die staatlichen Maßnahmen nur mittelbar auf den Betroffenen zielen, sich unmittelbar aber an ein Telekommunikationsunternehmen richten. Soweit die Überwachung hoheitlich angeordnet und von den Betreibern der Telekommunikationsanlagen ohne jeglichen Spielraum durchzuführen ist, wird sie der öffentlichen Gewalt zugerechnet.[17]

7   In der **Systematik** der Grundrechte enthält das Fernmeldegeheimnis eine spezielle Gewährleistung der Privatsphäre. Es wurzelt im allgemeinen Persönlichkeitsrecht, Art. 1 Abs. 1, 2 Abs. 1 GG.[18] Zu dessen Bestandteilen zählen auch das Recht am eigenen Wort[19] und das Recht auf informationelle Selbstbestimmung.[20] Während jenes vor allem die Be-

---

10 BVerfGE 100, 313, 358 = NJW 2000, 55, 56 ff. m. Anm. *Arndt*, NJW 2000, 47.
11 Vgl. BVerfGE 67, 157, 172 = NJW 1985, 121; BVerfGE 100, 313, 358 = NJW 2000, 55.
12 BVerfGE 106, 28, 29 = NJW 2002, 3619.
13 BVerfGE 67, 157, 172 = NJW 1985, 121; BVerfGE 85, 386, 396 = NJW 1992, 1875.
14 *Wuermeling/Felixberger*, CR 1997, 230, 234; zust. BeckTKG-Komm/*Büchner*, § 85 RdNr. 3.
15 BVerfGE 100, 313, 314 = NJW 2000, 55 m. Bespr. *Arndt*, NJW 2000, 47.
16 Vgl. BVerfGE 100, 313, 366 = NJW 2000, 55.
17 BVerfG NStZ 2003, 441, 442.
18 *Maunz/Dürig/Herzog/Scholz*, Art. 10 RdNr. 29.
19 BVerfGE 34, 238, 246 f. (= NJW 1973, 891); 54, 148, 154 (= NJW 1980, 2070); 106, 28 (= NJW 2002, 3619).
20 BVerfGE 100, 313, 358 = NJW 2000, 55.

fugnis umfasst, selbst zu entscheiden, wem der Gesprächsinhalt zur Kenntnis gelangen soll, so schützt dieses auch davor, dass die Umstände des eigenen Handelns jederzeit registriert und als Informationen gespeichert und unbegrenzt verarbeitet werden.[21] Wegen der Ähnlichkeit der Schutzbereiche des allgemeinen Persönlichkeitsrechts und des Fernmeldegeheimnisses ist es bisher noch nicht gelungen, das Verhältnis beider Grundrechte zueinander zu bestimmen. Teils geht man davon aus, die genannten Ausprägungen des Persönlichkeitsrechts seien Verallgemeinerungen von besonderen Vertraulichkeitsregelungen, zu denen auch das Brief- und Fernmeldegeheimnis zu rechnen sei.[22] Teils bezieht man die Schutzbereiche der beiden Grundrechte aufeinander wie sich überschneidende Kreise.[23] Beides überzeugt nicht. Die Eigentümlichkeit der Gewährleistung des Fernmeldegeheimnisses gründet in der Besonderheit der Telekommunikation. Im Unterschied zur mündlichen Unterredung können die Gesprächspartner die Rahmenbedingungen der Kommunikation nicht allein festlegen. Damit ist die Vertraulichkeit ihres Gesprächs in erhöhten Maße dem Zugriff Dritter ausgesetzt.[24] Vor allem sind die Gesprächspartner i. d. R. auf einen Nachrichtenmittler angewiesen. Weil dieser deshalb die herausgehobene Möglichkeit hat, von Inhalt und Umständen der Telekommunikation Kenntnis zu nehmen, ist die Vertraulichkeit des Informationsaustausches in erster Linie vor ihm zu schützen. **Art. 10 Abs. 1 GG**, ist daher gegenüber Art. 1 Abs. 1, 2 Abs. 2 GG das **speziellere Gesetz**.

Das in **Art. 10 Abs. 1 GG**, niedergelegte Fernmeldegeheimnis gilt unmittelbar nur im **Verhältnis des Bürgers zum Staat**. Bei Inkrafttreten des Grundgesetzes war er es, der mit der Deutschen Bundespost das Fernmeldewesen betrieb. Verschuf sich die Post Kenntnis von Inhalt oder Umständen der Telefongespräches, lag stets ein hoheitlicher Eingriff in das Fernmeldegeheimnis unabhängig davon vor, ob diese Informationen auch zu weiteren Zwecken, etwa denen der Strafverfolgung, genutzt wurden. Hinzukam aber, dass mit der hoheitlichen Verfügbarkeit über Inhalt und Umstände des Fernmeldeverkehrs diese Daten auch in besonderem Maße vor dem Zugriff der Sicherheitsbehörden zu schützen waren.[25] Mit der Privatisierung des Fernmeldewesens sehen sich die Nutzer von Telekommunikationsdienstleistungen nun dem Zugriff privater Diensteanbieter auf Inhalt und Umstände des Fernmeldeverkehrs ausgesetzt. Diese sind aber unmittelbar nicht zur Achtung des in Art. 10 Abs. 1 GG niedergelegten Grundrechts verpflichtet. Dies gilt nach überwiegender Auffassung auch für die privatisierte Deutsche Telekom AG.[26] Die Ansicht einer unmittelbaren Drittwirkung des Art. 10 Abs. 1 GG, solange sich die Telekom im Mehrheitsbesitz des Staates befinde[27], hat sich auch hier nicht durchgesetzt. Wie nachfolgende Überlegungen zeigen, bedarf es heute der Lehre von der unmittelbaren Drittwirkung auch nicht mehr.

8

---

21 BVerfGE 65, 1, 43 = NJW 1984, 419.
22 *Gola/Klug*, Grundzüge des Datenschutzrecht, S. 1 f., 199.
23 *Badura*, Jahrbuch der Deutschen Bundespost 1989, S. 9, 20 f.
24 BVerfGE 106, 28, 29 f. = NJW 2002, 3619.
25 BVerfGE 85, 365, 396 = NJW 1992, 1875.
26 Vgl. *Scheurle/Mayen/Zerres*, § 85 RdNr. 2; *Trute/Spoerr/Bosch*, § 85 RdNr. 2; *Arnauld*, DÖV 1998, 437 ff.; *Gramlich*, CR 1996, 102, 110; *Schmidt-Bleibetreu/Klein*, Art. 10 GG RdNr. 1; *v. Münch/Kunig/Löwe*, Art. 10 GG RdNr. 8. Zur Grundrechtsfähigkeit der Telekom: *Windthorst*, VerwArch 2004, 377, 398 f.
27 *Badura*, C RdNr. 42; *v. Mangoldt/Klein/Starck/Gusy*, GG, Art. 10 RdNr. 53; *Pieroth/Schlink*, RdNr. 836.

9 Art. 10 Abs. 1 GG enthält eine objektive Wertentscheidung der Verfassung. Daraus ergibt sich eine **Schutzpflicht des Staates**.[28] Nachdem das Post- und Fernmeldewesen gem. Art. 87f GG liberalisiert worden ist, hat der Staat das Fernmeldegeheimnis vornehmlich auch gegenüber Privaten zu schützen, die Telekommunikationsanlagen betreiben.[29] Weil die Nutzer von Telekommunikationsdienstleistungen auf die **Übermittlung durch private Diensteanbieter**, angewiesen sind, besteht nun hier die typische Gefahr für die Selbstbestimmung des Einzelnen, dass jene als Dritte von Inhalt und Umständen des Fernmeldeverkehrs Kenntnis erlangen.[30] § 88 überträgt insofern den Schutzgehalt des Art. 10 Abs. 1 GG auf das Verhältnis Privater zueinander. Die Schutzbereiche beider Vorschriften sind insoweit identisch.

III. Der Schutzbereich des Fernmeldegeheimnisses (Abs. 1)

10 **1. Personaler Schutzbereich.** – Im Gegensatz zum Fernmeldegeheimnis nach Art. 10 Abs. 1 GG, das natürliche und inländische juristische Personen schützt (vgl. Art. 19 Abs. 3 GG), legt § 88 keinen personalen Schutzbereich fest. Wortlaut und Systematik (vgl. § 91 Abs. 1 S. 2) sprechen jedoch dafür, auch juristische Personen und (teil-)rechtsfähige Personengesellschaften einzubeziehen.[31] Sonstige Personenvereinigungen sind nicht als solche geschützt. Wohl aber sind dies ihre Gesellschafter oder ihre Mitglieder.[32] Das Fernmeldegeheimnis wirkt nicht nur zugunsten des „Anrufers", sondern auch zugunsten des „Angerufenen".[33] Verzichtet einer von beiden auf den Geheimnisschutz, gilt dies nicht sogleich auch für den anderen.[34] Bei der automatisierten Kommunikation von Telekommunikationsendgeräten wird diese Kommunikation den Betreibern dieser Anlage zugerechnet.[35]

11 **2. Sachlicher Schutzbereich. – a) Der Inhalt der Telekommunikation.** – Das Fernmeldegeheimnis erstreckt sich zunächst auf den **Inhalt** der Telekommunikation. Nach § 3 Nr. 22 ist „Telekommunikation" der technische Vorgang des Aussendens, Übermittelns und Empfangens von Signalen mittels Telekommunikationsanlagen. Der im Verlauf des Gesetzgebungsverfahrens eingeführte Begriff des Signals anstatt des der Nachricht hat keine Auswirkung: Signale sind **Informationsträger**. Nur wenn demnach eine wie auch immer geartete Information vorliegt, kann von Telekommunikation gesprochen werden. **Telekommunikationsanlagen**, sind nach § 3 Nr. 23 technische Einrichtungen oder Systeme, die als Nachrichten identifizierbare elektromagnetische oder optische Signale senden, übertragen, vermitteln, empfangen, steuern oder kontrollieren können. Inbegriffen sind damit auch Server und Router zur Steuerung von Online-Kommunikation und Einwahlknoten

---

28 BVerfGE 106, 28 = NJW 2002, 3619; *Lang*, ArchPT 1997, 298, 299; *Groß*, JZ 1999, 326 ff.; *Dreier/Hermes*, GG, Art. 10 RdNr. 83; *Schmidt/Bleibtreu/Klein*, Art. 10 RdNr. 4; *Badura*, Teil C RdNr. 42; ablehnend *Isensee/Kirchof/Schmitt-Glaeser*, Bd. VI § 129 RdNr. 6.

29 BVerfGE 106, 28, 29 f. = NJW 2002, 3619.

30 BVerfGE 85, 368, 396 = NJW 1992, 1875; *Dreier/Hermes*, GG, Art. 10 RdNr. 16.

31 So BT-Drs. 13/3609 S. 53 zu § 85 TKG 1996; *Bizer*, DuD 1998, 570; BeckTKG-Komm/*Büchner*, § 85 RdNr. 3.

32 *Scheurle/Mayen/Zerres*, § 85, RdNr. 19.

33 BVerfGE 85, 386, 399 = NJW 1992, 1875; *Scheurle/Mayen/Zerres*, § 85 RdNr. 20; kritisch *Gusy*, JZ 1992, 1018; *v. Münch/Kunig/Löwer*, Art. 10 RdNr. 18.

34 BVerfGE 85, 386, 399 = NJW 1992, 1875.; *Scheurle/Mayen/Zerres*, § 85 RdNr. 20; *Derksen*, JR 1997, 167.

35 *Scheurle/Mayen/Zerres*, § 85 RdNr. 19.

von Internetprovidern.[36] Auch die Nachrichtenübertragung mittels **privater Funkanlagen**, ist daher vom dem Begriff der Telekommunikation erfasst (z. B. Amateur-, Taxi- oder Flugfunk). Demgemäß unterfällt dieser Informationsaustausch auch dem Fernmeldegeheimnis i. S. v. § 88 Abs. 1.[37] Soweit hier Nachrichtenübermittlung ohne Einschaltung eines Dritten erfolgt, fehlt es jedoch naturgemäß an einem Diensteanbieter, dem nach § 88 Abs. 2 die umfassende Wahrung des Fernmeldegeheimnisses obliegt. Gleichwohl ist auch diese Form der Telekommunikation in besonderen Maße dem Zugriff Dritter ausgesetzt. Den Staat trifft daher auch hier ein Pflicht zum Schutze des Grundrechtes, das er hier freilich durch andere Vorschriften (§§ 89, 148; §§ 201, 202a StGB) verwirklicht.

Nach einer verbreiteten Meinung soll nur die **individuelle Nachrichtenübermittlung**, 12 vom Fernmeldegeheimnis geschützt sein.[38] Diese Einschränkung mag zur Abgrenzung von Massenkommunikation wie Hörfunk und Fernsehen tauglich sein, solange man die herkömmlichen Sende- und Empfangswege in Betracht zieht. Gleichwohl begegnen dieser Eingrenzung wegen der zunehmenden Konvergenz der Übertragungswege Bedenken: So lassen sich inzwischen nicht nur über das klassische Telefonkabel Mediendienste als Massenkommunikation beziehen. Vielmehr kann umgekehrt ein rückkanalfähiges Fernsehkabel mittlerweile auch für individuelle Sprachtelefonie genutzt werden. Eingedenk der Bedeutung des Fernmeldegeheimnisses ist i. d. R. davon auszugehen, dass sein Schutzbereich bei jeder Form von Nachrichtenübermittlung berührt ist, solange nicht auszuschließen ist, dass der Übertragungsweg für Individualkommunikation genutzt wird.[39]

Die Signale müssen ausgesandt, übermittelt oder empfangen werden. Daraus wird zum Teil 13 geschlossen, Nachrichten in Mailboxen und damit vergleichbaren **Systemen bei E-Mail-Providern** unterlägen nicht dem Schutz des Fernmeldegeheimnisses, da sie nicht ausgesendet, übermittelt und gerade empfangen werden würden. Mit Abschluss des Empfangs ende die Telekommunikation.[40] Dies beruht freilich auf einem zu engen Verständnis des Begriffes der Übermittlung. Der Übermittlungsvorgang ist, ausgehend vom Zweck des Fernmeldegeheimnisses, als Schutz vor der Einwirkung von mit der Übermittlung beauftragter Dritter, erst dann abgeschlossen, wenn die zur Übermittlung verwendete dritte Person nicht mehr involviert ist. Die besonderen Gefahren für die Selbstbestimmung des Einzelnen bestehen gerade darin, dass die Kommunizierenden einen Dritten einbeziehen müssen, um eine Nachricht vom Absender zum Empfänger zu transportieren. Unter der Voraussetzung dieses **Drittbezuges**, kann es nicht darauf ankommen, wie lange der Übermittlungsvorgang dauert, oder ob die Information vom Nachrichtenmittler „zwischengelagert" wird. Informationen in Nachrichtenübermittlungssystemen mit Zwischenspeicherung[41], wie E-Mail oder Anrufbeantworter im Netz, stehen daher unter dem Schutz des Fernmeldege-

36 BeckTKG-Komm/*Büchner*, § 85 RdNr. 2; vgl. auch § 91 RdNr. 18 ff.
37 *Trute/Spoerr/Bosch*, § 85 RdNr. 6; *Scheurle/Mayen/Zerres*, § 85 RdNr. 7.
38 BVerfGE 85, 386, 396 = NJW 1992, 875; BeckTKG-Komm/*Büchner*, § 85 RdNr. 2 f.; *Dreier/Hermes*, Art. 10 RdNr. 34; *Isensee/Kirchof/Schmitt-Glaeser*, Bd. VI § 129 RdNr. 61; a. A. wohl *Gundermann*, K&R 1998, 48, 49; *Wiechert/Schmidt/Königshofen/Königshofen/Schmidt*, TKG § 85 RdNr. 12.
39 *Trute/Spoerr/Bosch*, § 85 RdNr. 8; *Dreier/Hermes*, Art. 10 RdNr. 35; *v. Mangoldt/Klein/Starck/Gusy*, Art. 10 RdNr. 44; *v. Münch/Kunig/Löwer*, Art. 10 RdNr. 18.
40 *Scheurle/Mayen/Zerres*, § 85 RdNr. 11; *Bizer*, DuD 1996, 627; *Palm/Roy*, NJW 1996, 1791 ff.
41 Vgl. hier die Kommentierung zu § 107.

heimnisses.[42] Bisher ging das BVerfG davon aus, dass das Fernmeldegeheimnis dann endet, wenn der Empfänger die Nachricht wahrgenommen hat, sich folglich auch noch auf Informationen erstreckt, die bereits das Endgerät erreicht haben, aber noch in den Übermittlungsvorgang eingebunden sind.[43] In einer neueren Entscheidung hat die 3. Kammer des 2. Senats den Schutzbereich noch weiter gezogen: Er erstreckt sich nun auch auf Verbindungsdaten, die in der SIM-Karte eines Mobiltelefons gespeichert oder auf Einzelverbindungsnachweisen dokumentiert sind.[44]

14   **b) Die näheren Umstände der Telekommunikation.** – Nach der Rechtsprechung des Bundesverfassungsgerichts zu Art. 10 GG fallen nicht nur der Kommunikationsinhalt, sondern auch die näheren Umstände des Kommunikationsvorgangs in das Fernmeldegeheimnis, also auch die Tatsache, ob und wann zwischen welchen Personen ein Telekommunikation stattgefunden hat.[45] Dies gilt auch im Rahmen des § 88. Während **Steuersignale** als Nachrichtengegenstände dem Inhalt der Telekommunikation zuzurechnen sind[46], fallen Kennziffern oder Identifizierungsmerkmale, die nicht unmittelbar vom Teilnehmer stammen, sondern die der Diensteanbieter zur Ermöglichung eines konkreten Kommunikationsvorganges nutzt, unter die näheren Umstände der Telekommunikation.[47] **Bestandsdaten** gehören dagegen als solche nicht zu den näheren Umständen der Telekommunikation.[48] Nach § 3 Nr. 3 umfassen sie lediglich die Daten eines Teilnehmers, die für die Begründung, inhaltliche Ausgestaltung, Änderung oder Beendigung eines Vertragsverhältnisses über Telekommunikationsdienste (z. B. die Telefonnummer) erhoben werden. Sie beziehen sich daher nicht auf einen konkreten Telekommunikationsvorgang. Geschützt sind sie freilich dann, wenn sie Gegenstand eines konkreten Kommunikationsvorganges werden. So ist die einem Teilnehmer zugeteilte **Rufnummer** zunächst bloß ein Bestandsdatum. Sie wird aber ein näherer Umstand der Telekommunikation, wenn sie als Verkehrsdatum i. S. v. § 96 Abs. 1 aus einem konkreten Kommunikationsvorgang stammt. Abzustellen ist mithin auf die Erhebungsquelle der Information.[49] Nähere Umstände sind demgemäß typischerweise die in § 96 Abs. 1 niedergelegten Beispiele für Verkehrsdaten.

15   Bezweifelt wird, ob **Stand-by-Standortdaten**, von Mobiltelefonen als nähere Umstände der Telekommunikation dem Fernmeldegeheimnis unterfallen.[50] Der BGH sieht das Übermitteln von Standortdaten jedenfalls dann als Telekommunikation an, wenn der Benutzer sein Gerät willentlich eingeschaltet hat.[51] Telekommunikation ist jeder technische Vorgang

---

42 BGH NStZ 1997, 247; so auch *Wiechert/Schmidt/Königshofen/Hansen-Oest*, § 85 RdNr. 19; a. A. *Scheurle/Mayen/Zerres*, § 85 RdNr. 11; vgl. w. *Hoeren*, RdNr. 219.

43 BVerfGE 106, 28, 29 ff. = NJW 2002, 3619.

44 BVerfG, NStZ 2005, 337, 338 f. m. krit. Anm. v. *Hauschild*; vgl. schon *Vassilaki*, RDV 2004, 11, 12 f.

45 BVerfGE 67, 157, 172 (= NJW 1985, 121); 85, 386, 396 (= NJW 1992, 1875).

46 Vgl. § 100 RdNr. 26; *Scheurle/Mayen/Zerres*, § 85 RdNr. 15.

47 Ähnlich *Scheurle/Mayen/Zerres*, § 85 RdNr. 15.

48 *Scheurle/Mayen/Zerres*, § 85 RdNr. 17; *Trute/Spoerr/Bosch*, § 85 RdNr. 9; BeckTKG-Komm/ *Büchner*, § 85 RdNr. 3; *Wuermeling/Felixberger*, CR 1997, 230, 234.

49 *Heun/Wuermeling*, Teil 9 RdNr. 34.

50 Ablehnend *Scheurle/Mayen/Zerres*, § 85 RdNr. 16; *Demko*, NStZ 2004, 57, 61; *Bernsmann/Jansen*, StV 1999, 591, 592; bejahend: *Erbs/Kohlhaas/Kalf*, TKG § 85 RdNr. 4; *Gundermann*, K&R 1998, 48, 53; LG Dortmund, NStZ-RR 1998, 577; LG Ravensburg, NStZ-RR 1999, 84.

51 BGH, NJW 2003, 2034, 2035 m. Anm. v. *Weßlau*, StV 2003, 370; *Koch*, K&R 2004, 137; Bespr. v. *Fezer*, NStZ 2003, 625; BGH, NJW 2001, 1587, 1588 m. Anm. *Bernsmann*, NStZ 2002, 103; LG

des Aussendens und Übermittelns von Signalen mittels Telekommunikationsanlagen.[52] Zu den Umständen eines Ferngesprächs seien stets die Verbindungsdaten zu zählen. Gemäß § 2 Nr. 4 TDSV umfasse dies auch Daten, die bereits bei der Bereitstellung von Telekommunikationsdienstleistungen erhoben würden.[53] Hiergegen wird vor allem zweierlei eingewandt: Von Umständen eines Fernmeldeverkehrs könne zum einen nur gesprochen werden, soweit eine Telekommunikation wirklich stattfinde. Daten, die lediglich dazu dienten, die Empfangsbereitschaft aufrecht zu erhalten, könnten daher nicht als Umstände der Telekommunikation angesehen werden.[54] Zum Zweiten könne von Kommunikation nur bei einer willentlich veranlassten Informationsübermittlung gesprochen werden.[55] Dem BGH ist im Ergebnis zuzustimmen. Auch wenn die Standby-Positionsmeldung eines Handys mangels aktuellen Telefonats nicht als ein Umstand eines Ferngesprächs angesehen werden kann, so stellt sie doch selbst eine Nachrichtenübertragung dar. Mit ihr gibt das Mobiltelefon seine Kartennummer an die nächstgelegene Sendeanlage weiter. Darin liegt für sich genommen die Übermittlung eines Signals mittels einer Telekommunikationsanlage. Erst in Verbindung mit der Kenntnis vom Standort des Sendemastes ergibt sich daraus die Position des Mobiltelefons, damit ein Standortdatum. Recht besehen sind daher Bereitschafts-standortdaten Umstände derjenigen Telekommunikation, mit der das Handy seine Kartennummer an die nächstgelegene Sendeanlage übermittelt. Es handelt sich schließlich auch um eine willensgetragene Informationsübermittlung. Wer sein Mobiltelefon auf Empfang schaltet, der will auch, dass es automatisch Positionsmeldungen durchgibt. Standby-Standortdaten unterfallen daher dem Fernmeldegeheimnis.

S. 3 stellt klar, dass das Fernmeldegeheimnis sich auch auf die näheren Umstände **erfolgloser Verbindungsversuche**, erstreckt. Auch dies geht auf die Verfassungsrechtsprechung[56] zurück. Dagegen rechnet § 88 Abs. 1 diejenigen Daten, die vor dem Zugriff auf Daten über Inhalte oder nähere Umstände einer Telekommunikation schützen (z.B. PIN, PUK oder Passworte), nicht zum Fernmeldegeheimnis.[57] Für sich genommen enthalten diese **Zugriffsdaten**, auch keine Informationen über Inhalt oder Umstände eines konkreten Telekommunikationsvorgangs. Aufgrund ihres Schutzzwecks stehen sie freilich in besonderer Nähe zu den Daten, die dem Fernmeldegeheimnis unterfallen. Aufgrund dessen hatte der Bundestag den Schutzbereich von § 88 Abs. 1 auf sie erstreckt.[58] Auf Vorschlag des Vermittlungsausschusses wurde davon aber wieder Abstand genommen.[59] Wie sich aus der korrespondierenden Änderung von § 113 Abs. 1 ergibt, hat sich der Gesetzgeber damit für einen abgestuften Grundrechtsschutz entschieden: Inhalt und nähere Umstände der Telekommunikation sind Bestandteil des Fernmeldegeheimnisses, Zugriffsdaten dagegen nicht. Gleichwohl ergibt sich aus dem Recht des Staates, Auskunft über Zugriffsdaten zu verlan- **16**

Aachen, StV 1999, StV 1999, 590; LG Ravensburg, NStZ-RR 1999, 84; *Bär*, MMR 2001, 443, 444.

52 BGH, NJW 2003, 2034, 2035.
53 BGH, StV 2001, 214, 215; ähnlich auch: VG Darmstadt, NJW 2001, 2273: Es handele sich um Vorbereitung von Telekommunikation.
54 *Kudlich*, JuS 2001, 1165, 1168 f.; zust. *Demko*, NStZ 2004, 57, 61.
55 *Kudlich*, JuS 2001, 1165, 1168 f.; genauso: *Bernsmann*, NStZ 2002, 103, 104; zust. *Demko*, NStZ 2004, 57, 61; ähnlich auch *Fezer*, NStZ 2003, 625, 626 ff.; *Weßlau*, StV 2003, 370.
56 BVerfGE 67, 157, 172 (= NJW 1985, 121); 85, 386, 396 (= NJW 1992, 1875).
57 BVerfG, NStZ 2005, 337, 339 m. krit. Anm. *Hauschild*.
58 *Thiede*, Kriminalistik 2004, 104, 105.
59 BT-Drs. 15/2679, S. 16. Vgl. zum Folgenden auch: BR-Drs. 379/04, S. 6.

gen, nicht sogleich auch die Befugnis, sich Kenntnis von Inhalt und näheren Umständen der Telekommunikation zu verschaffen, vgl. § 113 Abs. 1 S. 2.[60] Nach dem BVerfG sind bei der Beschlagnahme von Mobiltelefonen (daher) auch die §§ 100 g, 100 h StPO zu beachten.[61]

IV. Die Verpflichteten (Abs. 2)

17 Nach Abs. 2 ist jeder **Diensteanbieter**, zur Wahrung des Fernmeldegeheimnisses verpflichtet. Dienstanbieter ist nach § 3 Nr. 6 zunächst jeder, der zumindest teilweise geschäftsmäßig Telekommunikationsdienste erbringt. Darunter fällt, wer in der Regel gegen Entgelt ganz oder überwiegend Signale über Telekommunikationsnetze überträgt, § 3 Nr. 27. Übertragungsdienste in Rundfunknetzen sind dabei eingeschlossen. Geschäftsmäßig erbringt diese Dienste derjenige, der (unabhängig von einer Gewinnerzielungsabsicht) nachhaltig Telekommunikation für Dritte anbietet, § 3 Nr. 10. Schließlich zählt § 3 Nr. 6 auch diejenigen zu den Diensteanbietern, die (wie z.B. ein Mitarbeiter oder sonstiger Erfüllungsgehilfe eines Telekommunikationsunternehmens[62]) an der Erbringung solcher Dienstleistungen nur mitwirken.

18 Die Ausdehnung des Kreises der Verpflichteten auch auf Personen, die zwar nachhaltig, aber ohne Gewinnerzielungsabsicht Telekommunikationsdienste erbringen, geht u. A. auf Vorschläge von Datenschutzbeauftragten zurück.[63] Daher können Corporate Networks[64], Hotels und Krankenhäuser mit Nebenstellenanlagen Telekommunikationsdienstleistungen **geschäftsmäßig erbringen**. Nicht betroffen sind Betreiber privater Endgeräte, Haustelefonanlagen und hauseigener Sprechanlagen.[65] Hier liegt regelmäßig nur Eigennutzung vor.[66] Selbst dann, wenn ein Dritter diese Anlagen betreibt, wird er damit nicht automatisch zum Diensteanbieter.[67] Entscheidend ist hier, ob er eigens dafür ein Entgelt verlangt.

Wer als Anschlussinhaber seinen Mitbewohnern gegen Entgelt den Anschluss zur Mitbenutzung zur Verfügung stellt, der wird als Diensteanbieter angesehen.[68] Damit ist der Adressatenkreis sehr weit geraten. Dies hat Kritik auf sich gezogen.[69] Doch können die typischen Gefahren für die Vertraulichkeit eines Ferngesprächs auch in allen eben genannten Fällen eintreten. Folglich müssen die Anlagenbetreiber ebenfalls den besonderen Pflichten des § 88 Abs. 2 unterliegen.

19 Ob bei einem Betreiber eines **Corporate Networks** oder auch bei **Nebenstellenanlagen** von Behörden etc. die Eigenschaft eines Diensteanbieters erfüllt ist, bestimmt sich nach dem Kriterium des **Drittbezuges**.[70] Wird das Netzwerk oder die Nebenstelle lediglich für

---

60 BR-Drs. 379/04, S. 6.
61 BVerfG NStZ 2005, 337, 339 mit Krit. Anm. v. *Hauschild*.
62 *Geppert/Ruhle/Schuster*, RdNr. 570; *Wissmann/Meister/Schmitz*, Kap. 15 RdNr. 8; zust. BeckTKG-Komm/*Büchner*, § 85 RdNr. 4.
63 Vgl. *Gartska*, in: *Bartsch/Lutterbeck*, Neues Recht für neue Medien, S. 299.
64 Zum Begriff *Berger/Gramlich*, CR 1999, 150.
65 BT-Drs. 13/3609, S. 53; *Wuermeling/Felixberger*, CR 1997, 230, 231 f.; zust. BeckTKG-Komm/ *Büchner*, § 85 RdNr. 4.
66 *Erbs/Kohlhaas/Kalf*, TKG § 85 RdNr. 8.
67 So aber *Scheurle/Mayen/Zerres*, § 85 RdNr. 31 ff.
68 *Wiechert/Schmidt/Königshofen/Hansen-Oest*, § 85 RdNr. 17.
69 *Kiper/Ruhmann*, DuD 1998, 155 ff.
70 *Gola*, MMR 1999, 322; *Wiechert/Schmidt/Königshofen/Hansen-Oest*, § 85 RdNr. 22; *Wissmann/ Meister/Schmitz*, Kap. 15 RdNr. 8; a. A. *Berger/Gramlich*, CR 1999, 150, 158.

dienstliche Zwecke verwendet, dann besteht Identität zwischen dem Betreiber des Netzes bzw. der Nebenstellenanlage und dem Nutzer.[71] Folglich ist der Betreiber kein Diensteanbieter und daher nicht nach § 88 verpflichtet. Wird dagegen das Netz von einem Dritten betrieben, unterliegt dieser den Verpflichtungen zum Schutz des Fernmeldegeheimnisses. Gleiches gilt, wenn das Netz von einer eigenständigen Konzerntochter oder von einem Unternehmen des Konzerns für ein anderes zur Verfügung gestellt wird.[72] Nur dann, wenn der Betreiber seinen Mitarbeitern[73] auch private Fernkommunikation gestattet, wird er ebenfalls Diensteanbieter.[74]

Die Möglichkeit, sich bei so genannten **Call-Centern**, auf Gespräche aufzuschalten oder **20** die Anrufer zu registrieren, berührt das Fernmeldegeheimnis nicht. Denn regelmäßig ist der Betreiber des Call-Centers selbst nur (angerufener) Teilnehmer.[75] Die Zulässigkeit der Gesprächsüberwachung beurteilt sich hier nach Datenschutzrecht. Fehlt es an ihr, kann § 201 StGB erfüllt sein.

Die Abgrenzung der Verpflichteten kann auch im Bereich der **Multimediadienste** proble- **21** matisch sein. Da hier Telekommunikation regelmäßig auf der Transportebene stattfindet, treffen unterschiedliche Regelungen wie das Teledienstegesetz (TDG), das Teledienstedatenschutzgesetz (TDDSG) und der Mediendienste-Staatsvertrag (MDStV) unmittelbar mit den Regelungen des TKG zusammen.[76] Dementsprechend sind auf der Transportebene die Regelungen des TKG anzuwenden. Geht es dagegen unabhängig von der zugrunde liegenden Telekommunikation um die Abwicklung des Tele- oder Mediendienstes, dann sind zunächst TDG, TDDSG und MDStV – und nur soweit auch Nachrichten-Transportleistungen erbracht werden, zusätzlich das TKG – anzuwenden. Im Sonderfall der Access-Provider ist zwar das TDG, nicht aber das TDDSG anwendbar.[77] Daneben greifen die Vorschriften des TKG ein.

Nach Satz 2 besteht die Pflicht zur Geheimhaltung auch nach dem **Ende der Tätigkeit**, **22** fort, durch die sie begründet worden ist. Fällt mithin die Eigenschaft als Diensteanbieter weg, so unterliegen die einmal erhaltenen Kenntnisse aus der Tätigkeit als Diensteanbieter auch weiterhin dem Geheimnisschutz. Sie besteht damit **zeitlich unbegrenzt**.

V. Die Verhaltensregeln (Abs. 3)

a) Die Grenzen der Kenntnisverschaffung (S. 1). – Die **Generalklausel** des Abs. 3 S. 1 **23** untersagt es Diensteanbietern, sich oder anderen über das für die geschäftsmäßige Erbringung der Telekommunikationsdienste einschließlich des Schutzes ihrer technischen Systeme **erforderliche** Maß hinaus **Kenntnis**, vom Inhalt oder den näheren Umständen der

---

71 Übersehen von *Bizer*, DuD 2001, 618, 619.
72 BeckTKG-Komm/*Büchner*, § 85 RdNr. 4; *Wuermeling/Felixberger*, CR 1997, 555; *Gundermann*, K&R 1998, 48.
73 BT-Drs. 13/3609, S. 53; *Manssen/Haß*, § 85 TKG RdNr. 8; BeckTKG-Komm/*Büchner*, § 85 RdNr. 4; *Königshofen*, RDV 1997, 97, 98; *Ernst*, NZA 2002, 585, 587, a. A. *Gramlich*, RDV 2001, 123.
74 *Gola*, MMR 1999, 322, 322 f. m. w. N.; *Post-Ortmann*, RDV 1999, 102; *Trute/Spoerr/Bosch*, § 85 RdNr. 11.
75 *Scheurle/Mayen/Zerres*, § 85 RdNr. 30.
76 Vgl. ausf. die Kommentierung zu § 91 RdNr. 12 ff.
77 Vgl. die Kommentierung zu § 91 RdNr. 18 ff.

Telekommunikation zu verschaffen. Dazu gehören nur diejenigen Informationen, die der Diensteanbieter benötigt, um seine vertraglichen Pflichten zu erfüllen.[78] Dies kann nur im Einzelfall und in Bezug auf den jeweiligen Telekommunikationsdienst ermittelt werden.[79] Dabei sind auch wirtschaftliche Erwägungen zu berücksichtigen.[80] So ist es insbesondere zulässig, sich Information zur Sicherstellung eines geregelten Ablaufes der Kommunikation, zur Störungsbeseitigung und zur Abrechnung zu beschaffen.[81] Nicht von der Generalklausel gedeckt ist es, sich Kenntnisse von Inhalt und Umstände des Fernmeldeverkehrs zu verschaffen, um rechtswidrigen Handlungen[82], namentlich Verstößen gegen den Jugendschutz[83] vorzubeugen. Gleiches gilt für das Sammeln von Informationen, um eine gezielte Ansprache von Kundenkreisen zu ermöglichen[84], soweit keine Einwilligung des Betroffenen gemäß § 96 Abs. 4 vorliegt.[85]

24 Das Verbot, sich Kenntnis zu verschaffen, bedeutet angesichts der technischen Vermittlung der Übertragung ein **Verbot** des Einsatzes technischer oder sonstiger Mittel, um Telekommunikation zu entschlüsseln, abzuhören, Verkehrsdaten zu erheben oder in sonstiger Weise **zu überwachen**.[86] Nicht untersagt ist es, dass dem Diensteanbieter derartige Einrichtungen zur Verfügung stehen.[87]

25 Der **Umfang der Informationsbeschaffung** ist in den §§ 91 ff. geregelt. Denn was datenschutzrechtlich unzulässig ist, kann auch nicht erforderlich sein, um Telekommunikationsdienstleistungen zu erbringen.[88] Soweit in den §§ 91 ff. besondere Regelungen mit einer speziellen Eingriffsintensität vorliegen, z.B. zur Störungsbeseitigung in § 100, sind diese Regelungen abschließend. S. 1 berechtigt hier nicht zu weitergehenden Überwachungen. Die früher vertretene Auffassung, nach der solche Maßnahmen zur Störungsbeseitigung wegen betriebsbedingter Schranken des Art. 10 Abs. 1 GG[89] keinen Eingriff in das Fernmeldegeheimnis darstellten, hat das BVerfG zutreffend zurückgewiesen, weil dies dem Schutzgedanken des Fernmeldegeheimnisses widerspricht.[90] Dies gilt auch für das Fernmeldegeheimnis nach § 88.[91]

26 **b) Zweckbindung (S. 2).** – Nach Abs. 3 S. 2 dürfen die Diensteanbieter Kenntnisse über Tatsachen, die dem Fernmeldegeheimnis unterliegen, nur für den in Satz 1 genannten Zweck, d.h. zur Erbringung der Telekommunikationsdienste und zum Schutz ihrer technischen Systeme verwendet werden. Das hier niedergelegte Prinzip gleicht dem Grundsatz der Zweckbindung im Datenschutzrecht, nach dem erhobene Daten grundsätzlich nur für

---

78 *Bizer*, DuD 1998, 570, 571.
79 *Scheurle/Mayen/Zerres*, § 85 RdNr. 36.
80 *Trute/Spoerr/Bosch*, § 85 RdNr. 18; a. A. *Manssen/Haß*, § 85 RdNr. 18.
81 BeckTKG-Komm/*Büchner*, § 85 RdNr. 6; *Lang*, ArchPT 1997, 298, 299.
82 *Scheurle/Mayen/Zerres*, § 85 RdNr. 37.
83 *Lang*, ArchPT 1997, 298 ff.
84 *Bizer*, DuD 1998, 570.
85 Vgl. dort § 96 RdNr. 19.
86 *Manssen/Haß*, § 85 RdNr. 16.
87 *Trute/Spoerr/Bosch*, § 85 RdNr. 17.
88 *Heun/Wuermeling*, Teil 9 RdNr. 42.
89 BVerwG, NJW 1984, 2112; *Maunz/Dürig*, Art. 10 RdNr. 66.
90 BVerfGE 85, 386, 397 = NJW 1992, 875.
91 I. E. *Manssen/Haß*, § 85 RdNr. 17; *Scheurle/Mayen/Zerres*, § 85 RdNr. 14.

den gesetzlich definierten Zweck verwandt werden dürfen.[92] Der Begriff des **Verwendens** ist auf Grund der Nähe des Fernmeldegeheimnisses zum Recht auf informationelle Selbstbestimmung ähnlich dem Verwendungsbegriff in den Telekommunikations-Datenschutzvorschriften der §§ 91 ff.[93] zu verstehen. Er umfasst zunächst neben der Nutzung jede Form der Verarbeitung des Informationsgehaltes der dem Fernmeldegeheimnis unterliegenden Tatsachen.

Eine über den Zweck des S. 2 hinausgehende Verwendung ist grundsätzlich untersagt. Dabei kommt es lediglich darauf an, dass es um Kenntnisse von Tatsachen handelt, die dem Fernmeldegeheimnis unterliegen, nicht aber darauf, ob sie unter Beachtung des Erforderlichkeitsgrundsatzes erworben wurden.[94] **27**

c) Verwendung für andere Zwecke (S. 3). – Nach Abs. 3 S. 3 ist eine Verwendung der Kenntnisse für andere Zwecke nur zulässig, soweit dies das TKG oder eine andere gesetzliche Vorschrift vorsieht und sich dabei ausdrücklich auf Telekommunikationsvorgänge bezieht. Diese Voraussetzungen sind im Gesetzgebungsverfahren zum § 85 TKG a. F. als „**Kleines Zitiergebot**" bezeichnet worden.[95] Es soll deutlich machen, dass bei einer Kollision des Fernmeldegeheimnisses mit staatlichen Eingriffsbefugnissen das Fernmeldegeheimnis regelmäßig Vorrang hat.[96] Dabei ist es aber ausreichend, wenn aus der entsprechenden Vorschrift die bewusste Abwägung des Gesetzgebers[97] hervorgeht, dass nach seinem Willen das Fernmeldegeheimnis zurücktreten soll[98], z. B. bei den §§ 100a, 100b StPO, die gerade eine Überwachung der Telekommunikation vorsehen. Eine namentliche Nennung des Fernmeldegeheimnisses oder ein ausdrücklicher Hinweis auf § 88 ist nicht erforderlich.[99] Allgemeine Auskunftsrechte und -pflichten, so z. B. nach den §§ 93, 97 und 147 AO, reichen dagegen nicht aus.[100] Gleiches gilt für § 402 BGB im Zusammenhang mit der Abtretung von Kundenforderungen.[101] Schließlich taugen auch allgemeine Rechtfertigungsgründe wie namentlich § 34 StGB nicht dazu, einen Eingriff in das Fernmeldegeheimnis zu legitimieren.[102] Zwar trifft es zu, dass Rechtfertigungsgründe generell den Zweck haben, Verstößen gegen Vorschriften den Unrechtscharakter zu nehmen.[103] Mangels ausdrücklichen Bezuges zur Telekommunikation werden sie jedoch von § 88 Abs. 3 S. 3 verdrängt.[104] **28**

---

92 BVerfGE 65, 1, 46 = NJW 1984, 419.
93 Vgl. hierzu ausf. § 91 RdNr. 25 f.
94 *Scheurle/Mayen/Zerres*, § 85 RdNr. 38.
95 *Scheurle/Mayen/Zerres*, § 85 RdNr. 40.
96 BT-Drs. 13/3609, S. 53; *Erbs/Kohlhaas/Kalf*, TKG § 85 RdNr. 14; BeckTKG-Komm/*Büchner*, § 85 RdNr. 8; abweichend *Scheurle/Mayen/Zerres*, § 85 RdNr. 40, der die Vorschrift in erster Linie als Abwägungsverpflichtung für den Gesetzgeber ansieht.
97 BT-Drs. 13/3609, S. 53.
98 BeckTKG-Komm/*Büchner*, § 85 RdNr. 8; *Manssen/Haß*, § 85 RdNr. 23.
99 *Scheurle/Mayen/Zerres*, § 85 RdNr. 40; *Wiechert/Schmidt/Königshofen/Hansen-Oest*, § 85 RdNr. 26; *Erbs/Kohlhass/Kalf*, TKG § 85 RdNr. 14.
100 *Trute/Spoerr/Bosch*, § 85 RdNr. 26.
101 *Wissmann/Meister/Schmitz*, Kap. 15 RdNr. 9; vgl. dazu im Zusammenhang mit der Anwendung von § 134 BGB: OLG München, NJW-RR 1998, 758, 760; dagegen: *Palandt/Heinrichs*, § 134 RdNr. 22 a; offen gelassen bei LG Frankfurt/Oder MMR 2002, 249, 250.
102 So BeckTKG-Komm/*Büchner*, § 85 RdNr. 20.
103 So *Scheurle/Mayen/Zerres*, § 85 RdNr. 42, der daher § 34 StGB genügen lässt.
104 *Tröndle/Fischer*, § 206 RdNr. 9 m. w. N.

29   Auch Landesgesetze können Eingriffsbefugnisse i. S. v. S. 3 enthalten.[105] Die ausschließliche Gesetzgebungskompetenz des Bundes nach Art. 73 Nr. 7 und 87f Abs. 1 GG steht dem nicht entgegen. Art. 10 Abs. 2 GG gestattet auch den Ländern Eingriffe in das Fernmeldegeheimnis. Freilich müssen auch hier die Anforderungen des „Kleinen Zitiergebotes" erfüllt sein. Die Berufung auf die polizeiliche Generalklausel scheidet daher aus.[106]

30   Die Ermittlungsbefugnisse der Strafverfolgungsbehörden werden durch § 88 Abs. 3 Satz 3 nicht eingeschränkt, solange von der Beschlagnahme nach §§ 94 ff. StPO nur Gegenstände betroffen sind, die nicht dem Schutz des Art. 10 Abs. 1 GG unterfallen. Die Beschlagnahmevorschriften berechtigen die Ermittlungsbehörden jedoch (allein) nicht, solche Gegenstände (z. B. Datenträger) sicherzustellen, die Informationen enthalten, welche dem Fernmeldegeheimnis unterfallen.[107] Der Referentenentwurf hatte noch vorgesehen, die §§ 94 bis 98a der StPO ausdrücklich vom Vorrang des Weitergabeverbots des § 88 Abs. 3 Satz 3 auszunehmen. Hiervon hatte aber schon der insofern Gesetz gewordene Regierungsentwurf zu Recht wieder Abstand genommen.[108]

31   Satz 3 selbst stellt **keine Eingriffsermächtigung für Dritte**, dar.[109] Er ist vielmehr eine Vorschrift, die den nach Abs. 2 Verpflichteten die Befugnis eröffnet, die zulässig erlangten Kenntnisse (s. o. RdNr. 25 f.) unter den Voraussetzungen der jeweiligen Eingriffsnorm weiterzugeben. Eine Kompetenz, sich über das in Abs. 3 S. 1 erforderliche Maß hinaus Kenntnisse zu verschaffen, gibt die Vorschrift nicht.[110]

32   Bedeutsame gesetzliche Ausnahmen stellen insbesondere die gesetzlichen Telekommunikations-Überwachungsvorschriften dar. Diese gestatten zum einen zum Zwecke der Strafverfolgung gemäß §§ 100a, 100b StPO die zukünftige Überwachung der Telekommunikation und gemäß §§ 100g, 100h StPO die Auskunft über Verkehrsdaten vergangener Telekommunikation. Zum zweiten erlauben die Art. 1 §§ 1, 3, 5, 8 G 10, § 8 Abs. 8 BVerfSchG, § 10 Abs. 3 MADG, § 8 Abs. 3a BNDG den Nachrichtendiensten, Auskünfte über Telekommunikation einzuholen bzw. diese zu überwachen. Die Ermittlung des Standorts von Mobilfunktelefonen ist gemäß den §§ 100i, 100j StPO zum Ziele der Strafverfolgung, gemäß § 9 Abs. 4 BNDG zu nachrichtendienstlichen Zwecken zulässig. Schließlich gestattet es § 23a ZFdG dem Zollkriminalamt, zur Verhütung von Straftaten gegen das Außenwirtschafts- bzw. das Kriegswaffenkontrollgesetz die Telekommunikation zu überwachen.[111]

33   **d) Einwilligung.** – Dem Fernmeldegeheimnis unterliegen diejenigen Kommunikationsinhalte nicht, welche die am Kommunikationsvorgang beteiligten Personen gegenüber Dritten offen gelegt haben. Eine solche allseitige Einwilligung wirkt im Hinblick auf § 206

---

105 *Scheurle/Mayen/Zerres*, § 85 RdNr. 43.
106 *Scheurle/Mayen/Zerres*, § 85 RdNr. 43.
107 BT-Drs. 15/2316, S. 87. Vgl. w. BVerfG, NStZ 2005, 337, 338 f.
108 BT-Drs. 15/2316, S. 87.
109 *Scheurle/Mayen/Zerres*, § 85 RdNr. 39.
110 *Scheurle/Mayen/Zerres*, § 85 RdNr. 39.
111 Zur Frage der Verfassungswidrigkeit der Vorgängervorschrift: BVerfGE 110, 33 = NJW 2004, 2213.

StGB **tatbestandsausschließend**.[112] Diese zu Art. 10 Abs. 1 GG entwickelte Dogmatik gilt auch im Rahmen des nach § 88 gewährleisteten Fernmeldegeheimnisses.[113]

Das Fernmeldegeheimnis schützt lediglich die **Vertraulichkeit der Nutzung**, des zur **34** Nachrichtenübermittlung eingesetzten technischen Mediums, nicht aber das Vertrauen der Kommunikationspartner zueinander.[114] Es stellt daher keine Verletzung des Fernmeldegeheimnisses dar, wenn ein Telekommunikationsteilnehmer die aus der Kommunikation mit seinem Partner erlangten Informationen an Dritte weitergibt.[115] Er kann folglich auch einem Dritten ohne Verstoß gegen das Fernmeldegeheimnis das Mithören gestatten.[116] Dies gilt selbst dann, wenn er Behörden, z. B. Strafverfolgungsorgane[117] oder Diensteanbieter[118] zuhören lässt. Darin kann jedoch eine Verletzung des Rechts am eigenen Wort liegen.[119]

Die Einwilligung muss wie auch im Datenschutzrecht in **Kenntnis**, der Sachlage erfolgen. **35** Sie kann, wie § 100 Abs. 2 verdeutlicht, auch **konkludent**, d. h. durch ein Fortsetzen des Gespräches erteilt werden.[120] Die Vorschrift stellt aber auch klar, dass eine inhaltliche Gesprächsüberwachung nach dem Willen des Gesetzgebers an die in dieser Vorschrift dargelegten engen Voraussetzungen geknüpft ist und dass eine darüber hinausgehende Verarbeitung von Inhalten durch Diensteanbieter auch im Falle einer Einwilligung nicht stattfinden darf. Insoweit scheidet eine generell im Rahmen von AGB erteilte Einwilligung in Gesprächsüberwachungen durch Diensteanbieter aus.[121]

e) Die Anzeigepflicht nach § 138 StGB (S. 4). – Gemäß Abs. 3 S. 4 hat die Anzeigepflicht **36** nach § 138 StGB Vorrang. Diese Regelung stellt selbst eine Ausnahme vom Bezugnahmegebot des S. 3 dar. Nach § 138 StGB ist derjenige bei Androhung von Strafe verpflichtet, rechtzeitig Anzeige zu erstatten, der von dem Vorhaben oder der Ausführung einer der in § 138 Abs. 1 StGB abschließend aufgezählten schweren Straftaten zu einer Zeit glaubhaft Kenntnis erhalten hat, zu der deren Ausführung oder der Erfolg noch abgewendet werden kann.[122] Die Regelung löst damit den für den Anbieter bestehenden Konflikt zwischen der Pflicht zur Achtung des Fernmeldegeheimnisses und dem Schutz der von den genannten Straftaten angegriffenen Rechtsgüter zugunsten der Letzteren auf. Im Übrigen ist ein Eingriff in das Fernmeldegeheimnis nicht gestattet. § 88 Abs. 4 berechtigt daher auch nicht, zur Aufdeckung der in § 138 StGB genannten Straftaten die Telekommunikation eigens zu überwachen. Gestattet und gefordert ist nur eine Weitergabe von Zufallserkenntnissen.[123]

---

112 BVerfGE 85, 386, 399 = NJW 1992, 875; *Schönke/Schröder/Lenckner*, § 206 RdNr. 11; *Dreier/ Hermes*, Art. 10 RdNr. 54 f.

113 *Derksen*, JR 1997, 167; *Mannsen/Haß*, § 85 RdNr. 27. *Scheurle/Mayen/Zerres*, § 85 RdNr. 20, 33; *Trute/Spoerr/Bosch*, § 85 RdNr. 27; a. A. *Erbs/Kohlhaas/Kalf*, TKG § 85 RdNr. 18, der auch eine einseitige Einwilligung ausreichen lässt.

114 BVerfGE 106, 28, 29 f. = NJW 2002, 3619.

115 BVerfGE 85, 386, 399 = NJW 1992, 875.

116 BVerfGE 106, 28, 30 = NJW 2002, 3619.

117 BGHSt. 39, 335 = NStZ 1994, 292.

118 *Scheurle/Mayen/Zerres*, § 85 RdNr. 34.

119 Dazu BVerfGE 106, 28, 30 ff. = NJW 2002, 3619; BAG, NJW 1998, 1331.

120 Abweichend zum alten Recht OVG Bremen, NJW 1995, 1769, 1771; *Scheurle/Mayen/Zerres*, § 85 RdNr. 34.

121 Ähnlich *Scheurle/Mayen/Zerres*, § 85 RdNr. 34.

122 Näher: *Klesczewski*, BT § 19 VI; *Schönke/Schröder/Cramer/Sternberg-Lieben*, § 138 RdNr. 3 ff.; *Tröndle/Fischer*, § 138 RdNr. 4 ff.

123 *Scheurle/Mayen/Zerres*, § 85 RdNr. 45.

VI. Ausnahmen für Luft- und Seefahrzeuge

37   Abs. 4 enthält eine Sonderregelung für Telekommunikationsanlagen an Bord von Fahrzeugen der Luft- und Seefahrt.[124] Gegenüber dem Kapitän besteht die Pflicht zur Wahrung des Fernmeldegeheimnisses nicht. Diese Ausnahme wurde aus § 10 Abs. 3 FAG übernommen und bedarf einschränkender Auslegung. Die Vorschrift lässt es nur zu, Nachrichten, die der Bordfunker unbefugt empfangen hat, seinem Kapitän mitzuteilen.[125] Der Kapitän hat zum Wohle von Besatzung und Passagieren die Kommandogewalt inne. Wenn es die Sicherheit des Fahrzeuges erfordert, muss er auch von Telekommunikation in Kenntnis gesetzt werden, die nicht für ihn bestimmt war.[126] Um Konflikte des Bordfunkers mit dem Kapitän zu vermeiden, entbindet § 88 Abs. 4 jenen von der Pflicht zur Wahrung des Fernmeldegeheimnisses.[127] Lässt sich der Kapitän vertreten[128], gilt dies auch gegenüber seinem Stellvertreter.

VII. Rechtsfolgen

38   **1. Strafrechtliche Folgen.** – Nach § 206 Abs. 1 StGB wird bestraft, wer unbefugt einer anderen Person eine Mitteilung über Tatsachen macht, die dem Post- oder Fernmeldegeheimnis unterliegen und die ihm als Inhaber oder Beschäftigtem eines Unternehmens bekannt geworden sind, das geschäftsmäßig Post- oder Telekommunikationsdienste erbringt.[129]

39   **2. Schadenersatz.** – Das in § 88 Abs. 1 niedergelegte Fernmeldegeheimnis bezweckt den individuellen Schutz des einzelnen Kommunikationsteilnehmers.[130] Der Verstoß gegen diese Vorschrift führt daher zur Verletzung subjektiver Rechte. Insoweit kommen Schadenersatz- und Unterlassungsansprüche nach § 823 Abs. 2 BGB in Betracht. Ferner gehört die Vertraulichkeit des gesprochenen Wortes zum Schutzbereich des allgemeinen Persönlichkeitsrechtes.[131] Dessen schuldhafte Verletzung begründet daher zudem einem Anspruch nach § 823 Abs. 1 BGB. Schließlich kann sich ein Anspruch auf Schadenersatz auch aus § 44 ergeben. Unter den zusätzlichen Voraussetzungen des § 253 Abs. 2 BGB kann schließlich auch Ersatz des immateriellen Schadens verlangt werden.[132]

---

124 *Scheurle/Mayen/Zerres*, § 85 RdNr. 46: Binnenschifffahrt ist mithin ausgenommen.
125 *Manssen/Haß*, § 85 RdNr. 26.
126 *Erbs/Kohlhaas/Kalf*, TKG § 85 RdNr. 17; *Trute/Spoerr/Bosch*, § 85 RdNr. 28.
127 *Eidenmüller*, FAG § 10 Anm. 10.
128 *Erbs/Kohlhaas/Kalf*, TKG § 85 RdNr. 17.
129 Näher: *Klesczewski*, BT § 6 III E; *Schönke/Schröder/Lenckner*, § 206 RdNr. 3 ff.; *Tröndle/Fischer*, § 206 RdNr. 2 ff. Zum Löschen von Spam- und Vireneinsatz vgl. *Koecher*, DuD 2004, 272, 274 f.
130 *Trute/Spoerr/Bosch*, § 85 RdNr. 30; BeckTKG-Komm/*Büchner*, § 85 RdNr. 23.
131 Vgl. *Palandt/Sprau*, § 823 RdNr. 87.
132 *Palandt/Heinrichs*, § 253 RdNr. 4 ff.

§ 89 Abhörverbot, Geheimhaltungspflicht der Betreiber von Empfangsanlagen

Mit einer Funkanlage dürfen nur Nachrichten, die für den Betreiber der Funkanlage, Funkamateure im Sinne des Gesetzes über den Amateurfunk vom 23. 6. 1997 (BGBl. I S. 1494) die Allgemeinheit oder einen unbestimmten Personenkreis bestimmt sind, abgehört werden. Der Inhalt anderer als in Satz 1 genannter Nachrichten sowie die Tatsache ihres Empfangs dürfen, auch wenn der Empfang unbeabsichtigt geschieht, auch von Personen, für die eine Pflicht zur Geheimhaltung nicht schon nach § 88 besteht, anderen nicht mitgeteilt werden. § 88 Abs. 4 gilt entsprechend. Das Abhören und die Weitergabe von Nachrichten auf Grund besonderer gesetzlicher Ermächtigung bleiben unberührt.

Schrifttum: *Bär*, Zur Strafbarkeit des Abhörens des Polizeifunks nach TKG § 95, MMR 1999, 361; *Baumeister*, Informationsquelle Funkverkehr: Strafbarkeitsrisiken erläutert am Beispiel Polizeifunk und unter besonderer Berücksichtigung von Art. 5 Abs. 1 GG, ZUM 2000, 114; *Frank*, Radarwarngerät – Rechtslage und Regelungsbedarf, DAR 1999, 145; *Hülsmann/Mörs/Schaar*, Mobilkommunikation und Datenschutz, DuD 2001, 196; *Koch*, Das strafbewehrte Abhörverbot nach § 86 TKG, RTkom 2001, 217; *Möller*, Radarwarngeräte – straf-, zivil- und polizeirechtliche Aspekte, NZV 2000, 115–118; *Newi*, Zur Zulässigkeit der Beschlagnahme eines an die Fahrzeugstromversorgung angeschlossenen empfangsbereiten Radarwarngeräts, DAR 1999, 466; vgl. auch die Literaturangaben zu § 88.

Übersicht

I. Normzweck, Entstehungsgeschichte und EG-rechtliche Grundlagen

Nicht nur die Diensteanbieter können das Fernmeldegeheimnis i. S. v. § 88 Abs. 1 brechen. 1 Die Vertraulichkeit der Telekommunikation kann auch durch Eingriffe Dritter verletzt werden. Um seiner Schutzpflicht zu genügen, hat der Gesetzgeber daher § 89 Abs. 1 S. 1 ein **allgemeines Verbot** statuiert, Nachrichten **abzuhören**, die nicht für die empfangende Funkanlage bestimmt sind. Diese Unterlassungspflicht ergänzt S. 2 durch ein **Verbot**, den Inhalt oder die Tatsache selbst des unbeabsichtigten Empfanges der Nachricht **weiterzugeben**. Der Verstoß gegen § 89 ist nach § 148 **strafbar.**[1]

---

1 Vgl. § 148 RdNr. 5 ff.

2 Insbesondere will der Gesetzgeber das Abhören[2] von **sicherheitsrelevantem Funkverkehr**, z. B. sog. BOS-Funk[3], ebenso verhindern wie die Weitergabe der dadurch gewonnenen Informationen. Daneben dient § 89 aber auch dem **Schutz Privater** namentlich vor dem Abhören von schnurlosen Telefonen. Der Vorschrift kommt in neuerer Zeit aus zwei Gründen gesteigerte Relevanz zu: Zum einen sind – veranlasst durch eine RL 91/263/EWG – seit 1992 auch für Privatleute einfach zu bedienende Endgeräte, sog. **Funkscanner**, verfügbar, die das gesamte Funk-Frequenzspektrum erfassen können. Zum anderen ist die Zahl der mittels Funk kommunizierenden Endgeräte (DECT-Telekommunikationsgeräte, WLAN- und Bluetooth-Adapter) in Industrie und Privathaushalten stetig im Wachsen begriffen. Zwar mag die Digitalisierung und die Implementierung von Verschlüsselungstechnologien dem unbefugten Abhören des Funkverkehrs entgegenwirken. Doch steht dem der Fortschritt auf dem Gebiet der Dechriffiertechnik gegenüber. Sinn des Fernmeldegeheimnisses ist es schließlich, auch unverschlüsselter Kommunikation die Vertraulichkeit zu sichern. Dem dient das Abhör- und Weitergabeverbot.

3 § 89 übernimmt im Wesentlichen den Regelungsgehalt von § 86 TKG 1996. Dessen Erlass hatte der Gesetzgeber freilich genutzt, um den Missbrauch der nun allgemein verfügbaren Funkscanner zu unterbinden. Nach den §§ 11, 18 Abs. 1 FAG war es nur untersagt, die Nachrichten, die eine öffentlichen Zwecken dienende Fernmeldeanlage übermittelt hatte, weiterzugeben oder die Tatsache ihres Empfangs einem anderen mitzuteilen. Demgegenüber gab die eben genannte EG-Richtlinie es dem Gesetzgeber auf, das in den §§ 1 Abs. 4, 15 Abs. 1 FAG enthaltene Verbot, nicht zugelassene Fernmeldeanlage zu errichten oder zu betreiben, zu überdenken. Der Gesetzgeber ließ nun den Besitz von Funkscannern generell zu[4] und statuierte stattdessen in § 86 TKG 1996. auch ein Verbot des Abhörens und Weitergebens von Nachrichten von privatem Funkverkehr. Im Zuge der Novellierung des TKG wurde der Wortlaut dieser Vorschrift neu gefasst und präzisiert.[5]

II. Das Abhör- und Mitteilungsverbot (S. 1 und S. 2)

4 **1. Funkanlagen.** – Das neue TKG definiert den Begriff der Funkanlage nicht mehr. Nach § 3 Nr. 4 TKG 1996 sind Funkanlagen elektrische Sende- und Empfangseinrichtungen, zwischen denen die Informationsübertragung **ohne Verbindungsleitungen** stattfinden kann. Daran hat sich durch den Wegfall der Legaldefinition nichts geändert. Erfasst sind somit alle leitungslosen, auf elektromagnetischer Grundlage basierende Übertragungstechniken, also auch Laser- oder Infrarot-Übertragungen.[6] Zu den Funkanlagen zählen z. B. Amateurfunkanlagen, CB-Funkanlagen, Funkgeräte, aber auch funkbasierte Geräte des Haushaltes, z. B. schnurlose Telefone, WLAN-Adapter. Dabei bezeichnet der Begriff der Funkanlage sowohl die Basisstation als auch die Endgeräte.[7]

---

2 Vgl. dazu das Gesetzgebungsverfahren zur Vorläufervorschrift § 86 TKG a. F.: BT-Drs. 13/4438 S. 20 f., 38.

3 „Bestimmungen für Frequenzzuteilungen zur Nutzung für das Betreiben von Funkanlagen der Behörden und Organisationen mit Sicherheitsaufgaben (BOS) BOS-Funkrichtlinie" – Bek. d. BMI v. 9. 5. 2000 – BGS I 4-670001.

4 Vgl. BT-Drs. 13/4438, S. 20 f.

5 BT-Drs. 15/2316, S. 87.

6 BeckTKG-Komm/*Bönsch*, § 61 RdNr. 6; zust. *Trute/Spoerr/Bosch*, § 86 RdNr. 4 Fn. 4.

7 *Trute/Spoerr/Bosch*, § 86 RdNr. 4.

Die Vorschrift erfasst nur Funkanlagen. Andere technische Einrichtungen, die keine Funk- 5
anlagen darstellen, aber geeignet sind, das nichtöffentlich gesprochene Wort hörbar zu machen wie Mikrofonanlagen, Richtmikrofone oder auch Abhöreinrichtungen an leitungsgebundenen Telekommunikationsanlagen[8] fallen nicht unter § 89. Sie lassen sich auch nicht
im Wege entsprechender Anwendung einbeziehen. Der Verstoß gegen § 89 ist nach § 148
strafbewehrt. Daher steht der sinngemäßen Anwendung das Analogieverbot von Art. 103
Abs. 2 GG entgegen.[9]

2. Nachrichten. – Der Begriff der Nachricht i. S. des § 89 umfasst jede Form von **Informa-** 6
tion zwischen zwei Stellen, z. B. in Form von Sprachen, Zeichen, Tönen oder Bildern.[10]
Wird ein Funksignal lediglich vom Sender oder Empfänger hinsichtlich bestimmter physikalischer Eigenschaften (Feldstärke, Laufzeit) genutzt, z. B. beim Radar[11], nicht aber zur
Übermittlung von Inhalten, so liegt demnach keine Informationsübermittlung und mithin
keine Nachricht vor.[12] Radarwarngeräte für Autos empfangen daher keine Nachrichten und
sind folglich keine Funkanlagen. Liegt hingegen ein Informationsgehalt vor, kommt es
nicht auf dessen Geheimhaltungsbedürftigkeit an. Auch wenig aussagekräftige Signale
sind Nachrichten.[13]

Die Nachricht darf nur abgehört werden, wenn sie für den Betreiber der Funkanlage, Funk- 7
amateure[14], die Allgemeinheit oder einen unbestimmten Personenkreis bestimmt ist. Dabei
definiert das neue TKG den Begriff des **Betreibers** nicht. Nach § 3 Nr. 1 und 2 TKG a. F.
war darunter nur derjenige zu verstehen, der die rechtliche und tatsächliche Kontrolle
(Funktionsherrschaft) über die Anlage inne hatte.[15] Daran ist festzuhalten. Der Begriff des
Betreibers verlöre sonst jede Kontur.

Umstritten ist, wie die **Bestimmung** einer Nachricht für einen Empfänger festzulegen ist. 8
Einesteils werden objektive Kriterien befürwortet: So hat das AG Burgdorf darauf abgestellt, ob die Frequenz mit einem handelsüblichen Gerät empfangen werden kann.[16] *Koch*
greift auf die öffentlich-rechtlichen Bestimmungen über die Frequenznutzung zurück.[17]
Dem ist nicht zu folgen. Zweck der Vorschrift ist es, die Vertraulichkeit namentlich des
privaten und des sicherheitsrelevanten Funkverkehrs zu gewährleisten. Mithin kommt es
auf die **subjektive Bestimmung** des Senders an: Die Nachricht ist demnach für den Betreiber derjenigen Anlage bestimmt, die sie nach dem Willen des Senders empfangen soll.[18]
Daraus folgt: Eine Sendung ist nicht schon dadurch für die Allgemeinheit oder für einen
unbestimmten Personenkreis bestimmt, dass ihr Empfang mit handelsüblichen Geräten

---

8 *Erbs/Kohlhaas/Kalf*, TKG § 86 RdNr. 4.
9 *Manssen/Haß*, § 86 RdNr. 12.
10 So zur Vorgängervorschrift BayObLG, NStZ 1999, 308, 309; zust. BeckTKG-Komm/*Büchner*,
§ 86 RdNr. 4; *Wiechert/Schmidt/Königshofen/Hansen-Oest*, § 86 RdNr. 5; *Trute/Spoerr/Bosch*,
§ 86 RdNr. 6; *Erbs/Kohlhaas/Kalf* TKG § 86 RdNr. 6.
11 Dazu *Möller*, NZV 2000, 115, 116.
12 A. A. ausf. BGHSt. 30, 15, 16 ff. zu § 1 Abs. 1 S. 2 FAG.
13 AG Potsdam, ZUM 2000, 166, 167.
14 Vgl. Gesetz über den Amateurfunk vom 23. Juni 1997 (BGBl. I S. 1494).
15 *Baumeister*, ZUM 2000, 114, 119.
16 So AG Burgdorf, CR 1998, 223, 223 f.
17 Ausf. *Koch*, RTKom 2001, 217, 219 f. Gemeint sind die Vorschriften, die sich jetzt in den §§ 52–65
befinden.
18 *Trute/Spoerr/Bosch*, § 86 RdNr. 6; *Manssen/Haß*, § 86 RdNr. 8; mit verfassungsrechtlichen Bedenken *Baumeister*, ZUM 2000, 114, 115 ff.

möglich ist.[19] Die Konformitätsbewertung[20] trifft keine Aussage darüber, dass bestimmte Frequenzen abgehört werden dürfen.[21] Sonst gäbe es den Funkscannermissbrauch nicht, den der Gesetzgeber gerade eindämmen will. Dasselbe gilt für die unverschlüsselte Übertragung, obwohl technisch, z.B. weil im Funkstandard vorgesehen, eine Verschlüsselung möglich ist. Genauso kommt es nicht darauf an, dass der Sender um die Möglichkeit oder die Tatsache des Empfanges durch die Anlage weiß oder damit rechnet.[22] Dies schließt nur die Heimlichkeit des Abhörens aus[23], die aber kein Tatbestandsmerkmal der Vorschrift ist. Die Kenntnis des Senders von der Möglichkeit des Abgehörtwerdens lässt daher das Tatbestandsmerkmal der „Bestimmtheit" nicht entfallen.[24]

9   Nach der Rechtsprechung des BVerfG ist das Fernmeldegeheimnis der Kommunikationspartner nur dann nicht berührt, wenn sie selbst den Kommunikationsvorgang offen legen oder mit einer Erfassung durch die öffentliche Gewalt einverstanden sind.[25] Dies lässt sich auf das Merkmal der Bestimmtheit i.S.d. § 89 übertragen: Eine Offenlegung liegt jedoch nicht schon in der Wahl eines unsicheren Mediums. Jedoch kann die **Spezifikation des gewählten Mediums** ein maßgeblicher Anhaltspunkt sein. So sind beim CB-Funk alle Nutzer gleichberechtigt[26], mithin auch in gleichem Maße befugt, jeden Funkverkehr in diesem Frequenzbereich abzuhören. Auch der neu eingefügte Verweis auf Nachrichten, die für Funkamateure bestimmt sind, verdeutlicht diesen Ansatz: Nach § 2 Nr. 2 des Gesetzes über den Amateurfunk vom 23. 6. 1997 (BGBl. I S. 1494) ist Amateurfunkdienst ein Funkdienst, den Funkamateure untereinander zu bestimmten, dort genannten Zwecken wahrnehmen. Dementsprechend sind Amateurfunksendungen für alle Amateurfunker bestimmt. Aus dem Frequenznutzungsplan nach § 52 ergibt sich freilich allein noch kein Anhaltspunkt dafür, dass diese Funkübertragungen auch von anderen abgehört werden dürfen. Denn in einem Frequenzbereich kann durchaus ein Nebeneinander von Amateurfunk und anderen Nutzungsarten bestehen.

10   Unstreitig liegt kein Verstoß gegen das Abhörverbot vor, wenn Sender und Empfänger in ein Mithören einwilligen.[27] Das Bestimmtsein einer Nachricht nur für den Empfänger gibt diesem jedoch noch nicht das Recht, Dritte ohne Wissen des Senders mithören zu lassen. Vielmehr liegt darin i.d.R. ein Verstoß gegen dessen Recht am eigenen Wort.[28]

11   **3. Abhören. – Abhören** ist das Hörbarmachen des gesprochenen Wortes über dessen natürlichen Klangbereich hinaus.[29] Das Verbot des Abhörens umfasst zunächst das **Zuhö-**

---

19 *Wiechert/Schmidt/Königshofen/Hansen-Oest*, RdNr. 8; *Scheurle/Mayen/Ulmen*, § 86 RdNr. 6; abweichend für den Flugfunk: AG Burgdorf, CR 1998, 223.
20 Vgl. §§ 7 ff. FTEG.
21 BayObLG, NStZ 1999, 308, 309; abweichend: AG Burgdorf, CR 1998, 223, 224.
22 *Trute/Spoerr/Bosch*, § 86 RdNr. 6: a.A. BeckTKG-Komm/*Büchner*, § 86 RdNr. 2; vgl. w. AG Hamburg, NJW 1984, 2111 zu § 201 StGB.
23 *Manssen/Haß*, § 86 RdNr. 8.
24 Abweichend *Schönke/Schröder/Lenckner*, § 201 RdNr. 20; zust. BeckTKG-Komm/*Büchner*, § 86 RdNr. 2.
25 BVerfGE 85, 386, 399 = NJW 1992, 1875.
26 Vgl. „Allgemeinzuteilung von Frequenzen für die Benutzung durch die Allgemeinheit für den CB-Funk", Abl. RegTP 2003, S. 1030.
27 *Manssen/Haß*, § 86 RdNr. 8.
28 Vgl. BVerfGE 106, 28, 30 ff. = NJW 2002, 3619.
29 *Tröndle/Fischer*, § 201 RdNr. 7.

ren.[30] Nach einer Ansicht soll es zudem das Hörbarmachen für andere[31], nach Auffassung des BayObLG auch das bloße Aufnehmen umfassen.[32] Ersteres ist im Ergebnis zutreffend, letzteres ist abzulehnen. Nur wer selbst eine Nachricht bewusst zur Kenntnis nimmt, der hört ab.[33] Alles andere liegt jenseits des Wortlauts, der im Hinblick auf die Strafbarkeit nach § 148 die Grenze der Auslegung bildet. Daraus folgt: Aufzeichnen ist selbst dann kein Abhören, wenn es geschieht, um das Gespeicherte später abzuhören.[34] Erst dieses Anhören der Aufnahmen stellt ein Abhören dar. Daher ist das bloße Koppeln eines Abhörgerätes mit einer Aufnahmevorrichtung erst recht kein Abhören.[35] Das Hörbarmachen für andere ist dagegen Beihilfe zum Abhören, welches gemäß § 148 i.V.m. § 27 Abs. 1 StGB strafbar ist.[36]

Abhören im Sinne des § 89 bedeutet, dass das Signal als **Informationsträger** wahrgenom- **12** men wird.[37] Daran fehlt es, wo lediglich die Existenz eines Funksignals mitgeteilt wird, z.B. bei Radarwarngeräten in Autos.[38] Ferner hört nur derjenige ab, der das Signal als Informationsträger **akustisch wahrnimmt**.[39] Kenntnisnahme durch andere Sinne, namentlich durch die Augen, stellt kein Abhören dar. Schließlich ist das bloße Fixieren von bestimmten Frequenzen im Endgerät in Kenntnis ihrer Zuordnung kein Abhören, weil damit noch keine akustische Wahrnehmung von Funksignalen verbunden ist.[40]

Abhören i.S. von S. 1 ist stets ein **absichtliches** Verhalten.[41] Das legt schon der Wortlaut **13** nahe. Ferner wird dies durch einen Umkehrschluss aus S. 2 gestützt. Erst diese Bestimmung spricht unbeabsichtigtes Verhalten an. So stellt der bloße Suchlauf, der zunächst nur einen nicht für die Allgemeinheit bestimmten Sender aufspüren soll, zwar ein bedingt vorsätzliches Handeln dar, führt aber nur zu einem unbeabsichtigten und daher für sich genommen nicht verbotswidrigen Empfang. Erst das weitere Anhören nach Erkennen des Nichtbestimmtseins der Nachricht begründet strafbares Abhören durch aktives Tun.[42] Das gilt insbesondere dann, wenn **aufgrund dessen** die Fixierung des Senders auf dem Empfangsgerät erfolgt.[43] Wegen dieser besonderen Voraussetzungen ist der Nachweis der Straf-

---

30 Allg. Auffassung, vgl. BayObLG, NStZ 1999, 308; BeckTKG-Komm/*Büchner*, § 86 RdNr. 2; *Geppert/Rule/Schuster*, RdNr. 579; *Wiechert/Schmidt/Königshofen/Hansen-Oest*, § 86 RdNr. 3; *Manssen/Haß*, § 86 RdNr. 5; *Erbs/Kohlhaas/Kalf*, TKG § 86 RdNr. 3.

31 BeckTKG-Komm/*Büchner*, § 86 RdNr. 2; *Erbs/Kohlhaas/Kalf*, TKG § 86 RdNr. 3; *Geppert/Rule/Schuster*, RdNr. 579; *Wiechert/Schmidt/Königshofen/Hansen-Oest*, § 86 RdNr. 3.

32 BayObLG, NStZ 1999, 308, 309; zust. BeckTKG-Komm/*Piepenbrock*, § 65 RdNr. 13; *Schönke/Schröder/Lenckner*, § 201 RdNr. 20.

33 *Trute/Spoerr/Bosch*, § 86 RdNr. 7.

34 *Trute/Spoerr/Bosch*, § 86 RdNr. 7; *Manssen/Haß*, § 86 RdNr. 5; a.A. BeckTKG-Komm/*Büchner*, § 86 RdNr. 2.

35 *Rudolphi/Hoyer*, Systematischer Kommentar zum Strafgesetzbuch, 6. Aufl. 2000, Stand Juni 2004, § 201 RdNr. 23.

36 Vgl. § 148 RdNr. 24.

37 *Wiechert/Schmidt/Königshofen/Hansen-Oest*, § 86 RdNr. 3.

38 Dazu LG Berlin, DAR 1997, 501; anders LG Cottbus, DAR 1999, 466 mit Anm. *Newi*.

39 OLG Zweibrücken, NStZ 2004, 701.

40 OLG Zweibrücken, NStZ 2004, 701; anders wohl BeckTKG-Komm/*Büchner*, § 86 RdNr. 2.

41 Etwas unpräzise BeckTKG-Komm/*Büchner*, § 86 RdNr. 2, der einesteils jedes vorsätzliche Handeln ausreichen lässt, anderenteils nur unabsichtliches Tun ausschließen will.

42 *Koch*, RTKom 2001, 217, 220, geht dagegen in diesem Fall von strafbarem Unterlassen aus.

43 BayObLG, NStZ 1999, 308; *Scheurle/Mayen/Ulmen*, § 86 RdNr. 5.

barkeit nach § 148 nicht selten mit erheblichen Schwierigkeiten verbunden.[44] Die einge-
speicherten Frequenzen sind zwar gewiss ein Indiz für das Abhören. Es trägt freilich den
Beweis dann nicht, wenn das betreffende Gerät die Frequenz auch ohne Kenntnisnahme
des Funkverkehrs speichern kann.

14 **4. Das Mitteilungsverbot (S. 2).** – Wer unbeabsichtigt eine für ihn nicht bestimme Nachricht zur Kenntnis nimmt, der verstößt nicht gegen das Abhörverbot. Damit die Vertraulichkeit der Kommunikation nicht noch weiteren Schaden leidet, untersagt S. 2 die Weitergabe der Information und des Umstandes ihrer Kenntniserlangung an Dritte. Verschwiegenheit ist nicht nur gegenüber Privatpersonen, sondern auch gegenüber Behörden zu wahren.[45] Auf die Form der Weitergabe kommt es nicht an.[46] Sie kann beispielsweise auch im
Rahmen einer Fernsehreportage geschehen.[47] Das Weitergabeverbot gilt nicht nur für
Diensteanbieter, sondern für jeden Betreiber einer Empfangsanlage. Nach Auffassung des
AG Potsdam trifft es darüber hinaus auch jeden, der lediglich über einen anderen von dem
Inhalt der Funksendung bzw. der Tatsache ihres Empfanges erfahren hat.[48] Zwar lässt der
Wortlaut von § 89 S. 2 diese weite Auslegung zu. Auch würde damit ein Weitertragen der
unerlaubt offengelegten Nachricht unterbunden werden. Doch bezieht die amtliche Über-
schrift von § 89 die Geheimhaltungspflicht nur auf Betreiber von Empfangsanlagen.[49] Nur
diese sind daher Adressaten des Mitteilungsverbotes.

15 Nicht eindeutig ist, ob sich die Geheimhaltungspflicht auch auf die **näheren Umstände**,
namentlich auf die Beteiligten der zur Kenntnis genommenen Telekommunikation bezieht.
Dies wird von Teilen der Literatur befürwortet.[50] In dieser Allgemeinheit trifft dies nicht
zu. Der Wortlaut von S. 2 führt die näheren Umstände des Funkverkehrs nicht eigens an.
Dies mag zwar nur historische Gründe haben. Wie dargelegt, bezog sich die Geheimhaltungspflicht ursprünglich nur auf Funkübertragungen, die öffentlichen Zwecken diente.
Wer damals die Tatsache ihres Empfanges preisgab, der offenbarte zugleich auch die Identität des Senders der Nachricht. Indem nun auch privater Funkverkehr in den Schutzbereich
von § 89 fällt, ist dies heute nicht mehr so. Doch hat der Gesetzgeber in Kenntnis dessen
am überkommenen Wortlaut festgehalten. Zutreffend ist auch, dass die Geheimhaltungspflicht aus S. 2 dem Verwendungsverbot des § 88 Abs. 3 S. 2 ähnelt.[51] Weil auch das Weitergeben von Tatsachen, die dem Fernmeldegeheimnis unterfallen, ein Verwenden darstellt, enthält diese Vorschrift folglich auch eine Geheimhaltungspflicht. Wegen der Straf-
androhung, die § 148 mit dem Verstoß gegen § 89 verbindet, steht dieser Analogie jedoch
Art. 103 Abs. 2 GG entgegen. Letztlich bedarf es ihrer auch nicht. Denn in der Mitteilung
eines näheren Umstandes eines Funkverkehrs liegt i.d.R. zugleich auch die schlüssige
Weitergabe der Tatsache seines Empfangs.[52]

---

44 Vgl hier schon die Bedenken der BReg. im Gesetzgebungsverfahren zu § 86 TKG a.F. BT-Drs. 13/
    4438, S. 38, vgl. auch OLG Hamm, 3 Ss 625/03, Urt. v. 18. Dezember 2003.
45 *Erbs/Kohlhaas/Kalf*, TKG § 86 RdNr. 8.
46 *Erbs/Kohlhaas/Kalf*, TKG § 86 RdNr. 8.
47 Vgl. den Fall des AG Potsdam, ZUM 2000, 166.
48 AG Potsdam, ZUM 2000, 166; zust. *Scheurle/Mayen/Ulmen*, § 86 RdNr. 9.
49 Dazu *Baumeister*, ZUM 2000, 114, 118 f.
50 So *Trute/Spoerr/Bosch*, § 86 RdNr. 7; *Manssen/Haß*, § 86 RdNr. 6.
51 *Trute/Spoerr/Bosch*, § 86 RdNr. 8.
52 *Erbs/Kohlhaas/Kalf*, TKG § 86 RdNr. 7.

III. Ausnahmen von Abhör- und Mitteilungsverbot (S. 3 und S. 4)

Nach **Satz 3** gilt § 88 Abs. 4 entsprechend. Die Ausführungen zu dieser Vorschrift gelten **16** auch hier.[53]

Nach Satz 4 ist das Abhör- und Weitergabeverbot suspendiert, soweit **besondere gesetz-** **17** **liche Ermächtigungen** bestehen. Neben den in der Kommentierung zu § 88 genannten Vorschriften[54] gibt zudem noch § 64 der Regulierungsbehörde die Befugnis, sich durch Hineinhören Kenntnis vom Benutzer einer Frequenz zu verschaffen.[55]

IV. Rechtliche Folgen des Verstoßes gegen § 89

Der Verstoß gegen § 89 ist nach § 148 **strafbar**.[56] Daneben kommt eine Strafbarkeit nach **18** § 201 StGB in Frage.[57]

Wird ein **Strafverfahren** wegen eines Verstoßes gegen § 89 eingeleitet, dann dürfen die **19** Ermittlungsbehörden Gegenstände gemäß § 94 StPO beschlagnahmen.[58] Neben dem Anfangsverdacht[59] eines Vergehens nach § 148 setzt dies voraus, dass die Sache von potenzieller Beweisbedeutung ist.[60] Ist z.B. in einem Funkscanner die Frequenz des Polizeifunks eingespeichert, genügt dies, um dieses Gerät zu beschlagnahmen, falls sich der Besitzer weigert, es herauszugeben. Fehlt es an einer solchen Speicherung, dann genügt die Tatsache des Besitzes eines solchen Gerätes hingegen nicht, einen Anfangsverdacht zu begründen. Schließlich kann eine Funkanlage zur Ermöglichung der späteren Einziehung (§ 74 Abs. 1 StGB) auch gemäß § 111b Abs. 1 StPO sichergestellt werden.[61]

Nach **bürgerlichem Recht** kommen Schadensersatzansprüche in Betracht.[62] Unberechtig **20** tes Abhören stellt einen Eingriff in das allgemeine Persönlichkeitsrecht und damit eine unerlaubte Handlung gemäß § 823 Abs. 1 BGB dar.[63] Da § 89 zudem dem Schutz des Einzelnen vor der Verletzung seiner Privatsphäre dient, ist ferner ein Anspruch aus § 823 Abs. 2 BGB gegeben. Hört ein Diensteanbieter unberechtigt ab, dann gewährt schließlich § 44 einen Anspruch auf Schadensersatz,[64] soweit der Diensteanbieter vertraglich verpflichtet ist, dem Abgehörten Funkdienstleistungen zu erbringen. Dies ergeben der Wortlaut von § 44 und der systematische Zusammenhang, in dem er steht. Bei § 44 handelt es sich um eine Vorschrift zum Kundenschutz. Aufgrund dessen sieht § 44 Abs. 1 S. 3 nur Endnutzer als

---

53 Vgl. § 88 RdNr. 37.
54 Vgl. § 88 RdNr. 32.
55 Vgl. § 64 RdNr. 10 ff.
56 Vgl. § 148 RdNr. 5 ff.
57 Näher: *Klesczewski*, BT § 6 III A; *Schönke/Schröder/Lenckner*, § 201 RdNr. 3 ff.; *Tröndle/Fischer*, § 201 RdNr. 3 ff.
58 LG Cottbus, DAR 1999, 466; näher: *Klesczewski/Schößling*, Strafakte – Von der Strafanzeige bis zur Revisionsentscheidung, 2004, RdNr. 262 f.; *Meyer-Goßner*, § 94 RdNr. 13 ff.
59 OLG Hamm, MDR 1981, 70.
60 BGH bei *Pfeiffer*, NStZ 1981, 94; *Meyer-Goßner*, § 94 RdNr. 6.
61 *Meyer-Goßner*, § 111b RdNr. 4 ff.
62 Vgl. § 88 RdNr. 39.
63 So *Wiechert/Schmidt/Königshofen/Hansen-Oest*, § 86 RdNr. 12; *Trute/Spoerr/Bosch*, § 86 RdNr. 11.
64 So schon zu den §§ 40 und 86 TKG a.F. BeckTKG-Komm/*Büchner*, § 86 RdNr. 12; *Trute/Spoerr/ Bosch*, § 86 RdNr. 11.

anspruchsberechtigt an. Zu weitgehend ist aber die Auffassung, nach der bei einem Verstoß gegen § 89 die Regelung des § 44 nicht anwendbar ist.[65] Denn es ist nicht ersichtlich, wieso ein abhörender Funkdiensteanbieter bei einem Verstoß gegen eine zwingende Vorschrift des TKG, hier § 89, besser stehen soll als andere Diensteanbieter bei einem ebensolchen Verstoß.

---

65 So aber *Manssen/Haß*, § 86 RdNr. 4.

§ 90 Missbrauch von Sendeanlagen

(1) Es ist verboten, Sendeanlagen zu besitzen, herzustellen, zu vertreiben, einzuführen oder sonst in den Geltungsbereich dieses Gesetzes zu verbringen, die ihrer Form nach einen anderen Gegenstand vortäuschen oder die mit Gegenständen des täglichen Gebrauchs verkleidet sind und auf Grund dieser Umstände in besonderer Weise geeignet sind, das nichtöffentlich gesprochene Wort eines anderen von diesem unbemerkt abzuhören oder das Bild eines anderen von diesem unbemerkt aufzunehmen. Das Verbot, solche Sendeanlagen zu besitzen, gilt nicht für denjenigen, der die tatsächliche Gewalt über eine solche Sendeanlage

1. als Organ, als Mitglied eines Organs, als gesetzlicher Vertreter oder als vertretungsberechtigter Gesellschafter eines Berechtigten nach Abs. 2 erlangt,
2. von einem anderen oder für einen anderen Berechtigten nach Abs. 2 erlangt, sofern und solange er die Weisungen des anderen über die Ausübung der tatsächlichen Gewalt über die Sendeanlage auf Grund eines Dienst- oder Arbeitsverhältnisses zu befolgen hat oder die tatsächliche Gewalt auf Grund gerichtlichen oder behördlichen Auftrags ausübt,
3. als Gerichtsvollzieher oder Vollzugsbeamter in einem Vollstreckungsverfahren erwirbt,
4. von einem Berechtigten nach Abs. 2 vorübergehend zum Zwecke der sicheren Verwahrung oder der nicht gewerbsmäßigen Beförderung zu einem Berechtigten erlangt,
5. lediglich zur gewerbsmäßigen Beförderung oder gewerbsmäßigen Lagerung erlangt,
6. durch Fund erlangt, sofern er die Anlage unverzüglich dem Verlierer, dem Eigentümer, einem sonstigen Erwerbsberechtigten oder der für die Entgegennahme der Fundanzeige zuständigen Stelle abliefert,
7. von Todes wegen erwirbt, sofern er die Sendeanlage unverzüglich einem Berechtigten überlässt oder sie für dauernd unbrauchbar macht,
8. erlangt, die durch Entfernen eines wesentlichen Bauteils dauernd unbrauchbar gemacht worden ist, sofern er den Erwerb unverzüglich der Regulierungsbehörde schriftlich anzeigt, dabei seine Personalien, die Art der Anlage, deren Hersteller- oder Warenzeichen und, wenn die Anlage eine Herstellungsnummer hat, auch diese angibt sowie glaubhaft macht, dass er die Anlage ausschließlich zu Sammlerzwecken erworben hat.

(2) Die zuständigen obersten Bundes- oder Landesbehörden lassen Ausnahmen zu, wenn es im öffentlichen Interesse, insbesondere aus Gründen der öffentlichen Sicherheit, erforderlich ist. Abs. 1 Satz 1 gilt nicht, soweit das Bundesamt für Wirtschaft und Ausfuhrkontrolle (BAFA) die Ausfuhr der Sendeanlagen genehmigt hat.

(3) Es ist verboten, öffentlich oder in Mitteilungen, die für einen größeren Personenkreis bestimmt sind, für Sendeanlagen mit dem Hinweis zu werben, dass die Anlagen geeignet sind, das nichtöffentlich gesprochene Wort eines anderen von diesem unbemerkt abzuhören oder dessen Bild von diesem unbemerkt aufzunehmen.

Schrifttum: *Borgmann*, Von Datenschutzbeauftragten und Bademeistern – Der strafrechtliche Schutz am eigenem Bild, NJW 2004, 2133; *Hohmann/John*, Ausfuhrrecht, 2002; *Steindorf*, Waffenrecht, Waffengesetz mit Durchführungsverordnungen, Kriegswaffenkontrollgesetz und Nebengesetzen, 7. Aufl. 1998; vgl. auch die Literaturangaben zu den §§ 88, 89.

Übersicht

I. Normzweck und Entstehungsgeschichte

1   Die Vorschrift dient nach Auffassung des Gesetzgebers unmittelbar dem **Schutz der Privatsphäre**, Art. 1 Abs. 1, Abs. 2 Abs. 2 GG.[1.] Die technische Entwicklung machte es möglich, immer kleinere und immer leistungsfähigere Sendeanlagen herzustellen und diese selbst in ganz gewöhnlichen Gebrauchsgegenständen, z. B. in einem Kugelschreiber, unterzubringen. Teilweise wurden auch Geräte hergestellt und vertrieben, die letztlich nur zum unbemerkten Abhören fremder Gespräche bestimmt waren.[2] Zwar ergibt sich aus § 201 Abs. 2 StGB, dass das Abhören mit solchen Anlagen verboten ist.[3] Ferner ist es gemäß § 201 a StGB strafbar, andere ohne ihre Einwilligung an einem von der Öffentlichkeit abgeschirmten Ort zu fotografieren.[4] Gleichwohl stellt schon die allgemeine Verfügbarkeit derartiger Apparate die Vertraulichkeit des Gesprächs und ein unbeschwertes Privatleben grundlegend in Frage.[5] Um dem zu begegnen, bedarf es eines strafbewehrten Verbots, das schon im Vorfeld das Abhören von Gesprächen und Aufnehmen von Bildern unterbindet.[6]

2   § 90 enthält ein repressives **Verbot** (Abs. 1 S. 1) mit Erlaubnisvorbehalt (Abs. 1 S. 2 und Abs. 2). Die Zuwiderhandlung gegen § 90 Abs. 1 S. 1 ist nach § 148 sowohl bei vorsätzlichem (Abs. 1) als auch bei fahrlässigem Handeln (Abs. 2) strafbar.[7] Der Verstoß gegen das Werbeverbot des Abs. 3 stellt eine Ordnungswidrigkeit nach § 148 Nr. 15 dar.[8]

3   Die Vorschrift geht weitgehend auf § 65 TKG 1996 zurück[9], mit dem der Gesetzgeber im Wesentlichen die §§ 5 a–5 e FAG in einer einheitlichen Regelung zusammenführte.[10] § 90 bezieht erstmals auch Geräte in das Verbot mit ein, mit denen sich andere unbemerkt fotografieren lassen.

---

1   BT-Drs. 13/3609, S. 50; BT-Drs. 15/2316, S. 88.
2   BT-Drs. 10/1618, S. 6.
3   *Tröndle/Fischer*, § 201 RdNr. 3.
4   BR-Drs. 390/04. Dazu: *Borgmann*, NJW 2004, 2133; *Werwigk-Hertneck*, ZRP 2003, 293.
5   Der Gesetzgeber stellte demgegenüber Beweisprobleme in den Vordergrund, BT-Drs. 10/1618, S. 6.
6   BeckTKG-Komm/*Piepenbrock*, § 65 RdNr. 5.
7   Vgl. § 148 RdNr. 9 ff., 14.
8   Vgl. § 149 RdNr. 22.
9   BT-Dr. 15/2316, S. 88.
10   Diese Paragrafen wurden durch das MinispionG vom 27. 6. 1986 (BGBl. I S. 948) in das FAG aufgenommen; näher dazu: BeckTKG-Komm/*Piepenbrock*, § 65 RdNr. 1.

II. Einzelheiten

1. Die Verbotstatbestände des Abs. 1 S. 1. – Mit dem Verbot erfüllt der Gesetzgeber seine   4
Schutzpflicht gemäß Art. 1 I 2 GG. Es richtet sich an jedermann. Nach *Popp* soll nur der
gewerbsmäßige Umgang mit Sendeanlagen untersagt sein.[11] In der Tat kam § 5b Abs. 1
Nr. 1 FAG nur auf gewerbsmäßiges Verhalten zu sprechen. Diese Beschränkung ist freilich
nicht in § 65 TKG a. F. übernommen worden. Daran hat auch § 90 festgehalten.

a) Begriff der Sendeanlage. – Das Verbot gilt nur für eine bestimmte Klasse von Sende-   5
anlagen. Darunter fallen zunächst nur solche technischen Einrichtungen, die auch **Abhör-**
geräte sind, d. h. technische Vorrichtungen, die das gesprochene Wort durch Verstärkung
oder Übertragung wahrnehmbar machen[12], z. B. Richtmikrophone, Stethoskope, Vorrichtungen zum Anzapfen von Telefonleitungen[13], Kontakt- und Lasermikrophone. Schließlich
sind auch Anlagen erfasst, die zugleich als Einzelbild- oder Film**kameras** eingesetzt werden können.

§ 90 erfasst nur diejenigen Abhör- und Bildaufnahmeanlagen, die **Sendeanlagen** darstellen.   6
Der Begriff der Sendeanlage ist im TKG nicht definiert. Eine Orientierung bot die Legaldefinition in § 3 Nr. 4 TKG a. F.[14], die jedoch das neue TKG nicht übernommen hat.[15] Sie ist
aber auch nach neuem Recht maßgeblich. Schon dem Wortsinn nach kommt auch § 90 auf
elektrische Sende- und Empfangseinrichtungen zu sprechen, zwischen denen die Informationsübertragung ohne Verbindungsleitungen, d. h. per Funk, stattfinden kann.[16] Dabei sind
nur solche Geräte erfasst, die nicht nur empfangen, sondern auch senden können.[17] Funkempfänger, die z. B. fremde Funktelefone abhören können und die Inhalte an Ort und Stelle
aufzeichnen, akustisch wiedergeben oder über Kabel weiterleiten können, sind daher keine
Sendeanlagen i. S. d. § 90.[18] Dem Einbezug von reinen Empfangsgeräten steht wegen der
Strafdrohung des § 148 das Analogieverbot aus § 103 Abs. 2 GG entgegen.[19]

Fraglich ist, ob einzelne **Bauteile bzw. Bausätze** schon eine Sendeanlage darstellen. Je-   7
denfalls sind Einzelteile, die allein nicht einsatzfähig sind, noch keine Sendeanlagen.[20]
Sind dagegen Bausätze auf Grund **modularer Bauweise** so vorgefertigt, dass sie auf einfachem Wege zusammengesetzt werden können, oder müssen an ihnen nur noch **unwe-**
sentliche Arbeiten wie das Anstecken einer Antenne oder das Einlegen einer Batterie
durchgeführt werden, stellen auch sie schon Sendeanlagen dar.[21] Ob ein Bausatz schon als
Sendeanlage anzusehen ist, lässt sich anhand gewisser Indizien ermitteln: Dazu zählen neben dem Zeit- und Arbeitsaufwand namentlich die von der Bauanleitung vorausgesetzten

---

11 *Manssen/Popp*, § 65 RdNr. 1.
12 BeckTKG-Komm/*Piepenbrock*, § 65 RdNr. 8.
13 *Schönke/Schröder/Lenckner*, § 201 RdNr. 19 f.
14 BeckTKG-Komm/*Piepenbrock*, § 65 RdNr. 8.
15 Vgl. § 89 RdNr. 4.
16 *Trute/Spoerr/Bosch*, § 65 RdNr. 3; BeckTKG-Komm/*Piepenbrock*, § 65 RdNr. 8.
17 *Trute/Spoerr/Bosch*, § 65 RdNr. 3; BeckTKG-Komm/*Piepenbrock*, § 65 RdNr. 8.
18 BeckTKG-Komm/*Piepenbrock*, § 65 RdNr. 8.
19 *Trute/Spoerr/Bosch*, § 65 RdNr. 3.
20 BeckTKG-Komm/*Piepenbrock*, § 65 RdNr. 11; *Manssen/Popp*, § 65 RdNr. 6.
21 Zum früheren Recht so: BayObLG, JW 1925, 2795; OLG Frankfurt a. M., ArchivPT 1971, 674;
    vgl. w. BeckTKG-Komm/*Piepenbrock*, § 65 RdNr. 11; *Manssen/Popp*, § 65 RdNr. 6.

Vorkenntnisse, schließlich die Werkzeuge, die erforderlich sind, um die Betriebsfähigkeit herzustellen.[22]

8 **b) Die Eignung zum unbemerkten Abhören oder Aufnehmen von Bildern.** – Die Sendeanlagen müssen auf Grund ihrer Gestaltung besonders zum unbemerkten Abhören geeignet sein. Eine Sendeanlage hat diese Eignung, wenn sie das gesprochene Wort über dessen natürlichen Klangbereich hinaus **hörbar machen** kann.[23] Die Eignung muss sich zudem gerade darauf beziehen, unbemerkt das **nichtöffentlich gesprochene Wort** eines anderen abzuhören, also ein Sprechen hörbar zu machen, das sich nicht an einen personell oder sachlich nicht abgrenzbaren Personenkreis richtet.[24] Lediglich Sendeanlagen, die ausschließlich dazu taugen, das öffentlich gesprochene Wort unbemerkt abzuhören, z. B. bei einem öffentlichen Konzert oder einer öffentlichen Rede, fallen nicht unter das Verbot des S. 1.[25] Praktisch ist so gut wie kein Aufnahmegerät, mit dem man auch senden kann, ausgenommen. Entsprechendes gilt für Sendeanlagen zum unbemerkten Aufnahmen von Bildern. Sie müssen spezifisch geeignet sein, Bildaufnahmen von Personen zu machen, die sich an Orten aufhalten, die von der Öffentlichkeit abgeschirmt sind.

9 **c) Die „Tarnung" der Sendeanlage.** – Zu der besonderen Eignung zum heimlichen Abhören muss hinzukommen[26], dass die Sendeanlagen getarnt ist. Sie muss ihrer Form nach einen anderen Gegenstand **vortäuschen oder** mit Gegenständen des täglichen Gebrauchs **verkleidet sein.** Dies ist z. B. der Fall bei Aschenbechern, Tischfeuerzeugen, Unterputzsteckdosen, Bilderrahmen, Streichholzschachteln, Kugelschreibern oder anderen Gegenständen des Alltagsbedarfs. Daher sind nicht getarnte Gegenstände wie Minimikrofone („Wanzen") nicht schon für sich genommen nach § 90 verbotene Sendeanlagen. Allein die geringe Größe dieser Anlagen reicht nicht.[27] Zwar mögen sie deswegen zumeist unbemerkt bleiben. Darin liegt jedoch keine Tarnung ihrer Funktion. „Wanzen" sind jedoch dann erfasst, wenn Sie in andere Gegenstände eingebaut und damit verborgen werden.[28] Der Einbau ist dann ein Herstellen i. S. v. § 90.[29] Dagegen fallen Gegenstände zur Raumüberwachung, deren Bestimmung erkennbar ist, z. B. Babyphones, nicht unter das Verbot.[30] Gleiches gilt für Mobiltelefone mit eingebauter Kamera.

10 **d) Ausführungshandlungen.** – Als tatbestandsmäßige Handlungen verbietet Abs. 1 S. 1 den Besitz, das Herstellen, den Vertrieb oder das Verbringen in den Geltungsbereich des TKG. Die drei erstgenannten Ausführungshandlungen wurden aus dem WaffG entlehnt, die letztgenannte stammt aus dem AWG.[31] Es geht ausnahmslos um Handlungen, die ein Abhören lediglich ermöglichen können. Es muss weder zu einem Abhören kommen[32] noch ein Vorsatz vorliegen, dieses vorzubereiten.[33]

22 *Manssen/Popp*, § 65 RdNr. 6.
23 Näher zum Begriff des Abhörens: § 89 RdNr. 11 ff.
24 *Tröndle/Fischer*, § 201 RdNr. 3.
25 BeckTKG-Komm/*Piepenbrock*, § 65 RdNr. 14.
26 BeckTKG-Komm/*Piepenbrock*, § 65 RdNr. 9.
27 So aber *Manssen/Popp*, § 65 RdNr. 7.
28 *Erbs/Kohlhaas/Kalf*, TKG § 65 RdNr. 6.
29 BeckTKG-Komm/*Piepenbrock*, § 65 RdNr. 9. S. u. RdNr. 12.
30 *Erbs/Kohlhaas/Kalf*, TKG § 65 RdNr. 6.
31 BeckTKG-Komm/*Piepenbrock*, § 65 RdNr. 15, 18 f., 20.
32 *Manssen/Popp*, § 65 RdNr. 8; BeckTKG-Komm/*Piepenbrock*, § 65 RdNr. 12.
33 BeckTKG-Komm/*Piepenbrock*, § 65 RdNr. 12.

Der Begriff des **Besitzes** einer Sendeanlage ist enger als derjenige des bürgerlichen Rech- **11** tes.[34] Er meint lediglich die Ausübung der tatsächlichen Gewalt.[35] Erfasst ist jeder unmittelbare Besitz (§ 854 Abs. 1 BGB)[36], aber auch Besitzdienerschaft.[37] Gleichgültig ist, wie die tatsächliche Gewalt erlangt wurde.[38] Mittelbarer Besitz genügt nicht.[39] Zum Verbotsverstoß reicht es aus, die Sendeanlage derart im eigenen Herrschaftsbereich, z. B. in der eigenen Wohnung, aufzubewahren, dass auf sie jederzeit zugegriffen werden kann.[40]

Der Begriff des **Herstellens** bezeichnet das handwerkliche oder industrielle Fertigen der **12** Anlage jedenfalls bis zu einem Stadium, der einer Sendeanlage entspricht (s. o. RdNr. 7). Der Bau von Einzelteilen genügt nicht.[41] Auch das Bearbeiten und Instandsetzen einer Sendeanlage stellt ein (Wieder-)Herstellen dar[42], ebenso der Einbau einer „Wanze" (s. o. RdNr. 9).

Der Begriff des **Vertreibens** umfasst nicht nur den Verkauf, sondern auch bereits das An- **13** bieten und Annehmen von Bestellungen.[43] Dabei reicht es aus, wenn die Verkäuflichkeit der Ware dem Publikum deutlich gemacht wird.[44] Der Anbieter muss die Gegenstände nicht schon in seinem unmittelbaren Besitz haben.[45]

Der Begriff der **Einfuhr** stammt wie die folgenden Begriffe aus dem Ausfuhrrecht und be- **14** zeichnet das Verbringen von Sachen aus fremden Wirtschaftsgebieten in das eigene Wirtschaftsgebiet.[46] Das eigene Wirtschaftsgebiet ist dabei das Hoheitsgebiet der Bundesrepublik Deutschland einschließlich der Zollanschlüsse (§ 4 Abs. 1 Nr. 1 AWG), fremde Wirtschaftsgebiete sind demgegenüber alle anderen Regionen.[47] Die bloße Durchfuhr (vgl. § 4 Abs. 2 Nr. 5 AWG) stellt keine Einfuhr dar, da mit ihr Sachen nur durch das eigene Wirtschaftsgebiet befördert werden, ohne in den zollrechtlich freien Verkehr zu gelangen.[48] Vollendet ist die Einfuhr, wenn die Sache über die Grenze gebracht worden ist.[49]

---

34 *Erbs/Kohlhaas/Kalf*, TKG § 65 RdNr. 9.
35 BVerfG, NJW 1995, 248; *Trute/Spoerr/Bosch*, § 65 RdNr. 5; BeckTKG-Komm/*Piepenbrock*, § 65 RdNr. 15; *Scheurle/Mayen/Dierlamm*, § 65 RdNr. 6.
36 *Steindorf*, § 4 WaffG RdNr. 5; zust. BeckTKG-Komm/*Piepenbrock*, § 65 RdNr. 15; *Manssen/ Popp*, § 65 RdNr. 11.
37 BeckTKG-Komm/*Piepenbrock*, § 65 RdNr. 17.
38 BeckTKG-Komm/*Piepenbrock*, § 65 RdNr. 17.
39 So BGHSt. 26, 12, 16 = NJW 1975, 226 (m. abl. Anm. *v. Hinze*, ebd. 1287); BGH, MDR 1977, 511, beide zum WaffG; vgl. w. BeckTKG-Komm/*Piepenbrock*, § 65 RdNr. 16; *Manssen/Popp*, § 65 RdNr. 11.
40 *Steindorf*, § 4 WaffG RdNr. 5; zust. BeckTKG-Komm/*Piepenbrock*, § 65 RdNr. 16.
41 *Manssen/Popp*, § 65 RdNr. 12.
42 *Steindorf*, § 37 WaffG RdNr. 1; zust. *Trute/Spoerr/Bosch*, § 65 RdNr. 5; BeckTKG-Komm/*Piepenbrock*, § 65 RdNr. 18; *Manssen/Popp*, § 65 RdNr. 12; a. A. wohl *Scheurle/Mayen/Dierlamm*, § 65 RdNr. 7, der das Zerlegen und Zusammensetzen zur Wartung ausnimmt.
43 BeckTKG-Komm/*Piepenbrock*, § 65 RdNr. 19; *Manssen/Popp*, § 65 RdNr. 12.
44 *Trute/Spoerr/Bosch*, § 65 RdNr. 5; BeckTKG-Komm/*Piepenbrock*, § 65 RdNr. 19; a. A. *Scheurle/ Mayen/Zerres*, § 65 RdNr. 8.
45 *Trute/Spoerr/Bosch*, § 65 RdNr. 5.
46 BGHSt. 31, 252, 254 (= NJW 1983, 1275); 34, 180, 181 (= NJW 1987, 721); eingehend: *Hohmann/John/Just*, Ausfuhrrecht, § 4 AWG RdNr. 3 f.
47 *Hohmann/John/Just*, Ausfuhrrecht, § 4 AWG RdNr. 4; BeckTKG-Komm/*Piepenbrock*, § 65 RdNr. 20.
48 *Trute/Spoerr/Bosch*, § 65 RdNr. 5; BeckTKG-Komm/*Piepenbrock*, § 65 RdNr. 21.
49 *Hohmann/John/Just*, Ausfuhrrecht, § 4 AWG RdNr. 39.

15 Der Begriff des **sonstigen Verbringens** geht auf eine Formulierung in § 5e FAG zurück und hat nur noch rechtsgeschichtliche Bedeutung. Das Gebiet der DDR galt nicht als fremdes Wirtschaftsgebiet. Daher sah man damals den Import von Sendeanlagen aus diesem Wirtschaftsgebiet in dasjenige der Bundesrepublik Deutschland nicht als Einfuhr an. Er wurde durch das Verbringen in sonstiger Weise erfasst.[50]

16 **2. Die Ausnahmetatbestände (Abs. 1 S. 2 und Abs. 2).** – Nach Abs. 2 können die zuständigen Behörden Befreiungen von dem Verbot des § 90 Abs. 1 S. 1 erteilen (RdNr. 20). Abs. 1 S. 2 enthält zum einen eine Reihe davon abgeleiteter gesetzlicher Dispense (RdNr. 17), zum anderen Ausnahmen, in denen der Besitz der Beendigung des verbotswidrigen Zustandes dient (RdNr. 18), schließlich Ausnahmen, die sonst jenseits des Schutzzwecks des Verbots liegen (RdNr. 19).

17 a) Wird jemandem gemäß Abs. 2 eine Besitzberechtigung erteilt, so gilt diese nach **Nr. 1** auch für dessen gesetzlichen Vertreter, bei Verbänden ferner auch für deren vertretungsberechtigte Gesellschafter, ihre Organe und deren Mitglieder. **Nr. 2** erstreckt die Besitzerlaubnis des Berechtigten nicht nur auf dessen weisungsgebundene Arbeitnehmer und Dienstpflichtige. Vielmehr nimmt er zudem auch Personen vom Besitzverbot aus, die aufgrund hoheitlichen Auftrages die tatsächliche Herrschaft ausüben. **Nr. 4** dehnt die Besitzberechtigung auf diejenigen aus, welche die Sendeanlage für den Berechtigten zeitweise sicher verwahren bzw. dieselbe nicht gewerbsmäßig zu diesem transportieren. **Nr. 5** erweitert die Besitzberechtigung auf denjenigen, der eine Sendeanlage für den Berechtigten gewerbsmäßig lagert bzw. diese gewerbsmäßig von einem Berechtigten zu einem anderen befördert.[51] Nach dem Wortlaut von Nr. 5 scheint zwar jede gewerbsmäßige Lagerung oder Beförderung vom Besitzverbot ausgenommen zu sein. Das steht aber einer einschränkenden Auslegung nicht entgegen.[52] Sie wird durch Systematik und Zweck der Ausnahmetatbestände vielmehr gefordert. Sie gestatten Besitzformen, die jenseits des Schutzzwecks des Verbots von Abs. 1 S 1 liegen (s. RdNr. 16). Daran fehlt es, wenn die Sendeanlage für einen Nichtberechtigten aufbewahrt bzw. an ihn geliefert wird.

18 b) Nach **Nr. 3** ist der Gerichtsvollzieher oder der Vollzugsbeamte in einem Vollstreckungsverfahren vom Besitzverbot befreit. Ferner nimmt **Nr. 6** auch den Finder von diesem Verbot aus, sofern er die Anlage unverzüglich (§ 121 BGB) dem Erwerbsberechtigten oder der für die Entgegennahme der Fundanzeige zuständigen Stelle abliefert. Die Anzeige nach § 965 Abs. 1 BGB ist nicht ausreichend. Der Finder ist nicht verpflichtet zu prüfen, ob der Erwerbsberechtigte auch nach dem TKG zum Besitz befugt ist.[53] Wegen des Schutzzwecks des Besitzverbots des Abs. 1 S. 1 hat der Finder entgegen § 965 Abs. 2 S. 2 BGB auch Sendeanlagen abzuliefern, die weniger als 10 Euro wert sind. Endlich schränkt **Nr. 7** das Besitzverbot auch bei Erben oder Vermächtnisnehmern ein, sofern diese die Sendeanlage unverzüglich einem Berechtigten überlassen oder sie auf Dauer unbrauchbar machen. Im letzteren Fall unterliegen sie der in Nr. 8 statuierten Anzeigepflicht.[54]

19 c) Schließlich trifft **Nr. 8** eine zweifache Regelung: Erstens gestattet er Sammlern den Besitz von Sendeanlagen, die wegen Fehlens eines wesentlichen Bauteils dauernd unbrauch-

---

50 BeckTKG-Komm/*Piepenbrock*, § 65 RdNr. 20.
51 BeckTKG-Komm/*Piepenbrock*, § 65 RdNr. 25.
52 So aber *Manssen/Popp*, § 65 RdNr. 20 f.
53 *Manssen/Popp*, § 65 RdNr. 23.
54 *Manssen/Popp*, § 65 RdNr. 24.

bar sind. Zweitens statuiert § 90 Abs. 1 S. 2 Nr. 8 i.V.m. § 148 Abs. 1 Nr. 2 eine strafbewehrte Anzeigepflicht. Im Einzelnen gilt: Eine Sendeanlage ist erst dann dauernd unbrauchbar, wenn nicht mehr die Gefahr besteht, durch bloße Reparatur wieder funktionstüchtig gemacht zu werden.[55] Die Besitzberechtigung ist an zwei Bedingungen geknüpft: Zum einen ist der Sammlerzweck glaubhaft zu machen. Zum anderen ist der Erwerb der Regulierungsbehörde anzuzeigen. Die Anzeige muss schriftlich erfolgen. In ihr müssen die Personalien, die Art der Anlage, deren Hersteller- oder Warenzeichen und, wenn die Anlage eine Herstellungsnummer hat, auch diese angegeben werden. Da die Vorschrift auf das Entfernen eines wesentlichen Bauteils abstellt, fallen leere Gehäuse, bei denen die Instandsetzung faktisch eine Neuherstellung bedeuten würde, nicht unter die Regelung.[56]

d) **Abs. 2** eröffnet der Verwaltung zwei Wege, vom Verbot des § 90 Abs. 1 S. 1 zu befreien: **20** Zum einen lassen die zuständigen obersten Bundes- oder Landesbehörden Ausnahmen zu, wenn dies im öffentlichen Interesse, insbesondere aus Gründen der **öffentlichen Sicherheit**, erforderlich ist. Bei derartigen repressiven Verboten mit Befreiungsvorbehalt besteht gewöhnlich ein Anspruch auf fehlerfreie Ermessensausübung nur dann, wenn die Ausnahme dazu bestimmt ist, dem individuellen Interesse des Antragstellers zu dienen.[57] Wegen des Fehlens dessen verneint *Spoerr* hier einen solchen Anspruch.[58] Gleichwohl ist dies unzutreffend. § 90 Abs. 2 geht seinem Wortlaut nach auf der Rechtsfolgenseite von einer gebundenen Entscheidung aus. Die Tatbestandsseite eröffnet mit ihren unbestimmten Rechtsbegriffen zwar einen Beurteilungsspielraum. Dessen Ausfüllung unterliegt aber gerichtlicher Überprüfung.[59] Die Befreiung spielt insbesondere eine Rolle im Zusammenhang mit den staatlichen Überwachungsmaßnahmen, deren Eingriffsgrundlagen in der Kommentierung zu § 88 aufgezählt sind.[60] Hinzukommen noch die Observationsbefugnisse aus § 100c Abs. 1 StPO.[61] Wird der Dispens erteilt, dann wirkt er auch für den Hersteller oder den Besitzer der Anlage.

Zum anderen gilt das Verbot nicht, wenn das Bundesamt für Wirtschaft und Ausfuhrkontrolle (BAFA) die **Ausfuhr** von Sendeanlagen genehmigt hat. Wird sie gestattet, dann ist **21** der Exporteur im Hinblick auf sämtliche Verhaltensweisen des Abs. 1 S. 1 vom gesetzlichen Verbot freigestellt.[62] Die Genehmigung ist konstitutiv. Der bloße Wille, Sendeanlagen lediglich zur Ausfuhr zu produzieren, genügt nicht, selbst wenn ein entsprechender Hinweis auf der Verpackung angebracht worden ist.[63]

3. Das Werbeverbot des Abs. 3. – Nach Abs. 3 ist es ist untersagt, öffentlich oder in Mit- **22** teilungen, die für einen größeren Personenkreis bestimmt sind, für Sendeanlagen mit dem Hinweis zu werben, dass die Anlagen geeignet sind, das nichtöffentlich gesprochene Wort eines anderen von diesem unbemerkt abzuhören oder dessen Bild von diesem unbemerkt aufzunehmen. Die Vorschrift verfolgt zum einen den Zweck, den Vertrieb von Sendeanla-

---

55 Eingehend: BeckTKG-Komm/*Piepenbrock*, § 65 RdNr. 28.
56 *Manssen/Popp*, § 65 RdNr. 25; BeckTKG-Komm/*Piepenbrock*, § 65 RdNr. 28.
57 BVerfGE 27, 297, 307; BVerwGE 89, 235, 237 f..
58 *Trute/Spoerr/Bosch*, § 65 RdNr. 7.
59 BVerfGE 84, 34, 53 ff. = NJW 1991, 2005.
60 Vgl. § 88 RdNr. 32.
61 Zur teilweisen Verfassungswidrigkeit von § 100 Abs. 1 Nr. 3 StPO: BVerfGE 109, 279 = NStZ 2004, 270, 271 f. zur Novelle: BT-Drs. 15/5737.
62 *Trute/Spoerr/Bosch*, § 65 RdNr. 8.
63 BeckTKG-Komm/*Piepenbrock*, § 65 RdNr. 23; *Manssen/Popp*, § 65 RdNr. 17.

gen zu erschweren. Zum anderen trägt sie dazu bei, einer Beunruhigung der Bevölkerung vorzubeugen, die durch die Werbung für solche Anlagen entstehen könnte.[64]

23   Untersagt ist die Werbung, die gerade die Möglichkeit, das nichtöffentlich gesprochene Wortes abzuhören, zum Inhalt hat und zum **Kaufanreiz** machen will. Dagegen ist Werbung ohne Angabe dieses Verwendungszweckes oder unter Angabe einer rechtmäßigen, wenn auch unwahrscheinlichen, Verwendungsmöglichkeit nicht verboten.[65] Das Werbeverbot gilt dabei nicht nur für Anlagen i. S. d. Abs. 1 S. 1, sondern für alle Anlagen, die entsprechend angepriesen werden.[66] Wird in einer Massenpublikation geworben, ist auch deren presserechtlich Verantwortlicher Adressat des Verbotes.[67]

24   Schließlich muss **öffentlich** oder in Mitteilungen geworben werden, die für einen größeren Personenkreis bestimmt sind. Öffentlich ist eine Mitteilung, wenn sie sich an einen unbestimmten Personenkreis wendet, z. B. in Massenmedien. Für einen größeren Personenkreis bestimmt ist die Werbung, wenn sie sich zwar nicht an die Allgemeinheit, aber an einen nicht begrenzbaren Personenkreis richtet, z. B. durch Auslage in einem Geschäft oder in einer mit der Geschäftspost mitgeschickten Broschüre.[68]

---

64 BeckTKG-Komm/*Piepenbrock*, § 65 RdNr. 29.

65 *Manssen/Popp*, § 65 RdNr. 26.

66 *Trute/Spoerr/Bosch*, § 65 RdNr. 9.

67 BT-Drs. 10/1618, S. 9 zum Werbeverbot des § 5 c Abs. 1 FAG; zum TKG 1996: BeckTKG-Komm/ *Piepenbrock*, § 65 RdNr. 29; zust. *Trute/Spoerr/Bosch*, § 65 RdNr. 9; *Scheurle/Mayen/Dierlamm*, § 65 RdNr. 20.

68 Vgl. *Baumbach/Hefermehl*, § 4 UWG RdNr. 3.

Datenschutz

§ 91 Anwendungsbereich

(1) Dieser Abschnitt regelt den Schutz personenbezogener Daten der Teilnehmer und Nutzer von Telekommunikation bei der Erhebung und Verwendung dieser Daten durch Unternehmen und Personen, die geschäftsmäßig Telekommunikationsdienste erbringen oder an deren Erbringung mitwirken. Dem Fernmeldegeheimnis unterliegende Einzelangaben über Verhältnisse einer bestimmten oder bestimmbaren juristischen Person oder Personengesellschaft, sofern sie mit der Fähigkeit ausgestattet ist, Rechte zu erwerben oder Verbindlichkeiten einzugehen, stehen den personenbezogenen Daten gleich.

(2) Für geschlossene Benutzergruppen öffentlicher Stellen der Länder gilt dieser Abschnitt mit der Maßgabe, dass an die Stelle des Bundesdatenschutzgesetzes die jeweiligen Landesdatenschutzgesetze treten.

Schrifttum: *Bizer*, TK-Daten in Data Warehouse, DuD 1998, 570; *Eckardt*, Datenschutz und Überwachung im Regierungsentwurf zum TKG, CR 2003, 805; *Gola/Jaspers*, Datenschutz bei der Telearbeit, RDV 1998, 243; *Hellmich*, Location based Services – Datenschutzrechtliche Anforderungen, MMR 2002, 152; *Helmke/Müller/Neumann*, Internet-Telefonie zwischen TKG, IuKDG und Mediendienste-Staatsvertrag – Ein Modell zur Einordnung individualkommunikativer Dienste in das deutsche Multimediarecht, JurPC Web-Dok. 93/1998; *Heun*, Der Referentenentwurf zur TKG-Novelle, CR 2003, 485; *Hoeren*, Recht der Access-Provider, 2004; *Holznagel/Bysikiewcz/Enaux*, Grundzüge des Telekommunikationsrechts, 2000; *Hornig*, Möglichkeiten des Ordnungsrechts bei der Bekämpfung rechtsextremistischer Inhalte im Internet. Zur Internet-Aufsicht auf der Grundlage des § 18 Mediendienste-Staatsvertrags, ZUM 2001, 846; *Kemper*, Anm. zu BVerfG, Beschluss v. 25. 3. 1992 – 1 BvR 1430/88, Archiv PT 1992, 57; *Koenig*, Regulierungsoptionen für die neuen Medien in Deutschland, MMR Beilage 12/1998; *Koenig/Loetz*, Sperrungsanordnung gegenüber Network- und Access-Providern, CR 1999, 438; *Kubicek/Bach*, Neue TK-Datenschutzverordnungen, Fortschritt für den Datenschutz? CR 1991, 489; *Lanfermann*, Datenschutzgesetzgebung – gesetzliche Rahmenbedingungen einer liberalen Informationsgesellschaft, RDV 1998, 1; *Ohlenburg*, Die neue EU-Datenschutzrichtlinie 2002/58/EG – Auswirkungen und Neuerungen für elektronische Kommunikation, MMR 2003, 82; *Schaar*, Datenschutz in der liberalisierten Telekommunikation, DuD 1997, 17; *Schadow*, Telekommunikationsdienstunternehmen-Datenschutzverordnung (TDSV). Zielsetzung, Inhalt, Anwendung, RDV 1997, 51; *Schleipfer*, Das 3-Schichten-Modell des Multimediadatenschutzrechts, DuD 2004, 727; *Stadler*, Sperrverfügungen gegen Access-Provider, MMR 2002, 343; *Villiger*, Handbuch der Europäischen Menschenrechtskonvention (EMRK) unter besonderer Berücksichtigung der schweizerischen Rechtslage, 2. Auflage 1999; *Zimmermann*, Polizeiliche Gefahrenabwehr und das Internet, NJW 1999, 3145.

Übersicht

I. Normzweck

1 Die Vorschrift legt den **Anwendungsbereich** der datenschutzrechtlichen Sonderregelungen der §§ 92–107 fest. Ähnlich wie ihre Vorgängernormen[1] dienen sie dazu, den Gefahren zu wehren, die in gesteigertem Maße durch die Digitalisierung der Telekommunikationsnetze für deren Nutzer entstanden sind.[2] Moderne, digitale Kommunikationsnetze ermöglichen es, in einem nie da gewesenen Umfang personenbezogene Informationen über ihre Nutzer zu erlangen. Individuelle Vorlieben, Lebensgewohnheiten oder Aufenthaltsorte lassen sich allein schon aus den Daten ermitteln, die notwendigerweise anfallen, wenn eine Telekommunikationsleistung erbracht wird. Weil das BDSG den aus der Verwendung dieser personenbezogenen Informationen resultierenden Risiken insbesondere für kommerzielle Zwecke nur unzureichend begegnet[3], bedurfte es bereichsspezifischer Regelungen für die Telekommunikation. Die mit der Neufassung des TKG aus der Telekommunikations-Datenschutzverordnung (TDSV)[4] in die §§ 92 ff. übernommenen Bestimmungen dienen dazu, die Risiken für die informationelle Selbstbestimmung der Nutzer von Telekommunikationsdiensten zu minimieren. Gleichzeitig schaffen diese Vorschriften aber auch einen Ausgleich zwischen diesem Interesse der Nutzer und den Interessen der Diensteanbieter an der Erhebung und Verwendung der Daten, z. B. für die Erbringung des Dienstes, aber auch für Zwecke, die darüber hinausgehen, wie Auskunftsdienste und Vermarktung von Produkten. Schließlich enthalten die §§ 92 ff. auch Verpflichtungen zur Erhebung und Verarbeitung von Daten im Interesse der öffentlichen Sicherheit, so bei Notrufen (§§ 98 Abs. 3, 102 Abs. 6) oder bei der Speicherung der vollständigen Zielnummer (§ 97 Abs. 4 S. 2 2. HS).

II. Entstehungsgeschichte

2 In der Folge des Volkszählungsurteils[5] aus dem Jahr 1983 sah man auch für den Bereich des Fernmeldewesens die Notwendigkeit bereichsspezifischer datenschutzrechtlicher Regelun-

---

1 *Trute/Spoerr/Bosch*, § 89 RdNr. 1.

2 Eine überblickartige Würdigung der neuen Rechtslage liefern *Ulmer/Schief*, Datenschutz im neuen Telekommunikationsrecht – Bestandsaufnahme eines Telekommunikationsdienstleisters zum schnellen Entwurf des Telekommunikationsgesetzes, RDV 2004, 3.

3 *Lanfermann*, RDV 1998, 1, 3.

4 Vom 20. 12. 2000, BGBl. I S. 1746 ff.

5 BVerfGE 65, 1, 41 f. = NJW 1984, 419.

gen. Bekräftigt wurde dies durch den Beschluss des BVerfG zum G 10[6], der ausdrücklich hervorhob, dass auch die näheren Umstände des Fernmeldeverhältnisses – in heutiger Terminologie die Verkehrsdaten – in den Schutzbereich des Art. 10 GG fallen. Die ersten Vorschriften zur Datenverwendung im Bereich der Telekommunikation fanden sich in den §§ 385 ff. TKO.[7] Diese Bestimmungen rückten nach einer Ergänzung durch eine Änderungsverordnung vom 15. 6. 1987[8] und einer Neufassung der Paragraphenreihenfolge[9] später in die §§ 449 ff. TKO. Im Rahmen der Postreform I kam es zu einer Zweiteilung des Telekommunikationsdatenschutzes: Auf Basis von § 30 PostVerfG erging eine TELEKOM-Datenschutzverordnung (TDSV)[10] und auf Grundlage der Ermächtigung in § 14a FAG eine Teledienstunternehmen-Datenschutzverordnung (UDSV).[11] Nach der Fangschaltungsentscheidung des BVerfG[12] fasste die Bundesregierung im Rahmen der Postreform II die beiden ohnehin weitgehend identischen Verordnungen[13] auf Grundlage von § 10 Abs. 1 PTRegG[14] in der Telekommunikationsdienstunternehmen-Datenschutzverordnung (TDSV 1996)[15] zusammen.[16]

Wenige Tage nach Verkündung dieser Verordnung trat das TKG a. F. in Kraft. Dessen § 89 **3** enthielt neben der Ermächtigung zum Erlass einer Datenschutzverordnung auch eigene datenschutzrechtliche Vorschriften.[17] Dies führte zu einem Nebeneinander der Regelungen des TDSV-1996 mit den datenschutzrechtlichen Gesetzesbestimmungen des § 89 TKG a. F.[18] Daraus ergaben sich Anwendungs- und Auslegungsschwierigkeiten[19], die erst durch die TDSV 2000[20] behoben wurden. Sie setzte auf Grund von § 89 Abs. 1 TKG a. F. die Vorgaben der auf der allgemeinen Datenschutzrichtlinie der EG (95/46/EG) aufbauenden EG-Telekommunikations-Datenschutzrichtlinie 97/66/EG („ISDN-Richtlinie") um und harmonisierte die datenschutzrechtlichen Vorschriften im Bereich der Telekommunikation.

Die Neufassung des TKG im Jahr 2004 integrierte diese Datenschutzvorschriften vollstän- **4** dig in das Gesetz.[21] Ziel dessen war es zum einen, den Telekommunikationsdatenschutz zu

---

6 BVerfGE 67, 157, 172 f. = NJW 1985, 121.
7 Verordnung über die Bedingungen und Gebühren für die Benutzung der Einrichtungen des Fernmeldewesens (Telekommunikationsordnung – TKO) v. 5. 11. 1986, BGBl. I S. 1749.
8 BGBl. I 1987 S. 1381.
9 Vgl. Bekanntmachung v. 16. 7. 1987, BGBl. I S. 1761.
10 Verordnung über den Datenschutz bei Dienstleistungen der Deutschen Bundespost TELEKOM (TELEKOM-Datenschutzverordnung – TDSV) vom 25. Juni 1991 BGBl. I S. 1390.
11 Verordnung über den Datenschutz für Unternehmen, die Telekommunikationsdienstleistungen erbringen (Teledienstunternehmen-Datenschutzverordnung – UDSV) v. 18. Dezember 1991, BGBl. I S. 2337.
12 BVerfGE 85, 365, 386 ff. = NJW 1992, 1875, m. Anm. *Kemper*, ArchivPT 1992, 57 ff.
13 *Kubicek/Bach*, CR 1991, 489, 490.
14 Art. 7 des Postneuordnungsgesetzes vom 14. September 1994, BGBl. I S. 2325.
15 Verordnung über den Datenschutz für Unternehmen, die Telekommunikationsdienstleistungen erbringen (Telekommunikationsdienstunternehmen-Datenschutzverordnung – TDSV) v. 12. Juli 1996, BGBl. I S. 982.
16 Ausf. zu den Vorläufervorschriften *Manssen/Gramlich*, § 89 RdNr. 11 ff.
17 Ausf. zur Gesetzgebungsgeschichte des § 89: *Manssen/Gramlich*, § 89 RdNr. 1 ff.
18 Näher dazu *Scheurle/Mayen/Löwnau-Iqbal*, § 89 RdNr. 3.
19 Dazu *Schaar*, DuD 1997, 17, 19 ff.
20 Telekommunikations-Datenschutzverordnung (TDSV) v. 20. 12. 2000, BGBl. I S. 1746.
21 Vgl. zum Außerkrafttreten der TDSV-2000 § 152 Abs. 2.

straffen und Redundanzen zu vermeiden[22], und zum anderen, die Vorgaben der neuen Telekommunikationsdatenschutzrichtlinie DRL[23] umzusetzen. Entgegen den Vorschlägen des Bundestages[24] gestattete es der Zeitdruck nicht[25], den Datenschutz umfassend zu vereinheitlichen. Neben den datenschutzrechtlichen Regelungen des TKG bleiben daher bis auf weiteres die Bestimmungen des Telediensstedatenschutzgesetzes (TDDSG) und des Mediendienstestaatsvertrages (MDStV) bestehen (Vgl. RdNr. 18–20).

III. Europarechtliche Grundlagen

5 Der 2. Abschnitt des 7. Teils des TKG ist wesentlich durch europarechtliche Vorgaben geprägt: Nach Art. 8 Abs. 1 EMRK hat jede Person vor allem das Recht auf Achtung ihres Privatlebens, namentlich ihrer Korrespondenz. Dies beinhaltet sowohl den Datenschutz[26] als auch das Fernmeldegeheimnis.[27] Die Entwicklung internationaler Datenschutzstandards wurde durch eine Europaratskonvention aus dem Jahre 1981 maßgeblich gefördert.[28] Sie bildete die Grundlage für die allgemeine Datenschutzrichtlinie 95/46/EG.[29] Der Schutz personenbezogener Daten des Einzelnen hat auch Niederschlag gefunden in der Grundrechtscharta der Europäischen Union. Art. 8 Abs. 1 legt das Grundrecht auf den Schutz personenbezogener Daten fest, Abs. 2 S. 1 enthält das Grundprinzip des Datenschutzrechts, das Verbot mit Einwilligungsvorbehalt, Abs. 2 S. 3 gewährt jedermann ein Auskunftsrecht über die ihn betreffenden Daten, Abs. 3 fordert die Einrichtung einer unabhängigen Stelle, die über die Einhaltung von Datenschutzvorschriften wacht.

6 Der 2. Abschnitts des 7. Teils des TKG ist maßgeblich durch die DRL geprägt. Sie setzt die Standards der EMRK und der Grundrechtecharta für den Bereich der elektronischen Kommunikation in konkrete Vorschriften um und löst die bisherige RL 97/66/EG[30], die sog. „ISDN-Richtlinie", ab. Sie ist Teil des fünf Richtlinien umfassenden Pakets, mit dem nach Art. 14 des EG-Vertrages im Bereich der Telekommunikation Behinderungen abgebaut und nationale Bestimmungen harmonisiert werden sollen. Ihr Erlass war notwendig geworden, um den Inhalt der „ISDN-Richtlinie" an die Entwicklung der Märkte und Technologien anzupassen.[31] Die neue Richtlinie will damit zugleich auch dem Phänomen der Konvergenz Rechnung tragen.[32] So umfasst der von der Richtlinie verwandte Begriff des „elektronischen Kommunikationsnetzes" alle Kommunikationsnetze, auch IP-basierte.[33]

---

22 Vgl. BT-Drs. 15/2316, S. 88.
23 ABl. EG L 201 vom 31. Juli 2002, S. 27.
24 BT-Drs. 14/9709, S. 4 i. V. m. BT-Prot. 14/248, S. 25195.
25 Vgl. BT-Drs. 15/2316, S. 88.
26 EGMR Leander vs. Sweden, 26. 3. 1987 Series A no. 116; eingehend: *Villiger*, RdNr. 555.
27 Zum Schutz der Vertraulichkeit der Telekommunikation: EGMR Klass vs. Germany, v. 6. 9. 1978 Series A no. 28 = NJW 1979, 1755, 1756 ff.; Malone vs. United Kingdom, v. 2. 8. 1984 Series A no. 82 (st. Rspr.).
28 Konvention Nr. 108 vom 28. 1. 1981, BGBl. 1985 II S. 538.
29 *Gola/König*, S. 31.
30 Richtlinie 97/66/EG des Europäischen Parlaments und des Rates vom 15. 12. 1997 über die Verarbeitung personenbezogener Daten und den Schutz der Privatsphäre im Bereich der Telekommunikation vom 30. 1. 1998, ABl. EG L 24 vom 30. 1. 1998, S. 1.
31 Erwägungsgrund Nr. 4 DRL.
32 Vgl. Erwägungsgründe Nr. 4–6 DR; näher: *Eckhardt*, CR 2003, 805.
33 *Schütz/Attendorn/König*, S. 18.

Sie grenzt in Art. 3 Abs. 1 DRL aber auch ihren Anwendungsbereich von den Kommunikationsinhalten ab.[34]

Die DRL konkretisiert diese Standards für den Bereich der elektronischen Kommunikation **7** in einzelnen Vorschriften. Sie regelt in erster Linie die Erhebung und Verarbeitung von Verkehrs- und Standortdaten, aber, von Ausnahmen (Art. 12 und 13) abgesehen, nicht die von Bestandsdaten. Insoweit bleibt es bei den Vorgaben der allgemeinen Datenschutzrichtlinie 95/46/EG. Der personale Geltungsbereich umfasst zunächst natürliche Personen. Sie regelt aber auch den Schutz der berechtigten Interessen von Teilnehmern, die juristischen Personen sind (vgl. Art. 1 Abs. 2 S. 2 DRL), wenngleich damit, wie sich aus Erwägungsgrund 12 ergibt, die allgemeine Datenschutzrichtlinie 95/46/EG nicht auf juristische Personen ausgedehnt werden soll.[35]

Nur ein Teil der Begriffsbestimmungen der DRL hat Einzug in § 3 TKG gefunden.[36] So **8** definiert das TKG weder den Begriff der Nachricht[37] noch den der Einwilligung.[38] Art. 2 lit. d) der DRL versteht unter einer **Nachricht** jede Information, die zwischen einer endlichen Zahl von Beteiligten über einen öffentlich zugänglichen elektronischen Kommunikationsdienst ausgetauscht oder weitergeleitet wird. Nicht eingeschlossen sind dabei Informationen, die als Teil eines Rundfunkdienstes über ein elektronisches Kommunikationsnetz an die Öffentlichkeit weitergeleitet werden, soweit sie mit keinem ihrer identifizierbaren Empfänger in Verbindung gebracht werden können. Art. 2 lit. f) macht den Begriff der **Einwilligung** im Sinne von Art. 2 lit h) der Richtlinie 95/46/EG für den Bereich der elektronischen Kommunikation fruchtbar. Danach ist eine Einwilligung jede Willensbekundung, mit der der Telekommunikationsteilnehmer oder -nutzer die Verarbeitung seiner personenbezogenen Daten akzeptiert und die für den konkreten Fall in Kenntnis der Sachlage und ohne Zwang erfolgt.

Nach Art. 15 DRL soll es den Mitgliedsstaaten erlaubt sein, aus Gründen der inneren und **9** äußeren Sicherheit, zur Verhütung und Verfolgung von Straftaten oder des unzulässigen Gebrauchs von elektronischen Kommunikationssystemen Vorschriften zu erlassen, welche die Aufbewahrung von Daten für begrenzte Zeit regeln. Damit bezweckt die DRL nicht, restriktive nationalstaatliche Regelungen unter Änderungsvorbehalt zu stellen. Eine derartige Auslegung dieser Regelung würde auf kompetenzrechtliche Probleme stoßen. Eine Ermächtigung zu einer solchen **Vorratsdatenspeicherung** zu den genannten Zwecken wäre nämlich der sog. „Dritten Säule"[39] zuzurechnen. Wie sich auch aus Art. 47 EUV ergibt, haben die Mitgliedstaaten hier jedoch keine Kompetenzen übertragen.[40] Dies berücksichtigt auch die DRL selbst. Ihr Erwägungsgrund 11 stellt ausdrücklich fest, dass die DRL keine Auswirkungen hat auf das bestehende Gleichgewicht zwischen staatlichen Interessen und der Privatsphäre des Einzelnen. Art. 15 der DRL ist daher wie folgt zu verstehen: Die Vorgaben der DRL verbieten es lediglich nicht, dass ein Mitgliedstaat unter Beachtung be-

---

34 *Schütz/Attendorn/König*, S. 16; *Heun*, CR 2003, 485, 487.
35 *Ohlenburg*, MMR 2003, 82, 83.
36 Eingehend § 3 RdNr. 1 ff.
37 Dieser Begriff kommt vor in den §§ 98 Abs. 2, 100 Abs. 4, 107.
38 Diesen Begriff verwendet der Gesetzgeber in den §§ 94, 95 Abs. 1, 5, 96 Abs. 3; 98, 105 Abs. 4.
39 Art. 29 ff. EUV.
40 *Schwarze/Böse*, Art. 29 EU RdNr. 8; *Callies/Ruffert/Cremer*, Art. 47 EU RdNr. 1.

stimmter Voraussetzungen eine Vorratsdatenspeicherung einführt.[41] Ob ein Mitgliedstaat dem Diensteanbieter eine Vorratsdatenspeicherung vorschreibt, liegt weiterhin in seinem pflichtgemäßen legislativen Ermessen.

10 Die DRL wurde vom Gesetzgeber nicht fristgerecht umgesetzt. Die Europäische Kommission hat daraufhin im Dezember 2003 ein Vertragsverletzungsverfahren eingeleitet. Soweit die §§ 92 ff. die DRL nicht vollständig umgesetzt haben, z.B. hinsichtlich der Informationen der Teilnehmer und Nutzer über die Verarbeitung von Standortdaten[42], scheidet freilich eine direkte Anwendung der DRL in dem durch das TKG geregelten Bereich aus. Die DRL bleibt ein transformationsbedürftiger Rechtsakt. Zwar legt der EuGH einer Richtlinie unmittelbare Wirkung bei, wenn die Umsetzungsfrist abgelaufen ist, die Bestimmungen den Bürger begünstigen und sie unbedingt und hinreichend bestimmt gefasst ist (*Self-executing-character*).[43] Dies gilt jedoch nur für Regelungen im Verhältnis des Bürgers zum Staat, nicht aber – wie hier – für das Verhältnis der Bürger untereinander.[44] Ungeachtet dessen besteht die Verpflichtung, die Gesetzesbestimmungen richtlinienkonform auszulegen.[45] Namentlich § 98[46] setzt die Vorgaben der DRL nicht hinreichend um. Gleiches gilt für § 95 Abs. 2 im Hinblick auf die Grundentscheidung des Art. 13 Abs. 2 DRL zur Kostentragung. Schließlich lässt § 104 eine Gebührenregelung für die Nichtaufnahme und Änderung von Daten vermissen, die in Teilnehmerverzeichnissen eingetragen werden.[47]

11 Waren im Gesetzgebungsverfahren noch einige Vorschriften, deren Datenschutzniveau höher war als von der Richtlinie gefordert, vorgeschlagen worden – zu erwähnen ist hier insbesondere der § 93 des Regierungsentwurfes, der eine Einwilligung des Teilnehmers in die Verwendung seiner Bestandsdaten zum Zwecke der Werbung verlangte –, so liegt das allgemeine **Schutzniveau** der §§ 92 ff. nicht höher als von der DRL vorgesehen. Dies ist folgerichtig. Zwar widerspricht ein höheres Schutzniveau nicht dem Zweck der DRL nach Art. 1. Jedoch dient die DRL auch der **Harmonisierung**.[48] Dieses Ziel konterkarieren jedoch Lösungen, die an inländische Anbieter höhere Anforderungen stellen als die, denen ausländische Wettbewerber unterworfen sind.[49]

IV. Datenschutz in der Telekommunikation

12 **1. Allgemeines.** – Der gesetzliche Schutz der personenbezogenen Daten hat unter den Bedingungen der modernen Datenverarbeitung eine freiheitssichernde Funktion. Das Bundesverfassungsgericht hat dies im Volkszählungsurteil[50] ausgeführt: „Individuelle Selbst-

---

41 Wie hier: *Hoeren*, Recht der Access-Provider, RdNr. 122 f. A. A. wohl *Ohlenburg*, MMR 2003, 82, 86, die einen Kompetenzverstoß annimmt.

42 Vgl. § 98 RdNr. 4.

43 EuGH, Rs. 41/74 Slg. 1974, 1337, 1348 – van Duyn vs. Home Office; Rs. 222/84, Slg. 1986, S. 1651, 1691 – Johnston vs. Chief Constable; 8/81 Slg. 1982, S. 53, 70 – Becker vs. FA Münster Innenstadt.

44 EuGH, Rs. C-91/92, Slg. 1994 I, S. 3328, 3338.

45 EuGH, Rs. 14/83 Slg. 1984, 1981 Kolson u. Kamann vs. NRW; Rs. 79/83 Slg. 1984, 1921 – Harz vs. Deutsche Tradax.

46 Vgl. § 98 RdNr. 4.

47 Vgl. § 104 RdNr. 10.

48 Erwägungsgrund 8 zu DRL .

49 Ähnlich schon BeckTKG-Komm/*Büchner*, § 89 RdNr. 12; a. A. *Trute/Spoerr/Bosch*, § 89 RdNr. 7.

50 BVerfGE 65, 1, 41 = NJW 1984, 419.

Klesczewski

bestimmung setzt aber – auch unter den Bedingungen moderner Informationsverarbeitungstechnologien – voraus, dass dem Einzelnen Entscheidungsfreiheit über vorzunehmende oder zu unterlassende Handlungen einschließlich der Möglichkeit gegeben ist, sich auch entsprechend dieser Entscheidung tatsächlich zu verhalten. Wer nicht mit hinreichender Sicherheit überschauen kann, welche ihn betreffenden Informationen in bestimmten Bereichen seiner sozialen Umwelt bekannt sind, und wer das Wissen möglicher Kommunikationspartner nicht einigermaßen abzuschätzen vermag, kann in seiner Freiheit wesentlich gehemmt werden, aus eigener Selbstbestimmung zu planen oder zu entscheiden."[51] Dies verdeutlicht aber auch, dass die freiheitssichernde Funktion des Grundrechtes nur dann umfassend sein kann, wenn sie nicht nur Freiheit gegenüber dem Staat bedeutet, sondern auch die Verpflichtung des Staates beinhaltet, Freiheit durch die gesamte Rechtsordnung zu gewähren. In einer modernen Mediengesellschaft ist jeder auf digitale Telekommunikationsnetze angewiesen. Daraus ergibt sich der Zwang, die Erhebung und Verarbeitung personenbezogener Daten dulden zu müssen. Dies macht es erforderlich, die Interessen der Diensteanbieter mit denen der Nutzer und mit öffentlichen Belangen auszugleichen. Die §§ 92 ff. regeln daher nicht nur bereichsspezifisch den Datenschutz, sie normieren auch die Voraussetzungen von Grundrechtseingriffen.

2. Systematische Einordnung der §§ 91 ff. – a) Das Verhältnis der §§ 91 ff. zum Fern- 13 **meldegeheimnis.** – Die Vorschriften des Datenschutzes der §§ 91 ff. stehen auf Grund unterschiedlicher Schutzbereiche zum Teil neben den Vorschriften zum Schutz des Fernmeldegeheimnisses nach den §§ 88 ff. Insbesondere im Hinblick auf Bestandsdaten ist das Fernmeldegeheimnis nicht berührt, solange diese Informationen nicht mit dem Fernmeldegeheimnis unterliegenden Informationen verknüpft werden. Hingegen bestehen bei Verkehrsdaten, aber auch bei Spezialregelungen wie der des § 107, enge Verbindungen zum Fernmeldegeheimnis.[52]

b) Das Verhältnis der Vorschriften des TKG zum BDSG. – Das deutsche Datenschutz- 14 recht gründet auf dem Prinzip des **Verbots mit Erlaubnisvorbehalt**.[53] Nach § 4 Abs. 1 BDSG ist die Erhebung, Verarbeitung und Nutzung personenbezogener Daten nur zulässig, soweit das BDSG oder eine andere Rechtsvorschrift dies erlaubt oder anordnet oder der Betroffene eingewilligt hat. Die §§ 91 ff. stellen eine solche bereichsspezifische Sonderregelung dar.

Während § 1 Abs. 2 S. 1 TDSV-2000 das BDSG ausdrücklich subsidiär für anwendbar er- 15 klärte, hat § 91 diese Klausel nicht übernommen. Nach § 1 Abs. 3 S. 1 BDSG greift das BDSG nur ein, soweit nicht bereichsspezifische Regelungen vorgehen. Hinsichtlich der Erhebung und Verwendung von Daten sind die Regelungen der §§ 92 ff. als solche Regelungen anzusehen. Ein Rückgriff auf die allgemeinen Erlaubnistatbestände der §§ 28 u. 29 BDSG scheidet daher aus.[54] Lediglich soweit es an speziellen Regelungen im TKG zum Datenschutz fehlt, sind die Vorschriften des BDSG weiterhin ergänzend heranzuziehen. So sind die §§ 1 bis 11 BDSG ebenso anwendbar, wie die §§ 33 ff. BDSG, soweit die §§ 92 ff. keine spezielleren Regelungen enthalten. Dabei verdrängt § 91 die allgemeine Benachrichtigungspflicht nach § 33 BDSG, während § 34 BDSG unberührt bleibt. Der Betroffene hat

51 BVerfGE 65, 1, 42 f. = NJW 1984, S. 419.
52 Näher § 88 RdNr. 7.
53 *Gola/Klug*, S. 48.
54 BeckTKG-Komm/*Büchner*, § 89 RdNr. 14.

daher folgende allgemeinen Rechte gegenüber der speichernden Stelle: Er hat nach § 34 Abs. 1 BDSG ein **Auskunftsrecht** über seine personenbezogenen Daten[55], auch soweit sie sich auf ihre Herkunft, ihren Empfängerkreis und den Zweck ihrer Speicherung beziehen. Die Auskunft ist nach § 34 Abs. 5 grundsätzlich unentgeltlich zu erteilen. Der Betroffene hat ferner nach § 35 BDSG einen Anspruch auf **Berichtigung** unrichtiger Daten. Er kann nach § 35 Abs. 2 BDSG die **Löschung** verlangen, nach § 35 Abs. 3 und 4 sind die Daten zu **sperren**, soweit ihre Richtigkeit vom Betroffenen bestritten wird und sich weder die Richtigkeit noch die Unrichtigkeit feststellen lässt. Er kann nach § 7 S. 1 BDSG **Schadenersatz** verlangen, wenn ihm durch eine unzulässige oder unrichtige Erhebung, Verarbeitung oder Nutzung seiner personenbezogenen Daten ein Schaden entstanden ist. § 7 S. 2 BDSG räumt jedoch der verantwortlichen Stelle die Möglichkeit ein, sich zu exkulpieren.

16 Soweit die Vorschriften des BDSG anwendbar bleiben, greifen auch die darauf bezogenen Bußgeldtatbestände von § 43 BDSG und die Straftatbestände von § 44 BDSG ein. Im Übrigen bleibt es bei den Bußgelddrohungen von § 149 Abs. 1. Weder ist es überzeugend, die Geltung der §§ 43 f. BDSG gänzlich zu verneinen[56], noch trifft es zu, deren Bußgeldkatalog vollständig für anwendbar zu erklären.[57] Zwar fehlt im TKG eine Vorschrift, welche die subsidiäre Geltung des BDSG anspricht. Dessen bedarf es aber wegen § 1 Abs. 3 S. 1 BDSG nicht. Gehen bereichsspezifische Regelungen nur insoweit vor, wie ihr Anwendungsfeld reicht[58], dann folgt daraus umgekehrt nicht ohne Weiteres, dass die Bußgeldtatbestände des § 149 Abs. 1 durch die §§ 43 f. BDSG ergänzt werden dürfen. Gewiss ist, dass § 149 Abs. 1 Nr. 16–18 gegenüber § 43 Abs. 2 BDSG das speziellere Gesetz darstellt. Soweit ein Verstoß gegen die §§ 93 ff. nicht nach § 149 Abs. 1 ahndbar ist, kommt es darauf an, ob die §§ 93 ff. auch i.V.m. § 149 Abs. 1 als abschließende Regelung anzusehen sind. Dies ist letztlich zu verneinen.

17 Zwar teilt das TKG alle Daten, deren Verarbeitung es bedarf, um Telekommunikationsdienstleistungen zu erbringen, abschließend ein und bezieht darauf bestimmte Bußgeldtatbestände. In § 3 Nr. 3, 19, 30 sind Bestandsdaten, Standortdaten und Verkehrsdaten definiert.[59] Die Befugnisse zur Verwendung dieser Daten sind in den §§ 95 Abs. 2, 96 Abs. 2 und 97 Abs. 3 S. 2 abschließend geregelt (zudem verweist § 96 Abs. 2 umfassend auf §§ 97, 99, 100, 101). Wenn der Gesetzgeber gleichwohl im § 149 Abs. 1 nur Verstöße gegen einige dieser Vorschriften mit Bußgeld bedroht, Zuwiderhandlungen gegen andere dagegen nicht, spricht dies zunächst einmal dafür, dass auch dies als abgeschlossene Regelung zu verstehen ist. Näheres Hinsehen deckt freilich auf, dass es sich bei den in § 149 Abs. 1 Nr. 16–18 umschriebenen Zuwiderhandlungen im Vergleich mit den nach § 43 Abs. 2 zu ahndenden Verhaltensweisen um schwerwiegendere Ordnungswidrigkeiten handelt, namentlich das Verwenden von Daten zu Werbezwecken oder entgegen Löschungspflichten. Dementsprechend ist die Bußgeldgrenze in § 149 Abs. 2 auch erhöht. Daraus folgt: Ist ein Verstoß gegen die §§ 93 ff. nicht in § 149 Abs. 1 erfasst, dann greift § 43 Abs. 2 BDSG subsidiär ein. Verwirklicht ein Verstoß nach § 149 Abs. 1 zugleich auch noch den Straftatbestand von § 44 Abs. 1 BDSG, geht dieser gemäß § 21 OWiG vor.

---

55 BGH, NJW 1981, 1738.
56 So *Bergmann/Möhrle/Herb*, § 43 RdNr. 6, 7.
57 So zur freilich schlechthin nicht mit Bußgeldandrohungen bewehrten TDSV 1996 BeckTKG-Komm/*Büchner*, § 89 RdNr. 54.
58 *Simitis/Ehmann*, § 43 RdNr. 19.
59 Vgl. § 3 RdNr. 5, 31 und 68.

c) Das Verhältnis der Vorschriften des TKG zum TDDSG und zum MDStV. – Dem 18
Telekommunikationsdatenschutz nahe stehende Datenschutzvorschriften enthalten auch
das Teledienstedatenschutzgesetz (TDDSG)[60] und die §§ 16 ff. des Mediendienste-Staatsvertrags (MDStV). Die Vorschriften des TDDSG gelten jedoch nur für Teledienste, d. h.
gem. § 2 Abs. 1 TDG für elektronische Informations- und Kommunikationsdienste, die für
eine individuelle Nutzung von kombinierbaren Daten wie Zeichen, Bilder oder Töne bestimmt sind und denen eine Übermittlung mittels Telekommunikation zugrunde liegt. Teledienst und Telekommunikation sollen danach durch den Gegensatz von Angeboten auf der
Inhalts- bzw. der Transportebene abgegrenzt werden.[61] Diese Unterscheidung wird namentlich durch den missglückten Katalog des § 2 Abs. 2 TDG und den Einbezug der Access-Provider in § 3 Abs. 1 Nr. 1 2. Alt. TDG wieder verwässert. Acess-Provider vermitteln lediglich den Zugang zur Nutzung von Telediensten und bieten daher Dienstleistungen
auf dem Gebiet der Telekommunikation an.[62] Infolgedessen herrscht Unklarheit, ob Acess-
Provider oder Internet-Telefonie[63] unter das TDDSG fallen[64], bzw. ob E-Mail-Dienste Teledienste darstellen.[65]

Eine befriedigende Lösung lässt sich hier nur entwickeln, wenn man strikt auf die Rolle 19
der **Kommunikationsteilnehmer** und die **Herkunft der Inhalte** der Kommunikation abstellt. Auf die technische Realisierung der Kommunikation kommt es dabei nicht an.[66] Telekommunikation ist bis auf funkbasierte Ausnahmefälle strukturell dadurch gekennzeichnet, dass eine bestimmte Anzahl prinzipiell gleichrangiger Kommunikationspartner individuell unter Zuhilfenahme eines Dritten, dem Telekommunikationsdienstanbieter, kommunizieren. Dieser unterbreitet dabei selbst kein inhaltliches Angebot. Der Inhalt der Kommunikation rührt von den Kommunikationspartnern her. Dagegen findet bei einem Teledienst die Kommunikation zwischen einem Nutzer und dem Inhaltsanbieter, dem Teledienstanbieter, statt. Hier macht der Diensteanbieter selbst das inhaltliche Angebot, eine
gleichrangige Kommunikation findet nicht statt. Diese Leistung des Diensteanbieters ist
prinzipiell von der Ebene des Nachrichtentransports entkoppelt. Die bloße Übermittlung
stellt dagegen Telekommunikation selbst dann dar, wenn derjenige, der in der Rolle des
Übermittlers auftritt, zugleich auch noch ein Inhaltsangebot macht. Aufgrund der Struktur
von TKG und TDG ist daher die Frage, ob Teledienst oder Telekommunikation vorliegt,
von derjenigen Frage zu trennen, wer im Sinne des jeweiligen Gesetzes als Diensteanbieter
auftritt. Nach § 2 TDG ist das Vermitteln des bloßen Zugangs zu fremden Angeboten nach
dem Wortlaut kein Teledienst. Der Zugangsvermittler gilt lediglich nach § 3 als Diensteanbieter, weil er den Zugang zu den Telediensten Dritter ermöglicht. Da er aber selbst damit
keinen Teledienst erbringt, können im Zusammenhang mit dieser seiner Dienstleistung
auch keine auf einen Teledienst bezogenen Daten anfallen. Statt ihn den Datenschutzvorschriften des TDDSG zu unterwerfen, gelten für ihn vielmehr die des TKG. Schließlich

---

60 Gesetz über den Datenschutz bei Telediensten (Teledienstedatenschutzgesetz – TDDSV) v. 22. 7.
   1997, BGBl. I S. 1870.
61 BT-Drs. 13/7385, S. 17; OLG Hamburg, CR 2000, 363, 364; *Manssen/Manssen*, § 3 TKG
   RdNr. 37; *Koenig*, MMR Beilage 12/1998, 1/4. Vgl. *Schleipfer*, DuD 2004, 727, 731 ff.
62 *Stadler*, MMR 2002, 343, 344; *Manssen/Massen*, § 3 TKG RdNr. 37 f.; *Hoeren/Sieber/Schmitz*,
   Kap. 16.4 RdNr. 6 ff.; BeckTKG-Komm/*Schuster*, § 3 RdNr. 21 a.
63 So: *Manssen/Manssen*, TDG § 2 RdNr. 10; *Helmke/Müller/Neumann*, JurPC Web-Dok. 93/1998.
64 So aber *Manssen/Manssen*, § 3 TKG RdNr. 37; *Koenig/Loetz*, CR 1999, 438 ff.
65 So *Hellmich*, MMR 2002, 152, 153; näher dazu § 3 RdNr. 42 und § 107 RdNr. 3.
66 So aber: *Helmke/Müller/Neumann*, JurPC Web-Dok. 93/1998.

stellen weder Internet-Telefonie noch ein E-Mail-Dienst einen Teledienst dar, da der Inhalt der Kommunikation hier von den Gesprächspartnern herrührt. Da der Anbieter solcher Dienste auch keinen Zugang zu einem Teledienst vermittelt, ist er auch nicht als Teledienstanbieter anzusehen. Für ihn gelten daher ebenfalls allein die Datenschutzvorschriften des TKG.

20   Weil und soweit dem Angebot eines Teledienstes immer auch ein Nachrichtentransport, damit Telekommunikation, zugrunde liegt, gelten hier neben dem TDDSG auch die Datenschutzvorschriften des TKG.[67] In gleicher Weise ist das Verhältnis zu den datenschutzrechtlichen Regelungen des MDStV zu bestimmen.[68]

21   **3. Allgemeine datenschutzrechtliche Begriffe. – a) Der Begriff der „personenbezogenen Daten."** – Das TKG definiert den Begriff der personenbezogenen Daten nicht. Auf Grund der subsidiären Geltung des BDSG ist jedoch auf dessen Begriff zurückzugreifen. Nach § 3 Abs. 1 BDSG sind personenbezogene Daten Einzelangaben über persönliche oder sachliche Verhältnisse einer bestimmten oder bestimmbaren natürlichen Person (Betroffener). Dabei kommt es nicht darauf an, woher die Information stammt, d. h. ob vom Betroffenen selbst oder von anderen. Auch kommt es nicht auf die Form der Repräsentation (z. B. Sprache, maschinenlesbarer Code, Ton- oder Bildaufnahmen) an.[69] Der Begriff der **Angabe** umfasst jede Information.[70] Mit dem Begriff der „sachlichen oder persönlichen Verhältnisse" soll deutlich gemacht werden, dass alle ausssagekräftigen Informationen über die Bezugsperson erfasst sind.[71] Dies sind elementare Angaben, die zur Identifizierung einer Person genutzt werden können, z. B. Name oder Geburtsdatum. Unter den Bedingungen der automatischen Datenverarbeitung gibt es kein belangloses Datum.[72] Erfasst sind demnach Angaben zum sozialen, wirtschaftlichen und sonstigen Umfeld einer Person[73]; auch Werturteile wie z. B. „guter Kunde" sind personenbezogene Daten, da auch solche Informationen etwas über die Verhältnisse des Betroffenen kundgeben, auch wenn sie die der Wertung zugrunde liegenden Informationen nicht erkennen lassen.[74]

22   Angaben über juristische Personen oder auch **Personenmehrheiten** unterfallen nicht dem Begriff der personenbezogenen Daten. Gleichwohl sind deren Angaben nicht schutzlos: Immer, wenn die zu einer Personenmehrheit gespeicherten Daten etwas über die einzelne, bestimmbare Person aussagen, sind dies personenbezogene Daten.[75] Für den hier thematischen Zusammenhang kommt hinzu, dass die Daten von juristischen Personen und rechtsfähigen Personengesellschaften nach § 91 Abs. 1 S. 2 den gleichen Schutz genießen (vgl. RdNr. 32).

---

67   So schon zum alten § 89: *Schadow*, RDV 1997, 51, 53; *Bizer*, DuD 1998, 570, 575; BeckTKG-Komm/*Büchner*, § 89 RdNr. 13; *Trute/Spoerr/Bosch*, § 89 RdNr. 9; *Heun/Wuermeling*, Teil 9 RdNr. 83; *Manssen/Gramlich*, § 89 RdNr. 10.

68   Für ein Nebeneinander von MDStV und TKG: *Roßnagel/Vesting*, MdStV § 18 RdNr. 38; *Hoeren/Sieber*, RdNr. 381 ff, 393 f. für § 18 III MdStV; *Zimmermann*, NJW 1999; 3145 ff; *Hornig*, ZUM 2001, 846 ff.

69   *Simitis/Dammann*, § 3 RdNr. 4.

70   *Simitis/Dammann*, § 3 RdNr. 5.

71   *Simitis/Dammann*, § 3 RdNr. 7.

72   Vgl. BVerfGE 65, 1, 45 = NJW 1984, S. 419.

73   *Simitis/Dammann*, § 3 RdNr. 11.

74   *Simitis/Dammann*, § 3 RdNr. 12.

75   *Simitis/Dammann*, § 3 RdNr. 19.

b) Das Prinzip der Datensparsamkeit, Datenvermeidung und der Zweckbindung. – **23**
Die Regelungen der §§ 91 ff. sind, wie sich aus den gewählten Formulierungen über die Erforderlichkeit einzelner Datenerhebungen und -verwendungen ablesen lässt (vgl. z. B. die
§§ 92, 95 Abs. 1, 2, 4, 96, 97 Abs. 1 und 3), an den in § 3a BDSG ausdrücklich niedergelegten Prinzipien der **Datensparsamkeit** und **Datenvermeidung** orientiert.[76] Nach diesen
Grundsätzen sind so wenig Daten wie möglich zu erheben, zu verarbeiten oder zu nutzen.
Die uneingeschränkte Anwendung dieser Prinzipien kollidiert freilich mit dem Interesse
der öffentlichen Sicherheit. Dementsprechend hat der Gesetzgeber hier Ausnahmetatbestände geschaffen. So sind aufgrund von § 111 Abs. 1 S. 1 bestimmte Bestandsdaten auch
dann zu erheben, wenn dies betrieblich nicht erforderlich ist.[77] Ferner ist sicherzustellen,
dass der Benutzer die Verarbeitung von Standortdaten nicht unterdrücken kann, wenn Verbindungen zu Notrufstellen hergestellt werden sollen (§ 98 Abs. 3).[78]

Darüber hinaus dürfen Daten ohne ausdrückliche Einwilligung des Betroffenen nur für die **24**
in den Datenschutzvorschriften genannten Zwecke verwendet werden. Dieses allgemeine
datenschutzrechtliche Prinzip der **Zweckbindung**[79] lässt sich z. B. an den §§ 92, 95 und 96
ablesen. Der Grundsatz der Zweckbindung erfordert, dass personenbezogene Daten nur für
festgelegte, eindeutige und rechtmäßige Zwecke erhoben und nicht in einer mit dieser
Zweckbestimmung nicht zu vereinbarenden Weise weiterverarbeitet werden dürfen.[80] Die
Zweckbestimmung muss dabei konkret und schon vor Datenerhebung getroffen sein.[81]

c) Die Begriffe des Erhebens und Verwendens. – Mit der Aufnahme der TDSV-2000 in **25**
das Gesetz wurde auch das Begriffspaar „Erheben und Verwenden" übernommen, das die
bisherige Begriffstrias „Erheben, Verarbeiten und Nutzen" ablöst. Eine Änderung des Regelungsgehaltes ist damit nicht verbunden.[82] Gleichwohl hat der Gesetzgeber die neue Begriffsbildung nicht durchgängig umgesetzt (vgl. etwa § 3 Nr. 30). Die Begriffe sind durch
das BDSG zu definieren. Dort ist freilich nur der Begriff „**Erheben**" in § 3 Abs. 3 BDSG
strikten Sinnes legaldefiniert. Demgegenüber lässt sich der Begriff „**Verwenden**" nur mittelbar aus § 3 Abs. 5 BDSG herleiten. Danach ist das Verwenden als Oberbegriff anzusehen, das neben dem Nutzen nach § 3 Abs. 5 BDSG[83] auch jede Form der Verarbeitung nach
§ 3 Abs. 4 BDSG umfasst, nämlich: das Speichern, Verändern, Übermitteln, Sperren und
Löschen personenbezogener Daten.

Nach dem BDSG ist **Speichern** dabei das Erfassen, Aufnehmen oder Aufbewahren perso- **26**
nenbezogener Daten auf einem Datenträger zum Zwecke ihrer weiteren Verarbeitung oder
Nutzung (§ 3 Abs. 3 Nr. 1 BDSG), **Verändern** das inhaltliche Umgestalten gespeicherter
personenbezogener Daten (§ 3 Abs. 3 Nr. 2 BDSG), **Übermitteln** das Bekanntgeben gespeicherter oder durch Datenverarbeitung gewonnener personenbezogener Daten an einen
Dritten in der Weise, dass die Daten an den Dritten weitergegeben werden oder dieser die
zur Einsicht oder zum Abruf bereitgehaltene Daten einsieht oder abruft (Abs. 3 Nr. 3),
Sperren das Kennzeichnen gespeicherter personenbezogener Daten, um ihre weitere Ver-

---

76 *Simitis/Bizer*, § 3 a RdNr. 36.
77 Vgl. § 111 RdNr. 5, 9, 17 ff.
78 Vgl. § 98 RdNr. 13.
79 Vgl. Art. 6 Abs. 1 lit b. d. RL 95/46/EG.
80 *Gola/Klug*, S. 48; *Holznagel/Bysikiewicz/Enaux*, S. 178, 189, 193; *Hoeren*, RdNr. 37.
81 *Gola/Klug*, S. 48.
82 Vgl. BT-Drs. 15/2316, S. 88.
83 *Simitis/Dammann*, § 3 RdNr. 195.

arbeitung oder Nutzung einzuschränken (§ 3 Abs. 3 Nr. 4 BDSG), **Löschen** das Unkenntlichmachen gespeicherter personenbezogener Daten (§ 3 Abs. 3 Nr. 5 BDSG). **Fälle des Nutzens** sind u. a. das Verwenden der Daten zur Korrespondenz mit dem Betroffenen, das Duplizieren und Kopieren, das Fertigen von Auszügen, das Auswerten, das Mitteilen an den Betroffenen oder die Übersendung zur Auftragsverarbeitung.[84]

27 **4. Einwilligungserfordernis.** – Die §§ 92 ff. binden in vielen Fällen die Rechtmäßigkeit der Datenerhebung und -verwendung an eine Einwilligung des Betroffenen. Der Begriff der Einwilligung ist im TKG nicht definiert (vgl. RdNr. 8.). § 94 bestimmt nur die Voraussetzung einer elektronisch erklärten Einwilligung, lässt aber erkennen, das Einwilligungen auch in anderer Form erteilt werden können. Aus ihm ergibt sich ferner, dass eine Einwilligung eine bewusste und eindeutige Erklärung darstellen muss. Im Übrigen ist auf § 4a BDSG zurückzugreifen.[85]

V. Persönlicher Anwendungsbereich der §§ 91 ff.

28 **1. Personen und Unternehmen.** – Der Anwendungsbereich der §§ 92 ff. ist nach § 91 Abs. 1 beschränkt auf Unternehmen und Personen, die geschäftsmäßig Telekommunikationsdienste (§ 3 Nr. 10) erbringen oder an deren Erbringung mitwirken, also **jeder Diensteanbieter** (§ 3 Nr. 6).[86]

29 Der Begriff des **Dritten** in § 3 Nr. 10 verdeutlicht, dass innerhalb einer juristischen Person Dritte nur solche Personen sein können, deren Kommunikation der betreffenden juristischen Person nicht als eigene zurechenbar ist. Dies ist der Fall, wenn Telekommunikationsdienste für private Zwecke genutzt werden, nicht aber bei der Erfüllung von geschäftlichen Aufgaben durch Beschäftigte der juristischen Person.[87] Soweit die Anforderungen der §§ 92 ff. für solche geschlossenen Benutzergruppen unverhältnismäßig wären, hat der Gesetzgeber bei den jeweiligen Vorschriften Ausnahmetatbestände vorgesehen.[88] Die **Nachhaltigkeit des Angebotes** erfordert, dass die Tätigkeit auf Dauer angelegt ist und eine gewisse Häufigkeit aufweist. Damit fallen private Endgeräte, Haustelefonanlagen und hauseigenen Sprechanlagen, auch wenn sie über Grundstücksgrenzen hinweg betrieben werden, nicht in den Anwendungsbereich der Vorschrift der §§ 92 ff.[89]

30 Die Vorschriften der §§ 92 ff. richten sich aber nicht nur an Unternehmen und Personen, die selbst geschäftsmäßig Telekommunikationsdienste erbringen, sondern auch an solche, die dabei **mitwirken.** Wann dies vorliegt, ist im TKG nicht definiert. Dem Zweck der §§ 92 ff. wird man jedoch entnehmen können, dass darunter Personen und Unternehmen zu verstehen sind, die in vergleichbarer Weise wie die Erbringer von Telekommunikationsdiensten die in den §§ 92 ff. speziell geschützten Interessen der Teilnehmer und Nutzer beeinträchtigen können.[90]

---

84 *Simitis/Dammann*, § 3 RdNr. 201; ausf. zur Auftragsverarbeitung *Sutschet*, Auftragsdatenverarbeitung und Funktionsübertragung, RDV 2002, 97.

85 Näheres bei § 94 RdNr. 5 ff.

86 Näher vgl. § 3 RdNr. 8 f.

87 Vgl. § 88 RdNr. 17 ff. insb. 19.

88 Vgl. §§ 97 Abs. 4 S. 4; 99 Abs. 1 S. 7; 101 Abs. 1 S. 4; 102 Abs. 1 S. 4; 103 S. 2.

89 Vgl. § 88 RdNr. 18 ff.

90 Weiter wohl *Heun/Würmeling*, Teil 9 RdNr. 24.

2. Teilnehmer und Nutzer. – Die § 92 ff. dienen dem Schutz der Teilnehmer und Nutzer 31
von Telekommunikation. Nach § 3 Nr. 14 ist **Nutzer** jede natürliche Person, die einen Telekommunikationsdienst für private oder geschäftliche Zwecke nutzt, ohne notwendigerweise Teilnehmer zu sein. Nach § 3 Nr. 20 ist **Teilnehmer** jede natürliche oder juristische Person, die mit einem Anbieter von Telekommunikationsdiensten einen Vertrag über die Erbringung derartiger Dienste geschlossen hat.

Da die §§ 92 ff. nur dem Schutz personenbezogener Daten dienen, fallen Angaben über **ju-** 32
ristische Personen grundsätzlich nicht in den Schutzbereich. Eine Ausnahme davon statuiert jedoch § 91 Abs. 1 S. 2. Nach ihm stehen Angaben, die dem Fernmeldegeheimnis unterliegen, über Verhältnisse einer bestimmten oder bestimmbaren juristischen Person (insb.
AG, GmbH, Stiftungen und eingetragene BGB-Vereine) oder (teil-)rechtsfähige Personengesellschaft den personenbezogenen Daten gleich. Somit sind durch die §§ 92 ff. regelmäßig Verkehrsdaten juristischer Personen oder Personengesellschaften i. S. d. § 91 Abs. 1,
als nähere Umstände der Telekommunikation erfasst[91], während Bestandsdaten nur dann
den §§ 92 ff. unterfallen, wenn sie Angaben über eine natürliche Person enthalten.

VI. Die Regelung des Abs. 2

Der Wortlaut von Abs. 2 geht zurück auf § 1 Abs. 2 S. 2 der TDSV-2000. Eine ähnliche 33
Regelung wurde auf Vorschlag des Bundesrates in die TDSV eingefügt und sollte klarstellen, dass ergänzend zu den datenschutzrechtlichen Regelungen der TDSV bei **geschlosse-**
nen Benutzergruppen öffentlicher Stellen der Länder, z. B. für Behördennetze, nicht die
Bestimmungen des BDSG herangezogen werden, sondern die Datenschutzgesetze der Länder. Regelmäßig gilt auch im Übrigen das BDSG nicht für die öffentlichen Stellen der Länder.

---

91 BVerfGE 67, 157, 172 f. = NJW 1985, 121; BVerfGE 85, 365, 386 ff. = NJW 1992, 1875; BVerfGE
  NJW 2000, 55, 56 f.

§ 92 Datenübermittlung an ausländische nichtöffentliche Stellen

An ausländische nicht öffentliche Stellen dürfen Diensteanbieter personenbezogene Daten nach Maßgabe des Bundesdatenschutzgesetzes nur übermitteln, soweit es für die Erbringung von Telekommunikationsdiensten, für die Erstellung oder Versendung von Rechnungen oder für die Missbrauchsbekämpfung erforderlich ist.

Schrifttum: *Büttgen:* Ein langer Weg – Telekommunikations-Datenschutzverordnung endlich in Kraft getreten, RDV 2001, 6; *Dammann,* Internationaler Datenschutz, RDV 2002, 70, *Räther/Seitz* Übermittlung personenbezogener Daten in Drittstaaten – Angemessenheitsklausel, Safe Harbor und die Einwilligung, MMR 2002, 425; *Hornung,* Fortentwicklung des datenschutzrechtlichen Regelungssystems des Europarats, DuD 2004, 719. Vgl.w. die Literaturangaben zu § 91.

I. Normzweck, Entstehungsgeschichte und europarechtliche Grundlagen

Die Vorschrift regelt die Datenübermittlung an private ausländische Stellen zu dem Zweck, **1** Telekommunikationsdienstleistungen zu erbringen, Rechnungen zu erstellen und Missbräuche zu bekämpfen. Als allgemeine Vorschrift kann § 92 aber durch Spezialregelungen eingeschränkt werden. Die Regelung entspricht weitgehend § 3 Abs. 6 TDSV 2000. Durch ihre Bezugnahme auf das BDSG (vgl. RdNr. 3) setzt sie die europarechtlichen Vorgaben von Art. 4 der Datenschutzrichtlinie 95/46/EG für das Telekommunikationsrecht um.[1]

II. Einzelheiten

1. Ausländische Stellen i. S. d. Vorschrift sind nur **private Stellen.** Die Datenübermittlung **2** an ausländische öffentliche Stellen wird durch § 92 nicht geregelt. Hier ist unmittelbar auf die §§ 4b Abs. 1 und 2, 4c BDSG zurückzugreifen, welche die Datenübermittlung an ausländische öffentliche Stellen zum Gegenstand haben.[2]

2. Die Daten sind nach **Maßgabe des Bundesdatenschutzgesetzes** zu übermitteln. Darin **3** liegt eine dynamische Verweisung auf die §§ 4b, 4c BDSG.[3] Dies bedeutet insbesondere, dass nach § 4b BDSG eine Datenübermittlung in andere Mitgliedstaaten der EU oder andere Vertragsstaaten des Abkommens über den EWR (Norwegen, Island und Liechtenstein) allgemein zulässig ist, während bei Drittstaaten zusätzlich zu prüfen ist, ob dort ein angemessenes Datenschutzniveau (§ 4b Abs. 2 S. 2 BDSG) gewährleistet ist.[4] Dies hat die Kommission bisher für die Schweiz[5], Ungarn[6], Kanada[7] und Argentinien[8] festgestellt. Die

---

1 Vgl. ausführlich *Backes/Eul/Guthmann/Martwisch/Schmidt,* Entscheidungshilfe für die Übermittlung personenbezogener Daten an Drittländer, RDV 2004, 156.
2 Vgl. *Gola/Klug,* S. 60 ff.; *Simitis/Simitis,* § 4b RdNr. 25 ff.; § 4c RdNr. 7 ff.
3 *Gola/Klug,* S. 203.
4 Zum Übereinkommen des Europarats zum Schutze der Menschen bei der automatischen Verarbeitung personenbezogener Daten (BGBl. II 1985, 539) vgl. *Hornung,* DuD 2004, 719.
5 ABl. EG L 215/1 v. 25. 8. 2000.
6 ABl. EG L 215/4 v. 25. 8. 2000.
7 ABl. EG L 2/13 v. 4. 1. 2002.
8 C (2003) 1731 v. 30. 6. 2003 nach *Gola/Klug,* S. 21, 65.

Safe-Harbour-Entscheidung der Kommission[9] zu den Grundsätzen des sicheren Hafens und den diesbezüglich gestellten „häufigen Fragen – FAQ" für Unternehmen, die sich diesen Grundsätzen unterwerfen, ist im Bereich des Telekommunikationsrechts nicht anwendbar.[10] Grundlage der Entscheidung der Kommission war, dass die Unternehmen der Kontrolle der FTC (Federal Trade Commission) unterliegen.[11] Dies trifft für Telekommunikationsunternehmen nicht zu, da sie in den Zuständigkeitsbereich der FCC (Federal Communications Commission) fallen. Hier besteht nur die Möglichkeit zu einzelvertraglichen Verpflichtungen unter Beachtung der Standardklauseln der Kommission.[12] Zuständig für die Genehmigung eines solchen Vertrages ist nach § 4c Abs. 2 S. 2 BDSG der Bundesbeauftragte für den Datenschutz.

4 Soweit es an einer Feststellung der Kommission fehlt, hat der übermittelnde Diensteanbieter **in eigener Verantwortung zu prüfen**, ob das Drittland ein angemessenes Schutzniveau bietet. Diese Formel stellt einen unbestimmten Rechtsbegriff dar, welcher der Wertausfüllung bedarf. Richtpunkt ist der Grad der Gefährdung von Persönlichkeitsrechten.[13] In die Gesamtabwägung sind dabei u. a. die Art der Daten, die Zweckbestimmung, die Dauer der geplanten Verarbeitung, das Herkunfts- und das Endbestimmungsland, die für den Empfänger geltenden Rechtsnormen, dessen Standesregeln und Sicherheitsmaßnahmen einzubeziehen.[14] Lässt sich danach ein angemessenes Schutzniveau nicht feststellen, besteht ein Übermittlungsverbot.

5 Soweit personenbezogene Daten von einem deutschen Auftraggeber im Rahmen der **Auftragsdatenverarbeitung** an einen Auftragnehmer mit Sitz in der EU oder dem EWR weitergegeben werden, ist zwar das BDSG maßgeblich, es liegt jedoch keine Datenverarbeitung i. S. v. § 3 Abs. 4 Nr. BDSG vor.[15] Der Auftragnehmer ist nicht Dritter i. S. v. § 3 Abs. 8 S. 3 BDSG. Hat der Auftragnehmer seinen Sitz in einem Drittland, sind hingegen die §§ 4b, 4c BDSG zu beachten.

6 § 4c Abs. 1 BDSG erklärt die **Prüfung** eines angemessenen Datenschutzniveaus in bestimmten Fällen für **entbehrlich**. Im Bereich der Telekommunikation greifen insbesondere die **Ausnahmetatbestände** § 4c Abs. 1 S. 1 Nr. 1–3 ein. Danach ist die Übermittlung grundsätzlich dann zulässig, wenn sie der Erfüllung eines Vertrages dienen, z. B. der Übermittlung zur Durchführung eines Auslandstelefonates, oder wenn der Nutzer einwilligt.

7 3. Bei der Datenübermittlung ist nach § 92 eine **spezifische Zweckbindung** zu beachten. Sie darf nur geschehen, um Telekommunikationsdienste zu erbringen, Rechnungen zu erstellen oder zu versenden oder Missbräuche zu bekämpfen. Der internationale Datentransfer ist damit eingeschränkt[16] und jenseits dieser Zweckbindung unzulässig.[17] Folglich reicht

9 ABl. EG L 215/7 v. 25. 8. 2000. *Räther/Seitz*, MMR 2002, 425.
10 *Gola/Klug*, S. 65; *Wiechert/Schmidt/Königshofen/Königshofen/Hansen-Oest*, § 3 TDSV RdNr. 35; *Heun/Wuermeling*, Teil 9 RdNr. 127.
11 ABl. EG L 215/7 v. 25. 8. 2000, Erwägungen 5.
12 Vgl. ABl. EG L 181/19 v. 15. 6. 2001.
13 Datenschutzgruppe nach Art. 29 EUV, RDV 1998, 81.
14 *Gola/Klug*, S. 64.
15 *Dammann*, RDV 2002, 70, 73; zust. *Gola/König*, S. 61.
16 *Heun/Wuermeling*, Teil 9 RdNr. 122; so wohl auch *Gola/Klug*, S. 203.
17 *Büttgen*, RDV 2001, 6, 8.

auch die Einwilligung des Nutzers als solche nicht aus, um die Datenübermittlung im Rahmen der Telekommunikation zulässig zu machen.[18]

Die Übermittlung ist des Weiteren nur zulässig, soweit dies **erforderlich** ist. Der Wortlaut **8** lässt offen, ob die Erforderlichkeit der Übermittlung ins Ausland von der Entscheidung für eine Datenverarbeitung dort abhängig ist oder ob die Datenverarbeitung dort von der Erforderlichkeit des Auslandstransfers abhängt.[19] Die Begründung zur gleichlautenden Vorläufervorschrift will u. a. die preiswertere Rechnungserstellung im Ausland ermöglichen.[20] Danach ist das Kriterium im erstgenannten Sinne zu verstehen.[21]

4. § 92 ermächtigt selbst nicht dazu, Daten zu den in S. 1 genannten Zwecken zu erheben **9** oder zu verwenden.[22] Die Berechtigung dazu bestimmt sich vielmehr nach den jeweiligen Spezialvorschriften des TKG, insbesondere nach den §§ 95 Abs. 1, 96 Abs. 1, 97, 100.

---

18 So zu dem gleichlautenden § 3 Abs. 6 TDSV, wenn auch nur mit erheblichen Bedenken: *Heun/ Wuermeling*, Teil 9 RdNr. 122.
19 Ausf. *Heun/Wuermeling*, Teil 9 RdNr. 124.
20 BT-Drs. 300/00, S. 16.
21 Krit. *Büttgen*, RDV 2001, 6, 8.
22 *Heun/Wuermeling*, Teil 9 RdNr. 123.

§ 93 Informationspflichten

Diensteanbieter haben ihre Teilnehmer bei Vertragsabschluss über Art, Umfang, Ort und Zweck der Erhebung und Verwendung personenbezogener Daten so zu unterrichten, dass die Teilnehmer in allgemein verständlicher Form Kenntnis von den grundlegenden Verarbeitungstatbeständen der Daten erhalten. Dabei sind die Teilnehmer auch auf die zulässigen Wahl- und Gestaltungsmöglichkeiten hinzuweisen. Die Nutzer sind vom Diensteanbieter durch allgemein zugängliche Informationen über die Erhebung und Verwendung personenbezogener Daten zu unterrichten. Das Auskunftsrecht nach dem Bundesdatenschutzgesetz bleibt davon unberührt.

Schrifttum: *Herb*, Entgelt für Auskünfte nach dem BDSG, CR 1992, 705; *Mallmann*, Zum datenschutzrechtlichen Auskunftsanspruch des Betroffenen, GewA 2000, 354. Vgl. w. die Literaturangaben zu § 91.

Übersicht

I. Normzweck und Entstehungsgeschichte

Die Vorschrift regelt die Informationspflichten der Diensteanbieter bezüglich der Verarbeitung von personenbezogenen Daten anlässlich der Diensterbringung. § 93 entspricht bis auf begriffliche Anpassungen[1] dem Wortlaut von § 3 Abs. 5 TDSV-2000. Er differenziert bei den Unterrichtungspflichten zwischen den Teilnehmern (§ 3 Nr. 20) des Diensteanbieters und den Nutzern (§ 3 Nr. 14). Während bei Ersteren eine Unterrichtung anlässlich des Vertragsschlusses regelmäßig möglich ist, scheidet dies bei Letzteren zumeist aus. Hier trifft den Diensteanbieter lediglich die Pflicht, in allgemein zugänglicher Weise über die Erhebung und Verwendung personenbezogener Daten zu informieren. **1**

§ 93 verdrängt als Spezialregelung die allgemeinen Benachrichtigungspflichten des § 33 BDSG.[2] Nach § 93 S. 4 bleiben lediglich die Auskunftsrechte (§ 34 BDSG) unberührt. Dies trägt den offenen Strukturen der Telekommunikationsnetze Rechnung. Hier müssen auch Daten von Anschlussinhabern erhoben und verarbeitet werden, die keine Kunden des Diensteanbieters sind. Es wäre unzumutbar, die Diensteanbieter auch zur ihren Gunsten mit Benachrichtigungspflichten zu belasten.[3] **2**

Wegen der subsidiären Geltung des BDSG[4] verzichtet § 93 auf Regelungen zur Einwilligung, Zweckbindung und Datensparsamkeit, wie sie sich im früheren § 3 TDSV 2000 noch **3**

---

1 Vgl. BT-Drs. 15/2316, S. 88.
2 *Wiechert/Schmidt/Königshofen/Königshofen/Hansen-Oest*, § 3 TDSV RdNr. 21.
3 *Wiechert/Schmidt/Königshofen/Königshofen/Hansen-Oest*, § 3 TDSV RdNr. 22.
4 Vgl. BT-Drs. 15/2316, S. 88.

fanden. Das Kopplungsverbot von § 3 Abs. 2 TDSV hat jetzt in § 95 Abs. 5 eine Neuregelung erfahren. Die Datenübermittlung an ausländische Stellen (§ 3 Abs. 6 TDSV-2000) ist jetzt in § 92 TKG aufgenommen worden.

II. Einzelheiten

4 **1. Informationspflichten bei Teilnehmern (S. 1 und 2).** – Diensteanbieter, auch soweit sie Telekommunikationsdienste über das Internet anbieten (z. B. E-Mail)[5], haben ihre Teilnehmer bei Vertragsabschluss über Art, Umfang, Ort und Zweck der Erhebung und Verwendung personenbezogener Daten (also Bestands- und Verkehrsdaten) zu unterrichten. Erfasst sind u. A. Informationen über die **Zwischenspeicherung** beim Diensteanbieter (§ 107) oder auch Hinweise zur Erhebung und Verwendung von **Standortdaten** (§ 98). Hier muss der Diensteanbieter darüber informieren, welche Arten von Standortdaten verarbeiten werden können, für welche Zwecke dies geschieht und wie lange die Speicherung dauert. Zudem hat er seine Teilnehmer darüber zu unterrichten, ob diese Daten an einen Dritten weitergegeben werden, um Dienste mit Zusatznutzen bereitzustellen.[6] Nicht zuletzt ist der Teilnehmer über die Daten verarbeitende Stelle zu unterrichten, um ihm eine wirksame Kontrolle der Verarbeitung seiner personenbezogenen Daten zu ermöglichen.[7]

5 Die Unterrichtungspflichten beziehen sich auch auf die einzelnen **Gestaltungs- und Wahlmöglichkeiten**, schließlich auf die **Auskunftspflichten** i. S. d. § 34 BDSG.[8] Gestaltungs- und Wahlmöglichkeiten bestehen z. B. bei der Rufnummernspeicherung (§ 97 Abs. 4), beim Einzelverbindungsnachweis (§ 99), bei der Rufnummernanzeige (§ 102), bei der Möglichkeit, sich in Teilnehmerverzeichnisse eintragen zu lassen und den Umfang der dort zu veröffentlichenden Angaben zu bestimmen (§ 104) und bei der Möglichkeit, den Umfang der Mitteilungen aus elektronischen Teilnehmerverzeichnissen festzulegen (§ 105 Abs. 2).

6 Die Vorschrift schreibt **keine** bestimmte **Form** für die Unterrichtung vor.[9] Zulässig ist somit sowohl eine mündliche als auch eine schriftliche Information oder aber eine Unterrichtung in Textform (Fax, E-Mail, vgl. § 126b BGB). Es muss dabei jedoch sichergestellt, dass die Teilnehmer die Informationen auf einfachem Wege zur Kenntnis nehmen können. Inhaltlich ist zu garantieren, dass die Teilnehmer Kenntnis von den grundlegenden Verarbeitungstatbeständen der Daten erhalten. Demgemäß fordert die Vorschrift eine für den durchschnittlich informierten Kunden verständliche Abfassung der Hinweise. Die Informationspflicht ist auf die Darstellung der **grundlegenden Datenverarbeitungtatbestände** beschränkt. Der Diensteanbieter muss nicht einzeln und konkret beschreiben, wie jedes zu verarbeitende personenbezogene Datum erhoben und verwendet wird. Genauso wenig muss er sämtliche datenschutzrechtliche Bestimmungen erläutern.[10] Andererseits ist es aber auch nicht ausreichend, lediglich auf die gesetzlichen Vorschriften zu verweisen. Vielmehr muss der Diensteanbieter zumindest über die wichtigsten Datenarten, die wichtigsten

---

5 *Wiechert/Schmidt/Königshofen/Königshofen/Hansen-Oest*, § 3 TDSV RdNr. 24.
6 Vgl. BT-Drs. 15/2316, S. 88.
7 *Wiechert/Schmidt/Königshofen/Königshofen/Hansen-Oest*, § 3 TDSV RdNr. 23.
8 BT-Drs. 15/2316, S. 88.
9 *Wiechert/Schmidt/Königshofen/Königshofen/Hansen-Oest*, § 3 TDSV RdNr. 23.
10 *Wiechert/Schmidt/Königshofen/Königshofen/Hansen-Oest*, § 3 TDSV RdNr. 25.

Verwendungszwecke und die typische Dauer der Speicherung[11], ggf. auch mit Beispielen, unterrichten.[12]

Die Unterrichtung des Teilnehmers hat **bei Vertragsabschluss** zu erfolgen. Dies kann z. B. 7
auf den Vertragsunterlagen oder mittels beiliegenden „Informationen zum Datenschutz"
geschehen. Wird ein Auftrag telefonisch angenommen, so ist die Information durch
schriftliche Auftragsbestätigung ausreichend.[13] Bei Vertragsabschluss auf elektronischem
Wege ist der Teilnehmer in einer diesem Medium entsprechenden Weise zu unterrichten.

2. Informationspflichten bei Nutzern (S. 3). – In Fällen, in denen nicht nur die Daten der 8
unmittelbaren Vertragspartner (Teilnehmer), sondern ggf. auch Rufnummern angerufener
Teilnehmer gespeichert werden, ist eine unmittelbare Unterrichtung „bei Vertragsabschluss" nicht möglich. Ausreichend sind insoweit „allgemeine Informationen", etwa
durch Hinweise in Teilnehmerverzeichnissen[14] oder auf Web-Seiten im Internet. Daneben
ist der Diensteanbieter verpflichtet, solche Informationen auch auf Anfrage von Nutzern
zu erteilen.[15]

3. Auskunftsrechte nach dem BDSG (S. 4). – Die Vorschrift lässt die (vertraglich nicht 9
abdingbaren) Auskunftsrechte nach dem **Bundesdatenschutzgesetz** unberührt: Nach § 34
Abs. 1 BDSG kann der Betroffene über seine personenbezogenen Daten Auskunft verlangen.[16] Dies beinhaltet auch die Information über die Herkunft dieser Daten, die Empfänger
bzw. die Kategorien von Empfängern, an die Daten weitergegeben werden, schließlich den
Zweck der Speicherung.[17] Nach § 34 Abs. 1 S. 2 BDSG soll der Betroffene die Art der personenbezogenen Daten, über die Auskunft erteilt werden soll, **näher bezeichnen.** Die speichernde Stelle ist nicht berechtigt, pauschale Auskunftsverlangen mit bloßem Hinweis auf
eine fehlende nähere Bezeichnung zurückzuweisen.[18] Für das Auskunftsverlangen fordert
das Gesetz keine bestimmte Form. Daher darf die speichernde Stelle nicht einmal aus
Zweckmäßigkeitsgründen auf einer bestimmten Form bestehen.[19] Wenn personenbezogene
Daten geschäftsmäßig mit dem Ziel der Übermittlung gespeichert wurden, kann der Betroffene über Herkunft und Empfänger nur Auskunft verlangen, wenn das Interesse an der
Wahrung des Geschäftsgeheimnisses nicht überwiegt (§ 34 Abs. 1 S. 3 BDSG).[20] In diesem
Falle ist Auskunft über Herkunft und Empfänger auch dann zu erteilen, wenn diese Anga-
ben nicht gespeichert sind, § 34 Abs. 1 S. 4 BDSG.

Ein Auskunftsanspruch des Betroffenen besteht nach § 34 Abs. 2 BDSG auch gegenüber 10
Stellen, die geschäftsmäßig personenbezogene Daten zum Zwecke der Auskunftserteilung
speichern (z. B. **Telefonauskunftsdiensteanbieter**[21]). Dies betrifft alle Dateien, insbesondere auch manuell geführte i. S. v. § 3 Abs. 2 BDSG.[22] Jedoch kann auch hier der Betroffene

11 Vgl. BT-Drs. 15/2316, S. 88.
12 *Wiechert/Schmidt/Königshofen/Königshofen/Hansen-Oest*, § 3 TDSV RdNr. 25.
13 *Wiechert/Schmidt/Königshofen/Königshofen/Hansen-Oest*, § 3 TDSV RdNr. 23.
14 Vgl. BT-Drs. 15/2316, S. 88.
15 *Wiechert/Schmidt/Königshofen/Königshofen/Hansen-Oest*, § 3 TDSV RdNr. 26.
16 BGH NJW 1981, 1738. Vgl. w. *Gola/Klug*, S. 53 f.
17 Näher: *Simitis/Mallmann*, § 34 RdNr. 18 ff.
18 *Gola/Schomerus*, § 34 RdNr. 5; *Schaffland/Wiltfang*, § 34 RdNr. 11 f.
19 *Mallmann*, GewA 2000, 354, 355.
20 Näher: *Simitis/Mallmann*, § 34 RdNr. 20 ff.
21 *Wiechert/Schmidt/Königshofen/Königshofen/Hansen-Oest*, § 3 TDSV RdNr. 29.
22 *Simitis/Mallmann*, § 34 RdNr. 28.

Auskunft über Herkunft und Empfänger nur verlangen, wenn das Interesse an der Wahrung des Geschäftsgeheimnisses nicht überwiegt.

11 Nach § 34 Abs. 3 BDSG ist die Auskunft **grundsätzlich schriftlich** zu erteilen, wenn nicht wegen der besonderen Umstände eine andere Form angemessen ist. Regelmäßig ermöglicht jedoch nur die schriftliche Erteilung eine präzise Information des Betroffenen, und nur sie versetzt ihn in die Lage, seine Rechte effektiv wahrzunehmen.[23] Die Angemessenheit beurteilt sich nicht allein nach der Form, die der Betroffene für sein Auskunftsersuchen gewählt hat. Auch das Fehlen eines ausdrücklichen Wunsches nach schriftlicher Auskunft macht nicht schon eine formlose Benachrichtigung zulässig.[24] Wenn er sich freilich ohne weiteres mit einer nichtschriftlichen Auskunft begnügt, hat es damit sein Bewenden.[25] Bloße technische oder organisatorische Probleme begründen keine besonderen Umstände, die ein Abgehen von der Schriftform zulassen.[26] § 34 Abs. 2 BDSG ist freilich keine Regelung der gesetzlichen Schriftform i. S. d. § 126 BGB.[27] Eine Auskunftserteilung in Textform bleibt insofern ausreichend.

12 Eine Pflicht zur Auskunftserteilung besteht jedoch dann nicht, wenn § 33 Abs. 2 Satz 1 Nr. 2, 3, 5–7 BDSG eingreift. Danach entfällt die Benachrichtigungspflicht insbesondere dann, wenn die Daten nur deshalb gespeichert sind, weil sie wegen gesetzlicher, satzungsmäßiger oder vertraglicher **Aufbewahrungsvorschriften** nicht gelöscht werden dürfen oder ausschließlich der Datensicherung oder der Datenschutzkontrolle dienen, soweit eine Benachrichtigung einen unverhältnismäßigen Aufwand erfordern würde (Nr. 2). Gleiches gilt, wenn die Daten nach einer Rechtsvorschrift oder ihrem Wesen nach, namentlich wegen des überwiegenden rechtlichen Interesses eines Dritten, **geheim** gehalten werden müssen (Nr. 3), die Speicherung oder Übermittlung für Zwecke der wissenschaftlichen **Forschung** erforderlich ist, soweit eine Benachrichtigung auch hier einen unverhältnismäßigen Aufwand erfordern würde (Nr. 5). Ferner besteht keine Auskunftspflicht, wenn die Daten für eigene Zwecke gespeichert, aus allgemein zugänglichen Quellen entnommen sind und eine Benachrichtigung wegen der Vielzahl der betroffenen Fälle **unverhältnismäßig** ist (Nr. 7 a) oder die Benachrichtigung die **Geschäftszwecke** der verantwortlichen Stelle erheblich **gefährden** würde, soweit nicht das Interesse an der Benachrichtigung die Gefährdung überwiegt (Nr. 7 b). Die Ablehnung, Auskunft zu erteilen, ist zu begründen.[28]

13 Nach § 34 Abs. 5 S. 1 BDSG ist die Auskunft für den Betroffenen grundsätzlich **unentgeltlich**. Offensichtlich schikanösen Auskunftsersuchen kann der Einwand des Rechtsmissbrauchs entgegengehalten werden.[29] Kostenpflichtig wird die Auskunft nach § 34 Abs. 5 S. 2 BDSG erst dann, wenn die Daten geschäftsmäßig zur Übermittlung gespeichert werden und der Betroffene die Auskunft gegenüber Dritten zu wirtschaftlichen Zwecken nutzen kann. Nach einer Ansicht soll dabei die objektive Eignung ausreichen.[30] Dies kann man bei kaum einer Auskunft verneinen. Mit dieser Deutung würde man folglich den

---

23 *Mallmann*, GewA 2000, 354, 357.
24 *Wiechert/Schmidt/Königshofen/Königshofen/Hansen-Oest*, § 3 TDSV RdNr. 30.
25 *Gola/Schomerus*, § 34 RdNr. 13; *Simitis/Mallmann*, § 34 RdNr. 42.
26 *Mallmann*, GewA 2000, 354, 357.
27 *Gola/Schomerus*, § 34 RdNr. 13; *Schaffland/Wiltfang*, § 34 RdNr. 28.
28 *Gola/Schomerus*, § 34 RdNr. 19; *Simitis/Mallmann*, § 34 RdNr. 47; einschränkend: *Schaffland/Wiltfang*, § 34 RdNr. 41 ff.
29 *Gola/Schomerus*, § 34 RdNr. 20.
30 *Simitis/Mallmann*, § 34 RdNr. 51; *Schaffland/Wiltfang*, § 34 RdNr. 46.

Grundsatz der Unentgeltlichkeit aushöhlen. Demgegenüber erscheint es im Ansatz vorzugswürdig, die Absichten des Betroffenen jedenfalls mit einzubeziehen.[31] Verfolgt der Betroffene rein persönliche Interessen, dann kann es auf die ökonomische Eignung nicht mehr ankommen. Folglich fehlt es zumeist an der Nutzbarkeit zu wirtschaftlichen Zwecken, wenn die Auskunft auf die Adresse oder auf persönliche Daten gerichtet ist.[32] Da es im Bereich der Telekommunikation meist um Letzteres gehen wird, ist die Auskunft regelmäßig unentgeltlich zu erteilen.[33]

---

31 Vgl. *Herb*, CR 1992, 705, 705; ähnlich auch *Gola/Schomerus*, § 34 Anm. 5.1.
32 *Simitis/Mallmann*, § 34 RdNr. 51.
33 *Wiechert/Schmidt/Königshofen/Königshofen/Hansen-Oest*, § 3 TDSV RdNr. 33.

§ 94 Einwilligung im elektronischen Verfahren

Die Einwilligung kann auch elektronisch erklärt werden, wenn der Diensteanbieter sicherstellt, dass

1. **der Teilnehmer oder Nutzer seine Einwilligung bewusst und eindeutig erteilt hat,**
2. **die Einwilligung protokolliert wird,**
3. **der Teilnehmer oder Nutzer den Inhalt der Einwilligung jederzeit abrufen kann und**
4. **der Teilnehmer oder Nutzer die Einwilligung jederzeit mit Wirkung für die Zukunft widerrufen kann.**

Schrifttum: *Der Bundesbeauftragte für den Datenschutz*, BfD Info 5: Datenschutz in der Telekommunikation, 6. Aufl. 2004; *Eckhardt*, Datenschutz und Überwachung im Regierungsentwurf zum TKG, CR 2003, 805. Vgl. w. die Literaturangaben zu § 91.

I. Normzweck, Entstehungsgeschichte und europarechtliche Grundlagen

Die Vorschrift will dasselbe Maß an Rechtssicherheit im elektronischen Verfahren sicherstellen wie bei der Erteilung einer schriftlichen Einwilligung.[1] Sie folgt ohne größere Modifizierungen § 4 TDSV-2000 nach, der nach dem Vorbild von § 3 Abs. 7 TDDSG gestaltet worden war.[2] Gegenüber der Vorläufernorm wurde jedoch die dem Haustürwiderrufsgesetz nachgebildete[3], einwöchige Rücknahmemöglichkeit für die erteilte Einwilligung gestrichen. Sie hat sich bei Diensten, die unmittelbar angeboten und in Anspruch genommen werden, als nicht praktikabel erwiesen.[4] **1**

Trotz des Verweises der Entwurfsbegründung auf die vergleichbare Regelung des § 4 Abs. 2 TDDSG[5] unterscheidet sich deren Wortlaut von § 94 Nr. 1. Während § 4 TDSV-2000 und § 4 Abs. 2 TDDSG auf die bewusste und eindeutige Handlung zur Erklärung der Einwilligung abstellen, beziehen sich diese Anforderungen in § 94 Nr. 1 auf die Einwilligung selbst. Diese Änderung wird insbesondere mit Verweis auf eine qualifizierte elektronische Signatur nach § 2 SigG begründet. Gerade dies erscheint aber kontraproduktiv. **2**

---

1 Amtl. Begründung zu § 4 TDSV-2000, BR 300/00, S. 16; *Trute/Spoerr/Bosch*, § 89 RdNr. 68; *Manssen/Gramlich*, § 89 RdNr. 114.
2 Dazu *Manssen/Gramlich*, § 89 RdNr. 114 m. w. N.
3 BfD-Info 5, S. 23.
4 Vgl. BT-Drs. 15/2316, S. 88.
5 Vgl. BT-Drs. 15/2316, S. 88.

Die TDSV-2000 hatte sich gerade von einem solchen Bezug gelöst[6], denn solche Verfahren sind bei Rechtsgeschäften von Verbrauchern kaum verbreitet. Die mit ihr erhoffte Erleichterung, Einwilligungen einzuholen, hat sich damit nicht erreichen lassen.

3   Die DRL macht ausdrücklich keine Vorgaben für die Einwilligung im Bereich der Telekommunikation. Nach den Erwägungsgründen soll die Einwilligung freilich in jeder geeigneten Weise abgegeben werden können, solange nur der Wunsch des Nutzers in einer spezifischen Angabe zum Ausdruck kommt, die sachkundig und in freier Entscheidung erfolgt.[7]

II. Einzelheiten

4   § 94 setzt voraus, dass die Einwilligung nicht nur in elektronischer Form, sondern auch in anderer Weise erteilt werden kann. Es sind daher zunächst die allgemeinen Voraussetzungen der Einwilligung anzusprechen (RdNr. 5 f.), bevor auf die Besonderheiten der elektronischen Einwilligung eingegangen wird (RdNr. 7 ff.).

5   **1. Der allgemeine Begriff der Einwilligung.** – § 94 lässt sich zumindest entnehmen, dass eine Einwilligung eine bewusste und eindeutige Erklärung darstellen muss. Im Übrigen ist auf das subsidiär geltende BDSG zurückzugreifen: Nach **§ 4 a BDSG** ist die Einwilligung nur wirksam, wenn sie auf der freien Entscheidung des Betroffenen beruht.[8] Der Betroffene ist auf den vorgesehenen Zweck der Erhebung, Verarbeitung oder Nutzung hinzuweisen sowie auf die Folgen der Verweigerung der Einwilligung, soweit dies nach den Umständen des Einzelfalles erforderlich ist oder verlangt wird.[9] Nach Art. 2 lit. d) RL 95/46/EG ist die Einwilligung eines Nutzers oder Teilnehmers die Einwilligung der betroffenen Person im Sinne von Art. 2 lit. h) der Richtlinie 95/46/EG, d. h. jede Willensbekundung, die für den konkreten Fall, in Kenntnis der Sachlage und ohne Zwang erfolgt und mit der die betroffene Person akzeptiert, dass personenbezogene Daten, die sie betreffen, verarbeitet werden.

6   Als **Form der Einwilligung** in die Verarbeitung personenbezogener Daten ist nach § 4 a S. 3 BDSG regelmäßig die Schriftform vorgesehen, soweit nicht wegen besonderer Umstände eine andere Form angemessen ist.[10] Solche Umstände bestehen gerade im Bereich der Telekommunikation, wo aufgrund der teilweise unmittelbaren Erbringung bestimmter Dienste und der damit einhergehenden Datenverarbeitung eine schriftliche Einwilligung eine unangemessene Erschwerung der Erbringung solcher Dienste darstellen, bzw. die Diensteerbringung gar unmöglich machen würde. Dementsprechend kann in europarechtlicher Hinsicht die Einwilligung in jeder geeigneten Weise erklärt werden, wodurch der Wunsch des Nutzers in einer spezifischen Angabe zum Ausdruck kommt, die sachkundig und in freier Entscheidung erfolgt; hierzu zählt auch das Markieren eines Feldes auf einer Internet-Website.[11] Das TKG setzt mit § 94 diese Anforderungen mit einer speziellen Regelung zur Einwilligung auf elektronischem Wege um.

---

6 *Eckhardt*, CR 2003, 805, 808, vgl. auch die Amtl. Begründung zu § 4 TDSV-2000, BR 300/00, S. 16.

7 Erwägungsgrund Nr. 17 DRL.

8 Näher: *Simitis/Simitis*, § 4 a RdNr. 23 ff., 64 ff. m. w. N.

9 *Simitis/Simitis*, § 4 a RdNr. 67 ff. m. w. N.

10 *Simitis/Simitis*, § 4 a RdNr. 35 ff. m. w. N.

11 Erwägungsgrund Nr. 17 DRL.

Erforderlich ist immer eine spezifische Erklärung. Eine allgemeine Willensbekundung, mit jeder weiteren Datenverarbeitung einverstanden zu sein, ist nicht ausreichend.[12] Damit dürfen **formularmäßig** erteilte Einwilligungen zur Erhebung oder Verwendung von Daten, zu der insbesondere auch die Übermittlung der erhobenen Daten an Dritte gehört (§ 3 Abs. 4 S. 1 und 2 Nr. 3 BDSG), nicht pauschal gefasst, sondern müssen hinreichend konkret formuliert sein.[13] Der Betroffene muss übersehen können, auf welche Daten sich seine Einwilligung erstreckt, welche Daten gespeichert und an welche Stellen sie übermittelt werden dürfen.[14] Insbesondere ist dabei auf den vorgesehenen Zweck der Erhebung, Verarbeitung oder sonstigen Nutzung der Daten hinzuweisen (§ 4a Abs. 1 S. 2 BDSG).[15] Wenn die Einwilligung zusammen mit anderen Erklärungen schriftlich erteilt werden soll, ist sie nach § 4a Abs. 1 S. 4 besonders hervorzuheben. 7

2. Elektronische Einwilligungserklärung. – Um eine **elektronische Einwilligung** nach § 94 handelt es sich nicht nur, wenn die Erklärung über Telekommunikationsmittel übertragen wird. **Elektronische** Form hat auch die Übermittlung über elektronische Datenträger.[16] 8

Das vom Anbieter gewählte Verfahren muss sicherstellen, dass der Teilnehmer (§ 3 Nr. 20) oder Nutzer (§ 3 Nr. 14) seine Einwilligung **bewusst** erteilt. Ferner muss es vorbeugen, dass die Einwilligung in subjektiver Hinsicht ohne Handlungs- und Erklärungswillen abgegeben wird.[17] Erforderlich ist, den Teilnehmer oder Nutzer über Art und Umfang seiner Einwilligung zu informieren. Des Weiteren ist er darauf hinzuweisen, dass er die Einwilligung verweigern oder für die Zukunft widerrufen kann. Die **Information** muss der Gelegenheit einzuwilligen, derart vorgeschaltet sein, dass der Beteiligte sie nicht ohne deren Kenntnisnahme erteilen kann. Ist die Einwilligung zusammen mit anderen Erklärungen zu erteilen, so ist die Information besonders hervorzuheben (§ 4a Abs. 1 S. 4 BDSG).[18] Die Einwilligung muss schließlich **eindeutig** sein. Faktisch wird dies ausweislich der Entwurfsbegründung nur durch eine elektronische Signatur nach dem SigG oder durch ein anderes gleich sicheres Verfahren zu erreichen sein (vgl. o. RdNr. 2). 9

Die Einwilligung ist zu **protokollieren**. Dies soll sicherstellen, dass der Einwilligende jederzeit die Möglichkeit hat nachzuvollziehen, wann und in welchem Umfang er in die Verarbeitung seiner personenbezogenen Daten eingewilligt hat. Die gespeicherte Einwilligung gehört zu den personenbezogenen Daten des Beteiligten.[19] Sie ist jedoch nur dann ein Bestandsdatum i. S. v. § 3 Nr. 3, wenn mit ihr ein Vertragsverhältnis über Telekommunikationsdienste begründet oder inhaltlich ausgestaltet wird. Der Umfang der Protokollierung ist nicht festgelegt. Jedenfalls sind aber Zeitpunkt und Umfang der Einwilligung zu speichern.[20] Der Teilnehmer oder Nutzer muss den Inhalt der Einwilligung jederzeit **abrufen** können. Dies dient der Transparenz der Datenverarbeitung gegenüber den Beteiligten. Der Betroffene muss seine Einwilligung somit nicht selbst speichern. Er muss nur wissen, wel- 10

---

12 *Gola/Schomerus*, § 4a RdNr. 11.
13 Vgl. BGHZ 95, 362, 368 = NJW 1986, 46.
14 Vgl. *Schaffland/Wiltfang*, § 4a RdNr. 12.
15 BGH NJW 2003, 1237.
16 *Wiechert/Schmidt/Königshofen/Königshofen/Hansen-Oest*, § 4 TDSV RdNr. 3.
17 *Wiechert/Schmidt/Königshofen/Königshofen/Hansen-Oest*, § 4 TDSV RdNr. 4.
18 *Manssen/Gramlich*, § 89 RdNr. 115.
19 *Wiechert/Schmidt/Königshofen/Königshofen/Hansen-Oest*, § 4 TDSV RdNr. 5.
20 *Wiechert/Schmidt/Königshofen/Königshofen/Hansen-Oest*, § 4 TDSV RdNr. 6.

chem Diensteanbieter gegenüber er eine Einwilligung abgegeben hat. Fordert der Beteiligte vom Diensteanbieter Informationen über seine Einwilligung an, so hat der Anbieter den Inhalt unverzüglich, vollständig und ungekürzt an ihn zu übermitteln.[21] Den Diensteanbieter trifft diesbezüglich auch die Verpflichtung, z.B. durch ein Zugangsberechtigungssystem sicherzustellen, dass unberechtigte Dritte diese Informationen nicht einsehen können.[22]

11   Der Teilnehmer oder Nutzer hat das Recht, seine Einwilligung **jederzeitig** mit Wirkung für die Zukunft zu **widerrufen**. Eine in der Vergangenheit liegende Datenverarbeitung bleibt davon unberührt.[23] Der Anbieter hat schließlich sicherzustellen, dass der Teilnehmer jederzeit von seinem Widerrufsrecht Gebrauch machen kann. Hierzu hat er seinen Einwirkungsbereich so zu gestalten, dass der Teilnehmer oder Nutzer die Widerrufserklärungen einfach an ihn übermitteln kann.

---

21 *Wiechert/Schmidt/Königshofen/Königshofen/Hansen-Oest*, § 4 TDSV RdNr. 7.
22 *Wiechert/Schmidt/Königshofen/Königshofen/Hansen-Oest*, § 4 TDSV RdNr. 7.
23 *Wiechert/Schmidt/Königshofen/Königshofen/Hansen-Oest*, § 4 TDSV RdNr. 9.

§ 95 Vertragsverhältnisse

(1) Der Diensteanbieter darf Bestandsdaten erheben und verwenden, soweit dieses zur Erreichung des in § 3 Nr. 3 genannten Zweckes erforderlich ist. Im Rahmen eines Vertragsverhältnisses mit einem anderen Diensteanbieter darf der Diensteanbieter Bestandsdaten seiner Teilnehmer und der Teilnehmer des anderen Diensteanbieters erheben und verwenden, soweit dies zur Erfüllung des Vertrages zwischen den Diensteanbietern erforderlich ist. Eine Übermittlung der Bestandsdaten an Dritte erfolgt, soweit nicht dieser Teil oder ein anderes Gesetz sie zulässt, nur mit Einwilligung des Teilnehmers.

(2) Der Diensteanbieter darf die Bestandsdaten der in Abs. 1 Satz 2 genannten Teilnehmer zur Beratung der Teilnehmer, zur Werbung für eigene Angebote und zur Marktforschung nur verwenden, soweit dies für diese Zwecke erforderlich ist und der Teilnehmer eingewilligt hat. Ein Diensteanbieter, der im Rahmen einer bestehenden Kundenbeziehung rechtmäßig Kenntnis von der Rufnummer oder der Postadresse, auch der elektronischen, eines Teilnehmers erhalten hat, darf diese für die Versendung von Text- und Bildmitteilungen an ein Telefon oder an eine Postadresse zu den in Satz 1 genannten Zwecken verwenden, es sei denn, dass der Teilnehmer einer solchen Verwendung widersprochen hat. Die Verwendung der Rufnummer oder der Adresse nach Satz 2 ist nur zulässig, wenn der Teilnehmer bei der Erhebung oder der erstmaligen Speicherung der Rufnummer oder Adresse und bei jeder Versendung einer Nachricht an diese Rufnummer oder Adresse zu einem der in Satz 1 genannten Zwecke deutlich sichtbar und gut lesbar darauf hingewiesen wird, dass er der Versendung weiterer Nachrichten jederzeit schriftlich oder elektronisch widersprechen kann.

(3) Endet das Vertragsverhältnis, sind die Bestandsdaten vom Diensteanbieter mit Ablauf des auf die Beendigung folgenden Kalenderjahres zu löschen. § 35 Abs. 3 des Bundesdatenschutzgesetzes gilt entsprechend.

(4) Der Diensteanbieter kann im Zusammenhang mit dem Begründen und dem Ändern des Vertragsverhältnisses sowie dem Erbringen von Telekommunikationsdiensten die Vorlage eines amtlichen Ausweises verlangen, wenn dies zur Überprüfung der Angaben des Teilnehmers erforderlich ist. Er kann von dem Ausweis eine Kopie erstellen. Die Kopie ist vom Diensteanbieter unverzüglich nach Feststellung der für den Vertragsabschluss erforderlichen Angaben des Teilnehmers zu vernichten. Andere als die nach Abs. 1 zulässigen Daten darf der Diensteanbieter dabei nicht verwenden.

(5) Die Erbringung von Telekommunikationsdiensten darf nicht von einer Einwilligung des Teilnehmers in eine Verwendung seiner Daten für andere Zwecke abhängig gemacht werden, wenn dem Teilnehmer ein anderer Zugang zu diesem Telekommunikationsdiensten nicht oder in nicht zumutbarer Weise möglich ist.

Schrifttum: *Eckardt*, Datenschutzrichtlinie für elektronische Kommunikation. Auswertungen auf Werbung mittels elektronischer Post, MMR 2003, 557; *ders.*, Datenschutz und Überwachung im Regierungsentwurf zum TKG, CR 2003, 805; *Medert/Süßmuth*, Pass- und Personalausweisrecht, 2. Aufl. 2002; *Schaar*, Datenschutz im Internet, 2002. Vgl. w. die Literaturangaben zu § 91.

Übersicht

I. Normzweck, Entstehungsgeschichte und europarechtliche Grundlagen

1   Die Vorschrift regelt den **Umgang mit Bestandsdaten** durch den Diensteanbieter, insbesondere den Umfang der Datenerhebung bei Vertragsabschluss, Löschungspflichten und die Verwendung der Bestandsdaten für Zwecke der Werbung, des Marketings und der Marktforschung. § 95 entspricht weitgehend dem bisherigen § 5 TDSV 2000. § 95 Abs. 5 schränkt das vormalige strenge Koppelungsverbot aus § 89 Abs. 10 S. 1 TKG und § 3 Abs. 2 TDSV ein und passt die Regelung § 3 Abs. 4 TDDSG an.[1]

2   Die DRL enthält bis auf die Regelung des Art. 13 zu unerbetenen Nachrichten, die in § 95 Abs. 2 S. 2 und 3., wenn auch unvollständig (vgl. RdNr. 15), ihren Niederschlag gefunden hat, keine weiteren Bestimmungen zu den Bestandsdaten. Insoweit hat sich die Auslegung von § 95 an den Vorschriften der allgemeinen Datenschutzrichtlinie 95/46/EG zu orientieren.

II. Einzelheiten

3   **1. Erhebung, Verwendung und Übermittlung von Bestandsdaten (Abs. 1). – Bestandsdaten** sind nach § 3 Nr. 3 die Daten eines Teilnehmers, die für die Begründung, inhaltliche Ausgestaltung, Änderung oder Beendigung eines Vertragsverhältnisses über Telekommunikationsdienste erhoben werden, also insbesondere Angaben zur Person (Adresse, Geburtsdatum), Vertragsmerkmale (Angaben zum Zahlungsverkehr, bestellte Dienstmerkmale) und insbesondere auch Angaben zu den erteilten datenschutzrechtlichen Einwilligungen.[2] Zu den Bestandsdaten gehören auch feste IP-Adressen.[3]

4   Der Diensteanbieter darf nach § 95 Abs. 1 S. 1 die Bestandsdaten erheben und verwenden[4], soweit dies **erforderlich** ist, um die § 3 Nr. 3 genannten Zwecke (Vertragsbegründung, Vertragsabwicklung, Vertragsgestaltung) zu erreichen. Hierdurch wird verdeutlicht, dass sich der Diensteanbieter auch bei der Erhebung von Bestandsdaten am Prinzip der Datensparsamkeit (vgl. § 3 a BDSG) zu orientieren hat.[5] Er ist also gehalten, so wenig Bestandsdaten wie möglich zu erheben.

---

1 Zum Gesamtzusammenhang der Gesetzgebungsgeschichte *Simitis/Bizer*, § 3 a RdNr. 3 ff. Zu § 3 Abs. 4 TDDSG *Gola/Klug*, S. 194; *Schaar*, Datenschutz im Internet, S. 192.

2 Vgl. § 3 RdNr. 5.

3 *Wiechert/Schmidt/Königshofen/Königshofen/Hansen-Oest*, § 5 TDSV RdNr. 7.

4 Vgl. § 91 RdNr. 25.

5 *Simitis/Bizer*, Datenschutz im Internet, § 3 a RdNr. 50 ff.

Nach § 95 Abs. 1 S. 2 darf der Diensteanbieter im Rahmen eines Vertragsverhältnisses mit 5 einem anderen Diensteanbieter die Bestandsdaten seiner Teilnehmer und der Teilnehmer des anderen Diensteanbieters erheben und verwenden, soweit dies **zur Erfüllung des Vertrages zwischen den Diensteanbietern**, beispielsweise eines Inkassogeschäfts, erforderlich ist. Nicht jede vertragliche Vereinbarung zwischen zwei Diensteanbietern berechtigt folglich dazu, Bestandsdaten zu erheben und zu verwenden. Vielmehr muss ein **konkreter Zusammenhang** mit der Erbringung von Telekommunikationsdiensten an die Teilnehmer der betroffenen Diensteanbieter bestehen, vgl. § 95 Abs. 1 S. 3. Dies ist z. B. regelmäßig der Fall, wenn ein Diensteanbieter für andere Anbieter den Forderungseinzug betreibt, wie dies beim offenen **Call-by-Call** der Fall ist.

Nach § 95 Abs. 1 S. 3 dürfen **Bestandsdaten** an Dritte nur mit **Einwilligung**[6] übermittelt 6 werden, soweit es nicht eine Bestimmung des 7. Teils des TKG oder ein anderes **Gesetz** gestattet. Dieser Regelung kommt allenfalls deklaratorische Bedeutung zu. Sie hat **keinen eigenen Sinngehalt**.[7] Sie wiederholt vielmehr den schon in § 4 Abs. 1 BDSG niedergelegten Grundsatz.[8] Besondere Bedeutung hat die Einwilligung im Rahmen von Schufa-Anfragen.[9]

2. Verwendung von Bestandsdaten für Werbe- und Marketingzwecke (Abs. 2). – 7 a) § 95 Abs. 2 wurde im Hinblick auf Art. 13 Abs. 2 DRL im Gesetzgebungsverfahren[10] zu dem Zweck neu gefasst, das vormalig bestehende, umfassende **Einwilligungserfordernis einzuschränken**.[11] Nach § 95 Abs. 2 S. 1 darf zwar grundsätzlich der Diensteanbieter die Bestandsdaten der in Abs. 1 Satz 2 genannten Teilnehmer zur Beratung der Teilnehmer, zur Werbung für eigene Angebote und zur Marktforschung nur verwenden, wenn der Teilnehmer eingewilligt hat. Im Rahmen einer bestehenden Kundenbeziehung darf er diese Daten aber auch zum Versenden von Text- und Bildmitteilungen nutzen, solange der Teilnehmer nicht widerspricht, § 95 Abs. 2 S. 2.

Bestandsdaten der Teilnehmer sind grundsätzlich die allgemeinen Bestandsdaten der 8 Teilnehmer des Diensteanbieters, nicht nur die Bestandsdaten im Spezialfall des § 95 Abs. 1 S. 2. Dies folgt aus dem Zweck der Vorschrift, die auf eine abschließende Regelung zielt. Daneben sind auch Bestandsdaten der Teilnehmer eines anderen Diensteanbieters erfasst, die der Diensteanbieter im Rahmen der Erfüllung eines Vertrages zwischen ihm und dem Teilnehmer erhoben und verwendet hat.

b) Die Bestandsdaten dürfen nach Abs. 2 auch zur Beratung der Teilnehmer (RdNr. 11), 9 zur Werbung für eigene Angebote (RdNr. 10) und zur Marktforschung (RdNr. 12) verwendet werden. Nicht hierher gehören vertragsbezogene Informationspflichten[12], z. B. über Netzstörungen, Änderungen in Allgemeinen Geschäftsbedingungen oder Tarife. Hier ist eine eigenständige Einwilligung des Kunden nicht erforderlich, da die Datenverarbeitung im unmittelbaren Zusammenhang mit der vertraglichen Erbringung des Telekommunika-

---

6 Vgl. § 94 RdNr. 5.
7 Noch kritischer *Wiechert/Schmidt/Königshofen/Königshofen/Hansen-Oest*, § 5 TDSV RdNr. 13.
8 Dazu *Simitis/Sokol*, § 3 RdNr. 3.
9 BeckTKG-Komm/*Büchner*, Anhang zu § 89, § 4 TDSV RdNr. 2.
10 Vgl. BT-Drs. 15/2679, S. 17.
11 *Eckhart*, CR 2003, 805, 807.
12 *Wiechert/Schmidt/Königshofen/Königshofen/Hansen-Oest*, § 5 TDSV RdNr. 17.

tionsdienstes steht (§ 95 Abs. 1 S. 1). Eine trennscharfe Abgrenzung der in § 95 Abs. 1 S. 1 genannten Zwecke ist oftmals nicht durchführbar.

10 aa) Fest steht, dass **Werbung** im Sinne der Vorschrift nicht nur das Anpreisen bestimmter Produkte, sondern auch die Image-Werbung für das Unternehmen umfasst.[13] Ausweislich des neuen Wortlautes und im Gegensatz zu § 5 Abs. 2 TDSV-2000 ist der Diensteanbieter darauf beschränkt, nur für **eigene Produkte** zu werben.[14] Im Zusammenhang mit werbenden **Rechungsbeilagen** ist freilich eine Einwilligung des Teilnehmers nur dann erforderlich, wenn zu Werbezwecke auch eine eigene Datenverarbeitung stattfindet.[15] Das Einwilligungserfordernis dient allenfalls mittelbar dazu, der unerwünschten Konfrontation mit Werbung vorzubeugen.[16] Direkt bezweckt es nur den Schutz von personenbezogenen Daten des Betroffenen.

11 bb) Die **Beratung** des Kunden umfasst nicht nur produktbezogene Informationen, sondern auch den Hinweis auf weitere, ggf. neue Angebote gegenüber dem Betroffenen selbst unter Einbeziehung seiner individuellen Bedürfnisse. Beratung überschneidet sich insofern mit Werbung. Eine Übertragung der Kundendaten an Dritte ist zum Zwecke der Kundenberatung im Hinblick auf § 95 Abs. 1 S. 3 nur zulässig, soweit der Betroffene auch in diese Übertragung eingewilligt hat. Für Fälle des Outsourcing gilt hingegen § 11 BDSG, soweit eine Auftragsdatenverarbeitung vorliegt.[17]

12 cc) Unter **Marktforschung** fallen insbesondere die Anstrengungen des Diensteanbieters, sich eine Grundlage für die Planung von Vermarktungsstrategien zu schaffen. Dazu zählt das Auswerten von Kundendaten nach bestimmten Merkmalen der Verträge (z.B. Anschlussmerkmale, Zahlungsweise), der Kundenstruktur (z.B. das Alter der Kunden), aber auch die direkte Befragung von Teilnehmergruppen, um (ohne Bezug auf konkrete Produkte) deren Bedürfnisse zu ermitteln.

13 dd) Die Teilnehmer müssen grundsätzlich in die Verwendung der Bestandsdaten zu den in § 95 Abs. 2 S. 1 genannten Zwecken **eingewilligt**[18] haben. Es ist somit bei formularmäßig erteilten Einwilligungen hinreichend klar herauszustellen, dass die Bestandsdaten für die Zwecke des § 95 Abs. 2 S. 1 verwendet werden sollen. Das Einwilligungserfordernis schließt jedoch nicht aus, dass der Diensteanbieter **Daten** verwenden darf, die **öffentlich zugänglich** sind. Diese dürfen freilich nur im Rahmen der bestehenden Gesetze benutzt werden.[19]

14 c) Nach § 95 Abs. 2 S. 2 werden bestimmte Bestandsdaten aus europarechtlichen Gründen[20] vom strengen Einwilligungserfordernis ausgenommen. Hat der Diensteanbieter im

---

13 *Wiechert/Schmidt/Königshofen/Königshofen/Hansen-Oest*, § 5 TDSV RdNr. 17.

14 Zur abweichenden TDSV 2000 vgl. *Wiechert/Schmidt/Königshofen/Königshofen/Hansen-Oest*, § 5 TDSV RdNr. 17.

15 *Wiechert/Schmidt/Königshofen/Königshofen/Hansen-Oest*, § 5 TDSV RdNr. 17.

16 Dazu BGHZ 109, 229 = NJW 1989, 902.

17 *Wiechert/Schmidt/Königshofen/Königshofen/Hansen-Oest*, § 5 TDSV RdNr. 18. Zu weiteren Fragen der Auftragsdatenverarbeitung: *Gola/Klug*, S. 38, 45, 61, 70, 89; *Simitis/Walz*, § 11 RdNr. 13 ff.

18 Vgl. § 91 RdNr. 27.

19 Vgl. BT-Drs. 15/2316, S. 88 f.

20 Zur Problematik des der Regelung des Regierungsentwurfes: *Eckhardt*, MMR 2003, 557, 561 f.

Rahmen einer bestehenden Kundenbeziehung[21] rechtmäßig Kenntnis von der Rufnummer, der Post- oder E-Mail-Adresse eines Teilnehmers erhalten, darf er diese Daten zu den in § 95 Abs. 2 Satz 1 genannten Zwecken verwenden, um **Text- und Bildmitteilungen** an ein Telefon, eine Post- oder E-Mail-Adresse zu versenden. Diese Regelung setzt die Vorgabe von Art. 13 Abs. 2 DRL um, die es den Mitgliedstaaten aufgibt, die Teilnehmer allgemein vor unerbetenen Werbenachrichten zu schützen. Sie entspricht § 7 Abs. 2 Nr. 4 und Abs. 3 UWG.

Die Zusendung von Text- und Bildmitteilungen (E-Mail, SMS, MMS, Briefpost) unter Ver- **15** wendung der in § 95 Abs. 2 S. 2 genannten Daten zu den Zwecken des S. 1 ist grundsätzlich ohne Einwilligung des Teilnehmers zulässig. Er hat lediglich ein **Widerspruchsrecht**. Der Diensteanbieter muss jedoch auch hinsichtlich des Widerspruchsrechtes sicherstellen, dass der Teilnehmer bei Erhebung oder der erstmaligen Speicherung der Rufnummer oder Adresse zu einem der in Satz 1 genannten Zwecke deutlich sichtbar und gut lesbar darüber informiert wird, dass er der Verwendung widersprechen kann. Insofern bestehen hier vergleichbare Informationsanforderungen wie vor der Erteilung einer Einwilligung. Sind diese Anforderungen nicht erfüllt, ist die Verwendung der Daten für die Zwecke des S. 1 nicht zulässig. Daneben muss bei **jeder Versendung** einer Nachricht an diese Rufnummer oder Adresse zu einem der in S. 1 genannten Zwecke deutlich sichtbar und gut lesbar darauf hingewiesen werden, dass der Teilnehmer der Versendung weiterer Nachrichten jederzeit schriftlich oder elektronisch widersprechen kann. Im Gegensatz zur europarechtlichen Vorgabe enthält die Vorschrift keine Regelung bezüglich der **Kosten** für die Ausübung des Widerspruchsrechtes. Da im Gesetzgebungsverfahren ausdrücklich die Vorgaben des Art. 13 Abs. 2 DRL umgesetzt werden sollten[22] und die allgemeine Vorschrift des § 7 Abs. 3 UWG eine europarechtskonforme Kostenregelung enthält, ist hier von einem Redaktionsversehen auszugehen. Daher ist die Kostenregelung im UWG entsprechend heranzuziehen: Demnach muss der Diensteanbieter eine gebührenfreie Widerspruchsmöglichkeit eröffnen. Von den reinen Übermittlungskosten der Ablehnung ist der Teilnehmer jedoch nicht freizustellen.[23] Die Teilnehmer dürfen daher nicht auf Widerspruchsmöglichkeiten festgelegt werden, bei denen zusätzlich zu den Übermittlungskosten weitere Gebühren anfallen, z. B. Mehrwertdiensterufnummern und Einschreiben.

3. Löschung der Bestandsdaten (Abs. 3). – Wenn das Vertragsverhältnis endet, ist der **16** Diensteanbieter nach § 95 Abs. 3 **verpflichtet**, die Bestandsdaten zu löschen. Die Norm wandelt § 35 Abs. 2 S. 2 Nr. 3 BDSG, der eine auf den Einzelfall bezogene Regelung enthält, in zweifacher Hinsicht ab. Während es bei dieser Vorschrift einzig darauf ankommt, ob die Daten in concreto noch gebraucht werden, trifft § 95 Abs. 3 eine abstrakt-typisierende Regelung. Er verlangt die Löschung mit Beendigung des Vertrages unabhängig davon, ob die Daten im Einzelfall für zulässige Zwecke noch nützlich sind. Er lässt es also einerseits zu, Daten zeitweilig gespeichert zu halten, obwohl diese nach konkreter Betrachtung zu keinem zulässigen Zweck mehr nützlich sein können. Andererseits zwingt er zur Löschung, obwohl deren Speicherung für anerkennenswerte Zwecke des Diensteanbieters – z. B. Beweissicherungsinteressen – noch erforderlich sind. Insofern kommt es i. d. R. zu ei-

---

21 Daran fehlt es in dem Fall von § 95 Abs. 1 S. 2 2. Alternative, weil der Diensteanbieter hier lediglich Daten von Kunden anderer Diensteanbieter erhebt und verarbeitet.
22 Vgl. BT-Drs. 15/2679, S. 17.
23 Vgl. Erwägungsgrund 41 DRL.

ner Löschung in kürzerer Frist als nach allgemeinen Datenschutzvorschriften.[24] Die Löschung hat mit Ablauf des auf die Beendigung des Vertragsverhältnisses folgenden Kalenderjahres zu erfolgen. Eine frühere Löschung ist im Hinblick auf bestimmte, in § 111 aufgeführte Bestandsdaten für Fälle des Auskunftsersuchens von Sicherheitsbehörden nach § 111 Abs. 1 S. 3 unzulässig. Die Vereinbarung einer längeren Speicherfrist ist gestattet, soweit der Teilnehmer einwilligt.[25]

17 Nach Satz 2 gilt § 35 Abs. 3 BDSG entsprechend.[26] Danach tritt die Sperrung an die Stelle einer Löschung, soweit dieser gesetzliche, satzungsmäßige oder vertragliche Aufbewahrungsfristen entgegenstehen (§ 35 Abs. 3 Nr. 3 BDSG) bzw. Grund zu der Annahme besteht, dass durch eine Löschung schutzwürdige Interessen des Betroffenen beeinträchtigt würden (§ 35 Abs. 3 Nr. 3 BDSG) oder eine Löschung wegen der besonderen Art der Speicherung nicht oder nur mit unverhältnismäßig hohem Aufwand möglich ist (§ 35 Abs. 3 Nr. 3 BDSG).

18 **4. Vorlage amtlicher Ausweise (Abs. 4).** – Nach § 95 Abs. 4 ist der Diensteanbieter berechtigt, im Zusammenhang mit dem Begründen und dem Ändern des Vertragsverhältnisses sowie dem Erbringen von Telekommunikationsdiensten zu verlangen, dass ein amtlicher Ausweis vorgelegt wird. Diese Vorschrift vereinfacht damit Vertragsabschluss und Vertragsabwicklung wesentlich. **Amtliche Ausweise** (Personalausweis, Reisepass) verbürgen die Richtigkeit der in ihnen enthaltenen Angaben auf besonders vertrauenswürdige Weise.[27] Nach § 95 Abs. 4 S. 2 ist der Diensteanbieter berechtigt, den vorgelegten amtlichen Ausweis im Falle eines Vertragsabschlusses zu **kopieren.** Diese Vervielfältigung darf in einem Servicezentrum des Diensteanbieters auch an eine Zentrale übermittelt werden, um sie zu überprüfen. Sind jedoch die für den Vertragsabschluss erforderlichen Angaben des Teilnehmers festgestellt, so hat der Diensteanbieter die Kopie unverzüglich zu vernichten.[28] Eine dauerhafte Aufbewahrung, z. B. zusammen mit schriftlichen Vertragsunterlagen, scheidet demnach aus.

19 Nach Satz 4 besteht ein **Verwendungsverbot** für diejenigen auf dem Ausweis enthaltenen Daten, die andere als die nach Abs. 1 zulässigen Informationen enthalten. Da Bestandsdaten nur die Daten sind, die für die Abwicklung des Vertrages benötigt werden, darf der Diensteanbieter beispielsweise Angaben wie Größe und Augenfarbe nicht erheben.[29]

20 Daneben sind auch die Vorschriften des **Personalausweis- und des Passgesetzes** zu beachten. So dürfen die Seriennummern (§ 1 Abs. 3 S. 4 PersAuswG; § 4 Abs. 2 S. 5 PassG), die sich aus der Behördenkennzahl der Ausstellungsbehörde und einer fortlaufend zu vergebenden Nummer zusammensetzt, nicht so verwendet werden, dass mit ihrer Hilfe ein Abruf personenbezogener Angaben aus Dateien oder eine Verknüpfung von Dateien möglich ist, § 4 Abs. 2 PersAuswG; § 18 Abs. 2 PassG. Zulässig ist dagegen die Verwendung der **Ausweisnummer,** da dieses Datum für den Nachweis des Vertragsschlusses erhebliche Bedeutung haben kann.[30] Der Personalausweis oder Pass selbst darf nicht zum automatischen Ab-

---

24 Dies hat vor Augen: *Wiechert/Schmidt/Königshofen/Königshofen/Hansen-Oest*, § 5 TDSV RdNr. 23.

25 *Wiechert/Schmidt/Königshofen/Königshofen/Hansen-Oest*, § 5 TDSV RdNr. 24.

26 Näher: *Simitis/Mallmann*, § 35 RdNr. 40 ff.

27 BGH NJW 2003, 1237, 1241.

28 BeckTKG-Komm/*Büchner*, Anhang § 89, § 4 TDSV RdNr. 6.

29 *Wiechert/Schmidt/Königshofen/Königshofen/Hansen-Oest*, § 5 TDSV RdNr. 25.

30 *Wiechert/Schmidt/Königshofen/Königshofen/Hansen-Oest*, § 5 TDSV RdNr. 25.

ruf oder zur automatischen Speicherung personenbezogener Daten verwendet werden, § 4 Abs. 4 PersAuswG; § 18 Abs. 3 PassG. Ein Einscannen des Ausweises und das Auslesen der Ausweisdaten, z. B. zum automatischen Abruf oder zur Erfassung der Teilnehmerdaten, sind damit untersagt.[31]

5. Die Kopplungsregelung des Abs. 5. – Entsprechend des § 3 Abs. 4 TDDSG darf die **21** Einwilligung des Teilnehmers nicht an die Verarbeitung seiner Bestandsdaten zu anderen Zwecken gekoppelt werden, wenn ein anderer Zugang zum betreffenden Telekommunikationsdienst nicht oder nur in nicht zumutbarer Weise erfolgen kann. Gegenüber der vormaligen Regelung in § 3 Abs. 2 TDSV ist damit die sehr strenge Zweckbindung entfallen, die gewisse Ähnlichkeiten mit einem Kontrahierungszwang aufwies.[32] Die Vorschrift nähert sich in ihrer jetzigen Form damit § 28 Abs. 1 S. 1 Nr. 2 BDSG stärker an.[33] Sie gestattet es, personenbezogener Daten zu verwenden, um eigene Geschäftszwecke zu erfüllen, soweit dies zur Wahrung berechtigter Interessen der verantwortlichen Stelle erforderlich ist und kein Grund zu der Annahme besteht, dass das schutzwürdige Interesse der Betroffenen an dem Ausschluss der Verarbeitung oder der Nutzung überwiegt. Dabei müssen aber die zukünftigen Verwendungszwecke schon **bei der Erhebung** konkret festgelegt werden, vgl. § 28 Abs. 1 S. 2 BDSG.[34]

Nach § 95 Abs. 5 ist es daher zulässig, dass der Diensteanbieter den Vertragsschluss von **22** der Einwilligung des Betroffenen auch in die Verarbeitung seiner Bestandsdaten für **andere Geschäftsfelder** als die der Telekommunikation abhängig macht. Insofern wird hier der Vertragsfreiheit weitgehend Rechnung getragen. Eine **Ausnahme** besteht jedoch dann, wenn dem Teilnehmer ein anderer Zugang zu den betreffenden Telekommunikationsdiensten nicht oder nur in nicht zumutbarer Weise möglich ist.[35] Die Regelung will verhindern, dass Diensteanbieter ihre Monopolstellung missbrauchen. Die Nutzung eines anderen Zugangs zu einem Telekommunikationsdienst ist dabei **nicht zumutbar**, wenn dem Nutzer ein unverhältnismäßiger Aufwand entsteht. Dies ist durch Würdigung aller Umstände des Einzelfalls festzustellen. Maßgeblich ist dabei, ob ein erhebliches Missverhältnis zwischen dem Wert des Telekommunikationsdienstes und des zu seiner Nutzung nötigen Aufwandes an Zeit, Kosten und technischen Voraussetzungen besteht.[36]

---

31 Vgl. *Medert/Süßmuth*, § 18 PassG RdNr. 10. Der Verstoß ist eine Ordnungswidrigkeit, § 25 Abs. 2 Nr. 4b PassG.
32 *Wiechert/Schmidt/Königshofen/Königshofen/Hansen-Oest*, § 3 TDSV 10.
33 Eingehend: *Simitis/Simitis*, § 28 RdNr. 133 ff.
34 Näher: *Simitis/Simitis*, § 28 RdNr. 59 ff.
35 Dazu: *Eckhardt*, CR 2003, 805, 808.
36 Vgl. BT-Drs. 15/2316, S. 89.

§ 96 Verkehrsdaten

(1) Der Diensteanbieter darf folgende Verkehrsdaten erheben und verwenden, soweit dies für die in diesem Abschnitt genannten Zwecke erforderlich ist:

1. die Nr. oder Kennung der beteiligten Anschlüsse oder der Endeinrichtung, personenbezogene Berechtigungskennungen, bei Verwendung von Kundenkarten auch die Kartennummer, bei mobilen Anschlüssen auch die Standortdaten,

2. den Beginn und das Ende der jeweiligen Verbindung nach Datum und Uhrzeit und, soweit die Entgelte davon abhängen, die übermittelten Datenmengen,

3. den vom Nutzer in Anspruch genommenen Telekommunikationsdienst,

4. die Endpunkte von festgeschalteten Verbindungen, ihren Beginn und ihr Ende nach Datum und Uhrzeit und, soweit die Entgelte davon abhängen, die übermittelten Datenmengen,

5. sonstige zum Aufbau und zur Aufrechterhaltung der Telekommunikation sowie zur Entgeltabrechnung notwendige Verkehrsdaten.

(2) Die gespeicherten Verkehrsdaten dürfen über das Ende der Verbindung hinaus nur verwendet werden, soweit sie zum Aufbau weiterer Verbindungen oder für die in den §§ 97, 99, 100 und 101 genannten Zwecke erforderlich sind. Im Übrigen sind Verkehrsdaten vom Diensteanbieter nach Beendigung der Verbindung unverzüglich zu löschen.

(3) Der Diensteanbieter darf teilnehmerbezogene Verkehrsdaten, die vom Anbieter eines Telekommunikationsdienstes für die Öffentlichkeit verwendet werden, zum Zwecke der Vermarktung von Telekommunikationsdiensten, zur bedarfsgerechten Gestaltung von Telekommunikationsdiensten oder zur Bereitstellung von Diensten mit Zusatznutzen im dazu erforderlichen Zeitraum nur verwenden, sofern der Betroffene in diese Verwendung eingewilligt hat. Die Daten der Angerufenen sind unverzüglich zu anonymisieren. Eine zielnummernbezogene Verwendung der Verkehrsdaten durch den Diensteanbieter zu dem in Satz 1 genannten Zweck ist nur mit Einwilligung der Angerufenen zulässig. Hierbei sind die Daten der Angerufenen unverzüglich zu anonymisieren.

(4) Bei der Einholung der Einwilligung ist dem Teilnehmer mitzuteilen, welche Datenarten für die in Abs. 3 Satz 1 genannten Zwecke verarbeitet werden sollen und wie lange sie gespeichert werden sollen. Außerdem ist der Teilnehmer darauf hinzuweisen, dass er die Einwilligung jederzeit widerrufen kann.

Schrifttum: *Bizer*, TK-Daten in Data Warehouse, DuD 1998, 570; *Eckhardt*, Datenschutz und Überwachung im Regierungsentwurf zum TKG, CR 2003, 805; *Koenig/Neumann*, Die neue Telekommunikations-Datenschutzverordnung, K&R 2000, 417. Vgl. w. Literaturangaben zu § 91.

Übersicht

I. Normzweck, Entstehungsgeschichte und europarechtliche Grundlagen

1 Die Vorschrift regelt die **Erhebung und Verwendung von Verkehrsdaten** durch den Diensteanbieter. Verkehrsdaten sind Einzelangaben, die erhoben und verwendet werden, wenn ein Telekommunikationsdienst erbracht wird, § 3 Nr. 30. Bei ihnen handelt es sich um die sensibelsten Informationen, mit denen der Diensteanbieter umgeht, um Telekommunikationsdienste zu erbringen.[1] Sie stellen nähere Umstände der Telekommunikation dar und sind daher vom Fernmeldegeheimnis umfasst.[2]

2 Die Vorschrift folgt § 6 TDSV 2000 nach. Mit ihr passt der Gesetzgeber das TKG begrifflich an die Vorgaben von Art. 2 lit. b), 6 DRL an. Statt von „Verbindungsdaten" spricht das Gesetz nun von „Verkehrsdaten". § 96 Abs. 1 Nr. 4 stellt nun klar, dass auch bei festgeschalteten Verbindungen die übermittelte Datenmenge dann zu den Verkehrsdaten zu zählen ist, wenn diese für die Entgeltberechnung maßgeblich ist. Die Höchstspeicherfristen wurden nicht geändert.[3]

3 § 96 setzt Art. 6 DRL um. Der Vorgabe von Art. 6 Abs. 1 DRL, nicht mehr benötigte Verkehrsdaten zu löschen oder zu anonymisieren, trägt § 96 Abs. 2 Rechnung. Art. 6 Abs. 2, 3 DRL gibt es den Mitgliedstaaten auf, die Verarbeitung von Verkehrsdaten zum Zwecke der Gebührenabrechnung, der Vermarktung oder Bereitstellung von Diensten mit Zusatznutzen (Art. 6 Abs. 3) zu gestatten. Dies berücksichtigt § 96 Abs. 1 u 3. Ferner beschränkt Art. 6 Abs. 5 DRL die Verarbeitung von Verkehrsdaten durch Dritte auf Personen, denen gegenüber der Betreiber weisungsbefugt ist. Dem kommt das neue TKG schon durch seinen weiten Begriff des Diensteanbieters nach, § 3 Nr. 6 b). Schließlich macht Art. 6 Abs. 4 DRL die Verarbeitung von der Einwilligung der Teilnehmer oder Nutzer abhängig und statuiert eine entsprechende Informationspflicht der Diensteanbieter. Diese Vorgabe setzt § 96 Abs. 4 um.

---

1 BeckTKG-Komm/*Büchner*, § 89 RdNr. 25.
2 BVerfGE 67, 157, 172 = NJW 1985, 121; BVerfGE 85, 365, 386 ff. = NJW 1992, 1875 m. Anm. *Kemper*, ArchPT 1992, 57 ff.; BVerfG NJW 2000, 55, 56 f.; BeckTKG-Komm/*Büchner*, § 89 RdNr. 25; *Scheurle/Mayen/Löwnau-Iqbal*, § 89 RdNr. 14; vgl. auch *Lepperhoff/Tinnefeld*, Aussagewert der Verkehrsdaten – Aspekte der Sicherheitspolitik, des Datenschutzes und der Wirtschaft, RDV 2004, 7.
3 Vgl. BT-Drs. 15/2316, S. 89.

II. Einzelheiten

1. Erhebung und Verarbeitung von Verkehrsdaten (Abs. 1). – § 96 Abs. 1 beschreibt 4
diejenigen Verkehrsdaten, die der Diensteanbieter erheben und verwenden darf.

a) Nach **Nr. 1** darf die **Nummer der Kennung** der beteiligten Anschlüsse oder der Endein- 5
richtung erhoben werden. Nummern sind nach § 3 Nr. 13 Zeichenfolgen, die in Telekommunikationsnetzen Zwecken der Adressierung dienen. Unter Kennung sind insbesondere
die von den beteiligten Endgeräten elektronisch übermittelten Erkennungsmerkmale zu
verstehen. Nummern sind nicht nur die Rufnummern des klassischen Telefondienstes[4],
sondern auch IP-Adressen.[5] Auch die Rufnummern von Nebenstellenanlagen sind erfasst.[6]
Keine Nummern sind sog. Nachwahlen, d.h. die an die eigentliche Nummer angehängte
Ziffernfolgen, die z.B. zur Steuerung der an den Anschluss angeschlossenen Endgeräte
dienen. Nachwahlen müssen daher für die Verarbeitung nach der Übermittlung technisch
unterdrückt werden. Ferner dürfen personenbezogene **Berechtigungskennungen** (z.B.
PIN[7]) erfasst werden, bei Verwendung von Kundenkarten auch die **Kartennummer**, z.B.
die Nummer von **Calling-Cards**.

Unter Verkehrsdaten nach § 96 Abs. 1 Nr. 1 fallen bei mobilen Anschlüssen auch die 6
Standortdaten. Dies sind nach § 3 Nr. 19 die Daten, die in einem Telekommunikationsnetz erhoben oder verwendet werden und die den Standort des Endgeräts eines Endnutzers
eines Telekommunikationsdienstes für die Öffentlichkeit angeben. Der Begriff erstreckt
sich auch auf Standortdaten, die bereits im Vorfeld eines konkreten Kommunikationsvorganges erhoben werden.[8] § 96 spricht jedoch nur diejenigen Standortdaten an, die für die
Erbringung eines Telekommunikationsdienstes **erforderlich** sind, z.B. die Angaben über
den Standort der Basisstation, bei der das betreffende Mobilfunkgerät gerade eingebucht
ist (im Folgenden: **notwendige Standortdaten**).

Demgegenüber sind diejenigen Standortdaten, die eine darüber hinausgehende Ortung des 7
Teilnehmers ermöglichen, hier nicht erfasst (im Folgenden: **nützliche Standortdaten**).
Dies ergibt der Zusammenhang des Gesetzes. Zwar bietet die Legaldefinition keinen Ansatz für diese Differenzierung. Doch zeigt sich am Auffangtatbestand des § 96 Abs. 1
Nr. 5, dass es sich bei allen hier angesprochenen Daten nur um solche Einzelangaben handelt, die zum Aufbau, zur Aufrechterhaltung der Telekommunikation oder zur Entgeltabrechnung notwendig sind. Auch § 3 Nr. 5 ergibt, dass das Gesetz Standortdaten, die Verkehrsdaten sind, von sonstigen Standortdaten trennt. Diese Unterscheidung orientiert sich
am Begriffsgebrauch von Art. 6 und Art. 9 DRL.[9] Sinn dessen ist es, den Datenschutz bei
der Erbringung von Diensten mit Zusatznutzen einer gesonderten Regelung zu unterwerfen. Diese Dienste können nur angeboten werden, wenn eine präzisere Peilung vorgenommen werden kann. Es handelt sich insofern nicht um notwendige, wohl aber um nützliche
Standortdaten. Dementsprechend hat der Gesetzgeber der Verarbeitung dieser Daten in
§ 98 eine eigene Regelung gewidmet.[10] Berechtigt § 96 nur zu einer Erhebung und Verar-

---

4 Vgl. § 3 Nr. 18.
5 Vgl. BT-Drs. 15/2316, S. 89.
6 *Wiechert/Schmidt/Königshofen/Königshofen/Hansen-Oest*, § 6 TDSV RdNr. 5.
7 *Wiechert/Schmidt/Königshofen/Königshofen/Hansen-Oest*, § 6 TDSV RdNr. 4.
8 BGH RDV 2001, 182; m. Anm. *Eckhardt*, CR 2001, 385.
9 *Eckhardt*, CR 2003, 805, 809.
10 Vgl. § 98 RdNr. 2.

beitung von denjenigen Standortdaten, die erforderlich sind, um eine Nachrichtenübermittlung durchzuführen, dann beschränkt sich die Verpflichtung des Dienstanbieters im Rahmen seiner Mitwirkung an einer Telekommunikationsüberwachung nur darauf, den zuständigen Behörden die Funkzelle des Anschlusses mitzuteilen, nicht aber auch Daten einer präziseren Peilung.[11]

8   b) Die nach **Nr. 2** zulässige Erhebung und Verwendung des Beginns und des Endes der jeweiligen Verbindung nach Datum und Uhrzeit ist regelmäßig insbesondere für die Entgeltabrechnung erforderlich. Daneben ist eine Speicherung der **übermittelten Datenmenge** zulässig, wenn diese entgeltrelevant ist. Daher scheidet eine Speicherung dieser Information bei sog. **flat-rates** aus.

9   c) Der Anbieter ist nach **Nr. 3** berechtigt, die **spezifisch Art** des vom Nutzer in Anspruch genommenen **Telekommunikationsdienstes** zu erheben, z. B. ob die Nutzung von Datendiensten oder Sprachtelefonie geschah.

10   d) Nach **Nr. 4** dürfen Daten über die Endpunkte von festgeschalteten Verbindungen, deren Beginn und ihr Ende nach Datum und Uhrzeit erhoben und verwendet werden. Festgeschaltete Verbindungen sind solche, die nicht regelmäßig an- und abgebaut werden, sondern dem Teilnehmer über einen längeren Zeitraum im Regelfall exklusiv zur Verfügung stehen.[12] Dabei ist es unerheblich, ob die festgeschaltete Verbindung durch **physikalisch exklusive Festverbindung**, oder durch die zeitweilige Zusammenschaltung verschiedener Übertragungswege (**vermittelte Festverbindung**) besteht.[13] Wie bei § 96 Abs. 1 Nr. 2 darf auch hier die übermittelte Datenmenge erhoben und verwendet werden, soweit die Entgelte davon abhängen.

11   e) **Nr. 5** umfasst sonstige zum Aufbau und zur Aufrechterhaltung der Telekommunikation sowie zur Entgeltabrechnung notwendige Verkehrsdaten und stellt damit u. A. einen **Auffangtatbestand** dar, der zukünftigen technischen Entwicklungen Rechnung tragen will.

12   **2. Verwendung von Verkehrsdaten über das Ende der Verbindung hinaus (Abs. 2).** – § 96 Abs. 2 S. 2 statuiert eine **allgemeine Löschungspflicht** für die Verkehrsdaten, die nach dem Ende der Verbindung nicht mehr benötigt werden. Im Gegensatz zur Vorläufervorschrift, § 6 Abs. 2 TDSV-2000, sind die Daten unverzüglich mit dem **Ende der Verbindung** zu löschen.[14] Die Regelung der TDSV-2000, die eine Löschungsverpflichtung spätestens am Tag nach Beendigung der Verbindung statuierte, ist im Hinblick auf Art. 6 Abs. 1 DRL nicht europarechtskonform gewesen.[15] Anstelle der Löschung kann auch eine **Anonymisierung** treten.[16] Darin liegt eine Beseitigung des Personenbezuges. Liegt damit keine personenbezogene Einzelangabe mehr vor[17], bestehen auch keine Gefahren für den Daten-

---

11 BGH RDV 2001, 182; zur Rechtslage bei § 5 TDSV 1996 s. BeckTKG-Komm/*Büchner*, Anhang § 89, § 5 RdNr. 1 m. w. N.
12 *Wiechert/Schmidt/Königshofen/Königshofen/Hansen-Oest*, § 6 TDSV RdNr. 11.
13 *Wiechert/Schmidt/Königshofen/Königshofen/Hansen-Oest*, RdNr. 11.
14 Vgl. w. BeckTKG-Komm/*Büchner*, Anhang § 89, § 5 TDSV RdNr. 2.
15 Diese Zweifel bestanden schon im Hinblick auf Art. 6 Abs. 1 RL 97/66/EG vgl. *Wiechert/Schmidt/ Königshofen/Königshofen/Hansen-Oest*, § 6 TDSV RdNr. 14.
16 *Koenig/Neumann*, K&R 2000, 417, 421.
17 *Simitis/Dammann*, § 3 RdNr. 202; vgl. auch Art. 6 Abs. 1 DRL: „löschen oder anonymisieren".

schutz mehr. Das Unterlassen der Löschung oder die nicht rechtzeitige Löschung stellt nach § 149 Abs. 1 Nr. 16 eine qualifizierte **Ordnungswidrigkeit** dar.[18]

Ausnahmsweise dürfen gespeicherte Verkehrsdaten über **das Ende der Verbindung hinaus** jedoch verwendet werden, soweit sie zum Aufbau weiterer Verbindungen oder für die Entgeltermittlung und Entgeltabrechnung (§ 97), die Erstellung eines Einzelverbindungsnachweises (§ 99), die Störungsbeseitigung und die Missbrauchsbekämpfung (§ 100) oder den Schutz vor belästigenden Anrufen (§ 101) erforderlich sind. Dieser Katalog ist abschließend.[19] Eine darüber hinaus gehende Verwendung ist nach § 149 Abs. 1 Nr. 17 eine qualifizierte **Ordnungswidrigkeit**.[20] **13**

Eine **allgemeine Grenze** für die **Dauer der Speicherung** von Verkehrsdaten für Zwecke des Diensteanbieters legt § 97 Abs. 3 fest. Nach dieser Vorschrift dürfen entgeltrelevante Verkehrsdaten höchstens **sechs Monate** nach Rechnungsversand aufbewahrt werden.[21] **14**

3. Spezielle Verwendungszwecke von Verkehrsdaten (Abs. 3 und Abs. 4). – § 96 Abs. 3 erweitert gegenüber § 6 Abs. 3 TDSV-2000 die Möglichkeiten der Diensteanbieter, Verkehrsdaten nicht nur zur bedarfsgerechten Gestaltung von Telekommunikationsdiensten, sondern auch zum Zwecke der Vermarktung von Telekommunikationsdiensten und zur Bereitstellung von Diensten mit Zusatznutzen nach § 3 Nr. 5 zu verwenden.[22] Die Vorschrift unterscheidet zwischen **teilnehmerbezogenen Verkehrsdaten** (Abs. 3 S. 1 u. 2) und **zielnummernbezogenen Verkehrsdaten** (Abs. 3 S. 3 u. 4). **15**

a) Zwecke i.S.d. Abs. 3. – Der Begriff der **Vermarktung** ist aus der DRL übernommen. Er umfasst das Angebot und die Erbringung von Telekommunikationsleistungen durch den Diensteanbieter. Die **bedarfsgerechte Gestaltung von Telekommunikationsdiensten** betrifft z.B. das Bereitstellen von differenzierten Tarifen, Serviceangeboten oder die Schaffung erforderlicher Netzkapazitäten.[23] Daneben erlaubt die Vorschrift die Verwendung von Verkehrsdaten für die Bereitstellung von **Diensten mit Zusatznutzen**. Dabei handelt es sich nach § 3 Nr. 5 um Dienste, welche die Erhebung und Verwendung von Verkehrsdaten oder Standortdaten in einem Maße erfordern, das über das für die Übermittlung einer Nachricht oder die Entgeltabrechnung dieses Vorganges erforderliche Maß hinausgeht, z.B. die Beratung hinsichtlich der billigsten Tarifpakete, Navigationshilfen, Verkehrsinformationen, Wettervorhersage oder touristische Informationen.[24] Eine Verwendung unter Missachtung der Vorgaben des § 96 Abs. 3 S. 1 stellt nach § 149 Abs. 1 Nr. 16 eine qualifizierte **Ordnungswidrigkeit** dar.[25] **16**

---

18 Vgl. § 149 RdNr. 21.
19 Ist bei einem Diensteanbieter das Auskunftsersuchen einer Strafverfolgungs- oder Sicherheitsbehörde nach §§ 100 g, 100 h StPO, § 8 Abs. 8 u. 10 BVerfSchG, § 10 Abs. 3 MAD-Gesetz, § 8 Abs. 3 a BNDG eingegangen, dann darf er die Verkehrsdaten auch über den in § 95 Abs. 2 genannten Zeitraum hinaus bis zur Beantwortung des Ersuchens speichern. Der TKG-E 2005 strebt eine dementsprechende Klarstellung an (BR 92/05, S. 13, 36).
20 Vgl. § 149 RdNr. 21.
21 Vgl. § 97 RdNr. 10.
22 Vgl. BT-Drs. 15/2316, S. 89.
23 *Wissmann/Meister/Schmitz*, Kap. 15 RdNr. 35.
24 Erwägungsgrund Nr. 18 DRL.
25 Vgl. § 149 RdNr. 21.

17 **b) Teilnehmerbezogene Verkehrsdaten.** – Der Diensteanbieter darf die Verkehrsdaten, die vom Betreiber eines öffentlich zugänglichen Telekommunikationsdienstes verwendet werden, z. B. die Dauer von Ferngesprächen oder die in Anspruch genommenen Dienste, zu den in RdNr. 16 genannten Zwecken verwenden. Dabei ist eine Datenverwendung aber nur im dazu **erforderlichen Zeitraum** zulässig. Der Diensteanbieter ist demnach nicht berechtigt, die Verkehrsdaten über das für die Erbringung dieses Zweckes notwendige Maß hinaus weiterzuverarbeiten. Die Daten der Angerufenen sind nach § 96 Abs. 3 S. 2 unverzüglich zu anonymisieren. Dessen Verkehrsdaten dürfen nur verwendet werden, wenn dieser eingewilligt hat. Unter diesen Voraussetzungen scheidet regelmäßig mangels Einwilligung des Angerufenen die Erstellung von detaillierten Kommunikationsprofilen und Verkehrsstromanalysen aus, weil und soweit dazu auch die Zielnummern verarbeitet werden müssten.[26]

18 **c) Zielnummernbezogene Verkehrsdaten.** – Die § 96 Abs. 3 S. 3 und 4 wurden im Regierungsentwurf ohne nähere Ausführungen in der Begründung gegenüber § 6 Abs. 3 TDSV-2000 umformuliert. § 6 Abs. 3 S. 3 und 4 TDSV sollten Fälle regeln, in denen der Kunde angerufen wird und die Kosten trägt[27], z. B. **Free-Call**-Anbieter. Die Verwendung von Verkehrsdaten zu den in Satz 1 genannten Zwecken ist nur mit Einwilligung der Angerufenen zulässig. Hierbei sind die Daten der **Angerufenen** unverzüglich zu anonymisieren, d. h. es sind alle expliziten Identifikationsmerkmale zu löschen.[28] Anders liegt es nur dann, wenn der Angerufene eingewilligt hat. Dabei ist in S. 4 ein **Redaktionsversehen** zu konstatieren. Da sich bei den hier in Rede stehenden Verbindungen die Rollen umkehren, kommt es auf die Verkehrsdaten des Angerufenen an. Diese Zielsetzung wurde beibehalten. Daher hat es im Satz 4 „des Anrufenden" zu lauten, um es überhaupt mit einer sinnvollen Regelung zu tun zu haben.

19 **d) Einwilligung (Abs. 4).** – § 96 Abs. 4 normiert entsprechend der Vorgabe von Art. 6 Abs. 4 DRL ausdrücklich die Anforderungen, die zu beachten sind, wenn die **Einwilligung** des Betroffenen in die Verarbeitung seiner personenbezogenen Daten einzuholen ist: Dem Teilnehmer ist mitzuteilen, welche Datenarten für die in § 96 Abs. 3 Satz 1 genannten Zwecke verarbeitet und wie lange sie gespeichert werden sollen. Außerdem ist der Teilnehmer darauf hinzuweisen, dass er die Einwilligung jederzeit widerrufen kann. Die Mitteilung muss so gestaltet sein, dass der Teilnehmer sie zur Kenntnis nehmen und ihren Bedeutungsgehalt erkennen kann.[29]

---

26 *Bizer*, DuD 1998, 570, 574.
27 Vgl. die Amtl. Begründung zu § 6 TDSV-2000, BR-Drs. 300/00, S. 18.
28 *Simitis/Dammann*, § 3 RdNr. 212.
29 Vgl. § 91 RdNr. 27.

§ 97   Entgeltermittlung und Entgeltabrechnung

(1) Diensteanbieter dürfen die in § 96 Abs. 1 aufgeführten Verkehrsdaten verwenden, soweit die Daten zur Ermittlung des Entgelts und zur Abrechnung mit ihren Teilnehmern benötigt werden. Erbringt ein Diensteanbieter seine Dienste über ein öffentliches Telefonnetz eines fremden Betreibers, darf der Betreiber des öffentlichen Telefonnetzes dem Diensteanbieter die für die Erbringung von dessen Diensten erhobenen Verkehrsdaten übermitteln. Hat der Diensteanbieter mit einem Dritten einen Vertrag über den Einzug des Entgelts geschlossen, so darf er dem Dritten die in Abs. 2 genannten Daten übermitteln, soweit es zum Einzug des Entgelts und der Erstellung einer detaillierten Rechnung erforderlich ist. Der Dritte ist vertraglich zur Wahrung des Fernmeldegeheimnisses nach § 88 und des Datenschutzes nach den §§ 93 und 95 bis 97, 99 und 100 zu verpflichten. § 11 des Bundesdatenschutzgesetzes bleibt unberührt.

(2) Der Diensteanbieter darf zur ordnungsgemäßen Ermittlung und Abrechnung der Entgelte für Telekommunikationsdienste und zum Nachweis der Richtigkeit derselben folgende personenbezogene Daten nach Maßgabe der Absätze 3 bis 6 erheben und verwenden:

1. die Verkehrsdaten nach § 96 Abs. 1,
2. die Anschrift des Teilnehmers oder Rechnungsempfängers, die Art des Anschlusses, die Zahl der im Abrechnungszeitraum einer planmäßigen Entgeltabrechnung insgesamt aufgekommenen Entgelteinheiten, die übermittelten Datenmengen, das insgesamt zu entrichtende Entgelt,
3. sonstige für die Entgeltabrechnung erhebliche Umstände wie Vorschusszahlungen, Zahlungen mit Buchungsdatum, Zahlungsrückstände, Mahnungen, durchgeführte und aufgehobene Anschlusssperren, eingereichte und bearbeitete Reklamationen, beantragte und genehmigte Stundungen, Ratenzahlungen und Sicherheitsleistungen.

(3) Der Diensteanbieter hat nach Beendigung der Verbindung aus den Verkehrsdaten nach § 96 Abs. 1 Nr. 1 bis 3 und 5 unverzüglich die für die Berechnung des Entgelts erforderlichen Daten zu ermitteln. Nicht erforderliche Daten sind unverzüglich zu löschen. Die Verkehrsdaten dürfen – vorbehaltlich des Absatzes 4 Satz 1 Nr. 2 – höchstens sechs Monate nach Versendung der Rechnung gespeichert werden. Hat der Teilnehmer gegen die Höhe der in Rechnung gestellten Verbindungsentgelte vor Ablauf der Frist nach Satz 3 Einwendungen erhoben, dürfen die Verkehrsdaten gespeichert werden, bis die Einwendungen abschließend geklärt sind.

(4) Nach Wahl des Teilnehmers hat der rechnungsstellende Diensteanbieter die Zielnummer

1. vollständig oder unter Kürzung um die letzten drei Ziffern zu speichern oder
2. mit Versendung der Rechnung an den Teilnehmer vollständig zu löschen.

Der Teilnehmer ist auf sein Wahlrecht hinzuweisen; macht er von seinem Wahlrecht keinen Gebrauch, ist die Zielnummer ungekürzt zu speichern. Soweit ein Teilnehmer zur vollständigen oder teilweisen Übernahme der Entgelte für bei seinem Anschluss ankommende Verbindungen verpflichtet ist, dürfen ihm die Rufnummern der Anschlüsse, von denen die Anrufe ausgegangen sind, nur gekürzt übermittelt werden.

Die Sätze 1 und 2 gelten nicht für Diensteanbieter, die ihre Dienste nur den Teilnehmern geschlossener Benutzergruppen anbieten.

(5) Soweit es für die Abrechnung des Diensteanbieters mit anderen Diensteanbietern oder mit deren Teilnehmern sowie anderer Diensteanbieter mit ihren Teilnehmern erforderlich ist, darf der Diensteanbieter Verkehrsdaten verwenden.

(6) Zieht der Diensteanbieter mit der Rechnung Entgelte für Leistungen eines Dritten ein, die dieser im Zusammenhang mit der Erbringung von Telekommunikationsdiensten erbracht hat, so darf er dem Dritten Bestands- und Verkehrsdaten übermitteln, soweit diese im Einzelfall für die Durchsetzung der Forderungen des Dritten gegenüber seinem Teilnehmer erforderlich sind.

Schrifttum: *Breyer*, Bürgerrechte und TKG-Novelle – Datenschutzrechtliche Ausweitungen der Neufassung des Telekommunikationsgesetzes, RDV 2004, 147; *Gassner/Schmidt*, Datenschutzrechtliche Löschungsverpflichtung und zivilrechtliche Verjährungsvorschriften, RDV 2004, 153; *Gnielinski*, Vergütungsansprüche im Telekommunikations- und Multimediabereich – Ausgewählte Probleme, MMR 2000, 602; *Koenig/Neumann*, Die Übermittlung von Entgelten an Dritte durch Telekommunikation Diensteanbieter, RTkom 2001, 226; *Löwnau-Iqbal*, Aktuelle Entwicklungen im Datenschutz der Telekommunikation, RDV 1999, 210; *Struck*, Hinweis auf die Löschung von Verbindungsdaten, MMR 2001, 507. Vgl. w. die Literaturangaben zu § 91.

Übersicht

I. Normzweck, Entstehungsgeschichte und europarechtliche Grundlagen

1   § 97 regelt die Art und Weise der **Datenverarbeitung zum Zwecke der Abrechnung**. Die Vorschrift legt zum einen fest, welche Daten der Diensteanbieter für die Entgeltermittlung heranziehen darf. Zum anderen räumt er dem Teilnehmer in bestimmter Hinsicht das Recht ein, den Umfang der Daten einzuschränken, die zur Entgeltberechnung gespeichert werden dürfen. Den nach § 97 gespeicherten Daten kommt in erster Linie Bedeutung zu bei der Klärung der Berechtigung von Einwendungen gegen Entgeltabrechnungen (vgl. § 99 TKG u. § 45i, Abs. 1 TKG-E 2005). In zweiter Linie sind sie für die Auskunftsuchen der

Strafverfolgungs-, Sicherheits- und Geheimdienstbehörden von Interesse (vgl. §§ 100g, 100h StPO, § 2 Abs. 1 S. 1 G 10).

Die Vorschrift entspricht den **Vorgaben des Art. 6 DRL**. Sie legt u. a. fest, dass Verkehrs- 2 daten der Teilnehmer gelöscht werden müssen, wenn sie für die Übertragung der Nachricht nicht mehr gebraucht werden (Art. 6 Abs. 1). Verkehrsdaten dürfen für Abrechnungszwecke gespeichert werden, längstens jedoch bis zum Ablauf eventueller Abrechnungs- oder Verjährungsfristen (Art. 6 Abs. 2). Nach Art. 6 Abs. 4 d RL müssen die Teilnehmer über die erhobenen und verarbeiteten Verkehrsdaten und die Dauer der Speicherung informiert werden.

§ 97 folgt bis auf wenige Änderungen § 7 TDSV nach.[1] Klargestellt wurde, dass die Daten- 3 übermittlung von einem Betreiber eines Telefonnetzes an einen Diensteanbieter, der über dieses Netz Leistungen erbringt, zulässig ist. Außerdem wurde das Verhältnis zu § 11 BDSG geregelt. Neu ist die Pflicht, die Zielrufnummer ungekürzt zu speichern, soweit der Teilnehmer nicht widersprochen hat, § 97 Abs. 4 S. 2 2. Hs. Diese Regelung harmoniert nicht mit dem Grundsatz der Datenvermeidung.[2] Ihr Zweck ist es, die Ergiebigkeit von Auskunftsersuchen im öffentlichen Interesse sicherstellen.[3]

II. Einzelheiten

1. Der Umgang mit Verkehrsdaten (Abs. 1). – Nach § 97 Abs. 1 S. 1 dürfen Dienstean- 4 bieter die in § 96 Abs. 1 aufgeführten **Verkehrsdaten** verwenden, soweit die Daten zur Ermittlung des Entgelts und zur Abrechnung mit ihren Teilnehmern benötigt werden. Dies betrifft u. a. die Nummern oder Kennungen der beteiligten Anschlüsse, zeitliche Parameter und die Kennung der in Anspruch genommenen Telekommunikationsdienste. § 97 Abs. 1 Satz 2 regelt die Fälle, in denen der Diensteanbieter nicht auch Netzbetreiber ist, aber seine Dienste über das öffentliche Netz (vgl. § 3 Nr. 16) eines anderen Unternehmens anbietet. Da der Diensteanbieter hier für die Abrechnung mit seinen Kunden auf die Übermittlung der Verkehrsdaten durch den Netzbetreiber angewiesen ist, muss dieser dem Diensteanbieter die Verkehrsdaten übermitteln dürfen, die zur Erbringung von dessen Diensten erhoben worden sind.

§ 97 Abs. 1 S. 3 gestattet es dem Diensteanbieter, mit Dritten einen **Vertrag über Entgelt-** 5 **einzug** abzuschließen. Dabei reicht es aus, dass der Vertrag wirtschaftlich auf den Entgelteinzug gerichtet ist. Verträge i. S. d. Vorschrift sind somit nicht nur die klassischen Fälle der Einzugsermächtigung und Inkassozession, sondern auch alle Formen der Abtretung.[4] Der Diensteanbieter darf dazu dem Dritten die in § 97 Abs. 2 genannten Daten übermitteln. Dies gilt jedoch nur insoweit, wie es zum Einzug des Entgelts und der Erstellung einer detaillierten Rechnung, auch eines Einzelverbindungsnachweises[5], erforderlich ist. Da es sich bei den Verkehrsdaten um die näheren Umstände der Telekommunikation handelt, ist der Dritte vertraglich zur Wahrung des Fernmeldegeheimnisses nach § 88 und des Datenschutzes nach den §§ 93 und 95 bis 97, 99 und 100 durch den Diensteanbieter zu verpflich-

---

1 Vgl. BT-Drs. 15/2316, S. 89.
2 Vgl. § 91 RdNr. 23.
3 Vgl. § 91 RdNr. 1.
4 *Koenig/Neumann*, RTkom 2001, 226, 233.
5 *Wiechert/Schmidt/Königshofen/Königshofen/Hansen-Oest*, § 7 TDSV RdNr. 4.

ten. § 11 BDSG bleibt unberührt, § 97 Abs. 1 S. 4: Der Auftraggeber ist weiterhin für die Einhaltung des BDSG verantwortlich, § 11 Abs. 1 BDSG. Er bleibt verantwortliche Stelle i. S. v. § 3 Abs. 8 BDSG.[6] Er muss ferner den Auftragnehmer sorgfältig auswählen und überwachen, § 11 Abs. 2 BDSG.[7] Schließlich dürfen die übermittelten Daten nur im Rahmen seiner Weisungen verwendet werden, § 11 Abs. 3 BDSG.[8] Dem Auftragnehmer ist es vor allem untersagt, die Daten ohne besondere Weisung an Dritte zu übermitteln oder für eigene Geschäftszwecke zu verwenden.[9]

6   § 97 Abs. 1 S. 3 begründet keine privatrechtliche Zessionserlaubnis des Diensteanbieters, seine Forderung an einen Dritten abzutreten, damit dieser sie als eigene gegenüber dem Teilnehmer geltend machen kann, sondern setzt diese voraus (§ 398; vgl. a. § 399 2. Alt. BGB).[10] Liegt diese vor, ist die **Abtretung** unzweifelhaft möglich, wenn im Vertrag die Übermittlung der Verkehrsdaten ausgeschlossen worden ist.[11] Strittig ist hingegen, ob die Zession dann gegen § 134 BGB verstößt, wenn die Informationspflichten nach § 402 BGB bestehen bleiben. Einesteils wird dies bejaht.[12] Da die zur Forderungseintreibung weiterzugebenden Informationen in Umständen des Fernmeldeverkehrs bestünden, werde dadurch Art. 10 Abs. 1 GG verletzt. Dem ist nicht beizupflichten. Zu folgen ist der Rechtsprechung.[13] Zwar wird durch die Übermittlung von Verkehrsdaten der Schutzbereich dieses Grundrechts berührt. Er wird freilich nicht verletzt. Mit § 97 Abs. 1 S. 3 wurde die gesetzliche Grundlage geschaffen, welche diesen Informationstransfer gestattet. Dafür spricht auch § 97 Abs. 1 S. 4. Dieser verpflichtet den Einzugsberechtigten bzw. den Zessionar dazu, das Fernmeldegeheimnis zu wahren.

7   **2. Erhebung und Verwendung von Daten zur Entgeltabrechnung (Abs. 2).** – § 97 Abs. 2 trifft eine abschließende Regelung[14] darüber, welche Daten zur ordnungsgemäßen Abrechnung der Entgelte und zum Nachweis der Richtigkeit der Abrechnung herangezogen werden dürfen. Neben den Verkehrsdaten nach § 96 Abs. 1 sind dies die Bestandsdaten: Anschrift des Teilnehmers oder Rechnungsempfängers, die Art des Anschlusses, die Zahl der im Abrechnungszeitraum einer planmäßigen Entgeltabrechnung insgesamt aufgekommenen Entgelteinheiten, die übermittelten Datenmengen und das insgesamt zu entrichtende Entgelt. Zusätzlich dürfen sonstige für die Entgeltabrechnung erhebliche Umstände (z.B. Vorschusszahlungen, Zahlungen mit Buchungsdatum, Zahlungsrückstände, Mahnungen, durchgeführte und aufgehobene Anschlusssperren, eingereichte und bearbeitete Reklamationen, beantragte und genehmigte Stundungen, Ratenzahlungen und Sicherheitsleistungen) verarbeitet werden. Weitere vom Gesetz nicht näher benannte entgeltrelevante Umstände können z.B. Zinshöhen oder das Vorliegen von Leistungsstörungen sein.[15]

---

6   *Simitis/Walz*, § 11 RdNr. 39.
7   Eingehend: *Simitis/Walz*, § 11 RdNr. 42 ff.
8   Vgl. Art. 6 Abs. 5 DRL; eingehend: *Simitis/Walz*, § 11 RdNr. 55 ff.
9   BGH, RDV 1997, 26, 26 f.
10 Vgl. Begr. Reg-E. TDSV 2000 zu § 7.
11 LG Frankfurt/Oder MMR 2002, 249, 250 m. Anm. *Struck*.
12 *Palandt/Heinrichs*, § 134 RdNr. 22 a.
13 OLG München NJW-RR 1998, 758, 760; ebenso: *Wiechert/Schmidt/Königshofen/Königshofen/ Hansen-Oest*, § 7 TDSV RdNr. 5.
14 *Wiechert/Schmidt/Königshofen/Königshofen/Hansen-Oest*, § 7 TDSV RdNr. 6.
15 *Wiechert/Schmidt/Königshofen/Königshofen/Hansen-Oest*, § 7 TDSV RdNr. 8.

3. Ermittlung der Verkehrsdaten für die Entgeltabrechnung (Abs. 3). – a) Allgemei- 8
nes. – § 97 Abs. 3 reglementiert die Verwendung der Daten, die für die Entgeltberechnung
erforderlich sind. Ist eine Verbindung beendet, hat der Diensteanbieter aus den Verkehrsdaten nach § 96 Abs. 1 Nr. 1 bis 3 und 5 **unverzüglich** die für die Berechnung des Entgelts
erforderlichen Daten zu ermitteln. Zu welchem Zeitpunkt eine Verbindung beendet ist, beurteilt sich nach dem jeweils gewählten Kommunikationsmedium. So ist ein Ferngespräch
schon dann abgeschlossen, wenn einer der Teilnehmer die Verbindung beendet, bei elektronischer Post dagegen erst, wenn der Adressat die Nachricht vom Server seines Diensteanbieters abgerufen hat.[16]

Der Diensteanbieter hat dafür Sorge zu tragen, dass sein Fakturierungssystem in der Lage 9
ist, aus der Gesamtheit der bei einem Verbindungsaufbau anfallenden Daten die für die
Entgeldabrechnung erforderlichen Einzelangaben auszusondern, folglich die restlichen
Rohdaten unverzüglich zu löschen. Gewiss ist, dass der Diensteanbieter die Rohdaten
nicht sofort löschen muss. Eine angemessene Zeit zur Prüfung unter Berücksichtigung der
Interessen seines Vertragspartners ist ihm durchaus zuzubilligen.[17] Hierbei geht es um folgendes Problem: Gewöhnlich erfassen die Fakturierungssysteme die zu einzelnen Verbindungen anfallenden Daten in der Folge ihres Aufbaues und ihrer Durchführung. Erst in einem zweiten Schritt werden diese Rohdaten den einzelnen Teilnehmern individuell zugeordnet. Rechnet der Diensteanbieter monatlich ab, kommt es nach dieser Übung folglich
zu einer Zwischenspeicherung der Rohdaten um etwa vier Wochen. Man wird dies noch als
angemessen ansehen können.[18] Selbst wenn zeitigere Löschung technisch möglich ist, sind
zusätzlich entstehende Kosten zu berücksichtigen.

b) Die Speicherfrist für Verkehrsdaten. – Nach § 97 Abs. 3 S. 3 sind die Diensteanbieter 10
nur berechtigt, die Verkehrsdaten höchstens für **sechs Monate nach Versendung der
Rechnung** zu speichern. Ursprünglich ließ die § 7 TDSV nur eine Speicherung für 80 Tage
zu. Mit der Novelle von 2000 wurde die Sechsmonatsfrist eingeführt und nun vom TKG
übernommen. Nach der Begründung des Verordnungsgebers sollte dies u. a. neue Tarifmodelle, z.B. Friendship-Tarife, ermöglichen.[19] Gleichwohl stieß sie auf die Kritik der Datenschutzbeauftragen des Bundes und der Länder.[20] Sie monierten, die Verlängerung des Speicherungszeitraums diene nur dem Zweck, die Ergiebigkeit hoheitlicher Auskunftsersuchen
zu sichern und führe daher zu einer verfassungsrechtlich unzulässige Vorratsdatenspeicherung.[21] Kompromissvorschläge, wie der, den Lauf der Frist mit dem Zeitpunkt der Beendigung der Verbindung zu beginnen zu lassen, konnten sich nicht durchsetzen.[22] Zuzugeben
ist, dass das Gesetz den Zweck dieses langen Speicherungszeitraums nicht festlegt. Doch
wird man die Zweckbindung des § 96 Abs. 1 auch hier zur Geltung zu bringen haben. Fer-

---

16 Vgl. Erwägungsgrund Nr. 27 DRL.
17 *Wiechert/Schmidt/Königshofen/Königshofen/Hansen-Oest*, § 7 TDSV RdNr. 9; allgemein zu den
   Voraussetzungen des schuldhaften Zögerns: RGZ 124, 118.
18 So: *Wiechert/Schmidt/Königshofen/Königshofen/Hansen-Oest*, § 7 TDSV RdNr. 9.
19 Vgl. die Amtliche Begründung zu § 7 TDSV 2000, BR-Drs. 200/00, S. 20.
20 Vgl. Heise Newsticker, Meldung vom 27. 9. 2000, http://www.heise.de/newsticker/data/mbb-27.
   9. 00-001/, Abruf am 1. 6. 2005.
21 Kritisch zur Neuregelung des § 97 Abs. 3 und 4. *Breyer*, Bürgerrechte und TKG-Novelle – Datenschutzrechtliche Auswirkungen der Neufassung des Telekommunikationsgesetzes, RDV 2004,
   147, 149 f.
22 Vgl. *Löwnau-Iqbal*, RDV 1999, 210 f.

ner ist zu bedenken, dass § 97 Abs. 3 **nicht** zur Speicherung **verpflichtet**.[23] Dient die Speicherung keinem der in den §§ 91–107 genannten Verwendungszwecke mehr, dann obliegt es dem Diensteanbieter entsprechend dem Grundsatz der Datensparsamkeit[24], die Daten zu löschen. Hat der Teilnehmers verlangt, die Zielrufnummern mit Versendung der Rechnung zu löschen (§ 97 Abs. 4 S. 1 Nr. 2), dann sperrt dies naturgemäß die längere Speicherung dieser Verkehrsdaten. Die übrigen Verkehrsdaten dürfen jedoch – anders als nach § 7 Abs. 4 TDSV 2000 – sechs Monate lang gespeichert werden. Schließlich dürfen die Verkehrsdaten dann länger als ein halbes Jahr aufbewahrt werden, wenn dies zur Klärung von Einwendungen des Teilnehmers gegen die Rechung erforderlich ist, § 97 Abs. 3 S. 3.

11   Soweit andere Vorschriften für Geschäftsdaten längere **Aufbewahrungsfristen** vorschreiben (z. B. § 257 HGB oder § 147 AO), betreffen diese Vorschriften lediglich die Rechnungs-, nicht aber die Verkehrsdaten, so dass solche Regelungen nicht zur Speicherung von Verbindungsdaten über die 6-Monats-Frist hinaus berechtigen.[25]

12   Zweifelhaft ist es, ob in bestimmten **Ausnahmefällen**, in denen auf Grund von Problemen in den zugrunde liegenden Vertragsverhältnissen, insbesondere bei Neuverträgen, eine Speicherung über den Zeitraum der sechs Monate hinaus zulässig ist. Gewiss ist dabei, dass die Daten in diesen Fällen nicht bis zur Verjährung von Forderungen gespeichert werden dürfen.[26] Teilweise wird freilich das Recht bejaht, die Daten bis zum Wegfall des Verzögerungsgrundes aufzubewahren.[27] Dem ist entgegenzutreten. Nach § 97 Abs. 3 S. 3 ist nur zur Klärung von Einwendungen gegen Entgeltabrechnungen eine längere Speicherung zulässig. Mangels Erlaubnis bleibt es daher bei dem Verbot des § 4 Abs. 1 BDSG.[28] Selbst die Rechtfertigungsgründe der §§ 32, 34 StGB bieten keine Legitimation. Verkehrsdaten sind Umstände des Fernmeldegeheimnisses.[29] Deren Speicherung ist nur aufgrund von Vorschriften zulässig, die sich ausdrücklich auf Telekommunikation beziehen, § 88 Abs. 3 S. 3.[30] Das trifft auf die §§ 32, 34 StGB nicht zu.

13   **c) Auswirkungen auf den Nachweis der Entgeltforderung.** – Die gesetzlich angeordnete Löschung der Verbindungsdaten hat bei Einwendungen des Teilnehmers gegen die Entgeltabrechnung erhebliche Auswirkungen auf die Möglichkeiten des Diensteanbieters, die ordnungsgemäße Leistungserbringung nachzuweisen. § 97 Abs. 3 S. 4 gestattet es daher, die Verkehrsdaten über die Sechsmonatsfrist hinaus bis zur Klärung von Einwendungen zu speichern (näher RdNr. 17).

14   Für die Voraussetzungen des Vergütungsanspruches ist der Diensteanbieter darlegungs- und beweispflichtig.[31] Bei Einwendungen des Teilnehmers hat der Anbieter von Telekom-

---

23 Vgl. BT-Drs. 15/2316, S. 89: „Möglichkeit"; *Wiechert/Schmidt/Königshofen/Königshofen/Hansen-Oest*, § 7 TDSV RdNr. 11.
24 Vgl. § 91 RdNr. 23.
25 Vgl. BT-Drs. 15/2316, S. 89.
26 *Wiechert/Schmidt/Königshofen/Königshofen/Hansen-Oest*, § 7 TDSV RNr. 12; Verjährungsfristen begründen keine zivilrechtlich begründete datenschutzrechtliche Aufbewahrungsbefugnis. Ausführlich *Gassner/Schmidt*, Datenschutzrechtliche Löschungsverpflichtung und zivilrechtliche Verjährungsvorschriften, RDV 2004, 153.
27 *Wiechert/Schmidt/Königshofen/Königshofen/Hansen-Oest*, § 7 TDSV RdNr. 12.
28 Vgl. § 91 RdNr. 14.
29 Vgl. § 96 RdNr. 1.
30 Vgl. § 88 RdNr. 28.
31 OLG Stuttgart MMR 2000, 97; *Geppert/Ruhle/Schuster*, RdNr. 270.

munikationsdiensten ein Prüfungs- und Nachweisverfahren für die Öffentlichkeit durchzuführen. Das Verfahren muss einzelfallbezogen alle potenziellen Fehlerquellen überprüfen.[32] Die Vorlage einer allgemeinen Zertifizierung nach DIN oder ISO-Norm ist nicht ausreichend.[33] Ist das zu dokumentierende Prüfungsverfahren ohne Ergebnis geblieben, so spricht der **erste Anschein** im Prozess für die Richtigkeit der Rechnung.[34] Der Diensteanbieter ist selbst dann verpflichtet, einen Einzelverbindungsnachweis vorzulegen und ein Prüfverfahren durchzuführen, wenn der Teilnehmer keinen Einzelverbindungsnachweis verlangt hat,[35] § 45 i Abs. 1 TKG-E 2005. Denn wer es unterlässt, einen Einzelverbindungsnachweis zu beantragen, der bringt damit nicht einen ausdrücklichen Wunsch nach § 97 Abs. 4 Nr. 2 zum Ausdruck.[36] Bestätigt das Prüfverfahren die Rechung, so obliegt es dem Teilnehmer, im Prozess diesen ersten Anschein zu erschüttern. Dies kann schon dadurch geschehen, dass der Teilnehmer nachweist, er könne ein einzelnes ihm berechnetes Telefongespräch nicht geführt haben.[37]

Im Falle von **Einwendungen** des Teilnehmers **innerhalb der Sechsmonatsfrist** dürfen   **15** nach § 97 Abs. 3 S. 4 die Daten auch über diesen Zeitraum hinaus gespeichert werden, wenn der Teilnehmer vor Ablauf der Frist die Einwendungen erhoben hat. Wie sonst, so ist es auch hier ausreichend, wenn Einwendungen schlüssig erhoben werden[38], z. B. durch das Nichtzahlen des Rechungsbetrages.[39] Auch hier ist es unerheblich, ob der Teilnehmer von vornherein einen Einzelverbindungsnachweis verlangt hat (§ 45 i Abs. 1 TKG-E 2005; vgl. auch § 99 Abs. 1 S. 5). Die Speicherung ist so lange zulässig, bis die Einwendungen endgültig geklärt sind, d. h. ggf. bis zur Rechtskraft einer gerichtlichen Entscheidung in der Sache. Müsste der Dienstanbieter die Verkehrsdaten vorher löschen, brächte er sich selbst in Beweisnot, und dies befreit ihn nicht von seiner Darlegungslast.[40]

§ 97 Abs. 3 Satz 4 legt selbst kein **Fristen** fest, innerhalb der **Einwendungen** zu erheben   **16** sind.[41] Solche Fristen sind freilich in den Nutzungsverträgen enthalten. Hat ein Teilnehmer die Einwendungsfrist versäumt, ist er mit seinem Vorbringen vor Gericht nicht ausgeschlossen, wenn er darlegt, **schuldlos** gehandelt zu haben. Gleiches gilt, falls der Teilnehmer unter denselben Voraussetzungen **außerhalb der Sechsmonatsfrist** Einwendungen vorbringt. Hier muss (vgl. § 45 i Abs. 2 TKG-E 2005) der Dienstanbieter jedoch keine Verkehrsdaten auflisten. Unter den genannten Unständen und Voraussetzungen ist dies für einen Anscheinsbeweis nicht erforderlich.[42] Erhebt der Teilnehmer dagegen innerhalb von

---

32 *Wiechert/Schmidt/Königshofen/Königshofen/Hansen-Oest*, § 7 TDSV RdNr. 14.

33 AG Siegburg Urteil v. 19. 11. 2003 – 5 a C 242/03; AG Hamburg-St. Georg Urteil v. 26. 11. 2003 – 916 C 427/03.

34 OLG Karlsruhe in OLGR 1997, 69; OLG Koblenz, Urteil vom 14. November 2003, Az:. 8 U 824/ 02; so auch OLG Frankfurt a. M., Urteil vom 14. Dezember 2001, Az.: 2 U 22/01; LG Hannover in MDR 1990, 728; AG Koblenz in NJW 1994, 2367.

35 OLG Celle NJW-RR 1997, 568; AG Paderborn NJW-RR 2002, 1141.

36 So AG Charlottenburg NJW-RR 2002, 997, 998.

37 AG Bonn NJW-RR 2002, 1426.

38 Wenig überzeugend anders: LG Hannover Urteil vom 16. April 1999, Az.: 4 S 127/99; AG Herne-Wanne-Urteil v. 13. August 1999, Az.: 2 C 280/99; *Gnielinski*, MMR 2000, 602, 603.

39 AG Charlottenburg NJW-RR 2002, 997, 998; so auch: BeckTKG-Komm/*Büchner*, Anh. § 89 § 6 TDSV RdNr. 2.

40 AG Charlottenburg NJW-RR 2002, 997, 998.

41 *Wiechert/Schmidt/Königshofen/Königshofen/Hansen-Oest*,§ 7 TDSV RdNr. 14.

42 *Wiechert/Schmidt/Königshofen/Königshofen/Hansen-Oest*, § 7 TDSV RdNr. 16.

sechs Monaten nach Rechnungsversand keine Einwendungen, obwohl ihm dies möglich und zumutbar gewesen wäre, und hat der Diensteanbieter keinen Anhaltspunkt gehabt, an der Zahlungswilligkeit des Kunden zu zweifeln (z. B. wegen Zahlung der Rechnung), so kommt es wegen **schuldhafter** Beweisvereitelung[43] zur Beweislastumkehr.[44]

17 Der Teilnehmer selbst hat keinen Anspruch auf eine längere Speicherung als sechs Monate. Die Speicherung berührt nicht nur die datenschutzrechtlichen Interessen der Anrufer, sondern auch der Angerufenen.[45]

18 **4. Zielrufnummernspeicherung (Abs. 4).** – Nach § 97 Abs. 4 S. 1 ist die Zielrufnummer grundsätzlich **ungekürzt** zu speichern. Dies stellt eine Veränderung gegenüber der Vorgängervorschrift § 7 TDSV dar, die als Regel die gekürzte Speicherung vorsah und dem Teilnehmer als Option die vollständige Speicherung oder die Löschung mit Rechnungsversand anbot. Abs. 4 eröffnet jetzt dem Teilnehmer des rechnungsstellenden Diensteanbieters zwei Gestaltungsmöglichkeiten: Er kann entweder die um die letzten drei Ziffern gekürzte Speicherung wählen oder hat die Möglichkeit, mit Versendung der Rechnung an den Teilnehmer die Verbindungsdaten vollständig zu löschen.

19 Das Wahlrecht besteht lediglich gegenüber dem **rechnungsstellenden Diensteanbieter**.[46] Andere Diensteanbieter, z. B. Anbieter im offenen **Call-by-Call**, bei denen der Anbieter des Netzzuganges die Rechnung stellt § 45 h Abs. 1 TKG-E 2005 unterfallen nicht § 97 Abs. 4. Wegen der Regelform der gekürzten Speicherung konnte dies nach altem Recht noch hingenommen werden.[47] Dagegen widerspricht der hier nun geltende Zwang zu ungekürzter Speicherung dem Grundsatz der Datensparsamkeit.[48]

20 Der Diensteanbieter hat den Teilnehmer auf dessen Wahlrechte **hinweisen**. Darüber hinaus ist er für den Fall der Nr. 2 zum Zeitpunkt des Löschungsverlangens eindeutig[49] darauf hinzuweisen, dass er bei dieser Option bei Einwendungen nach § 45 i Abs. 2 TKG-E 2005 die volle Beweislast trägt.[50] Unterlässt der Diensteanbieter diesen Hinweis, so findet diese Beweislastumkehr nicht statt und dem Diensteanbieter obliegt weiterhin die vollständige Darlegung der Richtigkeit der Entgeltforderung.[51]

21 Die Wahl des Teilnehmers hat damit Auswirkungen auf die **Beweismöglichkeiten im Prozess** bei Einwendungen des Teilnehmers: Der Diensteanbieter hat die Wahl des Teilnehmers zu beachten. Ihm ist es daher untersagt, wenn der Teilnehmer eine vollständige Löschung nach § 97 Abs. 4 S. 1 Nr. 2 gewählt hat, die Daten zu Beweiszwecken trotzdem zu speichern. Nichts anderes muss gelten, wenn der Teilnehmer sein Wahlrecht bezüglich einer verkürzten Speicherung ausgeübt hat. Auch hier darf der Diensteanbieter nicht die vollständigen, sondern nur die gekürzten Zielnummern speichern. Er ist insofern im Prozess

---

43 Dazu allgemein BGH NJW 1986, 59, 60 ff.
44 *Wiechert/Schmidt/Königshofen/Königshofen/Hansen-Oest*, § 7 TDSV RdNr. 17.
45 *Wiechert/Schmidt/Königshofen/Königshofen/Hansen-Oest*, § 7 TDSV RdNr. 18.
46 *Wiechert/Schmidt/Königshofen/Königshofen/Hansen-Oest*, § 7 TDSV RdNr. 20.
47 Zu den Bedenken: *Wiechert/Schmidt/Königshofen/Königshofen/Hansen-Oest*, § 7 TDSV RdNr. 20.
48 Vgl. § 91 RdNr. 23.
49 Vgl. auch LG Memmingen NJW-RR 2002, 996.
50 Vgl. BT-Drs. 15/2316, S. 89; so schon OLG Köln MMR 1999, 735 für § 6 Abs. 4 S. 2 TDSV 1996; LG Ulm DuD 2000, 50 für § 6 Abs. 4 UDSV; krit. *Gnielinski*, MMR 2000, 602, 604; *Struck*, MMR 2001, 507, 510 ff.
51 AG Pinneberg NJW-RR 2001, 844, 845.

auch von der Pflicht zu einer vollständigen Vorlage der Verbindungsdaten befreit. Hiervon zu unterscheiden ist das Wahlrecht des Teilnehmers hinsichtlich des Einzelverbindungsnachweises.[52] Selbst wenn der Teilnehmer keinen Einzelverbindungsnachweis beantragt hat, dürfen die Verbindungsdaten gespeichert werden.[53] Genauso kann der Teilnehmer einen verkürzten Einzelverbindungsnachweis beantragen, obwohl eine vollständige Speicherung stattfindet. Beim Umfang der vorzulegenden Verkehrsdaten aufgrund von Einwendungen des Teilnehmers ist daher nicht auf die Wahl des Einzelverbindungsnachweises[54], sondern auf die Wahl des Teilnehmers bezüglich der Speicherung der Zielrufnummer abzustellen.[55] Wenn der Teilnehmer somit eine **verkürzte Speicherung der Zielnummern** wählt, dann kann aus diesem rechtlichen Grund bei Einwendungen auch nur eine verkürzte Darstellung vorgetragen werden, und die Möglichkeiten des Teilnehmers, ein Prüfverfahren durchzuführen, sind begrenzt.[56] Insoweit ist die Folge einer solchen Wahl des Teilnehmers vergleichbar mit der Wahl einer vollständigen Löschung nach Rechnungsversand. Daher besteht hier analog § 45i Abs. 2 S. 2 TKG-E 2005 eine **Hinweispflicht** des Diensteanbieters, den Teilnehmer auf diese Folgen der Wahl dieser Option hinzuweisen.

Die §§ 97, 99 haben auch Auswirkungen auf die Vertragsgestaltung. AGB-Klauseln, welche die Ablehnung eines Einzelverbindungsnachweises mit der Löschung der Verkehrsdaten koppeln, sind danach unzulässig, § 307 Abs. 2 Nr. 1 BGB.[57] **22**

Satz 3 stellt eine Ausnahmeregelung für Teilnehmer dar, die zur vollständigen oder teilweisen **Übernahme** der Entgelte für bei ihrem Anschluss **ankommende Verbindungen** verpflichtet sind. Dies sind insbesondere Anbieter von entgeltfreien Mehrwertdiensten (0800)[58] und „Shared Cost"-Diensten (0180).[59] Hier ist eine Speicherung der **Nummern der Anrufenden** – nicht der angerufenen Nummer des Teilnehmers – nur in gekürzter Form zulässig. Die Regelung schafft damit faktisch schon an der Quelle die Voraussetzungen dafür, dass der Einzelverbindungsnachweis nicht die vollständigen Nummern enthält (vgl. § 99 Abs. 1 S. 6 und 7). Dies soll verhindern, dass die Anbieter solcher Dienste den Einzelverbindungsnachweis zu kommerziellen Zwecken systematisch analysieren.[60] **23**

Aus Gründen der Verhältnismäßigkeit gelten die S. 1 und 2 nicht für Diensteanbieter, die ihre Dienste nur den Teilnehmern geschlossener Benutzergruppen anbieten, § 97 Abs. 4 S. 4. Damit dürfen von solchen Anbietern die Verbindungsdaten ungekürzt innerhalb des Zeitraumes des Abs. 3 gespeichert werden. Die frühere obligatorische Kürzung bei diesen Anbietern[61] nach Erstellung der Rechnung ist damit entfallen. **24**

5. Verwendung von Verkehrsdaten zur Abrechnung mit anderen Diensteanbietern **25** **(Abs. 5).** – Der Diensteanbieter darf Verkehrsdaten verwenden, soweit es zu seiner Abrechnung mit anderen Diensteanbietern oder mit deren Teilnehmern sowie anderer Dienstean-

---

52 Vgl. § 99 RdNr. 6.
53 So schon *Gnielinski*, MMR 2000, 602, 603.
54 So wohl aber AG Bonn, Urteil vom 16. Oktober 2003; Az.: 14 C 194/03.
55 Ähnlich AG Paderborn NJW-RR 2002, 1141.
56 Insoweit unrichtig AG Lübeck, Urteil v. 6. November 2003; Az.: 29 C 2632/03, für die obligatorische Kürzung nach § 7 Abs. 3 TDSV-2000.
57 Vgl. LG Flensburg NJW-RR 2001, 488.
58 Vgl. Anlage 1 Nr. 5 zur TKNV.
59 Vgl. Anlage 1 Nr. 6 zur TKNV.
60 *Wiechert/Schmidt/Königshofen/Königshofen/Hansen-Oest*, § 8 TDSV RdNr. 11 und § 7 RdNr. 21.
61 Vgl. *Wiechert/Schmidt/Königshofen/Königshofen/Hansen-Oest*, § 7 TDSV RdNr. 23.

bieter mit ihren Teilnehmern erforderlich ist. Dies betrifft insbesondere Fälle, in denen mehrere Diensteanbieter an der Erbringung einer einzelnen Verbindung beteiligt sind, aber auch Fälle, in denen Leistungen durch Wiederverkäufer an Teilnehmer veräußert werden. Fraglich ist, wie in diesen Fällen die Frist von § 97 Abs. 3 S. 3 zu berechnen ist. Nach Würmeling soll es § 97 Abs. 5 dem Erstverkäufer gestatten, Verkehrsdaten so lange zu speichern, bis auch beim rechnungsstellenden Wiederverkäufer die Sechs-Monate-Frist abgelaufen ist.[62] § 97 Abs. 5 erweitert nur die Zweckbestimmung der vom Diensteanbieter erhobenen Daten. Für die Einzelheiten der Entgeltermittlung und -abrechnung ist daher auch hier § 97 Abs. 3 zu beachten.

26   **6. Übermittlung von Verkehrs- und Bestandsdaten an Dritte bei Leistungserbringung im Zusammenhang mit Telekommunikationsdiensten (Abs. 6).** – § 97 Abs. 6 stellt eine Sonderregelung für Entgelte von Leistungen eines Dritten dar, die der Diensteanbieter mit der Rechnung einzieht. Zu denken ist hier insbesondere an innovative Dienste, bei denen Waren oder **Dienstleitungen über die Telefonrechnung** abgewickelt wird. Zur Durchsetzung seiner Ansprüche kann der Dritte darauf angewiesen sein, dass ihm die Verkehrs- und Bestandsdaten übermittelt werden, z.B. um den Abschluss eines Vertrages mit dem Teilnehmer nachzuweisen. Der Diensteanbieter kann an den Dritten in einem solchen Fall die für die Durchsetzung seiner Forderungen erforderlichen Bestands- und Verkehrsdaten weitergeben. Die Übermittlung ist auf den Einzelfall begrenzt und darf nur die erforderlichen Daten umfassen. Der Diensteanbieter darf keine Einzelangaben übermitteln, die über die für diesen Zweck benötigten Daten hinausgehen. Den Dritten trifft somit eine detaillierte Darlegungslast, welcher Daten er bedarf, um seine Forderung geltend zu machen.

---

62 Für eine solche Möglichkeit: *Heun/Wuermeling*, Teil 9 RdNr. 99.

§ 98 Standortdaten

(1) Standortdaten, die in Bezug auf die Nutzer von öffentlichen Telekommunikationsnetzen oder Telekommunikationsdiensten für die Öffentlichkeit verwendet werden, dürfen nur im zur Bereitstellung von Diensten mit Zusatznutzen erforderlichen Maß und innerhalb des dafür erforderlichen Zeitraums verarbeitet werden, wenn sie anonymisiert wurden oder wenn der Teilnehmer seine Einwilligung erteilt hat. Der Teilnehmer muss Mitbenutzer über eine erteilte Einwilligung unterrichten. Eine Einwilligung kann jederzeit widerrufen werden.

(2) Haben die Teilnehmer ihre Einwilligung zur Verarbeitung von Standortdaten gegeben, müssen sie auch weiterhin die Möglichkeit haben, die Verarbeitung solcher Daten für jede Verbindung zum Netz oder für jede Übertragung einer Nachricht auf einfache Weise und unentgeltlich zeitweise zu untersagen.

(3) Bei Verbindungen zu Anschlüssen mit der Rufnummer 112, den in der Rechtsverordnung nach § 108 Abs. 2 festgelegten Rufnummern oder der Rufnummer 124 124 hat der Diensteanbieter sicherzustellen, dass nicht im Einzelfall oder dauernd die Übermittlung von Standortdaten ausgeschlossen wird.

Schrifttum: *Eckhardt*, Datenschutz und Überwachung im Regierungsentwurf zum TKG, CR 2003, 805; *Helmich*, Location Based Services – datenschutzrechtliche Anforderungen, MMR 2002, 152. Vgl. w. die Literaturangaben zu § 91.

Übersicht

I. Normzweck, Entstehungsgeschichte und europarechtliche Grundlagen

Die Vorschrift regelt die Verwendung von **nützlichen Standortdaten**[1] für die Bereitstellung von **Diensten mit Zusatznutzen**. Sie trägt der technischen Entwicklung und dem Interesse der Diensteanbieter am Angebot standortbezogener Dienste Rechnung.[2] Sie ermöglicht es dem Teilnehmer, den Umfang der Verarbeitung dieser Standortdaten durch den Diensteanbieter zu bestimmen. Sie stellt aber auch – gesetzessystematisch falsch verortet – sicher, dass eine Lokalisierung des Nutzers für Notfallzwecke effektiv möglich bleibt (§ 98 Abs. 3) und schränkt insoweit sein Recht auf informationelle Selbstbestimmung ein. **1**

§ 98 ist **neu** in das Gesetz aufgenommen. Weder das TKG a. F. noch die TDSV 2000 enthielten detaillierte Vorschriften bezüglich der Erhebung und Verwendung dieser Art von **2**

---

1 Zu diesem Begriffsgebrauch vgl. § 96 RdNr. 7.
2 Vgl. BT-Drs. 15/2316, S. 89.

Standortdaten.[3] Geregelt war nur, dass die Standortkennung von Mobiltelefonen zu den Verkehrsdaten nach § 6 Abs. 1 Nr. 1 TDSV zählte, die der Diensteanbieter im Rahmen des für die Diensterbringung erforderlichen Maßes erheben, verarbeiten und nutzen durfte.

3 Der Regelungsinhalt von § 98 geht im Wesentlichen auf Art. 9 DRL zurück, dessen Umsetzung er dient.[4] Unter Standortdaten i. S. d. Art. 9 DRL sind dabei nur „andere Standortdaten als Verkehrsdaten" zu verstehen. Das sind insbesondere Standortdaten, die genauer sind, als es für die eigentliche Nachrichtenübertragung erforderlich wäre und die für die Bereitstellung von Diensten mit Zusatznutzen verwendet werden, wie z. B. persönliche Verkehrsinformationen und Hilfen für den Fahrzeugführer (hier nützliche Standortdaten genannt).

4 § 98 setzt Art. 9 DRL nur unvollständig um: So muss nach Art. 9 Abs. 1 DRL der Diensteanbieter den Nutzern oder Teilnehmern, schon bevor er deren Einwilligung einholt, mitteilen, welche Arten von nützlichen Standortdaten er erheben und verwenden will, zu welchen Zwecken und wie lange dies geschehen soll, schließlich, ob er die Daten an einen Dritten weitergibt, um den Dienst mit Zusatznutzen bereitzustellen. Im Gegensatz zu § 95 des Referentenentwurfs enthält die endgültige Fassung solche Informationspflichten nicht. Dem kann auch nicht die **Informationspflicht** nach § 96 Abs. 4 genügen.[5] Diese bezieht sich lediglich auf die Verwendungszwecke nach § 96 Abs. 3 S. 1. Genauso wenig genügt die Informationspflicht nach § 93. Dort erfolgt die Unterrichtung lediglich bei Vertragsschluss, während die Einwilligung nach § 98 auch später eingeholt werden kann. Vergleichbare Mängel existieren bei der Einwilligung selbst: Nach Art. 9 Abs. 1 DRL wird eine Einwilligung der Teilnehmer oder Nutzer verlangt, der Wortlaut von § 98 verlangt lediglich eine Einwilligung der Teilnehmer. Diese Mängel sind durch europarechtskonforme Auslegung zu beseitigen (s. u. RdNr. 11).

II. Einzelheiten

5 **1. Verarbeitung von besonderen Standortdaten (Abs. 1). – a) Begriff.** – Die Regelung setzt die europarechtlichen Vorgaben im Hinblick auf den Begriff der Standortdaten nicht präzise um. Die in der DRL getroffene Unterscheidung zwischen „Standortdaten", die Verkehrsdaten sind, deren es also zwingend zur Nachrichtenübertragung bedarf, und „anderen Standortdaten" wird nicht übernommen. Dies führt zu Schwierigkeiten bei der Auslegung der Vorschrift, insbesondere hinsichtlich der Einwilligung und deren Widerruf nach § 98 Abs. 2. § 3 Nr. 19 definiert nur den allgemeinen Begriff des Standortdatums.[6] Zur Klarstellung ist zwischen notwendigen und nützlichen Standortdaten zu unterscheiden.[7] **Nützliche Standortdaten** sind beispielsweise der Standort des Endgeräts des Nutzers nach geografischer Länge, Breite und Höhe, die Übertragungsrichtung, der Grad der Genauigkeit der Standortinformationen, die Identifizierung des Netzpunktes, an dem sich das Endgerät zu einem bestimmten Zeitpunkt befindet, schließlich der Zeitpunkt, zu dem die Standortinformationen erfasst wurden.[8]

6 Der Vorschrift unterfallen zunächst nur solche Standortdaten, die **in Bezug auf die Nutzer von öffentlichen Telekommunikationsnetzen** (§ 3 Nr. 16 für „öffentliche Telefonnetze")

---

3 Dazu *Helmich*, MMR 2002, 152, 153 ff.
4 Vgl. BT-Drs. 15/2316, S. 89.
5 So auch *Eckhardt*, CR 2003, 805, 809.
6 Vgl. § 3 RdNr. 31; § 96 RdNr. 6.
7 Vgl. § 96 RdNr. 6 f.
8 Vgl. Erwägungsgrund Nr. 14 DRL.

oder Telekommunikationsdiensten (§ 3 Nr. 17) für die Öffentlichkeit Verwendung finden. Erforderlich ist demnach, dass sich das Angebot der **Netze und Dienste** an einen unbestimmten Personenkreis, nicht nur an eine geschlossene Benutzergruppe wendet. Ferner ist die Erhebung und Verwendung derjenigen Standortdaten, die zum Aufbau und zur Aufrechterhaltung einer Telekommunikation notwendig sind, schon in § 96 Abs. 1 Nr. 1 geregelt. Freilich gestattet diese Norm es nicht, diese Standortdaten auch für Dienste mit Zusatznutzen zu speichern, da § 96 Abs. 2 S. 1 sich nicht auf § 98 bezieht. Noch weniger dient § 96 Abs. 1 Nr. 1 zur Grundlage, besondere Standortdaten, deren die Dienste mit Zusatznutzen speziell bedürfen, zu erheben und zu verwenden.[9] Eine Verwendung sowohl der allgemeinen als auch der besonderen Standortdaten zu diesem Zweck setzt daher voraus, dass sie entweder durch Anonymisierung ihres Personenbezugs entkleidet werden oder aber der Teilnehmer oder Nutzer in ihre Verwendung einwilligt. Dem entspricht § 98 Abs. 1 S. 1.

Standortdaten, die in Bezug auf die Nutzer von öffentlichen Telekommunikationsnetzen **7** oder öffentlich zugänglichen Telekommunikationsdiensten verwendet werden, dürfen nur verwendet werden, soweit dies zeitlich und dem Umfang nach erforderlich ist, um Dienste mit Zusatznutzen bereitzustellen. **Dienste mit Zusatznutzen** sind nach § 3 Nr. 5 die Dienste, welche die Erhebung und Verwendung von Verkehrsdaten oder Standortdaten in einem Maße erfordern, das über das für die Übermittlung einer Nachricht oder die Entgeltabrechnung dieses Vorganges erforderliche Maß hinausgeht. Dies können beispielsweise standortbezogene Navigationshilfen, Verkehrsinformationen, Wettervorhersage oder touristische Informationen sein.[10]

§ 98 Abs. 1 S. 1 statuiert seinem Wortlaut nach nur eine Verarbeitungserlaubnis. Würde **8** man den Begriffsgebrauch des BDSG zugrunde legen, wäre deren Nutzung im Sinne von § 3 Abs. 5 BDSG nicht statthaft. Nutzen ist freilich auch das Mitteilen der Daten an den Betroffenen.[11] Um Dienste mit Zusatznutzen anzubieten, bedarf es aber gerade auch der Unterrichtung des Teilnehmers über seinen genauen geografischen Standort (s. o. RdNr. 7). Folglich ist der Begriff des Verarbeitens europarechtlich auszulegen: Gemeint ist **jedes Verwenden.** Hierfür spricht auch, dass § 97 Abs. 1 S. 1 aus Art. 6 Abs. 1 DRL den betreffenden Satzteil nahezu wörtlich übernommen hat.

b) Einwilligung. – Die Verwendung von Standortdaten für Dienste mit Zusatznutzen ist nur **9** zulässig, wenn sie anonymisiert[12] wurden oder wenn der Teilnehmer seine Einwilligung erteilt hat. Wie die Einwilligung im Einzelnen auszugestalten ist, soll nach der Begründung des Regierungsentwurfes im konkreten Fall, d. h. bezogen auf die Besonderheiten jedes einzelnen dieser Dienste, zu prüfen sein.[13] Danach ist es nicht erforderlich, vor jeder Inanspruchnahme eines Dienstes einzuwilligen. Ausreichend ist eine **generelle Einwilligung**, die z. B. in einem Rahmenvertrag o. Ä. gegeben wird.[14] Für eine elektronischen Einwilligung gilt § 94.[15]

§ 98 entbehrt einer ausdrücklichen Reglung für die **spezifische Information** des Teilneh- **10** mers vor Erteilung der Einwilligung. Es gelten hierbei jedoch die allgemeinen Vorausset-

---

9 Vgl. § 96 RdNr. 6.
10 Erwägungsgrund Nr. 18 DRL.
11 *Simitis/Dammann*, § 3 RdNr. 201.
12 Vgl. § 96 RdNr. 12.
13 BT-Drs. 15/2316, S. 89.
14 Vgl. BT-Drs. 15/2316, S. 89.
15 Vgl. § 94 RdNr. 8 ff.

zungen für die Erteilung einer Einwilligung, die immer auch eine Information des Einwilligenden erfordern.[16] Dementsprechend ist dem Teilnehmer mitzuteilen, welche Arten von Standortdaten verarbeitet werden, für welche Zwecke und wie lange das geschieht und ob die Daten zum Zwecke der Bereitstellung von Diensten mit Zusatznutzen an einen Dritten weitergegeben werden.[17] Die vom Teilnehmer erteilte Einwilligung kann dieser nach § 98 Abs. 1 S. 3 jederzeit widerrufen. Dabei dürfen an den Widerruf keine höheren Formanforderungen gestellt werden als an die Erteilung der Einwilligung selbst.

11   **c) Informationspflichten bei Mitbenutzern.** – Nach § 98 Abs. 1 S. 2 muss der Teilnehmer eventuelle Mitbenutzer über eine erteilte Einwilligung unterrichten. Die Regelung entspricht insoweit § 99 Abs. 1 S. 2–7. Sie dient der Wahrung der informationellen Selbstbestimmung der betroffenen Mitnutzer (z. B. Familienangehörige). Sie sind darüber in Kenntnis zu setzen, dass der Diensteanbieter, ggf. aber auch der Anschlussinhaber z. B. im Rahmen eines Handy-Lokalisierungsdienstes, in der Lage ist, möglicherweise jederzeit den Standort des Gerätes zu ermitteln. Im Gegensatz zur Regelung in § 99 Abs. 1 S. 2 verlangt § 98 Abs. 1 seinem Wortlaut nach keine **Erklärung des Teilnehmers.** Er statuiert damit auch keine Informationspflicht des Diensteanbieters darüber, dass eventuelle Mitbenutzer zu unterrichten sind. Art. 9 DRL schreibt jedoch ausdrücklich eine Information der Nutzer vor. Es liegt eine planwidrige Regelungslücke vor, die durch eine Analogie zu § 99 Abs. 1 zu schließen ist. Vergleicht man die dem § 99 zugrunde liegende Vorgabe des Art. 7 DRL mit der des Art. 9 DRL und die in § 99 gewählte Lösung, so muss dies auch für § 98 Abs. 1 gelten. Der Anbieter hat demnach den Teilnehmer auf dessen Informationspflicht hinzuweisen und von ihm eine Erklärung einzuholen, dass er seine Mitbenutzer unterrichten werde.

12   **2. Temporäre Unterbrechung der Verarbeitung von Standortdaten (Abs. 2).** – § 98 Abs. 2 verpflichtet den Diensteanbieter, wenn die Teilnehmer ihre Einwilligung zur Verarbeitung von Standortdaten für die Bereitstellung von Diensten mit Zusatznutzen nach Abs. 1 gegeben haben, die Möglichkeit vorzusehen, dass der Teilnehmer die Verarbeitung solcher Daten für die Bereitstellung von Diensten mit Zusatznutzen für jede Verbindung zum Netz oder für jede Übertragung einer Nachricht zeitweise untersagen kann. Die temporäre Unterdrückung der Verarbeitung von Standortdaten für Dienste mit Zusatznutzen muss für den Teilnehmer auf eine **einfache Weise** möglich sein. Dem entsprechen Verfahren, die jeder durchschnittlich informierte Teilnehmer unter Einsatz der Möglichkeiten seines Endgerätes durchführen kann. Erforderlich ist im Hinblick auf den Normzweck aber auch ein zeitsparendes Verfahren. Daneben muss die Unterdrückungsmöglichkeit **unentgeltlich** bestehen, d. h. der Diensteanbieter ist gehindert, für die Aktivierung der temporären Unterdrückung Verbindungsentgelte zu verlangen.

13   **3. Übermittlung von Standortdaten für Notrufe (Abs. 3).** – § 98 Abs. 3 enthält eine Sonderregelung für Einrichtungen, die Notrufe bearbeiten. Der Diensteanbieter muss sicherstellen, dass die Verarbeitung von Standortdaten für diese Stellen auch dann möglich ist, wenn der Nutzer dies grundsätzlich abgelehnt hat. Diese Verpflichtung trifft nur **öffentlich zugängliche Telefondienste.** Nur sie müssen Notrufeinrichtungen vorhalten (vgl. § 108). Auf Anbieter für geschlossene Benutzergruppen findet § 98 Abs. 3 daher von vornherein keine Anwendung.[18]

---

16 Vgl. § 91 RdNr. 8, 27.
17 Vgl. BT-Drs. 15/2316, S. 89.
18 Vgl. BT-Drs. 15/2316, S. 89 f.

§ 99 Einzelverbindungsnachweis

(1) Dem Teilnehmer sind die nach § 97 Abs. 3 Satz 3 und 4 und Abs. 4 bis zur Versendung der Rechnung gespeicherten Daten derjenigen Verbindungen, für die er entgeltpflichtig ist, nur dann mitzuteilen, wenn er vor dem maßgeblichen Abrechnungszeitraum in Textform einen Einzelverbindungsnachweis verlangt hat. Bei Anschlüssen im Haushalt ist die Mitteilung nur zulässig, wenn der Teilnehmer in Textform erklärt hat, dass er alle zum Haushalt gehörenden Mitbenutzer des Anschlusses darüber informiert hat und künftige Mitbenutzer unverzüglich darüber informieren wird, dass ihm die Verkehrsdaten zur Erteilung des Nachweises bekannt gegeben werden. Bei Anschlüssen in Betrieben und Behörden ist die Mitteilung nur zulässig, wenn der Teilnehmer in Textform erklärt hat, dass die Mitarbeiter informiert worden sind und künftige Mitarbeiter unverzüglich informiert werden und dass der Betriebsrat oder die Personalvertretung entsprechend den gesetzlichen Vorschriften beteiligt worden sind oder eine solche Beteiligung nicht erforderlich ist. Soweit die öffentlich-rechtlichen Religionsgesellschaften für ihren Bereich eigene Mitarbeitervertreterregelungen erlassen haben, findet Satz 3 mit der Maßgabe Anwendung, dass an die Stelle des Betriebsrates oder der Personalvertretung die jeweilige Mitarbeitervertretung tritt. Dem Teilnehmer dürfen darüber hinaus die nach § 97 Abs. 3 Satz 3 und 4 und Abs. 4 nach dem Versand der Rechnung gespeicherten Daten mitgeteilt werden, wenn er Einwendungen gegen die Höhe der Verbindungsentgelte erhoben hat. Soweit ein Teilnehmer zur vollständigen oder teilweisen Übernahme der Entgelte für Verbindungen verpflichtet ist, die bei seinem Anschluss ankommen, dürfen ihm in dem für ihn bestimmten Einzelverbindungsnachweis die Nummern der Anschlüsse, von denen die Anrufe ausgehen, nur unter Kürzung um die letzten drei Ziffern mitgeteilt werden. Satz 6 gilt nicht für Diensteanbieter, die als Anbieter für geschlossene Benutzergruppen ihre Dienste nur ihren Teilnehmern anbieten.

(2) Der Einzelverbindungsnachweis nach Abs. 1 Satz 1 darf nicht Verbindungen zu Anschlüssen von Personen, Behörden und Organisationen in sozialen oder kirchlichen Bereichen erkennen lassen, die grundsätzlich anonym bleibenden Anrufern ganz oder überwiegend telefonische Beratung in seelischen oder sozialen Notlagen anbieten und die selbst oder deren Mitarbeiter insoweit besonderen Verschwiegenheitsverpflichtungen unterliegen. Dies gilt nur, soweit die Regulierungsbehörde die angerufenen Anschlüsse in eine Liste aufgenommen hat. Der Beratung im Sinne des Satzes 1 dienen neben den in § 203 Abs. 1 Nr. 4 und Nr. 4a des Strafgesetzbuches genannten Personengruppen insbesondere die Telefonseelsorge und die Gesundheitsberatung. Die Regulierungsbehörde nimmt die Inhaber der Anschlüsse auf Antrag in die Liste auf, wenn sie ihre Aufgabenbestimmung nach Satz 1 durch Bescheinigung einer Behörde oder Körperschaft, Anstalt oder Stiftung des öffentlichen Rechts nachgewiesen haben. Die Liste wird zum Abruf im automatisierten Verfahren bereitgestellt. Der Diensteanbieter hat die Liste quartalsweise abzufragen und Änderungen unverzüglich in seinen Abrechnungsverfahren anzuwenden. Die Sätze 1 bis 6 gelten nicht für Diensteanbieter, die als Anbieter für geschlossene Benutzergruppen ihre Dienste nur ihren Teilnehmern anbieten.

(3) Bei Verwendung einer Kundenkarte muss auch auf der Karte ein deutlicher Hinweis auf die mögliche Mitteilung der gespeicherten Verkehrsdaten ersichtlich sein.

Sofern ein solcher Hinweis auf der Karte aus technischen Gründen nicht möglich oder für den Kartenemittenten unzumutbar ist, muss der Teilnehmer eine Erklärung nach Abs. 1 Satz 2 oder 3 abgegeben haben.

Schrifttum: *Büttgen,* Ein langer Weg – Telekommunikationsdatenschutzverordnung endlich in Kraft getreten, RDV 2001, 6; *Koenig/Neumann,* Die neue Telekommunikations-Datenschutzverordnung, K&R 2000, 417; *Kubicek/Bach,* Probleme des Datenschutzes bei der Kommunikationsverarbeitung im ISDN, CR 1990, 659; *Piepenbrock/Müller,* Faktorierung, Forderungseinzug und Inkasso bei TK-Dienstleistungen, MMR-Beilage 4/2000, 1; *Säcker/Calliess,* Billing und Inkasso fremder Telekommunikationsdienstleistungen. Zur Auslegung von § 33 TKG und § 15 TKV, (I) K&R 1999, 289; *Schaar,* Datenschutz in der liberalisierten Telekommunikation, DuD 1997, 17. Vgl. w. die Literaturangaben zu § 91.

Übersicht

RdNr.   RdNr.

I. Normzweck, Entstehungsgeschichte und europarechtliche Grundlagen

1 Die Vorschrift regelt die datenschutzrechtlichen **Voraussetzungen für** die Erstellung eines **Einzelverbindungsnachweises** (EVN). Dieser ermöglicht dem Teilnehmer eine effektive Kontrolle der ihm in Rechnung gestellten Verbindungen (vgl. auch § 45 e TKG-E 2005). Ein EVN kann aber auch Informationen über personenbezogene Daten von Mitbenutzern enthalten. Daher schreibt die Vorschrift dem Anschlussinhaber vor, die Mitbenutzer über den Bezug eines EVN zu informieren, § 99 Abs. 1 S. 2–7. § 99 Abs. 3 stellt eine Sonderregelung für Kundenkarten dar, die z. B. Unternehmen für ihre Mitarbeiter bereitstellen. § 99 findet eine Ergänzung in § 45 e TKG-E 2005 und steht in Wechselwirkung mit deren Vorschriften zur Rechnungsstellung, namentlich den §§ 45 h und 45 i TKG-E 2005. Der EVN berührt schließlich auch das Recht auf informationelle Selbstbestimmung der Angerufenen, deren Rufnummern der EVN als Zielnummern ausweist. Zum Schutz dieser personenbezogenen Daten enthält § 99 keine ausdrückliche Bestimmung.[1] Ihm ist durch einschränkende Auslegung Rechnung zu tragen.

2 EVN lassen sich erst mit der Digitalisierung der Telekommunikationsnetze erstellen. Bei den vormaligen elektromagnetischen Vermittlersystemen war es nicht möglich festzustellen, wer mit wem telefonierte. An die Ortsvermittlungsstellen wurden nur die angefallenen

---

1 Vgl. zur Diskussion bei Einführung der ursprünglichen Regelung: *Schaar,* DuD 1997, 17, 21.

Gebühren auf einen Summenzähler übermittelt.[2] Für die Erhebung der im Zuge der Digitalisierung anfallenden Verkehrsdaten fehlte es lange Zeit an einer Rechtsgrundlage. Die TDSV 1991 erklärte das BVerfG für unwirksam[3], da es in § 30 Abs. 2 PostVerfG keine ausreichende parlamentarische Ermächtigungsgrundlage sah. Eine vollständige Mitteilung der Rufnummer im Rahmen eines EVN war damit unzulässig.[4] Erst die aufgrund des PTReG erlassene TDSV 1996 lieferte mit ihrem § 6 Abs. 7–9 die Rechtsgrundlage für den EVN nach. Die TDSV 2000 fasste die Bestimmungen über den EVN wegen ihres eigenständigen Regelungsgehaltes in einem neuen § 8 zusammen.[5] Sie wurde unter begrifflichen Anpassungen in den § 99 übernommen.[6] Eine wesentliche Änderung seines Regelungsgehalts ergibt sich jedoch mittelbar. Da § 97 grundsätzlich von der Pflicht zur vollständigen Speicherung der Zielnummern ausgeht, wirkt sich dies auch auf den Umfang des EVN aus (s. u. RdNr. 7).

Europarechtliche Grundlage ist Art. 7 der DRL. Art. 7 Abs. 2 DRL verpflichtet die Mit- **3** gliedstaaten dazu, das Recht der Teilnehmer, Einzelgebührennachweise zu erhalten, und das Recht anrufender Nutzer und angerufener Teilnehmer auf Vertraulichkeit, miteinander in Einklang zu bringen. Art. 7 Abs. 1 verlangt, dass den Teilnehmern das Recht zustehen muss, Rechnungen auch ohne Einzelgebührennachweise zu erhalten.

II. Der Einzelverbindungsnachweis (Abs. 1)

1. Mitteilung der Verbindungsdaten an den Anschlussinhaber (S. 1). – Der Teilnehmer **4** hat nach Abs. 1 S. 1 einen **Anspruch auf Mitteilung** der nach § 97 Abs. 3 Satz 3 und 4 und Abs. 4 bis zur Versendung der Rechnung gespeicherten Daten. Dies sind insbesondere die **Verkehrsdaten** nach § 96 Abs. 1 Nr. 1 bis 3 und 5.[7] Dies gilt unabhängig davon, ob es sich um Inlands- oder Auslandstelefonate handelt.[8] Der Anspruch besteht jedoch nur hinsichtlich **entgeltpflichtiger Verbindungen**, nicht aber bei pauschal abgerechneten Tarifen, wie z. B. **flat-rates**.[9]

Der Anspruch umfasst grundsätzlich nicht die Einzelverbindungsdaten anderer Diensteanbieter[10], die der Anbieter des Netzzuganges nach §§ 45 i.V.m. 18, 21 Abs. 2 Nr. 7, 45d TKG-E 2005 seinem Kunden in Rechnung stellt. Sind sie jedoch dem Anbieter des Netzzuganges übermittelt worden, hat er sie nach Anbietern differenziert auszuweisen.[11] Der Kunde hat aber keinen Anspruch gegen den Anbieter des Netzzuganges, hinsichtlich einzelner Anbieter Einzelverbindungsnachweise zu verlangen und hinsichtlich anderer nicht.[12]

2 *Kubicek/Bach*, CR 1990, 659 f.
3 BVerfGE 85, 365, 386 ff. = NJW 1992, 1875 m. Anm. *Kemper*, ArchPT 1992, 57 ff.
4 OVG Bremen, CR 1994, 700; BeckTKG-Komm/*Büchner*, Anh. zu § 89, § 6 TDSV RdNr. 6.
5 Vgl. BT-Drs. 300/00 zu § 8 TDSV.
6 Vgl. BT-Drs. 15/2316, S. 90.
7 Vgl. § 96 RdNr. 4 ff.
8 LG Landshut, NJW-WettbR 2000, 105, 106 f.
9 Vgl. BT-Drs. 15/2316, Reg.-E. TKG-2003 zu § 97.
10 *Piepenbrock/Müller*, MMR Beilage 4/2000, 1, 11; *Säcker/Calliess*, K&R 1999, 289, 295.
11 *Wissmann/Freund/Allenstein/Kreitlow*, Kap. 14, RdNr. 56.
12 *Säcker/Calliess*, K&R 1999, 289, 295; a.A. *Wissmann/Freund/Allenstein/Kreitlow*, Kap. 14, RdNr. 57.

6 Ein EVN darf **nicht automatisch** zusammen mit der Entgeltabrechnung erteilt, sondern nur dann ausgestellt werden[13], wenn der Teilnehmer **vor** dem **maßgeblichen Abrechnungszeitraum**, also nicht lediglich vor dem Rechungsversand, einen solchen verlangt hat. Fehlt ein Antrag, darf lediglich eine Mitteilung der Summen für die in Anspruch genommenen Dienste erfolgen. Der Teilnehmer muss den EVN mindestens in **Textform** (§ 126b BGB), d. h. ggf. auch per E-Mail oder Telefax, beantragen.

7 In welchem Umfang der EVN eine Zielnummer aufführt, hängt auch von der Entscheidung des Teilnehmers über deren Speicherung ab. Trifft er keine Wahl, sind die Zielnummern ungekürzt zu speichern und daher nach § 99 Abs. 1 S. 1 grundsätzlich auch vollständig in den gewünschten EVN aufzunehmen.[14] Hier wirkt sich die Neufassung der Speicherregelung in § 97 aus:[15] Bisher war es so, dass nach § 7 Abs. 3 S. 3 TDSV 2000 in der Regel nur die um drei Ziffern gekürzte Zielnummer gespeichert wurde, die Angaben im EVN daher insofern ebenfalls kupiert ausfielen. Daneben hatte der Teilnehmer das Recht, eine vollständige Speicherung zu verlangen, folglich auch das Recht, einen ungekürzten EVN zu bekommen. Darin sah man als Minus das Recht enthalten, zwar eine vollständige Speicherung zu beantragen, gleichzeitig aber einen kupierten EVN zu akzeptieren.[16] Mit dieser Teilanonymisierung wurde auf die Datenschutzbelange der Angerufenen Rücksicht genommen. Hieran kann und sollte man trotz der Neufassung der §§ 97, 99 festhalten. Zwar folgt aus diesen Vorschriften die Pflicht des Diensteanbieters, die Zielnummern ungekürzt aufzuführen, wenn der Teilnehmer einen EVN verlangt. Doch hindert dies nicht, trotz vollständiger Speicherung der Zielnummern, diese kupiert auszuweisen. Denn § 99 Abs. 1 S. 1 will weiterhin einen Anspruch auf Erteilung eines Einzelverbindungsnachweises regeln.[17] Das bedeutet, der Teilnehmer kann sich auch mit einem kupierten Einzelverbindungsnachweis zufrieden geben. Der Diensteanbieter ist verpflichtet, ihm diese Wahl nahe zu legen. Nur so können die Interessen der Teilnehmer und der Angerufenen zum Ausgleich gebracht werden, wie es Art. 7 Abs. 2 DRL fordert (s. o. RdNr. 3). Schließlich legt auch das Gebot der Datensparsamkeit diese Vorgehensweise nahe.[18]

8 Die **Standardform** des EVN wird durch die RegTP festgelegt, § 45 e Abs. 2 S. 1 TKG-E 2005. Dieser EVN ist dem Kunden **kostenlos** zu erteilen, § 45 e Abs. 2 S. 2 TKG-E 2005.

9 **2. Informationspflichten des Anschlussinhabers Mitbenutzern gegenüber (S. 2, 3 u. 4).** – Die Regelungen der S. 2 bis 4 dienen dem Schutz von Mitbenutzern der Anschlüsse. Bei Anschlüssen im **Haushalt** trifft den Teilnehmer die **Pflicht**, alle zum Haushalt gehörenden oder hinzukommenden Mitbenutzer des Anschlusses darüber informieren, dass ihm die Verkehrsdaten im Rahmen des EVN bekannt gegeben werden. Gleiches gilt für Anschlüsse in **Betrieben, Behörden oder bei Einrichtungen öffentlich-rechtlichen Religionsgesellschaften**. Auch hier sind die gegenwärtigen und künftigen Mitarbeiter unverzüglich über die Möglichkeit der Bekanntgabe der Verkehrsdaten an den Anschlussinhaber zu informieren. Der Betriebsrat oder die Personalvertretung sind entsprechend den gesetzlichen Vorschriften zu beteiligen. Soweit öffentlich-rechtlichen Religionsgesellschaften

---

13 *Wiechert/Schmidt/Königshofen/Königshofen/Hansen-Oest*, § 8 TDSV RdNr. 5; *Manssen/Gramlich*, § 89 RdNr. 72.
14 *Wiechert/Schmidt/Königshofen/Königshofen/Hansen-Oest*, § 8 TDSV RdNr. 6.
15 Vgl. § 97 RdNr. 18 ff.
16 Vgl. *Wiechert/Schmidt/Königshofen/Königshofen/Hansen-Oest*, § 8 TDSV RdNr. 6.
17 Vgl. BT-Drs. 15/2316, S. 90.
18 Vgl. § 91 RdNr. 23.

Mitarbeitervertreterregelungen erlassen haben, sind diese wie der Betriebsrat zu beteiligen.

Der Teilnehmer hat gegenüber dem Diensteanbieter in Textform (§ 126b BGB) zu erklä- **10** ren, dass er diesen Informationspflichten genügt hat und genügen wird. Diese Erklärung ist mit den Anträgen auf Erteilung eines EVN zu verbinden. Fehlt es an einer Erklärung nach S. 2 bis 4, ist die Übermittlung eines EVN, von § 97 Abs. 1 S. 5 abgesehen, unzulässig. Das Gesetz trifft jedoch keine Vorkehrungen, mit denen der Wahrheitsgehalt dieser Erklärung kontrolliert werden kann.

3. Weitergehende Datenmitteilung bei Einwendungen gegen die Rechnung (S. 5). – Er- **11** hebt der Teilnehmer Einwendungen gegen die ihm in Rechnung gestellten Verbindungsentgelte (§ 45i TKG-E 2005), so dürfen ihm, auch wenn er keinen EVN beantragt hat, die nach § 97 Abs. 3 Satz 3, 4 und Abs. 4 nach dem Versand der Rechnung gespeicherten Daten mitgeteilt werden. Eine vergleichbare Regelung enthält auch § 45i Abs. 1 TKG-E 2005. Diese **Ausnahme von Abs. 1 S.1** soll die Streitbeilegung fördern. In einem Prozess sind die gespeicherten Daten ohnehin vorzulegen.[19] § 99 Abs. 1 S. 5 rückt das Interesse an der Klärung von Einwendungen gegenüber dem Datenschutzinteresse der **Mitbenutzer** deutlich in den Vordergrund. Freilich zwingt er nicht dazu, stets sofort die Zielnummern unverkürzt anzugeben. Er räumt dem Diensteanbieter vielmehr nur das Recht ein, dies zu tun, soweit dies zur Klärung von Einwendungen erforderlich ist. Das lässt Raum dafür, aus den unter RdNr. 7 genannten Gründen auf die Interessen der Mitbenutzer Rücksicht zu nehmen, wie es auch § 45i Abs. 1 TKG-E 2005 vorsieht. Schließlich entspricht es auch dem Willen des Gesetzgebers, wenn der Diensteanbieter zur Klärung von Einwendungen zunächst gekürzte Zielnummern offenlegt.[20]

4. Datenübermittlung bei Sonderanschlüssen (S. 6 u. 7). – § 99 Abs. 1 S. 6 stellt eine **12** Sonderregelung für Anschlüsse dar, bei denen der Teilnehmer zur vollständigen oder teilweisen Übernahme der Entgelte für Verbindungen verpflichtet ist, die bei seinem Anschluss ankommen. Dies betrifft insbesondere Anbieter für entgeltfreie Mehrwertdienste (0800)[21] und „Shared Cost"-Dienste (0180).[22] An solche Teilnehmer dürfen in dem für sie bestimmten EVN die Nrn. der Anschlüsse, von denen die Anrufe ausgehen, nur unter Kürzung um die letzten drei Ziffern mitgeteilt werden. Dies gilt dann auch bei Einwendungen gegen die Rechnung. Die Regelung will verhindern, dass die Anbieter solcher Dienste den EVN namentlich zu Vermarktungszwecken systematisch analysieren.[23] Aus Gründen der Verhältnismäßigkeit gilt § 96 Abs. 1 S. 6 nicht für Diensteanbieter, die als Anbieter für geschlossene Benutzergruppen ihre Dienste nur ihren Teilnehmern anbieten.

III. Verbindungen zu speziellen Anschlüssen (Abs. 2)

Die EVN dürfen keine Verbindungen zu besonders schutzwürdigen Anschlüssen[24] von Per- **13** sonen, Behörden und Organisationen in sozialen oder kirchlichen Bereichen erkennen las-

---

19 Vgl. OLG Dresden, CR 2002, 34, 35.
20 Vgl. BT-Drs. 15/2316, S. 90, wo freilich von der obligatorischen Kürzung der Zielnummern ausgegangen wird.
21 Vgl. Anlage 1 Nr. 5 zur TKNV.
22 Vgl. Anlage 1 Nr. 6 zur TKNV.
23 *Wiechert/Schmidt/Königshofen/Königshofen/Hansen-Oest*, § 8 TDSV RdNr. 11.
24 *Manssen/Gramlich*, § 89 RdNr. 71.

sen, die grundsätzlich anonym bleibenden Anrufern ganz oder überwiegend telefonische Beratung in seelischen oder sozialen Notlagen anbieten und die selbst oder deren Mitarbeiter insoweit besonderen Verschwiegenheitsverpflichtungen unterliegen. Zweck der Regelung ist es, die Anonymität eines Anrufes eines Mitbenutzers gegenüber Dritten, insbesondere dem Anschlussinhaber, zu wahren. Den Mitbenutzern soll die Möglichkeit gegeben werden, in Notsituationen Beratungsstellen anrufen zu können, ohne dass der Anschlussinhaber dies feststellen kann.[25] Diese Regelung steht somit im direkten Widerspruch zu dem Interesse des Anschlussinhabers auf transparente Abrechnung seiner Gebühren. Gleichwohl hat der Gesetzgeber hier den Interessen der Mitbenutzer den Vorrang eingeräumt.

14   Ein Anspruch auf Nichterkennbarkeit besteht nur bei Anschlüssen von Personen, Behörden und Organisationen in sozialen oder kirchlichen Bereichen, die selbst oder deren Mitarbeiter insoweit **besonderen Verschwiegenheitsverpflichtungen** unterliegen. Diese Verpflichtungen sollen sich aus dem Gesetz, vertraglichen, aber auch religiösen und ethischen Gründen ergeben können.[26] Als **Regelbeispiele** sind in Satz 3 insbesondere die in § 203 Abs. 1 Nr. 4 und Nr. 4a des Strafgesetzbuches genannten Personengruppen (anerkannte Ehe-, Familien-, Erziehungs- oder Jugendberater, Suchtberater, Berater in Beratungsstellen nach dem Schwangerschaftskonfliktgesetz) erwähnt, daneben die Telefonseelsorge und die Gesundheitsberatung. Jedoch können auch Selbsthilfe-Organisationen wie Frauen-Selbsthilfe-Initiativen, selbst wenn sie nicht als Verein eingetragen sind, einen Anspruch auf Abschirmung haben.[27]

15   Die Personen, Behörden und Organisationen müssen **ganz** oder **überwiegend** telefonische Beratung in seelischen und sozialen Notlagen anbieten. Nach dem Gesetzeszusammenhang der Vorschrift muss es nicht Aufgabe der gesamten Einrichtung sein, anonyme telefonische Beratung anzubieten. Maßgeblich ist vielmehr, dass der Hauptzweck des eingerichteten Anschlusses, genauso wie der des institutionalisierten Angebotes, die anonyme telefonische Beratung ist. Dies ergibt sich zum einen daraus, dass die RegTP statt Einrichtungen gerade Anschlüsse in eine Liste aufnimmt und zum anderen daraus, dass es auf die besonderen Verschwiegenheitspflichten von Mitarbeitern ankommt. § 97 Abs. 2 will das Interesse auf Hilfe in Notlagen und das Interesse des Rechnungsempfängers ausgleichen. Dieser soll grundsätzlich wissen, für welche Verbindungen er zu zahlen hat. Auf der anderen Seite soll dieses finanzielle Interesse gegenüber der Hilfe in besonderen Notlagen zurückstehen. Indem das Gesetz sowohl den Zweck des Anschlusses als auch den Aufgabenkreis des Angerufenen identisch bestimmt, ist dem Missbrauch, dass diese Anschlüsse zu anderen Zwecken angerufen werden, weitgehend vorgebeugt. Damit lässt es die Vorschrift nicht zu, Beratungsdienste einzubeziehen, die hauptsächlich persönliche Beratung durchführen.[28]

16   Die Beratung muss im **sozialen oder kirchlichen Bereich** stattfinden. Insbesondere das Merkmal des sozialen Bereiches ist weit auszulegen. So kann eine Rechtsberatung bei straffällig gewordenen Personen oder eine Schuldnerberatung auch sozialen Belangen dienen.[29]

---

25 § 8 TDSV RdNr. 3.
26 *Wiechert/Schmidt/Königshofen/Königshofen/Hansen-Oest*, § 8 TDSV RdNr. 14.
27 *Wiechert/Schmidt/Königshofen/Königshofen/Hansen-Oest*, § 8 TDSV RdNr. 18.
28 Krit. *Manssen/Gramlich*, § 89 RdNr. 71; BeckTKG-Komm/*Büchner*, § 89 RdNr. 32; *Trute/Spoerr/Bosch*, § 89 RdNr. 31.
29 *Wiechert/Schmidt/Königshofen/Königshofen/Hansen-Oest*, § 8 TDSV RdNr. 16.

Ein Anspruch auf Abschirmung besteht nur für den Anschluss, welcher der vertraulichen 17 Beratung dient.[30] Er setzt voraus, dass die RegTP den Anschluss auf Antrag in eine von ihr zu führende **Liste** aufgenommen hat. Dem Antrag ist eine Bescheinigung der Institution beizufügen, welche die anonyme Telefonberatung anbietet, aus der hervorgeht, dass dem Anschluss diese Aufgabenbestimmung zukommt. Die RegTP hat von der Richtigkeit der Bescheinigung auszugehen, soweit kein Fall offensichtlichen Missbrauchs vorliegt.[31] Die Diensteanbieter sind verpflichtet, die im automatisierten Verfahren bereitgestellte Liste **quartalsweise** abzufragen und Änderungen unverzüglich im eigenen Abrechnungsverfahren anzuwenden. Aus Gründen der Verhältnismäßigkeit sind Diensteanbieter, die als Anbieter für geschlossene Benutzergruppen ihre Dienste nur ihren Teilnehmern anbieten, von der Verpflichtung ausgenommen.

Freilich bleiben auch bei einem Verfahren nach § 99 Abs. 2 Datenspuren bestehen. Inner- 18 halb der Rechnungsstellung können solche nicht einzeln aufgeführten Verbindungen gerade Aufmerksamkeit und damit das Gegenteil von dem erreichen, was Ziel der gesetzlichen Lösung war, nämlich Anrufe zu solchen Stellen durch Dritte vor dem Anschlussinhaber zu verbergen. Insofern bietet sich als echte Lösung für Beratungsstellen nur eine sog. **Free-Call**-Nummer an (0800) deren Verbindungen nicht auf der Rechung erscheinen dürfen, da sie nicht entgeltpflichtig sind (vgl. RdNr. 4).

§ 99 Abs. 2 lässt offen, ob die Diensteanbieter im Streitfall berechtigt sind, gegenüber dem 19 zahlungspflichtigen Anschlussinhaber die Verbindungen offen zu legen. Hier ist zunächst das in RdNr. 10 vorgeschlagene, abgestufte Verfahren durchzuführen. Sollte dies keine Klärung bringen, lässt sich auch an ein In-camera-Verfahren[32] denken. Schließlich bleibt es dem Diensteanbieter unbenommen, eine Kulanzregelung vorzuschlagen.[33]

IV. Informationspflichten bei Kundenkarten (Abs. 3)

§ 99 Abs. 3 trifft eine Spezialregelung für Kundenkarten. Nach § 3 Nr. 12 sind dies Karten, 20 mit deren Hilfe Telekommunikationsverbindungen hergestellt und personenbezogene Daten erhoben werden können. Die Karten müssen demnach eine für den Verbindungsaufbau notwendige, **technische Funktion** haben.[34] Dies sind z. B. GSM-Karten für Mobiltelefone, bei denen insbesondere bei Geschäftskunden eine Mitnutzung dieser Karten durch Mitarbeiter üblich ist. Nicht dazu zu zählen sind dagegen sog. *Calling-Cards*, bei denen lediglich die in das Endgerät einzugebende Nummer (Kartennummer und PIN) aufgedruckt ist. Denn diese Nummern könnten auch auf anderem Wege notiert sein. Zusätzlich müssen personenbezogene Daten erhoben werden können. Dies ist bei normalen, auf Guthaben basierenden Telefonkarten nicht der Fall.

Die Vorschrift verlangt, dass auf der Karte ein **deutlicher Hinweis** auf die mögliche Mit- 21 teilung der gespeicherten Verkehrsdaten ersichtlich sein muss. Nach der Gesetzesbegrün-

---

30 *Wiechert/Schmidt/Königshofen/Königshofen/Hansen-Oest*, § 8 TDSV RdNr. 15.

31 *Büttgen*, RDV 2001, 6, 10; *Koenig/Neumann*, K&R 2000, 417, 422; *Wiechert/Schmidt/Königshofen/Königshofen/Hansen-Oest*, § 8 TDSV RdNr. 20; *Manssen/Gramlich*, § 89 RdNr. 71.

32 Vgl. BVerfG, NJW 2000, 1175 für das Verwaltungsverfahren.

33 *Wiechert/Schmidt/Königshofen/Königshofen/Hansen-Oest*, § 8 TDSV RdNr. 30 f.

34 Vgl. § 3 RdNr. 17; *Wiechert/Schmidt/Königshofen/Königshofen/Hansen-Oest*, § 3 TDSV RdNr. 16.

dung soll es ausreichen, wenn die nach § 99 Abs. 3 mitzuteilenden Informationen nach Einlegen der Kundenkarte im Display des Endgerätes eingeblendet werden.[35] Eines Hinweises bedarf es nicht, sofern er auf der Karte aus **technischen Gründen nicht möglich** oder **unzumutbar** ist. Ersteres trifft z. B. auf Mobilfunkkarten zu, die nur wenige Zentimeter groß und dazu regelmäßig nicht sichtbar im Gerät verbaut sind. Letzteres gilt für z. B. für Multifunktionskarten, bei denen Kooperationspartner solche Hinweise ablehnen, z. B. in Fällen mit internationalen Herausgebern mit Emission auch im Ausland.[36] Hierzu bedarf es jedoch einer Erklärung des Teilnehmers, dass er seine Mitbenutzer unterrichtet hat bzw. unterrichten wird. Soweit es um dienstlich einzusetzende Kundenkarten geht, empfiehlt sich, gerade auch wenn die Kundenkarten privat genutzt werden sollen, der Abschluss einer **Betriebsvereinbarung**.[37] In ihr lassen sich die Kostenfragen und der ggf. zu führende Nachweis über die Einzelverbindungen und die Art der Darstellung (gekürzte oder ungekürzte Rufnummer) gegenüber dem Mitarbeiter regeln.

---

35 BT-Drs. 15/2316, S. 90.
36 *Wiechert/Schmidt/Königshofen/Königshofen/Hansen-Oest*, § 8 TDSV RdNr. 38.
37 Allgemein zur Verwendung von Angaben von Ferngespräche über dienstliche Anschlüsse, *Simitis/Simitis*, § 28 RdNr. 107.

§ 100 Störungen von Telekommunikationsanlagen und Missbrauch von Telekommunikationsdiensten

(1) Soweit erforderlich, darf der Diensteanbieter zum Erkennen, Eingrenzen oder Beseitigen von Störungen oder Fehlern an Telekommunikationsanlagen die Bestandsdaten und Verkehrsdaten der Teilnehmer und Nutzer erheben und verwenden.

(2) Zur Durchführung von Umschaltungen sowie zum Erkennen und Eingrenzen von Störungen im Netz ist dem Betreiber der Telekommunikationsanlage oder seinem Beauftragten das Aufschalten auf bestehende Verbindungen erlaubt, soweit dies betrieblich erforderlich ist. Das Aufschalten muss den betroffenen Gesprächsteilnehmern durch ein akustisches Signal angezeigt und ausdrücklich mitgeteilt werden.

(3) Soweit erforderlich, darf der Diensteanbieter bei Vorliegen zu dokumentierender tatsächlicher Anhaltspunkte die Bestandsdaten und Verkehrsdaten erheben und verwenden, die zum Aufdecken sowie Unterbinden von Leistungserschleichungen und sonstigen rechtswidrigen Inanspruchnahmen der Telekommunikationsnetze und -dienste erforderlich sind. Zu dem in Satz 1 genannten Zweck darf der Diensteanbieter die erhobenen Verkehrsdaten in der Weise verwenden, dass aus dem Gesamtbestand aller Verkehrsdaten, die nicht älter als sechs Monate sind, die Daten derjenigen Verbindungen des Netzes ermittelt werden, für die tatsächliche Anhaltspunkte den Verdacht der rechtswidrigen Inanspruchnahme von Telekommunikationsnetzen und -diensten begründen. Insbesondere darf der Diensteanbieter aus den nach Satz 1 erhobenen Verkehrsdaten und den Bestandsdaten einen pseudonymisierten Gesamtdatenbestand bilden, der Aufschluss über die von den einzelnen Teilnehmern erzielten Umsätze gibt und unter Zugrundelegung geeigneter Missbrauchskriterien das Auffinden solcher Verbindungen des Netzes ermöglicht, bei denen der Verdacht einer Leistungserschleichung besteht. Die Daten der anderen Verbindungen sind unverzüglich zu löschen. Die Regulierungsbehörde und der oder die Bundesbeauftragte für den Datenschutz sind über Einführung und Änderung eines Verfahrens nach Satz 1 unverzüglich in Kenntnis zu setzen.

(4) Unter den Voraussetzungen des Absatzes 3 Satz 1 darf der Diensteanbieter im Einzelfall Steuersignale erheben und verwenden, soweit dies zum Aufklären und Unterbinden der dort genannten Handlungen unerlässlich ist. Die Erhebung und Verwendung von anderen Nachrichteninhalten ist unzulässig. Über Einzelmaßnahmen nach Satz 1 ist die Regulierungsbehörde in Kenntnis zu setzen. Die Betroffenen sind zu benachrichtigen, sobald dies ohne Gefährdung des Zwecks der Maßnahmen möglich ist.

Schrifttum: *Breyer*, Bürgerrechte und TKG-Novelle – Datenschutzrechtliche Auswirkungen der Neufassung des Telekommunikationsgesetzes, RDV 2004, 147; *Der Bundesbeauftragte für den Datenschutz*, BfD-Info 5: Datenschutz in der Telekommunikation, 6. Auflage 2004; *Hoeren*, Recht der Access-Provider, 2004. Vgl. w. Literaturangaben bei § 91.

I. Normzweck, Entstehungsgeschichte und europarechtliche Grundlagen

1   Die Vorschrift erlaubt es dem Diensteanbieter, zur **Störungs- und Missbrauchsbekämp-fung** Bestands- und Verkehrsdaten, aber auch bestimmte Nachrichteninhalte der Teilneh-mer und Nutzer, soweit erforderlich, zu erheben und zu verwenden. Dies ist nicht nur im Interesse des Diensteanbieters, sondern auch der Kunden, die selbst von Störungen oder Missbräuchen betroffenen sein können. Während § 100 Abs. 1 und 2 die Befugnisse zur Störungsbearbeitung bestimmt, legt § 100 Abs. 3 S. 1–3 und Abs. 4 S. 1 diejenigen zur Missbrauchsbekämpfung fest. Schließlich statuiert § 100 Abs. 3 S. 5, Abs. 4 S. 2 und 3 Be-nachrichtigungspflichten.

2   Während es noch § 7 Abs. 4 TDSV 1996 gestattete, jegliche Nachrichteninhalte zu erhe-ben und zu verwenden, beschränkte § 89 Abs. 3 TKG a. F. diese Befugnisse auf Steuersig-nale. Die in § 89 Abs. 3–5 TKG a. F. i.V. m. § 9 TDSV 2000 getroffene Gesamtregelung wurde in § 100 übernommen und teilweise neu gefasst.[1]

3   Das Europarecht enthält keine ausdrücklichen Vorgaben zum Umgang mit Daten bei der Störungsbearbeitung und der Missbrauchsbekämpfung. Zwar darf der Diensteanbieter nach Erwägungsgrund 29 zur RL 2002/58/EG Verkehrsdaten in Bezug auf Teilnehmer und Nutzer in Einzelfällen verarbeiten, um technische Versehen oder Fehler bei der Übertra-gung von Nachrichten zu ermitteln. Ferner dürfen für Fakturierungszwecke notwendige Verkehrsdaten ebenfalls vom Diensteanbieter verarbeitet werden, um das Erschleichen von elektronischen Kommunikationsdiensten zu ermitteln und abzustellen. Doch in den Vor-schriften der Richtlinie selbst finden sich nur wenige Bezüge auf die Datenverarbeitung bei Störungen, Fehlern oder Missbräuchen. Lediglich für Art. 6 Abs. 2 bei der Gebühren-berechnung und in Art. 4 zur Betriebssicherheit lässt sich ein indirekter Bezug zur Zuläs-sigkeit der Datenverarbeitung in diesen Fällen herstellen. Art. 7 lit. b) und lit. c) der RL 95/46/EG sehen Maßnahmen der Störungsabwehr und Missbrauchsbekämpfung jedenfalls dann vor, wenn sie erforderlich sind, um vertragliche oder gesetzliche Pflichten zu erfül-len.[2] Auch Art. 10 lit a) gestattet es, die Unterdrückung der Anzeige der Rufnummer eines Anrufers aufzuheben, um böswillige oder belästigende Anrufe zurückverfolgen zu können. Freilich verweist er diesbezüglich auf das innerstaatliche Recht.

---

1   Vgl. BT-Drs. 15/2316, S. 90.
2   *Manssen/Gramlich*, § 89 RdNr. 74.

II. Einzelheiten

1. Datenschutzrechtliche Vorgaben der Störungs- und Fehlerbearbeitung (Abs. 1). – 4
Abs. 1 regelt die Datenverarbeitung zur Erkennung, Eingrenzung und Beseitigung von Störungen und Fehlern an Telekommunikationsanlagen.

Telekommunikationsanlagen sind nach § 3 Nr. 23 technische Einrichtungen oder Systeme, die als Nachrichten identifizierbare elektromagnetische oder optische Signale senden, übertragen, vermitteln, empfangen, steuern oder kontrollieren können.[3] Somit fallen nicht nur Anlagen zum Nachrichtentransport in den Anwendungsbereich der Vorschrift, sondern auch **Systeme des Netzmanagements**, z. B. Systeme, die der Ausfall- oder Qualitätssicherung beim Informationstransport dienen.[4] Zweifelhaft ist hingegen, ob auch **Fakturierungssysteme** erfasst sind. Sie lassen sich zwar unter den Begriff der Telekommunikationsanlage nicht subsumieren, sind jedoch als deren faktische Annexsysteme als einbegriffen anzusehen.[5] Jedenfalls kann sich aber eine Verarbeitung von personenbezogenen Daten zur Fehlersuche in diesen Anlagen auf § 97 Abs. 2 stützen. Die Datenverarbeitung dient in diesem Fall doch der ordnungsgemäßen Ermittlung und Abrechnung der Entgelte. Für die Anwendung der Vorschrift ist nicht erforderlich, dass die gesamte Anlage nicht mehr funktionsfähig ist oder eine solche Gefahr besteht, vielmehr sind schon Störungen und Fehler in **Teilen der Anlage** ausreichend.[6]

Störungen oder Fehler sind Ereignisse oder Zustände, die den bestimmungsgemäßen Gebrauch der Anlage beeinträchtigen oder unmöglich machen können.[7] Während **Fehler** aus Mängeln an der Sachsubstanz bzw. der Funktionseignung resultieren, sind **Störungen** von außen kommende Beeinträchtigungen. § 100 schließt sich hier dem differenzierenden Sprachgebrauch von § 9 TDSV 2000 an, während § 89 Abs. 3 TKG a. F. noch mit einem weitgefassten Störungsbegriff arbeitete.[8] Sachliche Unterschiede sind damit nicht verbunden.

Die Erhebung und Verwendung der Daten ist nicht von einer **Einwilligung** der Betroffenen, also des Anrufenden und des Anrufers abhängig, da die Vorschrift eine Einwilligung nicht verlangt, während eine solche in anderen Vorschriften des 2. Abschnittes, z.B. bei den §§ 95 Abs. 1, § 96 Abs. 3 u. 4, 98 Abs. 1, ausdrücklich vorgesehen ist. Darüber hinaus kann die Suche nach einer Störung oder einem Fehler gar nicht von einer Einwilligung der unmittelbar Betroffenen abhängig sein, da von der Störung oder dem Fehler auch weitere Teilnehmer des Diensteanbieters betroffen werden können.[9]

Im Unterschied zu § 9 Abs. 1 TDSV 2000 setzt § 100 Abs. 1 nicht mehr voraus, dass im Einzelfall tatsächlich Störungen und Fehler oder konkrete Anhaltspunkte dafür vorliegen.[10] Auch eine vorsorgliche Datenverarbeitung oder Erhebung zur Erkennung von Fehlern oder Störungen ist demnach zulässig. So ist eine technische Überwachung des Verbindungsauf-

---

3 Vgl. § 3 RdNr. 37.
4 *Wiechert/Schmidt/Königshofen/Königshofen/Hansen-Oest*, § 9 TDSV RdNr. 4.
5 So:*Wiechert/Schmidt/Königshofen/Königshofen/Hansen-Oest*, § 9 TDSV RdNr. 5 ff.; BeckTKG-Komm/*Büchner*, Anh. § 89, § 7 TDSV RdNr. 1.
6 *Wiechert/Schmidt/Königshofen/Königshofen/Hansen-Oest*, § 9 TDSV RdNr. 3.
7 *Wiechert/Schmidt/Königshofen/Königshofen/Hansen-Oest*, § 9 TDSV RdNr. 3.
8 Dazu *Manssen/Gramlich*, § 89 RdNr. 73.
9 *Wiechert/Schmidt/Königshofen/Königshofen/Hansen-Oest*, § 9 TDSV RdNr. 8.
10 *Wiechert/Schmidt/Königshofen/Königshofen/Hansen-Oest*, § 9 TDSV RdNr. 9.

und -abbaus in der Vermittlungsstelle zulässig, solange die personenbezogenen Daten unverzüglich gelöscht werden, wenn weder ein Fehler oder eine Störung signalisiert wurde.[11] Vielmehr will der Gesetzgeber den Diensteanbietern auch eine **vorsorgende Störungs- und Fehlerbekämpfung** gestatten.[12] Dennoch darf dies nicht als Einfallstor für eine Vorratsdatenspeicherung angesehen werden.[13] Zum einen begrenzt schon der Wortlaut die Datenerhebung und -verwendung auf das **Erforderliche**. Zum anderen zwingt auch der Grundsatz der Datensparsamkeit zur Zurückhaltung.[14] Schließlich legt es auch das Europarecht nahe, die Störungs- und Fehlerbeseitigung vornehmlich aus Anlass des Einzelfalles vorzunehmen (s. o. RdNr. 3).

9   Um Fehler und Störungen **beseitigen** zu können, kann es auch erforderlich sein, die Verkehrs- und Bestandsdaten zu nutzen, um nach der Störungsursache zu suchen. Ist diese identifiziert, sind die personenbezogenen Daten unverzüglich zu löschen, es sei denn, sie dienen weiteren erlaubten Zwecken wie der Beseitigung der Störung oder der Berichtigung der Entgeltforderungen der betroffenen Teilnehmer.[15] Teilweise kann es bei der Störungsbearbeitung erforderlich sein, **Verkehrsdaten an Dritte**, z. B. andere Diensteanbieter **weiterzugeben**, um z. B. netzübergreifende Störungen bearbeiten zu können. Da sich durch die Übermittlung an andere Diensteanbieter die Gefährdung des Fernmeldegeheimnisses nicht erhöht, ist es zulässig, zu diesem Zweck Daten an Dritte zu übermitteln.[16] Hierfür spricht auch § 92. Wenn es dort gestattet wird, Daten an ausländische private Stellen weiterzugeben, dann muss dies erst recht gegenüber heimischen privaten Stellen gelten. Die Übermittlung von Verkehrsdaten an **staatliche Stellen** setzt jedoch wegen des damit verbundenen Eingriffes in das Fernmeldegeheimnis einen richterlichen Beschluss voraus (s. u. RdNr. 18, 29).

10   Trotz der Kritik an den Vorgängervorschriften[17] ist weiterhin keine **Löschungspflicht** nach Zweckerreichung vorgesehen. Hier greift freilich § 35 Abs. 2 S. 2 Nr. 3 BDSG ein. Zwar kommt dieser Norm nur subsidiäre Geltung zu, § 1 Abs. 3 BDSG. Jedoch verdrängt § 100 Abs. 1 jene Vorschrift diesbezüglich nicht, denn er enthält keine spezielle Löschungsregelung. Stattdessen stellt er jedes Verwenden dieser Daten, also auch das Speichern, unter den Vorbehalt der Erforderlichkeit. Mithin ist der Diensteanbieter gemäß § 35 Abs. 2 S. 2 Nr. 3 BDSG von sich aus zur Löschung verpflichtet[18], wenn er der Daten nicht mehr bedarf.

11   **2. Aufschaltungen bei Störungen (Abs. 2).** – § 100 Abs. 2 erlaubt zur Durchführung von Umschaltungen sowie zum Erkennen und Eingrenzen von Störungen im Netz das **Aufschalten.** Darunter versteht man das technische Überwachen, aber auch das Mithören[19]

---

11 *Wiechert/Schmidt/Königshofen/Königshofen/Hansen-Oest*, § 9 TDSV RdNr. 9.
12 *Eckhard*, CR 2003, 805.
13 So jedoch *Breyer*, Bürgerrechte und TKG-Novelle – Datenschutzrechtliche Auswirkungen der Neufassung des Telekommunikationsgesetzes, RDV 2004, 147, der durch den Entfall der noch von § 9 TDSV geforderten Bindung an den Einzelfall die Vorabdatenspeicherung faktisch schon verwirklicht und somit auch Art. 10 GG verletzt sieht.
14 Vgl. § 91 RdNr. 23.
15 *Wiechert/Schmidt/Königshofen/Königshofen/Hansen-Oest*, § 9 TDSV RdNr. 10.
16 *Wiechert/Schmidt/Königshofen/Königshofen/Hansen-Oest*, § 9 TDSV RdNr. 12.
17 Vgl. dazu *Trute/Spoerr/Bosch*, § 89 RdNr. 23; BeckTKG-Komm/*Büchner*, § 89 RdNr. 27.
18 *Simitis/Mallmann*, § 35 RdNr. 20.
19 BfD-Info 5, S. 50.

von bestehenden Verbindungen. Eine Aufschaltung ist nur zur Bekämpfung von **Störungen**, nicht auch zur Missbrauchsbekämpfung zulässig.[20] Dies ergibt sich aus § 100 Abs. 4 S. 2, der eine Erhebung und Verwendung von Nachrichteninhalten grundsätzlich untersagt (vgl. u. RdNr. 24 ff.). Die Regelung gilt ferner nicht für Aufschaltungen bei öffentlich zugänglichen Auskunfts- und Abfragediensten[21], z. B. zur Qualitätssicherung. Eine Verwendung der bei der Aufschaltung erhobenen personenbezogenen Daten ist unzulässig.[22]

Telekommunikationsverbindungen i. S. v. § 100 Abs. 2 sind lediglich bestehende Sprachtelekommunikationsverbindungen,[23] denn Abs. 2 S. 2 verweist auf „Gesprächsteilnehmer" und fordert eine akustische Signalisierung. Die Aufschaltung ist nur dem **Betreiber** der Telekommunikationsanlage (§ 3 Nr. 24) einschließlich seines Personals oder **beauftragten Dritten** gestattet, also gerade nicht jedem geschäftsmäßigen Anbieter von Telekommunikationsdienstleistungen.[24] Die Aufschaltung muss durch ein **akustisches Signal angezeigt** und **ausdrücklich mitgeteilt** werden. Dies ist erforderlich, um den Gesprächsteilnehmern die Möglichkeit zu geben zu entscheiden, ob sie das Gespräch unter den nunmehr gegebenen Bedingungen fortsetzen wollen. Um einen möglichst effektiven Schutz der Betroffenen zu erreichen, muss der Hinweis vor der Aufschaltung erfolgen.[25] Die Lautstärke des akustischen Signals und des Hinweises selbst muss so gestaltet sein, dass das Aufschalten nicht unbemerkt bleiben kann. Es muss folglich technisch ausgeschlossen sein, dass der Betroffene die Lautstärke solcher Hinweise beeinflussen kann.[26] **12**

Die Aufschaltung muss **betrieblich erforderlich** sein. Während § 89 Abs. 3 S. 4 TKG a. F. noch forderte, dass Erhebung und Verwendung von Nachrichteninhalten im Einzelfall unerlässlich sind, lässt § 100 Abs. 2 S. 1 eine generelle betriebliche Notwendigkeit genügen. Die Intensität dieses Eingriffes in das Fernmeldegeheimnis ist freilich annähernd gleich mit der des Eingriffes nach § 100 Abs. 4. Schon dies legt es nahe, die betriebliche Erforderlichkeit einschränkend zu verstehen. Schließlich sprechen auch die in RdNr. 8 genannten Gründe dafür, in der Regel einen einzelfallbezogenen Anlass zu fordern. **13**

3. Missbrauchsbekämpfung Abs. 3. – § 100 Abs. 3 regelt die Datenverarbeitung zur Missbrauchsbekämpfung. Satz 1 regelt die Datenverarbeitung bei konkret vorliegenden Anhaltspunkten für einen Missbrauch. Sätze 2 bis 4 normieren das Verfahren für die Ermittlung der konkreten Anhaltspunkte und ermöglichen es dem Diensteanbieter, in den ihm vorliegenden Verkehrsdaten nach Anhaltspunkten für Missbräuche zu suchen. Ist belästigenden oder bedrohenden Anrufen zu begegnen, dann geht § 101 vor.[27] **14**

a) Allgemeines (Satz 1). – Voraussetzung für die Erhebung und Verwendung von Verkehrs- und Bestandsdaten sind **tatsächliche Anhaltspunkte** für eine **rechtswidrige Inan-** **15**

---

20 BfD-Info 5, S. 50; *Scheurle/Mayen/Löwnau-Iqbal*, § 89 RdNr. 28; *Manssen/Gramlich*, § 89 RdNr. 121.

21 BT-Drs. 15/2316, S. 90.

22 *Manssen/Gramlich*, § 89 RdNr. 121.

23 So auch *Manssen/Gramlich*, § 89 RdNr. 121.

24 So *Manssen/Gramlich*, § 89 RdNr. 121; *Trute/Spoerr/Bosch*, § 89 TKG RdNr. 50; a. A. BfD-Info 5, S. 50.

25 So *Manssen/Gramlich*, § 89 RdNr. 122; *Trute/Spoerr/Bosch*, § 89 TKG RdNr. 49; a. A. BfD-Info 5, S. 50.

26 BfD-Info 5, S. 51.

27 BeckTKG-Komm/*Büchner*, § 89 RdNr. 28; missverständlich *Wissmann/Meister/Schmitz*, Kap. 15 RdNr. 39.

spruchnahme von Telekommunikationsnetzen und -diensten. Die Leistungserschleichung ist dabei ausweislich des Wortlauts lediglich ein Unterfall der rechtswidrigen Inanspruchnahme.[28] Tatsächliche Anhaltspunkte können technischer Natur sein, müssen es aber nicht. Auch ein anonymer Hinweis kann einen tatsächlichen Anhaltspunkt darstellen.[29]

16   Es ist dagegen nicht erforderlich, dass tatsächlich eine rechtswidrige Inanspruchnahme stattgefunden hat oder stattfinden sollte. Der bloße, **auf Tatsachen beruhende Anfangsverdacht** ist ausreichend.[30] Genauso ist für die Ex-ante-Beurteilung nicht entscheidend, ob die Inanspruchnahme des Telekommunikationsnetzes oder -dienstes rechtswidrig oder rechtmäßig war. Bewegt sich aber die Inanspruchnahme des Telekommunikationsnetzes oder -dienstes im Rahmen des vertraglich Vereinbarten und ist sie daher offensichtlich rechtmäßig, so rechtfertigt dies keine Maßnahmen nach § 100 Abs. 3. [31]

17   § 100 Abs. 3 verlangt, dass die Anhaltspunkte für eine rechtswidrige Inanspruchnahme **dokumentiert** werden. Dies dient in erster Linie der Kontrolle durch die in Satz 5 genannten Aufsichtsbehörden. War im alten TKG noch Schriftform erforderlich, ist jetzt jede Form der Speicherung ausreichend. Die Dokumentationspflicht soll einer leichtfertigen Bejahung der Tatbestandsvoraussetzungen vorbeugen. Nicht zuletzt dient sie auch dem Schutz der Mitarbeiter von Unternehmen, die eine Datenerhebung und -verwendung anordnen.[32]

18   **Aufdecken** beinhaltet nicht nur die Feststellung des missbräuchlichen Verhaltens selbst, sondern auch die Klärung der Tatbeiligten.[33] Das **Unterbinden** der rechtswidrigen Inanspruchnahme kann zum einen durch technische Anpassungen des Diensteanbieters geschehen, wenn der Täter einen Fehler einer technischen Anlage ausgenutzt hat. Zum anderen darf der Diensteanbieter den Anschluss des Täters sperren. Der Anschluss kann hier gesperrt werden, ohne dass dies zuvor anzudrohen oder die Frist nach § 45 k Abs. 5 S. 2 TKG-E 2005 zu wahren ist. Denn regelmäßig liegt hier ein besonderer Sperrungsgrund vor: Gefährdung von Einrichtungen (§ 11 Abs. 6 FTEG), Rechtfertigung einer fristlosen Kündigung wegen des Verhaltens des Kunden (§ 45 k Abs. 3 TKG-E 2005) oder ein erheblicher Anstieg des Entgeltaufkommens (§ 45 k Abs. 4 TKG-E 2005). Der Anbieter kann aber auch Dritte, z. B. **Strafverfolgungsbehörden** einschalten, um den Missbrauch zu unterbinden. Hierbei ist jedoch das Fernmeldegeheimnis zu beachten. Die Weitergabe von Verkehrdaten an Dritte ist nur in den Grenzen des § 88 Abs. 3 S. 3 zulässig, da es sich bei ihnen um Umstände des Fernmeldegeheimnisses handelt.[34]

19   **b) Rasterauswertung (Satz 2–4).** – Um rechtswidrige Inanspruchnahmen von Telekommunikationsnetzen aufzudecken, darf der Diensteanbieter die erhobenen Verkehrsdaten in der Weise verwenden, dass aus dem **Gesamtbestand aller Verkehrsdaten** die Daten derjenigen Verbindungen des Netzes ermittelt werden, für die tatsächliche Anhaltspunkte einen entsprechenden Verdacht begründen.[35] Durch Einsatz geeigneter Software kann der

---

28 So *Wiechert/Schmidt/Königshofen/Königshofen/Hansen-Oest*, § 9 TDSV RdNr. 16.

29 So *Hoeren*, Recht der Access-Provider, RdNr. 58; *Wiechert/Schmidt/Königshofen/Königshofen/Hansen-Oest*, § 9 TDSV RdNr. 16.

30 *Wiechert/Schmidt/Königshofen/Königshofen/Hansen-Oest*, § 9 TDSV RdNr. 17; unklar: *Wissmann/Meister/Schmitz*, Kap. 15 RdNr. 40: nicht nur vager Verdacht; zu eng und nicht vom Wortlaut gefordert: BeckTKG-Komm/*Büchner*, § 89 RdNr. 28: dringender Tatverdacht.

31 *Wiechert/Schmidt/Königshofen/Königshofen/Hansen-Oest*, § 9 TDSV RdNr. 17 ff.

32 *Wiechert/Schmidt/Königshofen/Königshofen/Hansen-Oest*, § 9 TDSV RdNr. 20.

33 *Wiechert/Schmidt/Königshofen/Königshofen/Hansen-Oest*, § 9 TDSV RdNr. 22.

34 Vgl. § 88 RdNr. 14 ff., 28 ff.; § 96 RdNr. 1.

Diensteanbieter auf diesem Wege effektiv nach verdächtigen Verbindungen suchen, z.B. das Schalten von 24 h-Dauerverbindungen zu Mehrwertdiensten, eine extensive Nutzung von neu eingerichteten Anschlüssen für Anrufe ins Ausland (Telefonstubenfälle[36]) oder gleichartige Verbindungsversuche zu einem bestimmten Anschluss über einen längeren Zeitraum. Im Bereich der Datenkommunikation auf IP-Basis können auch so genannte „Port-Scans" Anhaltspunkte für eine rechtswidrige Inanspruchnahme darstellen. „Port-Scans" sind systematische Suchroutinen nach Netzwerk-Diensten, die auf einem Computersystem angeboten werden. Sie dienen i.d.R. der Vorbereitung von Angriffen unter Ausnutzung von Sicherheitslücken.

Die Vorschrift statuiert **keine Pflicht und kein Recht**, Verkehrsdaten entgegen dem Willen **20** des Kunden, der z.B. sein Wahlrecht nach § 97 Abs. 4 Nr. 2 ausgeübt hat, zu erheben oder zu speichern.[37] Die Vorschrift regelt lediglich, dass die ohnehin für Abrechnungszwecke erhobenen Verkehrsdaten auch zur Missbrauchsbekämpfung genutzt werden dürfen (vgl. § 96 Abs. 2). Die Erhebung und Verwendung anderer als der in § 96 aufgeführten Verkehrsdaten zur Missbrauchsbekämpfung ist unzulässig.

Der Diensteanbieter darf lediglich Verkehrsdaten nutzen, die nicht älter als **sechs Monate** **21** sind. Unklar ist, wann diese Frist zu laufen beginnt. Abzustellen ist auf den **Tag, an dem die Rechnung versendet** wurde. Dies ergibt die historische Auslegung. Der Regierungsentwurf sah vor, den § 9 TDSV in das Gesetz zu übernehmen.[38] Dabei verwies er auf den § 7 Abs. 3 TDSV 2000. Dieser setzt den Lauf der Frist zur Löschung von Verbindungsdaten mit dem Tag des Versandes der Rechung in Gang (vgl. jetzt § 97 Abs. 3 S. 3). Mithin ist auch im Rahmen von § 100 Abs. 3 hierauf abzustellen.[39]

Der Diensteanbieter darf aus den nach Satz 1 erhobenen **Verkehrsdaten** und den **Be-** **22** **standsdaten** seiner Teilnehmer einen **Gesamtdatenbestand** bilden. Dieser darf aber lediglich in pseudonymisierter Form gebildet werden. Dabei sollten Pseudonyme genutzt werden, die die Zuordnung zur Person ohne die Zuordnungsregel ermöglichen[40], z.B. die Telefonnummer.[41] Der Diensteanbieter erhält dadurch Aufschluss über die von den einzelnen Teilnehmern erzielten Umsätze und kann unter Zugrundelegung geeigneter Missbrauchskriterien, also nicht wahllos, Verbindungen im Netz auffinden, bei denen der Verdacht einer Leistungserschleichung besteht. Für die Missbrauchsbekämpfung nicht benötigte Daten sind zu löschen.

c) Information der Datenschutzbehörden (Satz 5). – § 100 Abs. 3 S. 5 verpflichtet den **23** Diensteanbieter bei der Einführung und Änderung eines Verfahrens nach Satz 1, die **RegTP** und den **Bundesbeauftragten für Datenschutz** in **Kenntnis** zu setzen. Die genannten Behörden sind somit nicht in jedem Einzelfall, sondern nur bei Einführung und Änderung des Verfahrens zu informieren. Dies hat unverzüglich zu geschehen. Dem Bundesdatenschutzbeauftragten soll damit die Gelegenheit gegeben werden, das Verfahren zu

---

35 Bedenken gegen eine solche Datenverarbeitung schon im Vorfeld eines Verdachtes: *Schaar*, DuD 1997, 17, 21.
36 Vgl. BGH, NStZ 2002, 482.
37 *Wiechert/Schmidt/Königshofen/Königshofen/Hansen-Oest*, § 9 TDSV RdNr. 29.
38 BT-Drs. 15/2316, S. 90.
39 *Wiechert/Schmidt/Königshofen/Königshofen/Hansen-Oest*, § 9 TDSV RdNr. 28.
40 BT-Drs. 15/2316, S. 90.
41 *Wiechert/Schmidt/Königshofen/Königshofen/Hansen-Oest*, § 9 TDSV RdNr. 31.

beanstanden, der RegTP ermöglicht werden, gegen die getroffenen Maßnahmen nach § 115 einzuschreiten. Beides soll eine rechtsmäßige Vorgehensweise der Diensteanbieter sicherstellen. Wegen der fehlenden Individualität des Verfahrens ist der Betroffene erst dann zu informieren, wenn sich der Verdacht erhärtet hat und durch die Information keine Zweckvereitelung, z. B. keine Vernichtung von Beweisen, zu befürchten ist.[42]

24 **4. Verarbeitung von Steuersignalen zur Missbrauchsbekämpfung (Abs. 4). –** § 100 Abs. 4 S. 2 enthält den Grundsatz, dass Nachrichteninhalte auch zur Missbrauchsbekämpfung weder aufgezeichnet noch anderweitig genutzt werden dürfen. Dies gilt auch im Falle der wettbewerbsrechtlichen Missbrauchsbekämpfung selbst dann, wenn eine Aufzeichnung ultima ratio wäre.[43] Von diesem Grundsatz macht S. 1 eine bedeutsame Ausnahme für Steuersignale.

25 Die rechtmäßige Inanspruchnahme eines Telekommunikationsnetzes und seiner Einrichtungen sowie von Telekommunikationsdienstleistungen kann vom berechtigten Nutzer unter anderem durch die Eingabe von Zahlenkombinationen gesteuert werden, die im ISDN auf dem Daten- oder dem Sprachkanal in Form von Mehrfrequenztönen[44] übertragen werden.[45] So lassen sich teilweise moderne Telekommunikationsanlagen, z. B. Nebenstellenanlagen, mittels solcher **Steuersignale** über das Telefonnetz programmieren. Darüber hinaus besteht die Möglichkeit, sich in Unternehmensnetzwerke über öffentliche Telekommunikationsnetze einzuwählen. Häufig versuchen Nichtberechtigte („Hacker") durch Ausprobieren von Steuersignalen oder Login-Prozeduren in solche von außen erreichbare Systeme einzudringen.[46] So eröffnet die Umprogrammierung einer an das öffentliche Telefonnetz angeschlossenen Nebenstellenanlage die Möglichkeit, diese als Vermittlungssystem für teure Auslandstelefonate zu nutzen. Dabei können beim Anschlussinhaber erhebliche Gebührenforderungen auflaufen.[47] Es kann daher im Einzelfall unerlässlich sein, die Nachrichteninhalte auf den Nutzerkanälen maschinell nach denjenigen Steuerungssignalen auszuwerten, die auf eine manipulative Nutzung hinweisen.[48]

26 Bei Steuersignalen handelt es sich um **Nachrichteninhalte**.[49] Diese Signale stellen eine Kommunikation zwischen einem Nutzer und einer an das Telekommunikationsnetz angeschlossenen technischen Einrichtung dar. Dementsprechend sieht sie § 100 Abs. 4 als Nachrichteninhalte an. Die Aufzeichnung der Steuersignale nach S. 1 ist somit gerade nicht lediglich ein maschinelles „Abtasten" elektronisch übermittelter Kommunikation, ohne dass dabei der Nachrichteninhalt zur Kenntnis genommen wird.[50] Sie ist vielmehr selbst eine Aufzeichnung von Nachrichteninhalten.

---

42 *Wiechert/Schmidt/Königshofen/Königshofen/Hansen-Oest*, § 9 TDSV RdNr. 34.

43 OLG Stuttgart, NJW-RR 2003, 1273.

44 Vgl. *Schadow*, RDV 1997, 51, 56.

45 Vgl. BT-Drs. 13/4864, S. 83.

46 BT-Drs. 13/4864, S. 83; *Wiechert/Schmidt/Königshofen/Königshofen/Hansen-Oest*, § 9 TDSV RdNr. 36.

47 Vgl. LG Hof, MMR 2003, 413 f.

48 BT-Drs. 13/4864, S. 83; *Wiechert/Schmidt/Königshofen/Königshofen/Hansen-Oest*, § 9 TDSV RdNr. 36.

49 *Wiechert/Schmidt/Königshofen/Königshofen/Hansen-Oest*, § 9 TDSV 35; *Manssen/Gramlich*, § 89 RdNr. 117; a. A. *Trute/Spoerr/Bosch*, § 89 RdNr. 41.

50 So aber BfD-Info 5, S. 51.

Steuersignale dürfen von jedem **Diensteanbieter** erhoben und verwendet werden, soweit **27** dies zur Missbrauchsbekämpfung unerlässlich ist. Im Gegensatz zur Vorgängervorschrift[51] ist damit klargestellt, dass nicht nur die Betreiber von Telekommunikationsnetzen, sondern nach § 3 Nr. 6 jeder, der ganz oder teilweise Telekommunikationsdienstleiste erbringt oder daran mitwirkt, zur Aufzeichnung solcher Daten berechtigt ist, soweit er dazu technisch in der Lage ist.

Aus Gründen der **Verhältnismäßigkeit** dürfen die Maßnahmen nach Abs. 4 nicht flächen- **28** deckend, sondern lediglich im **Einzelfall** und nur dann durchgeführt werden, wenn dies **unerlässlich** ist. Beim Betroffenen müssen somit **konkrete, tatsächliche Anhaltspunkte** für Leistungserschleichungen oder sonstige rechtswidrige Inanspruchnahmen (Abs. 3 S. 1) vorliegen. Ferner müssen die vermuteten Handlungen gerade durch die Verwendung von Steuersignalen begangen worden sein. Schließlich darf eine erfolgreiche Missbrauchsbe- kämpfung auf anderem Wege nicht möglich sein.

Eine **Übermittlung der aufgezeichneten Steuersignale an Dritte**, z .B. an staatliche Stel- **29** len zum Zwecke der Strafverfolgung, ist eingeschränkt zulässig. Zwar sieht Abs. 4 eine ausdrückliche Weitergabe nicht vor. Gleichwohl gestattet er aber jede Verwendung von Da- ten, soweit sie zur Missbrauchsbekämpfung erforderlich ist. Auch das Weitergeben an Drit- te stellt ein Verwenden dar (vgl. § 3 Abs. 4 u. 5 BDSG).[52] Soweit dabei Daten weitergege- ben werden, die Inhalt und Umstände des Fernmeldegeheimnisses umfassen, ist freilich § 88 Abs. 3 S. 3 zu beachten.[53]

Werden Steuersignale im Rahmen von § 100 Abs. 4 S. 1 erhoben und verwendet, so ist die **30** **RegTP** davon in Kenntnis zu setzen. Dabei regelt die Vorschrift aber nicht, wann und wie die Information zu erfolgen hat. Die Informationspflicht hat jedoch nur dann einen Sinn, wenn die Unterrichtung der RegTP ermöglicht, nach § 115 einzuschreiten. Steht ein Ein- griff in das Fernmeldegeheimnis im Raum[54], ist die RegTP sogar gemäß Art. 1 Abs. 3, Art. 20 Abs. 3 GG verpflichtet einzuschreiten. Ihre Befugnisse kann sie nur dann wirksam ausüben, wenn sie **vor Durchführung** der Maßnahme informiert wird.[55]

Der **Betroffene** selbst ist erst von einer Maßnahme nach Abs. 4 zu benachrichtigen, sobald **31** dies ohne Gefährdung des Zwecks der Maßnahme möglich ist.[56] Dies soll dem Betroffenen die Möglichkeit eines effektiven, nachträglichen Rechtsschutzes eröffnen.[57]

---

51 Dazu *Manssen/Gramlich*, § 89 RdNr. 117.
52 So auch *Wiechert/Schmidt/Königshofen/Königshofen/Hansen-Oest*, § 9 TDSV RdNr. 37.
53 So auch *Wiechert/Schmidt/Königshofen/Königshofen/Hansen-Oest*, § 9 TDSV RdNr. 38; vgl. w. § 88 RdNr. 14 ff., 28 ff.
54 *Manssen/Gramlich*, § 89 RdNr. 118.
55 Vgl. *Manssen/Gramlich*, § 89 RdNr. 118.
56 *Manssen/Gramlich*, § 89 RdNr. 76.
57 Dazu BVerfGE 30, 1, 31 f. = JZ 1971, 171 m. Anm. *Häberle*, JZ 1971, 145.

§ 101 Mitteilen ankommender Verbindungen

(1) Trägt ein Teilnehmer in einem zu dokumentierenden Verfahren schlüssig vor, dass bei seinem Anschluss bedrohende oder belästigende Anrufe ankommen, hat der Diensteanbieter auf schriftlichen Antrag auch netzübergreifend Auskunft über die Inhaber der Anschlüsse zu erteilen, von denen die Anrufe ausgehen. Die Auskunft darf sich nur auf Anrufe beziehen, die nach Stellung des Antrags durchgeführt werden. Der Diensteanbieter darf die Rufnummern, Namen und Anschriften der Inhaber dieser Anschlüsse sowie Datum und Uhrzeit des Beginns der Verbindungen und der Verbindungsversuche erheben und verwenden sowie diese Daten seinem Teilnehmer mitteilen. Die Sätze 1 bis 3 gelten nicht für Diensteanbieter, die ihre Dienste nur den Teilnehmern geschlossener Benutzergruppen anbieten.

(2) Die Bekanntgabe nach Abs. 1 Satz 3 darf nur erfolgen, wenn der Teilnehmer zuvor die Verbindungen nach Datum, Uhrzeit oder anderen geeigneten Kriterien eingrenzt, soweit ein Missbrauch dieses Verfahrens nicht auf andere Weise ausgeschlossen werden kann.

(3) Im Fall einer netzübergreifenden Auskunft sind die an der Verbindung mitwirkenden anderen Diensteanbieter verpflichtet, dem Diensteanbieter des bedrohten oder belästigten Teilnehmers die erforderlichen Auskünfte zu erteilen, sofern sie über diese Daten verfügen.

(4) Der Inhaber des Anschlusses, von dem die festgestellten Verbindungen ausgegangen sind, ist zu unterrichten, dass über diese Auskunft erteilt wurde. Davon kann abgesehen werden, wenn der Antragsteller schriftlich schlüssig vorgetragen hat, dass ihm aus dieser Mitteilung wesentliche Nachteile entstehen können, und diese Nachteile bei Abwägung mit den schutzwürdigen Interessen der Anrufenden als wesentlich schwerwiegender erscheinen. Erhält der Teilnehmer, von dessen Anschluss die als bedrohend oder belästigend bezeichneten Anrufe ausgegangen sind, auf andere Weise Kenntnis von der Auskunftserteilung, so ist er auf Verlangen über die Auskunftserteilung zu unterrichten.

(5) Die Regulierungsbehörde sowie der oder die Bundesbeauftragte für den Datenschutz sind über die Einführung und Änderung des Verfahrens zur Sicherstellung der Absätze 1 bis 4 unverzüglich in Kenntnis, zu setzen.

Schrifttum: *Gilles*, Recht und Praxis des Telemarketing: Werbung und Vertrieb unter Verwendung teletechnischer Kommunikationsmittel und ihre Schranken im Privat- und insbesondere im Wettbewerbsrecht, NJW 1988, 2424; *Schatzschneider*, Telefondatenverarbeitung und Fernmeldegeheimnis (Anmerkung zu BVerfG, B. v. 25. 3. 1992 – 1 BvR 1430/88), NJW 1993, 2029. Vgl. w. die Literaturangaben zu § 91.

Übersicht

Klesczewski

1709

I. Normzweck

1   Die Vorschrift dient dem Schutz des Teilnehmers vor bedrohenden oder belästigenden Anrufen. Sie ermöglicht es ihm festzustellen, von welchem Anschluss aus er angerufen wurde. Hierdurch wird er in den Stand versetzt, gegen den Inhaber des Anschlusses zivilrechtlich wegen einer Verletzung des allgemeinen Persönlichkeitsrecht[1] und ggf. des Rechts auf körperliche Unversehrtheit[2] nach §§ 823 I, II, 1004 BGB vorzugehen. Würde man den Teilnehmern die Möglichkeit verweigern, den Urheber anonymer, bedrohender oder belästigender Anrufe über den Weg der Auskunft beim Diensteanbieter zu ermitteln, so wären sie weitgehend schutzlos gestellt. Das wäre verfassungsrechtlich nicht hinzunehmen.[3]

II. Entstehungsgeschichte

2   Vorschriften zu Fangschaltungen gab es schon länger, nur war ihre gesetzliche Ermächtigung fragwürdig. Die aufgrund von § 14 Postverwaltungsgesetz ergangene und bis 1988 geltende Fernmeldeordnung sah in ihrem § 38 III Fangschaltungen zur Identifizierung anonymer Anrufer vor. Sie wurde von § 84 I Nr. 6.1 und 6.2 TKO abgelöst, der bis 1991 galt. Sodann wurde mit § 8 TELEKOM-Datenschutzverordnung eine detaillierte Regelung für Fangschaltungen erlassen. Nach dem BVerfG ermangelte es aber an einer gesetzlichen Ermächtigungsgrundlage.[4] Das BVerfG sah zwar eine Gesprächsbeobachtung zur Abwehr belästigender oder bedrohender, anonymer Anrufe als verfassungsrechtlich zulässig an, hielt aber verfassungsrechtlich eine Regelung für geboten, die einen Ausgleich zwischen den betroffenen Grundrechten und einer angemessene Missbrauchssicherung herstellte.[5] Erst die Regelungen der TDSV 1996 konnten sich mit § 10 Abs. 2 Nr. 3 PTRegG[6] auf eine verfassungskonforme Grundlage stützen. Das TKG a. F. enthielt in § 89 Abs. 2 Nr. 3 lit b) eine gesetzliche Regelung für Fangschaltungen. Der auf Grundlage der Verordnungsermächtigung des § 89 TKG ergangene § 10 TDSV 2000 wurde weitgehend unverändert in § 101 übernommen.

III. Einzelheiten

3   **1. Bedrohende und belästigende Anrufe. –** Die Vorschrift ist nur auf **Anrufe** anwendbar. Nach § 3 Nr. 1 versteht das Gesetz darunter nur eine über einen öffentlich zugänglichen Telefondienst aufgebaute Verbindung, die eine zweiseitige Echtzeitkommunikation ermöglicht. SMS und E-Mail sind damit gewiss nicht angesprochen. Die Gesetzesbegründung sieht aber Faxe als erfasst an.[7] Dieser Wille hat im Wortlaut keinen Ausdruck gefunden. Zwar besteht bei Faxsendungen wegen der Nutzung desselben Übertragungsweges eine besondere Nähe zur klassischen Sprachtelefonie. Gleichwohl handelt es sich dabei fraglos nicht um zweiseitige Echtzeitkommunikation, worauf die Legaldefinition den Begriff

---

1   BGH, NJW 1985, 809.
2   BVerfGE 85, 386, 399 = NJW 1992,1875.
3   BVerfGE 85, 386, 399.
4   BVerfGE 85, 386, 399; dazu auch *Schatzschneider,* NJW 1993, 2029.
5   BVerfGE 85, 386, 399.
6   BGBl. 1994 I, S. 2374.
7   Vgl. BT-Drs. 15/2316, S. 90; *Wiechert/Schmidt/Königshofen/Königshofen/Hansen-Oest,* § 10 TDSV RdNr. 1.

des Anrufes begrenzt. Zwar können die genannten verkörperten Nachrichten, namentlich wenn sie massenhaft zugesandt werden, ebenfalls Belästigungen nach sich ziehen. Dennoch fehlt es an der persönlichen Konfrontation mit dem Anrufer, die eine zusätzliche gefühlsmäßige Belastung mit sich bringt. Nach dem BVerfG setzen Fangschaltungen eine eindeutige gesetzliche Grundlage voraus. Das verbietet es, die klare Wortlautgrenze der Legaldefinition zu überschreiten. Nicht zuletzt hat das BVerfG ohne gesetzliche Grundlage übergangsweise nur Gesprächsbeobachtungen zugelassen.

Ankommende Anrufe sind nicht nur Ferngespräche, die der Teilnehmer entgegengenom- 4 men hat. Vielmehr sind darunter auch Anrufe zu verstehen, bei denen der Störer ggf. sogar mutwillig die Verbindung beendet, bevor der Teilnehmer den Anruf entgegennehmen kann. Auch solche belästigenden Anrufe können, besonders wenn sie des Nachts erfolgen, gesundheitsschädliche Wirkungen entfalten.[8]

Nach *Königshofen* soll ein **einzelner Anruf** ausreichend sein, um die Rechtsfolgen von 5 § 101 auszulösen, wenn der Angerufene schlüssig vorträgt, dass weitere Anrufe zu **erwarten** seien.[9] Dem ist nicht zu folgen. Zwar kann schon ein einziges Ferngespräch einen schwerwiegenden Angriff auf das allgemeine Persönlichkeitsrecht enthalten. Doch dient die Fangschaltung primär zur Vorbeugung weiterer Anrufe, wie sich aus Abs. 1 S. 2 ergibt. Den Tatbestand der Wiederholungsgefahr hat der Gesetzgeber typisiert, indem er eine Mehrzahl von Anrufen dargelegt wissen will.

Das Gesetz definiert nicht, worin das Bedrohende oder Belästigende eines Anrufes zu er- 6 blicken ist. Diese Frage lässt sich unter Rückgriff auf entsprechende Bestimmungen des Strafrechts klären. **Bedrohung** ist das Inaussichtstellen eines empfindlichen Übels, auf dessen Eintritt der Erklärende Einfluss zu haben vorgibt.[10] **Belästigung** ist das Hervorrufen erheblicher negativer Gefühlsregungen bei einem anderen, z.B. von Ekel, Abscheu oder Schockwirkung.[11] Auch unerbetene Werbeanrufe **(cold calls)** fallen hierunter.[12]

2. Anspruch und Verfahren. – Der **Anspruch** des Teilnehmers auf Auskunft über die In- 7 haber der Anschlüsse, von denen bedrohende oder belästigende Anrufe ausgehen, besteht nur, wenn der Teilnehmer in einem zu **dokumentierenden Verfahren schlüssig**, d.h. logisch und vollständig **vorträgt**, Ziel bedrohender oder belästigender Anrufe zu sein. Glaubhaftmachung ist nicht erforderlich.[13] Gegenüber Anbietern von geschlossenen Benutzergruppen ist der Anspruch ausgeschlossen, § 101 Abs. 1 S. 4.

Der Diensteanbieter braucht den Antrag des Kunden nicht dahingehend zu **prüfen**, ob sich 8 aus dem vorgetragenen Sachverhalt eine Belästigung oder Bedrohung im Rechtssinne ergibt. Es ist ausreichend, dass der Teilnehmer in nicht vollkommen abwegiger Weise vorträgt, sich durch die Anrufe belästig zu fühlen.[14] Gleichfalls hat der Diensteanbieter nicht die Glaubwürdigkeit des Antragsstellers zu überprüfen.[15]

---

8 Dazu OLG Düsseldorf, NJW 2002, 2118; OLG Köln NJW 1997, 2191.
9 *Wiechert/Schmidt/Königshofen/Königshofen/Hansen-Oest*, § 10 TDSV RdNr. 8 ff.
10 BGHSt 31, 195, 201 = NJW 1983, 765; *Tröndle/Fischer*, § 240 RdNr. 31 m. w. N.
11 *Tröndle/Fischer*, § 183 RdNr. 6.
12 BGH, NJW 2000, 2677; 2002, 2038; vgl. w. *Gilles*, NJW 1988, 2424, 2426.
13 *Wiechert/Schmidt/Königshofen/Königshofen/Hansen-Oest*, § 10 TDSV RdNr. 6.
14 *Wiechert/Schmidt/Königshofen/Königshofen/Hansen-Oest*, § 10 TDSV RdNr. 17.
15 *Wiechert/Schmidt/Königshofen/Königshofen/Hansen-Oest*, § 10 TDSV RdNr. 6.

9 Der Antrag des Teilnehmers ist **schriftlich** zu stellen. Daraus folgt nicht die Pflicht, sämtliche Antragsgründe auch schriftlich darzutun. Diese sind dann aber zu dokumentieren.[16] Soweit der Teilnehmer nicht in der Lage ist, Antrag und Begründung schriftlich abzufassen, darf der Antrag nicht abgelehnt werden, sondern es muss dann ein schriftlicher Vermerk durch den Mitarbeiter, der den Antrag entgegennimmt, erstellt werden.[17]

10 Liegt ein zulässiger Antrag des Teilnehmers vor, darf der Diensteanbieter die Rufnummern, Namen und Anschriften der Inhaber dieser Anschlüsse sowie Datum und Uhrzeit des Beginns der Verbindungen und der Verbindungsversuche erheben und verwenden. Der Diensteanbieter darf diese Daten, inklusive der Rufnummer[18], seinem Teilnehmer mitteilen. Problematisch ist die Mitteilung der Rufnummer in den Fällen, in denen der Anrufer sich **nicht** hat in **ein Teilnehmerverzeichnis** eintragen lassen. Hierfür enthält § 101 Abs. 1 im Unterschied zu seiner Vorgängernorm keine ausdrückliche Regelung. Nach § 10 Abs. 2 TDSV 2000 war in diesem Falle die Rufnummer nicht mitzuteilen. Daran ist festzuhalten. § 101 Abs. 1 S. 3 verpflichtet nicht zur Mitteilung der Rufnummer, sondern eröffnet dem Diensteanbieter nur ein pflichtgemäßes Ermessen. Im Rahmen seiner Ausübung muss es auch weiterhin einen Unterschied ausmachen, ob jemand in einem Teilnehmerverzeichnis eingetragen ist oder nicht. Dies ergibt auch der systematische Zusammenhang zu den §§ 104 f. Nicht zuletzt liegt es nahe, dass die Streichung des ausdrücklichen Mitteilungsverbots auf einem Redaktionsversehen beruht. Der Referentenentwurf[19] hatte nämlich die Mitteilung der Rufnummer schlechthin untersagen wollen. Demgegenüber war der Regierungsentwurf zwar wieder zur alten Bestimmung des § 10 Abs. 1 S. 3 TDSV 2000 zurückgekehrt, die (für den Regelfall) die Mitteilung der Rufnummer vorsah. Gleichzeitig war es aber unterblieben, auch eine dem § 10 Abs. 2 TDSV 2000 entsprechende Bestimmung wieder vorzusehen.

11 Der Antragsteller hat vor der Bekanntgabe der Daten nach § 100 Abs. 2 die Verbindungen nach Datum, Uhrzeit oder anderen geeigneten Kriterien **einzugrenzen**, soweit ein Missbrauch dieses Verfahrens nicht auf andere Weise ausgeschlossen werden kann. Der Diensteanbieter ist verpflichtet, **netzübergreifend** Auskunft zu erteilen. Nach § 103 Abs. 3 umfasst dies auch die Pflicht aller an der Verbindung mitwirkenden anderen Diensteanbieter, dem Diensteanbieter des Antragstellers die erforderlichen Auskünfte zu erteilen. Dieser hat dann dem Antragsteller die übermittelten Auskünfte weiterzugeben.

12 Der Diensteanbieter ist berechtigt, dem Antragsteller die **Kosten** des Auskunftsverfahrens aufzuerlegen. Mangels gesetzlicher Kostenregelung bedarf dies vertraglicher Vereinbarung. War der Antrag begründet, können sie als Schadensersatzanspruch gegen den Anrufer geltend gemacht werden.[20]

13 **3. Mitteilung an den Betroffenen (Abs. 4).** – Nach § 100 Abs. 4 ist der Inhaber des Anschlusses, von dem die festgestellten Verbindungen ausgegangen sind, darüber zu informieren, dass Auskunft über ihn erteilt wurde. Diese Regelung dient nicht nur der informationellen Selbstbestimmung des Betroffenen, sondern auch der **Missbrauchsvermeidung**. So stellt sie in präventiver Hinsicht eine gewisse Schwelle gegen unberechtigte Auskunfts-

---

16 *Wiechert/Schmidt/Königshofen/Königshofen/Hansen-Oest*, § 10 TDSV RdNr. 18.
17 *Wiechert/Schmidt/Königshofen/Königshofen/Hansen-Oest*, § 10 TDSV RdNr. 18.
18 Anders noch der Referentenwurf zum TKG 2000 § 96 Abs. 1.
19 Vgl. den Referentenentwurf zum TKG 2000 § 96 Abs. 1.
20 *Wiechert/Schmidt/Königshofen/Königshofen/Hansen-Oest*, § 10 TDSV RdNr. 26.

verlangen dar. Ferner eröffnet dies dem von der Auskunft Betroffenen die Möglichkeit, zivil- und strafrechtlich gegen den bösgläubigen Antragsteller vorzugehen.

Von einer Mitteilung an den Betroffenen kann abgesehen werden, wenn der Antragsteller **14** schlüssig vorgetragen hat, dass ihm aus dieser Mitteilung wesentliche Nachteile entstehen können und diese Nachteile bei Abwägung mit den schutzwürdigen Interessen der Anrufenden als wesentlich schwerwiegender erscheinen. Erforderlich ist somit eine **Interessenabwägung im Einzelfall**. Dabei ist es nicht erforderlich, dass der Diensteanbieter eigene Ermittlungen bezüglich der Interessen des Anrufers anstellt. Sind sie ihm jedoch bekannt oder ergeben sie sich aus dem Vortrag des Antragsstellers, hat er sie zu berücksichtigen.[21] Der Vortrag des Antragsstellers muss schlüssig sein, d.h. es müssen bei Unterstellung eines wahrheitsgemäßen Vorbringens Gründe erkennbar sein, welche die Interessen des Anschlussinhabers wesentlich überwiegen. Der Vortrag des Antragsstellers muss schriftlich erfolgen.

Wenn der Anrufer auf **andere Weise Kenntnis** von der Auskunftserteilung erlangt, z.B. **15** unter Verletzung des Fernmeldegeheimnisses durch einen Mitarbeiter des Diensteanbieters oder durch den Antragsteller selbst, so ist er auf Verlangen über die Auskunftserteilung zu unterrichten. Zweck dieser Regelung ist es vor allem, dem Betroffenen Gelegenheit zu geben, eine für ihn **unzumutbare Gerüchtelage** zu klären.[22]

4. Mitteilung an die Datenschutzbehörden (Abs. 5). – Nach § 100 Abs. 5 sind die RegTP **16** sowie der oder die Bundesbeauftragte für den Datenschutz über Einführung und Änderung des Verfahrens zur Sicherstellung der Absätze 1 bis 4 unverzüglich in Kenntnis zu setzen. Dies betrifft in erster Linie Informationen administrativer (z.B. Formblattgestaltung), organisatorischer (z.B. Antragsbearbeitung) und technischer (z.B. Verfahren der Verbindungsdatenerfassung) Art.[23] Die genannten Behörden sind daraufhin verpflichtet, die Einhaltung von § 101 zu überprüfen.[24]

---

21 *Wiechert/Schmidt/Königshofen/Königshofen/Hansen-Oest*, § 10 TDSV RdNr. 30.
22 *Wiechert/Schmidt/Königshofen/Königshofen/Hansen-Oest*, § 10 TDSV RdNr. 32.
23 *Wiechert/Schmidt/Königshofen/Königshofen/Hansen-Oest*, § 10 TDSV RdNr. 33.
24 *Wiechert/Schmidt/Königshofen/Königshofen/Hansen-Oest*, § 10 TDSV RdNr. 34.

§ 102 Rufnummernanzeige und -unterdrückung

(1) Bietet der Diensteanbieter die Anzeige der Rufnummer der Anrufenden an, so müssen Anrufende und Angerufene die Möglichkeit haben, die Rufnummernanzeige dauernd oder für jeden Anruf einzeln auf einfache Weise und unentgeltlich zu unterdrücken. Angerufene müssen die Möglichkeit haben, eingehende Anrufe, bei denen die Rufnummernanzeige durch den Anrufenden unterdrückt wurde, auf einfache Weise und unentgeltlich abzuweisen. Die S. 1 bis 3 gelten nicht für Diensteanbieter, die ihre Dienste nur den Teilnehmern geschlossener Benutzergruppen anbieten.

(2) Auf Antrag des Teilnehmers muss der Diensteanbieter Anschlüsse bereitstellen, bei denen die Übermittlung der Rufnummer des Anschlusses, von dem der Anruf ausgeht und an den angerufenen Anschluss unentgeltlich ausgeschlossen ist. Die Anschlüsse sind auf Antrag des Teilnehmers in dem öffentlichen Teilnehmerverzeichnis (§ 104) seines Diensteanbieters zu kennzeichnen. Ist eine Kennzeichnung nach Satz 2 erfolgt, so darf an den so gekennzeichneten Anschluss eine Übermittlung der Rufnummer des Anschlusses, von dem der Anruf ausgeht, erst dann erfolgen, wenn zuvor die Kennzeichnung in der aktualisierten Fassung des Teilnehmerverzeichnisses nicht mehr enthalten ist.

(3) Hat der Teilnehmer die Eintragung in das Teilnehmerverzeichnis nicht nach § 104 beantragt, unterbleibt die Anzeige seiner Rufnummer bei dem angerufenen Anschluss, es sei denn, dass der Teilnehmer die Übermittlung seiner Rufnummer ausdrücklich wünscht.

(4) Wird die Anzeige der Rufnummer von Angerufenen angeboten, so müssen Angerufene die Möglichkeit haben, die Anzeige ihrer Rufnummer beim Anrufenden auf einfache Weise und unentgeltlich zu unterdrücken. Abs. 1 Satz 3 gilt entsprechend.

(5) Die Absätze 1 und 4 gelten auch für Anrufe in das Ausland und für aus dem Ausland kommende Anrufe, soweit sie Anrufende oder Angerufene im Inland betreffen.

(6) Bei Verbindungen zu Anschlüssen mit der Rufnummer 112, den in der Rechtsverordnung nach § 108 Abs. 2 festgelegten Rufnummern oder der Rufnummer 124 124, hat der Diensteanbieter sicherzustellen, dass nicht im Einzelfall oder dauernd die Anzeige von Nrn. der Anrufenden ausgeschlossen wird.

Schrifttum: *Der Bundesbeauftragte für den Datenschutz*, BfD Info 5: Datenschutz in der Telekommunikation, 6. Aufl. 2004; *Schadow*, Die TDSV – Zielsetzung, Inhalt, Anwendung, 20. Datenschutzfachtagung am 30./31. 10. 1996, Leitthema: „Datenschutz nach 20 Jahren BDSG", RDV 1997, 51. Vgl. w. die Literaturangaben zu § 91.

Übersicht

I. Normzweck

1 Die Vorschrift regelt die **datenschutzrechtlichen Voraussetzungen für die Rufnummernübermittlung** in digitalen Netzen. Dieses Dienstmerkmal bietet dem Angerufenen nicht nur die Möglichkeit, schon vor Entgegennahme des Gespräches zu erkennen, von welchem Anschluss aus Kontakt zu ihm aufgenommen wird. Sie erweitert zudem seine negative Handlungsfreiheit[1] zu entscheiden, ob er überhaupt mit dem Anrufer sprechen möchte. Über geeignete Endgeräte lässt sich dieses Dienstmerkmal in vielerlei Hinsicht automatisiert einsetzen, so zur Bildung von Anrufergruppen, welche zu bestimmten Zeiten abgewiesen werden sollen, wie auch für unterschiedliche Rufnummernsignalisierungen. Die Rufnummeranzeige berührt aber auch datenschutzrechtliche Belange: Sie ermöglicht es dem Angerufenen, die Nrn. zu speichern, zu bestimmten Zwecken zu sortieren oder mit ihnen unter Zuhilfenahme elektronischer Kundenverzeichnissen eine Inverssuche durchzuführen.[2] Schließlich lässt sich der Anrufer anhand seiner Nr. regional zuordnen.

II. Entstehungsgeschichte und europarechtliche Grundlagen

2 Die Vorschrift entspricht bis auf einige begriffliche Anpassungen im Wesentlichen § 11 TDSV 2000. Dessen Vorgängernorm, § 9 TDSV 1996, diente dazu, Art. 8 der ISDN-Richtlinie 97/66/EG umzusetzen. Diese Richtlinie wurde durch die DRL abgelöst, deren Art. 8 detaillierte Vorgaben zur Rufnummeranzeige macht. Dessen Umsetzung dient § 102. Im Unterschied zu § 11 TDSV 2000 nimmt er Anbieter geschlossener Nutzergruppen aus.[3] Ferner beschränkt er die Verpflichtung, bei Notrufen die Rufnummernanzeige sicherzustellen, auf Anbieter öffentlich zugänglicher Telefondienste (vgl. § 108 Abs. 1 S. 1).

III. Einzelheiten

3 **1. Unterdrückung der Rufnummernanzeige (Abs. 1).** – Soweit der Diensteanbieter die Anzeige der Rufnummer des Anrufers anbietet, muss er dem **Anrufenden** und dem **Angerufenen** die Möglichkeit einräumen, die Rufnummer **permanent** oder **fallweise** für jeden

---

1 *Wiechert/Schmidt/Königshofen/Königshofen/Hansen-Oest*, § 11 TDSV RdNr. 1.
2 Vgl. dazu § 104 RdNr. 6; § 105 RdNr. 12 ff.
3 Zur Problematik des alten Rechts BfD-Info 5, S. 48.

Anruf auf einfache Weise und **unentgeltlich zu unterdrücken**.[4] Soweit Teilnehmer im Inland betroffen sind, gilt dies auch für Auslandsferngespräche, § 102 Abs. 5. Allgemein ausgenommen sind Anbieter für geschlossene Benutzergruppen, § 102 Abs. 1 S. 4.[5]

Der **Angerufene** muss die Möglichkeit haben, eingehende Anrufe, bei denen durch den **4** Anrufer die Rufnummernanzeige **unterdrückt** wurde, auf einfache Weise und **unentgeltlich abzuweisen**. Diese Möglichkeit ist z.B. bei der Abwehr von Werbefaxen unentbehrlich, die ohne Einverständnis oder ohne bestehende Geschäftsbeziehung unter Verstoß gegen § 7 Abs. 2 Nr. 3 UWG zugehen.[6] Deren Zusendung geschieht zumeist – in Kenntnis der einschlägigen Rechtsprechung – unter Verschleierung der wahren Identität des Absenders.[7] Nach dem systematischen Zusammenhang von Abs. 1 trifft den Diensteanbieter nur die Pflicht, die Anruferabweisung als **dauerhafte Option** kostenlos anzubieten. Zum einen ist dem Angerufenen die einzelfallbezogene Abweisung schon dadurch möglich, dass er den Anruf gar nicht annimmt.[8] Zum anderen ergibt sich dies aus den unterschiedlichen Formulierungen in S. 1 und S. 2. Der Kunde ist bei der Einrichtung einer solchen Anrufunterdrückung darauf hinzuweisen, dass auch Anrufer abgeblockt werden, bei denen die Rufnummer lediglich aufgrund technischer Umstände im Einzelfall nicht übermittelt wird.[9]

§ 102 Abs. 1 trifft keine Regelung darüber, welche **Grundeinstellung** der Anschluss haben **5** muss, d.h. ob die Rufnummernübermittlung als Vorgabe aktiviert oder nicht aktiviert ist.[10] Die Voreinstellung hängt vielmehr von der vertraglichen Vereinbarung zwischen Teilnehmer und Diensteanbieter ab.[11] Gleichfalls regelt der Absatz nicht detailliert, auf welchem technischen Wege (z.B. über das Endgerät oder einen Operator)[12] die Rufnummernunterdrückung zu realisieren ist. Da die Rufnummernunterdrückung aber so anzubieten ist, dass sie vom Teilnehmer auf einfache Weise genutzt werden kann, gebührt der endgerätegesteuerten Unterdrückung der Vorzug.[13]

Nach Art. 8 Abs. 6 DRL ist der Diensteanbieter **verpflichtet**, Teilnehmer und Nutzer über **6** die technischen Möglichkeiten des Netzes zu **informieren**, damit diese in der Lage sind, fachkundig die Funktionen auszuwählen, die sie zur Wahrung der Vertraulichkeit nutzen möchten. Bisher wurde § 27 Abs. 1 TKV als Grundlage für das Unterrichtungsgebot angesehen.[14] Nunmehr folgt die Unterrichtungspflicht aus § 45n Abs. 1 Nr. 7b und f. TKG-E 2005. Nach § 93 S. 2 ist der Diensteanbieter jedoch dazu verpflichtet, den Teilnehmer bei Vertragsabschluss über die unterschiedlichen Wahl- und Gestaltungsmöglichkeiten bezüglich der Erhebung und Verwendung von Daten in Kenntnis zu setzen. Wenngleich dem Gesetzgeber dabei nicht die Rufnummernunterdrückung vor Augen gestanden hat, so zwingt die richtlinienkonforme Auslegung zu einem derartigen Verständnis der Norm.

---

4 Das entspricht einer seit langem erhobenen Forderung des Bundesdatenschutzbeauftragten, s. *Schadow*, RDV 1997, 51 ff.

5 Vgl. BT-Drs. 15/2316, S. 90.

6 Zu deren Unzulässigkeit schon vor der UWG-Novelle: BGH NJW 1996, 660.

7 Vgl. diesbezüglich LG Frankfurt a. M. NJW-RR 2002, 1468.

8 *Wiechert/Schmidt/Königshofen/Königshofen/Hansen-Oest*, § 11 TDSV RdNr. 4.

9 Ibid.

10 Bei § 102 Abs. 3 ist dies anders, s. u. RdNr. 11.

11 *Wiechert/Schmidt/Königshofen/Königshofen/Hansen-Oest*, § 11 TDSV RdNr. 14.

12 Vgl. dazu *Wiechert/Schmidt/Königshofen/Königshofen/Hansen-Oest*, § 11 TDSV RdNr. 8 ff.

13 So schon *Wiechert/Schmidt/Königshofen/Königshofen/Hansen-Oest*, § 11 TDSV RdNr. 13.

14 *Manssen/Gramlich*, § 89 RdNr. 95.

7 **2. Anschlüsse ohne Rufnummernanzeige (Abs. 2).** – Nach § 102 Abs. 2 muss der Diensteanbieter auf Antrag des Teilnehmers Anschlüsse bereitstellen, bei denen die **Übermittlung der Rufnummer** des Anrufers an den angerufenen Anschluss **ausgeschlossen** ist, selbst wenn der Anrufer die Rufnummernübermittlung dauerhaft aktiviert hat. Sinn dessen ist es, ihm auch dort die Anonymität zu gewähren, wo deren Wahrung zum Angebot des angerufenen Anschlussinhabers zählt, wie z. B. bei Beratungsstellen der Kirchen, der Aids- oder Drogenberatungsstellen.[15] Dieses Leistungsmerkmal ist dem Anschlussinhaber unentgeltlich bereitzustellen. Soweit Teilnehmer im Inland betroffen sind, gilt dies auch für Auslandsferngespräche, § 102 Abs. 5.

8 Die Bereitstellung eines solchen Anschlusses setzt nach § 102 Abs. 2 S. 1 einen Antrag des Teilnehmers voraus. Der Antrag ist nicht gegenüber jedem Diensteanbieter zulässig. Adressat kann zum einen nur der Diensteanbieter sein, der gleichzeitig als Netzbetreiber selbst die Rufnummer vergibt, oder zum anderen der Diensteanbieter, der mit dem Netzbetreiber, an dessen Vermittlungsstelle der Kunde unmittelbar angeschlossen ist, zusammenarbeitet.[16] Die übrigen Diensteanbieter sind dagegen nicht dazu verpflichtet, dafür Sorge zu tragen, dass die Übermittlung unterbleibt.[17]

9 Auf Antrag des Teilnehmers sind in dem öffentlichen **Teilnehmerverzeichnis** (§ 104) seines Diensteanbieters solche Anschlüsse zu **kennzeichnen**, § 102 Abs. 2 S. 2. Zweck dieser Regelung ist es, Teilnehmern, die um die Möglichkeit der Rufnummernübermittlung wissen, Bedenken hinsichtlich der Einhaltung ihrer Anonymität zu nehmen. Die Rufnummer darf nach § 102 Abs. 2 S. 3 hier erst dann wieder übermittelt werden, wenn zuvor die Kennzeichnung in der **aktualisierten Fassung des Teilnehmerverzeichnisses des Diensteanbieters** nicht mehr enthalten ist. § 102 Abs. 2 enthält keine Regelung für den Fall, dass der Diensteanbieter kein Teilnehmerverzeichnis führt. In diesem Fall ist auf das neueste Verzeichnis der Deutschen Telekom AG abzustellen, das jährlich erscheint und alle Teilnehmerinformationen erfasst (vgl. § 78 Abs. 2 Nr. 2). Nach § 45 m TKG-E 2005 hat der Teilnehmer einen Anspruch, dass sein Diensteanbieter bestimmte Angaben in ein allgemein zugängliches Teilnehmerverzeichnis eintragen lässt. Dies wird derzeit dasjenige der Telekom sein. Zwar befasst sich § 45 m TKG-E 2005 ausdrücklich nur mit Rufnummer, Name und Anschrift. Dabei handelt es sich aber nur um Mindestangaben. Der Zweck der hier in Rede stehenden Anschlüsse besteht darin, anonyme Anrufe zu ermöglichen. Dies muss potenziellen Anrufern bekannt sein. Daher ist der Anspruch aus § 45 m TKG-E 2005 auch auf die entsprechende Kennzeichnung zu erstrecken.

10 Unter der aktualisierten Fassung ist die **Druckausgabe** der neuesten erschienen und allgemein zugänglichen Auflage zu verstehen.[18] Zwar bieten elektronische Verzeichnisse die Möglichkeit einer täglichen Aktualisierung. Doch lassen sich diese Versionen weder als neueste Fassung des jeweiligen Teilnehmerverzeichnisses verstehen, noch sind sie heutzutage schon als allgemein zugänglich anzusehen. Kommt es auf die gedruckte Ausgabe an, entsteht das Problem, dass der Anrufende auf ein nicht aktualisiertes Kundenverzeichnis zurückgreift. Um ihm in der Zwischenzeit auf die nunmehr aktivierte Rufnummernanzeige

---

15 BeckTKG-Komm/*Büchner*, Anhang zu § 89, § 9 TDSV RdNr. 2.
16 *Wiechert/Schmidt/Königshofen/Königshofen/Hansen-Oest*, § 11 TDSV RdNr. 16.
17 So wohl *Wiechert/Schmidt/Königshofen/Königshofen/Hansen-Oest*, § 11 TDSV RdNr. 18.
18 *Wiechert/Schmidt/Königshofen/Königshofen/Hansen-Oest*, § 11 TDSV RdNr. 19.

hinzuweisen, bietet es sich an, eine entsprechende Ansage dem Gespräch vorzuschalten.[19] Eine Verpflichtung des Diensteanbieters, eine solche Ansage einzurichten, besteht nach § 102 jedoch nicht.

3. Obligatorischer Ausschluss der Rufnummernübermittlung (Abs. 3). – § 104 S. 1 **11** räumt jedem Teilnehmer das Recht ein, in keinem Teilnehmerverzeichnis zu erscheinen. § 102 Abs. 3 sichert die damit gewählte Anonymität des Teilnehmers netzseitig ab: Wurde kein Antrag gestellt, in ein Teilnehmerverzeichnis aufgenommen zu werden, dann ist die Rufnummernanzeige grundsätzlich zu unterdrücken. Auf besonderen Wunsch des Teilnehmers kann freilich dennoch die Rufnummer übermittelt werden, ggf. durch Selbst-Aktivierung dieses Dienstmerkmales im Einzelfall. Soweit Teilnehmer im Inland betroffen sind, gilt dies auch für Auslandsferngespräche, § 102 Abs. 5.

4. Rufnummeranzeige des Angerufenen (Abs. 4). – Wenn im Fall des § 102 Abs. 4 S. 1 **12** die Anzeige der Rufnummer des Angerufenen angeboten wird, so muss der Angerufene gleichwohl die Möglichkeit haben, die Anzeige seiner Rufnummer beim Anrufer auf einfache Weise zu unterdrücken. Die Regelung betrifft vor allem die Fälle, in denen der Anruf über den angerufenen Anschluss zu einem dritten Anschluss weitergeleitet wird und der Anrufer die Nr. dieses Anschlusses nicht in Erfahrung bringen soll. Der Diensteanbieter muss diese Möglichkeit dem Teilnehmer **kostenlos** anbieten. Dieser Pflicht sind Anbieter für geschlossene Nutzergruppen enthoben, § 102 Abs. 4 S. 2. Soweit Teilnehmer im Inland betroffen sind, gilt dies auch für Auslandsferngespräche, § 102 Abs. 5.

5. Ausnahmeregelung für Notrufdienste (Abs. 6). – § 102 Abs. 6 schließt die Rufnum- **13** mernunterdrückung zugunsten von Notrufdiensten zwingend aus. Die Regelung soll eine schnelle Hilfeleistung ermöglichen und Missbräuchen (vgl. § 145 Abs. 1 StGB) vorbeugen.[20] Bei Anrufen zu diesen Einrichtungen, insbesondere unter der europaweit einheitlichen Rufnummer 112 (Art. 26 Abs. 3 URL), der in Mobilfunknetzen eingerichteten Seenotrufnummer 124 zum „Maritime Rescue Coordination Centre Bremen" und den in der Rechtsverordnung nach § 108 Abs. 2 festgelegten nationalen Rufnummern (z. B. der Polizeiruf 110) wird dadurch die Rufnummernübermittlung sichergestellt. Gemäß § 108 Abs. 1 S. 1 gilt die Verpflichtung nach Abs. 6 nur für öffentlich zugängliche Telefondienste.[21]

Aufgrund seiner Informationspflichten (s. o. RdNr. 6) hat der Diensteanbieter die Teilneh- **14** mer darauf hinzuweisen, dass Notrufnummern nicht anonym angerufen werden können.[22] Zwar kann dies dazu führen, dass in Zukunft die Zahl von Hinweisen an die Polizei sinken wird, bei denen der Informant anonym bleiben will.[23] Doch räumt der Gesetzgeber hier der Möglichkeit einer effektiven Notfallhilfe den Vorrang vor den Interessen der Verbrechensverhütung und Strafverfolgung ein, über die Polizeirufnummer 110 Hinweise zu bekommen. Anonyme Hinweise über andere Dienstanschlüsse schließt dies nicht aus.

---

19 Vgl. BeckTKG-Komm/*Büchner*, Anhang zu § 89, § 9 TDSV RdNr. 2.
20 Vgl. diesbezüglich auch § 108 Abs. 2 Nr. 3 f. und die aufgrund dieses Paragrafen erlassenen Rechtsverordnungen und technischen Richtlinien, näher: § 108 RdNr. 1, 10.
21 Vgl. BT-Drs. 15/2316, S. 90.
22 *Wiechert/Schmidt/Königshofen/Königshofen/Hansen-Oest*, § 11 TDSV RdNr. 27.
23 Ibid.

§ 103 Automatische Anrufweiterschaltung

Der Diensteanbieter ist verpflichtet, seinen Teilnehmern die Möglichkeit einzuräumen, eine von einem Dritten veranlasste automatische Weiterschaltung auf sein Endgerät auf einfache Weise und unentgeltlich abzustellen, soweit dies technisch möglich ist. Satz 1 gilt nicht für Diensteanbieter, die als Anbieter für geschlossene Benutzergruppen ihre Dienste nur ihren Teilnehmern anbieten.

Schrifttum: *Büttgen*, Ein langer Weg – Telekommunikations-Datenschutzverordnung endlich in Kraft getreten, RDV 2001, 6; *Koenig/Neumann*, Die neue Telekommunikations-Datenschutzverordnung, K&R 2000, 417; *Kubicek/Bach*, Neue TK-Datenschutzverordnungen, Fortschritt für den Datenschutz? CR 1991, 489. Vgl. w. die Literaturangaben zu § 91.

I. Normzweck, Entstehungsgeschichte und europarechtliche Grundlagen

§ 103 soll entsprechend der Vorgabe von Art. 11 DRL **den Teilnehmer vor Belästigungen** 1
durch eine automatische Weiterleitung von Anrufen auf seinen Anschluss schützen.[1] Sekundär dient sie auch dem Datenschutz. Sie will das Interesse des Anrufers, eine Kontaktaufnahme zu einem Dritten nicht offen legen zu müssen, mit dem Interesse des Weiterleitenden ausgleichen (z.B. zu Einbruchszwecken), nicht ausspioniert zu werden.[2] Noch § 9
Abs. 4 TDSV 1996 sah die Pflicht vor, dem Anrufer die Weiterleitung mitzuteilen.[3] Es
setzte sich freilich die Meinung durch, dass jeder Anrufer im Zuge der Digitalisierung der
Telekommunikationsnetze mit einer Weiterleitung rechnen müsse. Schon § 12 TDSV 2000
sah daher von einer derartigen Signalisierungspflicht ab, allzumal auch Art. 10 der RL 97/
66/EG keine diesbezügliche Vorgabe enthielt. Daran schließt § 103 an.

II. Einzelheiten

Voraussetzung ist, dass ein **Dritter ohne Wissen bzw. ohne Einverständnis des Teilneh-** 2
mers Anrufe auf dessen Anschluss über eine von ihm eingerichtete Weiterleitung **automatisch** auf das Endgerät des Teilnehmers weiterleiten lässt. Die Vorschrift ist nicht anwendbar, wenn der Teilnehmer über mehrere Anschlüsse und daher i.d.R. auch über mehrere
Endgeräte verfügt und Anrufe auf diese Endgeräte weiterleiten lässt. Dies gilt unabhängig
davon, ob die Anschlüsse sich physikalisch am selben Ort befinden.[4]

Der Teilnehmer muss die Möglichkeit haben, die Umleitung auf seinen Anschluss auf **ein-** 3
fache Weise abzustellen. Dies kann in der Vermittlungsstelle oder am Endgerät des Teilnehmers selbst geschehen. Voraussetzung dafür ist jedoch, dass die Vermittlungsstelle des
Dritten dessen Rufumleitung signalisiert, so dass netztechnisch oder durch das Endgerät
des Teilnehmers dieses Signal ausgewertet werden kann. Die Verpflichtung des Diensteanbieters ist daher auch an diese technische Möglichkeit gekoppelt.

---

1 Erwägungsgrund Nr. 37 DRL.
2 Vgl. *Kubicek/Bach*, CR 1991, 489, 495.
3 Zustimmend: *Koenig/Neumann*, K&R 2000, 417, 423 Fn. 84; krit. dagegen: *Büttgen*, RDV 2001, 6,
   11.
4 *Wiechert/Schmidt/Königshofen/Königshofen/Hansen-Oest*, § 12 TDSV RdNr. 3.

4 Der Diensteanbieter kann zu seiner Entlastung den Teilnehmer nicht darauf verweisen, zivilrechtlich gegen den umleitenden Dritten vorzugehen und zu diesem Zwecke Auskünfte nach § 101 zu verlangen.[5] § 101 befreit den Diensteanbieter nicht von seiner Verpflichtung. Das Gesetz räumt dem Teilnehmer nämlich das Recht ein, auf **einfache Weise** zu erreichen, dass die Weiterleitung abgestellt wird. Dem genügt der Verweis auf den Klageweg nicht.

5 Er kann ferner nicht darauf verweisen, er selber sei technisch nicht in der Lage, die Weiterleitung abzustellen. Zwar beschränkt § 103 die Pflichten des Diensteanbieters auf das technisch Mögliche. Es kommt aber nicht auf das subjektive Unvermögen, sondern auf den neuesten Stand der Technik an. Denn Art. 11 DRL verlangt schlechthin, dass Weiterleitungen abstellbar sein müssen. Des Weiteren überzeugt es nicht, das Abstellen der Weiterleitung unter schlichten Verweis auf die fehlenden **technischen Voraussetzungen** am Endgerät abzulehnen. Nach dem Erwägungsgrund Nr. 37 DRL stellt es auch eine Umsetzung der RL dar, den Teilnehmern ein Antragsrecht gegen den Diensteanbieter einzuräumen, die Umleitung netztechnisch abzustellen.

6 Anbieter für **geschlossene Benutzergruppen** sind ausgenommen, § 103 Abs. 2 S. 2.[6]

---

5 So aber *Wiechert/Schmidt/Königshofen/Königshofen/Hansen-Oest*, § 12 TDSV RdNr. 6 f.
6 Vgl. BT-Drs. 15/2316, S. 90.

§ 104 Teilnehmerverzeichnisse

Teilnehmer können mit ihrem Namen, ihrer Anschrift und zusätzlichen Angaben wie Beruf, Branche und Art des Anschlusses in öffentliche gedruckte oder elektronische Verzeichnisse eingetragen werden, soweit sie dies beantragen. Dabei können die Teilnehmer bestimmen, welche Angaben in den Verzeichnissen veröffentlicht werden sollen. Auf Verlangen des Teilnehmers dürfen Mitbenutzer eingetragen werden, soweit diese damit einverstanden sind.

Schrifttum: Der *Bundesbeauftragter für den Datenschutz*, BfD-Info 5: Datenschutz in der Telekommunikation, 6. Aufl. 2004, zit.: BfD-Info 5; *Schaar*, Datenschutz in der liberalisierten Telekommunikation, DuD 1997, 17. Vgl. w. Literaturangaben zu § 91.

Übersicht

I. Normzweck

Die Norm regelt den Inhalt von Teilnehmerverzeichnissen und den Umgang mit diesen. **1** Diese Verzeichnisse enthalten detaillierte Angaben zu Wohnsitz, Beruf, Art des Anschlusses usw. Ihre Veröffentlichung berührt das informationelle Selbstbestimmungsrecht der Teilnehmer.[1] Sie bedarf daher einer ausdrücklichen gesetzlichen Regelung.

II. Entstehungsgeschichte und europarechtliche Grundlagen

Bis 1991 kam es grundsätzlich zu Zwangseintragungen in das Telefonbuch. Auch § 10 **2** Abs. 1, 2 TDSV 1996 ging mit dem Grundsatz der Volleintragung davon aus, dass Diensteanbieter öffentliche Kundenverzeichnisse als Druckwerke oder in elektronischer Form erstellen und herausgeben dürfen. § 10 Abs. 3 TDSV 1996 räumte aber dem Kunden die Möglichkeit ein, der Eintragung gebührenfrei zu widersprechen. § 89 Abs. 8 TKG a. F. und § 13 Abs. 2 TDSV 2000 verstärkten die Rechte der Kunden. Nunmehr hing die Eintragung von einem Antrag des Kunden ab, in dem er auch den Umfang der einzutragenden personenbezogenen Daten festlegen konnte. Zudem konnte der Kunde wählen, ob die Eintragung in gedruckter oder elektronischer Form erscheinen sollte. Diese Möglichkeit hat § 104 S. 2 dem Kunden wieder entzogen (vgl. dazu RdNr. 8). Neu ist schließlich, dass nach § 104 nicht nur Diensteanbieter zur Herausgabe von Teilnehmerverzeichnissen berechtigt sind.[2]

EG-Rechtliche Grundlage der Vorschrift ist Art. 12 DRL. Danach haben die Mitgliedstaa- **3** ten sicher zu stellen, dass die Teilnehmer vor der Aufnahme in ein Teilnehmerverzeichnis

---

1 Vgl. BT-Drs. 14/4438.
2 Vgl. BT-Drs. 15/2316, S. 90 f.

über den Zweck der Aufnahme, über die Inhalte und die Nutzungsmöglichkeiten, insbesondere über die Suchfunktionen elektronischer Verzeichnisse informiert werden. Der Teilnehmer soll wählen können, ob und welche Daten in die Verzeichnisse aufzunehmen sind. Für die Nichtaufnahme, Änderungen, Streichungen etc. dürfen keine Gebühren erhoben werden.[3] Diese Bestimmungen gelten freilich nur für natürliche Personen. Art. 16 DRL enthält eine Übergangsvorschrift für Verzeichnisse, die vor Erlass der Richtlinie erstellt worden sind. Mit seinem Antragserfordernis geht § 104 über die europarechtliche Vorgabe hinaus.

III. Einzelheiten

4 **1. Öffentliche Verzeichnisse.** – Öffentliche Verzeichnisse sind in erster Linie die für einen unbestimmten Personenkreis bestimmten Druckwerke, z.B. **Telefonbücher**, aber auch Branchenverzeichnisse, z.B. die Gelben Seiten. Elektronische Verzeichnisse sind beispielsweise **CD-ROM-Datenbanken**. Abfragemöglichkeiten, z.B. Dienste im Internet sind keine öffentlichen Verzeichnisse i.S.d. § 104. Hier wird lediglich der Zugriff auf die Datenbank ermöglicht: Die Datenbank selbst wird aber nicht in ihrer Gesamtheit herausgegeben.[4] Derartige Angebote unterfallen daher eher dem TDG und dem TDDSG.

5 Der Herausgeber kann auf Antrag des Teilnehmers dessen Angaben wie **Namen, Anschrift** und zusätzliche Angaben wie Beruf, Branche und Art des Anschlusses, Fax bzw. Mobilfunk, in gedruckte oder elektronische öffentliche Verzeichnisse eintragen. Dabei ist die Aufzählung der **zusätzlichen Angaben** nicht abschließend. Der Herausgeber kann folglich auch weitere Angaben des Teilnehmers in das Verzeichnis aufnehmen.[5]

6 Die Ergiebigkeit von Recherchen allein auf Grundlage der Rufnummer (**Inverssuche**) hängt davon ab, ob der Teilnehmer nicht gemäß § 105 Abs. 3 widersprochen hat.[6] Die in § 105 Abs. 3 u. 4 enthaltenen Beschränkungen einer Auskunft sind von jedem Herausgeber eines Teilnehmerverzeichnis zu beachten, unabhängig davon, ob er selbst Diensteanbieter ist oder nicht.[7]

7 **2. Die Rechte der Teilnehmer.** – Die Teilnehmer haben ein **differenziertes Wahlrecht**[8], ob und mit welchen Angaben sie in das Verzeichnis aufgenommen werden möchten. Dieses Wahlrecht wird regelmäßig beim Abschluss von Verträgen z.B. im Rahmen eines Formularvertrages ausgeübt. § 104 fordert eine ausdrückliche zustimmende Erklärung zur Eintragung. Eine lediglich negative Erklärung, die sich aus dem Unterlassen der Streichung einer Option ergibt, genügt nicht. Eine solche AGB-Klausel verstößt als wesentliche Abweichung von einer gesetzlichen Regelung gegen § 307 Abs. 2 Nr. 1 BGB.[9] Vergleichbares gilt auch für die aufzunehmenden Angaben. Hier muss der Teilnehmer ebenfalls positiv entscheiden können, welche Angaben in das Verzeichnis aufzunehmen sind.

---

3 Anders noch Art. 11 Abs. 2 RL 97/66/EG.
4 *Wiechert/Schmidt/Königshofen/Königshofen/Hansen-Oest*, § 13 TDSV RdNr. 9.
5 *Manssen/Gramlich*, § 89 RdNr. 128, *Wiechert/Schmidt/Königshofen/Königshofen/Hansen-Oest*, § 13 TDSV RdNr. 24.
6 Vgl. § 105 RdNr. 8 ff.
7 Zur alten Rechtslage vgl. OLG Köln, MMR 2001, 385; BfD-Info 5, S. 34, 67.
8 Zum Interesse der Kunden daran: *Schaar*, DuD 1997, 17, 23.
9 OLG Schleswig, NJW-RR 1998, 54, 55 für den gleich lautenden § 9 Abs. 2 Nr. 1 AGBG.

Im Übrigen hat der Teilnehmer nach § 104 S. 1 **kein Wahlrecht**. Wenn sich der Teilneh- **8** mer entscheidet, dass bestimmte Angaben veröffentlicht werden sollen, erscheinen sie zwingend sowohl in der gedruckten als auch in der elektronischen Fassung in derselben Weise[10], denn S. 2 differenziert nicht zwischen bestimmten Arten von Verzeichnissen. Dies beruht auf einer bewussten Abkehr vom gesetzgeberischen Motiv des früheren § 89 Abs. 8 TKG a.F. Damals war, wegen datenschutzrechtlichen Bedenken gegen die erweiterten Suchmöglichkeiten in elektronischen Verzeichnissen[11], den Teilnehmern ein Wahlrecht eingeräumt worden. Da heutzutage gedruckte Verzeichnisse einfach durch Einscannen in elektronische Form gebracht werden können, hielt der Gesetzgeber ein Festhalten am Wahlrecht für sinnwidrig.[12]

Die Entwurfsbegründung verweist auf die Möglichkeit des **Einscannens von Teilnehmer-** **9** **verzeichnissen** zum Zwecke der Übernahme in elektronische Verzeichnisse.[13] Damit ist lediglich die technische Möglichkeit dessen angesprochen, nicht aber auch Stellung zur rechtlichen Zulässigkeit bezogen. Diese Frage war ursprünglich in der Rechtsprechung umstritten.[14] Der BGH hat die Übernahme der Daten für unzulässig erklärt.[15]

§ 104 enthält keine ausdrückliche Regelung darüber, wer die **Kosten** der Eintragung etc. **10** zu tragen hat. Nach Art. 12 Abs. 2 der DRL dürfen freilich für die Nichtaufnahme, die Prüfung, Berichtigung oder Streichung personenbezogener Daten in einem Teilnehmerverzeichnis keine Gebühren erhoben werden. Dies setzt jetzt § 45m Abs. 1 TKG-E 2005 in das nationale Recht um.

§ 104 kann auch bei der Veröffentlichung von **Telefonnummern** oder **E-Mail-Adressen** **11** von **Unternehmensmitarbeitern** in öffentlichen Verzeichnissen des Unternehmens anwendbar sein. Das gilt jedenfalls dann, wenn das Unternehmen seinen Mitarbeitern die private Nutzung von Telekommunikationsdiensten ermöglicht. Denn in diesem Fall ist das betreffende Unternehmen als Diensteanbieter anzusehen, da es geschäftsmäßig Telekommunikationsdienste erbringt.[16] Hier bedarf es daher einer Einwilligung in die Eintragung in ein Teilnehmerverzeichnis des Unternehmens. Freilich kann hier eine arbeitsrechtliche Pflicht bestehen, der Veröffentlichung zuzustimmen.[17]

3. Eintragung von Mitbenutzern. – Soweit **Mitbenutzer**, also natürliche Personen, die **12** einen Telekommunikationsdienst für private oder geschäftliche Zwecke nutzen, ohne selbst Teilnehmer zu sein (vgl. § 3 Nr. 14), einverstanden sind, dürfen auch sie auf Verlangen des Teilnehmers eingetragen werden. Für den Nachweis des Einverständnisses sind nach § 104 S. 3 keine Formerfordernisse aufgestellt. Jedoch wird der Nachweis desselben regelmäßig schriftlich zu erfolgen haben.[18]

---

10 Vgl. BT-Drs. 15/2316, S. 90.
11 Vgl. BfD-Info 5, S. 33.
12 Vgl. BT-Drs. 15/2316, S. 90.
13 Vgl. BT-Drs. 15/2316, S. 90.
14 Dafür: OLG Frankfurt a.M., WRP 1997, 473, 474f., soweit es um Konkurrenten der Deutschen Telekom AG geht; dagegen: OLG Karlsruhe GRUR 1997, 391; dazu: BeckTKG-Komm/*Büchner*, § 89 RdNr. 51 m.w.N.
15 BGH, MMR 1999, 470, 472f. m. krit. Anm. *Wiebe*, der darauf hinweist, dass sich der BGH mit der datenschutzrechtlichen Argumentation der Instanzgerichte nicht auseinandersetzt.
16 Vgl. ausführlich *Wiechert/Schmidt/Königshofen/Königshofen/Hansen-Oest*, § 13 TDSV RdNr. 36.
17 Ibid.
18 BeckTKG-Komm/*Büchner*, Anhang zu § 89, § 10 TDSV RdNr. 3.

§ 105 Auskunftserteilung

(1) Über die in Teilnehmerverzeichnissen enthaltenen Rufnummern dürfen Auskünfte unter Beachtung der Beschränkungen des § 104 und der Absätze 2 und 3 erteilt werden.

(2) Die Telefonauskunft über Rufnummern von Teilnehmern darf nur erteilt werden, wenn diese in angemessener Weise informiert worden sind darüber, dass sie der Weitergabe ihrer Rufnummer widersprechen können und von ihrem Widerspruchsrecht keinen Gebrauch gemacht haben. Über Rufnummern hinausgehende Auskünfte über nach § 104 veröffentlichte Daten dürfen nur erteilt werden, wenn der Teilnehmer in eine weitergehende Auskunftserteilung eingewilligt hat.

(3) Die Telefonauskunft von Namen oder Namen und Anschrift eines Teilnehmers, von dem nur die Rufnummer bekannt ist, ist zulässig, wenn der Teilnehmer, der in ein Teilnehmerverzeichnis eingetragen ist, nach einem Hinweis seines Diensteanbieters auf seine Widerspruchsmöglichkeit nicht widersprochen hat.

(4) Ein Widerspruch nach Abs. 2 Satz 1 oder Abs. 3 oder eine Einwilligung nach Abs. 2 Satz 2 sind in den Kundendateien des Diensteanbieters und des Anbieters nach Abs. 1, die den Verzeichnissen zugrunde liegen, unverzüglich zu vermerken. Sie sind auch von den anderen Diensteanbietern zu beachten, sobald diese in zumutbarer Weise Kenntnis darüber erlangen konnten, dass der Widerspruch oder die Einwilligung in den Verzeichnissen des Diensteanbieters und des Anbieters nach Abs. 1 vermerkt ist.

Schrifttum: Der *Bundesbeauftrage für den Datenschutz*, Datenschutz in der Telekommunikation, 6. Aufl. 2004; *Billig*, Verarbeitung und Nutzung von personenbezogenen Daten für Zwecke der Werbung, Kundenberatung oder Marktforschung, NJW 1998, 1286; *Hansen-Oest*, Reform des TK-Datenschuztes, DuD 2000, 128; *Krader*, Kommissionsbericht zur Umsetzung der EG-Datenschutzrichtlinie, RDV 2002, 251; *Schild*, Die neue Telekommunikations-Datenschutzverordnung, RTkom 2000, 211. Vgl. w. die Literaturangaben zu § 91.

Übersicht

I. Normzweck, Entstehungsgeschichte und europarechtliche Grundlagen

1 § 105 regelt die Telefonauskunft und ihre datenschutzrechtlichen Rahmenbedingungen. Vorläufer der Vorschrift sind § 89 Abs. 9 TKG, § 11 TDSV 1996 und § 14 TDSV 2000. Die Regelung des § 11 TDSV 1996 für Altkunden, bei der eine Zustimmung des Kunden zwar erforderlich war, welche aber nach 4 Wochen ohne gegenteilige Aussage fingiert wurde, wurde mit § 14 TDSV 2000 nicht fortgeführt. § 105 ist gegenüber den Vorgängernormen so gefasst, dass er die Auskunftserteilung nicht mehr an einen Diensteanbieter koppelt. Zur Erteilung von Auskünften ist nunmehr jeder berechtigt, der die Beschränkungen der §§ 104 und 105 Abs. 2 und 3 einhält.[1]

2 Europarechtliche Grundlage der Telefonauskunft aus Teilnehmerverzeichnissen ist Art. 12 DRL. Er schreibt insbesondere vor, dass der Teilnehmer vor der Aufnahme in ein über Auskunftsdienste zugängliches Teilnehmerverzeichnis über die Zwecke der Aufnahme und die Nutzungsmöglichkeiten (namentlich die Telefonauskunft) zu informieren ist.

II. Einzelheiten

3 **1. Telefonauskunft (Abs. 1).** – Nach § 105 Abs. 1 darf **jeder**, der die Beschränkungen der §§ 104 und 105 Abs. 2 und 3 beachtet, im Einzelfall Auskunft über die in Teilnehmerverzeichnissen enthaltenen Rufnummern erteilen (Auskunftsdienst, vgl. § 3 Nr. 2a TKG-E 2005). Diese Berechtigung zur Auskunft ist nicht von ungefähr an die Eintragung in ein Teilnehmerverzeichnis geknüpft. In ihr kommt typischerweise der Wille des Teilnehmers zum Ausdruck, dass seine Rufnummern Dritten zur Kenntnis gelangen dürfen.[2] Die Verwendung des Begriffes **Rufnummer** (§ 3 Nr. 18) zeigt, dass es sich bei der Norm ausschließlich um eine Regelung für die **klassische Telefonauskunft** über den öffentlich zugänglichen Telefondienst (§ 3 Nr. 17) handelt.

4 Aus der Verwendung des Begriffes des Teilnehmerverzeichnisses wird deutlich, dass eine Auskunft nur gegeben werden darf, wenn der Teilnehmer in ein **öffentliches Verzeichnis** i.S.d. § 104 eingetragen ist. Andernfalls hat die Auskunftserteilung zu unterbleiben.[3] Jedoch ist es mit Zustimmung des Kunden zulässig, Auskünfte schon vor Veröffentlichung der Daten in öffentlichen Verzeichnissen zu erteilen (sog. zur Veröffentlichung freigegebene Kundendaten).[4] Wer über Daten des Teilnehmers, obwohl dieser der Verwendung widersprochen hat oder nicht ausreichend über sein Widerspruchsrecht informiert wurde, dennoch Auskünfte gibt, der begeht kein ahndbares Unrecht mehr. § 43 Abs. 2 BDSG bedroht nur das unbefugte Verwenden von Daten, die nicht allgemein zugänglich sind, mit Bußgeld. Daran fehlt es hier.[5]

5 Der Begriff der Auskunft im **Einzelfall** bedeutet nicht, dass jeweils lediglich eine einzelne Rufnummer mitgeteilt werden darf. Vielmehr darf auch eine Anfrage zu mehreren Ruf-

---

1 Vgl. BT-Drs. 15/2316, S. 91.
2 Vgl. BT-Drs. 13/3609, S. 55.
3 BeckTKG-Komm/*Büchner*, § 89 RdNr. 52.
4 *Wiechert/Schmidt/Königshofen/Königshofen/Hansen-Oest*, § 14 TDSV RdNr. 4.
5 Vgl. *Gola/Schomerus*, § 10 RdNr. 17 f.

nummern beantwortet werden. Unzulässig ist es jedoch, ganze Rufnummerndatenbanken im Rahmen der Telefonauskunft zu übermitteln.[6]

Die Auskunft kann **formlos** gegeben werden. Sie kann mündlich, elektronisch oder halb- 6 elektronisch (z. B. lediglich die Rufnummernansage erfolgt elektronisch) erteilt werden.[7]

§ 105 Abs. 1 verpflichtet dazu, die Vorgaben der Teilnehmer streng zu beachten und die 7 Teilnehmerdaten nur zweckgebunden zu nutzen. Diese Grundsätze gelten auch Rahmen des § 47 Abs. 1.[8] Nach dieser Vorschrift muss jedes Unternehmen, das Rufnummern an Endnutzer vergibt, seine Teilnehmerdaten jedem anderen Unternehmen zur Verfügung stellen, damit auch diese ein Teilnehmerverzeichnis bereitstellen können. Hierbei sind freilich die datenschutzrechtlichen Regeln zu beachten, zu denen auch § 105 Abs. 1 zählt.

2. Widerspruchsrecht und Informationspflichten (Abs. 2 S. 1). – Dem Teilnehmer steht 8 ein **Recht** zu, der Weitergabe seiner Rufnummer im Rahmen der Telefonauskunft **zu widersprechen**. Diese Widerspruchsregelung verstößt nicht gegen Art. 7 lit. a) RL 95/46/EG[9], der die Verarbeitung personenbezogener Daten von einer Einwilligung abhängig macht. Zwar ist nicht einsichtig, warum das Interesse des Diensteanbieters, an einer Aufnahme der Daten nur bei einem Widerspruch des Teilnehmers gehindert zu sein, das Interesse des Kunden, positiv über die Verwendung seiner Daten durch Einwilligung mitzubestimmen, ohne weiteres i. S. v. Art. 7 lit. f) überwiegen soll.[10] Doch geht hier die speziellere DRL mit ihrem Art. 12 Abs. 3 vor. Dieser fordert eine Einwilligung nur dann, wenn die Verzeichnisse anderen Zwecken als der Suche nach Kommunikationsdaten dienen sollen. Geht es dagegen lediglich darum, dass Daten in Teilnehmerverzeichnisse zum Zwecke der Auskunft aufgenommen werden sollen, dann lässt Art. 12 Abs. 2 es genügen, wenn der Teilnehmer festlegen kann, ob Daten aufgenommen werden und welche dies sein sollen. Dem genügt auch eine Widerspruchslösung.

Der Teilnehmer ist über sein Widerspruchsrecht in angemessener Weise **vor Einstellung** 9 seiner Daten in öffentliche Verzeichnisse und deren Weitergabe im Rahmen der Telefonauskunft zu **informieren**. Dazu gehört auch die Unterrichtung darüber, in welchem Ausmaß und unter welchen Bedingungen Auskunft über seine personenbezogenen Daten erteilt wird. Angemessen ist in jedem Fall eine entsprechend schriftliche Mitteilung.[11] Teilweise wird freilich auch eine mündliche oder elektronische Information als ausreichend angesehen.[12] Dem ist nur zuzustimmen, soweit die Unterrichtung in Textform (§ 126b BGB) dokumentiert wird. Zwar trifft es zu, dass § 105 Abs. 1 nicht wie § 355 Abs. 2 BGB eine deutlich gestaltete Belehrung verlangt, wenn er auf eine angemessene Information abstellt.[13] Wegen der Bedeutung der Unterrichtung für das Recht auf informationelle Selbstbestimmung muss sie freilich so gefasst sein, dass ein Durchschnittsteilnehmer ihren Sinn auch bei flüchtiger Wahrnehmung erfassen und fehlerhaften Eintragungen vorbeugen kann. Eine unscheinbare Platzierung der Information im Rahmen von AGB ist daher eben-

6 *Wiechert/Schmidt/Königshofen/Königshofen/Hansen-Oest*, § 14 TDSV RdNr. 5.
7 *Wiechert/Schmidt/Königshofen/Königshofen/Hansen-Oest*, § 14 TDSV RdNr. 6.
8 Vgl. § 47 RdNr. 12 ff.
9 So aber *Schild*, RTkom 2000, 211, 219.
10 So *Wiechert/Schmidt/Königshofen/Königshofen/Hansen-Oest*, § 14 TDSV RdNr. 9.
11 *Wissmann/Meister/Schmitz*, Kap. 15 RdNr. 45; BeckTKG-Komm/*Büchner*, § 89 RdNr. 52, 48.
12 *Wiechert/Schmidt/Königshofen/Königshofen/Hansen-Oest*, § 14 TDSV RdNr. 10.
13 So *Billig*, NJW 1998, 1286, 1287.

so wenig genügend, wie eine bloß mündliche oder elektronische Unterrichtung ohne Dokumentation in Textform.

10   § 105 Abs. 2 sieht keine **Widerspruchsfrist** vor. Folglich können die Daten des Teilnehmers grundsätzlich sofort nach dessen Information eingetragen werden, wie es namentlich im Interesse von Geschäftskunden ist.[14] Bei der Vorgängervorschrift ging der Verordnungsgeber freilich davon aus, es bleibe dem Teilnehmer unbenommen, eine Widerspruchsfrist zu beantragen.[15] Dieser Sichtweise ist der Gesetzgeber trotz Übernahme der Regelung nicht entgegengetreten[16]; sie sollte daher weiter gelten. Schließlich kann das Widerspruchsrecht **jederzeit** ausgeübt werden.

11   **3. Die Einwilligung in die weitergehende Auskunftserteilung (Abs. 2 S. 2).** – § 105 Abs. 2 S. 2 verlangt eine Einwilligung[17] des Teilnehmers in die Weitergabe von Daten, die über die Rufnummer hinausgehen (**Komfortauskunft**). Dies sind neben der Anschrift vor allem Angaben zu Beruf, Branche und Art des Anschlusses (§ 104), aber auch sonstige Angaben.[18]

12   **4. Inverse Rufnummersuche (Abs. 3).** – § 105 Abs. 3 untersagt es nicht mehr, Auskünfte allein auf Grundlage der Rufnummer zu erteilen. Schon der Entwurf der TDSV 2000 hatte von diesem Verbot Abstand genommen. Es wurde aber nach Kritik der Datenschutzbeauftragten wieder in § 14 TDSV 2000 aufgenommen.[19] Seine nunmehrige Streichung soll Wettbewerbsbeeinträchtigungen vermeiden, da in anderen europäischen Ländern eine inverse Suche statthaft ist. Das Europarecht steht dem nicht entgegen. Die DRL geht von der Zulässigkeit einer Inverssuche aus. Ihr Erwägungsgrund Nr. 38 verlangt lediglich, dass Teilnehmer über derartige Suchfunktionen zu informieren sind, während Art. 12 Abs. 3 es den Mitgliedstaaten freistellt, ob sie die Einträge in Verzeichnisse mit Inverssuche unter einen zusätzlichen Einwilligungsvorbehalt der Teilnehmers stellen wollen.[20] Im Vermittlungsverfahren wurde das noch im Regierungsentwurf enthaltene Einwilligungserfordernis[21] durch ein **Widerspruchsrecht des Teilnehmers** ersetzt. Auf dieses Recht ist er hinzuweisen. Diese **Informationspflicht** trifft freilich nicht denjenigen, der Auskunft erteilt, sondern den Diensteanbieter des Teilnehmers. Für diesen bietet es sich daher an, auf dieses Widerspruchsrecht im Zusammenhang mit den Informationen hinzuweisen[22], die zu erteilen sind, wenn die Einwilligung zur Eintragung in ein Teilnehmerverzeichnis eingeholt wird. Für die bereits in Teilnehmerverzeichnissen aufgenommenen Daten fehlt eine Überleitungsvorschrift. Da das Europarecht die Inverssuche jedenfalls an eine Information der Teilnehmer bindet, sind die Diensteanbieter verpflichtet, alle ihre bisher schon eingetragenen Teilnehmer zu unterrichten, wie es z. B. die Deutsche Telekom AG im Sommer 2004 getan hat.

13   Die Auskunft auf Grundlage der Rufnummer darf **den Namen und die Anschrift** des Teilnehmers umfassen. Die Beschränkung der Auskunft auf diese beiden Angaben ist freilich

---

14 Vgl. BR-Drs. 300/00, S. 27.
15 BR-Drs. 300/00, S. 27.
16 BT-Drs. 15/2316, S. 91.
17 Vgl. § 94 RdNr. 5 ff.
18 Vgl. § 104 RdNr. 5.
19 *Hansen-Oest*, DuD 2000, 128.
20 Krit. dazu *Krader*, RDV 2002, 251, 254 („Aufweichung").
21 Vgl. BT-Drs. 15/2316, S. 91.
22 Vgl. dazu ausführlich § 93 RdNr. 4 ff.

wenig einsichtig. Denn durch eine zweite Abfrage lassen sich nunmehr unter Zuhilfenahme der erhaltenen Namens- und Adressinformationen die gewünschten weiteren Angaben (vgl. § 104 S. 1) ermitteln.

Die Regelung gilt nicht nur für die Auskunftserteilung, sondern mittelbar auch für **elek-** **14** **tronische Teilnehmerverzeichnisse.** Durch den Wegfall des vormals aus § 14 TDSV 2000 abgeleiteten Verbotes der inversen Rufnummernsuche auch für elektronische Verzeichnisse (z.B. eine Telefonauskunfts-CD-ROM)[23] ist die Herausgabe solcher Verzeichnisse unter der Voraussetzung der vorherigen Information der Teilnehmer über ihr Widerspruchsrecht nunmehr zulässig.

5. Das Kennzeichnungsgebot (Abs. 4). – § 105 Abs. 4 verlangt, dass der Widerspruch des **15** Teilnehmers zur Weitergabe seiner Rufnummer in der Telefonauskunft (Abs. 2 S. 1), der Widerspruch bezüglich der Inverssuchmöglichkeit (Abs. 3) oder die ausdrückliche Einwilligung des Teilnehmers zur Weitergabe von Daten, die über die Rufnummer hinausgehen (Abs. 2 S. 2), in den Kundendateien, die den Verzeichnissen zugrunde liegen, unverzüglich zu vermerken sind. Diese **Kennzeichnung** ist von anderen Anbietern zu beachten, sobald sie davon Kenntnis erhalten haben. Zweck dieser Vorschrift ist es, Auskunftsdienste Dritter an den Widerspruch zu binden.[24] Die Regelung kann zu dem nachteiligen Ergebnis führen, dass auf diesem Wege Datensammlungen von Personen entstehen, die datenschutzrechtlich interessiert sind oder sonst einen Missbrauch ihrer Daten fürchten.[25]

§ 14 TDSV 2000 enthielt lediglich einen Hinweis auf die Kennzeichnung in den Verzeich- **16** nissen des Diensteanbieters. Darunter fielen auch öffentliche Teilnehmerverzeichnisse. Schon damals wurde vertreten, diese Vorschrift teleologisch zu reduzieren.[26] Die Kennzeichnung sollte nur die internen Verzeichnisse der Diensteanbieter betreffen, während in den publizierten Fassungen lediglich ein allgemeiner Hinweis auf die der Auskunft entzogenen Daten anzubringen sei. § 104 Abs. 4 lässt nun eine **Kennzeichnung nur in den Kundendateien** zu, die den veröffentlichten Verzeichnissen zugrunde liegen. Solche Verzeichnisse dürfen daher nicht zur Grundlage der Telefonauskunft gemacht werden, da hier nicht ausgeschlossen ist, dass auch Daten von Teilnehmern enthalten sein können, die einer Auskunftserteilung nicht zugestimmt haben.

Ein anderer Diensteanbieter als derjenige des eingetragenen Teilnehmers hat Auskünfte zu **17** unterlassen, wenn er zumutbar **Kenntnis von dessen Widerspruch** erlangt hat. Dies ist spätestens dann der Fall, wenn der Widerspruch im Verzeichnis der Deutschen Telekom AG vermerkt ist, das jährlich erscheint und alle Teilnehmerinformationen erfasst (vgl. § 78 Abs. 2 Nr. 2).[27]

Beachtet der Diensteanbieter vorsätzlich oder fahrlässig die Kennzeichnung nicht, oder **18** nimmt er sie nicht vor, so hat der Teilnehmer einen Schadenersatzanspruch oder einen Unterlassungsanspruch nach § 42 TKG.[28]

---

23 Vgl. hierzu OLG Köln, CR 2001, 454 („Rufident"); BfD-Info 5, S. 67.
24 *Büllesbach/Schaar*, S. 125.
25 *Büllesbach/Schaar*, S. 125.
26 *Wiechert/Schmidt/Königshofen/Königshofen/Hansen-Oest*, § 14 TDSV 15; BfD Info 5 S. 35.
27 Vgl. BT-Drs. 15/2316, S. 91.
28 Vgl. dazu OLG Frankfurt a. M., NJW 2002, 1277, das für § 40 TKG a. F. einen strafbewehrten Unterlassungsanspruch nur bei Wiederholungsgefahr anerkennt.

§ 106 Telegrammdienst

(1) Daten und Belege über die betriebliche Bearbeitung und Zustellung von Telegrammen dürfen gespeichert werden, soweit es zum Nachweis einer ordnungsgemäßen Erbringung der Telegrammdienstleistung nach Maßgabe des mit dem Teilnehmer geschlossenen Vertrags erforderlich ist. Die Daten und Belege sind spätestens nach sechs Monaten vom Diensteanbieter zu löschen.

(2) Daten und Belege über den Inhalt von Telegrammen dürfen über den Zeitpunkt der Zustellung hinaus nur gespeichert werden, soweit der Diensteanbieter nach Maßgabe des mit dem Teilnehmer geschlossenen Vertrags für Übermittlungsfehler einzustehen hat. Bei Inlandstelegrammen sind die Daten und Belege spätestens nach drei Monaten, bei Auslandstelegrammen spätestens nach sechs Monaten vom Diensteanbieter zu löschen.

(3) Die Löschungsfristen beginnen mit dem ersten Tag des Monats, der auf den Monat der Telegrammaufgabe folgt. Die Löschung darf unterbleiben, solange die Verfolgung von Ansprüchen oder eine internationale Vereinbarung eine längere Speicherung erfordern.

Schrifttum: Vgl. die Literaturangaben zu § 91.

I. Normzweck und Entstehungsgeschichte

Die Regelung zum Telegrammdienst geht inhaltlich unverändert auf § 12 TDSV 1996, **1** § 15 TDSV 2000 zurück.[1] Durch neue Technologien (Fax, E-Mail) ist das Telegrammaufkommen in den vergangenen Jahren immer weiter gesunken. So wurde der Auslandstelegrammdienst der Deutschen Telekom auf Grund des drastischen Nachfragerückganges Ende 2000 eingestellt. Die praktische Relevanz von § 106 hat in gleichem Maße abgenommen und ist weiter im Schrumpfen begriffen.

Im Telegrammdienst fallen dienstleistungsbedingt sowohl Daten über den Versender als **2** auch über den Empfänger und schließlich über den Inhalt des Telegramms an. Diese Daten unterliegen dem Fernmeldegeheimnis und sind daher, auch soweit es sich um Daten juristischer Personen handelt, durch Art. 10 Abs. 1 GG, § 88 Abs. 1 geschützt.[2]

II. Einzelheiten

§ 106 Abs. 1 trifft Regelungen zur Behandlung der Daten und Belege über die betriebliche **3** **Bearbeitung und Zustellung** von Telegrammen. **Belege** im Sinne der Vorschrift sind nur solche Datenträger, die personenbezogene Daten enthalten.[3] Die Zulässigkeit der Speicherung dieser Daten beurteilt sich nach der Vertragsbeziehung zwischen Teilnehmer und Diensteanbieter. Soweit die Daten zu dem Nachweis erforderlich sind, dass die Leistung vertragsgemäß erbracht wurde, können sie bis zu sechs Monate gespeichert bleiben.

---

1 Vgl. BT-Drs. 15/2316, S. 91.

2 *Wiechert/Schmidt/Königshofen/Königshofen/Hansen-Oest*, § 15 TDSV RdNr. 1 .

3 *Wiechert/Schmidt/Königshofen/Königshofen/Hansen-Oest*, § 15 TDSV RdNr. 2.

4   Eine anderweitige Verwendung der Daten, z.B. die Übermittlung der Daten an Dritte, lässt § 106 Abs. 1 nicht zu. Sie ist folglich nur aufgrund einer anderen Rechtsvorschrift statthaft, soweit nicht der Teilnehmer eingewilligt hat. Geht es um Auftragsdatenverarbeitung, richtet sie sich nach § 11 BDSG.[4]

5   **§ 106 Abs. 2** regelt die Speicherung der **Telegramminhalte.** Die Speicherung ist ohne vorherige Einwilligung des Betroffenen nur zulässig, soweit der Diensteanbieter vertraglich für Übermittlungsfehler zu haften hat.[5] Darüber hinaus wird auch eine Speicherung des Inhaltes als erlaubt angesehen, wenn das Entgelt nach Worten oder Zeichenanzahl o. Ä. berechnet wird.[6] Dies mag überkommener Übung entsprechen, entbehrt aber der gesetzlichen Grundlage. Der Wortlaut gestattet die Speicherung nur zu dem Zweck, den Haftungsausschluss bei Übermittlungsfehlern beweisen zu können. Ferner lässt § 97 zur Entgeltabrechnung lediglich die Verarbeitung von Verkehrsdaten zu. Hierzu zählt zwar nach § 96 Abs. 1 Nr. 2 auch die übermittelte Datenmenge, nicht aber die Inhalte von Telekommunikation. Schließlich ergibt § 100 Abs. 3 und 4, dass Inhaltsdaten, nimmt man Steuersignale aus, noch nicht einmal zur Missbrauchsbekämpfung verwendet werden dürfen. Eine Speicherung der Telegramminhalte über den in § 106 Abs. 2 geregelten Zweck hinaus ist somit unzulässig. Die Inhaltsdaten sind bei Inlandstelegrammen grundsätzlich spätestens nach drei Monaten, bei Auslandstelegrammen spätestens nach sechs Monaten vom Diensteanbieter zu löschen. Diese **unterschiedlichen Fristen** resultieren aus unterschiedlichen internationalen Abrechnungsmodalitäten.

6   § 106 Abs. 3 bestimmt die **Berechnung der Löschungsfristen.** Die Frist beginnt mit dem ersten Tag des Monats, der auf den Monat der Telegrammaufgabe folgt. Die **Löschung darf unterbleiben,** solange die Verfolgung von vertraglichen Ansprüchen oder eine internationale Vereinbarung eine längere Speicherung erfordert. Diese Ausnahme ist nicht abschließend.[7] Auch andere Vorschriften können eine längere Speicherdauer rechtfertigen. Sie müssen sich dann freilich ausdrücklich auf Telekommunikationsvorgänge beziehen, § 88 Abs. 3 S. 3. Allgemeine handels- oder steuerrechtliche Aufbewahrungsfristen gestatten daher keine länger andauernde Speicherung von Daten und Belegen, die dem Fernmeldegeheimnis unterliegen.[8]

7   Wer Daten oder Belege nicht oder nicht rechtzeitig löscht, der verhält sich gemäß § 149 Abs. 1 Nr. 18 ordnungswidrig.[9]

---

4 Vgl. *Simitis/Walz,* § 11 RdNr. 13 ff.
5 BeckTKG-Komm/*Büchner,* Anhang zu § 89, § 12 TDSV RdNr. 2.
6 *Wiechert/Schmidt/Königshofen/Königshofen/Hansen-Oest,* § 15 TDSV RdNr. 4 mit Verweis auf § 3 Abs. 1 TDSV und § 89 Abs. 4.
7 *Wiechert/Schmidt/Königshofen/Königshofen/Hansen-Oest,* § 15 TDSV RdNr. 6.
8 *Wiechert/Schmidt/Königshofen/Königshofen/Hansen-Oest,* § 15 TDSV RdNr. 7.
9 Vgl. § 149 RdNr. 22.

§ 107 Nachrichtenübermittlungssysteme mit Zwischenspeicherung

(1) Der Diensteanbieter darf bei Diensten, für deren Durchführung eine Zwischenspeicherung erforderlich ist, Nachrichteninhalte, insbesondere Sprach-, Ton-, Text- und Grafikmitteilungen von Teilnehmern, im Rahmen eines hierauf gerichteten Diensteangebots unter folgenden Voraussetzungen verarbeiten:

1. Die Verarbeitung erfolgt ausschließlich in Telekommunikationsanlagen des zwischenspeichernden Diensteanbieters, es sei denn, die Nachrichteninhalte werden im Auftrag des Teilnehmers oder durch Eingabe des Teilnehmers in Telekommunikationsanlagen anderer Diensteanbieter weitergeleitet.
2. Ausschließlich der Teilnehmer bestimmt durch seine Eingabe Inhalt, Umfang und Art der Verarbeitung.
3. Ausschließlich der Teilnehmer bestimmt, wer Nachrichteninhalte eingeben und darauf zugreifen darf (Zugriffsberechtigter).
4. Der Diensteanbieter darf dem Teilnehmer mitteilen, dass der Empfänger auf die Nachricht zugegriffen hat.
5. Der Diensteanbieter darf Nachrichteninhalte nur entsprechend dem mit dem Teilnehmer geschlossenen Vertrag löschen.

(2) Der Diensteanbieter hat die erforderlichen technischen und organisatorischen Maßnahmen zu treffen, um Fehlübermittlungen und das unbefugte Offenbaren von Nachrichteninhalten innerhalb seines Unternehmens oder an Dritte auszuschließen. Erforderlich sind Maßnahmen nur, wenn ihr Aufwand in einem angemessenen Verhältnis zu dem angestrebten Schutzzweck steht. Soweit es im Hinblick auf den angestrebten Schutzzweck erforderlich ist, sind die Maßnahmen dem jeweiligen Stand der Technik anzupassen.

Schrifttum: *Königshofen*, Die Umsetzung von TKG und TDSV durch Netzbetreiber, Service-Provider und Telekommunikationsanbieter, RDV 1997, 97; *ders.*, Die Telekommunikations-Datenschutzverordnung – TDSV, DuD 2001, 85; *Rieß*, Regulierung und Datenschutz im europäischen TK-Recht, 1996; *Schadow*, Die TDSV – Zielsetzung, Inhalt, Anwendung, 20. Datenschutzfachtagung am 30./31. 10. 1996, Leitthema „Datenschutz nach 20 Jahren BDSG", RDV 1997, 51; *Weber*, Zur Diskussion – Sanktionierung bei der Einsichtnahme in Nachrichteninhalte von Mitarbeiter-E-Mails, JurPC Web-Dok. 128/2003, 1. Vgl. w. die Literaturangaben zu § 91.

I. Normzweck, Entstehungsgeschichte und europaechtliche Grundlagen

§ 107 trifft Regelungen für Nachrichtenübermittlungssysteme, bei denen die Teilnehmer 1 nicht in Echtzeit miteinander kommunizieren, sondern vermittelt über eine Zwischenspeicherung. § 107 geht bis auf begriffliche Anpassungen auf § 16 TDSV 1996 zurück.[1] Art. 5 Abs. 1 DRL gestattet die Zwischenspeicherung in Nachrichtensystemen, soweit sie erforderlich ist, um den Dienst erbringen.[2]

---

1 Vgl. BT-Drs. 15/2316, S. 91.
2 Vgl. w. Erwägungsgrund Nr. 22 DRL.

II. Einzelheiten

2 **1. Fernmeldegeheimnis.** – Die in dem Nachrichtensystem gespeicherten Informationen unterfallen dem Fernmeldegeheimnis. Zwar vertritt ein Teil der Literatur eine andere Auffassung. Doch beruht diese auf einem zu engen Begriff der Übermittlung, wie an anderer Stelle dargelegt.[3] Die Rechtsprechung bezieht daher zwischengespeicherte Nachrichten zutreffend in den Schutzbereich von Art. 10 Abs. 1 GG, § 88 Abs. 1 ein.

3 **2. Absatz 1 – Dienste,** für deren Durchführung eine Zwischenspeicherung erforderlich ist, sind z. B. E-Mail-Systeme[4], via ISDN oder Modem direkt anwählbare Mailboxen, aber auch Anrufbeantworter im Netz. Auch Short-Messaging-Services (SMS) sind angesprochen.[5] All diese Systeme arbeiten nach dem Grundgedanken eines elektronischen Briefkastens: Die Nachrichten werden **von Teilnehmer zu Teilnehmer** gerade über den Einsatz einer Zwischenspeicherung übermittelt.[6]

4 Die **Nachrichteninhalte** im Sinne von § 107, also Sprach-, Ton-, Text- und Grafikmitteilungen von Teilnehmern, sind inhaltlich nicht auf typische Individualkommunikation beschränkt. Erfasst ist z. B. auch der Newsletter, der mit demselben Inhalt millionenfach versandt wird. Der Nachrichtenbegriff des § 107 Abs. 1 ist inhaltsneutral. Somit kann es sich bei den Nachrichten auch um solche im medienrechtlichen Sinne[7], aber auch um Softwareprogramme handeln.[8]

5 Die Nachrichtendaten müssen nicht zwingend in einer Telekommunikationsanlage des zwischenspeichernden Diensteanbieters verarbeitet werden. Dies kann auch bei einem **anderen Diensteanbieter** geschehen, jedoch nur unter der Voraussetzung, dass die Nachrichteninhalte im Auftrag des Teilnehmers oder durch Eingabe des Teilnehmers selbst (z. B. durch Eingabe einer bestimmten Kennung des Betreibers) zu Telekommunikationsanlagen anderer Diensteanbieter weitergeleitet wurden, § 107 Abs. 1 Nr. 1.

6 Die Bestimmungen von § 107 gelten auch für **E-Mail-Systeme in Unternehmen.** Lassen diese die private Nutzung der betrieblichen oder behördlichen Telekommunikationsinfrastruktur zu, handelt es sich um eine geschäftsmäßige Erbringung von Telekommunikationsdienstleistungen.[9] Das Unternehmen ist dann Diensteanbieter. Hat der Mitarbeiter als Teilnehmer, mithin als Zugriffsberechtigter, nicht in die Einsichtnahme und die Auswertung durch den Arbeitgeber eingewilligt, ist diese unzulässig. Zusätzlich trifft den Arbeitgeber auch die Verpflichtung nach § 107 Abs. 2.[10]

7 Das Nachrichtenübermittlungssystem muss so ausgestaltet sein, dass ausschließlich der Teilnehmer durch seine Eingabe Inhalt, Umfang und Art der Verarbeitung bestimmen kann, § 107 **Abs. 1 Nr. 2.** Nur er darf als Zugriffsberechtigter darüber bestimmen, wer Nachrichteninhalte eingeben und darauf zugreifen darf, § 107 **Abs. 1 Nr. 3.** Diese Rege-

---

3 Vgl. § 88 RdNr. 13 m. w. N.
4 Vgl. LG Hanau, RDV 2001, 27; ABl. RegTP 1/2001, 45; *Königshofen*, DuD 2001, 85, 87 f.
5 *Wiechert/Schmidt/Königshofen/Königshofen/Hansen-Oest*, § 16 TDSV RdNr. 1.
6 *Rieß*, Regulierung und Datenschutz, S. 277.
7 Vgl. *Rieß*, Regulierung und Datenschutz; *Schadow*, RDV 1997, 51.
8 *Wiechert/Schmidt/Königshofen/Königshofen/Hansen-Oest*, § 16 TDSV RdNr. 2.
9 *Königshofen*, RDV 1997, 97, 98.
10 Vgl. *Weber*, JurPC Web-Dok. 128/2003, 3.

lung läuft für einige Systeme, z. B. Rückrufbeantworter im Netz, leer.[11] Nach **§ 107 Abs. 1 Nr. 4** darf der Diensteanbieter dem Teilnehmer, z. B. in Form einer Empfangsbestätigung, mitteilen, dass der Empfänger auf die Nachricht zugegriffen hat. Der Diensteanbieter darf Nachrichteninhalte nur entsprechend dem mit dem Teilnehmer geschlossenen Vertrag löschen, **§ 107 Abs. 1 Nr. 5.** Dies schließt Löschungen aus Kapazitätsgründen aus, soweit dies nicht vertraglich vereinbart ist.[12] Auch bei der Abwehr von unerwünschten E-Mail-Nachrichten (sog. SPAM) bedarf es einer vertraglichen Vereinbarung über deren Löschung, ebenso wie im Hinblick auf § 107 Abs. 1 Nr. 3 bezüglich deren Filterung. Insgesamt führen diese Beschränkungen dazu, dass nicht der Netzbetreiber, sondern der Teilnehmer oder Nutzer als speichernde Stelle anzusehen ist.[13]

Der Diensteanbieter hat im Rahmen der **Unterrichtungspflicht** nach § 93 auch auf die **8** Zwischenspeicherung der Nachrichteninhalte gemäß § 107 hinzuweisen.

3. Absatz 2 – § 107 Abs. 2 verpflichtet den Diensteanbieter, die erforderlichen technischen **9** und organisatorischen Maßnahmen zu treffen, um Fehlübermittlungen und das unbefugte Offenbaren von Nachrichteninhalten innerhalb seines Unternehmens oder an Dritte auszuschließen. Das Maß der **Erforderlichkeit** ist dabei eine Frage des angemessenen Verhältnisses von Aufwand und angestrebten Schutzzweck.[14] Die Norm will damit eine übermäßige Beanspruchung der wirtschaftlichen Leistungsfähigkeit der Diensteanbieter vermeiden.[15] Soweit es im Hinblick auf den angestrebten Schutzzweck erforderlich ist, sind die Maßnahmen dem jeweiligen Stand der Technik anzupassen. Insofern hat die Regelung gegenüber der allgemeinen Verpflichtung für Diensteanbieter nach § 109 Abs. 1 keine eigenständige Bedeutung.

---

11 *Wiechert/Schmidt/Königshofen/Königshofen/Hansen-Oest*, § 16 TDSV RdNr. 5.
12 *Wiechert/Schmidt/Königshofen/Königshofen/Hansen-Oest*, § 16 TDSV RdNr. 7.
13 *Schadow*, RDV 1997, 51; BeckTKG-Komm/*Büchner*, Anhang zu § 89, § 14 TDSV RdNr. 2.
14 *Manssen/Gramlich*, § 89 RdNr. 103.
15 *Wiechert/Schmidt/Königshofen/Königshofen/Hansen-Oest*, § 16 TDSV RdNr. 8.

Öffentliche Sicherheit

§ 108 Notruf

(1) Wer öffentlich zugängliche Telefondienste erbringt, ist verpflichtet, für jeden Nutzer unentgeltlich Notrufmöglichkeiten unter der europaeinheitlichen Notrufnummer 112 und den in der Rechtsverordnung nach Absatz 2 Satz 1 Nr. 1 festgelegten zusätzlichen nationalen Notrufnummern bereitzustellen. Wer Telekommunikationsnetze betreibt, die für öffentlich zugängliche Telefondienste genutzt werden, ist verpflichtet, Notrufe einschließlich

1. der Rufnummer des Anschlusses, von dem die Notrufverbindung ausgeht oder in Fällen, in denen die Rufnummer nicht verfügbar ist, der Daten, die nach Maßgabe der Rechtsverordnung nach Absatz 2 zur Verfolgung von Missbrauch erforderlich sind und
2. der Daten, die zur Ermittlung des Standortes erforderlich sind, von dem die Notrufverbindung ausgeht,

an die örtlich zuständige Notrufabfragestelle unverzüglich zu übermitteln.

(2) Das Bundesministerium für Wirtschaft und Arbeit wird ermächtigt, im Einvernehmen mit dem Bundesministerium des Innern und dem Bundesministerium für Gesundheit und Soziale Sicherung durch Rechtsverordnung mit Zustimmung des Bundesrates Regelungen zu treffen

1. zur Festlegung der zusätzlichen nationalen Notrufnummern,
2. zur Herstellung von Notrufverbindungen, die als Anruf oder Telefaxverbindung ausgestaltet sein können, zur jeweils örtlich zuständigen Notrufabfragestelle,
3. zum Umfang der von den Netzbetreibern zu erbringenden Notrufleistungsmerkmale für die europaeinheitliche Notrufnummer 112 sowie für die nationalen Notrufnummern, einschließlich der Bereitstellung und Übermittlung der Daten, die zur Ermittlung des Standortes erforderlich sind, von dem die Notrufverbindung ausgeht,
4. zur Bereitstellung und Übermittlung von Daten, die geeignet sind, der Notrufabfragestelle die Verfolgung von Missbrauch des Notrufs zu ermöglichen,
5. zum Herstellen von Notrufverbindungen mittels automatischer Wählgeräte und
6. zu den Aufgaben der Regulierungsbehörde auf den in den Nummern 2 bis 5 aufgeführten Gebieten.

Landesrechtliche Regelungen über Notrufabfragestellen bleiben von den Vorschriften dieses Absatzes insofern unberührt, als sie nicht Verpflichtungen der Netzbetreiber im Sinne von Absatz 1 betreffen.

(3) Die technischen Einzelheiten zu den in Absatz 2 Satz 1 Nr. 2 bis 5 aufgeführten Gegenständen legt die Regulierungsbehörde in einer Technischen Richtlinie fest, die unter Beteiligung der Verbände, der vom Bundesministerium des Innern benannten Vertreter der Betreiber von Notrufabfragestellen und der Hersteller zu erstellen ist. Dabei sind internationale Standards zu berücksichtigen; Abweichungen von den Standards sind zu begründen. Die Technische Richtlinie ist von der Regulierungsbe-

hörde in ihrem Amtsblatt bekannt zu machen. **Die Verpflichteten nach Absatz 1 Satz 2 haben die Anforderungen der Technischen Richtlinie spätestens ein Jahr nach deren Bekanntmachung zu erfüllen, sofern dort für bestimmte Verpflichtungen kein längerer Übergangszeitraum festgelegt ist. Nach dieser Richtlinie gestaltete mängelfreie technische Einrichtungen müssen im Falle einer Änderung der Richtlinie spätestens drei Jahre nach deren Inkrafttreten die geänderten Anforderungen erfüllen.**

Schrifttum: *A. Neumann*, Standortinformationen für Rettungsdienste, MedR 2004, 256; *Scherer*, Die Umgestaltung des europäischen und deutschen Telekommunikationsrechts durch das EU-Richtlinienpaket – Teil III, K&R 2002, 385.

Übersicht

I. Normzweck

1 Zweck der Vorschrift ist es, die bestmöglichen Voraussetzungen dafür zu schaffen, dass im Notfall auf schnellstem Wege mit den Mitteln der Telekommunikation Hilfe herbeigerufen werden kann. Hierfür enthält § 108 Abs. 1 Verpflichtungen für Diensteanbieter und Netzbetreiber. Die detaillierte Verordnungsermächtigung gemäß § 108 Abs. 2 knüpft an den Pflichtenstatus der Netzbetreiber an und dient der Herstellung eines einheitlichen Standards für die Notrufübermittlung. Die Tatsache, dass die Notrufweiterleitung technisch anspruchsvoll und rascher Entwicklung unterworfen ist[1], schlägt sich in § 108 Abs. 3 nieder, wonach die RegTP unter Einbeziehung der näher bezeichneten Betroffenen technische Richtlinien zu erlassen hat. Neue Entwicklungen im Bereich der Internet-Telefonie (Voice over Internet Protocol = VoIP) werden voraussichtlich Änderungen in der Verordnungsermächtigung selbst erforderlich machen.[2]

II. Rechtstatsachen

2 Die Notrufverordnung steht noch aus.

---

1 Begr. zum TKG-E, BT-Drs. 15/2316, S. 91.
2 Auskunft des BMWA, Juni 2005. Zu VoIP siehe *Katko*, Voice-over-IP, CR 2005, 189 ff.

III. Entstehungsgeschichte

§ 108 setzt **Art. 26 URL** um.[3] Dieser löst die Entscheidung des Rates vom 29. 7. 1991 zur   3
Einführung einer einheitlichen europäischen Notrufnummer[4] sowie die bisher in Art. 7
Abs. 3 und 9 Abs. 1 lit. c) und Abs. 2 RL 98/10/EG[5] enthaltenen notrufbezogenen Regelungen ab, die der deutsche Gesetzgeber seinerseits in § 13 TKG a. F. umgesetzt hatte.[6]

Art. 26 URL bringt mehrere Neuerungen gegenüber der bisherigen europarechtlichen   4
Rechtslage[7]:

– Gebührenfrei müssen nicht mehr nur Notrufe für Endnutzer eines öffentlich zugänglichen Telefondienstes sein, sondern auch Notrufe von sämtlichen öffentlichen Telefonstellen. Diese Verpflichtung ist noch dadurch besonders abgesichert, dass sie nunmehr
  und anders als bisher in den Katalog der Universaldienstleistungen aufgenommen worden ist. In Abweichung von § 13 TKG a. F.[8] enthält § 108 Abs. 1 denn auch keine speziellen Regelungen mehr für die Ausstattung von öffentlichen Telefonstellen mit Notrufmöglichkeiten und insbesondere deren Finanzierung. Insoweit gilt nunmehr
  aufgrund von § 78 Abs. 2 Nr. 5 im Falle des Marktversagens das Universaldienstleistungsregime.
– Neu ist des Weiteren, dass nach Maßgabe des technisch Möglichen von den Netzbetreibern im Zusammenhang mit Notrufen Standortdaten zu übermitteln sind.[9] Dem trägt
  § 108 Abs. 1 S. 2 Nr. 2 Rechnung.
– Schließlich werden die Mitgliedstaaten verpflichtet, die Bürger angemessen über Bestehen und Nutzung der einheitlichen europäischen Notrufnummer zu informieren.
  Hierfür bedarf es keiner und enthält das TKG auch keine gesetzliche Regelung.

IV. Einzelerläuterungen

1. Bereitstellungspflicht für Diensteanbieter. – Die Pflicht, unentgeltlich Notrufmög   5
lichkeiten bereitzustellen, trifft sämtliche Erbringer von Telefondiensten und begünstigt alle Endnutzer. Es handelt sich jedoch – abgesehen von der Ausstattung von öffentlichen Telefonstellen mit Notrufmöglichkeiten[10] – nicht um eine Universaldienstleistung, sondern
um eine an die Erbringung von Telefondiensten anknüpfende **Annexpflicht**, die den einzelnen Dienstleister jeweils gegenüber seinen Kunden trifft[11], sofern diese zugleich Endnutzer sind. Zwingend ist die Bereitstellung der einheitlichen europäischen Notrufnummer

---

3 Begr. zum TKG-E, BT-Drs. 15/2316, S. 91.
4 ABl. EG Nr. L 217 v. 6. 8. 1991, S. 31.
5 RL v. 26. 2. 1998, ABl. EG Nr. L 101 v. 1. 4. 1998, S. 24 ff.
6 BeckTKG-Komm/*Schütz*, § 13 RdNr. 3; *Manssen/Manssen*, § 13 RdNr. 1 f.; *Scheurle/Mayen/Ul-
   men*, § 13 RdNr. 1.
7 Siehe dazu *Scherer*, K&R 2002, 385, 392; *Neumann*, MedR 2004, 256.
8 Siehe dazu BeckTKG-Komm/*Schütz*, § 13 RdNr. 12; *Manssen/Manssen*, § 13 RdNr. 6.
9 Ausführlich dazu *Neumann*, MedR 2004, 256 ff. mit Hinweis auf die Empfehlung der Kommission
   vom 25. 7. 2003 zur Übermittlung von Angaben zum Anruferstandort in elektronischen Kommunikationsnetzen an um Standortangaben erweiterte Notrufdienste, 2003/558/EG, ABl. EG Nr. L
   189 v. 29. 7. 2003, S. 49 ff.
10 Siehe RdNr. 4.
11 BeckTKG-Komm/*Schütz*, § 13 RdNr. 4 f.

112. Die Verpflichtung zur Bereitstellung weiterer nationaler Rufnummern wird die Notrufverordnung auf der Grundlage von § 108 Abs. 2 Nr. 1 konkretisieren.

6 **2. Übermittlungspflicht der Netzbetreiber.** – Die Übermittlungspflicht der Netzbetreiber bezieht sich auf die Rufnummer des Anschlusses, von dem der Notruf ausgeht. Ist diese Rufnummer nicht verfügbar – z.B. bei Notrufen von Mobiltelefonen ohne SIM-Karte[12] – ist der Netzbetreiber verpflichtet, ersatzweise andere Daten zu übermitteln. Die Begründung zum Gesetzesentwurf nennt beispielhaft die Gerätenummer von Mobiltelefonen.[13] Im Einzelnen werden die Daten in der Notrufverordnung auf der Grundlage von § 108 Abs. 2 Nr. 4 bestimmt werden.

7 Neu ist die Verpflichtung zur **Übermittlung von Standortdaten**.[14] Der Gesetzgeber hat den europarechtlichen Vorbehalt des technisch Möglichen nicht übernommen, sondern ist offenbar davon ausgegangen, dass in Deutschland die Netzbetreiber technisch zur Übermittlung der Standortdaten in der Lage sind.[15] Datenschutzrechtlich wird die Verpflichtung der Netzbetreiber zur Weitergabe von Standortdaten, bei denen es sich um personenbezogene Daten handelt, durch **§ 98 Abs. 3**[16] abgesichert.

8 Die örtlich zuständige **Notrufabfragestelle** bestimmt sich nach Landesrecht.[17] In der Regel sind als solche in den Rettungs(dienst)gesetzen die Kreise und kreisfreien Städte benannt.[18]

9 **3. Verordnungsermächtigung.** – Ermächtigt und federführend zuständig für den Erlass der Notrufverordnung ist das **BMWA**, in dessen Zuständigkeit das Telekommunikationswesen fällt. Einvernehmen, das heißt Zustimmung, ist herzustellen mit dem **BMI** und dem **BMGS**. Die Einbeziehung des BMI hat ihren Grund darin, dass Notrufe in engem sachlichen Zusammenhang stehen mit der inneren Sicherheit, für die auf Bundesebene das BMI zuständig ist, dem insoweit insbesondere eine Koordinationsfunktion zwischen den primär zuständigen Ländern zukommt.[19] Die Mitsprache des BMGS ist Folge davon, dass das Rettungswesen, soweit dafür Bundeskompetenzen bestehen, in seinen Zuständigkeitsbereich gehört. Der Erlass der Rechtsverordnung verlangt schließlich die Zustimmung des **Bundesrates**. Dies ist Folge von Art. 80 Abs. 2 GG in der Variante „Grundsätze der Benutzung der Einrichtungen der Telekommunikation", die spezieller ist gegenüber der tatbestandlich ebenfalls erfüllten Variante „Rechtsverordnungen auf Grund von Bundesgesetzen, die der Zustimmung des Bundesrates bedürfen". Die Zustimmungsbedürftigkeit des TKG folgt aus Art. 87f Abs. 1 GG.

10 Die Ermächtigung umfasst die Festlegung der zusätzlichen nationalen Notrufnummern (Nr. 1), Einzelheiten der Herstellung von Notrufverbindungen (Nr. 2 und 5) sowie der Übermittlung von Notrufen (Nr. 3) einschließlich der Missbrauchsabwehr (Nr. 5), schließlich die Aufgaben der RegTP in Bezug auf die Nrn. 2–5 (Nr. 6). Damit ist der Inhalt der Notrufverordnung mit der nach Art. 80 Abs. 1 GG erforderlichen **Bestimmtheit** determi-

---

12 Begr. zum TKG-E, BT-Drs. 15/2316, S. 91.
13 Begr. zum TKG-E, BT-Drs. 15/2316, S. 91.
14 Siehe oben RdNr. 4 m. w. N.
15 Zu Problemen bei der Internettelefonie (Voice over IP) siehe www.regtp.de.
16 Dazu § 98 RdNr. 13.
17 Begr. zum TKG-E, BT-Drs. 15/2316, S. 91.
18 *Manssen/Manssen*, § 13 RdNr. 5.
19 Begr. zum TKG-E, BT-Drs. 15/2316, S. 91.

niert. Zweck und Ausmaß der Ermächtigung ergeben sich aus § 108 Abs. 1 S. 2 sowie Abs. 2 S. 2. Diese Regelungen verdeutlichen, dass es darum geht, die Pflichten der Netzbetreiber unter Wahrung der Zuständigkeiten der Länder für die Einrichtung und Organisation der Notrufabfragestellen im Interesse eines effektiven Notrufsystems zu konkretisieren und zu standardisieren.

4. Technische Richtlinie der Regulierungsbehörde. – Die schnellstmögliche Weiterlei- 11 tung von Notrufen an die örtlich zuständige Notrufabfragestelle ist mit zahlreichen technischen Einzelproblemen behaftet.[20] Diese durch Standardisierung zu lösen, ist der RegTP übertragen. Sie hat dabei die Verbände – etwa der Verbraucher, der Telekommunikationsunternehmen und der Dienstleister im Rettungswesen –, die Hersteller von Notrufeinrichtungen sowie Vertreter der Betreiber von Notrufabfragestellen, die gemäß seiner Koordinierungsfunktion des BMI benennt, zu beteiligen.[21] Dies stellt die Bündelung des erforderlichen Sachverstandes ebenso sicher wie die Ermittlung der Interessen. Die RegTP hat sich an internationalen Standards, wie sie etwa von der ETSI gesetzt werden, zu orientieren. Abweichungen lösen eine Begründungspflicht aus. Die Technische Richtlinie ist im Amtsblatt bekanntzumachen.

Nach der Bekanntmachung haben die Netzbetreiber ein Jahr Zeit, um den Anforderungen 12 nachzukommen. Die knapp erscheinende Frist erklärt sich daraus, dass die betroffene Wirtschaft bereits bei der Erarbeitung der Richtlinie beteiligt wird. Abweichungen hiervon können in der Richtlinie geregelt werden. Für Einrichtungen, die einwandfrei nach den Anforderungen der Richtlinie gestaltet worden sind, genießen die Netzbetreiber einen dreijährigen **Bestands-** und damit **Investitionsschutz**. Auch insoweit wird die Änderung der Richtlinie wiederum Ausnahmen enthalten dürfen. Der in § 13 Abs. 2 S. 3 TKG a. F. enthaltene Anspruch auf Vergütung für technische Einrichtungen zum Zweck der Notrufübermittlung in öffentlichen Telefonstellen ist entfallen. Insoweit handelt es sich nunmehr um eine Universaldienstleistung.[22]

---

20 *Neumann*, MedR 2004, 256, 257.
21 Siehe auch Art. 33 URL zur Anhörung Betroffener.
22 Siehe oben RdNr. 4.

§ 109 Technische Schutzmaßnahmen

(1) Jeder Diensteanbieter hat angemessene technische Vorkehrungen oder sonstige Maßnahmen zum Schutze

1. des Fernmeldegeheimnisses und personenbezogener Daten und
2. der Telekommunikations- und Datenverarbeitungssysteme gegen unerlaubte Zugriffe

zu treffen.

(2) Wer Telekommunikationsanlagen betreibt, die dem Erbringen von Telekommunikationsdiensten für die Öffentlichkeit dienen, hat darüber hinaus bei den zu diesem Zwecke betriebenen Telekommunikations- und Datenverarbeitungssystemen angemessene technische Vorkehrungen oder sonstige Maßnahmen zum Schutze gegen Störungen, die zu erheblichen Beeinträchtigungen von Telekommunikationsnetzen führen, und gegen äußere Angriffe und Einwirkungen von Katastrophen zu treffen. Dabei sind der Stand der technischen Entwicklung sowie die räumliche Unterbringung eigener Netzelemente oder mitbenutzter Netzteile anderer Netzbetreiber zu berücksichtigen. Bei gemeinsamer Nutzung eines Standortes oder technischer Einrichtungen hat jeder Betreiber der Anlagen die Verpflichtungen nach Abs. 1 und Satz 1 zu erfüllen, soweit bestimmte Verpflichtungen nicht einem bestimmten Betreiber zugeordnet werden können. Technische Vorkehrungen und sonstige Schutzmaßnahmen sind angemessen, wenn der dafür erforderliche technische und wirtschaftliche Aufwand in einem angemessenen Verhältnis zur Bedeutung der zu schützenden Rechte und zur Bedeutung der zu schützenden Einrichtungen für die Allgemeinheit steht.

(3) Wer Telekommunikationsanlagen betreibt, die dem Erbringen von Telekommunikationsdiensten für die Öffentlichkeit dienen, hat einen Sicherheitsbeauftragten oder eine Sicherheitsbeauftragte zu benennen und ein Sicherheitskonzept zu erstellen, aus dem hervorgeht,

1. welche Telekommunikationsanlagen eingesetzt und welche Telekommunikationsdienste für die Öffentlichkeit erbracht werden,
2. von welchen Gefährdungen auszugehen ist und
3. welche technischen Vorkehrungen oder sonstigen Schutzmaßnahmen zur Erfüllung der Verpflichtungen aus Abs. 1 und 2 getroffen oder geplant sind.

Das Sicherheitskonzept ist der Regulierungsbehörde unverzüglich nach Aufnahme der Telekommunikationsdienste vom Betreiber vorzulegen, verbunden mit einer Erklärung, dass die darin aufgezeigten technischen Vorkehrungen und sonstigen Schutzmaßnahmen umgesetzt sind oder unverzüglich umgesetzt werden. Stellt die Regulierungsbehörde im Sicherheitskonzept oder bei dessen Umsetzung Sicherheitsmängel fest, so kann sie vom Betreiber deren unverzügliche Beseitigung verlangen. Sofern sich die dem Sicherheitskonzept zu Grunde liegenden Gegebenheiten ändern, hat der Betreiber das Konzept anzupassen und der Regulierungsbehörde unter Hinweis auf die Änderungen erneut vorzulegen. Die Sätze 1 bis 4 gelten nicht für Betreiber von Telekommunikationsanlagen, die ausschließlich dem Empfang oder der Verteilung von Rundfunksignalen dienen. Für Sicherheitskonzepte, die der Regulierungsbehörde auf der Grundlage des § 87 des Telekommunikationsgesetzes vom 25. 7. 1996 (BGBl. I S. 1120) vorgelegt wurden, gilt die Verpflichtung nach Satz 2 als erfüllt.

Schrifttum: *Halle*, Wem hilft der Katalog der Sicherheitsanforderungen gemäß § 87 TKG?, RDV 1998, 102; *Helf*, Sicherheit in der Telekommunikation als Regulierungsaufgabe, CR 1997, 331; *Hoeren*, Recht der Access-Provider, 2004; *Königshofen*, Neue rechtliche Anforderungen an die Sicherheit, den Datenschutz und die Telekommunikationsüberwachung für Betriebe und Behörden, RTkom 1999, 138; *Martina*, Das Fernmeldeanlagengesetz nach der Postreform II, ArchivPT 1995, 105; *Zimmer*, Wireless LAN und das Telekommunikationsrecht, CR 2003, 893.

Übersicht

I. Normzweck, Entstehungsgeschichte und europarechtliche Grundlagen

1 § 109 soll dem hohen Rang des Fernmeldegeheimnisses und des Datenschutzes sowie der großen infrastrukturellen Bedeutung der Telekommunikation Rechnung tragen. Dementsprechend verpflichtet die Vorschrift alle Diensteanbieter zu **Maßnahmen zum Schutze** des Fernmeldegeheimnisses und personenbezogener Daten und der Telekommunikations- und Datenverarbeitungssysteme vor unerlaubten Zugriffen. Darüber hinaus werden Betreiber von Telekommunikationsanlagen, die dem Erbringen von Telekommunikationsdiensten für die Öffentlichkeit dienen, zu Maßnahmen zum Schutze gegen erhebliche Störungen, gegen äußere Angriffe und Einwirkungen von Katastrophen verpflichtet. Wie schon seine Vorläufernorm, § 87 TKG a. F.[1], setzt § 109 die sich aus Art. 87f Abs. 1 GG ergebenden Verpflichtung des Bundes um, im Bereich der Telekommunikation flächendeckend angemessene und ausreichende Dienstleistungen zu gewährleisten.

2 Schon bei den Beratungen zum TKG a. F. hielt der Gesetzgeber den Erlass einer Vorschrift zu technischen Schutzmaßnahmen wegen des hohen Ranges des Fernmeldegeheimnisses und der großen infrastrukturellen Bedeutung der Telekommunikation für geboten.[2] Gleichwohl war schon die Vorläufernorm starker Kritik ausgesetzt, da zum einen Überschneidungen mit dem PTSG und anderen, untergesetzlichen Regelungen (PTZSV, TKSiV) bestehen sollen[3] – was aber allenfalls für § 87 Abs. 1 Nr. 4 TKG a. F. zutreffend war.[4] Zum anderen wurde die Vorschrift als entbehrlich angesehen, da Telekommunikationsanbieter die gefor-

---

1 BeckTKG-Komm/*Ehmer*, § 87 RdNr. 2.
2 BT-Drs. 13/3609, S. 54.
3 BeckTKG-Komm/*Ehmer*, § 87 RdNr. 10; *Manssen/Haß*, § 87 TKG RdNr. 2.
4 *Trute/Spoerr/Bosch*, § 87 RdNr. 4; „Schutzzwecküberlappung unschädlich": *Scheurle/Mayen/Zerres*, § 87 RdNr. 4.

derten Maßnahmen im eigenen wirtschaftlichen Interesse ohnehin umsetzen würden.[5] Wegen des großen Umfanges des verpflichteten Personenkreises und des besonderen Ausmaßes der Verpflichtungen (insbesondere die Versorgung in Notsituationen) sah sich § 87 TKG a. F. verfassungsrechtlichen Einwänden ausgesetzt.[6] Auf der anderen Seite sah man diese Vorschrift wegen Verpflichtung zur Wahrung des Fernmeldegeheimnisses und zum Datenschutz als notwendig an, um Erosionen im Schutzniveau auf Grund von rein wirtschaftlichen Erwägungen zu vermeiden.[7] Dies gilt auch für § 109. Wer allein auf die Selbstregulierung des Marktes vertraut, der reißt insbesondere für die Rechtsgüter der Nr. 1 nicht hinnehmbare Schutzlücken auf. Die durch die Neufassung der Vorschrift erfolgte Differenzierung bei den Verpflichteten hat den vormals bestehenden Bedenken zumindest teilweise die Grundlage entzogen, wenngleich bestimmte Probleme – so der Begriff der Angemessenheit[8] der zu entfaltenden Schutzmaßnahmen – fortbestehen (s. u. RdNr. 12 f.).

Historisch folgt die Vorschrift § 87 TKG a. F. nach, der den bis dahin geltenden § 10 a **3** FAG[9] ablöste. Die früher in § 87 Abs. 3 TKG a. F. enthaltene Ermächtigung zum Erlass einer Verordnung zur näheren Regelung der Verpflichtungen ist entfallen, da von dieser nach der Begründung des Regierungsentwurfes kein Gebrauch gemacht worden ist.[10] Gegenüber § 87 Abs. 1 des TKG a. F., der alle Betreiber betraf, wurden die Verpflichtungen von § 109 unterteilt in grundlegende Verpflichtungen, die jeder Diensteanbieter zu beachten hat, und in ergänzende Verpflichtungen, die nur die Betreiber von Telekommunikationsanlagen betreffen, mit denen Telekommunikationsdienste für die Öffentlichkeit erbracht werden.[11] Damit sollten die teilweise hinsichtlich der unterschiedlichen Schutzziele bestehenden, übermäßigen Anforderungen an einzelne Betreiber abgemildert werden.[12] Knüpfte der § 87 Abs. 2 TKG a. F. das Erfordernis, einen Sicherheitsbeauftragten zu benennen und ein Sicherheitskonzept aufzustellen, an den Begriff der Lizenzierung an, nennt § 109 den Kreis der dazu verpflichteten Betreiber in Abs. 3 ausdrücklich und begrenzt ihn auf die Betreiber von Telekommunikationsanlagen, mit denen Telekommunikationsdienste für die Öffentlichkeit erbracht werden.[13] Bisher lizenzpflichtige Betreiber (insbesondere corporate networks) wurden aus der bestehenden Haftung entlassen.[14] Wurde der Zeitpunkt für die Vorlage des Sicherheitskonzepts unter den Voraussetzungen des § 87 TKG a. F. in der Lizenz geregelt, musste mit Wegfall dieser Möglichkeit eine unmittelbare gesetzliche Regelung gefunden werden. § 109 Abs. 3 S. 2 legt nun fest, dass der Verpflichtete der RegTP das Konzept künftig unverzüglich nach Betriebsaufnahme vorzulegen hat.[15] Das nach § 87

---

5 BeckTKG-Komm/*Ehmer*, § 87 RdNr. 8 ff.
6 Vgl ausf. *Manssen/Haß*, § 87 TKG RdNr. 6 ff.; dagegen *Trute/Spoerr/Bosch*, § 87 RdNr. 4; *Scheurle/Mayen/Zerres*, § 87 RdNr. 2.
7 *Wiechert/Schmidt/Königshofen/Königshofen/Schmidt*, § 87 RdNr. 2; ähnlich *Scheurle/Mayen/Zerres*, § 87 RdNr. 2.
8 Vgl dazu *Manssen/Haß*, § 87 RdNr. 9.
9 Dazu *Martina*, ArchivPT 1995, 105, 107.
10 Vgl. BT-Drs. 15/2316, S. 91.
11 Vgl. BT-Drs. 15/2316, S. 91 f.
12 Vgl. BT-Drs. 15/2316, S. 91.
13 Vgl. BT-Drs. 15/2316, S. 92.
14 Ibid.
15 Ibid.

Abs. 1 S. 3 bis 5 TKG a. F. eingerichtete Verfahren, einen Sicherheitskatalog[16] mit Empfehlungscharakter[17] zu erstellen, ist entfallen.

4   Die **europarechtliche** Vorgabe für § 109 findet sich in Art. 4 DRL. Danach müssen die Mitgliedstaaten alle Betreiber eines öffentlich zugänglichen elektronischen Kommunikationsdienstes verpflichten, geeignete technische und organisatorische Maßnahmen zu ergreifen, um die Sicherheit ihrer Dienste zu gewährleisten. Die Sicherheit wird dabei unter Berücksichtigung des Art. 17 der Richtlinie 95/46/EG bewertet.[18] Der personale Anwendungsbereich der DRL ist enger als der von § 109, nach dem jeder Diensteanbieter zu Schutzmaßnahmen verpflichtet ist. Wer selbst keine Anlage betreibt, hat die Sicherheit erforderlichenfalls zusammen mit dem Betreiber des öffentlichen Kommunikationsnetzes zu gewährleisten. Diese Maßnahmen müssen unter Berücksichtigung des Standes der Technik und der Kosten ihrer Durchführung ein Sicherheitsniveau gewährleisten, das angesichts des bestehenden Risikos angemessen ist.

5   Darüber hinaus sollen nach der Richtlinie die **Teilnehmer** über besondere Risiken der Beeinträchtigung der Netzsicherheit **unterrichtet** werden. Diese Verpflichtung bestand schon nach Art. 4 der RL 97/66/EG. Genauso wie im § 87 TKG a. F. findet sie im § 109 keine ausdrückliche Erwähnung. Aber § 109 Abs. 1 beschränkt die Schutzvorkehrungen des Diensteanbieters nicht auf technische Einrichtungen. Vielmehr hat er auch sonstige Maßnahmen zu treffen. Kann den besonderen Risiken nicht allein auf Seiten des Diensteanbieters vorgebeugt werden, ist eine Unterrichtung der Teilnehmer in richtlinienkonformer Auslegung als eine sonstige Maßnahme anzusehen und vorzunehmen. Dies entbindet den Diensteanbieter jedoch nicht davon, auf eigene Kosten unverzüglich geeignete Maßnahmen zu treffen, um einem neuen, bisher nicht vorhergesehenen Sicherheitsrisiko vorzubeugen und den normalen Sicherheitsstandard des Dienstes wiederherzustellen.[19]

II. Einzelheiten

6   **1. Gewährleistung von Standardsicherheit (Abs. 1). – a) Adressatenkreis.** – Im Unterschied zu § 87 TKG a. F. verpflichtet § 109 Abs. 1 nicht nur Betreiber von Telekommunikationsanlagen, sondern jeden **Diensteanbieter.** Darunter fallen nach § 3 Nr. 6b auch all diejenigen, die an der Erbringung von Telekommunikationsdiensten lediglich mitwirken. Angesprochen sind z. B. auch Wiederverkäufer, die für ihre Kundenverwaltung und ihr Rechnungswesen Daten erheben und verwenden.[20] Soweit diese keine Anlagen betreiben, beschränkt sich ihre Verpflichtung nur auf § 109 Abs. 1 Satz 1 Nr. 1.[21]

7   **b) Schutzziele.** – § 109 Abs. 1 verlangt, technische Vorkehrungen oder sonstige Maßnahmen zu treffen, zum Schutze des Fernmeldegeheimnisses und personenbezogener Daten (Nr. 1) und zum Schutze der Telekommunikations- und Datenverarbeitungssysteme gegen unerlaubte Zugriffe (Nr. 2). Während § 109 Abs. 1 Nr. 1 vor allem dem Inhalt und den Umständen des Fernmeldeverkehrs[22] die Vertraulichkeit sichern will, dient die Verpflichtung

---

16 Vgl. Bundesanzeiger Nr. 208 a v. 7. November 1997.
17 *Manssen/Haß*, § 87 RdNr. 14.
18 Vgl. Erwägungsgrund Nr. 20 DRL.
19 Vgl. Erwägungsgrund Nr. 20 DRL.
20 Ibid.
21 Ibid.
22 Näher: § 88 RdNr. 11 ff., 14 ff.

nach Nr. 2 zudem dazu, den störungsfreien, nicht fremdbeeinflussten Betrieb zu gewähr-leisten (vgl. w. § 109 Abs. 2).[23]

Abs. 1 konkretisiert in technischer und organisatorischer Hinsicht die inhaltlichen Anfor- **8** derungen der sich aus § 88 Abs. 2 für den Diensteanbieter ergebenden Verpflichtung, das Fernmeldegeheimnis zu wahren, und die aus den §§ 92 ff. i.V.m. dem BDSG, insbesondere dem § 9 BDSG, folgenden Gebote des Datenschutzes. Die Diensteanbieter haben dabei nicht nur vor äußerer Einwirkungen (z.B. „Hacker") zu schützen, sondern auch vor eigen-mächtigen Einflussnahmen ihrer Mitarbeiter.[24]

Neben dem Schutz der in Nr. 1 genannten Rechtsgüter will § 109 Abs. 1 Nr. 2 dafür Sorge **9** tragen, dass der Betrieb der Telekommunikationssysteme nicht durch innere oder äußere Einwirkungen gestört wird. Zwar wird jeder Betreiber einer Telekommunikationsanlage i.d.R. schon aus wirtschaftlichem Eigeninteresse die notwendigen Maßnahmen ergreifen. Angesichts des damit einhergehenden erheblichen finanziellen Aufwandes wird der Schutz des Fernmeldegeheimnisses und der personenbezogenen Daten jedoch nicht stets mit den wirtschaftlichen Zielsetzungen problemlos in Einklang stehen, so dass es einer ausdrückli-chen Verpflichtung bedarf. Im Unterschied zu § 87 TKG a.F. hat der Betreiber einer Tele-kommunikationsanlage nicht nur programmgesteuerte Systeme von störenden Einwirkun-gen freizuhalten.[25] Seine Pflicht erstreckt sich auch darauf, Manipulationen an Endeinrich-tungen und Hausverteileranlagen zu unterbinden, die zu dem Zweck geschehen, Telekom-munikation auf Kosten Dritter durchzuführen.

c) Umfang der Schutzmaßnahmen. – Abs. 1 verlangt angemessene technische Vorkeh- **10** rungen oder sonstige **Maßnahmen.** Technische Vorkehrungen sind alle Maßnahmen, die sich auf die Funktionsweise der Anlagen beziehen.[26] Zu den sonstigen Maßnahmen zählen insbesondere Organisations- und Kontrollvorkehrungen[27], aber auch vertragliche Absiche-rungen.[28] Hierbei ist u.a. an die Einrichtung von Zugangskontrollen für sensible Bereiche, von Zugriffsbeschränkungen auf Datenbestände und an die Schulung der Mitarbeiter zu denken.[29] Schließlich sind, soweit erforderlich, auch Sicherheitshinweise an die Teilnehmer zu erteilen (s.o. RdNr. 4).

Der Umfang der **technischen Schutzmaßnahmen** wird durch § 109 nicht bestimmt. Die **11** Verpflichtung umfasst jedoch nur Systeme, die für das geschäftsmäßige Erbringen von Te-lekommunikationsdienstleistungen genutzt werden, nicht auch andere Systeme des Diens-teanbieters, beispielsweise diejenigen der Personalverwaltung.[30] Soweit Bestandsdaten be-troffen sind, ist der Diensteanbieter nicht zu strengeren Schutzmaßnahmen verpflichtet als denjenigen, die sich namentlich aus § 9 BDSG ergeben.[31]

---

23 *Geppert/Ruhle/Schuster*, RdNr. 597 zum Katalog des § 87 Abs. 1 TKG a.F.
24 *Wiechert/Schmidt/Königshofen/Königshofen/Schmidt*, § 87 TKG RdNr. 6; *Scheurle/Mayen/Zer-res*, § 87 RdNr. 11.
25 Vgl. diesbezüglich noch anders bei § 87 TKG a.F.: *Scheurle/Mayen/Zerres*, § 87 RdNr. 15.
26 *Scheurle/Mayen/Zerres*, § 87 RdNr. 16.
27 BeckTKG-Komm/*Ehmer*, § 87 RdNr. 18; *Geppert/Ruhle/Schuster*, RdNr. 603.
28 *Königshofen*, RTkom 1999, 140.
29 *Wiechert/Schmidt/Königshofen/Königshofen/Schmidt*, § 87 RdNr. 9.
30 *Büllesbach/Königshofen*, S. 168.
31 BeckTKG-Komm/*Ehmer*, § 87 RdNr. 25; *Wiechert/Schmidt/Königshofen/Königshofen/Schmidt*, § 87 TKG RdNr. 10; *Hoeren*, RdNr. 130 ff.

12 Die technischen Vorkehrungen und Schutzmaßnahmen müssen **angemessen** sein. Hierfür lässt sich aus § 109 Abs. 2 S. 4 ein allgemeiner Rechtsgedanke gewinnen. Nach dieser Vorschrift ist der erforderliche technische und wirtschaftliche Aufwand in ein angemessenes Verhältnis zur Bedeutung der zu schützenden Rechte und zur Bedeutung der zu schützenden Einrichtungen für die Allgemeinheit zu setzen. Diese Pflicht haben freilich nur diejenigen, die Telekommunikationsanlagen betreiben, die der Erbringung von Telekommunikationsdiensten für die Öffentlichkeit dienen. Wegen dieses Bezuges zur Öffentlichkeit stellt § 109 Abs. 2 S. 4 die Bedeutung dieser Einrichtungen für die Allgemeinheit auf die gleiche Stufe mit der Bedeutung der zu schützenden Rechte. Dies ist aber bei Abs. 1 nicht erforderlich. Folglich sind hier die zu schützenden Rechte vorrangig. Nach diesem Rechtsgedanken kommt es nicht primär auf das Ausmaß der Gefährdung der Rechtsgüter im Einzelfall an.[32] Vielmehr ist auf die Bedeutung der Rechtsgüter, folglich ihr generelles Rangverhältnis abzustellen. Daraus folgt, dass der Schutz des Fernmeldegeheimnisses an der Spitze steht[33], während der Schutz personenbezogener Daten und der Integrität der Anlagen lediglich in dem im Wirtschaftsleben allgemein erforderlichen Maß zu berücksichtigen ist.

13 Bei der Feststellung der Angemessenheit ist auch auf die wirtschaftlichen Interessen der Diensteanbieters Rücksicht zu nehmen. Von ihm kann nicht jede mögliche Schutzmaßnahme verlangt werden, um jede noch so kleine, eher unwahrscheinliche Gefährdung auszuschließen.[34] Eine absolute Sicherheit kann nicht erwartet werden.[35] Das Gesetz verlangt auch nicht, den jeweiligen **Stand der technischen Entwicklung** um jeden Preis einzusetzen. Dieser ist, wie § 109 Abs. 2 formuliert, lediglich **zu berücksichtigen** (vgl. RdNr. 18). Gleichwohl ist der Diensteanbieter auf jeden Fall gehalten, ein Schutzniveau zu gewährleisten, dass realistische Gefahren für die Schutzgüter ausschließt. Allein das Wissen des Nutzers um bekannte Sicherheitslücken entbindet den Verpflichteten jedoch nicht, erforderliche, mögliche und zumutbare Schutzmaßnahmen zu ergreifen.[36]

14 **2. Erhöhte Sicherheitsanforderungen (Abs. 2). – a) Persönlicher und sachlicher Anwendungsbereich. –** § 109 Abs. 2 richtet sich in **persönlicher Hinsicht** nur an diejenigen, die Telekommunikationsanlagen betreiben. Der Begriff des Betreibens definiert das Gesetz nicht. Aus der Zusammenschau der Vorschriften des TKG, die den Begriff des „Betreibens" verwenden, lässt sich jedoch entnehmen, dass Betreiben i. S. d. Vorschrift zunächst das Innehaben einer Funktionsherrschaft, also das Ausüben einer tatsächlichen und rechtlichen Kontrolle über Telekommunikationsanlagen bedeutet.[37] Zur Funktionsherrschaft gehört des Weiteren die Möglichkeit eigenverantwortlicher Entscheidung darüber, ob eine Telekommunikationsanlage in Betrieb geht, in Betrieb bleibt oder außer Betrieb gesetzt wird.[38] Schließlich lässt sich von einem Betreiben einer Anlage erst sprechen, wenn diese nicht nur errichtet, sondern wenn sie auch betriebsfähig ist. Jedenfalls muss ihre Inbetriebnahme unmittelbar bevorstehen, wobei es gerade darauf ankommt, dass mit ihr Telekom-

---

32 So *Manssen/Haß*, § 87 RdNr. 9.

33 BeckTKG-Komm/*Ehmer*, § 87 RdNr. 24.

34 *Wiechert/Schmidt/Königshofen/Königshofen/Schmidt*, § 87 TKG RdNr. 11.

35 *Helf*, CR 1997, 333.

36 *Scheurle/Mayen/Zerres*, § 87 RdNr. 11; a. A. wohl BeckTKG-Komm/*Ehmer*, § 87 RdNr. 24.

37 *Geppert/Ruhle/Schuster*, RdNr. 599; *Wiechert/Schmidt/Königshofen/Königshofen/Schmidt*, § 87 TKG RdNr. 4.

38 *Wiechert/Schmidt/Königshofen/Königshofen/Schmidt*, § 87 TKG RdNr. 4.

munikationsdienste für die Öffentlichkeit erbracht werden sollen.[39] Nicht erforderlich ist es, dass der **Betreiber** Eigentümer der Anlage ist. Dagegen sind reine Wiederverkäufer ohne eigene Infrastruktur keine Betreiber i. S. v. § 109 Abs. 2.[40]

In **sachlicher Hinsicht** werden nur solche Anlagen erfasst, die dem Erbringen von Tele- 15
kommunikationsdiensten für die Öffentlichkeit dienen[41], d.h. die für die Diensterbringung an einen größeren, im Einzelnen unbestimmten Personenkreis für an einen unbestimmten Personenkreis gerichtete Dienstangebote genutzt werden.

Bei **gemeinsamer Nutzung** eines Standortes oder von technischen Einrichtungen hat jeder 16
Betreiber der Anlage die Verpflichtungen nach § 109 Abs. 1 und Abs. 2 Satz 1 zu erfüllen, soweit bestimmte Verpflichtungen nicht einem bestimmten Betreiber zugeordnet werden können. § 109 Abs. 2 S. 3 trägt dem Umstand Rechnung, dass heutige Telekommunikationsanlagen aus einer Kombination eigener Einrichtungen und mitbenutzter Einrichtungen anderer Betreiber bestehen können und diese Einrichtungen auch räumlich zusammengelegt sein können, was zu einer Kumulation von Risiken führen kann. Die Vorschrift will eine klare Regelung der Haftung für die Fälle gemeinsamer Nutzung von Standorten treffen, in denen zwar die einzelne Anlage für die Allgemeinheit nicht so bedeutsam ist, wohl aber die Gesamtheit der Anlagen aller Betreiber. In Fällen, in denen die Verpflichtung nicht einem bestimmten Betreiber zugeordnet werden kann, ist jeder Betreiber verpflichtet, die erforderlichen Maßnahmen zu treffen.[42]

b) Schutzziele und Schutzumfang. – Ziel der Vorschrift ist es, die Verfügbarkeit von Tele- 17
kommunikationssystemen als zentrale Infrastruktur erhalten. Der **Schutz gegen Störungen**, die zu erheblichen Beeinträchtigungen von Telekommunikationsnetzen führen, umfasst sowohl unmittelbare als auch mittelbare[43] Einwirkungen, nicht nur externe, sondern auch interne[44] Einflüsse.[45] Auch unvorsätzliches Verhalten fällt hierunter. Störungen, die zu erheblichen Beeinträchtigungen führen, liegen vor, wenn die Funktionsfähigkeit der Systeme aufgehoben oder in einem nicht mehr tolerablen Maße eingeschränkt ist.[46] Unter **äußeren Angriffen** sind alle vorsätzlichen menschlichen Einwirkungen[47], insbesondere alle Schäden durch Vandalismus, Terrorismus oder Softwaremanipulation (z.B. durch Hacker) zu verstehen. **Katastrophen** sind nicht beherrschbare Schadensereignisse größeren Ausmaßes, die auf natürliche Ursachen wie Blitzschlag, Feuer, Sturm oder aber auf technisches oder menschliches Versagen zurückzuführen sind.[48]

Der Betreiber hat zur Störungsabwehr technische Vorkehrungen oder sonstige Maßnahmen 18
zu treffen. Dies umfasst einerseits aktive technische Vorrichtungen wie etwa das Bereitstellen von redundanten Systemen oder von Überbrückungsaggregaten für Stromausfälle. Andererseits sind auch passive technische Maßnahmen zu ergreifen, z.B. technisch-physikali-

---

39 *Wiechert/Schmidt/Königshofen/Königshofen/Schmidt*, § 87 RdNr. 4; *Trute/Spoerr/Bosch*, § 87 RdNr. 8; BeckTKG-Komm/*Ehmer*, § 87 RdNr. 17.
40 *Wiechert/Schmidt/Königshofen/Königshofen/Schmidt*, § 87 RdNr. 4.
41 Vgl. BT-Drs. 15/2316, S. 92.
42 Vgl. BT-Drs. 15/2316, S. 92.
43 Z.B. ein Stromausfall.
44 Z.B. ein Organisationsfehler.
45 *Trute/Spoerr/Bosch*, § 87 RdNr. 12.
46 *Scheurle/Mayen/Zerres*, § 87 RdNr. 13.
47 *Scheurle/Mayen/Zerres*, § 87 RdNr. 14.
48 Ibid.

sche Schutzmaßnahmen wie der Brandschutz für Gebäude und Räumlichkeiten. Zu den sonstigen Maßnahmen zählen auch Organisations- und Kontrollroutinen.

19 § 109 Abs. 2 S. 2 verpflichtet den Adressaten, den **Stand der technischen Entwicklung zu berücksichtigen.** Nach dem Wortlaut besteht damit keine unmittelbare Bindung an den jeweiligen Stand von Wissenschaft und Technik.[49] Die technischen Schutzmaßnahmen müssen somit nicht zwingend dem aktuellen Stand der technischen Entwicklung entsprechen. Die Adressaten müssen ihn jedoch bei ihren Planungen mit einbeziehen und dort umsetzen, wo dies wegen der Bedeutung des Schutzgutes geboten ist.[50] Schließlich ist auch bei der **räumlichen Unterbringung** eigener Netzelemente oder mitbenutzter Netzteile anderer Netzbetreiber der Schutz vor Störungen, Angriffen oder Katastrophen in Bedacht zu nehmen.

20 Die Maßnahmen nach Satz 1 müssen wie auch bei Abs. 1 **angemessen** sein. Satz 4 legt dabei einen Beurteilungsmaßstab für den geforderten angemessenen Schutz fest[51]: Technische Vorkehrungen und sonstige Schutzmaßnahmen sind angemessen, wenn der dafür erforderliche technische und wirtschaftliche Aufwand in einem angemessenen Verhältnis zur Bedeutung der zu schützenden Rechte und zu dem Stellenwert der zu schützenden Einrichtungen für die Allgemeinheit steht. Danach ist eine durchschnittliche Standardsicherheit zu gewährleisten, welche die Funktionsfähigkeit der Infrastruktur gegenüber den üblicherweise zu erwartenden Gefährdungen garantiert. Weder wird verlangt, auch gegen sehr unwahrscheinliche Störungen Vorsorge zu treffen, noch ist es geboten, eine Sicherheitsgarantie zu geben, die das übliche Maß übersteigt.[52]

21 **3. Sicherheitsbeauftragter und Sicherheitskonzept (Abs. 3).** – § 109 Abs. 3 verpflichtet jeden, der Telekommunikationsanlagen betreibt, die dem Erbringen von Telekommunikationsdiensten für die Öffentlichkeit dienen, einen Sicherheitsbeauftragten zu benennen und ein Sicherheitskonzept zu erstellen. Durch diese Institutionalisierung einer betriebsinternen Kontrolle soll die Eigenverantwortung gestärkt werden, um die Sensibilität für die sicherheitsrelevanten Aspekte zu erhöhen.[53]

22 **a) Persönlicher Anwendungsbereich.** – Der persönliche Anwendungsbereich von § 109 Abs. 3 entspricht grundsätzlich dem des Abs. 2. Freilich gelten die S. 1 bis 4 nicht für Betreiber von Telekommunikationsanlagen, die ausschließlich dem Empfang oder der Verteilung von Rundfunksignalen dienen, § 109 Abs. 3 S. 5. Für Sicherheitskonzepte, die der Regulierungsbehörde auf der Grundlage des § 87 TKG a. F. vorgelegt wurden, gilt die Verpflichtung nach Satz 2 als erfüllt, § 109 Abs. 3 S. 6. Damit wird die bisherige Verfahrensweise fortgeschrieben, bei der auf die Vorlage eines Sicherheitskonzeptes für diejenigen Telekommunikationsanlagen verzichtet wurde, die ausschließlich dem Empfang oder der Verteilung von Rundfunksignalen dienten (Regelung in der Lizenz).[54]

23 **b) Sicherheitsbeauftragter.** – § 109 Abs. 3 S. 1 verlangt lediglich die Bestellung eines Sicherheitsbeauftragten, enthält aber – wie auch das TKG insgesamt – keine weitergehenden Regelungen. Im Gegensatz zum Bundesdatenschutzgesetz, das Anforderungen an die

---

49 *Trute/Spoerr/Bosch*, § 87 RdNr. 14.
50 *Wiechert/Schmidt/Königshofen/Königshofen/Schmidt*, § 87 TKG RdNr. 11.
51 Vgl. BT-Drs. 15/2316, S. 92.
52 *Trute/Spoerr/Bosch*, § 87 RdNr. 14.
53 *Trute/Spoerr/Bosch*, § 87 RdNr. 16.
54 Vgl. BT-Drs. 15/2316, S. 92.

Form der Bestellung[55], an die Sachkunde und Zuverlässigkeit, die Möglichkeit der Bestellung betriebsfremder Personen[56] und die Einbindung in die Organisation der betreffenden Stelle[57] ausspricht, besteht hier eine weitgehende Gestaltungsfreiheit für den Verpflichteten. Eine analoge Anwendung der Regelungen des BDSG zum Datenschutzbeauftragten scheidet aus. Es fehlt an der Vergleichbarkeit.[58] Im Unterschied zum Datenschutzbeauftragen bedarf der Sicherheitsbeauftragte keiner herausgehobenen organisatorischen Stellung. Während jener vorrangig die Interessen der von der Datenverarbeitung Betroffenen im Auge hat, ist die Sicherung der Telekommunikations- und Datenverarbeitungssysteme vornehmlich ein Eigeninteresse des Betreibers. Gleichwohl bestehen zwischen dem Aufgabenkreis eines betrieblichen Datenschutzbeauftragten und dem des Sicherheitsbeauftragten keine Konfliktfelder. Es ist daher unbedenklich, den **Beauftragten für den Datenschutz auch zum Sicherheitsbeauftragten** zu ernennen.[59] Nicht selten wird dies sogar zweckmäßig sein, da dies zumeist ein Mindestmaß an persönlicher und fachlicher Qualifikation gewährleistet.[60] Füllt jemand beide Ämter aus, dann ist hinsichtlich seiner Kompetenzen und Befugnisse jeweils nach dem zu überwachenden Sachzusammenhang zu unterscheiden. Die Kompetenzen aus dem BDSG[61], insbesondere die des § 4g BDSG, bestehen nur zum Zwecke des Datenschutzes.

Aus den Kontrollrechten der RegTP für das Sicherheitskonzept nach § 109 Abs. 3 S. 2–4. **24** folgt keine Befugnis, auch Auswahl, Ernennung, Kompetenz und Tätigkeit des Sicherheitsbeauftragten zu überwachen. Zum einen lässt der Wortlaut eine solche Ableitung nicht ausdrücklich erkennen, zum anderen enthielten schon die Gesetzgebungsmaterialien zur Vorläufernorm keinen Hinweis darauf, dass eine solche Kontrolle gewollt ist.[62] Der Regierungsentwurf lässt gleichfalls einen solchen Hinweis vermissen. Zwar ist ein Sicherheitsbeauftragter Bestandteil der Sicherheitsmaßnahmen und damit Teil der Gesamtkonzeption der Sicherheit, jedoch kein formaler Bestandteil des gesetzlich geregelten Sicherungskonzeptes.[63] Es obliegt demnach allein dem Verpflichteten, die Aufgaben des Sicherheitsbeauftragten zu gestalten.[64]

c) Sicherheitskonzept. – Neben der Bestellung eines Sicherheitsbeauftragten verlangt die **25** Vorschrift auch die Aufstellung eines Sicherheitskonzeptes. Die dort beschriebenen Maßnahmen soll der Betreiber **möglichst zeitnah**, jedenfalls aber ohne schuldhaftes Zögern **umsetzen**.[65]

§ 109 Abs. 3 S. 2 beschreibt die **formalen und inhaltlichen Anforderungen** an das Si- **26** cherheitskonzept. Es ist **dreistufig** aufzubauen. Auf der ersten Stufe hat eine **Bestandsaufnahme** dahingehen zu erfolgen, welche Telekommunikationsanlagen eingesetzt und wel-

---

55 Vgl. § 4f Abs. 1 BDSG.
56 Vgl. § 4f Abs. 2 BDSG.
57 Vgl. § 4f Abs. 3 BDSG.
58 *Scheurle/Mayen/Zerres*, § 87 RdNr. 29 hält freilich die entsprechende Anwendung für angezeigt.
59 BeckTKG-Komm/*Ehmer*, § 87 RdNr. 34; *Trute/Spoerr/Bosch*, § 87 RdNr. 17; *Scheurle/Mayen/ Zerres*, § 87 RdNr. 29.
60 *Geppert/Ruhle/Schuster*, RdNr. 609.
61 BeckTKG-Komm/*Ehmer*, § 87 RdNr. 34.
62 BeckTKG-Komm/*Ehmer*, § 87 RdNr. 35.
63 BeckTKG-Komm/*Ehmer*, § 87 RdNr. 35; *Scheurle/Mayen/Zerres*, § 87 RdNr. 29.
64 *Manssen/Haß*, § 87 RdNr. 19; BeckTKG-Komm/*Ehmer*, § 87 RdNr. 35.
65 Vgl. BT-Drs. 15/2316, S. 92.

che Telekommunikationsdienste für die Öffentlichkeit erbracht werden (Nr. 1). Von der Bestandsaufnahme sind auch Datenverarbeitungsanlagen i. S. d. Abs. 1 Nr. 2 und Abs. 2 erfasst. Zwar sind diese in Nr. 1 nicht erwähnt, jedoch soll das Konzept, wie sich aus Nr. 3 ergibt, dazu dienen, die Verpflichtungen aus Abs. 1 und 2 zu erfüllen. Dies ist sinnvoll nur möglich, wenn es alle betroffenen Systeme umfasst. § 109 Abs. 3 S. 2 ist insofern nicht glücklich formuliert. Dieses schon zu § 87 TKG a. F. beklagte Redaktionsversehen[66] hat der Gesetzgeber auch in § 109 nicht ausgeräumt.

27   Auf der zweiten Stufe sind die möglichen **Gefährdungen festzustellen** (Nr. 2). Dabei geht es um die in § 109 Abs. 1 u. Abs. 2 aufgeführten Risiken. Auf der dritten Stufe ist darzulegen, welche technischen Vorkehrungen oder sonstigen **Schutzmaßnahmen** getroffen oder geplant sind, um die Verpflichtungen aus Abs. 1 und 2 zu erfüllen (Nr. 3). Dem Konzept ist eine **Erklärung** beizufügen, dass die darin aufgezeigten technischen Vorkehrungen und sonstigen Schutzmaßnahmen umgesetzt sind oder unverzüglich umgesetzt werden.

28   Sofern sich die dem Sicherheitskonzept zu Grunde liegenden Gegebenheiten ändern, verpflichtet § 109 Abs. 3 S. 4 den Betreiber, das Konzept anzupassen und der RegTP unter Hinweis auf die Änderungen erneut vorzulegen. Diese Anforderung konnte schon mittelbar § 87 TKG a. F. entnommen werden.[67] S. 4 verdeutlicht nun ausdrücklich, dass das Abfassen des Sicherheitskonzepts nicht nur ein einmaliger Vorgang bei Inbetriebnahme eines Netzes ist. Vielmehr ist **Überprüfung der Sicherheitsvorkehrungen als kontinuierliche Aufgabe** anzusehen, bei der die Entwicklungen im Netz zu berücksichtigen sind.[68] Daraus folgt freilich nicht, dass jede noch so kleine Modifikation des Sicherheitskonzepts der RegTP sofort vorzulegen ist. Schon der Wortlaut fordert keine unverzügliche Unterrichtung der RegTP. In Anbetracht des Verwaltungsaufwandes wäre dies auch unverhältnismäßig. Abwandlungen des Sicherheitskonzepts sind daher erst dann vorzulegen, wenn sie im Einzelfall besonderes intensiv ausfallen oder aber sich die Gestalt des Konzepts durch die Menge kleinerer Modifikationen erheblich gewandelt hat.[69]

29   Die Vorlagepflicht stellt kein Genehmigungserfordernis dar. Die RegTP soll durch die Unterrichtung lediglich in die Lage versetzt werden, ihre Kontrollaufgabe nach § 109 Abs. 3 S. 3 wahrzunehmen. Wer das Sicherheitskonzept nicht oder nur unter schuldhaftem Zögern vorlegt, begeht eine **Ordnungswidrigkeit** nach § 149 Abs. 1 Nr. 21.[70]

30   § 109 Abs. 3 S. 3 ermöglicht es der RegTP einzugreifen, wenn sie im Sicherheitskonzept oder bei dessen Umsetzung Mängel feststellt. Will sie die Beseitigung von Mängeln erzwingen, hat sie nach § 115 Abs. 2 S. 1 Nr. 2 vorzugehen.[71]

31   § 109 Abs. 3 S. 6 enthält eine **Übergangsvorschrift** für die Fälle, in denen bereits ein Sicherheitskonzept auf Grundlage von § 87 TKG a. F. vorgelegt wurde. Hier bedarf es so lange nicht der Vorlage eines neuen Konzeptes, wie sich die dem Konzept zugrunde liegenden Gegebenheiten nicht verändert haben.

---

66 *Scheurle/Mayen/Zerres*, § 87 RdNr. 30.
67 BeckTKG-Komm/*Ehmer*, § 87 RdNr. 36; *Manssen/Haß*, § 87 RdNr. 21 a. A. zum alten Recht *Scheurle/Mayen/Zerres*, § 87 RdNr. 33; *Geppert/Ruhle/Schuster*, RdNr. 611.
68 Vgl. BT-Drs. 15/2316, S. 92.
69 Vgl. *Trute/Spoerr/Bosch*, § 87 RdNr. 20.
70 Vgl. § 149 RdNr. 7.
71 Vgl. § 115 RdNr. 17 ff.

§ 110 Technische Umsetzung von Überwachungsmaßnahmen

(1) Wer eine Telekommunikationsanlage betreibt, mit der Telekommunikationsdienste für die Öffentlichkeit erbracht werden, hat

1. ab dem Zeitpunkt der Betriebsaufnahme auf eigene Kosten technische Einrichtungen zur Umsetzung gesetzlich vorgesehener Maßnahmen zur Überwachung der Telekommunikation vorzuhalten und organisatorische Vorkehrungen für deren unverzügliche Umsetzung zu treffen,

2. der Regulierungsbehörde unverzüglich nach der Betriebsaufnahme
   a) zu erklären, dass er die Vorkehrungen nach Nr. 1 getroffen hat sowie
   b) eine im Inland gelegene Stelle zu benennen, die für ihn bestimmte Anordnungen zur Überwachung der Telekommunikation entgegennimmt,

3. der Regulierungsbehörde den unentgeltlichen Nachweis zu erbringen, dass seine technischen Einrichtungen und organisatorischen Vorkehrungen nach Nr. 1 mit den Vorschriften der Rechtsverordnung nach Abs. 2 und der Technischen Richtlinie nach Abs. 3 übereinstimmen; dazu hat er unverzüglich, spätestens nach einem Monat nach Betriebsaufnahme,
   a) der Regulierungsbehörde die Unterlagen zu übersenden, die dort für die Vorbereitung der im Rahmen des Nachweises von der Regulierungsbehörde durchzuführenden Prüfungen erforderlich sind, und
   b) mit der Regulierungsbehörde einen Prüftermin für die Erbringung dieses Nachweises zu vereinbaren; bei den für den Nachweis erforderlichen Prüfungen hat er die Regulierungsbehörde zu unterstützen,

4. der Regulierungsbehörde auf deren besondere Aufforderung im begründeten Einzelfall eine erneute unentgeltliche Prüfung seiner technischen und organisatorischen Vorkehrungen zu gestatten sowie

5. die Aufstellung und den Betrieb von Geräten für die Durchführung von Maßnahmen nach den §§ 5 und 8 des Art. 10-Gesetzes in seinen Räumen zu dulden und Bediensteten der für diese Maßnahmen zuständigen Stelle sowie den Mitgliedern und Mitarbeitern der G 10-Kommission (§ 1 Abs. 2 des Art. 10-Gesetzes) Zugang zu diesen Geräten zur Erfüllung ihrer gesetzlichen Aufgaben zu gewähren.

Wer Telekommunikationsdienste für die Öffentlichkeit erbringt, ohne hierfür eine Telekommunikationsanlage zu betreiben, hat sich bei der Auswahl des Betreibers der dafür genutzten Telekommunikationsanlage zu vergewissern, dass dieser Anordnungen zur Überwachung der Telekommunikation unverzüglich nach Maßgabe der Rechtsverordnung nach Abs. 2 und der Technischen Richtlinie nach Abs. 3 umsetzen kann und der Regulierungsbehörde unverzüglich nach Aufnahme seines Dienstes mitzuteilen, welche Telekommunikationsdienste er erbringt, durch wen Überwachungsanordnungen, die seine Teilnehmer betreffen, umgesetzt werden und an welche im Inland gelegene Stelle Anordnungen zur Überwachung der Telekommunikation zu richten sind. Änderungen der den Mitteilungen nach Satz 1 Nr. 2 Buchst. b und Satz 2 zugrunde liegenden Daten sind der Regulierungsbehörde unverzüglich mitzuteilen. In Fällen, in denen noch keine Vorschriften nach Abs. 3 vorhanden sind, hat der Verpflichtete die technischen Einrichtungen nach Satz 1 Nr. 1 in Absprache mit der Regulierungsbehörde zu gestalten. Die Sätze 1 bis 4 gelten nicht, soweit die Rechtsverordnung nach Abs. 2 Ausnahmen für die Telekommunikationsanlage vorsieht. § 100 b Abs. 3 Satz 1 der Strafprozessordnung, § 2 Abs. 1 Satz 3 des Art. 10-Gesetzes sowie entsprechende landesgesetzliche Regelungen zur polizeilich-präventiven Telekommunikationsüberwachung bleiben unberührt.

(2) Die Bundesregierung wird ermächtigt, durch Rechtsverordnung mit Zustimmung des Bundesrates

1. Regelungen zu treffen

a) über die grundlegenden technischen Anforderungen und die organisatorischen Eckpunkte für die Umsetzung von Überwachungsmaßnahmen einschließlich der Umsetzung von Überwachungsmaßnahmen durch einen von dem Verpflichteten beauftragten Erfüllungsgehilfen,

b) über den Regelungsrahmen für die Technische Richtlinie nach Abs. 3,

c) für den Nachweis nach Abs. 1 Satz 1 Nr. 3 und 4 und

d) für die nähere Ausgestaltung der Duldungsverpflichtung nach Abs. 1 Satz 1 Nr. 5 sowie

2. zu bestimmen,

a) in welchen Fällen und unter welchen Bedingungen vorübergehend auf die Einhaltung bestimmter technischer Vorgaben verzichtet werden kann,

b) dass die Regulierungsbehörde aus technischen Gründen Ausnahmen von der Erfüllung einzelner technischer Anforderungen zulassen kann und

c) bei welchen Telekommunikationsanlagen und damit erbrachten Diensteangeboten aus grundlegenden technischen Erwägungen oder aus Gründen der Verhältnismäßigkeit abweichend von Abs. 1 Satz 1 Nr. 1 keine technischen Einrichtungen vorgehalten und keine organisatorischen Vorkehrungen getroffen werden müssen.

(3) Die Regulierungsbehörde legt technische Einzelheiten, die zur Sicherstellung einer vollständigen Erfassung der zu überwachenden Telekommunikation und zur Gestaltung des Übergabepunktes zu den berechtigten Stellen erforderlich sind, in einer im Benehmen mit den berechtigten Stellen und unter Beteiligung der Verbände und der Hersteller zu erstellenden Technischen Richtlinie fest. Dabei sind internationale technische Standards zu berücksichtigen; Abweichungen von den Standards sind zu begründen. Die Technische Richtlinie ist von der Regulierungsbehörde in ihrem Amtsblatt bekannt zu machen.

(4) Wer technische Einrichtungen zur Umsetzung von Überwachungsmaßnahmen herstellt oder vertreibt, kann von der Regulierungsbehörde verlangen, dass sie diese Einrichtungen im Rahmen einer Typmusterprüfung im Zusammenwirken mit bestimmten Telekommunikationsanlagen daraufhin prüft, ob die rechtlichen und technischen Vorschriften der Rechtsverordnung nach Abs. 2 und der Technischen Richtlinie nach Abs. 3 erfüllt werden. Die Regulierungsbehörde kann nach pflichtgemäßem Ermessen vorübergehend Abweichungen von den technischen Vorgaben zulassen, sofern die Umsetzung von Überwachungsmaßnahmen grundsätzlich sichergestellt ist und sich ein nur unwesentlicher Anpassungsbedarf bei den Einrichtungen der berechtigten Stellen ergibt. Die Regulierungsbehörde hat dem Hersteller oder

Vertreiber das Prüfergebnis schriftlich mitzuteilen. Die Prüfergebnisse werden von der Regulierungsbehörde bei dem Nachweis der Übereinstimmung der technischen Einrichtungen mit den anzuwendenden technischen Vorschriften beachtet, den der Verpflichtete nach Abs. 1 Satz 1 Nr. 3 oder 4 zu erbringen hat. Die vom Bundesministerium für Wirtschaft und Arbeit vor Inkrafttreten dieser Vorschrift ausgesprochenen Zustimmungen zu den von Herstellern vorgestellten Rahmenkonzepten gelten als Mitteilungen im Sinne des Satzes 3.

(5) Wer nach Abs. 1 in Verbindung mit der Rechtsverordnung nach Abs. 2 verpflichtet ist, Vorkehrungen zu treffen, hat die Anforderungen der Rechtsverordnung und der Technischen Richtlinie nach Abs. 3 spätestens ein Jahr nach deren Bekanntmachung zu erfüllen, sofern dort für bestimmte Verpflichtungen kein längerer Zeitraum festgelegt ist. Nach dieser Richtlinie gestaltete mängelfreie technische Einrichtungen für bereits vom Verpflichteten angebotene Telekommunikationsdienste müssen im Falle einer Änderung der Richtlinie spätestens drei Jahre nach deren Inkrafttreten die geänderten Anforderungen erfüllen. Stellt sich bei dem Nachweis nach Abs. 1 Satz 1 Nr. 3 oder einer erneuten Prüfung nach Abs. 1 Satz 1 Nr. 4 ein Mangel bei den von dem Verpflichteten getroffenen technischen oder organisatorischen Vorkehrungen heraus, hat er diesen Mangel nach Vorgaben der Regulierungsbehörde in angemessener Frist zu beseitigen; stellt sich im Betrieb, insbesondere anlässlich durchzuführender Überwachungsmaßnahmen, ein Mangel heraus, hat er diesen unverzüglich zu beseitigen. Sofern für die technische Einrichtung eine Typmusterprüfung nach Abs. 4 durchgeführt worden ist und dabei Fristen für die Beseitigung von Mängeln festgelegt worden sind, hat die Regulierungsbehörde diese Fristen bei ihren Vorgaben zur Mängelbeseitigung nach Satz 3 zu berücksichtigen.

(6) Jeder Betreiber einer Telekommunikationsanlage, der anderen im Rahmen seines Angebotes für die Öffentlichkeit Netzabschlusspunkte seiner Telekommunikationsanlage überlässt, ist verpflichtet, den gesetzlich zur Überwachung der Telekommunikation berechtigten Stellen auf deren Anforderung Netzabschlusspunkte für die Übertragung der im Rahmen einer Überwachungsmaßnahme anfallenden Informationen unverzüglich und vorrangig bereitzustellen. Die technische Ausgestaltung derartiger Netzabschlusspunkte kann in einer Rechtsverordnung nach Abs. 2 geregelt werden. Für die Bereitstellung und Nutzung gelten mit Ausnahme besonderer Tarife oder Zuschläge für vorrangige oder vorzeitige Bereitstellung oder Entstörung die jeweils für die Allgemeinheit anzuwendenden Tarife. Besondere vertraglich vereinbarte Rabatte bleiben von Satz 3 unberührt.

(7) Telekommunikationsanlagen, die von den gesetzlich berechtigten Stellen betrieben werden und mittels derer in das Fernmeldegeheimnis oder in den Netzbetrieb eingegriffen werden soll, sind im Einvernehmen mit der Regulierungsbehörde technisch zu gestalten. Die Regulierungsbehörde hat sich zu der technischen Gestaltung innerhalb angemessener Frist zu äußern.

(8) Die nach den §§ 100a und 100b der Strafprozessordnung verpflichteten Betreiber von Telekommunikationsanlagen haben eine Jahresstatistik über nach diesen Vorschriften durchgeführte Überwachungsmaßnahmen zu erstellen und der Regulierungsbehörde unentgeltlich zur Verfügung zu stellen. Die Ausgestaltung der Statistik im Einzelnen kann in der Rechtsverordnung nach Abs. 2 geregelt werden. Die Betrei-

ber dürfen die Statistik Dritten nicht zur Kenntnis geben. Die Regulierungsbehörde fasst die von den Unternehmen gelieferten Angaben zusammen und veröffentlicht das Ergebnis jährlich in ihrem Amtsblatt.

(9) Die Bundesregierung wird ermächtigt, durch Rechtsverordnung mit Zustimmung des Deutschen Bundestages und des Bundesrates Regelungen über die den Diensteanbietern zu gewährenden angemessenen Entschädigungen für Leistungen zu treffen, die von diesen

1. bei der Ermöglichung der Überwachung nach den §§ 100 a und 100 b der Strafprozessordnung, nach § 2 Abs. 1, § 5 oder § 8 des Art. 10-Gesetzes, nach § 39 des Außenwirtschaftsgesetzes oder nach entsprechenden landesgesetzlichen Vorschriften und

2. bei der Erteilung von Auskünften nach § 113

erbracht werden. Die Kosten der Vorhaltung der technischen Einrichtungen, die für die Erbringung der Leistungen nach Satz 1 erforderlich sind, sind nicht Gegenstand dieser Entschädigungsregelungen.

Schrifttum: *Albrecht*, Zumutbarkeit als Verfassungsmaßstab, Diss. Berlin 1995; *Baldus*, Rechtliche Grenzen der Fernmeldeüberwachung durch den Bundesnachrichtendienst, RTkom 1999, 133; *Büdlingen/Hildebrandt*, Sicherstellung der Überwachbarkeit der Telekommunikation, 2003; *Gusy*, Überwachung der Telekommunikation unter Richtervorbehalt. Effektiver Grundrechtsschutz oder Alibi?, ZRP 2003, 275; *Hohmann/John* (Hrsg.), Ausführrecht: Kommentar, 2002; *Holznagel/Nelles/Sokol*, Die neue TKÜV, 2002; *v. Hammerstein*, Kostentragung für staatliche Überwachungsmaßnahmen nach der TKG-Novelle, MMR 2004, 222; *Heinrich*, Auf dem Weg in einen Überwachungsstaat?, 2004; *Jeserich/Pohl/v. Unruh*, Deutsche Verwaltungsgeschichte, Bd. II, 1983; *Koenig/Koch/Braun*, Die Telekommunikationsüberwachungsverordnung: Neue Belastungen für Internet Service Provider und Mobilfunknetzbetreiber?, K&R 2002 289; *Kube/Schütze*, Die Kosten der TK-Überwachung. Zum Ausgleich einer staatlichen Inpflichtnahme, CR 2003, 663; *Manssen*, Das Telekommunikationsgesetz (TKG) als Herausforderung für die Verfassungs- und Verwaltungsdogmatik, ArchivPT 1998, 236; *Müller-Terpitz*, Anmerkung zu BVerfG, U. v. 14. 7. 1999 – 1 BvR 2226/94 u.a. – (Die „strategische Kontrolle" des internationalen Telekommunikationsverkehrs durch den Bundesnachrichtendienst), Jura 2000, 297; *Schenke*, Verfassungsrechtliche Probleme einer präventiven Überwachung der Telekommunikation, AöR 125 (2000), 1; *Schnarr*, Zur Fristberechnung bei Anordnungen der Fernmeldeüberwachung, NStZ 1988, 481; *Scholz*, Zur Kostenerstattungspflicht des Staates für gesetzliche Maßnahmen der Telefonüberwachung, ArchivPT 1995, 169; *Singelnstein/Solle*, Entwicklungen in der Telekommunikationsüberwachung und der Sicherheitspolitik – zur Novellierung des TKG, StraFO 2005, 96; *Waechter*, Bereitstellungspflicht für Fernmeldeanlagenbetreiber, VerwArch 87 (1996), 68; *Wollweber*, Die G 10-Novelle. Ungeahnte Folgen eines Richterspruches, ZRP 2001, 213.

Übersicht

I. Normzweck und Entstehungsgeschichte

Die Vorschrift ergänzt die Regelungen zur Telekommunikationsüberwachung in den jewei- **1** ligen Spezialgesetzen. Während sich dort die entsprechenden repressiven und präventiven Ermächtigungsgrundlagen für Eingriffe in das Fernmeldegeheimnis finden lassen, **verpflichtet** § 110 bestimmte **Anlagenbetreiber** und Dienstanbieter, die technische Umsetzung der Überwachungen sicherzustellen. Zudem konkretisiert die Vorschrift auch den Umfang der zulässigen Eingriffe näher und strebt so auch einen Ausgleich der staatlichen Interessen mit den betroffenen Grundrechten an.[1]

§ 110 übernimmt in weiten Teilen den Regelungsgehalt von § 88 TKG a. F. Der Gesetzge- **2** ber nutzte aber die Novelle auch, um den Normtext an neue Entwicklungen anzupassen: Zunächst wurde der **Adressatenkreis neu** gezogen. Einerseits sind nunmehr nach § 110 Abs. 1 nur noch diejenigen verpflichtet, die Telekommunikationsdienstleistungen für die Öffentlichkeit erbringen. Dies hatte zwar schon § 2 Abs. 1 S. 1 der Telekommunikations-Überwachungs-Verordnung (TKÜV 2002)[2] so vorgesehen. Diese Regelung findet sich nun aber in Abweichung vom Regierungsentwurf[3] im Gesetzestext wieder. Andererseits sind jetzt nicht mehr nur Anlagenbetreiber angesprochen, sondern auch andere Dienstanbieter, § 110 Abs. 1 S. 2. Überdies stellt § 110 Abs. 2 Nr. 1 a) klar, dass sich der Verpflichtete zur Umsetzung der Überwachungsmaßnahmen auch eines **Erfüllungsgehilfen** bedienen darf, ohne gegen § 17 G 10 zu verstoßen. Zwar war diese Befugnis auch schon in § 5 Abs. 2 S. 2 TKÜV 2002 ausgesprochen worden. Da es sich dabei aber gegenüber § 17 G 10 um eine rangniedrigere Norm handelte, stand nicht eindeutig fest, ob sie ihr dennoch vorging.[4] Ferner wurden aufgrund der Vorgaben von Art. 3 GRL in § 110 Abs. 1 Nr. 2 u. 3 die Bestimmungen zu dem bisherigen Genehmigungs- und Abnahmeerfordernis durch ein **Nachweisverfahren** ersetzt.[5] Dies hatte darüber hinaus zur Folge, dass die Technische Richtlinie (TR TKÜ), die unter dem alten TKG lediglich eine Verwaltungsvorschrift war, nunmehr in eine **unmittelbar verbindlichen Richtlinie** der Verwaltung umzuwandeln war, § 110 Abs. 3.[6] Des Weiteren hatte dies zur Konsequenz, dass die Nachbesserungsverpflichtung

---

1 Dazu *Singelnstein/Solle*, StraFO 2005, 96, 98.
2 Verordnung vom 22. 1. 2002, BGBl. I S. 458; zuletzt geändert durch das Gesetz zur Neuregelung der präventiven Telekommunikations- und Postüberwachung durch das Zollkriminalamt und zur Änderung des Investitionszulagengesetzes 2005 und 1999, BGBl. I 2004, S. 3603. Zur Entstehungsgeschichte der TKÜV vgl. *Heinrich*, S. 42 ff.
3 BT-Drs. 15/2316, S. 92.
4 BT-Drs. 15/2316, S. 93.
5 Vgl. BT-Drs. 15/2316, S. 92 f.
6 BT-Drs. 15/2316, S. 94.

des § 88 Abs. 2 S. 6 TKG a. F. in eine **Anpassungsverpflichtung** nach § 110 Abs. 5 umzu-
gestalten war. Zum alten Recht hatte sich die Praxis eingebürgert, dass Hersteller und Anbieter von Überwachungsgeräten ihre Typmuster (Rahmenkonzepte) der RegTP zur Prüfung vorlegten.[7] Ihnen gewährt nun § 110 Abs. 4 S. 1 einen Anspruch auf **Typmusterprüfung.** § 110 Abs. 6 gestaltet die in § 88 Abs. 4 TKG a. F. enthaltene Pflicht, den zur Überwachung berechtigten Stellen einen Netzzugang zu gewähren, in eine Pflicht um, einen
Netzabschlusspunkt bereitzustellen. Da die §§ 5, 8 G 10 dem Bundesnachrichtendienst
(BND) nunmehr auch gestatten, bestimmten leitungsgebundenen Fernmeldeverkehr abzuhören, statuiert § 110 Abs. 1 Nr. 5 eine dementsprechende **Duldungspflicht** der betroffenen Anlagenbetreiber.

3   § 110 Abs. 2 enthält eine **Ermächtigung** an die Bundesregierung, das Nähere in einer **Verordnung** zu regeln. Dabei brachte der Gesetzgeber die Vorgaben an den Inhalt der Verordnung auf den neuen Stand: Insbesondere ist in ihr nunmehr neben dem Regelungsrahmen
für die TR TKÜ (Nr. 1 b) auch das Nachweisverfahren (Nr. 1c) und der Duldungspflicht
nach § 110 Abs. 1 Nr. 5 näher zu regeln. Mit dem 30. 4. 2003 wurde ein Entwurf einer neu-
en TKÜV (TKÜV-E) vorgelegt. Schließlich hat der Gesetzgeber den Erlass der Verordnung
nun an die Zustimmung des Bundesrates gekoppelt, § 110 Abs. 2. Schließlich sieht § 110
Abs. 9 S. 1 eine weitere Ermächtigung vor, um die Entschädigung für die einzelne technische Umsetzung einer Überwachungsanordnung und die Beantwortung eines manuellen
Auskunftsersuchens aufzunehmen.

II. Das Verhältnis von § 110 zu den gesetzlichen Überwachungsregelungen

4   § 110 trifft nur Regelungen zur **technische Umsetzung** der Überwachung der Telekommunikation, setzt daher deren Zulässigkeit voraus. Diese ergibt sich aus den jeweils einschlägigen Eingriffsgrundlagen, § 110 Abs. 1 S. 6. Die Voraussetzungen einer Telekommunikationsüberwachung sind demnach ausschließlich den einschlägigen bundes- oder landesgesetzlichen Bestimmungen zu entnehmen.

5   **1. Strafverfolgung.** – a) Im Bundesrecht sind dies zunächst auf dem Gebiet der **Strafverfolgung die §§ 100 a, 100 b StPO.** Materielle Voraussetzungen sind hier der Verdacht einer
der in § 100 a Abs. 1 S. 1 genannten Katalogtaten, die Einhaltung des Subsidiaritätsgrund-
satzes des § 100 a Abs. 1 S. 1 a. E. und schließlich die Verhältnismäßigkeit im Einzelfall.[8]
Zur **Anordnung** ist grundsätzlich nur der Richter befugt[9], bei Gefahr im Verzuge[10] auch
die Staatsanwaltschaft, § 100 b Abs. 1 S. 1 u. 2 StPO. Im zuletzt genannten Fall ist unverzüglich die richterliche Bestätigung einzuholen, die binnen drei Tagen zu erfolgen hat,
§ 100 b Abs. 1 S. 3 StPO. Die Anordnung ist auf höchstens drei Monate zu befristen,
§ 100 b Abs. 2 S. 4 StPO.[11]

---

7 Ebda.
8 SK-StPO/*Rudolphi*, § 100a RdNr. 13 m. w. N.; zust. BeckTKG-Komm/*Ehmer*, § 88 RdNr. 3.
9 Zur (zweifelhaften) Effektivität desselben vgl. *Gusy* ZRP 2003, 275 f.
10 Zum Begriff vgl. BVerfG NJW 2001, 1121 (am Beispiel von Art. 13 Abs. 2 GG).
11 Zur Fristberechnung vgl. *Schnarr*, NStZ 1988, 481.

Die Anordnung bedarf der **Schriftform**, § 100b Abs. 2 S. 1 StPO.[12] Die schriftliche Anord- 6 nung muss Namen und Anschrift des Betroffenen (vgl. § 100a S. 2 StPO[13]) und die Kennung des Anschlusses enthalten. Das Ersuchen, die Anordnung umzusetzen, wird dem betroffenen Anlagenbetreiber im Regelfall in Abschrift durch die Staatsanwaltschaft (§ 36 Abs. 2 S. 1 StPO) zugeleitet. Strittig ist, ob in Eilfällen ein mündliches Ersuchen ausreichend ist, wenn schriftliche Unterlagen nachgereicht werden.[14] Zwar befasst sich § 100b Abs. 2 S. 1 StPO nur mit der Schriftlichkeit der Anordnung, nicht auch mit der des Ersuchens. Im Zeitalter von Faxgeräten ist es jedoch wenig zeitgemäß, eine mündliche Unterrichtung für ausreichend zu halten.[15] Ferner dient die Schriftlichkeit auch dem Grundrechtsschutz durch Verfahren. Nicht zuletzt ist auch der betroffene Anlagenbetreiber durch die Umsetzung in seinen Rechten berührt. Schließlich geht auch § 12 Abs. 2 S. 1 TKÜV 2002 davon aus, dass der Verpflichtete Anspruch auf eine Abschrift der Anordnung hat.

Der Verpflichtete selbst hat keine Prüfungskompetenz in Bezug auf die materiell-rechtli- 7 chen Voraussetzungen des § 100a StPO.[16] Im steht gegen die richterliche Anordnung die **Beschwerde** nach § 304 Abs. 2 StPO zu.[17] Zwar hat der Ermittlungsrichter bei dem BGH den betroffenen Unternehmen die Beschwerdebefugnis verweigert.[18] Das ist jedoch nicht haltbar. Die Indienstnahme berührt den Schutzbereich der Berufsfreiheit der betroffenen Anlagenbetreiber (s. u. RdNr. 22 ff.) Soweit dieser daher in eigenen Rechten verletzt sein kann, ist er aktiv legitimiert.[19] Wegen des grundsätzlich fehlenden Suspensiveffektes (§ 307 Abs. 1 StPO) muss der Verpflichtete dem Überwachungsersuchen bis zur gerichtlichen Entscheidung dennoch nachkommen. Die Beschwerde bleibt trotz prozessualer Überholung[20] zulässig. Gegen staatsanwaltschaftliche Anordnungen ist in entsprechender Anwendung von § 98 Abs. 2 S. 2 StPO Antrag auf gerichtliche Entscheidung statthaft.[21] Die Anordnung darf notfalls gemäß den §§ 100b Abs. 3 S. 3, 95 Abs. 2 S. 1, 70 StPO mit Zwangsgeld oder Beugehaft durchgesetzt werden. Zuständig ist hier freilich allein der Richter. Gegen dessen Entscheidung ist Beschwerde gemäß § 304 Abs. 2 StPO statthaft.

Zur **Durchführung** der Anordnung hat der betroffene Diensteanbieter gemäß § 100b 8 Abs. 3 S. 1 StPO mitzuwirken. Fallen die Voraussetzungen von § 100a StPO weg, ist die Überwachung unverzüglich zu beenden, § 100b Abs. 4 StPO.[22] Der Diensteanbieter hat über die Überwachung gegenüber Dritten Stillschweigen zu bewahren (s. u. RdNr. 17).

---

12 *Meyer-Goßner*, § 100b RdNr. 2.

13 Näher dazu: BeckTKG-Komm/*Ehmer*, § 88 RdNr. 7 f. m. w. N.

14 Bejahend: *Meyer-Goßner* § 100b RdNr. 5; *Manssen/Haß* § 88 RdNr. 19; SK-StPO/*Rudolphi*, § 100b RdNr. 5.

15 Zutreffend so BeckTKG-Komm/*Ehmer*, § 88 RdNr. 11; ähnlich *Pfeiffer/Fischer*, § 100b RdNr. 2.

16 *Meyer-Goßner*, § 100b RdNr. 5; BeckTKG-Komm/*Ehmer*, § 88 RdNr. 30 m. w. N.; für eine eingeschränkte Prüfkompetenz dagegen: SK-StPO/*Rudolphi*, § 100b RdNr. 6.

17 Vgl. nur LG Bremen StV 1999, 307; LG Ravensburg NStZ-RR 1999, 84; BeckTKG-Komm/*Ehmer*, § 88 RdNr. 31; a. A. *Manssen/Haß*, § 88 RdNr. 24, der die Verletzung in eigene Rechte ablehnt; einschränkend BGH CR 1998, 738.

18 BGH CR 1998, 738, 2 BGs 513/2002 u. 2 BJs 10/02-3, Beschluss v. 3. 9. 2002, der das Begehren freilich als Gegenvorstellung beschied.

19 *Meyer-Goßner*, § 304 RdNr. 6.

20 Dazu BVerfGE 104, 220 = NJW 2002, 2456.

21 SK-StPO/*Rudolphi*, § 100b RdNr. 12; zust. BeckTKG-Komm/*Ehmer*, § 88 RdNr. 32.

22 LG Frankfurt/Main StV 1997, 477.

9   b) Nicht erfasst sind die **§§ 100 g, 100 h StPO**.[23] Diese Vorschriften geben keine Überwachungs-, sondern ausschließlich Auskunftsrechte im Hinblick auf bestimmte Verbindungsdaten, vgl. schon § 1 TKÜV 2002, heute: § 110 Abs. 9 S. 1 Nr. 1.

10   **2. G 10.** – Überdies eröffnet § 1 Abs. 1 G 10 in differenzierter Weise das Recht zur **Fernmeldeüberwachung für deutsche Geheimdienste** zur Abwehr von Gefahren für die freiheitlich demokratische Grundordnung, den Bestand oder die Sicherheit des Bundes oder eines Landes bzw. zur Sammlung von Erkenntnissen über das Ausland, die von außen- und sicherheitspolitischer Bedeutung für die Bundesrepublik Deutschland sind. Die Gesetzgebungskompetenz des Bundes ergibt sich aus Art. 73 Nr. 1 GG. Nach dem BVerfG fällt unter die auswärtigen Angelegenheiten auch die Befugnis zur Schaffung einer Stelle zur Auslandsaufklärung.[24] Die Neufassung des G 10[25] berücksichtigt die verfassungsrechtlichen Anforderungen, die das BVerfG an eine geheimdienstliche Beschränkung des Fernmeldeverkehrs stellt[26] und dehnt die strategische Überwachung auch auf bestimmte, leitungsgebundene Telekommunikationsbeziehungen aus.

11   a) Die nach **§ 5 Abs. 1 S. 1 G 10** zulässigen strategischen Beschränkungen beziehen sich auf **internationale** Telekommunikationsbeziehungen, soweit **gebündelte Übertragung** erfolgt. Die Beschränkungen sind dabei nach § 5 Abs. 1 S. 3 G 10 nur zulässig, um Informationen über Sachverhalte zu sammeln, deren Kenntnis notwendig ist, um bestimmte schwere Gefahren für die Bundesrepublik Deutschland, für die EU oder aber für die Völkergemeinschaft abzuwehren. Im Einzelnen geht es um die Gefahr eines bewaffneten Angriffs (Nr. 1) bzw. eines internationalen terroristischen Anschlags (Nr. 2) mit unmittelbaren Bezug auf die Bundesrepublik Deutschland, von bestimmten Verstößen gegen das Kriegswaffenkontrollgesetz bzw. das Außenwirtschaftsgesetz (Nr. 3), des Verbringens von nicht geringen Mengen an Betäubungsmitteln in die Bundesrepublik Deutschland (Nr. 4), der Beeinträchtigung der Geldwertstabilität in der EU durch Geldfälschung (Nr. 5), schließlich der internationalen organisierten Geldwäsche (Nr. 6).

12   b) Ferner sind nach **§ 8 Abs. 1 G 10** strategische Beschränkungen der eben genannten Telekommunikationsbeziehungen zulässig, wenn sie erforderlich sind, um eine **im Einzelfall bestehende Gefahr für Leib oder Leben** einer Person im Ausland rechtzeitig zu erkennen oder ihr zu begegnen und dadurch **Belange der Bundesrepublik** Deutschland unmittelbar in besonderer Weise berührt sind. Die Subsidiarität der Maßnahme ist zu beachten, § 8 Abs. 3 S. 1 G 10.

13   c) Schließlich ist nach **§ 3 Abs. 1 S. 1 G 10** auch die **individuelle Telekommunikationsüberwachung** zulässig, wenn diese zur Abwehr von Gefahren für die in § 1 Abs. 1 Nr. 1 G 10 genannten Rechtsgüter dient. Sie setzt den auf tatsächlichen Anhaltspunkten beruhenden Verdacht voraus, dass jemand eine der in § 3 Abs. 1 S. 1 G 10 aufgezählten Katalogtaten plant, begeht, begangen hat oder Mitglied einer kriminellen Vereinigung ist, die

---

23 So wohl aber für die Vorgängernorm § 12 FAG: BeckTKG-Komm/*Ehmer*, § 88 RdNr. 15 ff.; unklar: *Holznagel/Nelles/Sokol/Welp*, S. 3, 8 f.; zutreffend dagegen: *Holznagel/Nelles/Sokol/Ullrich*, S. 15.

24 BVerfGE 100, 313, 372 m. Anm. v. *Arndt*, NJW 2000, 47; kritisch dazu: *Baldus*, RTkom 1999, 133, 135.

25 BGBl. I 2001 S. 1254, 2298; dazu: *Wollweber*, ZRP 2001, 213.

26 BVerfGE 100, 313, 373 ff.; dazu: *Müller-Terpitz*, Jura 2000, 296, 300.

sich gegen die in § 1 Abs. 1 Nr. 1 G 10 genannten Rechtsgüter richtet. Ferner ist die Subsidiarität der Maßnahme zu beachten, § 3 Abs. 2 S. 1 G 10.

d) Die Beschränkung wird in einem bestimmten **Verfahren** angeordnet. Die Anordnung **14** ergeht nur auf Antrag, § 9 Abs. 1 G 10. Antragsbefugt sind nur die in § 9 Abs. 2 G 10 genannten Behörden, bei den Beschränkungen nach den §§ 5, 8 G 10 nur der BND. Zuständig zur Anordnung ist bei Anträgen der Verfassungsschutzbehörden der Länder die zuständige oberste Landesbehörde, im Übrigen das vom Bundeskanzler beauftragte Bundesministerium, § 10 Abs. 1 G 10. Anordnungen von strategischer Überwachung bedürfen der Zustimmung des Parlamentarischen Kontrollgremiums, §§ 5 Abs. 1 S. 2, 8 Abs. 2 S. 1 G 10.

Für die Anordnung ist **Schriftform** vorgeschrieben, § 10 Abs. 2 S. 1 G 10. In der Anord- **15** nung sind ihr Grund und die zur Überwachung berechtigte Stelle anzugeben, sowie Art, Umfang und Dauer der Beschränkungsmaßnahme zu bestimmen, § 10 Abs. 2 S. 2 G 10. Im Fall der Anordnung einer Beschränkung nach § 3 G 10 ist auch der Betroffene (vgl. § 3 Abs. 2 S. 2 G 10) und die Kennung des Anschlusses zu bezeichnen, § 10 Abs. 3 G 10. Die Anordnung von Fernmeldebeschränkungen nach den §§ 3, 5 G 10 sind auf höchstens drei Monate zu befristen, § 10 Abs. 5 S. 1 G 10. Dem zur Mitwirkung verpflichteten Diensteanbieter wird die Anordnung nur insoweit mitgeteilt, als dies erforderlich ist, um ihm die Erfüllung seiner Verpflichtungen zu ermöglichen, § 10 G 10 Abs. 6 S. 1.

e) Der **Vollzug** der Anordnung ist von den betroffenen Diensteanbietern zu ermöglichen, **16** § 2 Abs. 1 S. 3 G 10. Während der betroffene Anlagenbetreiber Überwachungen nach § 3 G 10 für die berechtigten Stellen technisch umzusetzen hat, hat er bei den Beschränkungen nach den §§ 5, 8 G 10 den Vollzug der Anordnung nur zu dulden, § 110 Abs. 1 Nr. 5. Die Durchführung geschieht unter der Verantwortung der den Antrag stellenden Behörde, § 11 Abs. 1 G 10. Die Überwachungen sind schließlich unverzüglich zu beenden, wenn sie entweder nicht mehr erforderlich sind oder sonst deren gesetzliche Voraussetzungen entfallen sind, § 11 Abs. 2 G 10.

Zur **Mitwirkung an diesen Beschränkungen** der Telekommunikation sind nach § 2 **17** Abs. 2 S. 2 G 10 nur sicherheitsüberprüfte Personen berechtigt. Wenn ein Diensteanbieter andere Personen mit diesen Aufgaben betraut, verhält er sich ordnungswidrig gemäß § 19 Abs. 1 Nr. 2 G 10. Schließlich hat der Diensteanbieter nach § 2 Abs. 2 S. 3 G 10 bestimmte Geheimschutzmaßnahmen zu treffen, andernfalls er sich gemäß § 19 Abs. 1 Nr. 3 G 10 ahndbar macht. Wer als Diensteanbieter anderen Personen von einer Überwachung nach dem G 10 oder nach den §§ 100a, 100b StPO Mitteilung macht, ist strafbar gemäß den §§ 17 Abs. 1, 18 G 10.

3. Außenwirtschaftsrecht. – Eine weitere Eingriffsgrundlage hat der Bundesgesetzgeber **18** mit **§ 23a Zollfahndungsdienstgesetz** (ZFdG) geschaffen. Dies war erforderlich, nachdem § 39 Abs. 1 AWG durch das BVerfG für verfassungswidrig[27] erklärt worden war. Nach § 23a Abs. 1 S. 1 ZFdG kann zur Verhütung bestimmter Straftaten nach dem Kriegswaffenkontrollgesetz[28] die Telekommunikation überwacht werden. Weiter ist eine Überwachung zur Verhütung der ungenehmigten Ausfuhr bestimmter, die äußere Sicherheit gefährdender Güter zulässig (§ 23a Abs. 3 ZFdG). Zu den materiellen Eingriffsvoraussetzun-

---

27 BVerfGE 110, 33 = NJW 2004, 2213.
28 § 19 Abs. 1 oder 2, § 20 Abs. 1, § 20a Abs. 1 oder 2 oder § 22a Abs. 1 Nr. 4, 5 und 7 oder Abs. 2 KrWaffKontrG.

gen zählen neben der Vorbereitung von Straftaten bzw. die von der Vorbereitung der ungenehmigten Ausfuhr ausgehende erhebliche Gefahr für die öffentliche Sicherheit und Ordnung, die Subsidiarität und die Verhältnismäßigkeit (§ 23a Abs. 6 ZFdG).

19   Das **Verfahren** der Anordnung ähnelt dem bei § 100a StPO: Die Anordnung auf begründeten (§ 23b Abs. 2 ZFdG) Antrag des Zollkriminalamts, welcher der Bestätigung des Bundesministers der Finanzen bedarf (§ 23b Abs. 1 S. 1 ZFdG). Vor Antragstellung ist die Staatsanwaltschaft zu unterrichten (§ 23b Abs. 7 S. 1 ZFdG). Zuständig zur Anordnung ist grundsätzlich das Landgericht, bei Gefahr im Verzug auch der Bundesminister der Finanzen (§ 23b Abs. 1 S. 2 ZFdG). Im zuletzt genannten Fall ist unverzüglich die richterliche Bestätigung einzuholen, die binnen drei Tagen zu erfolgen hat (§ 23b Abs. 1 S. 2 ZFdG), andernfalls die gewonnenen Überwachungsergebnisse unverwertbar sind (§ 23b Abs. 1 S. 3 ZFdG). Nach § 23b Abs. 3 S. 3 ZFdG ergeht die richterliche Anordnung im Verfahren nach dem FGG. Gegen sie ist Beschwerde nach den §§ 19f. FGG statthaft.[29] Die Betroffenen (§ 23c Abs. 4 S. 2 ZFdG), zu denen mangels Nennung die Verpflichteten nicht gehören, können gegen die Maßnahme auch nach deren Erledigung, binnen zwei Wochen nach der Benachrichtigung über die Maßnahme, die Überprüfung der Rechtmäßigkeit der Anordnung sowie der Art und Weise des Vollzugs beantragen (§ 23c Abs. 7 S. 1 ZFdG). Für Form und Frist trifft § 23b Abs. 4 ZFdG eine ähnliche Regelung wie § 100b Abs. 2 StPO (s.o. RdNr. 6). Den Vollzug der Maßnahme regelt § 23c Abs. 1 ZFdG mit Verweis auf § 11 G 10 (s.o. RdNr. 16).

20   **4. Polizeirecht.** – Schließlich gestatten auch einzelne **landesgesetzliche Regelungen** Eingriffe in das Fernmeldegeheimnis. Zu nennen sind hier die präventiven Eingriffsgrundlagen gemäß § 34a ThürPAG[30] und § 31 RhlPfPOG.[31] Nach diesen Vorschriften ist die Telekommunikationsüberwachung nur zulässig, wenn sie zur **Abwehr bestimmter schwerer Straftaten oder zum Schutz wichtiger Rechtsgüter** (Bestand des Bundes oder eines Landes, Leben, Freiheit, Gesundheit) erforderlich ist, § 34a Abs. 1 S. 1 ThürPAG bzw. § 31 Abs. 1 RhlPfPOG. Die Subsidiarität der Maßnahme ist zu beachten, § 34a Abs. 1 S. 2 ThürPAG bzw. § 31 Abs. 2 S. 3 RhlPfPOG. Zur Anordnung ist grundsätzlich nur der Richter befugt, bei Gefahr im Verzuge ein jeweils besonders für zuständig erklärter Beamter der Polizeibehörde, § 34a Abs. 2 ThürPAG, § 31 Abs. 5 RhlPfPOG. Im zuletzt genannten Fall ist unverzüglich die richterliche Bestätigung einzuholen, die binnen drei Tagen zu erfolgen hat. Die Anordnung ist auf höchstens drei Monate zu befristen. Nach den § 34a Abs. 2 S. 4 ThürPAG, §§ 31 Abs. 5, 21 Abs. 1 S. 3 RhlPfPOG ergeht die richterliche Anordnung im Verfahren nach dem FGG (s.o. RdNr. 19). Für Form und Frist treffen die § 34a Abs. 2 ThürPAG, § 31 Abs. 5 RhlPfPOG eine ähnliche Regelung wie § 100b Abs. 2 StPO (s.o. RdNr. 6).[32]

---

29 Abweichend: *Manssen/Haß*, § 88 TKG RdNr. 15, noch zu § 39 AWG, der freilich allgemein Betreiber als nicht betroffen ansieht.

30 Thüringer Gesetz über die Aufgaben und Befugnisse der Polizei (Polizeiaufgabengesetz – PAG) vom 4. Juni 1992, GVBl. S. 199, zuletzt geändert durch G. vom 27. Juni 2002 (GVBl. S. 247).

31 Polizei- und Ordnungsbehördengesetz i.d.F. v. 10. November 1993 (GVBl. S. 595), zuletzt geändert d. G. v. 2. März 2004.

32 Zur Verfassungswidrigkeit des NdsSOG s. RdNr. 71.

III. Zur Verfassungsmäßigkeit

Nach § 110 Abs. 1 S. 1, Abs. 9 S. 2 hat jeder Betreiber einer Telekommunikationsanlage, **21** mit der Telekommunikationsdienstleistungen für die Öffentlichkeit erbracht werden, technische Einrichtungen zur Überwachung der Telekommunikation auf **eigene Kosten** vorzuhalten und an den einzelnen Überwachungsmaßnahmen mitzuwirken. Darin liegt eine Indienstnahme Privater, die besonderer verfassungsrechtlicher Legitimation bedarf.

1. Die Vorhaltepflicht. – Die Verpflichtung zur Vorhaltung einer Infrastruktur für staatli- **22** che Überwachungsmaßnahmen auf eigene Kosten stellt eine **Indienstnahme Privater** für hoheitliche Zwecke dar.[33] Sie berührt zwar nicht den Schutzbereich von Art. 14 Abs. 1 GG, denn die Pflicht zur Vorhaltung greift nicht in die bestehende Substanz des Gewerbebetriebs ein.[34] Wohl aber sieht das BVerfG in dieser Inpflichtnahme Privater einen Eingriff in die nach Art. 12 Abs. 1 GG geschützte Berufsausübungsfreiheit.[35]

a) Diese gesetzliche Verpflichtung verfolgt zunächst vernünftige und sachgerechte Be- **23** lange des Gemeinwohls[36], denn sie dient den Zwecken der Strafverfolgung und der Gewährleistung der Sicherheit des Staates, beides **Gemeinwohlbelange** mit Verfassungsrang.[37] Ferner ist auch unbestritten, dass die Verpflichtung zur Schaffung technischer Überwachungseinrichtung für den Staat das **mildeste geeignete Mittel** darstellt, die öffentliche Aufgabe zu erfüllen. Denn mit der Privatisierung des Fernmeldewesens hat der Staat keinen unmittelbaren Zugriff mehr auf Telekommunikationsnetze und ist daher auf die Mitwirkung der Netzbetreiber angewiesen.[38] Zwar lässt sich auch daran denken, dass die zur Überwachung berechtigten Stellen die technischen Einrichtungen erwerben und unterhalten. Doch ist darin kein gleich gut geeignetes Mittel zu erblicken. Überwachungsanordnungen müssen notfalls auch ganz kurzfristig umgesetzt werden können. Dies setzt voraus, dass die dazu einzusetzenden Geräte und Datenverarbeitungsprogramme auf ihre Kompatibilität mit den Telekommunikationsanlagen des betroffenen Betreibers getestet und an den jeweils neuesten Stand angepasst sind. Dies kann nur dann effektiv gewährleistet werden, wenn die Anlagenbetreiber die erforderliche Infrastruktur vorhalten.

b) Fraglich ist hingegen, ob diese Indienstnahme Privater nicht **unzumutbar** ist. Hierzu be- **24** darf es einer Gesamtabwägung zwischen der Schwere des Eingriffs und dem Gewicht und der Dringlichkeit der mit ihm verfolgten Belange.[39]

aa) Die Vorhaltung von technischen Einrichtungen zur Überwachung der Telekommunika- **25** tion belastet die betroffenen Anlagenbetreiber in erheblichem Ausmaß. Sie haben schon jetzt **mehrere Millionen Euro** für die Beschaffung aufwenden müssen, zu denen die **Kosten** für die Wartung und für andere notwendige Maßnahmen hinzukommen.[40] Zwar steht

---

33 *v. Hammerstein*, MMR 2004, 222, 223.

34 Vgl. dazu BVerfGE 30, 292, 334 f. = NJW 1971, 1255.

35 BVerfGE 30, 292, 313; 68, 155, 170 = NJW 1985, 963; BonnerKomm/*Manssen*, Art. 12 RdNr. 196.

36 Zu dieser Voraussetzung: BVerfGE 7, 337; 30, 292, 351 f.; 33, 240, 244; 68, 155, 171; *Isensee/ Kirchhof/Breuer*, Bd. VI, § 148 RdNr. 20.

37 BVerfGE 49, 24, 56 f.; BVerfG, NJW 2003, 1787, 1789; BeckTKG-Komm/*Ehmer*, § 88 RdNr. 47.

38 Vgl. *v. Hammerstein*, MMR 2004, 222, 224; *Kube/Schütze*, CR 2003, 663, 666; *Schenke*, AöR 125 (2000), 1 ff.; *Scholz*, ArchivPT 1995, 169, 185; BeckTKG-Komm/*Ehmer*, § 88 RdNr. 47.

39 BVerfGE 68, 193, 219 = NJW 1985, 1385.

40 *Kube/Schütze*, CR 2003, 663, 665; *v. Hammerstein*, MMR 2004, 222, 223.

ihnen das Recht zu, die finanziellen Belastungen auf ihre Kunden abzuwälzen.[41] Doch folgt daraus nicht ohne weiteres, dass es jedem Anlagenbetreiber auch gelingt, seine Preise am Markt durchzusetzen. Dies gilt umso mehr dort, wo ein Unternehmen mit einem Wettbewerber mit beträchtlicher Marktmacht zu konkurrieren hat. Die Kostenabwälzung ist nicht jedem Diensteanbieter in gleicher Weise möglich. Je nach Größe des Anbieters und der Art seines Angebots führen die Implementierungskosten daher zu unterschiedlich großen Preisaufschlägen.[42] Dies führt zu Wettbewerbsverzerrungen, die dem Hauptzweck von § 1 widersprechen.[43] Schließlich darf es nach dem BVerfG bei der verfassungsrechtlichen Beurteilung von Eingriffen nicht darauf ankommen, ob es dem Betroffenen gelingt, sich an anderer Stelle schadlos zu halten.[44]

26 bb) Hinzu kommt, dass eine Indienstnahme Privater im öffentlichen Interesse selbst dann einer besonderen Rechtfertigung bedarf, wenn ihr Umfang vergleichsweise gering ist.[45] Es genügt nicht, dass die Belastung des Privaten in einem angemessenen Verhältnis zur Entlastung des Staates steht. Der Grundsatz der Gleichheit der Bürger bei der Auferlegung öffentlicher Lasten ist als wesentliche Ausprägung rechtsstaatlicher Demokratie auch bei der Indienstnahme Privater zu beachten.[46] Diese erfordert daher einen **besonderen Zurechnungsgrund**, wie er zum einen in einer besonderen Sach- und Verantwortungsnähe des Betroffenen[47], zum anderen in der der Nähe der zu übernehmenden Aufgabe mit der Tätigkeit des Unternehmens und der Geringfügigkeit der Belastung liegen kann.[48] Beides trifft auf die Vorhaltung einer Überwachungsinfrastruktur durch die betroffenen Netzbetreiber nicht zu:

27 Zum einen sind alle Diensteanbieter nach § 88 Abs. 2 S. 1 zur Wahrung des Fernmeldegeheimnisses verpflichtet. Dementsprechend stellt die Aufzeichnung der Inhalte eines Ferngesprächs eine **unternehmensfremde Tätigkeit** dar. Diese ist zudem, wie dargelegt, mit erheblichem finanziellen Aufwand verbunden.[49]

28 Zum anderen stellen Strafverfolgung und Gefahrenabwehr originär staatliche Aufgaben dar.[50] Es besteht **keine besondere Sach- und Verantwortungsnähe** der betroffenen Netzbetreiber, den Behörden bei Erfüllung dieser Aufgaben behilflich zu sein. Dies ergibt sich nicht schon daraus, dass Telekommunikationsnetze zur Begehung von Straftaten genutzt werden können.[51] Dies trifft auf eine Vielzahl anderer Dienstleistungen auch zu. Sie folgt ferner nicht aus dem Umstand, dass die Netzbetreiber auch potenziellen Verbrechern ein

---

41 VG Köln CR 2000, 747, 750.
42 Näher: *Koenig/Koch/Braun*, K&R 2002, 289, 297; vgl. *v. Hammerstein*, MMR 2004, 222, 226; *Kube/Schütze*, CR 2000, 663, 669.
43 So auch: BeckTKG-Komm/*Ehmer*, § 88 RdNr. 79.
44 BVerfGE 58, 137, 151 = NJW 1982, 633.
45 BGH NJW 1997, 574, 578.
46 BGH NJW 1997, 574, 578; *Maunz/Dürig/Scholz*, Art. 12 RdNr. 155.
47 BVerfGE 75, 108, 159 = NJW 1987, 3115; BVerfGE 77, 308, 337 = NJW 1988, 1899; BVerfGE 81, 156, 197 f. = NJW 1990, 1230; BVerfGE 85, 226, 237; *Albrecht*, Zumutbarkeit als Verfassungsmaßstab, 1995, S. 176 f.; *Isensee/Kirchhof/Breuer*, Bd. VI, § 148 RdNr. 28.
48 BVerfGE 22, 380; 30, 292; 44, 103; 57, 139; 95, 173.
49 *v. Hammerstein*, MMR 2004, 222, 225; *Holznagel/Bysikiewicz/Enaux/Nienhaus/Hermeter*, S. 178, 197 f.
50 *Schenke*, AöR 125 (2000), 1, 39; *Scholz*, ArchivPT 1995, 169, 170 f.; BeckTKG-Komm/*Ehmer*, § 88 RdNr. 53; *Isensee/Kirchhof/Götz*, Bd. III, § 79 RdNr. 1 ff.
51 So aber: *Manssen/Haß*, § 88 RdNr. 47.

Medium zur Verfügung stellen, jenseits sozialer Kontrolle vertraulich miteinander kommunizieren zu können.[52] Der Betrieb eines Telekommunikationsnetzes ist neutral. Für die möglicherweise strafbaren Inhalte eines Ferngesprächs ist der Netzbetreiber nicht verantwortlich.[53] Nicht zuletzt verbietet die Gewährleistung des Fernmeldegeheimnisses es den Diensteanbietern geradezu, von den Inhalten eines Ferngesprächs Kenntnis zu nehmen, § 88 Abs. 3 S. 1.[54] Dann aber kann von einer besonderen Sach- und Verantwortungsnähe der Diensteanbieter für diese möglicherweise kriminellen Gegenstände dieser Kommunikation nicht die Rede sein. Hierin liegt der maßgebliche Unterschied zu den bisher entschiedenen Fallgestaltungen. Die Sach- und Verantwortungsnähe folgt schließlich auch nicht daraus, dass der Staat durch die Privatisierung des Fernmeldewesens den Diensteanbietern die wirtschaftliche Betätigung erst ermöglicht hat.[55] Zwar trifft es zu, dass nicht nur die Deutsche Bundespost, sondern auch ihre Nachfolgerin, die Deutsche Telekom AG, die Überwachungskosten zu tragen hatte. Doch stand die Monopolisierung des Fernmeldewesens beim Staat in keinem Zusammenhang mit der Gewährleistung der Telefonüberwachung.[56] Folglich ist es auch nicht zwingend, durch die Privatisierung einer Aufgabe der Daseinsvorsorge, hier den Bereich der Telekommunikation, die Unternehmen zugleich auch noch für die hoheitliche Aufgabe der Gefahrenabwehr und Strafverfolgung in Dienst zu nehmen.

cc) Fehlt es für Pflicht zur Vorhaltung von Überwachungseinrichtungen an dem erforderlichen besonderen Zurechnungsgrund, so stellt sie eine Indienstnahme Privater dar, welche die Rechtsprechung in anderen Fällen nur dann als verhältnismäßig angesehen hat, wenn der Staat eine Entschädigung leistet.[57] Weil § 110 Abs. 1 S. 1, Abs. 9 S. 2 den Betroffenen jegliche Entschädigung für die Vorhaltung von technischen Einrichtungen versagt, ist er als **verfassungswidrig** anzusehen.[58]   **29**

Die Befreiungsmöglichkeit gemäß § 110 Abs. 2 Nr. 2 c) stellt allein kein taugliches Instrument dar, die Verfassungswidrigkeit zu vermeiden. Zwar gestattet es bestimmte Anlagenbetreiber, aus Gründen der Verhältnismäßigkeit von den Vorhaltepflichten auszunehmen. Von dieser **Befreiungsmöglichkeit** ist auch schon in § 2 Abs. 2 S. 2 TKÜV 2002 Gebrauch gemacht worden (s. u. RdNr. 48). Nach den dargelegten verfassungsrechtlichen Grundsätzen sind jedoch nicht nur Betreiber von Kleinstanlagen auszunehmen. Gemäß dem Hauptzweck von § 1 TKG wären vielmehr all diejenigen Unternehmens ebenfalls von der Vorhaltepflicht zu befreien, die durch die veranlassten Investitionskosten in ihrem Wettbewerb mit einem Konkurrenten mit beträchtlicher Marktmacht behindert werden.[59] Dies würde zu Freistellungen von der Vorhaltepflicht in einem Umfang führen, der von den berechtigten   **30**

---

52 So aber: *Waechter*, VerwArch 87 (1996), 68, 82, der von einer „Tarnkappe" spricht, welche die Netzbetreiber den Teilnehmern zur Verfügung stellen würden.

53 *v. Hammerstein*, MMR 2004, 222, 225.

54 Vgl. BVerfGE 85, 386, 396; BVerfG NJW 2003, 1787, 1789.

55 So VG Köln CR 2000, 747; zuvor schon: *Manssen*, ArchivPT 1998, 236, 242; *Waechter*, VerwArch. 87 (1996), 68, 94.

56 *Jeserich/Pohl/v. Unruh/Schilly*, Deutsche Verwaltungsgeschichte, Bd. II, 1983, 257, 277.

57 BVerfGE 33, 240, 244 f. = NJW 1972, 1891; BVerfGE 85, 329, 334 f. = NJW 1992, 1951, beide zur Sachverständigenentschädigung nach dem ZSEG. In Frankreich, Italien und Großbritannien wird volle Entschädigung gewährt, vgl. *Büllingen/Hildebrand*, S. 28, 37, 58.

58 Ähnlich ÖVerfGH, CR 2003, 663, 670 zum österreichischen TKG.

59 Zum Erfordernis von Härteregelungen bei unterschiedlicher wirtschaftlicher Betroffenheit von Wettbewerbern vgl. BVerfGE 30, 291, 332 f.

Stellen geforderte, flächendeckende und zügige Umsetzung von Überwachungsmaßnahmen wieder in Frage stellte. Darin kann folglich kein taugliches Instrument erblickt werden, die Verfassungswidrigkeit zu vermeiden.

31   c) Obwohl die Vorhaltepflicht unverhältnismäßig betroffene Anlagenbetreiber einschränkt, folgt daraus de lege lata keine Entschädigungspflicht des Staates. Nach Aufopferungsgrundsätzen sind nur Eingriffe in das Eigentum oder in die in Art. 2 Abs. 2 GG genannten Rechtsgüter zu entschädigen.[60] Hier handelt es sich aber um eine Verletzung der Berufsausübungsfreiheit. Auch eine Anwendung der zur Sonderabgabe entwickelten Grundsätze kommt nicht in Betracht.[61] Es handelt sich bei der Vorhaltepflicht um **keine Sonderabgabe**. Das sind öffentlich rechtliche Geldleistungen, die in einen Sonderfonds gezahlt werden oder sonst beim Staat aufkommenswirksam sind.[62] Daran fehlt es hier. Weder leisten die betroffenen Unternehmen durch die Anschaffung der entsprechenden Geräte einen Geldbetrag in einen Sonderfonds, noch tritt dadurch sonst unmittelbar eine Aufkommenswirkung beim Staat ein.

32   **2. Die Pflicht zur Mitwirkung an einzelnen Überwachungsmaßnahmen.** – Nach § 110 Abs. 1 sind die betroffenen Anlagenbetreiber auch dazu verpflichtet, bei den Überwachungsmaßnahmen mitzuwirken. Hierfür wurden sie bisher gemäß § 17a ZSEG entschädigt. Freilich kam es danach im Regelfall nur zur Erstattung von einem Prozent der tatsächlich anfallenden Kosten.[63] Nach den vom BVerfG zur Sachverständigenentschädigung entwickelten Prinzipien[64] kann darin keine angemessene Entschädigung gesehen werden. Der Bundesregierung obliegt es, durch die Verordnung nach § 110 Abs. 9 S. 1 für eine **die Selbstkosten deckende Entschädigung** zu sorgen.

IV. Einzelheiten

33   **1. Die Pflichten der betroffenen Anlagenbetreiber (Abs. 1 S. 1). – a) Adressatenkreis.** – Nach § 110 Abs. 1 S. 1 sind nur die Betreiber von Telekommunikationsanlagen verpflichtet, mit denen **Telekommunikationsdienste für die Öffentlichkeit** erbracht werden (vgl. a. RdNr. 34). Der Adressatenkreis gleicht somit dem vom § 109 Abs. 2.[65] Zudem gestattet es die Verordnungsermächtigung nach § 110 Abs. 2 Nr. 2, weitere Befreiungen vorzunehmen. Die gemäß § 150 Abs. 10 übergangsweise weitergeltende TKÜV 2002 sieht in ihrem § 2 Abs. 2 S. 2 dazu bestimmte anlagenbezogene Ausnahmen vor (s. u. RdNr. 43). Daran knüpft § 2 Abs. 2 S. 2 TKÜV-E an.

34   **b) Die Verpflichtungen im Einzelnen.** – aa) Nach § 110 S. 1 Nr. 1 muss der Verpflichtete ab dem Zeitpunkt der Betriebsaufnahme auf eigene Kosten **technische Einrichtungen** zur Umsetzung gesetzlich vorgesehener Maßnahmen zur Überwachung der Telekommunikation **vorhalten** (zur verfassungsrechtlichen Problematik s. o. RdNr. 22 ff.). Dazu zählt nicht nur die Beschaffung der Hardware, sondern auch der Software, die zur Überwachung der

---

60 *Kube/Schütze*, CR 2003, 663, 668.
61 So aber *v. Hammerstein*, MMR 2004, 222, 226; *Kube/Schütze*, CR 2003, 663, 668 ff.; *Maunz/Dürig/Papier*, Art. 14 RdNr. 341.
62 BGH, NJW 1997, 573, 580 m. w. N.
63 *v. Hammerstein*, MMR 2004, 222, 223.
64 BVerfGE 33, 240, 244 f. = NJW 1972, 1891; BVerfGE 85, 329, 334 f. = NJW 1992, 1951.
65 Vgl. § 109 RdNr. 14 f.

Telekommunikation erforderlich ist.[66] Darüber hinaus hat der Verpflichtete **organisatorische Vorkehrungen** für die unverzügliche Umsetzung von Überwachungsmaßnahmen zu treffen. Unter dem Zeitpunkt der Betriebsaufnahme ist die Inbetriebnahme der Anlage zu verstehen, mit der die Telekommunikationsdienstleistungen für die Öffentlichkeit erbracht werden. Probe- und Testläufe fallen nicht unter diesen Begriff.[67] Zuwiderhandlungen gegen § 110 Abs. 1 S. 1 Nr. 1 i.V.m. den einschlägigen Bestimmungen der TKÜV 2002 bzw. ihrer Nachfolgerin sind in § 149 Abs. 1 Nr. 22 mit **Bußgeld** bedroht.[68]

bb) Gemäß § 110 Abs. 1 Satz 1 Nr. 2 sind die betroffenen Anlagenbetreiber zu **Mitteilungen an die RegTP** verpflichtet. Sie haben nach Nr. 2 a) unverzüglich nach Betriebsaufnahme die RegTP zu unterrichten, dass sie die für die Umsetzung von Überwachungsmaßnahmen erforderlichen Vorkehrungen nach Nr. 1 getroffen haben. Ferner müssen sie gemäß Nr. 2 b) eine inländische Stelle benennen, die für sie Überwachungsanordnungen entgegennimmt. Hierdurch wird sichergestellt, dass die Bedarfsträger wissen, an wen sie ihre Ersuchen zur technischen Umsetzung zu richten haben. Zugleich minimiert es den Aufwand der Verpflichteten, wenn sie ihre Mitteilungen zentral bei der RegTP machen können. Die RegTP hat sodann die Informationen unverzüglich den berechtigten Stellen zum Abruf bereitzustellen.[69] Spätere Änderungen sind nachzumelden, § 110 S. 3. Wer gegen § 110 Abs. 1 S. 1 Nr. 2 b) verstößt, dessen Handeln ist gemäß § 149 Abs. 1 Nr. 23 ahndbar.[70] | 35

Nach § 110 Abs. 1 S. 1 Nr. 3 wird die Einhaltung der technischen Einrichtungen und organisatorischen Vorkehrungen nach Nr. 1 in einem **Nachweisverfahren** überprüft. Der Verpflichtete muss gegenüber der RegTP belegen, dass seine technischen und organisatorischen Maßnahmen mit der TKÜV und der TR TKÜ übereinstimmen. Im Unterschied zum alten Recht kann damit der Betrieb schon aufgenommen werden, bevor das Nachweisverfahren abgeschlossen ist. Die bisher auf Grundlage von § 88 Abs. 2 TKG 1997 erteilten Genehmigungen bleiben jedoch unverändert bestehen (§ 43 Abs. 2 VwVfG).[71] Wer gegen § 110 Abs. 1 S. 1 Nr. 3 verstößt, der verhält sich gemäß § 149 Abs. 1 Nr. 24 ordnungswidrig.[72] | 36

Das Nachweisverfahren beginnt mit der Einreichung der zur Beurteilung der Sachlage nötigen Unterlagen bei der RegTP (Nr. 3 a). Diese müssen unverzüglich, aber spätestens einen Monat nach Betriebsaufnahme vorgelegt werden. Die RegTP hat dann die Unterlagen zu überprüfen. Dies soll in einem engen zeitlichen Zusammenhang mit der Betriebsaufnahme geschehen.[73] Der Verpflichtete muss ferner einen Prüftermin mit der RegTP vereinbaren (Nr. 3 b). Dieses Verfahren ist sinngemäß auch bei späteren Änderungen der Telekommunikationsanlage bzw. der technischen Einrichtungen des Verpflichteten durchzuführen.[74] | 37

---

66 *Trute/Spoerr/Bosch*, § 88 RdNr. 6.
67 BeckTKG-Komm/*Ehmer*, § 88 RdNr. 81; *Manssen/Haß*, § 88 RdNr. 57; vgl. auch BT-Drs. 13/3609, S. 55; BT-Drs. 13/4438, S. 39.
68 § 149 RdNr. 22.
69 BT-Drs. 15/2316, S. 92 f.
70 § 149 RdNr. 7.
71 BT-Drs. 15/2316, S. 92.
72 § 149 RdNr. 7.
73 BT-Drs. 15/2316, S. 92 f.
74 Ibid.

38   § 110 Abs. 1 S. 1 Nr. 4 eröffnet der RegTP die Befugnis, eine **Wiederholungsprüfung** durchzuführen, wenn sie den begründeten Verdacht hegt, dass der betroffene Netzbetreiber die in § 110 Abs. 1 S. 1 statuierten Verpflichtungen nicht eingehalten hat. Sie ist nur zulässig, wenn im konkreten Fall der anhand von Tatsachen nachzuweisende Verdacht besteht, dass der betroffene Anlagenbetreiber seinen Verpflichtungen nicht (mehr) nachkommt. Die RegTP hat dazu den Verpflichteten aufzufordern, eine erneute Prüfung zu gestatten. Weigert er sich, kann die RegTP gemäß § 115 Abs. 2 ein Zwangsgeld festsetzen.[75] Zudem kann gemäß § 149 Abs. 1 Nr. 25 ein Bußgeld verhängt werden.[76]

39   cc) § 110 Satz 1 Nr. 5 belegt die betroffenen Anlagenbetreiber zum einen mit der **Duldungspflicht**, dass der BND Geräte für die Durchführung der strategischen Überwachung nach den §§ 5, 8 G 10 in seinen Räumlichkeiten aufstellt und betreibt. Zum anderen hat er den Bediensteten des BND sowie den Mitgliedern und Mitarbeitern der Parlamentarischen Kontrollkommission zur Erfüllung ihrer gesetzlichen Aufgaben den Zugang zu diesen Geräten zu gewähren. Das Nähere regelt § 27 Abs. 2–4 TKÜV-E. Wer seine Duldungspflicht missachtet, kann nach § 149 Abs. 1 Nr. 26 mit einer Geldbuße geahndet werden.[77]

40   **2. Pflichten für Anbieter von Telekommunikationsdiensten für die Öffentlichkeit (Abs. 1 S. 2).** – Die Entwicklung des Telekommunikationsmarktes hat dazu geführt, dass nicht mehr jeder Diensteanbieter zugleich auch Betreiber von Telekommunikationsanlagen ist. So betrifft Satz 2 z. B. Service Provider im Mobilfunk oder Anbieter von Telekommunikationsdiensten, die sich zur technischen Umsetzung ihrer Dienste eines externen Betreibers bedienen.[78] Durch § 110 Abs. 1 S. 2 soll klargestellt werden, dass auch solche Diensteanbieter die Vorschriften zur Umsetzung der Fernmeldeüberwachung zu beachten haben.[79] Dem soll der betreffende Diensteanbieter einerseits dadurch nachkommen, dass er sich vergewissert, der Anlagenbetreiber werde die Überwachungsanordnungen umsetzen können. Ausreichend ist dabei der Nachweis vom Anlagenbetreiber, dass dieser das Verfahren nach § 110 Abs. 1 Nr. 3 a) ohne Beanstandungen der RegTP durchlaufen hat. Andererseits ist er verpflichtet, der RegTP unmittelbar nach Aufnahme seines Dienstes Mitteilung darüber zu machen, welche Telekommunikationsdienste er erbringt, wer die Anordnungen zur Überwachung der Telekommunikation umsetzt und wer Adressat einer entsprechenden Anordnung sein soll. Die betroffenen Diensteanbieter haben die Angaben genauso wie die Anlagenbetreiber der RegTP zu melden. Spätere Änderungen hat der Diensteanbieter der RegTP nachzumelden.

41   **3. Verordnungsermächtigung (Abs. 2).** – Nach § 110 Abs. 2 wird die Bundesregierung ermächtigt, mit Zustimmung des Bundesrates eine Rechtsverordnung zu erlassen, in der neben der Umsetzung der Überwachung auch die Kostenerstattung zu regeln ist. Solange diese Rechtsverordnung noch nicht in Kraft getreten ist, bleibt es gem. § 150 Abs. 10 bei der TKÜV 2002.[80]

---

75 Vgl. § 115 RdNr. 16 f.
76 Vgl. § 149 RdNr. 8.
77 Vgl. § 149 RdNr. 22.
78 BT-Drs. 15/2316, S. 93.
79 Ibid.
80 Eingehende Würdigung der TKÜV bei *Holznagel/Nelles/Sokol/Jeserich*, S. 63, 72 ff.; *Holznagel/Nelles/Sokol/Hamm*, S. 81.

In der Verordnung sollen nicht nur die grundlegenden technischen Anforderungen und or- **42** ganisatorischen Eckpunkte (Nr. 1a) geregelt werden, sondern auch der Regelungsrahmen für die technische Richtlinie (Nr. 1b) sowie die Einzelheiten zu den Nachweis- sowie Duldungspflichten nach Abs. 1 geregelt werden (Nr. 1c u. Nr. 1d). Darüber hinaus wird der Bundesregierung auch aufgegeben, Ausnahmen von Verpflichtungen des § 110 zuzulassen (Nr. 2). Ferner sind in die Verordnung Vorgaben für die Ausgestaltung der Netzabschlusspunkte (Abs. 6 S. 2) und die Jahresstatistik (Abs. 8 S. 2) aufzunehmen.

aa) Die Benennung von grundlegenden **technischen Anforderungen** nach Nr. 1a) soll ver- **43** deutlichen, dass die für die technische Entwicklung unabdingbar erforderlichen detaillierten Angaben nicht in der Rechtsverordnung festzulegen sind, sondern in der technischen Richtlinie nach § 110 Abs. 3. Die nach § 110 Abs. 2 Nr. 1 a) eröffnete Befugnis, grundlegende technische Anforderungen festzulegen, stellt es dem Verordnungsgeber nicht frei, beliebige Vorgaben in Bezug auf die von der Technik zu ermöglichende Datenerhebung zu machen. Die Bestimmung des Umfangs der zu übermittelnden Daten (Inhalt und nähere Umstände der Telekommunikation) obliegt gerade nicht dem Verordnungsgeber.[81] Dieser hat sich vielmehr allein an den entsprechenden gesetzlichen Eingriffsbefugnissen zu orientieren, die nicht zuletzt ihre Konturen auch durch die Beachtung des Übermaßverbots im Einzelfall zu erhalten.

Schon in der TKÜV 2002 finden sich Bestimmungen zu den Grundsätzen der Umsetzung **44** (§ 5), zu den grundlegenden technischen Anforderungen (§ 6), zu Art und Umfang der bereitzustellenden Daten (§ 7), zur Gestaltung des Übergabepunktes (§ 8), zur Übermittlung der Kopie der aufgezeichneten Telekommunikation (§ 9) und zur Kompensation von Übermittlungshindernissen (§ 10). Diese Regelungen werden von dem TKÜV-E weitgehend übernommen. Sein § 6 Abs. 1 2. Hs. statuiert zudem eine Pflicht, bei der Beendigung einer Überwachungsmaßnahme deren Umsetzung unverzüglich abzuschalten. In den § 8 Abs. 1, Abs. 2 S. 2, § 9 TKÜV-E schlägt sich die Umstellung auf das Nachweisverfahren nieder. Ferner werden in § 8 Abs. 2 S. 1 Nr. 3 die Anforderungen an die Gestaltung des Übergabepunktes bei Überwachungen von Übertragungswegen präzisiert, die dem unmittelbar teilnehmerbezogenen Zugang zum Internet dienen.

bb) Die Rechtsverordnung hat auch **organisatorische** Anforderungen zu konkretisieren, **45** ist dabei freilich auf die Festlegung von **Eckpunkten** beschränkt. Durch diese Beschränkung will der Gesetzgeber verhindern, dass die Bundesregierung die Berufsausübungsfreiheit der Unternehmen über Gebühr schmälert.[82] Die Verordnung darf lediglich Vorgaben für unabweisbare Forderungen der Strafverfolgungs- und Sicherheitsbehörden machen und darf dabei nicht die Förmlichkeiten der jeweiligen Eingriffsgrundlagen überspielen. Nach den Vorschriften der TKÜV 2002 hat der Verpflichtete sicherzustellen, dass er Überwachungsanordnungen unverzüglich entgegennehmen (§ 12), Störungen beseitigen (§ 13), die Überwachungseinrichtungen und -ergebnisse gegen unbefugte Inanspruchnahme schützen kann (§ 14).[83] Ferner hat er Verschwiegenheit zu wahren (§ 15), über die Überwachungsmaßnahme Protokolle zu fertigen (§ 16) und diese zu überprüfen (§ 17). Während § 12 Abs. 2 TKÜV-E Unklarheiten bei den Regeln zur Vorabübermittlung der Anordnung ausräumt und nun auch die elektronische Benachrichtigung vorsieht, erweitert § 13

---

81 *Manssen/Haß*, § 88 RdNr. 63; a. A. BeckTKG-Komm/*Ehmer*, § 88 RdNr. 74 f.
82 BT-Drs. 15/2316, S. 93 f.
83 Details dazu bei *Holznagel/Nelles/Sokol/Federrath*, S. 115.

TKÜV-E die Pflichten zur Entstörung auch auf betriebsbedingte Unterbrechungen. Bei einem Bruch der Verschwiegenheit hat der Verpflichtete nunmehr gemäß § 15 Abs. 3 TKÜV-E die berechtigten Stellen darüber zu unterrichten. Durch die §§ 16 f. TKÜV-E werden einesteils die Protokollprüfpflichten vereinfacht, andererseits die Aufbewahrungsfristen verlängert.

46 cc) Ferner kann die Verordnung auch Regelungen treffen, dass Überwachungsmaßnahmen von einem vom Verpflichteten beauftragten **Erfüllungsgehilfen** umgesetzt werden. Dementsprechend sieht § 5 Abs. 2 Satz 2 TKÜV-E vor, die entsprechende Regelung der TKÜV 2002 weiterzuführen.

47 dd) Wenngleich das bisherige Genehmigungs- und Abnahmeverfahren infolge der Vorgaben von Art. 3 GRL entfallen ist, hält der Gesetzgeber zur Gewährleistung staatlicher Sicherheitsinteressen eine Überprüfung der Einhaltung der Umsetzung von Überwachungsmaßnahmen dienenden technischen und organisatorischen Vorschriften durch die RegTP für unverzichtbar.[84] Durch § 110 Abs. 2 Nr. 1 c) wurde die Grundlage geschaffen, in der Verordnung die Einzelheiten zu dem in Abs. 1 Satz 1 Nr. 3 und 4 vorgesehenen **Nachweis- und Prüfverfahren** festzulegen. Nach dem Willen des Gesetzgebers soll die Verordnung für den Fall der Änderung der Technischen Richtlinie auch Übergangsfristen bestimmen, in denen die RegTP noch befugt ist, die vor der Änderung gültigen Vorgaben zu Grunde zu legen.[85] § 19 TKÜV-E stellt dementsprechend die detaillierten Regeln der §§ 18 f. TKÜV 2002 auf das Nachweisverfahren um. § 20 Abs. 2 TKÜV-E sieht nunmehr vor, dass die RegTP stichprobenartige Untersuchungen durchführt, um Mängel bei der Umsetzung von Überwachungsmaßnahmen abzustellen.

48 ee) Nach § 110 Abs. 2 S. 1 Nr. 1 d) sind weitere Detailregelungen im Hinblick auf die Durchführung von Maßnahmen nach den §§ 5, 8 G 10 zur Präzisierung der Vorschrift des § 110 Abs. 1 S. 1 Nr. 2 erforderlich. Die §§ 26 f. TKÜV-E passen die entsprechenden Vorschriften der TKÜV 2002 über den Kreis der Verpflichteten, die Grundsätze der Mitwirkung und das Verfahren an das neue TKG an.

49 ff) § 110 Abs. 2 Nr. 2 enthält bestimmte **Öffnungsklauseln**. Die Regelung in **Nr. 2 a)** soll es ermöglichen, dass der Betreiber für begrenzte Betriebs- und Feldversuche (Friendly-User-Test) nicht von vornherein alle technischen Anforderungen erfüllen muss, die an die von ihm zu Überwachungszwecken vorzuhaltenden technischen Einrichtungen in dem für den Regelbetrieb notwendigen Umfang zu stellen sind.[86] Die Regelung der **Nr. 2 b)** entspricht im Wesentlichen dem § 88 Abs. 2 S. 3 TKG a. F. Sie eröffnet die Möglichkeit, aus technischen Gründen Ausnahmen zuzulassen, so z.B., wenn die Ziele in gleicher Weise, aber für den Betroffenen technisch einfacher oder preiswerter zu realisieren sind[87]. Schließlich lässt es **Nr. 2 c)** zu, aus Gründen der Verhältnismäßigkeit bestimmte Diensteanbieter freizustellen.[88] Damit wollte der Gesetzgeber verfassungsrechtlichen Bedenken Rechnung tragen. Schon § 2 Abs. 2 S. 2 TKÜV 2002 nahm bestimmte Netzknoten und Übertragungswege (Nr. 2, 3), ferner Netze ohne oder mit weniger als 1000 angeschlosse-

---

84 BT-Drs. 15/2316, S. 93 f.
85 Ibid.
86 Ibid.
87 BT-Drs. 13/8776, S. 40 zur Vorläuferregelung des § 88 Abs. 2 Nr. 3.
88 Diese Ausnahme wurde schon nachträglich in das alte TKG aufgenommen, Art. 2 Abs. 33 a Nr. 2 des BegleitG zum TKG vgl. BT-Drs. 13/8776, S. 39.

nen Teilnehmern (Nr. 1, 5) oder Rundfunkverteilsysteme (Nr. 4) von den Verpflichtungen aus. Daran knüpft § 2 Abs. 2 S. 2 TKÜV-E an, der allerdings Netzknoten, die der Zusammenschaltung mit ausländischen Netzen dienen, von der Befreiung ausspart.

Neben der schon durch den Gesetzgeber erfolgten Beschränkung des Kreises der Verpflichteten und den Öffnungsklauseln zur weiteren Eingrenzung des persönlichen Anwendungsbereiches der Vorschrift soll auch der sachliche Umfang der Verpflichtung aus Gründen der Verhältnismäßigkeit beschränkt werden. Dies verdeutlicht der Verweis auf die erbrachten Dienstangebote. So soll der Verordnungsgeber auch berücksichtigten, dass in einer grundsätzlich mit Überwachungstechnik auszustattenden Telekommunikationsanlage nicht zwangsweise alle Telekommunikationsarten überwachbar sein müssen. Hierunter fallen z.B. Dienste, bei denen nicht die Individualkommunikation im Vordergrund steht, sondern ein allgemein zugängliches Informationsangebot, z.B. *Call-Center*, *Freephone* oder *Premium-Rate-Services*. In den in § 2 TKÜV 2002 bereits festgelegten Ausnahmefällen brauchten daher keine organisatorischen Vorkehrungen getroffen zu werden.[89]

4. Die technische Richtlinie (Abs. 3). – Die bisherige TR TKÜ ist eine Verwaltungsvor- **51** schrift, welche die RegTP bei der Genehmigungserteilung zu beachten hatte. Da das Genehmigungsverfahren nunmehr weggefallen ist, wird die neue TR TKÜ von § 110 Abs. 3 als eine **unmittelbar verbindliche Richtlinie der Verwaltung** eingestuft. Für eine Übergangszeit bis zum Inkrafttreten der Technischen Richtlinie nach Abs. 3 gilt nach § 150 Abs. 11 die nach § 11 TKÜV 2002 erlassene technische Richtlinie jedoch weiter.[90] Soweit in ihr für bestimmte Arten von Telekommunikationsanlagen noch keine allgemeinen technischen Festlegungen getroffen wurden, sind die technischen Einrichtungen in Absprache mit der RegTP zu gestalten. § 110 Abs. 1 S. 4. § 11 TKÜV-E modifiziert den Regelungsrahmen für die TR TKÜ: Nunmehr sind auch die technischen Einzelheiten für das Verfahren zur Übermittlung der Anordnung auf gesichertem elektronischen Wege nach § 12 Abs. 2 S. 3, das der Zulassung von Abweichungen von technischen Vorgaben gemäß § 22 Abs. 1 S. 5 und schließlich die Anpassung an internationale Standards[91] erfasst. § 21 TKÜV-E räumt den Betreibern von Anlagen, an die nicht mehr als 10.000 Teilnehmer angeschlossen sind, gewisse Erleichterungen bei den Pflichten nach § 6 Abs. 1, 8 Abs. 2 S. 1 Nr. 6f., 9 Abs. 1, 12 Abs. 1 S. 1–3, 16 ein.

Für den Erlass der Richtlinie sieht Abs. 3 ein **besonderes Verfahren** vor. Der Bereich der **52** Telekommunikation ist durch schnelle technische Veränderungen gekennzeichnet. Wegen des unerlässlich hohen technischen Detaillierungsgrades soll die TR-TKÜ unter Berücksichtigung des von der neuen TKÜV zu setzenden Regelungsrahmens (§ 110 Abs. 2 Nr. 1 b) im Benehmen mit den berechtigten Stellen und unter Beteiligung der Verbände und Hersteller abgefasst werden. Dabei sind zur Minimierung der Kosten aller Beteiligten bei den Festlegungen in der Technischen Richtlinie internationale Standards so weit wie möglich zu berücksichtigen.[92] In der Richtlinie ist auch ein Zeitrahmen für die Umsetzung ihrer Anforderungen zu bestimmen. Trotz ihres komplexen Inhaltes sieht der Gesetzgeber jedoch keinen Grund für lange Anpassungsfristen. Denn die Wirtschaft sei zum einen bereits nach § 110 Abs. 3 S. 1 an der Erarbeitung der Richtlinie schon beteiligt gewesen. Zum anderen

---

89 BT-Drs. 15/2316, S. 94.
90 Vgl. § 150 RdNr. 49.
91 Zu letzteren *Holznagel/Nelles/Sokol/Kloepfer*, S. 91, 105 ff.
92 BT-Drs. 15/2316, S. 94.

liege zwischen dem Abschluss dieser Erarbeitung und dem In-Kraft-Treten der Richtlinie der für die Notifizierung erforderliche Zeitraum von mindestens drei Monaten, zu dem noch „erforderliche Bearbeitungszeiten" hinzuzuzählen seien.[93] Der TKG-E 2005 schreibt die Veröffentlichung der TR-TKÜ auf einer Internetseite vor.[94]

53   **5. Typmusterprüfung bei Überwachungsanlagen (Abs. 4).** – § 110 Abs. 4 schreibt das bisherige, auf freiwilliger Basis beruhende Verfahren der Prüfung von Typmustern (sog. Rahmenkonzepte) fort.[95] Die Vorschrift erleichtert zum einen den Vertrieb entsprechender Anlagen dadurch, dass der Hersteller oder Vertreiber nunmehr ihre Eignung nachweisen kann. Daneben vereinfacht Abs. 4 aber auch auf Seiten der Verpflichteten die Beschaffung geeigneter Anlagen. Nach Abs. 4 hat die RegTP das Prüfergebnis im Nachweisverfahren zu beachten. Abs. 4 gibt dem Hersteller oder Vertreiber von Telekommunikations-Überwachungsanlagen nunmehr einen **Anspruch auf Typmusterprüfung** durch die RegTP. Dieser Anspruch umfasst das Recht, eine Prüfung zu verlangen, ob die Einrichtungen im Zusammenwirken mit bestimmten Telekommunikationsanlagen die rechtlichen und technischen Vorschriften der Verordnung und der TR-TKÜ erfüllen. Das Ergebnis der Prüfung ist von der RegTP dem Hersteller oder Vertreiber schriftlich gem. S. 3 mitzuteilen.

54   § 110 Abs. 4 S. 2 eröffnet der RegTP die Möglichkeit, nach pflichtgemäßem Ermessen vorübergehend **Abweichungen** von den technischen Vorgaben zuzulassen. Die Anlagen müssen aber in jedem Fall sicherstellen, dass die Umsetzung von Überwachungsmaßnahmen möglich ist und bei den Einrichtungen der berechtigten Stellen sich ein nur unwesentlicher Anpassungsbedarf ergibt.

55   § 110 Abs. 4 S. 5 enthält eine **Übergangsvorschrift** für vor In-Kraft-Treten des TKG durchgeführte Verfahren der Zustimmung zu Rahmenkonzepten. Diese Zustimmungen gelten als Mitteilungen im Sinne des Satzes 3.

56   **6. Anpassungpflichten (Abs. 5).** – Zur Gewährleistung staatlicher Sicherheitsinteressen ist die **zügige Anpassung** der technischen Überwachungsgeräte an Entwicklungen in der Telekommunikationstechnologie ebenso unverzichtbar wie eine Befugnis der RegTP, die Einhaltung der Vorschriften zu **überprüfen**, welche die technische und organisatorische Umsetzung der Überwachungsmaßnahmen regeln. Eventuelle Anpassungen sollen nach § 110 Abs. 5 Satz 1 nicht später als zwölf Monate nach Bekanntmachung erfolgen, sofern im Einzelfall kein längerer Zeitrahmen festgelegt ist.

57   § 110 Abs. 5 S. 2 enthält eine **Besitzstandsregelung**. Sie trägt dem Interesse der Unternehmen Rechnung, technische Einrichtungen, die der Technischen Richtlinie entsprechen, bei Änderungen dieser Richtlinie nicht schon in der durch Satz 1 vorgegeben Frist nachbessern zu müssen. Der Vertrauensschutz bezieht sich nur auf Telekommunikationsdienste, die der Verpflichtete bereits angeboten hat. § 110 Abs. 5 S. 3 1. Hs. sieht für die Beseitigung von technischen Mängeln den selben Zeitrahmen vor wie schon § 88 Abs. 2 S. 6 TKG a. F. Klargestellt worden ist freilich, dass auch Unzulänglichkeiten bei den organisatorischen Vorkehrungen nachzubessern sind. Die dabei zu beobachtende Frist legt die Regulierungsbehörde unter Berücksichtigung der Schwere des Mangels und des für dessen Beseitigung erforderlichen Aufwandes nach pflichtgemäßem Ermessen fest. Stellt der Verpflichtete im

---

93 Ibid.
94 BR-Drs. 92/05, S. 13 f., 37.
95 Ibid.

Betrieb einen Fehler fest, so hat er ihn von sich aus unverzüglich zu beseitigen, § 110 Abs. 5 S. 3 2. Hs. Verstöße gegen § 110 Abs. 5 S. 3 sind ordnungswidrig gemäß § 149 Abs. 1 Nr. 27.[96]

7. Bereitstellung von Netzabschlusspunkten (Abs. 6). – § 110 Abs. 6 trägt dem Umstand **58** Rechnung, dass die überwachenden Stellen nicht mehr einem Monopolisten gegenüberstehen, der neben der Überwachung auch die Übertragung der gewonnenen Informationen sicherstellen kann.[97] Vielmehr kann sich im liberalisierten Telekommunikationsmarkt die Überwachungsanordnung auch an einen Anlagenbetreiber richten, der über keine eigenen Übertragungsmöglichkeiten zur jeweiligen Überwachungsbehörde verfügt. In diesem Fall müssen die zuständigen Behörden berechtigt sein, andere Anlagenbetreiber zu verpflichten, einen Netzabschlusspunkt bereitzustellen, an dem die Überwachungsbehörde die gewonnenen Informationen im Empfang nehmen kann.[98] Abs. 6 beschränkt diese Verpflichtung auf Betreiber von Telekommunikationsanlagen, die anderen im Rahmen ihres Angebotes für die Öffentlichkeit Netzabschlusspunkte zur Verfügung stellen. Die Pflicht besteht nur auf **Anforderung** der **zuständigen Stelle**.

Statt von Netzzugangspunkten wie § 88 TKG a. F. spricht § 110 Abs. 5 von **Netzabschluss-** **59** **punkten**. Dieser Begriff ist im Gesetz nicht definiert. Er wird lediglich im Zusammenhang mit dem Begriff des Teilnehmeranschlusses (§ 3 Nr. 21) verwendet.[99] Nach Art. 2 Abs. 2 e) URL ist der Netzabschlusspunkt der physische Punkt, an dem einem Teilnehmer der Zugang zu einem öffentlichen Kommunikationsnetz bereitgestellt wird. In Netzen, in denen eine Vermittlung oder Leitwegbestimmung erfolgt, wird der Netzabschlusspunkt anhand einer bestimmten Netzadresse bezeichnet, die mit der Nummer oder dem Namen eines Teilnehmers verknüpft sein kann. Dies lässt sich auf § 110 Abs. 6 übertragen. Unter Netzabschlusspunkten sind daher **Schnittstellen** zu verstehen, an denen entsprechende Endeinrichtungen angeschlossen werden können. Der Begriff des Netzabschlusspunktes ist daher enger als der des Netzzugangs. Dies hat zur Konsequenz, dass nach § 110 Abs. 6 im Gegensatz zur Vorläufernorm, § 88 Abs. 4 TKG a. F.,[100] kein Unternehmen mehr verpflichtet werden kann, das lediglich Übertragungsleistungen anbietet (*Carrier*).

Die **technische Ausgestaltung** derartiger Netzabschlusspunkte kann nach § 110 Abs. 6 **60** S. 2 in der Rechtsverordnung nach Abs. 2 geregelt werden. Der Regelungsinhalt des § 24 TKÜV-E geht freilich nicht wesentlich über den des Abs. 6 hinaus. Zusätzlich verlangt werden lediglich technische Schutzmaßnahmen und vorrangige Störungsbeseitigung.

Die **Bereitstellung** des Netzabschlusspunktes hat **unverzüglich** zu erfolgen. Das bedeutet, **61** die Übertragungsleistungen sind zur Verfügung zu stellen, sobald dies technisch und organisatorisch möglich ist.[101] Sie sind auch **vorrangig** bereitzustellen. Der Betreiber muss ggf. die Wünsche seiner Kunden zurückstehen lassen.[102] Geschieht dies, scheidet mangels Vertretenmüssens gegenüber dem Kunden eine Verzugshaftung aus.[103]

---

96 § 149 RdNr. 8 ff.
97 *Trute/Spoerr/Bosch*, § 88 RdNr. 24.
98 *Manssen/Haß*, § 88 RdNr. 67; BeckTKG-Komm/*Ehmer*, § 88 RdNr. 88.
99 Vgl. § 3 RdNr. 35.
100 BT-Drs. 13/3609, S. 55.
101 *Manssen/Haß*, § 88 RdNr. 67.
102 *Manssen/Haß*, § 88 RdNr. 67; *Erbs/Kohlhaas/Kalf*, § 88 TKG RdNr. 21.
103 BeckTKG-Komm/*Ehmer*, § 88 RdNr. 89.

62 § 110 Abs. 6 S. 3 stellt klar, dass der Verpflichtete für die **Bereitstellung und Nutzung** der Netzabschlusspunkte ein **Entgelt** verlangen kann. Dies ist auch folgerichtig, weil es sich bei der Gewährung des Netzzuganges um eine allgemeine Dienstleistung handelt.[104] Abgesehen von besonderen Tarifen oder Zuschlägen für die vorrangige oder vorzeitige Bereitstellung oder Entstörung ist das Entgelt entsprechend den jeweils für die Allgemeinheit geltenden Tarifen zu berechnen. Die Bedarfsträger sollen dadurch weder besser noch schlechter gestellt werden als die Kunden des Verpflichteten.[105] Daraus folgt auch die Pflicht, wenn der Allgemeinheit unter bestimmten Bedingungen Rabatte gewährt werden, diese auch den Bedarfsträgern einzuräumen.[106] Da der Verpflichtete von seinen Kunden für zusätzliche Leistungen ebenfalls ein besonderes Entgelt verlangen kann, hat er auch gegenüber den Bedarfsträgern die Möglichkeit, besondere Tarife in Ansatz zu bringen.[107]

63 § 110 Abs. 6 S. 4 stellt es frei, mit den Bedarfsträgern besondere **Rabatte** auszuhandeln. Nicht geregelt hat das Gesetz, wie zu verfahren ist, wenn wegen der geringen Kundenzahl oder wegen einer üblich gewordenen individuellen Aushandlung Tarife für die Allgemeinheit nicht bestehen. Hier ist Satz 4 erweiternd auszulegen: Es muss dem Verpflichteten auch hier zugestanden werden, eine individuelle Vereinbarung mit dem Bedarfsträger zu treffen.

64 Wer einen Netzabschlusspunkt nicht oder nicht rechtzeitig bereitstellt, verhält sich gemäß § 149 Abs. 1 Nr. 28 **ordnungswidrig**.[108]

65 **8. Technische Gestaltung von Überwachungsanlagen bei den berechtigten Stellen (Abs. 7).** – Gegenüber der Vorläufernorm stellt § 110 Abs. 7 S. 1 klar, dass die berechtigten Stellen ihre Überwachungsanlagen im **Einvernehmen**, d. h. mit Zustimmung, der RegTP[109], technisch zu gestalten haben.[110] Nach § 110 Abs. 7 S. 2 hat sich die RegTP zur technischen Gestaltung innerhalb angemessener Frist zu erklären. Anlagen i. S. d. Vorschrift sind Geräte, die von den berechtigten Stellen selbst betrieben werden. Vor der G 10 Novelle[111] betraf dies vor allem Funkempfänger, die der BND nach Art. 1 § 3 G 10 einsetzte.[112] Jetzt ist der BND nach den §§ 5 und 8 G 10 auch berechtigt, leitungsgebundene internationale Telekommunikationsbeziehungen mit gebündelter Übertragung zu überwachen. Aus § 110 Abs. 1 Nr. 5 ergibt sich, dass der BND zu diesem Zweck auch eigene Geräte einsetzen darf. Folglich hat er auch hinsichtlich dieser Geräte ein Einvernehmen herzustellen.

66 Ziel der Regelung ist es, die Sachkenntnis der Regulierungsbehörde zu nutzen,[113] um die **technische Kompatibilität**[114] zu sichern. Nach altem Recht war strittig, ob die RegTP die

---

104 Vgl. BT-Drs. 13/4438, S. 39.
105 *Manssen/Haß*, § 88 RdNr. 68.
106 *Trute/Spoerr/Bosch*, § 88 RdNr. 26.
107 BeckTKG-Komm/*Ehmer*, § 88 RdNr. 94 f.; *Trute/Spoerr/Bosch*, § 88 RdNr. 26; *Scheurle/Mayen/ Löwnau-Iqbal*, § 88 RdNr. 29.
108 Vgl. § 149 RdNr. 15.
109 Krit zu dieser Aufgabenzuweisung an die RegTP *Manssen/Haß*, § 88 RdNr. 65.
110 BT-Drs. 15/2316, S. 94 f. mit Hinweis auf die Missverständnisse zu § 88 Abs. 3 TKG a. F.
111 BGBl. I 2001 S. 1254, 2298.
112 Vgl. BT-Drs. 13/3609, S. 55.
113 *Erbs/Kohlhaas/Kalf*, § 88 TKG RdNr. 19.
114 *Trute/Spoerr/Bosch*, § 88 RdNr. 22.

Bedarfsträger auch beim Einsatz technischer Geräte kontrollieren durfte.[115] Mit der TKG-Novelle hat der Gesetzgeber nunmehr klargestellt, dass Gegenstand des Einvernehmens lediglich die technische Gestaltung, nicht auch der Einsatz derartiger Geräte ist.[116] Abs. 7 enthält folglich keine verfahrensmäßige Sicherung des Fernmeldegeheimnisses. Die Verletzung des Einvernehmenserfordernisses macht den Eingriff in das Fernmeldegeheimnis durch den Betrieb der Anlage nicht rechtswidrig.[117] Schließlich gewährt Abs. 7 Dritten auch keinen Anspruch auf die Störungsfreiheit der Kommunikation[118], denn das Einvernehmen der RegTP ist nur einzuholen, um die technische Kompatibilität im Allgemeininteresse sicherzustellen.

9. Jahresstatistik (Abs. 8). – § 110 Abs. 8 verpflichtet die Betreiber von Telekommunikationsanlagen dazu, eine Jahresstatistik über die nach den **§§ 100a, 100b StPO durchgeführten Überwachungsmaßnahmen** zu führen und der Regulierungsbehörde unentgeltlich zur Verfügung zu stellen. Die Ausgestaltung der Statistik soll im Einzelnen gemäß § 110 Abs. 8 S. 2 in der TKÜV geregelt werden. Die Regelung soll es den zuständigen Gremien ermöglichen, sich einen Überblick über den politisch sensiblen Bereich der Telekommunikationsüberwachung zu verschaffen und eventuellen Missbräuchen vorzubeugen.[119] Ist dem so, dann ist die Begrenzung auf Maßnahmen nach den §§ 100a, 100b StPO kaum nachvollziehbar.[120] Hierbei ist freilich zu beachten, dass im Führen einer Jahresstatistik eine Indienstnahme Privater besteht, die sich als Berufsausübungsregelung an den Vorgaben des Art. 12 Abs. 1 GG zu messen hat.[121] Diese Verpflichtung ist schwerlich als das schonendste Mittel abzusehen. Denn wie bei der akustischen Wohnraumüberwachung nach § 100c Nr. 3 StPO wäre es ohne Grundrechtseingriff beim Verpflichteten mit gleicher Eignung möglich, eine Berichtpflicht der Staatsanwaltschaft zu statuieren (vgl. § 100e Abs. 1 StPO).

§ 110 Abs. 8 S. 3 verbietet es den Verpflichteten, die Statistik Dritten zur Kenntnis zu geben. Fraglich ist, ob dies Belangen der Strafverfolgung oder des Datenschutzes dient[122], denn die Statistik ist nach Anlage 1 zur TKÜV 2002 zu führen.[123] Darin sind nur die Anzahl der Anordnungen und der überwachten Anschlüsse anzugeben. Sie enthält weder personenbezogene Daten noch Angaben, die sich auf ein individualisierbares Ermittlungsverfahren bezieht. Das Übermittlungsverbot ist freilich nicht sanktioniert und daher so gut wie wirkungslos.[124] Erst die RegTP fasst die von den Unternehmen gelieferten Angaben zusammen und veröffentlicht das Ergebnis jährlich in ihrem Amtsblatt, § 110 Abs. 8 S. 4. Zu beachten ist, dass diese Vorschrift nach drei Jahren entfallen soll, wenn bis dahin eine Rechtsgrundlage für aussagekräftige statistische Erhebungen über Überwachungsmaßnahmen durch die Landesjustizbehörden verfügbar ist.[125]

67

68

---

115 Bejahend: *Manssen/Haß*, § 88 RdNr. 64; ablehnend: *Trute/Spoerr/Bosch*, § 88 RdNr. 22.
116 BT-Drs. 15/2316, S. 95.
117 *Trute/Spoerr/Bosch*, § 88 RdNr. 22.
118 *Trute/Spoerr/Bosch*, § 88 RdNr. 22.
119 BT-Drs. 13/3609, S. 55.
120 *Manssen/Haß*, § 88 RdNr. 70.
121 *Manssen/Haß*, § 88 RdNr. 70.
122 So aber *Erbs/Kohlhaas/Kalf*, § 88 TKG RdNr. 28.
123 Dazu: *Holznagel/Nelles/Sokol/Welp*, S. 3, 7 f.
124 *Manssen/Haß*, § 88 RdNr. 70.
125 BT-Drs. 15/2316, S. 95.

69   **10. Verordnungsermächtigung zur Kostenregelung (Abs. 9). –** § 110 Abs. 9 S. 1 ermächtigt die Bundesregierung, durch Verordnung die angemessene Entschädigung der
Diensteanbieter zu regeln. Die Verordnung bedarf der Zustimmung des Bundestages und
des Bundesrates. Die Entschädigung ist für die **Leistungen zur Ermöglichung einer
Überwachung** nach den §§ 100 a, 100 b StPO, §§ 2 Abs. 1, 5, 8 G10, § 39 AWG[126] oder
nach den entsprechenden landesgesetzlichen Vorschriften (Nr. 1) zu gewähren. Darüber hinaus soll die Verordnung auch Regelungen zur Entschädigung beim **manuellen Auskunftsverfahren** (§ 113) enthalten (Nr. 2).[127] Die Kosten der Vorhaltung der technischen
Einrichtungen sind dagegen nicht Gegenstand der Entschädigung, § 110 Abs. 9 S. 2 (s.o.
RdNr. 34). Der TKG-E 2005 passt die Verordnung an die neue Gesetzeslage an.[128]

70   Die Regelung ersetzt die bisherige in § 17 a Abs. 1 Nr. 3 ZSEG. Für die **Übergangszeit**
sollte bis zum Zeitpunkt des In-Kraft-Tretens der Rechtsverordnung nach § 110 Abs. 9
S. 1, gemäß § 151 die Regelung des ZSEG aber fortgelten. Freilich ist diese Verweisung
inzwischen überholt. Da das Kostenrechtsmodernisierungsgesetz nach dem TKG in Kraft
trat und das ZSEG aufhob, geht die Verweisung in § 151 inzwischen fehl.[129] Vorübergehend
ist daher die Nachfolgeschrift des § 17 a ZSEG, § 23 des Justizvergütungs- und -entschädi-
gungsgesetzes (JVEG) anzuwenden.[130]

71   **Ergänzung zu RdNr. 20.** – Die Regelungen des NdsSOG[131] zur präventiven Telekommunikationsüberwachung wurden vom BVerfG für verfassungswidrig und nichtig erklärt.[132]
Das Gesetz sah als Eingriffsanlass neben der Straftatenvorbeugung auch die Vorsorge für
die Verfolgung von Straftaten vor. Diese ordnete das BVerfG aber dem gerichtlichen Verfahren und damit der konkurrierenden Gesetzgebungskompetenz des Bundes zu, Art. 72,
Art. 74 Abs. 1 Nr. 1 GG. Da der Bund nach Auffassung des BVerfG im Bereich der Strafverfolgung von seiner Gesetzgebungskompetenz abschließend Gebrauch gemacht hat,
vergleibt kein Raum für landesrechtliche Regelungen im Bereich der Verfolgungsvor-
sorge.[133] Darüber hinaus wies das Gesetz auch Mängel in der Normenbestimmtheit und
-klarheit auf[134] und ließ Vorkehrungen für Eingriffe in den absolut geschützten
Kernbereich privater Lebensgestaltung[135] vermissen.[136] Praktisch dürfte selbst unter Beachtung der materiellen Vorgaben des BVerfG kaum noch ein Raum für landesrechtliche
Gestaltungen im Bereich der präventiven Telekommunikationsüberwachung bestehen.

---

126 Jetzt § 23 a ZFdG, vgl. BT-Drs. 15/5213, S. 24; § 23 f. S. 1 Nr. 2 ZFdG.
127 Vgl. hierzu § 113 RdNr. 16.
128 BR-Drs. 92/05, S. 14, 37.
129 Vgl. dazu § 151 RdNr. 2.
130 Vgl. dazu auch klarstellend BR-Drs. 92/05, S. 38 zum TKG-E 2005.
131 I. d. F. des G. zur Änderung des Niedersächsischen Gefahrenabwehrgesetzes vom 11. 12. 2003,
NdsGVBl. 2003 S. 414 und i. d. F. der Bek. v. 19. 1. 2005 NdsGVBl. 2005 S. 9.
132 BVerfG NJW 2005, 2603.
133 BVerfG NJW 2005, 2603, 2605 ff.
134 BVerfG NJW 2005, 2603, 2607 ff.
135 Vgl. dazu BVerfGE 109, 279 = NJW 2004, 999.
136 BVerfG NJW 2005, 2603, 2601 ff.

§ 111 Daten für Auskunftsersuchen der Sicherheitsbehörden

(1) Wer geschäftsmäßig Telekommunikationsdienste erbringt oder daran mitwirkt und dabei Rufnummern vergibt oder Telekommunikationsanschlüsse für von anderen vergebene Rufnummern bereitstellt, hat für die Auskunftsverfahren nach den §§ 112 und 113 die Rufnummern, den Namen und die Anschrift des Rufnummerninhabers, das Datum des Vertragsbeginns, bei natürlichen Personen deren Geburtsdatum, sowie bei Festnetzanschlüssen auch die Anschrift des Anschlusses vor der Freischaltung zu erheben und unverzüglich zu speichern auch soweit diese Daten für betriebliche Zwecke nicht erforderlich sind; das Datum des Vertragsendes ist bei Bekanntwerden ebenfalls zu speichern. Satz 1 gilt auch, soweit die Daten nicht in Teilnehmerverzeichnisse (§ 104) eingetragen werden. Wird dem Verpflichteten nach Satz 1 eine Änderung bekannt, hat er die Daten unverzüglich zu berichtigen; in diesem Zusammenhang hat er bisher noch nicht erfasste Daten nach Satz 1 nachträglich zu erheben und zu speichern, sofern ihm eine Erhebung der Daten ohne besonderen Aufwand möglich ist. Nach Ende des Vertragsverhältnisses sind die Daten mit Ablauf des auf die Beendigung folgenden Kalenderjahres zu löschen. Eine Entschädigung für die Datenerhebung und -speicherung wird nicht gewährt. Für das Auskunftsverfahren nach § 113 ist die Form der Datenspeicherung freigestellt.

(2) Bedient sich der Diensteanbieter nach Abs. 1 Satz 1 eines Vertriebspartners, hat der Vertriebspartner die Daten nach Abs. 1 Satz 1 zu erheben und diese sowie die nach § 95 erhobenen Daten unverzüglich dem Diensteanbieter zu übermitteln; Abs. 1 Satz 2 gilt entsprechend. Satz 1 gilt auch für Daten über Änderungen, soweit sie dem Vertriebspartner im Rahmen der üblichen Geschäftsabwicklung zur Kenntnis gelangen.

(3) Für Vertragsverhältnisse, die am Tage des Inkrafttretens dieser Vorschrift bereits bestehen, müssen Daten im Sinne von Abs. 1 Satz 1 außer in den Fällen des Absatzes 1 Satz 3 nicht nachträglich erhoben werden.

Schrifttum: *Breyer*, Bürgerrechte und TKG-Novelle – Datenschutzrechtliche Auswirkungen der Neufassung des Telekommunikationsgesetzes, RDV 2004, 471; *Der Berliner Datenschutzbeauftragte*, Jahresbericht des Berliner DSB 1998; Datenübermittlung und Vorermittlungen, Festgabe für Hans Hilger, hrsg. v. *Wolter/Schenke/Rieß/Zöller*, 2003; *v. Hammerstein*, Kostentragung für staatliche Überwachungsmaßnahmen nach der TKG-Novelle, MMR 2004, 222; *Kieper/Ruhmann*, Überwachung der Telekommunikation. Abgesang auf ein Grundrecht der Informationsgesellschaft, DuD 1998, 155, *Königshofen*, Datenschutz in der Telekommunikation. Die neuen bereichsspezifischen Regelungen zum Datenschutz nach dem TKG und der TDSV, ArchPT 1997, 19; *Koenig/Neumann*, Internet-Protokoll-Adressen als „Nummern" im Sinne des Telekommunikationsrechts?, K&R 1999, 145; *Koenig/Koch/Braun*, Die Telekommunikationsüberwachungsverordnung: Neue Belastungen für Internet Service Provider und Mobilfunknetzbetreiber? Zugleich ein Beitrag zur Verfassungsmäßigkeit des § 88 TKG, K&R 2002, 289; *Kube/Schütze*, Die Kosten der TK-Überwachung, CR 2003, 663; *Kühling*, Freiheitsverluste im Austausch gegen Sicherheitshoffnungen im künftigen Telekommunikationsrecht? K&R 2004, 105; *Ohlenburg*, Die neue EU-Datenschutzrichtlinie 2002/58/RG – Auswirkungen und Neuerungen für elektronische Kommunikation, MMR 2003, 82; *Reimann*, Datenschutz im neuen TKG, DuD 2004, 421; *Schild*, Die EG-Datenschutz-Richtlinie, EuZW 1996, 549; *Villiger*, Handbuch der Europäischen Menschenrechtskonvention (EMRK) unter besonderer Berücksichtigung der schweizerischen Rechtslage, 2. Auflage 1999; *Welp*, Überwachung als System, Jahrbuch für juristische Zeitgeschichte, 2000, 457.

Übersicht

I. Normzweck, Entstehungsgeschichte und europarechtliche Grundlagen

1   a) § 111 schafft die **Voraussetzungen für** das in den §§ 112 f. geregelte automatisierte und manuelle **Auskunftsverfahren**, indem er die Diensteanbieter verpflichtet, bestimmte Teilnehmerdaten zu erheben und zu speichern. Konnte vor der Liberalisierung die Deutsche Bundespost den auskunftsberechtigten Behörden im Rahmen der Amtshilfe die notwendigen Informationen geben, so standen diesen Bedarfsträgern danach eine Vielzahl private Anbieter gegenüber, die im Rahmen ihrer Vertragsverhältnisse zu ihren Kunden deren personenbezogene Daten aufnehmen und Rufnummern vergeben. Die §§ 111–113 dienen dem Zweck, das Auskunftsverlangen der berechtigten Behörden gegenüber den privaten Anbietern durchzusetzen[1] und seine Beantwortung den Möglichkeiten elektronischer Datenverarbeitung anzupassen.

2   b) Im TKG a. F. war das Gebot der Datenerhebung und Datenspeicherung in § 90 Abs. 1 u. 5 niedergelegt, während die automatisierte Abfrage in § 90 Abs. 2–4 und das manuelle Auskunftsersuchen in § 89 Abs. 6 TKG a. F. geregelt waren. Die Novellierung schafft eine übersichtlichere Normenstruktur: Die Pflicht zur Datenerhebung und Datenspeicherung findet sich jetzt in § 111 Abs. 1, die automatisierte Abfrage in § 112, das manuelle Auskunftsersuchen schließlich in § 113.[2]

3   Der Umfang der Pflicht zur Datenerhebung war im **Gesetzgebungsverfahren** umstritten. So wurde das Nichtbestehen einer Erhebungspflicht bei solchen Bestandsdaten, die für die Vertragsabwicklung nicht erforderlich sind, z. B. für Prepaid-Karten im Mobilfunk[3], gegenüber dem Regierungsentwurf in einem Abs. 4 ausdrücklich vom Bundestag klargestellt.[4] Im Vermittlungsverfahren fügte man die obligatorische Speicherung dieser Daten in Abs. 1 wieder ein[5], obwohl sie noch beim vormaligen § 90 TKG a. F. von der Bundesregie-

---

1 BT-Drs. 13/3609, S. 55 zu § 89 TKG a. F.
2 Vgl. BT-Drs. 15/2316, S. 95.
3 Vgl. dazu klarstellend BVerwG NJW 2004, 1191 m. Anm. *Schütze*, MMR 2004, 114; vgl. *Scheurle/ Mayen/Löwnau-Iqbal*, § 90 RdNr. 8; abweichend zuvor: OVG Münster MMR 2002, 563 m. Anm. *Enderle*.
4 Vgl. BT-Drs. 15/2674, S. 87.
5 Vgl. BT-Drs. 15/3063, S. 7.

rung als unzulässige Vorratsdatenspeicherung abgelehnt worden war. Die schon bei § 90 TKG a. F. bestehenden Probleme, so zum verpflichteten Personenkreis, wurden zwar durch die Beschränkung des automatisierten Verfahrens auf Anbieter von Telekommunikationsdiensten für die Öffentlichkeit vermindert, aber nicht ausgeräumt. Die Weite des Begriffes der geschäftsmäßigen Erbringung von Telekommunikationsdiensten ist durch das zusätzlich Erfordernis der Rufnummernvergabe nur unwesentlich eingeschränkt worden. Schon unter der alten Regelung erstreckte sich der Kreis der Verpflichteten prinzipiell auf rund 400 000 Unternehmen, auch wenn anfangs lediglich 72 Unternehmen in das Verfahren nach § 90 TKG a. F. einbezogen worden waren.

c) Nach Art. 8 Abs. 1 EMRK hat jede Person vor allem das Recht auf Achtung ihres Privat- **4** lebens. Dies beinhaltet sowohl den Datenschutz[6] als auch das Fernmeldegeheimnis.[7] Die Entwicklung internationaler Datenschutzstandards wurde durch eine Europaratskonvention aus dem Jahre 1981 maßgeblich gefördert.[8] Der Schutz personenbezogener Daten des Einzelnen hat auch Niederschlag gefunden in der Grundrechtscharta der Europäischen Union. Art. 8 Abs. 1 legt das Grundrecht auf den Schutz personenbezogener Daten fest, Abs. 2 S. 1 enthält das Grundprinzip des Datenschutzrechts, das Verbot mit Einwilligungsvorbehalt, Abs. 2 S. 3 gewährt jedermann ein Auskunftsrecht über die ihn betreffenden Daten, Abs. 3 fordert die Einrichtung einer unabhängigen Stelle, die über die Einhaltung von Datenschutzvorschriften wacht. Aus **europarechtlicher Sicht** bestehen bei den Auskunftsvorschriften der §§ 111 ff. des TKG nur im geringen Umfang Berührungspunkte zum europäischen Sekundärrecht.[9] Zwar fußt die allgemeine Datenschutzrichtlinie 95/46/EG auf der oben genannten Konvention des Europarates.[10] Ihr Art. 3 Abs. 2 nimmt freilich bestimmte Formen des Datenumgangs von der Anwendung aus.[11] Dazu gehören auch Datenverarbeitungen, welche die Sicherheit des Staates berühren und Tätigkeiten des Staates im strafrechtlichen Bereich betreffen. Da es sich bei den erhobenen Daten nicht um Informationen handelt, welche die näheren Umstände der Telekommunikation betreffen, ist schließlich auch die DRL nur im geringen Umfang, nämlich bei den Teilnehmerdaten (Art. 12) tangiert, steht aber unter der Begrenzung ihres Art. 15.

Nach Art. 15 DRL ist es den Mitgliedstaaten erlaubt, aus Gründen der inneren und äußeren **5** Sicherheit, zur Verhütung und Verfolgung von Straftaten oder des unzulässigen Gebrauchs von elektronischen Kommunikationssystemen Vorschriften zu erlassen, welche die Aufbewahrung von Daten für begrenzte Zeit regeln. Damit bezweckt die DRL nicht, restriktive nationalstaatliche Regelungen unter Änderungsvorbehalt zu stellen. Eine derartige Auslegung dieser Regelung würde auf kompetenzrechtliche Probleme stoßen. Eine Ermächtigung zu einer solchen **Vorratsdatenspeicherung** zu den genannten Zwecken wäre nämlich der sog. „Dritten Säule"[12] zuzurechnen. Wie sich auch aus Art. 47 EUV ergibt, haben

---

6 EGMR Leander vs. Sweden, 26. 3. 1987 Series A no. 116; eingehend: *Villiger*, RdNr. 555.

7 Zum Schutz der Vertraulichkeit der Telekommunikation: EGMR Klass vs. Germany, v. 6. 9. 1978 Series A no. 28 = NJW 1979, 1755, 1756 ff.; Malone vs. United Kingdom, v. 2. 8. 1984 Series A no. 82 (st. Rspr.).

8 Konvention Nr. 108 vom 28. 1. 1981 (BGBl. II 1985, S. 538).

9 Ausf. *Manssen/Gramlich*, § 90 RdNr. 10 ff.

10 *Gola/Klug*, S. 31.

11 *Schild*, EuZW 1996, 549, 550.

12 Art. 29 ff. EUV.

die Mitgliedstaaten hier jedoch keine Kompetenzen übertragen.[13] Dies berücksichtigt auch die DRL selbst. Ihr Erwägungsgrund 11 stellt ausdrücklich fest, dass die DRL keine Auswirkungen auf das bestehende Gleichgewicht zwischen den staatlichen Interessen und der Privatsphäre des Einzelnen hat. Art. 15 der DRL ist daher wie folgt zu verstehen: Die Vorgaben der DRL verbieten es lediglich nicht, dass ein Mitgliedstaat unter Beachtung bestimmter Voraussetzungen eine Vorratsdatenspeicherung einführt.[14] Ob ein Mitgliedstaat den Diensteanbietern eine Vorratsdatenspeicherung vorschreibt, liegt weiterhin in seinem pflichtgemäßen legislativen Ermessen. Hierbei ist schließlich zu beachten, dass es zu den Zielen der DRL gehört[15], den anonymen Zugang zu elektronischen Kommunikationsdiensten zu ermöglichen. Das wird durch die in § 111 Abs. 1 enthaltene Verpflichtung, die genannten Informationen unabhängig von einer betrieblichen Notwendigkeit zu erheben und zu speichern, jedenfalls ein Stück weit konterkariert. Das Europarecht legt daher eine restriktive Auslegung nahe.

II. Allgemeines

6   **1. Systematik.** – Im Gegensatz zur Vorläuferregelung stellt die Vorschrift systematisch eine eigenständige Vorschrift zur Beschaffung von Daten dar. Die Verpflichtungen der Diensteanbieter nach § 111 sind von deren Berechtigung nach § 95, Bestandsdaten erheben und verwenden zu dürfen, entkoppelt.

7   **2. Verfassungsrechtliche Fragen. – a) Grundrechte des Kunden.** – Da das Auskunftsverfahren nach den §§ 111 ff. nur Daten betrifft, die nicht im unmittelbaren Zusammenhang mit einzelnen Telekommunikationsvorgängen stehen, berührt es nicht den Schutzbereich von Art. 10 Abs. 1 GG. Betroffen ist auf Seiten der Kunden allein deren Recht auf informationelle Selbstbestimmung, Art. 1 Abs. 1, 2 Abs. 1 GG.[16] Dementsprechend ist es irreführend, im Hinblick auf die Befugnisse nach den §§ 111 ff. von „weicher Telekommunikationsüberwachung" zu sprechen.[17]

8   Soweit die relevanten Daten in öffentlichen Teilnehmerverzeichnissen eingetragen sind, ist das Recht auf informationelle Selbstbestimmung der Betroffenen durch die Datenerhebung (§ 111) und Auskunftserteilung (§§ 112 f.) nicht berührt.[18] Handelt es sich dagegen um Einzelangaben, die nicht in ein Teilnehmerverzeichnis eingetragen werden können, bzw. um solche, die nach dem Willen des Betroffenen nicht eingetragen worden sind[19], liegt in deren Erhebung und in deren Übermittlung jeweils ein Eingriff in das **Recht auf informationelle Selbstbestimmung.**[20] Dieses Recht ist freilich nicht schrankenlos gewährleistet.[21] Eingriffe auf gesetzlicher Grundlage sind zulässig. Die Freiheit des Einzelnen ist gemeinschaftsgebunden und gemeinschaftsbezogen.[22] Er muss daher Einschrän-

---

13 *Schwarze/Böse*, Art. 29 EU RdNr. 8; *Callies/Ruffert/Cremer*, Art. 47 EU RdNr. 1.
14 A. A. wohl *Ohlenburg*, MMR 2003, 82, 86, die einen Kompetenzverstoß annimmt.
15 Vgl. Erwägungsgrund Nr. 33 der DRL.
16 Zum Verhältnis dieser beiden Grundrechte vgl. § 88 RdNr. 7.
17 So *Kube/Schütze*, CR 2003, 663.
18 *Manssen/Gramlich*, § 90 RdNr. 17; *Trute/Spoerr/Bosch*, § 90 RdNr. 10.
19 Vgl. dazu § 104 RdNr. 5, 7 ff.
20 OVG Münster CR 2002, 662, 665; VG Köln RDV 2000, 275, 278.
21 BVerfGE 65, 1, 43 ff. = NJW 1984, 419.
22 BVerfGE 65, 1, 44 m. w. N.

kungen im überwiegenden Gemeinschaftsinteresse in Kauf nehmen. Hierzu zählen nach dem BVerfG die unabweisbaren Bedürfnisse einer wirksamen Strafverfolgung und Verbrechensbekämpfung, insbesondere das öffentliche Interesse an einer möglichst vollständigen Wahrheitsermittlung im Strafverfahren gerade bei schweren Straftaten.[23] Das bedeutet jedoch nicht, dass die zwangsweise Erhebung personenbezogener Daten unbeschränkt statthaft ist.[24] Ein Eingriff in Rechte des Einzelnen darf nur insoweit erfolgen, wie es zum Schutz öffentlicher Interessen unerlässlich ist.[25] Der Gesetzgeber hat daher den Verwendungszweck der zu erhebenden Daten bereichspezifisch und präzise zu bestimmen. Des Weiteren müssen die Daten zur Verfolgung des anvisierten Zwecks geeignet und erforderlich sein. Eine Sammlung nicht anonymisierter Daten auf Vorrat zu unbestimmten oder noch nicht bestimmbaren Zwecken scheidet von Verfassungs wegen aus.[26] Ferner muss sichergestellt sein, dass die Daten nur zu dem gesetzlich bestimmten Zweck Verwendung finden. Der Gesetzgeber ist daher verpflichtet, die Daten durch Weitergabe- und Verwertungsverbote amtshilfefest vor Zweckentfremdung zu schützen. Schließlich bedarf es verfahrensrechtlicher Schutzvorkehrungen, etwa Aufklärungs-, Auskunfts- und Löschungspflichten, um diese Zweckbindung durchzusetzen.[27]

Diesen Kriterien werden die Vorschriften der §§ 111 ff. nicht in jeder Hinsicht gerecht. Soweit es um Strafverfolgung und Kriminalprävention geht, sind die Zwecke der Datenverarbeitung zwar noch bereichspezifisch und präzise bestimmt. Gleiches gilt auch für die Aufgaben der übrigen in § 112 Abs. 2 genannten Behörden. Soweit hingegen § 113 Abs. 1 darüber hinaus nicht nur allen Ordnungsbehörden das Auskunftsrecht einräumt, sondern zudem noch jedes Bußgeldverfahren als hinreichenden Anlass für ein Auskunftsersuchen gelten lässt, verlieren sich die Verwendungszwecke ins Unbestimmbare. In nahezu allen verwaltungsrechtlichen Spezialgesetzen sind Zuwiderhandlungen gegen ihre Vorschriften mit Bußgeld bedroht, damit die zuständigen Behörden ihre Zwecke durchsetzen können. Mithin sollen die nach § 111 Abs. 1 zu erhebenden Daten für so gut wie jeden hoheitlichen Zweck verwendet werden dürfen.[28] Die Aufbewahrung dieser Daten kommt daher insofern einer grundgesetzlich bedenklichen **Vorratsdatenspeicherung** gleich.[29] **9**

Soweit die Verwendungszwecke hinreichend präzise feststehen, lässt sich gegen die automatisierte Abfrage nicht der Einwand der Unverhältnismäßigkeit erheben. Zwar steht den Behörden nunmehr mit der Inverssuche[30] ein Mittel zur Verfügung, einen Teil der Informationen über die reguläre Telefonauskunft zu erhalten. Das macht jedoch die automatisierte Abfrage nicht in jeder Hinsicht entbehrlich. Denn Telefonauskunft darf nur aus öffentlichen Verzeichnissen erteilt werden, deren Inhalte die Nutzer aber selbst bestimmen können (vgl. § 105 Abs. 3) und die darüber hinaus bestimmte personenbezogene Angaben wie etwa das Geburtsdatum ohnehin nicht enthalten. Schließlich ist die **Erhebung** und Speicherung der Kundendaten auch **nicht** als **übermäßig** anzusehen. Zum einen handelt es sich **10**

---

23 Vgl. BVerfGE 77, 65, 76; 80, 367, 375 = NJW 1990, 563, 564; siehe auch BVerfG, NStZ 1996, 45
24 BVerfGE 65, 1, 45.
25 BVerfGE 19, 342, 348 (st. Rspr).
26 BVerfGE 65, 1, 46.
27 BVerfGE 65, 1, 46.
28 Vgl. *Königshofen*, ArchivPT 1997, 19, 29; *Scheurle/Mayen/Löwnau-Iqbal*, § 89 RdNr. 34.
29 Krit. *Kühling*, K&R 2004, 105, 106 ff.; *Breyer*, RDV 2004, 147, 151; *Reimann*, DuD 2004, 421, 424 f.; vgl. w. *Welp*, Jahrbuch für juristische Zeitgeschichte 2000, 457, 473 f.
30 Vgl. § 105 RdNr. 12 ff.

um Einzelangaben, welche die Anbieter ohnehin zum Zwecke der Vertragsgestaltung benötigen. Zum anderen schließt ihre Speicherung zu dem Zwecke, behördliche Auskünfte zu ermöglichen, den europarechtlich geforderten anonymen Zugang zu elektronischer Kommunikation so lange nicht aus, wie es noch öffentliche Münzfernsprecher u. Ä. gibt.

11 **b) Grundrechte der Diensteanbieter.** – Die Verpflichtung, bestimmte Kundendaten selbst dann zu erheben und zu speichern, wenn dazu keine betriebliche Notwendigkeit besteht, stellt eine **Indienstnahme Privater** für hoheitliche Zwecke dar.[31] Deren Zulässigkeit richtet sich nach denselben Kriterien, die schon zur Prüfung der Verfassungsmäßigkeit von § 110 Abs. 1 S. 1 herangezogen wurden.[32] Im Unterschied zu der Pflicht, eine Überwachungsinfrastruktur vorzuhalten, stellt freilich das Führen von Kundendateien im Allgemeinen keine unternehmensfremde Tätigkeit dar. Fraglich ist hingegen, ob sie die Diensteanbieter nur geringfügig belastet. Obwohl in der Bundestagsanhörung u. a. der Bundesverband für Informationswirtschaft, Telekommunikation und neue Medien darauf hinwies, dass die Ausweitung der Kundendateien zu einem Mehraufwand in mehrstelliger Millionenhöhe mit sich bringen werde[33], hielt der Gesetzgeber das Vorhalten von Kundendateien ohne Kostenerstattung dennoch nicht für übermäßig. Nahe liegend ist es, wie folgt zu differenzieren: Soweit die Diensteanbieter zur Abwicklung der Verträge mit ihren Kunden deren Einzelangaben erheben und speichern, ist es zumutbar, wenn die Dateien auch zu hoheitlichen Zwecken vorzuhalten sind. Soweit es daran (insbesondere bei Prepaid-Produkten) fehlt, handelt es sich bei der Erhebung und Speicherung der Kundendaten um eine unternehmensfremde Tätigkeit, die der Staat den Diensteanbietern nur auferlegen darf, wenn er die Kosten trägt.

III. Einzelheiten

12 **1. Datenerhebungs- und Datenspeicherungspflicht (Abs. 1). – a) Verpflichteter Personenkreis (S. 1).** – § 111 verpflichtet bestimmte **Diensteanbieter** (§ 3 Nr. 6).[34] Zu den Diensteanbietern gehören auch Anbieter für geschlossene Benutzergruppen, d. h. von nichtöffentlich angebotenen Telekommunikationsdiensten[35] wie *Corporate Networks*, Anlagen in Krankenhäusern, Hotels und Unternehmen.

13 Adressat von § 111 wird nur derjenige Diensteanbieter, der anlässlich der Erbringung von Telekommunikationsdiensten **Rufnummern vergibt** oder Telekommunikationsanschlüsse für von anderen vergebene Rufnummern bereitstellt. Rufnummern sind nach § 3 Nr. 18 Nummern, durch deren Wahl im öffentlichen Telefondienst eine Verbindung zu einem bestimmten Ziel aufgebaut werden kann.[36] Unter öffentlich zugänglichem Telefondienst ist nach § 3 Nr. 17 ein der Öffentlichkeit zur Verfügung stehender Dienst für das Führen von Inlands- und Auslandsgesprächen einschließlich der Möglichkeit, Notrufe abzusetzen, zu verstehen.[37] Der öffentlich zugängliche Telefondienst schließt auch folgende Dienste ein: Unterstützung durch Vermittlungspersonal, Auskunftsdienste, Teilnehmerverzeichnisse,

---

31 Vgl. *v. Hammerstein*, MMR 2004, 222, 223, 227.
32 Vgl. dort § 110 RdNr. 22 ff.
33 Vgl. BT-Drs. 15/2679, S. 6 f.; Ausschuss-Drs. 15(9)/949, S. 33.
34 Vgl. § 3 RdNr. 8.
35 Vgl. BT-Drs. 15/2316, S. 95.
36 § 3 RdNr. 30.
37 § 3 RdNr. 29.

Bereitstellung öffentlicher Münz- und Kartentelefone, Erbringung des Dienstes nach besonderen Bedingungen sowie Bereitstellung geografisch nicht gebundener Dienste. Demzufolge fallen E-Mail-Adressen und IP-Adressen nicht unter den Begriff der Rufnummer.[38] Nicht definiert ist hingegen der Begriff der Vergabe von Rufnummern. Dieser wird im Gesetz in § 45 gleichfalls verwendet. Aus der Gesamtschau beider Vorschriften ist darunter die (zeitweilige) Zuordnung von Rufnummern zu einem einzelnen Teilnehmer zu verstehen. Wegen der besonders schwerwiegenden Verpflichtungen, die aus § 111 folgen, ist eine analoge Anwendung der Vorschrift auf sonstige Diensteanbieter nicht möglich.[39]

Das Gesetz definiert die **Bereitstellung von Telekommunikationsanschlüsse für von anderen vergebene Rufnummern** ebenfalls nicht. Telekommunikationsanschlüsse stellt bereit, wer physische Verbindungen zu einem Telekommunikationsnetz zum Zwecke der Telekommunikation zur Verfügung stellt. Dies ergibt sich aus den in § 3 Nr. 21, Nr. 22 enthaltenen Legaldefinitionen. Erfasst sind somit insbesondere Netzzugangsanbieter. **14**

Diese Weite des Adressatenkreises wurde schon unter den Voraussetzungen des § 90 TKG a. F. kritisiert. So wurde im Hinblick auf das Übermaßverbot eine einschränkende Auslegung vorgeschlagen. Zweck der Regelung könne nicht sein, Auskünfte über Patienten eines Krankenhauses, Gäste eines Hotels oder Mitarbeiter eines Unternehmens zu erlangen.[40] Dem stand nach altem Recht nicht nur dessen Wortlaut, sondern auch der Wille des Gesetzgebers entgegen.[41] Der Gesetzgeber hat nun eine differenzierende Regelung getroffen: Nur die Anbieter von Telekommunikationsdiensten für die Öffentlichkeit treffen alle Pflichten aus den §§ 111–113. Anbieter für geschlossene Benutzergruppen müssen nur am manuellen Auskunftsverfahren (§ 113) teilnehmen. **15**

b) Kundendaten für das Auskunftsverfahren (S. 1 und 2). – Durch die Sätze 1 und 2 wird festgelegt, welche Kundendaten zu erheben und bereitzuhalten sind. Dieser Katalog ist abschließend. Er stellt eine Teilmenge der nach § 95 von Diensteanbieter zulässig zu erhebenden Bestandsdaten dar. Dabei sind Kundendaten nur solche Daten von Vertragspartnern des Dienstanbieters, zu denen eine vertragliche Beziehung im Hinblick auf die Erbringung rufnummernbasierter Telekommunikationsdienste besteht.[42] **16**

Erfasst werden muss zunächst die **Rufnummer**. Mit der gesetzlichen Definition in § 3 Nr. 18 ist die zuvor im Rahmen des § 90 TKG a. F. geführte Diskussion[43] um die Reichweite dieses Begriffes überholt. Des Weiteren ist zu erfassen der **Name** des Rufnummerinhabers, worunter auch Firma, Geschäfts- oder Behördenbezeichnung zu verstehen ist.[44] Pseudonyme sind keine Namen[45] i. S. d. Vorschrift. Denn die Vorschrift will gerade die Identifizierbarkeit des Anschlussinhabers für die anfragenden Behörden sicherstellen. Ferner ist die **Anschrift** des Rufnummerninhabers zu erheben, worunter bei Privatpersonen die **17**

---

38 *Koenig/Neumann*, K&R 1999, 145; *Trute/Spoerr/Bosch*, § 90 RdNr. 4; *Erbs/Kohlhaas/Kalf/ Papsthart*, § 90 TKG RdNr. 2; BeckTKG-Komm/*Ehmer*, § 90 RdNr. 4.

39 BeckTKG-Komm/*Ehmer*, § 90 RdNr. 4.

40 *Kieper/Ruhmann*, DuD 1998, 155; Jahresbericht des Berliner Datenschutzbeauftragten 1998, S. 162.

41 Vgl. *Scheurle/Mayen/Löwnau-Iqbal*, § 90 RdNr. 3 mit Verweis auf BT-Drs. 13/9443, S. 6. De lege ferenda hielt aber auch sie eine Einschränkung für wünschenswert.

42 So schon zu § 90 TKG: *Manssen/Gramlich*, § 90 RdNr. 16.

43 Vgl. ausf. *Manssen/Gramlich*, § 90 RdNr. 16.

44 *Manssen/Gramlich*, § 90 RdNr. 19.

45 A. A. zu § 90 TKG a. F. *Trute/Spoerr/Bosch*, § 90 RdNr. 5; *Manssen/Gramlich*, § 90 RdNr. 20.

Wohnadresse und im Übrigen der Geschäfts- oder Behördensitz zu verstehen ist. E-Mail-„Adressen" sind hier folglich nicht erfasst. Da die Diensteanbieter die personenbezogenen Daten nach § 111 Abs. 1 im Interesse der öffentlichen Sicherheit zu erheben haben, reicht es nicht aus, nur eine Postfachanschrift erfassen.[46] Beide Angaben sind nur im Hinblick auf den **Rufnummerninhaber**, d.h. denjenigen, der die Vergabe der Rufnummer beantragt hat[47], zu erheben, nicht dagegen, wie auch die anderen Angaben in Abs. 1, in Bezug auf (weitere) Nutzer des Anschlusses.

18   Vom Kunden ist im Übrigen das Datum des **Vertragsbeginns** und bei natürlichen Personen deren **Geburtsdatum** aufzunehmen. Soweit es sich bei dem betreffenden Anschluss um einen Festnetzanschluss handelt, ist auch die **Anschrift des Anschlusses** zu vermerken, kann es hier doch zu Differenzen zwischen dieser Anschrift und der Anschrift des Rufnummerninhabers kommen.

19   **c) Datenerhebung und Speicherung (S. 1, 2 und S. 6).** – Die **Datenerhebung** hat vor der Freischaltung des Kommunikationsdienstes für den jeweiligen Kunden zu erfolgen. Im Regelfall bietet sich hier die Erhebung anlässlich des Vertragsschlusses an. Sie hat **unabhängig von einer betrieblichen Notwendigkeit** zur Datenerhebung auf Grund der Befugnis nach § 95 zu geschehen. Damit soll klargestellt werden, dass die Anforderungen auch für Kundenverhältnisse gelten, bei denen die vom Kunden in Anspruch zu nehmende Telekommunikationsdienstleistung im Voraus bezahlt wird (z.B. sog. *Prepaid*-Produkte).[48]

20   Die **Datenspeicherung** hat unverzüglich nach der Erhebung der Daten zu erfolgen, damit die Dateien (§ 3 Abs. 2 BDSG) stets aktuell sind. Die Verpflichtung zur unverzüglichen Speicherung dieser Daten schließt jedoch nicht ein, dass der Verpflichtete die Speicherung ebenfalls vor der Freischaltung des Dienstes vorzunehmen hat, denn im Bedarfsfall kann ab Vertragsbeginn auf diese Daten manuell zugegriffen werden.[49] Dabei ist die **Form der Datenspeicherung** dem Verpflichteten nur in Grenzen freigestellt. Soweit an ihn auch Abfragen nach § 112 gerichtet werden dürfen, sind die Einzelangaben in automatisierten Dateien zu speichern. Im Übrigen ist nach § 111 Abs. 1 S. 6 die Art der Datenspeicherung im Bezug auf das manuelle Auskunftsverfahren nach § 113 freigestellt.

21   **d) Aktualisierungs-, Vorhalte- und Löschverpflichtung (S. 3 und 4).** – § 111 Abs. 1 S. 3 statuiert eine **Aktualisierungspflicht**. Wird dem Verpflichteten gemäß Satz 1 eine Änderung bekannt, hat er die Daten unverzüglich zu berichtigen. Dies wird regelmäßig dann der Fall sein, wenn der Teilnehmer z.B. eine neue Anschrift für Rechnungen oder eine neue Bankverbindung mitteilt. Der Verpflichtete hat in diesem Zusammenhang auch bisher **noch nicht erfasste Daten** nach Satz 1 nachträglich zu erheben und zu speichern, sofern ihm dies ohne besonderen Aufwand möglich ist. Geht es um ein Kundengespräch o. Ä., bei dem der Teilnehmer den Verpflichteten über Änderungen seiner persönlichen Daten informiert, lässt sich dies ohne weiteres annehmen. Ein separates Anschreiben der Teilnehmer, um Daten zu aktualisieren, kann dagegen nicht gefordert werden, es sei denn, der Diensteanbieter fragt ohnehin bei seinem Kunden nach, um die Daten für eigene Zwecke auf den neuesten Stand zu bringen.

---

46 *Manssen/Gramlich*, § 90 RdNr. 19.
47 *Manssen/Gramlich*, § 90 RdNr. 18.
48 BT-Drs. 15/2316, S. 95.
49 Ibid.

Im Umkehrschluss folgt aus dieser **anlassbezogenen Verpflichtung** aber auch, dass keine **22** Pflicht besteht, die Datei einer besonderen, regelmäßigen, automatischen oder manuellen Kontrolle zu unterziehen. Daher begründet die Aktualisierungsverpflichtung wie auch schon bei der Vorläufernorm[50] nicht die Verpflichtung, die **Daten auf ihren Wahrheitsgehalt** zu überprüfen. Sie müssen nicht mit behördlichen Registern auf Richtigkeit und Vollständigkeit abgeglichen werden.

Satz 4 verlangt, dass der Verpflichtete die Daten nach Vertragsende für die Dauer von ei- **23** nem Jahr weiter **vorzuhalten** und dann mit Ablauf des auf den Vertragsablauf folgenden Kalenderjahres zu **löschen**, d.h. unkenntlich zu machen (§ 3 Abs. 4 Nr. 5 BDSG) hat.[51] Diese Aufbewahrungsfrist entspricht den Vorgaben des § 95 Abs. 3. Damit soll den aus der Praxis der Strafverfolgungs- und Sicherheitsbehörden erwachsenen Erfordernissen Rechnung getragen werden, Auskünfte bei Ermittlungen auch dann noch zu erhalten, wenn das Vertragsverhältnis zum Zeitpunkt des Auskunftsersuchens bereits beendet ist.[52] Gleichzeitig strebt die Vorschrift damit aber an, das staatliche Auskunftsinteresse mit dem Recht der Kunden auf informationelle Selbstbestimmung und mit der wirtschaftlichen Freiheit des Diensteanbieters zum Ausgleich zu bringen. Stehen der Löschung andere gesetzliche, satzungsgemäße oder vertragliche Aufbewahrungsfristen entgegen, tritt an ihre Stelle die Sperrung (§ 20 Abs. 3 Nr. 1 BDSG).

e) Kostenregelung (S. 5). – § 111 Abs. 1 S. 5 stellt ausdrücklich klar, dass für die Vorhal- **24** tung der Daten und die Datenspeicherung keine Entschädigung gewährt wird. Eine Erstattung der Kosten für die Aufwendungen ist bei der automatisierten Auskunftserteilung gemäß § 112 Abs. 5 ausgeschlossen und lediglich beim manuellen Verfahren nach § 113 vorgesehen (vgl. RdNr. 11).

2. Regelung für Vertriebspartner (Abs. 2). – § 111 Abs. 2 verpflichtet den Vertriebspart- **25** ner eines Diensteanbieters, die in Abs. 1 Satz 1 genannten Kundendaten zu erheben und sie zusammen mit den Einzelangaben, die er nach § 95 erhoben hat, an den jeweiligen Diensteanbieter zu übermitteln. Die Regelung will Vertriebsformen Rechnung tragen, bei denen dem Kunden die Telekommunikationsdienste über Vertriebspartner angeboten werden.[53] Aus dem Ziel, auch beim Abschluss über einen Vertriebspartner eine Datenerhebung sicherzustellen, folgt, dass die Datenerhebung wie beim Diensteanbieter vor der Freischaltung zu erfolgen hat. Aus der Verweisung auf Abs. 1 S. 2 ist zu schließen, dass der Vertriebspartner **in gleichem Umfang wie der Diensteanbieter** selbst die Daten zu erheben hat, auch soweit weder er noch der Diensteanbieter sie für betriebliche Zwecke benötigt und auch soweit die Daten nicht in Teilnehmerverzeichnisse (§ 104) eingetragen werden sollen.

Wie der Diensteanbieter selbst, ist auch der Vertriebspartner, wenn er im Rahmen der übli- **26** chen Geschäftsabwicklung Kenntnis von Änderungen erhält, zur **Aktualisierung** verpflichtet, d.h. die geänderten Daten zu erheben und gleichfalls unverzüglich an den Diensteanbieter weiterzuleiten. Auch hier besteht keine Pflicht zur Nachforschung, sondern lediglich eine anlassbezogene Handlungspflicht (vgl RdNr. 28).

---

50 Dazu *Manssen/Gramlich*, § 90 RdNr. 20; BeckTKG-Komm/*Ehmer*, § 90 RdNr. 8.
51 Dazu *Simitis/Dammann*, § 3 RdNr. 178 ff.
52 BT-Drs. 15/2316, S. 95.
53 Ibid.

27 Im Gegensatz zum Diensteanbieter ist der Vertriebspartner ausweislich des Wortlautes nur verpflichtet, die Daten zu **erheben** und unverzüglich an den Diensteanbieter zu **übermitteln.** Er ist weder zur Vorhaltung der erhobenen Kundendaten, noch zur Teilnahme am automatisierten Abrufverfahren nach § 112, noch zur Erteilung von Auskünften nach § 113 verpflichtet.[54]

28 **3. Übergangsvorschrift für die nachträgliche Datenerhebung (Abs. 3).** – § 111 Abs. 3 legt fest, dass die Verpflichteten Kundendaten nach Abs. 1 Satz 1 zu bestehenden Vertragsverhältnissen nicht nachträglich erheben müssen. Nach Ansicht des Regierungsentwurfes[55] dürfte dies im Wesentlichen auf einen Teil der Verträge über **Prepaid-Produkte** zutreffen, bei denen es in der Vergangenheit zu unterschiedlichen Rechtsauffassungen gekommen war.[56] Da in diesen Fällen eine nachträgliche Erhebung der Daten in der Praxis nicht möglich ist, soll durch eine ausdrückliche Klarstellung dieses Sachverhalts den Verpflichteten die gebotene Rechtssicherheit gegeben werden.[57]

29 Gleichwohl ist der Verpflichtete in solchen Fällen nicht völlig von davon befreit, Daten zu erheben. Wird ihm eine Änderung im Vertragsverhältnis bekannt, so stellt § 111 Abs. 3 klar, dass er im Zusammenhang mit dieser Änderung auch bisher noch nicht erfasste Daten nach Abs. 1 Satz 1 nachträglich zu erheben und zu speichern hat, sofern ihm dies ohne besonderen Aufwand möglich ist (vgl. RdNr. 28).

---

54 BT-Drs. 15/2316, S. 95.
55 Ibid.
56 Vgl. hierzu zuletzt BVerwG MMR 2004, 114.
57 BT-Drs. 15/2316, S. 95.

§ 112 Automatisiertes Auskunftsverfahren

(1) Wer Telekommunikationsdienste für die Öffentlichkeit erbringt, hat die nach § 111 Abs. 1 Satz 1 und 3 und Abs. 2 erhobenen Daten unverzüglich in Kundendateien zu speichern, in die auch Rufnummern und Rufnummernkontingente, die zur weiteren Vermarktung oder sonstigen Nutzung an andere Anbieter von Telekommunikationsdiensten vergeben werden, sowie bei portierten Rufnummern die aktuelle Portierungskennung aufzunehmen sind. Für die Berichtigung der Kundendateien gilt § 111 Abs. 1 Satz 3 und 4 entsprechend. In Fällen portierter Rufnummern sind die Rufnummer und die zugehörige Portierungskennung erst nach Ablauf des Jahres zu löschen, das dem Zeitpunkt folgt, zu dem die Rufnummer wieder an den Netzbetreiber zurückgegeben wurde, dem sie ursprünglich zugeteilt worden war. Der Verpflichtete hat zu gewährleisten, dass

1. die Regulierungsbehörde für Auskunftsersuchen der in Abs. 2 genannten Stellen jederzeit Daten aus den Kundendateien automatisiert im Inland abrufen kann,
2. der Abruf von Daten unter Verwendung unvollständiger Abfragedaten oder die Suche mittels einer Ähnlichenfunktion erfolgen kann.

Die ersuchende Stelle hat unverzüglich zu prüfen, inwieweit sie die Daten, die als Antwort geliefert werden, benötigt und nicht benötigte Daten unverzüglich zu löschen. Der Verpflichtete hat durch technische und organisatorische Maßnahmen sicherzustellen, dass ihm Abrufe nicht zur Kenntnis gelangen können.

(2) Auskünfte aus den Kundendateien nach Abs. 1 werden

1. den Gerichten und Strafverfolgungsbehörden,
2. den Polizeivollzugsbehörden des Bundes und der Länder für Zwecke der Gefahrenabwehr,
3. dem Zollkriminalamt und den Zollfahndungsämtern für Zwecke eines Strafverfahrens sowie dem Zollkriminalamt zur Vorbereitung und Durchführung von Maßnahmen nach § 39 des Außenwirtschaftsgesetzes,
4. den Verfassungsschutzbehörden des Bundes und der Länder, dem Militärischen Abschirmdienst, dem Bundesnachrichtendienst,
5. den Notrufabfragestellen nach § 108 sowie der Abfragestelle für die Seenotrufnummer 124 124,
6. der Bundesanstalt für Finanzdienstleistungsaufsicht sowie
7. den nach Landesrecht für die Verfolgung und Ahndung von Ordnungswidrigkeiten nach § 4 Abs. 3 des Gesetzes zur Bekämpfung der Schwarzarbeit zuständigen Behörden über zentrale Abfragestellen

nach Abs. 4 jederzeit erteilt, soweit die Auskünfte zur Erfüllung ihrer gesetzlichen Aufgaben erforderlich sind und die Ersuchen an die Regulierungsbehörde im automatisierten Verfahren vorgelegt werden.

(3) Das Bundesministerium für Wirtschaft und Arbeit wird ermächtigt, im Einvernehmen mit dem Bundeskanzleramt, dem Bundesministerium des Innern, dem Bundesministerium der Justiz, dem Bundesministerium der Finanzen sowie dem Bundesministerium der Verteidigung eine Rechtsverordnung mit Zustimmung des Bundesrates zu erlassen, in der geregelt werden

1. die wesentlichen Anforderungen an die technischen Verfahren
   a) zur Übermittlung der Ersuchen an die Regulierungsbehörde,
   b) zum Abruf der Daten durch die Regulierungsbehörde von den Verpflichteten einschließlich der für die Abfrage zu verwendenden Datenarten und
   c) zur Übermittlung der Ergebnisse des Abrufs von der Regulierungsbehörde an die ersuchenden Stellen,
2. die zu beachtenden Sicherheitsanforderungen sowie
3. für Abrufe mit unvollständigen Abfragedaten und für die Suche mittels einer Ähnlichenfunktion, für die die Vorgaben für die in die Suche einzubeziehenden Zeichenfolgen von den an der Rechtsverordnung zu beteiligenden Ministerien bereitgestellt werden,
   a) die Mindestanforderungen an den Umfang der einzugebenden Daten zur möglichst genauen Bestimmung der gesuchten Person,
   b) der zulässige Umfang der an die ersuchende Stelle zu übermittelnden Treffer und
   c) die Anforderungen an die Löschung der nicht benötigten Daten.

Im Übrigen können in der Verordnung auch Einschränkungen der Abfragemöglichkeit für die in Abs. 2 Nr. 5 bis 7 genannten Stellen auf den für diese Stellen erforderlichen Umfang geregelt werden. Die technischen Einzelheiten des automatisierten Abrufverfahrens gibt die Regulierungsbehörde in einer unter Beteiligung der betroffenen Verbände und der berechtigten Stellen zu erarbeitenden Technischen Richtlinie vor, die bei Bedarf an den Stand der Technik anzupassen und von der Regulierungsbehörde in ihrem Amtsblatt bekannt zu machen ist. Der Verpflichtete nach Abs. 1 und die berechtigten Stellen haben die Anforderungen der Technischen Richtlinie spätestens ein Jahr nach deren Bekanntmachung zu erfüllen. Nach dieser Richtlinie gestaltete mängelfreie technische Einrichtungen müssen im Falle einer Änderung der Richtlinie spätestens drei Jahre nach deren Inkrafttreten die geänderten Anforderungen erfüllen.

(4) Auf Ersuchen der in Abs. 2 genannten Stellen hat die Regulierungsbehörde die entsprechenden Datensätze aus den Kundendateien nach Abs. 1 abzurufen und an die ersuchende Stelle zu übermitteln. Sie prüft die Zulässigkeit der Übermittlung nur, soweit hierzu ein besonderer Anlass besteht. Die Verantwortung für die Zulässigkeit der Übermittlung tragen die in Abs. 2 genannten Stellen. Die Regulierungsbehörde protokolliert für Zwecke der Datenschutzkontrolle durch die jeweils zuständige Stelle bei jedem Abruf den Zeitpunkt, die bei der Durchführung des Abrufs verwendeten Daten, die abgerufenen Daten, die die Daten abrufende Person sowie die ersuchende Stelle und deren Aktenzeichen. Eine Verwendung der Protokolldaten für andere Zwecke ist unzulässig. Die Protokolldaten sind nach einem Jahr zu löschen.

(5) Der Verpflichtete nach Abs. 1 hat alle technischen Vorkehrungen in seinem Verantwortungsbereich auf seine Kosten zu treffen, die für die Erteilung der Auskünfte nach dieser Vorschrift erforderlich sind. Dazu gehören auch die Anschaffung der zur Sicherstellung der Vertraulichkeit und des Schutzes vor unberechtigten Zugriffen erforderlichen Geräte, die Einrichtung eines geeigneten Telekommunikationsanschlusses und die Teilnahme an dem geschlossenen Benutzersystem sowie die laufende Bereitstellung dieser Vorkehrungen nach Maßgaben der Rechtsverordnung und der

Technischen Richtlinie nach Abs. 3. Eine Entschädigung für im automatisierten Verfahren erteilte Auskünfte wird den Verpflichteten nicht gewährt.

Schrifttum: *Der Bundesbeauftragte für den Datenschutz* BfD, 16. Tätigkeitsbericht 1995 – 1996; *Der Bundesbeauftragte für den Datenschutz,* BfD Info 5: Datenschutz in der Telekommunikation, 6. Auflage 2004; *Helf,* Sicherheit in der Telekommunikation als Regulierungsaufgabe, CR 1997, 331; *Königshofen,* Die Umsetzung von TKG und TDSV durch Netzbetreiber, Service-Provider und Telekommunikationsanbieter, RDV 1997, 97; *Schenke,* Polizei- und Ordnungsrecht, 2002; *Welp,* Überwachung als System, Jahrbuch für juristische Zeitgeschichte 2000, 457. Vgl. w. die Literaturangaben zu § 111.

Übersicht

I. Normzweck, Entstehungsgeschichte und europarechtliche Grundlagen

§ 112 bürdet es den Unternehmen, die Telekommunikationsdienste für die Öffentlichkeit **1** erbringen, auf, die nach § 111 erhobene Daten in **Kundendateien** zu speichern, damit diese Einzelangaben für **behördliche** Auskunftsersuchen im Wege **automatisierter Abfrage** zur Verfügung stehen.

Während ursprünglich die Deutschen Bundespost Auskunftsersuchen der Strafverfol- **2** gungs- und Sicherheitsbehörden durch Amtshilfe nachkam, schuf der Gesetzgeber mit § 90 TKG a. F. für den Bereich der Telekommunikation die Rechtsgrundlage dafür, im gleichen Umfang wie bisher Auskünfte nun gegenüber den privaten Diensteanbietern verlangen zu können.[1] Gleichzeitig stellte § 90 TKG a. F. das Auskunftsverfahren auf die automatisierte Abfrage um. Daran knüpft § 112 an, während § 113 die manuelle Abfrage regelt. Ferner nahm der Gesetzgeber die Novelle zum Anlass, den Kreis der Auskunftspflichtigen zu verkleinern. Der Einbezug aller geschäftsmäßigen Anbieter von Telekommunikationsdiensten hatte sich sowohl als unzweckmäßig als auch als unverhältnismäßig erwiesen. Wegen der mittlerweile großen Zahl der betroffenen Anbieter (nach Schätzungen der Wirtschaft ca. 400 000) drohte das automatisierte Auskunftsverfahren in sich zusammenzubrechen und führte zu einer immensen Kostenbelastungen bei der RegTP. Zum an-

---

1 So zum alten TKG BT-Drs. 13/3609, S. 55.

deren mutete es den Anbietern nichtöffentlicher Telekommunikationsdienste (unternehmensinterne Nebenstellenanlagen, Hotels, Krankenhäuser und Corporate Networks) einen übermäßig hohen Aufwand zu.[2] Durch die Beschränkung des Kreises der Auskunftspflichtigen auf Anbieter von Telekommunikationsdiensten für die Öffentlichkeit wurde der Gesetzestext nicht zuletzt an die bisherige Praxis angepasst.[3] Nach Schätzungen der RegTP sind in Zukunft maximal wenige Hundert Unternehmen von der Neuregelung betroffen.[4]

3   Ebenso wie § 111 regelt § 112 die Voraussetzungen für einen Eingriff in das **Grundrecht auf informationelle Selbstbestimmung**, stellt dagegen keinen Eingriff in das Fernmeldegeheimnis dar.[5] Die nach dieser Vorschrift zu erteilenden Auskünfte beziehen sich weder auf den Inhalt der Telekommunikation noch auf deren nähere Umstände. Erfasst sind lediglich personenbezogene Daten, die nicht in unmittelbarem Zusammenhang mit irgendeinem konkreten Kommunikationsvorgang stehen.[6]

II. Einzelheiten

4   **1. Kreis der Verpflichteten (Abs. 1).** – Die Verpflichtung, Kundendateien zu führen und diese für einen automatisierten Abruf durch die RegTP verfügbar zu halten, wird von der Vorschrift auf diejenigen begrenzt, die **Telekommunikationsdienste für die Öffentlichkeit** erbringen. Telekommunikationsdienste für die Öffentlichkeit erbringt derjenige Diensteanbieter (§ 3 Nr. 6), der an einen unbestimmten Personenkreis gerichtete Telekommunikationsdienste (§ 3 Nr. 24) offeriert und sie einem größeren, im Einzelnen unbestimmten Personenkreis leistet.[7] Wer sich lediglich an geschlossene Nutzergruppen wendet (s. o. RdNr. 2), den trifft die Verpflichtung nicht mehr.[8] Hier bleibt den Behörden die Möglichkeit, gemäß § 113 ein manuelles Auskunftsverfahren durchzuführen.

5   Das automatisierte Auskunftsverfahren bezieht sich nur auf die nach § 111 erhobenen Daten. Ebenso wie dort nur Anbieter verpflichtet sind, die Rufnummern vergeben[9], so auch hier.[10] Eine entsprechende Anwendung der Vorschrift auf andere Anbieter ist hier wie dort nicht möglich. Die Verpflichtung, Kundendaten verfügbar zu halten, bedeutet einen erheblichen finanziellen Aufwand. Dieser kann nur durch Gesetz aufgebürdet werden. § 112 fasst aber den Kreis der Auskunftspflichtigen enger als den der Erhebungspflichtigen nach § 111. Er bezieht sich daher nur auf diejenigen, die **in eigener Verantwortung Telekommunikationsdienste für die Öffentlichkeit** erbringen, nicht auch an diejenigen, die dabei nur mitwirken oder Vertriebspartner sind.

6   **2. Die automatisierte Kundendatei. – a) Inhalte.** – Der Auskunftspflichtige hat die nach § 111 Abs. 1, S. 1 u. 3, Abs. 2 erhobenen Daten (Rufnummer, Name, Anschrift, Vertrags-

---

2 Vgl. BT-Drs. 15/2316, S. 95.
3 Vgl. ausführlich BT-Drs. 15/2316, S. 95.
4 Ibid.
5 Vgl. § 88 RdNr. 14.
6 Vgl. § 111 RdNr. 16 ff.
7 Vgl. § 3 RdNr. 8 f., 38 ff.
8 Vgl. BT-Drs. 15/2316, S. 95 f.
9 Vgl. § 111 RdNr. 13 ff.
10 Mit dieser Einschränkung schon bei § 90 TKG a. F.: *Manssen/Gramlich*, § 90 RdNr. 13; *Trute/Spoerr/Bosch*, § 90 RdNr. 4; BeckTKG-Komm/*Ehmer*, § 90 RdNr. 4.

daten, Geburtsdatum, bei Festnetzanschlüssen Anschrift des Anschlusses[11]) unverzüglich (vgl. § 121 BGB) in Kundendateien zu speichern. Die aufzubewahrenden Informationen dürfen nur **Einzelangaben über Kunden** sein, d. h. von natürlichen oder juristischen Personen, zu denen eine vertragliche Beziehung besteht, die dazu verpflichtet, rufnummernbasierte Telekommunikationsdienste zu erbringen.[12]

In die Datei sind auch **Rufnummern** und Rufnummernkontingente, die **zur weiteren Ver-** 7 **marktung** oder sonstigen Nutzung an andere Anbieter von Telekommunikationsdiensten vergeben werden, schließlich bei portierten Rufnummern die aktuelle Portierungskennung (vgl. § 46) aufzunehmen. Diese Verpflichtung besteht unabhängig davon, ob die Rufnummern im Haupt- oder Nebengeschäft vergeben werden.[13]

§ 112 Abs. 1 S. 2 stellt durch den Verweis auf § 111 Abs. 1 S. 3 klar, dass den Verpflichte- 8 ten auch obliegt, ihre **Kundendateien** zu **aktualisieren**, wenn er von Änderungen Kenntnis erhält. Wie bei der Ersteintragung ist auch die Kundendatei unverzüglich nach der Erhebung der neuen Daten zu aktualisieren.

Der Verweis auf § 111 Abs. 1 Satz 4 verdeutlicht, dass die in der Kundendatei vorgehalte- 9 nen Einzelangaben nach Ende des Vertragsverhältnisses mit Ablauf des auf die Beendigung folgenden Kalenderjahres zu **löschen**, d. h. unkenntlich zu machen (§ 3 Abs. 4 Nr. 5 BDSG) [14] sind. Eine Ausnahme davon besteht nach S. 3 für portierte Rufnummern (vgl. § 46). In diesen Fällen ist die Portierungskennung für das Auskunftsverfahren nach § 112 zwingend erforderlich. Das bedeutet, dass die Rufnummer und die zugehörige Portierungskennung erst nach Ablauf desjenigen Jahres zu löschen sind, das dem Zeitpunkt folgt, zu dem die Rufnummer wieder an denjenigen Netzbetreiber zurückgegeben wurde, dem sie ursprünglich zugeteilt worden war.

b) Anforderungen an die Datei. – Die Kundendatei ist vom Verpflichteten als **automati-** 10 **sierte Datei** (vgl. § 3 Abs. 2 S. 1 BDSG), d. h. auf Datenverarbeitungsanlagen[15] basierend, zu führen. Die Datei muss eine Schnittstelle enthalten, über welche die RegTP jederzeit Daten aus den Kundendateien automatisiert im Inland abrufen kann (Nr. 1). Deren technische Spezifikation ist in der technischen Richtlinie nach § 112 Abs. 3 S. 3 festzulegen (s. u. RdNr. 26 ff.).

Daneben muss die Datei die Möglichkeit bieten, dass der Abruf von Daten unter Verwen- 11 dung unvollständiger Abfragedaten oder die Suche mittels einer Ähnlichkeitsfunktion erfolgen kann (Nr. 2). Während es bei Einführung[16] des automatisierten Verfahrens noch strittig war, ob die Diensteanbieter Abrufe unter Verwendung von Platzhaltern (**Jokerzeichen**) technisch zu ermöglichen hatten[17], ist diese Verpflichtung nun klargestellt. Die Kundendatei muss gemäß § 112 Abs. 1 S. 4 so beschaffen sein, dass es der RegTP möglich ist, jederzeit Daten automatisiert abzufragen (s. u. RdNr. 23). Damit ist auch die vormalige Beschränkung in der Schnittstellengestaltung gemäß § 90 Abs. 1 TKG a. F. entfallen, nach der

---

11 Vgl. § 111 RdNr. 17 f.
12 So schon zu § 90 TKG a. F.: *Manssen/Gramlich*, § 90 RdNr. 16.
13 So schon zu § 90 TKG a. F. *Trute/Spoerr/Bosch*, § 90 RdNr. 2 mit Verweis auf das Gesetzgebungsverfahren.
14 Dazu *Simitis/Dammann*, § 3 RdNr. 178 ff.
15 Zum Begriff *Simitis/Dammann*, § 3 RdNr. 64 ff.
16 Vgl. BT-Drs. 15/2316, S. 96.
17 Ablehnend *Scheurle/Mayen/Löwnau-Iqbal*, § 90 RdNr. 5.

nur der Abruf einzelner Datensätze zulässig war.[18] Freilich bedeutet das Entfallen dieser Einschränkung nicht die generelle Zulässigkeit des Abrufes größerer Datenmengen oder gar der gesamten Kundendatenbank. Denn zum einen sieht die Ermächtigung nach § 112 Abs. 3 Nr. 3a) vor, dass die Verordnung derartige Beschränkung festlegen soll. Zum anderen hat der Staat Grundrechtsschutz auch durch Organisation und Verfahren zu gewähren.[19] Um Grundrechtseingriffe so gering wie möglich zu halten, ist der Verordnungsgebers gezwungen, eine Abfrage aller oder wesentlicher Teile der Datenbank auszuschließen.[20] Verstöße gegen § 112 Abs. 1 S. 4 sind in § 149 Abs. 1 Nr. 30 mit Bußgeld bedroht.[21]

12   **c) Verbot der Kenntnisnahme.** – Nach § 112 Abs. 1 S. 6 hat der Auskunftsverpflichtete dafür Sorge zu tragen, dass Abrufe ihm nicht zur Kenntnis gelangen, andernfalls er nach § 149 Abs. 1 Nr. 31 mit einer Geldbuße rechnen muss.[22] Diese schon in § 90 Abs. 2 S. 2 TKG a. F. enthaltenen Regelung sieht sich heftiger **Kritik** ausgesetzt. Eingewandt wird, sie lasse es zu, dass Strafverfolgungs- und Sicherheitsbehörden sich im Verborgenen der Kundendaten bedienen könnten. Sie stehe im Gegensatz zu der im Datenschutzrecht geltenden Bestimmung des § 10 Abs. 4 S. 3 BDSG, nach der die speichernde Stelle eine Stichprobenkontrolle der Übermittlung zur Überprüfung sicherstellen müsse.[23] Angesichts der Subsidiarität des BDSG (§ 1 Abs. 3 BDSG) vermag das letztgenannte Argument jedoch nicht zu überzeugen. Gesetzessystematisch stellt § 112 Abs. 1 S. 6 eine den § 10 Abs. 4 BDSG verdrängende Spezialregelung dar. Die Geheimhaltung gegenüber dem Diensteanbieter verfolgt zudem einen legitimen Zweck: Sie verhindert es, dass die verpflichteten Unternehmen lediglich aufgrund eines Auskunftsersuchens Zweifel an der Zuverlässigkeit eines Kunden hegen.[24] Auf der anderen Seite steht dem der Nachteil gegenüber, dass der Diensteanbieter seine Datenbanken wegen des Kenntnisnahmeverbots nicht hinreichend vor eigenmächtigen Zugriffen Dritter, z. B vor Hackern, schützen kann.[25] Das harmoniert auf den ersten Blick nicht mit den Pflichten aus § 109.[26] Jedoch soll die Technische Richtlinie nach § 112 Abs. 3 S. 3 die bisherige Schnittstellenbeschreibung (s. u. RdNr. 26) in sich aufnehmen. Diese sieht verschiedene Methoden (geschlossene Benutzergruppen, Verschlüsselung und Rückrufverfahren) vor, unauthorisierten Zugriffen vorzubeugen.

13   Berechtigt bleibt freilich der Vorwurf des **verkümmerten prozeduralen Grundrechtsschutzes.** Ohne Kenntnis des Betroffenen von der Abfrage ist es ihm unmöglich, selbst Rechtsbehelfe einzulegen. Dieses Manko wird kaum durch Einrichtung von Organisation und Verfahren ausgeglichen[27]: Gegenüber der RegTP, die den Abruf durchführt, gilt § 19

---

18 Vgl. hierzu *Trute/Spoerr/Bosch*, § 90 RdNr. 12; BeckTKG-Komm/*Ehmer*, § 90 RdNr. 21.
19 BVerfGE 65, 1, 49 f. = NJW 1984, 419.
20 Zu einer solchen Pflicht schon BeckTKG-Komm/*Ehmer*, § 90 RdNr. 21 f. m. w. N.
21 Vgl. § 149 RdNr. 22 ff.
22 Vgl. § 149 RdNr. 22 ff.
23 *Scheurle/Mayen/Löwnau-Iqbal*, § 90 RdNr. 12.
24 BfD-Info 5, S. 62; BfD, 16. Tätigkeitsbericht, S. 183; *Scheurle/Mayen/Löwenau-Iqbal*, § 90 RdNr. 12; weniger klar dagegen der Gesetzgeber, BT-Drs. 15/2316, S. 96: „dient dem Datenschutz".
25 Vgl. so schon *Helf*, CR 1997, 331, 334; *Königshofen*, RDV 1997, 97, 108; BeckTKG-Komm/*Ehmer*, § 90 RdNr. 16 f.; *Welp*, Jahrbuch für juristische Zeitgeschichte, 457, 471.
26 Vgl. § 109 RdNr. 7 ff., 17 ff.
27 BVerfG 65, 1, 44 u. 49 f. = NJW 1984, 419; zum hiesigen Zusammenhang vgl. w. *Manssen/Gramlich*, § 90 RdNr. 24; *Trute/Spoerr/Bosch*, § 90 RdNr. 13.

Abs. 3 BDSG.[28] Bezieht sich die Auskunftserteilung demnach auf eine Übermittlung an die dort genannten Geheimdienste, so ist sie nur mit Zustimmung dieser Stellen zulässig. Ferner hat sie zu unterbleiben, wenn bestimmte öffentliche Interessen berührt sind (§ 19 Abs. 4 BDSG) und braucht ggf. noch nicht einmal begründet zu werden (§ 19 Abs. 5 S. 1 BDSG). Eine Kontrolle ist dann auf Verlangen des Betroffenen lediglich über den Bundesbeauftragten für Datenschutz möglich (§ 19 Abs. 6 BDSG). Im Verhältnis zu den einzelnen Bedarfsträgern sind die §§ 19, 19a BDSG in vielen Fällen durch spezialgesetzliche Regelungen ausgeschlossen oder modifiziert (vgl. § 27 BVerfSchG, § 13 MADG, § 11 BNDG; § 37 BGSG, § 37 BKAG, 43 ZFdG), oder es besteht kein Anspruch auf Offenbarung der Quelle (vgl. hier z. B. § 51 SächsPolG). Schließlich nimmt das Kenntnisnahmeverbot dem Kunden auch sein nach § 34 BDSG gegenüber Diensteanbieter bestehendes Recht, Auskunft darüber zu verlangen, an welche Personen die über ihn gespeicherten Daten weitergegeben werden.[29] Der prozedurale Grundrechtsschutz des Betroffenen reduziert sich hier darauf, dass die **RegTP als neutrale Stelle** nach pflichtgemäßem Ermessen auf besonderen Anlass hin die Zulässigkeit eines Auskunftsersuchens zu überprüfen hat (s. u. RdNr. 29 ff.). Ob diese verfahrensmäßige Sicherung verfassungsrechtlichen Sicherungen genügt, steht in Frage.[30]

3. Berechtigte Stellen (Abs. 2 Nr. 1–7). – Auskunftsberechtigt sind einzig die in § 112 **14** Abs. 2 aufgeführten Bedarfsträger und auch dies nur im Rahmen ihrer in den jeweiligen Spezialgesetzen geregelten **Aufgaben.** Diese werden durch die Voraussetzungen des § 112 ergänzt. Die Auskunftsersuchen sind danach nur dann rechtmäßig, soweit sie zur Erfüllung von gesetzlichen Aufgaben **erforderlich** sind. Der Verweis auf das Verhältnismäßigkeitsprinzip verdeutlicht, dass nur dann das automatisierte Auskunftsverfahren gewählt werden darf, wenn keine gleich geeigneten, den Verpflichteten weniger belastenden Erkenntnismittel zur Verfügung stehen.[31]

Auskunftsberechtigt sind zunächst nach Nr. 1 alle **Gerichte** und **Strafverfolgungsbehör- 15 den.** Unter Gerichte fallen alle Gerichtszweige der deutschen Gerichtsbarkeit.[32] Neben der Staatsanwaltschaft (§§ 141 ff. GVG) stellen auch deren Ermittlungspersonen (§ 152 Abs. 2 GVG) sowie die Steuerfahndung (§ 404 AO) und die Zollfahndung (§ 26 Abs. 2 ZFdG) Strafverfolgungsbehörden dar.

Nach Nr. 2 sind des Weiteren auskunftsberechtigt die **Polizeivollzugsbehörden des Bun- 16 des und der Länder** für Zwecke der Gefahrenabwehr. Dies sind der Bundesgrenzschutz (§ 1 Abs. 1 BGSG[33]) das Bundeskriminalamt (§ 1 Abs. 1 BKAG[34]), das Bundeskriminalamt in seiner Eigenschaft als Zentralstelle für die Kriminalpolizei[35], aber auch die Polizeien der Länder (vgl. z. B. § 1 Abs. 1 SächsPolG). Der gegenüber der Vorgängervorschrift neu eingefügte Begriff „Polizeivollzugsbehörde" (vgl. z. B. § 59 Nr. 2 SächsPolG) stellt

---

28 *Manssen/Gramlich*, § 90 RdNr. 24.
29 Zum Ganzen ausführlich *Manssen/Gramlich*, § 90 RdNr. 24.
30 Hinzu kommt das verfassungsrechtlich bedenkliche Unterlaufen des Trennungsgebotes durch einen Informationsverbund, vgl. *Zöller*, FS Hilger, 2003, S. 291, 320 ff.
31 *Manssen/Gramlich*, § 90 RdNr. 29.
32 *Manssen/Gramlich*, § 90 RdNr. 30.
33 BGBl. I 1994 S. 2979.
34 BGBl. I 1997 S. 1650.
35 Vgl. BT-Drs. 15/2316, S. 96.

klar, dass nicht jede Ordnungsbehörde erfasst ist[36], sondern nur hoheitliche Stellen, die als Polizei im formellen Sinne aufzufassen sind.[37]

17 Nach Nr. 3 sind ferner das **Zollkriminalamt** (in den Fällen des § 4 Abs. 1 ZFdG[38]) und die ihm unterstellten **Zollfahndungsämter** für Zwecke eines Strafverfahrens im Zuständigkeitsbereich der Zollverwaltung auskunftsberechtigt (§ 24 Abs. 2 ZFdG). Insoweit sind ihre Möglichkeiten des Auskunftsersuchens nur auf einen Teil ihres Tätigkeitsbereiches, der auch die Verhütung von Straftaten und die Verhütung und Verfolgung von Ordnungswidrigkeiten umfasst (vgl. § 24 Abs. 2 ZFdG), beschränkt. Darüber hinaus hat das Zollkriminalamt einen Auskunftsanspruch, soweit die Auskunft der Vorbereitung und Durchführung von Maßnahmen nach § 39 AWG dient.[39]

18 Darüber hinaus können nach Nr. 4 im Rahmen ihrer Aufgaben die **Verfassungsschutzbehörden des Bundes** (§ 3 Abs. 1 BVerfSchG) und der **Länder** (vgl. z.B. § 2 SächsVSG), der **Militärische Abschirmdienst** (§ 1 Abs. 1 MADG) und der **Bundesnachrichtendienst** (§ 1 Abs. 2 BNDG) um Auskunft ersuchen.

19 Daneben sind nach Nr. 5 auch **Notrufabfragestellen** nach § 108 sowie die Abfragestelle für die Seenotrufnummer 124 124 auskunftsberechtigt.[40] § 90 TKG a. F. hatte dies noch nicht vorgesehen. Nachdem diese Erweiterung des Kreises der berechtigten Stellen häufig gefordert worden war, entschloss sich der Gesetzgeber dazu, diesen Abfragestellen ebenfalls die Auskunftsberechtigung einzuräumen.[41] Die hier in Frage kommenden Notrufnummer decken sich mit den in § 102 Abs. 6 genannten Rufnummern.

20 Gemäß Nr. 6 ist auch die **Bundesanstalt für Finanzdienstleistungsaufsicht**[42] (BAFin) auskunftsberechtigt. Der Anspruch nach § 112 ähnelt insoweit dem nach § 24c KWG[43] zum automatisierten Abruf von Kontoinformationen, wenngleich diese Vorschrift es der BAFin gestattet, die Daten direkt abzufragen.

21 Schließlich sind nach Nr. 7 die nach Landesrecht für die Verfolgung und Ahndung von Ordnungswidrigkeiten nach § 4 Abs. 3 des Gesetzes zur **Bekämpfung der Schwarzarbeit**[44] zuständigen Behörden berechtigt, über zentrale Abfragestellen Auskünfte von der RegTP einzuholen.[45]

22 **4. Das Auskunftsersuchen der berechtigten Stellen an die RegTP (Abs. 2).** – Die Auskunft wird nur in dem Verfahren nach § 112 Abs. 4 erteilt. Damit ist klargestellt[46], dass die berechtigten Stellen die Auskünfte nicht unmittelbar, sondern ausschließlich über die

36 Vgl. BT-Drs. 15/2316, S. 96; a. A. zu § 90 TKG 1997 noch *Trute/Spoerr/Bosch*, § 90 RdNr. 17.
37 Zu diesem Begriff: *Schenke*, Polizei- und Ordnungsrecht, RdNr. 16.
38 Vgl. Begr. BT-Drs. 15/2316, S. 96.
39 Siehe dazu § 110 RdNr. 18.
40 Vgl. § 108 RdNr. 8.
41 Vgl. BT-Drs. 15/2316, S. 96.
42 Vgl. Art. 17 des Vierten Finanzmarktförderungsgesetzes vom 21. Juni 2002 (BGBl. I S. 2070).
43 Dazu BVerfG, NJW 2005, 1179.
44 Gesetz zur Bekämpfung der Schwarzarbeit in der Fassung vom 6. Februar 1995 (BGBl. I S. 165) geändert durch Art. 9 des Gesetzes zur Erleichterung der Bekämpfung von illegaler Beschäftigung und Schwarzarbeit vom 23. Juli 2002 (BGBl. I S. 2787).
45 Vgl. Begr. BT-Drs. 15/2316, S. 96.
46 Vgl. zu den Auslegungsschwierigkeiten bei § 90 TKG a. F.: *Trute/Spoerr/Bosch*, § 90 RdNr. 18.

RegTP einholen müssen.[47] Die Zulässigkeit eines manuellen Auskunftsverfahrens, auch im Bezug auf die nach § 112 beziehbaren Daten, bleibt davon unberührt. [48]

Die Auskünfte sind **„jederzeit"**, d.h. 24 Stunden am Tag, auch an Wochenenden und an **23** Feiertagen zu erteilen.[49] Dies gilt freilich nur, soweit die Ersuchen im **automatisierten Verfahren vorgelegt** werden. Zwar bleibt es den nach § 112 Abs. 2 berechtigten Behörden freigestellt, wie sie ihre Auskunftsersuchen bei der RegTP vorbringen.[50] Wegen der „nicht mehr leistbaren Mehrbelastung der Regulierungsbehörde"[51] werden jedoch Anfragen durch Fax oder Brief nur zur normalen Dienstzeit erledigt.

5. Verordnungsermächtigung und technische Richtlinie (Abs. 3). – a) Die Verordnung. 24 – § 112 Abs. 3 S. 1 enthält eine Verordnungsermächtigung. In ihr sind die grundlegenden Einzelheiten der Abrufe, insbesondere Vorschriften zur Gewährleistung eines gesicherten Abrufverfahrens, zu den als Suchbegriff zulässigen Datenfeldern sowie zur Verwendung von Platzhaltern zu regeln. Die Verordnung ergeht durch das Bundesministerium für Wirtschaft und Arbeit (**BMWA**) **mit Zustimmung des Bundesrates**. Das BMWA hat vor dem Erlass der Verordnung mit dem Bundeskanzleramt, dem Bundesministerium des Innern, dem Bundesministerium der Justiz, dem Bundesministerium der Finanzen sowie dem Bundesministerium der Verteidigung das Einvernehmen herzustellen.

Nach der Begründung des Regierungsentwurfs[52] sind insbesondere hinsichtlich der Abfra- **25** ge von Daten mit unvollständigen Abfragedaten oder mittels einer Ähnlichensuche zusätzliche, einschränkende Vorgaben geboten. Ohne derartige abgrenzende Faktoren wäre eine sehr große Antwortmenge denkbar. Dies schien dem Gesetzgeber weder aus datenschutzrechtlichen Erwägungen noch aus Kostengründen hinnehmbar noch im Hinblick auf die Praktikabilität wünschenswert. Der Verordnungsgeber hat **Mindestanforderungen für die Verwendung unvollständiger Abfragedaten**, die in die Suche mittels einer Ähnlichenfunktion einzubeziehenden Zeichenfolgen und den zulässigen Umfang der an die ersuchende Stelle zu übermittelnden Treffer festzulegen. Dabei sollen diejenigen Ressorts, die die Interessen der Strafverfolgungs- und Sicherheitsbehörden vertreten, vorgeben, welche Zeichenfolgen hier einzubeziehen sind.[53] Nach § 112 Abs. 3 S. 2 kann die Verordnung die Abfragemöglichkeit für die in Abs. 2 Nr. 5 bis 7 genannten Stellen auf den für diese Stellen erforderlichen Umfang einschränken.[54]

b) Die technische Richtlinie. – § 112 Abs. 3 S. 4 verpflichtet die RegTP, die technischen **26** Einzelheiten des automatisierten Abrufverfahrens in einer von ihr zu erarbeitenden Technischen Richtlinie zu bestimmen. Die für die Gestaltung der Abrufmöglichkeiten erforderlichen technischen Festlegungen können auf Grund des nötigen technischen Detaillierungsgrades und des Erfordernisses einer kurzfristigen Anpassung an technische Entwicklungen nicht in einer Rechtsverordnung geregelt werden.[55] Diese technischen Detailregelungen

---

47 Vgl. BT-Drs. 15/2316, S. 96.
48 Ibid.
49 Ibid.
50 *Manssen/Gramlich*, § 90 RdNr. 29.
51 Vgl. BT-Drs. 15/2316, S. 96.
52 Ibid.
53 Vgl. BT-Drs. 15/2316, S. 96.
54 Ibid.
55 Vgl. BT-Drs. 15/2316, S. 96 f.

hatte die RegTP bereits auf der Grundlage des § 90 Abs. 2 S. 1 u. Abs. 6 TKG a. F., in einem als „VS – nur für den Dienstgebrauch" eingestuften Dokument, der sog. **Schnittstellenbeschreibung**, präzisiert[56], deren Vorgaben für die Übergangszeit Gültigkeit behält (s. u. RdNr. 36).

27 Durch § 112 Abs. 3 S. 3 wird nun auch gesetzlich klargestellt, dass die RegTP diese Vorgaben unter **Beteiligung der betroffenen Verbände und der berechtigten Stellen** auf der Basis der Rechtsverordnung in einer Technischen Richtlinie festzulegen hat.[57]

28 Die Richtlinie ist schließlich gem. § 112 Abs. 3 S. 4 vom Verpflichteten (Abs. 1) und den berechtigten Stellen (Abs. 2) binnen eines Jahr nach deren Bekanntgabe umzusetzen. Diesbezüglich enthält Satz 5 eine ergänzende **Besitzstandsregelung**. Nach ihr müssen die nach der Richtlinie gestalteten mängelfreien technischen Einrichtungen im Falle einer Änderung der Richtlinie spätestens nach drei Jahren deren Anforderungen erfüllen. Sie soll dem Interesse der Unternehmen Rechnung tragen, dass technische Einrichtungen, die der Technischen Richtlinie genügen, bei Änderungen dieser Richtlinie nicht in dem durch Satz 4 vorgegeben Zeitrahmen nachgebessert werden müssen.[58]

29 **6. Das Verfahren bei der Beantwortung des Auskunftsersuchens bei der RegTP (Abs. 4).** – a) § 112 Abs. 4 stellt ausdrücklich klar, dass allein die RegTP berechtigt, aber auch verpflichtet ist[59], auf Ersuchen der in § 112 Abs. 2 genannten Stellen die entsprechenden Datensätze aus den Kundendateien nach Abs. 1 abzurufen und an die ersuchende Stelle zu übermitteln. Die Zwischenschaltung der **Regulierungsbehörde als neutraler Stelle** soll sowohl eine effektive Auskunftserteilung gewährleisten als auch Konflikte zwischen dem Verpflichteten und der auskunftsberechtigten Stelle vermeiden.[60] Sie wird somit als neutrale Behörde und Informationsmittler[61] tätig, was zumindest ein Mindestmaß an prozeduralem Grundrechtsschutz gewährleistet.[62]

30 § 112 Abs. 4 S. 2 legt fest, dass die RegTP **keine strikte Prüfungspflicht** bezüglich der Zulässigkeit der Übermittlung hat. Sie darf aber im Rahmen ihres pflichtgemäßen Ermessens[63], wenn[64] und soweit hierzu ein **besonderer Anlass** besteht, eine Prüfung vornehmen. Ein Prüfanlass besteht, wenn die RegTP berechtigte Zweifel an der Rechtmäßigkeit des Ersuchens hegt.[65] Solche können sich aus dem Inhalt des Auskunftsersuchens selbst, aus Mitteilungen Dritter[66] oder auch aus behördenkundigen Tatsachen der RegTP ergeben. Das Nichtbestehen einer strikten Prüfungspflicht ergibt sich auch aus Satz 3, nach dem die **Verantwortung für die Zulässigkeit der Übermittlung** die in Abs. 2 genannten Stellen tra-

56 Ibid.
57 Vgl. BT-Drs. 15/2316, S. 97.
58 Ibid.
59 *Manssen/Gramlich*, § 90 RdNr. 36.
60 Vgl. hierzu BT-Drs. 13/3609, S. 56 zu § 90 Abs. 4 TKG a. F.
61 *Trute/Spoerr/Bosch*, § 90 RdNr. 20.
62 *Manssen/Gramlich*, § 90 RdNr. 36j, weitergehend *Trute/Spoerr/Bosch*, § 90 RdNr. 16, der eine Verantwortung für den Grundrechtsschutz auf Seiten der RegTP sieht und daher eine Verpflichtung zu entsprechenden organisatorischen Maßnahmen bei der RegTP annimmt.
63 *Scheurle/Mayen/Löwnau-Iqbal*, § 90 RdNr. 20.
64 *Erbs/Kolhaas/Kalf/Papsthart*, § 90 RdNr. 21.
65 *Trute/Spoerr/Bosch*, § 90 RdNr. 21; *Manssen/Gramlich*, § 90 RdNr. 37.
66 BeckTKG-Komm/*Ehmer*, § 90 RdNr. 32.

gen. Dies stimmt insoweit mit der Regelung des § 10 Abs. 4 S. 1 BDSG überein[67], wenngleich § 112 die Prüfungsmöglichkeit insofern abschwächt, als sie nur aufgrund **besonderer** Anlässe geboten ist.

Die Vorschrift legt weiterhin nicht fest, auf welchem Wege die RegTP die von ihr abgerufenen Daten an die berechtigten Stellen übermittelt. Hier ist kein automatisiertes Verfahren vorgeschrieben.[68] Freilich lässt sich ein solches einrichten, wenn die Voraussetzungen von § 10 BDSG Beachtung finden.[69] **31**

b) Nach § 112 Abs. 4 S. 4 hat die RegTP zum Zwecke der Datenschutzkontrolle durch die jeweils zuständige Stelle bestimmte **Daten zu protokollieren.** Aufzuzeichnen sind der Zeitpunkt des Abrufs, die bei der Durchführung des Abrufs verwendeten Daten, die abgerufenen Daten, die die Daten abrufende Person, die ersuchende Stelle und deren Aktenzeichen. Nicht festzuhalten sind Zeitpunkt und Form der Weitervermittlung.[70] Die Datenschutzaufsicht über die RegTP obliegt dem Bundesbeauftragten für den Datenschutz. Die Datenschutzkontrolle bei den abrufenden Stellen fällt den jeweils für sie zuständigen Datenschutzbeauftragten zu, bei Bundesbehörden dem Bundesdatenschutzbeauftragen (§ 24 BDSG), bei Länderbehörden den Landesdatenschutzbeauftragten.[71] **32**

Die angefallenen **Protokolldaten** unterliegen nach § 112 Abs. 4 S. 5 einer **strengen Zweckbindung.** Sie dürfen nur zur Datenschutzkontrolle, nicht für andere Zwecke, insbesondere nicht zur Erteilung einer Auskunft verwendet werden. Ferner sind die Protokolldaten gem. S. 6 nach **einem Jahr zu löschen.** Dabei ist aber unklar, zu welchem Zeitpunkt die Frist zu laufen beginnt. Entsprechend der strikten Zweckbindung ist an den frühestmöglichen Termin anzuknüpfen. Mithin beginnt der Fristlauf schon mit dem Abruf, nicht erst zum Zeitpunkt der Aufzeichnung dieses Abrufes.[72] Schließlich ist, wenn eine Datenschutzkontrolle stattgefunden hat, gemäß § 20 Abs. 2 Nr. 2 BDSG auch eine frühere Löschung angezeigt.[73] **33**

7. Kostentragungspflicht (Abs. 5). – Wie § 90 Abs. 6 TKG a. F. bürdet § 112 Abs. 6 dem Auskunftsverpflichteten die **Kosten für** alle **technischen Vorkehrungen** auf, die er in seinem Verantwortungsbereich zu treffen hat, damit das automatisierte Auskunftsverfahren durchgeführt werden kann. Dazu gehören nach S. 2 auch die Anschaffung der zur Sicherstellung der Vertraulichkeit und der zum Schutze vor unberechtigten Zugriffen erforderlichen Geräte, die Einrichtung eines geeigneten Telekommunikationsanschlusses, die Teilnahme an dem geschlossenen Benutzersystem, schließlich die laufende Bereitstellung dieser Vorkehrungen nach den Maßgaben der Rechtsverordnung und der Technischen Richtlinie nach Abs. 3. Die Zulässigkeit dieser Indienstnahme richtet sich nach denselben Kriterien, die schon zur Prüfung der Verfassungsmäßigkeit von § 111 herangezogen wurden.[74] Soweit die Kunden ihre personenbezogenen Daten zur Auskunft freigegeben haben, stellt die Vorhaltung von Dateien zur Beantwortung von entsprechenden Anfragen ebenfalls kei- **34**

---

67 BeckTKG-Komm/*Ehmer*, § 90 RdNr. 24.
68 BeckTKG-Komm/*Ehmer*, § 90 RdNr. 31.
69 *Manssen/Gramlich*, § 90 RdNr. 38.
70 *Manssen/Gramlich*, § 90 RdNr. 39.
71 Vgl. *Gola/Klug*, S. 105.
72 *Manssen/Gramlich*, § 90 RdNr. 40.
73 Ibid.
74 Vgl. dort § 111 RdNr. 11.

ne unternehmensfremde Tätigkeit dar, im Übrigen jedoch schon. Insofern darf sie der Staat den Diensteanbietern ebenfalls nur auferlegen, wenn er die Kosten trägt.

35 Neben der Vorhalteverpflichtung legt § 112 Abs. 6 S. 3 fest, dass die Auskunftsverpflichteten auch für **einzelne Auskünfte**, die im automatisierten Verfahren erteilt werden, **keine Entschädigung** erhalten. Werden dagegen dieselben Daten im manuellen Verfahren abgefragt, dann steht nunmehr fest, dass Entschädigung zu zahlen ist.[75] Der Vorschlag des Bundestages, auch für Abfragen im automatisierten Verfahren in der Verordnung nach § 110 Abs. 9 eine Entschädigungsregelung zu treffen, scheiterte im Vermittlungsverfahren.[76]

III. Übergangsvorschriften

36 Nach § 150 Abs. 12 hat der Verpflichtete nach § 112, bei bestehenden Vertragsverhältnissen, Einzelangaben, über die er auf Grund zurückliegender Erhebungen verfügt, unverzüglich in die **automatisierte Kundendatei** zu übernehmen. Im Falle inkompatibler Dateistrukturen besteht eine Anpassungspflicht. An die Stelle der Technischen Richtlinie tritt bis zur deren Herausgabe die von der RegTP auf der Grundlage des § 90 Abs. 2 und 6 TKG a. F. bekannt gegebene Schnittstellenbeschreibung in der zum Zeitpunkt des In-Kraft-Tretens des § 112 gültigen Fassung.

---

75 Vgl. zur Diskussion unter § 90 TKG a. F.: *Scheurle/Mayen/Löwnau-Iqbal*, § 90 RdNr. 17; *Geppert/Ruhle/Schuster*, RdNr. 630; BeckTKG-Komm/*Ehmer*, § 90 RdNr. 28.
76 Vgl. BR-Drs. 379/04, S. 8.

§ 113 Manuelles Auskunftsverfahren

(1) Wer geschäftsmäßig Telekommunikationsdienste erbringt oder daran mitwirkt, hat im Einzelfall den zuständigen Stellen auf deren Verlangen unverzüglich Auskünfte über die nach den §§ 95 und 111 erhobenen Daten zu erteilen, soweit dies für die Verfolgung von Straftaten oder Ordnungswidrigkeiten, zur Abwehr von Gefahren für die öffentliche Sicherheit oder Ordnung oder für die Erfüllung der gesetzlichen Aufgaben der Verfassungsschutzbehörden des Bundes und der Länder, des Bundesnachrichtendienstes oder des Militärischen Abschirmdienstes erforderlich ist. Auskünfte über Daten, mittels derer der Zugriff auf Endgeräte oder in diesen oder im Netz eingesetzten Speichereinrichtungen geschützt wird, insbesondere PIN oder PUK, hat der nach Satz 1 Verpflichtete auf Grund eines Auskunftsersuchens nach § 161 Abs. 1 Satz 1, § 163 Abs. 1 der Strafprozessordnung, der Datenerhebungsvorschriften der Polizeigesetze der Länder zur Abwehr von Gefahren für die öffentliche Sicherheit und Ordnung, § 8 Abs. 1 des Bundesverfassungsschutzgesetzes, der entsprechenden Bestimmungen der Landesverfassungsschutzgesetze, § 2 Abs. 1 des BND-Gesetzes oder § 4 Abs. 1 des MAD-Gesetzes zu erteilen; an andere öffentliche oder nicht öffentliche Stellen dürfen diese Daten nicht übermittelt werden. Ein Zugriff auf Daten, die dem Fernmeldegeheimnis unterliegen, ist nur unter den Voraussetzungen der hierfür einschlägigen gesetzlichen Vorschriften zulässig. Über die Auskunftserteilung hat der Verpflichtete gegenüber seinen Kundinnen und Kunden sowie Dritten gegenüber Stillschweigen zu wahren.

(2) Der Verpflichtete nach Abs. 1 hat die in seinem Verantwortungsbereich für die Auskunftserteilung erforderlichen Vorkehrungen auf seine Kosten zu treffen. Im Falle einer Auskunftserteilung wird dem Verpflichteten durch die ersuchende Stelle eine Entschädigung gewährt, deren Umfang sich abweichend von § 17a Abs. 1 Nr. 2 des Gesetzes über die Entschädigung von Zeugen und Sachverständigen nach der Rechtsverordnung nach § 110 Abs. 9 bemisst. Satz 2 gilt auch in den Fällen, in denen im manuellen Auskunftsverfahren lediglich Daten erfragt werden, die der Verpflichtete auch für den Abruf im automatisierten Auskunftsverfahren nach § 112 bereit hält. Satz 2 gilt nicht in den Fällen, in denen die Auskunft im automatisierten Auskunftsverfahren nach § 112 nicht vollständig oder nicht richtig erteilt wurde.

Schrifttum: *Bär*, Aktuelle Rechtsfragen bei strafprozessualen Eingriffen in die Telekommunikation, MMR 2000, 472, 479; *Der Bundesbeauftragte für den Datenschutz* BfD, 18. Tätigkeitsbericht 2001; *Der Bundesbeauftragte für den Datenschutz*, BfD Info 5: Datenschutz in der Telekommunikation, 6. Auflage 2004; *Eckhardt*, Datenschutz und Überwachung im Regierungsentwurf zum TKG, CR 2003, 805; *Gnirk/Lichtenberg*, Internetprovider im Spannungsfeld staatlicher Auskunftsersuchen, DuD 2004, 598; *Hoeren*, Recht der Access-Provider, 2004; *Königshofen*, Neue rechtliche Anforderungen an die Sicherheit, den Datenschutz und die Telekommunikationsüberwachung für Betriebe und Behörden, RTkom 1999, 138; *Thiede*, Probleme bei der Ermittlung von Bestands- und Verbindungsdaten, Kriminalistik 2004, 104; *Wuermeling/Felixberger*, Staatliche Überwachung der Telekommunikation, CR 1997, 555. Vgl. w. die Literaturangaben zu § 111.

Übersicht

I. Normzweck und Entstehungsgeschichte

1 Die Vorschrift stellt eine **Auffangregelung für Auskunftsersuchen** dar, die nicht im automatisierten Verfahren (§ 112) an die Diensteanbieter gerichtet werden. Dies kann mehrere Gründe haben: Zum einen sind die berechtigten Stellen nicht zur Teilnahme an diesem Verfahren verpflichtet. Zum anderen kann es um Angaben gehen, die im Wege des automatisierten Verfahrens nicht abgefragt werden dürfen. Schließlich können auch sonstige Gründe die ersuchende Stelle dazu bewegen, das manuelle Auskunftsverfahren zu beschreiten.[1]

2 § 113 geht auf § 89 Abs. 6 TKG a. F. zurück. Zu dieser Vorgängerregelung sah sich der Gesetzgeber veranlasst, weil ein nicht kleiner Kreis von Anbietern häufig Auskünfte aus Wettbewerbsgründen verweigert hatte.[2] § 113 gibt der manuellen Abfrage nun eine eigenständige Regelung, die sich auch gesetzessystematisch korrekt im direkten Zusammenhang mit den Bestimmungen zu anderen Auskunftsersuchen wiederfindet.[3] Ferner erstreckt § 113 Abs. 1 das Auskunftsersuchen nun ausdrücklich auch auf die Zugriffsdaten.[4] Neu hinzugefügt wurde in Abs. 2 eine differenzierte Regelung zur Kostentragungspflicht, welche die zum alten Recht bestehende Kontroverse klärt.[5]

II. Einzelheiten

3 **1. Manuelles Auskunftsverfahren (Abs. 1). – a) Adressaten der Vorschrift. –** Die Vorschrift verpflichtet **jeden Diensteanbieter** (§ 3 Nr. 6). Das manuelle Auskunftsverfahren ist daher nicht beschränkt auf Unternehmen, die Telekommunikationsdienste für die Öffentlichkeit erbringen. Es ist – wie der Verweis auf § 95 zeigt – zudem auch nicht begrenzt auf Betreiber, die Rufnummern vergeben.[6] Auch Betreiber von unternehmensinternen Nebenstellenanlagen, von Hotel-, und Krankenhaustelefonie und Corporate Networks sind erfasst.

---

1 Zu den damit verbundenen verfassungsrechtlichen Fragen vgl. § 111 RdNr. 8 ff.
2 BT-Drs. 13/4438, S. 23.
3 Vgl. noch BeckTKG-Komm/*Büchner*, § 89 RdNr. 44; *Scheurle/Mayen/Löwnau-Iqbal*, § 89 RdNr. 32; *Trute/Spoerr/Bosch*, § 89 RdNr. 51.
4 Zu diesem Begriff: § 88 RdNr. 16.
5 Die Aufwandsentschädigung beim manuellen Auskunftsverfahren bejahend: OLG Zweibrücken NJW 1997, 2692; OLG Oldenburg NJW 1997, 2693; LG Bremen NStZ 1999, 412 m. w. N.; LG Koblenz NStZ-RR 2002, 384; sie ablehnend: OLG Hamm Urteil vom 17. März 1998 Az.: 1 Ws 49, 97 122/98; LG Duisburg NStZ 1998, 578; LG München I bei *Scharff*, JurBüro 1999, 316; ausführlich zum Ganzen: BeckTKG-Komm/*Büchner*, § 89 RdNr. 46.
6 Vgl. § 111 RdNr. 13.

b) Verfahren und Umfang der Auskunftserteilung (S. 1). – Das Auskunftsersuchen er- **4** lässt die ersuchende Stelle als Verwaltungsakt, der sich unmittelbar an den Diensteanbieter richtet. Es darf nur gestellt werden, soweit dies zur Verfolgung von Straftaten und Ordnungswidrigkeiten, zur Gefahrenabwehr und zu Geheimdienstzwecken **erforderlich** ist. Unzulässig ist daher z. B. das Verlangen eines Finanzamtes nach § 93 AO, Bestandsdaten zur Feststellung eines für die Besteuerung maßgeblichen Sachverhaltes mitzuteilen.[7] Auch der Umfang der Auskunft ist auf das Nötige zu beschränken. Es dürfen nur solche Angaben erfragt werden, die erforderlich sind, um im konkreten **Einzelfall** die Aufgabe zu erfüllen. Die Art der Daten ist daher im Auskunftsersuchen zu spezifizieren. Darin liegt keine Überforderung der ersuchenden Stellen: Wenn bestimmte Daten für die Aufgabenerfüllung notwendig sind, muss die Behörde sie auch abstrakt benennen können. Anderenfalls wäre es nicht nachvollziehbar, worauf ihre Erforderlichkeitsbeurteilung beruhen soll. Nicht zuletzt darf sich das Auskunftsverlangen nur auf einen oder einige wenige bestimmte, zumindest aber im Hinblick auf das Informationsinteresse bestimmbare Kunden beziehen.[8] Soweit die ersuchende Stelle sowohl zur Anfrage im manuellen (§ 113) als auch im automatisierten (§ 112) Auskunftsverfahren berechtigt ist, hat sie schließlich ihre Wahl nach pflichtgemäßem **Ermessen** zu treffen.[9] Dabei stellt das automatisierte Auskunftsverfahren gegenüber dem manuellen Ersuchen grundsätzlich das mildere Mittel dar[10], denn dieses erfordert gegenüber jenem stets Personalaufwand.

Das Auskunftsersuchen ist ohne schuldhaftes Zögern zu bearbeiten, wie der auf Grund **5** schlechter Erfahrungen neu eingefügte Begriff „**unverzüglich**" verdeutlicht.[11] Nach dem Willen des Gesetzgebers reicht dies aus, eine zügige Beantwortung sicherzustellen, ohne die Unternehmen übermäßig zu belasten. Ferner wollte der Gesetzgeber den berechtigten Stellen eine (nach § 149 Abs. 1 Nr. 33 bußgeldbewehrte) Rechtsgrundlage schaffen, ihre Verlangen auf der Basis der jeweiligen Befugnisnorm unter Hinweis auf die von § 111 Abs. 1 Satz 1 geforderte Unverzüglichkeit durchzusetzen.[12]

Der **Umfang der Auskunftsverpflichtung** erfasst zunächst die nach § 111 für die Aus- **6** kunftsverfahren erhobenen Daten[13], aber auch Bestandsdaten nach § 95. Zu den **Bestandsdaten** nach § 95 TKG gehören in aller Regel auch die E-Mail-Adressen und statische IP-Adressen[14], aber auch Bankverbindungen[15], der Beruf oder eventuelle Mahnungen (zu den Zugriffsdaten s. u. RdNr. 8 ff.). Die Weite dieses Auskunftsanspruches sah sich schon unter der Vorgängervorschrift der Kritik ausgesetzt. So wurde eine einschränkende Auslegung[16] dahingehend vorgeschlagen, dass die Auskunft lediglich personenbezogene Daten mit spe-

---

7 BfD, 18. Tätigkeitsbericht 2001, S. 60 f.; *Trute/Spoerr/Bosch*, § 89 RdNr. 54.
8 *Manssen/Gramlich*, § 89 RdNr. 132.
9 *Manssen/Gramlich*, § 89 RdNr. 131.
10 VG Köln RDV 2000, 275, 277; zust. *Manssen/Gramlich*, § 89 RdNr. 132; anders dagegen OVG Münster CR 2002, 662, 664.
11 Vgl. BT-Drs. 15/2316, S. 97.
12 Ibid.
13 Vgl. § 111 RdNr. 17 ff.
14 Nach LG Ulm, MMR 2004, 187; LG Bonn, MMR 2004, 609 m. Anm. *Köbele*, muss der Diensteanbieter jedoch nicht den Anschlussinhaber einer dynamischen IP-Adresse benennen. Zum Problem: *Gnirk/Lichtenberg*, DuD 2004, 598, 601; vgl. w. *Thiele*, Kriminalisitik 2004, 104, 107; *Hoeren*, Access-Provider, RdNr. 13, 45, 56, 168 f., 192.
15 Vgl. BT-Drs. 14/9914, S. 15.
16 BeckTKG-Komm/*Büchner*, § 89 RdNr. 45.

zifischem Telekommunikationsbezug[17] umfassen soll. Teilweise wurde auch bezweifelt, ob die Vorschrift überhaupt einen Auskunftsanspruch statuiert und nicht vielmehr diesen lediglich datenschutzrechtlich sanktioniert.[18] Die Vorschrift bietet auf Grund ihrer Genese weder für die letztgenannte Beschränkung noch für eine Begrenzung des Auskunftsumfanges einen Anhaltspunkt. Vom Auskunftsanspruch sind hingegen Verkehrsdaten nicht erfasst.[19] So ist keine Mitteilung über Rufnummern Dritter zu machen, die sich über die International Mobile Equipment Identity (IMEI) des benutzten Mobiltelefons feststellen lassen.[20]

7   **c) Auskunftsberechtigte Stelle.** – Im Unterschied zum Katalog des § 112 beschreibt § 113 Abs. 1 S. 1 die für ein Auskunftsverlangen **zuständigen Stellen** lediglich anhand ihres Aufgabenbereiches. Demnach sind Behörden, die Straftaten oder Ordnungswidrigkeiten verfolgen oder die zur Abwehr von Gefahren für die öffentliche Sicherheit oder Ordnung zuständig sind, zu einem Auskunftsersuchen ermächtigt. Daneben sind berechtigt, Auskunft zu verlangen, die Verfassungsschutzbehörden des Bundes und der Länder, der Bundesnachrichtendienst (BND) und der Militärische Abschirmdienst (MAD). Insoweit deckt sich dies mit dem Katalog des § 112 Abs. 2.[21] Durch die Einbeziehung der gesamten Ordnungsverwaltung[22] und der Bußgeldabteilungen jeglicher Behörden geht jedoch der Kreis der berechtigten Stellen weit über den des § 112 Abs. 2 hinaus. Das Gebot der Zweckbindung der Datenverarbeitung wird damit ausgehöhlt.[23]

8   **d) Auskünfte über Zugriffsdaten (S. 2 und S. 3).** – Nach § 113 Abs. 1 S. 2 können auch Auskünfte in Bezug auf Daten erteilt werden, mittels derer der Zugriff auf Endgeräte oder in diesen oder im Netz eingesetzten Speichereinrichtungen geschützt wird. Dem Gesetzgeber ging es im Interesse der Rechtssicherheit[24] darum, die Auskunftspflicht hinsichtlich der Zugriffsdaten eindeutig zu regeln. Zur Vorgängervorschrift hatten sich bei den Telekommunikationsunternehmen sehr unterschiedliche Auffassungen gebildet, welche Art von Daten dem manuellen Auskunftsersuchen zugänglich war. Teils wurde vertreten, die Zugriffsdaten seien wegen ihrer Nähe zu den Verkehrdaten dem Fernmeldegeheimnis zu unterstellen und damit dem Auskunftsersuchen entzogen.[25] Mit S. 2 hat sich der Gesetzgeber nun der zutreffenden Ansicht angeschlossen, nach der diese Daten nicht in den Schutzbereich von Art. 10 Abs. 1 GG fallen.[26]

9   Aus dem Wortlaut folgt, dass der Diensteanbieter **verpflichtet** ist, die **Auskunft** auf Grund eines Ersuchens **nach den einschlägigen Vorschriften** zu erteilen. Die Vorschrift stellt da-

---

17 BfD-Info 5, S. 55; *Scheurle/Mayen/Löwnau-Iqbal*, § 89 RdNr. 35; *Manssen/Gramlich*, § 89 RdNr. 132.
18 *Bär*, MMR 2000, 472, 479; *Wuermeling/Felixberger*, CR 1997, 555, 559 f.; *Trute/Spoerr/Bosch*, § 89 RdNr. 57.
19 So zum § 89 Abs. 6 TKG a. F. *Königshofen*, RTkom 1999, 138, 146; *Scheurle/Mayen/Löwnau-Iqbal*, § 89 RdNr. 35; *Manssen/Gramlich*, § 89 RdNr. 131; BeckTKG-Komm/*Büchner*, § 89 RdNr. 44; *Trute/Spoerr/Bosch*, § 89 RdNr. 53.
20 Vgl. LG Hamburg, MMR 1998, 419 m. Anm. *Bär*.
21 Vgl. § 112 RdNr. 14 ff.; zu § 89 Abs. 6 TKG a. F.: OVG Münster CR 2002, 662, 664; *Manssen/Gramlich*, § 89 RdNr. 133.
22 *Manssen/Gramlich*, § 89 RdNr. 133.
23 Vgl. § 111 RdNr. 9.
24 Vgl. BT-Drs. 15/2316, S. 97.
25 So *Eckhart*, CR 2003, 805, 807.
26 Vgl. § 88 RdNr. 16.

mit klar, dass die Ermittlungsbefugnisse der Strafverfolgungsbehörden durch § 113 nicht eingeschränkt sind.[27] Nach Ansicht des Gesetzgebers sind die für ein Auskunftsersuchen relevanten Ermächtigungsvorschriften zunächst die §§ 161 Abs. 1 Satz 1, 163 Abs. 1 StPO[28] als Generalklauseln, welche die Einholung von Informationen auch von Stellen, die nicht Behörden sind[29], zulassen, des Weiteren die Datenerhebungsvorschriften der Polizeigesetze der Länder zur Abwehr von Gefahren für die öffentliche Sicherheit und Ordnung, z.B. nach § 37 SächsPolG, schließlich § 8 Abs. 1 des Bundesverfassungsschutzgesetzes, der entsprechenden Bestimmungen der Landesverfassungsschutzgesetze (z.B. § 2 SächsVSG), § 2 Abs. 1 des BND-Gesetzes oder § 4 Abs. 1 des MAD-Gesetzes. Es handelt sich stets um Befugnisnormen zu allgemeinen Auskunftsersuchen, nicht um solche, die speziell Eingriffe in das Fernmeldegeheimnis zulassen. Dies ist bedenklich. Zwar unterfallen Zugriffsdaten selbst nicht dem Fernmeldegeheimnis.[30] Sie dienen aber auch dem Schutz von Informationen über Inhalte und Umstände der Telekommunikation. Wer über sie verfügt, kann sich folglich Zugang zu diesen sensiblen Daten verschaffen. Hierzu bedarf es aber der Ermächtigung aufgrund spezieller Vorschriften.[31] Obwohl dies § 113 Abs. 1 S. 3 klarstellt, sieht er keine **verfahrensmäßigen Sicherungen** gegenüber Missbrauch vor, wie es das Volkszählungsurteil fordert.[32] Diese Regelungslücke lässt sich durch **Analogie zu § 110 Abs. 2 S. 2 StPO** schließen. So wie diese Vorschrift unmittelbar die Polizeibeamten dazu verpflichtet, Papiere, deren Durchsicht sie für geboten erachten, in einem verschlossenen Umschlag bei der Staatsanwaltschaft abzuliefern, so ist hier sicherzustellen, dass die Anklagebehörde darüber befindet, ob die gesetzlichen Voraussetzungen erfüllt sind (s. u. RdNr. 14), mittels der Zugriffsdaten sich Zugang zu Informationen zu verschaffen, die dem Fernmeldegeheimnis unterliegen (z.B. weil sie in einer Mailbox gespeichert sind). In einer neueren Entscheidung hat die 3. Kammer des 2. Senats des BVerfG die Beschlagnahme eines Mobiltelefons, auf dessen SIM-Karte Verkehrsdaten gespeichert sind, davon abhängig gemacht, dass nicht nur die Voraussetzungen der §§ 94 ff. StPO, sondern auch die der §§ 100g, 100h StPO vorliegen.[33] Ist dem so, dann bestehen gegen das Ersuchen um Auskunft über die PIN/PUK keine Bedenken.

Die ausdrückliche Aufzählung der Vorschriften in § 113 Abs. 1 S. 2 **beschränkt den Kreis** **10** **der zur Auskunft berechtigten Stellen** gegenüber S. 1. Nur soweit die betreffende Behörde für sich eine der genannten Ermächtigungsgrundlagen in Anspruch nehmen kann, besteht auch ein Anspruch auf Auskunftserteilung in Bezug auf Zugriffsdaten.

§ 113 stellt **keine Verpflichtung** für den Diensteanbieter dar, **Zugriffsdaten zu erheben** **11** **und vorzuhalten**. Denn § 95 spezifiziert die Bestandsdaten nicht und verpflichtet auch nicht, solche überhaupt zu erheben oder zu speichern. Der in § 111 enthaltene Katalog der zwingend zu erhebenden Daten erwähnt die Zugriffsdaten nicht. Soweit Zugriffsdaten auf Grund technischer Gegebenheiten nicht im Klartext vorliegen (z.B. bei der Speicherung

---

27 Vgl. BT-Drs. 15/2316, S. 97.
28 Ähnlich zum alten Recht: LG Hamburg MMR 2002, 403, 406: § 161a StPO, wenngleich differenzierend danach, auf welche Daten der Zugriff erfolgen sollte.
29 Vgl. SK-StPO/*Wohlers*, § 161 RdNr. 13 m. w. N., vgl. aber in Bezug auf einen Auskunftsanspruch RdNr. 24 ebd.
30 Vgl. § 88 RdNr. 16.
31 Überblick bei § 110 RdNr. 4 ff.
32 BVerfGE 65, 1, 44, 49 f. = NJW 1984, 419.
33 BVerfG, NStZ 2005, 337, 338 f. m. krit. Anm. *Hauschild*.

von Passworten als *Hash*-Werte), ist der Diensteanbieter daher auch nicht verpflichtet, diese mittels (aufwändiger) technischer Verfahren zu entschlüsseln. Der Diensteanbieter muss lediglich, soweit er über diese Daten verfügt, Auskunft erteilen. Dies umfasst auch Zugriffsdaten, die der Diensteanbieter bei Vertragsschluss vergeben hat, die aber vom Teilnehmer geändert worden sein können.

12 Die **Aufzählung der Zugriffsdaten** ist nicht abschließend. Neben den genannten Zugriffsinformationen wie die PIN (Personal Identification Number*)* sind auch Passworte u. Ä. erfasst. Die Nennung der PUK (Personal Unblocking Key), der lediglich den Fehlbedienungszähler zurücksetzt, ist systematisch verfehlt. Gleichwohl besteht auch hier auf Grund der eindeutigen Erwähnung eine Auskunftsverpflichtung, obwohl diese Nummer streng genommen keine Sicherungsfunktion hat.

13 Der § 113 Abs. 1 S. 2 2. Hs. bestimmt ausdrücklich eine strenge **Zweckbindung**. Nach ihm dürfen die Daten an andere öffentliche oder nicht öffentliche Stellen nicht übermittelt werden.

14 § 113 Abs. 1 S. 3 verdeutlicht, dass für den **tatsächlichen Zugriff** auf Daten, die durch das Fernmeldegeheimnis geschützt sind (z. B. Informationen, die in einer Mail- oder Voicebox gespeichert sind) eine Anordnung nach den einschlägigen Gesetzen erforderlich ist.[34] Dabei unterliegen dem Fernmeldegeheimnis nach dem BVerfG nicht nur solche Informationen, die sich noch beim Diensteanbieter befinden. Bisher ging das BVerfG davon aus, dass das Fernmeldegeheimnis dann endet, wenn der Empfänger die Nachricht wahrgenommen hat, sich folglich auch noch auf die Informationen erstreckt, die bereits das Endgerät erreicht haben, aber noch in den Übermittelungsvorgang eingebunden sind.[35] In einer neueren Entscheidung hat die 3. Kammer des 2. Senats den Schutzbereich noch weiter gezogen: Er erstreckt sich nun auch auf Verbindungsdaten, die auf der SIM-Karte eines Mobiltelefons gespeichert oder auf einem Einzelverbindungsnachweis dokumentiert sind.[36]

15 **e) Mitteilungsverbot (S. 4).** – § 113 Abs. 1 S. 4 verpflichtet den Diensteanbieter, über die Auskunftserteilung seinen Kunden sowie Dritten gegenüber **Stillschweigen** zu wahren. Die Vorschrift übernimmt damit die bereits in den §§ 89 Abs. 6 S. 2, 90 Abs. 5 S. 3 TKG a. F. bestehende Regelung. Sie schließt lediglich eine Information **durch den Diensteanbieter** aus[37], ohne eine Mitteilung als solche zu untersagen. Ob die **ersuchende Stelle** zur Mitteilung verpflichtet ist, ergibt sich aus den Vorschriften, die ihre Aufgaben und Befugnisse regeln.[38] Soweit diese Bestimmungen weder eine Benachrichtigung ausschließen noch dazu verpflichten, ist bei Bundesbehörden auf § 19a Abs. 1 S. 1 BDSG, bei Landesbehörden auf die entsprechenden Vorschriften der Landesdatenschutzgesetze (z. B. § 12 Abs. 6 S. 1 SächsDSG[39]) zurückzugreifen. Danach hat die Benachrichtigung freilich zu unterbleiben, soweit sie die öffentliche Sicherheit oder Ordnung bzw. die ordnungsgemäßen

---

34 Vgl. BT-Drs. 15/2316, S. 97.
35 BVerfGE 106, 28, 29 ff. = NJW 2002, 3619.
36 BVerfG, NStZ 2005, 337, 338 f. m. krit. Anm. *Hauschild.*
37 *Manssen/Gramlich*, § 89 RdNr. 133; *Trute/Spoerr/Bosch*, § 89 RdNr. 55.
38 *Trute/Spoerr/Bosch*, § 89 RdNr. 55; *Erbs/Kohlhaas/Kalf*, § 89 TKG RdNr. 36 mit Verweis auf § 101 StPO. Der generellen analogen Anwendung des Richtervorbehalts von § 98b StPO als Surrogat (so BeckTKG-Komm/*Büchner*, § 89 RdNr. 45) steht nicht nur entgegen, dass es an einer entsprechenden Gesetzeslücke fehlt, sondern auch, dass es sich um manuelle Auskünfte über Daten handelt, die nicht dem Fernmeldegeheimnis unterfallen.
39 Gesetz vom 25. August 2003 (SächsGVBl S. 329).

Erfüllung der Aufgaben der ersuchenden Stelle gefährden würde, einen unverhältnismäßigen Aufwand bedeuten würde oder die Speicherung durch Gesetz vorgesehen ist, §§ 19a Abs. 2 u. 3, 19 Abs. 4 Nr. 1, 2 BDSG[40]; § 12 Abs. 6 S. 4 SächsDSG. Dies trifft auf die hier in Rede stehenden Auskunftsersuchen zumeist zu.[41] Die in diesen Vorschriften enthaltene Gewichtung der Grundrechte nebst ihrer verfahrensmäßigen Sicherungen mit entgegenstehenden öffentlichen Belangen verletzen nach dem BVerwG weder das Recht auf informationelle Selbstbestimmung noch das Gebot effektiven Rechtsschutzes.[42]

2. Kostentragungspflichten und Entschädigungsansprüche (Abs. 2). – § 113 Abs. 2 **16** Satz 1 legt fest, dass die Verpflichteten die **Vorkehrungen** zur Speicherung der Daten **entschädigungsfrei** vorzuhalten haben.[43] Aus Gründen der Rechtssicherheit wurde in S. 2 zur Klärung der langwierigen ergebnislosen Auseinandersetzungen[44] zur Frage der **Entschädigung** für einzelne Auskünfte eindeutig bestimmt[45], dass die Unternehmen **für manuell erteilte Auskünfte** nunmehr eine Entschädigung fordern können. Der Umfang der Kostenerstattung soll in der nach § 110 Abs. 9 S. 1 zu erlassenen Verordnung bestimmt werden, § 113 Abs. 2 S. 2.[46] Dies gilt nach § 113 Abs. 2 S. 3 selbst dann, wenn das Auskunftsbegehren lediglich auf solche Auskünfte begrenzt ist, die auch in einem automatisierten Verfahren nach § 112 abrufbar wären. Hierzu macht § 113 Abs. 2 S. 4 schließlich eine gewichtige Ausnahme: Kein Entschädigungsanspruch besteht, wenn der Diensteanbieter die Auskünfte zuvor im automatisierten Auskunftsverfahren nicht oder nicht richtig erteilt hatte.

Solange diese Verordnung noch nicht ergangen ist, ist Entschädigung nach § 23 Abs. 1 S. 2 **17** Nr. 2 JVEG zu gewähren. Zwar scheint der Wortlaut von § 113 Abs. 2 S. 2 eine Kostenerstattung nach dieser Vorschrift geradezu auszuschließen. Jedoch lag es trotz der missverständlichen Formulierung nicht in der Absicht des Gesetzgebers[47], die Entschädigung für die **Übergangszeit** auszuschließen. Da das ZSEG zwischenzeitlich aufgehoben worden ist[48], ist bis zum In-Kraft-Treten der Verordnung die Nachfolgevorschrift des § 17a ZSEG, § 23 JVEG anzuwenden.

---

40 Näher dazu: *Simitis/Mallmann*, § 19a RdNr. 29 ff.

41 Vgl. § 112 RdNr. 13.

42 Vgl. BVerwGE 89, 14, 21 f.; Verfassungsrechtliche Bedenken gegenüber § 89 Abs. 6 TKG a.F. hingegen bei *Wiechert/Schmidt/Königshofen/Königshofen/Schmidt*, § 89 TKG RdNr. 29.

43 Zu der damit verbundenen verfassungsrechtlichen Problematik vgl. § 111 RdNr. 11.

44 Vgl. hierzu die Kette teilweise widersprechender Entscheidungen: LG Halle NStZ-RR 2002, 286; LG Berlin JurBüro 1999, 318; dagegen LG Augsburg JurBüro 2000, 488; einschränkend: OLG Hamm JurBüro 1999, 318; keine Erstattungspflicht bei Zielsuchläufen zur Rasterfahndung: OLG Köln NStZ-RR 2001, 31; OLG Stuttgart wistra 2001, 79; LG Hildesheim NJW 2000, 231.

45 Vgl. BT-Drs. 15/2316, S. 97.

46 Vgl. § 110 RdNr. 69.

47 Vgl. dazu BT-Drs. 15/5213, S. 24 zum TKG-E 2005.

48 Vgl. zur gleichen Problematik § 110 RdNr. 70.

§ 114 Auskunftsersuchen des Bundesnachrichtendienstes

(1) Wer Telekommunikationsdienste für die Öffentlichkeit erbringt oder Übertragungswege betreibt, die für Telekommunikationsdienste für die Öffentlichkeit genutzt werden, hat dem Bundesministerium für Wirtschaft und Arbeit auf Anfrage entgeltfrei Auskünfte über die Strukturen der Telekommunikationsdienste und -netze sowie bevorstehende Änderungen zu erteilen. Einzelne Telekommunikationsvorgänge und Bestandsdaten von Teilnehmern dürfen nicht Gegenstand einer Auskunft nach dieser Vorschrift sein.

(2) Anfragen nach Abs. 1 sind nur zulässig, wenn ein entsprechendes Ersuchen des Bundesnachrichtendienstes vorliegt und soweit die Auskunft zur Erfüllung der Aufgaben nach den §§ 5 und 8 des Art. 10-Gesetzes erforderlich ist. Die Verwendung einer nach dieser Vorschrift erlangten Auskunft zu anderen Zwecken ist ausgeschlossen.

Schrifttum: *Klesczewski*, Das Ende des Auskunftsersuchens nach § 12 FAG, JZ 1997, 719; *Möller-Bösling*, Informelle Auskunftsersuchen der Regulierungsbehörde auf den Märkten der Telekommunikation, 2001; *Schenke*, Verfassungsrechtliche Probleme einer präventiven Überwachung der Telekommunikation, AöR 125 (2000), 1. Vgl. w. die Literaturangaben zu § 110 und § 111.

Übersicht

I. Normzweck, Entstehungsgeschichte

Die Vorschrift folgt § 92 TKG a. F. ohne Änderung ihrer Zielrichtung, aber mit einigen Änderungen im Detail nach. Sie soll wie auch schon ihre Vorgängernorm den **Bundesnachrichtendienst** (BND) in die Lage versetzen, neue Entwicklungen im Bereich der Telekommunikation bei der Erfüllung der ihm gemäß §§ 5, 8 G 10 zugewiesenen Aufgaben zu berücksichtigen[1]. Der Gesetzgeber hielt es dazu für erforderlich, dass der BND über die **Strukturen der eingesetzten Techniken und Verfahren**, sobald sie in die Realisierungsphase eintreten, **unterrichtet** ist.[2] Dieses Ziel, Kenntnis der Techniken und Verfahren zu erlangen, kam freilich weder in § 92 TKG a. F.[3], noch kommt es in dem dahingehend unverändert übernommenen Wortlaut des § 114 hinreichend deutlich zum Ausdruck. **1**

---

1 BR-Drs. 80/96, S. 57, dort noch zum alten G 10.

2 Ibid.

3 Dazu BeckTKG-Komm/*Ehmer*, § 92 RdNr. 2; *Scheurle/Mayen/Büttgen*, § 92 RdNr. 1.

2 In den Vorentwürfen zum TKG a. F. war eine entsprechende Vorschrift noch nicht vorgesehen. Sie fand sich erst in der Vorlage der Bundesregierung[4]. Anfangs war noch das Bundesministerium für Post und Telekommunikation zuständig. Mit dessen Auflösung trat durch Organisationserlass des Bundeskanzlers[5] das Bundesministerium für Wirtschaft und Technologie an dessen Stelle. Dies fand mit Art. 226 Nr. 8 der Siebten Zuständigkeitsverordnung[6] im Jahr 2001 auch Niederschlag Gesetzestext. Mit der **Novellierung des G 10** im Sommer 2001[7] änderte sich die in Bezug genommene Vorschrift[8]. Damit zeitigte sie Auswirkungen auf den Umfang der Auskunftsverpflichtungen: Waren im alten § 3 Abs. 1 G 10 nur internationale, nicht leitungsgebundene Telekommunikationsbeziehungen erfasst, erstreckt sich die Nachfolgervorschrift, §§ 5, 8 G 10, nunmehr auf alle internationalen Telekommunikationsbeziehungen, soweit eine gebündelte Übertragung erfolgt.[9]

3 Der Sache nach übernimmt § 114 weitgehend den Regelungsgehalt von § 92 TKG a. F. Der Kreis der Auskunftspflichtigen wurde beschränkt auf diejenigen, **die Telekommunikationsdienste für die Öffentlichkeit** erbringen, bzw. diejenigen, welche die von diesen Diensten genutzten Übertragungswege betreiben. Wegen des erfahrungsgemäß zumeist politischen Hintergrundes der Anfrage[10] wurde die in § 92 Abs. 2 Satz 3 TKG a. F. noch enthaltene Befugnis gestrichen, das Recht zur Auskunft auf die RegTP zu übertragen.[11]

II. Einzelheiten

4 **1. Allgemeines.** – Auch das Auskunftsersuchen nach § 114 stellt eine unmittelbare Indienstnahme Privater zur Erfüllung öffentlicher Zwecke dar. Darin liegt sowohl eine Berufsausübungsregelung[12] als auch eine Inhalts- und Schrankenbestimmung des Eigentums (vornehmlich bei Geschäfts- und Betriebsgeheimnissen[13]). Diese gesetzliche Ermächtigung zu Eingriffen in Art. 12, 14 GG lässt sich auf hinreichend gewichtige Belange des Allgemeinwohls stützen.[14] Das Auskunftsersuchen nach § 114 wird dabei durch nachrichtendienstliche Zwecke legitimiert: es ist nur zulässig, soweit die Auskunft **zur Erfüllung der Aufgaben des BND** nach den §§ 5, 8 G 10 erforderlich ist[15].

5 Die Gesetzgebungskompetenz des Bundes zum Erlass von § 114 ergibt sich aus Art. 73 Nr. 1 GG. Nach dem BVerfG fällt unter die auswärtigen Angelegenheiten auch die Befugnis zur Schaffung einer Stelle zur Auslandsaufklärung.[16] Die in § 114 zu findende **Zustän-**

---

4 BR-Drs. 80/96, S. 30, 57.
5 Vom 17. 12. 1997, BGBl. I 1998 S. 68 und 27. 10. 1998, BGBl. I 1998 S. 3288.
6 Vom 29. 10. 2001, BGBl. I 2001 S. 2785, 2835.
7 Vgl. Art. 1 des Gesetzes zur Neuregelung der Beschränkungen des Brief- Post- und Fernmeldegeheimnisses vom 26. 6. 2001, BGBl. I 2001 S. 1254, ber. am 3. 9. 2001, BGBl. I 2001 S. 2298.
8 *Manssen/Gramlich*, § 92 RdNr. 20 ff.
9 Vgl. noch zur alten Regelung: BeckTKG-Komm/*Ehmer*, § 92 RdNr. 5.
10 A. A. wohl *Erbs/Kohlhaas/Kalf/Papsthart*, § 92 TKG RdNr. 6, die in diesen Anfragen keine ministerielle Aufgabe sehen.
11 Vgl. BT-Drs. 15/2316, S. 98.
12 *Möller-Bösling*, Informelle Auskunftsersuchen, S. 101.
13 Ibid.
14 BVerfGE 100, 313 = NJW 2000, 55 m. Anm. *Arndt*, NJW 2000, 47; *Manssen/Gramlich*, § 92 RdNr. 37.
15 Vgl. § 110 RdNr. 10 ff.
16 BVerfGE 100, 313 = NJW 2000, 55.

digkeitszuweisung an eine weitere Bundesbehörde (vgl. Art. 87 Art. 3 GG) ist ebenfalls von dieser Kompetenznorm gedeckt. Der Gesetzgeber ist nicht daran gehindert, eine Aufgabenzuweisung nur an eine Behörde vorzunehmen. Vielmehr darf er auch eine andere Behörde für zuständig erklären, soweit diese auf die Durchführung der betreffenden Angelegenheiten beschränkt und sie als sachnah anzusehen ist[17]. Dies trifft auf das nach § 114 zuständige Bundesministerium für Wirtschaft und Arbeit (BMWA) zu.[18]

2. Adressaten. – Auskunftsverpflichtete nach § 114 sind im Unterschied zur Vorläufervorschrift nur die diejenigen, die **Telekommunikationsdienste für die Öffentlichkeit** erbringen oder die von diesen Diensten genutzte Übertragungswege (vgl. § 3 Nr. 28) betreiben. Betreiber unternehmensinterner Nebenstellenanlagen, von Hotel-, Krankenhaustelefonanlagen und Corporate Networks sind keine Adressaten von § 114.[19] Schließlich sind (unmittelbar) verpflichtet nur die Diensteerbringer selbst, nicht auch die Personen, die an der Diensteerbringung lediglich mitwirken.[20] Das folgt aus dem gegenüber § 3 Nr. 6 engeren Sprachgebrauch von § 114.   6

3. Anfrageverfahren. – a) Voraussetzungen (Abs. 1 S. 1, Abs. 2). – Gegenüber dem   7 Adressaten tritt im Anfrageverfahren allein das BMWA in Erscheinung. Das BMWA verfolgt bei seiner Anfrage jedoch nicht eigene Aufgaben, sondern darf die Anfragen nur stellen, wenn ein entsprechendes Ersuchen des Bundesnachrichtendienstes vorliegt. Der BND hat unter den Voraussetzungen des § 114 keinen eigenen Anspruch auf Auskunftserteilung.[21] Die spezielle Regelung des § 114 geht als jüngere Regelung den allgemeinen Befugnissen des BND nach den §§ 2, 3 i.V.m. § 1 Abs. 2 S. 2 BND-Gesetz vor.[22] Dieses vom Gesetzgeber gewählte Verfahren stellt eine **spezielle Form der Amtshilfe** dar. Nach § 7 Abs. 2 VwVfG trägt damit der BND als ersuchende Behörde gegenüber der ersuchten Behörde, dem BMWA, die Verantwortung für die Rechtmäßigkeit der zu treffenden Maßnahme.[23]

Das Auskunftsersuchen des BND muss dabei **konkret und präzise** umschrieben sein. Eine   8 allgemeine undifferenzierte Anfrage, z.B. hinsichtlich der Offenlegung der gesamten Netzstruktur, ist nicht zulässig.[24] Einer speziellen ministeriellen Anordnung nach Art. 10 G 10 bedarf es für das Auskunftsersuchen nicht. Diese ist nur für die strategische Überwachungen selbst erforderlich, zu deren Durchführung die Anfrage nach § 114 nur die Voraussetzungen schafft.[25]

b) Auskunftserteilung. – Das Gesetz statuiert nur eine Verpflichtung zur Auskunft. Dies   9 setzt kein Tätigwerden des Verpflichteten auf eigene Initiative voraus. Insbesondere hat er nicht von sich aus über bevorstehende Änderungen zu informieren. Vielmehr muss er **nur auf Anfrage** wahrheitsgemäß Auskunft erteilen. Es besteht auch keine Verpflichtung, die Angaben zum Abruf bereitzuhalten.[26]

---

17 BVerfGE 14, 197, 211.
18 *Manssen/Gramlich*, § 92 RdNr. 7.
19 Zur vormaligen, abweichenden Rechtslage: *Scheurle/Mayen/Büttgen*, § 92 RdNr. 5.
20 So schon *Scheurle/Mayen/Büttgen*, § 92 RdNr. 4 zur Vorläuferregelung.
21 *Manssen/Gramlich*, § 92 RdNr. 6; *Scheurle/Mayen/Büttgen*, § 92 RdNr. 5.
22 *Manssen/Gramlich*, § 92 RdNr. 6 zu § 92 TKG a. F.
23 *Manssen/Gramlich*, § 92 RdNr. 24.
24 *Scheurle/Mayen/Büttgen*, § 92 RdNr. 6.
25 *Manssen/Gramlich*, § 92 RdNr. 25.
26 *Manssen/Gramlich*, § 92 RdNr. 26.

10 **c) Umfang der Auskunft.** – Der Umfang der Auskunft erstreckt sich auf die **Strukturen** der Telekommunikationsdienste (§ 3 Nr. 24) und Telekommunikationsnetze (§ 3 Nr. 27). Dies beinhaltet auch Informationen über die eingesetzten **Techniken und Verfahren**.[27] Dabei sind die Auskünfte im Hinblick auf die Beschränkung der Informationsbefugnis des BND auf Telekommunikationsbeziehungen beschränkt, bei denen eine gebündelte Übertragung erfolgt (vgl. §§ 5 Abs. 1, 8 Abs. 1 G 10).[28]

11 Ferner sind auch Auskünfte über **bevorstehende Änderungen** zu erteilen. Hier sind nur die für die Überwachungsaufgaben des BND erheblichen Änderungen angesprochen. Sie müssen derart unmittelbar vor der Realisierung stehen, dass für sie schon greifbar dokumentierte Planungen erstellt wurden.[29]

12 § 114 Abs. 1 S. 2 stellt klar, dass **keine personenbezogenen Einzelangaben** Gegenstand der Auskunft sind. Weder Daten, die dem Fernmeldegeheimnis (§ 88) unterliegen, z. B. Auskünfte über einzelne Gespräche[30], noch Bestandsdaten von Teilnehmern (§ 95), die deren Recht auf informationelle Selbstbestimmung zuzuordnen sind, dürfen Gegenstand einer Auskunft nach § 114 sein. Für Eingriffe in diese Grundrechte ist auf spezielle Ermächtigungsgrundlagen zurückzugreifen. So kann der BND Auskünfte über Inhalte von Kundendateien auf Grund der Regelung des § 112 Abs. 2 Nr. 4 erhalten.

13 **d) Kosten.** – Die Auskunft ist entgeltfrei zu erteilen, § 114 Abs. 1 S. 1. Der Auskunftsverpflichtete hat demnach sowohl die **Kosten für die Beschaffung, die Vorhaltung, die Bearbeitung und die Übermittlung** der Informationen zu tragen. Darin liegt eine Inpflichtnahme Privater für hoheitliche Zwecke, deren Zulässigkeit sich nach denselben Kriterien richtet, die schon zur Prüfung der Verfassungsmäßigkeit von § 110 Abs. 1 S. 1[31] herangezogen wurden. Bei der Beschaffung und Vorhaltung der Informationen zu Technik und Verfahren handelt es sich um unternehmenseigene Tätigkeiten, die bei der Planung, Einrichtung, Unterhaltung und Änderung von Telekommunikationsnetzen und -diensten ohnehin anfallen. Ferner liegt deren Erhebung und Speicherung vor allem im wirtschaftlichen Eigeninteresse der betroffenen Unternehmen, so dass diese nur geringfügig belastet sind, wenn sie dies auch für hoheitliche Zwecke tun. Diese Indienstnahme von Privaten ist daher **ohne Entschädigung zulässig**[32].

14 Die Aufbürdung der Kosten für die **Beantwortung der Anfrage** ist dagegen verfassungsrechtlich problematisch. Weder besteht eine besondere Sach- oder Verantwortungsnähe der Diensteanbieter zu den Aufgaben des BND, noch handelt es sich bei der Übermittung von Informationen zu Technik und Verfahren der Telekommunikationsnetze und -dienste, immerhin eine Preisgabe von Betriebsgeheimnissen (s. o. RdNr. 4), um eine unternehmenseigene Tätigkeit. Der gesetzliche Ausschluss einer Entschädigung für einzelnen Auskünfte ist demnach als unzumutbar anzusehen.

15 **4. Nutzung der erlangten Informationen.** – Nach § 114 Abs. 2 S. 2 dürfen die Auskünfte weder vom ersuchenden Ministerium, noch vom BND zu anderen Zwecken verwendet

---

27 *Trute/Spoerr/Bosch*, § 92 RdNr. 4; a. A. *Manssen/Gramlich*, § 92 RdNr. 13, allerdings mit fehlgehendem Verweis auf *Trute/Spoerr/Bosch*, a. a. O.
28 *Manssen/Gramlich*, § 92 RdNr. 13.
29 BT-Drs. 13/3609, S. 57; *Trute/Spoerr/Bosch*, § 92 RdNr. 1; *Manssen/Gramlich*, § 92 RdNr. 14.
30 BR-Drs. 80/96, S. 57; *Kleszewski*, JZ 1997, 719, 720.
31 Vgl. § 110 RdNr. 22 ff.
32 *Manssen/Gramlich*, § 92 RdNr. 38; *Schenke*, AöR 2000, 1, 38 ff.

werden.[33] So dürfen die übermittelten Angaben z. B. nicht durch das BMWA für die eigene Politikgestaltung genutzt werden.[34] Die Vorschrift trifft ihrem Wortlaut nach keine Vorkehrungen, wer diese Zweckbindung durchzusetzen hat. Nach den Gesetzesmaterialien[35] soll sowohl das BMWA als auch der BND kraft Gesetzes dafür Sorge tragen, dass zweckwidrige Verwendungen auszuschließen sind.[36] Da es sich bei den Informationen nicht um personenbezogene Daten handelt, bedarf es nicht der organisatorischen und verfahrensmäßigen Sicherungen, die das BVerfG[37] zu deren Schutz verlangt.

5. Verwaltungsverfahren. – Beim Auskunftsverlangen des BMWA nach § 114 handelt es **16** sich um einen belastenden Verwaltungsakt nach § 35 VwVfG, der mit der Anfechtungsklage nach § 42 VwGO angegriffen werden kann. Da es sich um eine Verfügung einer obersten Bundesbehörde handelt, ist gem. § 68 Abs. 1 S. 2 Nr. 1 VwGO ein vorheriges Widerspruchsverfahren nicht durchzuführen. Für den einstweiligen Rechtsschutz gilt § 80 VwGO. Hingegen besteht gegen das Ersuchen des BND keine Rechtsschutzmöglichkeit[38], da es sich bei diesem um einen rein zwischenbehördlichen Akt handelt, der lediglich eine faktische Außenwirkung entfaltet. Jedoch soll die Rechtmäßigkeit des Auskunftsersuchens voller richterlicher Nachprüfung unterliegen.[39] Die Beschränkung der Rechtsschutzmöglichkeit nach § 13 G 10 ist nicht anwendbar, da der Auskunftsverpflichtete nicht „Betroffener" i. S. d. G 10 ist.

6. Folgen einer fehlenden oder falschen Auskunftserteilung. – Nach § 115 Abs. 2 Nr. 2 **17** kann die RegTP Zwangsgelder zur Durchsetzung der Verpflichtungen nach § 114 Abs. 1 festsetzen[40]. Darüber hinaus ist der Verstoß gegen § 114 Abs. 1 Satz 1 gemäß § 149 Abs. 1 Nr. 33 mit Bußgeld bedroht[41].

33 BeckTKG-Komm/*Ehmer*, § 92 RdNr. 6; *Scheurle/Mayen/Büttgen*, § 92 RdNr. 8; *Erbs/Kohlhaas/Kalf/Papsthart*, § 92 TKG RdNr. 5.
34 *Manssen/Gramlich*, § 92 RdNr. 31.
35 BR-Drs. 80/96, S. 57.
36 *Manssen/Gramlich*, § 92 RdNr. 31.
37 BVerfGE 65, 1, 44, 49 = NJW 1984, 419.
38 *Manssen/Gramlich*, § 92 RdNr. 35.
39 *Manssen/Gramlich*, § 92 RdNr. 24, 35.
40 Vgl. § 115 RdNr. 16 ff.
41 Vgl. § 149 RdNr. 15.

§ 115 Kontrolle und Durchsetzung von Verpflichtungen

(1) Die Regulierungsbehörde kann Anordnungen und andere Maßnahmen treffen, um die Einhaltung der Vorschriften des Teils 7 und der auf Grund dieses Teils ergangenen Rechtsverordnungen sowie der jeweils anzuwendenden Technischen Richtlinien sicherzustellen. Der Verpflichtete muss auf Anforderung der Regulierungsbehörde die hierzu erforderlichen Auskünfte erteilen. Die Regulierungsbehörde ist zur Überprüfung der Einhaltung der Verpflichtungen befugt, die Geschäfts- und Betriebsräume während der üblichen Betriebs- oder Geschäftszeiten zu betreten und zu besichtigen.

(2) Die Regulierungsbehörde kann nach Maßgabe des Verwaltungsvollstreckungsgesetzes Zwangsgelder wie folgt festsetzen:

1. bis zu 500 000 Euro zur Durchsetzung der Verpflichtungen nach § 108 Abs. 1, § 110 Abs. 1, 5 oder 6, einer Rechtsverordnung nach § 108 Abs. 2, einer Rechtsverordnung nach § 110 Abs. 2, einer Rechtsverordnung nach § 112 Abs. 3 Satz 1, der Technischen Richtlinie nach § 108 Abs. 3, der Technischen Richtlinie nach § 110 Abs. 3 oder der Technischen Richtlinie nach § 112 Abs. 3 Satz 3,
2. bis zu 100 000 Euro zur Durchsetzung der Verpflichtungen nach den §§ 109, 112 Abs. 1, 3 Satz 4, Abs. 5 Satz 1 und 2 oder § 114 Abs. 1 und
3. bis zu 20 000 Euro zur Durchsetzung der Verpflichtungen nach § 111 Abs. 1 Satz 1 bis 4 und Abs. 2 oder § 113 Abs. 1 und 2 Satz 1.

Bei wiederholten Verstößen gegen § 111 Abs. 1 Satz 1 bis 4 und Abs. 2, § 112 Abs. 1, 3 Satz 4, Abs. 5 Satz 1 und 2 oder § 113 Abs. 1 und 2 Satz 1 kann die Tätigkeit des Verpflichteten durch Anordnung der Regulierungsbehörde dahin gehend eingeschränkt werden, dass der Kundenstamm bis zur Erfüllung der sich aus diesen Vorschriften ergebenden Verpflichtungen außer durch Vertragsablauf oder Kündigung nicht verändert werden darf.

(3) Darüber hinaus kann die Regulierungsbehörde bei Nichterfüllung von Verpflichtungen des Teils 7 den Betrieb der betreffenden Telekommunikationsanlage oder das geschäftsmäßige Erbringen des betreffenden Telekommunikationsdienstes ganz oder teilweise untersagen, wenn mildere Eingriffe zur Durchsetzung rechtmäßigen Verhaltens nicht ausreichen.

(4) Soweit für die geschäftsmäßige Erbringung von Telekommunikationsdiensten Daten von natürlichen oder juristischen Personen erhoben, verarbeitet oder genutzt werden, tritt bei den Unternehmen an die Stelle der Kontrolle nach § 38 des Bundesdatenschutzgesetzes eine Kontrolle durch den Bundesbeauftragten für den Datenschutz entsprechend den §§ 21 und 24 bis 26 Abs. 1 bis 4 des Bundesdatenschutzgesetzes. Der Bundesbeauftragte für den Datenschutz richtet seine Beanstandungen an die Regulierungsbehörde und übermittelt dieser nach pflichtgemäßem Ermessen weitere Ergebnisse seiner Kontrolle.

(5) Das Fernmeldegeheimnis des Art. 10 des Grundgesetzes wird eingeschränkt, soweit dies die Kontrollen nach den Absätzen 1 oder 4 erfordern.

Schrifttum: *Engelhardt/App*, Verwaltungs-Vollstreckungsgesetz, Verwaltungszustellungsgesetz, Kommentar, 6. Aufl. 2004; *Erichsen/Ehlers*, Allgemeines Verwaltungsrecht, 12. Aufl. 2002; *Pieroth/Schlierke*, Grundrechte Staatsrecht II, 20. Aufl. 2004.

Übersicht

I. Allgemeines

1   **1. Normzweck; Entstehungsgeschichte.** – Zweck des § 115 ist die **effektive Durchsetzung** der Vorschriften des 7. Teils des TKG. Wegen der besonderen Bedeutung des Fernmeldegeheimnisses, des Datenschutzes und der öffentlichen Sicherheit hielt es der Gesetzgeber für erforderlich, teils die §§ 126 ff. ergänzende, teils von ihnen abweichende Regelungen zu treffen.[1] § 115 Abs. 2 u. 3 stellt der RegTP neben drastisch erhöhten Zwangsgeldrahmen noch weitere Beugemaßnahmen zur Verfügung. Das trägt dem typischen Adressatenkreis von Zwangsgeldanordnungen Rechnung. Angesichts der von Telekommunikationsunternehmen erwirtschafteten Umsätze wäre eine lediglich vierstellige Zwangsgeldsumme, wie sie § 11 Abs. 3 VwVG lediglich zulässt, als Beugemittel kaum geeignet.[2] In § 115 Abs. 4 wird die außerordentliche Zuständigkeit des Bundesbeauftragten für Datenschutz beibehalten.

2   § 115 führt die Regelungsgehalte von §§ 90 Abs. 8, 91 TKG 1997 zusammen. Mit der Platzierung der Vorschrift am Ende des 7. Teils wird klargestellt, dass sie zur **Durchsetzung aller Bestimmungen dieses Teils** des TKG Anwendung findet.[3] § 115 Abs. 2 differenziert nicht nur die Zwangsgeldsätze stärker aus, sondern erweitert zudem deren Anwendungsbereich. Er integriert auch die vormals in § 90 Abs. 8 enthaltene Befugnis, den Kundenstamm einzufrieren. Wegen des Wegfalls des Lizenzwiderrufs (vgl. § 15 Abs. 1 Nr. 1 TKG 1997) wird nun der Befugnis der Betriebsuntersagung nach § 115 Abs. 3 größere Bedeutung zukommen.[4]

3   Die **Zuständigkeit des Bundesbeauftragten für den Datenschutz** wurde aus § 91 Abs. 4 TKG 1997 übernommen. Generell sieht das Datenschutzrecht freilich für private Stellen

---

1   *Scheurle/Mayen/Büttgen*, § 91 RdNr. 5.
2   Vgl. BT-Drs. 13/3609, S. 57.
3   Dies war im Hinblick auf § 92 TKG a. F. problematisch gewesen vgl. BT-Drs. 15/2316, S. 97; *Manssen/Gramlich*, § 91 RdNr. 9.
4   Vgl. *Trute/Spoerr/Bosch*, § 91 RdNr. 1.

und Unternehmen eine von den Landesregierungen zu bestimmende Stelle für die Datenschutzkontrolle nach § 38 Abs. 6 BDSG als zuständig an. Die Aufsicht des Bundesdatenschutzbeauftragten wurde jedoch – gegen den Widerstand des Bundesrates – beibehalten, um seine langjährige Erfahrung bei der Datenschutzkontrolle in der Telekommunikation zu nutzen.[5] Weiterer Grund war, die anlasslosen Kontrollen weiterhin zu ermöglichen, die nach damaliger Rechtslage nur dem Bundesbeauftragten zustanden.[6] § 115 Abs. 4 änderte schließlich den Adressaten der Beanstandungen. Statt des Ministeriums für Wirtschaft und Arbeit sind diese jetzt direkt an die RegTP zu richten.[7]

2. Systematik. – a) Die **Eingriffsbefugnisse** der RegTP ergeben sich aus § 115 Abs. 1, der **4** neben einer Generalklausel spezielle Auskunfts- und Betretungsrechte regelt. Zur Durchsetzung der aufgrund dieser Bestimmungen ergangenen Anordnungen stellen Abs. 2 u. 3 drei verschiedene **Zwangsmaßnahmen** zur Verfügung, neben dem Zwangsgeld das Einfrieren des Kundenstamms und die Betriebsuntersagung. Schließlich erklärt Abs. 4 den **Bundesdatenschutzbeauftragte** nach Maßgabe der §§ 21 und 24 bis 26 Abs. 1–4 BDSG für zuständig.

b) § 115 ist nicht in jeder Hinsicht gegenüber den §§ 126 ff. die speziellere Norm. Viel- **5** mehr handelt es sich jeweils um Befugnisse mit voneinander abweichenden Adressatenkreisen und unterschiedlichen Verfahrensabläufen. Soweit sich die Anwendungsbereiche überschneiden[8], geht allerdings § 115 den §§ 126 f. vor. Im Einzelnen gilt Folgendes: Die Pflichten des 7. Teils sind gemäß § 115 Abs. 1 nicht nur gegenüber Unternehmen, sondern teilweise gegenüber jedermann durchzusetzen, wie sich namentlich aus den §§ 89 f. ergibt.[9] Daran zeigt sich, dass § 115 einen **eigenen Anwendungsbereich** hat. Ferner ist die RegTP gemäß § 115 nicht verpflichtet, das abgestufte Verfahren nach § 126 einzuhalten. Vielmehr kann die RegTP das Zwangsverfahren hier flexibler gestalten, wenngleich das Verhältnismäßigkeitsprinzip für den Regelfall ebenfalls eine schrittweise Eskalation fordert.

Strittig ist, inwieweit im Rahmen des 7. Teils auf die in §§ 126 f. vorgesehenen Standard- **6** maßnahmen[10] zurückgegriffen werden kann.[11] Das ist zu verneinen. § 115 Abs. 1 S. 2, 3 geht eigens auf das Auskunfts- und Zutrittsrecht ein, schweigt aber über Befugnisse, die Vorlage oder die Einsichtnahme in Unterlagen zu verlangen.[12] Zum selben Ergebnis führt auch eine Gesamtschau der betreffenden Vorschriften. Dieser **Sonderstellung des § 115** entspricht es, den Rückgriff auf die in §§ 126 f. enthaltenen Rechte abzulehnen.

c) § 115 Abs. 2 S. 1 verdrängt lediglich § 11 Abs. 3 VwVG. Im Übrigen sind die Bestim- **7** mungen des **VwVG anwendbar.** Nicht nur bei dem Verfahren der Zwangsgeldfestsetzung sind die Vorschriften dieses Gesetzes zu beachten.[13] Vielmehr stehen der RegTP auch die übrigen im VwVG vorgesehen Beugemittel zur Verfügung.[14]

---

5 Ausführlich dazu: *Scheurle/Mayen/Büttgen*, § 91 RdNr. 21.
6 BT-Drs. 13/3609, S. 57.
7 BT-Drs. 15/2316, S. 98.
8 Dazu BeckTKG-Komm/*Ehmer*, § 91 RdNr. 4; *Trute/Spoerr/Bosch*, § 91 RdNr. 1.
9 *Manssen/Gramlich*, § 91 RdNr. 8.
10 Vgl. zu den Einzelheiten: § 126 RdNr. 9 ff.; § 127 RdNr. 2 ff., 10 ff.
11 Befürwortend: BeckTKG-Komm/*Ehmer*, § 91 RdNr. 4.
12 So *Manssen/Gramlich*, § 91 RdNr. 20
13 Überblick bei: *Erichsen/Ehlers/Erichsen*, § 20 II 2.
14 *Manssen/Gramlich*, § 91 RdNr. 29.

II. Eingriffsbefugnisse (Abs. 1)

8 **1. Generalklausel (S. 1).** – Nach der **Generalklausel** des § 115 Abs. 1 S. 1 kann die Regulierungsbehörde zur Einhaltung der Vorschriften des 7. Teils, der darauf beruhenden Rechtsverordnungen und Technischen Richtlinien Anordnungen und andere Maßnahmen treffen.[15] **Anordnungen** sind Verwaltungsakte im Sinne von § 35 VwVfG. Wenn das Gesetz daneben auch noch **andere Maßnahmen** nennt, so sind damit alle denkbaren Formen des Verwaltungshandelns benannt, einschließlich so genannter „schlicht hoheitlicher" Maßnahmen und öffentlich-rechtlicher Verträge.[16] Will die Regulierungsbehörde durch Verwaltungsakt handeln, so muss sie diesen weder als solchen bezeichnen, noch besondere Formvorschriften einhalten, § 37 Abs. 2 S. 1 VwVfG. Auch ein als höfliche Bitte formulierter Brief kann einen Verwaltungsakt darstellen, wenn die Regulierungsbehörde nur hinreichend zum Ausdruck bringt, dass eine einseitige und konkrete, verbindliche, der Rechtsbeständigkeit fähige Regelung kraft hoheitlicher Gewalt gewollt ist.[17]

9 **2. Auskunftsrecht (S. 2).** – Die Befugnis, **Auskünfte zu verlangen** (§ 115 Abs. 1 S. 2), ist inhaltlich auf die Verpflichtungen zur Einhaltung der Vorschriften des 7. Teils beschränkt. Die Anforderung von Auskünften stellt ebenfalls einen Verwaltungsakt dar. Wie dargelegt, folgt aus dieser Befugnis der RegTP kein Recht, auch die Einsicht in Unterlagen oder deren Vorlage zu verlangen (s. o. RdNr. 5).

10 Fraglich ist, ob für das Auskunftsverlangen das **qualifizierte Formerfordernis** des § 127 Abs. 3 gilt. Wenngleich nach dem oben Gesagten (RdNr. 5) eine unmittelbare Anwendung dieser Vorschrift ausscheidet, so ist eine Analogie dennoch zu befürworten. Hier geht es nicht um Eingriffsbefugnisse der RegTP, sondern um schützende Formen für den Adressaten. Der Adressat eines Auskunftsverlangens nach § 115 Abs. 1 S. 2 ist jedoch nicht weniger schutzbedürftig als der nach § 127. Dies gilt umso mehr, als nach § 115 Abs. 2 S. 1 auch von Privatpersonen Auskunft verlangt werden kann (s. o. RdNr. 5). Somit ist der Weg zur **analogen Anwendung von § 127 Abs. 3** eröffnet.

11 Gleiches muss auch für das **Auskunftsverweigerungsrecht** aus § 127 Abs. 8 gelten. Zwar wurde gegen die entsprechende Anwendung nach der alten Rechtslage geltend gemacht, § 91 Abs. 1 S. 2 TKG 1997 enthalte gegenüber § 72 Abs. 1 TKG 1997 eine gesteigerte Mitwirkungspflicht.[18] Doch lässt sich dieses Argument zum neuen Recht nicht aufrecht erhalten, da das Auskunftsrecht in § 127 Abs. 1 S. 1 umfassend ausgeweitet wurde. Der Begründung fehlt auch im Übrigen die Stichhaltigkeit. Verstöße gegen Vorschriften des 7. Teils sind in §§ 148 f. mit Strafe bzw. mit Geldbuße bedroht. Aus Art. 1 Abs. 1, 2 Abs. 1 GG folgt, dass niemand gezwungen werden darf, sich selbst zu belasten.[19] Mithin muss es auch gegenüber den Auskunftsersuchen aus § 115 Abs. 1 S. 2 ein Verweigerungsrecht geben.

12 **3. Betretungs- und Besichtigungsrecht (S. 3).** – c) Soweit es um die Einhaltung von Vorschriften des 7. Teils und der darauf beruhenden Rechtsverordnungen und Technischen Richtlinien geht, verleiht § 115 Abs. 1 S. 3 der Regulierungsbehörde ein Recht, Geschäfts- und Betriebsräume zu den üblichen Betriebs- und Geschäftszeiten zu betreten und zu be-

---

15 Zur Übergangszeit vgl. § 150 RdNr. 48 ff.
16 Vgl. *Manssen/Gramlich*, § 91 RdNr. 13.
17 BVerwG, NJW 2004, 1191.
18 So *Manssen/Gramlich*, § 91 RdNr. 21.
19 Vgl. BVerfGE 56, 37, 39 = NJW 1981, 1431.

sichtigen. Die Reichweite dieser schon zur früheren Rechtslage bestehenden Befugnis ist noch nicht hinreichend geklärt. Gesichert ist, dass im Rahmen des Betretens nur **offensichtliche Umstände festgestellt** werden dürfen, Durchsuchungen und Beschlagnahmen aber nicht zulässig sind.[20] Der Umkehrschluss aus § 127 Abs. 4 (s. o. RdNr. 5) ergibt ferner, dass die Einsichtnahme und Prüfung von geschäftlichen Unterlagen nicht gestattet ist. Nicht zuletzt folgt dies auch aus § 115 Abs. 5. Dort fehlt ein Hinweis auf eine Einschränkung von Art. 13 Abs. 1 GG. Nach dem BVerfG ist dies nur dann mit Art. 19 Abs. 1 S. 2 GG vereinbar, wenn es sich um die Befugnis zum bloßen Betreten und Besichtigen von Betriebs- und Geschäftsräumen zu den üblichen Arbeits- bzw. Öffnungszeiten handelt.[21] Hierin sieht das BVerfG nur einen Eingriff in den Schutzbereich von Art. 2 Abs. 1 GG, dessen gesetzliche Grundlage nicht dem Zitiergebot unterliegt.[22]

III. Durchsetzung der Verpflichtungen (Abs. 2)

1. Allgemeines, Voraussetzungen der Vollstreckung. – Die Verpflichtungen aus dem **13** 7. Teil werden im Wege der Verwaltungsvollstreckung nach dem VwVG durchgesetzt. Neben Zwangsgeld sind auch andere **Zwangsmittel** (§ 9 Abs. 1 VwVG) grundsätzlich nicht ausgeschlossen; es kommen mithin auch Ersatzvornahme und unmittelbarer Zwang in Betracht. Zwangshaft ist nach § 16 Abs. 1 S. 1 VwVG hingegen nur zulässig, wenn das Zwangsgeld uneinbringlich ist (vgl. auch RdNr. 18). Verstöße gegen Normen des 7. Teils, die nicht in § 115 Abs. 2 S. 1 genannt sind, können nur mit dem nach § 11 Abs. 3 VwVG begrenzten Zwangsgeld und ggf. den anderen Zwangsmitteln durchgesetzt werden.

Die Verwaltungsvollstreckung setzt nach § 6 Abs. 1 VwVG einen Verwaltungsakt voraus, **14** der auf die Herausgabe einer Sache, eine Handlung, Duldung oder Unterlassung gerichtet ist. Um einen solchen handelt es sich bei den Anordnungen der RegTP nach § 115 Abs. 1. Ferner muss der **Verwaltungsakt auch vollstreckbar** sein. Dies ist u. a. dann der Fall, wenn Rechtbehelfe keine aufschiebende Wirkung haben, § 6 Abs. 1 3. Hs. VwVG. Gemäß § 137 Abs. 1 trifft dies auf die Anordnungen der RegTP ebenfalls zu, soweit nicht ausnahmsweise gemäß § 80 Abs. 5 VwGO die aufschiebende Wirkung wieder hergestellt wurde.[23]

Die zulässigen Zwangsmittel hat die Regulierungsbehörde in pflichtgemäßem **Ermessen 15** auszuwählen, § 9 Abs. 2 VwVG. In der Regel wird das Zwangsgeld das geeignete Mittel sein, da es sich bei den gemäß § 115 Abs. 2 zu vollstreckenden Pflichten zumeist um unvertretbare Handlungen handelt, § 11 Abs. 1 VwVG.[24] Außerdem ist § 13 VwVG zu beachten. Namentlich muss das Zwangsmittel schriftlich **angedroht** werden, bevor es **festgesetzt** und schließlich **angewendet** wird, § 13 Abs. 1 S. 1 VwVG .[25]

2. Zwangsgeld (S. 1). – Das Zwangsgeld ist in **bestimmter Höhe anzudrohen** (§ 13 **16** Abs. 5); dies soll schon verbunden mit dem zu vollstreckenden Verwaltungsakt geschehen,

20 *Manssen/Gramlich*, § 91 RdNr. 23.
21 BVerfGE 32, 54, 56 f. = NJW 1971, 2299. Für den Hinweis auf diese Zusammenhänge danke ich Herrn Rechtsreferendar *Sven Kreuter*.
22 BVerfGE 32, 54, 56 ff.; zur Problematik dieser Rechtsprechung vgl. *Pieroth/Schlink*, RdNr. 890.
23 *Engelhardt/App*, § 6 VwVG Anm. III. 2.
24 *Engelhardt/App*, § 11 VwVG Anm. 3 a).
25 *Engelhardt/App*, § 13 VwVG Anm. 1.

§ 13 Abs. 2 S. 2 VwVG.[26] Maßstab für die Bemessung der Höhe des Zwangsgeldes sind Dringlichkeit und Bedeutung der Angelegenheit, die Schwere des Rechtsverstoßes, der von der Regulierungsbehörde verfolgte Zweck sowie das bisherige Verhalten und die wirtschaftliche Leistungsfähigkeit des Pflichtigen.[27] Ist gegen mehrere Pflichtverstöße im Wege der Vollstreckung vorzugehen, so gilt § 13 Abs. 3 S. 2 VwVG nicht. Die Behörde kann hier für jeden einzelnen Verstoß ein bestimmtes Zwangsgeld androhen.[28]

17 Nach erfolgloser Androhung ist das Zwangsgeld **festzusetzen**, § 14 S. 1 VwVG. Das festgesetzte Zwangsgeld wird schließlich durch **Beitreibung** angewendet. Dies geschieht in einem weiteren Vollstreckungsverfahren nach den §§ 1 ff. VwVG. Nach § 13 Abs. 6 S. 1 VwVG kann ein Zwangsgeld auch mehrfach hintereinander angedroht werden, wenn dies zur Beugung des Pflichtigen erforderlich ist.[29]

18 **3. Einfrieren des Kundenstammes (S. 2).** – Das Einfrieren des Kundenstammes ist als besonders einschneidende Maßnahme auf wiederholte Verstöße gegen bestimmte, besonders wichtige Vorschriften beschränkt. Der personale Anwendungsbereich ist reduziert auf Unternehmen, welche geschäftsmäßig Telekommunikationsdienste erbringen. Grundsätzlich ist bereits bei **zweifachem Verstoß** gegen die §§ 111–113 der Tatbestand von § 115 Abs. 2 S. 2 erfüllt. Doch erlaubt dies nicht ohne weiteres die Wahl dieser Maßnahme. Vielmehr ist im Rahmen **pflichtgemäßen Ermessens** auch die Anzahl und die Schwere der Verstöße nebst deren Auswirkungen in die Abwägung mit einzubeziehen. Erst wenn mildere, gleich geeignete Mittel nicht zur Verfügung stehen, darf die Regulierungsbehörde die Sperre des Kundenstammes anordnen. Grundsätzlich ist vorrangig zu erwägen, ob das Zwangsgeld ein weniger einschneidendes, aber gleich wirksames Mittel darstellt.[30] Richtet sich die Maßnahme gegen ein Mischunternehmen, darf auch nur der Stamm der Kunden von Telekommunikationsdienstleistungen beschränkt werden.

19 Unmittelbare Folge einer Anordnung nach Abs. 2 S. 2 ist, dass Verträge mit neuen Kunden nicht geschlossen werden dürfen. Das Gesetz äußert sich aber nicht zum Schicksal von Verträgen, die unter Verstoß gegen eine solche Anordnung zustande kommen. Die Gesetzesbegründung schweigt.[31] Es handelt sich nicht um ein gesetzliches Verbot, sondern um eine behördliche Beschränkung bei der Vornahme bestimmter Rechtsgeschäfte.[32] Mit Kunden geschlossene Verträge sind nichtig. Das Unternehmen kann daher für erbrachte Leistungen von den betroffenen Kunden keine Zahlung fordern. Wertersatz nach § 818 Abs. 2 BGB ist ebenfalls ausgeschlossen, § 814 BGB.

20 **4. Untersagung des Anlagenbetriebes oder der Leistungserbringung (Abs. 3).** – Die Untersagungsverfügung wurde vom Gesetzgeber als **ultima ratio** ausgestaltet. Von ihr darf erst dann Gebrauch gemacht werden, wenn alle anderen zulässigen Maßnahmen nicht zum Erfolg geführt haben. Im Rahmen pflichtgemäßen Ermessens ist auch zu prüfen, ob eine Teiluntersagung ausreichend wäre. Die Befugnis erfasst auch Verstöße gegen die von

---

26 Näher: *Engelhardt/App*, § 13 VwVG Anm. 4 c).

27 *Scheurle/Mayen/Büttgen*, § 91 RdNr. 12.

28 VGH Mannheim Beschluss v. 16. 9. 1994, Az.: 8 S 1764/94; *Engelhardt/App*, § 13 VwVG Anm. 3 b).

29 OVG Berlin, NJW 1968, 1108; näher: *Engelhardt/App*, § 13 VwVG Anm. 5 a) m. w. N.

30 BT-Drs. 15/2316, S. 98.

31 BT-Drs. 13/3609, S. 56 (zu § 87 Abs. 9 des Regierungsentwurfs zum TKG a. F.).

32 Zur Abgrenzung vgl. *Palandt/Heinrichs*, § 134 RdNr. 5.

§ 115 Abs. 1 S. 1 benannten Rechtsverordnungen[33] und Technischen Richtlinien. Reagiert der betroffene Unternehmensträger auf die Androhung und die Festsetzung der Untersagung nicht, dann ist diese nach dem VwVG durch Anordnung von Zwangsmitteln durchzusetzen.[34]

5. Verfahren. – Über Maßnahmen nach § 115 entscheidet nach § 116 Abs. 2 S. 2 die nach **21** der **Geschäftsordnung zuständige Stelle innerhalb der RegTP**. Ein Beschlusskammerverfahren nach § 132 Abs. 1 findet nicht statt. Dies gilt auch für die Maßnahmen der Verwaltungsvollstreckung. Für die Beitreibung festgesetzter Zwangsgelder gilt § 4 VwVG. Gegen die Maßnahmen der Verwaltungsvollstreckung ist der **Verwaltungsrechtsweg** eröffnet, § 40 Abs. 1 S. 1 VwGO. Die Androhung eines Zwangsmittels kann ungeachtet ihrer Rechtsnatur nach § 18 VwVG ggf. auch isoliert angefochten werden. Zu beachten ist, dass der gesetzliche Ausschluss der aufschiebenden Wirkung eines Rechtsbehelfs, den § 137 Abs. 1 anordnet, sich auch auf die Vollstreckungsverwaltungsakte bezieht.[35]

IV. Datenschutzkontrolle durch den Bundesbeauftragten (Abs. 4)

1. Allgemeines. – § 115 Abs. 4 enthält im Hinblick auf die geltenden Regelungen zum **22** BDSG eine doppelte Durchbrechung: Entgegen der sonst nach § 38 BDSG bestehenden Zuständigkeit fällt dem **Bundesbeauftragte für den Datenschutz** die Kompetenz zur Datenschutzkontrolle zu. Zum anderen bemessen sich hier seine Befugnisse nach den sonst nur für öffentliche Stellen des Bundes geltenden **§§ 24 bis 26 BDSG**. Namentlich § 24 BDSG enthält weitergehende Befugnisse. Diese erklären sich zum Teil daraus, dass die öffentlichen Stellen des Bundes keine Grundrechtsträger sind. Durch die Übertragung dieser Befugnisse auf private Unternehmen entstehen verfassungsrechtliche Probleme (vgl. RdNr. 24).

2. Reichweite der Kontrolle. – Die Kontrolle des Bundesbeauftragten bezieht sich gemäß **23** § 24 Abs. 1 BDSG inhaltlich auf die Einhaltung der Vorschriften des BDSG und anderer **Vorschriften über den Datenschutz**. Mit Letzteren sind vor allem die §§ 91–107, 109–113 TKG gemeint. Die Kontrolle bezieht sich dabei nur auf Daten, die für die geschäftsmäßige Erbringung von Telekommunikationsdiensten von natürlichen und juristischen Personen erhoben und verwendet werden. Während bei natürlichen Personen alle personenbezogenen Einzelangaben erfasst sind, beschränkt sich der Datenschutz bei juristischen Personen und rechtsfähigen Personengesellschaften nur auf die Einzelangaben, die unter das Fernmeldegeheimnis fallen, § 91 Abs. 1 S. 2.[36] Nach § 88 Abs. 1 sind das der Inhalt der Telekommunikation und deren näheren Umstände.[37] Der Umgang mit den Bestandsdaten dieser Betroffenen fällt nach § 3 Nr. 3 folglich nicht unter die Kontrolle des Bundesdatenschutzbeauftragen.[38] Von der Kontrollbefugnis erfasst ist auch der Umgang mit personenbezogenen Daten im Bereich vertraulicher und von Art. 10 GG geschützter

33 *Manssen/Gramlich*, § 91 RdNr. 14.
34 BeckTKG-Komm/*Ehmer*, § 91 RdNr. 8.
35 *Engelhardt/App*, § 6 VwVG Anm. II 3 d).
36 Vgl. § 91 RdNr. 22, 32.
37 Vgl. § 88 RdNr. 11 ff.
38 *Scheurle/Mayen/Büttgen*, § 91 RdNr. 24; diese Daten sind auch nicht nach dem BDSG geschützt, vgl. § 3 Abs. 1 BDSG, so dass auch eine diesbezügliche Kontrolle durch den Bundesdatenschutzbeauftragten ausscheidet.

Kommunikation sowie die Datenerhebung und -verarbeitung in Bezug auf Überwachungs-maßnahmen nach § 100a StPO.[39] Hingegen findet keine Aufsicht des Bundesdatenschutz-beauftragten über die Verarbeitung von personenbezogenen Daten der bei den Telekommu-nikationsdiensten angestellten Mitarbeiter statt.[40] Hierfür sind nur die Landesdatenschutz-behörden nach § 38 BDSG zuständig. Dies gilt auch, soweit die von § 115 Abs. 4 nicht er-fassten öffentlichen Stellen der Länder Datenschutzbestimmungen des TKG zu beachten haben. Für die öffentlichen Stellen des Bundes ist der Bundesdatenschutzbeauftragte origi-när nach § 24 BDSG zuständig.[41]

24 Fraglich ist, ob der Bundesdatenschutzbeauftragte die Befugnis hat, jederzeit die Betriebs- und Geschäftsräume von Telekommunikationsunternehmen zu betreten. Zwar scheint die-ses **Betretungsrecht** aus der Verweisung von § 115 Abs. 4 S. 1 auf § 24 Abs. 4 S. 2 BDSG zu folgen. Doch ist hier der neue Kontext zu beachten, der für diese Norm durch die Ver-weisung hergestellt wird. Während § 24 BDSG unmittelbar nur gegenüber hoheitlichen Stellen gilt, übt der Bundesdatenschutzbeauftragte seine Rechte nach § 115 Abs. 4 aus-schließlich gegenüber privaten Unternehmen aus. Im Unterschied zu Behörden greift das Betreten ihrer Betriebs- und Geschäftsräume außerhalb der üblichen Betriebs- und Ge-schäftszeiten in deren Grundrecht aus Art. 13 Abs. 1 GG ein (s. o. RdNr. 12). Um auch die-ses zu legitimieren, hätte in § 115 Abs. 5 auch diese Grundgesetzbestimmung zitiert wer-den müssen.[42] Der Verweis in § 115 Abs. 4 S. 1 ist daher verfassungskonform auszulegen. § 24 Abs. 4 S. 2 BDSG räumt dem Bundesdatenschutzbeauftragten lediglich ein Recht ein, das er nach pflichtgemäßen Ermessen auszuüben hat. Dabei hat er auch Art. 13 Abs. 1 GG zu beachten. Folglich darf er sein Betretungsrecht nur zu den üblichen Betriebs- und Ge-schäftszeiten wahrnehmen.

25 **3. Verfahren.** – Stellt der Bundesdatenschutzbeauftragte Verstöße gegen die Bestimmun-gen zum Datenschutz fest, so richtet er seine **Beanstandungen an die RegTP**, welche dar-aufhin die entsprechenden Maßnahmen ergreift, damit diese die vorliegenden Verstöße nach § 115 abstellen kann. Gegebenenfalls kann die Regulierungsbehörde auch wegen des Verdachts von Ordnungswidrigkeiten nach § 149 Abs. 1 ein Bußgeldverfahren einleiten. Eigene Befugnisse, die Einhaltung der Datenschutzvorschriften zu erzwingen, hat der Bun-desdatenschutzbeauftragte nicht. Ungeachtet seiner Zuständigkeit ist die RegTP freilich nicht gehindert, von sich aus jederzeit die Einhaltung der Datenschutzvorschriften des TKG nach § 115 Abs. 1 zu überprüfen.[43]

---

39 Ausführlich *Manssen/Gramlich*, § 91 RdNr. 35.
40 *Scheurle/Mayen/Büttgen*, § 91 RdNr. 23, BeckTKG-Komm/*Ehmer*, § 91 RdNr. 11.
41 *Scheuerle/Mayen/Büttgen*, § 91 RdNr. 35, *Manssen/Gramlich*, § 91 RdNr. 40.
42 Für den Hinweis auf diese Problematik danke ich Herrn Rechtsreferendar *Sven Kreuter*.
43 Insoweit ungenau: BeckTKG-Komm/*Ehmer*, § 91 RdNr. 13.

Teil 8   Regulierungsbehörde

Abschnitt 1:
Organisation

§ 116   Aufgaben und Befugnisse

Die Bundesnetzagentur für Elektrizität, Gas, Telekommunikation, Post und Eisenbahnen ist Regulierungsbehörde im Sinne dieses Gesetzes und nimmt die ihr nach diesem Gesetz zugewiesenen Aufgaben und Befugnisse wahr.

§ 116 wurde im Übrigen durch Art. 3 Abs. 2 des Zweiten Gesetzes zur Neuregelung des Energiewirtschaftsrechts vom 7. 7. 2005 aufgehoben. Die bisherige Regelung ist in § 3 BNetzAG aufgegangen:

§ 3 BNetzAG (Organe)

(1) Die Bundesnetzagentur wird von einem Präsidenten oder einer Präsidentin geleitet. Der Präsident oder die Präsidentin vertritt die Regulierungsbehörde gerichtlich und außergerichtlich und regelt die Verteilung und den Gang ihrer Geschäfte durch eine Geschäftsordnung; diese bedarf der Bestätigung durch das Bundesministerium für Wirtschaft und Arbeit. § 132 Abs. 1 bleibt unberührt.

(2) Der Präsident oder die Präsidentin hat als ständige Vertreter zwei Vizepräsidenten oder Vizepräsidentinnen.

(3) Der Präsident oder die Präsidentin und die beiden Vizepräsidenten oder Vizepräsidentinnen werden jeweils auf Vorschlag des Beirates von der Bundesregierung benannt. Erfolgt trotz Aufforderung der Bundesregierung innerhalb von vier Wochen kein Vorschlag des Beirates, erlischt das Vorschlagsrecht. Findet ein Vorschlag des Beirates nicht die Zustimmung der Bundesregierung, kann der Beirat innerhalb von vier Wochen erneut einen Vorschlag unterbreiten. Das Letztentscheidungsrecht der Bundesregierung bleibt von diesem Verfahren unberührt.

(4) Die Ernennung des Präsidenten oder der Präsidentin und der beiden Vizepräsidenten oder Vizepräsidentinnen erfolgt durch den Bundespräsidenten.

Schrifttum: *Becker/Riedel*, Europarechtliche Mindestvorgaben für die Regulierung und Schaffung nationaler Regulierungsbehörden mit Überlegungen zu einer möglichen Umsetzung in nationales Recht, ZNER 2003, 170; *Bender*, Regulierungsbehörde quo vadis?, K&R 2001, 506; *Büchner*, Liberalisierung und Regulierung im Post- und Telekommunikationssektor, CR 1996, 581; *Bullinger*, Organisationsformen und Staatsaufsicht in der Telekommunikation (Staatsmonopole, delegierte Monopole, public utilities), in: Mestmäcker (Hrsg.), Kommunikation ohne Monopole II, 1995, 350; *Dahlke*, Rechtssystematische Besonderheiten im Telekommunikationsrecht, 2004; *von Danwitz*, Was ist eigentlich Regulierung?, DÖV 2004, 977; *Döhler*, Das Modell der unabhängigen Regulierungsbehörde im Kontext des Deutschen Regierungs- und Verwaltungssystems, Die Verwaltung 2001, 59; *Eschweiler*, Die Regulierungsbehörde im Spannungsfeld zwischen Unabhängigkeit und Weisungsunterworfenheit, K&R 2001, 238; *Gramlich*, Ohne Regulierung kein Wettbewerb, CR 1998, 463; *ders.*, Die Regulierungsbehörde für Telekommunikation und Post im Jahr 1998, CR 1999, 489; *ders.*, Die Regulierungsbehörde für Telekommunikation und Post im Jahr 2000, CR 2001, 373; *ders.*, Die Regulierungsbehörde für Telekommunikation und Post im Jahr 2001, CR 2002, 488; *ders.*, Die Regulierungsbehörde für Telekommunikation und Post im Jahr 2002, CR 2003, 414; *ders.*, Die Regulierungsbehörde für Telekommunikation und Post im Jahr 2003, CR 2004, 572; *Haupt*, Die Verfahren vor den Beschlusskammern der Regulierungsbehörde für Telekommunikation und Post, 2004; *Hefekäuser/Wehner*, Regulierungsrahmen in der Telekommunikation, CR 1996, 698; *Hoffmann-Riem*, Telekommunikationsrecht als europäisiertes Verwaltungsrecht, DVBl. 1999, 125; *Kühne/Brodowski*, Das neue Energiewirtschaftsrecht nach der Reform 2005, NVwZ 2005, 849; *Leo/Schellenberg*, Die Regulierungsbehörde für Telekommunikation und Post, ZUM 1997, 188; *Masing*, Stand und Entwicklungstendenzen eines Regulierungsverwaltungsrechts, in: Bauer/Huber/Niewiadomski (Hrsg.), Ius Publicum Europaeum, 2002, 161; *Müller-Terpitz*, Die Regulierungsbehörde für den Telekommunikationsmarkt, ZG 1997, 257; *Nihoul/Rodford*, EU Electronic Communications Law, 2003; *Oertel*, Die Unabhängigkeit der Regulierungsbehörde nach §§ 66 ff. TKG, 2000; *Ory*, Die rechtliche Stellung der Rundfunkveranstalter bei der Frequenzvergabe, AfP 1998, 155; *Paulweber*, Regulierungszuständigkeiten in der Telekommunikation, 1999; *Ruffert*, Regulierung im System des Verwaltungsrechts, AöR 124 (1999), 237; *Schalast*, Aufgaben der Regulierungsbehörde für Telekommunikation und Post im Bereich der Breitbandkabelnetze, Betrieb und Wirtschaft 2000, 275; *Schebstadt*, Sektorspezifische Regulierung – Im Grenzgebiet zwischen Marktaufsicht und Marktgestaltung, WuW 2005, 6; *Schmidt*, Von der RegTP zur Bundesnetzagentur – Der organisationsrechtliche Rahmen der neuen Regulierungsbehörde, DÖV 2005 (im Erscheinen); *Schwintowski*, Ordnung und Wettbewerb auf Telekommunikationsmärkten, CR 1997, 630; *Ulmen/Gump*, Die neue Regulierungsbehörde für Telekommunikation und Post, CR 1997, 396; *Vesting*, in: Alternativ-Kommentar, GG, Band 3, 2001, Art. 87 f.

Übersicht

Ruffert

A. Normzweck

Mit Umbenennung der „Regulierungsbehörde für Telekommunikation und Post" (RegTP) **1** in „Bundesnetzagentur für Elektrizität, Gas, Telekommunikation, Post und Eisenbahnen" (Bundesnetzagentur) wird gleichzeitig § 116 als **zentrale organisationsrechtliche Norm** des TKG abgelöst. Bisher regelte die Vorschrift sowohl Sitz und Rechtsstellung der 1998 errichteten Regulierungsbehörde als auch die Grundstrukturen ihrer Organisation.[1] Mit der erweiterten Aufgabenzuweisung (vgl. § 2 BNetzAG) wurde der zentrale organisationsrechtliche Teil der Telekommunikationsregulierung in das Gesetz über die Bundesnetzagentur für Elektrizität, Gas, Telekommunikation, Post und Eisenbahnen[2] überführt.

Der mit § 116 beginnende Teil 8 des TKG enthält **nur noch spezifisch telekommunika-** **2** **tionsrechtliche Regelungen zur Organisation der Regulierungsbehörde**. So sind neben der Aufgaben- und Befugniszuweisung an die Bundesnetzagentur (§ 116) Vorschriften über Weisungen des BMWA (§ 117), Berichte der Bundesnetzagentur (§§ 121 f.), die Kooperation mit anderen Behörden (§ 123), die Mediation im Auftrag der Bundesnetzagentur (§ 124) und ihre wissenschaftliche Beratung (§ 125) enthalten. Diese Bestimmungen befinden sich im ersten Abschnitt des Teils 8. Im zweiten Abschnitt sind die Befugnisse zusammengefasst, die der Bundesnetzagentur nach dem TKG zukommen, einschließlich der dazugehörigen Verfahrensnormen (§§ 126–131).

Die Bundesnetzagentur ist eine sektorübergreifende Regulierungsbehörde für nahezu die **3** gesamte Netzwirtschaft.[3] Der Typus **Regulierungsbehörde** ist nur in Deutschland eine relative Neuheit. Andere Staaten kennen seit langem Regulierungsinstanzen (regulatory agencies, agences).[4] Ihr Aufschwung ist der europarechtlich induzierten Liberalisierung der netzgebundenen Wirtschaft geschuldet.[5] Als Bundesoberbehörde im Geschäftsbereich des BMWA muss die Bundesnetzagentur in die Bundesverwaltung eingeordnet werden.

B. Entstehungsgeschichte

§ 116 des TKG vom 22. 6. 2004[6] löste ursprünglich § 66 TKG 1996 ab. Der Wortlaut des **4** Absatzes 1 wurde insoweit geändert, als die RegTP durch § 66 TKG 1996 erst errichtet werden musste. Die Vorstellung insbesondere der Monopolkommission, die Regulierung der Telekommunikation dem BKartA zu überantworten, hat sich wegen der Besonderheiten der Regulierung gegenüber der allgemeinen wettbewerbsrechtlichen Verwaltung nicht

---

1 Für wertvolle Zuarbeit zur Kommentierung der §§ 116–120 danke ich meinem Mitarbeiter *Christian Schmidt*, LL.M.oec.
   Zur Errichtung v. *Mangoldt/Klein/Starck/Gersdorf*, Art. 87 f. RdNr. 96; *Gramlich*, CR 1999, 489; *Leo/Schellenberg*, ZUM 1997, 188; zum Organisationsrahmen der Postreform allgemein *Heun/Gramlich*, Teil 8 RdNr. 1 ff.
2 Art. 2 des Zweiten Gesetzes zur Neuregelung des Energiewirtschaftsrechts, BGBl. 2005 I S. 1970.
3 S. *Schmidt*, DÖV 2005, i.E., sub. III. 2.
4 S. *Fischer-Appelt*, Agenturen der Europäischen Gemeinschaft, 1999, S. 459 ff., zum amerikanischen Vorbild, sowie *Paulweber*, Regulierungszuständigkeiten in der Telekommunikation, S. 85. Zum Begriff der Regulierungsbehörde *Holznagel/Göge*, ZNER 2004, 218, 220, sowie *Kühling*, Sektorspezifische Regulierung in den Netzwirtschaften, S. 367 ff.
5 S. die einschlägigen Richtlinien im Anhang IV.
6 BGBl. 2004 I S. 1190.

durchgesetzt.[7] Ebenso wenig war der Plan der Errichtung einer Anstalt im Geschäftsbereich des BMFT erfolgreich.[8]

5 In Umsetzung des Monitoring-Berichts[9] des BMWA vom 1. 9. 2003 wurde die RegTP mit In-Kraft-Treten des Zweiten Gesetzes zur Neuregelung des Energiewirtschaftsrechts[10] am 13. 7. 2005 mit der Regulierung der Strom- und Gaswirtschaft auf Bundesebene betraut.[11] Ab 1. 1. 2006 tritt die Regulierung des Zugangs zur Eisenbahninfrastruktur hinzu.[12] Mit Übertragung der neuen Aufgabenbereiche auf die RegTP hat man sich gegen die Schaffung neuer sektorspezifischer Regulierungsbehörden entschieden. Vielmehr soll auf bereits vorhandene Erfahrung der RegTP mit der Regulierung von Netzwirtschaften auf dem Gebiet des Telekommunikations- und Postrechts zurückgegriffen werden. Um dem neuen Tätigkeitsfeld gerecht zu werden, wurde die RegTP in Bundesnetzagentur umbenannt, § 1 BNetzAG.

C. Rechtsstellung der Bundesnetzagentur

I. Allgemein

6 Impuls für die Errichtung einer Regulierungsbehörde war die **Liberalisierung der Telekommunikation in der EU**.[13] Inhaltliche Anforderungen an die Ausgestaltung der nationalen Regulierungsbehörden sind in Art. 3 RRL enthalten.[14] Die – im Einzelnen noch darzustellenden – Vorgaben dieser Bestimmung[15] sichern das europäische Privatisierungsfolgenrecht im Telekommunikationssektor organisatorisch ab[16] und haben zur Errichtung der RegTP (nunmehr Bundesnetzagentur) als transparenter, organisatorisch selbstständiger und weitgehend unabhängiger Behörde zur staatlichen Regulierung des privatwirtschaftlichen Wettbewerbs im Telekommunikationssektor geführt.[17] Der Organisationsgesetzgeber konnte sich bei ihrer Errichtung nicht nur auf Erfahrungen aus bereits liberalisierten Tele-

---

7 S. *Ulmen/Gump*, CR 1997, 396, 397; BeckTKG-Komm/*Geppert*, § 66 RdNr. 5; *Manssen/Weber/Rommersbach*, § 66 RdNr. 15; *Masing*, in: Bauer/Huber/Niewiadomski (Hrsg.), Ius Publicum Europaeum, S. 161 (184 f.); BT-Drs. 13/3609; BT-Drs. 13/11291 Nr. 21, S. 42.

8 So der Antrag von *Dr. Manuel Kiper, Christa Nickels* und der Fraktion BÜNDNIS 90/DIE GRÜNEN, vgl. BT-Drs. 13/3920.

9 BT-Drs. 15/1510.

10 BGBl. 2005 I S. 1970.

11 S. *Kühne/Brodowski*, NVwZ 2005, 849, 855.

12 Art. 2 des Dritten Gesetzes zur Änderung eisenbahnrechtlicher Vorschriften vom 27. 4. 2005, BGBl. 2005 I S. 1138.

13 Grundlegend zur europarechtlichen Wurzel des deutschen Telekommunikationsrechts *Hoffmann-Riem*, DVBl. 1999, 125.

14 Vgl. hierzu auch die Regelung der Vorgängerrichtlinie in Art. 5 a RL 90/387/EWG, eingefügt durch Art. 1 Nr. 6 der RL 97/51/EG des Europäischen Parlaments und des Rates vom 6. 10. 1997 zur Änderung der RL 90/387/EWG und 92/44/EWG des Rates zwecks Anpassung an ein wettbewerbsorientiertes Telekommunikationsumfeld, ABl. EG 1997 Nr. L 295/23.

15 S. u. RdNr. 10, 12 f. und 14.

16 *Dreier/Wieland*, GG, Art. 87 f RdNr. 5 f. Zu Bedenken bzgl. der Umsetzung der Vorgaben vgl. *Schwintowski*, CR 1997, 630, 636 f.

17 Vgl. Vfg. 84/1995 des BMPT, „Eckpunkte eines künftigen Regulierungsrahmens im Telekommunikationsbereich", ABl. des Bundesministeriums für Post und Telekommunikation 7/95, S. 525. S. auch *Hefekäuser/Wehner*, CR 1996, 698.

kommunikationsmärkten stützen, in denen die Regulierungsinstanzen ebenfalls verhältnismäßig unabhängig ausgestaltet worden waren[18], sondern konnte auch auf das Vorbild der selbstständigen Aufgabenwahrnehmung durch das BKartA zurückgreifen, wobei die Unabhängigkeit der RegTP noch deutlicher gegenüber dem BMWA abgesichert wurde.[19] Weil ihre Aufgaben über eine Missbrauchskontrolle im funktionierenden Wettbewerb hinausgehen, konnten sie nicht auf das BKartA übertragen werden.[20]

Die Errichtung der RegTP beruht auf Art. 87 f Abs. 2 S. 2 GG, wonach Hoheitsaufgaben 7
des Bundes im Bereich des Postwesens und der Telekommunikation in **bundeseigener
Verwaltung** ausgeführt werden.[21] Art. 87 f Abs. 2 S. 2 GG ist insoweit *lex specialis* zu
Art. 87 Abs. 3 S. 1 GG.[22] Verfassungsrechtlich schließt die Organisationsform der bundeseigenen Verwaltung die Errichtung von selbstständigen Verwaltungsträgern der mittelbaren Bundesverwaltung aus (z. B. selbstverwaltende Bundesanstalt)[23]; bundeseigene Verwaltung und unmittelbare Bundesverwaltung sind nach ganz überwiegender Auffassung
identisch.[24] Das Datum der Errichtung ist der 1. Januar 1998 – der Tag des In-Kraft-Tretens
von § 66 TKG 1996 (s. § 100 TKG 1996).

II. Unabhängigkeit

1. Dimensionen und Begründung. – Der materielle Organisationsrahmen in § 1 BNetz- 8
AG enthält ebenso wie die ursprüngliche Fassung des § 116 Abs. 1 keine Aussage über die
Unabhängigkeit der Bundesnetzagentur. Diese wird vielmehr durch andere Vorschriften
und organisatorische Vorkehrungen gewährleistet.[25] Das Gebot der Unabhängigkeit der
Regulierungsbehörde[26] hat **zwei** – teilweise miteinander verknüpfte – **Stoßrichtungen**:
Zum einen soll die funktionale Trennung zwischen Bundesnetzagentur und Wirtschaftsunternehmen zur **Verhinderung von Wettbewerbsbeschränkungen** eingesetzt werden, insbesondere, wenn sich Letztere in (partiellem) Staatseigentum befinden, zum anderen soll
durch politische Unabhängigkeit die **Entwicklung einer eigenen Regulierungspolitik** ermöglicht werden – nicht zuletzt, um sich wiederum von der Vertretung der Interessen des
Staates als Anteilseigner an regulierten Unternehmen zu lösen.

Die funktionale Trennung von regulatorischen und betrieblichen Funktionen wurzeln im 9
Europarecht gleichermaßen wie im Verfassungsrecht.[27] Hinzu tritt die Verpflichtung der

---

18 Vgl. *Döhler*, Die Verwaltung 2001, 59 mit Fn. 1; *Paulweber*, Regulierungszuständigkeiten in der
     Telekommunikation, S. 85.
19 So *Geppert/Ruhle/Schuster*, RdNr. 823, die auf die mangelnde Existenz des Instruments der Ministererlaubnis ähnlich den §§ 8 und 42 GWB a. F. gegen Entscheidungen der RegTP hinweisen.
20 S. o. RdNr. 4.
21 *Dreier/Wieland*, GG, Art. 87 f RdNr. 18.
22 *Maunz/Dürig/Lerche*, Art. 87 f RdNr. 112.
23 *v. Mangoldt/Klein/Starck/Gersdorf*, Art. 87 f RdNr. 102; *Geppert/Ruhle/Schuster*, RdNr. 822;
     v. Münch/Kunig/Uerpmann, Art. 87 f RdNr. 13; *Maunz/Dürig/Lerche*, Art. 87 f RdNr. 101, 111
     (mit entstehungsgeschichtlicher Argumentation ebda. RdNr. 100 sowie Hinweisen zur „stattlichen
     Gegenauffassung" ebda. Fn. 26).
24 *v. Mangoldt/Klein/Starck/Gersdorf*, Art. 87 f RdNr. 99 m. w. N.
25 Hierzu *Schmidt*, DÖV 2005, i. E., sub. III. 3. b).
26 Allgemein *Paulweber*, Regulierungszuständigkeiten in der Telekommunikation, S. 87 ff.
27 Näher *Oertel*, Die Unabhängigkeit der Regulierungsbehörde nach §§ 66 ff. TKG, S. 105 ff.; *Kühling*, Sektorspezifische Regulierung in den Netzwirtschaften, S. 379 f.; *Bender*, K&R 2001, 506,
     508.

EG und ihrer Mitgliedstaaten im Rahmen des **Vierten Protokolls zum GATS**[28], unabhängige Regulierungsbehörden zu errichten.[29] Zentral bleiben allerdings die gemeinschafts- bzw. verfassungsrechtlichen Anforderungen:

10 Nach Art. 3 Abs. 2 S. 1 RRL gewährleisten die Mitgliedstaaten die Unabhängigkeit der nationalen Regulierungsbehörden, indem sie für ihre rechtliche und funktionale Unabhängigkeit von allen Netz-, Geräte- und Diensteanbietern sorgen. Sind die Mitgliedstaaten weiterhin an Telekommunikationsunternehmen (Netz- und Diensteanbieter) beteiligt, müssen hoheitliche Regulierung und Tätigkeiten des Staates als Anteilseigner strikt getrennt werden, Art. 3 Abs. 2 S. 2 RRL, wobei es für das Europarecht unbedeutend ist, auf welcher Ebene der Staat in Erscheinung tritt (z.B. als Anteilseigner regionaler oder kommunaler Telekommunikationsunternehmen). Dieses **Trennungsgebot** folgt bereits aus dem Primärrecht: Nach der Rechtsprechung des EuGH untersagen Art. 3 lit. f, 82 und 86 EGV es den Mitgliedstaaten, dem Betreiber des öffentlichen Fernmeldenetzes die Normierung und Kontrolle von Fernsprechgeräten zu übertragen, wenn er auf dem Gerätemarkt im Wettbewerb mit den übrigen Herstellern steht.[30] Art. 3 Abs. 2 RRL sichert dies sekundärrechtlich für alle Segmente des Telekommunikationsmarktes ab.[31]

11 Verfassungsrechtlich **trennt** Art. 87f Abs. 2 und 3 GG **die Regulierungs- von der Betreiberfunktion.**[32] Hoheitsaufgaben in der Telekommunikation werden nach Art. 87f Abs. 2 S. 2 GG in bundeseigener Verwaltung, d.h. durch die auf der Grundlage dieser Verfassungsvorschrift errichtete RegTP (nunmehr Bundesnetzagentur) erbracht.[33] Die Verfassungsnorm fordert eine der Regulierungsaufgabe funktional adäquate Organisation.[34] Zu den Hoheitsaufgaben zählen solche der Standardisierung und Normierung, die Frequenzvergabe, die Erteilung von Genehmigungen, die Vorsorge für den Katastrophen- und Krisenfall und die Sicherung der Dienstleistungen[35] sowie die Sicherung des freien Wettbewerbs.[36] Telekommunikationsdienstleistungen (gleich welcher Art) sind demgegenüber von privaten Anbietern zu erbringen. Bezogen auf das aus dem Sondervermögen Deutsche Bundespost hervorgegangene Unternehmen Deutsche Telekom AG (s. auch Art. 143 b Abs. 1 S. 1 GG) führt der Bund einzelne Unternehmensaufgaben in der Rechtsform einer

---

28 General Agreement on Trade in Services (GATS) vom 15. 4. 1994, BGBl. 1994 II S. 1643.

29 Ziff. 5 der „Zusätzlichen Verpflichtungen der EG und ihrer Mitgliedstaaten", BGBl. 1997 II, S. 1990. Dazu AK-*Vesting*, GG, Art. 87f RdNr. 80; *Heun/Gramlich*, Teil 8 RdNr. 22 und 48; *Paulweber*, Regulierungszuständigkeiten in der Telekommunikation, S. 183 ff.

30 EuGH, Urt. v. 13. 12. 1991, Rs. C-18/88, GB-INNO-BM, Slg. 1991, I-5941, RdNr. 14 ff. Gleiche Anforderungen formuliert die Rechtsprechung zur Endgeräterichtlinie 88/301/EWG: EuGH, Urt. v. 27. 10. 1993, Rs. C-69/91, Decoster, Slg. 1993, I-5335, RdNr. 8 ff. (mit GA *Tesauro*, I-5366 f.); Urt. v. 27. 10. 1993, Rs. C-92/91, Taillandier, Slg. 1993, I-5383, RdNr. 15; Urt. v. 27. 10. 1993, Verb. Rs. C-46/90 und C-93/91, Lagauche, Slg. 1993, I-5267, RdNr. 35 ff.; Urt. v. 9. 11. 1995, Rs. C-91/94, Tranchant, Slg. 1995, I-3911.

31 Parallele Vorgaben zur Unabhängigkeit der Bundesnetzagentur finden sich im Sekundärrecht für den Elektrizitäts- und Erdgasbinnenmarkt in Art. 23 RL 2003/54/EG (ABl. EU 2003 Nr. L 176/33) bzw. Art. 25 RL 2003/55/EG (ABl. EU 2003 Nr. L 176/57), für den Postsektor in Art. 22 RL 97/67/EG (ABl. EG 1998 Nr. L15/14) sowie für den Zugang zur Eisenbahninfrastruktur in Art. 30 RL 2001/14/EG (ABl. EG 2001 Nr. L 75/29). S. *Schmidt*, DÖV 2005, i.E., sub. III. 3.

32 S. nur Bonner Komm./*Badura*, Art. 87f RdNr. 11.

33 S. Bonner Komm./*Badura*, Art. 87f RdNr. 13 ff.

34 AK-*Vesting*, GG, Art. 87f RdNr. 62.

35 BT-Drs. 12/7269, S. 5.

36 *Dreier/Wieland*, GG, Art. 87f RdNr. 8 ff., 18.

bundesunmittelbaren Anstalt des öffentlichen Rechts aus (sog. Holdingmodell[37]). Die zu diesem Zweck errichtete Bundesanstalt für Post und Telekommunikation verwaltet die Gesellschaftsanteile der Bundesrepublik Deutschland (Erwerb, Innehaben, Veräußerung im Namen und für Rechnung der Bundesrepublik Deutschland, Ausübung aktienrechtlicher Verwaltungsrechte)[38] und nimmt arbeits- und sozialrechtliche sowie beratende Aufgaben wahr. Trotz gewisser haftungs- und dienstrechtlicher Besonderheiten besteht kein irgendwie gearteter inneradministrativer Zusammenhang mit der Bundesnetzagentur.[39] Durch die Zuordnung zum BMF wird die organisatorische Trennung von der dem BMWA zugeordneten Bundesnetzagentur vertieft.[40]

2. Ausprägungen der Unabhängigkeit. – a) Funktionelle Unabhängigkeit. – Das Gebot 12 funktioneller Unabhängigkeit, wie es sich für den Bereich der Telekommunikation aus der kombinierten normativen Anforderung von Art. 3 Abs. 2 RRL und Art. 87 f Abs. 2 S. 2 GG für die Bundesnetzagentur ergibt, verlangt die **strikte Trennung von regulatorisch-hoheitlichen und betrieblichen Funktionen.** Insbesondere Art. 3 Abs. 2 RRL fordert nicht nur die Unterscheidung zwischen Regulierungsbehörde und Dienstleister (S. 1), die lediglich Vorbedingung für die Unabhängigkeit ist. Darüber hinaus verlangt die Vorschrift die „*wirksame* strukturelle Trennung" der Bereiche, d. h. eine faktisch wirksame Trennung, die keine Weitergabe von Informationen und keinen Wechsel von Personal duldet und nur bei gesonderter Buchführung und Rechnungslegung gesichert ist. Allein völlig untergeordnete Hilfstätigkeiten ohne inhaltlichen Einfluss auf Regulierungsentscheidungen dürfen auch Telekommunikationsdienstleistern übertragen werden.[41] Insbesondere bei Staatsbeteiligung an regulierten Unternehmen muss der Gefahr einer Beeinflussung der Regulierungsentscheidungen vorgebeugt werden – anders gewendet: Mitspieler dürfen nicht gleichzeitig Schiedsrichter sein.[42] In dieser Situation greift der rechtsstaatliche Gedanke der institutionellen Befangenheit, der die Trennung hoheitlicher von erwerbswirtschaftlichen Angelegenheiten fordert. Ökonomisch ermöglicht die Trennung der Aufgabenbereiche die genaue Identifikation öffentlicher Lasten einerseits und privater Gewinne, Risiken und Fehlleistungen andererseits.[43]

Nicht selten wird die enge Einbindung der Bundesnetzagentur in die Bundesverwaltung 13 wegen des (noch) hohen Aktienanteils des Bundes bei der Deutschen Telekom AG, der Deutschen Post AG sowie der Deutschen Bahn AG unter dem Gesichtspunkt der funktionalen Unabhängigkeit kritisiert, zumal angesichts ihrer begrenzten politischen Unabhängigkeit (dazu sogleich RdNr. 14 f.).[44] Rechtspolitisch ist die Kritik zu begrüßen, legt sie doch offen, dass es nicht vollständig gelungen ist, das Spezifische der Regulierung auch organi-

---

37 Bonner Komm./*Badura* GG, Art. 87 f RdNr. 16.
38 Vgl. § 3 BAPostG (= Art. 1 aus PTNeuOG, BGBl. 1994 I S. 2325), sowie *v. Münch/Kunig/ Uerpmann*, Art. 87 f RdNr. 15.
39 *v. Mangoldt/Klein/Starck/Gersdorf*, Art. 87 f RdNr. 109.
40 *Kühling*, Sektorspezifische Regulierung in den Netzwirtschaften, S. 380.
41 Folgerung aus der Rspr. des EuGH bei *Oertel*, Die Unabhängigkeit der Regulierungsbehörde nach §§ 66 ff. TKG, S. 137 f.
42 So *Oertel*, Die Unabhängigkeit der Regulierungsbehörde nach §§ 66 ff. TKG, S. 109.
43 Vgl. *Bullinger*, Organisationsformen und Staatsaufsicht in der Telekommunikation, in: *Mestmäcker* (Hrsg.), Kommunikation ohne Monopole II, 1995, S. 350, 354 ff.; *Oertel*, Die Unabhängigkeit der Regulierungsbehörde nach §§ 66 ff. TKG, S. 110.
44 AK-*Vesting*, GG, Art. 87 f RdNr. 65 f.; *Schwintowski*, CR 1997, 630, 636; *Schalast*, Betrieb und Wirtschaft 2000, 275.

sationsrechtlich zu erfassen, den Typus *agency* im deutschen Verwaltungsrecht zu etablieren und die damit verbundenen Legitimationsprobleme anzugehen.[45] **Gemeinschaftsrechtlich genügt die von Grundgesetz und TKG gewählte Konstruktion jedoch den Anforderungen der RRL** vor allem durch die deutliche Trennung von Bundesnetzagentur und der „Holding" Bundesanstalt für Post und Telekommunikation (näher o. RdNr. 11).[46] Der verbleibende politische Zusammenhang zwischen Aktieneigentum des Bundes und hoheitlicher Regulierung bleibt zwar rechtspolitisch unbefriedigend, verstößt jedoch für sich nicht gegen höherrangiges Recht.

14   **b) Politische Unabhängigkeit.** – Art. 3 Abs. 3 RRL verlangt, dass die Mitgliedstaaten für die unparteiische und transparente Ausübung der Befugnisse der Regulierungsbehörden Sorge tragen. Hieraus wird nicht ohne Grund auf die Notwendigkeit einer gewissen Autonomie in der Entscheidungsfindung geschlossen. Die Idee autonomer Marktregulierung ist ohne die Trennung von den politischen Organen (Bundestag und vor allem Bundesregierung) nicht denkbar, die die Entwicklung einer eigenen Regulierungspolitik ermöglicht.

15   Die Stellung der Bundesnetzagentur als **Bundesoberbehörde** (§ 1 S. 2 BNetzAG) – nicht als Abteilung eines Ministeriums – sichert ihr immerhin eigene Personalhoheit[47] sowie Organisations- und Finanzhoheit. Zudem gewährleistet die Aufgabenübertragung an die Bundesnetzagentur durch Gesetz (nicht Verordnung oder Organisationserlass, § 2 Abs. 2 BNetzAG), dass der Ressortminister Aufgaben nicht an sich ziehen kann.[48] Eine darüber hinausgehende politische Unabhängigkeit durch **Weisungsfreiheit** stößt an die **Grenzen, die das Verfassungsrecht ministerialfreien Räumen setzt.**[49] Nach dem überkommenen und bewährten Modell wird demokratische Legitimation des Verwaltungshandelns durch die parlamentarische Ministerverantwortung auf der einen und den hierarchischen Verwaltungsaufbau auf der anderen Seite vermittelt. Weisungsfreiheit von Instanzen innerhalb des hierarchischen Gefüges sind im Ansatz mit diesem Modell inkompatibel, weil sie letztlich die Möglichkeiten parlamentarischer Kontrolle unterbinden.[50] Anders als bei Bundesrechnungshof (Art. 114 Abs. 2 S. 1 GG) und früher Bundesbank (s. jetzt Art. 88 S. 2 GG für die EZB) ist die politische **Unabhängigkeit** der Regulierungsbehörde im Sinne einer Weisungsfreiheit **gegenüber der Bundesregierung nicht verfassungsrechtlich ge-**

45 In diese Richtung AK-*Vesting*, GG, Art. 87 f RdNr. 64.

46 Wie hier *Manssen/Weber/Rommersbach*, § 66 RdNr. 22 f.; *Heun/Gramlich*, Teil 8 RdNr. 23, sowie die Begründungserwägungen des Rates zum Gemeinsamen Standpunkt (EG) Nr. 58/96 vom 12. 9. 1996, ABl. EG 1996 Nr. C 315/41 (55 unter iv). Zur funktionellen Unabhängigkeit auf dem Gebiet der Eisenbahnverkehrsverwaltung s. *Schmidt*, DÖV 2005, i.E., sub. III. 3. b) aa). Mit der anhaltenden Veräußerung von Anteilen des Bundes an den regulierten Unternehmen verliert die Kritik immer mehr an Bedeutung.

47 Oberste Dienstbehörde ist das BMWA. Der RegTP (nunmehr Bundesnetzagentur) ist aber in der Anordnung über die Ernennung und Entlassung von Beamten im Geschäftsbereich des Bundesministeriums für Wirtschaft vom 1. 12. 1997, BGBl. 1997 I S. 2933, das Recht zur Ernennung und Entlassung von Bundesbeamten des gehobenen Dienstes (Besoldungsgruppe A 1 bis A 13 der Bundesbesoldungsordnung) für ihren Geschäftsbereich übertragen wurden. Näher *Oertel*, Die Unabhängigkeit der Regulierungsbehörde nach §§ 66 ff. TKG, S. 209 ff.

48 *v. Mangoldt/Klein/Starck/Gersdorf*, Art. 87 f RdNr. 103.

49 Hierzu s. *Ulmen/Gump*, CR 1997, 396, 398, sowie *Kühling*, Sektorspezifische Regulierung in den Netzwirtschaften, S. 383. Zur Europarechtskonformität der Weisungsgebundenheit *Danwitz*, DÖV 2004, 977, 979.

50 S. hierzu *Döhler*, Die Verwaltung 2001, 59, 69 ff.

sichert.[51] Der Rechtsvergleich zeigt, dass die Verantwortlichkeit („accountability") unabhängiger Regulierungsinstanzen in den modernen europäischen Wirtschaftsverwaltungsrechtssystemen das zentrale Problem darstellt[52] – sofern man es nicht unternimmt, das Demokratieprinzip auf neuartige Legitimationspfade hin zu untersuchen (Transparenz, Assoziation, Deliberation).[53] Mit dem *regulatory state* des italienischen Staatswissenschaftlers *Giandomenico Majone* ist der theoretische Grundstein gelegt, auf den das Europarecht bereits aufbaut[54], der aber im mitgliedstaatlichen Verwaltungsrecht noch der Ausgestaltung harrt. Im Ergebnis muss es daher nach dem gegenwärtigen Entwicklungsstand bei der Weisungsabhängigkeit der Bundesnetzagentur bleiben.

c) Personelle Unabhängigkeit. – Die Unabhängigkeit der Bundesnetzagentur sowohl von   16
Telekommunikationsunternehmen als auch von der politischen Ebene innerhalb der Bundesverwaltung ist nicht zuletzt durch eine **personelle Trennung** von den jeweiligen Bereichen zu sichern. Das Trennungsbedürfnis war bei Errichtung der RegTP besonders groß, weil sich das Personal zum großen Teil aus ehemaligen Beamten des BMPT rekrutierte.[55] Der bestehenden Gefahr eines „**regulatory capture**" wird durch die sektorübergreifende Organisationsstruktur entgegengetreten.[56]

Hinsichtlich des **politischen Bereiches** wird versucht, die personelle Unabhängigkeit   17
durch die **Inkompatibilitätsregeln** des § 4 BNetzAG zu erreichen. Regierungsmitglieder und Abgeordnete können nicht Präsident oder Vizepräsident der Bundesnetzagentur sein (§ 4 Abs. 3 S. 1 BNetzAG). Darüber hinaus verliert, wer Präsident oder Vizepräsident der Bundesnetzagentur wird, sein bisheriges Amt in der Bundesverwaltung (§ 4 Abs. 6 BNetzAG).

Die **Inkompatibilitätsregeln** dienen auch der Abgrenzung zu **Telekommunikationsun**   18
ternehmen. Eine umfassende Inkompatibilitätsregel wie in § 51 Abs. 5 GWB, wonach allen Mitgliedern des BKartA die Tätigkeit als Unternehmer sowie Vorstands- oder Aufsichtsratsmitglied eines Unternehmens, Kartells, einer Berufs- oder Wirtschaftvereinigung verwehrt ist, enthält weder das TKG noch das BNetzAG. Das Verbot der Tätigkeit in Telekommunikationsunternehmen gilt nur für die Behördenspitze (Präsident, Vizepräsident, § 4 Abs. 3 S. 4 BNetzAG). Lediglich für die Mitglieder der Beschlusskammern in der Elektrizitäts- und Gasregulierung wird in § 59 Abs. 3 EnWG eine Inkompatibilitätsregelung getroffen. Eine Anwendung der Regelung auf andere Mitarbeiter ist nicht möglich.[57] Für diese bleibt es bei den allgemeinen beamten- und arbeitsrechtlichen Unparteilichkeits-

51 S. *Gramlich*, CR 1998, 463, 464. A.A. *Paulweber*, Regulierungszuständigkeiten in der Telekommunikation, S. 104 ff., der von der Begründung eines ministerialfreien Raumes ausgeht. – Mit den Einschränkungen von Art. 19 Abs. 4 GG bei plural zusammengesetzten Gremien hängt die Problematik nur bedingt zusammen.

52 S. *Ruffert*, Die Methodik der Verwaltungsrechtswissenschaft in anderen Ländern der Europäischen Union, in: Schmidt-Aßmann/Hoffmann-Riem (Hrsg.), Methoden der Verwaltungsrechtswissenschaft, 2004, S. 165 (188 m. w. N.).

53 Dazu m. w. N. *Ruffert*, Demokratie und Governance, in: Bauer/Huber/Sommermann, Demokratie in Europa, im Erscheinen, sub IV 3.

54 *Majone*, The Future of Regulation in Europe, in: *ders.* (Hrsg.), Regulating Europe, 1995, S. 265, 274.

55 Vgl. § 1 PersBG. S. auch *Oertel*, Die Unabhängigkeit der Regulierungsbehörde nach §§ 66 ff. TKG, S. 171.

56 Dazu *Schmidt*, DÖV 2005, i.E., sub. III. 3. b) bb).

57 S. *Schmidt*, DÖV 2005, i.E., sub. III. 3. b) bb).

regelungen sowie dem verfahrensrechtlichen Mitwirkungsverbot des § 20 VwVfG, wodurch ernsthafte Interessenkonflikte ausgeschlossen sein dürften.

19 **d) Verfahrensmäßige Unabhängigkeit.** – Eine besondere verfahrensmäßige Unabhängigkeit genuiner Regulierungsentscheidungen wird durch deren Übertragung auf das justizförmig ausgestaltete **System der Beschlusskammern** sichergestellt.[58] Diese entscheiden insbesondere in allen Fällen der Marktregulierung des Teils 2 des TKG, d. h. der Zugangs- und Entgeltregulierung, sowie bei der Frequenzzuteilung und der Auferlegung von Universaldienstverpflichtungen. Wenn auch die Beschlusskammern nach § 132 Abs. 1 S. 3 vom BMWA gebildet werden, ermöglicht die justizförmige Verfahrensweise doch eine Abkopplung vom tagespolitischen Geschäft.[59] Die institutionelle Neutralitätssicherung durch gerichtsähnliche Entscheidungsgremien stärkt die Unabhängigkeit von den Telekommunikationsunternehmen. Die Beschlusskammern erhalten zudem dadurch eine verfahrensmäßig herausgehobene Stellung, dass Rechtsmittel gegen ihre Entscheidungen grundsätzlich keine aufschiebende Wirkung haben und gegen diese ohne Widerspruchsverfahren geklagt werden kann, § 137.[60]

20 Hinzu kommen die bereits erwähnten allgemeinen **verwaltungsverfahrensrechtlichen Befangenheitsregelungen.** § 20 Abs. 1 S. 1 Ziff. 5 VwVfG schließt solche Personen von der behördlichen Tätigkeit im Verwaltungsverfahren aus, die bei einem Beteiligten gegen Entgelt beschäftigt oder dort Vorstands- oder Aufsichtsratsmitglied (bzw. Mitglied eines vergleichbaren Organs) sind.[61] Dadurch soll verhindert werden, dass Unternehmen gleichsam mit am Entscheidungstisch sitzen.[62] Die Regelung dürfte Verbindungen der Bundesnetzagentur zu Verfahrensbeteiligten weitgehend ausschließen.[63]

III. Bundesoberbehörde

21 Als **Bundesoberbehörde** (§ 1 S. 2 BNetzAG) ist die Bundesnetzagentur Teil der Bundesverwaltung. Ihr Auftreten im Rechts- und Geschäftsverkehr (§ 3 Abs. 1 S. 2 BNetzAG) wird dem Bund zugerechnet. Diese Rechtsstellung ergibt sich für den Bereich der Telekommunikation zwingend aus der Vorgabe des Art. 87 f Abs. 2 S. 2 GG. Als Bundesoberbehörde ist die Bundesnetzagentur zwar **behördlich-organisatorisch verselbstständigt**; ihr eignet jedoch **keine Rechtsfähigkeit.** Über Leitungs- und Einwirkungsrechte des Bundes ist die Unabhängigkeit der Bundesnetzagentur begrenzt (s. o. RdNr. 15).

---

58 Hierzu *Bosman*, Die Beschlusskammern der Regulierungsbehörde für Telekommunikation und Post, 2003.
59 Skeptisch *Gramlich*, CR 1998, 463, 466, sowie *Schmidt*, DÖV 2005, i.E., sub. III. 3. b) cc).
60 *Geppert/Ruhle/Schuster*, RdNr. 823; *v. Mangoldt/Klein/Starck/Gersdorf*, Art. 87 f RdNr. 103.
61 S. auch *Oertel*, Die Unabhängigkeit der Regulierungsbehörde nach §§ 66 ff. TKG, S. 116 ff.
62 So entschieden für ein Planfeststellungsverfahren durch BVerwGE 75, 214, 231.
63 Großzügiger BVerwGE 3, 1.

IV. Bundesoberbehörde im Geschäftsbereich des Bundesministeriums für Wirtschaft und Arbeit

Die Zuordnung der Bundesnetzagentur zum BMWA führt zunächst zu einer haushalts- **22** rechtlichen Verbindung.[64] Die Nachordnung steht – im Gegensatz zu anderen organisationsrechtlichen Fallkonstellationen – einer bundesweiten Zuständigkeit der Bundesnetzagentur nicht entgegen.[65] Zu den Außenstellen s. u. RdNr. 26.

Als Bundesoberbehörde ist die Bundesnetzagentur in den Verwaltungsaufbau unter dem **23** BMWA eingegliedert und untersteht deshalb der Rechts-, Fach- und Dienstaufsicht des Ministeriums.[66] Aufsichtsbehörde ist mithin das BMWA, ressortverantwortlich (Art. 65 S. 2 GG) der entsprechende Bundesminister. Für den Bereich der Regulierung des Zugangs zur Eisenbahnstruktur sieht § 4 Abs. 1 S. 1 BEVVG[67] abweichend die Fachaufsicht des Bundesministeriums für Verkehr, Bau- und Wohnungswesen vor; die Dienstaufsicht des BMWA erfolgt hier im Einvernehmen mit dem Bundesministerium für Verkehr, Bau- und Wohnungswesen, § 4 Abs. 1 S. 2 BEVVG.[68] Die Möglichkeit einer Ministererlaubnis entsprechend dem Kartellrecht (vgl. § 42 GWB sowie § 8 GWB a. F.) existiert nicht.

D. Sitz der Bundesnetzagentur

Alleiniger **Sitz** der Regulierungsbehörde **ist Bonn** in Umsetzung der Vorgabe aus § 1 **24** Abs. 1 und 2 Nr. 3 lit. a Berlin/Bonn-Gesetz.[69] Der Einwand des Bundesrates, die RegTP gemäß der Regelung des Einigungsvertrages und den Beschlüssen der Föderalismuskommission in den neuen Ländern oder in Bremen bzw. dem Saarland anzusiedeln, hatte keinen Erfolg[70], denn die RegTP wird als organisatorische Nachfolgerin der ehemaligen Deutsche Bundespost TELEKOM und des aufgelösten BMPT angesehen, so dass sie keine neue Behörde ist, auf die die genannten Regelungen Anwendung finden könnten.[71] Zur Sitzverlegung bedürfte es einer entsprechenden Gesetzesänderung.

Verwaltungsprozessuale Folge der Sitzbestimmung ist die **örtliche Zuständigkeit des VG** **25** **Köln**, § 52 Nr. 2 S. 1 VwGO.[72] Die Arbeitsorte Mainz und Saarbrücken für die in die RegTP/Bundesnetzagentur einbezogenen Behörden (Bundesamt für Zulassungen in der

---

64 Im Regierungsentwurf des Haushalts 2005 sind im Rahmen des Haushalts des BMWA (Einzelplan 09) in Kapitel 0910 Gesamtausgaben für die RegTP in Höhe von 132 426 T vorgesehen (Stand: 23. 6. 2004).
65 *Geppert/Ruhle/Schuster*, RdNr. 822.
66 *Geppert/Ruhle/Schuster*, RdNr. 822; *Schütz*, Kommunikationsrecht, RdNr. 857.
67 Gesetz über die Eisenbahnverkehrsverwaltung des Bundes vom 27. 12. 1993, verkündet als Art. 3 des Eisenbahnneuordnungsgesetzes, BGBl. 1993 I S. 2378, zuletzt geändert durch Art. 3 des Zweiten Gesetzes zur Neuregelung des Energiewirtschaftsrechts vom 7. 7. 2005, BGBl. 2005 I S. 1970.
68 *Schmidt*, DÖV 2005, i.E., sub. III. 3. a).
69 BGBl. 1994 I S. 918.
70 BT-Drs. 13/4438, S. 18.
71 *Manssen/Weber/Rommersbach*, § 66 RdNr. 14; *Müller-Terpitz*, ZG 1997, 257, 263.
72 Abweichend zum TKG wird in § 75 EnWG der Rechtsweg zu den Zivilgerichten mit der örtlichen Zuständigkeit des OLG Düsseldorf eröffnet. S. *Kühne/Brodowski*, NVwZ 2005, 849, 856. Für Streitigkeiten aus dem TKG bestimmt sich mangels spezialgerichtlicher Rechtswegzuständigkeiten der Rechtsweg nach § 40 Abs. 1 S. 1 VwGO (vgl. hierzu § 137 RdNr. 6 ff.).

Telekommunikation und Bundesamt für Post und Telekommunikation[73]) haben lediglich dienstrechtliche Bedeutung.[74]

26 Gesetzlich nicht vorgesehen ist die Aufrechterhaltung von **Außenstellen**.[75] Seit dem 1. Januar 1998 wurden die Außenstellen des Bundesamtes für Post und Telekommunikation als solche der RegTP weitergeführt. Sie bestehen als solche der Bundesnetzagentur fort. Art. 87 f Abs. 2 S. 2 GG weist die Regulierung nur der bundeseigenen Verwaltung zu, enthält aber weder ein Ge- noch ein Verbot eines eigenen Verwaltungsunterbaus.[76] Bundesoberbehörden, denen der Gesetzgeber die Bundesnetzagentur zugeordnet hat, verfügen aber über keinen Verwaltungsunterbau.[77] Daher sind die Außenstellen unselbstständige Untergliederungen der Bundesnetzagentur, keine selbstständigen Behörden. Ihre momentan insgesamt 37 Außenstellen unterhält die Bundesnetzagentur verteilt über die gesamte Fläche des Bundesgebiets.[78]

E. Aufgaben und Befugnisse

I. Aufgaben

27 **1. Regulierung im System des Verwaltungsrechts.** – Die Regulierung der Telekommunikation ist eine hoheitliche Aufgabe des Bundes (§ 2 Abs. 1). In der Bundesnetzagentur ist die Erfüllung dieser Regulierungsaufgabe organisationsrechtlich verortet.[79] Die Aufgaben der Regulierungsbehörde im Bereich der Telekommunikation sind daher am Zielkatalog des § 2 Abs. 2 orientiert. Gemeinschaftsrechtlich induzierte Regulierung und Kennzeichnung als „hoheitlich" durch Art. 87 f Abs. 2 GG schließen sich nicht aus; vielmehr werden die Regulierungsaufgaben zuvörderst mit hoheitlichen Mitteln erfüllt. Die Aufgaben lassen sich anhand der **drei zentralen Intentionen regulierender Verwaltung** beschreiben:[80]

28 Erstens zielt die Regulierung auf **Infrastrukturgewährleistung**.[81] Dieses Ziel ergibt sich gleichermaßen aus dem Gemeinschafts- und Verfassungsrecht (Art. 8 Abs. 2 lit. c RRL, Art. 87 f Abs. 1 GG). Bei der Verfolgung dieses Zieles wird die Regulierungsbehörde als Gestalter tätig.[82]

---

73 Vgl. § 1 Abs. 2 PersBG; Art. 3 BegleitG: Zuständigkeitsanpassung.

74 *Heun/Gramlich*, Teil 8 RdNr. 35.

75 *Gramlich*, CR 1998, 463, 466.

76 *Sachs/Windthorst*, Art. 87 f RdNr. 33; *Manssen/Weber/Rommersbach*, § 66 RdNr. 18.

77 S. *Maunz/Dürig/Lerche*, Art. 87 RdNr. 183; *Erichsen/Ehlers/Burgi*, Allgemeines Verwaltungsrecht, 12. Aufl. 2002, § 53 RdNr. 4; *Degenhart*, Staatsrecht I, 19. Aufl. 2003, RdNr. 178.

78 Derzeit befinden sich Außenstellen in Augsburg, Bayreuth, Berlin, Bremen, Detmold, Dortmund, Dresden, Erfurt, Eschborn, Freiburg, Fulda, Hamburg, Hannover, Karlsruhe, Kassel, Kiel, Köln, Konstanz, Landshut, Leer, Leipzig, Magdeburg, Meschede, Mülheim, München, Münster, Neustadt a. d. Weinstraße, Nürnberg, Regensburg, Reutlingen, Rosenheim, Rostock, Saarbrücken, Schwäbisch Hall, Schwerin, Stuttgart, Würzburg (Stand Oktober 2005).

79 Überblick mit Literaturnachweisen bei *Manssen/Weber/Rommersbach*, § 66 RdNr. 10 ff.

80 Dazu *Ruffert*, AöR 124 (1999), 237, 246 ff. S. auch *Masing*, in: Bauer/Huber/Niewiadomski (Hrsg.), Ius Publicum Europaeum, S. 161 (163 ff.), sowie *Dahlke*, Rechtssystematische Besonderheiten im Telekommunikationsrecht, S. 9 ff.

81 *Ruffert*, AöR 124 (1999), 237, 246 f.

82 *Geppert/Ruhle/Schuster*, RdNr. 825; *Schebstadt*, WuW 2005, 6, 8 f.; *Danwitz*, DÖV 2004, 977, 982.

Zweitens ist die Regulierung auf die **Herstellung und Förderung von Wettbewerb** gerich- 29
tet.[83] Art. 8 Abs. 2 RRL enthält insoweit eine eindeutige Vorgabe. Ausgangspunkt ist die
tatsächliche Marktsituation im Anschluss an die Aufgabenprivatisierung im Telekommunikationssektor. Die Bundesverwaltung findet hier keinen bestehenden Markt vor, sondern
muss durch Regulierung auf die Entstehung und Entwicklung eines Marktes hinwirken.
Monopolistische Strukturen wirken auch mehrere Jahre nach der Aufgabenprivatisierung
fort[84], so dass die Regulierung mit ihrem entsprechend asymmetrischen Ansatz auf absehbare Zeit nicht als allgemeine kartellrechtliche Wirtschaftsaufsicht ausgestaltet werden
kann, sondern als Gestaltung staatlicher Rahmenbedingungen zur Sicherstellung chancengleichen und funktionsfähigen Wettbewerbs wirken muss.[85] Wie bereits § 2 Abs. 3 verdeutlicht, bleibt jedoch das allgemeine Wettbewerbsrecht neben der telekommunikationssektor-
spezifischen Regulierung anwendbar; Gleiches gilt für die europäischen Wettbewerbsregeln der Art. 81 ff. EGV. Die Tätigkeit der Bundesnetzagentur kann dynamisch der Wettbewerbssituation angepasst werden, so dass bei steigender Wettbewerbsintensität regulatorische Maßnahmen reduziert werden können.[86] Wettbewerbsfördernde Regulierung aktiviert
schließlich die schiedsrichterliche Funktion der Bundesnetzagentur in Streitfällen zwischen Wettbewerbern (z. B. um den offenen Netzzugang oder die Zusammenschaltung).[87]

Drittens eignet der Regulierung eine **ordnungsrechtliche Komponente**.[88] Aufgabe der 30
Bundesnetzagentur ist die Überwachung der Einhaltung der gesetzlichen Bestimmungen,
Verordnungen und Auflagen (vgl. § 126) gleichermaßen wie die Sicherstellung einer effizienten und störungsfreien Frequenznutzung (vgl. § 52). Die Bundesnetzagentur ist außerdem Verwaltungsbehörde für die Durchführung von Ordnungswidrigkeitenverfahren
(§ 149 Abs. 3).[89]

2. Struktur der Aufgaben. – Die Bundesnetzagentur ist nicht allzuständig im Telekom- 31
munikationssektor, sondern verfügt über „die ihr nach diesem Gesetz zugewiesenen Aufgaben und Befugnisse", § 2 Abs. 1 Nr. 2, Abs. 2 BNetzAG i.V. m. § 116. Sofern bereits die
bloße Aufgabenwahrnehmung – ohne Befugnisausübung – grundrechtsrelevant ist, gilt der
grundrechtliche Vorbehalt des Gesetzes. Die Sicherung der verfassungsrechtlich geschützten Berufs- bzw. Gewerbefreiheit im monopolistisch strukturierten Markt stellt im
Grundsatz eine derartige Grundrechtsnähe her.[90] Entsprechende Gesetzesvorbehalte statuieren auch die Art. 87 f Abs. 1, 143 b Abs. 2 S. 3 GG.

Die Verwirklichung der Regulierungsziele soll durch **ständige Evaluierung** sichergestellt 32
werden.[91] Dem dient der (unter Mitwirkung des Beirates, § 120 Nr. 5) im Zweijahresrhyth-

---

83 *Ruffert*, AöR 124 (1999), 237, 247.
84 Die aus der staatlichen Deutschen Bundespost hervorgegangene Deutsche Telekom AG verfügt in
   vielen Bereichen immer noch über den Hauptmarktanteil: *Hefekäuser/Wehner*, CR 1996, 698, 699.
   Diese Situation legte der Gesetzgeber bereits bei der Schaffung des TKG 1996 zugrunde, vgl. BT-
   Drs. 13/3609, S. 33.
85 *Heun/Gramlich*, Teil 8 RdNr. 13; AK-*Vesting*, GG, Art. 87 f RdNr. 75.
86 *Hefekäuser/Wehner*, CR 1996, 698, 702.
87 *Geppert/Ruhle/Schuster*, RdNr. 826.
88 *Ruffert*, AöR 124 (1999), 237, 247 f.
89 *Geppert/Ruhle/Schuster*, RdNr. 827: „Telekommunikations-Polizei"; *Schütz*, Kommunikationsrecht, RdNr. 855.
90 Vgl. *Ulmen/Gump*, CR 1997, 396, 401; *Becker/Riedel*, ZNER 2003, 170, 173.
91 *Holznagel/Enaux/Nienhaus*, Grundzüge des Telekommunikationsrechts, S. 47 f.

mus zu erstellende Tätigkeitsbericht, § 121 Abs. 1, ebenso wie das im gleichen Rhythmus erarbeitete Gutachten der Monopolkommission (§ 121 Abs. 2) und der Jahresbericht der Bundesnetzagentur mit Vorhabenplan (§ 122). Auf diese Weise kann die Entwicklung des Wettbewerbs im Telekommunikationssektor überprüft und die Regulierungsdichte daran angepasst werden.[92]

33 **3. Aufgaben nach dem TKG.** – Auf dieser Basis weist das TKG der Bundesnetzagentur ihre Aufgaben zur Erfüllung des Gesetzeszwecks (§ 1) und der Regulierungsziele (§ 2 Abs. 2) zu.[93] Zur **Infrastruktursicherung** ist der Bundesnetzagentur die genaue Beobachtung des Marktgeschehens – auch durch die Bearbeitung von Beschwerden über Versorgungslücken und Qualitätsmängel – aufgegeben, so dass sie ggf. durch gezielte Entscheidungen (z.B. die Auferlegung von Universaldienstverpflichtungen, § 81) hierauf reagieren kann.[94]

34 Zur **Wettbewerbsförderung** nimmt die Bundesnetzagentur nicht nur die allgemeine wettbewerbsrechtliche Verhaltensaufsicht wahr. Darüber hinaus wirkt sie steuernd auf das Verhalten der Marktteilnehmer ein (Missbrauchsaufsicht, Tarifregulierung, Netzzugang und Zusammenschaltung)[95] und gestaltet den Telekommunikationsmarkt (Frequenz- und Nummernvergabe, Standardisierung, Zulassung, früher Lizenzierung).

35 Ihre **ordnungsrechtliche Funktion** nimmt die Bundesnetzagentur bei der Frequenzordnung durch die Aufstellung eines Frequenznutzungsplans[96] und ein entsprechendes Frequenzmanagement wahr (§ 52).[97] Ebenso gewährleistet sie die öffentliche Sicherheit und den Datenschutz (§§ 88 ff.).[98]

36 **4. Telekommunikationsbezogene Aufgaben aus anderen Gesetzen.** – § 2 Abs. 1 Nr. 2, Abs. 2 BNetzAG enthält einen **entwicklungsoffenen Aufgabenkanon**. Somit können sich telekommunikationsbezogene Aufgaben der Bundesnetzagentur auch aus anderen Gesetzen ergeben. Zu erwähnen sind neben Art. 3 BegleitG, der alle Aufgaben und Befugnisse, die in Bundesgesetzen oder darauf beruhenden Verordnungen dem Bundesamt für Post und Telekommunikation zugewiesen waren, mit Wirkung vom 1. Januar 1998 an auf die RegTP übertragen hat (mit Umbenennung übergegangen an die Bundesnetzagentur), im Einzelnen die folgenden Aufgaben:

– Gesetz über den Amateurfunk (AFuG): Nach § 10 Abs. 1 S. 1 AFuG nimmt die Bundesnetzagentur die sich aus diesem Gesetz und den aufgrund dieses Gesetzes erlassenen Rechtsverordnungen (z.B. Verordnung zum Gesetz über den Amateurfunk [AFuV]) ergebenden Aufgaben wahr.

---

92 *Hefekäuser/Wehner*, CR 1996, 698, 702. Wirkung zeitigte dies bereits in der TKG-Novelle 2004 durch die Rückführung der Ex-ante-Regulierung zur Ex-post-Regulierung bei den Endkundenentgelten (§ 39 TKG).
93 S. hierzu auch Übersicht zum alten Recht bei *Geppert/Ruhle/Schuster*, RdNr. 828.
94 *Ulmen/Gump*, CR 1997, 396, 397.
95 Vgl. die Verordnung über besondere Netzzugänge (NZV), BGBl. 1996 I S. 1568.
96 Vgl. die Verordnung über das Verfahren zur Aufstellung des Frequenznutzungsplanes vom 26. 4. 2001 (FreqNPAV), BGBl. 2001 I S. 827.
97 Vgl. die Frequenzbereichszuweisungsplanverordnung vom 28. 9. 2004 (FreqBZPV), BGBl. 2004 I S. 2499.
98 Vgl. die Verordnung über die technische und organisatorische Umsetzung von Maßnahmen zur Überwachung der Telekommunikation (TKÜV), BGBl. 2002 I S. 458.

– Gesetz über die elektromagnetische Verträglichkeit von Geräten (EMVG): Nach § 7 EMVG führt die Bundesnetzagentur dieses Gesetz aus und nimmt die dort beschriebenen Aufgaben wahr.
– Gesetz über Funkanlagen und Telekommunikationsendeinrichtungen (FTEG): Nach § 14 Abs. 1 S. 1 FTEG ist die Bundesnetzagentur zur Ausführung dieses Gesetzes zuständig. Siehe auch die Verordnung über die Anforderungen und das Verfahren für die Beleihung und Anerkennung von Konformitätsbewertungsstellen (BAnerkV) sowie die Verordnung über das Nachweisverfahren zur Begrenzung elektromagnetischer Felder (BEMFV).
– Post- und Telekommunikationssicherstellungsgesetz (PTSG): Nach § 15 PTSG ist die Bundesnetzagentur zuständige Verwaltungsbehörde im Sinne des § 36 Abs. 1 OWiG, und aus der auf das PTSG gestützten Telekommunikations-Sicherstellungs-Verordnung (TKSiV) ergibt sich die Zuständigkeit der Bundesnetzagentur für die Registrierung, Koordinierung und Überprüfung von Bevorrechtigungen (§ 5 Abs. 3 TKSiV). Siehe auch die Verordnung zur Sicherstellung des Postwesens (PSV).

5. Verhältnis zu anderen Behörden. – a) Bundeskartellamt. – Gemäß § 2 Abs. 3 bleiben **37** die Vorschriften des GWB – unbeschadet spezieller Regelungen im TKG – anwendbar und die Aufgaben und Zuständigkeiten der Kartellbehörden unberührt.[99] Auch das primäre Kartellrecht (Art. 81 ff. EGV mit Sekundärrecht) bleibt anwendbar, sofern die einschlägigen Richtlinien kein Sonderrecht enthalten. Daher besteht ein **Zuständigkeitskonflikt mit dem BKartA**.[100] Das Konfliktpotenzial soll durch die ausdrückliche Regelung zur **Behördenzusammenarbeit** in § 123 Abs. 1 entschärft werden, der wechselseitige Stellungnahmen, Entscheidungen im Einvernehmen und das Ziel einer einheitlichen Auslegung vorsieht (näher dort RdNr. 11 ff.).

b) Landesmedienanstalten. – Den entsprechenden Kompetenzkonflikt mit den Landes- **38** medienanstalten[101] soll die Regelung des § 123 Abs. 2 auffangen.

II. Befugnisse

Zur Erfüllung ihrer Aufgaben stehen der Bundesnetzagentur **weitreichende Befugnisse** **39** zu, darunter Auskunfts- und Prüfungsrechte, die Befugnis zum Betreten von Geschäftsräumen sowie die Befugnis zu Durchsuchungen und Beschlagnahmen (vgl. hierzu Befugnisse nach §§ 126 ff.). Hinzu treten besondere Ermittlungsbefugnisse im Ordnungswidrigkeitenverfahren nach dem OWiG (§ 149).[102]

---

99 Vgl. zur abweichenden Regelung in § 111 EnWG *Kühne/Brodowski*, NVwZ 2005, 849, 856.
100 Vgl. *Holznagel/Enaux/Nienhaus*, Grundzüge des Telekommunikationsrechts, S. 45; *Dahlke*, Rechtssystematische Besonderheiten im Telekommunikationsrecht, S. 35 ff.
101 Dazu *Holznagel/Enaux/Nienhaus*, Grundzüge des Telekommunikationsrechts, S. 46, *Schütz*, Kommunikationsrecht, RdNr. 856, sowie *Ory*, AfP 1998, 155, 159 f.
102 *Heun/Gramlich*, Teil 8 RdNr. 140 ff.

F. Organisation und Verfahren der Bundesnetzagentur

I. Präsident

40 **1. Allgemeines, Außenvertretung und Behördenleitung.** – An der Spitze der Bundesnetzagentur steht der **Präsident**.[103] Ihm obliegt die Leitung nach innen (**Geschäftsführung**) wie die **Außenvertretung**, § 3 Abs. 1 S. 1 und 2 BNetzAG. Die Vertretungsbefugnis nach außen erfasst gleichermaßen die gerichtliche wie die außergerichtliche Vertretung (§ 3 Abs. 1 S. 2 des Gesetzes über die Bundesnetzagentur für Elektrizität, Gas, Telekommunikation, Post und Eisenbahnen), die Vertretung in zivilrechtlichen Angelegenheiten wie in öffentlich-rechtlichen Verfahren. Im Rahmen des Direktionsrechts kann die Vertretungsfunktion auf andere Behördenmitglieder delegiert werden.[104]

41 Geschäftsgang und Geschäftsverteilung der Bundesnetzagentur werden durch eine **Geschäftsordnung des Präsidenten** geregelt, die der Bestätigung durch das BMWA bedarf (§ 3 Abs. 1 S. 2 BNetzAG). Sie wird als Verschlusssache behandelt und ist daher der Öffentlichkeit nicht zugänglich.

42 **2. Vizepräsidenten.** – Neben dem Präsidenten amtieren **zwei Vizepräsidenten** als ständige Vertretung, § 3 Abs. 2 BNetzAG.[105] In besonderen Fällen entscheidet die Beschlusskammer in dieser Besetzung, § 132 Abs. 3, und zwar bei der Frequenzvergabe und bei der Auferlegung von Universaldienstverpflichtungen.

43 **3. Benennung.** – Präsident und Vizepräsidenten werden vom Beirat vorgeschlagen und **von der Bundesregierung benannt**, § 3 Abs. 3 S. 1 BNetzAG. Die Benennung erfolgt nicht durch den BMWA, sondern nach dem klaren Gesetzeswortlaut durch die Bundesregierung als Kollegialorgan.[106] Das Vorschlagsrecht des Beirates soll die Berücksichtigung von Länderinteressen bei der Benennung des Präsidiums der Bundesnetzagentur sicherstellen.

44 Der Beirat verliert das **Vorschlagsrecht**, wenn er nach Aufforderung durch die Bundesregierung nicht binnen vier Wochen einen Vorschlag unterbreitet, § 3 Abs. 3 S. 2 BNetzAG. Die Aufforderung ist nicht an ausdrückliche formelle Voraussetzungen geknüpft. Zu Recht wird aber gefordert, dass sie aus Gründen der Rechtssicherheit und Rechtsklarheit sowie zum Nachweis des Zugangs (und damit letztlich auch aus Gründen der Praktikabilität) schriftlich erklärt und förmlich zugestellt wird.[107] Eine Aufforderung, die diesen Anforderungen nicht genügt, ist unwirksam; das Vorschlagsrecht wird dann nicht nach vier Wochen verwirkt. Auch der Fristbeginn lässt sich auf der Grundlage solcher Praktikabilitätserwägungen ermitteln. Sinn und Zweck des § 3 Abs. 3 S. 2 BNetzAG verlangen, die Frist (erst)

---

103 Die Kommentierung greift die sprachlich überkomplizierte Regelungstechnik im Hinblick auf das Geschlecht der Amtswalter nicht auf; vielmehr gelten hier – was selbstverständlich ist – Funktionsbezeichnungen für Frauen und Männer gleichermaßen. Erster Präsident der RegTP (nun Bundesnetzagentur) war *Klaus-Dieter Scheuerle*, erste Vizepräsidenten waren *Arne Börnsen* und *Gerhard Harms*; ihr zweiter Präsident ist *Matthias Kurth*, zunächst mit den Vizepräsidenten *Dr. Jörg Sander* und *Gerhard Harms*; momentan mit dem Vizepräsidenten *Martin Cronenberg* und der Vizepräsidentin *Dr. Iris Henseler-Unger*. Vgl. *Gramlich*, CR 2001, 373, 373.

104 *Geppert/Ruhle/Schuster*, RdNr. 830.

105 S. o. Fn. 103.

106 Im Sinne einer Regelvermutung *v. Mangoldt/Klein/Starck/Schröder*, Art. 62 RdNr. 14.

107 *Manssen/Weber/Rommersbach*, § 66 RdNr. 33.

mit Bekanntgabe an den Beirat beginnen zu lassen, um seine ordnungsgemäße Beteiligung zu sichern.[108] Das Vorschlagsrecht erlischt, wenn der Beirat nach vier Wochen ausdrücklich keinen Vorschlag unterbreitet, das Recht schlicht nicht ausübt oder wenn der Vorschlag zu spät kommt. Eine Fristverlängerung ist nicht möglich; es handelt sich um eine Ausschlussfrist.

Stimmt die Bundesregierung nicht zu, kann der Beirat binnen vier Wochen einen **neuen** **45** **Vorschlag** unterbreiten, § 3 Abs. 3 S. 3 BNetzAG. Satz 3 enthält im Gegensatz zu Satz 2 keine Ausschlussfrist, denn hier folgt aus dem Verstreichen der Frist nicht das Erlöschen des Vorschlagsrechts kraft Gesetzes.[109] Will die Bundesregierung das Verfahren beschleunigen, muss sie die Ablehnung mit einer Aufforderung nach Satz 2 verbinden. Nach Ablehnung durch die Bundesregierung hat der Beirat ausweislich des Wortlauts noch „einen" Vorschlag. Das Recht, „Kettenvorschläge" zu unterbreiten, nähme der Bundesregierung die Organisationsgewalt in ihrem Bereich und beeinträchtigte ihr Letztentscheidungsrecht (§ 3 Abs. 3 S. 4 BNetzAG).

Stets liegt dieses **Letztentscheidungsrecht** bei der Bundesregierung, § 3 Abs. 3 S. 4 **46** BNetzAG. Dies ist verfassungsrechtlich geboten. Die Leitung einer Bundesoberbehörde muss wegen der Verantwortung der Bundesregierung gegenüber dem Bundestag schon aus Gründen demokratischer Legitimation von der Bundesregierung selbst benannt werden. Gleiches ergibt sich aus den Art. 86, 87e Abs. 1, 87f Abs. 2 GG. Die hypertrophe Einbindung von Länderinteressen in die Bundesverwaltung darf über eine Beratung nicht hinausgehen, deren zeitverzögernde Funktion ohnehin die gesamte Verfahrensregelung in Frage stellt.

4. Ernennung. – Der Präsident und die Vizepräsidenten werden durch den Bundespräsi- **47** denten ernannt. Durch die Ernennung wird ein **öffentlich-rechtliches Amtsverhältnis** zum Bund hergestellt, das in der Regel auf fünf Jahre befristet ist (§ 4 Abs. 1 und 8 BNetzAG).[110] Mehrmalige Verlängerungen sind ebenso zulässig wie längere oder kürzere Befristungen. Das Gesetz formuliert keine besonderen persönlichen Voraussetzungen für den Präsidenten (z. B. Befähigung für Laufbahn des höheren Dienstes). Dadurch wird auch eine rein politische Besetzung möglich. Dies gilt sogar für die Tätigkeit des Präsidenten und der Vizepräsidenten in der Beschlusskammer, denn nach § 132 Abs. 3 S. 1, 2. HS sind die entsprechenden Voraussetzungen für Mitglieder von Berufungskammern bei der Kammer aus Präsident und Vizepräsidentin unanwendbar (§ 132 Abs. 2 S. 2 Befähigung für höheren Dienst, S. 3 Befähigung zum Richteramt bei mindestens einem Mitglied). **Rechtspolitisch** ist der **Verzicht auf eine besondere fachliche Eignung** von Amtsträgern in diesem Bereich **zu kritisieren**. Insbesondere die gerichtsähnliche Ausgestaltung von Verfahren lässt die Befähigung zum Richteramt als Ernennungsvoraussetzung zweckmäßig erscheinen. Glücklicherweise ist bislang stets auf ausgewiesene Experten der Materie rekurriert worden.

---

108 *Manssen/Weber/Rommersbach*, § 66 RdNr. 35.
109 Wie hier *Manssen/Weber/Rommersbach*, § 66 RdNr. 37, deren Rückgriff auf § 31 Abs. 7 VwVfG allerdings nicht überzeugt, da es nicht um eine behördlich gesetzte Frist geht.
110 *Heun/Gramlich*, Teil 8 RdNr. 32; *Schmidt*, DÖV 2005, i.E., sub. III. 3. c).

II. Organisationsstruktur

48 Einer Grundtendenz des deutschen Verwaltungsrechts folgend ist die **Organisation** der Bundesnetzagentur im Gesetz **nur ansatzweise geregelt**.[111] Die RRL fordert zunächst nur implizit, dass die nationalen Regulierungsbehörden in Bezug auf Personal, Fachwissen und finanzielle Ausstattung über die zur Wahrnehmung ihrer Aufgaben notwendigen Mittel verfügen (Erwägungsgrund 11). Darüber hinaus müssen die Unabhängigkeitserfordernisse der Art. 3 Abs. 2 und 3 RRL organisationsrechtlich umgesetzt werden. – Die Bundesnetzagentur hat ca. 2500 Mitarbeiter.[112] Intern erfolgt eine Untergliederung in derzeit acht Abteilungen mit ihren jeweiligen Unterabteilungen und Referaten:[113]

– Abteilung Z (Zentralabteilung): Organisation, Personal, Bauwesen, Liegenschaften, Innerer Dienst Zentrale, Bibliothek, Allgemeine Rechtsangelegenheiten, Finanzen, Controlling, Datenschutz, Ordnungswidrigkeiten, Inkasso, Steuerangelegenheiten, Haushalt, Beschaffung
– Abteilung IS (Informationstechnik und Sicherheit): Informationstechnik, Entwicklung von IT-Verfahren, Strukturieren und Modellieren von Geschäftsprozessen, Auskunftsersuchen, Zivilschutz, Elektronische Signatur, Sicherstellung der Telekommunikation und des Postwesens, technische Umsetzung von Überwachungsmaßnahmen, Datenschutz sowie Post- und Fernmeldegeheimnis, Sicherheit in der Telekommunikation
– Abteilung 1 (Ökonomische Fragen der Regulierung Telekommunikation): Ökonomische Grundsatzfragen der Regulierung Telekommunikation, Marktbeobachtung, Betriebswirtschaftliche Fragen, Grundsatzfragen der Internetökonomie, Internationale Angelegenheiten Telekommunikation, Berichtspflichten, Marktdefinition und Marktanalyse, Nummerierung und Nummernverwaltung
– Abteilung 2 (Rechtsfragen der Regulierung Telekommunikation, Frequenzordnung): Rechtsfragen der Regulierung, Grundsätze der sektorspezifischen Missbrauchsaufsicht Telekommunikation, Frequenzregulierung, Universaldienst, Öffentliche Angelegenheiten, Verbraucherfragen, Schlichtungsstelle, Frequenzverwaltung
– Abteilung 3 (Regulierung Post): Ökonomische und rechtliche Grundsatzfragen der Regulierung der Postmärkte, Marktbeobachtung, Qualitätsmessungen Postbereich, Besondere Netzzugänge und Netzzusammenschaltungen, Grundsätze Lizenzierung, Lizenzerteilung, Internationale Angelegenheiten Post, Berichtspflichten, Marktabgrenzung, Marktbeherrschung Postbereich, Universaldienst, Verbraucherfragen
– Abteilung 4 (Technische Regulierung Telekommunikation): Elektromagnetische Verträglichkeit, Anerkennung von Konformitätsbewertungsstellen, Marktaufsicht, Angelegenheiten des EMVG und FTEG, Normung, telekommunikationsrechtliche und ökonomische Grundsatzfragen der technischen Regulierung, Standardisierung, Technische Fragen
– Abteilung 5 (Außenstellen): Koordinierung des Prüf- und Messdienstes, Zentralbüro, Technische Ausstattung und Messverfahren für den Prüf- und Messdienst, Grundsatzfragen der Verfolgung des Missbrauchs von Mehrwertdiensten, Koordinierung VFZ, Wegerecht, Meldepflichten nach § 6, Außenstellen

111 S. *Gramlich*, CR 1998, 463, 466.
112 *Gramlich*, CR 2002, 488, 488.
113 Stand: Juli 2005. Ein aktueller Organisationsplan ist auf der Homepage der Bundesnetzagentur <http://www.bundesnetzagentur.de> abrufbar.

– Abteilung 6 (Energieregulierung): Wirtschaftliche Grundsatzfragen der Energieregulierung, Anreizregulierung, Vergleichsverfahren, Marktbeobachtung, Statistik, Monitoring Strom/Gas, Entflechtung, rechtliche Fragen, Verbraucherberatung, Technische Grundsatzfragen des Netzbetriebs, Versorgungsqualität, Netzzugang, Netzentgelte Strom und Gas, Zusammenarbeit mit Landesregulierungsbehörden, Koordinierung von EU-Angelegenheiten

Die organisationsrechtliche Absicherung der Unabhängigkeit wird vor allem durch die **jus- 49 tizförmig entscheidenden Beschlusskammern** gewährleistet. Ihre Anzahl ist nicht gesetzlich vorgegeben. Das Verfahren vor den Beschlusskammern ist kartellrechtlichen Verfahrensvorschriften nachgebildet (§§ 48 Abs. 2, 51 ff. GWB). Die justizähnliche Ausgestaltung der Beschlusskammerverfahren (Entscheidung durch ein Kollegium, analoge Anwendung zivil- und strafprozessualer Vorschriften) führt zur faktischen Unabhängigkeit der Verfahren durch Transparenz und Stärkung der Rechte der Beteiligten. Gegenwärtig bestehen neun Kammern mit folgenden telekommunikationsbezogenen Aufgaben:

– Beschlusskammer 1 (Präsidentenkammer): Lizenzierung und Universaldienst (jeweils Telekommunikation und Post), knappe Frequenzen
– Beschlusskammer 2: Endkundenmärkte Festnetzbereich
– Beschlusskammer 3: Vorleistungs- und Endkundenmärkte breitbandiger Internetzugang und Mobilfunk
– Beschlusskammer 4: Vorleistungsmärkte Festnetzbereich, Teilnehmeranschlussleitung
– Beschlusskammer 5: Entgeltregulierung und besondere Missbrauchsaufsicht Postmärkte
– Beschlusskammer 6: Regulierung Stromnetze
– Beschlusskammer 7: Regulierung Gasnetze
– Beschlusskammer 8: Netzentgelte Strom
– Beschlusskammer 9: Netzentgelte Gas

Das TKG 2004 hat die Befugnisse der Beschlusskammern zu Ermittlungen, Beschlagnah- 50 me, vorläufiger Anordnung und Verfahrensabschluss von den Beschlusskammern auf die Bundesnetzagentur insgesamt verlagert (s. §§ 128 ff.). Zur Sicherung der Unabhängigkeit wird es nicht mehr als erforderlich angesehen, alle Entscheidungen durch Beschlusskammern treffen zu lassen.[114]

Der ebenfalls zur Organisationsstruktur der Bundesnetzagentur gehörende **Länderaus- 51 schuss** nach § 8 BNetzAG dient der Abstimmung zwischen Bundesnetzagentur und Landesregulierungsbehörden bei der Regulierung der Strom- und Gasmärkte, § 10 BNetzAG i.V.m. § 60a EnWG.[115] Er hat im Bereich der Telekommunikation keine weitere Bedeutung.

III. Verfahren

1. Verwaltungsverfahrensrechtlicher Ausgangspunkt. – Grundsätzlich sind alle von der 52 Bundesnetzagentur geführten Verfahren, die auf den Erlass eines Verwaltungsakts oder den Abschluss eines öffentlich-rechtlichen Vertrages zielen, **Verwaltungsverfahren im**

---

114 S. zur bisherigen Regelung *Geppert/Ruhle/Schuster*, RdNr. 831, 833 ff.
115 Hierzu *Schmidt*, DÖV 2005, i.E., sub. III. 3. e).

Sinne des VwVfG (vgl. § 9 VwVfG).[116] Enthält das TKG keine Sondervorschriften, gilt über § 1 Abs. 1 Nr. 1 VwVfG das VwVfG des Bundes. Solche Sondervorschriften existieren insbesondere für das Beschlusskammerverfahren (s.u. RdNr. 58).

53 **2. Einleitung von Verfahren. – a) Grundsatz.** – Mit **Einleitung eines Verwaltungsverfahrens** wird die Sache anhängig, das antragstellende oder betroffene Unternehmen zum Verfahrensbeteiligten i. S.v. § 13 VwVfG. Ein weiteres Verfahren in der gleichen Sache ist dann nicht möglich, und die besonderen Befugnisse der Bundesnetzagentur im Verwaltungsverfahren (§§ 126 ff.) sind eröffnet. Auch Konkurrenzunternehmen oder Telekommunikationsnutzer können die Verfahrenseinleitung beantragen.

54 § 22 S. 2 Nr. 1 VwVfG unterscheidet zwei Alternativen der Abweichung von dem in seinem Satz 1 geregelten Grundsatz, dass die Durchführung eines Verfahrens im pflichtgemäßen Behördenermessen steht: die verpflichtende **Verfahrenseröffnung von Amts wegen** (Offizialprinzip ohne Einleitungsermessen) **oder auf Antrag** (Antragsverfahren). Die Mehrzahl der Verfahren nach dem TKG lassen sich diesen Alternativen zuordnen:[117]

55 **b) Antragsverfahren.** – Im Antragsverfahren muss die Bundesnetzagentur **auf Antrag tätig** werden (§ 22 S. 2 Nr. 1 2. Alt. VwVfG), wird aber ohne Antrag nicht tätig (§ 22 S. 2 Nr. 2 VwVfG). Die Dispositionsbefugnis bleibt mithin beim Antragsteller. Dementsprechend kann er den Antrag widerrufen, bevor er zugeht (§ 130 Abs. 1 S. 2, Abs. 3 BGB entsprechend).[118] Anschließend kann der Antrag bis zum Verfahrensabschluss mit Erlass des Verwaltungsakts (§ 9 VwVfG) zurückgenommen werden. Die Rücknahme wird schon mit Verfahrensabschluss unmöglich, nicht erst mit Unanfechtbarkeit des Verwaltungsakts, denn § 43 Abs. 2 VwVfG zählt die Fälle des Unwirksamwerdens von Verwaltungsakten auf und ein Fall der Erledigung „auf andere Weise" liegt nicht vor. Ebenso wenig ist § 92 VwGO (Klagerücknahme) anwendbar, da die entsprechenden prozessualen Rechtsfolgen im Verwaltungsverfahren fehlen.[119]

56 Folgende Verfahren nach dem TKG sind **Antragsverfahren:**[120]

– Verfahren zur Auferlegung von Zugangsverpflichtungen können nach § 21 Abs. 1 sowohl als Antrags- als auch als Amtsverfahren geführt werden.

– Verfahren der Entgeltregulierung können nach § 27 Abs. 3 auf Antrag der zuständigen Landesmedienanstalten erfolgen.

– Verfahren auf Genehmigung genehmigungsbedürftiger Entgelte nach § 30 erfolgen in der Regel als Antragsverfahren. Hier sind die Betreiber öffentlicher Telekommunikationsnetze nach § 31 Abs. 5 zur Stellung von Entgeltgenehmigungsanträgen verpflichtet, woraufhin die Bundesnetzagentur das Verfahren zur Genehmigungserteilung eröffnet.

---

116 S. zum Folgenden *Geppert/Ruhle/Schuster*, RdNr. 846 ff.

117 Nur dann, wenn weder Antrags- noch Amtsverfahren verpflichtend vorgeschrieben sind, wird ein Amtsverfahren mit Einleitungsermessen durchgeführt (z. B. Kontrolle über den Zugang zu Endnutzern nach § 18 TKG, Auferlegung von Gleichbehandlungs- und Transparenzverpflichtungen nach §§ 19 und 20 TKG, Verfahrenseinleitung zur Wahrung der Regulierungsziele im Rahmen von Zugangsvereinbarungen nach § 25 Abs. 4 TKG, etc.).

118 *Stelkens/Bonk/Sachs/P. Stelkens/Schmitz*, § 22 RdNr. 66.

119 *Stelkens/Bonk/Sachs/P. Stelkens/Schmitz*, § 22 RdNr. 70 f. m. w. N. zur Gegenansicht.

120 Nach alter Rechtslage wäre noch das Lizenzierungsverfahren (§ 8 Abs. 1 S. 1 TKG 1996) zu nennen gewesen.

- Verfahren im Rahmen der besonderen Missbrauchsaufsicht gegen marktbeherrschende Anbieter nach § 42 Abs. 4 können sowohl auf Antrag als auch als Amtsverfahren geführt werden.
- Frequenzzuteilung kann nach § 55 Abs. 3 ausnahmsweise als Einzelzuteilung im Rahmen eines Antragsverfahrens erfolgen.
- Auf Antrag führt die Bundesnetzagentur nach § 56 Abs. 1 die Anmeldung, Koordinierung und Notifizierung von Satellitensystemen bei der Internationalen Fernmeldeunion durch und überträgt dem Antragsteller die hieraus hervorgegangenen Orbit- und Frequenznutzungsrechte.
- Das Verfahren zur Zuteilung von Nummern nach §§ 64, 65 wird entsprechend § 43 Abs. 3 TKG 1996 in einer noch zu erlassenden Nummerierungsverordnung als Antragsverfahren ausgestaltet.
- Nach § 69 Abs. 1 erfolgt eine Übertragung der Nutzungsberechtigung öffentlicher Wege für Telekommunikationslinien vom Bund auf die Betreiber öffentlicher Telekommunikationsnetze im Rahmen eines Antragsverfahrens.
- In Umsetzung von Art. 13 Abs. 1 URL kann ein Unternehmen zur Finanzierung von Universaldienstverpflichtungen bei unzumutbarer Belastung auf Antrag einen Ausgleich nach § 82 Abs. 3 erlangen.
- Verfahren vor der Beschlusskammer werden nach § 134 Abs. 1 entweder auf Antrag oder von Amts wegen eingeleitet.

c) Amtsverfahren. – Folgende Verfahren nach dem TKG sind **Amtsverfahren**:   **57**

- Das Marktdefinitions- und Marktanalyseverfahren als Überprüfungs- bzw. Kontrollverfahren nach §§ 10 und 11 zur Ermittlung des Regulierungsbedarfs ist verpflichtend von Amts wegen durchzuführen.
- Im Rahmen des Verfahrens zur Auferlegung von Zugangsverpflichtungen, welches nach § 21 Abs. 1 auch als Amtsverfahren durchgeführt werden kann, muss die Bundesnetzagentur nach § 25 Abs. 1 eine Zusammenschaltungsanordnung treffen, wenn eine Zugangsvereinbarung zwischen den Betreibern öffentlicher Telekommunikationsnetze fristgemäß nicht zustande kommt.
- Kommt ein Betreiber öffentlicher Telekommunikationsnetze der Aufforderung der Bundesnetzagentur zur Stellung der Anträge auf Entgeltgenehmigung nicht nach, so leitet die Bundesnetzagentur nach § 31 Abs. 6 ein Verfahren von Amts wegen ein.
- Im Verfahren der nachträglichen Regulierung von Entgelten erfolgt eine verpflichtende Verfahrenseinleitung durch die Bundesnetzagentur nach § 38 Abs. 1 und 2 bei Offensichtlichkeit oder Bekanntwerden von Tatsachen, die die Annahme rechtfertigen, dass die Entgelte für Zugangsleistungen von Unternehmen mit beträchtlicher Marktmacht missbräuchliche Elemente enthalten.
- Die Frequenzzuteilung erfolgt im Regelfall nach § 55 Abs. 2 als Amtsverfahren.
- Daneben können die Verfahren vor den Beschlusskammern nach § 134 Abs. 1 auch als Amtsverfahren durchgeführt werden.

3. Besondere Verfahren

a) Beschlusskammerverfahren. – Das TKG kennt besondere Beschlusskammerverfah- **58**
ren, die den Entscheidungen der Beschlussabteilungen des BKartA nachgebildet sind, § 132. Durch diese Verfahrensart soll auch die Grundrechtsverwirklichung im Verfahren

sichergestellt werden.[121] Im Beschlusskammerverfahren gelten die besonderen Verfahrens-regelungen des TKG vor denen des VwVfG; im Übrigen sind die Beschlusskammern Aus-schüsse i.S.v. § 88 VwVfG. Näher s. RdNr. 49 f. sowie § 132 RdNr. 4.

59 **b) Ordnungswidrigkeitenverfahren.** – Die Bundesnetzagentur ist gemäß § 149 Abs. 3 zuständige Verwaltungsbehörde i.S.v. § 36 Abs. 1 Nr. 1 OWiG zur Verfolgung und Ahn-dung der im Katalog des § 149 Abs. 1 genannten Ordnungswidrigkeiten. Näher s. § 149 RdNr. 85. Das Verfahren über den Einspruch im Ordnungswidrigkeitenverfahren findet vor dem Amtsgericht statt (§§ 67 ff. OWiG).

---

121 *Ulmen/Gump*, CR 1997, 396, 401.

§ 117 Veröffentlichung von Weisungen des Bundesministeriums für Wirtschaft und Arbeit

Soweit das Bundesministerium für Wirtschaft und Arbeit Weisungen erteilt, sind diese Weisungen im Bundesanzeiger zu veröffentlichen. Dies gilt nicht für solche Aufgaben, die vom Bundesministerium für Wirtschaft und Arbeit auf Grund dieses Gesetzes oder anderer Gesetze in eigener Zuständigkeit wahrzunehmen sind und mit deren Erfüllung es die Regulierungsbehörde beauftragt hat.

Schrifttum: S. das Schrifttum zu § 116 sowie *Gramlich*, Der Porto-Streit – Wege und Irrwege der Entgeltregulierung, CR 2000, 816.

Zweck der Regelung ist die **Herstellung von Transparenz** im Telekommunikationsmarkt **1** bei Einflussnahmen des BMWA auf die Arbeit der Bundesnetzagentur. Sie ist § 52 GWB nachempfunden, der eine Publikationspflicht mit gleicher Intention vorsieht. Als Bundesoberbehörde ist die Bundesnetzagentur in den Aufbau der bundeseigenen Verwaltung eingegliedert (s. § 116 RdNr. 21) und unterliegt der Rechts-, Fach- und Dienstaufsicht des übergeordneten BMWA.[1] Die Fachaufsichtskompetenz ergibt sich aus der ministeriellen Ressortverantwortlichkeit für Gegenstände der unmittelbaren Verwaltung (Art. 65 S. 2 GG).[2] Sie schließt die Befugnis zu Weisungen ein[3], die eine erhebliche politische Einflussnahme im Einzelfall ermöglicht und von § 117 vorausgesetzt wird.[4] Die Neufassung des § 117 im Verhältnis zum § 66 Abs. 5 TKG-1996 stellt klar, dass nicht nur allgemeine, sondern auch Einzelweisungen erteilt werden können.[5] Der Streit zum § 66 Abs. 5 TKG-1996 ist insoweit hinfällig.[6] Im Gegensatz zu § 21 PTRegG ist aber eine nachträgliche Einflussnahme nicht geregelt (Aufheben von Entscheidungen der Bundesnetzagentur oder Ministererlaubnis).[7] Das Weisungsrecht findet seine Grenzen im Rechtsstaatsprinzip; nur rechtmäßige Weisungen sind verbindlich.[8]

Die **Vorschrift erfasst sämtliche Weisungen**, nicht mehr wie § 66 Abs. 5 TKG-1996 (und **2** die Parallelnorm § 52 GWB) lediglich allgemeine Weisungen und auch nicht nur solche, die sich auf das Verfahren vor den Beschlusskammern beziehen. Letztere Einschränkung hatte die Bundesregierung im Referentenentwurf vorgeschlagen, weil die Tätigkeit der Regulierungsbehörde in sektorspezifische Regulierung und herkömmliche Verwaltung zweigeteilt sei. Nur Weisungen mit unmittelbarer oder mittelbarer Auswirkung auf Be-

---

1 *v. Mangoldt/Klein/Starck/Gersdorf*, GG, Art. 87 f RdNr. 102; *Geppert/Ruhle/Schuster*, RdNr. 822.

2 *Bender*, K&R 2001, 506, 508.

3 *Eschweiler*, K&R 2001, 238, 239.

4 *Gramlich*, CR 1998, 463, 465; *Manssen/Weber/Rommersbach*, § 66 RdNr. 20.

5 Vgl. aus dem Postsektor die umstrittene – allgemeine – Weisung von BMWi *Werner Müller*, zur Verhinderung einer Portoerhöhung: Bundesanzeiger vom 7. 4. 2000, S. 6374; dazu *Gramlich*, CR 2000, 816.

6 Dazu *Eschweiler*, K&R 2001, 238, 240 f., sowie mit weiteren Literaturhinweisen *Trute/Spoerr/Bosch*, § 66 RdNr. 30 f., und *Kühling*, Sektorspezifische Regulierung in den Netzwirtschaften, S. 377 f. S. noch den Vorstoß der FDP-Fraktion im BTag gegen ein Einzelweisungsrecht, BT-Drs. 15/2685 und 15/2686, Ziff. 12.

7 *Gramlich*, CR 1998, 463, 466.

8 *Eschweiler*, K&R 2001, 238, 240.

schlusskammerentscheidungen sollten veröffentlicht werden.[9] Der Bundesrat hat im Vermittlungsausschuss seine Vorstellung durchgesetzt, dass alle Weisungen publiziert werden müssen.[10] Schon die Unschärfe des Kriteriums der unmittelbaren oder mittelbaren Auswirkung liegt auf der Hand. Zudem überzeugt das Argument, dass in den Fachabteilungen der Bundesnetzagentur häufig regulierungsrelevante Vorarbeiten für Beschlusskammerentscheidungen vorgenommen werden, und schließlich führte es auch zu weit, den nicht von den Beschlusskammern getroffenen Entscheidungen generell geringere Regulierungsrelevanz beizumessen.

3 Indem sich das Publikationsgebot auf alle Entscheidungen nach dem TKG bezieht, erfasst es jede auf Erlassen oder Unterlassen einer Entscheidung gerichtete Weisung und jede Einflussnahme auf Organisation oder Geschäftsablauf der Bundesnetzagentur. Ausgenommen sind Weisungen, die sich auf Aufgaben des BMWA in eigener Zuständigkeit beziehen, die an die Bundesnetzagentur delegiert worden sind. Dies sind insbesondere die Aufgaben im Bereich der europäischen und internationalen Telekommunikationspolitik nach § 140 sowie die Ermächtigungen des BMWA zum Erlass von Rechtsverordnungen zur Regelung der Gebühren von Amtshandlungen der Bundesnetzagentur nach § 142 Abs. 2, zur Regelung der Frequenznutzungsbeiträge nach § 143 Abs. 4 und zur Regelung der Erhebung von Telekommunikationsbeiträgen nach § 144 Abs. 4, die gemäß § 142 Abs. 2 S. 6, § 143 Abs. 4 S. 3 bzw. § 144 Abs. 4 S. 3 unter Sicherstellung der jeweiligen Einvernehmensregelung mit dem BMF auf die Bundesnetzagentur übertragen werden können.[11]

4 Weisungen des BMWA sind im **Bundesanzeiger** zu veröffentlichen. Die Veröffentlichung ist keine Wirksamkeitsvoraussetzung, d. h. ihre Fehlerhaftigkeit oder ihr Unterlassen führt weder zur Rechtswidrigkeit der Weisung noch der darauf beruhenden Entscheidung. Die unterlassene Publikation einer Weisung kann also eher politisch als rechtlich sanktioniert werden. Neben Transparenz und Publizität bewirkt die Publikationspflicht eine Disziplinierung des Weisungsrechts des BMWA, da die öffentliche Diskussion Kritik und Vorbehalte gegenüber einzelnen Weisungen zutage fördern kann. Sie begrenzt letztlich die Einwirkungen des BMWA durch ein formalisiertes Verfahren.[12]

5 Förmliche Weisungen sind nicht die einzige Einwirkungsmöglichkeit der BReg auf die Tätigkeit der Bundesnetzagentur. Denkbar sind auch informelle Einflussnahmen.[13] Außerdem nimmt die BReg zum Bericht nach § 121 Stellung (§ 121 Abs. 3).

---

9 Regierungsentwurf, BR-Drs. 755/03.
10 Zum Folgenden BR-Drs. 755/2/03, Ziff. 85; 755/03 (Beschluss), Ziff. 77; BT-Drs. 15/2345, S. 9.
11 S. Verordnung zur Übertragung der Befugnis zum Erlass von Rechtsverordnungen nach dem Telekommunikationsgesetz (TKGÜbertrV), BGBl. 2004 I S. 2899.
12 *Ulmen/Gump*, CR 1997, 396, 402; *Kühling*, Sektorspezifische Regulierung in den Netzwirtschaften, S. 383.
13 Kritisch *Bender*, K&R 2001, 506, 509, mit Beispielen.

§ 118 Beirat

(aufgehoben)

§ 118 wurde durch Art. 3 Abs. 2 des Zweiten Gesetzes zur Neuregelung des Energiewirtschaftsrechts vom 7. 7. 2005 aufgehoben. Die bisherige Regelung ist in § 5 BNetzAG aufgegangen:

§ 5 BNetzAG (Beirat)

(1) Die Bundesnetzagentur hat einen Beirat, der aus jeweils 16 Mitgliedern des Deutschen Bundestages und 16 Vertretern oder Vertreterinnen des Bundesrates besteht; die Vertreter oder Vertreterinnen des Bundesrates müssen Mitglieder einer Landesregierung sein oder diese politisch vertreten. Die Mitglieder des Beirates und die stellvertretenden Mitglieder werden jeweils auf Vorschlag des Deutschen Bundestages und des Bundesrates von der Bundesregierung berufen.

(2) Die vom Deutschen Bundestag vorgeschlagenen Mitglieder werden für die Dauer der Wahlperiode des Deutschen Bundestages in den Beirat berufen. Sie bleiben nach Beendigung der Wahlperiode des Deutschen Bundestages noch so lange im Amt, bis die neuen Mitglieder berufen worden sind. Ihre Wiederberufung ist zulässig. Die vom Bundesrat vorgeschlagenen Vertreter oder Vertreterinnen werden für die Dauer von vier Jahren berufen; ihre Wiederberufung ist zulässig. Sie werden abberufen, wenn der Bundesrat an ihrer Stelle eine andere Person vorschlägt.

(3) Die Mitglieder können gegenüber dem Bundesministerium für Wirtschaft und Arbeit auf ihre Mitgliedschaft verzichten. Die Erklärung bedarf der Schriftform. Die vom Deutschen Bundestag vorgeschlagenen Mitglieder verlieren darüber hinaus ihre Mitgliedschaft mit dem Wegfall der Voraussetzungen ihrer Berufung.

(4) Scheidet ein Mitglied aus, so ist unverzüglich an seiner Stelle ein neues Mitglied zu berufen. Bis zur Ernennung eines neuen Mitglieds und bei einer vorübergehenden Verhinderung des Mitglieds nimmt das berufene stellvertretende Mitglied die Aufgaben des Mitglieds wahr.

(5) Die Absätze 1 bis 4 gelten für die stellvertretenden Mitglieder entsprechend.

Schrifttum: S. Hinweise zu § 116.

Übersicht

I. Funktion und Rechtsstellung des Beirates

1   § 5 BNetzAG löst § 118 als **Grundlage für Errichtung und Zusammensetzung des Beirats** ab. Gleichzeitig wird durch Ersetzung der „Benennung"/„Ernennung" durch „Berufung" eine textliche Anpassung vorgenommen und die Mitgliederzahl auf 16 Mitglieder des BTages und 16 Vertreter des BRates erhöht, was die Entsendung eines Mitglieds oder Vertreters jeder Landesregierung ermöglicht.[1] Bis zu seiner Bildung nach Abs. 1 werden nach § 11 BNetzAG die Aufgaben des Beirats vom TKG-Beirat nach § 118 wahrgenommen.

2   Der Beirat wird nach § 5 Abs. 1 BNetzAG bei der Bundesnetzagentur gebildet und ist paritätisch aus je 16 Vertretern von BTag und BRat zusammengesetzt. Er soll den **Einfluss der Länder auf die Telekommunikationsverwaltung des Bundes sichern**[2] und ist auf deren Druck ohne jede europarechtliche Vorgabe eingerichtet worden. Die Länderbeteiligung an der Telekommunikations- bzw. Fernmeldeverwaltung des Bundes hat eine **lange Tradition** (vgl. den Verwaltungsrat nach dem Postverwaltungsgesetz von 1953, der zurückgeht auf das Reichspostfinanzgesetz von 1924, sowie den „Infrastrukturrat" des Postverfassungsgesetzes von 1989[3]). Der Bundesrat habe eine Mitverantwortung bei der sozialstaatlich veranlassten Gewährleistung der Versorgung mit Telekommunikationsdienstleistungen.[4] Zudem hätten die Länder wegen Art. 143 b Abs. 2 S. 3 GG (zustimmungspflichtiges Gesetz bei Aufgabe der Kapitalmehrheit des Bundes an Deutscher Post AG) ein budgetäres Interesse an der Privatisierungsfolgenverwaltung. Außerdem existierten Überschneidungen zwischen der Bundesverwaltung der Telekommunikation und Länderbelangen im Medienbereich.

3   Die Einbeziehung institutionalisierter Länderinteressen in der Bundesverwaltung weckt Bedenken angesichts des vom BVerfG formulierten, klaren Verantwortlichkeiten dienenden grundgesetzlichen **Verbots der Mischverwaltung**.[5] Das Verbot untersagt die Überordnung von Bundes- über Landesbehörden (theoretisch auch umgekehrt) im hierarchischen Behördenaufbau sowie das Zusammenwirken von Bundes- und Landesbehörden durch Zustimmungserfordernisse.[6] Verfassungs*rechtlich* lassen sich die Bedenken leicht zerstreuen.[7] Im Beirat sitzen zwar Mitglieder einer Landesregierung, jedoch als Bundesratsvertreter. Die Länderinteressen werden mithin durch den Bundesrat mediatisiert[8]; der Bundesrat aber ist ein Bundes-, kein Länderorgan. Die paritätische Besetzung mit Bundestags- und Bundesratsmitgliedern sorgt zudem für eine faktische Schwächung der Einflussnahme

---

1 *Schmidt*, DÖV 2005, i.E., sub. III. 3. d).

2 *Oertel*, Die Unabhängigkeit der Regulierungsbehörde nach §§ 66 ff. TKG, S. 455 ff.; vgl. *Trute/Spoerr/Bosch*, § 67 RdNr. 2 ff.; *Ulmen/Gump*, CR 1997, 396, 402.

3 Zur Entwicklung Bonner Komm./*Badura*, Art. 87 f RdNr. 19.

4 Zu diesem und den folgenden Argumenten BT-Drs. 13/4438, Anlage 2 Nr. 73 (S. 19).

5 *Ulmen/Gump*, CR 1997, 396, 402. S. auch BVerfGE 63, 1 (36 ff.), sowie Bonner Komm./*Badura*, Art. 87 f RdNr. 19.

6 Umfassend *Maunz/Dürig/Lerche*, Art. 83 RdNr. 85. S. auch *v. Mangoldt/Klein/Starck/Gersdorf*, Art. 87 f RdNr. 97.

7 Plastisch *Maunz/Dürig/Lerche*, Art. 87 f RdNr. 113: „ist man den sonst sich auftürmenden verfassungsrechtlichen Bedenken aus dem Aspekt bundeseigener Verwaltung gerade noch rechtzeitig aus dem Weg gegangen".

8 *Trute/Spoerr/Bosch*, § 67 RdNr. 5.

der Länder.[9] Vor allem sind dem Beirat aufgrund der verfassungsrechtlichen Bedenken **keine echten Mitentscheidungsrechte** eingeräumt worden – er ist nicht einmal Behörde[10], weil ihm die organisatorische Verselbstständigung und die Befugnis zum Handeln im eigenen Namen mit Außenwirkung[11] fehlt. Da der Beirat daher nicht als Organ in die Verwaltungshierarchie eingebunden ist, ist er auch dem Zugriff von Weisungen des BMWA entzogen.

Verfassungsrechtspolitisch entzieht die Verfassungskonformität der Konstruktion des 4 Beirates seine Einrichtung nicht der Kritik. Wenn auch keine echte, unzulässige Mischverwaltung vorliegt, so **weicht der Beirat** doch **die Verantwortlichkeitsgrenzen in der Bundesverwaltung auf.** Die Bereicherung des Gremien- und Ausschusswesens durch ein solches Konstrukt an der Spitze einer zentralen Bundesoberbehörde überzeugt ebenfalls kaum. Allenfalls als Instanz vorgelagerter parlamentarischer Kontrolle lässt sich der Beirat auch verfassungspolitisch „retten".

Der Beirat wird bei der Bundesnetzagentur gebildet, ist also Teil ihrer Organisationsstruk- 5 tur, aber **kein Organ der Bundesnetzagentur.**[12] Die Zuordnung zur Bundesnetzagentur zieht organisatorische und Finanzierungspflichten nach sich.[13] Der Beirat ist nicht berechtigt, Entscheidungen der Bundesnetzagentur abschließend selbst zu treffen, sondern seine Kompetenzen sind auf Vorschlags-, Beratungs- und Auskunftsrechte begrenzt. Er ist insoweit Ausschuss i.S.v. § 88 VwVfG.[14] Außenwirksam entscheidet allein die Bundesnetzagentur. Seine Mitwirkung betrifft nach § 7 BNetzAG bestimmte gesetzlich festgelegte Entscheidungen, die für den Bereich der Telekommunikationsregulierung namentlich in § 120 aufgelistet sind (Vergabe knapper Funkfrequenzen, Auferlegung von Universaldienstleistungen); näher § 120 RdNr. 3 ff.

II. Zusammensetzung

Der Beirat besteht aus jeweils **16 Mitgliedern des BTages und 16 Vertretern des BRates,** 6 wobei die BRats-Vertreter Mitglieder einer Landesregierung sein oder diese politisch vertreten müssen, § 5 Abs. 1 S. 1 2. Hs. BNetzAG. Die in den Beirat ernannten Mitglieder des BTages sind Abgeordnete (Art. 38 Abs. 1 S. 1 GG; § 45 BWahlG), die Vertreter des BRates sind nicht nur Regierungsmitglieder, sondern in Weiterentwicklung von § 67 Abs. 1 S. 2 TKG 1996 (dort: Mitglieder des BRates i.S.v. Art. 51 Abs. 1 GG) auch leitende Landesbeamte als Regierungsvertreter[15]; hierdurch wird die strikt parlamentarisch-gubernative Funktion des Beirates aufgeweicht. Alle Mitglieder des Beirates sind **weisungsunabhängig.** Für die Bundestagsabgeordneten ergibt sich dies aus Art. 38 Abs. 2 GG, für die Bundesratsvertreter aus dem Fehlen von Regelungen für die Stimmabgabe.

Die Beiratsmitglieder verfügen über persönliche Stellvertreter (s. § 5 Abs. 4 BNetzAG).

---

9 *Manssen/Weber/Rommersbach*, § 67 RdNr. 9.
10 Vgl. hierzu *Manssen/Weber/Rommersbach*, § 67 RdNr. 5.
11 Zu diesen Voraussetzungen BVerwGE 70, 4, 12 f.
12 Hierzu *Trute/Spoerr/Bosch*, § 67 RdNr. 6; dagegen BeckTKG-Komm/*Geppert*, § 67 RdNr. 4.
13 *Trute/Spoerr/Bosch*, § 67 RdNr. 6.
14 Vgl. *Manssen/Weber/Rommersbach*, § 67 RdNr. 6.
15 Auf Wunsch des Bundesrates: BT-Drs. 14/7921, S. 20.

III. Mitgliedschaft

7 **1. Beginn.** – Die Mitglieder und stellvertretenden Mitglieder werden jeweils auf Vorschlag des BTages bzw. BRates durch die BReg berufen. Das Vorschlagsrecht liegt also bei den gesetzgebenden Körperschaften für ihre Mitglieder bzw. Vertreter, die Entscheidung wird durch die BReg als Kollegialorgan getroffen. Da die BReg nicht über ein eigenes **Vorschlagsrecht** verfügt, steht ihr auch kein Auswahl- bzw. Entscheidungsermessen zu. Auch fehlen ausdrückliche Vorschriften über besondere Befähigungen der Beiratsmitglieder. Allein der Abgeordnetenstatus bzw. die Befugnis, ein Land zu vertreten, darf die BReg formal überprüfen. Darüber hinausgehende Überprüfungsmöglichkeiten der BReg würden der Funktion des Beirates als Gremium der vorgelagerten parlamentarischen Kontrolle zuwiderlaufen.[16]

8 **2. Ende.** – Die Dauer der Mitgliedschaft wird in § 5 Abs. 2 BNetzAG **nach den beiden Gruppen von Beiratsmitgliedern differenziert**. Die Bundestagsabgeordneten bleiben während der Wahlperiode im Beirat. Hierdurch wird der Diskontinuität des BTages Rechnung getragen. Zur Sicherung der Arbeitsfähigkeit des Beirates und zur Fortführung laufender Regulierungsverfahren, in die häufig erhebliche finanzielle Interessen involviert sind, wird dieser Grundsatz durchbrochen, denn die vom BTag entsandten Beiratsmitglieder bleiben nach Ablauf der Wahlperiode bis zur Ernennung der neuen Mitglieder im Amt.[17] Sie können dann wiederberufen werden. Entfällt der Abgeordnetenstatus als Voraussetzung für die Berufung in den Beirat, so verlieren die vom BTag vorgeschlagenen Mitglieder auch ihre Mitgliedschaft im Beirat, § 5 Abs. 3 S. 3 BNetzAG. Die Hauptfälle des Mandatsverlustes sind in § 46 Abs. 1 BWahlG aufgezählt: Ungültigkeit des Erwerbs der Mitgliedschaft, Neufeststellung des Wahlergebnisses, Wegfall des passiven Wahlrechts, Verzicht, Feststellung der Verfassungswidrigkeit der Partei des Abgeordneten durch das BVerfG. Auch der Wechsel vom BTag in den BRat zieht die Niederlegung des Bundestagsmandats (§ 2 GeschOBRat) und damit den Verlust der Mitgliedsstellung im Beirat nach sich.

9 Eine **vorherige Abberufung** der Abgeordneten im Beirat ist nicht möglich, da eine dem § 5 Abs. 2 S. 5 BNetzAG entsprechende Vorschrift fehlt und infolgedessen die Bundestagsmitglieder für die Dauer der Wahlperiode des BTages in den Beirat berufen werden.[18] Ein vorheriges Abberufungsrecht wäre verfassungsrechtlich nicht ausgeschlossen gewesen, denn das freie Mandat (Art. 38 Abs. 1 S. 2 GG) verhindert keine Regelungen, mit denen das Organ BTag seinen Vertretern in anderen Gremien das Vertrauen entziehen kann.[19]

10 Die **Amtszeit der vom BRat vorgeschlagenen Vertreter** endet nicht mit der Legislaturperiode des BTages; die Mitglieder der Landesregierungen unterliegen nicht der Diskontinuität des BTages.[20] Sie endet vielmehr unabhängig davon nach vier Jahren. Auch diese Mit-

---

16 Zu dieser Funktion *Oertel*, Die Unabhängigkeit der Regulierungsbehörde nach §§ 66 ff. TKG, S. 333 ff.

17 S. *Schmidt*, DÖV 2005, i.E., sub. III. 3. d).

18 A.A.: *Manssen/Weber/Rommersbach*, § 67 RdNr. 21 (freies Rückrufsrecht); *Trute/Spoerr/Bosch*, § 67 RdNr. 11, sowie *Schmidt*, DÖV 2005, i.E., sub. III. 3. d) (Verweis auf Parlamentsrecht und Schutzwirkung des Art. 38 Abs. 1 S. 2 GG). Im Ergebnis wie hier *Heun/Gramlich*, Handbuch Telekommunikationsrecht, RdNr. 41.

19 In diesem Sinne *Manssen/Weber/Rommersbach*, § 67 RdNr. 21.

20 *Manssen/Weber/Rommersbach*, § 67 RdNr. 12.

glieder können wiederberufen werden, und zwar ohne jede aus dem Gesetz erkennbare Begrenzung beliebig oft für weitere vier Jahre.[21] Außerdem können sie durch Vorschlag anderer Personen durch den BRat von der BReg abberufen werden. Die Abberufung muss nach dem Wortlaut schon vor Ablauf der Vierjahresfrist und unabhängig davon möglich sein, ob es sich um einen erst- oder wiederberufenen Vertreter handelt. Der Status der Vertreter des BRates lässt – anders als bei Abgeordneten des BTages – keine verfassungsrechtlichen Bedenken aufkommen.

Alle Mitglieder des Beirats können **auf ihre Mitgliedschaft verzichten** und auf eigene 11 Initiative ihr Amt niederlegen, § 5 Abs. 3 BNetzAG. Sie müssen dies gegenüber dem BMWA schriftlich erklären. Hierfür ist die qualifizierte elektronische Signatur ausreichend, die gemäß §§ 3 a VwVfG, 126 a BGB der Schriftform gleichgestellt ist.[22] Der Verzicht ist nicht besonders zu begründen, sondern hängt allein vom Willen des Erklärenden ab. Er wird nach allgemeinen Regeln mit Zugang beim BMWA wirksam.

3. Inkompatibilität. – Anders als § 51 Abs. 5 GWB für das BKartA oder § 4 BNetzAG 12 für die Spitze der Bundesnetzagentur enthält das TKG **keine ausdrückliche Regelung über das Verbot von Beiratsmitgliedern, für Wettbewerber auf dem Telekommunikationsmarkt tätig zu sein.** Daher wird teilweise aus den Aufgaben des Beirats geschlossen, eine solche Tätigkeit sei per se verboten, damit die Regulierungsziele objektiv und unvoreingenommen verfolgt werden könnten.[23] Politisch ist gegen diese Auffassung nichts einzuwenden – im Gegenteil: Der Beirat sollte nicht noch durch Verquickungen mit der Telekommunikationswirtschaft den Eindruck einer „Kungelrunde" vermitteln. Schon die sich aufdrängende Frage, ob das Fehlen einer entsprechenden Regelung ungewollte Regelungslücke oder Ergebnis effektiven Lobbyismus' sei, lässt nichts Gutes ahnen. Rechtlich wird allerdings ein solches Verbot ohne ausdrückliche Regelung vor dem **Vorbehalt des Gesetzes** keinen Bestand haben. Immerhin enthielte es das Verbot einer beruflichen Betätigung und müsste schon daher gesetzlich geregelt sein. Zudem hat der Beirat nur Mitwirkungsrechte und keine verbindlichen Entscheidungskompetenzen. Für Fälle konkreter Interessenkollisionen kann auf § 20 Abs. 4 VwVfG zurückgegriffen werden. Die Vorschrift ermöglicht die Meldung einer potenziellen Befangenheit und die Entscheidung darüber. Die Mitwirkung einer ausgeschlossenen Person macht eine Entscheidung des Beirats fehlerhaft und kann sogar zur Nichtigkeit der Gesamtentscheidung der Bundesnetzagentur führen, § 44 Abs. 3 Nr. 2 VwVfG. Bei Ausschluss wegen Befangenheit rückt das berufene stellvertretende Mitglied für den Zeitraum in den Beirat ein, den das konkrete Verfahren in Anspruch nimmt.

4. Verfahren bei Ausscheiden. – Nach § 5 Abs. 4 BNetzAG ist **bei Ausscheiden eines** 13 **Mitglieds unverzüglich ein neues Mitglied zu berufen,** um die Funktionsfähigkeit des Beirats und das paritätische Stimmenverhältnis zu erhalten. Das zuständige Organ (BTag, BRat) behält sein Vorschlagsrecht.

5. Stellvertreter. – Das stellvertretende Mitglied wird auf gleiche Weise bestimmt wie das 14 Mitglied, § 5 Abs. 5 BNetzAG; mithin werden **je 16 Stellvertreter für Mitglieder des BTages bzw. BRates berufen.** Bis zur Berufung im Fall des Ausscheidens und bei vo-

---

21 Noch weitergehend *Manssen/Weber/Rommersbach*, § 67 RdNr. 13, die von einer unbefristeten Amtszeit nach Wiederberufung ausgehen.
22 Vgl. BR-Drs. 755/03 Begründung zu § 116 TKG-RefE.
23 Dafür *Etling-Ernst*, TKG, § 67 RdNr. 7. Dagegen *Manssen/Weber/Rommersbach*, § 67 RdNr. 19.

rübergehender Verhinderung übernimmt das berufene stellvertretende Mitglied die Aufgaben des Mitglieds, § 5 Abs. 4 S. 2 BNetzAG. Eine Vertretung des Stellvertreters ist nicht vorgesehen. Scheidet ein amtsausübendes stellvertretendes Mitglied aus (durch Amtsverzicht, Tod, Abberufung), bleibt der Beiratssitz bis zur Berufung eines Nachfolgers vakant. Das ist praktikabel, weil die Neuberufung unverzüglich erfolgen soll (§ 5 Abs. 4 S. 1 BNetzAG) und der Beirat beschlussfähig bleibt (§ 6 Abs. 3 S. 1 BNetzAG).

§ 119 Geschäftsordnung, Vorsitz, Sitzungen des Beirates

(aufgehoben)

§ 119 wurde durch Art. 3 Abs. 2 des Zweiten Gesetzes zur Neuregelung des Energiewirtschaftsrechts vom 7. 7. 2005 aufgehoben. Die bisherige Regelung ist in § 6 BNetzAG aufgegangen.

§ 6 BNetzAG (Geschäftsordnung, Vorsitz, Sitzungen des Beirates)

(1) Der Beirat gibt sich eine Geschäftsordnung, die der Genehmigung des Bundesministeriums für Wirtschaft und Arbeit bedarf.

(2) Der Beirat wählt nach Maßgabe seiner Geschäftsordnung aus seiner Mitte ein vorsitzendes und ein stellvertretendes vorsitzendes Mitglied. Gewählt ist, wer die Mehrheit der Stimmen erreicht. Wird im ersten Wahlgang die erforderliche Mehrheit nicht erreicht, entscheidet im zweiten Wahlgang die Mehrheit der abgegebenen Stimmen. Bei Stimmengleichheit im zweiten Wahlgang entscheidet das Los.

(3) Der Beirat ist beschlussfähig, wenn mehr als die Hälfte der jeweils auf Vorschlag des Deutschen Bundestages und des Bundesrates berufenen Mitglieder anwesend ist. § 5 Abs. 4 Satz 2 ist zu beachten. Die Beschlüsse werden mit einfacher Mehrheit gefasst. Bei Stimmengleichheit ist ein Antrag abgelehnt.

(4) Hält der oder die Vorsitzende die mündliche Beratung einer Vorlage für entbehrlich, so kann die Zustimmung oder die Stellungnahme (Beschluss) der Mitglieder im Wege der schriftlichen Umfrage eingeholt werden. Für das Zustandekommen des Beschlusses gilt Abs. 3 entsprechend. Die Umfrage soll so frühzeitig erfolgen, dass auf Antrag eines Mitglieds oder der Bundesnetzagentur die Angelegenheit noch rechtzeitig in einer Sitzung beraten werden kann.

(5) Der Beirat soll mindestens einmal im Vierteljahr zu einer Sitzung zusammentreten. Sitzungen sind anzuberaumen, wenn die Bundesnetzagentur oder mindestens drei Mitglieder die Einberufung schriftlich beantragen. Der oder die Vorsitzende des Beirates kann jederzeit eine Sitzung anberaumen.

(6) Die ordentlichen Sitzungen sind nicht öffentlich.

(7) Der Präsident oder die Präsidentin der Bundesnetzagentur und seine oder ihre Beauftragten können an den Sitzungen teilnehmen. Sie müssen jederzeit gehört werden. Der Beirat kann die Anwesenheit des Präsidenten oder der Präsidentin der Bundesnetzagentur, im Verhinderungsfall einer stellvertretenden Person, verlangen.

(8) Die Mitglieder oder die sie vertretenden Personen erhalten Ersatz von Reisekosten und ein angemessenes Sitzungsgeld, das das Bundesministerium für Wirtschaft und Arbeit festsetzt.

Schrifttum: S. Hinweise zu § 116 sowie *Groß,* Das Kollegialprinzip in der Verwaltungsorganisation, 1999.

I. Normzweck

1 § 119, der § 68 TKG 1996 unverändert entsprach, wurde im Zuge des In-Kraft-Tretens des Zweiten Gesetzes zur Neuregelung des Energiewirtschaftsrechts[1] aus dem TKG ausgegliedert und mit einigen Textanpassungen inhaltlich unverändert in § 6 BNetzAG überführt. Dieser regelt nunmehr innere Organisation und Verfahren des Beirates, d. h. Geschäftsordnungsgewalt, Vorsitz, Ordnungen der Sitzungen sowie Verfahren im Beirat. Der Beirat verfügt in den Grenzen des § 6 BNetzAG über ein Eigenorganisationsrecht. **Vorläufer** der Vorschrift sind §§ 33 PostVerfG und 12 PTRegG über den Infrastrukturrat bzw. Regulierungsrat. § 6 BNetzAG verdrängt in seinem Anwendungsbereich (Verwaltungsverfahren i. S. v. § 9 VwVfG) § 88 VwVfG.

II. Geschäftsordnung

2 § 6 Abs. 1 BNetzAG verpflichtet den Beirat, sich eine Geschäftsordnung zu geben; die Geschäftsordnungsbefugnis ist mithin als Verpflichtung ausgestaltet. Inhaltlich muss die Geschäftsordnung den Rahmen des § 6 BNetzAG ausfüllen.[2]

3 Aufgrund der vorgezogenen Neuwahl zum 16. Deutschen Bundestag am 18. 9. 2005 konnte bisher der Beirat nach § 5 BNetzAG noch nicht gebildet werden. Nach § 11 BNetzAG werden seine Aufgaben übergangsweise durch den alten Beirat nach § 118 wahrgenommen. Dementsprechend gilt gegenwärtig dessen Geschäftsordnung vom 25. Oktober 2004 mit folgenden Regelungen:

4 **Sitz des Beirates** ist bei der Bundesnetzagentur in Bonn (§ 1 GeschO Beirat). Die Wahl des Vorsitzenden und des stellvertretenden Vorsitzenden entspricht § 6 Abs. 2 BNetzAG, wobei die Amtszeit zwei Jahre beträgt und beide nicht derselben Gruppe (BTag, BRat) angehören dürfen (§ 2 GeschO Beirat). Die Regelung über die **Sitzungen** (§ 3 GeschO Beirat) entspricht wiederum § 6 Abs. 5 bis Abs. 7 BNetzAG mit den Erweiterungen, dass neben dem Präsidenten der Regulierungsbehörde auch der Bundesminister für Wirtschaft und Arbeit und dessen Beauftragte an den Sitzungen teilnehmen können (§ 3 Abs. 3

---

1 BGBl. 2005 I S. 1970.

2 In Abweichung von den Vorgängervorschriften §§ 12 Abs. 1 PTRegG und 33 Abs. 1 PostVerfG wird dies nach § 6 Abs. 1 des Gesetzes über die Bundesnetzagentur für Elektrizität, Gas, Telekommunikation, Post und Eisenbahnen durch den Genehmigungsvorbehalt des BMWA überwacht (näher u. RdNr. 5).

GeschO Beirat) und die Möglichkeit eines Beschlusses über die vertrauliche Behandlung von Angelegenheiten vorgesehen ist (§ 3 Abs. 5 S. 2 GeschO Beirat). Hinzu tritt die Verpflichtung zur Teilnahme (§ 4 Abs. 1 GeschO Beirat; Anwesenheitsliste Abs. 2) und die Berechtigung von Beauftragten und Stellvertretern der Mitglieder zur Teilnahme als Gäste (§ 4 Abs. 4 GeschO Beirat) an den nichtöffentlichen Sitzungen (§ 6 Abs. 6 BNetzAG, § 3 Abs. 5 S. 1 GeschO Beirat). Der Beirat kann außerdem Sachverständige laden und Gutachten in Auftrag geben (§ 4 Abs. 3 GeschO Beirat). Nach § 5 Abs. 2 GeschO Beirat können die Mitglieder des Beirates und der Präsident der Regulierungsbehörde dem Vorsitzenden schriftlich Themenvorschläge für die nächste Sitzung unterbreiten, deren Beratung unterbleiben kann, wenn der Vorschlag aus dem Beirat kommt und der Vorschlagende mit einer schriftlichen Stellungnahme der Regulierungsbehörde einverstanden ist, was allen Mitgliedern und stellvertretenden Mitgliedern mitzuteilen ist. Im Übrigen stellt der Vorsitzende des Beirates für jede Sitzung eine Tagesordnung auf, die einschließlich der Sitzungsvorlagen den Mitgliedern und stellvertretenden Mitgliedern mindestens zwei Wochen vor der Sitzung vorliegen soll (§ 6 GeschO Beirat). Die Geschäftsordnung enthält schließlich Regelungen über die Beschlussfassung (§ 7 GeschO Beirat) und Niederschrift (§ 8 GeschO Beirat). Außerdem hat der Beirat eine Geschäftsstelle (§ 9 GeschO Beirat).

Die Geschäftsordnung bedarf der **Genehmigung durch das BMWA**. Da diesem keine 5
Weisungsrechte gegenüber dem Beirat zustehen[3], ist die Überprüfung auf die Feststellung der Rechtskonformität beschränkt. Die Zweckmäßigkeitskontrolle eines parlamentarischen Gremiums durch die Exekutive wäre ein verfassungsrechtlich kaum tragbarer Systembruch.

III. Vorsitz

1. Wahl. – Der Beirat wählt aus seiner Mitte ein vorsitzendes und ein stellvertretendes vor- 6
sitzendes Mitglied nach Maßgabe der GeschO Beirat, § 6 Abs. 2 S. 1 BNetzAG. Zur Herstellung der Handlungsfähigkeit des Kollegialorgans Beirat ist die Wahl zwingend erforderlich. Zur Wahl muss die Mehrheit der Stimmen im beschlussfähigen (RdNr. 9) Beirat erreicht werden (§ 6 Abs. 2 S. 2 BNetzAG). **Mehrheit der Stimmen** bedeutet hier im ersten Wahlgang Mehrheit der Mitglieder, vgl. Abs. 2 S. 3 und § 7 Abs. 2 S. 3 GeschO Beirat. Danach entscheidet die Mehrheit der abgegebenen Stimmen, wobei aus der allgemeinen Regel des § 92 Abs. 2 VwVfG folgt, dass ungültige Stimmen und Enthaltungen keine Berücksichtigung finden.[4] Bei Stimmengleichheit im zweiten Wahlgang entscheidet das Los, § 6 Abs. 2 S. 4 BNetzAG. Über den Losentscheid enthalten § 6 BNetzAG und die GeschO Beirat keine Verfahrensregeln, so dass wiederum auf die Praxis zu § 92 Abs. 2 S. 2 VwVfG zurückzugreifen ist. Danach bedarf es eines transparenten Verfahrens (z.B. kein Streichholzziehen, aber Münzwurf).

Wählbar sind nur ordentliche (berufene) Mitglieder des Beirates, nicht die Stellvertreter 7
(es sei denn, es liegt ein Vertretungsfall vor), um das paritätische Besetzungsverhältnis

---

3 Vgl. dazu BeckTKG-Komm/*Geppert*, § 68 RdNr. 3. Anders wohl die Auffassung von *Trute/ Spoerr/Bosch*, § 68 RdNr. 5, die den Beirat als Teil der Exekutive im Geschäftsbereich des BMWA verortet.
4 *Stelkens/Bonk/Sachs/Bonk/Kallerhoff*, § 92 RdNr. 4. Kritisch *Groß*, Das Kollegialprinzip in der Verwaltungsorganisation, S. 291.

zwischen BRat und BTag nicht zu beeinträchtigen.[5] Die **Amtszeit** beträgt **zwei Jahre**, § 2 Abs. 1 GeschO Beirat. Vorsitzender und stellvertretender Vorsitzender dürfen nicht derselben Gruppe (BTag, BRat) angehören, § 2 Abs. 2 GeschO Beirat.

8   **2. Aufgaben.** – Die Aufgaben des Vorsitzes ergeben sich aus § 6 Abs. 4 und Abs. 5 BNetzAG sowie aus §§ 6, 7 GeschO Beirat. Der Vorsitzende leitet die Sitzung (Eröffnung, Leitung, Schließung). Zur **Sitzungsleitung** gehören alle Maßnahmen und Anordnungen, die den äußeren Sitzungsverlauf betreffen. § 89 VwVfG ist ergänzend anwendbar. Nach dessen Hs. 2 ist der Vorsitzende auch für die Ordnung in der Sitzung verantwortlich („Sitzungspolizei"). In Ermangelung einer ausdrücklichen gesetzlichen Regelung ist in dieser Befugnis aber nicht das Recht enthalten, einzelne Mitglieder von der Sitzung auszuschließen, da hierdurch die Mehrheitsverhältnisse durch Maßnahmen des Vorsitzenden geändert werden könnten.[6] Der Vorsitzende ist schließlich für die **Niederschrift** zuständig, die er zu unterzeichnen hat, § 8 Abs. 2 GeschO Beirat. Die Niederschrift ist vertraulich (§ 8 Abs. 3 S. 1 GeschO Beirat). Sie muss mindestens die Teilnehmer und die Ergebnisse der Sitzung enthalten; außerdem sollen Anträge und wesentlicher Beratungsinhalt aufgenommen werden (§ 8 Abs. 1 S. 2 und 3 GeschO Beirat). Ergänzend gilt § 93 VwVfG.

IV. Entscheidungsverfahren

9   **1. Beschlussfähigkeit.** – § 6 Abs. 3 S. 1 BNetzAG bestimmt, dass der Beirat beschlussfähig ist, wenn **mehr als die Hälfte der auf Vorschlag von BRat und BTag berufenen Mitglieder anwesend** ist (also mindestens je neun Mitglieder).[7] Eine Beschlussfähigkeitsfiktion entsprechend §§ 45 Abs. 2 S. 1, 67 S. 2 GeschOBT, wonach die Beschlussunfähigkeit erst eintritt, wenn sie auf Antrag festgestellt wird, existiert nicht.[8] Wird die Mindestzahl der Mitglieder nicht erreicht, so sind etwa gefasste Beschlüsse des Beirates daher rechtswidrig und unwirksam. Der Vorsitzende kann diese Rechtsfolge im Vorfeld abwenden, indem innerhalb der Tagesordnung die Beschlussfassung während der Sitzung „nach hinten" verschoben wird, § 7 Abs. 3 GeschO Beirat.

10   Die Vorschrift regelt – ebenso wie § 7 Abs. 1 GeschO Beirat – nicht die **Voraussetzungen einer ordnungsgemäßen Ladung**, z. B. die Ladungsfrist. Dementsprechend ist auf allgemeine Regeln zu rekurrieren. Hiernach ist die Ladung selbst Beschlussfähigkeitsvoraussetzung, § 90 Abs. 1 S. 1 VwVfG. Die Ladung kann auch im Sitzungsprotokoll der vorhergehenden Sitzung ausgesprochen werden. Im Verhinderungsfall ist der Stellvertreter zu laden. Außerdem ist eine angemessene Ladungsfrist einzuhalten, deren Länge sich nach der Dringlichkeit des Beratungsgegenstandes richtet. Daher bestimmt § 6 Abs. 2 S. 1 GeschO Beirat, dass Tagesordnung und Sitzungsvorlagen den Beiratsmitgliedern zwei Wochen vor der Sitzung vorliegen *sollen*.[9] In (atypischen) Ausnahmefällen kann eine kürzere

---

5   H. M.; a. A. ohne nähere Begründung *Etling-Ernst*, TKG, § 68 RdNr. 2.

6   *Groß*, Das Kollegialprinzip in der Verwaltungsorganisation, S. 285.

7   Der BRat hat im Verfahren zur TKG-Novelle eine Änderung dahingehend gefordert, dass die Mehrheit der Mitglieder – gleich welcher Gruppenzugehörigkeit – anwesend sein muss (BR-Drs. 755/2/03, Ziff. 86, und BR-Drs. 755/03 (Beschluss), Ziff. 78; Gegenäußerung der BReg BT-Drs. 15/2345, zu Ziff. 78). Dieser Vorschlag hat sich nicht durchgesetzt.

8   Vgl. *Trute/Spoerr/Bosch*, § 68 RdNr. 11; BeckTKG-Komm/*Geppert*, § 68 RdNr. 10.

9   Der Rückgriff von Teilen des Schrifttums auf die verwaltungsprozessuale Bestimmung des § 102 VwGO ist untunlich, da es nicht um ein gerichtliches Verfahren geht.

Ladungsfrist angemessen sein. Durch die Übermittlung der Tagesordnung soll eine umfassende Vorbereitung der Sitzung zur effektiven Wahrnehmung des Mitwirkungsrechts ermöglicht werden.

Grundsätzlich sind alle Mitglieder **zur Teilnahme** an den Sitzungen **verpflichtet** (§ 4 **11** Abs. 1 GeschO Beirat). Dementsprechend wird die Anwesenheit in den Sitzungen kontrolliert (§ 4 Abs. 2 GeschO Beirat). Bei Verhinderung ist dies der Geschäftsstelle unter gleichzeitiger Benachrichtigung des stellvertretenden Mitglieds unverzüglich mitzuteilen (§ 4 Abs. 1 S. 2 GeschO Beirat); in diesem Fall muss der Stellvertreter geladen werden. Die Nichtteilnahme ist eine Pflichtverletzung ohne Auswirkung auf die Rechtmäßigkeit und Wirksamkeit gefasster Beschlüsse.

2. Beschlussfassung. – Der Beirat beschließt mit **einfacher Mehrheit der Stimmen** (§ 6 **12** Abs. 3 S. 2 BNetzAG; § 7 Abs. 2 S. 1 GeschO Beirat). Dementsprechend zählen ungültige Stimmen und Enthaltungen wie Nein-Stimmen.[10] Bei Stimmengleichheit ist ein Antrag abgelehnt (§ 6 Abs. 2 S. 3 BNetzAG); es entscheidet also nicht die Stimme des Vorsitzenden (wie in § 91 S. 2 VwVfG). Wegen der paritätischen Besetzung ist die Stimmengleichheit nicht unwahrscheinlich. Jedenfalls kann auch nach der Ablehnung wegen Stimmengleichheit der Antrag erneut gestellt werden.

3. Schriftliches Verfahren. – § 6 Abs. 4 BNetzAG erlaubt die Beschlussfassung in einem **13** schriftlichen Umlaufverfahren, wenn der Vorsitzende die mündliche Beratung nicht für notwendig hält. Das Verfahren ist in § 7 Abs. 4 GeschO Beirat näher ausgestaltet. Der Vorsitzende trifft die **Entscheidung über die Einleitung** des schriftlichen Verfahrens **nach pflichtgemäßem Ermessen**. Entbehrlich ist eine Abstimmung, wenn der Gegenstand keine besonderen Schwierigkeiten erwarten lässt oder die Meinungsbildung im Beirat bereits weit fortgeschritten ist. Widerspricht ein Mitglied des Beirats, so muss eine mündliche Beratung stattfinden. Dies ergibt sich aus § 6 Abs. 4 S. 3 BNetzAG und ist in § 7 Abs. 4 UAbs. 2 GeschO Beirat ausdrücklich geregelt. Ebenso kann die Bundesnetzagentur eine mündliche Beratung verlangen. Sie ist daher über die Beratungsgegenstände zu informieren.

Der Vorsitzende muss die schriftliche Umfrage so frühzeitig einleiten, dass auf Antrag ei- **14** nes Mitglieds oder der Bundesnetzagentur die Angelegenheit noch rechtzeitig mündlich beraten werden kann, Abs. 4 S. 3. Das **Frühzeitigkeitsgebot** ist eine Sollvorschrift; bei besonderer Dringlichkeit sind Abweichungen erlaubt. Er versendet die Beschlussvorlage an alle Mitglieder und Stellvertreter und setzt eine Frist von mindestens zehn Tagen zur Stimmabgabe. Theoretisch könnte der Vorsitzende die Stellungnahmen auch sukzessiv einholen („Umfrage"). Jedenfalls muss die **Befragung** der Mitglieder des Beirates zu Beweiszwecken **schriftlich** sein.

Die Regelungen des Abs. 3 über die Beschlussfassung und die Mehrheit gelten entspre- **15** chend, § 6 Abs. 4 S. 2 BNetzAG. Gemäß § 7 Abs. 4 UAbs. 2 GeschO Beirat kommt ein Beschluss im schriftlichen Verfahren nur zustande, wenn innerhalb der vom Vorsitzenden gesetzten Frist jeweils mehr als die Hälfte der Vertreter von BTag und BRat votiert haben. Stimmen von Stellvertretern werden berücksichtigt, wenn sich das vertretene Mitglied innerhalb der gesetzten Frist nicht äußert. Im Übrigen wird **Schweigen nicht als Zustimmung** gewertet. Dies ergibt sich schon aus der entsprechenden Anwendung des § 6 Abs. 3

---

10 *Trute/Spoerr/Bosch*, § 68 RdNr. 13.

BNetzAG sowie aus der genannten Quorumsregelung der Geschäftsordnung, denn äußert sich etwa kein Mitglied, so ist der Beschluss nicht nur nicht gefasst, sondern schon die Beschlussfähigkeit nicht erreicht. Grundsätzlich ist die eindeutige Willensbekundung der Beiratsmitglieder erforderlich, die sich in einer Zustimmung, Stimmenthaltung oder Ablehnung ausdrücken kann.[11]

16 **4. Sitzungsturnus.** – Ort und Zeit der Sitzungen des Beirats bestimmt der Vorsitzende, sofern nicht der Beirat vorher darüber beschließt, § 3 Abs. 2 GeschO Beirat. Mindestens **vierteljährlich** findet eine **regelmäßige Sitzung** des Beirates statt, § 6 Abs. 5 S. 1 BNetzAG. Diese Sitzungsfrequenz soll eine effektive und zügige Durchführung der Regulierungsverfahren sicherstellen. Häufigere Sitzungen sind möglich („mindestens"), zumal der Vorsitzende jederzeit – nach seinem Ermessen – eine Sitzung anberaumen kann, § 6 Abs. 5 S. 3 BNetzAG. Außerdem muss der Beirat auf Antrag der Bundesnetzagentur oder von mindestens drei Beiratsmitgliedern zusammentreten (**Einberufungsrecht**). Das Einberufungsrecht der Bundesnetzagentur sichert Verfahrensherrschaft über Entscheidungen vor allem in den Fällen seiner gesetzlich notwendigen Mitwirkung.[12] Dem schriftlich zu stellenden Antrag muss der Vorsitzende stattgeben. Selbst ein formelles Prüfungsrecht steht dem Vorsitzenden nicht zu, denn es fehlt an Kriterien hierfür, weil der Antrag auf Einberufung nicht einmal die zu behandelnden Tagesordnungspunkte benennen muss. Mit der Erhöhung der Mitgliederzahl im Beirat auf 32 geht eine Stärkung der Einberufungsrechte aus § 6 Abs. 5 BNetzAG einher.[13]

17 **5. Nichtöffentlichkeit.** – Die **ordentlichen Beiratssitzungen** sind **nicht öffentlich**, § 6 Abs. 6 BNetzAG. Die Regelung soll der objektiven Entscheidungsfindung ohne (politische) Beeinflussung dienen. Beauftragte der Mitglieder sowie stellvertretende Mitglieder können als Gäste teilnehmen (§ 4 Abs. 4 GeschO Beirat). Von den Sitzungen sind sogar die Verfahrensbeteiligten ausgenommen. Dementsprechend ist die **Niederschrift vertraulich**, § 8 Abs. 3 S. 1 GeschO Beirat. Darüber hinausgehend ist der Beschluss über vertrauliche Behandlung möglich, § 3 Abs. 5 GeschO Beirat; dann können keinerlei Dokumente im Zusammenhang mit der Sitzung an die Öffentlichkeit gelangen. Von der Nichtöffentlichkeitsregelung kann der Beirat nicht abweichen.

18 Die Öffentlichkeit ist nur in ordentlichen Sitzungen ausgeschlossen. Das Gesetz lässt aber offen, welche **außerordentlichen Sitzungen** es geben soll. Es ist offen, ob es die von der Bundesnetzagentur oder von drei Mitgliedern des Beirats oder vom Vorsitzenden außerhalb des üblichen Turnus einberufenen Sitzungen sein sollen. Nach dem allgemeinen Sprachgebrauch kommen für eine außerordentliche Sitzung nur solche außerhalb des Vierteljahresrhythmus in Frage, obwohl es keine Erklärung dafür gibt, warum die regelmäßigen Sitzungen nicht öffentlich sein sollen, die eigens anberaumten Sitzungen hingegen nicht. Immerhin kann auch bei außerordentlichen Sitzungen die Vertraulichkeit durch Beschluss des Beirates hergestellt werden, § 3 Abs. 5 S. 2 GeschO Beirat.

19 Insgesamt ist die **Regelung systematisch misslungen**. Das Regel-Ausnahme-Verhältnis müsste genau andersherum konstruiert sein: regelmäßig öffentliche Sitzung, im Ausnahmefall Vertraulichkeit. Den häufig bemühten Geheimhaltungsinteressen könnte auf diese

---

11 BVerfGE 91, 148, 171 zum Umlaufverfahren nach der GeschOBReg; dazu *Epping*, DÖV 1995, 719 ,722 ff.

12 *Trute/Spoerr/Bosch*, § 68 RdNr. 16.

13 *Schmidt*, DÖV 2005, i. E., sub. III. 3. d).

Weise Rechnung getragen werden. Auch wenn der Beirat nur über enumerativ festgelegte Mitwirkungsrechte verfügt, die über den verwaltungsinternen Bereich nicht hinausgehen[14], bleibt doch der Eindruck, die politische Einflussnahme solle sich jenseits wirtschaftlich-administrativer Rationalität hinter verschlossenen Türen vollziehen – unter dem Deckmantel der Neutralität und Objektivität. Besonders gravierend ist der Umstand, dass nicht einmal die Verfahrensbeteiligten Zugang zu den Beiratssitzungen haben – obgleich das Beschlusskammerverfahren öffentlich ist (§ 135 Abs. 3).[15]

Die Nichtöffentlichkeit wird nicht durch die Möglichkeit der **Anhörung von Sachverstän-** 20 **digen**, die auch Angehörige von Interessengruppen sein können, nach § 4 Abs. 3 GeschO Beirat durchbrochen, denn diese Personen nehmen nicht an der Beratung teil. Es ist aber rechtspolitisch besonders unbefriedigend, dass sogar diese Anhörungen ohne die Verfahrensbeteiligten stattfinden.

6. Teilnahme des Präsidenten der Bundesnetzagentur. – Der Präsident der Bundesnetz- 21 agentur kann jederzeit an den Sitzungen teilnehmen (§ 6 Abs. 7 S. 1 BNetzAG). Gleiches gilt für seine Beauftragten. Sie sind jederzeit zu hören (§ 6 Abs. 7 S. 2 BNetzAG). Der Präsident der Bundesnetzagentur kann also die Einberufung einer Sitzung beantragen (§ 6 Abs. 5 S. 2 BNetzAG) und dort das Wort ergreifen. Überdies muss der Beirat die Bundesnetzagentur über die Durchführung einer Sitzung unterrichten, damit der Präsident an der Sitzung teilnehmen kann.

Das **Anhörungsrecht** ist **gegenständlich unbegrenzt**, d.h. es erstreckt sich auf alle Ange- 22 legenheiten des Beirates. Der Präsident kann keine Anträge stellen, sich anderweitig beteiligen oder gar ein Stimmrecht ausüben. Durch die Teilnahme des Präsidenten soll die Fachkompetenz der Bundesnetzagentur in die Beratungen einfließen und der Informationsaustausch sichergestellt werden.

Problematisch ist, dass § 3 Abs. 3 GeschO Beirat auch die Teilnahme des Bundeswirt- 23 schaftsministers oder seiner Beauftragen vorsieht. Dadurch wird der Nichtöffentlichkeitsgrundsatz entgegen der gesetzlichen Regelung durchbrochen und eine Schieflage hergestellt: Die politische Ebene nimmt an den Sitzungen teil – nicht jedoch die Verfahrensbeteiligten.

§ 6 Abs. 7 S. 3 BNetzAG gibt dem Beirat ein **Interpellationsrecht auf den Präsidenten** 24 **der Bundesnetzagentur**. Dieses Recht ist nicht mit dem Auskunftsanspruch nach § 120 Ziff. 4 verknüpft, d.h. der Beirat kann den Präsidenten auch außerhalb der Auskunftseinholung zitieren und Auskünfte können auch ohne Sitzung verlangt werden. Die Ausübung des Interpellationsrechts verlangt einen Mehrheitsbeschluss im Beirat.

V. Entschädigung

Die Mitgliedschaft im Beirat ist Nebenamt, keine hauptberufliche Tätigkeit. Die Mitglie- 25 der des Beirates erhalten daher **Reisekostenerstattung** (§ 6 Abs. 8, 1. Hs. BNetzAG) nach Maßgabe des BRKG. Außerdem wird ihnen ein **angemessenes Sitzungsgeld** gewährt, § 6 Abs. 8, 2. Hs. BNetzAG, dessen Höhe durch das BMWA festgesetzt wird. Weitere Auf-

---

14 *Manssen/Weber/Rommersbach*, § 68 RdNr. 17.
15 Zur Kontrollfunktion der Öffentlichkeit in Kollegialorganen siehe *Groß*, Das Kollegialprinzip in der Verwaltungsorganisation, S. 303 ff.

wandsentschädigungen werden mangels Rechtsgrundlage nicht bezahlt. Stellvertretende Mitglieder erhalten Reisekosten und Aufwandsentschädigung nur im Vertretungsfall. Für Bundestagsabgeordnete ist die Freifahrtberechtigung nach § 16 AbgG sowie die Kürzungsregelung des § 15 AbgG bei mehreren Sitzungsgeldern zu beachten.

26 Die Belastung des Haushalts der Bundesnetzagentur mit den Kosten aus Abs. 8 ergibt sich aus der Zuordnung des Beirats zur Bundesnetzagentur (s. § 118 RdNr. 5). Hieraus erwächst eine Einrichtungs- und Unterhaltsverpflichtung.[16]

---

16 *Trute/Spoerr/Bosch*, § 67 RdNr. 21.

§ 120   Aufgaben des Beirates

Der Beirat nach § 5 des Gesetzes über die Bundesnetzagentur für Elektrizität, Gas, Telekommunikation, Post und Eisenbahnen hat folgende Aufgaben:

1. *(aufgehoben)*
2. Der Beirat wirkt mit bei den Entscheidungen der Regulierungsbehörde in den Fällen des § 61 Abs. 4 Nr. 2 und 4 und des § 81.
3. Der Beirat ist berechtigt, Maßnahmen zur Umsetzung der Regulierungsziele und zur Sicherstellung des Universaldienstes zu beantragen. Die Regulierungsbehörde ist verpflichtet, den Antrag innerhalb von sechs Wochen zu bescheiden.
4. Der Beirat ist gegenüber der Regulierungsbehörde berechtigt, Auskünfte und Stellungnahmen einzuholen. Die Regulierungsbehörde ist gegenüber dem Beirat auskunftspflichtig.
5. Der Beirat berät die Regulierungsbehörde bei der Erstellung des Vorhabenplanes nach § 122 Abs. 2, insbesondere auch bei den grundsätzlichen marktrelevanten Entscheidungen.
6. Der Beirat ist bei der Aufstellung des Frequenznutzungsplanes nach § 54 anzuhören.

Übersicht

I. Zweck und Inhalt

Nach § 7 BNetzAG hat der Beirat die ihm durch Gesetz oder auf Grund eines Gesetzes zugewiesenen Aufgaben. § 120 zählt die Zuständigkeiten des Beirates auf dem Gebiet der Telekommunikation abschließend auf. Weitere Aufgabenzuweisungen finden sich in § 60 EnWG. Die Enumeration dient der Beschränkung der Zuständigkeiten des Beirats vor allem mit Blick auf das **Verbot der Mischverwaltung**. Sachentscheidungen, die der gerichtlichen Überprüfung zugänglich sind, werden allein durch die Bundesnetzagentur getroffen. **1**

§ 120 ist in Einzelheiten im Verfahren sehr umstritten gewesen. Tendenziell werden die Befugnisse des Beirates – und damit die politische Einflussnahme auf die Regulierung – ausgedehnt. § 120 unterscheidet inhaltlich zwischen Mitwirkungsrechten (Nr. 2, 6) und Kontroll- und Initiativrechten (Nr. 3–5). Das ursprünglich in Nr. 1 vorgesehene Vorschlagsrecht bezüglich der personellen Besetzung der Behördenspitze wurde aufgehoben. Es ergibt sich nunmehr direkt aus § 3 Abs. 3 BNetzAG. **2**

II. Einzelne Zuständigkeiten

1. Mitwirkungsrechte. – Gemäß Ziff. 2 wirkt der Beirat bei Entscheidungen der Bundesnetzagentur mit, die die **Infrastruktursicherung** im Bereich der Telekommunikation be- **3**

treffen; er ist also in die Gewährleistungsverantwortung nach Art. 87f Abs. 1 GG eingebunden. Dies betrifft namentlich folgende Entscheidungen:

- § 61 Abs. 4 Nr. 2 – Bestimmung des sachlich und räumlich relevanten Marktes im Frequenz-Vergabeverfahren;
- § 59 Abs. 4 Nr. 4 – Frequenznutzungsbestimmungen einschließlich des Versorgungsgrades bei der Frequenznutzung und seiner zeitlichen Umsetzung;
- § 81 – Verfahren zur Auferlegung von Universaldienstverpflichtungen.

4 Die **Mitwirkung** des Beirates ist **unabhängig von der Rechtsform der Entscheidung** der Bundesnetzagentur.[1] Der Begriff der Entscheidung ist insoweit offen, denn nach § 132 Abs. 3 S. 3 kann der Beirat auch an Entscheidungen mitwirken, die nicht auf Rechtswirkungen nach außen (i. S. v. § 35 S. 1 VwVfG) gerichtet und damit kein Verwaltungsakt sind. Er ist nicht auf die Mitwirkung an Verwaltungsakten i. S. v. § 132 Abs. 1 S. 2 beschränkt.

5 Der Beirat verfügt über keine weitergehenden Mitwirkungsbefugnisse. Vorstöße des Bundesrates, ein Benehmenserfordernis bei allen Entscheidungen der Präsidentenkammer der RegTP durchzusetzen, sind im Verfahren ohne Erfolg geblieben.[2] Weggefallen sind die Lizenzierung und damit auch die entsprechenden Befugnisse des Beirates nach altem Recht.

6 In den Fällen des § 120 Ziff. 2 entscheiden die Beschlusskammern gemäß § 132 Abs. 3 S. 3 **im Benehmen mit dem Beirat**. Zumindest muss der Beirat informiert werden; außerdem muss er die Gelegenheit zur Stellungnahme bekommen. Die Regelung ist jedoch nicht in diesem Sinne formuliert, sondern suggeriert ein darüber hinausgehendes Mitwirkungsrecht. Dadurch würde jedoch die durch das Beschlusskammerverfahren gerade herzustellende Unabhängigkeit und Objektivität der Entscheidung der Bundesnetzagentur beeinträchtigt. Im Ergebnis kann nicht mehr gemeint sein als ein **Berücksichtigungsgebot** in dem Sinne, dass die Beschlusskammer die Auffassung des Beirates in ihre Erwägungen einzustellen hat.[3] Die Beschlusskammern müssen sich auch über den Beirat hinwegsetzen dürfen.

7 Der Beirat ist schließlich bei der **Aufstellung des Frequenznutzungsplanes** anzuhören (Ziff. 6), hat hier aber keine weitergehenden Rechte. Hierzu näher § 54 RdNr. 7.

8 **2. Kontroll- und Initiativrechte.** – Der Beirat hat ferner nach Ziff. 3 bezüglich **Maßnahmen zur Umsetzung der Regulierungsziele und zur Sicherstellung des Universaldienstes** ein Antragsrecht. Der Antrag wird an die Bundesnetzagentur gerichtet und muss binnen sechs Wochen beschieden werden, d. h., es muss eine schriftliche Mitteilung erfolgen, ob die Maßnahmen durchgeführt werden oder nicht. Es handelt sich um ein **formelles Initiativrecht**; die Bundesnetzagentur muss sich mit dem Antrag inhaltlich auseinandersetzen. Mangels Außenwirkung ist das Verfahren kein Verwaltungsverfahren i. S. v. § 9 VwVfG, unterliegt jedoch als internes Verfahren den genannten Förmlichkeiten. Bei nicht fristgemäßer Mitteilung ist eine Innenrechtsposition des Beirates verletzt und ein Organstreitver-

---

1 S. zum folgenden *Manssen/Weber/Rommersbach*, § 69 RdNr. 6 ff.
2 BR-Drs. 755/2/03, Ziff. 87; BR-Drs. 755/03 (Beschluss), Ziff. 79; BT-Drs. 5/2345, zu Ziff. 79; BR-Drs. 379/04, Ziff. 24.
3 *Trute/Spoerr/Bosch*, § 67 RdNr. 6; BeckTKG-Komm/*Geppert*, § 69 RdNr. 11 f. Allgemein in diesem Sinne *Simnacher*, BayVBl. 1983, 103; *Schiller*, NZS 1994, 410, 402; BayVGH BayVBl. 1977, 731, 731.

fahren möglich. Die Bescheidung des Antrags ist kein Verwaltungsakt, so dass keine Verpflichtungsklage auf Bescheidung in Betracht kommt.

Dass die Maßnahme tatsächlich getroffen und umgesetzt wird, kann der Beirat nicht verlangen. Das Antragsrecht hat lediglich **Anstoßfunktion.** Diese rechtliche Bewertung ist unabhängig von der tatsächlich-politischen Beeinflussung der Bundesnetzagentur, die durch einen Antrag des Beirats unter politischen Rechtfertigungsdruck gebracht wird. 9

Gegenständlich bezieht sich das Antragsrecht auf Maßnahmen zur Umsetzung der Regulierungsziele und auf die Sicherstellung des Universaldienstes. Der Versuch der Bundesregierung im Verfahren zur Verabschiedung des TKG, eine Begrenzung auf Maßnahmen zu erreichen, die der flächendeckend angemessenen und ausreichenden Versorgung mit Telekommunikationsdiensten einschließlich der Sicherstellung des Universaldienstes dienen, ist gescheitert. Maßnahmen zur Umsetzung der Regulierungsziele sind daher alle Maßnahmen, die auf die Ziele des § 2 Abs. 2 bezogen sind. Dadurch werden Bereiche betroffen, in denen der Beirat nicht über eigene Kompetenzen verfügt. Das **Initiativrecht** ist also **sehr weitreichend, aber** eben **auf die Initiative begrenzt.** 10

Der Beirat kann von der Bundesnetzagentur **Auskünfte und Stellungnahmen** einholen; die Bundesnetzagentur ist auskunftspflichtig (Ziff. 4). Diese Befugnis ergänzt § 6 Abs. 7 BNetzAG (s. § 119 RdNr. 24) und bezieht sich auf alle Aufgaben des Beirates. Mit ihr korrespondiert eine Auskunftspflicht der Bundesnetzagentur gegenüber dem Beirat. Eine Verweigerung von Auskünften aus Gründen der Geheimhaltung ist wegen der in der GeschO-Beirat vorgesehenen Vertraulichkeitsregelungen kaum zu rechtfertigen. Eine Pflicht zur Abgabe von Stellungnahmen existiert nicht.[4] 11

Die Auskunft muss **binnen angemessener Frist** erteilt werden. Die konkrete Länge der Frist richtet sich nach Umfang und Schwierigkeit der Anfrage sowie nach der sonstigen Arbeitsbelastung der Bundesnetzagentur. Verzögerungen können wiederum im Organstreitverfahren gerügt werden. 12

Außerdem berät der Beirat die Bundesnetzagentur bei der **Erstellung des Vorhabenplans** nach § 122 Abs. 2 (Ziff. 5). Im Gesetzentwurf war noch die Beratung bei Erstellung des Tätigkeitsberichtes nach § 121 Abs. 1 vorgesehen. Der Bundesrat hat die Beratung bei der Erstellung des Vorhabenplans mit dem Argument durchgesetzt, dass dieser der „proaktiven Gestaltung der Regulierung" dient, während der Tätigkeitsbericht ohnehin von den gesetzgebenden Körperschaften beraten werde, die daher im Vorfeld nicht beteiligt werden müssten. Letztlich geht es also um die politische Mitgestaltung vor allem mit dem Ziel, die Interessen der Länder an der gleichmäßigen und flächendeckenden Versorgung mit Telekommunikationsdienstleistungen sowie Infrastrukturentwicklung und -sicherung zu wahren und auf für Länder bedeutsame Angelegenheiten hinzuweisen.[5] Außerdem erfolgt die Beratung beim Vorhabenplan „insbesondere auch bei den grundsätzlichen marktrelevanten Entscheidungen". Diese Klausel ist im Vermittlungsausschuss hinzugekommen und soll das Gewicht des Beirats gegenüber der RegTP stärken – letztlich zur politischen Beeinflussung von Regulierungsentscheidungen. 13

---

4 *Manssen/Weber/Rommersbach*, § 69 RdNr. 11.
5 Zu dieser Gestaltungsebene *Oertel*, Die Unabhängigkeit der Regulierungsbehörde nach §§ 66 ff. TKG, S. 220 f.

14   Der Beirat ist **nicht zur Beratung verpflichtet**[6]; allein die RegTP verantwortet die Erstellung des Vorhabenplans. Umgekehrt muss sich die RegTP nicht mit dem Beirat abstimmen.

15   **3. Vorschlagsrecht.** – Das ursprünglich in § 120 Ziff. 1 enthaltene **Vorschlagsrecht für die personelle Besetzung der Behördenspitze** wurde aufgehoben, da sich dieses mit der Aufgabenerweiterung der RegTP im Zuge der Umbenennung in Bundesnetzagentur nicht mehr als spezifisch telekommunikationsrechtlich darstellt. Es ergibt sich nunmehr direkt aus der allgemeinen Vorschrift über die Benennung der Organe der Bundesnetzagentur, § 3 Abs. 3 BNetzAG. Es handelt sich um ein Vorschlagsrecht; die Bundesregierung ist nur in den Grenzen des § 3 Abs. 3 S. 3 und 4 BNetzAG an den Vorschlag gebunden. Sie verfügt nach § 3 Abs. 3 S. 4 BNetzAG über das Letztentscheidungsrecht, so dass auch ein Kandidat benannt werden kann, der nicht vom Beirat vorgeschlagen wurde. Das Vorschlagsrecht entspricht im Ergebnis einem **Benehmenserfordernis**[7] (hierzu näher § 116 RdNr. 43 ff.). Der Beirat ist regelmäßig nur am Ernennungsverfahren beteiligt, bei der Abberufung eines ernannten Präsidenten jedoch dann, wenn der Präsident aus wichtigem Grund auf Antrag des BMWA entlassen wird, § 4 Abs. 5 S. 2 BNetzAG.

16   Das Vorschlagsrecht ist politisch von einigem Gewicht, da die Bundesregierung die Auswahl ihres Bewerbers der Öffentlichkeit politisch begründen muss.[8] Gleichzeitig wird mit der Auswahl des jeweiligen Bewerbers die **Kooperation** zwischen Beirat und Bundesregierung **abgesichert**.[9]

---

6 *Manssen/Weber/Rommersbach*, § 69 RdNr. 13.

7 *Oertel*, Die Unabhängigkeit der Regulierungsbehörde nach §§ 66 ff. TKG, S. 453; ihm folgend *Trute/Spoerr/Bosch,* § 69 RdNr. 4.

8 *Trute/Spoerr/Bosch*, § 67 RdNr. 3.

9 *Manssen/Weber/Rommersbach*, § 69 RdNr. 3.

§ 121 Tätigkeitsbericht

(1) Die Regulierungsbehörde legt den gesetzgebenden Körperschaften des Bundes gemeinsam mit dem Bericht nach Abs. 2 einen Bericht über ihre Tätigkeit sowie über die Lage und die Entwicklung auf dem Gebiet der Telekommunikation vor. In diesem Bericht ist auch zu der Frage Stellung zu nehmen, ob sich eine Änderung der Festlegung, welche Telekommunikationsdienste als Universaldienstleistungen im Sinne des § 78 gelten, empfiehlt.

(2) Die Monopolkommission erstellt alle zwei Jahre ein Gutachten, in dem sie den Stand und die absehbare Entwicklung des Wettbewerbs und die Frage, ob nachhaltig wettbewerbsorientierte Telekommunikationsmärkte in der Bundesrepublik Deutschland bestehen, beurteilt, die Anwendung der Vorschriften dieses Gesetzes über die Regulierung und Wettbewerbsaufsicht würdigt und zu sonstigen aktuellen wettbewerbspolitischen Fragen Stellung nimmt, insbesondere zu der Frage, ob die Regelung in § 21 Abs. 2 Nr. 3 im Hinblick auf die Wettbewerbsentwicklung anzupassen ist. Das Gutachten soll bis zum 30. November eines Jahres abgeschlossen sein, in dem kein Hauptgutachten nach § 44 des Gesetzes gegen Wettbewerbsbeschränkungen vorgelegt wird.

(3) Die Bundesregierung nimmt zu dem Bericht gegenüber den gesetzgebenden Körperschaften des Bundes in angemessener Frist Stellung.

Schrifttum: *Bizer*, Berichtspflichten der Regierung über heimliche Datenerhebungen, DuD 2002, 170; Bericht nach § 81 Abs. 1 TKG und § 47 Abs. 1 PostG, Bonn, Dezember 1999, TB 1998/1999 der RegTP; Bericht nach § 81 Abs. 1 TKG und § 47 Abs. 1 PostG, Bonn, Dezember 2001, TB 2000/2001 der RegTP; Bericht nach § 81 Abs. 1 TKG und § 47 Abs. 1 PostG, Bonn, Dezember 2003, TB 2002/2003 der RegTP; Wettbewerb auf Telekommunikations- und Postmärkten?, SG der MK gem. § 81 Abs. 3 TKG und § 44 PostG, Bonn, Dezember 1999; Wettbewerbsentwicklung bei Telekommunikation und Post 2001: Unsicherheit und Stillstand, SG der MK gem. § 81 Abs. 3 TKG und § 44 PostG, Bonn, Dezember 2001; Telekommunikation und Post 2003: Wettbewerbsintensivierung in der Telekommunikation und Zementierung des Postmonopols, SG der MK gem. § 81 Abs. 3 TKG und § 44 PostG, Bonn, Dezember 2003.

Übersicht

I. Normzweck

1   **1. Sinn und Zweck der Norm.** – § 121 zielt darauf, den gesetzgebenden Körperschaften eine regelmäßige Rückkoppelung zur Anwendungspraxis des TKG zu verschaffen und sie insbesondere über die wettbewerbliche Situation auf den Märkten der Telekommunikation und den Erfolg der sektorspezifischen Regulierung zu informieren. Die nach § 121 zu erstellenden Berichte sollen den Gesetzgeber in die Lage versetzen, das TKG im Lichte seiner praktischen Anwendung und der aktuellen wettbewerblichen Gegebenheiten zu evaluieren, etwaigen Reformbedarf rechtzeitig zu erkennen und in die Wege zu leiten. Dieses **Evaluationssystem** ist – weitestgehend unverändert – aus § 81 TKG a. F. übernommen worden. Angesichts der detaillierten Vorgaben des neuen europäischen Rechtsrahmens für elektronische Kommunikationsnetze und -dienste sind dem nationalen Gesetzgeber indes Grenzen für Veränderungen des nationalen Rechtsrahmens gesetzt, so dass sich die Bedeutung der Vorschrift im Vergleich zum TKG a. F. relativiert hat. Das mit § 121 intendierte nationale Evaluations- und Anpassungssystem kann heute nur noch insoweit wirken, als der Gemeinschaftsrechtsrahmen keine zwingenden Vorgaben für die gesetzliche Ausgestaltung der nationalen Telekommunikationsgesetze enthält.

2   **2. Überblick über Anwendungsbereich.** – Der Anwendungsbereich von § 121 Abs. 1 entspricht im Prinzip der früheren Rechtslage: Die RegTP berichtet über ihre Tätigkeit und gibt ihre Einschätzung über die Wettbewerbsverhältnisse und wettbewerblich relevanten Vorgänge wieder. Der Anwendungsbereich von § 121 Abs. 2 ist modifiziert worden: Die MK nimmt nunmehr lediglich in gutachterlicher Form zu den Voraussetzungen und der Wirkweise der wettbewerbsfördernden Regulierung Stellung, ohne dem Gesetzgeber Vorschläge für den Abbau der dieser Regulierung zugrunde liegenden gesetzlichen Vorschriften zu unterbreiten. Diese im Vergleich zur alten Rechtslage veränderte Aufgabenstellung für die MK spiegelt den durch die gemeinschaftsrechtlich vorgegebene SMP-Konzeption reduzierten nationalen gesetzgeberischen Spielraum wider.

3   **3. Rechtssystematische Anmerkungen.** – Die Überschrift des § 121 ist irreführend: Die Norm regelt nicht nur die Erstellung von Tätigkeitsberichten durch die RegTP, sondern auch gutachterliche Aufgaben der RegTP, die diese im Rahmen der Berichte zu erfüllen hat, und darüber hinaus den Aufgabenbereich der MK. Im GWB existieren Parallelvorschriften zu § 121, und zwar in Bezug auf den Tätigkeitsbericht des BKartA der § 53 Abs. 1 Satz 1 und Abs. 2 GWB und hinsichtlich des Gutachtenauftrags für die MK der § 44 Abs. 1 Satz 1 und 2 und Abs. 3 Satz 1 und 2 GWB.

II. Entstehungsgeschichte und EG-rechtliche Grundlagen

4   § 121 ist die Nachfolgevorschrift zu § 81 TKG a. F. Im Zuge der TKG-Novellierung ist allerdings § 81 Abs. 2 TKG a. F. in § 122 Abs. 3 überführt worden. In § 121 Abs. 1 wurde der Zeitpunkt für den von der RegTP zu erstellenden Tätigkeitsbericht mit demjenigen für das Sondergutachten der MK zusammengelegt. Zudem ist die Aufgabe der MK in § 121 Abs. 2 in der bereits beschriebenen Weise modifiziert worden. Der ursprüngliche Referentenentwurf für § 121 ist ohne größere Modifikationen Gesetz geworden. Jedoch wirken sich die im Zuge des Gesetzgebungsverfahrens umgestalteten Mitwirkungsrechte des Beirats nach § 120 Nr. 5 und die Definition der „nachhaltig wettbewerbsorientierten Telekommunikationsmärkte" in § 3 Nr. 12 auf die Anwendung des § 121 aus.

EG-rechtliche Grundlagen gibt es für § 121 nicht. Jedoch wird durch die Pflicht der RegTP, 5 einen Tätigkeitsbericht zu erstellen, der Forderung des Art. 3 Abs. 3 RL 2002/21/EG nach einer transparenten Befugnisausübung durch die nationalen Regulierungsbehörden mit Rechnung getragen.

III. Tätigkeitsberichte der Regulierungsbehörde

1. Normzweck des § 121 Abs. 1 und bisherige Berichte. – Die Tätigkeitsberichte der 6 RegTP dienen der **Rückkoppelung** zwischen der Behörde und dem Gesetzgeber: Durch eine periodische Berichterstattung über die Verwaltungspraxis und eine Analyse der Tele-kommunikationsmärkte durch die – mit den Marktgegebenheiten aus ihrem täglichen Ge-schäft am besten vertraute – RegTP soll der Gesetzgeber die Möglichkeit erhalten, zeitnah und marktgerecht auf **Modifizierungsbedarf** am TKG zu reagieren. Dieser Mechanismus entspricht dem allgemeinen Ziel von Berichtspflichten der Exekutive gegenüber dem Par-lament, nämlich der Rückkoppelung von Erfahrungswissen mit der Gesetzgebung.[1] Wie allen entsprechenden Berichtspflichten der Exekutive kommt § 121 Abs. 1 darüber hinaus eine grundrechtsschützende Funktion zu: Wenn – wie dies im Telekommunikationssektor der Fall ist – legislative Maßnahmen in vielerlei Hinsicht auf Prognosen beruhen, die erst im Laufe der Gesetzesanwendung verifiziert werden können, braucht der Gesetzgeber In-formationen, um die Maßnahmen ggf. nachbessern zu können.[2] Durch die gesetzlich nicht vorgeschriebene, faktisch jedoch seit dem ersten Tätigkeitsbericht vorgenommene **Veröf-fentlichung** des Tätigkeitsberichts wird über die Rückkoppelung mit dem Gesetzgeber hi-naus die interessierte Öffentlichkeit über die Auswirkungen des Gesetzes auf den Sektor unterrichtet und dadurch die Diskussion über die Verwaltungspraxis der RegTP aufrecht erhalten. In Anwendung des § 81 Abs. 1 TKG a. F. hat die RegTP bislang drei Tätigkeits-berichte erarbeitet, und zwar für die Jahre 1998/99[3], 2000/2001[4] und 2002/2003[5].

2. Verfahren. – § 121 Abs. 1 verpflichtet die RegTP, den gesetzgebenden Körperschaften 7 des Bundes – also dem BT und dem BRat – alle zwei Jahre einen Tätigkeitsbericht vorzu-legen. Anders als nach dem TKG a. F. ist der Zeitpunkt dafür nun gesetzlich vorgegeben: Die RegTP soll ihren Bericht zusammen mit dem ebenfalls im **Zweijahresturnus** zu er-stellenden Sondergutachten der MK vorlegen. Da der Bericht der MK immer bis zum 30. November eines Jahres ohne Hauptgutachten i. S. v. § 44 GWB abgeschlossen sein soll, muss die RegTP ihren Tätigkeitsbericht ebenfalls bis zu diesem Datum erstellen. In prakti-scher Hinsicht bedeutet dies, dass der erste Tätigkeitsbericht unter dem neuen TKG zum 30. November 2005 erarbeitet werden muss.

Anders als nach § 69 Nr. 5 TKG a. F. ist in § 120 Nr. 5 nun keine Beratung der RegTP durch 8 den **Beirat** bei der Erarbeitung des Berichts mehr vorgesehen. Die Regelung des § 69 Nr. 5 TKG a. F. wurde im Zuge des Gesetzgebungsverfahrens für die TKG-Novelle modifiziert.

---

1 *Bizer*, DuD 2002, 170.
2 *Bizer*, DuD 2002, 170.
3 Bericht nach § 81 Abs. 1 TKG und § 47 Abs. 1 PostG, Bonn, Dezember 1999, TB 1998/1999 der RegTP.
4 Bericht nach § 81 Abs. 1 TKG und § 47 Abs. 1 PostG, Bonn, Dezember 2001, TB 2000/2001 der RegTP.
5 Bericht nach § 81 Abs. 1 TKG und § 47 Abs. 1 PostG, Bonn, Dezember 2003, TB 2002/2003 der RegTP.

Der BRat hat sich dabei mit seiner Ansicht, eine Mitwirkung des Beirates bei der Erstellung des Berichts sei entbehrlich, weil den im Beirat vertretenen gesetzgebenden Körperschaften der Tätigkeitsbericht gemäß § 121 Abs. 1 Satz 1 nach dessen Fertigstellung ohnehin vorgelegt werde,[6] durchgesetzt. Durch die Abschaffung der Beiratsbeteiligung wurde allerdings die nach der alten Rechtslage bestehende Chance, einen frühzeitigen Informationsfluss zwischen der RegTP und den gesetzgebenden Körperschaften zu fördern und deren Verständnis für den Inhalt des Berichts der RegTP schon im Vorfeld zu schärfen,[7] beseitigt.

9   Für den Inhalt des Berichts ist die RegTP allein zuständig. Eine Mitredaktion durch das BMWA, in dessen Geschäftsbereich sie nach § 116 Abs. 1 Satz 2 fällt, ist ausgeschlossen.[8] § 121 Abs. 3 zeigt, dass die BReg erst zu dem fertigen Bericht gegenüber den gesetzgebenden Körperschaften Stellung nehmen soll. Den Bericht soll die RegTP zuvor **unabhängig** und in **eigener Verantwortung** für die gesetzgebenden Körperschaften erarbeiten. Besondere Datenerhebungsbefugnisse sind der RegTP für die Wahrnehmung ihrer Berichtspflicht nicht eingeräumt. Sie hat jedoch die üblichen Auskunftsansprüche aus § 127.[9]

10 In § 53 Abs. 1 Satz 1 GWB ist explizit vorgesehen, dass das BKartA seinen Tätigkeitsbericht **veröffentlicht**. Obgleich eine solche Veröffentlichungspflicht in § 121 Abs. 1 – anders als in § 122 – nicht vorgesehen ist, ist zu erwarten, dass die RegTP ihre Tätigkeitsberichte – wie bisher auch – der Öffentlichkeit im Internet zur Verfügung stellen wird und sie sodann als Bundestagsdrucksachen veröffentlicht werden. Die Beibehaltung dieser Vorgehensweise ist wünschenswert, denn nur wenn die Berichte veröffentlicht werden, wird sichergestellt, dass die Verwaltungspraxis und Markteinschätzung der Behörde einer breiten Öffentlichkeit bekannt sind und auf transparenter Grundlage diskutiert werden können.[10]

11 **3. Inhalt des Tätigkeitsberichts.** – Die Überschrift des § 121 „Tätigkeitsbericht" greift in Bezug auf den Inhalt des von der RegTP zu erstellenden Berichts zu kurz. Gegenstand des Berichts soll zwar zum einen die Tätigkeit der Behörde sein. Die RegTP soll mithin Rechenschaft ablegen über ihre Aktivitäten und ihre **Verwaltungspraxis** im Berichtszeitraum.[11] Der Bericht soll jedoch darüber hinaus auch zur Lage und Entwicklung auf dem Gebiet der Telekommunikation Stellung nehmen. Hier soll die RegTP eine eigene **rechtliche** und **wirtschaftliche Bewertung** der Situation auf den Telekommunikationsmärkten abgegeben. Die Begründung zum Gesetzentwurf des TKG a. F. führte dazu aus, dass die Berichtpflicht der RegTP die Darstellung der Wettbewerbsverhältnisse und wettbewerbsrelevanten Vorgänge umfasse.[12] Die Berichtpflicht der RegTP überschneidet sich insoweit mit dem Auftrag der MK nach § 121 Abs. 2, den Stand und die absehbare Entwicklung des Wettbewerbs auf den Märkten der Telekommunikation zu begutachten.[13] Ausschlaggebend

---

6 BR-Drs. 755/03, S. 45.
7 Vgl. zu der entsprechenden Funktion des Rates des Beirats nach TKG a. F. *Manssen*, C § 81 RdNr. 5.
8 BeckTKG-Komm/*Geppert*, § 81 RdNr. 2; *Manssen*, C § 81 RdNr. 1.
9 Vgl. zur insoweit identischen alten Rechtslage *Holznagel/Enaux/Nienhaus,*, Grundzüge des Telekommunikationsrechts, S. 45.
10 Zu der entsprechenden Funktion des TB des BKartA vgl. BGH NJW 1981, 119, 122.
11 BeckTKG-Komm/*Geppert*, § 81 RdNr. 2; *Trute/Spoerr/Bosch*, § 81 RdNr. 2.
12 BT-Drs. 13/3609, S. 52.
13 Zur insoweit identischen alten Rechtslage *Holznagel/Enaux/Nienhaus*, Grundzüge des Telekommunikationsrechts, S. 48.

Huppertz

für den Inhalt des – in seiner konkreten Ausgestaltung letztlich in die Verantwortung der RegTP gestellten – Tätigkeitsberichts muss der mit der Vorschrift verfolgte Zweck sein: Wie bereits ausgeführt, soll der Gesetzgeber über die Verwaltungstätigkeit der Behörde informiert werden, und ihm soll die Möglichkeit verschafft werden, die gesetzlichen Vorschriften im Bedarfsfall zügig und marktgerecht an veränderte Gegebenheiten bzw. neue Erkenntnisse anzupassen.[14] Ihm entsprechenden Modifizierungsbedarf aufzuzeigen, muss mithin Ziel des Tätigkeitsberichts der RegTP sein. Was von derartigen Vorschlägen im Gesetzgebungsverfahren realisiert werden kann und soll, hängt dann zum einen von den gemeinschaftsrechtlichen Vorgaben, zum anderen vom Gestaltungsvermögen und -willen des Gesetzgebers ab.

Explizit aufgeführt ist in § 121 Abs. 1 Satz 2, dass die RegTP in ihrem Tätigkeitsbericht **12** auch Stellung dazu nehmen soll, ob sich eine Änderung der Festlegung, welche Telekommunikationsdienste als **Universaldienstleistungen** im Sinne des § 78 gelten sollen, empfiehlt. Diese Formulierung ist unter bloßer Anpassung der in Bezug genommenen Norm unverändert aus § 81 Abs. 1 Satz 2 TKG a. F. übernommen worden. Diese unmodifizierte Übernahme birgt indes ein Problem: Denn nach dem neuen gemeinschaftlichen Rechtsrahmen sind diejenigen Dienste, die als Universaldienste bereitgestellt werden müssen, bereits gemeinschaftsrechtlich in den Art. 4 bis 6 RL 2002/22/EG vorgegeben, und zwar – wie sich aus Art. 2 lit. j RL 2002/21/EG ergibt – in abschließender und zwingender Weise.[15] Nur in Bezug auf besondere Universaldienste für behinderte Nutzer lässt Art. 7 RL 2002/22/EG den Mitgliedsstaaten einen Spielraum. Des Weiteren können die Mitgliedsstaaten nach Art. 32 2002/22/EG weitere Pflichtdienste vorsehen. Diese unterscheiden sich aber nach der gemeinschaftsrechtlichen Systematik von den Universaldiensten dadurch, dass ihre Finanzierung nicht dem Finanzierungsregime nach Art. 13 RL 2002/22/EG – umgesetzt durch §§ 78 ff. – unterstellt werden darf. Eine Veränderung der Universaldienste im Sinne von § 78 darf nach gemeinschaftsrechtlichen Vorgaben nur im Wege des Art. 15 RL 2002/22/EG – also nach Überprüfung durch die Europäische Kommission im Wege der Gesetzgebung durch Rat und Europäisches Parlament – herbeigeführt werden. Eine Änderung der Festlegung der in § 78 aufgeführten Dienste kann der nationale Gesetzgeber mithin nicht eigenmächtig vornehmen. Eine Pflicht der RegTP, Empfehlungen an den nationalen Gesetzgeber abzugeben, die dieser unter Beachtung des ihn bindenden Gemeinschaftsrechts nicht umsetzen kann, macht jedoch keinen Sinn. Unter Berücksichtigung der gemeinschaftsrechtlichen Vorgaben muss die Berichtspflicht i. S. v. § 121 Abs. 1 Satz 2 mithin so ausgelegt werden, dass die RegTP lediglich:

— Empfehlungen unterbreiten kann, welche Änderungsvorschläge der Kommission – als Gesetzgebungsinitiator i. S. v. Art. 15 RL 2002/22/EG – unterbreitet werden sollen.
— Vorschläge machen kann, ob und welche besonderen Universaldienste für behinderte Nutzer in Deutschland vorgeschrieben werden sollen.
— Vorschläge unterbreiten kann, ob und inwieweit weitere Pflichtdienste außerhalb des Universaldienstregimes i. S. der §§ 78 ff. eingeführt werden sollen.

---

14 Ähnlich *Scheurle/Mayen/Ulmen*, § 81 RdNr. 3 zur alten Rechtslage.
15 So auch *Scherer*, K&R 2002, 385, 386.

IV. Gutachten der Monopolkommission

13 **1. Normzweck des § 121 Abs. 2 und bisherige Gutachten.** – Die MK wird durch § 121 Abs. 2 verpflichtet, in Ergänzung zu ihren Gutachten i. S.v. § 44 GWB alle zwei Jahre **Sondergutachten** für den Telekommunikationssektor zu erstellen. Durch diesen Auftrag an die MK soll sichergestellt werden, dass sich – neben der RegTP – ein unabhängiges weiteres Gremium mit der Situation der Märkte im Telekommunikationssektor befasst.[16] Auf der Grundlage von § 81 Abs. 3 TKG a. F. hat die MK drei Sondergutachten erarbeitet, und zwar in den Jahren 1999[17], 2001[18] und 2003[19].

14 **2. Verfahren.** – Die Zusammensetzung und die Arbeitsweise der MK sind in den §§ 45 f GWB geregelt.[20] Die Unabhängigkeit der Mitglieder der Kommission wird durch § 45 Abs. 3 GWB sichergestellt. Gemäß § 121 Abs. 2 Satz 1 muss die MK ihr Gutachten jeweils zum 30. November des Jahres, in dem sie kein Hauptgutachten i. S.v. § 44 Abs. 1 Satz 1 und 2 GWB erstellt, vorlegen. Das erste Sondergutachten nach dem TKG in der neuen Fassung steht mithin im November 2005 an. Das Gutachten wird von der RegTP zusammen mit ihrem Tätigkeitsbericht dem BT und dem BRat vorgelegt.

15 **3. Inhalt des Sondergutachtens.** – Die MK soll sich nach § 121 Abs. 2 Satz 1 in ihrem Sondergutachten mit drei Fragestellungen befassen.

16 **a) Wettbewerbsbeurteilung.** – Ihre erste und zentrale Aufgabe besteht darin, den Stand und die absehbare **Entwicklung** des Wettbewerbs und die Frage, ob **nachhaltig wettbewerbsorientierte Telekommunikationsmärkte** in der Bundesrepublik Deutschland bestehen, zu beurteilen. Abweichend vom Auftrag der RegTP für ihren Tätigkeitsbericht richtet sich derjenige der MK nicht allgemein auf die Beurteilung der Lage und Entwicklung auf dem Gebiet der Telekommunikation, sondern speziell auf eine Bewertung der aktuellen und absehbaren zukünftigen Wettbewerbsverhältnisse auf den Telekommunikationsmärkten. Vom Prüfungsauftrag umfasst sind dabei alle existierenden Telekommunikationsmärkte,[21] also insbesondere auch solche, die zum Zeitpunkt der Erstellung eines Sondergutachtens nicht, nicht mehr oder noch nicht der Marktregulierung nach Teil 2 des Gesetzes unterliegen.

17 Eine Stellungnahme der MK zu der Frage, ob aufgrund der Beurteilung der Wettbewerbssituation eine **Veränderung** der wettbewerbsfördernden Vorschriften des TKG geboten ist, sieht § 121 Abs. 2 – anders als § 81 Abs. 3 TKG a. F. – nicht mehr vor. Nach der alten Fassung sollte die MK unter Zugrundelegung ihrer Beurteilung, ob auf bestimmten Telekommunikationsmärkten funktionsfähiger Wettbewerb bestand,[22] dem Gesetzgeber Deregulie-

---

16 *Manssen,* C § 81 RdNr. 9.

17 Wettbewerb auf Telekommunikations- und Postmärkten?, SG der MK gem. § 81 Abs. 3 TKG und § 44 PostG, Bonn, Dezember 1999.

18 Wettbewerbsentwicklung bei Telekommunikation und Post 2001: Unsicherheit und Stillstand, SG der MK gem. § 81 Abs. 3 TKG und § 44 PostG, Bonn, Dezember 2001.

19 Telekommunikation und Post 2003: Wettbewerbsintensivierung in der Telekommunikation und Zementierung des Postmonopols, SG der MK gem. § 81 Abs. 3 TKG und § 44 PostG, Bonn, Dezember 2003.

20 Vgl. dazu *Immenga/Mestmäcker/Veelken,* § 46 RdNr. 7 ff.

21 *Trute/Spoerr/Bosch,* § 81 RdNr. 5.

22 Vgl. dazu *Koenig/Vogelsang/Kühling/Loetz/Neumann,* K&R 2003, 8, 13; *Koenig/Kühling,* WuW 2000, 596, 597; *Hefekäuser,* MMR 1999, 144, 151.

rungsvorschläge unterbreiten. Da über die Frage der Regulierung eines Telekommunikationsmarktes nunmehr im Rahmen des Marktdefinitions- und Marktanalyseverfahrens nach §§ 10 und 11 entschieden wird, hat sich die Aufgabe der MK, Vorschläge für diesbezügliche gesetzliche Änderungen zu unterbreiten, erübrigt.[23]

Anders als im TKG a. F., in dem der Begriff des „funktionsfähigen Wettbewerbs" nicht definiert war, findet sich eine Legaldefinition für einen „nachhaltig wettbewerbsorientierten Markt" nunmehr in § 3 Nr. 12. Die Konsequenz aus dieser Legaldefinition für die Handhabung des § 121 durch die MK besteht darin, dass der **Beurteilungsspielraum** für die Konkretisierung des Begriffes insoweit **eingeschränkt** und somit nicht mehr ganz so weit wie im Rahmen von § 81 Abs. 3 TKG a. F. ist.[24] Allerdings ist die Legaldefinition in § 3 Nr. 12 weiterhin sehr abstrakt, so dass auch nach neuer Rechtslage Auslegungsbedarf verbleibt. Ursprünglich sollte wiederum der Begriff des „funktionsfähigen Wettbewerbs" Inhalt des TKG werden. Der Austausch der Begrifflichkeiten hat aber keine inhaltlichen Konsequenzen. Es ist davon auszugehen, dass für einen „nachhaltig wettbewerbsorientierten Markt" die gleichen Voraussetzungen erfüllt sein müssen wie für „funktionsfähigen Wettbewerb" auf einem Markt.[25] Es ist zu erwarten, dass die MK bei Auslegung des neuen Begriffs auf ihre im Sondergutachten 2000/2001 detailliert herausgearbeitete Konzeption[26] für den Begriff des funktionsfähigen Wettbewerbs zurückgreifen wird. Indes muss sie das neue Zusammenspiel ihrer Aufgabe mit § 10 Abs. 2 berücksichtigen. Nach dieser Vorschrift muss die RegTP – gemäß § 123 Abs. 1 im Einvernehmen mit dem BKartA – im Rahmen des Marktdefinitionsverfahrens die Märkte festlegen, die für eine Regulierung nach Teil 2 des TKG n. F. in Betracht kommen. Dabei hat die RegTP drei Kriterien zugrunde zu legen, die der Märkte-Empfehlung der Europäischen Kommission entnommen sind.[27] Die Bejahung aller drei Kriterien ist eine der zentralen **Regulierungsvoraussetzungen** nach dem neuen TKG. Die MK wird – wenn ihre Beurteilung bzgl. der nachhaltigen Wettbewerbsorientiertheit eines Marktes für die praktische Arbeit der RegTP von Nutzen sein soll – das Konzept in kohärenter Weise auslegen, mithin die drei von der Europäischen Kommission aufgestellten Kriterien ebenfalls zugrunde legen müssen.

Berücksichtigt die MK die drei Kriterien aus § 10 Abs. 2 bei ihrer Beurteilung nach § 121 Abs. 2, so wird ihr Gutachten eine zweifache Funktion haben: Zum einen wird ihre Einschätzung sich als eine **Ex-post Kontrolle** der Entscheidung von RegTP und BKartA nach

18

19

---

23 Vgl. Begr. zum RegE (TKG-E) vom 15. 10. 2003, Besonderer Teil zu § 119, S. 133. So auch bzgl. des neuen gemeinschaftlichen Rechtsrahmens *Immenga/Kirchner*, TKMR 2002, 340, 354.

24 Vgl. zum Beurteilungsspielraum nach § 81 Abs. 3 TKG a. F. für das Konzept des funktionsfähigen Wettbewerbs *Trute/Spoerr/Bosch*, § 81 RdNr. 5; *Koenig/Kühling*, WuW 2000, 596, 599; *Neitzel*, CR 2002, 256, 257; *Gerpott*, MMR 2000, 191, 192.

25 Vgl. § 3 RdNr. 18 ff.

26 SG der MK (Fn. 18) S. 11 ff. Vgl. dazu *Holthoff-Frank*, MMR 2002, 294, 296; *Neitzel*, CR 2002, 257. Insoweit kritisch zum SG 1998/1999 *Koenig/Kühling*, MMR 2000, 602; *Gerpott*, MMR 2000, 192.

27 Empfehlung der Kommission vom 11. 2. 2003 über relevante Produkt- und Dienstmärkte des elektronischen Kommunikationssektors, die aufgrund der Richtlinie 2002/21/EG des Europäischen Parlaments und des Rates über einen gemeinsamen Rechtsrahmen für elektronische Kommunikationsnetze und -dienste für eine Vorabregulierung in Betracht kommen, ABl. Nr. L 114/45 v. 8. 5. 2003. Vertiefend zu diesen drei Kriterien *Huppertz*, Die SMP-Konzeption – europarechtliche Vorgaben für die asymmetrische Regulierung im Kommunikationssektor, Diss. Berlin 2003, S. 204 ff.

§ 10 Abs. 2 darstellen.[28] Zum anderen – weil die MK ja auch die absehbare Entwicklung des Wettbewerbs begutachten soll – wird ihr Arbeitsergebnis eine **abstrakte Vorabbegutachtung** für diejenige Prüfung sein, die die RegTP und das BKartA im Zuge des nächsten Marktdefinitionsverfahrens nach § 10 Abs. 2 vornehmen müssen.

20 **b) Würdigung der Anwendung des TKG.** – Die zweite Aufgabe der MK besteht darin, die Anwendung der Vorschriften des TKG über die Regulierung und Wettbewerbsaufsicht zu würdigen. Insoweit geht es darum, eine Stellungnahme zur **Handhabung** der Vorschriften aus dem TKG mit wettbewerbsrechtlichem Bezug abzugeben. Es handelt sich dabei in erster Linie um die Vorschriften des Zweiten Teils (Marktregulierung), aber auch ggf. um Vorschriften anderer Teile mit Bezug zu Fragen des Wettbewerbs, also z. B. § 50 (Zugangsberechtigungssysteme) oder § 61 (Frequenzvergabeverfahren). Stellung nehmen kann die MK sowohl zur Handhabung der Vorschriften durch die RegTP, als auch – soweit es nach § 123 involviert ist – durch das BKartA oder durch die zuständigen Gerichte, also in erster Linie VG Köln, OVG Münster und BVerwG.

21 **c) Stellungnahme zu aktuellen wettbewerbspolitischen Fragen.** – Die dritte Aufgabe besteht in einer Stellungnahme zu aktuellen **wettbewerbspolitischen Fragen** der Telekommunikation. Für die Auslegung dieses Aufgabenbereichs kommt der MK ein weiter Beurteilungsspielraum zu. Letztlich handelt es sich insoweit um eine mit den „Ermessensgutachten" nach § 44 Abs. 1 Satz 4 GWB vergleichbare Konstellation. Die im Rahmen dieser Aufgabenstellung behandelten Fragestellungen können sich mit denjenigen, die typischerweise in den Hauptgutachten der MK behandelt werden, überschneiden.[29] Die MK ist aufgefordert, gesondert dazu Stellung zu nehmen, ob § 21 Abs. 2 Nr. 3 im Hinblick auf die Wettbewerbsentwicklung anzupassen ist. Dort geht es um die – im Rahmen der Gesetzesnovellierung besonders umstritten gewesen – Frage des Resale. Es war der Wunsch des Gesetzgebers, dass sich die MK mit der Handhabung dieser Norm durch die RepTP detailliert gutachterlich beschäftigen und etwaigen Änderungsbedarf hinsichtlich der Formulierung dieser Norm rechtzeitig aufzeigen soll.

V. Stellungnahme der Bundesregierung

22 Nach § 121 Abs. 3 ist die BReg verpflichtet, „zu dem Bericht" gegenüber den gesetzgebenden Körperschaften des Bundes in angemessener Frist Stellung zu nehmen. Ob mit der Formulierung „**der Bericht**" nur der Tätigkeitsbericht der RegTP, nur das Gutachten der MK oder gar beides gemeint ist, ist nicht klar. Dem Wortlaut nach könnte davon auszugehen sein, dass nur der Tätigkeitsbericht der RegTP i. S. v. § 121 Abs. 1 gemeint ist, denn in § 121 Abs. 2 ist von einem Gutachten der MK die Rede. Indes relativiert sich dies dadurch, dass in § 121 Abs. 1 von dem „Bericht nach Abs. 2" gesprochen wird. Systematisch spricht die Stellung als separater dritter Absatz dafür, dass er sich auf beide vorherigen Absätze, also sowohl den Tätigkeitsbericht als auch das Monopolkommissionsgutachten bezieht. Im TKG a. F. war die Stellungnahmepflicht direkt in § 81 Abs. 3 TKG a. F. normiert. Nach Auffassung der Literatur bezog sich die Stellungnahmepflicht deshalb auch nur auf das

---

28 So auch *Vogelsang*, MMR 2003, 509, allerdings noch zum Begriff des „funktionsfähigen Wettbewerbs".
29 Vgl. Begr. zum RegE (TKG-E) vom 15. 10. 2003, Besonderer Teil zu § 119, S. 133.

Gutachten der MK.[30] In der Praxis hat die BReg indes sowohl zum Gutachten der MK als auch zum Tätigkeitsbericht der RegTP Stellung genommen.[31] Deshalb ist davon auszugehen, dass der Gesetzgeber die gesetzlichen Vorgaben zur Stellungnahmepflicht der BReg der faktischen Handhabung der Stellungnahme angleichen wollte. Eine entsprechende Vorgehensweise hat er nachweisbar auch in § 122 gewählt, indem er den faktisch von der RegTP regelmäßig erstellten Jahresbericht nun als gesetzliche Pflicht normiert hat. Zum Ausdruck gebracht hat er seinen Willen durch die bereits angesprochene Separierung des Absatzes 3. Der Wortlaut „zu dem Bericht", also die Verwendung der Einzahl, steht dieser Auslegung nicht entgegen, weil die RegTP nach § 121 Abs. 1 den gesetzgebenden Körperschaften beide Berichte quasi als Gesamtbericht vorlegen soll.

In der Vergangenheit hat die BReg der rechtspolitischen Bedeutung[32] ihrer Stellungnahmepflicht adäquat Rechnung getragen, indem sie die Stellungnahme jeweils umfassend und unter **Einbeziehung der Öffentlichkeit** vorbereitet hat.[33] So wurden jeweils Eckpunkte erarbeitet und die Öffentlichkeit wurde zu ihrer Kommentierung aufgefordert.[34] Eine solche Handhabung – obgleich gesetzlich nicht vorgeschrieben – ist und war unter dem Gesichtspunkt der Transparenz für den Markt überaus begrüßenswert. Allerdings muss die BReg dabei darauf achten, ihre Stellungnahme innerhalb einer angemessenen Frist i.S.v. § 121 Abs. 3 abzugeben. **23**

30 Vgl. insoweit BeckTKG-Komm/*Geppert*, § 81 RdNr. 10; *Manssen*, C § 81 RdNr. 2.
31 Stellungnahme der BReg zum TB der RegTP 2000/2001 und zum SG der MK „Wettbewerbsentwicklung bei Telekommunikation und Post 2001: Unsicherheit und Stillstand" vom 18. Dezember 2002 sowie die Stellungnahme der BReg zum TB der RegTP 1998/99 und zum SG der MK „Wettbewerb auf Telekommunikations- und Postmärkten?" vom 16. August 2000.
32 *Scherer*, CR 2000, 35.
33 *Trute/Spoerr/Bosch*, § 81 RdNr. 8; *Schreiter/Kind*, MMR 2002, 788.
34 Vgl. z.B. die „Eckpunkte Telekommunikation" des BMWi für eine Stellungnahme der BReg zum TB der RegTP 2000/2001 und zum SG der MK „Wettbewerbsentwicklung bei Telekommunikation und Post 2001: Unsicherheit und Stillstand".

§ 122 Jahresbericht

(1) Die Regulierungsbehörde veröffentlicht einmal jährlich einen Bericht über die Entwicklung des Telekommunikationsmarktes, der wesentliche Marktdaten sowie Fragen des Verbraucherschutzes enthält.

(2) In den Jahresbericht ist nach öffentlicher Anhörung auch ein Vorhabenplan aufzunehmen, in dem die im laufenden Jahr von der Regulierungsbehörde zu begutachtenden grundsätzlichen rechtlichen und ökonomischen Fragestellungen enthalten sind. Das Ergebnis ist in dem darauf folgenden Jahresbericht zu veröffentlichen.

(3) Die Regulierungsbehörde veröffentlicht fortlaufend ihre Verwaltungsgrundsätze.

Schrifttum: *Gramlich*, Tätigkeit der RegTP im Jahr 2002, CR 2003, 414; *ders.*, Tätigkeit der RegTP im Jahr 2001, CR 2002, 488; *ders.*, Tätigkeit der RegTP im Jahr 2000, CR 1999, 489; Jahresbericht 1998 der RegTP, Jahresbericht 1999 der RegTP; Jahresbericht 2000, Marktbeobachtungsdaten der RegTP; Jahresbericht 2001, Marktbeobachtungsdaten der RegTP; Jahresbericht 2002, Marktbeobachtungsdaten der RegTP; Jahresbericht 2003, Marktdaten der RegTP; Jahresbericht 2004 der RegTP gemäß § 122 Telekommunikationsgesetz.

Übersicht

I. Normzweck

Alle drei Absätze des § 122 zielen darauf, die Transparenz, die Einheitlichkeit und die Ef- **1** fizienz der Regulierung der RegTP zu fördern. Die in § 122 Abs. 1 niedergelegte Pflicht zur Erstellung und Veröffentlichung von Jahresberichten soll die RegTP zu einer regelmäßigen **Evaluation** ihrer Aktivitäten und des Telekommunikationssektors zwingen und die Ergebnisse für die Öffentlichkeit transparent machen. Der neu eingeführte **Vorhabenplan** in § 122 Abs. 2 soll dazu beitragen, dass grundsätzliche ökonomische oder juristische Fragen der Regulierung in vorausschauender Weise ermittelt und beantwortet werden, um auf diesem Weg zu einer Vereinheitlichung der Regulierung innerhalb der RegTP und zur Beschleunigung der individuellen Regulierungsverfahren beizutragen. Die Pflicht zur Veröffentlichung der Verwaltungsgrundsätze nach § 122 Abs. 3 dient zuletzt dazu, die **Berechenbarkeit** der Regulierung der RegTP für die Marktteilnehmer zu erhöhen.

II. Entstehungsgeschichte und EG-rechtliche Grundlagen

2 § 122 hat keine direkte Vorgängernorm im TKG a.F. Lediglich Abs. 3 war zuvor in § 81 Abs. 2 TKG a.F. enthalten. Abs. 1 greift die bisherige Praxis der RegTP, einen Jahresbericht zu veröffentlichen, auf. Lediglich Abs. 2 stellt ein Novum dar: Die Erstellung eines **Vorhabenplans** war im Vorfeld der TKG-Novellierung von vielen Seiten zur Erhöhung der Regulierungseffizienz gefordert worden. Der Gesetzgeber hat diese Forderung aufgegriffen. Das Erfordernis einer der Veröffentlichung vorangehenden öffentlichen Anhörung zum Vorhabenplan ist auf Betreiben des BRates im Laufe des Gesetzgebungsverfahrens in Abs. 2 aufgenommen worden.

3 Die Normierung des § 122 ist dem nationalen Gesetzgeber gemeinschaftsrechtlich nicht vorgegeben. Indes schreibt Art. 3 Abs. 3 RL 2002/21/EG den Mitgliedstaaten vor sicherzustellen, dass die nationalen Regulierungsbehörden ihre Befugnisse unparteiisch und transparent ausüben. Diesem gemeinschaftsrechtlichen **Transparenzgebot** dient letztlich der gesamte § 122.

III. Jahresbericht der RegTP

4 **1. Normierungshintergrund und Zweck des Jahresberichts.** – Obwohl sie dazu gesetzlich bislang nicht verpflichtet war, hat die RegTP von Beginn ihrer Tätigkeit an regelmäßig Jahresberichte veröffentlicht.[1] Der Gesetzgeber hat diese Praxis jetzt als gesetzliche Pflicht verankert. Der Grund dafür dürfte gewesen sein, dass der nunmehr in Abs. 2 normierte Vorhabenplan gesetzlich vorgeschrieben werden und systematisch in den – in diesem Zuge mitgeregelten – Jahresbericht aufgenommen werden sollte. Der Jahresbericht dient der RegTP als ein Mittel, ihre Arbeit und die Situation auf den Märkten regelmäßig kritisch zu evaluieren. Zugleich werden die Marktgegebenheiten und die Tätigkeit der RegTP mittels dieser Berichte für die Öffentlichkeit transparenter.

5 **2. Verfahren.** – Der Gesetzgeber hat für den Jahresbericht selbst keine besonderen Verfahrensvorgaben aufgestellt. Eine beratende Mitwirkung des **Beirates** an den Jahresberichten ist in § 120 Nr. 5 **nicht** vorgesehen. Dies erklärt sich daraus, dass der Jahresbericht lediglich der Selbstkontrolle der RegTP und der Erhöhung der Transparenz hinsichtlich ihrer Arbeit und der Situation auf den Märkten dienen soll, mithin eine Beteiligung der gesetzgebenden Körperschaften über den Beirat nicht erforderlich ist. Die RegTP hat den Jahresbericht bisher immer am Ende eines jeden Jahres veröffentlicht und wird diese Praxis voraussichtlich beibehalten. Anders als in § 121 Abs. 1 wird die RegTP in § 122 Abs. 1 explizit dazu verpflichtet, ihre Jahresberichte zu veröffentlichen. Als Medien für diese Veröffentlichung sind nunmehr durch § 5 sowohl das Amtsblatt als auch die Internetseite der RegTP vorgegeben.

6 **3. Inhalt.** – In inhaltlicher Hinsicht schreibt § 122 Abs. 1 der RegTP einen Bericht über die Entwicklung des Telekommunikationsmarktes vor, der **wesentliche Marktdaten** sowie Fragen des **Verbraucherschutzes** enthalten soll. In der Vergangenheit hat die RegTP in ihren auf eigene Initiative erstellten Jahresberichten im Wesentlichen über folgende Themenkreisen informiert: den Verbraucherservice der RegTP, die Arbeitsplatzentwicklung im Telekommunikationssektor, die Entwicklung auf den für die Verbraucher zentralen Te-

---

1 Vgl. die Jahresberichte für die Jahre 1998, 1999, 2000, 2001, 2002 und 2003 der RegTP.

lekommunikationsmärkten – also Festnetz, Mobilfunk und Internet –, die Nummernverwaltung, die Frequenzregulierung, die technische Regulierung, die Aktivitäten der einzelnen Beschlusskammern und den Bereich Personal und Haushalt der RegTP selbst.[2] Die Jahresberichte unterschieden sich dabei von den Tätigkeitsberichten der RegTP vor allem dadurch, dass in den Jahresberichten in erster Linie Marktbeobachtungsdaten in allgemein verständlicher Weise verbreitet und erläutert wurden,[3] während in den Tätigkeitsberichten – geordnet nach den verschiedenen Tätigkeitsfeldern der RegTP – die Regulierungspraxis und -ergebnisse in analytischer Form aufbereitet wurden. Diesen Unterschied brachte die RegTP vom Jahresbericht 2000 an dadurch zum Ausdruck, dass sie ihre Jahresberichte mit dem Untertitel „Marktbeobachtungsdaten der Regulierungsbehörde für Telekommunikation und Post" versah. Damit signalisierte sie den **deskriptiven** Charakter ihrer Jahresberichte im Unterschied zu ihren analytisch konzipierten Tätigkeitsberichten.

In der Vergangenheit gab es zum Teil inhaltliche Überschneidungen zwischen den Tätig- **7** keitsberichten und den Jahresberichten. Dies ergab sich aus der Identität des beiden Berichten zugrunde gelegten Datenmaterials. Auch im Rahmen der analytisch konzipierten Tätigkeitsberichte musste dieses Material zumindest in den Grundzügen dargelegt werden.

Die RegTP hat mit ihrem Jahresbericht 2004 gezeigt, wie sie mit den Vorgaben in § 122 **8** Abs. 1 hinsichtlich des in den Jahresbericht aufzunehmenden Inhalts umgehen will:[4] Der Bericht basiert überwiegend auf Primärdaten, die im Wege der Erhebung von den Unternehmen beigetragen, jedoch von der RegTP auf Plausibilität überprüft und ggf. mit den Unternehmen abgeklärt werden. Die RegTP ergänzt diese Daten durch eigene Analysen und sonstige allgemein zugängliche Quellen. Der in § 122 Abs. 1 geforderte Bericht über die Entwicklung des Telekommunikationsmarktes wird durchgeführt anhand einer kontinuierlichen Beobachtung der Bereiche Festnetz, Mobiltelefondienst, Mietleitungen, Zusammenschaltung und Kabelfernsehen. Über ihre Tätigkeit im Dienste des Verbrauchers berichtet die RegTP unter der Rubrik „Die Regulierungsbehörde als Anwalt des Verbrauchers". Darunter fiel z. B. im Jahr 2004 die Bekämpfung des Missbrauchs von 0190/0900er Mehrwertdienstenummern.

IV. Vorhabenplan

1. Zweck des § 122 Abs. 2 und Normierungshintergrund. – Die RegTP muss im Rah- **9** men ihres Jahresberichts einen Vorhabenplan aufstellen, in dem sie ankündigt, mit welchen grundsätzlichen rechtlichen und ökonomischen Fragestellungen sie sich im darauf folgenden Jahr befassen will. Die – von konkreten Regulierungsverfahren losgelöste – **abstrakte Begutachtung** der in den Vorhabenplan aufgenommenen Fragen hat das Ziel, eine einheitliche Handhabung dieser Fragen durch die gesamte RegTP, insbesondere aber durch alle ihre Beschlusskammern, sicherzustellen.[5] Da im Rahmen von konkreten Regulierungsverfahren dann auf die abstrakten Evaluationsergebnisse zurückgegriffen werden soll, erhofft sich der Gesetzgeber davon zugleich eine **Verfahrensbeschleunigung**.[6]

---

2 Vgl. z. B. Jahresbericht 2003, S. 1 ff.; 11 ff.; 14 ff: 41 ff.; 51 ff.; 62 ff.; 98 ff.; 116 ff.
3 *Gramlich*, CR 2003, 414; *ders.*, CR 2002, 488; *ders.*, CR 1999, 489.
4 Vgl. im Einzelnen dazu den Jahresbericht 2004.
5 Begr. zum RegE (TKG-E) vom 15. 10. 2003, Besonderer Teil zu § 120, S. 133 f.
6 Begr. zum RegE (TKG-E) vom 15. 10. 2003, Besonderer Teil zu § 120, S. 134.

10 Eine Intensivierung der konzeptionellen, vorausschauenden **Grundsatzarbeit** der RegTP unter Einbindung der Öffentlichkeit war im Vorfeld des Gesetzgebungsverfahrens von vielen Seiten eingefordert worden.[7] Vergleichend wurden dabei andere Länder herangezogen, in denen die Regulierungsbehörden eine akzentuierte eigene Regulierungspolitik betreiben, wie z. B. OFTEL (nunmehr OFCOM) im Vereinigten Königreich oder die FCC in den USA.[8] Der RegTP ist vom deutschen Gesetzgeber – entsprechenden den gemeinschaftsrechtlichen Vorgaben – im neuen TKG im Bereich der wettbewerbsfördernden und -sichernden Marktregulierung ein deutlich erweiterter Spielraum hinsichtlich der Auswahl und Ausgestaltung der Regulierungsinstrumente verliehen worden. Es besteht für sie deshalb nunmehr die Möglichkeit, aber auch die Notwendigkeit, einen sinnvollen und kohärenten Einsatz dieser Instrumente durch die Vorabentscheidung von regulatorischen Grundsatzfragen sicherzustellen.[9] Der Vorhabenplan und dessen Verwirklichung kann dabei eine wichtige Rolle spielen.

11 **2. Verfahren.** – Der Vorhabenplan ist nunmehr ein integraler Bestandteil des Jahresberichts. Die RegTP muss zu dem von ihr für den jeweiligen Jahresbericht vorgesehenen Vorhabenplan eine **öffentliche Anhörung** durchführen. Der Grund für diese erst im Laufe des Gesetzgebungsverfahrens auf Betreiben des BRates eingefügte Beteiligung der Öffentlichkeit an der Erarbeitung des Vorhabenplans liegt darin, dass die Auswahl der im nächsten Jahr von der RegTP in grundsätzlicher Hinsicht zu begutachtenden Fragen von zentraler Bedeutung für alle Marktteilnehmer ist.[10] Die Anhörung zum Vorhabenplan stellt damit eine Parallelsituation zum Konsultationsverfahren nach § 12 Abs. 1 dar. Ihre Durchführung muss deshalb sinnvoller Weise ebenfalls, wie in § 12 Abs. 1 Satz 2 für das Konsultationsverfahren vorgesehen, von der RegTP veröffentlicht werden.

12 Die Begutachtung der in den Vorhabenplan aufgenommenen Fragestellungen muss die RegTP grundsätzlich im auf den Jahresbericht folgenden Jahr durchführen. Dies folgt daraus, dass nach § 122 Abs. 2 Satz 2 „das Ergebnis" im darauf folgenden Jahresbericht zu veröffentlichen ist. Der Begriff des Ergebnisses meint in diesem Zusammenhang die **Resultate** der im Vorhabenplan angekündigten Begutachtungsprojekte. Die RegTP muss mithin in einem Jahresbericht jeweils Rechenschaft über die von ihr im Jahr zuvor angekündigten Grundsatzentscheidungen ablegen und zugleich die im nächsten Jahr anvisierten Fragestellungen der Öffentlichkeit präsentieren.

13 Bei der Erstellung des Vorhabenplans wird die RegTP gemäß § 120 Nr. 5 durch den **Beirat** beraten, und zwar insbesondere bei grundsätzlichen marktrelevanten Entscheidungen. Als Vertretungsorgan der gesetzgebenden Körperschaften soll der Beirat in die Erarbeitung des Plans, der eine der wesentlichen Arbeitsgrundlagen der RegTP darstellt, eingebunden werden.[11] Die Mitwirkung des Beirats beschränkt sich indes auf eine rein **beratende Funktion**. Die RegTP muss nicht etwa ein Einvernehmen mit dem Beirat über den von ihr geplanten Vorhabenplan erzielen.

---

7 Vgl. z. B. *Schreiter/Kind*, MMR 2002, 788, 793; *Koenig/Kühling*, MMR 2001, 80, 82; *Holznagel/Schulz*, CR 2003, 567, 570.

8 Vgl. dazu *Koenig/Kühling*, MMR 2001, 82.

9 *Krautscheid*, MMR Beilage 12/2002, 30, 32.

10 BR-Drs. 755/03, Nr. 80, S. 45.

11 BR-Drs. 755/03, Nr. 79 c, S. 45.

3. Inhalt. – Hinsichtlich des Inhalts des Vorhabenplans, also der möglichen Gegenstände   14
für die konzeptuelle, gutachterliche Tätigkeit der RegTP, bleibt § 122 Abs. 2 naturgemäß
sehr vage. Der Gesetzgeber hat sich darauf beschränkt, die Möglichkeit von sowohl rechtlichen als auch wirtschaftlichen Fragestellungen anzusprechen. Dem Sinn und Zweck des
Vorhabenplans nach muss es sich um die Fragen handeln, die kurz- bis mittelfristig für die
Tätigkeit der RegTP in grundsätzlicher Hinsicht geklärt werden müssen. Die RegTP hat
ihren ersten Vorhabenplan im Rahmen des Jahresberichts 2004 vorgelegt.[12] Sie hat darin
nicht nur, wie gesetzlich gefordert, die Fragen aufgenommen, die im Jahr 2005 begutachtet
werden sollten, sondern sämtliche Tätigkeitsfelder aufgeführt, in denen sie im Jahr 2005
mit Fragen von grundsätzlicher Bedeutung gerechnet hat.

V. Veröffentlichung allgemeiner Verwaltungsgrundsätze

1. Zweck und Relevanz des § 122 Abs. 3. – Die Pflicht für die RegTP, fortlaufend ihre   15
Verwaltungsgrundsätze zu veröffentlichen, zielt darauf, die **Rechts- und Planungssicherheit** für die Marktakteure – also sowohl Anbieter als auch Nachfrager – zu erhöhen.[13] Sie
sollen darüber informiert werden, wie die RegTP materiell-rechtliche Beurteilungs- oder
Ermessensspielräume handhabt.[14] Die Pflicht war früher in § 81 Abs. 2, 1. Halbsatz TKG
a. F. geregelt.[15] Die Veröffentlichung von Verwaltungsgrundsätzen ist für den Telekommunikationssektor von großer Bedeutung, weil ein möglichst hohes Maß an Rechtssicherheit
angesichts der für den Sektor charakteristischen hohen Investitionsvolumina unabdingbar
ist.[16] Dies gilt erst recht angesichts der deutlich erweiterten **Regulierungsspielräume** der
RegTP nach dem TKG n. F.[17] Unternehmen werden nur dann im Telekommunikationssektor auch in Zukunft investieren, wenn sie von der RegTP ein einigermaßen berechenbares
Regulierungsumfeld aufgezeigt bekommen.

2. Rechtsnatur der Verwaltungsgrundsätze. – Verwaltungsgrundsätze gehören zum **In-**   16
nenrecht der Verwaltung. Die Verwaltung setzt sich damit selbst Vorgaben, wie eine unbestimmte Anzahl zukünftiger Fälle materiell und formell behandelt werden soll.[18] Verwaltungsgrundsätze entfalten grundsätzlich keine Außenwirkung. Sie führen jedoch zu einer
Selbstbindung der Verwaltung bei der Normanwendung.[19] Sachlich gleich gelagerte Fälle
müssen deshalb entsprechend den aufgestellten Grundsätzen gleich behandelt werden.
Wird ohne sachlichen Grund eine von dem Verwaltungsgrundsatz abweichende Entscheidungen getroffen, liegt darin ein Verstoß gegen Art. 3 Abs. 1 GG. Die Entscheidung ist
dann wegen Verstoßes gegen den Gleichbehandlungsgrundsatz rechtswidrig und anfechtbar.[20] Auch nach der Veröffentlichung eines Verwaltungsgrundsatzes bleibt es der RegTP
unbeschadet dieser allgemeinen verwaltungsrechtlichen Grundsätze indes unbenommen,

---

12 Vgl. Jahresbericht 2004, S. 135 ff.
13 *Manssen*, C § 81 RdNr. 6; *Scheurle/Mayen/Ulmen*, § 81 RdNr. 4.
14 *Scheurle/Mayen/Ulmen*, § 81 RdNr. 4.
15 Veröffentlich hat die RegTP nach § 81 Abs. 2 TKG a. F. die „Verwaltungsgrundsätze Frequenznutzungen" (VwGrds-FreqN) RegTPABl. 23/1999, S. 4123, Mitteilung Nr. 572.
16 *Trute/Spoerr/Bosch*, § 81 RdNr. 3.
17 Ähnlich der Wissenschaftliche Arbeitskreis für Regulierungsfragen bei der RegTP, TKG-Novellierung im Spannungsfeld zwischen Rechtssicherheit und Flexibilität, Bonn, November 2002, S. 6.
18 *Immenga/Mestmäcker/Klaue*, § 53 RdNr. 4.
19 Vgl. BGH NJW 1986, 1874, 1875.
20 BeckTKG-Komm/*Geppert*, § 81 RdNr. 7.

den Grundsatz später bei Bedarf zu verändern. Die Veränderung ist allerdings nur für die Zukunft unter Beachtung der Veröffentlichungspflicht nach § 122 Abs. 3 möglich.

17 **3. Potenzieller Inhalt für Verwaltungsgrundsätze nach § 122 Abs. 3.** – Zum Regelungsgegenstand von Verwaltungsgrundsätzen trifft § 122 Abs. 3 keine Aussage. Das klassische Anwendungsgebiet von Verwaltungsgrundsätzen ist die Rechtsfolgenseite bei Ermessensvorschriften. Dort wird die Handhabung des **Ermessensspielraums** durch Verwaltungsgrundsätze vordeterminiert. Denkbar sind solche ermessenslenkenden Verwaltungsgrundsätze z. B. für § 21 oder § 24. Für die Aufstellung von Verwaltungsgrundsätzen kommen jedoch auch **unbestimmte Rechtsbegriffe** insoweit in Betracht, als sie der RegTP einen Beurteilungsspielraum verleihen,[21] wie z. B. die Begriffe des für eine Regulierung nach Teil 2 in Betracht kommenden Marktes (§ 10 Abs. 2) oder der Erforderlichkeit (§ 18 Abs. 1).

18 **4. Verfahren.** – Eine Pflicht zur Aufstellung von Verwaltungsgrundsätzen ergibt sich aus § 122 Abs. 3 nicht. Wenn die RegTP indes Verwaltungsgrundsätze aufstellt bzw. wenn sich aus der gleichförmigen Normhandhabung ein solcher Verwaltungsgrundsatz gebildet hat, ist die RegTP zu dessen **Veröffentlichung** nach § 122 Abs. 3 verpflichtet. Das Gleiche gilt für den Fall einer Änderung eines Verwaltungsgrundsatzes.[22] Wer innerhalb der RegTP für die Aufstellung eines Verwaltungsgrundsatzes zuständig ist, richtet sich nach der im TKG normierten **behördeninternen Kompetenzverteilung**. Insbesondere darf der Präsident der RegTP nicht in die gesetzlichen Befugnisse der Beschlusskammern eingreifen. Im gesetzlichen Kompetenzbereich der Beschlusskammern dürfen Verwaltungsgrundsätze mithin nur von den Beschlusskammern oder mit deren Einwilligung aufgestellt werden.[23] Die **Form** der Veröffentlichung ergibt sich aus § 5: Die Verwaltungsgrundsätze sind danach sowohl auf der Internetseite als auch im Amtsblatt der RegTP zu veröffentlichen.

21 BeckTKG-Komm/*Geppert*, § 81 RdNr. 5.
22 *Trute/Spoerr/Bosch*, § 81 RdNr. 3.
23 BeckTKG-Komm/*Geppert*, § 81 RdNr. 8.

§ 123 Zusammenarbeit mit anderen Behörden

(1) In den Fällen der §§ 10, 11, 61 Abs. 3 und § 62 Abs. 2 Nr. 3 entscheidet die Regulierungsbehörde im Einvernehmen mit dem Bundeskartellamt. Trifft die Regulierungsbehörde Entscheidungen nach Teil 2 Abschnitt 2 bis 5, gibt sie dem Bundeskartellamt rechtzeitig vor Abschluss des Verfahrens Gelegenheit zur Stellungnahme. Führt das Bundeskartellamt im Bereich der Telekommunikation Verfahren nach den §§ 19 und 20 Abs. 1 und 2 des Gesetzes gegen Wettbewerbsbeschränkungen, Art. 82 des EG-Vertrages oder nach § 40 Abs. 2 des Gesetzes gegen Wettbewerbsbeschränkungen durch, gibt es der Regulierungsbehörde rechtzeitig vor Abschluss des Verfahrens Gelegenheit zur Stellungnahme. Beide Behörden wirken auf eine einheitliche und den Zusammenhang mit dem Gesetz gegen Wettbewerbsbeschränkungen wahrende Auslegung dieses Gesetzes hin. Sie haben einander Beobachtungen und Feststellungen mitzuteilen, die für die Erfüllung der beiderseitigen Aufgaben von Bedeutung sein können.

(2) Die Regulierungsbehörde arbeitet mit den Landesmedienanstalten zusammen. Auf Anfrage übermittelt sie den Landesmedienanstalten Erkenntnisse, die für die Erfüllung von deren Aufgaben erforderlich sind.

Schrifttum: Monopolkommission, 24. Sondergutachten „Die Telekommunikation im Wettbewerb", Baden-Baden 1996; *dies.*, 12. Hauptgutachten 1996/1997, BT-Drs. 13/11921; *dies.*, 33. Sondergutachten „Wettbewerbsentwicklung bei Telekommunikation und Post 2001: Unsicherheit und Stillstand", BT-Drs. 14/7901, S. 211 ff.; *dies.*, 40. Sondergutachten „Zur Reform des Telekommunikationsgesetzes", BR-Drs. 162/04.

Schrifttum zur bisherigen Rechtslage: *Koenig/Kühling*, Reformansätze des deutschen Telekommunikationsrechts in rechtsvergleichender Perspektive, MMR 2001, 80, 83; *Müller/Schuster*, 18 Monate Regulierungsbehörde – eine kritische Bestandsaufnahme, MMR 1999, 507.

Übersicht

I. Normzweck

1 Im Hinblick auf die enge Verzahnung des sektorspezifischen Telekommunikationsrechts mit anderen Rechtsgebieten, insbesondere dem allgemeinen Wettbewerbsrecht sowie dem Medienrecht, regelt § 123 TKG die Zusammenarbeit und Abstimmung der RegTP mit anderen Behörden. Auf diese Weise wird – wie bereits mit der Vorgängervorschrift, § 82 TKG 1996[1] – die notwendige **Kongruenz** der tangierten Rechtsbereiche gewährleistet. Das Bedürfnis für eine derartige gegenseitige Abstimmung hat der Gesetzgeber auch für die Zukunft weiterhin bejaht.[2]

II. Entstehungsgeschichte

2 **1. Bisherige Rechtslage.** – Gegenüber der bisherigen Rechtslage nach § 82 TKG 1996 haben sich die Regelungen zur Zusammenarbeit zwischen der RegTP und anderen Behörden in folgenden Punkten geändert:

– Die **Einvernehmensregelung** nach § 123 Abs. 1 S. 1 TKG betraf bisher nur die Abgrenzung sachlich und räumlich relevanter Märkte und die Feststellung einer marktbeherrschenden Stellung i. S. des § 19 GWB durch die RegTP. Nachdem eine Regulierung nach TKG jetzt nicht mehr nur von dem Bestehen einer marktbeherrschenden Stellung abhängt, ist das BKartA nun in das gesamte Verfahren nach §§ 10, 11 TKG eingebunden, in dem die Regulierungsbedürftigkeit eines Marktes festgestellt wird. Außerdem ist die Einbeziehung des BKartA in das Verfahren über den Frequenzhandel nach § 62 TKG neu (vgl. bisher § 82 S. 1, 2 TKG 1996).

– Die **Stellungnahmerechte** des BKartA nach § 123 Abs. 1 S. 2 TKG gelten jetzt nicht mehr nur für Entscheidungen im Rahmen der Entgeltregulierung, des offenen Netzzugangs und der Zusammenschaltung, einschließlich der besonderen Missbrauchsaufsicht (s. § 82 S. 3 TKG 1996), sondern auch für die Auferlegung von Verpflichtungen im Rahmen der Betreiberauswahl und Betreibervorauswahl nach § 40 TKG. Da die Erbringung von Telekommunikationsdienstleistungen nicht mehr lizenzpflichtig ist, wurden konsequent die bisherigen Stellungnahmerechte des BKartA zu der Beifügung von Lizenz-Nebenbestimmungen gestrichen.

– In verfahrensrechtlicher Hinsicht ist dem BKartA jetzt „**rechtzeitig**" Gelegenheit zur Stellungnahme zu geben (vgl. demgegenüber § 82 S. 3 TKG 1996).

– Gleichermaßen muss seinerseits das BKartA die RegTP an bestimmten Verfahren „**rechtzeitig**" beteiligen (vgl. demgegenüber § 82 S. 4 TKG 1996).

– Die RegTP darf nicht mehr nur zu Missbrauchsverfahren des BKartA nach §§ 19, 20 GWB Stellung nehmen, sondern zusätzlich auch zu Verfahren nach **Art. 82 EGV** und zu Hauptprüfverfahren in der Fusionskontrolle nach **§ 40 Abs. 2 GWB**.

– Schließlich wird im TKG erstmals generell die Zusammenarbeit der RegTP mit den **Landesmedienanstalten** geregelt, § 123 Abs. 2 TKG.

---

1 S. Begründung der Fraktionen der CDU/CSU, SPD und F.D.P. zum Entwurf eines Telekommunikationsgesetzes (TKG) BT-Drs. 13/3609, zu § 79 TKG-E 1996, S. 52; TB des BKartA 1997/98, BT-Drs. 14/1139, S. 24; Monopolkommission, 33. Sondergutachten, RdNr. 149; *Scheurle/Mayen/Ulmen*, § 82 TKG RdNr. 1, 3.

2 Begr. BReg. zum Entwurf eines Telekommunikationsgesetzes (TKG) BT-Drs. 15/2316, zu § 121 TKG-E, S. 99; vgl. auch Monopolkommission, 40. Sondergutachten, RdNr. 16.

2. Gesetzgebungsverfahren. – Seit dem Kabinettsentwurf des TKG vom 15. 10. 2003 3
wurde § 123 TKG materiell nicht geändert. Lediglich die Regelungen zur Zusammenarbeit
mit den Landesmedienanstalten (§ 123 Abs. 2 TKG) wurden entsprechend der Beschlussempfehlung des Vermittlungsausschusses durch weitere Vorschriften über die Zusammenarbeit mit den bei Rundfunkdiensten nach Landesrecht zuständigen Stellen ergänzt (§ 27
Abs. 3, § 62 Abs. 2 S. 3 TKG, s. hierzu unten RdNr. 37).

III. EG-rechtliche Grundlagen

Nach dem neuen gemeinschaftlichen Rechtsrahmen für elektronische Kommunikations- 4
netze und -dienste werden die zu regulierenden Märkte „im Einklang" mit den Grundsätzen des allgemeinen Wettbewerbsrechts ermittelt.[3] Die bereits im bisherigen deutschen Telekommunikationsrecht durch den Verweis auf § 19 GWB erfolgte Verknüpfung mit dem
GWB und die dementsprechende Abstimmungspflicht der RegTP mit dem BKartA erhält
somit gleichermaßen eine verstärkte europäische Dimension. Die Europäische Kommission erachtet es für erforderlich, dass die nationalen Regulierungsbehörden für eine übereinstimmende Anwendung der neuen Bestimmungen Sorge tragen müssen, indem sie nicht
nur mit der Kommission und den Regulierungsbehörden der anderen Mitgliedstaaten eng
zusammenarbeiten, sondern auch mit den nationalen Wettbewerbsbehörden.[4] Gemäß
Art. 3 Abs. 4 S. 4 RRL müssen die Mitgliedstaaten daher für die Konsultation und Zusammenarbeit der nationalen Regulierungsbehörden mit den nationalen Wettbewerbsbehörden
sorgen. **Art. 3 Abs. 5 RRL** konkretisiert die Zusammenarbeitspflichten dahingehend, dass
die nationalen Regulierungs- und Wettbewerbsbehörden untereinander diejenigen Informationen austauschen müssen, die für die Anwendung des neuen gemeinschaftlichen
Rechtsrahmens für elektronische Kommunikationsnetze und -dienste notwendig sind.[5] Außerdem müssen die Mitgliedstaaten gemäß **Art. 16 Abs. 1 S. 2 RRL** dafür sorgen, dass die
nationalen Wettbewerbsbehörden an dem Marktanalyseverfahren nach Art. 16 RRL (umgesetzt durch § 11 TKG) beteiligt werden.[6]

IV. Zusammenarbeit mit dem BKartA, § 123 Abs. 1 TKG

1. Hintergrund. – Die Regelungen über die Zusammenarbeit mit dem BKartA sind insbe- 5
sondere auch auf das **Rangverhältnis** zwischen Telekommunikationsrecht und allgemeinem Wettbewerbsrecht zurückzuführen (§ 2 Abs. 3 TKG). Bereits vom Gesetzeszweck
her, Wettbewerb zu fördern (§ 1 TKG), überschneidet sich das TKG regelmäßig mit dem
allgemeinen Wettbewerbsrecht; dies gilt insbesondere für die Regelungen über den Netz-

---

3 25., 27. Erwägungsgrund RRL; Art. 14 Abs. 2 Unterabsatz 2 RRL, Art. 15 Abs. 1 S. 3, Abs. 2, 3
S. 1 RRL; Leitlinien der Kommission zur Marktanalyse, RdNr. 4, 24 ff., 63 ff.; 9., 18. Erwägungs-
grund der Empfehlung der Kommission vom 11. Februar 2003 über relevante Produkt- und Dienstmärkte des elektronischen Kommunikationssektors, die aufgrund der Richtlinie 2002/21/EG des
Europäischen Parlaments und des Rates über einen gemeinsamen Rechtsrahmen für elektronische
Kommunikationsnetze und -dienste für eine Vorabregulierung in Betracht kommen, ABl. EG
Nr. L 114 vom 8. Mai 2003, S. 45 ff.; ausführlich oben Einl. II RdNr. 71 ff., § 10 RdNr. 11 ff.
4 Leitlinien der Kommission zur Marktanalyse, RdNr. 23.
5 S. auch 35. Erwägungsgrund RRL.
6 S. zur Regelung der Zusammenarbeit im Einzelnen Abschnitt 5.3 der Leitlinien der Kommission
zur Marktanalyse, RdNr. 135 ff.

zugang, die Entgeltregulierung und die besondere Missbrauchsaufsicht. Über § 123 Abs. 1 TKG nimmt das BKartA seine Zuständigkeiten in dieser Branche insoweit über seine Mitwirkungsbefugnisse wahr.[7]

6 Abgesehen von der Wahrung der Einheit der Rechtsordnung ist § 123 Abs. 1 TKG insbesondere auch vor dem Hintergrund der langfristigen **Überführung** des sektorspezifischen Telekommunikations- in das allgemeine Wettbewerbsrecht zu sehen, die bereits dem TKG 1996 zugrunde lag[8] und durch den neuen europäischen Rechtsrahmen über Telekommunikationsnetze und -dienste auch gemeinschaftsrechtlich bekräftigt worden ist.[9]

7 Selbst wenn eine ähnliche Zusammenarbeitsregel zwischen RegTP und BKartA bereits nach § 82 TKG 1996 bestanden hat, erlangt die gegenseitige Beteiligung heute besondere praktische **Bedeutung**, weil die RegTP nach dem novellierten TKG größere Ermessens- und Beurteilungsspielräume erhalten hat, ob und mit welchen rechtlichen Instrumenten sie bestimmte Unternehmen reguliert (vgl. z.B. §§ 18, 19, 20, 21, 24, 39 TKG).

8 **2. Rechtsfolgen.** – Bei der Beteiligung anderer Behörden an dem Erlass eines Verwaltungsakts gelten die verwaltungsverfahrensrechtlichen Regelungen des sog. **mehrstufigen Verwaltungsakts**. Mangels Außenwirkung der Mitwirkungshandlung ist der Verwaltungsakt weiterhin ausschließlich der federführenden Behörde zuzurechnen,[10] also im Falle des § 123 Abs. 1 S. 1 und 2 TKG der RegTP bzw. im Falle des § 123 Abs. 1 S. 3 TKG dem BKartA.

9 Bei Mitwirkungsrechten anderer Behörden können unterschiedlich starke Einflussmöglichkeiten bestehen: Im Falle des **Einvernehmens** darf eine Behörde den Verwaltungsakt nicht ohne die Zustimmung der mitwirkungsberechtigten Behörde erlassen, es muss völlige Willensübereinstimmung bestehen.[11] Demgegenüber ist ein **Stellungnahmerecht** bereits dann ausreichend gewährt, wenn die mitwirkungsberechtigte Behörde ihre Erwägungen einbringen konnte und diese bei der Entscheidung berücksichtigt wurden.[12]

10 Das Fehlen einer gesetzlich vorgeschriebenen Mitwirkung macht einen Verwaltungsakt nicht nichtig, sondern nur **fehlerhaft** (§ 44 Abs. 3 Nr. 4 VwVfG). Dieser Fehler ist **geheilt**, wenn die erforderliche Mitwirkung der anderen Behörde bis zum Abschluss der letzten Tatsacheninstanz eines verwaltungsgerichtlichen Verfahrens nachgeholt wird (§ 45 Abs. 1 Nr. 5, Abs. 2 VwVfG).[13] Ein Betroffener kann im Falle eines begünstigenden Verwaltungsakts bei Fehlen der Zustimmung direkt gegen die federführende (nicht die mitwirkungsberechtigte) Behörde klagen, das Gericht kann die federführende Behörde ggf. auch ohne die

---

7 Vgl. TB des BKartA 1997/98 (Fn. 1) S. 23 f.

8 Vgl. nur die Begr. TKG-E 1996 (Fn. 1) zu § 2 Abs. 3 TKG-E 1996, S. 37; Begr. BReg. zum Entwurf eines Sechsten Gesetzes zur Änderung des GWB, BT-Drs. 13/9720, Ziff. I.3c)ff) S. 37; Monopolkommission, 33. Sondergutachten, RdNr. 9; vgl. auch Begr. RegE TKG (Fn. 2) S. 1.

9 S. nur 25., 27. Erwägungsgrund i.V. m. Art. 14 Abs. 2 Unterabsatz 2 RRL, Art. 15 Abs. 1 S. 3, Abs. 2, 3 S. 1 RRL; Leitlinien der Kommission zur Marktanalyse, RdNr. 4, 24 ff.; 9., 18. Erwägungsgrund der Empfehlung der Kommission über Märkte.

10 *Stelkens/Bonk/Sachs/Stelkens/Stelkens*, § 35 RdNr. 91 f. m. w. N.

11 BVerwGE 57, 98, 101 m. w. N.; *Stelkens/Bonk/Sachs/Stelkens/Schmitz*, § 9 RdNr. 117, *Stelkens/Bonk/Sachs/Sachs*, § 44 RdNr. 185 jeweils m. w. N.

12 Vgl. *Stelkens/Bonk/Sachs/Sachs*, § 44 RdNr. 185 m. w. N.

13 *Stelkens/Bonk/Sachs/Stelkens/Stelkens*, § 35 RdNr. 97 a m. w. N.; *Stelkens/Bonk/Sachs/Sachs*, § 44 RdNr. 191.

erforderliche Mitwirkungshandlung verpflichten, den Verwaltungsakt zu erlassen.[14] Gemäß § 46 VwVfG kann die Aufhebung eines Verwaltungsakts jedoch nicht allein wegen einer fehlerhaften Mitwirkung einer anderen Behörde beansprucht werden, wenn offensichtlich ist, dass die Verletzung der entsprechenden Formvorschriften die Entscheidung in der Sache nicht beeinflusst hat. Hierüber hinaus folgt nicht allein aus § 45 Abs. 1 Nr. 5 VwVfG, ob der Betroffene einen Anspruch auf Einhaltung der vorgeschriebenen Mitwirkung hat.[15] In ihrer Begründung zum Entwurf des § 121 TKG-E (jetzt: § 123 TKG) wies die Bundesregierung darauf hin, dass das Stellungnahmerecht einer anderen Behörde **keine Rechte Dritter** begründe, so dass sich diese nicht auf eine Verletzung von § 123 TKG berufen könnten.[16] Die Rechtslage entspreche insoweit der fehlerhaften Unterrichtung der Landeskartellbehörden durch das BKartA nach § 49 Abs. 1 GWB oder Fehlern im Rahmen des Stellungnahmerechts der obersten Landesbehörden in der Zusammenschlusskontrolle nach § 40 Abs. 4 GWB.[17]

3. Einvernehmen mit dem BKartA, § 123 Abs. 1 S. 1 TKG. – a) Anwendungsbereich. – 11
Die RegTP entscheidet in den Fällen der Marktdefinition (§ 10 TKG), der Marktanalyse (§ 11 TKG), des Ausschlusses eines Antragstellers von der Teilnahme an einem Vergabeverfahren bei Gefährdung des chancengleichen Wettbewerbs (§ 61 Abs. 3 TKG) sowie bei der Frage, ob beim Handel mit Frequenzen eine Wettbewerbsverzerrung zu besorgen ist (§ 62 Abs. 2 Nr. 3 TKG), im Einvernehmen mit dem BKartA.

Abgesehen von der Neuregelung des Frequenzhandels tragen die Änderungen dieser Vor- 12
schrift den neuen Anwendungsvoraussetzungen des TKG Rechnung.[18] Bisher war die Rechtmäßigkeit der meisten regulatorischen Maßnahmen an einen Begriff des allgemeinen Wettbewerbsrechts, das Bestehen einer marktbeherrschenden Stellung i. S. des § 19 GWB, geknüpft. Heute sind gemäß § 10 Abs. 2 S. 1 TKG zunächst noch weitere regulierungsrechtsspezifische Voraussetzungen zu prüfen (Bestehen beträchtlicher und anhaltender Marktzutrittsschranken, keine längerfristige Tendenz zu wirksamem Wettbewerb, Anwendung des allgemeinen Wettbewerbsrechts allein nicht ausreichend) und die RegTP muss die Regulierungsbedürftigkeit eines Marktes nach § 9 i.V.m. §§ 10, 11 TKG feststellen (s. ausführlich hierzu oben zu § 10 RdNr. 21 ff.). Da die nicht nach TKG regulierungsbedürftigen Märkte automatisch dem allgemeinen Wettbewerbsrecht (und damit der Zuständigkeit des BKartA) unterfallen,[19] kommt den Entscheidungen der RegTP nach § 123 Abs. 1 S. 1 TKG für die Anwendbarkeit des allgemeinen Wettbewerbsrechts zumindest faktisch erhebliche Präzedenzwirkung zu (vgl. Einl. I RdNr. 35 ff.). Selbst wenn das TKG heute nicht mehr auf § 19 GWB verweist, so dass unterschiedliche Schlussfolgerungen nach GWB bzw. TKG möglich sind, knüpfen die entscheidungserheblichen Begriffe (insbesondere „Markt", „wirksamer Wettbewerb", „beträchtliche Marktmacht") dennoch weiterhin an das allgemeine Wettbewerbsrecht an und werden von dessen Auslegung beeinflusst (vgl.

---

14 *Stelkens/Bonk/Sachs/Stelkens/Stelkens*, § 35 RdNr. 99 m. w. N.
15 *Stelkens/Bonk/Sachs/Sachs*, § 45 RdNr. 100, 141 ff. m. w. N.
16 Begr. RegE TKG (Fn. 2) zu § 121 TKG-E, S. 99.
17 *Bechtold*, § 49 RdNr. 3; *ders.*, § 40 RdNr. 32; *Immenga/Mestmäcker/Klaue*, § 49 RdNr. 7 jeweils m. w. N.
18 Vgl. auch Begr. RegE TKG (Fn. 2) zu § 121 TKG-E, S. 99.
19 Vgl. Begr. RegE TKG (Fn. 2) zu § 121 TKG-E, S. 99.

oben § 10 RdNr. 24 ff., § 11 RdNr. 7 ff.).[20] Das BKartA ist heute daher konsequent auch in die Beurteilung der weiteren regulierungsrechtsspezifischen Voraussetzungen nach §§ 10, 11 TKG eingebunden und nicht nur darauf beschränkt, die einheitliche Auslegung des § 19 GWB mit zu gewährleisten.[21]

13 Von weiterer erheblicher Bedeutung ist die Beteiligung des BKartA bei der regelmäßigen Überprüfung der Marktdefinition und -analyse nach § 14 TKG. Zwar wird diese Vorschrift nicht ausdrücklich in § 123 Abs. 1 TKG erwähnt, jedoch verweist § 14 TKG für die Durchführung der regelmäßigen Überprüfung der Marktsituation seinerseits u. a. auf die Verfahrensvorschriften der §§ 10 und 11 TKG und damit auch auf die Regelungen über die Zusammenarbeit nach § 123 Abs. 1 TKG. In ihrer Begründung zum Entwurf des § 14 TKG wies die Bundesregierung hinsichtlich der Beurteilung neu entstandener Märkte ausdrücklich darauf hin, dass diese Märkte „zunächst von der RegTP – im Einvernehmen mit dem Bundeskartellamt –" auf ihren Regulierungsbedarf nach dem TKG hin zu überprüfen seien.[22] Des Weiteren führte die Bundesregierung zum Entwurf des § 121 TKG-E (heute: § 123 TKG) aus, dass die RegTP ihre Prognoseentscheidung über die Regulierungsbedürftigkeit von Märkten „im Einvernehmen mit dem Bundeskartellamt" treffe.[23] Auch der Zweck des § 14 TKG spricht dafür, das BKartA an diesen Entscheidungen zu beteiligen. So sollen die marktteilnehmenden Unternehmen durch die regelmäßige Überprüfung der Marktsituation die für Investitionsanreize erforderliche Rechts- und Planungssicherheit erhalten, welche Märkte der spezifischen Regulierung nach dem TKG unterliegen und welche Märkte dem allgemeinem Wettbewerbsrecht zugeordnet werden.[24] Damit ist die Überprüfung nach § 14 TKG eine wesentliche Vorentscheidung für den Anwendungsbereich von TKG bzw. GWB. Die Sicherstellung der Kongruenz des allgemeinen mit dem sektorspezifischen Wettbewerbsrecht und damit der Regelungszweck des § 123 TKG sind daher sowohl bei der anlassbedingten Marktdefinition und -analyse nach §§ 10, 11 TKG als auch bei der Überprüfung nach § 14 TKG tangiert und gleichermaßen nur durch eine gegenseitige Abstimmung von RegTP und BKartA zu gewährleisten. Schließlich bestimmt auch Art. 16 Abs. 1 S. 2 RRL, dass die Mitgliedstaaten dafür zu sorgen haben, dass die nationalen Wettbewerbsbehörden gegebenenfalls an der Marktanalyse zu beteiligen sind.

14 Da eine Gefährdung des Wettbewerbs i. S. des § 61 Abs. 3 TKG und eine Wettbewerbsverzerrung i. S. des § 62 Abs. 2 Nr. 3 TKG insbesondere dann vorliegen kann, wenn eine Frequenzvergabe bzw. ein Frequenzhandel eine marktbeherrschende Stellung begründen oder verstärken würde, muss sich die RegTP konsequent auch in diesen Fällen mit dem BKartA abstimmen.

15 **b) Verfahren.** – Das „**Einvernehmen**" des BKartA setzt die Herstellung einer völligen Willensübereinstimmung voraus (Zustimmung, s. o. RdNr. 9). S. zu den Rechtsfolgen bei fehlerhafter Mitwirkung des BKartA RdNr. 8 ff.

---

20 25., 27. Erwägungsgrund RRL; Art. 14 Abs. 2 Unterabsatz 2, Art. 15 Abs. 1 S. 3, Abs. 2, 3 S. 1 RRL; Leitlinien der Kommission zur Marktanalyse, RdNr. 4, 24 ff., 63 ff., 135; 9., 18. Erwägungsgrund der Empfehlung der Kommission über Märkte (Fn. 3); TB des BKartA 2001/2002, BT-Drs. 15/1226, S. 32 f.

21 Vgl. auch Art. 14 Abs. 2 Unterabsatz 2, Art. 15 Abs. 1 S. 3, Abs. 2, 3 S. 1 RRL; Leitlinien der Kommission zur Marktanalyse, RdNr. 4, 24 ff., 63 ff., 135.

22 Begr. RegE TKG (Fn. 2) zu § 14 TKG-E, S. 63.

23 Begr. RegE TKG (Fn. 2) zu § 121 TKG-E, S. 99.

24 Begr. RegE TKG (Fn. 2) zu § 14 TKG-E, S. 63.

Dittmann

§ 123 Abs. 1 S. 1 TKG enthält keine Regelung darüber, wie zu verfahren ist, wenn RegTP **16** und BKartA **kein Einvernehmen** erzielen. Die Monopolkommission hatte in ihrem Sondergutachten „Zur Reform des Telekommunikationsgesetzes" insoweit eine ausdrückliche Regelung gefordert, weil diese verfahrensrechtliche Lücke insbesondere dann problematisch werden könne, wenn gleichzeitig ein Dissens mit der Europäischen Kommission bestünde.[25] Diesbezüglich ist festzustellen, dass es eine solche „Kollisionsregel" auch im bisherigen Recht nicht gegeben und das BKartA in der Vergangenheit sein Einvernehmen noch nie verweigert hat. Der Gesetzgeber hat daher offensichtlich keine Erforderlichkeit gesehen, diese Frage zu regeln. Im Übrigen ist darauf hinzuweisen, dass die RegTP bei der Festlegung eines relevanten Marktes gerade bei den in der Praxis bedeutsamen Verfahren der Marktdefinition und -analyse nach §§ 10, 11 TKG nicht nur die Zustimmung des BKartA benötigt, sondern auch dem Vetorecht der Europäischen Kommission unterliegt (§ 12 Abs. 2 Nr. 3 i.V.m. § 10 Abs. 3 bzw. § 11 Abs. 3 TKG). In der Praxis dürfte daher letztlich die Auffassung der Europäischen Kommission maßgeblich sein. Um unterschiedliche Ansichten von vornherein zu vermeiden, sollte das BKartA – wie es sich wegen der weiteren Abstimmung mit der Kommission gemäß § 12 Abs. 2 TKG ohnehin anbietet (s. RdNr. 17) – möglichst frühzeitig in die Entscheidungen der RegTP eingebunden werden.

Des Weiteren ist in § 123 Abs. 1 S. 1 TKG nicht geregelt, wie die Einvernehmensrechte **17** des BKartA verfahrensmäßig in das **Konsolidierungsverfahren** mit der Europäischen Kommission nach § 12 Abs. 2 TKG einbezogen werden können.[26] Auch in diesem Zusammenhang ist zunächst darauf hinzuweisen, dass sich auch das BKartA über ein etwaiges Veto der Kommission nicht hinwegsetzen könnte. Bei der verfahrenstechnischen Ausgestaltung sollte hierüber hinaus vor allem darauf geachtet werden, dass das Abstimmungsverfahren mit der Europäischen Kommission nach § 12 Abs. 2 Nr. 3 TKG durch die Beteiligungsrechte des BKartA nicht verzögert wird. Im Interesse der Verfahrensbeschleunigung einerseits, aber auch der Wahrung der Rechte des BKartA andererseits, sollte das BKartA am besten frühzeitig von der RegTP beteiligt und ggf. auch in etwaige Vorgespräche mit der Europäischen Kommission eingebunden werden, so dass das BKartA rechtzeitig seine etwaigen Bedenken einbringen kann (s. im Einzelnen oben § 12 RdNr. 28 ff.).

Damit das BKartA seine Mitwirkungsrechte effektiv wahrnehmen kann, ist auch die **Wei-** **18** **tergabe von Betriebs- oder Geschäftsgeheimnissen** von § 123 Abs. 1 TKG umfasst (vgl. § 15 BDSG). Nur eine solche Auslegung wird Art. 3 Abs. 5 i.V.m. Art. 3 Abs. 4 S. 2, Art. 5 Abs. 2 Unterabs. 2 RRL gerecht, wonach die nationalen Regulierungsbehörden Informationen mit den nationalen Wettbewerbsbehörden austauschen müssen und insoweit gleichermaßen an Vertraulichkeit gebunden sind.[27] Außerdem könnte das BKartA die entsprechenden Auskünfte ohnehin gemäß § 59 GWB von den betroffenen Unternehmen verlangen. Die Weitergabe von vertraulichen Daten soll im neuen GWB ausdrücklich geregelt werden; nach dem Entwurf der Bundesregierung eines Siebten Gesetzes zur Änderung des GWB sollen Kartell- und Regulierungsbehörden unabhängig von der gewählten Verfahrensart untereinander Informationen einschließlich personenbezogener Daten und Betriebs- und Geschäftsgeheimnisse austauschen können (§ 50c Abs. 1 GWB-E).[28]

---

25 Monopolkommission, 40. Sondergutachten, RdNr. 96.
26 Hierauf weist auch die Monopolkommission in ihrem 40. Sondergutachten, RdNr. 96, hin.
27 S. auch 35. Erwägungsgrund RRL; Leitlinien der Kommission zur Marktanalyse, RdNr. 136 f.
28 S. BR-Drs. 210/05, S. 9 f.

19 **4. Stellungnahme des BKartA, § 123 Abs. 1 S. 2 TKG. – a) Anwendungsbereich.** –
Wenn die RegTP Entscheidungen im Bereich der Zugangsregulierung (Teil 2 Abschnitt 2),
der Entgeltregulierung (Abschnitt 3), über sonstige Verpflichtungen im Rahmen der Betreiberauswahl und Betreibervorauswahl oder Mietleitungen nach Abschnitt 4 oder im
Rahmen der besonderen Missbrauchsaufsicht nach Abschnitt 5 trifft, gibt sie dem BKartA
rechtzeitig vor Abschluss des Verfahrens Gelegenheit zur Stellungnahme.

20 **b) Verfahren.** – In den Fällen des § 123 Abs. 1 S. 2 TKG bedarf die RegTP nicht der Zu-
stimmung des BKartA, die Beteiligungsrechte sind auf eine **Stellungnahme** beschränkt.
Zu den Rechtsfolgen bei Nichtgewährung der Gelegenheit zur Stellungnahme s. o.
RdNr. 8 ff.

21 § 123 Abs. 1 S. 2 TKG regelt nicht ausdrücklich, wie das BKartA von der RegTP zu beteiligen ist, insbesondere nicht, welche Informationen ihm vorzulegen sind. Allerdings weist
bereits die Formulierung „trifft … Entscheidungen" darauf hin, dass das BKartA zumindest in die Lage versetzt werden muss, effektiv selbst die Entscheidung der RegTP beurteilen zu können. Außerdem muss die RegTP ohnehin gemäß § 13 Abs. 1 i. V. m. § 12
Abs. 1 TKG „interessierten Parteien" Gelegenheit geben, zu einem „Entwurf der Ergebnisse" für bestimmte Regulierungsverfügungen nach Teil 2 Abschnitt 2 bis 4 Stellung zu nehmen. Im Regelfall sollte dem BKartA daher ebenfalls ein **Entscheidungsentwurf** übermittelt werden, oder zumindest – in Anlehnung an § 28 Abs. 1 VwVfG – die „für die Entscheidung erheblichen Tatsachen".

22 Die Einbeziehung des BKartA umfasst auch die Weitergabe von **personenbezogenen Daten und Betriebs- und Geschäftsgeheimnissen** (s. o. RdNr. 18).

23 Im Gegensatz zur bisherigen Rechtslage enthält § 123 Abs. 1 S. 2 TKG jetzt die Regelung,
dass das BKartA „**rechtzeitig** vor Abschluss des Verfahrens" beteiligt werden muss. Diesbezüglich wäre zwar auch die Nennung einer bestimmten Frist denkbar gewesen, allerdings wäre eine solche gesetzliche Vorgabe angesichts der erforderlichen behördeninternen Abstimmungsprozesse innerhalb der RegTP (insbesondere zur Wahrung der einheitlichen Spruchpraxis und zur Sicherstellung des Konsistenzgebots, vgl. § 132 Abs. 4 S. 1
TKG) und der kurzen Entscheidungsfristen der Beschlusskammern kaum praktikabel.
Durch die ausdrückliche Ergänzung des § 123 Abs. 1 S. 2 TKG hat der Gesetzgeber jetzt
jedoch klar gestellt, dass das BKartA trotz der kurzen Verfahrensdauern in der RegTP im
Sinne allgemeiner Rechtsgrundsätze zumindest so „rechtzeitig" beteiligt werden muss,
dass seine Mitwirkungsrechte nicht ausgehöhlt werden und es diese effektiv wahrnehmen
kann.[29] In zahlreichen Fällen muss die RegTP ohnehin „interessierten Parteien" nach § 13
i. V. m. § 12 Abs. 1 TKG innerhalb einer festgesetzten Frist Gelegenheit zur Stellungnahme
geben, so dass keine Verfahrensverzögerungen durch die Beteiligung des BKartA zu befürchten sind. In diesem Zusammenhang ist darauf hinzuweisen, dass eine kurzfristig übermittelte Bitte um Stellungnahme das BKartA ebenso in seinen Mitwirkungsrechten trifft
wie die übrigen Verfahrensbeteiligten, denen gemäß § 135 Abs. 1 TKG bzw. § 13 i. V. m.
§ 12 Abs. 1 TKG rechtliches Gehör zu gewähren ist.

24 Dem BKartA steht es frei, in welchem **Umfang** es zu einer Entscheidung der RegTP Stellung nimmt. Angesichts der unterschiedlichen Zwecke des TKG einerseits (durch Regulie-

---

29 Vgl. die Kritik zur bisherigen Rechtslage im TB des BKartA 1997/98 (Fn. 1) S. 25; *Koenig/Küh-
ling*, MMR 2001, 80, 83 f.

Dittmann

rung u.a. Wettbewerb zu fördern, § 1 TKG) und des GWB andererseits sowie der telekommunikationsrechtsspezifischen Voraussetzungen an die Regulierungsbedürftigkeit eines Marktes kann sich das BKartA ggf. auf eine Stellungnahme zu dem wettbewerblichen Ergebnis einer Maßnahme beschränken.

5. Stellungnahme der RegTP, § 123 Abs. 1 S. 3 TKG. – a) Anwendungsbereich. – Das **25** BKartA muss seinerseits der RegTP in bestimmten Verfahren wegen des Missbrauchs einer marktbeherrschenden Stellung nach § 19 GWB und Art. 82 EGV, wegen des Diskriminierungsverbots und dem Verbot unbilliger Behinderung nach § 20 Abs. 1 und 2 GWB und in Hauptprüfverfahren der Fusionskontrolle nach § 40 Abs. 2 GWB Gelegenheit zur Stellungnahme gewähren.

Zunächst ist darauf hinzuweisen, dass das Stellungnahmerecht der RegTP nur Verfahren **26** des BKartA „im Bereich der **Telekommunikation**" betrifft. Wie sich aus § 3 Nr. 22 TKG ergibt, darf die RegTP daher z.B. keine Stellung zu Verfahren des BKartA nehmen, die die Telekommunikationsausrüstung oder -geräte betreffen, sondern nur, soweit ein Verfahren den technischen Vorgang des Aussendens, Übermittelns und Empfangens von Signalen mittels Telekommunikationsanlagen betrifft. Diese Einschränkung der Beteiligungsrechte der RegTP war nach der Begründung zum Entwurf des TKG von der Bundesregierung ausdrücklich beabsichtigt.[30]

Im Übrigen wurden die Mitwirkungsrechte der RegTP in der TKG-Novelle gegenüber der **27** bisherigen Rechtslage ausgeweitet. Erstens ist die RegTP nunmehr auch in Verfahren der Zusammenschlusskontrolle einzubeziehen. Nach dem ausdrücklichen Wortlaut des § 123 Abs. 1 S. 3 TKG betrifft dies jedoch nur abschließende Verfahren im **Hauptprüfverfahren i.S. des § 40 Abs. 2 GWB**, also Untersagungs- und Freigabeentscheidungen, jedoch keine Freigaben in der sog. 1. Phase, die ohnehin in der Regel durch einfachen Monatsbrief (ohne Begründung) und nicht durch begründeten Beschluss erfolgen.

Außerdem ist die Einbeziehung der RegTP in **Missbrauchsverfahren nach Art. 82 EGV 28** neu. Mit dieser ausdrücklichen Regelung hat der Gesetzgeber nunmehr eine Frage geklärt, die in der Vergangenheit insbesondere von der Monopolkommission aufgeworfen worden war. Bei dem in § 2 Abs. 3 TKG geregelten Verhältnis zwischen Telekommunikationsrecht und allgemeinem Wettbewerbsrecht ist nämlich auch der Einfluss des europäischen Wettbewerbsrechts zu berücksichtigen (vgl. hierzu oben Einl. I RdNr. 35 ff.).[31] Der sowohl gemeinschaftsrechtlich als auch verfassungsrechtlich zu begründende Vorrang des Gemeinschaftsrechts kann durch einfachgesetzliche Normen nicht ausgehebelt werden. Sowohl die Europäische Kommission als auch das gemäß § 50 Abs. 1 GWB für den Vollzug des Gemeinschaftsrechts ausschließlich zuständige BKartA könnten (bzw. im Falle des BKartA: müssten)[32] daher Verhaltensweisen von Unternehmen z.B. wegen missbräuchlich überhöhter Entgelte gemäß Art. 82 EGV rechtlich verfolgen.[33] So hat die Europäische

---

30 Begr. RegE TKG (Fn. 2) zu § 121 TKG-E, S. 99.
31 Monopolkommission, 24. Sondergutachten, RdNr. 33; dies., 12. Hauptgutachten, RdNr. 24 ff.; TB des BKartA 2001/2002 (Fn. 20) S. 34.
32 Vgl. nur Urteil des EuGH vom 9. September 2003, Consorzio Industrie Fiammiferi (CIF) gegen Autorità Garante della Concorrenza e del Mercato, Rs. C-198/01, RdNr. 49 ff. m.w.N. = NJW 2004, 351, 352.
33 BGH, WuW/E DE-R 1254, 1256; TB des BKartA 1997/98 (Fn. 1) S. 23, 26; Monopolkommission, 24. Sondergutachten, RdNr. 33; dies., 12. Hauptgutachten, RdNr. 24. Vgl. zum Rangverhältnis ausführlich oben Einl. I RdNr. 35 ff., § 2 RdNr. 22.

Kommission 2003 gegen die DTAG eine Verfügung wegen missbräuchlich überhöhter Entgelte erlassen. Nach Auffassung der Kommission hat die DTAG ihren Spielraum zur unternehmerischen Preisgestaltung missbräuchlich ausgenutzt, der ihr auch aufgrund der erfolgten Genehmigung der betreffenden Entgelte durch die RegTP verblieben war.[34] In Reaktion auf die Kritik der Monopolkommission „erwartete" die Bundesregierung, dass RegTP und BKartA etwaige unterschiedliche Rechtsauffassungen „in enger Kooperation lösen".[35] Auch die Europäische Kommission „erwartet" im Hinblick auf die generelle Annäherung von Telekommunikationsrecht und allgemeinem Wettbewerbsrecht, dass eine „wirksame Zusammenarbeit zwischen" nationalen Regulierungsbehörden und Wettbewerbsbehörden „die Parallelisierung der Verfahren bezüglich gleicher Marktfragen verhindern" wird.[36] Etwaige Kollisionsfälle auf nationaler Ebene werden zukünftig dadurch entschärft, dass die RegTP durch ihr Stellungnahmerecht in die entsprechenden Verfahren des BKartA eingebunden wird.

29 **b) Verfahren.** – Auch hinsichtlich der Beteiligungsrechte der RegTP an Verfahren des BKartA enthält § 123 TKG keine näheren verfahrensrechtlichen Regelungen. Zunächst sind die Befugnisse der RegTP wie im Falle des § 123 Abs. 1 S. 2 TKG für das BKartA auf eine reine **Stellungnahme** beschränkt. S. zu den Rechtsfolgen bei Fehlern eines solchen mehrstufigen Verwaltungsakts oben RdNr. 8 ff. Im Übrigen ist das BKartA ohnehin gemäß § 56 Abs. 1 GWB verpflichtet, den Verfahrensbeteiligten Gelegenheit zur Stellungnahme zu geben; im gleichen Schritt kann verfahrenstechnisch auch die RegTP einbezogen werden.

30 Die Beteiligung der RegTP durch das BKartA umfasst auch die Weitergabe von **personenbezogenen Daten und Betriebs- und Geschäftsgeheimnissen**, s. o. RdNr. 18.

31 Im Gegensatz zur bisherigen Rechtslage ist in verfahrensrechtlicher Hinsicht nunmehr ausdrücklich geregelt, dass das BKartA die RegTP „**rechtzeitig** vor Abschluss des Verfahrens" beteiligen muss. Dieser unbestimmte Rechtsbegriff ist – wie bei der Beteiligung des BKartA gemäß § 123 Abs. 1 S. 2 TKG – so auszulegen, dass die RegTP so frühzeitig einzubeziehen ist, dass sie ihre Stellungnahmerechte effektiv wahrnehmen kann (s. hierzu oben RdNr. 23). Rechtlich bedenkliche Zeitverzögerungen insbesondere im Hinblick auf die gesetzliche Verfahrensfrist von vier Monaten bei Hauptprüfverfahren der Zusammenschlusskontrolle sind aufgrund dieser Neuregelung grundsätzlich nicht zu befürchten, da das BKartA den Verfahrensbeteiligten ohnehin gemäß § 56 Abs. 1 GWB Gelegenheit zur Stellungnahme geben muss.

32 Wie dem BKartA nach § 123 Abs. 1 S. 2 TKG steht es auch der RegTP aufgrund der ihr eingeräumten Stellungnahmerechte frei, in welchem **Umfang** sie zu den Verfahren des BKartA Stellung nimmt (vgl. oben RdNr. 24).

33 **6. Mitwirkungs- und Informationspflichten, § 123 Abs. 1 S. 4, 5 TKG. – a) Anwendungsbereich.** – Die gegenseitigen Beteiligungsrechte von RegTP und BKartA werden im Interesse der Einheit der Rechtsordnung durch die allgemeinen Regelungen des § 123

---

34 Entscheidung der Kommission vom 21. Mai 2003, Sache COMP/C-1/37.451, 37.578, 37.579 – Deutsche Telekom AG, RdNr. 52 ff., 163 ff., ABl. EG Nr. L 263 vom 14. Oktober 2003, S. 9, 17 f., 34 ff.

35 Stellungnahme der BReg. zum 12. Hauptgutachten der Monopolkommission, BT-Drs. 14/1274, RdNr. 32, S. 8.

36 Leitlinien der Kommission zur Marktanalyse, RdNr. 31 und Fn. 15.

Abs. 1 S. 4 und 5 TKG vervollständigt. Hiernach müssen beide Behörden nicht nur bei Verwaltungsverfahren, insbesondere also dem Erlass von Verwaltungsakten, zusammenarbeiten; vielmehr haben sie z. B. auch bei entsprechenden **Vorbereitungshandlungen, öffentlichen Anhörungen**, der Erstellung von **Berichten** etc. auf eine einheitliche und GWB-konforme Auslegung des TKG „hinzuwirken" und sich gegenseitig zu informieren.

b) Verfahren. – Wie bereits aus der Formulierung „wirken … hin" insbesondere im Vergleich zu § 123 Abs. 2 S. 1 TKG („arbeitet … zusammen") deutlich wird, sind an die gegenseitige Mitwirkung von RegTP und BKartA **hohe Anforderungen** zu stellen. Beide Behörden sind verpflichtet, sich ernsthaft mit den jeweiligen Auffassungen auseinanderzusetzen, und – um eine einheitliche und wettbewerbsrechtskonforme Auslegung zu gewährleisten – eine einvernehmliche Meinung herbeizuführen. [37]   **34**

§ 123 Abs. 1 S. 5 TKG ergänzt die nach § 123 Abs. 1 S. 1 bis 3 TKG auf bestimmte Verfahren beschränkten Mitwirkungsrechte dadurch, dass sich beide Behörden auf jeden Fall Beobachtungen und Feststellungen mitzuteilen haben, „die für die beiderseitigen Aufgaben von Bedeutung sein können". Auch diese gegenseitige Information umfasst die Weitergabe von **personenbezogenen Daten und Betriebs- und Geschäftsgeheimnissen**, s. o. RdNr. 18.   **35**

V. Zusammenarbeit mit den Landesmedienanstalten, § 123 Abs. 2 TKG

1. Hintergrund. – § 123 Abs. 2 TKG regelt erstmals eine generelle Pflicht der RegTP zur Zusammenarbeit mit den Landesmedienanstalten und trägt damit den tatsächlichen Überschneidungen des Telekommunikations- mit dem Medienrecht Rechnung (vgl. § 2 Abs. 5 TKG). Die Regelung korrespondiert mit § 39a des Rundfunkstaatsvertrages, der mit dem Siebten Rundfunkänderungsstaatsvertrag am 1. 4. 2004 in Kraft getreten ist. Im Übrigen ist diese Regelung vor dem Hintergrund des neuen Gesetzeszwecks der Technologieneutralität zu sehen, der seinerseits auf den fünften Erwägungsgrund der RRL zurückzuführen ist, wonach „angesichts der Verschmelzung von Telekommunikation, Medien und Informationstechnologien … für alle Übertragungsnetze und -dienste ein einheitlicher Rechtsrahmen gelten (sollte)". Sämtliche Regelungen, die der Gesetzgeber nunmehr im Bereich der Rundfunkübertragung (Teil 4 TKG) getroffen hat, dienen der Optimierung der kompetenzrechtlichen „**Regelungsdualität**" der „Telekommunikationshoheit" des Bundes (Art. 73 Nr. 7, Art. 87 f GG) einerseits und der Rundfunkhoheit der Länder andererseits. In der Vergangenheit teilweise bestehende „Doppelregulierungen sollten geheilt und Verfahrensabläufe zwischen Bund und Ländern weiter verbessert sowie neben größerer Kundenorientierung eine effektivere Missbrauchsbehandlung erreicht werden".[38] Verfahrensrechtlich soll dieses Ziel über die Zusammenarbeit von RegTP und Landesmedienanstalten gemäß § 123 Abs. 2 TKG gewährleistet werden.   **36**

Bei Regelungen der Zusammenarbeit zwischen Bundes- und Länderbehörden bestehen grundsätzlich verfassungsrechtliche Bedenken, weil eine gemeinsame Ausführung von Bundesgesetzen durch Bundes- und Landesbehörden als allgemeine Verwaltungsform im   **37**

---

37 S. zur bisherigen – vom Wortlaut her identischen – Rechtslage *Scheurle/Mayen/Ulmen*, § 82 RdNr. 11.
38 Begr. RegE TKG (Fn. 2) zu Teil 4 TKG-E, S. 73.

Grundgesetz nicht vorgesehen ist. Eine sog. „**Mischverwaltung**" liegt vor, wenn eine Bundes- einer Landesbehörde übergeordnet ist oder ein Zusammenwirken von Bundes- und Landesbehörden durch Zustimmungserfordernisse erfolgt.[39] Verfahren der Mischverwaltung sind jedoch nur dann verfassungswidrig, wenn „zwingende Kompetenz- oder Organisationsnormen oder sonstige Vorschriften des Verfassungsrechts entgegenstehen";[40] die Grenzen für das Zusammenwirken zwischen Bund und Ländern ergeben sich somit aus Art. 83 ff. GG.[41] Im Falle einer reinen Benehmensregelung, wonach also z. B. eine Landesbehörde zwar ihre eigenen Vorstellungen vortragen kann, ohne dass jedoch eine Bundesbehörde bei ihrer Entscheidung auf deren Zustimmung angewiesen ist,[42] liegt grundsätzlich keine verbotene Mischverwaltung vor. Anders ist es jedoch ggf. bei einer Regelung, nach der die Wirksamkeit der Maßnahme einer Bundesbehörde von der Zustimmung einer Landesbehörde abhängig ist. Mit diesem Argument hatte die Bundesregierung einen Vorschlag des Bundesrates abgelehnt, wonach § 60 Abs. 2 S. 2 TKG-E so gefasst werden sollte, dass die RegTP Entscheidungen über die Rahmenbedingungen und das Verfahren beim Handel mit Frequenzen, die für Rundfunkdienste vorgesehen sind, nur „im Einvernehmen mit der nach Landesrecht zuständigen Stelle" treffen darf.[43] Die dem Vorschlag des Bundesrates entsprechende Beschlussempfehlung des Vermittlungsausschusses hat der Deutsche Bundestag in seiner Sitzung vom 6. 5. 2004 angenommen (s. heute: § 62 Abs. 2 S. 3 TKG).[44]

38 **2. Anwendungsbereich.** – Die Zusammenarbeit zwischen RegTP und Landesmedienanstalten erstreckt sich sowohl auf den rundfunkrelevanten Aufgabenbereich der RegTP (insbesondere die Vergabe von Rundfunkfrequenzen) als auch auf die telekommunikationsrelevanten Aufgaben der Länderbehörden.[45] Auch wenn § 123 Abs. 2 S. 2 TKG nur bestimmte Informationspflichten der RegTP ausdrücklich anspricht, wird bereits aus dem Wortlaut des § 123 Abs. 2 S. 1 TKG („arbeitet … zusammen") deutlich, dass § 123 Abs. 2 TKG auf einen **gegenseitigen Austausch** der Behörden hin ausgerichtet ist. Im Hinblick auf den Zweck der TKG-Regelungen zur Rundfunkübertragung, die „Regelungsdualität" zwischen Bund und Ländern zu optimieren (s. oben RdNr. 36), spricht auch die Begründung des Gesetzentwurfs insoweit davon, dass mit dieser Vorschrift eine „konstruktive gegenseitige, das heißt auf die jeweilige Aufgabenstellung bezogene Kooperation der betroffenen Behörden sichergestellt werden" soll.[46] Außerdem sind die Landesmedienanstalten zumindest gemäß § 39a des Rundfunkstaatsvertrages ihrerseits zur Zusammenarbeit mit der RegTP verpflichtet.

39 **3. Verfahren.** – § 123 Abs. 2 TKG enthält keine verfahrensrechtlichen Vorgaben. Die Gesetzesbegründung weist insoweit lediglich darauf hin, dass im Rahmen der Zusammenarbeit zu gewährleisten sei, „dass vertrauliche Informationen, insbesondere Betriebs- oder Geschäftsgeheimnisse, gewahrt bleiben".[47] Vgl. im Übrigen zur Beteiligung der nach Lan-

---

39 Vgl. nur *v. Münch/Kunig/Broß*, Art. 83 GG RdNr. 15 ff. m. w. N.
40 BVerfGE 63, 1, 38 = DVBl. 1983, 539, 542.
41 BVerfGE 63, 1, 38 ff. = DVBl. 1983, 539, 542 f.
42 Vgl. *Stelkens/Bonk/Sachs/Sachs*, § 44 RdNr. 185 m. w. N.
43 Stellungnahme BRat vom 19. Dezember 2003, BT-Drs. 15/2316, Nr. 52, zu § 60 Abs. 2 S. 2 – neu –, S. 118; abgelehnt in der Gegenäußerung der BReg., BT-Drs. 15/2345, S. 6.
44 BR-Drs. 200/1/04, S. 3. Vgl. § 62 RdNr. 25 ff.
45 Begr. RegE TKG (Fn. 2) zu § 121 TKG-E, S. 99.
46 Begr. RegE TKG (Fn. 2) zu § 121 TKG-E, S. 99.
47 Begr. RegE TKG (Fn. 2) zu § 121 TKG-E, S. 99.

desrecht zuständigen Stelle für medienrechtliche Einwendungen in Verfahren der Streitschlichtung durch die RegTP die Regelungen der § 49 Abs. 3 S. 3, 4, § 51 Abs. 3 TKG (s. § 49 RdNr. 20 f. bzw. § 51 RdNr. 12).

4. Weitere Zusammenarbeitspflichten zwischen RegTP und den zuständigen Landesbe- **40** hörden sind (in Form der Herstellung des Benehmens) im Bereich der Frequenzordnung in § 55 Abs. 10 S. 2, § 57 Abs. 1 S. 1, § 58 S. 3, § 60 Abs. 2 S. 3, § 60 Abs. 4, § 63 Abs. 2 S. 3 und § 63 Abs. 3 S. 2 TKG enthalten. Außerdem muss die RegTP die Landesmedienanstalten z. B. gemäß § 27 Abs. 3 TKG über Entgeltregulierungsverfahren informieren und sie an eingeleiteten Verfahren beteiligen, soweit Belange von Rundfunk und vergleichbaren Telemedien nach § 2 Abs. 5 S. 1 TKG betroffen sind. Des Weiteren muss die RegTP in Verfahren der Streitschlichtung aus dem Bereich der Rundfunkübertragung den nach Landesrecht zuständigen Stellen für medienrechtliche Einwendungen gemäß § 49 Abs. 3 S. 3, 4, § 51 Abs. 3 TKG Gelegenheit zur Stellungnahme geben (s. im Einzelnen § 49 RdNr. 20 f. bzw. § 51 RdNr. 12).

§ 124 Mediation

Die Regulierungsbehörde kann in geeigneten Fällen zur Beilegung telekommunikationsrechtlicher Streitigkeiten den Parteien einen einvernehmlichen Einigungsversuch vor einer Gütestelle (Mediationsverfahren) vorschlagen.

Schrifttum: *Holznagel/Schulz*, Außergerichtliche Streitbeilegung im TK-Recht, CR 2003, 567; *v. Hoyningen-Huene*, Mediation – Eine Alternative zum gerichtlichen Verfahren, JuS 1997, 352; *Mähler/Mähler*, Mediation – eine interessengerechte Konfliktregelung, in: Breidenbach/Henssler, Mediation für Juristen, 1997, 13; *Racine/Winkler*, Konfliktlösungsansätze im TK-Markt – Hilft das ADR-Grünbuch der EU weiter?, MMR 2002, 794; *Rüssel*, Schlichtungs-, Schieds- und andere Verfahren außergerichtlicher Streitbeilegung – Versuch einer begrifflichen Klarstellung, JuS 2003, 380; *Schlieffen*, Mediation im System der außergerichtlichen Streitbeilegung, in: v. Schlieffen/Wegmann, Mediation in der notariellen Praxis, 2002, 3.

Übersicht

I. Normzweck

1. Sinn und Zweck der Norm. – § 124 normiert die Befugnis der RegTP, den Parteien einer telekommunikationsrechtlichen Streitigkeit ein Verfahren der **außergerichtlichen Streitbeilegung** vor einer Gütestelle vorzuschlagen. § 124 stellt damit die Legitimität einer entsprechenden Vorgehensweise der RegTP klar und schärft zudem das Bewusstsein der Behörde und der Öffentlichkeit für die Möglichkeit, derartige Verfahren zu nutzen. **1**

2. Überblick über Anwendungsbereich und Wirkungsreichweite der Norm. – Der Anwendungsbereich des § 124 ist denkbar weit gefasst und umfasst die Initiierung von alternativen Streitbeilegungsverfahren durch die RegTP für alle Arten **telekommunikationsrechtlicher Streitigkeiten.** § 124 kommt über seinen expliziten Anwendungsbereich hinaus **Appellcharakter** für den vermehrten Einsatz von neutralen Verfahrens- und Konfliktmittlern zu, und zwar sowohl in präventiver Hinsicht als auch für Fälle zunächst gescheiterter Verhandlungen. **2**

3. Rechtssystematische Anmerkungen. – Obgleich nun durch § 124 normiert, bedarf die RegTP zur Initiierung alternativer Streitbeilegungsmechanismen grundsätzlich keiner Er- **3**

mächtigungsgrundlage. Der Einsatz von Verfahrensmittlern, Schlichtern und Mediatoren unterliegt nicht dem Gesetzesvorbehalt.[1] § 124 ist mithin eine unter rechtsstaatlichen Gesichtspunkten überflüssige Ermächtigungsgrundlage, die jedoch rechtspolitisch zu begrüßen ist, weil sie zum Ausdruck bringt, dass der Gesetzgeber dem Einsatz alternativer Streitbeilegungsverfahren im Telekommunikationssektor generell positiv gegenübersteht.

4 **4. Rechtspolitischer Hintergrund.** – § 124 spiegelt eine generell in Deutschland zu verzeichnende Tendenz wider, in Anlehnung an die **ADR-Bewegung** (Alternative Dispute Resolution) in den USA Verfahren zur außergerichtlichen Streitbeilegung vermehrt Aufmerksamkeit zu widmen und diese auch durch gesetzgeberische Maßnahmen zu fördern.[2] Solche Verfahren sollen Gerichte und ggf. auch Behörden entlasten. Zudem wird erwartet, dass sie Zeit und Geld sparen und vorhandene Defizite in der Verhandlungskultur beheben.[3] Ob und inwieweit § 124 tatsächlich dazu beitragen wird, verstärkt alternative Streitbeilegungsmechanismen im Telekommunikationssektor einzuführen, ist schwer vorherzusagen und muss sich in der Praxis erweisen.

II. Entstehungsgeschichte und EG-rechtliche Grundlagen

5 **1. Nationale Entstehungsgeschichte.** – Eine mit § 124 vergleichbare Norm existierte im TKG a. F. nicht. Dort waren lediglich Verfahren normiert, bei denen die RegTP selbst zur Entscheidung berufen war:[4] So sah § 37 Abs. 1 TKG a. F. i. V. m. § 9 NZV a. F. eine verbindliche Streitentscheidung durch die RegTP in Fällen nicht erzielter Einigungen über Zusammenschaltungsvereinbarungen auf Antrag einer Partei vor. § 8 NZV a. F. ermöglichte ein durch die RegTP durchzuführendes Schlichtungsverfahren für Streitigkeiten im Rahmen von Verhandlungen über besondere Netzzugänge, und zwar auf der Basis einer gemeinsamen Anrufung der RegTP durch beide Parteien. Durch die Formulierung ihres Anrufungsbegehrens konnten die Parteien Inhalt und Verbindlichkeit der Behördenentscheidung selbst bestimmen.

6 Im ursprünglichen Referentenentwurf des BMWA für das neue TKG war § 124 nicht enthalten. § 133 TKG n. F. trug zunächst die Überschrift „außergerichtliche Beilegung von Streitigkeiten zwischen Unternehmen". Diese Überschrift ließ Verfahren unter Hinzuziehung neutraler Dritter erwarten. § 133 TKG normiert indes nur die allgemeine Befugnis der RegTP zur verbindlichen Streitentscheidung auf Antrag mindestens einer Partei. Dieses Verfahren ist als Schiedsverfahren mit verbindlicher hoheitlicher Entscheidungsbefugnis zu kategorisieren.[5] Es stellt zwar eine Form außergerichtlicher Streitbeilegung dar, schöpft aber das Repertoire an **ADR-Mechanismen** keineswegs aus. Um dies nicht zu suggerieren und weil nunmehr § 124 auch nichthoheitliche Streitbeilegungsmechanismen ins Blickfeld rückt, wurde die Überschrift des § 133 TKG im Rahmen des Gesetzgebungsverfahrens geändert und § 124 auf der Grundlage der Ergebnisse eines vom BMWA zwischenzeitlich in Auftrag gegebenen Gutachtens[6] eingefügt.

---

1 *Holznagel/Schulz*, CR 2003, 567, 570 f.
2 Z. B. die Einführung des § 278 Abs. 5 Satz 2 ZPO und des § 15 a EGZPO.
3 Vgl. *Racine/Winkler*, MMR 2002, 794, 796.
4 Vgl. dazu *Scherer*, MMR-Beilage 12/2002, 23, 24.
5 *Holznagel/Schulz*, CR 2003, 569.
6 Vgl. das Gutachten von *Holznagel/Schulz/Werthmann/Grünhoff*, Gerichtliche Kontrolle im Lichte der Novellierung des TKG – Vorschläge zur Beschleunigung der gerichtlichen Verfahren, 2003.

2. EG-Rechtliche Grundlagen. – Den Bereich der außergerichtlichen Streitbeilegung hat 7 der Gemeinschaftsgesetzgeber in Art. 20 und 21 RL 2002/21/EG rudimentär geregelt. Dort geht es in erster Linie um die Pflicht der Mitgliedstaaten, den nationalen Regulierungsbehörden die Befugnis einzuräumen, telekommunikationsrechtliche Streitigkeiten auf Antrag einer Partei verbindlich zu entscheiden. Der deutsche Gesetzgeber hat diese Richtlinienvorgabe durch § 133 TKG umgesetzt. Die Möglichkeit, alternative außergerichtliche Streitbeilegungsverfahren unter Heranziehung neutraler Dritter der verbindlichen Streitbeilegung durch die nationalen Regulierungsbehörden vorzuschalten, ist vom Gemeinschaftsgesetzgeber in Art. 20 Abs. 2 und Art. 21 Abs. 3 RL 2002/21/EG lediglich als **Option** vorgesehen worden. Der Gemeinschaftsgesetzgeber lässt den Mitgliedstaaten die Wahl, ob sie der verbindlichen Streitbeilegung durch die nationalen Regulierungsbehörden ein alternatives Streitbeilegungsverfahren – wie z. B. eine Schlichtung – vorschalten wollen, solange sie sicherstellen, dass im Falle dessen Scheiterns die zeitnahe verbindliche Letztentscheidung durch die nationale Regulierungsbehörde sichergestellt ist. Abgesehen davon ist auch auf Gemeinschaftsebene eine allgemeine Tendenz zur Aufwertung alternativer Streitbeilegungsverfahren zu verzeichnen. So hat die Europäische Kommission zeitnah zur Verabschiedung des neuen Richtlinienpakets für den Telekommunikationssektor ein **Grünbuch** zum Thema „Alternative Dispute Resolution" herausgegeben,[7] um eine öffentliche Debatte über den verstärkten Einsatz von ADR-Mechanismen zu initiieren.

III. Einzelkommentierung

1. Regelungsgegenstand. Die RegTP ist nach dem Wortlaut des § 124 befugt, zur Beilegung einer telekommunikationsrechtlichen Streitigkeit den Parteien einen „einvernehmlichen Einigungsversuch vor einer Gütestelle (Mediationsverfahren)" vorzuschlagen.

a) Begriff des Mediationsverfahrens. – Der Gesetzgeber hat den Begriff des Mediationsverfahrens rechtstechnisch als **Legaldefinition** für einen einvernehmlichen Einigungsversuch vor einer Gütestelle verwendet. Es ist indes fraglich, ob er das Wort „Mediationsverfahren" bewusst gewählt hat, um ausschließlich die Mediation in ihrem engen, spezialbegrifflichen Sinne zu bezeichnen.

Der Begriff der Mediation ist die eingedeutschte Version des englischen Wortes *mediation*, 10 welches schlicht Vermittlung meint. Der Begriff der Mediation wird in Deutschland heutzutage im Regelfall jedoch nicht in diesem schlichten Wortsinn, sondern als Spezialbegriff zur Bezeichnung eines **speziellen Konfliktlösungsverfahrens** verwendet.[8] Theoretische Grundlage dieses Verfahrens ist das Ende der 70er Jahre in den USA entwickelte Harvard-Konzept: Dieses ist ein auf bestimmten Prinzipien beruhendes und auf grundsätzlich alle Lebenssituationen anwendbares Modell zur Verhandlungsführung.[9] Das Mediationsverfahren impliziert, wie auch andere alternative Streitschlichtungsverfahren, die Heranzie-

---

7 Europäische Kommission, Grünbuch über alternative Verfahren zur Streitbeilegung im Zivil- und Handelsrecht, 19. 4. 2002, KOM(2002) 196 endg.
8 Vertiefend zu den Grundlagen der Mediation und ihren Besonderheiten *Schlieffen*, in: v. Schlieffen/Wegmann, Mediation in der notariellen Praxis, S. 3 ff.; *Mähler/Mähler*, in: Breidenbach/Henssler, Mediation für Juristen, S. 18 ff.; *Koch*, in: Henssler/Koch, Mediation in der Anwaltspraxis, § 1 RdNr. 4 ff.; *v. Hoyningen-Huene*, JuS 1997, 352 ff.; *Eisele*, JURA 2003, 656, 659.
9 Vgl. dazu *Fisher/Ury/Patton*, Das Harvard-Konzept – Sachgerecht verhandeln, erfolgreich verhandeln, 2000.

hung eines **neutralen Dritten**, der indes anders als in Schiedsverfahren keine Entscheidungsbefugnis hat. Ihm wird jedoch – und das stellt die Besonderheit der Mediation im Verhältnis zu anderen Formen alternativer Streitbeilegung wie der Schlichtung dar – in einem exakt definierten Umfang Verfahrensmacht eingeräumt, [10] die er im Rahmen eines im grundsätzlichen Ablauf **feststehenden Verfahrens** unter Einhaltung von für die Mediation **fundamentalen Prinzipien** wahrzunehmen hat.

11 Ein Mediationsverfahren setzt sich aus **vier Phasen** zusammen: [11]

– Vorphase (Einleitung, Entscheidung über die Mediationstauglichkeit des Streitgegenstandes, Organisation)
– Konstitutionsphase (Verhandlung und Abschluss des Mediationsvertrages)
– Hauptphase (Problemlösung in mehreren Sequenzen)
– Abschlussphase (Einigung, Niederlegung der Einigung, Vereinbarung von Kontroll- und Anschlussverfahren)

Das Verfahren wird von fünf **fundamentalen Prinzipien** beherrscht, und zwar der Freiwilligkeit, der Neutralität des Mediators, der Eigenverantwortlichkeit der Parteien, der Informiertheit der Parteien und der Vertraulichkeit. [12] Charakteristisch für die Mediation ist neben der strengen förmlichen Struktur, dass die Parteien die vollständige Autonomie über den Inhalt der Verhandlungen und der letztlich angestrebten Einigung behalten. Die besondere förmliche Struktur des Mediationsverfahrens führt dazu, dass das Verfahren überproportional hohe Chancen für eine sachgerechte, dauerhafte und beziehungswahrende Konfliktlösung birgt. [13]

12 Die Gesetzesbegründung für § 124 legt jedoch nahe, dass der Gesetzgeber mit seiner Begriffswahl die Ermächtigung für die RegTP nicht auf den Vorschlag von Mediationsverfahren in diesem engen technischen Sinne beschränken wollte: In der Gesetzesbegründung wird ausgeführt, dass die „außergerichtliche Beilegung von Konflikten durch neutrale Dritte" in den letzten Jahren zunehmend an Bedeutung gewonnen habe. [14] Dies deutet darauf hin, dass mit der Begriffswahl lediglich ein Verfahren umrissen werden sollte, bei dem nicht die RegTP selbst agiert, sondern ein **neutraler Dritter ohne Sachentscheidungskompetenz** zur Konfliktlösung herangezogen wird. Auch der mit § 124 verfolgte Gesetzeszweck, den Einsatz alternativer Streitbeilegungsmechanismen im Telekommunikationssektor zu fördern, spricht dagegen, als von der RegTP vorschlagbare Verfahren lediglich Mediationsverfahren anzuerkennen. Der Begriff des „Mediationsverfahren" ist mithin in einem weiten, alle alternativen Streitbeilegungsverfahren unter Heranziehung neutraler Dritter umfassenden Sinne zu verstehen.

13 **b) Begriff der Gütestelle.** – Auch der Begriff der Gütestelle kann nicht begriffstechnisch, etwa im Sinne einer nach § 15a EGZPO durch eine Landesjustizverwaltung eingerichteten oder anerkannten Gütestelle, verstanden werden. Dies zeigt bereits die Gesetzesbegründung, in der allgemein von Mediatoren bzw. neutralen Dritten die Rede ist. [15] Zudem schränkte eine Verengung des Regelungsbereichs von § 124 auf Gütestellen in einem en-

---

10 *Schlieffen* (Fn. 8) S. 7 f.
11 Vgl. *Schlieffen* (Fn. 8) S. 9 ff.; *v. Hoyningen-Huene*, JuS 1997, 353 f.; *Eisele*, JURA 2003, 660.
12 *v. Hoyningen-Huene*, JuS 1997, 352 f.
13 *Schlieffen* (Fn. 8) S. 7.
14 Begr. zum RegE (TKG-E) vom 15. 10. 2003, Besonderer Teil zu § 122, S. 63.
15 Begr. zum RegE (TKG-E) vom 15. 10. 2003, Besonderer Teil zu § 122, S. 63.

gen Sinne ohne erkennbaren sachlichen Grund § 124 stark in seinem Anwendungsbereich ein, obwohl es gerade Sinn und Zweck von § 124 ist, alternative Streitbeilegungsverfahren im Allgemeinen zu fördern. Der Begriff der **Gütestelle** ist mithin als Synonym für einen oder mehrere neutrale(n) Dritte(n) zu verstehen.

c) Umfasste Verfahrensarten. – Von § 124 umfasst sind unter Berücksichtigung der un- **14** technischen Bedeutung der Begriffe des Mediationsverfahrens und der Gütestelle alle Arten **einvernehmlicher Einigungsversuchsverfahren**, angefangen von bloßer Moderation über Vermittlung, Schlichtung oder eben Mediation im engen, technischen Sinne. Die Voraussetzung für eine Einbeziehung eines Verfahrens in den Regelungsbereich von § 124 ist lediglich, dass neutrale Dritte ohne Sachentscheidungskompetenz involviert sind. Aus diesem Negativkriterium fehlender Sachentscheidungskompetenz folgt auch, dass **Schiedsverfahren nicht** zum Regelungsbereich des § 124 gehören. Schiedsverfahren sind – in Abgrenzung zu den oben genannten Verfahrensarten – dadurch gekennzeichnet, dass dem hinzugezogenen Dritten eine verbindliche Entscheidungsbefugnis zuerkannt wird, der sich die Parteien von vorneherein unterwerfen.[16] Eine solche verbindliche Entscheidungskompetenz soll dem einzuschaltenden Dritten nach der im Wortlaut zum Ausdruck gebrachten Vorstellung des Gesetzgebers, die dieser auch explizit in der Gesetzesbegründung bestätigt hat,[17] nicht zukommen. Für den Fall, dass ein Verfahren mit verbindlicher Sachentscheidungskompetenz gewünscht wird, zieht der Gesetzgeber das Verfahren nach § 133 vor, in dem die RegTP der Entscheidungsträger ist. Dies schließt selbstverständlich nicht aus, dass Parteien einer telekommunikationsrechtlichen Streitigkeit auf eigene Initiative ein Schiedsverfahren vor einer von der RegTP verschiedenen, unabhängigen Stelle einleiten. Indes legitimiert § 124 die RegTP nicht dazu, den Parteien dies vorzuschlagen.

2. Verfahren. – § 124 ermächtigt die RegTP, statt in telekommunikationsrechtlichen Strei- **15** tigkeiten sofort selbst auf Antrag nach § 133 TKG verbindlich zu entscheiden, den Parteien zunächst vorzuschlagen, ein alternatives außergerichtliches Streitbeilegungsverfahrens durchzuführen.

a) Bedeutung des Vorschlagsrechts. – Unabhängig vom Recht der RegTP, ein außerge- **16** richtliches Streitbeilegungsverfahren durchzuführen, können die Parteien jederzeit auch ohne einen solchen Vorschlag der RegTP aus eigener Initiative ein solches Verfahren einleiten. Gibt die RegTP einen Vorschlag i. S. v. von § 124 ab, so kann jede Partei diesen Vorschlag – auch ohne Begründung - **ablehnen**. Ein eingeleitetes Verfahren kann von jeder Partei darüber hinaus auch jederzeit **abgebrochen** werden. In späteren behördlichen oder gerichtlichen Verfahren dürfen aus der Ablehnung eines von der RegTP vorgeschlagenen alternativen Streitbeilegungsverfahrens oder dessen Abbruch keinerlei negative Konsequenzen für die jeweilige Partei gezogen werden. Dies folgt notwendigerweise aus der Tatsache, dass trotz des Vorschlagsrechts der RegTP nach § 124 die Einleitung und Durchführung eines alternativen Streitbeilegungsverfahrens stets auf einer freien Entscheidung der Parteien beruht.

b) Vorschlagsgrund. – Als Grund für einen Vorschlag der RegTP nennt § 124 die „Beile- **17** gung telekommunikationsrechtlicher Streitigkeiten". Diese Formulierung geht wesentlich weiter als der Anwendungsbereich des § 133: Dort ist die Entscheidungsbefugnis der

---

16 Vgl. zu der diesbezüglich auch in der Literatur regelmäßig vorgenommenen strengen Unterscheidung *Schlieffen* (Fn. 8) S. 4 f.; *v. Hoyningen-Huene*, JuS 1997, 352; *Rüssel*, JuS 2003, 380, 383.
17 Begr. zum RegE (TKG-E) vom 15. 10. 2003, Besonderer Teil zu § 122, S. 63.

RegTP in persönlicher und sachlicher Hinsicht eingeschränkt: In persönlicher Hinsicht muss es sich für § 133 um eine Streitigkeit zwischen Unternehmen, die öffentliche Telekommunikationsnetze betreiben oder Telekommunikationsdienste anbieten, in sachlicher Hinsicht um Streitigkeiten im Zusammenhang mit Verpflichtungen aus dem TKG handeln. Im Gegensatz dazu ist der Anwendungsbereich für das Vorschlagsrecht der RegTP nach § 124 nur in sachlicher Hinsicht, und dabei auch nur minimal eingeschränkt: Umfasst ist mit der Formulierung der „telekommunikationsrechtlichen Streitigkeiten" letztlich jeglicher **rechtliche Konflikt** im Zusammenhang mit Telekommunikation im Sinne von § 3 Nr. 22.

18   Unter Berücksichtigung des vom Gesetzgeber mit § 124 zum Ausdruck gebrachten Appells, im Telekommunikationssektor vermehrt alternative Streitbeilegungsmechanismen zum Einsatz zu bringen, sollte die RegTP im Zuge der Implementierung des neuen Telekommunikationsrechtsrahmens darüber nachdenken, über den unmittelbaren Anwendungsbereich von § 124 hinaus verstärkt alternative Verhandlungsoptimierungs- und Konfliktbewältigungsmechanismen als Instrumente im Telekommunikationsrecht einzusetzen.[18] Zu berücksichtigen ist dabei, dass solche Konfliktlösungsmechanismen nicht nur zwischen verschiedenen Teilnehmern des Wirtschaftslebens,[19] sondern beispielsweise auch im Verhältnis der **Verwaltung zur Wirtschaft** zum Einsatz gebracht werden können:[20] Insbesondere im Bereich des Planungs- und Umweltrechts wird zunehmend präventiv auf neutrale Verhandlungsmittler zurückgegriffen, um in kontroversen Themenbereichen frühzeitig **Konsensbildungsprozesse** in Gang zu setzen oder **Verhandlungsabläufe** zu optimieren.[21] Die RegTP könnte beispielsweise im Rahmen von Grundsatzdebatten wie z.B. bei der Erstellung und Verwirklichung des Vorhabenplans nach § 122 Abs. 2[22] oder im Zuge des Verfahrens der Marktregulierung gemäß Teil 2 des neuen TKG[23] frühzeitig neutrale Verfahrensmittler einschalten, um die spätere Akzeptanz ihrer Regulierungsergebnisse bei den Marktteilnehmern zu erhöhen.

19   **c) Vorschlagsermessen.** – Die Ausübung des Vorschlagsrechts der RegTP nach § 124 steht in ihrem pflichtgemäßen Ermessen. Zu berücksichtigen hat sie dabei insbesondere, dass alternative Streitbeilegungsmechanismen nicht für jede Streitsituation geeignet sind.

20   **aa) Zweckmäßigkeit.** – Ob es in einem Streitfall angezeigt erscheint, ein alternatives Streitbeilegungsverfahren vorzuschlagen, hängt davon ab, ob strukturell und vom individuellen Gegenstand der Streitigkeit her eine gütliche Einigung überhaupt zu erwarten ist. Im Regelfall müssen als Grundvoraussetzung dafür bei den Parteien innerhalb des streitgegenständlichen Konfliktfelds **gemeinsame Interessen** bestehen.[24] Nur so bestehen für alle Beteiligten hinreichende Anreize, zügig und konstruktiv zu einer Einigung zu gelan-

---

18 So auch *Holznagel/Schulz*, CR 2003, 569 ff.; *Racine/Winkler*, MMR 2002, 797.

19 Zur Mediation im Wirtschaftsrecht *Schneider*, in: Breidenbach/Henssler, Mediation für Juristen, 1997, S. 171 ff.

20 Zu Einsatzmöglichkeiten von Mediation im Verwaltungsrecht *Holznagel*, in: Breidenbach/Henssler, Mediation für Juristen, 1997, S. 147 ff.

21 Begr. zum RegE (TKG-E) vom 15. 10. 2003, Besonderer Teil zu § 122, S. 63; *Holznagel/Schulz*, CR 2003, 570.

22 So die Begr. zum RegE (TKG-E) vom 15. 10. 2003, Besonderer Teil zu § 122, S. 63. Befürwortend auch *Holznagel/Schulz*, CR 2003, 570.

23 *Racine/Winkler*, MMR 2002, 798, Fn. 9.

24 *Schlieffen* (Fn. 8) S. 10; *Racine/Winkler*, MMR 2003, 798.

gen.[25] Existieren lediglich gemeinsame Interessen außerhalb des streitigen Sachverhalts, so darf jedenfalls **kein** schwerwiegendes **Machtungleichgewicht** hinzutreten.[26] Fehlende gemeinsame Interessen oder im einzelnen Streitfall irrelevante gemeinsame Interessen und ein starkes Verhandlungsmachtungleichgewicht führen in der Regel dazu, dass die Anreize für eine gütliche Einigung nicht ausreichen, so dass eine solche nicht zu erwarten und ein alternatives Streitbeilegungsverfahren mithin nicht erfolgversprechend ist. Wegen der mit einem solchen Verfahren einhergehenden Verzögerung und den zusätzlichen Kosten darf es in solchen Fällen unter pflichtgemäßer Ausübung ihres Ermessens von der RegTP nicht vorgeschlagen werden. Der Gesetzgeber hat in der Begründung für das TKG die gesetzlich konkret geregelten Beschlusskammerverfahren, also die Entscheidungen i.S.v. § 132 Abs. 1 TKG, als für alternative Streitschlichtung nicht geeignet bezeichnet.[27] Diese Verfahren betreffen insbesondere Streitigkeiten zwischen Unternehmen mit beträchtlicher Marktmacht und anderen Wettbewerbern, die strukturell durch ein starkes Machtgefälle gekennzeichnet sind und im Regelfall auch Situationen betreffen, in denen lediglich eine Partei ein Interesse an einer zügigen und konstruktiven Lösung der Streitigkeit hat. Sie sind im Lichte der oben genannten Kriterien zu Recht von Gesetzgeber als im Regelfall für alternative Streitbeilegungsverfahren nicht geeignet erachtet worden. Als geeignet für alternative Streitbeilegungsverfahren erscheinen in erster Linie Situationen, in denen es um die Einführung neuer Dienste oder Technologien geht,[28] an denen alle Beteiligten ein eigenes Interesse haben, oder aber die Klärung technischer und organisatorischer Fragen, die ebenfalls aus Sicht aller Beteiligten klärungsbedürftig sind.[29] Wie sich aus der Gesetzesbegründung ergibt, hielt der Gesetzgeber insbesondere die Klärung technischer Fragen und die Festlegung technischer Abläufe – etwa im Bereich von Nummernverwaltung und Zusammenschaltung – für besonders geeignet, um dort alternative Streitbeilegungsverfahren durchzuführen.[30]

bb) Konkretisierung. – Die RegTP ist im Rahmen ihres Vorschlagsrechts nach § 124 nicht darauf beschränkt, ein gütliches Einigungsverfahren lediglich abstrakt vorzuschlagen. Sie kann selbstverständlich auch Vorschläge für einen **konkreten Streitbeilegungsmechanismus** bzw. für die Wahl des oder der **neutralen Dritten**, der oder die zur Streitbeilegung herangezogen werden könnte(n), abgeben. Indes bleibt es auch bei der Wahl des konkreten Verfahrens, der Kostenregelung und der Wahl des oder der Mittler(s) letztendlich bei einer freien Wahl der beteiligten Parteien.[31] Macht die RegTP Vorschläge hinsichtlich einer bestimmten Verfahrensart, so muss sie dies wiederum in pflichtgemäßer Ermessensausübung tun. Insbesondere muss sie berücksichtigen, dass sich für unterschiedliche Konfliktsituationen verschiedene Verfahrenstypen eignen. **21**

α) **Mediationsverfahren** im engen technischen Sinne sind im Regelfall nur dann als alternatives Streitbeilegungsverfahren geeignet, wenn es sich um einen komplexen Streitfall im **22**

---

25 *Ramsauer*, in: Breidenbach/Henssler, Mediation für Juristen, 1997, S. 164 f.; *Holznagel*, Konfliktlösung durch Verhandlung, S. 108; *Holznagel/Schulz*, CR 2003, 571.

26 Zum Kriterium des Machtgleichgewichts vgl. *Breidenbach*, Mediation – Struktur, Chancen und Risiken von Vermittlung im Konflikt, 1995, § 19.

27 Begr. zum RegE (TKG-E) vom 15. 10. 2003, Besonderer Teil zu § 122, S. 63.

28 *Racine/Winkler*, MMR 2002, 798.

29 Begr. zum RegE (TKG-E) vom 15. 10. 2003, Besonderer Teil zu § 122, S. 63.

30 Begr. zum RegE (TKG-E) vom 15. 10. 2003, Besonderer Teil zu § 122, S. 63.

31 Begr. zum RegE (TKG-E) vom 15. 10. 2003, Besonderer Teil zu § 122, S. 63.

Rahmen einer **wirtschaftlichen Dauerbeziehung** handelt. Denn für ein erfolgreiches Mediationsverfahren muss in der Regel der Verhandlungsstoff über den ursprünglichen Streitgegenstand hinaus zukunftsorientiert ausgedehnt werden, um somit „Verhandlungsmehrwert" zu schaffen, der die Ausarbeitung kreativer, für alle Seiten akzeptabler Lösungen ermöglicht.[32] Das Erfordernis einer wirtschaftlichen Dauerbeziehung resultiert daraus, dass sich der hohe Aufwand eines Mediationsverfahrens – insbesondere die Hinzuziehung eines speziell ausgebildeten Mediators – nur dann rechtfertigt, wenn der Erhalt der zugrunde liegenden Bindung von den Beteiligten für erstrebenswert bzw. jedenfalls notwendig erachtet wird.[33]

23 *β*) Hingegen bietet sich für eine punktuelle Streitigkeit im Rahmen einer kurzfristigen bzw. einmaligen Wirtschaftsbeziehung in der Regel ein streitgegenstandsbezogenes, einfaches **Schlichtungsverfahren** an.[34]

24 *γ*) Einzelne Kommunikationsschwierigkeiten im Rahmen von sonst funktionierenden Wirtschaftsbeziehungen können ggf. durch Einschaltung eines bloßen **Kommunikationsmoderators** überwunden werden.[35]

25 **3. Verhältnis von § 124 zu anderen Streitbeilegungsmechanismen. – a) § 124 und § 133.** – Von § 133 unterscheidet sich § 124 hinsichtlich des Mittlers, der Verfahrensinitiierungsvoraussetzung und des anvisierten Verfahrensergebnisses. **Mittler** ist bei § 133 die RegTP selbst, bei § 124 regt sie lediglich die Einschaltung eines Dritten an, der dann als Mittler agiert. Bei § 133 kann eine Partei alleine das Verfahren durch ihren Antrag in Gang bringen, bei § 124 muss – wie der Wortlaut zeigt und wie es auch der Logik eines gütlichen Einigungsversuchs immanent ist – das Verfahren einvernehmlich von allen Parteien in Gang gesetzt werden. Das Verfahrensergebnis ist bei § 133 eine verbindliche Entscheidung der Streitigkeit durch die RegTP, bei § 124 hingegen eine **einvernehmliche Konfliktlösung** durch die Parteien, wenn auch vermittelt durch den Dritten. § 133 wird durch § 124 in keinerlei Weise eingeschränkt oder modifiziert. Der deutsche Gesetzgeber hat von der in Art. 20 Abs. 2 und Art. 21 Abs. 3 RL 2002/21/EG eingeräumten Möglichkeit keinen Gebrauch gemacht: Der RegTP ist es nicht gestattet, die verbindliche Streitentscheidung nach § 133 unter Hinweis auf die Möglichkeit eines alternativen Streitbeilegungsverfahrens zeitweise zu verweigern. Mithin kann die RegTP zwar nach § 124 den Parteien die Durchführung eines solchen Verfahrens vorschlagen. Die Parteien müssen sich darauf jedoch nicht einlassen. Jede Partei kann durch Stellung eines Antrags nach § 133 eine verbindliche Entscheidung der RegTP erzwingen. Mit der Anrufung beginnt die viermonatige Entscheidungsfrist der RegTP nach § 133 Abs. 1 Satz 2 TKG zu laufen. Eine Fristverlängerung ergibt sich aus § 124 TKG für die RegTP nicht. Auch wenn die Parteien sich nach einem Vorschlag der RegTP i.S.v. § 124 auf ein solches alternatives Streitbeilegungsverfahren einlassen, so wird dadurch das Recht jeder Partei, im Falle des Scheiterns oder auch schon während der Durchführung des Verfahrens eine Entscheidung der RegTP nach § 133 durch Antrag zu erzwingen, nicht eingeschränkt.

26 **b) § 124 und § 51.** – In § 51 ist ein speziell geregelter alternativer Streitschlichtungsmechanismus vorgesehen. Er eröffnet im Falle von Streitigkeiten über Rechte und Pflichten

32 Vgl. dazu *Schöbel*, JuS 2000, 372, 374; *Mähler/Mähler* (Fn. 8) S. 25.
33 *v. Hoyningen-Huene*, JuS 1997, 352.
34 *Schöbel*, JuS 2000, 374.
35 Zu dieser Vermittlungsform *Schlieffen* (Fn. 8) S. 6.

im Bereich der **Rundfunkübertragung** den Parteien die Möglichkeit, einvernehmlich einen nicht verbindlichen Schiedsspruch von einer eigens bei der RegTP für diesen Bereich zu errichtenden Schlichtungsstelle zu erwirken. Die explizite Normierung dieses Streitbeilegungsmechanismus sollte ausweislich der Gesetzesbegründung der Bedeutung und den besonderen Gegebenheiten des Marktsegments „Rundfunkübertragung" an der Schnittstelle zwischen Bundes- und Landesrecht Rechnung tragen.[36] Insbesondere sollte damit auch Unternehmen, die nicht unter den Adressatenkreis der verbindlichen Streitentscheidung nach § 133 fallen, explizit die Möglichkeit geboten werden, die RegTP zur Streitbeilegung anzurufen.[37]

c) § 124 und gerichtlicher Rechtsschutz. – § 124 schränkt die Befugnis der Streitbeteilig- **27** ten, gerichtlichen Rechtsschutz in Anspruch zu nehmen, weder ein noch modifiziert er sie. Lassen sich die Parteien entgegen einem entsprechenden Vorschlag der RegTP nicht auf ein alternatives Streitbeilegungsverfahren ein, so können diese – soweit jeweils die Zulässigkeitsvoraussetzungen erfüllt sind – direkt die **Zivilgerichtsbarkeit** in Anspruch nehmen und/oder eine Entscheidung der RegTP nach § 133 TKG erwirken und ggf. im Anschluss daran den **Verwaltungsrechtsweg** beschreiten. Kommt es zu dem Versuch einer alternativen Streitbeilegung und scheitert dieser, so bleibt es bei den eben genannten Grundsätzen. Ist die alternative Streitbeilegung erfolgreich, so hängt die Möglichkeit, später gerichtlichen Rechtsschutz in Anspruch zu nehmen, von der Rechtsnatur des Verfahrensergebnisses ab.[38] Im Regelfall wird es sich um einen zivilrechtlichen Vertrag handeln, für dessen Durchsetzung die Zivilgerichte angerufen werden müssen. Im Ausnahmefall kann auch bereits ein Vollstreckungstitel vorliegen, beispielsweise wenn es sich um einen vor einer anerkannten Gütestelle geschlossenen Vergleich i. S. v. § 794 Abs. 1 Nr. 1 ZPO handelt.

---

36 Begr. zum RegE (TKG-E) vom 15. 10. 2003, Besonderer Teil zu § 49, S. 31.
37 Begr. zum RegE (TKG-E) vom 15. 10. 2003, Besonderer Teil zu § 49, S. 31.
38 So – bezogen auf Streitbeilegungsverfahren nach TKG a. F. – *Scherer*, MMR-Beilage 12/2002, 24.

§ 125 Wissenschaftliche Beratung

(1) Die Regulierungsbehörde kann zur Vorbereitung ihrer Entscheidungen oder zur Begutachtung von Fragen der Regulierung wissenschaftliche Kommissionen einsetzen. Ihre Mitglieder müssen auf dem Gebiet von Telekommunikation oder Post über besondere volkswirtschaftliche, betriebswirtschaftliche, sozialpolitische, technologische oder rechtliche Erfahrungen und über ausgewiesene wissenschaftliche Kenntnisse verfügen.

(2) Die Regulierungsbehörde erhält bei der Erfüllung ihrer Aufgaben fortlaufend wissenschaftliche Unterstützung. Diese betrifft insbesondere

1. **die regelmäßige Begutachtung der volkswirtschaftlichen, betriebswirtschaftlichen, rechtlichen und sozialen Entwicklung der Telekommunikation und des Postwesens im Inland und Ausland,**
2. **die Aufbereitung und Weiterentwicklung der wissenschaftlichen Grundlagen für die Gestaltung des Universaldienstes, die Regulierung von Anbietern mit beträchtlicher Marktmacht, die Regeln über den offenen Netzzugang und die Zusammenschaltung sowie die Nummerierung und den Kundenschutz.**

Schrifttum: *Di Fabio*, Verwaltungsentscheid durch externen Sachverstand, VerwArch 81 (1990), 193; *Vierhaus*, Sachverstand als Vierte Gewalt?, NVwZ 1993, 36; Wissenschaftlicher Arbeitskreis für Regulierungsfragen bei der RegTP für Telekommunikation und Post, Leitlinien für die Regulierungspolitik, 19. 6. 1998, BT-Drs. 14/2321, S. 140

Übersicht

I. Normzweck

1. Sinn und Zweck der Norm. – Von der RegTP wird erwartet, dass ihre technischen und 1 ökonomischen Regulierungsprämissen dem jeweils aktuellen wissenschaftlichen Kenntnisstand entsprechen und sie die ihr zur Verfügung stehenden Regulierungsinstrumente im Einklang damit handhabt. Die RegTP kann diesen Ansprüchen jedoch nur mithilfe externen wissenschaftlichen Rates genügen. Der Gesetzgeber hat deshalb die RegTP in § 125 Abs. 1 ermächtigt, **wissenschaftliche Kommissionen** einzusetzen und ihr mit § 125 Abs. 2 die Bereitstellung fortlaufender **wissenschaftliche Unterstützung** zugesichert.

2 **2. Überblick über Anwendungsbereich.** – § 125 wird, wie schon die entsprechende Vorgängernorm im TKG a. F., insbesondere im Bereich der Aufarbeitung von **Grundsatzfragen** Anwendung finden. Besondere Bedeutung wird ihm dadurch zukommen, dass die RegTP in ihren Jahresbericht nach § 122 Abs. 2 in Zukunft auch einen **Vorhabenplan** für von ihr zu begutachtende Fragen aufnehmen muss. Die Behörde wird sowohl für das Herausfiltern der jeweils aktuellsten zu begutachtenden Fragen als auch für die Begutachtung selbst wissenschaftlichen Rat i. S. v. § 125 benötigen.

3 **3. Rechtstatsächlicher Kontext.** – Externe wissenschaftliche Beratung ist gerade für die Arbeit der RegTP zentral: Der Telekommunikationssektor ist in technischer, ökonomischer und gesellschaftspolitischer Hinsicht **überdurchschnittlich komplex** und unterliegt einer starken Entwicklungsdynamik. Des Weiteren sind die Fragestellungen, mit denen sich die RegTP auseinandersetzen muss, – ungeachtet gewisser Parallelen zur Tätigkeit des BKartA – neuartig, und die RegTP kann deshalb nur sehr begrenzt auf Erfahrungswissen zurückgreifen. Zudem stehen die von ihr zu verfolgenden Regulierungsziele i. S. v. § 2 Abs. 2 zum Teil in einem inneren Spannungsverhältnis, welches die RegTP zum Ausgleich bringen muss. Zuletzt kommt ihren Entscheidungen, die nicht nur verwaltender, sondern zu großen Teilen marktgestaltender Natur sind,[1] fundamentale Bedeutung für die wirtschaftliche Entwicklung des Sektors zu, so dass sie wissenschaftlich fundiert sein müssen.

4 Der Zugriff auf **externen Sachverstand** entspricht dabei einer generellen Tendenz in der Verwaltung.[2] Moderne, **sachgerechte Verwaltungstätigkeit** ist angesichts der zunehmenden Komplexität zu beurteilender Sachverhalte verstärkt von externer sachverständiger Beratung abhängig. Zur Verwirklichung haben sich die verschiedensten Modelle der Zuarbeit herausgebildet, die von der Einberufung von Sachverständigen und wissenschaftlichen Kommissionen im Einzelfall bis hin zur Etablierung ständiger wissenschaftlicher Beiräte und Kommissionen gehen können.[3] Wegen der Komplexität der Lebenssachverhalte kennt insbesondere das Umwelt- und Technikrecht entsprechende Beratungsgremien, die zum Teil bereits in den einschlägigen Gesetzen rechtsförmlich vorgesehen sind. Beispiele hierfür sind der Technische Ausschuss für Anlagensicherheit nach § 31 a BImSchG, die Störfall-Kommission nach § 51 a BImSchG und die Zentrale Kommission für die Biologische Sicherheit i. S. v. § 4 GenTG. Auch die Monopolkommission stellt ein – jedoch durch § 44 Abs. 2 GWB mit unabhängiger Rechtsstellung versehenes – Beratungsgremium dar. Welche Rechtsstellung und welchen Auftrag gesetzlich vorgesehene Beratungsgremien haben, kann nicht pauschal gesagt werden, sondern muss jeweils den einschlägigen Vorschriften entnommen werden.[4]

5 Die Heranziehung externer Kompetenz durch die Exekutive erfüllt drei Funktionen:[5]

– Behörden können bei ihren Entscheidungen auf ein erweitertes Wissensreservoir zurückgreifen.

– Durch den Zugriff auf externe Kapazitäten erspart es sich der Staat, die entsprechenden personellen Ressourcen unmittelbar selbst vorhalten und mithin ständig finanzieren zu müssen.

---

1 *Scheurle/Mayen/Ulmen*, § 70 RdNr. 2.
2 Vgl. dazu *Vierhaus*, NVwZ 1993, 36.
3 BeckTKG-Komm/*Geppert*, § 70 RdNr. 3; *Scheurle/Mayen/Ulmen*, § 70 RdNr. 1.
4 Ähnlich BeckTKG-Komm/*Geppert*, § 70 RdNr. 3.
5 BeckTKG-Komm/*Geppert*, § 70 RdNr. 2.

– Der Heranziehung externen wissenschaftlichen Rates wohnt das Potenzial inne, zu einer objektiveren Entscheidungsfindung beizutragen.

II. Entstehungsgeschichte und EG-rechtliche Grundlagen

Die Vorschrift entspricht bis auf einige wenige Formulierungsänderungen, die ihre Ursache **6** in anderweitigen inhaltlichen Neuerungen des TKG haben, dem § 70 TKG a. F. Eine gemeinschaftsrechtliche Grundlage hat § 125 nicht. Indes wird mit der Bereitstellung externen Sachverstands dem Erwägungsgrund 11 Satz 3 der RL 2002/21/EG Rechnung getragen, wonach die nationalen Regulierungsbehörden in Bezug auf „Personal, Fachwissen und finanzielle Ausstattung über die zur Wahrnehmung ihrer Aufgaben notwendigen Mittel" verfügen sollen.

III. Wissenschaftliche Kommissionen

1. Regelungsgegenstand und Hintergrund. – Regelungsgegenstand von § 125 Abs. 1 ist **7** die Einsetzung wissenschaftlicher Kommissionen durch die RegTP. Die Einsetzung wissenschaftlicher Kommissionen hat im Telekommunikationssektor Tradition: So hat das BMPT – allerdings ohne explizite gesetzliche Ermächtigungsgrundlage – bereits seit Beginn der Liberalisierung und vor dem In-Kraft-Treten des TKG a. F. externe wissenschaftliche Beratungsgremien einberufen,[6] z. B. das Expertengremium für Nummerierungsfragen beim BMPT oder die Forschungskommission für Regulierung und Wettbewerb beim BMPT.[7]

2. Verhältnis von § 125 Abs. 1 zu § 26 Abs. 1 Satz 1 und 2 Nr. 2 VwVfG. – Soweit es sich **8** um die Einsetzung einer wissenschaftlichen Kommission im Rahmen eines konkreten Verwaltungsverfahrens handelt, deckt sich § 125 Abs. 1 mit § 26 Abs. 1 Satz 1 und 2 Nr. 2 VwVfG, wonach eine Behörde zur Ermittlung eines Sachverhalts nach pflichtgemäßem Ermessen **Sachverständige** vernehmen bzw. schriftliche Äußerungen bei ihnen einholen kann. Dieses Recht aus § 26 Abs. 1 Satz 1 und 2 VwVfG kann sich wegen des **Amtsermittlungsgrundsatzes** aus § 24 Abs. 1 und 2 VwVfG zu einer Pflicht zur Konsultation von Sachverständigen verdichten, wenn eine Behörde nicht über den notwendigen Sachverstand verfügt, um ihre Entscheidung auf einer sachlich richtigen Tatsachenbasis zu treffen.[8] Der Überschneidung hat die RegTP beim Gebrauch der Ermächtigung aus § 125 Abs. 1 Rechnung zu tragen: Wenn es sich bei der Einsetzung von wissenschaftlichen Kommissionen um eine Konstellation handelt, in der nach allgemeinem Verwaltungsverfahrensrecht Sachverständige gemäß § 26 VwVfG herangezogen werden müssten, muss sie bei ihrer Auswahl der Kommissionsmitglieder die zu § 26 VwVfG entwickelten Grundsätze für die Auswahl von Sachverständigen beachten. Zudem darf sie sich in einer solchen Situation wegen des Untersuchungsgrundsatzes i. S. v. § 24 Abs. 1 und 2 VwVfG Ergebnisse wissen-

---

6 *Trute/Spoerr/Bosch*, § 70 RdNr. 3.
7 Vgl. Abschlussbericht des Expertengremiums für Nummerierungsfragen beim BMPT, Bonn, Dezember 1995 und das Gutachten der Forschungskommission für Regulierung und Wettbewerb beim BMPT, Netzzugang und Netzzusammenschaltung nach dem Telekommunikationsgesetz 1996, Bonn, Mai 1996.
8 *Kopp/Ramsauer*, VwVfG, § 26 RdNr. 29; *Vierhaus*, NVwZ 1993, 37; *Di Fabio*, VerwArch 81 (1990) 193, 211.

schaftlicher Kommissionen nicht unbesehen zu eigen machen, sondern muss sich auf deren Grundlage ein eigenes Urteil bilden, wobei grundsätzlich alle vertretbaren wissenschaftlichen Auffassungen zu berücksichtigen sind.[9]

9   **3. Einsetzung einer wissenschaftlichen Kommission. – a) Einsetzungsgegenstand. –** Es steht grundsätzlich im **pflichtgemäßen Ermessen** der RegTP, ob und zu welchen Gegenständen sie eine wissenschaftliche Kommission einsetzen will. Hinsichtlich des Ob der Einsetzung kann sich jedoch im Rahmen von konkreten Verwaltungsverfahren aus dem bereits erwähnten, in § 24 Abs. 1 und 2 VwVfG normierten Amtsermittlungsgrundsatz eine Pflicht für die Behörde ergeben, ein Sachverständigengutachten einzuholen.

10   Was die möglichen Gegenstände für die Einsetzung einer wissenschaftlichen Kommission betrifft, so benennt § 125 Abs. 1 Satz 1 zunächst die **Vorbereitung** von Entscheidungen. Diese erste Alternative ermöglicht es der RegTP, wissenschaftlichen Rat im Vorfeld konkret zu treffender Entscheidungen – beispielsweise vor Erlass einer Regulierungsverfügung i.S.v. § 13 – einzuholen.

11   Als zweite Alternative wird die Begutachtung von Fragen der Regulierung genannt. Diese Alternative ist weitergehend und umfasst die Untersuchung von Fragestellungen, die sich nicht auf einen konkreten, von der Behörde zu entscheidenden Sachverhalt beschränken, sondern die Handhabung der Regulierung in abstrakter Form zum Gegenstand haben. Da es jedoch nicht Aufgabe der RegTP ist, die wissenschaftliche Erschließung des Telekommunikationssektors im Allgemeinen zu fördern, sondern sie gemäß § 116 Abs. 1 lediglich die ihr gesetzlich übertragenen Aufgaben wahrzunehmen hat, muss der Begutachtungsauftrag als Minimalanforderung der **Wahrnehmung** gesetzlich vorgesehener **Aufgaben und Befugnisse** der RegTP dienen.[10] Der amtlichen Begründung zum Gesetzentwurf des TKG a.F., wonach die RegTP ihre vornehmliche Aufgabe, einen wettbewerbsintensiven Markt im Bereich der Telekommunikation nachhaltig zu fördern, sachgerecht nur wahrnehmen könne, wenn sie befugt sei, zur Vorbereitung von Entscheidungen oder zur Begutachtung von Fragen der Regulierung wissenschaftliche Kommissionen einzusetzen,[11] darf indes nicht entnommen werden, dass das Instrument des § 125 Abs. 1 nur oder zuförderst für Fragen im Zusammenhang mit der Stärkung des Wettbewerbs einzusetzen wäre.[12] Eine solche Einschränkung lässt sich weder dem Wortlaut des § 125 Abs. 1 noch der amtlichen Begründung entnehmen. Um die Vorbereitung welcher Entscheidungen der RegTP es sich handeln soll, lässt § 125 Abs. 1, 1. Alternative, nämlich offen. Und auch „Fragen der Regulierung" sind nicht nur solche, die sich auf die wettbewerbsfördernde Regulierung beziehen. Der Begriff der Regulierung ist weit, und zwar i. S. der Steuerung des Verhaltens von Unternehmen durch sektorspezifische Verpflichtungen zu verstehen.[13] Eine Einschränkung der RegTP hinsichtlich der Gegenstände, für die sie wissenschaftliche Kommissionen einberufen darf, würde auch keinen Sinn machen: Gerade Fragen, die nicht unmittelbar der Wettbewerbsförderung dienen, wie z.B. der Kundenschutz oder der Universaldienst, können

---

9 BeckTKG-Komm/*Geppert*, § 70 RdNr. 4. Zu der entsprechenden Pflicht im Rahmen von § 24 VwVfG vgl. BVerwGE 80, 224, 226 = NJW 1989, 1297; BVerwG NVwZ-RR 1990, 122; *Kopp/ Ramsauer*, VwVfG, § 26 RdNr. 30.

10 *Geppert*, spricht vom Erfordernis einer „zielgerichteten Einbindung in Entscheidungsprozesse der RegTP", vgl. BeckTKG-Komm/*Geppert*, § 70 RdNr. 9.

11 BT-Drs. 13/3609, S. 51.

12 So aber BeckTKG-Komm/*Geppert*, § 70 RdNr. 7.

13 Vgl. zum Begriff der Regulierung *Eisenblätter*, Regulierung in der Telekommunikation, S. 89 ff.

komplizierte rechtliche, wirtschaftliche oder technische Fragen aufwerfen, die einer wissenschaftlichen Begutachtung bedürfen. Mithin kann die RegTP innerhalb ihres Aufgabenkreises nach pflichtgemäßem Ermessen jede Fragestellung einer wissenschaftlichen Kommission zur Begutachtung zuführen.[14]

b) Einsetzungsverfahren. – Hinsichtlich der Organisation und des Verfahrens zur Einrichtung wissenschaftlicher Kommissionen verleiht § 125 Abs. 1 der RegTP einen fast uneingeschränkten Spielraum. Anders als die Monopolkommission, die nach § 44 GWB von Gesetzes wegen als permanentes Gremium eingesetzt und organisatorisch sowie inhaltlich stark verselbstständigt ist,[15] hängt das Ob und Wie der Einsetzung wissenschaftlicher Kommissionen nach § 125 Abs. 1 allein von der RegTP ab. So steht es ihr frei, ob sie eine Kommission ad hoc zur Begutachtung einer bestimmten Einzelfrage oder als ständiges Beratungsgremium einsetzen will.[16] **12**

Auch bei der Auswahl der Mitglieder für eine wissenschaftliche Kommission lässt § 125 Abs. 1 der RegTP weitestgehend freie Hand. Anders als z. B. § 31 a oder § 51 a BImSchG trifft § 125 Abs. 1 keine Aussage darüber, welchen Institutionen oder Organisationen die **Mitglieder einer Kommission** angehören sollen. Es wird lediglich in Bezug auf jedes einzelne Mitglied gefordert, dass es neben besonderen Erfahrungen in einem der für die Telekommunikation relevanten Fachgebiet über ausgewiesene wissenschaftliche Kenntnisse verfügen muss. Diese Ermessensbegrenzung bei der Auswahl der Kommissionsmitglieder soll sicherstellen, dass der Zweck des § 125, nämlich die wissenschaftliche Beratung der RegTP, gewahrt wird und nicht etwa lediglich mit der Praxis des Telekommunikationssektors vertraute Praktiker in eine Kommission berufen werden. Der Begriff der Kommission und die Aufzählung der verschiedenen Fachrichtungen in § 125 Abs. 1 Satz 2 legt nahe, dass von der RegTP eingesetzte Kommissionen **grundsätzlich interdisziplinär** ausgestaltet sein sollen.[17] Indes handelt es sich dabei nach dem Sinn und Zweck des § 125 um keine zwingende Vorgabe für jede von der RegTP beabsichtigte Kommissionseinsetzung. Vielmehr kann sich aus der Eigenart einer bestimmten zu begutachtenden Frage ergeben, dass Erfahrung und wissenschaftliche Kenntnisse lediglich aus einem oder einigen der dort genannten Bereiche erforderlich sind. **13**

Eine weitere Einschränkung des Ermessens der RegTP bei der Auswahl von Kommissionsmitgliedern ergibt sich in denjenigen Konstellationen, in denen eine wissenschaftliche Kommission im Rahmen eines konkreten Verwaltungsverfahrens zur Begutachtung entscheidungsrelevanter Fragestellungen einberufen wird. Die Kommission nimmt in diesem Fall die Funktion von Sachverständigen i. S. v. § 26 Abs. 1 Satz 2 Nr. 2 VwVfG wahr. Eine solche Mitwirkung kann unter Umständen Auswirkungen auf den Ausgang eines Verwaltungsverfahrens haben.[18] Deshalb darf die RegTP keine Personen in eine wissenschaftliche Kommission berufen, die nach §§ 20 und 21 VwVfG von diesem Verwaltungsverfahren ausgeschlossen sind bzw. abgelehnt werden können. **14**

---

14 *Trute* spricht davon, dass es sich um Fragen „im Kontext der Regulierungsziele des § 2 Abs. 2 TKG" handeln solle, vgl. *Trute/Spoerr/Bosch*, § 70 RdNr. 3.

15 Vgl. dazu *Immenga/Mestmäcker/Veelken*, § 46 RdNr. 7 ff.

16 Wie hier *Trute/Spoerr/Bosch*, § 70 RdNr. 3. *Geppert* scheint hingegen dahin zu tendieren, im Rahmen von § 123 Abs. 1 nur die Einberufung von ad hoc Kommissionen zuzulassen, vgl. BeckTKG-Komm/*Geppert*, § 70 RdNr. 8.

17 So BeckTKG-Komm/*Geppert*, § 70 RdNr. 10.

18 *Kopp/Ramsauer*, VwVfG, § 20 RdNr. 4.

15 **4. Umgang mit den Ergebnissen.** – Wie die RegTP im Einzelfall mit den Ergebnissen und Schlussfolgerungen einer von ihr eingesetzten Kommission umgeht, steht mangels diesbezüglicher gesetzlicher Vorgaben ebenfalls in ihrem pflichtgemäß auszuübenden Ermessen. Anders als z.B. die Monopolkommission, die ihre Gutachten nach § 44 Abs. 3 Satz 3 GWB zu veröffentlichen hat, disponiert über die Arbeitsergebnisse wissenschaftlicher Kommissionen nach § 125 Abs. 1 allein die RegTP als **Auftraggeberin**. Sie kann mithin grundsätzlich frei entscheiden, ob, wann und in welcher Form sie die Ergebnisse veröffentlicht. Allerdings muss sie dabei Art. 3 Abs. 3 RL 2002/21/EG berücksichtigen, wonach die Mitgliedstaaten dafür Sorge zu tragen haben, dass die nationalen Regulierungsbehörden ihre Befugnisse unparteiisch und transparent ausüben. Zu einer transparenten Amtsausübung gehört indes, dass der Öffentlichkeit die Vergabe eines Gutachtens, die Zusammensetzung der jeweiligen wissenschaftlichen Kommission und jedenfalls die wesentlichen Arbeitsergebnisse bekannt gegeben werden.[19] Aus der Pflicht zur Amtsermittlung i.S.v. § 24 Abs. 1 und 2 VwVfG folgt darüber hinaus in Bezug auf konkret anhängige Verwaltungsverfahren, dass die RegTP sich nicht etwa die Ergebnisse einer von ihr eingesetzten wissenschaftlichen Kommission unbesehen zu eigen machen und ihren Entscheidungen zugrunde legen darf. Vielmehr muss sie sich jeweils ein eigenes Urteil darüber bilden und hat dabei auch alle anderen vertretbaren wissenschaftlichen Meinungen zu berücksichtigen.[20]

16 **5. Bisherige praktische Handhabung.** – Die erste, von der RegTP unmittelbar nach ihrer Errichtung im Februar 1998 auf der Grundlage von § 70 Abs. 1 TKG a.F. berufene wissenschaftliche Kommission war der **Wissenschaftliche Arbeitskreis** für Regulierungsfragen bei der RegTP für Telekommunikation und Post. Der Arbeitskreis soll die RegTP in Grundsatzfragen der Regulierung sowie zu Sonderthemen beraten. Er besteht aus zehn renommierten Wirtschafts-, Rechts- und Kommunikationswissenschaftlern. Gleich zu Anfang seiner Beratungstätigkeit hat der Arbeitskreis seine „Leitlinien für die Regulierungspolitik"[21] veröffentlicht. Anders als der Arbeitskreis im Rahmen dieser Leitlinien suggeriert, ist Rechtsgrundlage für seine Einsetzung indes nicht § 125 Abs. 2, sondern § 125 Abs. 1. Denn der Arbeitskreis wurde von der RegTP eingesetzt und ihr nicht als externer Sachverstand i.S.v. § 125 Abs. 2 zur Verfügung gestellt.

17 In punktueller Form hat die RegTP auf der Grundlage von § 125 Abs. 1 – bzw. § 70 Abs. 1 TKG a.F. – z.B. im Jahr 2000 zwei Gutachten zur Marktabgrenzung und Marktbeherrschung im Telekommunikationssektor eingeholt. Aus diesen Gutachten sind später die von der RegTP veröffentlichten „Eckpunkte der RegTP für Telekommunikation und Post zur Marktabgrenzung und Marktbeherrschung"[22] hervorgegangen.

---

19 Ähnlich BeckTKG-Komm/*Geppert*, § 70 RdNr. 8.
20 Vgl. BVerwGE 72, 316 = NVwZ 1986, 208; NVwZ 1989, 1169; *Kopp/Ramsauer*, VwVfG, § 24 RdNr. 28.
21 Wissenschaftlicher Arbeitskreis für Regulierungsfragen bei der RegTP für Telekommunikation und Post, Leitlinien für die Regulierungspolitik, 19. 6. 1998, abgedruckt in BT-Drs. 14/2321, S. 140.
22 Eckpunkte zur sachlichen und räumlichen Abgrenzung von Märkten und der Feststellung einer marktbeherrschenden Stellung, ABl. RegTP 4/2001, S. 555.

IV. Fortlaufende wissenschaftliche Unterstützung

1. Regelungsgegenstand. – Nach § 125 Abs. 2 Satz 1 „erhält" die RegTP „fortlaufend wissenschaftliche Unterstützung". Der Wortlaut lässt offen, wer Normadressat sein und wer die wissenschaftliche Unterstützung liefern soll. Der Begriff des Erhaltens stellt lediglich klar, dass die Unterstützung wie auch § 125 Abs. 1 auf eine Form der **externen Expertise** zielt. Zudem geht daraus hervor, dass der RegTP ein Recht auf wissenschaftliche Unterstützung eingeräumt wird, sie mithin diese Unterstützung beanspruchen können soll. Da Hoheitsaufgaben im Bereich der Telekommunikation gemäß Art. 87 f Abs. 2 Satz 2 GG in bundeseigener Verwaltung ausgeführt werden, kann **Normadressat** nur der Bund sein, der zur Ausgestaltung und Finanzierung dieser Verwaltung verpflichtet ist. Dass dies vom Gesetzgeber auch intendiert war, zeigt die Entstehungsgeschichte der Norm: Nach dem ursprünglichen Referentenentwurf für § 70 Abs. 2 TKG a. F. sollte nämlich der Bund ein solches Institut unterhalten.[23]

In welcher Organisationsform die wissenschaftliche Unterstützung bereitzuhalten ist, regelt § 125 Abs. 2 nicht. Nach dem ursprünglichen Referentenentwurf für § 70 Abs. 2 TKG a. F. sollte der Bund der RegTP ein „unabhängiges wissenschaftliches Institut in Privatrechtsform" bieten.[24] Gemeint war damit das – damals bereits bestehende – Wissenschaftliche Institut für Kommunikationsdienste GmbH (WIK).[25] Aus Sorge um mögliche finanzielle Auswirkungen für den Bundeshaushalt unterblieb eine explizite Erwähnung des WIK in § 70 Abs. 2 TKG a. F. jedoch letztlich.[26]

Das nach der Entstehungsgeschichte hinter der Ausgestaltung des § 125 Abs. 2 Satz 1 stehende WIK ist durch die abstrakte Gesetzesfassung mithin nur eine der möglichen Organisationsformen für die durch den Bund für die RegTP bereitzuhaltende externe Expertise geworden. Faktisch erfüllt der Bund seine Bereithaltungspflicht jedoch tatsächlich mittels des WIK.[27] Träger des WIK ist heute zu 100 % das BMWA.[28]

2. Gegenstand der Unterstützung. – Die Gegenstände, auf die sich die wissenschaftliche Unterstützung beziehen kann, sind in § 125 Abs. 2 in nicht abschließender Form aufgelistet. Die Untersuchungsgegenstände i. S. v. Nr. 1 betreffen die regelmäßige Begutachtung der **Entwicklung** im in- und ausländischen Telekommunikationssektor im Hinblick auf rechtliche, ökonomische und soziale Aspekte. Nr. 2 betrifft die wissenschaftliche Analyse und Weiterentwicklung der verschiedenen der RegTP überantworteten Regulierungsinstrumente und erwähnt letztlich alle wesentlichen Aufgabenbereich der RegTP nach dem TKG.

18

19

20

21

23 BeckTKG-Komm/*Geppert*, § 70 RdNr. 13.
24 BeckTKG-Komm/*Geppert*, § 70 RdNr. 13.
25 BeckTKG-Komm/*Geppert*, § 70 RdNr. 13 ff.; *Trute/Spoerr/Bosch*, § 70 RdNr. 5; *Scheurle/Mayen/Ulmen*, § 70 RdNr. 6; *Wissmann*, Kap. 3 RdNr. 15.
26 BeckTKG-Komm/*Geppert*, § 70 RdNr. 13.
27 So zusammenfassend zu § 70 TKG a. F. *Lau*, MMR Beilage 12/2002, 3, 4.
28 Zur ursprünglichen Trägerschaft vgl. BeckTKG-Komm/*Geppert*, § 70 RdNr. 15.

Abschnitt 2:
Befugnisse

§ 126 Untersagung

(1) Stellt die Regulierungsbehörde fest, dass ein Unternehmen seine Verpflichtungen nach diesem Gesetz oder auf Grund dieses Gesetzes nicht erfüllt, fordert sie das Unternehmen zur Stellungnahme und Abhilfe auf. Sie setzt dem Unternehmen für die Abhilfe eine Frist.

(2) Kommt das Unternehmen innerhalb der gesetzten Frist seinen Verpflichtungen nicht nach, kann die Regulierungsbehörde die zur Einhaltung der Verpflichtung erforderlichen Maßnahmen anordnen. Hierbei ist dem Unternehmen eine angemessene Frist zu setzen, um den Maßnahmen entsprechen zu können.

(3) Verletzt das Unternehmen seine Verpflichtungen in schwerer oder wiederholter Weise oder kommt es den von der Regulierungsbehörde zur Abhilfe angeordneten Maßnahmen nach Abs. 2 nicht nach, so kann die Regulierungsbehörde ihm die Tätigkeit als Betreiber von Telekommunikationsnetzen oder Anbieter von Telekommunikationsdiensten untersagen.

(4) Wird durch die Verletzung von Verpflichtungen die öffentliche Sicherheit und Ordnung unmittelbar und erheblich gefährdet oder führt die Pflichtverletzung bei anderen Anbietern oder Nutzern von Telekommunikationsnetzen und -diensten zu erheblichen wirtschaftlichen oder betrieblichen Problemen, kann die Regulierungsbehörde in Abweichung von den Verfahren nach den Absätzen 1 bis 3 vorläufige Maßnahmen ergreifen. Die Regulierungsbehörde entscheidet, nachdem sie dem betreffenden Unternehmen Gelegenheit zur Stellungnahme innerhalb einer angemessenen Frist eingeräumt hat, ob die vorläufige Maßnahme bestätigt, aufgehoben oder abgeändert wird.

(5) Zur Durchsetzung der Anordnungen nach Abs. 2 kann nach Maßgabe des Verwaltungsvollstreckungsgesetzes ein Zwangsgeld bis zu 500 000 Euro festgesetzt werden.

Schrifttum: *Gröschner*, Das Überwachungsrechtsverhältnis, 1992.

Übersicht

1. Normzweck. – § 126 ist die klassische **wirtschaftsverwaltungsrechtliche Befugnis- 1 norm** des TKG. Als allgemeine Befugnisnorm tritt sie hinter speziellen Befugnissen für die RegTP zurück. Die alte Ermächtigungsgrundlage des § 71 S. 1 TKG-1996 wird erheblich präzisiert. Danach war die RegTP ermächtigt, die Einhaltung des TKG und der auf seiner Grundlage ergangenen Ausführungsbestimmungen und Einzelanordnungen zu überwachen. Die Präzisierung ist entlang der Linien des Art. 10 der (Genehmigungs-)RL 2002/20/EG erfolgt. § 126 dient mithin der Umsetzung dieser Richtlinienbestimmung. Zuständig ist nunmehr die RegTP als Ganze, nicht lediglich deren Beschlusskammern. Dies ist sachgerecht, weil die wirtschaftsverwaltungsrechtliche Überwachung sich nicht in jedem Fall als Regulierung i. e. S. darstellt, sondern Gefahrenabwehraufgaben einschließt, die jenseits der spezifischen Regulierungsverantwortung liegen. Allein die Überwachungsbefugnis begründet keinen konzeptionellen Gestaltungsauftrag.[1]

2 Mit der Präzisierung wird eine **effektivere und durchsetzungsfähigere Überwachungskompetenz** ausgeformt. Dem Vorbehalt des Gesetzes ist auf diese Weise Genüge getan.[2] Mit dem Wegfall der Lizenzpflicht ist hingegen die spezielle Befugnisnorm des TKG-1996, § 71 S. 2 TKG-1996, entfallen. Die amtliche Überschrift „Untersagung" ist angesichts der präzisierten Befugnisse in § 126 zu eng.

3 **2. Überwachung.** – Abs. 1 weist der RegTP die Aufgabe zu, die Einhaltung der Vorschriften des TKG und der aufgrund des TKG ergangenen Maßnahmen zu überwachen. Gleichzeitig wird die RegTP ermächtigt, das betroffene Unternehmen zur Stellungnahme und Abhilfe aufzufordern. Zur Abhilfe ist eine Fristsetzung möglich.

4 Die **Aufgabenzuweisung** bezieht sich auf die gesamte RegTP. Überwacht wird die Einhaltung sämtlicher Verpflichtungen nach dem TKG oder aufgrund des TKG. Wie schon in § 71 S. 1 TKG-1996 schließt dies die Einhaltung nicht nur der gesetzlichen, sondern auch der untergesetzlichen (Rechtsverordnungen) Pflichten sowie die Beachtung von „Auflagen, Anordnungen und Verfügungen" (s. § 71 S. 1 TKG-1996) ein.[3] § 126 Abs. 1 ist damit eine telekommunikationsspezifische Befugnisnorm zur Aufrechterhaltung der öffentlichen Sicherheit. § 126 begründet (mit § 6) insgesamt das Überwachungsrechtsverhältnis RegTP-Telekommunikationsunternehmen.[4]

5 § 126 Abs. 1 setzt Art. 10 Abs. 2 RL 2002/20/EG um. Nach der Richtlinienvorschrift gibt die nationale Regulierungsbehörde einem Unternehmen auf, Stellung zu nehmen oder etwaige Mängel abzustellen, wenn eine oder mehrere Bedingungen der Allgemeingenehmigung, der Nutzungsrechte oder bestimmter Verpflichtungen nicht erfüllt sind. Für die Abhilfe kann eine Frist von einem Monat nach der Mitteilung gesetzt werden. Längere Fristen können von der RegTP festgelegt werden, kürzere nur nach Vereinbarung mit dem betreffenden Unternehmen oder bei wiederholten Zuwiderhandlungen.

6 **Adressaten** der Maßnahmen nach § 126 sind generell „Unternehmen", d. h. alle gewerblichen Träger von Rechten und Pflichten nach dem TKG. Das TKG ist insofern weiter als Art. 10 Abs. 1 RL 2002/20/EG, der nur „Unternehmen, die elektronische Kommunikationsnetze oder Dienste im Rahmen einer Allgemeingenehmigung bereitstellen oder das Recht auf Nutzung von Funkfrequenzen oder -nummern haben" anspricht.

---

1 Für wertvolle Zuarbeit zur Kommentierung der §§ 126–131 danke ich meinem Mitarbeiter *Christian Schmidt*, LL.M.oec. – *Oertel*, Die Unabhängigkeit der Regulierungsbehörde nach §§ 66 ff. TKG, S. 219 f.

2 Vgl. für die Vorgängernorm *Trute/Spoerr/Bosch*, § 71 RdNr. 7.

3 Vgl. *Trute/Spoerr/Bosch*, § 71 RdNr. 2.

4 Grundlegend *Gröschner*, Das Überwachungsrechtsverhältnis, 1992.

§ 126 Abs. 1 sieht auf seiner Rechtsfolgenseite kein behördliches Ermessen vor. In der 7
Überwachung von Telekommunikationsunternehmen kommt also das **Legalitätsprinzip**,
nicht wie sonst im Gefahrenabwehrrecht das Opportunitätsprinzip zur Anwendung.[5] Ursache hierfür ist die Vorgabe in Art. 10 Abs. 2 RL 2002/20/EG. Die RegTP ist zum Einschreiten verpflichtet, wenn ein Unternehmen seine Verpflichtungen nach diesem Gesetz oder
aufgrund dieses Gesetzes nicht erfüllt.

Korrektiv zur Anwendung des Legalitätsprinzips ist der Umstand, dass zunächst Stellung- 8
nahme und Abhilfe eingefordert werden können. Hierfür ist dem betroffenen Unternehmen
eine Frist zu setzen. Über die Länge der Frist enthält § 126 Abs. 1 keine Hinweise. Die
Fristbestimmung ist aber **richtlinienkonform** vorzunehmen, d.h. die Anhaltspunkte, die
sich in Art. 10 Abs. 2 RL 2002/20/EG finden, sind bei der Fristbestimmung zu berücksichtigen (s.o. RdNr. 5). Die Richtlinie gibt allerdings der RegTP einen weiten Spielraum bei
der Fristbestimmung. Allein dann, wenn ohne wiederholte Zuwiderhandlungen und ohne
Zustimmung des betreffenden Unternehmens eine kürzere Frist als ein Monat gesetzt wird,
würde von der Richtlinie zulasten des betroffenen Unternehmens abgewichen. In diesem
Fall setzt sich die Richtlinienbestimmung unmittelbar durch; die Anordnung wäre unwirksam, und das betroffene Unternehmen könnte sich hierauf berufen.[6]

3. Anordnung von Maßnahmen. – Bei Nichterfüllung der Verpflichtungen innerhalb der 9
gesetzten Frist kann die RegTP die erforderlichen Maßnahmen zur Pflichterfüllung anordnen. Die Anordnung von Maßnahmen ist nachrangig zur Aufforderung zur Stellungnahme
sowie zur Aufforderung zur Abhilfe, was sich aus Verhältnismäßigkeitsüberlegungen ergibt. Generell ist das aus dem Rechtsstaatsprinzip abzuleitende Verhältnismäßigkeitsprinzip zu beachten. Die Pflicht zur Beachtung des Verhältnismäßigkeitsgrundsatzes ist auch
im Wortlaut von § 126 Abs. 2 S. 1 („erforderlichen Maßnahmen") sowie Art. 10 Abs. 3 RL
2002/20/EG („gebotene, angemessene Maßnahmen") angelegt. Generell setzt Abs. 2
Art. 10 Abs. 3 RL 2002/20/EG um.

Die **Anhörungspflicht** bei belastenden Verwaltungsakten nach § 28 Abs. 1 VwVfG wird 10
durch die speziellere Norm des § 126 Abs. 1 verdrängt. Maßnahmen nach Abs. 2 bedürfen
also keiner erneuten Anhörung. – Art. 10 Abs. 3 S. 2 RL 2002/20/EG ermöglicht den Mitgliedstaaten, „Geldstrafen" im Zusammenhang mit den regulierungsbehördlichen Maßnahmen zu verhängen. Dies ist im Ordnungswidrigkeitenkatalog des § 149 Abs. 1 umgesetzt.

§ 126 Abs. 2 räumt der RegTP ein Ermessen hinsichtlich der Verhängung von Maßnahmen 11
und der Maßnahmenauswahl ein.[7] Bei der **Ermessensausübung** sind als innere Grenzen
der Gesetzeszweck (§ 1) und die Regulierungsziele (§ 2) zu beachten. Darüber hinaus ist
das Ermessen richtlinienkonform reduziert: Art. 10 Abs. 3 RL 2002/20/EG räumt zwar ein
Auswahlermessen hinsichtlich der zu treffenden Maßnahmen, jedoch kein regulierungsbehördliches Entschließungsermessen ein („… trifft die zuständige Behörde die gebotenen,
angemessenen Maßnahmen …"). **Behördliche Duldungen** sind daher kraft Gemein-

---

5 Statt aller *Schmidt-Aßmann/Schoch*, Besonderes Verwaltungsrecht, 12. Aufl. 2003, 2. Kap.,
   RdNr. 101.
6 Zur unmittelbaren Wirkung von Richtlinien zugunsten Privater s. nur *Calliess/Ruffert/Ruffert*,
   EUV/EGV, Art. 249 RdNr. 69 ff.
7 S. BT-Drs. 13/3609, S. 51, und dazu *Manssen/Weber/Rommersbach*, § 71 RdNr. 7.

schaftsrechts **ausgeschlossen.**[8] Stellte die RegTP einen Verstoß gegen eine Verpflichtung nach dem TKG, die sich aus Richtlinienrecht ergibt, nicht durch Maßnahmen nach § 126 Abs. 2 ab, so verhielte sich die Bundesrepublik Deutschland nicht richtlinienkonform. Die Folge wäre ggf. ein Vertragsverletzungsverfahren nach Art. 226 EGV. Enthält die Richtlinienvorschrift, deren effektive Durchsetzung wegen der regulierungsbehördlichen Duldung verhindert wird, eine Individualberechtigung etwa für ein Konkurrenzunternehmen, ist nach neuerer EuGH-Rechtsprechung die Geltendmachung ihrer unmittelbaren Wirkung denkbar.[9]

12 Nach § 126 Abs. 2 S. 2 ist dem Unternehmen zur Umsetzung der angeordneten Maßnahmen eine **angemessene Frist** zu setzen. Die Angemessenheit der Frist ist wiederum Ausfluss des Verhältnismäßigkeitsgrundsatzes und ergibt sich wortgleich aus Art. 10 Abs. 3 RL 2002/20/EG. Nach Abs. 3 der Richtlinienvorschrift sind die Maßnahmen und die Gründe für selbige den betreffenden Unternehmen innerhalb einer Woche nach der Entscheidung mitzuteilen. Nach deutschem Verwaltungsverfahrensrecht wird die Entscheidung regelmäßig mit Begründung und Auflistung der einzelnen Maßnahmen ergehen.

13 **4. Untersagungsverfügung.** – § 126 Abs. 3 ermöglicht als Spezialnorm zu § 35 Abs. 1 S. 1 GewO die Untersagung telekommunikationswirtschaftlicher Betätigung. Die große Relevanz der Vorschrift ergibt sich daraus, dass sie **Konkurrenten** zur **Informationsübermittlung an die RegTP** anregt, weil diese durch die Untersagungsverfügung einen Konkurrenten auf dem Markt verlieren würden.

14 Abs. 3 setzt Art. 10 Abs. 5 RL 2002/20/EG um. Tatbestandlich setzt Abs. 3 voraus, dass entweder den telekommunikationsrechtlichen Verpflichtungen in schwerer und wiederholter Weise zuwidergehandelt wird oder dass das betreffende Unternehmen den von der RegTP zur Abhilfe angeordneten Maßnahmen nach Abs. 2 nicht nachkommt. Die Richtlinienbestimmung fordert im Tatbestand die kumulative Erfüllung dieser Bedingungen. Die insoweit strengere Regelung des TKG stellt aber keinen Richtlinienverstoß dar, da die Mitgliedstaaten den Telekommunikationsmarkt strenger überwachen können, als dies die Richtlinie erfordert. Die Tatbestandsvoraussetzungen des § 126 Abs. 3 TKG sind eindeutig, so dass dem Vorbehalt des Gesetzes trotz der Schärfe der Sanktion Genüge getan ist.

15 § 126 Abs. 3 räumt der RegTP – insoweit im Einklang mit Art. 10 Abs. 5 RL 2002/20/EG – Ermessen beim Ausspruch der Untersagungsverfügung ein. Zentrales ermessensleitendes Kriterium ist der Verhältnismäßigkeitsgrundsatz als äußere, grundrechtsdeterminierte Ermessensgrenze.[10] In § 71 S. 2 TKG-1996 war insoweit ein besonderer Hinweis enthalten („… wenn nicht auf andere Weise rechtmäßige Zustände hergestellt werden können."). Das Ermessen ist nach § 126 Abs. 3 entsprechend zu handhaben. Die Untersagung muss damit geeignet sein, eine rechtswidrige Betätigung zu unterbinden, d. h., sie muss der Herstellung rechtmäßiger Zustände objektiv förderlich sein. Dieses Element der Verhältnismäßigkeitsprüfung wird man kaum einmal verneinen können. Wichtiger ist daher die Prüfung der Erforderlichkeit im Einzelfall. Es darf kein milderes Mittel als die Untersagung der telekommunikationswirtschaftlichen Betätigung geben. Ist die ausgeübte Tätigkeit er-

---

8 Hierzu grundlegend *Voßkuhle*, Duldung rechtswidrigen Verwaltungshandelns? Ein Beitrag zum Opportunitätsprinzip, Die Verwaltung 29 (1996), 511.
9 S. hierzu EuGH, Urt. v. 11. 7. 2002, Rs. C-62/00, Marks&Spencer, Slg. 2002, I-6325; Urt. v. 7. 1. 2004, Rs. C-201/02, Delena Wells, NVwZ 2004, 593.
10 Vgl. schon *Etling-Ernst*, § 71 RdNr. 1.

laubnisfähig, liegt etwa nur ein formaler Fehler bei der Antragstellung vor, so hat die RegTP auf eine behördliche Erlaubnis bzw. den Antrag dazu hinzuwirken. Ähnlich wie in anderen Rechtsgebieten ist daher die formelle ebenso wie die materielle Telekommunikationsrechtswidrigkeit Voraussetzung für die Untersagung. Diese Untersagung muss schließlich auch angemessen im konkreten Fall sein. In dieser Abwägung spielt erneut eine Rolle, dass die Untersagung ultima ratio ist. Außerdem sind neben dem Verfügungsadressaten immer auch Dritte (Nutzer, Arbeitnehmer) betroffen. In die Abwägung sind alle relevanten Gesichtspunkte einzustellen. In der Praxis war eine Untersagung der Tätigkeit als Betreiber von Telekommunikationsnetzen oder Anbieter von Telekommunikationsdienstleistungen bisher nicht erforderlich.

5. Vorläufige Maßnahmen. – § 126 Abs. 4 präzisiert die Befugnis der RegTP, vorläufige **16** Anordnungen treffen zu können, und bezieht diese vorläufigen Anordnungen inhaltlich auf die Absätze 1 bis 3, dispensiert aber – vorläufig – von deren Verfahrensanforderungen. Dies entspricht Art. 10 Abs. 6 S. 1 RL 2002/20/EG. Voraussetzungen sind – alternativ – die unmittelbare und erhebliche Gefährdung der öffentlichen Sicherheit und Ordnung durch die Pflichtverletzung oder das Hervorrufen erheblicher wirtschaftlicher oder betrieblicher Probleme bei anderen Anbietern und Nutzern durch die Pflichtverletzung. Die Voraussetzungen sind mithin streng formuliert. Zudem wird der Verlust der verfahrensrechtlichen Sicherungen der Absätze 1 bis 3 (insbesondere vorherige Fristsetzung) durch die zwingende Vorläufigkeit der Maßnahmen kompensiert, die immerhin bis zur Betriebsuntersagung gehen können. Gleichzeitig mit Erlass der Maßnahmen wird dem betroffenen Unternehmen eine angemessene Frist zur Stellungnahme eingeräumt. Nach dieser Stellungnahme wird über die Bestätigung, Aufhebung oder Abänderung der vorläufigen Maßnahme durch die RegTP entschieden. Je länger die Maßnahme bestätigt wird, umso größer ist das Risiko einer stark belastenden Maßnahme, die sich nachträglich als nicht gerechtfertigt bzw. rechtswidrig herausstellt. Das belastete Unternehmen ist hiervor durch die Bestimmungen des Staatshaftungsrechts geschützt.

6. Zwangsgeld. – Vollstreckt werden können die Maßnahmen aus § 126 nach allgemeinem **17** Verwaltungsvollstreckungsrecht. Abs. 5 präzisiert dies hinsichtlich der Höhe des Zwangsgeldes. Da ein Zwangsgeld für vertretbare wie unvertretbare Handlungen verhängt werden kann, gilt die Zwangsgeldgewährung auch für die Untersagungsverfügung nach Abs. 3.

7. Rechtsschutz. – Art. 10 Abs. 7 RL 2002/20/EG fordert von den Mitgliedstaaten, den be- **18** troffenen Unternehmen nach Maßgabe des Art. 4 RL 2002/21/EG einen Rechtsbehelf zu gewähren. Diese Anforderungen sind in der Bundesrepublik Deutschland aufgrund der Generalklausel des § 40 Abs. 1 S. 1 VwGO, die verfassungsrechtlich durch Art. 19 Abs. 4 S. 1 GG untermauert wird, unproblematisch erfüllt. Gegen Maßnahmen der RegTP kann der Verwaltungsrechtsweg beschritten werden.

§ 127 Auskunftsverlangen

(1) Unbeschadet anderer nationaler Berichts- und Informationspflichten sind die Betreiber von öffentlichen Telekommunikationsnetzen und die Anbieter von Telekommunikationsdiensten für die Öffentlichkeit verpflichtet, im Rahmen der Rechte und Pflichten aus diesem Gesetz der Regulierungsbehörde auf Verlangen Auskünfte zu erteilen, die für den Vollzug dieses Gesetzes erforderlich sind. Die Regulierungsbehörde kann insbesondere Auskünfte verlangen, die erforderlich sind für

1. die systematische oder einzelfallbezogene Überprüfung der Verpflichtungen, die sich aus diesem Gesetz oder auf Grund dieses Gesetzes ergeben,
2. die einzelfallbezogene Überprüfung von Verpflichtungen, wenn der Regulierungsbehörde eine Beschwerde vorliegt oder sie aus anderen Gründen eine Verletzung von Pflichten annimmt oder sie von sich aus Ermittlungen durchführt,
3. die Veröffentlichung von Qualitäts- und Preisvergleichen für Dienste zum Nutzen der Endnutzer,
4. genau angegebene statistische Zwecke,
5. ein Marktdefinitions- und Marktanalyseverfahren nach den §§ 10 und 11,
6. Verfahren auf Erteilung von Nutzungsrechten und zur Überprüfung der entsprechenden Anträge sowie
7. die Nutzung von Nummern.

Auskünfte nach Satz 3 Nr. 1 bis 5 dürfen nicht vor dem Zugang zum Markt oder als Bedingung für den Zugang verlangt werden.

(2) Soweit es zur Erfüllung der in diesem Gesetz der Regulierungsbehörde übertragenen Aufgaben erforderlich ist, kann die Regulierungsbehörde von den nach Abs. 1 in der Telekommunikation tätigen Unternehmen

1. Auskunft über ihre wirtschaftlichen Verhältnisse, insbesondere über Umsatzzahlen, verlangen,
2. innerhalb der üblichen Betriebs- oder Geschäftszeiten die geschäftlichen Unterlagen einsehen und prüfen.

(3) Die Regulierungsbehörde fordert die Auskünfte nach den Absätzen 1 und 2 und ordnet die Prüfung nach Abs. 2 Nr. 2 durch schriftliche Verfügung an. In der Verfügung sind die Rechtsgrundlagen, der Gegenstand und der Zweck des Auskunftsverlangens anzugeben. Bei einem Auskunftsverlangen ist eine angemessene Frist zur Erteilung der Auskunft zu bestimmen.

(4) Die Inhaber der Unternehmen oder die diese vertretenden Personen, bei juristischen Personen, Gesellschaften oder nicht rechtsfähigen Vereinen die nach Gesetz oder Satzung zur Vertretung berufenen Personen, sind verpflichtet, die verlangten Auskünfte nach den Absätzen 1 und 2 zu erteilen, die geschäftlichen Unterlagen vorzulegen und die Prüfung dieser geschäftlichen Unterlagen sowie das Betreten von Geschäftsräumen und -grundstücken während der üblichen Betriebs- oder Geschäftszeiten zu dulden.

(5) Personen, die von der Regulierungsbehörde mit der Vornahme von Prüfungen beauftragt werden, dürfen die Büro- und Geschäftsräume der Unternehmen und Verei-

nigungen von Unternehmen während der üblichen Betriebs- oder Geschäftszeiten betreten.

(6) Durchsuchungen können nur auf Anordnung des Amtsgerichts, in dessen Bezirk die Durchsuchung erfolgen soll, vorgenommen werden. Auf die Anfechtung dieser Anordnung finden die §§ 306 bis 310 und 311a der Strafprozessordnung entsprechende Anwendung. Bei Gefahr im Verzug können die in Abs. 5 bezeichneten Personen während der Geschäftszeit die erforderlichen Durchsuchungen ohne richterliche Anordnung vornehmen. An Ort und Stelle ist eine Niederschrift über die Durchsuchung und ihr wesentliches Ergebnis aufzunehmen, aus der sich, falls keine richterliche Anordnung ergangen ist, auch die Tatsachen ergeben, die zur Annahme einer Gefahr im Verzug geführt haben.

(7) Gegenstände oder geschäftliche Unterlagen können im erforderlichen Umfang in Verwahrung genommen werden oder, wenn sie nicht freiwillig herausgegeben werden, beschlagnahmt werden. Auf die Beschlagnahme findet Abs. 6 entsprechende Anwendung.

(8) Zur Auskunft nach Abs. 4 Verpflichtete können die Auskunft auf solche Fragen verweigern, deren Beantwortung sie selbst oder in § 383 Abs. 1 Nr. 1 bis 3 der Zivilprozessordnung bezeichnete Angehörige der Gefahr strafgerichtlicher Verfolgung oder eines Verfahrens nach dem Gesetz über Ordnungswidrigkeiten aussetzen würde. Die durch Auskünfte oder Maßnahmen nach den Absätzen 1 und 2 erlangten Kenntnisse und Unterlagen dürfen für ein Besteuerungsverfahren oder ein Bußgeldverfahren wegen einer Steuerordnungswidrigkeit oder einer Devisenzuwiderhandlung sowie für ein Verfahren wegen einer Steuerstraftat oder einer Devisenstraftat nicht verwendet werden; die §§ 93, 97, 105 Abs. 1, § 111 Abs. 5 in Verbindung mit § 105 Abs. 1 sowie § 116 Abs. 1 der Abgabenordnung sind insoweit nicht anzuwenden. Satz 1 gilt nicht für Verfahren wegen einer Steuerstraftat sowie eines damit zusammenhängenden Besteuerungsverfahrens, wenn an deren Durchführung ein zwingendes öffentliches Interesse besteht, oder bei vorsätzlich falschen Angaben der Auskunftspflichtigen oder der für sie tätigen Personen.

(9) Soweit Prüfungen einen Verstoß gegen Auflagen, Anordnungen oder Verfügungen der Regulierungsbehörde ergeben haben, hat das Unternehmen der Regulierungsbehörde die Aufwendungen für diese Prüfungen einschließlich ihrer Auslagen für Sachverständige zu erstatten.

(10) Zur Durchsetzung dieser Anordnungen kann nach Maßgabe des Verwaltungsvollstreckungsgesetzes ein Zwangsgeld bis zu 500 000 Euro festgesetzt werden.

Schrifttum: *Holznagel*, Die Erhebung von Marktdaten im Wege des Auskunftsersuchens nach dem TKG, 2001; *Holznagel/Schulz*, Die Auskunftsrechte der Regulierungsbehörde aus § 72 TKG und § 45 PostG, MMR 2002, 364.

Übersicht

I. Normzweck und wesentlicher Inhalt der Regelung

§ 127 ist die **zentrale Befugnisnorm**, die die RegTP **zur Einholung von Auskünften** er- **1** mächtigt. Hinter den Informationsbefugnissen der RegTP steht das öffentliche Interesse an der wirkungsvollen Überwachung des Telekommunikationsmarktes und an der Förderung des Wettbewerbs.[1] Die Norm soll damit effektiven Gesetzesvollzug und Aufgabenerfüllung gewährleisten. Sie setzt Art. 11 RL 2002/20/EG um. Vorbild im nationalen deutschen Recht ist § 59 GWB, der der Kartellbehörde entsprechende Informationsbefugnisse einräumt.[2] Weitere Ermittlungsbefugnisse enthalten die §§ 128, 129. Ohne Eingriffe in Rechte können auch nach der allgemeinen Überwachungsnorm des § 126 Informationen erhoben werden. Da aus Gründen des effektiven Grundrechtsschutzes jedoch von einer niedrigen Eingriffsschwelle auszugehen ist[3], wird dies nur in den seltensten Fällen angenommen werden können.

Außerdem enthält das TKG **Sonderbestimmungen zur Informationserhebung**. Nach § 4 **2** müssen die Betreiber von öffentlich zugänglichen Telekommunikationsnetzen und die

---

1 S. OVG Münster, NJW 1998, 3370, 3370, wonach zeitliche Verzögerungen bei der Auskunftserhebung in diesem öffentlichen Interesse zu vermeiden sind.
2 Näher dazu *Gillmeister*, Ermittlungsrechte im deutschen und europäischen Kartellordnungswidrigkeitenverfahren, 1985; *Wieckmann*, Das Auskunftsersuchen im System kartellbehördlicher Eingriffsbefugnisse, 1977, S. 31 ff.; *Lupberger*, Auskunfts- und Prüfungsverfahren der Kartellbehöden gegen Unternehmen und verfassungsrechtlicher Datenschutz, 1987; *Richrath*, Das Spannungsverhältnis zwischen dem Akteneinsichtsrecht und dem Schutz von Geschäftsgeheimnissen im deutschen und europäischen Kartellverfahrensrecht – eine rechtsvergleichende Darstellung, Diss. Augsburg 2001, S. 7 ff.; *Reuter*, Normale Auskunftsbitten der Kartellbehörden – Praxis contra legem?, WuW 1986, 93, sowie (in praktischer Hinsicht) *Grützner/Reimann/Wissel*, Richtiges Verhalten bei Kartellamtsermittlungen im Unternehmen, 1993. Klassisch *Forsthoff*, Die Verfahrensvorschriften im Kartellgesetz, FS Isay, 1956, S. 95.
3 S. *Kirchhof/Isensee*, Handbuch des Staatsrechts V, 2. Aufl. 2000, § 111 RdNr. 62 ff.

Diensteanbieter der RegTP auf Verlangen die Informationen zur Verfügung stellen, die sie benötigt, um ihren Berichtspflichten gegenüber der EU-Kommission und anderen internationalen Gremien nachkommen zu können. Außerdem besteht die Pflicht, sich mit bestimmten Angaben bei der RegTP zu melden, wenn gewerblich öffentliche Telekommunikationsnetze betrieben oder gewerblich Telekommunikationsdienste für die Öffentlichkeit erbracht werden, § 6. Besondere Ermittlungsbefugnisse bestehen in Teil 7 (Fernmeldegeheimnis, Datenschutz, öffentliche Sicherheit) gem. § 115. Nachrichtendienstliche Ermittlungen sind hingegen nicht (mehr) Aufgabe der RegTP, denn die Fragen des BND gem. § 114 Abs. 2 werden künftig vom BMWA bearbeitet, um deren politischer Bedeutung gerecht zu werden. § 92 Abs. 2 S. 3 TKG-1996 findet daher keine Nachfolgevorschrift.[4]

3   Im Ergebnis räumt § 127 weitgehende Befugnisse gegenüber Unternehmen und Vereinigungen ein, die das Angebot von Telekommunikation zum Gegenstand haben. Inhaltlich sind die **Auskunftsanforderungen durch die Aufgaben der RegTP und die Rechte und Pflichten der Unternehmen aus dem TKG begrenzt.** Eine Einholung von Auskünften ohne spezifischen Zusammenhang mit der Aufgabenerfüllung der RegTP ist unzulässig.[5] Informationseingriffe bedürfen einer präzisen gesetzlichen Grundlage und der Einhaltung der in dieser Grundlage normierten Bedingungen (Vorrang und Vorbehalt des Gesetzes).[6] Dies kann angesichts der – insoweit vom allgemeinen Kartellrecht abweichenden – Aufgabenstruktur der RegTP auch zu einzelfallunabhängiger Informationserhebung führen; gestaltende Regulierung unterscheidet sich insoweit von ordnungspolitisch begründeter Kartellaufsicht.[7] Nicht jede Informationserhebung, die nicht mit einer Einzelfallentscheidung in Zusammenhang steht, muss daher ein unzulässiger, ausforschender (Informations-)„Fischzug" sein[8], was auch die nach Art. 11 Abs. 1 der RL 2002/20/EG zulässigen Zwecke der Informationserhebung zeigen (z. B. lit. d: Veröffentlichung von Qualitäts- und Preisvergleichen für Verbraucher; lit. f: Marktanalyse). § 127 Abs. 1 ist zudem weiter gefasst als § 72 Abs. 1 TKG-1996.[9] Dort war von „in diesem Gesetz der Regulierungsbehörde übertragenen Aufgaben" die Rede. Diese Begrenzung ist nur noch in Abs. 2 enthalten, während sie auf Abs. 1, der sich weitgehend an der Richtlinie orientiert, nicht einwirkt. Geschützt sind die Rechtssubjekte im Telekommunikationsmarkt materiellrechtlich vor allem durch das Kriterium der „Erforderlichkeit"[10] sowie prozedural durch die verfahrensrechtlichen Kautelen des Abs. 3. Der danach (konform mit Art. 11 Abs. 2 RL 2002/20/EG) zu nennende spezielle Zweck des Auskunftsverlangens kann auch jenseits einer im Einzelfall zu treffenden Regulierungsentscheidung bzw. -maßnahme liegen (z. B. Verbraucherinformation). Letztlich ist diese breite Informationserhebungsbefugnis schon in Art. 5 Abs. 1 RL 2002/21/EG angelegt, der von den Mitgliedstaaten fordert, den Regulierungsbehörden weitreichende Informationsrechte an die Hand zu geben.[11]

---

4   Vgl. BR-Drs. 755/03 Begründung zu § 112 TKG-RefE.

5   *Manssen/Weber/Rommersbach*, § 72 RdNr. 9; BeckTKG-Komm/*Kerkhoff*, § 72 RdNr. 13.

6   S. insbesondere die Rspr.: OVG Münster NVwZ 2000, 702, 702.

7   Daher zutreffend *Trute/Spoerr/Bosch*, § 72 RdNr. 9 f.; *Holznagel*, Die Erhebung von Marktdaten im Wege des Auskunftsersuchens nach dem TKG, S. 46 f., *Holznagel/Schulz*, MMR 2002, 364, 366 ff.; gegen die in Fn. 5 zitierten restriktiven Stimmen.

8   Zu diesem Begriff aus dem Kartellrecht *Gerstner*, NVwZ 2000, 637, 638.

9   Zur Vorläufernorm *Holznagel/Enaux/Nienhaus*, Grundzüge des Telekommunikationsrechts, S. 44 f.

10   *Holznagel/Schulz*, MMR 2002, 364, 369.

11   S. *Koenig/Loetz/Neumann*, Die Novellierung des Telekommunikationsgesetzes, S. 112 f.

Ruffert

In § 127 Abs. 3 bis 10 werden die Einzelheiten des anzuwendenden Verfahrens festge- 4
schrieben. Das **Rangverhältnis einzelner Befugnisse** zueinander ergibt sich dabei aus
dem Verhältnismäßigkeitsgrundsatz; danach muss das eingriffsintensivere Mittel nach
pflichtgemäßem Ermessen jeweils zu besseren Erkenntnissen führen, um angewandt werden zu können.[12]

§ 127 findet in allgemeinen Verwaltungsverfahren, nicht jedoch in Bußgeld-(Ordnungswi- 5
drigkeiten-)verfahren und Strafverfahren Anwendung. Dementsprechend dürfen die Erkenntnisse, die von der RegTP aufgrund der Befugnisse in § 127 gewonnen werden, nur im
Verwaltungsverfahren verwendet werden (s.u. RdNr. 46).

Die erhobenen Auskünfte dürfen nicht potenziellen Konkurrenten oder gar der allgemei- 6
nen Öffentlichkeit gegenüber offenbart werden. Die RegTP ist zu Neutralität und Objektivität, ihre Bediensteten zur Verschwiegenheit verpflichtet. Unabhängig davon gibt es einen
engen Akteneinsichtsanspruch der Beteiligten nach § 29 VwVfG.[13] Gegebenenfalls muss
die Problematik durch getrennte Aktenführung praktisch verarbeitet werden.

II. Auskunftserteilung zum Vollzug des TKG

1. Befugnis zur Informationserhebung. – Abs. 1 ermöglicht der RegTP die Informations- 7
erhebung zum Gesetzesvollzug, d.h. das Einholen von Informationen, um Rechte und
Pflichten der beteiligten Unternehmen in der Telekommunikationswirtschaft zu konkretisieren und zu überwachen. Die Vorschrift setzt Art. 11 Abs. 1 der RL 2002/20/EG um und
ist entsprechend an deren Wortlaut orientiert. Nur scheinbar steht ihr die Befugnis aus
Abs. 2 gegenüber, mit der die RegTP Informationen von betroffenen Unternehmen zur
Wahrnehmung ihrer Aufgaben und Befugnisse erheben kann; insoweit wird die Existenz
unterschiedlicher Informationserhebungskompetenzen suggeriert. Die vermeintliche Gegenüberstellung ergibt sich jedoch allein aus der nicht vollständig geglückten gesetzgeberischen Integration der Richtlinienanforderungen. **Abs. 1 enthält die generelle Vorschrift über das Auskunftsverlangen**, während Abs. 2 in Anlehnung an § 59 Abs. 1
GWB und § 72 Abs. 1 TKG-1996 **spezielle Informationserhebungsmodi** normiert.

Auskunftsberechtigt ist die RegTP. Die **Auskunft ist der RegTP als Ganzer zu erteilen**. 8
Die Auskunftspflicht besteht nicht gegenüber einzelnen Abteilungen, insbesondere ist sie
nicht auf eine Verpflichtung gegenüber den Beschlusskammern begrenzt. Informationen
können nur zur Aufgabenerfüllung der RegTP erhoben werden, nicht gleichsam in Amtshilfe für das BMWA, wenn es bei Regulierungsaufgaben mitwirkt.[14] Ebenso geht es nur um
die Erfüllung von Aufgaben nach dem TKG, nicht um Aufgaben aus anderen Gesetzen
(vgl. § 116 RdNr. 33 ff.).

Adressaten der Auskunftspflicht, d.h. zur Auskunft verpflichtet, sind die **Betreiber von** 9
öffentlich zugänglichen Telekommunikationsnetzen und die Anbieter von Telekom-
munikationsdiensten für die Öffentlichkeit. § 127 Abs. 1 greift damit die Begriffsbestimmungen in § 3 Nr. 6 („Diensteanbieter"), Nr. 22 („Telekommunikation"), Nr. 25
(„Telekommunikationsdienste") und Nr. 27 („Telekommunikationsnetz") auf. Nicht erfasst werden Anbieter von Geräten oder Telekommunikationslinien i.S.v. § 3 Nr. 26, weil

---

12 *Holznagel/Schulz*, MMR 2002, 364, 365; *Trute/Spoerr/Bosch*, § 72 RdNr. 42.
13 *Tschentscher/Neumann*, BB 1997, 2437, 2440 f.
14 *Trute/Spoerr/Bosch*, § 72 RdNr. 5.

diese nicht selbst in der Telekommunikation tätig sind.[15] Die Formulierungen „öffentlich zugänglich" und „für die Öffentlichkeit" sollen Anbieter ausschließen, die ihr Angebot nur geschlossenen Benutzergruppen unterbreiten. Die neue Formulierung geht auf die Stellungnahme des Bundesrates im Gesetzgebungsverfahren zurück.[16] Aufgegeben ist damit der alte Begriff des in der Telekommunikation tätigen Unternehmens gem. § 72 TKG-1996. Der Adressatenkreis wird aber weiterhin allein funktional über die wirtschaftliche Tätigkeit für Telekommunikationsdienstleistungen bestimmt.[17]

10 Hat das betreffende Telekommunikationsunternehmen seinen **Sitz im Ausland**, so kann die Befugnis zur Einholung von Auskünften nur durchgesetzt werden, wenn das Verlangen an eine Niederlassung im Geltungsbereich des TKG gerichtet wird[18], denn es gibt keine – auch keine gemeinschaftsrechtlich motivierte – Befugnis zum Erlass eines entsprechenden transnationalen Verwaltungsakts.[19] Aufgrund des völkerrechtlichen **Territorialitätsprinzips** ist die Befugnis zu Auskunftsverlangen auf Unternehmen mit inländischem Stützpunkt begrenzt.[20]

11 Die Auskünfte können erst **ab Marktzutritt** des betroffenen Betreibers bzw. Anbieters eingeholt werden, nicht jedoch zur Bedingung für den Markteintritt gemacht werden, Abs. 1 S. 3.

12 Die eingeholten Auskünfte müssen **für den Vollzug des TKG erforderlich** sein. Diese Erforderlichkeitsprüfung beschränkt das Auskunftsrecht und die Prüfungsmöglichkeiten der RegTP. Erforderlich ist alles, was zur Zweckerreichung, d.h. zur Erfüllung der durch das TKG der RegTP übertragenen Aufgaben, sachlich geeignet und verhältnismäßig ist.[21] Die RegTP kann daher nur Tatsachen ermitteln, die es ihr ermöglichen, eine in ihren Aufgabenbereich fallende Beurteilung darüber treffen zu können, ob eine Entscheidung ergeht bzw. welche weiteren Ermittlungsmaßnahmen nötig sind.[22] Für den Begriff der Erforderlichkeit wird ein einfacher Verhältnismäßigkeitsmaßstab normiert.[23] Erforderlich heißt nicht „zwingend geboten" oder „unverzichtbar".[24] – Nicht erforderlich ist die vorhergehende formlose Auskunftseinholung ohne Inanspruchnahme der Befugnisse des § 127.[25]

13 Die Erforderlichkeit der Informationseinholung ist zu verneinen, wenn ein **gleich geeignetes, milderes Mittel** zur Verfügung steht. Die hier geforderte Prüfung im Einzelfall bedingt eine gewisse, kaum vermeidbare Rechtsunsicherheit, denn der RegTP wird ermöglicht, die

15 *Trute/Spoerr/Bosch*, § 72 RdNr. 23.
16 BR-Drs. 755/2/03, Ziff. 89; BR-Drs. 755/03 (Beschluss), Ziff. 81; BT-Drs. 15/2345, zu Ziff. 81. Zugleich wurden Diskrepanzen zwischen Abs. 1 und 2 beseitigt.
17 Zur alten Regelung *Holznagel/Schulz*, MMR 2002, 364, 365.
18 *Manssen/Weber/Rommersbach*, § 72 RdNr. 7. S. auch allgemein *Immenga/Mestmäcker/Rehbinder*, GWB, § 130 Abs. 2 RdNr. 267 ff. zur Problematik der Zustellung an und die Beweiserhebung bei ausländischen Unternehmen im Kartellzivilprozess und im Verwaltungsverfahren.
19 Vgl. im Überblick *Ruffert*, Die Verwaltung 34 (2001), 453.
20 *Immenga/Mestmäcker/Rehbinder*, GWB, § 130 Abs. 2 RdNr. 288.
21 OVG Münster GewArch 1999, 113, 113.
22 *Manssen/Weber/Rommersbach*, § 72 RdNr. 9; *Trute/Spoerr/Bosch*, § 72 RdNr. 11. Vgl. zum Postrecht OVG Münster NVwZ 2000, 702, 702 f.
23 *Manssen/Weber/Rommersbach*, § 72 RdNr. 10.
24 *Trute/Spoerr/Bosch*, § 72 RdNr. 11. S. auch OVG Münster GewArch 1999, 113, 113, zu § 54a PBefG.
25 *Trute/Spoerr/Bosch*, § 72 RdNr. 11.

ihr eingeräumten Befugnisse größtmöglich auszunutzen. Mildere Mittel sind Studien, Schätzungen oder Stichproben. Sind die Tatsachen offenkundig, weil formlos über sie informiert wurde oder sie gar veröffentlicht sind[26], so bedarf es jedenfalls keiner förmlichen Auskunftseinholung. Ebenso ist von einer solchen abzusehen, wenn die Voraussetzungen für die materiell zu treffende Entscheidung bereits aus anderen Gründen nicht vorliegen.

Die Formulierung des § 127 Abs. 1 S. 1 sowie die Verwendung des Begriffs „kann" in 14 § 127 Abs. 1 S. 2 weist auf ein **Ermessen der RegTP** bei der Informationserhebung hin. Über das Tatbestandsmerkmal „erforderlich" hinaus sind daher auf der Rechtsfolgenseite Verhältnismäßigkeitsüberlegungen angebracht. Diese Überlegungen können sich auf Umfang und Intensität der Informationserhebung beziehen. Eingeschränkt wird die Ermessensausübung im Rahmen einer einzelfallbezogenen Überprüfung lediglich durch das Vorliegen eines gewissen „Anfangsverdachts", d. h. es müssen der RegTP objektive Hinweise dafür vorliegen, dass eine Pflichtverletzung besteht. An die Intensität eines derartigen „Anfangsverdachts" sind jedoch keine sehr hohen Anforderungen zu stellen.[27]

2. Regelbeispiele. – a) Überprüfung von Verpflichtungen aus dem TKG. – Das erste 15 Regelbeispiel ist an den Vorgaben des Art. 11 Abs. 1 a RL 2002/20/EG ausgerichtet. Danach können Informationen erhoben werden, um die Einhaltung der Verpflichtungen zu überprüfen, die sich aus dem TKG oder auf seiner Grundlage ergeben. Hiermit sind sämtliche Verpflichtungen des öffentlichen Telekommunikationsrechts aus diesem Gesetz erfasst. Die Informationen können im Rahmen einer systematischen Überprüfung erhoben werden, oder aber sie werden eingeholt, um einzelfallbezogen das entsprechende Unternehmen zu überprüfen. Die Informationen zur systematischen oder einzelfallbezogenen Überprüfung dürfen nicht vor Marktzutritt eingeholt werden; schon gar nicht dürfen sie als Bedingung für den Marktzutritt eingefordert werden.

b) Einzelfallbezogene Überprüfung bei Beschwerden. – In Umsetzung von Art. 11 16 Abs. 1 b RL 2002/20/EG können Informationen zur einzelfallbezogenen Überprüfung der Einhaltung der Verpflichtungen aus dem TKG bzw. aufgrund des TKG erhoben werden, wenn eine Beschwerde eingelegt wurde. Darüber hinaus kann die einzelfallbezogene Überprüfung bei konkreten Verdachtsmomenten vorgenommen werden sowie dann, wenn die RegTP von sich aus Ermittlungen durchführt. Die Regelbeispiele nach Nr. 1 und Nr. 2 überschneiden sich insoweit. Auch hier darf die Informationserhebung nicht vor Marktzutritt vorgenommen bzw. zur Bedingung für den Marktzutritt gemacht werden.

c) Veröffentlichung von Qualitäts- und Preisvergleichen. – Nr. 3 nennt als Regelbeispiel 17 für die Erhebung von Auskünften die Veröffentlichung von Qualitäts- und Preisvergleichen im Verbraucherinteresse. Die Informationserhebung zu diesem Zweck ist beschränkt auf Dienste, die von Endnutzern in Anspruch genommen werden. Auch hier gilt das Verbot der Informationserhebung vor Marktzugang bzw. als Bedingung für den Marktzutritt. An dieser Stelle berühren sich die Informationsbefugnisse nach den Abs. 1 und 2.

d) Statistische Zwecke. – Der Bezug zu den Befugnissen nach Abs. 2 wird ferner bei der 18 Informationserhebung nach Nr. 4 sichergestellt. Danach können Informationen für statistische Zwecke erhoben werden. Dies sieht auch Art. 11 Abs. 1 e RL 2002/20/EG vor. Die statistischen Zwecke müssen im Gesuch der Informationserhebung genau angegeben wer-

---

26 Vgl. BGH WuW/E BGH 425, 428; KG WuW/E OLG 1189, 1190.
27 S. VG Köln Archiv PT 1998, 395, 396, und darauf folgend OVG Münster NJW 1998, 3370, 3370.

den. Es muss vorher eine Zweckbestimmung vorliegen, von der bei der Informationserhebung Gebrauch gemacht wird. Auch diese Informationserhebung ist nicht vor Marktzutritt oder als Bedingung für diesen Zutritt zulässig.

19   **e) Marktdefinitions- und Marktanalyseverfahren.** – Zur Wahrnehmung ihrer wettbewerbspolitischen Kompetenzen führt die RegTP nach §§ 10 und 11 des neuen TKG erstmals nach dessen In-Kraft-Treten ein Marktdefinitions- und Marktanalyseverfahren durch. Dieses Verfahren ist durch Art. 15 und 16 RL 2002/21/EG veranlasst.[28] Die hierfür notwendige Informationserhebung ermöglicht § 127 Abs. 1 Nr. 5. Dadurch wird Art. 11 Abs. 1 f RL 2002/20/EG umgesetzt. Das Marktdefinitionsverfahren geht der Marktanalyse zwingend voraus. Hier geht es um die Abgrenzung der relevanten Produkt- und Dienstleistungsmärkte durch die RegTP unter weitgehender Berücksichtigung der Empfehlungen und Leitlinien der Kommission. Im Marktanalyseverfahren wird festgestellt, ob auf den nach der Verabschiedung der Empfehlung unter weitergehender Berücksichtigung der Leitlinien abgegrenzten Märkten wirksamer Wettbewerb besteht. Es ist also zu untersuchen, ob ein potenziell wettbewerbsorientierter Markt vorliegt oder dauerhaft das Fehlen von Wettbewerb zu erwarten ist. Nur dann, wenn kein Unternehmen existiert, das über eine beträchtliche Marktmacht verfügt, liegt wirksamer Wettbewerb vor, d. h. dann, wenn kein Unternehmen über eine derart starke Stellung verfügt, die es ihm gestattet, sich in beträchtlichem Umfang unabhängig von Wettbewerbern, Kunden und letztlich Verbrauchern verhalten zu können. Die Informationserhebung zur Marktdefinition und Marktanalyse ist ein aus dem Kartellrecht bekanntes Verfahren.

20   **f) Erteilung von Nutzungsrechten.** – Die Befugnis zur Informationserhebung in Verfahren auf Erteilung von Nutzungsrechten und zur Überprüfung der entsprechenden Anträge (Nr. 6) dient der Sicherstellung der ordnungsgemäßen Information für die Bescheidung der entsprechenden Anträge. Ein ordnungsgemäßes Verfahren zur Erteilung von Nutzungsrechten kann nur stattfinden, wenn die RegTP über die hinreichende Informationsausstattung verfügt.

21   **g) Nutzung von Nummern.** – Schließlich nennt § 127 Abs. 1 S. 2 regelbeispielhaft die Nutzung von Nummern (Nr. 7). Es kann darüber Auskunft erhoben werden, inwieweit informationsverpflichtete Unternehmen Nummern für welche Dienste nutzen.

III. Auskunftserteilung zur Erfüllung der Aufgaben der RegTP

22   **1. Informationserhebung zur Aufgabenerfüllung.** – Abs. 2 enthält keine allgemeine Informationserhebungsbefugnis, sondern erteilt zwei präzisierte Befugnisse. Diese sind anders als die Befugnisse nach Abs. 1 nicht an die Vorgaben der Richtlinie angelehnt. Vielmehr greifen sie die Informationserhebungsbefugnisse nach § 59 Abs. 1 GWB auf, wie sie schon in § 72 Abs. 1 TKG-1996 enthalten waren.

23   **2. Informationserhebungsbefugnisse. – a) Auskunft über wirtschaftliche Verhältnisse.** – Nach Nr. 1 kann die RegTP Auskünfte über wirtschaftliche Verhältnisse der Telekommunikationsunternehmen einfordern. Diese Befugnis entspricht derjenigen nach § 59 Abs. 1 Nr. 1 GWB. Der Begriff der wirtschaftlichen Verhältnisse ist weit und umfassend zu ver-

---

28 Hierzu *Husch/Kemmler/Ohlenburg*, MMR 2003, 139, 141.

stehen[29], erlaubt jedoch eine Eingrenzung, so dass nicht einfach allgemein Auskünfte eingefordert werden können. Wirtschaftliche Verhältnisse umfasst in Anlehnung an § 59 Abs. 1 Nr. 1 GWB alle tatsächlichen und rechtlichen Beziehungen auskunftsverpflichteter Unternehmen, die auf seine betriebliche und gesellschaftsrechtliche Sphäre bezogen sind.[30] Hierdurch soll sich die RegTP ein umfassendes Bild von den wirtschaftlichen Verhältnissen des Unternehmens verschaffen können, um eine tatsächlich und rechtlich zutreffende Entscheidung zu fällen.[31] Die Auskunftserteilungpflicht ist auf den Adressaten des Ersuchens beschränkt; Auskünfte über wirtschaftliche Verhältnisse Dritter müssen nicht erteilt werden.[32]

Als wirtschaftliches Datum nennt Abs. 2 Nr. 1 insbesondere die **Umsatzzahlen**. Diese Erwähnung ist **nicht abschließend**. Weitere denkbare Informationen beziehen sich auf Kosten, einzelne Kostenbestandteile und den Personalbestand. Auch über Rechtsbeziehungen zu anderen Unternehmen (Vertragsbeziehungen) muss Auskunft gegeben werden, und ebenso besteht eine Auskunftpflicht hinsichtlich interner Kalkulationsunterlagen sowie interner Liefer- und Leistungsbeziehungen zwischen Mutter- und Tochtergesellschaft, sofern diese den auskunftspflichtigen Unternehmen vorliegen.[33] Vorstands- und Aufsichtsratsprotokolle sowie andere interne Unterlagen müssen vorgelegt werden. Der Inhalt des Auskunftsverlangens bestimmt sich nach den Ermittlungen im Einzelfall.[34] Die Informationen müssen vollständig sein, was von den betroffenen Unternehmen im Anschluss an das Auskunftsverlangen und seine Erfüllung auch zu erklären ist.[35] **24**

b) Betriebsprüfung. – Nr. 2 ergänzt Nr. 1 durch ein Einsichtnahme- und Prüfungsrecht zur effektiven Aufgabenerfüllung. Adressaten der Prüfung sind die Unternehmen selbst, nicht natürliche Personen. Die Beschränkung auf die üblichen Betriebs- und Geschäftszeiten nimmt Bezug auf die Rechtsprechung des BVerfG zum Schutz von Geschäftsräumen nach Art. 13 GG.[36] In diesen Zeiten ist der Grundrechtsschutz von Geschäftsräumen reduziert.[37] Entsprechend meint übliche Betriebs- und Geschäftszeiten nicht die Betriebs- und Geschäftszeiten des konkreten Unternehmens, sondern die *üblichen* Zeiten, in denen Telekommunikationsunternehmen allgemein ihr Geschäft betreiben. **25**

Der **Begriff der geschäftlichen Unterlagen** in Anlehnung an § 59 Abs. 1 Nr. 2 GWB ist weit auszulegen. Umgangen werden kann er durch den Bezug auf Nr. 1. Geschäftliche Unterlagen sind alle Unterlagen, aus denen sich die wirtschaftlichen Verhältnisse eines Unternehmens ergeben können.[38] Insbesondere sind dies die nach Handels- und Steuerrecht aufbewahrungspflichtigen Unterlagen sowie sonstige Unterlagen wie technische Pläne, Kalkulationen, Vorstands- und Aufsichtsratsprotokolle sowie interne Vermerke.[39] Auch elek- **26**

---

29 *Manssen/Weber/Rommersbach*, § 72 RdNr. 19; *Trute/Spoerr/Bosch*, § 72 RdNr. 14 und 16; BeckTKG-Komm/*Kerkhoff*, § 72 RdNr. 21.
30 *Immenga/Mestmäcker/Klaue*, GWB, § 59 RdNr. 25.
31 *Manssen/Weber/Rommersbach*, § 72 RdNr. 19.
32 *Manssen/Weber/Rommersbach*, § 72 RdNr. 19.
33 S. VG Köln Archiv PT 1998, 395, 396.
34 *Manssen/Weber/Rommersbach*, § 72 RdNr. 18.
35 *Trute/Spoerr/Bosch*, § 72 RdNr. 14.
36 S. nur BVerfGE 32, 54, 69 ff.; 97, 228, 265 f.
37 Hierzu mit kritischer Stellungnahme *Dreier/Hermes*, GG I, 2. Aufl. 2004, Art. 13 RdNr. 25 f.
38 BeckTKG-Komm/*Kerkhoff*, § 72 RdNr. 33.
39 *Trute/Spoerr/Bosch*, § 72 RdNr. 18.

tronische Datenträger sind von dem Unterlagenbegriff erfasst, weil man davon ausgehen kann, dass die Begriffe mit Bezug auf eine effektive Aufgabenerfüllung zu verstehen sind und der Zugriff auf elektronische Datenträger keinen intensiveren Eingriff darstellt als der Zugriff auf gedrucktes Material. Allerdings erlaubt § 127 Abs. 2 Nr. 2 keine allgemeinen Nachforschungen im Sinne eines gezielten oder gar ziellosen Suchens. Dies wäre eine Durchsuchung, die unter Richtervorbehalt steht. Betretungsrechte und Duldungspflichten ergeben sich aus den Abs. 4 und 5. Das Einsichtnahmerecht steht nicht unter Weigerungsvorbehalten wie in Abs. 8, die sich nur auf die Auskunft bezieht.[40] Als Ausnahmevorschrift von gesetzlichen Mitwirkungsverpflichtungen ist Abs. 8 eng auszulegen. Dies ergibt sich auch aus einem Vergleich mit der anderslautenden Regelung des § 104 Abs. 1 AO. § 97 StPO ist nicht analog anzuwenden.

IV. Verfahren

27   **1. Verfügung zur Auskunftserteilung.** – Das Verfahren beginnt mit einer schriftlichen Verfügung (Abs. 3), d.h. einem belastenden Verwaltungsakt i.S.v. § 35 Abs. 1 VwVfG.[41] Durch die auf Auskunftserteilung gerichtete Verfügung wird der Auskunftsanspruch vollstreckbar tituliert und die Auskunftspflicht auf den Einzelfall hin konkretisiert. Die Verfügung zur Auskunftserteilung hat im Regelfall nach § 28 Abs. 1 VwVfG einer Anhörung vorauszugehen, sofern diese nicht nach Abs. 2 oder 3 der verwaltungsverfahrensrechtlichen Norm entbehrlich ist.

28   § 127 Abs. 3 S. 2 fordert, dass in der Verfügung ihre **Rechtsgrundlage** (Ermächtigungsgrundlage), ihr **Gegenstand** und ihr **Zweck** angegeben werden. Diese Bestandteile sollen den Adressaten in die Lage versetzen, die Voraussetzungen für das Auskunftsverlangen zu überprüfen. Nicht konkretisiert werden muss der zu ermittelnde Sachverhalt, der ja gerade erst festgestellt werden soll.[42] Die Erwähnung von Gegenstand und Zweck der Informationserhebung sollen das Auskunftsersuchen gegenständlich einschränken. Die inhaltlichen Vorgaben des § 127 Abs. 3 S. 2 präzisieren das Gebot der schriftlichen Begründung nach § 39 Abs. 1 VwVfG. Um den Lauf der Rechtsmittelfristen auszulösen, bedarf die Auskunftsverlangensverfügung einer Rechtsmittelbelehrung (§ 58 VwGO). § 131, der sich ausweislich der amtlichen Überschrift auf den Abschluss des Verfahrens bezieht, gilt hier noch nicht. Die förmliche Zustellung ist daher nicht erforderlich.[43]

29   Nach § 127 Abs. 3 S. 3 ist eine **angemessene Frist** zur Auskunftserteilung zu bestimmen. Das Kriterium der Angemessenheit verweist einerseits auf die effektive Aufgabenerfüllung, so dass die Frist nicht zu lang bemessen sein darf. Andererseits ist das Kriterium rechtsschutzgewährend und kann gegen eine zu kurze Frist in Ansatz gebracht werden. Bei der Bestimmung der Angemessenheit der Frist sind die Umstände des Einzelfalls zu berücksichtigen. Insbesondere kommt es auf Inhalt, Umfang und Bedeutung der angeforderten Auskünfte an. Zu berücksichtigen ist auch der Aufwand für den Adressaten zur Prüfung der Rechtmäßigkeitserfordernisse und vor allem zur Beschaffung der angeforderten Infor-

---

40 Zum folgenden *Manssen/Weber/Rommersbach*, § 72 RdNr. 29, gegen BeckTKG-Komm/*Kerkhoff*, § 72 RdNr. 39.

41 *Heun/Gramlich*, Handbuch Telekommunikationsrecht, Teil 8 RdNr. 108.

42 *Trute/Spoerr/Bosch*, § 72 RdNr. 25; OVG Münster NJW 1998, 3370, 3371. Enger BeckTKG-Komm/*Kerkhoff*, § 72 RdNr. 20.

43 Wie hier *Trute/Spoerr/Bosch*, § 72 RdNr. 26; a.A. BeckTKG-Komm/*Kerkhoff*, § 72 RdNr. 24.

mationen. Ist die Frist zu kurz bemessen, so berechtigt dies nicht zur Auskunftsverweigerung, sondern die Frist wird durch eine angemessene Frist ersetzt.

Die **Form** der Auskunftserteilung ist in Abs. 3 nicht geregelt. Sie kann schriftlich, mündlich oder fernmündlich erfolgen (vgl. § 93 Abs. 4 AO). Wenn es sachdienlich ist – und dies wird in vielen Fällen zu bejahen sein – kann die RegTP eine schriftliche Auskunftserteilung anordnen. **30**

Das betroffene Unternehmen kann binnen eines Monats (§ 70 Abs. 1 S. 1 VwGO) gegen die Verfügung **Widerspruch** erheben. Der Widerspruch und eine darauffolgende Klage haben gem. § 137 Abs. 1 keine aufschiebende Wirkung. In der Rechtsmittelbelehrung muss hierauf nicht hingewiesen werden. Ein Hinweis auf das Auskunftsverweigerungsrecht aus Abs. 8 ist nicht erforderlich. **31**

2. Mitwirkungspflichten. – Abs. 4 verpflichtet die natürlichen Personen, die das jeweilige Unternehmen vertreten, zur Mitwirkung bei der Erfüllung der Auskunftspflicht. Adressaten der Auskunftspflicht sind Unternehmen, aber nur natürliche Personen können Auskünfte erteilen. Entsprechend erstreckt Abs. 4 die Verpflichtung auf die Inhaber der Unternehmen und die diese vertretenden Personen nach Gesellschaftsrecht. Nachgeordnete Vertretungsbefugte wie handelsrechtlich bestellte Vertreter (Prokuristen, Handlungsbevollmächtigte, Generalbevollmächtigte) sind von der Mitwirkungspflicht nicht erfasst. Ebenso wenig sind Dritte (Wirtschaftsprüfer, Steuerberater, Rechtsanwälte) zur Mitwirkung verpflichtet, können aber in die Erfüllung der Auskunftspflicht durch den Auskunftspflichtigen bzw. Mitwirkungspflichtigen eingeschaltet werden.[44] **32**

Die Verpflichtung besteht in der Herausgabe der verlangten Informationen, der Vorlage der geschäftlichen Unterlagen und im Dulden des Betretens von Geschäftsräumen und Grundstücken zu den üblichen Betriebs- oder Geschäftszeiten. Die Vorlage der geschäftlichen Unterlagen umfasst das tatsächliche Zugänglichmachen der Geschäftspapiere sowie auch die Erstellung von Kopien. Letzteres ergibt sich zwar nicht aus Abs. 4, muss aber aus Sinn und Zweck der Auskunftspflichten bejaht werden, um eine effektive Aufgabenerfüllung der RegTP zu ermöglichen, zumal das Erstellen einer Kopie das betroffene Unternehmen nicht über Gebühr in seinen Rechten belastet. Die Duldungspflicht hinsichtlich des Betretens führt dazu, dass Mitarbeiter der RegTP bei der Informationsgewinnung nicht behindert werden dürfen. **33**

3. Prüfungsbeauftragte. – Abs. 5 enthält die Befugnis, Prüfungsbeauftragte einzusetzen, die Büro- und Geschäftsräume der Unternehmen bzw. Unternehmensvereinigungen während der üblichen Betriebs- oder Geschäftszeiten betreten dürfen. Es handelt sich um Mitarbeiter der RegTP oder von dieser beauftragte Sachverständige. Die Befugnis entspricht § 59 Abs. 3 GWB. Geschäftsräume sind auch Büroräume, die nicht dem Publikumsverkehr geöffnet sind; dies ergibt sich aus Sinn und Zweck der Informationserhebung. Auch gemischt-geschäftlich/privat genutzte Räume können betreten werden, damit den Unternehmen nicht ermöglicht werden kann, durch teilprivate Nutzung das Informationserhebungsrecht auszuhebeln. Allein privat genutzte Räume können hingegen nicht betreten werden. **34**

Durch das **Betretungsrecht** wird das Grundrecht der Unverletzlichkeit der Wohnung aus Art. 13 GG eingeschränkt. Nach st. Rspr. sind auch Arbeits-, Betriebs- und Geschäftsräu **35**

---

44 *Manssen/Weber/Rommersbach*, § 72 RdNr. 17.

me von der Unverletzlichkeit der Wohnung umfasst.[45] Die Beschränkung ist über Art. 13 Abs. 7 aufgrund eines Gesetzes (nämlich des § 127 Abs. 5) zur Verhütung dringender Gefahren für die öffentliche Sicherheit und Ordnung gerechtfertigt. Darin, dass die mögliche Grundrechtsbeschränkung nicht mehr (wie in § 72 Abs. 4 S. 2 TKG-1996) im Gesetz erwähnt wird, liegt wegen der Offenkundigkeit des Eingriffs keine Verletzung des Zitiergebots nach Art. 19 Abs. 1 S. 2 GG.[46]

36 **4. Durchsuchungen.** – Abs. 6 enthält eine grundrechtskonforme Ermächtigung zu Durchsuchungen. Eine Durchsuchung ist nach der Definition des BVerfG das ziel- und zweckgerichtete Suchen staatlicher Organe nach Personen oder Sachen oder zur Ermittlung eines Sachverhalts, um etwas aufzuspüren, was der Inhaber der Wohnung von sich aus nicht offenlegen oder herausgeben will.[47] Abs. 6 S. 1 aktualisiert den Richtervorbehalt des Art. 13 Abs. 2 GG. Zuständig ist danach das Amtsgericht, in dessen Bezirk die Durchsuchung erfolgen soll. Eine Ersatzzuständigkeit nach § 162 Abs. 1 S. 2 StPO ist nicht normiert. Wenn in mehreren Amtsgerichtsbezirken Durchsuchungen stattfinden sollen, besteht daher die Gefahr divergierender Entscheidungen. Die Durchsuchung muss durch die RegTP bzw. die zuständige Person beantragt werden, wobei neben der Rechtsgrundlage Gegenstand und Zweck der Durchsuchung angegeben werden müssen und die Erforderlichkeit der Durchsuchung dargetan werden muss (Erfolgswahrscheinlichkeit der Durchsuchung). Das Amtsgericht entscheidet eigenständig, nicht im Sinne einer nachprüfenden Kontrolle der Ausübung der Befugnisse der RegTP.[48] Die Betroffenen werden im Regelfall nicht gehört (vgl. § 33 Abs. 4 S. 1 StPO). Der richterliche Durchsuchungsbefehl ist höchstens ein halbes Jahr vollziehbar.[49] Nach dem Grundsatz der Verhältnismäßigkeit müssen bestimmte Anhaltspunkte dafür vorliegen, dass die Durchsuchung zur Auffindung der erforderlichen geschäftlichen Unterlagen führen wird. Das Durchsuchungsrecht kann nicht weiter gehen als das Auskunfts-, Einsichts- und Prüfungsrecht. Daher ist es auf die Betriebs- und Geschäftsräume bzw. gemischt-geschäftlich/privat genutzte Räumlichkeiten begrenzt. Außerdem ist es begrenzt auf geschäftliche Unterlagen, die für die Arbeit der RegTP erforderlich sind. Nur im Ausnahmefall kann nach § 103 Abs. 1 S. 1 StPO bei Dritten durchsucht werden. Die Durchsuchung kann zur Beschlagnahmung nach Abs. 7 führen.

37 Der **Rechtsschutz** gegen die Durchsuchungsanordnung ergibt sich aus §§ 306–310, 311a StPO. Gegen die richterliche Durchsuchungsanordnung kann mithin das Rechtsmittel der Beschwerde eingelegt werden (s. § 129 RdNr. 17).

38 Bei **Gefahr im Verzug** ist eine Durchsuchung auch ohne richterliche Anordnung möglich. Dies ist vereinbar mit der Einschränkung in Art. 13 Abs. 2 GG. Nach § 127 Abs. 6 S. 3 können dann die Prüfungsbeauftragten während der Geschäftszeit die erforderlichen Durchsuchungen vornehmen. Gefahr im Verzug ist nicht leichtfertig anzunehmen, sondern nur dann, wenn ein Einschreiten unter Einhaltung des gerichtlichen Anordnungsverfahrens zu spät käme. Das ist nur dann der Fall, wenn die Verzögerung durch Anrufung eines Richters den Erfolg der Durchsuchung gefährden würde. Da die Anfrage beim Richter auch

---

45 Seit BVerfGE 32, 54, 68 ff.: BVerfGE 42, 212, 219; 96, 44, 51.
46 Zu dieser – umstrittenen – Ausnahme vom Zitiergebot s. BVerfGE 35, 185, 188 f.; 64, 72, 80. S. die kritische Auseinandersetzung bei *Dreier/ders.*, GG I, 2. Aufl. 2004, Art. 19 I RdNr. 26.
47 BVerfGE 28, 285, 287 ff.; 47, 31, 36 f.; 75, 318, 327; 76, 83, 89.
48 *Trute/Spoerr/Bosch*, § 72 RdNr. 33.
49 BVerfGE 96, 44, 54.

fernmündlich erfolgen kann, wird dies angesichts der bei den Amtsgerichten eingerichteten Notdienste im Telekommunikationsrecht nur selten anzutreffen sein. Die durchsuchungsberechtigte Person trifft die Entscheidung über das Vorliegen der Voraussetzungen der Gefahr im Verzug nach pflichtgemäßem Ermessen und hat die Gründe für die Entscheidung aktenkundig zu machen.[50]

Nach § 127 Abs. 6 S. 4 muss an Ort und Stelle der Durchsuchung eine **Niederschrift** über **39** diese und ihr wesentliches Ergebnis erstellt werden. Aus ihr muss sich auch ergeben, warum Gefahr im Verzug vorlag, wenn keine richterliche Anordnung ergangen ist. Weitere Anforderungen an die Niederschrift sind im TKG nicht geregelt. Allgemeine Regeln für die Niederschrift erfordern, dass sie mindestens den Namen der Beteiligten, Ort und Zeit der Durchsuchung, die Bezeichnung der Räume, der geschäftlichen Unterlagen und Gegenstände, die durchsucht worden sind, enthält sowie vom Durchsuchungsberechtigten unterzeichnet ist. Die Durchsuchungsanordnung des Amtsgerichts kann weitere Anforderungen an die Niederschrift formulieren. Auch das Ergebnis, d. h. die gefundenen Unterlagen und Gegenstände, sind in der Niederschrift zu verzeichnen. Anders als im Strafprozessrecht gibt es keine Vorschrift über die notwendige Anwesenheit der in Abs. 4 genannten Personen bei der Durchsuchung sowie kein Erfordernis der Hinzuziehung von Durchsuchungszeugen wie in §§ 105 Abs. 2 StPO, 759 ZPO und 288 AO.

Das **Rechtsmittel der Beschwerde** muss schriftlich oder zur Niederschrift bei dem die **40** Durchsuchung anordnenden Amtsgericht eingelegt werden (§ 306 StPO). Die Durchsuchungsanordnung wird durch die Beschwerde in ihrem Vollzug nicht gehemmt, jedoch kann die Vollziehung auf Antrag oder von Amts wegen ausgesetzt werden (§ 307 StPO). Wird der Beschwerde nicht abgeholfen, so wird sie innerhalb von drei Tagen dem Beschwerdegericht vorgelegt. Wegen des Verweises auf § 310 StPO (mit dessen Abs. 2) ist die weitere Beschwerde nicht zulässig; die gesetzliche Regelung ist insoweit eindeutig.[51]

Nach Ablauf der richterlich angeordneten Durchsuchung kann durch Beschwerde die Fest- **41** stellung der Rechtswidrigkeit der Durchsuchungsanordnung verlangt werden.[52] Hat kein Richter die Durchsuchung angeordnet, so ist die Beschwerde kein statthafter Rechtsbehelf. Wegen des Grundrechtseingriffs muss aber effektiver Rechtsschutz gewährt werden. Daher kann zunächst eine richterliche Entscheidung gefordert werden, die wiederum mit der Beschwerde anfechtbar ist. Dies ergibt sich zugunsten der Betroffenen aus einer Analogie zu § 129 Abs. 3, Abs. 4. Gegen die Art und Weise der Untersuchung ist analog § 129 Abs. 3 S. 1 jederzeit ein Antrag auf richterliche Entscheidung statthaft.

5. Beschlagnahme und Verwahrung. – Gegenstände, die freiwillig herausgegeben wer- **42** den, werden verwahrt. Hierdurch wird ein **öffentlich-rechtliches Verwahrungsverhältnis** begründet, auf das die §§ 688 ff. BGB entsprechend anwendbar sind (Rechtsweg: § 40 Abs. 2 S. 1 VwGO – ordentlicher Rechtsweg). Neben Haftungsansprüchen wegen Verletzung dieses öffentlich-rechtlichen Schuldverhältnisses treten Amtshaftungsansprüche gem. § 839 BGB, Art. 34 GG sowie ggf. Ansprüche aus enteignungsgleichem Eingriff. Als Nebenpflicht aus dem öffentlich-rechtlichen Verwahrungsverhältnis ergibt sich außerdem

---

50 BGH JZ 1962, 609, 610.
51 Wie hier *Manssen/Weber/Rommersbach*, § 72 RdNr. 49, gegen BeckTKG-Komm/*Kerkhoff*, § 72 RdNr. 52.
52 BVerfGE 96, 27, 41.

die Pflicht der RegTP, für den Unternehmer Kopien in Verwahrung genommener Schriftstücke zu fertigen, soweit diese für den laufenden Geschäftsbetrieb erforderlich sind.[53]

43 Anders als in § 59 Abs. 1 Nr. 1 GWB ist das Recht der RegTP, die Herausgabe von Unterlagen zu verlangen, nicht ausdrücklich normiert. Sinngemäß muss aber bei § 127 Abs. 7 S. 1 das Gleiche wie bei den Befugnissen des Bundeskartellamts nach dem GWB gelten, denn die Aufforderung zur Herausgabe ist milderes Mittel im Vergleich zur Beschlagnahme.[54] Werden Gegenstände oder geschäftliche Unterlagen nicht freiwillig herausgegeben, so können sie beschlagnahmt werden, § 127 Abs. 7 S. 1 2. Alt. Auch nach Beschlagnahme wird ein öffentlich-rechtliches Verwahrungsverhältnis begründet. Die Ausführungen zur Inverwahrungnahme bei freiwilliger Herausgabe gelten entsprechend.

44 In Verwahrung genommen bzw. beschlagnahmt werden dürfen nur (bewegliche und unbewegliche) Gegenstände und geschäftliche Unterlagen, die **informationserheblich** sind, d.h. solche, die potenziell der Überwachung des Gesetzesvollzuges oder der Aufgabenerfüllung der RegTP dienen (potenzielles Beweismittel). Hierzu bedarf es einer prognostischen Entscheidung darüber, ob ein Gegenstand oder bestimmte Unterlagen später als Beweismittel relevant sein können. Es muss nicht festgestellt werden, für welche konkrete Beweisführung der Gegenstand bzw. Unterlagen erforderlich sind. Unzulässig hingegen ist i.d.R. die Beschlagnahme sämtlicher geschäftlicher Unterlagen und Gegenstände. Hierdurch kann auch die Aushöhlung des Zeugnisverweigerungsrechts vermieden werden.[55] Die rechtsstaatlichen Beschlagnahmeverbote des § 97 StPO gelten entsprechend.[56] Auch belastende Verwaltungsverfahren müssen rechtsstaatliche Kautelen beachten.

45 Wenn Gegenstände und Unterlagen nicht freiwillig herausgegeben werden, werden sie beschlagnahmt, d.h. einer unfreiwilligen Wegnahme mit anschließender Verwahrung oder sonstigen Sicherstellung zur Beweissicherung unterzogen. Für die **Beschlagnahme** wird in § 127 Abs. 7 S. 2 wiederum auf Abs. 6 verwiesen. Der Grundrechtseingriff in Art. 12, 14 und 2 GG wird durch eine richterliche Anordnung verfahrensmäßig abgefangen. Bei Gefahr im Verzug ist wiederum die Beschlagnahme durch Personen i.S.d. § 127 Abs. 5 zulässig. Stets ist das **Verhältnismäßigkeitsprinzip** zu beachten; als milderes Mittel ist insbesondere an die freiwillige Herausgabe zu denken. Die Beschlagnahmeanordnung des Richters kann ebenfalls mit der Beschwerde nach §§ 306–310, 311 a StPO angefochten werden. Auch die weiteren Rechtsschutzmöglichkeiten ergeben sich aus § 127 Abs. 6. Über die Beschlagnahme muss eine **Niederschrift** gefertigt werden. Entsprechend § 109 StPO wird ein Verzeichnis erstellt, und die beschlagnahmten Gegenstände werden gekennzeichnet. Wegen der verfahrensrechtlichen Verbindung der Abs. 6 und 7 können Durchsuchungs- und Beschlagnahmeanordnung im konkreten Verfahren miteinander verknüpft werden. Analog § 108 Abs. 1 S. 1 StPO können Zufallsfunde ohne Bezug zur Untersuchung in Verwahrung genommen und als Anlass für weitere Ermittlungen genommen werden.

46 **6. Auskunftsverweigerungsrecht und Verwertungsverbot.** – Nach Abs. 8 haben die gem. Abs. 4 zur Mitwirkung verpflichteten Auskunftspersonen nach den dort genannten Voraussetzungen ein Auskunftsverweigerungsrecht. Insbesondere müssen sie sich nicht selbst oder einen in den § 383 Abs. 1 Nr. 1 bis 3 ZPO genannten Angehörigen bezichtigen.

---

53 *Trute/Spoerr/Bosch*, § 72 RdNr. 39.
54 *Manssen/Weber/Rommersbach*, § 72 RdNr. 31.
55 BVerfGE 20, 162, 188; 32, 373, 385.
56 *Manssen/Weber/Rommersbach*, § 72 RdNr. 56; BeckTKG-Komm/*Kerkhoff*, § 72 RdNr. 59.

Die Gefahr die strafrechtlichen oder ordnungswidrigkeitsrechtlichen Verfolgung ist entsprechend § 384 Nr. 2 ZPO zu bestimmen, d. h., das Auskunftsverweigerungsrecht entsteht bei jeder entfernten **Möglichkeit einer straf- oder ordnungswidrigkeitsrechtlichen Verfolgung**. Das Auskunftsverweigerungsrecht muss ausgeübt werden. Es reicht nicht aus, auf ein Auskunftsverlangen lediglich nicht zu reagieren. Die Mitteilung von Gründen für das Auskunftsverweigerungsrecht ist jedoch nicht erforderlich. Vorbehaltlich eines zwingenden öffentlichen Interesses oder bei vorsätzlich falschen Angaben dürfen die Ermittlungsergebnisse nach § 127 Abs. 1 und 2 TKG nicht für ein Steuer- oder Devisenstrafverfahren verwertet werden. Die RegTP verfügt also über die Befugnisse nach § 127 ausschließlich zur Verfolgung telekommunikationsrechtlicher Verstöße. Dementsprechend sind die §§ 93, 97, 105 Abs. 1, 111 Abs. 5 i. V. m. 105 Abs. 1 sowie 116 Abs. 1 AO nicht anwendbar. An andere Behörden können die Erkenntnisse, die die RegTP im Verfahren nach § 127 gewonnen hat, weitergegeben werden (Monopolkommission, Kartellbehörden, EG-Kommission), wenn dort die Wahrung der Geschäfts- und Betriebsgeheimnisse gesichert ist.

Ausnahmen hiervon sind das **zwingende öffentliche Interesse** sowie die **vorsätzliche** 47 **Falschangabe**. Das zwingende öffentliche Interesse ist eng zu verstehen. Nicht schon das Interesse an der Verfolgung von Steuer- und Devisenstraftaten rechtfertigt die Informationsweitergabe, sonst wäre die Begrenzung des Informationsrechts hinfällig. Die Ausnahme bei vorsätzlich falschen Angaben soll Strafcharakter haben; der vorsätzlich falsch Aussagende verwirkt die Vergünstigung, dass erworbene Kenntnisse nicht für außerhalb der Telekommunikation liegende Ermittlungen verwendet werden können. Auch hier ist die Weitergabe erlangter Informationen aus Gründen der Verhältnismäßigkeit in Parallelität zum eng zu verstehenden zwingenden öffentlichen Interesse nur bei Falschaussagen von einigem Gewicht möglich. Hält die RegTP das Auskunftsverweigerungsrecht für nicht gegeben, kann sie auf ihre Befugnisse aus § 127 zurückgreifen und wiederum mit Zwangsmitteln (Zwangsgeld) und der Prüfung geschäftlicher Unterlagen das Vorliegen des Auskunftsverweigerungsrechts überprüfen. Hiergegen sind die genannten Rechtsmittel zugunsten des Auskunftsverweigernden möglich.

7. Erstattung der Prüfungskosten. – Erweist sich eine Prüfung als erfolgreich im Sinne 48 des Auffindens eines Verstoßes gegen das TKG oder in seiner Ausführung ergangener Rechtsakte, so muss das betroffene Unternehmen die **Kosten der Prüfung einschließlich Auslagen für Sachverständige** erstatten. Gefahrenabwehrrechtlich gesprochen handelt es sich um die Kostenerstattungsregelung eines Verdachtsstörers in dem Fall, dass sich der Verdacht als begründet erweist. Diese Regelung ist im Allgemeinen Polizeirecht seit langem herrschende Meinung[57] und hat auch in andere polizeirechtliche Spezialgesetze Eingang gefunden (vgl. vor allem § 24 Abs. 1 S. 2 BBodSchG).

Erstattungspflichtig sind sämtliche Kosten. Hierdurch sollen die öffentlichen Kassen ent- 49 lastet werden. Die Kosten umfassen insbesondere diejenigen für den Personal-, Sach- und Verwaltungsaufwand sowie Auslagen für Sachverständige nach § 10 VerwKostG des Bundes sowie nach den Vorschriften des Gesetzes über die Entschädigung von Zeugen und Sachverständigen. Die Erstattungspflicht wird nur ausgelöst, wenn die **Prüfung** auch **erforderlich** war. Ein Verstoß muss also über die Prüfung aufgedeckt worden sein, wobei je-

---

57 S. nur *Schmidt-Aßmann/Schoch*, Besonderes Verwaltungsrecht, 12. Aufl. 2003, 2. Abschnitt, RdNr. 296.

doch Mitursächlichkeit ausreicht, sofern der Verstoß nicht schon vor der Prüfung offensichtlich war. Mithin sind nur die notwendigen und auch angemessenen Aufwendungen zu erstatten. Die RegTP darf sich nicht über unnötige und ausufernde Ermittlungen finanzieren. Liegen diese Voraussetzungen vor, so hat das Unternehmen die Aufwendungen zu erstatten. Die Anforderung der Kosten liegt nicht im Ermessen der RegTP.

50 **8. Zwangsgeld.** – Zur Durchsetzung aller Anordnungen nach § 127 kann nach Maßgabe des VwVG ein Zwangsgeld bis zu 500 000 Euro festgesetzt werden. Zwangsgeldbewehrung ist bei allen Prüfungsanordnungen und Auskunftsverlangen möglich. Ausgenommen sind richterliche Durchsuchungs- und Beschlagnahmeanordnungen. Hier sind ggf. strafprozessuale Zwangsmittel zur Anwendung zu bringen. Die Streitfrage, ob auch Anordnungen nach § 126 bzw. dessen Vorgängernorm nach dem TKG-1996 zwangsgeldbewehrt werden können, ist durch § 126 Abs. 5 erledigt worden. Durch diese Sonderregelung ist aber zugleich klargestellt, dass andere Anordnungen als diejenigen nach § 127, also Anordnungen nach anderen Vorschriften des TKG nicht zwangsgeldbewehrt werden können.

51 Das Zwangsgeld dient ausschließlich der effektiven Durchsetzung der der Regulierungsbehörde zur Aufgabenerfüllung eingeräumten Befugnisse der Informationserhebung (vgl. § 11 Abs. 1 VwVG). Zwangsgeld hat mithin **keinen Sanktions-, sondern Beugecharakter.**[58]

52 §§ 6 ff. VwVG sind anwendbar. Wegen der höheren Umsatzerwartung im Bereich der Telekommunikation ist das Zwangsgeld um ein Vielfaches höher als das Zwangsgeld nach Allgemeinem Verwaltungsrecht. Dies ist angesichts der Umsatzprognose gerechtfertigt, um einen effektiven Vollzug im Telekommunikationsrecht zu ermöglichen. Die Anwendbarkeit des VwVG führt dazu, dass im Regelfall das gestreckte Verfahren zur Anwendung kommt, d. h. zunächst ist das Zwangsgeld anzudrohen (§ 13 VwVG), sodann festzusetzen (§ 14 VwVG) und dann beizutreiben. Androhung und Festsetzung sind Verwaltungsakte i. S. v. § 35 S. 1 VwVfG. Die Vorschrift ist parallel zu § 126 Abs. 5 TKG auszulegen.

---

58 *Manssen/Weber/Rommersbach*, § 72 RdNr. 65.

§ 128 Ermittlungen

(1) Die Regulierungsbehörde kann alle Ermittlungen führen und alle Beweise erheben, die erforderlich sind.

(2) Für den Beweis durch Augenschein, Zeugen und Sachverständige sind § 372 Abs. 1, die §§ 376, 377, 380 bis 387, 390, 395 bis 397, 398 Abs. 1 und die §§ 401, 402, 404, 406 bis 409, 411 bis 414 der Zivilprozessordnung entsprechend anzuwenden; Haft darf nicht verhängt werden. Für die Entscheidung über die Beschwerde ist das Oberlandesgericht zuständig.

(3) Über die Aussagen der Zeuginnen oder Zeugen soll eine Niederschrift aufgenommen werden, die von dem ermittelnden Mitglied der Regulierungsbehörde und, wenn ein Urkundsbeamter zugezogen ist, auch von diesem zu unterschreiben ist. Die Niederschrift soll Ort und Tag der Verhandlung sowie die Namen der Mitwirkenden und Beteiligten ersehen lassen.

(4) Die Niederschrift ist den Zeuginnen oder Zeugen zur Genehmigung vorzulesen oder zur eigenen Durchsicht vorzulegen. Die erteilte Genehmigung ist zu vermerken und von den Betreffenden zu unterschreiben. Unterbleibt die Unterschrift, so ist der Grund hierfür anzugeben.

(5) Bei der Vernehmung von Sachverständigen sind die Absätze 3 und 4 entsprechend anzuwenden.

(6) Die Regulierungsbehörde kann das Amtsgericht um die Beeidigung von Zeugen ersuchen, wenn sie die Beeidigung zur Herbeiführung einer wahrheitsgemäßen Aussage für notwendig erachtet. Über die Beeidigung entscheidet das Gericht.

Übersicht

1. Ermittlungen. – § 128 ist die inhaltlich § 57 GWB nachempfundene generelle Ermächtigungsgrundlage für Ermittlungen der Regulierungsbehörde. § 76 TKG-1996 enthielt eine im Wesentlichen gleich lautende Befugnisnorm, die allerdings nur die Beschlusskammern zur Beweissicherung ermächtigte. Mit der TKG-Novelle ist nun die gesamte RegTP zu Ermittlungen befugt. § 128 verdrängt als Spezialvorschrift die allgemeinen Vorschriften der verwaltungsverfahrensrechtlichen Ermittlung in §§ 24–27 VwVfG. Sie ist nachrangig zu den Bestimmungen über das Auskunftsverlangen nach § 127. **1**

Auch im öffentlichen Telekommunikationsrecht gilt der **Untersuchungsgrundsatz**. Die RegTP ist verpflichtet, von Amts wegen alle entscheidungserheblichen Tatsachen umfassend und neutral zu ermitteln.[1] Sie muss sich ihre faktische Entscheidungsgrundlage selbst schaffen und hierzu auch die notwendigen Ermittlungsmaßnahmen treffen.[2] Die Geltung des Untersuchungsgrundsatzes folgt auch dem Rechtsstaatsprinzip, aus dem sich Anforderungen an die Effektivität des Verwaltungshandelns ergeben. Sie bedient das öffentliche **2**

---

1 *Holznagel/Enaux/Nierhaus*, Grundzüge des Telekommunikationsrechts, S. 43.
2 *Trute/Spoerr/Bosch*, § 76 RdNr. 1.

Interesse an gesetzeskonformem Handeln und der sachlichen Richtigkeit des Verwaltungshandelns.

3 **2. Führung der Ermittlungen.** – § 128 Abs. 1 ist die Ermächtigungsgrundlage für Ermittlungen in einem laufenden Verfahren, d. h. für eine Situation, in der Ermittlungen bereits
von Amts wegen oder auf Anregung eines Beteiligten begonnen haben (sog. Ermittlungs-
lage). Die Vorschrift ermächtigt zur vollständigen Aufklärung des Sachverhalts durch Beweiserhebung. Die nachfolgenden Abs. 2 bis 6 sind in enger Anlehnung an das zivilprozessuale Erkenntnisverfahren formuliert.

4 Die Formulierung „*kann* alle Ermittlungen führen" räumt der RegTP **kein Ermessen** ein
(sog. „Kompetenz-Kann").[3] Wegen des Untersuchungsgrundsatzes (s. o. RdNr. 2) ist sie
zur Sachverhaltsermittlung von Amts wegen verpflichtet. Art und Umfang der Ermittlungen kann sie allerdings nach pflichtgemäßem Ermessen ausgestalten. Dies betrifft insbesondere die Frage, ob eine Tatsache als beweisbedürftig angesehen wird oder etwa als offenkundig und damit nicht beweisbedürftig eingestuft wird (s. § 291 ZPO).

5 Bei der Auswahl der Beweismittel ist der **Grundsatz der Verhältnismäßigkeit** zu beachten. Die RegTP darf grundsätzlich nur auf geeignete, erforderliche und angemessene Beweismittel zurückgreifen. Das gewählte Beweismittel muss der Bedeutung des aufzuklä-
renden Tatbestandes gerecht werden, und sein Einsatz muss nach der Erfahrung Erfolg versprechen.[4] Dabei sind die Vorgaben der Abs. 2 bis 6 zu beachten. Hinzu tritt die nicht durch
spezielle Regelung verdrängte allgemeine Vorschrift des § 26 Abs. 2 VwVfG, wonach die
Beteiligten bei der Sachverhaltsermittlung mitzuwirken haben.[5] Sie müssen bekannte Tatsachen und Beweismittel angeben. Durch ein Auskunftsverlangen nach § 127 kann die
Mitwirkungspflicht der Beteiligten kommunikationsspezifisch und -rechtlich intensiviert
werden.

6 Als Konsequenz des Untersuchungsgrundsatzes würdigt die RegTP die vorliegenden Beweise frei unter Berücksichtigung des Gesamtergebnisses des Beweiserhebungsverfahrens
(vgl. §§ 24, 69 VwVfG). Hieraus ergibt sich prinzipiell die **Pflicht der RegTP zur vollständigen Sachverhaltsaufklärung**. Lässt sich der Sachverhalt nicht vollständig aufklären, so stellt sich die Frage nach der materiellen Beweislast, d. h. danach, wer die Nachteile
hieraus zu tragen hat. In dieser Situation des *non liquet* wirkt die Unerweislichkeit von Tatsachen zulasten der Behörde, des Antragstellers oder eines sonstigen Beteiligten je nach
der Regelung des materiellen Rechts.[6]

7 **3. Beweisregelungen.** – Zur Formalisierung des Verfahrens[7] enthält das TKG einen umfassenden Verweis auf die **Beweisregelungen der ZPO.** Beweismittel sind die Augenscheinseinnahme, der Zeugen- und der Sachverständigenbeweis. Ausgenommen aus dem Verweis
auf das Zivilprozessrecht ist allein die (Beuge-)Haft, denn die Haft kann nur von einem
Richter verhängt werden, während die Bediensteten der RegTP keine Richtereigenschaft
haben, ja nicht einmal die Befähigung zum Richteramt besitzen müssen. Die Normen der
ZPO sind entsprechend anzuwenden. Die RegTP tritt dann an die Stelle des Prozessge-
richts, und der Präsident der RegTP fungiert gewissermaßen als Kammer- bzw. Senatsvor-

---

3 *Manssen/Weber/Rommersbach*, § 76 RdNr. 3.
4 Vgl. BVerwG NJW 1988, 1104, 1105.
5 BeckTKG-Komm/*Kerkhoff*, § 76 RdNr. 6.
6 S. z. B. VG Köln CR 2003, 831, 836, mit Anmerkung *Heisz*, CR 2003, 836.
7 BT-Drs. 13/3609, S. 52.

sitzender. Parteien im Sinne der ZPO sind die Verfahrensbeteiligten; § 65 VwVfG ist wegen der umfangreichen Regelung in § 128 nur subsidiär anwendbar (vgl. § 1 Abs. 1 VwVfG am Ende).

Die **Beweisaufnahme** hat **unmittelbar** zu erfolgen. § 128 verweist zwar nicht auf die einschlägigen Vorschriften der ZPO bei dem Unmittelbarkeitsgrundsatz, dieser ergibt sich jedoch aus einer Auslegung des § 128 Abs. 1 und 3, wo von der Befugnis der RegTP zur Beweiserhebung und vom ermittelnden Mitglied der RegTP die Rede ist. Hieraus folgt, dass die Beweisaufnahme vor bzw. durch ein Mitglied der RegTP erfolgen muss.[8] Bei der Vernehmung von Zeugen und Sachverständigen sind die Verfahrensbeteiligten zur Anwesenheit berechtigt, vgl. §§ 397, 402 ZPO. Nach dem subsidiär anwendbaren § 66 Abs. 2 VwVfG können sie auch bei der Augenscheinseinnahme anwesend sein. Die übrigen Normen der §§ 63 ff. VwVfG gelten nur subsidiär.

Gegen die Anordnung der Regulierungsbehörde bei der Beweiserhebung ist die **sofortige** **Beschwerde** zum Oberlandesgericht möglich, § 128 Abs. 2 S. 2. Wegen des Sitzes der RegTP in Bonn ist das OLG Köln zuständig. Die sofortige Beschwerde ist in folgenden, sich aus dem Verweis auf die ZPO ergebenden Fällen statthaft:

– § 380 Abs. 3 ZPO – Beschlüsse bei Ausbleiben eines Zeugen,
– §§ 387 Abs. 3, 390 Abs. 3 ZPO – Beschlüsse bei Streit über Rechtmäßigkeit einer Zeugnisverweigerung,
– §§ 409 Abs. 2, 411 Abs. 2 S. 4 ZPO – Beschluss als Folge des Ausbleibens der Gutachtenverweigerung,
– § 406 Abs. 5 ZPO – Ablehnung eines Sachverständigen.

Die sofortige Beschwerde ist nicht bei lediglich verfahrensleitenden Anordnungen der RegTP zulässig. Beschwerdebefugt ist regelmäßig der Zeuge oder Sachverständige, gegen den sich die Ermittlungs- oder Beweiserhebungsmaßnahme richtet, unter Umständen auch die Verfahrensbeteiligten, Beschwerdegegnerin ist die RegTP.[9] Das **Beschwerdeverfahren** ist nicht in § 128 geregelt. Die Vorschriften der ZPO müssen entsprechend zur Anwendung kommen, auch wenn ein ausdrücklicher Verweis fehlt.[10] Dies gilt auch für die Vorschrift über Einreichung der sofortigen Beschwerde: § 569 ZPO ordnet entsprechend an, dass die Beschwerde bei der RegTP oder in dringenden Fällen beim Beschwerdegericht einzureichen ist. Der implizite Verweis schließt auch die Fristen ein. Bei der sofortigen Beschwerde gilt daher eine Notfrist von zwei Wochen (§ 569 ZPO). Hier liegt eine Abweichung von der Rechtslage vor In-Kraft-Treten des Gesetzes zur Reform des Zivilprozessrechts vom 27. 7. 2001[11], bei der die Beschwerde ohne Frist zulässig war. Die Form der Beschwerde ergibt sich aus § 569 Abs. 2 ZPO. Wird die Beschwerde bei der RegTP eingelegt, so hat diese ihr abzuhelfen oder sie dem OLG vorzulegen (§ 572 ZPO). Die Beschwerde hat entsprechend § 570 ZPO nur dann aufschiebende Wirkung, wenn sie die Festsetzung eines Ordnungs- oder Zwangsmittels zum Gegenstand hat. Es ist jedoch die Aussetzung der Vollziehung durch die RegTP oder das Beschwerdegericht möglich (vgl. § 570 Abs. 2 und 3 ZPO entsprechend).

8 *Manssen/Weber/Rommersbach*, § 76 RdNr. 25.
9 BeckTKG-Komm/*Kerkhoff*, § 76 RdNr. 49.
10 *Manssen/Weber/Rommersbach*, § 76 RdNr. 31; BeckTKG-Komm/*Kerkhoff*, § 76 RdNr. 48, unter Bezugnahme auf das Parallelproblem zu § 57 Abs. 2 GWB.
11 BGBl. 2001 I S. 1887.

11 **4. Beweismittel.** – Trotz der Aufzählung in § 128 Abs. 2 ist die RegTP nicht auf die genannten Beweismittel beschränkt, was sich aus dem Amtshaftungsgrundsatz ergibt.[12] Der
Rechtsgedanke des § 26 VwVfG, wonach sich die Behörde aller Beweismittel bedient, die
sie nach pflichtgemäßem Ermessen zur Ermittlung des Sachverhalts für erforderlich hält,
findet entsprechende Anwendung. Die RegTP kann alle erforderlichen Beweismittel heranziehen, d.h. alle Beweismittel, deren Heranziehung verhältnismäßig ist. Bei der
Beweiserhebung kann sie sich auch der Amtshilfe anderer Behörden bedienen, vgl. § 4
VwVfG.

12 Der **Augenscheinsbeweis** ermöglicht die eigene gegenständliche Sinneswahrnehmung.
§ 372 Abs. 1 ZPO gilt entsprechend, d.h. die Hinzuziehung von Sachverständigen bei Einnahme des Augenscheins ist möglich. Eine generelle Verpflichtung zur Duldung der Augenscheinseinnahme gibt es nicht; wenn jedoch eine Auskunftspflicht hinsichtlich einzelner Tatsachen besteht, so muss auch der Augenschein geduldet werden.[13] Im Rahmen der
Augenscheinseinnahme kann die Beschlagnahme sinnvoll sein.

13 Für den **Zeugenbeweis** gelten die §§ 376, 377, 380–387, 390, 395–397, 398 Abs. 1 ZPO
entsprechend. Ein Zeuge ist eine Auskunftsperson, die nicht selbst Partei- oder Parteiver-
treter ist und durch Aussagen über Tatsachen und tatsächliche Vorgänge Beweis erbringen
soll. Durch die Regel, dass eine Partei bzw. ihr Vertreter nicht Zeuge sein kann, sind alle
satzungsgemäßen Vertreter nach Gesellschaftsrecht zum Zeitpunkt des Verfahrens von der
Zeugenstellung ausgenommen. Damit bleiben Kommanditisten, ehemalige Vertreter und
Aufsichtsratsmitglieder mögliche Zeugen. Beweisfragen können nach § 377 Abs. 3 S. 1
ZPO auch schriftlich beantwortet werden. Weil nicht auf § 375 ZPO verwiesen wird, ist die
richterliche Vernehmung eines Zeugen nicht möglich.[14] Der Zeuge ist nach § 377 Abs. 2
ZPO unter folgenden Angaben zu laden: Bezeichnung der Parteien, Gegenstand der Vernehmung und Vorladung zum Termin. Ein förmlicher Beweisbeschluss kann nicht ergehen,
weil nicht auf die Vorschriften der §§ 358 ff. ZPO verwiesen wird und die RegTP kein Gericht ist.[15] Alternativ kann aber die Beweisaufnahme schriftlich angeordnet werden. Dies
ist kein Verwaltungsakt, sondern eine die Hauptsacheentscheidung vorbereitende, nicht
selbstständig anfechtbare behördliche Verfahrenshandlung (für den Rechtsschutz vgl.
§ 44a VwGO).

14 Die Vorschriften über das **Zeugnisverweigerungsrecht** nach §§ 383 ff. ZPO sind entsprechend anwendbar. Danach sind folgende Personen berechtigt, das Zeugnis zu verweigern
(§ 383 Abs. 1): Verlobte (Nr. 1), Ehegatten und Lebenspartner (Nr. 2, 2a), bestimmte Verwandte (Nr. 3), Geistliche (Nr. 4), Mitarbeiter von Presse und Rundfunk (Nr. 5), Amtsträ-
ger, Standesmitglieder und bestimmte Gewerbetreibende (Nr. 6). Daneben existiert ein
Zeugnisverweigerungsrecht für den Bundespräsidenten (§ 376 Abs. 4 ZPO) sowie eines
aus sachlichen Gründen (§ 384 ZPO). Die Ausnahmen des § 385 ZPO sind zu beachten.
Bei der Vernehmung ist der Zeuge zur Wahrheit zu ermahnen (§ 395 Abs. 1 ZPO), sodann
zur Person (§ 395 Abs. 2 ZPO) und zur Sache (§ 396 ZPO) zu vernehmen. Auch die Partei-
en können den Zeugen befragen (§ 397 ZPO). Eine Beeidigung kann über § 128 Abs. 6

---

12 *Manssen/Weber/Rommersbach*, § 76 RdNr. 8; *Holznagel/Enaux/Nierhaus*, Grundzüge des Telekommunikationsrechts, S. 3.
13 *Manssen/Weber/Rommersbach*, § 76 RdNr. 10; BeckTKG-Komm/*Kerkhoff*, § 76 RdNr. 18.
14 *Trute/Spoerr/Bosch*, § 76 RdNr. 2.
15 Wie hier *Manssen/Weber/Rommersbach*, § 76 RdNr. 12, 24 ff.; a. A. BeckTKG-Komm/*Kerkhoff*,
   § 76 RdNr. 22.

TKG gerichtlich vorgenommen werden (s. u. RdNr. 19 ff.). Über die Vernehmung der Zeugen wird eine Niederschrift gefertigt, § 128 Abs. 3, 4. – Das Fehlen des Verweises auf §§ 378, 404a ZPO ist als Redaktionsversehen zu betrachten[16], das bedauerlicherweise in der TKG-Novelle perpetuiert wird.

Für den **Sachverständigenbeweis** gelten die §§ 372 Abs. 1, 401, 402, 404, 406–409, **15** 411–414 ZPO entsprechend. § 402 ZPO verweist wiederum auf die Vorschriften über den Zeugenbeweis. Diese Vorschrift ist in Zusammenhang mit § 128 Abs. 2 S. 1 zu lesen, so dass nur die im TKG aufgeführten Normen über den Zeugenbeweis entsprechend für Sachverständige anwendbar sind.[17] Die Bestimmung der Anzahl der Sachverständigen und ihre konkrete Auswahl trifft die RegTP in einer nicht anfechtbaren Entscheidung gem. § 404 Abs. 1 S. 1 ZPO. Auf § 404a ZPO ist nicht verwiesen (s. o. RdNr. 14). Die Abs. 3 und 4 sind nach Abs. 5 des § 128 entsprechend anwendbar.

Urkundsbeweis und **Beteiligtenvernehmung** sind nicht ausdrücklich geregelt, wegen des **16** Untersuchungsgrundsatzes aber gleichwohl als Beweismittel tauglich (s. o. RdNr. 2).

Bei der Zeugeneinvernahme ist eine **Niederschrift** anzufertigen, Abs. 3 und 4. Die Aussa- **17** gen der Zeugen sind komplett in das Protokoll aufzunehmen und somit alle durch Beweisaufnahme erlangten Informationen aktenkundig zu machen. Die Abs. 3 und 4 enthalten entsprechende, abweichende Regelungen von der ZPO über die Vernehmungsniederschrift. Aus dem Wortlaut „soll" im Gegensatz zu § 159 ZPO kann nicht darauf geschlossen werden, dass die Sitzungsniederschrift verzichtbar ist. In der Bedeutung der Zeugenaussage sowie aus Gründen der Rechtssicherheit, Rechtsklarheit und Beweissicherung sind die atypischen Ausnahmefälle nur in verschwindend geringer Zahl anzunehmen.[18] In die Niederschrift sind Ort und Tag der Verhandlung sowie die Namen der Mitwirkenden und Beteiligten aufzunehmen (§ 128 Abs. 3 S. 2). Beteiligte ergeben sich aus § 134 Abs. 2 TKG; Mitwirkende sind der Urkundsbeamte, Dolmetscher, Zeugen und Sachverständige etc. Die Niederschrift erleichtert gerechte Entscheidungen der RegTP und ermöglicht auch den Rückgriff in eventuell nachfolgenden gerichtlichen Verfahren. Die Niederschrift ist von einem Mitglied der RegTP und ggf. von einem Urkundsbeamten (§ 153 GVG) zu unterschreiben. Das verfasste Protokoll ist sodann dem vernommenen Zeugen zur Durchsicht und Unterschrift vorzulegen (§ 128 Abs. 4), so dass die Richtigkeit der niedergeschriebenen Aussage überprüft und eine größere Authentizität erreicht werden kann. Es können noch Änderungen vorgenommen und Unklarheiten beseitigt werden. Der Zeuge genehmigt die Aussage durch seine Unterschrift. Bei Unterbleiben der Unterschrift ist der Grund hierfür anzugeben (§ 128 Abs. 4 S. 3). Dies kann bei der Beweiswürdigung berücksichtigt werden.

Bei der Sachverständigenauskunft sind die beschriebenen Regeln entsprechend anwend- **18** bar.

Zur **Beeidigung von Zeugen** kann das Amtsgericht am Sitz der RegTP (AG Bonn) oder **19** das Amtsgericht am Wohn- und Aufenthaltsort des Zeugen herangezogen werden. Die Beeidigung ist ultima ratio. Dann, wenn sie zur Herbeiführung einer wahrheitsgemäßen Aussage für notwendig erachtet wird, kann das Gericht angerufen werden.

---

16 Allg.M.: BeckTKG-Komm/*Kerkhoff*, § 76 RdNr. 45; *Manssen/Weber/Rommersbach*, § 76 RdNr. 19, 23.
17 *Manssen/Weber/Rommersbach*, § 76 RdNr. 22.
18 Ähnlich *Manssen/Weber/Rommersbach*, § 76 RdNr. 18.

20 Trotz der justizähnlichen Ausgestaltung des Verfahrens, insbesondere vor den Beschluss-kammern, hat der Gesetzgeber die RegTP **nicht zur Beeidigung** für **zuständig** erklärt. Dies ist insbesondere für die Anwendbarkeit der Eidesdelikte des StGB bedeutsam. Zur Entgegennahme eidesstattlicher Versicherungen ist die RegTP gleichwohl nach § 27 VwVfG ermächtigt.[19]

21 Das Gericht entscheidet über die Beeidigung auf Antrag (schriftliches Ersuchen) der RegTP, die den Gegenstand der Vernehmung, Namen und Anschrift der Beteiligten sowie Name und Anschrift der zu vereidigenden Person enthalten muss (vgl. auch § 94 Abs. 2 S. 1 AO). Die Eidesleistung ist nur vor einem Richter möglich. Das Gericht entscheidet selbstständig und weisungsfrei über die Notwendigkeit der Beeidigung. Es ist nicht an das Ersuchen der RegTP gebunden. Dadurch ist es verpflichtet, eine Einzelfallprüfung vorzu-nehmen, ob die Eidesleistung für die Wahrheitsgemäßheit der Aussage von Bedeutung ist. Das Gericht überprüft die vorausgegangenen Zeugenvernehmungen der RegTP und nimmt eine eigene Prüfung der tatsächlichen und rechtlichen Voraussetzungen für die Beeidigung vor. Die Verfahrensbeteiligten werden vom Gericht über den Termin der Vereidigung be-nachrichtigt. Die Entscheidung über die Beeidigung und deren Ablehnung ist nicht selbst-ständig anfechtbar. Ergänzend kann das Gericht Zeugen vernehmen. So ist das Teilnahme-recht der Verfahrensbeteiligten nach §§ 128 Abs. 2 TKG, 397 ZPO zu beachten.

---

19 Vgl. generell für Behörden bereits BGHSt 2, 218, 221.

§ 129 Beschlagnahme

(1) Die Regulierungsbehörde kann Gegenstände, die als Beweismittel für die Ermittlung von Bedeutung sein können, beschlagnahmen. Die Beschlagnahme ist den davon Betroffenen unverzüglich bekannt zu geben.

(2) Die Regulierungsbehörde hat binnen drei Tagen um die richterliche Bestätigung des Amtsgerichts, in dessen Bezirk die Beschlagnahme vorgenommen ist, nachzusuchen, wenn bei der Beschlagnahme weder die davon Betroffenen noch erwachsene Angehörige anwesend waren oder wenn die Betroffenen und im Falle ihrer Abwesenheit erwachsene Angehörige der Betroffenen gegen die Beschlagnahme ausdrücklich Widerspruch erhoben haben.

(3) Die Betroffenen können gegen die Beschlagnahme jederzeit um die richterliche Entscheidung nachsuchen. Hierüber sind sie zu belehren. Über den Antrag entscheidet das nach Abs. 2 zuständige Gericht.

(4) Gegen die richterliche Entscheidung ist die Beschwerde zulässig. Die §§ 306 bis 310 und 311a der Strafprozessordnung gelten entsprechend.

Übersicht

1. Vorbemerkung. – Die Vorschrift regelt das Recht der RegTP zur Beschlagnahme. Sie **1** entspricht inhaltlich § 58 GWB. Im Verhältnis zu § 77 TKG-1996 ist § 129 insofern geändert, als die Befugnis auf die RegTP insgesamt übertragen wurde. Die Befugnisse der RegTP aus § 72 Abs. 6 TKG-1996 werden durch die Überleitung der Befugnisse der Beschlusskammern insofern erweitert.

2. Beschlagnahme. – Beschlagnahme ist die Wegnahme von Gegenständen mit anschlie- **2** ßender Verwahrung oder die sonstige Sicherstellung von Gegenständen. Erfasst ist auch das Überspielen von Datenträgern aus einem Computersystem. Entsprechend können empfangene und gespeicherte E-Mails wie Datenträger behandelt werden. Nicht unter die Vorschrift fällt hingegen das „Abfangen" in der Übertragung befindlicher E-Mails, denn diese ist nur nach den Grundsätzen von § 100 a StPO (Telekommunikationsüberwachung) zulässig.[1] – Die Beschlagnahme ist Teil der Ermittlungsaufgaben der RegTP. Sie dient der vorläufigen Sicherung der Beweisführung durch Urkunde und Augenschein.[2] Das Beschlagnahmerecht des § 129 selbst enthält kein Zutritts- oder Durchsuchungsrecht, d. h. Durchsuchungen zum Auffinden und zur darauffolgenden Beschlagnahme potenzieller Beweisgegenstände sind von § 129 nicht umfasst. Jedoch besteht kein Verwertungsverbot hinsicht-

---

1 *Trute/Spoerr/Bosch*, § 77 RdNr. 1.
2 BT-Drs. 13/3609, S. 52.

lich eines nach unrechtmäßiger Durchsuchung beschlagnahmten Gegenstandes[3], wenn die rechtmäßige Anordnung einer Durchsuchung hätte erfolgen können.[4]

3 Die Beschlagnahme im Rahmen der allgemeinen Verwaltung und auch der Regulierungsverwaltung **bedarf grundsätzlich keiner richterlichen Anordnung** (mehr). Sie ist auch nicht auf Gefahr im Verzuge beschränkt. Gem. Abs. 2 ist im Fall des Widerspruchs lediglich eine nachträgliche richterliche Bestätigung des rechtlich zuständigen Amtsgerichts ausreichend (s.u. RdNr. 11 ff.). Dieses Rechtsschutzerfordernis genügt auch den Grundrechtsvorbehalten der Art. 12, 14 und subsidiär Art. 2 GG.[5] Den speziellen Vorbehalten des Art. 13 GG wäre nicht Genüge getan; hier ist die Ermittlung in § 128 lex specialis.

4 Der Beschlagnahme unterliegen **alle Gegenstände, die als Beweismittel für die Ermittlung von Bedeutung sind**. Erfasst sind damit bewegliche wie unbewegliche Gegenstände mit Ausnahme derjenigen Gegenstände, die durch das mit dem Zeugnisverweigerungsrecht verbundene Beschlagnahmeverbot des § 97 StPO geschützt sind.[6] Der Oberbegriff Gegenstände umfasst auch sämtliche geschäftlichen Unterlagen. Die Frage, ob ein Gegenstand Beweismittel ist, wird nach seiner potenziellen Eignung für den Beweis aufgrund einer Prognoseentscheidung bestimmt (vgl. § 127 Abs. 7 sowie § 94 StPO). Unzulässig ist es, sämtliche Gegenstände zu beschlagnahmen. Im Gegensatz zur Regelung des § 127 Abs. 7, der im Zusammenhang mit Abs. 2 Nr. 2 und Abs. 5 S. 1 eine Beschlagnahme auf Gegenstände bei in der Telekommunikation tätigen Unternehmen beschränkt, können hier auch Gegenstände von und bei Dritten (Rechtsanwälten, Banken, Steuerberatern) beschlagnahmt werden.[7] Der Gefahr, dass von der vorläufigen behördlichen Beschlagnahmebefugnis ohne richterliche Bestätigung extensiv Gebrauch gemacht wird, bevor eine ausreichende Aufklärung des Sachverhalts ohne Beschlagnahme erfolgt ist, kann nur durch die nachträgliche richterliche Kontrolle vorgebeugt werden. Die RegTP muss bei ihrer Beschlagnahmetätigkeit einer nachträglichen richterlichen Rüge gewärtig sein.

5 Nach § 129 Abs. 1 S. 2 ist die Beschlagnahme **den davon Betroffenen unverzüglich bekannt zu geben**. Unverzüglich verweist auf die Legaldefinition des § 121 Abs. 1 BGB: ohne schuldhaftes Zögern. Betroffener ist der Gewahrsamsinhaber, d. h. der Inhaber der tatsächlichen Sachherrschaft unabhängig von der Eigentumslage[8], aber auch der Eigentümer sowie jeder dinglich Berechtigte.[9] Neben natürlichen Personen kommen als Betroffene insbesondere Unternehmen und Unternehmensvereinigungen sowie jede andere juristische Person in Betracht. Die Bekanntgabeform ist in § 129 Abs. 1 nicht normiert. Auch die Vorschriften über den Verfahrensabschluss, § 131 Abs. 1, sind nicht anwendbar, weil es gerade um einen wesentlichen Schritt innerhalb des Verfahrens geht. Dementsprechend gelten die allgemeinen verfahrensrechtlichen Regelungen. Danach ist ein Verwaltungsakt schriftlich,

---

3 KG NJW 1972, 169, 170; LG Wiesbaden NJW 1979, 175; KG StV 1985, 404; a. A. *Krekeler*, NStZ 1993, 263.
4 BGH NJW 1989, 1741, 1744.
5 Skeptisch *Manssen/Weber/Rommersbach*, § 77 RdNr. 2, unter Verweis auf die Entscheidung BVerfGE 9, 89, 96 f. Dort wird allerdings beim Schutz öffentlicher Interessen eine Beschlagnahmekompetenz der Verwaltung (der dort verwendete Begriff der „Polizei" muss nicht institutionell verstanden werden) als verfassungskonform angesehen.
6 *Trute/Spoerr/Bosch*, § 77 RdNr. 1.
7 *Manssen/Weber/Rommersbach*, § 77 RdNr. 6.
8 BeckTKG-Komm/*Kerkhoff*, § 77 RdNr. 10.
9 BeckTKG-Komm/*Kerkhoff*, § 77 RdNr. 10. Enger *Manssen/Weber/Rommersbach*, § 77 RdNr. 12.

elektronisch, mündlich oder in anderer Weise möglich (§ 37 Abs. 2 S. 1 VwVfG). Wird die Beschlagnahmeverfügung mündlich erlassen, ist sie schriftlich (oder elektronisch) zu bestätigen, wenn hieran ein berechtigtes Interesse besteht und der Betroffene dies unverzüglich verlangt. Das berechtigte Interesse ist angesichts der gravierenden Wirkung einer Beschlagnahmeverfügung zu bejahen. Erfolgt die Bekanntgabe schriftlich (§ 37 Abs. 3 S. 1 VwVfG), so bedarf sie einer Begründung, § 39 Abs. 1 VwVfG. Hinzu tritt die Rechtsbehelfsbelehrung nach § 129 Abs. 3 S. 2; hinzuweisen ist auf die Möglichkeit einer richterlichen Entscheidung (s.u. RdNr. 15). Auf die Widerspruchsmöglichkeit nach § 129 Abs. 2 ist nicht hinzuweisen. Rechtspolitisch wäre dies aus Gründen des effektiven Rechtsschutzes wünschenswert.[10]

Über die Beschlagnahme muss entsprechend § 127 Abs. 7 i.V.m. Abs. 6 S. 4 eine **Niederschrift** angefertigt werden (s. § 127 RdNr. 39). Nach § 109 StPO ist die Kennzeichnung bzw. ein Verzeichnis der beschlagnahmten Gegenstände erforderlich.   **6**

Grundsätzlich gilt auch hier das **Verhältnismäßigkeitsprinzip**, d.h., soweit wie möglich ist die freiwillige Herausgabe als milderes Mittel heranzuziehen. Wenn Kopien anstelle von Originalen beschlagnahmt werden können und dies den Ermittlungen gleichermaßen dienlich ist, so ist darauf zurückzugreifen. Die Entscheidung über die Beschlagnahme ist eine Ermessensentscheidung.[11]   **7**

§ 129 ist die generelle Norm im Verhältnis zu § 127 Abs. 7. Letztere Vorschrift ist anwendbar im Rahmen von Durchsuchungen während des Auskunftsverfahrens zur Erlangung der notwendigen Auskünfte. Die Beschlagnahmung nach § 129 Abs. 1 ist hingegen unabhängig von einem Auskunftsersuchen.   **8**

Zeugnisverweigerungsrechte dürfen aus verfassungsrechtlichen Erwägungen nicht ausgehöhlt werden.[12] Entsprechend sind die Beschlagnahmeverbote des § 97 Abs. 1 Nr. 1 bis 3 StPO anwendbar.[13] Auch § 97 Abs. 4 StPO kommt zur Anwendung, so dass die Beschlagnahmeverbote gleichfalls für die in § 53a StPO genannten Berufshelfer Wirkung zeitigen. Hiernach sind schriftliche Mitteilungen zwischen Verfahrensbeteiligten und zur Zeugnisverweigerung berechtigten Personen (§ 97 Abs. 1 Nr. 1 StPO), Aufzeichnungen von Berufsträgern über ihnen von Verfahrensbeteiligten anvertraute Mitteilungen oder andere Umstände, die vom Zeugnisverweigerungsrecht umfasst sind (§ 97 Abs. 1 Nr. 2 StPO), sowie andere Gegenstände, auf die sich Zeugnisverweigerungsrechte der aus sachlichen Gründen zur Zeugnisverweigerung Berechtigten erstrecken (§ 97 Abs. 1 Nr. 3 StPO), von der Beschlagnahme ausgenommen. Das Zeugnisverweigerungsrecht erstreckt sich auf Gegenstände im Allein- oder Mitgewahrsam der Zeugnisverweigerungsberechtigten, wobei jedoch bei Mitgewahrsam des von der Beschlagnahme Betroffenen keine Anwendbarkeit des § 97 StPO besteht.[14] Ein grundrechtliches Beschlagnahmeverbot wird Art. 2 Abs. 1, 1 Abs. 1 GG (allgemeines Persönlichkeitsrecht) bei heimlichen Tonbandaufzeichnungen geschäftlicher Unterredungen entnommen.[15] Wird gegen ein Beschlagnahmeverbot verstoßen, so führt dies zu einem Verwertungsverbot. Nach einer Belehrung über das Zeugnisver-   **9**

---

10 *Manssen/Weber/Rommersbach*, § 77 RdNr. 14.
11 *Manssen/Weber/Rommersbach*, § 77 RdNr. 5.
12 BVerfGE 20, 162, 188; 32, 373, 385.
13 *Manssen/Weber/Rommersbach*, § 77 RdNr. 7.
14 BGHSt 19, 374.
15 BVerfGE 34, 238, 245 ff.

weigerungsrecht und das Beschlagnahmeverbot ist jedoch die Aufforderung zur freiwilligen Herausgabe möglich.

10 Die Beschlagnahme begründet **öffentlich-rechtlichen Gewahrsam**. Daher sind die §§ 688 ff. BGB entsprechend anwendbar, soweit diese Vorschriften mit den Besonderheiten der öffentlich-rechtlichen Verwahrung ohne vertragliche Grundlage vereinbar sind.[16] Ausgeschlossen ist daher nach allgemeiner Meinung die Anwendung der §§ 690, 695, 697 BGB.[17] Werden Verwahrungspflichten verletzt, führt dies auch zu einem Amtshaftungsanspruch nach § 839 BGB, Art. 34 GG bzw. aus enteignungsgleichem Eingriff[18], der neben die Haftung aus Verletzung des Verwahrungsverhältnisses (Rechtsweg dort: Zivilrechtsweg nach § 40 Abs. 2 S. 1 VwGO) tritt.

11 **3. Richterliche Bestätigung.** – Unter den Voraussetzungen des Abs. 2 muss die RegTP innerhalb von drei Tagen nach der Beschlagnahme um richterliche Bestätigung nachsuchen. Hierfür ist das Amtsgericht örtlich zuständig, in dessen Bezirk die Beschlagnahme vorgenommen worden ist. Voraussetzung für das Erfordernis der richterlichen Bestätigung ist allerdings die Beschlagnahme ohne Anwesenheit eines Betroffenen bzw. seiner erwachsenen Angehörigen oder der ausdrückliche Widerspruch der Betroffenen bzw. Angehörigen im Fall der Anwesenheit. Die Regelung entspricht §§ 98 Abs. 2 S. 1 StPO, 58 Abs. 2 GWB. Betroffen im Sinne von Abs. 2 ist in Abweichung zu Abs. 1 lediglich diejenige natürliche oder juristische Person, in deren Gewahrsam der beschlagnahmte Gegenstand stand. Die Ausübung des Gewahrsams für eine juristische Person durch ihren gesetzlichen Vertreter oder eine andere Person wird der juristischen Person zugerechnet. Der Begriff des Angehörigen ergibt sich aus § 20 Abs. 5 VwVfG, kann aber hier weiter verstanden werden (insbesondere nichteheliche Lebensgemeinschaften); erwachsen sind alle nach § 12 VwVfG handlungsfähigen Personen, insbesondere Volljährige nach § 2 BGB, die allerdings nicht geschäftsunfähig sein dürfen.

12 Der **Widerspruch** ist schriftlich oder mündlich möglich, d. h. nicht formgebunden. Wird vor dem zuständigen Amtsgericht nachträglich Widerspruch eingelegt, ist dieser Widerspruch als Antrag auf richterliche Entscheidung i. S. v. § 129 Abs. 3 auszulegen.[19] Damit wird der Rechtsschutzgarantie des Art. 19 Abs. 4 GG Genüge getan. Dementsprechend ist die amtsgerichtliche Überprüfung eine volle Rechtmäßigkeitskontrolle. Die Voraussetzungen des § 129 Abs. 1 werden in einem ordnungsgemäßen Verfahren vollständig überprüft. Die Beachtung der gesetzlichen Voraussetzungen bei derartigen Eingriffen ist essenziell für die Wahrung rechtsstaatlicher Maßstäbe.

13 Auch die **Dreitagesfrist** dient dem effektiven Rechtsschutz. Die Fristberechnung erfolgt gem. § 31 Abs. 1 VwVfG, §§ 187–193 BGB. Die Frist beginnt mit der Beschlagnahme und ist gewahrt bei Eingang des Antrags der RegTP bei Gericht binnen der Frist. Bei Nichtanwesenheit des Betroffenen oder eines erwachsenen Angehörigen ist der Antrag der RegTP auf richterliche Bestätigung innerhalb der Dreitagesfrist Rechtmäßigkeitsvoraussetzung, sonst ist die Beschlagnahme rechtswidrig.[20] Ausnahmsweise kann ein verfristeter Antrag der RegTP auf richterliche Bestätigung durch den Antrag des Betroffenen auf richterliche

---

16 BGHZ 4, 192, 193.
17 S. *Manssen/Weber/Rommersbach*, § 77 RdNr. 11.
18 OLG Schleswig NVwZ 2000, 234.
19 *Manssen/Weber/Rommersbach*, § 77 RdNr. 20.
20 *Manssen/Weber/Rommersbach*, § 77 RdNr. 21.

Entscheidung innerhalb der Dreitagesfrist nach § 129 Abs. 3 (s.u. RdNr. 15) ersetzt werden. Dies ergibt sich aus der Vergleichbarkeit der Anträge nach § 129 Abs. 2 und 3. Beide ordnen die Überprüfung der Rechtmäßigkeit der Beschlagnahmeanordnung an.

Vereinzelt wird es für rechtlich bedenklich gehalten, dass der RegTP in einem Verwaltungsverfahren mehr Rechte eingeräumt werden als dem Staatsanwalt in einem strafrechtlichen Ermittlungsverfahren.[21] So kann nach § 98 StPO die Beschlagnahme außer bei Gefahr im Verzug nur durch den Richter angeordnet werden, während § 129 TKG die sofortige eigenmächtige Beschlagnahme generell durch Mitglieder der RegTP unabhängig vom Vorliegen eines Eilfalles und ohne richterliche Anordnung ermöglicht. Die Mitglieder der RegTP sind aber keine Richter und besitzen in der Regel auch nicht die Befähigung zum Richteramt. Andererseits ist die RegTP für die präventive Überwachung der gesetzlichen Vorschriften im Bereich der Telekommunikation zuständig und wird nicht repressiv im Rahmen der Strafverfolgung tätig. Eine verfassungskonforme Restriktion ist insoweit nicht geboten.[22] **14**

4. Nachträgliche richterliche Überprüfung. – Der Betroffene hat jederzeit das Recht, um **15** richterliche Entscheidung über die durchgeführte Beschlagnahme nachzusuchen, vgl. § 98 Abs. 2 StPO. Hierdurch ist die Überprüfung der Beschlagnahme selbst und ihrer Fortdauer möglich. Der **Betroffenenbegriff** entspricht dem in § 129 Abs. 1 S. 2 (s.o. RdNr. 5). Neben dem Gewahrsamsinhaber gehören dazu auch der Eigentümer und anderweitig dinglich Berechtigte, deren Befugnisse durch die Beschlagnahme beschränkt werden.[23] Die Möglichkeit zur nachträglichen richterlichen Überprüfung sichert das rechtliche Gehör und den effektiven Rechtsschutz aller Personen, in deren Rechte durch die Beschlagnahme eingegriffen wird. Dementsprechend trifft die RegTP diesbezüglich eine Belehrungspflicht, soweit die Betroffeneneigenschaft bekannt ist, vgl. § 129 Abs. 3 S. 2. Für den Antrag gibt es weder Formerfordernisse noch eine Fristbindung. Zuständig ist das Amtsgericht, in dessen Bezirk die Beschlagnahme erfolgte, § 129 Abs. 3 S. 3. Anträge aus § 129 Abs. 2 und 3 sind nebeneinander möglich. Das Amtsgericht wird dann die Verfahren ggf. verbinden und einheitlich entscheiden. Ein Antrag auf richterliche Überprüfung nach bereits erfolgter richterlicher Bestätigung der Beschlagnahme i.S.v. § 129 Abs. 2 ist als Beschwerde nach § 129 Abs. 4 S. 1 auszulegen.[24]

5. Rechtsmittel. – Gegen die richterliche Entscheidung des Amtsgerichts ist nach Abs. 4 **16** die Beschwerde zulässig. Gemeint ist die richterliche Bestätigung nach Abs. 2 sowie die richterliche Entscheidung nach Abs. 3. §§ 306 bis 310 und 311 a StPO sind entsprechend anwendbar, vgl. auch § 127 Abs. 7 S. 2 i.V.m. Abs. 6.

Einzureichen ist die **Beschwerde** bei dem Amtsgericht, in dessen Bezirk die Beschlagnah- **17** me vorgenommen wurde und dessen Entscheidung nach Abs. 2 bzw. 3 angefochten wird. Die Beschwerde ist schriftlich zum Protokoll der Geschäftsstelle einzulegen, § 306 Abs. 1 StPO. Bei Nichtabhilfe durch das Ausgangsgericht muss dieses binnen drei Tagen die Beschwerde dem zuständigen Beschwerdegericht (Landgericht) zur Entscheidung vorlegen. Nach § 307 Abs. 1 StPO wird der Vollzug der Beschlagnahmewirkung durch die Be-

---

21 *Etling-Ernst*, § 77 RdNr. 4 ff.
22 A.A. *Etling-Ernst*, § 77 RdNr. 6 f.
23 Ebenso *Manssen/Weber/Rommersbach*, § 77 RdNr. 23, die jedoch für Abs. 1 S. 2 einen engeren Betroffenenbegriff vertreten.
24 *Manssen/Weber/Rommersbach*, § 77 RdNr. 25.

schwerde grundsätzlich nicht gehemmt. Bis zur endgültigen Entscheidung durch das Beschwerdegericht kann entsprechend § 307 Abs. 2 StPO sowohl der iudex a quo als auch das Beschwerdegericht die Wirkungen der Beschlagnahme aussetzen. Das Beschwerdegericht kann selbst die Ermittlung anordnen oder vornehmen, nicht jedoch eine reformatio in peius, ohne dass die Beschwerde dem Gegner des Beschwerdeführers zur Gegenerklärung mitgeteilt wurde, § 308 StPO. Über die Beschwerde wird ohne mündliche Verhandlung entschieden, § 309 StPO. Eine weitere Beschwerde ist gegen die Entscheidung des Beschwerdegerichts nicht statthaft (s. § 127 RdNr. 40).[25] Gibt das Beschwerdegericht einer Beschwerde ohne Anhörung des Beschwerdegegners statt und kann seine Entscheidung nicht angefochten werden, so hat es diesen nach § 311a StPO, sofern der ihm dadurch entstandene Nachteil noch besteht, von Amts wegen oder auf Antrag nachträglich zu hören und auf einen Antrag zu entscheiden. Das Beschwerdegericht kann seine Entscheidung auch ohne Antrag ändern, § 311a Abs. 1 S. 2 StPO. Zur Wahrung effektiven Rechtsschutzes ist auch nach Erledigung die Feststellung der Rechtswidrigkeit der Beschlagnahmeanordnung zulässig.[26]

---

25 Vgl. auch *Manssen/Weber/Rommersbach*, § 77 RdNr. 28.
26 *Manssen/Weber/Rommersbach*, § 77 RdNr. 29.

§ 130 Vorläufige Anordnungen

Die Regulierungsbehörde kann bis zur endgültigen Entscheidung vorläufige Anordnungen treffen.

Schrifttum: *Hummel*, Die vorläufige Entgeltgenehmigung beim besonderen Netzzugang, CR 2000, 291; *Mayen*, Einstweilige Anordnungen der RegTP als Sonderfall des vorläufigen Verwaltungsaktes, CR 2000, 155.

Die Vorschrift ermöglicht der RegTP, in Anlehnung an § 60 GWB bis zu einer endgültigen **1** Entscheidung einstweilige Anordnungen zu treffen. Es handelt sich um eine inhaltliche **Ermächtigungsgrundlage**.[1] Wertungsgesichtspunkte, wie sie bei einstweiligen Anordnungen des Verwaltungsgerichts nach den §§ 80 Abs. 5, 123 VwGO berücksichtigt werden, können herangezogen werden. Zum Schutz der Allgemeinheit sowie zum Schutz des Marktes und des Wettbewerbs besteht ein praktisches Bedürfnis zur einstweiligen Verhinderung nachteiliger Entwicklungen im telekommunikationsrechtlichen Bereich.[2]

Der **Begriff der vorläufigen Anordnung ist untechnisch zu verstehen**.[3] Es geht um die **2** vorläufige Eilentscheidung in Form eines Verwaltungsakts ohne Bindung an die verfahrensrechtlichen Regelungen für die Hauptentscheidung.[4] Der **vorläufige Verwaltungsakt** ist ein anerkanntes eigenständiges Rechtsinstitut des materiellen Verwaltungsrechts.[5] Es handelt sich um einen Verwaltungsaktstypus mit inhaltlich begrenzter Regelungswirkung. Die Begrenzung bezieht sich auf den zeitlichen Horizont, so dass zunächst ein vollwirksamer Verwaltungsakt mit Tatbestandswirkung vorliegt, mithin alle Rechtswirkungen eines Verwaltungsakts ausgelöst werden. Die Rechts-, Regelungs- und Bindungswirkung endet mit dem Erlass der endgültigen Entscheidung.[6] Somit machen vorläufige Anordnungen eine zeitlich nachfolgende endgültige Entscheidung erforderlich, nicht jedoch eine Aufhebung nach §§ 48 ff. VwVfG. Weil die endgültige die vorläufige Entscheidung ersetzt, gelten ihre Rechtswirkungen bereits ab dem Zeitpunkt des Wirksamwerdens der vorläufigen Entscheidung.[7]

Eine vorläufige Regelung ist nur zulässig, wenn wegen bestehender Ungewissheit in der **3** Sach- oder Rechtslage noch keine endgültige Entscheidung ergehen kann. Besteht noch ein Defizit in der Sachverhaltsermittlung, kann wegen der Eilbedürftigkeit anstatt der vollständigen Unterlassung einer Regelung eine vorläufige Anordnung aufgrund summarischer Prüfung des Sachverhalts ergehen.[8] Die Prüfungstiefe hängt dann von der für die Ent-

---

1 *Trute/Spoerr/Bosch*, § 78 RdNr. 1.
2 BT-Drs. 13/3609, S. 52.
3 *Manssen/Weber/Rommersbach*, § 78 RdNr. 1.
4 *Trute/Spoerr/Bosch*, § 78 RdNr. 2; *Mayen*, CR 2000, 155.
5 Ausgehend von BVerwGE 67, 99, 101; OVG Münster DVBl. 1991, 1365. Aus dem Schrifttum *Peine*, DÖV 1986, 849; *Martens*, DÖV 1987, 993; *Di Fabio*, DÖV 1991, 629; *Losch*, NVwZ 1995, 235; *Lücke*, Vorläufige Staatsakte, 1991; *Kopp*, Vorläufiges Verwaltungsverfahren und vorläufiger Verwaltungsakt, 1992.
6 BVerwGE 67, 99, 103; *Mayen*, CR 2000, 155, 164.
7 *Hummel*, CR 2000, 291, 297.
8 *Hummel*, CR 2000, 291, 292.

scheidung zur Verfügung stehenden Zeit ab.[9] Die vorläufige Entscheidung ergeht unter dem Vorbehalt einer späteren endgültigen Entscheidung, bedingt aber keine inhaltliche Bindung für den endgültigen Verwaltungsakt.

4 **Umstritten ist, wie weit das Verfahren durch die RegTP bereits eingeleitet sein muss**, um vorläufige Anordnungen treffen zu können.[10] Der Wortlaut des § 130 legt nahe, dass das Hauptsacheverfahren anhängig sein muss.[11] – Ebenso ist fraglich, wann die Befugnis zum Erlass vorläufiger Anordnungen endet, d. h., welchen Zeitpunkt das Tatbestandsmerkmal „bis zur endgültigen Entscheidung" markiert. Es würde dem Charakter des Verwaltungsakts als abschließender Einzelfallregelung widersprechen, wenn die Bestandskraft der endgültigen Entscheidung oder gar eine rechtskräftige Entscheidung eines angerufenen Gerichts hinsichtlich der Sachentscheidung der RegTP maßgeblich wäre. Die endgültige Entscheidung ist mit ihrer Bekanntgabe in der Weise maßgeblich, dass dann die Rechtswirkungen der vorläufigen Anordnung und gleichzeitig auch die Befugnis der Regulierungsbehörde zum Erlass selbiger enden.[12] Ein Indiz für die Richtigkeit dieser Auffassung kann auch der Regelung des § 123 VwGO entnommen werden, wonach mit Erlass der endgültigen Entscheidung des Gerichts der Hauptsache dieses für den Erlass einstweiliger Anordnungen zuständig wird.

5 Vorläufige Anordnungen sind nur im sachlichen Anwendungsbereich des TKG, mithin im Aufgaben- und Zuständigkeitsbereich der RegTP zulässig. Die Regelungsintention besteht in der Überbrückung der Hauptsache. Sie können sowohl als Regelungs- als auch als Sicherstellungsanordnungen ergehen.[13]

6 Der Erlass einer vorläufigen Anordnung steht im **Ermessen der RegTP**. Dies ergibt sich aus dem hierfür charakteristischen „kann". Ermessenslenkend ist das Verhältnismäßigkeitsprinzip zu beachten. Bei überwiegendem besonderen öffentlichen Interesse an einer einstweiligen Regelung oder besonders schwerwiegenden Nachteilen kann das Entschließungsermessen auf Null reduziert werden.[14] Das Rechtsfolgeermessen ist breit. Die RegTP ist nicht an ihre Entscheidungsmöglichkeiten im Hauptsacheverfahren gebunden.[15] Eine solche Bindung lässt sich aus dem Wortlaut des § 130 nicht herleiten.

7 Mangels Auflistung im Katalog des § 149 ist ein Verstoß gegen eine einstweilige Anordnung **nicht bußgeldbewehrt**. Sie kann aber zwangsweise über §§ 6 ff. VwVG durchgesetzt werden.

8 Vorläufige Anordnungen ergehen **von Amts wegen**. Anders als das gerichtliche Verfahren nach VwGO und ZPO setzt das Verwaltungsverfahren nach § 130 keinen Antrag voraus.[16]

---

9 *Hummel*, CR 2000, 291, 295.

10 Zum Streitstand (auch zu § 60 GWB) *Trute/Spoerr/Bosch*, § 78 RdNr. 5.

11 *Hummel*, CR 2000, 291, 294; *Schütz*, Kommunikationsrecht, RdNr. 884. A. A. *Mayen*, CR 2000, 155, 157 f. m. w. N.

12 S. BeckTKG-Komm/*Kerkhoff*, § 78 RdNr. 5 mit Nachweisen zur entsprechenden Diskussion bei § 60 GWB, sowie *Manssen/Weber/Rommersbach*, § 78 RdNr. 5.

13 *Mayen*, CR 2000, 155, 167. A. A. BeckTKG-Komm/*Kerkhoff*, § 78 RdNr. 1, der nur von einer Regelungsanordnung ausgeht.

14 *Trute/Spoerr/Bosch*, § 78 RdNr. 11; *Hummel*, CR 2000, 291, 295. S. auch BVerwGE 18, 242, 251.

15 *Trute/Spoerr/Bosch*, § 78 RdNr. 12, gegen BeckTKG-Komm/*Kerkhoff*, § 78 RdNr. 14, sowie *Mayen*, CR 2000, 155, 163.

16 Zutreffend *Mayen*, CR 2000, 155, 157.

Die zu erwartenden „Anträge" von Beteiligten im Hauptsacheverfahren oder Dritten sind als Begehren bzw. Anregungen zum Tätigwerden zu werten. Ihnen muss jedoch nicht nachgekommen werden.

Die Entscheidung über den Erlass einer vorläufigen Anordnung setzt eine **umfassende In-** **9** **teressenabwägung** voraus, die der Notwendigkeit der besonderen Rechtfertigung eines vorläufigen Verwaltungsaktes Rechnung trägt.[17] Wertungsgesichtspunkte, wie sie bei einstweiligen Anordnungen des Verwaltungsgerichts nach den §§ 80 Abs. 5, 123 VwGO berücksichtigt werden, können herangezogen werden[18], jedoch sind Glaubhaftmachung von Anordnungsanspruch und Anordnungsgrund nicht notwendig, denn auch im Verfahren zum Erlass vorläufiger Anordnungen gilt der Grundsatz der Amtsermittlung.[19] Auch das allgemeine Kartellverfahrensrecht rekurriert hier auf eine Interessenabwägung[20], wobei die Interessen am Erlass der vorläufigen Anordnung überwiegen müssen. Einzustellen sind in die Abwägung die privaten Interessen materiell Betroffener sowie die öffentlichen Interessen an wirksamer Regulierung und die Marktverhältnisse. Die Voraussetzungen sind allerdings nicht so streng, dass etwa eine nicht anders abwendbare Gefahr der Verschlechterung des status quo bzw. die Abwendung erheblicher Nachteile oder drohender Gewalt gefordert würde; das überwiegende Sicherungsinteresse ist für sich genommen ausreichend.

Nach allgemeinen Regeln gilt das **Verbot der Vorwegnahme der Hauptsacheentschei-** **10** **dung**[21], es sei denn, bei großer Wahrscheinlichkeit einer gleichlautenden endgültigen Entscheidung wäre der eintretende Nachteil für einen Beteiligten ohne einstweilige Regelung unzumutbar.[22]

Ebenfalls nach allgemeinen Regeln sind die **Beteiligten** vor Erlass der einstweiligen Ent- **11** scheidung **zu hören** (vgl. auch § 135 sowie § 66 VwVfG). Die Sonderregeln des § 28 Abs. 2 VwVfG sind mangels ausdrücklicher Normierung (durch Verweis) nicht anwendbar.[23] Der Eilbedürftigkeit der Anordnung ist durch kurze Stellungnahmefristen Rechnung zu tragen.[24]

Gem. § 131 Abs. 1 S. 2 ist die **vorläufige Anordnung mit Rechtsmittelbelehrung nach** **12** **den Vorschriften des VwZG zuzustellen.** Sie erfordern eine Begründung, welche die materiellen Voraussetzungen und den Inhalt rechtfertigt. Der Erlass der endgültigen Entscheidung lässt das Rechtsschutzinteresse für die Aufhebung der einstweiligen Anordnung entfallen.[25] Im verwaltungsprozessualen Verfahren kann die Klage auf Überprüfung der endgültigen Entscheidung geändert werden. Ein Fortsetzungsfeststellungsantrag ist unzulässig.[26]

---

17 Hierzu *Mayen*, CR 2000, 155, 159 ff.
18 Teilweise kritisch *Hummel*, CR 2000, 291, 295.
19 BeckTKG-Komm/*Kerkhoff*, § 78 RdNr. 9. A. A. *Schütz*, Kommunikationsrecht, RdNr. 885.
20 KG WuW/E OLG 436, 436; 850, 851; 1767, 1774; OLG Stuttgart WuW/E OLG 877, 880. S. auch *Immenga/Mestmäcker/K. Schmidt*, GWB, § 60 RdNr. 11.
21 Skeptisch *Mayen*, CR 2000, 155, 161 f., sowie *Schütz*, Kommunikationsrecht, RdNr. 886.
22 S. BVerfGE 79, 69, 74; 93, 1, 13; 94, 166, 216; BeckTKG-Komm/*Kerkhoff*, § 78 RdNr. 13 f. A. A. *Trute/Spoerr/Bosch*, § 78 RdNr. 7.
23 Nicht eindeutig BeckTKG-Komm/*Kerkhoff*, § 75 RdNr. 2. Wie hier *Manssen/Weber/Rommersbach*, § 78 RdNr. 7.
24 Vgl. *Hummel*, CR 2000, 291, 295.
25 BVerwG DVBl. 1998, 711.
26 *Manssen/Weber/Rommersbach*, § 78 RdNr. 14.

13 Für **Schadensersatz** analog §§ 123 Abs. 3 VwGO, 945 ZPO bei ungerechtfertigten einstweiligen Anordnungen gibt es **keine gesetzliche Basis**.[27] Man mag ein sinnvolles rechtspolitisches Prinzip darin sehen, dass derjenige, der zu seinen Gunsten eine einstweilige Regelung erstreitet bzw. veranlasst, in dem Fall, dass sie sich als ungerechtfertigt erweist, für einen evtl. eingetretenen Schaden aufzukommen hat. Diese Risikoverteilung bedarf aber einer ausdrücklichen gesetzlichen Regelung. Auch im allgemeinen Wettbewerbsrecht rückt man von der gegenteiligen Ansicht allmählich wieder ab.[28] Gleichwohl sind bei von Anfang an ungerechtfertigten einstweiligen Anordnungen Amtshaftungsansprüche aus § 839 BGB, Art. 34 GG sowie Ansprüche aus enteignungsgleichem Eingriff denkbar.[29]

---

27 *Trute/Spoerr/Bosch*, § 78 RdNr. 14. A.A. *Heun/Gramlich*, Handbuch Telekommunikationsrecht, Teil 8 RdNr. 168; *Mayen*, CR 2000, 155, 167.

28 Aufschlussreich *Immenga/Mestmäcker/K. Schmidt*, GWB, § 60 RdNr. 28, der u.a. auf die Schwierigkeiten bei der Abgrenzung zwischen Anordnungen im öffentlichen und im privaten Interesse hinweist.

29 *Trute/Spoerr/Bosch*, § 78 RdNr. 14; *Mayen*, CR 2000, 155, 167.

§ 131 Abschluss des Verfahrens

(1) Entscheidungen der Regulierungsbehörde sind zu begründen. Sie sind mit der Begründung und einer Belehrung über das zulässige Rechtsmittel den Beteiligten nach den Vorschriften des Verwaltungszustellungsgesetzes zuzustellen. Entscheidungen, die gegenüber einem Unternehmen mit Sitz außerhalb des Geltungsbereiches dieses Gesetzes ergehen, stellt die Regulierungsbehörde denjenigen zu, die das Unternehmen der Regulierungsbehörde als Zustellungsbevollmächtigte benannt hat. Hat das Unternehmen keine Zustellungsbeauftragten benannt, so stellt die Regulierungsbehörde die Entscheidung durch Bekanntmachung im Bundesanzeiger zu.

(2) Soweit ein Verfahren nicht mit einer Entscheidung abgeschlossen wird, die den Beteiligten nach Abs. 1 Satz 2 bis 4 zugestellt wird, ist seine Beendigung den Beteiligten schriftlich mitzuteilen.

(3) Die Regulierungsbehörde kann die Kosten einer Beweiserhebung den Beteiligten nach billigem Ermessen auferlegen.

Übersicht

1. Verfahrensbeendigung. – § 131 regelt die Beendigung des Verfahrens vor der RegTP. **1** Die Vorschrift gilt anders als § 79 TKG-1996 für das gesamte Entscheidungsspektrum der RegTP, nicht nur für die Beschlusskammern. Außerdem enthält die Norm spezialgesetzliche Regelungen zur Begründung sowie zu Zustellungsmodalitäten gegenüber einem Unternehmen mit Sitz im Ausland. Als Verwaltungsakte haben die Entscheidungen den Vorgaben der §§ 37 ff. VwVfG zu entsprechen.[1] Daneben enthalten einige Sondervorschriften des TKG Regelungen über die Veröffentlichung von Entscheidungen. Medien der Veröffentlichung sind § 5 zu entnehmen.

2. Entscheidungen. – Zwar ist die Schriftform von Entscheidungen der RegTP nicht aus- **2** drücklich in § 131 geregelt, sie ist jedoch aus einem Rückschluss aus § 131 Abs. 2 sowie aus Abs. 1 S. 2 zu folgern.[2] Eine Zustellung setzt gem. § 2 Abs. 1 VwZG die Übergabe eines Schriftstücks voraus.

Entscheidungen der RegTP sind zu begründen (vgl. auch § 39 Abs. 1 VwVfG). Die Be- **3** gründungspflicht dient verschiedenen Zwecken.[3] Die Betroffenen sollen durch die Information in die Lage versetzt werden, ihre Interessen zu wahren, d. h. die Entscheidung anhand der Begründung nachzuvollziehen, die Sach- und Rechtslage einzuschätzen und Rechtsschutzmöglichkeiten wahrzunehmen.[4] Ferner dient das Gebot der Entscheidungsbegründung der Befriedung sowie der Kontrolle und dem Rechtsschutz,[5] denn auch die Ge-

---

1 *Holznagel/Enaux/Nierhaus*, Grundzüge des Telekommunikationsrechts, S. 43.
2 BeckTKG-Komm/*Kerkhoff*, § 79 RdNr. 2.
3 Dazu *Manssen/Weber/Rommersbach*, § 79 RdNr. 3.
4 KG WuW/E OLG 3577, 3580 f.
5 *Kopp/Ramsauer*, VwVfG, § 39 RdNr. 2 a.

richte können so den Entscheidungsinhalt und die -intention nachvollziehen. Schließlich bewirkt die Begründung eine gewisse Selbstbindung der Verwaltung.[6]

4 Entsprechend den **Vorgaben des § 39 Abs. 1 VwVfG** müssen die wesentlichen tatsächlichen rechtlichen Gründe mitgeteilt werden, die die Behörde zu der Entscheidung bewogen haben.[7] Sie beinhaltet das Für und Wider sowie die maßgeblichen Gesichtspunkte für die Entscheidung. Lediglich formale, formelhafte oder inhaltlich abstrakte und nichtssagende Begründungen sind unzureichend. Entsprechend der Vorgabe des § 39 Abs. 1 S. 3 VwVfG sind bei Ermessensentscheidungen auch die tragenden Erwägungen, d. h. die wesentlichen Gesichtspunkte für die Ausübung des Ermessens anzugeben.[8] Da das TKG in § 131 Abs. 1 S. 1 eine ausnahmslose Begründungspflicht vorsieht, greifen die Ausnahmeregelungen des § 39 Abs. 2 VwVfG nicht; so sind etwa auch begünstigende Verwaltungsakte zu begründen.[9]

5 Der **Verstoß gegen die Begründungspflicht führt zur Rechtswidrigkeit**, nicht aber zur Nichtigkeit. Der Begründungsmangel kann durch Nachholung geheilt werden, vgl. § 45 Abs. 1 Nr. 2, Abs. 2 VwVfG, nach der noch immer geltenden Regelung bis zum Ende der letzten mündlichen Verhandlung in einer Tatsacheninstanz.[10] Auch § 46 VwVfG, wonach die Verletzung der Begründungspflicht nicht zur Aufhebung des Verwaltungsakts führt, wenn der Mangel offensichtlich die Entscheidung in der Sache nicht beeinflusst hat, ist anwendbar. Diese Norm greift bei gebundenen Entscheidungen oder bei einer Ermessensreduzierung auf Null. Analog § 45 Abs. 3 VwVfG i. V. m. § 60 VwGO gilt bei fehlender Begründung die Versäumung der Klagefrist kraft Gesetzes als nicht verschuldet, und dem Kläger ist Wiedereinsetzung in den vorigen Stand zu gewähren.

6 Das **Nachschieben von Gründen** ist zulässig aufgrund des Amtsermittlungsgrundsatzes (§ 128), wenn die Entscheidung vorher bereits eine Begründung enthielt. Eine vollständige nachträgliche Einfügung von Gründen ist also nicht möglich. Das Nachschieben darf auch nicht zu einer sog. „Wesensveränderung" des Verwaltungsakts führen.[11] Dadurch wäre das Gebot des rechtlichen Gehörs verletzt, da sich die Beteiligten nicht auf den Wandel der Argumentation im Verfahren einstellen konnten. Darüber hinaus muss aber mit der nachgeschobenen Begründung nicht nachträglich rechtliches Gehör einhergehen. Gehör wird zu einzelnen Entscheidungen gewährt, nicht zu speziellen Begründungsansätzen.[12]

7 Entscheidungen der RegTP müssen **hinreichend bestimmt** sein, die erlassende Behörde erkennen lassen, eine Unterschrift bzw. Namenswiedergabe des Behördenleiters, seines Vertreters oder seines Beauftragten enthalten, § 37 VwVfG. Ausnahmen sind bei mit automatischen Hilfsmitteln erstellten, schriftlichen Verwaltungsakten möglich.

8 Entscheidungen der RegTP sind nach den Vorschriften des VwZG **zuzustellen**. Die Zustellung erfolgt hier gem. § 2 Abs. 1 S. 1 VwZG durch Übergabe eines Schriftstücks. Entscheidungen der RegTP müssen eine schriftliche Rechtsmittelbelehrung enthalten (§§ 79

---

6 BeckTKG-Komm/*Kerkhoff*, § 79 RdNr. 3.
7 BGH WuW/E BGH 2231, 2231 f.; OLG Düsseldorf WuW/E OLG 1820, 1820 f.
8 OLG Düsseldorf WuW/E OLG 1820, 1821. Vgl. auch *Rosener*, WuW 1984, 687.
9 *Manssen/Weber/Rommersbach*, § 79 RdNr. 5; *Trute/Spoerr/Bosch*, § 79 RdNr. 2.
10 Kritisch BeckTKG-Komm/*Kerkhoff*, § 79 RdNr. 7. Allgemein *Redeker*, NVwZ 1997, 625; *Schenke*, NJW 1997, 81; *Schmitz/Wessendorf*, NVwZ 1996, 955.
11 BVerwG DVBl. 1982, 548, 549; *Manssen/Weber/Rommersbach*, § 79 RdNr. 7; *Trute/Spoerr/Bosch*, § 79 RdNr. 3.
12 A. A. (ohne Begr.) BeckTKG-Komm/*Kerkhoff*, § 79 RdNr. 8.

VwVfG, 58 Abs. 1 VwGO). Entsprechend ist auf alle zulässigen Rechtsmittel hinzuweisen, die es gegen Verwaltungsakte gibt (vgl. § 79 VwVfG). Zunächst ist innerhalb eines Monats Widerspruch bei der RegTP einzulegen (§ 70 VwGO). Danach kann Klage vor dem zuständigen Gericht erhoben werden. Für Anfechtungsklagen gegen Entscheidungen der RegTP ist nach § 52 Nr. 2 S. 1 VwGO das VG Köln (vgl. § 1 Abs. 2 e AG VwGO Nordrhein-Westfalen) zuständig. Widerspruch und Klage haben nach § 137 Abs. 1 keine aufschiebende Wirkung. Auf die Gewährung vorläufigen Rechtsschutzes muss nach allgemeinen Regeln nicht hingewiesen werden. Beim Fehlen der Rechtsmittelbelehrung greift auch hier § 58 Abs. 2 VwGO, so dass Rechtsmittel fristgemäß binnen Jahresfrist eingelegt werden können.

Mit der Zustellung beginnen die **Rechtsmittelfristen** zu laufen. Die Zustellung ist nach **9** allen Vorschriften des VwZG möglich, entweder durch die Post mit Zustellungsurkunde (§ 3 VwZG) oder mittels eingeschriebenen Briefes (§ 4 VwZG). Ebenso kann die Behörde selbst gegen Empfangsbekenntnis („EB", § 5 VwZG) anderen Behörden mittels Vorlegen der Urschrift (§ 6 VwZG) zustellen. An ein beteiligtes Unternehmen mit Sitz im Ausland erfolgt die Zustellung an einen Zustellungsbevollmächtigten im Inland, in der Regel einen Rechtsanwalt (§ 131 Abs. 1 S. 3). § 14 VwZG, der ansonsten die Zustellung im Ausland regelt, wird insoweit als *lex generalis* verdrängt. Es ist möglich, dass die RegTP zu der Benennung eines Zustellungsbevollmächtigten mit Sitz im Geltungsbereich des Gesetzes auffordert und bei Nichtbenennung öffentlich zustellt.[13] Der Zustellungsbevollmächtigte ist Vertreter des Unternehmens im Hinblick auf die Zustellung. Ist kein Zustellungsbevollmächtigter im Inland vorhanden, stellt die RegTP nach § 131 Abs. 1 S. 4 durch Bekanntmachung im Bundesanzeiger zu.[14] Diese Norm ist lex specialis zu § 15 VwZG (öffentliche Zustellung), wenn auch die Möglichkeit der öffentlichen Zustellung nach Abs. 1 c dieser Norm unberührt bleibt.[15] Wird nicht parallel das betroffene Unternehmen im Ausland informiert, handelt es sich bei dieser Regelung letztlich um eine Zustellungsfiktion.

Bei nicht ordnungsgemäßer Zustellung beginnen die Rechtsmittelfristen nicht zu laufen. **10** Allerdings kann ein **Zustellungsmangel** nunmehr **über § 9 VwZG geheilt** werden.[16] Daneben ist auch die Verwirkung nach allgemeinen Regeln möglich. Ist die Zustellung gegenüber einem Beteiligten unwirksam, führt dies nicht zur Unwirksamkeit der Zustellung gegenüber anderen Beteiligten, für die die Rechtsmittelfristen zu laufen beginnen.

Die **Vollstreckung** vollziehbarer Entscheidungen nach dem VwVG ist möglich.[17] **11**

3. Verfahrensbeendigung ohne Entscheidung. – Wenn das Verfahren nicht mit zuzustel- **12** lender Entscheidung abgeschlossen wird, ist seine Beendigung den Beteiligten schriftlich mitzuteilen, Abs. 2. Insoweit entfällt die strenge Bindung an die Zustellungsnormen des VwZG. Ein Verfahren wird nicht mit einer Entscheidung abgeschlossen, wenn keine Entscheidung in der Sache getroffen wird. Dies ist z. B. der Fall bei der Einstellung des Verfahrens (Wegfall des Anlasses für Verfahrenseinleitung von Amts wegen), bei der Rücknahme von Anträgen (Verfahren könnte aber evtl. von Amts wegen fortgesetzt werden), bei einvernehmlicher Einigung der Beteiligten (Vergleich) sowie bei der Erledigung in sonstiger

---

13 *Manssen/Weber/Rommersbach*, § 79 RdNr. 16.

14 BeckTKG-Komm/*Kerkhoff*, § 79 RdNr. 11, fordert zusätzlich die (informelle) Benachrichtigung des betroffenen Unternehmens; nach dem Gesetz ist sie aber nicht Rechtmäßigkeitsvoraussetzung der öffentlichen Zustellung.

15 *Manssen/Weber/Rommersbach*, § 79 RdNr. 16.

16 A. A. (ohne Begr.) BeckTKG-Komm/*Kerkhoff*, § 79 RdNr. 10.

17 BGH WuW/E BGH 1126, 1130; BeckTKG-Komm/*Kerkhoff*, § 79 RdNr. 12.

Weise (Zeitablauf, Insolvenz einer Gesellschaft). Der insoweit undeutliche Wortlaut[18] kann durch die typischen Beispiele ausgefüllt werden. Der Begriff „soweit" deutet an, dass auch die teilweise Beendigung des Verfahrens ohne Entscheidung umfasst ist.

13 Im Fall der Verfahrensbeendigung ohne Entscheidung erfolgt eine schriftliche Mitteilung an alle Verfahrensbeteiligten. Die Beendigungsmitteilung ist nur dann Verwaltungsakt, wenn mit ihr eine Kostenentscheidung ergeht oder wenn zugleich über den Streit um den Eintritt der Erledigung entschieden wird. Ansonsten handelt es sich um eine Verfahrenshandlung ohne Regelungscharakter.[19] Die Verletzung der Mitteilungspflicht bleibt ohne strikte verfahrensrechtliche Folgen.[20] Sie kann allerdings Amtshaftungsansprüche auslösen.[21]

14 **4. Kosten.** – Die RegTP kann den Beteiligten die Kosten der Beweiserhebung nach billigem Ermessen auferlegen. Bei dieser Vorschrift handelt es sich um eine Ermessensnorm bezüglich der Kostenregelung. **Grundsätzlich trägt die RegTP** wegen des Amtsermittlungsgrundsatzes (§ 128) **die Kosten ihrer Tätigkeit.** Das Verfahren vor der RegTP ist mithin kostenfrei. Insofern handelt es sich bei § 131 Abs. 3 um eine spezialgesetzliche Kostenregelung zur Verteilung der Kosten auf die Verfahrensbeteiligten. Ein umfassender Gebührenkatalog wie in § 80 GWB existiert im Telekommunikationsrecht nicht. Entsprechend ist auch das VwKostG keine Rechtsgrundlage für die Erhebung sonstiger Kosten (Gebühren und Auslagen). Das TKG müsste gebührenpflichtige Tatbestände und Gebührensätze selbst als Fachgesetz regeln.[22]

15 Die Kostenaufteilung zwischen den verschiedenen Schuldnern erfolgt nach billigem Ermessen. Hierbei ist auf Obsiegen und Unterliegen abzustellen.[23] Die Kosten sind auf diejenigen der Beweisaufnahme beschränkt, so dass einer Kostenentscheidung grundsätzlich eine Beweisaufnahme vorgehen muss. Andere Verfahrenskosten können der RegTP nicht erstattet werden. Der Verweis auf das billige Ermessen in Anlehnung an § 91a ZPO und § 161 Abs. 2 VwGO schließt die allgemeinen Kostengrundsätze ein. Die RegTP verfügt über ein Entschließungsermessen, bei dem sie den Grundsatz der Kostenfreiheit beachten muss, sowie über ein Auswahlermessen hinsichtlich des Kostenpflichtigen und der Kostenhöhe. Das billige Ermessen sieht hier wie in den Vorschriften der ZPO und der VwGO eine Abwägung anhand des hypothetischen Verfahrensausgangs vor. Die Kostenpflicht setzt nicht den Missbrauch von Verfahrensrechten voraus.[24]

16 Den Beigeladenen können Kosten nur auferlegt werden, wenn sie einen Antrag gestellt und Rechtsmittel eingelegt haben, § 154 Abs. 3 VwGO.[25]

17 Die Kostenentscheidung ergeht als **Verwaltungsakt.** Sie kann isoliert oder zusammen mit der Entscheidung der RegTP angefochten werden. Wird die Sachentscheidung angefochten, umfasst dies automatisch auch die Kostenentscheidung. Als spezialgesetzliche Regelung ist § 131 Abs. 3 nicht analogiefähig. Daher kann § 80 VwVfG nicht entsprechend angewandt werden.

---

18 BeckTKG-Komm/*Kerkhoff*, § 79 RdNr. 14; *Manssen/Weber/Rommersbach*, § 79 RdNr. 17.
19 *Manssen/Weber/Rommersbach*, § 79 RdNr. 20.
20 *Manssen/Weber/Rommersbach*, § 79 RdNr. 20.
21 BeckTKG-Komm/*Kerkhoff*, § 79 RdNr. 16.
22 BVerwG DÖV 1985, 110, 111.
23 BeckTKG-Komm/*Kerkhoff*, § 79 RdNr. 23.
24 Wie hier *Manssen/Weber/Rommersbach*, § 79 RdNr. 23; der Missbrauch bleibt dabei ein wichtiger Faktor der Kostenverteilung. A. A. BeckTKG-Komm/*Kerkhoff*, § 79 RdNr. 21.
25 *Manssen/Weber/Rommersbach*, § 79 RdNr. 24.

Abschnitt 3:

Verfahren

Unterabschnitt 1:

Beschlusskammern

Vor § 132

Schrifttum: *G. Bender*, Regulierungsbehörde quo vadis?, K&R 2001, 506; *v. Danwitz*, Was ist eigentlich Regulierung?, DÖV 2004, 977; *Ellinghaus*, Regulierungsverfahren, gerichtlicher Rechtsschutz und richterliche Kontrolldichte im neuen TKG, MMR 2004, 293; *Gramlich*, Ohne Regulierung kein Wettbewerb, CR 1998, 463; *Gurlit*, Neuregelungen des Verfahrens- und Prozessrechts im Regierungsentwurf zur Neufassung des TKG, K&R Beilage 1/2004, 32; *Masing*, Grundstrukturen eines Regulierungsverwaltungsrechts, Die Verwaltung 36 (2003), 1; *Oertel*, Die Unabhängigkeit der Regulierungsbehörde nach §§ 66 ff. TKG, Berlin 2000; *Ruffert*, Regulierung im System des Verwaltungsrechts, AöR 124 (1999), 237; *Stober*, Telekommunikation zwischen öffentlich-rechtlicher Steuerung und privatwirtschaftlicher Verantwortung, DÖV 2004, 221; *Trute*, Regulierung – am Beispiel des Telekommunikationsrechts, FS Brohm, München 2002, 169; *Tschentscher/Neumann*, Das telekommunikationsrechtliche Regulierungsverfahren – Verfahrensfragen, Missbrauchsaufsicht, Entbündelung, BB 1997, 2437; *Ulmen/Gump*, Die neue Regulierungsbehörde für Telekommunikation und Post, CR 1997, 396.

Übersicht

I. Beschlusskammerverfahren als Baustein eines Regulierungsverwaltungsrechts

Seit einigen Jahren wird der Versuch unternommen, den neuen Typus eines **Regulierungs-** 1 **verwaltungsrechts** zu umreißen, für dessen Entwicklung dem TK-Recht systembildende Kraft zugeschrieben wird. Die phänomenologische Beschreibung ist begleitet von behutsamen Schritten der Systematisierung und Vertypung dieser neuen Erscheinungsform.[1] Die verwaltungswissenschaftlichen Arbeiten werden vielfach durch das US-amerikanische

---

1 *Ruffert*, AöR 124 (1999), 237; *Masing*, Die Verwaltung 36 (2003), 1; *Bullinger*, DVBl. 2003, 1355; *v. Danwitz* S. 980; zur Methode der Vertypung bereichsspezifischer Regelungen und Modelle s. *Schmidt-Aßmann*, Das allgemeine Verwaltungsrecht als Ordnungsidee, 3. Aufl. 2004.

Verwaltungsmodell der Independent Regulatory Commissions[2] angeleitet. Die Analyse lässt einerseits die telekommunikationsrechtliche Regulierung durch die FCC als Vorbild erscheinen, muss jedoch andererseits in Rechnung stellen, dass die Tätigkeit der FCC in ein anderes verfassungsrechtliches Koordinatensystem gestellt ist und bereits aus diesem Grund der Modelltransformation Grenzen gesetzt sind.[3]

2 Das Regulierungsverwaltungsrecht ist durch neuartige Verwaltungsagenden und Handlungsinstrumente gekennzeichnet. Der mit dem Begriff der Regulierung verbundene Steuerungsansatz[4] verweist aber vor allem auf ein besonderes Verständnis des Zusammenhangs von Gesetz und Verwaltung. Die RegTP agiert nicht (nur) als gesetzesvollziehende Wirtschaftsaufsicht, sondern hat ein Gestaltungsmandat. Die offenen Gesetzesbegriffe bedürfen der Operationalisierung in administrativen Verfahren. Das Regulierungsverwaltungsrecht stellt damit Anforderungen an **Organisation und Verfahren**. Während die organisatorischen Anforderungen einerseits durch die – relative – Unabhängigkeit der RegTP abgearbeitet werden, ist die Verlagerung der wesentlichen Regulierungsentscheidungen auf Beschlusskammern mit einem besonderen Verwaltungsverfahren als Versuch zu deuten, für die Normenkonkretisierung angemessene Organisations- und Verfahrensstrukturen zu schaffen. Ein auf Publizität und Öffentlichkeitsbeteiligung ausgerichtetes offenes Verwaltungsverfahren ist erforderliches Korrelat der weitmaschigeren materiellrechtlichen Steuerung durch Gesetz einerseits und der Unabhängigkeit der RegTP und der Beschlusskammern andererseits.[5]

3 In dem der Regulierungsbehörde gewidmeten Teil 8 des TKG werden unter der missverständlichen Abschnittsbezeichnung „Verfahren" allein Organisation und Verfahren der Beschlusskammern normiert, denen indessen nur ein – wenn auch bedeutender – Ausschnitt aus der Tätigkeit der RegTP anvertraut ist. Die Tätigkeit der Beschlusskammern ist Entscheidungstätigkeit, ihre Verfahren sind **Entscheidungsverfahren**.[6] Diese weisen sich durch eine in tatsächlicher wie rechtlicher Hinsicht hohe Komplexität aus. Die Entscheidungsverfahren der Beschlusskammern stellen sich regelmäßig als **gestufte Verwaltungsverfahren** dar, in denen die Komplexität durch Zwischenentscheidungen abgeschichtet wird.[7] Dies gilt nicht nur für das Verfahren der Vergabe knapper Frequenzen[8], sondern ins-

2 Dazu *Albert*, Stellung, Funktion und verfassungsrechtliche Problematik der Independent Regulatory Commissions in den Vereinigten Staaten von Amerika, 1995; *Lepsius*, Verwaltungsrecht unter dem Common Law, 1997, S. 68 ff.; *Schladebach/Schönrock*, VerwArch 93 (2003), 100.

3 Rechtsvergleichende Betrachtungen bei *Ulmen/Gump*, CR 1997, 396, 398 ff.; *Moritz/Neus*, CR 1997, 239; *Windthorst*, CR 1998, 340; *Bender*, K&R 2001, 506, 510 ff.; krit. gegenüber einer unreflektierten Übernahme des US-amerikanischen Regulierungsbegriffs *Masing*, Die Verwaltung 36 (2003), 2.

4 Prägnant *Trute/Spoerr/Bosch*, § 1 RdNr. 10 ff.; nach *Masing*, Die Verwaltung 36 (2003), 31 f. haben sich die Charakteristika des Regulierungsrechts bereits unter dem Deckmantel des Ordnungsrechts angebahnt.

5 Zum Zusammenhang von Enthierarchisierung und Anforderungen an das Verwaltungsverfahren s. *Franzius*, EuR 2002, 660, 682 f.; *Trute*, FS Brohm, 2002, S. 180 ff.

6 So auch *Trute/Spoerr/Bosch*, vor § 73 RdNr. 3.

7 Siehe zu den schillernden Begriffen des gestuften Verwaltungsverfahrens oder des mehrstufigen Verwaltungsverfahrens nur *Stelkens/Bonk/Sachs*, § 9 RdNr. 161, § 35 RdNr. 91, 184; *Kopp/Ramsauer*, VwVfG, § 9 RdNr. 43.

8 Zur Verfahrensstufung des Lizenzversteigerungsverfahrens nach § 11 TKG 1996 s. *Müller-Terpitz*, K&R 2002, 75; zu der hiermit verbundenen Rechtsschutzproblematik s. instruktiv *Ehlers*, K&R 2001, 1; *Sachs*, K&R 2001, 13.

besondere auch für die Auferlegung von Verpflichtungen im Rahmen der Entgelt- und Zugangsregulierung, der eine Marktabgrenzung und -analyse vorauszugehen hat.[9] Anders strukturiert ist hingegen das Beschlusskammerverfahren nach § 133. Es ist indessen Beleg für ein umfassendes Regulierungskonzept, das nicht in einem engen Begriff der Wirtschaftsaufsicht aufgeht.

Ein Verfahrensbegriff, der nicht auf die Entscheidung als Endpunkt des Verwaltungsver- **4** fahrens fixiert ist[10], muss in Rechnung stellen, dass dem Verfahren der Entscheidungsfindung eigenständige Funktion zukommt. Die **Verfassung** stellt Anforderungen an die Ausgestaltung und Durchführung von Verwaltungsverfahren. Durch das Verfahren ist zum einen auch jenseits von Eingriffslagen ein Beitrag zur Sicherung der materiellen Grundrechte zu leisten.[11] Dieser Beitrag muss umso größer sein, je weniger präzise das materielle Gesetz die Maßstäbe des Verwaltungshandelns bestimmt.[12] Das Verwaltungsverfahren der Beschlusskammern ist zum anderen Ausprägung vorgelagerten exekutiven Rechtsschutzes.[13] Soll ihm kompensatorische Funktion im Hinblick auf die rechtsschutzbeschränkende Regelung in § 137 zukommen[14], so muss es eine wirksame Geltendmachung von Rechten im administrativen Entscheidungsverfahren ermöglichen.

II. Anwendbare Verfahrensrechtsordnung

Das Verfahren der Beschlusskammern ist in §§ 132–136 normiert. Befugnisnormen, die **5** ggf. auch außerhalb eines Regulierungsverfahrens zum Einschreiten berechtigen, sind in §§ 126–130 enthalten und berechtigen und verpflichten nunmehr – anders als die Verfahrensvorschriften der §§ 132 ff. – die RegTP als solche und nicht allein die Beschlusskammern.[15] Die Verfahrensanforderungen sind im TKG nur rudimentär und **nur für das Beschlusskammerverfahren geregelt**. Zentrale Verwaltungsgrundsätze wie die Sicherung der Neutralität sind ebenso wenig normiert wie das Akteneinsichtsrecht als bedeutsames Recht der Verfahrensbeteiligten.

1. Anwendbarkeit des Verwaltungsverfahrensgesetzes. – Als Verfahrensordnung steht **6** das **VwVfG des Bundes** zur Verfügung, das nach § 1 Abs. 1 Nr. 1 VwVfG auf die Tätigkeit der RegTP **unmittelbare Anwendung** findet.[16] Sein Verhältnis zum TKG und insbesondere zu §§ 132 ff. bestimmt sich methodisch nach dem Spezialitätsgrundsatz (§ 1 Abs. 1 letzter Hs. VwVfG). Sofern §§ 132 ff. Verfahrensanforderungen wie etwa die Beteiligtenstellung (§ 134), das Anhörungserfordernis (§ 135) oder den Schutz von Betriebs-

---

9 Siehe dazu § 13 RdNr. 27 ff.

10 Dazu grundlegend *Brohm*, VVDStRL 30 (1972), 245.

11 Grundlegend *Hesse*, EuGRZ 1978, 427, 434 f.; s. die Leitentscheidung BVerfGE 53, 30, 65 ff.; aus jüngerer Zeit BVerfGE 69, 315, 355; BVerfGE 83, 130, 152 ff.; zur Bedeutung für TKG-Regulierungsverfahren *Ulmen/Gump*, CR 1997, 396, 401.

12 *Lübbe-Wolff*, ZG 1991, 219, 241; für das TK-Recht *Koenig/Loetz/Neumann*, K&R Beilage 2/2003, 1, 35 f.; *Ulmen/Gump*, CR 1997, 396, 401; für das US-amerikanische Regulierungsrecht *Stewart*, 88 Harv.L.Rev. 1667 (1975).

13 Siehe zu dieser Verfahrensfunktion BVerfGE 53, 30, 65 ff.

14 So die Begründung des GesE, BT-Drs. 15/2316 v. 9. 1. 2004, S., 101; s.a. *Scherer*, MMR Beilage 12/2002, 23, 29; s. a. bereits *Trute/Spoerr/Bosch*, § 1 RdNr. 22.

15 Siehe zu dieser Verfahrensbereinigung *Gurlit*, K&R Beilage 1/2004, 31 f.

16 Ganz überwiegende Meinung, s. *Trute/Spoerr/Bosch*, vor § 73 RdNr. 5; *Manssen*, § 73 RdNr. 2; *Scheurle/Mayen*, § 73 RdNr. 3, 38 ff.; *Heun*, Teil 8 RdNr. 150.

und Geschäftsgeheimnissen (§ 136) für das Beschlusskammerverfahren regeln, gehen diese Regelungen grundsätzlich als speziellere den entsprechenden Vorschriften des VwVfG vor. Es bleibt allerdings jeweils zu fragen, ob die Regelungen des TKG abschließend sind oder aber den ergänzenden Rückgriff auf das VwVfG gestatten. Im Zweifel ist von einer Ergänzung durch das VwVfG auszugehen, die dessen Harmonisierungsfunktion gerecht wird.[17] Soweit Regelungen im TKG gänzlich fehlen und sich die Verfahrensordnung insoweit als unvollständig erweist, ist die Heranziehung der Normierungen des VwVfG regelmäßig geboten.[18] Von diesen Grundsätzen kann nur dann eine Ausnahme gemacht werden, wenn wegen der ratio legis des Spezialgesetzes der Rückgriff ausgeschlossen ist.[19]

7   Während der Anwendungsbereich des VwVfG für die gesamte öffentlich-rechtliche Verwaltungstätigkeit der Bundesbehörden eröffnet ist, gelten seine Verfahrensgrundsätze nur für **Verwaltungsverfahren i. S. v. § 9 VwVfG**. Insoweit wird die unmittelbare Geltung der §§ 10 ff. VwVfG auf die Verfahren begrenzt, die auf den Erlass eines Verwaltungsaktes oder den Abschluss eines öffentlich-rechtlichen Vertrages gerichtet sind.[20] Die **Handlungsformabhängigkeit** hat Folgen für die Anwendung des VwVfG auf die Verfahren der Beschlusskammern. Die ihnen zugewiesenen Regulierungsverfügungen nach dem Zweiten Teil und Entscheidungen nach §§ 55 Abs. 9, 61, 62 und 81 stellen sich zwar als Verwaltungsakte dar, die ein Verwaltungsverfahren nach § 9 VwVfG abschließen.[21] Dies gilt aber nicht für die Feststellung der Ergebnisse der Marktabgrenzung und -analyse nach §§ 10 ff., die den Regulierungsverfügungen vorausgehen. Hierbei handelt es sich um eigenständige Verfahren, die aber regelmäßig nicht selbst mit einem Verwaltungsakt abgeschlossen werden.[22]

8   Für diese Verfahren können aber bestehende Regelungslücken durch eine **entsprechende Anwendung von §§ 10 ff. VwVfG** geschlossen werden, sofern Besonderheiten der Sachmaterie nicht entgegenstehen.[23] Gleiches gilt für die Verwaltungstätigkeit der RegTP außerhalb des Beschlusskammerverfahrens, sofern sie nicht ohnehin auf den Erlass eines Verwaltungsakts oder den Abschluss eines öffentlich-rechtlichen Vertrages gerichtet ist. Eine analoge Anwendung der §§ 10 ff. VwVfG wird auch erwogen, wenn die RegTP oder ihre Beschlusskammern von Formen **informellen Verwaltungshandelns** Gebrauch machen. Derartiges Handeln ist denkbar, wenn die RegTP oder die Beschlusskammern vor, neben oder statt eines Verwaltungsverfahrens formlose Verständigungen herbeiführen oder sich an sonstigen Kooperationsprozessen beteiligen.[24] Über die Rechtmäßigkeit insbesondere verwaltungsaktersetzenden informellen Handelns entscheidet maßgeblich das materielle Recht. Verfahrensrechtlich ist hingegen sicherzustellen, dass zentrale rechtsstaatliche

---

17 BVerwGE 85, 79, 83; BVerwGE 112, 80, 88 f.; *Stelkens/Bonk/Sachs*, § 1 RdNr. 211; *Knack/Meyer*, § 1 RdNr. 30 f.
18 BVerwGE 88, 130, 132; *Stelkens/Bonk/Sachs*, § 1 RdNr. 209.
19 Zu einem solchen Sonderfall s. BGHZ 77, 366; s. a. *Knack/Meyer*, § 1 RdNr. 33.
20 *Kopp/Ramsauer*, VwVfG, § 9 RdNr. 13; *Knack/Clausen*, § 9 RdNr. 11; *Stelkens/Bonk/Sachs*, § 9 RdNr. 86.
21 So auch *Trute/Spoerr/Bosch*, vor § 73 RdNr. 18; a. A. *Manssen*, § 73 RdNr. 3.
22 Siehe dazu § 12 RdNr. 50; § 13 RdNr. 29.
23 *Kopp/Ramsauer*, VwVfG, § 9 RdNr. 4a m. w. N.; s. a. *Stelkens/Bonk/Sachs*, § 9 RdNr. 4; so wohl auch für „Informationsgewinnungs- und Konzeptsetzungsverfahren" unter dem TKG 1996 *Trute/Spoerr/Bosch*, vor § 73 RdNr. 19.
24 Zu den Formen informellen Verwaltungshandelns s. grundlegend *Bohne*, Der informale Rechtsstaat, 1981; s. a. den Überblick bei *Stelkens/Bonk/Sachs*, § 9 RdNr. 162 ff.

Anforderungen an die Neutralität, Transparenz und Publizität nicht durch das Ausweichen auf die Informalität unterlaufen werden.[25] Eine weitergehende Verrechtlichung des Informalen durch vollständige Anwendung des VwVfG dürfte i.ü. allein sein Abwandern in Zonen der Unsichtbarkeit für Dritte provozieren.[26]

2. Berücksichtigung des Kartellverfahrensrechts. – Vielfach wird darauf verwiesen, die 9 Beschlusskammern seien den Beschlussabteilungen nach § 51 Abs. 2 GWB nachgebildet.[27] In der Tat weisen die verfahrensrechtlichen Vorschriften der §§ 54 ff. GWB zahlreiche Übereinstimmungen mit §§ 132 ff. auf. Allerdings enthält auch das GWB verfahrensrechtliche Regelungslücken, die ebenfalls durch die Anwendung des VwVfG geschlossen werden.[28] Zudem ist das kartellrechtliche Verfahren auf die Beschlussabteilungen als alleinigen Entscheidungsträgern des BKartA nach § 51 Abs. 2 GWB zugeschnitten, während das TKG durch eine duale Verfahrensstruktur geprägt ist. Aber auch soweit die Verfahrensvorschriften in GWB und TKG wortgleich sind, können die unter dem **GWB** ausgeprägten Grundsätze für das Verfahren der Beschlussabteilungen **nicht** umstandslos auf das Verfahren der Beschlusskammern **übertragen werden.** Dagegen spricht, dass die sektorspezifische Regulierung nach dem TKG einem anderen Steuerungsansatz als die Wettbewerbsaufsicht nach dem GWB folgt.[29] Es ist deshalb jeweils normspezifisch zu klären, ob kartellrechtliche Auslegungen auf die Verfahrensnormen des TKG zu übertragen sind.

III. Verfahrensrechtsnormen im Einzelnen

Der folgende Überblick beschränkt sich auf die Erörterung der Anwendung derjenigen 10 wichtigen Verfahrensgrundsätze, die im TKG überhaupt keine Regelung gefunden haben. Insoweit gelten die Überlegungen i.d.R. sowohl für das Beschlusskammerverfahren als auch für das Verwaltungsverfahren außerhalb der Zuständigkeit der Beschlusskammern. Soweit für das Beschlusskammerverfahren in §§ 134 ff. Verfahrensregelungen getroffen wurden, bleibt die Diskussion einer ergänzenden Anwendung des VwVfG den jeweiligen Normkommentierungen vorbehalten.

1. Sicherung der Neutralität. – Zur Sicherung der Neutralität normiert § 20 VwVfG 11 Grundsätze für ausgeschlossene Personen. Zwar mögen durch die organisatorisch-institutionelle Trennung der hoheitlichen Aufgaben der RegTP von der Wahrnehmung der Eigentümerbefugnisse an der DTAG Vorkehrungen zur Vermeidung von Inkompatibilitäten getroffen sein.[30] Das TKG enthält aber weder für die Regelverfahren der RegTP noch für das Beschlusskammerverfahren Sicherungen gegen **personelle Inkompatibilitäten.** Insbesondere behördliches Handeln von Personen, die zugleich entgeltlich bei einem Beteiligten beschäftigt sind oder bei ihm leitende Organfunktionen wahrnehmen (§ 20 Abs. 1 Nr. 5

---

25 *Trute/Spoerr/Bosch*, vor § 73 RdNr. 20; allgemein *Bohne* (Fn. 24) S. 150 ff.
26 Siehe zu Ansätzen der Verrechtlichung § 71 c Abs. 2 VwVfG, § 5 UVPG.
27 BeckTKG-Komm/*Kerkhoff*, § 73 RdNr. 2; *Ulmen/Gump*, CR 1997, 396, 401.
28 So allgemein für das Verhältnis der § 54 ff. GWB zum VwVfG *Immenga/Mestmäcker/Klaue*, § 54 RdNr. 9; FK/*Bracher*, vor § 54 RdNr. 2.
29 So tendenziell auch *Scheurle/Mayen*, § 73 RdNr. 3.
30 *Trute/Spoerr/Bosch*, vor § 73 RdNr. 7; zur von §§ 20, 21 nicht geregelten institutionellen Inkompatibilität s. *Kopp/Ramsauer*, VwVfG, § 20 RdNr. 9; *Stelkens/Bonk/Sachs*, § 20 RdNr. 8.

VwVfG)[31] oder die außerhalb ihres Amtes in einer Verwaltungssache gutachterlich tätig geworden sind (§ 20 Abs. 1 Nr. 6)[32], muss aus rechtsstaatlichen Gründen ausgeschlossen werden. **§ 20 VwVfG** findet auf beide Verfahrensarten der RegTP **unmittelbare Anwendung**.[33] Da die Beschlusskammern Ausschüsse i. S. v. § 88 VwVfG sind (RdNr. 18), bedarf es in diesen Verfahren für den Ausschluss eines Mitglieds einer konstitutiven Entscheidung nach § 20 Abs. 4 VwVfG.[34] Wegen seiner rechtsstaatlichen Grundlegung muss § 20 VwVfG auch außerhalb von Verwaltungsverfahren i. S. v. § 9 VwVfG, also in nicht VA-bezogenen Verfahren oder bei informellen Verwaltungshandeln der RegTP, sinngemäß zur Anwendung kommen.[35] Schließlich kann als für eine Behörde handelnde Person auch ein von der RegTP herangezogener externer Gutachter angesehen werden, auf den § 20 VwVfG jedenfalls entsprechende Anwendung findet.[36]

12   § 21 VwVfG regelt Voraussetzungen und Folgen der konkreten **Besorgnis der Befangenheit** („Vetternwirtschaft") als Auffangtatbestand zu der bereits kraft Gesetzes angeordneten Befangenheit für bestimmte Personengruppen nach § 20 VwVfG.[37] § 21 VwVfG greift bereits Platz beim „bösen Schein" einer Interessenkollision.[38] Eine derartige, die unparteiische Amtsführung sichernde Vorschrift findet sich im TKG weder für das Verfahren der RegTP als solche noch für die Beschlusskammerverfahren. Auch **§ 21 VwVfG** findet in beiden Verfahrensarten **unmittelbare Anwendung**.[39] Für die Mitglieder einer Beschlusskammer als Ausschuss i. S. v. § 88 VwVfG gilt auch hier das Gebot einer konstitutiven Kammerentscheidung über den Ausschluss (§ 21 Abs. 2 i. V. m. § 20 Abs. 4 VwVfG).

13   **2. Amtsermittlungsgrundsatz.** – Nach § 24 Abs. 1 VwVfG ermittelt die Behörde den Sachverhalt von Amts wegen. Sie bestimmt Art und Umfang der Ermittlungen und ist an das Vorbringen und an die Beweisanträge der Beteiligten nicht gebunden. Nach einer im Schrifttum vertretenen Auffassung wird hingegen § 24 VwVfG ebenso wie § 26 VwVfG

---

31 Es kommt nach richtiger Ansicht nicht darauf an, ob die Tätigkeit durch wirtschaftliche Interessen motiviert ist oder in amtlicher Eigenschaft wahrgenommen wird, s. BVerwGE 69, 263; BVerwGE 75, 214; BVerwGE 78, 347; OLG Brandenburg NVwZ 1999, 1142; s. a. *Kopp/Ramsauer*, VwVfG, § 20 RdNr. 27; *Knack/Clausen*, § 20 RdNr. 17; *Stelkens/Bonk/Sachs*, § 20 RdNr. 37; s. die Sonderregelung in § 51 Abs. 5 GWB.

32 Die gutachterliche Tätigkeit muss im inneren Zusammenhang mit dem konkreten Fall stehen, ein lediglich gleichliegender Fall führt nicht zum Ausschluss, s. *Kopp/Ramsauer*, VwVfG, § 20 RdNr. 30; *Knack/Clausen*, § 20 RdNr. 18; *Stelkens/Bonk/Sachs*, § 20 RdNr. 39.

33 *Manssen*, § 73 RdNr. 3; *Trute/Spoerr/Bosch*, vor § 73 RdNr. 7; *Scheurle/Mayen*, § 73 RdNr. 42; BeckTKG-Komm/*Kerkhoff*, § 73 RdNr. 34; für das kartellrechtliche Verfahren ebenso *Immenga/Mestmäcker/Klaue*, § 51 RdNr. 18; *Langen/Bunte/Schultz*, § 51 RdNr. 8; FK/*Bracher*, vor § 54 RdNr. 9.

34 Zum Verfahren und zu den Folgen der Mitwirkung eines ausgeschlossenen Mitglieds s. *Kopp/Ramsauer*, VwVfG, § 20 RdNr. 50 ff.; *Knack/Clausen*, § 20 RdNr. 22; *Stelkens/Bonk/Sachs*, § 20 RdNr. 53 f.

35 *Kopp/Ramsauer*, VwVfG, § 20 RdNr. 7; *Stelkens/Bonk/Sachs*, § 20 RdNr. 20; a. A. für nicht VA-bezogenes Verwaltungshandeln BVerwG DVBl. 1987, 1159; s. a. OLG Brandenburg NVwZ 1999, 1142 für die Anwendung in Vergabeverfahren; so auch BVerwG NVwZ 2000, 1412.

36 So auch *Knack/Clausen*, § 20 RdNr. 9; *Stelkens/Bonk/Sachs*, § 20 RdNr. 26.

37 Zum Verhältnis von § 20 zu § 21 VwVfG s. *Knack/Clausen*, § 20 RdNr. 24; *Stelkens/Bonk/Sachs*, § 20 RdNr. 9 ff, § 21 RdNr. 2 f.

38 Zu den Maßstäben s. BVerwGE 91, 262; BVerwGE 106, 263; s. a. *Stelkens/Bonk/Sachs*, § 21 RdNr. 9 f.; *Kopp/Ramsauer*, VwVfG, § 21 RdNr. 5; *Knack/Clausen*, § 21 RdNr. 5.

39 *Manssen*, § 73 RdNr. 3; *Trute/Spoerr/Bosch*, vor § 73 RdNr. 8.

wegen der spezielleren Regelung in § 128 in seinen wesentlichen Teilen verdrängt.[40] Indessen setzt § 128 den Amtsermittlungsgrundsatz voraus und regelt als Befugnisnorm im Wesentlichen die Voraussetzungen der Beweiserhebung und der zulässigen Beweismittel.[41] Mit dem Verweis auf die Regelungen der ZPO in § 128 Abs. 2 ist nicht etwa die Verhandlungsmaxime maßgeblich geworden. Es bleibt deshalb dabei, dass die RegTP und die Beschlusskammern den Sachverhalt nach dem **unmittelbar anwendbaren § 24 VwVfG zu** ermitteln haben.[42] Zutreffend ist hingegen, dass die Beweismittelregelung in § 26 VwVfG weitgehend durch § 128 überlagert wird.

3. Akteneinsichtsrecht. – § 135 normiert zwar ein Anhörungsrecht der Beteiligten, gewährt ihnen hingegen keinen Anspruch auf Akteneinsicht. Das Akteneinsichtsrecht der Verfahrensbeteiligten ist ein zentraler rechtsstaatlicher Grundsatz, der auch im telekommunikationsrechtlichen Verfahren Beachtung erfordert. Zwar bestehen in Umsetzung von Art. 6 RRL Veröffentlichungspflichten der RegTP; die Bekanntmachung der Entwürfe von Marktanalyse und Regulierungsverfügungen und der jeweiligen Anhörung und ihrer Ergebnisse nach §§ 12 Abs. 1 S. 2, 13 Abs. 1 S. 1[43] deckt aber nur einen Teil des behördlichen Datenbestandes ab, der im Rahmen eines Regulierungsverfahrens Bestandteil der Verfahrensakten ist. **§ 29 VwVfG** findet deshalb grundsätzlich sowohl im Regelverfahren der RegTP als auch im Beschlusskammerverfahren **unmittelbare Anwendung.**[44] Erst durch die Ergänzung des Rechts zur Stellungnahme nach § 135 um einen Informationsanspruch wird die Gewährleistung rechtlichen Gehörs wirksam.[45]

§ 29 Abs. 1 VwVfG beschränkt allerdings das Akteneinsichtsrecht gegenständlich auf die das Verfahren betreffenden Akten, persönlich auf die Verfahrensbeteiligten und in zeitlicher Hinsicht auf die Dauer des Verwaltungsverfahrens. Liegen diese Voraussetzungen nicht vor, steht die Informationsgewährung im Ermessen der Behörde, das sich nur ausnahmsweise auf einen Einsichtsanspruch reduziert.[46] Das vielfach kritisierte Prinzip der „**beschränkten Aktenöffentlichkeit**"[47] steht aber möglicherweise kurz vor seiner Preisgabe. Dem europarechtlich induzierten Prinzip der Aktenöffentlichkeit im Umweltrecht folgend[48], wurde Anfang Juni 2005 vom Bundestag das „Informationsfreiheitsgesetz" verab-

14

15

40 *Manssen*, § 73 RdNr. 3.
41 So auch *Scheurle/Mayen*, § 76 RdNr. 2, 12.
42 *Scheurle/Mayen*, § 76 RdNr. 2, 3; *Trute/Spoerr/Bosch*, vor § 73 RdNr. 9; *S.-E. Heun*, Teil 8 RdNr. 157; *Manssen*, § 76 RdNr. entnimmt hingegen den Untersuchungsgrundsatz unmittelbar § 128 (§ 76 TKG 1996); BeckTKG/*Kerkhoff*, § 76 RdNr. 2 spricht von der Heranziehung von § 24 VwVfG als „allgemeiner Rechtsgrundlage"; der Entwurf des TKG 1996 geht von der Geltung des Untersuchungsgrundsatzes aus, s. BR-Drs. 80/96, S. 52; für das Kartellrecht gehen *Immenga/Mestmäcker/K. Schmidt*, § 57 RNr. 1 für den wortgleichen § 57 GWB von einer „Ersetzung" des § 24 VwVfG aus.
43 Zum Umfang der Veröffentlichungspflichten s. § 12 RdNr. 20.
44 Zur Beschlusskammerpraxis s. RegTP WuW/E DE-V 63, 65; *Trute/Spoerr/Bosch*, vor § 73 RdNr. 10; *Manssen*, § 73 RdNr. 4, § 75 RdNr. 13; BeckTKG-Komm/*Kerkhoff*, § 75 RdNr. 6; *Scheurle/Mayen*, § 75 RdNr. 14; für das kartellrechtliche Verfahren s. *Immenga/Mestmäcker/K. Schmidt*, § 56 RdNr. 11; *Bechtold*, vor § 54 RdNr. 2, § 56 RdNr. 2; FK/*Bracher*, vor § 54 RdNr. 11, § 56 RdNr. 10; *Langen/Bunte/Schultz*, § 56 RdNr. 4.
45 *Manssen*, § 135 RdNr. 12; *Scheurle/Mayen*, § 75 RdNr. 14; BeckTKG-Komm/*Kerkhoff*, § 75 RdNr. 5; zu den Voraussetzungen und Grenzen des Akteneinsichtsrechts s. § 135 RdNr. 15 ff.
46 *Kopp/Ramsauer*, VwVfG, § 29 RdNr. 8; *Stelkens/Bonk/Sachs*, § 29 RdNr. 18; *Knack/Clausen*, § 29 RdNr. 9.
47 GesE der BReg eines Verwaltungsverfahrensgesetzes, BT-Drs. 7/910, S. 52.

schiedet, das ein voraussetzungsloses und verfahrensunabhängiges Recht auf Informationszugang vorsieht[49] und damit entsprechenden Regelungen einiger Bundesländer nachfolgt.[50] Die von Art. 6 RRL intendierte Publizität und Transparenz der Tätigkeit der RegTP würde hierdurch unzweifelhaft gefördert.

16   **4. Anwendung der verwaltungsaktsbezogenen Normen.** – Während für das Regelverfahren der RegTP ausdrückliche Handlungsformgebote nicht normiert sind, entscheiden die Beschlusskammern nach § 132 Abs. 1 S. 2 durch Verwaltungsakt.[51] Die Vorschriften des **3. Teils des VwVfG** über den Verwaltungsakt finden **unmittelbare Anwendung**.[52] Es bleibt jeweils normspezifisch der Vorrang spezieller Regelung im TKG zu prüfen. So enthält das TKG einige Regelungen über die Zulässigkeit von **Nebenbestimmungen** (§§ 35 Abs. 3, 55 Abs. 8, 60 Abs. 2), die allerdings den Rückgriff auf § 36 Abs. 2 VwVfG nicht ausschließen.[53] Auch für die **Aufhebung von Verwaltungsakten** ist der Vorrang spezieller Aufhebungsgrundlagen zu berücksichtigen, der sich allerdings im Wesentlichen in einer Beschränkung des Widerrufs nach § 49 VwVfG äußert (§ 63). Grundsätzlich anwendbar ist mit § 45 VwVfG schließlich auch die Vorschrift über die **Heilung von Verfahrensfehlern**.[54]

17   **5. Vorschriften für das förmliche Verwaltungsverfahren.** – Nach § 63 Abs. 1 VwVfG gelten erhöhte Formanforderungen im Verwaltungsverfahren, wenn dies durch Rechtsvorschrift angeordnet ist. Eine entsprechende Anordnung enthält das TKG nicht. Gleichwohl entspricht es der überwiegenden Meinung im Schrifttum, dass **§§ 63 ff. VwVfG** auf das Beschlusskammerverfahren – nicht aber auf das Regelverfahren der RegTP – **entsprechende Anwendung** finden.[55] Dieser Auffassung ist i.E. zuzustimmen. Nach dem gesetzgeberischen Willen soll das Beschlusskammerverfahren justizähnlich ausgestaltet sein, um insbesondere dem Umstand Rechnung zu tragen, dass die RegTP auch als Schlichterin in Streitigkeiten zwischen Unternehmen agiert.[56] Deshalb enthält das TKG mit dem Gebot öffentlicher mündlicher Verhandlung (§ 135 Abs. 3) auch Elemente, die das Beschlusskammerverfahren als förmliches Verfahren i.w.S.[57] ausweisen. Der besonderen Funktion des Verfahrens entspricht es, erhöhte Anforderungen an die Richtigkeitsgewähr und an die Transparenz zu stellen, soweit sich speziellere Regelungen nicht bereits im TKG finden.[58]

---

48 Umweltinformationsgesetz (UIG) i. d. F. v. 22. 12. 2004, BGBl. I S. 3704.
49 Entwurf eines Gesetzes zur Regelung des Zugangs zu Informationen des Bundes, BT-Drs. 15/4493 v. 14. 12. 2004.
50 Gegenwärtig verfügen die Länder Brandenburg, Berlin, Schleswig-Holstein und Nordrhein-Westfalen über allgemeine Informationszugangsgesetze, s. dazu ausführlicher *Knack/Clausen*, § 29 RdNr. 44 ff.; *Gurlit*, DVBl. 2003, 1119, 1129 ff.
51 Zur Reichweite des Handlungsformgebots für die Beschlusskammern s. § 132 RdNr. 30 f.
52 *Manssen*, § 73 RdNr. 5.
53 Siehe zum Vorrang spezialgesetzlicher Regelung *Kopp/Ramsauer*, VwVfG, § 36 RdNr. 4, 4a, 40; *Stelkens/Bonk/Sachs*, § 36 RdNr. 58 ff.
54 *Manssen*, § 73 RdNr. 6; *Trute/Spoerr/Bosch*, vor § 73 RdNr. 14; s. dazu im Einzelnen § 135 folgt. 41–43.
55 *Scheurle/Mayen*, § 73 RdNr. 38; *Manssen*, § 73 RdNr. 7; BeckTKG-Komm/*Kerkhoff*, § 74 RdNr. 3; offen *Trute/Spoerr/Bosch*, vor § 73 RdNr. 15.
56 Gesetzentwurf zum TKG 1996, BR-Drs. 80/96, S. 51.
57 Siehe zu diesem Begriff *Stelkens/Bonk/Sachs*, § 63 RdNr. 10 ff.; *Kopp/Ramsauer*, VwVfG, § 63 RdNr. 2.
58 Zur Analogiefähigkeit von §§ 63 ff. VwVfG s. *Kopp/Ramsauer*, VwVfG, § 63 RdNr. 4a, 10; *Stelkens/Bonk/Sachs*, § 63 RdNr. 12; *Knack/Dürr*, § 63 RdNr. 4.

6. Vorschriften für Ausschüsse. – §§ 88–93 VwVfG normieren Grundsätze für den Sit- **18** zungsablauf, die organschaftliche Willenbildung und die Beschlussfassung von Ausschüssen. Diese Gebote können nicht im Regelverfahren, wohl aber im Beschlusskammerverfahren Anwendung finden, sofern man die Beschlusskammern als **kollegiale Einrichtungen** in einem Verwaltungsverfahren **i. S. v. § 88 VwVfG** qualifiziert. Ausschüsse müssen sich durch die Willensbildung nach dem Kollegialprinzip[59], durch ein gewisses Maß an organisatorischer Verfestigung[60] und schließlich durch eine Mindestzahl von drei Ausschussmitgliedern auszeichnen.[61] Die Beschlusskammern entscheiden nach § 132 durch Mehrheitsbeschluss, sind mit zugewiesenen Entscheidungszuständigkeiten gesetzlich institutionalisiert und bestehen aus einem Vorsitzenden und zwei Beisitzern. Sie erfüllen deshalb grundsätzlich die Voraussetzungen des § 88 VwVfG.[62] Da das innere Verfahren der Entscheidungsbildung bislang nicht durch eine die Anwendung von §§ 88 ff. VwVfG ausschließende Regelung im TKG normiert ist, finden §§ 88 ff. auf die Tätigkeit der Beschlusskammern in den Entscheidungsverfahren **unmittelbare Anwendung**.[63] Entsprechende Anwendung findet zudem § 71 VwVfG.

---

59 *Kopp/Ramsauer*, VwVfG, § 88 RdNr. 5; *Stelkens/Bonk/Sachs*, § 88 RdNr. 6.

60 *Kopp/Ramsauer*, VwVfG, § 88 RdNr. 6; *Stelkens/Bonk/Sachs*, § 88 RdNr. 8; *Knack/Henneke*, § 88 RdNr. 4.

61 Dies wird aus § 90 VwVfG geschlossen,, s. *Kopp/Ramsauer*, VwVfG, § 88 RdNr. 6; *Stelkens/ Bonk/Sachs*, § 88 RdNr. 10; *Knack/Henneke*, § 88 RdNr. 4.

62 So auch *Scheurle/Mayen*, § 73 RdNr. 7; *Manssen*, § 73 RdNr. 8; BeckTKG-Komm/*Kerkhoff*, § 73 RdNr. 14; offen *Trute/Spoerr/Bosch*, vor § 73 RdNr. 16, bereits BR-Drs. 80/96, S. 51 bezeichnete die Beschlusskammern als „Kollegialspruchkörper".

63 *Scheurle/Mayen*, § 73 RdNr. 8; BeckTKG-Komm/*Kerkhoff*, § 73 RdNr. 15; für die Beschlussabteilungen nach § 51 Abs. 2 GWB ebenso FK/*Bracher*, vor § 54 RdNr. 17; *Immenga/Mestmäcker/ Klaue*, § 51 RdNr. 5; a. A. *Langen/Bunte/Schultz*, § 51 RdNr. 6.

§ 132 Beschlusskammerentscheidungen

(1) Die Regulierungsbehörde entscheidet durch Beschlusskammern in den Fällen des Teils 2 und des § 55 Abs. 9, der §§ 61, 62 und 81; Abs. 3 Satz 1 bleibt unberührt. Die Entscheidung ergeht durch Verwaltungsakt. Die Beschlusskammern werden mit Ausnahme des Absatzes 3 nach Bestimmung des Bundesministeriums für Wirtschaft und Arbeit gebildet.

(2) Die Beschlusskammern entscheiden in der Besetzung mit einem Vorsitzenden oder einer Vorsitzenden und zwei beisitzenden Mitgliedern. Der oder die Vorsitzende und die beisitzenden Mitglieder müssen die Befähigung für eine Laufbahn des höheren Dienstes erworben haben. Mindestens ein Mitglied der Beschlusskammer muss die Befähigung zum Richteramt haben.

(3) In den Fällen des § 55 Abs. 9, der §§ 61, 62 und 81 entscheidet die Beschlusskammer in der Besetzung mit dem Präsidenten als Vorsitzendem oder der Präsidentin als Vorsitzender und den beiden Vizepräsidenten oder Vizepräsidentinnen als beisitzende Mitglieder; Abs. 2 Satz 2 und 3 findet insoweit keine Anwendung. Die Vertretung in Verhinderungsfällen wird in der Geschäftsordnung nach § 116 Abs. 2 geregelt. Die Entscheidung in den Fällen des § 61 Abs. 4 Nr. 2 und 4 und des § 81 erfolgt im Benehmen mit dem Beirat.

(4) Zur Wahrung einer einheitlichen Spruchpraxis in Fällen vergleichbarer oder zusammenhängender Sachverhalte und zur Sicherstellung des Konsistenzgebotes nach § 27 Abs. 2 sind in der Geschäftsordnung der Regulierungsbehörde Verfahren vorzusehen, die vor Erlass von Entscheidungen umfassende Abstimmungs-, Auskunfts- und Informationspflichten der jeweiligen Beschlusskammern und der Abteilungen vorsehen. Soweit Entscheidungen der Beschlusskammern nach den §§ 18, 19, 20, 21, 24, 30, 39, 40 und 41 Abs. 1 betroffen sind, ist in der Geschäftsordnung sicherzustellen, dass Festlegungen nach den §§ 10 und 11 durch die Präsidentenkammer erfolgen.

Schrifttum: wie vor § 132; zusätzlich: *Ehlers*, Bestandskraft von vor Vergabe der UMTS-Lizenzen erlassenen verfahrensleitenden Verfügungen der RegTP, K&R 2001, 1; *Eschweiler*, Die Regulierungsbehörde im Spannungsfeld zwischen Unabhängigkeit und Weisungsunterworfenheit, K&R 2001, 238; *Th. Groß*, Das Kollegialprinzip in der Verwaltungsorganisation, Tübingen 1999; *Mayen*, Verwaltung durch unabhängige Einrichtungen, DÖV 2004, 45; *Müller-Terpitz*, Verwaltungsrechtliche Aspekte des Vergabeverfahrens nach § 11 TKG, K&R 2002, 75; *Sachs*, Bestandskraft der RegTP-Entscheidungen im Versteigerungsverfahren der UMTS-Lizenzen?, K&R 2001, 13; *J.-P. Schneider*, Flexible Wirtschaftsregulierung durch unabhängige Behörden im deutschen und britischen Recht, ZHR 164 (2000), 513.

Übersicht

I. Normzweck

1   Mit der Institutionalisierung der Beschlusskammern hat sich der Gesetzgeber für eine duale Verfahrensstruktur entschieden: Im „Normalverfahren" trifft die RegTP ihre Entscheidungen intern durch den jeweils zuständigen Amtswalter und extern durch den Präsidenten als Behördenleiter. Abweichend hiervon legt § 132 bestimmte, abschließend benannte Entscheidungen in die ausschließliche Zuständigkeit der Beschlusskammern, die gemäß §§ 133 ff. nach besonderen, nur für sie geltenden Verfahrensregeln handeln. Ungeachtet der Frage interpretatorischer Konsequenzen entspricht die Verfahrensorganisation im Wesentlichen derjenigen nach §§ 51 ff. GWB. Mit der Schaffung kollegialer Beschlusskammern sollte dem Umstand Rechnung getragen werden, dass die RegTP nach der Interessentenstruktur der Streitigkeiten häufig real als Schlichter zwischen mehreren Parteien agiert.[1] Die verfahrensrechtliche Sonderung der Kammern soll zugleich einen Beitrag zu der von Art. 3 Abs. 2 RRL geforderten Unabhängigkeit der RegTP leisten.[2]

II. Entstehungsgeschichte

2   Die Beschlusskammern hatten Vorläufer in den sog. „unabhängigen Beschlusskammern", die nach § 15 Abs. 1 PTRegG beim damaligen Bundesministerium für Post und Telekommunikation gebildet wurden.[3] Die Beschlusskammern waren von Beginn an integraler Bestandteil der verfahrensrechtlichen Regulierungsstruktur nach §§ 73 ff. TKG 1996.[4] Der Regierungsentwurf für das TKG 1996 sah das Beschlusskammerverfahren zunächst als das Regelverfahren an, von dem Ausnahmen vorzusehen waren.[5] Erst auf Ausschussempfehlung wurde das Handeln durch Beschlusskammern auf einen enumerativen Zuständigkeitskatalog begrenzt. Dies wurde damit begründet, die Zuständigkeit der Beschlusskammern sei auf die Fälle zu begrenzen, in denen tatsächlich Streitfälle mit mehreren Beteiligten zu entscheiden seien.[6] Zugleich wurden Regelungen für die Bildung und Besetzung der Beschlusskammern, namentlich die Einrichtung einer besonderen Präsidentenkammer, eingefügt. Ihre Zuständigkeit sollte sich aus dem besonderen Gewicht der ihr zugewiesenen Entscheidungen rechtfertigen.[7]

3   § 132 als Nachfolgevorschrift zu § 73 TKG 1996 hat die **Zuständigkeiten der Beschlusskammern** im Wesentlichen an **das veränderte materielle Recht angeglichen**.[8] Für die Bildung der Beschlusskammern wurde neben der Anpassung an die Anforderungen an eine geschlechtsgerechte Sprache in § 132 Abs. 2 S. 3 das Gebot aufgenommen, dass mindestens ein Mitglied jeder Kammer die **Befähigung zum Richteramt** aufweisen muss, um der

---

1 GesE der BReg, BR 80/96 v. 9. 2. 1996, S. 51.

2 Gegenäußerung der BReg zur Stellungnahme des BR, BT-Drs. 13/4438 Anlage 3 v. 23. 4. 1996, S. 38; s. a. *Manssen*, § 73 RdNr. 9.

3 Siehe dazu mit weiteren Nachweisen zur Rechtsstellung der Kammern nach § 15 PTRegG *Scheurle/Mayen*, § 73 RdNr. 2.

4 Zur Entstehungsgeschichte von § 73 TKG 1996 s. *Scheurle/Mayen*, § 73 RdNr. 4, 5.

5 § 70 Abs. 1 S. 1 TKG-E des GesE der BReg, BR-Drs. 80/96 v. 9. 2. 1996.

6 Beschlussempfehlung des Ausschusses für Post und Telekommunikation, BT-Drs. 13/4864 (neu) v. 12. 6. 1996, S. 82; s. a. Stellungnahme des BR, BR-Drs. 80/96 v. 22. 3. 1996, S. 40.

7 § 70 Abs. 3 TKG; s. BT-Drs. 13/4864 (neu) S. 82.

8 Siehe dazu ausführlicher RdNr. 10–12.

wachsenden Komplexität der rechtlichen Fragestellungen Rechnung zu tragen.[9] Während der Referentenentwurf von April 2003 die **Präsidentenkammer** mit umfassenden Zuständigkeiten versehen wollte, ist die Gesetz gewordene Fassung des § 132 Abs. 3 bescheidener ausgefallen. Neu ist ebenfalls das in § 132 Abs. 4 normierte Gebot zur geschäftsordnungsmäßigen Etablierung verfahrensrechtlicher Vorkehrungen zur **Wahrung einer einheitlichen Spruchpraxis** der Beschlusskammern, die nicht nur zur Einhaltung des in § 27 Abs. 2 ausdrücklich normierten Konsistenzgebots, sondern auch in anderen Konstellationen erforderlich sind.

III. Einzelerläuterungen

1. Rechtsstellung der Beschlusskammern. – Die Beschlusskammern sind Ausschüsse 4 i. S. v. §§ 88 VwVfG.[10] Mit dieser Qualifizierung ist ihre Rechtsnatur und Rechtstellung allerdings noch nicht abschließend bestimmt. Ausschüsse können sowohl selbst Behörde i. S. v. § 1 Abs. 4 VwVfG als auch unselbstständiger Bestandteil einer Behörde sein.[11] Nach dem Wortlaut des § 132 Abs. 1 S. 1, demzufolge die RegTP durch Beschlusskammern entscheidet, sind die Beschlusskammern unselbstständiger Bestandteil der RegTP und nicht selbst Behörde. Die Beschlusskammern handeln folglich als **unselbstständige Organisationseinheiten innerhalb der RegTP und als ihr Organ**.[12]

Ungeachtet der vom Gesetzgeber apostrophierten justizähnlichen Ausgestaltung des Be- 5 schlusskammerverfahrens[13] sind die Beschlusskammern keine unabhängigen Gerichte, sondern Teile der Verwaltung.[14] Aus dem demokratischen Gebot der Legitimation staatlichen Handelns wird vielfach ein **Verbot weisungsfreier Räume** gefolgert. Die sachlich-inhaltliche Legitimation exekutiven Handelns verlangt grundsätzlich das Letztentscheidungsrechts eines dem Parlament verantwortlichen Verwaltungsträgers, dessen Amtswalter im Auftrag und nach Weisung handeln.[15] Allerdings sind weisungsfreie Räume von Verwaltungsträgern anerkannt, wie etwa für den Bereich funktionaler Selbstverwaltung.[16] Auch rechtlich unselbstständige Verwaltungseinheiten innerhalb einer Behörde können bereichsspezifisch – wie dies etwa für Prüfungsausschüsse anerkannt ist – weisungsfreie Räume beanspruchen.[17] Diese Freiräume bedürfen einerseits verfassungsrechtlicher Anerkennung, andererseits eines unmissverständlichen Anhalts im Gesetz.[18]

---

9 GesE der BReg, BT-Drs. 15/2316, S. 100.
10 Siehe dazu vor § 132 RdNr. 18 m. w. N.
11 *Stelkens/Bonk/Sachs*, § 88 RdNr. 7.
12 *Scheurle/Mayen*, § 73 RdNr. 1, 9; so auch für die Beschlussabteilungen des BKartA FK/*Nägele*, § 51 RdNr. 6.
13 BR-Drs. 80/96, S. 51.
14 *Scheurle/Mayen*, § 73 RdNr. 6; *Ulmen/Gump*, CR 1997, 401; *Mayen*, DÖV 2004, 54.
15 BVerfGE 93, 37, 66 f.; BVerfGE 83, 60, 72; BVerfGE 9, 268, 281 f.; *Böckenförde*, Hdb. Staatsrecht Bd. II, 3. Aufl. 2004, § 24 RdNr. 21:, zusammenfassend *Mayen*, S. 46 f.
16 BVerfGE 107, 59 = DVBl. 2003, 923; zuvor BVerwGE 106, 64 (76 f.); *Böckenförde*, Hdb. Staatsrecht II, § 24 RdNr. 25; s. a. *Mayen*, DÖV 2004, 51.
17 *Böckenförde*, Hdb. Staatsrecht II, § 24 RdNr. 24; s. a. *Mayen*, DÖV 2004, 52.
18 *Oertel*, Die Unabhängigkeit der Regulierungsbehörde, S. 245 ff. einerseits, S. 344 f. andererseits, jeweils m. w. N.

6 Auch wenn in Art. 87f GG eine verfassungsrechtlich legitimierende Abweichung vom Modell ministerieller Weisung gesehen wird[19], bleibt die einfachgesetzliche Regelungsstruktur des TKG maßgeblich. Denn die Verfassung gebietet keinen ministerialfreien Raum für die Entscheidungen der Beschlusskammern, sondern stellt für die Entlassung in die Freiheit einen institutionellen Gesetzesvorbehalt auf, dessen Ausfüllung sich aus dem TKG selbst ergeben muss.[20] § 117 setzt Weisungen des BMWA nicht nur gegenüber der RegTP als solcher, sondern auch gegenüber ihren Beschlusskammern voraus.[21] Die Entstehungsgeschichte der Neufassung der Norm verdeutlicht, dass von der Weisungsbefugnis des BMWA auch Einzelweisungen gegenüber den Beschlusskammern erfasst sein sollen.[22] Demgegenüber können die justizähnliche Ausgestaltung des Verfahrens und Hinweise auf die Unabhängigkeit der Kammern im Gesetzgebungsverfahren zum TKG 1996 die Weisungsfreiheit nicht begründen.[23] Den Beschlusskammern kommt deshalb **gegenüber dem BMWA kein weisungsfreier Raum** zu.[24] In Anbetracht sowohl der Verfahrensstruktur der Beschlusskammern als auch der Art der materiellen Regulierungsentscheidungen müssen aber Einzelweisungen des Ministeriums die Ausnahme bleiben.[25] Hierfür spricht zudem die Veröffentlichungspflicht nach § 117, der ein weisungshemmender Effekt zugeschrieben wird.[26] Mit diesen Maßgaben werden sich auch die Beschlusskammern der sog. faktischen Unabhängigkeit des BKartA annähern.[27] Im Übrigen verbleibt dem BMWA die Möglichkeit, mittels seiner Errichtungskompetenz auf die Beschlusskammern Einfluss zu nehmen (RdNr. 13).

---

19 *Oertel* (Fn. 18) S. 261 ff., 287 f.; *Trute/Spoerr/Bosch*, § 66 RdNr. 30; s. a. *Maunz/Dürig/Lerche*, Art. 87f RdNr. 112, Art. 86 RdNr. 46, 70 f.; noch großzügiger *Groß*, Das Kollegialprinzip in der Verwaltungsorganisation, S. 233 ff.; deutlich restriktiver hinsichtlich der Anforderungen an die verfassungsrechtliche Anerkennung *Loschelder*, Hdb. Staatsrecht III, 2. Aufl. 1996, § 68 RdNr. 22; *Jestaedt*, Demokratieprinzip und Kondominialverwaltung, 1993, S. 299, 358, 603 f.; *Mayen*, DÖV 2004, 50.

20 *Maunz/Dürig/Lerche*, Art. 86 RdNr. 49; *Trute/Spoerr/Bosch*, § 66 RdNr. 31; *Oertel* (Fn. 18) S. 344 f.; nach *Groß* (Fn. 19) S. 247 indiziert die Kolegialstruktur die Weisungsfreiheit, wenn der Gesetzgeber nicht ausdrücklich die Zulässigkeit von Weisungen geregelt hat.

21 *Manssen*, § 73 RdNr. 11; *Trute/Spoerr/Bosch*, § 73 RdNr. 2; *Scheurle/Mayen*, § 66 RdNr. 16; s. a. den Wortlaut der ursprünglichen Fassung des Regierungsentwurfs nebst Begründung zu § 115, BT-Drs. 15/2316, S. 98.

22 Die ursprüngliche Entwurfsfassung des § 117 wurde nur hinsichtlich der Beschränkung der Veröffentlichungspflicht im weiteren Verfahren geändert, s. Stellungnahme des BR, BT-Drs. 15/2316 Anlage 2, S. 125; ausführlicher § 117 RdNr. 1 f.

23 Für Weisungsfreiheit unter der alten Rechtslage mit beachtlichen Gründen *Oertel* (Fn. 18) S. 397 ff., 405 f., für die Präsidentenkammer 432 ff.; s. a. BeckTKG-Komm/*Kerkhoff*, § 73 RdNr. 33; *Trute/Spoerr/Bosch*, § 66 RdNr. 31, § 73 RdNr. 2; *J.-P. Schneider*, ZHR 164 (2000), 536, 540, für die Präsidentenkammer S. 541 ff.; *Trute*, FS Brohm, S. 186 f.

24 So *Scheurle/Mayen*, § 73 RdNr. 11, § 66 RdNr. 16, BeckTKG-Komm/*Geppert*, § 66 RdNr. 20 *Manssen*, § 66 RdNr. 21 und *Eschweiler*, K&R 2001, 241 bereits auf der Grundlage von § 66 Abs. 5 TKG 1996.

25 So auch BeckTKG-Komm/*Geppert*, § 66 RdNr. 20; s. a. *Oertel* (Fn. 18) S. 399 ff. zu den normativen Strukturelementen, die für die Weisungsfreiheit sprechen.

26 *Oertel* (Fn. 18) S. 235; *Manssen*, § 66 RdNr. 20; BeckTKG-Komm/*Geppert*, § 66 RdNr. 19; *Eschweiler*, K&R 2001, 241.

27 Die Weisungsfreiheit des BKartA im Rechtssinne ist umstritten, wird aber überwiegend abgelehnt, s. FK/*Nägele*, § 51 RdNr. 5; *Bechtold*, § 52 RdNr. 1; nach Verfahrensarten differenzierend *Immenga/Mestmäcker/Klaue*, § 51 RdNr. 11 ff.; unklar *Langen/Bunte/Schultz*, § 52 RdNr. 5.

Hiervon ist die Frage zu unterscheiden, ob die **Beschlusskammern dem Weisungsrecht** 7
des Präsidenten unterfallen. Auch die Weisungsfreiheit der Kammern innerhalb der Behörde bedürfte eines gesetzlichen Anhalts im TKG. Der Aufbau der RegTP folgt dem überkommenen Modell hierarchischer Verwaltung und gewährt dem Präsidenten eine monokratische Leitungsfunktion (§ 116 Abs. 2), die ein Weisungsrecht einschließt.[28] Grundsätzlich unterliegen deshalb auch die Kammern dem (Einzel-)Weisungsrecht des Präsidenten.[29] Allerdings ist zu berücksichtigen, dass die den Beschlusskammern nach § 132 Abs. 1 zugewiesenen Zuständigkeiten in ihrer ausschließlichen Entscheidungskompetenz liegen. Dem Präsidenten ist es deshalb verwehrt, Einzelweisungen zum Inhalt einer Entscheidung zu erlassen, mit denen er faktisch die Entscheidung an sich ziehen würde.[30] Mit diesen Maßgaben wird schließlich auch ausgeschlossen, dass der Präsident in seiner Leitungsfunktion mittels Weisungen das Kollegialprinzip der Präsidentenkammer obstruiert.[31] Steuernde Funktionen verbleiben dem Präsidenten im Rahmen seiner aus § 116 Abs. 2 S. 2 folgenden Organisationsbefugnisse.

2. Zuständigkeiten der Beschlusskammern. – Die Beschlusskammern verfügen über die 8
Entscheidungszuständigkeiten, die ihnen nach § 132 Abs. 1 und § 133 zugewiesen sind. In der **Beschränkung auf enumerative Einzelzuständigkeiten** unterscheiden sich die Beschlusskammern von den Beschlussabteilungen nach § 51 Abs. 2 GWB, die alleiniger Entscheidungsträger des BKartA für Entscheidungen mit Außenwirkung sind.[32] Der Zuständigkeitsbereich der Beschlusskammern wird allein durch §§ 132 Abs. 1, 133 bestimmt. Die gesetzlichen Zuständigkeiten der Beschlusskammern werden weder durch die Bestimmungskompetenz des BMWA nach § 132 Abs. 1 S. 3 noch durch das Geschäftsordnungsrecht des Präsidenten der RegTP berührt, wie dies auch § 116 Abs. 2 S. 3 zum Ausdruck bringt.[33]

Den Beschlusskammern sind sämtliche Regulierungsentscheidungen nach dem Zweiten 9
Teil des Gesetzes zugewiesen. Weiterungen der Zuständigkeiten folgen aus dem veränderten materiellen Entscheidungsprogramm der RegTP.[34] Den Beschlusskammern obliegen wie schon unter dem TKG 1996 die Entscheidungen über die **Zugangsregulierung nach §§ 16 ff.** und die **Entgeltregulierung nach §§ 27 ff.** Gleiches gilt für Maßnahmen der **Missbrauchsaufsicht nach § 42**, die nach § 43 durch die Möglichkeit der Vorteilsabschöpfung erweitert wurden. Ebenso bleiben die Zuständigkeiten der Beschlusskammern für die **Auferlegung von Universaldienstleistungen nach § 81** und die Anordnung und Durchführung eines **Frequenzvergabeverfahrens nach §§ 55 Abs. 9, 61** erhalten. Letztere Zuständigkeit wurde um die neu aufgenommenen Entscheidungen über die Freigabe und die Bedingungen des Frequenzhandels nach § 62 erweitert.

---

28 *Trute/Spoerr/Bosch*, § 66 RdNr. 16–18; *Oertel* (Fn. 18) S. 370 f.
29 So auch *Scheurle/Mayen*, § 73 RdNr. 10; *Manssen*, § 73 RdNr. 11; BeckTKG-Komm/*Geppert*, § 66 RdNr. 25; a. A. *Trute/Spoerr/Bosch*, § 66 RdNr. 19; *Oertel* (Fn. 18) S. 406 ff.; für das Kartellrecht FK/*Nägele*, § 51 RdNr. 14; a. A. *Immenga/Mestmäcker/Klaue*, § 51 RdNr. 5.
30 So für das Kartellrecht FK/*Nägele*, § 51 RdNr. 14; *Bechtold*, § 52 RdNr. 3.
31 Dies verkennt *Oertel* (Fn. 18) S. 407 f.
32 Zu den dem Präsidenten des BKartA verbleibenden Kompetenzen s. FK/*Nägele*, § 51 RdNr. 13 f.; *Immenga/Mestmäcker/Klaue*, § 51 RdNr. 6; *Langen/Bunte/Schultz*, § 51 RdNr. 4, 7.
33 *Manssen*, § 66 RdNr. 26; so i. E. auch *Scheurle/Mayen*, § 73 RdNr. 16; BeckTKG-Komm/*Geppert*, § 66 RdNr. 26.
34 Siehe dazu auch *Gurlit*, K&R Beilage 1/2004, 33.

10 Mit dem Wegfall des Lizensierungserfordernisses ist einerseits die Zuständigkeit für ein Lizenzvergabeverfahren entfallen, mit dem neuen Verfahren der **Marktabgrenzung und -analyse nach §§ 10, 11** andererseits eine genuin neue Zuständigkeit gewonnen worden. Neu ist auch die Beschlusskammerzuständigkeit für Maßnahmen zur Durchsetzung der **Betreiberauswahl und Betreibervorauswahl nach § 40**, die materiell mit der „Kleinen TKG-Novelle" im Oktober 2002 – systemwidrig – in § 43 Abs. 6 TKG 1996 aufgenommen[35] und erst mit der Normierung im Zweiten Teil zur Beschlusskammerzuständigkeit wurde. Gleichfalls neu ist die Zuständigkeit für die Auferlegung von Verpflichtungen zur **Bereitstellung von Mietleitungen nach § 41**.

11 Das Enumerationsprinzip bedeutet in negativer Hinsicht, dass die nicht ausdrücklich den Beschlusskammern zugewiesenen Zuständigkeiten im „Normalverfahren" verbleiben, d.h. innerbehördlich von den Amtswaltern der zuständigen Fachabteilungen und nach außen vom Präsidenten (§ 116 Abs. 2 S. 2) wahrgenommen werden. **Außerhalb des Beschlusskammerverfahrens** bleiben z.B.[36] Frequenzzuteilungen nach § 55 Abs. 2 und 3, Anordnungen zur Struktur und Ausgestaltung des Nummernraums nach § 66 Abs. 3 und der für den Verbraucherschutz bedeutsame Bereich von Anordnungen zur Durchsetzung des Fernmeldegeheimnisses und des Datenschutzes nach § 115 i.V.m. §§ 88 ff., 91 ff.

12 **Verstöße gegen die gesetzliche Zuständigkeitsverteilung** sind denkbar, wenn Beschlusskammern außerhalb der zugewiesenen Entscheidungszuständigkeiten handeln oder den Beschlusskammern zugewiesene Entscheidungen durch den Präsidenten erlassen werden (sachlich-funktionelle Unzuständigkeit). Sie führen zur formellen Rechtswidrigkeit einer Entscheidung. Die Nichtigkeit des Verwaltungsaktes nach § 44 Abs. 1 VwVfG ist aber nicht anzunehmen, denn das Handeln eines sachlich unzuständigen Organs ist nicht mit der nichtigkeitsauslösenden absoluten sachlichen Unzuständigkeit einer Behörde[37] gleichzusetzen.[38] Die Aufhebbarkeit der Entscheidung wegen des Verfahrensfehlers bestimmt sich nach § 46 VwVfG.

13 **3. Bildung und Besetzung der Beschlusskammern.** – Mit Ausnahme der Präsidentenkammer steht dem **BMWA** nach § 132 Abs. 1 S. 3 die **Errichtungskompetenz** für die Bildung der Beschlusskammern zu. Damit unterstehen die Beschlusskammern der unmittelbaren Organisationsgewalt des BMWA[39], das hierbei indessen an die Vorgaben des § 132 gebunden ist. Danach müssen mindestens zwei Beschlusskammern mit jeweils einem Vorsitzenden und zwei Beisitzern existieren, denen die Zuständigkeiten nach § 132 Abs. 1 zugewiesen sind.[40] Die Beschlusskammern werden i.S.v § 132 Abs. 1 S. 3 „nach Bestimmung" des BMWA gebildet, aber nicht durch dieses selbst.[41] Die Festlegung der Anzahl der Beschlusskammern, ihrer personellen Besetzung und die Geschäftsverteilung zwi-

---

35 Siehe Artikel 1 Nr. 2 des GesE der BReg, BT-Drs. 14/9194 v. 3.6.2002.

36 Siehe dazu auch *Gurlit*, K&R Beilage 1/2004, 34; *Scheurle/Mayen*, § 73 RdNr. 8.

37 Zur absoluten sachlichen Unzuständigkeit als Fehler i.S.v. § 44 Abs. 1 VwVfG s. BayObLG NVwZ 1984, 399; *Kopp/Ramsauer*, VwVfG, § 44 RdNr. 14f.

38 So auch *Ehlers*, K&R 2001, 1, 7; *Stelkens/Bonk/Sachs*, § 44 RdNr. 168; *Manssen*, § 73 RdNr. 20; *Scheurle/Mayen*, § 73 RdNr. 21; *Trute/Spoerr/Bosch*, § 73 RdNr. 15; *Groß* (Fn. 19) S. 310; s.a. Beispiele für mindere Zuständigkeitsmängel bei *Kopp/Ramsauer*, VwVfG, § 44 RdNr. 16; *Knack/H. Meyer*, § 44 RdNr. 16; s.a. die Wertungen des § 44 Abs. 3 Nr. 3 VwVfG.

39 *Scheurle/Mayen*, § 73 RdNr. 12.

40 *Scheurle/Mayen*, § 73 RdNr. 13; BeckTKG-Komm/*Kerkhoff*, § 73 RdNr. 3.

41 *Scheurle/Mayen*, § 73 RdNr. 12; a.A. wohl *Manssen*, § 73 RdNr. 12.

schen den Beschlusskammern unterfallen nach entsprechenden Bestimmungen des BMWA dem Geschäftsordnungsrecht des Präsidenten (§ 116 Abs. 2 S. 2).[42]

Eine besondere Besetzung ist hingegen für die in § 132 Abs. 3 genannten Zuständigkeiten **14** gesetzlich vorgesehen. Die sog. **Präsidentenkammer** in der Besetzung mit dem Präsidenten der RegTP als Vorsitzenden und den Vizepräsidenten als Beisitzern unterliegt nicht der Organisationsgewalt des BMWA (s. § 132 Abs. 1 S. 3). Sie entscheidet über die Anordnung und Durchführung eines Frequenzvergabeverfahrens (§§ 55 Abs. 9, 61), über die Freigabe und die Bedingungen des Frequenzhandels (§ 62) und über die Auferlegung von Universaldienstleistungen (§ 81). Nach § 132 Abs. 4 S. 2 ist überdies in der Geschäftsordnung sicherzustellen, dass die Festlegungen einer Marktdefinition und -analyse nach §§ 10, 11 im Vorfeld von Regulierungsverfügungen durch die Präsidentenkammer erfolgen. Die Regelung der Vertretung in Verhinderungsfällen ist ausweislich § 132 Abs. 3 S. 2 ebenfalls der Geschäftsordnung anvertraut.[43]

Gegenüber den Vorstellungen des Referentenentwurfs von April 2003 sind die Zuständig- **15** keiten der Präsidentenkammer deutlich abgespeckt worden.[44] Gleichwohl ist ihr mit der Freigabe des Frequenzhandels ebenso eine neue Zuständigkeit erwachsen wie mit den Festlegungen nach §§ 10, 11. Die Konstruktion einer Präsidentenkammer ist eine **kritikwürdige Besonderheit des TKG**, die im GWB kein entsprechendes Vorbild findet. Der Präsident des BKartA ist gesetzlich auf seine Leitungsfunktion beschränkt und vertritt – öffentlichkeitswirksam – die Behörde nach außen. Die Mitwirkung des Präsidenten der RegTP an den Regulierungsentscheidungen kann hingegen einerseits seine Leitungsfunktion nach § 116 Abs. 2 schwächen, andererseits zu Funktionskollisionen führen (s. RdNr. 9).[45]

Verstöße gegen § 132 Abs. 3 S. 1 berühren nicht lediglich die interne Geschäftsverteilung, **16** sondern betreffen die Besetzung der Kammer.[46] Da diese durch außenwirksame Rechtsnorm vorgeschrieben ist, macht eine Entscheidung über die in § 132 Abs. 3 genannten Angelegenheiten in anderer Kammerbesetzung den Verwaltungsakt wegen eines Verstoßes gegen die funktionelle Zuständigkeit formell rechtswidrig. Dies gilt ungeachtet des Verweises auf die Geschäftsordnung in § 132 Abs. 4 S. 2 auch für die Festlegungen nach §§ 10, 11, da die Kammerbesetzung zwingend durch die außenwirksame Norm des § 132 Abs. 4 S. 2 vorgezeichnet ist.[47] Im Regelfall führt ein Verstoß gegen die funktionelle Zuständigkeit nach § 132 Abs. 3 und Abs. 4 S. 2 allerdings nicht zur Nichtigkeit der Regulierungsentscheidung nach § 44 VwVfG.[48] Das Schicksal von unter Verstoß gegen § 132 Abs. 3 und Abs. 4 S. 2 getroffenen Entscheidungen bestimmt sich deshalb nach § 46 VwVfG.

42 BeckTKG-Komm/*Kerkhoff*, § 73 RdNr. 3, 8; *Scheurle/Mayen*, § 73 RdNr. 13; ausführlicher *Oertel* (Fn. 18) S. 205 ff.

43 Kritisch dazu BeckTKG-Komm/*Kerkhoff*, § 73 RdNr. 29, der die Vertretungsregelung für so wesentlich hält, dass sie einer gesetzlichen Regelung bedarf; mangels Geltung des Art. 101 Abs. 1 S. 2 GG dürfte dies nicht geboten sein, s. a. *Gramlich*, CR 1998, 468.

44 Der Referentenentwurf sah die Zuständigkeit der Präsidentenkammer für sämtliche Entgeltregulierungen und für die meisten Entscheidungen über den Zugang und die Zusammenschaltung vor, s. a. *Gurlit*, K&R Beilage 1/2004, 33.

45 Kritisch *Gurlit*, K&R Beilage 1/2004, 33; *Heun*, CR 2003, 485, 496.

46 *Scheurle/Mayen*, § 73 RdNr. 19; *Ehlers*, K&R 2001, 1, 7 sieht die Vorschrift als sachliche Zuständigkeitsregel an.

47 Zur ausnahmsweisen Außenwirkung behördeninterner Geschäftsverteilungsregeln s. *Kopp/Ramsauer*, VwVfG, § 3 RdNr. 17; s. a. *Scheurle/Mayen*, § 73 RdNr. 21.

48 VGH München BayVBl. 1994, 756; *Manssen*, § 73 RdNr. 21; *Scheurle/Mayen*, § 73 RdNr. 21.

17 Die **interne Geschäftsverteilung** wird nach Maßgabe der Bestimmungen des BMWA durch die Geschäftsordnung näher ausgestaltet. Dies betrifft vornehmlich Anzahl, Zuständigkeiten und Besetzung der Kammern. Derartige Regelungen sind nicht so wesentlich, dass sie einer gesetzlichen Regelung bedürften.[49] Die nach § 116 Abs. 2 S. 2 vom Präsidenten erlassene Geschäftsordnung hat nur behördeninterne Wirkung. Verstöße gegen die Geschäftsordnung begründen keine Rechtsverletzung im Außenverhältnis gegenüber den Beteiligten.[50]

18 Die Geschäftsordnung sieht **fünf Beschlusskammern** vor[51], deren Zuständigkeiten nach der Neufassung des TKG 2004 anders zugeschnitten wurden.[52] Die als Beschlusskammer 1 bezeichnete Präsidentenkammer entscheidet, wie in § 132 Abs. 3 normiert, über die Auferlegung von Unversaldienstleistungen und trifft die maßgeblichen Entscheidungen bei der Vergabe knapper Frequenzen. Die Verteilung auf die Kammern im Übrigen folgt dem Typ des regulierten Marktes und nicht wie zuvor dem Regulierungsinstrument. Der Beschlusskammer 2 sind sämtliche Entscheidungen hinsichtlich der Endkundenmärkte im Festnetzbereich zugewiesen, während die Beschlusskammer 3 die Entscheidungen über Vorleistungs- und Endkundenmärkte beim breitbandigen Internetzugang und beim Mobilfunk trifft. Die Beschlusskammer 4 entscheidet über die Vorleistungsmärkte im Festnetzbereich. Unverändert geblieben sind die Zuständigkeiten der Beschlusskammer 5, der die Entgeltregulierung und die besondere Missbrauchsaufsicht über die Postmärkte anvertraut ist.

19 Die **zahlenmäßige Besetzung** für Entscheidungen der Beschlusskammern ergibt sich aus § 132 Abs. 2. Danach entscheiden die Beschlusskammern mit einem Vorsitzenden und zwei Beisitzern als Kollegialorgan. Die gesetzlich vorgeschriebene Entscheidung durch ein Dreiergremium schließt nicht aus, durch Geschäftsordnung den Kammern weitere Mitglieder zuzuordnen, sofern sichergestellt bleibt, dass die jeweilige Entscheidung von der gesetzlich vorgesehenen Besetzung von zwei Beisitzern und einem Vorsitzenden getroffen wird.[53] Der Austausch oder Wechsel von Kammermitgliedern ist mangels Gerichtsqualität der Kammern nicht an Art. 101 Abs. 1 S. 2 GG zu messen. Allerdings gebietet bereits § 88 VwVfG ein Mindestmaß an Kontinuität für die Wahrung der Ausschusseigenschaft. Dies spricht dafür, die Kammermitgliedschaft für eine gewisse Dauer verfahrensunabhängig zu regeln.[54]

20 § 132 Abs. 2 stellt des Weiteren **Anforderungen an die fachliche Qualifikation** der Beschlusskammermitglieder. Nach § 132 Abs. 2 S. 2 müssen alle Mitglieder die Befähigung für eine Laufbahn des höheren Dienstes erworben haben (s. § 19 BBG, §§ 30 ff. BLV), min-

---

49 Anders BeckTKG-Komm/*Kerkhoff*, § 73 RdNr. 29 hinsichtlich der Vertretungsregelung nach § 132 Abs. 3 S. 2.

50 OVG Münster DÖV 1997, 344; *Kopp/Ramsauer*, VwVfG, § 3 RdNr. 16; *Groß* (Fn. 19) S. 312; *Scheurle/Mayen*, § 73 RdNr. 21; *Manssen*, § 73 RdNr. 22.

51 Das BKartA verfügt gegenwärtig über 10 Beschlussabteilungen, was im Interesse einer stärkeren Spezialisierung teilweise auch für die RegTP empfohlen wird, s. BeckTKG-Komm/*Kerkhoff*, § 73 RdNr. 8.

52 Zur internen Zuständigkeitsverteilung vor der Neufassung des TKG s. ausführlicher BeckTKG-Komm/*Kerkhoff*, § 73 RdNr. 8.

53 BeckTKG-Komm/*Kerkhoff*, § 73 RdNr. 21; *Scheurle/Mayen*, § 73 RdNr. 24; *Gramlich*, CR 1998, 468; den Beschlussabteilungen des BKartA gehören regelmäßig sechs bis sieben Mitglieder an, s. FK/*Nägele*, § 51 RdNr. 16; *Immenga/Mestmäcker/Klaue*, § 51 RdNr. 5; *Langen/Bunte/Schultz*, § 51 RdNr. 3; *Bechtold*, § 51 RdNr. 2.

54 So auch *Scheurle/Mayen*, § 73 RdNr. 24.

destens ein Mitglied muss nach § 132 Abs. 2 S. 3 die Befähigung zum Richteramt besitzen (s. § 5 DRiG). Das letztere, erst mit dem TKG 2004 aufgenomme Gebot soll der zunehmenden Komplexität der rechtlichen Fragestellungen Rechnung tragen[55] und stellt auch eine Reaktion auf die rechtspolitische Kritik an der Vorgängervorschrift des § 73 Abs. 4 TKG 1996 dar.[56] Die nunmehr getroffene Regelung spiegelt die bisherige Praxis wider, wonach mindestens ein Beschlusskammermitglied Volljurist ist.[57] Sie bleibt aber immer noch hinter § 51 Abs. 4 GWB zurück, demzufolge sämtliche Mitglieder der Beschlusskammerabteilungen des BKartA einerseits Lebenszeitbeamte sein müssen und andererseits die Befähigung zum Richteramt oder zum höheren Verwaltungsdienst besitzen müssen. Die nunmehrigen Qualifikationsanforderungen ermöglichen indessen einerseits, auch qualifizierte Nicht-Beamte mit der Beschlusskammertätigkeit zu betrauen[58] und können zudem dafür Sorge tragen, dass auch ökonomischer und technischer Sachverstand in den Beschlusskammerverfahren zur Geltung kommt.[59]

Die Qualifikationsanforderungen des § 132 Abs. 2 S. 2 und 3 gelten nach § 132 Abs. 3 S. 1 **21** Halbs. 2 ausdrücklich **nicht für die Präsidentenkammer**. Hiermit wird die mit dem Begleitgesetz von 1997 als § 73 Abs. 3 S. 1 Halbs. 2 TKG 1996 eingefügte Sonderregelung[60] fortgeschrieben. An der zu dieser Regelung geäußerten Kritik ist festzuhalten. Es sind keinerlei Gründe erkennbar, die eine geringere Qualifikation der Mitglieder der Präsidentenkammer rechtfertigten.[61] Dies gilt erst recht in Anbetracht der neu hinzugekommenen Zuständigkeiten. Auch für die Mitglieder der Präsidentenkammer sind fachliche Qualifikationen zu verlangen, die der Bedeutung und Komplexität der Entscheidungszuständigkeiten Rechnung tragen.[62]

4. Verfahren innerhalb der Beschlusskammern. – Da die Beschlusskammern Ausschüsse **22** i. S. v. § 88 VwVfG sind, finden auf ihre innere Ordnung mangels spezieller Regelungen im TKG die §§ 89 ff. VwVfG Anwendung.[63] Überdies gebieten die Vorschriften über das förmliche Verfahren nach §§ 63 ff. VwVfG, insbesondere §§ 68, 71 VwVfG, Beachtung.[64]

Die **Stellung des Kammervorsitzenden** folgt aus § 89 VwVfG. Er eröffnet, leitet und **23** schließt die Sitzung. Zur Sitzungsleitung rechnen alle Maßnahmen, die den äußeren Fortgang des Verfahrens betreffen.[65] Dies sind nicht nur formale Maßnahmen wie die Feststellung der ordnungsgemäßen Einberufung oder die Worterteilung, sondern auch die Maßnahmen zur Gewährleistung eines rechtsstaatlich fairen Verfahrens. Insbesondere umfasst

---

55 BT-Drs. 15/2316, S. 100.
56 Siehe insb. BeckTKG-Komm/*Kerkhoff*, § 73 RdNr. 25; auch *Scheurle/Mayen*, § 73 RdNr. 26 verlangen ausreichende juristische Kenntnisse.
57 BeckTKG-Komm/*Kerkhoff*, § 73 RdNr. 25.
58 So auch schon BT-Drs. 13/4864, S. 82; s. a. BeckTKG-Komm/*Kerkhoff*, § 73 RdNr. 25.
59 *Scheurle/Mayen*, § 73 RdNr. 26 fordern aufgabenadäquate Qualifikationen über die formale Qualifikation hinaus. – Zum Hintergrund der § 48 Abs. 4 S. 2 GWB a. F. abändernden Anforderung des § 51 Abs. 4 GWB s. FK/*Nägele*, § 51 RdNr. 17.
60 Begleitgesetz zum Telekommunikationsgesetz v. 17. 12. 1997, BGBl. I S. 3; die Regelung galt als Reaktion auf die fehlende formale Qualifikation eines damaligen Vizepräsidenten („lex Börnsen") s. BeckTKG-Komm/*Kerkhoff*, § 73 RdNr. 28.
61 BeckTKG-Komm/*Kerkhoff*, § 73 RdNr. 28; *Manssen*, § 73 RdNr. 15.
62 *Scheurle/Mayen*, § 73 RdNr. 27.
63 Vor § 132 RdNr. 18.
64 Vor § 132 RdNr. 17.
65 *Kopp/Ramsauer*, VwVfG, § 89 RdNr. 9; *Knack/Henneke*, § 89 RdNr. 6.

die Leitungsaufgabe nach § 68 Abs. 2 VwVfG im förmlichen Beschlusskammerverfahren die Pflicht, die Sache mit den Beteiligten zu erörtern und auf sachdienliche Anträge hinzuwirken.[66] Nach § 89 Halbs. 2 VwVfG hat der Vorsitzende schließlich auch die Funktion der Sitzungspolizei.[67] Sie umfasst die Befugnis, solche Störungen zu verhindern, die von den Sitzungsteilnehmern oder anwesenden Dritten ausgehen.[68] Gehen Störungen von Ausschussmitgliedern selbst aus, reicht das sitzungspolizeiliche Instrumentarium des Vorsitzenden vom Wortentzug bei „Weitschweifigkeiten"[69] bis zum Sitzungsausschluss bei gröblichen Störungen.[70] Im Zweifel sind die Funktionen der Leitung und der Sitzungspolizei eng auszulegen, um der kollegialen Entscheidungsstruktur ausreichend Rechnung zu tragen.[71]

24 Die **Stellung der Beisitzer** bestimmt sich negativ nach den dem Vorsitzenden zugewiesenen Aufgaben, die den anderen Ausschussmitgliedern entzogen sind. Im Übrigen sind die Ausschussmitglieder gleichberechtigt. Ihnen kommt nach § 71 Abs. 1 S. 1 VwVfG das Recht zu, sachdienliche Fragen zu stellen. Das Fragerecht soll den Ausschussmitgliedern die Meinungsbildung ermöglichen und steht zudem im Dienst eines fairen Verfahrens.[72] Über die Sachdienlichkeit entscheidet – vorbehaltlich seiner sitzungspolizeilichen Befugnisse – nicht der Vorsitzende, sondern nach Beanstandung durch Beteiligte der Ausschuss selbst (§ 71 Abs. 1 S. 2 VwVfG).[73]

25 Für die **Beschlussfähigkeit** der Kammern verlangt § 90 Abs. 1 VwVfG zum einen die Ladung aller Mitglieder, zum anderen die Anwesenheit von mehr als der Hälfte, mindestens aber drei der stimmberechtigten Mitglieder. An die Ordnungsmäßigkeit der Ladung sind keine besonderen Anforderungen zu stellen. Sie muss so rechtzeitig erfolgen, dass sich alle Mitglieder auf die Teilnahme einstellen können.[74] Da nach § 132 Abs. 2 die Beschlusskammern immer in der Besetzung von einem Vorsitzenden und zwei Beisitzern entscheiden, ist im TKG abschließend ihre Beschlussfähigkeit mit einer Mitgliederzahl von drei geregelt. § 90 Abs. 2 VwVfG kann deshalb keine Anwendung finden.[75]

26 Die **Beschlussfassung** erfolgt ausweislich § 91 S. 1 VwVfG nach dem Mehrheitsprinzip. Grundsätzlich zählt jede Stimme gleich. Es ist deshalb auch denkbar, dass ein Beschluss gegen die Stimme des Vorsitzenden getroffen wird. Die Stichentscheidsregelung des § 91 S. 2 VwVfG könnte bei einer Stimmenzahl von drei nur zur Anwendung gelangen, wenn die Beschlussfassung nach § 132 TKG auch eine Stimmenthaltung gestattete. In Anbe-

---

66 Zur zusätzlichen Anwendung von § 68 s. *Kopp/Ramsauer*, VwVfG, § 89 RdNr. 10; *Knack/Henneke*, § 89 RdNr. 8; *Stelkens/Bonk/Sachs*, § 89 RdNr. 7; s. a. *Scheurle/Mayen*, § 73 RdNr. 30, 41.

67 Diese Befugnis umfasst allerdings nicht das Hausrecht, s. *Kopp/Ramsauer*, VwVfG, § 89 RdNr. 15; ungenau *Knack/Henneke*, § 89 RdNr. 7; *Stelkens/Bonk/Sachs*, § 89 RdNr. 11.

68 *Kopp/Ramsauer*, VwVfG, § 89 RdNr. 13 mit dem Beispiel des Rauchverbots (OVG Münster NVwZ 1983, 486; OVG Lüneburg DVBl. 1989, 935); s. a. *Knack/Henneke*, § 89 RdNr. 7; *Scheurle/Mayen*, § 73 RdNr. 31.

69 *Kopp/Ramsauer*, VwVfG, § 89 RdNr. 13.

70 *Kopp/Ramsauer*, VwVfG, § 89 RdNr. 14; *Stelkens/Bonk/Sachs*, § 89 RdNr. 10; ablehnend hinsichtlich des Sitzungsausschlusses *Groß* (Fn. 19) S. 285.

71 *Kopp/Ramsauer*, VwVfG, § 89 RdNr. 9; *Groß* (Fn. 19) S. 284 f.

72 *Kopp/Ramsauer*, VwVfG, § 71 RdN. 3; *Stelkens/Bonk/Sachs*, § 71 RdNr. 12.

73 *Kopp/Ramsauer*, VwVfG, § 71 RdNr. 4 a.

74 *Kopp/Ramsauer*, VwVfG, § 90 RdNr. 5–7; *Knack/Henneke*, § 90 RdNr. 4; *Stelkens/Bonk/Sachs*, § 90 RdNr. 5 f.; s. a. *Scheurle/Mayen*, § 73 RdNr. 56.

75 So auch *Scheurle/Mayen*, § 73 RdNr. 56; BeckTKG-Komm/*Kerkhoff*, § 73 RdNr. 16.

tracht des Umstands, dass das Beschlusskammerverfahren nach dem Willen des Gesetzgebers justizähnlich ausgestaltet ist[76], ist aber von einem Verbot der Stimmenthaltung auszugehen. Damit kommt § 91 S. 2 VwVfG nicht zur Anwendung.[77]

Das **Abstimmungsverfahren** muss so ausgestaltet sein, dass eindeutige Abstimmungsver- **27**
hältnisse gewährleistet und Manipulationen ausgeschlossen sind.[78] Nach § 90 Abs. 1 S. 2
VwVfG können Beschlüsse auch im schriftlichen Verfahren gefasst werden, wenn kein
Mitglied widerspricht. Allerdings entscheiden die Beschlusskammern nach § 135 Abs. 3
S. 1 im Regelfall aufgrund öffentlicher mündlicher Verhandlung. § 71 Abs. 2 VwVfG
schließt zwar nicht zwingend eine Trennung von mündlicher Verhandlung und schriftlicher
Beschlussfassung aus, lässt aber den Verzicht auf unmittelbare Beschlussfassung unter Anwesenden als fragwürdig erscheinen.[79] Sollte gleichwohl eine Beschlussfassung im schriftlichen Verfahren erfolgen[80], so setzt die Zurechnung des Beschlusses an das Kollegialorgan
Beschlusskammer voraus, dass die Ausschussmitglieder die Beschlussvorlage tatsächlich
zur Kenntnis nehmen und sich hierzu eindeutig äußern.[81] Zudem gebietet dann der Unmittelbarkeitsgrundsatz des § 71 Abs. 2 S. 1 VwVfG, dass nur die Mitglieder an der schriftlichen Beschlussfassung mitwirken, die auch an der mündlichen Verhandlung teilgenom-
men haben.[82]

Nach § 93 VwVfG ist eine **Sitzungsniederschrift** anzufertigen, die mindestens den Ort **28**
und die Zeit der Sitzung, die Namen der Beschlusskammermitglieder, die behandelten Gegenstände und gestellten Anträge und die getroffenen Beschlüsse enthalten muss. Weder
aus § 93 VwVfG noch aus dem ergänzend anwendbaren § 71 Abs. 2 S. 3 VwVfG folgt hingegen das Gebot, auch die für den Beschluss maßgeblichen Gründe in das Protokoll aufzunehmen.[83] Da allerdings die Beschlüsse der Kammern als Regulierungsentscheidungen regelmäßig in der äußeren Handlungsform des schriftlichen Verwaltungsakts umgesetzt werden (s. RdNr. 30)[84], sind sie jedenfalls gegenüber den Beteiligten schriftlich zu begründen
(§ 131 Abs. 1).

Bei den **Rechtsfolgen von Verstößen** gegen die verfahrensrechtlichen Gebote der §§ 68, **29**
71, 89 ff. VwVfG ist zwischen den Kammermitgliedern und Dritten zu differenzieren. Bei
Streitigkeiten innerhalb der Beschlusskammer etwa über die Reichweite der Leitungsbe-
fugnis des Vorsitzenden kommt ein Organstreitverfahren in Betracht, in dem die Verletzung mitgliedschaftlicher Rechte gerügt werden kann.[85] Fehler in der Beschlussfassung –

---

76 BVerwGE 28, 63, 66 nahm ein Stimmenthaltungsverbot für die Bundesprüfstelle für jugendgefähr-
dende Schriften an; ausführlich dazu BeckTKG-Komm/*Kerkhoff*, § 73 RdNr. 17.
77 So auch *Scheurle/Mayen*, § 73 RdNr. 57; BeckTKG-Komm/*Kerkhoff*, § 73 RdNr. 17 f.
78 *Scheurle/Mayen*, § 73 RdNr. 58; zu den denkbaren Formen der Beschlussfassung s. *Kopp/Ram-
sauer*, VwVfG, § 91 RdNr. 7; *Knack/Henneke*, § 91 RdNr. 4; *Stelkens/Bonk/Sachs*, § 91 RdNr. 3.
79 So auch *Knack/Dürr*, § 71 RdNr. 8; a. A. *Stelkens/Bonk/Sachs*, § 71 RdNr. 15.
80 Dies halten *Scheurle/Mayen*, § 73 RdNr. 58 für zulässig.
81 BVerfGE 91, 148, 169 zum Verordnungserlass durch die Bundesregierung im Umlaufverfahren;
s. a. *Knack/Henneke*, § 90 RdNr. 12; *Stelkens/Bonk/Sachs*, § 90 RdNr. 9.
82 *Kopp/Ramsauer*, VwVfG, § 71 RdNr. 10.
83 So auch *Kopp/Ramsauer*, VwVfG, § 71 RdNr. 12; *Knack/Dürr*, § 71 RdNr. 10; a. A. *Scheurle/
Mayen*, § 73 RdNr. 59.
84 Die Beschlüsse i. S. v. § 91 VwVfG sind zunächst ein reines Verwaltungsinternum, s. *Kopp/Ram-
sauer*, VwVfG, § 91 RdNr. 10; zur Abgrenzung s. a. *Scheurle/Mayen*, § 73 RdNr. 62 f.
85 Ausführlich *Groß* (Fn. 19) S. 315 ff., 320; *Stelkens/Bonk/Sachs*, § 89 RdNr. 9 und *Kopp/Ram-
sauer*, VwVfG, § 89 RdNr. 16, jeweils m. w. N.; s. a. *Scheurle/Mayen*, § 73 RdNr. 37.

z. B. die Mitwirkung von nach §§ 20, 21 VwVfG ausgeschlossenen Personen – können aber gegenüber Dritten bedeutsam werden.[86] Ob dieser Fehler zur Nichtigkeit führt, hängt von dem jeweiligen Ausschlussgrund ab. Jedenfalls entfaltet § 44 Abs. 3 Nr. 2 VwVfG keine absolute Sperrwirkung für die Nichtigkeit nach § 44 Abs. 1 VwVfG aus den Befangenheitsgründen des § 21 VwVfG.[87]

30 **5. Entscheidungen der Beschlusskammern.** – Nach § 132 Abs. 1 S. 2 entscheiden die Beschlusskammern in der **Form des Verwaltungsaktes.** Dieses Gebot wird ganz überwiegend dahin ausgelegt, dass den Beschlusskammern ein Entscheidungshandeln in anderen Formen – insbesondere in der Form des Abschlusses eines öffentlich-rechtlichen Vertrages – nicht gestattet ist.[88] Im Ergebnis ist dieser Auffassung zuzustimmen. Nach mehr als 25jährigem Bestehen des VwVfG, das in §§ 54 ff. ausdrücklich den öffentlich-rechtlichen Vertrag anerkennt, wird man in neueren Gesetzen der allein auf den Verwaltungsakt bezogenen Gesetzessprache eine gewisse Indizfunktion für ein vertragliches Handlungsformverbot zusprechen.[89] Diese wird noch verstärkt, wenn der Gesetzgeber wie in § 132 Abs. 1 S. 2 ausdrücklich den Verwaltungsakt als Handlungs*form* benennt. In der Sache lässt sich das Verwaltungsaktsformgebot und also ein Vertragsformverbot damit rechtfertigen, dass das Beschlusskammerverfahren justizähnlich ausgestaltet und damit auf einseitig-verbindliche Entscheidungen ausgerichtet ist.[90]

31 Die **Reichweite des Handlungsformgebots** ergibt sich aus dem Begriff der Entscheidung. Will man die Schaffung gesetzlich fingierter Verwaltungsakte verhindern[91], so sollte ein Handeln mit Entscheidungscharakter allein in den außenwirksamen Sachentscheidungen der Beschlusskammern gesehen werden.[92] Maßgeblich sind also die materiellen Anforderungen des § 35 VwVfG. Ein erweiterter Begriff der Entscheidung, der auch sonstige verfahrensleitende Handlungen der Beschlusskammern grundsätzlich als durch Verwaltungsakt getroffene Entscheidung erfasste[93], könnte ohnehin nicht von der Rechtsschutzkonzentration des § 44 a VwGO auf die außenwirksame, verfahrensbeendende Sachentscheidung

---

86 Hingegen können die Ausschussmitglieder im Organstreitverfahren weder die Rechtswidrigkeit der Mitwirkung ausgeschlossener Personen noch die inhaltliche Rechtswidrigkeit des getroffenen Beschlusses rügen, s. OVG Münster NVwZ-RR 1998, 325; s. a. *Stelkens/Bonk/Sachs*, § 91 RdNr. 7.

87 *Kopp/Ramsauer*, VwVfG, § 21 RdNr. 14; *Stelkens/Bonk/Sachs*, § 20 RdNr. 69, § 44 RdNr. 190; a. A. *Knack/Clausen*, § 21 RdNr. 12; s. a. ausführlicher *Groß* (Fn. 19) S. 313 ff.

88 *Manssen*, § 73 RdNr. 17; *Müller-Terpitz*, K&R 2002, 78; *Gramlich*, CR 1998, 471; s. a. *Gurlit*, K&R Beilage 1/2004, 34.

89 Bei älteren Gesetzen wird man der Verwendung von Formulierungen wie „Verfügung", „anordnen" oder „erlassen" keine indizielle Bedeutung für ein Vertragsformverbot zumessen, s. a. *Kunig*, DVBl. 1992, 1193, 1196; *Gurlit*, Verwaltungsvertrag und Gesetz, 2000, S. 253 f.

90 Nach der Entwurfsbegründung zu § 124 ist das Beschlusskammerverfahren nicht mediationstauglich, s. BT-Drs. 15/2316, S. 100.

91 Bei sog. formellen Verwaltungsakten, die nur aufgrund ihrer äußeren Form als Verwaltungsakte angesehen werden, ist die formelle Bestandskraftfähigkeit umstritten, verneinend *Stelkens/Bonk/Sachs*, § 35 RdNr. 15; s. a. *Ehlers*, K&R 2001, 8; *Sachs*, K&R 2001, 19 zu den Zwischenentscheidungen im Lizenzvergabeverfahren nach § 11 TKG 1996.

92 BeckTKG-Komm/*Kerkhoff*, § 73 RdNr. 12; *Manssen*, § 73 RdNr. 17; *Trute/Spoerr/Bosch*, § 73 RdNr. 8.

93 So *Müller-Terpitz*, K&R 2002, 77; *Scheurle/Mayen*, § 73 RdNr. 63, s. aber dort § 79 RdNr. 7 mit einem wie hier vertretenen restriktiven Begriff der Entscheidung.

suspendieren.[94] Im Übrigen ist zwischen dem Handlungsformgebot und einem sachlichen Entscheidungsgebot zu unterscheiden. Aus § 131 Abs. 2 folgt, dass ein Verfahren der Beschlusskammern nicht mit einer Entscheidung durch Verwaltungsakt abgeschlossen werden muss.

Zur Wahrung einer einheitlichen Spruchpraxis und zur Sicherung des Konsistenzgebots **32** nach § 27 Abs. 2 muss nach § 132 Abs. 4 S. 1 die Geschäftsordnung der **RegTP innerbehördliche Abstimmungs-, Auskunfts- und Informationspflichten** der jeweiligen Beschlusskammern und der Abteilungen der RegTP vor dem Erlass der Entscheidung vorsehen. Abstimmungs-, Auskunfts- und Informationspflichten der Kammern untereinander sollen vor allem auch mit dem Ziel einer widerspruchsfreien Regulierung im Verhältnis von Vorleistungsprodukten und Endnutzerprodukten bestehen.[95] Dieses erst mit dem TKG 2004 aufgenommene Erfordernis soll den innerbehördlichen Kommunikationsfluss verbessern und wird vor allem in Anbetracht des Neuzuschnitts der Geschäftsverteilung zwischen den Beschlusskammern (RdNr. 19) Bedeutung erlangen.

Nach § 132 Abs. 3 S. 3 erfolgen Entscheidungen der Präsidentenkammer über die Bedin- **33** gungen eines Frequenzvergabeverfahrens nach § 61 Abs. 4 Nr. 2 und 4 und über die Auferlegung von Universaldienstleistungen im **Benehmen mit dem Beirat**. Das im § TKG 1996 normierte Benehmenserfordernis für die Vergabebedingungen unter Knappheitsbedingungen (§ 11 TKG 1996) wurde übernommen unter Wegfall der lizenzspezifischen Bedingungen. Das Benehmenserfordernis gebietet, dem Beirat vor der Entscheidung Gelegenheit zur Stellungnahme zu geben. Das Benehmen ist insoweit ein Minus gegenüber dem Einvernehmen, das eine konstitutive Zustimmung voraussetzt.[96] Ein fehlerhaftes Unterlassen der erforderlichen Anhörung des Beirats führt nicht zur Nichtigkeit der Entscheidung (§ 44 Abs. 3 Nr. 3 VwVfG).[97] Die formelle Rechtswidrigkeit des Verwaltungsaktes kann vielmehr durch eine nachholende Anhörung geheilt werden (§ 45 Abs. 1 Nr. 4 VwVfG).[98]

---

94 Nach ganz überwiegender Auffassung können als behördliche Verfahrenshandlungen i.S. v. § 44 a S. 1 VwGO auch Verwaltungsakte qualifizieren, s. *Sodan/Ziekow/Schmidt-De Caluwe*, VwGO § 44 a RdNr. 109 m. w. N.; für Zwischenentscheidungen nach §§ 10 TKG 1996 s. a. *Manssen*, § 10 RdNr. 5; *Trute/Spoerr/Bosch*, § 10 RdNr. 10, 15; *Ehlers*, K&R 2001, 9. Die Rechtsschutzkonzentration auf die Sachentscheidung nach § 44 a VwGO hat dann bestandskraftausschließende Funktion, so auch *Sodan/Ziekow/Schmidt-De Caluwe*, § 44 a RdNr. 114; s. a. *Ehlers*, K&R 2001, 11 f.; *Sachs*, K&R 2001, 20; a. A. *Müller-Terpitz*, K&R 2002, 79.
95 BT-Drs. 15/2316, S. 100.
96 Siehe *Erichsen/Ehlers/Badura*, AllgVerwR, 12. Aufl. 2002, § 37 RdNr. 33; so auch *Manssen*, § 73 RdNr. 18; BeckTKG-Komm/*Kerkhoff*, § 73 RdNr. 32; *Scheurle/Mayen*, § 73 RdNr. 64; *Trute/Spoerr/Bosch*, § 73 RdNr. 14.
97 BeckTKG-Komm/*Kerkhoff*, § 73 RdNr. 32 und *Scheurle/Mayen*, § 73 RdNr. 65 stellen auf § 44 Abs. 3 Nr. 4 VwVfG ab; die genaue Anbindung wird offengelassen von *Manssen*, § 73 RdNr. 23.
98 BeckTKG-Komm/*Kerkhoff*, § 73 RdNr. 32, und *Scheurle/Mayen*, § 73 RdNr. 65 stellen auf § 45 Abs. 1 Nr. 5 VwVfG ab; die genaue Anbindung wird offengelassen von *Manssen*, § 73 RdNr. 23.

§ 133 Sonstige Streitigkeiten zwischen Unternehmen

(1) Ergeben sich im Zusammenhang mit Verpflichtungen aus diesem Gesetz oder auf Grund dieses Gesetzes Streitigkeiten zwischen Unternehmen, die öffentliche Telekommunikationsnetze betreiben oder Telekommunikationsdienste für die Öffentlichkeit anbieten, trifft die Beschlusskammer, soweit dies gesetzlich nicht anders geregelt ist, auf Antrag einer Partei nach Anhörung der Beteiligten eine verbindliche Entscheidung. Sie hat innerhalb einer Frist von höchstens vier Monaten, beginnend mit der Anrufung durch einen der an dem Streitfall Beteiligten, über die Streitigkeit zu entscheiden.

(2) Bei einer Streitigkeit in einem unter dieses Gesetz fallenden Bereich zwischen Unternehmen in verschiedenen Mitgliedstaaten, die in die Zuständigkeit der nationalen Regulierungsbehörde von mindestens zwei Mitgliedstaaten fällt, kann jede Partei die Streitigkeit der betreffenden nationalen Regulierungsbehörde vorlegen. Die Beschlusskammer trifft ihre Entscheidung im Benehmen mit der betreffenden nationalen Regulierungsbehörde innerhalb der in Absatz 1 genannten Fristen.

(3) Die §§ 126 bis 132 und 134 bis 137 gelten entsprechend.

Schrifttum: wie vor § 132; zusätzlich *Bock/Völcker*, Regulatorische Rahmenbedingungen für die Zusammenschaltung von TK-Netzen, CR 1998, 473; *Holznagel/Schulz*, Außergerichtliche Streitbeilegung im TK-Recht, CR 2003, 567; *Husch/Kemmler/Ohlenburg*, Die Umsetzung des EU-Rechtsrahmens für elektronische Kommunikation: Ein erster Überblick, MMR 2003, 139; *Mielke*, Das Streitbeilegungsverfahren nach § 131 TKG-E: Sprengsatz im deutschen Rechtssystem?, TKMR-Tagungsband 2004, 47; *Riehmer*, Konfliktlösung beim Netzzugang und Zusammenschaltung in der Telekommunikation, MMR 1998, 59; *Scherer*, Streitbeilegung und Rechtsschutz im künftigen TK-Recht, MMR-Beilage 12/2002, 23; *Schütz/Attendorn*, Das neue Kommunikationsrecht der Europäischen Union – Was muss Deutschland ändern?, MMR-Beilage 4/2002, 1; *Wissmann/Klümper*, Effizienter Rechtsschutz und Rechtsweg im künftigen Kommunikationsrecht, K&R 2003, 52.

Übersicht

I. Normzweck

Mit § 133 wird den Beschlusskammern die Befugnis eingeräumt, auf Antrag einer Partei **1** bei telekommunikationsrechtlichen Streitigkeiten zwischen Unternehmen eine verbindliche Entscheidung herbeizuführen. Die nur unter dem Vorbehalt spezieller Entscheidungsbefugnisse stehende Norm fungiert als **generalklauselartige Auffangnorm für eine umfassende Streitbeilegungskompetenz** der RegTP, die den Beschlusskammern als Zuständigkeit zugewiesen ist. Sie reicht in ihrem Anwendungsbereich über § 37 TKG 1996 bzw. § 25 weit hinaus und dient vornehmlich der Umsetzung von Art. 20, 21 RRL.[1] Ungeachtet bürgerlich-rechtlicher Rechtsschutzmöglichkeiten wird durch das Entscheidungsverfahren nach § 133 den Unternehmen ein Weg eröffnet, in relativ kurzer Frist eine verbindliche Entscheidung der Beschlusskammern zu erlangen. Die justizähnliche Ausgestaltung des Beschlusskammerverfahrens schafft zugleich die prozedurale Rechtfertigung für die den Kammern anvertraute **Schiedsrichterfunktion**.[2]

II. Entstehungsgeschichte

2   Bereits § 37 TKG 1996 sah vor, dass die Beschlusskammern im Falle des Scheiterns einer Zusammenschaltungsvereinbarung nach Anrufung durch einen Beteiligten verbindlich die Zusammenschaltung anordnen konnten. **In Anlehnung an § 37 TKG 1996**[3], der in modifizierter Form eine Fortführung in § 25 gefunden hat, wollte der Regierungsentwurf die verbindliche Streitbeilegung durch die Kammern auf alle Streitigkeiten nach dem TKG erstrecken. Die Vorschrift war im Gesetzgebungsverfahren **im Wesentlichen unumstritten** und erfuhr nur geringfügige redaktionelle Änderungen. Im Schrifttum wird sie nahezu einhellig begrüßt.[4]

3   § 133 dient in erster Linie der Umsetzung von Art. 20, 21 RRL.[5] Die gemeinschaftsrechtlichen Normen gehen im Wesentlichen auf den ursprünglichen Kommissionsvorschlag vom August 2000 zurück.[6] Nach **Art. 20 Abs. 1 RRL** treffen die nationalen Regulierungsbehörden auf Antrag einer Partei eine verbindliche Entscheidung, wenn sie im Zusammenhang mit Verpflichtungen aus der RRL oder einer anderen Einzelrichtlinie Streitigkeiten zwischen Unternehmen ergeben. **Art. 21 RRL** verlangt ein Streitbeilegungsverfahren für grenzüberschreitende Streitigkeiten. Dieses Gebot hat seine Umsetzung in § 133 Abs. 2 gefunden.

III. Einzelerläuterungen

4   **1. Gegenständlicher Anwendungsbereich des Verfahrens.** – § 133 Abs. 1 eröffnet das Streitbeilegungsverfahren für alle Streitigkeiten zwischen Unternehmen im Zusammenhang mit Verpflichtungen aus dem TKG oder auf Grund des Gesetzes, soweit dies gesetzlich nicht anders geregelt ist. Der **Vorrang besonderer gesetzlicher Regelungen** erfasst zunächst alle Entscheidungen der Beschlusskammern, die ein von Amts wegen eingeleite-

---

1 GesE der BReg, BT-Drs. 15/2316 v. 9. 1. 2004, 100 f.

2 So die gesetzgeberische Ratio für das Beschlusskammerverfahren, GesE der BReg, BR 80/96 v. 9. 2. 1996, S. 51.

3 Die Parallele zu § 37 TKG 1996 wird ausdrücklich bemüht, s. BT-Drs. 15/2316, 100.

4 Siehe nur *Holznagel/Schulz*, CR 2003, 569; *Heun*, CR 2003, 485, 496; krit. aber *Mielke*, TKMR Tagungsband 2004, 53 ff.

5 Zu den gemeinschaftsrechtlichen Anforderungen s. ausführlicher *Scherer*, MMR Beilage 12/2002, 23; *Holznagel/Schulz*, CR 2003, 567; *Wissmann/Klümper*, K&R 2003, 53; *Schütz/Attendorn*, MMR Beilage 4/2002, 8, 26 f.; *Husch/Kemmler/Ohlenburg*, MMR 2003, 139 f.

6 Vorschlag der Kommission KOM (2000) endg., ABl.EG v. 19. 12. 2000, C 365 E, S. 198. Änderungen des Art. 20 RRL ergaben sich hinsichtlich der Entscheidungsfrist, die ursprünglich mit zwei Monaten angesetzt war; bei Artikel 21 RRL wurde auf das geplante fakultative Entscheidungsverfahren bei der Kommission verzichtet.

tes Verfahren betreffen.[7] In Konkurrenz zum Streitbeilegungsverfahren kann nach der Neufassung ein nunmehr fristgebundenes Verfahren der Missbrauchsaufsicht auf Antrag eines Mitbewerbers nach § 42 Abs. 4 treten.[8] Allerdings ist es in seinem Gegenstand und in seinen Verfahrensvoraussetzungen – maßgeblich im Gebot der Antragsbefugnis (§ 42 Abs. 4 S. 5) – enger und kann deshalb ein Streitbeilegungsverfahren nicht ausschließen. Zu den spezielleren Regelungen rechnet aber das Verfahren nach § 25. Deshalb kommt eine Streitbeilegung durch die Beschlusskammern nicht in Betracht, wenn eine Zugangsvereinbarung mit einem marktbeherrschenden Unternehmen nach § 22 oder mit einem solchen, das nach § 18 den Zugang zu Endnutzern kontrolliert, nicht zustande kommt.[9]

Jenseits dieses Vorbehalts ist der **Anwendungsbereich des Streitbeilegungsverfahrens** 5 unter Berücksichtigung von Art. 20 Abs. 1 RRL **sehr weit gefasst**. Es muss eröffnet sein für alle Streitigkeiten auf der Grundlage der RRL und der anderen Einzelrichtlinien ungeachtet der Frage, ob die Streitigkeit Pflichten eines marktbeherrschenden Unternehmens betrifft.[10] Dieses Gebot ist mit § 133 Abs. 1 S. 1 gemeinschaftsrechtskonform umgesetzt worden. Das Streitbeilegungsverfahren kommt etwa in Betracht bei Streitigkeiten über die Übermittlung von Teilnehmerverzeichnissen (Art. 25 Abs. 2 URL, § 47 Abs. 1 und 2)[11], die Zuteilung von Nummernfolgen (Art. 10 Abs. 2 S. 2 RRL, § 66 f), die gemeinsame Nutzung von Einrichtungen oder Grundstücken und die Aufteilung der hiermit verbundenen Kosten (Art. 12 RRL, § 70) oder die Zugänglichmachung von Informationen über AIP-gestützte Dienste (Art. 18 Abs. 2 RRL, § 49 Abs. 2).[12] In den Anwendungsbereich des § 133 fallen aber auch Zugangsstreitigkeiten, die weder die Zugangspflichten eines marktbeherrschenden Unternehmens betreffen noch eines solchen, das den Zugang zu den Endnutzern kontrolliert. Denn in dieser Konstellation bestehen zwar Verhandlungspflichten nach § 16, nicht hingegen die Möglichkeit einer behördlichen Anordnung nach § 25 Abs. 1. Da § 25 Abs. 1 insoweit die Entscheidungsbefugnis bei Zugangsstreitigkeiten nicht abschließend normiert, kommt ein Verfahren nach § 133 in Betracht.[13]

2. Voraussetzungen und Verfahren der Streitbeilegung. – Das Streitbeilegungsverfahren 6 ist eröffnet für **Unternehmen, die öffentliche Telekommunikationsnetze betreiben** oder **Telekommunikationsdienstleistungen für die Öffentlichkeit** anbieten. Maßgeblich sind die Begriffsbestimmungen des § 3 Nr. 16, 24. Der Kreis der berechtigten und ggf. verpflichteten Unternehmen ist mithin nicht auf Netzbetreiber beschränkt.[14] Nicht erforderlich ist ferner, dass eine der streitenden Parteien ein Unternehmen mit marktbeherrschender

---

7 BT-Drs. 15/2316, 101.
8 Anders noch *Wissmann/Klümper*, K&R 2003, 54; *Schütz/Attendorn*, MMR Beilage 4/2002, 37 f.; *Scherer*, MMR Beilage 12/2002, 25; *Riehmer*, MMR 1998, 62 auf der Grundlage von § 33 TKG 1996.
9 *Holznagel/Schulz*, CR 2003, 569; *Mielke*, TKMR Tagungsband 2004, 51.
10 So ausdrücklich *Holznagel/Schulz*, CR 2003, 568 gegen *Schütz/Attendorn*, MMR Beilage 4/2002, 38.
11 Streitigkeiten hierüber erwähnt ausdrücklich Erw.Grd. 32 der RRL.
12 *Scherer*, MMR Beilage 12/2002, 25; *Holznagel/Schulz*, CR 2003, 568.
13 So auch *Holznagel/Schulz*, CR 2003, 569.
14 Zur Diskussion um die Einbeziehung von Verbindungsnetzbetreibern in §§ 36, 37 TKG 1996 s. ausführlich BeckTKG-Komm/*Piepenbrock*, § 36 RdNr. 8 ff.; s. a. *Trute/Spoerr/Bosch*, § 36 RdNr. 4; *Scheurle/Mayen/Glahs*, § 37 RdNr. 3; *Bock/Völcker*, CR 1998, 479 f.

Stellung ist.[15] Auch muss das antragstellende Unternehmen zum Zeitpunkt der Antragstellung seine Tätigkeit noch nicht aufgenommen haben. Dies gilt insbesondere dann, wenn außerhalb des Anwendungsbereichs von § 25 Abs. 1 um den erst markteröffnenden Zugang gestritten wird. Insoweit reicht es auch hier aus, dass unternehmerische Planungen hinreichend konkret sind.[16] Unternehmen, die keine Telekommunikationsunternehmen sind, sind in Streitigkeiten über die Überlassung von Teilnehmerverzeichnissen antragsberechtigt (§ 47 Abs. 3).[17]

7 Das Streitbeilegungsverfahren bedarf des **Antrags (nur) einer Partei**. Insoweit handelt es sich nicht um ein einvernehmliches Schlichtungsverfahren, dem sich beide Parteien unterworfen haben. Der Antrag einer Partei leitet ein selbstständiges Verwaltungsverfahren i.S.v. § 9 VwVfG ein, da er auf den Erlass eines Verwaltungsaktes gerichtet ist (s. RdNr. 17). Mangels Regelung im TKG findet § 64 VwVfG entsprechende Anwendung.[18] Folglich bedarf der Antrag der **Schriftform**.

8 Nicht erforderlich ist – anders als im Verfahren nach § 42 Abs. 4 S. 5 – die Darlegung der Verletzung subjektiver Rechte. § 133 setzt allein das Vorliegen einer **Streitigkeit** zwischen den Unternehmen voraus. Dies schließt allerdings aus, dass sich ein Unternehmen ohne die vorherige Aufnahme ernsthafter Verhandlungen umstandslos an die RegTP wendet. Der vom Gesetzgeber geübte Verzicht auf ein durch Art. 20 Abs. 2 RRL ausdrücklich zugelassenes obligatorisches Schlichtungsverfahren[19] ist gerechtfertigt, soweit den Beschlusskammern ein klarer und entscheidungsfähiger Streitgegenstand vorgelegt wird. Denn das Streitbeilegungsverfahren durch hoheitliche Entscheidung ist – wie dies auch § 25 Abs. 2 für seinen Anwendungsbereich zum Ausdruck bringt – nur subsidiär gegenüber dem vorrangigen Ziel privatrechtlicher Einigung. Es soll nicht bereits dann zum Einsatz kommen, wenn eine Partei eine Entscheidung der Beschlusskammer einer privatrechtlichen Einigung vorzieht.[20]

9 Die **Anforderungen an die Darlegung einer Streitigkeit** sollten sich deshalb an der entwickelten Praxis zu § 36 TKG 1996 und dem neuen § 25 Abs. 3 orientieren. Ein Antrag ist nur dann statthaft, wenn der Antragsteller zuvor zumindest ein unmissverständliches Anliegen an die andere Partei herangetragen und auf diese Anfrage entweder überhaupt keine Reaktion oder nur ein solche erhalten hat, die nach seiner Auffassung unzureichend ist.[21] Die Partei hat in ihrem Antrag an die Beschlusskammer den Streitstand darzulegen. Dabei muss dem Antrag zu entnehmen sein, welche Streitpunkte mit welchem Ziel der hoheit-

---

15 Zum Streit um die Adressaten von Zusammenschaltungsanordnungen nach § 37 TKG 1996 s. *Scheurle/Mayen/Glahs*, § 37 RdNr. 4 ff.; BeckTKG-Komm/*Piepenbrock*, § 37 RdNr. 6; *Trute/Spoerr/Bosch*, § 37 RdNr. 5; *Manssen*, § 37 RdNr. 1; *Bock/Völcker*, CR 1998, 480 f.

16 *Scheurle/Mayen/Glahs*, § 37 RdNr. 3 mit umfänglichen Nachweisen zur ständigen Spruchpraxis der RegTP; s. a. BeckTKG-Komm/*Piepenbrock*, § 36 RdNr. 13, § 37 RdNr. 1; *Trute/Spoerr/Bosch*, § 36 RdNr. 6, § 37 RdNr. 9.

17 BT-Drs. 15/2316, S. 72.

18 Zur Anwendung der Vorschriften über das förmliche Verwaltungsverfahren s. vor § 132 RdNr. 17.

19 Ein solches stellt das freiwillige Mediationsverfahren nach § 124 jedenfalls nicht dar.

20 So VG Köln RTkom 2000, 297 zur Verhandlungspflicht nach § 36 TKG 1996; s. a. *Scheurle/Mayen/Glahs*, § 37 RdNr. 12.

21 So für Zusammenschaltungsanordnungen *Scheurle/Mayen/Glahs*, § 37 RdNr. 12, 14a m. w. N.; s. a. BeckTKG-Komm/*Piepenbrock*, § 37 RdNr. 1; *Trute/Spoerr/Bosch*, § 37 RdNr. 7; *Manssen*, § 3 RdNr. 5; *Tschentscher/Neumann*, BB 1997, 2438 f.; s. nunmehr auch § 25 Abs. 3 Nr. 3.

lichen Entscheidung zugeführt werden sollen.[22] Diese Substantiierungslast ist durch das Gebot des Art. 20 Abs. 1 S. 2 RRL gedeckt, demzufolge die Mitgliedstaaten verlangen, dass alle Parteien in vollem Umfang mit der Regulierungsbehörde zusammenarbeiten.

Nach § 133 Abs. 1 muss der Entscheidung durch die Beschlusskammern die **Anhörung** **10** **der Beteiligten** vorangehen. Hieraus könnte geschlossen werden, dass § 133 Abs. 1 abschließend die Anhörung regelt und auf die streitenden Parteien beschränkt, eine entsprechende Anwendung des § 135 über § 133 Abs. 3 mangels Regelungslücke mithin ausscheidet. Diese Lesart ist aber i.E. zu verneinen. In dem Umfang, wie nach §§ 134, 135 weitere Personen ein Anhörungsrecht besitzen, besteht dieses auch im Streitbeilegungsverfahren. Danach kommt eine Anhörung derjenigen in Betracht, die nach dem unmittelbar anwendbaren § 13 Abs. 1 Nr. 4, Abs. 2 VwVfG als Beteiligte zum Verfahren hinzugezogen wurden.[23]

Gemäß § 133 Abs. 3 finden sowohl die Befugnisnormen der §§ 126 ff. als auch die **sonsti-** **11** **gen Verfahrensvorgaben der §§ 134 ff.** im Streitbeilegungsverfahren entsprechende Anwendung. Grundsätzlich gilt das Gebot **öffentlicher mündlicher Verhandlung** nach § 135 Abs. 3. Der nach Art. 20 Abs. 4 RRL gebotene Schutz von **Betriebs- und Geschäftsgeheimnissen** wird durch die entsprechende Anwendung von § 136 gewährleistet. In Anbetracht der nur rudimentären Regelung der Verfahrensgrundsätze kommen zudem auch in diesem Verfahren die Verfahrensregelungen des VwVfG zur unmittelbaren Anwendung. Die Beteiligten haben deshalb ein **Recht auf Akteneinsicht** nach § 29 VwVfG.[24] Ihren gemeinschaftsrechtlich gebotenen Mitwirkungspflichten (Art. 20 Abs. 1 S. 2 RRL) kann durch Anwendung von §§ 127 f., ggf. durch ergänzende Anwendung von § 26 VwVfG Rechnung getragen werden.

3. Das grenzüberschreitende Streitbeilegungsverfahren. – In Übereinstimmung mit **12** Art. 21 RRL sieht § 133 Abs. 2 ein grenzüberschreitendes Streitbeilegungsverfahren bei Streitigkeiten zwischen Unternehmen in verschiedenen Mitgliedstaaten vor, wenn die Streitigkeit in die **Zuständigkeit der Regulierungsbehörden von mindestens zwei Mitgliedstaaten** fällt. Jede Partei kann in diesem Fall die betreffende nationale Regulierungsbehörde anrufen. Eines Antrags beider Parteien bedürfte es nur, wenn der Streitbeilegung nach Art. 21 Abs. 3 RRL ein obligatorisches Schlichtungsverfahren vorgeschaltet wäre.[25] Von dieser Option hat der Gesetzgeber allerdings keinen Gebrauch gemacht.

Die Pflicht zur Koordinierung der Maßnahmen (Art. 21 Abs. 2 RRL) wurde in § 133 **13** Abs. 2 S. 2 durch das Erfordernis des **Benehmens** umgesetzt. Benehmen ist indessen ein Minus gegenüber dem Einvernehmen, das eine Zustimmung der anderen Regulierungsbehörde voraussetzte.[26] Dies wird aber dem Koordinierungserfordernis gerecht. Im Übrigen

---

22 Siehe dazu auch bereits § 9 NZV; s. a. *Scheurle/Mayen/Glahs*, § 37 RdNr. 12, 16; s. nunmehr § 25 Abs. 3 Nr. 4.

23 *Mielke*, TKMR Tagungsband 2004, 47; so auch schon für Entscheidungen nach § 37 TKG 1996 *Bock/Völcker*, CR 1998, 482; zum Beteiligtenkreis und zur Anwendung von § 13 VwVfG im Beschlusskammerverfahren s. § 134 RdNr. 30 ff.

24 So auch für Entscheidungen nach § 37 TKG 1996 *Bock/Völcker*, CR 1998, 482; *Tschentscher/Neumann*, BB 1997, 2440 f.; zur Anwendung von § 29 VwVfG im Beschlusskammerverfahren s. vor § 132 RdNr. 14.

25 *Scherer*, MMR Beilage 12/2002, S. 25 f.; a. A. *Wissmann/Klümper*, K&R 2003, 54, die in jedem Fall die Zustimmung beider Parteien für erforderlich halten.

26 *Erichsen/Ehlers/Badura*, AllgVerwR, 12. Aufl. 2002, § 37 RdNr. 33.

gelten die für das innerstaatliche Streitbeilegungsverfahren dargelegten Verfahrensvorgaben.

14   **4. Die Entscheidung der Beschlusskammer.** – Für die Beschlusskammer gilt eine **Entscheidungsfrist** von vier Monaten ab Antragstellung. Von der gemeinschaftsrechtlichen Option, in Ausnahmefällen eine Verlängerung vorzusehen (Art. 20 Abs. 1 S. 1 RRL), hat der deutsche Gesetzgeber keinen Gebrauch gemacht. Die Frist ist deshalb einer Verlängerung nicht zugänglich. Die Frist ist länger als die Regelfrist für die Entscheidung über Zugangsvereinbarungen nach § 25, kann allerdings – abhängig vom Streitstoff – immer noch relativ knapp bemessen sein. Nur durch Mindestanforderungen an die Substantiierung können die für die Entscheidung der Kammern geltenden Fristen realistischer Weise gewahrt werden. Eine Antragsänderung im laufenden Verfahren führt zu einem neuen Lauf der Frist.[27] Die Frist von vier Monaten gilt i. Ü. auch für das Verfahren der grenzüberschreitenden Streitbeilegung (§ 133 Abs. 2 S. 2), obwohl dies von Gemeinschaftsrechts wegen nicht geboten wäre.[28] Eine Fristüberschreitung bleibt allerdings folgenlos. Sie hat insbesondere nicht eine Beendigung des Verfahrens zur Folge.

15   Der **Inhalt der Anordnung** bestimmt sich maßgeblich nach dem vom Antragsteller bestimmten Streitgegenstand. Die Entscheidung der Beschlusskammer ist an das **Gesetzmäßigkeitsprinzip** gebunden. Die Kammer darf nur eine Entscheidung treffen, die vor den materiellrechtlichen Regelungen des betroffenen Streitgegenstandes Bestand hat[29], wie dies gemeinschaftsrechtlich auch Art. 20 Abs. 3 S. 2 RRL verlangt. Der Entscheidungsspielraum der RegTP könnte u. U. enger sein, als er den Parteien im Wege privatautonomer Gestaltung in den Grenzen von §§ 134, 138 BGB zur Verfügung steht. Allerdings sind vielfach die Grenzen deckungsgleich, weil das TKG selbst bereits Vorgaben für den zulässigen Inhalt privatrechtlicher Vereinbarungen macht. Zudem müssen die Entscheidungen der Beschlusskammer nach Art. 20 Abs. 3 S. 1 RRL auf die Verwirklichung der – gemeinschaftsrechtlichen – Regulierungsziele gerichtet sein. Folglich müssen die Entscheidungen – im Rahmen der gesetzlichen Vorgaben – die Auswirkungen auf den Wettbewerb, auf die Entwicklung des Binnenmarktes und auf den Verbraucherschutz einbeziehen.[30]

16   Jedenfalls für innerstaatliche Streitbeilegungsverfahren gebietet Art. 20 Abs. 4 S. 2 RRL die vollständige **Begründung der Entscheidung** gegenüber den streitenden Parteien. Dieses Erfordernis wird durch § 131 Abs. 1 S. 1 umgesetzt, der auch auf Streitbeilegungsverfahren entsprechende Anwendung findet (§ 133 Abs. 3). Nicht rechtsförmlich umgesetzt ist hingegen bislang das Gebot, die Streitbeilegungsentscheidungen nach § 133 Abs. 1 unter Wahrung des Geschäftsgeheimnisses der **Öffentlichkeit zugänglich** zu machen (Art. 20 Abs. 4 S. 1 RRL), denn § 131 sieht nur die Zustellung der Entscheidung gegenüber den Beteiligten vor. Insoweit besteht gegenwärtig ein **Umsetzungsdefizit**.[31]

---

27 So auch *Trute/Spoerr/Bosch*, unter Hinweis auf die Behördenpraxis im Verfahren nach § 37 TKG 1996.

28 Zutreffender Hinweis von *Holznagel/Schulz*, CR 2003, 569.

29 So auch ausdrücklich BeckTKG-Komm/*Piepenbrock*, § 37 RdNr. 7 für Zusammenschaltungsanordnungen; s. a. *Trute/Spoerr/Bosch*, § 37 RdNr. 17.

30 So auch bereits für Zusammenschaltungsanordnungen nach § 37 TKG 1996 *Trute/Spoerr/Bosch*, § 37 RdNr. 11, 18; *Scheurle/Mayen/Glahs*, § 37 RdNr. 25.

31 Ungenau deshalb *Husch/Kemmler/Ohlenburg*, MMR 2003, 140.

5. Rechtsnatur und Rechtswirkungen der Entscheidung. – Die Beschlusskammer been- **17** det das Verfahren nach dem Wortlaut des § 133 Abs. 1 mit einer verbindlichen Entscheidung. Wegen ihrer Regelungswirkung für die Beteiligten handelt es sich um einen Verwaltungsakt. Die Regelung wird zumeist, wenn auch nicht zwingend, auf den Abschluss zivilrechtlicher Verträge zielen. Ein streitentscheidender Verwaltungsakt könnte zum einen die Anordnung enthalten, den Parteien den Abschluss eines Vertrages bestimmten Inhalts aufzugeben. Er könnte indessen auch bereits selbst an die Stelle einer vertraglichen Einigung treten und die Willenserklärungen der streitenden Parteien gleichsam ersetzen. Letzteres Verständnis liegt der Entwurfsbegründung zu Grunde, derzufolge die verbindliche Entscheidung als **privatrechtsgestaltender Verwaltungsakt** ergeht.[32] Diese Sichtweise wird weitgehend im Schrifttum zu § 37 TKG 1996 geteilt und entspricht auch der Judikatur des BVerwG.[33]

Hinsichtlich der **Rechtswirkungen** der Streitbeilegungsentscheidung ist folglich zwischen **18** öffentlich-rechtlichen und zivilrechtlichen Konsequenzen zu unterscheiden. Als Verwaltungsakt kann die Entscheidung mit der **verwaltungsgerichtlichen Klage** nach § 40 Abs. 1 S. 1 VwGO angegriffen werden. Da § 133 Abs. 3 die entsprechende Anwendung von § 137 anordnet, findet ein Vorverfahren nicht statt und hat eine Klage keine aufschiebende Wirkung. Der verwaltungsgerichtliche Rechtsschutz wird deshalb zunächst im vorläufigen Verfahren nach § 80 Abs. 5 VwGO stattfinden.

Die **Gestaltung der zivilrechtlichen Beziehungen** zwischen den Parteien hängt letztlich **19** vom konkreten Streitgegenstand ab. Wird zwischen den Parteien um den Abschluss und den Inhalt einer Zugangsvereinbarung gestritten (s. RdNr. 5), so wird nach Auffassung des BVerwG eine zivilrechtliche Vereinbarung unmittelbar durch die Streitentscheidung nach § 37 TKG 1996 bzw. § 25 herbeigeführt. In diesem Fall ersetzt der Verwaltungsakt die fehlenden Willenserklärungen und begründet einen zivilrechtlichen Vertrag.[34]

Letztlich kann ungeachtet der Entwurfsbegründung nicht für jeden Fall von derart weitrei- **20** chenden privatrechtsgestaltenden Wirkungen ausgegangen werden. Es ist zu berücksichtigen, dass die Streitigkeiten – anders als nach § 25 – **nicht notwendig den Abschluss eines Vertrages** als solchen zum Gegenstand haben müssen. Außerhalb von Zusammenschaltungen besteht kein durch das Instrument der Hoheitsentscheidung induzierter mittelbarer Kontrahierungszwang. Denkbar sind auch behördliche Teilentscheidungen, die einzelne Streitpunkte innerhalb eines Vertragsentwurfs betreffen.[35] Des Weiteren können die Streitigkeiten auch außervertragliche Ansprüche zum Gegenstand haben, wie etwa den Überlassungsanspruch im Rahmen von § 47. In diesem Fall kann sich die Entscheidung auf die Anordnung entsprechender Pflichten beschränken.

---

32 BT-Drs. 15/2316, S. 100.

33 BVerwG MMR 2004, 564; *Scheurle/Mayen/Glahs*, § 37 RdNr. 40 f.; BeckTKG-Komm/*Piepenbrock*, § 37 RdNr. 11; *Manssen*, § 37 RdNr. 6; wohl auch *Trute/Spoerr/Bosch*, § 37 RdNr. 22; a. A. *Riehmer*, MMR 1998, 63, der in der Zusammenschaltungsanordnung allein ein öffentlich-rechtliches Verhältnis begründet sieht.

34 So für Zusammenschaltungsanordnungen nach § 37 TKG 1996 BVerwG MMR 2004, 564; s. a. *Scheurle/Mayen/Glahs*, § 37 RdNr. 40 f.; BeckTKG-Komm/*Piepenbrock*, § 37 RdNr. 11; *Manssen*, § 37 RdNr. 6; *Trute/Spoerr/Bosch*, § 37 RdNr. 22.

35 Nach *Scheurle/Mayen/Glahs*, § 37 RdNr. 21 ff. ist dies problematisch im Anwendungsbereich von § 37 TKG 1996.

21 Das **Verhältnis von öffentlich-rechtlicher und privatrechtlicher Regelung** wird prekär, wenn eine der Regelungen fehlerhaft ist. Da der Verwaltungsakt ein öffentlich-rechtliches und ein privatrechtliches Rechtsverhältnis begründet, ist ihr Schicksal zunächst nach der jeweiligen Teilrechtsordnung zu bestimmen. Die (gerichtliche) Aufhebung des Verwaltungsakts lässt das zivilrechtliche Rechtsverhältnis unberührt, sofern es nicht an Nichtigkeitsgründen nach §§ 134, 138 BGB leidet.[36] Umgekehrt liegt kein Verstoß gegen die behördliche Entscheidung darin, dass die Beteiligten einvernehmlich die durch Verwaltungsakt begründete zivilrechtliche Regelung überschreiben[37] oder z.B. von einem vertraglichen Kündigungsrecht Gebrauch machen.[38]

22 Art. 20 Abs. 5, Art. 21 Abs. 4 RRL fordern, dass das Streitbeilegungsverfahren eine gerichtliche Klage einer Partei nicht ausschließen darf. Hiermit kann indessen nicht gemeint sein, dass die streitbeilegende Entscheidung selbst Gegenstand gerichtlicher Überprüfung sein muss[39]; denn Rechtsschutz gegen die Entscheidungen der RegTP gebietet bereits Art. 4 RRL und gewährleisten § 40 Abs. 1 S. 1 VwGO, § 137 TKG (s. RdNr. 18). Vielmehr darf durch das Streitbeilegungsverfahren nicht **zivilgerichtlicher Rechtsschutz** ausgeschlossen werden.[40]

23 Dieses richtlinienrechtliche Gebot hat keine ausdrückliche Umsetzung erfahren. Indessen ist dies auch nicht erforderlich, wenn die Rechtslage ohnehin bereits den richtlinienrechtlichen Anforderungen entspricht. Aus dem Rechtsstaatsprinzip folgt ein **allgemeiner Justizgewährleistungsanspruch**. Dieser umfasst nicht nur den Zugang zu den Gerichten, sondern auch eine effektive gerichtliche Kontrolle.[41] Beides ist nach den einfachgesetzlichen Vorgaben sichergestellt.

24 Das Streitbeilegungsverfahren der Beschlusskammer ist keine den Rechtsweg zu den ordentlichen Gerichten ausschließende Schiedsvereinbarung i.S.v. § 1032 ZPO. Ohnehin unwahrscheinlich ist die Konstellation, dass eine der Parteien zeitgleich mit dem Streitbeilegungsverfahren eine zivilgerichtliche Klage anhängig macht, die der eigentlichen Funktion des Verfahrens nach § 133 als außergerichtlicher Streitbeilegung zuwiderläuft.[42] Wird nach einer Entscheidung nach § 133 der Rechtsweg zu den ordentlichen Gerichten eingeschlagen, ist eine derartige Klage nicht gesperrt. Auch in der Sache bleibt **Raum für eine zivilgerichtliche Streitfallklärung**: Die zivilgerichtliche Judikatur des BGH sieht sich näm-

---

36 So wohl i.E. auch *Scheurle/Mayen/Glahs*, § 37 RdNr. 45 ff. für die Aufhebung von Zusammenschaltungsanordnungen.

37 So auch BeckTKG-Komm/*Piepenbrock*, § 37 RdNr. 10, 11; *Manssen*, § 37 RdNr. 6; *Trute/Spoerr/Bosch*, § 37 RdNr. 23 gehen davon aus, dass sich in diesem Fall der Verwaltungsakt i.S. v. § 43 Abs. 2 VwVfG in sonstiger Weise erledigt.

38 Ein vertragliches Kündigungsrecht kann rechtmäßiger Bestandteil eines privatrechtsgestaltenden Verwaltungsakts nach § 37 TKG 1996 sein, so BVerwG MMR 2004, 563, 565.

39 So aber offenbar *Schütz/Attendorn*, MMR Beilage 4/2002, 8; wohl auch *Husch/Kemmler/Ohlenburg*, MMR 2003, 140, die auf Art. 19 IV GG verweisen.

40 So richtig *Scherer*, MMR Beilage 12/2002, S. 25; i.E. wohl auch *Wissmann/Klümper*, K&R 2003, 53 f.; *Mielke*, TKMR Tagungsband 2004, 49; hierfür spricht auch Art. 17 Abs. 4 des ursprünglichen Richtlinienentwurfs, demzufolge Klagen auf Schadensersatz nicht ausgeschlossen sein dürfen.

41 BVerfGE 85, 337, 345; BVerfGE 97, 169, 185; BGHZ 140, 208, 217; s.a. *Jarass/Pieroth*, Art. 20 RdNr. 89 ff.

42 Siehe dazu die Bedenken bei *Wissmann/Klümper*, K&R 2003, 54; *Mielke*, TKMR Tagungsband 2004, 54.

lich regelmäßig solange nicht an einen Verwaltungsakt gebunden, wie dieser nicht Gegenstand einer verwaltungsgerichtlichen Klage war. Erst seine verwaltungsgerichtliche Bestätigung erzeugt Tatbestandswirkung für das Zivilgericht. Ungeachtet der fehlenden Aufhebungskompetenz der ordentlichen Gerichte könnte also von diesen das bürgerlich-rechtliche Verhältnis anders bestimmt werden, als dies die Entscheidung der Beschlusskammer vorgesehen hat.[43] Insoweit ist den gemeinschaftsrechtlichen Geboten der Art. 20 Abs. 5, Art. 21 Abs. 4 RRL ausreichend Rechnung getragen.

---

43 Zur fehlenden Tatbestandswirkung eines Verwaltungsaktes s. BGHZ 112, 363, 365; BGHZ 117, 159; s. a. zur kartellrechtlichen Überprüfung genehmigter Entgelte BGH v. 10. 2. 2004, KZR 6/07.

§ 134 Einleitung, Beteiligte

(1) Die Beschlusskammer leitet ein Verfahren von Amts wegen oder auf Antrag ein.

(2) An dem Verfahren vor der Beschlusskammer sind beteiligt

1. der Antragsteller,
2. die Betreiber von öffentlichen Telekommunikationsnetzen und die Anbieter von Telekommunikationsdiensten für die Öffentlichkeit, gegen die sich das Verfahren richtet,

die Personen und Personenvereinigungen, deren Interessen durch die Entscheidung berührt werden und die die Regulierungsbehörde auf ihren Antrag zu dem Verfahren beigeladen hat.

Schrifttum: Wie vor § 132; zusätzlich: *Alpert*, Zur Beteiligung am Verwaltungsverfahren nach dem Verwaltungsverfahrensgesetz des Bundes, 1999; *Beyerlin*, Schutzpflicht der Verwaltung gegenüber dem Bürger außerhalb des formellen Verwaltungsverfahrens?, NJW 1987, 2713; *Erichsen/Ehlers* (Hrsg.), Allgemeines Verwaltungsrecht, 12. Aufl. 2002; *Gusy*, Der Antrag im Verwaltungsverfahren, BayVBl. 1985, 484; *Husch/Kemmler/Ohlenburg*, Die Umsetzung des EU-Rechtsrahmens für elektronische Kommunikation, MMR 2003, 139; *Kevekordes*, Zur Rechtsstellung des Beigeladenen im Kartellrecht, WuW 1987, 365; *Kopp*, Der Beteiligtenbegriff des Verwaltungsverfahrensrechts, FS Boorberg-Verlag, 1977, 159; *Ladeur*, Drittschutz des Entgeltregulierungsverfahrens nach §§ 23 ff. TKG?, CR 2000, 433; *Martens*, Die Rechtsprechung zum Verwaltungsverfahrensrecht, NVwZ 1986, 533; NVwZ 1988, 684; *Neumann/Bosch*, Rechtsschutz für Wettbewerber im Rahmen der telekommunikationsrechtlichen Entgeltregulierung, CR 2001, 225; *Raeschke-Kessler/Eilers*, Die grundrechtliche Dimension des Beteiligungsgebots in § 13 II VwVfG – Zur Verfahrensbeteiligung als Grundrechtssicherung, NVwZ 1988, 37; *Redeker*, Grundgesetzliche Rechte auf Verfahrensteilhabe, NJW 1980, 1594; *K. Schmidt*, Drittschutz, Akteneinsicht und Geheimnisschutz im Kartellverfahren, 1992; *Schnell*, Der Antrag im Verwaltungsverfahren, 1986; *P. Stelkens*, Der Antrag – Voraussetzung eines Verwaltungsverfahrens und eines Verwaltungsaktes?, NuR 1985, 213; *Wittreck*, Das Sachbescheidungsinteresse im Verwaltungsverfahren, BayVBl. 2004, 193.

Übersicht

I. Normzweck

§ 134 bestimmt einerseits die für die Einleitung des Beschlusskammerverfahrens maßgeblichen Tatbestände und andererseits den Kreis derjenigen, die am Verfahren beteiligt sind. Als allgemeine verfahrensbezogene Vorschrift findet § 134 seine eigentliche Bedeutung **1** erst im Kontext der Normen, die den Beschlusskammern materielle Entscheidungsbefugnisse einräumen oder die die Rechtsstellung der Beteiligten des Beschlusskammerverfahrens regeln.

II. Entstehungsgeschichte

2   § 134 ist mit der Vorgängervorschrift in § 74 TKG 1996 nahezu identisch. Zu dieser Norm hielt die Begründung des Gesetzentwurfs neben einer Wiedergabe des Absatzes 1 nur den – zumindest missverständlichen (s. RdNr. 16) – Hinweis für erforderlich, antragsberechtigt sei nur, wer in subjektiven Rechten betroffen ist.[1] Trotz des kaum veränderten Wortlauts hat sich aber der **Anwendungsbereich der Vorschrift erweitert**. Denn zum einen sind mit der Neufassung des TKG neue (Antrags-)Verfahren hinzugekommen, die eine Verfahrenseinleitung nach § 134 Abs. 1 erforderlich machen. Und zum anderen sind in Umsetzung von Art. 6 RRL in §§ 12 Abs. 1, 13 Konsultationspflichten aufgenommen worden, die Rückwirkungen auf die Bestimmung des Beteiligtenkreises zeigen.

III. Einzelerläuterungen

3   **1. Verfahrenseinleitung nach § 134 Abs. 1.** – Nach § 134 Abs. 1 wird ein Beschlusskammerverfahren von Amts wegen oder auf Antrag eingeleitet. Mit dieser bloßen Umschreibung werden aber nicht unmittelbar die Voraussetzungen der verfahrensrechtlichen Befugnis und ggf. Pflicht der Beschlusskammern zur Verfahrenseinleitung normiert.[2] Bereits aus dem ergänzend anwendbaren § 22 VwVfG folgt, dass diese Voraussetzungen für Amtsverfahren und Antragsverfahren unterschiedlich sind. Sie sind deshalb gesondert zu würdigen.

4   **a) Amtsverfahren.** – Die Einleitung eines Verfahrens von Amts wegen muss wegen der Rechtsfolgen, die von der Einleitung ausgehen (s. RdNr. 18 f.), **von Vorbereitungshandlungen abgegrenzt** werden. In der Form von Vorermittlungen sind sie in der Praxis gebräuchlich, wie z. B. im Missbrauchsverfahren nach § 42 Abs. 4 oder im Verfahren der nachträglichen Entgeltregulierung nach § 38 Abs. 1 und 2.[3] Auch der Entgeltregulierung für Endnutzerleistungen nach § 39 könnten Vorermittlungen vorausgehen. Die Vorermittlungen der RegTP erfolgen nicht im Beschlusskammerverfahren; vielmehr hängt vom Ergebnis der Vorermittlungen ab, ob ein förmliches Beschlusskammerverfahren eingeleitet wird.[4] Die Ausübung von Eingriffsbefugnissen zur Durchführung von Vorermittlungen stellt u. U. ein selbstständiges Verwaltungsverfahren dar, wie etwa ein durch Verfügung geltend gemachtes Auskunftsverlangen (§ 127 Abs. 3); dieses Verfahren ist aber nicht Bestandteil des Beschlusskammerverfahrens, weil es nicht auf den Erlass einer den Be-

---

1   GesE der BReg, BR-Drs. 80/96 v. 9. 2. 1996, S. 52.
2   So auch *Scheurle/Mayen*, § 74 RdNr. 15.
3   BeckTKG-Komm/*Kerkhoff*, § 74 RdNr. 4; *Trute/Spoerr/Bosch*, § 74 RdNr. 4; *Scheurle/Mayen*, § 74 RdNr. 7; *Manssen*, § 74 RdNr. 1, 16.
4   VG Köln ArchPT 1998, 395, 397; OVG Münster CR 1999, 306, 307; s. a. OVG Münster K&R 2003, 364, 368 zu Auskunftsverlangen als Gegenstand eines Abmahnungsbescheids zur Ermöglichung künftiger Vorermittlungen; s. a. *Scheurle/Mayen*, § 74 RdNr. 8; so auch für die kartellrechtliche Problematik *Immenga/Mestmäcker/K. Schmidt*, § 54 RdNr. 6.

schlusskammern zugewiesenen Entscheidung gerichtet ist.[5] Erst mit dem Wirksamwerden der Einleitung nach § 134 Abs. 1 kommen die auf das Beschlusskammerverfahren zugeschnittenen Regelungen zum Tragen.[6] Dies hat insbesondere zur Folge, dass der RegTP im Rahmen von Vorermittlungen nur diejenigen Befugnisse zukommen, die nicht exklusiv dem Beschlusskammerverfahren zugewiesen sind.[7]

Der **Begriff des Amtsverfahrens** ist negativ in Abgrenzung zum Antragsverfahren zu be- 5 stimmen. Als Amtsverfahren sind die Verfahren anzusehen, die eines Antrags nicht bedürfen.[8] Deshalb sind auch solche Verfahren Amtsverfahren, die sowohl von Amts wegen als auch auf Antrag eingeleitet werden können, wie z. B. nunmehr ein Verfahren der Missbrauchsaufsicht nach § 42 Abs. 4, die Auferlegung von Zugangsverpflichtungen nach § 21 und die Anordnung der Zugangsgewährung nach § 25. Sie mögen, insoweit sie auch ein Antragsrecht einräumen, als fakultative Antragsverfahren bezeichnet werden. Begrifflich liegt ein Amtsverfahren auch vor, wenn die Einleitung eines Verfahrens einen Antrag voraussetzt, die Beschlusskammer aber trotz Fehlens eines Antrags ein Verfahren einleitet. Ein derartiges Amtsverfahren ist aber möglicherweise unzulässig (s. RdNr. 9). Ein Amtsverfahren ist schließlich auch gegeben, wenn ein Antrag nicht vorgesehen ist und die Beschlusskammer auf einen gleichwohl gestellten Antrag oder eine formlose „Anregung" ein Verfahren einleitet.[9]

Im Amtsverfahren ist die Beschlusskammer **Herrin des Verfahrens**. Der Verfahrensge- 6 genstand bestimmt sich nach den von ihr verfolgten Zielen. Das von der Beschlusskammer festgelegte Verfahrensziel steuert die Art der Ermittlungen und den Umfang der Aufklärung des Sachverhalts.[10] Dieser Grundsatz der Verfahrensherrschaft kommt auch zum Tragen, wenn ein Verfahren wie in den Fällen des §§ 21, 25 und 42 Abs. 4 sowohl auf Antrag als auch von Amts wegen eingeleitet werden kann. Entschließt sich die Beschlusskammer zur Einleitung eines Verfahrens von Amts wegen, so führt ein parallel gestellter Antrag im Regelfall nicht zu einem weiteren Verfahren. Vielmehr wird die Einheit des Verfahrens unter Beibehaltung der Verfahrensherrschaft der Beschlusskammer gewahrt.[11] Der Antragsteller kommt in den Genuss der Beteiligtenstellung (§ 134 Abs. 2 Nr. 1). Die Rücknahme des Antrags hindert die Beschlusskammer aber nicht, von Amts wegen das Verfahren fortzuführen.[12]

---

5 Anders für kartellrechtliche Vorermittlungen *Langen/Bunte/Schultz*, § 54 RdNr. 6; FK/*Bracher*, § 54 RdNr. 19; *Bechtold*, § 54 RdNr. 1.

6 VG Köln ArchPT 1998, 395, 397; s. a. *Scheurle/Mayen*, § 74 RdNr. 8.

7 Auch wenn die gesetzessystematische Verschiebung der Befugnisnormen zu einer Einebnung der Befugnisse von Beschlusskammern und RegTP geführt hat, ist der Verfahrensbezug der weiter reichenden Befugnisnormen zu beachten, s. *Gurlit*, K&R Beilage 1/2004, 33; möglicherweise anders die Entwurfsbegründung, BT-Drs. 15/2316, S. 100.

8 *Manssen*, § 74 RdNr. 2; BeckTKG-Komm/*Kerkhoff*, § 74 RdNr. 8.

9 *Stelkens/Bonk/Sachs*, § 22 RdNr. 21; BeckTKG-Komm/*Kerkhoff*, § 74 RdNr. 10; *Scheurle/Mayen*, § 74 RdNr. 16; *Trute/Spoerr/Bosch*, § 74 RdNr. 12; für das kartellrechtliche Verfahren *Immenga/Mestmäcker/K. Schmidt*, § 54 RdNr. 2.

10 BeckTKG-Komm/*Kerkhoff*, § 74 RdNr. 8; *Scheurle/Mayen*, § 74 RdNr. 9; für das kartellrechtliche Verfahren *Immenga/Mestmäcker/K. Schmidt*, § 54 RdNr. 13.

11 So auch *Manssen*, § 74 RdNr. 2 f.; BeckTKG-Komm/*Kerkhoff*, § 74 RdNr. 8; für das Kartellverfahren *Immenga/Mestmäcker/K. Schmidt*, § 54 RdNr. 5; FK/*Bracher*, § 54 RdNr. 26.

12 *Kopp/Ramsauer*, VwVfG, § 22 RdNr. 16; *Scheurle/Mayen*, § 74 RdNr. 16; *Manssen*, § 74 RdNr. 3; für das kartellrechtliche Verfahren *Immenga/Mestmäcker/K. Schmidt*, § 54 RdNr. 5.

7 Für die Einleitung eines Verfahrens von Amts wegen gilt grundsätzlich das **Opportuni-tätsprinzip** (§ 22 S. 1 VwVfG). Ermessen besteht auch, wenn nach der materiellen Befug-nisnorm eine Pflicht zur Verfahrenseinleitung besteht, die Voraussetzungen der Norm aber einerseits nicht vorliegen und andererseits nicht abschließend formuliert sind.[13] Das Ermes-sen wird nach Maßgabe von § 40 VwVfG maßgeblich durch den Zweck der Ermessenseein-räumung begrenzt und muss sich am Regelungsprogramm der befugnisbegründenden Norm orientieren. Steuerungskraft kommt insbesondere dem Verhältnismäßigkeitsprinzip zu. Es kann erfordern, dass die Beschlusskammer vor der Verfahrenseinleitung Vorermitt-lungen durchführen lässt und den Unternehmen Gelegenheit gibt, das beanstandete Verhal-ten abzustellen.[14] Weitere äußere Grenzen für die Befugnis zur Verfahrenseinleitung kön-nen sich aus den Tatbeständen der Verwirkung und des Verzichts ergeben; sie dürften aber für die Beschlusskammerverfahren nur selten Bedeutung erlangen.[15] Die dem Opportuni-tätsprinzip unterliegenden Amtsverfahren sind der Regelfall des TKG. **Beispiele** sind die Verfahren zur Auferlegung von Universaldienstleistungen nach § 81 oder Anordnungen im Rahmen der Entgeltregulierung nach § 29.[16]

8 Ermessen besteht hingegen nicht, wenn die Behörde nach § 22 S. 2 Nr. 1 Alt. 1 VwVfG auf Grund von Rechtsvorschriften von Amts wegen tätig werden muss. In diesen Fällen gilt das **Legalitätsprinzip**. Die Pflicht zur Verfahrenseinleitung folgt aus der Pflicht zum Tä-tigwerden. Eine solche Pflicht ist dann anzunehmen, wenn hinreichende Anhaltspunkte für die Voraussetzungen der materiellen Entscheidung vorliegen.[17] Von den materiellen Befug-nisnormen ist abhängig, ob sich bei einem dem Opportunitätsprinzip unterfallenden Ver-fahren das Einleitungsermessen der Beschlusskammer reduziert und sie wegen ihrer Ge-setzesvollziehungspflicht, vor allem aber wegen der materiellen Rechtsposition eines Be-troffenen zur Einleitung eines Verfahrens verpflichtet ist. **Beispiele** für dem Legalitätsprin-zip verpflichtete Amtsverfahren sind Maßnahmen der nachträglichen Entgeltregulierung nach § 38[18], nunmehr auch Entscheidungen im Rahmen der Missbrauchsaufsicht nach § 42 Abs. 4 S. 1 und die Einleitung eines Entgeltgenehmigungsverfahrens nach § 31 Abs. 6 S. 2, wenn das Unternehmen seiner Pflicht zur Antragstellung nicht nachkommt. Dem Legali-tätsprinzip unterfällt auch das neue Verfahren der Marktdefinition und Marktanalyse nach §§ 10, 11 unter Einschluss der Auferlegung von Maßnahmen nach § 13 Abs. 1 i.V.m. § 9 Abs. 2.

9 **Umstritten** ist, ob die Beschlusskammer zur Verfahrenseinleitung von Amts wegen befugt ist, wenn sie i.S.v. § 22 S. 2 Nr. 2 VwVfG nur auf Antrag tätig werden darf und ein solcher Antrag nicht vorliegt. Über die Befugnis zum antragslosen Tätigwerden entscheidet das materielle Recht, die verfahrensrechtlichen Konsequenzen eines Verstoßes normiert § 22 S. 2 Nr. 2 VwVfG. § 22 Abs. 2 Nr. 2 VwVfG entfaltet regelmäßig Sperrwirkung für ein Amtsverfahren. Das Vorliegen eines Antrags ist in diesem Fall echte Verfahrensvorausset-

---

13 *Stelkens/Bonk/Sachs*, § 22 RdNr. 16; *Kopp/Ramsauer*, VwVfG, § 22 RdNr. 28; *Scheurle/Mayen*, § 74 RdNr. 22.

14 *Scheurle/Mayen*, § 74 RdNr. 25.

15 Siehe dazu *Kopp/Ramsauer*, VwVfG, § 22 RdNr. 17; ausführlicher *Scheurle/Mayen*, § 74 RdNr. 27 f.; für das Kartellverfahren *Immenga/Mestmäcker/K. Schmidt*, vor § 54 RdNr. 11.

16 *Manssen*, § 74 RdNr. 6.

17 *Kopp/Ramsauer*, VwVfG, § 22 RdNr. 19; *Stelkens/Bonk/Sachs*, § 22 RdNr. 13; s.a. *Scheurle/Mayen*, § 74 RdNr. 20; *Manssen*, § 74 RdNr. 4.

18 So für § 30 TKG 1996 *Manssen*, § 74 RdNr. 7; *Scheurle/Mayen*, § 74 RdNr. 20.

zung.[19] Das unter der Geltung von § 28 TKG 1996 entstandene Problem, wie zu verfahren ist, wenn das entgeltgenehmigungspflichtige Unternehmen einen Genehmigungsantrag nicht stellt bzw. zurückzieht[20], hat der Gesetzgeber mit der Regelung in § 31 Abs. 6 gelöst, die sowohl eine Rechtsgrundlage für die Pflicht zur Antragstellung als auch ein subsidiäres Amtsverfahren einführt.

Die Einleitung eines Amtsverfahrens bedarf der **Entscheidung** der Beschlusskammer. Die **10** Bekundung des Willens, ein Verfahren beginnen zu wollen, ist zwar mangels Regelungswirkung **kein Verwaltungsakt**.[21] Wird aber nach Abschluss der Vorermittlungen beschlossen, ein Amtsverfahren durchzuführen (s. RdNr. 4), so handelt es sich nicht mehr um ein Verwaltungsinternum, sondern um eine nach außen wirkende Tätigkeit.[22] Sofern die Mitteilung der Verfahrenseinleitung gegenüber den Betroffenen nicht ohnehin bereits gesetzlich vorgesehen ist – wie etwa nach § 38 Abs. 2 S. 2 –, gebietet der Grundsatz rechtlichen Gehörs, die Betroffenen zeitnah über die Einleitung eines Verfahrens zu unterrichten.[23]

b) Antragsverfahren. – Der **Begriff des Antragsverfahrens** erfasst nur solche Verfahren, **11** für die auf Grund gesetzlicher Anordnung ein Antrag Sachentscheidungsvoraussetzung ist.[24] Ein **echtes Antragsverfahren** der Beschlusskammern[25] ist das Verfahren der außergerichtlichen Streitbeilegung nach § 133. Verfahren nach §§ 21, 25 und § 42 Abs. 4 sind ungeachtet der normativ eingeräumten Berechtigung zur Antragstellung nur **fakultative** Antragsverfahren, weil sie auch von Amts wegen eingeleitet werden können (s. RdNr. 5). Soweit allerdings ein Verfahren von Amts wegen nicht eingeleitet ist, gelten für sie ebenfalls die folgenden Ausführungen. Dies gilt schließlich auch für formelle Anträge, die auf die Eröffnung eines nicht ausdrücklich als echtes oder fakultatives Antragsverfahren gekennzeichneten Verfahrens gerichtet sind.

Das Antragsverfahren unterfällt der **Dispositionsmaxime.** Der Antragsteller bestimmt mit **12** seinem Antrag den Verfahrensgegenstand und damit auch den Umfang der Sachverhaltsermittlungen, für die ungeachtet der Dispositionsmaxime der Untersuchungsgrundsatz gilt.[26]

---

19 *Stelkens/Bonk/Sachs*, § 22 RdNr. 24; *Kopp/Ramsauer*, VwVfG, § 22 RdNr. 21; s.a. *Scheurle/Mayen*, § 74 RdNr. 32.
20 Das VG Köln (CR 1999, 161, 163; CR 2001, 238, 241) und das OVG Münster (NVwZ 2001, 696; NVwZ 2002, 228) hielten eine Entgeltfestsetzung von Amts wegen für zulässig, da das Verfahren nach § 28 TKG 1996 kein echtes Antragsverfahren i.S. v. § 22 S. 2 Nr. 2 VwVfG sei; zust. *Neumann/Bosch*, CR 2001, 225.
21 *Stelkens/Bonk/Sachs*, § 22 RdNr. 8; s.a. *Scheurle/Mayen*, § 74 RdNr. 54; *Manssen*, § 74 RdNr. 18; BeckTKG-Komm/*Kerkhoff*, § 74 RdNr. 16; für das Kartellverfahren *Immenga/Mestmäcker/K. Schmidt*, § 54 RdNr. 6; *Langen/Bunte/Schultz*, § 54 RdNr. 8; FK/*Bracher*, § 54 RdNr. 30.
22 *Manssen*, § 74 RdNr. 16; *Scheurle/Mayen*, § 74 RdNr. 54.
23 *Knack/Clausen*, § 22 RdNr. 3; s.a. *Scheurle/Mayen*, § 74 RdNr. 56; BeckTKG-Komm/*Kerkhoff*, § 74 RdNr. 16; *Manssen*, § 74 RdNr. 18 hält dies allein für eine Frage der Zweckmäßigkeit; so auch *Immenga/Mestmäcker/K. Schmidt*, § 54 RdNr. 6; *Langen/Bunte/Schultz*, § 54 RdNr. 9; FK/*Bracher*, § 54 RdNr. 23.
24 *Trute/Spoerr/Bosch*, § 74 RdNr. 5.
25 Antragsverfahren außerhalb des Zuständigkeitsbereichs der Beschlusskammern sind die Vergabe knapper Frequenzen (§ 55 Abs. 3) und die Rufnummernzuteilung (§ 66 Abs. 1).
26 *Scheurle/Mayen*, § 74 RdNr. 29; ungenau *Trute/Spoerr/Bosch*, § 74 RdNr. 5 und BeckTKG-Komm/*Kerkhoff*, § 74 RdNr. 6 hinsichtlich der unverminderten Geltung des Untersuchungsgrundsatzes.

Eine Rücknahme des Antrags vor der Sachentscheidung[27] führt zur Beendigung des Verfahrens, falls nicht die Beschlusskammer – wie in den Fällen der §§ 21, 25 Abs. 4 und 42 Abs. 4 denkbar – von der Befugnis Gebrauch macht, das Verfahren von Amts wegen fortzuführen.

13　Auch für das Antragsverfahren gilt nach § 22 S. 1 VwVfG grundsätzlich das Opportunitätsprinzip, wenn nicht die Beschlusskammer nach § 22 S. 2 Nr. 1 Alt. 2 VwVfG auf Antrag ein Verfahren einleiten muss. Deshalb gilt für echte Antragsverfahren wie dasjenige nach § 133 immer das **Legalitätsprinzip**.[28] Es ist nach der materiellen Regelungsstruktur auch für die fakultativen Antragsverfahren nach § 25 und § 42 Abs. 4 normiert. Dem Opportunitätsprinzip unterfällt hingegen das fakultative Antragsverfahren nach § 21.

14　Eine bestimmte **Form** ist für die Antragstellung nicht vorgeschrieben, wenn nicht auf Grund besonderer gesetzlicher Anordnung Formvorgaben bestehen. Ein Schriftformgebot ist für die Anrufung zum Erlass einer Zugangsanordnung nach § 25 Abs. 3 normiert. Bei den anderen fakultativen und echten Antragsverfahren ist dies nicht der Fall. Da allerdings der Antrag jeweils auf die Einleitung eines förmlichen Verwaltungsverfahrens i. w. S. abzielt, findet das **Schriftformgebot** des § 64 VwVfG entsprechende Anwendung.[29] Des Weiteren muss der Antrag einen bestimmten **Mindestinhalt** aufweisen, um als solcher erkennbar zu sein. Zu fordern sind insoweit Name und Anschrift des Antragstellers und die Angabe des Verfahrensziels.[30] Die Beachtung der Schriftform und des Mindestinhalts ist **Wirksamkeitserfordernis** für den Antrag.[31] Weitergehende Gebote wie etwa Begründungserfordernisse rechnen hingegen den Sachentscheidungsvoraussetzungen zu.[32]

15　Umstritten ist, ob bereits der Antrag selbst oder erst eine behördliche Entscheidung zur **Verfahrenseinleitung** und damit **zum Beginn des Verwaltungsverfahrens** führt. Zwar bildet der Antrag den Anlass für den Beginn des Verwaltungsverfahrens; allerdings steht nach der Grundregel des § 22 S. 1 VwVfG auch die Einleitung eines Antragsverfahrens grundsätzlich im Ermessen der Behörde, wenn nicht ein Fall des § 22 S. 2 VwVfG vorliegt. Dies und die Formulierung „auf" Antrag sprechen dafür, dass nicht bereits mit dem Zugang des Antrags bei der Beschlusskammer, sondern erst mit deren Entscheidung über die Einleitung des Verfahrens das Verwaltungsverfahren beginnt.[33]

16　Von der Wirksamkeit des Antrags durch die Wahrung der Formgebote ist seine **Zulässigkeit** zu unterscheiden. Die Prüfung der Sachentscheidungsvoraussetzungen knüpft an die Einleitung des Verfahrens durch die Beschlusskammer an, wie dies auch § 24 Abs. 3

27　Zu den zeitlichen Grenzen des Rücknahmerechts s. *Martens*, NVwZ 1988, 684, 685; *P. Stelkens*, NuR 1985, 216 f.; *Schnell*, Der Antrag im Verwaltungsverfahren, S. 106 ff.

28　*Schnell*, (Fn. 27) S. 37 f.; *Gusy*, BayVBl. 1985, 487.

29　So auch *Scheurle/Mayen*, § 74 RdNr. 40; *Manssen*, § 74 RdNr. 11; *Trute/Spoerr/Bosch*, § 74 RdNr. 6; i. E. auch BeckTKG-Komm/*Kerkhoff*, § 74 RdNr. 7.

30　Siehe zu den Bestimmtheitsanforderungen BVerwG NJW 1984, 2481; *Martens*, NVwZ 1986, 533, 536; *Stelkens/Bonk/Sachs*, § 22 RdNr. 45; *Knack/Clausen*, § 22 RdNr. 18; *Kopp/Ramsauer*, VwVfG, § 22 RdNr. 40; s. a. *Scheurle/Mayen*, § 74 RdNr. 38.

31　*Stelkens/Bonk/Sachs*, § 22 RdNr. 39; *Wolff/Bachof/Stober*, § 60 RdNr. 19; a. A. *Schnell* (Fn. 27) S. 38, 66 ff. und *Gusy*, BayVBl. 1985, 485, die Formerfordernisse den Sachentscheidungsvoraussetzungen zurechnen.

32　So auch *Scheurle/Mayen*, § 74 RdNr. 43; *Manssen*, § 74 RdNr. 14.

33　So auch *Stelkens/Bonk/Sachs*, § 22 RdNr. 58; *Scheurle/Mayen*, § 74 RdNr. 55; FK/*Bracher*, § 54 RdNr. 14; a. A. *Kopp/Ramsauer*, VwVfG, § 22 RdNr. 24–26; *Manssen*, § 74 RdNr. 8; *Immenga/Mestmäcker/K. Schmidt*, § 54 RdNr. 2; *Langen/Bunte/Schultz*, § 54 RdNr. 14.

VwVfG zum Ausdruck bringt.[34] Die Anforderungen an die Zulässigkeit eines Antrags haben im VwVfG keine eigenständige Normierung gefunden und bestimmen sich nach allgemeinen Grundsätzen, sofern keine speziellen Regelungen eingreifen.[35] Für das Begehren nach einer Zugangsanordnung normiert § 25 Abs. 3 qualifizierte Vorgaben. Entsprechende Anforderungen sind auch an einen Antrag auf Streitentscheidung nach § 133 zu stellen.[36]

Zu den allgemeinen Grundsätzen[37] rechnet das Gebot der **Antragsbefugnis**. Der Antrag ist **17** nur zulässig, wenn der Antragsteller geltend macht, ohne die begehrte Entscheidung der Beschlusskammer in seinen Rechten verletzt zu sein, und wenn eine Rechtsverletzung zumindest nicht ausgeschlossen ist.[38] Ob dies der Fall ist, richtet sich allein nach dem materiellen Recht. So besteht etwa kein Anspruch eines Dritten auf Zugangsgewährung nach § 25, und § 42 Abs. 4 S. 5 begrenzt von vornherein die Antragsbefugnis im Missbrauchsverfahren auf Anbieter von Telekommunikationsdienstleistungen. Als weitere Sachentscheidungsvoraussetzung gilt das **Sachbescheidungsinteresse**. Es fehlt dem Antragsteller, wenn er sein Ziel auf einfachere Art und Weise erreichen kann, er nicht schutzwürdige Ziele verfolgt oder die behördliche Leistung ihm nichts nützt.[39] Schließlich ist denkbar, wenn auch wohl eher selten, dass der Antragsteller einen wirksamen **Verzicht** auf das Antragsrecht ausgeübt hat oder durch sein unlauteres Verhalten **Verwirkung** eingetreten ist.[40]

c) Rechtsfolgen der Verfahrenseinleitung. – Mit der Einleitung des Beschlusskammer- **18** verfahrens wird ein **Verfahrensrechtsverhältnis** begründet.[41] Mit diesem Rechtsverhältnis entstehen die verfahrensrechtlichen Befugnisse, Rechte und Pflichten der Kammern und der Beteiligten, ohne dass hiermit Aussagen über das materielle Rechtsverhältnis getroffen werden.[42] Die verfahrensrechtlichen Vorgaben bestimmen sich in erster Linie nach §§ 134 ff., ergänzend nach dem VwVfG. Das Verfahrensrechtsverhältnis endet mit einer Entscheidung der Beschlusskammer nach § 132 Abs. 1 S. 2 oder auf sonstige Weise nach § 131 Abs. 2.

Die Einleitung des Beschlusskammerverfahrens führt zur **Anhängigkeit des Verfahrens**. **19** Die prozessualen Konsequenzen nach § 17 Abs. 1 S. 1 und 2 GVG kommen allerdings im

---

34 *Wolff/Bachof/Stober*, § 60 RdNr. 6; s. a. *Knack/Clausen*, § 22 RdNr. 19.
35 Siehe grundsätzlich zu den Sachentscheidungsvoraussetzungen eines Antrags *Schnell* (Fn. 27) S. 47 ff.; *Gusy*, BayVBl. 1985, 486; *Kopp/Ramsauer*, VwVfG, § 22 RdNr. 35 ff., 43 ff.; *Knack/ Clausen*, § 9 RdNr. 16; *Stelkens/Bonk/Sachs*, § 9 RdNr. 125, 128 ff.
36 Siehe § 133 RdNr. 9.
37 Weitere Zulässigkeitsvoraussetzungen sind die Zuständigkeit der RegTP und die Beteiligten- und Handlungsfähigkeit des Antragstellers.
38 BVerwG DVBl. 1960, 437; VGH Mannheim NJW 1990, 3291 f.; *Kopp/Ramsauer*, VwVfG, § 22 RdNr. 44; *Stelkens/Bonk/Sachs*, § 22 RdNr. 63; s. a. *Scheurle/Mayen*, § 74 RdNr. 46; a. A. *Schnell* (Fn. 27) S. 81 ff., der bereits das Institut der Klagebefugnis ablehnt.
39 Zu dieser vor allem im Baurecht ausgeprägten Anforderung s. BVerwGE 84, 11, 12; OVG Münster BRS 54 (1992) Nr. 135; BayVGH NVwZ 1994, 304, 306 f.; ausführlich *Wittreck*, BayVBl. 2004, 193; *Schnell* (Fn. 27) S. 88 ff.; *Kopp/Ramsauer*, VwVfG, § 22 RdNr. 56; *Stelkens/Bonk/Sachs*, § 9 RdNr. 143 ff.; s. a. *Scheurle/Mayen*, § 74 RdNr. 47.
40 *Kopp/Ramsauer*, VwVfG, § 22 RdNr. 51, 53; *Stelkens/Bonk/Sachs*, § 53 RdNr. 13 ff., 17 ff.; s. a. *Scheurle/Mayen*, § 74 RdNr. 48.
41 Das Verfahrensrechtsverhältnis ist ein Unterfall des Verwaltungsrechtsverhältnisses, s. BVerwG NJW 1986, 1826, 1828; s. a. *Kopp/Ramsauer*, VwVfG, § 9 RdNr. 2; *Knack/Clausen*, vor § 9 RdNr. 13; *Gusy*, BayVBl. 1985, 487.
42 *Stelkens/Bonk/Sachs*, § 9 RdNr. 12, 15; s. a. *Scheurle/Mayen*, § 74 RdNr. 4.

Beschlusskammerverfahren nicht zum Tragen. Die Änderung von für die Zuständigkeit maßgeblichen Umständen führt im Verwaltungsverfahren grundsätzlich zum Wechsel der Behördenzuständigkeit.[43] Hinsichtlich der Frage, ob die Anhängigkeit zur Unzulässigkeit weiterer Verfahren über denselben Verfahrensgegenstand führt, ist zu unterscheiden. Bestehen konkurrierende Behördenzuständigkeiten, kann der identische Verfahrensgegenstand vor beiden Behörden anhängig gemacht werden.[44] Im Verhältnis zum BKartA sollen aber §§ 2 Abs. 3, 123 für eine Zuständigkeitsabgrenzung sorgen. Werden weitere Verfahren über denselben Verfahrensgegenstand vor einer anderen Beschlusskammer anhängig gemacht, fehlt es dem Antragsteller für das weitere Verfahren am Sachbescheidungsinteresse.[45]

20　**2. Die gesetzlichen Beteiligten des Beschlusskammerverfahrens.** – § 134 Abs. 2 regelt den Kreis der Beteiligten am Beschlusskammerverfahren. Die Norm soll nach ihrem Wortlaut abschließend die Beteiligungsberechtigung bestimmen. Da der Beteiligtenstatus den entscheidenden Filter für verfahrensrechtliche Rechte bildet, muss die Auslegung in besonderer Weise berücksichtigen, dass der Verfahrensteilhabe hohe Bedeutung für die Grundrechtsverwirklichung zukommt.[46]

21　**a) Beteiligte nach § 134 Abs. 2 Nr. 1.** – Beteiligter am Beschlusskammerverfahren ist nach § 134 Abs. 2 Nr. 1 der **Antragsteller.** Nach einer Auffassung soll die gesetzlich eingeräumte und ausgenutzte Antragsberechtigung für den Status des Antragstellers maßgeblich sein. Danach wäre die Beteiligteneigenschaft nach § 134 Abs. 2 Nr. 1 auf diejenigen beschränkt, die von einem Antragsrecht in einem – echten oder fakultativen – Antragsverfahren Gebrauch machen.[47] Gegenüber dieser Verengung ist der Ansicht zuzustimmen, dass bereits die **formelle Antragstellung** für den Status des Antragstellers ausreicht.[48] Allein bloße „Anregungen" zur Durchführung eines Amtsverfahrens können die Beteiligtenstellung als Antragsteller nicht begründen.

22　Umstritten ist, ob neben der Stellung eines Antrags in einem Antragsverfahren weitere Voraussetzungen für den Status des Antragstellers erfüllt sein müssen. Das ist zu verneinen. Die Position des Antragstellers ist **von der Zulässigkeit des gestellten Antrags zu unterscheiden.** Deshalb ist für die Rechtsstellung nach § 134 Abs. 2 Nr. 1 weder die Wahrung

---

43 Dies wird aus § 3 Abs. 3 VwVfG geschlossen, s. OVG Münster DÖV 1980, 803; s.a. *Kopp/Ramsauer*, VwVfG, § 3 RdNr. 48; *Stelkens/Bonk/Sachs*, § 3 RdNr. 35.

44 Ungenau deshalb *Kopp/Ramsauer*, VwVfG, § 22 RdNr. 7.

45 Zu Doppelanträgen als Fall fehlenden Sachbescheidungsinteresses s. *Wittreck*, BayVBl. 2004, 200; *Gusy*, BayVBl. 1985, 486; s.a. ausführlicher *Scheurle/Mayen*, § 74 RdNr. 12.

46 Grundlegend BVerfGE 53, 30; s.a. BVerfGE 60, 297; BVerfGE 75, 285; s.a. *Alpert*, Zur Beteiligung am Verwaltungsverfahren nach dem VwVfG, S. 20 ff.; *Redeker*, NJW 1980, 1595 ff.; *Raeschke-Kessler/Eilers*, NVwZ 1988, 38 f.; *Beyerlin*, NJW 1987, 2715 f.

47 VG Berlin DVBl. 1984, 1186 f.; *Schnell* (Fn. 27) S. 44 f.; *Kopp/Ramsauer*, VwVfG, § 13 RdNr. 17; s.a. *Scheurle/Mayen*, § 74 RdNr. 62; wohl auch BeckTKG-Komm/*Kerkhoff*, § 74 RdNr. 20; für das Kartellrecht *Immenga/Mestmäcker/K. Schmidt*, § 54 RdNr. 24; *K. Schmidt*, Drittschutz, Akteneinsicht und Geheimnisschutz im Kartellverfahren, S. 35 f.

48 *Alpert* (Fn. 46) S. 80; *Stelkens/Bonk/Sachs*, § 13 RdNr. 13; *Knack/Clausen*, § 13 RdNr. 4, 8; *Manssen*, § 74 RdNr. 22 f.; *Trute/Spoerr/Bosch*, § 74 RdNr. 17; für das Kartellrecht FK/*Bracher*, § 54 RdNr. 36.

einer Frist noch die Antragsbefugnis erforderlich.[49] Bereits ein wirksamer Antrag (RdNr. 14) begründet die Rechtsstellung i. S. v. § 134 Abs. 2 Nr. 1.

Im Antragsverfahren führt nicht bereits der Antrag, sondern erst die Entscheidung der Be- **23** schlusskammer zur Einleitung des Verfahrens (s. RdNr. 15). Der Status der Antragstellers wird aber bereits mit dem **Zeitpunkt der Antragstellung**, d. h. dem Zugang des Antrags bei der Beschlusskammer, begründet und liegt damit der Verfahrenseröffnung voraus.[50] Denn der Antragsteller erwirbt seine Rechtsstellung durch Gesetz und ist deshalb „geborener" Beteiligter.

b) Beteiligte nach § 134 Abs. 2 Nr. 2. – Nach § 134 Abs. 2 Nr. 2 sind sind zunächst die **24** **Betreiber von öffentlichen Telekommunikationsnetzen** als potenzielle Adressaten eines Verwaltungsaktes beteiligt. Der sprachliche Wechsel bei der Neufassung von Anbietern zu Betreibern diente der terminologischen Vereinheitlichung[51] und bleibt rechtlich folgenlos. Als mögliche Adressaten einer Beschlusskammerverfügung sind des Weiteren die **Anbieter von Telekommunikationsdiensten für die Öffentlichkeit** nach § 134 Abs. 2 Nr. 2 beteiligt. Sofern Diensteanbieter, die nicht für die Öffentlichkeit tätig sind, Adressaten von Beschlusskammerverfügungen sein können, sind sie nicht nach § 134 Abs. 2 Nr. 2 beteiligt.[52] Der Beschränkung kommt durchaus Relevanz zu, da das Gesetz in den materiellen Regulierungsnormen zwischen diesen Diensteanbietern unterscheidet. Sofern sich Maßnahmen der Beschlusskammer gegen andere als die in § 134 Abs. 2 Nr. 2 genannten Unternehmen richten, ist die Beteiligtenstellung nach § 134 Abs. 2 Nr. 3 zu bestimmen.[53]

Beteiligte nach § 134 Abs. 2 Nr. 2 sind die Unternehmen, gegen die sich das Verfahren **25** richtet. Hierdurch wird die Beteiligtenstellung der **potenziellen Adressaten** begründet. Dies sind zunächst diejenigen, an die die Beschlusskammer im Amtsverfahren einen belastenden Verwaltungsakt richten will.[54] Sofern eine abstrakte Regulierungsverpflichtung nach § 21 oder eine konkrete Regulierungsverfügung im Amtsverfahren auferlegt werden soll, bemisst sich also die Beteiligung nach § 134 Abs. 2 Nr. 2.

Nach § 13 Abs. 1 Nr. 1 Alt. 2 VwVfG ist auch der sog. Antragsgegner Beteiligter. Hie- **26** runter wird derjenige verstanden, gegen den sich im Antragsverfahren ein vom Antragstel-

---

49 So wohl auch *Kopp/Ramsauer*, VwVfG, § 13 RdNr. 17; *Knack/Clausen*, § 13 RdNr. 8; *Manssen*, § 74 RdNr. 22; teilweise restriktiver *Stelkens/Bonk/Sachs*, § 13 RdNr. 14 f.; *Scheurle/Mayen*, § 74 RdNr. 62.

50 BVerwGE 9, 219, 220; *Kopp/Ramsauer*, VwVfG, § 13 RdNr. 18; *Knack/Clausen*, § 13 RdNr. 8; s. a. *Scheurle/Mayen*, § 74 RdNr. 63; *Manssen*, § 74 RdNr. 22; modifizierend *Stelkens/Bonk/Sachs*, § 13 RdNr. 16; a. A. *Alpert* (Fn. 46) S. 83 ff.

51 Die Änderung wurde auf Ausschussempfehlung eingefügt, s. BT-Drs. 15/2674 v. 10. 3. 2004, S. 104; BT-Drs. 15/2679 v. 10. 3. 2004, S. 18.

52 *Scheurle/Mayen*, § 74 RdNr. 65.

53 Im Regelfall werden Anbieter, die im Gesetz zwar nicht als Diensteanbieter für die Öffentlichkeit bezeichnet werden, aber über beträchtliche Marktmacht verfügen (s. etwa § 42) auch tatsächlich ihre Leistungen für die Öffentlichkeit erbringen. Insoweit ist die Gesetzessprache nicht gut abgestimmt.

54 *Manssen*, § 74 RdNr. 25; *Scheurle/Mayen*, § 74 RdNr. 64; für das Kartellrecht *Immenga/Mestmäcker/K. Schmidt*, § 54 RdNr. 28; *Langen/Bunte/Schultz*, § 54 RdNr. 17; FK/*Bracher*, § 54 RdNr. 42; für § 13 Abs. 1 Nr. 2 VwVfG *Kopp/Ramsauer*, VwVfG, § 13 RdNr. 20; *Knack/Clausen*, § 13 RdNr. 9; *Stelkens/Bonk/Sachs*, § 13 RdNr. 21.

ler beantragter Verwaltungsakt richten soll.[55] Auch er ist potenzieller Adressat. Da § 134 Abs. 2 anders als § 13 Abs. 1 Nr. 1 Alt. 2 VwVfG auf die Normierung der Beteiligtenstellung des Antragsgegners verzichtet, umfasst § 134 Abs. 2 Nr. 2 auch die möglichen Adressaten, die auf Antrag zum Subjekt eines Verwaltungsaktes gemacht werden sollen. Geregelt wird damit von § 134 Abs. 2 Nr. 2 auch die Beteiligtenstellung in der Konstellation des **Verwaltungsaktes mit Doppelwirkung**.[56] Ein derartiger Verwaltungsakt mit Doppelwirkung liegt zum einen vor, wenn der Antragsteller den Erlass eines **drittbelastenden Verwaltungsakts** erstrebt.[57] Damit sind die Unternehmen, gegen die eine Regulierungsverfügung nach § 21 oder Maßnahmen der Missbrauchsaufsicht nach § 42 Abs. 4 beantragt werden, Beteiligte. Als Verwaltungsakt mit Doppelwirkung gelten zum anderen aber auch sog. **streitentscheidende Verwaltungsakte**, deren Erlass zur Klärung des rechtlichen Status beantragt wird.[58] Deshalb sind auch diejenigen, die auf einen Antrag nach § 25 oder nach § 133 potenzielle Adressaten eines streitentscheidenden Verwaltungsaktes sind, nach § 134 Abs. 2 Nr. 2 beteiligt.

27 Da § 134 Abs. 2 Nr. 2 sprachlich abweichend von § 13 Abs. 1 Nr. 2 VwVfG nicht die Zielrichtung des Verwaltungsakts, sondern diejenige des Verfahrens zum Bezugspunkt nimmt, könnte erwogen werden, auch solche Dritte, die nicht mögliche Verwaltungsaktsadressaten, sondern nur **faktisch Betroffene** eines Verwaltungsakts sind, in den Anwendungsbereich des § 134 Abs. 2 Nr. 2 einzubeziehen. Hiergegen spricht aber, dass § 134 Abs. 2 Nr. 2 ebenso wie § 13 Abs. 1 Nr. 1 Alt. 2 und Nr. 2 VwVfG von einer Finalität des Handelns bezogen auf einen bestimmten Betroffenen ausgeht. Bereits die Schwierigkeit, den Kreis der Finalbetroffenen von denjenigen abzugrenzen, die nur Zufallsopfer oder -begünstigte nicht beabsichtigter Streuwirkungen von Beschlusskammerentscheidungen sind[59], spricht dafür, die Beteiligtenstellung dieses Personenkreises nach § 134 Abs. 2 Nr. 3 zu bestimmen (s. RdNr. 40).[60]

28 Anderes könnte hingegen für das Verfahren der **Marktanalyse nach §§ 10, 11** gelten. Hierbei handelt es sich um Verwaltungsverfahren i.w.S., die noch nicht selbst in einen Verwaltungsakt einmünden. Vielmehr ist vom Ergebnis der Marktuntersuchung abhängig, ob eine verwaltungsaktsförmige Regulierungsverfügung erlassen wird. Allerdings ist das Verfahren nicht richtungslos, denn schon das vorgeschaltete Marktdefinitionsverfahren nach § 10 Abs. 1 ist auf eine spätere Regulierung bezogen. Die Beteiligtenstellung beginnt, sobald sich die Absicht der Beschlusskammer zum Erlass einer Verfügung gegenüber einem

---

55 *Kopp/Ramsauer*, VwVfG, § 13 RdNr. 19; *Knack/Clausen*, § 13 RdNr. 8; *Stelkens/Bonk/Sachs*, § 13 RdNr. 19.

56 *Scheurle/Mayen*, § 74 RdNr. 64; für das Kartellrecht FK/*Bracher*, § 54 RdNr. 44.

57 Für § 13 Abs. 1 Nr. 1 Alt. 2 VwVfG *Kopp/Ramsauer*, VwVfG, § 13 RdNr. 19; *Knack/Clausen*, § 13 RdNr. 8.

58 *Knack/Clausen*, § 13 RdNr. 8, s. a. *Stelkens/Bonk/Sachs*, § 13 RdNr. 19; zum Begriff des streitentscheidenden Verwaltungsakts s. BVerwGE 23, 25, 26 f.; *Knack/Henneke*, § 35 RdNr. 92.

59 Für einen mittelbaren Grundrechtseingriff reichen nicht bezweckte, aber voraussehbare und in Kauf genommene Beeinträchtigungen (nur) dann aus, wenn sie nachhaltig sind, s. BVerwGE 87, 37, 43 f.; BVerwG DVBl. 1996, 807.

60 So auch i.E. *Scheurle/Mayen*, § 74 RdNr. 64; wohl auch *Trute/Spoerr/Bosch*, § 74 RdNr. 19; BeckTKG-Komm/*Kerkhoff*, § 74 RdNr. 23; für das Kartellrecht *Immenga/Mestmäcker/K. Schmidt*, § 54 RdNr. 28; FK/*Bracher*, § 54 RdNr. 43, 46; für § 13 VwVfG auch VG Berlin DVBl. 1984, 1187; *Kopp/Ramsauer*, VwVfG, § 13 RdNr. 21; *Knack/Clausen*, § 13 RdNr. 8; *Stelkens/Bonk/Sachs*, § 13 RdNr. 21.

benennbaren Adressaten hinreichend konkretisiert hat.[61] Macht die Beschlusskammer von der Option Gebrauch, das Marktanalyseverfahren gemeinsam mit dem Regulierungsverfahren durchzuführen (§ 13 Abs. 1 S. 3), stehen auch zu diesem Zeitpunkt bereits die potenziellen Verwaltungsaktsadressaten hinreichend bestimmt fest. Ihre Beteiligung bemisst sich folglich nach § 134 Abs. 2 Nr. 2.

Ebenso wie der Antragsteller nach § 134 Abs. 2 Nr. 1 ist auch der potenzielle Verfügungs- **29** adressat ein Beteiligter kraft Gesetzes, weshalb es nicht seiner behördlichen Beiladung bedarf. Allerdings bestimmt sich die Beteiligtenstellung nicht nach dem materiellen Recht, sondern nach der behördlichen Bestimmung des potenziell Verfügungsbetroffenen. Deshalb wird u. U. der „falsche" Adressat nach § 134 Abs. 2 Nr. 2 Beteiligter.[62] Der Maßgeblichkeit der behördlichen Verfahrensrichtung, wie sie § 134 Abs. 2 Nr. 2 auch sprachlich zum Ausdruck bringt, entspricht es, dass der potenzielle Adressat erst **nach der Einleitung des Beschlusskammerverfahrens Beteiligter** wird.[63] Dies gilt nicht nur für das Amtsverfahren, sondern auch für das Antragsverfahren. In der zweiten Variante wird der mögliche Verwaltungsaktsbetroffene erst Beteiligter, wenn ihm die Mitteilung der Beschlusskammer über die Verfahrenseröffnung auf Grund des gegen ihn gerichteten Antrags zugegangen ist.[64] Antragsteller und potenzieller Adressat erlangen also ihren Beteiligtenstatus zu unterschiedlichen Zeitpunkten.

3. Beigeladene Beteiligte. – § 134 Abs. 2 Nr. 3 regelt die Voraussetzungen der „gekore- **30** nen" Beteiligung, die nicht ipso iure besteht, sondern des behördlichen Akts der Beiladung bedarf. Besteht bereits ein Beteiligungsrecht nach § 134 Abs. 2 Nr. 1 und 2, scheidet der Rückgriff auf § 134 Abs. 2 Nr. 3 aus. Die Vorschrift weicht in mehrfacher Hinsicht vom Vorbild des § 13 VwVfG ab. Es bedarf deshalb jeweils der Klärung, inwieweit die allgemeine verfahrensrechtliche Norm ergänzende Anwendung finden kann. Die Vorschrift ist nicht unmittelbar an den Transparenzverpflichtungen des **Art. 6 RRL** zu messen, da diesen grundsätzlich auch durch ein beteiligungsunabhängiges Anhörungsrecht genügt werden könnte.[65] Indessen sprechen Sinn und Zweck der gemeinschaftsrechtlichen Partizipationsgebote für ein **großzügiges Verständnis der Beiladungsvoraussetzungen**.

a) Beteiligtenfähigkeit. – Beteiligtenfähig sind **Personen und Personenvereinigungen**. **31** Personen sind natürliche und juristische Personen sowohl des öffentlichen als auch des privaten Rechts. Die Beteiligungsfähigkeit nichtrechtsfähiger Vereinigungen folgt hingegen aus § 134 Abs. 2 Nr. 3 Alt. 2. Ob Organisationen mit Teilrechtsfähigkeit wie die Parteien und ihre höchsten Gebietsverbände (§ 3 PartG)[66] und seit jüngerer Zeit auch die BGB-Gesellschaft[67] den juristischen Personen gleichgestellt[68] oder als sonstige Vereinigungen erfasst

---

61 *Knack/Clausen*, § 13 RdNr. 9; für das Kartellrecht FK/*Bracher*, § 54 RdNr. 44.

62 *Scheurle/Mayen*, § 74 RdNr. 66; für das Kartellrecht FK/*Bracher*, § 54 RdNr. 45.

63 *Scheurle/Mayen*, § 74 RdNr. 67.

64 *Alpert* (Fn. 46) S. 99 f.; *Scheurle/Mayen*, § 74 RdNr. 67; *Kopp/Ramsauer*, VwVfG, § 13 RdNr. 20; *Stelkens/Bonk/Sachs*, § 13 RdNr. 20.

65 Hiervon gehen *Husch/Kemmler/Ohlenburg*, MMR 2003, 140 und *Scherer*, K&R 2001, 273, 281 aus.

66 Siehe BVerwGE 32, 333 f.

67 Siehe BGH NJW 2001, 1056; BGH NJW 2002, 1207; zur Grundrechtsfähigkeit s. BVerfG NJW 2002, 3533.

68 So *Kopp/Ramsauer*, VwVfG, § 11 RdNr. 6 f.

werden[69], kann im Anwendungsbereich des § 134 Abs. 2 Nr. 3 offen bleiben. Denn anders als § 11 Nr. 2 VwVfG beschränkt § 134 Abs. 2 Nr. 3 die Beteiligungsfähigkeit nicht auf solche Vereinigungen, denen im konkreten Verfahren ein Recht zustehen kann. Die Beteiligungsfähigkeit von Personenmehrheiten ist allein davon abhängig, dass der Verband ein Mindestmaß an Organisation und körperschaftlicher Struktur aufweist.[70] Während die Erfüllung dieser Kriterien organschaftlicher Verfestigung bei Bürgerinitiativen u. U. zweifelhaft sein kann, wird man etwa den anerkannten Verbraucher- und Wirtschaftsverbänden oder den Gewerkschaften den Charakter einer Personenvereinigung nicht absprechen können.[71]

32 Nach § 11 Nr. 3 VwVfG sind auch **Behörden** beteiligungsfähig. Ihre Beteiligung ist aber in § 134 Abs. 2 Nr. 3 nicht vorgesehen. Im Beschlusskammerverfahren scheidet deshalb die Beteiligung anderer Behörden – etwa des BKartA – aus.[72] Allerdings sind Rechtsträger wie der Bund als öffentlich-rechtliche Körperschaft ohnehin nach § 134 Abs. 2 Nr. 3 Alt. 1 beteiligungsfähig. Da auch Behörden nur mit Wirkung für und gegen ihren Rechtsträger handeln können[73], bleibt ihre mangelnde Beteiligungsfähigkeit folgenlos.

33 **b) Beiladungsfähigkeit.** – Von der Beteiligtenfähigkeit ist die Beiladungsfähigkeit zu unterscheiden. Sie setzt nach § 134 Abs. 2 Nr. 3 die **Interessenberührung** durch die Entscheidung voraus. Es muss sich hierbei um **eigene Interessen** der Betroffenen handeln. Bei einer Personenvereinigung ist deshalb nicht die Interessenlage der Mitglieder oder eines Teils der Mitglieder maßgeblich. Entscheidend ist vielmehr das Verbandsinteresse, wie es sich vornehmlich in der Festlegung der satzungsmäßigen Aufgaben dokumentiert.[74] Auch bei Privatpersonen kommt – ungeachtet der Möglichkeit der Bevollmächtigung – eine Verfahrensstandschaft für Interessen Dritter nicht in Betracht.

34 Anders als § 13 Abs. 1 Nr. 4 VwVfG verlangt § 134 Abs. 2 Nr. 3 nicht die Berührung in rechtlichen Interessen, sondern lässt **Interessen wirtschaftlicher, sozialer oder ideeller Art** genügen.[75] Diese legislative Großzügigkeit setzt die nicht an konkrete Rechte gebundene Beteiligtenfähigkeit von Personenvereinigungen fort[76] und ist Ausdruck eines regulatorischen Ansatzes, der auf weitreichende Partizipation und Interessenintegration durch Verfahren setzt. Interessen, deren Berührung zur Beiladung berechtigen, müssen allerdings

---

69 So *Scheurle/Mayen*, § 74 RdNr. 71; für § 13 VwVfG *Stelkens/Bonk/Sachs*, § 11 RdNr. 16, 22; *Knack/Clausen*, § 11 RdNr. 8.

70 Siehe zu den Kriterien ausführlicher *Stelkens/Bonk/Sachs*, § 11 RdNr. 18, 22 f.; *Kopp/Ramsauer*, VwVfG, § 11 RdNr. 9; *Knack/Clausen*, § 11 RdNr. 7 mit den Negativbeispielen der Demonstration oder der Stammtischrunde; ungenau *Scheurle/Mayen*, § 74 RdNr. 72; BeckTKG-Komm/*Kerkhoff*, § 74 RdNr. 26.

71 So i. E. auch *Scheurle/Mayen*, § 74 RdNr. 72; *Manssen*, § 74 RdNr. 31, der den weiten Tatbestand der Beiladungsfähigkeit für missglückt hält; BeckTKG-Komm/*Kerkhoff*, § 74 RdNr. 27 verneint die Beteiligtenfähigkeit von Verbrauchern oder Gewerkschaften mangels Einbeziehung in den Schutzbereich des TKG; für das Kartellrecht bejaht die Beteiligtenfähigkeit *Immenga/Mestmäcker/K. Schmidt*, § 54 RdNr. 36.

72 So auch *Manssen*, § 74 RdNr. 30; *Scheurle/Mayen*, § 74 RdNr. 70; s. a. die kartellrechtliche Sonderregelung in § 54 Abs. 3 GWB.

73 *Stelkens/Bonk/Sachs*, § 11 RdNr. 25; *Kopp/Ramsauer*, VwVfG, § 11 RdNr. 14; *Knack/Clausen*, § 11 RdNr. 13.

74 *Scheurle/Mayen*, § 74 RdNr. 77; s. a. für das Kartellrecht *Immenga/Mestmäcker/K. Schmidt*, § 54 RdNr. 41; FK/*Bracher*, § 54 RdNr. 58.

75 So auch *Scheurle/Mayen*, § 74 RdNr. 75; für das Kartellrecht *Immenga/Mestmäcker/K. Schmidt*, § 54 RdNr. 38; FK/*Bracher*, § 54 RdNr. 53.

76 Den Spiegelbildcharakter betont *Scheurle/Mayen*, § 74 RdNr. 72.

auf die **Schutzzwecke des TKG** bezogen sein.[77] Nach den Regulierungszielen in § 2 sind dies nicht nur die Interessen der Telekommunikationsanbieter, sondern auch diejenigen der Nutzer und Verbraucher (§ 2 Abs. 2 Nr. 1).

Nach den Schutzzwecken des TKG bemisst sich auch die Beiladungsfähigkeit von sonsti- **35** gen Vereinigungen berührter Wirtschaftskreise. Aus dem Umstand, dass § 135 Abs. 2 diesen Kreisen ein abgestuftes Anhörungsrecht gibt, folgt auch bei Anwendung von **§ 13 Abs. 3 VwVfG** nicht ihre mangelnde Beiladungsfähigkeit.[78] Gleiches gilt für die „interessierten Parteien", denen nach §§ 12, 13 ein Anhörungsrecht im Rahmen des Marktanalyseverfahrens und eines zeitgleichen oder späteren Regulierungsverfahrens zukommt. Sofern sie nicht bereits nach § 139 Abs. 2 Nr. 2 beteiligt sind, sind sie beiladungsfähig, sofern ihre Interessen berührt sind.[79]

Voraussetzung der Beiladungsfähigkeit ist eine Interessenberührung durch die Entschei- **36** dung der Beschlusskammer. Da zum Zeitpunkt des Verfahrens der Inhalt der Entscheidung noch nicht feststeht, reicht die **Möglichkeit einer Interessenberührung** durch die Entscheidung aus. Bei der Ermittlung einer Interessenberührung sind deshalb die Beeinträchtigungen und Folgen in Rechnung zu stellen, die nach Gegenstand und Ziel des Verfahrens möglich erscheinen.[80]

Wenn auch § 134 Abs. 2 Nr. 3 im Gegensatz zu § 54 Abs. 2 Nr. 3 GWB auf eine „erheb- **37** liche" Interessenberührung verzichtet, so muss doch nach dem Wortlaut von § 134 Abs. 2 Nr. 3 die **Entscheidung Auswirkungen auf die geschützten Interessen** haben.[81] Maßgeblich ist als Bezugspunkt der der Bestandskraft fähige Teil des künftigen Verwaltungsakts.[82] Dies kann indessen nicht heißen, dass die Entscheidung bereits unmittelbar künftige Rechtsverhältnisse gestalten oder in ihrem Inhalt determinieren muss. Eine derartige Auslegung würde die Möglichkeit der Beiladung von vornherein auf die Fälle einer notwendigen Beiladung (s. RdNr. 43) beschränken. Sie würde auch das Anliegen des Gesetzgebers obstruieren, durch den Verzicht auf eine Berührung „rechtlicher" Interessen den Beteiligtenkreis weit zu ziehen. Deshalb sind Interessen bereits dann durch die Entscheidung berührt, wenn diese sich auf andere Verfahren präjudizierend oder auf den Betroffenen auch nur faktisch und/oder mittelbar auswirkt.[83]

Nach diesen Maßgaben ist die Beiladungsfähigkeit zum einen zu bejahen, wenn durch die **38** mutmaßliche Entscheidung **Rechte Dritter unmittelbar gestaltet** werden und diese Dritten **nicht bereits nach § 134 Abs. 2 Nr. 1 und 2 beteiligt** sind. Da die Konkurrenten um

---

77 So auch *Manssen*, § 74 RdNr. 32; *Scheurle/Mayen*, § 74 RdNr. 76; *Trute/Spoerr/Bosch*, § 74 RdNr. 21.

78 Siehe auch *Stelkens/Bonk/Sachs*, § 13 RdNr. 44; anders wohl *Manssen*, § 74 RdNr. 42.

79 Der Gesetzentwurf geht trotz unterschiedlicher Terminologie von einer sachlichen Identität aus, s. BT-Drs. 15/2316, S. 62; anders offenbar *Husch/Kemmler/Ohlenburg*, MMR 2003, 140; *Scherer*, K&R 2001, 273, 281.

80 So auch *Scheurle/Mayen*, § 74 RdNr. 80; für § 13 VwVfG *Kopp/Ramsauer*, VwVfG, § 13 RdNr. 41; *Knack/Clausen*, § 13 RdNr. 16.

81 BeckTKG-Komm/*Kerkhoff*, § 74 RdNr. 28; *Scheurle/Mayen*, § 74 RdNr. 79.

82 *Manssen*, § 74 RdNr. 35; wohl auch *Scheurle/Mayen*, § 74 RdNr. 78.

83 So i.E. auch *Manssen*, § 74 RdNr. 35; wohl auch BeckTKG-Komm/*Kerkhoff*, § 74 RdNr. 28 ff.; so auch für das Kartellrecht *Immenga/Mestmäcker/K. Schmidt*, § 54 RdNr. 39; *Langen/Bunte/Schultz*, § 54 RdNr. 29; FK/*Bracher*, § 54 RdNr. 57; *Kevekordes*, WuW 1987, 365, 366 f.; deutlich restriktiver *Scheurle/Mayen*, § 74 RdNr. 79; *Trute/Spoerr/Bosch*, § 74 RdNr. 21.

die Vergabe knapper Frequenzen nach §§ 55 Abs. 9, 61 allesamt als Antragsteller nach § 134 Abs. 2 Nr. 1 ipso iure beteiligt sind, bedarf es nicht ihrer Beiladung.[84] Auch die Zweitadressaten einer Zugangsanordnung nach § 25 oder einer Streitentscheidung nach § 133 sind schon nach § 134 Abs. 2 Nr. 2 beteiligt (s. RdNr. 26). Die Beiladungsfähigkeit nach § 134 Abs. 2 Nr. 3 ist aber zu bejahen für die Vertragspartner eines nach § 30 entgelt-genehmigungspflichtigen Unternehmens[85], da sich die Genehmigung unmittelbar auf Wirksamkeit und Inhalt bereits geschlossener Verträge auswirkt (§§ 35 Abs. 5 und 38 Abs. 4 i.V.m. § 37 Abs. 2).[86] Eine privatrechtsgestaltende Wirkung haben ebenfalls Entscheidungen im Verfahren der Missbrauchsaufsicht, wenn die Beschlusskammer von ihrer Befugnis Gebrauch macht, Verträge für unwirksam zu erklären (§ 42 Abs. 4 S. 2).[87]

39 Eine die Beiladungsfähigkeit begründende **rechtliche Präjudizierung** der Verhältnisse Dritter ist insbesondere für das Verfahren der Auferlegung von Universaldienstleistungen nach § 81 Abs. 3 anzunehmen. Zwar wirkt die von der Beschlusskammer auferlegte Universaldienstverpflichtung nicht unmittelbar rechtsgestaltend; wegen der Ausgleichspflicht nach § 82 werden aber nach § 83 alle i.S.v. § 80 universaldienstpflichtigen Unternehmen zur Zahlung der Universaldienstabgabe durch einen Abgabenbescheid herangezogen. Sofern die Unternehmen nicht ohnehin bereits am Vergabeverfahren nach § 81 Abs. 3 als Bewerber beteiligt sind, ergibt sich ihre Beiladungsfähigkeit aus § 134 Abs. 2 Nr. 3.[88]

40 Eine ebenfalls die Beiladungsfähigkeit begründende **zumindest faktische Betroffenheit**[89] durch die Beschlusskammerentscheidung ist im Verfahren der Missbrauchsaufsicht nach § 42 für alle – nicht antragstellenden – **Telekommunikationsunternehmen** zu bejahen, denen ebenfalls ein Anspruch auf diskriminierungsfreien Zugang zu den streitigen Leistungen zukommen kann.[90] Auch Unternehmen, die im Verfahren der Marktanalyse und ggf. einem abstrakten Regulierungsverfahren nach §§ 12, 13 nicht potenzielle Adressaten sind, sind vom Ausgang des Verfahrens betroffen. Dies gilt des Weiteren im Entgeltgenehmigungsverfahren nach § 30 für Unternehmen, die nicht Vertragspartner des genehmigungspflichtigen Unternehmens sind, aber entweder künftig in Leistungsbeziehungen treten wollen oder ihre Wettbewerber sind.[91] Schließlich ist im Verfahren der Zugangsanord-

---

84 So richtig *Manssen*, § 74 RdNr. 47; dies verkennen *Scheurle/Mayen*, § 74 RdNr. 29 und BeckTKG-Komm/*Kerkhoff*, § 74 RdNr. 29, die die Konkurrenten um eine Lizenz nach §§ 8, 11 TKG 1996 wegen der rechtsgestaltenden Wirkung der Lizenz nur beiladen wollen.

85 So auch *Scheurle/Mayen*, § 74 RdNr. 88; BeckTKG-Komm/*Kerkhoff*, § 74 RdNr. 31; wohl auch *Trute/Spoerr/Bosch*, § 74 RdNr. 23; *Ladeur*, CR 2000, 439.

86 Zur privatrechtsgestaltenden Wirkung der Entgeltgenehmigung auch schon vor der Einführung von § 35 Abs. 5 s. BVerwG DVBl. 2004, 828; OVG Münster K&R 2003, 308; OVG Münster NVwZ 2002, 496; VG Köln CR 2001, 238, 240; CR 2001, 523; zur privatrechtsgestaltenden Wirkung von Maßnahmen nach § 38 Abs. 4 s. bereits BVerwG MMR 2003, 241, 242; s.a. *Ladeur*, CR 2000, 438 ff.; *Neumann/Bosch*, CR 2001, 225 f.

87 *Manssen*, § 74 RdNr. 51; möglicherweise weitergehend *Trute/Spoerr/Bosch*, § 74 RdNr. 23.

88 So auch i.E. BeckTKG-Komm/*Kerkhoff*, § 74 RdNr. 30; *Trute/Spoerr/Bosch*, § 74 RdNr. 23; *Manssen*, § 74 RdNr. 47.

89 Inwieweit diese Betroffenheit auch durch Schutznormen abgesicherte Rechtspositionen i.S. v. § 42 Abs. 2 VwGO bilden, kann an dieser Stelle offen gelassen werden; zur faktischen Betroffenheit als rechtlichen Interessen s. *Kopp*, Der Beteiligtenbegriff des Verwaltungsverfahrensrechts, S. 169 ff.

90 *Scheurle/Mayen*, § 74 RdNr. 79.

91 BeckTKG-Komm/*Kerkhoff*, § 74 RdNr. 31; ablehnend *Scheurle/Mayen*, § 74 RdNr. 79; *Ladeur*, CR 2000, 440 und *Bosch/Neumann*, CR 2001, 226 sehen hier sogar rechtsgestaltende Wirkungen.

nung nach § 25 die Berührung von wirtschaftlichen Interessen der Unternehmen möglich, die in Zugangsverhandlungen nach §§ 18, 22 getreten sind oder treten wollen.[92]

Eine für die Beiladungsfähigkeit ausreichende Betroffenheit durch Entscheidungen der **41** Beschlusskammer kann schließlich auch bei den **Verbrauchern als Endnutzern** von Telekommunikationsleistungen gegeben sein. Soweit dies verneint wird, liegt dem entweder ein zu enges Verständnis der Beteiligtenfähigkeit[93] oder ein zu restriktives Konzept der entscheidungsvermittelten Interessenberührung zu Grunde.[94] Die Auslegung muss in Rechnung stellen, dass Verbraucherschutzinteressen einerseits vom Schutzzweck des Gesetzes umfasst sind und andererseits § 134 Abs. 2 Nr. 3 gerade nicht am verwaltungsprozessualen Modell subjektiven Rechtsschutzes ausgerichtet ist.[95] Ein die Verbraucherinteressen berührendes Beschlusskammerverfahren[96] ist zweifellos das Verfahren der Entgeltregulierung bei Endnutzerleistungen nach § 39. Denn die Höhe dieser Entgelte berührt unmittelbar die wirtschaftlichen Interessen der Verbraucher. Grundsätzlich ist aber auch ein Beteiligungsinteresse der Verbraucher bei Entgeltregulierungen nach §§ 30, 38 für Zugangsleistungen zu bejahen, da diese Entgelte über die Kalkulation der entgeltpflichtigen Unternehmen auf die Endnutzerpreise durchschlagen.[97]

c) Beiladungsentscheidung. – Dem Wortlaut des § 134 Abs. 2 Nr. 3 ist nicht zu entneh- **42** men, dass eine Rechtspflicht zur Beiladung besteht. Die von § 13 Abs. 2 VwVfG vorgenommene Differenzierung in die sog. einfache und notwendige Hinzuziehung enthält § 134 Abs. 2 Nr. 3 nicht. Gleichwohl ist in **ergänzender Anwendung von § 13 Abs. 2 VwVfG** davon auszugehen, dass die Pflicht zur Beiladung von der Art der Interessenberührung abhängig ist.[98]

Eine **Beiladungspflicht der Beschlusskammer** besteht demgemäß, wenn die Entschei- **43** dung **rechtsgestaltende Wirkung** für einen Dritten hat.[99] Eine rechtsgestaltende Wirkung ist anzunehmen, wenn durch die Entscheidung unmittelbar Rechte eines Dritten begründet, aufgehoben oder geändert werden.[100] Dies ist der Fall bei privatrechtsgestaltenden Verwaltungsakten, wie sie im Rahmen der Entgeltgenehmigung im Verhältnis zu bereits bestehenden Verträgen ergehen (s. RdNr. 38).[101] Als drittrechtsgestaltende Verwaltungsakte sind

---

92 Ablehnend wegen der nur präjudiziellen Wirkung *Scheurle/Mayen*, § 74 RdNr. 79.

93 BeckTKG-Komm/*Kerkhoff*, § 74 RdNr. 27.

94 *Scheurle/Mayen*, § 74 RdNr. 79.

95 Siehe die ausführlichen und instruktiven Überlegungen bei *Manssen*, § 74 RdNr. 39 ff.; zur Differenz von Beteiligungsrechten und – abgelehnten – Klagerechten von Nutzern im Rahmen der nachträglichen Entgeltregulierung s. a. BVerwG MMR 2003, 241, 244.

96 Verbraucherschutz realisiert sich maßgeblich in den Verfahren nach dem Siebten Teil des Gesetzes, die nicht in die Entscheidungszuständigkeit der Beschlusskammern fallen.

97 So i.E. auch *Manssen*, § 74 RdNr. 40; weitergehend *Ladeur*, CR 2000, 440, der hier sogar rechtsgestaltende Wirkungen sieht.

98 So auch *Scheurle/Mayen*, § 74 RdNr. 86; *Trute/Spoerr/Bosch*, § 74 RdNr. 23; BeckTKG-Komm/*Kerkhoff*, § 74 RdNr. 34; *Manssen*, § 74 RdNr. 46; für das Kartellrecht *Immenga/Mestmäcker/K. Schmidt*, § 54 RdNr. 43, 45 f.; FK/*Bracher*, § 54 RdNr. 65.

99 So richtig *Scheurle/Mayen*, § 74 RdNr. 86; ungenau *Trute/Spoerr/Bosch*, § 74 RdNr. 22; BeckTKG-Komm/*Kerkhoff*, § 74 RdNr. 33 f. und *Manssen*, § 74 RdNr. 52, die diese Konstellation als Fall der Ermessensreduzierung erfassen wollen.

100 VG Berlin DVBl. 1984, 1186 f.; *Kopp/Ramsauer*, VwVfG, § 13 RdNr. 39; *Knack/Clausen*, § 13 RdNr. 18; s. a. *Scheurle/Mayen*, § 74 RdNr. 88.

101 So auch *Manssen*, § 74 RdNr. 50; *Trute/Spoerr/Bosch*, § 74 RdNr. 23.

aber auch solche Entscheidungen anzusehen, **die notwendig eine öffentlich-rechtliche Pflichtenstellung des Dritten begründen**.[102] Dies gilt für die universaldienstpflichtigen Unternehmen, die nach der und durch die Auferlegung der Universaldienstpflicht nach § 83 abgabepflichtig werden (s. RdNr. 39).[103]

44 Sind nicht in der Weise Interessen berührt, dass die Entscheidung rechtsgestaltende Wirkung für den Betroffenen hat, steht die Beiladung im pflichtgemäßen **Ermessen** der Beschlusskammer.[104] Dies gilt, sofern Dritte nur mittelbar oder faktisch in ihren Interessen betroffen sind (s. RdNr. 40). Bei ihrer Ermessensausübung darf die Beschlusskammer einerseits verfahrensökonomische Erwägungen anstellen, muss aber andererseits auch berücksichtigen, inwieweit die geltend gemachten Interessen der Artikulation im Verfahren bedürfen. Denn sowohl die Zügigkeit des Verfahrens als auch eine breite, für Transparenz sorgende Betroffenenpartizipation sind im gemeinschaftsrechtlichen Regulierungsmodell angelegt.[105] Im Übrigen kann eine Beiladung wegen ihrer Rechtswirkungen (s. RdNr. 49) gerade auch der Verfahrensökonomie dienlich sein.[106]

45 § 134 Abs. 2 Nr. 3 setzt für die Beiladung einen **Antrag** voraus. Es ist davon auszugehen, dass mit dem legislativen Verzicht auf ein Amtsverfahren in § 134 Abs. 2 Nr. 3 jedenfalls für die Konstellation der sog. **einfachen Beiladung** eine abschließende Regelung getroffen wurde, folglich – anders als nach § 13 Abs. 2 S. 1 VwVfG – eine Beiladung von Amts wegen nicht in Betracht kommt.[107] Der Beiladungsantrag kann frühestens ab der Einleitung des Beschlusskammerverfahrens während der gesamten Dauer des Verfahrens gestellt werden. Nach richtiger Ansicht kann ein Antrag auch noch nach Erlass einer Entscheidung gestellt werden, solange diese nicht in Bestandskraft erwachsen ist bzw. Rechtsmittel eingelegt sind.[108]

46 Fraglich ist, ob das Antragserfordernis nach § 134 Abs. 2 Nr. 3 auch dann abschließend gilt, wenn eine **notwendige Beiladung** in Frage steht. Dafür spricht, dass § 134 Abs. 2 Nr. 3 keinerlei Amtsverfahren vorsieht und ohnehin nicht zwischen der einfachen und notwendigen Beiladung unterscheidet.[109] Steht indessen die rechtsgestaltende Wirkung einer Entscheidung auf dem Spiel, so sprechen bereits Gründe der Verfahrensökonomie für die

---

102 Siehe ausführlicher *Kopp* (Fn. 89) S. 166 ff.; s. a. *Kopp/Ramsauer*, VwVfG, § 13 RdNr. 40; *Raeschke-Kessler/Eilers*, NVwZ 1988, 37, 39 f. sprechen von grundrechtsgestaltenden Verwaltungsakten; wohl auch *Trute/Spoerr/Bosch*, § 74 RdNr. 23; zurückhaltend *Stelkens/Bonk/Sachs*, § 13 RdNr. 42; *Knack/Clausen*, § 13 RdNr. 18; ablehnend *Alpert* (Fn. 46) S. 123; *Scheurle/Mayen*, § 74 RdNr. 88; BVerwG MMR 2003, 241, 243 verneinte eine unmittelbar rechtsgestaltende Wirkung, wenn die behördliche Entscheidung noch der *privatrechtlichen*, Umsetzung bedarf; großzügiger ist das Kartellrecht, s. *Immenga/Mestmäcker/K. Schmidt*, § 54 RdNr. 46 m.w.N; *Langen/Bunte/Schultz*, § 54 RdNr. 33; FK/*Bracher*, § 54 RdNr. 67.

103 So auch *Trute/Spoerr/Bosch*, § 74 RdNr. 23.

104 So auch BeckTKG-Komm/*Kerkhoff*, § 74 RdNr. 33; für § 13 VwVfG *Stelkens/Bonk/Sachs*, § 13 RdNr. 37; *Kopp/Ramsauer*, VwVfG, § 13 RdNr. 34.

105 Siehe Erw.Gr. 13, 15 der RRL; zu einseitig auf verfahrensökonomische Erwägungen ausgerichtet deshalb *Scheurle/Mayen*, § 74 RdNr. 90; *Manssen*, § 74 RdNr. 37, 44.

106 Siehe auch *Kopp/Ramsauer*, VwVfG, § 13 RdNr. 34; *Knack/Clausen*, § 13 RdNr. 12.

107 *Scheurle/Mayen*, § 74 RdNr. 81, 89; *Manssen*, § 74 RdNr. 27; wohl auch BeckTKG-Komm/*Kerkhoff*, § 74 RdNr. 34 f.

108 BeckTKG-Komm/*Kerkhoff*, § 74 RdNr. 35; *Scheurle/Mayen*, § 74 RdNr. 82; wohl auch *Trute/Spoerr/Bosch*, § 74 RdNr. 25.

109 So i.E. *Scheurle/Mayen*, § 74 RdNr. 81.

Einbeziehung des Dritten. Bedeutsamer hingegen sind die – materiellen – Grundrechte des Dritten, die u. U. des Schutzes durch Verfahrensteilhabe bedürfen.[110] Deshalb besteht zumindest in ergänzender Anwendung von § 13 Abs. 2 S. 2 letzter Hs. VwVfG die Pflicht der Beschlusskammer, den Betroffenen von der Einleitung des Verfahrens zu benachrichtigen.[111] Stellt dieser gleichwohl keinen Beiladungsantrag, so liegt es im Ermessen der Beschlusskammer, ob sie **von Amts wegen** die Einleitung ausspricht.[112] Dieses Ermessen kann sich reduzieren, wenn die unmittelbare Gefährdung grundrechtlicher Schutzgüter droht.[113]

Die **Entscheidung** über die Beiladung ergeht in der Handlungsform eines **verfahrens-** **rechtlichen Verwaltungsaktes**.[114] Sie kann bis zur Unanfechtbarkeit der Entscheidung erfolgen.[115] Die Beiladung wird – entgegen des missverständlichen Wortlauts – nicht von der RegTP, sondern von der Beschlusskammer ausgesprochen. Grundsätzlich besteht **kein** **Formgebot**, sodass auch ein konkludenter Verwaltungsakt in Betracht kommt. Für sein Wirksamwerden ist aber eine aktive Handlung der Beschlusskammer erforderlich, mit der sie zu erkennen gibt, dass sie von der Mitwirkung eines Betroffenen als Beteiligter ausgeht.[116] Vor dem Hintergrund von § 135 Abs. 2 (s. RdNr. 35) empfiehlt sich in jedem Fall eine ausdrückliche, i. d. R. schriftliche Beiladung. **47**

Die Beteiligtenstellung des Beigeladenen **beginnt erst mit der Bekanntgabe der Beila-** **dungsentscheidung**.[117] Dies gilt ungeachtet der Frage, ob es sich um eine einfache oder eine notwendige Beiladung handelt. Der in Abweichung von § 13 Abs. 1 Nr. 4, Abs. 2 VwVfG gewählte Begriff der Beiladung bedeutet im Übrigen nicht, dass die Beteiligtenstellung sich auf ein allfälliges Klageverfahren erstreckt. Vielmehr bedarf es nach § 65 VwGO einer erneuten – gerichtlichen – Beiladungsentscheidung.[118] **48**

Zu den **Rechtswirkungen der Beiladung** rechnet zugunsten des Beteiligten, dass er mit dem Wirksamwerden seiner Beteiligtenstellung auch alle Verfahrensrechte genießt. Allerdings können die Beigeladenen anders als der Antragsteller (RdNr. 12) nicht über den Verfahrensgegenstand disponieren. Der notwendig Beigeladene muss die Entscheidung gegen sich wirken lassen. Der Bindungswirkung kann er weder durch Fernbleiben von der münd- **49**

---

110 BVerfGE 53, 30; s. a. für § 13 VwVfG *Stelkens/Bonk/Sachs*, § 13 RdNr. 39.

111 *Trute/Spoerr/Bosch*, § 74 RdNr. 24.

112 So auch BeckTKG-Komm/*Kerkhoff*, § 74 RdNr. 34; *Manssen*, § 74 RdNr. 28.

113 *Alpert* (Fn. 46) S. 128; *Stelkens/Bonk/Sachs*, § 13 RdNr. 39; *Kopp/Ramsauer*, VwVfG, § 13 RdNr. 47; s. a. *Manssen*, § 74 RdNr. 52; ablehnend *Knack/Clausen*, § 13 RdNr. 18.

114 *Manssen*, § 74 RdNr. 53; *Scheurle/Mayen*, § 74 RdNr. 83; BeckTKG-Komm/*Kerkhoff*, § 74 RdNr. 38; *Trute/Spoerr/Bosch*, § 74 RdNr. 28; so auch für § 13 Abs. 2 VwVfG OVG Koblenz NVwZ 1988, 76; *Kopp/Ramsauer*, VwVfG, § 13 RdNr. 28; *Stelkens/Bonk/Sachs*, § 13 RdNr. 30; *Knack/Clausen*, § 13 RdNr. 12; für das Kartellrecht *Immenga/Mestmäcker/K. Schmidt*, § 54 RdNr. 53.

115 Wohl auch *Scheurle/Mayen*, § 74 RdNr. 82; *Manssen*, § 74 RdNr. 28; so für § 13 VwVfG *Kopp/ Ramsauer*, VwVfG, § 13 RdNr. 28; *Knack/Clausen*, § 13 RdNr. 12.

116 VGH München BayVBl. 1994, 533 f.; für § 13 VwVfG *Stelkens/Bonk/Sachs*, § 13 RdNr. 30; *Kopp/Ramsauer*, VwVfG, § 13 RdNr. 30; so auch für das Kartellrecht *Immenga/Mestmäcker/K. Schmidt*, § 54 RdNr. 57; großzügiger *Alpert* (Fn. 46) S. 107 und *Knack/Clausen*, § 13 RdNr. 12, der in der Übersendung des Verwaltungsaktes an einen Betroffenen eine formlose Hinzuziehung sieht.

117 So für § 13 VwVfG *Kopp/Ramsauer*, VwVfG, § 13 RdNr. 30.

118 *Scheurle/Mayen*, § 74 RdNr. 69.

lichen Verhandlung noch durch spätere Rücknahme seines Beiladungsantrags entfliehen.[119] Der im Ermessenswege beigeladene Betroffene wird hingegen regelmäßig nicht in die Bindungswirkung der Verwaltungsaktes einbezogen, da dieser nicht über seine Rechtsposition entscheidet. Allerdings kann er die Richtigkeit der Entscheidung in einem späteren Verfahren nicht mehr mit Tatsachenvorbringen erschüttern, das er als Beigeladener hätte vorbringen können.[120]

50   **4. Rechtsschutzfragen.** – Da die **Verfahrenseinleitung** nur unselbstständige Verfahrenshandlung ist, kann gegen sie nach § 44a S. 1 VwGO nicht gesondert mit der gerichtlichen Klage vorgegangen werden.[121] Anderes gilt, wenn die Beschlusskammern die verfahrensrechtlichen Voraussetzungen des § 22 S. 2 VwVfG verkannt haben. Hat die Beschlusskammer entgegen einem Antrag nach § 22 S. 2 Nr. 1 Alt. 1 VwVfG ein Verfahren nicht eingeleitet, kann eine Entscheidung und damit auch ein Verfahren überhaupt mit der Untätigkeitsklage nach § 75 VwGO erstritten werden.[122] Ist entgegen § 22 S. 2 Nr. 2 VwVfG ein Amtsverfahren durchgeführt worden, so ist der in einem solchen Verfahren ergangene Verwaltungsakt rechtswidrig und anfechtbar.[123] Allerdings kann durch Nachholung des verfahrensrechtlichen Antrags Heilung eintreten (§ 45 Abs. 1 Nr. 1 VwVfG).[124] Wird ein Antrag nicht nachgeholt, so ist der Verfahrensfehler im echten Antragsverfahren regelmäßig erheblich i. S. v. § 46 VwVfG, da ohne einen Antrag eine Sachentscheidung nicht hätte ergehen dürfen.[125]

51   Wird eine nach § 134 Abs. 2 Nr. 3 gebotene **Beiladung unterlassen**, so hat dies zunächst zur Folge, dass eine dieses Verfahren abschließende **Entscheidung** der Beschlusskammer gegenüber den Nicht-Beteiligten regelmäßig mangels Bekanntgabe **nicht wirksam** wird.[126] Dies gilt ungeachtet der Frage, ob es sich um einen Fall notwendiger Beiladung oder um eine ermessensfehlerhaft unterlassene einfache Beiladung handelt. Gleichzeitig liegt ein unmittelbar auf § 134 Abs. 2 Nr. 3 beruhender **Verfahrensfehler** vor.[127]

52   Der Verfahrensfehler führt i. d. R. nicht zur Nichtigkeit der Entscheidung.[128] Umstritten ist, inwieweit eine **Heilung** nach § 45 VwVfG in Betracht kommt, denn der Fall unterbliebener Beteiligung wird von § 45 Abs. 1 VwVfG nicht unmittelbar erfasst. Auch wenn man auf

---

119 BeckTKG-Komm/*Kerkhoff*, § 74 RdNr. 43; *Scheurle/Mayen*, § 74 RdNr. 95.

120 *Kopp/Ramsauer*, VwVfG, § 13 RdNr. 49; *Knack/Clausen*, § 13 RdNr. 19.

121 *Scheurle/Mayen*, § 74 RdNr. 57; für das Kartellverfahren FK/*Bracher*, § 54 RdNr. 30.

122 Einer isolierten Klage auf Verfahrenseinleitung steht § 44 a VwGO entgegen, s. a. *P. Stelkens*, NuR 1985, 215; *Gusy*, BayVBl. 1985, 488 f.

123 BVerwGE 23, 237, 238; VGH Kassel NVwZ 1985, 498; OVG Münster NVwZ-RR 1990, 90; *Knack/Clausen*, § 22 RdNr. 26.

124 Ausführlicher *P. Stelkens*, NuR 1985, 220 f.; *Stelkens/Bonk/Sachs*, § 22 RdNr. 24; *Kopp/Ramsauer*, VwVfG, § 22 RdNr. 28, 73.

125 So auch *Gusy*, BayVBl. 1985, 490; s. a. *P. Stelkens*, NuR 1985, 221.

126 *Kopp/Ramsauer*, VwVfG, § 13 RdNr. 51; s. a. *Manssen*, § 74 RdNr. 58 f.; *Scheurle/Mayen*, § 74 RdNr. 96.

127 Im Fall von § 134 Abs. 2 Nr. 1 und 2 kann es nicht zu behördlichen Verfahrensfehlern kommen, weil die Beteiligung bereits ipso iure besteht; gegen § 134 Abs. 2 Nr. 3 kann aber insbsondere verstoßen werden, wenn die Beschlusskammer rechtsirrig von einer gesetzlichen Beteiligung ausgeht.

128 OVG Münster NVwZ 1988, 74; s. a. *Manssen*, § 74 RdNr. 61 f.; *Scheurle/Mayen*, § 74 RdNr. 97; a. A. *Alpert* (Fn. 46) S. 158 ff.

diese Konstellation § 45 Abs. 1 Nr. 3 VwVfG entsprechend anwendet[129], kann wegen der besonderen förmlichen Struktur des Beschlusskammerverfahrens eine Heilung nur bis zum Abschluss des behördlichen Verfahrens selbst in Betracht kommen. Eine Anwendung von § 45 Abs. 2 VwVfG scheidet aus, weil die in einer Anhörung liegende Beteiligung zum Zeitpunkt des gerichtlichen Verfahrens ihre eigentliche Funktion nicht mehr erreichen kann.[130] Gleichwohl wird ein Angriff gegen die ohne Beteiligung ergangene Sachentscheidung der Beschlusskammer jedenfalls dann erfolglos bleiben, wenn die Entscheidung ein gebundener Verwaltungsakt ist (§ 46 VwVfG).

Rechtsschutz gegen eine **vorgenommene Beiladung** besteht für andere Beteiligte wegen **53** § 44a S. 1 VwGO erst mit dem Abschluss des Verfahrens.[131] Ein hiergegen gerichteter Angriff gegen die Sachentscheidung wird aber nicht erfolgreich sein, weil ein Anspruch auf Nicht-Beteiligung einer anderen Person nicht besteht.[132] Anders ist die Lage, wenn gegen die **unterlassene Beiladung** vorgegangen wird. Das Beteiligungsrecht kann ausweislich von § 44a S. 2 VwGO isoliert eingeklagt werden. Statthafte Rechtsschutzform ist die Verpflichtungsklage.[133] In der Konstellation einer notwendigen Beiladung korrespondiert der Beiladungspflicht ein subjektives Beteiligungsrecht. Im Fall der einfachen Beiladung besteht hingegen regelmäßig nur ein Anspruch auf fehlerfreie Ermessensentscheidung.[134]

---

129 *Kopp/Ramsauer*, VwVfG, § 13 RdNr. 53; wohl auch *Knack/Clausen*, § 13 RdNr. 20; *Scheurle/Mayen*, § 74 RdNr. 98; *Manssen*, § 74 RdNr. 62; ablehnend *Alpert* (Fn. 46) S. 154 f.

130 BVerwG NJW 1983, 2516 f. für die Personalratsanhörung; s. a. *Scheurle/Mayen*, § 74 RdNr. 98; BeckTKG-Komm/*Kerkhoff*, § 74 RdNr. 36, 41; a. A. *Kopp/Ramsauer*, VwVfG, § 13 RdNr. 51; *Manssen*, § 74 RdNr. 62.

131 VGH München NVwZ 1988, 1054; *Stelkens/Bonk/Sachs*, § 13 RdNr. 37a; *Knack/Clausen*, § 13 RdNr. 12; s. a. *Scheurle/Mayen*, § 74 RdNr. 101; *Manssen*, § 74 RdNr. 66.

132 *Kopp/Ramsauer*, VwVfG, § 13 RdNr. 32.

133 VG Berlin DVBl. 1984, 1186 f.; *Kopp/Ramsauer*, VwVfG, § 13 RdNr. 32, 38;, s. a. *Trute/Spoerr/Bosch*, § 74 RdNr. 28; *Scheurle/Mayen*, § 74 RdNr. 102; *Manssen*, § 74 RdNr. 66; BeckTKG-Komm/*Kerkhoff*, § 74 RdNr. 42.

134 *Kopp/Ramsauer*, VwVfG, § 13 RdNr. 34, 38; s. a. *Manssen*, § 74 RdNr. 44.

§ 135 Anhörung, mündliche Verhandlung

(1) Die Beschlusskammer hat den Beteiligten Gelegenheit zur Stellungnahme zu geben.

(2) Den Personen, die von dem Verfahren berührte Wirtschaftskreise vertreten, kann die Beschlusskammer in geeigneten Fällen Gelegenheit zur Stellungnahme geben.

(3) Die Beschlusskammer entscheidet auf Grund öffentlicher mündlicher Verhandlung; mit Einverständnis der Beteiligten kann ohne mündliche Verhandlung entschieden werden. Auf Antrag eines Beteiligten oder von Amts wegen ist für die Verhandlung oder für einen Teil davon die Öffentlichkeit auszuschließen, wenn sie eine Gefährdung der öffentlichen Ordnung, insbesondere der Staatssicherheit, oder die Gefährdung eines wichtigen Betriebs- oder Geschäftsgeheimnisses besorgen lässt.

Schrifttum: Wie vor § 132, zusätzlich: *Bracher*, Nachholung der Anhörung bis zum Abschluss des verwaltungsgerichtlichen Verfahrens? – Zur Verfassungsmäßigkeit von § 45 Abs. 2 VwVfG, DVBl. 1997, 534; *Classen*, Das nationale Verwaltungsverfahren im Kraftfeld des Europäischen Gemeinschaftsrechts, Die Verwaltung 31 (1998), 307; *Gurlit*, Die Verwaltungsöffentlichkeit im Umweltrecht, 1989; *Hatje*, Die Heilung formell rechtswidriger Verwaltungsakte im Prozeß als Mittel der Verfahrensbeschleunigung, DÖV 1997, 477; *Hufen*, Fehler im Verwaltungsverfahren, 4. Aufl. 2002; *Kahl*, Grundrechtsschutz durch Verfahren in Deutschland und in der EU, VerwArch 95 (2004), 1; *Kevekordes*, Zur Rechtsstellung des Beigeladenen im Kartellrecht, WuW 1987, 365; *Kugelmann*, Die informatorische Rechtsstellung des Bürgers, 2001; *Niedobitek*, Rechtsbindung der Verwaltung und Effizienz des Verwaltungsverfahrens, DÖV 2000, 761; *Schoch/Schmidt-Aßmann/Pietzner*, VwGO-Kommentar, Loseblatt, Stand September 2004; *Schöbener*, Der Ausschluss des Aufhebungsanspruchs wegen Verfahrensfehlern bei materiell-rechtlich und tatsächlich alternativlosen Verwaltungsakten, Die Verwaltung 33 (2000), 447; *Spranger*, Beschränkungen des Anhörungsrechts im förmlichen Verwaltungsverfahren, NWVBl. 2000, 166.

Übersicht

I. Normzweck

§ 135 ist Ausprägung des rechtsstaatlichen Grundsatzes rechtlichen Gehörs. Gehör ist von 1
Verfassung wegen nicht nur im gerichtlichen Verfahren, sondern bereits im Verwaltungsverfahren zu gewähren.[1] Das Anhörungsrecht steht zum einen im Dienste eines rationalen und sachgerechten Entscheidungsverfahrens und soll der Behörde die Informationen ver-

---

1 Die Rspr. bemüht neben dem Rechtsstaatsprinzip auch die Menschenwürde, s. BVerfGE 101, 397, 405.

schaffen, die für eine „richtige" Verwaltungsentscheidung erforderlich sind. Zum anderen ermöglicht es den Verfahrensbeteiligten die Geltendmachung ihrer (rechtlichen) Interessen.[2] Sind materiell Grundrechte berührt, kommt der Anhörung im Verwaltungsverfahren grundrechtssichernde Funktion zu.[3] Während das Anhörungsrecht eine spezialgesetzliche Konkretisierung von § 28 VwVfG ist, bringt insbesondere das Gebot öffentlicher mündlicher Verhandlung nach § 135 Abs. 3 die erstrebte Formalisierung und Justizähnlichkeit des Verfahrens zum Ausdruck. Die Norm entspricht weitgehend § 56 GWB. Soweit sie die Verfahrensrechte der Beteiligten nicht abschließend regelt – wie dies etwa für das Akteneinsichtsrecht gilt – kommt das VwVfG ergänzend zur Anwendung.[4]

II. Entstehungsgeschichte

2 § 135 ist gegenüber § 75 TKG 1996 im Wesentlichen unverändert. Die Norm soll einerseits das Anhörungsrechts als rechtsstaatliche Garantie im Beschlusskammerverfahren verankern, andererseits mit dem Gebot öffentlicher mündlicher Verhandlung dafür Sorge tragen, dass eine intensive Aussprache zwischen allen Beteiligten ermöglicht wird.[5] Mittelbar wurde der **Anwendungsbereich der Vorschrift** durch die Neufassung des Gesetzes **erweitert**. Mit der Umsetzung von Art. 6 RRL durch §§ 12, 13 und 15 ist das rechtliche Gehör nicht nur auf das Verfahren der Marktdefinition und -analyse vorverlagert und auf weitere Verfahren erstreckt worden; es wurden auch korrespondierende Informationsverpflichtungen geschaffen, die bislang für das Beschlusskammerverfahren im TKG nicht geregelt waren.

III. Einzelerläuterungen

3 **1. Anhörungsrecht der Beteiligten.** – § 135 Abs. 1 ist **zentrales Verfahrensrecht** der Beteiligten des Beschlusskammerverfahrens. Weitere Verfahrensrechte bestehen allerdings im Verfahren der Marktdefinition und Marktanalyse nach **§ 12 Abs. 1**, das ebenfalls im Beschlusskammerverfahren durchgeführt wird. Die für dieses Verfahren vorgesehene Beteiligung wird wiederum nach **§ 13 Abs. 1 S. 1** auf zeitgleiche oder nachfolgende Regulierungsverfahren der Beschlusskammern nach dem Zweiten Teil des Gesetzes erstreckt. § 13 Abs. 1 S. 1 erfasst allerdings nicht alle Beschlusskammerverfahren. Für die Verfahren zur Vergabe knapper Frequenzen und zum Frequenzhandel nach §§ 55 Abs. 9, 61, 62, zur Auferlegung von Universaldienstleistungen nach § 81 und die Streitentscheidung durch die Beschlusskammer nach § 133, die nicht Gegenstand der Marktregulierung sind, sind aber ebenfalls Anhörungsrechte normiert. Eine Auffangklausel enthält zudem **§ 15**, der das Anhörungsverfahren nach § 12 Abs. 1 auf sonstige Maßnahmen erstreckt, die beträchtliche Auswirkungen auf den Markt haben. Letztlich ergeben sich Inhalt und Umfang des Anhörungsrechts aus dem Verbund dieser Normen.[6] Soweit hierdurch die verfahrensrechtliche

---

2 *Kopp/Ramsauer*, VwVfG, § 28 RdNr. 1; *Knack/Clausen*, § 28 RdNr. 4; *Stelkens/Bonk/Sachs*, § 28 RdNr. 6, 17; s. a. für das TKG BeckTKG-Komm/*Kerkhoff*, § 75 RdNr. 1; für das Kartellrecht *Immenga/Mestmäcker/K. Schmidt*, § 56 RdNr. 1.
3 Grundlegend BVerfGE 53, 30, 71 f.; s. a. BVerfGE 90, 60 (96); BVerfGE 94, 166 (200); *Stelkens/Bonk/Sachs*, § 28 RdNr. 2, 12; *Kopp/Ramsauer*, VwVfG, § 28 RdNr. 3a.
4 Siehe vor § 132 RdNr. 6, 14.
5 Gesetzentwurf der BReg, BR-Drs. 80/96 v. 9. 2. 1996, S. 52.
6 Siehe dazu auch § 12 RdNr. 5–7.

Stellung der Beteiligten nicht abschließend geregelt wird, finden §§ 29, 30 VwVfG ergänzende Anwendung.

a) Gelegenheit zur Stellungnahme. – Das Anhörungsrecht nach § 135 Abs. 1 ist nach seinen Voraussetzungen auf die **Beteiligten des Beschlusskammerverfahrens** beschränkt. **4** Dies sind diejenigen Personen, die nach § 134 Abs. 2 verfahrensbeteiligt sind ungeachtet des Umstands, ob sie einen gesetzlichen Beteiligtenstatus innehaben oder diesen einer behördlichen Beiladung verdanken.[7] Beteiligte des Beschlusskammerverfahrens sind die „interessierten Parteien" im Verfahren der Marktanalyse nach § 12 Abs. 1 S. 1, die nach § 134 Abs. 2 Nr. 2 oder Nr. 3 an diesem Verfahren und ggf. nach § 13 Abs. 1 S. 1 und § 15 an einem anschließenden Regulierungsverfahren oder sonstigem Verfahren der Beschlusskammer beteiligt sind.[8] Personen, die nicht Beteiligte im Sinne von § 134 Abs. 2 sind, kann die Beschlusskammer im Ermessenswege Gelegenheit zur Stellungnahme geben.[9] Weitergehende Anhörungsrechte bestehen im Beschlusskammerverfahren für die „betroffenen Kreise" im Vorfeld der Anordnung eines frequenzrechtlichen Vergabeverfahrens, für die Wahl der Art des Vergabeverfahrens und für die Freigabe des Frequenzhandels (§§ 55 Abs. 9 S. 2, 61 Abs. 1 S. 1, 62 Abs. 1 S. 1).

Das Anhörungsrecht bezieht sich **gegenständlich** auf den möglichen Ausgang des Verfahrens und auf Entscheidungen im Verfahren.[10] § 28 Abs. 1 VwVfG findet wegen der Spezialregelung in § 135 Abs. 1 im Beschlusskammerverfahren keine Anwendung.[11] Maßgeblich ist deshalb der Verfahrensgegenstand, nicht aber der Umstand, ob ein allfälliger Verwaltungsakt in Rechte der Beteiligten eingreift. Im Marktanalyseverfahren nach § 12 Abs. 1 ist das Gehörsrecht auf den Entwurf der Ergebnisse des Marktdefinitions- und Marktanalyseverfahrens bezogen. Die Regelung schließt hingegen nicht aus, dass nach § 135 Abs. 1 bereits im Vorfeld der Entwurfsvorlage ein Anhörungsrecht besteht.[12]

Das Recht zur **Stellungnahme** umfasst – abweichend von § 28 Abs. 1 VwVfG und in **6** Übereinstimmung mit § 66 Abs. 1 VwVfG[13] – sowohl Äußerungen zum entscheidungserheblichen Sachverhalt als auch das Recht, Ausführungen zu Rechtsfragen zu machen.[14] Die **Gelegenheit** zur Stellungnahme setzt nicht voraus, dass die Beteiligten auch tatsächlich von diesem Recht Gebrauch machen. Sie können wirksam auf ihr Anhörungsrecht verzichten.[15] Die Gelegenheit muss vor Abschluss des Beschlusskammerverfahrens gewährt werden. Da die Anhörung einerseits Entscheidungshilfe für die Beschlusskammer, andererseits ein Mittel rechtsstaatlich gebotener Geltendmachung eigener Interessen sein soll,

---

7 So auch für § 28 VwVfG *Knack/Clausen*, § 28 RdNr. 8; *Stelkens/Bonk/Sachs*, § 28 RdNr. 19; a. A. offenbar BeckTKG-Komm/*Kerkhoff*, § 75 RdNr. 1.

8 Siehe § 134 RdNr. 24 und 40.

9 *Scheurle/Mayen*, § 75 RdNr. 4; für § 28 VwVfG *Kopp/Ramsauer*, VwVfG, § 28 RdNr. 44; *Knack/Clausen*, § 28 RdNr. 14; *Stelkens/Bonk/Sachs*, § 28 RdNr. 47.

10 *Scheurle/Mayen*, § 75 RdNr. 5; *Manssen*, § 75 RdNr. 1; für das Kartellrecht FK/*Bracher*, § 56 RdNr. 6.

11 *Scheurle/Mayen*, § 75 RdNr. 2; wohl auch *Manssen*, §75 RdNr. 2; für das Kartellrecht FK/*Bracher*, § 56 RdNr. 6.

12 Siehe § 12 RdNr. 14.

13 Ein auf Rechtsausführungen erweitertes Anhörungsrecht nach § 28 VwVfG bejaht *Kopp/Ramsauer*, VwVfG, § 28 RdNr. 30.

14 *Scheurle/Mayen*, § 75 RdNr. 10; *Manssen*, § 75 RdNr. 1, 2.

15 *Kopp/Ramsauer*, VwVfG, § 28 RdNr. 14; *Manssen*, § 75 RdNr. 3; *Scheurle/Mayen*, § 75 RdNr. 12; BeckTKG-Komm/*Kerkhoff*, § 75 RdNr. 4.

muss die Gelegenheit zu einem Zeitpunkt gewährt werden, der eine Äußerung zum gesamten Verfahrensgegenstand und eine Berücksichtigung der Äußerung durch die Beschlusskammer gewährleistet.[16]

7 Über die Modalitäten der Gehörsgewähr entscheidet die Beschlusskammer nach pflichtgemäßem Ermessen. Wegen der **Formfreiheit** reicht die Gelegenheit zur schriftlichen Äußerung auch im förmlichen Beschlusskammerverfahren aus.[17] Da nach § 135 Abs. 3 grundsätzlich auf Grund öffentlicher mündlicher Verhandlung entschieden wird, wird auch in dieser Verhandlung rechtliches Gehör gewährleistet, ohne allerdings hierdurch die Beteiligten mit weiterem schriftlichem Vorbringen zu präkludieren.[18]

8 Die Beschlusskammer kann für die Stellungnahme der Beteiligten **Fristen** setzen. Dies ergibt sich ausdrücklich für das Konsultationsrecht im Rahmen des Marktanalyseverfahrens aus § 12 Abs. 1 S. 1, für anschließende oder zeitgleiche Regulierungsmaßnahmen entsprechend aus § 13 Abs. 1 S. 1 und für weitere Verfahren mit beträchtlichen Marktauswirkungen aus der Auffangklausel des § 15, ist aber auch im Übrigen Ausdruck des Verfahrensermessens. Die Fristen müssen so bemessen sein, dass einerseits eine Stellungnahme vorbereitet werden und andererseits die Beschlusskammer diese auch noch in der Entscheidung verwerten kann.[19]

9 Für die Beschlusskammer folgt aus dem Anhörungsrecht eine **Pflicht zur Kenntnisnahme** der Stellungnahmen der Beteiligten.[20] Sie muss auch verfristet eingegangene Stellungnahmen berücksichtigen und zu den in den Äußerungen vorgetragenen Gesichtspunkten in der Entscheidung Stellung nehmen, wenn die Stellungnahme des Beteiligten jedenfalls vor der Bekanntgabe der Entscheidung erfolgt.[21] Denn eine materielle Präklusion folgt mangels gesetzlicher Anordnung aus der Fristversäumnis nicht.

10 Nach dem Wortlaut von § 135 Abs. 1 besteht das Anhörungsrecht der Beteiligten im Beschlusskammerverfahren ausnahmslos. **Umstritten** ist, ob die **Ausnahmegründe nach § 28 Abs. 2 und 3 VwVfG** entsprechende Anwendung finden oder § 135 Abs. 1 insoweit eine abschließende Regelung des Gehörsrechts enthält. Für die Parallelnorm des § 56 Abs. 1 GWB wird die ergänzende Anwendung von § 28 Abs. 2 und 3 VwVfG ganz über-

16 BVerwG NJW 1976, 588; *Stelkens/Bonk/Sachs*, § 28 RdNr. 42; *Scheurle/Mayen*, § 75 RdNr. 11; für das Kartellrecht FK/*Bracher*, § 56 RdNr. 15.
17 *Kopp/Ramsauer*, VwVfG, § 28 RdNr. 39, § 66 RdNr. 4; *Stelkens/Bonk/Sachs*, § 28 RdNr. 46, § 66 RdNr. 7; *Knack/Clausen*, § 28 RdNr. 13, *Knack/Dürr*, § 66 RdNr. 5.
18 *Stelkens/Bonk/Sachs*, § 66 RdNr. 3; *Scheurle/Mayen*, § 75 RdNr. 28; unklar *Manssen*, § 75 RdNr. 5.
19 BSG NJW 1993, 1614; VGH München GewArch 1994, 328 f.; VGH Mannheim NVwZ 1987, 1087; *Kopp/Ramsauer*, VwVfG, § 28 RdNr. 36; *Stelkens/Bonk/Sachs*, § 28 RdNr. 43; *Manssen*, § 75 RdNr. 3; *Scheurle/Mayen*, § 75 RdNr. 11; für das Kartellrecht BGH, 25. 6. 1985 „Edelstahlbestecke" WuW/E BGH 2150, 2152 f.; *Langen/Bunte/Schultz*, § 56 RdNr. 2, 3; FK/*Bracher*, § 56 RdNr. 15.
20 BVerwGE 66, 111, 114; s.a. *Kopp/Ramsauer*, VwVfG, § 28 RdNr. 12; *Knack/Clausen*, § 28 RdNr. 7; *Stelkens/Bonk/Sachs*, § 28 RdNr. 16.
21 VGH Kassel NVwZ-RR 1991, 225; BeckTKG-Komm/*Kerkhoff*, § 75 RdNr. 4; *Scheurle/Mayen*, § 75 RdNr. 13; *Manssen*, § 75 RdNr. 4; für das Kartellrecht *Immenga/Mestmäcker/K. Schmidt*, § 56 RdNr. 7.

wiegend angenommen.[22] Sie wird mit der Erwägung bejaht, der Gesetzgeber habe mit der Nichterwähnung dieser Vorschriften diese Ausnahmegründe nicht ausschließen wollen.[23] Dagegen sprechen aber die ausdrückliche Regelung und die Vorschrift des § 66 Abs. 1 VwVfG, der für das förmliche Verfahren ebenfalls keine Ausnahmen vom Anhörungsgebot kennt.[24]

Jedenfalls unter der Geltung von **§ 12 Abs. 2 Nr. 4** ist die Streitfrage weitgehend entschieden. Danach können bei dringendem Handlungsbedarf zum Schutz der Nutzerinteressen und zur Gewährleistung des Wettbewerbs vorläufige Maßnahmen unter Verzicht auf eine Anhörung erlassen werden. Dieses ausnahmsweise Absehen gilt nicht nur für das Verfahren der Marktanalyse, sondern nach § 13 Abs. 1 S. 1 entsprechend auch für die dort genannten Marktregulierungsverfahren. Für diese Verfahren ist damit aber auch abschließend die Entbehrlichkeit eines Anhörungsverfahrens bestimmt. Ein Rückgriff auf § 28 Abs. 2 und 3 VwVfG kommt nicht in Betracht.[25] **11**

Nach der Auffangklausel des § 15 erstreckt sich das Anhörungsverfahren nach § 12 Abs. 1 zudem auf sonstige Maßnahmen der Beschlusskammer, die beträchtliche Auswirkungen auf den betreffenden Markt haben, sofern gesetzlich nichts anderes geregelt ist. Auch in diesen Verfahren kommt § 12 Abs. 2 Nr. 4 zur Anwendung.[26] Auch wenn für die nicht marktregulierungsbezogenen Beschlusskammerverfahren wie diejenigen zur Auferlegung von Universaldienstleistungen und für Maßnahmen im Rahmen der Frequenzordnung durchaus gesonderte Anhörungsrechte vorgesehen sind, darf im Lichte von **Art. 6 Abs. 1, 7 Abs. 6 RRL** eine Anhörung allein unter den Voraussetzungen des § 12 Abs. 2 Nr. 4 unterbleiben.[27] Der weitergehende Rückgriff auf § 28 Abs. 2 und 3 VwVfG ist also auch in diesen Beschlusskammerverfahren gesperrt. **12**

b) Informations- und Akteneinsichtsrecht. – Die Gelegenheit zur Stellungnahme setzt die Information der Beteiligten über den Verfahrensstand voraus. Die Beschlusskammern sind deshalb zur **Unterrichtung** über alle Umstände verpflichtet, die für die spätere behördliche Entscheidung von Bedeutung sein können.[28] Haben sich der Sachstand oder die maßgeblichen rechtlichen Gesichtspunkte geändert, muss die Beschlusskammer auch hier- **13**

22 KG v. 11. 1. 1993, „Ernstliche Untersagungszweifel" WuW/E OLG 5151, 5159; *Immenga/Mestmäcker/K. Schmidt*, § 56 RdNr. 8; *Bechtold*, § 56 RdNr. 2; *Langen/Bunte/Schultz*, § 56 RdNr. 3; deutlich restriktiver FK/*Bracher*, § 56 RdNr. 7.
23 So *Scheurle/Mayen*, § 75 RdNr. 2, 20.
24 *Manssen*, § 75 RdNr. 6; für das Kartellrecht FK/*Bracher*, § 56 RdNr. 7; zu § 66 VwVfG s. *Spranger*, NWVBl. 2000, 166 f.
25 Für einen Ausschluss von § 28 Abs. 2 und 3 VwVfG für das TKG 1996 bereits *Trute/Spoerr/Bosch*, § 75 RdNr. 1; *Manssen*, § 75 RdNr. 6 f.; BeckTKG-Komm/*Kerkhoff*, § 75 RdNr. 2 wollte die Anwendung von § 28 Abs. 2 VwVfG auf einen Anhörungsverzicht bei einstweiligen Anordnungen nach § 78 TKG 1996 beschränken.
26 Siehe dazu auch § 12 RdNr. 18.
27 Der GesE der BReg, BT-Drs. 15/2316, S. 64 nennt dementsprechend als anderweitige gesetzliche Regelung die Beteiligung der *Öffentlichkeit* an der Erstellung des Frequenznutzungsplans nach § 54 Abs. 3, die gerade kein Anhörungsrecht Verfahrensbeteiligter ist.
28 BVerwGE 43, 38, 40 f.; *Kopp/Ramsauer*, VwVfG, § 28 RdNr. 15; *Stelkens/Bonk/Sachs*, § 28 RdNr. 34; BeckTKG-Komm/*Kerkhoff*, § 75 RdNr. 5; *Scheurle/Mayen*, § 75 RdNr. 7; *Trute/Spoerr/Bosch*, § 75 RdNr. 2; *Manssen*, § 75 RdNr. 12; für das Kartellrecht *Immenga/Mestmäcker/K. Schmidt*, § 56 RdNr. 5; FK/*Bracher*, § 56 RdNr. 8.

über berichten, um die Beteiligten vor Überraschungsentscheidungen zu schützen.[29] Ihr obliegt es zudem, den Inhalt von Stellungnahmen von Beteiligten den anderen Parteien zugänglich zu machen.[30] Die Ausgestaltung der Unterrichtungspflicht liegt bei der Beschlusskammer. Sie ist nicht gehalten, die Beteiligten durch regelmäßige Berichte über den Sachstand zu informieren. Sie kann ebenso die Unterrichtung einheitlich vor Abschluss des Verfahrens durchführen[31], sofern hierdurch nicht das Anhörungsrecht in seiner Wirksamkeit beeinträchtigt wird.

14 **Besondere aktive Informationspflichten** obliegen der Beschlusskammer im Verfahren der Marktanalyse nach § 12 Abs. 1 S. 2 und 3, in einem zeitgleichen oder nachfolgenden Marktregulierungsverfahren nach § 13 Abs. 1 S. 1 und nach der Auffangklausel des § 15 auch in sonstigen Verfahren mit Marktauswirkungen. Danach hat sie die Anhörungen und deren Ergebnisse zu veröffentlichen und in einer Informationsstelle eine Liste aller laufenden Anhörungen vorzuhalten. Weitere besondere Veröffentlichungspflichten in laufenden Verfahren bestehen z. B. für das Entgeltgenehmigungsverfahren (§ 36) und für die Festlegung von Regeln für das Frequenzvergabeverfahren (§ 61 Abs. 1 S. 2).

15 Neben einer aktiven Unterrichtungspflicht durch die Beschlusskammer setzt das rechtliche Gehör auch ein **Recht auf Akteneinsicht** voraus. Der Entwurf eines „Informationsfreiheitsgesetzes des Bundes" sieht die Einführung eines Jedermann-Informationszugangsrechts zu Datenbeständen der Bundesbehörden vor, das auch für Informationsgesuche gegenüber den Beschlusskammern zum Tragen käme.[32] De lege lata findet aber § 29 VwVfG ergänzende Anwendung.[33] Aus § 29 Abs. 1 VwVfG folgt mittelbar eine **Aktenführungspflicht** der Beschlusskammer. Sie ist gehalten, das Verfahren aktenmäßig zu führen und alle Vorgänge, die für das rechtliche Gehör und für die Entscheidung von Bedeutung sind, aktenkundig zu machen.[34] Insbesondere müssen die Akten vollständig und wahrheitsgetreu geführt werden.[35]

16 Nach § 29 Abs. 1 S. 1 VwVfG besitzen die **Beteiligten des Verwaltungsverfahrens** einen Anspruch auf Erteilung von Akteneinsicht im Beschlusskammerverfahren. Nicht entscheidend ist, ob sie einen gesetzlichen Beteiligtenstatus nach § 134 Abs. 2 Nr. 1 und 2 besitzen oder von der Beschlusskammer nach § 134 Abs. 2 Nr. 3 beigeladen wurden.[36] Einen Anspruch auf Akteneinsicht besitzen hingegen Nichtbeteiligte nicht. Die Erteilung von Ak-

29 *Kopp/Ramsauer*, VwVfG, § 28 RdNr. 21; *Stelkens/Bonk/Sachs*, § 28 RdNr. 37; *Scheurle/Mayen*, § 75 RdNr. 8; BeckTKG-Komm/*Kerkhoff*, § 75 RdNr. 4; für das Kartellrecht *Immenga/Mestmäcker/K. Schmidt*, § 56 RdNr. 6.

30 *Scheurle/Mayen*, § 75 RdNr. 9; BeckTKG-Komm/*Kerkhoff*, § 75 RdNr. 5; für das Kartellrecht *Immenga/Mestmäcker/K. Schmidt*, § 56 RdNr. 5; *Langen/Bunte/Schultz*, § 56 RdNr. 1; FK/*Bracher*, § 56 RdNr 8 f.

31 *Scheurle/Mayen*, § 75 RdNr. 8; für das Kartellrecht *Bechtold*, § 56 RdNr. 1.

32 Siehe Entwurf der Fraktionen SPD und Bündnis 90/GRÜNE eines Gesetzes zur Regelung des Zugangs zu Informationen des Bundes (IFG) BT-Drs. 15/4493 v. 14. 12. 2004.

33 Siehe bereits vor § 132 RdNr. 14.

34 VGH Kassel ZBR 1990, 185; s. a. BVerfG NJW 1983, 2135; BVerwG NVwZ 1988, 621 f.; *Kopp/Ramsauer*, VwVfG, § 29 RdNr. 11; *Knack/Clausen*, § 29 RdNr. 7; *Stelkens/Bonk/Sachs*, § 29 RdNr. 25; für das TKG *Manssen*, § 75 RdNr. 15; *Scheurle/Mayen*, § 75 RdNr. 16.

35 Zu dem vor allem im Beamtenrecht bedeutsamen Vollständigkeitsgebot VGH Kassel ZBR 1990, 185; *Kopp/Ramsauer*, VwVfG, § 29 RdNr. 11.

36 So auch für das Verhältnis von § 29 zu § 13 VwVfG *Kopp/Ramsauer*, VwVfG, § 29 RdNr. 19; *Stelkens/Bonk/Sachs*, § 29 RdNr. 32.

teneinsicht an diesen Personenkreis steht im pflichtgemäßen Ermessen der Beschlusskammer.[37] Das Ermessen ist reduziert, wenn der Einsichtsbegehrende mit Hilfe der Akteneinsicht gerade klären will, ob er am Verwaltungsverfahren zu beteiligen ist oder einen Antrag auf Einleitung eines Verfahrens stellen soll.[38] Aus rechtsstaatlichen Gründen kann eine Ermessensreduzierung auf Null eintreten, wenn die Akteneinsicht Voraussetzung für eine wirksame Rechtsverfolgung ist.[39]

Das Akteneinsichtsrecht erstreckt sich gegenständlich auf alle das Verwaltungsverfahren **17** betreffenden **Akten**. Der Aktenbegriff ist materiell zu verstehen. Für ihn ist die funktionale Zuordnung zu einem Verwaltungsverfahren maßgeblich und nicht die Art des Datenträgers oder die Ablagestelle.[40] Neben Fotos oder Ton- und Videobändern erfüllen deshalb auch Datenträger wie Disketten oder CD-ROMs den Aktenbegriff, sofern auf ihnen Informationen zu dem konkreten Verwaltungsverfahren abgespeichert sind.[41]

Für die **Verfahrensgegenständlichkeit der Akten** ist entscheidend, dass sie einen inneren **18** Zusammenhang zu dem Verwaltungsverfahren aufweisen. Zu den Verfahrensakten rechnen neben den von der Beschlusskammer verfassten Dokumenten auch die Stellungnahmen der Beteiligten selbst. Die im Beschlusskammerverfahren anzufertigende Sitzungsniederschrift (§§ 93, 68 Abs. 4 VwVfG)[42] unterliegt ebenfalls dem Akteneinsichtsrecht.[43] Des Weiteren unterfallen auch Dokumente, die im Wege der Amtshilfe beigezogen wurden, der Einsichtnahme.[44] Da nicht der Akt der Beiziehung über die Verfahrensgegenständlichkeit entscheiden kann, gehören auch (Vor-)Akten, die für die Entscheidung von Bedeutung sein können, zu den Verfahrensakten.[45] Dem Einsichtsrecht unterliegen hingegen nicht Akten, die gleich oder ähnlich gelagerte Fälle oder Verfahren von Konkurrenten betreffen.[46]

Nach § 29 Abs. 1 S. 2 VwVfG unterliegen **Entscheidungsentwürfe und Vorarbeiten** bis **19** zum Abschluss des Verfahrens nicht dem Einsichtsrecht. Diese Ausnahme, die den unbefangenen Entscheidungsbildungsprozess der Behörde schützen soll[47], kommt im Beschlusskammerverfahren wegen der ausdrücklichen Regelung in §§ 12 Abs. 1 S. 1, 13 Abs. 1 S. 1 und 15 nicht zum Tragen. Weil die Beteiligten berechtigt sind, zu den Entwür-

---

37 *Kugelmann*, Die informatorische Rechtsstellung des Bürgers, S. 246; *Kopp/Ramsauer*, VwVfG, § 29 RdNr. 20 f.; *Stelkens/Bonk/Sachs*, § 29 RdNr. 18; für das TKG *Manssen*, § 75 RdNr. 17.

38 *Kopp/Ramsauer*, VwVfG, § 29 RdNr. 19a.

39 BVerwGE 30, 154, 159 f.; BVerwGE 69, 278; *Knack/Clausen*, § 29 RdNr. 9: *Kopp/Ramsauer*, VwVfG, § 29 RdNr. 21.

40 *Kopp/Ramsauer*, VwVfG, § 29 RdNr. 13; *Knack/Clausen*, § 29 RdNr. 12; *Stelkens/Bonk/Sachs*, § 29 RdNr. 8.

41 *Kopp/Ramsauer*, VwVfG, § 29 RdNr. 13; *Stelkens/Bonk/Sachs*, § 29 RdNr. 9; modifizierend für das TKG *Manssen*, § 75 RdNr. 14, der als Zugangsobjekt den Papierausdruck elektronischer Datenträger ansieht; gegen eine derartige Trennung zu Recht *Kugelmann* (Fn. 37) S. 247.

42 Zur Anwendung von §§ 88 ff. VwVfG s. vor § 132 RdNr. 18, § 132 RdNr. 28; zur entsprechenden Anwendung von §§ 63 ff. VwVfG s. vor § 132 RdNr. 17.

43 *Kopp/Ramsauer*, VwVfG, § 68 RdNr. 23.

44 GesE eines VwVfG, BT-Drs. 7/910, S. 53; *Kopp/Ramsauer*, VwVfG, § 29 RdNr. 12, 14; *Knack/Clausen*, § 29 RdNr. 13; *Stelkens/Bonk/Sachs*, § 29 RdNr. 36; *Scheurle/Mayen*, § 75 RdNr. 17.

45 *Kopp/Ramsauer*, VwVfG, § 29 RdNr. 14; *Stelkens/Bonk/Sachs*, § 29 RdNr. 36.

46 BVerwG NVwZ 1984, 445; *Kopp/Ramsauer*, VwVfG, § 29 RdNr. 12; *Stelkens/Bonk/Sachs*, § 29 RdNr. 8.

47 *Gurlit*, Verwaltungsöffentlichkeit, S. 156 f.; *Knack/Clausen*, § 29 RdNr. 15; *Stelkens/Bonk/Sachs*, § 29 RdNr. 46.

fen der Marktanalyse und zu Entwürfen nachfolgender Regulierungsentscheidungen oder sonstiger Maßnahmen Stellung zu nehmen[48], müssen sie auch informatorischen Zugang zu diesen Entwürfen und Vorarbeiten haben. Von § 29 Abs. 1 S. 2 VwVfG sind ohnehin nicht Berichte, Aktenvermerke und Stellungnahmen umfasst, die nur entscheidungserhebliche Tatsachen betreffen, aber keine Vorschläge zum Inhalt der Entscheidung enthalten.[49]

20 Ein Anspruch besteht nach § 29 Abs. 1 VwVfG nur, soweit die Aktenkenntnis zur **Wahrung der rechtlichen Interessen** der Beteiligten erforderlich ist. Hierfür ist ausreichend, dass die Akteneinsicht für Anträge oder Ausführungen des Informationsbegehrenden zu Sach- und Rechtsfragen von Bedeutung sein kann.[50] Maßgeblich ist nicht die rechtliche Einschätzung der Beschlusskammer, sondern die begründete Erwartung des Beteiligten, dass der Akteninhalt für die Vertretung seiner Interessen Wesentliches enthält.[51] Großherzigkeit ist auch für das Beschlusskammerverfahren angebracht. Es ist zu berücksichtigen, dass für den Beteiligtenstatus nach § 134 Abs. 2 Nr. 3 eine Berührung wirtschaftlicher Interessen ausreicht und mehr auch nicht für das Gehörsrecht gefordert ist. Eine Abstufung des Akteneinsichtsrechts nach der Qualität der Betroffenheit hätte eine Zweiklassengesellschaft von Beteiligten zur Folge.[52] Die Berührung in nur wirtschaftlichen Interessen kann aber bedeutsam sein für die Frage, wie bei einer Ermessensentscheidung nach § 29 Abs. 2 VwVfG das Informationsinteresse in Abwägung mit Geheimhaltungsinteressen zu gewichten ist.[53]

21 Schließlich besteht das Akteneinsichtsrecht in zeitlicher Hinsicht nur für die **Dauer des laufenden Beschlusskammerverfahrens.** Das Akteneinsichtsrecht nach § 29 Abs. 1 VwVfG endet mit der Unanfechtbarkeit der Beschlusskammerentscheidung.[54] Nach Abschluss des Verfahrens steht die Gewähr von Akteneinsicht im Ermessen der Beschlusskammer.[55]

22 Ein Anspruch auf Akteneinsicht besteht nicht, soweit die Beschlusskammer nach **§ 29 Abs. 2 VwVfG** zur **Einsichtsverweigerung** befugt ist. Die dort **abschließend** genannten Geheimhaltungsgründe dienen dem Schutz dreier Rechtskreise. Zum einen soll die Ordnungsgemäßheit der behördlichen Aufgabenerfüllung gesichert werden; des Weiteren kann das Staatswohl die Geheimhaltung von Akten erfordern; und vor allem können berechtigte Interessen Dritter der Offenbarung entgegenstehen. Das Akteneinsichtsrecht entfällt nur, „soweit" die in § 29 Abs. 2 VwVfG genannten Geheimhaltungsgründe vorliegen. Deshalb

---

48 Zum diesbezüglichen Umfang der Verweisung s. § 13 RdNr. 20.
49 VGH Mannheim NJW 1969, 2253 f.; *Kopp/Ramsauer*, VwVfG, § 29 RdNr. 24; *Knack/Clausen*, § 29 RdNr. 15; *Stelkens/Bonk/Sachs*, § 29 RdNr. 47.
50 *Kopp/Ramsauer*, VwVfG, § 29 RdNr. 17; *Knack/Clausen*, § 29 RdNr. 16; *Stelkens/Bonk/Sachs*, § 29 RdNr. 41.
51 *Kugelmann* (Fn. 37) S. 250; *Kopp/Ramsauer*, VwVfG, § 29 RdNr. 17; *Stelkens/Bonk/Sachs*, § 29 RdNr. 43; zu hieraus folgenden Substantiierungslasten des Informationsbegehrenden s. VGH München NJW 1988, 1615.
52 Für einen Einsichtsanspruch auch bei bloß faktischer Betroffenheit FK/*Bracher*, § 56 RdNr. 12; wohl auch OVG Münster CR 2000, 444; a. A. *Kevekordes*, WuW 1987, 370.
53 Siehe dazu § 136 RdNr. 13.
54 Für die Unanfechtbarkeit als zeitlicher Maßstab *Kopp/Ramsauer*, VwVfG, § 29 RdNr. 4; *Knack/Clausen*, § 29 RdNr. 12; *Stelkens/Bonk/Sachs*, § 29 RdNr. 33; krit. zu dieser Begrenzung *Gurlit*, Verwaltungsöffentlichkeit, S. 145 f.
55 BVerwGE 67, 300, 303 f.; BVerwG BayVBl. 2004, 407; *Kugelmann* (Fn. 37) S. 250; *Stelkens/Bonk/Sachs*, § 29 RdNr. 33; *Knack/Clausen*, § 29 RdNr. 2.

muss die Beschlusskammer ggf. durch Schwärzungen oder Herausnahme von Aktenteilen soweit dem Einsichtsanspruch nachkommen, wie Geheimhaltungsgründe nicht vorliegen.[56]

Restriktiver Auslegung bedarf der Geheimhaltungsgrund der **Gefährdung der ordnungs-** **23** **gemäßen Aufgabenerfüllung** der Behörde nach § 29 Abs. 2 Alt. 1 VwVfG. Belastungen der Beschlusskammer durch eine Vielzahl von Einsichtsgesuchen ist durch geeignete organisatorische Vorkehrungen wie die Vervielfältigung von Akten vorzubeugen.[57] Eine erhebliche Beeinträchtigung der Funktionsfähigkeit bedarf in jedem Fall der plausiblen Darlegung konkreter Gründe.[58] Die Funktionsfähigkeit der RegTP ist vornehmlich dann gefährdet, wenn die Aktenkenntnis der Beteiligten zur Verfahrensvereitelung führen könnte.[59]

Ein Anspruch auf Erteilung von Akteneinsicht besteht nach § 29 Abs. 2 Alt. 2 VwVfG zu- **24** dem nicht, wenn das Bekanntwerden des Akteninhalts dem **Wohl des Bundes oder eines Landes Nachteile bereiten würde**. Die Vorschrift ist § 99 VwGO nachgebildet und soll vor allem die äußere und innere Sicherheit schützen. In den Beschlusskammerverfahren wird der Ausnahmetatbestand kaum einmal zur Geltung kommen. Zwar unterfällt ihm auch die Vertraulichkeit internationaler Verhandlungen.[60] Indessen ist gerade das Telekommunikationsrecht auf offenen Informationsaustausch zwischen Mitgliedstaaten und Kommission ausgerichtet.

Nach § 29 Abs. 2 Alt. 3 VwVfG ist die Beschlusskammer zur Geheimhaltung befugt, wenn **25** der Akteninhalt nach einem Gesetz oder seinem Wesen nach, maßgeblich wegen berechtigter Interessen Beteiligter oder Dritter, geheimgehalten werden muss. **Gesetzliche Geheimhaltungsbestimmungen** finden sich vor allem in den Datenschutzgesetzen von Bund und Ländern, die nunmehr die grundrechtlichen Vorgaben an die Wahrung des informationellen Selbstbestimmungsrechts weitgehend abgearbeitet haben.[61] Auch für Steuerakten (§ 30 AO) oder Personalakten von Beamten (§§ 56 ff. BRRG, §§ 90 ff. BBG) bestehen gesetzliche Regelungen. Unklar ist, ob auch **§ 30 VwVfG** eine Geheimhaltungsbestimmung i. S. v. § 29 Abs. 2 Alt. 3 VwVfG ist[62] oder ob die durch die Norm geschützten Interessen § 29 Abs. 2 Alt. 4 VwVG unterfallen. Gegen die Annahme einer gesetzlichen Bestimmung spricht, dass die Vorschrift nur allgemein einen Geheimhaltungsanspruch gewährt, diesen zudem dem Wortlaut nach auf Verfahrensbeteiligte beschränkt[63] und unter den Vorbehalt fehlender behördlicher Offenbarungsbefugnis stellt.[64] Keine Geheimhaltungsbestimmung ist § 136, der allein verfahrensrechtliche Funktion hat.[65]

Ein Einsichtsrecht besteht auch nicht, wenn die Dokumente **ihrem Wesen nach geheim-** **26** **haltungsbedürftig** sind. Öffentliche Interessen sollen diesen Verweigerungsgrund stützen,

---

56 VGH München NVwZ 1990, 778 f.; *Knack/Clausen*, § 29 RdNr. 18, 25; *Kopp/Ramsauer*, VwVfG, § 29 RdNr. 26; *Stelkens/Bonk/Sachs*, § 29 RdNr. 53.
57 *Gurlit*, Verwaltungsöffentlichkeit, S. 159 f.; *Kopp/Ramsauer*, VwVfG, § 29 RdNr. 32; so im Grundsatz auch *Stelkens/Bonk/Sachs*, § 29 RdNr. 54, 57; *Knack/Clausen*, § 29 RdNr. 19.
58 *Kopp/Ramsauer*, VwVfG, § 29 RdNr. 30; *Knack/Clausen*, § 29 RdNr. 19.
59 GesE eines VwVfG, BT-Drs. 7/910, S. 53; s. dazu VGH München NVwZ 1990, 778; *Stelkens/Bonk/Sachs*, § 29 RdNr. 55; *Kopp/Ramsauer*, VwVfG, § 29 RdNr. 30a.
60 *Stelkens/Bonk/Sachs*, § 29 RdNr. 58.
61 Zum informationellen Selbstbestimmungsrecht s. grundlegend BVerfGE 65, 1.
62 Bejahend *Kugelmann* (Fn. 37) S. 256; *Stelkens/Bonk/Sachs*, § 29 RdNr. 65.
63 Zu der Erstreckung des Geheimnisschutzes auf Dritte s. § 136 RdNr. 9.
64 *Gurlit*, Verwaltungsöffentlichkeit, S. 164; *Knack/Clausen*, § 29 RdNr. 23.
65 Siehe § 136 RdNr. 3.

wenn Unterlagen von Sicherheitsbehörden Rückschlüsse auf deren Organisation, Verfahren oder Personal gestatten, wobei an die Darlegung der Geheimhaltungsbedürftigkeit strenge Maßstäbe zu stellen sind.[66] Ebenfalls im öffentlichen Interesse, ggf. auch im privaten Interesse, liegt der Schutz der Identität behördlicher Informanten, wenn die Angaben des Informanten nicht wissentlich wahrheitswidrig sind.[67]

27 Dem Wesen nach geheimhaltungsbedürftig sind vornehmlich solche Akten, deren Geheimhaltung im privaten Interesse liegt. Sofern spezialgesetzliche Regelungen nicht vorhanden sind[68], rechnen hierzu **Umstände aus dem persönlichen oder familiären Lebenskreis** wie etwa private Tagebuchaufzeichnungen, Patienten- oder Scheidungsakten, die grundrechtlich regelmäßig durch das informationelle Selbstbestimmungsrecht nach Art. 2 Abs. 1 i.V.m. Art. 1 Abs. 1 GG geschützt sind.[69] Von ungleich größerer Bedeutung im Beschlusskammerverfahren ist aber die Geheimhaltungsbedürftigkeit **von Betriebs- und Geschäftsgeheimnissen** der beteiligten Telekommunikationsunternehmen, die grundrechtlichen Schutz nach Art. 14 Abs. 1 GG beanspruchen. Sofern von den Unternehmen vorgelegte Unterlagen derartige Geheimnisse enthalten, begrenzen sie den Akteneinsichtsanspruch der Beteiligten nach § 29 Abs. 1 VwVfG.[70]

28 Grundsätzlich erfolgt die Erteilung der Akteneinsicht nach § 29 Abs. 3 S. 1 VwVfG am **Ort** der aktenführenden Behörde, also in den Amtsräumen der RegTP. § 29 VwVfG geht von dem Modell der Einsichtnahme in die Akten aus, gestattet aber nach § 29 Abs. 3 S. 2 VwVfG auch eine andere **Form.** Im Rahmen ihres Verfahrensermessens kann die Beschlusskammer in entsprechender Anwendung von § 100 Abs. 2 S. 3 VwGO die **Überlassung der Akten** an die Beteiligten oder ihre Rechtsvertreter gestatten[71], was aber wegen der Vielzahl von Beteiligten kaum einmal in Betracht kommt. Näher liegend ist deshalb die **Herstellung von Abschriften und Kopien** von Akten und Aktenteilen. Bei der Ausübung ihres Ermessens nach § 29 Abs. 3 S. 2 VwVfG hat die Beschlusskammer insbesondere die Interessen der Beteiligten zu berücksichtigen, deren Informationszugang nicht unzumutbar erschwert werden darf. Deshalb kann die Verweigerung der Gestattung von Ablichtungen ermessensfehlerhaft sein.[72]

29 **2. Anhörung nach § 135 Abs. 2.** – Nach der § 56 Abs. 2 GWB nachgebildeten Vorschrift kann Personen, die von dem Verfahren **berührte Wirtschaftskreise** vertreten, in geeigneten Fällen Gelegenheit zur Stellungnahme gewährt werden. Die hiernach im Ermessen stehende Anhörung kommt nur für diejenigen Personen in Betracht, die nicht bereits nach

---

66 BVerfGE 57, 250, 290; BVerwGE 49, 89, 93 f.; BVerwG NVwZ-RR 1997, 133, 134; s. a. *Stelkens/Bonk/Sachs,* § 29 RdNr. 67 m. w. N.; *Kopp/Ramsauer,* VwVfG, § 29 RdNr. 37.

67 BVerwGE 89, 14, 19 f.; BVerwG NWVBl. 2003, 340; BVerwG BayVBl. 2004, 407, 408; BVerwG ZBR 2004, 56, 57; *Kopp/Ramsauer,* VwVfG, § 29 RdNr. 31 will diesen Verweigerungsgrund § 29 Abs. 2 Alt. 1 VwVfG zuschlagen.

68 Wegen der aus dem Parlamentsvorbehalt folgenden Normierung des Datenschutzes kommt die Geheimhaltungsbedürftigkeit „dem Wesen nach" im Bereich persönlicher Geheimnisse kaum zur Anwendung, s. a. *Kugelmann* (Fn. 37) S. 254 ff.; *Stelkens/Bonk/Sachs,* § 29 RdNr. 66.

69 Siehe dazu *Stelkens/Bonk/Sachs,* § 29 RdNr. 69 f. m. w. N.

70 Siehe dazu § 136 RdNr. 12 ff.

71 OVG Münster NJW 1980, 722; *Kopp/Ramsauer,* VwVfG, § 29 RdNr. 41; ausführlicher *Stelkens/Bonk/Sachs,* § 29 RdNr. 76.

72 *Kopp/Ramsauer,* VwVfG, § 29 RdNr. 42; *Stelkens/Bonk/Sachs,* § 29 RdNr. 74, 80; einen grundsätzlichen Anspruch auf kostenpflichtige Überlassung von Kopien nimmt an *Langen/Bunte/Schultz,* § 56 RdNr. 4.

Gurlit

§ 134 Abs. 2 beteiligt sind.[73] Berührte Wirtschaftskreise sind diejenigen, die unmittelbar oder mittelbar ein wirtschaftliches Interesse am Ausgang des Verfahrens haben. Das sind nicht nur Marktbeteiligte und Unternehmensbranchen, sondern auch Verbraucher oder Arbeitnehmer.[74] Personen, die diese Wirtschaftskreise vertreten, können nicht nur natürliche, sondern auch juristische Personen sein wie z. B. Unternehmens- und Verbraucherverbände und Gewerkschaften.[75] Der geringfügigen Änderung des Wortlauts kommt also keine Bedeutung zu.[76]

Die Anhörung steht im **Ermessen** der Beschlusskammer. Bei der Ermessensausübung ist **30** einerseits zu berücksichtigen, dass die berührten Wirtschaftskreise Interessen repräsentieren, die sie noch nicht zu Beteiligten i.S.v. § 134 Abs. 2 machen. Ihre Anhörung dient der verbesserten Sachaufklärung durch die Behörde und nicht der Verwirklichung eines subjektiven Gehörsrechts.[77] Andererseits ist die Gehörsgewähr im Ermessenswege nicht auf Vertreter berührter Wirtschaftskreise beschränkt. Vielmehr steht es im Ermessen der Beschlusskammer, weiteren Personen Gelegenheit zur Stellungnahme zu geben (s. RdNr. 4).[78]

3. Öffentliche mündliche Verhandlung nach § 135 Abs. 3. – Das Gebot öffentlicher **31** mündlicher Verhandlung weist das Beschlusskammerverfahren in besonderem Maße als förmliches, justizähnliches Verfahren aus. Ihm kommen verschiedene **Funktionen** zu. Die mündliche Verhandlung verwirklicht zum einen das rechtliche Gehör der Beteiligten; des Weiteren eröffnet es der Beschlusskammer die Möglichkeit, aufgrund einer umfassenden Diskussion der Sach- und Rechtsfragen eine sachgerechte Entscheidung zu treffen. Die Öffentlichkeit der Verhandlungen ermöglicht schließlich die Teilhabe derjenigen, die nicht Verfahrensbeteiligte sind.[79] Die Publizität der Verhandlung geht über die für förmliche Verfahren geltenden Anforderungen hinaus (§ 68 Abs. 1 S. 1 VwVfG).

a) Obligatorische öffentliche mündliche Verhandlung. – Eine öffentliche mündliche **32** Verhandlung ist in **allen Beschlusskammerverfahren** nach § 132 Abs. 1 vorgesehen. Sie ist im Verfahren der außergerichtlichen Streitentscheidung durch die Beschlusskammer ebenso durchzuführen (§ 133 Abs. 3) wie im Verfahren der Marktdefinition und Marktanalyse nach § 12 Abs. 1, der insoweit nicht abschließend die Verfahrensanforderungen normiert.[80] Im umfassenden Anwendungsbereich unterscheidet sich § 135 Abs. 3 von der Vorbildregelung in § 56 Abs. 3 GWB, der die öffentliche mündliche Verhandlung nur für

---

73 Siehe § 134 RdNr. 35; unklar *Trute/Spoerr/Bosch*, § 75 RdNr. 5.
74 BeckTKG-Komm/*Kerkhoff*, § 75 RdNr. 14; *Scheurle/Mayen*, § 75 RdNr. 25; *Manssen*, § 75 RdNr. 50; für das Kartellrecht FK/*Bracher*, § 56 RdNr. 25; *Immenga/Mestmäcker/K. Schmidt*, § 56 RdNr. 22.
75 *Scheurle/Mayen*, § 75 RdNr. 25; für das Kartellrecht *Immenga/Mestmäcker/K. Schmidt*, § 56 RdNr. 22; FK/*Bracher*, § 56 RdNr. 25.
76 § 75 Abs. 2 TKG 1996 nannte – im Wortlaut mit § 56 Abs. 2 GWB übereinstimmend – „Vertreter der von dem Verfahren berührten Wirtschaftskreise"; die Änderung des Wortlauts wurde vom Gesetzgeber selbst gar nicht zur Kenntnis genommen, s. Begründung des Regierungsentwurfs, BT-Drs. 15/2316, S. 101.
77 *Manssen*, § 75 RdNr. 52; *Scheurle/Mayen*, § 75 RdNr. 25; für das Kartellrecht FK/*Bracher*, § 56 RdNr. 24.
78 *Scheurle/Mayen*, § 75 RdNr. 26; für das Kartellrecht *Immenga/Mestmäcker/K. Schmidt*, § 56 RdNr. 22; a. A. FK/*Bracher*, § 56 RdNr. 26.
79 Ähnlich auch die Funktionsbestimmung bei *Scheurle/Mayen*, § 75 RdNr. 27.
80 Siehe § 12 RdNr. 4.

Missbrauchsverfahren und für das Verfahren der Ministererlaubnis vorsieht. Maßgeblich ist aber auch nach § 135 Abs. 3, dass die Beschlusskammer den Erlass einer Entscheidung[81] beabsichtigt. Will sie ein Verfahren nach § 131 Abs. 2 ohne Entscheidung beenden, kommt § 135 Abs. 3 nicht zur Anwendung.[82]

33 Mit dem Einverständnis der Beteiligten kann nach § 135 Abs. 3 S. 1 Halbs. 2 **ohne mündliche Verhandlung** entschieden werden. In diesem Fall läuft zugleich das Gebot der Öffentlichkeit der Verhandlung leer. Der Verzicht auf die Mündlichkeit bedarf des eindeutig erklärten Einverständnisses aller Beteiligten.[83] Rechtlich zulässig ist auch ein auf die Öffentlichkeit der Verhandlung bezogener einvernehmlicher Verzicht unter Beibehaltung ihrer Mündlichkeit.[84] Indessen ist die Beschlusskammer auch an übereinstimmende Erklärungen aller Beteiligten nicht gebunden. Es liegt in ihrem Ermessen, eine sowohl mündliche als auch öffentliche Verhandlung anzuberaumen.[85] Ermessensleitend ist vor allem die Erwägung, trotz des Verzichts der Beteiligten die Öffentlichkeit über das Verfahren informieren zu wollen.[86]

34 Nach § 135 Abs. 3 S. 1 entscheidet die Beschlusskammer **auf Grund** öffentlicher mündlicher Verhandlung. Hiermit soll ungeachtet des von § 69 Abs. 1 VwVfG abweichenden Wortlauts keine Bindung der Beschlusskammer an den in der öffentlichen mündlichen Verhandlung zutage geförderten Sach- und Streitstand zum Ausdruck gebracht, sondern allein klargestellt werden, dass der Entscheidung der Beschlusskammer eine öffentliche mündliche Verhandlung vorauszugehen hat.[87] Auch nach der Durchführung der obligatorischen mündlichen Verhandlung steht es im Ermessen der Behörde, weitere nichtmündliche und/oder nichtöffentliche Anhörungen durchzuführen. Maßgeblich für die Beurteilung der Rechtmäßigkeit der Beschlusskammerentscheidung ist ohnehin die Sach- und Rechtslage im Zeitpunkt der behördlichen Entscheidung. Schließlich bleibt es der Beschlusskammer auch unbenommen, vor der mündlichen öffentlichen Verhandlung nichtöffentliche Erörterungen und Beweisaufnahmen vorzunehmen.[88]

35 Eine öffentliche mündliche Verhandlung setzt die **Möglichkeit gleichzeitiger Anwesenheit** von Beteiligten und interessierten Dritten bei der öffentlich zugänglichen Verhandlung voraus. Deshalb stellt nicht bereits jedes Gespräch der Beschlusskammer mit einem der Beteiligten eine mündliche Verhandlung dar.[89] Ebenso wenig wird dem Mündlichkeitsgebot durch die getrennte Anhörung aller Beteiligten genügt.[90] Zur Sicherstellung der An-

---

81 Unter Einschluss der „Festlegungen" nach § 10, 11.
82 Zum Streit um die Anwendung von § 56 Abs. 3 GWB auf Einstellungsverfügungen s. FK/*Bracher*, § 56 RdNr. 30; *Langen/Bunte/Schultz*, § 56 RdNr. 14; *Immenga/Mestmäcker/K. Schmidt*, § 56 RdNr. 18.
83 *Manssen*, § 75 RdNr. 68.
84 FK/*Bracher*, § 56 RdNr. 32.
85 *Scheurle/Mayen*, § 75 RdNr. 30; BeckTKG-Komm/*Kerkhoff*, § 75 RdNr. 21; *Trute/Spoerr/Bosch*, § 75 RdNr. 6; *Manssen*, § 75 RdNr. 68; für das Kartellrecht FK/*Bracher*, § 56 RdNr. 31; *Immenga/Mestmäcker/K. Schmidt*, § 56 RdNr. 19; *Langen/Bunte/Schultz*, § 56 RdNr. 14.
86 *Manssen*, § 75 RdNr. 68; FK/*Bracher*, § 56 RdNr. 31; *Langen/Bunte/Schultz*, § 56 RdNr. 14.
87 So auch *Scheurle/Mayen*, § 75 RdNr. 28; modifizierend *Manssen*, § 75 RdNr. 67; widersprüchlich für das Kartellrecht FK/*Bracher*, § 56 RdNr. 20 einerseits, RdNr. 34 andererseits.
88 *Manssen*, § 75 RdNr. 55; *Scheurle/Mayen*, § 75 RdNr. 31.
89 Für das Kartellrecht *Immenga/Mestmäcker/K. Schmidt*, § 56 RdNr. 14.
90 Für das Kartellrecht *Langen/Bunte/Schultz*, § 56 RdNr. 11; *Immenga/Mestmäcker/K. Schmidt*, § 56 RdNr. 14.

forderungen an die Mündlichkeit der Verhandlung sind die Beteiligten in entsprechender Anwendung von § 67 Abs. 1 S. 2 VwVfG[91] mit angemessener Frist **schriftlich zu laden**, wobei eine Frist von zwei Wochen bis zu einem Monat als angemessen anzusehen ist.[92] Da selten mehr als 50 Beteiligte zu laden sind, kommt die Option des entsprechend anwendbaren § 67 Abs. 1 S. 4–6 VwVfG kaum einmal zum Tragen. Soll die Öffentlichkeit der Verhandlung auch für Nichtbeteiligte real werden, bedarf es gleichwohl zusätzlich der **öffentlichen Bekanntmachung** der Verhandlung.[93] Ein derartiges Gebot ist allerdings in § 135 nicht normiert, und eine entsprechende Anwendung von § 67 Abs. 1 S. 4–6 VwVfG kommt nicht in Betracht.[94] Im Anwendungsbereich von §§ 12 Abs. 1, 13 Abs. 1 und 15 kann aber immerhin die einzurichtende Informationsstelle die notwendige Publizitätsfunktion übernehmen.[95] Für die Wahrung der Öffentlichkeit der Verhandlung ist überdies ein Raum zur Verfügung zu stellen, der jedermann zugänglich ist.[96]

36 Für die Beteiligten besteht mangels gesetzlicher Anordnung (§ 26 Abs. 2 S. 3 VwVfG) **keine Pflicht zum Erscheinen**. Aus ihrem Fernbleiben dürfen deshalb keine nachteiligen Folgerungen gezogen werden.[97] Auf den Ablauf der Verhandlung finden § 68 Abs. 2–4 VwVfG entsprechende Anwendung. Nach §§ 68 Abs. 4, 71 Abs. 2 S. 3 und 93 ist eine **Sitzungsniederschrift** anzufertigen.[98] Im Anwendungsbereich des Konsultationsverfahrens nach §§ 12 Abs. 1, 13 Abs. 1 und 15 wird dieses Gebot zu einer Veröffentlichungspflicht der Anhörungen erweitert, die auch Publizität hinsichtlich der Stellungnahmen der Parteien und der Beschlusskammer gebietet.[99]

37 **b) Ausschluss der Öffentlichkeit.** – § 135 Abs. 3 S. 2 sieht auf Antrag eines Beteiligten oder von Amts wegen für die Verhandlung oder eines Teils derselben den Ausschluss der Öffentlichkeit vor. Ausschlussgründe sind die Gefährdung der öffentlichen Ordnung, insbesondere der Staatssicherheit, oder die Gefährdung eines wichtigen Betriebs- und Geschäftsgeheimnisses. Liegt einer dieser Ausschlussgründe vor, muss die Beschlusskammer die Öffentlichkeit ausschließen. Sie verfügt in diesem Fall über **kein Ermessen**.[100] Ungeachtet eines Antrags auf Ausschluss der Öffentlichkeit hat sie von Amts wegen das Vorliegen von Ausschlussgründen zu prüfen.[101]

---

91 Zur entsprechenden Anwendung der §§ 63 ff. VwVfG s. vor § 132 RdNr. 17.

92 *Manssen*, § 75 RdNr. 65; für das Kartellrecht FK/*Bracher*, § 56 RdNr. 18; s. a. *Kopp/Ramsauer*, VwVfG, § 67 RdNr. 7; *Knack/Dürr*, § 67 RdNr. 4; *Stelkens/Bonk/Sachs*, § 67 RdNr. 9.

93 Anderer Ansicht FK/*Bracher*, § 56 RdNr. 34.

94 Es fehlt an der Vergleichbarkeit, weil § 67 Abs. 1 S. 1 VwVfG gerade das Modell der nichtöffentlichen Verhandlung zu Grunde liegt und die Option des § 67 Abs. 1 S. 4-6 VwVfG der Vereinfachung bei Massenladungen dient, s. a. *Kopp/Ramsauer*, VwVfG, § 67 RdNr. 10; *Knack/Dürr*, § 67 RdNr. 7; *Stelkens/Bonk/Sachs*, § 67 RdNr. 15.

95 Siehe dazu § 12 RdNr. 21.

96 *Manssen*, § 75 RdNr. 56.

97 *Manssen*, § 75 RdNr. 62; *Langen/Bunte/Schultz*, § 56 RdNr. 12; s. a. *Stelkens/Bonk/Sachs*, § 67 RdNr. 11.

98 Siehe dazu § 132 RdNr. 28.

99 Siehe § 12 RdNr. 20.

100 *Scheurle/Mayen*, § 75 RdNr. 33; *Manssen*, § 75 RdNr. 57; für das Kartellrecht FK/*Bracher*, § 56 RdNr. 33; ungenau BeckTKG-Komm/*Kerkhoff*, § 75 RdNr. 25, die von einem Beurteilungsspielraum ausgeht.

101 *Manssen*, § 75 RdNr. 57; FK/*Bracher*, § 56 RdNr. 33.

38   Der Ausschlussgrund der **Gefährdung der öffentlichen Ordnung** bedarf restriktiver Auslegung. Seine gefahrenabwehrrechtlichen Konnotationen müssen außer Betracht bleiben. Insbesondere reicht eine Störung des Verfahrensablaufs zum Ausschluss der Öffentlichkeit nicht aus.[102] Sitzungspolizeiliche Maßnahmen des Kammervorsitzenden nach § 89 VwVfG und dem entsprechend anwendbaren § 68 Abs. 3 VwVfG müssen sich vielmehr zunächst gegen die eigentlichen Sitzungsstörer richten.[103] Im Übrigen müssen die Gefährdungen ein Gewicht haben, das der beispielhaft genannten Gefährdung der Staatssicherheit – also der Gefährdung der inneren und äußeren Sicherheit[104] – entspricht.

39   Den zweiten Ausschlussgrund bildet die Gefährdung eines **wichtigen Betriebs- und Geschäftsgeheimnisses**. Während für den Begriff des Betriebs- und Geschäftsgeheimnisses die durch die wettbewerbliche Rspr. entwickelten Kriterien gelten[105], soll mit dem Attribut „wichtig" zum Ausdruck gebracht werden, dass nur solche Geheimnisse zum Ausschluss der Öffentlichkeit zwingen, die von besonderer Bedeutung für den Bestand und die Entwicklung eines Unternehmens sind.[106] Hierdurch wird letztlich die gebundene Entscheidung um einen Abwägungstopoi ergänzt[107], der der Entscheidungsrationalität nur begrenzt dienlich ist.

40   **Ausschlussobjekt** ist nach § 135 Abs. 3 S. 2 die **Öffentlichkeit, nicht die Verfahrensbeteiligten**. Denkbar ist allerdings, dass insbesondere ein Betriebs- und Geschäftsgeheimnis eines Verfahrensbeteiligten den Schutz auch vor den anderen Beteiligten erfordert. Dieser Schutz ist nicht Gegenstand von § 135 Abs. 3 S. 2.[108] Soll der durch §§ 29 Abs. 2, 30 VwVfG und § 136 gewährte Schutz vor der Einsichtnahme Dritter nicht umgangen werden, muss dem Betroffenen ein Anspruch auf gesonderte Erörterung oder die Möglichkeit einer schriftlichen Darlegung mit den Informationen nach § 136 S. 2 eingeräumt werden.[109]

41   **4. Rechtsschutzfragen.** – § 135 bildet gemeinsam mit §§ 12 Abs. 1, 13 Abs. 1 und 15 das Kernstück einer partizipationszentrierten Entscheidungsstruktur. Umso bedeutsamer ist die Frage der prozessualen Durchsetzbarkeit der eingeräumten Beteiligungsrechte. Gegen das Regelungsregime der §§ 45, 46 VwVfG und § 44a VwGO wollen die **verfassungsrechtlichen Bedenken** nicht verstummen, die das Gebot des Grundrechtsschutzes durch Verfahren, das Rechtsstaatsprinzip und das Gebot effektiven Rechtsschutzes auf dem Altar der Verfahrensbeschleunigung geopfert sehen. Soweit materiell Grundrechte betroffen sind, ist der Kritik durch eine **verfassungskonforme Auslegung** Rechnung zu tragen. Die Erstreckung der Heilungsmöglichkeit auf das gerichtliche Verfahren nach **§ 45 Abs. 2 VwVfG** kann nicht zur Anwendung kommen, wenn der Verfahrensfehler im Zeitpunkt des gerichtlichen Verfahrens nicht mehr real geheilt werden kann.[110] Zudem muss in **entspre-**

---

102 Großzügiger *Scheurle/Mayen*, § 75 RdNr. 35; FK/*Bracher*, § 56 RdNr. 33.
103 Siehe dazu auch § 132 RdNr. 23.
104 *Scheurle/Mayen*, § 75 RdNr. 35; Beispiele bei FK/*Bracher*, § 56 RdNr. 33.
105 Siehe dazu § 136 RdNr. 4 ff.
106 *Manssen*, § 75 RdNr. 59; FK/*Bracher*, § 56 RdNr. 33.
107 *Manssen*, § 75 RdNr. 59; BeckTKG-Komm/*Kerkhoff*, § 75 RdNr. 25 spricht gar von einem Beurteilungsspielraum.
108 *Scheurle/Mayen*, § 75 RdNr. 34; *Manssen*, § 75 RdNr. 58.
109 *Manssen*, § 75 RdNr. 58; wohl auch *Scheurle/Mayen*, § 75 RdNr. 36.
110 Zum Gebot realer Heilung s. *Hufen*, Fehler im Verwaltungsverfahren, RdNr. 598; s. a. jüngst im Grundsatz auch BVerwG NuR 2004, 795, 798. § 45 Abs. 2 VwVfG wird von nicht wenigen Stim-

chender Anwendung von § 44 a S. 2 VwGO ein isolierter Rechtsschutz gegen solche Verfahrenshandlungen gewährleistet sein, bei denen der Rechtsbehelf gegen die Sachentscheidung zu spät käme und dadurch ein wesentliches Recht des Betroffenen vereitelt oder wesentlich erschwert würde.[111]

Weitere Restriktionen des Rechtsschutzes folgen aus der Konzeption **subjektiver Rechte.** 42 Zwar ist grundsätzlich anerkannt, dass auch Verfahrensrechte als subjektiv-öffentliche Rechte qualifiziert werden können. Selbstständige subjektive Verfahrensrechte (absolute Verfahrensrechte) sind indessen nur vereinzelt anerkannt worden.[112] Jedenfalls zugunsten von Drittbetroffenen einer Entscheidung wird von der Rspr. regelmäßig nur dann eine Möglichkeit der Rechtsverletzung i.S.v. § 42 Abs. 2 VwGO angenommen, wenn hinter der Verfahrensposition auch eine materielle Rechtsposition steht, deren Verletzung nicht ausgeschlossen ist.[113] Die Durchsetzung dieses sog. relativen Verfahrensrechts wird zusätzlich durch § 46 VwVfG geschwächt. Eine nach dem Wortlaut des § 46 VwVfG für den Aufhebungsanspruch erforderliche konkrete Kausalität[114] des Verfahrensfehlers für die Sachentscheidung darf aber jedenfalls bei der Verletzung absoluter Verfahrensrechte nicht gefordert werden.[115]

Sowohl das verfahrensrechtliche Regime als auch das Modell subjektiver Rechte sehen 43 sich neben verfassungsrechtlichen Bedenken zusätzlich **gemeinschaftsrechtlichen Einwänden** ausgesetzt. Jedenfalls im indirekten Vollzug des Gemeinschaftsrechts durch die Mitgliedstaaten scheidet eine **Heilung formeller Mängel** durch Nachholung aus, wenn dadurch die praktische Wirksamkeit des Gemeinschaftsrechts beeinträchtigt wird.[116] Dies schließt eine Heilung im gerichtlichen Verfahren aus.[117] Für den Vollzug nationalen Rechts, das gemeinschaftsrechtlich vollständig determiniert ist (mittelbarer indirekter Vollzug), müssen diese Grundsätze ebenfalls zur Anwendung kommen.[118] Die dadurch bewirkte stärkere Sanktionierung gemeinschaftsrechtlich veranlassten Verfahrensrecht spiegelt sich in den Anforderungen zur Bestimmung **subjektiver Rechte.** Das Gemeinschaftsrecht ver-

---

men für verfassungswidrig gehalten, s. nur *Niedobitek*, DÖV 2000, 765 ff.; *Bracher*, DVBl. 1997, 537 f. bezogen auf Anhörungsmängel; *Hatje*, DÖV 1997, 484 f. bezogen auf Anhörungs- und Begründungsmängel; kritisch zur Marginalisierung von Verfahrensrechten auch *Stelkens/Bonk/Sachs*, § 45 RdNr. 73, 113 ff.; *Kopp/Ramsauer*, VwVfG, § 45 RdNr. 5; *Knack/Meyer*, § 45 RdNr. 42.

111 BVerwG DVBl. 1993, 51 f.; VGH Mannheim DVBl. 1988, 358 f.; *Schoch/Schmidt-Aßmann/Pietzner*, § 44 a RdNr. 29; *Kopp/Schenke*, VwGO, § 44 a RdNr. 8 f.

112 BVerwGE 105, 348, 353 f.; BVerwG NuR 2004, 795 – Beteiligungsrecht von (nicht klagebefugten) Naturschutzverbänden nach § 29 BNatSchG; BVerwG NVwZ-RR 1989, 6 – gemeindliches Einvernehmen nach § 36 BauGB.

113 BVerwGE 61, 256; BVerwGE 88, 286; kritisch *Hufen* (Fn. 110) RdNr. 550 ff.

114 BVerwGE 98, 339, 361 f.; BVerwGE 100, 238, 252; ausführlich dazu *Schöbener*, Die Verwaltung 33 (2000), 457 ff.; sehr kritisch *Hufen* (Fn. 110) RdNr. 625 f.

115 So auch BVerwGE 105, 348, 353 f.; weitergehend *Hufen* (Fn. 110) RdNr. 626: der Aufhebungsausschluss sei grdsl. nur bei rechtlicher Alternativlosigkeit verfassungskonform; problematisch deshalb BVerwG NuR 2004, 795, 797.

116 Siehe für die unterlassene Notifizierung von Beihilfen nach Art. 88 Abs. 3 EG-Vertrag EuGH Slg. 1991, I-5505, Tz. 16 *FNCE*; EuGH Slg. 1996, I-3547, Tz. 67 *SFEI*.

117 Siehe *Kahl*, VerwArch 95 (2004), 20 f. mit zahlreichen Nachweisen zur Judikatur des EuGH; *Classen*, Die Verwaltung 31 (1998), 324.

118 *Classen*, Die Verwaltung 31 (1998), 323 f.; *Stelkens/Bonk/Sachs*, § 45 RdNr. 186; noch weitergehend *Kahl*, VerwArch 95 (2004), 19 ff., der Grundzügen eines einheitlichen Fehlerfolgeregimes für das Eigenverwaltungsrecht und die Formen des indirekten Vollzugs nachspürt.

langt und gewährt vielfach subjektiv-öffentliche Verfahrensrechte als absolute Verfahrensrechte.[119] Unter Umständen ist aber auch die Einräumung einer relativen Verfahrensposition ausreichend. Zwar kann auch von Gemeinschaftsrechts wegen die Aufhebung einer Entscheidung nicht verlangt werden, wenn der Verfahrensfehler die Sachentscheidung ersichtlich nicht beeinflusst hat.[120] An die Offenkundigkeit fehlender Kausalität sind aber strenge Anforderungen zu stellen.[121]

44 **a) Verfahrensfehler nach § 135 Abs. 1.** – Eine **fehlerhafte oder gänzlich unterlassene Anhörung** nach § 135 Abs. 1 kann durch Nachholung nach **§ 45 Abs. 1 Nr. 3 VwVfG** geheilt werden. Umstritten ist, ob eine Heilung auch noch nach § 45 Abs. 2 VwVfG im gerichtlichen Verfahren in Betracht kommt. Hierbei ist zu berücksichtigen, dass jedenfalls die Anhörung nach §§ 12 Abs. 1, 13 Abs. 1 S. 1 und 15 gemeinschaftsrechtlich zwingend ist. Eine Heilung im gerichtlichen Verfahren kommt bei Fehlern in diesen Anhörungsverfahren nicht in Betracht (s. RdNr. 43). Soweit § 135 Abs. 1 darüber hinaus einen nicht gemeinschaftsrechtlich determinierten Anwendungsbereich besitzt[122], ist den verfassungsrechtlichen Bedenken Rechnung zu tragen. In verfassungskonformer Auslegung ist **eine Heilung nach § 45 Abs. 2 VwVfG auszuschließen**, weil eine nachgeholte Anhörung durch die Beschlusskammer im Zeitpunkt des gerichtlichen Verfahrens den Anhörungszweck nicht mehr erreichen kann.[123] Dies gilt auch für die **fehlerhafte Ablehnung eines Akteneinsichtsgesuchs**, die zwar in entsprechender Anwendung von § 45 Abs. 1 Nr. 3 VwVfG im Verwaltungsverfahren nachgeholt[124], aber nach dem Abschluss des behördlichen Verfahrens nicht mehr real geheilt werden kann.

45 Für die Anfechtung einer verfahrensfehlerhaften Verfügung oder die Verpflichtungsklage auf Erlass einer rechtmäßigen Verfügung ist in Rechnung zu stellen, dass im Anwendungsbereich der §§ 12 Abs. 1, 13 Abs. 1 S. 1 ein Anhörungsfehler auf zwei Stufen und deshalb in zwei unterschiedlichen Verfahren unterlaufen kann.[125] Für das Verhältnis dieser Verfahren zueinander ordnet § 13 Abs. 3 die Rechtsschutzkonzentration auf der zweiten Stufe an, was durch § 44a S. 1 VwGO nicht herbeigeführt werden könnte.[126] Durch **§ 44a S. 1**

---

119 Paradigmatisch: die Bieterrechte im Verfahren der Vergabe öffentlicher Aufträge, s. nur EuGH Slg. 1995, I-2301, Tz. 19 ff. *Kommission/Bundesrepublik Deutschland*; zur großzügigeren Einräumung absoluter Verfahrenspositionen s. *Kahl*, VerwArch 95 (2004), 24.

120 Zum sog. *harmless error principle*, s. EuGH Slg. 2001, I-5281 Tz. 33 ff.

121 *Kahl*, VerwArch 95 (2004), 24 f., *Classen*, Die Verwaltung 31 (1998) 327 ff. zu den strengeren Anforderungen an die Offenkundigkeit.

122 In Betracht kommen hierfür nur Beschlusskammerverfahren, deren Entscheidungen keine beträchtlichen Marktauswirkungen i. S. v. Art. 6 RRL, § 15 zeitigen.

123 So jedenfalls für einen vollständigen Anhörungsausfall BVerwG NuR 2004, 795, 798-Beteiligungsrecht von Naturschutzverbänden; *Bracher*, DVBl. 1997, 537 f.; *Hatje*, DÖV 1997, 484; für das Kartellrecht FK/*Bracher*, § 56 RdNr. 21; skeptisch zu § 45 Abs. 1 Nr. 3 i.V. m. § 45 Abs. 2 VwVfG auch *Hufen* (Fn. 110) RdNr. 620; *Stelkens/Bonk/Sachs*, § 45 RdNr. 73; *Knack/Meyer*, § 45 RdNr. 42; a. A. BeckTKG-Komm/*Kerkhoff*, § 75 RdNr. 10, 12; *Manssen*, § 75 RdNr. 10; *Immenga/Mestmäcker/K. Schmidt*, § 56 RdNr. 10; offen *Scheurle/Mayen*, § 75 RdNr. 24.

124 Zur entsprechenden Anwendung von § 45 Abs. 1 Nr. 3 VwVfG auf das Akteneinsichtsrecht s. *Kopp/Ramsauer*, VwVfG, § 45 RdNr. 24, § 29 RdNr. 43; a. A. *Kugelmann* (Fn. 37) S. 341.

125 Siehe dazu ausführlicher § 13 RdNr. 28 f.

126 § 44a S. 1 VwGO kann zum einen eine Rechtsschutzkonzentration nur *innerhalb eines Verfahrens*, bewirken, s. *Kopp/Schenke*, VwGO, § 44a RdNr. 4a; *Schoch/Schmidt-Aßmann/Pietzner*, § 44a RdNr. 14; zum anderen ist fraglich, ob die Festlegungen nach §§ 10, 11 eine rechtsschutzkonzentrierende Sachentscheidung i.S. v. § 44a S. 1 VwGO sind.

Gurlit

VwGO wird aber **isolierter Rechtsschutz** vor Erlass der Regulierungsverfügung und auch bei sonstigen Beschlusskammerentscheidungen nach § 132 Abs. 1 **ausgeschlossen**. Sowohl eine unterlassene oder fehlerhafte Anhörung als auch die Ablehnung der Erteilung von Akteneinsicht sind unselbstständige behördliche Verfahrenshandlungen i.S.v. § 44a S. 1 VwGO.[127] Eine erweiternde Anwendung von § 44a S. 2 VwGO ist im Regelfall weder aus verfassungsrechtlichen noch aus gemeinschaftsrechtlichen Gründen geboten.

Für die **Akteneinsicht** kann aber ausnahmsweise anderes gelten. Die Ablehnung eines Einsichtsgesuchs muss sofort angefochten[128] werden können, sofern irreparable grundrechtliche Schäden drohen.[129] Dies kann z.B. dann der Fall sein, wenn vom Inhalt der Akten das weitere Vorgehen der Beteiligten abhängt.[130] **Nichtbeteiligte** des Beschlusskammerverfahrens unterliegen bereits nach dem Wortlaut des § 44a VwGO nicht den Rechtsschutzrestriktionen nach § 44a S. 1 VwGO, können allerdings in der Sache auch kein Anhörungs- und Akteneinsichtsrecht beanspruchen. **46**

Für die Aufhebbarkeit einer nach § 135 Abs. 1 verfahrensfehlerhaften Entscheidung ist nach **§ 46 VwVfG** maßgeblich, ob eine Beeinflussung der Sachentscheidung aus rechtlichen oder tatsächlichen Gründen offensichtlich ausgeschlossen ist. Für den Adressaten einer belastenden Verfügung, insbesondere nach § 13 Abs. 1, ist ein Einfluss wegen des Auswahlermessens der Beschlusskammer[131] nicht ausgeschlossen.[132] Bei Dritten und Nichtbeteiligten ist hingegen fraglich, ob das Anhörungsrecht unter Einschluss des Akteneinsichtsrechts ein selbstständig durchsetzbares subjektives Verfahrensrecht schafft. Das Anhörungsrecht ist ungeachtet der Regelung in Art. 6 RRL kein absolutes Verfahrensrecht. Auch Art. 4 RRL setzt die Einräumung eines subjektiven Rechts voraus und schafft nicht selbst ein solches. Wenn auch das Gehörsrecht in besonderer Weise der Verwirklichung materieller Grundrechte dient, verlangt die Verfassung nicht die absolute Subjektivierung des Verfahrensrechts. Deshalb können Dritte die Aufhebung einer durch eine fehlerhafte Anhörung zustande gekommene Entscheidung nur verlangen, wenn sie auch die Verletzung einer materiellen Rechtsposition rügen können.[133] **47**

b) Verfahrensfehler nach § 135 Abs. 2. – Das ermessensfehlerhafte **Unterlassen einer Anhörung berührter Wirtschaftskreise** stellt keine Verletzung eines subjektiven Gehörsrechts dar. Da die Anhörung nach § 135 Abs. 2 im Dienste einer vollständigen Sach- **48**

---

127 So auch *Scheurle/Mayen*, § 75 RdNr. 23; zum Anhörungsrecht s. *Schoch/Schmidt-Aßmann/Pietzner*, § 44a RdNr. 17; zum Akteneinsichtsrecht s. VGH München NVwZ 1990, 775; OVG Koblenz DÖD 2000, 140, s.a. *Schoch/Schmidt-Aßmann/Pietzner*, § 44a RdNr. 17; *Kopp/Schenke*, VwGO, § 44a RdNr. 5.

128 Die Ablehnung eines Einsichtsantrags ist ein Verwaltungsakt, was seiner Einordnung als behördliche Verfahrenshandlung nicht entgegensteht, s. *Schoch/Schmidt-Aßmann/Pietzner*, § 44a RdNr. 16; a.A. offenbar *Redeker/v. Oertzen*, § 44a RdNr. 1.

129 BVerfG NJW 1991, 415; VGH München NVwZ 1990, 775; *Kugelmann* (Fn. 37) S. 356ff.; *Manssen*, § 75 RdNr. 38; *Schoch/Schmidt-Aßmann/Pietzner*, § 44a RdNr. 30; *Redeker/v. Oertzen*, § 44a RdNr. 3b; großzügiger *Kopp/Ramsauer*, VwVfG, § 29 RdNr. 43 und für das Kartellrecht FK/*Bracher*, § 56 RdNr. 23; *Langen/Bunte/Schultz*, § 56 RdNr. 4, die eine entsprechende Anwendung im Beschwerdeverfahren verneinen.

130 Zum Rechtsschutz des Geheimnisinhabers gegen die *Erteilung* der Akteneinsicht s. § 136 RdNr. 23.

131 Siehe dazu § 13 RdNr. 41.

132 So auch für das ermessensgeprägte Kartellrecht FK/*Bracher*, § 56 RdNr. 22.

133 Großzügiger *Kugelmann* (Fn. 37) S. 348ff.

aufklärung durch die Beschlusskammer steht (s. RdNr. 30), kann in einem Verzicht oder einer Ablehnung der Anhörung aber eine Verletzung des Untersuchungsgrundsatzes liegen.[134] Dieser Fehler ist durch Nachholung heilbar[135] und stellt überdies eine behördliche Verfahrenshandlung i.S.v. § 44a S. 1 VwGO dar[136], die von den Verfahrensbeteiligten nur zusammen mit der verfahrensabschließenden Sachentscheidung angegriffen werden kann.[137]

49 Für die **Adressaten** einer belastenden Beschlusskammerentscheidung ist maßgeblich, ob es zu der Entscheidung eine rechtliche und tatsächliche Alternative gab (§ 46 VwVfG). Da der Beschlusskammer jedenfalls für den Erlass von Regulierungsverfügungen nach § 13 Auswahlermessen zukommt und sie insoweit über eine Entscheidungsalternative verfügt, kann der Sachaufklärungsmangel u.U. die Aufhebung der Verfügung begründen.[138] Für **drittbetroffene Verfahrensbeteiligte** ist hingegen entscheidend, ob die Sachentscheidung gegen eine drittschützende Norm verstößt. Ein Sachaufklärungsmangel nach § 128 und § 24 VwVfG verletzt jedenfalls dann keine subjektiven Rechte Dritter[139], wenn die Betroffenen sich nicht zugleich auf eine materielle Rechtsposition stützen können. Für die **berührten Wirtschaftskreise als Nichtbeteiligte** gilt zwar nach § 44a S. 2 VwGO nicht die Rechtsschutzkonzentration nach § 44a S. 1 VwGO; ihnen fehlt aber regelmäßig ein subjektives Recht auf Aufhebung der Sachentscheidung.

50 **c) Verfahrensfehler nach § 135 Abs. 3.** – Ein **Verstoß gegen das Gebot mündlicher Verhandlung** nach § 135 Abs. 3 S. 1 liegt vor, wenn die Beschlusskammer ohne das Einverständnis aller Beteiligten auf die mündliche Verhandlung verzichtet oder bei Vorliegen eines Einverständnisses ermessensfehlerhaft die mündliche Verhandlung unterlässt oder durchführt. Dieser Verfahrensmangel führt allerdings nicht zur Nichtigkeit der Sachentscheidung nach § 44 VwVfG.[140] Da jedenfalls das Gebot der Mündlichkeit im Dienste des rechtlichen Gehörs steht, ist der Fehler durch Nachholung der Verhandlung in entsprechender Anwendung von **§ 45 Abs. 1 Nr. 3 VwVfG** heilbar.[141] Nach der hier vertretenen Auf-

---

134 *Manssen*, § 75 RdNr. 53; BeckTKG-Komm/*Kerkhoff*, § 75 RdNr. 16; für das Kartellrecht FK/ *Bracher*, § 56 RdNr. 28; *Immenga/Mestmäcker/K. Schmidt*, § 56 RdNr. 21.

135 BVerwGE 62, 108, 114; § 45 VwVfG ist insoweit Ausprägung eines allgemeinen Rechtsgedankens, s. *Stelkens/Bonk/Sachs*, § 45 RdNr. 155.

136 Siehe *Kopp/Schenke*, VwGO, § 44a RdNr. 5, *Schoch/Schmidt-Aßmann/Pietzner*, § 44a RdNr. 17, jeweils m.w.N.; *Redeker/v. Oertzen*, § 44a RdNr. 3.

137 *Manssen*, § 75 RdNr. 53; BeckTKG-Komm/*Kerkhoff*, § 75 RdNr. 17; so auch für § 24 VwVfG *Stelkens/Bonk/Sachs*, § 24 RdNr. 58; *Kopp/Ramsauer*, VwVfG, § 24 RdNr. 37; *Knack/Clausen*, § 24 RdNr. 24.

138 Ausführlicher *Stelkens/Bonk/Sachs*, § 24 RdNr. 58; *Knack/Clausen*, § 24 RdNr. 24. Dagegen bleibt die ermessensfehlerhafte Anordnung einer Anhörung nach § 135 Abs. 2 schon deshalb sanktionslos, weil sie Rechte der Verfahrensbeteiligten nicht verletzen kann, s. *Manssen*, § 75 RdNr. 53; wohl auch BeckTKG-Komm/*Kerkhoff*, § 75 RdNr. 17; *Scheurle/Mayen*, § 75 RdNr. 26; ähnlich wohl FK/*Bracher*, § 56 RdNr. 28, der allerdings auf § 46 VwVfG abstellt; *Langen/Bunte/Schultz*, § 56 RdNr. 16.

139 Gegen die drittschützende Wirkung von § 24 VwVfG BVerwG NVwZ 1999, 535 f.; *Stelkens/ Bonk/Sachs*, § 24 RdNr. 7, 58; a.A. *Hufen* (Fn. 110) RdNr. 542, 550 ff.

140 *Manssen*, § 75 RdNr. 56; für das förmliche Verfahren nach § 67 VwVfG *Kopp/Ramsauer*, VwVfG, § 67 RdNr. 22; *Stelkens/Bonk/Sachs*, § 67 RdNr. 33; a.A. *Knack/Dürr*, § 67 RdNr. 14, der im Regelfall Nichtigkeit nach § 44 Abs. 1 VwVfG annimmt.

141 BVerwG NVwZ 1984, 578 f.; zur entsprechenden Anwendung von § 45 Abs. 1 Nr. 3 VwVfG auf gehörsbezogene Verfahrensverstöße s. *Kopp/Ramsauer*, VwVfG, § 45 RdNr. 24; wohl auch

fassung ist aber eine Heilung nur bis zum Abschluss des behördlichen Verfahrens möglich. Der nicht geheilte Verfahrensmangel kann als behördliche Verfahrenshandlung nach § 44a S. 1 VwGO[142] von den Beteiligten erst zusammen mit der Sachentscheidung angegriffen werden.[143] Dasselbe gilt, wenn die Durchführung der öffentlichen mündlichen Verhandlung wegen einer unterlassenen oder mangelhaften Ladung oder Bekanntmachung verfahrensfehlerhaft ist.[144]

Materiell bestimmt sich das Schicksal der verfahrensfehlerhaften Verfügung nach § 46 **51** VwVfG. Für den **Adressaten** einer belastenden Regulierungsverfügung i.S.v. § 13 Abs. 1 kann der Verfahrensfehler dann die Aufhebung des Verwaltungsaktes nach sich ziehen, wenn nicht offensichtlich auszuschließen ist, dass die mündliche Anhörung aller Beteiligten die Beschlusskammer zu einer anderen Ausübung des Ermessens veranlasst hätte. Für **Drittbetroffene** gilt, dass der Verzicht auf mündliche Verhandlung zwar ihr subjektives Anhörungsrecht berührt, hieraus aber nur dann eine Rechtsverletzung erwächst, wenn auch eine materielle Rechtsposition beeinträchtigt wird. Die durch die unterlassene mündliche Verhandlung zugleich ausgeschlossenen **Vertreter der Öffentlichkeit** können mangels subjektiver Teilhaberechte einen Verstoß nicht erfolgreich rügen.

Vom fehlerhaften Verzicht auf Mündlichkeit und damit auch auf die Öffentlichkeit der Ver- **52** handlung nach § 135 Abs. 3 S. 1 ist der fehlerhafte **Ausschluss der Öffentlichkeit** nach § 135 Abs. 3 S. 2 zu unterscheiden. Eine Heilung nach § 45 Abs. 1 Nr. 3 VwVfG scheidet aus, weil die Publizität der mündlichen Verhandlung nicht Bestandteil des rechtlichen Gehörs ist. Der Ausschluss der Öffentlichkeit ist behördliche Verfahrenshandlung i.S.v. § 44a S. 1 VwGO und kann deshalb erst gemeinsam mit der Sachentscheidung angegriffen werden.[145] Allerdings ist nicht recht ersichtlich, inwieweit die Beteiligten durch den Ausschluss der Öffentlichkeit in ihren Rechten verletzt sein könnten.

Anderes gilt hingegen für die **Ablehnung des Antrags eines Beteiligten auf Ausschluss** **53** **der Öffentlichkeit.** Macht ein Beteiligter legitime Geheimhaltungsinteressen geltend, die zwar nicht gegenüber den weiteren Beteiligten, wohl aber gegenüber der Öffentlichkeit zum Tragen kommen, muss eine gleichwohl erfolgte Ablehnung seines Antrags in entsprechender Anwendung von § 44a S. 2 VwGO einer sofortigen gerichtlichen Klärung zugeführt werden können.[146] Insoweit handelt es sich um ein eigenständiges Verfahren, in dem über einen materiellen Geheimhaltungsanspruch entschieden wird. Dasselbe gilt, wenn einem Begehren des Geheimnisinhabers auf getrennte Anhörung nicht entsprochen wird.

Knack/Clausen, § 45 RdNr. 29; *Stelkens/Bonk/Sachs*, § 45 RdNr. 70; zur Anwendung auf das Gebot mündlicher Verhandlung s. *Stelkens/Bonk/Sachs*, § 67 RdNr. 33; *Kopp/Ramsauer*, VwVfG, § 67 RdNr. 22.

142 Siehe *Kopp/Schenke,* VwGO, § 44a RdNr. 5; *Schoch/Schmidt-Aßmann/Pietzner*, § 44a RdNr. 17 jeweils m.w.N.

143 *Scheurle/Mayen*, § 75 RdNr. 32.

144 So für förmliche Verfahren nach § 67 VwVfG *Kopp/Ramsauer*, VwVfG, § 67 RdNr. 7, 22; *Stelkens/Bonk/Sachs*, § 67 RdNr. 34 f.

145 BeckTKG-Komm/*Kerkhoff*, § 75 RdNr. 25; *Manssen*, § 75 RdNr. 61.

146 *Manssen*, § 75 RdNr. 60; *Kopp/Schenke*, VwGO, § 44a RdNr. 10; *Schoch/Schmidt-Aßmann/Pietzner* § 44a RdNr. 29, jeweils m.w.N.; a.A. BeckTKG-Komm/*Kerkhoff*, § 75 RdNr. 25.

§ 136 Betriebs- oder Geschäftsgeheimnisse

Unverzüglich nach der Vorlage von Unterlagen im Rahmen des Beschlusskammerverfahrens haben alle Beteiligten diejenigen Teile zu kennzeichnen, die Betriebs- oder Geschäftsgeheimnisse enthalten. In diesem Fall müssen sie zusätzlich eine Fassung vorlegen, die aus ihrer Sicht ohne Preisgabe von Betriebs- oder Geschäftsgeheimnissen eingesehen werden kann. Erfolgt dies nicht, kann die Beschlusskammer von ihrer Zustimmung zur Einsicht ausgehen, es sei denn, ihr sind besondere Umstände bekannt, die eine solche Vermutung nicht rechtfertigen. Hält die Beschlusskammer die Kennzeichnung der Unterlagen als Betriebs- oder Geschäftsgeheimnisse für unberechtigt, so muss sie vor der Entscheidung über die Gewährung von Einsichtnahme an Dritte die vorlegenden Personen hören.

Schrifttum: Wie vor § 132; zusätzlich *Baumbach/Hefermehl*, Wettbewerbsrecht, 22. Aufl. 2001; *Ellinghaus*, Der Stand der Telekommunikationsgesetzgebung, MMR 2003, 91; *Gurlit*, Die Verwaltungsöffentlichkeit im Umweltrecht, 1989; *Holznagel*, Geheimnisschutz versus effektiver Rechtsschutz, MMR Beilage 12/2002, 34; *Knemeyer*, Geheimhaltungsanspruch und Offenbarungsbefugnis im Verwaltungsverfahren, NJW 1984, 2241; *Köhler/Piper*, Gesetz gegen den unlauteren Wettbewerb, 2. Aufl. 2001; *Kugelmann*, Die informatorische Rechtsstellung des Bürgers, 2001; *K. Schmidt*, Drittschutz, Akteneinsicht und Geheimnisschutz im Kartellverfahren, 1992.

I. Normzweck

Seit In-Kraft-Treten des TKG 1996 wurde vor allem in Entgeltregulierungsverfahren der Beschlusskammern und in anschließenden verwaltungsgerichtlichen Verfahren um den Schutz von Betriebs- und Geschäftsgeheimnissen maßgeblich des marktbeherrschenden Telekommunikationsunternehmens gestritten.[1] Das Konfliktfeld wird regelmäßig durch ein mehrseitiges Beziehungsgeflecht aus informationslieferndem Unternehmen, informationsverwaltender Beschlusskammer und informationsbegehrenden Drittunternehmen gebildet. § 136 schafft mit der Kennzeichnungspflicht und dem Anhörungsrecht einen **prozeduralen Rahmen** für die Bestimmung von Betriebs- und Geschäftsgeheimnissen und

1

---

1 Siehe nur OVG Münster CR 2000, 444 mit zust. Anm. *Mayen*, S. 117 und OVG Münster RTkom 2001, 168 zu § 30 VwVfG; OVG Münster MMR 2000, 444 zu § 99 Abs. 1 S. 2 VwGO.

für die Freigabe unternehmensbezogener Informationen. Die Vorschrift bestimmt hingegen **nicht den materiellen Schutzumfang** von Betriebs- und Geschäftsgeheimnissen[2] und kann deshalb auch nicht abschließend die Entscheidung der Beschlusskammer über die Freigabe unternehmensbezogener Informationen determinieren.

II. Entstehungsgeschichte

2 Das TKG 1996 enthielt keinerlei Bestimmungen über den Geheimnisschutz im Beschlusskammerverfahren. In materieller wie verfahrensrechtlicher Hinsicht waren allein die ergänzend anwendbaren §§ 29, 30 VwVfG heranzuziehen. Die enorme Streitträchtigkeit des Geheimnisschutzes veranlasste den Gesetzgeber, im Rahmen des post- und telekommunikationsrechtlichen Bereinigungsgesetzes[3] einen § 75a aufzunehmen, der in seinem ersten Absatz die Regelung des nunmehrigen § 136 enthielt und in seinem zweiten Absatz Vorgaben für den Geheimnisschutz im gerichtlichen Verfahren machte, die jetzt Gegenstand von § 138 sind. Ungeachtet geringfügiger Änderungen des Wortlauts ist § 136 gegenüber § 75a TKG-alt **in der Sache unverändert.**[4]

III. Einzelerläuterungen

3 § 136 macht verfahrensrechtliche Vorgaben für den Umgang mit Betriebs- und Geschäftsgeheimnissen. Einerseits werden den Beteiligten des Beschlusskammerverfahrens mit der Pflicht zur Kennzeichnung und zur Vorlage einer Einsichtsfassung Obliegenheiten auferlegt, deren Nichtbeachtung Rechtsfolgen zeitigt. Andererseits löst die Erfüllung dieser Pflichten Verfahrensgebote für die Beschlusskammer aus. **§ 136 setzt einen materiellen Geheimhaltungsanspruch voraus, ohne ihn selbst zu gewähren.** Für Beschlusskammerverfahren nach **§ 12 und nach den §§ 13, 15 i.V.m. § 12 Abs.** 1 ist nunmehr die behördliche Pflicht zur Wahrung von Betriebs- und Geschäftsgeheimnissen ausdrücklich normiert (§ 12 Abs. 1 S. 3). Für den Umfang des Geheimnisschutzes im Beschlusskammerverfahren finden im Übrigen die **§§ 29, 30 VwVfG** ergänzende Anwendung.[5] Diese bilden den alleinigen Regelungsrahmen, wenn die RegTP nicht im Beschlusskammerverfahren entscheidet und das Verfahren auch keine beträchtliche Marktrelevanz i.S.v. § 15 i.v.m. § 12 Abs. 1 S. 3 hat.

4 **1. Der Schutz von Betriebs- und Geschäftsgeheimnissen. – a) Begriff des Betriebs- und Geschäftsgeheimnisses. –** Eine positive Bestimmung, welche Daten als Betriebs- und Geschäftsgeheimnisse anzusehen sind, findet sich im TKG genauso wenig wie in der Rechtsordnung im Übrigen. Der Gesetzgeber hat auch nicht – wie etwa in § 22 Abs. 3 ChemG – den Versuch unternommen, bestimmte Unternehmensangaben im Wege einer Negativliste aus dem Begriff auszuklammern.[6] Nach einer feststehenden Formel ist ein Betriebs- und Geschäftsgeheimnis jede im Zusammenhang mit einem Betrieb stehende Tatsa-

---

2 So auch bereits die Begründung des Gesetzentwurfs des BReg, BR-Drs. 834/01 v. 19. 10. 2001, S. 29; s. a. Begründung zum TKG 2004, BT-Drs. 15/2316, S. 101.

3 Art. 18 Nr. 3 des post- und telekommunikationsrechtlichen Bereinigungsgesetzes v. 10. 5. 2002, BGBl. I S. 1529.

4 Hiervon geht auch die Entwurfsbegründung aus, s. BT-Drs. 15/2316, S. 101.

5 Siehe vor § 132 RdNr. 14.

6 Siehe dazu *Gurlit*, Verwaltungsöffentlichkeit, S. 173 ff.

che, die **nicht offenkundig**, sondern nur einem eng begrenzten Personenkreis bekannt ist und nach dem **Willen des Geheimnisinhabers** auf Grund eines **berechtigten wirtschaftlichen Interesses** geheimgehalten werden soll.[7] Es lohnt sich, die begriffsbildenden Merkmale in Erinnerung zu rufen; denn in den entgeltregulierungsrechtlichen Streitigkeiten neigt die Judikatur zu einer Überdehnung des Geheimnisbegriffs.[8]

Eine Information verliert den Status der **Nichtoffenkundigkeit**, wenn sie auf normalem 5 Wege, etwa durch Fachzeitschriftenlektüre, zu beschaffen ist. Maßgeblich ist, dass ein Interessent sie ohne große Schwierigkeiten und Opfer in Erfahrung bringen kann. Hinsichtlich der **Begrenzung des Personenkreises** ist maßgeblich, dass der Geheimnisinhaber den Kreis der Mitwisser unter Kontrolle halten kann.[9] Dies ist entgegen anderslautenden Auffassungen nicht mehr der Fall, wenn unternehmensbezogene Informationen wie Kostenunterlagen bereits in einem anderen Beschlusskammerverfahren von den beigeladenen Verfahrensbeteiligten eingesehen werden konnten.[10] Die Verwendung und Weitergabe derartiger Informationen liegt dann nämlich nicht mehr in der Hand des vorlegenden Unternehmens.

In subjektiver Hinsicht ist für die Annahme eines Betriebs- und Geschäftsgeheimnisses der 6 **Geheimhaltungswille** des Geheimnisinhabers erforderlich, der den Mitwissern gegenüber erkennbar gemacht werden muss. Der Wille kann ausdrücklich dokumentiert werden wie etwa durch eine Vertraulichkeitskennzeichnung, aber auch konkludent betätigt werden.[11] Zu weit greift es indessen, mangels gegenteiliger Äußerungen bei sämtlichen unternehmensbezogenen Informationen einen subjektiven Geheimhaltungswillen anzunehmen. Auch dürfte der Geheimhaltungswille zumindest zweifelhaft sein, wenn das Unternehmen „aus Sorglosigkeit" nicht die Offenbarung der Information durch die Beschlusskammer an Dritte verhindert.[12]

Der subjektive Geheimhaltungswille muss schließlich von einem **berechtigten wirt-** 7 **schaftlichen Interesse** getragen sein. Ein schutzwürdiges Interesse ist anzuerkennen, wenn das in den Informationen verkörperte Know-how für die Wettbewerbsfähigkeit des Unternehmens von Bedeutung ist.[13] Allerdings ist zu berücksichtigen, dass nicht nur die Sicherstellung eines chancengleichen Wettbewerbs, sondern gerade auch die Förderung nachhaltig wettbewerbsorientierter Märkte Regulierungsziel ist (§ 2 Abs. 2 Nr. 2) und überdies die Verbraucherinteressen zu wahren sind (§ 2 Abs. 2 Nr. 1). Ein berechtigtes Geheimhaltungsinteresse ist nicht bereits dann anzuerkennen, wenn die Kenntnisnahme durch Dritte dem Geheimnisinhaber in irgendeiner Form zum Nachteil gereicht.[14] Schon gar

7 BAG NJW 1983, 134; BayObLG NJW 1991, 438 f.; OLG Düsseldorf v. 5. 7. 1977 WuW/E OLG 1881, 1887; KG v. 19. 8. 1986 WuW/E OLG 3908, 3911; s. a. *Baumbach/Hefermehl*, § 17 UWG RdNr. 2; *Stelkens/Bonk/Sachs*, § 30 RdNr. 9; *Knack/Clausen*, § 30 RdNr. 7; *Kopp/Ramsauer*, VwVfG, § 30 RdNr. 8, 9 a.
8 Siehe nur OVG Münster MMR 1999, 553; OVG Münster RTkom 2001, 168; gänzlich andere Einschätzung bei *Scheurle/Mayen*, § 75 a RdNr. 10 f.
9 *Köhler/Piper*, § 17 RdNr. 6; *Baumbach/Hefermehl*, § 17 UWG RdNr. 3; *Gurlit*, Verwaltungsöffentlichkeit, S. 166 m. w. N.
10 Anderer Ansicht OVG Münster MMR 1999, 553, 555; OVG Münster RTkom 2001, 168; *Scheurle/Mayen*, § 75 a RdNr. 10; FK/*Bracher*, § 56 RdNr. 11.
11 *Baumbach/Hefermehl*, § 17 UWG RdNr. 5; *Gurlit*, Verwaltungsöffentlichkeit, S. 166 f.
12 Anders aber wiederum OVG Münster RTkom 2001, 168.
13 *Baumbach/Hefermehl*, § 17 UWG RdNr. 2, 6; *Köhler/Piper*, § 17 RdNr. 7.
14 Anderer Ansicht OVG Münster MMR 1999, 553, 554; jüngst BVerwG N&R 2005, 76, 78 a = CR 2005, 194; *Scheurle/Mayen*, § 75 a RdNr. 10.

nicht rechtfertigen nachteilige Effekte auf die Reputation des Unternehmens den Geheimnisschutz.

8 **b) Rechtliche Schutzmaßstäbe.** – Betriebs- und Geschäftsgeheimnisse eines Unternehmens genießen **verfassungsrechtlichen Schutz nach Art. 14 GG**, soweit sich in ihnen selbständige Vermögenswerte verkörpern. Dies ist anzunehmen, sofern die fraglichen Unternehmensinformationen in besonderem Maße durch eigene Leistung und eigenen Kapitalaufwand erworben wurden.[15] Der Vermögenswert eines Geheimnisses hängt einerseits von der technisch-wirtschaftlichen Entwicklung ab. Anders als bei gewerblichen Schutzrechten wird der Wert der Geheimnisse aber zusätzlich von der Fähigkeit ihres Inhabers zur dauerhaften Geheimhaltung bestimmt. Da in diesem Umfang auch der auf dem Geheimwissen basierende Wettbewerbsvorsprung in den Schutzbereich des Art. 14 GG einbezogen ist, bedarf es nicht des zusätzlichen Rückgriffs auf Art. 12 GG.[16] Betriebs- und Geschäftsgeheimnisse genießen zudem **gemeinschaftsrechtlichen Schutz.** Primärrechtlich unterfallen sie der gemeinschaftsrechtlichen Eigentumsgarantie, sekundärrechtlich ist ihre Wahrung den Beschlusskammern durch Art. 6 S. 4 RRL aufgegeben.

9 § 12 Abs. 1 S. 3, §§ 13, 15 i.V.m. § 12 Abs. 1 S. 3 und ergänzend § 30 VwVfG geben den Beteiligten des Verfahrens einen **einfachrechtlichen Anspruch** auf Wahrung ihrer Betriebs- und Geschäftsgeheimnisse. In verfassungs- und gemeinschaftsrechtskonformer Auslegung gewähren die Normen aber nicht allein ein Verfahrensrecht der Beteiligten. Vielmehr besteht der subjektive Geheimhaltungsanspruch **nach dem Abschluss des Beschlusskammerverfahrens** fort.[17] Auch ist er in persönlicher Hinsicht nicht auf die Verfahrensbeteiligten i.S.v. § 134 Abs. 2 beschränkt. Vielmehr besteht der Anspruch auch für **Geheimnisse Dritter**, die im Rahmen eines Beschlusskammerverfahrens zur Kenntnis der Behörde gelangen.[18]

10 § 30 VwVfG normiert einen **Geheimhaltungsanspruch mit Offenbarungsvorbehalt.**[19] Der Anspruch tritt zurück, wenn die Beschlusskammer eine Befugnis zur Offenbarung besitzt. Insoweit wird für den Inhaber eines Betriebs- und Geschäftsgeheimnisses eine Grundrechtsschranke errichtet (Art. 14 Abs. 1 S. 2 GG), die dem sozialen Bezug des Wissens Rechnung trägt (Art. 14 Abs. 2 GG). § 12 Abs. 1 S. 3 hat zwar einen entsprechenden Vorbehalt nicht aufgenommen. Gleichwohl ist nicht davon auszugehen, dass in den Verfahren nach §§ 12, 13 und 15 ein absoluter Geheimhaltungsanspruch besteht, der Durchbrechungen nicht zugänglich ist. § 30 VwVfG ist ergänzend heranzuziehen. Wollte man einen Offenbarungsvorbehalt nicht anerkennen, müssten im begrifflichen Merkmal des berech-

---

15 Zum Eigenleistung als Begründung für den Eigentumsschutz s. BVerfGE 1, 264; s.a. BVerfGE 53, 257, 291; BVerfGE 97, 271, 284; BVerfGE 100, 1, 33; für Betriebs- und Geschäftsgeheimnisse OVG Münster RTkom 2001, 168; zur zivilrechtlichen Konstruktion von Betriebs- und Geschäftsgeheimnissen als Bestandteil des eingerichteten Gewerbebetriebs s. BGHZ 23, 157, 163; skeptisch BVerfGE 51, 193, 221 f.

16 *Gurlit*, Verwaltungsöffentlichkeit, S. 125.

17 So für § 30 VwVfG *Kopp/Ramsauer*, VwVfG, § 30 RdNr. 2, 17; *Stelkens/Bonk/Sachs*, § 30 RdNr. 5, 26; *Knack/Clausen*, § 30 RdNr. 6.

18 So die ganz einhellige Meinung zu § 30 VwVfG, s. *Kugelmann*, Informatorische Rechtsstellung, S. 257 f.; *Kopp/Ramsauer*, VwVfG, § 30 RdNr. 3, 17; *Stelkens/Bonk/Sachs*, § 30 RdNr. 5, 24; *Knack/Clausen*, § 30 RdNr. 6.

19 BVerwGE 74, 115, 119; *Knemeyer*, NJW 1984, 2243; *Kugelmann* (Fn. 18) S. 257; *Knack/Clausen*, § 30 RdNr. 5.

tigten wirtschaftlichen Interesses in noch stärkerem Maße konfligierende Offenbarungsinteressen verarbeitet werden (s. RdNr. 7).[20]

Eine Befugnis der Beschlusskammer kann sich zum einen aus der ausdrücklichen oder **11** konkludenten **Zustimmung des Geheimnisinhabers** ergeben. Eine solche kann auch in einem nachlässigen Umgang mit dem Geheimnis liegen.[21] Zum anderen können **gesetzliche Mitteilungspflichten** der Behörde bestehen, denen Vorrang vor dem Geheimhaltungsanspruch zukommt. Hierzu rechnet insbesondere[22] die behördliche Pflicht zur Aktenvorlage an das Verwaltungsgericht nach § 138 Abs. 1 i.V.m. § 99 Abs. 1 S. 1 VwGO. § 30 VwVfG und § 12 Abs. 1 S. 2 schaffen keinen Verweigerungsgrund für die Aktenvorlage.[23] Eine Offenbarungsbefugnis kann sich schließlich aus einer **Güterabwägung** ergeben. Der Geheimhaltungsanspruch muss ggf. im Falle einer Rechtsgüterkollision zurücktreten zugunsten wichtigerer öffentlicher Interessen oder höherrangiger Güter der Allgemeinheit.[24]

c) Akteneinsichtsrecht und Geheimhaltungsanspruch. – Keine Offenbarungsbefugnis **12** ergibt sich aus dem Akteneinsichtsrecht der Beteiligten nach § 29 Abs. 1 VwVfG, das seinerseits nach § 29 Abs. 2 VwVfG durch den Geheimhaltungsanspruch Dritter begrenzt wird. Das Vorliegen eines Versagungsgrunds führt allerdings nach dem Wortlaut des § 29 Abs. 2 S. 1 VwVfG nur zur Verneinung eines Anspruchs auf Akteneinsicht nach § 29 Abs. 1 VwVfG. § 29 Abs. 2 VwVfG normiert **Versagungsgründe, keine Versagungspflicht.**[25] Trotz des Wortlauts von § 29 Abs. 2 VwVfG („geheimgehalten werden müssen") gilt dies auch für die Geheimhaltungsgründe nach § 29 Abs. 2 Alt. 3 und 4 VwVfG.[26] Zwar können auf gesetzlicher Grundlage Geheimhaltungspflichten bestehen, die ein Akteneinsichtsrecht kategorisch ausschließen.[27] Im Übrigen stehen Geheimhaltungsgründe nicht

---

20 § 9 des neugefassten Umweltinformationsgesetzes v. 22. 12. 2004 (BGBl. I S. 3704) enthält weiterhin eine Abwägungsklausel; § 6 des Entwurfs eines Informationsfreiheitsgesetzes des Bundes (BT-Drs. 15/4493 v. 14. 12. 2004) verzichtet auf eine Abwägungsklausel und verlagert damit den Konflikt auf die begriffliche Ebene.
21 *Stelkens/Bonk/Sachs*, § 30 RdNr. 15, 17; *Knack/Clausen*, § 30 RdNr. 10; zur Zustimmung als Offenbarungsgrund s. a. *Kopp/Ramsauer*, VwVfG, § 30 RdNr. 15; Entwurfsbegründung zu § 30 VwVfG, BT-Drs. 7/910, S. 54.
22 Streitig ist, ob ein Amtshilfeersuchen nach § 5 VwVfG eine Offenbarungsbefugnis gewährt; verneinend *Kugelmann* (Fn. 18) S. 260; *Stelkens/Bonk/Sachs*, § 30 RdNr. 23; *Kopp/Ramsauer*, VwVfG, § 30 RdNr. 14; bejahend *Knemeyer*, NJW 1984, 2245; *Knack/Clausen*, § 30 RdNr. 11.
23 *Knack/Clausen*, § 30 RdNr. 11; *Manssen*, § 75 RdNr. 31. Aus Art. 14 GG soll aber ein Anspruch auf Entscheidung durch die Aufsichtsbehörde nach § 99 Abs. 1 S. 2 VwGO folgen, s. OVG Münster MMR 2000, 444. Wegen der nunmehr getroffenen Sonderregelung in § 138 Abs. 1 S. 2 bedarf es eines derartigen Anspruchs nicht mehr; s. jetzt auch BVerwG DÖV 2004, 77 f.; BVerwG NWVBl. 2004, 189.
24 Siehe bereits die Begründung des Gesetzentwurfs, BT-Drs. 7/910, S. 54; BVerwGE 74, 115, 121 f.; BVerwGE 84, 375, 379 f.; BVerwG DVBl. 1992, 298; *Kugelmann* (Fn. 18) S. 258; *Stelkens/Bonk/ Sachs*, § 30 RdNr. 20; *Knack/Clausen*, § 30 RdNr. 12; *Kopp/Ramsauer*, VwVfG, 30 RdNr. 16; *Manssen*, § 75 RdNr. 32; *Trute/Spoerr/Bosch*, § 75 RdNr. 3; BeckTKG-Komm/*Kerkhoff*, § 75 RdNr. 9; FK/*Bracher*, § 56 RdNr. 12.
25 *Kugelmann* (Fn. 18) S. 252; *Kopp/Ramsauer*, VwVfG, § 29 RdNr. 27; *Stelkens/Bonk/Sachs*, § 29 RdNr. 52; s.a. *Manssen*, § 75 RdNr. 34.
26 *Stelkens/Bonk/Sachs*, § 29 RdNr. 52.
27 So etwa für den Kernbereich des informationellen Selbstbestimmungsrechts, s. *Stelkens/Bonk/ Sachs*, § 29 RdNr. 64; *Kopp/Ramsauer*, VwVfG, § 29 RdNr. 27, 38.

zwingend der Gewährung von Akteneinsicht entgegen.[28] Dies gilt insbesondere auch für Betriebs- und Geschäftsgeheimnisse.

13 Wird die Gewähr von Akteneinsicht nicht durch eine zwingende Geheimhaltungsvorschrift untersagt, steht ihre Erteilung im **pflichtgemäßen Ermessen** der Beschlusskammer. Sie hat das Offenlegungsinteresse des Einsichtsbegehrenden gegen die Bedeutung des Geheimhaltungsinteresses abzuwägen.[29] Im Beschlusskammerverfahren ist einerseits nach der Qualität des **Informationsinteresses** zu differenzieren. Dies rechtfertigt sich daraus, dass – anders als nach §§ 13 i.V.m. 29 VwVfG – nach § 134 Abs. 2 Nr. 3 auch Personen verfahrensbeteiligt sein können, denen keine rechtlichen Interessen am Verfahrensausgang zur Seite stehen. Ihr Offenbarungsinteresse ist bei Vorliegen von Geheimhaltungsgründen geringer zu veranschlagen.[30] Den nach § 29 Abs. 2 Alt. 3 und 4 VwVfG geschützten **Geheimhaltungsinteressen** kommt andererseits wegen ihrer grundrechtlichen Relevanz ein stärkeres Gewicht zu als den anderen in § 29 Abs. 2 VwVfG genannten Verweigerungsgründen.[31] Allerdings ist bei Unternehmensinformationen – anders als bei Geheimnissen, die zur Sphäre privater Lebensgestaltung rechnen[32] – deren Gemeinschaftsbezogenheit zu berücksichtigen.[33] Der Schutz von Betriebs- und Geschäftsgeheimnissen wird gleichwohl regelmäßig überwiegen, wenn das Offenbarungsinteresse nicht durch Gründe effektiver Rechtsverfolgung oder sonstiger höherrangiger Rechtsgüter des Informationsbegehrenden gestützt ist. In diesem Sinne überwiegende Offenbarungsinteressen können aber auch von Beigeladenen geltend gemacht werden, wenn der Ausgang des Verfahrens rechtsgestaltende Wirkung für sie hat.[34]

14 Von der Frage nach der Offenbarungsbefugnis ist diejenige zu unterscheiden, ob die Beschlusskammer im Falle der Geheimhaltung bei ihrer Sachentscheidung Informationen **verwerten** darf, von denen Drittbetroffene keine Kenntnis haben. Grundsätzlich ist eine Verwertungsbefugnis bei rechtmäßig erlangtem Behördenwissen mangels anderweitiger gesetzlicher Anordnung[35] zu bejahen.[36] Zu berücksichtigen ist aber, dass die Geheimhaltung zugleich das Gehörsrecht der anderen Beteiligten beeinträchtigt. Die Verwertungsbefugnis auch zu Lasten der Drittunternehmen muss deshalb auf die Ermessensentscheidung

---

28 *Gurlit*, Verwaltungsöffentlichkeit, S. 165; wohl i.E. auch *Manssen*, § 75 RdNr. 32; *Kopp/Ramsauer*, VwVfG, § 29 RdNr. 38; OVG Münster CR 2000, 444, 445; OVG Münster RTkom 2001, 168.

29 VGH München NVwZ 1990, 778; *Kopp/Ramsauer*, VwVfG, § 29 RdNr. 27; *Stelkens/Bonk/Sachs*, § 29 RdNr. 52; für das TKG *Manssen*, § 75 RdNr. 34; BeckTKG-Komm/*Kerkhoff*, § 75 RdNr. 9; *Trute/Spoerr/Bosch*, § 75 RdNr. 3; für das Kartellrecht *Langen/Bunte/Schultz*, § 56 RdNr. 6.

30 OVG Münster CR 2000, 444; so auch für das Kartellrecht FK/*Bracher*, § 56 RdNr. 12; *Immenga/Mestmäcker/K. Schmidt*, § 56 RdNr. 13; *K. Schmidt*, Drittschutz, Akteneinsicht und Geheimnisschutz, S. 88.

31 *Kugelmann* (Fn. 18) S. 257; *Knemeyer*, NJW 1984, 2243.

32 Siehe zu deren hohen Rang *Stelkens/Bonk/Sachs*, § 30 RdNr. 20.

33 BVerwG NWVBl. 2004, 18, 20; BVerwG DVBl. 2004, 62, 65; BVerwG MMR 2003, 729, 731 für die Ermessensentscheidung nach § 99 Abs. 1 S. 2 VwGO; jüngst BVerwG N&R 2005, 76 m. Anm. *Gurlit* = CR 2005, 194; *Kugelmann* (Fn. 18) S. 259, 322.

34 In diesem Sinne auch *K. Schmidt* (Fn. 30) S. 94; zu undifferenziert OVG Münster CR 2000, 444, da das Gericht nicht hinsichtlich der Gründe der Beiladung differenziert; zur notwendigen Beiladung s. bereits § 134 RdNr. 38, 43.

35 Siehe § 138 Abs. 4 S. 2 für das gerichtliche Verfahren.

36 So auch *Scheurle/Mayen*, § 75 a RdNr. 11.

der Beschlusskammer nach § 29 Abs. 2 VwVfG über die Erteilung der Akteneinsicht zurückwirken.[37]

2. Pflichten des vorlegenden Unternehmens. – a) Kennzeichnungspflicht. – Nach § 136 **15**
S. 1 haben die Beteiligten unverzüglich nach der Vorlage von Unterlagen diejenigen Teile zu kennzeichnen, die Betriebs- und Geschäftsgeheimnisse enthalten. Die Regelung lehnt sich an ähnliche Regelungen insbesondere im Umweltrecht an.[38] Die Kennzeichnungspflicht lässt grundsätzlich die **Pflicht der Beschlusskammer zur Wahrung der Betriebs- und Geschäftsgeheimnisse nach § 30 VwVfG, § 12 und §§ 13, 15 i.V.m. § 12 Abs. 1 unberührt.**[39] Genauso wenig, wie eine Kennzeichnung als geheimhaltungsbedürftig eine materielle Bindung der Beschlusskammer begründet, wird sie durch eine unterlassene Kennzeichnung von der Pflicht zur Geheimniswahrung entbunden. Die Kennzeichnung durch das vorlegende Unternehmen soll im Wesentlichen der Beschlusskammer das Erkennen von schutzwürdigen Unternehmensgeheimnissen erleichtern.[40] Zugleich stellt sie eine Manifestation des subjektiven Geheimhaltungswillens des Geheimnisinhabers dar (s. RdNr. 6).

Die Kennzeichnungspflicht bezieht sich auf diejenigen **Unterlagen**, die nach Einschätzung **16**
des vorlegenden Unternehmens **Betriebs- und Geschäftsgeheimnisse** darstellen. Da die Kennzeichnungspflicht sich an alle Beteiligten des Beschlusskammerverfahrens richtet, ist es unerheblich, ob es sich um Unterlagen eines antragstellenden Unternehmens oder um Stellungnahmen weiterer Beteiligter handelt. Es muss sich aber um Betriebs- und Geschäftsgeheimnisse des vorlegenden Unternehmens selbst handeln.[41] Geheimnisse Dritter sind nicht in den prozeduralen Rahmen des § 136 einbezogen, wenn sie nicht zugleich Geheimnisse des vorlegenden Unternehmens sind. Ihnen ist aber materiell nach § 30 VwVfG bzw. nach § 12 Abs. 1 S. 3 Rechnung zu tragen (RdNr. 9).

Eine Kennzeichnung muss unverzüglich **nach der Vorlage** der Unterlagen erfolgen. Diese **17**
Vorgabe weicht von den umweltrechtlichen Vorbildern ab, die zumeist eine Kennzeichnung im Rahmen der Vorlage vorsehen. Die nachträgliche Kennzeichnung verursacht zusätzlichen Verwaltungsaufwand bei der RegTP, die anhand der Angaben der Unternehmen die Kennzeichnungen den bereits vorgelegten Unterlagen zuordnen muss. Der zeitliche Spielraum der Unternehmen für die Prüfung der Geheimhaltungsbedürftigkeit[42] wird aber durch das Gebot **unverzüglicher Kennzeichnung** begrenzt. Maßgeblich sind die Umstände des Einzelfalles, in erster Linie der Umfang vorzulegender Unterlagen[43] und der Kreis potenziell einsichtsberechtigter Verfahrensbeteiligter. Die Beschlusskammer kann in Ausübung ihres Verfahrensermessens **Fristen für die Kennzeichnung** setzen, was vor allem im Hinblick auf die Rechtsfolgen nach § 136 S. 3 sachgerecht sein kann. Im Übrigen steht

---

37 BeckTKG-Komm/*Kerkhoff*, § 75 RdNr. 9. Dieser Ansatz entspricht der Rspr. zu den Anforderungen an die Ermessensentscheidung nach § 99 Abs. 1 S. 2 BVerwG, s. BVerwG NWVBl. 2004, 18, 20; BVerwG DVBl. 2004, 62, 64; BVerwG MMR 2003, 729 f.; OVG Weimar ThürVBl. 2003, 253; umgekehrt will *K. Schmidt* (Fn. 30) S. 94 ein Verwertungsverbot annehmen, sofern eine Entscheidung rechtsgestaltende Wirkung für Dritte hat; modifizierend FK/*Bracher*, § 56 RdNr. 13.
38 Siehe etwa § 10 Abs. 2 BImSchG, § 4 Abs. 3 S. 2 der 9. BImSchV.
39 BR-Drs. 834/01, S. 29; *Scheurle/Mayen*, § 75 a RdNr. 12.
40 So auch *Scheurle/Mayen*, § 75 a RdNr. 12.
41 Anderer Ansicht *Scheurle/Mayen*, § 75 a RdNr. 14.
42 Hierin sieht *Scheurle/Mayen*, § 75 a RdNr. 15 die Ratio von § 136 S. 1.
43 So auch *Scheurle/Mayen*, § 75 a RdNr. 15.

§ 136 S. 1 einer Kennzeichnung bereits zum Zeitpunkt der Vorlage der Unterlagen an die Beschlusskammer nicht entgegen.

18   **b) Vorlage einer Fassung zur Einsichtnahme.** – Werden von den Beteiligten vorgelegte Unterlagen gekennzeichnet, sind sie nach § 136 S. 2 zusätzlich verpflichtet, eine Fassung der Unterlagen vorzulegen, die aus ihrer Sicht ohne Offenbarung von Betriebs- und Geschäftsgeheimnissen eingesehen werden kann. Die Form einer derartigen Fassung ist gesetzlich nicht vorgegeben. Regelmäßig wird ihr das Unternehmen durch **Vorlage einer Fassung mit Schwärzungen** nachkommen.[44] Im Unterschied zu der mit Kennzeichnungen versehenen Fassung nach § 136 S. 1 ist die zur Einsichtnahme vorzulegende Fassung um die Betriebs- und Geschäftsgeheimnisse bereinigt. Es handelt sich also bei der Kennzeichnungspflicht und bei der Pflicht zur Vorlage einer einsehbaren Fassung um unterschiedliche Obliegenheiten.

19   § 136 S. 2 normiert für die Vorlage einer einsehbaren Fassung anders als für die Kennzeichnungspflicht keine zeitlichen Grenzen.[45] Im Rahmen ihres Verfahrensermessens ist die Beschlusskammer zur **Fristsetzung** befugt. Hierbei muss sie sich von der Erwägung leiten lassen, dass das Akteneinsichtsrecht der Verfahrensbeteiligten Element des Gehörsrechts ist. Eine Einsichtnahme und damit Gelegenheit zur Stellungnahme muss den Beteiligten zu einem Zeitpunkt gewährt werden, der eine Äußerung zum gesamten Verfahrensstand und deren Berücksichtigung durch die Beschlusskammer gewährleistet.[46] Deshalb muss im Regelfall die Einsichtsfassung zum Zeitpunkt der mündlichen Verhandlung nach § 135 Abs. 3 vorliegen.[47]

20   **c) Rechtsfolgen von Pflichtverletzungen.** – § 136 S. 3 knüpft Rechtsfolgen an die Verletzung der Pflichten nach § 136 S. 1 und 2. Danach kann die Beschlusskammer von der Zustimmung des Geheimnisinhabers zur Einsichtnahme durch Dritte ausgehen, wenn ihr nicht besondere Umstände bekannt sind, die eine solche Vermutung nicht rechtfertigen. § 136 S. 3 stellt eine **widerlegliche Vermutung** auf. Wird sie nicht entkräftet, so begründet die Fiktion der Zustimmung des Geheimnisinhabers eine **Offenbarungsbefugnis** der Beschlusskammer und führt damit zum Verlust des Geheimhaltungsanspruchs (s. RdNr. 11).[48]

21   Die Vermutung zur Zustimmung gilt nicht, wenn die Beschlusskammer von Umständen **Kenntnis** hat, die eine solche Vermutung widerlegen. Hierdurch wird der behördlichen Pflicht zur Wahrung des Geheimhaltungsanspruchs Rechnung getragen. Die Beschlusskammer ist indessen nicht zu weiteren Amtsermittlungen verpflichtet, sondern allein gehalten, ihr bekannte Umstände zu berücksichtigen.[49] Deshalb ist die Vermutung widerlegt, wenn der Geheimnisinhaber nur eine rechtzeitige Vorlage der Einsichtsfassung versäumt hat. In diesem Fall hat die Beschlusskammer durch die Kennzeichnung Kenntnis vom fortbestehenden Geheimhaltungswillen des Unternehmens.[50] Fehlt es auch an einer ausrei-

---

44 *Scheurle/Mayen*, § 75 a RdNr. 16; *Ellinghaus*, MMR 2003, 92; s. a. den Hinweis in BR-Drs. 834/01, S. 29.
45 So auch *Scheurle/Mayen*, § 75 a RdNr. 17; anders wohl *Holznagel*, MMR Beilage 12/2002, 35.
46 Siehe § 135 RdNr. 6.
47 So auch grundsätzlich *Scheurle/Mayen*, § 75 a RdNr. 17.
48 *Kugelmann* (Fn. 18) S. 258; *Kopp/Ramsauer*, VwVfG, § 29 RdNr. 39, § 30 RdNr. 15; *Stelkens/Bonk/Sachs*, § 29 RdNr. 71, § 30 RdNr. 17; *Knack/Clausen*, § 30 RdNr. 10.
49 So auch *Scheurle/Mayen*, § 75 a RdNr. 20.
50 So in der Sache auch BR-Drs. 834/01, S. 29; *Scheurle/Mayen*, § 75 a RdNr. 18.

chenden Kennzeichnung nach § 136 S. 1, ist die Kenntnis der Regulierungsbehörde von Umständen aus dem laufenden oder anderen Regulierungsverfahren maßgeblich.[51]

3. Die Entscheidung der Beschlusskammer. – Hält die Beschlusskammer die Kennzeich- **22** nung der Unterlagen für **unberechtigt**, muss sie nach § 136 S. 4 vor der Entscheidung über die Gewährung von Einsichtnahme an Dritte das vorlegende Unternehmen **anhören**. Durch diese Pflicht soll der materielle Geheimhaltungsanspruch nach § 12 Abs. 1 S. 3, §§ 13, 15 i.V.m. § 12 Abs. 1 S. 3 und § 30 VwVfG prozedural gesichert werden. Die Anhörungspflicht gewährleistet insoweit grundrechtlichen Schutz für Art. 14 GG durch Gestaltung des Verwaltungsverfahrens.[52] Das Anhörungsgebot besteht danach zum einen, wenn die Beschlusskammer das Vorliegen eines Betriebs- und Geschäftsgeheimnisses verneint. Vor dem Hintergrund des verfassungsrechtlichen Schutzzwecks muss aber eine Anhörung **erst recht** erfolgen, wenn die Beschlusskammer zwar die Kennzeichnung für berechtigt hält, aber gleichwohl im Rahmen einer **Güterabwägung** wegen höherrangiger Offenbarungsinteressen Einsicht gewähren will (s. RdNr. 11, 13). Die Anhörungspflicht entfällt also nur dann, wenn die Beschlusskammer Akteneinsicht nicht gewähren will.

Will die Beschlusskammer nach der Anhörung die streitbefangenen Informationen im **23** Wege der Akteneinsicht **freigeben**, muss dem Betroffenen Gelegenheit gegeben werden, gegen die Erteilung der Akteneinsicht vorläufigen Rechtsschutz zu erlangen.[53] Da es insoweit um die Sicherung eines materiellen Geheimhaltungsanspruchs geht, gelten die Restriktionen des § 44a S. 1 VwGO nicht.[54] Dem Geheimnisinhaber ist es nicht zuzumuten, eine Verletzung seines Rechts erst nachträglich mit der Anfechtung der Sachentscheidung zu rügen.[55]

---

51 BR-Drs. 834/01, S. 29; *Scheurle/Mayen*, § 75a RdNr. 20.
52 *Gurlit*, Verwaltungsöffentlichkeit, S. 123 f.
53 Da die Erteilung ein Realakt ist, ist um Rechtsschutz nach § 123 VwGO nachzusuchen, s. OVG Münster CR 2000, 444; *Scheurle/Mayen*, § 75a RdNr. 26.
54 Siehe zum Anwendungsbereich von § 44a S. 1 VwGO bereits § 135 RdNr. 41, 45 f.
55 OVG Münster CR 2000, 444; *Manssen*, § 75 RdNr. 38; *Scheurle/Mayen*, § 75a RdNr. 26; s.a. *Kopp/Ramsauer*, VwVfG, § 30 RdNr. 19; *Knack/Clausen*, § 30 RdNr. 14; unklar *Stelkens/Bonk/Sachs*, § 30 RdNr. 27, 28.

Unterabschnitt 2:

Gerichtsverfahren

§ 137 Rechtsmittel

(1) Widerspruch und Klage gegen Entscheidungen der Regulierungsbehörde haben keine aufschiebende Wirkung.

(2) Im Falle des § 132 findet ein Vorverfahren nicht statt.

(3) Im Falle des § 132 sind die Berufung gegen ein Urteil und die Beschwerde gegen eine andere Entscheidung des Verwaltungsgerichts ausgeschlossen. Das gilt nicht für die Beschwerde gegen den Beschluss nach § 138 Abs. 3, die Beschwerde gegen die Nichtzulassung der Revision nach § 135 in Verbindung mit § 133 der Verwaltungsgerichtsordnung und die Beschwerde gegen Beschlüsse über den Rechtsweg nach § 17 a Abs. 2 und 3 des Gerichtsverfassungsgesetzes. Auf die Beschwerde gegen die Beschlüsse über den Rechtsweg findet § 17 a Abs. 4 Satz 4 bis 6 des Gerichtsverfassungsgesetzes entsprechende Anwendung.

Schrifttum: *Gurlit,* Neuregelungen des Verfahrens- und Prozessrechts im Regierungsentwurf zur Neufassung des TKG, K&R Beilage 1/2004, 32; *Holznagel,* Rechtsschutz und TK-Regulierung im Referentenentwurf zum TKG, MMR 2003, 513; *Holznagel/Schulz/Werthmann/Grünhoff,* Gerichtliche Kontrolle im Lichte der Novellierung des TKG, 2003; *Husch/Kemmler/Ohlenburg,* Die Umsetzung des EU-Rechtsrahmens für elektronische Kommunikation: Ein erster Überblick, MMR 2003, 139; *Kind/Geppert/Schütze/Schulze zur Wiesche,* Änderung des Rechtswegs im Rahmen der TKG-Novelle?, MMR Beilage 12/2003, 3; *Koenig/Loetz/Neumann,* Sektorspezifische Regulierung im neuen Telekommunikationsrecht – Umsetzungsspielräume, verfassungsrechtliche Vorgaben und Verfahrensgestaltung, K&R Beilage 2/2003, 1; *Krautscheid,* Rechtspolitische Vorschläge zur Novellierung der TKG-Verfahrensfragen, MMR Beilage 12/2002, 30; *Ohlenburg,* Vorschriften über das Gerichtsverfahren nach dem Referentenentwurf zum TKG, TKMR 2003, 164; *Scherer,* Streitbeilegung und Rechtsschutz im künftigen TK-Recht, MMR Beilage 12/2002, 23; *ders.,* Die Umgestaltung des europäischen und deutschen Telekommunikationsrechts durch das EU-Richtlinienpaket-Teil I, K&R 2002, 273; *ders.,* Das neue Telekommunikationsgesetz, NJW 2004, 3001; *Schütz;* Gerichtliche Kontrolle von Regulierungsentscheidungen, MMR Beilage 12/2002, 18; *Schütz/Attendorn,* Das neue Kommunikationsrecht der Europäischen Union – Was muss Deutschland ändern?, MMR Beilage 4/2002, 1; *Wissmann/Klümper,* Effizienter Rechtsschutz und Rechtsweg im künftigen Kommunikationsrecht, K&R 2003, 52; *Zerres,* Erfahrungen mit der gerichtlichen Kontrolle von Regulierungsentscheidungen, MMR Beilage 12/2002, 8.

I. Normzweck

1   § 137 trifft Regelungen für die Ausgestaltung des Rechtsschutzes, die den Besonderheiten des Telekommunikationsrechts Rechnung tragen sollen. Ziel der Norm ist, in dem durch eine dynamische Entwicklung geprägten Telekommunikationssektor den Unternehmen Rechts- und Planungssicherheit durch Gewährleistung eines effizienten Rechtsschutzes in angemessener Verfahrensdauer zu verschaffen.[1] Der gesetzliche Ausschluss aufschiebender Wirkung von Widerspruch und Klage gegen Entscheidungen der Regulierungsbehörde nach § 137 Abs. 1 soll das regelmäßig bestehende sofortige Vollzugsinteresse der Behörde sichern.[2] Der Verzicht auf das Vorverfahren in Beschlusskammersachen nach § 137 Abs. 2 ist einerseits Ausdruck der Unabhängigkeit der Regulierungsbehörde und steht zum anderen im Dienste der Verfahrensbeschleunigung.[3] Die Verkürzung des gerichtlichen Instanzenzuges auf eine Tatsacheninstanz soll ebenfalls dem Umstand Rechnung tragen, dass der Faktor Zeit entscheidend für die Durchsetzung innovativer Geschäftsmodelle sein kann.[4]

II. Entstehungsgeschichte

2   Schon das TKG 1996 verzichtete auf eine sondergesetzliche **Rechtswegzuweisung**, sodass sich der Rechtsweg für Streitigkeiten aus dem TKG nach § 40 Abs. 1 S. 1 VwGO, § 13 GVG bemisst (s. RdNr. 6 ff.). Der damaligen Bitte des Bundesrates, wegen der Dominanz wettbewerblicher Fragestellungen und der vom TKG selbst gezogenen Verbindungslinien zum Kartellrecht eine Zuständigkeit der Kartellgerichte für die Wettbewerbsfragen zu erwägen,[5] hielt die Bundesregierung entgegen, dass das TKG in weiten Teilen Fragen klassischer Hoheitsverwaltung regle, deren Rechtsmaßstäbe sachgerechter durch die Verwaltungsgerichtsbarkeit zu beurteilen seien. Ein Sonderrechtsweg allein für die wettbewerbsrechtlichen Fragen wurde als nicht sinnvoll angesehen.[6] Hierbei ist es bei der Neufassung des Gesetzes ungeachtet der Stellungnahmen der Monopolkommission und anderer Stimmen[7] geblieben. Von der CDU- und der FDP-Fraktion eingebrachte Anträge zur legislativen Begründung des Zivilrechtsweges fanden nicht die erforderliche Mehrheit.[8] Mit Entschließungen von Bundesrat und Bundestag wurde allerdings die Bundesregierung aufge-

---

1   Begründung des Entwurfs der BReg, BT-Drs. 15/2316 v. 9. 1. 2004, S. 101.
2   Begründung des Entwurfs der BReg, BT-Drs. 15/2316, S. 101; s. a. bereits den Entwurf des TKG 1996, BR-Drs. 80/96 v. 9. 2. 1996, S. 52.
3   Ursprünglich in das TKG 1996 eingefügt auf Beschlussempfehlung des Ausschusses für Post und Telekommunikation, BT-Drs. 13/4864 (neu) v. 12. 6. 1996, S. 82; geändert durch Art. 18 Nr. 4 des post- und telekommunikationsrechtlichen Bereinigungsgesetzes v. 7. 5. 2002, BGBl. I, S. 1529.
4   Begründung des Entwurfs der BReg, BT-Drs. 15/2316, S. 101 f.
5   Siehe Beschluss des BR, BR-Drs. 80/96 (Beschluss) v. 22. 3. 1996, S. 2; s. a. die Empfehlungen der Ausschüsse, BR-Drs. 80/1/96 v. 11. 3. 1996, S. 2 f.
6   Gegenäußerung der BReg zur Stellungnahme des Bundesrates, BT-Drs. 13/4438 v. 23. 4. 1996, Anlage 3, S. 30.
7   *Monopolkommission*, 40. Sondergutachten, Tz. 100-102; s. a. bereits das 14. Hauptgutachten, BT-Drs. 14/9903, Tz. 21; s. a. *Wissmann/Klümper*, K&R 2003, 54 ff. und das im Auftrag einiger Unternehmen erstattete Gutachten von *Kind/Geppert/Schütze/Schulze zur Wiesche*.
8   Antrag der CDU-Fraktion, BT-Drs. 15/2329, S. 7; Änderungsantrag der FDP-Fraktion, Ausschuss-Drs. 15(9)1059; s. a. Bericht des Ausschusses für Wirtschaft und Arbeit, BT-Drs. 15/2679 v. 10. 3. 2004, S. 2 f., 13.

fordert, noch vor Ablauf der Legislaturperiode 2006 einen Gesetzentwurf vorzulegen, der die Umstellung auf den zivilrechtlichen Kartellrechtsweg herbeiführt.[9]

Bereits das TKG 1996 sah vor, dass Klagen gegen Entscheidungen der Regulierungsbehör- **3** de **keine aufschiebende Wirkung** haben. Diese im damaligen Gesetzgebungsverfahren unumstrittene Regelung speiste sich vor allem aus der Befürchtung, Drittanfechtungsklagen von Konkurrenten könnten die Ausübung zugeteilter Lizenzrechte nach dem TKG 1996 verzögern und damit finanzielle Investitionen entwerten.[10] Die Aufrechterhaltung der Regelung im TKG 2004[11] ungeachtet des Wegfalls des Lizenzregimes trägt dem Umstand Rechnung, dass generell ein Interesse an der sofortigen Vollziehung der behördlichen Verwaltungsakte besteht.[12]

Der **Wegfall des Vorverfahrens** nach § 137 Abs. 2 geht ebenfalls auf das TKG 1996 zurück. **4** Die auf Ausschussempfehlung eingeführte Regelung wurde zum einen mit dem Status und der Unabhängigkeit der Regulierungsbehörde begründet, deren Entscheidungen nicht durch das Ministerium kassiert werden sollten, zum anderen als Mittel der Verfahrensbeschleunigung gesehen.[13] Das damals unterlaufene „redaktionelle Versehen"[14], für sämtliche Verfahren der Regulierungsbehörde und nicht nur für Beschlusskammerverfahren auf das Vorverfahren zu verzichten, wurde mit dem post- und telekommunkationsrechtlichen Bereinigungsgesetz vom Mai 2002 korrigiert.[15] Der Wegfall des Vorverfahrens (nur) gegen Beschlusskammerentscheidungen nach § 132 rechtfertigt sich aus der Stellung der Beschlusskammern als institutioneller Anker der Unabhängigkeit der Regulierungsbehörde.[16]

Die neu in das Gesetz aufgenommene **Verkürzung des Instanzenzuges** auf eine Tatsa- **5** cheninstanz in Beschlusskammersachen war im Gesetzgebungsverfahren umstritten.[17] Die Verkürzung wurde mit dem Ziel begründet, vor allem im Interesse der Mitbewerber zügiger zu einer rechtskräftigen Entscheidung zu gelangen. Allfällige Rechtsschutzeinbußen sollen durch das formalisierte, gerichtsähnliche Beschlusskammerverfahren aufgefangen werden. Der Ausschluss der Berufungsinstanz wurde mit der Sachkunde des VG Köln gerechtfertigt. Die Beschränkung auf eine Instanz im Verfahren des vorläufigen Rechtsschut-

---

9 Entschließung des BR v. 14. 5. 2004, BR-Drs. 379/1/04; Entschließung des BT v. 27. 5. 2004, BT-Drs. 15/3218; krit. *Scherer*, NJW 2004, 3001, 3010: die Entschließungen tragen „alle Merkmale eines schlechten Kompromisses"; für eine schnellere Überleitung spricht sich die *Monopolkommission* aus, 15. Hauptgutachten 2002/2003 (Kurzfassung) Tz. 52.

10 Begründung des Entwurfs der BReg, BR-Drs. 80/96, S. 52.

11 Art. 18 Nr. 4 des post- und telekommunikationsrechtlichen Bereinigungsgesetzes v. 7. 5. 2002, BGBl. I S. 1529, führte die Erweiterung auf „Rechtsmittel" (unter Einschluss des Widerspruchsverfahrens) ein, um der Beschränkung des Verzichts auf das Vorverfahren auf das Beschlusskammerverfahren Rechnung zu tragen.

12 Begründung des Entwurfs der BReg, BT-Drs. 15/2316, S. 101.

13 Beschlussempfehlung und Bericht des Ausschusses für Post und Telekommunikation, BT-Drs. 13/4864 (neu) v. 12. 6. 1996, S. 82.

14 So die Begründung des Entwurfs der BReg, BT-Drs. 14/7921 v. 20. 12. 2001, S. 17.

15 Art. 18 Nr. 4 des post- und telekommunikationsrechtlichen Bereinigungsgesetzes v. 7. 5. 2002, BGBl. I S. 1529.

16 Siehe Begründung des Entwurfs der BReg, BT-Drs. 15/2316, S. 101.

17 Für die Beibehaltung der Berufungs- und Beschwerdeinstanz *Zerres*, MMR Beilage 12/2002, 10; *Krautscheid*, MMR Beilage 12/2002, 31 f.; für die Verkürzung des Instanzenzuges *Holznagel*, MMR 2003, 514 f.; *Holznagel/Schulz/Werthmann/Grünhoff*, Gerichtliche Kontrolle im Lichte der Novellierung des TKG, S. 40 ff.; *Ohlenburg*, TKMR 2003, 166 f.; *Scherer*, MMR Beilage 12/2002, 29; *Monopolkommission*, 40. Sondergutachten, Tz. 103.

zes wurde einerseits mit § 152 VwGO begründet, andererseits mit der Erwägung, das Oberverwaltungsgericht solle nicht im vorläufigen Verfahren entscheiden, wenn ihm im Hauptsacheverfahren eine Entscheidungszuständigkeit nicht zukomme.[18]

III. Einzelerläuterungen

6   **1. Rechtsweg für Streitigkeiten aus dem TKG.** – Mangels spezialgesetzlicher Rechtswegzuweisungen bestimmt sich der Rechtsweg für Streitigkeiten aus dem TKG nach § 40 Abs. 1 S. 1 VwGO. Danach ist der **Verwaltungsrechtsweg** für alle öffentlich-rechtlichen Streitigkeiten nichtverfassungsrechtlicher Art eröffnet. Ob eine telekommunikationsrechtliche Streitigkeit dem öffentlichen Recht angehört, beurteilt sich nach der Rechtsnatur der auf den Sachverhalt anwendbaren Rechtsnormen.[19] Nach der heute überwiegend vertretenen Sonderrechtstheorie oder modifizierten Subjektstheorie gehört eine Norm dem öffentlichen Recht an, wenn sie nicht jedermann, sondern allein einen Träger staatlicher Gewalt als solchen berechtigt oder verpflichtet.[20] Stehen sich Staat und Bürger in einem hoheitlichen Über- und Unterordnungsverhältnis gegenüber, sind die für dieses Verhältnis maßgeblichen Rechtsnormen immer öffentlich-rechtlicher Natur.[21] Allein der Umstand, dass die Regulierungsbehörde nach § 2 öffentliche Aufgaben erfüllt oder im öffentlichen Interesse handelt, kann angesichts der Zulässigkeit privatrechtlicher Formen der Aufgabenerledigung die öffentlich-rechtliche Natur des Handelns nicht bestimmen.[22]

7   **Entscheidungen,** die die **Beschlusskammer** nach § 132 Abs. 1 S. 2 in der Form eines Verwaltungsaktes trifft, basieren auf öffentlich-rechtlichen Normen und begründen demgemäß eine öffentlich-rechtliche Streitigkeit.[23] Dies gilt nicht nur für begünstigende oder belastende **Regulierungsverfügungen** nach § 13 Abs. 1 S. 1, sondern auch für Zugangsanordnungen nach § 25, Entgeltgenehmigungen nach § 30 i.V.m. §§ 35 Abs. 5 und § 37 Abs. 2, Maßnahmen nach § 42 Abs. 4 S. 2 und ggfs. für außergerichtliche Streitentscheidungen nach § 133, soweit es sich um **privatrechtsgestaltende Verwaltungsakte** handelt. Außerhalb des Beschlusskammerverfahrens besteht zwar kein Verwaltungsaktsgebot. Aber auch wenn Maßnahmen nach § 67 oder § 115 vertraglich – und damit im Gleichordnungsverhältnis – getroffen werden sollten, bleibt es bei der öffentlich-rechtlichen Natur der zugrunde liegenden Rechtsnormen.

8   Die Zuständigkeit der Verwaltungsgerichtsbarkeit bleibt Gegenstand **rechtspolitischer Kritik.** Eine Parallelregelung zum GWB mit einer Rechtswegzuweisung an die Kartellsenate des Oberlandesgerichts und des Bundesgerichtshofs haben die Monopolkommission und andere Vertreter auch anlässlich der Neufassung des Gesetzes gefordert. Die Zuständigkeit der Verwaltungsgerichtsbarkeit ist indessen sachgerecht.[24] Die mit einer Verlage-

---

18 Begründung des Entwurfs der BReg, BT-Drs. 15/2316, S. 101 f.
19 GmSOGB BVerwGE 74, 368, 370; BVerwGE 96, 326, 330; BGHZ 102, 343, 347; BGHZ 115, 275; *Kopp/Schenke*, VwGO, § 40 RdNr. 11.
20 GmSOGB NJW 1990, 1527; *Schoch/Schmidt-Aßmann/Pietzner*, § 40 RdNr. 235 ff.; *Kopp/Schenke*, VwGO, § 40 RdNr. 11.
21 GmSOGB BGHZ 97, 312, 314; *Kopp/Schenke*, VwGO, § 40 RdNr. 11.
22 GmSOGB BGHZ 97, 312, 315; *Kopp/Schenke*, VwGO, § 40 RdNr. 12.
23 *Scheurle/Mayen*, § 80 RdNr. 4; BeckTKG-Komm/*Geppert*, § 80 RdNr. 1.
24 So auch i.E. *Holznagel*, MMR 2003, 513 f.; *Holznagel/Schulz/Werthmann/Grünhoff* (Fn. 17) S. 40; BeckTKG-Komm/*Geppert*, § 80 RdNr. 2.

rung erreichbare Rechtswegverkürzung[25] ist nunmehr durch § 137 Abs. 3 gewährleistet (s. RdNr. 24 ff.). Das Auseinanderdriften materieller Rechtsmaßstäbe[26] kann durch die Regelungen über die Zusammenarbeit von BKartA und Regulierungsbehörde weitgehend vermieden werden. Und die Sachkunde in wettbewerblichen Fragen wird man dem VG Köln kaum absprechen können.[27] Die Aufgaben der Ex-ante-Regulierung und auch die sonstigen Aufsichtsaufgaben unterscheiden sich strukturell von der allgemeinen Wettbewerbsaufsicht und rechtfertigen nicht nur eine gesonderte Behördenzuständigkeit, sondern auch die verwaltungsgerichtliche Kontrolle. Dass die aus der sondergesetzlichen Regulierung entlassenen Bereiche der Telekommunikation der Kontrolle der Kartellsenate unterstehen[28], vermag solange einen Zuständigkeitswechsel nicht zu begründen, wie der Übergang noch nicht abgeschlossen ist. Schließlich ist der Konnex von Verwaltungsverfahren und gerichtlichem Rechtsschutz zu beachten. Dem GWB und dem TKG liegen unterschiedliche Beteiligungsphilosophien zugrunde; die Änderung allein des Rechtswegs würde deshalb Folgeprobleme auslösen.[29]

Die Zuständigkeit der Verwaltungsgerichtsbarkeit für Streitigkeiten wegen öffentlich-rechtlicher Regulierungstätigkeit ist auch **gemeinschaftsrechtskonform**. Art. 4 Abs. 1 S. 1 RRL verlangt, dass jeder von einer Entscheidung der Regulierungsbehörde Betroffene[30] bei einer unabhängigen Beschwerdestelle Rechtsbehelfe einlegen kann, wobei die Beschwerdestelle auch ein Gericht sein kann, das über eine angemessene Sachkunde verfügt (Art. 4 Abs. 1 S. 2 RRL). Das Gemeinschaftsrecht determiniert nicht den Rechtsweg.[31] Entscheidend ist allein, dass die Beschwerdeinstanzen über eine ausreichende Sachkunde verfügen und wirksamen Rechtsschutz gewährleisten können. Die Entscheidungsbetroffenen können im Wege der Anfechtungs- und der Verpflichtungsklage Rechtsschutz vor dem – sachkundigen – VG Köln erlangen. Das Verwaltungsgericht ist deshalb eine im Sinne von Art. 4 Abs. 1 RRL unabhängige Beschwerdestelle.[32] **9**

2. Ausschluss der aufschiebenden Wirkung. – Nach § 137 Abs. 1 haben Widerspruch und Klage gegen Entscheidungen der Regulierungsbehörde keine aufschiebende Wirkung. **10**

---

25 So das Argument der *Monopolkommission*, 40. Sondergutachten, Tz. 100; s. a. *Wissmann/Klümper*, K&R 2003, 56.

26 *Monopolkommission*, 40. Sondergutachten, Tz. 100; *Wissmann/Klümper*, K&R 2003, 57 f.

27 So auch *Holznagel*, MMR 2003, 514; *Holznagel/Schulz/Werthmann/Grünhoff* (Fn. 17) S. 38; skeptisch aber die *Monopolkommission*, 40. Sondergutachten, Tz. 102; *Wissmann/Klümper*, K&R 2003, S. 58.

28 *Monopolkommission*, 40. Sondergutachten, Tz. 101; *Kind/Geppert/Schütze/Schulze zur Wiesche*, MMR Beilage 12/2003, S. 8.

29 *Holznagel*, MMR 2003, 513 f.; *Holznagel/Schulz/Werthmann/Grünhoff* (Fn. 17) S. 26, 32.

30 Art. 4 Abs. 1 RRL normiert nach richtiger Auffassung allein die Klagebefugnis von Verwaltungsaktsadressaten, so auch *Scherer*, K&R 2002, 273, 279; *ders.*, MMR Beilage 12/2002, 27; *Holznagel/Schulz/Werthmann/Grünhoff* (Fn. 17) S. 10 f.; *Koenig/Loetz/Neumann*, K&R Beilage 2/2003, 32; wohl auch *Husch/Kemmler/Ohlenburg*, MMR 2003, 139; a. A. *Schütz/Attendorn*, MMR Beilage 4/2002, 26; *Kind/Geppert/Schütze/Schulze zur Wiesche*, MMR Beilage 12/2003, 7, 16 und *Wissmann/Klümper*, K&R 2003, 55, die Art. 4 Abs. 1 RRL auch ein Gebot zur Schaffung von Klagerechten Dritter entnehmen.

31 Siehe EuGH Slg. 1985, 2301 Tz. 17 *Bozzetti*; EuGH Slg. 1998, I-6307 Tz. 14 *In.Co.Ge. ,90*; s. a. *Holznagel/Schulz/Werthmann/Grünhoff* (Fn. 17) S. 10.

32 So auch *Scherer*, K&R 2002, 273, 279; *ders.*, MMR Beilage 12/2002, 26; *Ohlenburg*, TKMR 2003, 165; *Husch/Kemmler/Ohlenburg*, MMR 2003, 139; *Gurlit*, K&R Beilage 1/2004, 35; *Schütz/Attendorn*, MMR Beilage 4/2002, 26; *Koenig/Loetz/Neumann*, K&R Beilage 2/2003, 31.

Die Norm trifft eine Sonderregelung i. S. v. § 80 Abs. 2 S. 1 Nr. 3 VwGO, indem sie eine **legislative Abweichung vom Grundsatz der aufschiebenden Wirkung** von Rechtsbehelfen normiert. Der Rechtsbehelfen nach § 80 Abs. 1 VwGO zukommende Suspensiveffekt[33] weicht mithin einer sofortigen Vollziehbarkeit des Verwaltungsaktes kraft Gesetzes.[34] Der Gesetzgeber hat mit der Regelung in § 137 Abs. 1 zum Ausdruck gebracht, dass bei Entscheidungen der Regulierungsbehörde grundsätzlich ein Interesse an der sofortigen Vollziehung von Verwaltungsakten besteht. Er sah wirtschaftliche Investitionen vor allem durch Drittanfechtungen von Konkurrenten gefährdet.[35] § 137 Abs. 1 beschränkt seine Wirkungen allerdings nicht auf Drittklagen und geht insoweit über die ratio des § 80 Abs. 2 S. 1 Nr. 3 VwGO hinaus.[36]

11 **a) Anwendungsbereich von § 137 Abs. 1.** – Der Anwendungsbereich der Norm ist auf alle Entscheidungen der Regulierungsbehörde bezogen und erfasst nicht nur das Beschlusskammerverfahren. Es muss sich allerdings um **Maßnahmen zum Vollzug des TKG** handeln.[37] Während der Wegfall des Suspensiveffekts bei Beschlusskammerentscheidungen wegen der Regelung in § 137 Abs. 2 nur die Anfechtungsklage umfassen kann, trifft er bei sonstigen Entscheidungen der Regulierungsbehörde auch das Widerspruchsverfahren. Im Übrigen setzt die Anwendung voraus, dass ohne die Regelung des § 137 Abs. 1 dem Rechtsbehelf aufschiebende Wirkung zukäme. Ergibt sich die sofortige Vollziehbarkeit aus einer anderen Norm – insbesondere aus § 80 Abs. 2 S. 1 Nr. 1 VwGO – kommt § 137 Abs. 1 nicht zur Anwendung.[38]

12 Der Suspensiveffekt – und sein Ausschluss – erfassen nur Rechtsbehelfe gegen **Verwaltungsakte**. Dies sind nicht nur belastende, sondern auch rechtsgestaltende und feststellende Verfügungen und Verwaltungsakte mit Drittwirkung (s. § 80 Abs. 1 S. 2 VwGO).[39] Maßgeblich ist, dass sich der Rechtsbehelf gegen einen erlassenen Verwaltungsakt richtet. Der Suspensiveffekt und sein Ausschluss nach § 137 Abs. 1 erfassen also den **Anfechtungswiderspruch** und die **Anfechtungsklage**. Der Ausschluss des Suspensiveffekts trifft sowohl den **Adressaten eines belastenden Verwaltungsakts** als auch den **Drittbetroffenen** eines den Adressaten begünstigenden Verwaltungsakts.[40] § 137 Abs. 1 findet keine Anwendung auf Verpflichtungsklagen. Soweit ein Einschreiten der Behörde verlangt wird, ist ggf. im vorläufigen Rechtsschutz ein Verfahren nach § 123 VwGO zu betreiben.

13 **b) Behördlicher Rechtsschutz nach § 80 Abs. 4 VwGO.** – Der Adressat eines belastenden Verwaltungsakts der Regulierungsbehörde kann einen **Antrag auf Aussetzung der Vollziehung nach § 80 Abs. 4 VwGO** stellen. Auch dem Drittbetroffenen eines Verwaltungsakts

---

33 Nach ganz überwiegender Meinung hemmt der Suspensiveffekt nicht die Wirksamkeit des Verwaltungsaktes, sondern stellt allein ein Vollzugshemmnis dar, s. BVerwGE 24, 92, 98; BVerwGE 66, 218, 221; modifizierend *Kopp/Schenke*, VwGO, § 80 RdNr. 22; s. a. *Scheurle/Mayen*, § 80 RdNr. 25.

34 Die sofortige Vollziehbarkeit umfasst die Befugnis, alle Folgerungen tatsächlicher oder rechtlicher Art aus einem Verwaltungsakt zu ziehen, s. *Kopp/Schenke*, VwGO, § 80 RdNr. 22.

35 Begründung des Entwurfs der BReg, BR-Drs. 80/96, S. 52; s. a. BT-Drs. 15/2316, S. 101.

36 Kritisch *Scheurle/Mayen*, § 80 RdNr. 26, der die Regelung für zu weitreichend und undifferenziert hält.

37 BeckTKG-Komm/*Geppert*, § 80 RdNr. 8.

38 *Manssen*, § 80 RdNr. 8; so auch *Scheurle/Mayen*, § 80 RdNr. 23.

39 Siehe dazu ausführlicher *Kopp/Schenke*, VwGO, § 80 RdNr. 15–21.

40 *Kopp/Schenke*, VwGO, § 80 RdNr. 43 ff. zu Drittanfechtungen; die Konstellation des Drittklägers stand dem Gesetzgeber vor allem vor Augen, s. BR-Drs. 80/96, S. 52.

steht diese Möglichkeit zur Verfügung (§ 80a Abs. 1 Nr. 2 VwGO). Dass gegen Beschlusskammerentscheidungen ein Vorverfahren nach § 137 Abs. 2 nicht stattfindet, schließt die behördliche Aussetzung dieser Entscheidungen nicht aus.[41] Der Aussetzungsantrag ist aber in diesem Fall an die Regulierungsbehörde als Ausgangsbehörde i.S.v. § 80 Abs. 4 S. 1 VwGO und nicht an die Beschlusskammer zu richten, die mangels institutioneller Verselbstständigung keine Behördeneigenschaft i.S.v. § 1 Abs. 4 VwVfG aufweist.[42] Bei anderen als Beschlusskammerentscheidungen hat der Adressat oder Drittbetroffene zwar grundsätzlich ein Wahlrecht, welche Behörde er anruft.[43] Indessen ist nach § 73 Abs. 1 S. 2 Nr. 2 VwGO die Regulierungsbehörde sowohl Ausgangs- als auch Widerspruchsbehörde (s. RdNr. 22).

Es fehlt an den **rechtlichen Voraussetzungen** der behördlichen Aussetzung, wenn der Ver- **14** waltungsakt unanfechtbar geworden ist.[44] Ein Widerspruch muss, falls ein Vorverfahren durchgeführt wird, noch nicht eingelegt worden sein.[45] Richtet sich der Aussetzungsantrag gegen den Vollzug einer Beschlusskammerentscheidung, muss eine Anfechtungsklage noch nicht erhoben sein. Materiell ist eine Abwägung des Vollzugsinteresses mit dem Aussetzungsinteresse vorzunehmen. Die Entscheidungsmaßstäbe des § 80 Abs. 4 S. 3 VwGO gelten nur für den Sofortvollzug von Abgabenbescheiden und sind nicht analogiefähig.[46] Vielmehr gelten im behördlichen Verfahren nach § 80 Abs. 4 VwGO dieselben Anforderungen wie für den gerichtlichen Rechtsschutz nach § 80 Abs. 5 VwGO (s. RdNr. 17). Insbesondere gegen Beschlusskammerentscheidungen erscheint ein Aussetzungsantrag nur wenig erfolgversprechend, da er eine Selbstkorrektur der Kammer voraussetzt.[47]

c) Gerichtlicher Rechtsschutz nach § 80 Abs. 5 VwGO. – Der Adressat einer belastenden **15** Verfügung der Regulierungsbehörde kann nach § 80 Abs. 5 S. 1 VwGO einen Antrag auf **gerichtliche Anordnung der aufschiebenden Wirkung** stellen. Dies gilt auch für den Drittbetroffenen eines Verwaltungsakts (§ 80a Abs. 3 S. 2 i.V.m. § 80 Abs. 5 S. 1 VwGO). Zwar ließe sich erwägen, dass dem Rechtsschutzbegehren des Dritten auch mit einer gerichtlichen Vollzugsaussetzung nach § 80a Abs. 3 S. 1 i.V.m. § 80a Abs. 1 Nr. 2 VwGO ausreichend gedient sei. Im Fall eines legislativ angeordneten Sofortvollzugs nach § 80 Abs. 2 S. 1 Nr. 3 VwGO zielt aber der Rechtsschutzauftrag auf die Anordnung aufschiebender Wirkung.[48]

Die **Zulässigkeitsvoraussetzungen** bestimmen sich nach § 80 Abs. 5 VwGO. In analoger **16** Anwendung von § 42 Abs. 2 VwGO muss der Antragsteller die **Antragsbefugnis** besitzen. Die Geltendmachung, durch die sofortige Vollziehung in Rechten verletzt zu sein, fällt jedenfalls beim Adressaten einer belastenden Verfügung mit der behaupteten Rechtsverletzung durch die eigentliche Sachentscheidung zusammen.[49] Gegen Beschlusskammerent-

41 So i. E. auch *Scheurle/Mayen*, § 80 RdNr. 28 mit Nachweisen zum Streitstand.
42 *Scheurle/Mayen*, § 80 RdNr. 29; s.a. § 132 RdNr. 4.
43 *Kopp/Schenke*, VwGO, § 80 RdNr. 112; *Schoch/Schmidt-Aßmann/Pietzner*, § 80 RdNr. 208.
44 *Kopp/Schenke*, VwGO, § 80 RdNr. 113; s.a. *Scheurle/Mayen*, § 80 RdNr. 30; BeckTKG-Komm/-*Geppert*, § 80 RdNr. 9.
45 *Schoch/Schmidt-Aßmann/Pietzner*, § 80 RdNr. 208, 212; a.A. *Kopp/Schenke*, VwGO, § 80 RdNr. 110.
46 *Kopp/Schenke*, VwGO, § 80 RdNr. 116; modifizierend *Schoch/Schmidt-Aßmann/Pietzner*, § 80 RdNr. 204.
47 So auch die Einschätzung von *Scheurle/Mayen*, § 80 RdNr. 32; zur praktischen Bedeutungslosigkeit von § 80 Abs. 4 VwGO s. *Schoch/Schmidt-Aßmann/Pietzner*, § 80 RdNr. 189.
48 So auch *Schoch/Schmidt-Aßmann/Pietzner*, § 80a RdNr. 51; i.E. auch *Kopp/Schenke*, VwGO, § 80a RdNr. 17.
49 *Kopp/Schenke*, VwGO, § 80 RdNr. 134.

scheidungen muss wegen des Wegfalls des Vorverfahrens nach § 137 Abs. 2 **spätestens gleichzeitig die Anfechtungsklage erhoben werden.**[50] § 80 Abs. 5 S. 3 VwGO ist insoweit nicht anwendbar. Steht die Anordnung der aufschiebenden Wirkung eines Widerspruchs in Frage, muss spätestens gleichzeitig mit dem Antrag nach § 80 Abs. 5 S. 1 VwGO Widerspruch eingelegt werden.[51] Ein **vorheriger Aussetzungsantrag** nach § 80 Abs. 4 VwGO ist **nicht erforderlich.**[52] Dies gilt auch für Anträge Drittbetroffener. Der redaktionell missglückte § 80a Abs. 3 S. 2 VwGO normiert allein eine Rechtsgrundverweisung auf § 80 Abs. 6 VwGO.[53]

17 Materiell hat das Verwaltungsgericht eine **Abwägung** des Vollzugsinteresses der Regulierungsbehörde mit dem Suspensivinteresse des Antragstellers vorzunehmen. Der Antrag ist erfolgreich, wenn das **Suspensivinteresse das Vollzugsinteresse überwiegt.** Eine Gleichrangigkeit des Suspensivinteresses reicht wegen der legislativen Regelanordnung nach § 80 Abs. 2 S. 1 Nr. 3 VwGO, § 137 Abs. 1 nicht aus.[54] Ein Überwiegen des Suspensivinteresses ist regelmäßig zu bejahen, wenn sich die Verfügung der Regulierungsbehörde bei summarischer Prüfung als rechtswidrig erweist. Bei nach summarischer Prüfung offensichtlicher Rechtmäßigkeit des Verwaltungsakts wird hingegen wegen der Regelanordnung nach § 80 Abs. 2 S. 1 Nr. 3 VwGO, § 137 Abs. 1 kaum ein Überwiegen des Suspensivinteresses begründbar sein.[55] Maßgeblicher Beurteilungszeitpunkt ist die Sach- und Rechtslage im Zeitpunkt der gerichtlichen Entscheidung.[56] In Fällen, in denen aus der (Nicht-)Anordnung der aufschiebenden Wirkung bereits gravierende Konsequenzen für den Antragsteller erwachsen, gebietet Art. 19 Abs. 4 GG höhere Anforderungen an die gerichtliche Kontrolltiefe.[57] Das Gebot effektiven Rechtsschutzes kann schließlich auch maßgeblich die Interessenabwägung im Fall offener Erfolgsaussichten determinieren. Im Regelfall setzt sich bei offenen Erfolgsaussichten zwar aufgrund der legislativen Vorentscheidung nach § 80 Abs. 2 S. 1 Nr. 3 VwGO, § 137 Abs. 1 das Vollzugsinteresse durch; sollten hingegen durch den Vollzug nicht rückholbare Beeinträchtigungen entstehen, darf sich in Anbetracht von Art. 19 Abs. 4 GG auch im Fall des non liquet nicht das Vollzugsinteresse durchsetzen.[58]

---

50 *Schoch/Schmidt-Aßmann/Pietzner*, § 80 RdNr. 314.

51 OVG Koblenz NJW 1995, 1043; OVG Münster DVBl. 1996, 115; *Schoch/Schmidt-Aßmann/Pietzner*, § 80 RdNr. 314; a. A. VGH Mannheim DVBl. 1995, 302 f.; *Kopp/Schenke*, VwGO, § 80 RdNr. 139.

52 *Schoch/Schmidt-Aßmann/Pietzner*, § 80 RdNr. 189, 341; *Kopp/Schenke*, VwGO, § 80 RdNr. 138; *Scheurle/Mayen*, § 80 RdNr. 36.

53 OVG Koblenz DÖV 2004, 167 f.; VGH Mannheim NVwZ 1995, 1003; ausführlicher dazu *Schoch/ Schmidt-Aßmann/Pietzner*, § 80a RdNr. 72 ff.; s. a. *Kopp/Schenke*, VwGO, § 80a RdNr. 21; i. E. auch *Scheurle/Mayen*, § 80 RdNr. 36; *Manssen*, § 80 RdNr. 15; a. A. immer noch OVG Lüneburg NdsVBl. 2004, 339.

54 OVG Koblenz NVwZ 1985, 201 f.; *Kopp/Schenke*, VwGO, § 80 RdNr. 114, 152; *Manssen*, § 80 RdNr. 11; modifizierend *Schoch/Schmidt-Aßmann/Pietzner*, § 80 RdNr. 125; a. A. *Scheurle/ Mayen*, § 80 RdNr. 40.

55 Anders im Fall behördlicher Vollzugsanordnung nach § 80 Abs. 2 S. 1 Nr. 4 VwGO, s. *Kopp/ Schenke*, VwGO, § 80 RdNr. 159.

56 *Kopp/Schenke*, VwGO, § 80 RdNr. 147.

57 BVerfGE 53, 30, 53 f.; BVerfGE 69, 315, 364; s. a. *Kopp/Schenke*, VwGO, § 80 RdNr. 158; *Scheurle/Mayen*, § 80 RdNr. 38 m. w. N.

58 BVerfGE 69, 220, 229; BVerwGE 96, 239, 241; *Scheurle/Mayen*, § 80 RdNr. 40; BeckTKG-Komm/*Geppert*, § 80 RdNr. 13; *Trute/Spoerr/Bosch*, § 80 RdNr. 5.

In der verwaltungsgerichtlichen Praxis wird die Regulierungsbehörde häufig durch eine **18** gerichtliche **Zwischenverfügung** oder die Ankündigung einer solchen zu einer behördlichen Aussetzung der Vollziehung veranlasst.[59] Zwischenverfügungen des Gerichts, welche die Schaffung vollendeter Tatsachen in der Zeitspanne zwischen dem Eingang des Antrags nach § 80 Abs. 5 S. 1 VwGO und der gerichtlichen Entscheidung verhindern sollen, fehlt es an einer gesetzlichen Grundlage.[60] Die sog. „Hängebeschlüsse" rechtfertigen sich aus Art. 19 Abs. 4 GG[61], sind aber auf die dringendsten Maßnahmen zu beschränken.[62]

Der freiwillige Vollzugsverzicht der Regulierungsbehörde auf gerichtliche Bitte hat das **19** Regel-/Ausnahmeverhältnis des § 137 Abs. 1 nahezu umgekehrt.[63] Die von Kritikern behauptete **Wertungsdivergenz** zu den gerichtlichen Maßstäben bei Drittanträgen auf regulierungsbehördliches Tätigwerden nach § 123 VwGO[64] besteht aber bei Lichte besehen nicht. Denn mit einem Antrag auf – vorläufige – Verpflichtung zum Erlass drittbelastender Maßnahmen wird grundrechtssystematisch ein Schutzanspruch geltend gemacht, für dessen Erfüllung die Regulierungsbehörde strukturell über einen Entscheidungsspielraum verfügt. Dieser verwirklicht sich regelmäßig im Ermessen. Dessen Reduktion zugunsten eines Anspruchstellers ist unter Schutzgesichtspunkten nur bei Glaubhaftmachung wesentlicher Beeinträchtigungen gerechtfertigt. Sachliche Gründe für eine Angleichung der gerichtlichen Anordnungsmaßstäbe in den Verfahren nach §§ 80 Abs. 5, 80a VwGO und § 123 VwGO bestehen im Telekommunikationsrecht nicht.[65]

Die Regelung der sofortigen Vollziehung nach § 137 Abs. 1 entspricht den **gemeinschafts-** **20** **rechtlichen Vorgaben** in Art 4 Abs. 1 S. 4 RRL, demzufolge Entscheidungen der Regulierungsbehörde bis zum Abschluss eines Beschwerdeverfahrens in Kraft bleiben, sofern das Gericht nicht anders entscheidet. Diese Vorgabe deckt eine gerichtliche Aussetzungsentscheidung nach § 80 Abs. 5 VwGO ebenso wie eine im Einzelfall erlassene Zwischenverfügung.[66] Allerdings ist ein gerichtlich unveranlasster Vollzugsverzicht der Regulierungsbehörde als Regelmaßnahme mit Art. 4 Abs. 1 S. 4 RRL nicht zu vereinbaren.[67]

3. Regelung des Vorverfahrens. – Nach § 137 Abs. 2 findet im Falle des § 132 ein Vorver- **21** fahren nicht statt. Mit der Regelung hat der Gesetzgeber vom Vorbehalt des § 68 Abs. 1

59 Siehe die Beschreibung dieser üblichen Praxis bei *Holznagel*, MMR 2003, 515.

60 So *Kopp/Schenke*, VwGO, § 80 RdNr. 170; a. A. *Schoch/Schmidt-Aßmann/Pietzner*, § 80 RdNr. 242 unter Verweis auf § 80 Abs. 7 VwGO.

61 Zur grundsätzlichen Zulässigkeit s. BVerwG NVwZ-RR 1997, 208; VGH Mannheim NVwZ 1985, 922.

62 OVG Lüneburg NVwZ 1987, 75; s. a.*Kopp/Schenke*, VwGO, § 80 RdNr. 170.

63 So die ganz überwiegende Einschätzung, s. *Schütz*, MMR Beilage 12/2002, 22; *Schütz/Attendorn*, MMR Beilage 4/2002, 26; wohl auch *Holznagel*, MMR 2003, 515; *Zerres*, MMR Beilage 12/2002, 11.

64 Siehe insbesondere die Kritik von *Schütz*, MMR Beilage 12/2002, 19 f.; *Schütz/Attendorn*, MMR Beilage 4/2002, 26; s. a. *Zerres*, MMR Beilage 12/2002, 11.

65 Anders als im Baurecht, wo die Rspr. auf die Verschlechterung der nachbarlichen Position durch das Genehmigungsfreistellungsverfahren mit einer Angleichung der Anforderungen nach § 80 Abs. 5 und § 123 VwGO reagierte, s. VGH Mannheim BauR 1995, 219 f.; OVG Münster BauR 1999, 379 f.

66 *Scherer*, K&R 2002, 273, 279; *Holznagel*, MMR 2003, 515; *Holznagel/Schulz/Werthmann/Grünhoff* (Fn. 17) S. 15; *Ohlenburg*, TKMR 2003, 139; *Gurlit*, K&R Beilage 1/2004, 36.

67 *Schütz/Attendorn*, MMR Beilage 4/2002, 26; wohl auch *Holznagel/Schulz/Werthmann/Grünhoff* (Fn. 17) S. 14; großzügiger möglicherweise *Scherer*, MMR Beilage 12/2002, 27.

S. 1 Alt. 1 VwGO Gebrauch gemacht.[68] Die Regelung beschränkt ihren **Anwendungsbereich** auf Beschlusskammerentscheidungen. Dies ist Ergebnis des post- und telekommunikationsrechtlichen Bereinigungsgesetzes vom Mai 2002, das ein redaktionelles Versehen beseitigen sollte (s. RdNr. 4). Da in § 137 Abs. 2 auf § 133 nicht verwiesen wird, könnte angenommen werden, dass außergerichtliche Streitentscheidungen der Beschlusskammer einem Widerspruchsverfahren zugänglich sind. Indessen würde dann die Verweisung in § 133 Abs. 3 weitgehend leerlaufen. Der Verweis soll gerade die Einbeziehung ermöglichen. Deshalb ist auch gegen Beschlusskammerentscheidungen nach § 133 der Widerspruch ausgeschlossen.

22 Gegen erlassene oder abgelehnte Verwaltungsakte der Regulierungsbehörde **außerhalb des Beschlusskammerverfahrens** ist hingegen nach § 68 Abs. 1 S. 1 und Abs. 2 VwGO ein Vorverfahren durchzuführen. Es gelten die allgemeinen Zulässigkeitsvoraussetzungen.[69] Insbesondere muss der Widerspruchsführer die **Widerspruchsbefugnis** in analoger Anwendung von § 42 Abs. 2 VwGO besitzen. Diesem Erfordernis ist nicht nur mit der Geltendmachung einer Rechtsverletzung Genüge getan, sondern auch mit der Behauptung einer Rechtsbeeinträchtigung und der Unzweckmäßigkeit des erlassenen Verwaltungsaktes.[70] **Widerspruchsbehörde** ist nach § 73 Abs. 1 S. 2 Nr. 2 VwGO die Regulierungsbehörde selbst.[71] Die vom Gesetzgeber ursprünglich vorgetragene Begründung, der Status der Regulierungsbehörde solle nicht durch die Kassation von Entscheidungen durch das Ministerium geschwächt werden[72], ist also nicht tragfähig.[73]

23 Der Ausschluss des Vorverfahrens bei Beschlusskammerentscheidungen lässt sich deshalb allein mit den Zielen der **Verfahrensbeschleunigung** und der **Arbeitsentlastung** rechtfertigen.[74] Die dem Widerspruchsverfahren zugeschriebenen Funktionen des Rechtsschutzes des Bürgers und der Entlastung der Gerichte durch vorgerichtliche Erledigung[75] werden damit aber preisgegeben. Die Regelung ist gleichwohl **gemeinschaftsrechtskonform**. Art. 4 Abs. 1 S. 2 RRL gestattet eine sofortige gerichtliche Befassung.[76] Wird bei sonstigen Entscheidungen der Regulierungsbehörde ein Widerspruchsverfahren durchgeführt, ist das gemeinschaftsrechtliche Gebot gerichtlichen Rechtsschutzes (Art. 4 Abs. 2 S. 2 RRL) durch die Möglichkeit der Erhebung von Anfechtungs- oder Verpflichtungsklage ebenfalls gewahrt.

24 **4. Instanzenzug.** – Nach § 137 Abs. 3 S. 1 sind in Beschlusskammersachen die Berufung gegen ein Urteil und die Beschwerde gegen eine andere Entscheidung des Verwaltungsge-

---

68 Der Wegfall des Vorverfahrens konnte nach dem Zuständigkeitswechsel vom Ministerium für Post und Telekommunikation auf die Regulierungsbehörde (§ 98 S. 1 TKG 1996) nicht mehr auf § 68 Abs. 1 S. 2 Nr. 1 VwGO gestützt werden, weil die Regulierungsbehörde keine oberste Bundesbehörde, sondern Bundesoberbehörde ist, s. dazu *Scheurle/Mayen*, § 80 RdNr. 13.
69 Siehe dazu *Kopp/Schenke*, VwGO, vor § 68 RdNr. 12.
70 *Kopp/Schenke*, VwGO § 69 RdNr. 6; enger *Schoch/Schmidt-Aßmann/Pietzner*, § 70 RdNr. 42.
71 So auch *Scheurle/Mayen*, § 80 RdNr. 15; BeckTKG-Komm/*Geppert*, § 80 RdNr. 4.
72 Beschlussempfehlung und Bericht des Ausschusses für Post und Telekommunikation, BT-Drs. 13/4864 (neu) S. 82.
73 So auch *Scheurle/Mayen*, § 80 RdNr. 15; modifizierend BeckTKG-Komm/*Geppert*, § 80 RdNr. 4 mit der Erwägung, das Ministerium könne in einem Widerspruchsverfahren zu aufsichtsrechtlichen Maßnahmen greifen.
74 *Scheurle/Mayen*, § 80 RdNr. 15; BeckTKG-Komm/*Geppert*, § 80 RdNr. 5.
75 *Kopp/Schenke*, VwGO vor § 68 RdNr. 1; *Schoch/Schmidt-Aßmann/Pietzner*, vor § 68 RdNr. 1.
76 *Gurlit*, K&R Beilage 1/2004, 36.

richts ausgeschlossen. Diese mit der Neufassung 2004 eingefügte Vorschrift soll durch Verkürzung des Instanzenzuges den **Erhalt rechtskräftiger Entscheidungen beschleunigen** und im Interesse der Marktteilnehmer die Rechtssicherheit verbessern (s. RdNr. 5). Nicht wenige zentrale telekommunikationsrechtliche Fragen benötigten etliche Jahre bis zur höchstrichterlichen Klärung. Der Faktor Zeit ist gerade für die neuen Unternehmen von zentraler Bedeutung und kann u. U. existenzentscheidend sein. Der Verweis auf die Möglichkeit der Sprungrevision konnte nicht verfangen, weil diese der Zustimmung der Beteiligten bedarf (§ 134 VwGO).[77] Die Verkürzung des Instanzenzuges wurde deshalb von zahlreichen Stimmen gefordert.[78] Für Rechtsmittel gegen gerichtliche Entscheidungen, die vor dem In-Kraft-Treten des TKG 2004 verkündet wurden, ordnet § 150 Abs. 13 in Abweichung vom Grundsatz des intertemporalen Prozessrechts die Zulässigkeit von Berufung und Beschwerde nach dem TKG 1996 an.

Nach § 137 Abs. 3 S. 1 ist im **Hauptsacheverfahren** die Berufung ausgeschlossen. Da im 25 ersten Rechtszug grundsätzlich das Verwaltungsgericht entscheidet (§ 45 VwGO), ist damit die **Zuständigkeit des Oberverwaltungsgerichts als Berufungsinstanz (§ 46 VwGO) ausgeschlossen.** Von der Möglichkeit, eine erstinstanzliche Zuständigkeit des Oberverwaltungsgerichts vorzusehen (§ 48 VwGO), hat der Gesetzgeber abgesehen. Sie hätte eine Änderung der VwGO erfordert. Der Ausschluss der Berufung konnte hingegen nach § 135 S. 1 VwGO durch das TKG selbst vorgenommen werden.[79] Allerdings hätte möglicherweise die hohe Komplexität der telekommunikationsrechtlichen Fragen die Zuweisung erstinstanzlicher Zuständigkeit an das Oberverwaltungsgericht gerechtfertigt.[80] Indessen hat sich das VG Köln als örtlich zuständiges Gericht in den vergangenen Jahren eine gediegene Sachkunde erarbeitet, welche die Beibehaltung seiner erstinstanzlichen Zuständigkeit rechtfertigt.[81] Im Übrigen ist nach Beobachtung von Kennern die telekommunikationsrechtliche „Streitkultur" anders als in den bereits dem Oberverwaltungsgericht zugewiesenen erstinstanzlichen Streitigkeiten und wegen der regelmäßig hohen Zahl konfliktbereiter Beigeladener eher einem Verwaltungsgericht zuzumuten.[82]

Bereits aus § 135 S. 1 VwGO folgt, dass im Falle des Ausschlusses der Berufung die **Revi-** 26 **sion zum Bundesverwaltungsgericht** statthaft ist. Die Revision muss allerdings vom Verwaltungsgericht zugelassen werden, im Falle der Nichtzulassung auf Beschwerde vom Bundesverwaltungsgericht (§ 135 S. 2 VwGO). § 137 Abs. 3 S. 2 stellt klar, dass der in § 137 Abs. 3 S. 1 normierte Ausschluss der Beschwerde die Nichtzulassungsbeschwerde nach §§ 135, 133 VwGO nicht erfasst.

Mit dem Ausschluss der Beschwerde hat der Gesetzgeber von der Option des § 146 Abs. 1 27 letzter Halbs. VwGO Gebrauch gemacht. Im wegen § 137 Abs. 1 erforderlichen **Verfahren**

---

77 *Ohlenburg,* TKMR 2003, 167; s.a. die Begründung des Regierungsentwurfs, BT-Drs. 15/2316, S. 102.

78 *Monopolkommission,* 14. Hauptgutachten, BT-Drs. 14/9903, Tz. 20; 40. Sondergutachten, Tz. 103; *Holznagel,* MMR 2003, 514 f.; *Holznagel/Schulz/Werthmann/Grünhoff* (Fn. 17) S. 40 ff.; *Ohlenburg,* TKMR 2003, 166 f.; *Scherer,* MMR Beilage 12/2002, S. 29.

79 *Holznagel/Schulz/Werthmann/Grünhoff* (Fn. 17) S. 44 f.

80 Siehe entsprechende Überlegungen bei *Holznagel/Schulz/Werthmann/Grünhoff* (Fn. 17) S. 46 f.

81 *Zerres,* MMR Beilage 12/2002, 10; *Holznagel/Schulz/Werthmann/Grünhoff* (Fn. 17) S. 46; *Ohlenburg,* TKMR 2003, 168; s.a. Begründung des Regierungsentwurfs, BT-Drs. 15/2316, S. 102.

82 So die Erwägung von *Holznagel/Schulz/Werthmann/Grünhoff* (Fn. 17) S. 47, die als Kompromisslösung eine Außenstelle des OVG Münster in Köln vorschlagen (S. 48).

nach §§ 80 Abs. 5, 80a Abs. 3 S. 2 VwGO führt der Ausschluss der Beschwerde gegen Beschlüsse des Verwaltungsgerichts zur alleinigen Zuständigkeit des Verwaltungsgerichts, denn Entscheidungen über die Anordnung der aufschiebenden Wirkung ergehen als Beschlüsse.[83] Gleiches gilt für gerichtliche Entscheidungen über den **Erlass einstweiliger Anordnungen nach § 123 VwGO.** Weil auch diese Entscheidungen als mit der Beschwerde angreifbare Beschlüsse ergehen (§ 123 Abs. 4 VwGO), erfasst § 137 Abs. 3 auch diese Verfahren. Der gesamte vorläufige Rechtsschutz ist damit beim Verwaltungsgericht konzentriert. Der Ausschluss des Oberverwaltungsgerichts vom vorläufigen Verfahren lässt sich aber damit rechtfertigen, dass dieses Gericht nach der Neuregelung auch im Hauptsacheverfahren keine Entscheidungszuständigkeit besitzt.[84]

28   Nach § 137 Abs. 3 S. 2 sind **nicht alle Beschwerden ausgeschlossen.** Neben der Nichtzulassungsbeschwerde nach §§ 135, 133 VwGO (s. RdNr. 26) bleiben Beschwerden gegen Entscheidungen über die Vorlage von Unterlagen nach § 138 Abs. 3 S. 4 zulässig. Insoweit wird ein Gleichlauf mit §§ 152 Abs. 1, 99 Abs. 2 S. 13 und 14 VwGO hergestellt.[85] Auch Beschlüsse über die Zulässigkeit des Rechtswegs nach § 17a Abs. 2 und 3 GVG bleiben mit der Beschwerde anfechtbar. Durch die Anordnung entsprechender Anwendung von § 17a Abs. 4 S. 4 bis 6 GVG steht die Beschwerde aber unter dem Vorbehalt verwaltungsgerichtlicher Zulassung.

29   Die in § 137 Abs. 3 getroffene Regelung ist **gemeinschaftsrechtskonform.**[86] Art. 4 Abs. 1 S. 1 RRL fordert einen wirksamen Rechtsschutz durch eine unabhängige Beschwerdestelle. Durch eine Verkürzung des Instanzenzuges um eine Tatsacheninstanz wird das gemeinschaftsrechtlich gebotene Maß an Rechtsschutz nicht unterschritten. Auch die Beschränkung des vorläufigen Rechtsschutzes auf eine Instanz ist mit dem Gemeinschaftsrecht vereinbar. Entscheidend ist aus Sicht des Gemeinschaftsrechts, dass überhaupt wirksame vorläufige Rechtsschutzverfahren zur Verfügung stehen.[87]

30   Die **Verfassungskonformität** der Regelung bemisst sich nach Art. 19 Abs. 4 GG. Sie ist i.E. zu bejahen.[88] Das Gebot effektiven Rechtsschutzes erfordert keinen mehrstufigen Instanzenzug.[89] Die Verkürzung wird zudem teilweise kompensiert durch das Beschlusskammerverfahren, in dem ein hohes Maß an Transparenz und Teilhabe besteht.[90] Beschränkt der Gesetzgeber den Instanzenzug, kann er im Rahmen seiner Ausgestaltungsbefugnis[91]

83   *Kopp/Schenke,* VwGO, § 80 RdNr. 168; *Schoch/Schmidt-Aßmann/Pietzner,* § 80 RdNr. 357; s.a. §§ 80 Abs. 7, 146 Abs. 4 VwGO.

84   *Scherer,* MMR Beilage 12/2002, 29; s.a. die Begründung des Regierungsentwurfs, BT-Drs. 15/2316, S. 102.

85   Die Parallele wird auch in der Gesetzesbegründung bemüht, BT-Drs. 15/2316, S. 102; BVerwG N&R 2005, 76 m. Anm. *Gurlit* = CR 2005, 114.

86   So auch *Scherer,* MMR Beilage 12/2002, 29; *Gurlit,* K&R Beilage 1/2004, 36.

87   Grundlegend: EuGH Slg. 1990, I-2433 *Factortame;* s.a. *Schoch/Schmidt-Aßmann/Pietzner,* vor § 80 RdNr. 20 f.

88   So auch *Holznagel,* MMR 2003, 514; *Ohlenburg,* TKMR 2003, 166; *Scherer,* MMR Beilage 12/2002, 29; *Gurlit,* K&R Beilage 1/2004, 36; *Wissmann/Klümper,* K&R 2003, 56; zweifelnd *Krautscheid,* MMR Beilage 12/2002, 32.

89   BVerfGE 65, 76, 90; BVerfGE 87, 48, 61; BVerfGE 92, 365, 410; BVerfGE 96, 27, 39; s.a. *Holznagel/Schulz/Werthmann/Grünhoff* (Fn. 17) S. 41 f.; *Gurlit,* K&R Beilage 1/2004, 36.

90   *Scherer,* MMR Beilage 12/2002, 29; *Ohlenburg,* TKMR 2003, 167 f.; s.a. die Erwägungen zur Begründung des Regierungsentwurfs, BT-Drs. 15/2316, S. 101.

91   Siehe dazu BVerfGE 60, 253, 269; BVerfGE 77, 275, 284.

darüber entscheiden, auf welche Tatsacheninstanz er verzichtet. Der Ausschluss des Oberverwaltungsgerichts erweist sich als sachgerecht und führt nicht zu einer Unterschreitung
des verfassungsrechtlich gebotenen Rechtsschutzes.[92] Schließlich ist auch die Beschränkung des vorläufigen Rechtsschutzes von der Ausgestaltungsbefugnis des Gesetzgebers
gedeckt.[93]

---

92 *Gurlit*, K&R Beilage 1/2004, 36.
93 Verfassungswidrig wäre aber der gänzliche Ausschluss vorläufigen Rechtsschutzes, s. *Schoch/
Schmidt-Aßmann/Pietzner*, § 80 RdNr. 222 m. w. N.

§ 138 Vorlage- und Auskunftspflicht der Regulierungsbehörde

(1) Für die Vorlage von Urkunden oder Akten, die Übermittlung elektronischer Dokumente oder die Erteilung von Auskünften (Vorlage von Unterlagen) durch die Regulierungsbehörde ist § 99 Abs. 1 der Verwaltungsgerichtsordnung anzuwenden. An die Stelle der obersten Aufsichtsbehörde tritt die Regulierungsbehörde.

(2) Auf Antrag eines Beteiligten entscheidet das Gericht der Hauptsache durch Beschluss darüber, ob die Unterlagen vorzulegen sind oder nicht vorgelegt werden dürfen. Werden durch die Vorlage von Unterlagen nach Abs. 1 Betriebs- oder Geschäftsgeheimnisse betroffen, verpflichtet das Gericht die Behörde zur Vorlage, soweit es für die Entscheidung darauf ankommt, andere Möglichkeiten der Sachaufklärung nicht bestehen und nach Abwägung aller Umstände des Einzelfalls das Interesse an der Vorlage der Unterlagen das Interesse des Betroffenen an der Geheimhaltung überwiegt.

(3) Der Antrag ist innerhalb eines Monats zu stellen, nachdem das Gericht den Beteiligten die Entscheidung der Regulierungsbehörde über die Vorlage der Unterlagen bekannt gegeben hat. Die Regulierungsbehörde hat die Unterlagen auf Aufforderung des Gerichts vorzulegen; § 100 der Verwaltungsgerichtsordnung findet keine Anwendung. Die Mitglieder des Gerichts sind zur Geheimhaltung verpflichtet; die Entscheidungsgründe dürfen Art und Inhalt der geheim gehaltenen Unterlagen nicht erkennen lassen. Gegen eine Entscheidung des Gerichts, wonach die Unterlagen vorzulegen sind oder vorgelegt werden dürfen, ist die Beschwerde zum Bundesverwaltungsgericht gegeben. Über die Beschwerde entscheidet der für die Hauptsache zuständige Revisionssenat. Für das Beschwerdeverfahren gelten die Sätze 2 und 3 sinngemäß.

(4) Sind nach der unanfechtbaren Entscheidung des Gerichts Unterlagen nicht vorzulegen oder dürfen sie nicht vorgelegt werden, reicht das Gericht, im Beschwerdeverfahren das Beschwerdegericht, die ihm nach Absatz 3 Satz 2 vorgelegten Unterlagen umgehend an die Regulierungsbehörde zurück. Der Inhalt dieser Unterlagen darf der gerichtlichen Entscheidung nicht zugrunde gelegt werden, es sei denn, alle Beteiligten haben ihr Einverständnis erteilt.

§ 99 Abs. 1 VwGO

Behörden sind zur Vorlage von Urkunden oder Akten, zur Übermittlung elektronischer Dokumente und zu Auskünften verpflichtet. Wenn das Bekanntwerden des Inhalts dieser Urkunden, Akten, elektronischen Dokumente oder dieser Auskünfte dem Wohl des Bundes oder eines deutschen Landes Nachteile bereiten würde oder wenn die Vorgänge nach einem Gesetz oder ihrem Wesen nach geheimgehalten werden müssen, kann die zuständige oberste Aufsichtsbehörde die Vorlage von Urkunden oder Akten, die Übermittlung elektronischer Dokumente und die Erteilung der Auskunft verweigern.

Schrifttum: *Beutling*, Neue Wege im Verwaltungsprozess – das „In-camera"-Verfahren, DVBl. 2001, 1252; *Bickenbach*, Das „In-camera"-Verfahren, BayVBl. 2003, 295; *Ellinghaus*, Der Stand der Telekommunikationsgesetzgebung, MMR 2003, 91; *Golembiewski*, Neuregelung der Vorlage- und

Auskunftspflicht der Behörden gemäß § 99 VwGO, NordÖR 2001, 421; *Gurlit*, Neuregelungen des Verfahrens- und Prozessrechts im Regierungsentwurf zur Neufassung des TKG, K&R Beilage 1/2004, 32; *dies.*, Entscheidungsanmerkung, N&R 2005, 79; *Holznagel*, Rechtsschutz und TK-Regulierung im Referentenentwurf zum TKG, MMR 2003, 513; *ders.*, Geheimnisschutz versus effektiver Rechtsschutz, MMR Beilage 12/2002, 34; *Holznagel/Schulz/Werthmann/Grünhoff*, Gerichtliche Kontrolle im Lichte der Novellierung des TKG, 2003; *Kienemund*, Das Gesetz zur Bereinigung des Rechtsmittelrechts im Verwaltungsprozess, NJW 2002, 1231; *Koenig/Loetz/Neumann*, Sektorspezifische Regulierung im neuen Telekommunikationsrecht – Umsetzungsspielräume, verfassungsrechtliche Vorgaben und Verfahrensgestaltung, K&R Beilage 2/2003, 1; *Lau*, Wer behindert wen – die Rechtsprechung die Regulierung oder die Regulierung die Rechtsprechung?, MMR Beilage 12/2002, 3; *Margedant*, Das „In-camera"-Verfahren, NVwZ 2001, 759; *Mayen*, Verwertbarkeit von geheim gehaltenen Verwaltungsvorgängen im gerichtlichen Verfahren?, NVwZ 2003, 537; *Ohlenburg*, Vorschriften über das Gerichtsverfahren nach dem Referentenentwurf zum TKG, TKMR 2003, 164; *Oster*, Die Verwertbarkeit „In-camera" gewonnener Informationen, DÖV 2004, 916; *M. Redeker/Kothe*, Die Neuregelung zur Überprüfung verweigerter Aktenvorlage im Verwaltungsprozess, NVwZ 2002, 313; *K. Schmidt*, Drittschutz, Akteneinsicht und Geheimnisschutz im Kartellverfahren, 1992; *Seibert*, Änderungen der VwGO durch das Gesetz zur Bereinigung des Rechtsmittelrechts im Verwaltungsprozess, NVwZ 2002, 265; *Sommer/Bosch*, Akteneinsichtsrechte vor Gericht, K&R 2002, 456; *Spiegels*, Das Geheimverfahren (In-camera) nach § 99 Abs. 2 VwGO und der Geheimnisschutz – So viel Information wie möglich, so viel Geheimnisschutz wie nötig, VBlBW 2004, 208; *Stegh*, Erfahrungen mit der gerichtlichen Kontrolle von Regulierungsentscheidungen, MMR Beilage 12/2002, 12; *Steinwärder*, Urteilsanmerkung, MMR 2003, 732.

Übersicht

I. Normzweck

1   In telekommunikationsrechtlichen Streitigkeiten spielt der Schutz von Betriebs- und Geschäftsgeheimnissen, die der Regulierungsbehörde im Rahmen von Verwaltungsverfahren bekannt werden, eine zentrale Rolle. Während § 136 eine auf das Beschlusskammerverfahren bezogene Regelung zum Umgang mit Betriebs- und Geschäftsgeheimnissen enthält, soll durch § 138 sichergestellt werden, dass auch im verwaltungsgerichtlichen Verfahren berechtigten Geheimhaltungsinteressen Rechnung getragen wird. Das im Verwaltungsprozess bestehende Akteneinsichtsrecht der Prozessbeteiligten (§ 100 VwGO) muss zurücktreten, wenn die Behörde nach § 99 Abs. 1 VwGO zur Verweigerung der Aktenvorlage berechtigt ist. Für die gerichtliche Überprüfung der behördlichen Entscheidung über die Vorlage enthält § 138 Abs. 2 eine auf das Telekommunikationsrecht zugeschnittene Abweichung von § 99 Abs. 2 VwGO. Sie soll insbesondere zur Vermeidung von Verfahrensverzögerungen beitragen und dem Gericht klare Kriterien für die Entscheidung über die Geheimhaltungsbedürftigkeit geben. Durch § 136 soll insgesamt ein Ausgleich zwischen Ge-

heimhaltungsinteressen, effektivem Rechtsschutz und dem Grundsatz rechtlichen Gehörs geleistet werden.[1]

II. Entstehungsgeschichte

Das **TKG 1996** enthielt **keine Regelungen** über die Vorlage von Akten an das Verwal- 2 tungsgericht. In zahlreichen Verfahren machte insbesondere das marktbeherrschende Unternehmen Geheimhaltungsansprüche wegen schützenswerter Betriebs- und Geschäftsgeheimnisse geltend und versuchte, deren Vorlage an das Verwaltungsgericht zu verhindern. Während vom Marktbeherrscher ein verfahrensrechtlicher Anspruch auf eine Vorlageentscheidung der Aufsichtsbehörde nach § 99 Abs. 1 S. 2 VwGO a. F. erkämpft wurde[2], mussten in anderen Verfahren die Mitbewerber nach einer behördlichen Verweigerung der Aktenvorlage ein Verfahren nach § 99 Abs. 2 VwGO a. F. betreiben, in dem das **Gericht ohne Aktenkenntnis entschied**, ob die Geheimhaltungsbedürftigkeit glaubhaft gemacht worden war.

Nach der **verfassungsgerichtlichen Unvereinbarkeitserklärung** von § 99 Abs. 1 S. 2 3 i.V.m. § 99 Abs. 2 S. 1 VwGO wegen Verstoßes gegen Art. 19 Abs. 4 GG im Oktober 1999[3] wurde das verwaltungsprozessuale Vakuum vom OVG Münster in einem telekommunikationsrechtlichen Streit zunächst dadurch gefüllt, dass das vom BVerfG avisierte „In-camera"-Verfahren – die Einsichtnahme in die Unterlagen durch das Gericht unter Ausschluss der Beteiligten – aus Gründen effektiven Rechtsschutzes nicht nur bei unmittelbaren Auskunftsstreitigkeiten, sondern auch bei Verfahren, in denen es für die rechtmäßige Sachentscheidung auf die Kenntnis der vorenthaltenen Unterlagen ankommt (**unselbstständige Auskunftsansprüche**), für anwendbar gehalten wurde.[4] Diese „große Lösung" wurde entgegen des ursprünglichen Regierungsentwurfs auf Vorschlag des Bundesrates auch in der Neufassung des § 99 Abs. 2 VwGO durch das Gesetz zur Bereinigung des Rechtsmittelrechts im Verwaltungsprozess umgesetzt.[5] Zugleich wurde die Entscheidungszuständigkeit für den Zwischenstreit über die Geheimhaltungsbedürftigkeit auf Empfehlung des Rechtsausschusses des Bundestages speziellen Fachsenaten beim Oberverwaltungsgericht und beim Bundesverwaltungsgericht übertragen (§ 99 Abs. 2 i.V.m. § 189 VwGO).[6] Damit wurde der instanzgerichtlichen Rechtsprechung der Boden entzogen, die

---

1 Siehe die Begründung des Regierungsentwurfs, BT-Drs. 15/2316, S. 102 f.
2 OVG Münster MMR 2000, 444, 445; s. zuvor OVG Münster CR 2000, 444; OVG Münster RTkom 2001, 168.
3 BVerfGE 101, 106, 121 ff. = NJW 2000, 1175; a. A. das VG Köln – 1 L 538/99.
4 OVG Münster NVwZ 2001, 820 = K&R 2001, 226.
5 RmBerEinVpG v. 20. 12. 2001, BGBl. I S. 3987. Der Regierungsentwurf wollte das In-camera-Verfahren auf selbstständige Auskunftsansprüche beschränken und sah für unselbstständige Ansprüche allein die Aussetzung des Verfahrens zur Erhebung einer selbstständigen Auskunftsklage vor, s. BR-Drs. 405/01 v. 1. 6. 2001, Art. 1 Nr. 7. Die Empfehlung des Rechtsausschusses begründete die Gesetz gewordene Fassung mit der Verbesserung des Rechtsschutzes, s. BT-Drs. 14/7474 v. 14. 11. 2001, S. 15. Der Rechtsausschuss hat damit eine zuvor von Bayern eingebrachte Initiative aufgegriffen, s. BR-Drs. 600/00, S. 3 und BR-Drs. 533/01, S. 5.
6 Der Regierungsentwurf wollte die Zuständigkeit des Oberverwaltungsgerichts durch eine Ergänzung von § 48 Abs. 1 VwGO herbeiführen, s. BR-Drs. 405/01, Art. 1 Nr. 3 des Entwurfs; zur Empfehlung des Rechtsausschusses s. BT-Drs. 14/7474.

im Interregnum nach der Verkündung der verfassungsgerichtlichen Unvereinbarkeitserklärung ein In-camera-Verfahren vor dem Gericht der Hauptsache durchgeführt hatte.[7]

4 Mit dem post- und telekommunikationsrechtlichen Bereinigungsgesetz vom Mai 2002[8] wurde durch die Einfügung des § 75a Abs. 2 TKG-alt die **Zuständigkeit für die behördliche Entscheidung** über die Vorlageverweigerung vom Ministerium als oberster Aufsichtsbehörde auf die Regulierungsbehörde übertragen und im Übrigen auf § 99 VwGO verwiesen. Die mit der Neufassung des TKG Gesetz gewordene Fassung sieht nunmehr in Abweichung von § 99 Abs. 2 VwGO das In-camera-Verfahren zur Entscheidung über die Rechtmäßigkeit der Vorlageentscheidung **durch das Gericht der Hauptsache** vor, um Verfahrensverzögerungen durch das Zwischenverfahren zu begrenzen.[9] Aus demselben Grund wurden **Antragsfristen** normiert (§ 138 Abs. 3).[10] Zudem wurde klargestellt, dass auch die **positive Entscheidung** der Behörde über die Aktenvorlage Gegenstand eines gerichtlichen Zwischenverfahrens sein kann.[11] Des Weiteren wurden die für die Abwägungsentscheidung des Gerichts maßgeblichen Kriterien ausdrücklich normiert (§ 138 Abs. 2 S. 2). Die Zuweisung der Entscheidung über die Geheimhaltungsbedürftigkeit an das Gericht der Hauptsache veranlasste den Gesetzgeber schließlich zur Normierung eines ausdrücklichen **Verwertungsverbots** von In-camera erlangten Informationen (§ 138 Abs. 4 S. 2).

III. Einzelerläuterungen

5 Die Regelung der behördlichen Vorlagepflichten an das Gericht und der gerichtlichen Überprüfung behördlicher Vorlageverweigerungen stellt den Gesetzgeber vor ein **verfassungsrechtliches Trilemma**. Wird die Aktenvorlage an das Gericht verweigert, wird nicht nur das öffentliche Interesse an der Wahrheitsfindung[12], sondern vor allem auch das **Gebot effektiven Rechtsschutzes (Art. 19 Abs. 4 GG)** beeinträchtigt, das die Kenntnisnahme der streitbefangenen Vorgänge durch das Gericht einschließt.[13] Die Vorlage der Akten an das Gericht kann hingegen Geheimhaltungsinteressen, die insbesondere im Fall von **Betriebs- und Geschäftsgeheimnissen** ebenfalls verfassungsrechtlichen Schutz genießen **(Art. 14 Abs. 1 GG)**[14], verletzen. Die Gewähr **rechtlichen Gehörs (Art. 103 Abs. 1 GG)** wird schließlich durch das Gebot gesichert, eine gerichtliche Entscheidung nur auf Tatsa-

---

7 OVG Münster NVwZ 2001, 820 f.; OVG Magdeburg NVwZ 2002, 1395 f., VG Stuttgart NVwZ 2002, 1322; VG Weimar, B.v. 27. 4. 2001 – 1 K 2503/98 –, jeweils gestützt auf BVerfGE 101, 106, 132. Die Zuweisung an die Fachsenate ist exklusiv und schließt ein In-camera-Verfahren vor dem Hauptsachegericht aus, s. auch die Beschlüsse des BVerwG v. 14. und 15. 8. 2003, BVerwG – 20 F 7/03 – NWVBl. 2004, 18 f.; BVerwG – 20 F 8/03 – DVBl. 2004, 62 f. = NVwZ 2004, 105; BVerwG – 20 F 9/03 – NVwZ 2004, 745 f. = MMR 2003, 729; s. a. *Oster*, DÖV 2004, 917 f.; a. A. noch *Mayen*, NVwZ 2003, 540.
8 Post- und telekommunikationsrechtliches Bereinigungsgesetz v. 7. 5. 2002, BGBl. I S. 1529.
9 Begründung des Gesetzentwurfs der BReg, BT-Drs. 15/2316, S. 102.
10 Begründung des Gesetzentwurfs der BReg , BT-Drs. 15/2316, S. 103.
11 BT-Drs. 15/2316, S. 102; dies war für § 99 Abs. 2 S. 1 VwGO zunächst umstritten, s. OVG Münster MMR 2000, 444; die Frage wurde nunmehr vom BVerwG bejaht, s. BVerwG DÖV 2004, 77 f.; BVerwG DVBl. 2004, 62 f.
12 Siehe dazu die Begründung zu § 99 Abs. 1 S. 1 VwGO a. F., BT-Drs. 1/4278, S. 44; s. a. BVerfGE 101, 106, 124.
13 BVerfGE 101, 106, 123.
14 Siehe § 136 RdNr. 8.

chen zu stützen, zu denen die Beteiligten sich äußern konnten (§ 108 Abs. 2 VwGO). Deshalb können vorenthaltene Unterlagen nicht verwertet werden.

Art. 19 Abs. 4 GG verlangt zumindest in den Fällen, in denen die Gewährung effektiven **6** Rechtsschutzes von der Kenntnis der Verwaltungsvorgänge abhängt, die **wirksame gerichtliche Überprüfung der Geheimhaltungsbedürftigkeit**. Dem wurde das Verfahren der Glaubhaftmachung der Geheimhaltungsbedürftigkeit nach § 99 Abs. 2 VwGO a. F. jedenfalls bei unmittelbaren Auskunftsklagen nicht gerecht.[15] Zur Wahrung legitimer Geheimhaltungsinteressen kann die gerichtliche Überprüfung unter Ausschluss der Verfahrensbeteiligten im In-camera-Verfahren erfolgen (s. RdNr. 16 ff.).[16] Die hierin liegende Beschränkung des rechtlichen Gehörs ist allerdings nur dann durch das Ziel effektiven Rechtsschutzes gerechtfertigt[17], wenn bei der behördlichen und der gerichtlichen Entscheidung die **materiellrechtliche Position des Rechtsschutzbegehrenden** in Rechnung gestellt wird (s. RdNr. 13, 22).[18]

1. Vorlagepflicht nach § 138 Abs. 1. – a) Grundsatz der Vorlagepflicht. – Nach § 138 **7** Abs. 1 i.V.m. § 99 Abs. 1 S. 1 VwGO ist die Regulierungsbehörde zur Vorlage von Urkunden oder Akten, die Übermittlung elektronischer Dokumente oder die Erteilung von Auskünften verpflichtet. Die Vorlagepflicht der Behörde an das Gericht ist eine Konkretisierung des **Amtshilfegrundsatzes** (Art. 35 GG, § 14 VwGO).[19] Sie soll sicherstellen, dass der entscheidungserhebliche Sachverhalt so umfassend wie möglich aufgeklärt wird und alle Beteiligten von den maßgeblichen Vorgängen Kenntnis erlangen, um sie zur Grundlage ihres prozessualen Vorbringens zu machen.[20] Die Pflicht dient damit zum einem dem rechtsstaatlich geforderten **öffentlichen Interesse an der Wahrheitsfindung**, der u. a. im Untersuchungsgrundsatz (§ 86 Abs. 1 VwGO) einfachgesetzlichen Ausdruck gefunden hat. Zum anderen soll die Vorlage von Unterlagen, die dem Akteneinsichtsrecht der Beteiligten unterfallen (§ 100 VwGO), das **rechtliche Gehör** und den **effektiven Rechtsschutz** der Beteiligten gewährleisten.[21]

Der **Gegenstand der Vorlagepflicht** wird durch die Unterlagen gebildet, deren Inhalt für **8** die Sachaufklärung des Gerichts dienlich ist.[22] Zu diesen Unterlagen können auch von der Behörde eingeholte Gutachten rechnen.[23] Akten, die für das streitgegenständliche Gerichtsverfahren selbst angelegt wurden, wie etwa die behördliche Korrespondenz mit dem Gericht und Prozessbevollmächtigten, zählen hingegen nicht hierzu.[24] Die Einbeziehung elektronischer Dokumente erfolgte im Vorgriff auf entsprechende Änderungen von § 99

---

15 BVerfGE 101, 106, 127 f.

16 BVerfGE 101, 106, 128 ff.

17 BVerfGE 101, 106, 129.

18 BVerwG NWVBl. 2004, 18, 20; BVerwG DVBl 2004, 62, 64; BVerwG NVwZ 2004, 745 f.

19 BverwGe 30, 154, 157; VGH Kassel NJW 1985, 216; *Kopp/Schenke*, VwGO, § 99 RdNr. 1; *Schoch/Schmidt-Aßmann/Pietzner*, § 99 RdNr. 4, 6.

20 BVerwGE 14, 31 f.; BVerwGE 15, 132; BVerwG DVBl. 2004, 254 f. = NVwZ 2004, 485; s. a. BVerfGE 101, 106, 124.

21 *Kopp/Schenke*, VwGO, § 99 RdNr. 1.

22 BVerwGE 15, 132 f.; *Kopp/Schenke*, VwGO, § 99 RdNr. 4; *Schoch/Schmidt-Aßmann/Pietzner*, § 99 RdNr. 10.

23 *Kopp/Schenke*, VwGO, § 99 RdNr. 4; *Schoch/Schmidt-Aßmann/Pietzner*, § 99 RdNr. 10.

24 *Kopp/Schenke*, VwGO, § 99 RdNr. 4.

VwGO durch das Justizkommunikationsgesetz.[25] Soweit sich die Pflicht auf die Erteilung von Auskünften bezieht, besteht in analoger Anwendung von § 99 VwGO auch die Pflicht zur Erteilung allfälliger Aussagegenehmigungen.[26]

9 Die Vorlage von Unterlagen setzt eine hierauf gerichtete **Aufforderung des Gerichts** voraus.[27] Hierbei handelt es sich i. d. R. um eine prozessleitende Verfügung, die nicht mit der Beschwerde angegriffen werden kann (§ 146 Abs. 2 VwGO).[28] Die **Entscheidungserheblichkeit der Unterlagen** bestimmt zunächst das Gericht, das weder an die Zustimmung der Prozessbeteiligten noch an etwaige Beweisanträge der Beteiligten gebunden ist.[29] Allein Unterlagen, die offensichtlich für die gerichtliche Entscheidung bedeutungslos sind, sind von der Vorlagepflicht ausgenommen.[30] Auch über diese Frage entscheidet indessen das Verwaltungsgericht und nicht die Regulierungsbehörde.[31]

10 Nach § 138 Abs. 1 S. 1 i.V.m. § 99 Abs. 1 S. 1 VwGO ist unmittelbar nur die **Regulierungsbehörde zur Vorlage verpflichtet.** Soweit allerdings für die Streitentscheidung die Vorlage von Unterlagen **anderer Behörden** erforderlich ist, richtet sich die Vorlagepflicht allein nach § 99 Abs. 1 S. 1 VwGO. Danach sind nicht nur die Behörden, die einem prozessbeteiligten Rechtsträger angehören, sondern alle Behörden zur Vorlage an das Gericht verpflichtet, sofern sie über entscheidungserhebliche Unterlagen verfügen.[32]

11 **b) Ausnahmen von der Vorlagepflicht.** – Nach § 138 Abs. 1 i.V.m. § 99 Abs. 1 S. 2 VwGO kann die Regulierungsbehörde die Vorlage von Unterlagen verweigern, wenn das Bekanntwerden des Inhalts dem Wohl des Bundes oder eines Landes Nachteile bereiten würde oder wenn die Vorgänge nach einem Gesetz oder ihrem Wesen nach geheimgehalten werden müssen. Die Anforderungen an die Vorlageverweigerung aus **Gründen des Staatswohls** prägen bis heute maßgeblich die Judikatur zu § 99 Abs. 1 S. 2 VwGO. Kennzeichen des Streits um die Vorlage ist regelmäßig ein selbstständiger Auskunftsanspruch gegenüber den Sicherheitsbehörden.[33] In telekommunikationsrechtlichen Streitigkeiten steht indessen zuvörderst der Schutz von **Betriebs- und Geschäftsgeheimnissen Dritter** in Frage. Bei diesen Unterlagen handelt es sich um Vorgänge, die **ihrem Wesen nach geheimgehalten**

---

25 Gesetz über die Verwendung elektronischer Kommunikationsformen in der Justiz v. 22. 3. 2005, BGBl. I, S. 837.

26 *Kopp/Schenke*, VwGO, § 98 RdNr. 9, § 99 RdNr. 1.

27 BVerwG NWVBl. 2004, 18, 19; BVerwG DVBl. 2004, 62, 63; *Kopp/Schenke*, VwGO, § 99 RdNr. 5; *Schoch/Schmidt-Aßmann/Pietzner*, § 99 RdNr. 9.

28 Siehe dazu auch BVerwG NWVBl. 2004, 18 f.; BVerwG DVBl. 2004, 62 f.; BVerwG NVwZ 2004, 745.

29 BVerwGE 15, 132; BVerwG DVBl. 2004, 62, 63; BVerwG NVwZ 2004, 745; BVerwG DVBl. 2004, 254; OVG Magdeburg NVwZ 2002, 1395; s. a. OVG Koblenz DÖV 2004, 623; *Kopp/Schenke*, VwGO, § 99 RdNr. 5; *Manssen*, § 75 RdNr. 41.

30 OVG Magdeburg NVwZ 2002, 1395; *Kopp/Schenke*, VwGO, § 99 RdNr. 6.

31 VGH München BayVBl. 1978, 86; VG Köln, B.v. 23. 3. 2000 – 1 L 538/99, S. 8 des Umdrucks; *Kopp/Schenke*, VwGO, § 99 RdNr. 14; *Schoch/Schmidt-Aßmann/Pietzner*, § 99 RdNr. 9; a. A. *Scheurle/Mayen*, § 75a RdNr. 33 mit der Begründung, bereits mit der Offenbarung gegenüber dem Gericht werde der Geheimhaltungsanspruch verletzt.

32 VGH Kassel NJW 1985, 216; s. a. *Kopp/Schenke*, VwGO, § 99 RdNr. 4; *Schoch/Schmidt-Aßmann/Pietzner*, § 99 RdNr. 8.

33 Siehe aus der jüngeren Judikatur BVerwGE 117, 8 = BayVBl. 2003, 634; BVerwG DVBl. 2004, 1493; OVG Weimar ThürVBl. 2003, 253; s. zum Begriff auch § 135 RdNr. 24.

werden müssen.[34] Charakteristikum der Vorlageverweigerung ist in diesen Fällen zumeist, dass sich die Frage der Offenbarungsverweigerung in einem Streit stellt, in dem diese Informationen für die materielle Sachentscheidung von Bedeutung sind. In telekommunikationsrechtlichen Verfahren ist vor allem im Rahmen der Entgeltregulierung der Charakter von Unterlagen zur Kostenberechnung und ihrer Methodik als Betriebs- und Geschäftsgeheimnis anerkannt.[35]

Das Vorliegen eines Geheimhaltungsgrundes löst keine Verweigerungspflicht der Regulierungsbehörde aus. Aus § 138 Abs. 1 S. 1 i.V.m. § 99 Abs. 1 S. 2 VwGO folgt vielmehr, dass die Vorlageverweigerung im **Ermessen** der Behörde steht. Dies gilt auch, wenn die streitbefangenen Unterlagen – wie im Fall von Betriebs- und Geschäftsgeheimnissen – ihrem Wesen nach geheimgehalten werden müssen.[36] Die Ermessensentscheidung ist eine **Abwägung** zwischen den im Widerstreit stehenden Interessen an der Offenlegung der Akten und Urkunden einerseits und an der Wahrung der Betriebs- und Geschäftsgeheimnisse andererseits. Danach muss die Behörde die Akten vorlegen, wenn diese Unterlagen entscheidungserheblich sind, andere Möglichkeiten der Sachaufklärung nicht bestehen und nach Abwägung aller Umstände das Interesse an der Offenbarung das Geheimhaltungsinteresse des Betroffenen überwiegt.[37] An diesen maßgeblichen Kriterien hat sich ungeachtet der Möglichkeit eines In-camera-Verfahrens nichts geändert.[38] Vielmehr spiegelt § 138 Abs. 2 S. 2 diesen Rechtmäßigkeitsmaßstab für die Vorlageverweigerung wider (s. RdNr. 22). **12**

In selbstständigen Auskunftsklagen steht und fällt der materielle Anspruch regelmäßig mit dem Ergebnis der – rechtmäßigen – Abwägung.[39] In telekommunikationsrechtlichen Streitigkeiten ist hingegen der Zugang zu und die Verwertung von den streitbefangenen Unterlagen bedeutsam für die Sachentscheidung, denn nach § 138 Abs. 4 S. 2 dürfen geheimgehaltene Informationen vom Gericht nicht der Entscheidung zu Grunde gelegt werden (s. RdNr. 28 ff.). Nach der jüngeren Judikatur des BVerwG sind deshalb **strenge Anforderungen** an die Annahme der Schutzwürdigkeit eines **Betriebs- und Geschäftsgeheimnisses** zu stellen.[40] Vor allem aber hat die Regulierungsbehörde bei ihrer Abwägungsentscheidung **13**

---

34 Siehe dazu § 135 RdNr. 27; zum Begriff des Betriebs- und Geschäftsgeheimnisses ausführlicher § 136 RdNr. 4 ff.

35 Siehe aus der telekommunikationsrechtlichen Judikatur OVG Münster CR 2000, 444; OVG Münster RTkom 2001, 168; OVG Münster NVwZ 2001, 820; OVG Münster MMR 2000, 444 und die Beschlusskette des BVerwG vom 14./15. 8. 2003: BVerwG DÖV 2004, 77; BVerwG NWVBl. 2004, 18; BVerwG DVBl. 2004, 62; BVerwG NVwZ 2004, 745, jüngst BVerwG N&R 2005, 76 m. Anm. *Gurlit*.

36 BVerwG DVBl. 2004, 1493, 1495; s. a. BVerwG DÖV 2004, 77, 78; BVerwG NWVBl. 2004, 18 f.; BVerwG DVBl. 2004, 62 f.; BVerwG BayVBl. 2003, 634 f.; *Kopp/Schenke*, VwGO, § 99 RdNr. 17; *Schoch/Schmidt-Aßmann/Pietzner*, § 99 RdNr. 25; *Steinwärder*, MMR 2003, 732.

37 BVerwG NWVBl. 2004, 18 f.; BVerwG DVBl. 2004, 62 f.; BVerwG NVwZ 2004, 745; i. E. auch *Scheurle/Mayen*, § 75 a RdNr. 32.

38 So auch für das Verhältnis von § 99 Abs. 1 S. 2 zu § 99 Abs. 2 BVerwGE 117, 8, 9 f.; BVerwG DVBl. 2004, 77, 78; BVerwG DVBl. 2004, 62 f.; BVerwGE 117, 8.

39 So auch BVerfGE 101, 106, 125; s. a. *Mayen*, NVwZ 2003, 537; *Seibert*, NVwZ 2002, 270; *Oster*, DÖV 2004, 916.

40 Das BVerwG verlangt einen „nachhaltigen" Nachteil für das betroffene Unternehmen; die Schutzwürdigkeit von Geheimnissen der DTAG sei überdies reduziert (Art. 14 Abs. 2 GG) weil ihr Wettbewerbsvorsprung im Schutz eines staatlichen Monopols entstanden sei, s. BVerwG NWVBl. 2004, 18, 21; BVerwG DVBl. 2004, 62, 65 f.; BVerwG NVwZ 2004, 745, 746 f.; zustimmend *Stein-*

zu berücksichtigen, wie sich die Geheimhaltung der entscheidungserheblichen Tatsachen auf den **Ausgang des Rechtsstreits auswirkt**.[41]

14 Die **Anreicherung des Ermessens** um diesen Gesichtspunkt ist nicht unproblematisch. Denn grundsätzlich hat das Gericht die materiellrechtliche Frage zu beurteilen, wie aus Gründen der materiellen Beweislast zu entscheiden ist, wenn entscheidungserhebliche Tatsachen wegen der Vorlageverweigerung nicht bekannt sind.[42] Der für die Ermessensausübung maßgebliche Zweck der Ermessenseinräumung (§ 40 VwVfG) verweist indessen auf die mit der Vorlagepflicht nach § 138 Abs. 1 i.V.m. § 99 Abs. 1 S. 1 VwGO verfolgten Zwecke. Die Vorlagepflicht steht nicht nur im Dienst umfassender Sachverhaltsaufklärung, sondern soll auch effektiven Rechtsschutz gewährleisten (s. RdNr. 7). Das Monitum des BVerfG, das zur Einführung des In-camera-Verfahrens führte, würde leerlaufen, wenn der materiell Beweispflichtige seinen Anspruch mangels Kenntnis der entscheidungserheblichen Tatsachen nicht durchsetzen könnte. Das eigentliche Rechtsschutzziel – nämlich eine Klärung der Streitfragen – wird aber auch dann nicht erreicht, wenn die Regulierungsbehörde beweispflichtig ist.[43] Die Vorlage der Behörde vermeidet die Durchführung des In-camera-Verfahrens und damit den Anwendungsbereich von Beweislastentscheidungen, wenn kein Antrag nach § 138 Abs. 2 Satz 1 Alt. 2 gestellt wird. Vor dem Hintergrund von Art. 19 Abs. 4 GG gebietet eine **verfassungskonforme Auslegung** von § 138 Abs. 1 i.V.m. § 99 Abs. 1 S. 2 VwGO die Berücksichtigung des Ausgangs der Entscheidung im Rahmen der behördlichen Ermessensausübung.[44]

15 Die **Erklärung über die Verweigerung der Aktenvorlage** muss vor der Übersendung der Akten an das Gericht erfolgen.[45] Sie wird nach § 138 Abs. 1 S. 2 i.V.m. § 99 Abs. 1 S. 2 VwGO von der **Regulierungsbehörde** abgegeben. Diese mit dem post- und telekommunikationsrechtlichen Bereinigungsgesetz als § 75a TKG-alt in das Gesetz aufgenommene Abweichung von § 99 Abs. 1 S. 2 VwGO wäre unter Rechtsschutzgesichtspunkten problematisch, wenn die Regulierungsbehörde die Nichtvorlage von Unterlagen zum Zwecke der Behinderung der Kontrolle der Rechtmäßigkeit ihres Handelns einsetzte.[46] Angesichts des Umstands, dass im telekommunikationsrechtlichen Streit nicht die selbst geschöpften behördlichen Dokumente, sondern Unterlagen Dritter Gegenstand der streitigen Vorlage-

---

wärder, MMR 2003, 733; s.a. OVG Lüneburg NdsVBl. 2003, 218 f.; für einen strengen Maßstab auch *Spiegels*, VBlBW 2004, 210; *Schoch/Schmidt-Aßmann/Pietzner*, § 99 RdNr. 18; s. aber BVerfG NVwZ 2004, 719, das in einem der Telekommunikationsrechtsstreit aufgrund einer Folgenabwägung eine einstweilige Anordnung nach § 32 Abs. 1 BVerfGG erlassen hat; s.a. BVerwG N&R 2005, 76.
41 BVerwG NWVBl. 2004, 18, 20; BVerwG DVBl. 2004, 62, 64; BVerwG NVwZ 2004, 745, 746; so auch *Oster*, DÖV 2004, 920 f.; *Steinwärder*, MMR 2003, 733.
42 BVerwG NWVBl. 2004, 18, 20; BVerwG DVBl. 2004, 62, 65; BVerwG NVwZ 2004, 745, 746.
43 Zum Fall des beweispflichtigen Unternehmens, das selbst an der Geheimhaltung interessiert ist, s. instruktiv OVG Münster MMR 2003, 808; VG Köln, 13. 3. 2003 – 1 K 6480/98-, Urteilsumdruck, S. 6; s.a. BVerwG NWVBl. 2004, 18, 20; BVerwG DVBl. 2004, 62, 65; BVerwG NVwZ 2004, 745, 746.
44 BVerwG NWVBl. 2004, 18, 20; BVerwG DVBl. 2004, 62, 64 f.; BVerwG NVwZ 2004, 745, 746; so auch *Oster*, DÖV 2004, 920 f.; *Steinwärder*, MMR 2003, 733.
45 *Schoch/Schmidt-Aßmann/Pietzner*, § 99 RdNr. 30; *Sommer/Bosch*, K&R 2002, 458.
46 So die Erwägung in BVerfGE 101, 106, 126: Das Gericht äußert allerdings die Befürchtung, dass auch der Aufsichtsbehörde die erforderliche Distanz fehlen könnte.

pflicht sind[47], sind aber Missbrauchsgefahren gering zu veranschlagen. Die Verlagerung der Entscheidungszuständigkeit auf die Regulierungsbehörde gewährleistet in verfassungskonformer Weise eine zügige Entscheidung durch die sachnähere Behörde.[48] Aus dem Zusammenhang mit § 138 Abs. 2 S. 1 folgt, dass die Regulierungsbehörde auch die **positive Entscheidung** trifft, dem Verlangen des Gerichts nachzukommen. Sofern die Vorlage von Akten anderer Behörden in Frage steht, entscheidet nach § 99 Abs. 1 S. 2 VwGO die jeweilige Aufsichtsbehörde über die Vorlageverweigerung.

2. Das gerichtliche In-camera-Verfahren. – § 138 Abs. 2 und 3 enthalten seit dem In- **16** Kraft-Treten des TKG 2004 eine von § 99 Abs. 2 VwGO **abweichende Regelung** des In-camera-Verfahrens für den Fall einer behördlichen Vorlageverweigerung. Nach den Prinzipien des intertemporalen Rechts erfasst eine Änderung des Prozessrechts grundsätzlich auch bereits anhängige Verfahren.[49] Allerdings macht **§ 150 Abs. 14** selbst eine Ausnahme von diesem Grundsatz und ordnet auf vor dem In-Kraft-Treten des TKG gestellte Anträge nach § 99 Abs. 2 VwGO die Geltung des bisherigen Rechts an. Dies wirkt sich – vorübergehend – vor allem hinsichtlich der gerichtlichen Entscheidungszuständigkeit aus (s. RdNr. 19 ff.).

a) Gegenstand des Verfahrens. – Nach § 138 Abs. 2 S. 1 entscheidet das Gericht der **17** Hauptsache durch Beschluss darüber, ob die Unterlagen vorzulegen sind oder nicht vorgelegt werden dürfen. Mit dieser Formulierung hat der Gesetzgeber klargestellt, dass ein In-camera-Verfahren sowohl bei einer behördlichen Entscheidung zur **Verweigerung der Vorlage** als auch bei einer Entscheidung **zur Befolgung eines gerichtlichen Vorlageersuchens** durchgeführt werden kann. Sofern nach § 150 Abs. 14 das In-camera-Verfahren auf der Grundlage von § 99 Abs. 2 VwGO durchzuführen ist, gilt trotz der missverständlichen Formulierung in § 99 Abs. 1 S. 2 VwGO nichts anderes.[50]

Das In-camera-Verfahren steht sowohl für **selbstständige** als auch für **unselbstständige** **18** **Auskunftsansprüche** zur Verfügung. Letztere bilden in telekommunikationsrechtlichen Streitigkeiten den Regelfall. § 138 Abs. 2 und 3 TKG folgen damit der auch für § 99 Abs. 2 VwGO gewählten „großen Lösung" (s. RdNr. 3). In Anbetracht des Umstands, dass die den Reformbedarf auslösende Entscheidung des BVerfG einen selbstständigen Auskunftsanspruch zum Gegenstand hatte, war und ist umstritten, ob das In-camera-Verfahren aus Gründen effektiven Rechtsschutzes auch für solche Vorlageverweigerungen vorzusehen ist, die für die Sachentscheidung erhebliche Informationen zum Gegenstand haben. Eine dahingehende Freiheit des Gesetzgebers wird kaum bezweifelt.[51] Auch hohe Anforderungen an die Glaubhaftmachung der Geheimhaltungsbedürftigkeit könnten nicht sicher-

---

47 Dies unterscheidet den telekommunikationsrechtlichen Streit von der Konstellation in BVerfGE 101, 106.
48 So auch *Sommer/Bosch*, K&R 2002, S. 458, 461; *Holznagel/Schulz/Werthmann/Grünhoff*, S. 74 f.; *Holznagel*, MMR-Beilage 12/2002, 35; *Gurlit*, K&R Beilage 1/2004, 37; zweifelnd *Scheurle/Mayen*, § 75 a RdNr. 30 mit der Befürchtung von Missbrauchsmöglichkeiten.
49 Siehe BVerfGE 87, 48, 64; BVerwGE 106, 237, 238 f.; BGHZ 114, 1, 3 f.; s. a. OVG Weimar ThürVBl. 2003, 253 f. zur Statthaftigkeit der Einleitung eines In-camera-Verfahrens gegen vor In-Kraft-Treten des § 99 VwGO n. F. erfolgte Vorlageverweigerungen.
50 BVerwG DÖV 2004, 77 f.; BVerwG DVBl. 2004, 62 f.; so auch bereits OVG Münster MMR 2000, 444; s. a. *Scheurle/Mayen*, § 75 a RdNr. 39 f.
51 *Bickenbach*, BayVBl. 2003, 297; *Kienemund*, NJW 2002, 1235; *Oster*, DÖV 2004, 916; a. A. *Golembiewski*, NordÖR 2001, 424 im Hinblick auf Art. 103 Abs. 1 GG.

stellen, dass das Gericht über die entscheidungserheblichen Tatsachen verfügt. Auch die Beweismittlung durch neutrale, zur Verschwiegenheit verpflichtete Sachverständige scheidet aus prozessualen wie verfassungsrechtlichen Gründen aus (s. RdNr. 9). Deshalb ist das In-camera-Verfahren auch dann verfassungsrechtlich geboten, wenn die Aktenkenntnis für die Sachentscheidung erheblich ist.[52]

19 **b) Durchführung des Verfahrens.** – Für die Durchführung des Zwischenverfahrens ist nach § 138 Abs. 2 S. 1 das **Gericht der Hauptsache** zuständig. Mit dieser von § 99 Abs. 2 VwGO abweichenden Regelung hat die nach dem Urteil des BVerfG durch das OVG Münster aufgenommene Rechtsprechung[53] legislative Anerkennung gefunden. Der Gesetzgeber hat vor allem aus Gründen der Verfahrensbeschleunigung die Zwischenentscheidung dem Gericht der Hauptsache und damit regelmäßig dem erstinstanzlichen Verwaltungsgericht anvertraut.[54] Denn die mit dem konkreten Fall nicht vertrauten Fachsenate müssten sich zunächst aufwändig in den regelmäßig komplexen Streitstoff einarbeiten.[55] Die Regelung wird den verfassungsrechtlichen Anforderungen an den Schutz von Betriebs- und Geschäftsgeheimnissen gerecht[56], weil und soweit auch das Gericht der Hauptsache den Vorschriften des materiellen und personellen Geheimschutzes unterliegt (s. RdNr. 21). Für Anträge, die vor In-Kraft-Treten des TKG 2004 nach § 99 Abs. 2 VwGO gestellt wurden, entscheiden hingegen besondere nach § 189 VwGO gebildete Fachsenate des Oberverwaltungsgerichts. Ein In-camera-Verfahren vor dem erstinstanzlichen Verwaltungsgericht ist nach der Regelungssystematik des § 99 Abs. 2 VwGO wegen der exklusiven Zuständigkeitszuweisung ausgeschlossen.[57] Das In-camera-Verfahren kann alllerdings nicht nur im Hauptsacheverfahren selbst, sondern auch bereits im Verfahren des vorläufigen Rechtsschutzes nach § 80 Abs. 5 S. 1 VwGO zur Anwendung kommen.[58]

20 Die Durchführung des Verfahrens setzt den **Antrag eines Beteiligten** voraus. Dieser muss gemäß § 138 Abs. 2 S. 1 entweder auf die Überprüfung der Vorlageverweigerung oder auf die Überprüfung der Entscheidung zur Vorlage der Akten gerichtet sein. Ein Antrag auf eine gerichtliche Verpflichtung zur Anforderung bestimmter Vorgänge ist unzulässig.[59] Der Antrag gegen eine Entscheidung zur Vorlage von Akten muss in einer Form abgefasst sein, die auch die Zustellung an die anderen Verfahrensbeteiligten gestattet. Schwärzungen in den Abschriften stellen eine Verletzung des Gehörsrechts dar.[60] Der Antrag muss nach

---

52 *Margedant*, NVwZ 2001, 760; *Beutling*, DVBl. 2001, 1254 f.; *M. Redeker/Kothe*, NVwZ 2002, 314; *Kopp/Schenke*, VwGO, § 99 RdNr. 2.
53 OVG Münster NVwZ 2001, 820 f.; s. a. OVG Magdeburg NVwZ 2002, 1395 f., VG Stuttgart NVwZ 2002, 1322; VG Weimar, B. v. 27. 4. 2001 – 1 K 2503/98 –, jeweils gestützt auf BVerfGE 101, 106, 132.
54 Anderes gilt nur, wenn nach §§ 48, 50 das Oberverwaltungsgericht oder das Bundesverwaltungsgericht das Gericht der Hauptsache ist.
55 Begründung des Regierungsentwurfs, BT-Drs. 15/2316, S. 102; s. a. *Holznagel/Schulz/Werthmann/Grünhoff*, S. 85 ff.; *Ohlenburg*, TKMR 2003, 169.
56 Die Zuständigkeit der Fachsenate wurde vom Rechtsausschuss vornehmlich mit dem Geheimnisschutz bei den besonders sensiblen Staatsschutzangelegenheiten begründet, s. BT-Drs. 14/7474, S. 15; s. a. BVerwG NVwZ 2004, 486.
57 BVerwG NWVBl. 2004, 18 f.; BVerwG DVBl. 2004, 62 f.; BVerwG NVwZ 2004, 745 f.; s. a. *Oster*, DÖV 2004, 917 f.; *Kopp/Schenke*, VwGO, § 99 RdNr. 18; a. A. noch *Mayen*, NVwZ 2003, 540.
58 BVerwG N&R 2005, 76.
59 OVG Koblenz DÖV 2004, 623.
60 BVerwG NVwZ 2004, 486 f. für den Fall der Beschwerdebegründung.

§ 138 Abs. 3 S.1 **innerhalb eines Monats** nach der gerichtlichen Bekanntgabe der Entscheidung der Regulierungsbehörde gestellt werden. Ein entsprechendes Instrument zur Verfahrensbeschleunigung[61] fehlt bei Anträgen nach § 99 Abs. 2 VwGO, die jederzeit im Rahmen eines anhängigen Verfahrens gestellt werden können.[62]

§ 138 Abs. 3 S. 2 und 3 bilden das **Kernstück des In-camera-Verfahrens**.[63] Danach hat   **21** die Regulierungsbehörde auf Aufforderung des Verwaltungsgerichts die streitbefangenen Unterlagen vorzulegen (§ 138 Abs. 3 S. 2 Halbs. 1). Die dem Gericht vorgelegten Akten unterliegen **nicht dem Akteneinsichtsrecht** der Prozessbeteiligten nach § 100 VwGO (§ 138 Abs. 3 S. 2 Halbs. 2) und werden allein vom Gericht eingesehen. Die Mitglieder des Gerichts sind **zur Geheimhaltung verpflichtet**, und die Gründe der Zwischenentscheidung dürfen Art und Inhalt der geheimen Unterlagen nicht erkennen lassen (§ 138 Abs. 3 S. 3). Abweichend von § 99 Abs. 2 S. 7, 8 und 11 VwGO hat der Gesetzgeber auf Vorgaben zum materiellen und personellen Geheimschutz verzichtet. Der **materielle Geheimschutz** verpflichtet das Gericht zur besonderen Aufbewahrung der Unterlagen außerhalb der Prozessakten und zur internen Klärung, wer Zugang zu den Dokumenten hat.[64] In **entsprechender Anwendung von § 99 Abs. 2 S. 7 VwGO** ist dieses Gebot auch im Verfahren nach § 138 Abs. 3 zu beachten. Der **personelle Geheimschutz** fordert eine Sicherheitsüberprüfung des nichtrichterlichen Personals[65], sofern es Zugang zu den streitbefangenen Unterlagen hat. Auch dieses Gebot ist in **entsprechender Anwendung von § 99 Abs. 2 S. 11 VwGO** einzuhalten.

c) Die Entscheidung des Gerichts. – Nach § 138 Abs. 2 S. 1 entscheidet das Gericht dar-   **22** über, ob die Unterlagen vorzulegen sind oder nicht vorgelegt werden dürfen. Die Entscheidung ergeht durch **Beschluss**. Er hat sich an den Kriterien des **§ 138 Abs. 2 S. 2** auszurichten. Das Gericht verpflichtet die Behörde zur Vorlage, soweit es für die Entscheidung darauf ankommt, andere Möglichkeiten der Sachaufklärung nicht bestehen und nach Abwägung aller Umstände des Einzelfalls das Interesse an der Vorlage der Unterlagen das Interesse des Betroffenen an der Geheimhaltung überwiegt (§ 138 Abs. 2 S. 2). Dieser in **Anlehnung an § 72 Abs. 2 S. 4 GWB** normierte Entscheidungsmaßstab korrespondiert mit den maßgeblichen Voraussetzungen der Vorlagepflicht nach § 138 Abs. 1 i.V.m. § 99 Abs. 1 VwGO (s. RdNr. 12).

Im Zwischenverfahren hat das Gericht die mit dem Vorlageverlangen angenommene **Ent-**   **23** **scheidungserheblichkeit** der Unterlagen für die Aufklärung des Sachverhalts zu überprüfen. Soweit Unterlagen für den Streitentscheid unbeachtlich sind, ist die Vorlageverweigerung berechtigt. Für die Frage, ob **andere Möglichkeiten der Sachaufklärung** bestehen, muss sich das Gericht nicht auf die Beweisführung durch einen neutralen, zur Verschwiegenheit verpflichteten Beweismittler verweisen lassen. Denn die Verwertung eines Sachverständigengutachtens, dessen Erkenntnisgrundlagen nicht einmal dem Gericht bekannt sind, verletzt nicht nur das rechtliche Gehör der unwissenden Beteiligten, sondern auch die gerichtliche Pflicht zur sorgfältigen und kritischen Würdigung von Sachverständigengut-

---

61 Dies war zentrales Motiv der Normierung der Antragsfrist, s. BT-Drs. 15/2316, S. 103; s. a. *Holznagel/Schulz/Werthmann/Grünhoff* (Fn. 48) S. 90.
62 *Schoch/Schmidt-Aßmann/Pietzner*, § 99 RdNr. 31.
63 Siehe auch die Begründung des Regierungsentwurfs, BT-Drs. 15/2316, S. 103.
64 Ausführlicher *Bickenbach*, BayVBl. 2003, 298; *Schoch/Schmidt-Aßmann/Pietzner*, § 99 RdNr. 39.
65 § 2 Abs. 3 Nr. 3 des Gesetzes zur Sicherheitsüberprüfung (BGBl. I 1994, S. 867); krit. zum personellen Geheimschutz als Eingriff in die Gerichtsorganisation *Bickenbach*, BayVBl. 2003, 298.

achten.[66] Ungeachtet der sprachlichen Form[67] ist die Verpflichtung zur Anordnung der Vorlage Ergebnis einer **Abwägung zwischen Offenlegungs- und Geheimhaltungsinteresse**. Sie hat nicht nur die Schutzwürdigkeit des Betriebs- und Geschäftsgeheimnisses, sondern auch die Auswirkungen der Geheimhaltung auf den Ausgang des Rechtsstreits in Rechnung zu stellen (s. RdNr. 14 f.).

24 Nach dem Wortlaut des § 138 Abs. 2 S. 2 gelten diese Kriterien hinsichtlich der Vorlagepflicht von Unterlagen, die **Betriebs- und Geschäftsgeheimnisse** enthalten. Sie müssen aber grundsätzlich auch zum Tragen kommen, wenn die Vorlageverweigerung auf **andere Geheimhaltungsgründe** gestützt wird. Für Vorlageverweigerungen, die gemäß der Überleitungsregel des § 150 Abs. 14 im Verfahren nach § 99 Abs. 2 VwGO überprüft werden, besitzen die nach § 189 VwGO gebildeten **Fachsenate** allerdings nur einen **beschränkten Überprüfungsmaßstab**. Da der Fachsenat mit dem Hauptsacheverfahren nicht befasst ist, hat er keine Kontrollkompetenz hinsichtlich der Entscheidungserheblichkeit der Unterlagen.[68] Ihm obliegt allerdings die Überprüfung, ob andere Möglichkeiten zur Aufklärung des Sachverhalts bestehen.[69] Im Kern entscheidet der Fachsenat über die behauptete oder bestrittene Geheimhaltungsbedürftigkeit der Unterlagen.[70]

25 Gegen eine Entscheidung des Gerichts, wonach die Unterlagen vorzulegen sind oder vorgelegt werden dürfen, ist nach § 138 Abs. 3 S. 4 die **Beschwerde zum BVerwG** eröffnet. In sprachlich missglückter Form[71] wird damit zum Ausdruck gebracht, dass nur Entscheidungen über die Offenbarung und nicht jene über die Bestätigung der Geheimhaltungsbedürftigkeit Objekt der Beschwerde sein können. Insoweit bleibt es beim Ausschluss der Beschwerde nach § 137 Abs. 3 S. 1. Für den Gesetzgeber war maßgeblich, dass die Bestätigung der Berechtigung der Vorlageverweigerung noch mit der Revision im Hauptsacheverfahren gerügt werden kann. Der Ausschluss der Beschwerde im Fall einer angeordneten Vorlage würde hingegen für den Geheimnisinhaber die endgültige Preisgabe seines Wissens bedeuten.[72] Die Beschwerdemöglichkeit geht allerdings über die Vorbildnorm des § 72 Abs. 2 S. 4 GWB hinaus.[73] Soweit die Beschwerde in einem vorläufigen Verfahren nach § 80 Abs. 5 S. 1 VwGO erhoben wird, kommt es zu einem – zeitraubenden – zweistufigen Zwischenverfahren im nach § 137 Abs. 3 S. 1 einstufigen Verfahren des vorläufigen Rechtsschutzes.[74]

26 Über die Beschwerde entscheidet der **für die Hauptsache zuständige Revisionssenat beim Bundesverwaltungsgericht** (§ 138 Abs. 3 S. 5), der ebenfalls im In-camera-Verfahren über die Berechtigung zur Vorlageverweigerung entscheidet (§ 138 Abs. 3 S. 6). Abweichend von § 99 Abs. 2 VwGO entscheidet nicht ein nach § 189 VwGO gebildeter

---

66 BVerwG NWVBl. 2004, 18 f.; BVerwG DVBl. 2004, 62, 64; BVerwG NVwZ 2004, 745 f.
67 Nach § 72 Abs. 2 S. 4 GWB *kann* das Kartellgericht die Offenlegung anordnen.
68 BVerwG DVBl. 2004, 254 f.; s. a. *Schoch/Schmidt-Aßmann/Pietzner*, § 99 RdNr. 35 c.
69 BVerwGE 119, 179, 186 f.; BVerwG DVBl. 2004, 62, 64.
70 BVerwG DVBl. 2004, 254 f.
71 Nach § 138 Abs. 2 S. 1 entscheidet das Gericht darüber, ob Unterlagen vorzulegen *sind*, und nicht, ob sie vorgelegt werden *dürfen*.
72 Siehe die Begründung des Regierungsentwurfs, BT-Drs. 15/2316, S. 103; s. a. *Ohlenburg*, TKMR 2003, 170.
73 Zum Ausschluss der Beschwerde gegen Anordnungen nach § 72 Abs. 2 S. 4 GWB s. *Immenga/Mestmäcker/K. Schmidt*, § 72 RdNr. 8, § 74 RdNr. 12; *Langen/Bunte/Kollmorgen*, § 72 RdNr. 14.
74 BVerwG N&R 2005, 76 m. Anm. *Gurlit*.

Fachsenat des Bundesverwaltungsgerichts. Dies hat Auswirkungen auf den Prüfungsumfang: Sind die Fachsenate im Verfahren nach § 99 Abs. 2 VwGO an die Feststellung der Entscheidungserheblichkeit durch das Gericht der Hauptsache gebunden (s. RdNr. 24), so gilt dies nicht für das potenzielle Hauptsachegericht im Revisionsverfahren. Es entscheidet vielmehr ebenfalls am Maßstab des § 138 Abs. 2 S. 2.[75]

3. Folgen der Zwischenentscheidung für das Hauptsacheverfahren. – Nach einer **unan-** **27** **fechtbaren Entscheidung**, dass die Unterlagen vorzulegen sind, werden diese vom Gericht der Hauptsache den Prozessakten beigefügt und unterliegen damit dem Akteneinsichtsrecht der Prozessbeteiligten nach § 100 VwGO. Ist hingegen die Geheimhaltungsbedürftigkeit unanfechtbar festgestellt, so sind nach § 138 Abs. 4 S. 1 die Unterlagen vom Gericht der Hauptsache oder vom Beschwerdegericht umgehend an die Regulierungsbehörde zurückzureichen.

Nach § 138 Abs. 4 S. 2 darf der Inhalt dieser Unterlagen der gerichtlichen Entscheidung **28** nicht zugrunde gelegt werden, es sei denn, alle Beteiligten haben ihr Einverständnis erteilt. Mit dieser Vorschrift hat der Gesetzgeber ein ausdrückliches **Verwertungsverbot** normiert. Das Gericht darf folglich von seinem In-camera erlangten Wissen keinen Gebrauch machen. Hierdurch wird insbesondere die telekommunikationsrechtliche Rechtsprechung des OVG Münster korrigiert.[76] Eine entsprechende Vorschrift fehlt in § 99 Abs. 2 VwGO. Im Anwendungsbereich dieser Vorschrift ergibt sich allerdings bereits eine faktische Verwertungssperre aus dem Umstand, dass nicht das Gericht der Hauptsache, sondern spezielle Fachsenate die streitbefangenen Dokumente unter Ausschluss der Prozessbeteiligten auf ihre Geheimhaltungsbedürftigkeit überprüfen. Das Gericht der Hauptsache hat deshalb keine Kenntnis vom Inhalt dieser Unterlagen, wenn die Berechtigung der Vorlageverweigerung gerichtlich bestätigt wird.[77]

Ist ein selbstständiger Auskunftsanspruch Streitgegenstand des Hauptsacheverfahrens, **29** kommt das Verwertungsverbot nicht zum Tragen. Ist nämlich die Vorlageverweigerung berechtigt, so wird dadurch faktisch auch über den Auskunftsanspruch (negativ) entschieden.[78] Das Verwertungsverbot entfaltet seine Bedeutung in den Verfahren, in denen der Akteninhalt für die Sachentscheidung relevant ist, wie dies regelmäßig für die telekommunikationsrechtlichen Streitigkeiten gilt. Das Verwertungsverbot ist **Ausfluss des rechtlichen Gehörs** (Art. 103 Abs. 1 GG), wie es in § 108 Abs. 2 VwGO für den Verwaltungsprozess seinen einfachgesetzlichen Ausdruck gefunden hat.[79] Danach darf eine gerichtliche Entscheidung nur auf solche Tatsachen und Beweise gestützt werden, zu denen die Beteiligten sich äußern konnten.

Eine Verwertungssperre für entscheidungserhebliche Unterlagen führt prozessual zu einer **30** **Entscheidung nach Beweislastgrundsätzen**, sofern nicht anderweitig eine Tatsachengrundlage geschaffen werden kann. Nach dem vorherrschenden Normbegünstigungsprin-

---

75 *Gurlit*, N&R 2005, 80; offen BVerwG N&R 2005, 76, 78.
76 Siehe das obiter dictum in OVG Münster K&R 2001, 226, 229; s. a. *Lau*, MMR Beilage 12/2002, 5.
77 Siehe zur faktischen Verwertungssperre *Oster*, DÖV 2004, 917 f.; *Lau*, MMR Beilage 12/2002, 5; *Stegh*, MMR Beilage 12/2002, 13; *Ellinghaus*, MMR 2003, 92; *Kopp/Schenke*, VwGO, § 99 RdNr. 3.
78 *Mayen*, NVwZ 2003, 537; *Seibert*, NVwZ 2002, 270; *Oster*, DÖV 2004, 916; s. a. BVerfGE 101, 106, 125.
79 *Kopp/Schenke*, VwGO, § 108 RdNr. 19.

zip trägt jeder Beteiligte die materielle Beweislast für die tatsächlichen Voraussetzungen der ihn begünstigenden Norm.[80] Ist im Hauptsacheverfahren der öffentliche Geheimnisinhaber Normbegünstigter, so kann er einen belastenden Verwaltungsakt nur um den Preis der Offenbarung der Geheimnisse realisieren, wenn allein diese seinen Anspruch stützen. Begründen hingegen die geheimgehaltenen Unterlagen den Anspruch eines Dritten, so kann dieser mangels Verwertbarkeit der Dokumente den Anspruch überhaupt nicht realisieren.

31 Jedenfalls in der zuletzt genannten Konstellation gerät das Gehörsrecht nach Art. 103 Abs. 1 GG in **Konflikt mit dem Gebot effektiven Rechtsschutzes nach Art. 19 Abs. 4 GG**. Indessen wurde gerade die Einführung des In-camera-Verfahrens als Beschränkung des Gehörsrechts gerechtfertigt, weil es im Dienste eines effektiven Rechtsschutzes steht.[81] Das vom Bundesverfassungsgericht gerügte Rechtsschutzdefizit wird von der unzureichenden gerichtlichen Überprüfbarkeit von Geheimhaltungsansprüchen auf die Ebene der verbotenen Verwertung geheimen Wissens verlagert.[82] Auf eine § 72 Abs. 2 S. 3 GWB entsprechende Regelung hat der Gesetzgeber verzichtet.[83] Der gesetzlich eingeräumten Möglichkeit einer Verwertung mit der Zustimmung aller Beteiligten (§ 138 Abs. 4 S. 2 Halbs. 2) dürfte in Anbetracht der konflikthaften Interessenstruktur keine praktische Bedeutung zukommen.

32 Im Wege der Herstellung praktischer Konkordanz von Gehörsrecht, effektivem Rechtsschutz und Geheimhaltungsansprüchen bedarf das Verwertungsverbot **verfassungskonformer Vorgaben**. Es ist als Beschränkung effektiven Rechtsschutzes nur gerechtfertigt, soweit die Berechtigung der Geheimhaltungsbedürftigkeit auf den verfassungsrechtlich gebotenen Schutz begrenzt wird.[84] Zudem müssen sowohl die behördliche Entscheidung nach § 138 Abs. 1 i.V.m. § 99 Abs. 1 S. 2 als auch die gerichtliche Entscheidung nach § 138 Abs. 2 S. 2 die Auswirkung der Geheimhaltung auf den Ausgang des Verfahrens in Rechnung stellen.[85]

---

80 BVerwG NJW 1994, 468.

81 BVerfGE 101, 106, 130.

82 OVG Münster NVwZ 2001, 820 f.; *Oster*, DÖV 2004, 919; kritisch auch *Beutling*, DVBl. 2001, 1256 f.; *Gurlit*, K&R Beilage 1/2004, 38; *Lau*, MMR Beilage 12/2002, 5; *Margedant*, NVwZ 2001, 763; *Mayen*, NVwZ 2003, 541 ff.; *Seibert*, NVwZ 2002, 270; *Scheurle/Mayen*, § 75a RdNr. 41 ff., 45; s. a. *Kopp/Schenke*, VwGO, § 99 RdNr. 3.

83 Zu den Anforderungen an den Inhaltsvortrag s. *Langen/Bunte/Kollmorgen*, § 72 RdNr. 9.

84 *Kopp/Schenke*, VwGO, § 99 RdNr. 3.

85 So die Lösung von *Oster*, DÖV 2004, 920 f.

§ 139 Beteiligung der Regulierungsbehörde bei bürgerlichen Rechtsstreitigkeiten

Für bürgerliche Rechtsstreitigkeiten, die sich aus diesem Gesetz ergeben, gilt § 90 Abs. 1 und 2 des Gesetzes gegen Wettbewerbsbeschränkungen entsprechend. In diesen Fällen treten an die Stelle des Bundeskartellamtes und seines Präsidenten oder seiner Präsidentin die Regulierungsbehörde und ihr Präsident oder ihre Präsidentin.

§ 139 wurde unverändert aus § 80 Abs. 3 TKG 1996 übernommen. Mit der Anordnung der 1 entsprechenden Anwendung von § 90 Abs. 1 und 2 GWB soll gewährleistet werden, dass die Regulierungsbehörde auch an den bürgerlich-rechtlichen telekommunikationsrechtlichen Streitigkeiten teilhat, in denen sie nicht als Partei beteiligt ist. Ihre Informations- und Äußerungsrechte nach § 139 i.V.m. § 90 Abs. 1 und 2 GWB stehen im Dienste einer **Effektivierung der telekommunikationsrechtlichen Regulierung**. Die Regulierungsbehörde vertritt demgemäß in den bürgerlichrechtlichen Streitigkeiten das öffentliche Interesse.[1]

Der **Anwendungsbereich** ist auf bürgerliche Rechtsstreitigkeiten beschränkt, die sich aus 2 dem TKG ergeben. Es fehlt bereits an einer **bürgerlichen Rechtsstreitigkeit** bei einem Verfahren um diejenigen – öffentlich-rechtlichen – Ansprüche, über die kraft sondergesetzlicher Zuweisung die ordentlichen Gerichte zu entscheiden haben (Entschädigungsansprüche nach Art. 14 Abs. 3 S. 4 GG, Amtshaftungsansprüche nach Art. 34 S. 3 GG i.V.m. § 40 Abs. 2 VwGO, Aufopferungsanspruch). Der Umstand, dass zivilrechtliche Auseinandersetzungen u.U. durch öffentlich-rechtliche Entscheidungen der Regulierungsbehörde vorgeprägt sind (privatrechtsgestaltende Verwaltungsakte), ändert indessen nichts an dem bürgerlich-rechtlichen Charakter der Streitigkeit.

Die entscheidende Begrenzung erfolgt dadurch, dass sich die Ansprüche **aus dem TKG** 3 ergeben müssen. Zivilrechtliche Streitigkeiten, für die Fragen aus dem TKG nur Vorfragen sind für Ansprüche, die ihre Rechtsgrundlage in anderen Gesetzen finden, unterfallen nicht § 139.[2] So sind zwar Streitigkeiten über die Erfüllung von Vereinbarungen über Netzzugänge und Zusammenschaltungen nach §§ 18, 22 bürgerlich-rechtlicher Natur[3], finden aber ihre eigentliche Rechtsgrundlage im Schuldrecht des BGB. In diesen Streitigkeiten scheidet eine Beteiligung der Regulierungsbehörde nach § 139 aus.[4] Zu den sich aus dem TKG ergebenden Streitigkeiten rechnen aber Schadensersatz- und Unterlassungsansprüche nach § 44 Abs. 1[5] und Duldungs-, Ausgleichs- und Ersatzansprüche im Rahmen des

---

1 So die Begründung des Gesetzentwurfs, BR-Drs. 80/96, S. 52; *Manssen*, § 80 RdNr. 19; BeckTKG-Komm/*Geppert*, § 80 RdNr. 17; s.a. zur Ratio von § 90 GWB *Immenga/Mestmäcker/K. Schmidt*, § 90 RdNr. 1; *Langen/Bunte/Bornkamm*, § 90 RdNr. 1; FK/*Meyer-Lindemann*, § 90 RdNr. 1.
2 So auch *Scheurle/Mayen*, § 80 RdNr. 47; BeckTKG-Komm/*Geppert*, § 80 RdNr. 15; für das Kartellrecht *Immenga/Mestmäcker/K. Schmidt*, § 90 RdNr. 2.
3 *Scheurle/Mayen*, § 80 RdNr. 7; *Trute/Spoerr/Bosch*, § 35 RdNr. 40; BeckTKG-Komm/*Geppert*, § 80 RdNr. 16; die Vereinbarungen bleiben auch dann privatrechtlicher Natur, wenn die Zusammenschaltung nach § 25 angeordnet wird, BVerwG MMR 2004, 564.
4 So auch *Scheurle/Mayen*, § 80 RdNr. 47.
5 Zur bürgerlich-rechtlichen Natur s. *Scheurle/Mayen*, § 40 RdNr. 6, 35; *Trute/Spoerr/Bosch*, § 40 RdNr. 7; BeckTKG-Komm/*Geppert*, § 80 RdNr. 16.

Wegerechts nach §§ 70, 76.[6] Der Zweck der Norm gebietet, auch solche Streitigkeiten einzubeziehen, die sich nicht unmittelbar aus dem TKG ergeben, sondern aus einer auf dem Gesetz beruhenden Verordnung.[7]

4 Nach § 139 i.V.m. § 90 Abs. 1 GWB analog obliegt dem Zivilgericht eine **Unterrichtungspflicht** über die Rechtsstreitigkeiten aus dem TKG. Unterrichtungspflichtiges Gericht ist nicht nur das erstinstanzliche Gericht, sondern ggf. auch die Berufungs- und Revisionsinstanz.[8] Die formlose Unterrichtung muss mindestens Informationen über die Parteien und die geltend gemachten Ansprüche enthalten.[9] Auf Verlangen muss das Gericht der Regulierungsbehörde allerdings auch Abschriften der Schriftsätze, Protokolle, Verfügungen und Entscheidungen übersenden.

5 Nach § 139 i.V.m. § 90 Abs. 2 GWB analog besteht ein **Recht zur Mitwirkung am gerichtlichen Verfahren**. Der Präsident kann aus den Mitgliedern der Regulierungsbehörde eine Vertretung bestellen, die befugt ist, dem Gericht schriftliche Erklärungen abzugeben, auf Tatsachen und Beweismittel hinzuweisen, an den Verhandlungsterminen teilzunehmen und an die Parteien, Zeugen und Sachverständige Fragen zu richten. Soweit der Vertreter schriftliche Erklärungen abgibt, sind diese auch den Parteien zugänglich zu machen.

6 Ungeachtet der Vertretung der Regulierungsbehörde im gerichtlichen Verfahren ist die Behörde **nicht Prozesspartei**.[10] Für die Parteien geltende zivilprozessuale Vorschriften finden deshalb auf sie keine Anwendung. Die Behörde kann weder Rechtsmittel einlegen, noch ist sie an die für die Parteien geltenden Schriftsatzfristen gebunden.[11] Macht der Vertreter der Regulierungsbehörde Ausführungen zu Tatsachen, werden diese erst dann erheblich, wenn eine der Parteien sie sich zu Eigen macht. Bei streitigen Tatsachen besitzt sie ebenso wenig ein Beweisantragsrecht wie bei zwischen den Parteien unstreitigen Tatsachen, die die Behörde bezweifelt.[12] Da die Regulierungsbehörde nicht als Prozesspartei auftritt, ist sie im Übrigen durch die Rechtshängigkeit der Klage nicht gehindert, ein Verfahren gegen einen der Beteiligten nach dem TKG durchzuführen.[13]

---

6 Zur bürgerlich-rechtlichen Natur s. OLG Frankfurt NJW 1997, 3030; *Scheurle/Mayen,* § 51 RdNr. 20, *Scheurle/Mayen,* § 57 RdNr. 25; *Manssen,* § 51 RNr. 16, § 57 RdNr. 30; *Trute/Spoerr/ Bosch,* § 51 RdNr. 14, § 57 RdNr. 7; BeckTKG-Komm/*Schütz,* § 51 RdNr. 15, § 57 RdNr. 53.

7 So auch *Scheurle/Mayen,* § 80 RdNr. 48; BeckTKG-Komm/*Geppert,* § 80 RdNr. 15; wohl auch *Manssen,* § 80 RdNr. 19.

8 *Immenga/Mestmäcker/K. Schmidt,* § 90 RdNr. 4; FK/*Meyer-Lindemann,* § 90 RdNr. 9.

9 *Manssen,* § 80 RdNr. 21; für das Kartellrecht *Immenga/Mestmäcker/K. Schmidt,* § 90 RdNr. 7; FK/*Meyer-Lindemann,* § 90 RdNr. 10.

10 *Scheurle/Mayen,* § 80 RdNr. 51; *Manssen,* § 80 RdNr. 20; BeckTKG-Komm/*Geppert,* § 80 RdNr. 19; für das Kartellrecht *Immenga/Mestmäcker/K. Schmidt,* § 90 RdNr. 8; FK/*Meyer-Lindemann,* § 90 RdNr. 15.

11 *Immenga/Mestmäcker/K. Schmidt,* § 90 RdNr. 8; s.a. FK/*Meyer-Lindemann,* § 90 RdNr. 15; *Scheurle/Mayen,* § 80 RdNr. 51; BeckTKG-Komm/*Geppert,* § 80 RdNr. 19.

12 *Manssen,* § 80 RdNr. 20; für das Kartellrecht *Immenga/Mestmäcker/K. Schmidt,* § 90 RdNr. 8; s.a. *Langen/Bunte/Bornkamm,* § 90 RdNr. 7; FK/*Meyer-Lindemann,* RdNr. 15.

13 BeckTKG-Komm/*Geppert,* § 80 RdNr. 17; für das Kartellrecht KG v. 27. 3. 1981 *Heizölhandel,* WuW/E OLG 2446 f.; *Langen/Bunte/Bornkamm,* § 90 RdNr. 3; FK/*Meyer-Lindemann,* § 90 RdNr. 3, 16.

Internationale Aufgaben

§ 140 Internationale Aufgaben

Im Bereich der europäischen und internationalen Telekommunikationspolitik, insbesondere bei der Mitarbeit in europäischen und internationalen Institutionen und Organisationen, wird die Regulierungsbehörde im Auftrag des Bundesministeriums für Wirtschaft und Arbeit tätig. Dies gilt nicht für Aufgaben, die die Regulierungsbehörde auf Grund dieses Gesetzes oder anderer Gesetze sowie auf Grund von Verordnungen der Europäischen Gemeinschaften in eigener Zuständigkeit wahrnimmt.

Schrifttum: *Groebel*, European Regulators Group (ERG), MMR 12/2002, XV.

Übersicht

I. Normzweck

Mit **§ 140** wird die **internationale Tätigkeit** der Behörde geregelt. Sie wird in zwei Bereiche getrennt: den „**Auftragsbereich**" und den „**Eigenbefugnisbereich**". Im Auftragsbereich wird die Behörde „**im Auftrag**" des Bundesministeriums für Wirtschaft und Arbeit tätig, während sie im „Eigenbefugnisbereich" aus **eigener Zuständigkeit** tätig wird. **1**

Im **Auftragsbereich** (§ 140 Satz 1) agiert sie für das BMWA und nimmt dessen Aufgaben in internationalen Organisationen, in denen die Bundesrepublik Deutschland Mitglied ist, wahr. Da sie in diesem Fall das Ministerium vertritt, ist sie **weisungsgebunden**. **2**

Das internationale Tätigwerden der Behörde im **Eigenbefugnisbereich** (§ 140 **Satz 2**) unterliegt hingegen bezüglich der Erteilung von Weisungen den Vorschriften des § 117 TKG.[1] Denn der Eigenbefugnisbereich ist der Bereich, in dem sie auf Grund des TKG oder anderer Gesetze sowie auf Grund von Verordnungen der EG **in eigener Zuständigkeit** tätig wird. **3**

II. Anwendungsbereich

Im Einzelnen werden in der Gesetzesbegründung[2] für den **Auftragsbereich** die folgenden europäischen und internationalen Institutionen und Organisationen im Bereich der europäischen und internationalen Telekommunikationspolitik genannt: **4**

---

1 S. u. RdNr. 7.
2 Vgl. Begründung zu § 138 (= § 140 TKG 2004), BT-Drs. 15/2316, S. 103.

- Internationale Fernmeldeunion (ITU);
- Europäisches Büro für Funkangelegenheiten (ERO);
- Europäische Konferenz für Post und Telekommunikation (CEPT);
- Organisation für wirtschaftliche Zusammenarbeit und Entwicklung (OECD);
- Europäische und internationale Normungsorganisationen, wie das
  - Europäische Institut für Telekommunikationsnormen (ETSI);
  - Europäische Komitee für Elektrotechnische Normung (CENELEC).

5 Es handelt sich dabei vorzugsweise um europäische und internationale Organisationen, die mit der Koordinierung und internationalen **Harmonisierung** des **Frequenzspektrums**[3] wie v.a. die ITU[4] und das ERO sowie der **Standardisierung** (Normung) wie z.B. die ITU[5], ETSI und CENELEC befasst sind.

6 Hingegen betrifft der Eigenbefugnisbereich **alle** aus den **originären Zuständigkeiten** nach § 116 Abs. 1 Satz 1 folgenden europäischen und internationalen Tätigkeiten. Dies ergibt sich im Umkehrschluss aus der negativen Abgrenzung des Auftragsbereichs („die *nicht* durch § 114 Abs. 1 Satz 1[6] erfasst sind") der Gesetzesbegründung.[7]

7 Letzteres **schließt ein**, dass – soweit das BMWA bei internationalem Tätigwerden in diesem Bereich der Behörde eine **Weisung erteilte** – diese gemäß § 117 Satz 1 TKG im **Bundesanzeiger** zu **veröffentlichen** ist.

8 Die **explizite Ausformulierung** („Dies gilt *nicht*…") und die Einbeziehung des Tätigwerdens auf Grund von „Verordnungen der EG" ist auf einen Antrag des **Bundesrates**[8] zu § 138 Satz 2[9] hin erfolgt. Im ursprünglichen Text lautete Satz 2 „§ 114 Abs. 1 Satz 1 bleibt unberührt"[10].

9 Der Bundesrat hatte jedoch von „Rechtsakten der EG" und nicht „Verordnungen der EG" gesprochen. Zu Recht weist die Bundesregierung in ihrer den Vorschlag des Bundesrates ablehnenden **Gegenäußerung** darauf hin, dass es keiner zusätzlichen nationalen Regelung bedarf, „soweit Rechtsakte der EG originäre Zuständigkeiten der Regulierungsbehörde begründen (*EU-Verordnungen*)"[11]. Gleichwohl wird die – eigentlich als überflüssig erkannte – Änderung vorgenommen, so dass nach deren Zweck zu fragen ist. Da der jetzige Wortlaut „Verordnungen der EG" eine Selbstverständlichkeit enthält, kann nur ein **weit gefasstes Verständnis** im Sinne von „Rechtsakten der EG" gemeint sein. Der Begriff *„Rechtsakte"* ist **weiter** gefasst und kann z.B. auch **Entscheidungen** der Europäischen Kommission beinhalten. So fällt z.B. die Tätigkeit der Behörde auf Grund des Beschlusses der Kommis-

---

3 Vgl. *Scheurle/Mayen/Hahn*, Vor § 44, RdNr. 4 ff.; sowie Abschnitt D. 1 und Teil 5 Abschnitt 1 – Frequenzordnung.

4 Mit Frequenzfragen beschäftigt sich insbesondere der ITU-R-Sektor (ITU-Radiospectrum).

5 Mit Standardisierungsfragen beschäftigt sich insbesondere der ITU-T-Sektor (ITU-Telecommunications).

6 = § 116 Abs. 1 S. 1 TKG 2004.

7 Vgl. Begründung zu § 138 (= § 140 TKG 2004), BT-Drs. 15/2316, S. 103 [Hervorhebung nur hier, A.G.].

8 Vgl. Stellungnahme des Bundesrates v. 19. 12. 03, Anlage 2 zu BT-Drs. 15/2316, Nr. 85 (zu § 138 = § 140 TKG 2004), S. 126.

9 § 140 Satz 2 TKG 2004.

10 Vgl. Regierungsentwurf § 138 (= § 140 TKG 2004), BT-Drs. 15/2316, S. 50.

11 Gegenäußerung der Bundesregierung zu der Stellungnahme des Bundesrates v. 14. 1. 04, BT-Drs. 15/2345, zu Nr. 85, S. 9 [Hervorhebung nur hier, A.G.].

sion vom 29. 7. 2002 zur Einrichtung der Gruppe Europäischer Regulierungsstellen für elektronische Kommunikationsnetze und -dienste (**ERG**)[12] in den **Eigenbefugnisbereich**. Die Behörde wird hier **nicht** im **Auftrag des Ministeriums**, sondern aus **eigener Zuständigkeit** tätig.

III. EG-rechtliche Grundlagen

Zu **§ 140** findet sich unmittelbar keine gemeinschaftsrechtliche Grundlage, da die inner- **10** staatliche Organisation Sache der Mitgliedstaaten ist. Es lässt sich aber auf **Art. 3 RRL** verweisen, der die „**Nationalen Regulierungsbehörden**" (NRB) betrifft. Laut Art. 3 Abs. 1 RRL sorgen die Mitgliedstaaten dafür, dass **alle** den NRB mit der RRL und den Einzelrichtlinien übertragenen **Aufgaben** von einer **zuständigen Stelle wahrgenommen** werden.

Zur Erreichung des zentralen **Ziels** „einer gemeinschaftsweit harmonisierten Anwendung **11** des Rechtsrahmens" (Art. 1 Abs. 1 RRL) gehört die „Konsultation und Zusammenarbeit zwischen diesen Behörden" (Art. 3 Abs. 4 RRL) sowie die **Kooperation der Behörden miteinander** und mit der Kommission (Art. 7 Abs. 2 RRL). Für die Wahrnehmung dieser Kooperationsaufgaben, die die Anwendung **des Rechtsrahmens** betreffen, ist es erforderlich, dass die *(rechtsanwendende)* **Behörde** auch aus **eigener Zuständigkeit** heraus europäisch und international tätig werden kann. Dies sieht § 140 Satz 2 vor.

Speziell zur **Errichtung der ERG**[13] ist noch auf die Erwägungsgründe **36 und 37** der RRL **12** hinzuweisen. Die Zusammenarbeit der NRB im Rahmen dieses die europäische Kommission beratenden Gremiums soll eine **konsistente Anwendung** aller Richtlinienbestimmungen erreichen, insbesondere in den Bereichen, in denen die NRB **beträchtliche Ermessensspielräume** bei der Anwendung haben. Dies betrifft die Auferlegung von regulatorischen Verpflichtungen (sog. „*remedies*") bei Unternehmen mit beträchtlicher Marktmacht.[14]

IV. Einzelerläuterungen

1. Vergleich mit § 83 TKG 1996. – Im TKG 1996 lässt sich **kein direktes Pendant** zur Re- **13** gelung der internationalen Aufgaben und Befugnisse der Behörde finden, was in der Praxis zu gelegentlichen Abgrenzungsschwierigkeiten mit dem Ministerium führte. Deshalb hat der Gesetzgeber mit **§ 140** nun eine Regelung aufgenommen, die das internationale Tätigwerden der Behörde klar in einen Auftrags- und einen Eigenbefugnisbereich trennt.

§ 83 TKG 1996 – Zusammenarbeit mit anderen Stellen – beschränkte **sachlich** die Kom- **14** petenzen der Regulierungsbehörde auf grenzüberschreitende **Auskünfte** und **Prüfungen**[15], was zur Durchführung der im neuen Rechtsrahmen vorgesehenen Konsultations- und Ko-

---

12 ABl. L 200 v. 30. 7. 2002, geändert mit Beschluss der Kommission vom 14. September 2004 zur Änderung des Beschlusses 2002/627/EG zur Einrichtung der Gruppe Europäischer Regulierungsstellen für elektronische Kommunikationsnetze und -dienste, ABl. L 293 v. 16. 9. 04, 2004/641/ EG.

13 Vgl. hierzu z. B. *Groebel*, MMR 12/2002, XV.

14 Siehe hierzu ausführlich Anhang III C zu ERG Common Position on the approach to Appropriate remedies in the new regulatory framework (ERG (03) 30rev1).

15 Vgl. zu § 83 TKG 1996 *Scheurle/Mayen/Ulmen*, § 83.

operationsaufgaben der NRB[16] **nicht ausreicht**. Aus dem Wegfall dieser Regelung, die im Referentenentwurf noch als § 135 Abs. 2[17] enthalten war, lässt sich schließen, dass der Behörde **alle** zur Erfüllung der **Konsultations- und Kooperationsaufgaben** erforderlichen **Sachkompetenzen** zur Verfügung stehen. Dies ist schon allein deshalb notwendig, weil ansonsten eine den gesetzlichen Erfordernissen genügende Teilnahme an dem Konsultations- und Konsolidierungsverfahren nach § 12 TKG 2004 nicht erfolgen könnte.

15 **2. Auftragsbereich (§ 140 S. 1).** – Der **Auftragsbereich** (§ 140 Satz 1) ist ausweislich der Begründung[18] definiert als der Bereich der **europäischen und internationalen Telekommunikationspolitik** in den Fällen, die nicht durch § 114 Abs. 1 S. 1[19] erfasst sind, wobei **Telekommunikationspolitik** ausdrücklich **umfassend abgegrenzt** wird. Der Begriff umfasst **alle** Bereiche der Telekommunikation einschließlich der Innovationsförderung.

16 In diesem Bereich wird **die Behörde** tätig, weil die **Ausarbeitung** z. B. von Normen anwendungsbezogenes, praxisnahes Wissen erfordert, über das die Experten der Regulierungsbehörde in einem höheren Maße als die mit Grundsatzfragen beschäftigten Angehörigen des Ministeriums verfügen. Das Tätigsein **im Auftrag** des Ministeriums schließt **keine Berechtigung** zum Abschluss **völkerrechtlicher Verträge** ein.[20] Dies bleibt den für die Außenvertretung der Bundesrepublik zuständigen Verfassungsorganen wie dem zuständigen Ministerium gemäß den Vorschriften der Gemeinsamen Geschäftsordnung der Bundesministerien (GGO)[21] vorbehalten. Diese enthält bestimmte einschränkende Regelungen[22], unter denen eine Mitarbeit in internationalen Gremien für oberste Bundesbehörden nur zulässig ist. Diese Beschränkungen gelten auch für die **nachgeordneten Behörden**, die das zuständige Ministerium im Einzelfall **beauftragen** kann.[23]

17 **3. Eigenbefugnisbereich (§ 140 S. 2).** – Der **Eigenbefugnisbereich** (§ 140 Satz 2) betrifft alle europäischen und internationalen Tätigkeiten, die sich aus der **originären Zuständigkeit** der Behörde nach § 116 Abs. 1 Satz 1 ergeben. Hierunter fällt insbesondere die zum Kernbereich der Marktregulierung (Teil 2 des TKG 2004) zählende Durchführung des Konsultations- und Konsolidierungsverfahrens nach § 12 TKG. Ebenso gehört hierzu die **Mitgliedschaft**[24] in der **ERG** und die Teilnahme an der Zusammenarbeit mit anderen NRB in diesem Gremium.

---

16 S. o. RdNr. 11.
17 Vgl. § 135 Abs. 2 (= § 140 TKG 2004) des Referentenentwurfs v. 30. 4. 2003, veröffentlicht im Internet (siehe z. B. www.tkrecht.de, überprüft 5. 8. 2004).
18 Vgl. Begründung zu § 138 (= § 140 TKG 2004), BT-Drs. 15/2316, S. 103.
19 = § 116 Abs. 1 S. 1 TKG 2004.
20 Vgl *Scheurle/Mayen/Ulmen*, § 83 RdNr. 4.
21 Beschluss des Bundeskabinetts v. 26. 7. 2000. Hrg. v. Bundesministerium des Innern, im Internet abzurufen unter www.staat-modern.de, überprüft am 20. 11. 2004.
22 So dürfen oberste Bundesbehörden mit zwischenstaatlichen Stellen im Inland bzw. mit nichtdeutschen Behörden im Ausland nur verkehren, wenn es auf internationalen bzw. zwischenstaatlichen Abkommen beruht oder mit dem Auswärtigen Amt vereinbart worden ist oder die Bundesregierung es ausdrücklich beschlossen hat.
23 Vgl. *Scheurle/Mayen/Ulmen*, § 83 RdNr. 4.
24 Siehe Mitgliederverzeichnis der ERG im Anhang des Änderungsbeschlusses 2004/641/EG der Kommission v. 14. 9. 2004, ABl. L 293 v. 16. 9. 2004.

Gemäß **Art. 3** des Beschlusses 2002/627/EG[25] berät die ERG die KOM und unterstützt sie **18** bei der Konsolidierung des Binnenmarktes. Sie soll zur Entwicklung des Binnenmarktes und zur einheitlichen **Anwendung** des neuen Rechtsrahmens für elektronische Kommunikationsnetze und -dienste in allen Mitgliedstaaten beitragen.

Die **ERG** befasst sich ausschließlich mit **anwendungsbezogenen Fragestellungen**, zu de- **19** nen sie Dokumente aus eigener Initiative wie z. B. gemeinsame Standpunkte[26] oder Stellungnahmen[27] auf Anforderung der KOM erarbeitet und veröffentlicht[28], die **keine Verbindlichkeit** haben, sondern ein gemeinsames Verständnis der Mitglieder zum Ausdruck bringen. Es wird **keine Rechtsetzung** vorgenommen, diese Zuständigkeit bleibt den Mitgliedstaaten vorbehalten. Auch im Bereich des Tätigwerdens aus eigener Zuständigkeit heraus agiert die Behörde **nicht völkerrechtlich**.

In diesem Zusammenhang kann aus einer „Systemanomalie" im Rahmen des **Notifizie-** **20** **rungsverfahrens** nach Art. 7 RRL (umgesetzt mit § 12 TKG) heraus ein Konflikt zwischen der Behörde und dem Ministerium entstehen. Denn im Falle, dass die KOM von ihrem Vetorecht nach Art. 7 Abs. 4 RRL gegen einen Maßnahmeentwurf einer NRB Gebrauch machen möchte, muss sie nach Art. 7 Abs. 4 RRL die Stellungnahme des Kommunikationsausschusses nach Art. 22 RRL einholen.

Im **Kommunikationsausschuss**, der ein sog. Komitologieausschuss ist, sind jedoch die **21** **Mitgliedstaaten vertreten** und stimmen auch über den Entwurf eines Vetos der KOM ab. D. h. selbst wenn das Ministerium die Meinung der Behörde hierzu abfragt, kann es gleichwohl – aus welchen Gründen auch immer – im Ausschuss anders abstimmen. Theoretisch wäre es also denkbar, dass das Ministerium gegen einen Maßnahmeentwurf der eigenen NRB und für den Vetoentwurf der KOM im Ausschuss stimmt. Damit wäre gewissermaßen durch „die Hintertür" eine politische Einflussnahme seitens des Ministeriums auf die Behörde im Kernbereich der Marktregulierung möglich.

V. Fazit

§ 140 enthält eine **klare Aufteilung** der internationalen Aufgaben der Behörde in einen **22** **Auftragsbereich** (Satz 1) und einen **Eigenbefugnisbereich** (Satz 2). Hinsichtlich der **sachlichen Kompetenzen** insbesondere im Eigenbefugnisbereich ist § 140 im Vergleich zur Regelung in § 83 TKG 1996 **weitergehend**. Bezüglich des **Tätigwerdens im Auftragsbereichs** ist zu konstatieren, dass durch die **umfassende Definition** des Begriffes der **Telekommunikationspolitik** die **Handlungsräume** im Vergleich zum bisherigen (*„unklar geregelten"*) Zustand **eher eingeschränkt** sind.

---

25 Siehe Beschluss der Kommission 2002/627/EG v. 29. 7. 2002, ABl. L 200 v. 30. 7. 2002.

26 Vgl. z. B. *ERG* Common Position on the approach to Appropriate remedies in the new regulatory framework (ERG (03) 30rev1); *ERG* Common Position on bitstream access (ERG (03) 33rev1).

27 Vgl. z. B. *ERG* Opinion on the revision of the Commission Recommendation of 1998 on Accounting separation and cost accounting (ERG (04) 15rev1).

28 Auf der Website der ERG: http://www.erg.eu.int/documents/index_en.htm.

§ 141 Anerkannte Abrechnungsstelle für den Seefunkverkehr

(1) Das Bundesministerium für Wirtschaft und Arbeit wird ermächtigt, durch Rechtsverordnung, die nicht der Zustimmung des Bundesrates bedarf, die Anforderungen und das Verfahren für die Anerkennung als Anerkannte Abrechnungsstelle für den internationalen Seefunkverkehr nach den Anforderungen der Internationalen Fernmeldeunion festzulegen. In dem Verfahren sind auch die Bedingungen für die Ablehnung oder den Widerruf dieser Anerkennung festzulegen.

(2) Zuständige Behörde für die Anerkennung von Abrechnungsstellen im Geltungsbereich dieses Gesetzes ist die Regulierungsbehörde.

Schrifttum: *ITU-T-Empfehlung D.90*, Charging, billing, international accounting and settlement in the maritime mobile service, 1995; *Tegge*, Die Internationale Telekommunikations-Union, 1994.

§ 141 enthält in **Abs.1** zunächst die **Ermächtigungsgrundlage** für den Erlass einer nicht **1** zustimmungspflichtigen Rechtsverordnung zur Umsetzung der Empfehlung des ITU-Standardisierungssektors (ITU-T), die die Anforderungen und das Verfahren für die Anerkennung als Anerkannte Abrechnungsstelle für den internationalen Seefunkverkehr betrifft. In **Abs. 2** wird dann die **RegTP** als **zuständige Behörde** für die Anerkennung von Abrechnungsstellen im Geltungsbereich des Gesetzes **benannt.**

Es handelt sich um die im März 1995 verabschiedete und am **1. Juli 1995** in Kraft getretene **2** **Empfehlung D.90 der ITU-T**, die das **„Charging, billing, international accounting and settelement in the maritime mobile service"** betrifft. „Die Regelung sieht auch eine regelmäßige Kontrolle des finanziellen Verhaltens der Abrechnungsgesellschaft vor."[1] In Anhang A.2 der Empfehlung ist eine Beteiligung der nationalen Verwaltung bzw. der RegTP für die Registrierung und Bekanntgabe der Zulassung einer Anerkannten Abrechnungsstelle vorgesehen.

„Die **Beteiligung** an diesem Verfahren erleichtert deutschen Unternehmen die Teilnahme **3** an diesem Geschäftsbereich für Telekommunikationsdienste."[2] Zur Erhöhung der **Transparenz** der Verfahren für die betroffenen Unternehmen ist in § 141 die Ermächtigung für den Erlass einer entsprechenden Rechtsverordnung durch das BMWA aufgenommen worden. Eine **§ 141** TKG 2004 entsprechende Regelung gab es im TKG 1996 nicht.

---

1 Vgl. Begründung zu § 139 (= § 141 TKG 2004), BT-Drs. 15/2316, S. 103.
2 Vgl. Begründung zu § 139 (= § 141 TKG 2004), BT-Drs. 15/2316, S. 103.

Teil 9: Abgaben

§ 142 Gebühren und Auslagen

(1) Die Regulierungsbehörde erhebt für die folgenden Amtshandlungen Gebühren und Auslagen

1. Entscheidungen über die Zuteilung eines Nutzungsrechts an Frequenzen nach § 55,
2. Entscheidungen über die Zuteilung eines Nutzungsrechts an Rufnummern auf Grund einer Rechtsverordnung nach § 66 Abs. 4,
3. Bearbeitung von Anträgen auf Registrierung von Anwählprogrammen über Mehrwertdienste-Rufnummern,
4. Einzelfallbezogene Koordinierung, Anmeldung, Übertragung und Notifizierung von Satellitensystemen nach § 56,
5. sonstige Amtshandlungen, die in einem engen Zusammenhang mit einer Entscheidung nach den Nummern 1 bis 4 stehen,
6. Maßnahmen auf Grund von Verstößen gegen dieses Gesetz oder die darauf beruhenden Rechtsverordnungen und
7. Entscheidungen über die Übertragung von Wegerechten nach § 69 und
8. Tätigkeiten im Rahmen des Verfahrens für die Anerkennung als Anerkannte Abrechnungsstelle für den internationalen Seefunkverkehr nach § 141.

Gebühren und Auslagen werden auch erhoben, wenn ein Antrag auf Vornahme einer in Satz 1 bezeichneten Amtshandlung

1. aus anderen Gründen als wegen Unzuständigkeit der Behörde abgelehnt oder
2. nach Beginn der sachlichen Bearbeitung, jedoch vor deren Beendigung, zurückgenommen wird.

(2) Das Bundesministerium für Wirtschaft und Arbeit wird ermächtigt, im Einvernehmen mit dem Bundesministerium der Finanzen durch Rechtsverordnung, die nicht der Zustimmung des Bundesrates bedarf, die gebührenpflichtigen Tatbestände und die Gebührenhöhe einschließlich der Zahlungsweise näher zu bestimmen. Die Gebührensätze sind so zu bemessen, dass die mit den Amtshandlungen verbundenen Kosten gedeckt sind. Die Vorschriften des Verwaltungskostengesetzes gelten ergänzend. Abweichend von Satz 2 sind die Gebühren für Entscheidungen über die Zuteilungen nach Abs. 1 Nr. 1 und 2 so festzusetzen, dass sie als Lenkungszweck die optimale Nutzung und eine den Zielen dieses Gesetzes verpflichtete effiziente Verwendung dieser Güter sicher stellen. Die Sätze 2 bis 4 finden keine Anwendung, wenn Nummern oder Frequenzen von außerordentlich wirtschaftlichem Wert im Wege wettbewerbsorientierter oder vergleichender Auswahlverfahren vergeben werden. Das Bundesministerium für Wirtschaft und Arbeit kann die Ermächtigung nach Satz 1 durch Rechtsverordnung unter Sicherstellung der Einvernehmensregelung auf die Regulierungsbehörde übertragen. Eine Rechtsverordnung nach Satz 6 einschließlich ihrer Aufhebung bedarf des Einvernehmens mit dem Bundesministerium für Wirtschaft und Arbeit und des Bundesministeriums der Finanzen.

(3) In Rechtsverordnungen nach Abs. 2 Satz 1 kann abweichend von den Vorschriften des Verwaltungskostengesetzes geregelt werden:

1. der Umfang der zu erstattenden Auslagen und
2. die Gebühr in den Fällen des Widerrufs oder der Rücknahme einer Zuteilung nach Abs. 1 Nr. 1 und 2 oder einer Übertragung von Wegerechten nach Abs. 1 Nr. 7, sofern die Betroffenen dies zu vertreten haben.

(4) Eine Festsetzung von Gebühren und Auslagen ist bis zum Ablauf des vierten Kalenderjahres nach Entstehung der Schuld zulässig (Festsetzungsverjährung). Wird vor Ablauf der Frist ein Antrag auf Aufhebung oder Änderung der Festsetzung gestellt, ist die Festsetzungsfrist so lange gehemmt, bis über den Antrag unanfechtbar entschieden wurde. Der Anspruch auf Zahlung von Gebühren und Auslagen verjährt mit Ablauf des fünften Kalenderjahres nach der Festsetzung (Zahlungsverjährung). Im Übrigen gilt § 20 des Verwaltungskostengesetzes.

(5) Im Falle des Versteigerungsverfahrens nach § 61 Abs. 5 wird eine Zuteilungsgebühr nach Abs. 1 Nr. 1 nur erhoben, soweit sie den Erlös des Versteigerungsverfahrens übersteigt.

(6) Die Wegebaulastträger können in ihrem Zuständigkeitsbereich Regelungen erlassen, nach denen lediglich die Verwaltungskosten abdeckende Gebühren und Auslagen für die Erteilung von Zustimmungsbescheiden nach § 68 Abs. 3 zur Nutzung öffentlicher Wege erhoben werden können. Eine Pauschalierung ist zulässig.

Schrifttum: *Cromme*, Das Wirtschaftlichkeitsprinzip bei öffentlichen Gebühren und bei der staatlichen Genehmigung privater Entgelte, DVBl. 2001, 757; *Friauf*, Öffentlicher Haushalt und Wirtschaft, VVDStRL 27 (1969), 1; *Heimlich*, Die Abgabepflichten des Telekommunikationsgesetzes, NVwZ 1998, 122; *Heun*, Das neue Telekommunikationsgesetz 2004. Rücknahme bestandskräftiger Lizenzgebühren wegen Gemeinschaftswidrigkeit, CR 2004, 893; *Jarass*, Verfassungsrechtliche Grenzen für die Erhebung nichtsteuerlicher Abgaben, DÖV 1989, 1013; *F. Kirchhof*, Die Höhe der Gebühr, Diss. Heidelberg, 1981; *F. Kirchhof*, Grundriss des Steuer- und Abgabenrechts, 2. Auflage, 2001; *F. Kirchhof*, Die Verleihungsgebühr als dritter Gebührentyp, DVBl. 1987, 554; *P. Kirchhof*, in: *Isensee/ Kirchhof* (Hrsg.), Handbuch des Staatsrechts der Bundesrepublik Deutschland (HdbStR), Bd. IV Finanzverfassung, 1990; *Maiwald*, Gebühren, Beiträge, Sonderabgaben, Kosten im Gewerbebereich – ein Überblick, GewArch 1993, 45; *Nolte/Schreiber*, Anspruch von Telekommunikationsunternehmen auf Erstattung von Lizenzgebühren, MMR 2003, 235; *Pietzcker*, Abgrenzungsprobleme zwischen Benutzungsgebühr, Verleihungsgebühr, Sonderabgabe und Steuer, DVBl. 1987, 774; *v. Reinersdorff*, Rückforderung gezahlter Lizenzgebühren trotz Rechtskraft des Gebührenbescheids, MMR 2002, 299; *Schlabach*, Verwaltungskostenrecht, Kommentar Loseblatt, Stand: Juli 2002; *Schütz/Attendorn*, Das neue Kommunikationsrecht der Europäischen Union – Was muss Deutschland ändern?, MMR Beilage 4/2002, 31; *Schütz/Nüsken*, Gebühr für Telekommunikationslizenz, MMR 1998, 523; *Schumacher*, Versteigerungserlöse nach § 11 TKG als Verleihungsgebühr? – Zur Rechtmäßigkeit der Bundeshaushaltssanierung mittels UMTS-Frequenzversteigerung, NJW 2000, 3096; *Stadler/Neumann*, Gebühren für die Zuteilung von Nummern an Internetzugangsanbieter, JurPC Web-Dok. 178/2004, Abs. 1–61; *Stober*, Finanzierung der Wirtschaftsverwaltung durch Abgaben, JA 1988, 250; *Tipke/Lang*, Steuerrecht, 17. Auflage, 2002.

I. Entstehungsgeschichte und Normzweck

In Anlehnung an die hergebrachten Grundsätze des Wirtschaftsverwaltungsrechts regelt **1** § 142 die Gebührenpflichtigkeit der im Einzelnen näher bezeichneten Amtshandlungen. Bereits das TKG 1996 sah an verschiedenen Stellen eine Abgabenpflicht für hoheitliche Gestattungen vor. Zu erwähnen ist § 48 I für die Frequenzzuteilung und für Maßnahmen der Regulierungsbehörde wegen Verstöße gegen die Frequenzordnung der §§ 44–47, § 43 III für die Nummernzuteilung sowie § 16 I Satz 1 für die Lizenzgebühr. Die Vorschrift des § 142 fasst die bisherigen[1] Gebührentatbestände in einem Paragrafen zusammen und fügt im Übrigen einige neu hinzu. Die Bestimmung geht zurück auf die **europarechtlichen Vorgaben** der Art. 12 und Art. 13 GRL. Ziel des § 142 ist primär eine **Refinanzierung** des im Zuge der Wirtschaftsverwaltung entstehenden Verwaltungsaufwands. Daneben können mit der Gebührenerhebung auch noch andere Zwecke verfolgt werden. § 142 Abs. 2 Satz 4 benennt als weiteren Zweck die Sicherstellung einer **optimalen Nutzung** und einer den Zielen des Telekommunikationsgesetzes verpflichteten **effizienten Verwendung** der **Güter Frequenzen** und **Rufnummern**.

II. Gebühren und Auslagen: Begriff und sachliche Rechtfertigung

1. Gebühren. – Die Begriffe „Gebühren und Auslagen" lassen sich in systematischer Hin- **2** sicht in die Typologie der öffentlich-rechtlichen Geldabgaben einordnen. Danach sind Gebühren Geldleistungen, die anlässlich einer besonderen, individuell zurechenbaren öffentlichen Leistung erhoben werden.[2] Im Telekommunikationsrecht fallen sie vor allem in Form von **Verwaltungsgebühren** an und können als Gegenleistung für die durchgeführten Amtshandlungen verstanden werden.

---

1 Mit Ausnahme der Lizenzgebühr; zur Rechtswidrigkeit: BVerwGE 115, 125 ff.; dazu Anmerkung *Schütz*, MMR 2002, 330–323.
2 BVerfGE 97, 332, 343; 50, 217, 226, BVerfGE 50, 217, 226; BVerfG NJW 1984, 1871; BVerwGE 12, 162, 165 = NJW 1961, 2128; BGHZ 98, 115, 117; *F. Kirchhof*, Die Höhe der Gebühr, S. 16; *F. Kirchhof*, Grundriss des Steuer- und Abgabenrechts, RdNr. 16; *Tipke/Lang*, Steuerrecht, § 3 RdNr. 18; BeckTKG-Komm/*Ehmer*, § 48 RdNr. 5.

3 Daneben besteht die Möglichkeit, **Verleihungsgebühren** zu erheben. Sie werden sozusagen als Entgelt für die Einräumung von Nutzungsrechten an öffentlichen Gütern erhoben (z. B. die Einräumung eines Nutzungsrechts an Frequenzen oder Nummern).

Die verfassungsrechtliche Zulässigkeit der Erhebung von Gebühren für die Verleihung eines staatlichen Nutzungsrechts wurde kontrovers diskutiert.[3] Bedenken ergaben sich vor allem aus der Weite dieser Gebühr, welche die Systematik der Finanzverfassung und insbes. die Abgrenzung zur Steuer aushöhlen könnte.[4] Das BVerfG hat in seiner „Wasserpfennig"-Entscheidung[5] die Erhebung von Verleihungs- oder Vorteilabschöpfungsgebühren für verfassungsgemäß angesehen. Darin hebt es hervor, dass es keinen verfassungsrechtlichen Gebührenbegriff gebe, welcher die nichtsteuerlichen Abgabenarten abschließend definiert. So sieht das BVerfG in **knappen natürlichen Ressourcen**, wie im von ihm entschiedenen Fall etwa dem Wasser, Güter der Allgemeinheit. „Wird Einzelnen die Nutzung einer solchen, der Bewirtschaftung unterliegenden Ressource …, eröffnet, wird ihnen die Teilhabe an einem Gut der Allgemeinheit verschafft …. Sie erhalten einen **Sondervorteil** gegenüber all denen, die das betreffende Gut nicht oder nicht in gleichem Umfang nutzen dürfen. Es ist sachlich gerechtfertigt, diesen Vorteil ganz oder teilweise abzuschöpfen."[6] Bedingung ist, dass es sich um knappe Güter oder Rechte handelt. Dies ist bei der Zuteilung eines Nutzungsrechts an Frequenzen der Fall. Eine Frequenz lässt sich definieren als die Anzahl von Schwingungen einer bestimmten Welle pro Zeiteinheit.[7] Daraus ergeben sich in physikalischer Hinsicht Grenzen des technisch nutzbaren Spektrums. Das natürliche Gut der Frequenzen ist daher nur in beschränktem Umfang vorhanden. Auch Nummern sind behutsam zu vergeben; allerdings stellt sich bei ihnen das Problem der **künstlichen Knappheit**. Dabei kann im konkreten Fall zwischen verschiedenen Arten von Nummern differenziert werden.[8]

4 **2. Erhebung der Gebühr dem Grunde nach. – Legitimer Gebührenzweck.** Gebühren sind Sonderlasten, d. h. sie betreffen nur einen Teil der Bürger und bedürfen als nichtsteuerliche Finanzierungsform stets einer besonderen Rechtfertigung. Dies ist schon deshalb erforderlich, damit das Prinzip des Steuerstaats, wonach die Finanzierung der staatlichen Aufgaben grundsätzlich aus dem Ertrag der nach Art. 105ff. GG vorgesehenen Einnahmequellen erfolgt, nicht ausgehöhlt wird.[9] „Zur Wahrung der Geltungskraft der Finanzverfassung bedürfen nichtsteuerliche Abgaben über die Einnahmeerzielung hinaus oder an deren Stelle insbesondere einer besonderen sachlichen Rechtfertigung."[10] In der Rechtsprechung

---

3 Vgl. *Jarass,* DÖV 1989, 1013, 1016; *F. Kirchhof,* DVBl. 1987, 554, 556; *Kloepfer/Follmann,* DÖV 1988, 573, 580; *Pietzcker,* DVBl. 1987, 774, 777; *Friauf,* FS der Rechtswissenschaftlichen Fakultät zur 600-Jahr-Feier der Universität zu Köln, 1988, S. 679 ff.

4 Vgl. *Schumacher,* NJW 2000, 3096, 3098; *Sachs/Siekmann,* GG, Vorb. Art. 104a RdNr. 73 ff.

5 BVerfGE 93, 319, 345, RdNr. 174 = NVwZ 1996, 469 = NJW 1996, 2296 L.

6 BVerfGE 93, 319, RdNr. 177.

7 *Schütz/Nüsken,* MMR 1998, 523, 524.

8 Es gibt Nummernbereiche für persönliche Rufnummern, entgeltfreie sowie entgeltpflichtige Mehrwertdienste, Nummern für Auskunftdienste und Nummern für Online-Dienste. Näher dazu: *Stadler/Neumann,* JurPC Web-Dok. 178/2004, Abs. 47–51.

9 *F. Kirchhof,* Grundriss des Steuer- und Abgabenrechts, RdNr. 15.

10 BVerwG, Beschluss vom 30. 4. 2003, 6 C 3.02, RdNr. 16 = CR 2004, 106 f. mit Verweis auf BVerfG, Urteil vom 19. März 2003, 2 BvL 9/98 = BVerfGE 108, 1; VGH Baden-Württemberg NVwZ 2003, 715.

sind die Kostendeckung, die Vorteilsabschöpfung, die Verhaltenssteuerung sowie soziale Gesichtspunkte als legitime Gebührenzwecke anerkannt.[11]

Kostendeckungszweck. Der Sinn einer Gebührenerhebung besteht hauptsächlich darin, 5 die für einen zurechenbaren öffentlichen Aufwand entstandenen Kosten zu decken.[12] Für die Bestimmung der Gebührenhöhe sind dabei die Kosten der öffentlichen Leistung bzw. der hierfür erforderliche Verwaltungsaufwand maßgeblich.

Vorteilsabschöpfungszweck. Daneben können Gebühren auch den in der Gewährung ei- 6 ner besonderen Leistung liegenden Vorteil oder Nutzenzuwachs auf Seiten des Gebühren- schuldners abschöpfen.[13] Die Gebühr hat Entgeltcharakter.[14]

Lenkungs- oder Bewirtschaftungszweck. Neben dem regelmäßig vorhandenen Zweck 7 der Einnahmeerzielung können noch weitere Zwecke, etwa der einer begrenzten Verhal- tenssteuerung, treten.[15] Insbesondere kann im Zuge der Berücksichtigung des wirtschaft- lichen Wertes, welche die Verwaltungshandlung für den Gebührenschuldner besitzt, die Nachfrage nach der gebührenpflichtigen Leistung gesteuert werden.[16] Eine solche Bewirt- schaftung des Güterbestands ist insbes. dann legitim, wenn es sich um die Einräumung von Nutzungsrechten an potenziell knappen Gütern handelt. Eine verstärkte Gebühren- belastung kann dazu dienen, dem Nachfragenden die Knappheit des angebotenen Gutes bewusst zu machen. Mit dieser Lenkung des Nachfrageverhaltens lässt sich eine optimale Nutzung des Güterbestandes erreichen.[17] Grenzen setzt das verfassungsrechtliche Verbot des Formenmissbrauchs;[18] insbesondere muss die Gebühr zur Steuer hin abgrenzbar blei- ben.

3. Auslagen. – Auslagen sind Aufwendungen der Behörde, welche im Zusammenhang mit 8 der in § 142 I näher bezeichneten Amtshandlung entstehen. Dies sind nach § 10 VwKostG Fernsprechgebühren, Aufwendungen für Ausfertigungen, Abschriften und Auszüge, Auf- wendungen für Übersetzungen, Kosten der öffentlichen Bekanntmachung, Entschädigung der Zeugen und Sachverständigen, Reisekosten der Verwaltungsangehörigen, Beträge an- derer in- und ausländischer Behörden, öffentlicher Einrichtungen oder Beamten sowie Kosten der Sachbeförderung.[19] Auslagen können als gebührenrechtliche Nebenleistung be- griffen werden.[20] Aus Gründen der Verwaltungsvereinfachung wurden die entstandenen Auslagen bislang bereits bei der Bemessung der Gebührenhöhe miteinbezogen und gelten

---

11 BVerfG, Urteil vom 19. März 2003, 2 BvL 9/98, S. 26 f. = BVerfGE 108, 1 ff; BVerfGE 93, 319; BVerfGE 97, 332; BVerfGE 50, 217; BVerwG Beschluss vom 30. 4. 2003 6 C 6.02 RdNr. 20 = BVerwGE 118, 128, 135.

12 BVerfGE 97, 332, 345; BVerfG NVwZ 2003, 715; BVerwGE 109, 272, 274; 115, 125, 129; BVerwG K&R 2003, 474, 476.

13 BVerfGE 93, 319, 344; BVerfG NVwZ 2003, 715, 716; BVerwGE 12, 162, 170.

14 BVerwG K&R 2003, 474, 476.

15 Vgl. BVerfGE 50, 217, 226 f. = NJW 1979, 1345; BVerwG ArchPF 1984, 298, 299; BGH, NVwZ 1988, 1158, 1159.

16 BVerwG MMR 2003, 741, 743; *Stadler/Neumann*, JurPC Web-Dok. 178/2004, Abs. 17.

17 BVerfG NVwZ 2003, 715, 716 f.; BVerwG MMR 2003, 741, 743, 745; *Stadler/Neumann*, JurPC Web-Dok. 178/2004, Abs. 17.

18 BVerfGE 16, 147, 161 = NJW 1963, 1243.

19 Vgl. im Einzelnen der genaue Wortlaut des § 10 VwKostG.

20 *Stober*, JA 1998, 250, 255; BeckTKG-Komm/*Ehmer*, § 48 RdNr. 3.

dann mit der Gebühr abgegolten.[21] Dies erklärt sich daraus, dass die Gebühr pauschaliert wird; die Auslagen sind hingegen stets genau zu berechnen.[22] Im Einzelnen gelten die Vorschriften des § 10 VwKostG,[23] sofern in der Rechtsverordnung nach § 142 Abs. 2 Satz 1 nichts abweichend geregelt ist. So kann der Verordnungsgeber nach § 142 Abs. 3 Nr. 1 den Umfang der zu erstattenden Auslagen abweichend regeln. Dabei soll eine, über das VwKostG hinausgehende, Vergütung ermöglicht werden. Insbesondere bei sehr kostenintensiven Amtshandlungen, wie Messungen oder Ortsterminen, soll der technische und personelle Aufwand angemessen abgerechnet werden können.[24]

III. Gebührenpflichtige Tatbestände

9   § 142 Abs. 1 Satz 1 sieht in Nr. 1 Entscheidungen über die Zuteilung eines **Nutzungsrechts an Frequenzen** nach § 55 als gebührenpflichtigen Tatbestand vor. Ohne eine inhaltliche Änderung ersetzt sie dabei die vormals geltende Regelung des § 48 I TKG 1996. Die Zuteilung einer Frequenz kann dabei auch im Rahmen eines Ausschreibungs- oder Versteigerungsverfahrens nach § 61 erfolgen. Werden Frequenzen im Zuge eines Versteigerungsverfahrens (§ 61 Abs. 5) vergeben, so hat der Begünstigte eine Zuteilungsgebühr nach § 140 Abs. 1 Nr. 1 nur dann zu bezahlen, wenn die Gebühr den Erlös des **Versteigerungsverfahrens** übersteigt (**§ 142 Abs. 5**). Damit werden die Regeln des Versteigerungsverfahrens und die Gebührenvorschriften aufeinander abgestimmt. Die für die Frequenzzuteilung vorgesehene Gebühr stellt faktisch das Mindestgebot dar.[25]

10 Anknüpfungspunkt für die Gebührenpflicht ist immer der Akt der Frequenzzuteilung. Bereits vor In-Kraft-Treten des TKG 1996 vorhandene Frequenzen können nachträglich nicht mehr gebührenrechtlich erfasst werden. Der Entzug dieser Frequenzen und deren Neuzuweisung mit dem Ziel der Gebührenauferlegung ist nicht zulässig.[26]

11 Nach Nr. 2 ist die **Zuteilung** eines **Nutzungsrechts an Rufnummern** auf Grund einer Rechtsverordnung nach § 66 Abs. 4 gebührenpflichtig. Inhaltlich ersetzt sie dabei die vormals in § 43 Abs. 3 Satz 3 TKG 1996 enthaltene Regelung.

12 Nr. 3 erklärt die **Bearbeitung** von **Anträgen auf Registrierung von Anwählprogrammen über Mehrwertdienste-Rufnummern** entsprechend der nach § 66 Abs. 4 zu erlassenden Telekommunikations- Nummerierungsverordnung zum gebührenpflichtigen Tatbestand.

13 Neu ist der unter Nr. 4 aufgenommene Tatbestand der **einzelfallbezogenen Koordinierung, Anmeldung, Übertragung und Notifizierung von Satellitensystemen** im Zusammenhang mit Orbit- und Frequenznutzungsrechten nach § 56.

---

21 Vgl. Wortlaut des § 10 VwKostG: „Soweit die Auslagen nicht bereits in die Gebühr einbezogen sind …". Nach § 1 Abs. 1 Satz 2 FGebV sind die Auslagen in die Gebühren einbezogen. Allerdings ermächtigt § 142 Abs. 2 nur zum Erlass von Bestimmungen hinsichtlich der Gebührentatbestände und der Gebührenhöhe. Vgl. näher bei RdNr. 50.
22 *Wilke*, Gebührenrecht und Grundgesetz, 116.
23 *Schlabach*, Verwaltungskostenrecht § 10 RdNr. 1 ff.
24 Vgl. Begründungserwägung zu § 140 TKG-Entwurf, BT-Drs. 15/2316, S. 103.
25 *Scheurle/Mayen/Zerres*, § 48 RdNr. 22.
26 *Manssen*, § 48 RdNr. 2.

Die Nr. 5 bezieht als **Auffangtatbestand** alle sonstigen Amtshandlungen, die in einem engen Zusammenhang mit einer Entscheidung nach den Nrn. 1 bis 4 stehen, in die Gebührenpflichtigkeit mit ein. Dadurch wird klargestellt, dass z.B. auch Versteigerungs- und Ausschreibungsverfahren sowie Amtshandlungen im Rahmen der Zuteilung sowie die Bescheinigung eines Nummernbedarfs von der Vergebühring nach diesem Gesetz erfasst sind.[27] **14**

Nr. 6 stellt klar, dass auch **Amtshandlungen im Zusammenhang mit Verstößen** gegen dieses Gesetz oder die darauf beruhenden Rechtsverordnungen erfasst werden. Maßnahmen im Zusammenhang mit der Verfolgung von Straf- und Bußgeldvorschriften sind nicht davon erfasst.[28] Der Tatbestand des Nr. 6 beschränkt sich nicht auf Maßnahmen wegen Verstößen gegen Regelungen nach den Nrn. 1–4 des § 142 Abs. 1 und ist insofern weiter als die Nr. 5. **15**

Neu ist schließlich die Regelung in Nr. 7, welche die **Übertragung** eines **Nutzungsrechts an Wegerechten** gemäß § 69 der Gebührenpflicht unterwirft. Die Regulierungsbehörde erhebt für Entscheidungen über die Übertragung von Wegerechten nach § 69 eine am Kostendeckungsprinzip orientierte Gebühr (§ 142 Abs. 1 Nr. 7 i.V.m. § 142 Abs. 2 Satz 2). Art. 13 GRL sieht die Möglichkeit vor, bei der Einräumung von Wegerechten ein Entgelt nach Bewirtschaftungsgesichtspunkten zu erheben; hiervon machte der Gesetzgeber keinen Gebrauch. Die Regelung steht nicht im Widerspruch zu § 68, wonach der Bund die Verkehrswege für öffentliche Telekommunikationsleitungen unentgeltlich nutzen kann. Eine Aussage, ob für die Übertragung dieser Nutzungsrechte Gebühren erhoben werden können, enthält die Vorschrift des § 68 nicht. **16**

Nr. 8 wurde erst kurz vor Gesetzeserlass als gebührenpflichtiger Tatbestand eingefügt. Danach können auch für **Tätigkeiten** im Rahmen des Verfahrens für die **Anerkennung als Anerkannte Abrechnungsstelle für den internationalen Seefunkverkehr** nach § 141 Gebühren erhoben werden. **17**

Nach **§ 140 I Satz 2** sind nun die bereits in § 15 VwKostG geregelten Tatbestände in das TKG aufgenommen werden. Danach wird die Gebührenpflicht auch auf solche Amtshandlungen ausgedehnt, in denen der Antrag auf Vornahme einer der in § 142 Abs. 1 Satz 1 erwähnten Amtshandlungen aus **anderen Gründen als** wegen **Unzuständigkeit** der Behörde abgelehnt wird. Bei ausschließlicher Ablehnung eines Antrags wegen sachlicher, örtlicher oder instanzieller Unzuständigkeit der Behörde wird keine Gebühr erhoben. Sinn und Zweck dieser Bestimmung beruht darin, dass in der Regel die Behörde ihre Unzuständigkeit relativ schnell und einfach, d.h. ohne erheblichen Zeit- und Personalaufwand feststellen kann. Gebührenpflichtig ist aber eine Antragsablehnung wegen fehlender Tatbestandsvoraussetzungen oder falls der Antrag im Rahmen des behördlichen Ermessens abgelehnt wird.[29] Ferner ist ein Antrag gebührenpflichtig, wenn er **nach Beginn** der **sachlichen Bearbeitung**, jedoch vor deren Beendigung zurückgenommen wird. Die sachliche Bearbeitung beginnt nicht bereits mit der ersten formellen Bearbeitung, wie der Anbringung des Eingangsstempels, der Anlegung einer Akte oder der Aufnahme in ein Verzeichnis. Für die Beendigung der Bearbeitung ist nicht die Bekanntgabe an den Antragsteller erforderlich, vielmehr ist ausreichend, wenn der interne Bearbeitungsvorgang abgeschossen **18**

27 Vgl. Begründung des Regierungsentwurfs zu § 140 TKG, BT-Drs. 15/2316, S. 104.
28 Vgl. Begründung des Regierungsentwurfs zu § 140 TKG, BT-Drs. 15/2316, S. 104.
29 *Schlabach*, Verwaltungskostenrecht, § 15 RdNr. 4.

ist.[30] Die Aufnahme des § 142 Abs. 1 Satz 2 in das TKG geht zurück auf die Forderung der Rechtsprechung, die Anordnung aller gebührenpflichtiger Tatbestände unmittelbar im Fachgesetz zu regeln.[31] Das VwKostG setzt fachgesetzliche Gebührentatbestände voraus „und kann diese weder ersetzen noch erweitern".[32] Das **Verwaltungskostengesetz** enthält **keine materiellen Kostentatbestände.**

IV. Bemessung der Gebührenhöhe

19 Als Bemessungsprinzipien für die Höhe der Gebühren können grundsätzlich das Äquivalenzprinzip, das Kostendeckungsprinzip, das Lenkungsprinzip[33] sowie soziale Gesichtspunkte in Betracht kommen.[34]

20 **1. Grundsatz: Gebührenberechnung nach dem Kostendeckungsprinzip (§ 142 Abs. 2 Satz 2).** – In § 142 Abs. 2 Satz 2 trifft der Gesetzgeber für Gebühren im Telekommunikationsbereich eine besondere Anordnung: Danach sind die Gebührensätze so zu bemessen, dass die mit der Amtshandlung verbundenen Kosten gedeckt sind. Dieser Maßstab ist strenger als das Äquivalenzprinzip. Damit wird im Telekommunikationsrecht das **Kostendeckungsprinzip** zum gebührenrechtlichen **Grundprinzip** erklärt. Anstelle den Wert der Leistung für den Gebührenschuldner zu betrachten, erfolgt eine Gebührenbemessung bei dem Kostendeckungsprinzip rein nach den im Verwaltungszweig geschätzten durchschnittlichen Kosten der Leistungserstellung (Kosten des Verwaltungsaufwands).[35]

21 **Europarechtliche Vorgaben.** Die Regelung geht zurück auf europarechtliche Vorgaben. Nach Art. 12 Abs. 1 a) GRL dienen Verwaltungsabgaben, die von Unternehmen verlangt werden, die aufgrund einer Allgemeingenehmigung einen Dienst oder ein Netz bereitstellen oder denen ein Nutzungsrecht gewährt wurde, lediglich der Deckung der administrativen Kosten für die Verwaltung, Kontrolle und Durchsetzung von Allgemeingenehmigungen und Nutzungsrechten.

22 Das Gebührenaufkommen darf dabei die Aufwendungen der öffentlichen Hand nicht wesentlich übersteigen; d. h. ein Gewinn darf damit nicht erzielt werden. Der Begriff des **Kostenüberdeckungsverbots**[36] bringt diesen Ansatz am genauesten auf den Punkt. Dies bedeutet aber nicht, dass im einzelnen Fall der Verwaltungsaufwand und die Gebührenhöhe einander zu 100 Prozent entsprechen müssen. Ein Verstoß liegt dann vor, „wenn die Gesamtheit der Gebühren für besondere Leistungen bestimmter Art die Gesamtheit der Aufwendungen für diese besonderen Leistungen erheblich[37] übersteigt".[38] Für die nähere Bemessung der Gebühr gelten die Vorgaben des Verwaltungskostengesetzes ergänzend (§ 142 Abs. 2 Satz 3).

23 **Zu Grunde zu legende Kosten.** Damit wird auf § 3 Satz 2 VwKostG verwiesen, nach welchem die Gebühren so zu bemessen sind, dass das geschätzte Gebührenaufkommen den

---

30 *Schlabach*, Verwaltungskostenrecht, § 15 RdNr. 3.
31 BVerwG NVwZ 2000, 77, 78.
32 BVerwG NVwZ 2000, 77, 78 mit Verweis auf BVerwGE 84, 178, 182, BVerwGE 40, 313, 315.
33 BVerfGE 50, 217, 226f, 230 f. = NJW 1979, 1345; BVerfGE 79, 1, 28 = NJW 1992, 1303.
34 *Schütz/Nüsken*, MMR 1998, 523.
35 Vgl. BVerfGE 50, 217, 226.
36 VGH Baden-Württemberg BWVPr 1990, 206 = KStZ 1991, 19; BayVGH NVwZ-RR 1994, 290.
37 OVG Bremen NVwZ-RR 1989, 101; vgl. auch BVerwGE 2, 246 = DÖV 1956, 184.
38 BVerwGE 12, 162 = NJW 1961, 2128.

auf die Amtshandlungen entfallenden durchschnittlichen Personal- und Sachaufwand für den betreffenden Verwaltungszweig nicht übersteigt. Entsprechend den europarechtlichen Vorgaben haben sich die Abgaben auf das zu beschränken, was zur Deckung der tatsächlichen Verwaltungskosten für diese Arbeit notwendig ist.[39] Das Gebührenaufkommen wird nach dem sog. **Veranschlagungs- oder Kalkulationsmaxime** im Haushaltsplan aus Ex-ante-Sicht geschätzt.[40] Wird erst nach Ablauf des Haushaltsjahres festgestellt, dass die Gebühreneinnahmen höher sind als die Ausgaben, so hat dies noch keinen Verstoß gegen das Kostendeckungsprinzip zur Folge. Die Gültigkeit einer Gebührenverordnung muss zum Zeitpunkt ihres Erlasses objektiv feststellbar sein. Deshalb ist allein auf die Haushaltsschätzungen und nicht auf die später eingetretene tatsächliche Entwicklung abzustellen.[41] Allerdings sind entsprechend § 147 Satz 2 die Gebührensätze in den entsprechenden Verordnungen für die Zukunft anzupassen.[42] Nach **§ 147 Satz 1** ist die RegTP verpflichtet, eine jährliche Übersicht über die relevanten Verwaltungsaufwendungen sowie die eingenommenen Abgaben zu erstellen; dabei schafft sie die im Interesse des Marktes erforderliche **Transparenz.**

2. Ausnahme bei Frequenz- und Rufnummernzuteilung (§ 142 Abs. 2 Satz 4). – Abweichend von dem Grundsatz des § 142 Abs. 2 Satz 2 ordnet Satz 4 im Hinblick auf Gebühren im Zusammenhang mit Zuteilungen von Nutzungsrechten an Frequenzen und Rufnummern ein anderes Bemessungsprinzip an. Die Gebühren sind so festzusetzen, dass sie als Lenkungszweck die **optimale Nutzung** und eine den Zielen dieses Gesetzes verpflichtete **effiziente Verwendung** dieser Güter sicher stellen. In der Begründung zu § 140 TKG-RegE[43] ist nur von einer „Möglichkeit" die Rede. Maßgeblich ist aber allein der Wortlaut des § 142 Abs. 2 Satz 4; dieser lässt keine Zweifel offen, dass das **Lenkungsprinzip** zwingend anzuwenden ist. Damit wird der Bewirtschaftungszweck in den Mittelpunkt der Gebührenberechnung gestellt.[44] Hierbei spielen Vorteilsgesichtspunkte und der Wert der staatlichen Leistung nur eine untergeordnete Bedeutung. Der Steuerungszweck kann als Sachgrund für eine über- oder unteräquivalente Belastung angeführt werden.[45] Sinn und Zweck dieser Regelung besteht in der Erwägung, dass der Nummernraum sowie die Frequenzen nur in begrenztem Maße verfügbar sind und deshalb einer Bewirtschaftung bedürfen. Es handelt sich bei der Zuteilung dieser Güter um eine wichtige regulatorische Aufgabe. Im Interesse der schonenden Nutzung können sie gesteuert werden.[46] Die verstärkte Gebührenbelastung macht dem Nachfragenden die Bedeutung und begrenzte Verfügbarkeit des angebotenen Gutes bewusst und kann ihn zu einem dementsprechenden Verhalten veranlassen. Über die Gebührenhöhe kann die Nachfrage nach diesen Gütern gesteuert und die Nutzung damit optimiert werden.[47] Zum anderen ist als weiteres Ziel die effiziente Verwendung dieser Güter nach Maßgabe der Ziele des TKG zu erreichen. Von besonderer Be-

24

---

39 Erwägungsgrund (30) GRL.
40 BVerwGE 13, 214 = NJW 1962, 1583.
41 Vgl. BVerwG DÖV 1962, 313, 315.
42 Vgl. § 147 RdNr. 3.
43 BT-Drs. 15/2316, S. 104.
44 *Stadler/Neumann*, JurPC Web-Dok. Abs. 57.
45 BGH NVwZ 1988, 1158, 1160; BVerwG DÖV 1975, 856, 857; *F. Kirchhof*, Grundriß des Steuer- und Abgabenrechts, RdNr. 237; *ders.*, Die Höhe der Gebühr, S. 131 ff.; *Friauf*, VVDStRL 27 (1969) 1, 43; *Kloepfer*, AöR 97 (1972) 232, 255.
46 Für Nummern: BVerwG Beschluss vom 30. 4. 2003 6 C 6.02 RdNr. 19 = BVerwGE 118, 128, 134.
47 BVerwG MMR 2003, 741, 743; *Stadler/Neumann*, JurPC Web-Dok. 178/2004, Abs. 17.

deutung ist das in § 4 Abs. 2 vorgegebene Ziel: Danach soll die Sicherstellung eines **chancengleichen** und **funktionsfähigen Wettbewerbs**, auch in der Fläche, auf den Märkten der Telekommunikation sichergestellt werden. Im Bereich der Frequenzen wird dieses grundlegende Ziel nochmals explizit in § 52 Abs. 1 erwähnt.

25 Die Formulierung des § 142 Abs. 2 Satz 4 geht zurück auf die **europarechtlichen Vorgaben** in Art. 13 GRL. Anders als die Vorgängervorschrift des Art. 11 Abs. 2 RL 97/13/ EG verzichtet Art. 13 GRL auf das Tatbestandsmerkmal der Knappheit der Ressourcen. Nach europäischem Recht wäre es auch möglich, die Gebühr für die Übertragung der Wegerechte nach § 69 anhand von Lenkungsgesichtspunkten zu bestimmen. Der Gesetzgeber machte hiervon keinen Gebrauch; die Gebühr für Amtshandlungen nach § 142 Abs. 1 Nr. 7 orientiert sich allein an dem Kostendeckungsprinzip.

26 Nach Art. 13 Satz 2 GRL ist auch den Zielen des Art. 8 der RRL Rechnung zu tragen.[48] Besonders zu erwähnen ist hierbei das Gebot, den Wettbewerb zu fördern (Art. 8 Abs. 2 RRL). Ausdrücklich angesprochen werden diese Ziele auch in den Erwägungsgründen zur GLR. Nach Erwägungsgrund (31) GRL darf die Erhebung von Verwaltungsabgaben ganz allgemein den **Wettbewerb nicht verzerren** und **keine Schranken für den Marktzugang** errichten. Für den speziellen Fall der Nutzungsentgelte für Frequenzen und Nummern sieht Erwägungsgrund (32) vor, dass diese Entgelte die **Entwicklung innovativer Dienste** und den Wettbewerb nicht erschweren sollten.[49]

27 Danach kann der wirtschaftliche Wert des Nutzungsrechts berücksichtigt und so die Nachfrage nach Rufnummern und Frequenzen gesteuert und eine optimale Nutzung der Güter sichergestellt werden. Dabei kann der bereits aus RL 97/13/EG bekannte Maßstab übernommen werden. Zu dem vormals geltenden Art. 11 Abs. 2 Satz 1 der Lizenzierungsrichtlinie entscheid das BVerwG, dass es zulässig sei, „zur Steuerung der Nachfrage nach einer knappen Ressource und deshalb im Interesse ihrer optimalen Nutzung eine an dem **wirtschaftlichen Wert** der erteilten Einzelgenehmigung **ausgerichtete Gebühr** zu erheben".[50] Dies bedeutet zum einen, dass die Höhe der Gebühr sich nicht am Kostendeckungsprinzip orientiert. Es ist zulässig, dass die Gebühr eine Höhe erreicht, welche den Nutzungsberechtigten zum verantwortungsvollen Umgang mit den Gütern zwingt. Dies kann dadurch erreicht werden, dass die Nutzungsrechte nicht zum niedrigen Verwaltungskostenaufwand „verschleudert", sondern gegen ein, ihren wirtschaftlichen Wert berücksichtigendes Entgelt vergeben werden.[51]

28 Andererseits kann daraus nicht gefolgert werden, dass sich die Höhe der Gebühr im Falle des § 142 Abs. 2 Satz 4 nach dem Äquivalenzprinzip[52] bemisst. **Dominierender Maßstab** ist vielmehr das **Lenkungsprinzip**. Dabei ist der wirtschaftliche Wert der Amtshandlung zwar zu beachten; er steht allerdings nicht im Vordergrund. Gesichtspunkte des Äquivalenzprinzips können nur insofern berücksichtigt werden, als sie dem Sinn und Zweck des Lenkungszieles entsprechen. Der Berücksichtigung des wirtschaftlichen Wertes sind insofern **Grenzen** gesetzt, als er nicht zu **Marktzugangsbarrieren** und sonstigen **Wettbewerbshindernissen** führen darf. Steht bei der Gebührenbemessung allein der mit dem Nut-

---

48 *Schütz/Attendorn*, MMR Beilage 4/2002, 31.
49 Erwägungsgrund 32 GRL.
50 BVerwG Beschluss vom 30. 4. 2003 6 C 6.02 RdNr. 28 = BVerwGE 118, 128, 136.
51 *Schütz/Nüsken*, MMR 1998, 523, 524.
52 Einzelheiten zum Äquivalenzprinzip siehe RdNr. 35 ff.

zungsrecht erlangte wirtschaftliche Vorteil im Vordergrund, so wird die Gebühr typischerweise stark in die Höhe getrieben und erschwert den Marktzugang.

Als problematisch erweist sich dabei auch nach neuem Recht die derzeitige Ausgestaltung **29** der **Gebührentatbestände für Ortsrufnummern.** Die Deutsche Telekom muss keine Rufnummern beantragen und damit auch keine Nutzungsgebühr bezahlen, da sie bereits über einen großen Rufnummernbestand verfügt. Demgegenüber müssen die Wettbewerber Gebühren, welche den reinen Verwaltungsaufwand um das 12–fache übersteigen, bezahlen. Die Frage ist, ob die Erhebung einer am wirtschaftlichen Wert orientierten Gebühr bei der Rufnummernzuteilung an die Wettbewerber des maktbeherrschenden Unternehmens mit dem Grundsatz der Nichtdiskriminierung zu vereinbaren ist, bzw. mit den Zielen der Entwicklung innovativer Dienste und der Förderung des Wettbewerbs kollidiert. Das OVG Münster hat in seinem Urteil vom 6. 12. 2001[53] entschieden, dass der Gebührentatbestand der TNGebV nicht wettbewerbsfördernd gemäß Art. 11 Abs. 2 Satz 2 RL 97/13/EG ausgestaltet und damit unwirksam sei. Ziel der Richtlinie ist die Herstellung eines **chancengleichen Wettbewerbs**;[54] insbesondere soll sie auch den Marktzutritt neuer Wettbewerber begünstigen.[55] Es ist daher angezeigt, auf die tatsächlichen Verhältnisse auf dem relevanten Markt abzustellen. Die allein wertorientierte Gebührenermittlung ohne Berücksichtigung der Markteintrittskosten/Wettbewerbschancen ist nicht mit dem EG-Recht zu vereinbaren. Dies gilt sowohl für Art. 11 Abs. 2 Satz 2 RL 97/13/EG als auch erst recht für Art. 13 GRL. Auch das BVerwG hält für klärungsbedürftig, ob die Lizenzierungsrichtlinie derart zu verstehen ist, „dass für die Zuteilung von Rufnummern durch die nationale Regulierungsbehörde eine den wirtschaftlichen Wert der zugeteilten Nummern berücksichtigende Gebühr erhoben werden darf, obwohl ein auf dem selben Markt tätiges und dort eine marktbeherrschende Stellung innehabendes Telekommunikationsunternehmen von seinem Rechtsvorgänger, dem ehemaligen staatlichen Monopolunternehmen, kostenlos Rufnummern in sehr großem Umfang übernommen hat und eine nachträgliche Heranziehung zu Gebühren für diesen Altbestand aus Gründen des nationalen Rechts ausscheidet." Das BVerwG hat diese Problematik dem EuGH zur Entscheidung vorgelegt.[56]

Die Frage, ob sich die Höhe der Gebühr im Rahmen des **Übermaßverbotes** hält, beurteilt **30** sich nach dem mit ihr verfolgten Zweck. Es ist zuerst zu prüfen, ob die Festsetzung der Gebührenhöhe zu der bestimmten Verhaltenslenkung geeignet ist. Eine lenkende Gebühr belastet nicht bereits übermäßig, wenn sie über den Wert der staatlichen Leistung hinausgeht, sondern erst, wenn sie dem Lenkungszweck nicht mehr gerecht wird. Die Gebührenbemessung ist zu beanstanden, wenn sie in einem „**groben Missverhältnis**" zu den mit ihr verfolgten legitimen Gebührenzwecken steht.[57] Bei der Beurteilung dieser Lage besitzt der Gesetz- und Verordnungsgeber über einen weiten, einer gerichtlichen Überprüfung nur eingeschränkt zugänglichen, **Beurteilungsspielraum.** Eine pauschalierende Einschätzung ist

---

53 OVG Münster Urteil vom 6. 12. 2001 – 9 A 589/01, S. 10 ff., 21 ff. = K&R 2002, 268 ff.
54 Vgl. Dritter Erwägungsgrund RL 97/13/EG mit Verweis auf die Wettbewerbsrichtlinie. Zur Argumentation im Einzelnen: BVerwG Beschluss vom 30. 4. 2003 6 C 6.02 RdNr. 70 = BVerwGE 118, 128, 150 f.
55 Fünfter Erwägungsgrund RL 97/13/EG.
56 BVerwG Beschluss vom 30. 4. 2003 6 C6.02 RdNr. 69 = BVerwGE 118, 128, 150.
57 BVerfG NVwZ 2003, 715, 717 mit Verweis auf: BVerfGE 83, 363, 392 = NVwZ 1992, 365; BVerwGE 109, 272, 274 = NVwZ 2000, 73; BVerwG NVwZ-RR 2000, 533, 535; BVerwG NVwZ 2002, 206, 209.

erlaubt.[58] Die Gerichte können allerdings prüfen, ob der Steuerungszweck gröblich verletzt wurde. Zudem gilt auch hier, dass die Bemessung nach Lenkungsgesichtspunkten nicht dazu führen darf, dass der Entgeltcharakter der Gebühr völlig außer Acht gelassen wird. Übersteigen die Gebühren die Verwaltungskosten **um das 4444fache**, so liegt jedenfalls eine grobes Missverhältnis vor.[59] Dies ergibt sich bereits aus dem Wesen der Gebühr als leistungsbezogenes Entgelt.[60] Aus der Begrenzungs- und Schutzfunktion der Finanzverfassung in den Art. 104 ff. GG ergibt sich, dass auch im Rahmen des Lenkungszwecks bei der Bemessung der Gebührenhöhe der zugleich mitverfolgte Zweck der Kostendeckung bzw. Vorteilsabschöpfung nicht gänzlich aus den Augen verloren werden darf.[61]

31 Die Gebühr darf nicht „**erdrosselnd**" bzw. „**prohibitiv**" wirken.[62] Eine solche unzulässige Gebühr liegt dann vor, wenn sie „dazu bestimmt und geeignet ist, von der Inanspruchnahme der Leistung abzuschrecken, also die Entstehung eines Gebührenaufkommens zu verhindern, anstatt es zu fördern".[63]

32 **3. Weitere Ausnahme: Vergabe von Nummern oder Frequenzen mit außerordentlichem wirtschaftlichen Wert im Wege wettbewerbsorientierter oder vergleichender Auswahlverfahren (§ 142 Abs. 2 Satz 5).** – Eine weitere abweichende Regelung enthält der Satz 5 des § 142 Abs. 2. Danach finden die S. 2 bis 4 keine Anwendung, wenn Nummern oder Frequenzen von außerordentlich wirtschaftlichem Wert im Wege wettbewerbsorientierter oder vergleichenden Auswahlverfahren vergeben werden. Es handelt sich hierbei um Nummern oder Frequenzen mit, aus betriebswirtschaftlicher Sicht, ganz besonderer Bedeutung. Als Auswahlverfahren kommen das Versteigerungs- und das Ausschreibungsverfahren in Betracht. Der Gesetzgeber schließt in diesen Fallkonstellationen explizit die Geltung des Kostendeckungsprinzips (§ 142 Abs. 2 Satz 2) und des Lenkungsprinzips (§ 142 Abs. 2 Satz 4) aus. Es fragt sich, was dann gelten soll. Nähere Erklärungen in den Begründungserwägungen macht der Gesetzgeber nicht. Offensichtlich ging der Normgeber davon aus, dass auf andere, keiner ausdrücklichen Anordnung bedürfende, hergebrachte Prinzipien der Gebührenbemessung zurückgegriffen werden kann. Insofern ist an **§ 3 VwKostG** zu denken; danach wird in **Satz 1** das **Äquivalenzprinzip** als Bemessungsgrundlage vorgeben. Die Geltung des VwKostG für die Gebührenerhebung durch Bundesbehörden braucht nicht extra einzelgesetzlich angeordnet werden; sie ergibt sich bereits aus § 1 Abs. 2 VwKostG. Die Anwendung dieses Gesetzes ist auch nicht durch die in § 142 Abs. 2 Satz 5 angeordnete Nichtanwendbarkeit des § 142 Abs. 2 Satz 3, welcher die Vorschriften des VwKostG für ergänzend anwendbar erklärt, ausgeschlossen. Satz 3 des § 142 Abs. 2 ist im Kontext des Satzes 2 zu verstehen, welcher sich auf das Kostendeckungsprinzip bezieht. Danach ist ein Rückgriff auf das VwKostG im Zusammenhang mit der Anwendung dieses Prinzips ausgeschlossen. Darüber hinaus kann aber auf das Äquivalenzprinzip in § 3 Satz 1 VwKostG zurückgegriffen werden. Nach dieser Bemessungsvariante bemisst sich die Höhe der Gebühr nach dem Wert, welcher die Verwaltungsleistung für den Gebüh-

---

58 BVerfGE 50, 217, 226 f.; BVerfG NVwZ 2003, 715, 717; BVerwGE 115, 32, 46; BVerwG MMR 2003, 741, 745; VG Köln MMR 2001, 327, 331.

59 BVerwG K&R 2003, 474, 477; vgl. auch OVG Münster MMR 2002, 490, 492.

60 BGH NVwZ 1988, 1158, 1160.

61 BVerwG K&R 2003, 474, 476; BVerfG NVwZ 2003, 715.

62 *F. Kirchhof*, Grundriß des Steuer- und Abgabenrechts, RdNr. 237.

63 BGH NVwZ 1988, 1158, 1160.

renschuldner aufweist. Damit wird versucht, den Nutzen oder Vorteil des Empfängers zu bestimmen und diesen im Wege der Gebührenerhebung wieder auszugleichen.[64]

Zum Teil wird dieses Bemessungsprinzip bereits aus dem verfassungsrechtlich verankerten **33** Grundsatz der Verhältnismäßigkeit in Verbindung mit dem Gleichheitsgebot des Art. 3 GG hergeleitet.[65] Das BVerwG hat das Äquivalenzprinzip als **Wesensmerkmal der Gebühr** anerkannt;[66] das BVerfG bezeichnet das Äquivalenzprinzip als „dem Begriff der Gebühr immanent".[67] Aus dem weiten Verhältnismäßigkeitsgrundsatz und dem Gleichheitsgebot kann nicht gefolgert werden, dass die gebührenrechtlichen Bemessungsprinzipien auf das Äquivalenzprinzip einzuengen sind.[68] Die Verfassung gebietet nur, den Umfang bzw. den Wert der Verwaltungsleistung nicht gänzlich außer Acht zu lassen.

Das Äquivalenzprinzip kann vorliegend allerdings **nur vorbehaltlich der europarechtli- 34 chen Vorgaben (Art. 13 GRL)**, welche maßgeblich auf eine **optimale Nutzung** der Ressource Frequenz und Nummer abstellen, zur Anwendung gelangen.[69] Der nachfolgend erörterte Bemessungsgrundsatz steht daher stets unter dem Vorbehalt des Bewirtschaftungsprinzips.

Einzelheiten zum Äquivalenzprinzip. Die Höhe der Gebühr kann in Anlehnung an den **35** wirtschaftlichen Wert die getätigten Aufwendungen der Behörde überschreiten[70] bzw. auch unterschreiten. Allerdings darf sich die Gebühr nicht gänzlich von den **Kosten** lösen, vielmehr müssen sie ein **Bezugspunkt** für die Bestimmung der Gebührenhöhe bleiben. Eine Festsetzung der Gebühr völlig unabhängig von den Kosten der gebührenpflichtigen Amtshandlung verstößt gegen das Äquivalenzprinzip.[71] Dieses Ergebnis folgt schon zwingend aus dem grundsätzlichen Zweck der Gebühr, welche „dem Gebührenschuldner vom Staat anlässlich einer individuell zurechenbaren öffentlichen Leistung in der Absicht auferlegt wird, die Kosten dieser Leistung ganz oder teilweise zu decken".[72] Eine Gebühr ist mit dem Verfassungsrecht nicht zu vereinbaren, wenn sie in einem groben Missverhältnis zu den vom Gesetzgeber verfolgten legitimen Gebührenzweck steht. „Das Äquivalenzprinzip als Ausprägung des (bundes-)verfassungsrechtlichen Grundsatzes der Verhältnismäßigkeit verlangt, dass die Gebühr in **keinem groben Missverhältnis** zu dem **Wert** der mit ihr abgegoltenen Leistung der öffentlichen Hand steht".[73] Der Entgeltcharakter der Gebühr bleibt

64 BVerfGE 93, 319, 344 = NVwZ 1996, 469; *F. Kirchhof*, Grundriss des Steuer- und Abgabenrechts, RdNr. 237.
65 BVerfGE 83, 363, 392; BVerwG K&R 2003, 474, 476; BVerwG DVBl. 1989, 413, 414; DVBl. 1988, 734; NVwZ 1986, 483, 484; BVerwGE 109, 272, 274; 115, 32, 44; 90, 79, 91; 80, 36, 39; 26, 305, 309; BGH NVwZ 1988, 1158, 1160; VGH Baden-Württemberg VBlBW 1990, 352, 354; OVG Münster MMR 2002, 490, 491.
66 BVerwGE 12, 162, 165.
67 BVerfGE 20, 257, 1270.
68 *F. Kirchhof*, Grundriß des Steuer- und Abgabenrechts, RdNr. 237; *Isensee*, GS Geck, 1989, S. 355, 388.
69 Eingehend dazu unter RdNr. 39.
70 BVerwGE 12, 162, 169.
71 BVerwG Urteil vom 30. 4. 2003, 6 C 4.02 RdNr. 13 = MMR 2003, 613, 615 mit Verweis auf BVerwGE 115, 125; BVerfGE 50, 217; 85, 337; 97, 332.
72 BVerwG Urteil vom 30. 4. 2003, 6 C 4.02 RdNr. 13 = MMR 2003, 613, 615.
73 BVerfGE 20, 257, 270; 83, 363, 392; BVerwGE 80, 36, 39; 26, 305, 309 = DBVl. 1967, 577; BVerwG Urteil vom 30. 4. 2003, 6 C 4.02 RdNr. 13 = BVerwG MMR 2003, 613, 614 mit Verweis auf BVerwGE 115, 32 m.w.N.; BVerfGE 83, 363, 392. BVerfGE 85, 337, 346; 97, 332, 345;

dadurch gewahrt, dass diese sich – auch wenn bei der Bemessung der wirtschaftliche Wert in Rechnung gestellt wird – im Hinblick auf ihre Höhe nicht gänzlich von den Kosten des Verwaltungsaufwands loslösen darf. Bereits aufgrund „des gebotenen Mindestmaßes an Sachgerechtigkeit und innerer Regelungskonsistenz" (Art. 3 Abs. 1, Art. 20 Abs. 3 GG) darf der Kostendeckungszweck nicht völlig in den Hintergrund treten. Als zusätzliches Argument tritt die Begrenzungs- und Schutzfunktion der Finanzverfassung des Grundgesetzes (Art. 104 a ff. GG) hervor und gebietet, auch den Kostendeckungszweck – neben evtl. anderen weiteren Gebührenzwecken – nicht gänzlich aus dem Auge zu verlieren.[74]

36 Dabei verfügt der Gesetzgeber aufgrund der anzustellenden Beurteilungsentscheidungen über einen **weiten Entscheidungsspielraum**.[75] Insbesondere ist der Gesetz- bzw. Verordnungsgeber berechtigt, „die Vielzahl der Einzelfälle in einem Gesamtblick zu erfassen und generalisierende, typisierende und pauschalierende Regelungen zu treffen, die verlässlich und effizient vollzogen werden können".[76] Für die Berechnung kann aus Gründen des Verwaltungsaufwands ein **Wahrscheinlichkeitsmaßstab** angelegt werden, welcher sich an dem typischen und pauschalierten Vorteil, welchen die Amtshandlung mit sich bringt, orientiert.[77] Auch hinsichtlich des zugrunde gelegten Wertes der Amtshandlung genügt „eine vergröberte Bestimmung im Sinne einer pauschalierenden Schätzung anhand eines Wahrscheinlichkeitsmaßstabs".[78] Es ist daher nicht zu beanstanden, wenn der Verordnungsgeber davon ausgeht, jede der in einem Rufnummernblock enthaltene Nummer werde einem einfachen Telefonanschluss zugeordnet. Es ist nicht erforderlich, in die Berechnung miteinfließen zu lassen, dass bei ISDN-Anschlüssen mehrere Nummern pro Anschluss vergeben werden. Ebenso muss der Verordnungsgeber bei der Berechnung des Wertes der Rufnummern auch nicht zwischen Zuteilungsempfängern, welche überwiegend private Anschlusskunden und solchen, welche hauptsächlich gewerbliche Vertragspartner bedienen, unterscheiden.

Nicht maßgeblich ist, ob dem Gebührenschuldner ein unmittelbar, konkret bezifferbarer Wert im Sinne eines objektiven Nutzens zufließt.[79] So ist es möglich, für die Berechnung des Wertes der Amtshandlung auf den durch sie ermöglichten geschätzten (wahrscheinlichen) Jahresumsatz abzustellen und die Gebühr auf 0,1% dieser Summe festzusetzen. Dem kann nicht entgegengehalten werden, aus der Anzahl der zugeteilten Nummern könne nicht auf den Umfang des Umsatzes geschlossen werden.[80]

37 **Eingeschränkte gerichtliche Kontrolldichte.** Was die gerichtliche Überprüfbarkeit der Gebührenhöhe anbelangt, so dürfen an diese Kontrolle keine überhöhten Anforderungen

---

BVerwGE 26, 305, 308 = DVBl. 1967, 577; BVerwG K&R 2003, 474, 476; BVerwG MMR 2003, 741, 743; *Schlabach*, Verwaltungskostenrecht, Einleitung RdNr. 9.

74 BVerwG Urteil vom 30. 4. 2003, 6 C 4.02 RdNr. 13 = BVerwG MMR 2003, 613, 615; BVerfGE 85, 337, 346; BVerfGE 50, 217, 227.

75 BVerfGE 97, 332, 345; BVerwGE 115, 125, 129; BVerwG K&R 2003, 474, 476; BVerwG MMR 2003, 741, 745.

76 BVerwG Beschluss vom 30. 4. 2003 6 C 6 02 RdNr. 42 = BVerwGE 118, 128, 141.

77 BVerwGE 80, 36, 41; 2, 246, 249 = DÖV 1956, 184; *Schlabach*, Verwaltungskostenrecht, § 3 RdNr. 9. Zur verfassungsrechtlichen Zulässigkeit einer Typisierung: vgl. zum Beispiel: *Jarass/Pieroth/Jarass*, GG Art. 3 RdNr. 30.

78 BVerwG Beschluss vom 30. 4. 2003 6 C 6 02 RdNr. 42 = BVerwGE 118, 128, 141; *P. Kirchhof*, HdbStR IV, § 88 RdNr. 206.

79 BVerwG, Beschluss vom 30. 4. 2002 6 C 6 02 RdNr. 42 = BVerwGE 118, 128, 141.

80 BVerwG, Beschluss vom 30. 4. 2002 6 C 6 02 RdNr. 43 = BVerwGE 118, 128, 142.

gestellt werden.[81] „Wird für die Gebührenbemessung auf den Wert der durch die gebührenpflichtige Amtshandlung erbrachten Leistung abgestellt, verlangt das Äquivalenzprinzip regelmäßig nur, dass der Hundert- oder Tausendsatz des Wertes, der als Gebühr zu entrichten ist, nicht unangemessen hoch ist".[82]

Angesichts der umfangreichen Berechnungen, Bewertungen, Einschätzungen und Prognosen darf die Überprüfung der gesetzgeberischen Gebührenbemessung nicht überspannt werden. Dies ergibt sich insbesondere auch daraus, dass Gebühren regelmäßig im Massenverfahren erhoben werden; dabei wird „jede einzelne Gebühr nicht nach Kosten, Wert und Vorteil einer real erbrachten Leistung genau berechnet, sondern vielfach nur nach Wahrscheinlichkeit und Vermutungen in gewissem Maß vergröbert bestimmt und pauschaliert".[83] Zur Wahrung des Entscheidungsspielraums des Gesetz- und Verordnungsgebers ist die gerichtliche Kontrolldichte eingeschränkt.[84]

Übersteigt die Gebühr den **Verwaltungsaufwand um das 4444fache**, dann besteht ein **38** grobes, dem Äquivalenzprinzip zuwiderlaufendes **Missverhältnis** zwischen der Gebühr und den Kosten des Verwaltungsaufwandes.[85] Übersteigt die Gebühr die Kosten der Amtshandlung lediglich um das 16fache, so liegt noch kein Verstoß gegen das Äquivalenzprinzip vor.[86] Ein Verstoß gegen das Äquivalenzprinzip ist zu bejahen, wenn die Gebühr erdrosselnde Wirkung zeigt und auf einen bestimmten Wirtschaftszweig prohibitiv wirkt.[87] Die Gebührenhöhen finden dort ihre Grenze, wenn „sie von der Beantragung der Amtshandlung abschrecken, **erdrosselnden Charakter** haben oder zu einem beachtlichen, Preiserhöhungen auslösenden Kostenfaktor werden".[88] Nicht ausreichend ist allerdings die Vermutung, dass der Gebührenschuldner die Kosten für die Gebühr auf seine Kunden abwälzt.[89]

Vereinbarkeit mit dem europäischen Recht. Es ist äußerst fragwürdig, ob § 142 Abs. 2 **39** Satz 5 auch den höherrangigen, **europarechtlichen Vorgaben** entspricht. Nach **Art. 13 GRL** muss bei Abgabenentscheidungen im Zusammenhang mit Nutzungsrechten an Funkfrequenzen oder Nummern zwar nicht das enge Kostendeckungsprinzip gewahrt werden; allerdings sind die Mitgliedstaaten dann angehalten, die Gebühren so zu bemessen, dass eine optimale Nutzung dieser Ressourcen sichergestellt wird.

Das zur Anwendung gelangende Bemessungsprinzip ist daher im Sinne von Art. 13 Satz 1 GRL auszulegen. Nach Art. 13 GRL können bei Nutzungsrechten an Funkfrequenzen und an Nummern die Gebühren die Verwaltungskosten übersteigen. Der wirtschaftliche Wert des Nutzungsrechts kann somit zwar berücksichtigt werden, allerdings müssen die Gebüh-

---

81 BVerfG NVwZ 2003, 715, 717 (Verfassungswidrige Rückmeldegebühr in Baden-Württemberg).
82 BVerwG Urteil vom 30. April 2003 6 C 6 02 RdNr. 42 = BVerwGE 118, 128, 141; BVerwG 11 C 5.99 Buchholz 451.211.
83 BVerfG NVwZ 2003, 715, 717 mit Hinweis auf *P. Kirchhof*, HdbStR IV § 88, RdNr. 206.
84 BVerfG NVwZ 2003, 715, 717.
85 BVerwG K&R 2003, 474, 477, OVG Münster MMR 2002, 490, 492.
86 BVerwG MMR 2003, 741, 745; OVG Münster MMR 2002, 569, 571; VG Köln MMR 2001, 327, 331.
87 BVerwGE 26, 305, 311 = DVBl. 1967, 577; einschränkend gegenüber BVerwGE 12, 162, 166 = NJW 1961, 2128.
88 BVerwG Beschluss vom 30. 4. 2003 6 C 6.02 RdNr. 23 = BVerwGE 118, 128, 135; BVerwGE 12, 162; BVerwGE 80, 36; *Schlabach*, Verwaltungskostenrecht, § 3 zu § 3.
89 BVerwGE 95, 188.

ren dazu dienen, eine optimale Nutzung dieser Ressourcen sicherzustellen. § 142 Abs. 2 Satz 5 i.V. m. § 3 Satz 1 VwKostG ist **richtlinienkonform** dahin **auszulegen**, dass der Verordnungsgeber bei der Festlegung der Höhe der Gebühr den **Bewirtschaftungszweck** des Art. 13 Satz 1 GRL als zentralen und übergeordneten Gesichtspunkt zu berücksichtigen hat.[90] Dieses Ergebnis ist auch sachgerecht, da der Lenkungsfunktion im Rahmen eines Auswahlverfahrens eine wesentlich stärkere Bedeutung zukommt als bei der reinen Individualzuteilung.[91]

V. Verordnungsermächtigung

40 **Nähere Ausgestaltung durch Rechtsverordnung.** Die in Abs. 1 Nr. 1 bis 8 aufgeführten gebührenpflichtigen Tatbestände sind im Einzelnen näher erläuterungsbedürftig. Hierzu enthält Abs. 2 Satz 1 eine Verordnungsermächtigung an das Bundesministerium für Wirtschaft und Arbeit, die gebührenpflichtigen Tatbestände und die Gebührenhöhe einschließlich ihrer Zahlungsweise näher zu bestimmen. Die Verordnung hat im Einvernehmen mit dem Bundesministerium der Finanzen zu erfolgen. Eine Zustimmung des Bundesrates ist nicht erforderlich. Unter den Voraussetzungen des § 142 Abs. 2 Sätze 6–7 kann die Ermächtigung auf die Regulierungsbehörde übertragen werden.

41 Die **Verordnungsermächtigung** in § 142 Abs. 2 genügt den Anforderungen des **Art. 80 Abs. 1 Satz 2 GG**. Danach hat der Gesetzgeber Inhalt, Zweck und Ausmaß der Regelung des Gesetzes selbst zu bestimmen. Der Regelungsinhalt der Rechtsverordnung ist dabei gesetzlich so zu umreißen, dass er ein Minimum an materieller Regelung enthält, welche dem Verordnungsgeber als „Programm" bzw. „Rahmen" dient.[92] Insbesondere muss der Verordnungsgeber selbst entscheiden, welche öffentlichen Leistungen gebührenpflichtig und welche gebührenfrei sein sollen.[93] § 142 Abs. 1 enthält einen Gebührentatbestandskatalog, welcher dem Grunde nach festlegt, welche Amtshandlungen der Gebührenpflicht unterfallen. Inhalt und Zweck der Vorschrift ist hinreichend klar bestimmt. Der Bestimmtheitsgrundsatz ist auch im Hinblick auf das Ausmaß der Gebührenhöhe erfüllt. Es ist nicht erforderlich, dass der Gesetzgeber die Gebührenhöhe selbst bestimmt bzw., dass er sie durch die Angabe eines Rahmens festlegt.[94] Nach § 142 Abs. 2 S. 2 bis 4 gibt der Gesetzgeber dem Verordnungsgeber hinsichtlich der Gebührenhöhe explizit bestimmte Bemessungsprinzipien vor. Die legitimen Gebührenzwecke und damit sogleich die Bemessungsgrundlagen sind im Rahmen einer gesetzgeberischen Entscheidung festgelegt.[95] So wird im Falle des § 142 Abs. 2 Satz 2 das Kostendeckungsprinzip zur Anwendung gebracht und als Ausnahme davon nach § 142 Abs. 2 Satz 4 in den dort bezeichneten Fallgestaltungen das Lenkungsprinzip.

---

90 Näheres dazu unter RdNr. 24 ff.
91 *Schütz/Attendorn*, MMR Beilage 4/2002, 31.
92 BVerfGE 20, 257, 270 = NJW 1967, 339; BGH NVwZ 1988, 1158, 1159.
93 BVerwG Beschluss vom 30. 4. 2003, 6 C 6.02 RdNr. 12 = BVerfGE 118, 128, 131 mit Verweis auf BVerwGE 115, 125; BVerfGE 78, 249; BVerfGE 33, 358.
94 BVerwG Beschluss vom 30. 4. 2003, 6 C 6.02 RdNr. 12 = MMR 2003, 741 ff. mit Verweis auf BVerwGE 112, 194, 202.
95 BVerfG NVwZ 2003, 715, 717; BVerwG Beschluss vom 30. April 2003, 6 C 6.02 RdNr. 12 = BVerwGE 118, 128, 131.

Höfler

Es ist problematisch, ob die Regelung des § 142 Abs. 2 Satz 5 den **Bestimmtheitsanfor-** 42
derungen genügt. Danach finden die Sätze 2 bis 4 gerade keine Anwendung, wenn Nummern oder Frequenzen von außerordentlich wirtschaftlichem Wert im Wege wettbewerbsorientierter oder vergleichender Auswahlverfahren vergeben werden. Damit ordnet der Gesetzgeber an, dass sowohl das Kostendeckungsprinzip als auch das Lenkungsprinzip in der
erwähnten Fallkonstellation nicht gelten soll. Diese Regelung ist dennoch als hinreichend
bestimmt zu betrachten, da sich Bemessungsmaßstäbe aus anderen gesetzlichen Vorgaben
ergeben. So ist anerkannt, dass im Zuge eines Verweises auf die Vorschriften des
VwKostG eine hinreichende Konkretisierung erreicht werden kann.[96] Mit § 142 Abs. 2
Satz 5, welcher ausdrücklich auch § 142 Abs. 2 Satz 3 für nicht anwendbar erklärt, könnte
ein Rückgriff auf die sonst geltenden allgemeinen Grundsätze der Gebührendogmatik des
§ 3 VwKostG ausgeschlossen sein. Dieser Ausschluss ist aber in seinem Kontext, d. h. im
Zusammenhang mit § 142 Abs. 2 Satz 2 zu sehen; dem Gesetzgeber ging es nur darum, die
im Hinblick auf die Anwendung des Kostendeckungsprinzips ergänzende Anwendung des
VwKostG auszuschließen. Im Übrigen kann auf das VwKostG zurückgegriffen werden.

VI. Verjährung

Abs. 4 regelt die Verjährung der gebührenrechtlichen Ansprüche. Zum einen können Ver- 43
waltungsabgaben bis zum Ablauf des vierten Kalenderjahres nach Entstehung der Schuld
festgesetzt werden (**Festsetzungsverjährung**). Die Verjährung ist gehemmt, wenn vor
Fristablauf ein Antrag auf Aufhebung oder Änderung gestellt wird. Die Wirkung der Hem-
mung dauert so lange an, bis der Antrag unanfechtbar entschieden ist. Der Zeitraum der
Hemmung wird in die Verjährungsfrist nicht eingerechnet. Zum anderen ist davon die **Zah-
lungsverjährung** zu unterscheiden. Danach verjährt der bereits festgesetzte Anspruch auf
Verwaltungskosten mit Ablauf des fünften Kalenderjahres nach der Festsetzung. § 142
Abs. 4 Satz 4 verweist im Übrigen auf § 20 VwKostG. So bestimmt § 20 Abs. 1 Satz 3
VwKostG abweichend von den Vorschriften des Bürgerlichen Rechts, dass mit Ablauf der
Verjährungsfrist der **Anspruch erlischt**. Daher ist die Verjährung von Amts wegen zu prü-
fen; wird nach Ablauf der Verjährung geleistet, können sich Rückforderungsansprüche er-
geben.[97]

VII. Zustimmungsgebühr der Wegebaulastträger

§ 140 Abs. 6. Dieser Absatz bezieht sich auf die von den Wegebaulastträgern zu erhebende 44
Zustimmungsgebühr. Sie wird im Zusammenhang mit den Entscheidungen über die **Nutzung öffentlicher Verkehrswege** nach § 68 Abs. 3 fällig; danach bedürfen die Verlegung
neuer Telekommunikationslinien sowie die Änderung vorhandener Telekommunikationslinien der Zustimmung der Träger der Wegebaulast. In der Regel erfolgt die Leitungsverlegung in Straßen, so dass die Straßenbaulastträger zuständig sind. § 140 Abs. 6 eröffnet die
Möglichkeit, dass die Wegebaulastträger für die Erteilung von Zustimmungsbescheiden
nach § 68 Abs. 3 lediglich die Verwaltungskosten abdeckende Gebühren und Auslagen erheben (Kostendeckungsprinzip). Zudem wird ihnen eine Pauschalierung ermöglicht. § 140
Abs. 6 ist eine **Kann-Vorschrift**, d. h. die Behörden können weiterhin auch auf die allge-

---

96 BVerwGE 115, 125.
97 *Schlabach*, Verwaltungskostenrecht, § 20 RdNr. 7.

meinen Kostenregelungen, insbesondere auf die landesrechtlichen Kommunalabgabengesetze zurückgreifen. Auch der in § 68 Abs. 1 enthaltene Grundsatz der unentgeltlichen Benutzung von Verkehrswegen für die öffentlichen Zwecken dienende Telekommunikationslinien gebietet nicht, dass die Wegebaulastträger bei ihrer Zustimmung nur den Verwaltungsaufwand berücksichtigen. § 68 Abs. 1 untersagt den Gemeinden für die Durchleitung von Telekommunikationsleitungen Wegeentgelte zu erheben;[98] eine Aussage, ob für die Erteilung der Zustimmung Verwaltungskosten erhoben werden können, enthält die Vorschrift nicht.[99] Es ist daher möglich, dass das Landesrecht neben der Kostendeckung weitere Ziele und Gebührenzwecke verfolgt. Es ist insbes. zulässig, als Gebührenmaßstab auch den Wert der Leistung zu berücksichtigen.[100] Nach der Rechtsprechung des BVerwG ist auch „nicht erkennbar, dass durch eine Wertgebühr die Sicherstellung eines chancengleichen und funktionsfähigen Wettbewerbs auf den Märkten der Telekommunikation (§ 2 Abs. 2 Nr. 2 TKG) beeinträchtigt wird."[101] Die Sicherstellung einer flächendeckenden Grundversorgung zu moderaten Preisen wird auch nicht angetastet.[102]

45 Diese Gebührenvorschrift ist von der Regelung des § 142 Abs. 1 Nr. 7 zu unterscheiden. Bei Letzterer geht es um die Übertragung von bereits vorhandenen Wegerechten durch die Regulierungsbehörde an die Betreiber der Telekommunikationsnetze (§ 69). Der Bund kann die Nutzungsberechtigung nach § 68 nicht selber ausüben, da Telekommunikationsdienstleistungen nach Art. 87f Abs. 2 Satz 1 GG als privatwirtschaftliche Tätigkeiten erbracht werden; der Bund muss sein originäres Recht an die Betreiber öffentlicher Telekommunikationsnetze weitergeben.

VIII. Prozessuales

46 Die Kostenentscheidung ergeht regelmäßig zusammen mit der Sachentscheidung. Die Kostenentscheidung ist ein belastender Verwaltungsakt und kann auch unabhängig von der Entscheidung in der Sache mit Einlegung eines **Widerspruchs** bzw. mit der **Anfechtungsklage** angegriffen werden.

47 **Gebührenrückzahlung.** Nach § 113 Abs. 1 Satz 2 VwGO kann gleichzeitig mit der Aufhebung eines rechtswidrigen Verwaltungsakts ausgesprochen werden, dass auch dessen Vollziehung rückgängig gemacht wird (Folgenbeseitigungsanspruch). Der Anspruch auf Rückzahlung kann sich aus § 21 VwKostG ergeben. Überzahlte Kosten sind unverzüglich zu erstatten. Zu Unrecht erhobene Kosten sind nur zu erstatten, soweit eine Kostenentscheidung noch nicht unanfechtbar geworden ist. Nach diesem Zeitpunkt ist nach § 21 Abs. 1 VwKostG die Erstattung von zu Unrecht erhobener Kosten nur noch aus Billigkeitsgrün-

---

98 BVerfG NVwZ 1999, 520.

99 BVerwG TMR 2002, 468; Bayerischer VGH TMR 2002, 470, 472, VGH Baden-Württemberg VBlBW 2000, VGH BW-Ls. 104; VG Arnsberg RTkom 2000, 59 ff.; VG Regensburg NVwZ-RR 1999, 404. A. A.: Niedersächsisches OVG TMR 2002, 483; OVG Nordrhein-Westfalen RTkom 2001, 251; VG Osnabrück NVwZ-RR 2000, 539: § 50 Abs. 1 Satz 1 TKG 1996 schließt die Erhebung von Verwaltungsgebühren aus.

100 BVerfGE 85, 337, 346; BVerwG TMR 2002, 468; BVerwG NVwZ 2000, 1410; Bayerischer VGH TMR 2002, 470.

101 BVerwG TMR 2002, 468, 470.

102 BVerwG TMR 2002, 468, 470.

den möglich.[103] Als weitere Anspruchsgrundlage kommt § 48 Abs. 1 VwVfG i.V. m. dem allgemeinen öffentlich-rechtlichen Erstattungsanspruch in Betracht.[104] Zur Frage der Rücknahme bestandskräftiger Lizenzgebühren wegen Gemeinschaftswidrigkeit: BVerwG, Beschlüsse vom 7. 7. 2004, 6 C 23 und 24.03, Beschluss vom 15. 3. 2005 – 3 B 86.04; *Heun*, CR 2004, 893. Daneben könnte sich auch ein europarechtlicher Schadensersatzanspruch über die Haftung für legislatives Unrecht ergeben.[105]

Prozesszinsen entstehen ab Eintritt der Rechtshängigkeit nach § 291 Satz 1 BGB; die Höhe des Zinssatzes bestimmt sich nach § 291 Satz 2 i.V. m. § 288 Abs. 1 Satz 2, § 247 BGB. Zinsen ab dem Zeitpunkt der Zahlung der Gebühr können nicht verlangt werden. Der öffentlich-rechtliche Erstattungsanspruch umfasst zwar entsprechend dem Rechtsgedanken des § 818 Abs. 1 BGB auch die Herausgabe der zwischenzeitlich tatsächlich gezogenen Nutzungen aus der zu Unrecht erlangten Leistung.[106] Eine „Verzinsung" gegen eine Behörde wegen tatsächlich gezogener Nutzungen kommt aber nicht in Betracht; es ist davon auszugehen, dass der Staat die Einnahmen nicht gewinnbringend anlegt, sondern über die Mittel im Interesse der Allgemeinheit verfügt.[107] **48**

Anhang zu § 142
Frequenzgebührenverordnung (FGebV)

Vom 21. 5. 1997 (BGBl. I 1997, S. 1226)
Zuletzt geändert durch Verordnung vom 18. 12. 2002 (BGBl. 2002, I S. 4564)

FGebV Eingangsformel

Auf Grund des § 48 Abs. 1 Satz 2 des Telekommunikationsgesetzes vom 25. 7. 1996 (BGBl. I S. 1120) in Verbindung mit dem 2. Abschnitt des Verwaltungskostengesetzes vom 23. 6. 1970 (BGBl. I S. 821) verordnet das Bundesministerium für Post und Telekommunikation im Einvernehmen mit dem Bundesministerium des Innern, dem Bundesministerium der Finanzen, dem Bundesministerium der Justiz und dem Bundesministerium für Wirtschaft:

FGebV § 1 Erheben von Gebühren

(1) Die gebührenpflichtigen Tatbestände und die Höhe der Gebühren bestimmen sich nach der Anlage. Auslagen sind in die Gebühren einbezogen.

---

103 *Nolte/Schreier*, MMR 2003, 235 ff.
104 Zur Frage der Rücknahme bestandskräftiger Lizenzgebühren wegen Gemeinschaftswidrigkeit: BVerwG, Beschlüsse vom 7. 7. 2004, 6 C 23 und 24.03, Beschluss vom 15. 3. 2005, 3 B 68.04; *Heun*, CR 2004, 893.
105 *v. Reinersdorff*, MMR 2002, 299 ff.
106 BVerwG Urteil vom 30. 4. 2003 6 C 5.02 RdNr. 21 = NVwZ 2003, 1385 ff.
107 BVerwG Urteil vom 30. 4. 2003 6 C 5.02 RdNr. 21 = NVwZ 2003, 1385 ff. mit Verweis auf BVerwGE 107, 304.

(2) Für Frequenzzuteilungen, die im Gebührenverzeichnis nicht aufgeführt sind, bestimmen sich die Gebühren nach der im Gebührenverzeichnis aufgeführten Frequenznutzung, die der beabsichtigten Frequenznutzung am ehesten entspricht.

(3) Bei Frequenzzuteilungen, bei denen digitale Übertragungstechnik für das digitale terrestrische Fernsehen (DVB-T) und den digitalen terrestrischen Hörfunk (DAB) zur Anwendung kommt, mindert sich bei Frequenzzuteilungen bis zum 31. 12. 2005 die jeweilige Gebühr um 50 Prozent, danach um 25 Prozent, sofern auf eine Frequenzzuteilung desselben Funkdienstes für analoge Übertragungstechnik verzichtet wird. Es wird jedoch mindestens die jeweilige Mindestgebühr fällig.

(4) Für Frequenzzuteilungen auf Grund von Anträgen, die vor dem 1. 1. 2003 bei der Regulierungsbehörde für Telekommunikation und Post vollständig vorlagen, werden Gebühren nach den in der Anlage zu § 1 Abs. 1 der Frequenzgebührenverordnung vom 21. 5. 1997 (BGBl. I S. 1226), geändert durch die Dritte Verordnung zur Änderung der Frequenzgebührenverordnung vom 13. 12. 2001 (BGBl. I S. 3624), festgelegten Gebührentatbeständen und Gebührenhöhen erhoben.

FGebV § 2 Gebührenbefreiungen

Bei Frequenzzuteilungen an

1. private Organisationen, die im Zivilschutz oder im Katastrophenschutz nach Landesrecht mitwirken,
2. private Organisationen, die die Aufgabe der Notfallrettung im öffentlichen Auftrag wahrnehmen,
3. staatlich anerkannte Werksfeuerwehren, die auftragsgemäß auch außerhalb ihrer Liegenschaften eingesetzt werden können,
4. private Organisationen, die die Aufgabe Wasserrettung oder Seenotrettung im öffentlichen Auftrag erfüllen, kann auf Antrag Gebührenbefreiung gewährt werden. Sie darf nur für solche zugeteilten Frequenzen gewährt werden, die die Begünstigten überwiegend für Aufgaben nutzen, die ihnen auf Grund eines Gesetzes oder durch öffentlich-rechtliche Vereinbarungen

übertragen worden sind.

FGebV § 3 Inkrafttreten

Diese Verordnung tritt mit Wirkung vom 1. 8. 1996 in Kraft.

49 Im Gegenschluss aus § 151, wonach die Frequenzzuteilungsverordnung und die Telekommunikations- Lizenzgebührenverordnung außer Kraft treten, kann gefolgert werden, dass dann die nicht explizit erwähnten Verordnungen bis zum Erlass einer anderweitigen Regelung in Kraft bleiben.

Die einzelnen Gebührentatbestände und die entsprechende Gebührenhöhe werden in § 1 Abs. 1 der Verordnung in Form der dazugehörigen Anlage geregelt. Die Gebührentatbestände differenzieren dabei nach der **Zweckbestimmung der Frequenznutzung**. Diese Einordnung ist sachgerecht, da sowohl hinsichtlich des Verwaltungsaufwands und des wirtschaftlichen Wertes der Frequenz für den Nutzer als auch unter Lenkungsgesichtspunkten die Art der Frequenznutzung zu beachten ist. Die getroffenen Unterscheidungen gehen zurück auf die bereits im Frequenzbereichszuweisungsplan vorgenommenen Kategorisierungen. Zur näheren Auslegung der einzelnen Gebührentatbestände bietet es sich an, auf die Begriffsbestimmungen des § 4 FreqBZPV zurückzugreifen. Die Frequenzbereichszuweisungsplanverordnung war zwar zum Zeitpunkt des Erlasses der Frequenzgebührenverordnung noch nicht erlassen, sie schreibt aber überwiegend den nationale Frequenzbereichszuweisungsplan fort.[108]

Nach § 1 Satz 2 sind die **Auslagen** in die Gebühren **miteinbezogen**. Damit soll im Zuge   **50** der Verwaltungsvereinfachung vermieden werden, dass im Einzelfall alle auslagefähigen Handlungen der Behörde ermittelt und festgesetzt werden. Teilweise wird § 1 Satz 2 der Frequenzgebührenverordnung als nicht mehr von der Ermächtigungsgrundlage gedeckt angesehen. So soll der Verordnungsgeber nur zum Erlass von Bestimmungen über die Gebührentatbestände und der Gebührenhöhe ermächtigt sein und wegen fehlender Erwähnung nicht zum Erlass von Bestimmungen über Auslagen.[109] Dieser Ansicht ist beizupflichten, da nach der Systematik des TKG 1996 und auch des aktuellen TKG der Gesetzgeber stets zwischen Gebühren und Auslagen differenziert. Nach **Abs. 3** des § 142 ist der Verordnungsgeber hinsichtlich des Umfangs der zu erstattenden Auslagen zum Erlass von Regelungen ermächtigt, die von dem VwKostG abweichen. Damit soll eine angemessene aufwandsbezogene Vergebührung ermöglicht werden. Die Erfassung der Auslagen ist auch erforderlich, um sehr kostenträchtige, d.h. einen hohen technischen und personellen Aufwand verursachende, Amtshandlungen wie beispielsweise Messungen oder Ortstermine angemessen abrechnen zu können.[110]

Die in der Anlage vorgesehenen **Gebührenhöhen** sind teilweise immens. Sie dürften nicht   **51** immer mit den Vorgaben des TKG und des europäischen Rechts zu vereinbaren sein.[111]

§ 2 der Frequenzgebührenverordnung sieht eine Privilegierung der Frequenznutzung bei   **52** der Ausübung besonderer, im Allgemeininteresse liegender Aufgaben vor. Sie ist eine besondere Ausprägung des § 6 VwKostG. Weitere persönliche **Gebührenbefreiungen** können sich aus § 8 VwKostG für Amtshandlungen der öffentlichen Hand ergeben.

---

108 *Scheurle/Mayen/Zerres*, Anh. I zu § 48 RdNr. 1–3.
109 Siehe: BeckTKG-Komm/*Ehmer*, Anh. I § 48 § 1 FGebV RdNr. 1.
110 Vgl. Begründungserwägungen zu § 140 TKG-Entwurf, BT-Drs. 15/2316, S. 103.
111 Zur Gebührenhöhe ausführlich: RdNr. 19 ff.

FGebV Anlage (zu § 1 Abs. 1)

– Fundstelle des Originaltextes: BGBl. I 2002, 4565–4568 –

Lfd. Nr.	Gebührentatbestand	Gebühr in Euro
A	Allgemeine Gebühren	
A.1	Erstellen einer Zweitschrift einer Urkunde	60
A.2	Änderungen einer Zuteilungsurkunde, die nicht die auf den Verwendungszweck der Frequenz abgestellten Parameter betreffen	60
A.3	Zurücknahme eines Antrags nach dem Beginn der sachlichen Bearbeitung und vor Beendigung der Amtshandlung; Ablehnung den beantragten eines Antrags aus anderen Gründen als wegen Unzuständigkeit; Widerruf oder Rücknahme einer Amtshandlung, soweit der Betroffene dazu Anlass gegeben hat	bis zu 75 % der Gebühr für den beantragten Verwaltungsakt
A.4	Frequenzzuteilung an den Gesamtrechtsnachfolger eines Zuteilungsinhabers zur Umsetzung der Gesamtrechtsnachfolge oder an den Einzelrechtsnachfolger eines Zuteilungsinhabers, der Geschäftsbereiche, die steuerlich als Teilbetrieb anzusehen sind, außerhalb der Bestimmungen des Umwandlungsgesetzes gemäß den §§ 20, 24 des Umwandlungssteuergesetzes einbringt	60 bis 500
B	Gebühren für Frequenzzuteilungen	
B.0	Versuchs- und Demonstrationsfunkanlagen sowie Kurzzeit-Zuteilungen	
B.0.1	Frequenzzuteilung eine Funkstelle im Versuchsfunk	130
B.0.2	Frequenzzuteilung für den Betrieb einer Demonstrationsfunkanlage	200
B.0.3	Frequenzzuteilung für den vorübergehenden Betrieb eines Kanals mit einer vorgegebenen Anzahl von Sendefunkanlagen oder einer Frequenzzuteilung eines Funknetzes (maximal 14 Tage)	130
B.0.3.1	Zuschlag zu B.0.3 für den Betrieb jedes weiteren Kanals	50
B.1	Öffentliche Mobilfunknetze	
B.1.1	Festsetzung der funktechnischen Parameter pro Sektor und Kanal an einem Standort bei Frequenznutzungen in D- und E-Netzen im Rahmen der Frequenzzuteilung	14
B.1.2	Zuteilung eines Kanals nebst Festlegung der funktechnischen Parameter pro Sektor und Kanal in einem Bündelfunknetz	190

Lfd. Nr.	Gebührentatbestand	Gebühr in Euro
B.1.3	Festsetzung der funktechnischen Parameter pro Sektor und Kanal an einem Standort im Rahmen von Frequenzzuteilungen für Frequenznutzungen in einem lizenzierten Datenfunknetz	140
B.1.4	Festsetzung der funktechnischen Parameter pro Sektor und Kanal an einem Standort im Rahmen von Frequenzzuteilungen für Frequenznutzungen in einem lizenzierten Funkrufnetz	14
B.1.5	Festsetzung der funktechnischen Parameter pro Sektor und Kanal an einem Standort im Rahmen von Frequenzzuteilungen für Frequenznutzungen in einem UMTS-Netz	36
B.2	Feste Funkdienste (außer Satellitenfunk)	
B.2.1	Zuteilung einer Frequenz für den Betrieb einer Sendefunkanlage mit Verträglichkeitsprüfung	100 bis 1500
B.2.2	Gebietsbezogene Frequenzzuteilung für Richtfunknutzungen außer Funkanbindung von Teilnehmeranschlussleitungen (Wireless Local Loop (WLL), PMP-I-Richtfunk)	1250 bis 12 500 000
B.3	Satellitenfunk	
B.3.1	Zuteilung einer Frequenz für eine Erdfunkstelle ohne Verträglichkeitsprüfung	68
B.3.2	Zuteilung einer Frequenz für eine Erdfunkstelle mit Verträglichkeitsprüfung	100 bis 1000
B.3.3	Frequenzzuteilung für ein lizenzpflichtiges Satellitenfunksystem	500 bis 3500
B.4	Nichtöffentlicher mobiler Landfunk (nömL),	
B.4.1	Frequenzzuteilung für ein Betriebsfunknetz, Grubenfunknetz, nichtöffentliches Datenfunknetz für Fernwirk- und Alarmierungszwecke (je Zeitschlitz) oder eine Funkanlage für Hilfszwecke	130
B.4.2	Frequenzzuteilung für den Betrieb eines Kanals oder einer Frequenz im Betriebsfunk aus Frequenzbereichen, die nicht zur Nutzung als „Gemeinschaftsfrequenzen" bestimmt sind	100 bis 1000
B.4.3	Zuteilung eines Kanals nebst Festlegung der funktechnischen Parameter pro Sektor und Kanal in einem Bündelfunknetz	190
B.4.4	Festsetzung der funktechnischen Parameter pro Sektor und Kanal an einem Standort im Rahmen von Frequenzzuteilungen für Frequenznutzungen in einem GSM-R-Netz	36
B.4.5	Frequenzzuteilung für die Teilnahme am CB-Funk mit einer Sendefunkanlage, soweit nicht allgemein zugeteilt	15
B.4.5.1	Zuschlag zu B. 4. 5 für jede weitere Sendefunkanlage	5

Lfd. Nr.	Gebührentatbestand	Gebühr in Euro
B.4.5.2	Frequenzzuteilung für innerhalb der vorläufigen Schutzabstände gelegene ortsfeste CB-Funkstandorte zur Nutzung der Kanäle 41 bis 80	85
B.4.6	Frequenzzuteilung für ein Funknetz der Behörden und Organisationen mit Sicherheitsaufgaben (BOS-Funk)	130
B.4.7	Frequenzzuteilung für eine Grundstücks-Sprechfunkanlage	130
B.4.8	Frequenzzuteilung für eine Grundstücks-Personenruffunkanlage	130
B.4.9	Frequenzzuteilung für eine grundstücksüberschreitenden Personenruffunkanlage	130
B.4.10	Frequenzzuteilung für eine Fernwirkfunkanlage	130
B.4.11	Frequenzzuteilung für eine Funkanlage zur Fernsteuerung von Modellen	130
B.4.12	Frequenzzuteilung für eine nömL-Fernsehfunkanlage, bewegbare Kleinst-Richtfunkanlage, Funkanlage zur vorübergehenden Einrichtung von Fernsehleitungen, Funkanlage für Ton- und Meldeleitungen	130
B.4.13	Frequenzzuteilung für eine Durchsagefunkanlage (Führungsfunkanlage, drahtlose Mikrofonanlage) mit Ausnahme von B.4.13.1	130
B.4.13.1	Frequenzzuteilung für eine drahtlose Mikrofonanlage für Hörgeschädigte	gebührenfrei
B.4.14	Frequenzzuteilung für ein Mietsprechfunkgerät	30
B.4.15	Änderung einer bestehenden Frequenzzuteilung, sofern keine Neuzuteilung oder Änderung im Sinne von A.2	60 bis 100
B.5	Flug- und Flugnavigationsfunk	
B.5.1	Frequenzzuteilung für eine Funkstelle des Flugfunks (ggf. auch mit integrierter Flugnavigationsfunkstelle) oder des Flugnavigationsfunks	130
B.6	Seefunk/Binnenschifffahrtsfunk	
B.6.1	Frequenzzuteilung für eine Funkstelle	130
B.7	Navigations-, nichtnavigatorischer Ortungs-, Wetterhilfen-, Normalfrequenz- und Zeitzeichenfunkdienst	
B.7.1	Frequenzzuteilung für eine Sendefunkanlage in einem dieser Funkdienste	130
B.8	Funkanbindung von Teilnehmeranschlüssen	
B.8.1	Frequenzzuteilung für die Funkanbindung von Teilnehmeranschlüssen mittels DECT-Technologie	1250 bis 1 093 750
B.8.2	Frequenzzuteilung für die Funkanbindung von Teilnehmeranschlüssen mittels Punkt-zu-Multipunkt-Richtfunk (WLL-PMP-Rifu)	1250 bis 8 750 000
B.9	Rundfunkdienst	

Lfd. Nr.	Gebührentatbestand	Gebühr in Euro
B.9.1	Frequenzzuteilung für den Betrieb eines Langwellensenders	2500
B.9.2	Frequenzzuteilung für den Betrieb eines Mittelwellensenders in analoger Übertragungstechnik	2500
B.9.3	Frequenzzuteilung für den Betrieb eines Mittelwellensenders in digitaler Übertragungstechnik	1250
B.9.4	Frequenzzuteilung für den Betrieb eines Kurzwellensenders in analoger Übertragungstechnik	1500
B.9.5	Frequenzzuteilung für den Betrieb eines Kurzwellensenders in digitaler Übertragungstechnik	750
B.9.6	Frequenzzuteilung für den Betrieb eines Kanals im Band II in analoger Übertragungstechnik (UKW-Tonrundfunk)	50 je angefangene 10 qkm theoretischer Versorgungsfläche*), mindestens jedoch 450
B.9.7	Frequenzzuteilung für den Betrieb eines Kanals im Band III in digitaler Übertragungstechnik (DAB-Block)	30 je angefangene 10 qkm theoretischer Versorgungsfläche*), mindestens jedoch 450
B.9.8	Frequenzzuteilung für den Betrieb eines Kanals im L-Band in digitaler Übertragungstechnik (DAB-Block)	10 je angefangene 10 qkm theoretischer Versorgungsfläche*), mindestens jedoch 450
B.9.9	Frequenzzuteilung für den Betrieb eines Kanals im Band III bis V in analoger Übertragungstechnik (Fernseh-Rundfunk)	250 je angefangene 10 qkm theoretischer Versorgungsfläche*), mindestens jedoch 450
B.9.10	Frequenzzuteilung für den Betrieb eines DVB-T-Kanals	125 je angefangene 10 qkm theoretischer Versorgungsfläche*), mindestens jedoch 450
B.9.11	Vergrößerung der theoretischen Versorgungsfläche eines Rundfunksender	Differenz zwischen bisheriger und neuer theoretischer Versorgungsfläche*), mindestens jedoch Mindestgebühr gemäß lfd. Nr. B.9.6–B.9.10
B.9.12	Verringerung der theoretischen Versorgungsfläche eines Rundfunksenders	Mindestgebühr gemäß lfd. Nr. B.9.6–B.9.10

Lfd. Nr.	Gebührentatbestand	Gebühr in Euro
B.9.13	Frequenzzuteilung für kurzzeitige Nutzungen mittels Rundfunktechnik innerhalb der für den Rundfunkdienst zugewiesenen Frequenzbereiche (maximal 14 Tage innerhalb eines Jahres; nicht zusammenhängend)	25 % der jeweiligen Neuzuteilungsgebühr, mindestens 450; maximal 1250
B.9.14	Frequenzzuteilung zur Nutzung von Frequenzen für Versuchsabstrahlungen zu Test- und Messzwecken	450
B.9.15	Frequenzzuteilung für nicht grundstücks- überschreitende Funkanwendungen mit Rundfunktechnik innerhalb der für den Rundfunkdienst zugewiesenen Frequenzbereiche	450
B.9.16	Zuteilung einer analogen Ersatzfrequenz zugunsten der Einführung digitaler Übertragungstechniken	15
B.9.17	Frequenzzuteilung zum Betrieb eines ausländischen Rundfunksenders für die Versorgung ausländischer Gebiete	450
B.9.18	Änderung einer Frequenzzuteilung für den Betrieb eines Rundfunksenders, die auf Grund eines Wechsels des zu übertragenden Rundfunkprogramms im Sinne von § 47 Abs. 3 des Telekommunikationsgesetzes erforderlich wird, unter Beibehaltung des Senderbetreibers und ohne Änderung der auf den Verwendungszweck abgestellten telekommunikationsrechtlichen und technischen Parameter	60
C	Gebühren für Maßnahmen auf Grund von Verstößen gegen die §§ 44 bis 47 des Telekommunikationsgesetzes oder die darauf beruhenden Rechtsverordnungen	
C.1	Bearbeiten eines Verstoßes gegen Frequenzzuteilungsbedingungen, Auflagen oder die Frequenzzuteilungsverordnung einschließlich Festlegen der Maßnahmen	25 bis 1500
C.2	Ausführen eines mobilen Messeinsatzes am Ort des Gestörten	900
C.3	Ausführen eines mobilen Messeinsatzes am Ort des Störers	600
C.4	Ausführen eines stationären Messeinsatzes zum Ermitteln von Funksendern, die gegen Frequenzzuteilungsbedingungen, Auflagen oder die Frequenzzuteilungsverordnung verstoßen	250 bis 1500

– *) Theoretische Versorgungsfläche:

Die Theoretische Versorgungsfläche ist eine Berechnungsgröße zur Ermittlung der Frequenzzuteilungsgebühr. Sie basiert für den Rundfunkdienst auf den internationalen Ausbreitungskurven der ITU-R P.370 sowie den jeweils gültigen nationalen Richtlinien (zurzeit 176 TR 22 bzw. 5 R 22 vom März 1992) und weiteren nationalen und internationalen Festlegungen, wie zum Beispiel für T-DAB Wiesbaden 1995 und Maastricht 2002 und für DVB-T Chester 1997.

Angaben für die jeweils frequenzabhängige Mindestnutzfeldstärke sind für TV-analog der ITU-R BT.417, für den Betrieb eines Kanals im Band II in analoger Übertragungstechnik (UKW-Tonrundfunk) dem Abkommen Genf 1984, für den Betrieb eines T-DAB-Kanals dem Abkommen Wiesbaden 1995 (Pkt. 2.2.3, Tabelle 1, Position „Medianwert der Mindestfeldstärke") und für den Betrieb eines DVB-T-Kanals dem Abkommen Chester 1997 (Tabelle A1.50, Position „Medianwert für die minimale äquivalente Feldstärke") zu entnehmen. In Gleichwellennetzen unterbleibt eine Mehrfachveranschlagung von Theoretischen Versorgungsflächen verschiedener Sender.

Auf der Basis dieser Ausbreitungskurven wird für eine Sendefunkanlage eine Mindestnutzfeldstärkekontur gemäß den jeweils gültigen internationalen Abkommen errechnet. Hieraus ergibt sich für jeden 10 Grad C-Schritt eine Entfernung R vom Senderstandort bis zu dem Punkt, an dem die Mindestnutzfeldstärke erreicht ist. Daraus kann für jede der 36 Richtungen ein Flächenelement

$$A = \frac{piR^2}{36}$$

berechnet werden. Durch Addition der 36 Flächenelemente ergibt sich die Theoretische Versorgungsfläche einer Sendeanlage in qkm. Anteile von Flächenelementen, die aus Gebieten der Nord- und Ostsee bzw. ausländischem Hoheitsgebiet bestehen, werden nicht angerechnet.

Die Ermittlung der Entfernungen basiert auf den Ausbreitungskurven für Landausbreitung der Empfehlung ITU-R P.370 für 50 % Zeit- und 50 % Ortswahrscheinlichkeit. Die Geländerauhigkeit beträgt 50 m. Als Parameter sind der Frequenzbereich, in welchem die Nutzung stattfindet, der Wert der Mindestnutzfeldstärke sowie die sektoriellen effektiven Antennenhöhen und Leistungen erforderlich. Für Entfernungen (R) kleiner 10 km werden die Ausbreitungskurven verwandt, welche zurzeit auch in den Anlagen 1 a und 2 a der Richtlinien 176 TR 22 bzw. 5 R 22 zu finden sind.

Für Sender, die im Rahmen eines Gleichwellennetzes betrieben werden, wird mittels Leistungsadditionsverfahren eine Summenfeldstärke des Netzes berechnet. Die Theoretische Versorgungsfläche entsteht durch Addition von hinreichend kleinen Flächenelementen, in denen die Mindestnutzfeldstärke erreicht wird.

Für Maßnahmen zur Erhöhung der Empfangsfeldstärke, die in einem Gleichwellennetz zu keiner Vergrößerung der Theoretischen Versorgungsfläche dieses Netzes führen, werden keine Zuteilungsgebühren erhoben.

§ 143 Frequenznutzungsbeitrag

(1) Die Regulierungsbehörde erhebt jährliche Beiträge zur Deckung ihrer Kosten für die Verwaltung, Kontrolle und Durchsetzung von Allgemeinzuteilungen und Nutzungsrechten im Bereich der Frequenz- und Orbitnutzungen nach diesem Gesetz oder den darauf beruhenden Rechtsverordnungen. Dies umfasst insbesondere auch die Kosten der Regulierungsbehörde für:

1. die Planung und Fortschreibung von Frequenznutzungen einschließlich der notwendigen Messungen, Prüfungen und Verträglichkeitsuntersuchungen zur Gewährleistung einer effizienten und störungsfreien Frequenznutzung,
2. internationale Zusammenarbeit, Harmonisierung und Normung.

(2) Beitragspflichtig sind diejenigen, denen Frequenzen zugeteilt sind. Die Anteile an den Kosten werden den einzelnen Nutzergruppen, die sich aus der Frequenzzuweisung ergeben, so weit wie möglich aufwandsbezogen zugeordnet. Innerhalb der Nutzergruppen erfolgt die Aufteilung entsprechend der Frequenznutzung. Eine Beitragspflicht ist auch dann gegeben, wenn eine Frequenz auf Grund sonstiger Verwaltungsakte oder dauerhaft ohne Zuteilung genutzt wird. Dies gilt insbesondere für die bis zum 1. 8. 1996 erteilten Rechte, soweit sie Festlegungen über die Nutzung von Frequenzen enthalten.

(3) In die nach Abs. 1 abzugeltenden Kosten sind solche nicht einzubeziehen, für die bereits eine Gebühr nach § 142 oder eine Gebühr nach § 16 des Gesetzes über Funkanlagen und Telekommunikationseinrichtungen vom 31. 1. 2001 (BGBl. I S. 170) oder Gebühren oder Beiträge nach § 10 oder § 11 des Gesetzes über die elektromagnetische Verträglichkeit von Geräten vom 18. 9. 1998 (BGBl. I S. 2882) und den auf diesen Vorschriften beruhenden Rechtsverordnungen erhoben wird.

(4) Das Bundesministerium für Wirtschaft und Arbeit wird ermächtigt, im Einvernehmen mit dem Bundesministerium der Finanzen durch Rechtsverordnung, die nicht der Zustimmung des Bundesrates bedarf, nach Maßgabe der vorstehenden Absätze das Nähere über den Kreis der Beitragspflichtigen, die Beitragssätze und das Verfahren der Beitragserhebung einschließlich der Zahlungsweise festzulegen. Der auf das Allgemeininteresse entfallende Kostenanteil ist beitragsmindernd zu berücksichtigen. Das Bundesministerium für Wirtschaft und Arbeit kann die Ermächtigung nach Satz 1 durch Rechtsverordnung unter Sicherstellung der Einvernehmensregelung auf die Regulierungsbehörde übertragen

Schrifttum: Siehe Angaben bei § 144.

Übersicht

I. Normzweck

1 Neben der Gebührenregelung in § 142 Abs. 1 Nr. 1 und Abs. 2 normiert § 143 mit dem Frequenznutzungsbeitrag eine weitere Abgabe, die für hoheitliche Tätigkeiten im Bereich der Frequenzordnung erhoben werden kann. Die Regelung, die § 48 Abs. 2 und 3 TKG 1996 fortschreibt, soll dem Umstand Rechnung tragen, dass sich der Aufwand der RegTP nicht auf das Ausstellen von Urkunden für die Frequenznutzung beschränkt. Vielmehr ist die RegTP zu Maßnahmen in Umsetzung des Regulierungsauftrags nach § 2 Abs. 2 Nr. 7 verpflichtet. **Der Aufwand für Maßnahmen zu einer störungsfreien und effizienten Frequenznutzung soll im Wege einer Beitragsregelung auf diejenigen umgelegt werden, die als Frequenznutzer von der Tätigkeit der RegTP profitieren.**[1]

II. Entstehungsgeschichte

2 Bis zur Postreform II deckten erhobene Verleihungsgebühren sowohl die Kosten für die Zuteilung als auch diejenigen für die Nutzung von Frequenzen ab. Erst die ab dem 1. 1. 1995 geltende Fassung von § 2 Abs. 3 S. 1 Nr. 2 FAG sah eine isolierte Frequenzzuteilungsgebühr vor.[2] Die Erhebung eines Frequenznutzungsbeitrags war **erstmals in § 48 Abs. 2 und 3 TKG 1996 geregelt.** Die im damaligen Gesetzgebungsverfahren gemachte Anregung, die Abgabe in angemessenen Zeitabständen auf Änderungs- oder Aufhebungsbedarf zu überprüfen[3], hat der Gesetzgeber im Sinne einer Änderung aufgegriffen.

3 Während Art. 13 GRL Vorgaben für die Berechnungsmaßstäbe von Frequenzzuteilungsgebühren macht, bildet Art. 12 Abs. 1 GRL den gemeinschaftsrechtlichen Rahmen für die Erhebung des abgabenfähigen Aufwands.[4] Die in Art. 12 Abs. 1 Buchst. a) normierte Ermächtigung, den Verwaltungsaufwand für **internationale Zusammenarbeit, Harmonisierung und Normung** auf die TK-Unternehmen umzulegen, soll mit § 143 Abs. 1 S. 2 Nr. 2 für behördliche Maßnahmen zur Gewährleistung der Frequenznutzung umgesetzt werden.[5] Der **Kreis der Beitragspflichtigen** wurde durch § 143 Abs. 2 gegenüber § 48 Abs. 2 TKG 1996 **erweitert** mit der ausdrücklichen Aufnahme derjenigen, denen eine Frequenz nicht auf der Grundlage des TKG, sondern auf anderer Rechtsgrundlage eingeräumt wurde oder die Frequenzen ohne ein Nutzungsrecht in Anspruch nehmen. Die auf der Grundlage von § 48 Abs. 3 TKG 1996 erlassene und zuletzt Ende 2001[6] geänderte FBeitrV soll zunächst keine Änderungen erfahren.

---

1 So die Begründung zu § 48 Abs. 2 und 3 TKG 1996, die erst auf Empfehlung des Ausschusses für Post und Telekommunikation in das TKG 1996 eingefügt wurden, s. BT-Drs. 13/4864 (neu) v. 12. 6. 1996, S. 80.
2 Siehe dazu ausführlicher *Scheurle/Mayen/Zerres*, § 48 RdNr. 1und 2.
3 BT-Drs. 13/4864 (neu) S. 80.
4 Zur Genese dieser Vorschrift s. § 144 RdNr. 2.
5 Begründung des GesE, BT-Drs. 15/2316 v. 9. 1. 2004, S. 104.
6 Durch Änderungsverordnung vom 13. 12. 2001, BGBl. I S. 3629.

III. Finanzverfassungsrechtliche Vorgaben

Die Abgabe für behördlichen Aufwand für Maßnahmen zur effizienten und störungsfreien   **4**
Frequenznutzung bedarf als nichtsteuerliche Abgabe besonderer Rechtfertigung.[7] Vorgaben folgen aus der **Schutz- und Begrenzungsfunktion der Finanzverfassung**, die nicht durch einen Rückgriff auf die Sachkompetenzen der Art. 70 ff. GG unterlaufen werden dürfen.[8] Als traditionelle Abgabenart sind indessen Beiträge ebenso wie Gebühren grds. durch ihre Ausgleichsfunktion gegenüber Steuern, die voraussetzungslos auferlegt werden, in unterscheidungskräftiger Weise sachlich gerechtfertigt.[9]

Die Erhebung eines Beitrags lässt sich rechtfertigen, wenn die Abgabe generell und vor-   **5**
teilsorientiert für eine potenzielle Inanspruchnahme einer staatlichen Leistung erhoben wird.[10] Der Frequenznutzungsbeitrag ist deshalb als Beitrag zulässig, **wenn er ein staatliches Leistungsangebot abgilt, das den Beitragspflichtigen als Gruppe in besonderem Maße zugute kommt.** § 143 kann eine Beitragserhebung nur so weit stützen, wie er sich auf die Umlegung gruppennützigen Aufwands beschränkt. Die Finanzverfassung gestattet grds. nicht, für allein im öffentlichen Interesse liegende Tätigkeiten eine besondere Gruppe von Abgabenschuldnern heranziehen.[11] Beiträge können hingegen erhoben werden, wenn ein staatliches Leistungsangebot gruppennützig ist und **zugleich auch im öffentlichen Interesse** liegt. Art. 3 Abs. 1 GG gebietet dann allerdings, den auf das **Gemeinwohl entfallenden Anteil beitragsmindernd zu berücksichtigen.**[12] Die Grundsätze der Abgabengerechtigkeit und der Lastengleichheit stellen damit Anforderungen an die Festlegung der beitragspflichtigen Gruppe, die Bestimmung des beitragserheblichen Aufwands und ggf. des Anteils, der aus dem Staatshaushalt zu tragen ist.

IV. Einzelerläuterungen

1. Beitragspflichtiger Personenkreis. – Nach dem gegenüber § 48 Abs. 2 S. 1 TKG 1996   **6**
unverändertem § 143 Abs. 2 S. 1 sind diejenigen **beitragspflichtig, denen Frequenzen zugeteilt sind.** Die Beitragspflicht knüpft ausschließlich an eine Zuteilung nach § 55 bzw. nach § 47 TKG 1996 an, wie sich aus § 143 Abs. 2 S. 4 und 5 ergibt. Die Differenzierung im Wortlaut des § 143 Abs. 2 zwischen der Nutzung auf Grund einer Zuteilung und der sonstigen Nutzung ist Indiz dafür, dass § 1 Abs. 1 S. 2 und 3 FBeitrV auf der Grundlage von § 48 Abs. 2 und 3 TKG 1996 die Beitragspflicht überschießend bestimmt hat.[13] § 2 Abs. 5 FBeitrV stellt klar, dass die Frequenznutzung auf der Grundlage von **Allgemeinzu-**

---

7 Ausführlicher zu den finanzverfassungsrechtlichen Anforderungen an nichtsteuerliche Abgaben § 144 RdNr. 5 ff.
8 BVerfGE 93, 319, 342; BVerfGE 108, 1 15, 17; BVerfGE 108, 186, 215; BVerfGE 110, 370, 386.
9 BVerfGE 108, 1, 17; BVerfGE 108, 186, 216.
10 BVerfGE 42, 223, 228; BVerfGE 92, 91, 115; BVerwG DVBl. 2004, 1175 = NJW 2004, 3198.
11 Zur ausnahmsweisen Zulässigkeit von Sonderabgaben s. § 144 RdNr. 10.
12 BVerwGE 112, 194, 205 ff.
13 Ob als Beitragspflichtige auch diejenigen angesehen werden können, die auf anderer Rechtsgrundlage ein Frequenznutzungsrecht besitzen, war unter der Geltung von § 48 Abs. 2 und 3 TKG 1996 umstritten. Die Deckung der entsprechenden Regelung in § 1 Abs. 1 S. 2 und 3 FBeitrV durch § 48 Abs. 3 TKG 1996 wurde bejaht von *Scheurle/Mayen/Zerres*, § 48 RdNr. 30 f.; *Manssen/Demmel*, § 48 Anh. 1 § 1 FBeitrV RdNr. 1; a. A. BeckTKG-Komm/*Ehmer*, Anh. II zu § 48, § 1 FBeitrV RdNr. 1.

teilungen nach § 55 Abs. 2 **keine Beitragspflicht** auslöst. Die Herausnahme aus der Beitragspflicht ist mit Art. 3 Abs. 1 GG vereinbar. Denn die Allgemeinzuteilung wird zum einen nicht auf Antrag, sondern von Amts wegen erteilt, was die Finanzierungsverantwortung der Nutzer abschwächt; zum anderen ist davon auszugehen, dass Allgemeinzuteilungen i. d. R. erteilt werden, wenn die Auswirkungen auf sonstige Frequenznutzungen gering sind. Die Nutzer profitieren also kaum vom Verwaltungsaufwand der RegTP.[14]

7   Nach § 143 Abs. 2 S. 4 sind auch diejenigen beitragspflichtig, **die eine Frequenz dauerhaft auf Grund sonstiger Verwaltungsakte nutzen.** Die ausdrückliche Einbeziehung dieser Nutzergruppe entspricht § 1 Abs. 1 S. 2 und 3 FBeitrV. § 143 Abs. 2 S. 5 nennt beispielhaft die bis zum 1. 8. 1996 erteilten Rechte, soweit sie Festlegungen über die Nutzung von Frequenzen enthalten. Dies sind vornehmlich Verleihungen nach dem FAG. Auch Zulassungen zur Teilnahme am Amateurfunkdienst nach § 3 Abs. 3 AfuG begründen die Beitragspflicht.[15] Sie lässt sich allerdings für diesen Nutzerkreis nicht auf Art. 12 Abs. 1 GRL stützen, der an den Status anzeigepflichtiger gewerblicher TK-Unternehmen anknüpft.

8   Nach § 143 Abs. 2 S. 4 besteht eine Beitragspflicht auch für **diejenigen, die Frequenzen dauerhaft ohne Zuteilung nutzen.** Nach Auffassung des Gesetzgebers soll unbeschadet weiterer Sanktionen auch der Fall missbräuchlicher Anwendungen erfasst werden.[16] Da das staatliche Angebot nach § 143 Abs. 1 auch dieser Nutzergruppe faktisch zugute kommt, stehen finanzverfassungsrechtliche Bedenken ihrer Einbeziehung in die Beitragspflicht nicht entgegen. Der Fall der Frequenznutzung ohne Gestattung ist im Übrigen nicht gleichzusetzen mit der nicht einer Zuteilung bedürfenden Nutzung von Empfangsgeräten durch die Allgemeinheit, die grds. beitragsfrei ist.[17]

9   Nach § 2 Abs. 1 FBeitrV sind **Bund, Länder und Gemeinden von Gesetzes wegen von der Beitragspflicht befreit.** Gemeinden steht die Befreiung nach § 2 Abs. 2 Nr. 3 FBeitrV unter dem Vorbehalt zu, dass die zugeteilten Frequenzen nicht von ihren wirtschaftlichen Unternehmen genutzt werden. Bei anderen juristischen Personen des öffentlichen Rechts ist die Beitragsbefreiung davon abhängig, dass ihre Aufgabenerfüllung haushaltsfinanziert ist. Die Beitragsbefreiung entspricht dem in § 8 Abs. 1 VwKostG normierten Grundsatz, dass Bund, Länder und Gemeinden untereinander für ihre hoheitlichen Tätigkeiten keine Abgaben erheben.[18] Nach § 2 Abs. 2 FBeitrV können Organisationen, die nach Landesrecht im **Zivil- oder Katastrophenschutz** tätig sind, und **Notfallrettungsorganisationen, Werksfeuerwehren** und **Seenotrettungsorganisationen,** die im öffentlichen Auftrag tätig werden, auf **Antrag von der Beitragspflicht befreit** werden. Die Befreiung ist auf die Frequenznutzung in Erfüllung öffentlicher Aufgaben beschränkt (§ 2 Abs. 2 S. 2 FBeitrV) und spiegelt insoweit ebenfalls den Grundsatz des § 8 VwKostG wider.[19] Die Befreiungstatbestände lassen sich finanzverfassungsrechtlich und sachlich rechtfertigen, denn eine

---

14 *Scheurle/Mayen/Zerres*, § 48 RdNr. 32.

15 BT-Drs. 15/2316, S. 104; s. a. Anl. zur FBeitrV lfd. Nr. 6 Spalte 2.

16 BT-Drs. 15/2316, S. 104.

17 *Scheurle/Mayen/Zerres*, § 48 RdNr. 35.

18 § 8 Abs. 1 VwKostG findet keine unmittelbare Anwendung, weil der Anwendungsbereich des Gesetzes auf Gebühren und Auslagen beschränkt ist (§ 1 Abs. 1 VwKostG) s. a. *Scheurle/Mayen/Zerres*, Anh. II zu § 48, § 2 FBeitrV RdNr. 5; BeckTKG-Komm/*Ehmer*, Anh. II zu § 48, § 2 FBeitrV RdNr. 1; *Manssen/Demmel*, Anh. 1 zu § 48, § 2 FBeitrV RdNr. 1.

19 *Scheurle/Mayen/Zerres*, Anh. I zu § 48, § 2 FGebV RdNr. 8, 9.

beitragsrechtliche Vorteilsabschöpfung bestünde allein in einem Finanzausgleich zwischen Trägern der öffentlichen Hand.[20]

2. Beitragsfähiger Aufwand. – Nach dem gegenüber § 48 Abs. 2 S. 1 TKG 1996 unverän- **10** dertem erstem Erhebungsstatbestand sind gemäß § 143 Abs. 1 S. 2 Nr. 1 die Kosten der RegTP für die **Planung und Fortschreibung von Frequenznutzungen einschließlich der notwendigen Messungen, Prüfungen und Verträglichkeitsuntersuchungen zur Gewährleistung einer effizienten und störungsfreien Frequenznutzung beitragsfähig.** Nach dem finanzverfassungsrechtlichen Gebot der Gruppennützigkeit dürften aus dem Tätigkeitsspektrum der RegTP zwar die Kosten für die Erstellung eines Frequenznutzungsplans (§ 54) beitragsfähig sein, nicht hingegen diejenigen für den Erlass der Frequenzbereichszuweisung im Verordnungswege (§ 53). Denn der Frequenzbereichszuweisungsplan für Deutschland implementiert allein die internationalen Vorgaben nach Art. 8 der Vollzugsordnung für den Funkdienst und ergeht damit ausschließlich im öffentlichen Interesse.[21] Messungen, Prüfungen und Verträglichkeitsuntersuchungen kommen hingegen jedenfalls auch den Beitragspflichtigen zugute.

Nach dem neu aufgenommenen Erhebungstatbestand des § 143 Abs. 1 S. 2 Nr. 2 können **11** Kosten der RegTP für **internationale Zusammenarbeit, Harmonisierung und Normung** auf die Beitragspflichtigen umgelegt werden. Die Aufnahme des in Umsetzung von Art. 12 Abs. 1 Buchst. a) eingefügten Tatbestands, die nach Auffassung des Gesetzgebers nur klarstellende Funktion hat, soll der RegTP die Umlage des Aufwands ermöglichen, den ein international abgestimmtes Frequenzmanagement erfordert.[22] Soweit die internationalen Aktivitäten der effizienten und störungsfreien Frequenznutzung dienen, kommen sie auch der Gruppe der Beitragspflichtigen zugute.

Fraglich ist, ob die beispielhafte („insbesondere") Formulierung der Beitragstatbestände **12** die Umlegung weiteren Aufwands zur Deckung der Kosten der RegTP für die **Verwaltung, Kontrolle und Durchsetzung von Allgemeinzuteilungen und Nutzungsrechten** gestattet, wie dies der Wortlaut von § 143 Abs. 1 S. 1 in Umsetzung von Art. 12 Abs. 1 S. 1 GRL nahelegt. Kosten, die mit der **Administration von Allgemeinzuteilungen** verbunden sind, dürfen **nicht beitragsfähig** sein. Da die Frequenznutzung auf der Grundlage einer Allgemeinzuteilung nach § 2 Abs. 5 FBeitrV keine Beitragspflicht für die Nutzer begründet, verstößt es gegen die Grundsätze der Lastengleichheit und der Abgabengerechtigkeit, mit dem Aufwand diejenigen zu belasten, die nicht von der Allgemeinzuteilung profitieren.[23] Auch Aufwand für die Verwaltung, Kontrolle und Durchsetzung solcher **Nutzungsrechte, die von den nach § 2 Abs. 1 und 2 FBeitrV von der Beitragspflicht befreiten Nutzergruppen wahrgenommen werden,** darf nicht in den umlagefähigen Aufwand einbezogen werden. Denn deren Beitragsbefreiung erfolgt ausschließlich und (nur) soweit, als sie im öffentlichen Interesse handeln.[24] Da insoweit überhaupt keine Gruppennützigkeit besteht, sind diese Kosten von vornherein aus dem beitragsfähigen Aufwand auszuklammern und

---

20 *Scheurle/Mayen/Zerres*, § 48 RdNr. 34.
21 So auch i. E. *Scheurle/Mayen/Zerres*, § 48 RdNr. 36; zu subjektiven Rechten auf untergesetzliche Rechtsetzung s. a. BVerwG NVwZ 1990, 162; BVerwG NVwZ 2002, 1505.
22 BT-Drs. 15/2316, S. 104.
23 So auch *Scheurle/Mayen/Zerres*, § 48 RdNr. 37.
24 *Scheurle/Mayen/Zerres*, § 48 RdNr. 37.

nicht etwa über eine Beitragsminderung nach § 143 Abs. 4 S. 2 zu berücksichtigen (RdNr. 19).

13 **3. Kostendeckung und Aufwandsermittlung.** – In Übereinstimmung mit Art. 12 Abs. 1 GRL bemisst sich der beitragsfähige Aufwand nach dem **Kostendeckungsprinzip.** Eine Kostenkontrolle durch die Beitragspflichtigen soll durch die Berichtspflichten der RegTP nach § 147 ermöglicht werden. Das Kostendeckungsprinzip verbietet der RegTP, für eine identische Verwaltungsleistung mehrfach Abgaben zu erheben. Das abgabenrechtliche **Verbot der Mehrfacherhebung** wird durch den Vorrang anderweitiger Kostendeckung nach § 143 Abs. 3 zum Ausdruck gebracht. Die anderweitige Kostendeckung hat zur Folge, dass dieser Aufwand vom umlagefähigen Gesamtaufwand in Abzug zu bringen ist.

14 **Der Vorrang anderweitiger Kostendeckung** nach § 143 Abs. 3 kommt ungeachtet des missverständlichen Wortlauts („für die eine Gebühr…erhoben wird") nicht erst zum Tragen, wenn die RegTP tatsächlich von den anderweitigen Erhebungsbefugnissen Gebrauch macht. Ausreichend ist vielmehr, dass die rechtlichen Voraussetzungen für eine Abgabenerhebung nach den in Bezug genommenen Vorschriften vorliegen (**Deckungsfähigkeit**). Denn es ist mit den Grundsätzen der Abgabengerechtigkeit und der Lastengleichheit nicht zu vereinbaren, die Beitragspflichtigen mit Kosten zu belasten, für deren Erhebung eine spezialgesetzliche Grundlage zur Verfügung steht und im Falle einer vorrangigen Gebührennorm überdies eine Vorschrift, die nicht nur die Kosten eines staatlichen Leistungsangebots abgilt, sondern diejenigen einer konkret erbrachten Verwaltungsleistung.[25]

15 Vom umlagefähigen Gesamtaufwand sind nach diesen Maßgaben nach § 143 Abs. 3 zum einen die Kosten abzuziehen, die nach **§ 142 deckungsfähig** sind. Der Aufwand für internationale Zusammenarbeit wird insbesondere durch den Gebührentatbestand des § 142 Abs. 1 Nr. 4 reduziert, im Übrigen durch die Gebührentatbestände in § 142 Abs. 1 S. 1 Nr. 4 und 5. Ebenfalls aufwandsreduzierend wirkt der Gebührentatbestand in **§ 16 FTEG.** Schließlich sind auch Gebühren und Beiträge aufwandsmindernd zu berücksichtigen, die auf der Grundlage **von §§ 10, 11 EMVG und der EMVGebV und der EMVBeitrV** erhoben werden können. Der Vorrang sowohl des FTEG als auch des EMVG bestimmt sich sachlich danach, dass die Störung der Frequenznutzung in unerwünschten Nebenaussendungen besteht, die auf die elektromagnetische Unverträglichkeit von Geräten zurückzuführen ist.[26]

16 § 143 macht keine Vorgaben zur **Ermittlung des** nach diesen Maßgaben **umlegungsfähigen Aufwands** der RegTP. Nach § 3 Abs. 1 FBeitrV wird der durch Beiträge abzugeltende Personal- und Sachaufwand von der RegTP ständig erfasst, nach § 3 Abs. 3 FBeitrV wird für die Beitragserhebung der Durchschnittswert des Aufwands der letzten drei Jahr zugrunde gelegt. Welche Tätigkeiten der RegTP in den Aufwand einzubeziehen und damit beitragsfähig sind, wird auch in der FBeitrV nicht näher konkretisiert. Der Umstand, dass es bislang offenbar noch nicht zu Streitigkeiten gekommen ist, kann dieses Manko kaum ausgleichen.[27]

17 **4. Umlageschlüssel und Beitragsminderung.** – Nach dem gegenüber § 48 Abs. 3 TKG 1996 in der Formulierung geringfügig geändertem § 143 Abs. 2 S. 2 werden die **Kostenan-**

---

25 So auch *Scheurle/Mayen/Zerres,* § 48 RdNr. 40.
26 Zur Abgrenzung s. *Scheurle/Mayen/Zerres,* § 48 RdNr. 39.
27 Krit. auch *Scheurle/Mayen/Zerres,* Anh. II zu § 48, § 3 FBeitrV RdNr. 13; s. a. RdNr. 24.

teile den einzelnen Nutzergruppen, die sich aus der Frequenzzuweisung ergeben, soweit wie möglich aufwandsbezogen zugeordnet. Danach sind innerhalb der Dienste, die durch die Zuweisung definiert sind (z. B. Mobilfunk), Nutzergruppen zu bilden, die einen vergleichbaren behördlichen Aufwand verursachen (z. B. Bündelfunk, Funkruf, C/D/E-Netze). Die Klassifizierung nach Nutzergruppen für bestimmte Dienste ist in Spalte 2 und 3 des Anhangs der FBeitrV umgesetzt, auf die § 3 FBeitrV für die Beitragsberechnung Bezug nimmt. Nach § 3 Abs. 1 FBeitrV wird der erfasste behördliche Aufwand den Nutzergruppen zugeordnet.

Nach dem ebenfalls aus § 48 Abs. 3 TKG 1996 übernommenen § 143 Abs. 2 S. 3 erfolgt **18** **innerhalb der Nutzergruppen die Aufteilung entsprechend der Frequenznutzung**. Maßgeblich ist damit die Intensität der Frequenznutzung. Dieses Kriterium ist sachgerecht i. S. v. Art. 3 Abs. 1 GG, weil es annäherungsweise eine Abschöpfung nach dem erlangten Vorteil ermöglicht. Das Gebot spiegelt sich in Spalte 4 des Anhangs zur FBeitrV, auf den § 3 Abs. 2 FBeitrV verweist. Danach bildet z. B. für den Bündelfunk der Kanal die Bezugseinheit, bei den Mobilfunknetzen das gesamte Netz. Der auf einen einzelnen Nutzer entfallende Beitrag errechnet sich nach seinem Anteil an der Gesamtsumme der Bezugseinheiten. Werden behördliche Kosten der Frequenzverwaltung für beitragsbefreite Nutzer von vornherein vom Gesamtaufwand in Abzug gebracht (RdNr. 12), bedarf es allerdings bei der Ermittlung der Gesamtzahl der Bezugseinheiten nicht der Berücksichtigung der Einheiten jener beitragsbefreiten Nutzer.[28]

Das Urteil des BVerwG zur Rechtswidrigkeit der EMVBeitrV[29] stand Pate für die in § 143 **19** Abs. 4 S. 2 getroffene Regelung, derzufolge im Verordnungswege der auf **das Allgemeininteresse bezogene Anteil beitragsmindernd zu berücksichtigen** ist. Die Regelung wurde bereits mit dem post- und telekommunikationsrechtlichen Bereinigungsgesetz vom 7. 5. 2002 in § 48 Abs. 3 TKG 1996 aufgenommen.[30] Der Allgemeinwohlanteil einer gruppennützigen Maßnahme muss in der Beitragsbemessung berücksichtigt werden. Das Gebot ist mithin **nicht aufwandsbezogen, sondern beitragsbezogen** und in seinem Anwendungsbereich auf behördliche Tätigkeiten beschränkt, die grds. beitragsfähig sind.[31] Unter dem Gesichtspunkt des Gemeinnutzens kommen zum einen behördliche Aufwendungen für Messungen, Prüfungen und Verträglichkeitsuntersuchungen zur störungsfreien Frequenznutzung nach § 143 Abs. 1 Nr. 1 in Betracht, von denen auch die Nutzer der Empfangsgeräte – und damit die Allgemeinheit – profitiert. Zum anderen dürften auch Tätigkeiten der RegTP im Rahmen internationaler Zusammenarbeit einen betragsmindernden Gemeinwohlbezug aufweisen.

Der Verordnungsgeber hat das Gebot zur gemeinwohlinduzierten Beitragsminderung **20** durch die Einfügung von **§ 3a FBeitrV** umgesetzt.[32] Danach ist für den Gemeinwohlanteil

---

28 Anders wohl *Scheurle/Mayen/Zerres*, Anh. II zu § 48, § 3 FBeitrV RdNr. 11; BeckTKG-Komm/ *Ehmer*, Anh. II zu § 48, § 4 FBeitrV RdNr. 1.
29 BVerwGE 112, 194; durch neu erlassene VO v. 12. 8. 2002, BGBl. I S. 3359, die rückwirkend bis zum Jahr 1999 die Beiträge festsetzt, wurde der Gemeinwohlanteil mit 25 % der Sach- und Personalkosten veranschlagt (§ 3 EMVBeitrV).
30 BGBl. I S. 1529; s. a. *Ellinghaus*, MMR 2003, 91. Eine beitragsmindernde Berücksichtigung des Gemeinwohls hatte das VG Köln mit Urt. v. 30. 7. 2001 – 11 K 12304/99 – unter Verweis auf die BVerwG-Entscheidung auch für den Frequenznutzungsbeitrag gefordert.
31 Siehe BVerwGE 112, 194, 205.
32 Änderungsverordnung vom 13. 12. 2001, BGBl. I S. 3629.

des Aufwands der RegTP ein pauschaler **Selbstbehalt von 20 % zu Lasten des Bundeshaushalts** festgesetzt. Die Pauschalierung folgt – früheren – Vorbildern der Finanzierung der Finanzmarktaufsicht.[33] Sie ist nicht offensichtlich sachwidrig und damit auch gedeckt von der Befugnis des Abgabengesetzgebers zur Generalisierung und Typisierung.[34] Der Selbstbehalt leistet zudem einen Beitrag zum haushaltsrechtlichen Gebot der sparsamen Mittelverwendung.[35]

21 **5. Erhebungsverfahren.** – Nach § 143 Abs. 1 S. 1 erhebt die RegTP jährliche Beiträge. Das Verfahren der Beitragserhebung ist in § 143 nicht vorgezeichnet, sondern wurde dem Verordnungsgeber überantwortet. Gemäß § 5 FBeitrV wird der Beitrag fällig mit der Bekanntgabe des Beitragsbescheids, wenn nicht durch die RegTP ein späterer Zeitpunkt bestimmt wird. Diese Regelung lehnt sich an den – auf Beiträge nicht unmittelbar anwendbaren – § 17 VwKostG an. Fragwürdig erscheint indessen die in § 5 S. 2 FBeitrV angeordnete sinngemäße Anwendung von § 16 VwKostG. Die dort eröffnete Befugnis, die Vornahme einer beantragten Amtshandlung von der Zahlung eines Vorschusses abhängig zu machen, passt auch nicht sinngemäß auf die generalisierte und vorteilsorientierte Beitragserhebung.[36] Der Beitrag kann als öffentlich-rechtliche Geldforderung des Bundes nach den Vollstreckungsregelungen in §§ 1–5 VwVG beigetrieben werden. Widerspruch und Anfechtungsklage gegen einen Beitragsbescheid haben nach § 80 Abs. 2 S. 1 Nr. 1 VwGO keine aufschiebende Wirkung. Jedoch soll die Behörde bei ernsthaften Zweifeln an der Rechtmäßigkeit des Bescheids nach § 80 Abs. 4 S. 3 VwGO die Aussetzung der Vollziehung anordnen.

22 **6. Verordnungsermächtigung nach § 143 Abs. 4.** – Der **Parlamentsvorbehalt für die wesentlichen Angelegenheiten** verlangt, dass bereits der gesetzlichen Grundlage zu entnehmen ist, was dem Beitragsschuldner gegenüber zulässig sein soll.[37] Allerdings ist – zumal bei kostenorientierten Abgaben – nicht erforderlich, bereits im Parlamentsgesetz die Beitragshöhe im Einzelnen oder durch Angabe eines Rahmens zahlenmäßig festzulegen.[38] Auch die Bestimmung des beitragsmindernden Gemeinwohlanteils darf als „unwesentliche" Angelegenheit vom exekutiven Normsetzer vorgenommen werden.[39] Die Bestimmung der Beitragspflichtigen, des beitragspflichtigen Aufwands und des Umlageschlüssels ist im Wesentlichen durch § 143 vorgezeichnet. Bedenken bestehen allerdings insoweit, als die Verordnungsermächtigung nicht ausdrücklich zu Regelungen des beitragsfähigen Aufwands befugt, der ganz maßgeblich die Beitragshöhe bestimmt. Zwar muss das Parlament

---

33 Bis zum In-Kraft-Treten von §§ 13, 16 FinDAG war in der Finanzmarktaufsicht ein staatlicher Selbstbehalt von 10 % – bezogen auf den Gesamtaufwand der Behörden – normiert, s. § 51 Abs. 1 KWG, § 101 Abs. 2 VAG, § 11 Abs. 1 WpHG (aufgehoben). Seither finanziert sich die BaFin nach § 13 FinDAG ausschließlich aus der Umlage und sonstigen Abgaben der beaufsichtigten Unternehmen.

34 BVerfGE 82, 159, 181; BVerfGE 108, 186, 229 f.

35 Das Ziel der Förderung der sparsamen Mittelverwendung begründete noch im Jahr 1994 die Selbstbehaltregelung in § 11 Abs. 1 WpHG, s. BT-Drs. 6679 v. 27. 1. 1994, S. 44 f.; krit. zur vollständigen Unternehmensfinanzierung der BaFin *Boos/Fischer/Schulte-Mattler/Lindemann*, KWG, 2. Aufl. 2004, § 16 FinDAG RdNr. 2, 39.

36 So auch *Scheurle/Mayen/Zerres*, Anh. II zu § 48, § 5 FBeitrV RdNr. 17.

37 BVerfGE 108,, 186, 235; BVerwGE 112, 194, 200; BVerwG NVwZ 2002, 858, 859.

38 BVerfGE 108, 186, 236; BVerwGE 95, 188, 198; BVerwGE 100, 323, 326 f.; BVerwGE 112, 194, 202; BVerwG NVwZ 2002, 858, 859.

39 BVerwGE 112, 194, 206 f.

derartige Detailregelungen nicht selbst treffen. Eine **verfassungskonforme Auslegung** gebietet dann aber, das Verordnungsrecht auch auf Regelungen zur sachlichen Bestimmung des Aufwands zu beziehen. Es bestehen mit diesen Maßgaben keine Bedenken hinsichtlich der **Wahrung der Bestimmtheitsanforderungen des Art. 80 Abs. 1 S. 2 GG.**

Primärer Adressat des Verordnungsrechts ist nach § 143 Abs. 4 S. 1 das BMWA im Ein- **23** vernehmen mit dem BMF. Die VO bedarf wie schon unter Geltung von § 48 Abs. 3 TKG 1996 nicht der Zustimmung des BR. Insoweit wird eine Abweichung von der Grundregel des Art. 80 Abs. 2 GG normiert, derzufolge VO auf der Grundlage zustimmungspflichtiger Gesetze der Zustimmung des BR bedürfen. Neu eingefügt wurde durch § 143 Abs. 4 S. 2 die Möglichkeit der Subdelegation (Art. 80 Abs. 1 S. 4 GG), durch welche die RegTP zum **sekundären Adressaten des Verordnungsrechts** wird.

Die Vorschriften der FBeitrV werden im Wesentlichen der Neuregelung gerecht. Der **24** Verordnunggeber sollte aber die Regelungslücke schließen, die hinsichtlich der sachlichen Ermittlung des behördlichen Aufwands klafft. Dies ist umso mehr geboten, als mit dem Beitragstatbestand in § 143 Abs. 1 Nr. 2 ein neuer Unsicherheitsfaktor geschaffen wurde.[40]

---

40 Siehe auch bereits *Scheurle/Mayen/Zerres*, Anh. II zu § 48, § 3 FBeitrV RdNr. 13.

§ 144 Telekommunikationsbeitrag

(1) Für die Kosten der Regulierungsbehörde für Maßnahmen zur Sicherstellung eines chancengleichen Wettbewerbs und zur Förderung nachhaltig wettbewerbsorientierter Märkte der Telekommunikation für die Öffentlichkeit und für die Verwaltung, Kontrolle sowie Durchsetzung von mit diesem Gesetz verbundenen Rechten und Pflichten, darauf beruhenden Verordnungen und Nutzungsrechten, soweit sie nicht anderweitig durch Gebühren oder Beiträge nach diesem Gesetz gedeckt sind, haben die nach § 6 Abs. 1 und die nach § 4 des Telekommunikationsgesetzes vom 25. 7. 1996 (BGBl. I S. 1120) Verpflichteten einen Beitrag zu entrichten. Dies umfasst auch die Kosten für die in Satz 1 genannten Aufgaben in Bezug auf die internationale Zusammenarbeit. Der auf das Allgemeininteresse entfallende Kostenanteil ist beitragsmindernd zu berücksichtigen.

(2) Die beitragsrelevanten Kosten nach Abs. 1 werden anteilig auf die einzelnen Unternehmen nach Maßgabe ihrer Umsätze bei Tätigkeiten nach § 6 Abs. 1 umgelegt und von der Regulierungsbehörde als Jahresbeitrag erhoben.

(3) Auf Grund der Telekommunikations-Lizenzgebührenverordnung vom 28. 7. 1997 (BGBl. I S. 1936) geleistete oder nach § 16 Abs. 2 des Telekommunikationsgesetzes vom 25. 7. 1996 (BGBl. I S. 1120) angerechnete Gebühren sind, soweit sie über die für die Erteilung der Lizenz nach § 16 Abs. 1 des Telekommunikationsgesetzes vom 25. 7. 1996 (BGBl. I S. 1120) und der darauf beruhenden Verordnung zu zahlenden Gebühren für den Verwaltungsaufwand der Lizenzerteilung hinausgehen, auf den zu erhebenden Beitrag anzurechnen. § 143 Abs. 3 gilt entsprechend.

(4) Das Bundesministerium für Wirtschaft und Arbeit wird ermächtigt, durch Rechtsverordnung, die nicht der Zustimmung des Bundesrates bedarf, im Einvernehmen mit dem Bundesministerium der Finanzen das Nähere über die Erhebung der Beiträge, insbesondere über den Verteilungsschlüssel und -stichtag, die Mindestveranlagung, das Umlageverfahren einschließlich eines geeigneten Schätzverfahrens und einer Klassifizierung hinsichtlich der Feststellung der beitragsrelevanten Kosten nach Abs. 2, die Pflicht zur Mitteilung der Umsätze einschließlich eines geeigneten Verfahrens mit der Möglichkeit einer Pauschalierung sowie die Zahlungsfristen, die Zahlungsweise und die Höhe der Säumniszuschläge zu regeln. Die Rechtsverordnung kann auch Regelungen über die vorläufige Festsetzung des Beitrags vorsehen. Das Bundesministerium für Wirtschaft und Arbeit kann die Ermächtigung nach Satz 1 durch Rechtsverordnung unter Sicherstellung der Einvernehmensregelung auf die Regulierungsbehörde übertragen. Eine Rechtsverordnung nach Satz 3 einschließlich ihrer Aufhebung bedarf des Einvernehmens mit dem Bundesministerium für Wirtschaft und Arbeit und des Bundesministeriums der Finanzen.

Schrifttum: *Ehlers/Achelpöhler*, Die Finanzierung der Wirtschaftsaufsicht des Bundes durch Wirtschaftsunternehmen, NVwZ 1993, 1025; *Präve*, Zur Finanzierung der Versicherungsaufsicht gemäß § 101 VAG, VW 1995, 1004; *Tipke/Lang*, Steuerrecht, 17. Aufl. 2002; *Vogel*, Vorteil und Verantwortlichkeit, FS Geiger, 1989, 518.

I. Normzweck

1 Die Vorschrift soll der RegTP die Möglichkeit eröffnen, für den laufenden Verwaltungsaufwand der Behörde Abgaben von den TK-Unternehmen zu erheben. Es handelt sich dabei um den Aufwand, der nicht bereits anderweitig durch Gebühren und Beiträge nach dem TKG gedeckt ist. Der Gesetzgeber geht davon aus, dass die Regulierungstätigkeit der RegTP nicht nur im Allgemeininteresse, sondern auch im Interesse der auf dem Markt tätigen Unternehmen liegt, so dass eine **Finanzierung der Tätigkeit der RegTP durch die Telekommunikationsunternehmen unter dem Gesichtspunkt des Gruppennutzens** in Betracht kommt.[1] Die Regelung greift zum einen die gemeinschaftsrechtliche Ermächtigung in Art. 12 Abs. 1 GRL auf und findet zum anderen ein nationales Vorbild in der Finanzierung der Finanzmarktaufsicht (§ 16 FinDAG).[2]

II. Entstehungsgeschichte

2 Das **gemeinschaftsrechtliche Fundament** der Vorschrift verdankt sich einer paradoxen Genese.[3] Mit der gemeinschaftsrechtlichen Vorgabe einer Allgemeingenehmigung und damit einer bloßen Anzeigepflicht für TK-Anbieter durch Art. 3 Abs. 2 und 3 GRL ist mitgliedstaatlichen Systemen der Einzellizensierung der Boden entzogen worden. Die mitgliedstaatliche Praxis der Erhebung von z. T. beträchtlichen Gebühren für Lizenzen sollte nach dem Vorschlag der Kommission **durch eine ausdrückliche Regelung beschränkt werden**, die dem geminderten Verwaltungsaufwand für die Anmeldung von TK-Leistungen Rechnung trägt.[4] Demgemäß sah Art. 12 Abs. 1 Buchst. a) des Vorschlags einer GRL vor, dass von den Unternehmen verlangte Verwaltungsgebühren „insgesamt zur Deckung der Verwaltungskosten für die Verwaltung, Kontrolle und Durchsetzung der jeweiligen Allgemeingenehmigung und der Einräumung von Nutzungsrechten" dienen. Gebühren sollten also nur für den Aufwand der Abwicklung der Allgemeingenehmigungen erhoben werden können.[5] Erst der Gemeinsame Standpunkt des Rates brachte die entscheidende Weiterung,

---

1 Begründung des GesE der BReg, BT-Drs. 15/2316 v. 9. 1. 2004, S. 105.
2 § 16 FinDAG löste die entsprechenden Vorschriften im KWG, VAG und WpHG ab; s. § 51 Abs. 4 KWG, § 101 Abs. 5 VAG; § 11 WpHG wurde aufgehoben.
3 Zu Art. 12 GRL *Bartosch*, EuZW 2002, 389, 396; *Husch/Kemmler/Ohlenburg*, MMR 2003, 139, 142 f.; *Scherer*, K&R 2002, 329, 334 f.; *Schütz/Attendorn*, MMR Beilage 4/2002, 1, 11.
4 Kommissionsvorschlag v. 12. 7. 2000, ABl. EG C 365 E v. 19. 12. 2000, S. 230.
5 Deutlich Erwägungsgrund 15, ABl. EG C 365 E v. 19. 12. 2000, S. 230.

derzufolge nicht nur die Verwaltungskosten für die Kontrolle der Anzeigepflicht und der besonderen Nutzungsrechte, sondern auch die Kosten für Verpflichtungen nach der ZRL und der URL unter Einschluss der Kosten für Regulierungstätigkeiten zur Durchsetzung des abgeleiteten Rechts auf die TK-Unternehmen umgelegt werden können. Die beträchtliche **Ausdehnung des Anwendungsbereichs** begründete der Rat mit der **Beibehaltung der finanziellen Unabhängigkeit der nationalen Regulierungsbehörden**.[6]

Regelungen über einen TK-Beitrag fanden sich im TKG 1996 nicht. Einen TK-Beitrag hat- **3** te die Bundesregierung unmittelbar nach Verabschiedung der GRL in der „**Kleinen TKG-Novelle**" in § 72a Abs. 1 S. 2 des Gesetzentwurfs vorgesehen.[7] Er sollte vornehmlich die Finanzierungslücke bei den Lizenzgebühren schließen, die infolge des Verdikts des BVerwG zum Verstoß der TKLGebV 1997 gegen § 16 Abs. 1 TKG 1996 entstanden war.[8] Das Vorhaben wurde indessen schließlich dem Umsetzungsverfahren des Richtlinienpakets vorbehalten.[9]

Die Entwurfsfassung von § 144 TKG[10] entsprach in den zentralen Aussagen der Gesetz ge- **4** wordenen Regelung, war aber in ihrer Zielrichtung **rechtspolitisch umstritten**. Die TK-Unternehmen hatten in Stellungnahmen die Einführung eines TK-Beitrags nahezu einhellig abgelehnt. Sie machten geltend, die Regulierung durch die RegTP müsse als Gemeinwohlaufgabe steuerfinanziert sein, und verwiesen auf die anders strukturierte Finanzierung des BKartA.[11] Dem vom BR unter Hinweis auf die Bedenken geäußerten Desiderat, eine zeitgleiche Verabschiedung der Verordnung nach § 144 Abs. 4 zu gewährleisten[12], hielt die BReg entgegen, eine ausreichende Kenntnis der Marktstruktur sei gegenwärtig noch nicht verfügbar.[13]

III. Finanzverfassungsrechtliche Vorgaben

Sowohl die in Art. 12 Abs. 1 GRL eingeführte Bezeichnung Verwaltungsabgabe[14] als auch **5** die ersten Vermutungen im Schrifttum zur Reichweite der gemeinschaftsrechtlichen Ermächtigung[15] legen den Schluss nahe, gestattet sei eine Umlegung sämtlicher Sach- und Personalkosten der RegTP. Die Begründung des Gesetzentwurfs leistet dieser Sichtweise insofern Vorschub, als sie auf das Vorbild der Finanzierung der Finanzmarktaufsicht ver-

---

6 Gemeinsamer Standpunkt (EG) Nr. 37/2001 v. 17. 9. 2001, ABl. EG C 337 v. 30. 11. 2001, S. 18.
7 GesE der BReg, BT-Drs. 14/9194 v. 3. 6. 2002.
8 So ausdrücklich die Begründung, BT-Drs. 14/9194, S. 6 unter Verweis auf BVerwGE 115, 125 = NVwZ 2002, 858, 860 = MMR 2002, 326.
9 Beschlussempfehlung des Ausschusses für Wirtschaft und Technologie, BT-Drs. 14/9711 v. 3. 7. 2002, S. 4; s. zuvor Änderungsvorschläge des BR, BR-Drs. 14/9194; Gegenäußerung der BReg, BT-Drs. 14/9237.
10 GesE der BReg v. 17. 10. 2003, nach Art. 76 II GG eingebracht als BR-Drs. 755/03; mit geringfügigen Modifikationen in den BT eingebracht als BT-Drs. 15/2316 v. 14. 1. 2004.
11 Siehe die Stellungnahmen des BDI v. 7. 11. 2003, S. 11 f., des BITKOM v. 4. 11. 2003, S. 35 f., des DIHK v. 3. 11. 2003, S. 8 f. und des VATM v. 4. 11. 2003, S. 51 ff.
12 Stellungnahme des BR v. 19. 12. 2003, Anl. 2 zu BT-Drs. 15/2316, S. 127.
13 Gegenäußerung der BReg zu der Stellungnahme des BR, BT-Drs. 15/2345 v. 14. 1. 2004.
14 Bis zur Änderung von Artikel 12 GRL durch den Gemeinsamen Standpunkt wurde die Abgabe als Verwaltungsgebühr bezeichnet.
15 *Scherer*, K&R 2002, 334; *Husch/Kemmler/Ohlenburg*, MMR 2003, 143; *Schütz/Attendorn*, MMR Beilage 4/2002, 11.

weist. Unter der Geltung von §§ 13, 16 FinDAG finanziert sich nämlich die BaFin ausschließlich aus Abgaben, die von den beaufsichtigten Unternehmen erhoben werden, und ist damit vom Staatshaushalt vollständig abgekoppelt.[16] Über die Zulässigkeit einer derartigen Umlagefinanzierung entscheidet allerdings vornehmlich die Finanzverfassung des Grundgesetzes.

6   Für die **Gesetzgebungskompetenz des Bundes** ist der tatbestandlich bestimmte materielle Gehalt der Abgabe ungeachtet der legislativen Rubrizierung als „TK-Beitrag" maßgeblich.[17] Da die Abgabe von den TK-Unternehmen nicht zur Deckung des allgemeinen Finanzbedarfs eines öffentlich-rechtlichen Gemeinwesens, sondern als Sonderlast zur Finanzierung eines besonderen Bedarfs erhoben wird[18], handelt es sich um eine **nichtsteuerliche Abgabe**, die nicht an Art. 105, sondern an Art. 70 ff. GG zu messen ist. Der TK-Beitrag findet seine Grundlage in Art. 73 Nr. 7, 87f GG.[19]

7   Auch wenn das GG keinen abschließenden Kanon zulässiger Abgabentypen enthält, folgen aus der **Schutz- und Begrenzungsfunktion der Finanzverfassung** Anforderungen, die nicht durch einen Rückgriff auf Art. 70 ff. GG unterlaufen werden dürfen.[20] Art. 104a ff. GG liegt die Vorstellung zu Grunde, dass die Finanzierung der staatlichen Aufgaben in Bund, Ländern und Gemeinden grundsätzlich aus dem Aufkommen der Steuer erfolgen soll (Prinzip des Steuerstaates).[21] Nichtsteuerliche Abgaben stehen deshalb unter Rechtfertigungsdruck: Sie müssen sich ihrer Art nach deutlich von der Steuer unterscheiden. Eine Sachgesetzgebungskompetenz darf nicht allein mit dem Ziel der Einnahmeerzielung in Anspruch genommen werden. Die Zusatzbelastung der Abgabenschuldner bedarf deshalb sachlicher Gründe. Und schließlich muss der Belastungsgleichheit der Abgabenpflichtigen Rechnung getragen werden.[22]

8   Als traditionelle Abgabenarten sind Gebühren und **Beiträge** durch ihre Ausgleichsfunktion (Vorzugslasten) gegenüber den Steuern in unterscheidungskräftiger Weise sachlich gerechtfertigt.[23] Da mit der TK-Abgabe nicht eine für eine Gebühr maßgebliche konkrete, individuell zurechenbare Staatsleistung[24] abgegolten wird, liegt ein Beitrag vor, soweit die Abgabe generell und vorteilsorientiert für eine potenzielle Inanspruchnahme einer staatlichen Einrichtung oder Leistung erhoben wird.[25] Der TK-Beitrag ist als Beitrag nur soweit gerechtfertigt, wie er **ein staatliches Leistungsangebot abgilt, das den TK-Unterneh-**

---

16 Krit. zum Wegfall der Selbstbehaltregelung *Boos/Fischer/Schulte-Mattler/Lindemann*, KWG, 2. Aufl. 2004, § 16 FinDAG RdNr. 1 f.
17 BVerfGE 108, 1, 13; BVerfGE 108, 186, 212; BVerfGE 110, 370, 384.
18 Zum Steuerbegriff s. BVerfGE 98, 106, 123; BVerfGE 108, 186, 212; jüngst BVerfG NVwZ 2004, 846, 848 – Ökosteuer; s. a. *Jarass/Pieroth*, Art. 105 RdNr. 3, 6; *Tipke/Lang*, § 3 RdNr. 9.
19 Zu Abgabenkompetenzen als Annexkompetenzen s. BVerwGE 95, 188, 192 f.; BVerwGE 112, 194, 199; BVerfGE 108, 186, 214 f.; s. a. *P. Kirchhof*, Handbuch des Staatsrechts, RdNr. 210.
20 BVerfGE 93, 319, 342; BVerfGE 108, 1, 15, 17; BVerfGE 108, 186, 215; BVerfGE 110, 370, 387.
21 BVerfGE 78, 249, 266 f.; BVerfGE 93, 319, 342; BVerfGE 101, 141; 147; s. a. *Jarass/Pieroth*, Art. 105 RdNr. 2.
22 Zu den finanzverfassungsrechtlichen Anforderungen s. zusammenfassend BVerfGE 108, 1, 16; BVerfGE 108, 186, 215 f.
23 BVerfGE 108, 1, 17; BVerfGE 108, 186, 216.
24 Zum Gebührenbegriff BVerfGE 97, 332, 345; BVerfGE 108, 1, 13; s. a. *Jarass/Pieroth*, Art. 105 RdNr. 13.
25 Zum Beitragsbegriff BVerfGE 42, 223, 228; BVerfGE 92, 91, 115; s. a. *P. Kirchhof*, Handbuch des Staatsrechts, RdNr. 213 f.; *Jarass/Pieroth*, Art. 105 RdNr. 15.

men als Gruppe in besonderem Maße zugute kommt. Ein Beitragsbegriff, der nicht auf die Vorteilsgewährung, sondern allein auf die Verursachung des behördlichen Aufwands abstellt[26], würde letztlich jegliche staatliche Aufsichtstätigkeit zum beitragspflichtigen Tatbestand machen.[27] Sollen Abgabenpflichtige zur Finanzierung von staatlichen Leistungen herangezogen werden, deren Erbringung **ausschließlich im öffentlichen Interesse** liegt, so handelt es sich um Gemeinlasten, die grds. aus dem Steueraufkommen zu finanzieren sind.[28]

Soweit die Kosten der Tätigkeiten der RegTP wegen ihrer Vorteilsorientierung grds. beitragsfähig sind, ist es allerdings unerheblich, dass ihre Tätigkeit **zugleich auch** im öffentlichen Interesse erfolgt.[29] Wohl aber erfordern dann die Grundsätze der Lastengleichheit und der vorteilsgerechten Lastenverteilung, dass der auf das **Gemeinwohl entfallende Anteil der Kosten beitragsmindernd** berücksichtigt wird.[30] **9**

Soweit Verwaltungsaufwand der RegTP mangels Gegenleistungscharakters nicht als Beitrag auf die TK-Unternehmen umgelegt werden kann, kommt allein eine Rechtfertigung als **Sonderabgabe** in Betracht. Sonderabgaben, die wie Steuern voraussetzungslos auferlegt werden, unterliegen allerdings engen Grenzen und müssen seltene Ausnahme bleiben.[31] Sie müssen zum einen der Verfolgung eines Sachzwecks dienen, der über die bloße Finanzierungsfunktion hinausgeht. Sie müssen zudem eine homogene Gruppe in Anspruch nehmen, die auf Grund ihrer spezifischen Sachnähe Finanzierungsverantwortung trägt. Des Weiteren muss eine sachgerechte Verknüpfung zwischen den von der Abgabe bewirkten Belastungen und den mit ihr finanzierten Begünstigungen bestehen.[32] Und schließlich müssen „haushaltsflüchtige" Sonderabgaben regelmäßig in einer Anlage zum Haushaltsplan angemessen dokumentiert werden.[33] **10**

IV. Einzelerläuterungen

1. Beitragspflichtige Unternehmen. – Zur Entrichtung des TK-Beitrags sind nach § 144 Abs. 1 die Telekommunikationsunternehmen verpflichtet, die nach § 6 Abs. 1 oder nach § 4 TKG 1996 meldepflichtig sind. Beitragspflichtig sind also **alle gewerblichen Betreiber von öffentlichen Telekommunikationsnetzen und alle gewerblichen Anbieter von** **11**

---

26 Das „Verursacherprinzip" kann u. U. Sonderabgaben im Umweltrecht rechtfertigen (*P. Kirchhof*, Handbuch des Staatsrechts, RdNr. 251 ff.) seine Anwendung auf das Beitragsrecht ist fraglich; *Vogel*, FS Geiger, 1989, S. 530 ff. stellt für das Gebührenrecht auf die Kostenverursachung ab; unklar *P. Kirchhof*, Handbuch des Staatsrechts, RdNr. 216.
27 So auch *Boos/Fischer/Schulte-Mattler/Lindemann* (Fn. 16) § 16 FinDAG RdNr. 59 ff.; s. a. *Ehlers/Achelpöhler*, NVwZ 1993, 1029.
28 BVerfGE 65, 325, 344; *P. Kirchhof*, Handbuch des Staatsrechts, RdNr. 215.
29 BVerfGE 108, 186, 227 f.; BVerwGE 95, 188, 200 f.; BVerwGE 112, 194, 205.
30 BVerwGE 112, 194, 205.
31 BVerfGE 55, 274, 308; BVerfGE 108, 186, 217; s. a. *P. Kirchhof*, Handbuch des Staatsrechts, RdNr. 223; sehr krit. gegenüber der Zulässigkeit von Sonderabgaben *Sachs/Siekmann*, GG, vor Art. 104a RdNr. 119 ff.
32 Zu den Zulässigkeitsvoraussetzungen s. BVerfGE 55, 274, 298 ff.; BVerfGE 91, 186, 201; BVerfGE 108, 186, 218; BVerfGE 110, 370, 389; s. a. *Jarass/Pieroth*, Art. 105 RdNr. 9 f.; *P. Kirchhof*, Handbuch des Staatsrechts, RdNr. 228 ff.; *Tipke/Lang*, § 3 RdNr. 21 ff.
33 Das BVerfG begründete dieses neue Gebot mit dem Fortschreiten der Sonderabgabengesetzgebung, das die Gefahr von Nebenhaushalten verstärkt, s. BVerfGE 108, 186, 218 f.

Telekommunikationsdiensten für die Öffentlichkeit. Damit ist der Verpflichtetenkreis nicht auf die Lizenznehmer nach § 6 TKG 1996 beschränkt[34], der TK-Beitrag nicht Surrogat einer Lizenzgebühr.[35] Mit dem Verweis auf § 4 TKG 1996 ist klargestellt, dass auch Unternehmen, die bereits auf der Grundlage des TKG 1996 anzeigepflichtig waren, der Beitragspflicht unterliegen.[36] Die Festlegung des Verpflichtetenkreises ist mit Art. 12 Abs. 1 GRL vereinbar, weil das Gebot zur Schaffung einer Allgemeingenehmigung nach Art. 3 Abs. 2 GRL richtlinienkonform durch das Anzeigeerfordernis umgesetzt wurde.

12 **2. Beitragsfähiger Aufwand. –** Es lassen sich **zwei Erhebungstatbestände** unterscheiden. Nach dem ersten Tatbestand in § 144 Abs. 1 S. 1 sind Kosten der RegTP für Maßnahmen zur Sicherstellung des Wettbewerbs umlagefähig, nach dem zweiten Tatbestand die Kosten, die für die Abwicklung von Rechten und Pflichten entstehen. Soweit Pflichten im Rahmen der wettbewerbsorientierten Regulierung auferlegt werden, sind sie nach beiden Tatbeständen – alternativ – erhebungsfähig. Für beide Tatbestände gilt nach § 144 Abs. 1 S. 2, dass sie auch die Kosten für die internationale Zusammenarbeit umfassen.

13 Erhebungsfähig sind zum einen **die Kosten der RegTP für Maßnahmen zur Sicherstellung eines chancengleichen Wettbewerbs und zur Förderung nachhaltig wettbewerbsorientierter Märkte der Telekommunikation für die Öffentlichkeit.** Mit dieser Formulierung wird wortgleich an das Regulierungsziel nach § 2 Abs. 2 Nr. 2 angeknüpft, dessen Änderung im Gesetzgebungsverfahren in § 144 Abs. 1 nachvollzogen wurde.[37] Dies bedeutet hingegen nicht, dass Kosten für Maßnahmen zur Durchsetzung der weiteren in § 2 Abs. 2 normierten Regulierungsziele nicht beitragsfähig sind. Die Regulierungsziele nach § 2 Abs. 2 sind nicht trennscharf formuliert. Entscheidend ist deshalb, ob auch Maßnahmen zur Verwirklichung der anderen in § 2 Abs. 2 genannten Ziele der Sicherstellung eines chancengleichen Wettbewerbs und der Förderung nachhaltig wettbewerbsorientierter Märkte dienen.[38] Anhaltspunkte liefert die Systematisierung der Regulierungsziele in Art. 8 Abs. 2–4 RRL.

14 Zu den unmittelbar dem Regulierungsziel des § 2 Abs. 2 Nr. 2 zuzurechnenden **beitragsfähigen Kosten** der RegTP zur Sicherstellung eines chancengleichen Wettbewerbs und zur Förderung nachhaltig wettbewerbsorientierter Märkte rechnen vornehmlich die Kosten der Marktregulierung. Dies gilt für das Verfahren der Marktabgrenzung und -analyse, für Maßnahmen der Zugangs- und Entgeltregulierung, Maßnahmen nach §§ 40, 41 und für Maßnahmen der Missbrauchsaufsicht.[39] Unter Beachtung von Art. 8 Abs. 2 RRL besteht ein enger Konnex zum Regulierungsziel des § 2 Abs. 2 Nr. 2 bei Maßnahmen zur Sicherstellung der effizienten und störungsfreien Frequenznutzung nach § 2 Abs. 2 Nr. 7. Mittelbar auf das Regulierungsziel des § Abs. 2 Nr. 2 bezogen und damit ebenfalls beitragsfähig sind Maßnahmen zur Nutzung des Nummernraums nach § 2 Abs. 2 Nr. 8 und die Förderung effizienter Infrastrukturinvestitionen nach § 2 Abs. 2 Nr. 3.[40]

---

34 Begründung des GesE, BT-Drs. 15/2316, S. 105.
35 Der im Jahr 2002 erlassenen neuen TKLGebV v. 9. 9. 2002 (BGBl. I S. 1936) ist mit dem Wegfall des Lizenzierungserfordernisses der Boden entzogen worden.
36 Begründung der Änderung im Ausschussverfahren, BT-Drs. 15/2679, S. 18.
37 BT-Drs. 15/2674 vom 10. 3. 2004.
38 Zum Verhältnis der Regulierungsziele nach dem TKG 1996 s. *Manssen*, § 2 RdNr. 3 f.
39 So BT-Drs. 15/2316, S. 105.
40 BT-Drs. 15/2316, S. 105.

Finanzverfassungsrechtliche Bedenken gegen die Umlegung dieses Aufwands bestehen **15** nicht, denn die **Vorteilsorientierung der Tätigkeiten der RegTP in Erfüllung der Ziele des § 2 Abs. 2 Nr. 2** ist wegen der besonderen Struktur des regulatorischen Ansatzes des TKG zu **bejahen**. Die Regulierungstätigkeit der RegTP ist von der herkömmlichen Wirtschaftsaufsicht zu unterscheiden. Die TK-Unternehmen unterliegen nicht (nur) im öffentlichen Interesse einer gefahrenabwehrrechtlich motivierten Wirtschaftsaufsicht, die sie in ihrer grundrechtsgeschützten Betätigung beschränkt[41]; vielmehr dient die Regulierung durch die RegTP gerade der Eröffnung und Sicherung ihrer Marktteilnahme und verschafft Grundrechtschancen. Die Unternehmen profitieren als Gruppe in besonderem Maße von der Regulierungstätigkeit.[42] Der Vorteilsorientierung steht wegen der gesetzgeberischen Befugnis zur Generalisierung und Typisierung[43] nicht entgegen, dass einzelne TK-Unternehmen, wie etwa die DTAG, die Regulierungstätigkeit möglicherweise nicht als „Vorteil" empfinden.[44]

Nicht beitragsfähig sind unter Berücksichtigung von Art. 8 Abs. 4 RRL Kosten für Maß- **16** nahmen zur Wahrung der Nutzer- und Verbraucherinteressen und zur Wahrung des Fernmeldegeheimnisses nach § 2 Abs. 2 Nr. 1. Gleiches gilt für die Kosten zur Sicherstellung von Universaldienstleistungen nach § 2 Abs. 2 Nr. 5, die allein im öffentlichen Interesse liegt.[45] Auch Kosten von Maßnahmen, die der Förderung von Telekommunikationsdiensten bei öffentlichen Einrichtungen nach § 2 Abs. 2 Nr. 5 und der Wahrung der Interessen der öffentlichen Sicherheit nach § 2 Abs. 2 Nr. 9 dienen, können nicht auf die Unternehmen umgelegt werden.[46] Entgegen der Entwurfsbegründung sind auch Kosten der Förderung des Binnenmarktes der EU (§ 2 Abs. 2 Nr. 4) nicht beitragsfähig. Denn Art. 8 Abs. 3 RRL grenzt dieses Regulierungsziel deutlich von der wettbewerbsbezogenen Regulierung ab.

Beitragsfähig sind nach dem zweiten Beitragstatbestand die **Kosten für die Verwaltung,** **17** **Kontrolle sowie Durchsetzung von mit diesem Gesetz verbundenen Rechten und Pflichten, darauf beruhenden Verordnungen und Nutzungsrechten.** Neben den Kosten für die Administration von Verpflichtungen nach dem Zweiten Teil des Gesetzes unter Einschluss der Kosten des Beschlusskammerverfahrens[47] treten Kosten für die Frequenzzuteilung nach §§ 55, 61, für die Nummernverwaltung nach §§ 66, 67 und für die Übertragung von Wegerechten nach § 69.

Kosten für die Auferlegung von Universaldienstverpflichtungen nach § 81 und für die **18** **Kontrolle und Durchsetzung von Verpflichtungen zum Datenschutz und zur Sicherheit nach dem Siebten Teil (§ 115)** sind auch nach dem zweiten Erhebungstatbestand

41 Zu den Bedenken gegen eine beitragsrechtliche Finanzierung der gefahrenabwehrrechtlich konzipierten Finanzmarktaufsicht s. *Boos/Fischer/Schulte-Mattler/Lindemann* (Fn. 16) § 16 FinDAG RdNr. 56 ff.; *Schäfer/Geibel*, WpHG, 1999, § 11 RdNr. 31 f.; *Ehlers/Achelpöhler*, NVwZ 1993, 1028 f.; das Schrifttum i. Ü. geht von der Verfassungsmäßigkeit der Umlagenormen aus, s. *Beck/Samm*, KWG, 47. EL 1994, § 51 RdNr. 8; *Assmann/Schneider/Dreyling*, WpHG, 2. Aufl. 1999, § 11 RdNr. 1; *Präve*, VW 1995, 1005 f.; die Verfassungsmäßigkeit von § 51 Abs. 1 KWG wurde offen gelassen in BVerwG NJW 1982, 2681.
42 So wohl auch BVerwGE 115, 125, 134.
43 BVerfGE 82, 159, 181; BVerfGE 108, 186, 229 f.; BVerfGE 110, 370, 392 für das Merkmal der gruppennützigen Verwendung von Sonderabgaben.
44 Zur Begünstigung auch der DTAG s. aber die Erwägungen in BT-Drs. 14/9194, S. 7.
45 BT-Drs. 15/2316, S. 105.
46 BT-Drs. 15/2316, S. 105.
47 BT-Drs. 15/2316, S. 105.

nicht beitragsfähig. Es handelt sich hierbei zwar um die Verwaltung, Kontrolle und Durchsetzung von gesetzlichen Pflichten. Indessen erfolgen die Tätigkeiten der RegTP zur Sicherstellung des Universaldienstes und ihre Tätigkeiten nach dem Siebten Teil allein im öffentlichen Interesse. Die Abgabenerhebung für Maßnahmen, deren Vornahme allein im öffentlichen Interesse liegt, lässt sich verfassungsrechtlich nicht als Beitrag rechtfertigen.[48]

19 Die Abgabenerhebung für diesen ausschließlich gemeinwohlveranlassten Aufwand der RegTP **erfüllt auch nicht die Zulässigkeitsvoraussetzungen einer Sonderabgabe.** Die Abgabe dient allein der Finanzierung der RegTP und soll den Staatshaushalt entlasten, verfolgt aber keinen Sachzweck, der Ausdruck gesetzlicher Einflussnahme auf einen bestimmten Sachbereich ist.[49] Des Weiteren ist die Finanzierungsverantwortung der TK-Unternehmen kaum zu begründen. Zwar sind sie durch annähernd gemeinsame Interessenlagen verbunden[50]; sie weisen aber keine spezifische Sachnähe auf zur Finanzierung des Aufwands der RegTP bei der Verfolgung allein öffentlicher Zwecke. Diese fallen vielmehr in die Verantwortung des Staates.[51] Schließlich fehlt es an einer sachgerechten Verknüpfung zwischen Belastungen und Begünstigungen. Das Merkmal der gruppennützigen Verwendung des Mittelaufkommens ist zwar schon dann erfüllt, wenn die Beträge mittelbar und nicht ausschließlich der Gruppe der Belasteten zugute kommen.[52] Eine auch nur mittelbare Begünstigung durch Maßnahmen nach §§ 81, 115 ist aber nicht ersichtlich.[53] Es handelt sich bei den Kosten für diese Tätigkeiten vielmehr um klassische Gemeinlasten, die aus dem Steueraufkommen zu finanzieren sind.

20 Eine **verfassungskonforme Auslegung** gebietet deshalb, die Kosten für derartige Maßnahmen von vornherein aus dem Beitragstatbestand auszuklammern. Dieses Desiderat kann nicht durch eine Beitragsminderung nach § 144 Abs. 1 S. 3 erfüllt werden, die an die grds. Erhebungsfähigkeit anknüpft. Die verfassungsrechtlich gebotene Reduktion des Tatbestands ist auch **gemeinschaftsrechtskonform.** Zwar enthält Art. 12 Abs. 1 Buchst. a) nicht die Beschränkung auf Kosten für gruppennützige Maßnahmen, sondern würde die Umlegung des gesamten Verwaltungsaufwands der RegTP unter Einschluss der Kosten für die Auferlegung von Universaldienstleistungen gestatten.[54] Indessen ermächtigt Art. 12 GRL zwar die Mitgliedstaaten zu derart weitreichenden Abgabenlösungen, verlangt sie aber nicht.[55]

---

48 So für die Finanzmarktaufsicht *Boos/Fischer/Schulte-Mattler/Lindemann* (Fn. 16) § 16 FinDAG RdNr. 57 unter Verweis auf § 4 Abs. 4 FinDAG; *Ehlers/Achelpöhler*, NVwZ 1993, 1028.

49 So für die Finanzmarktaufsicht *Boos/Fischer/Schulte-Mattler/Lindemann* (Fn 16) § 16 FinDAG RdNr. 66; a. A. *Präve*, VW 1995, 1006; zum Merkmal gestaltender Einflussnahme s. BVerfGE 82, 159, 179; BVerfGE 110, 370, 389.

50 Dazu BVerfGE 55, 274, 305; s. a. BVerfGE 108, 186, 223 ff.; s. a. *P. Kirchhof*, Handbuch des Staatsrechts, RdNr. 232 f.

51 So für die Finanzmarktaufsicht *Ehlers/Achelpöhler*, NVwZ 1993, 1029 f.; a. A. *Präve*, VW 1995, 1006.

52 BVerfGE 55, 274, 316; BVerfGE 108, 186, 229; BVerfGE 110, 370, 392; s. a. BVerwG DVBl. 2004, 1175, 1180.

53 So für die Finanzmarktaufsicht *Boos/Fischer/Schulte-Mattler/Lindemann* (Fn. 16) § 16 FinDAG, RdNr. 66; *Ehlers/Achelpöhler*, NVwZ 1993, 1030.

54 So auch *Scherer*, K&R 2002, 334; *Husch/Kemmler/Ohlenburg*, MMR 2003, 143; *Schütz/Attendorn*, MMR Beilage 4/2002, 11.

55 *Scherer*, K&R 2002, 335.

Gurlit

Schließlich können nach § 144 Abs. 1 S. 2 Abgaben erhoben werden, sofern im Zusam-   **21** menhang mit der Regulierungstätigkeit oder der mit der Abwicklung von Rechten und Pflichten verbundenen Tätigkeiten **Kosten für die internationale Zusammenarbeit der RegTP** entstehen. Umlagefähige Kosten entstehen vor allem im Verfahren der Marktdefinition und Marktanalyse, das im Zusammenwirken mit der Kommission bzw. den Regulierungsbehörden weiterer Mitgliedstaaten durchgeführt wird (§§ 10 Abs. 3, 11 Abs. 2 und 3, 12 Abs. 2), aber auch in den daraus folgenden Regulierungsverfahren (§ 13 Abs. 2). Kosten internationaler Zusammenarbeit entstehen des Weiteren für Maßnahmen der Frequenzzuteilung (§ 56). Hierbei handelt es sich um Aufwand für Maßnahmen, die gruppennützig und damit grds. beitragsfähig sind.

3. Kostendeckung. – Im Rahmen der vorgenannten Abgabentatbestände gilt nach dem   **22** Wortlaut des § 144 Abs. 1 in Umsetzung von Art. 12 Abs. 1 Buchst. a) GRL das **Kostendeckungsprinzip**. Eine Kostenkontrolle soll in Umsetzung von Art. 12 Abs. 2 GRL durch Berichtspflichten der RegTP nach § 147 ermöglicht werden. Im Übrigen bleibt der ausdrücklich normierte Vorrang der Kostendeckung durch anderweitige Gebühren und Beiträge beachtlich. Dieser Vorrang erfasst sowohl die Kosten der Regulierungstätigkeit als auch die Abwicklung von Rechten und Verpflichtungen. Die anderweitige Kostendeckung bewirkt, dass dieser Anteil von der Gesamtsumme der beitragsfähigen Kosten abzuziehen ist. Insoweit verwirklicht sich das **Verbot der Mehrfacherhebung** von Abgaben für dieselbe Verwaltungsleistung.[56]

Der Vorrang anderweitiger Kostendeckung muss trotz des missverständlichen Wortlauts   **23** des § 144 Abs. 1 („anderweitig…gedeckt") unabhängig davon zur Geltung kommen, ob die RegTP von der anderweitigen Kostendeckungsmöglichkeit tatsächlich Gebrauch gemacht hat. **Maßgeblich ist die Deckungsfähigkeit.** Würde auf die tatsächliche Deckung abgestellt, müssten nämlich die nach § 144 Abs. 1 TKG Beitragspflichtigen in eine Form der „Ausfallhaftung" für säumige oder nicht erfasste Abgabenschuldner treten. Dies ist mit den beitragsrechtlichen Grundsätzen der Lastengleichheit und Abgabengerechtigkeit nicht zu vereinbaren.[57]

Sachlich bemisst sich der Vorrang nach der **Reichweite von §§ 142, 143, 145, 146, ggf.**   **24** **auch spezialgesetzlicher Abgabentatbestände.** Von den grds. beitragsfähigen Tatbeständen werden insbesondere Frequenz- und Rufnummernzuteilungen und die Übertragung von Wegerechten durch die Gebührenregelung nach § 142 Abs. 1 Nr. 1, 2, 7 erfasst. Von den beitragsfähigen Kosten sind zudem die nach § 143 erhebungsfähigen Beiträge für die Frequenznutzung in Abzug zu bringen. Auch Kosten für Maßnahmen internationaler Zusammenarbeit bei der Frequenznutzung sind anderweitig gedeckt (§§ 142 Abs. 1 Nr. 4, 143 Abs. 1 S. 2 Nr. 2). Bei Maßnahmen zur störungsfreien Frequenznutzung hat die Kostendeckung nach §§ 10, 11 EMVG Vorrang (s. a. § 144 Abs. 3 S. 2 i.V.m. § 143 Abs. 3). Der Vorrang anderweitiger Kostendeckung erweist sich i.E. gleichwohl als **nicht sehr weitreichend**. Insbesondere die Kosten der Regulierungstätigkeit für Maßnahmen nach dem Zweiten Teil sind nicht anderweitig erhebungsfähig.

4. Umlageschlüssel und Beitragsminderung. – Der **Umlageschlüssel** folgt nach § 144   **25** Abs. 2 aus den Umsätzen der Unternehmen bei Tätigkeiten nach § 6 Abs. 1. Für den Umsatz der Unternehmen sind nach dem Verweis auf § 6 Abs. 1 nur TK-relevante und keine

---

56 Siehe § 143 RdNr. 13.
57 Siehe § 143 RdNr. 14.

sonstigen Umsätze maßgeblich. Durch Auskunftsverlangen nach § 127 Abs. 2 Nr. 1 kann die RegTP die maßgeblichen Umsatzzahlen ermitteln. In einer VO nach § 144 Abs. 4 können Klassifizierungen vorgenommen werden, die bei kleineren Unternehmen die Erhebung von Pauschbeträgen ermöglichen.[58] Der Umlageschlüssel nach der Umsatzstärke hat vor Art. 3 Abs. 1 GG Bestand. Er ist auch mit Art. 12 Abs. 1 Buchst. b) GRL vereinbar. Nach Art. 12 Abs. 1 Buchst. b) des Kommissionsvorschlags war noch allein der Jahresumsatz der Unternehmen für die anzeigepflichtigen Dienste maßstäblich. Unternehmen mit einem Umsatz von weniger als 10 Mio. Euro sollten von der Gebührenerhebung befreit werden. Diese auf einen ungehinderten Marktzugang kleinerer Unternehmen abzielenden Vorschläge[59] wurden zwar im Gemeinsamen Standpunkt abgeändert[60]; als ein Beispiel eines objektiven, verhältnismäßigen und transparenten Umlageverfahrens nennt Erwägungsgrund 31 zur GRL aber eine umsatzorientierte Umlage.

26 Nach § 144 Abs. 1 S. 3 sind von den grds. beitragsfähigen Kosten diejenigen **beitragsmindernd zu berücksichtigen, die auf das Allgemeininteresse entfallen.** Mit dieser Regelung reagierte der Gesetzgeber auf die Judikatur des BVerwG, derzufolge Beitragsregelungen, die Kosten für Staatsleistungen abgelten, die nicht allein gruppennützig sind, sondern auch im öffentlichen Interesse liegen, den Gemeinwohlanteil beitragsmindernd berücksichtigen müssen.[61] Das Gebot der Minderung knüpft also an die Erhebungsfähigkeit als Beitrag an. Es wirkt **nicht aufwandsbezogen, sondern beitragsbezogen.** Bei der Bestimmung des Selbstbehalts muss sich der Verordnungsgeber von den finanzverfassungsrechtlichen Vorgaben leiten lassen. Er sollte dabei auch berücksichtigen, dass ein nennenswerter staatlicher Kostenanteil den haushaltsrechtlichen Grundsatz sparsamer Mittelverwendung fördert.[62] In § 3a FBeitrV wurde ein pauschaler Selbstbehalt von 20 % des Personal- und Sachaufwands normiert[63], in § 3 EMVBeitrV ein staatlicher Kostenanteil von 25 %.

27 **5. Anrechnung geleisteter Zahlungen nach § 144 Abs. 3.** – § 144 Abs. 3 trägt dem Umstand Rechnung, dass die meisten TK-Unternehmen auf Grundlage der TKLGebV 1997 Lizenzgebühren in beträchtlicher Höhe gezahlt hatten, die wegen der vom BVerwG festgestellten Rechtswidrigkeit der VO deutlich überhöht waren. Nach Auffassung des BVerwG deckte § 16 Abs. 1 TKG 1996 als Ermächtigungsgrundlage nur die Erhebung solcher Kosten, die unmittelbar durch das Verfahren der Lizenzerteilung verursacht werden, nicht hingegen weitere Regulierungskosten. Auch entbehrte die Regelung, die eine Vorauserhebung von Kosten für 30 Jahre vorsah, der sachlichen Rechtfertigung.[64] **Mit der Anrechnung der überhöhten Lizenzgebühren auf den TK-Beitrag soll dieser Rechtsfehler korrigiert werden.**[65] In Anbetracht von Gebührensummen, die teilweise 5,4 Mio. Euro betrugen, wandelt indessen eine bloße Anrechnung die rechtswidrig erhobenen Gebühren in ei-

---

58 BT-Drs. 15/2316, S. 106.

59 Geänderter RL-Vorschlag, ABl. EG C 270 E v. 25. 9. 2001, S. 182, Erwägungsgrund 15.

60 Nach der Begründung des Gemeinsamen Standpunkts ist die Abschaffung der Abgabenbefreiung für kleinere Unternehmen die logische Folge eines nicht allein umsatzbezogenen Verteilungsschlüssels, ABl. EG C 377 v. 30. 11. 2001, S. 18, 32.

61 BVerwGE 112, 194, 205 f.

62 So für das Finanzmarktaufsichtsrecht *Beck/Samm* (Fn. 41) § 51 RdNr. 8; *Schäfer/Geibel* (Fn. 41) § 11 RdNr. 3; *Assmann/Schneider/Dreyling* (Fn. 41) § 11 RdNr. 1. Dieser Grundsatz wurde allerdings mit §§ 13, 16 FinDAG preisgegeben.

63 Siehe dazu bereits § 143 RdNr. 20.

64 BVerwGE 115, 125.

65 BT-Drs. 15/2316, S. 105 f.

nen „Zwangskredit" zugunsten der RegTP um.[66] Der EuGH wird zu entscheiden haben, ob die Bundesrepublik die überhöhten Zahlungen auch dann zurückerstatten muss, wenn die Gebührenbescheide bestandskräftig geworden sind.[67]

6. Erhebungsverfahren. – Der Beitrag wird nach § 144 Abs. 2 als Jahresbeitrag erhoben. **28** Das **Erhebungsverfahren** ist nicht gesetzlich vorgezeichnet, sondern bedarf der Regelung durch VO nach § 144 Abs. 4, der mit dem Verweis in Satz 2 auf vorläufige Festsetzungen ein individuelles Festsetzungsverfahren durch Beitragsbescheid nahelegt. Ein Beitragsbescheid unterfällt als öffentlich-rechtliche Geldforderung des Bundes den Vollstreckungsregelungen der §§ 1–5 VwVG. Widerspruch und Anfechtungsklage gegen einen Beitragsbescheid haben nach § 80 Abs. 2 S. 1 Nr. 1 VwGO keine aufschiebende Wirkung. Jedoch soll die Behörde nach § 80 Abs. 4 S. 3 VwGO bei ernstlichen Zweifeln an der Rechtmäßigkeit des Abgabenbescheids die Aussetzung der Vollziehung anordnen.

7. Verordnungsermächtigung nach § 144 Abs. 4. – Der **Parlamentsvorbehalt für die** **29** **wesentlichen Angelegenheiten** verlangt, dass bereits der gesetzlichen Grundlage zu entnehmen ist, was dem Beitragsschuldner gegenüber zulässig sein soll.[68] Diesen Anforderungen genügt § 144 im Wesentlichen. Der Gesetzgeber ist – zumal bei kostenorientierten Abgaben – nicht gehalten, die Beitragshöhe im Einzelnen oder durch Angabe eines Rahmens zahlenmäßig festzulegen.[69] Er muss auch nicht selbst den auf das Gemeinwohl entfallenden Kostenanteil bestimmen, sondern darf dies als „unwesentliche" Angelegenheit dem Verordnunggeber überlassen.[70] Allerdings knüpfen die im Verordnungswege zu regelnde Aufteilung nach dem Umsatz und auch die gemeinwohlinduzierte Beitragsminderung daran an, dass der beitragsfähige Personal- und Sachaufwand feststeht. Zwar ist dieser umschrieben in § 144 Abs. 1, und detailliertere Regelungen sind grds. vom Parlament nicht zu verlangen. Es muss dann aber den Verordnungsgeber zu entsprechenden Regelungen ermächtigen. Dies ist hier nicht ausdrücklich geschehen. Eine **verfassungskonforme Auslegung** gebietet, das Verordnungsrecht auch auf Regelungen zur Bestimmung des umlagefähigen, weil zumindest auch vorteilsorientierten Aufwands zu erstrecken.[71]

Die VO-Ermächtigung wahrt mit diesen Maßgaben i. E. die **Bestimmtheitsanforderungen** **30** **des Art. 80 Abs. 1 S. 2 GG.** Maßgeblich ist, dass der Inhalt der unbestimmten Rechtsbegriffe durch Auslegung zu ermitteln ist.[72] Danach ist auch das Ausmaß der untergesetzlichen Regelung hinreichend vorgezeichnet. Die Weite der relevanten Beitragstatbestände steht der Bestimmtheit nicht entgegen.[73] In der **künftigen VO** werden Regelungen für die Ermittlung des beitragsrelevanten Umsatzes nach § 144 Abs. 2 getroffen werden müssen, aber auch Vorschriften zur Bestimmung des beitragsfähigen Aufwands. Die Unternehmen sollen in der VO nach Gruppen klassifiziert werden. Zudem ist in der VO der auf das Gemeinwohl entfallende Anteil festzulegen. Schließlich bedarf das Erhebungsverfahren der Regelung.

---

66 So der VATM in seiner Stellungnahme zum GesE, S. 52 f.
67 Vorlagebeschluss der BVerwG CR 2004, 907.
68 BVerfGE 108, 186, 235; BVerwGE 112, 194, 200; BVerwG NVwZ 2002, 858, 859.
69 BVerfGE 108, 186, 236; BVerwGE 95, 188, 198; BVerwGE 100, 323, 326 f.; BVerwGE 112, 194, 202; BVerwGE 115, 125, 130.
70 BVerwGE 112, 194, 206 f.
71 Siehe zu gleichlautenden Bedenken auch § 143 RdNr. 22.
72 Zu den Möglichkeiten der Auslegung BVerwGE 95, 188, 199; BVerwGE 100, 323, 327 ff.
73 Siehe BVerwGE 115, 125, 131.

31 **Primärer Adressat** des Verordnungsrechts ist das BMWA, das die VO im Einvernehmen mit dem BMF erlässt. Die VO bedarf nicht der Zustimmung des BR. Insoweit normiert § 144 Abs. 4 S. 1 eine bundesgesetzliche Abweichung von der in Art. 80 Abs. 2 GG normierten Regel. **Sekundärer Adressat** ist nach § 144 Abs. 4 S. 3 im Wege der Subdelegation (Art. 80 Abs. 1 S. 4 GG) die RegTP. Dieser im Gesetzgebungsverfahren nicht unumstrittenen Regelung[74] wurde auf Ausschussempfehlung Satz 4 angefügt, demzufolge nunmehr das Einvernehmen sowohl des BMF als auch des BMWA zu einer VO der RegTP erforderlich ist.[75]

---

74 Der Auffassung der BReg, die Subdelegation leiste einen Beitrag zum Bürokratieabbau und zur Kundennähe, s. BT-Drs. 15/2316, S. 104, 106, hielt der BR die hohe Bedeutung der Beitragsregelung und die Gefahr von Interessenkonflikten der RegTP entgegen, s. Stellungnahme des BR v. 19. 12. 2003, Anl. 2 zu BT-Drs. 15/2316, S. 127.

75 BT-Beschluss v. 12. 3. 2004, BR-Drs. 200/04; s. Beschlussempfehlungen des Ausschuss für Wirtschaft und Arbeit, BT-Drs. 15/2674 v. 10. 3. 2004.

§ 145 Kosten von außergerichtlichen Streitbeilegungsverfahren

Für die außergerichtlichen Streitbeilegungsverfahren nach § 45 Abs. 3 Nr. 6 werden Gebühren und Auslagen erhoben. Die Höhe der Gebühr für das Verfahren bestimmt sich nach Maßgabe des § 11 Abs. 2 Satz 2 und 3 des Gerichtskostengesetzes. Auf die Bestimmung des Wertes der Streitfrage finden die §§ 3 bis 9 der Zivilprozessordnung entsprechende Anwendung. Unterbreitet die Streitbeilegungsstelle einen Streitbeilegungsvorschlag, entscheidet sie über die Kosten unter Berücksichtigung des Sach- und Streitstandes nach billigem Ermessen. Die Entscheidung über die Kosten soll zusammen mit dem Streitbeilegungsvorschlag ergehen. Jede Partei trägt die ihr durch die Teilnahme am Verfahren entstandenen Kosten selbst. Im Übrigen finden die §§ 8 bis 21 des Verwaltungskostengesetzes entsprechende Anwendung.

Übersicht

I. Normzweck

Die Vorschrift enthält die Rechtsgrundlage für die Erhebung von Kosten der Streitbeilegungsstelle, die im Rahmen des außergerichtlichen Streitbeilegungsverfahrens entstehen, und regelt zugleich die Kostentragungspflicht der Parteien. Die Norm geht auf Art. 34 URL zurück, wonach die Mitgliedstaaten verpflichtet sind, den Verbrauchern und ggf. auch anderen Endnutzern transparente, einfache und „kostengünstige" außergerichtliche Streitbeilegungsverfahren zur Verfügung zu stellen. Das außergerichtliche Streitbeilegungsverfahren ist in § 45 Abs. 3 Nr. 6 TKG i.V.m. § 35 TKV 1997 geregelt. Als Streitbeilegungsstelle sieht § 35 Abs. 1 TKV 1997 die Regulierungsbehörde vor. Sie stellt eine **sonstige Gütestelle** im Sinne von § 15a Abs. 3 Satz 1 EGZPO dar,[1] sofern sie nicht gemäß § 15a Abs. 1 bzw. Abs. 6 Satz 1 EGZPO landesrechtlich als Gütestelle anerkannt ist. Das Streitbeilegungsverfahren steht Kunden gegen Unternehmen offen.[2] Das Verfahren ist kostenpflichtig.

1 Vgl. BT-Drs. 14/7921, S. 17 zu der Vorgängervorschrift; *Scheurle/Mayen/Schadow*, § 41 RdNr. 96.
2 Näheres siehe § 45 RdNr. 29 ff.

II. Entstehungsgeschichte

2 Ursprünglich wurden für das Streitbeilegungsverfahren keine Kosten erhoben.[3] Die Kostenpflichtigkeit wurde erst durch das Gesetz vom 7. 5. 2002 eingeführt, das § 41 Abs. 4 TKG a. F. einfügte.[4] Auf diese Norm geht der jetzige § 145 zurück. Mit seinem neu gefassten Satz 2 soll nunmehr eine kostendeckende Tätigkeit der Streitbeilegungsstelle ermöglicht werden.[5] Dazu ist ein anderer Berechnungsmodus eingeführt worden: Bislang betrug die Verfahrensgebühr 0,1 % des Streitwerts, jetzt hingegen berechnet sich die Gebühr nach dem GKG. Modifiziert wurden ferner die Sätze 4 und 5. Der Regierungsentwurf hat im Laufe des Gesetzgebungsverfahrens nur geringfügige Änderungen erfahren.[6]

III. Kostentragungspflicht

3 Die Sätze 4 bis 6 regeln die Kostentragungspflicht in verkürzter Weise. Die Sätze 4 und 5 bestimmen, dass die Streitbeilegungsstelle, wenn sie einen Streitbeilegungsvorschlag unterbreitet, zugleich auch über die Kosten entscheiden soll. Die Entscheidung soll gemäß Satz 4 unter Berücksichtigung des Sach- und Streitstandes nach billigem Ermessen ergehen. Und Satz 6 ordnet an, dass jede Partei die ihr durch die Teilnahme am Verfahren entstandenen Kosten selbst trägt.

4 **1. Kosten der Streitbeilegungsstelle. – a) Zeitpunkt der Kostenentscheidung.** – Die Entscheidung über die Kosten der Streitbeilegungsstelle soll nach dem Willen des Gesetzgebers zusammen mit dem Streitbeilegungsvorschlag ergehen (Satz 5). Nach altem Recht war die Kostenentscheidung in den Streitbeilegungsvorschlag aufzunehmen. Durch die Neufassung wird mit den Worten des Gesetzgebers der unverbindliche Streitbeilegungsvorschlag von der Kostenentscheidung „entkoppelt".[7] Der Wortlaut, der sich an § 14 Abs. 1 Satz 2 VwKostG anlehnt, lässt es nunmehr allerdings zu, die Kostenentscheidung ausnahmsweise getrennt von dem Streitbeilegungsvorschlag zu erlassen. Sie kann nachgeholt werden, solange der Anspruch auf Zahlung der Kosten nicht verjährt ist.[8]

5 **b) Entscheidungsmaßstab.** – Satz 4 regelt nur den Fall, dass die Streitbeilegungsstelle einen Streitbeilegungsvorschlag unterbreitet. Dann soll sie über die Kosten unter Berücksichtigung des Sach- und Streitstands nach **billigem Ermessen** entscheiden. Den Entscheidungsmaßstab bildet das billige Ermessen; dieses hat die Streitbeilegungsstelle in der Weise auszuüben, dass sie in ihrer Entscheidung den bisherigen Sach- und Streitstand berücksichtigt. Letzteres betont eine Selbstverständlichkeit, weil bei einer Entscheidung nach billigem Ermessen stets auch die bisherige Verfahrenssituation mit einbezogen werden muss.

---

3 So noch § 35 TKV 1997, der lediglich in Abs. 3 bestimmt, dass jede Partei ihre eigenen Kosten trägt.

4 Art. 18 Nr. 1 des Post- und telekommunikationsrechtlichen Bereinigungsgesetzes, BGBl. 2002 I S. 1529, 1533. Irrig gehen *Wissmann/Klümper*, RdNr. 17.83 Fn. 198 von der Kostenfreiheit des Verfahrens aus.

5 BT-Drs. 15/2316, S. 106 (zu § 143 RegE). Zu den hierbei aufgrund eines Redaktionsversehens des Gesetzgebers entstandenen Problemen siehe RdNr. 14.

6 Siehe BT-Drs. 15/2674, S. 108; BT-Drs. 15/2679, S. 19.

7 BT-Drs. 15/2316, S. 106 (zu § 143 RegE).

8 Vgl. *Schlabach*, Verwaltungskostenrecht (29. Lieferung Juli 2002), § 14 VwKostG RdNr. 5.

Keine Regelung hat der Gesetzgeber für den Fall getroffen, dass die Streitbeilegungsstelle **6** keinen Streitbeilegungsvorschlag unterbreitet. Zu dieser Situation mag es etwa kommen, wenn der Kunde den Antrag auf außergerichtliche Streitbeilegung zurücknimmt, bevor es zu einem Vorschlag kommt, der Antragsgegner die Zustimmung zur Durchführung des Streitbeilegungsverfahrens verweigert oder zurückzieht,[9] oder wenn die Parteien selbst eine Einigung herbeiführen konnten. Bei einer Verfahrenserledigung ohne Streitbeilegungsvorschlag wäre der Hinweis auf die Berücksichtigung des Sach- und Streitstands sinnvoll, fehlt aber im Gesetz.

Eine analoge Anwendung von Satz 4 auf derartige Situationen böte sich an, wenn der Ge- **7** setzgeber mit der Schaffung des Satzes 4 ungewollt eine Regelungslücke bewirkt hätte. Im alten TKG lautete die Vorschrift noch: „Über die Kosten entscheidet die Streitbeilegungsstelle unter Berücksichtigung des Sach- und Streitstandes nach billigem Ermessen." Diese Formulierung stellte nicht darauf ab, ob ein Streitbeilegungsvorschlag unterbreitet worden ist, und umfasste damit auch den Fall der Verfahrenserledigung ohne Streitbeilegungsvorschlag. Zu der Neufassung hat sich der Gesetzgeber entschlossen, weil „ein unnötiger Verwaltungsaufwand für den häufig anzutreffenden Fall vermieden werden (soll), dass kein Streitbeilegungsvorschlag ergeht".[10] Dadurch wird zum Ausdruck gebracht, dass der Bedingungssatz („Unterbreitet die Streitbeilegungsstelle einen Streitbeilegungsvorschlag") ins Gesetz eingefügt worden ist, um der Streitbeilegungsstelle bei Verfahrenserledigungen ohne Vorschlag die Kostenentscheidung zu ersparen. Mangels einer planwidrigen Regelungslücke scheidet eine Analogie aus.

Wer die Kosten der Streitbeilegungsstelle in Fällen einer Verfahrenserledigung ohne Streit- **8** beilegungsvorschlag zu tragen hat, bestimmt sich vielmehr nach dem VwKostG, auf das Satz 7 verweist. Die Kostenentscheidung trifft in diesen Fällen, um dem gesetzgeberischen Willen, die Streitbeilegungsstelle zu entlasten, zu entsprechen, nicht die Streitbeilegungsstelle durch den oder die mit der Sache befassten Schlichter, sondern die Geschäftsstelle. Nach § 13 Abs. 1 Nr. 1 VwKostG ist derjenige zur Zahlung der Kosten verpflichtet, der die Amtshandlung veranlasst hat. Das ist hier die Person, welche den Antrag auf Einleitung des außergerichtlichen Streitbeilegungsverfahrens gestellt hat. Sofern der Antragsteller seinen Antrag zurücknimmt, bevor die Streitbeilegungsstelle einen Vorschlag unterbreiten konnte, hat er zu Recht die Kosten der Streitbeilegungsstelle zu tragen. Dasselbe trifft auf den Fall zu, dass er den Antrag gestellt hat, ohne dass die Gegenpartei hierfür einen Anlass geboten hatte und der Antrag deshalb unzulässig war.[11]

Unbillig erscheint die Anwendung des § 13 Abs. 1 Nr. 1 VwKostG allerdings, wenn der **9** Antragsteller auch dann die Kosten tragen soll, wenn sich die Gegenpartei vor der Antragstellung einer Einigung verschlossen hatte, sich nach Einleitung des außergerichtlichen Streitbeilegungsverfahrens eines anderen besinnt und die Parteien sich einigen, bevor die Streitbeilegungsstelle einen Streitbeilegungsvorschlag unterbreitet hat. Enthält der Vergleich keine Regelung über die Kosten, müsste der Antragsteller trotz seines (Teil-)Erfolgs wegen § 13 Abs. 1 Nr. 1 VwKostG die gesamten Kosten der Streitbeilegungsstelle tragen. Im Hinblick auf den eindeutigen Gesetzeswortlaut lässt sich dieses Ergebnis nicht vermei-

---

9 Vgl. § 6 Abs. 4 der Schlichtungsordnung (ABl. RegTP 22/2001, 3357 ff.).
10 BT-Drs. 15/2316, S. 106 (zu § 143 RegE).
11 § 4 Schlichtungsordnung; ähnlich der Rechtsgedanke des § 93 ZPO.

den.[12] Zwar sieht § 15a Abs. 4 EGZPO vor, dass die Kosten der Gütestelle, also hier der Streitbeilegungsstelle, zu den Kosten des Rechtsstreits im Sinne des § 91 Abs. 3 ZPO gehören, wenn sie durch das nach Landesgesetz obligatorische Güteverfahren entstanden sind, so dass der Antragsteller die von ihm gezahlten Kosten der Streitbeilegungsstelle von der Gegenpartei fordern kann. Jedoch haben nicht alle Bundesländer derartige Landesgesetze erlassen.[13] Ist dies nicht der Fall, empfiehlt es sich für den Antragsteller, nach Beantragung des außergerichtlichen Streitbeilegungsverfahrens sich nicht mit der Gegenpartei zu vergleichen, ohne entweder eine Kostenregelung in den Vergleich aufzunehmen oder mit der Einigung zuzuwarten, bis der Streitbeilegungsvorschlag unterbreitet worden ist.

10 **2. Kosten der Parteien.** – Satz 6 bestimmt, dass jede Partei ihre eigenen Kosten trägt, die ihr durch die Teilnahme am außergerichtlichen Streitbeilegungsverfahren entstanden sind. Satz 6 ist *lex specialis* zu § 91 Abs. 2 und 3 ZPO. Deshalb ist eine Erstattung der Kosten einer Partei nicht möglich.

IV. Kosten

11 Die Kosten der Streitbeilegungsstelle setzen sich zusammen aus den Gebühren und den Auslagen. Sie können nur insoweit erhoben werden, als sie im Gesetz vorgesehen sind.

12 **1. Gebühren. – a) Streitwert.** – Der Streitwert des Streitbeilegungsverfahrens berechnet sich analog §§ 3 bis 9 ZPO. Er wird von der Streitbeilegungsstelle nach freiem Ermessen nach Maßgabe der §§ 4 ff. ZPO festgesetzt.[14] Das freie Ermessen bedeutet nicht etwa Willkür oder freies Belieben, sondern objektive Wertberechnung; allerdings genügt es, dass die Streitbeilegungsstelle den Streitwert auf der Grundlage von Tatsachen schätzt; sie ist nicht an die Parteiangaben gebunden, und eine Beweisaufnahme über den Streitwert ist freigestellt.[15]

13 **b) Maßgeblicher Zeitpunkt.** – Entscheidender Zeitpunkt für die Berechnung des Streitwerts („Wert der Streitfrage") ist analog § 4 Abs. 1 ZPO der Zeitpunkt, zu dem der Kunde die Streitbeilegungsstelle zum Zweck der Streitbeilegung anruft. Hingegen kommt es nicht auf den Wert zum Zeitpunkt der Beendigung der Amtshandlung an, auf den im Rahmen des VwKostG abgestellt wird.[16] Denn § 145 ordnet im Satz 7 eine entsprechende Anwendung von Vorschriften des VwKostG nur an, soweit eine Regelung nicht durch die vorhergehenden Sätze getroffen ist, wie die Worte „im Übrigen" verdeutlichen. Der Gesetzgeber hat jedoch bereits durch Satz 3 festgelegt, dass auf die Bestimmung des Werts §§ 3 bis 9 ZPO entsprechende Anwendung finden.

14 **c) Gebührenhöhe.** – Die Höhe der Gebühren soll sich nach Maßgabe des § 11 Abs. 2 Satz 2 und 3 GKG bestimmen (§ 145 Satz 2). Hierbei handelt es sich um ein redaktionelles Versehen des Gesetzgebers. § 11 GKG besteht nur aus einem Absatz und bestimmt, dass in arbeitsgerichtlichen Verfahren keine Vorschüsse zu leisten sind. Der Gesetzgeber hatte

---

12 Vgl. *Schlabach*, § 13 VwKostG RdNr. 2.

13 Vgl. hierzu *Zöller/Gummer*, § 15a EGZPO RdNr. 27 bzw. *Baumbach/Lauterbach/Albers*, Anhang zu § 15a EGZPO.

14 § 145 Satz 3.

15 Vgl. *Stein/Jonas/Roth*, § 3 RdNr. 15; MünchKommZPO/*Schwerdtfeger*, § 3 RdNr. 2 f., 15; *Baumbach/Lauterbach/Hartmann*, § 3 RdNr. 6.

16 § 145 Satz 7 i.V. m. § 9 Abs. 2 VwKostG.

§ 11 Abs. 2 Satz 2 und 3 des zur Zeit des Gesetzgebungsverfahrens über das TKG 2004 noch geltenden GKG vom 26. 7. 1957 in der Fassung vom 15. 12. 1975 im Sinn, der jedem Streitwert eine Gebühr zuordnete.[17] Das alte GKG hat der Gesetzgeber jedoch durch Art. 6 Nr. 1 des Kostenrechtsmodernisierungsgesetzes (KostRMoG) vom 5. 5. 2004[18] mit Wirkung vom 1. 7. 2004 aufgehoben. Das KostRMoG enthält ein neues GKG,[19] das am 1. 7. 2004 in Kraft getreten ist.[20] Zwar entsprechen dem alten § 11 Abs. 2 Sätze 2 und 3 GKG weitgehend § 34 Abs. 1 Sätze 2 und 3 GKG n. F.[21] Gleichwohl wird § 34 GKG nicht in Bezug genommen, und nach § 11 GKG können nach dessen eindeutigem Wortlaut keine Gebühren für das außergerichtliche Streitbeilegungsverfahren entstehen. Dieser misslichen Situation suchte der Entwurf eines Gesetzes zur Änderung telekommunikationsrechtlicher Vorschrift[22] abzuhelfen, das in Satz 2 die Angabe „§ 11 Abs. 2 Satz 2 und 3" durch die Angabe „§ 34" ersetzen sollte. Solange die Gesetzesänderung nicht in Kraft getreten ist, fallen für das außergerichtliche Streitbeilegungsverfahren keine Gebühren an, denn ihre Höhe lässt sich aufgrund des § 11 GKG nicht ermitteln. Nach der Gesetzesänderung ermäßigen sich die Gebühren bei Rücknahme des Antrags auf Einleitung des außergerichtlichen Streitbeilegungsverfahrens.[23]

2. Auslagen. – Der Streitbeilegungsstelle können im Rahmen der außergerichtlichen **15** Streitbeilegung Auslagen entstehen. Welche dieser Auslagen zu erstatten sind, bestimmt § 10 VwKostG. Es kommen etwa Aufwendungen für Ausfertigungen oder Übersetzungen als zu erstattende Auslagen in Betracht. Auslagen für Sachverständige oder Zeugen können nicht anfallen, weil eine Beweisaufnahme nur durch Urkunden vorgesehen ist.[24] Die Auslagen werden nicht pauschaliert, sondern stellen die tatsächlichen Aufwendungen dar.[25]

3. Entstehen der Kostenschuld. – Der Zeitpunkt, zu dem eine Kostenschuld entsteht, ist **16** davon abhängig, ob es sich um Gebühren oder um Auslagen handelt. Während die Gebührenschuld bereits mit dem Antrag auf Durchführung des außergerichtlichen Streitbeilegungsverfahrens entstanden ist,[26] entsteht die Pflicht zur Erstattung von Auslagen erst dann, wenn die Streitbeilegungsstelle ihrerseits den zu erstattenden Betrag aufgewandt hat.[27]

4. Fälligkeit. – Die entstandenen Kosten werden mit der Bekanntgabe der Kostenentschei- **17** dung an den Kostenschuldner fällig.[28]

5. Vorschuss. – Die Tätigkeit der Streitbeilegungsstelle kann von der Zahlung eines ange- **18** messenen Vorschusses oder von einer angemessenen Sicherheitsleistung abhängig ge-

---

17 BT-Drs. 15/2674, S. 108; BT-Drs. 15/2679, S. 19.
18 BGBl. 2004 I S. 718, 850.
19 Art. 1 KostRMoG.
20 Art. 8 KostRMoG.
21 Vgl. *Hartmann*, Kostengesetze, 35. Aufl. 2005, vor § 34 GKG.
22 BT-Drs. 15/5213, S. 13; BT-Drs. 15/5694, S. 20.
23 § 15 Abs. 2 VwKostG.
24 § 10 Abs. 1 der Schlichtungsordnung.
25 *Schlabach*, § 10 VwKostG RdNr. 3; ebenso *Hartmann*, Einl. II A RdNr. 15.
26 § 145 Satz 7 i. V. m. § 11 Abs. 1 VwKostG.
27 § 145 Satz 7 i. V. m. § 11 Abs. 2 VwKostG.
28 § 145 Satz 7 i. V. m. § 17 VwKostG. Die Fälligkeit kann ausnahmsweise auch später eintreten, wenn nämlich die Behörde einen späteren Zeitpunkt als Beginn der Fälligkeit bestimmt (§ 17 Hs. 2 VwKostG).

macht werden. Die Höhe der Sicherheitsleistung darf die Höhe der voraussichtlich entstehenden Kosten nicht überschreiten.[29]

V. Verjährung

19   Aufgrund der Verweisung des Satzes 7 bestimmt sich die Verjährung der Kosten der Streitbeilegungsstelle, die im Rahmen des außergerichtlichen Streitbeilegungsverfahrens angefallen sind, nach § 20 VwKostG. Danach verjährt der Anspruch auf Zahlung von Kosten nach drei Jahren, spätestens jedoch mit dem Ablauf des Kalenderjahrs, in dem der Anspruch fällig geworden ist. Hingegen ist die Verjährungsregelung des § 142 Abs. 4 nicht, und auch nicht entsprechend, anwendbar. § 142 Abs. 4 bezieht sich auf die in § 142 Abs. 1 aufgeführten kostenpflichtigen Amtshandlungen. Die Kosten der außergerichtlichen Streitbeilegung sind demgegenüber gesondert in § 145 geregelt.

20   **1. Fristen. – a) Dreijährige Verjährungsfrist.** – Die dreijährige Frist beginnt mit dem Ablauf des Kalenderjahrs, in dem der Anspruch fällig geworden ist. Die Fälligkeit wird nach § 17 VwKostG mit der Bekanntgabe der Kostenentscheidung an den Kostenschuldner begründet.[30]

21   **b) Vierjährige Verjährungsfrist.** – Die Vierjahresfrist stellt die Höchstfrist für den Kostenanspruch dar. Der Anspruch auf Zahlung von Kosten verjährt spätestens mit dem Ablauf des vierten Jahres nach der Entstehung des Anspruchs, sofern er nicht zeitweise gehemmt oder unterbrochen war. Da die Kostenschuld für Gebühren und Auslagen nicht auf die gleiche Weise entsteht,[31] ist auch bei der Verjährung zwischen Gebühren und Kosten zu unterscheiden. Für Gebühren beginnt die Verjährungsfrist mit dem Eingang des Antrags auf Einleitung des außergerichtlichen Streitbeilegungsverfahrens, für Auslagen hingegen erst mit der jeweiligen Aufwendung der Streitbeilegungsstelle. Zuweilen mag die vierjährige Frist vor der dreijährigen Frist enden, wenn etwa das Streitbeilegungsverfahren langwierig war oder die Kostenentscheidung erst spät ergeht.

22   **2. Hemmung, Unterbrechung.** – Die drei- oder vierjährige Verjährungsfrist kann unter den Voraussetzungen des § 20 Abs. 2 bis 4 VwKostG gehemmt oder unterbrochen sein. Während die Hemmung die gesamten mit der Kostenentscheidung geltend gemachten Ansprüche erfasst, wird bei der Unterbrechung die Verjährung nur in Höhe des Betrages unterbrochen, auf die sich die Unterbrechungshandlung bezieht.[32] Mit dem Ablauf des Kalenderjahres, in dem die Unterbrechung endet, beginnt die Verjährung erneut.[33]

23   **3. Wirkung.** – Mit dem Eintritt der Verjährung erlischt der Kostenanspruch.[34] Dieser Umstand ist von Amts wegen zu berücksichtigen;[35] eine Einrede der Verjährung muss nicht erhoben werden. Sofern die Kostenentscheidung jedoch angefochten worden ist, erlöschen die Kostenansprüche erst sechs Monate, nachdem die Kostenentscheidung unanfechtbar

---

29   § 145 Satz 7 i.V. m. § 16 VwKostG.
30   Siehe oben RdNr. 17.
31   Siehe oben RdNr. 16.
32   § 145 Satz 7 i.V. m. § 20 Abs. 5 VwKostG.
33   § 145 Satz 7 i.V. m. § 20 Abs. 4 VwKostG.
34   § 145 Satz 7 i.V. m. § 20 Abs. 1 Satz 3 VwKostG.
35   Vgl. *Stelkens/Bonk/Sachs*, § 53 RdNr. 2.

geworden ist oder das Verfahren sich auf andere Weise erledigt hat.[36] Trotz eingetretener Verjährung des Kostenanspruchs ist den Parteien ein Streitbeilegungsvorschlag zu unterbreiten, falls sich das Streitbeilegungsverfahren nicht erledigt hat.[37]

VI. Rechtsschutz

Das TKG sieht keinen gesonderten Rechtsschutz gegen die Kostenentscheidung vor. § 22 **24** VwKostG, der von Rechtsbehelfen gegen Kostenentscheidungen handelt, ist im Gegensatz zu den §§ 8 bis 21 VwKostG von § 145 nicht für entsprechend anwendbar erklärt worden. Gleichwohl geht der Gesetzgeber davon aus, dass Rechtsbehelfe möglich sind. Er führt in der Begründung, weshalb der Streitbeilegungsvorschlag von der Kostenentscheidung „entkoppelt" wird, an, damit werde „klargestellt, dass nur gegen die Kostenentscheidung, nicht jedoch gegen den Streitbeilegungsvorschlag Rechtsbehelfe möglich sind".[38]

Rechtsschutz ist nicht möglich gegen den Streitbeilegungsvorschlag der Streitbeilegungs- **25** stelle. Der Vorschlag ist für die Parteien unverbindlich. Er erlangt erst dadurch, dass beide Parteien ihn annehmen, rechtliche Verbindlichkeit; er bildet zumeist einen zivilrechtlichen Vergleich zwischen den Parteien. Demgegenüber erlässt die Streitbeilegungsstelle von Amts wegen die **Kostenentscheidung**; gegen diesen belastenden Verwaltungsakt[39] muss in Anbetracht von Art. 19 Abs. 4 Satz 1 GG Rechtsschutz gegeben sein.

1. Widerspruch. – Gegen die Entscheidung der Streitbeilegungsstelle über die Kosten **26** wird der Rechtsschutz durch Widerspruch und ggf. nachfolgende Anfechtungsklage gewährleistet. § 22 VwKostG ist vom Gesetzgeber wie bereits zuvor bei § 41 Abs. 4 a. F. nicht für entsprechend anwendbar erklärt worden, weil im Rahmen des § 145 keine Notwendigkeit für eine Regelung wie § 22 VwKostG besteht. § 22 VwKostG setzt ein Nebeneinander von Sach- und Kostenentscheidungen voraus, das bei § 145 nicht vorliegt. Dafür geht § 137 allgemein von der Möglichkeit des Widerspruchs und der Klage gegen Entscheidungen der Regulierungsbehörde aus.[40] Das trifft auch auf die Entscheidung der Regulierungsbehörde zu, die sie in ihrer Funktion als Streitbeilegungsstelle darüber trifft, welche Kosten ihr in welcher Höhe durch das außergerichtliche Streitbeilegungsverfahren entstanden sind und wer sie zu tragen hat. Die Kostenentscheidung muss den formalen Anforderungen des § 14 Abs. 1 Satz 3 bis 5 VwKostG genügen.

Der Widerspruch gegen die Kostenentscheidung hat **keine aufschiebende Wirkung**.[41] Ge- **27** gen den Widerspruch ist, soweit dem Widerspruch nicht abgeholfen worden ist, die Anfechtungsklage statthaft; auch sie hat keine aufschiebende Wirkung.[42] Jedoch kann die Regulierungsbehörde gemäß § 80 Abs. 4 VwGO die Vollziehung aussetzen und das Gericht nach § 80 Abs. 5 VwGO auf Antrag die aufschiebende Wirkung anordnen.[43] Hinsichtlich der sonstigen Einzelheiten sei auf §§ 68 ff. VwGO verwiesen.

---

36 § 145 Satz 7 i.V. m. § 20 Abs. 6 VwKostG.
37 Vgl. *Schlabach*, § 20 VwKostG RdNr. 11.
38 BT-Drs. 15/2316, S. 106 (zu § 143 RegE).
39 Vgl. BVerwG NVwZ 2003, 1385, 1387; *Schlabach*, VwKostG Einl. RdNr. 8, § 14 RdNr. 2, § 17 RdNr. 5 f., § 22 RdNr. 2, 8.
40 BT-Drs. 15/2316, S. 101 (zu § 135 RegE).
41 § 137 Abs. 1.
42 Ebd.
43 Näheres siehe § 137 RdNr. 13 ff.

28 **2. Kritik.** – Der vom Gesetzgeber mit Widerspruch und Klage ausgestattete Rechtsschutz gegen Kostenentscheidungen ist zwar konsequent, wenn das Handeln der Regulierungsbehörde als Verwaltungshandeln eingestuft wird. Er befremdet indes insofern, als es sich bei dem Versuch, den zivilrechtlichen Streit zwischen den Parteien außergerichtlich vor der Regulierungsbehörde als Streitbeilegungsstelle beizulegen, um ein Güteverfahren im Sinne von § 15a EGZPO handelt, das einem Zivilprozess und einer Befassung von Gerichten vorbeugen will. Der Zivilgerichtsbarkeit ist der Gedanke, dass gegen eine Kostenentscheidung geklagt werden kann, fremd. Der Gesetzgeber hätte gut daran getan, den Rechtsschutz gegen die Kostenentscheidung in § 145 unter Berücksichtigung der Funktion des außergerichtlichen Streitbeilegungsverfahrens zu regeln.

§ 146 Kosten des Vorverfahrens

Für ein Vorverfahren werden Gebühren und Auslagen erhoben. Für die vollständige oder teilweise Zurückweisung eines Widerspruchs wird eine Gebühr bis zur Höhe der für die angefochtene Amtshandlung festgesetzten Gebühr erhoben. In den Fällen, in denen für die angefochtene Amtshandlung der Regulierungsbehörde keine Gebühr anfällt, bestimmt sich die Gebühr nach Maßgabe des § 11 Abs. 2 Satz 2 und 3 des Gerichtskostengesetzes; § 145 Satz 3 gilt entsprechend. Wird ein Widerspruch nach Beginn seiner sachlichen Bearbeitung, jedoch vor deren Beendigung zurückgenommen, beträgt die Gebühr höchstens 75 Prozent der Widerspruchsgebühr. Über Kosten nach den Sätzen 2 und 4 entscheidet die Widerspruchsstelle nach billigem Ermessen.

I. Normzweck

Die Regelung greift im Wesentlichen auf § 80 Abs. 1 TKG 2003 zurück und soll u. a. dazu **1** beitragen, den Verwaltungsaufwand der Widerspruchsbehörde auszugleichen. Aufgrund der Praxiserfahrungen der letzten Jahre ergaben sich geringfügige Anpassungen. So ermöglicht Satz 3 eine angemessene Gebührenstaffelung nach dem Streitwert bzw. dem Interesse des Widerspruchführers.[1] Die Vorschrift enthält Sonderregelungen zu § 80 Abs. 1 Satz 3 VwVfG. Sofern sich in § 146 keine spezielle Regelung findet, ist ergänzend auf § 80 VwVfG des Bundes zurückzugreifen.

II. Kostenerhebung im Vorverfahren (Widerspruchsverfahren)

Satz 1 ermächtigt zur Erhebung von **Gebühren und Auslagen** anlässlich der Durchführ- **2** rung eines Vorverfahrens. Da es sich bei der Kostenerhebung um einen belastenden Verwaltungsakt handelt, welcher in die Grundrechte eingreift, ist eine ausdrückliche Ermächtigung erforderlich. § 146 bezieht sich allein auf das **verwaltungsbehördliche** Widerspruchsverfahren und nicht auf das im Rahmen eines Ordnungswidrigkeitenverfahrens nach § 149 durchgeführte Vorverfahren.[2] Die Kostenanordnung des § 146 ist auch abzugrenzen von der Gebührenerhebung für die in § 142 aufgezählten Amtshandlungen.

Die vollständige oder teilweise **Zurückweisung eines Widerspruchs** ist eine gebühren- **3** pflichtige Handlung. Anders als die Vorgängervorschrift des § 80 Abs. 1 Satz 2 TKG 2003 enthält § 146 TKG keine Aussage, ob dies auch gelten soll, falls der Widerspruch nur deshalb keinen Erfolg hatte, weil die **Verletzung einer Verfahrens- oder Formvorschrift** nach § 45 des VwVfG unbeachtlich war. Der Wortlaut des S. 2 legt nahe, dass es allein auf die formale Zurückweisung des Widerspruchs ankommt. § 146 ist aber im Zusammenhang mit § 80 VwVfG zu lesen, so dass im Ergebnis auch in diesem Fall der Widerspruchsführer weiterhin zu keinen Kosten herangezogen werden darf. Im Einzelnen ergibt sich dies aus § 80 Abs. 1 Satz 2 VwVfG. Ist der Widerspruch nur allein deshalb erfolglos, weil die verletzte Verfahrens- oder Formvorschrift nach § 45 VwVfG unbeachtlich ist, so ist der Wi-

---

1 Vgl. Begründungserwägung zu § 144 Regierungsentwurf zum TKG, BR-Drs. 755/03.
2 Vgl. bereits für die Regelung in § 80 Abs. 1 TKG 2003: *Scheurle/Mayen/Mayen*, § 80 RdNr. 14; BeckTKG-Komm/*Geppert*, § 80 RdNr. 6.

derspruchsführer kostenrechtlich so zu behandeln, als wenn sein Widerspruch erfolgreich gewesen wäre. Dieses Ergebnis ist zweckmäßig, da ein formeller Fehler der Behörde vorliegt und die Unbeachtlichkeit dieses Verfahrensfehlers den Widerspruchsführer nicht auch noch kostenrechtlich treffen soll.

4 Als weiterer gebührenpflichtiger Tatbestand ist in § 146 Satz 4 die **Zurücknahme eines Widerspruchs** nach Beginn seiner sachlichen Bearbeitung und vor deren Beendigung aufgeführt. Die sachliche Bearbeitung beginnt nicht bereits mit Anbringung des Eingangsstempels, Aufnahme in die Registrierung, Anlage einer Akte und Ähnlichem. Mit Abschluss des internen Bearbeitungsvorgangs ist der Widerspruch beendet; die Bekanntgabe an den Widerspruchsführer ist dafür nicht erforderlich.

III. Kostenerstattung bei erfolgreichem Widerspruch

5 § 146 enthält keine Regelung, wie zu verfahren ist, falls der Widerspruch erfolgreich war. Es ist auf die allgemeine Vorschrift des § 80 VwVfG zurückzugreifen. Danach hat, soweit der Widerspruch erfolgreich ist, der Rechtsträger, dessen Behörde den angefochtenen Verwaltungsakt erlassen hat, demjenigen, der Widerspruch erhoben hat, die zur zweckentsprechenden Rechtsverfolgung oder Rechtsverteidigung notwendigen **Aufwendungen zu erstatten** (§ 80 Abs. 1 Satz 1 VwVfG). Gleiches gilt auch für den Fall, dass der Widerspruch nur deshalb erfolglos war, weil die Verletzung einer Verfahrens- oder Formvorschrift nach § 45 VwVfG unbeachtlich war (§ 80 Abs. 1 Satz 2 VwVfG).

Zu beachten ist § 80 Abs. 2 VwVfG, wonach die Gebühren und Auslagen eines Rechtsanwalts oder eines sonstigen Bevollmächtigten im Vorverfahren nur erstattungsfähig sind, wenn die **Zuziehung eines Bevollmächtigten** notwendig war. Dies ist dann der Fall, wenn es dem Widerspruchsführer nach seinen persönlichen Verhältnissen nicht zuzumuten ist, das Widerspruchsverfahren selbst zu führen.[3] Mit der Kostenentscheidung der Widerspruchsstelle ergeht zugleich die Entscheidung, ob die Zuziehung eines Rechtsanwalts oder eines sonstigen Bevollmächtigten notwendig war (§ 80 Abs. 3 Satz 2 VwVfG).

IV. Höhe der Gebühr in den Fällen des erfolglosen Widerspruchs

6 Die Gebührenhöhe im Falle der Erfolglosigkeit bestimmt sich nach § 146 Satz 2–4. Bei einem **vollständigen oder teilweisen Unterliegen** wird eine Gebühr bis zur Höhe der für die angefochtene Amtshandlung festgesetzten Gebühr erhoben.[4] Die Höhe im Einzelfall hängt vom Maß des Unterliegens ab.[5] Falls für die angefochtene Amtshandlung der Regulierungsbehörde keine Gebühr anfällt, bestimmt sich die Gebühr nach Maßgabe des § 11 Abs. 2 Satz 2 und 3 des Gerichtskostengesetzes; nunmehr § 34 GKG (Änderung des GKG vom 22. 3. 2005 im Rahmen des Kostenrechtsmodernisierungsgesetzes). § 145 Satz 3 kommt dabei entsprechend zur Anwendung (§ 146 Satz 3). Die Gebühr bei einem Streitwert bis 300 Euro beträgt 25 Euro (§ 34 Abs. 1 Satz 1 GKG). Bei höheren Streitwerten erhöht sich die Gebühr nach Maßgabe des § 34 Abs. 1 Satz 2 GKG. Der Wert der Streitfrage bestimmt sich nach §§ 146 Satz 3, 145 Satz 3, 3–9 ZPO. Die in § 34 des GKG angesetzten

---

3 BVerwG NVwZ 1987, 883; *Kopp/Ramsauer*, VwVfG, § 80 RdNr. 45.
4 Vgl. zur Gebühr der Amtshandlung: § 142.
5 *Scheurle/Mayen/Mayen*, § 80 RdNr. 18.

Gebührensätze sind als Höchstsätze zu verstehen. Im Rahmen ihrer Ermessensentscheidung (§ 146 Satz 5) hat die Widerspruchsstelle zu berücksichtigen, ob der Widerspruch ganz oder nur zum Teil zurückgewiesen wird.

Für die **Rücknahme eines Widerspruchs** nach sachlicher Bearbeitung, jedoch vor Beendigung regelt § 146 Satz 4, dass die Gebühr höchstens 75 % der sich nach den Sätzen 2 und 3 zu berechnenden Widerspruchsgebühr betragen darf (Obergrenze). Die Festsetzung der konkreten Gebührenhöhe steht im pflichtgemessen Ermessen der Widerspruchsstelle und beurteilt sich nach dem bereits angefallenen Verwaltungsaufwand sowie dem Maß der Erfolgsaussichten.

V. Verfahrensfragen

Die Kostenentscheidung erfolgt durch die Widerspruchsstelle, das heißt durch die RegTP 7
(§ 73 Abs. 1 Satz 2 Nr. 2 VwGO) im Rahmen des Widerspruchsbescheids (§ 73 Abs. 3 Satz 2 VwGO). Dabei ist zu entscheiden, wer in welchem Umfang die Kosten zu tragen bzw. zu erstatten hat und ob die Hinzuziehung eines Bevollmächtigten notwendig war oder nicht. Es handelt sich um eine **Nebenentscheidung**, welche ein Verwaltungsakt darstellt und isoliert von der Entscheidung in der Hauptsache angreifbar ist.[6]

---

6 *Kopp/Schenke*, VwGO, § 73 RdNr. 15.

§ 147 Mitteilung der Regulierungsbehörde

Die Regulierungsbehörde veröffentlicht einen jährlichen Überblick über ihre Verwaltungskosten und die insgesamt eingenommenen Abgaben. Soweit erforderlich werden Gebühren und Beitragssätze in den betroffenen Verordnungen für die Zukunft angepasst.

Schrifttum: *Schlabach*, Verwaltungskostenrecht, Loseblatt (Stand: Juli 2002).

I. Normzweck

Ziel dieser Vorschrift ist es, die im Bereich der Telekommunikation angefallenen Abgaben **1** (Gebühren, Auslagen und Beiträge) und die diesen gegenüber stehenden Aufwendungen der RegTP offen zu legen. Die RegTP ist verpflichtet, eine Übersicht über die relevanten Verwaltungsaufwendungen sowie die eingenommenen Abgaben zu erstellen; dabei gewährt sie Einblick in ihren Haushaltsplan und schafft die im Interesse des Marktes erforderliche **Transparenz**. Die Regelung setzt die europarechtlichen Vorgaben des Art. 12 Abs. 2 GRL um.

II. Einzelerläuterungen

Die Abgabenschuldner können überprüfen, ob die Abgaben den Verwaltungskosten entsprechen;[1] damit wird ihnen ein wichtiges Instrument bei der Beurteilung der Rechtmäßigkeit einer Gebühren- oder Beitragsentscheidung nach den §§ 142, 143 und 144 an die Hand gegeben.[2] Dies ist besonders interessant vor dem Hintergrund des Art. 12 GRL, wonach sich das Kostendeckungsprinzip nicht auf die dem Abgabenschuldner individuell zugute kommende Amtshandlung beschränkt; vielmehr ist die Umlegung des gesamten Verwaltungsaufwands möglich. Die **Übersicht** ist zu **veröffentlichen**; das heißt sie ist der Öffentlichkeit zugänglich zu machen. Eine bestimmte Form ist dabei in § 147 nicht vorgesehen.

Daneben soll eine flexible **Anpassung der Abgaben** erreicht werden. § 147 **Satz 2** enthält **3** einen Handlungsauftrag an den Verordnungsgeber. Gemäß Art. 12 Abs. 2 GRL werden dabei entsprechend der Differenz der Gesamtsumme der Abgaben und der Verwaltungskosten Berichtigungen vorgenommen. Änderungen sind nur **für die Zukunft** vorzunehmen. Wird nach Ablauf des Jahres festgestellt, dass die Gebühreneinnahmen höher bzw. niedriger sind als der Verwaltungsaufwand, so ist die Abgabenverordnung allein deshalb nicht unwirksam oder nachträglich zu ändern. Für die Frage, ob das Kostendeckungsprinzip eingehalten wurde, ist auf die Prognoseentscheidung zum Zeitpunkt der Erlass der Rechtsverordnung abzustellen.[3] Dies ergibt sich aus der Normqualität der Gebühren- bzw. Beitragsverordnung; ihre Gültigkeit muss bereits zum Zeitpunkt des Erlasses objektiv feststellbar sein. Andernfalls wäre ein Verstoß gegen Art. 20 III GG gegeben. Die nachträglich einge-

---

1 Vgl. Erwägungsgrund 30 Satz 4 der GRL.
2 Grundlegend zu den Gebühren § 142; zum Frequenznutzungsbeitrag § 143; zum Telekommunikationsbeitrag § 144.
3 BVerwG DÖV 1962, 313, 315; BayVGH NVwZ-RR 1994, 290.

tretene, tatsächliche Entwicklung kann hier nicht mehr berücksichtigt werden;[4] sie ist aber bei der zukünftigen Schätzung und Abgabengestaltung zu beachten. **Soweit erforderlich** führt dies zu einer Anpassung der Gebühren und Beitragssätze in den betroffenen Rechtsverordnungen. Geringfügige und unbedeutende Abweichungen machen keine Änderung der Gebühren- bzw. Beitragsverordnungen erforderlich.

---

4 *Schlabach*, Verwaltungskostenrecht, § 3 VwKostG RdNr. 19.

Teil 10: Straf- und Bußgeldvorschriften

§ 148 Strafvorschriften

(1) Mit Freiheitsstrafe bis zu zwei Jahren oder mit Geldstrafe wird bestraft, wer

1. **entgegen § 89 Satz 1 oder 2 eine Nachricht abhört oder den Inhalt einer Nachricht oder die Tatsache ihres Empfangs einem anderen mitteilt oder**
2. **entgegen § 90 Abs. 1 Satz 1 eine dort genannte Sendeanlage**
   a) **besitzt oder**
   b) **herstellt, vertreibt, einführt oder sonst in den Geltungsbereich dieses Gesetzes verbringt.**

(2) Handelt der Täter in den Fällen des Absatzes 1 Nr. 2 Buchst. b fahrlässig, so ist die Strafe Freiheitsstrafe bis zu einem Jahr oder Geldstrafe.

Schrifttum: *Herzberg*, Eigenhändige Delikte, ZStW 82, 1970, S. 896; *Hohmann/John*, Ausfuhrrecht, 2002; *Jakobs*, Strafrecht, Allgemeiner Teil, 2. Aufl. 1991; *Jescheck/Weigend*, Lehrbuch des Strafrechts, Allgemeiner Teil, 5. Aufl. 1996; *Klesczewski*, Kants Ausdifferenzierung des Gerechtigkeitsbegriff als Leitfaden der Unterscheidung von Unrechtsformen, ARSP Beiheft 66, 1996, S. 77; *ders.*, Strafrecht, Besonderer Teil, Die examensrelevanten Delikte im Grundriss, 2. Aufl 2002; *Köhler*, Strafrecht, Allgemeiner Teil, 1997; *Küpper*, Anspruch und wirkliche Bedeutung des Theorienstreits um die Abgrenzung von Täterschaft und Teilnahme, GA 1986, 437; *Lackner/Kühl*, Strafgesetzbuch mit Erläuterungen, 24. Aufl. 2001; Leipziger Kommentar zum Strafgesetzbuch, hrsg. v. Jähnke/Laufhütte/Odersky, 11. Aufl. 1992 ff., zit.: LK-Bearbeiter; *Meyer-Goßner*, Typische materiell-rechtliche Fehler in Strafurteilen aus revisionsrechtlicher Sicht, NStZ 1986, 49; *Otto*, Grundsätzliche Problemstellungen des Umweltrechts, Jura 1991, 308; *Paeffgen*, Verwaltungsakt-Akzessorietät im Umweltstrafrecht, Festschrift für Stree/Wessels, 1993; *Paetzold*, Die Neuregelung rechtsmißbräuchlich erlangter Verwaltungsakte durch § 330 d Nr. 5 StGB, NStZ 1996, 170; *Rengier*, Die öffentlich-rechtliche Genehmigung im Strafrecht, ZStW 101, 1989, 885; *Rudolphi*, Primat des Strafrechts im Umweltschutz, NStZ 1984, 187; *Schwabe*, Zur Geltung von Rechtfertigungsgründen des StGB für hoheitliches Handeln, NJW 1977, 1902: *Steindorf*, Waffenrecht, Waffengesetz mit Durchführungsverordnungen, Kriegswaffenkontrollgesetz und Nebengesetzen, 7. Aufl. 1998. Vgl. w. die Literaturangaben zu den §§ 88 f.

Übersicht

I. Normzweck und Entstehungsgeschichte

Die Vorschrift enthält mehrere Blankettstraftatbestände, die erst durch die in Bezug genommenen Bestimmungen der §§ 89 f. ausgefüllt werden. Ihr **Normzweck** folgt daher ebenso aus dem Normzweck dieser Vorschriften[1], wie § 148 mit diesen die **Entstehungs-** **1**

---

1 Vgl. § 89 RdNr. 1 f.; § 90 RdNr. 1.

geschichte teilt.[2] Durch das Abhör- und Mitteilungsverbot von § 89 S. 2 will der Gesetzgeber das Fernmeldegeheimnis im Funkverkehr von Eingriffen Dritter freihalten. Das Besitz-, Herstellungs-, Vertriebs- und Verbringungsverbot der in § 90 Abs. 1 S. 1 genannten Sendeanlagen dient dem Schutz der Privatsphäre. Hört jemand dennoch den Funkverkehr ab bzw. macht entsprechende Mitteilungen oder hält er eine Sendeanlage verfügbar, dann dient die nach § 148 zu verhängende Strafe dazu, **durch Schuldausgleich** die Unverbrüchlichkeit der Verbote wiederherzustellen.[3]

II. Strafgrund, Deliktsnatur, Auslegungsgrundsätze

2   Wie die Vertraulichkeit einer mündlichen Unterredung von Grund auf in Frage gestellt wird, wenn ein durch die persönliche Form des Gespräches ausgeschlossener Dritter die Unterredung sich durch Abhörgeräte zugänglich macht[4], so hebt derjenige, der eine nicht für ihn bestimmte Nachricht mit einer Funkanlage abhört, die Institution eines vertraulichen Funkverkehrs im Ganzen auf. Wie ersteres das spezifische **Strafunrecht** der in § 201 Abs. 2 Nr. 1 StGB beschriebenen Verletzungsweisen des nichtöffentlich gesprochenen Worts darstellt, so Letzteres das des in § 148 Abs. 1 Nr. 1 geschilderten Angriffs auf das Fernmeldegeheimnis. Weil die technische Entwicklung es möglich macht, immer kleinere und immer leistungsfähigere, sendefähige Abhöranlagen zu fertigen, stellt schon die allgemeine Verfügbarkeit derartiger Apparate die Vertraulichkeit des Gesprächs grundlegend in Frage.[5] Schließlich greift nicht erst das Fotografieren anderer in deren Privatsphäre oder in deren persönlichen Lebensbereich ein. Vielmehr hebt schon die Allgegenwärtigkeit sendefähiger Bildaufnahmegeräte die Privatsphäre auf. Darin liegt der Strafgrund der in § 148 Abs. 1 Nr. 2, Abs. 2 beschriebenen Verhaltensweisen.

3   Die Vorschriften des Allgemeinen Teils des StGB gelten gemäß Art. 1 Abs. 1 EGStGB auch für § 148. Nach § 12 Abs. 2 StGB sind die in § 148 mit Strafe bedrohten Handlungen **Vergehen**, deren Versuch, wie sich aus § 23 Abs. 1 StGB ergibt, nicht strafbar ist. Dabei beschreibt § 148 Abs. 1 Nr. 1 ein Verletzungs-, § 148 Abs. 1 Nr. 2 ein abstraktes Gefährdungsdelikt. Im Unterschied zu den §§ 201, 205 StGB macht § 148 die Verfolgung nicht von einem Strafantrag abhängig.

4   § 148 enthält mehrere **Blankettstraftatbestände**. Das strikte Gesetzlichkeitsprinzip des Art. 103 Abs. 2 GG ist daher auch auf die in Bezug genommenen §§ 89 f. zu erstrecken.[6] Diese Vorschriften genügen dem Erfordernis hinreichender formell gesetzlicher Bestimmtheit.[7] Deren Merkmale sperren sich wegen des aus Art. 103 Abs. 2 GG folgenden Analogieverbots damit einer strafbarkeitsausdehnenden entsprechenden Anwendung.[8]

---

2   Vgl. § 89 RdNr. 3.; § 90 RdNr. 3.
3   Allgemein zum Sinn und Zweck der Strafe, BVerfGE 64, 261, 271; BGHSt. 24, 40, 42; eingehend kritische Darstellung der Straftheorien, *Köhler*, Strafrecht, S. 37 ff., 51 f.
4   *Klesczewski*, Strafrecht, § 6 III 1. b).
5   BT-Drs. 13/3609, S. 50; BT-Drs. 15/2316, S. 88. Daneben ging es dem Gesetzgeber auch darum, Beweisproblemen zu begegnen; BT-Drs. 10/1618, S. 6.
6   *Maunz/Düring/Schmidt-Aßmann*, Art. 103 Rz. 105, 219.
7   Vgl. BayObLG NStZ 1999, 308, 309.
8   Vgl. BVerfGE 71, 108, 114 ff.; BGHSt. 18, 136, 140; zum Problem *Jakobs*, Strafrecht, S. 87 f.; *Köhler*, Strafrecht, S. 90 ff., 94 f.

III. Die einzelnen Tatbestände

§ 148 enthält drei verschiedene Tatbestände. Sinn und Gehalt ihrer objektiven Merkmale **5** ergeben sich aus der entsprechenden Kommentierung der §§ 89 f.[9] Einzugehen ist hier auf die strafrechtsspezifischen Fragen wie Vollendungszeitpunkt, Wirkung des Einverständnisses, subjektiver Tatbestand, Rechtswidrigkeit, Schuld, Beteiligung und Konkurrenzen.

1. § 148 Abs. 1 Nr. 1 kennt drei Tatbestandsvarianten: das Abhören, die Mitteilung des In- **6** halts einer empfangenen Nachricht an Dritte und die Mitteilung der Tatsache des Empfangs einer Nachricht.

a) Vollendet ist das **Abhören** erst dann, wenn der Empfänger eine Nachricht akustisch **7** wahrgenommen hat, die nicht für ihn, für die Allgemeinheit oder einen der in § 89 S. 1 genannten Personenkreise bestimmt ist.[10] Da die Frage, für wen die Nachricht bestimmt ist, subjektiv festzulegen ist[11], kann die Tat nur gegen den Willen des Senders der Nachricht begangen werden. Willigt der Sender in den Empfang seiner Nachricht durch einen anderen ein, so ist die Nachricht auch für diesen bestimmt. Es handelt sich hierbei um ein tatbestandsausschließendes Einverständnis.[12] Der subjektive Tatbestand von § 148 Abs. 1 Nr. 1 1. Alt. ist nur erfüllt, wenn absichtlich abgehört wird.[13] Absicht hat, wer die Tatbestandsverwirklichung für möglich hält und anstrebt.[14] Erforderlich ist vor allem, dass der Empfänger weiß, dass die Nachricht nicht für ihn, die Allgemeinheit oder den in § 89 S. 1 genannten Personenkreis bestimmt ist. Erkennt der Empfänger erst nach einer gewissen Dauer des Mithörens, dass die Nachricht nicht für ihn bestimmt ist, so erfüllt er den Tatbestand erst mit dem Weiterhören. Nach § 148 Abs. 1 Nr. 1 1. Alt. macht sich nur strafbar, wer eine Funknachricht selbst wahrnimmt.[15] Daher umschreibt diese Tatbestandsvariante ein eigenhändiges Delikt.[16]

b) Das **Mitteilen** des Inhalts der Nachricht bzw. der Tatsache ihres Empfangs i. S. v. § 148 **8** Abs. 1 Nr. 1 2. u. 3. Alt. ist erst vollendet, wenn der Adressat der Weitergabe die Mitteilung seinerseits akustisch wahrgenommen hat. Nur abgehörte Nachrichten können Gegenstand einer Mitteilung sein. Zwar ist der Wortlaut von § 89 S. 2 diesbezüglich mehrdeutig und scheint auch die Weitergabe von Bildnachrichten zuzulassen. Doch erfasste § 86 S. 2 TKG 1997 nur akustische Nachrichten. Durch die Neuregelung hatte der Gesetzgeber nicht vor, hieran etwas zu ändern.[17] Hatte der Sender die Nachricht für den bestimmt, der sie anderen mitteilt, dann wirkt dies auch hier als tatbestandsausschließendes Einverständnis. Gemäß § 15 StGB muss der Täter vorsätzlich handeln. Dolus eventualis reicht aus.[18] Nach der im Kern überwiegend anerkannten Rechtsprechung liegt bedingter Vorsatz vor, wenn der Tä-

---

9 Vgl. § 89 RdNr. 4–15; § 90 RdNr. 5–15.

10 Vgl. BayObLG NStZ 1999, 308, 309.

11 Vgl. § 89 RdNr. 8 f.

12 Vgl. zur Rechtslage bei § 201 StGB *Lackner/Kühl*, § 201 RdNr. 5 m. w. N.; allgemein zum Institut des tatbestandsausschließenden Einverständnisses *Köhler*, Strafrecht, S. 244.

13 Vgl. § 89 RdNr. 13.

14 Vgl. BGHSt 18, 151, 155; *Tröndle/Fischer*, § 15 RdNr. 6 m. w. N.

15 Vgl. § 89 RdNr. 11.

16 Näher zu dieser Rechtsfigur: *Herzberg*, ZStW 82, 1970, 896, 921 ff.; *Klesczewski*, ARSP BH 66, 1997, 77, 97 ff.; *Tröndle/Fischer*, Vor § 13 RdNr. 23 m. w. N.

17 BT-Drs. 15/2316, S. 87.

18 Insofern zutreffend: BeckTKG-Komm/*Büchner*, § 95 RdNr. 3.

ter die Tatbestandsverwirklichung für möglich hält und diese billigend in Kauf nimmt.[19] Namentlich muss sich der Empfänger bewusst sein, dass die weitergegebene Nachricht nicht für ihn, die Allgemeinheit oder den in § 89 S. 1 genannten Personenkreis bestimmt ist. Schließlich kann nur derjenige, der eine Nachricht selbst abgehört hat, Täter sein.[20] § 148 Abs. 1 Nr. 1 2. u. 3. Alt. umschreibt daher ein Sonderpflichtdelikt.[21]

9 **2. § 148 Abs. 1 Nr. 2** enthält fünf verschiedene Tatbestandsvarianten, bei denen die unter lit. b) genannten gemäß Abs. 2 auch fahrlässig begangen werden können. Der maßgebliche Unwert der hier für strafbar erklärten Verhaltensweisen besteht darin, bestimmte, zur Ausspähung der Privatsphäre geeignete Sendeanlagen allgemein verfügbar zu halten. Weil dadurch nicht in den persönlichen Lebensbereich einer einzelnen Person eingegriffen wird, sondern die Privatsphäre aller gefährdet ist, richten sich die in § 148 Abs. 1 Nr. 2 geschilderten Verhaltensweisen gegen das Allgemeininteresse an einem persönlichen Lebensbereich. Einwilligung und Einverständnis wirken daher nicht tatbestandsausschließend.

10 a) Die Tatbestandsvariante des **Besitzens** ist vollendet, wenn die tatsächliche Gewalt an der Sendeanlage dergestalt hergestellt ist, dass jederzeit auf sie zugegriffen werden kann. Sie ist beendet, wenn die tatsächliche Gewalt aufgegeben wurde. Die in § 148 Abs. 1 Nr. 2 b) geschilderten Begehungsweisen stellen Vorbereitungshandlungen zum eigenmächtigen Besitz dar: Das **Herstellen** ist bereits dann verwirklicht, wenn ein einfach zusammenzusetzender Bausatz gefertigt worden ist.[22] Die Variante des **Vertreibens** hat erfüllt, wer Sendeanlagen lediglich anbietet bzw. darauf bezogene Bestellungen annimmt.[23] Schließlich ist die **Einfuhr** schon dann vollendet, wenn die Sendeanlage über die Grenze geschafft worden ist, beendet ist sie, wenn die Sendeanlage im Wirtschaftsgebiet „zur Ruhe" gekommen ist.[24]

11 b) Der Besitz einer Sendeanlage ist dann nicht strafbar, wenn die Voraussetzungen des § 90 Abs. 1 S. 2 vorliegen. Bei einem Teil der Fallgruppen beruht die **Straflosigkeit** darauf, dass sie die legitimierende Kraft einer Ausnahme oder Ausfuhrgenehmigung nach § 90 Abs. 2 auf andere Personen erstreckt. Da § 90 Abs. 1 ein repressives Verbot mit Befreiungsvorbehalt enthält, schließt der Dispens nicht den Tatbestand, sondern erst die Rechtswidrigkeit aus.[25] Weil sich § 90 Abs. 1 S. 2 Nr. 1, 2, 4 auf eine Befreiung i. S. v. § 90 Abs. 2 beziehen, handelt es sich bei ihnen nicht um Tatbestandseinschränkungen, sondern um besondere Rechtfertigungsgründe (s. u. RdNr. 17). Dies gilt auch für § 90 Abs. 1 S. 2 Nr. 3. Im Übrigen wird der Tatbestand ausgeschlossen. In den Fällen der § 90 Abs. 1 S. 2 Nr. 6, 7 folgt dies aus dem Gedanken der **Risikominimierung**.[26] Diese Ausnahmeregelungen gestatten es, die Sendeanlagen in die Hände von Berechtigten zu bringen, um so den verbotswidrigen Zustand aufzuheben. Bei § 90 Abs. 1 S. 2 Nr. 8 fehlt bereits ein taugliches Tatobjekt. Dauerhaft unbrauchbare Geräte unterfallen nicht dem Verbot des § 90 Abs. 1 S. 1.[27]

---

19 BGHSt 7, 363, 369; 36, 1, 9; eingehend: *Köhler*, Strafrecht, S. 163 ff., 168 f.; *Tröndle/Fischer*, § 15 RdNr. 9 ff. m. w. N.
20 Vgl. § 89 RdNr. 14.
21 Generell zu dieser Deliktsart: *Köhler*, Strafrecht, S. 136.
22 Vgl. § 90 RdNr. 7, 12.
23 Vgl. § 90 RdNr. 12.
24 *Hohmann/John*, Ausfuhrrecht, § 33 AWG RdNr. 34.
25 *Lackner/Kühl*, Vor § 32 RdNr. 25 m. w. N.
26 Zur Risikoverringerung als Tatbestandseinschränkung allgemein im Strafrecht vgl. BGH, JZ 1973, 173; *Tröndle/Fischer*, Vor § 13 RdNr. 17 b m. w. N.
27 Vgl. § 90 RdNr. 19.

c) Schließlich macht sich strafbar, wer eine unbrauchbare Sendeanlage besitzt und es **12** **unterlässt**, den Erwerb derselben gemäß § 90 Abs. 1 S. 2 Nr. 8 **anzuzeigen** und den Sammlerzweck glaubhaft zu machen.

d) Für den subjektiven Tatbestand genügt in allen Fällen von § 148 Abs. 1 Nr. 2 **bedingter** **13** **Vorsatz**. Vor allem muss dem Täter die besondere Eignung der Sendeanlage bekannt sein, das nichtöffentlich gesprochene Wort abhören bzw. heimlich Bilder aufnehmen zu können. Die Kenntnis des Verbots derartige Sendeanlagen zu besitzen etc., gehört dagegen nicht zum Vorsatz.[28] Ein Irrtum darüber berührt allenfalls die Schuld (s. u. RdNr. 20 f.).

3. Gemäß § 148 Abs. 2 ist auch strafbar, wer lediglich **fahrlässig** eine Sendeanlage i. S. v. **14** § 90 Abs. 1 S. 1 herstellt, vertreibt oder einführt. Fahrlässigkeit liegt nach der Rechtsprechung vor, wenn der Täter bei der Verwirklichung der Tatumstände die Sorgfalt, zu der er objektiv nach den Umständen und seinen persönlichen Fähigkeiten verpflichtet und imstande ist, außer Acht lässt[29] und dadurch subjektiv entweder ernsthaft darauf vertraut, dass der Erfolg ausbleibt (bewusste Fahrlässigkeit) oder aber dessen Eintritt bei Einsatz seiner Fähigkeiten hätte erkennen können (unbewusste Fahrlässigkeit).[30]

IV. Rechtswidrigkeit

1. a) Insofern es um das Abhören oder Mitteilen gemäß § 148 Abs. 1 Nr. 1 geht, ergibt sich **15** die Rechtfertigung **behördlicher Maßnahmen** in erster Linie aus den an anderer Stelle aufgeführten gesetzlichen Eingriffsbefugnissen.[31] Soweit es um strafprozessuale Abhörmaßnahmen geht, sind diese gesetzlichen Befugnisse abschließend.[32] Demgegenüber hält die Rechtsprechung neben den spezialgesetzlichen Regelungen zur Gefahrenabwehr den Rückgriff auf die §§ 32, 34 StGB für zulässig.[33] Daran wird kritisiert, dies höhle die Gesetzmäßigkeit der Verwaltung aus.[34] Dem ist hier zuzustimmen. Inhalt und Umstände des Funkverkehrs unterfallen dem Fernmeldegeheimnis. Folglich entfaltet § 88 Abs. 3 S. 3 auch hier Sperrwirkung.[35] Wer beim Abhören von der Vorbereitung einer der in § 138 StGB genannten Straftaten erfährt, der ist aufgrund Pflichtenkollision gerechtfertigt, wenn er darüber den Behörden Mitteilung macht, § 88 Abs. 3 S. 4.

b) Das **Abhören durch Private** zum Zwecke der Klärung eines Straftatverdachtes lässt **16** sich ebenso wenig wie behördliches Handeln unter Berufung auf die §§ 32, 34 StGB rechtfertigen.[36] Dient dagegen das Abhören der Gefahrenabwehr (z. B. das Belauschen von Funkverkehr unter Entführern), dann können die Voraussetzungen der genannten Rechtfer-

---

28 BeckTKG-Komm/*Büchner*, § 94 RdNr. 1.
29 *Lackner/Kühl*, § 15 RdNr. 35.
30 RGSt. 56, 343, 349; *Lackner/Kühl*, § 15 RdNr. 35. Zur Kritik der Strafbarkeit unbewusster Fahrlässigkeit, *Köhler*, Strafrecht, S. 177 ff., 201.
31 Vgl. § 88 RdNr. 32; § 89 RdNr. 17.
32 BGHSt. 31, 296, 304 m. Anm. *Gössel*, JZ 1984, 361. Zust. *Schönke/Schröder/Lenckner*, Strafrecht, § 201 RdNr. 34 m. w. N.
33 BGHSt. 31, 296, 304; 34, 39, 51 m. Anm. *Meyer*, JR 1987, 215; *Wolfslast*, NStZ 1987, 103; zust. *Schönke/Schröder/Lenckner*, Strafrecht, § 201 RdNr. 34 a.
34 Vgl. *Schwabe*, NJW 1977, S. 1902; vermittelnd: *Köhler*, Strafrecht, S. 277 f., 317 f. m. w. N.
35 Vgl. § 88 RdNr. 28 ff.
36 *Schönke/Schröder/Lenckner*, Strafrecht, § 201 RdNr. 31 a.

tigungsgründe vorliegen.[37] Besonderer Prüfung bedarf es hier freilich, ob die Gefahr nicht durch ein milderes Mittel abgewendet werden kann. Soweit behördliche Hilfe erreichbar ist, kommt ihr der Vorrang zu.[38] Schließlich enthalten die §§ 89 S. 3, 88 Abs. 4 einen besonderen Rechtfertigungsgrund für den Bordfunker, seinen Kapitän bzw. dessen Stellvertreter.

17 2. Geht es um die Verwirklichung einer der in § 148 Abs. 1 Nr. 2 geschilderten Tatbestände, kommen in erster Linie die **Befreiungen** nach § 90 Abs. 2 in Betracht. Bei den Ausnahmen geht es vor allem um die Zulassung der Vorbereitung und Durchführung hoheitlicher Abhörmaßnahmen.[39] Die Ausfuhrgenehmigungen rechtfertigen nicht nur das Verbringen in ein fremdes Wirtschaftsgebiet, sondern auch den Besitz, das Herstellen und den Vertrieb zu diesem Zweck.[40] Zu beachten ist die **Verwaltungsaktsakzessorietät** dieses Rechtfertigungsgrundes. Danach reicht die bloße Genehmigungsfähigkeit nicht aus.[41] Hinreichend ist es, wenn aufgrund einer rechtmäßigen Befreiung gehandelt wird. Jedoch kann auch eine rechtswidrige Genehmigung genügen, soweit sie ihrem Adressaten bekannt gegeben worden und nicht nichtig ist, §§ 43 Abs. 2, 44 Abs. 1, 2 VwVfG. Dies gilt jedenfalls dann, wenn die Befreiung auf lautere Weise erworben worden ist. Fehlt es daran, gehen die Meinungen auseinander. Die Rspr. und ein Teil des Schrifttums lehnt Rechtfertigung ab.[42] Das überzeugt nicht. Weder der Gedanke des Rechtsmissbrauchs noch der Verweis auf § 330d Nr. 5 StGB gestattet eine andere Lösung.[43] Zum einen ist dem Rechtsmissbrauch durch Rücknahme des VA nach § 48 Abs. 3 VwVfG zu begegnen. Zum anderen kann das Strafrecht nicht etwas für verboten erklären, was das Verwaltungsrecht erlaubt.[44] Drittens entspricht es nicht dem gesetzgeberischen Willen, den Rechtsgedanken des § 330d Nr. 5 StGB jenseits des Umweltstrafrechts anzuwenden.[45]

V. Schuld

18 1. Im Bereich der Schuld gelten keine Besonderheiten. Es kommen die allgemeinen Schuldausschließungsgründe (vor allem: §§ 17, 20, 35 StGB) in Betracht.

19 2. a) Von besonderer Bedeutung ist die **Unrechtseinsicht**. Fehlt sie unvermeidbar, ist die Schuld ausgeschlossen, § 17 S. 1 StGB. Unrechtsbewusstsein hat, wer es ernsthaft für mög-

---

37 BGHSt. 34, 39, 51; zust. *Schönke/Schröder/Lenckner*, Strafrecht, § 201 RdNr. 31a. Hört ein Diensteanbieter ab, ist freilich § 88 Abs. 3 S. 3 zu beachten. Vgl. § 88 RdNr. 28.
38 RGSt. 32, 392; BGH, VRS 30, 282; *Schönke/Schröder/Lenckner*, Strafrecht, § 32 RdNr. 41; § 34 RdNr. 41.
39 Vgl. § 90 RdNr. 20.
40 § 90 RdNr. 48.
41 BayObLG NJW 1994, 2103, 2104; OLG Düsseldorf, NJW 1999, 2686. Zur Problematik der aktiven Duldung *Tröndle/Fischer*, Vor § 324 RdNr. 11 m.w.N.
42 BGHSt. 39, 381, 387 m. Anm. *Horn*, JZ 1994, 636 u. *Rudolphi*, NStZ 1994, 433. *Schönke/Schröder/Lenckner*, Vorbem. §§ 32 ff. RdNr. 63b m.w.N., der zur Strafbarkeit freilich die Rücknahme der Genehmigung fordert.
43 So aber *Otto*, Jura 1991, 308, 313, *Paeffgen*, FS Stree/Wessels, 1993, S. 586.; vgl. w. *Rudolphi*, NStZ 1984, 187, 193.
44 Vgl. *Lackner/Kühl*, Vor § 324 RdNr. 3 m.w.N.
45 BT-Drs. 12/7300, S. 25; eingehende Analyse bei *Rengier*, ZStW 101 (1989), 885, 887f.; *Paetzold*, NStZ 1996, 170; *Schönke/Schröder/Cramer/Heine*, Vor § 324 RdNr. 17.

lich hält, rechtswidrig zu handeln.[46] Die Rspr. lässt eine Parallelwertung in der Laiensphäre genügen.[47]

b) Der **Verbotsirrtum** kann einmal darauf beruhen, dass der Täter die einschlägige Rechts- **20** vorschrift nicht für anwendbar hält (direkter Verbotsirrtum). Er kann freilich auch auf indirektem Wege entstehen, wenn der Täter zwar das Verbot kennt, gleichzeitig aber irrig eine nicht bestehende Rechtsnorm annimmt, die sein Verhalten rechtfertigen würde (Erlaubnisirrtum).[48] Eine Sonderform dessen stellt der Erlaubnistatbestandsirrtum dar. Hier nimmt der Täter irrig Umstände an, die, würden sie vorliegen, einen anerkannten Rechtfertigungsgrund erfüllen würden. Seine Einordnung ist umstritten (s. u. RdNr. 22).

c) **Vermeidbarkeit des Verbotsirrtums:** Die Kriterien der Vermeidbarkeit eines Verbots- **21** irrtums hat der BGH folgendermaßen zusammengefasst[49]: Ein Verbotsirrtum ist unvermeidbar, wenn der Täter trotz der ihm zuzumutenden Gewissensanspannung die Einsicht in das Unrechtmäßige nicht zu gewinnen vermag. Zur gehörigen Anspannung des Gewissens zählt es, etwa auftauchende Zweifel durch eigenes Nachdenken oder Einholung von Rat zu beseitigen zu versuchen. Das Ausmaß der zuzumutenden Gewissensanspannung richtet sich nach den Umständen des Falles, der Persönlichkeit des Täters sowie dessen Lebens- und Berufskreis. Wer einen nicht für ihn bestimmten Funkverkehr abhört, wird i. d. R. Anlass haben, an der Rechtmäßigkeit seines Verhaltens zu zweifeln. Gleiches gilt für den, der über den Inhalt eines solchen Funkgesprächs anderen Mitteilung macht. Schließlich wird man dies auch bei einem Besitzer, Hersteller, Vertreiber oder Importeur von Minispionen annehmen müssen. In all diesen Fällen ist der Verbotsirrtum vermeidbar, wenn die Täter ihrer Erkundigungspflicht nicht nachgekommen sind. Für deren Einhaltung gelten die zu § 149 gemachten Anmerkungen entsprechend.[50] Wer eine bildaufnahmefähige Sendeanlage besitzt oder einem anderen nur die Tatsache des Empfangs einer nicht für ihn bestimmten Funknachricht mitteilt, wird dagegen derzeit kaum Rechtszweifel hegen. Hier bedarf es daher besonderer Prüfung, ob Anlass zum Nachdenken bestand.

d). Handelt der Täter in einem unvermeidbaren **Erlaubnistatbestandsirrtum**, ist sein **22** Handeln unstreitig nicht strafbar. War ihm dieser Irrtum vermeidbar, gehen die Meinungen auseinander. Während die strenge Schuldtheorie hier ebenfalls § 17 StGB anwendet[51], lassen alle anderen Ansichten – mit unterschiedlichen Konstruktionen – den Vorsatzvorwurf entfallen und bestrafen, soweit möglich, nur wegen fahrlässiger Begehung.[52] Für diesen Weg spricht, dass der Erlaubnistatbestandsirrtum zwei Besonderheiten aufweist: Zum einen irrt der Täter über Tatumstände, statt falsch zu werten. Zum anderen verhält sich der Täter an sich rechtstreu. Beide Umstände rücken den Erlaubnistatbestandsirrtum in die Nähe des Tatbestandsirrtums, so dass die entsprechende Anwendung der Rechtsfolge des § 16 Abs. 1 StGB als sachgerechter erscheint.

---

46 BGHSt 27, 196, 202 m. w. N. = NJW 1977, 1784.
47 BGHSt 10, 35, 41 = JZ 1957, 549 m. Anm. *Jescheck.*
48 OLG Köln, VRS 26, 107, 108.
49 BGHSt (GS) 2, 194, 201 = JZ 1952, 335 m. Anm. *Welzel.*
50 Vgl. § 149 RdNr. 38 ff.
51 Eingehend LK-*Schroeder*, § 16 RdNr. 47 ff. m. w. N.
52 Überblick bei *Jescheck/Weigend*, Lehrbuch des Strafrechts, § 41 IV 1 m. w. N.

VI. Täterschaft und Teilnahme

23   Täterschaft und Teilnahme an den Vergehen nach § 148 Abs. 1 richten sich nach den allgemeinen Vorschriften (§§ 25–29 StGB). Nach herrschender Lehre ist grundsätzlich **Täter**, wer mit Tatherrschaft an der Tatbestandsverwirklichung mitwirkt.[53] Demgegenüber sieht die Rechtsprechung denjenigen als Täter an, der die Tat als eigene will. Sie schließt diesen Täterwillen jedoch aus einer Reihe von Indizien, zu denen neben der Tatherrschaft, dem Willen zur Tatherrschaft, dem Umfang der Tatbeteiligung auch das Interesse am Taterfolg zählt.[54] Soweit es um unmittelbare und mittelbare Täterschaft geht, hat sich die Rechtsprechung weitgehend der herrschenden Lehre angenähert.[55] Dagegen divergieren die Auffassungen bei der Mittäterschaft, wenn bei einem Tatgenossen Tatinteresse und Tatherrschaft auseinanderfallen. Weil die Rechtsprechung die Abgrenzung von Täterschaft und Teilnahme entgegen Art. 103 Abs. 2 GG in eine strafzumessungsähnliche Gesamtwürdigung auflöst, verdient die Tatherrschaftslehre den Vorzug.[56]

24   Ist ein Vergehen wie § 148 Abs. 1 Nr. 1, 1. Alt. ein **eigenhändiges Delikt** (s. o. RdNr. 7) gelten Besonderheiten: Hier kann Täter nur sein, wer selbst den Tatbestand verwirklicht, alle übrigen Mitwirkenden können nur Teilnehmer sein.[57] Wer den Funkverkehr lediglich für andere hörbar macht, kann daher nur Gehilfe (§ 27 Abs. 1 StGB) sein. Eigenheiten sind auch zu beachten, falls ein Vergehen wie § 148 Abs. 1 2. u. 3. Var. ein **Sonderpflichtdelikt** (s. o. RdNr. 8) darstellt. Hier kann Täter nur sein, wer selbst Adressat der Sonderpflicht ist[58], in concreto: wer die Nachricht, deren Inhalt oder deren Empfang er anderen mitteilt, selbst abgehört hat.[59]

VII. Konkurrenzen

25   Laut BGH ist **Tateinheit** möglich mit § 201 Abs. 2 Nr. 1 StGB.[60] Gleiches gilt für § 99 Abs. 1 Nr. 1 StGB, wenn das Abhören von vornherein zu dem Zweck erfolgt, die Informationen an eine fremde Macht weiterzugeben. Im Übrigen liegt Tatmehrheit vor.[61] Das unerlaubte Besitzen von mehreren Sendeanlagen geschieht in Tateinheit.[62] Gleiches gilt für das Erfüllen verschiedener Varianten von § 148 Abs. 1 Nr. 2.[63]

---

53 *Lackner/Kühl*, § 25 RdNr. 4, 6 m. w. N.; LK-*Roxin*, § 25 RdNr. 36 ff. m. w. N.
54 BGHSt 35, 347, 353; 43, 219, 232; BGH StV 1981, S. 275, 275 f.
55 *Küpper*, GA 1987, 437; LK-*Roxin*, § 25 RdNr. 33 ff.
56 LK-*Roxin*, § 25 RdNr. 31.
57 *Lackner/Kühl*, § 25 RdNr. 3 m. w. N.
58 LK-*Roxin*, § 25 RdNr. 37 ff., 134 ff. m. w. N.
59 Anders: AG Potsdam ZUM 2000, 166; zust. *Scheurle/Mayen/Ulmen*, § 86 Rn 9. Zur Kritik: § 89 RdNr. 14.
60 BGH, Beschl. v. 22. 11. 1991 Az.: 2 StR 225/91, MDR 1992, 320 (ausf. über Juris).
61 BGH, Beschl. v. 3. 8. 1990 Az.: 3 StR 164/90 (Juris).
62 So zum WaffG: BGH, NStZ 1984, 171; *Meyer-Goßner*, NStZ 1986, 49, 52 f.; *Steindorf*, § 53 WaffG RdNr. 32 m. w. N.
63 BGH NStZ 1984, S. 171, 172; *Meyer-Goßner*, NStZ 1986, 49, 52 f.; vgl. w. *Schönke/Schröder/Lenckner*, § 201 RdNr. 37 f.

VIII. Rechtsfolgen

Neben Freiheits- oder Geldstrafe kommen als Nebenfolgen **Verfall** (§ 73 StGB) und **Ein-** **26** **ziehung** (§§ 74 ff. StGB) in Betracht. Danach ist die Einziehung auf die producta sive instrumenta sceleris gerichtet. Die Funkanlage kann daher eingezogen werden, wenn der Täter sie strafbar hergestellt oder mit ihr strafbar den Funkverkehr abgehört hat. Soweit es hingegen lediglich um den Besitz, Vertrieb oder die Einfuhr solcher Anlagen geht, stellen diese bloße Beziehungsgegenstände dar[64], die nur aufgrund besonderer gesetzlicher Ermächtigung eingezogen werden dürfen, § 74 Abs. 4 StGB. Das FAG kannte in seinem § 20 noch eine solche Vorschrift. Sie ist ersatzlos gestrichen worden.

Handelt der Täter als Beschäftiger eines Unternehmens, so kann gegen dessen Inhaber **27** nach § 130 Abs. 1 OWiG eine **Geldbuße** festgesetzt werden, wenn dieser seine Aufsichtspflicht verletzt hat. Ist der Täter Mitglied der Führungsebene eines privaten Unternehmens, dann kann gegen dieses unter den Voraussetzungen von § 30 Abs. 1 OWiG eine Geldbuße verhängt werden.[65]

---

64 *Schönke/Schröder/Eser*, § 74 RdNr. 12 a.
65 Zu Einzelheiten vgl. § 149 RdNr. 59 ff.

§ 149 Bußgeldvorschriften

(1) Ordnungswidrig handelt, wer vorsätzlich oder fahrlässig

1. entgegen § 4 eine Information nicht, nicht richtig, nicht vollständig oder nicht rechtzeitig zur Verfügung stellt,
2. entgegen § 6 Abs. 1 eine Meldung nicht, nicht richtig, nicht vollständig, nicht in der vorgeschriebenen Weise oder nicht rechtzeitig macht,
3. entgegen § 17 Satz 2 eine Information weitergibt,
4. einer vollziehbaren Anordnung nach
   a) § 20, § 23 Abs. 3 Satz 2, § 29 Abs. 1 Satz 1 Nr. 1 oder Abs. 2 Satz 1 oder 2, § 37 Abs. 3 Satz 2, auch in Verbindung mit § 38 Abs. 4 Satz 4, § 38 Abs. 4 Satz 2, auch in Verbindung mit § 39 Abs. 3 Satz 1 oder § 42 Abs. 4 Satz 1, auch in Verbindung mit § 18 Abs. 2 Satz 2,
   b) § 67 Abs. 1 Satz 4 oder § 109 Abs. 3 Satz 3,
   c) § 29 Abs. 1 Satz 2, § 39 Abs. 3 Satz 2, § 65 oder § 127 Abs. 2 Nr. 1
   zuwiderhandelt,
5. entgegen § 22 Abs. 5 Satz 1 eine Vereinbarung nicht oder nicht rechtzeitig vorlegt,
6. ohne Genehmigung nach § 30 Abs. 1 oder § 39 Abs. 1 Satz 1 ein Entgelt erhebt,
7. entgegen § 36 Abs. 1 Satz 1 oder 3 oder § 39 Abs. 3 Satz 4 ein Entgelt oder eine Entgeltmaßnahme nicht, nicht richtig, nicht vollständig oder nicht rechtzeitig zur Kenntnis gibt,
8. entgegen § 47 Abs. 1 Teilnehmerdaten nicht, nicht richtig, nicht vollständig oder nicht rechtzeitig zur Verfügung stellt,
9. entgegen § 50 Abs. 3 Nr. 4 eine Anzeige nicht, nicht richtig, nicht vollständig oder nicht rechtzeitig erstattet,
10. ohne Frequenzzuteilung nach § 55 Abs. 1 Satz 1 eine Frequenz nutzt,
11. ohne Übertragung nach § 56 Abs. 1 Satz 1 ein deutsches Orbit- oder Frequenznutzungsrecht ausübt,
12. einer vollziehbaren Auflage nach § 60 Abs. 2 Satz 1 zuwiderhandelt,
13. einer Rechtsverordnung nach § 66 Abs. 4 Satz 1 oder einer vollziehbaren Anordnung auf Grund einer solchen Rechtsverordnung zuwiderhandelt, soweit die Rechtsverordnung für einen bestimmten Tatbestand auf diese Bußgeldvorschrift verweist,
14. entgegen § 87 Abs. 1 Satz 1 oder § 110 Abs. 1 Satz 2 oder 3 eine Mitteilung nicht, nicht richtig, nicht vollständig oder nicht rechtzeitig macht,
15. entgegen § 90 Abs. 3 für eine Sendeanlage wirbt,
16. entgegen § 95 Abs. 2 oder § 96 Abs. 2 Satz 1 oder Abs. 3 Satz 1 Daten verwendet,
17. entgegen § 96 Abs. 2 Satz 2 oder § 97 Abs. 3 Satz 2 Daten nicht oder nicht rechtzeitig löscht,
18. entgegen § 106 Abs. 2 Satz 2 Daten oder Belege nicht oder nicht rechtzeitig löscht,
19. entgegen § 108 Abs. 1 Satz 1, auch in Verbindung mit einer Rechtsverordnung nach § 108 Abs. 2 Satz 1 Nr. 1, eine Notrufmöglichkeit nicht oder nicht in der vorgeschriebenen Weise bereit stellt,
20. entgegen § 108 Abs. 1 Satz 2 in Verbindung mit einer Rechtsverordnung nach § 108 Abs. 2 Nr. 4 dort genannte Daten nicht oder nicht rechtzeitig übermittelt,

21. entgegen § 109 Abs. 3 Satz 2 oder 4 ein Sicherheitskonzept nicht oder nicht rechtzeitig vorlegt,

22. entgegen § 110 Abs. 1 Satz 1 Nr. 1 in Verbindung mit einer Rechtsverordnung nach § 110 Abs. 2 Nr. 1 Buchst. a eine technische Einrichtung nicht vorhält oder eine organisatorische Maßnahme nicht trifft,

23. entgegen § 110 Abs. 1 Satz 1 Nr. 2 Buchst. b eine dort genannte Stelle nicht oder nicht rechtzeitig benennt,

24. entgegen § 110 Abs. 1 Satz 1 Nr. 3 einen Nachweis nicht oder nicht rechtzeitig erbringt,

25. entgegen § 110 Abs. 1 Satz 1 Nr. 4 eine Prüfung nicht gestattet,

26. entgegen § 110 Abs. 1 Satz 1 Nr. 5 die Aufstellung oder den Betrieb eines dort genannten Gerätes nicht duldet oder den Zugang zu einem solchen Gerät nicht gewährt,

27. entgegen § 110 Abs. 5 Satz 3 einen Mangel nicht oder nicht rechtzeitig beseitigt,

28. entgegen § 110 Abs. 6 Satz 1 einen Netzabschlusspunkt nicht, nicht in der vorgeschriebenen Weise oder nicht rechtzeitig bereitstellt,

29. entgegen § 111 Abs. 1 Satz 1, auch in Verbindung mit Satz 2 oder entgegen § 111 Abs. 1 Satz 3 oder 4, Daten nicht oder nicht rechtzeitig erhebt, nicht oder nicht rechtzeitig speichert, nicht oder nicht rechtzeitig berichtigt oder nicht oder nicht rechtzeitig löscht,

30. entgegen § 111 Abs. 2 Satz 1, auch in Verbindung mit Satz 2, Daten nicht oder nicht rechtzeitig erhebt oder nicht oder nicht rechtzeitig übermittelt,

31. entgegen § 112 Abs. 1 Satz 4 nicht gewährleistet, dass die Regulierungsbehörde Daten aus den Kundendateien abrufen kann,

32. entgegen § 112 Abs. 1 Satz 6 nicht sicherstellt, dass ihm Abrufe nicht zur Kenntnis gelangen können,

33. entgegen § 113 Abs. 1 Satz 1 oder 2, § 114 Abs. 1 Satz 1 oder § 127 Abs. 1 Satz 1 eine Auskunft nicht, nicht richtig, nicht vollständig oder nicht rechtzeitig erteilt,

34. entgegen § 113 Abs. 1 Satz 2, 2. Halbsatz Daten übermittelt oder

35. entgegen § 113 Abs. 1 Satz 4 Stillschweigen nicht wahrt.

(2) Die Ordnungswidrigkeit kann in den Fällen des Absatzes 1 Nr. 4 Buchst. a, Nr. 6, 10, 22, 27 und 31 mit einer Geldbuße bis zu 500 000 Euro, in den Fällen des Absatzes 1 Nr. 16 bis 18, 26, 29 und 34 mit einer Geldbuße bis zu 300 000 Euro, in den Fällen des Absatzes 1 Nr. 4 Buchst. b, Nr. 12, 13, 15, 19, 21 und 30 mit einer Geldbuße bis zu 100 000 Euro, in den Fällen des Absatzes 1 Nr. 5, 7, 8, 9, 11, 20, 23 und 24 mit einer Geldbuße bis zu 50 000 Euro und in den übrigen Fällen des Absatzes 1 mit einer Geldbuße bis zu 10 000 Euro geahndet werden. Die Geldbuße soll den wirtschaftlichen Vorteil, den der Täter aus der Ordnungswidrigkeit gezogen hat, übersteigen. Reichen die in Satz 1 genannten Beträge hierfür nicht aus, so können sie überschritten werden.

(3) Verwaltungsbehörde im Sinne des § 36 Abs. 1 Nr. 1 des Gesetzes über Ordnungswidrigkeiten ist die Regulierungsbehörde.

Schrifttum: *Achenbach*, Rezension: Günter Maschke, Aufsichtsverletzungen in Betrieben und Unternehmen, Berlin 1997, wistra 1998, 296; *Arloth*, Zur Abgrenzung von Untreue und Bankrott, NStZ 1990, 570; *Bohnert*, Ordnungswidrigkeitengesetz, 2003; *Brunner*, Der Täterkreis bei Kartellordnungswidrigkeiten, 1986; *Bruns*, Grundprobleme der strafrechtlichen Organ- und Vertreterhaftung (§ 14

StGB, § 9 OWiG), GA 1982, 1; *Cramer*, Grundbegriffe des Rechts der Ordnungswidrigkeiten, 1971; *Enaux/König*, Missbrauchs- und Sanktionsnormen in der GWB-Novelle, dem TKG und dem Entwurf zum EnWG, N&R 2005, 2:, *Gerhards*, Die Strafbarkeit des Ungehorsams gegen Verwaltungsakte, NJW 1978, 86; *Göhler*, Die „Beteiligung" an einer unvorsätzlich begangenen Ordnungswidrigkeit (Anm. zu der Entscheidung des BGH vom 6. 4. 1983 – 2 StR 547/82 –), wistra 1983, 242; *ders.*, Gesetz über Ordnungswidrigkeiten, 13. Aufl. 2002; *Hufen*, Verwaltungsprozessrecht, 5. Aufl. 2003; *Jescheck/Weigend*, Strafrecht Allgemeiner Teil, 5. Aufl. 1996; Karlsruher Kommentar zum Ordnungswidrigkeitengesetz, hrsg. *v. Boujong*, 2. Aufl. 2000, zit.: KKOWiG/Bearbeiter; *Kienapfel*, Zur Einheitstäterschaft im Ordnungswidrigkeitenrecht BGH Beschl. v. 6. 4. 1983 – 2 StR 547/82; NJW 1983, 2366; *Klesczewski*, Strafrecht Besonderer Teil, 2. Aufl. 2002; *Köhler*, Strafrecht Allgemeiner Teil, 1997; *Kuhlen*, Die Unterscheidung zwischen vorsatzausschließendem und nicht vorsatzausschließendem Irrtum, 1987; *Lange*, Der Strafgesetzgeber und die Schuldlehre. Zugleich ein Beitrag zum Unrechtsbegriff bei Zuwiderhandlungen, JZ 1956, 73; *Laufhütte/Möhrenschläger*, Umweltstrafrecht in neuer Gestalt, ZStW 92, 1980, 912; Leipziger Kommentar zum Strafgesetzbuch, hrsg. *v. Jähnke/Laufhütte/Odersky*, 11. Aufl. 1992 ff.; zit.: LK-*Bearbeiter*; *Mitsch*, Recht der Ordnungswidrigkeiten, 2. Aufl. 2005; *Neumann*, Die strafrechtlichen Auswirkungen fehlerhafter öffentlich-rechtlicher Handlungen, Entscheidungen und Normen, 1997; *Müther*, Die Vorteilsabschöpfung im Ordnungswidrigkeitenrecht gemäß § 17 Abs. 4 OWiG unter Berücksichtigung des deutschen und des europäischen Kartellrechts, 1999; *Otto*, Grundsätzliche Problemstellungen des Umweltstrafrechts, Jura 1991, 308; *Rebmann/Roth/Hermann*, Gesetz über Ordnungswidrigkeiten, 3. Aufl. Stand März 2003; *Rengier*, Die öffentlich-rechtliche Genehmigung im Strafrecht, ZStW 101, 1989, 874; *Rogall*, Dogmatische und kriminalpolitische Probleme der Aufsichtspflichtverletzung in Betrieben und Unternehmen, ZStW 98, 1986, 573; *ders.*, Die Duldung im Umweltstrafrecht, NJW 1995, 922; *Rudolphi*, Primat des Strafrechts im Umweltrecht? Teil 1, NStZ 1984, 193; *Rühl*, Grundfragen der Verwaltungsakzessorietät, JuS 1999, 521; *Schall*, Umweltschutz durch Strafrecht: Anspruch und Wirklichkeit, NJW 1990, 1263; *Schmidhäuser*, Der Verbotsirrtum und das Strafgesetz (16 Abs. 1 S. 1 und 17 StGB), JZ 1979, 361; *ders.*: Zur Bindungswirkung von Entscheidungen des Bundesverfassungsgerichts über die Verfassungsmäßigkeit von § 17 StGB – Erwiderung auf Kramer/Trittel, JZ 1980, 393; *Schmitz*, Verwaltungshandeln und Strafrecht, 1992; *Schumann*, Zum Einheitstätersystem des § 14, OWiG 1979; *Stelkens/Bonk/Leonhardt*, Verwaltungsverfahrensgesetz, 4. Aufl. 1993; *Tiedemann*, Literaturbericht: Nebenstrafrecht, einschließlich Ordnungswidrigkeitenrecht, ZStW 83, 1971, 792; *Többens*, Die Bekämpfung der Wirtschaftskriminalität durch die Troika der §§ 9, 130 und 30 des Gesetzes über Ordnungswidrigkeiten, NStZ 1999, 1; *Warda*, Schuld und Strafe beim Handeln mit bedingtem Unrechtsbewusstsein, Festschrift für Hans Welzel, hrsg. v. Stratenwerth u. a., 1974, 499; *Weber*, Die Überspannung der staatlichen Bußgeldgewalt. Kritische Bemerkungen zur neueren Entwicklung des materiellen Ordnungswidrigkeitenrechts, ZStW 92, 1980, 313; *Welzel*, Der Verbotsirrtum im Nebenstrafrecht, JZ 1956, 238; *Winkelbauer*, Zur Verwaltungsakzessorietät des Umweltstrafrechts, 1985; *ders.*, Die behördliche Genehmigung im Strafrecht, NStZ 1988, 201; *Wessels/Beulke*, Strafrecht, Allgemeiner Teil, 34. Aufl. 2004; *Wüterich*, Die Bedeutung von Verwaltungsakten für die Strafbarkeit wegen Umweltvergehen (§§ 324 ff. StGB); *Zaczyk*, Der verschuldete Verbotsirrtum, Anmerkung zu: BayObLG, U. v. 8. 9. 1988 – RReg 5 St 96/88 – = NJW 1989, 1744, JuS 1990, 889. Vgl. w. die Literaturangaben zu § 148.

Übersicht

I. Normzweck, Bedeutung der Vorschrift und Entstehungsgeschichte

1   Die Bußgelddrohung des § 149 Abs. 2 ergänzt die Regulierungsinstrumente[1] der RegTP und dient vornehmlich dazu, die vom TKG statuierte **Ordnung** privater Telekommunikationswirtschaft **durchzusetzen**, teilweise auch dazu Dritte, namentlich die Verbraucher, zu schützen. Die Diensteanbieter sollen durch die Bußgelddrohung dazu angehalten werden, die Vorschriften des TKG von sich aus einzuhalten. Gleichwohl führte die Vorgängernorm von § 149 bisher ein Schattendasein. Gerichtsentscheidungen hierzu sind kaum veröffentlicht.

2   Die Vorschrift geht auf § 96 TKG a. F. zurück. Einige Tatbestände, die das TKG a. F. noch aus dem FAG übernommen hatte, finden sich auch in § 149 Abs. 1 wieder. Der Katalog wurde jedoch mit der Neufassung des TKG grundlegend überarbeitet. Eine Reihe von Tatbeständen wurde neu eingeführt. Die Tatbestände in § 149 Abs. 1 Nr. 19 und 20 haben einen europarechtlichen Hintergrund. Mit ihnen setzt der Gesetzgeber die Vorgabe um, die Übermittlung von Notrufen sicherzustellen. Der Bundesrat regte im Gesetzgebungsverfahren zur effektiven Prävention eine deutliche Erhöhung des Bußgeldrahmens an, konnte sich damit aber nicht durchsetzen.[2] Der TKG-E 2005 nimmt Verstöße gegen die §§ 66a–66j in den Bußgeldkatalog von § 149 Abs. 1 mit auf.[3]

II. Gesetzliche Grundlagen, Gesetzgebungskompetenz

3   § 149 TKG enthält mehrere Bußgeldtatbestände. Zu deren näherem Verständnis sind die §§ 8–16 OWiG heranzuziehen, während §§ 17–30 OWiG die Rechtsfolgen einer Ordnungswidrigkeit und die §§ 31–110 OWiG das Bußgeldverfahren regeln. Gemäß § 1 Abs. 1 OWiG ist eine **Ordnungswidrigkeit** eine rechtswidrige und vorwerfbare Handlung, die den Tatbestand eines Gesetzes verwirklicht, das die Ahndung mit einer Geldbuße zulässt. Durch diese gesetzliche Umschreibung wird die Ordnungswidrigkeit in die Nähe der Straftat gerückt, von der sie der Gesetzgeber lediglich formal durch die angeordnete Rechtsfolge unterscheidet. Bei Verdacht einer Ordnungswidrigkeit wird, anders als im

---

1   BT-Drs. 15/2316, S. 106.
2   BT-Drs. 15/2316, S. 127 f.
3   BR-Drs. 92/05, S. 22, 24, 38, 46.

Strafverfahren, ein Vorverfahren von der Regulierungsbehörde eingeleitet (§ 149 Abs. 3), die es mit einem Bußgeldbescheid abschließt.

Verfassungsrechtlich gehört das Ordnungswidrigkeitenrecht zum Strafrecht im weiteren **4** Sinne.[4] Die Gesetzgebungskompetenz des Bundes für § 149 Abs. 1 und 2 folgt daher aus Art. 74 Abs. 1 Nr. 1 GG. Angesichts der Komplexität der Regelungsmaterie und der länderübergreifenden Tätigkeit von Telekommunikationsunternehmen müssen die Bußgeldtatbestände bundeseinheitlich geregelt werden.[5] Für das behördliche Bußgeldverfahren folgt die Gesetzgebungskompetenz ebenfalls aus Art. 74 Abs. 1 GG, da die Bußgeldbehörde Strafrecht i. w. S. anwendet.[6]

III. Begriff der Ordnungswidrigkeit

Obliegt es dem Gesetzgeber, über die Rechtsfolge ein Verhalten als Ordnungswidrigkeit **5** einzuordnen, so hat er sich dabei an die materiellen Vorgaben zu halten, die das Grundgesetz für den Begriff der Ordnungswidrigkeit enthält. Neben dem Gesetzgeber hat sich aber auch der Rechtsanwender daran zu orientieren. Dieser Begriff kennzeichnet nämlich zugleich die Besonderheit der Ordnungswidrigkeit und dient daher auch als Richtpunkt der Auslegung. Die h. M. grenzt ordnungswidriges von strafwürdigem Verhalten nach einer **qualitativ-quantitativen Methode** ab:[7] Danach besteht der Kernbereich des Strafbaren in der Auflehnung gegen die Rechtsordnung überhaupt, über die der Richter mit der Strafe ein sozialethisches Unwerturteil ausspricht.[8] Demgegenüber bildet der Ungehorsam gegen administrative Regeln den Kernbereich des Ordnungswidrigen, und die von der Verwaltung dafür verhängte Geldbuße dient nur zur Pflichtenmahnung.[9] Im Grenzbereich beider Sphären steht dem Gesetzgeber ein Ermessen zu, ob er ein Verhalten als strafbar bestimmt oder als Ordnungswidrigkeit ausgestaltet.[10]

IV. Die einzelnen Tatbestände

§ 149 Abs. 1 ist eine verwaltungsakzessorische Norm, wie sie im Wirtschaftsrecht häufig **6** vorkommt. Der Katalog der Tatbestände in § 149 Abs. 1 orientiert sich dabei nicht an der systematischen Struktur der einzelnen Tatbestände, sondern richtet sich nach der Reihenfolge der in Bezug genommen Vorschriften. Nach sachlichen Gesichtspunkten ergibt sich folgende **Einteilung**: Verletzung von gesetzlichen Mitwirkungspflichten gegenüber der Regulierungsbehörde (RdNr. 7), Zuwiderhandlung gegen Anordnungen der Regulierungsbehörde (RdNr. 8 ff.), Zuwiderhandlung gegen Anordnungen anderer Behörden (RdNr. 15), Handeln ohne Genehmigung (RdNr. 16 ff.), Verstoß gegen Pflichten, die zugunsten von Dritten bestehen (RdNr. 21) und schließlich die Verletzung sonstiger Pflichten (RdNr. 22).

---

4 BVerfGE 27, 18, 31 = NJW 1969, 1619.
5 BT-Drs. 15/2316, S. 55.
6 KKOWiG/*Rogall*, Vor § 1 RdNr. 3 m. w. N. § 2 RdNr. 6; *Göhler*, § 2 RdNr. 3.
7 KKOWiG/*Bohnert*, Einl. RdNr. 82 ff.
8 BVerfGE 22, 49, 80 (= NJW 1967, 1219); 27, 18, 29, 33.
9 BVerfGE 9, 167, 171 (= NJW 1959, 619); 22, 49, 79; 27, 18, 33.
10 BVerfGE 22, 49, 80 f.; 27, 18, 28; 51, 60, 74 (= NJW 1979, 1981); zust. *Jescheck/Weigend*, § 7 V m. w. N.

7 **1. Verletzung von gesetzlichen Mitwirkungspflichten gegenüber der RegTP (§ 149 Abs. 1 Nr. 2, 5, 7, 9, 14 2. Alt., 21, 23, 24).** – Diese Tatbestände haben gemeinsam, dass der Regulierungsbehörde gegenüber entweder nicht oder nicht rechtzeitig Angaben gemacht werden bzw. dass die Angaben unrichtig oder unvollständig sind. Eine Information ist unrichtig, wenn sie nicht den Tatsachen entspricht. Unvollständig ist eine Information, wenn sie nicht alle Angaben enthält, welche nach dem Gesetz unmittelbar oder mittelbar gemacht werden müssen.[11] Für die Frage, ab wann eine Information nicht mehr rechtzeitig erteilt ist, kommt es zunächst auf die Fassung der von den Tatbeständen in Bezug genommenen Normen an. So sind die jeweiligen Auskünfte und Informationen nach § 149 Abs. 1 **Nr. 2** i. V. m. § 6 Abs. 1, **Nr. 5** i. V. m. § 22 Abs. 5 S. 1, **Nr. 14** i. V. m. § 110 Abs. 1 S. 2, **Nr. 21** i. V. m. § 109 Abs. 3 S. 2, **Nr. 23** i. V. m. § 110 Abs. 1 S. 1 Nr. 2 lit. b, **Nr. 24** i. V. m. § 110 Abs. 1 S. 1 Nr. 3 **unverzüglich**, d. h. ohne schuldhaftes Zögern (§ 121 BGB) zu erteilen. Bei der Beurteilung dessen sind Art und Ausmaß der zu erteilenden Informationen zu berücksichtigen. Je umfangreicher und schwieriger zu informieren ist, desto seltener wird ein Zuwarten schuldhaft sein. In § 149 Abs. 1 **Nr. 7** i. V. m. § 38 Abs. 1 S. 1 definiert das Gesetz selbst einen Maßstab für die Rechtzeitigkeit, indem es die Vorlage von Entgelten zwei Monate vor ihrem In-Kraft-Treten verlangt. In § 149 Abs. 1 **Nr. 7** i. V. m. § 38 Abs. 1 S. 3 und § 39 Abs. 3 S. 4 wird die Vorlage von Entgeltmaßnahmen **unmittelbar nach Vertragsschluss** verlangt. Das Gesetz selbst enthält keinerlei Anhaltspunkte für die Bestimmung der Unmittelbarkeit. Naheliegend ist, hier ebenfalls § 121 BGB anzuwenden.

8 **2. Zuwiderhandlung gegen Anordnungen und Verfügungen der RegTP (§ 149 Abs. 1 Nr. 1, 4, 12, 14, 25, 27, 33 3. Var.).** – Während § 149 Abs. 1 **Nr. 4 und 12** ausdrücklich einen Verstoß gegen eine Anordnung oder Auflage der Regulierungsbehörde für ahndbar erklärt, ergibt sich dies für § 149 Abs. 1 **Nr. 1, 14, 25, 27, 33 3. Var.** erst aus den jeweils in Bezug genommenen Vorschriften, zu denen zum Teil § 127 Abs. 3 S. 1 ergänzend hinzuzunehmen ist. Das Gesetz verwendet neben dem Begriff der Verfügung, den der Anordnung, der Aufforderung und der Vorgabe. In jedem Fall handelt es sich um einen **Verwaltungsakt**. Dieser entfaltet stets Tatbestandswirkung.

9 In dieser **Tatbestandswirkung** liegt kein Verstoß gegen das Gebot formell gesetzlicher Bestimmtheit aus Art. 103 Abs. 2 GG. Ist der VA rechtmäßig, konkretisiert er nur das Verbot des Gesetzes, aufgrund dessen er ergangen ist. Ist er nicht rechtmäßig, widerspricht seine Tatbestandswirkung nach zutreffender h. M. dennoch nicht dem Gesetzlichkeitsprinzip.[12] Zwar wird eingewandt, ein rechtswidriger VA könne nie von der gesetzlichen Ermächtigung gedeckt sein.[13] Doch ergibt sich die Gesetzesbestimmtheit hier zum einen aus der Bußgeldnorm selbst. Zum anderen folgt sie aus den §§ 43 f. VwVfG, § 6 VwVG, nach denen auch ein rechtswidriger VA wirksam ist, solange er nicht nichtig ist.

10 a) Welche **konkreten Eigenschaften eine Zuwiderhandlung** aufweisen muss, um gemäß den genannten Tatbeständen ahndbar zu sein, hängt vom Regelungsgehalt der behördlichen Anordnung ab. Diese füllt damit das Merkmal der Zuwiderhandlung in ähnlicher Weise aus wie eine Bezugsnorm einen Blanketttatbestand. Täter der Zuwiderhandlung kann primär nur der Adressat des Verwaltungsaktes sein. Zumeist trifft dies Unternehmen, die als

---

11 Vgl. *Bechtold*, § 81 RdNr. 13 (zu vergleichbaren Tatbeständen bei § 81 GWB).
12 BGHSt. 23, 86, 91 (= NJW 1969, 2023) 31, 314, 315; zust. *Schönke/Schröder/Cramer/Heine*, Vor § 324 ff. RdNr. 16 a m. w. N.
13 *Kühl*, FS-Lackner, 1986, S. 853, 855; *Schall*, NJW 1990, 1263, 1271.

Diensteanbieter oder Betreiber einer Telekommunikationsanlage auftreten. Durch § 9 OWiG wird der Täterkreis freilich auf bestimmte Vertreter und Beauftragte ausgeweitet (s. u. RdNr. 52 ff.).

b) Nur die Missachtung vollziehbarer Anordnungen erfüllt den Tatbestand[14]: Liegt eine **11** **rechtmäßige und vollziehbare Anordnung** vor, ist deren Missachtung stets tatbestandsmäßig.[15] Vollziehbar ist ein VA nicht erst dann, wenn er formell bestandskräftig (vgl. § 6 Abs. 1 1. Var. VwVG) geworden ist, sondern grundsätzlich schon dann, wenn er aufgrund Bekanntgabe wirksam geworden ist (§ 43 Abs. 1 S. 1 VwVfG). Die so verstandene Vollziehbarkeit entfällt im Allgemeinen nur dann wieder, wenn aufgrund eines Rechtsbehelfs aufschiebende Wirkung eintritt. Während § 149 Abs. 1 Nr. 4, 12 ausdrücklich die Zuwiderhandlung gegen eine vollziehbare Anordnung oder Auflage der RegTP verlangt, fehlt dieses Merkmal bei § 149 Abs. 1 Nr. 1, 14, 25, 27 und 33. Dies bedeutet keinen Unterschied in der Sache. Nach § 135 Abs. 1 haben Widerspruch und Klage gegen Entscheidungen der RegTP keine aufschiebende Wirkung.[16] Die Entscheidungen sind damit kraft Gesetzes mit Bekanntgabe vollstreckbar. Hat die RegTP gemäß § 80 Abs. 4 S. 1 VwGO die sofortige Vollziehbarkeit ausgesetzt, erfüllt die Zuwiderhandlung gegen ihn nach insofern übereinstimmender Auffassung nicht den Tatbestand. Es besteht nämlich Einigkeit, dass der Adressat eines wirksam angefochtenen VA diesen nicht von sich aus zu befolgen hat[17] (s. RdNr. 13).

c) Einer **nichtigen** Anordnung fehlt schon die Wirksamkeit, § 43 Abs. 3 VwVfG. Ihre **12** Missachtung ist daher nicht tatbestandsmäßig. Soweit das Gesetz eine schriftliche Verfügung fordert (vgl. § 127 Abs. 3 S. 1), ist eine mündliche Anordnung nichtig, § 44 Abs. 1 VwVfG.[18]

d) Nicht geklärt ist, ob eine Zuwiderhandlung gegen eine **rechtswidrige, aber vollziehbare Anordnung** tatbestandsmäßig ist. Der BGH sieht eine Zuwiderhandlung in diesem Fall **13** nicht nur als tatbestandsmäßig, sondern grundsätzlich auch als ahndbar an.[19] Demgegenüber geht das BVerfG in einer neueren Entscheidung davon aus, dass die Missachtung einer rechtswidrigen Verfügung nicht tatbestandsmäßig sei.[20] Eine dritte Meinung bejaht zwar

---

14 Herrn Rechtsreferendar Sven Kreuter danke ich für wertvolle Vorarbeiten.
15 Zum Erfordernis der Vollziehbarkeit im Tatzeitpunkt: BGHSt 23, 86, 93 = NJW 1969, 2023.
16 Nach dem Willen des Gesetzgebers gilt dies nicht nur für Entscheidungen der Beschlusskammern, sondern für alle Verwaltungsakte der Regulierungsbehörde, BT-Drs. 15/2316, S. 101.
17 Für die Vollziehbarkeitstheorie:, BVerwGE 66, 222 = NJW 1983, 776 (st. Rspr.); zust. *Hufen*, Verwaltungsprozeßrecht, § 32 RdNr. 2 ff.; für die Wirksamkeitstheorie: *Kopp/Schenke*, VwGO, § 80 RdNr. 22, 32.
18 *Kopp/Ramsauer*, VwVfG, § 44 RdNr. 26.
19 BGHSt. 23, 86, 94 = NJW 1969, 2023; zust. *Dölling*, JZ 1985, 466; SK-StPO/*Horn*, Vor § 324 RdNr. 17; *Laufhütte/Möhrenschläger*, ZStW 92 (1980) 921; *Tröndle/Fischer*, Vor § 330d RdNr. 9. Ähnlich BVerfG NJW 1987, 2219, NStZ 1990, 545 (Aussetzung des Bußgeldverfahrens im Falle eines verwaltungsgerichtlichen Eilverfahrens).
20 BVerfGE 92, 191, 198, 200 ff. = NJW 1995, 3110 m. Anm. *Roellecke*, NJW 1995, 3101; krit. *Schmitz,*, Verwaltungshandeln und Strafrecht, S. 67 ff.; differenzierend *Rühl*, JuS 1999, 521, 528. Ähnlich *Gerhards*, NJW 1978, 86, 89; *Kopp/Schenke*, VwGO, § 80 RdNr. 32; *Wüterich*, NStZ 1987, 106, 107, die bei rückwirkender Aufhebung des VA von einem Tatbestandsausschluss ausgehen. Ähnlich *Schönke/Schröder/Cramer/Heine*, Vor § 324 RdNr. 21, die einen Strafaufhebungsgrund für diesen Fall annehmen.

den Tatbestand, nimmt aber einen Strafausschlussgrund an.[21] Die Auffassung des BGH ist vorzugswürdig. Zwar trifft es zu, dass die Verbindlichkeit eines rechtswidrigen VA nicht nur überhaupt einen Grundrechtseingriff darstellt, sondern im Einzelfall auch unzumutbare Folgen haben kann. Gleichwohl schließt dies weder die Tatbestandsmäßigkeit noch die Ahndbarkeit aus. Gegen die Vollziehbarkeit des VA kann der Betroffene nach § 80 Abs. 4 u. 5 VwGO vorgehen.[22] Sollte dieser Weg ausnahmsweise kein angemessenes Mittel darstellen, dann ist rechtfertigender Notstand *(s. u. RdNr. 29 ff.)* zu erwägen. Im Übrigen bleibt als kritischer Abschnitt nur der Zeitraum in Betracht, in dem noch nicht über die Wiederherstellung oder erstmalige Anordnung der aufschiebenden Wirkung entschieden worden ist. Hier ist die vom BVerfG früher erwogene vorläufige Aussetzung des Bußgeldverfahrens die passende Lösung. Missachtet der Täter dagegen die Anordnung, ohne sich um Rechtsschutz zu bemühen, dann nimmt er sich heraus, eigenmächtig über die Beachtlichkeit von Verbotsverfügungen zu befinden. Darin liegt ein ahndungswürdiger Ungehorsam, der auch durch die nachträgliche Aufhebung des VA nicht beseitigt wird.

14 e) Soweit es sich nach § 149 **Nr. 1, 14, 33 3. Var.** um **Auskunftsverlangen** handelt, liegt ein Verstoß vor, wenn die Auskünfte und Informationen nicht, nicht richtig, nicht vollständig oder nicht rechtzeitig zur Verfügung gestellt werden. Diese Merkmale sind hier wie bei den gesetzlichen Informations- und Mitteilungspflichten zu verstehen (s. o. RdNr. 7). Die Auskunft ist nicht rechtzeitig erstattet, wenn die nach § 127 Abs. 3 S. 3 gesetzte Frist nicht eingehalten wurde.

15 **3. Zuwiderhandlung gegen Anordnungen anderer Behörden (§ 149 Abs. 1 Nr. 28, 33 1. u. 2. Var.).** – **Nr. 28** betrifft die Weigerung, einen Netzanschlusspunkt bereitzustellen, entgegen einer **Anforderung** einer zur Überwachung der Telekommunikation berechtigten Stelle nach § 110 Abs. 6 S. 1. Gleiches gilt für **Nr. 33 1. Var.** Hier geht es um das Nichterteilen einer Auskunft gegenüber Strafverfolgungs- und Bußgeldbehörden bzw. gegenüber den dort genannten Geheimdiensten. Diese Auskünfte sind jeweils nur **auf Verlangen** zu erteilen, so dass die Auskunftsverweigerung ebenfalls nur tatbestandsmäßig ist, soweit ein vollziehbarer Verwaltungsakt vorliegt. Schließlich setzt der Verstoß gegen **Nr. 33 2. Var.** die Missachtung einer **Anfrage** auf Auskunft des Bundesministeriums für Wirtschaft und Arbeit, mithin ebenfalls ein Zuwiderhandeln gegen eine Verfügung voraus. Die vorstehenden Ausführungen (RdNr. 9–14) gelten auch hier. Die beiden zuletzt genannten Bußgeldtatbestände sind erfüllt, wenn die geforderten Auskünfte nicht, nicht richtig, nicht vollständig oder nicht rechtzeitig erteilt worden sind (s. o. RdNr. 7). Die Verzögerung einer Auskunft, um die nach § 114 Abs. 1 S. 2 ersucht wurde, ist nur dann tatbestandsmäßig, wenn damit der Täter eine Frist überschritten hat, die ihm die behördliche Verfügung entsprechend § 127 Abs. 3 S. 3[23] zu setzen hatte.

16 **4. Handeln ohne Genehmigung (§ 149 Abs. 1 Nr. 6, 10, 11).** – Soweit die Bußgeldtatbestände ein Handeln **ohne Genehmigung** verlangen, stellt es den Verstoß gegen ein präventives Verbot mit Erlaubnisvorbehalt dar. Das Fehlen der Genehmigung ist daher ein negati-

---

M. J. *Neumann*, Die strafrechtlichen Auswirkungen fehlerhafter öffentlich-rechtlicher Handlungen, Entscheidungen und Normen, S. 238, 257 ff.; *Otto*, Jura 1991, 308, 312; *Winkelbauer*, Zur Verwaltungsakzessorietät des Umweltstrafrechts, S. 47, 51, 62.
22 So auch *Schönke/Schröder/Cramer/Heine*, Vor § 324 RdNr. 22.
23 Vgl. § 115 RdNr. 10.

ves Tatbestandsmerkmal. Die bloße Erlaubnisfähigkeit schließt nach allgemeiner Ansicht den Tatbestand nicht aus.[24]

a) Eine nichtige Genehmigung steht einer fehlenden gleich, da nichtige VA unwirksam **17** sind, §§ 43 Abs. 3, 44 Abs. 1, 2 VwVfG. Eine Genehmigung ist nach der zutreffenden h. M. jedoch nicht schon deshalb nichtig, weil sie auf unlauterem Wege erwirkt wurde.[25] Zum einen ergibt dies einen Umkehrschluss aus § 48 Abs. 2 S. 3 Nr. 1 VwVfG.[26] Zum anderen liegt kein Nichtigkeitsgrund nach § 44 Abs. 1 oder 2 VwVfG vor. Namentlich greift auch nicht § 44 Abs. 2 Nr. 6 VwVfG ein. Dieser Nichtigkeitsgrund ist nur gegeben, wenn die Sittenwidrigkeit den Inhalt des Verwaltungsakts erfasst. Art und Weise seiner Erlangung sind irrelevant.[27]

b) Während der Tatbestand nicht erfüllt ist, soweit eine rechtmäßige, wirksame Genehmi- **18** gung ausdrücklich erteilt wurde, führt eine **schlichte Duldung** keinen Tatbestandsausschluss herbei.[28] Eine aktive Duldung ist nur dann als „konkludente Erlaubnis" anzusehen, wenn sie die Merkmale eines VA nach § 35 VwVfG erfüllt.[29] Wer darüber hinaus eine Duldung mit einer Genehmigung gleichsetzt[30], unterläuft die gesetzliche Begriffsbestimmung. Letztlich stellt er damit wenig überzeugend entgegen allgemein geteilter Grundsätze (s. o. RdNr. 16) die Erlaubnisfähigkeit mit einer wirklich erteilten Erlaubnis gleich.

c) Eine rechtswidrige Genehmigung ist nach § 43 Abs. 2 VwVfG wirksam. Soweit sie **19** auf lautere Weise erwirkt wurde, führt sie zum Tatbestandsausschluss.[31] Strittig ist dagegen, wie eine unlauter erlangte rechtswidrige Genehmigung einzuordnen ist (vgl. schon RdNr. 17). Entgegen der h. M. führt auch sie im Ordnungswidrigkeitenrecht zum Tatbestandsausschluss.[32] Die Dinge liegen hier letztlich genauso wie bei § 148.[33]

d) Die nachträgliche Erteilung einer Genehmigung mit Wirkung für die Vergangenheit **20** ist zwar möglich[34], führt aber nach dem eben Gesagten nicht rückwirkend zu einem Tatbestandsausschluss.

4. Verletzung von Pflichten, die zugunsten von Dritten bestehen (§ 149 Abs. 1 Nr. 8, 21 16, 17, 19, 20, 34). – Während der in § 149 Abs. 1 **Nr. 8** umschriebene Verstoß einzelne **Konkurrenten** benachteiligt[35], bedroht § 149 Abs. 1 **Nr. 16, 17, 34** den Missbrauch von

---

24 BayObLG NJW 1994, 2103, 2104; OLG Düsseldorf NJW 1999, 2686; zust. KKOWiG/*Rengier*, Vor §§ 15, 16 RdNr. 22b m. w. N.
25 BVerwG DVBl. 1985, 624; *Kopp/Ramsauer*, VwVfG, § 44 RdNr. 19; a. M. *Tröndle/Fischer*, Vor § 324 RdNr. 8.
26 BVerwG DVBl. 1985, 624.
27 Ähnlich *Kopp/Ramsauer*, VwVfG, § 44 RdNr. 19.
28 *Tröndle/Fischer*, Vor § 324 RdNr. 11.
29 Ähnlich *Winkelmann*, NStZ 1988, 201, 202, unter Verweis auf *Stelkens/Bonk/Leonhardt*, VwVfG, § 35 RdNr. 54.
30 *Tröndle/Fischer*, Vor § 324 RdNr. 11; *Rengier*, ZStW 101 (1989) 874, 906. Ähnlich *Rudolphi*, NStZ 1984, 193, 198; für Strafausschluss *Rogall*, NJW 1995, 922, 924.
31 *Schönke/Schröder/Cramer/Heine*, Vor § 324 RdNr. 16 a.
32 Wie hier KKOWiG/*Rengier*, Vor §§ 15, 16 RdNr. 21 a m. w. N. auch zur Gegenmeinung.
33 Vgl. § 148 RdNr. 17.
34 BVerwGE 88, 278, 281 = NVwZ 1992, 473; zust. *Wolff/Bachof/Stober*, Bd. II, § 48, RdNr. 46.
35 Vgl. § 47 RdNr. 1. Daneben gefährdet dieser Verstoß auch die im Allgemeininteresse liegende flächendeckende Versorgung mit Teilnehmerverzeichnissen.

Daten einzelner **Teilnehmer und Nutzer** mit Bußgeld.[36] Schließlich beeinträchtigen die in § 149 Abs. 1 **Nr. 19, 20** geschilderten Zuwiderhandlungen die Rettung **in Not Geratener.**[37] Daher kann der Einwilligung der Betroffenen hier Bedeutung zukommen (s. u. RdNr. 26).[38]

22 **5. Verletzung sonstiger Pflichten (§ 149 Abs. 1 Nr. 3, 15, 18, 22, 26, 29, 30, 31, 32, 35).** – Während § 149 **Nr. 3, 32, 35** den Verstoß gegen **Verschwiegenheitspflichten** mit Bußgeld bedroht[39], so **Nr. 15** den gegen ein **Werbeverbot.**[40] Demgegenüber erklärt § 149 Abs. 1 **Nr. 18, 29, 30, 31** die Vernachlässigung von **Datenerhebungs- und Datenverarbeitungspflichten** zur Ordnungswidrigkeit.[41] Schließlich bebußt § 149 Abs. 1 **Nr. 22**[42], 26 den Verstoß gegen **Mitwirkungspflichten** bei der Überwachung der Telekommunikation.[43]

23 **6. Subjektiver Tatbestand.** – Der volle Bußgeldrahmen des § 149 Abs. 2 ist nur bei **vorsätzlichem Handeln** eröffnet. Bedingter Vorsatz reicht bei allen Tatbeständen von § 149 Abs. 1 aus.[44] Der Vorsatz umfasst die Kenntnis aller **Umstände** des objektiven Tatbestandes (vgl. § 11 Abs. 1 S. 2 OWiG) und deren **Bedeutung.**[45] Missachtet der Täter eine Verfügung, dann muss sich der Vorsatz auf deren Erlass und deren Vollziehbarkeit beziehen.[46] Wer ohne die erforderliche Genehmigung handelt, dem fehlt der Vorsatz, wenn er irrig annimmt, er sei im Besitz einer wirksamen Genehmigung.[47] Gleiches gilt, wo der Betroffene aus einer Duldung auf eine Genehmigung schließt.[48] Endlich fehlt es dort am Vorsatz, wo dem Täter unbekannt ist, dass ihm die Genehmigung wirksam versagt worden ist.

24 Dagegen ist die **Kenntnis der Norm**, die der Täter bricht, nach zutreffender h. M. kein Vorsatzbestandteil.[49] Den entgegenstehenden Auffassungen ist nicht zu folgen.[50] Zwar fehlt

---

36 Vgl. § 95 RdNr. 4; § 96 RdNr. 12 § 97 RdNr. 8 ff.; § 113 RdNr. 10; § 149 RdNr. 7.

37 Vgl. § 108 RdNr. 1; § 149 RdNr. 7. Solange die aufgrund von § 108 zu erlassene Rechtsverordnung noch nicht in Kraft getreten ist, stellen diese Tatbestände funktionslose Blankette dar.

38 Da § 108 Abs. 2 Nr. 1 zugleich die Einrichtung eines Notrufsystems im Allgemeininteresse sicherstellen will, schließt eine – ohnehin nur theoretisch denkbare – Einwilligung des in Not Geratenen das Unrecht der Tatbestandsverwirklichung von § 149 Abs. 1 Nr. 22 nicht aus.

39 Vgl. § 17 RdNr. 1; § 113 RdNr. 4.

40 Vgl. § 90 RdNr. 22 ff.

41 Vgl. § 106 RdNr. 5; § 111 RdNr. 12 ff.; § 112 RdNr. 6 ff.

42 Gemäß § 150 Abs. 10 stellen die Bestimmungen der TKÜV v. 22. Januar 2002 (BGBl. I S. 458) die Bezugsnormen dar, auf die § 149 Abs. 1 Nr. 22 verweist, solange aufgrund von § 110 Abs. 2 keine neue Rechtsverordnung ergangen ist. Vgl. § 150 RdNr. 48.

43 Vgl. § 110 RdNr. 34 ff.

44 Vgl. zum Begriff des bedingten Vorsatzes § 148 RdNr. 8.

45 BGHSt. 3, 248, 255; 4, 347, 352; 5, 90, 92; *Göhler,* § 11 RdNr. 7 m. w. N.

46 BGH NStZ 1989, 475 m. Anm. *Dölp;* zust. KKOWiG/*Rengier,* § 11 RdNr. 14, 18.

47 KKOWiG/*Rengier,* § 11 RdNr. 38 f. Soweit der Täter über die Vollziehbarkeit eines Erlaubniswiderrufs irrt, entscheidet die Rspr. vereinzelt inkonsequent anders: OLG Düsseldorf VerkMitt. 1976, 26; BayObLGSt. 1977, 167, 171.

48 *Otto,* Jura 1991, 308, 313.

49 BayObLG VRS 58, 458, 459; *Meyer,* JuS 1983, 513; *Mitsch,* § 8 RdNr. 11; KK OWiG/*Rengier,* § 11 RdNr. 6 f. m. w. N.; *Welzel,* JZ 1956, 238, 240 f.

50 Unrechtsbewusstsein als Vorsatzelement: *R. Lange,* JZ 1956, 73; *Tiedemann,* ZStW 83 (1971) 792, 819 f., 824 ff.; *Weber,* ZStW 92 (1980) 313, 339; differenzierend: *Kuhlen,* Die Unterscheidung zwischen vorsatzausschließendem und nicht vorsatzausschließendem Irrtum, S. 276 ff.; *Jescheck/Weigend,* § 41 II 2. c) a. E.; *Göhler,* § 11 RdNr. 10.

der Tatbestandsverwirklichung im Ordnungswidrigkeitenrecht die Appellfunktion, die ihr im Strafrecht typischerweise zukommt.[51] Doch hat sich der Gesetzgeber durch die unterschiedliche Regelung von Tat- und Rechtsirrtum in § 11 Abs. 1 und Abs. 2 OWiG bewusst für die Trennung von Vorsatz und Unrechtsbewusstsein entschieden.[52] Dem Anliegen der abweichenden Stimmen kann durch strenge Anforderungen an die Vermeidbarkeit des Verbotsirrtums Rechnung getragen werden (s. u. RdNr. 38 ff.). Strittig ist, ob die **Genehmigungsbedürftigkeit** einer Handlung vom Vorsatz umfasst sein muss. In der Judikatur ist noch unausgemacht, wie dieser Irrtum einzuordnen ist. Neben älteren Entscheidungen verschiedener Oberlandesgerichte geht auch der BGH von einem Verbotsirrtum aus.[53] Demgegenüber nimmt die neuere OLG-Rspr. mitunter mit einem Teil der Lehre einen Tatbestandsirrtum an.[54] Zutreffend ist die erstgenannte Auffassung. Wer nicht weiß, dass sein Handeln genehmigungspflichtig ist, der irrt letztlich nur darüber, dass sein Handeln gegen eine Verbotsnorm (mit Erlaubnisvorbehalt) verstößt. Diese Unkenntnis unterscheidet sich in nichts von einem Verbotsirrtum. Daraus folgt schließlich: Wer die ihm bekannte Versagung einer Genehmigung irrig für rechtswidrig hält, handelt dennoch vorsätzlich.

§ 149 Abs. 1 lässt in allen Fällen auch **fahrlässiges Verhalten** genügen.[55] Liegt nur dieses **25** vor, halbiert § 17 Abs. 2 OWiG die Bußgeldobergrenze.

V. Rechtswidrigkeit

Die Besonderheit der Rechtfertigungsgründe im Ordnungswidrigkeitenrecht liegt darin, **26** dass Ordnungswidrigkeiten sich i. d. R. nicht gegen eine bestimmte Privatperson richten, sondern – in je verschiedener Weise – gegen ein staatlich verwaltetes Gemeininteresse. Einwilligung kommt daher nur bei Verletzungen von Pflichten in Betracht, die (auch) individualschützenden Charakter haben (s. o. RdNr. 21).[56] Neben Notwehr und Notstand ist als Rechtfertigungsgrund praktisch nur noch die Pflichtenkollision relevant.

1. Notwehr. – Notwehrlage und Verteidigung bestimmt § 15 Abs. 2 OWiG genauso wie **27** § 32 Abs. 2 StGB. Auch für die einzelnen Merkmale der Notwehr gelten dieselben Definitionen wie im Strafrecht.[57] Die Notwehr spielt freilich im Ordnungswidrigkeitenrecht kaum eine Rolle, da von der rechtsstaatlich verfassten Allgemeinheit typischerweise keine rechtswidrigen Angriffe ausgehen. Zwei Fallkonstellationen sind dennoch denkbar:

Wessen Antrag auf **Genehmigung rechtswidrig**, aber wirksam abgelehnt bzw. nicht be- **28** schieden worden ist, dessen rechtlich geschützte Interessen sind dadurch unmittelbar gefährdet. Hierin ist nicht nur ein Angriff durch garantenpflichtwidriges Unterlassen zu se-

---

51 *Weber*, ZStW 92 (1980) 313, 339; vgl. w. *Schmidhäuser*, JZ 1979, 361.
52 Darin liegt kein Verfassungsverstoß: BVerfGE 41, 121, 124 ff. = NJW 1976, 413; krit. *Schmidhäuser*, JZ 1980, 396.
53 BGH NJW 1996, 1604, 1606; BayObLG VRS 58, 458, 459; OLG Celle VRS 53, 392, 394; OLG Düsseldorf VRS 56, 365, 368; OLG Oldenburg VRS 65, 71, 73; zust. KKOWiG/*Rengier*, § 11 RdNr. 40 ff. m. w. N. für den Fall einer rechtfertigenden Einwilligung.
54 BayObLG wistra 1992, 273.
55 Zu den Voraussetzungen von Fahrlässigkeit vgl. § 148 RdNr. 14.
56 Vgl. KKOWiG/*Rengier*, Vor §§ 15, 16 RdNr. 9 ff.
57 *Mitsch*, § 9 RdNr. 12.

hen.[58] Da die Versagung der Genehmigung nicht dem Gesetz entspricht, wird dieser Angriff teilweise auch als rechtswidrig i. S. v. § 15 Abs. 2 OWiG angesehen.[59] Freilich fehlt es i. d. R. an der Erforderlichkeit der Verteidigung.[60] Denn die eigenmächtige Abwehr, hier das Handeln ohne Genehmigung, ist subsidiär zur Anrufung obrigkeitlicher Hilfe.[61] Hier stehen jedoch Rechtsbehelfe gegen die Versagung der Genehmigung zur Verfügung.[62] Für eine erforderliche Verteidigung bleiben allein zwei Fallkonstellationen: Zum einen dann, wenn selbst der vorläufige Rechtsschutz (§ 123 VwGO) den Eintritt eines Schadens nicht hindern kann, zum anderen dann, wenn die Versagung letztinstanzlich bestätigt wird. In diesen Fällen ist aber die Gebotenheit der Notwehr fraglich. Nach h. M. fehlt es an ihr, wenn die Abwehr nicht dem Allgemeininteresse der Rechtsbewährung dient.[63] Dieses Allgemeininteresse findet nun aber seine Berücksichtigung in den Fristen und Instanzenzügen, innerhalb derer Rechtsbehelfe zu bescheiden sind. Jenseits dessen gibt das Allgemeininteresse der Rechtssicherheit gegenüber der materiellen Richtigkeit den Vorrang, so dass es an der Gebotenheit der Notwehr fehlt. Schließlich befindet sich ebenfalls in einer Notwehrlage, wem eine rechtswidrige Verbotsverfügung zugeht. Ist eine solche behördliche Untersagung vollziehbar, dann fehlt es freilich nach dem eben Gesagten entweder an der Erforderlichkeit oder an der Gebotenheit der Abwehr.

29   **2. Rechtfertigender Notstand. – a) Der § 16 OWiG entspricht dem § 34 StGB. Notstandsfähig** ist jedes Rechtsgut.[64] Eine **Gefahr** ist anzunehmen, wenn eine auf tatsächliche Umstände gegründete, über das allgemeine Lebensrisiko hinausgehende Wahrscheinlichkeit eines schädigenden Ereignisses besteht.[65] Gegenwärtig ist die Gefahr, wenn sie in allernächster Zeit in einen Schaden umschlagen kann oder wenn der Schadensumschlag nur durch baldiges Handeln verhindert werden kann. Gegenwärtig ist nach der Rspr. auch die sog. Dauergefahr.[66] **Nicht anders abwendbar** ist die Gefahr, wenn die Tat das mildeste geeignete Mittel ist, die Gefahr zu bannen.[67] Erforderlichkeit des Eingriffs liegt nur dann vor, wenn sich der Eingriff zur Rettung des Rechtsgutes nicht vermeiden lässt. Hier ist insbesondere die Subsidiarität zu beachten.[68]

30   b) Die Abwendung der Gefahr muss **verhältnismäßig** sein. Nach der h. M. ist eine Gesamtabwägung vorzunehmen.[69] Danach ist in einem ersten Schritt zu fragen, ob das geschützte Interesse das betroffene überwiegt. Dabei kommt es auf den Umfang der konkreten Betrof-

---

58 So KKOWiG/*Rengier*, § 15 RdNr. 9 f. m. w. N.; a. M. *Cramer*, Grundbegriffe des Rechts der Ordnungswidrigkeiten, S. 58.

59 So *Köhler*, Strafrecht, S. 314 ff., 316 f. m. w. N.

60 KKOWiG/*Rengier*, § 15 RdNr. 10, 29 ff. m. w. N.

61 Vgl. *Schönke/Schröder/Lenckner/Perron*, § 32 RdNr. 41.

62 KKOWiG/*Rengier*, § 15 RdNr. 31 ff. m. w. N.

63 BGHSt. 24, 356, 359 = JZ 1973, 252 m. Anm. *Lenckner*; BayObLG JR 1987, 344, 345; *Schönke/Schröder/Lenckner/Perron*, § 15 RdNr. 1 a m. w. N.

64 Einzelheiten bei KKOWiG/*Rengier*, § 16 RdNr. 5 m. w. N.

65 BGHSt. 18, 271 = NJW 1963, 1069; zust. KKOWiG/*Rengier*, § 16 RdNr. 12.

66 BGH NJW 1979, 2053, 2054 m. Anm. *Hruschka*, NJW 1980, 21.

67 OLG Karlsruhe VRS 65, 470 = JZ 1984, 240 m. Anm. *Hruschka*; *Schönke/Schröder/Lenckner/Perron*, § 34 RdNr. 18 ff. m. w. N.

68 Näher KKOWiG/*Rengier*, § 16 RdNr. 19.

69 Eingehend KKOWiG/*Rengier*, § 16 RdNr. 25; *Schönke/Schröder/Lenckner/Perron*, § 34 RdNr. 45 ff.

fenheit des jeweiligen Rechtsgutes an.[70] Hier ist erstens näher nach der Höhe des (drohenden) Schadens zu fragen[71], und zweitens kommt dem Grad der Gefahr eine besondere Bedeutung zu.[72] Freilich schrumpft dieses Kriterium im Ordnungswidrigkeitenrecht auf der Seite des betroffenen Interesses jedenfalls dann zusammen, wenn die Ordnungswidrigkeit in einem Handeln besteht, bei dem im Einzelfall die Verletzung eines individuellen Rechtsgutes ausgeschlossen ist. Hier bleibt als Abwägungsposten auf der Eingriffsseite nur übrig, dass die Ordnungswidrigkeit das seitens der zuständigen Behörde verwaltete Gemeininteresse beeinträchtigt. In einem zweiten Schritt muss die Wesentlichkeit des Überwiegens festgestellt werden. Feste Kriterien werden hierfür nicht angeboten. Der Gesetzgeber ging davon aus, dass ein „erhebliches Übergewicht" des geschützten gegenüber dem betroffenen Interesse bestehen müsse.[73] Folgende Leitlinien lassen sich anhand der Rspr. aufstellen: Soll mit dem ordnungswidrigen Verhalten eine gegenwärtige Gefahr für Leib oder Leben abgewendet werden, dann ist wesentliches Überwiegen anzunehmen, wenn die tatbestandsmäßige Handlung nicht geeignet ist, andere zu verletzen.[74] Wird nur ein bloßes Ordnungsinteresse beeinträchtigt, dann kann dies im Einzelfall auch dann gerechtfertigt sein, wenn es zum Eigentumsschutz geschah.[75] Umgekehrt scheidet eine Rechtfertigung gemäß § 16 OWiG stets dann aus, wenn die Ordnungswidrigkeit zu einer konkreten Gefährdung von Leib oder Leben führt.[76]

c) Ferner muss das tatbestandsmäßige Handeln ein **angemessenes Mittel** sein. Vorzugs- **31** würdig ist es, diese Klausel als Einschränkung der Verfahrensgerechtigkeit anzusehen. Ein unangemessener Eingriff ist danach nur dann gegeben, wenn zur Abwehr der drohenden Gefahren kein eigens dazu vorgesehenes staatliches Verfahren beschritten wird.[77] Bei den Ordnungswidrigkeiten nach § 149 Abs. 1 wird dies in der Regel der Fall sein, da hier verwaltungsrechtliche Rechtsbehelfe zur Verfügung stehen. Droht jedoch ein übermäßiger Schaden einzutreten, bevor ein Rechtsbehelf Suspensiveffekt entfaltet, greift § 16 OWiG ein.

c) Der Täter muss in **Kenntnis** der Notstandslage gehandelt haben.[78] Nach der Rspr. bedarf **32** es zusätzlich einer gewissenhaften Prüfung der Voraussetzungen der Notstandslage.[79]

3. Pflichtenkollision. – Wer einen Bußgeldtatbestand erfüllt, um einer anderen Pflicht zu **33** genügen, bei dem gilt Folgendes: Handelt der Täter ordnungswidrig, um den Verstoß gegen eine strafbewehrte Pflicht zu vermeiden, ist er stets gerechtfertigt.[80] Handelt der Täter ord-

---

70 KKOWiG/*Rengier*, § 16 RdNr. 25.
71 OLG Köln VRS 57, 143, 144.
72 OLG Düsseldorf VRS 91, 296, 297.
73 Entwurf 1962, BT-Drs. IV/650, S. 159.
74 BayObLG NJW 1991, 1626; OLG Düsseldorf NJW 1970, 674; OLG Hamm NJW 1977, 1892; OLG Schleswig VRS 30, 642.
75 BayObLG NJW 1978, 2046; OLG Karlsruhe VRS 65, 470 = JZ 1984, 240 m. Anm. *Hruschka*; OLG Stuttgart VRS 54, 288, 290.
76 BayObLG NJW 1991, 1626; OLG Karlsruhe VRS 46, 275.
77 KKOWiG/*Rengier*, § 16 RdNr. 43 ff. m. w. N. Auch sonst ist dieser Aspekt anerkannt, wird jedoch teilweise im Rahmen der Verhältnismäßigkeitsabwägung berücksichtigt, vgl. *Schönke/Schröder/Lenckner*, § 34 RdNr. 41.
78 OLG Schleswig VRS 30, 462, 464.
79 BGHSt. 2, 111, 114; 3, 7, 11 (= JZ 1953, 46 m. Anm. *R. Lange*); OLG Hamm VRS 50, 464, 466; krit. KKOWiG/*Rengier*, § 16 RdNr. 49.
80 Ähnlich KKOWiG/*Rengier*, Vor §§ 15, 16 RdNr. 4.

nungswidrig, um die Übertretung einer anderen bußgeldbewehrten Vorschrift zu vermeiden, ist weiter zu unterscheiden: Geht es um eine Zuwiderhandlung, die bloß ein Ordnungsinteresse beeinträchtigt, nicht aber geeignet ist, individuelle Rechtsgüter zu verletzen, dann kollidieren letztlich Pflichten, die gegenüber ein und demselben Subjekt, dem
Staat, bestehen. Soweit hier Handlungspflichten einander ausschließen, geht die höherran-
gige vor.[81] Kollidiert eine Handlungs- mit einer Unterlassungspflicht, geht die Befolgung
der ersteren nur vor, wenn sie in ihrer Bedeutsamkeit überwiegt.[82] Kann der Täter nur entweder eine Zuwiderhandlung vornehmen, die lediglich ein Ordnungsinteresse beeinträchtigt, oder aber eine Ordnungswidrigkeit, die daneben auch geeignet ist, ein individuelles
Rechtsgut zu verletzen, dann kollidieren Rechte verschiedener Subjekte. Hier ist die
Pflichtenkollision in entsprechender Anwendung von § 16 OWiG zu lösen (s. o.
RdNr. 29 ff.).

VI. Vorwerfbarkeit

34 Erfüllt eine Handlung rechtswidrig einen Bußgeldtatbestand, ist sie nur dann ahndungs-
würdig, wenn sie auch vorwerfbar ist, § 1 Abs. 1 OWiG. Der Sache nach versteht die h. M.
unter „Vorwerfbarkeit" das Gleiche wie unter „Schuld" i. S. d. StGB.[83] Folglich entsprechen
den Gründen, die dort die Schuld ausschließen, hier bestimmte Vorschriften, die Voraussetzungen der Vorwerfbarkeit enthalten (vgl. §§ 11 f., 15 Abs. 3 OWiG). Von besonderer Bedeutung sind Unrechtsbewusstsein und Verbotsirrtum.

35 **1. Inhalt des Unrechtsbewusstseins a)** Unstrittig ist, dass der Täter es trotz klarer Rechtslage zumindest ernsthaft für möglich halten muss, rechtswidrig zu handeln.[84] Das Unrechtsbewusstsein hat sich dabei gerade auf die spezifische Zuwiderhandlung zu beziehen,
die der Täter ausführt. Daraus folgt, dass das Unrechtsbewusstsein teilbar ist.[85] Die Rspr.
lässt eine Parallelwertung in der Laiensphäre genügen.[86] Ausdrückliche Kenntnis der positiven Rechtsnorm, gegen die der Täter verstößt, ist nicht erforderlich.

36 **b)** Umstritten ist, ob **bedingtes Unrechtsbewusstsein** bei objektiv unklarer Rechtslage genügt. Während die Rspr. dies der Tendenz nach ausreichen lässt[87], wendet ein beachtlicher
Teil der Literatur in diesem Falle § 11 Abs. 2 OWiG analog an.[88] Dies ist zutreffend. Nach
Art. 103 Abs. 2 GG hat sich der Staat um eine klare Rechtslage zu bemühen. Erlässt er unklare Regelungen oder liegen divergierende höchstrichterliche Entscheidungen vor, darf
dem Bürger das Auslegungsrisiko nicht aufgebürdet werden.

37 **2. Verbotsirrtum: a)** Der Verbotsirrtum kann einmal darauf beruhen, dass der Täter die
einschlägige Rechtsvorschrift nicht kennt bzw. diese für nicht anwendbar hält (direkter
Verbotsirrtum). Ein Verbotsirrtum kann freilich auch auf indirektem Wege entstehen, wenn
der Täter zwar das Verbot kennt, gleichzeitig aber irrig eine nicht bestehende Rechtsnorm

81 KKOWiG/*Rengier*, Vor §§ 15, 16 RdNr. 4.
82 Ähnlich KKOWiG/*Rengier*, Vor §§ 15, 16 RdNr. 8.
83 BGHSt. (GS) 2, 194, 200 = JZ 1952, 333 m. Anm. *Welzel*; *Jescheck/Weigend*, § 38 II 3 m. w. N.
84 BGHSt. 27, 196, 202 m. w. N. = NJW 1977, 1784.
85 BGH NStZ-RR 1996, 24, 25.
86 BGHSt. 10, 35, 41 = JZ 1957, 549 m. Anm. *Jescheck*.
87 BGHSt. 27, 196, 202 = NJW 1977, 1784.
88 Grundlegend *Warda*, FS Welzel, 1974, S. 499, 526 ff.; zust. KKOWiG/*Rengier*, § 11 RdNr. 54 f.
    m. w. N.

annimmt, die sein Verhalten rechtfertigen würde (Erlaubnisirrtum).[89] Eine Sonderform dessen stellt der Erlaubnistatbestandsirrtum dar (s. u. RdNr. 44).

b) Vermeidbarkeit des Verbotsirrtums: Kriterien der Vermeidbarkeit hat der BGH für **38** das Ordnungswidrigkeitenrecht folgendermaßen zusammengefasst:[90] Unvermeidbarkeit liegt vor, wenn der Täter trotz der ihm zuzumutenden Gewissensanspannung die Einsicht in das Unrechtmäßige nicht zu gewinnen vermag. Zur gehörigen Anspannung des Gewissens zählt es, dass der Täter etwa auftauchende Zweifel durch Einsatz aller seiner Erkenntniskräfte, namentlich durch eigenes Nachdenken oder die Einholung von Rat zu beseitigen sucht. Das Ausmaß der zuzumutenden Gewissensanspannung richtet sich nach den Umständen des Falles, der Persönlichkeit des Täters sowie dessen Lebens- und Berufskreis.

aa) Im Ansatz ist es allgemeine Meinung, dass der Täter einen **Anlass** haben muss, die **39** rechtliche Qualität des eigenen Handelns zu hinterfragen.[91] Die Rspr. lässt es genügen, wenn einem verantwortungsbewussten Menschen, wäre er in der Situation des Täters gewesen, Zweifel gekommen wären.[92] Das ist zu undifferenziert. Wer wissentlich einer behördlichen Verfügung zuwider handelt (s. o. RdNr. 8 ff.), der hat hinreichenden Anlass, an der Rechtmäßigkeit seines Tuns zu zweifeln.[93] Gleiches gilt für denjenigen, der trotz Kenntnis der Versagung einer Genehmigung (s. o. RdNr. 24) handelt. Wer aber in Unkenntnis der Genehmigungsbedürftigkeit seines Tuns handelt, dem gibt selbst das Wissen um alle Umstände der Tatbestandsverwirklichung keinen Anlass, an der Erlaubtheit des eigenen Handelns zu zweifeln. Ohne zusätzlichen äußeren Anstoß ist daher der Irrtum hier unvermeidbar. Ähnlich liegt es bei der unbefangenen Nichteinhaltung gesetzlicher Pflichten, welche den geordneten Verwaltungsablauf sicherstellen wollen (s. o. RdNr. 7, 22).

bb) Anerkannt ist, dass anstelle der Gewissensanspannung Art und Ausmaß einer **Erkun-** **40** **digungspflicht** besondere Bedeutung zukommt. Wer sich in einen neuen Lebens- oder Arbeitszusammenhang integrieren will, dem obliegt es, sich über die dort herrschenden Regeln in Kenntnis zu setzen. Ferner ist er dazu verpflichtet, sich auf dem Laufenden zu halten.[94] Das Ausmaß der erforderlichen Erkundigungen fasst die Rspr. recht weit. Danach hat man alle Erkenntnismöglichkeiten heranzuziehen, soweit dies billigerweise verlangt werden kann.[95]

cc) Ist der eingeholte **Rat vertrauenswürdig**, ist der darauf beruhende Verbotsirrtum un- **41** vermeidbar. Auskünfte der zuständigen Behörde sind stets vertrauenswürdig.[96] Dementsprechend schafft auch eine behördliche Duldung (s. o. RdNr. 18) Vertrauensschutz, wenn sie gängige Verwaltungspraxis ist.[97] Auf rechtskräftige Gerichtsentscheidungen kann man

---

89 OLG Köln, VRS 26, 107, 108.
90 BGHSt. 21, 18, 20 = NJW 1966, 842.
91 OLG Düsseldorf NStZ 1981, 444; KG WuW/E OLG, 2321, 2324, OLG Oldenburg NStZ-RR 1999, 122; KKOWiG/*Rengier*, § 11 RdNr. 63 ff. m. w. N.
92 OLG Düsseldorf NStZ 1981, 444.
93 Vgl. allgemein: *Zaczyk*, JuS 1990, 889, 892, 893.
94 BGHSt 12, 148, 158 = NJW 1959, 252; BayObLGSt. 1981, 114, 116; OLG Koblenz GewArch. 1986, 68; KKOWiG/*Rengier*, § 11 Rz. 65 ff. m. w. N.
95 OLG Koblenz VRS 67, 146, 149.
96 OLG Oldenburg NuR 1988, 51, 52.
97 BGH bei Dallinger in: MDR 1975, 723, 724 (dort Fn. 3).

sich in gleichem Maße verlassen. Änderungen der Rspr. muss man nicht antizipieren.[98] Demgegenüber kommt den Auskünften von Rechtskundigen und Fachverbänden nicht im gleichen Grade Vertrauenswürdigkeit zu.[99] Maßgeblich sind hier die Umstände des Einzelfalles.[100] Erscheint der Berater zutreffend informiert, sachkundig und objektiv, hat er die Sach- und Rechtslage anscheinend geprüft und sich in verbindlicher Weise geäußert, ist seine Auskunft in aller Regel vertrauenswürdig.[101] Dies gilt selbst für den eigenen Hausjuristen.[102] Ähnlich wird auch der Rat eines Vorgesetzten und die Lektüre von Fachliteratur behandelt.[103]

42 Problematisch sind **divergierende Auskünfte.** Während es bei voneinander abweichenden Behördenauskünften einheitliche Auffassung ist, dass diese den Vertrauenstatbestand aufheben[104], ist es strittig, ob dies auch bei einer uneinheitlichen Rspr. der Fall sei.[105] Zutreffend ist dagegen, beide Male von Unvermeidbarkeit auszugehen. Der Irrende darf nicht schlechter behandelt werden als derjenige, der immerhin bedingtes Unrechtsbewusstsein hat. Wie dort (s. o. RdNr. 36) das Auslegungsrisiko dem Staat zu Last fällt, so auch hier.

43 dd) Selbst wenn der Täter sich nicht erkundigt hat, stellt sich schließlich die Frage, ob diese Pflichtverletzung **ursächlich** für seinen Irrtum geworden ist. Nach neuerer Rspr. liegt Unvermeidbarkeit hier ebenfalls vor, wenn der Irrtum auch durch zumutbare Erkundigung nicht beseitigt worden wäre.[106]

44 **d)** Handelt der Täter in einem unvermeidbaren **Erlaubnistatbestandsirrtum**, ist sein Handeln unstreitig nicht ahndbar. War der Irrtum vermeidbar, gehen die Meinungen hier ebenso auseinander wie im Strafrecht.[107] Bei der Anwendung von § 149 wirkt sich dieser Streit kaum aus, da hier sowohl vorsätzliches als auch fahrlässiges Handeln ahndbar ist. Vorzugswürdig erscheint es auch hier, von fahrlässigem Begehen auszugehen.

VII. Beteiligung

45 Ähnlich wie das Strafrecht zieht auch das Ordnungswidrigkeitenrecht den Menschen höchstpersönlich zur Verantwortung. Dementsprechend werden in den verschiedenen Tatbeständen des Ordnungswidrigkeitenrechts nur Handlungen Einzelner mit Bußgeld bedroht. Es entspricht daher einhelliger Auffassung, dass Mittäterschaft, Anstiftung und Beihilfe in § 14 OWiG einheitlich geregelt sind[108], während die unmittelbare Alleintäterschaft

---

98 OLG Bremen NJW 1960, 163, 164.
99 BGHSt. 21, 18, 21 = NJW 1966, 842 (Rat durch Rechtsanwalt).
100 OLG Braunschweig ZLW 1979, 75, 76.
101 BGH NJW 1989, 409, 410.
102 HansOLG Hamburg NJW 1967, 213, 214 f.
103 Näher KKOWiG/*Rengier*, § 11 RdNr. 92 ff. m. w. N.
104 Vgl. BayObLGSt. 1971, 149, 153; KKOWiG/*Rengier*, § 11 RdNr. 79.
105 I. d. R. vermeidbarer Verbotsirrtum: SK-StGB/*Rudolphi*, § 17 RdNr. 38; i. d. R. unvermeidbarer Verbotsirrtum: *Schönke/Schröder/Cramer/Sternberg-Lieben*, § 17 RdNr. 71 f.; Frage des Einzelfalles: KKOWiG/*Rengier*, § 11 RdNr. 86 f.
106 BGHSt. 37, 55, 67 = NJW 1990, 3026; ebenso die h. L., vgl. KKOWiG/*Rengier*, § 11 RdNr. 100.
107 Vgl. § 148 RdNr. 22.
108 KG VRS 70, 294, 295; OLG Karlsruhe NStZ 1986, 128, 129; vgl. w. BGHSt. 31, 309 = NJW 1983, 2272; *Göhler*, wistra 1983, 242 ff.; KKOWiG/*Rengier*, § 14 RdNr. 4 ff. m. w. N.; *Rebmann/Roth/Herrmann*, § 14 RdNr. 13.

eine von dieser Vorschrift vorausgesetzte Beteiligungsfigur darstellt. Strittig ist hingegen, ob auch die mittelbare Täterschaft und die fahrlässige Nebentäterschaft von § 14 OWiG erfasst werden. Rspr. und h.L. verneinen dies zutreffend.[109] Die entgegenstehende Auffassung[110] lässt sich nicht mit dem Gesetz vereinbaren: Beteiligung ist nur vorsätzliche Mitwirkung. § 14 Abs. 1 S. 1 OWiG spricht nicht von einem Beteiligtsein überhaupt, sondern vom Sichbeteiligen mehrerer. Davon kann nur die Rede sein, wenn jeder Mitwirkende nicht nur schlechthin einen Beitrag leistet, sondern diesen zugleich als Teil der gesamten Tatbestandsverwirklichung versteht. Dies setzt allseits vorsätzliches Handeln voraus. Nur diese Interpretation entspricht dem gesetzgeberischen Willen.[111] Die abgelehnte Auffassung harmoniert auch nicht mit § 14 Abs. 2 OWiG. Schließlich lassen sich Wertungswidersprüche zum Strafrecht nur vermeiden, wenn man das dort bei Mittäterschaft und Teilnahme bestehende Erfordernis des Doppelvorsatzes auch bei der Beteiligung an einer Ordnungswidrigkeit beachtet.[112] Daraus folgt, dass weder die fahrlässige Mitwirkung noch die mittelbare Täterschaft eine Beteiligung i.S.v. § 14 OWiG darstellt.

1. Mittelbare Täterschaft. – Die mittelbare Täterschaft ist in den Handlungsbeschreibungen der einzelnen Bußgeldtatbestände grundsätzlich ebenso angesprochen wie die unmittelbare Täterschaft.[113] Die Voraussetzungen für mittelbare Täterschaft sind im Prinzip dieselben wie im Strafrecht.[114] Grundsätzlich ist danach das Kriterium der **Tatherrschaft** maßgeblich, soweit es sich bei dem Bußgeldtatbestand nicht um ein Sonderpflichtdelikt (z.B. § 149 Abs. 1 Nr. 1, 4, 12, 14, 25, 27, 28, 33) handelt. Im letztgenannten Fall ergeben sich nach der mittlerweile überwiegend anerkannten **Pflichtdeliktslehre** folgende Besonderheiten:[115] Verwirklicht ein Sonderpflichtiger (vorsätzlich und rechtswidrig) den Bußgeldtatbestand, dann ist ein anderer Sonderpflichtiger mittelbarer Täter, wenn er den ersteren dazu bestimmt oder dabei Hilfe leistet, den Bußgeldtatbestand zu verwirklichen. Wirkt ein Außenstehender (Extraneus) dabei mit, wie ein Sonderpflichtiger einen Bußgeldtatbestand (vorsätzlich und rechtswidrig) erfüllt, dann kann er nie mittelbarer Täter sein, selbst wenn er die Tatherrschaft inne hat. Er ist unselbstständiger Beteiligter i.S.v. § 14 I 2 OWiG.[116] Führt ein Extraneus die tatbestandsmäßige Ausführungshandlung aus, dann verwirklicht ein Sonderpflichtiger den Bußgeldtatbestand, wenn er jenen dazu bestimmt hat oder dabei Hilfe leistet. Hier handelt es sich um die in § 14 Abs. 1 S. 2 OWiG angesprochene Figur der mittelbaren Täterschaft durch Einsatz eines qualifikationslos dolosen Tatmittlers.[117]

2. Unselbstständige Beteiligung. – Soweit keine unmittelbare oder mittelbare Täterschaft gegeben ist, richtet sich die Ahndbarkeit der Mitwirkung an einer Ordnungswidrigkeit aus-

46

47

109 BayObLGSt. 76, 130, 133; KKOWiG/*Rengier*, § 14 RdNr. 13, 87 ff. m. w. N.
110 *Kienapfel*, NJW 1983, 2236 f. Wohl auch *Brunner*, Der Täterkreis bei Kartellordnungswidrigkeiten, S. 98 ff.
111 BT-Drs. 5/1269, S. 49.
112 Grundlegend: BGHSt. 31, 309, 312 m. zust. Bespr. *Geppert*, JuraKartei 84 OWiG § 14 Nr. 1; *Göhler*, wistra 1983, 242 ff.; zust. KKOWiG/*Rengier*, § 14 RdNr. 8.
113 *Mitsch*, § 13 RdNr. 22 f.
114 Vgl. § 148 RdNr. 23 f.
115 LK-*Roxin*,, § 25 RdNr. 37 ff., 134 ff. m. w. N.
116 Näher KKOWiG/*Rengier*, § 14 RdNr. 37 ff. m. w. N.
117 KKOWiG/*Rengier*, § 14 RdNr. 44 ff. m. w. N.; *Schumann*, Zum Einheitstätersystem des § 14 OWiG, S. 38 ff.

schließlich nach § 14 OWiG. Hier kommt es zu der mit dieser Vorschrift angezielten Vereinfachung, indem sie Mittäterschaft, Anstiftung und Beihilfe gleich behandelt.

48 a) Die unselbstständige Beteiligung setzt **objektiv** voraus, dass ein anderer einen Bußgeldtatbestand rechtswidrig erfüllt hat. Zudem muss die fremde Ordnungswidrigkeit vorsätzlich begangen worden sein (s. o. RdNr. 45). Ob die Haupttat vorwerfbar begangen worden ist, ist irrelevant, § 14 Abs. 3 S. 1 OWiG.[118] Ferner muss der Beteiligte einen Tatbeitrag geleistet haben. Nach der von der Literatur weitgehend geteilten Rspr. reicht hier jeder Beitrag aus, der „förderlich" ist.[119] Unstreitig ist, dass alle nachweislich ursächlichen Tatbeiträge ausreichen. Die h. M. lässt es zudem genügen, wenn der Tatbeitrag lediglich das Risiko des Erfolgseintritts erhöht hat.[120] Das geht zu weit. Wer auf das Erfordernis der Kausalität verzichtet, der setzt die versuchte unselbstständige Beteiligung der vollendeten gleich. Dies widerspricht § 14 Abs. 2 OWiG.

49 **b)** Der Beteiligte muss mit **Doppelvorsatz** handeln.[121] Dieser muss sich auf eine bestimmte, d. h. in ihren wesentlichen Zügen konkretisierte Haupttat beziehen.[122] Weil sich innerhalb des § 14 OWiG Mittäterschaft, Anstiftung und Beihilfe gleichstehen, lässt es der BGH hier genügen, wenn der Beteiligte die Haupttat nur in ihren wesentlichen, die Angriffsrichtung prägenden Zügen kennt.[123] Nimmt ein unselbstständig Beteiligter irrig an, die Ordnungswidrigkeit sei gerechtfertigt, entfällt der Vorsatz.[124] Schließlich muss der Beteiligte mit dem Willen handeln, dass es zur Vollendung der Ordnungswidrigkeit kommt.[125]

50 **c)** Verwirklicht keiner der Tatgenossen einen Bußgeldtatbestand durch eigenes Handeln, wohl aber die Zusammenfassung des Handelns aller Komplizen, dann liegt unselbstständige Beteiligung nur vor, wenn alle Mitwirkenden aufgrund eines gemeinsam gefassten Tatplanes vorsätzlich einen wesentlichen Beitrag zur Vornahme der tatbestandsmäßigen Ausführungshandlung geleistet haben und in diesem Sinne als **Mittäter** anzusehen sind.[126]

51 **3. Fahrlässige Nebentäterschaft.** – Fahrlässige Mitwirkung an einer fremden Ordnungswidrigkeit kann als Nebentäterschaft ahndbar sein.[127] Stellt die Ordnungswidrigkeit ein Sonderpflichtdelikt dar, macht sich nur ahndbar, wer die besonderen Tätermerkmale selbst erfüllt. Da fahrlässige Nebentäterschaft keine unselbstständige Beteiligung darstellt, kommt eine Anwendung von § 14 Abs. 1 S. 2 OWiG nicht in Betracht.[128]

---

118 Vgl. OLG Stuttgart NStZ 1981, 307, 308.
119 BGHSt 46, 107, 109; OLG Stuttgart NStZ 1981, 307, 308; zust. *Bohnert*, § 14 RdNr. 32; *Rebmann/Roth/Herrmann*, § 14 RdNr. 14.
120 Zum Problem: KKOWiG/*Rengier*, § 14 RdNr. 23.
121 Eingehend KKOWiG/*Rengier*, § 14 RdNr. 30 ff.
122 BGHSt. 34, 63, 66 (= NJW 1986, 2770); 42, 135, 137 (= NJW 1996, 2517).
123 BGH GA 1967, 115; zuvor schon: RGSt 67, 343.
124 Vgl. den Fall OLG Köln NStZ 1984, 460; ähnlich KKOWiG/*Rengier*, § 14 RdNr. 35.
125 BGH NStZ 1983, 462.
126 Vgl. zum Strafrecht: LK-*Roxin*, § 25 RdNr. 153 ff.
127 OLG Hamm LRE 32, 387, 389; 33, 58, 60; OLG Karlsruhe NStZ 1986, 128; OLG Köln NJW 1979, 826, 827; KKOWiG/*Rengier*, § 14 RdNr. 104 ff.
128 OLG Karlsruhe NStZ 1986, 128; OLG Köln NJW 1979, 826, 827; KKOWiG/*Rengier*, § 14 RdNr. 105.

VIII. Handeln für einen anderen gem. § 9 OWiG

Ebenso wie sonst im Wirtschaftsleben, so ist auch die Telekommunikationsbranche von **52** hoch arbeitsteilig strukturierten Unternehmen geprägt. Als **Unternehmensträger** fungiert zumeist eine AG oder eine GmbH, die zum einen nur durch ihre vertretungsberechtigten Organe handeln können und zum anderen Angestellte mit der Betriebsleitung beauftragen. Manche Vorschriften des TKG knüpfen aber an die Unternehmensträgerschaft oder Betriebsinhaberschaft an. Ist der Pflichtenadressat seinerseits nicht selbst handlungsfähig bzw. hat dieser seine Aufgaben delegiert, fallen das verpflichtete und das handelnde Subjekt auseinander. § 9 OWiG schließt diese Lücke auf folgende Weise: Wessen Handeln kraft Gesetzes als Handeln für einen anderen gilt, der muss demzufolge auch dessen Pflichten selbst dann übernehmen, wenn diese durch besondere persönliche Merkmale des Vertretenen begründet werden (Abs. 1). Gleiches gilt für denjenigen, der vom Betriebsinhaber mit Leitungsaufgaben bzw. erheblicher Entscheidungskompetenz betraut worden ist und ihn dadurch in seinem Handeln in ähnlich substanzieller Weise repräsentiert wie ein gesetzlicher Vertreter (Abs. 2). Nicht jedes fremdnützige Handeln ist in § 9 OWiG angesprochen. Verstößt ein gesetzlicher Vertreter bei seinem Handeln für den Vertretenen gegen bußgeldbewehrte Pflichten, die sich an jedermann richten, verwirklicht der Vertreter den Bußgeldtatbestand ohne weiteres selbst. Dagegen dehnt § 9 OWiG bei Sonderpflichtdelikten deren Tatbestand auf die in seinen Absätzen genannten Vertreter aus, wenn sie gerade in dieser Rolle handeln.[129]

1. § 9 Abs. 1 OWiG beschreibt abschließend die **Tatbestandsausdehnung** in Fällen ge- **53** setzlicher Vertretung. Hier kommt es vornehmlich auf Folgendes an: Vertretungsberechtigte Organe juristischer Personen sind nur die geschäftsleitenden Organe. Bei der AG ist dies der Vorstand, bei der GmbH der Geschäftsführer. Wird ein Organ aus mehreren Personen gebildet, sind alle Mitglieder in § 9 Abs. 1 Nr. 1 OWiG angesprochen. Nach h.M. wird über § 9 Abs. 1 Nr. 3 OWiG auch der Insolvenzverwalter erfasst. Dogmatisch treffender ist die Subsumtion unter § 9 Abs. 2 Nr. 1 OWiG. Unterschiede in der Sache ergeben sich daraus nicht.

2. Eine Tatbestandsausdehnung findet gemäß § 9 Abs. 1 Nr. 1 OWiG nur statt, wenn der **54** Täter **in seiner Eigenschaft** als gesetzlicher Vertreter handelt. Die Rspr. entscheidet nach der **Interessentheorie**.[130] Ein Handeln als Vertreter liegt danach immer dann vor, wenn der Täter jedenfalls auch im Interesse des Vertretenen agiert. Dies soll sich in erster Linie aus wirtschaftlichen Gesichtspunkten ergeben.[131]

3. § 9 Abs. 2 OWiG ordnet abschließend die Tatbestandsausdehnung in bestimmten Fällen **55** der **gewillkürten Vertretung** an. **Betriebe** sind räumlich zusammengefasste Organisationseinheiten, mit denen ein Unternehmer bestimmte arbeitstechnische Zwecke, die über die Deckung des Eigenbedarfs hinausgehen, unter Einsatz von Personen, sachlichen und immateriellen Mitteln verfolgt.[132] Betriebsinhaber ist der Unternehmer, der auch ein Ver-

---

129 KKOWiG/*Rogall*, § 9 RdNr. 7 ff., 24.

130 BGHSt. 28, 371, 374 (= NJW 1980, 406); 34, 221, 223 ff. (= MDR 1987, 247).

131 BGHSt. 30, 127, 129 f. = NJW 1981, 1793; zum Meinungsstand: *Arloth*, NStZ 1990, 570, 574; *Göhler*, § 9 RdNr. 15 a; KKOWiG/*Rogall*, § 9 RdNr. 57 ff.; *Rebmann/Roth/Herrmann*, § 9 RdNr. 28; *Bohnert*, § 9 RdNr. 16.

132 BAG AP Nr. 7 zu § 4 BetrVG.

band sein kann.[133] **Unternehmen** sind organisatorische, kapitalmäßige Einheiten.[134] Eine **Beauftragung** durch den Inhaber liegt nicht bei jedweder gewillkürten Vertretung vor. Es bedarf eines Auftrages, mit dem entweder Leitungsfunktionen oder aber eigenverantwortliche Aufgaben übertragen werden. Der Beauftragte muss Vertretungskompetenz besitzen, und über die Verteilung der Verantwortung muss Klarheit bestehen. Leitung bedeutet eine eigenverantwortliche und selbstständige Wahrnehmung von Aufgaben des Betriebsinhabers an dessen Stelle.[135] Eine Beauftragung hierzu liegt nur vor, wenn sich die Leitungsfunktionen von dem Betriebsinhaber rechtsgeschäftlich ableiten.[136] Es muss auch tatsächlich ein Betrauen mit Leitungsaufgaben gewollt sein, und diese Aufgaben müssen auch wirklich übernommen worden sein. Geht es um Betriebsleitung, dann muss der Beauftragte in der Geschäftsführung ähnlich einem gesetzlichen Vertreter an die Stelle des Betriebsinhabers treten.[137] Von einem sonstigen Beauftragten lässt sich nur sprechen, wenn ihm die eigenverantwortliche Wahrnehmung einer Aufgabe übertragen wurde. Dies setzt eine gewisse Selbstständigkeit, Bewegungsfreiheit voraus.[138] Das ist i.d.R. dann der Fall, wenn der Beauftragte gewisse Dinge ohne Nachfrage bei seinem Vorgesetzten entscheiden darf. Maßgeblich ist die Entscheidungskompetenz in der jeweiligen Sache. Daher können einesteils Sachbearbeiter u. U. Beauftragte sein, Prokuristen nicht, wenn ihre Kompetenz im Innenverhältnis stark begrenzt ist.[139]

56 4. Die **Bestellung** zum gesetzlichen Vertreter bzw. die Beauftragung muss als solche nicht rechtswirksam sein, § 9 Abs. 3 OWiG. Entscheidend ist, dass der Vertreter mit Einverständnis des Vertretenen in dessen Wirkungskreis tätig ist. Auftreten als Strohmann bzw. Usurpation genügen nicht.[140] Freilich muss sich die Bestellung im Rahmen des Sozialadäquaten halten. Daran würde es z.B. fehlen, wenn ein Lehrling mit Leitungsaufgaben betraut würde.[141]

57 5. Bei der Zuwiderhandlung des Vertreters muss es sich des Weiteren um eine **vertretungsspezifische Pflichtenlage** handeln. Dies bedeutet zum einen, dass es um Pflichten gehen muss, die der Vertretene, könnte er selbst handeln, erfüllen können muss.[142] Zum anderen muss es sich um eine Pflicht handeln, deren Erfüllung in Vertretung überhaupt möglich ist[143] und gesetzlich zulässig ist.[144]

58 6. Schließlich muss der **Vorsatz** des Täters auch umfassen, dass er als Vertreter i. S. v. § 9 OWiG handelt.

---

133 Vgl. KKOWiG/*Rogall*, § 9 RdNr. 71.
134 KKOWiG/*Rogall*, § 9 RdNr. 68.
135 BGH NJW-RR 1989, 1185, 1186 m. Bespr. *Achenbach*, NStZ 1991, 410.
136 BGH NJW-RR 1989, 1185, 1186.
137 BGH DB 1989, 2272.
138 BT-Drs. V/1319, S. 65; V/2601, S. 16.
139 OLG Hamm MDR 1974, 425.
140 BGH NStZ 1997, 30 m. zust. Anm. *Achenbach*, JR 1997, 204; *Bruns*, GA 1982, 1, 13.
141 BT-Drs. V/1319, S. 65.
142 KKOWiG/*Rogall*, § 9 RdNr. 33.
143 Näher KKOWiG/*Rogall*, § 9 RdNr. 34.
144 KKOWiG/*Rogall*, § 9 RdNr. 32 f.

Klesczewski

IX. Aufsichtspflichtverletzung nach § 130 OWiG

Nicht nur zwischen dem Inhaber eines Betriebes und dessen Führungsspitze findet eine **59** Aufspaltung der Verantwortung statt. Hinzu kommt, dass mit einer arbeitsteiligen Produktion und Distribution die Beherrschung der damit verbundenen Gefahren ebenfalls horizontal und vertikal an Mitarbeiter nachgeordneter Ebenen delegiert wird. Mittelbare Täterschaft und unselbstständige Beteiligung am Verhalten des Untergebenen wird sich hier nicht stets feststellen lassen. Eine Tatbestandsausdehnung über § 9 OWiG kommt nicht mehr in Betracht. Dem sich damit eröffnenden Dilemma[145], dass derjenige, der andere gefährdet, keiner straf- oder bußgeldbewehrten Pflicht unterliegt, derjenige aber, der ihr unterliegt, konkret nicht gehandelt hat, begegnet § 130 OWiG damit, dass er dem Urheber der arbeitsteiligen Organisation ein Bußgeld für eine Aufsichtspflichtverletzung androht.[146] Die Aufsichtspflichtverletzung gemäß § 130 OWiG ist ein **echtes Unterlassungsdelikt**[147] mit der objektiven Ahndbarkeitsbedingung, dass es zu der dort genannten Zuwiderhandlung kommt.[148] Geschützt sind nach überwiegender Ansicht die Rechtsgüter, gegen welche sich die nicht verhinderte Zuwiderhandlung richtet.[149]

1. Primär richtet sich der § 130 OWiG an Betriebsinhaber. Dieser Begriff ist hier im We- **60** sentlichen genauso zu verstehen wie im § 9 OWiG. Sekundär können die in § 9 OWiG genannten führenden Angestellten eines Unternehmens bzw. Betriebes unter den dort angegebenen Voraussetzungen **Täter** einer Aufsichtspflichtverletzung sein[150] (s. o. RdNr. 52 ff.). Da Betriebe zumeist einen Verband zum Inhaber haben, stammen die Täter in der Praxis am häufigsten aus dem zuletzt genannten Täterkreis.

2. Die objektive Ahndbarkeitsbedingung besteht in einer bestimmten Zuwiderhandlung ge- **61** gen betriebsbezogene Pflichten. Der Begriff der **Zuwiderhandlung** ist nicht mit dem Begriff der mit einer Geldbuße bedrohten Handlung i. S. v. § 1 Abs. 2 OWiG identisch. Während letzterer jeweils fordert, dass der Täter einen Tatbestand (dessen Verwirklichung mit Strafe oder Geldbuße bedroht ist) rechtswidrig, nicht aber notwendig schuldhaft bzw. vorwerfbar verwirklicht, geht der Begriff der Zuwiderhandlung hierüber hinaus: Notwendig ist nur, dass der unmittelbar Handelnde ähnlich einem qualifikationslos dolosen Tatmittler (vgl. RdNr. 46) die tatbestandsmäßige Handlung mit dem ihr entsprechenden subjektiven Tatbestand rechtswidrig ausführt. Nicht erforderlich ist, dass der unmittelbar Handelnde in eigener Person die besonderen persönlichen Merkmale erfüllt, die zu dem Tatbestand gehören, dessen Ausführungshandlung er vollzieht. Hier reicht es aus, dass diese Merkmale in der Person des Betriebsinhabers gegeben sind.[151]

3. Nur die Verletzung **betriebsbezogener Pflichten** fällt unter § 130 OWiG. Es muss um **62** Ge- oder Verbote gehen, die den Betriebsinhaber gerade als solchen treffen.[152] Dies ist stets dann der Fall, wenn die zu verhindernde Zuwiderhandlung die Merkmale der Ausführungs-

---

145 KKOWiG/*Rogall*, § 130 RdNr. 4.
146 BT-Drs. V/1269, S. 67, 69.
147 BGH NStZ 1985, 77.
148 OLG Frankfurt/Main wistra 1985, 38 f.; OLG Koblenz NStE Nr. 3 zu § 130 OWiG; *Többens*, NStZ 1999, 1, 4.
149 *Rogall*, ZStW 98 (1986) 573, 587 f.; zust. *Göhler*, § 130 RdNr. 3 a.
150 BayObLG NVwZ 1991, 814, 815.
151 BayObLG wistra 1999, 73; zust. KKOWiG/*Rogall*, § 130 RdNr. 75 m. w. N.
152 *Göhler*, § 130 RdNr. 18.

handlung eines Sonderpflichtdeliktes erfüllt.[153] Nach h. M. liegt auch in der Verwirklichung eines Allgemeindeliktes die Verletzung einer betriebsbezogenen Pflicht, wenn ein enger Zusammenhang mit der Betriebsführung besteht.[154]

63 4. Wer Betriebsangehöriger ist, der kann stets **Täter der Zuwiderhandlung** sein. Nach h. M. kann jedoch auch ein Betriebsfremder Täter sein, wenn er für den Betriebsinhaber handelt.[155] Für die h. M. spricht zwar, dass das oben aufgezeigte Dilemma auch bei jedem Handeln eines Betriebsfremden für den Inhaber eintreten kann. Gleichwohl ist ihr nicht zu folgen. Nach Wortlaut und Systematik droht § 130 OWiG nur wegen derjenigen Verletzung einer Aufsichtspflicht Bußgeld an, die gerade dem Inhaber des Betriebes unterläuft. Hieraus folgt, dass zwischen ihm und dem Täter der Zuwiderhandlung ein Subordinationsverhältnis vorauszusetzen ist, das zu einem Betriebsfremden fehlt.[156]

64 5. Die Tatbestandsverwirklichung besteht in dem **Unterlassen einer Aufsichtsmaßnahme**, die zur Vorbeugung betriebsbezogener Zuwiderhandlungen erforderlich und zumutbar ist. Es sind Maßnahmen gefordert, die mit hoher Wahrscheinlichkeit betriebsbezogene Verstöße verhindern.[157] Die Umstände des Einzelfalles geben den Ausschlag.[158] Die Rspr. geht vom Vorbild des ordentlichen Angehörigen des entsprechenden Bereiches aus.[159] Zu der Konturierung der sich daraus ergebenden Anforderungen berücksichtigt die Rspr. insbesondere „... Art, Größe und Organisation des Betriebes, die unterschiedlichen Überwachungsmöglichkeiten, aber auch die Vielfalt und Bedeutung der zu beachtenden Vorschriften und die Anfälligkeit des Betriebes für Verstöße ...".[160] Die Literatur hat daraus einen Kanon von Aufsichtspflichten hergeleitet:[161]

65 Ferner muss der Betriebsinhaber von den geeigneten Maßnahmen nicht die effektivste, sondern nur die erforderliche einsetzen. Stehen mehrere Mittel zur Verfügung, darf sich der Betriebsinhaber des schonendsten bedienen. Schließlich muss die Aufsichtsmaßnahme sowohl für den Betriebsinhaber als auch für seine Bediensteten zumutbar sein. Er schuldet nur die „**gehörige Aufsicht**".[162] Der Betriebsinhaber muss die Eigenverantwortung und Würde seiner Arbeitnehmer achten.[163] Das Betriebsklima muss gewahrt bleiben. Schnüffelei und Auffordern zur Denunziation sind nicht geboten. Schließlich dürfen die Aufsichtsmaßnahmen nicht ohne Not auf Kosten wirtschaftlicher Effizienz gehen.[164]

---

153 KKOWiG/*Rogall*, § 130 RdNr. 78 ff.

154 *Göhler*, § 130 RdNr. 18; *Rebmann/Roth/Herrmann*, § 130 RdNr. 7; *Erbs/Kohlhaas/Senge*, OWiG § 130 RdNr. 21; *Többens*, NStZ 1999, 1, 5; anders: KKOWiG/*Rogall*, § 130 RdNr. 90 m. w. N.; vermittelnd: *Achenbach*, wistra 1998, 296, 298.

155 *Göhler*, § 130 RdNr. 21; *Rebmann/Roth/Herrmann*, § 130 RdNr. 8; *Erbs/Kohlhaas/Senge*, OWiG § 130 RdNr. 20; *Bohnert*, § 130 RdNr. 29.

156 KKOWiG/*Rogall*, § 130 RdNr. 92.

157 Näher KKOWiG/*Rogall*, § 130 RdNr. 42 ff.

158 *Göhler*, § 130 RdNr. 10; *Rebmann/Roth/Herrmann*, § 130 RdNr. 14; KKOWiG/*Rogall*, § 130 RdNr. 40; *Erbs/Kohlhaas/Senge*, OWiG § 130 RdNr. 12; *Többens*, NStZ 1999, 1, 4.

159 OLG Düsseldorf wistra 1991, 275.

160 Ähnlich OLG Düsseldorf wistra 1999, 115, 116; KKOWiG/*Rengier*, § 130 RdNr. 41 m. w. N.

161 KKOWiG/*Rogall*, § 130 RdNr. 40.

162 *Göhler*, § 130 RdNr. 22; *Otto*, Jura 1998, 404, 414; KKOWiG/*Rogall*, § 130 RdNr. 49.

163 BGH wistra 1986, 222, 223.

164 KKOWiG/*Rogall*, § 130 RdNr. 49.

Zwischen der Zuwiderhandlung und dem Unterlassen der gehörigen Aufsicht muss „hypo- **66** thetische Kausalität" bestehen. Nach Wortlaut und Willen des Gesetzgebers[165] ist diese freilich im Sinne der **Risikoerhöhungslehre**[166] zu verstehen. Ausreichend ist danach der Nachweis, die gehörige Aufsicht hätte das Risiko einer Zuwiderhandlung minimiert. Die Zuwiderhandlung muss schließlich spezifische Folge der unterlassenen Aufsicht sein. Hier gelten die Regeln der objektiven Zurechnung entsprechend.[167]

6. Die **innere Tatseite** umfasst sowohl vorsätzliches als auch fahrlässiges Unterlassen. Die **67** Zuwiderhandlung selbst muss der Täter nicht voraussehen.[168] Wohl gehört zum Vorsatz, die Gefahr ernst zu nehmen, dass es zu Zuwiderhandlungen kommen kann. Fahrlässig handelt dagegen nur, wer die Fähigkeit hatte, die Gefahr zu erkennen.

X. Rechtsfolgen

Die Hauptfolge der Ordnungswidrigkeit ist die Geldbuße. Als Nebenfolgen kennt das **68** OWiG neben der wenig praxisrelevanten Einziehung von Mitteln und Produkten der Tat (§§ 22 ff. OWiG) auch den Verfall, § 29a OWiG. Eine Sonderrolle spielt die Verbandsgeldbuße nach § 30 OWiG.

1. Geldbuße. – a) Voraussetzungen einer Geldbuße sind eine vorwerfbare Ordnungs- **69** widrigkeit, das Vorliegen etwaiger sonstiger Ahndbarkeitsbedingungen und das Gebotensein der Verfolgung (s. u. RdNr . 95). Die Geldbuße ist bloße **Pflichtenmahnung**. Sie ist in einer einheitlichen Geldsumme festzusetzen, § 66 Abs. 1 Nr. 5 OWiG. Erzwingungshaft (§ 96 Abs. 1 OWiG) darf nur angeordnet werden, wenn der Betroffene zahlungsfähig ist.

b) Zur **Bußgeldzumessung** stellt § 149 Abs. 2 **fünf** verschiedene **Bußgeldrahmen** zur **70** Verfügung. Während deren Untergrenze nach § 17 Abs. 1 OWiG einheitlich bei fünf Euro liegt, variieren ihre Obergrenzen. Diese Obergrenzen halbieren sich bei fahrlässiger Begehung, § 17 Abs. 2 OWiG. Umgekehrt darf die Bußgeldobergrenze gemäß § 149 Abs. 2 S. 3 zur Gewinnabschöpfung überschritten werden. Die Bußgeldzumessung erfolgt in drei Schritten: Zunächst ist die „Bedeutung" der Ordnungswidrigkeit zu gewichten. Sodann ist zu klären, wie schwer der „Vorwurf" wiegt, der dem Täter zu machen ist. Das so ermittelte Gewicht des vorwerfbaren Ordnungsunrechts ist sodann i. d. R. in Beziehung zu setzen zu den wirtschaftlichen Verhältnissen des Täters. Hierbei ist insbesondere darauf zu achten, dass die Höhe der Geldbuße die Höhe der durch die Ordnungswidrigkeit gezogenen Vorteile übersteigt, § 149 Abs. 2 S. 2. Hinsichtlich einzelner Zumessungstatsachen kann man sich an § 46 Abs. 2 StGB orientieren.

aa) Da es sich bei der **Bedeutung** der Tat um ein objektives Kriterium der Ordnungswidrig- **71** keit handelt, geht es hier um die Auswirkungen der Tat, die Art der Ausführung und das Maß der Pflichtwidrigkeit. Allerdings gehört es, wie auch sonst kaum im Ordnungswidrigkeitenrecht, nicht zur Vollendung des § 149 Abs. 1, dass es zu einer konkreten Gefahr für ein individuelles Rechtsgut kommt. Daher spielen die Auswirkungen der Tat als Zumessungskriterium nahezu keine Rolle. Erleichternde Umstände sind vor allem die im StGB

---

165 BT-Drs. 12/192, S. 33 f., 38 f.; BT-Drs. 12/7300, S. 27.
166 Zu dieser Lehre *Jescheck/Weigend*, § 55 II 2b) aa).
167 Zu diesen: *Wessels/Beulke*, RdNr. 182–199.
168 Vgl. OLG Frankfurt/Main wistra 1985, 38.

vertypten Milderungsgründe (z. B. §§ 17 S. 2, 27 Abs. 2 S. 2; 28 Abs. 2 StGB).[169] Soweit bestimmte Ordnungswidrigkeiten als Massenphänomen auftreten, darf das Bußgeld zur Generalprävention erhöht werden.[170]

72 **bb)** Die Ordnungswidrigkeit bekommt ihre Gestalt auch durch ihre innere Tatseite, den subjektiven Tatbestand und die allgemeinen Merkmale der Vorwerfbarkeit. Verschiedene Vorsatzformen verdienen einen unterschiedlich hohen **Vorwurf**. Gleiches gilt für die verschiedenen Formen der Fahrlässigkeit. Der Unterschied zwischen Vorsatz und Fahrlässigkeit wird allerdings schon durch § 17 Abs. 2 OWiG berücksichtigt. Ferner können die Beweggründe und Ziele des Täters sowie die Tatgesinnung herangezogen werden, ebenso das Vorleben (z. B. Wiederholungstäter) und Nachtatverhalten (z. B. Selbstanzeige).

73 **cc)** Bei nicht geringfügigen Ordnungswidrigkeiten sind nach § 17 Abs. 3 S. 2 OWiG auch die **wirtschaftlichen Verhältnisse** des Täters zu berücksichtigen. Dadurch wird die unterschiedliche Empfindlichkeit ausgeglichen, die die Höhe eines Bußgeldes je nach den Vermögensverhältnissen des Betroffenen hat.[171] Gemäß § 149 Abs. 2 S. 2 soll das Bußgeld die Höhe des aus der Ordnungswidrigkeit gezogenen wirtschaftlichen Vorteils übersteigen.[172] Darin kommt nach herrschendem Verständnis die Doppelnatur der Geldbuße zum Ausdruck, neben der Ahndung auch der **Gewinnabschöpfung** zu dienen.[173] Sinn dessen ist es, die Geldbuße als Pflichtenmahnung fühlbar zu machen: Daher kann nach § 149 Abs. 2 S. 3 der Bußgeldrahmen im Einzelfall auch überschritten werden. Bei der Berechnung des Gewinns ist nach h. M. das **Nettoprinzip** anzuwenden, wonach nur der beim Täter noch vorhandene Vorteil positiv in Rechnung zu stellen ist.[174] Gewinnmindernd abzuziehen sind z. B. die Aufwendungen, die der Täter gemacht hatte, um die Ordnungswidrigkeit begehen zu können.[175] Daraus folgt: Der wirtschaftliche Vorteil bildet die Untergrenze eines zu verhängenden Bußgeldes[176], während Bußgeldrahmen oder ein höherer Gewinn die Obergrenze darstellen. Schätzung ist statthaft.[177]

74 **2. Verfall. – a) Der Verfall** ist ein Institut, das dem Täter oder einem Dritten den Vorteil nimmt, der ihm wegen einer Ordnungswidrigkeit zugeflossen ist. Er ist eine subsidiäre Rechtsfolge: Ist die Ordnungswidrigkeit nicht vorwerfbar begangen worden, so kann keine Geldbuße verhängt und folglich mit ihr auch nicht der Gewinn abgeschöpft werden. Damit dennoch der aus einer rechtswidrigen Handlung gezogene Vorteil niemandem verbleibt, eröffnet § 29a OWiG die Möglichkeit, den Verfall eines Geldbetrages anzuordnen. Dies gilt sowohl für den Täter als auch für einen unbeteiligten Dritten.

75 **b) Voraussetzung** ist zunächst das Vorliegen einer **mit Geldbuße bedrohten Handlung** gemäß § 1 Abs. 2 OWiG. Weiterhin muss der Täter (Abs. 1) bzw. der Dritte (Abs. 2) einen in Geld messbaren **Vorteil** erlangt haben.[178] Erlangt ist dieser, wenn der Gegenstand dem

---

169 *Mitsch*, § 15 RdNr. 9.
170 *Mitsch*, § 15 RdNr. 10; Zur kritischen Rekonstruktion allgemein *Köhler*, S. 50 f.
171 Vgl. *Göhler*, § 17 RdNr. 22 m. w. N.
172 Nur in atyischen Fällen darf die Vorteilsabschöpfung durch Geldbuße unterbleiben, *Müther*, Vorteilsabschöpfung, S. 74 f.
173 *Mitsch*, § 15 RdNr. 15, zum wortgleichen § 17 Abs. 4 OWiG.
174 Vgl. *Müther*, Vorteilsabschöpfung, S. 74.
175 Weiterführend *Mitsch*, III § 2 RdNr. 15.
176 BayObLG wistra 1995, 360; OLG Hamm MDR 1979, 870.
177 *Göhler*, § 17 RdNr. 43 m. w. N.
178 KKOWiG/*Mitsch*, § 29a RdNr. 29.

Täter so zur Verfügung steht, dass dieser ihn wirtschaftlich nutzen kann.[179] Bei ersparten Aufwendungen und dergleichen ist der Zeitpunkt maßgeblich, in welchem die Verpflichtung zur Erbringung der Aufwendung spätestens hätte eingegangen werden müssen, um die Verwirklichung des Ordnungswidrigkeitentatbestandes zu verhindern. Der Vermögensvorteil muss unmittelbar aus oder für die rechtswidrige Tat erlangt sein.[180] Aus der Tat erlangt sind alle Werte, die durch die Tat unmittelbar geschaffen sind und dem Täter aufgrund der Tatbegehung zufließen.[181]

c) Die Anordnung nach § 29a Abs. 1 OWiG ist gegenüber **allen Tatbeteiligten** möglich, 76 soweit diese etwas aus der Tat erlangt haben. Außerdem darf der Verfall nur angeordnet werden, wenn gegen den jeweiligen Betroffenen keine Geldbuße festgesetzt wird. Aus welchem Grund die Geldbuße nicht verhängt wird, ist unerheblich.[182] Der Verfall kann auch selbstständig angeordnet werden, § 29a Abs. 4 OWiG. Eine Verfallsanordnung gegen **unbeteiligte Dritte** ist nach § 29a Abs. 2 OWiG möglich, wenn diese etwas aus der Tat erlangen und der Täter für den Dritten gehandelt hat. Dritter kann eine natürliche oder juristische Person sein, auch eine rechtsfähige Personengesellschaft.[183] Stets ist erforderlich, dass eine Identität zwischen dem Vorteilsempfänger und demjenigen besteht, zu dessen Gunsten der Täter handelt. Erfasst sind auch die Fälle der Gewinnteilung und Belohnung, soweit Letztere aus dem Gewinn fließt.[184] Der Täter handelt für einen anderen, wenn er mit der Tat die Angelegenheiten des Dritten wahrnimmt, wobei eine objektive Berührung des fremden Aufgabenkreises genügt. Kenntnis des Dritten vom Handeln des Täters ist nicht erforderlich. Der Täter muss freilich derart im Einflussbereich des Dritten stehen, dass dieser in der Lage ist, die Tat bzw. ihren Bezug zur eigenen Sphäre zu verhindern.[185] Dies betrifft vor allem Fälle, in denen der Täter zugunsten einer juristischen Person oder einer Personenvereinigung gehandelt hat, soweit nicht § 30 OWiG eingreift.[186]

d) Die Höhe des Verfallbetrages wird durch den Wert des Erlangten begrenzt. Zulässig ist 77 auch eine niedrigere Festsetzung. Wertsteigerungen, die nach der Tat eintreten, sind bei der Bemessung des Verfallbetrages auch dann berücksichtigungsfähig, wenn der Wert bis zur Entscheidung der Behörde wieder sinkt.[187] Schätzungen sind nach § 29a Abs. 3 S. 1 OWiG zulässig. Nach dem Willen des Gesetzgebers gilt das **Bruttoprinzip.**[188]

3. Verbandsgeldbuße. – Verwirklicht ein Organwalter bzw. eine mit leitenden Geschäfts- 78 führungsaufgaben betraute Person einen der in § 149 Abs. 1 geschilderten Tatbestände, dann kann gemäß § 30 OWiG auch gegen den Verband, für den er handelte, eine Geldbuße

179 KKOWiG/*Mitsch*, § 29a RdNr. 30.
180 BT-Drs. 10/318, S. 15, 37; eingehend dazu jetzt: BGHSt. 45, 235, 245 ff. = NJW 2000, 297.
181 Zum Ganzen: KKOWiG/*Mitsch*, § 29a RdNr. 31.
182 BT-Drs. 10/318, S. 37; *Göhler*, § 29a RdNr. 6.
183 *Bohnert*, § 29a RdNr. 18.
184 KKOWiG/*Mitsch*, § 29a RdNr. 32.
185 KKOWiG/*Mitsch*, § 29a RdNr. 36.
186 BT-Drs. 10/318, S. 13, 35 f.
187 KKOWiG/*Mitsch*, § 29a RdNr. 42.
188 BT-Drs. 12/1134, S. 5 f., 12. Vgl. OLG Celle NStZ 1997, 554, 556. Einzelheiten bei *Göhler*, § 29a RdNr. 4 ff.; kritisch zum Bruttoprinzip: KKOWiG/*Mitsch*, § 29a RdNr. 45.

verhängt werden. Die **Rechtsnatur** der Verbandsgeldbuße ist noch ungeklärt.[189] Teilweise wird sie wegen Verstoßes gegen das Schuldprinzip als verfassungswidrig angesehen.[190]

79 **a) Normadressat** von § 30 Abs. 1 OWiG sind neben allen juristischen Personen des privaten und des öffentlichen Rechts (Nr. 1), auch der nichtrechtsfähige Verein (Nr. 2) und alle rechtsfähigen Personengesellschaften (Nr. 3). Ein Rechtsformwechsel schließt die Ahndbarkeit nicht aus.[191]

80 **b) Anknüpfungstat** ist die Verwirklichung eines Straftatbestandes gemäß § 148 bzw. einer der Bußgeldtatbestände von § 149 Abs. 1 nur unter drei weiteren Voraussetzungen: Zum einen muss die Straftat bzw. Ordnungswidrigkeit **rechtswidrig und vorwerfbar** bzw. schuldhaft begangen sein, § 1 Abs. 1 OWiG. Zum zweiten muss der Täter gemäß § 30 Abs. 1 OWiG entweder als vertretungsberechtigter Organwalter (Nr. 1 und 2), Gesellschafter (Nr. 3) oder als Bevollmächtigter in leitender Stellung (Nr. 4) handeln. Nach der Rspr. ist dabei unerheblich, ob der Bestellungsakt wirksam ist.[192] Irrelevant ist für sie auch, ob der Täter seine Zuständigkeitsgrenzen überschreitet, solange er zumindest auch im Interesse des Verbandes handelt.[193] Zum Dritten muss die Tat selbst einen besonderen **Verbandsbezug** haben. Der Verbandsbezug ist zum einen gegeben, wenn durch die Straftat bzw. die Ordnungswidrigkeit eine Pflicht verletzt wird, die dem Verband obliegt. Dies ist unstreitig dann der Fall, wenn der Täter eine unternehmens- bzw. betriebsbezogene Sonderpflicht verletzt (s. o. RdNr. 62). Zum anderen sieht das Gesetz den Verbandsbezug darin, dass der Täter durch seine Ordnungswidrigkeit den Verband bereichert hat bzw. dies zumindest bezweckte. Bereicherung meint stets jedes mit dem Begehen der Straftat oder Ordnungswidrigkeit unmittelbar verbundene geldwerte Gut. Mittelbare Vorteile sind hingegen nur dann erfasst, wenn der Täter eine Pflicht übertritt, die gerade dazu dient, derartige Bereicherungen zu unterbinden.[194]

81 **c)** Gemäß § 30 Abs. 2 S. 2 OWiG ist der Bußgeldrahmen für die Verbandsgeldbuße derjenige des § 149 Abs. 2. Bei der **Bemessung** der Verbandsgeldbuße orientiert sich die Rspr. in erster Linie an der Höhe des gegen den Täter erhobenen Vorwurfs.[195] Freilich sind zudem auch unternehmensbezogene Umstände zu berücksichtigen. Dabei ist zum einen maßgeblich, ob zuvor in der Geschäftsleitung des Verbandes bereits ähnliche Verstöße vorgekommen sind. Zum anderen sind jetzt die wirtschaftlichen Verhältnisse des Verbandes zugrunde zu legen.[196] Insbesondere ist ein etwaiger dem Verband zugeflossener Gewinn abzuschöpfen, §§ 30 Abs. 3, 17 Abs. 4 OWiG (§ 149 Abs. 2 S. 2 u. 3).

82 **4. Konkurrenzen.** – Zwischen der Ordnungswidrigkeit nach § 149 Abs. 1 Nr. 2 und der nach § 146 Abs. 2 Nr. 1 GewO besteht **Tateinheit**. Die Geldbuße ist gemäß § 19 Abs. 2 S. 1 OWiG dem § 149 Abs. 2 zu entnehmen. In § 96 Abs. 1 TKG a. F. fehlten Tatbestände, welche die unbefugte Datenerhebung und -verwendung mit Bußgeld bedrohten. Dementsprechend ging man davon aus, dass gemäß § 1 Abs. 4 BDSG und § 1 Abs. 2 TDSV auf

---

189 Eingehender Überblick bei KKOWiG/*Rogall*, § 30 RdNr. 2 ff.
190 *Köhler*, Strafrecht, S. 557 ff. m. w. N.
191 BGH wistra 1986, 221, 222; eingehend dazu *Göhler*, § 30 RdNr. 38 ff.
192 BGHSt. 21, 101, 104 = NJW 1966, 2225; a. M. KKOWiG/*Rogall*, § 30 RdNr. 70 m. w. N.
193 BGH NStZ 1997, 30.
194 KKOWiG/*Rogall*, § 30 RdNr. 82.
195 BGH wistra 1991, 268 f.; OLG Hamm wistra 2000, 393, 395.
196 Näher OLG Hamm wistra 2000, 433.

den Katalog der Ordnungswidrigkeiten von § 43 Abs. 2 BDSG zurückzugreifen war.[197] Nunmehr ist die Datenerhebung und Datenverwendung in den §§ 95 ff., 106, 111, 113 abschließend geregelt und die Verstöße dagegen in § 149 Abs. 1 Nr. 16–18, 29, 34 mit Bußgeld bedroht. Sie gehen als **spezielle Regelungen** vor.[198]

Nach § 43 Abs. 1 soll die RegTP den wirtschaftlichen **Vorteil abschöpfen**, wenn ein Unternehmen gegen eine Verfügung der RegTP oder gegen eine Vorschrift des TKG verstoßen hat.[199] Soweit die Missachtung einer Verfügung der RegTP bzw. die Zuwiderhandlung gegen eine Vorschrift im Katalog von § 149 Abs. 1 besonders erfasst ist, handelt es sich um die **speziellere** Regelung. Soweit die Anordnung von Verfall in Betracht kommt, geht § 43 Abs. 2 ausdrücklich vom Vorrang des § 149 Abs. 1 i. V. m. § 29 a OWiG aus. Nichts anderes gilt aber gegenüber der Verbandsgeldbuße nach § 30 Abs. 1 OWiG, da ihr auch die Funktion der Gewinnabschöpfung zukommt (s. o. RdNr. 81).[200] Offen ist, ob § 43 Abs. 1 die Zurechnung eine Gesetzesverstoßes zu einem Unternehmen auch dann ermöglicht, wenn es nicht um ein Handeln eines der in § 30 Abs. 1 OWiG genannten Personen geht. **83**

XI. Verfahren

Im Bußgeldverfahren gelten die Vorschriften über das Strafverfahren, namentlich die StPO und das GVG, sinngemäß, soweit die §§ 35–110 OWiG keine abweichende Regelung enthalten, § 46 Abs. 1 OWiG. Deren Sinn ist meist die Verfahrensvereinfachung. **84**

1. Das behördliche Bußgeldverfahren. – a) Für die Verfolgung von Ordnungswidrigkeiten nach § 149 Abs. 1 ist nach § 36 Abs. 1 Nr. 1 OWiG i. V. m. § 149 Abs. 3 die RegTP sachlich ausschließlich zuständig. Lediglich im Falle des § 40 OWiG kommt eine **Zuständigkeit** der Staatsanwaltschaft in Betracht. **85**

b) Im Ordnungswidrigkeitenrecht gilt durchgängig der **Opportunitätsgrundsatz**, § 47 Abs. 1 OWiG. Er erlaubt es, nach pflichtgemäßem Ermessen von der Verfolgung abzusehen. Der Gleichheitssatz gebietet zwar, in vergleichbaren Fällen die Ahndung gleichmäßig zu handhaben. Das schließt aber nicht aus, dass ein geduldetes Verhalten in einem Fall das Einschreiten in einem anderen Fall verbietet.[201] Die RegTP kann das bei ihr anhängige Verfahren nach § 47 Abs. 1 S. 2 OWiG jederzeit einstellen. Gleiches gilt für die Staatsanwaltschaft, wenn die Befugnisse auf sie nach § 69 Abs. 4 S. 1 OWiG übergegangen sind. Eine Verfahrenseinstellung mangels hinreichenden Tatverdachts durch die Staatsanwaltschaft nach § 46 Abs. 1 OWiG i. V. m. § 170 Abs. 2 StPO geht der Einstellung nach § 47 Abs. 1 S. 2, Abs. 2 OWiG vor. Wird das Verfahren bei Gericht anhängig, dann geht die Einstellungsbefugnis nach § 47 Abs. 2 OWiG auf den Richter über.[202] Verweigert sich das Gericht dem Vorschlag der Staatsanwaltschaft, das Verfahren einzustellen, so kann die Staatsanwaltschaft nur noch nach § 71 Abs. 1 OWiG i. V. m. § 411 Abs. 3 StPO den Bußgeldbe- **86**

---

197 BeckTKG-Komm/*Büchner*, § 89 RdNr. 54.
198 Im Übrigen greift § 43 Abs. 2 BDSG ein, vgl. o. § 91 RdNr. 16 f. Sein Bußgeldrahmen ist freilich zur Vermeidung von Wertungswidersprüchen auf den von § 149 Abs. 2 letzter Hs. zu reduzieren.
199 Vgl. § 43 RdNr. 9 ff.
200 Hinsichtlich anderer Vorschriften zur Mehrerlösabschöpfung wird die Verbandsgeldbuße seit jeher als die umfassendere und damit vorrangige Sanktion angesehen, *Göhler*, § 30 RdNr. 37; missverständlich: *Enaux/König*, N&R 2005, 7 f. Vgl. w. § 43 RdNr. 29 ff.
201 *Göhler*, § 39 RdNr. 9, 11 mit Beispielen.
202 *Göhler*, § 47 RdNr. 13.

scheid zurücknehmen. Dadurch wird das Verfahren in den Stand vor Übersendung der Akten an das Gericht zurückversetzt.[203]

87   c) Im **Bußgeldverfahren** hat die RegTP nach § 46 Abs. 2 OWiG grundsätzlich die Rechte und Pflichten, welche die Staatsanwaltschaft im Strafverfahren hat.[204] Die prozessualen Zwangsbefugnisse sind freilich beschränkt, vgl. § 46 Abs. 3 OWiG. Die §§ 127 ff. sind nicht einschlägig. Sie gelten nur für das Verwaltungsverfahren. Vor Verhängung des Bußgeldes ist dem Betroffenen Gelegenheit zur Stellungnahme zu geben, § 55 Abs. 1 OWiG. Kollidiert das Schweigerecht des Betroffenen mit einer der zahlreichen Mitwirkungs- oder Auskunftspflichten aus dem TKG, so dürfen die so erlangten Kenntnisse nach § 127 Abs. 8 S. 2 in bestimmten Bußgeldverfahren nicht zum Nachteil des Betroffenen verwendet werden.[205] § 127 Abs. 8 S. 1 gewährt ein Aussageverweigerungsrecht im Verwaltungsverfahren, wenn der Auskunftsverpflichtete sich durch die Auskunft der Gefahr der Verfolgung einer Ordnungswidrigkeit oder Straftat aussetzt. Gegen Zwangsmaßnahmen im Bußgeldverfahren ist nach §§ 62 Abs. 1, Abs. 2 S. 1, 68 Abs. 1 S. 1 OWiG Antrag auf gerichtliche Entscheidung statthaft.[206]

88   d) Bußgeld und ggf. Nebenfolgen setzt die RegTP durch **Bußgeldbescheid** nach § 65 OWiG fest. Inhaltliche Anforderungen ergeben sich aus § 66 OWiG. Zur Bezeichnung der Tat muss der Tatbestand der Ordnungswidrigkeit nach § 66 Abs. 1 Nr. 3 OWiG unter Angabe der Tatsachen, welche die einzelnen Tatbestandsmerkmale erfüllen, den geschichtlichen Lebensvorgang so konkret schildern, dass jeder Betroffene ohne großen Aufwand erkennen kann, gegen welchen Vorwurf er seine Verteidigung richten muss.[207]

89   e) **Verfahren bei Verbandsgeldbuße:** Grundsätzlich ist gegen den Täter der Anknüpfungstat und den Verband in einem einheitlichen Bußgeldverfahren vorzugehen. Wenngleich die Rspr. in der Verhängung einer Geldbuße sowohl gegen den Täter als auch gegen den Verband selbst dann keinen Verstoß gegen Art. 103 Abs. 3 GG sieht, falls dieser Anteilseigner ist[208], so sind die Rückwirkung der Verbandsgeldbuße auf das private Vermögen des Täters dennoch bei der Bemessung der gegen ihn anzuordnenden Geldbuße zu berücksichtigen.[209] Kann die Anknüpfungstat aus rechtlichen Gründen nicht verfolgt werden, scheidet auch eine Verbandsgeldbuße aus, § 30 Abs. 4 S. 3 1. Hs. OWiG.[210] Solange das Verfahren gegen den Täter schwebt, ist die Festsetzung einer Verbandsgeldbuße nicht zulässig.[211] Wird der Täter hingegen aus tatsächlichen Gründen nicht verfolgt oder das Verfahren aus Opportunitätsgründen gegen ihn eingestellt, dann ist auch ein selbstständiges Verfahren gegen den Verband statthaft, § 30 Abs. 4 S. 1 OWiG.[212] Eine Verbandsgeldbuße ist daher auch zulässig, wenn die Identität des Täters zweifelhaft bleibt.[213] Um dem Erfor-

203 KKOWiG/*Bohnert*, § 47 RdNr. 23.
204 BeckTKG-Komm/*Ehmer*, § 96 RdNr. 28.
205 Vgl. dazu auch allgemein BGHSt. 37, 340, 342 f. = NJW 1991, 2844; näher: *Göhler*, § 55 RdNr. 8 a; KK-OWiG/*Wache*, § 55 RdNr. 15.
206 KKOWiG/*Kurz*, § 62 RdNr. 1.
207 *Göhler*, § 66 RdNr. 11 f.
208 OLG Hamm NJW 1973, 1853; zust. KKOWiG/*Rogall*, § 30 RdNr. 156.
209 *Göhler*, § 30 RdNr. 29.
210 Näher *Göhler*, § 30 RdNr. 42.
211 BT-Drs. 10/318, S. 41; vgl. a. BGH wistra 1990, 67.
212 Näher: KKOWiG/*Rogall*, § 30 RdNr. 147 ff.
213 BGH NStZ 1994, 346.

dernis von § 66 Abs. 1 Nr. 1 OWiG zu genügen, reicht es aus, die Firma, den Firmensitz und mindestens ein vertretungsberechtigtes Organ anzugeben.[214]

f) Verfahren bei Verfallsanordnung: Wird ein Bußgeldverfahren gegen den Täter durch- **90** geführt und soll der Verfall nach § 29a Abs. 2 OWiG **gegenüber einem Dritten** angeordnet werden, so geschieht dies im Bußgeldverfahren, an dem der Dritte nach §§ 46 Abs. 1, 87 OWiG, § 442 Abs. 1, 2 StPO zu beteiligen ist. Gegen den Täter und den Dritten kann der Verfall im selbstständigen Verfahren angeordnet werden, vgl. §§ 29a Abs. 4, 87 Abs. 3, 6 OWiG.

2. Einspruch. – Der Einspruch gegen den Bußgeldbescheid ist **innerhalb von zwei Wo- 91 chen** bei der Verwaltungsbehörde einzulegen, die ihn erlassen hat, § 67 Abs. 1 OWiG. In einem Zwischenverfahren prüft sie dann nochmals, ob sie den Bußgeldbescheid aufrechterhält. Auch eine Verschlechterung zu Lasten des Betroffenen ist möglich. Erhält die Verwaltungsbehörde den Bußgeldbescheid aufrecht, so ist zur Entscheidung über den Einspruch das AG Bonn zuständig.

3. Gerichtliches Verfahren. – **a) Das gerichtliche Verfahren** richtet sich gemäß § 71 **92** Abs. 1 OWiG nach den Vorschriften über den Einspruch gegen einen Strafbefehl. Jedoch gelten auch hier Vereinfachungen. Ist Einspruch zulässig eingelegt, ist nach § 71 Abs. 1 OWiG i.V.m. § 411 Abs. 1 S. 2 StPO grundsätzlich die Hauptverhandlung anzuberaumen. Reformatio in peius ist möglich, § 71 Abs. 1 OWiG i.V.m. § 411 Abs. 4 StPO, soweit nicht der Betroffene den Einspruch nach § 67 Abs. 2 OWiG beschränkt hat.[215] In der Hauptverhandlung besteht zwar nach § 73 Abs. 1 OWiG Anwesenheitspflicht. Von dieser Pflicht kann das Gericht aber nach § 73 Abs. 2 OWiG entbinden, wie auch sonst bei Abwesenheit die Hauptverhandlung nach Maßgabe des § 74 OWiG durchgeführt werden kann. In der Hauptverhandlung gelten nach §§ 77, 77a OWiG Vereinfachungen bei der Beweisaufnahme. In einfachen Sachen kann das Gericht nach § 72 Abs. 1 S. 1 OWiG durch Beschluss entscheiden, wenn nicht der Betroffene oder die Staatsanwaltschaft widersprechen. Hier gilt dann das Verschlechterungsverbot (§ 72 Abs. 3 S. 2 OWiG).

b) Als Rechtsmittel ist lediglich die **Rechtsbeschwerde** statthaft, die den Charakter einer **93** beschränkten Revision hat (vgl. § 79 Abs. 3 S. 1 OWiG). Zulässig ist die Rechtsbeschwerde nur, wenn sie nach § 80 OWiG zugelassen ist oder die Voraussetzungen nach § 79 Abs. 1 Nr. 1–5 OWiG vorliegen, insbesondere wenn die festgesetzte Geldbuße mehr als 250 Euro beträgt. Zuständig für die Rechtsbeschwerde ist nach § 79 Abs. 3 S. 1 OWiG i.V.m. § 121 Abs. 1 Nr. 1a GVG, § 80a Abs. 1 OWiG das Oberlandesgericht Köln.

4. Verjährung. – Für die Verjährung der Ordnungswidrigkeiten nach § 149 Abs. 1 gelten **94** die §§ 31ff. OWiG. Tritt Verfolgungs- (§ 31 OWiG) oder Vollstreckungsverjährung (§ 34 OWiG) ein, liegt ein **Verfahrenshindernis** vor. Die Verfolgungsverjährung beginnt mit Beendigung der ordnungswidrigen Handlung, § 31 Abs. 3 S. 1 OWiG, die Vollstreckungsverjährung mit Rechtskraft der Bußgeldbescheides, § 34 Abs. 3 OWiG. Bei Ordnungswidrigkeiten nach § 149 Abs. 1 Nr. 1, 2, 3, 4 lit. c, 14, 25, 28, 32, 33, 35 beträgt die Verfolgungsverjährungsfrist nach § 31 Abs. 2 Nr. 2 OWiG zwei Jahre. Alle anderen Bußgeldtatbestände verjähren dagegen nach § 31 Abs. 2 Nr. 1 OWiG in drei Jahren. Vollstreckungsverjährung tritt schließlich einheitlich in fünf Jahren ein, § 34 Abs. 2 Nr. 1 OWiG.

---

214 Näher HansOLG Hamburg wistra 1998, 278.
215 *Göhler*, § 67 RdNr. 34.

Teil 11: Übergangs- und Schlussvorschriften

§ 150 Übergangsvorschriften

(1) Die von der Regulierungsbehörde vor Inkrafttreten dieses Gesetzes getroffenen Feststellungen marktbeherrschender Stellungen sowie die daran anknüpfenden Verpflichtungen bleiben wirksam, bis sie durch neue Entscheidungen nach Teil 2 ersetzt werden. Dies gilt auch dann, wenn die Feststellungen marktbeherrschender Stellungen lediglich Bestandteil der Begründung eines Verwaltungsaktes sind. Satz 1 gilt entsprechend für Verpflichtungen nach den §§ 36, 37 und 39 Alternative 2 des Telekommunikationsgesetzes vom 25. 7. 1996 (BGBl. I S. 1120).

(2) Unternehmen, die auf Grund des Telekommunikationsgesetzes vom 25. 7. 1996 (BGBl. I S. 1120) angezeigt haben, dass sie Telekommunikationsdienstleistungen erbringen oder Lizenznehmer sind, sind unbeschadet der Verpflichtungen nach § 144 Abs. 1 Satz 1 nicht meldepflichtig nach § 6.

(3) Bestehende Frequenz- und Nummernzuteilungen sowie Wegerechte, die im Rahmen des § 8 des Telekommunikationsgesetzes vom 25. 7. 1996 (BGBl. I S. 1120) erteilt wurden, bleiben wirksam. Das Gleiche gilt auch für vorher erworbene Rechte, die eine Frequenznutzung gewähren.

(4) Soweit Frequenznutzungs- und Lizenzrechte auf Märkten vergeben sind, für die auf Wettbewerb oder Vergleich beruhende Auswahlverfahren durchgeführt wurden, gelten die damit erteilten Rechte und eingegangenen Verpflichtungen fort. Dies gilt insbesondere auch für die im Zeitpunkt der Erteilung der Mobilfunklizenzen geltende Verpflichtung, Diensteanbieter zuzulassen.

(5) Bis zum 30. 6. 2008 wird § 21 Abs. 2 Nr. 3 mit der Maßgabe angewendet, dass Anschlüsse nur in Verbindung mit Verbindungsleistungen zur Verfügung gestellt werden müssen.

(6) § 48 Abs. 2 Nr. 2 gilt für Geräte, die ab dem 1. 1. 2005 in Verkehr gebracht werden.

(7) Bis zum Erlass eines Frequenznutzungsplans nach § 54 erfolgt die Frequenzzuteilung nach Maßgabe der Bestimmungen des geltenden Frequenzbereichszuweisungsplans.

(8) Auf Verleihungen nach § 2 Abs. 1 des Gesetzes über Fernmeldeanlagen in der Fassung der Bekanntmachung vom 3. 7. 1989 (BGBl. I S. 1455) und auf Lizenzen oder Frequenzen, die nach den §§ 10, 11 und 47 Abs. 5 des Telekommunikationsgesetzes vom 25. 7. 1996 (BGBl. I S. 1120) zugeteilt wurden, findet § 62 Abs. 1 bis 3 für den in diesen Lizenzen und Frequenzen festgelegten Geltungszeitraum keine Anwendung.

(9) Beabsichtigt die Deutsche Telekom AG die in § 78 Abs. 2 genannten Universaldienstleistungen nicht in vollem Umfang oder zu schlechteren als in diesem Gesetz genannten Bedingungen anzubieten, hat sie dieses der Regulierungsbehörde ein Jahr vor Wirksamwerden anzuzeigen.

(10) An die Stelle der Rechtsverordnung nach § 110 Abs. 2 tritt bis zum Inkrafttreten einer entsprechenden Verordnung die Telekommunikations-Überwachungsverord-

nung vom 22. 1. 2002 (BGBl. I S. 458), zuletzt geändert durch Art. 328 der Verordnung vom 25. 11. 2003 (BGBl. I S. 2304).

(11) An die Stelle der Technischen Richtlinie nach § 110 Abs. 3 tritt bis zur Herausgabe einer entsprechenden Richtlinie die auf der Grundlage des § 11 der Telekommunikations-Überwachungsverordnung erlassene Technische Richtlinie in der zum Zeitpunkt des Inkrafttretens des § 110 gültigen Fassung.

(12) Für Vertragsverhältnisse, die am Tag des Inkrafttretens dieser Vorschrift bereits bestehen, hat der nach § 112 Abs. 1 Verpflichtete Daten, über die er auf Grund zurückliegender Datenerhebungen verfügt, unverzüglich in die Kundendatei nach § 112 Abs. 1 zu übernehmen. Für Verträge, die nach Inkrafttreten des § 112 geschlossen werden, sind die Daten, soweit sie infolge der bisherigen Dateistruktur noch nicht in die Kundendatei eingestellt werden können, unverzüglich nach Anpassung der Kundendatei einzustellen. An die Stelle der Technischen Richtlinie nach § 112 Abs. 3 Satz 3 tritt bis zur Herausgabe einer entsprechenden Richtlinie die von der Regulierungsbehörde auf der Grundlage des § 90 Abs. 2 und 6 des Telekommunikationsgesetzes vom 25. 7. 1996 (BGBl. I S. 1120) bekannt gegebene Schnittstellenbeschreibung in der zum Zeitpunkt des Inkrafttretens des § 112 gültigen Fassung.

(13) Die Zulässigkeit des Rechtsmittels gegen eine gerichtliche Entscheidung richtet sich nach den bisher geltenden Vorschriften, wenn die gerichtliche Entscheidung vor dem Inkrafttreten dieses Gesetzes verkündet oder von Amts wegen anstelle einer Verkündung zugestellt worden ist.

(14) Auf vor dem Inkrafttreten dieses Gesetzes gestellte Anträge nach § 99 Abs. 2 der Verwaltungsgerichtsordnung sind die bisherigen Vorschriften anwendbar.

Schrifttum: *Attendorn*, LG München I: Resale – debitel v. O$_2$, MMR 2003, 541; *Fragstein/Rädler*, Resale-Verpflichtungen der Mobilfunknetzbetreiber nach neuen EU-Recht?, MMR 8/2002, XXIV; *Jarass/Pieroth*, Grundgesetz für die Bundesrepublik Deutschland, 7. Aufl. 2004; *Koenig/Koch*, Die Resale-Verpflichtung von Mobilfunknetzbetreibern nach dem neuen gemeinschaftlichen TK-Rechtsrahmen, MMR 2002, 439; *Rädler/Elspaß*, Regulierung im Winterschlaf?, CR 2004, 418; *Scherer/Mögelin*, Regulierung im Übergang, K&R-Beil. 4/2004, 3; *Tschentscher/Bosch*, Rechtsfragen im Umfeld des In-Kraft-Tretens des neuen TKG, K&R-Beil. 4/2004, 14.

Übersicht

I. Normzweck

Als Übergangsvorschrift enthält § 150 mit seinen 14 Absätzen ein Potpourri von Regelun- 1
gen, das unterschiedliche Bereiche betrifft. Sein Anwendungsbereich wird sich nach In-Kraft-Treten des TKG entsprechend seiner Eigenschaft als Übergangsvorschrift im Laufe der Zeit minimieren. In der Gesetzesbegründung wird ausgeführt, dass mit der Norm zum einen europarechtliche Vorgaben umgesetzt werden, zum anderen die Regelungen mit Blick auf bisher erteilte Rechte dem Ziel dienen, den Marktteilnehmern die notwendige Rechtssicherheit zu geben und unnötigen bürokratischen Aufwand zu vermeiden.[1]

II. Entstehungsgeschichte

§ 150 war in seiner heutigen Form im Großen und Ganzen bereits im ersten Gesetzesent- 2
wurf enthalten. Im Laufe des Gesetzgebungsverfahrens kamen noch die folgenden Änderungen und Ergänzungen hinzu: Abs. 1 erhielt seinen Satz 3 erst durch die Ergebnisse des Vermittlungsausschusses.[2] In Abs. 2 wurde der Hinweis auf § 144 Abs. 1 S. 1 erst aufgrund der Beschlussempfehlung des Ausschusses für Wirtschaft und Arbeit[3] eingefügt. Abs. 4 erhielt zunächst durch die Empfehlung des Ausschusses für Wirtschaft und Arbeit einen anderen Wortlaut, bis er den jetzigen Wortlaut aufgrund der Empfehlung des Vermittlungsausschusses bekam. Abs. 5 wurde aufgrund der Ergebnisse des Vermittlungsausschusses, Abs. 8 aufgrund der Empfehlung des Ausschusses für Wirtschaft und Arbeit neu eingefügt.

III. Erläuterung der Norm

1. Feststellungen marktbeherrschender Stellungen sowie die daran anknüpfenden 3
Verpflichtungen (Abs. 1). – Der erste Absatz des § 150 enthält die für die ersten Monate nach In-Kraft-Treten des neuen TKG wohl bedeutsamste und auch strittigste Regelung der Übergangsvorschrift. Sie dient der Gewährleistung eines „nahtlosen" Übergangs von altem zu neuem TKG, um keine **Regulierungslücke** entstehen zu lassen. Nach den Sätzen 1 und 2 sind die von der RegTP unter TKG 1996 getroffenen Feststellungen marktbeherrschender

---

1 Gesetzentwurf der Bundesregierung Entwurf eines Telekommunikationsgesetzes (TKG) 17. 10. 2003, BR-Drs. 755/03, S. 73, hier noch als § 148 TKG-E.
2 Beschlussempfehlung des Vermittlungsausschusses zu dem Telekommunikationsgesetz (TKG) vom 5. 5. 2004, BT-Drs. 15/3063.
3 Beschlussempfehlung des Ausschusses für Wirtschaft und Arbeit (9. Ausschuss) vom 10. 3. 2004, BT-Drs. 15/2674.

Stellungen, auch wenn sie nicht im Tenor sondern nur in der Begründung des Verwaltungsaktes getroffen sind (S. 2), sowie die daran anknüpfenden Verpflichtungen wirksam, bis sie durch neue Entscheidungen der RegTP über die Marktregulierung nach Teil 2 des TKG ersetzt werden. Nach Satz 3 gilt dies entsprechend für die Verpflichtungen nach den §§ 36, 37 und 39 Alt. 2 des TKG 1996.

4 Problematisch ist der Übergang von TKG 1996 zu TKG 2004 insbesondere deshalb, weil mit ihm ein **Systemwechsel** bei der Auferlegung von Regulierungsmaßnahmen gegenüber Unternehmen mit beträchtlicher Marktmacht einhergeht. Anders als nach TKG 1996 hat die RegTP gem. § 10 Abs. 1 unverzüglich nach dem In-Kraft-Treten des Gesetzes in einem allgemeinen, also nicht einzelfallbezogenen Verfahren die sachlich und räumlich relevanten Telekommunikationsmärkte festzustellen, die für eine Regulierung nach den Vorschriften des zweiten Teils in Betracht kommen. Sie prüft ferner gem. § 11, ob auf den untersuchten Märkten wirksamer Wettbewerb besteht oder ein oder mehrere Unternehmen mit beträchtlicher Marktmacht auf den jeweiligen Märkten vorhanden sind. Erst nach Durchführung der Marktdefinition und der darauf basierenden Marktanalyse kann die RegTP Regulierungsverfügungen gem. § 13 gegenüber Unternehmen mit beträchtlicher Marktmacht erlassen. Dabei kommt als weiterer Zeitfaktor hinzu, dass das Konsultations- und Konsolidierungsverfahren gem. § 12 durchzuführen ist, bevor eine Regulierungsverfügung erlassen werden kann. Es liegt auf der Hand, dass daher eine Durchführung dieses Verfahrens bis zum Erlass von Regulierungsverfügungen unmittelbar nach In-Kraft-Treten des TKG 2004 schwer möglich ist.

5 Fraglich ist daher, auf welcher Rechtsgrundlage die Entscheidungen der RegTP bis zum Abschluss des ersten Marktanalyseverfahrens nach den §§ 11 ff. ergehen können. Problematisch sind hier folgende **Fallkonstellationen:** (1) Verfahren, die auf Grundlage der Vorschriften des TKG 1996 zeitlich befristet entschieden wurden und bei denen die Befristung nach In-Kraft-Treten des TKG 2004, aber vor Abschluss des ersten Marktanalyseverfahrens ausläuft. (2) Auf Grundlage des TKG 1996 eingeleitete Verfahren, die nach In-Kraft-Treten des TKG 2004, aber vor Abschluss des ersten Marktanalyseverfahrens zu entscheiden sind. (3) Nach In-Kraft-Treten des TKG 2004 eingeleitete Verfahren, die vor Abschluss des ersten Marktanalyseverfahrens zu entscheiden sind.

6 Da jedoch die Vorschriften des TKG 1996 grundsätzlich gem. § 152 mit In-Kraft-Treten dieses Gesetzes außer Kraft treten, ist im Rahmen der Auslegung des § 150 strittig, welche Rechtsvorschriften die RegTP ihren Entscheidungen in dem Zeitraum zwischen In-Kraft-Treten des TKG 2004 und dem Abschluss des ersten Marktanalyseverfahrens zugrunde zu legen hat. Denkbar sind folgende **Auslegungen:** (a) § 150 bezieht sich ausschließlich auf Feststellungen zur marktbeherrschenden Stellung, die in Verwaltungsakten der RegTP getroffen wurden und fortgelten. (b) Bis zum Abschluss des ersten Marktanalyseverfahrens und Erlass von Regulierungsverfügungen nach TKG 2004 gelten die gesetzlichen Regelungen des TKG 1996, die Verpflichtungen für marktbeherrschende Unternehmen begründen, weiterhin fort und sind Grundlage für die bis dahin von der RegTP zu erlassenden Entscheidungen. (c) Die gesetzlichen Regelungen des TKG 1996, die Verpflichtungen für marktbeherrschende Unternehmen begründen, gelten fort, werden jedoch im Rahmen der Verfahrensvorschriften des TKG 2004 angewendet. (d) Nach In-Kraft-Treten des TKG 2004 finden dessen Vorschriften ausschließlich Anwendung für Entscheidungen der RegTP. Für die weiten Auslegungen (b) und (c) spräche, dass Verwaltungsakte der RegTP grundsätzlich auch bei einer nachträglichen Änderung der Rechtslage gem. § 43 Abs. 2

VwVfG wirksam bleiben und gem. § 49 VwVfG widerrufen werden könnten[4], so dass eine Regelung des § 150 Abs. 1, die lediglich die Fortgeltung dieser Verwaltungsakte gegenüber marktbeherrschenden Unternehmen normiert, überflüssig wäre.

Grundsätzlich ist das zum Zeitpunkt des Erlasses einer Behördenentscheidung **geltende** 7 **Recht** anzuwenden.[5] Nicht relevant ist die Gesetzeslage, die bei Beginn des Verwaltungsverfahrens bestand.[6] Etwas anderes gälte nur, wenn dies gesetzlich ausdrücklich geregelt ist. So könnte § 150 Abs. 1 eine von diesem Grundsatz abweichende Regelung enthalten.

a) Der Wortlaut des § 150 Abs. 1. – Zunächst ist der Wortlaut der S. 1 und 2 zu untersu- 8 chen. Demnach ergibt sich aus **Satz 1 Alternative** 1 „Die von der Regulierungsbehörde […] getroffenen Feststellungen marktbeherrschender Stellungen […] bleiben wirksam". Da die von der RegTP getroffenen Feststellungen gem. § 73 Abs. 1 S. 2 TKG 1996 Verwaltungsakte sind, spricht Satz 1 Alternative 1 zunächst nur für eine Fortgeltung der von der RegTP erlassenen Verwaltungsakte, nicht von der Fortgeltung der abstrakt-generellen gesetzlichen Vorschriften des TKG 1996.

Ferner bleiben nach dem Wortlaut des **Satz 1 Alternative 2** auch „... die daran anknüpfen- 9 den Verpflichtungen…" wirksam. Dieser Wortlaut könnte die Fortgeltung der aufgrund des Bestehens einer marktbeherrschenden Stellung anzuwendenden Vorschriften des TKG 1996 vorschreiben. Dann würden all diejenigen Vorschriften des TKG 1996 weiterhin auch nach In-Kraft-Treten des TKG 2004 anzuwenden sein, die im Tatbestand die Voraussetzung einer marktbeherrschenden Stellung enthalten, bis eine Entscheidung der RegTP auf Grundlage des TKG 2004 erfolgt ist. Jedoch lässt die Wortlautauslegung ebenfalls zu, dass nur die an die getroffene Feststellung anknüpfenden Verpflichtungen, welche die RegTP in ihren Verwaltungsakten für das jeweilige Unternehmen als Verpflichtungen in Folge einer marktbeherrschenden Stellung benannt hat, fortgelten, nicht jedoch die abstrakten gesetzlichen Regelungen des TKG 1996[7].

Für eine Begrenzung der Rechtswirkung des § 150 Abs. 1 auf Verwaltungsakte der RegTP 10 spricht des Weiteren auch die Formulierung, dass die Feststellungen und die daran anknüpfenden Verpflichtungen „**wirksam**" bleiben sollen. Diese Terminologie begrenzt die Anwendung des § 150 Abs. 1 auf die Fortgeltung der Verwaltungsakte der RegTP, da nur Verwaltungsakte gem. § 43 VwVfG „wirksam" werden.

Zu dem gleichen Ergebnis kommt man, wenn man den Wortlaut des § 150 Abs. 1 mit dem 11 des § 152 Abs. 1 S. 2 vergleicht. Dieser sieht die Fortgeltung von gesetzlichen Vorschriften des TKG 1996 bzw. TKG 2003 vor: die §§ 43a und 43b, 96 Abs. 1 Nr. 9a bis 9f i.V.m. Abs. 2 Satz 1 und § 97 Abs. 6 und 7 des TKG 1996. Jedoch spricht § 152 von einer „weiteren Anwendung", nicht von „wirksam bleiben" dieser gesetzlichen Vorschriften. Auch dieser Vergleich führt zu der Schlussfolgerung, dass § 150 Abs. 1 sich lediglich auf die Fortgeltung von Verwaltungsakten der RegTP bezieht.

---

4 *Kopp/Ramsauer*, VwVfG, § 43 RdNr. 18, § 48 RdNr. 24.
5 BVerwGE 13, 28, 30 f.; 78, 243, 244 f.; 59, 148, 159 f.; VG Köln CR 2003, 831, 833; *Stelkens/Bonk/ Sachs/Sachs*, VwVfG, § 44 RdNr. 15 und § 9 RdNr. 127.
6 *Kopp/Schenke*, VwGO, § 113 RdNr. 31 ff.
7 So auch *Scherer/Mögelin*, K&R-Beil. 4/2004, 3, 5 f.; *Tschentscher/Bosch*, K&R-Beil. 4/2004, 14, 15; a.A. *Rädler/Elspaß*, CR 2004, 418, 419.

12   Ferner wird dieses Ergebnis auch durch die Auslegung des Satzes 1 „… bleiben wirksam, bis sie durch neue Entscheidungen nach Teil 2 ersetzt werden." untermauert. Die Betonung „**neue Entscheidungen**" lässt den Schluss zu, dass dadurch nur alte Entscheidungen, und damit die Verwaltungsakte der RegTP, ersetzt werden.

13   Auch der Wortlaut des **Satzes 3** führt nicht zwingend zu einem anderen Ergebnis, da er die **entsprechende** Anwendung des Satzes 1 auf die Verpflichtungen nach den §§ 36, 37 und 39 Alternative 2 des TKG 1996 vorsieht. Satz 3 ist damit im Hinblick auf die Auslegung der Sätze 1 und 2 zu bewerten. Damit ist ausreichend Raum für die Auslegung gegeben, dass darunter ebenfalls lediglich die Verpflichtungen zu verstehen sind, die sich aufgrund einer Zusammenschaltungsanordnung auf Grundlage der §§ 36, 37 oder Entgeltentscheidungen auf Grundlage des § 39 Alternative 2 ergeben.[8] Der Wortlaut lässt offen, ob Satz 3 nur die Fortgeltung von Zusammenschaltungsanordnungen und Entgeltentscheidungen von marktbeherrschenden Unternehmen normieren will, ist jedoch im Ergebnis zu verneinen.[9]

14   Die Auslegung des Wortlauts des § 150 Abs. 1 rechtfertigt somit die **engen Auslegungen** (a) und (d), wonach § 150 Abs. 1 die Weitergeltung der Feststellungen zur marktbeherrschenden Stellung und die dadurch begründeten Verpflichtungen erfasst und ab In-Kraft-Treten des TKG 2004 ausschließlich dessen Vorschriften zur Anwendung gelangen. Für die **weiten Auslegungen** (b) und (c), die eine Fortgeltung der abstrakt-generellen Vorschriften des TKG 1996 beinhalten, enthält der Wortlaut des § 150 Abs. 1 jedoch keine zwingenden Vorgaben.

15   **b) Historische Auslegung des § 150 Abs. 1.** – Der Text des § 150 Abs. 1 S. 1 und 2 fand sich bereits im ersten Gesetzesentwurf der Bundesregierung.[10] Die **Begründung zum Gesetzesentwurf** führt dazu aus: „Die Vorschrift enthält zwei Vorgaben: Zum einen gilt die Festlegung der Marktbeherrschung fort. Hieraus folgt, dass die in diesem Gesetz enthaltenen Eingriffsbefugnisse, die aufgrund beträchtlicher Marktmacht bestehen, auch für diese „Altfälle" bis zum Abschluss des Marktanalyseverfahrens anwendbar sind. Darüber hinaus werden die nach bisherigem TKG unmittelbar geltenden und festgestellten Verpflichtungen (u. a. Zugangs- und Zusammenschaltungsverpflichtungen) und Entscheidungen bezüglich marktbeherrschender Unternehmen ausdrücklich fortgeschrieben. Nach Durchführung des Marktanalyseverfahrens sind die Verpflichtungen entweder aufzuheben oder mittels Verwaltungsakt erneut aufzuerlegen. Gleiches gilt für die Feststellung der Marktbeherrschung."[11]

16   Die **erste Vorgabe** nach der Gesetzesbegründung betrifft die Fortgeltung der Feststellung der Marktbeherrschung. In der Begründung wird ausgeführt, dass daher die in **diesem** Gesetz enthaltenen Eingriffsbefugnisse, die aufgrund **beträchtlicher Marktmacht** bestehen, auch für diese „Altfälle" bis zum Abschluss des Marktanalyseverfahrens anwendbar sind. Eine Fortgeltung der Eingriffsbefugnisse des TKG 1996 – der abstrakten gesetzlichen Vor-

---

8   So auch *Tschentscher/Bosch*, K&R-Beil. 4/2004, 14, 16.
9   So auch *Scherer/Mögelin*, K&R-Beil. 4/2004, 3, 6; Siehe auch RdNr. 19.
10   Gesetzentwurf der Bundesregierung Entwurf eines Telekommunikationsgesetzes (TKG) 17. 10. 2003, BR-Drs. 755/03, S. 73.
11   Gesetzentwurf der Bundesregierung Entwurf eines Telekommunikationsgesetzes (TKG) 17. 10. 2003, BR-Drs. 755/03, S. 145.

schriften – lässt sich auf der Basis dieser Gesetzesbegründung nicht darlegen. Denn bei den Vorschriften des TKG 1996 handelte es sich um Eingriffsbefugnisse, die aufgrund einer marktbeherrschenden Stellung bestanden. „Beträchtliche Marktmacht" ist jedoch eine Terminologie, die erst mit dem TKG 2004 in das deutsche Telekommunikationsrecht eingeführt wurde.

Daher kann diese Begründung nur so verstanden werden, dass die Eingriffsbefugnisse, d. h. **17** die gesetzlichen Vorschriften, „die in diesem Gesetz", dem TKG 2004, enthalten sind, zur Anwendung kommen.[12] Umfasst vom Regelungsbereich des § 150 Abs. 1 ist demnach, dass die Vorschriften des TKG 2004 nach ihrem In-Kraft-Treten für Altfälle Anwendung finden, bevor das Marktanalyseverfahren, welches normalerweise der Anwendung der Eingriffsbefugnisse des TKG 2004 vorausgehen muss, abgeschlossen wurde.[13] Die Feststellungen der marktbeherrschenden Stellung nach TKG 1996 gelten fort und **fingieren** bis zum Abschluss des Marktanalyseverfahrens nach TKG 2004 die Feststellung einer beträchtlichen Marktmacht, die im Rahmen dieses Marktanalyseverfahrens überprüft werden muss. Der RegTP steht die ganze Palette der Eingriffsbefugnisse des TKG 2004 bereits mit In-Kraft-Treten des TKG gegenüber Unternehmen, deren Marktbeherrschung nach TKG 1996 festgestellt wurde, zur Verfügung. Damit gelten die Feststellungen der marktbeherrschenden Stellung der RegTP fort, unabhängig davon, ob es sich um Verwaltungsakte handelt oder nicht, so dass § 150 Abs. 1 eine über den Anwendungsbereich des § 43 Abs. 2 VwVfG hinausgehende Regelung enthält.

Nach der **zweiten Vorgabe**, die in der Gesetzesbegründung aufgeführt wird, sollen die **18** nach dem bisherigen TKG, dem TKG 1996, unmittelbar geltenden und festgestellten Verpflichtungen (u. a. Zugangs- und Zusammenschaltungsverpflichtungen) und Entscheidungen bezüglich marktbeherrschender Unternehmen ausdrücklich fortgeschrieben werden. Damit bezieht die Begründung unbestritten die festgestellten, also die durch Verwaltungsakte der RegTP begründeten Verpflichtungen in den Anwendungsbereich des § 150 Abs. 1 mit ein. Zum anderen sollen nach der Begründung auch die unmittelbar geltenden Verpflichtungen marktbeherrschender Betreiber fortgeschrieben werden. Damit könnte der Gesetzgeber die abstrakt-generellen gesetzlichen Bestimmungen des TKG 1996, die Eingriffsbefugnisse aufgrund einer marktbeherrschenden Stellung enthalten, gemeint haben.[14]

Satz 3 wurde erst kurz vor Ende des Gesetzgebungsverfahrens durch den Vermittlungsaus- **19** schuss in den Wortlaut des Abs. 1 eingefügt.[15] Intention des Vermittlungsausschusses war klarzustellen, dass auch für nicht marktbeherrschende Unternehmen bestehende Verpflichtungen fortgelten.[16] Diese kurze Begründung des Vermittlungsausschusses liefert keine Grundlage für eine Auslegung, die über die bisher erfolgte Wortlautauslegung des Satzes 3 hinausgeht. Denn damit können ebenfalls nur die Verpflichtungen aus Zusammenschal-

---

12 A. A. *Rädler/Elspaß*, CR 2004, 418, 420.
13 Vgl. Begründung zum Gesetzentwurf der Bundesregierung Entwurf eines Telekommunikationsgesetzes (TKG) 17. 10. 2003, BR-Drs. 755/03, S. 143.
14 Vgl. Begründung zum Gesetzentwurf der Bundesregierung Entwurf eines Telekommunikationsgesetzes (TKG) 17. 10. 2003, BR-Drs. 755/03, S. 144; so *Rädler/Elspaß*, CR 2004, 418, 420.
15 Vgl. Beschlussempfehlung des Vermittlungsausschusses zu dem Telekommunikationsgesetz (TKG) vom 5. 5. 2004, BT-Drs. 15/3063, S. 10.
16 Vgl. Punkt 39 des Ergebnisprotokolls der Sitzung vom 3. 5. 2004 der „Arbeitsgruppe Vermittlungsausschuss TKG".

tungsanordnungen der RegTP auf Grundlage der §§ 36, 37 bzw. Entgeltentscheidungen auf Grundlage des § 39 Altnative 2 TKG 1996 gemeint sein.[17]

20 **aa) Europarechtliche Grundlagen.** – In Anbetracht der bisher dargestellten verschiedenen Auslegungsmöglichkeiten sind die europarechtlichen Grundlagen des § 150 Abs. 1 zu untersuchen. Die Regelung des Abs. 1 Satz 1 und 2 dient der Umsetzung der europarechtlichen Vorgaben des **Art. 27 RRL** und des **Art. 7 ZRL**.[18] Art. 27 RRL enthält die Übergangsbestimmung der Rahmenrichtlinie, die in Abs. 1 den Mitgliedstaaten aufgibt, alle im einzelstaatlichen Recht vorgesehenen Verpflichtungen nach Art. 7 ZRL und Art. 16 URL aufrechtzuerhalten, bis eine nationale Regulierungsbehörde gemäß Art. 16 RRL über diese Verpflichtungen beschließt. Der Wortlaut des Art. 27 Abs. 1 RRL lässt auf den ersten Blick die Auslegung zu, dass die im **einzelstaatlichen Recht** vorgesehenen Verpflichtungen, die gesetzlichen Vorschriften des TKG 1996, weiterhin anzuwenden sind, bis Entscheidungen auf Grundlage des Marktanalyseverfahrens von der RegTP getroffen wurden.

21 Art. 27 Abs. 2 RRL sieht für Betreiber öffentlicher Festnetztelefonnetze, die von der NRB als Betreiber mit beträchtlicher Marktmacht bei der Bereitstellung öffentlicher Festnetztelefonnetze und -dienste im Rahmen des Anhangs I Teil 1 der Richtlinie 97/33/EG oder der RL 98/10/EG ausgewiesen wurden, vor, dass diese für die Zwecke der VO 2887/2000 weiterhin als „**gemeldete Betreiber**" betrachtet werden, bis das Verfahren nach Art. 16 RRL abgeschlossen wurde. Für die Bereitstellung der Teilnehmeranschlussleitung sieht Abs. 2 damit ebenfalls eine Fiktion der SMP-Stellung bis zum Abschluss des Marktanalyseverfahrens nach Art. 16 RRL vor.

22 **Art. 7 Abs. 1 ZRL,** auf den Art. 27 RRL maßgeblich verweist, bestimmt, dass die Mitgliedstaaten alle Verpflichtungen aufrechterhalten, die in Bezug auf Zugang und Zusammenschaltung gem. der Artt. 4, 6, 7, 8, 11, 12 und 14 RL 97/33/EG, Art. 16 RL 98/10/EG sowie Artt. 7 und 8 RL 92/44/EG für Unternehmen galten, die öffentliche Kommunikationsnetze bzw. -dienste bereitstellen, so lange, bis diese Verpflichtungen überprüft wurden und eine Feststellung gemäß Abs. 3 des Art. 7 ZRL getroffen wurde. Der Wortlaut des Art. 7 ZRL spricht nun wieder gegen die im Rahmen der Betrachtung des Art. 27 RRL erläuterte Auslegung. Nach dem Wortlaut des Art. 7 kann nämlich nicht die Weitergeltung der abstrakten Vorschriften des alten Rechts gemeint sein. Denn die NRB überprüft in dem Marktanalyseverfahren im Sinne des Art. 16 RRL nicht die abstrakten gesetzlichen Normen. Vielmehr prüft sie die Märkte, um festzustellen, ob wirksamer Wettbewerb besteht, und legt ggf. einzelne Zugangs- oder Zusammenschaltungsverpflichtungen auf. Somit kann Art. 7 ZRL nur die einzelnen, durch Verwaltungsakt der NRB auferlegten Verpflichtungen meinen, die auch weiterhin fortgelten, jedoch nicht abstrakt die zugrunde liegenden Normen ohne Bezug auf eine Entscheidung der NRB.

23 **Art. 7 Abs. 2 ZRL** begrenzt die Verpflichtungen, die gem. Abs. 1 zu überprüfen sind, auf die Märkte, die in **der Empfehlung der Europäischen Kommission** aufgeführt sind.

---

17 RegTP lässt zunächst die Frage offen, vgl. RegTP, MMR 2004, 836, 837; gem. anderer Entscheidungen der RegTP sollen die in den §§ 36, 37, 39 Abs. 2 TKG 1996 innewohnenden Verpflichtungen weiter gelten, als sie gem. §§ 13, 18 TKG 2004 bzw. §§ 13, 21 TKG 2004 grundsätzlich beibehalten werden können, vgl. RegTP Beschluss v. 28. 12. 2004, BK 3b-04/027; a. A. VG Köln, Beschluss v. 11. 4. 2005, das die Weitergeltung abstrakter Verpflichtungen des TKG 1996 verneint.

18 Vgl. Begründung zum Gesetzentwurf der Bundesregierung Entwurf eines Telekommunikationsgesetzes (TKG) 17. 10. 2003, BR-Drs. 755/03, S. 143.

Auch dies spricht dafür, dass es nicht um die Weitergeltung der abstrakt-generellen gesetzlichen Verpflichtungen gehen kann, denn diese galten nicht nur begrenzt für die in der Empfehlung der Kommission aufgeführten Märkte, sondern für sämtliche Telekommunikationsmärkte.

Dieses Zwischenergebnis wird auch durch den Art. 7 ZRL erläuternden Erwägungsgrund **24** 12 ZRL gestützt, der besagt, dass die **auferlegten** Zugangs- und Zusammenschaltungsverpflichtungen in den neuen Rechtsrahmen übernommen werden und dann einer unverzüglichen Überprüfung aufgrund der auf dem Markt herrschenden Bedingungen unterzogen werden.

Eine Auslegung des **Art. 16 URL** führt zu keiner anderen Auslegung als bei Art. 7 ZRL, **25** da diese Vorschrift systematisch diesem gleicht. Demnach haben die Mitgliedstaaten Verpflichtungen für Endnutzertarife für die Bereitstellung des Zugangs zum öffentlichen Telefonnetz und dessen Nutzung nach Art. 17 RL 98/10/EG, für die Betreiberauswahl und Betreibervorauswahl nach der RL 97/33/EG sowie für Mietleitungen nach den Artt. 3, 4, 6, 7, 8 und 10 RL 92/44/EG so lange aufrecht zu erhalten, bis diese Verpflichtungen im Rahmen des Marktanalyseverfahrens überprüft wurden.

Im Rahmen der historischen Auslegung bleibt Folgendes festzuhalten: Zieht man die Gesetzesbegründung des TKG heran, bestätigt sich zum einen, dass Abs. 1 die Fortgeltung **26** der Feststellungen der RegTP vorsieht, zum anderen begründet er die Möglichkeit, mit In-Kraft-Treten des TKG 2004 dessen Regulierungsinstrumentarien gegenüber unter TKG 1996 als marktbeherrschend festgestellte Unternehmen anzuwenden. Darüber hinaus scheint die Gesetzesbegründung auch die weiten Auslegungen einer Fortgeltung der abstrakt-generellen Vorschriften des TKG 1996 zu ermöglichen. Aus der Gesetzesbegründung ließen sich demnach Argumente sowohl für die engen als auch für die weiten Auslegungen (a) bis (d) finden. Die europarechtlichen Grundlagen dagegen stützen eine weite Auslegung des § 150 Abs. 1 nicht.[19]

c) Systematische Auslegung des § 150 Abs. 1. – Gegen eine Weitergeltung der Vorschrif- **27** ten des TKG 1996 in abstrakter, von Einzelentscheidungen der RegTP losgelöster Form spricht ferner die systematische Stellung des § 150 Abs. 1. Diese Regelung befindet sich in der Übergangsvorschrift. Hätte der Gesetzgeber ein späteres Außer-Kraft-Treten einzelner Normen des TKG 1996 normieren wollen, hätte dies in der Vorschrift des § 152 erfolgen müssen. § 152 Abs. 1 enthält gerade Regelungen, die das Außer-Kraft-Treten einiger Vorschriften des TKG 1996 zu einem späteren Zeitpunkt vorsehen. Diese sind in § 152 Abs. 1 abschließend aufgeführt. Somit traten sämtliche Bestimmungen, mit Ausnahme der §§ 43 a und 43 b, 96 Abs. 1 Nr. 9 a bis 9 f i.V. m. Abs. 2 Satz 1 und § 97 Abs. 6 und 7 des TKG 1996 gem. § 152 Abs. 2 am Tag nach der Verkündung des TKG 2004, also am 26. 6. 2004 außer Kraft. Sie sind somit einer Rechtsanwendung entzogen.

d) Teleologische Auslegung des § 150 Abs. 1. – Sinn und Zweck der Übergangsvorschrift **28** ist, eine Regulierungslücke zwischen Außer-Kraft-Treten des TKG 1996 und Anwendung der Regulierungsmaßnahmen des TKG 2004 zu vermeiden. Deshalb sind die engen und weiten Auslegungsmöglichkeiten des Abs. 1 im Hinblick darauf zu prüfen, ob sie geeignet sind, eine solche Regulierungslücke bei den problematischen Fallkonstellationen zu verhindern.

---

19 A. A. *Rädler/Elspaß*, CR 2004, 418, 420.

29 Bei Verfahren, die auf Grundlage der Vorschriften des TKG 1996 zeitlich befristet entschieden wurden und bei denen die Befristung nach In-Kraft-Treten des TKG 2004 aber vor Abschluss des ersten Marktanalyseverfahrens auslaufen, kann eine neue Entscheidung über den Verfahrensgegenstand nach den Vorschriften des TKG 2004 erfolgen, da die Feststellungen der RegTP über eine marktbeherrschende Stellung in diesen Verfahren fortbestehen und das Vorliegen einer **Position mit beträchlicher Marktmacht** im Sinne des § 11 bis zum Abschluss des Marktanalyseverfahrens über § 150 Abs. 1 **fingiert** wird. Das Gleiche gilt auch für auf Grundlage des TKG 1996 oder bereits nach In-Kraft-Treten des TKG 2004 eingeleitete Verfahren, die vor Abschluss der Marktanalyse zu entscheiden sind. Auch Feststellungen der RegTP über das Fehlen einer marktbeherrschenden Stellung gelten gem. § 150 Abs. 1 fort, so dass gegenüber diesen Unternehmen die Vorschriften des TKG 2004 bzgl. Unternehmen ohne beträchtliche Marktmacht bis zu einer Marktanalyse anzuwenden sind.

30 Einer derartigen Auslegung könnte entgegen gehalten werden, dass Regulierungsverfügungen gem. § 13 Abs. 1 grundsätzlich eines **Konsultations- und Konsolidierungsverfahrens** gem. § 12 vorab bedürfen, das bei einer Fiktion der SMP-Position auf der Grundlage der Feststellungen der RegTP nach TKG 1996 somit für Entscheidungen bis zum Abschluss der ersten Marktanalyse umgangen werden würde. Jedoch enthält § 12 Abs. 2 Nr. 4 eine Regelung, auf die § 13 Abs. 1 S. 1 ausdrücklich verweist, die es der RegTP ermöglicht, ohne Durchführung des Verfahrens im Sinne des § 12 **vorläufige Maßnahmen** zu treffen. Voraussetzung hierfür ist das Vorliegen außergewöhnlicher Umstände, die diese Maßnahmen zur Gewährleistung des Wettbewerbs und des Schutzes der Nutzerinteressen erforderlich machen. Die Aufrechterhaltung abstrakt-genereller Vorschriften des TKG 1996 ist somit nicht erforderlich, um Regulierungslücken zu verhindern.

31 **e) Verfassungsrechtliche Grenzen der Auslegung.** – Des Weiteren wäre es aus **verfassungsrechtlichen** Gründen und Gründen der **Rechtsklarheit** bedenklich, wenn die Entscheidungen der RegTP als reine Exekutivakte formelles und materielles Gesetz außer Kraft setzen könnten. Dies wäre mit dem in Art. 20 GG verankerten Grundsatz der **Gewaltenteilung** nicht zu vereinen. Würde man davon ausgehen, dass die Vorschriften des TKG 1996 auch nach In-Kraft-Treten des TKG 2004 anzuwenden wären bis Feststellungen der RegTP im Rahmen des Marktanalyseverfahrens getroffen worden sind, hätte dies zur Folge, dass der Zeitpunkt des Außer-Kraft-Tretens der jeweiligen Normen nicht bestimmbar würde. Denn denkbar ist, dass Vorschriften des TKG 1996 verschiedene von der RegTP gem. §§ 11 ff. zu analysierende Märkte beträfen, jedoch die diesbezüglichen Feststellungen der RegTP zeitlich nicht einheitlich erfolgen würden, so dass fraglich wäre, zu welchem Zeitpunkt die Normen des TKG 1996 außer Kraft träten.

32 In Anbetracht der Regelungsintensität der fraglichen Vorschriften des TKG 1996, das z.B. mit der Verpflichtung des marktbeherrschenden Netzbetreibers auf Zugang zu seinem Netz gem. § 35 TKG 1996 eine grundrechtsrelevante Regelung enthielt, kann die Entscheidung über den Anwendungszeitpunkt dieser Vorschrift nicht bei der RegTP liegen. Nach der in Art. 20 GG verankerten **Wesentlichkeitstheorie** hat der Gesetzgeber „in grundlegenden normativen Bereichen, zumal im Bereich der Grundrechtsausübung, soweit diese staatlichen Regelungen zugänglich ist, alle wesentlichen Entscheidungen selbst zu treffen".[20]

---

20 BVerfGE 61, 260, 275; 49, 89, 126; 77, 170, 230 f.; *Jarass/Pieroth*, Art. 20 RdNr. 46 f.

f) Zusammenfassung. – § 150 Abs. 1 ermöglicht der RegTP ab In-Kraft-Treten des TKG 33
2004 auch vor Abschluss des ersten Marktanalyseverfahrens gegenüber Unternehmen, deren marktbeherrschende Stellung nach dem TKG 1996 festgestellt wurde, die Regulierungsinstrumentarien des TKG 2004 anzuwenden. Die durch Verwaltungsakte der RegTP
begründeten Verpflichtungen marktbeherrschender Unternehmen gelten bis zu ihrer Überprüfung gem. § 11 ff. fort. Die Vorschrift ermöglicht nicht die Anwendung der abstrakt-
generellen Vorschriften des TKG 1996 über den in § 152 Abs. 1 definierten Zeitpunkt des
Außer-Kraft-Tretens des TKG 1996 hinaus.

2. Meldepflicht (Abs. 2). – Die Vorschrift stellt eine Ausnahme zu § 6 dar. Sie regelt den 34
Übergang von der bisherigen Systematik des TKG 1996, wonach das Betreiben von Übertragungswegen für öffentliche Telekommunikationsdienstleistungen über eine Grundstücksgrenze hinaus sowie das Angebot von Sprachtelefondienst auf der Basis selbst betriebener Telekommunikationsdienste einer Lizenz gem. § 6 TKG 1996, das Angebot anderer Telekommunikationsdienstleistungen gem. § 4 TKG 1996 einer Anzeige bei der
RegTP bedurfte. Durch den Wegfall der Lizenzpflicht ist nun lediglich eine Meldepflicht
gem. § 6 für das gewerbliche Betreiben von öffentlichen Telekommunikationsnetzen oder
Erbringen von öffentlichen Telekommunikationsdiensten erforderlich. Um den **bürokratischen Aufwand** zu begrenzen[21], sind Unternehmen, die ihre Dienste gem. § 4 TKG 1996
bereits angezeigt haben oder Lizenzen gem. § 6 TKG 1996 inne haben, von einer erneuten
Meldepflicht gem. § 6 für die bereits notifizierte Tätigkeit befreit. Der letzte Halbsatz des
Abs. 2, dessen Ergänzung aufgrund der Beschlussempfehlung des Ausschusses für Wirtschaft und Arbeit erfolgte[22], dient lediglich der Klarstellung, dass die Entbindung von einer
erneuten Meldepflicht die Beitragspflicht zum Telekommunikationsbeitrag unberührt
lässt.[23]

3. Frequenz- und Nummernzuteilungen, Wegerechte (Abs. 3). – Auch Abs. 3 dient der 35
Klarstellung und der Vermeidung eines bürokratischen Aufwandes durch die Novelle des
TKG. Die Vorschrift verhindert, dass bisher vorgenommene Frequenz- und Nummernzuteilungen sowie Wegerechte, die im Rahmen der Lizenzen gem. § 8 TKG 1996 erteilt wurden, nochmals nach TKG 2004 erteilt werden müssen. Die Gesetzesbegründung führt hierzu aus, dass eine Anpassung im Sinne des Art. 17 GRL, nach dem nach „altem Recht" erteilte Genehmigungen mit den neuen europäischen Vorgaben in Einklang zu bringen sind,
für diese Rechte nicht erforderlich ist, da sie mit den novellierten Bestimmungen vereinbar
sind. Frequenznutzungsrechte, die z.B. nach dem vor dem TKG 1996 geltenden Gesetz
über Fernmeldeanlagen vom 3. 7. 1989 zugeteilt wurden, bleiben ebenfalls gem. S. 2 wirksam. Die Regelungen des TKG 2004 sind auf diese Rechte uneingeschränkt anwendbar.[24]

4. Fortgeltung der Rechte und Verpflichtungen von Frequenznutzungs- und Lizenz- 36
rechten (Abs. 4). – § 150 Abs. 4 erhielt im Laufe des Gesetzgebungsverfahrens drei ver-

---

21 Vgl. Begründung zum Gesetzentwurf der Bundesregierung Entwurf eines Telekommunikationsgesetzes (TKG) 17. 10. 2003, BR-Drs. 755/03, S. 144.
22 Vgl. Beschlussempfehlung des Ausschusses für Wirtschaft und Arbeit, 10. 3. 2004, BT-Drs. 15/
2674, S. 111, in der zweiten Beratung des Gesetzentwurfs eines Telekommunikationsgesetzes
vom Deutschen Bundestag angenommen, vgl. Plenarprotokoll 15/98 der 98. Sitzung des Deutschen Bundestages vom 12. 3. 2004, S. 8778.
23 Vgl. Bericht des Ausschusses für Wirtschaft und Arbeit, 10. 3. 2004, BT-Drs. 15/2679, S. 19.
24 Vgl. Begründung zum Gesetzentwurf der Bundesregierung Entwurf eines Telekommunikationsgesetzes (TKG) 17. 10. 2003, BR-Drs. 755/03, S. 144.

schiedene Textfassungen. Der Regierungsentwurf sah einen der Gesetzesfassung ähnlichen Text vor.[25] Der Ausschuss für Wirtschaft und Arbeit empfahl einen vergleichsweise kurzen Wortlaut, der nur auf die Diensteanbieterverpflichtungen von Mobilfunklizenzen abstellte.[26] Die jetzige Fassung war das Ergebnis der Verhandlungen des Vermittlungsausschusses.[27]

37   Der Wortlaut des § 150 Abs. 4 S. 1 sieht eine allgemeine Fortgeltung der mit Frequenznutzungs- und Lizenzrechten erteilten Rechte und eingegangenem Verpflichtungen vor, ohne diese Rechte und Verpflichtungen zunächst differenziert zu benennen. Hintergrund dieser Regelung ist, dass die aufgrund von **Mobilfunklizenzen** bestehenden Verpflichtungen aufrechterhalten bleiben sollten, insbesondere der Anspruch auf Wiederverkauf von Netzbetreiberleistungen.[28] Ein Anspruch von Diensteanbietern auf Wiederverkauf ist als Lizenzverpflichtung der Netzbetreiber in den meisten **GSM-Lizenzen**[29] ausdrücklich, unabhängig von der bisherigen gesetzlichen Regelung des § 4 TKV, enthalten. Mit Außer-Kraft-Treten des § 4 TKV gem. § 152 Abs. 2 könnten Diensteanbieter Ansprüche auf Zugang zu bestimmten von Betreibern angebotenen Diensten gem. § 21 Abs. 2 Nr. 3 grundsätzlich nur noch gegenüber Netzbetreibern mit beträchtlicher Marktmacht geltend machen. Mit der Regelung des S. 1 werden die in den meisten GSM-Lizenzen bestehenden GSM-Lizenzverpflichtungen zur Gewährung eines Diensteanbieterzugangs zu GSM-Diensten fortgeschrieben, da es sich um **eingegangene** Verpflichtungen i. S. von § 150 Abs. 4 S. 1 handelt.

38   Fraglich ist, ob von S. 1 auch ein Anspruch auf Diensteanbieterzugang gegenüber **UMTS-Netzbetreibern** umfasst wird. Anders als bei den jeweiligen GSM-Lizenzen ist in den UMTS-Lizenzbescheiden lediglich unter den **Hinweisen** des Teils C der UMTS-Lizenzurkunde[30] auf die bestehenden gesetzlichen Verpflichtungen hingewiesen, darunter in Ziffer C.15 auf § 4 TKV. Als Hinweis handelt es sich bei dem Verweis auf § 4 TKV nicht um eine Nebenbestimmung des Lizenzbescheides i. S. des § 36 VwVfG. Mangels Regelungscharakter dieses nur deklaratorischen Hinweises würde es sich bei der gesetzlichen Regelung des § 4 TKV nicht um eine durch die UMTS-Lizenz „eingegangene" Verpflichtung handeln.[31]

---

25 Vgl. § 148 Abs. 4 des Gesetzentwurfs der Bundesregierung vom 17. 10. 2003, BT-Drs. 755/03, S. 73, „Soweit Frequenznutzungs- und Lizenzrechte auf Grund eines auf Wettbewerb oder Vergleich beruhenden Auswahlverfahrens erworben wurden, gelten die damit erteilten Rechte und eingegangenen Verpflichtungen fort. Rechtliche Verpflichtungen, die sich aus der zum Zeitpunkt der erstmaligen Erteilung der Frequenzzuteilung geltenden Rechtslage ergeben, gelten als eingegangen im Sinne von Satz 1."

26 Vgl. Beschlussempfehlung des Ausschusses für Wirtschaft und Arbeit, 10. 3. 2004, BT-Drs. 15/2674, S. 112, „Die im Zeitpunkt der Erteilung der Mobilfunklizenzen geltende Verpflichtung, Diensteanbieter zuzulassen, bleibt für diese Mobilfunklizenznehmer wirksam."

27 Vgl. Beschlussempfehlung des Vermittlungsausschusses zu dem Telekommunikationsgesetz (TKG) vom 5. 5. 2004, BT-Drs. 15/3063, S. 10.

28 Vgl. Begründung zum Gesetzentwurf der Bundesregierung Entwurf eines Telekommunikationsgesetzes (TKG) 17. 10. 2003, BR-Drs. 755/03, S. 144.

29 GSM-Lizenzen für die D1, D2 und E1-Netze.

30 ABl. RegTP 20/2000, S. 3443.

31 Vgl. v. *Fragstein/Rädler*, MMR 8/2002, XXIV; *Attendorn*, MMR 2003, 542, 544; a. A. *Koenig/Koch*, MMR 2002, 439 ff.

Aus **Satz 2** könnte sich eine Verpflichtung auf Diensteanbieterzugang auch für UMTS-Li- **39**
zenzen ergeben, da er – anders als S. 1 – auf die zum Zeitpunkt der Mobilfunklizenzertei-
lung **geltende** Verpflichtung abstellt. Bei Erteilung der UMTS-Lizenzen im Jahre 2000
war die Verpflichtung, Diensteanbieter zuzulassen, geltende gesetzliche Verpflichtung.
Sieht man S. 2 aufgrund seines Wortlauts („dies gilt insbesondere…") jedoch nur als Konkretisierung des S. 1 an, würde ihm ein eigenständiger Regelungsgehalt fehlen, er wäre wie
S. 1 auszulegen. Zweck des Satzes 2 wäre dann nur klarzustellen, dass S. 1 auch andere
Verpflichtungen als die, Diensteanbieter zuzulassen, regelt.

Allerdings ist die Rechtslage nicht eindeutig im Hinblick auf die Gesetzesbegründung. Die **40**
Begründung führt dazu aus, dass mit dem Hinweis in den UMTS-Lizenzbescheiden § 4
TKV Gegenstand und Inhalt des Vergabeverfahrens geworden und insoweit eine Verpflich-
tung, die im Rahmen des Vergabeverfahrens eingegangen wurde, sei.[32] Folgt man dieser
Auffassung, ergäbe sich aus § 150 Abs. 4 auch ein Anspruch gegenüber den UMTS-Li-
zenzinhabern auf Zulassung von Diensteanbietern.

5. Befristetes gebündeltes Resale (Abs. 5). – § 150 Abs. 5 enthält eine zeitlich auf 4 Jahre **41**
befristete Einschränkung des § 21 Abs. 2 Nr. 3. Netzbetreiber sind bis Mitte 2008 nur zum
gebündelten Resale verpflichtet, d. h. sie müssen Anschlüsse nur in Verbindung mit Verbindungsleistungen zum Wiederverkauf zur Verfügung stellen. Ein reines **Anschlussresa-
le**, oder auch **entbündeltes Resale**, kann daher für diese Zeitspanne nicht beansprucht werden.

Das Land **Nordrhein-Westfalen** stellte im Bundesrat im Dezember 2003 zunächst den An- **42**
trag, § 21 Abs. 2 Nr. 3 (vormals § 19 TKG-E) dahingehend zu ändern, dass nicht zu Diensten, sondern zu Verbindungsleistungen oder Anschlüssen in Verbindung mit Verbindungsleistungen Zugang zu gewähren sei. Die Begründung des Antrages war, dass ein reines Anschluss-Resale mittel- bis langfristig zur Folge hätte, dass Anreize für Wettbewerber zur
Investition in Alternativeinrichtungen, z.B. der TAL, in der eine langfristig stärkere
Wettbewerbssicherung zu sehen sei, entfielen. Höhere Investitionskosten der Teilnehmernetzbetreiber in ihre Netze würden sich nicht mehr lohnen, wenn als Alternative das wesentlich günstigere reine Anschluss-Resale zur Verfügung stünde.[33] Der Antrag fand jedoch noch keine Mehrheit im Bundesrat. Der Ausschuss für Wirtschaft und Arbeit nahm
diesen Änderungsvorschlag mit gleicher, aber verkürzter Begründung in seine Beschlussempfehlung auf.[34] Als Ergebnis des Vermittlungsverfahrens wurde die zeitlich befristete
Übergangsregelung zu gebündeltem Resale in Abs. 5 aufgenommen.[35]

Die **systematische** Einordnung des Abs. 5 in der Übergangsvorschrift des § 150 muss als **43**
verfehlt angesehen werden. Denn es handelt sich hier nicht um eine Regelung, die den
Übergang von altem zu neuem Recht zu regeln versucht. Tatsächlich wird hier an etwas
versteckter Stelle eine materiell abweichende Rechtslage von § 21 Abs. 2 Nr. 3 geschaffen.

---

32 Vgl. Begründung zum Gesetzentwurf der Bundesregierung Entwurf eines Telekommunikationsgesetzes (TKG) 17. 10. 2003, BR-Drs. 755/03, S. 144.
33 Vgl. Antrag des Landes Nordrhein-Westfalen zu § 19 Abs. 2 Nr. 3, 17. 12. 2003, BR-Drs. 755/3/
03.
34 Vgl. Beschlussempfehlung des Ausschusses für Wirtschaft und Arbeit, 10. 3. 2004, BT-Drs. 15/
2674, S. 23; Bericht des Auschusses für Wirtschaft und Arbeit, 10. 3. 2004, BT-Drs. 15/2679,
S. 13.
35 Vgl. Punkt 5 des Ergebnisprotokolls der Sitzung vom 3. 5. 2004 der „Arbeitsgruppe Vermittlungsausschuss TKG".

Problematisch ist ferner die **systematische Stellung** des **Abs. 5** zu der Regelung des § 150 **Abs. 1**, der die Fortgeltung der von der RegTP getroffenen Feststellungen marktbeherrschender Stellungen sowie die daran anknüpfenden Verpflichtungen normiert. Die RegTP hat mit Beschluss vom 18. 7. 2003 die DTAG verpflichtet, ein entbündeltes Resale-Angebot vorzulegen. Nach der Systematik des § 150 Abs. 1 gälte diese Entscheidung über entbündeltes Resale fort, obwohl § 150 Abs. 5, der am 26. 6. 2004 in Kraft getreten ist, ein gebündeltes Resale bis 2008 vorsieht. Es ist jedoch davon auszugehen, dass Abs. 5 als **lex specialis** bzgl. Resale dem Abs. 1 vorgeht. Damit ist von einer Anwendung des Gebots des gebündelten Resales ab In-Kraft-Treten des TKG 2004 auszugehen.

44 **6. Digitale Fernsehempfangsgeräte (Abs. 6).** – Abs. 6 gewährt Herstellern von Fernsehgeräten eine Anpassungsfrist von 6 Monaten bis Anfang des Jahres 2005 an die Anforderungen des § 48 bzgl. der Anwendungs-Programmierschnittstellen. Damit soll berücksichtigt werden, dass zum Zeitpunkt des In-Kraft-Tretens des Gesetzes noch verschiedene proprietäre Systeme im Markt sind und es einer Übergangszeit bedarf, damit die Anbieter zu einer gemeinsamen Lösung gelangen.[36]

45 **7. Frequenzzuteilung (Abs. 7).** – Zum Zeitpunkt des In-Kraft-Tretens des TKG am 26. 6. 2004 ist der in der Anlage zur Frequenzbereichszuweisungsplanverordnung (FreqBZPV) vom 26. 4. 2001 (BGBl. I S. 778) enthaltene Frequenzbereichszuweisungsplan (BGBl. I S. 781–826) maßgeblich.

46 **8. Ausnahmen vom Frequenzhandel (Abs. 8).** – Mit dieser Vorschrift, die erst aufgrund der Beschlussempfehlung des Ausschusses für Wirtschaft und Arbeit[37] in § 150 aufgenommen wurde, werden Verleihungen nach dem Gesetz über Fernmeldeanlagen sowie Lizenzen oder Frequenzen, die nach dem TKG 1996 zugeteilt wurden, von den Vorschriften des nun grundsätzlich möglichen Frequenzhandels ausgenommen. Mit der Regelung sollten insbesondere die GSM- und UMTS-Frequenzen für die Zeit ihrer Geltung vom Handel ausgenommen werden.[38] Die im Jahre 2000 erteilten UMTS-Lizenzen, auf deren Basis die UMTS-Frequenzen zugeteilt werden, haben eine Laufzeit bis zum 31. 12. 2020.[39] Mit Hinblick auf die im Jahre 2000 erfolgte Versteigerung von UMTS-Frequenzen, für die die sechs UMTS-Lizenzinhaber je rd. 8 Mrd. € geleistet haben, sollte mit dieser Regelung ein Investitionsschutz vorgenommen und eine Marktverzerrung durch den Austritt eines Anbieters und Eintritt eines neuen Anbieters im Wege des Kaufs von UMTS-Frequenzen zu wesentlich günstigeren Konditionen verhindert werden.

47 **9. Abweichung von Universaldienstleistungsvorgaben (Abs. 9).** – Mit Abs. 9 wurde nahezu wortgleich die Regelung des § 97 Abs. 1 TKG 1996 übernommen. Die Regelung soll gewährleisten, dass die RegTP rechtzeitig Maßnahmen ergreifen kann, wenn die Gefahr von Versorgungslücken besteht.[40] Bisher wurde davon ausgegangen, dass die unter den Universaldienst gem. § 78 Abs. 2 fallenden Leistungen in ausreichendem Maße von der

---

36 Vgl. Begründung zum Gesetzentwurf der Bundesregierung Entwurf eines Telekommunikationsgesetzes (TKG) 17. 10. 2003, BR-Drs. 755/03, S. 101 und 145.
37 Vgl. Beschlussempfehlung des Ausschusses für Wirtschaft und Arbeit, 10. 3. 2004, BT-Drs. 15/2674, S. 112.
38 Vgl. Bericht des Ausschusses für Wirtschaft und Arbeit, 10. 3. 2004, BT-Drs. 15/2679, S. 19.
39 Vgl. ABl. RegTP Nr. 20/2000, S. 3439.
40 Vgl. Begründung zum Gesetzentwurf der Bundesregierung Entwurf eines Telekommunikationsgesetzes (TKG) 17. 10. 2003, BR-Drs. 755/03, S. 101 und 145.

DTAG erbracht werden.[41] Für den Fall, dass die DTAG zukünftig davon abweichen möchte, gewährleistet die Vorschrift der RegTP einen ausreichenden Zeitrahmen von einem Jahr, um das Auferlegungsverfahren gem. der §§ 80 ff. einzuleiten.

10. Rechtsverordnung für Überwachungsmaßnahmen (Abs. 10). – Die Vorschrift ge- **48** währleistet, dass die bestehenden Sanktionsmöglichkeiten zur Durchsetzung der Vorschriften der Telekommunikations-Überwachung auch während der Zeit möglich sind, in der noch keine Rechtsverordnung nach § 110 Abs. 2 erlassen ist.[42]

11. Technische Richtlinie für Überwachungsmaßnahmen (Abs. 11). – Die zum Zeit- **49** punkt des In-Kraft-Tretens des TKG am 26. 6. 2004 maßgebliche Technische Richtlinie ist die „Technische Richtlinie zur Beschreibung der Anforderungen an die Umsetzung gesetzlicher Maßnahmen zur Überwachung der Telekommunikation (TR TKÜ)", Ausgabe 4.0 vom April 2003.

12. Automatisiertes Auskunftsverfahren (Abs. 12). – Abs. 12 hat die Klarstellungsfunk- **50** tion, dass die nach § 112 Abs. 1 verpflichteten Unternehmen Daten, die ihnen bei In-Kraft-Treten des TKG 2004 bereits vorliegen, zwar unverzüglich in die **Kundendatei** i. S. d. § 112 zu übernehmen haben, jedoch die in § 111 Abs. 1 aufgeführten Daten für bereits bestehende Vertragsverhältnisse nicht nachträglich erheben müssen, sollten sie nicht vorhanden sein.

13. Zulässigkeit von Rechtsmitteln (Abs. 13). – Abs. 13 ist insbesondere von Bedeutung **51** für die Regelung des § 137 Abs. 3, der bei Beschlusskammerverfahren gem. § 132 für Urteile und andere Entscheidungen des Verwaltungsgerichts die Berufung bzw. die Beschwerde ausschließt. Daher sind gegen Urteile des Verwaltungsgerichts die Berufung und gegen andere Entscheidungen die Beschwerde auch nach In-Kraft-Treten des TKG 2004 innerhalb der Rechtsmittelfrist für diese gerichtlichen Entscheidungen noch zulässig, sofern sie vor dem 26. 6. 2004 verkündet oder von Amts wegen zugestellt worden sind.

14. Verweigerung von Urkunden und Auskünften (Abs. 14). – Für vor dem 26. 6. 2004 **52** gestellte Anträge gem. § 99 Abs. 2 VwGO auf Feststellung der Glaubhaftmachung, dass die gesetzlichen Voraussetzungen für die Verweigerung der Vorlage von Urkunden oder Akten und die Erteilung von Auskünften vorliegen, sind die bisherigen Vorschriften anzuwenden.

15. Geplante Änderungen. – Die folgenden Änderungen des § 150 TKG 2004 sind bei **53** Redaktionsschluss des vorliegenden Kommentars durch den Entwurf eines Gesetzes zur Änderung telekommunikationsrechtlicher Vorschriften (E-TKGÄndG) geplant, jedoch noch nicht in Kraft. § 150 Abs. 11 soll aufgehoben werden. Nach § 150 Abs. 12 soll ein Absatz 12 a mit folgendem Wortlaut eingefügt werden: „(12 a) Bis zum Inkrafttreten der Rechtsverordnung nach § 110 Abs. 9 bemisst sich die Entschädigung für die in § 110 Abs. 9 bezeichneten Leistungen nach § 23 des Justizvergütungs- und -entschädigungsgesetzes." Gemäß Änderungsantrag vom 19. 4. 2005 der Fraktionen SPD und BÜNDNIS 90/ DIE GRÜNEN zum E-TKGÄndG, mit dem die für eine Rechtsverordnung gem. § 110 Abs. 9 TKG 2004 vorgesehenen Entschädigungsregelungen im Rahmen des E-TKGÄndG direkt in das TKG 2004 eingefügt werden sollen, soll der neue Absatz (12 a) jedoch folgen-

41 Vgl. BeckTKG-Komm/*Schuster*, § 97 RdNr. 2; *Scheurle/Mayen/Mayen*, § 97 RdNr. 10.
42 Vgl. Begründung zum Gesetzentwurf der Bundesregierung Entwurf eines Telekommunikationsgesetzes (TKG) 17. 10. 2003, BR-Drs. 755/03, S. 145.

den Wortlaut erhalten: „(12a) Leistungen nach § 113a, die vor dem [einfügen: wenn die Vorschrift vor dem 1. Juli des laufenden Jahres in Kraft tritt: 1. Januar des Folgejahres, andernfalls 1. Juli des Folgejahres] erbracht werden, werden nach dem bisherigen Recht entschädigt."[43]

43 Vgl. Art. 3 Nr. 16 des Gesetzentwurfs der Bundesregierung eines Gesetzes zur Änderung telekommunikationsrechtlicher Vorschriften v. 7. 4. 2005, BT-Drs. 15/5213, S. 13, Änderungsantrag der Fraktionen SPD und BÜNDNIS 90/DIE GRÜNEN zum Entwurf eines Gesetzes zur Änderung telekommunikationsrechtlicher Vorschriften – Drs. 15/5213, BT-Ausschuss-Drs. 15(9)1867 des Ausschusses für Wirtschaft und Arbeit, Nr. 8.

§ 151 Änderung anderer Rechtsvorschriften

(1) Die Strafprozessordnung in der Fassung der Bekanntmachung vom 7. 4. 1987 (BGBl. I S. 1047, 1319), zuletzt geändert durch Art. 4 Abs. 22 des Gesetzes vom 5. 5. 2004 (BGBl. I S. 718), wird wie folgt geändert:

In § 100b Abs. 3 Satz 2 wird die Angabe „§ 88 des Telekommunikationsgesetzes" durch die Angabe „ 110 des Telekommunikationsgesetzes" ersetzt.

(2) Das Art. 10-Gesetz vom 26. 6. 2001 (BGBl. I S. 1254, 2298), zuletzt geändert durch Art. 4 Abs. 6 des Gesetzes vom 5. 5. 2004 (BGBl. I S. 718), wird wie folgt geändert:

1. In § 2 Abs. 1 Satz 4 wird die Angabe „§ 88 des Telekommunikationsgesetzes" durch die Angabe „§ 110 des Telekommunikationsgesetzes" ersetzt.
2. § 20 wird wie folgt gefasst:

„§ 20
Entschädigung

Die nach § 1 Abs. 1 berechtigten Stellen haben für die Leistungen nach § 2 Abs. 1 eine Entschädigung zu gewähren, deren Umfang sich bei Maßnahmen zur

a) Überwachung der Post nach § 17a des Gesetzes über die Entschädigung von Zeugen und Sachverständigen und
b) Überwachung der Telekommunikation nach der Rechtsverordnung nach § 110 Abs. 9

bemisst."

(3) § 17a Abs. 1 Nr. 3, Abs. 1 zweiter und dritter Halbsatz sowie Abs. 6 des Gesetzes über die Entschädigung von Zeugen und Sachverständigen in der Fassung der Bekanntmachung vom 1. 10. 1969 (BGBl. I S. 1756), das zuletzt durch Art. 1 Abs. 5 des Gesetzes vom 22. 2. 2002 (BGBl. I S. 981) geändert worden ist, tritt zum Zeitpunkt des Inkrafttretens der Rechtsverordnung nach § 110 Abs. 9 außer Kraft.

1. Änderung der StPO und des G10-Gesetzes (Abs. 1 und 2). – Mit Abs. 1 werden die **1** aufgrund des neuen TKG erforderlichen Folgeänderungen der StPO vorgenommen. Mit Abs. 2 werden die Folgeänderungen aus § 110 Abs. 9 bezüglich der Entschädigungsregelungen des G10-Gesetzes vorgenommen.

2. Außer-Kraft-Treten des § 17a ZuSEG (Abs. 3). – Gem. Abs. 3 treten die Vorschriften **2** des ZuSEG über die Entschädigung der Leistungen der Telekommunikations-Diensteanbieter, die diese für die Ermöglichung der Telekommunikations-Überwachung erbringen, mit dem Zeitpunkt des In-Kraft-Tretens der Entschädigungsvorschriften der gem. § 110 Abs. 9 zu erlassenden Rechtsverordnung außer Kraft. Hier geht jedoch der Verweis auf Art. 17a ZuSEG ins Leere, da das ZuSEG zum 1. 7. 2004 durch Art. 6 Nr. 2 i.V.m. Art. 8 des Gesetzes zur Modernisierung des Kostenrechts (KostRMoG) außer Kraft gesetzt wurde. Insoweit ist eine Gesetzesänderung des § 151 Abs. 3 erforderlich.

3. Geplante Änderungen. – Die folgenden Änderungen des § 151 TKG 2004 sind bei Re- **3** daktionsschluss des vorliegenden Kommentars durch den Entwurf eines Gesetzes zur Änderung telekommunikationsrechtlicher Vorschriften (E-TKGÄndG) geplant, jedoch noch

nicht in Kraft. § 20 des Art. 10-Gesetzes soll wie folgt geändert werden: 1. Im ersten Halbsatz sollen die Wörter „bei Maßnahmen zur" gestrichen und jeweils vor dem Text die
Buchstaben a und b eingefügt werden. 2. In Buchstabe b soll § 110 Abs. 9 ergänzt um „des
Telekommunikationsgesetzes" werden. 3. Nach Buchstabe b soll ein Satz 2 eingefügt werden: „Bis zum Inkrafttreten der in Satz 1 Buchstabe b genannten Rechtsverordnung bemisst sich die Entschädigung für Leistungen bei Maßnahmen zur Überwachung der Telekommunikation nach § 23 des Justizvergütungs- und -entschädigungsgesetzes." Gemäß
Änderungsantrag vom 19. 4. 2005 der Fraktionen SPD und BÜNDNIS 90/DIE GRÜNEN
zum E-TKGÄndG soll in Buchstabe b des § 20 Art. 10-Gesetz der § 110 Abs. 9 durch
„§ 113 a des Telekommunikationsgesetzes" ersetzt werden sowie der o. g. neue Satz 2 wieder wegfallen.[1]

---

1 Vgl. Art. 1 des Gesetzentwurfs der Bundesregierung eines Gesetzes zur Änderung telekommunikationsrechtlicher Vorschriften v. 7. 4. 2005, BT-Drs. 15/5213, S. 7, Änderungsantrag der Fraktionen
  SPD und BÜNDNIS 90/DIE GRÜNEN zum Entwurf eines Gesetzes zur Änderung telekommunikationsrechtlicher Vorschriften, Drs. 15/5213, BT-Ausschuss-Drs. 15(9)1867 des Ausschusses für
  Wirtschaft und Arbeit, Nr. 1.

§ 152 Inkrafttreten, Außerkrafttreten

(1) Dieses Gesetz tritt vorbehaltlich des Satzes 2 am Tag nach der Verkündung in Kraft. §§ 43a und 43b, 96 Abs. 1 Nr. 9a bis 9f in Verbindung mit Abs. 2 Satz 1 und § 97 Abs. 6 und 7 des Telekommunikationsgesetzes vom 25. 7. 1996 (BGBl. I S. 1120), das zuletzt durch Art. 4 Abs. 73 des Gesetzes vom 5. 5. 2004 (BGBl. I S. 718) geändert worden ist, in der bis zum Inkrafttreten dieses Gesetzes geltenden Fassung finden bis zum Erlass einer Rechtsverordnung nach § 66 Abs. 4 dieses Gesetzes weiter Anwendung. Für § 43b Abs. 2 gilt dies mit der Maßgabe, dass ab dem 1. 8. 2004 die Preisansagepflicht nicht mehr auf Anrufe aus dem Festnetz beschränkt ist.

(2) Das Telekommunikationsgesetz vom 25. 7. 1996 (BGBl. I S. 1120), zuletzt geändert durch Art. 4 Abs. 73 des Gesetzes vom 5. 5. 2004 (BGBl. I S. 718), das Fernsehsignal- übertragungs-Gesetz vom 14. 11. 1997 (BGBl. I S. 2710), zuletzt geändert durch Art. 222 der Verordnung vom 25. 11. 2003 (BGBl. I S. 2304), die Telekommunika- tions-Entgeltregulierungsverordnung vom 1. 10. 1996 (BGBl. I S. 1492), die Netz- zugangsverordnung vom 23. 10. 1996 (BGBl. I S. 1568), die Telekommunikations-Uni- versaldienstleistungsverordnung vom 30. 1. 1997 (BGBl. I S. 141), § 4 der Telekommunikations-Kundenschutzverordnung vom 11. 12. 1997 (BGBl. I S. 2910), die zuletzt durch die Verordnung vom 20. 8. 2002 (BGBl. I S. 3365) geändert worden ist, die Telekommunikations-Datenschutzverordnung vom 18. 12. 2000 (BGBl. I S. 1740), geändert durch Art. 2 des Gesetzes vom 9. 8. 2003 (BGBl. I S. 1590), die Fre- quenzzuteilungsverordnung vom 26. 4. 2001 (BGBl. I S. 829) und die Telekommunika- tions-Lizenzgebührenverordnung 2002 vom 9. 9. 2002 (BGBl. I S. 3542) treten am Tag nach der Verkündung dieses Gesetzes außer Kraft.

1. In-Kraft-Treten (Abs. 1). – Das Gesetz ist am Tage nach der Verkündung vollumfäng- **1** lich in Kraft getreten. Satz 1 ist hier mit dem Vorbehalt des Satzes 2 missverständlich for- muliert. Satz 2 erklärt die Fortgeltung der Vorschriften der §§ 43a und 43b, § 96 Abs. 1 Nr. 9a bis 9f i.V.m. Abs. 2 Satz 1 und § 97 Abs. 6 und 7 des TKG 1996 bzw. TKG 2003. Damit werden aber nicht einzelne Vorschriften des TKG 2004 zu einem späteren Zeitpunkt als dem Verkündungstermin in Kraft gesetzt, sondern das Außer-Kraft-Treten einzelner Normen des bisherigen TKG wird auf einen späteren Zeitpunkt verschoben. Das TKG 2004 wurde im Bundesgesetzblatt am 25. 6. 2004 (BGBl. I S. 1190) verkündet und ist am 26. 6. 2004 in Kraft getreten. Für die Kommentierung der Fortgeltung der Vorschriften der §§ 43a und 43b, § 96 Abs. 1 Nr. 9a bis 9f i.V.m. Abs. 2 Satz 1 und § 97 Abs. 6 und 7 des TKG 1996 bzw. TKG 2003 wird auf die Kommentierung unter § 66 Abs. 4 dieses Kom- mentars verwiesen.

2. Außer-Kraft-Treten (Abs. 2). – Abs. 2 setzt die Vorschriften außer Kraft, die aufgrund **2** des In-Kraft-Tretens des TKG gem. Abs. 1 durch neue Regelungen ersetzt wurden. In das TKG 2004 wurden einige Regelungen aufgenommen, die vorher im Rahmen der Geltung des TKG 1996 in den Ausführungsverordnungen des TKG 1996 normiert oder in anderen Gesetzen enthalten waren, so dass neben dem TKG 1996 z.B. auch das Fernsehsignalüber- tragungs-Gesetz, die TEntGV, die NZV und die TUDLV aufzuheben waren. Die einzelne Vorschrift des § 4 Telekommunikations-Kundenschutzverordnung war bereits mit dem TKG vor Erlass einer neuen Kundenschutzverordnung gem. § 45 Abs. 1 und der damit verbundenen Aufhebung der Telekommunikations-Kundenschutzverordnung vom 11. 12. 1997 aufzuheben. Dies war aus Gründen der Rechtsklarheit erforderlich, damit § 4 TKV, der einen Anspruch auf Diensteanbieterzugang gegenüber jedem Betreiber eines öffentlichen Telekommunikationsnetzes vermittelte, nicht gleichzeitig mit § 21 Abs. 2 Nr. 3 in Kraft war, der einen Anspruch auf Diensteanbieterzugang grundsätzlich nur gegenüber Netzbetreibern mit beträchtlicher Marktmacht begründet.[1]

3   **3. Geplante Änderungen.** – Die folgenden Änderungen des § 152 TKG 2004 sind bei Redaktionsschluss des vorliegenden Kommentars durch den Entwurf eines Gesetzes zur Änderung telekommunikationsrechtlicher Vorschriften (E-TKGÄndG) geplant, jedoch noch nicht in Kraft. In § 152 Abs. 1 Satz 2 sollen die Wörter „bis zum Erlass einer Rechtsverordnung nach § 66 Abs. 4 dieses Gesetzes" durch die Wörter „bis zum Inkrafttreten der in Artikel 4 Nr. 3 des Gesetzes zur Änderung telekommunikaitonsrechtlicher Vorschriften vom … (BGBl. I S. …) genannten Regelungen der §§ 66a bis 66i und 66h bis 66l" ersetzt werden. Zu § 152 Abs. 2 ist zu ergänzen, dass Art. 6 Abs. 1 des E-TKGÄndG die restlichen verbliebenen Vorschriften der Telekommunikations-Kundenschutzverordnung vom 11. Dezember 1997 außer Kraft setzen soll.[2]

---

1   Vgl. Bericht des Ausschusses für Wirtschaft und Arbeit, 10. 3. 2004, BT-Drs. 15/2679, S. 19.
2   Vgl. Art. 3 Nr. 16 sowie Art. 6 des Gesetzentwurfs der Bundesregierung eines Gesetzes zur Änderung telekommunikationsrechtlicher Vorschriften v. 7. 4. 2005, BT-Drs. 15/5213, S. 13 und 17.

Anhang I: Kundenschutz und Nummerierung
Gesetz zur Änderung
telekommunikationsrechtlicher Vorschriften, BR-Drs. 438/05

Einleitung

Übersicht

I. Allgemeines

Die geplante Novellierung des TKG ist wegen der vorzeitigen Beendigung der Legislatur- **1** periode gescheitert. Es ist aber zu erwarten, dass die im Gesetzesbeschluss des Deutschen Bundestages vom 17. 6. 2005 enthaltenen Bestimmungen zum Kundenschutz und zur Nummerierung entweder alsbald erneut in unveränderter Form als Gesetzesentwurf in den neuen Bundestag eingebracht oder aber in Form von zwei Rechtsverordnungen zum TKG vorgelegt werden. Die Änderungen, die noch zu erwarten sind, betreffen nur wenige Vorschriften. Deshalb erscheint es sinnvoll, die den Kundenschutz und die Nummerierung betreffenden Normen, die im Gesetzesbeschluss des Deutschen Bundestages enthalten sind, schon jetzt darzulegen, um dem Nutzer des Kommentars sofort bei In-Kraft-Treten der Normen eine Auslegungshilfe zu geben.

Die im Folgenden erläuterten Bestimmungen verwenden Grundbegriffe, die der Gesetzge- **2** ber in den Definitionskatalog des § 3 TKG aufnehmen wollte, um so die Kundenschutz- und Nummerierungsbestimmungen in die bestehende Struktur des TKG systemgerecht zu implementieren. Die Begriffsbestimmungen verfolgen dabei inhaltlich das Ziel, die von ih-nen beschriebenen Telekommunikationsdienste technologieneutral und innovationsoffen zu definieren, damit angesichts der raschen Entwicklung der elektronischen Kommunika-tionsdienstleistungen auch neue Angebote sachgerecht erfasst werden können (vgl. oben § 3 RdNr. 38 ff.).

II. Begriffsdefinitionen

1. Auskunftsdienste. – Auskunftsdienste sind bundesweit jederzeit telefonisch erreichbare **3** Dienste, insbesondere des Rufnummernbereichs 118, die ausschließlich der neutralen Wei-tergabe von Rufnummern, Name, Anschrift sowie zusätzlichen Angaben von Telekommu-nikationsnutzern dienen. Diese als § 3 Nr. 2a des Gesetzesbeschlusses vorgesehene Begriffsbestimmung erfasst Dienste, die auf Anfrage Informationen aus öffentlichen Teilnehmerverzeichnissen (§ 45m) entgeltpflichtig systematisch zusammentragen, um den Dienstenutzer mit der gewünschten Information zu versorgen. Die Begrenzung auf bundesweit erreichbare Dienste spiegelt zwar den Regelfall wider, erscheint aber nicht sachgerecht, da nur regional erreichbare Auskunftsdienste (ebenso wie nur regional erreichbare Call-by-call-Dienste) durchaus denkbar sind, eine andere Behandlung jedoch nicht angezeigt ist.

4 Streitig war insbesondere die Begrenzung des Anwendungsbereichs auf telefonisch erreichbare Dienste. Der Bundesrat sprach sich für eine Streichung aus, da diese Beschränkung dem Anspruch an technologieneutrale und entwicklungsoffene Definitionen nicht gerecht werde.[1] Dieser Auffassung ist die Bundesregierung nicht gefolgt. Die Definition spiegele die geltende und bewährte Zuteilungspraxis wider. Nur telefonisch erreichbare Dienste bedürften einer Auskunftsnummer.[2]

5 Der Bundesregierung ist weitgehend beizupflichten. Besondere Regelungen für Auskunftsdienste bestehen nur im Bereich der kundenschützenden Normen der §§ 66a f. Nur bei einer unmittelbaren Verknüpfung von Telekommunikationsdienstleistung mit einer Inhaltsleistung ergibt sich die besondere, für den Verbraucher riskante Gefahrenlage, dass ohne Zeitverlust und damit ohne Möglichkeit einer zwischengeschalteten Entscheidung des Nutzers die Kostenpflichtigkeit des Dienstes sofort Zahlungspflichten begründet. Auskunftsdienste stellen dabei einen Unterfall der telekommunikationsgestützten Dienste (Nr. 25) dar. Unerheblich ist selbstverständlich, welche Technik zur Datenübermittlung verwendet wird (Festtelefonnetz, UMTS). Insoweit sind reine Internetdienste nicht mit den Auskunftsdiensten i. S. d. TKG vergleichbar, da sich hier Inhalt und Verbindung trennen lassen. Es gilt, die Abgrenzung zum TDG aufrechtzuerhalten.[3] Zweifelhaft erscheint jedoch die Bezugnahme auf die Preisansagepflicht in §§ 66a f. Damit wird faktisch eine Beschränkung des Anwendungsbereichs auf sprachgestützte Auskunftsdienste vorgenommen. Die Art der übermittelten Informationen (Sprache, digitaler Datenverkehr jeglicher Art) kann jedoch nicht entscheidend sein, solange ein unmittelbarer Zusammenhang zwischen Telekommunikationsdienstleistung und Inhalt i. S. d. Nr. 25 gegeben ist.

6 **2. Entgeltfreie Telefondienste.** – Entgeltfreie Telefondienste („freephone services"[4]) sind vom Regierungsentwurf definiert als Dienste, insbesondere des Rufnummernbereichs (0)800, bei deren Inanspruchnahme der Anrufende kein Entgelt zu entrichten hat. Die Definition umfasst typischerweise Telekommunikationsdienstleistungen, welche bundesweit durch eine einheitliche Dienstekennzahl (0800) identifiziert werden und den Anrufer nicht mit Kosten belasten, da diese vollständig vom Angerufenen (Dienstebetreiber) getragen werden. Durch die Formulierung („insbesondere") ist sichergestellt, dass, losgelöst von den aktuellen Nummernzuteilungen, auch weitere Rufnummernbereiche unter den Begriff fallen können. So ist der 0801er Bereich für die Zukunft als Reservebereich vorgesehen.[5]

7 **3. Geteilte-Kosten-Dienste (Shared-Cost Service).** – Geteilte-Kosten-Dienste („shared-cost service") sind definiert als Dienste, insbesondere des Rufnummernbereichs (0)180, bei deren Inanspruchnahme das für die Verbindung zu entrichtende Entgelt aufgeteilt vom Anrufenden und vom Angerufenen gezahlt wird. Shared-Cost-Dienste (SCD) sind durch

---

1 BT-Drs. 15/5213, S. 29.
2 BT-Drs. 15/5213, S. 38.
3 Vgl. Kommentierung zu § 3 RdNr. 38 ff.
4 Vgl. Verfügung 36/2004, ABl. RegTP vom 1. 8. 2004 Nr. 16/2004, S. 858.
5 Vgl. Verfügung 36/2004, ABl. RegTP vom 1. 8. 2004 Nr. 16/2004, S. 858; § 66 RdNr. 109.

die bundesweit einheitliche Dienstekennzahl (180) mit dem Präfix (0) festgelegt. Um Missbräuche zu verhindern, darf vom Anrufenden kein Entgelt erhoben werden, das an den Nutzer der Nummer ausgezahlt wird.[6] Maßgeblich für die Aufteilungsquote und damit für die Abrechnung gegenüber dem Anrufenden ist der Tarif des Teilnehmernetzbetreibers, welcher der nach der Dienstekennzahl folgenden einstelligen Tarifkennung entspricht. Die Zuteilung erfolgt nach § 66 TKG.

Rufnummern für Internationale Shared-Cost-Dienste können bei der ITU bestellt werden. **8** Das Verfahren ist in der ITU-T Empfehlung E.169.3 „Application of Recommendation E.164 numbering plan for universal international shared cost number(s) for the International shared cost service" beschrieben.

Da SCD inzwischen vielfach in gleicher Weise wie Premium-Dienste Verwendung finden, **9** erscheint eine unterschiedliche Behandlung eher zweifelhaft. Die RegTP erwog daher zu Recht die Streichung des Kostenteilungsprinzips in den Zuteilungsregeln unter Hinweis auf das fehlende Verständnis bei den Marktbeteiligten für eine derartige Kostenteilung.[7]

4. Kurzwahl-Datendienste. – Kurzwahl-Datendienste sind definiert als Kurzwahldienste, **10** die der Übermittlung von nichtsprachgestützten Inhalten mittels Telekommunikation dienen und die keine Teledienste im Sinne des Teledienstegesetzes oder Mediendienste im Sinne des Mediendienste-Staatsvertrages sind. Die Definition bezieht sich insbesondere auf so genannte SMS- bzw. MMS-Dienste, bei denen durch Wählen einer verkürzten Nummer Dienstleistungen in Anspruch genommen werden, wie insbesondere das Abrufen von Handylogos, Klingeltönen oder auch sonstigen, häufig mit Fernsehsendungen verknüpften Leistungen.

Streitig war insbesondere die Nummernqualität der Kurzwahldienste[8], welche unter Hin- **11** weis auf die Ähnlichkeit mit Domainnamen teilweise abgelehnt wurde.[9] Demzufolge reiche es nicht, wenn eine Adressierung „unter Verwendung von TK-Netzen" erfolge, vielmehr müsse eine Adressierung „in" TK-Netzen vorgenommen werden. Erforderlich sei eine unmittelbare Verknüpfung mit Nummer und Empfänger. Kurzwahl-SMS hingegen werden nach Eingabe der Kurzwahl erst an das SMS-Center versandt, welches dann anhand der Nummer die damit verknüpfte Adresse ermittelt und an diese weiterleitet. Der „shortcode" dient demzufolge lediglich als vorbereitende Information für den Netzbetreiber, um den damit verknüpften Diensteanbieter zu ermitteln und ihm anhand dessen tatsächlicher Adresse die Nachricht zukommen zu lassen.[10]

Diese Ansicht übersieht jedoch, dass aus der Sicht des Verbrauchers die Verknüpfung einer **12** Nummer mit einem Diensteanbieter erfolgt, also eine Adressierung vorgenommen wird. Zudem erfasst der Nummernbegriff im Sinne einer technologieneutralen und innovationsoffenen Auslegung auch Domainnamen, da es nicht auf die Art der Zeichen ankommen kann.[11] Die Frage, ob der Kurzwahl-Datendienst der Regulierung zu unterwerfen ist, hat erst im Rahmen der Aufgabenzuweisung an die RegTP zu erfolgen (§ 66). Die SMS-Zentrale muss zudem im konkreten Fall als Teil des Netzes angesehen werden, auch wenn eine solche Vermittlungseinrichtung nicht notwendige Voraussetzung für ein Telekommunika-

---

6 Verfügung 34/2004, ABl. RegTP vom 1. 8. 2004 Nr. 16/2004, S. 845.
7 Mitteilung der RegTP Nr. 434/2001 ABl. RegTP vom 8. 8. 2001 Nr. 15/2001.
8 Vgl. *von Hammerstein*, MMR 7/2004, XVIff.
9 *von Hammerstein*, MMR 7/2004, XVIff.
10 *von Hammerstein*, MMR 7/2004, XVIff.
11 Vgl. Kommentierung zu § 3 RdNr. 21 ff.

tionsnetz ist.[12] Kurzwahlnummern stellen daher lediglich einen Spezialfall des Nummern-begriffs in § 3 Nr. 13 dar.

13   **5. Kurzwahldienste.** – Kurzwahldienste sind Dienste, die die Merkmale eines Premium-Dienstes haben, jedoch eine spezielle Nummernart mit kurzen Nummern nutzen. Diese Definition verweist auf die über vom Netzbetreiber für einzelne Diensteanbieter verwendete Kurzwahlnummern erreichbaren Premium-Dienste (Nr. 17a).

14   **6. Kurzwahl-Sprachdienste.** – Die Begriffsbestimmung erfasst Kurzwahldienste, bei denen die Kommunikation sprachgestützt erfolgt. Sie beschreibt einen Spezialfall des Kurzwahldienstes i. S. v. Nr. 11 b, nämlich den der sprachgestützten über Kurzwahlnummern erreichbaren Premium-Dienste.

15   **7. Massenverkehrs-Dienste.** – Die unter dem Begriff Massenverkehr zu bestimmten Zielen (MABEZ) bekannten Dienste werden der Dienstekennzahl (0)137 zugeteilt.[13] MABEZ ist charakterisiert durch hohes Verkehrsaufkommen in einem oder mehreren kurzen Zeitintervallen mit kurzer Belegungsdauer zu einem Ziel mit begrenzter Abfragekapazität.

16   **8. Neuartige (innovative) Dienste.** – Erfasst werden die unter den Begriff der Innovativen Dienste (ID) geläufigen Telekommunikationsdienste, insbesondere des Rufnummernbereichs (0)12, bei denen Nummern für einen Zweck verwendet werden, für den kein anderer Rufnummernraum zur Verfügung steht. ID im Sinne dieser Regeln sind durch eine bundesweit einheitliche Dienstekennzahl identifizierte Telekommunikationsdienste. Sie weisen Merkmale auf, die die Nutzung anderer Nummernräume, insbesondere auch des Nummernraumes (0)700 für persönliche Rufnummern, ausschließen. Rufnummern für innovative Dienste belegen den Teilbereich (0)12 in dem durch die Empfehlung E.164 der Internationalen Fernmeldeunion definierten nationalen Nummernraum für das öffentliche Telefonnetz/ISDN. Sie sind mindestens 11 Stellen und höchstens 13 Stellen lang. Die Dienstekennziffer besteht aus der Ziffernfolge 12 und einer zwei- bis vierstelligen Diensteanbieterkennung.

17   Beispiel für das Angebot eines innovativen Dienstes ist der „Freephone"-Service (Voice-over-IP-Service) des Anbieters „web.de". Dabei wird dem Dienstenutzer eine eigene Rufnummer zugeteilt, der jeder geographische Bezug fehlt. Die Verwendung als persönliche Rufnummer erscheint unter Beachtung einer für den Verbraucher klaren und einsehbaren Vergabepraxis fraglich, insbesondere im Hinblick auf die Möglichkeit der Erteilung einer standortunabhängigen besonderen persönlichen 0700er Nummer[14] und der nationalen Teilnehmerrufnummern (032).[15]

18   **9. Nummernart.** – Nummernart bezeichnet die Gesamtheit aller Nummern eines Nummernraumes für einen bestimmten Dienst oder eine bestimmte technische Adressierung. Dieser Begriff findet lediglich im Definitionskatalog des § 3 Anwendung. Seine Bedeutung ist daher nur beschränkt und beschreibt lediglich die regelmäßige Verknüpfung von Nummernfolgen mit einer typisierten Telekommunikationsdienstleistung.

19   **10. Nummernbereich.** – Der Nummernbereich ist im Gesetzesbeschluss des Deutschen Bundestages als die für eine Nummernart bereitgestellte Teilmenge des Nummernraums definiert. Einzelne Nummernräume (Nr. 13 c) werden zu Strukturierungszwecken in Num-

---

12 Vgl. Kommentierung zu § 3 RdNr. 46 ff.
13 Vgl. § 66 RdNr. 139 ff.
14 Vgl. Verfügung 35/2004, ABl. RegTP vom 11. 8. 2004 Nr. 16/2004, S. 852.
15 Vgl. Regeln für die Zuteilung von Nationalen Teilnehmerrufnummern, Verfügung 51/2004, ABl. RegTP vom 24. 11. 2004 Nr. 23/2004.

mernbereiche eingeteilt, für welche ein bestimmter Nutzungszweck festgelegt werden kann. So sind Ortskennzahlen nur im Nummernbereich 02 bis 09 des nach der Empfehlung E.164 der Internationalen Fernmeldeunion nationalen Nummernraumes möglich. Massenverkehrsdiensten ist insbesondere der Rufnummernbereich (0)137 zugeordnet (Nr. 11d).

11. Nummernraum. – Ein Nummernraum umfasst die Gesamtheit aller Nummern, die für **20** eine bestimmte Art der Adressierung verwendet werden. Dieser ergibt sich also aus der Gesamtheit aller möglichen Nummernkombinationen nach einer vorgegebenen Nummernkennzahl. So ist der nationale deutsche Nummernraum für das öffentliche Telefonnetz/ISDN durch die Landeskennzahl 49 definiert entsprechend der Empfehlung E.164 der Internationalen Fernmeldeunion. Ein einzelner Nummernbereich (z. B. 02 für eine deutsche Ortskennzahl) eröffnet seinerseits einen weiteren Nummernraum.

12. Nummernteilbereich. – Ein Nummernteilbereich ist eine Teilmenge eines beliebigen **21** Nummernbereichs.

13. Premium-Dienste. – Premium Rate-Dienste (PRD) sind Dienste, insbesondere der **22** Rufnummernbereiche (0)190 und (0)900, bei denen über die Telekommunikationsdienstleistung hinaus eine weitere Dienstleistung erbracht wird, die gegenüber dem Anrufer gemeinsam mit der Telekommunikationsdienstleistung abgerechnet wird und die nicht einer anderen Nummernart zuzurechnen sind. Die weitere Leistung kann gleichzeitig mit der Telekommunikationsdienstleistung oder später erbracht werden.[16] Im ersteren Fall liegt ein Fall der telekommunikationsgestützten Dienste (Nr. 25) vor. PRD entsprechen den 0190er- und 0900er-Mehrwertdienstenummern des Gesetzes zur Bekämpfung des Missbrauchs von 0190er-/0900er-Mehrwertdiensterufnummern vom 9. 8. 2003 (BGBl. I S. 1590).[17] Dienste, die kommerziell dem Angebot einer Betreiberauswahl entsprechen, sind keine Premium-Dienste; Call-by-Call Dienste über PRD-Nummern sind also unzulässig.[18]

Rufnummern für Premium Rate-Dienste werden von der RegTP auf der Grundlage von **23** § 66 einzeln an Inhalteanbieter zugeteilt. Dadurch kann ein Inhalteanbieter jede Rufnummer beantragen – unabhängig davon, bei welchem Netzbetreiber er Kunde ist. Zuteilungen aus dem Teilbereich (0)190 sind nur noch bis zum 21. 12. 2005 wirksam.[19] Ab dem 1. 1. 2006 muss der Teilbereich (0)190 der Regulierungsbehörde für andere Zwecke uneingeschränkt zur Verfügung stehen. Das vom Anrufer zu entrichtende Entgelt richtet sich nach der der Dienstekennzahl folgenden einstelligen Tarifkennung.

(0)900er Rufnummern haben keine Tarifkennung und sind dadurch flexibel tarifierbar. Der **24** Inhalteanbieter kann für jede Rufnummer individuell den Preis festlegen, den ein Anruf kosten soll. Im Rahmen einer freiwilligen Selbstkontrolle[20] folgt auf die Dienstekennzahl 900 eine Inhaltekennung (1 für Information, 3 für Unterhaltung und 5 für sonstige Dienste). Dadurch sollen Anschlussinhaber die Möglichkeit haben, gezielt bestimmte Inhalte zu sperren. Der Standardisierungssektor der Internationalen Fernmeldeunion (ITU-T) hat ein Rufnummernvergabeverfahren für den Internationalen Premium-Rate-Dienst erarbeitet. Das Verfahren ist in der ITU-T Empfehlung E.169.2 „Application of Recommendation

---

16 Verfügung 37/2004, ABl. RegTP vom 11. 8. 2004 Nr. 16/2004, S. 864.
17 BT-Drs. 15/5213, S. 20.
18 Verfügung 50/2003, ABl. RegTP vom 5. 11. 2003 Nr. 22/2003, S. 1258 f.
19 Vgl. Verfügung 37/2004, ABl. RegTP vom 11. 8. 2004 Nr. 16/2004, S. 864.
20 „Verhaltenskodex für Premium Rate-Dienste"des „Freiwillige Selbstkontrolle Telefonmehrwertdienste e. V."(www.fst-ev.org), Auszug in Anhang zu Verfügung 37/2004, ABl. RegTP vom 11. 8. 2004 Nr. 16/2004, S. 872.

E.164 numbering plan for universal international premium rate number(s) for the International premium rate service" beschrieben.

25   **14. Rufnummernbereich.** – Die im Gesetzesbeschluss des Bundestages enthaltene Definition beschreibt den Rufnummernbereich als eine für eine Nummernart bereitgestellte Teilmenge des Nummernraums für das öffentliche Telefonnetz. Sie beschränkt insoweit als Spezialfall des Nummernbereichs den Anwendungsbereich auf die Nummerierung innerhalb des öffentlichen Telefonnetzes.

§ 43a Verträge

Der Anbieter von Telekommunikationsdiensten für die Öffentlichkeit muss dem Endnutzer im Vertrag folgende Informationen zur Verfügung stellen:

1. seinen Namen und seine ladungsfähige Anschrift, ist der Anbieter eine juristische Person auch seine Rechtsform, seinen Sitz und das zuständige Registergericht,
2. die Art und die wichtigsten technischen Leistungsdaten der angebotenen Telekommunikationsdienste,
3. die voraussichtliche Dauer bis zur Bereitstellung eines Anschlusses,
4. die angebotenen Wartungs- und Entstördienste,
5. Einzelheiten zu seinen Preisen,
6. die Fundstelle eines allgemein zugänglichen, vollständigen und gültigen Preisverzeichnisses des Anbieters von Telekommunikationsdiensten für die Öffentlichkeit,
7. die Vertragslaufzeit,
8. die Voraussetzungen für die Verlängerung und Beendigung des Bezuges einzelner Dienste und des gesamten Vertragsverhältnisses,
9. etwaige Entschädigungs- und Erstattungsregelungen für den Fall, dass er die wichtigsten technischen Leistungsdaten der zu erbringenden Dienste nicht eingehalten hat und
10. die praktisch erforderlichen Schritte zur Einleitung eines außergerichtlichen Streitbeilegungsverfahrens nach § 47a.

Satz 1 gilt nicht für Endnutzer, die keine Verbraucher sind und mit denen der Anbieter von Telekommunikationsdiensten für die Öffentlichkeit eine Individualvereinbarung getroffen hat.

Übersicht

I. Gesetzeszweck

Die Vorschrift regelt die Informationspflichten eines Anbieters von Telekommunikationsdiensten für die Öffentlichkeit. Sie will die Vergleichbarkeit von Angeboten für Endnutzer verbessern und auf diese Weise den Qualitätswettbewerb unter den Anbietern von Telekommunikationsdiensten für die Öffentlichkeit fördern.[1]   1

---

1 BT-Drs. 15/5213, S. 21.

II. Entstehungsgeschichte

2 § 43a sollte durch das geplante Gesetz zur Änderung telekommunikationsrechtlicher Vorschriften in das TKG eingefügt werden,[2] dabei § 27 TKV 1997 ersetzen und der Umsetzung von Art. 20 Abs. 2 URL dienen.[3] Jedoch beschäftigt sich nicht nur Art. 20 Abs. 2 URL mit den Informationspflichten, sondern auch Art. 21 Abs. 1 URL.

III. Einzelheiten

3 Während § 45n vorgibt, welche Informationen ein Anbieter von Telekommunikationsdiensten für die Öffentlichkeit allgemein zu veröffentlichen hat, benennt § 43a die Angaben, die er dem konkreten Endnutzer zur Verfügung stellen muss. § 43a enthält zwei Sätze. Die Informationspflichten eines Anbieters von Telekommunikationsdiensten für die Öffentlichkeit aus Satz 1 bestehen nicht gegenüber jedem Endnutzer. Sie gelten nur gegenüber einem Verbraucher oder aber gegenüber einem sonstigen Endnutzer, der keine Individualvereinbarung mit dem Diensteanbieter getroffen hat. Hat hingegen ein Endnutzer, der kein Verbraucher ist, mit dem Diensteanbieter eine Individualvereinbarung getroffen, muss ihm der Anbieter die in Satz 1 aufgeführten Informationen nicht zur Verfügung stellen (Satz 2).

4 **1. Betroffene. – a) Diensteanbieter.** – Informationspflichtig sind nach § 43a einzig Anbieter von Telekommunikationsdiensten für die Öffentlichkeit. Die Telekommunikationsdienste sind in § 3 Nr. 24 definiert. Zwar fehlt im TKG eine Begriffsbestimmung der Telekommunikationsdienste für die Öffentlichkeit, jedoch findet sich in § 3 Nr. 8 bei der Definition des Endnutzers diese Formulierung. Dienste, die nicht für die Öffentlichkeit bestimmt sind, erfasst § 43a nicht.

5 **b) Endnutzer.** – Die Gruppe der Endnutzer lässt sich aufteilen in Verbraucher und in sonstige Endnutzer. In die Begriffsbestimmungen des § 3 ist einzig der Oberbegriff des „Endnutzers" aufgenommen worden, der auf Art. 2 lit. n RRL rekurriert. Nach § 3 Nr. 8 ist eine juristische oder natürliche Person, die weder öffentliche Telekommunikationsnetze betreibt noch Telekommunikationsdienste für die Öffentlichkeit erbringt, ein Endnutzer.[4]

6 **aa) Verbraucher.** – Im TKG findet sich keine Erläuterung des Begriffs Verbraucher. Art. 2 lit. i RRL definiert auf gemeinschaftsrechtlicher Ebene den Verbraucher als „jede natürliche Person, die einen öffentlich zugänglichen elektronischen Kommunikationsdienst zu anderen als gewerblichen oder beruflichen Zwecken nutzt oder beantragt". Dem deutschen Recht ist ein eigener telekommunikationsspezifischer Verbraucherbegriff unbekannt. Vielmehr hat es den Verbraucher allgemein in § 13 BGB geregelt, worauf die Gesetzesbegründung zur Bezeichnung des Verbrauchers verweist.[5] Nach § 13 BGB ist „jede natürliche Person, die ein Rechtsgeschäft zu einem Zwecke abschließt, der weder ihrer gewerblichen noch ihrer selbständigen beruflichen Tätigkeit zugerechnet werden kann", ein Verbraucher. Der Begriff des Verbrauchers ist somit enger als der des Endnutzers.

7 **bb) Sonstiger Endnutzer.** – Bei einem sonstigen Endnutzer handelt es sich einerseits um eine **juristische Person**, die weder öffentliche Telekommunikationsnetze betreibt noch Telekommunikationsdienste für die Öffentlichkeit erbringt. Andererseits fällt unter diese

---

2 BT-Drs. 15/5213; BT-Drs. 15/5694, S. 8 f.
3 BT-Drs. 15/5213, S. 21.
4 Näheres siehe § 3 RdNr. 12 f.
5 BT-Drs. 15/5213, S. 21.

Kategorie eine **natürliche Person**, die zwar weder öffentliche Telekommunikationsnetze betreibt noch Telekommunikationsdienste für die Öffentlichkeit erbringt, diese gleichwohl **gewerblich oder beruflich** nutzt oder beantragt. Unter einem sonstigen Endnutzer ist mithin jede Person zu verstehen, die Endnutzer, aber nicht zugleich Verbraucher ist.

2. Satz 1. – Die Nummern 1 bis 10 geben im Wesentlichen die Mindestvorgaben des 8
Art. 20 Abs. 2 Satz 2 URL wieder.

a) Nr. 1. – Die Angabe des Namens und der Anschrift des Anbieters verlangt auch die 9
URL.[6] Auf Anregung des Bundesrats ist nicht nur die Anschrift des Anbieters, sondern dessen ladungsfähige Anschrift bekannt zu geben.[7] Auf diese Weise wird vermieden, dass dubiose Anbieter lediglich eine Postfachanschrift angeben, unter der sie nicht geladen werden können.[8]

Nr. 1 fordert bei einer juristischen Person ferner die Angabe der Rechtsform, des Sitzes 10
und des Registergerichts, seltsamerweise aber nicht die **Nummer**, unter der sie in das Handelsregister eingetragen ist, wie es § 37a Abs. 1 HGB für alle Geschäftsbriefe eines Kaufmanns ebenfalls vorschreibt. Geschäftsbriefe sind alle nicht mündlichen Mitteilungen eines Kaufmanns über geschäftliche Angelegenheiten nach außen, wobei eine formularmäßige Mitteilung ausreicht.[9] Sie müssen an einen bestimmten Empfänger gerichtet sein.[10] Dies trifft auf die in § 43a genannten Anbieter und Endnutzer zu. Anhaltspunkte dafür, dass der Gesetzgeber beabsichtigte, die handelsrechtlichen Anforderungen für den Bereich des TK-Rechts zu lockern, lassen sich den Gesetzesmaterialien nicht entnehmen. Der Gesetzgeber hat schlicht die im HGB geregelten Vorschriften über Geschäftsbriefe eines Kaufmanns übersehen. Deshalb sind sie nicht durch das TKG derogiert. Vielmehr ist gemäß § 37a Abs. 1 HGB vom Anbieter von Telekommunikationsdiensten für die Öffentlichkeit auch die Nummer, unter der die Firma in das Handelsregister eingetragen ist, dem Endnutzer zur Verfügung zu stellen. Kommt der Anbieter diesen handelsrechtlichen Pflichten nicht nach, hat ihn das Registergericht notfalls durch Festsetzung eines Zwangsgelds dazu anzuhalten.[11]

Nicht ersichtlich ist, weshalb bei juristischen Personen als Anbietern nicht auch die **Namen** 11
der Vertretungsberechtigten angegeben werden müssen, obwohl dies etwa der verwandte § 1 Abs. 1 Nr. 3 BGB-InfoV[12] vorsieht.

b) Nr. 2 und 3. – Hier werden die Vorgaben des Art. 20 Abs. 2 Satz 2 lit. b URL auf zwei 12
Nummern aufgeteilt.

c) Nr. 4. – Während die URL nur Wartungsdienste aufführt,[13] fügt der deutsche Gesetzge- 13
ber zur Verdeutlichung neben den Wartungs- auch die Entstördienste als eigene Dienstart auf.

d) Nr. 5 und 6. – Die Vorgaben des Art. 20 Abs. 2 Satz 2 lit. d URL werden auf zwei Num- 14
mern aufgeteilt. Anders als aus der URL geht aus Nr. 5 und 6 nicht klar hervor, dass die

---

6 Art. 20 Abs. 2 Satz 2 lit. a URL.
7 BT-Drs. 15/5213, S. 29.
8 Vgl. ebd.
9 *Baumbach/Hopt*, § 37a HGB RdNr. 4; *Ebenroth/Boujong/Joost/Hillmann*, § 37a HGB RdNr. 4 ff.
10 *Ebenroth/Boujong/Joost/Hillmann*, § 37a HGB RdNr. 6; *Baumbach/Hopt*, § 37a HGB RdNr. 4.
11 § 37a Abs. 4 HGB, § 132 Abs. 1 FGG.
12 BGBl. 2002 I S. 3002, zuletzt geändert BGBl. 2004 I S. 3102.
13 Art. 20 Abs. 2 Satz 2 lit. c URL.

Fundstelle auch die Angaben über die Wartungsentgelte enthalten muss, was aber für das TKG im Wege der richtlinienkonformen Auslegung ebenfalls zu bejahen ist.

15   **e) Nr. 7 und 8.** – In diesen Nummern wird Art. 20 Abs. 2 Satz 2 lit. e URL wiedergegeben.

16   **f) Nr. 9.** – Diese Nummer setzt Art. 20 Abs. 2 Satz 2 lit. f URL nicht vollständig um. Nr. 9 sieht Angaben über Entschädigungs- und Erstattungsregelungen nur für den Fall vor, dass der Anbieter „die wichtigsten technischen Leistungsdaten" der zu erbringenden Dienste nicht eingehalten hat. Dagegen fordert die URL derartige Regelungen „bei Nichteinhaltung der vertraglich vereinbarten Dienstqualität", also auch dann, wenn es sich nicht um die wichtigsten Leistungsdaten handelt. Die deutsche Vorschrift ist mithin enger als die gemeinschaftsrechtliche Vorgabe.

17   **g) Nr. 10.** – Mit Nr. 10 wird Art. 20 Abs. 2 Satz 2 lit. g URL umgesetzt. Sie ist ungeschickt formuliert. Zum einen werden Informationen über „die praktisch erforderlichen Schritte" verlangt; das „praktisch" kann ersatzlos gestrichen werden, weil es keine Funktion hat. Zum anderen wird auf das „Streitbeilegungsverfahren nach § 47a" verwiesen, das aber dort die Gesetzesüberschrift „Schlichtung" trägt.

18   **3. Satz 2.** – Art. 20 Abs. 2 Satz 2 URL räumt den Mitgliedstaaten die Möglichkeit ein, dem Anbieter die Informationspflichten auch gegenüber anderen Endnutzern als den Verbrauchern aufzuerlegen. Hiervon hat der deutsche Gesetzgeber in Satz 1 dergestalt Gebrauch gemacht, dass Satz 1 grundsätzlich für alle Endnutzer gleichermaßen gilt, sofern nicht Satz 2 eine Einschränkung vorsieht.

19   Satz 2 ordnet an, dass die Informationspflichten nicht gegenüber Endnutzern bestehen, die erstens keine Verbraucher sind und mit denen zweitens der Anbieter eine Individualvereinbarung getroffen hat.

20   Der Wortlaut lässt es offen, worauf sich die **Individualvereinbarung** beziehen muss. Es könnte sich einerseits um eine Individualvereinbarung über Telekommunikationsdienste für die Öffentlichkeit, andererseits um eine solche über den Umfang der Informationen handeln. Die Gesetzesmaterialien schweigen hierzu. Die Gesetzessystematik, der die Unterscheidung von Standardverträgen und Individualverträgen zugrunde liegt, deutet darauf hin, dass mit Individualvereinbarung der im Einzelnen ausgehandelte **Individualvertrag** gemeint ist.

IV. Konkurrenzen

21   Informationspflichten finden sich auch in anderen Gesetzen. Vorrangig zu nennen ist die BGB-InfoV, die bei Fernabsatz-, Teilzeit-Wohnrechteverträgen und Verträgen im elektronischen Geschäftsverkehr sowie für Reiseveranstalter und Kreditinstitute Informationspflichten vorschreibt. Mit deren Vorgaben sei § 43a laut der Gesetzesbegründung „vergleichbar".[14]

22   Ein Rückgriff auf § 1 BGB-InfoV („Informationspflichten bei Fernabsatzverträgen") verbietet sich, weil § 43a das Verhältnis von Anbieter von Telekommunikationsdiensten für die Öffentlichkeit und Endnutzer abschließend und teilweise anders als die BGB-InfoV regelt. Im Gegensatz etwa zu § 1 Abs. 1 Nr. 4 BGB-InfoV sieht § 43a Satz 1 keine Angaben darüber vor, wie der Vertrag zustande kommt; Satz 1 Nr. 8 handelt lediglich von den Voraussetzungen für die Verlängerung und Beendigung des Vertrags, nicht aber von dessen

---

14 BT-Drs. 15/5213, S. 21.

Zustandekommen. Satz 1 Nr. 6 verlangt nur die Angabe der Fundstelle über die aktuellen Preise, während nach § 1 Abs. 1 Nr. 7 BGB-InfoV der Preis selbst einschließlich aller Steuern benannt sein muss.

Hingegen findet § 3 BGB-InfoV, der die Kundeninformationspflichten des Unternehmers **23** bei Verträgen im elektronischen Geschäftsverkehr regelt, neben § 43a Anwendung, weil sich § 43a mit der dortigen Thematik nicht befasst.

V. Rechtsschutz

Zwar meint der Gesetzgeber, § 43a sei „vergleichbar mit den Vorgaben in der BGB-Infor- **24** mationspflichten-Verordnung, insoweit gelten auch die gleichen Rechtsfolgen für den Fall, dass die Vorschriften nicht eingehalten werden".[15] Hierbei wird nicht berücksichtigt, dass die BGB-InfoV und § 2 UKlaG vom Verbraucher ausgehen, der allerdings nicht identisch mit dem Endnutzer ist (RdNr. 6).

1. Unterlassung. – Ein Unterlassungsanspruch kann sich aus dem UKlaG und aus dem **25** UWG ergeben.

a) UKlaG. – Ein Unterlassungsanspruch besteht nach **§ 1 UKlaG**, wenn die von § 43a **26** Satz 1 geforderten Angaben gemäß §§ 307 bis 309 BGB unwirksam sind.

Ein Unterlassungsanspruch folgt aus **§ 2 UKlaG** nur, wenn der Endnutzer zugleich Ver- **27** braucher ist. Bei § 43a Satz 1 handelt es sich um ein Verbraucherschutzgesetz im Sinne von § 2 Abs. 2 UKlaG, auch wenn es dort nicht unter den Regelbeispielen aufgeführt ist. Verbraucherschutzgesetz ist danach eine Norm, die dem Schutz des Verbrauchers dient. Das ist der Fall, wenn der Verbraucherschutz wie bei Informationspflichten der eigentliche Zweck des Gesetzes ist.[16] Da es genügt, dass nur bestimmte Verbrauchergruppen geschützt werden,[17] ist es unschädlich, dass sich unter den Endnutzern nicht nur Verbraucher befinden. Der Einstufung des § 43a Satz 1 als Verbraucherschutzgesetz steht auch nicht entgegen, dass er auch den Qualitätswettbewerb unter den Anbietern fördern will;[18] denn ein Verbraucherschutzgesetz im Sinne von § 2 UKlaG kann auch anderen Zwecken dienen, solange der Verbraucherschutz nicht nur eine untergeordnete Bedeutung hat.[19] Der Unterlassungsanspruch steht nur einer der in § 3 UKlaG benannten anspruchsberechtigten Stellen zu.

b) UWG. – Der Unterlassungsanspruch kann sich auch aus § 8 Abs. 1 UWG ergeben, so- **28** fern die Voraussetzungen des § 3 UWG erfüllt sind. Dieser Anspruch wie auch ein entsprechender **Beseitigung**sanspruch steht jedem Mitbewerber sowie anspruchsberechtigten Stellen zu.[20]

2. Schadensersatz. – Der Anbieter ist dem Endnutzer wegen der Verletzung der Informa- **29** tionspflichten des § 43a Satz 1 zum Ersatz des Schadens verpflichtet, der dem Endnutzer durch die Nicht- oder Schlechterfüllung einer Informationspflicht entstanden ist (§ 280 Abs. 1 BGB, ggf. i.V.m. § 311 Abs. 2 BGB).

---

15 Ebd.
16 *Erman/Roloff*, § 2 UKlaG RdNr. 4.
17 *Palandt/Bassenge*, § 2 UKlaG RdNr. 5.
18 BT-Drs. 15/5213, S. 21.
19 Vgl. BT-Drs. 14/2658, S. 53.
20 § 8 Abs. 3 UWG.

VI. Kritik

30 Wenngleich die Gesetzesbegründung zu § 43a verkündet: „Die Regelung entspricht Art. 20 Abs. 2 der Universaldienstrichtlinie", ist der in Art. 20 Abs. 2 Satz 1 URL vorgeschriebene Anspruch eines Endnutzers gegen den Anbieter von Telekommunikationsdiensten für die Öffentlichkeit auf Abschluss eines Vertrags in § 43a nicht aufgenommen worden. Ein Anspruch auf einen Vertrag ist nur beim Universaldienst vorgesehen,[21] d. h., dieser Anspruch besteht nur gegenüber einem universaldienstpflichtigen Unternehmen, nicht aber gegenüber einem Anbieter, der keine Universaldienstleistungen erbringt. Die gemeinschaftsrechtliche Vorgabe ist deshalb nicht vollständig umgesetzt worden.

31 Auch ist ein Hinweis auf die Rechte des Endnutzers aus Art. 20 Abs. 4 URL nicht in § 43a aufgenommen worden, obwohl § 28 Abs. 3 TKV 1997 eine ähnliche Regelung noch enthielt. Die URL räumt dem Endnutzer, falls der Anbieter die Vertragsbedingungen ändern will, das Recht ein, den Vertrag ohne Zahlung einer Vertragsstrafe zu lösen. Dazu ist dem Endnutzer die geplante Änderung mindestens einen Monat vor dem In-Kraft-Treten anzuzeigen und er auf sein fristloses Kündigungsrecht hinzuweisen, was einen typischen Fall einer Informationspflicht darstellt.

32 Nicht nur Art. 20 Abs. 2 URL widmet sich der Veröffentlichungspflicht von Informationen, sondern auch Art. 21 Abs. 1 URL. Danach stellen die Mitgliedstaaten sicher, dass für Endnutzer und Verbraucher gemäß dem Anhang II der URL transparente und aktuelle Informationen über anwendbare Preise und Tarife sowie über Standardkonditionen bezüglich des Zugangs zu öffentlichen Telefondiensten und deren Nutzung zugänglich sind. Das umfasst nicht nur Informationen über die Rechte hinsichtlich des Universaldienstes, sondern auch Informationen über die im Anhang I der URL genannten Einrichtungen und Dienste wie Einzelverbindungsnachweis oder kostenlose selektive Sperre abgehender Verbindungen.[22] Diese Informationspflichten sind nicht in § 43a TKG aufgenommen worden.

---

21 § 84 Abs. 1.
22 Anhang II Nr. 4 URL.

§ 44a   Haftungsbegrenzung

Soweit eine Verpflichtung des Anbieters von Telekommunikationsdiensten für die Öffentlichkeit zum Ersatz eines Vermögensschadens gegenüber einem Endnutzer besteht und nicht auf Vorsatz beruht, ist die Haftung auf höchstens 12 500 Euro je Endnutzer begrenzt. Entsteht die Schadenersatzpflicht durch eine einheitliche Handlung oder ein einheitliches schadenverursachendes Ereignis gegenüber mehreren Endnutzern und beruht dies nicht auf Vorsatz, so ist die Schadenersatzpflicht unbeschadet der Begrenzung in Satz 1 in der Summe auf höchstens 10 Millionen Euro begrenzt. Übersteigen die Entschädigungen, die mehreren Geschädigten auf Grund desselben Ereignisses zu leisten sind, die Höchstgrenze, so wird der Schadenersatz in dem Verhältnis gekürzt, in dem die Summe aller Schadenersatzansprüche zur Höchstgrenze steht. Die Haftungsbegrenzung nach den Sätzen 1 bis 3 gilt nicht für Ansprüche auf Ersatz des Schadens, der durch den Verzug der Zahlung von Schadenersatz entsteht. Abweichend von den Sätzen 1 bis 3 kann die Höhe der Haftung gegenüber Endnutzern, die keine Verbraucher sind, durch einzelvertragliche Vereinbarung geregelt werden.

Übersicht

I. Gesetzeszweck

Die Vorschrift stellt eine genuin deutsche Regelung dar und ist vom Gemeinschaftsrecht **1** nicht vorgegeben.[1] § 44a, mit dem der deutsche Gesetzgeber den „kaum abschätzbaren wirtschaftlichen Risiken für Anbieter von Telekommunikationsdiensten" Rechnung tragen will,[2] bildet einen **Fremdkörper** im Teil „Kundenschutz". Aus Kundenschutz wird hier Anbieterschutz.[3]

II. Entstehungsgeschichte

Das Gesetz zur Änderung telekommunikationsrechtlicher Vorschriften von 2005 sieht vor, **2** § 44a in das TKG einzufügen.[4] Die Norm findet in § 7 TKV 1997 ihre direkte Vorgängerin,[5] die auf der Ermächtigungsgrundlage des § 41 Abs. 3 Nr. 1 TKG 1996 („Haftung der

---

1 § 45 RdNr. 23.
2 BT-Drs. 15/5213, S. 21.
3 § 45 RdNr. 20 f.
4 BT-Drs. 15/5213, S. 9; BT-Drs. 15/5694, S. 9.
5 Ähnlich zuvor bereits § 20 TKV 1995 (BGBl. 1995 I S. 2020).

Anbieter und Schadenersatz- und Unterlassungsansprüche der Nutzer") fußte. Im TKG 2004 ermächtigt § 45 Abs. 3 Nr. 1 zum Erlass von Regelungen über „die Haftung der Unternehmen" in der geplanten Kundenschutzverordnung. Wegen der Bedenken des Bundesinnen- und des Bundesjustizministeriums gegen die Verfassungsmäßigkeit der Ermächtigungsgrundlage des § 45 TKG 2004 (siehe § 45 RdNr. 9 ff., 20 ff.) sah die Bundesregierung vom Erlass einer neuen Kundenschutzverordnung ab und wollte statt dessen die jeweiligen Bestimmungen direkt in das TKG einfügen.

3   Der Regierungsentwurf des § 44a stieß in der Stellungnahme des Bundesrats in zwei Punkten auf deutlichen Widerspruch. So wollte die Bundesregierung Vermögensschäden eines Endnutzers, die der Anbieter nicht vorsätzlich verursacht hatte, der Höhe nach begrenzen. Das hätte bedeutet, dass für leichte, aber auch für grobe Fahrlässigkeit des Anbieters die Haftungsbegrenzung eingegriffen hätte.

4   Der Bundesrat forderte in seiner Stellungnahme, nach dem Wort „Vorsatz" in Satz 1 und 2 jeweils die Wörter „oder grober Fahrlässigkeit" einzufügen.[6] Auf diese Weise käme ein Anbieter, der einem Endnutzer vorsätzlich oder grob fahrlässig einen Vermögensschaden verursacht hat, nicht in die Vergünstigung der Haftungsbegrenzung. In der Gegenäußerung beharrte die Bundesregierung auf ihrer Position und führte dazu aus: „Mit Blick auf die besonderen hohen Haftungsrisiken im Telekommunikationssektor – z. B. bei Banken- und Börsengeschäften – ist der seit Jahren bestehende Haftungsausschluss auch bei grober Fahrlässigkeit gerechtfertigt."[7] Dass diese anbieterfreundliche Haltung die Rechte des Endnutzers einschränkt, der seinen Vermögensschaden außer im Fall des Vorsatzes eines Anbieters nicht vollständig ersetzt erhält, wird dort nicht erwähnt.

5   Hingegen fand der Einwand des Bundesrats gegen Satz 5 des Regierungsentwurfs die Zustimmung der Bundesregierung. Satz 5 lautete ursprünglich: „Die Begrenzung der Haftung nach den Sätzen 1 bis 3 gegenüber Endnutzern, die keine Verbraucher sind, kann durch einzelvertragliche Vereinbarung ausgeschlossen werden."[8] Der Bundesrat wünschte weitergehend, dass gegenüber Endnutzern, die keine Verbraucher sind, von den Regelungen zur Haftungsbegrenzung durch einzelvertragliche Regelungen generell abgewichen werden kann.[9] Die Bundesregierung stimmte diesem Anliegen zu und kündigte an, Satz 5 im laufenden Gesetzgebungsverfahren dementsprechend zu ändern.[10] Der Wirtschaftsausschuss des Bundestags empfahl statt dessen, für diese Gruppen nur die Höhe der Haftung einer einzelvertraglichen Regelung zu öffnen.[11] Dem folgte der Bundestag mehrheitlich.[12]

6   Der Bundesrat besteht demgegenüber weiterhin darauf, dass nur leichte Fahrlässigkeit zu einer Haftungsbegrenzung führen darf, und hat deswegen den Vermittlungsausschuss angerufen.[13] Hingegen legt er keinen Wert darauf, bei dieser Gelegenheit auch Satz 5 in seinem Sinn zu ändern.

---

6 BT-Drs. 15/5213, S. 29 (Nr. 4).
7 BT-Drs. 15/5213, S. 38 (zu Nr. 4).
8 BT-Drs. 15/5213, S. 9.
9 BT-Drs. 15/5213, S. 30 (Nr. 5).
10 BT-Drs. 15/5213, S. 38 (zu Nr. 5).
11 BT-Drs. 15/5694, S. 9.
12 BT-Plenarprotokoll 15/182, S. 17222 f.
13 BR-Drs. 438/05 (Nr. 2).

III. Haftungsbegrenzung kraft Gesetzes (Satz 1 bis 4)

Der Grundsatz des Schadensersatzrechts, dass jemand, der durch sein Tun oder Unterlassen 7
einem anderen schuldhaft einen Schaden verursacht hat, zum Schadensersatz verpflichtet
ist, wird in § 44a in mehrfacher Hinsicht durchbrochen: Der Anbieter haftet nur dann unbeschränkt, wenn er den Schaden vorsätzlich herbeigeführt hat; Vermögensschäden, die
der Anbieter fahrlässig verursacht hat, sind lediglich begrenzt zu ersetzen. Die Begrenzung
besteht zum einen hinsichtlich des individuellen Vermögensschadens eines Endnutzers
(Satz 1), zum anderen hinsichtlich aller Vermögensschäden von Endnutzern (Satz 2).

Diese Abweichung vom sonst geltenden Schadensersatzrecht führt zu der **paradoxen** Si- 8
tuation, dass der Endnutzer einen Teil des Schadens, den der Anbieter ihm durch sein fahrlässiges Verhalten verursacht hat, selbst tragen muss, obwohl der Endnutzer keinen Einfluss auf den Eintritt des Schadensfalls hat, während der Anbieter den Eintritt des Schadensfalls durch sein fahrlässiges Unterlassen zumindest ermöglicht, wenn nicht sogar
durch sein fahrlässiges Tun hervorgerufen hat.[14]

§ 44a führt zu einer Haftungsbegrenzung auch in Fällen grober und gröbster Fahrlässigkeit, 9
was Anbieter selbst durch extensivste Ausgestaltung ihrer AGB wegen § 309 Nr. 7 lit. b
BGB nicht erzielen könnten. Dabei handelt es sich nicht etwa um ein Versehen des Gesetzgebers, sondern das ist, wie sich aus der Gesetzesbegründung ergibt, so gewollt.[15]

1. Anspruchsgrundlagen. – § 44a begrenzt nicht nur Ansprüche auf Ersatz des Vermö- 10
gensschadens aus § 44 sowie aus § 280 BGB, sondern auch aus §§ 823, 831 BGB, soweit
kein vorsätzliches Verhalten des Anbieters vorliegt.[16] Zwar bleiben die haftungsbegründen-
den Normen hierbei unverändert, auch berechnet sich die Schadenshöhe nach den allgemeinen Regeln der §§ 249 ff. BGB. Jedoch wird die Pflicht des Anbieters, den von ihm verursachten Schaden zu ersetzen, seine „Haftung" mithin, begrenzt, soweit es sich um einen
Vermögensschaden des Endnutzers handelt, den der Anbieter nicht vorsätzlich verursacht
hat. Auf diese Weise wird für die Anbieter von Telekommunikationsdiensten für die Öffentlichkeit durch Gesetz ein **Sonderrecht** geschaffen, das nicht nur vom allgemeinen
Schuldrecht abweicht, sondern ein Ergebnis erzielt, das deutlich über die Möglichkeiten
hinausgeht, welche die Rechtsordnung Anbietern durch geschickte Gestaltung ihrer AGB
gewährt.[17]

a) § 44. – Nach § 44 ist ein Unternehmen, das gegen das TKG, eine aufgrund des TKG 11
erlassene Verordnung, eine aufgrund des TKG in einer Zuteilung auferlegte Verpflichtung
oder gegen eine Verfügung der Regulierungsbehörde verstößt und dem hierbei Vorsatz
oder Fahrlässigkeit zur Last fällt, dem Betroffenen unter anderem zum Schadensersatz verpflichtet.[18] Zu den Unternehmen im Sinne des § 44 gehören auch die Anbieter von Telekommunikationsdiensten für die Öffentlichkeit.

Während § 44 den Rechtsgrund für die Haftung von Unternehmen gegenüber Betroffenen 12
regelt, bestimmt sich der Schaden nach §§ 249 ff. BGB. Für Anbieter von Telekommunikationsdiensten für die Öffentlichkeit will § 44a insoweit ein Sonderrecht schaffen, als sie

---

14 Eine Haftungsbegrenzung ebenfalls ablehnend: *Schulz*, NJW 1998, 765, 766 f.; *Hahn*, Telekommunikationsdienstleistungs-Recht, 2001, RdNr. 301; *Manssen/Lammich*, § 41/§ 7 TKV RdNr. 5;
 BeckTKG-Komm/*Büchner*, § 41 RdNr. 19; a.A. *Scheurle/Mayen/Schadow*, § 41 RdNr. 53.
15 BT-Drs. 15/5213, S. 21.
16 BT-Drs. 15/5213, S. 21; ebenso zu § 7 TKV *Trute/Spoerr/Bosch*, § 41 RdNr. 19.
17 Ähnlich *Manssen/Lammich*, § 41/§ 7 TKV RdNr. 10.
18 Näheres siehe § 44 RdNr. 14 ff.

Vermögensschäden, die sie nicht vorsätzlich verursacht haben, der Höhe nach nur begrenzt ersetzen müssen.

13 **b) § 280 BGB.** – § 44a beschränkt ebenso die Ansprüche auf Schadensersatz wegen Pflichtverletzung nach § 280 BGB, soweit es sich um einen Vermögensschaden des Endnutzers handelt und der Schaden vom Anbieter nicht vorsätzlich verursacht worden ist.

14 **c) §§ 823, 831 BGB.** – Ansprüche eines Endnutzers aus Delikt gegenüber einem Anbieter werden gleichfalls von § 44a erfasst, sofern es sich um Vermögensschäden des Endnutzers handelt und sie nicht auf dem vorsätzlichen Verhalten des Anbieters beruhen.

15 **2. Vermögensschaden.** – § 44a begrenzt nach seinem eindeutigen Wortlaut einzig die Haftung für Vermögensschäden, die ein Anbieter einem Endnutzer schuldet. Hierunter fallen allein die **reinen Vermögensschäden**, nicht aber Folgeschäden aus Sach- oder Personenschäden.[19] Vermögensschäden, welche Dritte durch ein Verhalten des Anbieters erleiden, sind von § 44a nicht erfasst. Das Gleiche gilt für sonstige Schäden, die der Anbieter einem Endnutzer oder einem Dritten schuldhaft verursacht.

16 **3. Haftungshöchstgrenzen.** – Die Haftung für Vermögensschäden, die ein Anbieter für sein nicht vorsätzliches Verhalten Endnutzern schuldet, ist nach zwei Richtungen hin begrenzt, einerseits in Bezug auf den einzelnen Endnutzer (Satz 1), andererseits in Bezug auf alle geschädigten Endnutzer (Satz 2). Die Haftungssummen werden trotz deutlicher allgemeiner Preissteigerung auf dem Stand von 1995 belassen.[20]

17 **a) Individuell.** – Der Anbieter muss einem einzelnen Endnutzer einen Vermögensschaden nur bis zur Höhe von 12 500 Euro ersetzen (Satz 1). Einen darüber hinausgehenden Vermögensschaden des Endnutzers braucht der Anbieter nicht zu tragen. Der Anbieter ist jedoch nicht gehindert, den von ihm fahrlässig verursachten Vermögensschaden in voller Höhe zu ersetzen, wenngleich der Endnutzer dessen Ersatz nicht verlangen kann.

18 **b) Kollektiv.** – Die Pflicht eines Anbieters, den Vermögensschaden eines Endnutzers bis zur Höhe des Satzes 1 zu ersetzen, wird eingeschränkt durch Satz 2. Sind durch den die Schadensersatzpflicht auslösenden Umstand mehrere Endnutzer geschädigt worden, so ist der Anbieter nur verpflichtet, die Vermögensschäden sämtlicher Endnutzern bis zur Höhe von insgesamt 10 Mio. Euro zu ersetzen. Der bereits nach Satz 1 auf höchstens 12 500 Euro begrenzte Vermögensschaden eines Endnutzers erfährt solcherart eine weitere Einschränkung, falls es viele Geschädigte gibt und ihre individuellen Vermögensschäden die Gesamthaftungssumme von 10 Mio. Euro übersteigen. Welche Auswirkungen das auf den jeweiligen Anspruch eines Endnutzers auf Ersatz seines Vermögensschadens hat, regelt Satz 3 (RdNr. 25 f.).

19 Die kollektive Haftungsbegrenzung des Satzes 2 tritt nur ein, falls es sich um Vermögensschäden von Endnutzern handelt, die der Anbieter nicht vorsätzlich verursacht hat. Satz 2 weitet die individuelle Haftungsbegrenzung für Vermögensschäden eines Endnutzers aus Satz 1 auf alle geschädigten Endnutzer aus und begrenzt die Höhe der dort genannten Pflicht, Vermögensschäden zu ersetzen, der Gesamtsumme nach.

---

19 BT-Drs. 15/5213, S. 21. Ähnlich zu § 7 Abs. 2 TKV 1997: *Grote*, § 7 RdNr. 3; *Hahn*, RdNr. 305; *Manssen/Lammich*, § 41/§ 7 TKV RdNr. 6; *Graf von Westphalen/Grote/Pohle*, Der Telefondienstvertrag, 2001, S. 76 f.; *Spindler*, Vertragsrecht der Telekommunikations-Anbieter, 2000, Teil II RdNr. 120; *GRS*, RdNr. 522; BeckTKG-Komm/*Ehmer*, Anh § 41 § 7 TKV RdNr. 4; *Scheurle/Mayen/Schadow*, § 41 RdNr. 54.
20 Vgl. § 20 Abs. 2 Satz 1 TKV 1995.

Das Interesse eines Anbieters, einen großen Schadensfall zu vermeiden, wird durch die **20** kollektive Haftungsbegrenzung nicht befördert, weil der Anbieter von vornherein sicher sein kann, selbst bei gröbst fahrlässigem Verhalten ungünstigenfalls Vermögensschäden von insgesamt gerade einmal 10 Mio. Euro zahlen zu müssen, eine Haftungssumme, die heutzutage häufig bereits eine Haftpflichtversicherung für Privatpersonen abdecken würde. Ob eine Vielzahl oder wenige Endnutzer durch das Verhalten des Anbieters geschädigt werden, ist unter diesem Aspekt für einen Anbieter ohne Belang, weil der zu ersetzende Schaden die Schwelle von 10 Mio. Euro nicht überschreiten kann.

Die Gesamthaftungsumme bezog sich in der TKV 1995 noch jeweils auf die „schadensver- **21** ursachende Handlung"[21], in der TKV 1997 auf das „schadenverursachende Ereignis".[22] § 44a enthält beide Varianten nebeneinander.

aa) Verhalten. – Satz 2 spricht in der ersten Variante davon, dass die Schadensersatzpflicht **22** „durch eine einheitliche Handlung" entsteht. Der Begriff der Handlung ist unpräzise, weil er ein Tun des Anbieters impliziert. Der Anbieter ist aber nach den allgemeinen Grundsätzen des Schuldrechts immer auch dann zum Schadensersatz verpflichtet, falls er etwas pflichtwidrig unterlässt. Wenn die Haftungsbegrenzung bereits bei einem Tun eingreift, muss sie im Umkehrschluss erst recht bei einem Unterlassen, dem ein geringerer Unwertgehalt innewohnt, Platz greifen. Unter Handlung ist deshalb nicht nur ein Tun, sondern auch ein Unterlassen zu verstehen.

bb) Ereignis. – Auch die andere Variante ist unglücklich formuliert: Ein einheitliches **23** schadensverursachendes Ereignis dürfe nicht auf Vorsatz beruhen, damit die kollektive Haftungsbegrenzung eingreife. Das ist deshalb nicht richtig, weil ein Ereignis nicht schuldhaft sein kann, sondern nur das Verhalten, das zu dem Ereignis führt. Ein derartiges durch das Verhalten des Anbieters verursachtes Ereignis stellt aber letztlich nichts anderes dar als die Folge seines Verhaltens. Damit ist die zweite Variante trotz der wortreichen Umschreibung der Sache nach nichts anderes als ein Unterfall der ersten Variante: Dem Anbieter wird vorgeworfen, dass er es pflichtwidrig unterlassen habe, dem Schadenseintritt entgegenzuwirken.

cc) Einheitlichkeit. – Was mit „einheitlich" bei der einheitlichen Handlung bzw. bei dem **24** einheitlichen schadenverursachenden Ereignis gemeint sein soll, ist der Gesetzesbegründung nicht zu entnehmen. Die Vorgängervorschriften kannten diesen Begriff nicht, sondern begnügten sich mit einem schlichten „je" Handlung bzw. „je" Ereignis. In den Gesetzesmaterialien fehlt ein Hinweis dazu, dass eine Abweichung von der bisherigen Rechtslage beabsichtigt war. Zu verstehen ist unter „einheitlich" also das jeweilige schadenverursachende Verhalten. Oder anders formuliert: Werden durch **dasselbe Verhalten** des Anbieters mehrere Endnutzer nicht vorsätzlich geschädigt, kommt dem Anbieter die kollektive Haftungsbegrenzung zugute.

4. Anteilige Kürzung. – Satz 3 enthält gegenüber Satz 1 eine Einschränkung. Ist die Zahl **25** der geschädigten Endnutzer so groß, dass die Haftungshöchstsumme von 10 Mio. Euro überstiegen würde, wenn jeder Endnutzer seinen Vermögensschaden bis zum Betrag von 12 500 Euro voll ersetzt erhielte, muss er eine weitere Einbuße hinnehmen. Satz 3 reduziert den bereits nach Satz 1 ohnehin nur begrenzt zu ersetzenden Vermögensschaden eines Endnutzers anteilig in dem Verhältnis, in dem die „**Summe aller Schadenersatzansprü-**

---

21 § 20 Abs. 2 Satz 1 TKV 1995.
22 § 7 Abs. 2 Satz 3 TKV 1997.

che" aller Endnutzer zur Höchstgrenze steht. Unter Schadensersatzansprüchen sind wie in Satz 1 und 2 einzig die Vermögensschäden zu verstehen.

26 Auf diese Weise müssen die Endnutzer das finanzielle Risiko tragen, wenn durch das fahrlässige Verhalten des Anbieters eine größere Anzahl von Personen Vermögensschäden erleidet. Der Gesetzgeber bürdet so den Endnutzern die Folgen des Fehlverhaltens des Anbieters auf, obwohl die Endnutzer auf den Eintritt des Schadensfalls keinen Einfluss haben.

27 **5. Verzugsschaden.** – Satz 4 nimmt den Verzugsschaden von der gesetzlichen Haftungsbegrenzung für Vermögensschäden aus. Gerät ein Anbieter mit dem Ersatz eines Vermögensschadens, den er einem Endnutzer nicht vorsätzlich verursacht hat, in Verzug, so muss er diesen Verzugsschaden aus §§ 280, 286 BGB in voller Höhe und unabhängig vom Eingreifen der Haftungsbegrenzung ersetzen. Der Verzugsschaden umfasst die Verzugszinsen (§ 288 Abs. 1 bis 3 BGB) sowie gegebenenfalls weitere Schäden, die dem Endnutzer dadurch entstehen, dass der Anbieter sich mit der Zahlung des Schadensersatzes im Verzug befindet (§ 288 Abs. 4 BGB).

IV. Haftungsbegrenzung kraft einzelvertraglicher Vereinbarung (Satz 5)

28 Im Regierungsentwurf ermöglichte Satz 5 lediglich, die Haftungsbegrenzung für Vermögensschäden nach den Sätzen 1 bis 3 durch einzelvertragliche Vereinbarung auszuschließen, falls der Endnutzer kein Verbraucher[23] ist. Der Bundesrat wünschte eine Änderung des Satzes 5, um Anbietern die Möglichkeit zu eröffnen, ihre Haftung über das in Satz 1 und 2 vorgegebene Maß hinaus weiter zu reduzieren.[24] Dem trat die Bundesregierung bei.[25] Aufgrund der Empfehlung des Wirtschaftsausschusses des Bundestags wurde Satz 5 indessen in der jetzigen Weise umgestaltet.[26]

29 Satz 5 gestattet dem Anbieter und einem Endnutzer, der kein Verbraucher ist, insoweit eine individuelle Vereinbarung, als es sich um die Höhe der Haftung für Vermögensschäden handelt. Auch für diese Personengruppe gilt jedoch Satz 1 in dem Sinn, dass der Anbieter nur bei vorsätzlichem Verhalten für Vermögensschäden unbeschränkt haftet. Die Höhe der Haftung, d. h. die Haftungssumme, kann jedoch vom Endnutzer, der kein Verbraucher ist, individuell mit dem Anbieter ausgehandelt werden. Geschieht dies, unterliegt der Endnutzer weder der individuellen noch der kollektiven Haftungsbegrenzung der Sätze 2 und 3 und sieht sich auch keiner eventuellen anteiligen Kürzung seines Schadensersatzanspruchs nach Satz 4 ausgesetzt.

30 In Satz 5 gelangt der Grundsatz der **Privatautonomie** partiell zur Geltung. Zwar kann hinsichtlich von Vermögensschäden nicht vereinbart werden, dass der Anbieter auch für leichte oder grobe Fahrlässigkeit haftet, weil einzig "die Höhe der Haftung" einer Individualvereinbarung zugänglich ist. Dafür lassen sich aber die Rechtsfolgen der §§ 249 ff. BGB den Interessen der Vertragspartner anpassen. Sie können aushandeln, dass der vom Anbieter nicht vorsätzlich verursachte Vermögensschaden eines Endnutzers in vollem Umfang pauschaliert, lediglich teilweise oder überhaupt nicht vom Anbieter zu ersetzen ist.

---

23 Zum Verbraucher siehe § 44 RdNr. 10.
24 BT-Drs. 15/5213, S. 30.
25 BT-Drs. 15/5213, S. 38.
26 BT-Drs. 15/5694, S. 9.

§ 45 Berücksichtigung der Interessen behinderter Menschen

Die Interessen behinderter Menschen sind bei der Erbringung von Telekommunikationsdiensten für die Öffentlichkeit besonders zu berücksichtigen. Insbesondere ist ein Vermittlungsdienst für gehörlose und hörgeschädigte Menschen unter Berücksichtigung ihrer besonderen Bedürfnisse einzurichten. Die Regulierungsbehörde stellt den allgemeinen Bedarf hinsichtlich Umfang und Versorgungsgrad dieses Vermittlungsdienstes unter Beteiligung der betroffenen Verbände und der Unternehmen fest. Zur Sicherstellung des Vermittlungsdienstes ist die Regulierungsbehörde befugt, den Unternehmen Verpflichtungen aufzuerlegen.

Übersicht

I. Normzweck

Die Vorschrift soll sicherstellen, dass Behinderte Zugang zu Telekommunikationsdiensten **1** für die Öffentlichkeit haben.[1]

II. Entstehungsgeschichte

Diese Norm lehnt sich an Art. 7 URL an und findet in den früheren Kundenschutzverord- **2** nungen keine Entsprechung. Sie soll den bisherigen § 45 ersetzen, der zum Erlass der Kundenschutzverordnung ermächtigt und dabei unter anderem vorsieht, die Interessen Behinderter besonders zu berücksichtigen,[2] gegen dessen Eignung als Ermächtigungsgrundlage jedoch verfassungsrechtliche Bedenken bestehen (§ 45 RdNr. 9 ff., 20 ff.).

III. Interessen Behinderter (Satz 1)

Satz 1 ordnet die besondere Berücksichtigung der Interessen behinderter Menschen bei der **3** Erbringung von Telekommunikationsdiensten für die Öffentlichkeit an. Er ist in mehrfacher Hinsicht unpräzise.

1. „Behinderte Menschen". – Dem Wortlaut lässt sich nicht entnehmen, wessen Behinde- **4** rung der Gesetzgeber meinte. Denkbar ist die Behinderung desjenigen, der Telekommunikationsdienste erbringt, oder desjenigen, dem gegenüber sie erbracht werden. Wenig erhellend ist die Formulierung „behinderte Menschen"; sie betont lediglich die Selbstverständlichkeit, dass auch **Behinderte** Menschen sind. Da § 45 sich im Teil 3 „Kundenschutz" des

---

1 BT-Drs. 15/5213, S. 21, BT-Drs. 15/5694, S. 10.

2 § 45 Abs. 1 Satz 2 TKG 2004.

TKG befindet, deutet die systematische Auslegung darauf hin, dass der Gesetzgeber den Endnutzer im Sinn hatte.

5 Diese Annahme wird bestätigt durch Art. 7 URL, der von behinderten Endnutzern handelt, wenngleich dessen Überschrift „behinderte Nutzer" lautet. Die merkwürdige Situation, dass die Überschrift von „behinderten Nutzern" spricht, während sich die folgenden Absätze mit „behinderten Endnutzern" beschäftigen, findet sich nicht nur in der deutschen Fassung des Art. 7 URL, sondern beispielsweise auch in der englischen und in der französischen Fassung. Das offenbart, dass hier kein Übersetzungsfehler vorliegt, sondern bereits dem europäischen Gesetzgeber eine sprachliche Ungenauigkeit unterlaufen ist.

6 Das telekommunikationsrechtliche Richtlinienpaket von 2002 kennt beide Begriffe. Art. 2 lit. h RRL definiert den „Nutzer" als eine natürliche oder juristische Person, die einen öffentlich zugänglichen elektronischen Kommunikationsdienst in Anspruch nimmt oder beantragt. Der „Endnutzer" ist in Art. 2 lit. n RRL hingegen erläutert als ein Nutzer, der keine öffentlichen Kommunikationsnetze oder öffentlich zugänglichen elektronischen Kommunikationsdienste bereitstellt. „Behinderte Endnutzer" finden sich außer in Art. 7 URL auch in Art. 11 URL, „behinderte Nutzer" in Art. 6 Abs. 1 URL,[3] und beide finden sich vereint in Art. 33 Abs. 1 URL: Danach sind die Ansichten von „Endnutzern und Verbrauchern (insbesondere auch von behinderten Nutzern)" zu berücksichtigen.

7 Dem deutschen Gesetzgeber ist zugute zu halten, dass er den Begriff „Endnutzer" womöglich deshalb nicht verwendet, weil er in § 3 Nr. 8 legaldefiniert ist als eine juristische oder natürliche Person, die weder öffentliche Telekommunikationsnetze betreibt noch Telekommunikationsdienste für die Öffentlichkeit erbringt. Eine juristische Person kann jedoch nicht behindert sein. Wohl deshalb ist der Gesetzgeber auf die Wendung „behinderte Menschen" ausgewichen. Gemeint ist damit eine behinderte natürliche Person in ihrer Eigenschaft als **Endnutzer**.

8 **2. Behinderung.** – Der deutsche Gesetzgeber hat es allerdings versäumt zu bestimmen, wen er als behindert betrachtet. § 45 enthält keine Regelung darüber, welcher Art die Behinderung sein und welchen Grad sie aufweisen muss, um besonders berücksichtigt zu werden. Es lässt sich der Norm nicht entnehmen, ob der Gesetzgeber nur körperliche oder auch geistige Behinderungen im Sinn hatte. Satz 2 führt als Beispiel den Vermittlungsdienst für gehörlose und hörgeschädigte Menschen an.

9 Die Erwähnung akustischer Behinderungen in Satz 2 schließt andere Formen der Behinderung nicht aus. Das ergibt sich aus der URL, die im Einzelnen Gehörlose, Sprachgestörte, Blinde und Sehbehinderte erwähnt[4] und von „Kunden mit Behinderungen" spricht.[5] Demgegenüber hilft ein Rückgriff auf das deutsche Behindertenrecht nicht weiter, weil dort die Einstufung in verschiedene Grade der Behinderung vorgenommen wird,[6] was die URL in dieser Form nicht kennt.

10 Weiter führt statt dessen die Berücksichtigung des Art. 3 Abs. 3 Satz 2 GG, der verbietet, jemanden wegen seiner Behinderung zu benachteiligen. Behinderung ist danach anzunehmen, wenn es sich um die Auswirkung einer nicht nur vorübergehenden Funktionsbeeinträchtigung eines Menschen handelt, die auf einem regelwidrigen körperlichen, geistigen

---

3 Ferner ist in Erwägung 13, 43 URL von behinderten Nutzern die Rede.
4 Erwägung 13 URL.
5 Art. 2 Abs. 2 lit. c URL.
6 Vgl. § 2 Abs. 2 und 3 SGB IX.

oder seelischen Zustand beruht.[7] Demgegenüber sind nach § 2 Abs. 1 Satz 1 SGB IX Menschen behindert, wenn ihre körperliche Funktion, geistige Fähigkeit oder seelische Gesundheit mit hoher Wahrscheinlichkeit länger als sechs Monate von dem für das Lebensalter typischen Zustand abweichen und daher ihre Teilhabe am Leben in der Gesellschaft beeinträchtigt ist. Diese Definition hilft im Rahmen des § 45 nicht weiter, weil Telekommunikationsdienste unabhängig vom Lebensalter genutzt werden und deshalb die jeweilige Altersgruppe keinen geeigneten Vergleichsmaßstab für einen typischen Zustand darstellt.

Sinn und Zweck der Erwähnung Behinderter in § 45 ist es, ihnen die Teilnahme an Tele- **11** kommunikationsdiensten zu ermöglichen. Deswegen stellt alles, was jemanden aufgrund eines regelwidrigen körperlichen, geistigen oder seelischen Zustands an der Nutzung von Telekommunikationsdiensten hindert, eine Behinderung im Sinne des § 45 dar. Zu denken ist etwa an eine verminderte Seh-, Hör- oder Bewegungsfähigkeit; an Sprachstörungen; an die Körpergröße, wenn öffentliche Telefonapparate in einer Höhe angebracht sind, die für den Endnutzer nicht oder nur erschwert erreichbar ist; an die Fettleibigkeit, die einen beleibten Endnutzer daran hindert, sich in eine Telefonzelle zu zwängen.

3. Telekommunikationsdienste für die Öffentlichkeit. – Die Telekommunikationsdiens- **12** te erläutert § 3 Nr. 24. Zwar sind die Telekommunikationsdienste für die Öffentlichkeit nicht legal definiert, jedoch findet sich in § 3 Nr. 8 bei der Definition des Endnutzers diese Formulierung.

4. Besondere Berücksichtigung. – Satz 1 verlangt die besondere Berücksichtigung der In- **13** teressen Behinderter, wenn Telekommunikationsdienste für die Öffentlichkeit erbracht werden. Das wirft die Frage auf, im Verhältnis wozu diese Interessen besonders, d. h. vor allem bzw. vorrangig berücksichtigt werden sollen. Eine vorrangige Berücksichtigung der Interessen Behinderter zu Lasten Nichtbehinderter würde zu einer Benachteiligung der Nichtbehinderten führen, was einen Verstoß gegen Art. 3 Abs. 1 GG darstellen würde. Art. 3 Abs. 3 Satz 2 GG bestimmt zwar, dass niemand wegen seiner Behinderung benachteiligt werden darf; das bedeutet aber nicht umgekehrt, dass Nichtbehinderte deswegen zu benachteiligen sind. Mit der besonderen Berücksichtigung der Interessen Behinderter kann der Gesetzgeber deshalb nur meinen, dass die Interessen Behinderter ebenfalls zu beachten sind.

5. Normadressat. – Im Satz 1 fehlt der Normadressat. Es ist nicht geregelt, von wem die **14** Interessen Behinderter besonders zu berücksichtigen sind. Deshalb kommt dieser Norm weitgehend der Rang eines wohlklingenden, aber kaum operationablen **Programmsatzes** zu.

Eine Bedeutung mag die Vorschrift allerdings für die öffentliche Hand erlangen. Der deut- **15** sche Verordnungsgeber ist beim Erlass von Verordnungen, die aufgrund des TKG ergehen, gehalten, die Vorgaben der jeweiligen Ermächtigungsgrundlage wie auch des gesamten TKG einschließlich der in § 45 erwähnten Interessen Behinderter zu beachten. Auch kann sich Satz 1 auf die Ermessensausübung der Regulierungsbehörde auswirken.

Art. 7 URL hätte § 45 Satz 1 nicht erfordert, weil seine Vorgaben bereits an anderer Stelle **16** umgesetzt sind. Art. 7 Abs. 1 URL ermöglicht es einem Mitgliedstaat, gegebenenfalls besondere Maßnahmen für behinderte Endnutzer zu ergreifen, um ihnen einen mit anderen Endnutzern gleichwertigen Zugang zu öffentlichen Telefondiensten einschließlich von

---

7 BVerfGE 57, 139, 153; 96, 288, 301; 99, 341, 356 f.; *Maunz/Dürig/Scholz,* Art. 3 GG RdNr. V 176; *Sachs/Schulze-Osterloh,* Art. 3 GG RdNr. 309 ff.; *Dreher/Heun,* Art. 3 GG RdNr. 135; *von Münch/Kunig/Gubelt,* Art. 3 GG RdNr. 104c.

Notruf- und Auskunftdiensten und Teilnehmerverzeichnissen zu gewähren und sicherzustellen, dass diese erschwinglich sind. In § 78 Abs. 1 sieht das TKG vor, dass „alle Endnutzer", wozu selbstredend auch die behinderten Endnutzer zählen, Zugang zu Universaldienstleistungen haben müssen, und führt in § 78 Abs. 2 die einzelnen Universaldienstleistungen auf. Die Erschwinglichkeit regelt – wiederum für alle Endnutzer – § 79, und § 84
Abs. 1 gewährt jedem Endnutzer einen Anspruch gegen das Universaldienstleistungen erbringende Unternehmen auf eben diese Leistungen.

IV. Vermittlungsdienst (Sätze 2 bis 4)

17   Ein gesetzlich normiertes Beispiel für die Interessen Behinderter bildet der Vermittlungsdienst für Gehörlose und Hörgeschädigte, dessen Voraussetzungen und Ausgestaltung die
Sätze 2 bis 4 regeln. Der Gesetzgeber hat zwar die **Grundentscheidung** darüber getroffen,
dass ein derartiger Vermittlungsdienst eingerichtet werden muss. Seine nähere **Ausgestaltung** jedoch ist gegenwärtig noch **unklar**. Den Bestimmungen über den Vermittlungsdienst kommt damit aktuell keine praktische Bedeutung zu.

18   Auch schweigt der Gesetzgeber dazu, was er mit dem **„insbesondere"** im Satz 2 bezweckt.
Erwähnt wird einzig der Vermittlungsdienst. Welche sonstigen Dienste einzurichten sind,
worauf das „insbesondere" hindeutet, lässt sich dem Gesetz nicht entnehmen. Eine derartige Regelung ist zu unbestimmt, um irgend jemanden zu irgend etwas zu verpflichten.

19   Der **Vermittlungsdienst** soll es hörbehinderten Menschen ermöglichen, an der Kommunikation auch mit hörenden Menschen teilzuhaben und sich wahlweise über die deutsche Ge-
bärdensprache oder über die deutsche Schriftsprache zu verständigen.[8] In diesem Zusammenhang muss die Regulierungsbehörde konkret feststellen, in welchem Umfang und mit
welchem Versorgungsgrad es eines derartigen Vermittlungsdienstes allgemein bedarf (Satz
3).

20   Die Regulierungsbehörde ist zu dieser Feststellung zur Zeit noch nicht berufen. Der Gesetzgeber geht nämlich davon aus, dass die Regulierungsbehörde die genauen Bestimmungen über den Umfang einer erforderlichen Versorgung und die einzelnen Bedingungen
„erst nach Abschluss des Pilotprojektes […] treffen können" wird.[9] Dieses fünfjährige Pi-
lotprojekt führt die Deutsche Telekom AG in enger Zusammenarbeit mit der Deutschen
Gesellschaft zur Förderung der Gehörlosen und Schwerhörigen e. V. durch;[10] es ist noch
nicht abgeschlossen.

21   Sobald die Ergebnisse dieses Projekts vorliegen werden, wird die Regulierungsbehörde auf
dessen Grundlage eine Feststellung des allgemeinen Bedarfs unter der Beteiligung der betroffenen Verbände und Unternehmen treffen. Unter Beteiligung dieser Gruppen versteht
der Gesetzgeber nicht deren Mitentscheidung, sondern lediglich deren **Anhörung**.[11]

22   Satz 4 wird es sodann der Regulierungsbehörde ermöglichen, zur Sicherstellung des Vermittlungsdienstes den Unternehmen Verpflichtungen aufzuerlegen. Welcher Art diese Verpflichtungen sein dürfen, lässt sich der Norm nicht entnehmen. Die Verpflichtungen müssen jedenfalls der Sicherstellung des Vermittlungsdienstes dienen und dürfen nicht über
das Maß hinausgehen, das für eine Sicherstellung des Vermittlungsdienstes erforderlich

---

8 BT-Drs. 15/5213, S. 21.
9 Ebd.
10 BT-Drs. 15/2674, S. 4; BT-Drs. 15/5213, S. 21.
11 BT-Drs. 15/5213, S. 21.

ist. Bei der Ausübung des Ermessens ist die Regulierungsbehörde an den Grundsatz der Verhältnismäßigkeit gebunden.

V. Kritik

Eine eigene Vorschrift über die besondere Berücksichtigung der Interessen Behinderter ist aufgrund der URL nicht notwendig. Sie entspricht vielmehr dem **sozialpolitischen Anliegen** der Bundesregierung, das allerdings hinsichtlich des Vermittlungsdienstes gegenwärtig ohne praktische Folgen bleibt. Da die Vorgaben des Art. 7 URL bereits anderweitig im TKG umgesetzt sind (RdNr. 16), ist aus gemeinschaftsrechtlicher Sicht die Schaffung des § 45 Satz 1 nicht erforderlich.   **23**

Von der in Art. 7 Abs. 2 URL eingeräumten Möglichkeit, durch besondere Maßnahmen sicherzustellen, dass behinderte Endnutzer dieselbe Wahlmöglichkeit zwischen Betreibern und Diensteanbietern wie sonstige Endnutzer haben, wurde hingegen in Deutschland kein Gebrauch gemacht.   **24**

§ 45a Nutzung von Grundstücken

(1) Ein Anbieter von Telekommunikationsdiensten für die Öffentlichkeit, der einen Zugang zu einem öffentlichen Telekommunikationsnetz anbietet, darf den Vertrag mit dem Endnutzer ohne Einhaltung einer Frist kündigen, wenn der Endnutzer auf Verlangen des Anbieters nicht innerhalb eines Monats den Antrag des dinglich Berechtigten auf Abschluss eines Vertrags zu einer Nutzung des Grundstücks nach der Anlage zu diesem Gesetz (Nutzungsvertrag) vorlegt oder der dinglich Berechtigte den Nutzungsvertrag kündigt.

(2) Ist der Antrag fristgerecht vorgelegt und ein früherer Nutzungsvertrag nicht gekündigt worden, darf der Endnutzer den Vertrag ohne Einhaltung einer Frist kündigen, wenn der Anbieter von Telekommunikationsdiensten für die Öffentlichkeit den Antrag des Eigentümers auf Abschluss eines Nutzungsvertrags diesem gegenüber nicht innerhalb eines Monats durch Übersendung des von ihm unterschriebenen Vertrags annimmt.

(3) Sofern der Eigentümer keinen weiteren Nutzungsvertrag geschlossen hat und eine Mitbenutzung vorhandener Leitungen und Vorrichtungen des Anbieters von Telekommunikationsdiensten für die Öffentlichkeit durch einen weiteren Anbieter nicht die vertragsgemäße Erfüllung der Verpflichtungen des Anbieters gefährdet oder beeinträchtigt, hat der aus dem Nutzungsvertrag berechtigte Anbieter einem anderen Anbieter auf Verlangen die Mitbenutzung der auf dem Grundstück und in den darauf befindlichen Gebäuden verlegten Leitungen und angebrachten Vorrichtungen des Anbieters zu gewähren. Der Anbieter darf für die Mitbenutzung ein Entgelt erheben, das sich an den Kosten der effizienten Leistungsbereitstellung orientiert.

(4) Geht das Eigentum des Grundstücks auf einen Dritten über, gilt § 566 BGB entsprechend.

Anlage
(zu § 45a)

Nutzungsvertrag

des/der

....

(Eigentümer/Eigentümerin)

mit

der

....

(Netzbetreiber)

Der Eigentümer/die Eigentümerin ist damit einverstanden, dass der Netzbetreiber auf seinem/ihrem Grundstück

.... Straße (Platz) Nr. ....

in

....

sowie an und in den darauf befindlichen Gebäuden alle die Vorrichtungen anbringt, die erforderlich sind, um Zugänge zu seinem öffentlichen Telekommunikationsnetz auf dem betreffenden oder einem benachbarten Grundstück und in den darauf befindlichen Gebäuden einzurichten, zu prüfen und Instand zu halten. Dieses Recht erstreckt sich auch auf vorinstallierte Hausverkabelungen. Die Inanspruchnahme des Grundstücks durch Vorrichtungen darf nur zu einer notwendigen und zumutbaren Belastung führen.

Der Netzbetreiber verpflichtet sich, unbeschadet bestehender gesetzlicher oder vertraglicher Ansprüche, das Grundstück des Eigentümers/der Eigentümerin und die darauf befindlichen Gebäude wieder ordnungsgemäß Instand zu setzen, soweit das Grundstück und/oder die Gebäude durch die Vorrichtungen zur Einrichtung, Instandhaltung oder Erweiterung von Zugängen zu seinem öffentlichen Telekommunikationsnetz auf dem betreffenden oder einem benachbarten Grundstück und/oder in den darauf befindlichen Gebäuden infolge der Inanspruchnahme durch den Netzbetreiber beschädigt worden sind. Im Rahmen der technischen Möglichkeiten und der bestehenden Sicherheitsanforderungen wird der Netzbetreiber vorinstallierte Hausverkabelungen nutzen. Der Netzbetreiber wird die von ihm errichteten Vorrichtungen verlegen oder – soweit sie nicht das Grundstück versorgen und eine Verlegung nicht ausreicht – entfernen, wenn sie einer veränderten Nutzung des Grundstücks entgegenstehen und ihr Verbleib an der bisherigen Stelle nicht mehr zumutbar ist. Die Kosten für die Entfernung oder Verlegung trägt der Netzbetreiber. Dies gilt nicht für Vorrichtungen, die ausschließlich das Grundstück versorgen, wenn nicht gleichzeitig Änderungen am öffentlichen Telekommunikationsnetz erforderlich sind.

Der Netzbetreiber wird ferner binnen Jahresfrist nach der Kündigung die von ihm angebrachten Vorrichtungen auf eigene Kosten wieder beseitigen, soweit dies dem Eigentümer/der Eigentümerin zumutbar ist. Auf Verlangen des Eigentümers/der Eigentümerin wird der Netzbetreiber die Vorrichtungen unverzüglich entfernen, soweit dem nicht schutzwürdige Interessen Dritter entgegenstehen.

Der Nutzungsvertrag gilt auf unbestimmte Zeit. Er kann mit einer Frist von sechs Wochen von jeder Vertragspartei gekündigt werden.

.... , den ....

Übersicht

I. Gesetzeszweck

1 Die Vorschrift regelt das Verhältnis von Netzzugang, Endnutzervertrag und Nutzung eines Grundstücks und versucht, zwischen den divergierenden Interessen des Grundstückseigentümers, des Anbieters von Telekommunikationsdiensten für die Öffentlichkeit und des Endnutzers zu vermitteln.

II. Entstehungsgeschichte

Eine ähnliche Regelung wie in § 45a findet sich in § 10 TKV 1997.[1] § 41 TKG 1996 er- 2
mächtigte die Bundesregierung, zum besonderen Schutz der Nutzer eine Kundenschutzverordnung zu erlassen, erwähnte dabei aber nicht die Grundstückseigentümererklärung
als Regelungsgegenstand. § 10 TKV 1997 enthält eine verbindliche Grundstückseigentümererklärung und eine separate Gegenerklärung.[2]

§ 45 TKG 2004 ermächtigt erneut zum Erlass einer Kundenschutzverordnung, wobei dies- 3
mal in § 45 Abs. 3 Nr. 7 TKG 2004 die Grundstückseigentümererklärung als ein Regelungsgegenstand für die TKV aufgenommen wurde.

Das Gesetz zur Änderung telekommunikationsrechtlicher Vorschriften[3] will die Ermächti- 4
gungsgrundlage des § 45 TKG 2004 durch den neuen § 45 TKG 2005, der sich mit der Berücksichtigung der Interessen Behinderter beschäftigt, ersetzen und die für die TKV geplanten Bestimmungen über die Grundstückseigentümererklärung als § 45a in das TKG
einfügen. Danach gibt es nicht länger eine Grundstückseigentümererklärung und eine
getrennte Gegenerklärung, sondern beide sind nunmehr in einem „Nutzungsvertrag" zusammengefasst, dessen Inhalt die Anlage zu § 45a vorgibt.

III. Nutzungsvertrag

Der Eigentümer eines Grundstücks oder ein sonstiger **dinglich Berechtigter** (etwa ein 5
Nießbrauch- oder Erbbauberechtigter) braucht gegen seinen Willen die Nutzung des
Grundstücks durch den Anbieter von Telekommunikationsdiensten nicht zu dulden.[4] Nur
wenn er es dem Anbieter gestattet, darf dieser auf dem Grundstück Telekommunikationseinrichtungen errichten, überprüfen oder warten.[5] Schließt der am Grundstück dinglich Berechtigte mit dem Anbieter einen obligatorischen Nutzungsvertrag,[6] darf dieser die Einrichtungen auf dem Grundstück anbringen, die es ihm ermöglichen, seinen vertraglichen
Verpflichtungen gegenüber dem Endnutzer zur Bereitstellung von Telekommunikationseinrichtungen bis hin zur Telekommunikationsabschlusseinrichtung beim einzelnen Endnutzer zu erfüllen, und zu diesem Zweck die Einrichtungen überprüfen und warten.[7]

Nach dem eindeutigen Wortlaut des Abs. 1 ist der dinglich Berechtigte nicht zum Ab- 6
schluss des Nutzungsvertrags verpflichtet.[8] Gleiches gilt für die Absätze 2 und 3, die allerdings ebenso wie die Anlage zu § 45a einzig auf den **Eigentümer** abstellen. Ob der Gesetzgeber bewusst zwischen dem dinglich Berechtigten in Abs. 1 und dem Eigentümer in den
restlichen Vorschriften differenziert, kann den Gesetzesmaterialien nicht entnommen werden. Der Gesetzeswortlaut spricht jedoch für eine unterschiedliche Behandlung mit der

---

1 Zu § 10 TKV 1997 siehe etwa *Graf von Westphalen/Grote/Pohle*, Der Telefondienstvertrag, 2001,
  S. 50 f.
2 Hierzu vgl. BeckTKG-Komm/*Piepenbrock*, Anh § 41 § 10 TKV RdNr. 5 ff. und *Manssen/Demmel*,
  § 41/§ 10 TKV RdNr. 1 ff.
3 BT-Drs. 15/5213, S. 9, 18; BT-Drs. 15/5694, S. 10, 29 f.
4 BGH NJW-RR 2004, 231, 232.
5 Vgl. BT-Drs. 15/5213, S. 21.
6 Vgl. *Heun/Leitermann*, Teil 5 RdNr. 215; BeckTKG-Komm/*Piepenbrock*, Anh. § 41/§ 10 TKV
  RdNr. 6.
7 BT-Drs. 15/5213, S. 21; BeckTKG-Komm/*Piepenbrock*, Anh. § 41/§ 10 TKV RdNr. 7; *Manssen/
  Demmel*, § 41/§ 10 TKV RdNr. 8.
8 Die gegenteilige Ansicht etwa von *Manssen/Demmel*, § 41/§ 10 TKV RdNr. 2 ff. gibt den Rechts-
  stand vor Schaffung des TKG wieder.

Folge, dass im Rahmen des Abs. 1 der Eigentümer oder ein sonstiger dinglich Berechtigter den Nutzungsvertrag abschließen kann, während im Übrigen stets der Eigentümer dazu benötigt wird. Der Nutzungsvertrag gilt als auf unbestimmte Zeit abgeschlossen und kann sowohl vom dinglich Berechtigten als auch vom Anbieter gekündigt werden. Die Kündigungsfrist beträgt sechs Wochen.

7 Den Inhalt des Nutzungsvertrags und die sich daraus ergebenden Rechte und Pflichten des Anbieters gibt die Anlage zu § 45a weitgehend vor. Ein **Entgelt** für die Nutzung des Grundstücks durch den Anbieter sieht sie zwar nicht eigens vor. Das bedeutet aber nicht, dass der dinglich Berechtigte dem Anbieter die Nutzung unentgeltlich gestatten muss. Zum einen konnte der Gesetzgeber in die Anlage zu § 45a keine bestimmte Höhe des Entgelts aufnehmen, weil dieses von der Art und Intensität der Nutzung abhängt; auch ließe sich ein kraft Gesetzes angeordneter Entgeltverzicht nicht mit dem Grundrecht des dinglich Berechtigten aus Art. 14 GG vereinbaren. Zum anderen folgt aus der Rechtsnatur von Nutzungsverträgen, dass für die Gewährung der Nutzung vom Nutzungsberechtigten ein Entgelt gefordert werden kann. Schließlich bestätigt dies auch der Umkehrschluss zu Abs. 3 Satz 2: Wenn der eine Anbieter vom anderen Anbieter schon für die Mitbenutzung ein Entgelt verlangen darf, gilt dies erst recht für den am Grundstück dinglich Berechtigten, der jenem die Erstnutzung des Grundstücks überhaupt erst ermöglicht.

IV. Kündigung

8 Kommt ein Nutzungsvertrag nicht zustande, räumt Abs. 1 dem Anbieter und Abs. 2 dem Endnutzer das Recht ein, den zwischen ihnen bestehenden Vertrag über die Erbringung von Telekommunikationsdiensten zu kündigen, wenn zur Vertragsdurchführung das fremde Grundstück benutzt werden muss. Ob der Endnutzer gegen den dinglich Berechtigten einen Anspruch darauf hat, dass dieser mit einem Anbieter einen Nutzungsvertrag abschließt, ergibt sich nicht aus § 45a, sondern allein aus dem Rechtsverhältnis zwischen dem dinglich Berechtigten und dem Endnutzer.[9]

V. Mitbenutzung

9 Besteht ein Nutzungsvertrag zwischen dem Anbieter A und dem am Grundstück dinglich Berechtigten bzw. dem Eigentümer und schließt dieser mit einem anderen Anbieter B keinen weiteren Nutzungsvertrag, so hilft Abs. 3 dem B weiter. Er gewährt ihm gegen A einen Mitbenutzungsanspruch, d. h., B kann von A fordern, die sich auf dem Grundstück befindenden Leitungen und Vorrichtungen mitzubenutzen, sofern dem nicht der Nutzungsvertrag des A mit dem dinglich Berechtigten bzw. dem Eigentümer entgegensteht und soweit dies technisch möglich ist. Für die Mitbenutzung darf A von B ein angemessenes Entgelt verlangen.[10] Die Angemessenheit bestimmt sich nach den Kosten der effizienten Leistungsbereitstellung, die in § 31 Abs. 2 Satz 1 legaldefiniert sind.

VI. Eigentumsübergang

10 Wird das Grundstück veräußert, so findet § 566 BGB entsprechende Anwendung. Der Erwerber tritt deshalb in die Rechte und Pflichten aus dem Nutzungsvertrag ein.

---

9 Vgl. die Gesetzesbegründung zur Vorgängernorm, abgedruckt in: *Grote*, Telekommunikations-Kundenschutzverordnung, 2000, S. 29.

10 Zur Rechtslage unter dem alten TKG vgl. BVerwG NVwZ 2001, 1399; OVG Münster NVwZ 2002, 228; NJW 2002, 3793; NVwZ 2000, 697.

§ 45b Entstörungsdienst

Der Endnutzer kann von einem Anbieter eines öffentlich zugänglichen Telefondienstes verlangen, dass dieser einer Störung unverzüglich, auch nachts und an Sonn- und Feiertagen, nachgeht, wenn der Anbieter von Telekommunikationsdiensten für die Öffentlichkeit über beträchtliche Marktmacht verfügt.

Übersicht

I. Bedeutung der Norm

Indem der marktmächtige Anbieter eines öffentlich zugänglichen Telefondienstes bei Störungen zum Tätigwerden verpflichtet wird, soll bereits auf Gesetzesebene ein **Mindestmaß an Servicequalität** festgeschrieben werden. Ziel ist es, ein weitestgehend störungsfreies, zuverlässiges Angebot öffentlich zugänglicher Telefondienste zu gewährleisten. **1**

II. Entstehungsgeschichte

Ausweislich der Begründung zu § 45b RegE knüpft dieser an **§ 12 TKV 1997** an[1]. Im damaligen Regierungsentwurf zur TKV 1997 war eine Regelung zum Entstörungsdienst noch nicht enthalten[2]. Erst auf Betreiben des Bundesrates fand eine Aufnahme in die TKV 1997 statt[3]. Einen Vorgänger hatte allerdings auch § 12 TKV 1997. Denn bereits in der TKV 1995 wurde noch vor der endgültigen Liberalisierung der Telekommunikation gegenüber der Deutschen Telekom AG eine weitreichende Regelung hinsichtlich deren Verpflichtung zum Entstörungsdienst getroffen[4]. **2**

Systematisch wurde mit § 45b im Hinblick auf die vertraglichen Bedingungen für den Entstörungsdienst die bisherige Rechtslage geändert. Die vertraglichen Bedingungen zum Entstörungsdienst waren nach § 12 S. 2 TKV 1997 in die **Allgemeinen Geschäftsbedingungen** des marktbeherrschenden Anbieters von Sprachtelefondienst aufzunehmen. Diese Verpflichtung fehlt im § 45b, hat jedoch ihren Niederschlag in **§ 43a S. 1 Nr. 4** gefunden. Dort wird nunmehr vorgeschrieben, dass die angebotenen Wartungs- und Entstörungsdienste einen zwingenden Vertragsbestandteil eines Vertrages zwischen einem Anbieter von Telekommunikationsdiensten für die Öffentlichkeit und dem Endnutzer darstellen[5]. **3**

---

1 BR-Drs. 92/05, S. 1, 31.
2 BR-Drs. 551/97.
3 BR-Drs. 551/97, S. 3 (Beschluss vom 26. 9. 1997).
4 TKV v. 19. 9. 1995, BGBl. I S. 2020, 2024.
5 Näheres § 43a RdNr. 11.

III. Einzelerläuterungen

4 **1. Adressat der Norm.** – Als Adressaten für die Entstörungspflicht nennt der Gesetzgeber in § 45b am Anfang den **Anbieter eines öffentlich zugänglichen Telefondienstes**. In § 45b a. E. wird im Hinblick auf das Merkmal beträchtliche Marktmacht der Begriff „Anbieter von Telekommunikationsdiensten für die Öffentlichkeit" gebraucht. Die fehlende begriffliche Einheitlichkeit kann jedoch lediglich auf ein **redaktionelles Versehen** des Gesetzgebers zurückgeführt werden, da aus dem Normzusammenhang keine Notwendigkeit für eine Differenzierung ersichtlich ist. Auch der Rückgriff auf die unterschiedliche, den verwendeten Begriffen zugrunde liegende Legaldefinition des § 3 Nr. 17 für „öffentlich zugänglicher Telefondienst" und § 3 Nr. 24 für „Telekommunikationsdienst" lassen keinen Rückschluss auf den Hintergrund der fehlenden begrifflichen Übereinstimmung zu, da diese nicht exakt voneinander abgrenzbar sind[6]. Sinn und Zweck der Regelung sprechen allerdings dafür, einheitlich auf den Anbieter eines öffentlich zugänglichen Telefondienstes abzustellen, da durch § 45b bereits auf Gesetzesebene ein gewisses Mindestmaß an Servicequalität garantiert werden soll. Dies ist jedoch gerade vor dem Hintergrund der Legaldefinition des § 3 Nr. 17 TKG gewährleistet. Denn nach dieser Definition ist wesentlicher Bestandteil des öffentlich zugänglichen Telefondienstes das Führen von Inlands- und Auslandsgesprächen einschließlich der Möglichkeit, Notrufe abzusetzen.

5 Mit der Wahl des Merkmals „**beträchtliche Marktmacht**" vollzieht der Gesetzgeber auch hier die generell im TKG 2004 vorgenommene, durch europarechtliche Vorgaben ausgelöste Anpassung des Begriffes der „marktbeherrschenden Stellung" hin zum Begriff der „beträchtlichen Marktmacht"[7].

6 Zunächst ist vorliegend die Frage zu beantworten, **wie** der Anbieter mit **beträchtlicher Marktmacht bestimmt** wird und somit Adressat der gesetzlichen Verpflichtung zum Entstörungsdienst wird. Nach § 10 und § 11 TKG wird die Frage der beträchtlichen Marktmacht eines Unternehmens in einem dezidiert geregelten Marktdefinitions- und Marktanalyseverfahrens untersucht. Hierbei ist aus **behördenorganisatorischer Sicht** zu beachten, dass diese Festlegungen im Rahmen des Marktdefinitions- und Marktanalyseverfahrens, soweit es sich um Beschlusskammerentscheidungen nach den §§ 18, 19, 20, 21, 24, 30, 40 und 41 Abs. 1 handelt, durch die Präsidentenkammer getroffen werden können (§ 132 Abs. 4 S. 2). Der Wortlaut der entsprechenden Aufzählung des § 132 Abs. 4 S. 2 spricht zunächst dagegen, eine Verbindung zwischen der Entstörungspflicht und den in den §§ 10 und 11 festgelegten Marktdefinitions- und Marktanalyseverfahren anzunehmen, da darin § 45b nicht genannt wird. Ferner handelt es sich bei Verstößen gegen die Entstörungspflicht nicht um einen Sachverhalt, der Gegenstand von Beschlusskammerverfahren ist (vgl. § 132 Abs. 1 S. 1), sondern vielmehr dem Schlichtungsverfahren bzw. einem Untersagungsverfahren zugeordnet wird[8].

7 Allerdings bietet sich aus **gesetzessystematischen** und aus Erwägungen zum **Sinn und Zweck** des Marktdefinitions- und Marktanalyseverfahrens und im Interesse der **Einheitlichkeit der Verwaltung** eine Bindung an die Festlegungen zur beträchtlichen Marktmacht im Bereich der Marktregulierung an. Denn mit dem Marktdefinitions- und Marktanalyseverfahren nach §§ 10 ff. werden in Anlehnung an die Märkte-Empfehlung der Europäischen Kommission die Märkte bestimmt, für die eine sektorspezifische Regulierung nach dem TKG gerechtfertigt ist. Dies hat für die betroffenen marktmächtigen Unternehmen zur

---

6 § 3 RdNr. 29 und RdNr. 38.
7 Vgl. § 11 RdNr. 6 ff.
8 § 47a und § 126 TKG.

Folge, dass ihnen seitens der Regulierungsbehörde Verpflichtungen – die sog. „remedies" – nach den §§ 19, 20, 21, 24, 30, 39, 40 und 41 Abs. 1 auferlegt werden können[9], die in der Regel belastende Wirkung für die jeweiligen Unternehmen haben. Die Remedies haben im Wesentlichen das Ziel, ein festgestelltes Marktversagen zu beseitigen, was für § 45b allerdings so nicht zutrifft. Denn der Sinn und Zweck des Entstörungsdienstes dient vornehmlich der Garantie einer gewissen Servicequalität gegenüber dem Endnutzer und nicht der Lösung wettbewerblicher Probleme. Aus systematischer Sicht ist anzuführen, dass die Legaldefinition der beträchtlichen Marktmacht in § 3 Nr. 4 direkt § 11 Abs. 1 S. 3 bis 5 in Bezug nimmt und somit für eine Verknüpfung mit dem Marktdefinitions- und Marktanalyseverfahren sorgt. Ferner legt der Grundsatz der Einheitlichkeit der Verwaltung es nahe, die Festlegungen der beträchtlichen Marktmacht im Rahmen des Marktdefinitions- und Marktanalyseverfahrens auch bei der Anwendung des § 45b als bindend anzusehen. Denn mit der **Bindung an die Ergebnisse des Marktdefinitions- und Marktanalyseverfahrens** nach § 10 ff. kann eine unnötige Doppelung von Marktuntersuchungen mit möglicherweise differierenden Ergebnissen vermieden werden. Dies gilt insbesondere vor dem Hintergrund der Untersuchungstiefe der bislang durchgeführten Verfahren[10]. Letztlich erhalten betroffene Unternehmen dadurch zügig Klarheit über die entsprechenden gesetzlichen Pflichten nach § 45b.

Schließlich ist zu klären, wer **Anbieter eines öffentlich zugänglichen Telefondienstes** ist **8** und auf welchem Markt dessen beträchtliche Marktmacht vorliegen muss. Nach der Legaldefinition in § 3 Nr. 17 ist unter einem „öffentlich zugänglichen Telefondienst" ein der Öffentlichkeit zur Verfügung stehender Dienst für das Führen von Inlands- und Auslandsgesprächen einschließlich der Möglichkeit, Notrufe abzusetzen, zu verstehen. Der öffentlich zugängliche Telefondienst schließt auch folgende Dienste ein: Unterstützung durch Vermittlungspersonal, Auskunftsdienste, Teilnehmerverzeichnisse, Bereitstellung öffentlicher Münz- und Kartentelefone, Erbringung des Dienstes nach besonderen Bedingungen sowie Bereitstellung geografisch nicht gebundener Dienste[11]. Die Legaldefinition lässt durch den Wortlaut „schließt auch folgende ein" erkennen, dass der Schwerpunkt des Angebots eines öffentlich zugänglichen Telefondienstes im zuvor genannten „Führen eines Inlands- und Auslandsgespräches einschließlich der Möglichkeit, Notrufe abzusetzen" liegt. Damit sind insbesondere die **Märkte 1 bis 6 i. S. d. Märkte-Empfehlung** angesprochen[12]. Diese umschreiben den Zugang zum öffentlichen Telefonnetz an festen Standorten, öffentliche Orts- und Inlandsverbindungen und Auslandstelefonverbindungen. Dabei handelt es sich um Endkundenmärkte, die Angebote an Privat- und an Geschäftskunden umfassen[13]. Gleichzeitig ist gerade der Endnutzer Berechtigter hinsichtlich des Entstörungsdienstes nach § 45b. Somit kann dieser seinen Anspruch lediglich gegenüber Unternehmen geltend machen, die einen öffentlich zugänglichen Telefondienst auf den Märkten 1 bis 6 anbieten. Entscheidend ist darüber hinaus, dass gegenüber dem jeweiligen Unternehmen in dem den

---

9 § 13 Abs. 1 S. 1.
10 Vgl. zur Information auch die einheitliche Informationsstelle unter http://www.regtp.de.
11 § 3 RdNr. 29.
12 Empfehlung der Kommission vom 11. Februar 2003 über relevante Produkt- und Dienstmärkte des elektronischen Kommunikationssektors, die aufgrund der Richtlinie 2002/21/EG des Europäischen Parlaments und des Rates über einen gemeinsamen Rechtsrahmen für elektronische Kommunikationsnetze und -dienste für eine Vorabregulierung in Betracht kommen (Abl. EG Nr. L 114/45 v. 8. 5. 2003).
13 Vgl. zur Information auch die einheitliche Informationsstelle unter http://www.regtp.de bzw. http://www.bundesnetzagentur.de.

Markt 1 bis 6 betreffenden Marktdefinitions- und Marktanalyseverfahren die beträchtliche Marktmacht festgestellt wurde.

9 **2. Berechtigter.** – Hinsichtlich der Person des Berechtigten wurde von § 45b zu § 12 TKV 1997 eine begriffliche Anpassung vorgenommen. Berechtigter ist nicht mehr der „Kunde", sondern der **Endnutzer** i. S. d. § 3 Nr. 8. Danach ist der Endnutzer eine juristische oder natürliche Person, die weder öffentlich Telekommunikationsnetze betreibt noch Telekommunikationsdienste für die Öffentlichkeit erbringt[14].

10 **3. Einer Störung unverzüglich nachgehen.** – Der marktmächtige Anbieter eines öffentlich zugänglichen Telefondienstes muss einer Störung unverzüglich nachgehen. Unter dem Begriff der **Störung** ist dabei **insbesondere** die **Beeinträchtigung der Sprachkommunikation** anzusehen. Denn der Gesetzgeber hat mit der Legaldefinition des öffentlich zugänglichen Telefondienstes in § 3 Nr. 17 eben diesen Aspekt in den Vordergrund gestellt („Führen von Inlands- und Auslandsgesprächen einschließlich der Möglichkeit, Notrufe abzusetzen"). Aber auch bei den anderen in § 3 Nr. 17 als öffentlich zugänglicher Telefondienst aufgeführten Diensten, wie die Unterstützung durch Vermittlungspersonal, Auskunftsdienste, Teilnehmerverzeichnisse, Bereitstellung öffentlicher Münz- und Kartentelefone, Erbringung des Dienstes nach besonderen Bedingungen sowie Bereitstellung geografisch nicht gebundener Dienste, dürfte zunächst allein aufgrund der systematischen Vorgaben eine Entstörungspflicht nach § 45b bei Beeinträchtigungen eingreifen. Zu berücksichtigen sind jedoch auch die weiteren Vorgaben des Gesetzgebers. Das betroffene Unternehmen hat Störungen „unverzüglich, auch nachts und an Sonn- und Feiertagen" nachzugehen. Diese Konkretisierung deutet darauf hin, dass von der Entstörungspflicht nur solche Dienste umfasst sind, die für den Nutzer eines öffentlich zugänglichen Telefondienstes von essentieller Bedeutung sind. Es muss bei Störungen des Dienstes ein zeitnahes Vorgehen derart zwingend erforderlich sein, dass es einer gesetzlichen Garantie bedurfte. Dies trifft insbesondere auf das Führen von Inlands- und Auslandsgesprächen zu, was darüber hinaus das Absetzen von Notrufen mitumfasst. Bei den anderen Merkmalen des § 3 Nr. 17 kann damit allenfalls noch die Bereitstellung öffentlicher Münz- und Kartentelefone Gegenstand der Entstörungspflicht werden. Hinsichtlich der verbleibenden Merkmale (Unterstützung durch Vermittlungspersonal, Auskunftsdienste, Teilnehmerverzeichnisse, Erbringung des Dienstes nach besonderen Bedingungen sowie Bereitstellung geografisch nicht gebundener Dienste) ist eine Entstörungspflicht nach § 45b aufgrund des Sinn und Zwecks der Norm abzulehnen. Denn es ist nicht ersichtlich, wieso in diesen Fällen ein unverzügliches Handeln derart zwingend erforderlich ist, dass es einer gesetzlichen Regelung bedarf.

11 Der marktmächtige Anbieter eines öffentlich zugänglichen Telefondienstes muss der Störung **nachgehen**. Das bedeutet, dass seitens des verpflichteten Unternehmens zum einen das Vorliegen einer Störung überprüft und zum anderen mit der Störungsbeseitigung durch das Einleiten geeigneter Maßnahmen begonnen werden muss[15]. Dieses umfasst noch nicht die endgültige Beseitigung der Störung. Ferner ist die Störungssuche und Beseitigung vom Begriff des Wartungsdienstes abzugrenzen. Denn dieser wird in § 43a S. 1 Nr. 4 TKG noch einmal gesondert als zwingender Vertragsbestandteil genannt. Damit ist ausgeschlossen, dass reguläre Wartungen als ein Teil der Entstörungspflicht nach § 45b angesehen werden könnten.

12 Das Unternehmen hat der Störung **unverzüglich** nachzugehen. Zur näheren Bestimmung des Begriffes „unverzüglich" ist auf die Legaldefinition des Begriffes in § 121 Abs. 1 S. 1

---

14 Vgl. § 3 RdNr. 12.
15 Vgl. BeckTKG-Komm/*Kerkhoff*, Anh. § 41 § 11 TKV RdNr. 4.

BGB zurückzugreifen. Danach ist von einem unverzüglichen Handeln auszugehen, wenn es „**ohne schuldhaftes Zögern**" geschieht. Dieses umfasst allerdings nicht sofortiges Handeln, sondern ist mit einer angemessenen Überlegensfrist verbunden[16]. Überträgt man die zivilrechtlichen Vorgaben auf § 45b, ist jedoch der Zeitraum, in dem der Telefondienstanbieter von der Kenntniserlangung bis zum Einleiten erster Maßnahmen noch „ohne schuldhaftes Zögern" handelt, im Zweifel knapp zu bemessen. Denn schließlich handelt es sich beim gestörten Telefondienst auch um die Möglichkeit, Notrufe abzusetzen, was gegenüber dem Endnutzer weitestgehend durchgängig gewährleistet sein muss. Die im Regelfall kurz bemessene Reaktionszeit wird vom Gesetzgeber dadurch betont, dass das gleiche Maß an Entstörungsleistung auch „nachts und an Sonn- und Feiertagen" gewährleistet sein muss.

4. Verlangen. – Der Endnutzer muss vom marktmächtigen Anbieter des öffentlich zugäng- **13** lichen Telefondienstes **verlangen**, der Störung nachzugehen. Für die ausdrückliche oder konkludente Willensäußerung des Endnutzers ist **keine bestimmte Form** vorgesehen. Er kann also den Anbieter in schriftlicher, telefonischer oder elektronischer Form kontaktieren[17]. Der Anbieter muss den Störungen auch nachts und an Sonn- und Feiertagen nachgehen. Das lässt den Schluss zu, dass die Kontaktaufnahme seitens des Endnutzers ebenso jederzeit möglich sein muss.

5. Rechtsfolgen. – Der Endnutzer kann bei Verletzung der Entstörungspflicht nach § 45b **14** durch Antrag bei der RegTP ein **Schlichtungsverfahren** einleiten, da es sich hierbei um „eine in den §§ 43a, 45 bis 46 vorgesehene Verpflichtung" handelt (vgl. § 47a Abs. 1)[18]. Wird gegen § 45b verstoßen, kommt damit ein Verstoß „gegen dieses Gesetz" in Betracht, womit Beseitigungs-, Unterlassungs- und möglicherweise auch Schadensersatzansprüche gemäß § 44 Abs. 1 einhergehen können. Stellt die RegTP fest, dass ein marktmächtiger Anbieter von Telefondiensten für die Öffentlichkeit seiner Entstörungspflicht nicht nachkommt, so **fordert** sie nach den Vorgaben des § 126 diesen **zur Abhilfe auf**[19]. Die RegTP kann darüber hinaus **vorläufige Maßnahmen** ergreifen, wenn die öffentliche Sicherheit und Ordnung unmittelbar und erheblich gefährdet ist (§ 126 Abs. 3 S. 1)[20]. Dies ist denkbar, wenn der Anbieter seiner Entstörungspflicht nicht nachkommt und dadurch das in der Legaldefinition des § 3 Nr. 17 enthaltene Merkmal des „Absetzens von Notrufen" eingeschränkt ist.

16 *Palandt/Heinrichs*, § 121 RdNr. 3.
17 Vgl. BeckTKG-Komm/*Kerkhoff*, Anh. § 41 § 11 TKV RdNr. 8.
18 Näheres § 47a RdNr. 12 ff.
19 § 126 RdNr. 9.
20 § 126 RdNr. 16.

§ 45c Normgerechte technische Dienstleistung

(1) Sofern der Anbieter von Telekommunikationsdiensten für die Öffentlichkeit nach Artikel 17 Absatz 4 der Richtlinie 2002/21/EG des Europäischen Parlaments und des Rates vom 7. März 2002 über einen gemeinsamen Rechtsrahmen für elektronische Kommunikationsnetze und -dienste (Rahmenrichtlinie) (ABl. EG Nr. L 108 S. 45) verbindlich geltende Normen und technische Anforderungen für die Bereitstellung von Telekommunikation für Endnutzer gegenüber dem Endnutzer nicht einhält, ist der Endnutzer berechtigt, den Vertrag nach erfolglosem Ablauf einer zur Abhilfe bestimmten Frist oder nach erfolgloser Abmahnung zu kündigen. Etwaige Schadensersatzansprüche bleiben unberührt.

(2) Die Regulierungsbehörde soll auf die verbindlichen Normen und technischen Anforderungen in Veröffentlichungen hinweisen.

Übersicht

I. Bedeutung der Norm

Die Regelung räumt dem Endnutzer ein gesetzliches **Sonderkündigungsrecht** ein, wenn **1** der Anbieter von Telekommunikationsdiensten für die Öffentlichkeit verbindliche Normen und technische Anforderungen für die Bereitstellung von Telekommunikation nicht einhält. Die Normen werden von der EG-Kom für verbindlich erklärt, wenn dieses unbedingt notwendig ist, um die Interoperabilität zu gewährleisten und den Nutzern eine größere Auswahl zu bieten[1]. Eine größere Auswahl wird u. a. bereits dadurch erreicht, dass der Endnutzer wegen einheitlicher Normen keine technischen Hürden beim Anbieterwechsel zu überwinden hat.

II. Entstehungsgeschichte

Der europarechtliche Hintergrund der Norm wird bereits durch den Verweis auf Art. 17 **2** Abs. 4 RRL deutlich. Mit § 45c werden die Rechtsfolgen geregelt, wenn „verbindliche Normen und Schnittstellenspezifikationen (vgl. Art. 17 Abs. 4 Satz 2 der Rahmenrichtlinie) nicht eingehalten werden"[2]. Durch Art. 17 Abs. 1 S. 1 RRL wird die EG-Kom ermächtigt, ein **Verzeichnis** von Normen und/oder Spezifikationen zu **erstellen**, die als Grundlage für die Förderung der einheitlichen Bereitstellung elektronischer Kommunikationsnetze und -dienste sowie zugehöriger Einrichtungen und Dienste dienen (1. Stufe). Die Mitgliedstaaten trifft zunächst die Pflicht, die Anwendung dieser Normen und Spezifikationen zu fördern[3]. Für den Fall, dass die Normen und Spezifikationen nicht sachgerecht angewendet

---

1 Vgl. Art. 17 Abs. 3 RRL.
2 BR-Drs. 92/05, S. 1, 32.
3 Art. 17 Abs. 2 RRL.

werden, so dass die Interoperabilität der Dienste in einem oder mehreren Mitgliedstaaten nicht gewährleistet ist, kann die Anwendung gem. Art. 17 Abs. 4 RRL **verbindlich vorgeschrieben** werden (2. Stufe). Zuvor erfolgt eine Veröffentlichung der geplanten Maßnahmen und allen Beteiligten wird europaweit die Möglichkeit zur Stellungnahme gegeben. Gemäß dem von § 45c in Bezug genommenen Art. 17 Abs. 4 S. 2 RRL schreibt die EG-Kom die Anwendung der einschlägigen Normen verbindlich vor, indem sie diese in dem im Amtsblatt der Europäischen Union veröffentlichten Verzeichnis der Normen und/oder Spezifikationen als verbindlich kennzeichnet. Hierbei hat sie das Verfahren nach Art. 22 Abs. 3 RRL zu beachten.

3   Bisher hat die EG-Kom noch **keine** Normen und/oder Spezifikationen nach Art. 17 Abs. 4 RRL als **verbindlich vorgeschrieben.** Es ist lediglich eine **vorläufige Ausgabe** eines Verzeichnisses der Normen und/oder Spezifikationen für elektronische Kommunikationsnetze und -dienste sowie zugehörige Einrichtungen und Dienste im ABl. EG veröffentlicht worden[4]. Die Anwendung der dort aufgeführten Normen wird empfohlen, ohne dass hierzu eine rechtliche Verpflichtung besteht[5]. Das ehemalige ONP-Normenverzeichnis (6. Ausgabe) wird damit ersetzt[6]. Das Verzeichnis wird regelmäßig aktualisiert, um den Anforderungen, die sich aus neuen technologischen Entwicklungen und Marktveränderungen ergeben, Rechnung zu tragen. Es finden sich darin Verweise auf die jeweiligen vom ETSI verabschiedeten Normen und Spezifikationen zu folgenden Bereichen: Normenverzeichnis für Mietleitungen, Zugang und Zusammenschaltung, Nummernübertragbarkeit, Betreiberauswahl und Betreibervorauswahl, entbündelter Zugang zur TAL, Normen zu verschiedenen Nummerndiensten, Normen zur Einhaltung von Datenschutzanforderungen sowie Normen für elektronische Kommunikationsnetze zur Ausstrahlung digitaler Rundfunkdienste und zugehöriger Einrichtungen[7].

III. Einzelerläuterungen

4   **1. Adressat der Norm.** – Adressat der Norm sind die **Anbieter von Telekommunikationsdiensten für die Öffentlichkeit.** Nach der Legaldefinition des § 3 Nr. 24 sind „Telekommunikationsdienste" in der Regel gegen Entgelt erbrachte Dienste, die ganz oder überwiegend in der Übertragung von Signalen über Telekommunikationsnetze bestehen, einschließlich Übertragungsdiensten in Rundfunknetzen[8]. Im Gegensatz zur Entstörungspflicht nach § 45b sind von dem Sonderkündigungsrecht des § 45c nicht nur die markmächtigen, sondern **alle Anbieter** von Telekommunikationsdiensten für die Öffentlichkeit betroffen. Dies findet allein schon darin seine Begründung, dass sich die etwaigen, seitens der EG-Kom für verbindlich erklärten Normen und Spezifikationen an alle Anbieter richten müssen, um die Interoperabilität der Dienste europaweit zu gewährleisten.

5   **2. Berechtigter.** – Berechtigter ist der **Endnutzer**, also nach § 3 Nr. 8 eine juristische oder natürliche Person, die weder öffentliche Telekommunikationsnetze betreibt noch Telekommunikationsdienste für die Öffentlichkeit erbringt[9]. Des Weiteren hat dieser Endnutzer in einer Vertragsbeziehung zu dem jeweiligen Anbieter von Telekommunikationsdiensten für die Öffentlichkeit zu stehen. Für welche Verträge ein Sonderkündigungsrecht nach § 45c

---

4   ABl. EG Nr. C 331 v. 31. 12. 2003, S. 32.
5   ABl. EG Nr. C 331 v. 31. 12. 2003, S. 32, 33.
6   ABl. EG Nr. C 339 v. 7. 11. 1998, S. 6.
7   ABl. EG Nr. C 331 v. 31. 12. 2003, S. 32, 33.
8   § 3 RdNr. 38.
9   § 3 RdNr. 12.

in Betracht kommt, wird letztlich durch das Vorliegen entsprechender Normen und technischen Anforderungen für die erbrachte Dienstleistung bestimmt. Nimmt man die vorläufige Fassung des Normenverzeichnisses als Anhaltspunkt, so kommen damit Verträge zu Mietleitungen, zu Zugang und Zusammenschaltung, zur Nummernübertragbarkeit, zur Betreiberauswahl und Betreibervorauswahl, zum entbündelten Zugang zur TAL, zu verschiedenen Nummerndiensten, Vertragsregelungen im Hinblick auf Datenschutzanforderungen und Verträge zur Ausstrahlung digitaler Rundfunkdienste und zugehöriger Einrichtungen für das Sonderkündigungsrecht nach § 45c in Betracht[10].

3. Verbindliche Normen und technische Anforderungen. – Als **verbindliche Normen** 6 **und technische Anforderungen für die Bereitstellung von Telekommunikation** sind diejenigen anzusehen, die die EG-Kom nach dem in Art. 17 Abs. 3 und Abs. 4 RRL vorgesehenen Verfahren für verbindlich erklärt hat. Da es sich bei dem am 31. 12. 2002 im ABl.EG veröffentlichten Verzeichnis lediglich um eine „vorläufige Ausgabe" handelt, hat die EG-Kom nur ihre Ermächtigung gem. Art. 17 Abs. 1 RRL genutzt (1. Stufe), so dass die Mitgliedstaaten lediglich eine Förderungspflicht hinsichtlich der Anwendung der Normen und Spezifikationen trifft (vgl. Art. 17 Abs. 2 RRL)[11]. **Solange keine** in Art. 17 Abs. 3 RRL **für verbindlich erklärten Normen und Spezifikationen** vorliegen, findet das Sonderkündigungsrecht nach **§ 45c keine Anwendung.**

Der Gesetzgeber hat die in § 45c genutzten **Begrifflichkeiten nicht auf Art. 17 RRL ab-** 7 **gestimmt.** Zur näheren Auslegung der Begriffe „verbindliche Normen" und „technische Anforderungen" ist neben dem Wortlaut der nationalen Norm der europarechtliche Hintergrund hinzuzuziehen. Der Begriff der „Norm" wird auch von Art. 17 RRL genutzt. Darüber hinaus spricht Art. 17 Abs. 1 S. 1 RRL von „Spezifikationen", die als Grundlage für die Förderung der „einheitlichen Bereitstellung elektronischer Kommunikationsnetze und -dienste […] dienen" sollen. Anders hingegen § 45c, der den Begriff der „Spezifikationen" nicht kennt. Es ist allerdings kein Grund ersichtlich, wonach die Begriffe „technische Anforderungen" und „Spezifikationen" unterschiedlich behandelt werden müssten. Darüber hinaus verweist auch der Gesetzgeber in der Begründung zu § 45c für beide Begriffe unterschiedslos auf Art. 17 Abs. 4 S. 2 RRL. Dieser wiederum kennt den Begriff der „technischen Anforderungen" nicht. Schließlich nutzt der Gesetzgeber auch in der Begründung nicht den Begriff der „technischen Anforderungen", sondern spricht von „Schnittstellenspezifikationen", was ebenfalls die direkte Anlehnung an den Wortlaut des Art. 17 RRL nahe legt[12].

4. Nicht einhalten. – Damit der Endnutzer sich auf sein Sonderkündigungsrecht berufen 8 kann, muss der Anbieter von Telekommunikationsdiensten die verbindlichen Normen und technischen Anforderungen **„nicht einhalten".** Wann die Normen und technischen Anforderungen nicht eingehalten sind, ist letztlich eine Frage des Einzelfalls. Anknüpfungspunkt für die Beurteilung sind die veröffentlichten Vorgaben der verbindlichen Normen und technischen Anforderungen, wobei dabei die dort vorgegebenen Toleranzwerte zu beachten sind.

5. Hinweispflicht der RegTP bei Veröffentlichungen (Abs. 2). – Durch § 45c Abs. 2 9 wird die RegTP verpflichtet, in Veröffentlichungen auf verbindliche Normen und technische Anforderungen hinzuweisen. Es handelt sich hierbei um eine „Soll"-Verpflichtung. Das bedeutet, die RegTP darf lediglich im Falle außergewöhnlicher Umstände hiervon ab-

---

10 ABl. EG Nr. C 331 v. 31. 12. 2003, S. 32, 33.
11 ABl. EG Nr. C 331 v. 31. 12. 2003, S. 32.
12 BR-Drs. 92/05, S. 1, 32.

sehen. Die RegTP wird dieser Veröffentlichungspflicht gerecht, wenn sie in Veröffentlichungen auf die **Fundstelle der jeweiligen Normen** und technischen Anforderungen hinweist. In welchen Fällen eine Veröffentlichungspflicht besteht, ergibt sich aus den jeweiligen Spezialregelungen[13]. Die Medien der Veröffentlichung legt § 5 fest, soweit nichts Abweichendes geregelt ist. **Ergänzt** wird die Hinweispflicht nach § 45c Abs. 2 **durch § 20.** Danach kann die RegTP einen Betreiber eines öffentlichen Telekommunikationsnetzes, der über beträchtliche Marktmacht verfügt, verpflichten, für die zum Zugang berechtigten Unternehmen alle für die Inanspruchnahme der entsprechenden Zugangsleistungen benötigten Informationen zu veröffentlichen (Transparenzverpflichtung). Hierzu gehören insbesondere Informationen zu technischen Spezifikationen, Netzmerkmalen, Bereitstellungs- und Nutzungsbedingungen. Sollten verbindlich erklärte Normen und technische Anforderungen bestehen, liegt es nahe, diese in die aufzuerlegende Transparenzverpflichtung mit einzubeziehen. Damit werden die marktmächtigen Netzbetreiber zumindest zum Hinweis auf die Fundstellen der veröffentlichten verbindlichen Normen verpflichtet. Daneben trifft die RegTP eine darüber hinaus gehende Hinweispflicht auf verbindliche Normen, damit jeder Endnutzer von den verbindlichen Normen als solchen Kenntnis erlangen und bei Nichteinhaltung sein Sonderkündigungsrecht nach § 45c ausüben kann.

10   Orientiert man sich streng am Wortlaut des § 45c Abs. 2, **läuft** auch diese Regelung ebenso wie § 45c Abs. 1 **leer,** solange noch keine gemäß Art. 17 Abs. 3 RRL für verbindlich erklärte Normen existieren. Zu beachten bleibt jedoch, dass gemäß Art. 17 Abs. 2 RRL die Mitgliedstaaten dazu verpflichtet sind, auch die Anwendung von noch nicht verbindlichen Normen und/oder Spezifikationen zu fördern, soweit dies unbedingt notwendig ist, um die Interoperabilität von Diensten zu gewährleisten und den Nutzern eine größere Auswahl zu bieten. Somit würde ein Hinweis der RegTP bei ihren Veröffentlichungen auf die bisher existierenden, noch nicht verbindlichen Normen und Spezifikationen zumindest dem Willen des Richtliniengebers Rechnung tragen.

11   **6. Rechtsfolgen.** – Hält der Betreiber verbindliche Normen oder technische Anforderungen nicht ein, so hat der Endnutzer diesem gegenüber **ein gesetzliches Sonderkündigungsrecht.** Erst zu einem späteren Zeitpunkt des Gesetzgebungsverfahrens wurde beschlossen, das mit § 45c dem Endnutzer eingeräumte Kündigungsrecht abzuschwächen.[14] Statt des Rechts zur fristlosen Kündigung wird dem Endnutzer nun nach **erfolglosem Ablauf einer zur Abhilfe bestimmten Frist oder nach erfolgloser Abmahnung** das Recht zur Kündigung eingeräumt. Dies wird durch den Vergleich mit allgemein üblichen zivilrechtlichen Regelungen begründet, wonach sofortige Kündigungsrechte nur bei schwerwiegenden oder wiederholten Vertragsstörungen gerechfertigt sind.[15] Die angemessene Länge einer etwaigen Abhilfefrist ist vom jeweiligen Einzelfall abhängig. Grundsätzlich wird zu beachten sein, dass die Abhilfe im Rahmen der Frist generell technisch möglich ist. Kommt es hierüber zu Streitigkeiten, besteht für den Endnutzer die Möglichkeit, gemäß § 47a durch Antrag ein **Schlichtungsverfahren** einzuleiten. Bei einem Verstoß gegen § 45c könnte ein Verstoß „gegen dieses Gesetz" vorliegen, womit gemäß § 44 Abs. 1 **Beseitigungs-, Unterlassungs-** und möglicherweise **Schadensersatzansprüche** einhergehen können. Da es sich bei § 45c Abs. 1 ebenfalls um eine „Verpflichtung nach diesem Gesetz" handelt, fordert die RegTP bei einem festgestellten Pflichtverstoß gemäß **§ 126** den jeweiligen Anbieter von Telekommunikationsdiensten für die Öffentlichkeit zur Abhilfe auf.

---

13 Bsp. §§ 26, 36, 127 Abs. 1 S. 2 Nr. 3, 122.
14 BT-Drs. 15/5694, S. 11.
15 BT-Drs. 15/5694, S. 34.

§ 45d   Netzzugang

(1) Der Zugang zu öffentlichen Telekommunikationsnetzen an festen Standorten ist an einer mit dem Endnutzer zu vereinbarenden, geeigneten Stelle zu installieren.

(2) Der Endnutzer kann von dem Anbieter von Telekommunikationsdiensten für die Öffentlichkeit verlangen, dass die Nutzung seines Netzzugangs für bestimmte Rufnummernbereiche im Sinne von § 3 Nr. 18a unentgeltlich netzseitig gesperrt wird, soweit dies technisch möglich ist. Die wiederholte Freischaltung der gesperrten Rufnummernbereiche kann kostenpflichtig sein.

(3) Der Endnutzer darf die Kündigung des Vertragsverhältnisses mit dem Anbieter von Telekommunikationsdiensten für die Öffentlichkeit durch einen anderen Anbieter übermitteln lassen.

Schrifttum: *Bergmann/Gerhardt*, Taschenbuch der Telekommunikation, 1999; *Husch/Kemmler/ Ohlenburg*, Die Umsetzung des EU-Rechtsrahmens für elektronische Kommunikation: Ein erster Überblick, MMR 2003, 139.

Übersicht

I. Normzweck

§ 45d umfasst **drei unterschiedliche Regelungsbereiche**. Abs. 1 regelt die **Einrichtung** **1** **des Zugangs** zu öffentlichen Telekommunikationsnetzen **an festen Standorten** beim Endnutzer. Danach soll der Zugang an einer mit dem Endnutzer zu vereinbarenden, geeigneten Stelle installiert werden. Die Norm spiegelt die Liberalisierung im Bereich der Endstellenverkabelung wider.[1]

Abs. 2 der Norm behandelt die Einrichtung netzseitiger **Sperren von Rufnummernberei-** **2** **chen** zur Blockierung abgehender Telekommunikationsvorgänge. Hierdurch soll die ungewollte Nutzung teurer Telekommunikationsdienste (einschließlich telekommunikationsgestützter Dienste oder Dienste nach § 21 Abs. 2 Nr. 7a S. 2[2]) durch den Inhaber des Netzzugangs und Missbrauch durch Dritte technisch ausgeschlossen werden.

Abs. 3 regelt schließlich im Rahmen der **Vertragskündigung** des Endnutzers gegenüber **3** seinem bisherigen Anbieter des Netzzugangs die **Mitwirkungsbefugnis des neuen Anbieters**.

---

1 BeckTKG-Komm/*Piepenbrock*, Anh § 41 § 13 TKV RdNr. 2.
2 Zur Regelung des Themenbereichs der Mehrwertdienste und dem Verhältnis des Begriffs des Telekommunikationsdienstes (§ 3 Nr. 24) zum telekommunikationsgestützten Dienst (§ 3 Nr. 25) sowie dem Dienst nach § 21 Abs. 2 Nr. 7a S. 2 s. § 45h RdNr. 8.

II. Entstehungsgeschichte

4 § 45d Abs. 1 knüpft vom Regelungsgegenstand an **§ 13 Abs. 1 TKV** 1997[3] an, ist aber im Vergleich zu den beiden Referentenentwürfen v. 30. 4. 2003 und 8. 7. 2004[4] auf einen Kernbestand zusammengeschmolzen worden. Der Verweis auf die für die Einrichtung des Zugangs zu öffentlichen Telekommunikationsnetzen an festen Standorten bestehenden technischen Normen nach Art. 17 RRL[5] einschließlich der Anordnung ihrer Beachtung ist entfallen. Grund hierfür mag gewesen sein, dass die Statuierung einer Rechtspflicht zur Beachtung der Normen, die nach § 17 Abs. 1 RRL durch die EU-Kommission (KOM) in ein Verzeichnis von Normen und/oder Spezifikationen zur Förderung der einheitlichen Bereitstellung elektronischer Kommunikationsnetze und -dienste sowie zugehöriger Einrichtungen und Dienste aufgenommen worden sind, entbehrlich ist. Denn bis zu einer Verbindlichkeitserklärung durch die KOM gem. § 17 Abs. 4 RRL sind diese Normen einerseits nicht rechtlich verbindlich. Mit einer Verbindlichkeitserklärung durch die KOM bedarf es andererseits keiner zusätzlichen Pflichtenauferlegung durch den deutschen Gesetzgeber mehr.

5 § 45d Abs. 2 setzt Art. 10 Abs. 2 i.V.m. **Anhang 1 Teil A lit. b der URL** um. Danach stellen die Mitgliedstaaten sicher, dass das zum Universaldienst verpflichtete Unternehmen die in Anhang I Teil A[6] aufgeführten besonderen Einrichtungen und Dienste bereitstellt, damit die Teilnehmer ihre Ausgaben überwachen und steuern und so eine nicht gerechtfertigte Abschaltung des Dienstes vermeiden können.

6 § 45d Abs. 2 **erweitert** bei der Sperre der Rufnummernbereiche den **Adressatenkreis der Norm** auf alle Anbieter von Telekommunikationsdiensten für die Öffentlichkeit über das von der URL verlangte Maß hinaus.

7 Dies ist im Ergebnis **europarechtlich zulässig.** Gegen eine Ausweitung der Verpflichtungen nach Art. 10 Abs. 2 i.V.m. Anhang 1 Teil A der URL auf alle Anbieter könnte zunächst die Aufteilung der URL in zwei Bereiche sprechen. Die URL differenziert in Kapitel 2 zwischen Universaldienstverpflichtungen einschließlich sozialer Verpflichtungen einerseits und in Kapitel 4 Interessen und Rechte der Endnutzer andererseits. Die URL untersagt hingegen nicht, Verpflichtungen aus dem Bereich des Universaldiensts auch Unternehmen aufzuerlegen, die nicht zur Erbringung des Universaldiensts verpflichtet sind. Ausdrücklich geht dies aus § 29 Abs. 3 URL hervor. Hiernach können die Mitgliedstaaten unbeschadet des Art. 10 Abs. 2 die Verpflichtungen nach Anhang 1 Teil A Buchst. e) in Bezug auf die Trennung vom Netz als allgemeine Anforderung für alle Unternehmen vorschreiben. Es handelt sich hierbei um keine abschließende Ausnahmeermächtigung, sondern um ein ausdrückliches Beispiel für die Möglichkeit, Verpflichtungen, die im Bereich des Universaldiensts genannt werden, auch Dritten gegenüber außerhalb dieses Bereichs aufzuerlegen. Dies ergibt sich aus einer Gesamtbetrachtung des Richtlinienpakets. Nach Art. 6 Abs. 1 i.V.m. Anhang Teil A GRL kann die Allgemeingenehmigung[7] für elektronische Kommunikationsnetze und -dienste nur an die dort genannten Bedingungen geknüpft werden. Gemäß Ziff. 8 des Anhangs Teil A sind speziell die elektronische Kommunikation be-

---

3 BGBl. 1997 I S. 2910.

4 § 9 RefE TKV 2003, § 7 RefE TKV 2004.

5 S. § 45c RdNr. 4.

6 Anhang I Teil A lit. b) Selektive Sperre abgehender Verbindungen, ohne Entgelt: Eine Einrichtung, mit der der Teilnehmer auf Antrag beim Telefondienstanbieter abgehende Verbindungen bestimmter Arten von Nummern kostenlos sperren kann.

7 Zur Umsetzung der Allgemeingenehmigung in deutsches Recht *Husch/Kemmler/Ohlenburg,* MMR 2003, 139, 142.

treffenden Verbraucherschutzvorschriften, einschließlich Bedingungen entsprechend der URL zulässig. Hieraus geht hervor, dass die URL nicht den zulässigen Umfang von Verpflichtungen der Anbieter von Telekommunikationsdiensten abschließend vorgibt. **Verpflichtungen aus Gründen des Verbraucherschutzes über die URL hinaus** sind mithin **zulässig.** Eine andere Auslegung ließe sich im Übrigen nicht mit dem Ziel der Erreichung eines weitgehenden Verbraucherschutzes in den Beziehungen zwischen Kunden und Anbietern vereinbaren.[8]

Neben der Erweiterung des Adressatenkreises nimmt § 45d Abs. 2 ebenfalls eine **inhaltliche Modifizierung** vor und erstreckt die Verpflichtung über öffentlich zugängliche Telefondienste[9] hinaus auf Telekommunikationsdienste[10]. Aus den o.g. Erwägungen stehen dem keine Bedenken entgegen. **8**

Ausgehend von der Vorgängernorm des § 13 Abs. 2 TKV 1997 ist die inhaltliche Regelung über die beiden Referentenentwürfe bis hin zum Regierungsentwurf[11] stark modifiziert worden. **Entfallen** ist in den drei Entwürfen die **Beschränkung der Norm auf den Sprachtelefondienst**, die für § 13 Abs. 2 TKV 1997 bestimmend ist. Vom Sprachtelefondienst nicht erfasst war insbesondere der Transport von Sprache in Echtzeit über Mobilfunknetze[12]. Mithin hat der Endnutzer nunmehr ein **Recht auf Sperrung** von Rufnummernbereichen auch **im Mobilfunk.** Weiter wurde im Laufe des Novellierungsprozesses die Bezeichnung des Sperrgegenstandes geändert („bestimmte Arten von Rufnummern" – § 13 TKV 1997, § 9 Abs. 3 RefE 2003; „bestimmte Rufnummerngassen" – § 7 Abs. 3 RefE 2004; „bestimmte Rufnummernbereiche i. S. v. § 3 Nr. 13b" – § 45d Abs. 2 RegE). **9**

§ 45d Abs. 2 nimmt im Weiteren die neue europarechtliche Vorgabe der **Unentgeltlichkeit der Sperre** auf. Die Idee des 2. Referentenentwurfs (§ 7 Abs. 3 RegE 2004), die Unentgeltlichkeit der Sperre einer Rufnummerngasse zu beschränken, ist im Gesetzgebungsverfahren wieder aufgenommen worden. Der Bundesrat hatte in seiner Stellungnahme gefordert, dass die Freischaltung gesperrter Nummernbereiche kostenpflichtig sein könne.[13] Hierdurch soll ein potenzieller Missbrauchstatbestand vermieden werden, der in einem vom Endnutzer veranlassten wiederholten Wechsel von Sperrungen und Freischaltungen desselben Nummernbereichs zu sehen wäre. Die Bundesregierung hat dem Vorschlag mit der Maßgabe zugestimmt, dass die „wiederholte" Sperre kostenpflichtig sein könne.[14] Damit wäre die erste Sperre und Freischaltung obligatorisch kostenfrei. Der Gesetzesbeschluss des Bundestags vom 17. 6. 2005 nimmt diese Gedanken unter Modifikation auf. **10**

Die Stellung der Sperre unter den **Vorbehalt des technisch Möglichen** ist mit § 7 Abs. 3 RefE 2004 in die Gesetzesformulierung eingefügt worden. **11**

§ 45d Abs. 3 knüpft an die Regelung in § 13 Abs. 5 TKV 1997 an. Er regelt aus **wettbewerbsrechtlichen** Überlegungen, dass die Übermittlung der Kündigung des Endnutzers durch den neuen Anbieter des Netzzugangs erfolgen kann. Intendiert ist hierdurch eine **12**

---

8 S. Art. 8 Abs. 4 lit. b RRL. Danach fördern die nationalen Regulierungsbehörden die Interessen der Bürger der Europäischen Union, indem sie einen weit gehenden Verbraucherschutz in den Beziehungen zwischen Kunden und Anbietern gewährleisten […].
9 S. die Legaldefinition in § 3 Zif. 17.
10 § 3 Zif. 24.
11 § 45d Abs. 2 RegE, BR-Drs. 92/05, S. 1, 32 f.
12 Amtliche Begründung zu § 13 (Einzelverbindungsnachweis), BR-Drs. 551/97, S. 1, 34.
13 BT-Drs. 15/5213, S. 1, 30.
14 BT-Drs. 15/5213, S. 1, 38.

Stärkung des Wettbewerbs um die Bereitstellung des Zugangs zu öffentlichen Telekommunikationsnetzen.[15]

III. Einzelerläuterungen

13 **1. § 45d Abs. 1 – Netzzugang an festen Orten.** – Die Regelung bestimmt, dass der Zugang zu öffentlichen Telekommunikationsnetzen an festen Standorten an einer mit dem Endnutzer **zu vereinbarenden, geeigneten Stelle** zu installieren ist.

14 Der Anwendungsbereich der Norm beschränkt sich auf **Telekommunikationsnetze**[16] **an festen Standorten**, die der Öffentlichkeit zur Verfügung stehen. Telekommunikationsnetze „an festen Standorten" sind solche Telekommunikationsnetze, die kabelgebunden sind (so genanntes Festnetz). Der Begriff „an festen Standorten" ist im Gesetz nicht legaldefiniert, sondern ist ein direkter Rückgriff auf die Terminologie der Richtlinie.[17]

15 Unter **Zugang** zu solch einem Netz ist aufgrund des Sachzusammenhangs die von diesem Netz zur Nutzung von Diensten oder sonstigen Leistungen bereitgestellte logische oder physikalische Verbindung zu einem Endgerät zu fassen.[18] Aspekte der Zugangsregulierung nach Teil 2 Abschnitt 2 des TKG werden hier nicht angesprochen. Auf die Legaldefinition „Zugang" nach § 3 Zif. 32 TKG ist daher nicht zurückzugreifen.[19]

16 Für die Installation des Festnetzzugangs, der gegenwärtig für analoge Netze in Form der TAE[20]-Steckdose und für ISDN durch den NT[21] zur Verfügung gestellt wird,[22] ist eine mit dem Endnutzer zu vereinbarende, geeignete Stelle vorzusehen. Der Endnutzer kann danach die Stelle des Netzzugangs weitgehend bestimmen. Bei der Bestimmung der Geeignetheit der Stelle sind die durch die EU-Kommission gemäß Art. 17 RRL im Amtsblatt der Europäischen Gemeinschaften veröffentlichten technischen Normen[23] zu beachten. Eine Regelung über die Kostentragung, wenn der Kundenwunsch nicht dem Standardnetzzugang des Anbieters entspricht und in der Realisierung kostenträchtiger ist, enthält § 45d Abs. 1 nicht.[24]

17 **2. § 45d Abs. 2 – Netzseitige Sperre. – a) Adressat der Norm.** – Adressat der Norm ist nach dem Wortlaut der **Anbieter von Telekommunikationsdiensten**[25] für die Öffentlichkeit. Hierunter fällt indes nicht jeder Anbieter dieser Dienste. Der Adressatenkreis ist auf diejenigen zu reduzieren, die dem Endnutzer einen **Netzzugang vertraglich bereitstellen**. Dies ergibt sich aus dem systematischen Gesamtzusammenhang der Norm, die Regelungen bezüglich des Netzzugangs trifft.

18 **b) Anspruchsberechtigter.** – Anspruchsberechtigter nach § 45d Abs. 2 ist der Endnutzer.[26]

---

15 S. amtliche Begründung zu § 45d, BR-Drs. 92/05, S. 1, 33.
16 S. die Legaldefinition in § 3 Nr. 27.
17 Vgl. Anhang I, Teil A lit. a und e URL.
18 *Bergmann/Gerhardt*, Taschenbuch der Telekommunikation, 5. 4. 1.
19 S. auch § 45m RdNr. 4.
20 Teilnehmeranschlusseinrichtung.
21 Network Termination.
22 BeckTKG-Komm/*Piepenbrock*, Anh § 41 § 13 TKV RdNr. 1; s. zum Netzzugang allgemein ebd., § 35, RdNr. 4 ff.
23 §45c RdNr. 2 ff.
24 S. hierzu den Lösungsvorschlag in BeckTKG-Komm/*Piepenbrock*, Anh § 41 § 13 TKV RdNr. 2.
25 § 3 Nr. 24.
26 § 3 Nr. 8.

c) Anspruchsgegenstand. – Anspruchsgegenstand ist die **netzseitige Sperre** der abge- 19
henden Nutzung seines Netzzugangs für **bestimmte Rufnummernbereiche** i.S.v. § 3
Nr. 18a. Abzugrenzen ist die Sperre nach § 45d Abs. 2 somit von Sperreinrichtungen am
Endgerät. Die Sperre ist vielmehr im Telekommunikationsnetz einzurichten.

Nach § 3 Nr. 18a ist der **Rufnummernbereich** eine für eine Nummernart bereitgestellte 20
Teilmenge des Nummernraums für das öffentliche Telefonnetz. Die gesetzgeberischen Erläuterungen zu diesem neu eingeführten Gesetzesbegriff ist spärlich. Der amtlichen Begründung[27] ist zu entnehmen, dass es sich bei den Rufnummernbereichen um Rufnummerngassen handelt. Bezogen auf den Nummernraum des öffentlichen Telefonnetzes ist
danach eine Sperre nach einzelnen Rufnummernbereichen, z.B. 0190, 0900 oder 0137, zu
ermöglichen. Das Angebot der Sperrung von Unterbereichen wie beispielsweise 0900–9
ist dagegen nicht gesetzlich vorgeschrieben. Der Regierungsentwurf sieht hier insofern
Raum für einen Wettbewerb der Anbieter von Netzzugängen hinsichtlich zusätzlicher
Dienstemerkmale.[28]

Die Sperre umfasst **nur abgehende Nutzungen.** Dies ergibt sich aus der Begründung zum 21
Regierungsentwurf.[29] Die europarechtlichen Pflichtvorgaben hinsichtlich einer abgehen-
den Sperre werden insoweit umgesetzt.[30]

Fraglich ist, ob der Anspruch auch dann erfüllt wird, wenn eine **Technik** zur Verfügung 22
gestellt wird, die es dem Endnutzer ermöglicht, **selbstständig die netzseitige Sperre einzurichten.** Die passive Formulierung[31] der Norm begründet Zweifel, obgleich die Begründung des RegE[32] hiervon ausgeht. Die aktive Formulierung[33] in § 13 Abs. 2 TKV 1997, § 9
Abs. 3 RefE TKV 2003 und § 7 Abs. 3 RefE TKV 2004 war insoweit weniger problematisch. Letztlich ist aber auch die oben beschriebene Verfahrensweise mit dem Wortlaut der
Norm vereinbar. Denn man kann in der Programmierung der Sperre durch den Endnutzer
jeweils einen Auftrag zur Einrichtung sehen, der durch die Zurverfügungstellung der entsprechenden Technik durch den Anbieter ausgeführt wird. Neben dem Willen des Gesetzgebers wird hierdurch auch Sinn und Zweck der Norm entsprochen. Dem Endnutzer soll
die Möglichkeit einer netzseitigen Sperre eingeräumt werden. Sie hat gegenüber einer
Sperre am Endgerät den Vorteil, dass sie nicht so leicht wie diese umgangen werden kann.
Insoweit stellt das hier diskutierte Modell eine vollständige netzseitige Sperre dar. Ihre Anwendung ist somit gesetzeskonform. Gleichzeitig werden so die Kosten für die Anbieter
von Netzzugängen in einem wirtschaftlich vertretbaren Rahmen gehalten und sie werden
nicht durch missbräuchliche Rechtsanwendung oder auch im Falle häufiger Änderung des
Kundenwunsches übermäßig belastet. Allerdings entsteht bei dem hier erörterten Modell
das Risiko der Fehleinrichtung der Sperre durch den Endnutzer. Dieses hat er auch zu tragen, da der Fehler in seinem Verantwortungsbereich aufgetreten ist.[34]

---

27 Begründung zu § 45d RegE, BR-Drs. 92/05, S. 1, 31.
28 S. amtliche Begründung zu § 45d RegE, BR-Drs. 92/05, S. 1, 33.
29 Begründung zu § 45d RegE, BR-Drs. 92/05, S. 1, 33.
30 Art. 10 Abs. 2 i.V. m. Anhang 1 Teil A lit. b der URL.
31 „vom Anbieter […] verlangen, dass die Nutzung seines Netzzugangs […] netzseitig gesperrt wird,
   […]".
32 Begründung zu § 45d RegE, BR-Drs. 92/05, S. 1, 33.
33 „Der Kunde muss die Möglichkeit haben, […] zu beschränken".
34 S. zur grundsätzlichen Aufteilung in Verantwortungsbereiche § 45i RdNr. 27.

23 Die netzseitige Sperre ist, bezogen auf einen Rufnummernbereich, sowohl bei ihrer Erst- und Zweiteinrichtung als auch bei ihrer Aufhebung **unentgeltlich**.[35] Sofern eine unentgeltliche gesetzeskonforme Sperrmöglichkeit angeboten wird, lässt der Wortlaut der Norm aber auch entgeltliche Modelle zu, die dem Endnutzer einen zusätzlichen Nutzen bieten und auf deren Basis Wettbewerb in Bezug auf Dienstemerkmale erfolgen kann. Für weniger technikversierte Endnutzer wäre beispielsweise an eine nur durch den Anbieter einzurichtende Sperre zu denken.

24 Der Anspruch steht unter dem **Vorbehalt des technisch Möglichen**. Ein konkreter Bezug auf einen in der Forschung oder Industrie bestehenden Technikstand fehlt. Insoweit ist auch der Bezug auf die technischen Möglichkeiten der konkreten, zur Bereitstellung des Netzzugangs dienenden Infrastruktur denkbar. Letzteres ist abzulehnen, da die Rechtegewährung ansonsten zu stark vom Netzzugangsanbieter und seiner Investitionstätigkeit in Infrastruktur abhinge. Richtigerweise ist auf den in der Industrie allgemein angewandten Stand der Technik abzustellen.

25 **3. § 45d Abs. 3 – Vertragskündigung.** – Regelungsgegenstand des § 45d Abs. 3 ist die Übermittlung der Kündigung des Vertragsverhältnisses über den Zugang zum öffentlichen Telekommunikationsnetz durch den neuen an den bisherigen Anbieter. Die im Vergleich zum Wortlaut einschränkende Auslegung ergibt sich aus dem systematischen Gesamtzusammenhang. § 45d trifft spezielle Regeln für den Netzzugang des Endnutzers. Die Norm findet daher aufgrund der Systematik keine Anwendung auf Konstellationen im Bereich der Betreiberauswahl nach § 40 Abs. 1. Für den beschriebenen Anwendungsbereich sichert die Norm die Einsetzung des **neuen Anbieters** durch den Endnutzer als **Übermittler**[36] **der Kündigung** wettbewerbsrechtlich ab.[37] Nach § 130 Abs. 1 BGB wird die Kündigung mit Zugang beim bisherigen Anbieter wirksam.

26 **4. Rechtsfolgen.** – Der Endnutzer kann im Streit darüber, ob der Anbieter des Netzzugangs eine in § 45d Abs. 1 oder 2 vorgesehene Verpflichtung ihm gegenüber erfüllt hat, eine Schlichtung nach § 47a beantragen. Im Hinblick auf eine Verletzung des § 45d Abs. 1 oder 2 können sich auch Ansprüche aus § 44 ergeben. Unter den Voraussetzungen des § 126 ist weiter ein Tätigwerden der Regulierungsbehörde möglich.

---

35 Vgl. zur Entwicklung im gesetzgeberischen Verfahren RdNr. 10.
36 *Palandt/Heinrichs*, § 120 RdNr. 2; *ebd.*, Einf v § 164, RdNr. 11.
37 So auch BeckTKG-Komm/*Piepenbrock,* Anh § 41 § 13 TKV RdNr. 8.

§ 45e   Anspruch auf Einzelverbindungsnachweis

(1) Der Endnutzer kann von dem Anbieter von Telekommunikationsdiensten für die Öffentlichkeit jederzeit mit Wirkung für die Zukunft eine nach Einzelverbindungen aufgeschlüsselte Rechnung (Einzelverbindungsnachweis) verlangen, die zumindest die Angaben enthält, die für eine Nachprüfung der Teilbeträge der Rechnung erforderlich sind. Dies gilt nicht, soweit technische Hindernisse der Erteilung von Einzelverbindungsnachweisen entgegen stehen oder wegen der Art der Leistung eine Rechnung grundsätzlich nicht erteilt wird. Die Rechtsvorschriften zum Schutz personenbezogener Daten bleiben unberührt.

(2) Die Einzelheiten darüber, welche Angaben in der Regel mindestens für einen Einzelverbindungsnachweis nach Abs. 1 Satz 1 erforderlich und in welcher Form diese Angaben jeweils mindestens zu erteilen sind, kann die Regulierungsbehörde durch Verfügung im Amtsblatt festlegen. Der Endnutzer kann einen auf diese Festlegungen beschränkten Einzelverbindungsnachweis verlangen, für den kein Entgelt erhoben werden darf.

Schrifttum: *Leo*, Rechnungen nach der neuen TKV, K&R 1998, 381; *Piepenbrock/Müller*, Fakturierung, Forderungseinzug und Inkasso bei TK-Dienstleistungen, MMR-Beilage 4/2000, 1.

Übersicht

I. Normzweck

§ 45e gewährt dem Endnutzer einen Anspruch auf eine **Rechnung**, die nach **einzelnen Telekommunikationsvorgängen** aufgeschlüsselt ist (Einzelverbindungsnachweis). Der Einzelverbindungsnachweis (EVN) setzt den Endnutzer in die Lage, zum einen seine ihm für Telekommunikationsdienste (einschließlich telekommunikationsgestützer Dienste oder Dienste nach § 21 Abs. 2 Nr. 7a S. 2) in Rechnung gestellten Entgelte zu überprüfen und zum anderen sein Nutzungsverhalten für die nächsten Abrechnungszeiträume zu steuern.   **1**

II. Entstehungsgeschichte

Der Möglichkeit zur **Ausgabenkontrolle und -steuerung** misst der europäische Richtliniengeber sehr hohe Bedeutung zu.[1] Art. 10 Abs. 2 i.V.m. Anhang 1 Teil A lit. a URL[2] kon-   **2**

---

1 Vgl. Erwägungsgründe 10, 15 der URL.

2 a) Einzelverbindungsnachweis
Die Mitgliedstaaten stellen sicher, dass die nationalen Regulierungsbehörden vorbehaltlich der einschlägigen Rechtsvorschriften zum Schutz personenbezogener Daten und der Privatsphäre festlegen können, inwieweit Einzelverbindungsnachweise Angaben zu enthalten haben, die den Verbrauchern von benannten Unternehmen (gemäß der Festlegung von Artikel 8) kostenlos bereitzu-

kretisiert durch die Regelung zum EVN für den Bereich des Universaldiensts diesen Gedanken. § 45e setzt dies in nationales Recht um.

3 Darüber hinaus erweitert § 45e den Kreis der Verpflichteten auf alle Anbieter von Telekommunikationsdiensten für die Öffentlichkeit. Dies ist europarechtlich zulässig.[3] Ebenfalls in zulässiger Weise erweitert ist der Verpflichtungsgegenstand auf grundsätzlich **alle Telekommunikationsdienste.** Die URL sieht hier eine Mindestverpflichtung nur hinsichtlich der Nutzung des öffentlichen Telefonnetzes[4] an einem festen Standort und/oder der hierüber erbrachten Telefondienste[5] vor. Indes sieht schon § 14 TKV 1997[6] die Verpflichtung zur Erstellung eines EVN für Verbindungen der Sprachkommunikation[7] vor, worunter neben sprachbasierter Telekommunikation in Festnetzen auch diejenige in Mobilfunknetzen zu fassen ist. Europarechtlich ist insoweit durch die Richtlinie nur das erforderliche Minimum geregelt.

4 Von der Regelung in § 14 TKV 1997 werden durch die Beschränkung auf Sprachkommunikationsvorfälle insbesondere **datenbasierte Telekommunikationsvorgänge** wie SMS, MMS, Internetverbindungen nicht erfasst. Um dem stetig steigenden Anteil[8] dieser Telekommunikationsdienste an der Gesamtnutzung gerecht zu werden, haben bereits die Referentenentwürfe[9] den Anwendungsbereich der Norm in diesem Sinne erweitert. Im Vergleich zu § 14 TKV 1997 enthält § 45e seit den Referentenentwürfen die Ermächtigung der Regulierungsbehörde, die Mindestangaben des EVN verbindlich festzulegen. Im Rahmen des Gesetzgebungsverfahrens hat der Bundesrat vorgeschlagen, die Ermächtigung der Regulierungsbehörde insoweit zu konkretisieren, als sie auch festlegen kann, in welcher Form die Angaben dazustellen sind.[10] Der Bundestagsbeschluss vom 17. 6. 2005 trägt diesem Umstand Rechnung. Dieser **Standardnachweis ist unentgeltlich** zur Verfügung zu stellen. Hinsichtlich der Vorgabe von Mindestangaben sowie der Entgeltfreiheit des Standardnachweises nehmen die Entwürfe die Vorgaben der europäischen Regelung in Anhang 1 Teil A lit. a URL auf.

5 Art. 7 Abs. 1 URL ermächtigt die Mitgliedstaaten, besondere Maßnahmen für **behinderte Endnutzer** zu ergreifen, um den Zugang zu öffentlichen Telefondiensten sicherzustellen. Erwägungsgrund 13 der URL nennt hier als konkrete Maßnahme beispielhaft die Bereitstellung von Einzelverbindungsnachweisen in einem **alternativen Format für Blinde oder Sehbehinderte.** Die europäische Regelung wird in § 45 umgesetzt. Nach § 45 S. 1

stellen sind, damit die Verbraucher

  i) die bei der Nutzung des öffentlichen Telefonnetzes an einem festen Standort und/oder damit zusammenhängender öffentlich zugänglicher Telefondienste angefallenen Entgelte überprüfen und kontrollieren können und

  ii) ihren Verbrauch und ihre Ausgaben überwachen und auf diese Weise ihre Telefonkosten angemessen steuern können.

  Gegebenenfalls können den Teilnehmern zusätzliche Angaben zu angemessenen Entgelten oder kostenlos bereitgestellt werden. Anrufe, die für den anrufenden Teilnehmer gebührenfrei sind, einschließlich Anrufe bei Notruf- und Beratungsstellen, werden im Einzelgebührennachweis des anrufenden Teilnehmers nicht aufgeführt.

3 Vgl. § 45d RdNr. 7.
4 S. hierzu die Legaldefinition in § 3 Nr. 16.
5 S. § 3 Nr. 17.
6 BGBl. 1997 I, S. 2910.
7 Amtliche Begründung zu § 13 (Einzelverbindungsnachweis), BR-Drs. 551/97, S. 1, 34.
8 S. hierzu die im Rahmen von Mobilmedia erstellte Studie, www.mobilmedia.de/de/studien.htm.
9 S. die Begründungen zu § 10 RefE TKV 2003 und § 8 RefE TKV 2004.
10 BT-Drs. 15/5213, S. 1, 31 f.

sind die Interessen behinderter Menschen bei der Erbringung von Telekommunikationsdiensten für die Öffentlichkeit besonders zu berücksichtigen. Hierbei handelt es sich um die Formulierung eines **allgemeinen Grundsatzes**, der bei der Auslegung der Normen des 3. Teils des TKG (Kundenschutz) heranzuziehen ist.[11] Ob ein konkreter Anspruch auf eine Leistungserbringung in einer bestimmten Art und Weise erwächst, hängt von den übrigen zu berücksichtigenden Interessen ab und kann daher nicht pauschal beantwortet werden.

III. Einzelerläuterungen

1. § 45e Abs. 1 – Einzelverbindungsnachweis. – a) Normadressat und Anspruchberechtigter. – Adressat der Norm ist der Anbieter von Telekommunikationsdiensten[12] für die Öffentlichkeit. Anspruchsberechtigter ist der Endnutzer[13], der mit dem Anbieter einen Vertrag über die Erbringung von Telekommunikationsdiensten geschlossen hat.   **6**

b) Anspruchsgegenstand. – Nach § 45e Abs. 1 S. 1 kann der Endnutzer eine nach Einzelverbindungen aufgeschlüsselte Rechnung, den EVN, verlangen. Insofern stellt der EVN eine spezielle Ausprägung der Rechnung dar.   **7**

Der Begriff der Rechnung wird im Telekommunkationsrecht nicht legal definiert. Detaillierte rechtliche Vorgaben an die Rechnungserstellung sind – soweit ersichtlich – allein im Umsatzsteuergesetz (§§ 14, 14a UStG) niedergelegt.[14] Der EVN ist an die Erteilung einer **Rechnung gekoppelt**. Physisch muss er nicht zwingend mit den übrigen Bestandteilen der Rechnung vereint sein.[15]   **8**

Die Rechnung ist nach Einzelverbindungen aufzuschlüsseln. Der Begriff der „**Einzelverbindung**" ist hierbei **technologieneutral**[16] zu verstehen und bezeichnet nach dem allgemeinen Sprachgebrauch jede Kommunikation zwischen zwei räumlich voneinander getrennten Anschlüssen.[17] Generell ist somit unter den Begriff jeder Telekommunikationsvorgang zu fassen. Wegen ihrer Zwitterstellung zwischen Telekommunikations- und Inhaltsdienst fallen damit auch telekommunikationsgestützte Dienste[18] und Dienste nach § 21 Abs. 2 Nr. 7a S. 2[19] bzgl. der Telekommunikation[20] unter die Pflicht zur Aufschlüsselung.   **9**

Die Rechnung muss in Bezug auf jeden einzelnen Telekommunikationsvorgang mindestens die **Angaben** enthalten, die für eine **Nachprüfung** des auf ihn oder andere Telekommunikationsvorgänge entfallenden Teilbetrags **erforderlich** sind.   **10**

---

11 Vgl. § 45 RdNr. 14 ff.

12 § 3 Nr. 24.

13 § 3 Nr. 8.

14 „Rechnung ist jedes Dokument, mit dem über eine Lieferung oder sonstige Leistung abgerechnet wird, gleichgültig, wie dieses Dokument im Geschäftsverkehr bezeichnet wird" (§ 14 Abs. 1 S. 1 UStG).

15 BeckTKG-Komm/*Ehmer*, Anh § 41 § 14 TKV RdNr. 6.

16 § 1 Abs. 1.

17 *Leo*, K&R 1998, 381, 383 (Fn. 16); *Piepenbrock/Müller*, MMR-Beilage 4/2000, 1, 8;

18 § 3 Nr. 25.

19 Zur Regelung des Themenbereichs der Mehrwertdienste und dem Verhältnis des Begriffs des Telekommunikationsdienstes (§ 3 Nr. 24) zum telekommunikationsgestützten Dienst (§ 3 Nr. 25) sowie dem Dienst nach § 21 Abs. 2 Nr. 7a S. 2 s. § 45h RdNr. 8.

20 Bzgl. des Auskunftsanspruchs über neben dem Telekommunikationsvorgang erbrachte Dienste s. § 45p.

11 Für den Bereich der **Sprachkommunikation** hat die RegTP eine **Anhörung** zur Auslegung des § 14 TKV 1997, die auch die erforderlichen Mindestangaben zum Gegenstand hatte, durchgeführt und ihr Ergebnis veröffentlicht.[21] Danach sind Datum, Anschlussnummer, Zielrufnummer, alternativ das Entgelt für das Gespräch oder die verbrauchten Tarifeinheiten, und schließlich zwei der drei Merkmale Beginn, Dauer und Ende der Verbindung auszuweisen. Die **Ausweitung** des EVN auf **datenbasierte Telekommunikation** wird eine Revision dieser Auslegung und Anpassung an die neue Gesetzeslage durch die RegTP erfordern, um ausreichende Klarheit über die erforderlichen Mindestangaben herbeizuführen. Insoweit besteht nach Abs. 2 der Norm nun eine ausdrückliche Ermächtigung, die Mindestangaben nach Abs. 1 Satz 1 der Norm festzulegen.[22]

12 Eine Aufschlüsselung muss nach § 45e Abs. 1 S. 1 nur insoweit erfolgen, als dies für eine Nachprüfung des auf einen Telekommunikationsvorgang entfallenden Teilbetrags erforderlich ist. Damit sind insbesondere keine Telekommunikationsvorgänge aufzuführen, wenn der Telekommunikationsvorgang keinen **Einfluss auf die Entgelterhebung** hat. So ist beispielsweise die Inanspruchnahme entgeltfreier Telefondienste[23] über eine 0800er Rufnummer oder von Telekommunikationsdiensten im Rahmen eines monatlichen Grundentgelts, bei dem keine Einzelentgelte für die Nutzung des Telekommunikationsdienstes entstehen, nicht auszuweisen.

13 Soweit Telekommunikationsvorgänge aufgrund der Tarifgestaltung im Einzelfall zwar selbst **unentgeltlich, mittelbar aber entgelterheblich** sind, sind sie aufzuführen. Fallgestaltungen in diesem Bereich betreffen vor allem **Tarife**, die bereits **mit dem Grundentgelt abgegoltene** und somit „unentgeltliche" Leistungen beinhalten. Nach Ausschöpfung des Freikontingents sind die folgenden Einzelleistungen entgeltlich. Diese Freikontingente beziehen sich in der Regel auf Zeiteinheiten, Volumen oder Ereignisse. In den vorgenannten Fällen sind die in das Freikontingent fallenden Telekommunikationsvorgänge mit den Mindestangaben ausschließlich der Angabe des Entgelts/verbrauchten Tarifeinheiten auszuweisen. Dieses Ergebnis deckt sich auch mit dem Zweck der Norm, der eine Ausgabenkontrolle und -steuerung durch den Endnutzer vorsieht. Eine Einzelaufschlüsselung, die nicht (auch) unter diese Zweckbestimmung gefasst werden kann, ist daher nicht Gegenstand der Regelung.

14 Der Endnutzer kann die Erstellung des EVN **jederzeit mit Wirkung für die Zukunft** verlangen. Das Verlangen unterliegt der Textform und beinhaltet die Erklärung, dass Mitbenutzer ordnungsgemäß informiert und Vertretungen der Mitbenutzer ggf. ordnungsgemäß beteiligt wurden.[24]

15 Gemäß § 45e Abs. 1 S. 2 steht die Pflicht zur Erstellung eines EVN unter den Vorbehalten, dass technische Hindernisse der Erteilung von EVNs nicht entgegenstehen oder eine Rechnung wegen der Art der Leistung grundsätzlich nicht erteilt wird.

16 Hinsichtlich des ersten Vorbehalts ist richtigerweise – auch im Hinblick auf § 1 Abs. 2 Nr. 3 – auf **den in der Industrie etablierten Stand der Technik** abzustellen.[25]

---

21 ABl. RegTP Nr. 184/98, S. 2008 ff.; s. hierzu ausführlich BeckTKG-Komm/*Ehmer*, Anh § 41 § 14 TKV RdNr. 7 ff.
22 S. hierzu RdNr. 19.
23 S. § 3 Nr. 8a.
24 Vgl. im Einzelnen § 99 Abs. 1.
25 § 45d RdNr. 24.

Der zweite Vorbehalt betrifft Vertragsverhältnisse über die Erbringung von Telekommuni- 17
kationsdiensten, bei denen die Rechnungserstellung wegen der Art des vereinbarten Bezahlmodus entfällt. Zu nennen sind hier Verträge über die Erbringung von Telekommunikationsdiensten, die auf **Vorauszahlungsbasis** (prepaid) im Gegensatz zur nachträglichen Bezahlung (postpaid) vergütet werden. Diese Modelle bestehen zur Zeit sowohl im Festnetz (Telefonkarten mit auf dem Chip/ im Abrechnungssystem des Anbieters befindlichen Guthaben) als auch im Mobilfunk. Eine Rechnungserstellung ist bei diesen Modellen entbehrlich. Die fälligen Entgeltbeträge werden mit dem bestehenden Guthaben des Endnutzers verrechnet. Informationen über den aktuellen Stand kann er üblicherweise jederzeit einholen. Die Herausnahme von Telekommunikationsdiensten, die auf Vorauszahlungsbasis abgerechnet werden, aus dem Anwendungsbereich der Norm ist von ihrem Zweck gedeckt. Endnutzer solcher Produkte können bereits aufgrund des gewählten Bezahlverfahrens eine effektive Ausgabensteuerung vornehmen. Der Endnutzer ist im Übrigen nicht schutzlos gestellt. Im Falle von Beanstandungen der ihm erteilten Abrechnung ist ihm nach § 45i Abs. 1 das fragliche Verbindungsaufkommen nachträglich in der Form eines Einzelentgeltnachweises aufzuschlüsseln.[26]

Weiter bleiben nach § 45e Abs. 1 S. 3 die Rechtsvorschriften zum **Schutz personenbezo-** 18
gener Daten unberührt. [27] Hervorzuheben ist hier die zulässige Speicherungsfrist der Verkehrsdaten sowie die Art der Speicherung der Zielrufnummer nach §§ 99 Abs. 1 S. 1, 97 Abs. 3 S. 3 und 4, Abs. 4. Nach § 99 Abs. 2 S. 1 darf der EVN außerdem keine Verbindungen zu Anschlüssen von Personen, Behörden und Organisationen in sozialen oder kirchlichen Bereichen erkennen lassen, die grundsätzlich anonym bleibenden Anrufern ganz oder überwiegend telefonische Beratung in seelischen oder sozialen Notlagen anbieten und die selbst oder deren Mitarbeiter insoweit besonderen Verschwiegenheitsverpflichtungen unterliegen.

2. § 45e Abs. 2 – Unentgeltlicher Standardnachweis. – Nach § 45e Abs. 2 S. 1 kann die 19
RegTP durch Allgemeinverfügung nach § 35 S. 2 VwVfG regeln, welche Mindestangaben in der Regel für einen EVN erforderlich sind. Hinsichtlich des „Ob" einer Festlegung wird der RegTP grundsätzlich ein **Ermessen** eingeräumt. Wegen § 45e Abs. 2 S. 2 wird das Ermessen in beträchtlichem Maße reduziert. Denn der hier begründete Anspruch des Endnutzers setzt nach dem Wortlaut eine Festlegung durch die RegTP voraus. Weiter erfordert die Ausweitung des Anwendungsbereichs der Norm auf die bisher nicht erfassten datenbasierten Telekommunikationsvorgänge eine Konkretisierung der erforderlichen Angaben. In Bezug auf die Mindestfestlegungen steht der RegTP ein **Beurteilungsspielraum**[28] zu. Dies ist darin begründet, dass die Entscheidung sehr stark wertenden Charakter besitzt. Bei der Konkretisierung der Mindestangaben ist als Leitgedanke die Nachprüfbarkeit jedes einzelnen entgeltrelevanten Telekommunikationsvorgangs heranzuziehen (§ 45e Abs. 1 S. 1). Weiter sind praktische Verwertbarkeit für den Endnutzer sowie ein angemessener Kostenrahmen für die betroffenen Unternehmen in die Überlegungen miteinzubeziehen. Aufgrund der Erweiterung des Gesetzeswortlauts durch den Bundestagsbeschluss vom 17. 6. 2005[29] ist auch die Vorgabe der Form für die Mindestangaben möglich. Dies umschließt sowohl die Maßeinheit als auch das Darstellungsmedium.[30]

---

26 Vgl. § 45i RdNr. 10.
27 Vgl. § 99.
28 S. BT-Drs. 15/5213, S. 1, 31 f.; zum Beurteilungsspielraum allgemein *Maurer*, RdNr. 31 ff.
29 BT-Drs. 15/5694, S. 1, 10.
30 BT-Drs. 15/5694, S. 1, 33, B. Besonderer Teil, Zu Art. 3 Nr. 9 – § 45e Abs. 2.

20 Nach dem Wortlaut kann die RegTP festlegen, welche Mindestangaben **in der Regel** für einen EVN erforderlich sind. Danach können ausnahmsweise im Einzelfall mit der Festlegung nicht deckungsgleiche Angaben zur Erfüllung der Nachprüfbarkeit erforderlich sein. Der Ausnahmetatbestand ist durch den Gesetzgeber nicht weiter konkretisiert. Aus Gründen der Rechtssicherheit und -klarheit für die Marktteilnehmer sind für sein Vorliegen besondere, außergewöhnliche Umstände zu verlangen. Andernfalls würde auch die Sinnhaftigkeit der Ermächtigungsbefugnis nach § 45e Abs. 2 S. 1 in Frage gestellt.

21 Nach § 45 Abs. 2 S. 2 hat der Endnutzer einen **Anspruch** gegen den Anbieter auf einen EVN, der lediglich die **erforderlichen Mindestangaben** in der vorgegebenen Form enthält. Hierfür darf der Anbieter **kein Entgelt** erheben.

22 **3. Rechtsfolgen.** – Der Endnutzer kann im Streit darüber, ob der Anbieter des Telekommunikationsdiensts eine in § 45e Abs. 1 oder 2 vorgesehene Verpflichtung ihm gegenüber erfüllt hat, eine Schlichtung nach § 47a beantragen. Im Hinblick auf eine Verletzung des § 45e Abs. 1 oder 2 können sich auch Ansprüche aus § 44 ergeben. Unter den Voraussetzungen des § 126 ist weiter ein Tätigwerden der Regulierungsbehörde möglich.

§ 45f Vorausbezahlte Leistung

Der Endnutzer muss die Möglichkeit haben, auf Vorauszahlungsbasis Zugang zum öffentlichen Telefonnetz zu erhalten oder öffentlich zugängliche Telefondienste in Anspruch nehmen zu können. Die Einzelheiten kann die Regulierungsbehörde durch Verfügung im Amtsblatt festlegen. Für den Fall, dass eine entsprechende Leistung nicht angeboten wird, schreibt die Regulierungsbehörde die Leistung aus. Für das Verfahren gilt § 81 Abs. 4 und 5 entsprechend.

I. Normzweck

§ 45f begründet einen **Anspruch** des Endnutzers auf Inanspruchnahme von Telekommunikationsleistungen im Wege der **Vorausbezahlung.** Dies befähigt den Endnutzer, seine **Ausgaben** für den Zugang zum öffentlichen Telefonnetz und die Nutzung entsprechender Dienste zu **kontrollieren.**   1

II. Entstehungsgeschichte

§ 45f setzt Art. 10 Abs. 2 i.V.m. Anhang 1 Teil A lit. c URL[1] um. Der **verbraucherschutzpolitische Ansatz** des europäischen Richtliniengebers[2], den Endnutzer zu einer effektiven **Ausgabenkontrolle und -steuerung** zu befähigen, wird durch diese europarechtliche Vorgabe konkretisiert. Der Wortlaut des Gesetzesbeschlusses vom 17. 6. 2005 und die Begründung des federführenden Ausschusses für Wirtschaft und Arbeit stellen im Gegensatz zu den Vorentwürfen klar, dass es sich bei der Norm um eine Regelung des Universaldiensts handelt.[3]   2

Durch die Neuregelung in § 45f entfällt § 18 TKV 1997[4].   3

III. Einzelerläuterungen

1. § 45f S. 1 Anspruch auf Vorausbezahlung der Leistung. – a) Normadressat. – Der   4
Adressat wird im Gesetzestext nicht ausdrücklich benannt. Nach dem Wortlaut der URL sind **„benannte Unternehmen"**, also zum Universaldienst Verpflichtete oder dessen Erbringer Adressaten der Verpflichtung zum Angebot entsprechender Leistungen auf Vorauszahlungsbasis. Die Begründung des Regierungsentwurfs zu § 45f legt ebenfalls nahe, dass im Gegensatz zum typischen Adressatenkreis der §§ 43a ff. nicht jeder Anbieter des Zugangs zum öffentlichen Telefonnetz und von öffentlich zugänglichen Telefondiensten verpflichtet wird. Denn nach der Begründung soll lediglich genügen, dass „ein Vorauszahlungsprodukt am Markt" verfügbar ist. Sobald sich kein Anbieter hierfür fände, stellte sich sofort die Frage nach dem Verpflichteten für diese Mindestleistung, eine Konstellation, die der im Universaldienst (§§ 78 ff.) ähnelt.[5] Insofern ist die Modifikation des Gesetzeswort-

---

1 **Vorauszahlung.** – Die Mitgliedstaaten stellen sicher, dass die nationalen Regulierungsbehörden benannten Unternehmen vorschreiben können, den Verbrauchern Möglichkeiten zur Bezahlung des Zugangs zum öffentlichen Telefonnetz und der Nutzung öffentlich zugänglicher Telefondienste auf Vorauszahlungsbasis bereitzustellen.
2 Vgl. Erwägungsgründe 10, 15 der URL.
3 BGBl. 1997 I S. 2910.
4 BT-Drs. 15/5694. S. 1, 10 f., 33, B. Besonderer Teil, Zu Art. 3 Nr. 9 – § 45f.
5 Ebenso der Bundesrat, BT-Drs. 15/5213, S. 1, 31.

lauts durch den Gesetzesbeschluss vom 17. 6. 2005 folgerichtig. Danach schreibt die Regulierungsbehörde die Leistung aus, sollte eine entsprechende Leistung nicht angeboten werden. § 81 Abs. 4 und 5 gelten entsprechend.

5 Die in der amtlichen Begründung zum Ausdruck kommende Intention, den Regelungsgegenstand auf Vorauszahlungsverträge im Mobilfunk zu erweitern[6], geht somit ins Leere. Als Universaldienstleistung ist nämlich nur der Anschluss an ein öffentliches Telefonnetz an einem festen Standort und der Zugang zu öffentlichen Telefondiensten an einem festen Standort, also im Festnetz, definiert[7]. Mangels gegenwärtiger Universaldienstpflicht **im Mobilfunk** besteht somit nach § 45f kein Verpflichteter und damit in diesem Bereich **kein Anspruch.**

6 **b) Anspruchsgegenstand.** – Der Endnutzer kann als Anspruchsberechtigter vom zum Universaldienst verpflichteten Unternehmen verlangen, auf Vorauszahlungsbasis Zugang zum öffentlichen Telefonnetz[8] zu erhalten oder öffentlich zugängliche Telefondienste[9] in Anspruch nehmen zu können.

7 **Zugang** zum öffentlichen Telefonnetz ist die von diesem Netz zur Nutzung von Diensten oder sonstigen Leistungen bereitgestellte logische oder physikalische Verbindung zu einem Endgerät.[10]

8 **Vorauszahlungsbasis** beschreibt die Art des vereinbarten Bezahlmodus. Im Gegensatz zur nachträglichen Bezahlung (postpaid) wird hier die Erbringung von Telekommunikationsdiensten im vorhinein (prepaid) vergütet. Diese Modelle bestehen im Festnetz in Form von Telefonkarten mit auf dem Chip oder im Abrechnungssystem des Anbieters befindlichen Guthaben. Die fälligen Entgeltbeträge werden mit dem bestehenden Guthaben des Endnutzers verrechnet. Informationen über den aktuellen Stand kann er üblicherweise jederzeit einholen. Der Anspruch wird auch durch eine **kumulative Erbringung** der Alternativen erfüllt.[11]

9 **2. § 45f S. 2 – Festlegung der Einzelheiten durch die RegTP.** – Nach § 45f S. 2 kann die RegTP Einzelheiten durch Allgemeinverfügung nach § 35 S. 2 VwVfG regeln.

10 **3. Rechtsfolgen.** – Der Endnutzer kann im Streit darüber, ob der zum Universaldienst verpflichtete oder diesen erbringende Anbieter eine in § 45f vorgesehene Verpflichtung ihm gegenüber erfüllt hat, eine Schlichtung nach § 47a beantragen. Im Hinblick auf eine Verletzung des § 45f können sich auch Ansprüche aus § 44 ergeben. Unter den Voraussetzungen des § 126 ist weiter ein Tätigwerden der Regulierungsbehörde möglich.

---

6 S. amtliche Begründung zu § 45 f, BR-Drs. 92/05, S. 1, 33.
7 Vgl. § 78 Abs. 2 Nr. 1.
8 S. die Legaldefinition in § 3 Nr. 16.
9 § 3 Nr. 17.
10 S. hierzu § 45d RdNr. 15.
11 Vgl. Anhang 1 Teil A lit. c URL, der keine Alternativität, sondern ein einheitliches Angebot auf Vorauszahlungsebene vorsieht.

§ 45g   Verbindungspreisberechnung

(1) Bei der Abrechnung ist der Anbieter von Telekommunikationsdiensten für die Öffentlichkeit verpflichtet,

1. **die Dauer zeitabhängig tarifierter Verbindungen von Telekommunikationsdiensten für die Öffentlichkeit unter regelmäßiger Abgleichung mit einem amtlichen Zeitnormal zu ermitteln und**
2. **die Menge volumenabhängig tarifierter Verbindungen von Telekommunikationsdiensten für die Öffentlichkeit nach einem nach Absatz 3 vorgegebenen Verfahren zu ermitteln und**
3. **die Systeme, Verfahren und technischen Einrichtungen, mit denen auf der Grundlage der ermittelten Verbindungsdaten die Entgeltforderungen berechnet werden, einer regelmäßigen Kontrolle auf Abrechnungsgenauigkeit und Übereinstimmung mit den vertraglich vereinbarten Entgelten einschließlich der Verzonungsdaten zu unterziehen.**

(2) Die Voraussetzungen nach Abs. 1 Nr. 1 sowie Abrechnungsgenauigkeit und Entgeltrichtigkeit der Datenverarbeitungseinrichtungen nach Abs. 1 Nr. 2 sind durch geeignete Vorkehrungen sicher zu stellen oder einmal jährlich durch vereidigte, öffentlich bestellte Sachverständige oder vergleichbare Stellen überprüfen zu lassen. Der Nachweis über geeignete Vorkehrungen oder die Prüfbescheinigung nach Satz 1 ist der Regulierungsbehörde vorzulegen.

(3) Die Regulierungsbehörde kann im Benehmen mit dem Bundesamt für Sicherheit in der Informationstechnik Anforderungen an die Systeme und Verfahren zur Emittlung volumenabhängig tarifierter Verbindungen nach Absatz 1 Nr. 2 und 3 nach Anhörung der betroffenen Unternehmen, Fachkreise und Verbraucherverbände durch Verfügung im Amtsblatt festlegen.

Übersicht

I. Bedeutung der Norm

Die Regelung zur Verbindungspreisberechnung nach § 45g bildet eine Schnittstelle zwischen Kundenschutz und technischer Regulierung[1]. Der Endnutzer kann die betriebsinternen Vorgänge der Anbieter von Telekommunikationsdiensten für die Öffentlichkeit nicht daraufhin überprüfen, ob sie im Einklang mit seiner Vertragsvereinbarung stehen. Daher **1**

---

[1] Vgl. zur technischen Regulierung auch das Informationsangebot unter http://www.regtp.de.

stellt der Gesetzgeber durch eine **gesetzlichen Verpflichtung** zur Verbindungspreisberechnung die **Verlässlichkeit der Erhebungssysteme** sicher[2]. Aus systematischer Sicht ist es jedoch bedenkenswert, ob es für derartige Fälle zwingend einer sektorspezifischen Regelung bedarf oder ob nicht eine Regelung in den Eichvorschriften sinnvoller sein könnte.

II. Entstehungsgeschichte

2 Durch § 45g wird die Vorgängerregelung **§ 5 TKV 1997** fortgeführt[3]. Im Rahmen des Vermittlungsverfahrens zu § 45g RegE äußerte der Bundesrat die Prüfbitte gegenüber der Bundesregierung, ob die Regulierungsbehörde ermächtigt werden solle, technische Mindestanforderungen an Entgeltermittlungssysteme festzulegen und ob der Katalog der Tarifierungsmerkmale um nicht zeitabhängige – beispielsweise Datenvolumina und Blocktarife – Merkmale zu erweitern sei[4]. Mit der Ausweitung des Anwendungsbereichs auf nicht zeitabhängige Tarifierungsmerkmale sollte auf aktuelle und weiter absehbare Entwicklungen in diesem Bereich reagiert werden. Dieser Prüfbitte des Bundesrates wurde mit dem Einfügen von § 45g Abs. 1 Nr. 2 und Abs. 3 nachgekommen[5].

III. Einzelerläuterungen

3 **1. Adressat der Norm.** – Bisher war der Anbieter von Telekommunikationsdienstleistungen für die Öffentlichkeit Adressat der Norm[6]. Mit § 45g wurde der Wortlaut angepasst, so dass nunmehr alle **Anbieter von Telekommunikationsdiensten für die Öffentlichkeit** die Voraussetzungen zur Verbindungspreisberechnung beachten müssen. Nach der Legaldefinition des § 3 Nr. 24 sind „**Telekommunikationsdienste**" in der Regel gegen Entgelt erbrachte Dienste, die ganz oder überwiegend in der Übertragung von Signalen über Telekommunikationsnetze bestehen, einschließlich Übertragungsdiensten in Rundfunknetzen[7]. Problematisch wirkt sich in diesem Zusammenhang die Einführung der Legaldefinition für „**telekommunikationsgestützte Dienste**" nach § 3 Nr. 25 aus. Denn telekommunikationsgestützte Dienste sind nach § 3 Nr. 25 solche, die keinen räumlich und zeitlich trennbaren Leistungsfluss auslösen, sondern bei denen die Inhaltsleistung noch während der Telekommunikationsverbindung erfüllt wird. Erfasst werden sollten insbesondere Angebote der so genannten Sonderdienste, wie geographisch nicht gebundene Sondernummer wie 0190 oder 0900er-Nummern (Mehrwertdienstnummern)[8]. Folgt man streng dem **Wortlaut**, richtet sich § 45g weiterhin nur an die Anbieter von „Telekommunikationsdiensten" nach § 3 Nr. 24, und die Anbieter von „telekommunikationsgestützten" Diensten nach § 3 Nr. 25 sind nicht adressiert. Damit wären die Anbieter von Mehrwertdiensten nicht mehr, wie nach § 5 TKV 1997, den Pflichten im Rahmen der Verbindungspreisberechnung nach § 45g unterworfen[9]. Einer solchen Schlussfolgerung steht letztlich der **Sinn und Zweck** der Regelung entgegen. Denn gerade im Bereich der Mehrwertdienste dient eine genaue und regelmäßig überprüfte Abrechnungstechnik dem Schutz der Verbraucherinteressen, da

2 Vgl. bereits die Begründung zu § 5 TKV 1997, BR-Drs. 551/97, S. 26.
3 BR-Drs. 92/05, S. 33.
4 BR-Drs. 92/05, S. 7 (Beschluss v. 18. 3. 2005).
5 Vgl. zur Begründung BT-Drs. 15/5694, S. 34.
6 §§ 1 Abs. 1, 5 TKV 1997.
7 § 3 RdNr. 38.
8 § 3 RdNr. 43.
9 Vgl. zum Adressatenkreis nach TKV 1997 ABl. RegTP 99/4101, 4107.

es dort üblicherweise zu hohen Kosten pro Zeiteinheit kommt. Demzufolge ist ein redaktionelles Versehen des Gesetzgebers anzunehmen. Die Anbieter von telekommunikationsgestützten Dienste nach § 3 Nr. 25 sind danach **ebenfalls** von den Pflichten im Rahmen der Verbindungspreisberechnung **erfasst**.

2. Abgleich mit einem Zeitnormal (Abs. 1 Nr. 1). – Mit § 45g Abs. 1 orientiert sich der **4** Gesetzgeber am bisherigen § 5 Nr. 1 und Nr. 2 TKV 1997. Gemäß § 45g Abs. 1 Nr. 1 hat der Anbieter von Telekommunikationsdiensten für die Öffentlichkeit die Dauer zeitabhängig tarifierter Verbindungen von Telekommunikationsdiensten für die Öffentlichkeit unter regelmäßiger Abgleichung mit einem amtlichen Zeitnormal zu ermitteln. Zur Anwendung der Vorgängerregelung des § 5 Nr. 1 TKV 1997 hat die Regulierungsbehörde mit Vfg. 168/ 1999 im Anschluss an eine öffentliche Anhörung ausführliche Festlegungen zu den technischen Anforderungen an die Verbindungspreisberechnung getroffen[10]. Übertragen auf § 45g Abs. 1 Nr. 1 stellen danach alle von einem Netzzugang nach § 45d in Anspruch genommenen Telekommunikationsdienstleistungen „**Verbindungen**" i.S.d. § 45g Abs. 1 Nr. 1 dar. Nach dem **Wortlaut** des § 45g Abs. 1 Nr. 1 sind danach „**zeitabhängig**" tarifierte Verbindungen Gegenstand der Abgleichung mit dem Zeitnormal. Damit werden ausweislich der Begründung zu § 45g RegE Vorgaben für die Bestimmung der Verbindungsentgelte gemacht, die – soweit sie zeitabhängig tarifiert sind – mit einem amtlichen Zeitnormal abzugleichen sind[11]. Im Gesetzgebungsverfahren hat der Bundesrat um Überprüfung gebeten, ob der Katalog der Tarifierungsmerkmale um nicht zeitabhängige Tarifierungsmerkmale zu erweitern sei. Unter **nicht zeitabhängigen Tarifierungsmerkmalen** sind danach beispielweise Datenvoluminia und Blocktarife zu verstehen[12].

Die Dauer der Verbindungen ist „**unter regelmäßiger Abgleichung mit einem amtlichen** **5** **Zeitnormal**" zu ermitteln. Das bedeutet, dass die so genannte Systemuhr mit dem amtlichen Zeitnormal abzugleichen ist. Die Systemuhr ist dabei die Uhr in den Knoten eines Telekommunikationsnetzes, die zur Feststellung der Zeit bei der Datenerzeugung und -erfassung genutzt wird. Unter einem **amtlichen Zeitnormal** ist ein Referenzsystem zur Darstellung und Verbreitung der gesetzlichen Zeit eines Zeitinstituts zu verstehen[13]. Dadurch, dass nach dem Wortlaut des § 45g Abs. 1 Nr. 1 die Abgleichung mit „einem" amtlichen Zeitnormal zugelassen wird, kann ein beliebiges, nicht notwendigerweise deutsches Zeitnormal zum Abgleich gewählt werden[14]. In Deutschland wird beispielsweise ein amtliches Zeitnormal durch die Physikalische Technische Bundesanstalt (PTB) angeboten.

Wann eine „**regelmäßige**" Abgleichung i.S.d. § 45g Abs. 1 Nr. 1 vorliegt, hängt maßgeb- **6** lich von den äußeren Umständen ab. Denn diese sind einerseits durch die Ganggenauigkeit der Systemuhr und andererseits durch die absolute Abweichung der Zeit der Systemuhr von der Zeit des amtlichen Zeitnormals bedingt. Der Abgleich ist so oft durchzuführen, dass sowohl die zulässige Abweichung für die Erfassung (500 Millisekunden) als auch die absolute Abweichung der Zeit der Systemuhr (bis zu drei Sekunden) eingehalten wird[15]. Dieser Prüfbitte des Bundesrates wurde mit dem Einfügen von § 45g Abs. 1 Nr. 2 und Abs. 3 nachgekommen[16].

---

10 ABl. RegTP 99/4101, 4106.
11 BR-Drs. 92/05, S. 33.
12 BR-Drs. 92/05, S. 7.
13 ABl. RegTP 99/4101, 4106.
14 Vgl. bereits zu § 5 TKV 1997 RegE, BR-Drs. 551/97, S. 26.
15 ABl. RegTP 99/4101, 4108.
16 Vgl. zur Begründung BT-Drs. 15/5694, S. 34.

7 **3. Ermittlung der Menge volumenabhängig tarifierter Verbindungen (Abs. 1 Nr. 2).** –
Durch den erst gegen Ende des Gesetzgebungsverfahren eingefügten § 45 Abs. 1 Nr. 2 sollte **klargestellt** werden, dass **auch volumenabhängige Tarife** nach bestimmten, von der
Regulierungsbehörde im Benehmen mit dem Bundesamt für Sicherheit in der Informationstechnik vorgesehenen Verfahren zu prüfen sind[17]. Damit soll auf aktuelle und weiter absehbare Entwicklungen reagiert werden[18].

8 **4. Abrechnungsgenauigkeit und Übereinstimmung mit vereinbarten Entgelten
(Abs. 1 Nr. 3).** – Durch § 45 Abs. 1 Nr. 3 wird der Anbieter von Telekommunikationsdiensten für die Öffentlichkeit verpflichtet, die Systeme, Verfahren und technischen Einrichtungen, mit denen auf der Grundlage der ermittelten Verbindungsdaten die Entgeltforderungen berechnet werden, einer regelmäßigen Kontrolle auf Abrechnungsgenauigkeit
und Übereinstimmung mit den vertraglich vereinbarten Entgelten einschließlich der Verzonungsdaten zu unterziehen. Im Vergleich zur Vorgängerregelung in § 5 Nr. 2 TKV 1997
sind nahezu keine Änderungen ersichtlich. Ziel ist es, neben dem Abgleich mit dem amtlichen Zeitnormal (§ 45g Abs. 1 Nr. 1) auch die Systeme, Verfahren und technischen Einrichtungen zur Entgeltberechnung einer regelmäßigen Kontrolle zu unterwerfen. Bereits in
der Begründung zu § 5 Nr. 2 TKV 1997 RegE wurde zum Ausdruck gebracht, dass es sich
dabei um die **Umrechnung von Zeit in Geld** handelt[19]. Sollten zur Abrechnung als solcher
keine vertraglichen Vereinbarungen getroffen worden sein, hat die Regulierungsbehörde
einige allgemeine Regeln aufgestellt.[20] Bemerkenswert ist in diesem Zusammenhang, dass
die Anforderungen an die Erfassung der Verbindungszeitpunkte bei bestimmten Online-
Dienstleistungen (z. B. die typischen Internet-Dienstleistungen) ausgesetzt wurden[21].

9 **5. Nachweis der Pflichterfüllung (Abs. 2 S. 1).** – Mit § 45g Abs. 2 S. 1 treffen den Anbieter von Telekommunikationsdiensten für die Öffentlichkeit zwei, im Alternativverhältnis zueinander stehende **gesetzliche Verpflichtungen**. Gemäß § 45g Abs. 2 S. 1 **1. Alt.** hat
der Anbieter von Telekommunikationsdiensten für die Öffentlichkeit die Möglichkeit, die
Voraussetzungen nach § 45g Abs. 1 Nr. 1 sowie Abrechnungsgenauigkeit und Entgeltrichtigkeit der Datenverarbeitungseinrichtungen nach § 45g Abs. 1 Nr. 2 durch **geeignete Vorkehrungen** sicherzustellen. Ein ersichtlicherweise **redaktionelles Versehen** stellt der **Verweis** auf Abs. 1 **Nr. 2** dar. Denn mit dem Einfügen von § 45g Abs. 1 Nr. 2 zu einem späteren
Zeitpunkt im Gesetzgebungsverfahren sind nunmehr die Regelungen zur Abrechnungsgenauigkeit und Entgeltrichtigkeit der Datenverarbeitungssysteme in § 45g Abs. 1 **Nr. 3** zu
finden[22]. Grundsätzlich hat der Gesetzgeber die Nachweismöglichkeiten für die betroffenen Unternehmen **erweitert**. Denn in der Vorgängerregelung § 5 Nr. 3 S. 1 TKV 1997 war
noch vorgesehen, dass die Unternehmen die Voraussetzungen für eine Verbindungspreisberechnung „durch ein Qualitätssicherungssystem" sicherstellen konnten. Der Begriff des
Qualitätssicherungssystems findet sich nicht mehr im Wortlaut des § 45g Abs. 2 S. 1. Vielmehr wird den Unternehmen ermöglicht, die Voraussetzungen für die Verbindungspreisberechnung durch **geeignete Vorkehrungen** sicherzustellen. Folgt man der Begründung zu
§ 45g RegE, kann als geeignete Vorkehrung im Sinne der Norm „z. B. ein Qualitätssicherungssystem" angesehen werden[23]. Aus dem Umstand, dass die Qualitätssicherungssyste-

---

17 Vgl. zur Begründung BT-Drs. 15/5694, S. 34.
18 BR-Drs. 92/05, S. 7 (Beschluss v. 18. 3. 2005).
19 BR-Drs. 551/97, S. 26; BeckTKG-Komm/*Ehmer*, Anh. § 41 § 5 TKV RdNr. 6.
20 ABl. RegTP 99/4101, 4108.
21 ABl. RegTP 01/554.
22 Vgl. BT-Drs. 15/5694, S. 12.
23 BR-Drs. 92/05, S. 33.

me nur ein Beispiel für etwaige „geeignete Vorkehrungen" i. S. d. § 45g Abs. 2 sind, wird deutlich, dass der Gesetzgeber den Unternehmen einen größeren Handlungsspielraum schaffen wollte. Die Frage der Geeignetheit einer Vorkehrung hat die Regulierungsbehörde aufgrund ihrer fachlichen Spezialkenntnisse zu beurteilen. Im Rahmen des Gesetzgebungsverfahrens hat der Bundesrat im Hinblick auf § 45g Abs. 2 S. 1 gefordert, dass der Nachweis durch die „geeigneten Vorkehrungen" ebenfalls einmal jährlich erfolgen sollte[24]. Die Bundesregierung hat in ihrer Gegenäußerung die Prüfung dieser Bitte zugesagt[25], dann jedoch § 45g Abs. 2 unverändert gelassen[26].

Darüber hinaus kann der Anbieter von Telekommunikationsdiensten für die Öffentlichkeit   10 gemäß § 45g Abs. 2 S. 1 **2. Alt.** die Voraussetzungen nach § 45g Abs. 1 Nr. 1 sowie Abrechnungsgenauigkeit und Entgeltrichtigkeit der Datenverarbeitungseinrichtungen nach § 45g Abs. 1 Nr. 2 einmal jährlich durch vereidigte, öffentlich bestellte Sachverständige oder vergleichbare Stellen überprüfen lassen. **Sachverständige** werden gemäß § 36 GewO von der für den Wohnort des Bewerbers zuständigen Industrie- und Handelskammer bestellt[27]. Neben den im Sachverständigenwesen festgeschriebenen Mindestanforderungen an Sachverständigengutachten hat die Regulierungsbehörde bereits in der Vergangenheit darüber hinaus gehende Anforderungen veröffentlicht[28]. Der Gesetzgeber hat in § 45g Abs. 2 S. 1 2. Alt. ebenso wie in § 5 Nr. 3 TKV 1997 die Möglichkeit geschaffen, die Überprüfung statt durch Sachverständige durch „**vergleichbare Stellen**" durchführen zu lassen. Vergleichbare Stellen sind juristische oder natürliche Personen, die ohne den formalen Status eines vereidigten, öffentlich bestellten Sachverständigen einzunehmen, eine gleichwertige Fachkompetenz zur Bewertung des dem Prüfbericht zugrunde liegenden Anwendungsbereiches besitzen und diese in geeigneter Form nachweisen können[29].

Gemäß § 45g Abs. 2 S. 2 trifft die Anbieter von Telekommunikationsdiensten für die Öf-   11 fentlichkeit die Pflicht, den Nachweis über geeignete Vorkehrungen oder die Prüfbescheinigung nach Satz 1 der Regulierungsbehörde vorzulegen.

6. Anforderungen an die Systeme und Verfahren zur Ermittlung volumenabhängig   12 **tarifierter Verbindungen (Abs. 3).** – Die Regelung in § 45g Abs. 3 ist erst zu einem späteren Zeitpunkt aufgrund der zusätzlichen Berücksichtigung volumenabhängig tarifierter Verbindungen (§ 45g Abs. 1 Nr. 2) in das Gesetzgebungsverfahren aufgenommen worden[30]. Die volumenabhängig tarifierten Verbindungen stellen eine in der jüngsten Vergangenheit neu auftretende Erscheinung des Telekommunikationsmarktes dar. Somit war es notwendig, die Regulierungsbehörde zu ermächtigen, Anforderungen an die Systeme und Verfahren zur Ermittlung volumenabhängig tarifierter Verbindungen zu erarbeiten.

7. Rechtsfolgen. – Stellt die RegTP fest, dass ein Unternehmen seiner Verpflichtung nach   13 § 45g nicht nachkommt, so **fordert** sie nach den Vorgaben des § 126 **zur Abhilfe auf.**

---

24 BR-Drs. 92/05, S. 7.
25 Vgl. BT-Drs. 15/5213, S. 38.
26 Vgl. BT-Drs. 15/5694, S. 12.
27 ABl. RegTP 01/1876; vgl. hierzu auch die Informationen unter http://www.regtp.de bzw. http://www.bundesnetzagentur.de.
28 ABl. RegTP 00/582.
29 Vgl. zu den Details Vfg. 6/2001, ABl. RegTP 01/23 und http://www.regtp.de bzw. http://www.bundesnetzagentur.de.
30 Vgl. BT-Drs. 15/5694, S. 12.

§ 45h Rechnungsinhalt, Teilzahlungen

(1) Soweit ein Anbieter von Telekommunikationsdiensten für die Öffentlichkeit dem Endnutzer eine Rechnung erstellt, die auch Entgelte für Telekommunikationsdienste, Leistungen nach § 78 Abs. 2 Nr. 3 TKG und telekommunikationsgestützte Dienste anderer Anbieter ausweist, die über den Netzzugang des Endnutzers in Anspruch genommen werden, muss die Rechnung dieses Anbieters die Namen, ladungsfähigen Anschriften und kostenfreien Kundendiensttelefonnummern der einzelnen Anbieter von Netzdienstleistungen und zumindest die Gesamthöhe der auf sie entfallenden Entgelte erkennen lassen. § 45e bleibt unberührt. Zahlt der Endnutzer den Gesamtbetrag der Rechnung an den rechnungsstellenden Anbieter, so befreit ihn diese Zahlung von der Zahlungsverpflichtung auch gegenüber den anderen auf der Rechnung aufgeführten Anbietern.

(2) Hat der Endnutzer vor oder bei der Zahlung nichts anderes bestimmt, so sind Teilzahlungen des Endnutzers an den rechnungsstellenden Anbieter auf die in der Rechnung ausgewiesenen Forderungen nach ihrem Anteil an der Gesamtforderung der Rechnung zu verrechnen.

(3) Das rechnungsstellende Unternehmen muss den Rechnungsempfänger in der Rechnung darauf hinweisen, dass dieser berechtigt ist, begründete Einwendungen gegen einzelne in der Rechnung gestellte Forderungen zu erheben.

Schrifttum: *Piepenbrock/Müller*, Fakturierung und Inkasso bei Telekommunikationsdienstleistungen, MMR-Beilage 4/2000, 1; *Stögmöller*, Fakturierung und Inkasso von Mehrwertdiensten, CR 2003, 251; *Wüstenberg*, Die Erstellung und Überprüfung von Rechnungen aufgrund von Telefonkundenverträgen, TKMR 2002, 449.

Übersicht

I. Normzweck

Die Norm beinhaltet spezielle Regelungen für den Fall, dass neben den eigenen Entgeltforderungen auch **Forderungen Dritter** für erbrachte Telekommunikationdienste, Aufkunftsdienste und telekommunikationsgestützte Dienste in Rechnung gestellt werden (**gemeinsame Rechnungsstellung**). Regelungsbedürftig sind hier aufgrund der Mehrheit von Vertragsverhältnissen insbesondere die Darstellung der Rechnungsforderungen der verschiedenen Anbieter, die Auswirkungen vollständiger und teilweiser Zahlung des Gesamtbetrags der Rechnung sowie Hinweise für den Endnutzer zur Beanstandung von Entgeltforderungen der verschiedenen Unternehmen. Regelungen zu dem der Forderungseintreibung zuzurechnenden Bereich sowie zur Beschwerdebearbeitung enthält die Norm nicht. **1**

II. Entstehungsgeschichte

2   § 45h knüpft an § 15 TKV 1997[1] an. Diese Norm stellt originär nationales Recht dar.[2] Im **Interesse der Endnutzer** wie auch der **Marktgängigkeit** des Angebots der Verbindungsnetzbetreiber bestimmt § 15 TKV 1997, dass grundsätzlich alle kostenpflichtigen Telekommunikationsdienstleistungen, die über den Netzzugang des Kunden erbracht werden, in einer **einzigen Rechnung** erfasst werden[3]. Bei Inanspruchnahme unterschiedlicher Anbieter erhielte der Endnutzer andernfalls mehrere Rechnungen. Ebenso wären Anbieter gezwungen, trotz fehlender Wirtschaftlichkeit insbesondere bei Kleinstbeträgen Rechnungen zu erstellen und ein Verfahren zur Geldannahme bereitzustellen. Mithin fördert die gemeinsame Rechnungserstellung die **Ausgabenkontrolle und -steuerung des Endnutzers** und dient vor allem in der Anfangszeit der Liberalisierung einer optimierten Ressourcenallokation bei der Inrechnungstellung und Zahlungsannahme der Wettbewerber. **Ersteller** nach § 15 TKV 1997 ist der **Anbieter des Netzzugangs**, wobei hier gemäß der amtlichen Entwurfsbegründung die vertragliche Beziehung maßgeblich ist,[4] um nicht die Entwicklung bestimmter Geschäftsmodelle zu behindern. Daneben lässt § 15 Abs. 1 TKV 1997 auch die Inrechnungstellung durch den jeweiligen Anbieter zu, wenn er und der Endnutzer dies vereinbart haben.

3   Dieser **Grundgedanken** bleibt bei § 45h im Kern **erhalten**. Die Norm wird lediglich an den **geänderten Regulierungsrahmen** der §§ 18, 21 II Nr. 7 angepasst.[5] Nach § 21 Abs. 2 Nr. 7 ist eine Zugangsverpflichtung des über beträchtliche Marktmacht verfügenden Betreibers öffentlicher Telekommunikationsnetze im Bereich der einheitlichen Rechnungsstellung sowie zur Zahlungsannahme erst möglich, wenn eine **einvernehmliche Branchenlösung** nicht zustande gekommen ist. Folglich beinhaltet § 45h nunmehr keine Verpflichtung des Anbieters des Netzzugangs mehr bei Fehlen einer gesonderten Vereinbarung zwischen Endnutzer und dem jeweiligen Telekommunikationsanbieter, die Entgeltforderungen dieses Telekommunikationanbieters in Rechnung zu stellen. Statt dessen **setzt er** eine **einheitliche Rechnungserstellung** aufgrund einer Branchenvereinbarung zwischen Telekommunikationsunternehmen oder ggf. einer Zugangsverpflichtung nach § 18, § 21 Abs. 2 Nr. 7 voraus. Weitere Voraussetzung für die Anwendung des § 45h ist eine **Vereinbarung** über die Inrechnungstellung durch den Netzzugangsanbieter **zwischen dem jeweiligen Anbieter und dem Endnutzer**.

4   Im Vergleich zu § 15 TKV 1997 nennt § 45h weiter neben Telekommunikationsdiensten ausdrücklich **Leistungen nach § 78 Abs. 2 Nr. 3** und **telekommunikationsgestützte Dienste nach § 3 Nr. 25** als Gegenstand der gemeinsamen Rechnungserstellung. Hierdurch wird wie bei § 21 Abs. 2 Nr. 7a der Streit entschärft, ob auf Auskunfts- oder telekommunikationsgestützte Dienste wegen ihres inhaltlichen Mehrwerts nach funktionaler Betrachtung auch die Vorschriften des Telekommunikationsrechts anwendbar sind oder nach einer „Schwerpunkttheorie" lediglich die Regelungen des Teledienstegesetzes bzw. des Mediendienstestaatsvertrags Anwendung finden.[6]

---

1   BGBl. 1997 I, S. 2910.

2   *Piepenbrock/Müller*, MMR-Beilage 4/2000, 1, 7.

3   Vgl. amtliche Begründung zu § 14 TKV 1997, BR-Drs. 551/97, S. 1, 34.

4   Vgl. amtliche Begründung zur TKV 1997, ebenda, S. 1, 34.

5   Vgl. § 21 RdNr. 113 ff. S. dazu Begründung zu § 45h RegE, BR-Drs. 92/05, S. 1, 34.

6   Für eine funktionale Betrachtung BGH, Urt. v. 22. 11. 2001 – III ZR 5/01, JurPC Web-Dok 78/ 2002; *Piepenbrock/Müller*, MMR-Beilage 4/2000, 1, 10; *Stögmüller*, CR 2003, 251, 256; ebenfalls *Geppert/Ruhle/Schuster*, Handbuch der Telekommunikation, RdNr. 129 ff.; a. A. VG Köln, Urt. v. 14. 11. 2002 – 1 K 2788/00, K&R 2003, 36, 38 f., das einer Schwerpunkttheorie folgt.

Der **datenschutzrechtliche Erlaubnistatbestand** in § 15 Abs. 1 S. 5 TKV 1997, Be- 5
stands- und Verkehrsdaten zur Forderungsdurchsetzung an den anderen Anbieter zu übermitteln ist entfallen. Er ist bereits in Teil 7 des TKG, in § 97 Abs. 1 S. 3, Abs. 2 geregelt.
§ 45h Abs. 3 übernimmt inhaltlich vollumfänglich die durch die 2. Verordnung zur Änderung der TKV[7] bedingte **Hinweispflicht** des § 15 Abs. 3 TKV 1997.

III. Einzelerläuterungen

1. § 45h Abs. 1 S. 1f. – Rechnungsangaben, Einzelverbindungsnachweis. – a) Norm- 6
adressat. – Adressat der Norm ist der **Anbieter von Telekommunikationsdiensten für**
die Öffentlichkeit, der auch die Leistungen Dritter, Telekommunikationsdienste gemäß
§ 3 Nr. 24, Leistungen nach § 78 Abs. 2 Nr. 3 und telekommunikationsgestützte Dienste
nach § 3 Nr. 25, dem Endnutzer in Rechnung stellt, die über den Netzzugang des Endnutzers erbracht werden.

Verpflichteter ist weiterhin der Anbieter von Telekommunikationsdiensten für die Öffent- 7
lichkeit, der dem Endnutzer **vertraglich den Netzzugang zur Verfügung stellt**. Der Wortlaut ist insofern im Vergleich zu § 15 TKV 1997 weniger eindeutig. Allenfalls die Formulierung „Rechnung […], die **auch** Entgelte für Telekommunikationsdienste […] anderer
Anbieter ausweist, die über den Netzzugang des Endnutzers in Anspruch genommen werden," weist daraufhin, dass der Netzzugangsanbieter verpflichtet werden soll. Die Motive
der Bundesregierung lassen weiter keine Abkehr von der Grundkonstruktion des § 15 TKV
1997 erkennen.[8] Mithin ist von der Verpflichtung des Netzzugangsanbieters auszugehen

Die Norm findet damit neben dem **Festnetz** grundsätzlich auch im Bereich des **Mobil-** 8
funks (z. B. bei Fakturierung telekommunikationsgestützter Dienste Dritter) Anwendung.

Nach dem Wortlaut unterfallen neben Telekommunikationsdiensten auch Leistungen nach
§ 78 Abs. 2 Nr. 3 und telekommunikationsgestützte Dienste nach § 3 Nr. 25 von Dritten
dem Anwendungsbereich der Norm.

Exkurs: Die in der verbraucherpolitischen Diskussion gemeinhin als Mehrwertdienste bezeichneten Dienste haben in unterschiedlichster Weise Eingang ins TKG gefunden. Grund hierfür ist ihr
hybrider Charakter, in dem sie Telekommunikations- und darüber hinausgehenden **(Mehrwert-)**
Dienst vereinen. Im TKG vom 22. 6. 2004 finden sich insbesondere zwei Termini: Zum einen der
telekommunikationsgestützte Dienst gemäß § 3 Nr. 25 und Dienste, bei denen während der Telefonverbindung Berechtigungscodes ausschließlich für Dienstleistungen[9] übertragen werden (§ 21
Abs. 2 Nr. 7).[10] Unterscheidungskriterium dieser „Mehrwertdienste" ist der Zeitpunkt der Erbringung der Mehrwertleistung. Beim telekommunikationsgestützten Dienst findet dieser während des
Telekommunikationsvorgangs statt. Im zweiten Fall wird während des Telekommunikationsvorgangs die Berechtigung für eine zukünftig in Anspruch zu nehmende Dienstleistung übertragen[11].
Die genannten Mehrwertdienste beinhalten partiell einen Telekommunikationsdienst gemäß § 3
Nr. 24. Knüpft das Gesetz eine Rechtsfolge an die Tatbestandsvoraussetzung des Telekommunikationsdienst, so folgt daraus, dass die genannten Mehrwertdienste hinsichtlich ihres Telekommuni-
kationsanteils dieser Regelung grundsätzlich unterfallen (vgl. insbesondere §§ 43a, 45d Abs. 2,
45e, 45f, 45g, 45i, 45j, 45k, 45n). Das Gesetz zur Änderung telekommunikationsrechtlicher Vor-

---

7 BGBl. 2002 I S. 3365.
8 S. Begründung zu § 45h RegE, BR-Drs. 92/05, S. 1, 34.
9 „Elektronisches Ticket"; Anwendungen bestehen hier u. a. bereits im Bereich des ÖPNV und des
  ruhenden Verkehrs.
10 Bei den Begriffsdefinitionen lässt sich eine gewisse Mystik nicht absprechen.
11 S. hierzu auch die Begriffsbestimmung in § 21 RdNr. 131.

schriften[12] erweitert die Liste der Legaldefinitionen um spezifische Mehrwertdienste, die in erster Linie dem Begriff des telekommunikationsgestützten Diensts, aber auch teilweise dem des Diensts, bei dem während der Telefonverbindung Berechtigungscodes ausschließlich für Dienstleistungen[13] übertragen werden, unterfallen können. Hierbei handelt es sich um den Auskunftsdienst (§ 3 Nr. 2a), den entgeltfreien Telefondienst (§ 3 Nr. 8a), den Geteilte-Kosten-Dienst (§ 3 Nr. 10a), den Kurzwahldienst (§ 3 Nr. 11b und c), den Massenverkehrsdienst (§ 3 Nr. 11d), u. U. den Neuartigen Dienst (§ 3 Nr. 12a) und den Premium-Dienst (§ 3 Nr. 17a). Weiter trifft das Gesetz zur Änderung telekommunikationsrechtlicher Vorschriften auch Regelungen im Bereich der Mehrwertleistung (§§ 45p, 45l) selbst.

9 Leistungen nach § 78 Abs. 2 Nr. 3 sind die im Rahmen des Universaldiensts definierten umfassenden öffentlichen Telefonauskunftsdienste, die zur Zeit im Rufnummernbereich 118xy angeboten werden.[14] Eine Verpflichtung lediglich zur Ausweisung des im Rahmen des Universaldiensts zu erbringenden Telefonauskunftsdiensts durch die Deutsche Telekom ist nicht gemeint. Die Verpflichtung geht weiter und umfasst auch die Angebote der Wettbewerber. Ein Verweis auf § 3 Nr. 2a wäre insoweit klarer. Aus systematischen Gründen sind neben den telekommunikationsgestützten Diensten auch Dienste, bei denen während der Telefonverbindung Berechtigungscodes ausschließlich für Dienstleistungen[15] übertragen werden (§ 21 Abs. 2 Nr. 7) in den Anwendungsbereich der Norm einzubeziehen.

10 **b) Anspruchsgegenstand.** – Der Verpflichtete hat gem. § 45h Abs. 1 S. 1 in der Rechnung den **Namen**, die **ladungsfähige Anschrift** und die **kostenfreie Kundendiensttelefonnummer** des anderen Anbieters zu nennen und mindestens die **Summe dessen Entgeltforderungen** auszuweisen. Insofern muss der Endnutzer eine nach Leistungen der einzelnen Anbieter aufgeteilte Übersicht unter Angabe vorgenannter Details erhalten.[16]

11 Nach § 45h bleibt die Regelung in § 45e zum **Einzelverbindungsnachweis** unberührt. Danach hat der gemeinsame Rechnungsersteller, das Verbindungsaufkommen aller abrechnenden Anbieter im Rahmen des § 45e nach Einzelverbindungen aufgeschlüsselt darzustellen, wenn der Endnutzer gegenüber dem Anbieter des Netzzugangs einen EVN beantragt hat.[17]

12 **2. § 45 Abs. 1 S. 3, Abs. 2 Regelungen zur Erfüllung.** – Zahlt der Endnutzer gem. § 45h Abs. 1 S. 3 den Gesamtbetrag der Rechnung an den rechnungsstellenden Anbieter, so befreit ihn diese Zahlung von der Zahlungsverpflichtung auch gegenüber den anderen auf der Rechnung aufgeführten Anbietern. Hierdurch wird bestimmt, dass die **Zahlung** des gesamten Rechnungsbetrags an den Rechnungssteller **befreiende Wirkung** auch **gegenüber den anderen Anbietern** hat. Hierdurch wird kein Inkasso, sondern allein die **Zahlungsannahme** geregelt.[18] Nach § 45h Abs. 1 S. 3 hat der Anbieter des Netzzugangs eine einheitliche Zahlungsannahme für eigene wie für fremde Forderungen zu gewährleisten.

---

12 BR-Drs. 92/05.

13 „Elektronisches Ticket"; Anwendungen bestehen hier u. a. bereits im Bereich des ÖPNV und des ruhenden Verkehrs.

14 Vgl. auch BK 3 – Beschl. v. 21. 2. 2000 und 14. 3. 2000, MMR 2000, 298, 300 f.

15 BeckTKG-Komm/*Kerkhoff*, Anh § 41 § 15 TKV RdNr. 7.

16 Vgl. im einzelnen zu den unterschiedlichen denkbaren Fallkonstellationen *Piepenbrock/Müller*, MMR-Beilage 4/2000, 1, 11 f. m. w. N.; s. auch BeckTKG-Komm/*Kerkhoff*, Anh § 41 § 15 TKV RdNr. 8.

17 Vgl. Begründung zu § 14 TKV-E 1997, BR-Drs. 551/97, 1, 34; ebenso *Piepenbrock/Müller*, MMR-Beilage 4/2000, 1, 12.

18 Zweckmäßig sollte dies auf dem Überweisungsträger erfolgen.

Soweit der Endnutzer gem. § 45h Abs. 2 nichts anderes vor oder bei der Zahlung bestimmt, **13** wird eine **Teilzahlung** auf die in der Rechnung ausgewiesenen Forderungen nach ihrem Anteil an der Summe aller Forderungen angerechnet und der Endnutzer insoweit von seiner jeweiligen Zahlungsverpflichtung befreit (§ 362 BGB).

§ 45h Abs. 2 stellt eine **Spezialregelung zu § 366 BGB** dar. Will der Endnutzer demnach **14** eine bestimmte Forderungen nicht begleichen, so hat er im **Selbstzahlverfahren** vor oder bei der Zahlung die bestrittene Forderung gegenüber dem Rechnungsersteller zu benennen[19] und den gesamten Rechnungsbetrag abzüglich der bestrittenen Forderung (einschließlich Mehrwertsteuer) zu überweisen. Bei Nutzung eines **Lastschriftverfahrens** muss zunächst die betreffende Lastschrift storniert werden. Bei Missachtung dieser Vorgehensweise wird die Teilzahlung auf die Forderungen der Anbieter entsprechend § 45h Abs. 2 angerechnet. Der Kunde wird in der Folge von seinen Anbietern wegen der noch nicht beglichenen Teilforderungen in Anspruch genommen.

Im Vergleich zu § 15 Abs. 2 TKV 1997 stellt nunmehr der Wortlaut in § 45h Abs. 2 klar, **15** dass der Endnutzer **einseitig** bestimmen kann, wessen Forderungen er begleicht.

3. Hinweispflicht. – § 45h Abs. 3 enthält eine **Hinweispflicht** des Anbieters des Netzzu- **16** gangs, dass der Kunde begründete[20] Einwendungen gegen einzelne in der Rechnung gestellte Forderungen erheben kann. Ein eigenes **materielles Recht** enthält die Regelung nicht.

4. Rechtsfolgen. – Der Endnutzer kann im Streit darüber, ob der Anbieter des Telekommunikationsdiensts eine in § 45h vorgesehene Verpflichtung ihm gegenüber erfüllt hat, eine Schlichtung nach § 47a beantragen. Im Hinblick auf eine Verletzung des § 45h können sich auch Ansprüche aus § 44 ergeben. Unter den Voraussetzungen des § 126 ist weiter ein Tätigwerden der Regulierungsbehörde möglich.

---

19 Vgl. hierzu § 45i RdNr. 9; kritisch hierzu *Wüstenberg*, TKMR 2002, 449, 453.

§ 45i Beanstandungen

(1) Beanstandet ein Endnutzer innerhalb der mit dem Anbieter von Telekommunikationsdiensten für die Öffentlichkeit vereinbarten Frist, die zwei Monate nach Zugang der Rechnung nicht unterschreiten darf, und in der mit ihm vereinbarten Form die ihm erteilte Abrechnung, so ist in der Regel innerhalb eines Monats das in Rechnung gestellte Verbindungsaufkommen durch den Anbieter unter Wahrung der datenschutzrechtlichen Belange etwaiger Mitbenutzer des Anschlusses in der Form eines Entgeltnachweises nach den einzelnen Verbindungsdaten aufzuschlüsseln und eine technische Prüfung durchzuführen. Der Endnutzer kann verlangen, dass ihm der Entgeltnachweis und die Ergebnisse der technischen Prüfung vorgelegt werden. Erfolgt eine nach Satz 2 verlangte Vorlage nicht binnen zwei Monaten nach einer Beanstandung, so wird die mit der Abrechnung geltend gemachte Forderung erst im Zeitpunkt der Vorlage fällig. Die Regulierungsbehörde veröffentlicht, welche Verfahren zur Durchführung der technischen Prüfung geeignet sind.

(2) Soweit aus technischen Gründen keine Verkehrsdaten gespeichert oder gespeicherte Verkehrsdaten nach Verstreichen der mit dem Anbieter vereinbarten Frist oder auf Grund rechtlicher Verpflichtung gelöscht worden sind, trifft den Anbieter weder eine Nachweispflicht für die erbrachten Verbindungsleistungen noch die Auskunftspflicht nach Abs. 1 für Einzelverbindungen. Satz 1 gilt entsprechend, soweit der Endnutzer nach einem deutlich erkennbaren Hinweis auf die Folgen nach Satz 1 verlangt hat, dass Verkehrsdaten gelöscht oder nicht gespeichert werden.

(3) Dem Anbieter von Telekommunikationsdiensten für die Öffentlichkeit obliegt der Nachweis, dass er den Telekommunikationsdienst oder den Zugang zum Telekommunikationsnetz bis zu dem Übergabepunkt, an dem dem Endnutzer der Netzzugang bereitgestellt wird, technisch fehlerfrei erbracht hat. Ergibt die technische Prüfung nach Abs. 1 Mängel, die sich auf die Berechnung des beanstandeten Entgelts zu Lasten des Endnutzers ausgewirkt haben können oder wird die technische Prüfung später als zwei Monate nach der Beanstandung durch den Endnutzer abgeschlossen, wird widerleglich vermutet, dass das in Rechnung gestellte Verbindungsaufkommen des jeweiligen Anbieters von Telekommunikationsdiensten für die Öffentlichkeit unrichtig ermittelt ist.

(4) Soweit der Endnutzer nachweist, dass ihm die Inanspruchnahme von Leistungen des Anbieters nicht zugerechnet werden kann, hat der Anbieter keinen Anspruch auf Entgelt gegen den Endnutzer. Der Anspruch entfällt auch, soweit Tatsachen die Annahme rechtfertigen, dass Dritte durch unbefugte Veränderungen an öffentlichen Telekommunikationsnetzen das in Rechnung gestellte Verbindungsentgelt beeinflusst haben.

Schrifttum: *Börner/Feldt*, Teletalk 7/2003, 16; *Eckhardt*, Anmerkung zu BGH, Urt. v. 22. 11. 2001 – III ZR 5/01, CR 2002, 109; *Fluhme*, Pay by Call, CR 2003, 103; *Grabe*, Das „Dialer-Problem" und was zu klären übrig blieb...,CR 2004, 262; *Leo*, Rechnungen nach der neuen TKV, K&R 1998, 381; *Hoffmann*, Der unerklärliche Einwendungsverlust bei Gebühren für Telefon-Mehrwertdienste, ZIP 2002, 1705; *Rösler*, Heimliche Dialereinwahlen, NJW 2004, 2566; *Spindler*, Anmerkung zu BGH, Urt. v. 22. 11. 2001 – III ZR 5/01, JZ 2002, 408; *Westerfeld*, Anmerkung zu BGH Urt. v. 24. 6. 2004 – III ZR 104/03, MMR 2004, 604; *Wüstenberg*, Die Erstellung und Überprüfung von Rechnungen aufgrund von Telefonkundenverträgen, TKMR 2002, 449.

Übersicht

I. Normzweck

1 Die Norm legt für den Fall der **Abrechnungsbeanstandung** Endnutzer sowie Anbieter von Telekommunikationsdiensten für die Öffentlichkeit bestimmte **Handlungspflichten** auf, um den Gegenstand der Beanstandung aufzuklären. Darüber hinaus trifft § 45i Regelungen zu Nachweispflichten im Rahmen des Zahlungsanspruchs des Anbieters gegen den Endnutzer. Im Übrigen werden **materiellrechtliche Einwendungen** einschließlich ihrer prozessualen Anforderungen geregelt.

2 § 45i Abs. 1 S. 1 verpflichtet den **Anbieter von Telekommunikationsdiensten** für die Öffentlichkeit, auf eine **frist- und formgerechte Beanstandung** des Endnutzers hin **in der Regel** innerhalb eines **Monats** einen **Einzelentgeltnachweis** zu erstellen und eine **technische Prüfung** durchzuführen, die dem Endnutzer auf Verlangen vorzulegen sind (S. 2). § 45i Abs. 1 S. 3 regelt den Eintritt der Fälligkeit bei Verabsäumung einer rechtzeitigen Vorlage. Nach § 45i Abs. 1 S. 4 **veröffentlicht die Regulierungsbehörde** geeignete Verfahren zur Durchführung der technischen Prüfung. Hiermit wird bezweckt, den Pflichtenumfang durch die **sachverständige Mitteilung** der zuständigen Behörde zu konkretisieren.

3 Abs. 2 der Norm regelt, dass die **Auskunftspflicht** nach Abs. 1 S. 2 und die Nachweispflicht bezüglich des Zustandekommens der bestrittenen Telekommunikationsvorgänge insoweit entfällt, als Verkehrsdaten aus technischen Gründen nicht gespeichert oder aus den im Einzelnen aufgeführten weiteren Gründen nicht gespeichert oder gelöscht wurden.

4 § 45 Abs. 3 und 4 teilt die **Darlegungs- und Beweislasten** des Anbieters und des Endnutzers entsprechend der tatsächlich bestehenden **Einflusssphären** auf. Dabei obliegt dem Anbieter nach Abs. 3 S. 1 grundsätzlich die Darlegungs- und Beweispflicht, den Zugang zum Telekommunikationsnetz oder den Telekommunikationsdienst bis zur Stelle, an der der Netzzugang dem Endnutzer bereitgestellt wird, technisch fehlerfrei erbracht zu haben. Ab dieser Stelle liegt die Darlegungs- und Beweislast gem. Abs. 4 beim Endnutzer. Er hat danach nachzuweisen, dass erbrachte Leistungen des Anbieters ihm nicht zugerechnet werden können. Im Übrigen beinhalten die beiden Absätze eine widerlegliche **Vermutungsregel** bei Mängeln der technischen Prüfung nach Abs. 1 oder Verabsäumung ihrer rechtzeitigen Vorlage (§ 45i Abs. 3 S. 2) und materiellrechtliche **Einwendungen** (§ 45i Abs. 4).

II. Entstehungsgeschichte

5 § 45i knüpft in weiten Teilen an **§ 16 TKV 1997**[1] an und modifiziert die dort enthaltenen Regelungen. Wie bereits gemäß § 16 Abs. 1 TKV 1997 hat gemäß § 45i der Anbieter von

---

1 BGBl. 1997 I S. 2910.

Telekommunikationsdiensten für die Öffentlichkeit im Fall der Beanstandung der dem Endnutzer erteilten Abrechnung einen nachträglichen Einzelentgeltnachweis zu erbringen sowie eine technische Prüfung durchzuführen. Eine Veränderung stellt die **Beschränkung dieser Pflichten** auf frist- und formgerecht eingelegte Beanstandungen dar.[2] Hiermit wird die Verfahrenspraxis der Unternehmen gesetzlich abgebildet, in ihren Allgemeinen Geschäftsbedingungen eine Einwendungsausschlussfrist für Beanstandungen zu vereinbaren. Hierdurch greift § 45i korrigierend in die Rechtsprechung ein, nachdem der Bundesgerichtshof mit Verweis auf das zwingende Recht der Telekommunikations-Kundenschutzverordnung eine Vereinbarung über einen Einwendungsausschluss für rechtlich unzulässig befunden hatte.[3] Durch den Beschluss des Bundestags vom 17. 6. 2005[4] wurde eine Mindestfrist für den Einwendungsausschluss von zwei Monaten eingeführt. Weiter sind die in Abs. 1 niedergelegten Pflichten des Anbieters **regelmäßig innerhalb eines Monats** nach Eingang der Beanstandung zu erfüllen. Hiermit reagiert § 45i auf eine z. T. sehr zeitferne Pflichtenerfüllung durch die Unternehmen[5], die einerseits die Sinnhaftigkeit der auferlegten Pflichten (insbesondere bei der technischen Prüfung[6]) in Frage stellen, andererseits eine schnelle Klärung des beanstandeten Sachverhalts verhindern.

Die ursprüngliche Intention des Bundesministeriums für Wirtschaft und Arbeit, **Darle-** 6 **gungs- und Beweislastregeln für telekommunikationsgestützte Dienste** aufzunehmen[7], ist zugunsten einer flexiblen Entwicklung durch die Rechtsprechung aufgegeben worden. Der ebenfalls vorgesehene **Auskunftsanspruch** hinsichtlich Grund und Gegenstand von telekommunikationsgestützten Diensten ist nun in § 45p geregelt.[8]

III. Einzelerläuterungen

1. § 45i Abs. 1 – Nachträglicher Einzelentgeltnachweis, technische Prüfung. – 7
a) Normadressat und Anspruchsberechtigter. – Adressat der Norm ist der **Anbieter** von Telekommunikationsdiensten[9] für die Öffentlichkeit, der den **beanstandeten Telekommunikationsdienst erbringt**. Der Wortlaut des § 16 TKV 1997 hatte dies noch offengelassen.[10] § 45i stellt dies nun klar. Sowohl bei der Einzelrechnung durch den Anbieter als auch bei der gemeinsamen Rechnung nach § 45h[11] sind die beanstandeten Telekommunikationsdienste einem Anbieter zurechenbar, so dass wie bei der früheren Regelung auch in der praktischen Umsetzung keine Schwierigkeiten zu erwarten sind. Anspruchsberechtigter ist

---

2 BT-Drs. 15/5694, S. 1, 12 f.

3 BGH K&R 2004, 443 ff.

4 In seiner ersten Stellungnahme regte der Bundesrat die Konkretisierung der Wirksamkeitsvoraussetzungen des Einwendungsausschlusses sowie eine Sanktionierung für die Verletzung der Monatsfrist an, BT-Drs. 15/5213, S. 1, 31 f.

5 S. amtliche Begründung zu § 45i RegE, BR-Drs. 92/05, S. 1, 34.

6 S. Stellungnahme des Bundesrates zum RegE v. 18. 3. 2005, BR-Drs. 92/05, S. 1, 9.

7 Vgl. § 13 Abs. 5 RefE 2003 und § 12 Abs. 5 RefE 2004.

8 S. zum originären Regelungsgedanken *Fluhme*, CR 2003, 103, 106 ff.

9 § 3 Nr. 24.

10 Die amtliche Begründung zur TKV 1997 nennt einschränkend nur den Netzzugangsanbieter als Verpflichteten und verkennt, dass z. B. aufgrund von Betreiber(vor)auswahl auch andere Anbieter Vertragspartner des Endnutzers sein können, die diese sich aus dem Vertragsverhältnis ergebenden Pflichten des § 45i Abs. 1 treffen; s. in diesem Sinne auch *Grote* § 16 RdNr. 1; *Manssen/Nießen*, C § 41/§ 16 TKV RdNr. 2.

11 Nach § 45h Abs. 1 S. 1 hat die gemeinsame Rechnung den Teilbetrags jedes Anbieters zu enthalten.

der Endnutzer[12], der mit dem Anbieter einen Vertrag über die Erbringung von Telekommunikationsdiensten geschlossen hat.

8 **b) Anspruchsgegenstand.** – Beanstandet ein Endnutzer die ihm erteilte Abrechnung form- und fristgerecht, so hat gemäß § 45i Abs. 1 S. 1 der Anbieter von Telekommunikationsdiensten für die Öffentlichkeit in der Regel innerhalb eines Monats auch ohne Beauftragung unter Wahrung datenschutzrechtlicher Belange etwaiger Mitbenutzer nachträglich einen Entgeltnachweis nach den einzelnen Verbindungsdaten (Einzelentgeltnachweis)[13] zu erstellen und eine technische Prüfung durchzuführen.

9 Eine Beanstandung der erteilten Abrechnung setzt eine Erklärung voraus, der zumindest andeutungsweise zu entnehmen ist, dass der Endnutzer **Beanstandungen** spezifisch im Hinblick auf die **Verbindungspreise** geltend macht.[14] Dies ergibt sich – anders als bei § 16 TKV 1997 – nicht mehr direkt aus dem Wortlaut[15], lässt sich aber aus dem Sinnzusammenhang schließen, da weiterhin eine Aufschlüsselung des Verbindungsaufkommens sowie eine technische Prüfung als Folgepflicht angeordnet wird.[16] Die **schlichte Nichtzahlung** kann nicht als Beanstandung nach § 45i angesehen werden, da die unterbliebene Begleichung ebenfalls auf Zahlungsunfähigkeit, Zahlungsunwilligkeit, einem Versehen des Endnutzers sowie einem Irrtum der Bank beruhen könnte und ein Bezug zu den Verbindungsentgelten fehlt.[17] Weiter ist die Beanstandung **schlüssig zu begründen.** Dies ergibt sich aus der Gesetzessystematik. Sowohl § 45h Abs. 3[18] als auch § 45k Abs. 2 S. 2[19] nennen inhaltliche Anforderungen an die Beanstandung. Eine schlüssig begründete Beanstandung liegt vor, wenn die Rechnungshöhe **nicht nur pauschal** in Frage gestellt, **sondern konkrete Rechnungspositionen** unter Angabe von **Gründen** bestritten werden.[20] Begründetheit i. S. einer materiellen Begründetheit der Beanstandung ist nicht erforderlich.[21]

10 Unter den **Begriff der Abrechnung** fällt neben der nachträglichen Inrechnungstellung für erbrachte Telekommunikationsdienste auch die Abrechnung im Rahmen der Nutzung von Telekommunikationsdiensten auf **Vorauszahlungsbasis** durch die Minderung des erworbenen Guthabens.[22] Diese Auslegung wird auch von der amtlichen Begründung[23] unterstützt.

---

12 § 3 Nr. 8.
13 Vgl. hierzu speziell RdNr. 14 und allgemein § 45e.
14 BGH K&R 2004, 443, 446.
15 „Einwendungen gegen die Höhe der ihm in Rechnung gestellten Verbindungsentgelte."
16 Ebenso BeckTKG-Komm/*Ehmer*, § 41 Anh 16 TKV RdNr. 2.
17 BGH K&R 2004, 443, 446; a. A. OLG Dresden MMR 2001, 623, 624.
18 „begründete Einwendung".
19 „schlüssig begründet beanstandet".
20 BeckTKG-Komm/*Kerkhoff*, Anh § 41 § 19 TKV RdNr. 33; in diesem Sinne auch *Manssen/Nießen*, C § 41/§ 16 TKV, RdNr. 11, der darauf hinweist, dass vor allem bei Fehlen eines Einzelentgeltnachweises die inhaltlichen Anforderungen an die Begründung nicht zu hoch gesetzt werden könnten.
21 BeckTKG-Komm/*Kerkhoff*, Anh § 41 § 19 TKV RdNr. 33; ebenfalls ablehnend *Wüstenberg*, TKMR 2002, 449, 453; ebenso *Leo*, K&R 1998, 381, 387, der allerdings aufgrund der missverständlichen amtlichen Begründung zu § 17 RegE TKV 1997, BR-Drs. 551/97, S. 1, 38, zu einem anderen Ergebnis gelangt.
22 Bzgl. der z. Z. am Markt vorhandenen Geschäftsmodelle s. § 45e RdNr. 17.
23 Vgl. amtliche Begründung zu § 45i RegE, BR-Drs. 92/05, S. 1, 34. Datenschutzrechtlich ist die nachträgliche Aufschlüsselung bei Verträgen über Telekommunikationsdienste auf Vorauszahlungsbasis durch § 97 Abs. 2 Nr. 1, Abs. 3 zulässig.

Voraussetzung für die Verpflichtung des Anbieters ist weiter eine **form- und fristgerechte** 11
Beanstandung durch den Endnutzer. Durch diese ausdrückliche Erwähnung ist es dem
Anbieter möglich, im Rahmen des nach den §§ 305ff. Bürgerliches Gesetzbuch Zulässigen
eine Einwendungsausschlussklausel zu vereinbaren.[24] Der Einwendungsausschluss stellt
nach st. Rspr. keine rechtsgeschäftsähnliche Genehmigung, sondern ein **abstraktes**
Schuldanerkenntnis mit der Möglichkeit der Kondiktion nach § 812ff. BGB dar.[25] Im Ergebnis handelt es sich um eine Beweislastumkehr zu Lasten des Endnutzers.[26] Der Gesetzesbeschluss vom 17. 6. 2005 regelt ferner spezialgesetzlich die für den rechtswirksamen
Einwendungsausschluss zulässige Frist und legt eine Mindestfrist in Höhe von zwei Monaten fest.

Die Erstellung des Einzelentgeltnachweises sowie die technische Prüfung haben **regel-** 12
mäßig innerhalb eines Monats nach Zugang der Beanstandung zu erfolgen. Ein **Katalog**
zulässiger Ausnahmen ist nicht geregelt. Zu differenzieren ist zweckgerecht danach, ob
der Hinderungsgrund für die nicht fristgerechte Pflichterfüllung im Verantwortungsbereich
des Anbieters oder des Endnutzers liegt. Liegt der Grund im Verantwortungsbereich des
Anbieters, müssen besondere, einzigartige Umstände vorliegen, damit der Sinn der Regelung nicht ausgehöhlt wird. Liegen Hinderungsgründe für eine fristgerechte Pflichterfüllung indes im Bereich des Endnutzers vor, so ist die Verabsäumung der Einhaltung der Frist
dem Anbieter nicht zurechenbar und ein Ausnahmetatbestand gegeben. Allerdings fehlt
bei Annahme eines Ausnahmetatbestands jeglicher Zeitrahmen, in dem die Pflichten nach
Abs. 1 S. 1 zu erfüllen sind. Zielgerecht wäre die analoge Anwendung der Vorschriften
über die Hemmung der Verjährung (§§ 205, 209 BGB) für die Zeit des Vorliegens der
Hinderungsgründe. Der Anbieter hätte weiter den Endnutzer hierüber unverzüglich zu informieren.

Die **Fristberechnung** erfolgt gemäß den §§ 187ff. BGB. Fristauslösend ist der Zugang der 13
Beanstandung beim Anbieter (§ 187 Abs. 1 BGB).

Der Einzelentgeltnachweis nach § 45i gleicht dem Einzelverbindungsnachweis gemäß 14
§ 45e. Er unterscheidet sich indes hinsichtlich des Zeitpunkts der Beauftragung und des
Detailliertheitsgrades. Im Gegensatz zum Einzelverbindungsnachweis wird der Einzelentgeltnachweis im Rahmen einer Beanstandung und somit nachträglich gefordert. Weiter sind im Einzelentgeltnachweis alle entgeltrelevanten Einzeltelekommunikationsvor-
gänge aufzuführen, so dass der Detailliertheitsgrad im Vergleich zum Einzelverbindungsnachweis[27] höher sein kann. Der Erteilung des **Einzelentgeltnachweises** kommt eine
Doppelfunktion zu:[28] Zum einen wird die Abrechnung des Anbieters hierdurch transparent, zum anderen dient sie im Rahmen einer Zahlungsklage des Anbieters als Nachweis
dafür, die streitige Verbindung ordnungsgemäß abgerechnet zu haben. Die Wahrung datenschutzrechtlicher Belange bezieht sich vor allem darauf, dass der Einzelentgeltnachweis keine Verbindungen zu Anschlüssen von Beratungsstellen (§ 99 Abs. 2) erkennen
lassen darf.[29] Ein Nachweis der vorherigen Information der Mitbenutzer nach § 99 Abs. 1

---

24 S. RdNr. 5.
25 BGH WM 1999, 1499, 1500; *Westerfeld*, Anmerkung zu BGH Urt. v. 24. 6. 2004 – III ZR 104/03,
MMR 2004, 604 m. w. N.
26 Insofern konsequent die Wiederaufnahme in § 45i Abs. 2.
27 Vgl. hierzu § 45e Abs. 2 S. 1.
28 *Manssen/Nießen*, C § 41/§ 16 TKV RdNr. 15.
29 *Manssen/Nießen*, C § 41/§ 16 TKV RdNr. 17.

ist im Rahmen des § 45i dagegen nicht notwendig.[30] § 99 Abs. 1 S. 5 stellt dies ausdrücklich klar.

15 Gleich dem Einzelentgeltnachweis dient auch die **technische Prüfung** zum einen der Schaffung von Transparenz, zum anderen der Erfüllung der Nachweispflicht bzgl. der Erbringung einer technisch fehlerfreien Leistung im Rahmen einer Zahlungsklage.[31]

16 **Konkreter Gegenstand** und Intensität der technischen Prüfung des Netzes werden vom Gesetz nicht ausdrücklich bestimmt. Auch die amtliche Begründung zum RegE enthält nichts Näheres. Aufgrund der Kosten für eine vollumfängliche Prüfung unter Einbeziehung aller vernünftigerweise in Betracht zu ziehenden Störungs- und Fehlerquellen ist die Prüfung in einem **verhältnismäßigen Umfang** durchzuführen.[32] Heranzuziehen sind hier frühere Rechnungen und Vorkommnisse des Vertragsverhältnisses sowie das Verhältnis zwischen beanstandeten Verbindungsentgelten sowie den Kosten der unterschiedlichen möglichen Prüfungen.[33] Bzgl. der Intensität der Prüfung des Netzes ist der Lösungsansatz *Ehmers*[34] hervorzuheben, der zwischen Netzbestandteilen unterscheidet, die für eine Vielzahl von Endnutzern verwendet werden oder die ein Endnutzer ausschließlich nutzt. Im ersteren Fall ist die periodisch erfolgende Prüfung nach § 45g oder ein Nachweis über geeignete Vorkehrungen ausreichend, solange keine Anhaltspunkte dafür vorliegen, dass eine relevante Änderung der Sachlage eingetreten ist.[35] Dies ist beispielsweise der Fall wenn – bezogen auf Zeit und Raum – mehrere Beanstandungen vorliegen. Im Fall einer ausschließlichen Nutzung eines Netzbestandteils kann eine individuelle Prüfung erforderlich sein. Ausschließlich der Anbieter des Telekommunikationsdienstes ist zur Durchführung und Vorlage der Ergebnisse der technischen Prüfung verpflichtet. Sofern der Anbieter auf die **Leistungen Dritter**, insbesondere von Betreibern öffentlicher Telekommunikationsnetze, zurückgreift, hat er im **Innenverhältnis entsprechende Mitwirkungspflichten** zu vereinbaren.[36]

17 Auf **Verlangen des Endnutzers** sind Einzelentgeltnachweis und Ergebnisse der technischen Prüfung diesem vorzulegen (S. 2). Nach dem Wortlaut ist ihm somit die Möglichkeit der Kenntnisnahme von beiden Sachverhalten einzuräumen. Hierin inbegriffen ist eine **Überlassung** beider Dokumente.[37] Dies ergibt sich zum einen aus der amtlichen Begründung zur TKV 1997[38]. Des Weiteren wäre eine enge wörtliche Auslegung, die nicht den Verbleib der Dokumente beim Endnutzer mitumfasste, mit Sinn und Zweck der Norm nicht vereinbar.[39] Sinn und Zeck der Norm ist im Falle der Beanstandung von erteilten Abrech-

---

30 S. zur alten Rechtslage *Manssen/Nießen*, C § 41/§ 16 TKV RdNr. 18, der zu Recht darauf hinweist, dass eine Information der Mitbenutzer über eine nachträglich verlangte Aufschlüsselung nach den einzelnen Verbindungen sinnwidrig ist, da die Mitbenutzer ihr Verhalten im Nachhinein nicht mehr darauf ausrichten können.
31 *Manssen/Nießen*, C § 41/§ 16 TKV RdNr. 19.
32 BeckTKG-Komm/*Ehmer*, § 41 Anh 16 TKV RdNr. 8; *Grote*, § 16 RdNr. 2.; *Scheuerle/Mayen/Schadow*, § 41 RdNr. 84; Skeptisch *Manssen/Nießen*, C § 41/§ 16 TKV RdNr. 21.
33 *Grote*, § 16 RdNr. 2.
34 BeckTKG-Komm/*Ehmer*, § 41 Anh 16 TKV RdNr. 8.
35 BeckTKG-Komm/*Ehmer*, § 41 Anh 16 TKV RdNr. 8.
36 BeckTKG-Komm/*Ehmer*, § 41 Anh 16 TKV RdNr. 10; *Wüstenberg*, TKMR 2002, 449, 455.
37 Zu eng *Grote*, § 16 RdNr. 3.
38 Amtliche Begründung zu § 15 RegE TKV 1997, BR-Drs. 551/97, S. 1, 35. Hiernach soll die Überlassung der Dokumentation Transparenz verschaffen und durch die Überlassung die Beweissituation des Kunden verbessert werden.
39 So auch *Manssen/Nießen*, C § 41/§ 16 TKV RdNr. 22.

nungen schnell und einfach eine Klärung über den Abrechnungsgegenstand herbeizuführen. Hierzu ist ein Verfahren, welches dem Endnutzer lediglich die Möglichkeiten der Einsichtnahme (womöglich nur an bestimmten Orten) einräumt, nicht geeignet.

Bzgl. der technischen Prüfung sind die Ergebnisse vorzulegen. Mithin ist dem Endnutzer 18 mitzuteilen, welche Netzbestandteile und/oder Abrechnungssysteme mit welchem Ergebnis überprüft wurden.[40] Um ihrem Zweck zu genügen, Transparenz beim Endnutzer herzustellen, ist bei der Gestaltung des Einzelentgeltnachweises wie der Darstellung der Ergebnisse der technischen Prüfung auf Allgemeinverständlichkeit zu achten.

Das **Verlangen** stellt eine empfangsbedürftige Willenserklärung dar. Sie kann schon im 19 Rahmen der Beanstandung erklärt werden. Dem Verlangen muss der Anbieter nach Ablauf der Monatsfrist umgehend nachkommen. Erfolgt eine nach Satz 2 verlangte Vorlage nicht binnen zwei Monaten nach einer Beanstandung, so wird gemäß § 45i Abs. 1 S. 3 die mit der Abrechnung geltend gemachte Forderung erst im Zeitpunkt der Vorlage fällig. Erfolgt demnach die Vorlage binnen zweier Monate, so tritt Fälligkeit unter den vertraglich vereinbarten Bedingungen ein. Wird dieser Zeitraum verabsäumt, wird die beanstandete Forderung erst im Zeitpunkt der Vorlage fällig.

2. § 45i Abs. 1 S. 4 – Veröffentlichung geeigneter Verfahren. – Nach § 45i Abs. 1 S. 4 20 veröffentlicht die Regulierungsbehörde, welche Verfahren zur Durchführung der technischen Prüfung geeignet sind. Nach dem Wortlaut bezieht sich die Veröffentlichung auf bestimmte Verfahrenstechniken, die allgemein zur Durchführung der technischen Prüfung geeignet sind. Im Gegensatz zu den Referentenentwürfen[41] legt die Regulierungsbehörde die Verfahren nicht verbindlich fest. Geblieben ist lediglich eine Veröffentlichung geeigneter Verfahren **ohne verbindlichen Regelungscharakter**. Die Veröffentlichung ist als eine Art allgemeines Sachverständigengutachten[42] einzuordnen, von dem in der Praxis eine gewisse norminterpretierende Wirkung ausgehen dürfte.

3. § 45i Abs. 2 – Entfallen der Auskunftspflicht nach Abs. 1 S. 2 und Nachweispflicht. 21 – Soweit die in § 45i Abs. 2 genannten Bedingungen vorliegen, entfällt zum einen die Nachweispflicht für erbrachte Verbindungsleistungen, zum anderen die Auskunftspflicht des Anbieters nach Abs. 1 S. 2 für Einzelverbindungen. Mithin tritt bei Vorliegen der Tatbestandsvoraussetzungen eine **Reduzierung der Nachweispflicht** des Anbieters im Rahmen seiner Beweislast bezüglich des Zustandekommens der bestrittenen Telekommunikationsvorgänge zu Lasten des Endnutzers ein.[43] Weiter entfällt die Verpflichtung zur Erstellung eines nachträglichen Einzelentgeltnachweises und zur Durchführung einer technischen Prüfung. Diese in Abs. 2 S. 1 genannten Pflichten des Anbieters entfallen lediglich in dem Maße („soweit"), in dem keine Verkehrsdaten zur Verfügung stehen. Diese **graduelle Abstufung** gilt für alle Tatbestandsalternativen.

Zu unterscheiden sind folgende vier Tatbestandsvarianten: 22

(1) Keine Speicherung von Verkehrsdaten aus technischen Gründen (§ 45i Abs. 2 S. 1 Var. 1)
(2) Löschung gespeicherter Verkehrsdaten nach Verstreichen der mit dem Anbieter vereinbarten Frist (§ 45i Abs. 2 S. 1 Var. 2)

---

40 Kritisch zur weiter reichenden Pflicht der Dokumentation der technischen Prüfung nach § 16 TKV 1997 BeckTKG-Komm/*Ehmer*, § 41 Anh 16 TKV RdNr. 9.
41 § 13 RefE TKV 2003, § 12 RefE TKV 2004.
42 S. *Maurer*, §24 RdNr. 9, 25a, 29.
43 Vgl. hierzu *Manssen/Nießen*, C § 41/§ 16 TKV RdNr. 33.

(3) Löschung gespeicherter Verkehrsdaten aufgrund rechtlicher Verpflichtung (§ 45i Abs. 2 S. 1 Var. 3)

(4) Nichtspeicherung oder Löschung gespeicherter Verkehrsdaten auf Verlangen des Endnutzers, wenn er zuvor einen deutlichen erkennbaren Hinweis auf die Folgen nach § 45i Abs. 2 S. 1 erhalten hat (§ 45i Abs. 2 S. 2)

23 Der Anwendungsbereich der 1. Tatbestandsvariante in § 45i Abs. 2 S. 1 ist klärungsbedürftig. Nach dem Wortlaut treten die Rechtsfolgen nach Abs. 2 der Norm ein, soweit aus **technischen Gründen** keine Verkehrsdaten gespeichert worden sind. Hierunter fallen Sachverhalte, in denen eine Erfassung und darauffolgende Speicherung technisch nicht möglich sind. Diese Variante ist bereits in § 16 Abs. 2 TKV 1997 geregelt. Lt. amtlicher Begründung zur TKV 1997[44] stellt sie eine Ausnahme für den Fall dar, dass der Anschluss gewissen technischen Beschränkungen unterliegt.[45] Im Vergleich zu § 16 Abs. 2 S.2 TKV 1997 besteht allerdings nach neuem Recht **keine Hinweispflicht** mehr bzgl. der technischen Beschränkung des Anschlusses. Nach dem Wortlaut könnten weiter auch Sachverhalte fallen, in denen keine Speicherung aufgrund technisch-organisatorischer Mängel (z. B. Systemfehler bei der Erfassung oder Speicherung) beim Unternehmen erfolgte. Hiergegen sprechen Systematik, Entstehungsgeschichte und Telos der Vorschrift. § 45i Abs. 3 auferlegt die Darlegungs- und Beweislast für die Erbringung von Telekommunikationsdiensten bis zur Schnittstelle, an der dem Endnutzer der Netzzugang bereitgestellt wird, dem Anbieter. In den Abs. 3 und 4 der Norm wird eine Risikoverteilung nach Verantwortungssphären getroffen[46]. Durch eine aus technisch-organisatorischen Gründen nicht erfolgte Speicherung der Verkehrsdaten träte aber nach Abs. 2 der Norm eine Beweislastumkehr ein, obgleich für die Verwirklichung dieses Risikos Abs. 3 der Norm das Risiko dem Anbieter zuordnet. Auch die Entstehungsgeschichte spricht gegen eine Anwendbarkeit der Tatbestandsvariante für den Fall, dass aufgrund **technisch-organisatorischer** Mängel keine Speicherung von Verkehrsdaten erfolgte. Die amtliche Begründung zur TKV 1997 stellt fest, dass das Risiko, Daten infolge technischer Defekte oder Organisationsversehen zu verlieren, der Anbieter trage. Die Begründung des Regierungsentwurfs zu § 45i lässt nicht erkennen, dass eine Ausweitung der Anwendbarkeit dieser Variante intendiert ist. Schließlich wäre eine solche Ausweitung auch sinnwidrig, da sie dem Endnutzer für die Verwirklichung von Risiken im Verantwortungsbereich des Anbieters, die Darlegungs- und Beweislast aufbürdete. Folglich ist die Tatbestandsvariante auf den erstgenannten Anwendungsbereich zu beschränken.

24 Die 2. Tatbestandsvariante in § 45i Abs. 2 S. 1 bezieht sich auf die zwischen Anbieter und Endnutzer vereinbarte **Frist zur Beanstandung** in Rechnung gestellter Telekommunikationsvorfälle gem. Abs. 1 S. 1 der Norm. Sie ist erfüllt, wenn der Endnutzer nicht wirksam, d. h. formgerecht und schlüssig begründet[47], innerhalb der vereinbarten Frist beanstandet.

25 Die 3. Tatbestandsvariante in § 45i Abs. 2 S. 1 knüpft an die **datenschutzrechtlichen Regelungen** des Teils 7, Abschnitt 2 des TKG 2004 an.[48]

---

44 Amtliche Begründung zu § 15 RegE TKV 1997, BR-Drs. 551/97, S. 1, 35; zum historischen Hintergrund dieser Ausnahme s. auch *Manssen/Nießen*, C § 41/§ 16 TKV RdNr. 25.

45 Vgl. zur Kritik § 45d RdNr. 24; § 45e RdNr. 16.

46 S. dazu im Einzelnen RdNr. 27 ff.

47 S. RdNr. 8 ff.

48 S. hier insbesondere § 96 f.

Die 4. Tatbestandsvariante in § 45i Abs. 2 S. 2 regelt den Fall, dass der Endnutzer verlangt **26**
hat[49], dass **Verkehrsdaten gelöscht oder nicht gespeichert werden**.[50] Als zusätzliches
Tatbestandsmerkmal muss der Endnutzer zuvor deutlich erkennbar auf die Rechtsfolgen
seiner Erklärung nach Abs. 2 S. 1 der Norm hingewiesen worden sein. Die Formulierung
bzgl. des Anbieterhinweises ist im Vergleich zur Regelung in § 16 Abs. 2 S. 1 und 2 TKV
1997[51] technologieneutral gehalten. Im Übrigen ist aber der Regelungsgehalt erhalten geblieben, so dass der Hinweis u. a. in nicht zu übersehender Weise durch eine andere Farbe,
größere Buchstaben oder in Fettschrift hervorzuheben ist.[52]

4. § 45i Abs. 3 – Darlegungs- und Beweislast. – § 45i Abs. 3 S. 1 auferlegt die **Darle-** **27**
gungs- und Beweislast hinsichtlich einer technisch fehlerfreien Erbringung des Telekommunikationsdienstes oder einer technisch fehlerfreien Bereitstellung des Zugangs zum Telekommunikationsnetz dem Anbieter. Die Beweislastregelung zu Lasten des Anbieters
reicht bis zur **Schnittstelle, an dem der Netzzugang dem Endnutzer bereitgestellt** wird.
Nicht mehr ausdrücklich erfasst ist die Darlegungs- und Beweislast des Anbieters, die erbrachte Telekommunikationsdienstleistung **richtig berechnet** zu haben.[53] Dies gebührt
aber ohnehin nach den allgemeinen zivilprozessrechtlichen Grundsätzen dem Anbieter, so
dass ihre ausdrückliche Regelung verzichtbar ist.[54] § 45i Abs. 3 S. 2 1. Alt. stellt für die
zivilprozessuale Beweisaufnahme eine widerlegliche Vermutung dergestalt auf, dass das in
Rechnung gestellte Verbindungsaufkommen des jeweiligen Anbieters von Telekommunikationsdiensten für die Öffentlichkeit unrichtig ermittelt ist, wenn die technische Prüfung
Mängel ergibt, die sich auf die Berechnung des beanstandeten Entgelts zu Lasten des Endnutzers ausgewirkt haben können. Die Vermutung kann widerlegt werden, indem der Anbieter darlegt und ggf. beweist, dass sich die festgestellten Mängel nicht oder nur beschränkt auf die Berechnung des beanstandeten Entgelts ausgewirkt haben.[55] Für den Fall
der unrichtigen Entgeltermittlung richtet sich der Zahlungsanspruch des Anbieters nach
§ 45j. Gemäß § 45i Abs. 3 S. 2 2. Alt. gilt dieselbe widerlegliche Vermutung, wenn die
technische Prüfung später als zwei Monate nach der Beanstandung durch den Endnutzer
abgeschlossen wird.

Trotz der ausdrücklichen Regelung der Darlegungs- und Beweislast in § 16 TKV 1997 und **28**
nunmehr in § 45i greift die Rechtsprechung zugunsten des Anbieters auf den **Anscheins-**
beweis zurück. Er erlaubt bei typischen Geschehensabläufen den Nachweis eines ursächlichen Zusammenhangs oder eines schuldhaften Verhaltens ohne exakte Tatsachengrundlage, sondern aufgrund von Erfahrungsgrundsätzen.[56] Die Anforderungen an ihn differieren.[57] Allgemein anerkannt ist er lediglich im Bereich des Festnetzes.[58] Dieser greift ein,
wenn ein gem. § 5 TKV 1997 (zukünftig gemäß § 45g) zertifiziertes Abrechnungssystem

---

49 In der Praxis erfolgt dies regelmäßig im jeweiligen Vertragsformular.
50 S. die datenschutzrechtliche Regelung des § 97 Abs. 4 S. 1 Nr. 2.
51 „in **druck**technisch deutlich gestalteter Form"; s. hinsichtlich des technologieneutralen Ansatzes
    auch § 355 Abs. 2 S. 1 BGB.
52 Vgl. § 16 Abs. 2 TKV 1997, BGH K&R 2004, 443, 445. Zu den Anforderungen an eine deutli-
    che Gestaltung allgemein *Palandt/Heinrichs*, § 355 RdNr. 15.
53 S. hierzu Stellungnahme des Bundesrates zum RegE v. 18. 3. 2005, BR-Drs. 92/05, S. 1, 9.
54 S. hierzu kritisch die Stellungnahme des Bundesrates zum RegE v. 18. 3. 2005, BR-Drs. 92/05,
    S. 1, 9, sowie die Gegenäußerung der Bundesregierung, BT-Drs. 15/5213, S. 1, 38, die der hier ver-
    tretenen Auffassung zuneigt.
55 BeckTKG-Komm/*Ehmer*, § 41 Anh 16 TKV RdNr. 16.
56 *Zöller/Greger*, ZPO, vor § 284 RdNr. 29.
57 Ausführlich hierzu *Manssen/Nießen*, C § 41/§ 16 TKV RdNr. 36ff m. w. N.
58 S. *Grabe*, CR 2004, 262, 264, Fn. 37 m. w. N.; *Manssen/Nießen*, C § 41/§ 16 TKV RdNr. 43.

genutzt wird, bei Einwendungen des Kunden gegen die Höhe der Verbindungsentgelte eine technische Prüfung gem. § 16 TKV (zukünftig gemäß § 45i) durchgeführt wurde und keine Hinweise auf technische Fehler oder Manipulationen vorliegen.[59] Der Anscheinsbeweis kann durch den Kunden erschüttert werden.[60] Die Ausdehnung des Anscheinsbeweises auf Sprachkommunikation im Mobilfunk sowie Datenkommunikation ist dagegen nicht allgemein anerkannt.[61] In weiten Teilen entspricht er der in § 16 TKV bzw. § 45i niedergelegten Regelung, so dass seine Anwendung im Grunde entbehrlich erscheint.

29 **5. § 45i Abs. 4 – Einwendungen.** – § 45i Abs. 4 S. 1 gewährt dem Endnutzer eine Einwendung. Danach hat der Anbieter gegen den Endnutzer keinen vertragsrechtlichen Anspruch auf Zahlung eines Entgelts, wenn die **in Anspruch genommene Leistung** dem Endnutzer **nicht zugerechnet** werden kann. Den **Zurechnungsmaßstab** nennt die Regelung nicht ausdrücklich. Auch die amtliche Begründung sagt hierüber nichts aus, so dass gefolgert werden kann, dass der für § 16 Abs. 3 TKV 1997 geltende Maßstab[62] beibehalten werden soll. Folglich entsteht kein Zahlungsanspruch des Anbieters, wenn der Endnutzer nicht schuldhaft gem. **§ 276 BGB analog** gehandelt hat und sich auch kein solches Verhalten Dritter, denen er Zugang zum Telekommunikationsnetz eingeräumt hat, nach **§ 278 BGB analog** zurechnen lassen muss. Die Annahme eines weniger strengen Haftungsmaßstabs – so z. B. ein Haftungsausschluss für Fälle leichter Fahrlässigkeit – ist nicht angemessen, da dem Anbieter ohnehin schon ein Risiko auferlegt wird, welches er nicht unmittelbar beeinflussen kann.[63] Die die Einwendung begründenden Tatsachen hat der Endnutzer darzulegen und ggf. zu beweisen. Dem entspricht die häufig verwendete AGB-rechtliche Regelung, dass der Anschlussinhaber für die unbefugte Nutzung des Anschlusses durch Dritte einzustehen habe, wenn und soweit er diese zu vertreten habe.

30 Gem. § 45i Abs. 4 S. 2 entfällt der Zahlungsanspruch des Anbieters weiter, soweit Tatsachen die Annahme rechtfertigen, dass Dritte durch **unbefugte Veränderungen** an öffentlichen Telekommunikationsnetzen das in Rechnung gestellte Verbindungsentgelt beeinflusst haben. Der Endnutzer ist darlegungspflichtig[64] hinsichtlich konkreter Tatsachen, die die Annahme einer solchen Manipulation rechtfertigen. Der pauschale Vortrag, dass eine Manipulation erfolgt sei, ist nicht ausreichend.[65] Kann der Anbieter nicht ausräumen, dass die Entgeltberechnung durch unbefugte Veränderungen Dritter an öffentlichen Telekommunikationsnetzen beeinflusst sein könnte, findet § 45i Abs. 4 S. 2 Anwendung.

31 Hinsichtlich weiterer telekommunikationsspezifischer Einwendungen ist insbesondere § 66g zu beachten.

32 Wegen ihrer besonderen Bedeutsamkeit für die Praxis ist abschließend auf die Frage der Anwendbarkeit des § 45i auf **telekommunikationsgestützte Dienste**[66] einzugehen. Wie

59 OLG Hamm MMR 2004, 337, 338.

60 *Zöller/Greger*, ZPO, vor § 284, RdNr. 29; s. hierzu beispielhaft LG Hof, ITRB 2/2004, 33.

61 *Börner/Feldt*, Teletalk 7/2003, 16 f.; ablehnend zum Anscheinsbeweis bei Abrechnung nach Datenvolumina OLG Düsseldorf – 18 U 192/02 –, JurPC Web-Dok156/2003, Abs. 17; s. auch *Manssen/Nießen*, C § 41/§ 16 TKV RdNr. 43 m. N.

62 Nach BGH III ZR 96/03 v. 4. 3. 2004, JurPC Web-Dok 179/2004 hat der Anschlussinhaber gemäß § 276 BGB analog Vorsatz und Fahrlässigkeit zu vertreten. Das Verhalten Dritter, denen er Zugang zum Netzanschluss gewährt, muss er sich nach § 278 BGB analog zurechnen lassen.

63 BeckTKG-Komm/*Ehmer*, § 41 Anh 16 TKV RdNr. 17.

64 LG Hof ITRB 2004, 33; weitergehend *Grote*, § 16 RdNr. 6, die auch eine Beweispflicht des Endnutzers annimmt.

65 OLG Hamm MMR 2004, 337, 338; BeckTKG-Komm/*Ehmer*, § 41 Anh 16 TKV RdNr. 19.

66 S. hierzu § 45h RdNr. 8.

oben[67] dargestellt, ist die ursprüngliche Intention, Regelungen hinsichtlich dieser Dienste aufzunehmen, nicht verwirklicht worden. Lt. der amtlichen Begründung sollen die getroffenen Beweislastregelungen keine Auswirkungen auf die Geltendmachung von Einwendungen gegen die inhaltliche Seite des telekommunikationsgestützten Diensts haben. Mithin bleibt es der Rechtsprechung vorbehalten, praxisgerechte Lösungen zu entwickeln. Angesichts der Vielfältigkeit der Sachverhalte ist diese Herangehensweise sinnvoll, zumal die durch die telekommunikationsgestützten Dienste gestellten Herausforderungen durch Anwendung zivilrechtlicher Grundsätze lösbar sind.[68]

6. Rechtsfolgen. – Der Endnutzer kann im Streit darüber, ob der Anbieter des Telekommu-   **33** nikationsdiensts eine in § 45i Abs. 1 vorgesehene Verpflichtung ihm gegenüber erfüllt hat, eine Schlichtung nach § 47a beantragen. Im Hinblick auf eine Verletzung des § 45i Abs. 1 können sich auch Ansprüche aus § 44 ergeben. Unter den Voraussetzungen des § 126 ist weiter ein Tätigwerden der Regulierungsbehörde möglich.

---

67 RdNr 6.
68 Vgl. hierzu die höchstrichterliche Rechtsprechung und Kritik: BGH, Urt. v. 22. 11. 2001 – III ZR 5/01, JurPC Web-Dok. 78/2002, für den Bereich der Sprachkommunikation i. Z. m. der Inanspruchnahme eines Telefonsexangebots und die erste BGH-Entscheidung z. T. revidierend BGH, Urt. v. 4. 3. 2004 – III ZR 96/03, JurPC Web-Dok. 179/2004, für Datenkommunikation i. Z. m. der Verwendung eines Anwählprogramms (Dialer). Zu BGH, Urt. v. 22. 11. 2001 – III ZR 5/01 *Hoffmann*, ZIP 2002, 1705 ff.; *Spindler*, JZ 2002, 408 ff.; *Eckhardt*, CR 2002, 109 ff.; zu BGH, Urt. v. 4. 3. 2004 – III ZR 96/03; *Rösler*, NJW 2004, 2566, 2567 ff.; s. auch *Grabe*, CR 2004, 262, 266.

§ 45j Entgeltpflicht bei unrichtiger Ermittlung des Verbindungsaufkommens

(1) Kann im Fall des § 45i Abs. 3 Satz 2 das tatsächliche Verbindungsaufkommen nicht festgestellt werden, hat der Anbieter von Telekommunikationsdiensten für die Öffentlichkeit gegen den Endnutzer Anspruch auf den Betrag, den der Endnutzer in den vorangegangenen sechs Abrechnungszeiträumen durchschnittlich als Entgelt für einen entsprechenden Zeitraum zu entrichten hatte. Dies gilt nicht, wenn der Endnutzer nachweist, dass er in dem Abrechnungszeitraum den Netzzugang nicht oder in geringerem Umfang als nach der Durchschnittsberechnung genutzt hat. Satz 1 und 2 gilt entsprechend, wenn nach den Umständen erhebliche Zweifel bleiben, ob dem Endnutzer die Inanspruchnahme von Leistungen des Anbieters zugerechnet werden kann.

(2) Soweit in der Geschäftsbeziehung zwischen Anbieter und Endnutzer weniger als sechs Abrechnungszeiträume unbeanstandet geblieben sind, wird die Durchschnittsberechnung nach Abs. 1 auf die verbleibenden Abrechnungszeiträume gestützt. Soweit in bestimmten Abrechnungszeiträumen das Verbindungsaufkommen einen ungewöhnlichen Umfang hatte, bleibt dieses besondere Verbindungsaufkommen bei der Durchschnittsberechnung außer Betracht.

(3) Der Endnutzer kann verlangen, dass die Durchschnittsberechnung nicht auf die vorangegangenen sechs Abrechnungszeiträume, sondern auf vergleichbare Abrechnungszeiträume der zwei vorangegangenen Kalenderjahre gestützt wird. In diesem Fall findet Abs. 2 keine Anwendung.

(4) Fordert der Anbieter ein Entgelt auf der Grundlage einer Durchschnittsberechnung, so gilt das von dem Endnutzer auf die beanstandete Forderung zuviel gezahlte Entgelt spätestens zwei Monate nach der Beanstandung als fällig.

Übersicht

I. Bedeutung der Norm

Mit § 45j wird ein Verfahren für den Fall vorgegeben, dass das Verbindungsaufkommen **1** unrichtig ermittelt wurde. Dabei handelt es sich – wie schon bei der Vorgängerregelung des § 17 TKV 1997 – um eine Durchschnittsberechnung nach dem Vorbild von § 287

ZPO[1]. Die Regelung des § 45j soll in den Fällen unklarer Beweislage sowohl den Interessen des Endnutzers wie auch des Anbieters von Telekommunikationsdiensten für die Öffentlichkeit gerecht werden. Gegenstand des Verfahrens können allerdings lediglich die nutzungsabhängigen Entgelte werden. Mit dem vermehrten Angebot von Pauschaltarifen als nutzungsunabhängige Entgelt, die zusätzlich zur Grundgebühr erhoben werden, reduziert sich damit der Anwendungsbereich des § 45j.

II. Entstehungsgeschichte

2 Durch die Entgeltpflicht bei unrichtiger Ermittlung des Verbindungsaufkommens wird an § 17 TKV 1997 anknüpft, wobei jedoch der Begründung zu § 45j RegE zufolge sprachliche Anpassungen vorgenommen wurden[2].

III. Einzelerläuterungen

3 **1. Adressat der Norm.** – Im Unterschied zu zahlreichen anderen Regelungen der §§ 43a ff. ist § 45j ist der Endnutzer Adressat der Regelung und nicht ausschließlich das Unternehmen, mit dem der Endnutzer in vertraglicher Beziehung steht. Denn in § 45j Abs. 1 S. 1 wird dem Anbieter von Telekommunikationsdiensten für die Öffentlichkeit gegenüber dem Endnutzer grundsätzlich die Möglichkeit zur Durchschnittsberechnung eingeräumt, wenn das tatsächliche Verbindungsaufkommen nicht festgestellt werden kann. Die zahlreichen Ausnahmeregelungen in § 45j zu diesem Grundsatz adressieren jedoch wiederum im Schwerpunkt den Anbieter von Telekommunikationsdiensten. Die Begriffe „Endnutzer" und „Anbieter von Telkommunikationsdiensten für die Öffentlichkeit" sind zum Teil in § 3 definiert.[3]

4 **2. Berechtigter.** – Berechtigter der Möglichkeit zur Durchschnittsberechnung ist gemäß § 45j Abs. 1 S. 1 grundsätzlich der Anbieter von Telekommunikationsdiensten für die Öffentlichkeit. Der Endnutzer ist berechtigt, sich auf die Ausnahmeregelungen in § 45j Abs. 1 S. 1 und S. 2, Abs. 3 und Abs. 4 zu berufen.

5 **3. Ermittlung eines durchschnittlichen Entgelts (Abs. 1 S. 1).** – In § 45j Abs. 1 hat es, wie in der Begründung angeführt, sprachliche Anpassungen gegeben. Nach dem bisher geltenden § 17 S. 1 TKV 1997 „wird für die Abrechnung" bei einer unrichtig berechneten Entgeltforderung der Durchschnittsbetrag der letzten sechs Monate „zugrunde gelegt". Damit diente § 17 TKV 1997 als spezialgesetzliche Regelung zu § 287 ZPO dazu, den Umfang der vorzunehmenden Forderungsabwicklung zu bestimmen[4]. Mit § 45j Abs. 1 S. 1 hat der Anbieter „gegen den Endnutzer Anspruch auf den Betrag, den der Endnutzer [durchschnittlich] zu entrichten hatte." Aufgrund des Wortlauts „hat Anspruch" könnte zunächst gefolgert werden, dass ein eigens durch § 45j Abs. 1 S. 1 geschaffener Anspruch des Anbieters gegenüber dem Endnutzer besteht. Der Gesetzgeber formuliert jedoch nicht hat „einen" Anspruch, sondern verkürzt die Umschreibung auf „hat Anspruch". Gesetzgeberisches **Ziel** war es damit, ein Verfahren zur **Ermittlung der Anspruchshöhe bei unklarer Beweislage** zu entwickeln. Der Anspruch als solcher muss sich – wie bisher auch bei § 17

---

1 Vgl. Begründung zu § 16 TKV 1997 RegE, BR-Drs. 551/97, S. 37.

2 BR-Drs. 92/05, S. 1, 34.

3 Vgl. § 3 RdNr. 8, 12, 38.

4 BeckTKG-Komm/*Ehmer*, Anh. § 41 § 17 TKV RdNr. 2.

TKV 1997 – aus dem zugrunde liegenden Vertragsbeziehungen zwischen Anbieter und Endnutzer ergeben.

Des Weiteren muss es sich um einen „**Fall des § 45i Abs. 3 Satz 2**" handeln. Bisher musste 6 die berechnete Entgeltforderungen „unrichtig" sein[5]. Dies ist nunmehr dahingehend ersetzt worden, dass es sich um einen „Fall des § 45i Abs. 3 Satz 2" handeln muss. In § 45i Abs. 3 S. 2 stellt der Gesetzgeber eine widerlegliche Vermutung auf. Bei etwaigen Mängeln, die sich bei der beanstandeten Entgeltberechnung zu Lasten des Endnutzers ausgewirkt haben könnten, wird widerlegbar vermutet, dass das in Rechnung gestellte Verbindungsaufkommen des jeweiligen Anbieters **unrichtig** ermittelt ist (vgl. § 45i RdNr. 27). Mit der identischen Wortwahl knüpft damit der Gesetzgeber an die Formulierung des § 17 S. 1 TKV 1997 an.

Die „**vorangegangenen sechs Abrechnungszeiträume**" bestimmen sich nach den seitens 7 des Anbieters üblichen Abrechnungsintervallen. In der Praxis ist eine monatliche Abrechnung verbreitet[6]. Die gesetzliche Regelung ist diesbezüglich jedoch offen und richtet sich letztlich nach den zwischen Endnutzer und Anbieter vereinbarten Abrechnungsintervallen.

Nicht eindeutig ist der **Wortlaut** hinsichtlich der Frage, ob es sich bei den vorangegange- 8 nen sechs Abrechnungszeiträumen weiterhin um **unbeanstandete** Abrechnungszeiträume handeln muss. Der historischen Vergleich mit der Vorgängerregelung des § 17 S. 1 TKV 1997 ergibt, dass diese Qualifikation der Referenzzeiträume dort noch vorhanden war. Der Wegfall des Qualifikation „unbeanstandete" Abrechnungszeiträume könnte daher möglicherweise eine bewusste Änderung des Gesetzgebers darstellen. Dies ist jedoch nicht der Fall. Denn die **systematische Auslegung** zeigt, dass der Gesetzgeber weiterhin sechs „unbeanstandete" Abrechnungszeitraum voraussetzt. Dies ergibt sich aus § 45j Abs. 2 S. 1, dessen Regelungsinhalt weitestgehend an § 17 S. 3 TKV 1997 anknüpft. Nach § 45j Abs. 2 S. 1 soll die Durchschnittsberechnung „nach Abs. 1" auf die verbleibenden Abrechnungszeiträume gestützt werden, „soweit" in der Geschäftsbeziehung zwischen Anbieter und Endnutzer „weniger als sechs Abrechnungszeiträume unbeanstandet" geblieben sind. Bei dieser Ausnahmeregelung zur Verkürzung des heranzuziehenden Abrechnungszeitraums wird damit weiterhin das Merkmal „unbeanstandet" verwendet und daneben noch auf § 45j Abs. 1 verwiesen. Schließlich ergibt sich ein weiteres systematisches Argument aus der Verweisung des § 45j Abs. 1 S. 1 auf § 45i Abs. 3 S. 2. Denn in § 45i Abs. 3 S. 2 wird wiederum auf die „technische Prüfung nach Abs. 1" Bezug genommen. Zu dieser technischen Prüfung kommt es jedoch nur, wenn der Endnutzer die ihm erteilte Abrechnung „beanstandet" (vgl. § 45i Abs. 1 S. 1). Damit kann es sich in den vorangegangenen sechs Abrechnungszeiträumen gemäß § 45j Abs. 1 S. 1 nur um „unbeanstandete" Abrechnungszeiträume handeln.

Nach § 45j Abs. 1 S. 1 hat der Anbieter Anspruch auf den Betrag, den der Endnutzer in den 9 vorangegangenen sechs Abrechnungszeiträumen durchschnittlich als **Entgelt** für einen entsprechenden Zeitraum zu entrichten hatte. In § 17 S. 1 TKV 1997 wurde der Begriff der „Entgeltforderung" gewählt. Bei dieser Änderung handelt es sich ebenfalls lediglich um eine sprachliche Anpassung[7]. Der Begriff „Entgelt" ist – ebenso wie in § 17 S. 1 TKV 1997 – zu präzisieren. Hierbei kann es sich nach **Sinn und Zweck** der Regelung nur um die **nutzungsabhängigen** Entgelte handeln. Denn die nicht variierenden Posten im Abrechnungszeitraum, wie beispielsweise die Grundgebühr, können nicht Gegenstand einer Durch-

---

5 Vgl. § 17 S. 1 TKV 1997.
6 BeckTKG-Komm/*Ehmer*, Anh. § 41 § 17 TKV RdNr. 6.
7 BR-Drs. 92/05, S. 1, 34.

schnittsberechnung nach § 45j Abs. 1 werden, da es hier keine Unsicherheiten hinsichtlich der Höhe geben kann[8]. In der jüngsten Vergangenheit ist darüber hinaus verstärkt das Angebot von **Pauschaltarifen** für bisher nutzungsabhängige Teile der Leistung zu beobachten. Auch diese Pauschalentgelte können, ebenso wie die Grundgebühr, nicht Gegenstand einer Durchschnittsberechnung werden. Diese Entwicklung wird somit zur Reduzierung der Fälle führen, auf die § 45j anwendbar ist. Das Merkmal **„für einen entsprechenden Zeitraum"** umschreibt den aufgrund der Durchschnittsberechnung gebildeten Zeitraum.

10 **4. Ausnahmen von der Durchschnittsberechnung. – a) Keine oder geringe Nutzung des Netzzugangs (Abs. 1 S. 2).** – § 45j Abs. 1 S. 2 stellt eine **Ausnahme** zur Durchführung einer Durchschnittsberechnung nach § 45j Abs. 1 S. 1 dar. Danach ist eine Durchschnittsberechnung nicht möglich, wenn der Endnutzer nachweist, dass er in dem Abrechnungszeitraum den Netzzugang **nicht oder in geringerem Umfang** als nach der Durchschnittsberechnung genutzt hat. Die Vorgängerregelung § 17 S. 7 enthielt ebenfalls eine entsprechende Nachweismöglichkeit des Endnutzers. Im direkten Vergleich ergibt sich darüber hinaus jedoch eine **inhaltliche Ausweitung** der Nachweismöglichkeiten des Endnutzers. Denn bisher konnte sich der Endnutzer lediglich von der Durchschnittsberechnung befreien, wenn er den Nachweis erbrachte, dass der Netzzugang „gar nicht" genutzt wurde. Mit § 45j Abs. 1 S. 2 ist die Durchschnittsberechnung bereits ausgeschlossen, wenn der Nachweis erbracht wurde, dass der Netzzugang nicht oder „in geringem Umfang" genutzt wurde.

11 Für den **Nachweis**, dass der Zugang nicht oder in geringerem Umfang genutzt wurde, bedarf es einer schlüssigen Darstellung. Der Nachweis muss sich dabei über den gesamten in Streit stehenden Abrechnungszeitraum erstrecken, da der Gesetzeber mit der Formulierung „in dem Abrechnungszeitraum" keine Ausnahmen zulässt.

12 Unter dem Begriff **Netzzugang** ist der Netzzugang i. S. d. § 45d zu verstehen. Dabei ist der Begriff des „Zugangs" ein anderer, als der in § 3 Nr. 32 definierte. Denn nach dem dort verwendeten Zugangsbegriff soll anderen „Unternehmen […] die Erbringung von Telekommunikationsdiensten" ermöglicht werden. Diese Definition bezieht sich auf die zentralen Regelungen der Marktregulierung, die §§ 18 und 21. Mit dem Netzzugang nach § 45d hingegen werden nähere Regelungen zum Zugang zu öffentlichen Telekommunikationsnetzen an festen Standorten für den Endnutzer getroffen[9].

13 **b) Erhebliche Zweifel an der Zurechnung in Anspruch genommener Leistungen (Abs. 1 S. 3).** – Nach § 45j Abs. 1 S. 3 gilt § 45j Abs. 1 S. 1 und S. 2 entsprechend, wenn nach den Umständen erhebliche Zweifel bleiben, ob dem Endnutzer die Inanspruchnahme von Leistungen des Anbieters zugerechnet werden kann. Im Vergleich zur TKV 1997 wurden durch **systematische Änderungen** bei § 45j Abs. 1 S. 3 **Unklarheiten im Anwendungsbereich** geschaffen. Die Vorgängerregelung des § 17 S. 2 TKV regelte bisher den Fall, das erhebliche Zweifel an der Zurechenbarkeit der Inanspruchnahme verlieben. Dann sollte trotzdem die Möglichkeit einer Durchschnittsberechnung bestehen. Das wird nunmehr durch den **Verweis** in § 45j Abs. 1 S. 3 auf **S. 1** abgedeckt. Wenn nach den Umständen erhebliche Zweifel an der Inanspruchnahme von Leistungen durch den Endnutzer bestehen, wird eine Durchschnittsberechnung nach § 45 Abs. 1 S. 1 ermöglicht. **Unklar** bleibt jedoch, welchen Fall der **Verweis auf S. 2** regeln soll. Der Regelungsgehalt von § 45j Abs. 1 S. 2 war bisher in § 17 S. 7 TKV 1997 enthalten und wurde **nicht** von der Vorgängerregelung des § 17 S. 2 TKV 1997 in Bezug genommen. Dies ändert der Gesetzgeber

---

8 BeckTKG-Komm/*Ehmer*, Anh. § 41 § 17 TKV RdNr. 6.
9 § 45d RdNr. 13 ff.

nunmehr ohne ersichtlichen Hintergrund. Denn mit § 45j Abs. 1 S. 2 besteht eine Ausnahme zur Durchschnittsberechnung, wenn der Endnutzer nachweist, dass er den Netzzugang nicht oder nur in geringem Umfang genutzt hat[10]. Bei entsprechender Anwendung in Verbindung mit § 45j Abs. 1 S. 3 müssten in dieser Konstellation gleichzeitig erhebliche Zweifel bleiben, ob dem Endnutzer die Inanspruchnahme von Leistungen zugerechnet werden kann. Weist der Endnutzer jedoch nach, dass er den Netzzugang gar nicht genutzt hat, stellt sich die Frage, inwieweit noch „erhebliche Zweifel" an der Zurechnung der „Inanspruchnahme" i. S. d. § 45j Abs. 1 S. 3 entstehen und welche Folgen dies haben könnte. Ähnlich unklar ist die Konstellation, dass der Endnutzer nach § 45j Abs. 1 S. 2 nachweist, den Anschluss „in geringem Umfang" genutzt zu haben. Daraus folgt regulär der Ausschluss der Durchschnittsberechnung. Fraglich ist, was daraus folgt, dass erhebliche Zweifel an der Zurechnung dieser Inanspruchnahme in geringem Umfang bestehen.

Das Merkmal „**erhebliche Zweifel**" war bereits in § 17 S. 2 TKV 1997 enthalten. Der sich   **14** auf § 45j Abs. 1 S. 3 berufende Endnutzer muss darlegen und möglicherweise nachweisen, dass erhebliche Zweifel an der Zurechnung der Inanspruchnahme seines Netzzugangs bestehen[11].

Die Frage, wann die Inanspruchnahme dem Endnutzer „**zugerechnet werden kann**", lässt   **15** sich mit der Bezugnahme auf das allgemeine Zivilrecht beantworten[12]. Die dort gewonnenen Erkenntnisse können auf § 45j Abs. 1 S. 3 übertragen werden[13]. Darüber hinaus ist hinsichtlich der Zurechnung auf § 45i Abs. 4 zu verweisen (vgl. § 45i RdNr. 29).

c) Weniger als sechs Abrechnungszeiträume unbeanstandet (Abs. 2 S. 1). – Mit § 45j   **16** Abs. 2 werden weitere **Ausnahmen zur Durchschnittsberechnung** nach § 45j Abs. 1 geregelt. Im Regelfall des § 45j Abs. 1 wird die Durchschnittsberechnung auf die vorangegangenen sechs unbeanstandeten Abrechnungszeiträume bezogen. Durch § 45j Abs. 2 **S. 1** ist ein Abweichen von dieser Regelung möglich, wenn in der Geschäftsbeziehung zwischen Anbieter und Endnutzer weniger als sechs Abrechnungszeiträume unbeanstandet geblieben sind. Dann wird die Durchschnittsberechnung nach Abs. 1 auf die verbleibenden Abrechnungszeiträume gestützt. Die Regelung orientiert sich an § 17 S. 3 TKV 1997, wobei sich eine **inhaltliche Änderung** ergeben hat. Denn nach § 17 S. 3 TKV 1997 wurde die Ausnahme geregelt, dass die „Zeit der Überlassung des allgemeinen Netzzugangs" kürzer als sechs Abrechnungszeiträume war. Demnach musste ein erst vor kurzem aufgenommenes Vertragsverhältnis vorliegen, in dem es bereits nach weniger als sechs Monaten zu einer unrichtigen Abrechnung kam. Dann wurde von den im Regelfall einbezogenen sechs Abrechungszeiträumen bei der Durchschnittsberechnung nach unten abgewichen. Mit § 45j Abs. 2 S. 1 ist nicht mehr die „Zeit der Überlassung des allgemein Netzzugangs" Bezugspunkt, sondern die „**Geschäftsbeziehung**" zwischen Anbieter und Endnutzer **im Allgemeinen**. Damit ist zum einen die in § 17 S. 3 TKV 1997 beschriebene Konstellation umfasst. Zum anderen bedeutet der allgemeine Bezug auf die „Geschäftsbeziehung" als solche jedoch auch, dass die Geschäftsbeziehung bereits länger als sechs Monate bestehen kann. Denn es werden im Regelfall nach § 45j Abs. 1 S. 1 die „vorausgegangenen" sechs Abrechnungszeiträume für die Durchschnittsberechnung genutzt. Ist der Zeitraum zwischen einer ersten, bereits vergangenen Beanstandung und der aktuell verfolgten Beanstandung „weniger als sechs Abrechnungszeiträume", greift aufgrund des **Wortlauts** des § 45j

---

10 RdNr. 10.
11 BeckTKG-Komm/*Ehmer*, Anh. § 41 § 17 TKV RdNr. 13.
12 *Palandt/Heinrichs*, Vor § 249 Rn. 54 ff.
13 BeckTKG-Komm/*Ehmer*, Anh. § 41 § 17 TKV RdNr. 11 f.

Abs. 2 S. 1 ebenfalls diese Ausnahmeregelung. Die in die Durchschnittsberechnung üblicherweise einbezogenen sechs Abrechnungszeiträume werden reduziert auf die verbliebenen Zeiträume zwischen der vergangenen Beanstandung und der aktuell verfolgten Beanstandung. In der praktischen Anwendung könnte diese Änderung zu dem Ergebnis führen, dass beispielsweise auf die vergangene Beanstandung innerhalb der nächsten zwei Monate die nächste Beanstandung folgt. Dann wäre die Durchschnittsberechnung auf die „verbleibenden Abrechnungszeiträume" – hier zwei Monate – zu stützen. Der Wille des Gesetzgebers lässt jedoch keinen Grund für die Ausweitung der Ausnahmeregelung erkennen. Denn die Gesetzesbegründung zu § 45j RegE spricht lediglich davon, dass § 45j „sprachlich angepasst" wurde und ansonsten § 17 TKV entspricht[14]. Dies lässt darauf schließen, dass es sich um ein **redaktionelles Versehen** des Gesetzgebers handelt. Daraus folgt, dass wie bisher nach § 17 S. 3 TKV 1997 lediglich Geschäftsbeziehungen unter sechs Abrechnungszeiträumen Gegenstand der Ausnahmeregelung nach § 45j Abs. 2 S. 1 sind.

17   **d) Ungewöhnlicher Umfang des Verbindungsaufkommens (Abs. 2 S. 2).** – Mit § 45 Abs. 2 S. 2 wird eine weitere **Ausnahmeregelung** getroffen. Danach bleibt, soweit in bestimmten Abrechnungszeiträumen das Verbindungsaufkommen einen ungewöhnlichen Umfang hatte, dieses besondere Verbindungsaufkommen bei der Durchschnittsberechnung außer Betracht. Die Regelung hat **zwei Bezugspunkte.** Aufgrund der Satzstellung in § 45 Abs. 2 mit dem verbindenden „soweit" kann einerseits angenommen werden, dass es sich bei § 45j Abs. 2 S. 1 um eine weitere **Ausnahme zur** vorangestellten **Ausnahmeregelung** des § 45j Abs. 2 **S. 1** handelt. Damit wäre im Falle eines generell verkürzten Abrechnungszeitraums (§ 45j Abs. 2 S. 1) und einzelnen Abrechnungszeiträumen davon mit ungewöhnlichem Umfang diese Abrechnungszeiträume außer Betracht zu lassen. Praktisch ist diese Vorgehensweise zwar möglich und erfüllt auch den Sinn und Zweck des § 45j Abs. 2 S. 2, mit dem eine Verfälschung der Durchschnittsberechnung verhindert werden soll. Dies kollidiert jedoch mit dem Sinn und Zweck der Durchschnittsberechnung als solcher und damit mit § 45j Abs. 1. Denn wenn bereits weniger als sechs Abrechnungszeiträume Grundlage der Durchschnittsberechnung sind, wird diese Periode nochmals verkürzt, so dass die Aussagekraft des ermittelten „Durchschnitts" wiederum abnimmt. Der Endnutzer sollte in solchen Fällen vielmehr gemäß § 45j Abs. 3 verlangen, dass die Durchschnittsberechnung auf vergleichbare Abrechnungszeiträume der zwei vorausgegangenen Kalenderjahre gestützt wird, soweit die zugrunde liegende Vertragsbeziehung bereits so lange andauert (vgl. RdNr. 21).

18   Andererseits kann angenommen werden, dass es sich bei § 45j Abs. 2 S. 2 um eine **weitere Ausnahme zu § 45 Abs. 1 S. 1** handelt. Damit stehen § 45j Abs. 2 S. 1 und S. 2 gleichrangig als Ausnahmeregelungen nebeneinander. Das verbindende „soweit" zu Beginn von § 45j Abs. 2 S. 2 schließt dies nicht zwingend aus. Durch den eher allgemeineren **Wortlaut** mit der Formulierung „in bestimmten Abrechnungszeiträumen" legt sich der Gesetzgeber nicht fest, welche Abrechnungszeiträume als Bezugspunkt gemeint sind. Es kann sich dabei auch um die „vorausgegangenen Abrechnungszeiträume" des § 45j Abs. 1 S. 1 handeln. **Sinn und Zweck** sprechen ebenfalls für ein derartiges Auslegungsergebnis. Denn auch wenn gemäß § 45j Abs. 1 sechs Abrechnungszeiträume in Bezug genommen werden, hat ein ungewöhnlicher Umfang in bestimmten Abrechungszeiträumen eine verfälschende Wirkung. Es soll mit § 45j Abs. 2 S. 2 sichergestellt werden, dass das Berechnungsergebnis möglichst einem repräsentativem Durchschnitt nahe kommt und somit die

---

14 BR-Drs. 92/05, S. 1, 34.

unverhältnismäßige Belastung einer der beiden Vertragsparteien weitestgehend verhindert wird.

Vor diesem Hintergrund lässt sich auch die Frage beantworten, **wie lange** die „bestimmten 19 Abrechnungszeiträume" mit ungewöhnlichem Umfang sein dürfen. Die Durchschnittsberechnung nach § 45j Abs. 1 S. 1 bezieht sich auf die „vorausgegangenen sechs Abrechnungszeiträume". Da der Gesetzgeber im Wortlaut den Plural gewählt hat und von „Abrechnungszeiträumen" spricht, kann es sich dabei um mehr als einen Abrechnungszeitraum handeln. Sinn und Zweck der Berechnung, die einen „Durchschnitt" ermitteln soll, sprechen dann aber dafür, dass **nicht mehr als zwei Abrechnungszeiträume** mit besonderem Verbindungsaufkommen außer Betracht gelassen werden dürfen.

Zur Anwendung von § 45j Abs. 2 S. 2 muss das Verbindungsaufkommen einen „außerge- 20 wöhnlichen Umfang" angenommen haben. Dieser Begriff wird sich letztlich nur im Einzelfall klären lassen können. Berücksichtigt man das Ziel des § 45j, eine repräsentative Durchschnittsberechnung zu erreichen, wird man diesen außergewöhnlichen Umfang in jedem Falle bei einer **Steigerung** des Verbindungsaufkommens **um 50 Prozent** im Vergleich zu den verbleibenden Abrechnungszeiträumen annehmen müssen.

e) Durchschnittsermittlung aufgrund vergleichbarer Abrechnungszeiträume der letz- 21 ten zwei Kalenderjahre (Abs. 3). – Durch § 45j Abs. 3 S. 1 wird eine weitreichende **Ausnahmeregelung** zu § 45j Abs. 1 geschaffen, die dem Endnutzer ein **Wahlrecht** hinsichtlich der Abrechnungszeiträume einräumt. Im Regelfall des § 45j Abs. 1 S. 1 werden die „vorangegangenen sechs Abrechnungszeiträume" als Grundlage für die Durchschnittsberechnung genommen. Der Endnutzer kann nunmehr gemäß § 45j Abs. 3 S. 1 verlangen, dass die Durchschnittsberechnung nicht auf die vorangegangenen sechs Abrechnungszeiträume, sondern auf vergleichbare Abrechnungszeiträume der zwei vorangegangenen Kalenderjahre gestützt wird. Diese Regelung orientiert sich teilweise an § 17 S. 5 TKV 1997. Zur Ausübung des Wahlrechts durch den Endnutzer schreibt das Gesetz **keine bestimmte Form** vor. Zu beachten ist jedoch, dass der Durchschnittsberechnung eine Beanstandung nach § 45i Abs. 1 S. 1 vorausgeht. Die Beanstandung hat in der „vereinbarten Form" zu erfolgen, und diese Formvorgaben könnten im Einzelfall aufgrund vertraglicher Vereinbarung auch auf das Recht nach § 45j Abs. 3 S. 1 erstreckt werden.

Problematisch ist die Bestimmung der „**vergleichbaren Abrechnungszeiträume**", die 22 statt der sechs vorangegangenen Abrechnungszeiträume Grundlage für die Durchschnittsberechnung werden sollen. Die Vergleichbarkeit der Abrechnungszeiträume wird sich letztlich nur an den Umständen im Einzelfall festmachen lassen. Es könnten beispielsweise die gleichen sechs Monate aus einem der zwei vorangegangenen Kalenderjahre ausgewählt werden. Darüber hinaus bleibt offen, **wer** die vergleichbaren Abrechnungszeiträume auswählt. Da § 45j Abs. 3 S. 1 eine im Schwerpunkt den Endnutzer schützende Wirkung hat, wird diese Auswahlentscheidung auch der Endnutzer treffen können.

Gemäß **§ 45j Abs. 3 S. 2** findet § 45j Abs. 2 keine Anwendung, wenn der Endnutzer von 23 seinem Recht aus § 45j Abs. 3 S. 1 Gebrauch macht. Damit hat der Endnutzer ein weitreichendes **Wahlrecht zwischen** den unterschiedlichen **Ausnahmemöglichkeiten** nach § 45j Abs. 2 S. 1 und S. 2 und § 45j Abs. 3 S. 1. Entscheidet er sich für Durchschnittsberechnung aufgrund vergleichbarer Abrechnungszeiträume (§ 45j Abs. 3 S. 1), kann er nicht mehr geltend machen, etwaige kürze Abrechnungszeiträume der Durchschnittsberechnung zugrunde legen zu wollen (§ 45j Abs. 2 S. 1) oder Abrechnungszeiträume mit besonderem Verbindungsaufkommen außer Betracht zu lassen.

24 **f) Fälligkeit bei zuviel gezahlten Entgelten (Abs. 4).** – Gemäß § 45j Abs. 4 gilt das von dem Endnutzer auf die beanstandete Forderung zuviel gezahlte Entgelt spätestens zwei Monate nach der Beanstandung als fällig, wenn der Anbieter ein Entgelt auf der Grundlage einer Durchschnittsberechnung fordert. Damit knüpft der Gesetzgeber teilweise an § 17 S. 6 TKV 1997 an, der einen Erstattungsanspruch zuviel gezahlter Entgelte normierte. Zunächst war in § 45j Abs. 4 vorgesehen, dass die Fälligkeit des zuviel gezahlten Entgelts bereits im Zeitpunkt der Beanstandung eintrat. Dies wurde im Laufe des Gesetzgebungsverfahrens dahingehend geändert, dass das zuviel gezahlte Entgelt nunmehr spätestens zwei Monate nach der Beanstandung als fällig galt. Zur Begründung wird angeführt, dass die Vorgabe, Verzugszinsen zu zahlen, wie sie im Regierungsentwurf vorgesehen war, nur bei entsprechender Mahnung gerechtfertigt sei. Mit der Änderung werde aber sichergestellt, dass der Kunde innerhalb einer vorgegebenen Mindestfrist das zuviel gezahlte Entgelt erstattet bekommt[15].

---

15 BT-Drs. 15/5694, S. 14, 34.

§ 45k Sperre

(1) Der Anbieter öffentlich zugänglicher Telefondienste darf an festen Standorten zu erbringende Leistungen an einen Endnutzer unbeschadet anderer gesetzlicher Vorschriften nur nach Maßgabe der Absätze 2 bis 5 und nach § 45o Satz 3 ganz oder teilweise verweigern (Sperre). § 108 Abs. 1 bleibt unberührt.

(2) Wegen Zahlungsverzuges darf der Anbieter eine Sperre durchführen, wenn der Endnutzer nach Abzug etwaiger Anzahlungen mit Zahlungsverpflichtungen von mindestens 75 Euro in Verzug ist und der Anbieter die Sperre mindestens zwei Wochen zuvor schriftlich angedroht und dabei auf die Möglichkeit des Endnutzers, Rechtsschutz vor den Gerichten zu suchen, hingewiesen hat. Bei der Berechnung der Höhe des Betrages nach Satz 1 bleiben diejenigen nicht titulierten Forderungen außer Betracht, die der Endnutzer form- und fristgerecht und schlüssig begründet beanstandet hat, es sei denn, der Anbieter hat den Endnutzer zur vorläufigen Zahlung eines Durchschnittsbetrages nach § 45j aufgefordert und der Endnutzer hat diesen nicht binnen zwei Wochen gezahlt. Ferner bleiben diejenigen Rückstände außer Betracht, die wegen einer Vereinbarung zwischen Anbieter und Endnutzer noch nicht fällig sind.

(3) Der Anbieter darf seine Leistung einstellen, sobald die Kündigung des Vertragsverhältnisses wirksam wird.

(4) Der Anbieter darf eine Sperre durchführen, wenn wegen einer im Vergleich zu den vorangegangenen sechs Abrechnungszeiträumen besonderen Steigerung des Verbindungsaufkommens auch die Höhe der Entgeltforderung des Anbieters in besonderem Maße ansteigt und Tatsachen die Annahme rechtfertigen, dass der Endnutzer diese Entgeltforderung beanstanden wird.

(5) Die Sperre ist, soweit technisch möglich und dem Anlass nach sinnvoll, auf bestimmte Leistungen zu beschränken. Sie darf nur aufrecht erhalten werden, solange der Grund für die Sperre fortbesteht. Eine auch ankommende Telekommunikationsverbindungen erfassende Vollsperrung des Netzzugangs darf frühestens eine Woche nach Sperrung abgehender Telekommunikationsverbindungen erfolgen.

Schrifttum: *Grote*, die Telekommunikations-Kundenschutzverordnung, BB 1998, 1117.

Übersicht

I. Normzweck

1 Die Norm regelt die Zulässigkeit der **Sperre** durch Anbieter öffentlich zugänglicher Telefondienste für an **festen Standorten** zu erbringende Leistungen. Sie schützt das Interesse des Endnutzers an der Aufrechterhaltung seiner Kommunikationsmöglichkeiten bei auftretenden Zahlungsschwierigkeiten sowie zu vermutendem Miss- oder Fehlgebrauch. § 45k stellt eine **Spezialnorm** zu § 273 BGB dar.

2 § 45k Abs. 1 bestimmt, dass der Anbieter eine Sperre für an festen Standorten zu erbringende Leistungen gegenüber einem Endnutzer im Rahmen des TKG nur nach den Absätzen 2 bis 5 und nach § 45o S. 3 im Falle des dort beschriebenen Gesetzesverstoßes vornehmen kann. § 45k Abs. 2 regelt, unter welchen Bedingungen bei Zahlungsverzug des Endkunden eine Sperre erfolgen darf. Unter den Bedingungen des § 45k Abs. 4 darf bei einem zu vermutendem Miss- oder Fehlgebrauch gesperrt werden. Abs. 5 der Norm regelt den zulässigen Umfang der Sperrung. Abs. 3 legt schließlich fest, dass der Anbieter seine Leistung einstellen darf, sobald die Kündigung des Vertrags wirksam wird.

II. Entstehungsgeschichte

3 § 45k knüpft vom Regelungsgegenstand an § 19 TKV 1997[1] an und ist lt. amtlicher Begründung zum Regierungsentwurf unter rechtsförmlichen Gesichtspunkten überarbeitet worden. Die in § 19 Abs. 2 S. 2 Nr. 2 TKV 1997 bislang enthaltene Regelung ist im Hinblick auf die bereits bestehende Regelung in § 11 Abs. 6 FTEG entfallen.

4 § 45k Abs. 2 setzt Art. 10 Abs. 2 i.V. mit Anhang 1 Teil A lit. e der **URL** für den Bereich des Universaldiensts um. Danach stellen die Mitgliedstaaten sicher, dass das zum Universaldienst verpflichtete Unternehmen die in Anhang I Teil A aufgeführten besonderen Einrichtungen und Dienste bereitstellen, damit die Teilnehmer ihre Ausgaben überwachen und steuern und so eine nicht gerechtfertigte Abschaltung des Dienstes vermeiden können.

5 Darüber hinaus erweitert § 45k den **Kreis der Verpflichteten** auf alle Anbieter öffentlich zugänglicher Telefondienste. Dies ist europarechtlich zulässig.[2] Art. 29 Abs. 3 der URL lässt dies ausdrücklich zu. Der **Anwendungsbereich**, der noch im Regierungsentwurf grundsätzlich alle an festen Standorten zu erbringenden Telekommunikationsdienste umschloss, ist im Gesetzesbeschluss des Bundestages vom 17. 6. 2005 auf öffentlich zugängliche Telefondienste reduziert worden. Der Beschluss folgt damit einer Prüfbitte des Bundesrates. Dieser hatte eine Begrenzung des Anwendungsbereichs auf elementare Leistungen gefordert, um die Abweichung von den allgemeinen zivilrechtlichen Vorschriften begründen zu können.[3] Durch die in nationales Recht umzusetzende Regelung sollen Verbraucher von der sofortigen Trennung vom Netz aufgrund von Zahlungsverzug geschützt werden und, insbesondere im Fall strittiger hoher Rechnungen für Mehrwertdienste, weiterhin Zugang zu wesentlichen Telefondiensten haben, solange die Streitigkeit nicht beigelegt ist.[4]

---

1 BGBl. 1997 I S. 2910.
2 § 45d RdNr. 7.
3 Diskutiert werden die Begriffe „Anbieter der in § 78 Abs. 2 Nr. 1 genannten Dienste" oder „Anbieter öffentlich zugänglicher Telefondienste", vgl. BT-Drs. 15/5213, S. 1, 32, 39.
4 Erwägungsgrund 16 der URL.

III. Einzelerläuterungen

1. Normadressat und Anspruchsberechtigter. – Adressat der Norm ist der Endnutzer, 6
Berechtigter der Anbieter öffentlich zugänglicher Telefondienste.[5]

2. Regelungsgegenstand. – a) § 45k Abs. 1 – Grundsatz. – § 45k trifft verbindliche Rege- 7
lungen für die vollständige oder teilweise Verweigerung von an festen Standorten zu erbringende Leistungen (Sperre). Der Begriff der **Leistung** wird in § 3 nicht legaldefiniert.
Er knüpft an den Wortlaut der Regelung in § 19 TKV 1997 an.[6] Unter den Begriff der Leistung nach TKV 1997 fallen aufgrund des Sinnzusammenhangs das Angebot des allgemeinen Netzzugangs[7] und des Sprachtelefondiensts. Dementsprechend ist nach § 45k das Angebot öffentlich zugänglicher Telefondienste zu fassen, wodurch auch telekommunikationsgestützte Dienste der Regelung unterfallen.[8] Unter an festen Standorten zu erbringende
Leistungen fallen alle die Leistungen, die an an festen Standorten, d.h. **kabelgebunden**
über das so genannte Festnetz erbracht werden.[9] Eine vollständige Sperre umfasst die Sperre der ganzen Teilnehmeranschlussleitung, während die teilweise Sperre die Sperre einzelner Telefondienste umfasst.[10]

§ 45k Abs. 1 S. 2 stellt klar, dass die Möglichkeit zur Absetzung von **Notrufen** auch wäh- 8
rend einer Sperre bis zur Leistungseinstellung aufgrund Vertragsbeendigung zu gewährleisten ist.

b) § 45k Abs. 2 – Zahlungsverzug. – Im Falle des Zahlungsverzugs des Endnutzers ist 9
nach § 45k Abs. 2 S. 1 eine Sperre zulässig, wenn folgende Voraussetzungen erfüllt sind:

Zunächst muss eine **Zahlungsverpflichtung** des Endnutzers gegenüber dem betreffenden
Anbieter i.H.v. **mindestens 75 Euro** bestehen.[11] Die Verpflichtung muss weiter aus der Inanspruchnahme eines Telefondienstes entspringen. Dies ergibt sich aus Sinn und Zweck
der Vorschrift. Sie bezweckt die Aufrecherhaltung von Kommunikationsmöglichkeiten des
Endnutzers bei auftretenden Zahlungsschwierigkeiten. Um einen effektiven Schutz zu gewährleisten, ist der Kreis der in Betracht kommenden Zahlungsverpflichtungen zu begrenzen. Könnten – wie bei § 273 BGB – auch Forderungen aus anderen Rechtsverhältnissen
des Anbieters Berücksichtigung finden, wäre die Regelungswirkung des § 45k stark eingeschränkt.

Bei der Berechnung der bestehenden Zahlungsverpflichtung sind gemäß § 45k Abs. 2 S. 1 10
außerdem „Anzahlungen" des Endnutzers zu berücksichtigen. Hierunter sind insbesondere
geleistete Sicherheiten des Endnutzers zu fassen, die beispielsweise bei aufgetretenen
Zahlungsschwierigkeiten gefordert werden.[12] Bei der Berechnung der Höhe der Zahlungsverpflichtung bleiben weiter gemäß § 45k Abs. 2 S. 2 diejenigen nicht titulierten Forderun-

---

5 § 3 Nr. 17.

6 „Anbieter allgemeiner Zugänge zu festen öffentlichen Telekommunikationsnetzen und Anbieter
von Sprachtelefondienst sind berechtigt, die Inanspruchnahme dieser Leistungen …" (§ 19 Abs. 1
TKV 1997).

7 S. § 45d RdNr. 15.

8 S. hierzu ausführlich den Exkurs in § 45h RdNr. 8.

9 § 45d RdNr. 14.

10 BeckTKG-Komm/*Kerkhoff*, Anh. § 41 § 19 TKV RdNr. 4.

11 Das Recht zur Sperre besteht immer nur bezogen auf das jeweils betroffene Rechtsverhältnis.
S. hierzu BeckTKG-Komm/*Kerkhoff*, Anh. § 41 § 19 TKV RdNr. 6 mN.

12 § 86.

gen des Anbieters außer Betracht, die der Endnutzer form- und fristgerecht und schlüssig begründet[13] **beanstandet** hat.[14]

11   Dieser Ausschluss beanstandeter Forderungen nach § 45k Abs. 2 S. 2 gilt nicht, wenn der Anbieter den Endnutzer **zur vorläufigen Zahlung** eines Durchschnittsbetrag nach § 45j **aufgefordert** und der Endnutzer diesen nicht binnen zweier Wochen gezahlt hat. § 45k Abs. 2 S. 2 verweist lediglich auf die Berechnung des Durchschnittsbetrags gem. § 45j Abs. 1 S. 1 oder Abs. 2 S. 1. Eine Rechtsgrundverweisung liegt nicht vor, da ansonsten der Durchschnittsbetrag den in Rechnung gestellten Betrag ersetzen würde. Durch die vorläufige Zahlung eines entsprechenden Durchschnittsbetrags soll lediglich sichergestellt werden, dass Beanstandungen gemäß § 45i nicht dazu **missbraucht** werden, öffentlich zugängliche Telefondienste ohne Erbringung einer Gegenleistung zu beziehen. Nach § 45k Abs. 2 S. 3 bleiben schließlich die Forderungen des Anbieters außer Betracht, die aufgrund einer Vereinbarung zwischen Anbieter und Endnutzer nicht fällig gestellt sind. Hierunter ist die **Stundung** zu fassen.

12   Weiter muss nach § 45k Abs. 2 S. 1 **Verzug** hinsichtlich dieser Zahlungsverpflichtung gem. § 286 BGB eingetreten sein. Außerdem muss der Anbieter nach § 45k Abs. 2 S. 1 die Sperre **schriftlich androhen** und den Endnutzer schriftlich auf Rechtschutzmöglichkeiten vor den Gerichten **hinweisen**. Schriftform gem. § 126 BGB ist hiermit nicht gemeint.[15] Erforderlich ist, dass Androhung und Hinweis mittels Schriftzeichen übermittelt werden. Schließlich muss nach § 45k Abs. 2 S. 1 die Sperrandrohung mindestens 2 Wochen vor Vornahme der Sperre erfolgen. Hinsichtlich der Sperrandrohung ist auf den Zugang beim Endnutzer abzustellen.[16] Die Frist bemisst sich nach den §§ 187 Abs. 1, 188 Abs. 2 BGB.

13   **c) § 45k Abs. 3 – Leistungseinstellung.** – § 45k Abs. 3 berechtigt den Anbieter zur **Leistungseinstellung** ab dem Zeitpunkt, in dem das Vertragsverhältnis durch Kündigung endet. Unter Abs. 3 fallen Kündigungen des Anbieters, die fristlos oder binnen einer Frist erfolgen. Maßstab für die Rechtmäßigkeit der Kündigung sind grundsätzlich die allgemeinen Vorschriften des Zivilrechts. **§ 45k Abs. 2** hat keinen Einfluss auf die Zulässigkeit einer fristlosen Kündigung wegen wiederholter verspäteter Zahlung oder vollkommener Nichtzahlung, auch wenn die Zahlungsverpflichtung insgesamt unter dem Betrag von 75 Euro bleibt. Dies ergibt sich aus einer europarechtskonformen Auslegung des § 45k. Nach Erwägungsgrund 16 der URL soll die Vorschrift nicht wiederholt säumige Zahler oder Nichtzahler schützen.[17]

14   Bei der Leistungseinstellung nach § 45k Abs. 3 handelt es sich streng genommen um **keine Sperre**, da mit Beendigung des Vertragsverhältnisses auch die Leistungspflicht des Anbieters endet. Im Vergleich zu § 19 Abs. 2 S. 2 TKV 1997 ermöglicht § 45k Abs. 3 im Falle des Vorliegens von zu einer fristlosen Kündigung berechtigenden Gründen nicht mehr zu einer Sperre ohne Androhung und Einhaltung einer Wartefrist. Der Anbieter hat nunmehr die **Wahl**, nach Abs. 2 eine Sperre einzurichten oder die Kündigung tatsächlich vorzunehmen.

15   **d) § 45k Abs. 4 – Fehlgebrauch- und Missbrauch.** – Voraussetzung für eine Sperre nach § 45k Abs. 4 ist zunächst eine im Vergleich zu den vorangegangenen sechs Abrechnungszeiträumen **besondere Steigerung** des Verbindungsaufkommens. Unter Verbindungsaufkommen ist das quantitative Aufkommen an Telekommunikationsvorgängen nach den ab-

---

13   Vgl. Zu den Anforderungen an die Beanstandung § 45i RdNr. 9, 11.

14   Vgl. § 45i RdNr. 9.

15   S. amtliche Begründung zur § 17 RegE TKV 1997, BR-Drs. 551/97, S. 1, 38.

16   TKGBeck-Komm/*Kerkhoff*, Anh. § 41 § 19 TKV RdNr. 26.

17   Ebenso *Grote*, § 19 RdNr. 3; a.A. BeckTKG-Komm/*Kerkhoff*, Anh. § 41 § 19 TKV RdNr. 8.

rechnungserheblichen Messgrößen Zeit, Volumen oder Ereignis zu fassen. Richtvorgaben für das Vorliegen einer besonderen Steigerung nennt § 45k nicht. Es handelt sich hierbei um einen unbestimmten Rechtsbegriff. Die Besonderheit der Steigerung kann sich aus **qualitativen und quantitativen Elementen** ergeben. Bezugspunkt ist das konkrete, in der Vergangenheit an den Tag gelegte Nutzungsverhalten des Endnutzers.[18] So stellt die erstmalige Nutzung eines bestimmten öffentlich zugänglichen Telefondiensts ein qualitatives Element dar. Im Hinblick auf die grundgesetzlich verbürgte Handlungsfreiheit des Endnutzers wird man die quantitative Steigerung im Vergleich zu den vorangegangenen sechs Abrechnungszeiträumen nicht zu niedrig ansetzen dürfen. Weiter ist ein durch die Steigerung des Verbindungsaufkommens bedingter besonderer Anstieg der Höhe der Entgeltforderung des Anbieters notwendig. Hier dürfte eine entsprechende Wertung vorzunehmen sein.

Schließlich müssen Tatsachen die **Annahme** rechtfertigen, dass der Endnutzer diese Entgeltforderung **beanstanden** wird. Die Formulierung dieser Voraussetzung ist sehr offen. Die Begründung des Regierungsentwurfs nennt keine eine solche Annahme rechtfertigenden Tatsachen. Aus der Systematik ergibt sich, dass die besondere Steigerung des Verbindungsaufkommens und der Entgeltforderung nicht ausreichen, sondern besondere Umstände hinzukommen müssen, die eine Beanstandung durch den Endnutzer für gewöhnlich nach sich ziehen. Bei den relevanten Umständen kann es sich z. B. um Dauerverbindungen handeln, die eine Fehlkonfiguration des Endnutzersgeräts nahe legen. Ein anderer Umstand könnte die erstmalige Nutzung von telekommunikationsgestützten Diensten sein.[19] **16**

e) § 45k Abs. 5 – Beschränkungen. – Die Sperre ist nach § 45k Abs. 5 S. 1 auf bestimmte Leistungen zu beschränken, soweit dies **technisch möglich**[20] und dem Anlass nach **sinnvoll** ist. Welche Abgrenzungskriterien für die Leistungen angelegt werden sollen, lässt § 45k offen. Auch die Begründung enthält hierzu nichts Näheres.[21] Das Gesetz zur Änderung telekommunikationsrechtlicher Vorschriften führt indes zu dem bereits bestehenden Begriff des § 3 Nr. 17 (öffentlich zugänglicher Telefondienst) **zusätzliche Dienstedefinitionen** ein: § 3 Nr. 2a (Auskunftsdienst), 8a (entgeltfreier Telefondienst), 10a (Geteilte-Kosten-Dienste), 11a-d (Kurzwahldienste), 12a (Neuartige Dienste), 17a (Premium-Dienste). Aus systematischen Gründen ist hierauf zurückzugreifen. **17**

„Dem Anlass nach sinnvoll"ist eine Beschränkung auf bestimmte Leistungen dann, wenn deren Unterbindung bei **prognostizierender Betrachtung** das Zahlungsausfallrisiko minimiert. Beispielsweise ist bei einem besonderen Anstieg der Entgelte für 0190/0900er Premium-Rate-Dienste dieser Nummernbereich zu sperren. Weiter ist eine Sperrung ähnlicher Dienste zu erwägen. **18**

Nach § 45k Abs. 5 S. 2 der Norm ist die **Sperre aufzuheben**, wenn der Grund für die Sperre nach § 45k Abs. 2, Abs. 4 entfallen ist. S. 3 regelt, dass – unbeschadet des § 45k Abs. 1 S. 2 – zunächst nur eine **abgehende** und nach einer Woche eine Sperre des Netzzugangs für ankommende Telekommunikationsverbindungen erfolgen kann. Sofern **ankommende** Telekommunikationsverbindungen entgeltpflichtig sind[22], kann der Anbieter bereits vor **19**

---

18 Vgl. BeckTKG-Komm/*Kerkhoff*, Anh. § 41 § 19 TKV RdNr. 16 zur vergleichbaren bisherigen Regelung.
19 Zu den datenschutzrechtlichen Aspekten vgl. § 100.
20 S. hierzu § 45d RdNr. 24.
21 S. zur Kritik bereits gegenüber § 19 TKV *Grote*, RdNr. 7.
22 Vgl. § 66i.

Verstreichen der Wochenfrist im Rahmen des technisch Möglichen diese Art von Telekommunikationsvorgängen unterbinden.[23]

20   **3. Rechtsfolgen.** – Der Endnutzer kann im Streit darüber, ob der Anbieter öffentlich zugänglicher Telefondienste an festen Standorten eine in § 45k vorgesehene Verpflichtung ihm gegenüber erfüllt hat, eine Schlichtung nach § 47a beantragen. Im Hinblick auf eine Verletzung des § 45k können sich auch Ansprüche aus § 44 ergeben. Unter den Voraussetzungen des § 126 ist weiter ein Tätigwerden der Regulierungsbehörde möglich.

---

23 BeckTKG-Komm/*Kerkhoff*, Anh. § 41 § 19 TKV RdNr. 31.

§ 45l Kurzwahldienste

(1) Der Endnutzer kann von dem Anbieter einer Dienstleistung, die zusätzlich zu einem Telekommunikationsdienst für die Öffentlichkeit erbracht wird, einen kostenlosen Hinweis verlangen, sobald dessen Entgeltansprüche aus Dauerschuldverhältnissen für Kurzwahldienste im jeweiligen Kalendermonat eine Summe von 20 Euro überschreiten. Der Anbieter ist nur zur unverzüglichen Absendung des Hinweises verpflichtet. Für Kalendermonate, vor deren Beginn der Endnutzer einen Hinweis nach Satz 1 verlangt hat und in denen der Hinweis unterblieben ist, kann der Anbieter nach Satz 1 den 20 Euro überschreitenden Betrag nicht verlangen.

(2) Der Endnutzer kann ein Dauerschuldverhältnis für Kurzwahldienste jederzeit und ohne Einhaltung einer Frist gegenüber dem Anbieter kündigen.

(3) Vor dem Abschluss von Dauerschuldverhältnissen für Kurzwahldienste, bei denen für die Entgeltansprüche des Anbieters jeweils der Eingang elektronischer Nachrichten beim Endnutzer maßgeblich ist, hat der Anbieter dem Endnutzer eine deutliche Information über die wesentlichen Vertragsbestandteile anzubieten. Zu den wesentlichen Vertragsbestandteilen gehört insbesondere der zu zahlende Preis einschließlich Steuern und Abgaben je eingehender Kurzwahlsendung, der Abrechnungszeitraum, die Höchstzahl der eingehenden Kurzwahlsendungen im Abrechnungszeitraum, sofern diese Angaben nach Art der Leistung möglich sind, das jederzeitige Kündigungsrecht sowie die notwendigen praktischen Schritte für eine Kündigung. Ein Dauerschuldverhältnis für Kurzwahldienste entsteht nicht, wenn der Endnutzer den Erhalt der Informationen nach Satz 1 nicht bestätigt; dennoch geleistete Zahlungen des Endnutzers an den Anbieter sind zurückzuzahlen.

Schrifttum: *Kessel/Kuhlmann/Passauer/Schriek*, Informationspflichten und AGB-Einbeziehung auf mobilen Endgeräten, K&R 2004, 519.

Übersicht

I. Normzweck

§ 45l legt den Beteiligten an der Erbringung von **Kurzwahldiensten**, sofern diese im Rahmen eines **Dauerschuldverhältnisses** erfolgen, besondere Pflichten auf. Dies ist der erhöhten Schutzbedürftigkeit des Endnutzers bei den gegenwärtig am Markt angebotenen Geschäftsmodellen geschuldet. Hier werden u. a. aufgrund eines abgeschlossenen Dauerschuldverhältnisses ohne weiteres Tätigwerden des Endnutzers telekommunikationsge- **1** stützte Dienste erbracht und dem Endnutzer in Rechnung gestellt (so genannte **Push-Dienste**). Die Möglichkeit des Endnutzers, das Entgeltaufkommen zu steuern, wird hierdurch in beträchtlichem Maße eingeschränkt.

2 Um die **Kontrolle seiner Ausgaben** effektiv zu gewährleisten, kann der Endnutzer einen **Hinweis** gem. § 45l Abs. 1 verlangen, wenn ein bestimmter Entgeltbetrag überschritten wird. Weiter hat er ein **Sonderkündigungsrecht** nach § 45l Abs. 2. § 45l Abs. 3 auferlegt konkrete **vorvertragliche Informationspflichten** und **Anforderungen an den Vertragsschluss bei bestimmten Arten** von Dauerschuldverhältnisse über die Erbringung von Kurzwahldiensten. Nach Art. 6 Nr. 2 des Änderungsgesetzes telekommunikationsrechtlicher Vorschriften[1] tritt § 45l am ersten Tag des siebten auf die Verkündung des Gesetzes folgenden Monats in Kraft.

II. Entstehungsgeschichte

3 Hintergrund für die Schaffung dieser und weiterer Regelungen im Regierungsentwurf (§§ 3 Nr. 11a, 11b, 11c, 66a S.1 und 4f., 66c, 66e) ist das Angebot so genannter **Premium SMS** (Premium Short Message Services). Dabei handelt es sich um ein den über 0190/0900er Rufnummern angebotenen Mehrwertdiensten vergleichbares „Micropayment"-Konzept, welches Inhalteanbietern die Fakturierung und Einnahme von Entgelten für Mehrwertdienste erlaubt, ohne hierfür eigene Infrastrukturen zu schaffen. Bei Premium SMS zahlt der Endkunde nach den gegenwärtigen Geschäftsmodellen ein einheitliches Entgelt für die Erbringung der Telekommunikationsleistung und der inhaltlichen Dienstleistung, welches über die Telekommunikationsrechnung fakturiert und durch den Rechnungssteller vereinnahmt wird. Ein bestimmter Anteil des im Vergleich zu einer normalen SMS erhöhten Endkundenentgelts wird an den Inhalteanbieter ausgeschüttet. Insoweit besteht Ähnlichkeit mit dem gegenwärtigen Abrechnungsmodell bei 0190/0900er Rufnummern. Bei Premium SMS ist jedoch zu beachten, dass sowohl vom Endgerät des Kunden abgehende Premium SMS als auch beim Endnutzer aufgrund eines Dauerschuldverhältnisses eingehende Premium SMS in der beschriebenen Weise fakturiert werden können.

4 Als Nummer dient eine Nummernart mit kurzen Nummern[2] (so genannte **Kurzwahlnummern** oder short-codes), die zur Zeit lediglich innerhalb des jeweiligen Telekommunikationsnetzes erreichbar sind. Die Teilnehmernetzbetreiber nutzen diese Kurzwahlnummern gegenwärtig z.T. für eigene inhaltliche Dienstleistungen, z.T. vergeben sie diese Kurzwahlrufnummern an Serviceprovider, die Inhalteanbietern eine technische Plattform zur Verfügung stellen, oder direkt an diese. Eine Kurzwahlnummer kann durch die zusätzliche Vergabe von „keywords" für unterschiedliche Dienste genutzt werden.

5 Die Einordnung der Kurzwahlnummern in das System der **Nummernverwaltung** war bislang umstritten.[3] Eine Zuteilung durch die Regulierungsbehörde für Telekommunikation und Post ist nicht erfolgt. Durch das Änderungsgesetz telekommunikationsrechtlicher Vorschriften wird dieser Bereich nunmehr der Nummernverwaltung durch die RegTP ausdrücklich unterworfen.[4]

---

1 Art. 6 Abs. 2 BT-Drs. 15/5694, S. 1, 27.
2 S. § 3 Nr. 11b.
3 S. Antwort der Bundesregierung v. 29. 10. 2004 auf die Große Anfrage der CDU/CSU-Fraktion, BT-Drs. 15/4092, S. 13 f.
4 Vgl. §§ 3 Nr. 11a ff., 66a ff.; s. auch amtliche Begründung zu § 3 RegE, BR-Drs. 92/05, S. 1, 30. Nach dem jetzigen Entwurfsstand (RefE TNV 2004) gelten die Kurzwahlrufnummern bis zu einer Zuteilung durch die RegTP gem. § 21 Abs. 2 als vorläufig zugeteilt.

Die im Rahmen der oben beschriebenen Geschäftsmodelle möglichen und im Vergleich zu **6** 0190/0900er Mehrwertdiensten qualitativ neuartigen **Missbrauchsrisiken** sind frühzeitig erkannt worden und Regelungen zur ihrer Reduzierung in den Gesetzgebungsprozess integriert worden.[5] Die Möglichkeit, die Inrechnungstellung von Kurzwahldiensten vorab zu unterbinden[6], ist im Regierungsentwurf entfallen. Nach Anregung des Bundesrates ist der Gesetzeswortlaut an mehreren Stellen modifiziert worden.[7] Somit ist das in den Vorentwürfen in Abs. 2 S. 2 enthaltene Recht des Endnutzers entfallen, die Kündigung des Dauerschuldverhältnisses auch gegenüber dem Anbieter des Zugangs des Telekommunikationsnetzes zu erklären. Weiter ist in Abs. 1 S. 2 eine Regelung zur Risikoverteilung aufgenommen worden. Schließlich ist die Regelung zu den vorvertraglichen Informationspflichten in Abs. 3 hinsichtlich der Angabe der Höchstzahl der Kurzwahlsendungen präzisiert worden. Die Klarstellung erfolgte aufgrund „ereignisbezogener" Dienstleistungen, bei denen die Anzahl der Kurzwahlsendungen im Voraus nicht bestimmt werden kann (z. B. Fußballtore, Stauinformationen).[8]

III. Einzelerläuterungen

1. § 45l Abs. 1 – Warnhinweis. – a) Normadressat. – Adressat der Verpflichtung nach **7** § 45l Abs. 1 S. 1 ist der **Anbieter einer Dienstleistung, die zusätzlich zu einem Telekommunikationsdienst erbracht wird (Anbieter).** Der Begriff wird nicht in § 3 legaldefiniert. Er ist von seiner Konzeption erstmals durch § 13 Abs. 1 und 5 RefE TKV 2003 in den Gesetzgebungsprozess eingeführt worden.[9] Als Normadressat wird derjenige erfasst, der als Vertragspartner des Endnutzer diesem eine über die reine Telekommunikation hinausgehende, in der Regel inhaltliche Mehrwertdienstleistung erbringt. Im Allgemeinen dürfte es sich somit um einen Anbieter der Inhaltsleistung eines telekommunikationsgestützten Dienstes gemäß § 3 Nr. 25 handeln.

b) Anspruchsberechtigter. – Anspruchsberechtigt ist der **Endnutzer** gemäß § 3 Nr. 8, der **8** mit dem Anbieter ein Dauerschuldverhältnis über die Erbringung von Kurzwahldiensten gem. § 3 Nr. 11b eingegangen ist.

c) Anspruchsinhalt. – Der Endnutzer kann vom Anbieter den Erhalt eines kostenlosen **9** Hinweises verlangen, sobald die **Entgeltansprüche** des Anbieters aus dessen Dauerschuldverhältnissen mit dem Endnutzer im jeweiligen Kalendermonat eine **Summe von 20 Euro** überschreiten.

Seitens des Endnutzers ist eine einseitige, dem Gesetz nach nicht formgebundene **Willens- 10 erklärung** erforderlich, einen Hinweis bei Überschreitung besagter Summe zu erhalten. Diese muss dem Anbieter zugehen. Der Anbieter hat dann den Hinweis dem Endnutzer zu erteilen, sobald die Voraussetzungen hierfür gegeben sind. Hierfür ist es notwendig, dass Ansprüche des Anbieters aus einem oder mehreren mit dem Endnutzer abgeschlossenen Dauerschuldverhältnissen über einen Wert von 20 Euro hinaus **im jeweiligen Kalendermonat** entstanden sind. Betrachtungszeitraum ist somit der Zeitraum zwischen dem ersten

---

5 Antwort der Bundesregierung v. 29. 10. 2004 auf die Große Anfrage der CDU/CSU-Fraktion, BT-Drs. 15/4092, S. 11 ff.; § 15 RefE TKV 2004.
6 § 15 Abs. 1 RefE TKV 2004.
7 Danach soll der Anbieter nur zur unverzüglichen Absendung des Hinweises verpflichtet und Abs. 2 S. 2 gestrichen werden, vgl. BT-Drs. 15/5213, S. 1, 40.
8 Beschl. v. 17. 6. 2005, BT-Drs. 15/5694, S. 1, 33.
9 Allerdings ohne nähere Begründung oder Erläuterungen.

und letzten Tag eines Monats, der vom gewöhnlichen Abrechnungsturnus abweichen kann. Die Hinweiserteilung hat **zeitlich unmittelbar** nach Vorliegen dieser Voraussetzungen zu erfolgen. Für die Hinweiserteilung, die keiner besonderen Form unterworfen ist,[10] darf der Anbieter kein Entgelt verlangen.

11 § 451 Abs. 1 S. 3 gewährt dem Endnutzer eine materiellrechtliche **Einwendung** für den 20 Euro überschreitenden Betrag, wenn er sein subjektives Recht nach § 451 Abs. 1 S. 1 vor Beginn des betreffenden Kalendermonats ausgeübt hat und ein entsprechender Hinweis in diesem Monat unterblieben ist. Die **Darlegungs- und Beweislast** trifft den Endnutzer. In der Praxis wird zu erwägen sein, ob und inwieweit dem Endnutzer Beweiserleichterungen zugestanden werden können. Der im Gesetzgebungsverfahren eingefügte § 451 Abs. 1 S. 2 enthält eine Risikoverteilung zugunsten des Anbieters. Danach ist er lediglich zur **unverzüglichen Absendung** des Hinweises verpflichtet. Verspäteter oder unterbliebener Zugang des Hinweises geht dann zu Lasten des Endnutzers und begründet keine materiellrechtliche Einwendung.

12 **2. § 451 Abs. 2 – Sonderkündigungsrecht.** – Adressat und Anspruchsberechtigter des gesetzlichen fristlosen **Sonderkündigungsrecht** nach § 451 Abs. 2 sind diejenigen des § 451 Abs. 1 S. 1 (s. RdNrn. 7 f.). Die Kündigung als einseitige, nicht formgebundene Willenserklärung muss dem Anbieter zugehen. Die amtliche Begründung geht davon aus, dass das Kündigungsrecht regelmäßig durch das Versenden einer „Stopp-SMS" erfolgt.[11] Die Anleitung hierzu ist ihm vor Abschluss des Dauerschuldverhältnisses mitzuteilen.[12]

13 **3. § 451 Abs. 3 S. 1 f. – Vorvertragliche Informationspflichten bei Dauerschuldverhältnissen über die Erbringung von bestimmten Kurzwahldiensten.** – Adressat und Anspruchsberechtigter der in § 451 Abs. 3 getroffenen Regelung sind der Anbieter und der Endnutzer gemäß § 451 Abs. 1 S. 1. Danach hat der Anbieter vor Abschluss eines Dauerschuldverhältnisses eine **deutliche Information** über die wesentlichen Vertragsbestandteile anzubieten, wenn die **Berechnung des Entgelts** von den beim Endnutzer **eingehenden elektronischen Nachrichten** abhängig ist. Die vorvertragliche Informationspflicht greift somit nur ein, wenn die beim Endnutzer eingehenden elektronischen Nachrichten für die Berechnung des Entgelts maßgebend sind.

14 Der Begriff der **elektronischen Nachrichten** wird nicht in § 3 legaldefiniert. Auch die Begründung zum Regierungsentwurf enthält nichts Näheres zu diesem Begriff. Aufgrund des Regelungszusammenhangs (Kurzwahldienste gem. § 3 Nr. 11b.) ist hierunter die durch Telekommunikation übertragene inhaltliche Dienstleistung zu verstehen. Bei Dauerschuldverhältnissen, deren Entgeltberechnung nicht auf dem Eingang der inhaltlichen Dienstleistungen beim Endnutzer – nach Anzahl, Zeit, Volumen – fußt, besteht die vorvertragliche Informationspflicht nicht.

15 Der Anbieter hat eine deutliche Information über die wesentlichen Vertragsbestandteile anzubieten. Die **wesentlichen Vertragsbestandteile** werden in § 451 Abs. 3 S. 2 nicht abschließend aufgezählt. Danach gehören hierzu der zu zahlende **Preis** einschließlich Steuern und Abgaben je eingehender Kurzwahlsendung, der **Abrechnungszeitraum**, die **Höchstzahl** der eingehenden Kurzwahlsendungen im Abrechnungszeitraum (sofern diese Angaben nach Art der Leistung möglich sind), das jederzeitige **Kündigungsrecht** sowie die notwendigen praktischen Schritte für eine Kündigung. Die Information über diese Ver-

---

10 Der Regierungsentwurf geht von einer regelmäßigen Erteilung per SMS aus (vgl. Begründung zu § 451 RegE, BR-Drs. 92/05, S. 1, 39).
11 Begründung zu § 451 RegE, BR-Drs. 92/05, S. 1, 39.
12 § 451 Abs. 3.

tragsbestandteile muss „deutlich"[13] sein. Hier wie an weiteren Stellen[14] wird das Bestreben erkennbar, die durch neue Darstellungsmöglichkeiten im Umfeld der elektronischen Medien erweiterten Missbrauchsmöglichkeiten einzugrenzen.

Diese Information hat der Anbieter dem Endnutzer anzubieten. Nach dem Wortlaut muss **16** der Anbieter dem Endnutzer also die Möglichkeit verschaffen, hiervon in zumutbarer Weise Kenntnis nehmen zu können. Über den Normwortlaut hinaus gehört weiter die **Übermittlung dieser Information** an den Endnutzer zum Angebot nach § 45l Abs. 3 S. 1. Dies ergibt sich aus § 45l Abs. 3 S. 3. Diese Regelung setzt als gesetzeskonforme Umsetzung der vorvertraglichen Hinweispflicht den Erhalt der Information voraus. Wie, insbesondere über welches Medium der Anbieter diese Pflicht zu erfüllen hat, regelt § 45l nicht.[15]

4. § 45l Abs. 3 S. 3 – Vertragsschluss bei Dauerschuldverhältnissen über die Erbrin- 17 gung von bestimmten Kurzwahldiensten. – a) Zwingende Vertragsvoraussetzung. – Gemäß § 45l Abs. 3 S. 3 1. Hs. entsteht ein Dauerschuldverhältnis über die Erbringung von Kurzwahldiensten nicht, wenn der Endnutzer den Erhalt der Informationen nach § 45l Abs. 3 S. 1 nicht **bestätigt.** Hiernach ist für das Zustandekommen des Vertragsverhältnisses der Zugang der Willenserklärung des Endnutzers beim Anbieter erforderlich, dass er die Information erhalten habe. Es handelt sich hierbei um eine zwingende Vertragsvoraussetzung. Die Darlegungs- und Beweispflicht liegt beim Anbieter.

b) Rückzahlungsanspruch. – Nach § 45l Abs. 3 S. 3 2. Hs. sind trotz Nichtzustandekom- **18** mens des Vertrags gemäß § 45l Abs. 3 S. 3 1. Hs. geleistete Zahlungen des Endnutzers an den Anbieter zurückzuzahlen. Der Adressat des Rückzahlungsanspruchs in § 45l Abs. 3 S. 3 2. Hs ist nicht ausdrücklich genannt. Nach den allgemeinen konditionsrechtlichen Grundsätzen ist die Rückzahlung vorrangig innerhalb des vermeintlich bestehenden Rechtsverhältnisses abzuwickeln.[16] **Anspruchsgegner** ist mithin der **Anbieter eines Dauerschuldverhältnisses nach § 45l Abs. 3 S. 1**, Anspruchsberechtigter der **Endnutzer**, der einen solchen Vertrag abgeschlossen hat. Liegt ein Fall des § 45l Abs. 3 S. 3 1. Hs. vor, ist das ohne Rechtsgrund an den Anbieter geleistete Entgelt von diesem zurückzuzahlen.

5. Rechtsfolgen. – Der Endnutzer kann im Streit darüber, ob der Anbieter eine in § 45l **19** vorgesehene Verpflichtung ihm gegenüber erfüllt hat, eine Schlichtung nach § 47a beantragen. Im Hinblick auf eine Verletzung des § 45l können sich auch Ansprüche aus § 44 ergeben. Unter den Voraussetzungen des § 126 ist weiter ein Tätigwerden der Regulierungsbehörde möglich.

---

13 Vgl. hierzu § 45i RdNr. 26.
14 S. §§ 45i Abs. 2 S. 2, 66a Abs. 1 S. 2.
15 Die amtliche Begründung zu § 45l geht von einer Realisierung der vorgenannten Pflichten z.Z. durch Senden von SMS auf das Mobilfunkendgerät aus. Zu den rechtlichen Problemen aufgrund der eingeschränkten Darstellungsmöglichkeiten bei den gegenwärtig verwendeten Mobilfunkendgeräten s. *Kessel/Kuhlmann/Passauer/Schriek*, K&R 2004, 519 ff.
16 *Palandt/Sprau*, § 812 RdNr. 2.

§ 45m Aufnahme in öffentliche Teilnehmerverzeichnisse

(1) Der Teilnehmer kann von dem Anbieter seines Zugangs zu dem öffentlich zugänglichen Telekommunikationsnetz jederzeit verlangen, mit seiner Rufnummer, seinem Namen, seinem Vornamen und seiner Anschrift in ein allgemein zugängliches, nicht notwendig anbietereigenes Teilnehmerverzeichnis unentgeltlich eingetragen zu werden oder seinen Eintrag wieder löschen lassen. Einen unrichtigen Eintrag hat der Anbieter zu berichtigen. Der Teilnehmer kann weiterhin jederzeit verlangen, dass Mitbenutzer seines Zugangs mit Namen und Vornamen eingetragen werden, soweit Rechtsvorschriften zum Schutz personenbezogener Daten nicht entgegenstehen; für diesen Eintrag darf ein Entgelt erhoben werden.

(2) Die Ansprüche nach Abs. 1 stehen auch Wiederverkäufern von Sprachkommunikationsdienstleistungen für deren Endnutzer zu.

(3) Die Absätze 1 und 2 gelten entsprechend für die Aufnahme in Verzeichnisse für Auskunftsdienste.

Übersicht

I. Bedeutung der Norm

Mit § 45m wird dem Teilnehmer ein **subjektives Recht auf Eintragung, Löschung und Berichtigung seiner Daten** in öffentliche Teilnehmerverzeichnisse eingeräumt[1]. Umfassende, allgemein zugängliche Teilnehmerverzeichnisse dienen dazu, ein hohes Maß an Erreichbarkeit durch Dritte für die einzelnen Teilnehmer zu erzielen. **1**

II. Entstehungsgeschichte

Mit § 45m orientiert sich der Gesetzgeber, ohne dass darauf in der Begründung zu § 45m RegE hingewiesen wird, im Wesentlichen an der Vorgängerregelung des § 21 TKV 1997[2]. Im aktuellen Richtlinienpaket findet § 45m keine direkte Entsprechung. Denn aufgrund von Art. 5 Abs. 1 a) URL müssen die Mitgliedstaaten lediglich sicherstellen, dass den Endnutzern mindestens ein umfassendes Teilnehmerverzeichnis in einer von der zuständigen Behörde gebilligten Form zur Verfügung steht. Das Teilnehmerverzeichnis kann entweder in gedruckter Form oder in elektronischer Form oder in beiden erstellt werden und ist regelmäßig und mindestens einmal jährlich zu aktualisieren. Diese Regelung wurde mit § 78 Abs. 2 Nr. 2 umgesetzt[3]. **2**

---

1 Vgl. § 45m-RegE, BR-Drs. 92/05, S. 1, 35.
2 BGBl. I, v. 18. 12. 1997, S. 2910, 2914; zur Begründung zu § 45m-RegE, BR-Drs. 92/05, S. 1, 35.

III. Einzelerläuterungen

3 **1. Adressat der Norm.** – Adressat der Norm ist das Unternehmen, welches dem Teilnehmer den Zugang zum öffentlich zugänglichen Telekommunikationsnetz anbietet. Nach
§ 21 Abs. 1 TKV 1997 war Adressat der Regelung der Anbieter von Sprachkommunikationsdienstleistungen für die Öffentlichkeit. Hiervon waren die Anbieter des allgemeinen
Netzzugangs (Teilnehmernetzbetreiber) umfasst, was auch die Anbieter von Mobilfunkdienstleistungen einschloss. Nicht umfasst waren die reinen Verbindungsnetzbetreiber mit
ihrem Angebot von Preselection und Call-by-Call, da diese Angebote nur auf eine zeitlich
begrenzte bzw. vereinzelte Vertragsbeziehung zwischen Teilnehmer und Anbieter zurückzuführen waren[4].

4 Adressaten des § 45m sind sowohl Anbieter eines **Zugangs zum Festnetz** als auch Anbieter eines **Zugangs zum Mobilfunknetz**. Dazu ist der in § 45m nunmehr neu genutzte
Begriff des „Anbieter des Zugangs zu dem öffentlich zugänglichen Telekommunikationsnetz" auszulegen. Hierzu sind § 3 Nr. 27, 32 und § 45d heranzuziehen. Der Begriff des
„Zugangs" ist insoweit ein anderer als der in § 3 Nr. 32 definierte. Denn nach dem dort verwendeten Zugangsbegriff soll anderen „Unternehmen […] die Erbringung von Telekommunikationsdiensten" ermöglicht werden. Diese Definition bezieht sich auf die zentralen
Regelungen der Marktregulierung, §§ 18 und 21. Der Zugang nach § 45m ist hingegen
i. S. d. § 45d zu verstehen, der nähere Regelungen zum Zugang zu öffentlichen Telekommunikationsnetzen an festen Standorten für den Endnutzer trifft[5]. Hieraus kann jedoch
nicht geschlossen werden, dass die Verpflichtung nach § 45m nunmehr nur noch an Anbieter von Telekommunikationsnetzen „an festen Standorten" – sprich Festnetzbetreiber –
adressiert ist. Denn der systematische Vergleich von § 45d und § 45m zeigt, dass der Gesetzgeber auf eben diese Einschränkung verzichtet hat. Bestätigt wird dies des Weiteren
durch die weite Definition des Begriffes „Telekommunikationsnetze" in § 3 Nr. 27. Danach sind von dem Begriff „Telekommunikationsnetz" alle Übertragungssysteme und
sonstige Ressourcen umfasst, die die Übertragung von Signalen über „Funk […], feste und
mobile terrestrische Netze" ermöglichen. Damit sind nicht nur die Anbieter eines Zugangs
zum Festnetz, sondern auch die Anbieter eines Zugangs zum Mobilfunknetz Adressaten
der Verpflichtung nach § 45m.

5 Verbindungsnetzbetreiber, die auf Basis der **Betreiberauswahl** (sog. Call-by-Call) am
Markt tätig sind[6], können allein aus praktischen Gründen **nicht Adressat** der Verpflichtung
nach § 45m sein. Denn dieses Geschäftsmodell ist durch eine möglicherweise nur einmalige Inanspruchnahme des jeweiligen Anbieters für ein Gespräch gekennzeichnet, was einen
Eintragungs-, Löschungs- oder Berichtigungsanspruch in etwaige Teilnehmerverzeichnisse ausschließt[7].

6 Verbindungsnetzbetreiber, deren Geschäftsmodell auf der **Betreibervorauswahl** (sog. Preselection) aufbaut[8], sind ebenfalls **nicht Adressat** der Verpflichtung aus § 45m, da diese
Unternehmen nicht als „Anbieter des Zugangs zu dem öffentlichen Telekommunikationsnetz" eingeordnet werden können. Denn der Zugang zum Telekommunikationsnetz wird
auch hier vom Betreiber des Teilnehmernetzes hergestellt.

---

3 § 78 RdNr. 23.
4 Vgl. BeckTKG-Komm/*Kerkhoff*, Anh. § 41 § 21 TKV Rn. 3.
5 Vgl. auch § 45 RdNr. 13 ff.
6 § 40 Abs. 1 S. 2 1. Alt.
7 Ebenso zu § 21 TKV 1997 BeckTKG-Komm/*Kerkhoff*, Anh. § 41 § 21 TKV RdNr. 3.
8 § 40 Abs. 1 S. 2 2. Alt.

2. Berechtigter. – Anspruchsberechtigter ist der Teilnehmer, der in einer vertraglicher Be- 7
ziehung zu „seinem" Zugangsanbieter steht. Dies deckt sich auch mit der Legaldefinition
des Teilnehmers in § 3 Nr. 20, wonach darunter jede natürliche oder juristische Person zu
verstehen ist, die mit dem Anbieter von Telekommunikationsdiensten einen Vertrag über
die Erbringung derartiger Dienste geschlossen hat. Telekommunikationsdienste wiederum
bestehen nach § 3 Nr. 24 ganz oder überwiegend in der Übertragung von Signalen über Telekommunikationsnetze.

3. Eintragung oder Löschung (Abs. 1 S. 1). – Gemäß § 45m Abs. 1 S. 1 kann der an- 8
spruchsberechtigte Teilnehmer die Eintragung bzw. Löschung seiner Daten verlangen. Für
die **Äußerung des Verlangens** ist **keine bestimmte Form** vorgesehen, so dass zunächst
davon auszugehen wäre, dass der Teilnehmer sich in mündlicher, elektronischer oder
schriftlicher Form an seinen Zugangsanbieter wenden kann. Folgt man darüber hinaus jedoch der Begründung zu § 45m RegE, so steht es im Ermessen des Anbieters, „auf welche
Weise der Anbieter den Anspruch des Kunden realisiert"[9]. Mit der ausdrücklichen Betonung des „Ermessens" des Zugangsanbieters bei der Realisierung des Anspruchs wird den
Unternehmen ein weitreichender Spielraum eingeräumt. Er könnte damit beispielsweise
auf einer schriftlichen Äußerung des Verlangens auf Eintragung oder Löschung bestehen
oder dafür ausschließlich eine bestimmte Hotline vorsehen. Das Verfahren muss allerdings
so ausgestaltet sein, dass es die Geltendmachung des Anspruchs nicht erheblich erschwert.
Daraus, dass der Teilnehmer dieses Verlangen auf Eintragung bzw. Löschung „**jederzeit**"
äußern kann, wird deutlich, dass es sich nicht nur um einen beim Vertragsabschluss bestehenden Anspruch handelt. Vielmehr muss der Zugangsanbieter während der gesamten Geltungsdauer des Vertrages sicherstellen, dass der Teilnehmer von seinem Wahlrecht auf Eintragung oder Löschung seiner Daten Gebrauch machen kann.

Die Gesetzesbegründung lässt durch die Betonung des Realisierungsermessens des Zu- 9
gangsanbieters ferner den Schluss zu, dass auch die konkrete Form der Eintragung und
Löschung in Telefonbüchern, CDs oder Online-Datenbanken vom Anbieter bestimmt werden kann. Der Begriff des **allgemein zugänglichen, nicht notwendig anbietereigenen
Teilnehmerverzeichnisses** ist mit § 21 Abs. 1 TKV 1997 identisch. Mit der Novellierung
des TKG besteht weiterhin keine generelle gesetzliche Verpflichtung, Teilnehmerverzeichnisse herauszugeben. Lediglich das zum Universaldienst verpflichtete Unternehmen hat
dies in gedruckter Form und mit mindestens jährlicher Aktualisierung zu gewährleisten[10].
Zu beachten ist in diesem Zusammenhang, dass der europäische Richtliniengeber im
Rahmen des Universaldienstes eine Wahlmöglichkeit zwischen der gedruckten oder der
elektronischen Form eröffnet hat[11]. Der deutsche Gesetzgeber räumt dem zum Universaldienst verpflichteten Unternehmen keine Wahlmöglichkeit ein und schreibt eine gedruckte
Form des Teilnehmerverzeichnisses vor[12]. Alle anderen Unternehmen sind lediglich zur
Bereitstellung der Teilnehmerdaten verpflichtet. Gegenüber diesen Unternehmen gestaltet
sich der Anspruch des Teilnehmers dergestalt, dass der Teilnehmer seinen Anspruch auf
Eintragung, Löschung oder Berichtigung gegenüber seinem Zugangsanbieter geltend
machen kann. Der Zugangsanbieter wiederum hat zur Umsetzung des Anspruchs die Möglichkeit, neben der eigenständigen Herausgabe eines Teilnehmerverzeichnisses, an das

9 § 45m-RegE, BR-Drs. 92/05, S. 1, 35.
10 § 78 Abs. 2 Nr. 2.
11 Art. 5 Abs. 1 Nr. 1 URL.
12 Vgl. auch § 47 RdNr. 4; § 78 RdNr. 23 ff.

zum Universaldienst verpflichtete Unternehmen oder an dritte Unternehmen, die Teilnehmerverzeichnisse herausgeben, heranzutreten[13].

10 Gegenstand der Eintragung oder Löschung ist die Rufnummer, der Name, der Vorname und die Anschrift des Teilnehmers. Entscheidend sind dabei die Angaben des Teilnehmers[14]. Diese Merkmale sind identisch mit § 21 Abs. 2 S. 1 TKV 1997.

11 Hinsichtlich der Frage, **in welchem Zeitraum** der Zugangsanbieter die Eintragung oder Löschung gewährleisten muss, finden sich in Gesetzeswortlaut und Begründung keine Hinweise. Systematisch lässt jedoch § 78 Abs. 2 Nr. 2 den Rückschluss zu, dass der Zugangsanbieter **spätestens nach einem Jahr** das Begehren des Teilnehmers auf Eintragung oder Löschung zu realisieren hat, bevor eine Pflichtverletzung anzunehmen ist. Denn auch das zum Universaldienst verpflichtete Unternehmen hat das gedruckte Teilnehmerverzeichnis „regelmäßig mindestens einmal jährlich" zu aktualisieren. Vergleichbares gilt für die Veröffentlichung des Teilnehmerverzeichnisses auf einer CD-Rom. Etwas anderes kommt in Betracht, wenn Grundlage des allgemein zugänglichen Teilnehmerverzeichnisses eine Datenbank ist, die beispielsweise über das Internet abgerufen wird. In diesem Falle ist von einer kürzeren Frist zur Umsetzung des Teilnehmerbegehrens auszugehen, da Drucklegung, CD Produktion und Vertrieb wegfallen und damit der technische Aufwand für eine Änderung geringer ist. Als Anknüpfungspunkt kann hierzu die vom Anbieter des jeweiligen Teilnehmerverzeichnisses in der Außendarstellung angegebene Aktualisierungshäufigkeit gewählt werden.

12 Der Teilnehmer kann seinen Anspruch auf **Eintragung** in das Teilnehmerverzeichnis gegenüber dem Zugangsanbieter **unentgeltlich** durchsetzen. Das ergibt sich aus dem ausdrücklichen Wortlaut, wonach die Daten „unentgeltlich eingetragen" werden sollen. Auch die Systematik lässt den Schluss zu, dass der Eintrag der Daten des Teilnehmers unentgeltlich zu erfolgen hat. Denn in § 45m Abs. 1 S. 3 a. E. heißt es, dass „für diesen Eintrag […] ein Entgelt erhoben werden" darf. Die Formulierung „diesen Eintrag" bezieht sich auf den Eintrag des Mitbenutzers. Damit darf für den zuvor in § 45m Abs. 1 S. 1 genannten Eintrag kein Entgelt verlangt werden.

13 Die **Löschung** der Teilnehmerdaten hat der Zugangsanbieter ebenfalls **unentgeltlich** vorzunehmen. Denn der Begriff „unentgeltlich" in § 45m Abs. 1 S. 1 bezieht sich aufgrund der Satzstellung sowohl auf „eingetragen zu werden" als auch auf „seinen Eintrag wieder löschen zu lassen". Ferner stellt die Löschung einen „actus contrarius" des unentgeltlichen Eintrags dar, so dass die Löschung nach Sinn und Zweck ebenfalls unentgeltlich zu gewährleisten ist.

14 Bei **Einträgen mit geschäftlichem Bezug** ist ferner zu beachten, dass regelmäßig die Eintragung im Handelsregister oder in der Handwerksrolle die Grundlage für die Eintragung in ein öffentliches Kundenverzeichnis bilden[15].

15 **4. Berichtigung (Abs. 1 S. 2).** – Gemäß § 45m Abs. 1 S. 2 hat der Teilnehmer wie schon in § 21 Abs. 1 TKV 1997 gegenüber dem Anbieter des Zugangs zum öffentlich zugänglichen Telekommunikationsnetz einen Anspruch auf Berichtigung, wenn seine Daten unrichtig sind. Hinsichtlich der **Form** der Geltendmachung des Anspruchs, der konkreten Umset-

---

13 Vgl. BeckTKG-Komm/*Kerkhoff*, Anh. § 41 § 21 TKV RdNr. 5.
14 Vgl. BeckTKG-Komm/*Kerkhoff*, Anh. § 41 § 21 TKV RdNr. 9.
15 BR-Drs. 92/05, S. 1, 35.

zung des Anspruchs durch den Zugangsanbieter und des Zeitraum zur Umsetzung gilt das zu § 45m Abs. 1 S. 1 Gesagte[16].

Die Berichtigung ist ebenfalls **unentgeltlich** zu gewähren. Der Wortlaut spricht zwar – **16** ebenso wie beim Löschungsanspruch nach § 45m Abs. 1 S. 1 – eher gegen eine unentgeltliche Durchsetzung. Da es sich bei der Berichtigung jedoch um einen Unterfall der Eintragung handelt und Letztere aufgrund des Wortlauts und der Systematik unentgeltlich gewährleistet wird[17], kann dies auch für die Berichtigung angenommen werden.

5. Eintrag von Mitbenutzern (Abs. 1 S. 3). – Der Anspruch des Teilnehmers auf Eintra- **17** gung von Mitbenutzern nach § 45m Abs. 1 S. 3 entspricht weitestgehend der bisherigen Regelung des § 21 Abs. 2 S. 2 TKV 1997. Wer **Mitbenutzer** i.S.d. § 45m Abs. 1 S. 3 ist, ergibt sich aus der neu aufgenommenen Konkretisierung des Anspruchs. Denn danach ist der Mitbenutzer mit „Namen und Vornamen" einzutragen, und der Gesetzgeber weist in der Begründung zu § 45 RegE exemplarisch auf einen problematischen Einzelfall hin. Denn danach sind Bewohner von Altenheimen, die mit einem Anbieter von öffentlich zugänglichen Telefondiensten keinen eigenen Vertrag geschlossen haben, als Mitbenutzer in öffentliche Kundenverzeichnisse einzutragen[18]. Lebens- und Wohngemeinschaften dürften danach ebenfalls als Mitbenutzer anzusehen sein.

Eingeschränkt wird der Anspruch des Teilnehmers durch die Formulierung „soweit Rechts- **18** vorschriften zum Schutz personenbezogener Daten nicht entgegenstehen". Die Gesetzesbegründung benennt explizit den **datenschutzrechtlichen Erlaubnistatbestand** in § 104, wonach das Einverständnis des Mitbenutzers notwendig ist (vgl. § 104 S. 3)[19].

Der Teilnehmer kann den Anspruch auf **Eintragung** der Daten des Mitbenutzers „jeder- **19** zeit", d.h. während der gesamten Dauer des Vertragsverhältnisses, geltend machen. Nicht ganz eindeutig ist der Wortlaut im Hinblick auf die Frage, ob der Teilnehmer neben der Eintragung auch die Löschung oder die Berichtigung der Daten des Mitbenutzers verlangen kann. Nach § 45m Abs. 1 S. 1 und S. 2 steht ihm dies im Bezug auf seine eigenen Daten zu. Gegen einen solchen Anspruch spricht zunächst der Gesetzeswortlaut, wonach Mitbenutzer „eingetragen werden" und für „diesen Eintrag" ein Entgelt zu entrichten ist. Über den reinen Wortlaut hinaus ist jedoch nicht ersichtlich, wieso eine Anspruchsreduktion auf eine schlichte Eintragung der Daten im Sinne des Gesetzgebers gewesen sein könnte. Vielmehr ist davon auszugehen, dass die Berichtigung der Daten bzw. ihre Löschung als ein „Weniger" bzw. „actus contrarius" im Vergleich zur Eintragung der Daten ebenso Bestandteil des gesetzgeberischen Willens waren. Dass bedeutet, der Teilnehmer kann somit für die Mitbenutzer gem. § 45m Abs. 1 S. 3 **auch** die **Berichtigung und Löschung** der Daten verlangen.

Im Gegensatz zur Eintragung des Teilnehmers selbst darf die **Eintragung des Mitbenut-** **20** **zers entgeltpflichtig** sein[20]. Für die **Berichtigung** bzw. **Löschung** der Daten des Mitbenutzers kann damit **ebenfalls** ein **Entgelt** verlangt werden.

6. Wiederverkäufer (Abs. 2). – Nach § 45m Abs. 2 sollen die Ansprüche nach § 45m **21** Abs. 1 auch Wiederverkäufern von Sprachkommunikationsdienstleistungen für deren Endnutzer zustehen. Die Regelung entspricht in ihrem Wortlaut weitestgehend § 21 Abs. 2 S. 3

---

16 RdNr. 8.
17 RdNr. 12.
18 BR-Drs. 92/05, S. 1, 35.
19 BR-Drs. 92/05, S. 1, 35.
20 § 45m Abs. 1 S. 3 a. E.

TKV 1997. Der Wiederverkäufer steht in einer vertraglichen Beziehung einerseits zum Zugangsanbieter und andererseits zum Endnutzer. Der Endnutzer hätte keinen direkten Anspruch aus § 45m Abs. 1 S. 1, da ihm „seinen" Zugang nicht der Zugangsanbieter, sondern der Wiederverkäufer anbietet. Die Regelung für Mitbenutzer i. S. d § 45m Abs. 1 S. 3 kann auf die Endnutzer des Wiederverkäufers ebenfalls nicht direkt angewendet werden, da der Wiederverkäufer im Gegensatz zum Teilnehmer i. S. d. § 45m Abs. 1 S. 3 nicht selbst in das Teilnehmerverzeichnis eingetragen ist. Damit bedurfte es der gesonderten Regelung in § 45m Abs. 2.

22 Für die Eintragung eines Endnutzers kann der Zugangsanbieter vom Wiederverkäufer **weiterhin** ein **Entgelt** verlangen. Das ergibt sich zum einen aus dem historischen Zusammenhang, denn aufgrund der systematischen Stellung in § 21 Abs. 2 S. 3 TKV 1997 wurde der Endnutzer aus Sicht des Zugangsanbieters als „Mitbenutzer" angesehen[21]. Dies ist nunmehr aufgrund des Wortlauts und der Systematik in § 45m Abs. 2 nicht mehr derart eindeutig, da § 45m Abs. 2 lediglich pauschal auf „die Ansprüche nach Abs. 1" verweist. Die in § 21 Abs. 2 S. 3 TKV 1997 bestehende Interessenlage hat sich jedoch in § 45m nicht geändert. Denn Kunden des Wiederverkäufers soll der Eintrag in Teilnehmerverzeichnisse ermöglicht werden, um eine möglichst weitreichende Erreichbarkeit zu gewährleisten. Wenn durch die Zwischenschaltung eines Wiederverkäufers beim Zugangsanbieter Kosten entstehen, kann dieser die Kosten gegenüber dem Wiederverkäufer geltend machen.

23 **7. Auskunftsdienste (Abs. 3).** – Mit § 45m Abs. 3 soll ebenso wie zuvor in § 21 Abs. 5 TKV 1997 die einheitliche rechtliche Behandlung von Auskunftsdiensten und Teilnehmerverzeichnissen gewährleistet werden[22]. Der gleiche Ansatz findet sich im Anspruch auf Bereitstellung von Teilnehmerdaten nach § 47 Abs. 1 S. 1.

24 **8. Rechtsfolgen.** – Der Endnutzer kann bei Verletzung der Verpflichtungen nach § 45m durch Antrag bei der RegTP ein **Schlichtungsverfahren** einleiten, da es sich hierbei um „eine in den §§ 43a, 45 bis 46 vorgesehene Verpflichtung" handelt (vgl. § 47a Abs. 1). Liegt ein Verstoß „gegen dieses Gesetz" vor, kommen gemäß § 44 Abs. 1 **Beseitigungs-, Unterlassungs-** und möglicherweise **Schadensersatzansprüche** in Betracht. Stellt die RegTP fest, dass ein Unternehmen seiner Verpflichtung nach § 45m nicht nachkommt, so **fordert** sie nach den Vorgaben des § 126 **zur Abhilfe auf.**

---

21 Vgl. BeckTKG-Komm/*Kerkhoff*, Anh. § 41 § 21 TKV RdNr. 11.
22 Vgl. BeckTKG-Komm/*Kerkhoff*, Anh. § 41 § 21 TKV RdNr. 16.

§ 45n Veröffentlichungspflichten

(1) Jeder Anbieter von Telekommunikationsdiensten für die Öffentlichkeit ist verpflichtet,

1. seinen Namen und seine ladungsfähige Anschrift, bei juristischen Personen auch seine Rechtsform, seinen Sitz und das zuständige Registergericht,
2. die einzelnen von ihm angebotenen Dienste und Dienstemerkmale für den öffentlichen Telefondienst sowie Wartungsdienste einschließlich der Angabe, ob die Entgelte für Dienste gegenüber den Endnutzern einzeln oder wie sie im Einzelnen zusammen mit anderen Diensten berechnet werden,
3. Einzelheiten über die Preise der angebotenen Dienste, Dienstemerkmale und Wartungsdienste einschließlich etwaiger besonderer Preise für bestimmte Endnutzergruppen,
4. Einzelheiten über seine Entschädigungs- und Erstattungsregelungen und deren Handhabung,
5. seine allgemeinen Geschäftsbedingungen und die von ihm angebotenen Mindestvertragslaufzeiten,
6. allgemeine und anbieterbezogene Informationen über Verfahren zur Streitbeilegung und
7. Informationen über grundlegende Rechte der Endnutzer von Telekommunikationsdiensten, insbesondere
    a) zu Einzelverbindungsnachweisen,
    b) zu beschränkten und für den Endnutzer kostenlosen Sperren abgehender Verbindungen,
    c) zur Nutzung öffentlicher Telefonnetze gegen Vorauszahlung,
    d) zur Verteilung der Kosten für einen Netzanschluss auf einen längeren Zeitraum,
    e) zu den Folgen von Zahlungsverzug für mögliche Sperren und
    f) zu den Dienstemerkmalen Tonwahl- und Mehrfrequenzwahlverfahren und Anzeige der Rufnummer des Anrufers

zu veröffentlichen. Erfolgt diese Veröffentlichung nicht auch im Amtsblatt der Regulierungsbehörde, hat der Anbieter der Regulierungsbehörde den Ort der Veröffentlichung mitzuteilen. Die Regulierungsbehörde kann Anbieter von der Verpflichtung nach Satz 1 insoweit befreien, als sie die Informationen selbst veröffentlicht.

(2) Die Regulierungsbehörde kann Anbieter verpflichten, Informationen über technische Merkmale ihrer Dienste auf Kosten der Anbieter zu veröffentlichen. Die Regulierungsbehörde kann im Fall von Satz 1 vorgeben, welche Maßstäbe und Verfahren für die Ermittlung der zu veröffentlichenden Daten anzuwenden sind.

(3) Die Regulierungsbehörde kann in ihrem Amtsblatt jegliche Information veröffentlichen, die für Endnutzer Bedeutung haben können. Sonstige Rechtsvorschriften, namentlich zum Schutz personenbezogener Daten und zum Presserecht, bleiben unberührt.

Übersicht

I. Bedeutung der Norm

1 Mit § 45n werden auf gesetzlicher Ebene Veröffentlichungspflichten der Marktteilnehmer festgeschrieben. Hiermit wird dem Ansatz Rechnung getragen, dass allein die Möglichkeit zur Information ein größeres Maß an **Markttransparenz** gewährleistet. Somit bekommt der Endnutzer im Rahmen des gesetzlich in § 45n vorgeschriebenen Niveaus die Möglichkeit, die Leistungen der unterschiedlichen Marktteilnehmer miteinander zu vergleichen und kann im Anschluss in **voller Sachkenntnis eine Wahl treffen**[1]. Im Streitfalle geht damit möglicherweise ein höheres Maß an Nachweisbarkeit einher.

II. Entstehungsgeschichte

2 Der Regelungsgehalt des § 45n war zum Teil in § 27 TKV 1997 verankert. Die Veröffentlichungspflicht hat jedoch darüber hinaus durch den neuen **europäischen Rechtsrahmen** eine nicht unerhebliche **Ausweitung** und **Konkretisierung** erfahren. Denn ausweislich der Begründung zu § 45n TKG-RegE gehen die Veröffentlichungspflichten auf **Art. 21** und **Art. 22 Abs. 1 URL** sowie **Anhang II URL** zurück[2]. Danach haben die Mitgliedstaaten sicherzustellen, dass **transparente** und **aktuelle Informationen** über anwendbare **Preise** und **Tarife** sowie über **Standardkonditionen** bezüglich des Zugangs zu öffentlichen Telefondiensten und deren Nutzung zugänglich sind. Die Regulierungsbehörden werden damit verpflichtet, die Bereitstellung von Informationen zu fördern, um eine unabhängige Bewertung der Kosten alternativer Anwendungen vorzunehmen (vgl. Art. 21 URL). Ferner sollen die nationalen Regulierungsbehörden ermächtigt werden, Unternehmen zur Veröffentlichung vergleichbarer, angemessener und aktueller Endnutzerinformationen über die **Qualität ihrer Dienste** verpflichten zu können (vgl. Art. 22 Abs. 2 URL).

III. Einzelerläuterungen

3 **1. Adressat der Norm.** – Die Veröffentlichungspflichten i. S. d. § 45n treffen dem **Wortlaut** folgend jeden „**Anbieter von Telekommunikationsdiensten**" für die Öffentlichkeit. Der Begriff des Diensteanbieters ist legaldefiniert in § 3 Nr. 6 als jeder, der ganz oder teilweise geschäftsmäßig Telekommunikationsdienste erbringt oder an der Erbringung der Dienste mitwirkt[3]. Telekommunikationsdienste sind nach § 3 Nr. 24 in der Regel gegen Entgelt erbrachte Dienste, die ganz oder überwiegend in der Übertragung von Signalen

---

1 BR-Drs. 92/05, S. 35; Anhang II der URL; Erwägungsgrund 31 URL.
2 BR-Drs. 92/05, S. 35.
3 Vgl. § 3 Nr. 6 RdNr. 8.

über Telekommunikationsnetze bestehen, einschließlich Übertragungsdiensten in Rundfunknetzen[4]. Ebenfalls als Adressaten von § 45n sind die Anbieter von telekommunikationsgestützten Diensten i. S. d. § 3 Nr. 25 TKG anzusehen, denn Sinn und Zweck der Veröffentlichungspflicht sprechen für eine solche Einbeziehung. Gerade im Bereich der telekommunikationsgestützen Dienste (Mehrwertdienste) ist es notwendig, dem Verbraucher die Wahlmöglichkeit in voller Sachkenntins einzuräumen (hierzu § 45h RdNr. 9)[5].

2. Katalog der Veröffentlichungspflichten (Abs. 1 S. 1). – Mit § 45n werden die Anbieter **4** von Telekommunikationsdiensten für die Öffentlichkeit **gesetzlich** verpflichtet, die im Katalog in § 45n Abs. 1 S. 1 angegebenen Veröffentlichungen vorzunehmen. Denn nach dem Wortlaut „ist [jeder Anbieter] verpflichtet", den Katalog nach § 45n Abs. 1 S. 1 zu veröffentlichen. Dadurch, dass es sich hierbei um eine gesetzliche Verpflichtung handelt, ist bereits auf Gesetzesebene die Frage des „Ob" der Veröffentlichung festgelegt. Die Regulierungsbehörde wird in dieser Hinsicht **kein Ermessen** eingeräumt. Diese Umsetzung entspricht auch den Vorgaben des europäischen Rechtsrahmens. Denn hinsichtlich der Preise, Tarife und Standardkonditionen „haben" die Mitgliedstaaten „sicherzustellen", dass transparente und aktuelle Informationen zugänglich sind[6].

Die Regulierungsbehörde besitzt lediglich einen **gewissen Ermessensspielraum** hinsicht- **5** lich des „**Wie**" der Veröffentlichung. Dieses bezieht sich insbesondere auf den Ort der Veröffentlichung[7] (hierzu RdNr. 18).

Gemäß § 45n Abs. 1 S. 1 **Nr. 1** hat der Anbieter von Telekommunikationsdiensten für die **6** Öffentlichkeit seinen **Namen** und seine ladungsfähige **Anschrift**, bei juristischen Personen auch seine **Rechtsform**, seinen **Sitz** und das **zuständige Registergericht** zu veröffentlichen. Der Bundesrat hat angeregt, die Angaben hinsichtlich der Anschrift durch die Formulierung „**ladungsfähige**" Anschrift zu konkretisieren. Damit werden Anbieter verpflichtet, von vornherhein und nicht erst auf der Rechnung eine ladungsfähige Anschrift anzugeben. Ziel ist es, unseriöse Anbieter abzuschrecken und die Erreichbarkeit von Anbietern von Telekommunikationsdiensten jederzeit zuverlässig sicherzustellen[8]. Die Bundesregierung hat diesem Vorschlag im Rahmen des Gesetzgebungsverfahrens zugestimmt, so dass nunmehr die Angabe einer Postfachadresse nicht mehr ausreicht[9]. Im Ergebnis setzt der Gesetzgeber damit die Vorgaben des Anhangs II der RRL um, wonach mindestens Namen und Anschriften des Hauptsitzes der Unternehmen, die öffentliche Telefonnetze und/oder öffentlich zugängliche Telefondienste bereitstellen, veröffentlicht werden müssen. Ferner korrespondiert die Veröffentlichungspflicht in § 45n Abs. 1 S. 1 Nr. 1 mit **§ 43a S. 1 Nr. 1**. Dort wird vorgeschrieben, dass der Anbieter von Telekommunikationsdiensten für die Öffentlichkeit beim Vertragsschluss den Namen und die ladungsfähige Anschrift und im Falle einer juristischen Person die Rechtsform, seinen Sitz und das zuständige Registergericht nennen muss.

Durch § 45n Abs. 1 S. 1 **Nr. 2** werden die Anbieter von Telekommunikationsdiensten für **7** die Öffentlichkeit verpflichtet, die einzelnen von ihm angebotenen Dienste und Dienstemerkmale für den öffentlichen Telefondienst sowie Wartungsdienste einschließlich der Angabe, ob die Entgelte für Dienste gegenüber den Endnutzern einzeln oder wie sie im

---

4 § 3 RdNr. 38.
5 Vgl. BR-Drs. 92/05, S. 35; Anhang II der URL.
6 Vgl. Art. 21 Abs. 1 URL.
7 Vgl. § 45n Abs. 1 S. 3 und Anhang II URL.
8 BR-Drs. 92/05, S. 10.
9 BT-Drs. 15/5213, S. 39; 15/5694, S. 35.

Einzelnen zusammen mit anderen Diensten berechnet werden, zu veröffentlichen. Diese Regelung geht auf Art. 21 Abs. 1 URL zurück, wonach transparente und aktuelle Informationen über Preise, Tarife und Standardkonditionen zur Verfügung zu stellen sind, was seine Konkretisierung in Pkt. 2 des Anhang II der URL findet. Die Regelung in § 45n Abs. 1 S. 1 Nr. 2 ist darüber hinaus im Zusammenhang mit § 43a S. 1 Nr. 4, Nr. 5 zu sehen, der ähnliche Vorgaben für den konkreten Vertragsinhalt vorschreibt[10]. Zu beachten ist in diesem Zusammenhang jedoch, dass der Gesetzgeber keine einheitliche Terminologie gewählt hat, was in der Praxis zu Abgrenzungsschwierigkeiten führen wird.

8   Bei der Auslegung des abstrakten Begriffes „**Dienste**" und „**Dienstemerkmale**" ist auf die in § 3 TKG bereits vorgenommenen Begriffsdefinitionen zurückzugreifen. Als einer der zentralen Begriffes des TKG ist hierbei zunächst auf die Definiton des **Telekommunikationsdienstes** in **§ 3 Nr. 24** TKG abzustellen[11]. Dies ergibt sich allein schon daraus, dass die Veröffentlichungspflicht nach § 45n Abs. 1 S. 1 Nr. 2 an den Anbieter von Telekommunikationsdiensten für die Öffentlichkeit adressiert ist. Danach sind „Dienste" i. S. v. § 45n Abs. 1 S. 1 Nr. 2 in jedem Falle solche, die die Voraussetzungen eines Telekommunikationsdienstes nach § 3 Nr. 24 erfüllen. Das bedeutet, dass dies in der Regel gegen Entgelt erbrachte Dienste sind, die ganz oder überwiegend in der Übertragung von Signalen über Telekommunikationsnetze bestehen, einschließlich Übertragungsdiensten in Rundfunknetzen. Zur Eingrenzung des Begriffes „Dienste" in § 45 Abs. 1 S. 1 Nr. 2 ist darüber hinaus auf den weiteren Wortlaut der Norm zurückzugreifen, der von Diensten und Dienstmerkmalen „für den öffentlichen Telefondienst" spricht. Dieses deckt sich auch mit dem **europarechtlichen Hintergrund**. Denn in Art. 21 Abs. 1 URL wird der Begriff des „Zugangs zu öffentlichen Telefondiensten und deren Nutzung" verwandt. Der „**öffentlich zugängliche Telefondienste**" wiederum ist in Art. 2 c) URL definiert, was seine Umsetzung in **§ 3 Nr. 17** gefunden hat. Danach handelt es sich bei einem öffentlich zugänglichen Telefondienst um einen der Öffentlichkeit zur Verfügung stehenden Dienst für das Führen von Inlands- und Auslandsgesprächen einschließlich der Möglichkeit, Notrufe abzusetzen; der öffentlich zugängliche Telefondienst schließt auch folgende Dienste ein: Unterstützung durch Vermittlungspersonal, Auskunftsdienste, Teilnehmerverzeichnisse, Bereitstellung öffentlicher Münz- und Kartentelefone, Erbringung des Dienstes nach besonderen Bedingungen sowie Bereitstellung geografisch nicht gebundener Dienste[12]. Vor diesem europarechtlichen Hintergrund unterliegen demnach alle Varianten des öffentlich zugänglichen Telefondienstes i. S. d. § 3 Nr. 17 der Veröffentlichungspflicht gem. § 45n Abs. 1 S. 1 Nr. 2.

9   Auch die „**telekommunikationsgestützten Dienste**" i. S. d. § 3 Nr. 25 unterliegen der Veröffentlichungsverpflichtung. Dies ergibt sich zum einen aus dem Wortlaut, denn der Gesetzgeber hat in § 45 Abs. 1 S. 1 Nr. 2 die allgemeine Formulierung „Dienste" gewählt, was sozusagen die Untergruppe „telekommunikationsgestützte" Dienste mit einschließt. Zum anderen ergibt auch der Sinn und Zweck der Veröffentlichungsverpflichtung, dass die telekommunikationsgestützten Dienste mit einzubeziehen sind, denn bei diesen Diensten handelt es sich insbesondere um die so genannten Mehrwertdienste[13]. Gerade bei dieser Dienstekategorie ist eine Veröffentlichungspflicht sinnvoll, da so der Kunde „in voller Sachkenntnis eine Wahl treffen" kann[14].

---

10 § 43a RdNr. 11 f.
11 Vgl. § 3 RdNr. 38.
12 Vgl. § 3 RdNr. 29.
13 Vgl. § 3 RdNr. 43.
14 BR-Drs. 92/05, S. 35.

Mit der Veröffentlichung der „**Dienstemerkmale**" wird sichergestellt, dass der Anbieter **10** eines Telekommunikationsdienstes für die Öffentlichkeit nicht nur den Dienst als solchen benennt. Vielmehr sind mit den Dienstemerkmalen die konkreten und speziellen Eigenschaften des jeweiligen Dienstes ebenfalls der Veröffentlichungspflicht nach § 45n Abs. 1 S. 1 Nr. 2 unterworfen. Dieses Tatbestandsmerkmal erlangt insbesondere vor dem Hintergrund Bedeutung, dass die jeweiligen Dienste in der Praxis mit den unterschiedlichsten Marketingbegriffen betitelt werden. Dadurch, dass auch die Dienstemerkmale, also die Eigenschaften der jeweiligen Dienste zu veröffentichen sind, werden die Anbieter verpflichtet, eine konkrete Beschreibung der erbrachten Dienstleistung zu erbringen. Da durch § 45n dem Endnutzer ein höheres Maß an Transparanz vermittelt werden soll, ist bei der Beschreibung der Dienstemerkmale eine für den verständigen Endnutzer **nachvollziehbare Formulierung** geboten.

Die Verpflichtung zur Veröffentlichung von Angaben zum **Wartungsdienst** geht auf **11** Pkt. 2.1 und Pkt. 2.4 des Anhangs II der URL zurück. Die Angaben zum Wartungsdienst sind darüber hinaus gemäß § 43a S. 1 Nr. 4 Mindestinhalt eines Endnutzervertrages. Die Veröffentlichungsverpflichtung hinsichtlich der Wartungsdienste wird vom Gesetzgeber weiter konkretisiert. Denn diese sollen einschließlich der Angabe veröffentlicht werden, ob die Entgelte für Dienste gegenüber den Endnutzern einzeln oder wie sie im Einzelnen zusammen mit anderen Diensten berechnet werden. Diese gesetzgeberische Detailvorgabe wird auf den Umstand zurückzuführen sein, dass auch bei den Wartungsdiensten Potenzial für pauschalisierende Angaben der Anbieter besteht. Pauschale Angaben führen jedoch dazu, dass der Endnutzer den Wert der erbrachten Leistung nicht einschätzen und außerdem einen Vergleich der unterschiedlichen Anbieter nicht vornehmen kann.

Gemäß § 45n Abs. 1 S. 1 **Nr. 3** werden die Anbieter verpflichtet, Einzelheiten über die **12** Preise der angebotenen Dienste, Dienstemerkmale und Wartungsdienste einschließlich etwaiger besonderer Preise für bestimmte Endnutzergruppen zu veröffentlichen. Hintergrund der Regelung ist Pkt. 2.2 des Anhangs II der URL. Zu vergleichbaren Angaben ist der Anbieter gemäß § 43a S. 1 Nr. 5 und Nr. 6 im Rahmen des Vertragsschlusses verpflichtet. Die Verpflichtung zur Veröffentlichung der **Einzelheiten über die Preise** korrespondiert mit der Verpflichtung, eine Beschreibung des jeweiligen Inhalts der Dienstleistung zu veröffentlichen (vgl. § 45n Abs. 1 S. 1 Nr. 2)[15]. Beide Verpflichtungen dienen dazu, dem Endnutzer einen möglichst weitreichenden Überblick über Inhalt und Preisgestaltung der jeweiligen Dienstleistung zu ermöglichen, um „in voller Sachkenntnis eine Wahl treffen" zu können[16]. Daher ist bei der Veröffentlichung der Einzelheiten über die Preise zu beachten, dass die Veröffentlichung für den verständigen Durchschnittsverbraucher **verständlich** und **nachvollziehbar** ist.

Nach § 45n Abs. 1 S. 1 **Nr. 4** sind Einzelheiten über seine Entschädigungs- und Erstat- **13** tungsregelungen und deren Handhabung zu veröffentlichen. Diese Regelung geht auf Pkt. 2.3 des Anhangs II der URL zurück und steht im Zusammenhang mit der Vorgabe zwingender Vertragsbestandteile nach § 43a S. 1 Nr. 9. Ferner sind in diesem Zusammenhang die Regelungen zum Schadensersatz gemäß § 44 zu beachten. Da der Gesetzgeber die Veröffentlichung der **Einzelheiten** der Entschädigungs- und Erstattungsregelungen verlangt, werden die Anbieter eine **detaillierte Darstellung** der in ihrem Unternehmen üblichen Regelungen zu Entschädigungs- und Erstattungsfragen entwerfen müssen. Als Einzelheiten der Entschädiungs- und Erstattungsregelungen i. S. v. § 45n Abs. 1 S. 1 Nr. 4 kön-

---

15 Vgl. zur Auslegung des Begriffes Dienste, Dienstmerkmale und Wartungsdienst RdNr. 8 ff.
16 BR-Drs. 92/05, S. 35.

nen beispielsweise die jeweiligen Ansprechpartner, deren Entscheidungsspielraum und durchschnittliche Bearbeitungszeiträume angesehen werden. Diese Auslegung wird dadurch gestützt, dass laut dem Wortlaut nicht nur die „Einzelheiten" der Entschädigungs- und Erstattungsregelungen, sondern auch „deren **Handhabung**" zu veröffentlichen sind. Als Orientierungshilfe für den notwendigen Veröffentlichungsumfang werden den Anbietern die in der Vergangenheit gemachten Erfahrungen dienen können. Denn üblicherweise werden in der Beschwerdebearbeitung allein schon aus Effizienzgründen gewisse Fallgruppen mit schematischen Vorgehensweisen gebildet. Der Endnutzer muss in die Lage versetzt werden, das Verhalten des Anbieters im Falle eines Erstattungs- bzw. Entschädigungsanspruches vorab einschätzen zu können.

14   Nach § 45n Abs. 1 S. 1 **Nr. 5** hat der Anbieter seine Allgemeinen Geschäftsbedingungen und die von ihm angebotenen Mindestvertragslaufzeiten zu veröffentlichen. Die Regelung findet ihre europarechtliche Entsprechung in der Verpflichtung durch Art. 21 Abs. 1 URL und Pkt. 2.5 des Anhangs II der URL, die „Standardkonditionen" bzw. die „allgemeinen Vertragsbedingungen" zu veröffentlichen. Vormals fanden sich Regelungen zur Veröffentlichung der Allgemeinen Geschäftsbedingungen im Telekommunikationssektor in §§ 27, 28 und 29 TKV 1997[17].

15   Gemäß § 45b Abs. 1 **Nr. 6** hat der Anbieter allgemeine und anbieterbezogene Informationen über Verfahren zur Streitbeilegung zu veröffentlichen. Grundlage der Norm ist Pkt. 3 des Anhangs II der URL. **Verfahren zur Streitbeilegung** ist im Verhältnis Anbieter von Telekommunikationsdiensten für die Öffentlichkeit zu Endnutzern insbesondere die **Schlichtung** gemäß § 47a. Das nach § 124 vorgesehene Mediationsverfahren kommt ebenfalls als Streitbeilegungsverfahren in Betracht, wobei in diesem Falle die Gütestelle nicht seitens der Regulierungsbehörde eingerichtet wird. Das Streitbeilegungsverfahren nach § 133 findet aufgrund des Wortlauts nur bei „Streitigkeiten zwischen Unternehmen" Anwendung. Es scheidet somit als Streitbeilegungsverfahren i. S. d. § 45n Abs. 1 S. Nr. 6 aus, da es sich aufgrund der Verortung im Kundenschutzteil des TKG insbesondere um Streitigkeiten zwischen Anbieter und Endnutzer handelt. Die Verpflichtung zur Veröffentlichung von „anbieterbezogenen" Informationen lässt darüber hinaus den Schluss zu, dass auch individuelle Regelungen des Anbieters zur Streitbeilegung zu veröffentlichen sind. Der **Umfang** der Veröffentlichungspflicht bemisst sich – wie in den anderen Regelungen des § 45n – daran, dass der Endnutzer in die Lage versetzt werden muss, „in voller Sachkenntnis eine Wahl" treffen zu können[18].

16   Mit § 45n Abs. 1 S. 1 **Nr. 7** soll gewährleistet werden, dass Informationen über grundlegende Rechte der Endnutzer von Telekommunikationsdiensten veröffentlicht werden. Diese **grundlegenden Rechte** der Endnutzer sind dem Katalog in § 45n Abs. 1 Nr. 7a) bis Nr. 7 f) zu entnehmen. Aufgrund des Wortlauts „insbesondere" handelt es sich hierbei um einen nicht abschließenden Katalog an grundlegenden Rechten. Die allgemeine Formulierung, dass „Informationen" zu veröffentlichen sind, besagt nichts über den **Umfang** der Veröffentlichungspflicht. Da die im Katalog des Nr. 7a) bis 7f) aufgeführten grundlegenden Rechte wiederum Gegenstand spezieller Regelungen im Kundenschutzteil des TKG sind, ist der Umfang der Veröffentlichungspflicht immer **im Verhältnis zu den jeweiligen Spezialregelungen** zu ermitteln.

17   In **Nr. 7 a)** wird als eines der grundlegenden Rechte des Endnutzers der Einzelverbindungsnachweis benannt. Der Anspruch auf einen Einzelverbindungsnachweis ist in **§ 45e**

---

17 BeckTKG-Komm/*Ehmer*, Anh. § 41 § 28 TKV RdNr. 1 ff.
18 BR-Drs. 92/05, S. 35; Anhang II der URL.

Robert

geregelt[19]. Die Möglichkeit zur Sperrung abgehender Verbindungen i. S. d. **Nr. 7 b)** ist speziell in **§ 45d Abs.** 2 geregelt[20]. Die Nutzung öffentlicher Telefonnetze gegen Vorauszahlung i. S. v. **Nr. 7 c)** ist in **§ 45f** normiert[21]. In **Nr. 7 d)** wird die Verteilung der Kosten für einen Netzanschluss auf einen längeren Zeitraum als ein grundlegendes Recht des Endnutzers bezeichnet. Das Recht zur Spreizung der Anschlussentgelte geht zurück auf Art. 10 Abs. 2 URL und Anhang I Teil A d) der URL. Nach **Nr. 7 e)** soll auf die Folgen von Zahlungsverzug für mögliche Sperren hingewiesen werden. Das Verfahren zur Sperre eines Telefonanschlusses ist in **§ 45k** ausgestaltet. Durch **Nr. 7 f)** sollen die Information des Endnutzer zu den Dienstemerkmalen Tonwahl- und Mehrfrequenzwahlverfahren und Anzeige der Rufnummer des Anrufers sichergestellt werden. Regelungen zur Rufnummernanzeige finden sich in **§ 102**.

3. Ort der Veröffentlichung, (Abs. 1 S. 2 und S. 3). – Nachdem in § 45n Abs. 1 S. 1 der   **18** Kanon der Veröffentlichungspflichten umschrieben wird, regelt § 45n Abs. 1 S. 2 und S. 3 den **Ort der Veröffentlichung**. Nach § 45n Abs. 1 S. 2 trifft den Anbieter eine Mitteilungspflicht gegenüber der Regulierungsbehörde, wenn die „Veröffentlichung nicht auch im Amtsblatt der Regulierungsbehörde" erfolgt. In diesem Falle ist der Ort der Veröffentlichung der Regulierungsbehörde mitzuteilen. Der **Wortlaut** „nicht auch im Amtsblatt der Regulierungsbehörde" lässt darauf schließen, dass aus Sicht des Gesetzgebers eine **Veröffentlichung im Amtsblatt** der Regulierungsbehörde **nicht zwingend** ist. Denn mit der Formulierung „nicht auch" geht einher, dass es zum einen eine Veröffentlichung außerhalb des Amtsblattes und zum anderen parallel dazu „auch" eine Veröffentlichung im Amtsblatt geben kann. Unterlässt der Anbieter die Veröffentlichung im Amtsblatt, trifft ihn nach § 45n Abs. 1 S. 2 nur eine Mitteilungspflicht gegenüber der Regulierungsbehörde. Der Anbieter ist hinsichtlich der Entscheidung, ob er das Amtsblatt als Veröffentlichungsorgan nutzen möchte, jedoch frei von gesetzlichen Vorgaben. Für die Annahme, dass eine Veröffentlichung im Amtsblatt nicht zwingend ist, spricht auch die **Systematik** der Norm. Denn die Regulierungsbehörde kann nach § 45n Abs. 1 S. 3 Anbieter von der Verpflichtung nach Satz 1 insoweit befreien, als sie die Informationen selbst veröffentlicht. Veröffentlichungsorgan der Regulierungsbehörde ist gemäß § 5 das Amtsblatt und die Internetseite der Behörde. Eine Befreiung von einer „zwingenden" Veröffentlichung im Amtsblatt erscheint jedoch nicht sinnvoll, wenn im Anschluss die Behörde „selbst" die Veröffentlichung in eben diesem Amtsblatt vornimmt. Eine derartige Auslegung entspricht auch dem **Sinn und Zweck** der Veröffentlichungspflicht nach § 45n. Denn es geht vornehmlich darum, dem Endnutzer die Auswahl der unterschiedlichen Dienst in voller Sachkenntnis zu ermöglichen[22]. Um dieses Ziel erreichen zu können, müssen die jeweiligen Informationen ohne größere Hürden erreichbar sein. Dies wird insbesondere durch Information im Rahmen von Veröffentlichungen des Anbieters (Anzeigen, Aushang in Geschäftsräumen etc.) oder durch Veröffentlichungen im **Internet** erreicht. Zu berücksichtigen ist in diesem Zusammenhang des Weiteren auch **Art. 21 Abs. 2 URL**. Denn danach haben die nationalen Regulierungsbehörden die Bereitstellung von Informationen, **beispielsweise durch interaktive Führer**, zu fördern. Dies geschieht, um Endnutzer, soweit angebracht, sowie Verbraucher in die Lage zu versetzen, eine unabhängige Bewertung der Kosten alternativer Anwendungen vorzunehmen.

---

19 Vgl. § 45e RdNr. 6 ff.
20 Vgl. § 45d RdNr. 17.
21 Vgl. § 45f RdNr. 4 ff.
22 BR-Drs. 92/05, S. 35; Anhang II der URL.

19 Wenn der Anbieter der Regulierungsbehörde den Ort der Veröffentlichung außerhalb des Amtsblattes mitgeteilt hat, besteht seitens der Regulierungsbehörde die Verpflichtung, diese **Fundstelle im Amtsblatt** zu veröffentlichen. Da aufgrund der Veröffentlichungsregelungen in § 5 der **Internetseite der Regulierungsbehörde** ein vergleichbares Gewicht eingeräumt wird, können auch auf der Internetseite die jeweiligen Fundstellen der Anbieterinformationen veröffentlicht werden.

20 Gemäß § 45n Abs. 1 S. 3 steht es im **Ermessen** der Regulierungsbehörde, den jeweiligen Anbieter von seinen Veröffentlichungspflichten nach § 45n Abs. 1 S. 1 **zu befreien**. Voraussetzung hierfür ist jedoch, dass die Regulierungsbehörde in diesem Falle die Veröffentlichung selbst vornimmt. Dies wird aufgrund der Vorgaben durch § 5 vornehmlich durch Veröffentlichung im Amtsblatt oder auf der Internetseite der Regulierungsbehörde erfolgen.

21 **4. Verpflichtung zur Veröffentlichung technischer Merkmale (Abs. 2).** – Durch § 45n Abs. 2 S. 1 kann die Regulierungsbehörde Anbieter verpflichten, Informationen über technische Merkmale ihrer Dienste auf deren Kosten zu veröffentlichen. Damit wird ausweislich der Gesetzesbegründung die Regulierungsbehörde ermächtigt, die Anbieter zur Veröffentlichung von Informationen über die **Qualität der Dienste** zu verpflichten[23]. Die Regelung geht auf **Art. 22 URL** zurück. Gemäß Art. 22 Abs. 1 S. 1 URL ist sicherzustellen, dass die Anbieter zur „Veröffentlichung vergleichbarer, angemessener und aktueller Endnutzerinformationen über die Qualität ihrer Dienste" verpflichtet werden können.

22 Bei der Bestimmung möglicher veröffentlichungspflichtiger „**technischer Merkmale**" ist zunächst eine Orientierung an **Anhang III der URL** möglich. Denn bereits die Gesetzesbegründung und Art. 22 Abs. 2 URL verweist auf die dort vorgenommene Aufzählung der Parameter für die Dienstequalität[24]. In Anhang III der URL wird auf die von ETSI verabschiedeten Normen verwiesen. Die Parameter für die Dienstequalität betreffen die Frist für die erstmalige Bereitstellung des Anschlusses, die Fehlerquote pro Anschlussleitung, die Fehlerbehebungszeit, die Häufigkeit des erfolglosen Verbindungsaufbaus, die Verbindungsaufbauzeit, die Antwortzeiten bei vermittelten Diensten, die Antwortzeiten bei Auskunftsdiensten, die Anteile funktionsfähiger öffentlicher Münz- und Kartentelefone sowie die Beschwerden über Abrechnungsfehler[25]. Diese **Aufzählung** möglicher veröffentlichungspflichtiger technischer Merkmale in Anhang III der URL ist jedoch **nicht abschließend**, denn bereits die Gesetzesbegründung zu § 45n-RegE verweist lediglich „insbesondere" auf Anhang III der URL[26]. Gleiches ergibt sich aus dem europarechtlichen Hintergrund, da nach Art. 22 Abs. 2 S. 2 URL die Vorgaben aus Anhang III der URL „gegebenenfalls" angewendet werden sollen.

23 Gemäß § 45n Abs. 2 S. 2 kann die Regulierungsbehörde vorgeben, welche **Maßstäbe** und **Verfahren** für die Ermittlung der zu veröffentlichenden Daten anzuwenden sind. Vorgaben hierzu finden sich in den im Anhang III der URL genannten ETSI-Standards.

24 **5. Veröffentlichungsermächtigung der RegTP (Abs. 3).** – Gemäß § 45n Abs. 3 S. 1 kann die Regulierungsbehörde in ihrem Amtsblatt jegliche Information veröffentlichen, die für Endnutzer Bedeutung haben können. Dadurch, dass die Regulierungsbehörde entsprechend dem Wortlaut „**jegliche Information**" veröffentlichen kann, gibt der Gesetzgeber der Regulierungsbehörde eine **sehr weitreichende Ermächtigungsgrundlage** für eine ei-

---

23 BR-Drs. 92/05, S. 35.
24 BR-Drs. 92/05, S. 35.
25 Vgl. Anhang III URL.
26 BR-Drs. 92/05, S. 35.

gene Informationspolitik. Eingeschränkt wird diese Ermächtigung unter anderem dadurch, dass nur die Informationen veröffentlicht werden dürfen, die für den Endnutzer **Bedeutung haben können**. Die einschränkende Funktion dieser Formulierung wird jedoch begrenzt sein. Denn es wird bereits aus dem Wortlaut deutlich, dass der Gesetzgeber bei der Einschätzung der Bedeutung der Information für den Endnutzer eine Prognoseentscheidung zu treffen hat und hinsichtlich der faktischen „Bedeutung" für den Endnutzer im konkreten Einzelfall immer ein gewisses Maß an Restunsicherheit verbleibt. Mit der Auswahl der zu veröffentlichenden Informationen hat die Regulierungsbehörde sicherzustellen, dass die Verbraucher in **voller Sachkenntnis eine Wahl treffen** können[27].

6. Rechtsfolgen. – Bei einer Verletzung der Veröffentlichungspflichten i. S. d. § 45n durch die Anbieter ist seitens der Regulierungsbehörde ein Einschreiten gemäß **§ 126** möglich. **25**

---

27 BR-Drs. 92/05, S. 35; Anhang II der URL.

§ 45o Rufnummernmissbrauch

Wer Rufnummern abgeleitet zuteilt, hat den Zuteilungsnehmer schriftlich darauf hinzuweisen, dass die unaufgeforderte Übersendung von Informationen und Leistungen unter bestimmten Umständen gesetzlich verboten ist. Hat der Zuteilungsgeber gesicherte Kenntnis davon, dass eine von ihm zugeteilte Rufnummer zur gesetzlich verbotenen, unverlangten Übersendung von Informationen und Leistungen verwendet wird, ist er verpflichtet, unverzüglich Maßnahmen zu ergreifen, die geeignet sind, eine Wiederholung zu verhindern. Bei wiederholten oder schwerwiegenden Verstößen gegen gesetzliche Verbote ist der Anbieter nach erfolgloser Abmahnung unter kurzer Fristsetzung verpflichtet, die Rufnummer zu sperren. Im Fall einer Rufnummernübertragung nach § 46 gelten die in Satz 2 und 3 enthaltenen Pflichten für denjenigen, in dessen Netz die Rufnummer geschaltet ist.

Schrifttum: *Berger*, Verantwortlichkeit für wettbewerbswidrig genutzte Rufnummern, MMR 2003, 642; *Brodkorb/Ohlenburg*, Wider den Missbrauch, CR 2003, 727; *Härting/Eckart,* Von unzumutbarer Belästigung – Spamming im Lichte der UWG-Novelle, ITRB 2004, 185; *Hoeren*, Virenscanning und Spamfilter – Rechtliche Möglichkeiten im Kampf gegen Viren, Spams & Co., NJW 2004, 3513; *Lienhard*, Missbräuchliche Internet-Dialer – eine unbestellte Dienstleistung, NJW 2003, 3592; *Schulze zur Wiesche*, Die neuen Zulässigkeitsgrenzen für Direktmarketing, CR 2004, 742; *Spindler/Volkmann*, Störerhaftung für wettbewerbswidrig genutzte Mehrwertdienst-Rufnummern und Domains, NJW 2004, 808; *Weiler*, Spamming – Wandel des europäischen Rechtsrahmens, MMR 2003, 223; *Wüstenberg*, Die Haftung des Wiederverkäufers anstelle des Mehrwertdienstanbieters, K&R 2004, 437.

Übersicht

I. Normzweck

§ 45o stellt eine spezielle **Zurechnungsnorm** im Rahmen der **Störerhaftung**[1] für Rechtsverstöße im Zusammenhang mit der Verwendung abgeleiteter Rufnummern dar. Die Norm richtet sich hierbei nicht an den Rufnummernnutzer selbst, sondern an denjenigen, der sie ihm zugeteilt hat. Bei **abgeleiteten Rufnummernzuteilungen** bestehen aufgrund der bislang zulässigen Rufnummernnutzung durch andere als den (ersten) Zuteilungsnehmer teilweise mehrstufige Ableitungsketten, so dass der berechtigte und tatsächliche Nutzer im Einzelfall schwer ermittelbar ist.[2] Kann er dennoch ermittelt werden, so ist der Rufnummernnutzer oftmals ohne ladungsfähige Adresse im Ausland beheimatet, so dass juristische Maßnahmen in der Regel vergebens sind. Dieser Umstand ist in der Vergangenheit

1

---

1 *Spindler/Volkmann*, NJW 2004, 808ff; *Berger*, MMR 2003, 642, 643.
2 Bislang bestand ein telekommunikationsrechtlicher Auskunftsanspruch nur für 0190er Rufnummern gemäß § 152 Abs. 1 S. 2 TKG 2004 i.V. m. § 43a TKG 1996; siehe aber jetzt § 66h Abs. 1 und 3.

insbesondere dazu benutzt worden, **unverlangte Werbung** über Premium-Dienste gemäß § 3 Nr. 17a an Endnutzer zu senden, um einen kostenpflichtigen Rückruf zu dieser Premium-Dienst-Rufnummer zu provozieren.[3]

2   Neben der Inanspruchnahme des eigentlichen Störers auf Unterlassung war auch die Inanspruchnahme desjenigen, der die beworbene Rufnummern abgeleitet zugeteilt hat, nicht zielführend, da die Gerichte die Voraussetzungen der **Mitstörerhaftung** oft verneinten[4], denn sie setzt eine willentliche und adäquat kausale Mitwirkung an dem Rechtsverstoß voraus.[5] Wurde das werbende Fax oder der Anruf aber von einer anderen als der beworbenen, i. d. R. geografischen Rufnummern aus versandt, liegt keine adäquat kausale Mitwirkung desjenigen an der rechtswidrigen Handlung vor, der die beworbene Rufnummern abgeleitet zugeteilt hat.[6]

3   § 45o begründet daher bei abgeleiteten Rufnummernzuteilungen in Bezug auf Gesetzesverstöße der Zuteilungsnehmer besondere **Hinweis- und Handlungspflichten** desjenigen, der Rufnummern abgeleitet zuteilt. Bei Verletzung der Handlungspflichten kann er als Störer auf Unterlassung der rechtswidrigen Handlungen des Zuteilungsnehmers in Anspruch genommen werden. Ansprüche können sich insbesondere für Verbraucher aus §§ 823, 1004 BGB, für Gewerbetreibende aus einem Eingriff in den „eingerichteten und ausgeübten Gewerbebetrieb" und für Mitbewerber aus dem Gesetz gegen unlauteren Wettbewerb ergeben.[7] § 45o ermöglicht dem Verbraucher, Gewerbetreibenden oder Konkurrenten, zusätzlich zu den **Maßnahmen der RegTP nach § 67** tätig zu werden.

4   Trotz theoretisch bestehender Ermittelbarkeit des Störers durch gesonderte Auskunftsansprüche nach dem Telekommunikationsgesetz[8] dürfte in vielen Fällen die Rechtsverfolgung gegenüber dem Störer in der Praxis fruchtlos sein. Daher besteht auch weiterhin grundsätzlich ein ausreichendes **Rechtschutzbedürfnis**, denjenigen in Anspruch zu nehmen, der die Rufnummer abgeleitet zugeteilt hat.[9] Indes bleibt die Durchsetzung der Verpflichtung in der Praxis aufwändig.[10]

II. Entstehungsgeschichte

5   Die Norm knüpft an § 13a TKV 1997 an, der durch die Zweite Verordnung zur Änderung der Telekommunikations-Kundenschutzverordnung vom 20. 8. 2002[11] Eingang in die Telekommunikations-Kundenschutzverordnung gefunden hat. Er stellte den ersten gesetzgeberischen Schritt zur Bekämpfung von Missbräuchen im Zusammenhang mit der Nutzung von 190/0900er Rufnummern dar. Ihm folgte im August 2003 das Gesetz zur Bekämpfung des Missbrauchs von 0190er/0900er Rufnummern[12], das diesen Bereich einer intensiven Regulierung unterwarf.

---

3 S. zur Historie auch *Brodkorb/Ohlenburg*, CR 2003, 727f.
4 *Berger*, MMR 2003, 642, 643.
5 St. Rspr. BGH NJW 2001, 3265; NJW 2000, 213.
6 *Spindler/Volkmann*, NJW 2004, 808f. m. w. N.
7 *Hoeren*, NJW 2004, 3513, 3514 mN.
8 Bisher § 152 Abs. 1 S. 2 TKG 2004 i.V. m. § 43a Abs. 1 S. 1, Abs. 2 S. 3 TKG 1996; nun § 66h.
9 A. A. *Berger*, MMR 2003, 642, 647; *Wüstenberg*, K&R 2004, 437, 438.
10 *Wüstenberg*, K&R 2004, 437, 438 f.
11 BGBl. 2002 I S. 3365.
12 BGBl. 2003 I S. 1590.

Im Vergleich zu § 13a TKV 1997[13] wird in § 45o der Anwendungsbereich der Norm von   **6**
Mehrwertdiensterufnummern auf alle **Rufnummern** ausgeweitet, die abgeleitet[14] zugeteilt
werden.[15] Diese inhaltliche Änderung erklärt sich aus den Veränderungen im regulatorischen Rechtsrahmen. Die Befugnisse der Regulierungsbehörde sind durch § 67 vom Rufnummernbereich 0190/0900 auf Rufnummern allgemein erweitert worden. Neu ist § 45o
S. 4, der eine gesetzliche Lücke schließt. Im Übrigen ist der Normtext an einigen Stellen
neu gefasst worden. Eine vom Bundesrat angeregte Verschärfung der Regelung, nach der
bei einer Sperre der Zuteilungsnehmer mit einer einjährigen Quarantäne zu belegen ist, hat
die Bundesregierung im Gesetzgebungsverfahren abgelehnt.[16] Der Gesetzesbeschluss des
Bundestags vom 17. 6. 2005 enthält keine Änderungen zum Regierungsentwurf.

III. Einzelerläuterungen

1. § 45o S. 1 – Hinweispflicht. – a) Normadressat. – Normadressat ist derjenige, der Ruf-   **7**
nummern abgeleitet an einen anderen zuteilt **(Zuteilender)**. Der Andere ist der Zuteilungsnehmer. **Abgeleitete Zuteilung** ist die Zuteilung seitens eines Betreibers von Telekommunikationsnetzen oder eines Anbieters von Telekommunikationsdiensten, der die Nutzungsrechte zu diesem Zwecke vorab von der Regulierungsbehörde zugeteilt erhielt (originäre
Zuteilung).[17] Folgende Rufnummern werden zur Zeit abgeleitet zugeteilt: **Ortsnetzrufnummern, 032, 0190, 0137, 0180, Kurzwahlnummern.**[18]

b) Inhalt und Form der Hinweises. – Der Zuteilende hat den Zuteilungsnehmer schrift-   **8**
lich darauf hinzuweisen, dass die **unaufgeforderte Übersendung von Informationen** und
Leistungen unter bestimmten Umständen gesetzlich verboten ist. Zum einen muss der
Hinweis beinhalten, dass die unaufgeforderte Übersendung von Informationen unter bestimmten Umständen gesetzlich verboten ist. Hierunter sind insbesondere Informationen
zu fassen, die **werbenden Charakter** haben.[19] Die gleiche Hinweispflicht bezieht sich
auch auf die unaufgeforderte Übersendung von Leistungen.[20] Hierunter kann die Übersendung eines **Dialers** und die Erbringung von Mehrwertdiensten mittels Dialereinwahl ohne
Aufforderung des Nutzers gefasst werden.[21] In diesem Zusammenhang sind als gesetzliche
Verbote insbesondere die spezialgesetzlichen Regelungen zu Dialern zu nennen.[22] Ein Hinweis des Zuteilenden, der alle Umstände aufzählt, unter denen die unaufgeforderte Übersendung von Informationen und Leistungen gesetzlich verboten ist, kann nicht verlangt
werden. Dies wäre aufgrund der Vielzahl denkbarer Umstände nicht möglich. Unter dem
Gesichtspunkt der Verhältnismäßigkeit ist es ausreichend, wenn der Zuteilende unter Be-

---

13 BGBl. 1997 I S. 2910.
14 Zur Übersicht s. die Informationen der Nummernverwaltung der Bundesnetzagentur auf http://
    www.bundesnetzagentur.de.
15 BT-Drs. 15/5213, S. 1, 32, 40.
16 S. hierzu bereits § 20 RefE TKV 2004.
17 § 5 Abs. 1 lit. b RefE TNV 2004. Nach dem RefE soll die Weitergabe in Zukunft nicht mehr mög-
    lich sein, vgl. § 5 Abs. 2.
18 Vgl. hierzu die Auskunftsansprüche gemäß § 66h Abs. 1 und 3.
19 Zur Zulässigkeit der Versendung von Werbung allgemein *Härting/Eckart*, ITRB 2004, 185ff.;
    Schulze zur Wiesche, CR 2004, 742ff.; speziell zur E-Mail-Werbung *Hoeren*, NJW 2004, 3513ff.;
    Weiler, MMR 2003, 223 ff.
20 Die Regelung ist an § 241a BGB angelehnt. Dies ist am Wortlaut des § 13a TKV 1997 noch deutli-
    cher erkennbar.
21 *Lienhard*, NJW 2003 3592, 3595f.
22 Bisher § 152 Abs. 1 S. 2 TKG 2004 i. V. m. § 43b TKG 1996; nun § 66f.

achtung der höchstrichterlichen Rechtsprechung die Gesetzeslage bezüglich der unaufge-forderten Übersendung von Informationen und Leistungen unter Berücksichtigung **typi-scher Missbrauchsvorfälle**[23] **skizziert.**

9 Der Hinweis hat im Zusammenhang mit der Zuteilung schriftlich zu ergehen. Schriftform gem. § 126 BGB ist hiermit nicht gemeint. Erforderlich ist, dass der Hinweis mittels Schriftzeichen übermittelt wird.

10 **2. § 45o S. 2f. – Handlungspflichten.** – § 45 o S. 2 f. normiert Handlungspflichten, wobei S. 3 lex specialis zu S. 2 ist.

11 **a) Normadressat.** – Normadressat ist der Zuteilende.

12 **b) § 45o S. 2.** – Hat nach § 45o S. 2 der Zuteilende gesicherte Kenntnis davon, dass eine von ihm zugeteilte Rufnummer zur gesetzlichen verbotenen, unverlangten Übersendung von Informationen und Leistungen verwendet wird, ist er verpflichtet, unverzüglich Maß-nahmen zu ergreifen, die geeignet sind, eine Wiederholung zu verhindern.

13 Zunächst bedarf es seitens des Zuteilenden einer **gesicherten Kenntnis**, dass die von ihm zugeteilte Rufnummer zur verbotenen, unverlangten Übersendung von Informationen oder Leistungen verwendet wird. Die gesicherte Kenntnis bezieht sich somit auf das Vorliegen des behaupteten **Sachverhalts**, seiner **Rechtswidrigkeit** und die Verwendung der zugeteil-ten Rufnummer zur Durchführung des Gesetzesverstoßes.[24] Zwischen Rufnummernver-wendung und Gesetzesverstoß muss danach ein **Zweckzusammenhang** bestehen. Dieser ist weit zu verstehen.[25]

14 Der Zuteilende befindet sich bei der Prüfung der Handlungspflicht in einem **Spannungs-verhältnis:** Auf der einen Seite unterliegt er der Verpflichtung des § 45o S. 2 f. und setzt sich der Gefahr zivilrechtlicher Unterlassungs- oder Schadensersatzansprüche aus, wenn er seinen Verpflichtungen nicht nachkommt. Zum anderen ist er vertraglich dem Zutei-lungsnehmer zur Zurverfügungstellung der technischen Erreichbarkeit der zugeteilten Rufnummer verpflichtet und riskiert Regressforderungen bei einem zu forschen Vorgehen. Aus diesem Grund sind erhöhte Anforderungen an den Kenntnisgrad bezüglich der Verlet-zung eines gesetzlichen Verbots zu stellen.[26]

15 Gesicherte Kenntnis verlangt nach obergerichtlicher Rechtsprechung eine **Zweifel prak-tisch ausschließende positive Kenntnis.**[27] Wann diese vorliegt, ist eine Frage des Einzel-falls. Eine einfache Mitteilung ist hierfür grundsätzlich nicht ausreichend.[28] Wiederholte Mitteilungen können diesem Erfordernis genügen[29], wobei im konkreten Fall auf weitere Faktoren – wie z. B. Grad der Substantiiertheit, Unterschiedlichkeit der Quellen, Nachfrage beim Zuteilungsnehmer – abzustellen ist.

16 Die gesicherte Kenntnis kann entfallen, wenn die Rechtswidrigkeit wegen einer umstritte-nen und obergerichtlich nicht geklärten Rechtslage unklar ist.[30] Bei Vorliegen gesicherter

---

23 Dies betrifft zur Zeit die unverlangte Werbung per E-Mail, Fax, SMS, Telefon und Brief sowie den Einsatz nicht gesetzeskonformer Einwählprogramme.
24 *Spindler/Volkmann*, NJW 2004, 808, 809; *Wüstenberg*, K&R 2004, 437, 438.
25 LG Köln, Urt. v. 3. 7. 2003 – 31 O 287/03, MMR 2003, 676, 677.
26 *Manssen/Lammich*, C § 41/§ 13a RdNr. 8.
27 OLG Köln Urt. v. 5. 3. 2004 – 6 U 141/03 CR 2004, 750, 751.
28 OLG Köln Urt. v. 5. 3. 2004 – 6 U 141/03 CR 2004, 750.
29 LG Köln MMR 2003, 676, 677; *Spindler/Volkmann* NJW 2004, 808, 809 (Rn. 18) m.N.; *Brod-korb/Ohlenburg*, CR 2003, 727, 731.
30 *Berger*, MMR 2003, 642, 645.

Kenntnis hat der Zuteilende unverzüglich Maßnahmen zu ergreifen, die **geeignet** sind, eine Wiederholung zu verhindern. Unverzüglich meint Handeln ohne schuldhaftes Zögern i. S. d. § 121 BGB. Zu den geeigneten Maßnahmen gehören vor der Veranlassung einer Sperre nach § 45o S. 3 zunächst die Abmahnung oder die Aufforderung, den Verletzten aus der Verteilerliste zu streichen.[31]

c) § 45o S. 3. – Nach § 45o S. 3 ist bei wiederholten oder schwerwiegenden Verstößen ge- **17** gen gesetzliche Verbote der Anbieter nach erfolgloser **Abmahnung unter kurzer Fristsetzung** verpflichtet, die Rufnummer zu sperren. Unvermittelt bestimmt die Regelung einen „Anbieter" zum **Normadressaten.** Hierbei handelt es sich um ein redaktionelles Versehen. Verpflichtet ist weiter der Zuteilende. Weder aus der amtlichen Begründung noch aus der Systematik der Norm lässt sich eine andere Schlussfolgerung ziehen.

§ 45o S. 3 setzt gesicherte Kenntnis des Zuteilenden von einem wiederholten oder schwer- **18** wiegendem Verstoß gegen ein gesetzliches Verbot voraus. Die **Wiederholung** bezieht sich auf die Betroffenheit der Rufnummer, eine Wiederholung des gleichen Verstoßes ist nicht zwingend. Ein Verstoß ist schwerwiegend, wenn in erheblichem Maße gegen die Rechtsordnung gehandelt wird. Wann dies vorliegt, ist eine Frage des Einzelfalls.

Bei Vorliegen der gesicherten Kenntnis ist der Zuteilende zunächst zur Abmahnung unter **19** **kurzer Fristsetzung** verpflichtet. „Unter Kurzer Fristsetzung" ist ein unbestimmter Rechtsbegriff, der auslegungsbedürftig ist. Abhängig von den konkreten Umständen dürfte die Frist wenige Tage nicht überschreiten. Ist diese erfolglos, hat er die betroffene Rufnummer zu sperren. Um einen wiederholten Verstoß bzgl. einer Rufnummer feststellen und somit § 45o S. 3 nachkommen zu können, ergibt sich seitens des Zuteilenden eine **Dokumentationspflicht.**[32]

3. § 45o S. 4 – Rufnummernübertragung. – Im Falle einer **Rufnummernübertragung** **20** **nach § 46** tritt derjenige, in dessen Netz die Rufnummer neu geschaltet wird, nach § 45o S. 4 in die Pflichten des Zuteilenden nach § 45o S. 2 und 3 ein. Hierdurch wird eine Rechtsschutzlücke des § 13a TKV behoben, der keine Handlungspflicht des neuen Netzbetreibers vorsah.[33]

4. Rechtsfolgen. – Der Endnutzer kann im Streit darüber, ob der Anbieter eine in § 45o **21** vorgesehene Verpflichtung ihm gegenüber erfüllt hat, eine Schlichtung nach § 47a beantragen. Im Hinblick auf eine Verletzung des § 45o können sich auch Ansprüche aus § 44 ergeben. Unter den Voraussetzungen des § 126 ist weiter ein Tätigwerden der Regulierungsbehörde möglich.

---

31 *Wüstenberg*, K&R 2004, 437, 438 mit weiteren Beispielen; s. auch *Berger*, MMR 2003, 642, 646.
32 Amtliche Begründung zu § 45o RegE, BR-Drs. 92/05, S. 1, 35.
33 Kritisch *Wüstenberg*, K&R 2004, 437, 438.

§ 45p   Auskunftsanspruch über zusätzliche Leistungen

Der verantwortliche Anbieter einer neben der Verbindung erbrachten Leistung muss auf Verlangen des Endnutzers diesen über den Grund und Gegenstand des Entgeltanspruches, der nicht ausschließlich Gegenleistung einer Verbindungsleistung ist, insbesondere über die Art der erbrachten Leistung, unterrichten.

Schrifttum: *Fluhme*, Pay by call?, CR 2003, 103.

I. Bedeutung der Norm

Der Auskunftsanspruch über zusätzliche Leistungen zielt darauf ab, eine zusätzliche Informationspflicht für Anbieter zu schaffen und fördert damit die **Transparenz** der Leistungsbeziehung zwischen Endnutzer und Anbieter. Die **praktische Anwendung** der Regelung wird sich aller Voraussicht nach **problematisch** gestalten, da sie sich nicht systematisch in das telekommunikationsrechtliche Normengefüge einpasst.   **1**

II. Entstehungsgeschichte

§ 45p stellt eine für das Telekommunikationsrecht **neue Regelung** dar. Denn weder die   **2** TKV 1997 noch das TKG 1996 enthalten vergleichbare Regelungen. Gleiches gilt für den europäischen Rechtsrahmen. Eine ähnlich lautende Regelung wurde jedoch bereits im Jahr 2003 in der Literatur vorgeschlagen[1].

III. Einzelerläuterungen

1. Adressat der Norm. – Adressat des Auskunftsanspruchs ist der „**verantwortliche An-**   **3** **bieter einer neben der Verbindung erbrachten Leistung**". Der Begriff des „verantwortlichen Anbieters" fügt sich **nicht systematisch** in das TKG 2004 ein, da er in dieser Form weder in den Begriffsdefinitionen noch im sonstigen Normenkontext Erwähnung findet.

Aufgrund der **Wortlauts** könnte man sich bei der Auslegung des Begriffs verantwortlicher   **4** „**Anbieter**" zunächst an der Legaldefinition in § 3 Nr. 6 zum „**Diensteanbieter**" orientieren. Eine Orientierung am Begriff des „Diensteanbieters" ist jedoch letztlich nicht mit dem restlichen systematischen Umfeld des § 45p vereinbar. Denn nach § 3 Nr. 6 ist jeder Diensteanbieter, der ganz oder teilweise geschäftsmäßig Telekommunikationsdienste erbringt oder an der Erbringung solcher Dienste mitwirkt. Der „Diensteanbieter" muss nicht mit dem Betreiber des Netzes, auf dem der Dienst erbracht wird, oder mit dem Anbieter des Inhalts identisch sein.[2] Darüber hinaus muss es sich bei den in Rede stehenden Diensten um „**Telekommunikationsdienste**" i. S. d. § 3 Nr. 24 handeln. „Telekommunikationsdienste" sind in der Regel gegen Entgelt erbrachte Dienste, die ganz oder überwiegend in der Übertragung von Signalen über Telekommunikationsnetze bestehen, einschließlich Übertragungsdiensten in Rundfunknetzen. Bei den Diensten, die der verantwortliche Anbieter i. S. d. § 45p erbringt, kann es sich **nicht** um **Telekommunikationsdienste** i. S. d. § 3 Nr. 24 handeln. Denn wenn Telekommunikationsdienste ganz oder überwiegend aus der „Übertragung von Signalen über Telekommunikationsnetze" bestehen, ist damit die „Verbindungsleistung" angesprochen. Bei § 45p soll jedoch vielmehr eine „neben" der Verbin-

---

1   *Fluhme*, CR 2003, 103, 108.
2   Vgl. § 3 RdNr. 8.

dung erbrachte Leistung Gegenstand des Auskunftsanspruchs sein. Bestätigt wird dieses zum einen durch die Gesetzesbegründung zu § 45p, da hier zwischen dem verantwortlichen Anbieter und dem Netzbetreiber, der die Verbindungsleistung erbringt, unterschieden wird[3]. Zum anderen handelt es sich laut Überschrift bei § 45p um einen Auskunftsanspruch über „zusätzliche Leistungen".

5 Die vom verantwortlichen Anbieter i. S. d. § 45p erbrachte Leistung kommt vielmehr einem **„telekommunikationsgestützten Dienst"** nahe, da hier nicht die reine „Verbindungsleistung" im Mittelpunkt steht. Die telekommunikationsgestützten Dienste sind nach § 3 Nr. 25 solche, die keinen räumlich und zeitlich trennbaren Leistungsfluss auslösen, sondern bei denen die Inhaltsleistung noch während der Telekommunikationsverbindung erfüllt wird. Hiervon sind insbesondere die über Mehrwertdienstrufnummern abgewickelten Dienste erfasst[4]. Bei den telekommunikationsgestützten Diensten ist die Verbindung zwischen Inhalt und Transport aufgrund des zeitlich und räumlich untrennbaren Leistungsflusses nicht derart exakt möglich. Überträgt man dieses auf § 45p, so ist der **Mehrwertdiensteanbieter als Anbieter i. S. d. § 45p** anzusehen. Denn wenn der Netzbetreiber den Mehrwertdienst nicht unter eigenem Namen anbietet, sondern von einem Dritten erbracht wird, handelt es sich um eine „neben der Verbindung erbrachten Leistung".

6 Darüber hinaus ist in der Praxis bei der Auseinandersetzung mit telekommunikationsgestützten Diensten, ebenso wie bei den Telekommunikationsdiensten i. S. d. § 3 Nr. 24, die Abgrenzung zu den so genannten Telediensten gemäß § 2 TDG und den Mediendiensten gemäß § 2 MDStV zu beachten. Die Abgrenzung zwischen Telekommunikationsdienst und Medien- bzw. Teledienst erfolgt aufgrund einer funktionalen Betrachtung. Medien- und Teledienste dienen der Bereitstellung von Informationen, während Telekommunikationsdienste die Transportleistung für gerade diese Dienste umfassen[5].

7 Dem Begriff des **„verantwortlichen"** Anbieters fehlt es an Präzision, da die Formulierung keine nähere Konkretisierung im TKG erfährt. Letztlich kann es sich bei dem Anbieter nur um demjenigen handeln, der aufgrund einer „neben der Verbindung erbrachten Leistung" in einer **vertraglichen Beziehung** zum Endnutzer steht[6].

8 Der Gesetzgeber differenziert hinsichtlich des verantwortlichen Anbieters und des jeweiligen Netzbetreibers nicht zwischen den unterschiedlichen Netzen. Daher findet der Auskunftsanspruch nach § 45p sowohl auf den **Mobilfunk** als auch auf das **Festnetz** Anwendung.

9 **2. Berechtigter.** – Berechtigter des Auskunftsanspruchs ist der Endnutzer, der in einer Leistungsbeziehung zum verantwortlichen Anbieter steht. Der Endnutzer ist wiederum legaldefiniert in § 3 Nr. 8 als eine juristische oder natürliche Person, die weder öffentliche Telekommunikationsnetze betreibt noch Telekommunikationsdienste für die Öffentlichkeit erbringt[7].

10 **3. Inhalt des Auskunftsanspruchs.** – Inhalt der Auskunft seitens des verantwortlichen Anbieters sind nach dem **Wortlaut** der Norm **„Grund und Gegenstand des Entgeltanspruchs"**. Diese Umschreibung soll in § 45p a. E. eine Konkretisierung erfahren, indem darauf abgestellt wird, dass **„insbesondere über die Art der erbrachten Leistung"** zu un-

---

3 BR-Drs. 92/05, S. 1, 35.
4 Vgl. § 3 RdNr. 43.
5 Vgl. § 3 RdNr. 38.
6 Vgl. im Detail *Fluhme*, CR 2003, 103 ff.
7 Vgl. im Detail § 3 RdNr. 12.

terrichten ist. Bei den telekommunikationsgestützten Diensten i. S. d. § 3 Nr. 25 handelt es sich dabei um den erbrachten **Leistungsinhalt** des Mehrwertdienstes. Der Vergleich mit anderen Auskunftsrechten des Endnutzers, wie beispielsweise dem Anspruch auf Einzelverbindungsnachweis nach § 45e[8], ergibt, dass die nach § 45p zur Verfügung gestellten Informationen den Endnutzer in die Lage versetzen müssen, die erbrachte Leistung **selbstständig nachzuvollziehen**. Denn Sinn und Zweck der Regelung sprechen dafür, dass dem Endnutzer, ebenso wie mit dem Einzelverbindungsnachweis, die Nachprüfung der Teilbeträge ermöglicht werden soll.

4. Verlangen. – Der Endnutzer kann sein „**Verlangen**" auf Auskunft gegenüber dem verantwortlichen Endnutzer **formlos** artikulieren, da der Gesetzgeber auf Formvorschriften verzichtet hat. Fraglich ist, **wie lange** dieses Verlangen gegenüber dem verantwortlichen Anbieter geäußert werden kann. Ab In-Kraft-Treten der Regelung werden die verantwortlichen Anbieter **Daten** über den Grund und Gegenstand des Entgeltanspruchs **vorhalten** müssen, um etwaigen Auskunftsverlangen nachkommen zu können. Erfolgt das Inkasso über den Netzbetreiber, orientiert sich die Länge der Speicherung an dessen Abrechnungszeiträumen. **11**

Zur Äußerung seines Auskunftsverlangens benötigt der Endnutzer die **Adresse** des verantwortlichen Anbieters[9]. Auf welchem Wege er die Kontaktdaten erlangt, ist abhängig von dem Weg, auf dem das Inkasso der entsprechenden Leistung vollzogen wird. Um dem Auskunftsanspruch des Endnutzers nach § 45p Geltung zu verschaffen, wird derjenige, der das Inkasso übernimmt, eben diese Kontaktdaten an den Endnutzer übermitteln müssen, da ansonsten § 45p leer liefe. **12**

5. Rechtsfolgen. – Da es sich beim Auskunftsanspruch nach § 45p um „eine in den §§ 43a, 45 bis 46 vorgesehene Verpflichtung" handelt, kann bei Verletzung der Verpflichtungen der Endnutzer durch Antrag bei der RegTP ein **Schlichtungsverfahren** einleiten (vgl. § 47a Abs. 1). Liegt darüber hinaus ein Verstoß „gegen dieses Gesetz" vor, kommen gemäß § 44 Abs. 1 ein **Beseitigungs-, Unterlassungs-** und möglicherweise **Schadensersatzansprüche** in Betracht. Stellt die RegTP fest, dass ein Unternehmen seiner Verpflichtung nach § 45p nicht nachkommt, so **fordert** sie nach den Vorgaben des § 126 **zur Abhilfe auf**. **13**

---

8 Vgl. § 45e RdNr. 6.
9 Vgl. hierzu im Detail schon zur TKV 1997 *Fluhme*, CR 2003, 103 ff.

§ 47a Schlichtung

(1) Der Endnutzer kann im Streit mit einem Anbieter von Telekommunikationsdiensten für die Öffentlichkeit darüber, ob der Anbieter eine in den §§ 43a, 45 bis 46 Abs. 2 vorgesehene Verpflichtung ihm gegenüber erfüllt hat, bei der Regulierungsbehörde durch einen Antrag ein Schlichtungsverfahren einleiten.

(2) Zur Durchführung der Schlichtung hört die Regulierungsbehörde den Endnutzer und den Anbieter an. Sie soll auf eine gütliche Einigung zwischen dem Endnutzer und dem Anbieter hinwirken.

(3) Das Schlichtungsverfahren endet, wenn der Schlichtungsantrag zurückgenommen wird, wenn der Endnutzer und der Anbieter sich geeinigt und dies der Regulierungsbehörde mitgeteilt haben, wenn sie übereinstimmend erklären, dass sich der Streit erledigt hat oder wenn die Regulierungsbehörde dem Endnutzer und dem Anbieter schriftlich mitteilt, dass eine Einigung im Schlichtungsverfahren nicht erreicht werden konnte.

(4) Die Regulierungsbehörde regelt die weiteren Einzelheiten über das Schlichtungsverfahren in einer Schlichtungsordnung, die sie veröffentlicht.

Übersicht

I. Normzweck

Die Vorschrift ermöglicht es Endnutzern, Streitigkeiten mit Anbietern von Telekommunikationsdiensten für die Öffentlichkeit im Wege einer freiwilligen außergerichtlichen Schlichtung vor der Regulierungsbehörde als Schlichterin zu klären.[1] **1**

II. Entstehungsgeschichte

Bereits das TKG 1996 sah ein außergerichtliches Streitbeilegungsverfahren vor,[2] das in § 35 TKV 1997 und in der Verfahrensordnung für das Schlichtungsverfahren[3] näher ausgeführt wurde. **2**

---

1 BT-Drs. 15/5213, S. 12; BT-Drs. 15/5694, S. 17
2 § 41 Abs. 3 Nr. 8 TKG 1996.
3 ABl. RegTP 21/1998, S. 2626 ff., novelliert ABl. RegTP 22/2001, S. 3357 ff.

3 § 45 TKG 2004 ermächtigt abermals zum Erlass einer Kundenschutzverordnung, die unter anderem das außergerichtliche Streitbeilegungsverfahren für Kunden regeln soll.[4] Nachdem Bedenken an der Verfassungsmäßigkeit der Ermächtigungsgrundlage geäußert worden waren,[5] sollte sie durch einen neuen § 45, der die besondere Berücksichtigung Behinderter vorsieht, ersetzt werden und die bislang in der Kundenschutzverordnung enthaltenen Vorschriften in das TKG überführt werden. So kam es schließlich dazu, dass die Regelungen des § 35 TKV 1997 zu § 47a umgestaltet wurden. Der Regierungsentwurf sah in Abs. 1 noch die Formulierung „Verpflichtung gegenüber einem Endnutzer" vor.[6] Der Bundesrat erblickte darin in seiner Stellungnahme die Gefahr einer „Popularschlichtung" ohne Betroffenheit des Antragstellers[7] und schlug deshalb die Worte „ihm gegenüber" vor.[8] Dem schloss sich die Bundesregierung an.[9]

4 Gemeinschaftsrechtlich ist die Schlichtung in Art. 34 URL verankert. Dort verpflichten sich die Mitgliedstaaten, Verbrauchern und ggf. anderen Endnutzern transparente, einfache und kostengünstige außergerichtliche Streitbeilegungsverfahren zur Verfügung zu stellen, die eine „gerechte und zügige Beilegung von Streitfällen" ermöglichen.

III. Abgrenzungen

5 Das außergerichtliche Streitbeilegungsverfahren für Kunden bzw., wie es nunmehr in § 47a heißt, die „Schlichtung" hat das Ziel, eine gütliche Einigung zwischen dem Endnutzer und dem Anbieter zu erreichen. Es ist von mehreren anderen Konfliktlösungsmechanismen zu unterscheiden.

6 **1. Schiedsvereinbarung.** – Die Schlichtung stellt keine Schiedsvereinbarung im Sinne von §§ 1029 ff. ZPO dar.[10] Bei der Schiedsvereinbarung kommen die Parteien überein, dass eine zwischen ihnen bestehende Rechtsstreitigkeit unter Ausschluss der staatlichen Gerichte durch ein Schiedsgericht entschieden werden soll.[11] Der Schlichtung gemäß § 47a kommt jedoch eine derartige Bindungswirkung für die Parteien nicht zu, sondern sie stellt lediglich den Versuch dar, die Streitigkeit mit Hilfe der Regulierungsbehörde zu klären.[12]

7 **2. Obligatorisches Güteverfahren.** – Die Schlichtung ist kein obligatorisches Güteverfahren im Sinne von § 15a EGZPO, weil die Schlichtung nach § 47a von der Freiwilligkeit des Verfahrens geprägt ist,[13] das zudem nur vom Endnutzer, nicht aber vom Anbieter beantragt werden kann. Demgegenüber muss im Rahmen des § 15a EGZPO das obligatorische Güteverfahren beschritten werden, bevor die Klage zulässig ist.

8 Ob die Regulierungsbehörde im Rahmen der Schlichtung als eine gemäß § 15a EGZPO anerkannte Gütestelle tätig werden kann, entscheidet das Landesrecht. Erkennt die Landes-

---

4 § 45 Abs. 3 Nr. 6 TKG 2004.
5 Zur Unbestimmtheit der Ermächtigungsgrundlage des § 45 TKG 2004 siehe § 45 RdNr. 9 ff., 20 ff.
6 BT-Drs. 15/5213, S. 12.
7 BT-Drs. 15/5213, S. 33.
8 BT-Drs. 15/5213, S. 32.
9 BT-Drs. 15/5213, S. 39.
10 BT-Drs. 15/5213, S. 23. Zum alten Recht ebenso BeckTKG-Komm/*Kerkhoff*, Anh § 41 § 35 TKV RdNr. 5; *Manssen/Lammich*, § 41/§ 35 TKV RdNr. 2; *Scheurle/Mayen/Schadow*, § 41 RdNr. 93.
11 § 1029 Abs. 1 ZPO.
12 Die Gesetzesbegründung spricht von einem „Schlichtungsversuch" (BT-Drs. 15/5213, S. 23).
13 BT-Drs. 15/5213, S. 23.

justizverwaltung nach § 15a Abs. 1 EGZPO oder das Landesrecht nach § 15a Abs. 6 Satz 1 EGZPO die Regulierungsbehörde als Gütestelle an, ist ein Vergleich, den der Endnutzer und der Anbieter vor ihr schließen, nach § 794 Abs. 1 Nr. 1 ZPO vollstreckbar.[14] Wird die Regulierungsbehörde nicht als Gütestelle anerkannt, kann sie nur im Rahmen des § 15a Abs. 3 EGZPO als „sonstige Gütestelle, die Streitbeilegung betreibt", handeln. Eine vor einer derartigen Gütestelle erzielte Einigung mag einen privatrechtlichen Vergleich bilden; einen Vollstreckungstitel gemäß § 794 Abs. 1 Nr. 1 ZPO stellt sie jedoch nicht dar.[15]

3. Streitschlichtung. – Die Streitschlichtung (§ 51) ermöglicht es den nach §§ 48 bis 50 **9** Berechtigten und Verpflichteten, Streitfragen, die sich aus der Anwendung dieser Vorschriften ergeben, durch die Regulierungsbehörde als Schlichtungsstelle lösen zu lassen.

4. Sonstige Streitigkeiten zwischen Unternehmen. – Bei den sonstigen Streitigkeiten **10** zwischen Unternehmen (§ 133) treten sich zwei Unternehmen entgegen, die öffentliche Telekommunikationsnetze betreiben oder Telekommunikationsdienste für die Öffentlichkeit anbieten. Demgegenüber stehen sich bei § 47a ein Unternehmen und ein Endnutzer gegenüber, der aufgrund der Legaldefinition des § 3 Nr. 8 weder öffentliche Telekommunikationsnetze betreibt noch Telekommunikationsdienste für die Öffentlichkeit anbietet.

5. Mediationsverfahren. – Im Gegensatz zur Schlichtung nach § 47a vor der Regulie- **11** rungsbehörde wird das in § 124 erwähnte Mediationsverfahren nicht vor der Regulierungsbehörde betrieben. Statt dessen bemüht sich eine Gütestelle, die keine Sachentscheidungskompetenz hat, eine einvernehmliche Einigung zwischen den Parteien herbeizuführen.[16]

IV. Antragsbefugnis

Die Schlichtung wird durch den Antrag des Endnutzers (Antragstellers) bei der Regulie- **12** rungsbehörde eingeleitet. Antragsbefugt ist ausschließlich der **Endnutzer**, d. h. jede natürliche oder juristische Person, die weder öffentliche Telekommunikationsnetze betreibt noch Telekommunikationsdienste für die Öffentlichkeit erbringt.[17] Ob der Endnutzer die Dienste für sich privat, gewerblich oder beruflich in Anspruch genommen hat, nimmt oder nehmen wird, spielt keine Rolle.

Keine Antragsbefugnis besitzt demgegenüber der Anbieter von Telekommunikations- **13** diensten für die Öffentlichkeit (Antragsgegner), weil der eindeutige Wortlaut des Abs. 1 lediglich dem Endnutzer, nicht aber dem Anbieter die Möglichkeit einräumt, die Schlichtung durch einen Antrag einzuleiten. Will der Anbieter seine Forderungen gegen den Endnutzer durchsetzen, ist er auf die üblichen zivilprozessualen Mittel beschränkt.

Der Antrag ist nur zulässig, wenn zum einen der Endnutzer geltend macht, der Anbieter ha- **14** be ihm gegenüber eine der in Abs. 1 genannten Verpflichtungen nicht erfüllt. Zum anderen darf kein Gerichtsverfahren mit demselben Streitgegenstand rechtshängig oder rechtskräftig sein; ebenso wenig darf eine Schlichtung über denselben Streitgegenstand beantragt oder durchgeführt worden sein. Schließlich muss das allgemeine Rechtsschutzbedürfnis

---

14 § 15a Abs. 6 Satz 2 EGZPO. Irrtümlich wird in der Gesetzesbegründung zu § 47a generalisierend ausgeführt: „Da die Regulierungsbehörde keine nach § 15a Abs. 6 EGZPO anerkannte Gütestelle ist, ist das Ergebnis der Schlichtung nicht vollstreckbar" (BT-Drs. 15/5213, S. 23).

15 *Argumentum e contrario* zu § 15a Abs. 6 Satz 2 EGZPO; *Zöller/Gummer*, § 15a EGZPO RdNr. 21; *Baumbach/Lauterbach/Albers*, § 15a EGZPO RdNr. 22.

16 Vgl. § 124 RdNr. 12 und 14.

17 § 3 Nr. 8.

für den Antrag in der Weise gegeben sein, dass der Endnutzer vor der Antragstellung versucht hat, sich mit dem Anbieter über die strittigen Punkte zu einigen.[18]

15 Dagegen führt die Verjährung nicht zur Unzulässigkeit des Antrags. Zwar lautet § 4 Abs. 2 der Schlichtungsordnung: „Der Antrag ist unzulässig, wenn er bei Beantragung des Schlichtungsverfahrens bereits verjährt war und der Antragsgegner sich auf Verjährung beruft." Das ist jedoch in doppelter Hinsicht unzutreffend. Zum einen kann der Antrag nicht bei der Beantragung der Schlichtung verjährt sein, weil ein Antrag auf Einleitung der Schlichtung nicht verjährt; der Verjährung unterliegen einzig materiell-rechtliche Ansprüche (§ 194 Abs. 1 BGB). Zum anderen entzieht ein Anbieter, der nach Ablauf der Verjährungsfrist die Einrede der Verjährung erhebt, einem verfahrenseinleitenden Antrag nicht die Zulässigkeit, sondern der Antrag ist unbegründet.

V. Form des Antrags

16 Der Endnutzer muss die Einleitung der Schlichtung schriftlich bei der Regulierungsbehörde beantragen.[19] Den notwendigen Inhalt des Antrags regelt § 7 Abs. 2 der Schlichtungsordnung. Eine Frist, innerhalb derer der Antrag zu stellen ist, sieht weder das Gesetz noch die Schlichtungsordnung vor.

VI. Verfahrensgegenstand

17 Gegenstand der Schlichtung ist es, ob der Anbieter gegenüber dem Endnutzer, der die Schlichtung beantragt hat, eine oder mehrere der in den §§ 43a, 45 bis 46 Abs. 2 vorgesehenen Verpflichtungen erfüllt hat (Abs. 1). Gemeint sind damit die zivilrechtlichen Kategorien, ob der Anbieter eine derartige Verpflichtung nicht, nicht vollständig oder schlecht erfüllt hat. Die **Beweislast** dafür, dass der Anbieter seine Verpflichtungen gegenüber dem Endnutzer erfüllt hat, trägt der Anbieter.

VII. Verfahren

18 Die Schlichtung wird eingeleitet durch den schriftlichen Antrag des Endnutzers bei der Regulierungsbehörde. Die Schlichtungsstelle besteht aus drei Bediensteten der Regulierungsbehörde, die den Rechtsstreit einem von ihnen zur Entscheidung übertragen können.[20] Abs. 2 Satz 1 sieht die obligatorische Anhörung des Endnutzers und des Anbieters durch die Regulierungsbehörde vor. Die Schlichtung ist in der Regel ein schriftliches Verfahren; doch kann die Schlichtungsstelle beschließen, eine öffentliche mündliche Verhandlung durchzuführen.[21] Eine Schwäche des Verfahrens besteht darin, dass auch im Falle einer mündlichen Verhandlung nur der Urkundenbeweis zugelassen ist.[22]

19 Die Regulierungsbehörde soll gemäß Abs. 2 Satz 2 auf eine gütliche Einigung zwischen den Verfahrensbeteiligten **hinwirken**, d.h. ihnen helfen, die Streitigkeit auszuräumen, nicht aber sie zu einer Einigung drängen. Ob sich die Beteiligten gütlich einigen wollen oder nicht, ist allein ihre Sache.

---

18 § 4 Abs. 1 Schlichtungsordnung.
19 § 7 Abs. 1 Schlichtungsordnung.
20 § 3 Schlichtungsordnung.
21 § 2 Abs. 3 und Abs. 4 Satz 2 Schlichtungsordnung.
22 § 10 Abs. 1 Satz 2 Schlichtungsordnung.

VIII. Verfahrensbeendigung

Abs. 3 sieht alternativ vier Gründe vor, warum die Schlichtung endet: die Antragsrücknahme, die übereinstimmende Erledigungserklärung, die Einigung und die Erfolglosigkeit der Schlichtung. **20**

1. Antragsrücknahme. – Zur Antragsrücknahme ist, da sie den *actus contrarius* der Antragstellung bildet, lediglich der Endnutzer oder sein Vertreter berechtigt. **21**

2. Erledigung. – Die Schlichtung endet auch dann, wenn der Endnutzer und der Anbieter übereinstimmend den Streit für erledigt erklären. Hingegen berührt eine einseitige Erledigungserklärung weder des Endnutzers noch des Anbieters die Schlichtung. Die einseitige Erledigungserklärung des Anbieters ist ohne rechtliche Bedeutung. Erklärt der Endnutzer einseitig den Streit für erledigt, ohne dass sich dem der Anbieter anschließt, ist die Regulierungsbehörde gehalten, beim Endnutzer nachzufragen, welche Bedeutung der Endnutzer seiner Erklärung beigemessen sehen möchte, ob er also die Schlichtung noch weiter betreiben will oder ob seine einseitige Erledigungserklärung in Wirklichkeit die Antragsrücknahme bilden soll. **22**

3. Einigung. – Auch wenn der Endnutzer die Schlichtung beantragt hat, sind er und der Anbieter nicht gehindert, eine Einigung **außerhalb der Schlichtung** zu suchen. Wird eine Einigung erzielt, beendet das nicht automatisch die Schlichtung. Vielmehr wird die Schlichtung erst dann beendet, wenn der Regulierungsbehörde die Einigung mitgeteilt wird. Teilt nur ein Beteiligter der Regulierungsbehörde mit, dass eine Einigung erreicht worden sei, ist sie verpflichtet, sich beim anderen Beteiligten zu vergewissern, dass der Endnutzer und der Anbieter sich tatsächlich geeinigt haben; nur so kann sichergestellt werden, dass eine Einigung vorliegt. **23**

Gleiches gilt, falls die Einigung **im Rahmen der Schlichtung** etwa aufgrund eines Vorschlags der Regulierungsbehörde, aber nicht vor der Regulierungsbehörde zustande kommt. **24**

Für die Mitteilung ist keine Schriftform erforderlich, wie sich aus dem Umkehrschluss zur letzten Variante des Abs. 3 ergibt, wonach die Regulierungsbehörde „schriftlich mitteilt", dass in der Schlichtung keine Einigung erreicht werden konnte. **25**

Ob die Einigung ein **Vollstreckungstitel** gemäß § 794 Abs. 1 Nr. 1 ZPO ist, hängt davon ab, ob die Regulierungsbehörde als anerkannte oder als sonstige Gütestelle agiert hat (RdNr. 8). **26**

4. Scheitern. – Die Schlichtung endet auch dann, wenn die Regulierungsbehörde dem Endnutzer und dem Anbieter schriftlich mitteilt, dass die Schlichtung zu keiner Einigung geführt hat. Das Verfahrensende tritt erst dann ein, wenn sowohl der Endnutzer als auch der Anbieter diese schriftliche Mitteilung empfangen haben. **27**

IX. Kosten

Die Kosten der außergerichtlichen Schlichtung werden nach § 145 erhoben.[23] **28**

---

23 Näheres siehe § 145 RdNr. 3 ff.

§ 66a Preisangabe

Wer gegenüber Endnutzern Premium-Dienste, Auskunftsdienste, Massenverkehrs-dienste, Geteilte-Kosten-Dienste, Neuartige Dienste oder Kurzwahldienste anbietet oder dafür wirbt, hat dabei den für die Inanspruchnahme des Dienstes zu zahlenden Preis zeitabhängig je Minute oder zeitunabhängig je Inanspruchnahme einschließlich der Umsatzsteuer und sonstiger Preisbestandteile anzugeben. Bei Angabe des Preises ist der Preis gut lesbar, deutlich sichtbar und in unmittelbarem Zusammenhang mit der Rufnummer anzugeben. Bei Anzeige der Rufnummer darf die Preisangabe nicht zeitlich kürzer als die Rufnummer angezeigt werden. Auf den Abschluss eines Dauer-schuldverhältnisses ist hinzuweisen. Soweit für die Inanspruchnahme eines Dienstes nach Satz 1 für Anrufe aus den Mobilfunknetzen Preise gelten, die von den Preisen für Anrufe aus den Festnetzen abweichen, ist der Festnetzpreis mit dem Hinweis auf die Möglichkeit abweichender Preise für Anrufe aus den Mobilfunknetzen anzuge-ben. Bei Telefax-Diensten ist zusätzlich die Zahl der zu übermittelnden Seiten anzuge-ben. Bei Datendiensten ist zusätzlich, soweit möglich, der Umfang der zu übermitteln-den Daten anzugeben, es sei denn, die Menge der zu übermittelnden Daten hat keine Auswirkung auf die Höhe des Preises für den Endnutzer.

Schrifttum: *Braun*, Verbesserung des Verbraucherschutzes durch das Gesetz zur Bekämpfung des Missbrauchs von 0190er/0900er-Mehrwertdiensterufnummern, VuR 2003, 414; *Brodkorb/Ohlenburg*, Wider den Missbrauch – Das neue Mehrwertdienstegesetz und dessen Ausführung durch die Regulie-rungsbehörde, CR 2003, 727; *Ditscheid/Rudloff*, Das Gesetz zur Bekämpfung des Missbrauchs von 0190er-/0900er-Mehrwertdiensterufnummern – sinnvolle Lösungen im Spannungsfeld zwischen Ver-braucherschutz und Wirtschaft, TKMR 2003, 406; *dies.*, Fakturierung und Inkasso von Mehrwert-diensten, K&R 2004, 1; *Fluhme*, Pay by Call – Über die Legitimität eines Gesetzes zur Bekämpfung des Missbrauchs von Mehrwertdiensterufnummern, CR 2003, 103; *Grabe*, Das Dialer-Problem und was zu klären übrig blieb…, CR 2004, 262; *Härting*, Recht der Mehrwertdienste – 0190/0900, 2003; *ders.*, Vertragsgestaltung bei Mehrwertdiensten – 0190–Providerverträge-, ITRB 2003, 38; *Oechsler*, Risikotragung bei heimlicher Installation eines Internet-Einwahlprogramms – Die Dialer-Problema-tik, LMK 2004, 114; *Tiedemann*, Mehrwertdiensterufnummern: Der Schutz der Verbraucher und der seriösen Anbieter vor schwarzen Schafen – eine (un-)lösbare Aufgabe?, K&R 2003, 328; *Vahle*, Be-kämpfung des Missbrauchs von 0190er-/0900er-Mehrwertdiensterufnummern, DSB 2003, Nr. 10, 12.

Übersicht

I. Entstehungsgeschichte

1 Die in § 66a getroffenen Regelungen greifen die Regelungen des § 43b Abs. 1 TKG 2003 auf und entwickeln diese weiter.[1] § 43b, der im Jahr 2003 durch das Gesetz zur Bekämpfung des Missbrauchs von 0190er-/0900er-Mehrwertdiensterufnummern in das TKG eingefügt wurde, war im TKG 2004 nicht enthalten, da zunächst beabsichtigt war, diese Vorschrift in der nach § 66 Abs. 4 zu erlassenden Rechtsverordnung fortzuschreiben.[2] Dementsprechend wurde am 30. 4. 2004 der Entwurf einer Telekommunikations-Nummerierungsverordnung veröffentlicht, der in § 14 Abs. 1 eine Verpflichtung zur Preisangabe enthielt. Aus rechtsförmlichen Gründen wurde im Rahmen der Ressortabstimmung der Verordnung entschieden, die mit dem Gesetz zur Bekämpfung des Missbrauchs von 0190er-/0900er-Mehrwertdiensterufnummern 2003 in Kraft getretenen Vorschriften weiterhin als Normen des TKG zu erlassen. Dies gilt auch für § 66a, der 2005 durch das Gesetz zur Änderung telekommunikationsrechtlicher Vorschriften in das TKG eingefügt werden sollte.

II. Normzweck

2 Die Vorschrift enthält umfassende Vorgaben für die Bewerbung und das Angebot von Mehrwertdiensten. Sie gibt sowohl wesentliche Inhalte als auch Art und Weise der Bewerbung oder des Angebots vor. Die Regelung dient somit dem Schutz der Verbraucher. Diese sollen in die Lage versetzt werden, eine fundierte Entscheidung über die Inanspruchnahme kostenintensiver Dienste zu treffen, indem sie alle relevanten Informationen in geeigneter Form erhalten. Da die Verbraucher Mehrwertdienste im Regelfall aufgrund von Werbung auswählen, kommt § 66a eine zentrale Bedeutung zu. Mit der Vorschrift wird die Transparenz der hochpreisigen Mehrwertdienste wesentlich erhöht. Damit soll das Vertrauen der Endnutzer von Mehrwertdiensten in die Zuverlässigkeit der Werbungsangaben gestärkt werden.

III. Einzelerläuterungen

3 **1. Anwendungsbereich.** – Mit § 66a will der Gesetzgeber auf Kritik in der Literatur[3] reagieren und den Anwendungsbereich der Vorschrift über die 0190er- und 0900er-Rufnummern hinaus auch auf andere Rufnummernbereiche ausdehnen. Damit wird die spezialgesetzliche Rechtslage des TKG der zivilrechtlichen Rechtsprechung angepasst.[4] Die Vorgaben für die Preisangabe bei der Bewerbung oder dem Angebot gelten nach In-Kraft-Treten des § 66a auch für Auskunftsdienste nach § 3 Nr. 2a TKG 2005, die größtenteils über Rufnummern der Gasse 118xx angewählt werden[5], Geteilte-Kosten-Dienste im Sinne des § 3 Nr. 10a TKG 2005, für die die Rufnummerngasse 0180 bereitgestellt wurde[6], und Massenverkehrsdienste nach § 3 Nr. 11d TKG 2005, die in der Regel über 0137er-Rufnummern angeboten werden[7]. Auch von der Regelung erfasst ist das Angebot von bzw. die Werbung

---

1 Begr. RegE, BT-Drs. 15/5213, Zu Nummer 3, § 66a.
2 Begr. RegE des TKG 2004, BT-Drs. 15/2316, zu § 64.
3 *Ditscheid/Rudloff*, TKMR 2003, 406, 413.
4 Vgl. hierzu § 67 RdNr. 9.
5 Vgl. hierzu im Einzelnen § 66 RdNr. 100 ff.
6 Shared-Cost-Dienste, vgl. hierzu im Einzelnen § 66 RdNr. 123 ff.
7 Vgl. hierzu im Einzelnen § 66 RdNr. 139 ff.

für die in § 3 Nr. 12a TKG 2005 definierten Neuartigen Dienste, die insbesondere unter Rufnummern der Gasse 012 erreicht werden können[8].

Schließlich sind die in § 3 Nr. 11b TKG 2005 geregelten Kurzwahldienste in den Anwen- **4** dungsbereich aufgenommen worden. Kurzwahldienste im Sinne dieser Vorschrift sind Dienste, die die Merkmale eines Premium-Dienstes haben, jedoch eine spezielle Nummernart mit kurzen Nummern nutzen. Damit müssen die Vorgaben des § 66a bei der Bewerbung von über Kurzwahlnummern erbrachten Premium-Diensten, insbesondere bei Premium-SMS-Diensten und MMS-Diensten eingehalten werden.

Mit der Ausweitung des Anwendungsbereichs ist die Transparenz für alle hochpreisigen **5** Dienste, die über Mehrwertdiensterufnummern erreicht werden können, gewährleistet. Nicht geregelt ist die Bewerbung von 0700er-Rufnummern. Es ist jedoch davon auszugehen, dass das finanzielle Risiko bei diesen so genannten persönlichen Rufnummern für die Verbraucher nicht sehr hoch ist. Ebenfalls nicht erfasst sind entgeltfreie Mehrwertdienste, die unter 0800er-Rufnummern angeboten werden. Da bei diesen Diensten das Verbindungsentgelt jedoch vom Angerufenen getragen wird, ist eine höhere Transparenz für die anrufenden Verbraucher grundsätzlich nicht erforderlich.[9]

2. Pflicht zur Preisangabe beim Angebot oder der Bewerbung. – a) Übersicht. – § 66a **6** enthält wie § 43b Abs. 1 TKG 2003 detaillierte Regelungen zur Angabe des Preises, der bei Inanspruchnahme der erfassten Dienste zu zahlen ist. Die Vorschrift verpflichtet denjenigen, der gegenüber Endnutzern einen der genannten Dienste anbietet oder dafür wirbt, beim Angebot oder bei der Werbung den Preis für die Inanspruchnahme eines zeitabhängigen Dienstes je Minute oder eines zeitunabhängigen Dienstes je Inanspruchnahme anzugeben. In der Regel ist der Diensteanbieter der Werbende und damit der Normadressat. Der Verpflichtete kann aber zum Beispiel auch der Teilnehmernetzbetreiber sein, wenn er selber wirbt und nicht lediglich Träger der Werbung ist.[10]

Wie auch bei § 43b Abs. 1 TKG 2003 kann zur Auslegung der einzelnen Begriffsbestim- **7** mungen des § 66a auf die Kommentierungen des systematisch ähnlichen § 1 Preisangabenverordnung (PAngV) zurückgegriffen werden.[11]

b) Endnutzer. – In § 43b Abs. 1 TKG 2003 hatte der Gesetzgeber noch den in § 1 Abs. 1 **8** PAngV genutzten Begriff des Letztverbrauchers verwendet, der der Terminologie des TKG 2004 jedoch nicht entsprach.[12] Es ist daher zu begrüßen, dass der Gesetzgeber in § 66a die Terminologie angepasst hat und nunmehr auf die Bewerbung von Diensten gegenüber Endnutzern abstellt. Ein Endnutzer ist in § 3 Nr. 8 als Person definiert, die weder öffentliche Telekommunikationsnetze betreibt noch Telekommunikationsdienste für die Öffentlichkeit erbringt.

c) Angebot oder Werbung. – Die Vorschrift gilt für alle Angebote, das heißt, bei allen **9** Erklärungen des zur Preisangabe Verpflichteten, die vom Verkehr in einem rein tatsächlichen Sinne üblicherweise als Angebot aufgefasst werden.[13] Werbung für einen Dienst liegt vor, wenn der Verpflichtete versucht, die Entscheidung des Endnutzers, einen bestimmten Dienst zu nutzen, durch gezielte Maßnahmen zu beeinflussen, wobei dabei nicht

---

8 Vgl. hierzu im Einzelnen § 66 RdNr. 154 ff.
9 Vgl. zu 0800er-Rufnummern im Einzelnen § 66 RdNr. 108 ff.
10 Begr. RegE, BT-Drs. 15/5213, Zu Nummer 3, § 66a.
11 Vgl. hierzu § 67 RdNr. 37.
12 Vgl. hierzu § 67 RdNr. 38.
13 Vgl. im Einzelnen § 67 RdNr. 39 ff.

alle für den Vertragsschluss wesentlichen Angaben vorliegen müssen[14]. Werbung für die von § 66a umfassten Dienste erfolgt üblicherweise in Rundfunk, Fernsehen und Internet, in Zeitungen und Prospekten, aber zum Beispiel auch auf Plakaten oder Telefaxsendungen.

10 Während in § 43b Abs. 1 TKG 2003 entsprechend der PAngV der Anwendungsbereich auf gewerbsmäßige, geschäftsmäßige oder in sonstiger Weise regelmäßige Angebote oder Werbungen begrenzt war[15], enthält § 66a diese Einschränkung nicht mehr. Erfasst ist nun zum Beispiel auch die Werbung durch Privatpersonen, die selber kein finanzielles Interesse an dem beworbenen Dienst haben.

11 **3. Art und Weise der Preisangabe (S. 2 und 3).** – Die Preisangabe hat in unmittelbarem Zusammenhang mit der Angabe der Rufnummer zu erfolgen. Dies bedeutet bei akustischen Angebots- und Werbemaßnahmen, dass die Preisangabe unmittelbar vor oder nach der Rufnummer zu erfolgen hat.[16] Dadurch ist sichergestellt, dass die Endnutzer ohne weiteres verstehen, dass für die Anwahl der beworbenen Rufnummer der angegebene Preis zu zahlen ist. § 1 Abs. 5 S. 2 PAngV enthält darüber hinaus eine Vorschrift, nach der die Angabe des Preises dem Angebot eindeutig zuzuordnen sowie leicht erkennbar und deutlich lesbar oder wahrnehmbar sein muss. In § 43b Abs. 1 TKG 2003 war keine entsprechende Regelung aufgenommen worden. § 66a S. 2 enthält nunmehr die Regelung, dass die Preisangabe gut lesbar und deutlich sichtbar erfolgen muss.[17] Das bedeutet, dass die Angabe des Preises in derselben Darstellung wie die beworbene Rufnummer und kontrastreich zu sein hat.[18] Es ist nicht mehr zulässig, dass die Preisangabe in kaum lesbarer oder versteckter Form erfolgt.[19] Die Vorschrift ist damit erkennbar nur auf Werbung in Druckerzeugnissen oder Fernsehen und Internet bezogen. Hochpreisige Dienste können aber grundsätzlich auch im Rundfunk beworben werden. § 66a enthält keine Vorgaben dazu, ob die Preisangabe auch gut hörbar sein muss. So könnte es bei akustischer Werbung zum Ausfiltern bestimmter Frequenzen bei der Preisangabe kommen.

12 Eine für den Verbraucherschutz wesentliche Regelung ist in Satz 3 enthalten. Danach muss der Preis für den beworbenen oder angebotenen Dienst mindestens so lange angezeigt werden wie die Rufnummer, über die der Dienst erreicht werden kann. Mit dieser Vorschrift hat der Gesetzgeber auf die in der Fernsehwerbung zu beobachtende Praxis reagiert, den Preis nur für eine sehr kurze Zeit einzublenden.[20] Durch die neuen gesetzlichen Vorgaben wird der Verbraucherschutz effizient erweitert.

13 **4. Inhalt der Preisangabe (Preis je Minute oder je Inanspruchnahme).** – Es gibt grundsätzlich zwei **Arten der Tarifbildung** bei Mehrwertdiensten. Eine Dienstleistung kann minutenbasiert abgerechnet werden, das heißt, der Preis für die Verbindung wird durch Multiplikation eines feststehenden Preises pro Minute mit der Dauer des Gesprächs ermittelt. Diese Abrechnungsmethode wird daher auch als zeitabhängige Abrechnung bezeichnet. Die andere Form der Abrechnung ist der so genannte Blocktarif. Dabei wird für die Verbindung ein fester Tarif abgerechnet, der unabhängig von der Dauer der Verbindung ist und ab der ersten Sekunde in Rechnung gestellt wird. Deswegen wird er auch als zeitunabhängiger

---

14 OLG Koblenz, Urteil vom 29. Dezember 1986, Az.: 6 U 1469/86.
15 § 67 RdNr. 41 f.
16 BT-Drs. 15/907.
17 So auch OLG Frankfurt a. M., Beschluss vom 12. 5. 2004 – 6 W 72/04, CR 2005, 343; BGH, Urt. vom 8. 10. 1998 – I ZR 187/97, CR 1999, 76.
18 Begr. RegE, BT-Drs. 15/5213, Nummer 3, Zu § 66a.
19 Begr. RegE, BT-Drs. 15/5213, Nummer 3, Zu § 66a.
20 Begr. RegE, BT-Drs. 15/5213, Nummer 3, Zu § 66a.

Tarif bezeichnet. Die Formulierung in § 66a stellt sicher, dass der Preis so angegeben wird, wie der beworbene Dienst auch abgerechnet wird. Bei minutenbasierter Abrechnung ist also der Preis pro Minute und bei Abrechnung über einen Blocktarif der Preis der Inanspruchnahme anzugeben.

Wie auch § 43b Abs. 1 TKG 2003 regelt § 66a nicht ausdrücklich so genannte **Kombina-** 14
tionstarife, das heißt Tarife, die sich aus einem zeitabhängigen und einem zeitunabhängigen Teil zusammensetzen. So könnte ein Diensteanbieter beispielsweise seine Tarife so gestalten, dass die ersten drei Minuten des Gesprächs pauschal, das heißt über einen Blocktarif, abgerechnet werden, bei einer über diese Zeit hinausgehenden Verbindung aber jede anschließende Verbindungsminute über einen Minutenpreis abgerechnet wird. § 66d Abs. 2 S. 2 normiert allerdings, dass die Kombination von zeitabhängigen und zeitunabhängigen Tarifierungen in der Regel unzulässig ist. Die Regulierungsbehörde kann aber nach § 66d Abs. 3 S. 3 Einzelheiten zu den Ausnahmen festlegen. Es wäre wünschenswert gewesen, wenn der Gesetzgeber klar geregelt hätte, wie die Preisangabe in diesen Fällen zu erfolgen hat, oder die Regulierungsbehörde zu diesbezüglichen Festlegungen ermächtigt hätte.

Bei der Bewerbung oder dem Angebot des Dienstes ist der Preis einschließlich der **Um-** 15
satzsteuer und sonstiger Preisbestandteile anzugeben. Diese Regelung entspricht § 1 Abs. 1 PAngV. Sonstige Preisbestandteile sind alle Preise und Kosten, die der Diensteanbieter üblicherweise in die Kalkulation seiner Endpreise einbezieht, weil sie obligatorisch anfallen.[21]

5. Anrufe aus Mobilfunknetzen. – Satz 5 des Regierungsentwurfs regelte, dass bei Gel- 16
tung nicht einheitlicher Preise für die Inanspruchnahme des jeweiligen Dienstes Von-bis-Preisspannen anzugeben sind. Diese Regelung war zwar bereits in § 43b Abs. 1 TKG 2003 enthalten, hatte aber keine große Bedeutung.[22] Im Gesetzgebungsverfahren wurde nun klargestellt, dass die Vorschrift der Erhöhung der Transparenz dient. Durch die Ausdehnung des Anwendungsbereichs der Vorschrift auch auf andere Dienste kommt der Regelung eine wesentliche Bedeutung zu. Die Mobilfunknetzbetreiber berechnen bei der Anwahl von Diensterufnummern grundsätzlich Aufschläge. Der Preis für die Anwahl einer Diensterufnummer aus dem Festnetz unterscheidet sich dadurch vom Preis der Anwahl derselben Rufnummer aus dem Mobilfunk, so dass Satz 5 einschlägig ist. Derjenige, der Dienste anbietet oder dafür wirbt, muss den Preis für die Anwahl des Dienstes aus den Festnetzen angeben und darauf hinweisen, dass die Anwahl derselben Diensterufnummer aus den Mobilfunknetzen zu einem anderen Engelt abgerechnet wird.

Der Verbraucher kann in diesen Fällen aus der Bewerbung noch nicht den tatsächlichen 17
Preis für die Inanspruchnahme des Dienstes aus den Mobilfunkdiensten entnehmen. Auf die Regelung einer Verpflichtung zur Angabe einer Preisspanne hat der Gesetzgeber verzichtet. Der Verbraucher weiß jedoch, mit welchen ungefähren finanziellen Folgen die Inanspruchnahme des Dienstes verbunden ist.

Fraglich ist, ob die geänderte Rechtslage eine Verbesserung des Verbraucherschutzes dar- 18
stellt. Besonders in den Fällen, in denen die Anwahl der Diensterufnummer aus dem Mobilfunk wesentlich teurer ist als aus dem Festnetz, gewährleistet die Regelung keine sehr hohe Transparenz. Insbesondere kennt der Verbraucher nicht den Preis, der höchstens für eine Verbindung zu der beworbenen Diensterufnummer in Rechnung gestellt werden kann.

---

21 OLG Stuttgart, Urteil vom 24. Juli 1998, Az. 2 U 28/98; *Köhler/Piper*, UWG § 1 PAngV RdNr. 28.
22 § 67 RdNr. 47.

19 **6. Telefax-Dienste und Datendienste (S. 6 und 7).** – Satz 7 enthält eine Spezialregelung für **Telefax-Dienste**. Danach ist zusätzlich zu den Angaben nach Satz 1 die Zahl der zu übermittelnden Seiten anzugeben. Gemäß § 66d Abs. 2 Satz 3 sind Telefaxdienste regelmäßig zeitunabhängig abzurechnen. Durch diese neu in das TKG aufgenommene Regelung hängt der Preis für die Inanspruchnahme des Faxabrufdienstes nicht mehr von Übertragungsgeschwindigkeit und Übertragungsdauer ab, so dass grundsätzlich eine Angabe der Anzahl der zu übermittelnden Seiten nunmehr entfallen könnte. Der Gesetzgeber hat sich jedoch entschieden, eine hohe Transparenz hinsichtlich des beworbenen Telefax-Dienstes zu gewährleisten.[23] Die Entscheidung eines Verbrauchers, einen bestimmten Telefax-Dienst zu einem bestimmten Preis in Anspruch zu nehmen, hängt nicht unwesentlich davon ab, wie viele Informationen er für den angegebenen Preis erhält. Allerdings ist hierzu anzumerken, dass die Anzahl der zu übermittelnden Seiten keine Aussage über die Qualität des übermittelten Inhalts zulässt.

20 Im Fall von **Datendiensten** kann bei zeitabhängiger Tarifierung der Preis für eine Verbindung von der Übertragungsdauer abhängig sein. Diese wiederum hängt nicht nur von der Schnelligkeit der Verbindung ab, sondern vor allem von der übermittelten Datenmenge. Damit derjenige, der Datendienste in Anspruch nimmt, die finanziellen Folgen abschätzen kann, muss gemäß Satz 8 bei Datendiensten zusätzlich zum Preis je Minute oder je Inanspruchnahme des Dienstes der Umfang der zu übermittelnden Daten angegeben werden, soweit dies – technisch[24] – möglich ist. Diese Verpflichtung gilt ausdrücklich dann nicht, wenn der Preis unabhängig von der Menge der zu übermittelnden Daten ist. Nach Einschätzung des Gesetzgebers ist eine höhere Transparenz dann wohl nicht erforderlich. Diese gesetzgeberische Wertung ist angesichts der Regelung für Telefax-Dienste in Satz 7 nicht vollständig nachvollziehbar. Denn wenn auch bei Datendiensten nicht Papier und Druckertinte des Endnutzers verbraucht werden, so ist doch die Kenntnis der zu übermittelnden Datenmenge ebenso wie die Anzahl der zu übermittelnden Telefaxseiten für die Entscheidung des Nutzers nicht unwesentlich.

21 **7. Dauerschuldverhältnisse (S. 4).** – Aufgrund der bestehenden Verbraucherschutzprobleme bei den über Kurzwahlnummern abgeschlossenen Dauerschuldverhältnissen[25] enthält § 66a erstmals eine spezielle Regelung. Danach ist bei der Werbung oder dem Angebot von Diensten gesondert darauf hinzuweisen, wenn durch die Inanspruchnahme des Dienstes ein Dauerschuldverhältnis zustande kommt. Die Regelung ergänzt damit die für Kurzwahldienste geltenden Vorgaben des § 45l, die ebenfalls dem Verbraucherschutz dienen.

22 Um die Endnutzer im Bereich der teilweise sehr kostenintensiven Dauerschuldverhältnisse besonders zu schützen, sollte zudem normiert werden, dass ein Dauerschuldverhältnis nicht zustande kommt, wenn keine Preisangabe erfolgt ist oder die erfolgte Preisangabe nicht den Vorgaben der S. 2 oder 3 entsprochen hat. Diese Regelung wurde jedoch im Laufe des Gesetzgebungsverfahrens gestrichen.

23 **8. Bußgeldvorschriften.** – Um die Regelungen zum Schutz der Verbraucher auch durchsetzen zu können, benötigt die Regulierungsbehörde ein entsprechendes Instrumentarium. Dieses steht ihr mit den in § 149 Abs. 1 Nr. 13a bis 13c geregelten Bußgeldtatbeständen zur Verfügung. Alle in § 66a normierten Pflichten sind danach bußgeldbewehrt. § 149 legt fest, dass eine Geldbuße auferlegt werden kann, wenn die nach § 66a vorgeschriebene Preisangabe bei den dort genannten Diensten unterblieben ist. Gleiches gilt, wenn die

---

23 Begr. RegE, BT-Drs. 15/5213, Nummer 3, Zu § 66a.
24 Begr. RegE, BT-Drs. 15/5213, Nummer 3, Zu § 66a.
25 Vgl. hierzu im Einzelnen Anh. I § 45l RdNr. 1 ff.

Preisangabe nicht gut lesbar und deutlich sichtbar erfolgt ist oder nicht in unmittelbarem Zusammenhang mit der Rufnummer steht. Der Entgeltanspruch entfällt ebenfalls, wenn die Preisangabe nicht vollständig ist. § 149 Abs. 1 Nr. 13b regelt den Fall, dass bei Anzeige der Rufnummer die Preisangabe in der Werbung oder bei dem Angebot von den in § 66a S. 1 genannten Diensten zeitlich kürzer ist als die Anzeige der Rufnummer. Hier hat der Endnutzer nicht ausreichend Gelegenheit, von den Geschäftsbedingungen Kenntnis zu nehmen. Die Geldbuße für einen Verstoß gegen § 66a S. 4 (Hinweis auf Abschluss eines Dauerschuldverhältnisses) kann nach § 149 Abs. 2 S. 1 in Verbindung mit § 149 Abs. 1 Nr. 13c bis zu 10.000 Euro betragen. Verstöße gegen die anderen in § 66a normierten Pflichten können mit einer Geldbuße bis zu 100.000 Euro geahndet werden.

9. Pflicht zur Preisangabe nach § 1 PAngV. – Die Rechtsprechung hat in mehreren Fällen **24** eine Pflicht zur Angabe des Preises bei der Bewerbung oder dem Angebot von Diensten über Rufnummern nach § 1 Abs. 1 S. 1 PAngV angenommen. Der BGH hat zu Auskunftsdiensterufnummern entschieden, dass bei der Werbung für oder dem Angebot von Auskunftsdiensten in Printmedien oder im Fernsehen der Preis anzugeben ist.[26] Das Gericht hat damit ein anders lautendes Urteil des OLG Köln[27] aufgehoben.

Das LG Frankfurt hat zudem für Auskunftsdienste entschieden, dass bei der Weitervermitt- **25** lung zu einer erfragten Rufnummer der Auskunftsdiensteanbieter die Kosten pro Minute für das weitervermittelte Telefonat anzugeben hat, wenn der Entgeltrahmen, mit dem der Verbraucher üblicherweise noch rechnen muss, deutlich überschritten wird.[28] Erfolgt in diesem Fall vor der Weitervermittlung kein Hinweis auf die bei einer Weitervermittlung anfallenden Kosten, ist nach Ansicht des LG Frankfurt ein Verstoß gegen § 3 UWG gegeben.

Andererseits hat das LG Saarbrücken entschieden, dass es keinen Wettbewerbsverstoß dar- **26** stellt, wenn bei der Werbung mit einer 0700er-Rufnummer nicht darauf hingewiesen wird, dass Verbindungen zu der Rufnummer entgeltpflichtig sind und in welcher Höhe Kosten auftreten.[29] Es sei nämlich allgemein bekannt, dass für Telekommunikationsdienstleistungen in der Regel Entgelte verlangt werden.

IV. Übergangsvorschrift

Nach Art. 6 Nr. 2 des Gesetzes zur Änderung telekommunikationsrechtlicher Vorschriften **27** tritt § 66a erst am siebten des auf die Verkündung dieses Gesetzes folgenden Monats in Kraft.

---

26 BGH, Urteil vom 3. 7. 2003, Az: I ZR 211/01; BGHZ 155, 301 ff., vgl. im Einzelnen *Schirmbacher*, CR 2003, 817-819; *Hoeren*, MMR 2003, 784 f.; *Dittmer*, EwiR 2004, 31 f.
27 OLG Köln, Urteil vom 22. 6. 2001, AZ: 6 U 23/01, MMR 2001, 826 f.
28 LG Frankfurt, Urteil vom 22. 3. 2003, Az. 3/12 O 128/01, GRUR-RR 2003, 290 ff.
29 LG Saarbrücken, Urteil vom 27. 1. 2004, Az: 7 II O 116/03, MMR 2004, 498.

§ 66b Preisansage

(1) Für sprachgestützte Premium-Dienste und im Falle der Betreiberauswahl im Einzelverfahren durch Wählen einer Kennzahl hat derjenige, der den vom Endnutzer zu zahlenden Preis für die Inanspruchnahme dieses Dienstes festlegt, vor Beginn der Entgeltpflichtigkeit dem Endnutzer den für die Inanspruchnahme dieses Dienstes zu zahlenden Preis zeitabhängig je Minute oder zeitunabhängig je Datenvolumen oder sonstiger Inanspruchnahme einschließlich der Umsatzsteuer und sonstiger Preisbestandteile anzusagen. Die Preisansage ist spätestens 3 Sekunden vor Beginn der Entgeltpflichtigkeit unter Hinweis auf den Zeitpunkt des Beginns derselben abzuschließen; dies gilt nicht im Falle der Betreiberauswahl im Einzelverfahren durch Wählen einer Kennzahl. Ändert sich dieser Preis während der Inanspruchnahme des Dienstes, so ist vor Beginn des neuen Tarifabschnitts der nach der Änderung zu zahlende Preis entsprechend den Sätzen 1 und 2 anzusagen mit der Maßgabe, dass die Ansage auch während der Inanspruchnahme des Dienstes erfolgen kann. Die Sätze 1 bis 3 gelten auch für sprachgestützte Auskunftsdienste und für Kurzwahl-Sprachdienste ab einem Preis von 2 Euro pro Minute oder pro Inanspruchnahme bei zeitunabhängiger Tarifierung. Die vorgenannten Verpflichtungen gelten auch für sprachgestützte Neuartige Dienste ab einem Preis von 2 Euro pro Minute oder pro Inanspruchnahme bei zeitunabhängiger Tarifierung, soweit nach Absatz 4 nicht etwas Anderes bestimmt ist.

(2) Bei Inanspruchnahme von Rufnummern für Massenverkehrs-Dienste hat der Diensteanbieter dem Endnutzer den für die Inanspruchnahme dieser Rufnummer zu zahlenden Preis für Anrufe aus den Festnetzen einschließlich der Umsatzsteuer und sonstiger Preisbestandteile unmittelbar im Anschluss an die Inanspruchnahme des Dienstes anzusagen.

(3) Im Falle der Weitervermittlung durch einen sprachgestützten Auskunftsdienst besteht die Preisansageverpflichtung für das weiterzuvermittelnde Gespräch für den Auskunftsdiensteanbieter. Die Ansage kann während der Inanspruchnahme des sprachgestützten Auskunftsdienstes erfolgen, ist jedoch vor der Weitervermittlung vorzunehmen. Diese Ansage umfasst den Preis für Anrufe aus den Festnetzen zeitabhängig je Minute oder zeitunabhängig je Datenvolumen oder sonstiger Inanspruchnahme einschließlich der Umsatzsteuer und sonstiger Preisbestandteile sowie einen Hinweis auf die Möglichkeit abweichender Preise aus dem Mobilfunk.

(4) Bei sprachgestützten Neuartigen Diensten kann die Regulierungsbehörde nach Anhörung der Fachkreise und Verbraucherverbände Anforderungen für eine Preisansage festlegen, die von denen des Absatzes 1 Satz 5 abweichen, sofern technische Entwicklungen, die diesen Nummernbereich betreffen, ein solches Verfahren erforderlich machen. Die Festlegungen sind von der Regulierungsbehörde zu veröffentlichen.

Schrifttum: Vgl. § 66 a.

Übersicht

I. Normzweck

1 Bei vielen Verbrauchern ergaben sich Probleme im Zusammenhang mit Mehrwertdiensten erst, wenn sie die Rechnung von ihrem Teilnehmernetzbetreiber erhielten. Dies lag oftmals daran, dass den Verbrauchern im Zeitpunkt der Inanspruchnahme des Dienstes nicht bewusst war, welchen Dienst sie zu welchen Bedingungen und zu welchem Preis nutzten. Ursächlich dafür war einerseits die Intransparenz bei der Bewerbung oder dem Angebot der Dienste, andererseits aber auch die Tatsache, dass unmittelbar vor der Inanspruchnahme des Dienstes keine ausreichende Preisansage erfolgte. Die Situation wurde bezüglich der 0190er- und 0900er-Rufnummern durch das Gesetz zur Bekämpfung des Missbrauchs von 0190er-/0900er-Mehrwertdiensterufnummern verbessert. Bei Diensten, die über andere Rufnummernarten angeboten werden, fehlt es jedoch noch immer an Transparenz. Diese Lücke soll § 66b schließen.

2 Neben der Preisangabe beim Angebot oder der Bewerbung von hochpreisigen Diensten stellt die Verpflichtung zur **kostenlosen Preisansage** eine wesentliche Vorschrift zum Schutz derjenigen dar, die diese Dienste in Anspruch nehmen wollen.

II. Entstehungsgeschichte

3 § 66b greift auf § 43b Abs. 2 TKG 2003 zurück, der durch das Gesetz zur Bekämpfung des Missbrauchs von 0190er-/0900er-Mehrwertdiensterufnummern in das TKG eingefügt wurde. Die Vorschrift wurde jedoch wie andere in §§ 43a und b TKG 2003 enthaltene Regelungen auf andere Rufnummernarten ausgedehnt. Zudem wurde sie sprachlich präziser gefasst. Bei der Anwendung des § 43b Abs. 2 TKG 2003 durch die Regulierungsbehörde festgestellte Unklarheiten wurden durch eindeutige Regelungen beseitigt.

III. Einzelerläuterungen

4 **1. Anwendungsbereich.** – Die Vorschrift gilt – teilweise mit längeren Übergangsfristen – für sprachgestützte Premium-Dienste im Sinne des § 3 Nr. 17a, für sprachgestützte Auskunftsdienste im Sinne des § 3 Nr. 2a, für Kurzwahl-Sprachdienste im Sinne des § 3 Nr. 11c sowie für die Betreiberauswahl im Einzelverfahren. Die detaillierten Regelungen berücksichtigen die jeweiligen Besonderheiten der einzelnen Dienste.

2. Pflicht zur Preisansage bei 0190er- und 0900er-Rufnummern. – a) Verpflichteter. – 5
Zur Mitteilung des Preises für die Inanspruchnahme des Dienstes ist nach Abs. 1 S. 1 derjenige verpflichtet, der den vom Letztverbraucher zu zahlenden Preis für die Verbindung festlegt. Die Abrechnung zwischen den Netzbetreibern und gegenüber Letztverbrauchern kennt zwei Verfahren: das so genannte **Offline Billing** und das so genannte **Online Billing**.[1]

Verbindungen zu Rufnummern der auslaufenden Rufnummerngassen 0190–1 bis 0190–9 6
werden im Online-Billing-Verfahren abgerechnet. Beim Online Billing bietet der **Teilnehmernetzbetreiber** die Verbindung dem Endnutzer als eigene Leistung an. Der Teilnehmernetzbetreiber hat bei dieser Abrechnungsvariante die Tarifhoheit über den vom Endnutzer in Anspruch genommenen Dienst. Er legt fest, zu welchem Preis eine Verbindung abgerechnet wird. Dem Teilnehmernetzbetreiber liegen alle Daten vor, die zur Abrechnung der Verbindung notwendig sind. Er tritt bei dieser Abrechnungsart gegenüber dem Endnutzer auf. Er stellt die Rechnung, inkassiert vom Endnutzer nicht gezahlte Entgelte und trägt das Risiko des Forderungsausfalls.

Bei Anwahl von Rufnummern, über die online abgerechnete Premium-Rate-Dienste erbracht werden, aus dem Mobilfunk ist der Mobilfunknetzbetreiber zur Ansage des Preises verpflichtet, bei Anwahl dieser Rufnummern aus dem Festnetz der jeweilige Festnetzbetreiber. 7

Verbindungen zu den Rufnummerngassen 0190–0 und 0900 werden im Offline-Billing-Verfahren abgerechnet. Beim Offline Billing bietet der Verbindungsnetzbetreiber, der die Mehrwertdiensteplattform betreibt, dem Endnutzer den Premium-Rate-Dienst an. Bei dieser Abrechnungsform erbringt der Teilnehmernetzbetreiber lediglich Zuführungsleistungen, die entsprechend dem Zusammenschaltungsvertrag zwischen den Netzbetreibern abgerechnet werden. 8

Der Verbindungsnetzbetreiber, der die Mehrwertdiensteplattform betreibt, hat die Tarifhoheit und setzt den Preis für die Verbindung fest. Er trägt das Risiko für den Ausfall der Forderung. Die Rechnung weist den Verbindungsnetzbetreiber als leistungserbringenden Netzbetreiber aus. Er ist zur Ansage des Preises von Verbindungen zu 0900er-Rufnummern oder zu Rufnummern aus der Gasse 0190-0 verpflichtet. 9

b) Inhalt und Zeitpunkt der Preisansage. – Wie auch bei der Werbung oder dem Angebot 10
nach § 66a ist bei der Preisansage der für die Inanspruchnahme der 0190er- oder 0900er-Rufnummer vom Endnutzer zu zahlende Preis einschließlich der Umsatzsteuer und sonstiger Preisbestandteile anzugeben[2]. Bei zeitabhängig tarifierten Diensten ist nach Abs. 1 S. 1 der Preis je Minute und bei zeitunabhängig abgerechneten Dienstleistungen der Preis je Datenvolumen oder sonstiger Inanspruchnahme anzugeben[3]. Da die Vorschrift nur für sprachgestützte Premium-Dienste gilt, kommt der Regelung zur Ansage des Preises je Datenvolumen eine geringere Bedeutung zu.

Satz 1 normiert, dass die Ansage vor Beginn der Entgeltpflichtigkeit der Verbindung erfolgen muss. Diese Vorgabe wird konkretisiert durch Satz 2, der ausdrücklich regelt, dass die Preisansage spätestens drei Sekunden vor Beginn der Entgeltpflichtigkeit abgeschlossen sein muss. Die Ansage muss zudem einen Hinweis enthalten, dass die Verbindung drei Se- 11

---

1 Siehe hierzu § 67 RdNr. 56 ff.; vgl. auch Spezifikation des AKNN „Abrechnungsverfahren zwischen Netzbetreibern sowie Netzbetreibern und Endkunden".
2 Vgl. hierzu Anh. I § 66a RdNr. 15.
3 Vgl. hierzu Anh. I § 66a RdNr. 13.

kunden nach dem Ende der Preisansage entgeltpflichtig wird. Durch diese Regelung hat der Verbraucher die Gelegenheit zu entscheiden, ob er den angewählten Dienst zu dem mitgeteilten Preis in Anspruch nehmen oder die Verbindung noch vor Beginn der Entgeltpflichtigkeit unterbrechen möchte.[4]

12 **c) Ansage des Preises während des Gesprächs.** – Es sind Preisgestaltungen denkbar, bei denen sich der Tarif während der bestehenden Verbindung zu einem über eine 0190er- oder 0900er-Rufnummer abgerechneten Mehrwertdienst ändert. Um eine Regelungslücke zu vermeiden und auch in diesen Fällen Transparenz für den Endnutzer sicherzustellen, enthält Satz 3 die ausdrückliche Verpflichtung, den Preis bei einer Änderung des Tarifs während der Inanspruchnahme vor Beginn des neuen Tarifabschnitts anzusagen. Die Regelung nimmt dabei ausdrücklich Bezug auf die Vorschrift des Satzes 2, so dass nach dem Wortlaut der Vorschrift auch im Fall einer Änderung des Tarifs die Ansage des neuen Tarifs kostenlos zu erfolgen hat. Der Endnutzer soll wissen, welche Kosten für die Verbindung auf ihn zukommen. Gleichzeitig soll er auch bei einem Tarifwechsel die Möglichkeit haben, nach der erneuten Preisansage zu entscheiden, ob er den Premium-Rate-Dienst zum geänderten Tarif weiternutzen möchte.

13 Allerdings hat der Bundesrat in seiner Stellungnahme darum gebeten, im weiteren Gesetzgebungsverfahren klarzustellen, dass der Verweis in Satz 3 auf Satz 2 nicht bedeute, dass auch die Ansage des neuen Tarifs bei einem Tarifwechsel entgeltfrei zu erfolgen hatte.[5] Die Bundesregierung hat diesem Vorschlag in ihrer Gegenäußerung zugestimmt.[6] Im Gesetzgebungsverfahren wurde eine Regelung aufgenommen, nach der die Ansage des geänderten Preises auch während der Inanspruchnahme des Dienstes erfolgen kann. Es ist davon auszugehen, dass hiermit geregelt werden soll, dass der neue Preis während des Bestehens der entgeltpflichtigen Verbindung angesagt werden kann. Dies bedeutet, dass die Ansage nicht kostenlos ist und der Verbraucher für die Transparenz zahlt.

14 **3. Pflicht zur Preisansage im Fall der Betreiberauswahl.** – Im Falle einer Betreiberauswahl im Einzelverfahren (Call by Call) hat der Netzbetreiber, dessen Netz durch das Wählen einer bestimmten Kennzahl ausgewählt wird, den Preis anzusagen. Er setzt den Tarif für die folgende Verbindung fest. Allerdings lässt Abs. 1 S. 2 für die Preisansage bei Call-by-Call-Diensten eine Ausnahme zu. Die Preisansage muss aus technischen Gründen nicht spätestens 3 Sekunden vor Beginn der Entgeltpflichtigkeit abgeschlossen sein.[7] Es gilt jedoch dennoch die Regelung des Abs. 1 S. 1, wonach die Preisansage vor Beginn der Entgeltpflichtigkeit zu erfolgen hat. Bei Call-by-Call-Diensten wird die Preisansage derzeit in der Regel während des Verbindungsaufbaus vorgenommen.[8]

15 **4. Sprachgestützte Auskunftsdienste und Kurzwahl-Sprachdienste.** – Die Verpflichtung zur Ansage des Preises soll nach Abs. 1 S. 4 bei sprachgestützten Auskunftsdiensten und Kurzwahl-Sprachdiensten der für Verbindungen zu Premium-Diensten geregelten Verpflichtung entsprechen. Allerdings ist für diese beiden Dienste eine Preisansage nur vorgeschrieben, wenn mehr als 3 Euro pro Minute oder pro Inanspruchnahme abgerechnet werden.

16 Es ist fraglich, ob durch diese Regelung das Ziel der Gesetzesnovelle, den Verbraucherschutz durch Erhöhung der Transparenz zu stärken, erreicht werden kann. Der Gesetzgeber

---

4 BT- Drs. 15/907.
5 Stellungnahme BR, BT-Drs. 15/5231, Nr. 28.
6 Gegenäußerung Reg., BT-Drs. 15/5231, zu Nr. 28.
7 Begr. RegE, BT-Drs. 15/5231, zu § 66b.
8 Begr. RegE, BT-Drs. 15/5231, zu § 66b.

beabsichtigt, mit § 66b eine Preisansage für Call-by-Call-Dienste, die in der Regel nur wenige Cent pro Minute kosten, vorzuschreiben, lässt andererseits aber das Angebot von Auskunftsdiensten für 2,99 Euro pro Minute ohne Preisansage zu. Vor dem Hintergrund, dass die in § 66d geregelte Preishöchstgrenze nicht für Auskunftsdienste und Kurzwahl-Sprachdienste gilt, sollte wenigstens eine Preisansage bei allen Auskunftsdiensten und bei allen Kurzwahl-Sprachdiensten erfolgen.

5. Pflicht zur Preisansage bei Massenverkehrsdiensten (Abs. 2). – Abs. 2 regelt, dass   17
eine Preisansage auch bei der Inanspruchnahme von Massenverkehrsdiensten zu erfolgen hat. Massenverkehrsdienste werden gemäß § 3 Nr. 11d insbesondere über Rufnummern aus der Gasse 0137 angeboten. Zur Preisansage verpflichtet ist der Diensteanbieter. Er muss den für die Anwahl der Rufnummer aus dem Festnetz zu zahlenden Preis einschließlich der Umsatzsteuer und sonstiger Preisbestandteile ansagen. Mit dieser Regelung werden die technischen Anforderungen an Massenverkehrsdienste berücksichtigt.[9] Die Preisansage hat nicht zu Beginn der Verbindung zu erfolgen. Es ist nicht geregelt, dass die Preisansage vor Beginn der Entgeltpflichtigkeit erfolgen muss. Vielmehr muss der Preis unmittelbar im Anschluss an die Inanspruchnahme des Dienstes erfolgen. Die Vorschrift schreibt damit die derzeitige Praxis seriöser Anbieter fest, die die Preisansage in die schon bestehende Ansage integrieren.[10]

6. Pflicht zur Preisansage bei Neuartigen Diensten. – Ein Jahr nach dem In-Kraft-Treten   18
des Gesetzes zur Änderung telekommunikationsrechtlicher Vorschriften wird eine Pflicht zur Preisansage auch für sprachgestützte Neuartige Dienste, die in der Regel über 012er-Rufnummern angeboten werden, in Kraft treten. Es gelten die Regelungen, die in Abs. 1 für Premium-Dienste enthalten sind. Jedoch beabsichtigt der Gesetzgeber in einem ersten Schritt, eine kostenlose Preisansage nur für diejenigen Neuartigen Dienste vorzuschreiben, die mit mehr als 3 Euro pro Minute oder pro Inanspruchnahme abgerechnet werden.

Die Regelung soll ergänzt werden durch Abs. 4, der die Regulierungsbehörde dazu er-   19
mächtigt, von Abs. 1 S. 5 abweichende Anforderungen für eine Preisansage festzulegen. Da die Vorschrift weit gefasst ist, kann die Regulierungsbehörde vor allem andere Preisgrenzen festlegen. Diese Befugnis setzt allerdings voraus, dass technische Entwicklungen im Bereich der 012er-Rufnummern abweichende Regeln erforderlich machen. Die Vorschrift trägt damit dem Umstand Rechnung, dass im Bereich der Innovativen und Neuartigen Dienste eine Vielzahl neuer Entwicklungen zu erwarten ist.[11] Rufnummern aus diesem Nummernbereich werden von der Regulierungsbehörde nur dann zugeteilt, wenn andere Nummernbereiche nicht in Betracht kommen. Starre Regelungen, die besondere technische Entwicklungen in diesem Bereich nicht angemessen berücksichtigen können, könnten sich als Hemmnis für diese Dienste herausstellen.[12]

Vor einer Festlegung hat die Regulierungsbehörde die betroffenen Fachkreise und Verbrau-   20
cherverbände anzuhören. Ihre Festlegungen muss die Regulierungsbehörde veröffentlichen. In Betracht kommt insbesondere eine Veröffentlichung in ihrem Amtsblatt.

7. Anwendbarkeit der Vorschrift bei Weitervermittlungen (Abs. 3). – In der Werbung   21
ist zu beobachten, dass viele Premium-Dienste über Auskunftsdiensterufnummern beworben werden. Ruft der Verbraucher den Auskunftsdienst an, kann er zum Beispiel zu einem

---

9 Begr. RegE, BT-Drs. 15/5231, zu § 66b.
10 Begr. RegE, BT-Drs. 15/5231, zu § 66b.
11 Begr. RegE, BT-Drs. 15/5231, zu Nr. 1, zu Buchstabe b.
12 Begr. RegE, BT-Drs. 15/5231, zu Nr. 1, zu Buchstabe b.

Premium-Dienst weitervermittelt werden. Dieses Geschäftsmodell ist in Abs. 3 ausdrücklich geregelt. Abs. 3 enthält eine Regelung, nach der eine Preisansage auch dann zu erfolgen hat, wenn von einem sprachgestützten Auskunftsdienst zu einer Premium-Diensterufnummer weitervermittelt wird. Durch diese Vorschrift soll verhindert werden, dass die Pflicht zur Preisansage umgangen wird.[13] Allerdings ist in diesem Fall die Ansage des Preises für den Dienst, zu dem weitervermittelt wurde, nicht kostenlos durchzuführen. Sie kann während der Inanspruchnahme des Auskunftsdienstes erfolgen, was bedeutet, dass die für die Preisansage benötigte Verbindungsdauer zum für den Auskunftsdienst geltenden Tarif abgerechnet wird. Es ist davon auszugehen, dass diese Regelung den technischen Gegebenheiten geschuldet ist. Es scheint nicht oder nur mit unverhältnismäßig hohem technischen Aufwand möglich, während einer bestehenden kostenpflichtigen Verbindung wieder in die kostenlose Verbindungsaufbauphase zurückzuwechseln.[14] Zur Preisansage verpflichtet ist der Auskunftsdiensteanbieter.

22 Der Bundesrat hat in seiner Stellungnahme empfohlen, Abs. 1 Satz 3 um eine Regelung zu ergänzen, nach der der Preis erneut anzusagen ist, wenn er sich während der Inanspruchnahme eines Dienstes infolge der Weitervermittlung durch einen Auskunftsdienst ändert.[15] Die Bundesregierung hat diesem Vorschlag zugestimmt.[16] Die Regelung steht jedoch im Widerspruch zu Abs. 3. Dort ist der Fall der Weitervermittlung durch einen sprachgestützten Auskunftsdienst bereits geregelt. Für die in Abs. 1 S. 3 beabsichtigte Ergänzung bleibt als Anwendungsbereich nur die Weitervermittlung durch einen nicht sprachgestützten Auskunftsdienst. Da § 66b nach dem Willen des Bundesrates gerade auf sprachgestützte Auskunftsdienste beschränkt bleiben soll, ist davon auszugehen, dass diese Rechtsfolge nicht vom Bundesrat beabsichtigt war.

23 Darüber hinaus regelt Abs. 3 den Inhalt der Preisansage. Je nach Art der Rufnummer und des darüber angebotenen Dienstes hat der Auskunftsdiensteanbieter den Preis für den Dienst pro Minute oder bei zeitunabhängiger Tarifierung pro Inanspruchnahme anzusagen. Umsatzsteuer und sonstige Preisbestandteile müssen im angesagten Preis enthalten sein. Dem Endnutzer muss der Preis aus dem deutschen Festnetz angesagt werden. Gleichzeitig ist in der Ansage darauf hinzuweisen, dass für die Inanspruchnahme des Dienstes aus den Mobilfunknetzen andere Preise gelten.

24 **8. Ausnahme: Telefaxdienste.** – Die Regelungen des § 66b gelten nur für sprachgestützte Dienste. Damit sind keine Rufnummern erfasst, mittels derer ein **Faxgeräteanschluss** erreicht wird. In diesen Fällen ist eine sprachbasierte Preisansage in der Regel technisch nicht möglich, so dass die Regelung ohnehin leer laufen würde.

25 **9. Folgen eines Verstoßes.** – § 66g Nr. 1 bestimmt ausdrücklich, dass die in § 66b geregelte Preisansage erforderlich ist, damit ein wirksamer Vertrag zwischen dem Anrufer und dem Diensteanbieter zustande kommt. Wird gegen die Vorgaben der Absätze 1 bis 3 verstoßen, besteht **kein Anspruch auf das Verbindungsentgelt.** Das bedeutet, dass der Endnutzer zur Zahlung eines Entgeltes nicht verpflichtet ist.

26 Sämtliche in § 66b geregelte Pflichten sind bußgeldbewehrt. Wird also der Preis nicht, nicht richtig, nicht vollständig oder nicht rechtzeitig angesagt, kann die Regulierungsbehörde nach § 149 Abs. 1 Nr. 13d i.V.m. Abs. 2 S. 1 eine Geldbuße bis zu einer Höhe von 100 000 Euro festsetzen.

---

13 Begr. RegE, BT-Drs. 15/907, S. 10.
14 Stellungn. BR, BT-Drs. 15/5231, Nr. 28.
15 Stellungn. BR, BT-Drs. 15/5231, Nr. 26 a) aa).
16 Gegenäußerung Reg., BT-Drs. 15/5231, zu Nr. 26.

IV. Übergangsvorschriften

Nach Art. 6 Nr. 2 des Gesetzes zur Änderung telekommunikationsrechtlicher Vorschriften **27** tritt § 66b am ersten Tag des siebten auf die Verkündung dieses Gesetzes folgenden Monats in Kraft. Dies gilt nicht für Abs. 1 S. 5 und Abs. 4. Diese Regelungen betreffen die **Preisansage bei Neuartigen Diensten**. Sie treten nach Art. 6 Nr. 3 des Gesetzes zur Änderung telekommunikationsrechtlicher Vorschriften erst am ersten Tag des dreizehnten auf die Verkündung dieses Gesetzes folgenden Monats in Kraft.

§ 66c Preisanzeige

(1) Für Kurzwahl-Datendienste hat außer im Falle des § 45l derjenige, der den vom Endnutzer zu zahlenden Preis für die Inanspruchnahme dieses Dienstes festlegt, vor Beginn der Entgeltpflichtigkeit den für die Inanspruchnahme dieses Dienstes zu zahlenden Preis einschließlich der Umsatzsteuer und sonstiger Preisbestandteile ab einem Preis von 1 Euro pro Inanspruchnahme deutlich sichtbar und gut lesbar anzuzeigen und sich vom Endnutzer den Erhalt der Information bestätigen zu lassen. Satz 1 gilt für nichtsprachgestützte Neuartige Dienste ab einem Preis von 3 Euro pro Inanspruchnahme, soweit nach Absatz 2 Satz 3 nichts Anderes bestimmt ist.

(2) Von den Verpflichtungen nach Absatz 1 kann abgewichen werden, wenn der Dienst im öffentlichen Interesse erbracht wird oder sich der Endkunde vor Inanspruchnahme der Dienstleistung gegenüber dem Verpflichteten nach Absatz 1 durch ein geeignetes Verfahren legitimiert. Die Einzelheiten regelt und veröffentlicht die Regulierungsbehörde. Sie kann durch Verfügung im Amtsblatt die Einzelheiten zu geeigneten Verfahren nach Satz 1 festlegen.

Schrifttum: *Kaufmann*, Unbestellte Dating-SMS: Das Geschäft mit der Sehnsucht, MMR 4/2005, VII; *Kopp*, Industrieller Rechtsschutz und öffenliches Interesse in der Verwaltungsgerichtsbarkeit, BayVBl. 1980, S. 263 ff.; vgl. außerdem § 66 a.

Übersicht

I. Normzweck

In den letzten Jahren haben die Verbraucherbeschwerden über Mehrwertdienste, die über **1** **Kurzwahlrufnummern** erbracht werden, stark zugenommen. Insbesondere Kurzwahl-Datendienste wie SMS- oder MMS-Dienste im Sinne von § 3 Nr. 11a haben zu Problemen geführt. Bei der Bewerbung dieser Dienste im Fernsehen wird der Preis in aller Regel klein und nicht sehr kontrastreich angezeigt. Der Gesetzgeber beabsichtigt daher, verschiedene Regelungen zur Verbesserung des Verbraucherschutzes zu erlassen. Insbesondere soll § 45l Vorgaben zu Kurzwahldiensten enthalten. § 66c soll diese Regelung ergänzen und für Transparenz hinsichtlich der Höhe der zu erwartenden Kosten sorgen.

Mit der Regelung zur Preisanzeige bei nichtsprachgestützten Neuartigen Diensten möchte **2** der Gesetzgeber weiteren problematischen Entwicklungen vorbeugen und den Verbraucherschutz auch in diesem Bereich sicherstellen.

II. Entstehungsgeschichte

3 Das TKG und die auf seiner Grundlage erlassenen Rechtsverordnungen enthalten bisher keine Regelung zu über Kurzwahlnummern erbrachten Datendiensten. Auch die Regulierungsbehörde hat für diese Nummernart keine Vorgaben gemacht. Sie hat die Kurzwahlnummern nicht an Anbieter zugeteilt. Für Rufnummern für Neuartige Dienste hat die Regulierungsbehörde Zuteilungsregeln[1] erlassen. Diese beinhalten allerdings keine Regelungen zur Preisanzeige.

III. Einzelerläuterungen

4 **1. Anwendungsbereich.** – Die Vorschrift stellt eine Ergänzung des § 66b dar. Sie soll für die Dienste gelten, bei denen eine Preisansage nicht möglich ist. Erfasst sind Kurzwahl-Datendienste im Sinne von § 3 Nr. 11a und, nach einer Übergangsfrist, nichtsprachgestützte Neuartige Dienste.

5 **2. Kurzwahl-Datendienste.** – Bei Kurzwahl-Datendiensten hat derjenige, der den vom Endnutzer für die Dienstleistung zu zahlenden Preis festlegt, den Preis anzuzeigen. Die Preisanzeige hat dabei **vor Beginn der Entgeltpflichtigkeit** zu erfolgen. Sie muss die Umsatzsteuer und sonstige Preisbestandteile enthalten und deutlich sichtbar und gut lesbar angezeigt werden.

6 Ein wesentlicher Bestandteil der Regelung ist auch die Verpflichtung des Diensteanbieters, sich den Erhalt der Informationskurznachricht bestätigen zu lassen, **sog. Bestätigungs-SMS**.

7 Die Verpflichtung gilt nicht für Kurzwahldienste, die bereits von § 45l erfasst sind. Hierbei handelt es um diejenigen Datendienste, bei denen durch die erstmalige Inanspruchnahme ein Dauerschuldverhältnis eingegangen wird.[2] § 45l Abs. 3 enthält für diese Kurzwahldienste spezielle Informationspflichten.

8 Darüber hinaus sollen von § 66c Kurzwahl-Datendienste ausgenommen werden, die weniger als einen Euro pro Inanspruchnahme des Dienstes kosten. Der Bundesrat hat in seiner Stellungnahme zu § 66c mitgeteilt, dass seines Erachtens der Schwellenwert in Höhe von einem Euro für das Anzeige- und Bestätigungsverfahren zu niedrig sei.[3] Die Kosten dieser Verfahren seien sehr hoch im Vergleich zum Preis der eigentlichen Dienstleistung, da mindestens zwei Kurznachrichten erforderlich werden. Der Bundesrat plädierte daher dafür, die Preisgrenze, ab der eine Preisanzeige zu erfolgen hat, auf 3 Euro zu erhöhen.[4] Die Bundesregierung hat diesem Vorschlag nicht zugestimmt, da sonst die mit der Regelung beabsichtigte Preistransparenz bei Kurzwahl-Datendiensten leer laufen würde.[5]

9 **3. Nichtsprachgestützte Neuartige Dienste.** – Sechs Monate nach In-Kraft-Treten der Verpflichtung zur Preisanzeige bei Kurzwahl-Datendiensten erlangt mit Abs. 1 S. 2 eine Regelung Geltung, nach der die Pflicht zur Preisanzeige auch für Neuartige Dienste im Sinne des § 3 Nr. 12a anwendbar ist, die nicht sprachgestützt sind. Diese Regelung ist erforderlich, um ein Ausweichen der Diensteanbieter auf andere Nummernbereiche auszu-

---

1 Vfg. 27/1999: „Festlegung zur Nutzung des Teilbereiches 012 des Nummernraums für das öffentliche Telefonnetz" vom 10. 3. 1999 (RegTP-ABl. 4/1999).
2 Vgl. hierzu Anh. I § 45l RdNr. 19 f.
3 Stellungnahme BR, BT-Drs. 15/5213, Nr. 30.
4 Stellungnahme BR, BT-Drs. 15/5213, Nr. 30a.
5 Gegenäußerung Reg, BT-Drs. 15/5213, zu Nr. 30a.

schließen. Durch den Verweis auf Satz 1 ist klargestellt, dass auch hier derjenige zur Preisanzeige verpflichtet ist, der den vom Endnutzer zu zahlenden Preis festlegt. Die Anzeige muss ebenfalls vor Beginn der Entgeltpflichtigkeit sowie deutlich sichtbar und gut lesbar erfolgen.

Die Vorschrift gilt nur für die nichtsprachgestützten Neuartigen Dienste, die mindestens **10** 3 Euro pro Inanspruchnahme kosten. Nach Abs. 2 S. 1 kann auch von der Verpflichtung zur Preisanzeige bei nichtsprachgestützten Neuartigen Diensten abgewichen werden, wenn der Dienst im öffentlichen Interesse erbracht wird oder der Endkunde sich vor der Inanspruchnahme des Dienstes nach einem von der Regulierungsbehörde vorgegebenen Verfahren legitimiert hat.

4. Ausnahmen (Abs. 2). – a) Öffentliches Interesse. – Abs. 2 S. 1 regelt, dass von den in **11** Abs. 1 geregelten Verpflichtungen abgewichen werden kann, wenn ein Dienst im öffentlichen Interesse erbracht wird. Das öffentliche Interesse ist ein unbestimmter Rechtsbegriff, der im Verwaltungsrecht aber auch in anderen Rechtsgebieten häufig verwendet wird und die Belange der Allgemeinheit gegenüber Individualinteressen kennzeichnen soll.[6] Die Voraussetzungen des öffentlichen Interesses im Einzelfall lassen sich nur aus einer Gesamtschau von Sinn und Zweck der jeweiligen gesetzlichen Regelung gewinnen.[7] Was als öffentliches Interesse anzusehen ist und was das öffentliche Interesse im konkreten Fall erfordert, ist, wie Art. 20 Abs. 2 und 3 GG bestimmen, primär dem Gesetz und Recht zu entnehmen, in dem der Wille der Gemeinschaft seinen maßgeblichen Ausdruck findet.[8] Im Zusammenhang mit Kurzwahlnummern sind zum Beispiel Dienste denkbar, bei denen Fahrscheine für den öffentlichen Nahverkehr erworben werden.[9] Als weiterer Anwendungsfall kommen Dienste in Betracht, bei denen mittels Kurzmitteilung Spenden an gemeinnützige Organisationen geleistet werden.[10] Da es sich bei Abs. 2 S. 1 um eine Ausnahme von der Verpflichtung zur Preistransparenz handelt, sollte der Anwendungsbereich eng begrenzt bleiben.

b) Legitimationsverfahren. – Die §§ 66d und e enthalten die Möglichkeit, dass der Ver- **12** braucher bestimmte normative Höchstgrenzen überschreitet, wenn er sich in einem Verfahren legitimiert. Diese gesetzliche Konstruktion wurde auch in § 66c Abs. 2 gewählt. Vor dem Hintergrund der schnellen technischen Entwicklung bei Telekommunikationsdiensten soll mit dem Legitimationsverfahren sichergestellt werden, dass die Anforderungen an die Preisanzeige für bestimmte nichtsprachbasierte Kurzwahldienste den Entwicklungen angepasst werden.[11] Gleiches gilt auch für nichtsprachgestützte Neuartige Dienste, die sich dynamisch entwickeln.

Nach Abs. 2 S. 2 und 3 ist die Regulierungsbehörde befugt, die Einzelheiten eines Legiti- **13** mationsverfahrens zu regeln. Die Regulierungsbehörde hat für die nach §§ 66d und e vorgesehene Legitimation bereits ein Verfahren vorgegeben, welches im Wesentlichen auf der Verwendung einer PIN beruht. Sie wird zu klären haben, ob sich dieses Verfahren auf Kurzwahl-Datendienste und nichtsprachgestützte Neuartige Dienste übertragen lässt.

5. Sonstige Befugnisse der Regulierungsbehörde. – Abs. 2 S. 2, der die Regulierungsbe- **14** hörde ermächtigt, die Einzelheiten eines Legitimationsverfahrens zu regeln, lässt auch zu,

---

6 *Creifelds*, Rechtswörterbuch, Stichwort „Öffentliches Interesse".
7 *Creifelds*, Rechtswörterbuch, Stichwort „Öffentliches Interesse".
8 *Kopp*, BayVBl. 1980, 264.
9 Begr. RegE, BT-Drs. 15/5213, zu § 66c.
10 Begr. RegE, BT-Drs. 15/5213, zu § 66c.
11 Begr. RegE, BT-Drs. 15/5213, zu § 66c.

dass die Regulierungsbehörde Einzelheiten dazu festlegen kann, welche Dienste im öffentlichen Interesse erbracht werden.

15 Auf Vorschlag des Bundesrates[12] soll in § 66c eine Regelung aufgenommen werden, nach der die Regulierungsbehörde ihre Festlegungen veröffentlichen soll. Hierbei ging es dem Bundesrat vor allem darum, dass die Regulierungsbehörde regelmäßig eine Liste derjenigen Datendienste veröffentlichen muss, bei denen auf eine Preisanzeige aus Gründen des öffentlichen Interesses verzichtet werden kann.[13] Zudem wird durch eine Veröffentlichung der Ausnahmen von Abs. 1 aber auch die Transparenz erhöht.[14]

16 Ein Jahr nach In-Kraft-Treten des Gesetzes zur Änderung telekommunikationsrechtlicher Vorschriften – also sechs Monate nach Inkrafttreten des § 66c – tritt Abs. 2 S. 3 in Kraft. Diese Regelung ermächtigt die Regulierungsbehörde zur Festlegung von geeigneten Legitimationsverfahren im Sinne des Abs. 2 S. 1 durch Verfügung in ihrem Amtsblatt. Der Regelungsgehalt dieser Vorschrift ist unklar. Es ist davon auszugehen, dass der Gesetzgeber meinte, dass die Regelung in Abs. 2 S. 2 die Regulierungsbehörde nicht zur Festlegung eines Legitimationsverfahrens befugt. Gegen diese Auffassung spricht die Formulierung in § 43b Abs. 3 und 4 TKG 2003, auf die § 66c Abs. 2 S. 2 zurückgreift. Die gleichlautenden Regelungen in § 43b ermächtigten die Regulierungsbehörde unstreitig dazu, ein Legitimationsverfahren vorzugeben. Abs. 2 S. 3 käme dann lediglich insofern Bedeutung zu, als er die Art und Weise der Festlegung regelt.

17 **6. Folgen eines Verstoßes.** – Nach § 66g Nr. 2 muss die in § 66c geregelte Preisinformation ordnungsgemäß erfolgt sein, damit der Endnutzer zur Zahlung des Entgeltes verpflichtet ist. Ebenso muss der Endnutzer die Preisinformation bestätigt haben. Ist dies nicht der Fall, ist kein wirksamer Vertrag zwischen dem Anrufer und dem Diensteanbieter zustande gekommen. Ein Anspruch auf das Verbindungsentgelt besteht nicht.

18 Sämtliche in § 66c geregelte Pflichten sind bußgeldbewehrt. Wird also der Preis nicht, nicht richtig, nicht vollständig oder nicht rechtzeitig angezeigt, kann die Regulierungsbehörde nach § 149 Abs. 1 Nr. 13e i.V.m. Abs. 2 S. 1 eine Geldbuße bis zu einer Höhe von 100 000 Euro festsetzen.

IV. Übergangsvorschriften

19 Nach Art. 6 Nr. 2 des Gesetzes zur Änderung telekommunikationsrechtlicher Vorschriften tritt § 66c am ersten Tag des siebten auf die Verkündung dieses Gesetzes folgenden Monats in Kraft. Dies gilt nicht für Abs. 1 S. 2 und Abs. 2 S. 3. Diese Regelungen betreffen die Preisanzeige bei nichtsprachgestützten Neuartigen Diensten. Sie treten nach Art. 6 Nr. 3 des Gesetzes zur Änderung telekommunikationsrechtlicher Vorschriften erst am ersten Tag des dreizehnten auf die Verkündung dieses Gesetzes folgenden Monats in Kraft.

---

12 Stellungnahme BR, BT-Drs. 15/5213, Nr. 31.
13 Stellungnahme BR, BT-Drs. 15/5213, Nr. 31.
14 Stellungnahme BR, BT-Drs. 15/5213, Nr. 31.

§ 66d Preishöchstgrenzen

(1) Der Preis für zeitabhängig über Rufnummern für Premium-Dienste abgerechnete Dienstleistungen darf bei Anrufen aus den Festnetzen höchstens 2 Euro pro Minute und bei Anrufen aus den Mobilfunknetzen höchsten 3 Euro pro Minute betragen, soweit nach Absatz 3 keine abweichenden Preise erhoben werden können. Dies gilt auch im Falle der Weitervermittlung durch einen Auskunftsdienst. Die Abrechnung darf höchstens im Sechzig-Sekundentakt erfolgen.

(2) Der Preis für zeitunabhängig über Rufnummern für Premium-Dienste abgerechnete Dienstleistungen darf höchstens 30 Euro pro Verbindung betragen, soweit nach Absatz 3 keine abweichenden Preise erhoben werden können. Wird der Preis von Dienstleistungen aus zeitabhängigen und zeitunabhängigen Leistungsanteilen gebildet, so müssen diese Preisanteile entweder im Einzelverbindungsnachweis, soweit dieser erteilt wird, getrennt ausgewiesen werden oder Verfahren nach Absatz 3 Satz 3 zur Anwendung kommen. Der Preis nach Satz 2 darf höchstens 30 Euro je Verbindung betragen.

(3) Über die Preisgrenzen der Absätze 1 und 2 hinausgehende Preise dürfen nur erhoben werden, wenn sich der Kunde vor Inanspruchnahme der Dienstleistung gegenüber dem Diensteanbieter durch ein geeignetes Verfahren legitimiert. Die Einzelheiten regelt die Regulierungsbehörde. Sie kann durch Verfügung im Amtsblatt Einzelheiten zu zulässigen Verfahren in Bezug auf Tarifierungen nach den Absätzen 1 und 2 und zu den Ausnahmen nach Absatz 2 Satz 2 und 3 festlegen. Darüber hinaus kann die Regulierungsbehörde entsprechend dem Verfahren nach § 67 Absatz 2 von den Absätzen 1 und 2 abweichende Preishöchstgrenzen festsetzen, wenn die allgemeine Entwicklung der Preise oder des Marktes dies erforderlich macht.

Schrifttum: Vgl. § 66 a.

Übersicht

I. Normzweck

§ 66d normiert Höchstgrenzen für die Entgelte, die Anbieter von Premium-Diensten für ihre Dienste abrechnen dürfen. Damit wird das finanzielle Risiko für den Verbraucher, der Premium-Dienste in Anspruch nimmt, erheblich verringert. Für ihn ist offenkundig, mit welchem Entgelt er höchstens zu rechnen hat. Der Vorschrift kommt damit eine wesentliche Bedeutung für einen verbesserten Verbraucherschutz zu. **1**

2 Um auch die Dienste zu ermöglichen, die einen höheren Wert haben, sieht die Vorschrift vor, dass die Höchstgrenzen nach einer Legitimation des Endnutzers überschritten werden dürfen. Damit findet die Vorschrift einen fairen Ausgleich zwischen den Zielen des Verbraucherschutzes und den wirtschaftlichen Interessen der Diensteanbieter.

II. Entstehungsgeschichte

3 § 66d greift im Wesentlichen auf die Regelung des § 43b Abs. 3 TKG 2003 zurück, der eine Regelung von Höchstgrenzen für 0190er- und 0900er-Mehrwertdienste enthielt.[1] § 43b Abs. 3 TKG 2003 sollte zunächst als § 14 Abs. 3 der Telekommunikations-Nummerierungsverordnung fortgeschrieben werden[2], wurde dann aber in das Gesetz zur Änderung telekommunikationsrechtlicher Vorschriften aufgenommen, welches als Ergänzung der nummerierungsrechtlichen Vorschriften des TKG erlassen werden soll.

III. Einzelerläuterungen

4 **1. Anwendungsbereich.** – Der durch das Gesetz zur Bekämpfung des Missbrauchs von 0190er-/0900er-Mehrwertdiensterufnummern in das TKG eingefügte § 43b war in seinem Anwendungsbereich auf 0190er- und 0900er-Rufnummern beschränkt. Zahlreiche in dieser Vorschrift enthaltene Regelungen sollen durch das Gesetz zur Änderung telekommunikationsrechtlicher Vorschriften dahingehend weiterentwickelt werden, dass ihr Anwendungsbereich auf andere Dienste ausgedehnt wird. Dies gilt nicht für § 66d. Dieser gilt für Premium-Dienste im Sinne von § 3 Nr. 17a, also wie § 43b Abs. 3 TKG 2003 insbesondere für Dienste, die über 0190er- und 0900er-Rufnummern erreicht werden. Fraglich ist, warum der Gesetzgeber nicht beabsichtigt, den Anwendungsbereich dieser für den Verbraucherschutz elementaren Vorschrift auch auf andere Nummernarten zu erweitern. Dies gilt insbesondere vor dem Hintergrund der möglichen Überschreitung der normierten Höchstgrenzen durch eine Legitimation. Der Entwurf des § 66d schreibt Preisobergrenzen **für alle über 0190er- bzw. 0900er-Rufnummern** abgerechneten Dienstleistungen vor. Die Regelung erfasst alle Verbindungen zu Premium-Rate-Diensten, gilt also auch für Anwählprogramme, so genannte Dialer. Die Vorschrift unterscheidet zwischen zeitabhängig (Abs. 1) und zeitunabhängig (Abs. 2) abgerechneten Dienstleistungen.

5 **2. Preishöchstgrenze für zeitabhängig abgerechnete Dienste.** – Bei zeitabhängig abgerechneten Verbindungen dürfen nach Abs. 1 für Gespräche aus dem deutschen Festnetz pro Minute nicht mehr als 2 Euro in Rechnung gestellt werden. Darüber hinaus ist festgelegt, dass die Abrechnung höchstens im **Sechzig-Sekundentakt** erfolgen darf. Die Frage der konkreten Höchstgrenze bei zeitabhängig abgerechneten Premium-Diensten war bereits im Gesetzgebungsverfahren zum Erlass des Gesetzes zur Bekämpfung des Missbrauchs von 0190er-/0900er-Mehrwertdiensterufnummern streitig. Während der damalige Regierungsentwurf noch eine Preisobergrenze von 3 Euro pro Minute enthielt[3], wurde die Obergrenze nach einem Beschluss des Deutschen Bundestages auf 2 Euro abgesenkt.[4]

6 Die Regelung hat auch nach ihrem In-Kraft-Treten zu vielen Diskussionen geführt. Die festgelegte Obergrenze war unproblematisch für alle Verbindungen aus dem Festnetz zu

---

1 Begr. RegE, BT-Drs. 15/5213, zu § 66d.
2 Begr. RegE des TKG 2004, BT-Drs. 15/2316, zu § 64.
3 BT-Drs. 15/907.
4 BT-Drs. 15/1126.

Rufnummern aus den Bereichen 0190–1 bis 0190–9, da für diese Rufnummern die Preise pro Minute von der Regulierungsbehörde festgelegt wurden und 2 Euro nicht überschreiten.[5] Eingeschränkt wurden jedoch alle Dienste, die über Rufnummern aus den Gassen 0190–0 und 0900 erbracht und abgerechnet werden, sowie vor allem Verbindungen zu Premium-Diensterufnummern aus dem Mobilfunk.[6] Vor diesem Hintergrund standen hinsichtlich der Preishöchstgrenze von 2 Euro verfassungsrechtliche Bedenken im Raum.[7] Es ist davon auszugehen, dass der Gesetzgeber diesen Bedenken Rechnung tragen will und deswegen in § 66d die Preishöchstgrenze für Anrufe aus den Mobilfunknetzen auf 3 Euro pro Minute anheben möchte.

Die Preishöchstgrenze soll ausdrücklich auch dann gelten, wenn von einem Auskunftsdienst zu einem Premium-Dienst weitervermittelt wird. Damit soll Rechtsklarheit für dieses stark verbreitete Geschäftsmodell geschaffen werden. **7**

3. Preishöchstgrenze für zeitunabhängig abgerechnete Dienste. – Das Entgelt für **zeit-** **8** **unabhängig tarifierte Verbindungen** zu 0190er- und 0900er-Rufnummern, also für solche Verbindungen, bei denen das Entgelt nicht von der Dauer der Verbindung abhängt, darf grundsätzlich nicht mehr als 30 Euro betragen. Darüber hinausgehende Entgelte dürfen nur nach einer vorherigen Legitimation des Endnutzers[8] in Rechnung gestellt werden.

4. Zulässigkeit der Kombination von Tarifen (Abs. 2 S. 2 und 3). – § 43b TKG 2003 un- **9** terschied hinsichtlich der Preisobergrenzen zwischen zeitabhängigen und zeitunabhängigen Tarifen, regelte aber Geschäftsmodelle, bei denen beide Tarifierungsarten miteinander kombiniert werden, nicht. Daraus ergaben sich Zweifel[9], ob diese Modelle nach dem Willen des Gesetzgebers zulässig sein sollten und welche Preisobergrenze gegebenenfalls einzuhalten ist.

Mit § 66d soll das Problem der Kombination von zeitunabhängigen und zeitabhängigen Ta- **10** rifen durch eine gesetzliche Regelung gelöst werden. Der Entwurf der Bundesregierung enthielt eine Vorschrift, nach der Kombinationstarife grundsätzlich unzulässig sein sollten. Diese Regelung wurde vom Bundesrat dahingehend geändert, dass nunmehr die Kombination von zeitunabhängiger und zeitabhängiger Tarifierung innerhalb einer Verbindung zulässig sein soll, die einzelnen Tarifbestandteile aber für den Endnutzer transparent sein müssen.[10] Die vom Bundesrat vorgeschlagene Regelung sieht vor, dass Preisanteile von Dienstleistungen, die aus zeitabhängigen und zeitunabhängigen Bestandteilen bestehen, gegebenenfalls im Einzelverbindungsnachweis getrennt anzugeben sind. Die Bundesregierung hat in ihrer Gegenäußerung dem Bundesrat zugestimmt.[11] Ebenfalls auf Vorschlag des Bundesrates eingefügt wurde die Festlegung, dass bei kombinierten Tarifen der Preis für die Dienstleistung höchstens 30 Euro je Verbindung betragen darf.

Die Überschreitung der für Kombinationstarife geregelten Höchstpreise soll nach dem **11** Willen des Gesetzgebers nur zulässig sein, wenn die Regulierungsbehörde nach Abs. 3 S. 3

---

5 Vorläufige Regeln für die befristete Zuteilung von noch freien Rufnummern aus dem Teilbereich 0190 für Premium Rate-Dienste, Vfg. 303/97 vom 17. 12. 1997 (BMPT ABl. 34/1997) in Verbindung mit Vfg. 301/1997 vom 17. 12. 1997 (RegTP ABl. 34/97) in Verbindung mit Mit. 517/2001 vom 19. 9. 2001 (RegTP ABl. 18/2001).
6 Vgl. auch Begr. RegE, BT-Drs. 15/1068, S. 4.
7 § 67 RdNr. 76.
8 Siehe RdNr. 13 ff.
9 § 67 RdNr. 44.
10 BT-Drs. 15/5213, Nummer 32.
11 BT-Drs. 15/5213, zu Nummer 32.

in ihrem Amtsblatt eine Verfügung erlassen hat, in der entsprechende Verfahren zur Legitimation der Kunden geregelt sind.

12 **5. Telefaxdienste.** – § 66d des Entwurfs der Bundesregierung enthielt eine Sonderregelung für Telefaxdienste. Der Gesetzgeber wollte für diese Dienste grundsätzlich eine zeitunabhängige Tarifierung vorgeben, um den Schutz der Endnutzer wirksam zu stärken. Eine Erhöhung des Verbindungspreises durch eine verzögerte Übertragungsrate bei Telefaxsendungen sollte durch die Regelung ausgeschlossen werden. Diese Ausnahmevorschrift wurde im Laufe des Gesetzgebungsverfahrens gestrichen.

13 **6. Befugnisse der Regulierungsbehörde. – a) Festlegung eines Legitimationsverfahrens.** – Das Gesetz zur Bekämpfung des Missbrauchs von 0190er-/0900er-Mehrwertdiensterufnummern diente dem Zweck, die Bedingungen bei der Inanspruchnahme von Premium-Rate-Diensten durch die Endnutzer sicherer und transparenter zu gestalten und so Endnutzer wirksam vor Missbräuchen zu schützen. Die Erbringung von Diensten sollte aber dennoch nicht unverhältnismäßig erschwert oder unmöglich gemacht werden. Diesem Grundgedanken trug die Regelung des § 43b Abs. 3 S. 4 Rechnung, die vorsah, dass höhere als die in § 43b Abs. 3 S. 1 und 3 vorgesehenen Preise zulässig sind, wenn der Endnutzer vorher durch eine Legitimation erklärt, auf den Schutz durch die Preisbegrenzung zu verzichten.

14 Diese Regelung soll auch im Rahmen der Normen des Gesetzes zur Änderung telekommunikationsrechtlicher Vorschriften bestehen bleiben. Eine entsprechende Regelung enthält § 66d Abs. 3, der neben dem § 67 Abs. 2 TKG-E eine weitere Möglichkeit der Flexibilisierung starrer Preisgrenzen enthält[12].

15 Das Gesetz legt kein konkretes Legitimationsverfahren fest, sondern ermächtigt die Regulierungsbehörde, Einzelheiten eines Legitimationsverfahrens zu regeln. Die Regulierungsbehörde hat unter Geltung des § 43b TKG 2003 ein Legitimationsverfahren vorgegeben und mit einer Begründung veröffentlicht.[13]

16 Die Gesetzesentwurf sieht vor, dass der Kunde sich gegenüber dem Diensteanbieter legitimieren muss. Dies bedeutet, dass der Diensteanbieter das Legitimationsverfahren durchzuführen hat. In Abschnitt 1 der Festsetzung eines Legitimationsverfahrens stellt die Regulierungsbehörde klar, wer Diensteanbieter in diesem Sinne ist.[14] Im Fall der **Überschreitung von Preisobergrenzen** ist Diensteanbieter im Sinne von Abs. 3 derjenige, der den Preis für den Endnutzer festsetzt und diesen auch nach § 43 Abs. 3 TKG 2003 (entspricht insofern § 66b TKG-E) anzusagen hat. Er bietet dem Endnutzer seinen Dienst an.[15] Wählt der Endnutzer Rufnummern aus den **Gassen 0190–1 bis 0190–9**, muss der Teilnehmernetzbetreiber die Legitimation durchführen. Die Regulierungsbehörde hat außerdem geregelt, dass in dem Fall, in dem zum Beispiel ein Mobilfunkdiensteanbieter die Tarifhoheit hat, dieser gegebenenfalls zur Durchführung des Legitimationsverfahrens verpflichtet ist.

17 Bei Verbindungen zu Rufnummern aus den Gassen 0190–0 und 0900 hat der Verbindungsnetzbetreiber, der die Diensteplattform betreibt, eine Legitimation des Endnutzers vor der Überschreitung der Preisobergrenzen sicherzustellen.[16]

---

12 Begr. BReg., BT-Drs. 15/5213, zu § 66d.
13 Vfg. 36/2003 vom 13. 8. 2003 (RegTPABl. 16/2003).
14 So auch RegTP, Vfg. 36/2003 vom 13. 8. 2003 (RegTPABl. 16/2003).
15 Begründung zu Abschnitt 1.1 der Vfg. 36/2003 vom 13. 8. 2003 (RegTPABl. 16/2003); vgl. hierzu auch § 67 RdNr. 58.
16 Vfg. 36/2003 vom 13. 8. 2003 (RegTPABl. 16/2003).

§ 66d soll wie bereits § 43b Abs. 3 S. 4 regeln, dass der Endnutzer sich durch ein „geeigne- 18
tes Verfahren" legitimieren muss. Die Regulierungsbehörde hat gemäß § 43b Abs. 3 S. 4
TKG 2003 ein PIN-Verfahren vorgegeben, wie es zum Beispiel auch bei Bankgeschäften
üblich ist. Der Anschlussinhaber muss zunächst bei dem zur Durchführung des Legitimationsverfahren Verpflichteten schriftlich oder elektronisch mit qualifizierter elektronischer
Signatur die Übersendung einer PIN anfordern.[17] Der jeweilige Verpflichtete muss dann
dem Anschlussinhaber schriftlich in einem verschlossenen Umschlag oder elektronisch
mit qualifizierter elektronischer Signatur eine an die Rufnummer des Anschlussinhabers
gekoppelte vierstellige PIN senden.

Die PIN muss vor jeder Überschreitung der Preisgrenzen zur Legitimation eingegeben oder 19
angesagt werden. Von wesentlicher Bedeutung ist die Regelung, dass bei Streit über die
Höhe der Rechnung der zur Durchführung des Legitimationsverfahrens Verpflichtete
nachweisen muss, dass bei der abgerechneten Verbindung eine PIN eingegeben wurde.[18]
Diese Regelung ist erforderlich, da der Rechnungsempfänger in der Regel nicht nachweisen kann, dass er keine PIN eingegeben hat.[19] Weitere Vorgaben der Regulierungsbehörde
betreffen die Sperrung einer PIN bei dreimaliger Falscheingabe oder auf Wunsch des Anschlussinhabers.

b) Festsetzung zeitabhängiger und zeitunabhängiger Höchstpreise. – Die Regelungen 20
in § 66d Abs. 1 und 2 sollen nach dem Willen des Gesetzgebers ergänzt werden um eine
Befugnis der Regulierungsbehörde, die in § 66d Abs. 3 Satz 4 normiert werden soll. Nach
dieser Vorschrift kann die Regulierungsbehörde von den in § 66d Absätzen 1 und 2 genannten Preishöchstgrenzen abweichen[20]. Dies gilt allerdings nur unter der Bedingung,
dass die allgemeine Entwicklung der Preise oder des Marktes dies erforderlich macht. Bei
dieser Formulierung soll es sich nach dem Willen des Gesetzgebers nicht um ein Substitut
des Legitimationsverfahrens handeln.[21]

Bei ihren Festlegungen hat die Regulierungsbehörde die in § 67 Abs. 2 geregelten Voraus- 21
setzungen zu beachten.[22] Das soll über einen in § 66d Abs. 3 enthaltenen Verweis auf diese
Vorschrift sichergestellt werden. Insbesondere hat die Regulierungsbehörde vor Festsetzung einer von § 66d abweichenden Preishöchstgrenze die betroffenen Fachkreise angemessen zu beteiligen.[23] Dies schließt die Verbraucherverbände ein. Es ist vorgesehen, dass
die Regulierungsbehörde ihre Festlegungen in ihrem Amtsblatt veröffentlicht.

c) Festlegung zulässiger Tarifierungsverfahren. – Eine sehr weitgehende Vorschrift soll 22
in Abs. 3 Satz 3 geregelt werden. Dieser enthält die Befugnis der Regulierungsbehörde,
Verfügungen zu erlassen, die für alle von der Vorschrift Verpflichteten verbindlich sind.
Gegenstand der Verfügung können zum Beispiel zulässige Tarifierungsverfahren und Einzelheiten zu den nach Abs. 2 S. 2 und 3 zulässigen Ausnahmen sein.

7. Folge eines Verstoßes. – Wenn gegen die Vorschriften des § 66d Abs. 1 und 2 verstoßen 23
wird, besteht nach § 66g Nr. 3 keine Verpflichtung des Endnutzer zur Zahlung des Entgeltes für die über die Premium-Rufnummer abgerechnete Verbindung und Dienstleistung.
Die Vorschrift ist zudem nach § 149 Abs. 1 Nr. 13 f. bußgeldbewehrt.

---

17 Abschnitt 3 der Vfg. 36/2003 vom 13. 8. 2003 (RegTP ABl. 16/2003).
18 Abschnitt 6 der Vfg. 36/2003 vom 13. 8. 2003 (RegTP ABl. 16/2003).
19 *Brodkorb/Ohlenburg*, CR 2003, 732.
20 Begr. BReg., BT-Drs. 15/5213, zu § 66d.
21 Begr. BReg., BT-Drs. 15/5213, zu § 66d.
22 Begr. BReg., BT-Drs. 15/5213, zu § 66d.
23 Begr. BReg., BT-Drs. 15/5213, zu § 66d.

IV. Übergangsvorschriften

24 Nach Art. 6 Nr. 2 des Gesetzes zur Änderung telekommunikationsrechtlicher Vorschriften tritt § 66d am ersten Tag des siebten auf die Verkündung dieses Gesetzes folgenden Monats in Kraft.

§ 66e Verbindungstrennung

(1) Der Diensteanbieter, bei dem die Rufnummer für Premium-Dienste oder Kurz-wahl-Sprachdienste eingerichtet ist, hat jede zeitabhängig abgerechnete Verbindung zu dieser nach sechzig Minuten zu trennen. Dies gilt auch, wenn zu einer Rufnummer für Premium-Dienste oder für Kurzwahl-Sprachdienste weitervermittelt wurde.

(2) Von der Verpflichtung nach Absatz 1 kann abgewichen werden, wenn sich der Endnutzer vor der Inanspruchnahme der Dienstleistung gegenüber dem Diensteanbieter durch ein geeignetes Verfahren legitimiert. Die Einzelheiten regelt die Regulierungsbehörde. Sie kann durch Verfügung die Einzelheiten der zulässigen Verfahren zur Verbindungstrennung festlegen.

Schrifttum: Vgl. § 66a.

Übersicht

I. Normzweck

§ 66e schreibt vor, dass zeitabhängig abgerechnete Verbindungen zu Premium-Diensterufnummern oder Rufnummern für Kurzwahl-Sprachdienste nach sechzig Minuten zu trennen sind. Mit § 66e sollen die finanziellen Risiken bei der Inanspruchnahme von hochpreisigen Premium-Diensten für Verbraucher begrenzt werden. Die Vorschrift ergänzt insofern § 66d, der Preishöchstgrenzen für diese Dienste festlegt. **1**

II. Entstehungsgeschichte

Durch § 43b Abs. 4 des Gesetzes zur Bekämpfung des Missbrauchs von 0190er-/0900er-Mehrwertdiensterufnummern[1] wurde 2003 eine Regelung in das TKG 1996 eingefügt, die vorschrieb, dass Verbindungen zu 0190er und 0900er-Rufnummern nach einer Stunde zu trennen sind. Diese Regelung sollte in einer auf Grundlage des § 66 Abs. 4 zu erlassenden Nummerierungsverordnung fortgeschrieben werden.[2] Aus Gründen der Rechtsförmlichkeit hat sich die Bundesregierung jedoch dafür entschieden, die durch das Gesetz zur Bekämpfung des Missbrauchs von 0190er-/0900er-Mehrwertdiensterufnummern erlassenen **2**

---

1 BGBl. I S. 1590.
2 Vgl. § 152 Abs. 1 S. 1 TKG 2004.

Vorschriften weiterhin im TKG zu regeln. § 66e wurde im Jahr 2005 durch das Gesetz zur Änderung telekommunikationsrechtlicher Vorschriften in das TKG eingefügt. Die Vorschrift greift sehr stark auf die Regelungen des § 43b Abs. 4 TKG 2003 zurück, erweitert jedoch dessen Anwendungsbereich.

III. Einzelerläuterungen

3   **1. Geltungsbereich.** – § 66e regelt, dass alle Verbindungen zu Rufnummern für Premium-Dienste oder für Kurzwahl-Sprachdienste, die zeitabhängig abgerechnet werden, nach einer Stunde automatisch getrennt werden müssen, wenn der Endnutzer nicht durch eine Legitimation deutlich macht, den Dienst länger in Anspruch nehmen zu wollen. Die Vorschrift ist damit beschränkt auf zeitabhängig abgerechnete Verbindungen. Da bei zeitunabhängig tarifierten Verbindungen das gesamte Entgelt von der ersten Sekunde des Bestehens der Verbindung anfällt und sich durch eine lange Gesprächsdauer nicht erhöht, wird der Schutz der Verbraucher bei dieser Abrechnungsvariante durch die Verpflichtung zur Preisangabe bei der Bewerbung oder dem Angebot (§ 66a) und zur Preisansage bei der Inanspruchnahme des Dienstes (§ 66b) hinreichend gewährleistet.

4   Die Vorschrift begrenzt ebenso wie die in § 66d normierten Preisobergrenzen das finanzielle Risiko für den Endnutzer. Bereits vor In-Kraft-Treten des TKG 2003 hatten Gerichte entschieden, dass eine Verbindung zu **Premium-Diensterufnummern** nach einer Stunde zu trennen sei.[3] Die Entscheidungen wurden damit begründet, dass dem Teilnehmernetzbetreiber die Gefahr bekannt war, dass im Zusammenhang mit über 0190er-Rufnummern erbrachten Diensten Telefonverbindungen unbemerkt aufrecht erhalten werden können, ohne dass der Kunde eine ihm nützliche Leistung erhält.[4]

5   Die aufgrund des § 43b Abs. 4 TKG 2003 geltende Rechtslage für 0190er- und 0900er-Rufnummern ändert sich durch § 66e nicht.[5] Die Verpflichtung zur Zwangstrennung nach sechzig Minuten wurde durch § 66e jedoch zugunsten des Verbraucherschutzes wesentlich erweitert. Der Anwendungsbereich der Vorschrift umfasst nun ausdrücklich auch Rufnummern für **Kurzwahl-Sprachdienste.** Diese Dienste sind definiert in § 3 Nr. 11c TKG 2005 in Verbindung mit § 3 Nr. 11a TKG 2005 als Dienste, die die Merkmale eines Premium-Dienstes haben, jedoch eine spezielle Nummernart mit kurzen Nummern nutzen, und bei denen die Kommunikation sprachgestützt erfolgt. Insbesondere im Mobilfunk sind in den letzten Jahre viele Dienste über die leicht merkfähigen Kurzwahlrufnummern angeboten worden. Dies hat zu den gleichen Verbraucherschutzproblemen wie bei 0190er- und 0900er-Rufnummern geführt, so dass eine Erweiterung des Anwendungsbereichs die logische Konsequenz ist. Eine entsprechende Ausweitung des Anwendungsbereichs auch auf Kurzwahldiensterufnummern war im Gesetzgebungsverfahren zum Erlass des Gesetzes zur Bekämpfung des Missbrauchs von 0190er-/0900er-Mehrwertdiensterufnummern noch nicht durchsetzbar gewesen.

6   **2. Verbindungstrennung bei Weitervermittlung.** – Eine wesentliche Klarstellung enthält Abs. 1 Satz 2. Dieser regelt ausdrücklich, dass auch Verbindungen, bei denen zu einer Rufnummer für Premium-Dienste oder für Kurzwahl-Sprachdienste weitervermittelt wurde, sechzig Minuten nach der Weitervermittlung zu trennen sind. Diese Regelung ist vor allem

---

3   OLG Frankfurt/M., Urteil vom 24. 6. 2004, Az: 3 U 13/03, MMR 2004, 613 f.; LG Heidelberg, NJW 2002, 2960.
4   OLG Hamm, NJW 2003, 760 ff. = K&R 2003, 237 ff. m. Anm. *Wettig/Wildemann.*
5   Vgl. hierzu § 67 RdNr. 82 ff.

deswegen in der Praxis relevant, weil oftmals Premium-Dienste über Auskunftsdiensterufnummern beworben werden. Endnutzer rufen bei diesem Geschäftsmodell die beworbene Auskunftsdiensterufnummer an und lassen sich zu einem über eine 0190er- oder 0900er-Rufnummer abgerechneten Dienst weitervermitteln. Die ausdrückliche Regelung dieses Geschäftsmodells soll verhindern, dass der Schutz des Verbrauchers durch eine Umgehung des § 66e ausgehöhlt wird.

3. Verpflichteter. – Nach dem Wortlaut der Norm ist der „Diensteanbieter, bei dem die 7 Rufnummer für Premium-Dienste oder Kurzwahl-Sprachdienste eingerichtet ist," verpflichtet, die Verbindung nach einer Stunde zu beenden. Die Plattform, auf der Premium-Diensterufnummern eingerichtet sind, betreibt ein Netzbetreiber, der so genannte Verbindungsnetzbetreiber mit Serviceplattform. Diensteanbieter schließen Verträge mit dem Verbindungsnetzbetreiber über die Einrichtung einer Rufnummer in dessen Netz ab, betreiben selber aber keine Plattform, auf der Rufnummern eingerichtet werden können.[6] Die Gesetzesformulierung ist insofern unscharf, als sie diese Begrifflichkeiten vermengt und nicht klar zwischen einem Netzbetreiber einerseits und einem Diensteanbieter andererseits unterscheidet.[7] Diensteanbieter im Sinne von § 66e kann jedoch nur der Verbindungsnetzbetreiber sein, der die Diensteplattform, auf der die Rufnummer eingerichtet ist, betreibt.[8] Er setzt in der Regel den Preis fest und bietet den Dienst insofern dem Kunden an.

4. Rechtsfolgen eines Verstoßes gegen Abs. 1. – § 66g Nr. 4 regelt, dass der Endnutzer 8 zur Zahlung eines Entgeltes nicht verpflichtet ist, wenn nach Maßgabe des § 66e die zeitliche Obergrenze nicht eingehalten wurde. Die Verbindungskosten dürfen nicht in Rechnung gestellt werden.

Nach § 149 Abs. 1 Nr. 13f in Verbindung mit § 149 Abs. 2 S. 1 kann die Regulierungsbe- 9 hörde zudem eine Geldbuße von bis zu 100.000 Euro verhängen, wenn entgegen § 66e Abs. 1 Satz 1, auch in Verbindung mit Satz 2, eine Verbindung nicht oder nicht rechtzeitig getrennt wird.

5. Ausgestaltung des Legitimationsverfahrens (Abs. 2). – a) Zweck des Legitimations- 10 **verfahrens.** – Das Gesetz zur Bekämpfung des Missbrauchs von 0190er-/0900er-Mehrwertdiensterufnummern diente dem Zweck, die Bedingungen bei der Inanspruchnahme von Premium-Rate-Diensten durch die Endnutzer sicherer und transparenter zu gestalten und so Endnutzer wirksam vor Missbräuchen zu schützen. Die Erbringung von Diensten sollte aber dennoch nicht unmöglich gemacht oder unverhältnismäßig erschwert werden. Diesem Grundgedanken trug die Regelung des § 43b Abs. 4 S. 2 TKG 2003 Rechnung, die vorsieht, dass eine längere als die in § 43b Abs. 4 S. 1 TKG 2003 vorgesehene Verbindungsdauer zulässig ist, wenn der Endnutzer vorher durch eine Legitimation erklärt, auf den Schutz durch die Zeitbegrenzung zu verzichten.

§ 66e Abs. 2 schreibt diese Regelung fort.[9] Das Gesetz legt kein konkretes Legitimations- 11 verfahren fest, überlässt seine Ausgestaltung aber auch nicht den Netzbetreibern. Vielmehr wird wie auch im TKG 2003 die Regulierungsbehörde ermächtigt, Einzelheiten eines Legitimationsverfahrens zu regeln. Die Regulierungsbehörde hat bereits unter Geltung des TKG 2003 ein Legitimationsverfahren vorgegeben und mit einer Begründung veröffentlicht.[10] Dieses galt jedoch – wie auch § 43b Abs. 4 TKG 2003 – nur für 0190er- und

6 *Härting*, ITRB 2003, 38 ff.
7 Vgl. hierzu auch § 67 RdNr. 85.
8 So auch Vfg. 36/2003 vom 13. 8. 2003 (RegTPABl. 16/2003).
9 Begr. RegE, BT-Drs. 15/5213, Zu § 66e.
10 Vfg. 36/2003, vom 13. 8. 2003 (RegTPABl. 16/2003).

0900er-Rufnummern. Ein Verfahren zur Legitimation bei Verbindungen zu Kurzwahldiensterufnummern hat die Regulierungsbehörde bisher nicht festgelegt.

12   **b) Verpflichtung der „Diensteanbieter".** – Das Gesetz sieht vor, dass der Endnutzer sich
gegenüber dem Diensteanbieter legitimieren muss. Der Diensteanbieter ist also verpflichtet, das Legitimationsverfahren durchzuführen. In Abschnitt 1 der Festsetzung eines Legitimationsverfahrens für Verbindungen zu 0190er und 0900er-Rufnummern stellt die Regulierungsbehörde klar, wer jeweils der Diensteanbieter ist. Dabei scheidet eine Verpflichtung des Inhalteanbieters aus, da dieser regelmäßig nicht die technischen Möglichkeiten
hat, ein tatsächliches Legitimationsverfahren durchzuführen.[11]

13   Bei **Überschreitung der Zeitgrenze** von sechzig Minuten muss unabhängig vom Abrechnungsverfahren der Verbindungsnetzbetreiber, der die Diensteplattform betreibt, auf der
die Premium-Diensterufnummer eingerichtet ist, das Legitimationsverfahren durchführen.[12] Zudem ist geregelt, dass der jeweils zur Durchführung eines Legitimationsverfahrens
Verpflichtete einen Dritten damit beauftragen kann.

14   **c) Inhaltliche Vorgaben für eine Legitimation.** – Wie auch § 43b Abs. 4 S. 2 gibt § 66e
Abs. 2 nur vor, dass der Endnutzer sich durch ein „geeignetes Verfahren" legitimieren
muss. Die Regulierungsbehörde hat für 0190er-Rufnummern ein PIN-Verfahren (Verfahren mit einer *P*ersönlichen *I*dentifikations*n*ummer) vorgegeben, wie es zum Beispiel auch
bei Bankgeschäften üblich ist. Der Anschlussinhaber muss zunächst bei dem zur Durchführung des Legitimationsverfahren Verpflichteten schriftlich oder elektronisch mit qualifizierter elektronischer Signatur die Übersendung einer PIN anfordern.[13] Der jeweilige
Verpflichtete muss dann dem Anschlussinhaber schriftlich in einem verschlossenen Umschlag oder elektronisch mit qualifizierter elektronischer Signatur eine an die Rufnummer
des Anschlussinhabers gekoppelte vierstellige PIN senden.

15   Bei der Überschreitung der Zeitbegrenzung für Verbindungen kann die PIN zu Beginn der
Verbindung oder auch erst dann angesagt oder eingegeben werden, wenn die Zeitgrenze
überschritten wird. Von wesentlicher Bedeutung ist auch die Regelung, dass bei Streit über
die Höhe der Rechnung der zur Durchführung des Legitimationsverfahrens Verpflichtete
nachweisen muss, dass bei der abgerechneten Verbindung eine PIN eingegeben wurde.[14]
Diese Regelung ist erforderlich, da der Rechnungsempfänger in der Regel nicht nachweisen kann, dass er keine PIN eingegeben hat.[15] Weitere Vorgaben der Regulierungsbehörde
betreffen die Sperrung einer PIN bei dreimaliger Falscheingabe oder auf Wunsch des Anschlussinhabers.

16   **6. Sonstige Befugnisse der Regulierungsbehörde.** – Eine weitere Befugnis der Regulierungsbehörde könnte in Abs. 2 S. 3 enthalten sein. Danach kann die Regulierungsbehörde
eine Verfügung erlassen, in der sie die Einzelheiten der zulässigen Verfahren zur Verbindungstrennung festlegt. Diese Befugnis ist unklar formuliert. Die Vorschrift gibt ihrem
Wortlaut nach der Regulierungsbehörde die Möglichkeit, Verfahren zur Art und Weise der
Trennung von Verbindungen vorzugeben, die die in Abs. 1 festgelegte zeitliche Grenze
überschreiten. Wäre eine solche Regelung der Wille des Gesetzgebers gewesen, hätte sie
systematisch in Abs. 1 aufgenommen werden müssen.

---

11 so auch RegTP, Vfg. 36/2003, vom 13. 8. 2003 (RegTP ABl. 16/2003).
12 Vfg. 36/2003, der RegTP vom 13. 8. 2003 (RegTP ABl. 16/2003).
13 Abschnitt 3 der Vfg. 36/2003 der RegTP vom 13. 8. 2003 (RegTP ABl. 16/2003).
14 Abschnitt 6 der Vfg. 36/2003, der RegTP vom 13. 8. 2003 (RegTP ABl. 16/2003).
15 *Brodkorb/Ohlenburg*, CR 2003, 732.

Da mehrere Verfahren zur Verbindungstrennung aber nicht ersichtlich sind und die Befug- **17** nis in Abs. 2 in unmittelbarem Zusammenhang mit dem Legitimationsverfahren geregelt ist, ist davon auszugehen, dass der Gesetzgeber die Befugnis der Regulierungsbehörde nach Abs. 2 Satz 2 nur konkretisieren wollte. Dafür spricht auch die Begründung zum Entwurf der Bundesregierung, der besagt, dass in Abs. 2 die Möglichkeit der Legitimation geregelt ist.[16]

7. Folgen eines Verstoßes. – Nach § 66g Nr. 4 besteht kein Anspruch gegen den Endnutzer **18** auf Zahlung eines Entgelts, wenn die zeitliche Obergrenze nicht eingehalten wurde. Es ist allerdings davon auszugehen, dass der Endnutzer die Kosten der Verbindung bis zu dem Zeitpunkt tragen muss, in dem die Verbindung nach § 66e hätte getrennt werden müssen. Es würde über den Schutzzweck der Norm hinausgehen, wenn der Endnutzer von der Zahlungspflicht für die gesamte Verbindung befreit würde.

Nach § 149 Abs. 1 Nr. 13 f. kann die Regulierungsbehörde bei einem Verstoß gegen § 66e **19** eine Geldbuße von bis zu 100 000 Euro verhängen.

IV. Übergangsvorschriften

§ 66e wird gemäß Art. 6 Abs. 2 des Gesetzes zur Änderung telekommunikationsrechtlicher **20** Vorschriften am ersten Tag des siebten auf die Verkündung dieses Gesetzes beginnenden Monats in Kraft treten.

---

16 Begr. RegE, BT-Drs. 15/5213, Zu § 66e.

§ 66f Anwählprogramme (Dialer)

(1) Anwählprogramme, die Verbindungen zu einer Nummer herstellen, bei denen neben der Telekommunikationsdienstleistung Inhalte abgerechnet werden (Dialer), dürfen nur eingesetzt werden, wenn sie vor Inbetriebnahme bei der Regulierungsbehörde registriert wurden, von ihr vorgegebene Mindestvoraussetzungen erfüllen und ihr gegenüber schriftlich versichert wurde, dass eine rechtswidrige Nutzung ausgeschlossen ist. Dialer dürfen nur über Rufnummern aus einem von der Regulierungsbehörde hierzu zur Verfügung gestellten Nummernbereich angeboten werden. Das Betreiben eines nicht registrierten Dialers neben einem registrierten Dialer unter einer Nummer ist unzulässig.

(2) Unter einer Zielrufnummer registriert die Regulierungsbehörde jeweils nur einen Dialer. Änderungen des Dialers führen zu einer neuen Registrierungspflicht. Die Regulierungsbehörde regelt die Einzelheiten des Registrierungsverfahrens und den Inhalt der abzugebenden schriftlichen Versicherung. Sie kann Einzelheiten zur Verwendung des Tarifs für zeitunabhängig abgerechnete Dienstleistungen sowie zur Registrierung von Dialern nach Satz 1 festlegen, soweit diese Verfahren in gleicher Weise geeignet sind, die Belange des Verbraucherschutzes zu gewährleisten, und durch Verfügung veröffentlichen.

(3) Die Regulierungsbehörde kann die Registrierung von Dialern ablehnen, wenn Tatsachen die Annahme rechtfertigen, dass der Antragsteller nicht die erforderliche Zuverlässigkeit besitzt. Dies ist insbesondere der Fall, wenn der Antragsteller schwerwiegend gegen die Vorschriften dieses Gesetzes verstoßen oder wiederholt eine Registrierung durch falsche Angaben erwirkt hat. Im Fall von Satz 1 teilt die Regulierungsbehörde ihre Erkenntnisse den für den Vollzug der Gewerbeordnung zuständigen Stellen mit.

Schrifttum: *Härting/ Schirmbacher*, Dialer: Das Urteil fällt und viele Fragen offen, CR 2004, 334; *Härting*, Informationspflichten der Anbieter von Mehrwertdiensten, CR 2003, 204; *Hoeren*, Die Pflicht zur Preisangabe für Leistungen eines telefonischen Auskunftsdienstes, MMR 2003, 784; *Jaguttis/Parameswaran*, Bei Anruf – Betrug- erschlichene „Zuneigungsgeschäfte" am Telefon, NJW 2003, 2277; *Lettl*, Der Schutz der Verbraucher nach der UWG-Reform, GRUR 2004, 449; *Mankowski*, Die Beweislastverteilung in 0190er-Prozessen, CR 2004, 185. Vgl. außerdem § 66a.

Übersicht

I. Normzweck

1   Neben der unerwünschten Faxwerbung stellte das Angebot von Dialern bereits während des Verordnungsgebungsverfahrens zur Änderung der Telekommunikations-Kundenschutzverordnung ein sehr großes Verbraucherschutzproblem dar. Es kam zu vielen Beschwerden. Insbesondere beschwerten sich Computernutzer darüber, dass auf ihren Telefonrechnungen sehr hohe Beträge abgerechnet wurden für Dienste, die sie nicht in Anspruch genommen hatten. Teilweise kam es auch zu Rechnungsbeträgen in Höhe von einigen hundert Euro für eine kurze Verbindung.

2   Das Vergabesystem der Rufnummern für Premium-Dienste sowie das zwischen den Netzbetreibern vereinbarte Abrechnungssystem führte dazu, dass der Endnutzer nicht ermitteln konnte, wer für den preisintensiven Dienst verantwortlich ist. Das rechnungsstellende Unternehmen konnte Informationen zum Diensteanbieter nicht an den Kunden weitergeben, wollte aber dennoch das Entgelt inkassieren. Einwendungen gegen den Dienst nahm das rechnungsstellende Unternehmen mit der Begründung, für die Erbringung des Dienstes nicht verantwortlich zu sein, nicht entgegen. Dies führte zu zahlreichen Rechtsstreiten.

3   § 66f soll die bestehenden Probleme lösen. Die Vorschrift ist darauf gerichtet, Transparenz für den Endnutzer zu gewährleisten, so dass dieser entscheiden kann, ob er den Dialer zu den angegebenen Bedingungen nutzen möchte. Gleichzeitig soll mit § 66f die Möglichkeit für die Regulierungsbehörde geschaffen werden, durch marktnahe Regeln einen fairen Ausgleich zwischen den Interessen der Anbieter von Dialern und denen der Nutzer von Dialern zu schaffen.

II. Entstehungsgeschichte

4   Die Vorschrift greift auf § 43b Abs. 5 und 6 TKG 2003 zurück[1], der als Teil des Gesetzes zur Bekämpfung des Missbrauchs von 0190er-/0900er-Mehrwertdiensterufnummern in das TKG eingefügt wurde. § 43b Abs. 5 und 6 werden durch § 66f weiterentwickelt. Insbesondere dort, wo sich bei der Anwendung des § 43b TKG 2003 durch die Regulierungsbehörde Probleme ergeben haben, soll § 66f durch ergänzende Regelungen zu deren Lösung beitragen.

5   Die Regelung sollte ursprünglich in die nach § 66 Abs. 4 zu erlassende Nummerierungsverordnung aufgenommen werden. Die Bundesregierung hat dann jedoch im Rahmen der Ressortabstimmung der Nummerierungsverordnung beschlossen, die Vorschrift als Norm des TKG fortzuschreiben. Das Verfahren zum Erlass des Gesetzes zur Änderung telekommunikationsrechtlicher Vorschriften ist noch nicht abgeschlossen.

III. Einzelerläuterungen

6   **1. Anwendungsbereich.** – Die Vorschrift gilt für so genannte Dialer. Diese sind in Abs. 1 S. 1 der Regelung definiert als Anwählprogramme, die Verbindungen zu einer Nummer herstellen, bei denen neben der Telekommunikationsdienstleistung Inhalte abgerechnet werden. Damit beabsichtigt der Gesetzgeber, die Definition des Dialers gegenüber der Vorgängervorschrift des § 43b Abs. 5 TKG 2003 neu zu fassen.[2] Um eine Umgehung der gesetzlichen Vorgaben zu verhindern, ist nach Ansicht der Bundesregierung eine Definition

---

1   Begr. RegE, BT-Drs. 15/5213, Zu § 66 f.
2   Begr. RegE, BT-Drs. 15/5213, Zu § 66 f.

erforderlich, die nicht auf spezielle Rufnummerngassen beschränkt ist.[3] Zudem sind mit der Definition auch solche Dialer erfasst, die dazu verwendet werden, die Adresse des Endnutzers zu ermitteln, um ihm dann eine von der Telefonrechnung unabhängige Rechnung zu schicken.[4]

2. Überblick. – Nach § 66f Abs. 1 S. 1 müssen Dialer bei der Regulierungsbehörde regis- **7** triert werden, bevor sie zur Abrechnung von Dienstleistungen eingesetzt werden. Außerdem muss schriftlich gegenüber der Regulierungsbehörde versichert werden, dass eine rechtswidrige Nutzung ausgeschlossen ist. Die Vorschrift ermächtigt die Regulierungsbehörde zur Vorgabe von Mindestvoraussetzungen für Dialer und des Inhalts der anzugebenden schriftlichen Versicherung sowie zur Regelung der Einzelheiten des Registrierungsverfahrens.

Die überwiegende Zahl der Anordnungen und Maßnahmen der Regulierungsbehörde nach **8** § 67 Abs. 1 beruht auf einer Verletzung der Vorgaben, die die Regulierungsbehörde nach § 152 Abs. 1 S. 1 in Verbindung mit § 43b Abs. 5 TKG 2003 verfügt hat. Damit wird § 66f, der diese Regelung fortschreiben soll, eine zentrale Bedeutung zukommen.

3. Registrierung von Dialern. – **a) Vorgaben der Regulierungsbehörde.** – Wie auch hin- **9** sichtlich des Legitimationsverfahrens hat die Regulierungsbehörde bereits vor In-Kraft-Treten des TKG 2003 einen Entwurf mit Eckpunkten für eine entsprechende Verfügung erarbeitet und veröffentlicht, zu dem sie um Stellungnahme gebeten hat.[5] Sie hat am 16. 7. 2003 eine Verfügung erlassen, die Vorgaben für das Registrierungsverfahren, den Text einer abzugebenden Versicherung und die Mindestvoraussetzungen enthielt und den Ablauf des Verfahrens zur Registrierung von Dialern umfassend darstellte.[6] Die verfügten Vorgaben galten mit In-Kraft-Treten des § 43b Abs. 5 TKG 2003 für alle Anwählprogramme, die 0190er- oder 0900er-Mehrwertdiensterufnummern nutzen, und sind auf der Internetseite der Regulierungsbehörde abrufbar. Kurz darauf veröffentlichte die Regulierungsbehörde eine Erläuterung der verfügten Regelungen.[7] Am 14. 12. 2003 traf die Regulierungsbehörde neue Festlegungen, die die Verfügung vom 16. 7. 2003 ersetzten und für alle Dialer gelten, die 0900–9er-Rufnummern nutzen.[8]

b) Registrierungsverfahren. – Die **Registrierung von Dialern** erfolgt über eine elek- **10** tronische Schnittstelle. Derjenige, der einen Dialer registrieren will, muss ein Registrierungsprogramm verwenden, welches die Regulierungsbehörde auf ihrer Internetseite bereitgestellt hat. Die Regulierungsbehörde nimmt nach Eingang der Unterlagen eine Plausibilitätsprüfung vor und registriert dann den Dialer.[9]

Die Regulierungsbehörde hat festgelegt, dass die Registrierung derjenige vornehmen **11** muss, der über eine Premium-Rate-Diensterufnummer Dienstleistungen erbringt und hierfür ein Anwählprogramm zum Zwecke einer entgeltpflichtigen Verbindungsherstellung

---

3 Begr. RegE, BT-Drs. 15/5213, Zu § 66 f.; *Klees/Hübner*, CR 2005, 266.
4 Begr. RegE, BT-Drs. 15/5213, Zu § 66 f.
5 Vgl. Mit. 173/2003 vom 16. 7. 2003 „Gesetz zur Bekämpfung des Missbrauchs von 0190er-/ 0900er-Mehrwertdiensterufnummern; hier: Eckpunkte für Registrierungsverfahrens und Anhörung zum Entwurf" (RegTP ABl. 14/2003).
6 Vfg. 37/2003 vom 13. 8. 2003 (RegTP ABl. 16/2003).
7 Mit. 243/2003 vom 27. 8. 2003: Erläuterungen zur Amtsblattverfügung 37/2003 (RegTP ABl. 17/ 2003).
8 Vfg. 54/2003 vom 3. 12. 2003 (RegTP ABl. 24/2003).
9 Abschnitt D der Vfg. 54/2003 vom 3. 12. 2003 (RegTP ABl. 24/2003).

anbietet.[10] Für die Registrierung von Dialern hat die Regulierungsbehörde vorgeschrieben, dass zur **eindeutigen Erkennung des Anwählprogramms** durch den Verbraucher die Bezeichnung des Dialers einschließlich seiner Versionsnummer anzugeben ist. Darüber hinaus müssen für die Registrierung unter anderem die Rufnummer, über die die Verbindung zum Premium-Rate-Dienst hergestellt wird, eine Kurzbeschreibung der Verhaltensweise des Dialers, die Art des angebotenen Dienstes und der Name sowie die ladungsfähige Anschrift des Registrierungsverpflichteten mitgeteilt werden. Schließlich ist der so genannte Hashwert des Dialers aufzuführen. Dieser stellt gleich einem digitalen Fingerabdruck einen Identifikationswert des Anwählprogramms dar und kann mittels eines auf der Internetseite der Regulierungsbehörde verfügbaren Programmes von Verbrauchern verglichen werden.[11] Zudem ist dem Registrierungsantrag eine unterzeichnete Rechtskonformitätserklärung beizufügen.[12]

12 Die registrierten Anwählprogramme hat die Regulierungsbehörde in eine Datenbank eingepflegt, die die Verbraucher nutzen können, um sich über unter bestimmten Rufnummern angebotene Anwählprogramme zu informieren.

13 **c) Mindestanforderungen an Dialer.** – Zum wirksamen Schutz der Verbraucher hat die Regulierungsbehörde **Mindestanforderungen** definiert, die Anwählprogramme einhalten müssen. Diese Mindestanforderungen sollen den Endnutzer in die Lage versetzen, bewusste Handlungen durchzuführen. Die Regulierungsbehörde kann die Mindestanforderungen anpassen. Die Änderungen erfassen dann auch bereits erfolgte Registrierungen.[13]

14 Im Einzelnen hat die Regulierungsbehörde vorgegeben, dass die Bedingungen für die Nutzung des Premium-Rate-Dienstes für den Endnutzer entgeltfrei, lesbar und druckbar verfügbar sein müssen. Insbesondere der Tarif bzw. das Entgelt für die Inanspruchnahme des Dienstes muss vor der Herstellung der Verbindung entgeltfrei mitgeteilt werden.[14] Nach der Information des Endnutzers ist dessen **explizite Zustimmung** erforderlich. Dabei reicht es nicht, dass er die mit „OK" vorgegebene Schaltfläche anklickt. Er muss zum Beispiel eine Zeichenfolge selbst eingeben. Unzulässig sind demnach die Anwählprogramme, die ohne eine ausdrückliche Zustimmung mit der Einwahl beginnen. Beim Herunterladen eines Dialers aus dem Internet muss die Zustimmung zur Nutzung des Premium-Rate-Dienstes in Textform mittels eines gesonderten Zustimmungsfensters erfolgen. Die Informationen, die das Zustimmungsfenster enthält, müssen in einer vorgegebenen Mindestgröße von 10 Punkt gestaltet sein und in einer klar lesbaren Schriftart und Schriftfarbe angezeigt werden.[15] Zur Ausgestaltung des Zustimmungsfensters hat die Regulierungsbehörde eine Anhörung durchgeführt.[16] Nach deren Auswertung hat sie am 16. 2. 2005 eine Modifizierung der Verfügung 54/2003 veröffentlicht.[17] Die Verfügung vom 16. 2. 2005 enthält zahlreiche Änderungen. Die größte Bedeutung kommt dabei der konkreten Vorgabe eines Zustimmungsfensters[18] zu. Das neue Zustimmungsfenster muß mindestens ein Drittel und

---

10 Abschnitt A I. der Vfg. 54/2003 vom 3. 12. 2003 (RegTP ABl. 24/2003).
11 *Brodkorb/Ohlenburg*, CR 2003, 732.
12 Abschnitt A II. 1. der Vfg. 54/2003 vom 3. 12. 2003 (RegTP ABl. 24/2003).
13 Abschnitt B der Vfg. 54/2003 vom 3. 12. 2003 (RegTP ABl. 24/2003).
14 Abschnitt B IV.7 der Vfg. 54/2003 vom 3. 12. 2003 (RegTP ABl. 24/2003).
15 Abschnitt B I.4 der Vfg. 54/2003 vom 3. 12. 2003 (RegTP ABl. 24/2003).
16 Mit. 259/2003 vom 11. 8. 2004 (RegTP ABl. 16/2004).
17 Vfg. 4/2005 vom 16. 2. 2005 (RegTP ABl. 3/2005).
18 Abschnitt B.IV. 1. Vfg. 4/2005 vom 16. 2. 2005 (RegTP ABl. 3/2005).

darf höchstens zwei Drittel der Bildschirmdarstellung einnehmen, der Preis ist auch in diesem Fenster anzugeben.[19]

Die bei der Registrierung des Dialers anzugebenen Daten sind nach den Festlegungen der 15
Regulierungsbehörde auch dem Nutzer zur Verfügung zu stellen. Anwählprogramme dürfen keine schädigende Software installieren oder aktivieren und Einstellungen oder die Funktionsweise anderer Programme des genutzten Computers nicht beeinträchtigen oder dauerhaft verändern. Der Nutzer muss die Verbindung zu dem Premium-Rate-Dienst über den Dialer jederzeit unterbrechen können. Dafür müssen Anwählprogramme eine Schaltfläche enthalten, die ständig deutlich sichtbar ist und den Abbruch des Programms ermöglicht.

d) Rechtskonformitätserklärung. – Abs. 1 S. 1 regelt, dass vor dem Einsatz eines Dialers 16
gegenüber der Regulierungsbehörde schriftlich versichert werden muss, dass eine rechtswidrige Nutzung des Dialers ausgeschlossen ist. Die Verfügung 4/2005[20] der Regulierungsbehörde, die die Verfügung 54/2003[21] modifiziert, enthält eine Vorgabe für diese so genannte Rechtskonformitätserklärung. Derjenige, der zur Registrierung verpflichtet ist, muss erklären, dass der von ihm zur Registrierung vorgelegte Dialer mit den gesetzlichen Vorschriften übereinstimmt, diese nicht unterläuft, die für Dialer von der Regulierungsbehörde vorgegebenen Mindestvoraussetzungen erfüllt und eine rechtswidrige Nutzung ausgeschlossen ist.[22]

e) Ablehnung der Registrierung. – Eine wesentliche Regelung ist in Abs. 3 enthalten. 17
Dieser ermächtigt die Regulierungsbehörde, von einer Registrierung abzusehen, wenn Tatsachen die Annahme rechtfertigen, dass der Antragsteller nicht die erforderliche Zuverlässigkeit besitzt. Die Vorschrift nennt zwei Regelfälle. So ist die Registrierung insbesondere zu versagen, wenn der Antragsteller schwerwiegend gegen die Vorschriften des TKG verstoßen hat oder wiederholt durch falsche Angaben eine Registrierung erwirkt hat. Grundlage der Regelung sind somit die gewerberechtlichen Anforderungen an die Zuverlässigkeit eines Unternehmens.[23]

Auf Antrag des Bundesrates[24] wurde eine Regelung eingefügt, nach der die Regulierungs- 18
behörde Tatsachen, die sie für geeignet hält, die Unzuverlässigkeit des Anbieters oder Betreibers von Dialern in Bezug auf ihr Gewerbe zu rechtfertigen, den Stellen mitteilt, die für die Durchsetzung des § 35 Gewerbeordnung zuständig sind.

f) Änderungen eines Dialers. – Eine für den Verbraucherschutz wesentliche Regelung, 19
die auch schon in § 43b TKG 2003 enthalten war, wird mit Abs. 2 S. 2 fortgeschrieben. Hierbei handelt es sich um die Vorgabe, dass ein Dialer neu bei der Regulierungsbehörde registriert werden muss, wenn er verändert wird. Diese Regelung soll gewährleisten, dass der bei der Regulierungsbehörde hinterlegte Hash-Wert des Anwählprogramms jederzeit korrekt ist und der Dialer nicht manipuliert wurde.

4. 0900–9: Rufnummerngasse für Dialer. – a) Zweck der Regelung. – Die Regelung des 20
Abs. 1 S. 2 wurde als § 43b Abs. 6 im Verfahren zum Erlass des Gesetzes zur Bekämpfung des Missbrauchs von 0190er-/0900er-Mehrwertdiensterufnummern vom Bundestag einge-

---

19 CR 2005, R. 54.
20 Vfg. 4/2005 vom 16. 2. 2005 (RegTPABl. 3/2005).
21 Vfg. 54/2003 vom 3. 12. 2003 (RegTPABl. 24/2003).
22 Abschnitt C.XI. der Vfg. 4/2005 vom 16. 2. 2005 (RegTPABl. 3/2005).
23 Begr. RegE, BT-Drs. 15/5213, Zu § 66 f.
24 Stellungnahme BR, BT-Drs. 15/5213, Nr. 35.

bracht. Dialer durften nach dieser Vorschrift nur über Rufnummern aus einer von der Regulierungsbehörde hierzu zur Verfügung gestellten Gasse angeboten werden. Durch die Widmung einer gesonderten Rufnummerngasse soll eine besondere Signalwirkung für die Nutzer von Premium-Rate-Diensten, die über Dialer angewählt werden, ausgehen. § 43b Abs. 6 TKG 2003 soll in § 66f fortgeschrieben werden.

21 **b) Entscheidungen der Regulierungsbehörde.** – Die Regulierungsbehörde hat bereits 2003 „Regeln für die Zuteilung von 0900–9er-Rufnummern für über Anwählprogramme erreichbare „Premium-Rate"-Dienste" veröffentlicht.[25] Gleichzeitig hat sie verfügt, dass als Gasse für registrierungspflichtige Dialer nach § 43b Abs. 6 der Rufnummernbereich 0900-9 bereitgestellt wird.

22 Bei der Auswahl des Nummernbereiches hatte die Regulierungsbehörde zu beachten, dass die Vorgaben der § 43a und § 43b Abs. 1 bis 4 TKG 2003 nur für 0190er- und 0900er-Rufnummern gelten. In Betracht kam also nur ein Teilbereich aus diesen Rufnummerngassen, um die Verbraucher wirksam durch Preisobergrenzen und Zwangstrennung zu schützen. Ein weiterer Vorteil der Regelung ist, dass Endnutzer diesen Teilbereich der 0900er-Rufnummern gesondert sperren lassen können, wenn sie Dialer nicht nutzen wollen.[26] Die Nutzung anderer, über sonstige 0900er-Rufnummern abgerechneter Dienste bleibt möglich. Unbenommen bleibt dem Endnutzer aber auch, den gesamten 0900er-Rufnummernbereich sperren zu lassen.

23 Durch die Vorgaben der Regulierungsbehörde wurde eine schnelle Umsetzung der gesetzlichen Vorschriften gewährleistet. Es ist davon auszugehen, dass die Regulierungsbehörde auch unter Geltung des § 66f die Rufnummerngasse 0900–9 für Dialer beibehalten wird.

24 § 66f Abs. 1 S. 3 regelt, dass es nicht zulässig ist, einen nichtregistrierten Dialer neben einem registrierten Dialer unter derselben Rufnummer zu betreiben. Diese Regelung trägt den Erfahrungen der Regulierungsbehörde bei der Überprüfung von Dialern und Klärung von Missbrauchsfällen Rechnung.

25 Nach § 66f Abs. 2 S. 1 darf darüber hinaus die Regulierungsbehörde unter einer Zielrufnummer nur jeweils einen Dialer registrieren. Diese Vorschrift soll ermöglichen, dass der Endnutzer mittels der in seiner Telefonrechnung angegebenen Zielrufnummer nachprüfen kann, ob der abgerechnete Dialer bei der Regulierungsbehörde registriert ist oder nicht.[27] Aufgrund der Regelung des Absatzes 2 S. 1 wird es zu einem erhöhten Bedarf an Rufnummern für Dialer kommen. Fraglich ist, wie die Regulierungsbehörde in diesem Fall vorgehen wird. Nach § 66 kann sie die Rufnummern verlegen oder eine neue Gasse öffnen.

26 **c) Wesentlicher Inhalt der Zuteilungsregeln[28].** – Die Rufnummerngasse 0900–9 war ein bis dahin nicht genutzter Teilbereich des Nummernbereichs 0900, so dass hinsichtlich der Strukturierung dieses Nummernbereiches die für den Nummernbereich 0900 bestehenden Vorgaben gelten. Die Rufnummern werden ebenso wie die 0900er-Rufnummern[29] einzeln zugeteilt. Antragsberechtigt für die Zuteilung von Rufnummern des Teilbereichs 0900–9

---

25 Verfügung 38/2003 vom 13. 8. 2003 (RegTPABl. 16/2003).
26 *Brodkorb/Ohlenburg*, CR 2003, 727, 730.
27 Begr. RegE, BT-Drs. 15/5213, Zu § 66 f.
28 Vgl. hierzu auch § 66, RdNr. 139.
29 Regeln über die Zuteilung von 0900-Premium Rate-Diensterufnummern, veröffentlicht mit Vfg. 19/2001 vom 14. 3. 2001, (RegTPABl. 5/2001).

sind diejenigen, die einen Dialer gemäß § 66f registrieren lassen und einsetzen wollen.[30] Als Auflage für die Nutzung der Rufnummer ist vorgegeben, dass sie nur für einen über ein registriertes Anwählprogramm erreichbaren Premium-Dienst genutzt werden darf. Das Anwählprogramm wiederum muss die in der Verfügung über die Registrierung festgelegten Erfordernisse in der jeweiligen Fassung erfüllen.[31] Damit ergeben die Vorschriften des § 66f ein einheitliches System.

Die Rufnummern des Nummernbereiches 0900–9 werden nach dem Prinzip „First come **27** first served" zugeteilt. Da es auf eine besonders merkfähige Ziffernfolge bei Dialern nicht ankommt und diese Rufnummern nicht beworben werden, ist die Beantragung von Wunschrufnummern nicht möglich.

5. Nutzung sonstiger Nummern für Dialer. – In Deutschland werden zum Teil Dialer ein- **28** gesetzt, die sich über Auslands- oder Satellitennummern einwählen und über diese Verbindung Premium-Rate-Dienste erbringen. Auch die Nutzung von Online-Diensterufnummern für die Verbindung zu Premium-Rate-Diensten war zu beobachten. Schließlich hatte die Regulierungsbehörde zu prüfen, ob sie Maßnahmen gegen die Nutzung von Ortsnetzrufnummern für Anwählprogramme ergreifen kann. All diese Geschäftsmodelle haben zum Ziel, bestehende Rufnummernsperren und die für Anwählprogramme geltenden Vorgaben der Regulierungsbehörde zu umgehen.

Da sich Anwählprogramme, die Verbindungen zu Rufnummern herstellen, bei denen ne- **29** ben der Telekommunikationsdienstleistung Inhalte abgerechnet werden, nur über Rufnummern aus der Gasse 0900–9er einwählen dürfen, entsprechen Dialer, die andere nationale oder internationale Nummernbereiche nutzen, nicht den gesetzlichen Bestimmungen des § 66f. Sie sind daher unzulässig; § 67 ist anwendbar.

Bei Nutzung ausländischer Rufnummer laufen einzelne Regelungen des § 67 jedoch leer. **30** So kann die Nummer zum Beispiel nicht entzogen werden, wenn sie von einer ausländischen Nummernverwaltung oder internationalen Organisation zugeteilt wurde. In Betracht kommt aber ein Verbot der Rechnungslegung und Inkassierung, wenn über ausländische Rufnummern hergestellte Verbindungen zu Dialern deutschen Endnutzern in Rechnung gestellt werden.

6. Weitere Befugnisse der Regulierungsbehörde. – § 66f enthält einige Regelungen, die **31** der Gesetzgeber aufgrund der Erfahrungen der Regulierungsbehörde für sinnvoll hielt. So darf die Regulierungsbehörde nach Abs. 2 S. 4 Einzelheiten zur Verwendung von zeitunabhängig tarifierten Diensten festlegen. Ihre Festlegungen haben Verfügungscharakter und sind zu veröffentlichen.

7. Rechtsfolge eines Verstoßes. – Auch für den Verstoß gegen die Vorschriften des § 66f **32** möchte der Gesetzgeber wirksame Sanktionen festschreiben. Die wesentlichste Regelung in diesem Zusammenhang enthält § 66g Nr. 5. Diese Norm schützt den Verbraucher, indem er zur Zahlung des Entgeltes nicht verpflichtet ist, wenn der Dialer nicht ordnungsgemäß bei der Regulierungsbehörde registriert ist oder die von der Regulierungsbehörde vorgegebenen Mindestvoraussetzungen nicht erfüllt. Auch die Nutzung einer Rufnummer, die nicht aus der Gasse 0900–9 ist, für die Abrechnung des Dialers führt dazu, dass der Endnutzer von der Zahlung eines Entgeltes befreit ist.

---

30 Abschnitt 4 der Zuteilungsregeln für 09009er-Rufnummern, veröffentlicht mit Vfg. 38/2003 vom 13. 8. 2003, (RegTPABl.16/2003).

31 Abschnitt 6b.) der Zuteilungsregeln für 09009er-Rufnummern, veröffentlicht mit Vfg. 38/2003 vom 13. 8. 2003 (RegTPABl. 16/2003).

33 Wenn jemand einen Dialer einsetzt, der nicht den in Abs. 1 S. 1 normierten Anforderungen entspricht, kann die Regulierungsbehörde nach § 149 Abs. 1 Nr. 13g eine Geldbuße gegen den Anbieter des Dialers verhängen. Nach § 149 Abs. 2 S. 1 kann diese Geldbuße bis zu 100 000 Euro betragen.

34 Zudem soll die Regulierungsbehörde verpflichtet werden, der für die Durchsetzung der gewerberechtlichen Vorschriften zuständigen Stelle mitzuteilen, wenn sie feststellt, dass ein Antragsteller nicht die erforderliche Zuverlässigkeit besitzt.

IV. Übergangsvorschrift

35 § 66f wird gemäß Art. 6 Abs. 2 des Gesetzes zur Änderung telekommunikationsrechtlicher Vorschriften am ersten Tag des siebten auf die Verkündung dieses Gesetzes folgenden Monats in Kraft treten.

§ 66g   Wegfall des Entgeltanspruchs

Der Endnutzer ist zur Zahlung eines Entgeltes nicht verpflichtet, wenn und soweit

1. nach Maßgabe des § 66b Abs. 1 nicht vor Beginn der Inanspruchnahme oder nach Maßgabe des § 66b Abs. 2, 3 und 4 nicht während der Inanspruchnahme des Dienstes über den erhobenen Preis informiert wurde,
2. nach Maßgabe des § 66c nicht vor Beginn der Inanspruchnahme über den erhobenen Preis informiert wurde und keine Bestätigung des Endnutzers erfolgt,
3. nach Maßgabe des § 66d die Preishöchstgrenzen nicht eingehalten wurden oder gegen die Verfahren zu Tarifierungen nach § 66d Abs. 2 Satz 2 und 3 verstoßen wurde,
4. nach Maßgabe des § 66e die zeitliche Obergrenze nicht eingehalten wurde,
5. Dialer entgegen § 66f Abs. 1 und 2 betrieben wurden,
6. nach Maßgabe des § 66i Abs. 1 Satz 2 R-Gesprächsdienste mit Zahlungen an den Anrufer angeboten werden oder
7. nach Maßgabe des § 66i Abs. 2 ein Tag nach Eintrag in die Sperrliste ein R-Gespräch zum gesperrten Anschluss erfolgt.

Schrifttum: Vgl. § 66a.

I. Normzweck

Mit § 66g wird eine Vorschrift in das TKG eingefügt, der eine wesentliche Bedeutung für **1** einen verbesserten Verbraucherschutz zukommt. Die Vorschrift regelt, dass der Entgeltanspruch des Diensteanbieters oder Netzbetreibers entfällt, wenn und soweit er unberechtigt ist.[1] Erfasst sind vor allem die Normen, die sicherstellen sollen, dass der Endnutzer seine Entscheidung über die Inanspruchnahme eines Dienstes aufgrund aller wesentlichen Fakten treffen kann. Ein Entgeltanspruch entfällt vor allem dann, wenn der Endnutzer nicht ausreichend Gelegenheit hatte, von den Geschäftsbedingungen Kenntnis zu nehmen.

II. Entstehungsgeschichte

§ 43b Abs. 2 TKG 2003 enthielt eine Regelung, nach der ein Anspruch auf das vertraglich **2** vereinbarte Entgelt nur bestand, wenn die in der Vorschrift normierten Vorgaben eingehalten wurden. Diese Regelung wurde auf die Fälle der §§ 66b bis 66f und § 66i erweitert.[2]

III. Einzelerläuterungen

Nr. 1 regelt, dass der Entgeltanspruch entfällt, wenn die nach § 66b Abs. 1 vorgesehene **3** Preisansage nicht vor der Inanspruchnahme des Dienstes vorschriftsmäßig erfolgt ist. So muss der Endnutzer das Verbindungsentgelt zum Beispiel dann nicht zahlen, wenn der angesagte Preis nicht alle Preisbestandteile beinhaltet oder die Preisansage nicht spätestens 3 Sekunden vor Beginn der Entgeltpflichtigkeit abgeschlossen ist. Auch wenn gegen die Maßgaben des § 66a Abs. 2 oder 3 verstoßen wird, besteht nach § 66g Nr. 1 kein Anspruch gegen den Endnutzer auf Zahlung des Entgelts.

---

1 Begr. RegE, BT-Drs. 15/5213, Zu § 66g.
2 Begr. RegE, BT-Drs. 15/5213, Zu § 66g.

4 Von Nr. 2 ist der Fall erfasst, dass bei Kurzwahl-Datendiensten nicht entsprechend den Regelungen des § 66c über den für den Dienst erhobenen Preis informiert wurde oder der Endnutzer den Erhalt dieser Information nicht bestätigt hat. In beiden Fallvarianten besteht keine Pflicht des Endnutzers zur Zahlung eines Entgeltes. Ab dem In-Kraft-Treten des § 66c Abs. 1 S. 2 gilt die Regelung auch für die nichtsprachgestützten Neuartigen Dienste.

5 In Nr. 3 ist normiert, dass ein Entgeltanspruch nicht besteht, wenn die Preishöchstgrenzen des § 66d nicht eingehalten wurden. Für zeitabhängig tarifierte Premium-Dienste dürfen höchstens 3 Euro pro Minute in Rechnung gestellt werden, bei zeitunabhängig tarifierten Premium-Diensten dürfen höchstens 30 Euro pro Verbindung abgerechnet werden. Eine Ausnahme von diesen Höchstgrenzen gilt nach § 66d Abs. 3 nur dann, wenn der Kunde in einem Legitimationsverfahren zugestimmt hat, den Dienst für ein höheres Entgelt in Anspruch nehmen zu wollen. Ein Entgelt ist darüber hinaus nicht zu zahlen, wenn ein Verstoß gegen die Tarifierungsverfahren nach § 66d Abs. 2 S. 2 und 3 vorliegt.

6 Nr. 4 regelt, dass die nach § 66e Abs. 1 vorgesehene zeitliche Höchstgrenze von sechzig Minuten für Verbindungen zu Premium-Diensten oder Kurzwahl-Sprachdiensten eingehalten werden muss, damit der Endnutzer zur Zahlung des Entgelts verpflichtet ist. Etwas anderes gilt auch hier nur dann, wenn der Endnutzer sich gemäß § 66e Abs. 2 vor Überschreitung der zeitlichen Höchstgrenze legitimiert hat.

7 Der Vorschrift der Nr. 5 wird in der Praxis eine sehr wesentliche Bedeutung zukommen. Sie regelt nämlich, dass der Endnutzer kein Entgelt zahlen muss, wenn ein Dialer entgegen den Vorgaben des § 66f Abs. 1 und 2 betrieben wurde. Das bedeutet, dass jeder Dialer die nach § 66f Abs. 1 S. 1 von der Regulierungsbehörde festgelegten Mindestvoraussetzungen erfüllen muss. Darüber hinaus muss jeder Dialer bei der Regulierungsbehörde registriert sein, und es muss eine schriftliche Versicherung darüber vorliegen, dass eine rechtswidrige Nutzung des Dialers ausgeschlossen ist.

8 Nr. 6 betrifft R-Gesprächsdienste. Diese müssen die Vorgabe des § 66i Abs. 2 S. 2 einhalten und dürfen nicht mit einer Auszahlung an den Anrufer verbunden sein. Wird gegen diese Regelungen verstoßen, besteht kein Anspruch auf ein Entgelt.

9 Nr. 7 wurde ebenfalls mit dem Gesetz zur Änderung telekommunikationsrechtlicher Vorschriften in das TKG eingefügt, gilt allerdings wie § 66i Abs. 2 nach Art. 6 Nr. 3 erst ab dem ersten Tag des dreizehnten auf die Verkündung dieses Gesetzes folgenden Monats. Der Endkunde muss ein Entgelt für R-Gespräche nur dann zahlen, wenn er sich nicht über seine Rufnummern in die bei der Regulierungsbehörde geführte Sperr-Liste eingetragen hat.

IV. Übergangsfristen

10 Die Regelung tritt gemäß Art. 6 Nr. 2 des Gesetzes zur Änderung telekommunikationsrechtlicher Vorschriften am ersten Tag des siebten auf die Verkündung dieses Gesetzes folgenden Monats in Kraft.

11 Etwas anderes gilt nach Art. 6 Nr. 3 des Gesetzes zur Änderung telekommunikationsrechtlicher Vorschriften für § 66g Nr. 7. Da die diesbezügliche Regelung in § 66i Abs. 2 erst am ersten Tag des dreizehnten auf die Verkündung des Gesetzes zur Änderung telekommunikationsrechtlicher Vorschriften folgenden Monats in Kraft tritt, gilt dies konsequenterweise auch für die Regelung zum Wegfall des Entgeltanspruchs bei Verstoß gegen § 66i Abs. 2.

12 Auch § 66g Nr. 1 gilt, soweit er sich auf § 66b Abs. 4 bezieht, erst ein Jahr nach In-Kraft-Treten des Gesetzes zur Änderung telekommunikationsrechtlicher Vorschriften.

§ 66h   Auskunftsanspruch, Datenbank für (0)900er-Rufnummern

(1) Jedermann kann in Schriftform von der Regulierungsbehörde Auskunft über den Namen und die ladungsfähige Anschrift desjenigen verlangen, der über eine (0)190er-Rufnummer Dienstleistungen anbietet. Die Auskunft soll innerhalb von zehn Werktagen erteilt werden. Die Regulierungsbehörde kann von ihren Zuteilungsnehmern oder von demjenigen, in dessen Netz die (0)190er-Rufnummer geschaltet ist oder war, Auskunft über die in Satz 1 genannten Angaben verlangen. Diese Auskunft muss innerhalb von fünf Werktagen nach Eingang einer Anfrage der Regulierungsbehörde erteilt werden. Die Verpflichteten nach Satz 2 haben die Angaben erforderlichenfalls bei ihren Kunden zu erheben und aktuell zu halten. Jeder, der die entsprechende (0)190er-Rufnummer weitergegeben hat oder nutzt, ist zur Auskunft gegenüber dem Zuteilungsnehmer und gegenüber der Regulierungsbehörde verpflichtet.

(2) Alle zugeteilten (0)900er-Rufnummern werden in einer Datenbank bei der Regulierungsbehörde erfasst. Diese Datenbank ist mit Angabe des Namens und der ladungsfähigen Anschrift des Diensteanbieters im Internet zu veröffentlichen. Jedermann kann von der Regulierungsbehörde Auskunft über die in der Datenbank gespeicherten Daten verlangen.

(3) Die Regulierungsbehörde hat unverzüglich auf schriftliche Anfrage mitzuteilen, in wessen Netz Rufnummern für Massenverkehrsdienste, Auskunftsdienste oder Geteilte-Kosten-Dienste geschaltet sind. Das rechnungsstellende Unternehmen hat unverzüglich auf schriftliche Anfrage mitzuteilen, in wessen Netz Kurzwahldienste geschaltet sind. Jeder, der ein berechtigtes Interesse daran hat, kann von demjenigen, in dessen Netz eine Rufnummer für Massenverkehrsdienste, Geteilte-Kosten-Dienste oder für Kurzwahldienste geschaltet ist, unentgeltlich Auskunft über den Namen und die ladungsfähige Anschrift desjenigen verlangen, der über eine dieser Rufnummern Dienstleistungen anbietet. Die Auskunft nach Satz 3 soll innerhalb von 10 Werktagen nach Eingang der schriftlichen Anfrage erteilt werden. Die Auskunftsverpflichteten haben die Angaben erforderlichenfalls bei ihren Kunden zu erheben und aktuell zu halten. Jeder, der ein berechtigtes Interesse hat, kann von demjenigen, dem eine Rufnummer für Neuartige Dienste von der Regulierungsbehörde zugeteilt worden ist, unentgeltlich Auskunft über den Namen und die ladungsfähige Anschrift desjenigen verlangen, der über eine dieser Rufnummern Dienstleistungen anbietet.

Schrifttum: *Härting/Schirmbacher*, Dialer: Das Urteil fällt und viele Fragen offen, CR 2004, 334; *Härting*, Informationspflichten der Anbieter von Mehrwertdiensten, CR 2003, 204; *Hoeren*, Die Pflicht zur Preisangabe für Leistungen eines telefonischen Auskunftsdienstes, MMR 2003, 784; *Jaguttis/Parameswaran*, Bei Anruf – Betrug- erschlichene „Zuneigungsgeschäfte" am Telefon, NJW 2003, 2277; *Lettl*, Der Schutz der Verbraucher nach der UWG-Reform, GRUR 2004, 449; *Mankowski*, Die Beweislastverteilung in 0190er-Prozessen, CR 2004, 185. Vgl. außerdem § 66a.

I. Normzweck

1   Durch die mehrfache Weitergabe von 0190er-Rufnummern aus den an Netzbetreiber zugeteilten Rufnummernblöcken kam es in den vergangenen Jahren dazu, dass weder Verbraucher noch die Regulierungsbehörde wussten, wer unter einer bestimmten 0190er-Rufnum-
mern welche Inhalte anbietet. Diese Anonymität der Anbieter führte zu einer Erschwerung
der Durchsetzung zivilrechtlicher Ansprüche und der strafrechtlichen Verfolgung. Die Regulierungsbehörde hatte zunächst im Mai 2003 eine Recherchemöglichkeit für 0190er -
Rufnummern auf ihrer Internetseite bereitgestellt, durch die der Netzbetreiber ermittelt
werden konnte, dem ein bestimmter 0190er-Rufnummernblock zugeteilt war. Verbraucher
mussten sich dann an den Netzbetreiber wenden, um zu erfahren, wem dieser die jeweilige
Rufnummer abgeleitet zugeteilt hatte. Nicht selten führte die Kette der Inhaber des Nutzungsrechts ins Ausland, was eine Rechtsverfolgung praktisch unmöglich machte.[1]

2   Auch bei anderen Arten von Mehrwertdiensterufnummern führt die Vergabepraxis dazu,
dass für den Verbraucher nicht transparent ist, wer für den Inhalt und das Angebot des
Dienstes eigentlich verantwortlich ist. Ohne Kenntnis der Daten des letztverantwortlichen
Diensteanbieters können Verbraucher ihre gegebenenfalls gegen den Diensteanbieter bestehenden Ansprüche nicht durchsetzen. Die Vorschrift soll die Situation für die Nutzer
von hochpreisigen Diensten verbessern, indem Transparenz hergestellt wird. Gleichzeitig
sollen Diensteanbieter angehalten werden, nur noch seriöse Dienste anzubieten, weil sie
nicht mehr anonym operieren können.

II. Entstehungsgeschichte

3   Die Vorschrift greift auf § 43a TKG 2003 zurück[2], der als Teil des Gesetzes zur Bekämpfung des Missbrauchs von 0190er-/0900er-Mehrwertdiensterufnummern in das TKG eingefügt wurde. Sie sollte ursprünglich in der nach § 66 Abs. 4 zu erlassenden Nummerierungsverordnung fortgeschrieben werden. Aus rechtsförmlichen Gründen hat die Bundesregierung dann jedoch im Rahmen der Ressortabstimmung der Nummerierungsverordnung beschlossen, die Vorschrift weiterhin als Norm des TKG zu erlassen. Das Gesetzgebungsverfahren ist jedoch noch nicht abgeschlossen.

---

1   *Tiedemann*, K&R 2003, 331.
2   Begr. RegE, BT-Drs. 15/5213, Zu § 66h.

III. Einzelerläuterungen

1. Anwendungsbereich. – § 43a, der im Jahr 2003 durch das Gesetz zur Bekämpfung des **4** Missbrauchs von 0190er-/0900er-Mehrwertdiensterufnummern in das TKG eingefügt wurde, war in seinem Anwendungsbereich auf 0190er- und 0900er-Rufnummern beschränkt. Diese beiden Nummernbereiche hatten im Vorfeld des Erlasses des § 43a zu den meisten Beschwerden geführt. Auch wurden unter 0190er- und 0900er-Rufnummern die besonders hochpreisigen Mehrwertdienste angeboten. Nach In-Kraft-Treten des Gesetzes zur Bekämpfung des Missbrauchs von 0190er-/0900er-Mehrwertdiensterufnummern war allerdings zu beobachten, dass unseriöse Anbieter von Mehrwertdiensten auf andere Nummernarten auswichen. Es hat sich gezeigt, dass ein Bedarf, den letztverantwortlichen Diensteanbieter zu ermitteln, auch für weitere Rufnummernarten besteht.[3] Dieser Entwicklung möchte der Gesetzgeber insbesondere mit § 66h Abs. 3 Rechnung tragen, der ein Auskunftsverfahren auch für 0137er-, 0180er- und 012–Rufnummern sowie Kurzwahl- und Auskunftsdiensterufnummern enthält.

2. Beauskunftung des Anbieters von Dienstleistungen bei 0190er-Rufnummern 5 (Abs. 1). – a) Verfahren und Fristen für die Erteilung der Auskunft. – Abs. 1 regelt ein Verfahren, das es jedem Verbraucher ermöglicht, bei der Regulierungsbehörde den Namen und die ladungsfähige Anschrift desjenigen zu erfahren, der über eine 0190er-Rufnummer Dienstleistungen anbietet. Eine Auskunft wird von der Regulierungsbehörde allerdings nur erteilt, wenn der Verbraucher eine **schriftliche Anfrage** bei der Regulierungsbehörde gestellt hat. Mit der Regelung eines ausdrücklichen Schriftformerfordernisses möchte der Gesetzgeber sicherstellen, dass Auskunftsersuchen, die bei der Regulierungsbehörde und den betroffenen Telekommunikationsunternehmen Aufwendungen und Kosten auslösen, ernsthaft betrieben werden.[4]

Um zügige rechtliche Maßnahmen der Verbraucher gegen einen Diensteanbieter zu ermög- **6** lichen, wird die Vorschrift für die Erteilung der Auskunft ebenso wie bereits § 43a Abs. 1 eine kurze Frist normieren. So soll die Regulierungsbehörde dem Verbraucher Name und ladungsfähige Anschrift des Diensteanbieters innerhalb von 10 Tagen übermitteln. Da der Regulierungsbehörde selbst die zu beauskunftenden Daten nicht vorliegen, muss sie die Informationen von ihren Zuteilungsnehmern oder anderen Marktbeteiligten einholen. Die zur Auskunft Verpflichteten haben nach Eingang der Anfrage der Regulierungsbehörde fünf Werktage Zeit, um die angeforderte Auskunft mitzuteilen.

Um das Verfahren reibungslos und möglichst effizient zu gestalten, hat die Regulierungs- **7** behörde auf ihrer Internetseite ein Formblatt zur Beantragung einer Auskunft nach Abs. 1 veröffentlicht, welches ausgedruckt werden kann und dann ausgefüllt an die Regulierungsbehörde zu senden ist. Eine Übermittlung ist per Post oder per Telefax möglich.

b) Anbieter von Dienstleistungen im Sinne von Abs. 1. – Abs. 1 ist darauf gerichtet, die **8** Anonymität der Anbieter von über 0190er-Rufnummern angebotenen Premium-Diensten wirksam aufzuheben und so die Rechtsposition der Verbraucher und Behörden zu stärken. Die Regelung gewährt jedem Verbraucher einen Anspruch gegenüber der Regulierungsbehörde auf Beauskunftung desjenigen, der über eine 0190er-Rufnummern Dienstleistungen anbietet. Dies ist derjenige Diensteanbieter, der als Letztverantwortlicher über die betreffende Nummer eine Dienstleistung anbietet.[5] Es genügt also nicht, wenn der Netzbetreiber

---

3 Begr. RegE, BT-Drs. 15/5213, Zu § 66h.
4 Begr. RegE, BT-Drs. 15/5213, Zu § 66h.
5 Begründung zu § 43a TKG 2003 in BT-Drs. 15/907, S. 8.

der Regulierungsbehörde mitteilt, wem er die Rufnummer durch Rechtsgeschäft abgeleitet zugeteilt hat.

9 **c) Anwendung von Abs. 1 bei portierten Rufnummern.** – Problematisch war der Auskunftsanspruch des § 43a Abs. 1 TKG 2003 aufgrund dessen Formulierung bei Rufnummern, die zu einem anderen Netzbetreiber portiert wurden. Im Fall der Portierung kann der Netzbetreiber, dem der die betroffene Rufnummer umfassende Rufnummernblock originär zugeteilt wurde, keine aktuellen Daten des zu einem anderen Netzbetreiber gewechselten Diensteanbieters mitteilen, da sie ihm in der Regel nicht vorliegen.[6] Er weiß nicht, wer die nach der Portierung bei einem anderen Netzbetreiber geschaltete Rufnummer aktuell nutzt. Der Netzbetreiber, in dessen Netz die Rufnummer zum Zeitpunkt des Auskunftsverlangens eingerichtet ist, kann zwar von seinem Diensteanbieter die Daten erfragen, ist jedoch nicht der Zuteilungsnehmer des Rufnummernblocks, zu dem die Rufnummer ursprünglich gehört hat.

10 Abs. 1 stellt die Rechtslage nun klar, indem er den Kreis der zur Auskunft Verpflichteten über die Zuteilungsnehmer hinaus auch auf diejenigen ausdehnt, in deren Netz die 0190er-Rufnummer geschaltet ist oder war. Die Regulierungsbehörde kann nun von demjenigen die Auskunft verlangen, der die vom Verbraucher angefragten Daten tatsächlich kennt. Es wird klargestellt, dass Netzbetreiber auch bei Anfragen zu Rufnummern auskunftsverpflichtet sind, die mittels Portierung in ihr Netz gelangt sind.[7] Dieses Verfahren wird rechtlich durch Abs. 1 S. 6 abgesichert. Diese Regelung verpflichtet jeden, der eine 0190er-Rufnummer nutzt, dazu, nicht nur der Regulierungsbehörde, sondern auch dem Netzbetreiber, dem die Rufnummer ursprünglich zugeteilt wurde, Auskunft über den Namen und die ladungsfähige Anschrift des Diensteanbieters zu erteilen.

11 **3. Datenbank für 0900er-Rufnummern (Abs. 2).** – Abs. 2 gibt den Regelungsgehalt des § 43a Abs. 2 TKG 2003 wieder. Die Norm wurde jedoch redaktionell angepasst, um sie klarer zu fassen. So wurde klargestellt, dass der Anwendungsbereich der Vorschrift auf **zugeteilte 0900er-Rufnummern** beschränkt ist. Denn nur zugeteilte Rufnummern werden zur Erbringung von Diensten genutzt und dienen der Abrechnung der erbrachten Dienste. Im Zusammenhang mit nicht zugeteilten Rufnummern kann es daher nicht zu Verbraucherschutzproblemen kommen.

12 0900er-Rufnummern wurden von der Regulierungsbehörde für Premium-Dienste zur Verfügung gestellt und können seit dem 1. 1. 2003 neben den 0190er-Rufnummern genutzt werden. Sie lösen die 0190er-Nrn. nach einer Übergangsfrist vollständig ab[8]. Die Regulierungsbehörde teilt 0900er-Rufnummern nicht wie die 0190er-Rufnummern als Rufnummernblöcke an Netzbetreiber zu, sondern vergibt diese Rufnummern direkt an Diensteanbieter[9]. Eine abgeleitete Zuteilung oder Weitergabe der Rufnummern durch die Zuteilungsnehmer ist unzulässig. Der Regulierungsbehörde liegen somit für jede einzelne 0900er-Rufnummer der Name und die ladungsfähige Adresse des Diensteanbieters vor. Die Regulierungsbehörde hat seit dem 24. 7. 2003 auf ihrer Internetseite eine Suchmaschine veröffentlicht, mit der zu jeder zugeteilten (0)900er Rufnummer der Name des Zuteilungsnehmers und seine ladungsfähige Anschrift ermittelt werden kann. Die Vorschrift regelt daher

---

6 *Ditscheid/Rudloff*, TKMR 2003, 409.
7 Begr. RegE, BT-Drs. 15/5213, Zu § 66h.
8 Vgl. zur Befristung der 0190er-Rufnummern Vfg. 51/2001 vom 15. 11. 2001 (RegTP-ABl. 22/2001).
9 Mit. 563/2002 vom 18. 12. 2002 (RegTP ABl. 24/2002).

anders als Abs. 3 S. 1 keine Fristen, innerhalb derer die Regulierungsbehörde Auskunft zu erteilen hat.

4. Auskunft bei sonstigen Nummernarten (Abs. 3). – Die wichtigste Neuerung, die §66h im Vergleich zu §43a TKG 2003 enthalten wird, ist die Erweiterung des Auskunftsanspruchs der Verbraucher auf alle Rufnummern, über die teure Dienste angeboten werden. Dabei berücksichtigt die Regelung die Besonderheiten der jeweiligen Nummernart. Sie ist damit darauf gerichtet, Transparenz für den Verbraucher mit möglichst geringem Aufwand für die Regulierungsbehörde und die betroffenen Telekommunikationsunternehmen zu gewährleisten. **13**

Rufnummern für Massenverkehrsdienste im Sinne des §3 Nr. 11d werden derzeit von der Regulierungsbehörde in großen Rufnummernblöcken an Netzbetreiber zugeteilt. Dieser Vergabepraxis tragen die Regelungen des Absatzes 3 S. 1 und 3 Rechnung, die ein zweistufiges Verfahren vorsehen. Die Vorschrift regelt nicht ausdrücklich, wer auskunftsberechtigt ist. Es kann daher jedermann Auskunft verlangen. Die Verbraucher müssen zunächst eine schriftliche Anfrage an die Regulierungsbehörde stellen. Die Regulierungsbehörde ist verpflichtet, dem Verbraucher unverzüglich, also ohne schuldhaftes Zögern mitzuteilen, in wessen Netz die Rufnummer für Massenverkehrsdienste geschaltet ist. In einem zweiten Schritt können dann diejenigen Verbraucher, die ein berechtigtes Interesse daran haben, von dem Netzbetreiber, in dessen Netz die entsprechende Rufnummer für Massenverkehrsdienste geschaltet ist, Auskunft darüber verlangen, wer über die Rufnummer Dienstleistungen anbietet. Die Anfrage hat schriftlich bei dem Netzbetreiber zu erfolgen. Es sind dem Verbraucher der Name und die ladungsfähige Anschrift des letztverantwortlichen Diensteanbieters unentgeltlich mitzuteilen. Diese Mitteilung soll innerhalb von 10 Werktagen nach Eingang der schriftlichen Anfrage erfolgen. Die zu beauskunftenden Daten muss der Netzbetreiber bei seinen Kunden erheben und, wenn nötig, aktualisieren. Anders als Abs. 1 S. 6 enthält Abs. 3 jedoch keinen Anspruch des Netzbetreibers gegen „seinen" Diensteanbieter auf Mitteilung der Daten. Eine solche Verpflichtung sollte im weiteren Gesetzgebungsverfahren in die Vorschrift aufgenommen werden, damit die Vorschrift nicht leer läuft, weil die Netzbetreiber die Daten des Diensteanbieters mangels rechtlicher Verpflichtung der Diensteanbieter nicht zeitnah erhalten. Die mitgeteilten Daten ermöglichen dem Verbraucher dann, zivilrechtlich gegen den Diensteanbieter vorzugehen, wenn er mit dem erbrachten Dienst nicht zufrieden ist. **14**

Für die **Rufnummern für Geteilte-Kosten-Dienste** im Sinne des §3 Nr. 10a gilt dasselbe Verfahren wie bei Rufnummern für Massenverkehrsdienste. Zwar wurden diese Rufnummern anders als Rufnummern für Massenverkehrsdienste und Rufnummern für Premium-Dienste ursprünglich nicht in Blöcken zugeteilt, in der Praxis ist es jedoch dazu gekommen, dass diese Rufnummern auch von den Zuteilungsnehmern an Diensteanbieter weitergegeben wurden. **15**

Auf den Internetseiten der Regulierungsbehörde ist eine Liste mit den Zuteilungsnehmern der einzelnen **Rufnummern für Auskunftsdienste** im Sinne von §3 Nr. 2a bereits veröffentlicht.[10] Beschwerden können daher grundsätzlich an den Zuteilungsnehmer gerichtet werden. Es kann jedoch sein, dass der Verbraucher zusätzlich wissen möchte, in welchem Netz die Rufnummer geschaltet ist. Diesem Umstand trägt Abs. 3 S. 1 Rechnung. Bei Beschwerden im Zusammenhang mit Auskunftsdiensterufnummern muss die Regulierungsbehörde nach einer schriftlichen Anfrage dem Anfragenden ohne schuldhaftes Zögern mitteilen, in wessen Netz die Rufnummern geschaltet sind. **16**

---

10 Begr. RegE, BT-Drs. 15/5213, Zu §66h.

17   **Rufnummern für Kurzwahldienste** im Sinne des § 3 Nr. 11b werden nicht von der Regulierungsbehörde zugeteilt. Sie kann daher keine Auskunft erteilen. Verbraucher, die Beschwerden zu Kurzwahldiensten haben, müssen sich nach Abs. 3 S. 2 und 3 direkt an das Unternehmen wenden, das die Rechnung erstellt hat, mit der der Kurzwahldienst abgerechnet wird. Dies werden in der Regel Mobilfunkunternehmen sein, da Kurzwahldienste wie zum Beispiel Premium-SMS vorwiegend in Mobilfunknetzen erbracht werden. Das rechnungsstellende Unternehmen muss die schriftliche Anfrage unverzüglich bearbeiten und dem Anfragenden mitteilen, in wessen Netz die Kurzwahlrufnummer geschaltet ist. Wie auch bei Rufnummern für Massenverkehrsdienste kann der Verbraucher dann bei berechtigtem Interesse von demjenigen, der ihm von seinem Rechnungssteller benannt wurde, Auskunft über Name und ladungsfähige Anschrift des letztverantwortlichen Diensteanbieters verlangen. Die Auskunft soll auch bei Kurzwahldiensterufnummern innerhalb von 10 Werktagen erfolgen.

18   Ebenfalls in Abs. 3 geregelt ist ein Auskunftsanspruch für **Rufnummern für Neuartige Dienste** im Sinne von § 3 Nr. 12a. Auskunftsberechtigt sind hier ebenfalls nur diejenigen Verbraucher, die ein berechtigtes Interesse an der Auskunft haben. Zur Erteilung einer Auskunft verpflichtet sind diejenigen, denen Rufnummern für Neuartige Dienste von der Regulierungsbehörde zugeteilt wurden. Die Auskunft ist für den Verbraucher kostenlos und muss den Namen und die ladungsfähige Anschrift des letztverantwortlichen Diensteanbieters enthalten.

19   Für **Rufnummern für entgeltfreie Mehrwertdienste** im Sinne des § 3 Nr. 8a soll kein Auskunftsanspruch für die Verbraucher normiert werden. Zwar handelt es sich hierbei auch um Mehrwertdiensterufnummern. Da jedoch der Angerufene die Kosten für die Verbindung trägt und dem anrufenden Verbraucher kein Entgelt in Rechnung gestellt wird, will der Gesetzgeber die Beauskunftung aus Zweckmäßigkeitserwägungen aussetzen[11].

20   **5. Rechtsfolge eines Verstoßes.** – Für den Verstoß gegen die in § 66h Abs. 1 S. 3 normierten Pflichten soll nach § 149 Abs. 1 Nr. 4b eine Bußgeldbewehrung vorgesehen werden. Fordert die Regulierungsbehörde einen Netzbetreiber gemäß Abs. 1 S. 3 auf, ihr Auskunft über den Namen und die ladungsfähige Anschrift desjenigen zu erteilen, der über eine 0190er-Mehrwertdiensterufnummer Dienstleistungen anbietet, und kommt der Netzbetreiber dieser Aufforderung nicht nach, kann die Regulierungsbehörde nach § 149 Abs. 1 Nr. 4b i.V.m. Abs. 2 S. 1 eine Geldbuße in Höhe von bis zu 100 000 Euro verhängen.

IV. Übergangsvorschrift

21   § 66h wird gemäß Art. 6 Abs. 2 des Gesetzes zur Änderung telekommunikationsrechtlicher Vorschriften am ersten Tag des siebten auf die Verkündung dieses Gesetzes folgenden Monats in Kraft treten.

---

11 Begr. RegE, BT-Drs. 15/5213, Zu § 66h.

§ 66i R-Gespräche

(1) Aufgrund von Telefonverbindungen, bei denen dem Angerufenen das Verbindungsentgelt in Rechnung gestellt wird (R-Gespräche), dürfen keine Zahlungen an den Anrufer erfolgen. Das Angebot von R-Gesprächsdiensten mit einer Zahlung an den Anrufer nach Satz 1 ist unzulässig.

(2) Die Regulierungsbehörde führt eine Sperr-Liste mit Rufnummern von Anschlüssen, die von R-Gesprächsdiensten für eingehende R-Gespräche zu sperren sind. Endkunden können ihren Anbieter von Telekommunikationsdiensten beauftragen, die Aufnahme ihrer Nummern in die Sperrliste oder eine Löschung unentgeltlich zu veranlassen. Der Anbieter übermittelt den Endkundenwunsch sowie etwaig erforderliche Streichungen wegen Wegfall der abgeleiteten Zuteilung. Die Regulierungsbehörde stellt die Sperr-Liste Anbietern von R-Gesprächsdiensten zum Abruf bereit.

Schrifttum: *Mansmann*, Rückruf-Abzocke, c't 2002, 94. Vgl. außerdem § 66a.

I. Normzweck

Im Wesentlichen betreffen die Verbraucherbeschwerden Dienste, die gegenüber dem Verbraucher über hochpreisige Rufnummern abgerechnet werden. Dies sind vor allem 0190er- und 0900er-Rufnummern. Aber auch im Zusammenhang mit der Nutzung von 0800er-Rufnummern sind Verbraucherschutzprobleme aufgetreten. In den letzten Jahren gab insbesondere das Geschäftsmodell der so genannten R-Gesprächsdienste Anlass zu Diskussionen. Die Vorschrift trifft Regelungen, die es den Verbrauchern auch in diesem Bereich ermöglichen sollen, sich effizient vor Missbräuchen zu schützen. **1**

II. Entstehungsgeschichte

R-Gesprächsdienste wurden von der DT AG bereits vor der Liberalisierung der Telekommunikationsmärkte angeboten. Erst seit ungefähr 3 Jahren werden R-Gespräche auch von anderen Anbietern angeboten und stark beworben. Damit kam es erstmals zu Verbraucherbeschwerden im Zusammenhang mit R-Gesprächsdiensten. Die Zahl der Verbraucherbeschwerden ist stetig gestiegen. **2**

Das TKG 1996 und die auf ihm beruhenden Verordnungen enthielten keine Regelungen zu R-Gesprächen, die ein Tätigwerden der Regulierungsbehörde zum Schutz der Verbraucher ermöglicht hätten. Zudem fanden die Normen der TKV 1998 auf R-Gespräche keine Anwendung, so dass auch eine Begrenzung der Entgelthöhe nach § 18 TKV 1998 den Verbraucher nicht zu schützen vermochte. R-Gesprächsdienste sind grundsätzlich zulässig. Für den Vertragsschluss und die daraus resultierenden Zahlungsverpflichtungen gelten lediglich die allgemeinen zivilrechtlichen Grundsätze. **3**

Eine normative Regelung zu R-Gesprächen war erstmals in § 16 der nach § 66 Abs. 4 zu erlassenden Nummerierungsverordnung geplant. Aus rechtsförmlichen Gründen hat sich die Bundesregierung dann jedoch entschlossen, die Vorschrift im Rahmen des Gesetzes zur Änderung telekommunikationsrechtlicher Vorschriften als Vorschrift des TKG zu erlassen. **4**

III. Einzelerläuterungen

5 **1. Anwendungsbereich.** – Bei R-Gesprächen wählt der Anrufer die 0800er-Rufnummer eines R-Gesprächsanbieters, das Gespräch ist für den Anrufer kostenlos. Der Anrufer teilt dem Diensteanbieter die Rufnummer des Anschlusses mit, zu dem er verbunden werden möchte. Der Diensteanbieter stellt die gewünschte Verbindung her und fragt den Angerufenen, ob er die Kosten für das R-Gespräch übernehmen will. Ein Vertrag über eine unentgeltliche Leistung kommt zwischen dem Anschlussinhaber und dem R-Gesprächsdiensteanbieter nur dann zustande, wenn der Anrufer auf Nachfrage bestätigt, dass er das entgeltliche R-Gespräch auf seine Kosten annimmt.[1] Sofern der Angerufene durch einen Tastendruck oder mündlich zustimmt, verbindet der Diensteanbieter den Anrufer mit dem gewünschten Anschluss. Die Kosten für das Gespräch zahlt der Angerufene, der erklärt hatte, die Kosten übernehmen zu wollen, mit seiner Telefonrechnung.

6 In den letzten Jahren haben sich R-Gesprächsdienste entwickelt, bei denen statt einer Verbindung zu einem anderen Endnutzer eine kostenpflichtige Verbindung zu einem Mehrwertdienst hergestellt wird. R-Gespräche unterscheiden sich auf Seiten des Angerufenen nicht von anderen eingehenden Anrufen. Die Annahme von R-Gesprächen konnte daher vom Anschlussinhaber nicht gesondert unterbunden werden. Dies hat zu Problemen zum Beispiel im Hotelgewerbe geführt, wo der Gast möglicherweise bereits abgereist ist, wenn die Kosten für das von ihm akzeptierte R-Gespräch auf der Telefonrechnung des Hotelbesitzers erscheinen.

7 **2. Auszahlungsverbot (Abs. 1).** – R-Gespräche sind nach Abs. 1 Gespräche, bei denen dem Angerufenen das Verbindungsentgelt in Rechnung gestellt wird. Abs. 1 regelt, dass darüber hinaus bei R-Gesprächen keine Zahlungen an den Anrufer erfolgen dürfen. Dies bedeutet, dass Dienstleistungen nicht über R-Gespräche abgerechnet werden dürfen.[2] Dies wird durch ein in Abs. 1 S. 2 geregeltes ausdrückliches Verbot der Zahlung an den Anrufer nochmals unterstrichen. Die Vorschrift greift damit die Geschäftsmodelle auf, bei denen von dem R-Gesprächsdienst eine Verbindung zu einem teuren Mehrwertdienst aufgebaut wird.

8 **3. Sperrliste (Abs. 2).** – Eine wesentliche Regelung zur Erhöhung des Verbraucherschutzes ist in Abs. 2 enthalten, der allerdings erst sechs Monate später als Abs. 1 in Kraft tritt. Es soll normiert werden, dass die Regulierungsbehörde eine zentrale Sperr-Liste führt, in die Verbraucher sich mit ihrer Rufnummer oder ihren Rufnummern eintragen lassen können, wenn sie keine eingehenden R-Gespräche wünschen. Derartige Listen wurden bisher bei einigen der Anbieter von R-Gesprächen ohne rechtliche Verpflichtung geführt. Dies hat allerdings den Nachteil, dass Verbraucher sich derzeit in eine Vielzahl von Listen eintragen müssen.

9 Die Führung einer zentralen Sperr-Liste ermöglicht einen wirksamen Schutz und ist für die Verbraucher mit einem geringen Aufwand verbunden. Abs. 2 S. 2 regelt in diesem Zusammenhang, dass Endkunden ihren Anbieter von Telekommunikationsdiensten beauftragen können, dafür zu sorgen, dass die gewünschten Rufnummern in die Sperr-Liste aufgenommen werden. Die Anbieter von Telekommunikationsdiensten sind dann gemäß Abs. 2 S. 3 verpflichtet, den Wunsch ihres Endkunden an die Regulierungsbehörde weiterzuleiten. Darüber hinaus muss er der Regulierungsbehörde mitteilen, wenn der Vertrag mit seinem Endkunden beendet und die abgeleitete Zuteilung der Rufnummer entfallen ist. Mit dieser

---

1 AG Regensburg, Urteil vom 30. 11. 2004, 4 C 3681/04, VuR 2005, 179 f.
2 Begr. RegE, BT-Drs. 15/5213, Zu § 66i.

Regelung soll sichergestellt werden, dass die bei der Regulierungsbehörde geführte Sperr-Liste immer aktuell ist.

Nicht ausdrücklich geregelt ist die Frage, ob Verbraucher ihre Rufnummern auch direkt bei **10** der Regulierungsbehörde in die Sperr-Liste eintragen können. Nach dem Wortlaut der Norm erscheint dies nicht möglich. Es ist zu vermuten, dass diese Regelung aus technischen und verwaltungstechnischen Gründen erfolgen soll. Die Regulierungsbehörde müsste nämlich den jeweiligen Netzbetreibern mitteilen, welche ihrer Kunden sich mit welchen Rufnummern in die Sperr-Liste unmittelbar bei der Regulierungsbehörde eingetragen haben. Dies würde den erforderlichen Datenaustausch erhöhen und damit zu größeren Kosten führen. Letztlich hängt die Beurteilung dieser Frage wohl von der technischen Ausgestaltung der Sperr-Liste ab.

Die Aufnahme von Rufnummern in die Sperr-Liste sowie die Löschung von Rufnummern **11** aus der Sperr-Liste sind nach Abs. 2 S. 2 für den Verbraucher kostenlos. In die Sperr-Liste eingetragen werden können alle Rufnummern eines Anschlusses, also gemäß § 3 Nr. 18 alle Nummern, durch deren Wahl im öffentlichen Telefondienst eine Verbindung zu einem bestimmten Ziel aufgebaut werden kann. Insbesondere fallen darunter Ortsnetzrufnummern und Mobilfunkrufnummern.

Hat sich ein Verbraucher in die Sperr-Liste eintragen lassen, so besteht für R-Gespräche, **12** die ab dem auf die Eintragung in die Sperr-Liste folgenden Tag angenommen wurden, nach § 66g Nr. 7 kein Anspruch auf ein Entgelt mehr.

4. Folgen eines Verstoßes. – Nach § 66g Nr. 6 ist der Endnutzer nicht zur Zahlung eines **13** Entgeltes verpflichtet, wenn R-Gesprächsdienste entgegen § 66i Abs. 1 mit Zahlungen an den Anrufer angeboten werden. Zudem kann die Regulierungsbehörde eine Geldbuße bis zu 100 000 Euro gegen denjenigen verhängen, der einen R-Gesprächsdienst entgegen § 66i Abs. 1 S. 2 anbietet.

IV. Übergangsvorschriften

Nach Art. 6 Nr. 2 des Gesetzes zur Änderung telekommunikationsrechtlicher Vorschriften **14** tritt § 66i Abs. 1 am ersten Tag des siebten auf die Verkündung dieses Gesetzes folgenden Monats in Kraft. Abs. 2 tritt nach Art. 6 Abs. 3 am ersten Tag des dreizehnten auf die Verkündung dieses Gesetzes folgenden Monats in Kraft. Diese Übergangsfrist ist deswegen erforderlich, weil die technischen Voraussetzungen für die zentrale Sperr-Liste erst von der Regulierungsbehörde und den Anbietern geschaffen werden müssen. Die Übergangsfrist gewährt der Regulierungsbehörde hierfür eine angemessene Frist.[3]

---

3 Begr. RefE einer Telekommunikations-Nummerierungsverordnung, Zu § 21.

§ 66j Rufnummernübermittlung

Als Rufnummer des Anrufers darf an den Angerufenen nur eine Nummer übermittelt werden für einen Dienst, der den Zugang zum öffentlichen Telefonnetz mittels ein- und ausgehender Verbindungen ermöglicht. Die Übermittlung einer anderen Rufnummer ist unzulässig. Für durchwahlfähige Anschlüsse mit Ortsnetzrufnummern, für die ein Rufnummernblock zugeteilt wurde, ist die Übermittlung der Rufnummer einer Zentralstelle zulässig.

Schrifttum: *Breyer*, Unzutreffende Versprechungen über Mehrwertnummern straflos, MMR 2003, 269; *Jaguttis/Parameswaran*; Bei Anruf – Betrug – erschlichene „Zuneigungsgeschäfte" am Telefon, NJW 2003, 2277. Vgl. außerdem § 66a.

I. Normzweck

Bei der Nutzung von Diensterufnummern ist es zu einer Vielzahl von Verbraucherbe- **1** schwerden gekommen. So wurden Rufnummern aus diesem Bereich zum Beispiel sehr häufig für so genannte **Lockanrufe**, die automatischen Rückrufbitten gleichkommen, genutzt. Für dieses Geschäftsmodell können grundsätzlich alle hochpreisigen Diensterufnummern eingesetzt werden.

Dabei werden automatisiert vor allem Mobilfunktelefone angerufen. Seitens des Anrufers **2** ist nicht beabsichtigt, den Angerufenen tatsächlich zu erreichen. Die Anrufe werden so kurz gehalten, dass in der Regel dem Angerufenen eine Annahme des Anrufs nicht möglich ist. Ihm wird dadurch ein „Anruf in Abwesenheit" angezeigt. Als Rufnummer, unter der der Anrufer zu erreichen ist, wird dann eine Diensterufnummer angezeigt. Wählt der Angerufene diese Nummer, um zu erfahren, wer versucht hat, ihn zu erreichen, nimmt er damit ungewollt einen teuren Dienst in Anspruch.

Da viele Verbraucher die 0190er-Rufnummern bereits gesperrt haben und die Warnfunk- **3** tion dieser Rufnummergasse relativ hoch ist, werden oftmals die ebenfalls hochpreisigen 0137er-Rufnummern für Lockanrufe eingesetzt. Darüber hinaus ist zu beobachten, dass Diensterufnummern als Rufnummer des Anrufenden dergestalt angegeben werden, dass nicht ohne weiteres erkennbar ist, dass es sich um eine 0190er- oder 0137er-Rufnummer handelt. Zum Beispiel kann die Rufnummer 0190–8 123456 als 019–081–23456 oder 01033 01908–123456 übermittelt werden, wodurch die Warnfunktion der hochpreisigen 0190er-Rufnummern umgangen wird.

§ 66j dient vor allem der Erhöhung des Verbraucherschutzes im Zusammenhang mit Lock- **4** anrufen. Darüber hinaus sollen aber auch Identitätsdiebstahl und Tarifverschleierung (z. B. bei 0800er Anrufen durch R-Gesprächsdienste) vermieden werden.[1]

II. Entstehungsgeschichte

Bereits der Entwurf der Telekommunikations-Nummerierungsverordnung, deren Erlass **5** nach § 66 Abs. 4 ursprünglich beabsichtigt war, enthielt eine Vorschrift zur Rufnummernübermittlung. Aus rechtsförmlichen Gründen hat die Bundesregierung entschieden, diese Vorschrift in das TKG aufzunehmen. Dementsprechend soll § 66j im Rahmen des Gesetzes zur Änderung von telekommunikationsrechtlichen Vorschriften, welches im Wesentlichen verbraucherschützende Vorschriften enthält, in das TKG eingefügt werden.

---

1 Begr. RegE, BT-Drs. 15/5213, Zu § 66j.

III. Einzelerläuterungen

6   1. Zulässige Rufnummern für Übermittlung. – Bei der Einrichtung seines Telefons oder seiner Telefonanlage muss der Anrufer nach Satz 1 sicherstellen, dass dem Angerufenen nur eine Nummer übermittelt wird, die für einen Dienst verwendet wird, der den Zugang zum öffentlichen Telefonnetz mittels ein- und ausgehender Verbindungen ermöglicht.

7   Das öffentliche Telefonnetz ist in § 3 Nr. 16 definiert als Telekommunikationsnetz, das zur Bereitstellung des öffentlich zugänglichen Telefondienstes genutzt wird und darüber hinaus weitere Dienste und einen funktionalen Internetzugang ermöglicht.[2] § 66j enthält insofern einen Zirkelschluss, als dessen Formulierung davon ausgeht, dass ein Dienst den Zugang zum öffentlichen Telefonnetz ermöglicht, während § 3 Nr. 16 davon ausgeht, dass das öffentliche Telefonnetz Dienste ermöglicht.

8   Es ist davon auszugehen, dass der Gesetzgeber regeln wollte, dass nur solche Rufnummern übermittelt werden dürfen, bei deren Anwahl ohne Umwertung der gewählten Rufnummer tatsächlich ein Anschluss erreicht wird.

9   Mehrwertdiensterufnummern wie zum Beispiel 0190er-, 0900er- und 0137er-Rufnummern werden im Telefonnetz umgewandelt in Ortsnetzrufnummern oder Mobilfunkrufnummern, die einem bestimmten Anschluss zugeordnet sind.[3] Nur Ortsnetz- oder Mobilfunkrufnummern dürfen demnach gemäß der in Satz 1 enthaltenen Regelung als Anruferkennung übermittelt werden.

10   Durch § 66j S. 2 ausdrücklich von der Anzeige ausgeschlossen sind Rufnummern für Auskunftsdienste im Sinne von § 3 Nr. 2a, Rufnummern für entgeltfreie Telefondienste im Sinne von § 3 Nr. 8a, Rufnummern für Geteilte-Kosten-Dienste im Sinne von § 3 Nr. 10a, Rufnummern für Kurzwahldienste im Sinne von § 3 Nr. 11b, Rufnummern für Massenverkehrs-Dienste im Sinne von § 3 Nr. 11d sowie Rufnummern für Premium-Dienste im Sinne von § 3 Nr. 17a.[4]

11   Die im Zusammenhang mit automatischen Rückrufbitten bestehenden Verbraucherschutzprobleme werden durch § 66j wesentlich reduziert, da das finanzielle Interesse an dem Geschäftsmodell Lockanrufe sinkt, wenn der Rückruf nicht mehr zu einem Tarif für einen hochpreisigen Dienst abgerechnet werden kann.

12   2. Ausnahme für Ortsnetzrufnummern. – Satz 3 enthält eine eng begrenzte Ausnahme von den Sätzen 1 und 2. Sofern nach § 66 in Verbindung mit den Zuteilungsregeln für Ortsnetzrufnummern[5] ein Rufnummernblock für durchwahlfähige Anschlüsse zugeteilt wurde, darf die Rufnummer der Zentralstelle als Anruferkennung übermittelt werden. Es ist dann zum Beispiel für den Angerufenen nicht ersichtlich, welcher Mitarbeiter eines Unternehmens ihn angerufen hat. So kann nach Satz 3 die Regulierungsbehörde ihre Telefonanlage in Bonn so einrichten, dass beim Anruf eines der dort arbeitenden Angestellten oder Beamten dem Angerufenen immer die Telefonnummer der Zentrale, in diesem Fall 0228 14–0 übermittelt wird.

---

2   Siehe im Einzelnen § 3 RdNr. 28 und 46.

3   RegTP, Entwurf zur Marktdefinition und Marktanalyse im Bereich der Verbindungsleistungen im Festtelefonnetz, Mit. 280/2004 vom 8. 9. 2004 (RegTP ABl. 18/2004).

4   Begr. RegE, BT-Drs. 15/5213, Zu § 66j.

5   Vgl. hierzu § 66 RdNr. 68 ff.

Nicht ausgeschlossen von der Regelung ist, dass Anrufer die Übermittlung ihrer Rufnummer vollständig oder im Einzelfall unterdrücken, weil sie nicht möchten, dass der Angerufene ihre Rufnummer kennt. **13**

§ 17 S. 4 des Referentenentwurfs einer Nummerierungsverordnung enthielt neben den Vorschriften des § 66j noch eine Ausnahme für Nutzergruppen, denen 018er Rufnummern zugeteilt sind. Diese Regelung betraf vor allem die Bundesregierung, die den Rufnummernblock 01888 zur Adressierung zahlreicher Behörden nutzt[6]. Es ist zu begrüßen, dass die Ausnahme für Rufnummern für Nutzergruppen nicht in § 66j aufgenommen wurde, da es möglich ist, dass zukünftig weitere derartige Rufnummernblöcke von der Regulierungsbehörde vergeben werden und sich das Verbraucherschutzproblem lediglich in eine andere Rufnummerngasse verschiebt. **14**

3. Zivilrechtliche Rechtsprechung. – Auch Zivilgerichte haben sich schon mehrfach mit der Übermittlung von Rufnummern beschäftigt. Das LG München hat für den Fall von Lockanrufen mit der Angabe von Auslandsrufnummern entschieden, dass dieses Vorgehen eine unzulässige, belästigende Werbung darstellt und gegen die Vorschriften des UWG verstößt.[7] Der Mobilfunkkunde werde veranlasst, die hinterlassenen Rufnummern zurückzurufen in der Annahme, ihn wolle ein Gesprächspartner ernsthaft erreichen. Erst beim Rückruf erkenne der Verbraucher, dass es sich um einen Dienst handelt, den er nicht in Anspruch nehmen wollte. Nach dieser Rechtsprechung handelt es sich bei diesem Geschäftsmodell um eine missbräuchliche Nutzung von Nummern, die Maßnahmen nach § 67 Abs. 1 rechtfertigt. **15**

Einen ähnlich gelagerten Fall hatte die Staatsanwaltschaft beim OLG Frankfurt in einem Betrugsverfahren zu beurteilen. Die Staatsanwaltschaft entschied, dass die Angabe einer 0190er-Rufnummer in einer E-Mail noch keine betrügerische Täuschungshandlung darstellt, weil darauf spekuliert wird, dass der Empfänger der Nachricht aus Neugier zurückruft.[8] Die Verfügung des Generalstaatsanwaltes Frankfurt/Main ist stark kritisiert worden.[9] Mit der Frage eines Verstoßes gegen Vorschriften des UWG hat sich die Staatsanwaltschaft naturgemäß nicht beschäftigt. **16**

IV. Bußgeld

Nach § 149 Abs. 1 Nr. 13i in Verbindung mit § 149 Abs. 2 S. 1 kann die Regulierungsbehörde eine Geldbuße von bis zu 100.000 Euro verhängen, wenn eine Rufnummer entgegen § 66j S. 1 übermittelt wird. **17**

---

6 § 66 RdNr. 159.
7 LG München I, Az: 1HK O 7754/03.
8 StA b.d. OLG Frankfurt, Entscheidung vom 10. 1. 2003, Az. 3 Zs 82/03; ITRB 2003, 120 f.
9 *Breyer*, MMR 2003, 269; ebenso für SMS-Werbung *Jaguttis/ Parameswaran*, NJW 2003, 2277 ff.

§ 66k Internationaler entgeltfreier Telefondienst

Anrufe bei (00)800er-Rufnummern müssen für den Anrufer unentgeltlich sein. Die Erhebung eines Entgeltes für die Inanspruchnahme eines Endgerätes bleibt unbenommen.

Schrifttum: ITU-T Empfehlung E.152 „International Freephone Service"; ITU-T Empfehlung E.169 „Application of Recommendation E.164 Numbering Plan for Universal International Freephone Numbers for International Freephone Service".

I. Normzweck

Mit der Regelung wird gemäß § 66 Abs. 2 die Empfehlung der Internationalen Fernmelde- **1**
union (ITU) für Internationale Entgeltfreie Telefondienste[1] in nationales Recht umgesetzt.[2]
Dadurch wird die Rechtsgrundlage für die entgeltfreie Erreichbarkeit dieser Nummernressource in Deutschland geschaffen.[3]

II. Entstehungsgeschichte und EG-rechtliche Grundlagen

Die Vorschrift wurde 2005 im Rahmen des Gesetzes zur Änderung von telekommunikati- **2**
onsrechtlichen Vorschriften in das TKG eingefügt. Lange vor ihrem Erlass hatte das Bundesministerium für Post und Telekommunikation in seinem Amtsblatt gekannt gegeben, dass die ITU Rufnummern für Internationale Entgeltfreie Telefondienste (Universal International Freephone Numbers – UIFN) bereitgestellt hat[4]. Die Empfehlung der ITU wurde jedoch nie förmlich in deutsches Recht umgesetzt.

Nach Erwägungsgrund 20 S. 4 RahmenRL und Art. 10 Abs. 5 RahmenRL sollen die Mit- **3**
gliedstaaten ihre einzelstaatlichen Standpunkte in internationalen Organisationen und Gremien, in denen nummerierungsrelevante Entscheidungen getroffen werden, abstimmen, sofern dies zur Sicherstellung der uneingeschränkten weltweiten Interoperabilität von Diensten angezeigt ist.

Die Empfehlung E.169 der ITU ist rechtlich nicht bindend, ihre Einhaltung ist aber für das **4**
Funktionieren des Internationalen Entgeltfreien Telefondienstes und die Sicherstellung der internationalen Erreichbarkeit von (00)800er-Rufnummern Voraussetzung, so dass eine faktische Bindung besteht.

III. Einzelerläuterungen

Die Einzelheiten zur Strukturierung und Ausgestaltung des Nummernbereichs für Interna- **5**
tionale Entgeltfreie Telefondienste regelt eine Empfehlung der ITU[5]. Danach ist der Nummernbereich (00)800 für Internationale Entgeltfreie Telefondienste vorgesehen. Dieser Dienstekennzahl folgt eine achtstellige Teilnehmerrufnummer.

---

1 ITU-T Empfehlung E.152 „International Freephone Service".
2 Begr. RegE, BT-Drs. 15/5213, Nummer 3, Zu § 66k.
3 Begr. RegE, BT-Drs. 15/5213, Nummer 3, Zu § 66k.
4 Mit.125/1996 vom 6. 11. 1996 (BMPT ABl. 27/1996).
5 ITU-T Empfehlung E.152 „International Freephone Service".

6   Die Vergabe von (00)800er-Rufnummern nimmt die ITU nach einem von ihr ausgearbeiteten Verfahren[6] vor. UIFN werden einzeln zugeteilt. Die Zuteilung muss von einem anerkannten Netzbetreiber im Auftrag eines Diensteanbieters beantragt werden und erfolgt gegen eine Gebühr von 200 CHF.

7   Rufnummern für Internationale Entgeltfreie Telefondienste sind weltweit einheitlich und können auch international entgeltfrei angerufen werden. Das für die Verbindung anfallende Entgelt wird hier ausnahmsweise vom Angerufenen gezahlt. Allerdings stellen einzelne Netzbetreiber bei der Anwahl dieser Rufnummern ein Entgelt für die Nutzung des Endgeräts in Rechnung. Dieses Vorgehen ist nach Satz 2 ausdrücklich zulässig. Die Vorschrift ist nicht bußgeldbewehrt.

IV. Übergangsvorschrift

8   § 66k wird gemäß Art. 6 Abs. 2 des Gesetzes zur Änderung telekommunikationsrechtlicher Vorschriften am ersten Tag des siebten auf die Verkündung dieses Gesetzes folgenden Monats Geltung erlangen.

---

6   ITU-T Empfehlung E.169 "Application of Recommendation E.164 Numbering Plan for Universal International Freephone Numbers for International Freephone Service".

§ 66l Umgehungsverbot

Die Vorschriften der §§ 66a bis 66k finden auch Anwendung, wenn sie durch anderweitige Gestaltungen umgangen werden.

Schrifttum: *Härting/ Schirmbacher*, Dialer: Das Urteil fällt und viele Fragen offen, CR 2004, 334; *Härting*, Informationspflichten der Anbieter von Mehrwertdiensten, CR 2003, 204; *Hoeren*, Die Pflicht zur Preisangabe für Leistungen eines telefonischen Auskunftsdienstes, MMR 2003, 784; *Jaguttis/Parameswaran*, Bei Anruf – Betrug- erschlichene „Zuneigungsgeschäfte" am Telefon, NJW 2003, 2277; *Lettl*, Der Schutz der Verbraucher nach der UWG-Reform, GRUR 2004, 449; *Mankowski*, Die Beweislastverteilung in 0190er-Prozessen, CR 2004, 185; *Zerres*, Bedeutung der verbraucherschützenden Umgehungsverbote am Beispiel der Haustürgeschäfte, MDR 2004, 1334. Vgl. außerdem § 66a.

I. Normzweck

Mit § 66l wird eine Vorschrift in das TKG eingefügt, die der schnellen Entwicklung des   **1** Mehrwertdienstemarktes in Deutschland Rechnung trägt. Schon nach der Novelle der Telekommunikations-Kundenschutzverordnung im Jahr 2002 und der Novelle des TKG im Jahr 2003 war zu beobachten, dass Diensteanbieter teilweise ihre Geschäftsmodelle nach Inkrafttreten der verbraucherschützenden Vorschriften so angepasst haben, dass Gesetzeslücken genutzt wurden und eine Transparenz für die Verbraucher nicht gegeben war. Zudem haben sich Diensteanbieter bemüht, immer neue Geschäftsmodelle zu finden, die die gesetzlichen Regelungen umgehen. Es hat sich gezeigt, dass es im Bereich der über hochpreisige Rufnummern abgerechneten Dienste vielfältige Missbrauchsmöglichkeiten mit immer neuen Varianten und Ausgestaltungen gibt.

II. Entstehungsgeschichte

Das Gesetz zur Bekämpfung des Missbrauchs von 0190er-/0900er-Mehrwertdiensterufnummern enthielt kein Umgehungsverbot, so dass für die Verträge über die Inanspruchnahme von über 0190er- und 0900er-Rufnummern abgerechneten Diensten nur die allgemeinen Regelungen für zivilrechtliche Verträge galten. In § 19 des Entwurfs der Telekommunikations-Nummerierungsverordnung war ein Umgehungsverbot enthalten, welches aus rechtsförmlichen Gründen nicht als Verordnung, sondern im Rahmen des Gesetzes zur Änderung telekommunikationsrechtlicher Vorschriften als gesetzliche Vorschrift erlassen werden soll.   **2**

III. Einzelerläuterungen

Umgehungsverbote sind in mehreren Gesetzen enthalten. Die größte Bedeutung kommt   **3** jedoch § 306a BGB zu, der für alle schuldrechtlichen Rechtsverhältnisse gilt. § 66l entspricht dieser Regelung[1], so dass auf die für § 306a BGB geltenden Grundsätze zurückgegriffen werden kann.

Ein Verstoß gegen das Umgehungsverbot liegt demnach vor, wenn eine nach dem Gesetz   **4** unwirksame Regelung bei gleicher Interessenlage durch eine andere rechtliche Gestaltung erreicht werden soll, die nur den Sinn haben kann, dem gesetzlichen Verbot zu ent-

---

1 Begr. RegE, BT-Drs. 15/5213, Zu § 66l.

gehen.[2] Eine Umgehung soll es nach dem Willen des Gesetzgebers insbesondere darstellen, wenn Diensterufnummern entgegen ihrer in den Zuteilungsregelungen festgelegten Nutzungsbestimmung verwendet werden.[3]

5 Liegt die Umgehung einer Vorschrift vor, weil sie durch anderweitige Gestaltungen umgangen wurde, findet diese Vorschrift rechtlich dennoch Anwendung.[4] § 66l stellt dies für die Vorschriften der §§ 66a bis 66k klar. Die Rechtsfolgen des umgangenen Gesetzes gelten auch für Geschäftsmodelle, die die Anwendung einer bestimmten Vorschrift umgehen. Das bedeutet, dass die gesamten Regelungsmechanismen der §§ 66a bis 66k auch bei Umgehungen zur Anwendung kommen können.[5]

IV. Übergangsvorschrift

6 § 66l tritt wie §§ 66a bis k, auf die das Umgehungsverbot gerichtet ist, erst am siebten des auf die Verkündung des Gesetzes zur Änderung telekommunikationsrechtlicher Vorschriften folgenden Monats in Kraft.

---

2 *Palandt/Heinrichs*, § 306a RdNr. 2.
3 Begr. RegE, BT-Drs. 15/5213, Zu § 66l.
4 BGH, Urt. vom 8. 3. 2005, Az.: XI ZR 154/04.
5 Begr. RegE, BT-Drs. 15/5213, Zu § 66l.

Anhang II: Die Anwendung des EG-Wettbewerbsrechts auf Telekommunikationsunternehmen

Vor Art. 81, 82 EG

Übersicht

Literaturverzeichnis: *Buigues/Rey* (Hrsg.), The Economics of Antitrust and Regulation in Tele-communications, 2004; *Faull/Nikpay* (Hrsg.), The EC Law of Competition, 1999; *Garzaniti*, Telecom-munications, Broadcasting and the Internet, EU Competition Law and Regulation, 2. Auflage 2003; *Garzaniti/Liberatore*, Recent Developments in the European Commission's Practice in the Communications Sector, ECLR 2004, 169, 234, 286; *Haus*, Kommunikationskartellrecht – Ein Rahmen für den Wettbewerb in Kommunikationsmärkten, WuW 2004, 171; *Immenga/Mestmäcker*, EG-Wettbewerbs-recht, 2001; *Irion*, Die wettbewerbsschützende Drittzulassung zu Vorleistungsmärkten des elektro-nischen Kommunikationssektors in der Europäischen Wettbewerbsordnung, 2005; *Klotz*, Wettbewerb in der Telekommunikation: Brauchen wir die ex ante-Regulierung noch?, ZWeR 2003, 283; *Klotz/ Grewe*, Der Wettbewerb auf dem deutschen Breitbandmarkt, K&R 2005, 102; *Koenig*, Die Beurteilung der Marktmacht vertikal integrierter Unternehmen auf dem Telekommunikationssektor, K&R-Beilage 1/2003, 19; *Koenig/Kulenkampf/Kühling/Loetz/Smit*, Internetplattformen in der Unternehmenspraxis, 2002; *Koenig/Bartosch/Braun*, EC Competition and Telecommunications Law, 2002; *Krüger*, Markt-abgrenzung im Telekommunikationssektor und die Definition von beträchtlicher Marktmacht (SMP), K&R-Beilage 1/2003, 9; *Larouche*, A closer look at some assumptions underlying EC regulation of electronic communications, Journal of Network Industries 2002, 129; *Mayen*, Marktabgrenzung auf den Märkten der Telekommunikation, MMR 2001, 496; *Mestmäcker/Schweitzer*, Europäisches Wettbewerbsrecht, 2. Auflage 2004; *Mestmäcker/Schweitzer*, Netzwettbewerb, Netzzugang und „Roaming" im Mobilfunk, 1999; *Petit*, The Commission's Contribution to the Emergence of the 3G Mobile Communications: an Analysis of some Decisions in the Field of Competition Law, ECLR 2004, 429; *Pitt*, Telecommunications Regulation: Is it realistic to rely on Competition Law?, ECLR 1999, 245; *Ritter*, Deutsche Telekommunikationspolitik 1989–2003, 2004; *Ritter/Braun*, European Competition Law – A Practitioner's Guide, 3. Auflage 2004; *Ruhle/Schuster*, Die TAL-Entscheidung der Europäischen Kommission, MMR 2003, 648; *Salje*, Marktbeherrschung auf Telekommunikations-Märkten, K&R 1998, 331; *Schaub*, Europäische Wettbewerbsaufsicht über die Telekommunikation, MMR 2000, 211; *Scherer*, Telecommunications Laws in Europe, 4. Auflage 1998; *Schröter/Jakob/ Mederer* (Hrsg.), Kommentar zum Europäischen Wettbewerbsrecht, 2003; *Schwarze* (Hrsg.), Der Netzzugang für Dritte im Wirtschaftsrecht, 1999; *Temple Lang*, European Community Antitrust Law,

Innovation Markets and High Technology Industries, 1996 Fordham Corporate Law Institute, 1997, 519; *Ungerer*, EU Competition Law in the Telecommunications, Media and Information Technology Sectors, 1995 Fordham Corporate Law Institute, 1996, 465; *Vajda/Gahnström*, EC Competition Law and the Internet, ECLR 2000, 94; *Whish*, Competition Law, 4. Auflage 2001; *Wollmann*, Liberalisierung der Telekommunikation und Wettbewerbsrecht, ecolex 1997, 614.

I. Einleitung

1   **1. Zielsetzungen des EG.** – Wirtschaftliche Tätigkeiten im Telekommunikationssektor haben sich in einen Rechtsrahmen einzuordnen, welcher im Wesentlichen vom **Gemeinschaftsrecht** geprägt ist. Dies gilt bereits für die Vorschriften über die Regulierung, die zwar vom deutschen Gesetzgeber erlassen wurden, inhaltlich aber lediglich EG-Richtlinien in innerstaatliches Recht umsetzen. Es gilt erst recht für die Wettbewerbsregeln im weiteren Sinne, und hier insbesondere für den Bereich des Kartellrechts, wo gemeinschaftsrechtliche Vorschriften unmittelbare Anwendung finden und dabei das deutsche Recht weitgehend verdrängt haben. Das Gemeinschaftskartellrecht, dessen Kern Art. 81 und 82 EG[1] bilden, ist Teil der umfassenderen, mit Verfassungsrang ausgestatteten **Wettbewerbsordnung der Europäischen Gemeinschaft**. Seine Bedeutung erschließt sich daher erst bei voller Berücksichtigung des institutionellen Rahmens, in den die einschlägigen Rechtsvorschriften nach Maßgabe des EG-Vertrags eingebettet sind.

2   Laut Art. 2 EG ist es **Aufgabe der Gemeinschaft**, durch die Errichtung eines Gemeinsamen Marktes und einer Wirtschafts- und Währungsunion sowie durch die Durchführung der in den Art. 3 und 4 EG genannten gemeinsamen Politiken und Maßnahmen in der ganzen Gemeinschaft

– eine harmonische, ausgewogene und nachhaltige Entwicklung des Wirtschaftslebens,
– ein hohes Beschäftigungsniveau und ein hohes Maß an sozialem Schutz,
– die Gleichstellung von Männern und Frauen,
– ein beständiges, nichtinflationäres Wachstum,
– einen hohen Grad von Wettbewerbsfähigkeit und Konvergenz der Wirtschaftsleistungen,
– ein hohes Maß an Umweltschutz und Verbesserung der Umweltqualität,
– die Hebung der Lebenshaltung und der Lebensqualität,
– den wirtschaftlichen und sozialen Zusammenhalt und
– die Solidarität zwischen den Mitgliedstaaten

zu fördern.

3   Zwecks Verwirklichung dieser allgemeinen Ziele sind der Gemeinschaft in Art. 3 Abs. 1 EG zahlreiche Tätigkeiten zugewiesen worden. Im Vordergrund steht dabei die Schaffung und Sicherung eines Binnenmarktes, der durch einen freien Waren-[2], Personen-[3], Dienstleistungs-[4] und Kapitalverkehr[5] (lit. a) und c)) und durch einen unverfälschten Wettbewerb[6] (lit. g)) gekennzeichnet ist. Sie bildete über drei Jahrzehnte hinweg die mit Abstand wich-

---

1   Vertrag zur Gründung der Europäischen Gemeinschaft, geändert durch den Vertrag über die Europäische Union in der Fassung des Vertrags von Amsterdam, konsolidierte Fassung, ABl. EG 1997 Nr. C 340, S. 145.
2   Wegen der Einzelheiten siehe Art. 23–31.
3   Wegen der Einzelheiten siehe Art. 39–48.
4   Wegen der Einzelheiten siehe Art. 49–55.
5   Wegen der Einzelheiten siehe Art. 56–60.
6   Wegen der Einzelheiten siehe Art. 81–89.

tigste Aufgabe der Gemeinschaft und damit den Schwerpunkt ihrer Aktivitäten. Zum Kernbereich gemeinschaftlicher Tätigkeit gehörten von Anfang an auch die Angleichung der Rechtsvorschriften, soweit dies für das Funktionieren des Gemeinsamen Marktes erforderlich ist[7] (lit. h)). Der EG-Vertrag sieht deshalb die Harmonisierung derjenigen Rechts- und Verwaltungsvorschriften der Mitgliedstaaten vor, welche sich unmittelbar auf die Errichtung und das Funktionieren des gemeinsamen Marktes auswirken (Art. 94 EG), und erleichtert diese Harmonisierung, soweit sie der Verwirklichung der Ziele des Binnenmarktes (Art. 95 EG) oder der Beseitigung oder Vermeidung von Wettbewerbsverzerrungen (Art. 96, 97 EG) dient.[8]

Art. 4 EG weist den Mitgliedstaaten und der Gemeinschaft bestimmte, der **Errichtung ei- 4 ner Wirtschafts- und Währungsunion** dienende Tätigkeiten zu. Zu ihnen gehört die schrittweise Einführung einer Wirtschaftspolitik, die auf einer engen Koordinierung der Wirtschaftspolitik der Mitgliedstaaten, dem Binnenmarkt und der Festlegung gemeinsamer Ziele beruht und dem Grundsatz einer offenen Marktwirtschaft mit freiem Wettbewerb verpflichtet ist (Abs. 1).[9] Letzteres gilt auch für die gemeinsame Währungspolitik, welche die allgemeine Wirtschaftspolitik in der Gemeinschaft auf der Grundlage einer einheitlichen Währung sowie durch eine einheitliche Geld- und Wechselkurspolitik unterstützen soll (Abs. 2).[9a]

Zur Erreichung der allgemeinen Ziele des Vertrages tragen Gemeinschaft und Mitglied- 5 staaten durch die Ausführung der ihnen jeweils zugewiesenen Tätigkeiten bei. Art. 5 EG enthält allgemeine **Regeln über die Kompetenzausübung**. Die Gemeinschaft wird nur tätig, soweit ihr der Vertrag Befugnisse zugewiesen oder Ziele gesetzt hat (Abs. 1).[10] Für bestimmte Aufgaben ist sie ausschließlich zuständig, so vor allem für die Verwirklichung des Binnenmarktes. Dieser umfasst nach Art. 14 Abs. 2 EG einen Raum ohne Binnengrenzen, in dem der freie Verkehr von Waren, Personen, Dienstleistungen und Kapital gemäß den Bestimmungen des Vertrages gewährleistet ist. In den Bereichen konkurrierender Zuständigkeit geht die Gemeinschaft nach dem **Subsidiaritätsprinzip** vor. Sie wird nur tätig, sofern und soweit Vertragsziele auf der Ebene der Mitgliedstaaten nicht ausreichend verwirklicht werden können und sich daher wegen ihres Umfangs und ihrer Wirkungen besser auf Gemeinschaftsebene erreichen lassen (Abs. 2). Jede Tätigkeit der Gemeinschaft ist an den allgemeinen Rechtsgrundsatz der **Verhältnismäßigkeit** gebunden: Ihre Maßnahmen dürfen das für die Erreichung der Vertragsziele erforderliche Maß nicht überschreiten (Abs. 3).

Die Mitgliedstaaten sind nach Art. 10 EG zur **Gemeinschaftstreue** verpflichtet. Sie haben 6 nicht nur alle Maßnahmen zu unterlassen, welche die Verwirklichung der Vertragsziele gefährden könnten (Abs. 2), sondern darüber hinaus aktiv zu deren Erreichung beizutragen, indem sie ihre eigenen unmittelbar oder mittelbar aus dem Vertrag fließenden Verpflichtungen erfüllen und den Gemeinschaftsorganen die Erfüllung ihrer Aufgaben erleichtern

---

7 Wegen der Einzelheiten siehe Art. 90–97.
8 Auf diese Rechtsgrundlage wurden etwa die Richtlinien zur Gewährleistung eines offenen Netzzugangs in der Telekommunikation gestützt; vgl. hierzu Einleitung II.
9 Wegen der Einzelheiten siehe Art. 98–104.
9a Wegen der Einzelheiten siehe Art. 105–124.
10 Die Befugnisse können nach Art. 308 im Wege der vertragsergänzenden Gesetzgebung erweitert werden, falls ein Tätigkeitswerden der Gemeinschaft erforderlich erscheint, um im Rahmen des Gemeinsamen Marktes eines ihrer Ziele zu verwirklichen, und die hierfür erforderlichen Befugnisse im Vertrag nicht vorgesehen sind.

(Abs. 1). Die Gemeinschaft ist ihrerseits gehalten, auf die besonderen Probleme und Schwierigkeiten der Mitgliedstaaten Rücksicht zu nehmen.[11]

7   Ein **Mitgliedstaat**, der – mit welchen Mitteln auch immer – eine gegen das gemeinschaftliche Kartellverbot verstoßende Absprache vorschreibt[12], erleichtert oder in ihren Wirkungen verstärkt[13], verletzt seine Verpflichtungen aus Art. 10 Abs. 2 in Verbindung mit Art. 3 Abs. 1 lit. g) und Art. 81 EG.[14] Dasselbe gilt, wenn er einer eigenen Regelung den staatlichen Charakter nimmt, indem er die Verantwortung für Eingriffe in die Wirtschaft privaten Interessenten, insbesondere den Unternehmensverbänden, überträgt.[15] Staatliche Maßnahmen, welche Unternehmen in beherrschender Stellung Anlass zu objektiv missbräuchlichem Verhalten geben, verletzen Art. 10 Abs. 2 in Verbindung mit Art. 3 Abs. 1 lit. g) und Art. 82 EG.[16] Nach denselben Grundsätzen ist die staatliche Anordnung oder Förderung von Unternehmenszusammenschlüssen, durch die im Sinne von Art. 2 der Verordnung (EG) Nr. 139/2004[17] der Wettbewerb erheblich behindert wird, als Verstoß gegen die Rechtsordnung der Gemeinschaft zu werten.

8   **2. Grundprinzipien der Wettbewerbsregeln.** – Die Wirtschaftsordnung der Europäischen Gemeinschaft ist eindeutig vom Wettbewerb geprägt. Das Bekenntnis zu **marktwirtschaftlichen Grundsätzen** durchzieht wie ein roter Faden den gesamten EG-Vertrag. Dessen Zustandekommen beruht nach dem vierten Satz seiner Präambel auch auf der Erkenntnis, dass eine beständige Wirtschaftsausweitung und ein ausgewogener Handelsverkehr nicht nur die Beseitigung der bestehenden Hindernisse für den freien Waren-, Personen-, Dienstleistungs- und Kapitalverkehr voraussetzen, sondern auf Dauer nur bei redlichem Wettbewerb gewährleistet sind.[18] Der EG-Vertrag verbürgt daher neben den erwähnten vier Grundfreiheiten auch die Freiheit des Wettbewerbs.[19]

9   Dieser Gedanke bestimmt gleichfalls die später hinzugetretenen Regeln des Vertrages. So ist die Wirtschaftspolitik in der Weise auszurichten, dass sie zur Verwirklichung der Ziele der Gemeinschaft im Sinne des Art. 2 beitragen. Die Mitgliedstaaten und die Gemeinschaft handeln im Einklang mit dem **Grundsatz einer offenen Marktwirtschaft mit freiem Wettbewerb**, wodurch ein effizienter Einsatz der Ressourcen gefördert wird, und halten sich dabei an die in Art. 4 EG genannten Grundsätze (Art. 98 EG). Dieselbe Verpflichtung trifft das Europäische System der Zentralbanken (ESZB), wenn es währungspolitische Maßnahmen zur Sicherung der Preisstabilität oder zur Unterstützung der allgemeinen Wirtschaftspolitik in der Gemeinschaft ergreift (Art. 105 Abs. 1 EG). Auch die Förderung

---

11 EuGH, Rs. 44/84, Hurd/Jones, Slg. 1986, S. 29, 81; Rs. 52/84, Kommission/Belgien, Slg. 1986, S. 89, 105; Rs. 94/87, Kommission/Deutschland, Slg. 1989, 175, 192.
12 EuGH, Asjis Rs. 209–231/84, Slg. 1986, 1425 RdNr. 71.
13 EuGH, Flämische Reisebüros, Rs. 311/85, Slg. 1987, 3821 RdNr. 10.
14 EuGH, Van Eycke/ASPA, Rs. 267/86, Slg. 1988, 4786 RdNr. 16.
15 EuGH, van Eycke/ASPA, Rs. 267/86, Slg. 1988, 4769, 4791; Reiff, Rs. C 185/91, Slg. 1993, I-5801, 5847; Delta Schiffahrts- u. Speditionsgesellschaft, Rs. C-153/93, Slg. 1994, I-2517, 2530; Kommission/Italien, Rs. C-35/96, Slg. 1998, I-3851 RdNr. 52 ff.; Corsica Ferries France, Rs. C-266/96, Slg. 1998, I-3949, 3997.
16 EuGH, GB-INNO-BM gg. ATAB, Rs. 13/77, Slg. 1977, 2115, 2145 f.; Ahmed Saeed Flugreisen, Rs. 66/86, Slg. 1989, 803, 851; Centro Servici Spediporto, Rs. C-96/ 94, Slg. 1995, I-2883, 2909, 2911 f., RdNr. 31 ff.; DIP, Rs. 140 – 142/94, Slg. 1995, I-3275 RdNr. 24 ff.; Sudamare, Rs. C-70/ 95, Slg. 1997, I-3395 RdNr. 44 ff.
17 ABl. EG 2004 Nr. L 24, S. 1.
18 EuGH, Italien gg. Rat u. Kommission, Rs. 32/65, Slg. 1966, 457, 483.
19 EuGH, Altöle, Rs. 240/83, Slg. 1985, 531, 547.

des Auf- und Ausbaus transeuropäischer Netze (Art. 154) oder der Wettbewerbsfähigkeit der Industrie der Gemeinschaft (Art. 157 EG) ist nur **„im Rahmen eines Systems offener und wettbewerbsorientierter Märkte"** zulässig.

Innerhalb der durch den EG-Vertrag geschaffenen marktwirtschaftlichen Ordnung nimmt **10** die **Wettbewerbsfreiheit** demnach einen zentralen Platz ein. Sie zählt zusammen mit der Freiheit des Waren-, Personen-, Dienstleistungs- und Kapitalverkehrs zu den konstituierenden Elementen des Binnenmarktes (Art. 14 Abs. 2 EG) und bildet darüber hinaus eine Grundvoraussetzung für die Erreichung der allgemeinen Vertragsziele (Art. 2 EG). Die Gründer der Gemeinschaft haben daher mit gutem Grund Vorkehrungen getroffen, um das ordnungsgemäße Funktionieren des Marktmechanismus zu sichern.

In Art. 3 Abs. 1 lit. g) EG ist der Gemeinschaft aufgegeben, ein **System zu errichten, das 11 den Wettbewerb innerhalb des Binnenmarktes vor Verfälschungen schützt.** Die Grundzüge dieses Systems sind in Gestalt von Wettbewerbsregeln im Vertrag selbst niedergelegt. Dabei handelt es sich um eine Gesamtheit von Rechtsvorschriften, die sich an Unternehmen wie Mitgliedstaaten richten und beiden jeweils bestimmte, den Wettbewerb im Gemeinsamen Markt und den innergemeinschaftlichen Handel beeinträchtigende Maßnahmen untersagen.

3. Systematik der Wettbewerbsregeln. – Die **Wettbewerbsregeln für Unternehmen 12** umfassen ein allgemeines Kartellverbot mit Nichtigkeitsfolge, das durch die Möglichkeit von Befreiungen abgemildert ist (Art. 81 EG), das Verbot der missbräuchlichen Ausnutzung beherrschender Stellungen (Art. 82 EG), die Verpflichtung des Gemeinschaftsgesetzgebers, Verordnungen oder Richtlinien zur Verwirklichung der in den Art. 81 und 82 enthaltenen Grundsätze zu erlassen (Art. 83 EG) sowie ein Übergangsregime für den Zeitraum bis zum In-Kraft-Treten der erwähnten Durchführungsbestimmungen (Art. 84, 85 EG). Mehrere Verordnungen des Rates nach Art. 83, zu denen wiederum Durchführungsverordnungen der Kommission ergangen sind, regeln das Verfahren der Kommission zur Anwendung der Art. 81 und 82 EG auf Einzelfälle[20] sowie die Freistellung bestimmter Gruppen wettbewerbsbeschränkender Absprachen vom Kartellverbot.[21] Besondere Bedeutung hat die auf Art. 83 und Art. 308 gestützte Verordnung (EG) Nr. 139/2004 des Rates vom 20. 1. 2004 über die Kontrolle von Unternehmenszusammenschlüssen.[22] Nach dieser

---

20 Verordnung (EG) Nr. 1/2003 des Rates vom 16. 12. 2002 zur Durchführung der in den Artikeln 81 und 82 des Vertrages niedergelegen Wettbewerbsregeln, ABl. EG 2003 Nr. L 1, S. 1; Verordnung (EG) Nr. 773/2004 der Kommission vom 7. 4. 2004 über die Durchführung der Kommissionsverfahren nach den Artikeln 81 und 82 des Vertrages, ABl. EG 2004 Nr. L 123, S. 18; Einzelheiten hierzu unten in Abschnitt V.

21 Verordnung Nr. 19/65/EWG des Rates vom 2. 3. 1965 über die Anwendung von Art. 85 (jetzt Art. 81) Absatz 3 des Vertrages auf Gruppen von Vereinbarungen und aufeinander abgestimmten Verhaltensweisen, ABl. EG 1965 S. 533/65, zuletzt geändert durch Verordnung (EG) Nr. 1215/1999 vom 10. 6. 1999, ABl. EG 1999 Nr. L 148, S. 1; Verordnung (EG) Nr. 2790/1999 der Kommission vom 22. 12. 1999 betreffend vertikale Vereinbarungen und aufeinander abgestimmte Verhaltensweisen, ABl. EG 1999 Nr. L 336, S. 21; Verordnung (EG) Nr. L 148, 2004 der Kommission vom 27. 4. 2004 betreffend Technologietransfervereinbarungen, ABl. EG 2004 Nr. L 123, S. 11; Verordnung (EG) Nr. 2821/71 des Rates vom 20. 12. 1971 über die Anwendung von Art. 85 (jetzt Art. 81) Abs. 3 des Vertrages auf Gruppen von Vereinbarungen, Beschlüssen und aufeinander abgestimmten Verhaltensweisen, ABl. EG 1971 Nr. L 285, S. 46; Verordnung (EG) Nr. 2658/2000 der Kommission vom 29. 11. 2000 betreffend Spezialisierungsvereinbarungen, ABl. EG 2000 Nr. L 304, S. 3; Verordnung (EG) Nr. 2659/2000 der Kommission vom 29. 11. 2000 betreffend Vereinbarungen über Forschung und Entwicklung, ABl. EG 2000 Nr. L 304, S. 7.

22 ABl. EG 2004 Nr. L 24, S. 1.

Verordnung, welche die Art. 81 und 82 sowohl in materiellrechtlicher als auch in verfahrensrechtlicher Hinsicht ergänzt, können Zusammenschlüsse von gemeinschaftsweiter Bedeutung für unvereinbar mit dem Gemeinsamen Markt erklärt werden, falls sie eine beherrschende Stellung begründen oder verstärken. Die Kommission hat hierzu eine Durchführungsverordnung[23] sowie eine größere Zahl von Interpretationsbekanntmachungen erlassen.[24]

13 Die **Wettbewerbsregeln für Mitgliedstaaten** umfassen vor allem Vorschriften über die Beihilfenaufsicht.[25] Der Vertrag geht in Art. 87 davon aus, dass staatliche oder aus staatlichen Mitteln gewährte Beihilfen gleich welcher Art, die durch die Begünstigung bestimmter Unternehmen oder Produktionszweige den Wettbewerb verfälschen oder zu verfälschen drohen, mit dem Gemeinsamen Markt grundsätzlich unvereinbar sind, soweit sie den Handel zwischen Mitgliedstaaten beeinträchtigen (Abs. 1), sieht aber in Abweichung von diesem Prinzip vor, dass Beihilfen mit bestimmten Zielsetzungen mit dem Gemeinsamen Markt entweder von vornherein vereinbar sind (Abs. 2) oder für vereinbar erklärt werden können (Abs. 3).

14 Die **Anwendung** dieser Vorschriften liegt in den Händen der **Kommission**, die dafür mit besonderen Kontroll-, Verfahrens- und Entscheidungsbefugnissen ausgestattet ist (Art. 88 EG). Der Vertrag unterscheidet zwischen **bestehenden Beihilferegelungen**, die von der Kommission fortlaufend in Zusammenarbeit mit den Mitgliedstaaten überprüft werden und der fortschreitenden Entwicklung des Gemeinsamen Marktes anzupassen sind (Abs. 2 und 3), und **geplanten neuen Beihilfen**, die vor ihrer Einführung gemeldet werden müssen und vor einer abschließenden Äußerung der Kommission über ihre Vereinbarkeit mit dem Gemeinsamen Markt nicht bewilligt werden dürfen (Abs. 3). Die letztgenannte Vorschrift hat als einzige der im Vertrag niedergelegten Beihilfeaufsichtsregeln den Charakter einer unmittelbar anwendbaren und mit Drittwirkung ausgestatteten Rechtsnorm.[26] Entgegen dem Vollzugsverbot geleistete Beihilfen sind von den Empfängern zurückzufordern; dasselbe gilt für Beihilfen, deren Unvereinbarkeit mit dem Gemeinsamen Markt die Kommission durch Entscheidung festgestellt hat.[27]

15 Der **Gemeinschaftsgesetzgeber** ist ermächtigt, aber nicht verpflichtet, Durchführungsverordnungen zu erlassen (Art. 89 EG). Er hat von dieser Ermächtigung erst in jüngerer Zeit Gebrauch gemacht, um einerseits die Voraussetzungen für den Erlass von Gruppenfreistellungsverordnungen zu schaffen und andererseits die Einzelheiten des Prüfungsverfahrens zu regeln.[28] Vorher hatte die Kommission die Grundsätze ihrer Verwaltungspraxis zu ver-

---

23 Verordnung (EG) Nr. 802/2004 der Kommission vom 7. 4. 2004 über die Anmeldungen, über die Fristen sowie über die Anhörung nach der Verordnung (EG) Nr. 139/2004 des Rates über die Kontrolle von Unternehmenszusammenschlüssen, ABl. EG 2004 Nr. L 133, S. 1.

24 Siehe hierzu unten Abschnitt VI.

25 Vgl. hierzu *Schröter/Jakob/Mederer*, EG-Wettbewerbsrecht, Art. 87.

26 EuGH – Lorenz gg. Deutschland, Rs. 120/73, Slg. 1973, 1471, 1482; FNCEPA gg. Frankreich, Rs. C-354/ 90, Slg. 1991, I-5505, 5527; siehe auch Bekanntmachung über die Zusammenarbeit zwischen der Kommission und den Gerichten der Mitgliedstaaten im Bereich der staatlichen Beihilfen, ABl. EG 1995 Nr. C 312, S. 8.

27 EuGH – Kommission gg. Deutschland, Rs. 70/72, Slg. 1973, 813, 829; Kommission gg. Belgien, Rs. 52/84, Slg. 1986, 89, 104 f.; Kommission gg. Belgien (Tubemeuse), Rs. C-142/87, Slg. 1990, I-959, 1019; Kommission gg. Deutschland (Alutechnik), Rs. C-5/89, Slg. 1990, I-3437; Kommission gg. Italien (ENI-Lanerossi), Rs. C-303/88, Slg. 1991, I-1433.

28 Verordnung (EG) Nr. 994/98 des Rates vom 17. 5. 1998 über die Anwendung der Art. 92 und 93 (jetzt Art. 87 und 88) des Vertrags auf bestimmte Gruppen horizontaler Beihilfen ABl. EG 1998

schiedenen Kategorien von Beihilfen in so genannten „Gemeinschaftsrahmen" zusammengefasst und veröffentlicht. Sie ist nunmehr dazu übergegangen, diese Texte in Form von Verordnungen neu zu verabschieden, nachdem der Rat ihr eine entsprechende Ermächtigung erteilt hat.

4. Tragweite der Wettbewerbsregeln für Unternehmen. – a) Persönlicher Anwendungsbereich. – Die Art. 81 und 82 EG richten sich an Unternehmen. Art. 81 EG erfasst darüber hinaus die Unternehmensvereinigungen, soweit deren eigene Tätigkeit oder die Tätigkeit der in ihnen zusammengeschlossenen Unternehmen auf die Verhinderung, Einschränkung oder Verfälschung des Wettbewerbs zielt.[29] Der **Unternehmensbegriff** hat **umfassenden Charakter**. Er schließt unterschiedslos alle Unternehmen ein: große wie kleine, private wie öffentliche, inländische wie ausländische. Auf die Rechtsform des Unternehmens, seine Zuordnung zum öffentlichen Recht oder zum Privatrecht und seine Eigentumsverhältnisse kommt es ebenso wenig an wie auf den Ort seiner Niederlassung oder auf seinen örtlichen, sachlichen oder zeitlichen Tätigkeitsbereich. Der Unternehmensbegriff ist außerdem **funktionsbezogen**: Jedes Unternehmen stellt typischerweise eine einheitliche, einen bestimmten Rechtsobjekt zugeordnete Zusammenfassung personeller, materieller und immaterieller Faktoren dar, mit der auf Dauer ein bestimmter wirtschaftlicher Zweck verfolgt wird.[30] Auch im Hinblick auf öffentliche Einrichtungen umfasst der Begriff des Unternehmens jede wirtschaftliche Tätigkeiten ausübende Einheit, und zwar unabhängig von ihrer Rechtsform und der Art ihrer Finanzierung.[31] Kommission und EuGH haben daher nicht gezögert, auch staatliche Dienstleistungsmonopole, darunter solche im Bereich von Post und Telekommunikation[32], den für Unternehmen geltenden Wettbewerbsregeln zu unterwerfen.[33]

Unternehmen sind nach der vorstehend wiedergegebenen Definition alle natürlichen oder juristischen Personen sowie alle Personengesamtheiten, die als Anbieter oder Nachfrager von Waren oder gewerblichen Leistungen einer **selbständigen wirtschaftlichen Tätigkeit** nachgehen. Diese Tätigkeit muss von einer gewissen Regelmäßigkeit und Dauer sein.[34] Eine Gewinnerzielungsabsicht ist nicht erforderlich.[35]

Aufgrund seines allgemeinen, funktionsbezogenen Charakters umfasst der Unternehmensbegriff auch **öffentlichrechtliche Körperschaften und Anstalten**[36], Handels- und Finanz-

Nr. L 142, S. 1, sowie Verordnung (EG) Nr. 659/1999 des Rates vom 22. 3. 1999 über besondere Vorschriften für die Anwendung von Art. 93 (jetzt Art. 88) des Vertrags, ABl. EG 1999 Nr. L 83, S. 1.
29 EuGH, Frubo gg. Kommission, Rs. 71/74, Slg. 71/74, Slg. 1975, 563, 583; van Landevijk u. a. gg. Kommission, Rs. 209 bis 215 u. 218/78, Slg. 1980, 3125, 3250; JAZ u. a. gg. Kommission, Rs. 86 bis 102, 105, 108 u. 110/82, Slg. 1983, 3369, 3410.
30 EuGH, Klöckner u. Hoechst gg. Hohe Behörde, Rs. 17 u. 20/61, Slg. 1962, 653, 687; Mannesmann gg. Hohe Behörde, Rs. 19/61, Slg. 1962, 717, 750; GEI – Enichem Anic gg. Kommission, Rs. T-6/89, Slg. 1991, II-1623, 1695; Shell gg. Kommission, Rs. T-11/89, Slg. 1992, II-757, 884.
31 EuGH, Höfner u. Elser, Rs. C-71/90, Slg. 1991, I-1979, 2016; Poucet u. Pistre, Rs. C-159 u. 160/91, Slg. 1993, I-637, 669; Fédération française des sociétés d'assurance, Rs. C-244/94, Slg. 1995, I-4013, 4028.
32 Kommission, Entscheidung British Telecommunications, ABl. EG 1982 Nr. L 360, S. 36, bestätigt durch EuGH – Italien gg. Kommission, Rs. 41/83, Slg. 1985, 873
33 EuGH – Höfner u. Elser, Rs. C-71/90, a. a. O.
34 EuGH, IGAV gg. ENCC, Rs. 94/74, Slg. 1975, 699, 713.
35 EuGH, van Landewijk u. a. gg. Kommission, Rs. 209 bis 215 u. 218/78 – a. a. O.
36 EuGH, Höfner u. Elsner, Rs. C-41/90 – a. a. O., S. 2015.

monopole, selbst wenn sie in ein Ministerium eingegliedert sind[37], beliehene Unternehmen[38], staatliche Regiebetriebe, öffentliche Sondervermögen mit eigener Wirtschafts- und Rechnungsführung und Betreiber öffentlicher Fernmeldeanlagen.[39] Hoheitliche Tätigkeiten fallen dagegen nicht in den Geltungsbereich der Wettbewerbsregeln für Unternehmen.[40]

19   Die **Beteiligung am Kapital einer Gesellschaft** reicht, für sich betrachtet, nicht aus, um dem Gesellschafter Unternehmenseigenschaft zu verleihen. Unternehmer ist er jedoch dann, wenn er auf die Leitung des Unternehmens Einfluss nimmt.[41] Der Veräußerer eines Unternehmens kann trotz des Rechtsverlustes aktueller oder potenzieller Unternehmer bleiben.[42] Ebenso kann der Erwerber eines Unternehmens selbst Unternehmer sein.[43] Konzerne sind Unternehmen, wenn sie als solche am Wirtschaftsleben teilnehmen, was oft, aber nicht immer zutrifft. Unternehmensqualität haben dagegen regelmäßig die Muttergesellschaft, weil sie zumindest die Geschäftspolitik der Tochtergesellschaften beeinflusst, sowie die Tochtergesellschaften selbst. Bilden mehrere miteinander verbundene Gesellschaften eine wirtschaftliche Einheit, so können sie im Außenverhältnis wie ein Unternehmen behandelt werden.[44] Die beteiligten Gesellschaften verlieren mit ihrer Eingliederung in einen Konzern jedoch nicht ihre Eigenschaft als Unternehmen, so dass wettbewerbsbeschränkende Absprachen zwischen ihnen prinzipiell möglich bleiben.[45]

20   **b) Sachlicher Anwendungsbereich.** – Der EG-Vertrag erfasst grundsätzlich alle Bereiche der Wirtschaft (**Universalitätsprinzip**). Daher sind auch die Wettbewerbsregeln für Unternehmen auf alle Arten wirtschaftlicher Betätigung und auf alle Wirtschaftszweige anwendbar, es sei denn, dass der Vertrag selbst Ausnahmen vorsieht.[46] Letzteres trifft für den Telekommunikationssektor nicht zu. Für diesen gelten die Art. 81 und 82 EG einschließlich der zu ihrer Durchführung erlassenen Vorschriften daher unmittelbar.

21   Der Vertrag verbietet jedoch Kartelle sowie den Missbrauch beherrschender Stellungen nur unter der Voraussetzung, dass dadurch der Handel zwischen Mitgliedstaaten beeinträchtigt werden könnte. Das diesen beiden Vorschriften gemeinsame Merkmal der **Handelsbeeinträchtigung** hat die Aufgabe, auf dem Gebiet des Wettbewerbs den Geltungsbereich des Gemeinschaftsrechts von demjenigen des innerstaatlichen Rechts abzugrenzen. Unter das Gemeinschaftsrecht fallen alle Kartelle und Missbräuche, die geeignet sind, die

---

37 EuGH, Kommission gg. Italien (Tabakwarenmonopol), Rs. 118/85, Slg. 1987, 2599, 2620.
38 EuGH, Sacchi, Rs. 155/73, Slg. 1974, 409, 429; General Motors Continental gg. Kommission, Rs. 26/75, Slg. 1975, 1367, 1379.
39 EuGH, Italien gg. Kommission, Rs. 41/83, Slg. 1985, 873, 885.
40 EuGH, Bodson gg. Pompes funèbres, Rs. 30/87, Slg. 1988, 2479, 2512; SAT gg. Eurocontrol, Rs. C-364/92, Slg. 1994, I-43, 60 ff.
41 Kommission, Entscheidung Reuter/BASF, ABl. EG 1976 Nr. L 254 S. 40, 45 f.
42 Kommission, Entscheidung Reuter/BASF, a.a.O.
43 EuGH, Remia, Rs. 42/84, Slg. 1985, 2566, 2579.
44 EuGH, Imperial Chemical Industries gg. Kommission, Rs. 48/69, Slg. 1972, 619, 665 (zu Art. 81); Hydrotherm gg. Compact, Rs. 170/83, Slg. 1984, 2999, 3016 (zur Verordnung 67/67/EWG über die Gruppenfreistellung von Alleinvertriebsvereinbarungen); Commercial Solvents u. Istituto gg. Kommission, Rs. 6 und 7/73, Slg. 1974, 223, 256 (zu Art. 82).
45 Zur Anwendung von Art. 81 auf konzerninterne Vereinbarungen und aufeinander abgestimmte Verhaltensweisen s. u. Art. 81 RdNr. 26.
46 EuGH – Ministère public gg. Asjes, Rs. 209 bis 213/84, Slg. 1986, 1425, 1465 f. (Verkehrssektor); Verband der Sachversicherer gg. Kommission, Rs. 65/86, Slg. 1987, 405, 451 (Versicherungssektor).

Freiheit des innergemeinschaftlichen Handels in einer Weise zu gefährden, welche der Verwirklichung der Ziele eines einheitlichen Marktes nachteilig sein kann, weil insbesondere die nationalen Märkte abgeschottet oder die Wettbewerbsstrukturen in der Gemeinschaft verändert werden. Dagegen fallen Verhaltensweisen, deren Auswirkungen sich auf das Gebiet eines Mitgliedstaates beschränken, allein in den Geltungsbereich der nationalen Rechtsordnung.[47]

Der **Begriff des innergemeinschaftlichen Handels** wird von der Rechtsprechung weit ausgelegt. Er umfasst nicht nur den Warenverkehr, sondern auch den Personen-[48], Dienstleistungs-[49] und Kapitalverkehr[50] zwischen Mitgliedstaaten. Die in den Art. 81 und 82 EG geforderte Eignung zur Beeinträchtigung dieses Handels ist bereits dann gegeben, wenn sich anhand einer Gesamtheit objektiver Umstände mit hinreichender Wahrscheinlichkeit voraussehen lässt, dass die wettbewerbsbeschränkende Absprache oder missbräuchliche Verhaltensweise unmittelbar oder mittelbar, tatsächlich oder der Möglichkeit nach den Wirtschaftsverkehr zwischen Mitgliedstaaten in einer Weise beeinflussen kann, welche die Erreichung der Vertragsziele erschwert.[51] 22

Wettbewerbsbeschränkende **Absprachen zwischen Unternehmen aus verschiedenen Mitgliedstaaten** sind stets geeignet, den innergemeinschaftlichen Handel zu beeinträchtigen. Sie fallen daher zwangsläufig unter Art. 81 Abs. 1 EG. Das dort verankerte Kartellverbot erfasst darüber hinaus einen Grossteil der Absprachen, an denen nur **Unternehmen aus einem Mitgliedstaat** beteiligt sind, insbesondere solche, welche die Einfuhren aus oder die Ausfuhren nach anderen Mitgliedstaaten betreffen.[52] Aber selbst Absprachen, die von Unternehmen aus einem Mitgliedstaat allein für die Herstellung oder den Vertrieb ihrer Erzeugnisse oder für die Erbringung von Dienstleistungen im nationalen Markt getroffen werden, unterliegen dem Gemeinschaftsrecht, falls sie Rückwirkungen auf den Absatz ausländischer Produkte im Inland[53] oder auf den Marktzutritt ausländischer Unternehmen haben.[54] Ein Kartell von Unternehmen mit insgesamt bedeutenden Marktanteilen, das sich auf das gesamte Hoheitsgebiet eines Mitgliedstaates erstreckt, ist schon seinem Wesen nach geeignet, den Handel zwischen Mitgliedstaaten zu beeinträchtigen, weil es zur Abschottung nationaler Märkte innerhalb der Gemeinschaft beiträgt.[55] 23

Gleiches gilt für Absprachen, an denen **Unternehmen aus dritten Staaten** beteiligt sind und die eine Verhinderung, Einschränkung oder Verfälschung des Wettbewerbs innerhalb des Gemeinsamen Marktes bezwecken oder bewirken.[56] Derartige Absprachen sind geeig- 24

47 EuGH – Hugin gg. Kommission, Rs. 22/78, Slg. 1979, 1869, 1899 st.. Rspr.
48 EuGH – Pronuptia gg. Schillgalis, Rs. 161/84, Slg. 1985, 353, 384.
49 EuGH – Van Ameyde gg. UCI, Rs. 90/76, Slg. 1977, 1091; Verband der Sachversicherer gg. Kommission, Rs. 45/85, Slg. 1987, 405.
50 EuGH – Züchner gg. Bayerische Vereinsbank, Rs. 172/80, Slg. 1981, 2021, 2032.
51 EuGH – Société technique minière gg. Maschinenbau Ulm, Rs. 56/65, Slg. 1966, 281, 302 st. Rspr.
52 EuGH – Cooperatieve Stremsel- en Kleurselfabriek gg. Kommission, Rs. 61/80, Slg. 1981, 851, 867 f.; Miller International Schallplatten gg. Kommission, Rs. 19/77, Slg. 1978, 131, 148.
53 EuGH – Salonia gg. Poidamani, Rs. 126/80, Slg. 1981, 1563, 1578; Belasco gg. Kommission, Rs. 246/86, Slg. 1989, 2181, 2189 ff.
54 EuGH – Pronuptia gg. Schillgalis, Rs. 161/84 – a. a. O.
55 EuGH – Cementhandelaren gg. Kommission, Rs. 8/72, Slg. 1972, 977, 991; Papiers peints de Belgique gg. Kommission, Rs. 73/74, Slg. 1975, 1491, 1514; Belasco, Rs. 246/86 Rs. 246/86 – a. a. O.; einschränkend dagegen EuGH, Bagnasco, Rs. C-215 u. 216/96, Slg. 1999, I-135 RdNr. 34 f.
56 Kommission, Bekanntmachung über die Einfuhr japanischer Erzeugnisse in die Gemeinschaft, ABl. EG 1972 Nr. C 111, S. 13.

net, den innergemeinschaftlichen Wirtschaftsverkehr zu beeinträchtigen, wenn sie die Wettbewerbsverhältnisse in mehr als einem Mitgliedstaat verändern.[57] Letzteres trifft auf Kartelle, die den Gemeinsamen Markt insgesamt von den Märkten dritter Staaten isolieren sollen, jeweils dann zu, wenn die von der Gemeinschaft ferngehaltenen Waren oder Dienstleistungen in mehreren Mitgliedstaaten durch geeignete Absatzmittler vertrieben werden könnten.[58] Missbräuchliche Verhaltensweisen, die ein marktbeherrschendes Unternehmen mit Sitz in einem Drittland gegenüber den Unternehmens eines einzigen Mitgliedstaates an den Tag legt, werden vom Gemeinschaftsrecht erfasst, wenn der Missbrauch zu einer über das Gebiet dieses Staates hinausreichenden Veränderung der Wettbewerbsstrukturen führt.[59] Die Art. 81 und 82 EG schützen dagegen nicht den **Wettbewerb auf Märkten außerhalb der Gemeinschaft**. Absprachen und Praktiken zur Regelung der Ausfuhren in Drittstaaten können den Tatbestand des gemeinschaftsrechtlichen Kartellverbots oder Missbrauchsverbots infolgedessen nur bei Rückwirkungen auf den Wettbewerb innerhalb des Gemeinsamen Marktes erfüllen.[60]

25   **c) Räumlicher und zeitlicher Anwendungsbereich. –** Der **räumliche Geltungsbereich** der Wettbewerbsregeln ist in Art. 299 EG festgelegt. Nach dessen Absätzen 1 und 2 gilt der Vertrag in den Mitgliedstaaten einschließlich der französischen überseeischen Departements (Guadeloupe, Guyane, Martinique, Réunion, St. Pierre und Miquelon), der Inseln Madeira und der Azoren (Portugal) sowie der Kanarischen Inseln (Spanien). Ceuta und Melilla gelten als Teil des spanischen Festlandes. Die Vorschrift des Abs. 4 erstreckt den Geltungsbereich des Vertrages auf die europäischen Hoheitsgebiete, deren auswärtige Beziehungen ein Mitgliedstaat wahrnimmt.[61] Nach Abs. 5 gilt der Vertrag auch auf den zu Finnland gehörenden, aber mit einem Autonomiestatut ausgestatteten Alandinseln. Keine Anwendung findet der Vertrag dagegen auf die in Abs. 6 aufgeführten Gebiete.[62] Gleiches trifft nach Abs. 3 Unterabs. 2 auf die assoziierten überseeischen Länder und Hoheitsgebiete zu, die besondere Beziehungen zum Vereinigten Königreich unterhalten, aber nicht mit der Gemeinschaft assoziiert sind.[63] Für die in Anhang II zum Vertrag aufgeführten überseeischen Länder und Hoheitsgebiete gilt nach Abs. 3 Unterabs. 1 das im Vierten Teil des Vertrages festgelegte besondere Assoziierungssystem. Dieses enthält keine eigenen Wettbewerbsregeln und auch keine Verweisung auf die Art. 81 bis 89 EG.

---

57 EuGH, Béguelin gg. SAGL Import/Export, Rs. 22/71, Slg. 1971, 949, 960; Frubo gg. Kommission, Rs. 71/74, Slg. 1975, 563, 584; Kommission, Entscheidungen Siemens/Fanuc, ABl. EG 1985 Nr. L 376, S. 29; Quantel, ABl. EG 1992 Nr. L 235, S. 9.

58 EuGH, EMI Records gg. CBS, Rs. 51/74, 86/75 u. 96/75, Slg. 1976, 811, 850; 871, 908 f.; 913, 951; Javico, Rs. C-306/96, Slg. 1998, I-1983.

59 EuGH – Commercial Solvents u. Istituto gg. Kommission, Rs. 6 u. 7/73, Slg. 1974, 223, 254; Greenwich Film Production gg. SACEM, Rs. 22/79, Slg. 1980, 3275, 3288.

60 EuGH – Suiker Unie u. a. gg. Kommission, Rs. 40 bis 48, 50, 54 bis 56, 111, 113 u. 114/73, Slg. 1975, 1663, 2038; CRAM u. Rheinzink gg. Kommission, Rs. 29 u. 30/83, Slg. 1984, 1679, 1703 f.; Kommission, Entscheidungen SABA, ABl. EG 1976 Nr. L 28, S. 19; Junghans, ABl. EG 1977 Nr. L 30, S. 10, und CSV, ABl. EG 1978 Nr. L 242, S. 15.

61 Dies trifft nur noch auf die britische Kronkolonie Gibraltar zu. Der Vatikanstaat, San Marino und Monaco sind selbstständige Staaten, die ihre auswärtigen Beteiligungen prinzipiell selbst wahrnehmen. Andorra ist kein Staat. In diesen Gebieten gelten die Wettbewerbsregeln der Gemeinschaft daher nicht.

62 Es sind dies die Faröer und die Hoheitszonen des Vereinigten Königreiches auf Zypern. Auf die Kanalinseln und die Insel Man findet der Vertrag nur insoweit Anwendung, als dies erforderlich ist, um die Anwendung der im Beitrittsvertrag von 1972 für diese Inseln vorgesehenen Regelung sicherzustellen. Die Wettbewerbsregeln sind hier nicht anwendbar.

63 Diese Regelung betrifft Bermuda.

Schröter/Klotz

Die EG-Wettbewerbsregeln gehören zu den **auf Dauer angelegten Normen** des Gemein- 26
schaftsrechts. Sie gelten in den sechs ursprünglichen Mitgliedstaaten (Belgien, Deutschland, Frankreich, Italien, Luxemburg, Niederlande) seit dem 1. 1. 1958. In Dänemark, Irland und dem Vereinigten Königreich sind diese Vorschriften am 1. 1. 1973, in Griechenland am 1. 1. 1981, in Portugal und Spanien am 1. 1. 1986, in Finnland, Österreich und
Schweden am 1. 1. 1995, in den zehn neuen Mitgliedstaaten (Estland, Lettland, Litauen,
Malta, Polen, Slowakei, Slowenien, Tschechien, Ungarn und Zypern) am 1. 5. 2004 wirksam geworden. Im Gebiet der ehemaligen Deutschen Demokratischen Republik (DDR)
gelten die Wettbewerbsregeln seit dem 3. 10. 1990, dem Tag des Beitritts der DDR zur
Bundesrepublik Deutschland.

5. Abkommen über den Europäischen Wirtschaftsraum. – Seit dem 1. 1. 1994 gelten 27
neben den EG-Wettbewerbsregeln die entsprechenden Vorschriften des **Abkommens über
den Europäischen Wirtschaftsraum** (EWR).[64] Derzeitige Vertragspartner sind einerseits
die Europäischen Gemeinschaften und ihre Mitgliedstaaten, andererseits die EFTA-Staa-
ten mit Ausnahme der Schweiz, also Island, Liechtenstein und Norwegen.[65] Das Abkommen zielt auf eine ständige und ausgewogene Erweiterung des Handels und Vertiefung der
wirtschaftlichen Beziehungen zwischen den Vertragspartnern bei gleichen Wettbewerbsbedingungen und unter Beachtung einheitlicher Regeln (Art. 1 Abs. 1). Zu diesem Zweck
sieht es einen freien Waren-, Personen-, Dienstleistungs- und Kapitalverkehr, ein System
unverfälschten Wettbewerbs mit allgemein anerkannten Regeln sowie eine engere Zusammenarbeit in anderen Bereichen, nämlich in der Forschung und Entwicklung, im Umweltschutz, im Bildungswesen und in der Sozialpolitik vor (Art. 1 Abs. 2). Der Europäische
Wirtschaftsraum umfasst den Geltungsbereich des EG- Vertrages sowie die Hoheitsgebiete
Islands, Liechtensteins und Norwegens (Art. 126).

Im EWR-Abkommen, das selbst 129 Art. enthält und durch 49 Protokolle, 22 Anhänge, 28
30 gemeinsame Erklärungen und eine Reihe von Erklärungen bestimmter Staaten sowie
von verbindlichen Memoranden und Übereinkünften ergänzt wird, haben sich die Vertragspartner im Prinzip zur **Übernahme des bestehenden Gemeinschaftsrechts ("acquis
communautaire")** verpflichtet. Die EWR-Vorschriften sind daher weitgehend identisch
mit den Vorschriften des EG-Vertrages einschließlich der dazu ergangenen Durchführungsbestimmungen. Im Bereich der Wettbewerbsregeln entsprechen[66] die Art. 16, 53, 54,
55, 59, 61 und 62 EWRA den Art. 31, 81, 82, 85, 86, 87 und 88 EG. Art. 57 Abs. 1 EWRA
entspricht Art. 2 Abs. 3 der Verordnung 139/2004 des Rates über die Kontrolle von Unternehmenszusammenschlüssen. Für die Auslegung von EWR-Vorschriften, die inhaltlich gemeinschaftsrechtlichen Vorschriften entsprechen, ist nach Art. 46 EWRA die Rechtsprechung des Europäischen Gerichtshofs maßgebend. Daraus folgt, dass das Kartellverbot des
Art. 53 Abs. 2 EWRA sowie das Verbot der missbräuchlichen Ausnutzung einer beherrschenden Stellung in Art. 54 EWRA mit Direktwirkung ausgestattet sind und somit in jedem Vertragsstaat vor dem nationalen Richter geltend gemacht werden können.

6. Verhältnis zum Recht dritter Staaten. – Die Vornahme von Hoheitsakten zur Durch- 29
setzung der Vertragsvorschriften wird durch Art. 299 EG begrenzt, nicht aber deren An-

---

64 ABl. EG 1994 Nr. L 1, S. 3.
65 Zu den Signatarstaaten gehörten auch Finnland, Österreich und Schweden. In diesen Staaten galt
   das EWR-Abkommen bis zu ihrem Beitritt zur Europäischen Union (1. Januar 1995). Die Schweiz,
   ebenfalls Unterzeichner des EWR-Abkommens, zog sich nach einem negativen Referendum im
   Dezember 1992 aus dem Abkommen zurück, Liechtenstein trat ihm im Juni 1995 bei.
66 Die erforderlichen Textanpassungen enthalten die Anhänge XIV (Vorschriften für Unternehmen)
   und XV (Vorschriften über staatliche Beihilfen).

wendung auf das Gebiet der Gemeinschaft. Art. 81 EG verbietet die Verhinderung, Einschränkung oder Verfälschung des Wettbewerbs „innerhalb des Gemeinsamen Marktes", Art. 82 EG die missbräuchliche Ausnutzung einer beherrschenden Stellung „auf dem Gemeinsamen Markt oder auf einem wesentlichen Teil desselben". Die Verordnung (EG) Nr. 139/2004 über die Kontrolle von Unternehmenszusammenschlüssen verlangt einen Mindestumsatz der beteiligten Unternehmen in der Gemeinschaft (Art. 1). Die EG-Wettbewerbsregeln für Unternehmen erfassen somit Kartelle, missbräuchliche Verhaltensweisen von Marktbeherrschern und Konzentrationsvorgänge wegen ihres **Bezugs auf den Binnenmarkt**. Es kommt nicht darauf an, ob die beteiligten Unternehmen ihren Sitz innerhalb oder außerhalb der Gemeinschaft haben.

30 Der EuGH stellt bei der Prüfung internationaler Sachverhalte in erster Linie darauf ab, ob die beanstandete Handlung – und sei es nur mittelbar oder nur teilweise – auch innerhalb der Gemeinschaft begangen wurde (**Territorialitätsprinzip**). Besondere praktische Bedeutung hat die Durchführung der Handlung mittels gemeinschaftsinländischer Konzerngesellschaften. Eine außerhalb der Gemeinschaft zwischen den in Drittstaaten niedergelassenen Muttergesellschaften internationaler Konzerne getroffene Preisabsprache ist gem. Art. 81 EG den Muttergesellschaften zuzurechnen, wenn sie von den in der Gemeinschaft niedergelassenen Tochtergesellschaften verwirklicht wird. In einem solchen Fall handelt die Muttergesellschaft selbst innerhalb des Gemeinsamen Marktes, indem sie sich ihrer jeweiligen Tochtergesellschaft als Instrument bedient. Die unterschiedliche Rechtspersönlichkeit beider Gesellschaften steht dieser Annahme zumindest dann nicht entgegen, wenn die Tochtergesellschaft ihr Marktverhalten nicht autonom bestimmen kann, sondern im Wesentlichen den Weisungen der Muttergesellschaft folgen muss.[67] Für den Abbruch der Lieferbeziehungen zu einem Kunden in der Gemeinschaft haften nach Art. 82 EG sowohl die in einem Drittstaat ansässige marktbeherrschende Muttergesellschaft, welche den Lieferstopp verfügt, als auch die in der Gemeinschaft niedergelassene Tochtergesellschaft, welche ihn in die Tat umsetzt, vorausgesetzt, dass Mutter- und Tochtergesellschaft zusammen eine wirtschaftliche Einheit bilden.[68]

31 Ein weltweites Preiskartell von Anbietern mit Sitz in dritten Staaten gilt nach der Rechtsprechung des EuGH selbst dann als innerhalb des Gemeinsamen Marktes durchgeführt, wenn die Kartellmitglieder ihre Kunden in der Gemeinschaft direkt zu den gemeinsam abgesprochenen Preisen beliefern. Dabei spielt es keine Rolle, ob sie zuvor über gemeinschaftsinländische Tochtergesellschaften, Zweigniederlassungen, Agenten oder Unteragenten mit den Abnehmern Fühlung aufgenommen haben. Entscheidend ist allein der **Handlungserfolg**, nämlich die Ausschaltung des Preiswettbewerbs um Kunden mit Sitz und Tätigkeit in der Gemeinschaft und damit des „Wettbewerbs innerhalb des Gemeinsamen Marktes".[69]

II. Bedeutung des Wettbewerbsrechts für den Telekommunikationssektor

32 **1. Vor der Liberalisierung.** – Bis zur Liberalisierung war der Telekommunikationssektor noch durch **staatliche Monopole** gekennzeichnet. In dieser Zeit fand somit kein Wettbewerb zwischen verschiedenen Betreibern statt, und die Festsetzung der Bedingungen und

---

67 EuGH – Imperial Chemical Industries gg. Kommission (Farbstoffe), Rs. 48/69, Slg. 1972, 619, 661.

68 EuGH, Commercial Solvents gg. Kommission, Rs. 6 u. 7/73, Slg. 1974, 233, 255.

69 EuGH, Åhlström u. a. gg. Kommission (Zellstoff) Rs. C-89, 104, 114, 116, 117 u. 125 bis 129/85, Slg. 1988, 5193, 5243.

Preise für die den Nutzern angebotenen Dienste erfolgte im Wege der staatlichen Regelung, in Deutschland durch das Bundesministerium für Post und Telekommunikation.

Das **EG-Wettbewerbsrecht fand** allerdings auf die staatlichen Monopole **Anwendung.** 33
So stellte die Kommission bereits im Jahr 1982 in ihrer Entscheidung gegen British Tele-
communications (BT) fest, dass der Bestand eines Monopols als solches zwar nicht gegen
Art. 82 EG verstößt, aber die Bedingungen der Ausübung der durch den Monopolisten erbrachten Dienstleistungen deswegen nicht grundsätzlich von der Anwendung der EG-
Wettbewerbsregeln ausgeschlossen sind.[70] In diesem Fall qualifizierte die Kommission
mehrere in den Lizenzbedingungen enthaltene Bestimmungen über die Beschränkung der
Weiterleitung von grenzüberschreitenden Fernschreibnachrichten als Missbrauch einer
marktbeherrschenden Stellung. Auf diese Weise hatte BT das Angebot grenzüberschreitender Telefondienste durch andere Anbieter, die die Preisunterschiede zwischen verschiedenen Ländern unter Einsatz moderner EDV zur Vermittlung von Meldungen und Umwandlung von Datensätzen in Fernschreiben ausnutzen wollten, verhindert.[71] Gegen diese Entscheidung der Kommission erhob die italienische Regierung Nichtigkeitsklage, die jedoch
vom EuGH in vollem Umfang zurückgewiesen wurde.[72] Mit diesem wichtigen Urteil stand
fest, dass die Reichweite und Ausgestaltung der ausschließlichen und besonderen Rechte,
welche die Mitgliedstaaten bestimmten Unternehmen zur Erbringung von Dienstleistungen von allgemeinem wirtschaftlichen Interesse verleihen, unter die Wettbewerbsaufsicht
durch die Kommission fielen. Zudem stellte der EuGH darin fest, dass die Rechtfertigung
von Wettbewerbsbeschränkungen gemäß Art. 86 EG nur in engen Grenzen möglich ist.

Auch in seinem Urteil im Vorabentscheidungsverfahren RTT gegen GB-Inno zeigte der 34
EuGH die **marktöffnende Wirkung des Missbrauchsverbots** in Art. 82 EG auf. RTT war
in Belgien neben dem Netz- und Endgerätemonopol auch die Befugnis übertragen worden,
über die Zulassung und den Netzanschluss der Endgeräte zu entscheiden und hatte vor den
belgischen Gerichten gegen GB-Inno auf Unterlassung der Vermarktung von nicht zugelassenen Endgeräten geklagt. Auf Vorlage des zuständigen belgischen Gerichts entschied
der EuGH, dass die Zulassungsbefugnis für die Endgeräte neben den eigentlichen Mono-
polrechten für Telekommunikationsdienste eine nicht gerechtfertigte Wettbewerbsbeschränkung darstellte, da hiermit der Markteintritt von Wettbewerbern auf benachbarten,
nicht durch das Monopol geschützten Märkten verhindert wurde.[73]

2. Bei der Liberalisierung. – Zur Liberalisierung des Telekommunikationssektors hat die 35
Kommission mit einer bislang in keinem anderen Wirtschaftssektor wiederholten Konsequenz und Vollständigkeit eine Reihe von Richtlinien nach Art. 86 Abs. 3 EG erlassen.
Hierdurch wurden die vormals bestehenden ausschließlichen Rechte der staatlichen Monopolbetreiber zum Betrieb und Angebot von Endgeräten, Netzen und Diensten durch direkte
gemeinschaftsrechtliche Anordnung, welche die Mitgliedstaaten in das nationale Recht
umzusetzen hatten, beendet.[74] Bei der Neufassung des Richtlinienpakets im Jahr 2002 wurden die Liberalisierungsrichtlinien in einem einzigen Rechtstext, der Richtlinie über den
Wettbewerb in der Telekommunikation,[75] zusammengefasst. In inhaltlicher Hinsicht ergeben sich dabei keine grundlegenden Neuregelungen im Vergleich zu den vorher geltenden

---

70 ABl. EG 1982 Nr. L 360, S. 36, RdNr. 33.
71 Vgl. hierzu detailliert *Irion*, S. 21.
72 EuGH, Rs. 41/83, British Telecommunications, Slg. 1985, S. 873.
73 EuGH, Rs. C 18/88, RTT/GB-Inno, Slg. 1991, S. 5941; vgl. *Irion*, S. 23.
74 Hierzu ausführlich Einleitung II.
75 Richtlinie 2002/77/EG der Kommission vom 16. 9. 2002 über den Wettbewerb auf den Märkten
für elektronische Kommunikationsnetze und -dienste, ABl. EG 2002 Nr. L 249, S. 21.

Liberalisierungsvorschriften. Die Begriffsbestimmungen wurden an die geänderte Terminologie des neuen Rechtsrahmens angepasst, indem anstelle des Begriffs der Telekommunikation nunmehr der Begriff der elektronischen Kommunikation – als Ausdruck des technologieneutralen Ansatzes der zukünftigen Regulierung – verwendet wird.

36   Eine wesentliche Zielsetzung der Kommission bei dieser Konsolidierung der Liberalisierungsrichtlinien bestand darin, die Verpflichtung der Mitgliedstaaten zur Aufhebung der ausschließlichen und besonderen Rechte im Hinblick auf die Bereitstellung von Netzen und Erbringung von Diensten der elektronischen Kommunikation auch unter dem geänderten Rechtsrahmen aufrecht zu erhalten. Hierdurch soll sichergestellt werden, dass es zu **keiner Remonopolisierung der betroffenen Märkte** aufgrund gesetzlicher Anordnung durch die Mitgliedstaaten kommt. Auch andere wesentliche Verpflichtungen der Mitgliedstaaten gelten aufgrund dieser Richtlinie fort. Dies sind insbesondere das Diskriminierungsverbot für vertikal integrierte öffentliche Betreiber elektronischer Kommunikationsnetze sowie die rechtliche Trennung zwischen Netzen der elektronischen Kommunikation und des Fernsehkabels.

37   Die als Rechtsgrundlage für die Liberalisierung verwendete Vorschrift des Art. 86 EG nimmt dabei eine **Mittlerstellung zwischen unternehmens- und staatsbezogenen Vorschriften** ein. Diese Vorschrift regelt das Verhältnis des Staates zum öffentlichen Sektor der Wirtschaft.[76] Sie verpflichtet die Mitgliedstaaten, in Bezug auf öffentliche Unternehmen und solche, denen sie besondere oder ausschließliche Rechte gewähren, keine dem EG-Vertrag und insbesondere dessen Art. 12 und 81 bis 89 widersprechenden Maßnahmen zu treffen oder beizubehalten. Der Sinn dieser Regelung besteht nicht etwa darin, neben der privaten auch die öffentliche Wirtschaft den Wettbewerbsregeln der Gemeinschaft zu unterwerfen. Die Art. 81 und 82 EG sowie die Verordnung (EG) Nr. 139/2004 über die Kontrolle von Unternehmenszusammenschlüssen gelten von vornherein für private wie für öffentliche Unternehmen. In Art. 86 Abs. 1 verfolgt der EG-Vertrag einen anderen, doppelten Zweck. Er stellt erstens klar, dass die Mitgliedstaaten sich nicht unter Berufung auf die Autonomie der von ihnen kontrollierten oder mit besonderen Rechten ausgestatteten Unternehmen ihren eigenen Verpflichtungen, insbesondere ihrer Rechtspflicht zur Gewährleistung der vier Grundfreiheiten, entziehen können.[77] Er verbietet ihnen zweitens, diese Unternehmen zu einem mit dem EG-Vertrag und insbesondere mit dessen Wettbewerbsregeln unvereinbaren Verhalten zu veranlassen.[78] Normadressat ist somit der Staat. Er tritt entweder an die Stelle des mangels eigener Verantwortlichkeit nicht haftbaren oder an die Seite des mitverantwortlichen Unternehmens.

38   Art. 86 Abs. 2 EG richtet sich dagegen an Unternehmen, und zwar an solche, die ein Mitgliedstaat mit **Dienstleistungen von allgemeinem wirtschaftlichen Interesse betraut** hat oder die den Charakter eines Finanzmonopols haben. Zu ihren Gunsten sieht die Vorschrift eine gesetzliche Ausnahme von den Vorschriften des EG-Vertrages, insbesondere von den Wettbewerbsregeln vor. Deren Anwendung bleibt ausgeschlossen, soweit sie die Erfüllung

---

76 Vgl. hierzu *von der Groeben/Schwarze/Hochbaum/Klotz*, Art. 86.
77 EuGH, Merci Convenzionali Porto di Genova, Rs. C-179/90, Slg. 1991, I-5889, 5926 ff. (freier Personenverkehr); Kommission gg. Griechenland, Rs. 226/87, Slg. 1988, 3611 (Griechische Versicherungen); ABl. EG 1985 Nr. L 152, S. 25 (Niederlassungsfreiheit); Frankreich gg. Kommission (Telekommunikations-Endgeräte); Rs. C-202/88, Slg. 1991, I-1223, 1267 ff. (freier Warenverkehr); Spanien u. a. gg. Kommission (Telekommunikationsdienste); Rs. C-271/91, Slg. 1992, I-5833, 5864 f. (freier Dienstleistungsverkehr).
78 EuGH, GB-INNO-BM, Rs. 13/77, Slg. 1977, 2115, 2144 ff., 2147; Höfner&Elser, Rs. C-41/90, Slg. 1991, I-1979, 2015 ff.; ERT, Rs. C 260/89, Slg. 1991, I-2925, 2961 ff.

der besonderen Aufgabe, die den genannten Unternehmen übertragen worden ist, rechtlich oder tatsächlich verhindern würde. Dieses Privileg wird jedoch seinerseits wiederum durch eine Rückausnahme eingeschränkt: Die Entwicklung des Handelsverkehrs darf nicht in einem Ausmaß beeinträchtigt werden, das dem Interesse der Gemeinschaft zuwiderläuft. Dienstleistungen von allgemeinem wirtschaftlichen Interesse erbringen typischerweise die öffentlichen Verkehrsbetriebe, Post und Telekommunikationseinrichtungen sowie die Unternehmen der Energie- und Wasserversorgung. Insgesamt betrachtet erlaubt Art. 86 Abs. 2 EG demnach Abweichungen vom Prinzip der Gleichbehandlung von Unternehmen, soweit dies aus zwingenden Gründen der Daseinsvorsorge geboten ist. Dabei müssen Gemeinwohlinteressen des jeweiligen Mitgliedstaates mit dem allgemeinen Interesse der Gemeinschaft in Einklang gebracht werden.

Nach Art. 86 Abs. 3 EG **achtet die Kommission auf die Anwendung** dieser Vorschrift. **39** Sie hat nicht nur zu gewährleisten, dass sich die Mitgliedstaaten an ihre in Abs. 1 bezeichnete Verpflichtungen halten, sondern ist auch für eine sachgerechte Handhabung der eng auszulegenden Ausnahmeregelung in Abs. 2 verantwortlich. Zu diesem Zweck richtet sie erforderlichenfalls geeignete Richtlinien[79] oder Entscheidungen an die Mitgliedstaaten. Sie kann darin insbesondere die den Mitgliedstaaten obliegenden Handlungs- und Unterlassungspflichten im Einzelnen umschreiben.[80] Die rechtliche wie tatsächliche Wirksamkeit des Art. 86 EG hängt jedoch nicht notwendigerweise von einem Eingreifen der Kommission als Hüterin des Vertrages ab. Die Vorschrift des Abs. 1 ist ohne weiteres vollziehbar, soweit die Normen, auf die sie verweist, unmittelbar geltendes Recht darstellen.[81] Die Ausnahmeregelung des Abs. 2 eignet sich nach der Rechtsprechung gleichfalls für eine direkte Anwendung.[82]

3. Nach der Liberalisierung. – Auch nach erfolgter Liberalisierung durch Abbau der **40** rechtlichen Hindernisse für den Markteintritt im Telekommunikationssektor spielt das Wettbewerbsrecht eine wichtige Rolle. Die sektorspezifische Regulierung folgt nach dem neuen Rechtsrahmen nunmehr den wettbewerbsrechtlichen Kriterien, insbesondere bei der Marktdefinition und der Marktanalyse.[83] Dadurch soll ein möglichst nahtloser Übergang der regulierten Märkte in die allgemeine Wettbewerbsaufsicht erleichtert werden. Eine wesentliche Aufgabe der Regulierungsbehörden liegt damit auch in der graduellen Deregulierung, die durch die Beschränkung der sektorspezifischen Regulierung auf das anhand wettbewerbsrechtlicher Kriterien zu ermittelnde notwendige Mindestmass möglich wird. Durch eine enge Zusammenarbeit von Wettbewerbs- und Regulierungsbehörden soll dabei eine möglichst einheitliche wettbewerbsfreundliche Aufsicht über die Telekommunikationsmärkte sichergestellt werden.

Dabei ist das Wettbewerbsrecht immer dort direkt anwendbar, wo bestehende Wettbe- **41** werbsprobleme durch die sektorspezifische Regulierung entweder überhaupt nicht erfasst

79 Die von der Kommission bisher erlassenen Richtlinien betreffen neben der Liberalisierung der Telekommunikationsmärkte die Transparenz der finanziellen Beziehungen zwischen den Mitgliedstaaten und ihren öffentlichen Unternehmen: Richtlinie 80/723/EWG vom 25. 6. 1980 (ABl. EG 1980 Nr. L 195, S. 35), geändert durch Richtlinie 85/413/EWG (ABl. EG 1985 Nr. L 229, S. 20), durch Richtlinie 93/84/EWG vom 30. 9. 1993 (ABl. EG 1993 Nr. L 254, S. 15) und durch Richtlinie 2000/52/EG vom 26. 7. 2000, ABl. EG 2000 Nr. L 193, S. 75.

80 EuGH, Frankreich gg. Kommission, Rs. C-202/88, Slg. 1991, I-1223, 1265; Spanien u. a. gg. Kommission, Rs. C-271/90, C-281/90 u. C-289/90, Slg. 1992, 5833, 5863.

81 EuGH, Sacchi, Rs. 155/73, Slg. 1974, 409, 432; IGAV gg. ENCC, Rs. 94/74, Slg. 1975, 699, 714.

82 EuGH, Corbeau, Rs. C-320/91, Slg. 1993, I-2533; Almelo, Rs. C-393/92, Slg. 1994, I-1477, 1521.

83 Vgl. hierzu Einleitung II, RdNr. 70 ff.

oder nicht in einer für das Unternehmen verbindlichen Weise beseitigt werden. Im deutschen Recht bleibt die Anwendung des GWB zwar grundsätzlich unberührt,[84] auch wenn bei der praktischen Rechtsanwendung bislang die Wettbewerbsaufsicht durch das Bundeskartellamt gegenüber der sektorspezifischen Regulierung durch die RegTP zurücktrat.[85] Auf europäischer Ebene sind die kartellrechtlichen Vorschriften ebenfalls grundsätzlich auch in regulierten Wirtschaftssektoren wie der Telekommunikation anwendbar.[86] Insbesondere aufgrund seines Anwendungsvorrangs wird das EG-Wettbewerbsrecht nicht durch das nationale Telekommunikationsrecht verdrängt und ist auch von den regulierten Unternehmen sowie von allen nationalen Behörden und Gerichten zu beachten.[87]

42   Das Ziel des dauerhaften Wettbewerbs kann grundsätzlich sowohl durch sektorspezifische Regulierung als auch durch die allgemeine Wettbewerbsaufsicht erreicht werden. Beide Regelungsbereiche sehen hoheitliche Eingriffe in Marktabläufe vor, um Fehlentwicklungen zu verhindern bzw. zu beheben. Die **Vorteile eines regulatorischen Eingriffs** gegenüber dem wettbewerbsrechtlichen Instrumentarium liegen in einer schnelleren, präziseren und effektiveren Regelung des Wettbewerbsproblems. Allerdings sind solche weitgehenden Eingriffe auf ein notwendiges Mindestmaß zu reduzieren, um den Unternehmen keine ungerechtfertigen rechtlichen und administrativen Belastungen aufzuerlegen. Entscheidend ist dabei, dass die festgestellten Wettbewerbsbeschränkungen und Markteintrittsbarrieren effektiv beseitigt werden, gleich, ob dies durch regulatorische oder wettbewerbsrechtliche Anordnungen erfolgt. Zu vermeiden ist jedenfalls, dass es zu negativen Kompetenzkonflikten kommt und die Wettbewerbsprobleme letztlich nicht geregelt werden. Der Ausstieg aus der sektorspezifischen Regulierung kann dabei für die etablierten Betreiber gegenüber der Regulierung sogar von Nachteil sein. Denn das Wettbewerbsrecht sieht bei Verstößen als Rechtsfolge neben hohen Geldbussen auch strukturelle Maßnahmen vor, welche der Regulierungsrahmen nicht vorgibt.[88]

43   Das **Verhältnis zwischen Wettbewerbsrecht und sektorspezifischer Regulierung** kann anhand der Praxis der Kommission im Fall der Roamingentgelte und der Breitbandentgelte genauer dargelegt werden. Zwar sind die Vorleistungsmärkte für das internationale Roaming und für den Zugang zu Breitbandanschlüssen in der sog. Märkteempfehlung der Kommission[89] ausdrücklich als solche Märkte genannt, welche für eine Ex-ante-Regulierung auf nationaler Ebene in Betracht zu ziehen sind. Jedoch hat die Kommission in mehreren Verfahren gegen die betroffenen Unternehmen gem. Art. 82 EG gezeigt, dass diese Tatsache nicht die Anwendung des Wettbewerbsrechts ausschließt, jedenfalls solange keine regulatorischen Maßnahmen in einem Mitgliedstaat getroffen worden sind oder den Unternehmen trotz der Regulierung noch ein Spielraum für eigene Entscheidungen verbleibt. Durch eine strikte Entgeltregulierung in diesen Bereichen wären sowohl die tatsächliche

---

84 Gem. § 2 Abs. 3 TKG 2004, vgl. zum TKG 1996 *Piepenbrock/Schuster*, CR 2002, RdNr. 98.

85 Zustimmend *Wissmann*, Telekommunikationsrecht, Kapitel 3, RdNr. 23; aufgrund dieser Tatsache kritisch zur Übernahme dieser Vorschrift in das TKG 2004 *Möschel/Haug*, MMR 2003, 505.

86 Zustimmend *Mestmäcker/Schweitzer*, Europäisches Wettbewerbsrecht, 4. Kap. RdNr. 59.

87 Vgl. EuGH, Rs. C-359 und C-379/95 P, Ladbroke Racing, Slg. 1997, I-6225; Mitteilung der Kommission über die Anwendung der Wettbewerbsregeln auf Zugangsvereinbarungen im Telekommunikationsbereich, ABl. EG 1998 Nr. C 265, S. 2, RdNr. 22.

88 Vgl. Art. 7 und Erwägungsgrund 12, Verordnung (EG) Nr. 1/2003 (s. o. Fn. 20).

89 Empfehlung der Kommission vom 11. 2. 2003 über relevante Produkt- und Dienstmärkte des elektronischen Kommunikationssektors, die aufgrund der Richtlinie 2002/21/EG des Europäischen Parlaments und des Rates über einen gemeinsamen Rechtsrahmen für elektronische Kommunikationsnetze und -dienste für eine Vorabregulierung in Betracht kommen, ABl. EG 2003 Nr. L 114, S. 45.

Notwendigkeit als auch die rechtliche Grundlage für jene Verfahren gegen die Unternehmen voraussichtlich entfallen.

Im Bereich des Mobilfunks leitete die Kommission Verfahren gegen je zwei Betreiber im **44** Vereinigten Königreich und in Deutschland ein.[90] Durch eine Entscheidung nach Art. 82 EG wegen überhöhter Preise würden die betroffenen Mobilfunkbetreiber unmittelbar verpflichtet, ihre **Roamingentgelte** zu senken. Diese Entscheidung käme somit einer regulatorischen Anordnung gleich. Anders als bei einer Regulierungsentscheidung könnte nach Art. 82 EG jedoch keine genaue Vorgabe über die Höhe dieser Senkungen erfolgen, so dass die Unternehmen insofern zunächst einmal frei wären, hierüber selbst zu entscheiden.[91] Allerdings würde die Kommission nachträglich überprüfen, ob die Preissenkung zur Beseitigung des festgestellten Missbrauchs ausreichend ist. Auch der im Rahmen von Art. 82 EG verwendete Maßstab ist nicht mit dem einer Regulierungsentscheidung über Entgelte zu vergleichen. Denn während die Entgelthöhe im Rahmen der Ex-ante-Regulierung an den langfristigen Zusatzkosten auszurichten ist, wäre eine wettbewerbsrechtliche Missbrauchsentscheidung erst dann rechtlich möglich, wenn die Preise erheblich über den Kosten lägen.[92] Wenn infolge dieser Missbrauchsverfahren die beobachteten Wettbewerbsprobleme wirksam beseitigt werden, könnte dies zur Folge haben, dass eine Ex-ante-Regulierung der Roamingmärkte bei der für Ende 2005 anstehenden Revision der Märkteempfehlung als nicht mehr erforderlich angesehen wird.

Das im Wege einer einvernehmlichen Regelung mit der Deutsche Telekom AG (DTAG) **45** beigelegte Verfahren betreffend die **Breitbandentgelte** in Deutschland zeigt ebenfalls in besonders deutlicher Weise das Verhältnis von sektorspezifischer Regulierung und Wettbewerbsrecht bei der Bewertung von Zugangsentgelten.[93] Eine Beendigung der vermuteten Preis-Kosten-Schere war erst durch die Zusammenarbeit zwischen der RegTP und der Kommission möglich. Nur die Regulierung ermöglicht dabei eine genaue Festsetzung der Entgelte, das Wettbewerbsrecht kann dies dagegen nicht leisten. Allerdings können wettbewerbsrechtliche Verfahren – wie in diesem Fall – auch als indirekt wirkendes Korrektiv für die Regulierung dienen, sofern jene keinen hinreichenden Wettbewerb zulässt. Gerade die Preis-Kosten-Schere ist für die Beurteilung der Entgeltstruktur vertikal integrierter Unternehmen von großer Bedeutung. Im neuen TKG ist die Preis-Kosten-Schere nunmehr ausdrücklich als rechtlicher Maßstab für die Prüfung von Entgelten enthalten.

III. Marktabgrenzung

Bei der Anwendung der Wettbewerbsregeln, sei es im Rahmen der Kartell- und Miss- **46** brauchsaufsicht oder bei der Fusionskontrolle, ist die **Definition des relevanten Marktes** von grundlegender Bedeutung, da echter Wettbewerb nur unter Bezugnahme auf einen bestimmten Markt gewürdigt werden kann.[94] Dies setzt die genaue Bestimmung der betroffenen Produkte oder Dienstleistungen sowie der räumlichen Ausdehnung dieses Marktes voraus. Die Marktabgrenzung ist allerdings kein automatischer oder abstrakter Vorgang.

---

90 S. u. Art. 82 RdNr. 48 ff.

91 Die Kommission appellierte demnach wiederholt an die Betreiber, im Interesse der Verbraucher die Roaming-Entgelte zu senken (vgl. Presseerklärung der Kommission 18/05/901 vom 11. 7. 2005).

92 Vgl. hierzu *Haag/Klotz*, Competition Policy Newsletter 2/1998, RdNr. 35.

93 S. u. Art. 82 RdNr. 57 ff.

94 EuGH, Rs. C-209/98, Entreprenørforeningens Affalds, Slg. 2000, I-3743, RdNr. 57 und Rs. C-242/95 GT-Link, Slg. 1997, I-4449, RdNr. 36. Die Marktdefinition ist kein Selbstzweck, sondern Teil eines Vorgangs, der darauf abzielt, die Marktmacht eines Unternehmens zu bemessen.

Vielmehr sind alle Aspekte des Marktverhaltens der beteiligten Unternehmen zu untersuchen und dabei die spezifischen Abläufe in dem betroffenen Wirtschaftssektor zu erfassen. Für eine vorausschauende Marktanalyse ist dabei ein dynamischer Ansatz erforderlich.[95]

47   **1. Sachlich relevanter Markt.** – Zum sachlich relevanten Markt gehören alle diejenigen Erzeugnisse oder Dienstleistungen, die auf Grund ihrer Eigenschaften, ihres Preises und ihres Verwendungszwecks als gleichartig angesehen werden.[96] Eine vollständige **gegenseitige Austauschbarkeit** der fraglichen Produkte ist nicht erforderlich. Es genügt, dass diese nur in begrenztem Masse miteinander im Wettbewerb stehen.[97] Auch Bagatellmärkte können Gegenstand einer beherrschenden Stellung sein.[98] In bestimmten Fällen lässt sich der sachlich relevante Markt nur unter Berücksichtigung der Auswirkungen des angeblichen Missbrauchs zutreffend ermitteln. Dies gilt insbesondere dann, wenn Lieferbeziehungen zwischen Unternehmen verschiedener Wirtschaftsstufen zu beurteilen sind. So entschied der EuGH, dass ein Hersteller von Registrierkassen, dessen Marktanteil nur etwa 12 % betrug, gleichwohl den Markt der von ihm gefertigten Ersatzteile beherrschte, die er an einige unabhängige Reparaturwerkstätten abgab. Diese Lieferungen bildeten einen eigenen Markt, weil sich die Abnehmer auf die Wartung von Geräten des einen Herstellers spezialisiert hatten und somit auf die Versorgung mit den zugehörigen Ersatzteilen angewiesen waren.[99]

48   Im Telekommunikationssektor hat die Kommission in zahlreichen Entscheidungen Ausführungen über die Marktabgrenzung gemacht.[100] Dabei sind zunächst der Markt für Dienstleistung an Endverbraucher (**Dienstleistungsmarkt**) und der Markt für den Zugang

---

95 EuGH, verb. Rs. C-68/94 und C-30/95, Frankreich und andere/Kommission, Slg. 1998, I-1375. Siehe auch Bekanntmachung der Kommission über die Definition des relevanten Marktes im Sinne des Wettbewerbsrechts der Gemeinschaft, ABl. EG 1997 Nr. C 372, S. 3, RdNr. 12; vgl. *Krüger*, K&R Beilage 1/2005, S. 9.

96 EuGH, Rs. 6/72, Europemballage und Continental Can/Kommission, Slg. 1973, 215, RdNr. 32; Rs. 85/76, Hoffmann La-Roche/Kommission, Slg. 1979, 461, RdNr. 23; Rs. C-333/94 P Tetra Pak/Kommission, Slg. 1996, I-5951, RdNr. 13; Rs. 31/80 L'Oréal, Slg. 1980, 3775, RdNr. 25; Rs. 322/81 Michelin/Kommission, Slg. 1983, 3461, RdNr. 37; Rs. C-62/86 AkzoChemie/Kommission, Slg. 1991, I-3359; Rs. T-504/93 Tiercé Ladbroke/Kommission, Slg. 1997, II-923, RdNr. 81; Rs. T-65/96, Kish Glass/Kommission, Slg. 2000, II-1885, RdNr. 62; Rs. C-475/99, Ambulanz Glöckner und Landkreis Südwestpfalz, Slg. 2001, I-8089, RdNr. 33.

97 EuGH, United Brands, Rs. 27/76, Slg. 1978, S. 207, 281 ff.; Michelin, a. a. O., S. 3507 ff.

98 EuGH, General Motors Continental, Rs. 26/75, Slg. 1975, S. 1367, 1378 f.

99 EuGH, Hugin, Rs. 22/78, Slg. 1979, S. 1869, 1895 ff.

100 Die Kommission hat dabei u. a. folgende Märkte abgegrenzt: internationale Sprachtelefondienste (BT/MCI (II), ABl. EG 1997 Nr. L 336), fortgeschrittene Telekommunikationsdienstleistungen an Unternehmenskunden (Atlas, ABl. EG 1996 Nr. L 239, RdNr. 5–7; Phoenix/Global/One, ABl. EG 1996 Nr. L 239, RdNr. 6; BT-MCI (I), ABl. EG 1994 Nr. L 223), normierte einfache paketvermittelte Datenkommunikationsdienste, Wiederverkauf internationaler Übertragungskapazitäten, Audiokonferenzdienste (Albacom/BT/ENI, ABl. EG 1997 Nr. C 317), Dienste für satellitengestützte persönliche Kommunikationsdienste (Iridium, ABl. EG 1997 Nr. L 16), weltweite Telekommunikationsdienste (BT/AT&T; MCI WorldCom/Sprint; France Telecom/Equant), Telefonauskunft (SEAT Pagine Gialle/ENIRO; VIAG Interkom/Telenor Media), Internetzugangsdienste für Endnutzer (Telia/Telenor; Blackstone/CDPQ/Kabel Nordrhein-Westfalen; BT/Esat), erstrangige oder universelle Internet-Netzanschlussdienste (MCI WorldCom/Sprint), drahtlose europaweite Mobilfunkdienstleistungen für international tätige Mobilfunkkunden (Vodafone Airtouch/Mannesmann; France Telecom/Orange), Roaming-Dienste für Mobilfunkbetreiber (Vodafone/Airtel) und Markt für den Anschluss an das internationale Signalisierungsnetz (TDC/CMG/Migway JV); s. ausführliche Liste bei *Garzaniti*, Appendix III.

zu den Einrichtungen, die zur Erbringung dieser Dienstleistung erforderlich sind (**Zugangsmarkt**) zu unterscheiden.[101] Innerhalb dieser ersten Untergliederung hat die Kommission beim Dienstleistungsmarkt getrennte Märkte für Teilnehmeranschlüsse[102], vermittelten Sprachtelefondienst (Orts-, Fern- und Auslandsgespräche), Dienste an Großverbraucher und Datenkommunikation definiert.[103] Auch wurde danach unterschieden, ob die Dienstleistungen an private oder gewerbliche Nutzer erbracht werden, wobei Letztere wiederum in kleine und große Unternehmen zu trennen sind.[104]

Zu einem Zugangsmarkt zählt die Kommission jede Infrastruktur, die für die Erbringung **49** einer bestimmten Dienstleistung verwendet werden kann.[105] Ob jede Art der Netzinfrastruktur einen gesonderten Markt darstellt, hängt vom Ausmaß ihrer Substituierbarkeit ab.[106] Dabei sind die verschiedenen **Nutzergruppen** (Betreiber oder Endnutzer) zu berücksichtigen, für die der Netzzugang angeboten wird.[107] Bei Letzteren wird ferner zwischen Geschäfts- und Privatkunden unterschieden.[108] Wird der Dienst lediglich an Nutzer eines bestimmten Netzes erbracht, kann der Zugang zu den Abschlusspunkten dieses Netzes einen getrennten Markt darstellen. Dies wäre dann nicht der Fall, wenn festgestellt wird, dass die gleichen Leistungen für die gleichen Nutzer über leicht zugängliche konkurrierende Netze angeboten werden.

Im **Festnetz** stellen die herkömmlichen Telefondienste (analoge Sprach- und Schmalband- **50** Datenübertragungen) und schnelle digitale Telekommunikationsdienste getrennte Märkte dar.[109] Die schnellen Kommunikationsdienste können in Abhängigkeit von Angebot und

---

101 Mitteilung über den Zugang, ABl. EG 1998 Nr. C 265, S. 2, RdNr. 45.

102 Entscheidung Telia/Telenor, ABl. EG 2001 Nr. L 40, S. 1.

103 Entscheidung Cégétel + 4, ABl. EG 1999 Nr. L 218, RdNr. 22.

104 Die Kommission hat gesonderte Märkte für Dienste an multinationale Großabnehmer definiert, da bei dieser Kundengruppe im Vergleich zu anderen privaten (beruflichen) Nutzern erhebliche Unterschiede in der Nachfrage (und im Angebot) von Diensten bestehen (Entscheidungen BT/AT&T; MCI WorldCom/Sprint; France Télécom/Equant).

105 In der Entscheidung British Interactive Broadcasting/Open, ABl. EG 1999 Nr. L 312, RdNr. 33–38, stellte die Kommission fest, dass der Infrastrukturmarkt für die Erbringung von Sprachtelefondiensten an Endverbraucher nicht nur das traditionelle Kupferdrahtnetz der BT, sondern auch die Kabelnetze und die drahtlosen Festnetze umfasst.

106 Bei der Beurteilung der Wettbewerbsbedingungen auf dem irischen Netzemarkt nach Abschluss der Liberalisierung berücksichtigte die Kommission auch damalige potenzielle Anbieter alternativer Infrastrukturen im Bereich der Kabelfernseh- und Elektrizitätsnetze (Telecom Eireann, RdNr. 30). Die Kommission ließ die Frage offen, ob eine auf dem Meeresboden verlegte Netzinfrastruktur gegenüber terrestrischen oder satellitengestützten Übertragungsnetzen als ein gesonderter Markt anzusehen war (Telefonica/Tyco/JV, RdNr. 8).

107 So hat die Kommission in TDC/CMG/Migway JV, Rnrn. 28–29, einen neu entstehenden europaweiten Markt für den Zugang für Großkunden (SMS) zu Mobilfunkinfrastruktur ausgemacht.

108 Bei der Anwendung dieser Kriterien hat die Kommission festgestellt, dass die Vermietung von Übertragungskapazitäten und die Erbringung zugehöriger Dienstleistungen an andere Betreiber im Bereich der Festnetz-Infrastruktur auf Großhandelsebene stattfindet (der Markt der Trägerdienste für Träger, GTS-HERMES Inc./HIT Rail BV, RdNr. 14, WorldCom/MCI, ABl. EG 1999 Nr. L 116, S. 1; Unisource, ABl. EG 1997 Nr. L 318, S. 1; Phoenix/Global One, ABl. EG 1996 Nr. L 239, S. 57; in Telia/Telenor, RdNr. 75–83, hat die Kommission unterschiedliche Nachfragemuster in Bezug auf den Zugang von Großkunden- und Einzelkunden zu Netzinfrastruktur festgestellt.

109 Entscheidungen Deutsche Telekom, ABl. EG 2003 Nr. L 263, S. 9, s.u. Art. 82, RdNr. 53 ff.; Wanadoo, s.u. Art. 82, Fn. 46; vgl. auch Mitteilung über den entbündelten Zugang zum Teilnehmeranschluss, ABl. EG 2000 Nr. C 272, S. 55, Abschnitt 3.2.

Nachfrage u. U. in mehrere relevante Märkte z. B. für Internetdienste oder Video-on-Demand unterteilt werden. Bei den Zugangsdiensten stellt das herkömmliche Ortsnetz einen getrennten Markt dar. Die Kommission hat zwar festgestellt, dass Alternativen zum öffentlichen Telefonnetz für Hochgeschwindigkeits-Dienstleistungen an Privatkunden zwar existieren (Glasfasernetze, drahtlose Teilnehmeranschlüsse oder aufgerüstete Kabelfernsehnetze), aber keinen Ersatz für das Ortsnetz bieten.[110] Innovationen und technische Veränderungen könnten jedoch in Zukunft zu anderen Schlussfolgerungen führen.

51   Aufgrund der Nachfragesubstituierbarkeit hat die Kommission Mobilfunkdienstleistungen und festnetzgestützte Dienstleistungen als separate Märkte eingestuft.[111] Im **Mobilfunk** hat die Kommission entschieden, dass analoge Dienste, GSM 900- und GSM 1800-Dienste einen Markt darstellen.[112] Der Zugang zu Mobilfunknetzen kann auch in zwei möglicherweise gesonderte Märkte unterteilt werden, einen Markt für den Gesprächsursprung und einen Markt für den Gesprächsabschluss. Die Frage, ob der Markt für den Zugang zur Mobilfunkinfrastruktur den Zugang zu einem individuellen Mobilfunknetz oder zu sämtlichen Mobilfunknetzen einschließt, sollte aufgrund einer Analyse der Struktur und des Funktionierens des Marktes entschieden werden.[113]

52   **Aufgrund der technologischen** Konvergenz dürften im Ausgangspunkt verschiedene elektronische Kommunikationsdienste in zunehmendem Maße austauschbar werden. Die Verwendung der Digitaltechnik hat zur Folge, dass sich die Leistungsfähigkeit und die Merkmale der mit unterschiedlichen Technologien operierenden Netzdienste immer stärker angleichen. Ein paketvermitteltes Netz wie das Internet-Protokoll wird zunehmend im Wettbewerb zu den herkömmlichen Sprachtelefondiensten zur Übertragung digitaler Sprachsignale verwendet.[114] Wenn die xDSL-Technologie und Multipoint-Videodistributionsdienste über drahtlose Teilnehmeranschlüsse für die Übertragung von Fernsehprogrammen verwendet werden, treten sie in direkten Wettbewerb zu anderen bestehenden Übertragungssystemen über Kabelsysteme, Satellitenübertragung und terrestrische Plattformen.

53   Inwieweit das Angebot eines Produkts oder einer Dienstleistung einen relevanten Markt darstellt, hängt von den **Wettbewerbskräften** ab, die das Marktverhalten der Beteiligten beeinflussen können. Dabei sind im Wesentlichen die Austauschbarkeit auf der Nachfrageseite und die Angebotsumstellungsflexibilität zu berücksichtigen. Die Austauschbarkeit auf der Nachfrageseite ist danach zu beurteilen, inwieweit die Verbraucher bereit sind, das fragliche Produkt durch andere Produkte zu ersetzen. Bei der Angebotsumstellungsflexibilität ist dagegen zu prüfen, ob andere Anbieter kurzfristig bereit und in der Lage sind, ihre

---

110 Entscheidung Deutsche Telekom, s. o. Fn. 109.

111 Entscheidung Pirelli/Edizione/Olivetti/Telecom Italia, RdNr. 33.

112 Entscheidungen Vodafone/Airtel, RdNr. 7; Vodafone/Airtouch; Deutsche Telecom/One2One, RdNr. 7; Mannesmann/Orange, RdNr. 8–10, Telenor/BellSouth/Sonofon, RdNr. 9–10.

113 Wenn ein Unternehmen Gespräche an die Abonnenten eines bestimmten Netzes vermitteln will, hat es grundsätzlich keine andere Wahl, als das Netz, bei dem der Gesprächsteilnehmer abonniert ist, anzurufen oder seine Infrastruktur mit diesem Netz zusammenzuschalten. So sehen beispielsweise – in Anbetracht des „calling party pays"-Prinzips – Betreiber von Mobilfunknetzen keinen Anreiz, hinsichtlich der Preise für Abschlussdienste in einen Wettbewerb einzutreten.

114 Mitteilung der Kommission - Status der Sprachübermittlung im Internet nach Maßgabe des Gemeinschaftsrechts und insbesondere der Richtlinie 90/388/EWG – Ergänzung zur Mitteilung der Kommission an das Europäische Parlament und den Rat über den Stand der Umsetzung der Richtlinie 90/388/EWG über den Wettbewerb auf dem Markt für Telekommunikationsdienstleistungen, ABl. EG 2000 Nr. C 369, S. 3.

Produktion ohne erhebliche Zusatzkosten umzustellen und die in Frage stehenden Produkte anzubieten.

Ob eine Nachfragesubstituierbarkeit oder Angebotsumstellungsflexibilität gegeben ist, 54 kann anhand des sog. hypothetischen Monopolistentests festgestellt werden.[115] Bei diesem Test ist zu untersuchen, welche Auswirkungen eine **kleine, aber signifikante und anhaltende Preiserhöhung** bei einem bestimmten Produkt hätte, wenn die Preise der anderen Produkte konstant blieben. Ob eine Preiserhöhung signifikant ist, ist im Einzelfall zu beurteilen, generell ist dies bei einer Preiserhöhung von 5 bis 10 % anzunehmen.[116] Aus der Reaktion der Verbraucher und Unternehmen wird erkennbar, ob substituierbare Produkte bestehen und wie der relevante Produktmarkt abzugrenzen ist.[117]

Der hypothetische Monopolistentest ist grundsätzlich nur bei Produkten sinnvoll, bei de- 55 nen die Preise nicht staatlich reguliert, sondern von den Unternehmen **frei festgesetzt** werden, da nur dann die Preise im Wettbewerb entstehen. Wird jedoch ein Produkt zu einem von den zugrunde liegenden Kosten abhängigen Preis angeboten, ist anzunehmen, dass der Preis auch unter normalen Wettbewerbsbedingungen praktiziert würde.[118] Ist die Nachfrageelastizität bei einem zu Wettbewerbspreisen angebotenen Produkt hoch, verfügt das Unternehmen in der Regel nicht über Marktmacht. Ist sie bei aktuellen Marktpreisen hoch, kann dies ein Hinweis darauf sein, dass das Unternehmen seine Marktmacht bereits soweit ausgenutzt hat, dass weitere Preiserhöhungen nicht mehr gewinnbringend sind. Daher ist bei der Marktdefinition stets von der Annahme auszugehen, dass das bestehende Preisniveau in der Regel zwar einen geeigneten Ausgangspunkt bietet, jedoch die besonderen Umstände zu berücksichtigen sind. Der hypothetische Monopolistentest bietet immer dann ein probates Hilfsmittel für die Marktabgrenzung, wenn nachgewiesen werden kann, dass eine Preiserhöhung die Verbraucher nicht dazu bewegen wird, sich anderen verfügbaren Produkten oder Anbietern in anderen geografischen Gebieten zuzuwenden.

a) **Nachfragesubstituierbarkeit.** – Die Untersuchung der Nachfragesubstituierbarkeit 56 sollte auf Nachweise **früheren Verbraucherverhaltens** gestützt werden. Sind Daten verfügbar, sollten Preisschwankungen bei potenziellen Konkurrenzerzeugnissen, Preisbewegungen und andere wichtige Tarifinformationen untersucht werden. Wenn die Verbraucher bei früheren Preisänderungen schnell zu anderen Produkten übergegangen sind, sollte dies gebührend berücksichtigt werden. Anderenfalls ist die voraussichtliche Reaktion der Verbraucher und der Anbieter auf eine Preiserhöhung des in Frage stehenden Produkts zu untersuchen und zu bewerten.

Die Möglichkeit für den Verbraucher, ein Produkt bei einer kleinen, aber signifikanten und 57 anhaltenden Preiserhöhung durch eine Alternative zu ersetzen, kann allerdings durch erhebliche **Kosten** beeinträchtigt werden. Verbraucher, die in Technologie investiert oder andere notwendige Investitionen vorgenommen haben, um ein Produkt in Anspruch nehmen zu können, sind nicht bereit, die beim Wechsel zu einem austauschbaren Produkt anfallen-

---

115 Sog. SNIP-Test (*small but significant non transitory increase in price*); Mitteilung über den Zugang, RdNr. 46; EuG Rs. T-83/91, Tetra Pak/Kommission, Slg. 1994, II-755, RdNr. 68.

116 Bekanntmachung über die Marktdefinition (s. o. Fn. 95), RdNr. 17–18.

117 EuG Rs. T-25/99, Colin Arthur Roberts und Valerie Ann Roberts/Kommission, Slg. 2001, II-1881: Wird die Wahl der Verbraucher durch andere Erwägungen als Preiserhöhungen beeinflusst, ist der SSNIP-Test u.U. kein geeignetes Mittel zur Marktabgrenzung.

118 Regulierte Preise, die ein erschwingliches Angebot im Rahmen des Universaldienstes sicherstellen sollen, dürften jedoch nicht wettbewerbsfähig sein und sollten somit auch nicht als Ausgangspunkt für die Anwendung des SSNIP-Tests herangezogen werden.

den zusätzlichen Kosten auf sich zu nehmen. Außerdem können Kunden durch langfristige Verträge oder hohe Wechselkosten gebunden sein. In einer derartigen Situation sollten diese beiden Produkte nicht demselben relevanten Markt zugerechnet werden.

58   Produkte, die nur in geringem Maß substituierbar sind, stellen dagegen **unterschiedliche Märkte** dar.[119] Auch wenn der Verwendungszweck eines Produkts unmittelbar von physischen Merkmalen abhängt, können verschiedene Produkte für denselben Zweck verwendet werden. Unterschiedliche Übertragungswege, welche für denselben Zweck verwendet können, wie z. B. Kabel- und Satellitenverbindungen für den Zugang zum Internet, sind also in der Regel demselben Produktmarkt zuzurechnen. Unterschiedliche Preismodelle und Angebote für ein bestimmtes Produkt lassen dagegen auf unterschiedliche Verbrauchergruppen und somit auf gesonderte Märkte, etwa für Geschäfts- und Privatkunden, schließen. Um Produkte als Nachfragesubstitute zu betrachten, müssen sie jedoch nicht unbedingt zum selben Preis angeboten werden. Ein Produkt geringer Qualität, das zu einem niedrigen Preis angeboten wird, kann sehr wohl ein echtes Substitut für ein Produkt höherer Qualität sein, das zu einem höheren Preis verkauft wird. In diesem Fall kommt es auf die voraussichtliche Reaktion der Verbraucher auf eine relative Preiserhöhung an.

59   **b) Angebotsumstellungsflexibilität.** – Bei der Würdigung der Angebotsumstellungsflexibilität ist davon auszugehen, dass bisher in dem relevanten Produktmarkt noch nicht tätige Unternehmen innerhalb eines angemessenen Zeitraums infolge einer geringen, aber signifikanten und anhaltenden Preiserhöhung in den Markt eintreten wollen. Sind die Gesamtkosten für die Umstellung der Produktion auf das fragliche Produkt nicht besonders hoch, so kann das Produkt dem relevanten Markt zugerechnet werden. Die Tatsache, dass ein Wettbewerber über bestimmte Aktiva verfügt, die für das Angebot eines bestimmten Produkts erforderlich sind, ist unerheblich, sofern beträchtliche zusätzliche Investitionen notwendig sind, um das Produkt gewinnbringend anzubieten.[120] Außerdem ist festzustellen, ob ein bestimmter Anbieter tatsächlich seine Produktionsmittel für die Herstellung des relevanten Produkts verwenden oder umstellen würde, denn eine rein hypothetische Angebotsumstellungsflexibilität reicht nicht aus.

60   Dabei sind alle Anforderungen, die sich aus **Rechts- und Verwaltungsvorschriften** ergeben, zu berücksichtigen, da diese einen Eintritt in den relevanten Markt verhindern und folglich die Umstellungsbereitschaft beeinträchtigen können. Verzögerungen und Hindernisse beim Abschluss von Vereinbarungen über Zusammenschaltung, Kolokation, andere Formen des Netzzugangs oder Wegerechten für eine Netzerweiterung können der Erbringung neuer Dienste und der Errichtung neuer Netze durch potenzielle Wettbewerber im Wege stehen. Somit dient die Angebotsumstellungsflexibilität nicht nur dazu, den relevanten Markt zu definieren, sondern auch die Zahl der Marktteilnehmer zu ermitteln.

61   Ein dritter Faktor, der das Verhalten eines Betreibers beeinflussen kann, ist der **potenzielle Wettbewerb**. Der Unterschied zwischen potenziellem Wettbewerb und Angebotsumstellungsflexibilität liegt darin, dass bei Letzterer sofort auf eine Preiserhöhung reagiert wird, wohingegen potenzielle Markteinsteiger u. U. mehr Zeit benötigen, um ihr Angebot auf den Markt zu bringen. Angebotssubstituierbarkeit impliziert keine spürbaren Zusatzkosten, während ein potenzieller Markteintritt nur zu erheblich gesunkenen Kosten stattfin-

---

119 EuGH Rs. C-333/94 P Tetra Pak/Kommission, Slg. 1996, I-5951, RdNr. 13; Rs. 66/86, Ahmed Saeed, Slg. 1989, 803, RdNr. 39 und 40; Rs. 27/76, United Brands/Kommission, Slg. 1978, 207, RdNr. 22, 29 und 12; Rs. T-229/94, Deutsche Bahn/Kommission, Slg. 1997, II-1689, RdNr. 54.
120 EuGH Rs. C-333/94, Tetra Pak/Kommission, a. a. O., RdNr. 19.

det.[121] Die Frage, ob potenzieller Wettbewerb besteht, sollte daher untersucht werden, um festzustellen, ob in einem Markt echter Wettbewerb besteht.[122]

2. Räumlich relevanter Markt. – Im Anschluss an die Definition des sachlich relevanten 62 Markts ist der geografische Markt abzugrenzen. Erst wenn auch die räumliche Dimension des Marktes bekannt ist, können die Wettbewerbsbedingungen zutreffend gewürdigt werden.

Nach ständiger Rechtsprechung des EuG und des EuGH umfasst der räumlich relevante 63 Markt ein Gebiet, in dem die Unternehmen mit den betreffenden Produkten oder Diensten tätig sind und die Wettbewerbsbedingungen einander gleichen oder **hinreichend homogen** sind und **von Nachbargebieten** mit erheblich anderen Wettbewerbsbedingungen **unterschieden** werden können.[123] Dabei ist nicht erforderlich, dass die Wettbewerbsbedingungen zwischen Anbietern und Händlern vollkommen gleichartig sind. Gebiete mit unterschiedlichen Wettbewerbsbedingungen sind jedenfalls nicht als ein relevanter Markt anzusehen.[124]

Die Abgrenzung des räumlich relevanten Marktes erfolgt ebenfalls anhand der **Nachfrage-** 64 **und Angebotssubstituierbarkeit** als Reaktion auf eine Preiserhöhung. Hinsichtlich der Nachfragesubstituierbarkeit sind vor allem die Verbraucherpräferenzen und geografische Kaufgewohnheiten zu untersuchen. Wenn bestimmte Dienste nicht in verschiedenen Sprachgebieten verfügbar sind oder vermarktet werden, können insbesondere sprachliche Gründe die Ursache sein. Bei der Angebotsumstellungsflexibilität sollte die Marktdefinition, wenn Betreiber, die gegenwärtig auf dem relevanten Markt noch nicht tätig sind, nachweislich aber bei einer Preiserhöhung schnell in diesen Markt eintreten werden, auf jene Unternehmen ausgedehnt werden.

In bestimmten Fällen können die Grenzen des relevanten Marktes so weit gesteckt werden, 65 dass Produkte oder geografische Gebiete zwar nicht unmittelbar austauschbar sind, aber wegen der sog. **Substitutionsketten**[125] in die Marktdefinition einbezogen werden sollten. Wegen der Gefahr einer zu großen Ausdehnung des relevanten Marktes sollte die Existenz von Substitutionsketten allerdings hinreichend nachgewiesen werden.[126]

Im Bereich der **Telekommunikation** ist der räumlich relevante Markt bisher aufgrund von 66 zwei wesentlichen Kriterien bestimmt worden:[127] Dies sind das von einem Netz erfasste

---

121 Bekanntmachung über die Marktdefinition, s. o. Fn. 96, RdNr. 20–23, Entscheidung Enso/Stora, ABl. EG 1999 Nr. L 254, S. 9, RdNr. 40.

122 Bekanntmachung über die Marktdefinition, s. o. Fn. 96, RdNr. 24.

123 United Brands, a. a. O., RdNr. 44; Michelin, a. a. O., RdNr. 26; Rs. 247/86, Alsatel/Novasam, Slg. 1988, 5987, RdNr. 15; Tiercé Ladbroke/Kommission, a. a. O., RdNr. 102.

124 Deutsche Bahn/Kommission, a. a. O., RdNr. 92. Rs. T-139/98 AAMS/Kommission, a. a. O., RdNr. 39.

125 Siehe Bekanntmachung über die Marktdefinition, (s. o. Fn. 95) RdNr. 57 und 58. Substitutionsketten können beispielsweise entstehen, wenn ein Unternehmen, das Dienste auf nationaler Ebene anbietet, die Preisbildung von Diensteanbietern auf anderen geografischen Märkten beeinflusst. Dies wäre zum Beispiel der Fall, wenn ein auf nationaler Ebene tätiges Unternehmen, das eine beherrschende Stellung inne hat, Druck auf die von Kabelnetzanbietern in bestimmten Bereichen erhobenen Preise ausübt; siehe auch TotalFina/Elf, ABl. EG 2001 Nr. L 143, S. 1, RdNr. 188.

126 Eine klare gegenseitige Preisabhängigkeit an den beiden Endpunkten der Kette und das Ausmaß der Substituierbarkeit zwischen den relevanten Produkten oder geografischen Gebieten müssen eindeutig nachgewiesen werden.

127 Entscheidungen Mannesmann/Olivetti/Infostrada, RdNr. 17; Telefónica Portugal Telecom/Médi Telecom.

Gebiet[128] und der bestehende Rechts- und Regulierungsrahmen.[129]Anhand dieser Kriterien[130] können die geografischen Märkte als lokal, regional, national oder international (europaweit oder weltweit) definiert werden.

---

128 Dieses Gebiet entspricht normalerweise dem Gebiet, in dem ein Betreiber aufgrund seiner Lizenz tätig sein darf.

129 Die Tatsache, dass Mobilfunkbetreiber nur in den Gebieten Dienste anbieten können, für die sie über eine Lizenz verfügen, und die Tatsache, dass eine Netzarchitektur die geografische Tragweite der Mobilfunklizenzen widerspiegelt, erklärt, warum Mobilfunkmärkte als nationale Märkte angesehen werden. Die zusätzlichen Verbindungs- und Kommunikationskosten, die die Verbraucher bei Auslandsgesprächen tragen müssen, untermauern noch diese Definition; siehe Telia/Telenor, RdNr. 124; Vodafone/Airtouch, RdNr. 13–17; Mannesmann/Bell Atlantic/Omnitel, RdNr. 15.

130 Zusammenschaltungsvereinbarungen können auch bei der räumlichen Abgrenzung des Marktes berücksichtigt werden, TBT/BT/TeleDanmark/Telenor, RdNr. 35.

Art. 81 EG – Kartellverbot

(1) Mit dem Gemeinsamen Markt unvereinbar und verboten sind alle Vereinbarungen zwischen Unternehmen, Beschlüsse von Unternehmensvereinigungen und aufeinander abgestimmte Verhaltensweisen, welche den Handel zwischen den Mitgliedstaaten zu beeinträchtigen geeignet sind und eine Verhinderung, Einschränkung oder Verfälschung des Wettbewerbs innerhalb des Gemeinsamen Marktes bezwecken oder bewirken, insbesondere

a) die unmittelbare oder mittelbare Festsetzung der An- oder Verkaufspreise oder sonstiger Geschäftsbedingungen;

b) die Einschränkung oder Kontrolle der Erzeugung, des Absatzes, der technischen Entwicklung oder der Investitionen;

c) die Aufteilung der Märkte oder Versorgungsquellen;

d) die Anwendung unterschiedlicher Bedingungen bei gleichwertigen Leistungen gegenüber Handelspartnern, wodurch diese im Wettbewerb benachteiligt werden;

e) die an den Abschluss von Verträgen geknüpfte Bedingung, dass die Vertragspartner zusätzlich Leistungen annehmen, die weder sachlich noch nach Handelsbrauch in Beziehung zum Vertragsgegenstand stehen.

(2) Die nach diesem Artikel verbotenen Vereinbarungen oder Beschlüsse sind nichtig.

(3) Die Bestimmungen des Absatzes 1 können für nicht anwendbar erklärt werden auf

– Vereinbarungen oder Gruppen von Vereinbarungen zwischen Unternehmen,

– Beschlüsse oder Gruppen von Beschlüssen von Unternehmensvereinigungen,

– aufeinander abgestimmte Verhaltensweisen oder Gruppen von solchen,

die unter angemessener Beteiligung der Verbraucher an dem entstehenden Gewinn zur Verbesserung der Warenerzeugung oder -verteilung oder zur Förderung des technischen oder wirtschaftlichen Fortschritts beitragen, ohne dass den beteiligten Unternehmen

a) Beschränkungen auferlegt werden, die für die Verwirklichung dieser Ziele nicht unerlässlich sind, oder

b) Möglichkeiten eröffnet werden, für einen wesentlichen Teil der betreffenden Waren den Wettbewerb auszuschalten.

Schrifttum: Vgl. vor Art. 81, 82 EG.

Übersicht

I. Gesetzeszweck

1   Unter den Wettbewerbsregeln für Unternehmen hat Art. 81 EG den weitesten Anwendungsbereich und damit auch die größte praktische Bedeutung. Die Vorschrift ist umfassender formuliert als Art. 82 EG, der mit dem Verbot des Missbrauchs beherrschender
Stellungen besonderen Marktsituationen Rechnung trägt, in denen der Wettbewerb seine
Funktion als selbstständiger Regelungsmechanismus der Wirtschaft nicht oder nicht im erforderlichen Masse erfüllen kann.[1] Art. 81 schützt den Wettbewerb schlechthin und somit
auch die individuelle wirtschaftliche Freiheit der Marktteilnehmer gegen Beschränkungen.
In seinem **dreigliedrigen Aufbau** beleuchtet er darüber hinaus wesentliche **Aspekte** der
gemeinschaftlichen Wettbewerbspolitik. Er enthält in Abs. 1 ein weitgefasstes, direkt wirkendes Verbot, das für alle in der Gemeinschaft tätigen Unternehmen gilt, ordnet in Abs. 2
die Nichtigkeit von verbotenen Vereinbarungen und Beschlüssen an und sieht in Abs. 3
eine Befreiung von Verbot und Nichtigkeit zugunsten derjenigen Absprachen vor, welche
die vier in dieser Vorschrift genannten Kriterien erfüllen. Die Unternehmen haben in eigener Verantwortung festzustellen, ob diese Voraussetzung vorliegt. Überschreiten sie in Verkennung der Reichweite von Art. 81 Abs. 1 die Grenzen der Freistellungsvoraussetzungen,
so greifen zivil- und bußgeldrechtliche Sanktionen ein. Auf diese Weise will der EG-Vertrag in erster Linie die Freiheit des Wettbewerbs und die Einheit des Binnenmarktes gewährleisten. Durch die Gewährung von Verbotsausnahmen ermöglicht er jedoch zugleich
positive, mittelbare Eingriffe zur Verwirklichung der allgemeinen Vertragsziele, insbesondere zur Förderung der harmonischen Entwicklung des Wirtschaftslebens in der Gemeinschaft.[2] Schließlich regelt der Vertrag die zivilrechtlichen Folgen von Kartellverbot und
Freistellung und verweist damit auf die Kompetenz des nationalen Richters zur Anwendung und Durchsetzung der gemeinschaftlichen Wettbewerbsregeln.

---

1   Wegen der Einzelheiten siehe unten Ziffer 4.
2   EuGH, Walt Wilhelm, Rs. 14/68 – Slg. 1969, 1 14.

II. Kartellverbot

1. Kartellformen. – Der EG-Vertrag verlangt, dass die Unternehmen ihre Geschäftspolitik **2** selbstständig festlegen und nicht untereinander koordinieren.[3] Daher verbietet Art. 81 Abs. 1 **jedes bewusste und gewollte Zusammenwirken zwischen Unternehmen**, das geeignet ist, den Handel zwischen Mitgliedstaaten zu beeinträchtigen und eine Verhinderung, Einschränkung oder Verfälschung des Wettbewerbs innerhalb des Gemeinsamen Marktes (im folgenden „Wettbewerbsbeschränkung")[4] bezweckt oder bewirkt. Der Tatbestand des Kartells im Sinne von Art. 81 Abs. 1 ist jeweils dann erfüllt, wenn mehrere Unternehmen bewusst und gewollt zum Zweck oder mit dem Erfolg der Verhinderung, Einschränkung oder Verfälschung des Wettbewerbs zusammenwirken. Die Form der Zusammenarbeit ist nicht entscheidend. Der EG-Vertrag verbietet zwar in erster Linie Vereinbarungen zwischen Unternehmen und Beschlüsse von Unternehmensvereinigungen, weil sie mit Rücksicht auf ihre Bindungswirkung für den Wettbewerb besonders gefährlich sind, und erklärt sie aus demselben Grunde für nichtig. Er erfasst jedoch mit dem Merkmal der aufeinander abgestimmten Verhaltensweisen auch die unverbindlichen Formen der Koordinierung von Unternehmenstätigkeiten. Im Interesse der Wirksamkeit des Kartellverbots sind die drei vorstehend genannten Tatbestände weit auszulegen. Partner einer Vereinbarung oder an aufeinander abgestimmten Verfahrensweisen Beteiligte können auch Unternehmensvereinigungen sein.[5] Diese verlieren ihren Rechtscharakter nicht dadurch, dass zu ihren Mitgliedern auch oder ausschließlich Unternehmensvereinigungen zählen.[6]

Auf eine scharfe Unterscheidung zwischen den drei in Art. 81 Abs. 1 aufgeführten Kartell- **3** formen wird in der Praxis meistens verzichtet, wenn eindeutig feststeht, dass die Beteiligten ihre Geschäftspolitik koordiniert haben, und wenn die Beantwortung der Frage, ob dies durch Vereinbarung zwischen Unternehmen, Beschluss einer Unternehmensvereinigung oder einfache Verhaltensabstimmung geschehen ist, aufwendige Ermittlungen erfordern würde.[7] Hinzu kommt, dass Verstöße gegen das Kartellverbot oft in einem **durch eine einheitliche Zielsetzung geprägten Gesamtverhalten** bestehen, dessen Einzelakte zum Teil Vereinbarungen, zum Teil aufeinander abgestimmte Praktiken sind. In einem solchen Fall wäre es gekünstelt, den einheitlichen wirtschaftlichen Vorgang in mehrere selbstständige Zuwiderhandlungen zu zerlegen.[8] Auch über die Abgrenzungsmerkmale besteht noch keine endgültige Klarheit. Wegen der Übereinstimmung im äußeren Erscheinungsbild werden gentlemen's agreements regelmäßig als Vereinbarungen zwischen Unternehmen[9], Verbandsempfehlungen als Beschlüsse einer Unternehmensvereinigung[10] behandelt. In beiden Fällen fehlt es an dem Willen zur rechtlichen Bindung. Um den Tatbestand der Vereinbarung oder des Beschlusses zu erfüllen, dürfte daher auch eine wirtschaftliche, gesellschaftliche, moralische oder sonstige Bindung der beteiligten Unternehmen

---

3 EuGH, Züchner gg. Bayerische Vereinsbank, Rs. 172/80 – Slg. 1981, 2021, 2031.
4 Zur Auslegung dieser Begriffe s. u. Art. 81 RdNr. 17 ff.
5 EuGH, Frubo gg. Kommission, Rs. 71/74 – Slg. 1975, 563, 583 f.; IAZ gg. Kommission, Rs. 96 bis 102, 104, 105, 108 u. 110/82 – Slg. 1983, 3369, 3410.
6 Kommission, Entscheidungen Milchförderungsfonds, ABl. EG 1985 Nr. L 35, S. 35, 39; APB ABl. EG 1990 Nr. L 18, S. 35, 38.
7 EuGH, Frubo gg. Kommission u. IAZ gg. Kommission, jeweils a. a. O., sowie van Landewijk u. a. gg. Kommission, Rs. 209 bis 215 u. 258/78 – Slg. 1980, 3125, 3249 f.
8 EuG-BASF gg. Kommission, Rs. T-4/89 – Slg. 1991, II 1523, 1607.
9 EuGH, Boehringer Mannheim gg. Kommission, Rs. 45/69 – Slg. 1970, 769, 799, EuG-Rhône-Poulenc gg. Kommission, Rs. T-1/89-Slg. 1991, II 867, 1072 ff.
10 EuGH, Verband der Sachversicherer gg. Kommission, Rs. 45/85 – Slg. 1987, 447, 454 f.

ausreichen.[11] Der Begriff der aufeinander abgestimmten Verhaltensweisen erfasst hingegen als Auffangtatbestand das unverbindliche Zusammenwirken mehrerer Unternehmen zum Zweck oder mit der Folge der Wettbewerbsbeschränkung.

4   **a) Vereinbarungen zwischen Unternehmen.** – Der Begriff der Vereinbarung stimmt im Übrigen mit demjenigen des Vertrages überein, den die Rechtsordnungen der Mitgliedstaaten verwenden. Er setzt den **gemeinsamen Willen** der beteiligten Unternehmen **zu einem bestimmten Verhalten im Wettbewerb** voraus.[12] Dabei genügt es, dass einer der Partner seine Handlungsfreiheit gegenüber dem anderen beschränkt.[13] Die den Unternehmen auferlegten Bindungen können nach Ausmaß und Intensität verschieden sein. Auch Rahmenabkommen sind Vereinbarungen.[14] Dasselbe gilt für Absprachen, die den Beteiligten einen gewissen Handlungsspielraum für die Erfüllung ihrer Verpflichtungen einräumen.[15] Eine „großzügigere" Anwendung, bei der Übertretungen geduldet oder Ausnahmen gewährt werden, nimmt einer Absprache nicht den Charakter einer Vereinbarung.[16]

5   An einer Vereinbarung können zwei oder mehr natürliche oder juristische Personen beteiligt sein. Diese müssen **rechtlich unterscheidbar**, nicht aber notwendigerweise voneinander wirtschaftlich unabhängig sein. Verträge zwischen einem Geschäftsherrn und einem Handelsvertreter[17] oder zwischen verschiedenen, zum selben Konzern gehörenden Gesellschaften[18] sind daher Vereinbarungen. Ob sie den Wettbewerb beschränken, ist eine andere, hiervon getrennt zu beurteilende Frage.[19] Unter den Begriff der Vereinbarung fallen auch Musterverträge[20] und allgemeine Geschäftsbedingungen[21], deren Inhalt einseitig von einem der Partner festgelegt wird, sowie Verträge, die ein starker Partner einem schwachen, von ihm wirtschaftlich abhängigen Partner diktiert.[22] Rundschreiben führen zu Vereinbarungen, wenn der Empfänger sie unterschrieben zurücksendet[23] oder wenn ihre Befolgung erwartet werden kann.[24] Einseitige Maßnahmen eines Partners, die sich in den Rahmen eines dauerhaften Vertragsverhältnisses einordnen, können damit Teil der diesem zugrunde liegenden Vereinbarung werden.[25]

---

11 Generalanwalt *Vesterdorf*, Schlussanträge in Rs. T-1/89, Rhône-Poulenc gg. Kommission – a. a. O. S. 922.

12 EuGH, ACF Chemiefarma gg. Kommission, Rs. 41/69 – Slg. 1970, 661, 696.

13 Kommission, Entscheidung Französisch/Japanische Absprache über Kugellager, ABl. EG 1974 Nr. L 343, S. 19, 24.

14 Kommission, Entscheidung Zinkbleche, ABl. EG 1982 Nr. L 362, S. 40, 47 f.

15 EuGH, Cementhandelaren gg. Kommission, Rs. 8/72 – Slg. 1972, 977, 990 f.

16 EuGH, Miller International Schallplatten gg. Kommission, Rs. 1977 – Slg. 1978, 131, 148.

17 Kommission, Bekanntmachung über Alleinvertriebsverträge mit Handelsvertretern, ABl. EG 1962 Nr. 139, S. 2921/62.

18 EuGH, Bodson gg. Pompes funèbres, Rs. 30/87 – Slg. 1988, 2479, 2512 f.; EuG-Viho gg. Kommission, Rs. T-102/92 – Slg. 1995, II-17, 33 ff., bestätigt durch EuGH, idem, Rs. C-73/35 P-24. 10. 1996 (Nr. 15 ff.).

19 S. u. Art. 81 RdNr. 26.

20 EuGH, Rochas gg. Bitsch, Rs. 1/70 – Slg. 1970, 515, 524 f.; Brasserie de Haecht gg. Wilkin u. Janssen, Rs. 48/72 – Slg. 1973, 77, 88 f.

21 EuGH, Sandoz gg. Kommission, Rs. C-277/87 – Slg. 1990, I – 45.

22 EuGH, BMW Belgium gg. Kommission, Rs. 32 u. 36 bis 82/78 – Slg. 1979, 2435, 2478.

23 Kommission, Entscheidung WEA Filipacchi, ABl. EG 1972 Nr. L 303, S. 52.

24 EuGH, Ford gg. Kommission, Rs. 25 u. 26/84 – Slg. 1985, 2725, 2743.

25 EuGH, AEG Telefunken gg. Kommission, Rs. 107/82 – Slg. 1983, 3151, 3195 f.; Ford gg. Kommission, Rs. 25 u. 26/84 – a. a. O.; Bayerische Motorenwerke gg. AUD Auto-Leasing, Rs. C-70183 – Slg. 1995, I-3433, 3467 f.

Vereinbarungen **bedürfen keiner besonderen Form**. Sie können schriftlich oder münd- 6
lich getroffen werden[26] oder sich aus dem tatsächlichen Verhalten der Partner ergeben.[27]
Auch Prozessvergleiche stellen Vereinbarungen dar.[28] Unerheblich ist der Zeitpunkt des
Zustandekommens der Vereinbarung. Verträge, die mehrere Jahrzehnte vor der Gründung
der Europäischen Gemeinschaft geschlossen wurden, fallen unter Art. 81 EG, falls die
durch sie bewirkte Koordinierung des Wettbewerbsverhaltens der beteiligten Unternehmen
über den 1. 1. 1958 hinaus angedauert hat.[29]

b) Beschlüsse von Unternehmensvereinigungen. – Beschlüsse von Unternehmensverei- 7
nigungen unterscheiden sich von Vereinbarungen zwischen Unternehmen insbesondere
dadurch, dass sie **auf der Grundlage eines Organisationsaktes** (Satzung, Statut, Geschäftsordnung) ergehen und die Adressaten zu einem **gleichgerichteten Verhalten veranlassen**. Sie haben mit den Vereinbarungen aber die Bindungskraft gemein. Durch den
Beschluss werden alle Mitglieder der Vereinigung einschließlich derjenigen, die ihm nicht
zugestimmt haben, zu einem bestimmten Tun oder Unterlassen rechtlich verpflichtet oder
tatsächlich gezwungen. Äußerungen und Handlungen einer Vereinigung gelten daher als
solche der Gesamtheit ihrer Mitglieder.

Die Tätigkeit von Unternehmensvereinigungen ist als solche mit dem System eines freien, 8
redlichen, unverfälschten und wirksamen Wettbewerbs durchaus vereinbar. Bedenklich
wird sie erst dann, wenn sie darauf abzielt oder dazu führt, die **Geschäftspolitik der Mitglieder zu vereinheitlichen**. Daher sind alle Beschlüsse, die eine Verhinderung, Einschränkung oder Verfälschung des Wettbewerbs innerhalb des Gemeinsamen Marktes bezwecken oder bewirken, nach Art. 81 Abs. 1 EG verboten. Faktische Handlungen der Unternehmensvereinigung oder der in ihr zusammengeschlossenen Unternehmen stehen Beschlüssen gleich, sofern sie auf die Folgen abzielen, deren Eintritt das Kartellverbot gerade
verhindern will.[30] Soweit eine Vereinigung selbst wirtschaftlich tätig wird, ohne dabei die
Wettbewerbslage ihrer Mitglieder zu beeinflussen, ist sie wie ein Einzelunternehmen zu
behandeln.

c) Aufeinander abgestimmte Verhaltensweisen. – Das Tatbestandsmerkmal der aufein- 9
ander abgestimmten Verhaltensweise erfüllt eine doppelte Funktion. Zum einen eröffnet es
die Möglichkeit, auch solche Absprachen und Beschlüsse, denen die Beteiligten von vorneherein keinen rechtlich oder faktisch verbindlichen Charakter beilegen wollten, in den
Anwendungsbereich des Art. 81 Abs. 1 einzubeziehen. Zum anderen erlaubt es, von der
Vereinbarung oder dem Beschluss verschiedene Formen des bewussten und gewollten Zu-
sammenwirkens von Unternehmen zu erfassen, darunter insbesondere die rein tatsächliche
Zusammenarbeit.

---

26 EuGH, Tepea gg. Kommission, Rs. 28/77 – Slg. 1978, 1391, 1412; Tipp-Ex gg. Kommission,
   Rs. C-279/87 – Slg. 1990, I-261.
27 EuGH, AEG Telefunken gg. Kommission, Rs. 102/82 – a. a. O.
28 EuGH, Nungesser gg. Kommission, Rs. 258/78 – Slg. 1982, 2015, 2080; Bayer gg. Süllhofer,
   Rs. 65/86 – Slg. 1988, 5281, 5285 f.
29 EuGH, Sirena gg. Eda, Rs. 40/70 – Slg. 1971, 69, 81; EMI Records gg. CBS, Rs. 51/75, 86/75 u.
   96/75 – Slg. 1976, 811, 847; 871, 905; 913, 948.
30 EuGH, Sorema gg. Hohe Behörde, Rs. 67/63 – Slg. 1964, 321, 427; FRUBO gg. Kommission,
   Rs. 71/74 – Slg. 1975, 563, 583 f.; van Landewijk gg. Kommission, Rs. 209 bis 215 u. 258/78 –
   Slg. 1980, 3125, 3250; IAZ gg. Kommission, Rs. 95 bis 102, 104, 105, 108 u. 110/82 – Slg. 1983,
   3369, 3410 st. Rspr.

10   Nach ständiger Rechtsprechung[31] umfasst der Begriff der aufeinander abgestimmten Verhaltensweisen eine Form der Koordinierung zwischen Unternehmen, die **bewusst eine praktische Zusammenarbeit** an die Stelle des mit Risiken verbundenen Wettbewerbs treten lässt. Daraus folgt, dass nicht alle Merkmale einer Vereinbarung oder eines Beschlusses erfüllt sein müssen. Die in diesem Zusammenhang maßgeblichen Kriterien der Koordinierung und der Zusammenarbeit sind im Sinne des Grundgedankens der Wettbewerbsvorschriften zu verstehen, wonach jeder Unternehmer selbstständig zu bestimmen hat, welche Geschäftspolitik er auf dem Gemeinsamen Markt betreiben und welche Bedingungen er seiner Kundschaft gewähren will. Das Selbstständigkeitspostulat steht streng jeder unmittelbaren oder mittelbaren Fühlungnahme zwischen Unternehmen entgegen, welche bezweckt oder bewirkt, dass Wettbewerbsbedingungen entstehen, die im Hinblick auf die Art der Waren oder Dienstleistungen, die Anzahl und Bedeutung der beteiligten Unternehmen sowie den Umfang von Angebot und Nachfrage nicht den normalen Marktverhältnissen entsprechen.[32]

11   Der gesetzliche Tatbestand setzt erstens eine **Abstimmung** voraus, die zweitens in einem konkreten wettbewerbsrelevanten Verhalten der beteiligten Unternehmen zum Ausdruck gelangen muss. In der Regel stimmen die Beteiligten ihr Handeln **gegenseitig** ab. Notwendig ist dies jedoch nicht. Das Verhalten mehrerer Unternehmen kann statt dessen **von dritter Seite**, so etwa durch eine Unternehmensvereinigung oder einen Treuhänder, koordiniert werden, muss dann aber, um unter Art. 81 Abs. 1 EG zu fallen, vom gemeinsamen Willen der Beteiligten getragen sein. Unter der letztgenannten Voraussetzung sind auch gleichartige Preisempfehlungen, die ein Hersteller an mehrere Vertragshändler richtet und die von diesen befolgt werden, unter das Kartellverbot zu subsumieren.

12   Ziel der Abstimmung ist es, das Verhalten mehrerer Unternehmen nach Maßgabe eines gemeinsamen, übergeordneten Interesses zu koordinieren. Dabei spielt es keine Rolle, ob die Beteiligten **auf der gleichen oder auf einander vor- und nachgelagerten Wirtschaftsstufen** tätig sind. Eine vertikale Koordinierung der Geschäftspolitik mehrerer Unternehmen liegt dann vor, wenn ein Lieferant, um Wünsche von Kunden zu erfüllen, den Vertrieb seiner Erzeugnisse anders gestaltet, als er es aufgrund autonomer Entscheidung und unter ausschließlicher Berücksichtigung seines Eigeninteresses getan hätte. Entsprechendes gilt für den umgekehrten Fall, dass Abnehmer, insbesondere Wiederverkäufer, im Anschluss an Beschwerden ihres Lieferanten ihre Geschäftspolitik ändern und beispielsweise von wirtschaftlich interessanten Ausfuhrgeschäften Abstand nehmen.[33] Koordiniert der Hersteller einer Ware zusammen mit seinen Vertragshändlern deren künftige Marktstrategie, so handelt es sich um eine gemischt vertikal/horizontale Verhaltensabstimmung.[34]

13   Nur die **erfolgreiche Abstimmung** ist kartellrechtlich von Belang. Sie äußert sich in gleichartigen oder in unterschiedlichen, aber einander ergänzenden Verhaltensweisen der beteiligten Unternehmen. Art. 81 EG verlangt keine Identität zwischen dem aufeinander abgestimmten Verhalten und der Verhinderung, Einschränkung oder Verfälschung des Wettbewerbs im Gemeinsamen Markt. Ebenso wie bei Vereinbarungen zwischen Unter-

---

31   EuGH, Imperial Chemical Industries gg. Kommission, Rs. 48/69 – Slg. 1972, 619, 658; Suiker Unie u. a. gg. Kommission, Rs. 40 bis 48, 50, 54 bis 56, 111, 113 u. 114/73 – Slg. 1975, 1636, 1942; Züchner gg. Bayerische Vereinsbank, Rs. 172/80 – Slg. 1981, 2021, 2031.

32   EuGH, Züchner gg. Bayerische Vereinsbank, a. a. O.

33   EuGH, Musique Diffusion Française u. a. gg. Kommission, Rs. 100 bis 103/80 – Slg. 1983, 1825, 1887 ff.; Hasselblad gg. Kommission, Rs. 86/82 – Slg. 1984, 883, 903 f.

34   EuG-Musique Diffusion Française u. a. gg. Kommission, Rs. 100 bis 103/80 – a. a. O., S. 1897 ff.

nehmen und Beschlüssen von Unternehmensvereinigungen genügt auch hier, dass eine Wettbewerbsstörung bezweckt wird; sie muss nicht schon bewirkt sein.[35]

Das Kartellverbot erfasst daher auch den **Informationsaustausch** zwischen Unternehmen, soweit dieser dazu dient, das Marktverhalten eines aktuellen oder potenziellen Konkurrenten zu beeinflussen oder einen solchen Konkurrenten über das Marktverhalten ins Bild zu setzen, das man selbst an den Tag zu legen entschlossen ist oder in Erwägung zieht. Dadurch, dass sie von vornherein die Ungewissheit über ihr zukünftiges Wettbewerbsverhalten ausräumen, ändern die Beteiligten zugleich die normalen Marktbedingungen und verfälschen somit den Wettbewerb.[36] **14**

Der **Nachweis der Verhaltensabstimmung** kann direkt durch Urkunden (z. B. Sitzungsniederschriften, Tonbandaufnahmen, Aufzeichnungen der beteiligten Unternehmen, Schriftwechsel)[37] oder Zeugenaussagen[38] geführt werden. In der Praxis steht jedoch der indirekte Nachweis mit Hilfe von Indizien im Vordergrund. Oft kann aus dem Parallelverhalten der Beteiligten auf eine vorherige Abstimmung geschlossen werden. Dies verstößt nicht bereits als solches gegen das Kartellverbot. Jedem Unternehmen steht es frei, sich dem festgestellten oder erwarteten Verhalten seiner Konkurrenten mit wachem Sinn anzupassen. Ein gleichförmiges Auftreten von Wettbewerbern ist jedoch regelmäßig dann als konzertierte Aktion zu bewerten, wenn es zu Wettbewerbsbedingungen führt, die im Hinblick auf die Art der betroffenen Waren oder Dienstleistungen, die Bedeutung und Anzahl der beteiligten Unternehmen sowie den Umfang des in Betracht kommenden Marktes nicht den normalen Bedingungen dieses Marktes entsprechen.[39] Nach den gesamten Umständen des Falles müssen andere Ursachen, wie etwa eine einseitige Anlehnung der betreffenden Unternehmen an die Geschäftspolitik des Marktführers oder die Reaktionsverbundenheit mehrerer Unternehmen in einem engen Oligopol, ausgeschlossen werden können oder wenig plausibel erscheinen. Ein wichtiges Indiz für eine Verhaltensabstimmung stellt auch der Umstand dar, dass einzelne Beteiligte ihren wirtschaftlichen Einzelinteressen zuwiderhandeln. **15**

Die **Anforderungen an den Indizienbeweis** sind hoch. Ein gleichförmiges Auftreten von Unternehmen rechtfertigt den Vorwurf der Zuwiderhandlung gegen Art. 81 Abs. 1 nur dann, wenn eine vorherige Abstimmung die einzige plausible Erklärung für dieses Verhalten ist. Der Nachweis der Rechtsverletzung gilt als gescheitert, sobald die beschuldigten **16**

---

35 EuGH, Züchner gg. Bayerische Vereinsbank, Rs. 172/80 – Slg. 1981, 2021, 2031 f. (Nr. 14), sowie Generalanwalt *Vesterdorf*, Schlussanträge in Rhône-Poulenc gg. Kommission, Rs. T-1/83 – Slg. 1991, II-867, 923 ff., 942 f.

36 EuGH, Suiker Unie u. a. gg. Kommission, a. a. O., S. 1966; Züchner gg. Bayerische Vereinsbank, a. a. O., S. 2031 f.; Ahlström u. a., Rs. C-89 etc./85 – Slg. 1993, I-1307 RdNr. 63; EuG-Shell, Rs. T-11/89 – Slg. 1992, II-757, 882 RdNr. 302; Thyssen-Stahl, Rs. T-141/94 – Slg. 1999, II-347 RdNr. 268; einschränkend allerdings EuGH, Enichem Anic, Rs. C-49/92 P – Slg. 1999, I-4120 ff.

37 Kommission, Entscheidung Farbstoffe, ABl. EG 1969 Nr. L 195, S. 11, 13, und EuGH, Imperial Chemical Industries gg. Kommission, Rs. 48/69 – Slg. 1972, 619 661; Kommission, Entscheidung Europäische Zuckerindustrie, ABl. EG 1973 Nr. L 140, S. 17, 22 f. (Nr. 12) und EuGH, Suiker Unie u. a. gg. Kommission, Rs. 40 bis 48, 50, 54 bis 56, 111, 113 u. 114/73 – Slg. 1975, 1663, 1960 ff., 1981 ff., 1989 ff.

38 EuGH, Musique Diffusion Française u. a. gg. Kommission, Rs. 100 bis 103/80 – Slg. 1983, 1825, 1887 ff.

39 EuGH, Imperial Chemical Industries gg. Kommission, a. a. O., S. 658; Suiker Unie u. a. gg. Kommission, a. a. O., S. 1965 f.; Züchner gg. Bayerische Vereinsbank, a. a. O.

Unternehmen überzeugend darlegen, dass ihr Parallelverhalten auch andere Ursachen als die behauptete Konzertierung haben konnte.[40]

17 **2. Verbot der Wettbewerbsbeschränkung. – a) Reichweite des Verbots.** – Art. 81 Abs. 1 verbietet unterschiedslos alle Vereinbarungen, Beschlüsse und aufeinander abgestimmten Verhaltensweisen (im folgenden „Absprachen"), die eine Verhinderung, Einschränkung oder Verfälschung des Wettbewerbs im Gemeinsamen Markt (im Folgenden „Wettbewerbsbeschränkung") bezwecken oder bewirken. Die Formulierung bezieht sich auf die verschiedenen möglichen Folgen einer Wettbewerbsstörung, welche von der Verfälschung der Wettbewerbsbedingungen über die Einschränkung bis hin zur völligen Ausschaltung bestehenden oder zukünftigen Wettbewerbs reichen. Sie verdeutlicht den Willen der Vertragsväter, einen **umfassenden Schutz des Wettbewerbs** vor Eingriffen seitens der Unternehmen zu gewährleisten. Die Verbotsvorschrift wird deshalb in Rechtsprechung und Verwaltungspraxis weit ausgelegt.

18 Art. 81 EG sichert den Wettbewerb **auf allen Wirtschaftsstufen.** Die Vorschrift soll nicht nur das Innenverhältnis zwischen den an der Absprache beteiligten Unternehmen von Wettbewerbsbeschränkungen frei halten, sondern auch dafür sorgen, dass der Wettbewerb im Außenverhältnis zwischen jedem der Beteiligten und dritten Unternehmen sich unbehindert entwickeln kann. Daher gilt das Kartellverbot sowohl für horizontale Absprachen zwischen Unternehmen derselben Wirtschaftsstufe als auch für Vertikalverträge zwischen Unternehmen verschiedener Wirtschaftsstufen, wie etwa Liefer- und Bezugsbindungen oder Lizenzverträge.[41] Schließlich soll dieses Verbot Wettbewerbsbeschränkungen auf vor- oder nachgelagerten Wirtschaftsstufen entgegenwirken, selbst wenn dort keines der an der Absprache beteiligten Unternehmen tätig ist. Die Vorschrift schützt somit auch den Wettbewerb zwischen Dritten.

19 Schutzobjekt des Kartellverbots ist der Wettbewerb in **allen seinen Erscheinungsformen.** Nicht nur der bereits vorhandene, aktuelle, sondern auch der mögliche, potenzielle Wettbewerb wird gewährleistet. Art. 81 Abs. 1 EG verbietet daher auch Absprachen, welche die Entstehung neuer Konkurrenz verhindern, erschweren oder in sonstiger Weise beeinträchtigen. Nicht jeder theoretisch denkbare Wettbewerb ist deshalb schon **potenzieller Wettbewerb.** Für den Marktzutritt neuer Anbieter oder Nachfrager muss vielmehr eine gewisse Wahrscheinlichkeit sprechen. Bei der Prognose sind alle objektiven rechtlichen wie tatsächlichen Umstände des Einzelfalles zu berücksichtigen. Im Wesentlichen kommt es darauf an, ob das als möglicher Marktzutrittskandidat in Betracht gezogene Unternehmen über die notwendigen technischen, organisatorischen, wirtschaftlichen und finanziellen Fähigkeiten verfügt, um neue gewerbliche Tätigkeiten aufzunehmen oder um seinen bisherigen Aktionsradius auf weitere geographische oder Produktmärkte auszudehnen.

20 Als **potenzieller Wettbewerber** ist ein Unternehmen jeweils dann anzusehen, wenn bei wirtschaftlich realistischer Betrachtungsweise ein individuelles Auftreten von ihm vernünftigerweise erwartet werden kann. Lassen sich die Ziele einer Absprache dagegen nur von mehreren Unternehmen gemeinsam erreichen, so liegt keine Wettbewerbsbeschränkung vor. Dabei ist auf die einzelnen Stufen unternehmerischer Tätigkeit abzustellen. Ein

---

40 EuG -CRAM und Rheinzink gg. Kommission, Rs. 29 u. 30/83 – Slg. 1984, 1679, 1700 ff.
41 EuGH, Société technique minière gg. Maschinenbau Ulm, Rs. 56/65 – Slg. 1966, 281, 302 f.; Italien gg. Rat und Kommission, Rs. 32/65 – Slg. 1966, 457, 485; Consten u. Grundig gg. Kommission, Rs. 56 u. 58/64 – Slg. 1966, 321, 387; Bayerische Motorenwerke gg. AUD Auto-Leasing, Rs. C-70/93 – Slg. 1995, I-3439, 3467; Bundeskartellamt gg. Volkswagen u. VAG Leasing, Rs. C-266/93 – Slg. 1995, I-3477, 3516.

wirtschaftlicher Zwang zur Kooperation in der Forschung und Entwicklung – z. B. bei Vorhaben, die einen außergewöhnlich hohen Kapitalaufwand erfordern – nimmt den beteiligten Unternehmen normalerweise nicht die Möglichkeit zum Wettbewerb in den Bereichen der Herstellung und des Vertriebs. Eine aus wirtschaftlichen Gründen unumgängliche Zusammenlegung der Produktion mehrerer Unternehmen hat nicht notwendigerweise zur Folge, dass diese auch beim Absatz der gemeinsam hergestellten Erzeugnisse zusammenarbeiten müssen.[42]

b) Begriff der Wettbewerbsbeschränkung. – aa) Wettbewerbsfreiheit. – Die Vorschrift **21** des Art. 81 Abs. 1 EG will in erster Linie einen **freien, unverfälschten Wettbewerb** gewährleisten. Den Kartelltatbestand erfüllen grundsätzlich alle Vereinbarungen, Beschlüsse und aufeinander abgestimmte Verhaltensweisen, welche die wirtschaftliche Freiheit der Unternehmen einschränken und dadurch die Wettbewerbsbedingungen auf den betroffenen Märkten künstlich verändern. Es ist deshalb stets zu untersuchen, inwieweit die Fähigkeit der Beteiligten, ihre Geschäftspolitik und vor allem ihr Wettbewerbsverhalten autonom zu bestimmen, durch die Absprache beeinträchtigt wird. Außerdem ist zu prüfen, ob diese die wirtschaftliche Handlungsfreiheit Dritter, insbesondere deren Absatz- und Versorgungsmöglichkeiten sowie deren Zugang zu neuen gewerblichen Tätigkeiten und neuen Märkten beschränkt und somit geeignet ist, die Marktverhältnisse zu beeinflussen.[43]

Im Regelfall ergibt sich der wettbewerbsbeschränkende Charakter einer Absprache bereits **22** aus der **Einschränkung der wirtschaftlichen Freiheit der Beteiligten.**[44] Mit derartigen Freiheitsbeschränkungen sind indessen nicht die aus „normalen" Rechtsgeschäften folgenden Bindungen gemeint. Art. 81 Abs. 1 EG richtet sich keineswegs gegen den Abschluss von Verträgen als solchen. Die Vorschrift verbietet jedoch alle Absprachen, durch welche Unternehmen ihre Freiheit zur Aufnahme und Ausübung selbstständiger wirtschaftlicher Tätigkeiten im weitesten Sinne (Forschung, Entwicklung, Lizenzvergabe, Produktion, Vertrieb, Dienstleistungen einschließlich der jeweils erforderlichen Vorbereitungs-, Durchführungs- und Hilfstätigkeiten wie Planung und Finanzierung von Investitionen, Organisation von Arbeitsabläufen, Einkauf, Verkauf, Werbung, Kundendienst), zur Wahl ihrer Geschäftspartner, zum Abschluss von Verträgen und zur Gestaltung des Vertragsinhalts (Gegenstand, Mengen, Preise, Konditionen) für eine gewisse Dauer ganz oder teilweise einbüßen.

Freiheitsbeschränkungen zu Lasten der an der Absprache beteiligten Unternehmen führen **23** im Allgemeinen zugleich zu einer **Beeinträchtigung des wirtschaftlichen Handlungsspielraums Dritter** und zu einer künstlichen Veränderung der Wettbewerbsbedingungen auf den betroffenen Märkten. Ein solches Zusammentreffen von verschiedenen, für die Verhinderung, Einschränkung oder Verfälschung des Wettbewerbs maßgebenden Faktoren ist jedoch weder zwangsläufig noch für die Anwendung des Kartellverbots unerlässlich. Wettbewerbsbeschränkenden Charakter können auch Absprachen haben, welche die wirtschaftliche Freiheit der Beteiligten nicht einschränken. Es reicht aus, dass sie die Markt-

42 Kommission, Bekanntmachung über die Beurteilung kooperativer Gemeinschaftsunternehmen nach Art. 81 des EG-Vertrages, ABl. EG 1993 Nr. C 43, S. 2, insbesondere Abschnitt III, 2, a).
43 EuGH, Société technique minière gg. Maschinenbau Ulm, Rs. 56/65 – Slg. 1966, 281, 303 f.; Béguelin Import gg. SAGL Import Export, Rs. 22/71 – Slg. 1971, 929, 960; Lancôme gg. Etos Rs. 99/79 – Slg. 1980, 2511, 2536; Remia u. a. gg. Kommission, Rs. 42/84 – Slg. 1985, 2545, 2571.
44 EuGH, Hasselblad gg. Kommission, Rs. 86/82 – Slg. 1984, 883, 908; Windsurfing International gg. Kommission, Rs. 193/83 – Slg. 1986, 611, 653 ff.; Bundeskartellamt gg. Volkswagen u. VAG Leasing, Rs. C-266/ 93 -a. a. O., S. 3518.

stellung Dritter beeinträchtigen und dadurch die Wettbewerbsverhältnisse verfälschen.[45] Das beste Beispiel hierfür sind aufeinander abgestimmte Verhaltensweisen, weil sie eine rechtliche, wirtschaftliche oder sonstige Bindung der an ihnen beteiligten Unternehmen gerade nicht voraussetzen.[46] Aber auch Vereinbarungen und Beschlüsse, deren Gegenstand und Inhalt nicht zu kartellrechtlichen Bedenken Anlass geben, können wegen ihrer Auswirkungen auf Dritte die Voraussetzungen für die Anwendung von Art. 81 Abs. 1 EG erfüllen.

24   Auf einzelne **Austauschverträge** trifft dies im Allgemeinen nicht zu.[47] Sie sind typischer Ausdruck der wirtschaftlichen Betätigungsfreiheit von Unternehmen und im Prinzip nicht Mittel zu deren Einschränkung. Die Drittwirkungen derartiger Vereinbarungen stellen eine natürliche Folge der jedem Veräußerungsvorgang eigenen Nichtwiederholbarkeit dar und lassen sich deshalb nicht mit einer künstlichen Veränderung der Marktverhältnisse gleichsetzen. Sie begründen somit keine Wettbewerbsbeschränkung. Besondere Umstände können jedoch zu einer anderweitigen Beurteilung führen, so etwa dann, wenn sich der einzelne Vertrag in eine langfristige Liefer- und Bezugsbeziehung einfügt.

25   Art. 81 EG ist **unanwendbar**, wenn die an der Absprache beteiligten Unternehmen von vornherein keine Entscheidungsfreiheit besitzen oder über keinen nennenswerten Handlungsspielraum verfügen. Wird ihnen ein bestimmtes Verhalten durch **hoheitliche Maßnahmen** auferlegt, so fehlt es bereits an dem erforderlichen Kausalzusammenhang zwischen Absprache und Wettbewerbsbeschränkung.[48] Bei einem Zusammenwirken von staatlicher und privater Marktintervention ist zu prüfen, ob dem Unternehmen noch hinreichende Möglichkeiten verbleiben, die Wettbewerbsverhältnisse durch individuelle Initiativen zu verändern.[49] Schafft die staatliche Regelung nur einen rechtlichen Rahmen für die Koordinierung der Geschäftspolitik verschiedener Unternehmen[50] oder begnügt sich der Hoheitsträger mit einer bloßen Einflussnahme auf das Zustandekommen oder den Inhalt der Absprache[51], so unterliegt diese dem Kartellverbot.

26   Anhand derselben Maßstäbe sind **konzerninterne Absprachen** zu beurteilen. Nach ständiger Verwaltungspraxis[52] und Rechtsprechung[53] unterliegen Vereinbarungen und aufeinander abgestimmte Verhaltensweisen zwischen Mutter- und Tochtergesellschaft nicht

---

45 Kommission, Entscheidungen Milchförderungsfond, ABl. EG 1985 Nr. L 35, S. 35, 40; EATE-Abgabe, ABl. EG 1985 Nr. L 219, S. 35, 40 ff., bestätigt durch EuGH, AINTIB gg. Kommission, Rs. 272/85 – Slg. 1987, 2201.
46 Siehe oben RdNr. 9 ff.
47 EuGH, Béguelin Import gg. SAGL Import Export – a. a. O., S. 962.
48 Kommission, Entscheidung Kugellager, ABl. EG 1974 Nr. L 343, S. 19, 23.
49 EuGH, Suiker Unie u. a. gg. Kommission, Rs. 40 bis 48, 50, 54 bis 56, 111, 113 u. 114/73 – Slg. 1975, 1663; 1943 ff.; Kommission, Entscheidungen Fédétab, ABl. EG 1978 Nr. L 224, S. 29, bestätigt durch EuGH, van Landewijk u. a. gg. Kommission, Rs. 209 bis 215 und 218/78 – Slg. 1980, 3125, 3261 ff.; Stichting Sigaretten Industrie (SSI), ABl. EG 1982 Nr. L 232, S. 1, bestätigt durch EuGH, Rs. 240 bis 242, 261, 262, 268 u. 269/82 – Slg. 1985, 3831, 3865 ff.
50 Kommission, Entscheidung BNIC/UGEL, ABl. EG 1982 Nr. L 379, S. 1, 10; EuGH, BNIC gg. Clair, Rs. 123/83 – Slg. 1985, 391; BNIC gg. Aubert, Rs. 136/83 – Slg. 1987, 4808.
51 Kommission, Entscheidungen Kugellager, a. a. O.; Zinc Producer Group, ABl. EG 1984 Nr. L 220, S. 27 (Nr. 73 f.); Feuerversicherung, ABl. EG 1985 Nr. L 35, S. 22 (Nr. 28); Aluminiumeinfuhren aus Osteuropa, ABl. EG 1985 Nr. L 92, S. 1 ff. (Nr. 10 ff.); ENI/Montedison, ABl. EG 1987 Nr. L 5, S. 13 (Nr. 5); Betonstahlmatten, ABl. EG 1989 Nr. L 260, S. 1 (Nr. 201 ff.).
52 Kommission, Entscheidungen Christian Nielsen, ABl. EG 1969 Nr. L 165, S. 12; Kodak, ABl. EG 1970 Nr. L 147, S. 24.
53 EuGH, Centrafarm gg. Sterling Drug, Rs. 15/71 – Slg. 1974, 1147, 1168; Centrafarm gg. Winthrop, Rs. 16/74 – Slg. 1974, 1183, 1198 f.; Bodson gg. Pompes funèbres, Rs. 30/87 – Slg. 1988,

Art. 81 Abs. 1 EG, wenn beide zusammen eine wirtschaftliche Einheit bilden, innerhalb derer die Tochtergesellschaft ihr Marktverhalten nicht wirklich autonom bestimmen kann.[54] Entsprechendes dürfte für Vereinbarungen und aufeinander abgestimmte Verhaltensweisen zwischen verschiedenen Tochtergesellschaften desselben Konzerns gelten. Auf Verträge mit Handelsvertretern, Kommissionären und Kommissionsagenten ist das Kartellverbot unanwendbar, wenn diese keines der Risiken tragen, die mit den von ihnen vermittelten Geschäften verbunden sind, und somit nur die Funktionen eines in den Betrieb des Geschäftsherrn integrierten Hilfsorgans erfüllen.[55]

bb) Förderung des Wettbewerbs durch Freiheitsbeschränkung. – Absprachen, welche 27 die wirtschaftliche Entscheidungs- und Handlungsfreiheit beteiligter Unternehmen oder Dritter einschränken, ziehen zwar regelmäßig, aber nicht zwangsläufig eine Wettbewerbsbeschränkung im Sinne von Art. 81 Abs. 1 EG nach sich. Sie tun dies nur dann, wenn sie zu einer Verschlechterung der Wettbewerbsverhältnisse auf dem betroffenen Markt führen. **Freiheitsbeschränkende Absprachen mit ausschließlich wettbewerbsfördernden Wirkungen** werden vom Kartellverbot nicht erfasst. Um feststellen zu können, ob ein solcher Ausnahmefall vorliegt, ist die Wettbewerbslage, welche sich auf Grund der Absprache ergeben hat oder voraussichtlich ergeben wird, mit der Wettbewerbslage zu vergleichen, wie sie sich ohne die Absprache gestaltet hätte.[56] Hat die Durchführung der Absprache zur Folge, dass bestehender Wettbewerb, der andernfalls vernichtet worden wäre, aufrechterhalten bleibt, oder dass neuer Wettbewerb entsteht, der sich andernfalls nicht, nicht ebenso schnell oder nicht in demselben Umfang entwickelt hätte, so ist sie kartellrechtlich unbedenklich, allerdings nur unter der Voraussetzung, dass nicht zugleich bereits vorhandener oder möglicher Wettbewerb eingeschränkt, verfälscht oder verhindert wird. Die Absprache muss zudem das **einzige objektiv mögliche Mittel** zur Erreichung ihres wettbewerbsfördernden Zwecks sein. Sie darf darüber hinaus die wirtschaftliche Freiheit der Beteiligten und Dritter nur **in dem für den positiven Erfolg unerlässlichen Maße** beeinträchtigen.

Rechtsprechung und Verwaltungspraxis haben eine Reihe von wirtschaftlichen Sachver- 28 halten identifiziert, die den vorgenannten Bedingungen entsprechen. Zu ihnen zählen auch **bestimmte horizontale Kooperationsvereinbarungen** zwischen aktuellen oder potenziellen Wettbewerbern. Als nicht wettbewerbsbeschränkend behandelt die Kommission seit jeher **Arbeitsgemeinschaften** zur gemeinsamen Ausführung von Aufträgen, sofern die einzelnen beteiligten Unternehmen nicht imstande sind, den betreffenden Auftrag durchzuführen, weil sie für sich allein mangels ausreichender Erfahrungen, Spezialkenntnisse, Kapazitäten oder Finanzkraft nicht erfolgreich arbeiten, die Arbeiten nicht termingerecht beenden oder das finanzielle Risiko nicht tragen können. Eine Wettbewerbsbeschränkung liegt auch dann nicht vor, wenn Unternehmen erst durch Bildung einer Arbeitsgemeinschaft in die Lage versetzt werden, ein erfolgversprechendes Angebot abzugeben.[57]

2479, 2512 f.; Zentrale zur Bekämpfung unlauteren Wettbewerbs gg. Ahmed Saeed Flugreisen, Rs. 88/86 – Slg. 1989, 838, 848 f.

54 EuG-Viho gg. Kommission, Rs. T-102/92 – Slg. 1995, II-17, 33 ff., bestätigt durch EuGH, idem, Rs. C-73/95 – Slg. 1996, I-5457, 5495 f. RdNr. 15 ff.

55 EuGH, Suiker Unie u. a. gg. Kommission, a. a. O., S. 2024; Bundeskartellamt gg. Volkswagen und VAG Leasing, Rs. C-286/93 – Slg. 1995, I-3477, 3516.

56 EuGH, Société technique minière gg. Maschinenbau Ulm, Rs. 56/65 – Slg. 1966, 281, 304, Béguelin gg. GL Import Export, Rs. 22/72 – Slg. 1971, 949, 960; Remia gg. Kommission, Rs. 42/84 – Slg. 1985, 2545, 2571.

57 Kommission, Bekanntmachung über Vereinbarungen, Beschlüsse und aufeinander abgestimmte Verhaltensweisen, die eine zwischenbetriebliche Zusammenarbeit betreffen. ABl. EG 1968 Nr. C

Gleiches gilt für **Verkaufsgemeinschaften kleiner und mittelgroßer Hersteller** aus einem Mitgliedstaat, die mit dem Ziel gegründet werden, in die Märkte anderer Mitgliedstaaten einzudringen.[58] Die Kommission hält von Wettbewerbern errichtete **kooperative Gemeinschaftsunternehmen** (GU), die unter normalen Umständen unter das Verbot des Art. 81 Abs. 1 EG zu subsumieren wären, jeweils dann für wettbewerbsunschädlich, wenn die Zusammenarbeit in der Form eines GU für die Gründer bei objektiv wirtschaftlicher Betrachtungsweise die einzige Möglichkeit darstellt, um in einen neuen Markt einzudringen oder sich in ihrem bisherigen Markt zu behaupten und ihre dortige Präsenz bestehenden Wettbewerb verstärkt oder dessen Abschwächung verhindert.[59]

29   **Konkurrenzverbote in Unternehmensveräußerungsverträgen** haben ausschließlich wettbewerbsfördernde Wirkungen, soweit sie die Übertragung des vollen Werts des Unternehmens einschließlich seines Goodwill und des in ihm vorhandenen Know-how sichern. Das Verbot muss in gegenständlicher, räumlicher und zeitlicher Hinsicht auf das zur Erreichung dieses Ziels unbedingt Erforderliche beschränkt bleiben. Je nach den Umständen des Falles können sich mehrjährige Herstellungs-, Verkaufs- und Werbeverbote als notwendig erweisen. Forschungs- und Entwicklungstätigkeiten dürfen dem Veräußerer dagegen nicht untersagt werden.[60]

30   Im Bereich der **vertikalen Vereinbarungen** wird zumeist der Gedanke der Marktöffnung herangezogen, um die Nichtanwendung des Art. 81 Abs. 1 EG auf freiheitsbeschränkende Vertragsklauseln zu rechtfertigen. So können Alleinvertriebsverträge – selbst solche mit absolutem Gebietsschutz für den Alleinvertriebshändler – sich dem Zugriff des Kartellverbots entziehen, wenn sie für einen kleineren Hersteller das einzige Mittel darstellen, um seine Erzeugnisse auch in Mitgliedstaaten anzubieten, in denen er bisher nicht geschäftlich tätig war.[61] Ausschließliche, offene Gebietslizenzen auf gewerbliche Schutzrechte und Know-how sind kartellrechtlich unbedenklich, falls sie sich als alleinige wirtschaftlich vernünftige Verwertungsmethode qualifizieren lassen, durch die zugleich die Verbreitung technischer Kenntnisse innerhalb der Gemeinschaft gefördert und eine neue Quelle für den Wettbewerb geschaffen wird.[62] Aus ähnlichen Erwägungen fallen Vereinbarungen, durch die der Inhaber eines Urheberrechts an einem Film seinem Lizenznehmer für einen bestimmten Zeitraum das ausschließliche Recht einräumt, diesen Film im Hoheitsgebiet eines Mitgliedstaats vorzuführen, nur dann unter Art. 81 Abs. 1 EG, wenn sie künstliche Hindernisse für den Zugang Dritter zu diesem Markt schaffen.[63]

75, S. 3, berichtigt im ABl. EG 1968 Nr. C 93, S. 3, sowie Entscheidungen Europäische Zuckerindustrie, ABl. EG 1973 Nr. L 140, S. 17, 31; Eurotunnel, ABl. EG 1988 Nr. L 311, S. 36, 38; Konsortium ECR 900, ABl. EG 1990 Nr. L 228, S. 31, 33.

58   Kommission, Entscheidungen Alliance des constructeurs français de machines-outil, ABl. EG 1968 Nr. L 201, S. 1; SAFCO, ABl. EG 1972 Nr. L 13, S. 44.

59   Bekanntmachung über die Beurteilung kooperativer Gemeinschaftsunternehmen nach Art. 81 des EWG-Vertrages, ABl. EG 1993 Nr. C 43, S. 2; siehe auch Entscheidung Elopak/Metal Box-ODIN, ABl. EG 1990 Nr. L 209, S. 15, 18 ff.

60   Kommission, Entscheidungen Reuter/BASF, ABl. EG 1976 Nr. L 254, S. 40, 45 ff.; Nutricia, ABl. EG 1983 Nr. L 376, S. 22, 25 ff.; Quantel, ABl. EG 1992 Nr. L 235, S. 9, 14 f., sowie EuGH, Remia gg. Kommission, Rs. 42/84 – Slg. 1985, 2545, 2571 ff.

61   EuGH, Société technique minière gg. Maschinenbau Ulm, a.a.O., Völk gg. Vervaecke, Rs. 5/69 – Slg. 1969, 295, 302.

62   EuGH, Nungesser gg. Kommission (Maissaatgut), Rs. 258/78 – Slg. 1982, 2015, 2069.

63   EuGH, Coditel gg. Ciné Vog, Rs. 262/81 – Slg. 1982, 3381, 3401 f.

        Schröter/Klotz

Selektive Vertriebssysteme auf der Grundlage einer **einfachen Fachhandelsbindung** ent- 31
gehen nach ständiger Rechtsprechung[64] dem Kartellverbot, sofern die Auswahl der Händler anhand objektiver Gesichtspunkte qualitativer Art erfolgt, die sich auf die fachliche
Eignung des Wiederverkäufers, seines Personals und seiner sachlichen Ausstattung beziehen, und sofern diese Voraussetzungen einheitlich für alle in Betracht kommenden Wiederverkäufer festgelegt und ohne Diskriminierung angewendet werden. Derartige Systeme beschränken die wirtschaftliche Handlungsfreiheit der beteiligten Unternehmen, denen der
Verkauf von Vertragswaren an freie, dem Vertriebsnetz nicht angehörige Händler untersagt
wird, die somit keinen Zugang zum Vertrieb der Vertragswaren erhalten. Diesen Beschränkungen wird jedoch grundsätzlich ein wettbewerbsfördernder Charakter zuerkannt, soweit
sie dem Ausschluss fachlich ungeeigneter Wiederverkäufer dienen. Unter den oben genannten Voraussetzungen ist nämlich davon auszugehen, dass die mit dem selektiven Vertrieb normalerweise verbundene Abschwächung des intrabrand-Preiswettbewerbs durch
Wettbewerbsvorteile insbesondere im Bereich des Kundendienstes für Waren derselben
Marke ausgeglichen wird.[65] Selektive Vertriebssysteme nehmen jedoch einen wettbewerbsbeschränkenden Charakter an, sobald sie – insbesondere wegen der kumulativen Auswirkungen paralleler Netze gleichartiger Verträge – den Preiswettbewerb zwischen den Erzeugnissen verschiedener Marken beeinträchtigen oder aber Unternehmen, die sich anders-
artiger Vertriebsformen bedienen (z. B. dem Selbstbedienungsgroßhandel) den Zugang
zum Markt versperren.[66]

Franchisevereinbarungen fallen trotz der zahlreichen, in ihnen notwendigerweise enthal- 32
tenen Beschränkungen der wirtschaftlichen Handlungsfreiheit beteiligter wie dritter Unternehmen nicht bereits als solche unter Art. 81 Abs. 1 EG. Rechtsprechung[67] und Verwaltungspraxis[68] sehen in ihnen vor allem Mittel zur Förderung des Wettbewerbs. In der Tat
bringen derartige Vereinbarungen für die Vertragspartner erhebliche Vorteile mit sich.
Dem Franchisegeber eröffnen sie die Möglichkeit, technische oder kommerzielle Kenntnisse ohne den Einsatz eigenen Kapitals nutzbringend zu verwerten. Die Franchisenehmer
ziehen aus den genannten Vereinbarungen insofern Vorteile, als sie die vom Franchisegeber entwickelten neuartigen Geschäftsmethoden verwenden und von dem Ansehen sowie
der Bekanntheit seines Handelsnamens profitieren können, die durch die einheitliche Ausstattung der Verkaufslokale noch gesteigert werden. Schließlich fördern breit angelegte,
und insbesondere grenzüberschreitende Franchisesysteme das Zusammenwachsen der nationalen Märkte in der Gemeinschaft. Franchisevereinbarungen tragen somit in spezifischer Weise zur Verbreitung erfolgreicher Geschäftsmethoden, zur Eröffnung neuer Tätigkeiten und Märkte für alle Beteiligten und schließlich zur wirtschaftlichen Integration bei.

Diese Gesichtspunkte rechtfertigen die Nichtanwendung des Kartellverbots auf alle Be- 33
schränkungen, die für das **gute Funktionieren** derartiger Vereinbarungen und Systeme er-

---

64 Z. B. EuGH, Metro gg. Kommission (Metro I), Rs. 26/76 – Slg. 1977, 1875, 1905; L'Oréal gg. De
   Nieuwe Amck, Rs. 31/80 – Slg. 1980, 3775, 3790 f.; AEG gg. Kommission, Rs. 107/82 –
   Slg. 1983, 3151, 3195; Binon gg. AMP, Rs. 243/83 – Slg. 1985, 2015, 2043.
65 EuGH, Metro I, a. a. O.; AEG, a. a. O.; Metro gg. Kommission, (Metro II), Rs. 75/84 – Slg. 1986,
   3074, 3085 f.; EuG-Leclerc gg. Kommission (Parfums Givenchy), Rs. T-88/92 v. 12. 12. 1996,
   Nr. 106, 116.
66 EuGH, Metro II, a. a. O.; Parfums Givenchy, a. a. O., Nr. 116, 156 ff., 170 ff.
67 EuGH, Pronuptia, Rs. 161/84 – Slg. 1986, 353.
68 Kommission, Entscheidungen Yves Rocher, ABl. EG 1987 Nr. L 8, S. 49; Pronuptia, ABl. EG
   1987 Nr. L 13, S. 39; Computerland ABl. EG 1987 Nr. L 222, S. 12; Service Master, ABl. EG
   1988 Nr. L 332, S. 38; Charles Jourdan, ABl. EG 1989 Nr. L 35, S. 31.

forderlich sind. Zu ihnen gehören zahlreiche, dem Franchisenehmer auferlegte Verpflichtungen, die dem Schutz der Rechte des Franchisegebers an gewerblichem oder geistigem Eigentum oder der Aufrechterhaltung der Einheitlichkeit und des Ansehens des Franchisenetzes dienen, darunter Qualitätssicherungspflichten, Wettbewerbsverbote sowie die Verpflichtung zur Einhaltung bestimmter Vertriebswege und zur Absatzförderung. Preisbindungsklauseln und Gebietsbeschränkungen bleiben dagegen grundsätzlich dem Kartellverbot unterworfen.[69]

34 Die von der Rechtsprechung entwickelte Doktrin der Unanwendbarkeit des Art. 81 Abs. 1 EG auf Absprachen mit ausschließlich wettbewerbsförderndem Charakter ist Ausdruck der im Kartellrecht üblichen **wirtschaftlichen Betrachtungsweise**. Sie darf nicht mit der aus dem US-Antitrustrecht bekannten Vernunftsregel („rule of reason") verwechselt werden, wonach die Anwendung des Verbots der „conspiracy" (Sherman Act, Section 1) bereits dann ausscheidet, wenn die wettbewerbsfördernden Elemente einer Absprache schwerer ins Gewicht fallen als deren wettbewerbshemmenden Wirkungen. Die von manchen Autoren vorgeschlagene Einführung dieser Regel in den Tatbestand des Art. 81 Abs. 1 EG haben die Gemeinschaftsgerichte zu Recht abgelehnt. Sie wäre mit Aufbau und Inhalt des Art. 81 insgesamt schlechthin unvereinbar. Für die Bilanzierung der Vor- und Nachteile wettbewerbsbeschränkender Absprachen bietet allein Art. 81 Abs. 3 EG eine ausreichende Rechtsgrundlage.[70]

35 **c) Bezwecken und Bewirken.** – Die Anwendung von Art. 81 Abs. 1 EG setzt voraus, dass eine Verhinderung, Einschränkung oder Verfälschung des Wettbewerbs „bezweckt oder bewirkt" wird. Das Wort oder zeigt in aller Deutlichkeit an, dass es sich dabei um zwei selbstständige Alternativen des Kartelltatbestandes handelt.[71] Der **Zweck einer Absprache** ist aus ihrem Inhalt zu entnehmen. Die Begleitumstände ihrer Verwirklichung können zur Auslegung herangezogen werden, wenn der Text der Absprache Unklarheiten bestehen lässt.[72] Der Begriff des „Bezweckens" hat einen objektiven Charakter. Die subjektiven Vorstellungen der Parteien treten demgegenüber zurück. Daraus folgt, dass der untaugliche Versuch einer Wettbewerbsstörung nicht vom Verbot erfasst wird.[73] Ergibt die Prüfung, dass eine Wettbewerbsbeschränkung bezweckt wird, so brauchen die Auswirkungen der Vereinbarung, des Beschlusses oder der aufeinander abgestimmten Verhaltensweisen auf die Marktverhältnisse nicht mehr ermittelt zu werden.[74] Die Voraussetzungen für die Anwendung des Verbots sind selbst dann erfüllt, wenn die beteiligten Unternehmen die Absprache nicht ausführen. Dies zeigt, dass Art. 81 Abs. 1 EG in der Alternative des Bezweckens einen **Gefährdungstatbestand** enthält. Private Wettbewerbsbeschränkungen sollen

---

69 EuGH, Delimitis, Rs. C-234/89 – Slg. 1991, I-935, 983 ff.
70 EuG-Métropole télévision (M6), Rs. T-112/99 – Slg. 2001, II-2459, 2487 ff.
71 EuGH, Société technique minière gg. Maschinenbau Ulm, Rs. 56/65 – Slg. 1966, 281, 303; Grundig u. Consten gg. Kommission, Rs. 54 u. 56/64 – Slg. 1966, 321, 390 f.; Verband der Sachversicherer gg. Kommission, Rs. 45/85 – Slg. 1988, 405, 457 f.
72 Siehe EuGH, Société technique minière gg. Maschinenbau Ulm, Rs. 56.65 – a. a. O.
73 Siehe Generalanwalt *Vesterdorf*, Schlussanträge in Rhône-Poulenc gg. Kommission, Rs. T-1/89 – Slg. 1991, II-867, 923 ff.
74 Siehe EuGH, Consten u. Grundig, Rs. 56 u. 58/64 – a. a. O.; BNIC gg. Clair, Rs. 123/83 – Slg. 1985, 391, 423 f., sowie Kommission, Entscheidungen, BMW Belgium, ABl. EG 1978 Nr. L 46, S. 33, 44 (Nr. 22); Flachglas-Benelux, ABl. EG 1984 Nr. L 212, S. 13, 19 (Nr. 42); Zinc Producer Group, ABl. EG 1984 Nr. L 212, S. 27, 38 (Nr. 71); John Deere, ABl. EG 1985 Nr. L 35, S. 58, 62 (Nr. 26); Polypropylen, ABl. EG 1986 Nr. L 230, S. 1, 29 (Nr. 90); Dach- u. Dichtungsbahnen, ABl. EG 1986 Nr. L 232, S. 15, 26 (Nr. 76); PVC, ABl. EG 1990 Nr. L 74, S. 1, 13 (Nr. 37); LDPE, ABl. EG 1990 Nr. L 74, S. 21, 34 (Nr. 44).

schon im Ansatz erfasst und unterbunden werden. Bereits die Existenz einer wettbewerbsbeschränkenden Absprache kann nämlich das Verhalten der Marktteilnehmer beeinflussen,
weil sie ein optisches und psychologisches Klima schafft, das für die Erreichung des angestrebten, rechtswidrigen Ziels günstig ist.[75]

Der EuGH ging zunächst von dem Grundsatz aus, dass jede die wirtschaftliche Entschei- **36**
dungs- und Handlungsfreiheit der Beteiligten beeinträchtigende Absprache, welche zugleich geeignet ist die Position Dritter nachteilig zu verändern, eine Wettbewerbsbeschränkung bezweckt. Von dieser abstrakten Formel, bei der auf Marktanalysen weitgehend verzichtet werden konnte, ist die Rechtsprechung inzwischen teilweise abgerückt, indem sie
bestimmten **Absprachen ohne wettbewerbsbeschränkende Zielsetzung** identifizierte.
Letzteres gilt für Alleinbezugpflichten, die ein Hersteller seinen Vertragshändlern auferlegt[76], für Alleinbelieferungsverpflichtungen der Mitglieder einer Absatzgenossenschaft[77],
für Wettbewerbsverbote und Austrittsbeschränkungen zu Lasten der Mitglieder einer Be-
zugsgenossenschaft[78] sowie für Ausfuhrverbote in Vertriebsvereinigungen für Drittstaaten.[79] Diese Rechtsprechung ist insofern positiv zu werten, als sie die zuständigen Behörden und Gerichte zu einer sorgfältigen Untersuchung der aktuellen oder potenziellen Auswirkungen der erwähnten Absprachen zwingt. Mit der Systematik des Art. 81 Abs. 1 EG
erscheint sie dagegen kaum vereinbar.

Absprachen, die keine Wettbewerbsbeschränkung bezwecken, können gleichwohl unter **37**
das Kartellverbot fallen, weil sie solche **bewirken.** Diese Wirkung braucht nicht schon eingetreten zu sein. Es genügt, dass sie sich mit hinreichender Wahrscheinlichkeit in naher
Zukunft ergeben wird.[80] Auch die zweite Alternative des Verbotsbestandes erlaubt den
Kartellbehörden somit ein frühzeitiges Eingreifen zwecks Verhinderung von Wettbewerbs-
störungen. Die wettbewerbsbeschränkende Wirkung der Absprache kann sich aus ihr allein
oder aus ihrem Zusammenspiel mit wirtschaftlichen Begleitumständen ergeben.[81] Besondere Bedeutung kann dabei insbesondere der Umstand gewinnen, dass ein Vertrag zu einem **Netz gleichartiger Verträge** gehört, die der Vertragspartner auch mit anderen Unternehmen abgeschlossen hat, und dass auf dem Markt noch weitere Vertragsnetze dieser Art
bestehen, die von dritten Unternehmen aufgebaut worden sind.[82]

d) Spürbarkeit. – Kartelle im Sinne des Art. 81 Abs. 1 sind nur dann verboten, wenn sie **38**
eine spürbare Einschränkung oder Verfälschung des Wettbewerbs bezwecken oder bewirken und wenn sie außerdem geeignet sind, den Handel zwischen Mitgliedstaaten spürbar

---

75 EuGH, Miller International Schallplatten gg. Kommission, Rs. 19/77 – Slg. 1978, 131, 148.
76 EuGH, Delimitis, Rs. C-234/89 – Slg. 1991, I – 935, 983; EuG–Langnese – Iglo, Rs. T-7/93 –
   Slg. 1995, II-1533, 1571 ff.; Schöller, Rs. T-9/93 – Slg. 1995, II-1611, 1641 ff.
77 EuG-Dansk Pelsdyrevlerforening, Rs. T-61/89 – Slg. 1992, II-1931, 1970 ff.
78 EuGH, DLG, Rs. C-250/92 – Slg. 1994, I-5641, 5686 f.
79 EuGH, Javico, Rs. C-306/96 – Slg. 1998, I-1983, 2004 f.
80 EuGH, BAT in Reynolds gg. Kommission, Rs. 142 u. 156/84 – Slg. 1987, 4487, 4581 ff.
81 EuGH, Société technique minière gg. Maschinenbau Ulm, Rs. 56/65 – a. a. O., S. 303 f.; Brasserie
   de Haecht gg. Wilkin u. Janssen (I), Rs. 23/67 – Slg. 1967, 544, 555 f.; Suiker Unie u. a. gg. Kommission, Rs. 40- 48, 50, 54-56, 111, 113 u. 114/73 – Slg. 1975, 1663, 2025; De Norre gg. Brouverij
   Concordia, Rs. 47/76 – Slg. 1977, 65, 91 f.; Delimitis gg. Henninger Bräu, Rs. C-234/89 –
   Slg. 1991, I-935, 984 ff.; EuG-Langnese-Iglo gg. Kommission, Rs. T-7/93 – Slg. 1995, II-1533,
   1571 ff.; Schöller gg. Kommission, Rs. T-9/93 – Slg. 1995, II-1611, 1671 ff.
82 EuGH, Brasserie de Haecht I, De Norre, Delimitis, jeweils a. a. O.; EuG-Langnese-Iglo, Schöller,
   jeweils a. a. O.

zu beeinträchtigen.[83] Durch das **ungeschriebene Tatbestandsmerkmal der Spürbarkeit** werden sowohl rein theoretische als auch wirkliche, aber wirtschaftlich völlig unbedeutende Störungen des Wettbewerbs oder des innergemeinschaftlichen Handels dem Kartellverbot entzogen.

39 Der EuGH geht davon aus, dass Art. 81 EG nicht anwendbar ist, wenn eine Vereinbarung die Wettbewerbsverhältnisse bei den relevanten Erzeugnissen mit Rücksicht auf die **schwache Marktstellung der Beteiligten** nur geringfügig beeinträchtigt. Dies trifft regelmäßig zu, wenn die Marktanteile unterhalb der Schwelle von 1% liegen.[84] Andererseits wird ein spürbarer Effekt der Absprache grundsätzlich anzunehmen sein, wenn die Parteien mehr als 5% des relevanten Marktes innehaben.[85] Allerdings kommt es auch auf die Größe der beteiligten Unternehmen an. Marktanteile von weit unter von 5% können im Falle von Absprachen zwischen großen Unternehmen bereits die Spürbarkeit begründen.[86]

40 Vereinbarungen, welche im Sinne der oben dargelegten Grundsätze als wirtschaftlich unbedeutend anzusehen sind, können gleichwohl aufgrund der **Gesamtheit ihrer wirtschaftlichen und rechtlichen Begleitumstände** geeignet sein, den Wettbewerb und den Handel zwischen Mitgliedstaaten spürbar zu beeinträchtigen. Dies trifft insbesondere dann zu, wenn der Wettbewerb durch die **kumulativen Auswirkungen nebeneinander bestehender Netze gleichartiger Vereinbarungen** beschränkt wird.[87] In einer solchen Situation ist zu prüfen, ob die konkrete, in Frage stehende Vereinbarung ihrerseits in erheblichem Masse zu der kumulativen Marktwirkung beiträgt.[88]

41 In ihrer neuesten **Bekanntmachung über Vereinbarungen von geringer Bedeutung**[89] hat die Kommission den Begriff der Spürbarkeit für die Bedürfnisse der Verwaltungspraxis in ihrer eigenen Weise definiert, sich dabei aber von den Beurteilungsmaßstäben des Europäischen Gerichtshofs weit entfernt. Die „Bagatellbekanntmachung" eignet sich daher nicht als Auslegungshilfe für den gesetzlichen Tatbestand des Art. 81 Abs. 1 EG. Sie konkretisiert lediglich das **Aufgreifermessen der Kommission**: Die Unternehmen werden darüber aufgeklärt, in welchen Fällen – einschließlich solcher eines möglichen Verstoßes gegen das Kartellverbot – sie nicht mit einer Verfolgung zu rechnen haben. Die Würdigung des jeweiligen Sachverhalts durch die Gerichte der Gemeinschaft oder der Mitgliedstaaten bleibt hiervon unberührt.

42 Nach Ansicht der Kommission liegt grundsätzlich keine spürbare Wettbewerbsbeschränkung vor, wenn die an der Absprache beteiligten Unternehmen **Marktanteilsschwellen** von 10% (bei Absprachen zwischen Wettbewerbern) bzw. von 15% (bei Absprachen zwischen Nicht-Wettbewerbern) nicht überschreiten. Für Märkte, in denen der Wettbewerb durch die kumulativen Wirkungen paralleler Netze gleichartiger Absatzverträge eingeschränkt ist, wurde die Spürbarkeitsschwelle einheitlich für alle Absprachen auf 5% herab-

---

83 EuGH, Béguelin, Rs. 22/70 – Slg. 1971, 949, 960.

84 EuGH, Voelk gg. Vervaecke, Rs. 5/69 – Slg. 1969, 295 ff.; Cadillon gg. Höss, Rs. 1/71 – Slg. 1971, 351, 356.

85 EuGH, Miller Internationale Schallplatten gg. Kommission, Rs. 19/77 – Slg. 1978, 131, 149; AEG gg. Kommission, Rs. 107/82 – Slg. 1983, 3151, 3201.

86 EuGH, Distillers gg. Kommission, Rs. 30/78 – Slg. 1980, 2229; Musique Diffusion Française u. a. gg. Kommission, Rs. 100-103/80 – Slg. 1983, 1925; vgl. auch Kommission, Entscheidung Floral, ABl. EG 1980 Nr. L 39, S. 51, 57.

87 EuGH, Brasserie de Haecht I, De Norre, Delimitis, jeweils a. a. O.; EuG-Langnese-Iglo, Schöller, jeweils a. a. O.

88 EuGH, Delimitis, Rs. C- 234/89, a. a. O.

89 ABl. EG 2001 Nr. C 368, S. 13.

gesetzt. Diese Begrenzung gilt allerdings nur dann, wenn mindestens 30% des betreffenden Marktes von den erwähnten Parallelnetzen überzogen sind. Ihrer Natur nach besonders schwer wiegende Wettbewerbsbeschränkungen („**Kernbeschränkungen**") betrachtet die Kommission stets auch als spürbar. Zu diesen zählt sie alle horizontalen Preis-, Quoten- und Marktaufteilungsabsprachen sowie – systemwidrig – alle vertikalen Absprachen, die gemäß Art. 4 der Kommissionsverordnung (EG) Nr. 2790/1999[90] von der Gruppenfreistellung ausgeschlossen sind. Anders als in früheren Bagatellbekanntmachungen[91] definiert die Kommission den Begriff der Spürbarkeit nur noch mit Bezug auf das Tatbestandsmerkmal der Wettbewerbsbeschränkung und nicht mehr zugleich im Hinblick auf die Eignung einer Absprache zur Beeinträchtigung des Handels zwischen Mitgliedstaaten. Sie stellt hierzu lediglich fest, dass kleinen und mittleren Unternehmen im Sinne ihrer Empfehlung Nr. 96/280/EG[92] nur selten in der Lage sein werden, den innergemeinschaftlichen Wirtschaftsverkehr spürbar zu beeinflussen.

Die Spürbarkeit einer Wettbewerbsbeschränkung ist im Hinblick auf den Markt zu untersuchen, auf den sie sich auswirkt oder voraussichtlich auswirken wird.[93] Dieser so genannte **relevante Markt** ist in sachlicher und räumlicher Hinsicht von anderen Märkten abzugrenzen.[93a] Der sachlich relevante Markt umfasst alle Produkte, die vom Verbraucher aufgrund ihrer Eigenschaften, ihrer Preislage und ihres Verwendungszwecks als gleichartig angesehen werden. Der räumlich relevante Markt besteht aus einem Gebiet, in dem die betroffenen Unternehmen als Anbieter oder Nachfrager von Waren oder Dienstleistungen auftreten und in dem die Wettbewerbsbedingungen hinreichend homogen sind. Bei der Abgrenzung ist besonders auf die Art und die Eigenschaften der betreffenden Waren oder Dienstleistungen abzustellen, ferner auf das Vorhandensein von Zugangsschranken, auf Verbrauchergewohnheiten sowie auf das Bestehen erheblicher Unterschiede bei den Marktanteilen der Unternehmen oder nennenswerter Preisunterschiede zwischen dem betreffenden Gebiet und den benachbarten Gebieten. **43**

Insgesamt zeichnet sich in der jüngeren Verwaltungspraxis der Kommission eine zunehmende **Tendenz zur Abschwächung des Kartellverbots** ab. Als Mittel zur Erreichung dieses bewusst angestrebten Ziels dient die so genannte wirtschaftliche Auslegung des Art. 81 Abs. 1 EG. Die Bagatellbekanntmachung von 2001 liefert nur eines der Beispiele für die Neuausrichtung der Wettbewerbspolitik gegenüber Kartellen, die es nach Ansicht der Kommission nicht wert sind, von öffentlichen Behörden untersucht zu werden. Derartige Sachverhalte werden dort – selbst entgegen der Rechtsprechung der Gemeinschaftsgerichte – im Wege der Interpretation aus dem Verbotstatbestand ausgesondert. Noch weiter geht die Kommission in ihren **Leitlinien zur Beurteilung vertikaler Beschränkungen**[94] **und horizontaler Kooperationen**,[95] wonach nur Absprachen, welche Kernbeschränkungen enthalten, und solche, an denen zumindest ein marktmächtiges Unternehmen beteiligt **44**

---

90 ABl. EG 1999 Nr. L 336, S. 21.
91 Siehe etwa Bekanntmachung von 1997, ABl. EG 1997 Nr. C 372, S. 13.
92 ABl. EG 1996 Nr. L 107, S. 4. Im Anhang zu dieser Empfehlung werden kleine und mittlere Unternehmen definiert als Unternehmen, die entweder weniger als 250 Arbeitnehmer beschäftigen oder einen Jahresumsatz von nicht mehr als 40 Millionen Euro oder eine Jahresbilanzsumme von nicht mehr als 27 Millionen Euro aufweisen. Die Kommission beabsichtigt die Umsatzschwelle auf 50 Millionen Euro und die Bilanzsummenschwelle auf 43 Millionen Euro anzuheben.
93 Kommissionsbekanntmachung über die Definition des relevanten Marktes, ABl. EG 1997 Nr. C 372, S. 5.
93a S. o. vor Art. 81, 82 EG, RdNr. 46 ff.
94 ABl. EG 2000 Nr. C 291, S. 1.
95 ABl. EG 2001 Nr. C 3, S. 2.

ist, geeignet sein sollen, eine Wettbewerbsbeschränkung im Sinne von Art. 81 Abs. 1 EG zu bezwecken oder zu bewirken. Bisher hat der Europäische Gerichtshof den **Begriff der Marktmacht** nur im Zusammenhang mit Art. 82 EG verwendet. Ihn auf Art. 81 Abs. 1 EG zu übertragen würde bedeuten, dass die Grenzen zwischen Kartell- und Missbrauchstatbeständen verwischt werden. Eine solche Deutung des Kartellverbots kann nur als Willkür qualifiziert werden und verdient daher eine entschiedene Absage.

45 **e) Beispielskatalog.** – Art. 81 Abs. 1 EG zählt unter den lit. a) bis e) eine Reihe von **typischen Wettbewerbsbeschränkungen** auf. Sie sollen die in der Vorschrift enthaltene Generalklausel erläutern und deren Anwendung erleichtern. Vereinbarungen, Beschlüsse und aufeinander abgestimmte Verhaltensweisen, die einen der **Beispielstatbestände** erfüllen und darüber hinaus geeignet sind, den Handel zwischen Mitgliedstaaten zu beeinträchtigen[96], fallen unter das Kartellverbot. In diesem Fall brauchen die voraussichtlichen oder bereits eingetretenen Folgen der Absprache nicht mehr gesondert festgestellt zu werden. Die Existenz einer „Verhinderung, Einschränkung oder Verfälschung des Wettbewerbs" wird gesetzlich vermutet. Dies schließt eine Freistellung der Absprache nach Art. 81 Abs. 3 EG jedoch keineswegs aus. Der Beispielskatalog enthält keine Per-se-Verbote.[97] Aus der Entscheidungspraxis der Kommission und der Rechtsprechung der Europäischen Gerichte ergibt sich gleichwohl, dass bestimmte Wettbewerbsbeschränkungen keine Aussichten auf eine Befreiung vom Kartellverbot haben.[98]

46 **aa) Absprachen über Preise und Konditionen.** – Die Vorschrift der lit. a) verbietet die **Festsetzung der An- oder Verkaufspreise oder sonstiger Geschäftsbedingungen**. Sie erfasst jeden mit Hilfe oder auf Grund einer Absprache angestrebten oder durchgeführten Eingriff in die Freiheit der Unternehmen, Preise und Konditionen von Geschäften, die sie mit Dritten abschließen, selbst und in autonomer Weise zu bestimmen. Unzulässig ist sowohl die unmittelbare Einflussnahme auf die Preis- und Konditionenpolitik eines Unternehmens als auch die mittelbare Verfälschung dieser Politik durch künstliche Veränderung der für die Festsetzung von Preisen und Geschäftsbedingungen maßgeblichen Faktoren.

47 Die erste Alternative des gesetzlichen Tatbestandes erfüllen vor allem „horizontale" Absprachen über die Anwendung **gemeinsamer Verkaufspreise**.[99] Eine unmittelbare Preisfestsetzung liegt ebenfalls vor, wenn sich die Unternehmen darauf einigen, ihre **uneinheit-**

---

96 Zum Merkmal der Handelsbeeinträchtigung s. o. vor Art. 81, 82 EG, RdNr. 21 ff.

97 Siehe EuG-Matra-Hachette gg. Kommission, Rs. T-17/93 – Slg. 1994, II-595, 625 RdNr. 85, sowie EuGH, Binon gg. AMP, Rs. 243/83 – Slg. 1985, 2015, 2046 (zur Freistellbarkeit von Preisbindungssystemen).

98 S. u. RdNr. 78 ff.

99 Entscheidungen Internationales Chininkartell, ABl. EG 1969 Nr. L 192, S. 5, bestätigt durch EuGH, ACF Chemiefirma, Buchler u. Boehringer Mannheim gg. Kommission, Rs. 41/69, 44/69 u. 45/69 – Slg. 1970, 661, 733 u. 769; Papier peints de Belgique, ABl. EG 1974 Nr. L 237, S. 3, insoweit bestätigt durch EuGH, idem, Rs. 73/74 – Slg. 1975, 1491; Pergamentpapier, ABl. EG 1978 Nr. L 70, S. 54; Flachglas in Italien, ABl. EG 1981 Nr. L 326, S. 32; Dach- und Dichtungsbahnen, ABl. EG 1986 Nr. L 232, S. 15, bestätigt durch EuGH, Belasco u. a. gg. Kommission, Rs. 246/86 – Slg. 1989, 2117; Betonstahlmatten, ABl. EG 1989 Nr. L 260, S. 1, bestätigt u. a. durch EuG-Tréfileurope, gg. Kommission, Rs. T-141 bis 152/89 – Slg. 1995, II-791; Zement, ABl. EG 1994 Nr. L 343, S. 1; British sugar, ABl. EG 1999 Nr. L 76, S. 1; Graphitelektroden, ABl. EG 2002 Nr. L 100, S. 1; Vitamine, ABl. EG 2003 Nr. L 6, S. 1; Zitronensäure, ABl. EG 2002 Nr. L 239, S. 18; Belgische Brauer, ABl. EG 2003 Nr. L 200, S. 1; Zinkphosphat, ABl. EG 2003 Nr. L 153, S. 1.

lichen **Preise** um einen bestimmten Prozentsatz zu **erhöhen**.[100] Dasselbe gilt für die Abrede, **Höchst- oder Mindestpreise einzuhalten**[101], einen Gewinn zu erzielen[102], sich an Referenzpreisen auszurichten[103] oder **Zielpreise** anzustreben.[104] Zu derselben Fallgruppe zählt auch die Verpflichtung, nicht unterhalb der Selbstkosten zu verkaufen[105], gegenüber Abnehmern der gleichen Wirtschaftsstufe gleiche Preise anzuwenden[106], nicht zu Einführungs- oder Sonderpreisen anzubieten[107] und nicht von den veröffentlichten Preislisten abzuweichen.[108]

Unverbindliche Preisabsprachen sind dem Kartellverbot in derselben Weise unterworfen **48** wie die mit Rücksicht auf Art. 81 Abs. 2 immer seltener werdenden rechtsverbindlichen Vereinbarungen und Beschlüsse. Sie können das Ergebnis von – ausdrücklichen oder stillschweigenden – Empfehlungen sein, die von einem der beteiligten Unternehmen[109], einer gemeinsamen Stelle[110] oder dem jeweiligen Unternehmensverband[111] an alle Kartellmitglieder gerichtet werden, oder sich in gemeinsamen Preisinitiativen äußern, mit denen die

100 Entscheidungen Farbstoffe, ABl. EG 1969 Nr. L 195, S. 11, bestätigt u.a. durch EuGH, ICI gg. Kommission, Rs. 48/69 – Slg. 1972, 619; Französich-japanische Absprache über Kugellager, ABl. EG 1974 Nr. L 343, S. 19; Gusseisen- und Gussstahlwalzen, ABl. EG 1983 Nr. L 317, S. 1, 3 (Nr. 5), 6 (Nr. 20), 8 (Nr. 29),9 f. (Nr. 42), 12 (Nr. 53, Punkt b)); Feuerversicherung, ABl. EG 1985 Nr. L 35, S. 20, 22 ff., 24 (Nr. 25), bestätigt durch EuGH, Verband der Sachversicherer gg. Kommission, Rs. 45/85 – Slg. 1987, 405, 457 RdNr. 41; Karton, ABl. EG 1994 Nr. L 243, S. 1, bestätigt durch EuG, KNP BT gg. Kommission, Rs. T-309/94, Slg. 1998, II-1007, u. EuGH, idem, Rs. C – 248/98 P, Slg. 2000, I-9641. Röhren, ABl. EG 1999 Nr. L 24, S. 1, bestätigt u.a. durch EuGH, Brügg. Kommission, Slg. 2002, II-1487.
101 Entscheidungen Gusseisen-und Gussstahlwalzen, a.a.O., S. 6 (Nr. 17),8 (Nr. 27, 32), 9 (Nr. 34, 40), 10 (Nr. 46 a.E.), 11 f. (Nr. 53, Punkt a)); Londoner Warenbörsen für Zucker, Kakao, Kaffee, Kautschuk, ABl. EG 1985 Nr. L 369, S. 25, 27, 31, 34; Londoner Warenbörse für Sojabohnenmehl, ABl. EG 1987 Nr. L 19, S. 18, 20.
102 Entscheidungen VCH, ABl. EG 1972 Nr. L 13, S. 34, 39 (Nr. 13), 40 (Nr. 16, Punkt b)), bestätigt durch EuGH, Vereeniging van Cementhandelaren gg. Kommission, Rs. 8/72 – Slg. 1972, 977, 990.
103 Entscheidungen Solnhofener Natursteinplatten, ABl. EG 1980 Nr. L 318, S. 32; Gusseisen- und Gussstahlwalzen, a.a. O., S. 12 (Nr. 53, Punkt b)); Zinc Producer Group, ABl. EG 1984 Nr. L 220, S. 27, 37 f.
104 Entscheidungen Soda-Solvay/CFK, ABl. EG 1991 Nr. L 152, S. 16, 17 (Nr. 4), 19 (Nr. 12); Polypropylen, ABl. EG 1986 Nr. L 230, S. 1, 8 ff., 28 ff., bestätigt unter anderem durch EuG-Rhone-Poulenc, Petrofina, Atochem gg. Kommission, Rs. T-1, 2/89 – Slg. 1991, II-867, 1087, 1177; LDPE, ABl. EG 1989 Nr. L 74, S. 21, 26 ff., 33 f., PVC, ABl. EG 1994 Nr. L 239, S. 14, 20 ff., 26 f. bestätigt durch EuG, idem, Slg. 1999, II-931 RdNr. 637 ff., u. EuGH, idem, Slg. 2002, I-8375; Kupferrohre, 16. 12. 2003, IP/03/1746.
105 Entscheidung IFTRA Hüttenaluminium, a.a.O., S. 8.
106 Entscheidung IFTRA Verpackungsglas, a.a.O., S. 12 (Nr. 36).
107 Entscheidung IFTRA Verpackungsglas, a.a.O., S. 11 (Nr. 35).
108 Entscheidungen IFTRA Verpackungsglas, a.a.O., S. 12 (Nr. 36, 37); IFTRA Hüttenaluminium, a.a.O., S. 10 f.; Röhren, ABl. EG 1999 Nr. L 24, S. 1, RdNr. 147.
109 Entscheidungen Cobelpa/VNP, ABl. EG 1977 Nr. L 242, S. 10; Hasselblad, ABl 1982 Nr. L 161, S. 18, 27; Röhren, ABl. EG 1999 Nr. L 24, S. 1, RdNr. 147.
110 Entscheidungen IFTRA Verpackungsglas, ABl. EG 1974 Nr. L 160, S. 1; IFTRA Hüttenaluminium, ABl. EG 1975 Nr. L 228, S. 3.
111 Entscheidungen Fédétab, ABl. EG 1978 Nr. L 224, S. 29; Vimpoltu, ABl. EG 1983 Nr. L 200, S. 44; Feuerversicherung, ABl. EG 1985 Nr. L 35, S. 20; TEKO, ABl. EG 1990 Nr. L 13, S. 34; FENEX, ABl. EG 1996 Nr. L 181, S. 28, RdNr. 61.

Risiken einseitiger Preissenkungen- oder -erhöhungen ausgeschlossen werden.[112] Da Preisabsprachen eine Wettbewerbsbeschränkung zumindest bezwecken, kommt es für die Anwendung des Verbots nicht darauf an, ob sich die Beteiligten auch tatsächlich an den verabredeten Preis halten.[113]

49 Durch das Merkmal der **mittelbaren Preisfestsetzung** erfasst Art. 81 Abs. 1 lit. a) zum einen Ausgleichskassen und Gewinnpoolungssysteme[114], zum andern Absprachen über Preisbestandteile wie Rabatte, Skonti, Rückvergütungen etc.[115], über Kosten und Kostenfaktoren[116] oder über die Benutzung von Kalkulationsschemata mit festen Kalkulationssätzen.[117] In dieselbe Fallgruppe sind Preismeldesysteme[118] einzuordnen. Absprachen, wonach ein Unternehmen gehalten ist, seine Konkurrenten über wesentliche Elemente seiner Preispolitik zu unterrichten, sollen die Risiken ausschalten, die sich aus individuellen Wettbewerbsvorstößen einzelner Unternehmen ergeben. Derartige Initiativen werden durch die Verpflichtung zur wechselseitigen Information praktisch unmöglich gemacht. An die Stelle eines freien, unverfälschten Preiswettbewerbs tritt die auf Gruppensolidarität und gegenseitige Abhängigkeiten gestützte Koordinierung des Marktverhaltens der beteiligten Unternehmen.

50 **Vertikale Absprachen** über die Festsetzung der **Wiederverkaufspreise** sind mit Art. 81 Abs. 1 lit. a) EG ebenfalls unvereinbar. Es macht insoweit keinen Unterschied, ob die Preisbindung zunächst auf der vorgelagerten Wirtschaftsstufe kollektiv vereinbart[119] und dann

---

112 Entscheidungen Polypropylen, ABl. EG 1996 Nr. L 230, S. 1, 8 ff., 28 ff.; LDPE, ABl. EG 1989 Nr. L 74, S. 21, 26 ff.; 33 f. PVC, ABl. EG 1994 Nr. L 239, S. 14, 20 ff., 26 f.

113 EuGH, BNIC gg. Clair, Rs. 123/83 – Slg. 1985, 391, 423; Verband der Sachversicherer gg. Kommission, Rs. 45/85 – Slg. 1987, 405, 457; Meldoc, ABl. EG 1986 Nr. L 348, S. 50.

114 Entscheidungen Feinpapier, ABl. EG 1972 Nr. L 182, S. 24, 25; Cimbel, ABl. EG 1972 Nr. L 302, S. 24, 32 f.; Gusseisen-und Gussstahlwalzen, ABl. EG 1983 Nr. L 317, S. 1, 12; Milchförderungsfonds, ABl. EG 1985 Nr. L 35, S. 35, 40; Meldoc, ABl. EG Nr. L 348, S. 50.

115 Entscheidungen Wand- u. Bodenfliesen, ABl. EG 1971 Nr. L 10, S. 15, 18; Cimbel, a.a.O. S. 34; Gaswarmwasserbereiter u. Badeöfen, ABl. EG 1973 Nr. L 217, S. 34, 36; IFTRA-Verpackungsglas, ABl. EG 1974 Nr. L 160, S. 1, 12; Papers peints de Belgique, ABl. EG 1974 Nr. L 237, S. 3, 8, bestätigt durch EuGH, idem, Rs. 73/74 – Slg. 1975, 1491, 1513; Fédétab, ABl. EG 1978 Nr. L 224, S. 23, 41; Solnhofener Natursteinplatten, ABl. EG 1980 Nr. L 318, S. 32, 35; SSI, ABl. EG 1982 Nr. L 232, S. 1, 22, bestätigt durch EuGH, NSO gg. Kommission, Rs. 260/82 – Slg. 1985, 3801, 3821 ff. Siehe auch EuGH, Flämische Reisebüros, Rs. 311/85 – Slg. 1987, 3801, 3827 f.

116 Entscheidungen Nuovo CEGAM, ABl. EG 1984 Nr. L 99, S. 29, 34; Concordato Incendio, ABl. EG 1990 Nr. L 15, S. 25, 27 f.; TEKO, ABl. EG 1990 Nr. L 13, S. 34; Industriegase, ABl. EG 2003, Nr. L 84, S. 1, RdNr. 306.

117 Entscheidungen IFTRA Verpackungsglas, ABl. EG 1974 Nr. L 160, S. 1, 13, 14; IFTRA Hüttenaluminium, ABl. EG 1975 Nr. L 228, S. 3, 11; Solnhofener Natursteinplatten, ABl. EG 1980 Nr. L 318, S. 32, 37; Niederländische Bauwirtschaft, ABl. EG 1992 Nr. L 92, S. 1, bestätigt durch EuG, SPO gg. Kommission, Slg. 1995, II-289 RdNr. 146.

118 Entscheidungen IFTRA Verpackungsglas ABl. EG 1974 Nr. L 160, S. 1, 12; IFTRA Hüttenaluminium ABl. EG 1975 Nr. L 228, S. 3, 10; Cobelpa/VNP, ABl. EG 1977 Nr. L 242, S. 10, 15; Pergamentpapier, ABl. EG 1978 Nr. L 70, S. 54, 63; Hasselblad, ABl. EG 1982 Nr. L 161, S. 18, 27; Vimpoltu, ABl. EG 1983 Nr. L 200, S. 44, 48; Zellstoff, ABl. EG 1985 Nr. L 85, S. 1, 21; Peroxid, ABl. EG 1985 Nr. L 35, S. 1, 18; Meldoc, ABl. EG 1986 Nr. L 348, S. 50, 61; Fettsäuren, ABl. EG 1987 Nr. L 3, S. 17; TEKO, ABl. EG 1990 Nr. L 13, S. 34, 36; Niederländische Bauwirtschaft, ABl. EG 1992 Nr. L 92, S. 1, 16 ff.; Scottish Salmon Board, ABl. EG 1992 Nr. L 246, S. 37, 43; Methionin, ABl. EG 2003 Nr. L 255, S. 1, RdNr. 423, 435, 530.

119 Entscheidungen Aspa, ABl. EG 1970 Nr. L 148, S. 9; Vereniging van Cementhandelaren, ABl. EG 1972 Nr. L 13, S. 34, 40; Papiers peints de Belgique, ABl. EG 1974 Nr. L 237, S. 3, 8, bestä-

der folgenden Wirtschaftsstufe auferlegt oder ob sie von zwei auf verschiedenen Wirtschaftsstufen tätigen Unternehmen individuell abgesprochen wird.[120] In beiden Fällen handelt es sich um einen Eingriff in die Wettbewerbsfreiheit der Wiederverkäufer.[121] Im ersten Fall wird zusätzlich die Freiheit der Lieferanten zur autonomen Gestaltung ihrer Preispolitik in mehr oder minder starkem Masse beschränkt, je nachdem, ob sie sich zur Einhaltung eines einheitlichen Abgabepreises[122] oder lediglich zur Festsetzung von Wiederverkaufspreisen als solcher verpflichtet haben.[123] Horizontale und vertikale Bindungssysteme können zur Ausschaltung sowohl des Interbrand- als auch des Intrabrand-Preiswettbewerbs führen, während die vertikale, von Lieferanten individuell gehandhabte, aber – wie in der wirtschaftlichen Praxis üblich – sämtlichen Wiederverkäufern auferlegte Preisbindung gleichwohl „horizontale" Wirkungen erzeugt, weil sie den Intrabrand-Preiswettbewerb zwischen Händlern derselben Stufe beseitigt.[124]

Preisempfehlungen, die sich an Lizenznehmer oder Wiederverkäufer richten, sind diffe- **51** renziert zu beurteilen. Werden sie von einem Unternehmensverband oder parallel und mit gleichem Inhalt von mehreren Unternehmen der vorgelagerten Wirtschaftsstufe, also kollektiv ausgesprochen, so beweist dies das Vorliegen von Vereinbarungen, Beschlüssen oder aufeinander abgestimmten Verhaltensweisen, welche eine Einschränkung des Preiswettbewerbs auf der nachgelagerten Wirtschaftsstufe bezwecken. Für die Anwendung von Art. 81 Abs. 1 lit. a) kommt es auf den Erfolg der Empfehlung dann nicht mehr an.[125] Eine individuelle Preisempfehlung erfüllt den Tatbestand der Verhaltensabstimmung dagegen nur, wenn sie von ihrem Empfänger angenommen wird. Richtet ein Hersteller gleiche Preisempfehlungen an mehrere Händler, so begründet dieser Umstand allein noch keinen Verstoß gegen das Kartellverbot, solange die Adressaten ihre Freiheit bewahren, von den empfohlenen Preisen abzuweichen. Letzteres trifft dann nicht mehr zu, wenn zwischen dem Hersteller und dem einzelnen Händler oder zwischen den verschiedenen Händlern aufeinander abgestimmte Verhaltensweisen hinsichtlich der tatsächlichen Anwendung dieser Preise entstehen.[126]

Umstritten ist die kartellrechtliche Beurteilung von **Meistbegünstigungsklauseln**. Derar- **52** tige, in Liefer-, Lizenz- und Vertriebsverträgen oft vorkommende Bestimmungen, wonach der Lieferant oder Lizenzgeber dem anderen Vertragspartner nachträglich die jeweils günstigsten Preise und Konditionen einzuräumen hat, die er einem dritten Vertragspartner zuge-

tigt durch EuGH, idem, Rs. 73/74 – Slg. 1975, 1491, 1513; Haarden- en Kachelhandel, ABL 1975 Nr. L 159, S. 22; Rijwielhandel, ABl. EG 1978 Nr. L 20, S. 18, 24; Fédétab, ABl. EG 1978 Nr. L 224, S. 20; 37 ff., bestätigt durch EuGH, van Landewijk u. a. gg. Kommission, Rs. 209-215 u. 218/78 – Slg. 1980, 3125, 3251 ff.; VBBB/VBVB, ABl. EG 1982 Nr. L 54, S. 36, 45, bestätigt durch EuGH, VBBB u. VBVB gg. Kommission, Rs. 43 u. 63/82 – Slg. 1984, 19, 66; „Netto-Bücher"-Vereinbarungen, ABl. EG 1989 Nr. L 22, S. 12, bestätigt durch EuG-Publishers' Association gg. Kommission, Rs. T-66/89 – Slg. 1992, II-1995, wegen fehlerhafter Anwendung von Art. 81 Abs. 3 aufgehoben durch EuGH, idem, Rs. C-360/92 P – Slg. 1995, I-23.

120 Entscheidungen Omega, ABl. EG 1970 Nr. L 242, S. 22, 28; Deutsche Philips, ABl. EG 1973 Nr. L 293, S. 40, 41 f.; Gerofabriek, ABl. EG 1977 Nr. L 165, S. 8, 10 f.; Nathan, ABl. EG 2000 Nr. L 54, S. 1; Yamaha, 16. 7. 2003, IP/03/1028.

121 EuGH, Binon gg. AMP, Rs. 243/83 – Slg. 1985, 2015, 2046 RdNr. 44.

122 Entscheidungen Aspa, Vereeniging van Cementhandelaren, Haarden-en Kachelhandel, jeweils a. a. O.

123 Entscheidungen VBBB/VBVB u. „Netto-Bücher"-Vereinbarungen, jeweils a. a. O.

124 EuGH, Erauw-Jacquery gg. La Hesbignonne, Rs. 37/87 – Slg. 1988, 1919, 1940 RdNr. 15.

125 Entscheidung Vimpoltu, ABl. EG 1983 Nr. L 200, S. 302, 305 (Nr. 25–27), 306 f. (Nr. 39, 40).

126 EuGH, Pronuptia, Rs. 161/84 – Slg. 1986, 353, 384 RdNr. 25.

steht, führen tendenziell zu einer Gleichbehandlung aller Abnehmer und Lizenznehmer. Sie schränken den Spielraum des Lieferanten oder Lizenzgebers für eine individuelle Preisgestaltung in erheblichem Masse ein und kommen einem vertraglichen Diskriminierungsverbot sehr nahe. Meistbegünstigungsklauseln fallen daher nach richtiger Auffassung regelmäßig unter Art. 81 Abs. 1 lit. a).[127] Die Entscheidungspraxis der Kommission ist großzügiger. Diese hält die erwähnten Klauseln für zulässig, falls sie in Vereinbarungen über die gemeinsame Entwicklung mit anschließender Vermarktung eines neuen technischen Erzeugnisses[128] oder in einen Patentlizenz- oder Know-Vertrag[129] eingebettet sind.[130]

53   Die durch Art. 81 Abs. 1 lit. a) ebenfalls verbotenen Absprachen über die **Festsetzung der Ankaufspreise** spielen in der wirtschaftlichen Praxis eine eher untergeordnete Rolle. Meistens bilden sie einen Teilaspekt von Einkaufsgemeinschaften und sind mit diesen zusammen zu würdigen.[131] Gelegentlich treten sie außerhalb derartiger Organisationen in Erscheinung.[132] Der individuelle Einkauf auf der Grundlage kollektiv ausgehandelter Meistbegünstigungsklauseln steht dem gemeinsamen Einkauf gleich. Die erwähnten Absprachen bezwecken Wettbewerbsbeschränkungen. Dabei wird der **Nachfragewettbewerb** allerdings nur in Situationen der Angebotsverknappung beeinträchtigt. Das eigentliche Ziel der beteiligten Unternehmen besteht normalerweise in der Erreichung **günstigerer Einkaufspreise**, sei es in Gestalt höherer Mengenrabatte, die der Lieferant auf die Gesamtabnahmemenge gewährt[133], sei es als Folge von Preiskonzessionen, zu denen er sich mit Rücksicht auf die verstärkte Verhandlungsmacht der als Einheit auftretenden Nachfrager genötigt sieht.[134] In beiden Fällen schränkt die Absprache den **wirtschaftlichen Handlungsspielraum der Anbieter** ein. Auf dem Wege über die Festsetzung einheitlicher Einkaufspreise für Rohstoffe oder Vorprodukte wird unter Umständen darüber hinaus eine **Angleichung der Gestehungskosten** und somit der Abgabepreise für das Endprodukt angestrebt oder zumindest bewirkt.[135] Dies ist gleichbedeutend mit einer Wettbewerbsbeschränkung auf dem Markt der Fertigerzeugnisse. In manchen Fällen hat die Absprache einen atypischen, aber darum nicht weniger kritikwürdigen Zweck, nämlich die Ausschaltung jeglichen Wettbewerbs zwischen den Mitgliedern einer Einkaufsorganisation beim **Weiterverkauf** der gemeinsam erworbenen Produkte[136] oder die Neutralisierung von preisgünstigen Einfuhren.[137]

---

127 Für diese Auffassung spricht, dass die Kommission auch andere vertragliche Einschränkungen der Preisgestaltungsfreiheit des Lieferanten als kartellrechtlich relevant angesehen hat; siehe etwa Entscheidung Polistil/Arbois, ABl. EG 1984 Nr. L 136, S. 9, 12 (insbesondere Nr. 44, 45).

128 Entscheidung ACEC/Berliet, ABl. EG 1968 Nr. L 201, S. 7, 8 (Nr. 4), 9 (Nr. 2).

129 Entscheidung Kabelmetal, ABl. EG 1975 Nr. L 222, S. 34, 37.

130 Siehe auch die frühere Verordnung (EG) Nr. 240/96 über die Anwendung von Art. 81 Absatz 3 des Vertrages auf Gruppen von Technologietransfer-Vereinbarungen (ABl. EG 1996 Nr. L 31, S. 2), Art. 2 Abs. 1 Nr. 10 und Abs. 2.

131 Entscheidungen SOCEMAS, ABl. EG 1968 Nr. L 204, S. 4; Intergroup, ABl. EG 1975 Nr. L 212, S. 23; National Sulphuric Acid Association I, ABl. EG 1980 Nr. L 260, S. 24, u. II, ABl. EG 1989 Nr. L 190, S. 22; Ijsselcentrale, ABl. EG 1991 Nr. L 28, S. 32.

132 Entscheidungen Internationales Chininkartell, ABl. EG 1969 Nr. L 192, S. 5, 7 (Nr. 5), 9 (Nr. 8), 18 (Nr. 33); Aluminiumeinfuhren aus Osteuropa, ABl. EG 1985 Nr. L 92, S. 1, 13 ff.; 39 f. Zement, ABl. EG 1994 Nr. L 343, S. 1, 55 ff. (Nr. 24-26), 113 (Nr. 54), 114 ff. (Nr. 56).

133 Entscheidungen SOCEMAS, a. a. O. S. 6, und Intergroup, a. a. O., S. 25.

134 Entscheidungen National Sulphuric Acid Association I, a. a. O., S. 30, u. II, a. a. O., S. 23.

135 Entscheidungen National Sulphuric Acid Association I, a. a. O., S. 29 (Nr. 35), u. II, a. a. O., S. 23 (Nr. 6 c).

136 Entscheidung Ijsselcentrale, a. a. O., S. 40 f. (Nr. 25).

137 Entscheidungen Aluminiumeinfuhren aus Osteuropa und Zement, jeweils a. a. O.

Neben Preisabsprachen nennt Art. 81 Abs. 1 lit. a) **Absprachen über Geschäftsbedingun-** 54
gen. Auch sie stellen ihrer Natur nach verbotene Wettbewerbsbeschränkungen dar.[138] Dies gilt für horizontale Konditionenkartelle[139] ebenso wie für vertikale Konditionenbindungen.[140] Ob die beteiligten Unternehmen ihre gesamten Geschäftsbedingungen vereinheitlichen oder sich nur auf die gemeinsame Verwendung bestimmter Konditionen einigen, macht im Hinblick auf die Verbotsvorschrift keinen Unterschied. Aus der Entscheidungspraxis sind folgende Beispiele zu nennen: die Verpflichtung, Preise nur in der Währung des Bestimmungslandes anzugeben[141], Lieferungen stets nach dem Franko-Preis-System abzurechnen[142], das Gesamtsortiment in gemeinsam festgelegte Preis- und Güteklassen einzuteilen[143], Kunden keine Barzahlungsrabatte, Geschenke oder Sonderleistungen zu gewähren, kurze Zahlungsziele vorzuschreiben und bei deren Überschreitung bestimmte Zinssätze zu berechnen.[144] Absprachen zwischen Wettbewerbern über einen Austausch der jeweils geltenden Konditionen erfüllen den Tatbestand der mittelbaren Festsetzung von Geschäftsbedingungen.[145] Konditionenempfehlungen sind ebenso wie Preisempfehlungen zu beurteilen.[146]

Die oben aufgezählten Beispiele verdeutlichen, dass **Preis- und Konditionenabsprachen** 55 eng miteinander verwandt sind und sich in vielen Fällen gegenseitig ergänzen.[147] Dieser Zusammenhang zeigt sich auch bei den entsprechenden Absprachen im Dienstleistungsbereich. So war der **Telekommunikationssektor** vor der Liberalisierung durch Vereinbarungen über Entgelte für die Bereitstellung von Fernmeldeanlagen, insbesondere Mietleitungen, und die Erbringungen von Mehrwertdiensten sowie über die den jeweiligen Kunden aufzuerlegenden Geschäftsbedingungen geprägt.[148]

---

138 Kommission, Entscheidungen Vereeniging van Cementhandelaren, ABl. EG 1972 Nr. L 13, S. 34, 40 f. (Nr. 16, e)); Cimbel, ABl. EG 1972 Nr. L 303, S. 24, 32; GISA, ABl. EG 1972 Nr. L 303, S. 45, 48; Papiers peints de Belgique, ABl. EG 1974 Nr. L 237, S. 3, 7 ff.; Fédétab, ABl. EG 1978 Nr. L 224, S. 29, 38 f. Solnhofener Natursteinplatten, ABl. EG 1980 Nr. L 318, S. 32, 35 (Nr. 27); ABl. EG 1987 Nr. L 43, S. 51, 54, 58; Niederländische Banken, ABl. EG 1989 Nr. L 253, S. 1, 9 f.; Concordato Incendio, ABl. EG 1990 Nr. L 15, S. 25, 27, sowie EuGH, Vereeniging van Cementhandelaren gg. Kommission, Rs. 8/72 – Slg. 1972, 977, 990 f.; Papiers peints de Belgique, Rs. 73/74 – Slg. 1974, 1491, 1512 ff.; Van Landewijk u. a. gg. Kommission, Rs. 209 bis 215 u. 218/78 – Slg. 1980, 3125, 3270.
139 Siehe die in Fn. 138 zitierten Entscheidungen.
140 Entscheidungen IATA Passenger Agency und Cargo Agency Programme, ABl. EG 1991 Nr. L 258, S. 18 u. S. 29.
141 Entscheidung IFTRA Hüttenaluminium, ABl. EG 1975 Nr. L 228, S. 3, 11.
142 Entscheidungen IFTRA Verpackungsglas, ABl. EG 1974 Nr. L 160, S. 1, 9; CSV, ABl. EG 1978 Nr. L 242, S. 15, 33.
143 Entscheidung Papiers peints de Belgique, ABl. EG 1974 Nr. L 237, S. 3, 7.
144 Entscheidungen Vereeniging van Cementhandelaren, ABl. EG 1972 Nr. L 13, S. 34, 40 f. (Nr. 16, e)); Papiers peints de Belgique, a. a. O.; Fédétab, ABl. EG 1978 Nr. L 224, S. 29, 35 (Nr. 51 f.), 37 (Nr. 76), 39 (Nr. 86).
145 Entscheidungen IFTRA Verpackungsglas, ABl. EG 1974 Nr. L 160, S. 1, 13; IFTRA Hüttenaluminium, ABl. EG 1975 Nr. L 228, S. 3, 10.
146 S. o. RdNr. 51.
147 Entscheidungen Vereeniging van Cementhandelaren, ABl. EG 1972 Nr. L 13, S. 34; Papiers peints de Belgique, ABl. EG 1974 Nr. L 237, S. 3; Fédétab, ABl. EG 1978 Nr. L 224, S. 29; Dach- und Dichtungsbahnen, ABl. EG 1986 Nr. L 232, S. 15; „Netto-Bücher"-Vereinbarungen, ABl. EG 1989 Nr. L 22, S. 12; TACA, ABl. EG 1999 Nr. L 95, S. 1, EATA, ABl. EG 1999 Nr. L 192, S. 23.
148 Kommission, XX. Wettbewerbsbericht (1990), Ziff. 56 bis 58; Leitlinien für die Anwendung der gemeinschaftlichen Wettbewerbsregeln im Telekommunikationsbereich (ABl. EG 1991 Nr. C 233, S. 2), Ziff. 41 ff.

56   Vielfach ist das Interesse der Beteiligten auf eine **differenzierte Anwendung** von Geschäftsbedingungen gerichtet. Dieser Gedanke findet sich etwa in Absprachen über die Gliederung des Gesamtangebots in unterschiedliche Warenklassen oder über die Einteilung der Abnehmer in verschiedene Kategorien, denen unterschiedliche Preise und Konditionen eingeräumt werden.[149] In derartigen Fällen überschneidet sich der Tatbestand des Art. 81 Abs. 1 lit. a) EG mit demjenigen der **kollektiven Diskriminierung** nach lit. d)[150], wenn die Differenzierung anhand von Maßstäben durchgeführt wird, denen keine objektive Rechtfertigung zugrunde liegt[151] oder die im Widerspruch zu den Grundsätzen des Vertrages stehen. Letzteres gilt etwa für die Schlechterbehandlung von parallel eingeführten Waren bei der Gewährung von Garantieleistungen[152] oder der Erteilung von Gütesiegeln.[153]

57   **bb) Einschränkung oder Kontrolle der Erzeugung, des Absatzes, der technischen Entwicklung oder der Investitionen.** – Art. 81 Abs. 1 lit. b) EG erfasst Vereinbarungen, Beschlüsse und aufeinander abgestimmte Verhaltensweisen, welche die Entscheidungs- und Handlungsfreiheit der Unternehmen in verschiedenen Bereichen ihrer wettbewerbsrelevanten Tätigkeit beeinträchtigen. Die Begriffe „Erzeugung", „Absatz", „technische Entwicklung" und „Investitionen" verdeutlichen die unterschiedlichen Angriffspunkte der Absprache. Ihre Aneinanderreihung hat jedoch zur Folge, dass der gesamte **Kernbereich der Geschäftspolitik** von Unternehmen auf jedweder Wirtschaftsstufe abgedeckt wird. Durch die alternative Verwendung der Merkmale „Einschränkung" und „Kontrolle" erhält die Vorschrift einen noch weiteren Geltungsbereich. Die außergewöhnliche Tragweite des Verbotstatbestandes erklärt sich aus der besonderen Gefährdung des Wettbewerbs durch die betreffenden Absprachen. Gemeinsames Merkmal der verschiedenen Tatbestandsgruppen ist die Beschränkung des Leistungsangebots der Unternehmen und damit des Mengen- und Qualitätswettbewerbs.

58   Die Tatbestandsmerkmale der Einschränkung der Erzeugung oder des Absatzes beziehen sich vor allem auf **Quotenabsprachen**. Vertragliche Produktionsverbote[154] kommen außerhalb von Spezialisierungsvereinbarungen[155] vergleichsweise selten vor. Gleiches gilt für Absprachen über die Begrenzung der herzustellenden Mengen[156] oder des Nutzungs-

---

149 Entscheidungen Papiers peints de Belgique, ABl. EG 1974 Nr. L 237, S. 3 ff. 7 f., insoweit bestätigt durch EuGH, idem, Rs. 73/74 – Slg. 1975, 1491, 1513 RdNr. 14; Fédétab, ABl. EG 1978 Nr. L 224, S. 29, 31 ff., 35 ff., 38 (Nr. 81), 40 f. (Nr. 96, 97), bestätigt durch EuGH, Van Landewijk u. a. gg. Kommission, Rs. 209 bis 215 u. 218/78 – Slg. 1980, 3125, 3251 ff.; SSI, ABl. EG 1982 Nr. L 232, S. 1, bestätigt durch EuGH, idem, Rs. 240 bis 242, 261, 262, 268 u. 269/82 – Slg. 1985, 3831, 3865 ff., u. NSO gg. Kommission, Rs. 260/82 – Slg. 1985, 3801, 3817 ff.

150 Einzelheiten dazu unten in RdNr. 71.

151 Entscheidung SSI, a. a. O., S. 12 ff., 22 (Nr. 99, Punkt b)), vom EuGH offengelassen in NSO gg. Kommission, Rs. 260/82 – a. a. O., S. 3824 RdNr. 42, 43.

152 Entscheidung Zanussi, ABl. EG 1978 Nr. L 322, S. 36, 38 f.

153 Entscheidung Navewa/Anseau, ABl. EG 1982 Nr. L 167, S. 39, bestätigt durch EuGH, IAZ u. a. gg. Kommission, Rs. 96 bis 102, 104, 105, 108 u. 110/82 – Slg. 1983, 3369, 3411.

154 Entscheidungen Convention Chaufourniers, ABl. EG 1969 Nr. L 122, S. 8; Internationales Chininkartell, ABl. EG 1969 Nr. L 192, S. 5, 17 (Nr. 30); Stichting Baksteen, ABl. EG 1994 Nr. L 131, S. 15, 18 (Nr. 10).

155 Siehe dazu unten RdNr. 59, 88 ff.

156 Entscheidungen Gussglas in Italien, ABl. EG 1980 Nr. L 383, S. 19, 21, 24; Zinc Producer Group, ABl. EG 1984 Nr. L 220, S. 27, 33 f. (Nr. 36–39); Karton, ABl. EG 1994 Nr. L 243, S. 1, 17 f. (Nr. 57, 58), 42 (Nr. 130).

grades vorhandener Produktionsanlagen[157] oder Transportmittel[158], wobei sich das Kartell ausnahmsweise auch auf die Bevorratungspolitik seiner Mitglieder erstrecken kann.[159] Direkte Eingriffe in die Produktion und die Lagerhaltung entsprechen jedoch nicht der Regel. Üblicherweise werden **Lieferquoten** festgelegt, welche den Absatz unmittelbar, die Erzeugung dagegen nur mittelbar einschränken.[160] Quotenabsprachen werden zumeist von Kontrollmaßnahmen begleitet, welche die Einhaltung der Kartellregeln und damit zugleich den Fortbestand des Kartells selbst gewährleisten sollen.[161] In der Mehrzahl der Fälle werden Abweichungen von den vorher festgelegten Lieferzielen jedoch toleriert und im Rahmen eines Mengenausgleichs[162] oder eines Erlösausgleichs[163] neutralisiert.

Als Einschränkung der Erzeugung oder des Absatzes sind auch **Herstellungsverbote** **59** zu qualifizieren. Zum Kreis derartiger Absprachen zählt die Verpflichtung, bestimmte Erzeugnisse nicht herzustellen[164] – welche die Grundlage jeder **Spezialisierungsver-**

---

157 Entscheidungen Karton, a.a.O., S. 19 ff. (Nr. 65–71), 42 f. (Nr. 134).

158 Entscheidung Trans-Atlantic Agreement, ABl. EG 1994 Nr. L 376, S. 1, 3 (Nr. 16–22), 30 f. (Nr. 297–303).

159 Entscheidungen Gussglas in Italien, a.a.O., S. 22 f.; Stichting Baksteen, a.a.O., S. 18 (Nr. 9), 19 (Nr. 16).

160 Entscheidungen Internationales Chemiekartell, ABl. EG 1969 Nr. L 192, S. 5, 7, 16 (Nr. 28); NCH, ABl. EG 1972 Nr. L 22, S. 16, 17 f., 23; Feinpapier, ABl. EG 1972 Nr. L 182, S. 24, 25; CRN, ABl. EG 1972 Nr. L 303, S. 7, 8, 12 ff., 14 (Nr. 15); Cimbel, ABl. EG 1972 Nr. L 303, S. 24, 26 f., 32 f.; Europäische Zuckerindustrie, ABl. EG 1973 Nr. L 140, S. 17, 23 f. (Nr. 13), 31 f.; Pilzkonserven, ABl. EG 1975 Nr. L 29, S. 26, 27 f. (Nr. 4a), 28 (Nr. 2); Pergamentpapier, ABl. EG 1978 Nr. L 70, S. 54, 56 f., 61; CSV, ABl. EG 1978 Nr. L 242, S. 15, 18 f. (Nr. 18), 27 ff.; Bleiweiss, ABl. EG 1979 Nr. L 21, S. 16; BP Kemi/BASF, ABl. EG 1979 Nr. L 284, S. 32, 36 (Nr. 28), 38 (Nr. 41), 44 f. (Nr. 78), 45 (Nr. 82); Gussglas in Italien, ABl. EG 1980 Nr. L 383, S. 19, 21 f., 23 ff.; Gusseisen- und Gussstahlwalzen, ABl. EG 1983 Nr. L 317, S. 1, 12 f. (Nr. 53 d); Flachglas Benelux, ABl. EG 1984 Nr. L 212, S. 13, 16 ff., 19 f.; Zinc Producer Group, ABl. EG 1984 Nr. L 220, S. 27, 34 ff. (Nr. 41–59), 40 f. (Nr. 77–82); Peroxyd, ABl. EG 1985 Nr. L 35, S. 1, 3 f., 8 ff., 15 (Nr. 50); Polypropylen, ABl. EG 1986 Nr. L 230, S. 1, 16 f. (Nr. 52, 53), 26 (Nr. 80), 29 (Nr. 89); Dach- und Dichtungsbahnen, ABl. EG 1986 Nr. L 232, S. 15, 17 f. (Nr. 16, 17), 24 (Nr. 73, iii), 25 (Nr. 74, ii), 80 (Nr. 78); Meldoc, ABl. EG 1986 Nr. L 348, S. 50 (Nr. 21), 60 (Nr. 60); Betonstahlmatten, ABl. EG 1989 Nr. L 260, S. 1, 7 (Nr. 22), 8 ff. (Nr. 23–77), 27 ff. (Nr. 126–156), 33 f. (Nr. 159-162), 37 f. (Nr. 174–183); Soda-Solvay/CFK, ABl. EG 1991 Nr. L 152, S. 16; Karton, ABl. EG 1994 Nr. L 243, S. 1, 16 ff. (Nr. 51–60), 41 ff. (Nr. 129-134); PVC, ABl. EG 1994 Nr. L 239, S. 14, 16 ff. (Nr. 7, 10–16), 26 f. (Nr. 35–38).

161 Entscheidungen Pilzkonserven, ABl. EG 1975 Nr. L 29, S. 26, 27 (Nr. 4e); BP Kemi/DDSF, ABl. EG 1979 Nr. L 286, S. 32, 44 f. (Nr. 78) Bleiweiss, ABl. EG 1979 Nr. L 21, S. 16, 18 ff.; Gussglas in Italien, ABl. EG 1980 Nr. L 383, S. 19, 21 ff.; Flachglas Benelux, ABl. EG 1984 Nr. L 213, S. 13, 17 f. (Nr. 35); Polypropylen, a.a.O., S. 20 (Nr. 66); Dach- und Dichtungsbahnen, ABl. EG 1986 Nr. L 232, S. 15, 18 (Nr. 20, 21); Karton, a.a.O., S. 18 ff.

162 Entscheidungen CRN, ABl. EG 1972 Nr. L 22, S. 16, 17 f.; Cimbel, ABl. EG 1972 Nr. L 303, S. 24, 26 f.; CSV, ABl. EG 1978 Nr. L 242, S. 15, 18 f.; Bleiweiss, a.a.O.; Gussglas in Italien, a.a.O., PVC, a.a.O.; Flachglas, ABl. EG 1989 Nr. L 33, S. 44, 53 f. (Nr. 48), 57 ff. (Nr. 53–58).

163 Entscheidungen NCH, ABl. EG 1972 Nr. L 22, S. 16, 17 f.; Feinpapier, ABl. EG 1972 Nr. L 182, S. 24, 25; CRN, a.a.O.; Cimbel, a.a.O.; BP Kemi/DDSF, a.a.O.; Gusseisen- u. Gussstahlwalzen, ABl. EG 1983 Nr. L 317, S. 1, 12 f. (Nr. 53d); Dach- und Dichtungsbanen, a.a.O.; Meldoc, ABl. EG 1986 Nr. L 348, S. 50, 54 (Nr. 21), 60 (Nr. 60); Betonstahlmatten, ABl. EG 1989 Nr. L 260, S. 1, 15 (Nr. 60–63); PVC, ABl. EG 1994 Nr. L 239, S. 14, 17 f. (Nr. 11).

164 Entscheidung Internationales Chininkartell, ABl. EG 1969 Nr. L 192, S. 5, 17.

einbarung bildet[165] – oder nur an einem bestimmten Ort oder in einem bestimmten Gebiet[166], in bestimmten Qualitäten[167] oder unter Einhaltung bestimmter Normen oder Typen[168] zu produzieren. Die Gründung eines Gemeinschaftsunternehmens zur Warenerzeugung geht regelmäßig mit ausdrücklichen oder stillschweigenden Produktionsverzichten seitens der Gründer einher.[169]

60   **Verkaufsverbote** kommen in unterschiedlicher Gestalt vor. Sie können einen quasi-absoluten Charakter annehmen, so in Fällen, in denen ein Unternehmen seine Erzeugnisse nicht selbst vermarkten darf. Derartige Klauseln sind insbesondere in Zulieferverträgen[170] und in Vereinbarungen über den gemeinsamen Verkauf[171] anzutreffen. Relative Bedeutung hat das Verkaufsverbot dann, wenn es sich auf bestimmte Gebiete (Ausfuhrverbot)[172] oder Kategorien von Abnehmern[173] auf Unternehmen mit gleicher Funktion (Quer-, Sprung- und Rücklieferungsverbote in selektiven Vertriebsverträgen)[174], auf bestimmte Zeiträu-

---

165 Entscheidungen ACEC/Berliet, ABl. EG 1968 Nr. L 201, S. 7; Clima Chappée/Buderus, ABl. EG 1969 Nr. L 195, S. 1, JAZ/Peter I, ABl. EG 1969 Nr. L 195, S. 5, u. II, ABl. EG 1978 Nr. L 61, S. 17; FN/CF, ABl. EG 1971 Nr. L 134, S. 6; Sopelem/Langen, ABl. EG 1972 Nr. L 13, S. 47; MAN/Saviem, ABl. EG 1972 Nr. L 31, S. 29; Wild/Leitz, ABl. EG 1972 Nr. L 61, S. 27; Feinpapier, ABl. EG 1972 Nr. L 182, S. 24; Prym/Beka, ABl. EG 1973 Nr. L 296, S. 24; Kali u. Salz/ Kali Chemie, ABl. EG 1974 Nr. L 19, S. 22; Rank/Sopelem, ABl. EG 1975 Nr. L 29, S. 20; Bayer/Gist-Brocades, ABl. EG 1976 Nr. L 30, S. 13; Sopelem/Vichers I, ABl. EG 1978 Nr. L 70, S. 47, u. II, ABl. EG 1981 Nr. L 391, S. 1; Gussglas Italien, ABl. EG 1980 Nr. L 383, S. 19; Zinkbleche, ABl. EG 1982 Nr. L 362, S. 40; VW/MAN, ABl. EG 1983 Nr. L 376, S. 11; BPCC/ICI, ABl. EG 1984 Nr. L 212, S. 1; ENI/Montedison, ABl. EG 1987 Nr. L 5, S. 13; Alcatel/ANT, ABl. EG 1990 Nr. L 32, S. 19, sowie Verordnung (EG) Nr. 2658/2000 über die Anwendung von Art. 81 Absatz 3 des Vertrages auf Gruppen von Spezialisierungsvereinbarungen, ABl. EG 2000 Nr. L 304, S. 3 – dazu unten RdNr. 88 ff.
166 Entscheidung Windsurfing International, ABl. EG 1983 Nr. L 229, S. 1, 14.
167 Fall Teigwarenindustrie, ABl. EG 1986 Nr. C 266, S. 5.
168 Entscheidungen Videokassetten-Geräte, ABl. EG 1978 Nr. 47/42, 45; Dach- und Dichtungsbahnen, ABl. EG 1986 Nr. L 232, S. 15, 24; X/Open Group, ABl. EG 1987 Nr. L 35, S. 36, 40, sowie Bekanntmachung über Leitlinien zur Anwendung der EWG-Wettbewerbsregeln in Telekommunikationsbereich, ABl. EG 1991 Nr. C 233, S. 2, 12 RdNr. 49 ff.
169 Wegen der Einzelheiten siehe Kommission, Bekanntmachung über die Beurteilung kooperativer Gemeinschaftsunternehmen nach Art. 81 des EWG-Vertrags, ABl. EG 1993 Nr. C 43, S. 2, und die dort zitierten Entscheidungen.
170 Kommission, Bekanntmachung über die Beurteilung von Zulieferverträgen nach Art. 81 Absatz 1 des EWG-Vertrages, ABl. EG 1979 Nr. C 1, S. 2.
171 Entscheidungen Cobelaz/Fébelaz, ABl. EG 1968 Nr. L 276, S. 13; Cobelaz-Kohereien, ABl. EG 1968 Nr. L 276, S. 19; CFA, ABl. EG 1968 Nr. C 276, S. 29, SEIFA, ABl. EG 1969 Nr. L 173, S. 8; Supexie, ABl. EG 1971 Nr. L 10, S. 12; NCH, ABl. EG 1972 Nr. L 22, S. 16; CN, ABl. EG 1972 Nr. L 303, S. 7; Cimbel, ABl. EG 1972 Nr. L 303, S. 24; SCPA/Kali u. Salz, ABl. EG 1973 Nr. L 217, S. 3; Kali u. Salz/Kali Chemie, ABl. EG 1974 Nr. L 19, S. 22; Sopelem/Vickers I u. II, a. a. O.; CSV, ABl. EG 1978 Nr. L 242, S. 15; Bleiweiss, ABl. EG 1979 Nr. L 21, S. 16, 21; Meldoc, ABl. EG 1986 Nr. L 348, S. 50, 57; Hudson's Bay, ABl. EG 1988 Nr. L 316, S. 43, 46; ANSAC, ABl. EG 1991 Nr. L 152, S. 54; HOV- SVZ/MCN, ABl. EG 1994 Nr. L 104, S. 34, 41.
172 In diesem Fall liegt gleichzeitig eine Marktaufteilung im Sinne von Art. 81 Abs. 1 lit. c) vor; siehe dazu unten RdNr. 65 ff.
173 Entscheidungen Papiers peints de Belgique, ABl. EG 1974 Nr. L 237, S. 3, 7; Fédétab, ABl. EG 1978 Nr. L 224, S. 29, 38; Dach- und Dichtungsbahnen, a. a. O., S. 25.
174 Siehe dazu auch unten RdNr. 90.

me[175], bestimmte Warenqualitäten[176] oder bestimmte Arten der Veräußerung[177] bezieht. Um eine Einschränkung des Verkaufs geht es in Alleinvertriebs-[178] und Alleinbezugsvereinbarungen[179], wobei im ersten Fall die Absatzmöglichkeiten des liefernden Vertragspartners, im zweiten Fall diejenigen dritter Unternehmen beeinträchtigt werden.[180] Dieselben Wirkungen, jedoch in vergrößertem Maßstab, zeitigen kollektive Liefer- und Bezugsbindungen.[181]

Eine mittelbare Einschränkung des Absatzes stellen **private Selbstbeschränkungsab-** **61** **kommen** dar, mit denen in aller Regel eine Milderung des Wettbewerbsdrucks in bestimmten Märkten angestrebt wird.[182] Die Gründung von kooperativen Vollfunktionsgemeinschaftsunternehmen[183] hat im Allgemeinen zur Folge, dass die Gründerunternehmen, selbst wenn sie weiterhin dieselben Erzeugnisse wie das Gemeinschaftsunternehmen herstellen, sich bei deren Verkauf im Absatzgebiet des Gemeinschaftsunternehmen zurückhalten, so dass man hier von einer indirekten Absatzbeschränkung sprechen kann.

Absprachen zur **Einschränkung der technischen Entwicklung** fallen typischerweise un- **62** ter den Verbotstatbestand des Art. 81 Abs. 1 lit. b) EG, weil sie Wettbewerbsimpulse im Keim ersticken. Dabei macht es im Grunde genommen keinen Unterschied, ob bereits die Entstehung neuer technischer Kenntnisse oder erst deren Verbreitung verhindert oder erschwert wird. Unzulässig sind deshalb zum einen vertragliche Forschungs- und Entwicklungsverbote, wie sie gelegentlich beim Verkauf von Unternehmen einschließlich des in ihnen verkörperten Goodwill und Know-how vereinbart werden.[184] Zu Recht behandelt die Kommission den Verzicht eines Unternehmens auf eigene Forschung und Entwicklung auch dann als Wettbewerbsbeschränkung, wenn er der Konzentration der betreffenden Tätigkeiten im Rahmen eines von mehreren Unternehmen gemeinsam betriebenen For-

---

175 Entscheidungen Papiers peints de Belgique, a.a.O. (Verkäufe nur an bestimmten Wochentagen ausserhalb der Saison); BP/Kellog, ABl. EG 1985 Nr. L 369, S. 6, u. Continental/Michelin, ABl. EG 1988 Nr. L 305, S. 33, 38 (Verkäufe von Erzeugnissen während der Entwicklungsphase).

176 Entscheidung IFTRA Verpackungsglas, ABl. EG 1974 Nr. L 160, S. 1, 12.

177 Entscheidung Frubo, ABl. EG 1974 Nr. L 237, S. 16 (Verpflichtung, bestimmte Erzeugnisse nur im Wege der Versteigerung abzusetzen).

178 Siehe dazu Verordnung (EG) Nr. 2790/1999, ABl. EG 1999 Nr. L 336, S. 21, Art. 4 lit. b).

179 Siehe dazu Verordnung (EG) Nr. 2790/1999, ABl. EG 1999, a.a.O., Art. 5 lit. a).

180 S.o. RdNr. 21 ff.

181 Entscheidungen Aspa, ABl. EG 1970 Nr. L 148, S. 9; Vereenigung van Cementhandelaren, ABl. EG 1972 Nr. L 13, S. 34; Zentralheizung, ABl. EG 1972 Nr. L 264, S. 22; GISA, ABl. EG 1972 Nr. L 303, S. 45; Gas-Warmwasserbereiter und -badeöfen, ABl. EG 1973 Nr. L 217, S. 34, Papiers peints de Belgique, ABl. EG 1974 Nr. L 237, S. 3; Turbo, ABl. EG 1974 Nr. L 237, S. 16, Haarden-en Kachelhandel, ABl. EG 1975 Nr. L 159, S. 22; Bomée-Stichting, ABl. EG 1975 Nr. L 329, S. 30; CBR, ABl. EG 1978 Nr. L 20, S. 18; Blumenkohl, ABl. EG 1978 Nr. L 21, S. 23; Fédétab ABl. EG 1978 Nr. L 224, S. 29; Lab, ABl. EG 1980 Nr. L 51, S. 19; IMA-Statut, ABl. EG 1980 Nr. L 318, S. 1; Solnhofener Natursteinplatten, ABl. EG 1980 Nr. L 318, S. 32; VBBB/VBVB, ABl. EG 1982 Nr. L 54, S. 36; IATA Passenger u. Cargo Agency Programme, ABl. EG 1991 Nr. L 258, S. 18 u. 29; Stichting Kraanverhuur, ABl. EG 1995 Nr. L 312, S. 79, Verkauf von Eisenbahnfahrausweisen durch Reisebüros, ABl. EG 1992 Nr. L 366, S. 47.

182 Entscheidungen Französisch-japanische Absprache über Kugellager, ABl. EG 1974 Nr. L 343, S. 19; Pilzkonserven, ABl. EG 1975 Nr. L 29, S. 26, sowie Kommission, Bekanntmachung über die Einfuhr japanischer Erzeugnisse in die Gemeinschaft, ABl. EG 1972 Nr. C 111, S. 13.

183 Kommission, Bekanntmachung über die Beurteilung kooperativer Gemeinschaftsunternehmen nach Art. 81 des EWG-Vertrags, ABl. EG 1993 Nr. C 43, S. 2.

184 Entscheidung Reuter/BASF, ABl. EG 1976 Nr. L 254, S. 40, 47.

schungs- und Entwicklungsprogramms dient.[185] Gegen das Kartellverbot verstoßen zum anderen Absprachen, die darauf abzielen, zur Produktionsreife entwickelte Erzeugnisse weder selbst herzustellen noch durch Dritte herstellen zu lassen oder neuartige Produktionsverfahren nicht für die geschäftliche Nutzung freizugeben.[186] Auch die Erteilung ausschließlicher Lizenzen an wenige, marktmächtige Unternehmen kann dann, wenn sie den Zugang Dritter zu einer neuen Technologie ungebührlich behindert, eine Einschränkung der technischen Entwicklung mit sich bringen.[187]

63   Vereinbarungen über die **Einschränkung der Investitionen** nehmen den beteiligten Unternehmen die Möglichkeit, ihre künftige Geschäftspolitik, vor allem im Bereich der Produktion, in autonomer Weise, d.h. unter ausschließlicher Berücksichtigung ihres Eigeninteresses, festzulegen. Sie verfälschen damit zugleich die Entwicklung des Wettbewerbs auf den betroffenen Märkten. Aus beiden Gründen haben sie in die Vorschrift des Art. 81 Abs. 1 lit. b) EG Eingang gefunden. Der gesetzliche Tatbestand umfasst das Verbot, neue Produktionsanlagen zu errichten[188], das Verbot, sich an entsprechenden Investitionen Dritter zu beteiligen[189], die Verpflichtung, bestehende Kapazitäten nicht zu erweitern[190] und zu gewährleisten, dass sich auch eventuelle Käufer der Fabriken an dieses Ziel halten[191], sowie das Versprechen, Produktionsanlagen oder -ausrüstungen nicht ohne Zustimmung der anderen Kartellmitglieder an Dritte zu veräußern, es sei denn, es handele sich um einen Verkauf nach Demontage.[192] Er erstreckt sich ferner auf Absprachen über einen Kapazitätsabbau, wie sie insbesondere **Strukturkrisenkartelle** kennzeichnen.[193] Eine Beschränkung möglicher Investitionen ist schließlich in der Gründung kooperativer Gemeinschaftsunternehmen struktureller Art zu sehen, weil sie die Gründerunternehmen von individuellen Investitionen abhält.[194]

---

185 Verordnung (EG) Nr. 2659/2000 über die Anwendung von Art. 81 Absatz 3 des Vertrages auf Gruppen von Vereinbarungen über Forschung und Entwicklung, ABl. EG 2000 Nr. L 304, S. 7, Art. 1 Abs. 1 in Verb. mit Art. 2 Nr. 11 lit.a)

186 Verordnung (EG) Nr. 2659/2000, Art. 6 lit. h).

187 Verordnung (EG) Nr. 772/2004 über die Anwendung von Art. 81 Absatz 3 des Vertrages auf Gruppen von Technologietransfer-Vereinbarungen, ABl. EG 2004 Nr. L 123, S. 11, Art. 6 Abs. 1 lit. b).

188 Entscheidungen Convention Chaufourniers, ABl. EG 1969 Nr. L 122, S. 81; Internationales Chininkartell, ABl. EG 1969 Nr. L 192, S. 5, 17; Cementregeling voor Nederland, ABl. EG 1972 Nr. L 303, S. 7, 8; Cimbel, ABl. EG 1972 Nr. L 303, S. 24, 30; Stichting Baksteen, ABl. EG 1994 Nr. L 131, S. 15, 18.

189 Entscheidung NCH, ABl. EG 1972 Nr. L 22, S. 16, 17.

190 Entscheidung Kunstfasern, ABl. EG 1984 Nr. L 207, S. 17, 19; Zinc Producer Group, ABl. EG 1984 Nr. L 220, S. 27, 33 f. 38; Stichting Baksteen, a.a.O.

191 Entscheidungen Kunstfasern, a.a.O., S. 20; Stichting Baksteen, a.a.O.

192 Entscheidung Dach- und Dichtungsbahnen, ABl. EG 1986 Nr. L 232, S. 15, 18, 24.

193 Entscheidungen Zinkbleche, ABl. EG 1982 Nr. L 362, S. 40, 48; Kunstfasern, ABl. EG 1984 Nr. L 207, S. 17, 22; BPCL/ICI, ABl. EG 1984 Nr. L 212, S. 1, 5; Bayer/BP Chemicals, ABl. EG 1988 Nr. L 150, S. 35, 39; Stichting Baksteen, ABl. EG 1994 Nr. L 131, S. 15, 18.

194 Entscheidungen Bayer/Gist-Brocades, ABl. EG 1976 Nr. L 30, S. 13, 18, 20; Exxon/Shell, ABl. EG 1994 Nr. L 144, S. 20, 30.

Art. 81 Abs. 1 lit. b) EG lässt für die Erfüllung des Verbotstatbestandes bereits die **Kon-** 64
trolle der Erzeugung, des Absatzes, der technischen Entwicklung oder der Investitio-
nen genügen. Die Vorschrift erfasst damit auch Meldesysteme, gleichgültig ob sich diese
auf Produktionsmengen[195], Auftrags- und Lagerbestände[196], Umsätze[197] oder Investitionsvorhaben[198] beziehen. Eine Wettbewerbsbeschränkung bezwecken derartige Systeme freilich nur dann, wenn sie allein oder zusammen mit anderen Absprachen, zu deren Durchsetzung sie beitragen, geeignet sind, die wirtschaftliche Entscheidungs- und Handlungsfreiheit der beteiligten Unternehmen zu beeinträchtigen oder diese in sonstiger Weise zu einer
Änderung ihres normalerweise zu erwartenden Verhaltens zu veranlassen.[199]

cc) Aufteilung der Märkte oder Versorgungsquellen. – Der Begriff der **Marktauftei-** 65
lung in Art. 81 Abs. 1 lit. c) EG umfasst verschiedene Fallsituationen. Die Vorschrift soll
vor allem der Aufteilung des Gemeinsamen Marktes in mehrere nationale Produktions-
oder Absatzgebiete entgegenwirken. Absprachen mit diesem Zweck sind verboten, weil
sie dem Gedanken der Einheit des Marktes krass zuwiderlaufen. Absprachen, die darauf
abzielen, das gesamte Gebiet der Gemeinschaft gegenüber Wettbewerbshandlungen von
Unternehmen aus dritten Staaten abzuschirmen, erfüllen ebenfalls den Tatbestand der
lit. c).[200] Eine Marktaufteilung kann aber auch unter technischen Gesichtspunkten, so beispielsweise nach Erzeugnissen vorgenommen werden. Die Unternehmen können schließlich ihre Kundschaft in der Weise aufteilen, dass jeder Partner nur bestimmte Wirtschaftszweige oder innerhalb eines Wirtschaftszweiges nur bestimmte Abnehmergruppen beliefert.

Die Vorschrift der lit. c) gilt zunächst für **horizontale Absprachen über eine Gebietsauf-** 66
teilung. Derartige Absprachen können sich auf den Gemeinsamen Markt insgesamt oder
auf bestimmte seiner Gebiete beziehen. Letztere können, müssen aber nicht mit dem Territorium einzelner Mitgliedstaaten übereinstimmen. Die räumliche Marktaufteilung kann
auf verschiedene Weise durchgeführt werden. Die Vertragspartner können übereinkommen, auf dem Heimatmarkt des jeweils anderen Partners keine Produktionstätigkeit zu beginnen[201], ihre Waren nicht dort abzusetzen[202], bei grenzüberschreitenden Lieferungen
mengenmäßige Beschränkungen einzuhalten[203], die Preise im Bestimmungsland nicht zu

---

195 Entscheidungen Pilzkonserven, ABl. EG 1975 Nr. L 29, S. 26; Cobelpa/VNP, ABl. EG 1977
    Nr. L 242, S. 10, 12, 15; Gussglas Italien, ABl. EG 1980 Nr. L 383, S. 19, 21 f.; Polypropylen,
    ABl. EG 1986 Nr. L 230, S. 1, 20, 26; Karton, ABl. EG 1994 Nr. L 243, S. 1, 18 ff., 43.
196 Entscheidungen SCPA, Kali u. Salz, ABl. EG 1973 Nr. L 217, S. 3, 5; SNPE/LEL, ABl. EG 1978
    Nr. L 191, S. 41, 42 (Nr. 7), 43 (Nr. 13d); Flachglas Italien, ABl. EG 1981 Nr. L 326, S. 32, 36.
197 Entscheidungen Pilzkonserven, a. a. O.; Cobelpa/VNP, a. a. O.; Pergamentpapier, ABl. EG 1978
    Nr. L 70, S. 54, 58, 61 f. ; Bleiweiss, ABl. EG 1979 Nr. L 21, S. 16, 19 f. , 21; BP Kemi/DDSF,
    ABl. EG 1979 Nr. L 286, S. 32, 37 f. (Nr. 38), 44 f. (Nr. 78); Flachglas Benelux, ABl. EG 1984
    Nr. L 212, S. 13, 19 f. (Nr. 45); Peroxyd, ABl. EG 1985 Nr. L 35, S. 1, 9 f. , 18; Fettsäuren, ABl.
    EG 1987 Nr. L 3, S. 17, 19 f. , 22; UK Agricultural Tractor Registration Exchange, ABl. EG 1992
    Nr. L 68, S. 19, 22 ff. , Karton, a. a. O.
198 Entscheidungen Cimbel, ABl. EG 1972 Nr. L 303, S. 24, 33; Zinc Producer Group, ABl. EG
    1984 Nr. L 220, S. 27, 38 URG, ABl. EG 1976 Nr. L 51, S. 10.
199 Siehe dazu auch oben RdNr. 14.
200 EuGH, EMI Records gg. CBS, Rs. 51/75, 86/75 u. 96/75 – Slg. 1976, 811, 871, 913; Kommis-
    sion, Entscheidung Continuum/Quantel, ABl. EG 1992 Nr. L 235, S. 9.
201 Siehe Entscheidungen Internationales Chininkartell, ABl. EG 1969 Nr. L 192, S. 5; Windsurfing
    International ABl. EG 1983 Nr. L 229, S. 1.
202 Entscheidungen Europäische Zuckerindustrie, ABl. EG 1973 Nr. L 140, S. 17; Flachglas Bene-
    lux. ABl. EG 1984 Nr. L 212, S. 13; Betonstahlmatten, ABl. EG 1989 Nr. L. 260, S 1; Solvay/

unterbieten[204], dort nur Wettbewerber, nicht aber deren Kunden zu versorgen[205] oder bei Direktverkäufen Ausgleichszahlungen zu leisten.[206] Die zum Zweck der Gebietsaufteilung eingesetzten Mittel sind somit oft bereits als solche verboten, weil sie Preisabsprachen im Sinne der lit. a) oder Absprachen zur Beschränkung der Investitionen, der Erzeugung oder des Absatzes im Sinne der lit. b) darstellen. Neben der horizontalen ist eine **vertikale Marktaufteilung** möglich. Sie findet zwischen Unternehmen verschiedener Wirtschaftsstufen statt. Mittel der vertikalen Marktaufteilung sind vor allem Händlern und Lizenznehmern auferlegte Exportverbote[207] sowie kollektive Liefer- und Bezugsbindungen.[208]

67   Bei der **Marktaufteilung nach Produkten** stehen Spezialisierungsabsprachen im Vordergrund.[209] Auch die Verpflichtung, Erzeugnisse nicht unter einem bestimmten Warenzeichen zu vertreiben, muss dieser Tatbestandsgruppe zugeordnet werden.[210] Eine Marktaufteilung nach Kunden kann zwischen Wettbewerbern[211], aber auch im Vertikalverhältnis zwischen Herstellern und Händlern oder zwischen Wiederverkäufern verschiedener Handelsstufen vereinbart werden. Diesem Gedanken entspricht fast jedes vertikal gegliederte Vertriebssystem.[212]

ICI. ABl. EG 1991 Nr. L 152, S. 1; Zement, ABl. EG 1994 Nr. L. 343, S 1; Nahtlose Stahlrohre, ABl. EG 2003 Nr. L 140, S. 1.

203 Siehe die in Fn. 160 zitierten Entscheidungen.

204 Entscheidungen Europäische Zuckerindustrie, a. a. O.; Gusseisen- und Gusstrahlwalzen, ABl. EG 1983 Nr. L 317, S 1.

205 Siehe Kommission, Entscheidungen Europäische Zuckerindustrie, ABl. EG 1973 Nr. L 140, S. 17, 30; Peroxyd, ABl. EG 1985 Nr. L 35, S. 1, 8.

206 Kommission, Entscheidungen Rank/Sopelem, ABl. EG 1975 Nr. L 29, S. 20, 22; Gusseisen- und Gussstahlwalzen, a. a. O., S. 8, 12.

207 Entscheidungen Grundig/Consten, ABl. EG 1964 S. 2545/64, bestätigt durch EuGH, Consten u. Grundig gg. Kommission, Rs. 56 u. 58/64, Slg. 1966, 321; Miller int. Schallplatten, ABl. EG 1976 Nr. L. 357, S. 40, bestätigt durch EuGH, Miller gg. Kommission, Rs. 19/77, Slg. 1978, 131; BMW Belgium, ABl. EG 1978 Nr. L 46, S. 33, bestätigt durch EuGH, BMW gg. Kommission, Rs. 32/78, Slg. 1979, 2435; Maissaatgut, ABl. EG 1978 Nr. L 286, S. 23, bestätigt durch EuGH, Nungesser gg. Kommission, Rs. 258/78, Slg. 1982, 2015; Pioneer, ABl. EG 1980 Nr. L 60, S. 21, bestätigt durch EuGH, Musigue Diffusion Française u. a. gg. Kommission, Rs. 100/80 etc., Slg. 1983, 1825; National Panasonic, ABl. EG 1982 Nr. L 354 S. 28; Stehsegler, ABl. EG 1983 Nr. L 229, S. 1; bestätigt durch EuGH; Windsurfing International gg. Kommission, Rs. 193/83, Slg. 1986, 611; Sandoz, ABl. EG 1987 Nr. L 222, S. 28, bestätigt durch EuGH, Sandoz gg. Kommission, Rs. C-277/87, Slg. 1990, I-45; Vilto/Parker Pen, ABl. EG 1992 Nr. L 233, S. 27, bestätigt durch EuG, Herlitz u. Parker Pen gg. Kommission, Rs. T-66 u. 77/92, Slg. 1994, II-531 u. II-755; Opel, ABl. EG 2001 Nr. L 59, S. 1, bestätigt durch EuG, Opel gg. Kommission, Rs. T-368/00, 21. 10. 2003, Slg. 2003, II-1789.

208 Kommission, Entscheidungen Zentralheizung, ABl. EG 1972 Nr. L 264, S. 22; Rijwielhandel, ABl. EG 1978 Nr. L 20, S. 18.

209 Kommission, Entscheidungen ACEC/Berliet, ABl. EG 1968 Nr. L 201, S. 7; Prym/Beka, ABl. EG 1973 Nr. L 296, S. 24; Rank/Sopelem, ABl. EG 1975 Nr. L 29, S. 20; VW/MAN, ABl. EG 1983 Nr. L 376, S. 1; Enichem/ICI, ABl. EG 1987 Nr. L 50, S. 18, sowie Verordnung (EG) Nr. 2658/2000 über die Anwendung von Art. 81 Absatz 3 des Vertrages auf Gruppen von Spezialisierungsvereinbarungen, ABl. EG 2000 Nr. L 304, S. 3.

210 Kommission, Entscheidungen Sirdar/Phildar, ABl. EG 1975 Nr. L 125, S. 27; Toltecs/Dorset, ABl. EG 1982 Nr. L 379, S. 19, 25, bestätigt durch EuGH, BAT gg. Kommission, Rs. 35/83 – Slg. 1985, 363, 385 f.

211 Kommission, Entscheidungen Prym/Beka, a. a. O.; Dach- u. Dichtungsbahnen, ABl. EG 1986 Nr. L 232, S. 15, 22.

212 Kommission, Entscheidung BP Kemi/DDSF, ABl. EG 1979 Nr. L 286, S. 32, 45.

Der Aufteilung der Absatzmärkte wird in lit. c) die **Aufteilung der Versorgungsquellen** 68
gegenübergestellt. Die beteiligten Unternehmen stimmen sich hier in ihrer Eigenschaft als
Nachfrager von Waren oder Dienstleistungen miteinander ab. Eine Aufteilung der Versorgungsquellen liegt immer dann vor, wenn die Freiheit der Partner, die benötigten Erzeugnisse im Gemeinsamen Markt von einem Lieferanten seiner Wahl zu beziehen, durch die
Absprache eingeschränkt wird.[213]

dd) Diskriminierung von Handelspartnern. – Der EG-Vertrag enthält anders als der frü- 69
here EGKS-Vertrag (Art. 4 lit. b) und Art. 60) **kein allgemeines Diskriminierungsverbot**.
Er verbietet nur Diskriminierungen aus Gründen der Staatsangehörigkeit (Art. 12) sowie
Diskriminierungen durch marktbeherrschende Unternehmen (Art. 82 Abs. 1 lit. c) EG).
Die Anwendung unterschiedlicher Bedingungen bei gleichwertigen Leistungen ist nicht
marktbeherrschenden Unternehmen nur untersagt, wenn sie auf Vereinbarungen, Be-
schlüssen oder aufeinander abgestimmten Verhaltensweisen beruhen. Die Vorschrift des
Art. 81 Abs. 1 lit. d) EG bestätigt diesen Gedanken, verlangt aber darüber hinaus, dass die
Handelspartner der an der Absprache beteiligten Unternehmen – d. h. die Lieferanten oder
die Abnehmer – durch die Diskriminierung im Wettbewerb benachteiligt werden.

Der dort definierte Tatbestand der Diskriminierung, welcher mit demjenigen in Art. 82 70
Abs. 2 lit. c) EG wörtlich übereinstimmt, setzt die **Ungleichbehandlung der Handelspartner trotz gleichwertiger Leistungen** voraus; sie muss durch die Absprache bewckt
oder bewirkt sein. Es ist daher zunächst zu prüfen, ob die verschiedenen Lieferanten oder
Abnehmer, um die es geht, den beteiligten Unternehmen gegenüber gleichwertige Leistungen erbringen. Die Antwort auf diese Frage hängt in erster Linie von der Art, der Qualität
und dem Umfang der Waren oder Dienstleistungen ab, welche die Handelspartner geliefert
oder erbracht oder aber empfangen haben.[214] Die beteiligten Unternehmen sind jedoch berechtigt, unterschiedlichen Funktionen ihrer Handelspartner durch eine differenzierende
Behandlung bei der Gegenleistung Rechnung zu tragen.

Die Diskriminierung muss für die betroffenen Handelspartner **Wettbewerbsnachteile** mit 71
sich bringen. Das setzt voraus, dass sie zumindest potenzielle Konkurrenten sind. Die Generalklausel des Art. 81 Abs. 1 EG bleibt anwendbar, wenn die vorgenannte zusätzliche
Bedingung der lit. d) nicht erfüllt ist. Typische **Beispiele** für eine nach Art. 81 Abs. 1 lit. d)
EG verbotene Diskriminierung sind Gesamtumsatzrabattkartelle[215] und die Ungleichbehandlung von Kunden, die in einem anderen Mitgliedstaat ansässig sind.[216] Bei Anwendung diskriminatorischer An- oder Verkaufspreise liegt zugleich ein Verstoß gegen das

---

213 Entscheidungen Frubo, ABl. EG 1974 Nr. L 237, S. 16 – bestätigt durch EuGH, idem, Rs. 71/74
– Slg. 1975, 563, 584; Blumenkohl, ABl. EG 1978 Nr. L 21, S. 23, 28; Lab, ABl. EG 1980 Nr. L
51, S. 19, bestätigt durch EuGH, Cooperatieve Stremsel- en Kleurselfabriek gg. Kommission,
Rs. 61/80 – Slg. 1981, 851, 867; National Sulphuric Acid Association, ABl. EG 1980 Nr. L 260,
S. 24, 28; IMA-Statut, ABl. EG 1980 Nr. 318/S. 1, 3, 10 ff.; Zuckerrüben, ABl. EG 1990 Nr. L
31, S. 32, 41.
214 Entscheidungen SSI, ABl. EG 1982 Nr. L 232, S. 1, 22; SMM&T, ABl. EG 1983 Nr. L 376, S. 1,
3; BTDA, ABl. EG 1988 Nr. L 233, S. 15, 20, 23; Niederländische Banken, ABl. EG 1989 Nr. L
253, S. 1, 5.
215 Entscheidungen Wand- u. Bodenfliesen, ABl. EG 1971 Nr. L 10, S. 15, 18; Gas-Warmwasserbe-
reiter- u. -badeöfen, ABl. EG 1973 Nr. L 217, S. 34, 36; SSI, a. a. O., bestätigt durch EuGH, NSO
gg. Kommission, Rs. 260/82 – Slg. 1985, 3801, 3821 ff.
216 Siehe Kommission, Entscheidungen Kodak, ABl. EG 1970 Nr. L 147, S. 24, 26; Pittsburgh Cor-
ning Europe, ABl. EG 1972 Nr. L 272, S. 35, 37; SMM&T, a. a. O.; BTDA, a. a. O.; Niederländische Banken, a. a. O.

Verbot der lit. a) vor. Nicht unter lit. d) fällt die **Lieferverweigerung**, obwohl sie sich auf die Wettbewerbslage des betroffenen Unternehmens noch weit nachteiliger auswirken kann als die Diskriminierung. Dieser Sachverhalt ist nach der Generalklausel des Art. 81 Abs. 1 EG zu beurteilen.[217]

72   **ee) Kopplungsgeschäfte.** – Auch Koppelungsgeschäfte im Sinne des Art. 81 Abs. 1 lit. d) sind nur dann verboten, wenn sie auf eine Vereinbarung, einen Beschluss oder aufeinander abgestimmte Verhaltensweisen zurückgeführt werden können. Im Gegensatz zur Diskriminierung nach lit. d) kann dieser Tatbestand jedoch von einem **Einzelunternehmen** erfüllt werden. Ihm ist es ebenso wie Mitgliedern eines Kartells verwehrt, den Abschluss von Einzelverträgen an die Bedingung zu knüpfen, dass der Vertragspartner zusätzliche Leistungen annimmt, die weder sachlich noch nach Handelsbrauch in Beziehung zum Vertragsgegenstand stehen. Damit wird einem unzulässigen Eingriff in die wirtschaftliche Entscheidungsfreiheit der Unternehmen vorgebeugt. Entscheidungspraxis zu dieser Vorschrift gibt es bisher kaum.[218] Das dort zum Ausdruck gelangte Rechtsprinzip hat jedoch seinen konkreten Niederschlag in Art. 3 lit. c) der – inzwischen außer Kraft getretenen – Verordnung (EWG) Nr. 1984/83[219] gefunden. Danach waren Alleinbezugsvereinbarungen von der Gruppenfreistellung ausgeschlossen, wenn die Alleinbezugspflicht für mehrere Waren vereinbart wurde, die weder sachlich noch nach Handelsbrauch zueinander in Beziehung standen.

73   **3. Nichtigkeit.** – Nach Art. 81 Abs. 1 EG verbotene Vereinbarungen zwischen Unternehmen und Beschlüsse oder Unternehmensvereinigungen sind gem. Art. 81 Abs. 2 EG nichtig. Mit dieser Vorschrift bestimmt das Gemeinschaftsrecht selbst die wichtigste **Zivilrechtsfolge** eines Verstoßes gegen das Kartellverbot. Die mittelbaren privatrechtlichen Konsequenzen des verbotswidrigen Handelns, nämlich Feststellungs-, Unterlassungs- und Schadensersatzansprüche, sind dem Recht der Mitgliedstaaten zu entnehmen.

74   Die Nichtigkeitsregel des Abs. 2 greift ein, wenn der Verbotstatbestand des Abs. 1 erfüllt, der Ausnahmetatbestand des Abs. 3 hingegen nicht erfüllt ist. Sie verhindert, dass mit Art. 81 EG insgesamt unvereinbare Vereinbarungen und Beschlüsse die von den Beteiligten angestrebten Rechtswirkungen entfalten. Derartige Vereinbarungen und Beschlüsse binden weder die Vertragspartner oder Mitglieder der Unternehmensvereinigung, noch können sie Dritten entgegengehalten werden.[220] Sie lassen sich daher auch nicht gerichtlich durchsetzen. Nichtigkeit gem. Art. 81 Abs. 2 EG bedeutet demnach **Unwirksamkeit schlechthin**. Sie hat absoluten Charakter, zumal sich jedermann auf sie berufen kann.[221]

75   Die Nichtigkeit ist **zeitlich unbegrenzt**. Sie erfasst die von ihr betroffenen Vereinbarungen und Beschlüsse in allen ihren vergangenen und zukünftigen Wirkungen.[222] Demgemäß unterliegt sie keiner Verjährung. Das Recht, sich auf sie zu berufen, ist zudem unverwirkbar. In **gegenständlicher Hinsicht** kann die Nichtigkeit nicht weiter reichen als das Verbot, zu

---

217   Kommission, Entscheidungen ASPA, ABl. EG 1970 Nr. L 148, S. 9, 10; Papiers peints de Belgique, ABl. EG 1974 Nr. L 237, S. 3, 9, bestätigt durch EuGH, idem, Rs. 73/74 – Slg. 1975, 1491, 1514.

218   Entscheidungen Vaessen/Moris, ABl. EG 1979 Nr. L 19, S. 32, 35 (Nr. 15); Velcro/Aplix, ABl. EG 1985 Nr. L 233, S. 22, 28 f.

219   ABl. EG 1983 Nr. L 173, S. 5.

220   EuGH, Béguelin gg. Import/Export, Rs. 22/71 – Slg. 1971, 949, 962 RdNr. 29.

221   EuGH, Béguelin gg. Import/Export, Rs. 22/71 – a. a. O.; Société – de vente de ciments et bétons gg. Kerpen&Kerpen, Rs. 319/82 – Slg. 1983, 4173, 4183 f. RdNr. 11.

222   EuGH, Brasserie de Haecht gg. Wilkin und Janssen (II), Rs. 48/72 – Slg. 1973, 77, 89.

dessen Durchsetzung sie beiträgt. Sie erfasst daher nur diejenigen Teile einer Vereinbarung oder eines Beschlusses, welche die Wettbewerbsbeschränkung im Gemeinsamen Markt bezwecken oder bewirken[223], und dies auch nur unter der weiteren Voraussetzung, dass die Vereinbarung oder der Beschluss **insgesamt** geeignet ist, den Handel zwischen Mitgliedstaaten zu beeinträchtigen. Das letztgenannte Tatbestandsmerkmal braucht also nicht von jeder einzelnen der wettbewerbsbeschränkenden Klauseln erfüllt zu werden.[224]

Vereinbarungen und Beschlüsse sind **voll und ganz nichtig**, wenn ihre verbotenen und **76** somit nichtigen Teile zusammen mit ihren übrigen Teilen eine **untrennbare Einheit** bilden.[225] Dabei kommt es nicht auf die „Überlebensfähigkeit" der bei isolierter Betrachtungsweise bedenklich erscheinenden Teile, sondern auf deren Verhältnis zu den wettbewerbsbeschränkenden Teilen der Vereinbarung oder des Beschlusses an. Hinsichtlich derjenigen Klauseln, welche eine Wettbewerbsbeschränkung zwar nicht selbst bezwecken oder bewirken, aber wesentlich zu ihrem Zustandekommen oder zu ihrer Durchsetzung beitragen, muss deshalb angenommen werden, dass sie sich von den verbotenen und somit nichtigen Bestimmungen der Vereinbarung oder des Beschlusses nicht trennen lassen. Werden nur Teile einer Vereinbarung oder eines Beschlusses von der Nichtigkeit gem. Art. 81 Abs. 2 erfasst, so bestimmt sich das zivilrechtliche Schicksal der übrigen, trennbaren Teile nach dem Recht der Mitgliedstaaten.[226] Maßgebend sind insoweit die nationalen Vorschriften über die Behandlung von teilweise nichtigen Rechtsgeschäften.

Die Nichtigkeitsregel des Art. 81 Abs. 2 EG ist ebenso wie das Verbot des Abs. 1 mit **un- 77 mittelbarer Wirkung** ausgestattet.[227] Die Feststellung der Nichtigkeit von verbotenen Vereinbarungen und Beschlüssen durch den nationalen Richter hat daher nur deklaratorische Bedeutung. Sie erfolgt von Amts wegen, sobald Tatsachen bekannt werden, welche eine Zuwiderhandlung gegen das Kartellverbot begründen. Einer vorherigen Feststellung des Verstoßes durch die Kartellbehörde bedarf es grundsätzlich nicht.[228] Von dieser Regel ausgenommen sind lediglich Kartelle in Wirtschaftsbereichen, für die der Rat noch keine Durchführungsvorschriften gem. Art. 83 zu den in Art. 81 und 82 EG niedergelegten Grundsätzen erlassen hat.[229] Die Nichtigkeit der zu dieser Kategorie zählenden Vereinbarungen und Beschlüsse gem. Art. 81 Abs. 2 EG dürfen die Gerichte der Mitgliedstaaten erst aussprechen, nachdem entweder die Kommission oder die zuständige einzelstaatliche Wettbewerbsbehörde festgestellt hat, dass ein Verstoß gegen das gemeinschaftsrechtliche Kartellverbot vorliegt. Im Übrigen hat der nationale Richter bei der Anwendung der Nichtigkeitsregel stets den **Zusammenhang zwischen Art. 81 Abs. 1 und Abs. 3 EG** zu be-

223 EuGH, Société technique minière gg. Maschinenbau Ulm, Rs. 56/65 – Slg. 1966, 281, 304; Consten u. Grundig gg. Kommission, Rs. 56 u. 58/64 – Slg. 1966, 321, 392 f.; Béguelin gg. Import/Export, Rs. 22/71 – Slg. a. a. O., S. 961 RdNr. 28; Société de vente de ciments et bétons gg. Kerpen&Kerpen, Rs. 319/82 – a. a. O.
224 EuGH, Windsurfing International gg. Kommission, Rs. 193/83 – Slg. 1986, 611, 664 RdNr. 95 – 97; Erauw-Jacquery gg. La Hesbignonne, Rs. 27/87 – Slg. 1988, 1919, 1940 RdNr. 16.
225 EuGH, Société technique minière gg. Maschinenbau Ulm, Rs. 56/65 – a. a. O.; Consten u. Grundig-gg. Kommission, Rs. 56 und 58/64 – a. a. O.
226 EuGH, Société technique minière gg. Maschinenbau Ulm, Rs. 56/65 – a. a. O.; Société de vente de ciments et bétons gg. Kerpen&Kerpen, Rs. 319/82 – a. a. O.; VAG France gg. Magne, Rs. 10/86 – Slg. 1986, 4071, 4088 RdNr. 15.
227 Siehe Art. 1 der Verordnung (EG) Nr. 1/2003, ABl. EG 2003 Nr. L 1, S. 1.
228 EuGH, BRT gg. SABAM, Rs. 127/73 – Slg. 1974, 51, 62 f.
229 EuGH, Bosch, Rs. 13/61 – Slg. 1962, 99, 111 ff.; Ministère public gg. Asjes, Rs. 209-213/84 – Slg. 1986, 1457, 1466 ff.; Ahmed Saeed Flugreisen gg. Zentrale zur Bekämpfung unlauteren Wettbewerbs, Rs. 66/86 – Slg. 1989, 803, 845 RdNr. 20.

achten.[230] Liegen die Voraussetzungen der letztgenannten Bestimmung vor, so entfällt nicht nur das Kartellverbot, sondern auch die mit ihm verbundene Nichtigkeit der betreffenden Vereinbarungen und Beschlüsse, so dass diese vom Zeitpunkt des Wirksamwerdens an ihre volle rechtliche Gültigkeit erlangen. Der nationale Richter wird die Nichtigkeit daher nur feststellen, wenn er zu der Überzeugung gelangt ist, dass Art. 81 Abs. 1 anwendbar, Art. 81 Abs. 3 dagegen unanwendbar ist.[231]

78   **4. Freistellung vom Kartellverbot. – a) Allgemeines.** – Nach Art. 81 Abs. 3 EG ist das Verbot des Abs. 1 nicht anwendbar, wenn die in Abs. 3 genannten Voraussetzungen vorliegen. Die Freistellung vom Verbot des Abs. 1 kommt für Vereinbarungen, Beschlüsse und aufeinander abgestimmte Verhaltensweisen oder für Gruppen von solchen in Betracht. Voraussetzung ist, dass die Absprache unter den Verbotstatbestand fällt und zugleich alle Merkmale des Ausnahmetatbestands erfüllt. In materiellrechtlicher Hinsicht muss die Absprache gleichzeitig vier Kriterien entsprechen:

– Sie muss erstens zur Verbesserung der Warenerzeugung oder -verteilung oder zur Förderung des technischen oder wirtschaftlichen Fortschritts beitragen.
– An dem entstehenden Gewinn müssen zweitens die Verbraucher angemessen beteiligt werden.
– Den beteiligten Unternehmen dürfen drittens keine Beschränkungen auferlegt werden, die für die Erreichung dieser Ziele nicht unerlässlich sind.
– Die Absprache darf den Beteiligten viertens keine Möglichkeiten eröffnen, den Wettbewerb für einen wesentlichen Teil der betreffenden Waren auszuschalten.

79   Im **individuellen Verfahren** liegt gemäß Art. 2 der Verordnung (EG) Nr. 1/2003[232] die Darlegungs- und Beweislast bei den Unternehmen, welche sich auf die Freistellung berufen.[233] Allerdings muss die Kommission mit den ihr zur Verfügung stehenden Mitteln zur Sachverhaltsaufklärung beitragen.[234] In Gruppenfreistellungsverordnungen hat die Kommission zu begründen, weshalb die begünstigten Absprachen den Anforderungen des Art. 81 Abs. 3 EG entsprechen (Art. 253 EG). Diesem Zweck dienen die dem verfügenden Teil der Verordnung vorangestellten Erwägungen.

80   Die Anwendung der vorgenannten Kriterien zwingt die Unternehmen zu einer **wirtschaftlichen Gesamtwürdigung**. Sie setzt einen nicht unerheblichen Beurteilungsspielraum voraus, über den auch die Kommission sowie die Behörden und Gerichte der Mitgliedstaaten bei der Interpretation des Art. 81 Abs. 3 EG im Einzelfall verfügen. Sind die Freistellungsvoraussetzungen erfüllt, so bedarf es keiner behördlichen Entscheidung, mit der die nach neuer Rechtslage wirtschaftliche Gesamtwürdigung im Sinne von Art. 81 Abs. 3 fest-

230 Vgl. Art. 1 Abs. 1 u. 2 VO (EG) Nr. 1/2003, ABl. EG 2003 Nr. L 1, S. 1.
231 Siehe VO (EG) Nr. 1/2003, Art. 1 Abs. 1; siehe hierzu auch Kommission, Bekanntmachung über die Zusammenarbeit zwischen der Kommission und den Gerichten der Mitgliedstaaten der Europäischen Union bei der Anwendung der Artikel 81 und 82 EG, ABl. EG 2004 Nr. L 101, S. 54.
232 Wegen der Einzelheiten siehe unten Kartellverfahren, RdNr. 16 f.
233 So bereits die Rechtsprechung unter dem Regime der VO Nr. 17: siehe EuGH, VBVB u. VBBB gg. Kommission, Rs. 43 u. 63/82 – a. a. O., S. 68 RdNr. 52; Remia gg. Kommission, Rs. 42/84 – Slg. 1985, 2545, 2578 RdNr. 45; Metro gg. Kommission (II), Rs. 75/84 – Slg. 1986, 3021, 3090 RdNr. 66, 3095 RdNr. 89, 91. EuG-Matra-Hachette gg. Kommission, Rs. T-17/93 – a. a. O.; Fiatagri und New Holland Ford gg. Kommission, Rs. T-34/92 – Slg. 1994, II-905, 953 RdNr. 99; Deere gg. Kommission, Rs. T-35/92 – Slg. 1994, II-957, 1011 f. RdNr. 105; SPO gg. Kommission, Rs. T-29/92 – a. a. O., S. 375 RdNr. 262; Langnese-Iglo gg. Kommission, Rs. T-7/93 – a. a. O., S. 1597 RdNr. 179; Schöller gg. Kommission, Rs. T-9/93 – a. a. O., S. 1663 RdNr. 141.
234 EuGH, Consten u. Grundig gg. Kommission, Rs. 56 u. 58/64 – a. a. O., S. 395 f.

gestellt wird. Ungeklärt ist bisher, inwieweit der **gerichtlichen Kontrolle** unterliegen. Während der Geltungsdauer der Verordnung Nr. 17, die der Kommission eine ausschließliche Kompetenz zur Feistellung vom Kartellverbot zuerkannt hatte, waren sie nur beschränkt nachprüfbar. Die Gerichte der Gemeinschaft vermieden es, ihr eigenes wirtschaftliches Urteil an die Stelle desjenigen der Kommission zu setzen. Sie prüften jedoch, ob die Verfahrensregeln eingehalten worden waren, ob die Begründung der Entscheidung ausreichte, ob diese die entscheidungserheblichen Tatsachen zutreffend wiedergegeben hatte und ob nicht eine offensichtlich fehlerhafte Würdigung des Sachverhalts oder ein Ermessensmissbrauch vorlagen.[235] Im neuen System der unmittelbaren Anwendbarkeit auch des Art. 81 Abs. 3 EG besteht für eine solche Zurückhaltung eigentlich kein Grund mehr.

81 Verwaltungspraxis und Rechtsprechung haben Grundsätze zur **Auslegung und Anwendung des Art. 81 Abs. 3 EG** entwickelt und damit auch die Grundlage für Gruppenfreistellungen geschaffen. Den Kern der Sachverhaltswürdigung bildet eine Gegenüberstellung und **Wertung der gesamtwirtschaftlichen Vor- und Nachteile** des Kartells. In diese wirtschaftliche Bilanz werden nicht nur die wettbewerbsbeschränkenden Bestimmungen, sondern auch die übrigen Teile der Absprache, deren Wirkungsweise sowie die Gesamtheit der wirtschaftlichen und rechtlichen Begleitumstände einbezogen.[236]

82 Die Freistellung hängt vor allem davon ab, bis zu welchem Grade die jeweilige Absprache den Wettbewerb insgesamt verstärkt oder schwächt[237] und inwieweit sie nach ihrem Inhalt und Zweck die **Verwirklichung der allgemeinen Ziele und Aufgaben der Gemeinschaft** fördert oder behindert, wobei die Sicherung der Einheit des Binnenmarktes sowie die Aufrechterhaltung und Entwicklung wirksamen Wettbewerbs im Vordergrund stehen.[238] Ebenso wie andere Ausnahmebestimmungen, darunter insbesondere Art. 86 Abs. 2 und Art. 87 Abs. 2 und 3 EG, ermöglicht Art. 81 Abs. 3 EG daneben den gegenseitigen Ausgleich unterschiedlicher Vertragsziele. Daher kann die Befreiung vom Kartellverbot auch mit Erwä-

235 EuGH, Consten u. Grundig gg. Kommission, Rs. 56 u. 58/64 – a.a.O., S. 396; Metro gg. Kommission (I), Rs. 26/76 – Slg. 1977, 1875, 1917 RdNr. 50; VBVB und VBBB gg. Kommission, Rs. 43 u.63/82 – a.a.O., S. 70 RdNr. 58; Remia gg. Kommission, Rs. 42/84 – a.a.O., S. 2575 RdNr. 33, 2578 RdNr. 48; BAT und Reynolds gg. Kommission, Rs. 142 und 156/84 – Slg. 1987, 4487, 4583 RdNr. 62. EuG-CB und Europay gg. Kommission, 40/92 a.a.O., S. 90 RdNr. 109; SPO gg. Kommission, Rs. T-29/92-a.a.O., S. 382 RdNr. 288.
236 EuGH, Consten u. Grundig gg. Kommission, Rs. 56 u. 58/64 – a.a.O., S. 396 f.; van Landewijk u.a. gg. Kommission, Rs. 209–215 und 218/78 – Slg. 1980, 3125, 3279 RdNr. 185; Ford gg. Kommission, Rs. 25 und 26/84 -Slg. 1985, 2725, 2746 RdNr. 33; NSO gg. Kommission, Rs. 262/82 – Slg. 1985, 3801, 3827 f.; gg. Kommission, Rs. 240–242, 261, 262, 268 u. 269/82 – Slg. 1985, 3931, 3881; Metro gg. Kommission (II), Rs. 75/84 – Slg. 1986, 3021, 3087, Verband der Sachversicherer gg. Kommission, Rs. 45/85 – Slg. 1987, 405, 460 ff.; Publishers Association gg. Kommission, Rs. C-360/92 P – Slg. 1995, I-23, 67 ff. EuG-CB u. Europay gg. Kommission, Rs. T-39 u. 40/92 – Slg. 1994, II-49, 90 f. ; Matra-Hachette gg. Kommission, Rs. T-17/93 – Slg. 1994, II-595, 641 ff.; Langnese-Iglo gg. Kommission, Rs. T-7/93 – Slg. 1995, II-1533, 1596 ff.; Schöller gg. Kommission, Rs. T-9193 – Slg. 1995, II-1611, 1662 ff.
237 Siehe RdNr. 92 ff.
238 Siehe dazu oben Einleitung, RdNr. 3, 8 ff.

gungen sozial-[239], regional-[240], umwelt-[241], energie-[242], verkehrs-[243] oder kulturpolitischer Art[244] gerechtfertigt werden. Kompromisse zur Verhinderung oder Beilegung von Zielkonflikten sind jedoch nur legitim, wenn die **Einschränkung des Wettbewerbsprinzips** die Grenzen des unbedingt Erforderlichen nicht überschreitet und wenn die Aufrechterhaltung oder Entwicklung wirksamen Wettbewerbs auf den betreffenden Märkten gewährleistet bleibt.[245] Die vorstehend erwähnten Prinzipien haben bisher die Auslegung der einzelnen Tatbestandsmerkmale des Art. 81 Abs. 3 EG ebenso wie die Praxis der Einzelfallentscheidungen und der Gruppenfreistellungen bestimmt. In ihrer vor kurzem erlassenen Bekanntmachung mit Leitlinien zur Anwendung von Art. 81 Abs. 3 des Vertrages[246] vertritt die Kommission dagegen den Standpunkt, dass nur eine aus der Wettbewerbsbeschränkung resultierende **Steigerung der Effizienz** die Freistellung vom Kartellverbot zu rechtfertigen vermag. Diese Auffassung steht jedoch im Widerspruch zur Rechtsprechung des Europäischen Gerichtshofes und ist deshalb abzulehnen.

83   **b) Verfahrensrechtliche Voraussetzungen.** – Nach Art. 83 Abs. 2 lit. b) EG gehört es zu den Aufgaben des Gemeinschaftsgesetzgebers, die Einzelheiten der Anwendung des Art. 81 Abs. 3 EG festzulegen. Das ist für die **individuelle Freistellung** vom Kartellverbot durch die seit dem 1. 5. 2004 geltende Verordnung (EG) Nr. 1/2003 des Rates[247] geschehen. Deren Art. 1 Abs. 2 bestimmt, dass Vereinbarungen, Beschlüsse und aufeinander abgestimmte Verhaltensweisen im Sinne von Art. 81 Abs. 1 EG, welche die Voraussetzungen des Abs. 3 erfüllen, nicht verboten sind, ohne dass dies einer vorherigen Entscheidung bedarf. Die letztgenannte Vorschrift gilt mithin unmittelbar. Entsprechend dem Prinzip der Legalausnahme – und im Gegensatz zum früheren Recht – bedürfen freistellungsfähige Kartelle weder der Anmeldung noch einer behördlichen Erlaubnis.[248]

84   **Gruppenfreistellungen** ergehen in Form von Verordnungen, die entweder der Rat selbst nach Art. 83 oder aber – und dies ist die Regel – die Kommission aufgrund einer ebenfalls

---

239 EuGH, Metro gg. Kommission (I), Rs. 26/70 a. a. O., S. 1915 RdNr. 43; van Landewijk u. a. gg. Kommission, Rs. 209–215 u. 218/78 – a. a. O., S. 3278 RdNr. 182; Remia gg. Kommission, Rs. 42/84 – Slg. 1985, 2545, 2577 RdNr. 42; Metro gg. Kommission (II), RdNr. 75/84 – Slg. 1986, 3021, 3090 RdNr. 65. Kommission, Entscheidungen Kunstfasern, ABl. EG 1984 Nr. L 207, S. 17, 23 RdNr. 37; Ford/Volkswagen, ABl. EG 1993 Nr. L 20, S. 14, 19 RdNr. 36; Stichting Baksteen, ABl. EG 1994 Nr. L 131, S. 15, 20 RdNr. 27.

240 Entscheidungen Ford/Volkswagen, a. a. O.; Eirpage, ABl. EG 1991 Nr. L 306, S. 22, 29.

241 Entscheidungen Carbon Gas Technologie, ABl. EG 1983 Nr. L 376, S. 17, 19; KSB/Goulds/Lowara/ITT, ABl. EG 1990 Nr. L 19, S. 25, 34 RdNr. 27; Assurpol, ABl. EG 1992 Nr. L 37, S. 16, 23 RdNr. 39; Ford/Volkswagen, ABl. EG 1993 Nr. L 20, S. 14, 17, RdNr. 26; Exxon/Shell, ABl. EG 1994 Nr. L 144, S. 25, 32 RdNr. 68; Philips/Osram, ABl. EG 1994 Nr. L 378, S. 37; 42 RdNr. 25, 27.

242 Entscheidungen United Reprocessors, KEWA, ABl. EG 1976 Nr. L 51, S. 7, 15; Scottish Nuclear, ABl. EG 1991 Nr. L 178, S. 31, 34 f.; Internationale Energieagentur I, ABl. EG 1983 Nr. L 376, S. 30, und II, ABl. EG 1994 Nr. L 68, S. 35.

243 Entscheidungen IATA-Passenger Agency Programme, ABl. EG 1991 Nr. L 258, S. 18, 25 f. RdNr. 68 ff.; IATA-Cargo Agency Programme, ABl. EG 1991 Nr. L 258, S. 29, 36 f. RdNr. 58 ff.; Tarifstrukturen im kombinierten Güterverkehr, ABl. EG 1993 Nr. L 73, S. 38; Eurotunnel II, ABl. EG 1994 Nr. L 354, S. 66.

244 Entscheidung Publishers Association-„Netto-Bücher"; ABl. EG 1989 Nr. L 22, S. 12, 22.

245 EuGH, Urteile van Landewijk, Remia und Metro II, a. a. O.

246 ABl. EG 2004 Nr. C 101, S. 97.

247 ABl. EG 2003 Nr. L 1, S. 1.

248 Wegen der Einzelheiten siehe unten Kartellverfahren, RdNr. 11 ff.

auf Art. 83 gestützten Ermächtigungsverordnung des Rates erlässt. Sie haben den Charakter von Rechtsnormen und gelten unmittelbar in jedem Mitgliedstaat (Art. 249 Abs. 2).

Eine **Ermächtigungsverordnung** des Rates[249] enthält in aller Regel nur wenige formale **85** Vorgaben. Sie verpflichtet die Kommission, in ihrer Verordnung die vom Kartellverbot ausgenommene Gruppe von Vereinbarungen, Beschlüssen oder aufeinander abgestimmten Verhaltensweisen genau zu umschreiben, die Beschränkungen oder Bestimmungen zu bezeichnen, die in diesen Absprachen enthalten sein müssen, enthalten sein dürfen oder nicht enthalten sein dürfen, und die sonstigen Voraussetzungen zu bestimmen, die erfüllt sein müssen. Außerdem sieht die Ermächtigungsverordnung vor, dass die Kommission ihre Verordnung befristen muss und sie unter bestimmten Umständen widerrufen kann. Sie ermöglicht es der Kommission ferner, der Gruppenfreistellung rückwirkende Kraft beizulegen und die nachträgliche Legalisierung der an die Bedingungen der Verordnung angepassten Kartelle anzuordnen. Schließlich regelt sie das Rechtsetzungsverfahren. Nach Art. 29 der Verordnung (EG) Nr. 1 / 2003[250] kann den beteiligten Unternehmen der Rechtsvorteil der Gruppenausnahme im Einzelfall durch kartellbehördliche Entscheidung mit Wirkung für die Zukunft entzogen werden.

Gruppenfreistellungsverordnungen verwandeln für ihren Geltungsbereich das in Art. 81 **86** EG niedergelegte Prinzip des Verbots mit Ausnahmevorbehalt in ein **Prinzip der Ausnahme mit Verbotsvorbehalt**. Kartelle, die alle Voraussetzungen für die Anwendung der Verordnung erfüllen, gelten als rechtmäßig und zivilrechtlich voll wirksam, selbst wenn sie den materiellrechtlichen Kriterien des Art. 81 Abs. 3 EG nicht genügen. Diese gesetzliche Vermutung endet erst zu dem Zeitpunkt, in welchem die den Entzug der Gruppenfreistellung aussprechende Entscheidung der Kommission oder einer mitgliedstaatlichen Wettbewerbsbehörde Bestandskraft erlangt.

Nicht unter eine Gruppenfreistellung fallende Kartelle sind anhand der allgemeinen **87** Regeln auf ihre Vereinbarkeit mit Art. 81 Abs. 1 und 3 EG zu prüfen. Derartige Absprachen werden jedoch nicht automatisch vom Verbot erfasst. Die in einer Verordnung enthaltenen Ausnahmetatbestände sind zwangsläufig abstrakt formuliert und daher in aller Regel sehr weit gefasst, so dass sie auch kartellrechtlich unbedenkliche Vereinbarungen, Beschlüsse und aufeinander abgestimmte Verhaltensweisen einschließen. Dieser Umstand erlaubt es Behörden und Gerichten einerseits, die Rechtmäßigkeit und Wirksamkeit der von der Gruppenfreistellung gedeckten Absprachen anzuerkennen, ohne vorher untersucht zu haben, ob sie eine spürbare Wettbewerbsbeschränkung bezwecken oder bewirken und gleichzeitig geeignet sind, den Handel zwischen Mitgliedstaaten zu beeinträchtigen. Er zwingt sie andererseits zu einer vollen Überprüfung des Sachverhalts anhand der Tatbestandsmerkmale des Art. 81 Abs. 1 EG, falls die streitige Absprache nicht allen Voraussetzungen der Verordnung genügt.[251] Ergibt die Untersuchung, dass die Absprache unter das Kartellverbot fällt, so folgt daraus noch nicht, dass sie auch mit Art. 81 Abs. 3 unvereinbar

---

249 Siehe etwa Verordnung Nr. 19/65/EWG des Rates vom 2. 3. 1965 über die Anwendung von Art. 81 Abs. 3 auf Gruppen von Vereinbarungen und aufeinander abgestimmten Verhaltensweisen, ABl. EG 1965 Nr. 36, S. 533/65, geändert durch Verordnung Nr. 1215/1999, ABl. EG 1999 Nr. L 148, S. 1 und Verordnung (EG) Nr. 1/2003, ABl. EG 2003 Nr. L 1, S. 1; sowie Verordnung (EWG) Nr. 2821/71 des Rates vom 20. 12. 1971 über die Anwendung von Art. 81 Abs. 3 auf Gruppen von Vereinbarungen, Beschlüssen und aufeinander abgestimmten Verhaltensweisen, ABl. EG 1971 Nr. L 1 S. 1, zuletzt geändert durch Verordnung (EG) Nr. 1/2003, ABl. EG 2003 Nr. L 1, S. 1.
250 ABl. EG 2003 Nr. L 1, S. 1.
251 EuGH, VAG France gg. Magne, Rs. 10/86-Slg. 1986, 4071, 4087 f.

und damit gem. Art. 81 Abs. 2 EG nichtig ist. Für eine durchaus mögliche Einzelfreistellung[252] müssen dann jedoch besondere Rechtfertigungsgründe sprechen.

88 Für sämtliche Wirtschaftszweige gelten gegenwärtig vier Gruppenfreistellungsverordnungen der Kommission. Zwei von ihnen wurden auf Grund der Verordnung Nr. 19/65/EWG des Rates erlassen und haben Absprachen zwischen Unternehmen verschiedener Wirtschaftsstufen zum Gegenstand. Es handelt sich um die Verordnung (EG) Nr. 2790/1999 betreffend **vertikale Vereinbarungen** und aufeinander abgestimmte Verhaltensweisen[253] sowie die Verordnung (EG) Nr. 772/2004 betreffend **Technologietransfer-Vereinbarungen**[254] zum Gegenstand. Die zwei anderen Kommissionsverordnungen beziehen sich auf horizontale Absprachen über eine Zusammenarbeit zwischen Unternehmen derselben Wirtschaftsstufe und haben die Verordnung (EG) Nr. 2821/71 des Rates zur Rechtsgrundlage. Dies sind die Verordnung (EG) Nr. 2658/2000 über **Spezialisierungsvereinbarungen**[255] sowie die Verordnung (EG) Nr. 2659/2000 über **Forschungs- und Entwicklungsvereinbarungen.**[256]

89 Alle vier Kommissionsverordnungen knüpfen die gruppenweise Befreiung vom Kartellverbot des Art. 81 Abs. 1 EG im Wesentlichen an zwei Voraussetzungen: Erstens dürfen die an der Absprache beteiligten Unternehmen zusammen eine bestimmte **Marktanteilsschwelle** nicht überschreiten. Diese beträgt bei Liefer- und Bezugsvereinbarungen im Sinne der Verordnung (EG) Nr. 2790/1999 30%, bei Technologietransfer-Vereinbarungen 20% bzw. 30%, je nachdem ob die Absprache zwischen Nicht-Wettbewerbern oder zwischen Wettbewerbern getroffen wird ;für Spezialisierungsabsprachen gilt ein Obergrenze von 20%, für Forschungs- und Entwicklungsabsprachen eine solche von 25%. Zweitens darf die Absprache **keine schwerwiegenden wettbewerbsschädigenden Beschränkungen** enthalten.

90 Diese sind in jeder Verordnung so definiert, dass alle von der betreffenden Art der Absprache typischerweise ausgehenden ernsten Gefahren für wirksamen Wettbewerb im Binnenmarkt erfasst werden. So zählen zu den „**Kernbeschränkungen**" nach der **Verordnung (EG) Nr. 2790/1999** die Bindung der Wiederverkaufspreise, Import- und Exportverbote zwischen Vertragsgebieten innerhalb der EG, Querlieferungsverbote in selektiven Vertriebssystemen sowie Vertragsklauseln, welche einen Teilelieferanten am Zugang zu freien Absatzmärkten hindern. **Technologietransfer-Vereinbarungen** sind insbesondere dann nicht von der Gruppenfreistellung nach der **Verordnung (EG) Nr. 772/2004** gedeckt, wenn sie Forschungs- und Entwicklungsverbote, ein Verbot der Verwertung eigener Technologien, quantitative Produktions- oder Absatzbeschränkungen, Preisbindungsklauseln oder Bestimmungen über die Zuweisung von Märkten oder Kunden enthalten, die nicht durch die spezifischen Erfordernisse des Technologietransfer gerechtfertigt sind. Zulässig sind dagegen ausschließliche Gebietslizenzen, Beschränkungen der Nutzung der lizenzierten Technologie auf bestimmte Anwendungsbereiche oder Produktmärkte, Gebietsaufteilungen mit Hilfe von Verboten des aktiven wie des passiven Verkaufs zwischen dem Lizenzgeber und dem Lizenznehmer, das Verbot aktiver Verkäufe in Gebiete, die anderen Lizenznehmern zugewiesen sind, sowie die Lizenznehmern auferlegte Verpflichtung, nur für den

---

252 EuGH, VAG France gg. Magne, Rs. 10/86 – a. a. O.
253 ABl. EG 1999 Nr. L 336, S. 1.
254 ABl. EG 2004 Nr. L 123, S. 11.
255 ABl. EG 2000 Nr. L 304/S. 3.
256 ABl. EG 2000 Nr. L 304/S. 7.

Eigenbedarf oder nur für einen bestimmten Kunden zu produzieren, um diesem eine alternative Bezugsquelle zu verschaffen.

Spezialisierungsvereinbarungen im Sinne der **Verordnung (EG) Nr. 2658/2000** dürfen 91 keine Preisbindung der zweiten Hand, keine Beschränkung der Produktion oder des Absatzes und keine Aufteilung von Märkten oder Abnehmerkreisen zum Gegenstand oder zur Folge haben. **Vereinbarungen über Forschung und Entwicklung** müssen, um unter die Gruppenfreistellung nach der **Verordnung (EG) Nr. 2659/2004** zu fallen, gleichfalls den vorgenannten Voraussetzungen entsprechen und dürfen zudem keine Klauseln vorsehen, welche die Beteiligten in ihrer Freiheit beschränken, außerhalb – und nach Beendigung des Vertrags innerhalb – des Vertragsbereichs eigenständig oder in Zusammenarbeit mit Dritten Forschung und Entwicklung zu betreiben, oder welche es Wiederverkäufern und Nutzern erschweren, die Vertragsprodukte innerhalb des Gemeinsamen Marktes bei Wiederverkäufern ihrer Wahl zu beziehen oder an Abnehmer ihrer Wahl zu liefern. Die Verweigerung von Lizenzen ist unzulässig, wenn keiner der Beteiligten die Ergebnisse gemeinsamer Forschung und Entwicklung selbst verwertet. Als Kernbeschränkung gilt auch das Verbot passiver Verkäufe in Vertragsgebiete innerhalb der Gemeinschaft. Die Freiheit der Kundenwahl muss ab dem ersten Inverkehrbringen der Vertragsprodukte im Gemeinsamen Markt, das Recht zu aktiven Verkäufen bei Ablauf von sieben Jahren nach diesem Zeitpunkt gewährleistet sein. Schließlich müssen allen beteiligten Unternehmen Zugang zu den Ergebnissen gemeinsamer Forschungs- und Entwicklungsarbeiten sowie angemessene Möglichkeiten der Verwertung eingeräumt werden.

c) Materiellrechtliche Voraussetzungen. – aa) Wirtschaftliche Bilanz. – In den Genuss 92 einer Ausnahme vom Verbot können von vornherein nur solche Kartelle gelangen, die zur **Verbesserung der Warenerzeugung oder Verteilung oder zur Förderung des technischen oder wirtschaftlichen Fortschritts beitragen.** Dieses Merkmal verdeutlicht, dass private Wettbewerbsbeschränkungen im Rahmen von Art. 81 Abs. 3 nur dann hingenommen werden können, wenn sie über ihren näheren Zweck hinaus der Verwirklichung der allgemeinen Vertragsziele dienen.[257] Für eine „Verbesserung" reicht es daher nicht aus, dass sich die Absprache für die beteiligten Unternehmen günstig auswirkt. Sie muss vielmehr **spürbare objektive Vorteil**e mit sich bringen, die **geeignet** sind, die mit ihr verbundenen **Nachteile für den Wettbewerb auszugleichen**.[258]

Schon die Anwendung der ersten Freistellungsvoraussetzung läuft somit auf eine gesamt- 93 wirtschaftliche Bilanzierung der positiven und der negativen Seiten des Kartells hinaus. Als **objektive Vorteile** wertet die Kommission die Senkung der Herstellungs- oder Vertriebskosten[259], die Anhebung der Qualität von Waren oder Dienstleistungen[260], die Erwei-

---

257 EuGH, Italien gg. Rat u. Kommission, Rs. 32/65 – Slg. 1966, 457, 483; Walt Wilhelm gg. Bundeskartellamt, Rs. 14/68 – Slg. 1969, 1, 14 f.; Europemballage u. Continental Can gg. Kommission, Rs. 6/72 – Slg. 1973, 215, 244 f.

258 EuGH, Consten u. Grundig gg. Kommission, Rs. 56 u. 58/64 – Slg. 1966, 321, 387; EuG-Matra-Hachette gg. Kommission, Rs. T-17/93 – Slg. 1994, 595, 641.

259 Entscheidungen Prym/Beka, ABl. EG 1973 Nr. L 296, S. 21, 26; Rockwell/Iveco, ABl. EG 1983 Nr. L 224, S. 19, 25; Exxon/Shell, ABl. EG 1994 Nr. L 144, S. 20, 31 f.; Philips/Osram, ABl. EG 1994 Nr. L 378, S. 37, 42, sowie Entscheidungen Duro-Dyne/Europair, ABl. EG 1975 Nr. L 29, S. 11, 12 f.; Iveco/Ford, ABl. EG 1988 Nr. L 230, S. 39, 43; UIP, ABl. 1989 Nr. L 226, S. 25, 31; Lufthansa/SAS, ABl. EG 1996 Nr. L 54, S. 28, 36.

260 Entscheidungen FN/CF, ABl. EG 1971 Nr. L 134, S. 6, 10 f.; Niederländische Banken, ABl. EG 1989 Nr. L 253, S. 1, 10 f.; Concordato Incendio, ABl. EG 1990 Nr. L 15, S. 25, 28; Alcatel/Espa-

terung des Angebots[261], die Sicherung einer regelmäßigen Versorgung der Kundschaft[262], die Entwicklung neuer oder verbesserter Erzeugnisse oder Fertigungsmethoden[263], die Verbreitung und geschäftliche Verwertung gesetzlich geschützter oder geheimer technischer oder kommerzieller Kenntnisse[264], die Verbesserung der Wettbewerbsstrukturen im Gemeinsamen Markt[265] und die Steigerung der Konkurrenzfähigkeit der Unternehmen.[266] Die Erschließung neuer Märkte[267] oder die Errichtung europa- oder weltweiter Netze von Verkehrs-[268], Bank-[269], Fernseh-[270] oder Telekommunikationsverbindungen[271] kann im Einzelfall selbst weitgehende Wettbewerbsbeschränkungen rechtfertigen. Insgesamt stehen somit **Effizienzerwägungen** im Vordergrund der Kommissionspraxis. Dies schließt jedoch die **Verfolgung anderer als der rein wirtschaftlichen Ziele** des EG-Vertrags keineswegs aus.[272] Insbesondere die Erfordernisse der Umweltpolitik finden bei der Anwendung von Art. 81 Abs. 3 zunehmend Berücksichtigung.[273]

94   Gravierende Nachteile für den Wettbewerb folgen erfahrungsgemäß aus Kartellen, welche die Einheit des Binnenmarktes gefährden, zur Aufrechterhaltung überholter Marktstruktu-

---

ce/ANT, ABl. EG 1990 Nr. L 32, S. 19, 24.; Exxon/Shell, ABl. EG 1994 Nr. L 144, S. 20, 31 f.; Asahi/St. Gobain, ABl. EG 1994 Nr. L 354, S. 87, 92.

261 Entscheidungen Rockwell/Iveco, a. a. O.; Filmeinkauf deutscher Fernsehanstalten, ABl. EG 1989 Nr. L 284, S. 36, 43; Moosehead/Whitbread, ABl. EG 1990 Nr. L 100, S. 32, 37; Eirpage, ABl. EG 1991 Nr. L 306, S. 22, 29 f.; EBU/Eurovisions-System, ABl. EG 1993 Nr. 179/S. 23, 35; Grundig II, ABl. EG 1994 Nr. L 20, S. 15, 21.

262 Entscheidungen Kabelmetal, ABl. EG 1975 Nr. C 222, S. 34, 38; Langenscheidt/Hachette, ABl. EG 1982 Nr. L 3, S. 25, 30; UIP, ABl. EG 1989 Nr. L 226, S. 25, 31; Yves St. Laurent Parfums, ABl. EG 1992 Nr. L 12, S. 24, 33; Assurpol, ABl. EG 1992 Nr. L 37, S. 16, 23; Givenchy, ABl. EG 1992 Nr. L 336, S. 11, 20; Grundig II, a. a. O.

263 Entscheidungen Beecham/Parke Davis, ABl. EG 1979 Nr. L 70, S. 11, 18; BBC Brown Boveri, ABl. EG 1988 Nr. L 301, S. 68, 71 f.; Eirpage, ABl. EG 1991 Nr. L 306, S. 22, 29; Ford/Volkswagen, ABl. EG 1993 Nr. L 20, S. 14, 17; Night Services, ABl. EG 1994 Nr. L 259, S. 20, 24; BT/MCI, a. a. O.; Pasteur-Mérieux/Merck, a. a. O.; Olivetti/Digital, ABl. EG 1994 Nr. L 309, S. 24, 29 f.

264 Entscheidungen Davidson Rubber, ABl. EG 1972 Nr. L 143, S. 31, 35 f. ; Kabelmetal, ABl. EG 1975 Nr. L 222, S. 34, 38; Boussois/Interpane, ABl. EG 1987 Nr. L 50, S. 30, 35 f.; Mitchell Cotts/Sofiltra, ABl. EG 1987 Nr. L 41, S. 31, 36; BT/MCI, a. a. O.; Olivetti/Digital, a. a. O.; Asahi/St. Gobain, ABl. EG 1994 Nr. L 354, S. 87, 92.

265 Entscheidungen Kunstfasern, ABl. EG 1984 Nr. L 207, S. 17, 22; ENI/Montedison, ABl. EG 1987 Nr. L 5, S. 13, 18; Stichting Baksteen, ABl. EG 1994 Nr. L 131, S. 15, 19.

266 Entscheidungen BT/MCI, ABl. EG 1994 Nr. L 223, S. 36, 53 f.; Lufthansa/SAS, ABl. EG 1996 Nr. L 54, S. 28, 35 ff.

267 Entscheidungen MAN/SAVIEM, ABl. EG 1972 Nr. L 31, S. 34 f.; Rockwell/Iveco, ABl. EG 1983 Nr. L 224, S. 19, 24; Carlsberg, ABl. EG 1984 Nr. L 207, S. 26, 34; Mitchell Cotts/Sofiltra, ABl. EG 1987 Nr. L 41, S. 31, 36 (Nr. 25); Olivetti/Digital, ABl. EG 1994 Nr. L 309, S. 24, 29.

268 Entscheidungen ACI, ABl. EG 1994 Nr. L 224, S. 28, 32; Lufthansa/SAS, ABl. EG 1996 Nr. L 54, S. 28, 35 f.

269 Entscheidungen Einheitliche Eurochèques I, ABl. EG 1985 Nr. L 35, S. 43, 49 (Nr. 37); BNP/Dresdner Bank, ABl. EG 1996 Nr. L 188, S. 37, 45.

270 Entscheidung EBU/eurovision, ABl. EG 1993 Nr. L 34, S. 23, 33 f. (Nr. 61).

271 Entscheidungen BT/MCI, ABl. EG 1994 Nr. L 223, S. 36, 50 (Nr. 53), Atlas, ABl. EG 1996 Nr. L 239, S. 23, 42 f., Phoenix/Global One, ABl. EG 1996 Nr. L 239, S. 57, 70; Unisource, ABl. EG 1997 Nr. L 318, S. 1, 15 f.; Uniworld, ABl. EG 1997 Nr. L 318, S. 24, 36.

272 Siehe oben RdNr. 82.

273 Siehe Bekanntmachung mit Leitlinien zur Anwendbarkeit von Art. 81 EG-Vertrag auf Vereinbarungen über horizontale Zusammenarbeit, ABl. EG 2001 Nr. C 3, S. 2, Nr. 179 ff.

ren beitragen oder den Marktmechanismus in wesentlichen Teilen lahm legen. Daher werden Absprachen über die Aufteilung von Märkten[274], über die Festsetzung von Preisen[275], Produktions- oder Absatzquoten[276], über die Beschränkung der technischen Entwicklung oder der Verwertung neuer technischer Kenntnisse[277], über die Diskriminierung von Handelspartnern[278] oder über die Vornahme von Koppelungsgeschäften[279] im Allgemeinen negativ beurteilt.

bb) Vorteile für die Verbraucher. – Die in Art. 81 Abs. 3 EG an zweiter Stelle genannte **95** Freistellungsvoraussetzung belegt erneut, dass die Vorteile der Wettbewerbsbeschränkung

---

274 Als Beispiele für eine unzulässige horizontale Marktaufteilung siehe die Entscheidungen Julien/ van Katwijk, ABl. EG 1970 Nr. L 242, S. 70; SIRDAR/PHILDAR, ABl. EG 1975 Nr. L 125, S. 27; Zinc Producer Group, ABl. EG 1984 Nr. L 220, S. 27; SNPE/LEL, ABl. EG 1978 Nr. L 191, S. 41; Quantel-Continuum/Quantel S. A., ABl. EG 1992 Nr. L 235, S. 9. Gleichfalls unzulässig sind Absprachen und Praktiken zur Ausschaltung des Parallelhandels: siehe z. B. Entscheidungen Grundig/Consten, ABl. EG 1964 Nr. 161 S. 2545/64; Advocaat Zwarte Kip, ABl. EG 1974 Nr. L 237, S. 12; Gerofabriek, ABl. EG 1977 Nr. L 16, S. 8; Distillers, ABl. EG 1978 Nr. L 50, S. 16; Vertriebssystem der Ford Werke AG, ABl. EG 1983 Nr. L 327, S. 31; Ijsselcentrale, ABl. EG 1991 Nr. L 28, S. 32; Tretorn, ABl. EG 1994 Nr. L 378, S. 45; BASF Lacke + Farben/ Accinauto, ABl. EG 1995 Nr. L 272, S. 16.
275 Als Beispiele für verbotene horizontale Preisabsprachen siehe Entscheidungen Wand- und Bodenfliesen, ABl. EG 1971 Nr. L 10, S. 15; Vereniging van Cementhandelaren, ABl. EG 1972 Nr. L 13, S. 34; NCH, ABl. EG 1972 Nr. L 22, S. 16; Gas-Warmwasserbereiter, ABl. EG 1973 Nr. L 217, S. 34; Papiers peints de Belgique, ABl. EG 1974 Nr. L 237, S. 3; Rijwielhandel, ABl. EG 1978 Nr. L 20, S. 18; Pergamentpapier, ABl. EG 1978 Nr. L 70, S. 59; Vimpoltu, ABl. EG 1983 Nr. L 200, S. 44; Aluminiumeinfuhren aus Osteuropa, ABl. EG 1985 Nr. L 92, S. 1; Feuerversicherung, ABl. EG 1985 Nr. L 35, S. 20; ANSAC, ABl. EG 1991 Nr. L 152, S. 54; COAPI, ABl. EG 1995 Nr. L 122, S. 37. Als Beispiele für verbotene vertikale Preisabsprachen siehe Entscheidungen ASPA, ABl. EG 1970 Nr. L 148, S. 9; Haarden- en Kachelhandel, ABl. EG 1975 Nr. L 159, S. 22; SABA, ABl. EG 1975 Nr. L 28, S. 19; Gerofabriek, a. a. O.; Junghans, ABl. EG 1977 Nr. L 30, S. 10; Fédétab, ABl. EG 1978 Nr. L 224, S. 29; Hennessy/Henkel, ABl. EG 1980 Nr. L 383, S. 11; VBVB/VBBB, ABl. EG 1982 Nr. L 22, S. 12; AEG-Telefunken, ABl. EG 1982 Nr. L 117, S. 15; SSI, ABl. EG 1982 Nr. L 232, S. 1; Publishers' Association, ABl. EG 1989 Nr. L 22, S. 12; UIC, ABl. EG 1992 Nr. L 392, S. 47.
276 Entscheidungen CRN, ABl. EG 1972 Nr. L 303, S. 7; Cimbel, ABl. EG 1972 Nr. L 303, S. 24; GISA, ABl. EG 1972 Nr. L 303, S. 45; Pergamentpapier, a. a. O.; Aluminiumeinfuhren aus Osteuropa, a. a. O.; ANSAC, a. a. O.
277 Entscheidungen Reuter/BASF, ABl. EG 1976 Nr. L 254, S. 40; Video-Kassetten, ABl. EG 1978 Nr. L 47, S. 42; Racal/Decca, ABl. EG 1989 Nr. L 43, S. 27.
278 Entscheidungen zu kollektiven gegenseitigen Liefer- und Bezugsbindungen: Vereniging van Cementhandelaren, ABl. EG 1972 Nr. L 13, S. 34; Zentralheizung, ABl. EG 1972 Nr. L 264, S. 22; GISA, ABl. EG 1972 Nr. L 202, S. 45; BOMEE-Stichting, ABl. EG 1975 Nr. L 329, S. 30; Rijwielhandel, ABl. EG 1978 Nr. L 20, S. 18, IMA-Regeln, ABl. EG 1980 Nr. L 318, S. 1; APB, ABl. EG 1990 Nr. L 18, S. 35; Gesamtumsatzrabattkartellen: Wand- und Bodenfliesen, ABl. EG 1971 Nr. L 10, S. 15; Solnhofener Natursteinplatten, ABl. EG 1980 Nr. L 318, S. 32; SSI, ABl. EG 1982 Nr. L 232, S. 1; diskriminierenden Zugangsregeln für a) Auktionen und b) Ausstellungen: a) Frubo, ABl. EG 1974 Nr. L 237, S. 16; Blumenkohl, ABl. EG 1978 Nr. L 21, S. 23; Bloemenveilingen Aalsmeer, ABl. EG 1988 Nr. L 262, S. 27; b) UNIDI, ABl. EG 1975 Nr. L 228, S. 14; British Dental Trade Association, ABl. EG 1988 Nr. L 233, S. 15. – Boykottabsprachen: Papiers peints de Belgique, ABl. EG 1974 Nr. L 237, S. 3, 9; RAI/Unitel, ABl. EG 1978 Nr. L 157, S. 39 und Zwölfter Wettbewerbsbericht (1982), Ziff. 90; SMM&T, ABl. EG 1983 Nr. L 376, S. 1; Zuckerrüben, ABl. EG 1990 Nr. L 31, S. 32.
279 Entscheidungen Vaessen/Moris, ABl. EG 1979 Nr. L 19, S. 32, 35 f.: Velcro/Aplix, ABl. EG 1985 Nr. L 233, S. 22, 31.

nicht den beteiligten Unternehmen allein, sondern darüber hinaus der Allgemeinheit zugute kommen müssen. Der Begriff der **angemessenen Beteiligung der Verbraucher an dem entstehenden Gewinn** darf deshalb nicht wörtlich verstanden werden. „**Verbraucher**" sind alle unmittelbaren oder mittelbaren Abnehmer der betreffenden Waren oder Dienstleistungen. (industrielle Weiterverarbeiter, Großhändler, Einzelhändler, Endverbraucher). „**Gewinn**" ist jedweder wirtschaftliche Vorteil, den die wettbewerbsbeschränkende Absprache für die Verbraucher mit sich bringt.[280] Dazu zählen günstigere Preise[281], höhere Qualität der angebotenen Produkte[282], die Erweiterung der Angebotspalette[283], ein gut funktionierender Kundendienst[284] sowie die Sicherung einer regelmäßigen Versorgung.[285] Eine **angemessene Beteiligung** der Verbraucher liegt vor, wenn der Nutzen, den diese aus der Absprache ziehen, wesentlich größer ist als der Nachteil, der sich für sie aus der Einschränkung des Wettbewerbs ergibt.[286] Negativ beurteilt die Kommission im Allgemeinen Kartelle, welche die Möglichkeiten der Verbraucher, zwischen verschiedenen Anbietern zu wählen und dabei insbesondere auf preisgünstigere Angebote von Herstellern oder Händlern aus anderen Mitgliedstaaten zurückzugreifen, in spürbarer Weise einschränken.[287]

96   **cc) Unerlässlichkeit der Wettbewerbsbeschränkung.** – Das Merkmal der **Unerlässlichkeit** (lit. a)) soll sicherstellen, dass den beteiligten Unternehmen nur diejenigen wettbewerbsbeschränkenden Verpflichtungen auferlegt werden, welche zur Verwirklichung der

---

280   EuGH, Metro gg. Kommission (I), Rs. 26/76 – Slg. 1977, 1875, 1916.

281   Entscheidungen Natural Sulphuric Acid Association, ABl. EG 1980 Nr. L 260, S. 20, 24; Rockwell/Iveco, ABl. EG 1983 Nr. L 224, S. 19, 25 f.; Teko, ABl. EG 1990 Nr. L 13, S. 34, 37; BT/MCI, ABl. EG 1994 Nr. L 223, S. 36, 51; Philips/Osram, ABl. EG 1994 Nr. L 378, S. 37, 42; Lufthansa/SAS, ABl. EG 1996 Nr. L 54, S. 28, 36.

282   Entscheidungen Davidson Rubber, ABl.1972 Nr. L 143, S. 31, 36; Bayer/Gist-Brocades, ABl. EG 1976 Nr. L 30, S. 13, 19; Lichtwellenleiter, ABl. EG 1986 Nr. L 236, S. 30; 36; Ford/Volkswagen, ABl. EG 1993 Nr. L 20, S. 14, 17; EBU/Eurovision, ABl. EG 1993 Nr. L 179, S. 23, 35; Exxon/Shell, ABl. EG 1994 Nr. L 144, S. 20, 32; Lufthansa/SAS, a. a. O.

283   Entscheidungen Sopelem/Vickers, ABl. EG 1978 Nr. L 70, S. 47, 51 f.; Langenscheidt/Hachette, ABl. EG 1982 Nr. L 39, S. 25, 30; Filmeinkauf deutscher Fernsehanstalten, ABl. EG 1989 Nr. L 284, S. 36, 43; Eirpage, ABl. EG 1991 Nr. L 306, S. 22, 29 f.; Ford/Volkswagen, a. a. O.; EBU/Eurovision, a. a. O.; BT/MCI, a. a. O.

284   Entscheidungen BMW, ABl. EG 1975 Nr. L 29, S. 1, 8; SABA, ABl. EG 1976 Nr. L 28, S. 19, 27; Junghans, ABl. EG 1977 Nr. L 30, S. 10, 16; Langenscheidt/Hachette, a. a. O.; IATA Passenger Agency Programme u. IATA Cargo Agency Programme, ABl. EG 1991 Nr. L 258, S. 18, 24 f. u. S. 29, 36; Eirpage, a. a. O.; Grundig, II, ABl. EG 1994 Nr. L 20, S. 15, 21.

285   Entscheidungen SABA, a.a.O; Junghans, a. a. O.; Kunstfasern, ABl. EG 1984 Nr. L 207, S. 17, 23 RdNr. 40; UIP, ABl. 1989 Nr. L 226, S. 25, 31; Yves St. Laurent, ABl. EG 1992 Nr. L 12, S. 24, 32f; Stichting Baksteen, ABl. EG 1994 Nr. L 68, S. 15, 20; Pasteur-Mérieux/Merck, ABl. EG 1994 Nr. L 309, S. 1, 18; Eurotunnel II, ABl. EG 1994 Nr. L 354, S. 66, 72. Siehe auch EuGH, Metro gg. Kommission, (I) Rs. 26/76 – Slg. 1977, 1875, 1915 RdNr. 43, 1916 RdNr. 47.

286   Entscheidungen Wand- und Bodenfliesen, ABl. EG 1971 Nr. L 10, S. 15, 22; UIP, a. a. O.; Niederländische Bauindustrie, ABl. EG 1992 Nr. L 92, S. 1, 24 RdNr. 120, bestätigt durch EuG-SPO gegen Kommission, Rs. T-29/92 – Slg. 1995, II-289, 381 ff.

287   Entscheidungen CSV, ABl. EG 1978 Nr. L 242, S. 15, 34; Floral, ABl. EG 1980 Nr. L 39, S. 51, 58; Hennessy/Henkell, ABl. EG 1980 Nr. L 383, S. 11, 16; VBVB/VBBB, ABl. EG 1982 Nr. L 54, S. 36, 47; Screensport/EBU, ABl. EG 1991 Nr. L 63, S. 32, 43 f.; Vichy, ABl. EG 1991 Nr. L 75, S. 57, 62; Schöller, ABl. EG 1993 Nr. L 183, S. 1, 14, RdNr. 123; Langnese/Iglo, ABl. EG 1993 Nr. L 183, S. 19, 33; Zera/Montedison u. Hinkens/Stähler, ABl. EG 1993 Nr. L 272, S. 28, 45; BASF Lacke + Farben/Accinauto, ABl. EG 1995 Nr. L 272, S. 16, 31; Kraanverhuur, ABl. EG 1995 Nr. L 312, S. 79, 86.

positiven Ziele ihrer Vereinbarung unbedingt erforderlich sind. Lassen sich diese Ziele auch ohne[288] oder mit einer weniger weitreichenden Einschränkung des Wettbewerbs erreichen[289], so verstößt die Vereinbarung gegen den **Grundsatz der Verhältnismäßigkeit**. Sie ist dann nicht freistellungsfähig.[290] Um als unerlässlich anerkannt zu werden, muss die Beschränkung der wirtschaftlichen Handlungsfreiheit der Beteiligten für die angestrebte Verbesserung der Warenerzeugung oder -verteilung oder für den erwarteten technischen oder wirtschaftlichen Fortschritt zumindest mitursächlich sein. Sie darf sich daher nicht von vornherein als ungeeignet erweisen, derartige Wirkungen herbeizuführen.[291] Unerlässlichkeit bedeutet jedoch mehr als bloße Eignung.[292] Eine Wettbewerbsbeschränkung entspricht den Anforderungen dieses Tatbestandsmerkmals nur dann, wenn ohne sie die günstigen Folgen der Vereinbarung entweder überhaupt nicht[293] oder nicht innerhalb desselben Zeitraums, nicht in gleichem Ausmaß oder nicht mit demselben Grad an Wahrscheinlichkeit[294] eintreten würden.

Die Kommission hat anhand **objektiver Maßstäbe** festzustellen, ob die oben genannten **97** Voraussetzungen erfüllt sind. Den Ansichten der beteiligten Unternehmen kommt daher in aller Regel keine entscheidende Bedeutung zu.[295] Die Unerlässlichkeit einer Wettbewerbsbeschränkung bestimmt sich vielmehr nach den allgemeinen Erfahrungen des Wirtschaftslebens sowie den Wertvorstellungen des EG-Vertrags. Näheren Aufschluss geben auch hier die **Gruppenfreistellungsverordnungen** der Kommission.[296] So sind die dort freigestellten Wettbewerbsbeschränkungen grundsätzlich unerlässlich, die von der Freistellung ausgeschlossenen dagegen regelmäßig nicht erforderlich, um die gesamtwirtschaftlichen Vorteile zu sichern, welche die jeweils freigestellten horizontalen oder vertikalen Vereinbarungen typischerweise mit sich bringen. Eine abweichende Beurteilung im Einzelfall bleibt möglich[297], jedoch sind Vertragsklauseln, die darauf abzielen, die beim Verkauf oder Wei-

---

288 Entscheidungen NCH, ABl. EG 1972 Nr. L 22, S. 16, 18; Screensport/EBU, ABl. EG 1991 Nr. L 63, S. 32, 44; Astra, ABl. EG 1993 Nr. L 20, S. 23, 31 ff.

289 Entscheidungen Cimbel, ABl. EG 1972 Nr. L 303, S. 24, 27; Kabelmetal, ABl. EG 1975 Nr. L 222, S. 34, 39; Bayer/Gist-Brocades, ABl. EG 1976 Nr. L 30, S. 13, 19; Gerofabriek, ABl. EG 1977 Nr. L 16, S. 8, 12; Publishers' Association – „Netto-Bücher" ABl. EG 1989 Nr. L 22, S. 12; 21 ff.; Vichy, ABl. EG 1991 Nr. L 75, S. 52, 62.

290 EuGH, Consten u. Grundig gg. Kommission, Rs. 56 u. 58/64 – Slg. 1966, 321, 395 ff.; EuG-SPO gg. Kommission, Rs. T-29//92 – Slg. 1995, II-289, 389 f.

291 Entscheidungen CRN, ABl. EG 1972 Nr. L 303, S. 7, 16; Grohe, ABl. EG 1985 Nr. L 19, S. 17, 23.

292 EuGH, Consten u. Grundig, Rs. 56 u. 58/64 – a. a. O., S. 397.

293 Entscheidungen JAZ/Peter I, ABl. EG 1969 Nr. L 195, S. 5, 10; FN/CF, ABl. EG 1971 Nr. L 134, S. 6, 11; GEC/Weir, ABl. EG 1977 Nr. L 327, S. 26, 34; Computerland, ABl. EG 1987 Nr. L 222, S. 12, 21; Assurpol, ABl. EG 1992 Nr. L 37, S. 16, 23; Olivetti/Digital, ABl. EG 1994 Nr. L 309, S. 24, 30.

294 Entscheidungen Rockwell/Iveco, ABl. EG 1983 Nr. L 224, S. 19, 26; Lichtwellenleiter, ABl. EG 1986 Nr. L 236, S. 30, 39; ENI/Montedison, ABl. EG 1987 Nr. L 5, S. 13, 20; Eirpage, ABl. EG 1991 Nr. L 306, S. 22, 30 f.; Ford/Volkswagen, ABl. EG 1993 Nr. L 20, S. 14, 18 f.; Philips/Osram, ABl. EG 1994 Nr. L 378, S. 37, 43.

295 Entscheidung Grundig/Consten, ABl. EG 1964 Nr. 161 S. 2545, 2550 ff., bestätigt durch EuGH, onsten u. Grundig gg. Kommission, Rs. 56 u. 58/64 – Slg. 1966, 321, 398 f.; de Laval/Stork I, ABl. EG 1977 Nr. L 215, S. 11, 18.

296 Siehe dazu oben RdNr. 90 f.

297 EuGH, VAG France gg. Magne, Rs. 10/86 – Slg. 1986, 4071, 4088, Delimitis gg. Henninger Bräu, Rs. C-234/89 – Slg. 1991, I-935, 991.

terverkauf an Dritte anzuwendenden Preise festzusetzen[298] oder einen absoluten Gebietsschutz herbeizuführen[299], niemals unerlässlich.

98   Im Übrigen kommt es auf die **Art der Absprache** an, auch bei Vereinbarungen, für die bisher keine Gruppenfreistellung vorgesehen ist. Für eine **technische Zusammenarbeit**, bei der jedes beteiligte Unternehmen erhebliche finanzielle Mittel und geheimes Knowhow einbringt, sind Ausschließlichkeitsbindungen zwischen den Partnern in den Bereichen der Entwicklung und der Produktion oft unerlässlich, weil sich nur so eine ausreichende Vertrauensbasis schaffen lässt.[300] Eine in diesem Zusammenhang vereinbarte Aufteilung der Absatzmärkte würde dagegen das Maß des Hinnehmbaren überschreiten.[301] **Strukturkrisenkartelle** wären ohne die Verpflichtung der beteiligten Unternehmen, Betriebe mit veralteten Anlagen zu schließen, zum Scheitern verurteilt.[302] Absprachen über Mengen, Preise oder Absatzmärkte sind für die Wiederherstellung eines Gleichgewichts zwischen Angebot und Nachfrage dagegen nicht erforderlich.[303] Der **wirtschaftliche Erfolg selektiver Vertriebssysteme** hängt wesentlich davon ab, dass Außenseiter nicht mit Vertragswaren beliefert werden. Eine entsprechende Verpflichtung des Herstellers und der von ihm zugelassenen Händler gilt daher als unerlässlich.[304] Vertragsklauseln, welche die Händler in ihrer Freiheit beschränken, Erzeugnisse anderer Hersteller zu vertreiben, andere, dem-

---

298 Entscheidungen ASPA, ABl. EG 1970 Nr. L 148, S. 9; SSI, ABl. EG 1982 Nr. L 232, S. 1, 33 RdNr. 141; Zinc Producer Group, ABl. EG 1984 Nr. L 220, S. 27, 42; Aluminiumeinfuhren aus Osteuropa, ABl. EG 1985 Nr. L 92, S. 1, 53; Publishers' Association -„Netto-Bücher" ABl. EG 1989 Nr. L 22, S. 12, 21 ff.; Scottish Salmon Board, ABl. EG 1992 Nr. L 246, S. 37, 44; LIC, ABl. EG 1992 Nr. L 392, S. 47, 58 (horizontale Preisabsprachen) sowie Gerofabriek, ABl. EG 1977 Nr. L 16, S. 8; Maissaatgut, ABl. EG 1978 Nr. L 286, S. 23, 35; Hennessy/Henkell, ABl. EG 1980 Nr. L 383, S. 1 (vertikale Preisabsprachen).

299 Entscheidungen Grundig/Consten, ABl. EG 1964 Nr. 161 S. 2545, 2550 ff., bestätigt durch EuGH, Consten u. Grundig gg. Kommission, Rs. 56 u. 58/64 – Slg. 1966, 321, 395 ff.; Theal/Watts, ABl. EG 1977 Nr. L 39 S. 19, 24 f., bestätigt durch EuGH, Tepea gg. Kommission, Rs. 26/77 – Slg. 1988, 1391, 1416 f.; Distillers, ABl. EG 1978 Nr. L 50, S. 16, 28 f.; Maissaatgut, a. a. O., bestätigt durch EuGH, Nungesser gg. Kommission, Rs. 258/78 – Slg. 1982, 2015, 2073 f.; Tippex, ABl. EG 1987 Nr. L 222, S. 1, 9 RdNr. 70, bestätigt durch EuGH, Tippex gg. Kommission, Rs. C-279/87 – Slg. 1990, I-261; Sandoz, ABl. EG 1987 Nr. L 222, S. 28, 32 RdNr. 31, bestätigt durch EuGH, Sandoz gg. Kommission, Rs. C-277/87 – Slg. 1990, I-45; Bayo-n-ox, ABl. EG 1989 Nr. L 21, S. 71, 77; VIHO/Parker Pen, ABl. EG 1992 Nr. L 233, S. 27, 31, bestätigt durch EuG-Parker Pen gg. Kommission, Rs. T-77/92 – Slg. 1994, II-549; Dunlop Slazenger, ABl. EG 1992 Nr. L 131, S. 32, 44, bestätigt durch EuG-Dunlop Slazenger gg. Kommission, Rs. T-43/92 – Slg. 1994, II-441; Tretorn, ABl. EG 1994 Nr. L 378, S. 45, 51.

300 Entscheidungen ACEC/Berliet, ABl. EG 1968 Nr. L 201, S. 7, 10; MAN/Saviem, ABl. EG 1972 Nr. L 31, S. 29, 36; Sopelem/Vickers, ABl. EG 1978 Nr. L 70, S. 47, 52; VW/MAN, ABl. EG 1983 Nr. L 376, S. 11, 14 f.; Continental/Michelin, ABl. EG 1988 Nr. L 305, S. 33, 38 ff.; Alcatel/Espace/ANT, ABl. EG 1990 Nr. L 32, S. 19, 24 f.; Asahi/St. Gobain, ABl. EG 1994 Nr. L 354, S. 87, 92 f.

301 Entscheidungen Henkel/Colgate, ABl. EG 1972 Nr. L 14, S. 14, 16 f.; Bayer/Gist-Brocades, ABl. EG 1976 Nr. L 30, S. 13, 19 f.; Siemens/Fanuc, ABl. EG 1985 Nr. L 376, S. 28, 36 f.

302 Entscheidungen Kunstfasern, ABl. EG 1984 Nr. L 207, S. 17, 22 ff.; Stichting Baksteen, ABl. EG 1994 Nr. L 131, S. 15, 19 f.

303 Entscheidungen Kunstfasern, a. a. O.; Zinc Producer Group, ABl. EG 1984 Nr. L 220, S. 27, 41 f.; Aluminiumeinfuhren aus Osteuropa, ABl. EG 1985 Nr. L 92, S. 1, 52 f.

304 Entscheidungen SABA I, ABl. EG 1976 Nr. L 28, S. 19, 27 f.; SABA II, ABl. EG 1983 Nr. L 376, S. 41, 49 f.; Grundig I, ABl. EG 1985 Nr. L 233, S. 1, 6.; Grundig II, ABl. EG 1994 Nr. L 20, S. 15, 21 f.; Givenchy, ABl. EG 1992 Nr. L 236, S. 11, 20 f.

selben Vertriebssystem angehörende Händler zu beliefern oder die Wiederverkaufspreise nach eigenem Ermessen festzusetzen, sind es hingegen nicht.[305]

dd) Fortbestand wirksamen Wettbewerbs. – Von der Freistellung ausgeschlossen sind **99** nach lit. b) alle Absprachen, die den beteiligten Unternehmen die Möglichkeit eröffnen, für einen wesentlichen Teil der betreffenden Erzeugnisse oder Dienstleistungen den Wettbewerb auszuschalten. Die Vorschrift konkretisiert das allgemeine Vertragsziel der **Entwicklung und Aufrechterhaltung wirksamen Wettbewerbs** im Binnenmarkt.[306] Sie soll verhindern, dass die Mitglieder eines Kartells die Kontrolle über einen wesentlichen Teil des Marktes erhalten und dadurch die Funktionsfähigkeit des Wettbewerbs in Frage stellen.[307] Dieser Gefahr beugt die Regelung der lit. b) in wirksamer Weise vor. Die Freistellungssperre beschränkt sich somit keineswegs auf Fälle, in denen die Ausschaltung jeden oder fast jeden Wettbewerbs auf dem betroffenen Markt droht.[308]

Bei der Prüfung der Absprache hat die Kommission einerseits festzustellen, inwieweit die **100** beteiligten Unternehmen in Zukunft noch miteinander konkurrieren werden (**Innenwettbewerb**). Sie hat andererseits abzuschätzen, wie sich der Wettbewerb auf dem betroffenen Markt im Verhältnis zwischen den Kartellmitgliedern und dritten Unternehmen, nämlich ihren aktuellen oder potenziellen Konkurrenten im Anschluss an die Absprache entwickeln wird (**Außenwettbewerb**).[309] Im Verfahren zur Erneuerung einer Freistellung ist auch der Anstieg des Konzentrationsgrades zu berücksichtigen, sofern er die Wettbewerbsstruktur des Marktes beeinflusst.[310] Die Fähigkeit der an der Absprache beteiligten Unternehmen, einen wesentlichen Teil des Marktes dem Wettbewerb zu entziehen, lässt sich nur im Wege einer wirtschaftlichen Gesamtwürdigung ermitteln, bei der sämtliche für die Entscheidung maßgeblichen Umstände des Einzelfalles gewichtet werden.

In der Entscheidungspraxis der Kommission treten die zwischen dem Innenwettbewerb **101** und dem Außenwettbewerb bestehenden **Wechselbeziehungen** deutlich hervor. Je stärker die Absprache den Wettbewerb zwischen den Beteiligten einschränkt, umso größeres Gewicht gewinnt der Wettbewerb mit Dritten. In diesem Zusammenhang spielen die Marktstellung der Kartellmitglieder und die Marktstruktur meistens eine ausschlaggebende Rolle. **Marktanteile des Kartells** bis zu einem Drittel stehen der Freistellung in der Regel

---

305 Entscheidungen Junghans, ABl. EG 1977 Nr. L 30, S. 10, 12 f.; Liebig, ABl. EG 1978 Nr. L 53, S. 20, 24 f.; AEG-Telefunken ABl. EG 1982 Nr. L 117, S. 15, 23; Givenchy, a. a. O., S. 14; Villeroy u. Boch, ABl. EG 1985 Nr. L 376, S. 15, 16.
306 EuGH, Europemballage u. Continental Can gg. Kommission, Rs. 6/72 – Slg. 1973, 215, 245 f.; Commercial Solvents gg. Kommission, Rs. 6. u. 7/73 – Slg. 1974, 223, 254.
307 In diesem Sinne EuGH, Metro gg. Kommission (II), Rs. 75/84 – Slg. 1986, 3021, 3090 RdNr. 65; EuG-Langnese-Iglo gg. Kommission, Rs. T-7/93 – Slg. 1995, II-1533, 1587 ff.
308 Kritik verdient daher die insoweit unpräzise Ausdrucksweise der Kommission in einigen Entscheidungen: BT/MCI, ABl. EG 1994 Nr. L 223, S. 36, 51; Night Services, ABl. EG 1994 Nr. L 259, S. 20, 25; Pasteur-Mérieux/Merck, ABl. EG 1994 Nr. L 309, S. 1, 20; Eurotunnel, ABl. EG 1994 Nr. L 354, S. 66, 72; Asahi/St. Gobain, ABl. EG 1994 Nr. L 354, S. 87, 94; Lufthansa/SAS, ABl. EG 1996 Nr. L 54, S. 28, 37.
309 Entscheidungen SABA II, ABl. EG 1983 Nr. L 376, S. 41, 50 f., bestätigt durch EuGH, Metro gg. Kommission (II), Rs. 75/84 – Slg. 1986, 3021, 3083 ff.; Ford/Volkswagen, ABl. EG 1993 Nr. L 20, S. 14, 19 f., bestätigt durch EuG-Matra-Hachette gg. Kommission, Rs. T-17/93 – Slg. 1994, II-595, 647 ff.
310 EuGH, Metro gg. Kommission (Metro II), Rs. 75/84 – a. a. O., S. 3094 f. RdNr. 88 f.i Ancides gg. Kommission, Rs. 43/85 – Slg. 1987, 3131, 3154.

nicht entgegen[311], solche über 50% lassen sie als fraglich erscheinen[312], und bei Überschreitung der Zweidrittelgrenze kommt eine Freistellung grundsätzlich nicht mehr in Betracht.[313] Besondere Umstände, darunter die Art des Produkts[314], die Zahl und Stärke der verbleibenden Konkurrenten[315], die Struktur der Marktgegenseite[316] sowie das Bestehen oder Fehlen potenziellen Wettbewerbs[317] sowie von Marktzugangsschranken[318], können im Einzelfall eine abweichende Beurteilung rechtfertigen. Für die Abgrenzung der relevanten

---

311 Entscheidungen Duro Dyne/Europair, ABl. EG 1975 Nr. L 29, S. 11, 12; Rank/Sopelem, ABl. EG 1975 Nr. L 29, S. 20, 22; Bayer/Gist-Brocades, ABl. EG 1976 Nr. L 30, S. 13, 20; Amersham/Buchler, ABl. EG 1982 Nr. L 314, S. 34, 37; ENI/Montedison, ABl. EG 1987 Nr. L 5, S. 13, 20; Enichem/ICI, ABl. EG 1988 Nr. L 50, S. 18, 26; Iveco/Ford, ABl. EG 1988 Nr. L 230, S. 39, 45; Teko, ABl. EG 1990 Nr. L 13, S. 34, 35, 38; Alcatel/Espace/ANT, ABl. EG 1990 Nr. L 32, S. 19, 24 RdNr. 17, 25 RdNr. 21; Exxon/Shell, ABl. EG 1994 Nr. L 144, S. 20, 34 f.

312 Entscheidungen FN/CF, ABl. EG 1971 Nr. L 134, S. 6, 12; Feinpapier, ABl. EG 1972 Nr. L 182, S. 24, 27; Gerofabriek, ABl. EG 1977 Nr. L 16, S. 8, 12; Gussglas in Italien, ABl. EG 1980 Nr. L 383, S. 19, 25; Flachglas in Italien, ABl. EG 1981 Nr. L 326, S. 32, 40; Eirpage, ABl. EG 1991 Nr. L 306, S. 22, 31 f.; Philips/Osram, ABl. EG 1994 Nr. L 354, S. 37, 43; Eurotunnel II, ABl. EG 1994 Nr. L 354, S. 66, 72.

313 Entscheidungen Kali und Salz/Kalichemie, ABl. EG 1974 Nr. L 19, S. 22, 25; Haarden- en Kachelhandelaren, ABl. EG 1975 Nr. L 159, S. 22,28; WANO-Schwarzpulver, ABl. EG 1978 Nr. L 322, S. 26, 34; Lab, ABl. EG 1980 Nr. L 51, S. 19, 25, bestätigt durch EuGH, Coöperatieve Stremsel- en Klenselfabriek, Rs. 61/80 – Slg. 1981, 851, 858; Vimpoltu, ABl. EG 1983 Nr. L 200, S. 44, 50; Tetra Pak I (BTG-Lizenz), ABl. EG 1988 Nr. L 272, S. 27, 43; Racal Decca, ABl. EG 1989 Nr. L 43, S. 27, 45 RdNr. 127; Pauschalarrangements – Fussballweltmeisterschaft 1990, ABl. EG 1992 Nr. L 326, S. 31, 41; BIC/Gilette, ABl. EG 1993 Nr. L 116, S. 21, 23, 30; Schöller Lebensmittel, ABl. EG 1993 Nr. L 183, S. 1, 14 ff.; Langnese-Iglo, ABl. EG 1993 Nr. L 183, S. 19, 32 ff., bestätigt durch EuG-Langnese-Iglo, Rs. T-7/93 – Slg. 1995, II-1533, 1587 ff.; Auditel, ABl. EG 1993 Nr. L 306, S. 50, 54.

314 EuGH, Metro gg. Kommission (I) Rs. 26/76 – Slg. 1977, 1875, 1905; Metro gg. Kommission (II), Rs. 75/84 – Slg. 1986, 3021, 3084 ff.; Kommission, Entscheidungen Eurotunnel II, a. a. O. (Fn. 83); UIP, ABl. EG 1989 Nr. L 226, S. 26, 32.

315 Entscheidungen FN/CF, ABl. EG 1971 Nr. L 134, S. 6; Davidson Rubber, ABl. EG 1972 Nr. L 143, S. 31, 36; Feinpapier, ABl. EG 1972 Nr. L 182, S. 24; ENI/Montedison, ABl. EG 1987 Nr. L 5, S. 13; ARG/Unipart, ABl. EG 1985 Nr. L 45, S. 34, 40 RdNr. 40; Rich Products/Jus-rol, ABl. EG 1988 Nr. L 69, S. 21, 28; Concordato Incendio, ABl. EG 1990 Nr. L 15, S. 25, 29; BT/MCI, ABl. EG 1994 Nr. L 223, S. 36, 51 f.; Night Services, ABl. EG 1994 Nr. L 259, S. 20, 25; Olivetti/Digital, ABl. EG 1994 Nr. L 309, S. 24, 30; Lufthansa/SAS, ABl. EG 1996 Nr. L 54, S. 28, 37.

316 Entscheidungen Feinpapier, ABl. EG 1972 Nr. L 182, S. 24; URG, ABl. EG 1976 Nr. L 51, S. 7, 13; KEWA, ABl. EG 1976 Nr. L 51, S. 15, 19; National Sulphuric Acid Association I u. II, ABl. EG 1989 Nr. L 190, S. 22, 24; ABl. EG 1980 Nr. L 260, S. 24, 31; Rockwell/Iveco, ABl. EG 1983 Nr. L 224, S. 19, 27; Lichtwellenleiter, ABl. EG 1986 Nr. L 236, S. 30, 40 RdNr. 79; UIP, ABl. EG 1989 Nr. L 226, S. 5; BT/MCI, ABl. EG 1994 Nr. L 223, S. 36; ABl. EG 1997 Nr. L 201, S. 1; Asahi/St. Gobain, ABl. EG 1994 Nr. L 354, S. 87, 93 f.

317 Entscheidungen URG, KEWA, ABl. EG 1976 Nr. L 51, S. 7, 15; BBC Brown Boveri, ABl. EG 1988 Nr. L 301, S. 68, 73; Delta Chemie/DDD, ABl. EG 1988 Nr. L 309, S. 34, 42; Scottish Nuclear, ABl. EG 1991 Nr. L 178, S. 31, 36; Eirpage, ABl. EG 1991 Nr. L 306, S. 22, 31 f.; Assurpol, ABl. EG 1992 Nr. L 37, S. 16, 22 f.; Eurotunnel, ABl. EG 1988 Nr. L 311, S. 36; Philips/Osram, ABl. EG 1994 Nr. L 378, S. 37; Pasteur-Mérieux/Merck, ABl. EG 1994 Nr. L 309, S. 1, 20 f.

318 Entscheidungen Bayer/Gist-Brocades, ABl. EG 1976 Nr. L 30, S. 13, 20; Vakuum-Stromschalter I, ABl. EG 1977 Nr. L 48, S. 32, 38, und II, ABl. EG 1980 Nr. L 383, S. 1, 8; GEC/Weir, ABl. EG 1977 Nr. L 327, S. 26; Lichtwellenleiter, ABl. EG 1986 Nr. L 336, S. 30; Alcatel/Espace/ANT, ABl. EG 1990 Nr. L 32, S. 18, 25; Assurpol, ABl. EG 1992 Nr. L 37, S. 16; Grundig, ABl. EG 1994 Nr. L 20, S. 15, 22; Pasteur-Mérieux/Merck, a. a. O.

Märkte in sachlicher, örtlicher und zeitlicher Hinsicht gelten die bereits erörterten allgemeinen Grundsätze.[319]

Regelt die Absprache lediglich den **Einsatz bestimmter Wettbewerbsmittel** und lässt sie **102** die Handlungsfreiheit der Beteiligten im Übrigen unberührt, so verliert die Beurteilung des Außenwettbewerbs an Bedeutung. Selbst wenn sich sämtliche Unternehmen aus einem Wirtschaftszweig am Kartell beteiligen, so wird dadurch nicht notwendigerweise dessen Freistellung ausgeschlossen. Sie hängt in derartigen Fällen von der Stärke des zwischen den Kartellmitgliedern noch verbleibenden Wettbewerbs ab, wie die Entscheidungspraxis zu den Organisationsregeln für Messen und Ausstellungen[320] sowie zu Strukturkrisenkartellen[321] anschaulich belegt. Allerdings darf die Absprache niemals zur **Beseitigung des Preiswettbewerbs**[322], oder – falls dieser durch staatliche Lenkungsmaßnahmen ersetzt wurde – des Mengen-, Qualitäts- und Konditionenwettbewerbs führen.[323] Auch der **Forschungswettbewerb** darf nicht ausgeschaltet werden.[324] Eine zwischen allen bedeutenden Herstellern eines Wirtschaftszweiges getroffene Absprache über die Zuteilung von Liefermengen bei einer Versorgungskrise gefährdet nicht den Fortbestand wirksamen Wettbewerbs in Normalzeiten.[325] Mit einer Ausschaltung des Wettbewerbs für einen wesentlichen Teil des **Marktes eines Endprodukts** ist im Allgemeinen nicht zu rechnen, wenn sich die Zusammenarbeit der beteiligten Unternehmen auf die Herstellung eines Vorprodukts beschränkt.[326] Entsprechendes gilt für Vereinbarungen über die Normung von Dienstleistungen, welche die Beteiligten als Konkurrenten den Endverbrauchern anbieten.[327] **Vertriebssysteme** erfüllen die Voraussetzungen für eine Freistellung nur dann, wenn sie auf den einzelnen Handelsstufen neben dem Wettbewerb zwischen Erzeugnissen verschiedener Hersteller (interbrand) auch einen wirksamen Wettbewerb der Händler im Hinblick auf die Erzeugnisse ein und desselben Herstellers (intrabrand) bestehen lassen, wobei das Schwergewicht aber nicht unbedingt auf dem Preiswettbewerb liegen muss.[328]

---

319 Siehe dazu oben Einleitung RdNr. 46 ff.

320 Entscheidungen Cematex I, ABl. EG 1971 Nr. L 227, S. 26, und II, ABl. EG 1983 Nr. L 140, S. 27; EWMA I, ABl. EG 1969 Nr. L 69, S. 13; II, ABl. EG 1979 Nr. L 11, S. 16, und III, ABl. EG 1989 Nr. L 37, S. 11; BPICA I, ABl. EG 1977 Nr. L 299, S. 18, und II, ABl. EG 1982 Nr. L 156, S. 16; Unidi I, ABl. EG 1975 Nr. L 228, S. 14, und II, ABl. EG 1984 Nr. L 322, S. 10; SMM&T, ABl. EG 1983 Nr. L 376, S. 1; VIFKA, ABl. EG 1986 Nr. L 291, S. 46; Internationale Dentalschau, ABl. EG 1987 Nr. L 293, S. 58; BDTA, ABl. EG 1988 Nr. L 233, S. 15; SIPPA, ABl. EG 1991 Nr. L 60, S. 19.

321 Entscheidungen Kunstfasern, ABl. EG 1984 Nr. L 207, S. 17; Stichting Baksteen, ABl. EG 1994 Nr. L 131, S. 15.

322 EuGH, Metro gg. Kommission (Metro I), Rs. 26/76 – Slg. 1977, 1875, 1906 RdNr. 21.

323 EuGH, Van Landewijk u. a. gg. Kommission, Rs. 209 bis 215 u. 218/78 – Slg. 1980, 3125, 3279 f.

324 Entscheidungen Beecham/Parke Davis, ABl. EG 1979 Nr. L 70, S. 11, 20; Vakuumstromschalter II, ABl. EG 1980 Nr. L 383, S. 1, 8; BBC Brown Boveri, ABl. EG 1988 Nr. L 301, S. 68, 73.

325 Entscheidungen Internationale Energieagentur I, ABl. EG 1983 Nr. L 376, S. 30, 36, und II, ABl. EG 1994 Nr. L 68, S. 35, 38.

326 Entscheidungen Asahi/St. Gobain, ABl. EG 1994 Nr. L 354, S. 87, 93 f.; Philips/Osram, ABl. EG 1994 Nr. L 378, S. 37, 43.

327 Entscheidungen Einheitliche Eurocheques, ABl. EG 1985 Nr. L 35, S. 43, 50 f.; Belgische Bankenvereinigung, ABl. EG 1987 Nr. L 7, S. 27, 34; ABl. EG 1987 Nr. L 43, S. 51, 60 f.; Niederländische Banken, ABl. EG 1989 Nr. L 253, S. 1, 11.

328 EuGH, Metro gg. Kommission, (I) Rs. 26/76 – Slg. 1977, 1875, 1906; Metro gg. Kommission (II) Rs. 75/84 – Slg. 1986, 3021, 3084 ff., 3089 f.

103   **5. Verfahren im Telekommunikationssektor. – a) Wettbewerbsbeschränkende Absprachen.** – Echte Kartellvereinbarungen in Form von Gebiets- und Kundenaufteilungen oder von Mengen- und Preisabsprachen waren im Telekommunikationssektor bislang nicht in nennenswertem Maß zu beobachten. Dies liegt, jedenfalls im Bereich der Festnetztelefonie, vermutlich an den zu unterschiedlichen Interessenlagen der Betreiber zum Zeitpunkt der Marktöffnung und in den ersten Jahren danach. Während die etablierten Betreiber aus einer faktischen Monopolstellung in den Wettbewerb traten, war das Bestreben der Wettbewerber darauf gerichtet, den etablierten Betreibern durch Abwerbung von Kunden ihre Marktmacht streitig zu machen. Diese Situation dürfte den Betreibern kaum Anreize für eine Kartellabsprache bieten. Hinzu kommt, dass die wesentlichen Vertragsinhalte, die für die Wettbewerber Voraussetzung für den Markteintritt sind, wie z. B. die Bedingungen und Entgelte für den Netzzugang, in der Regel durch die nationalen Regulierungsbehörden festgesetzt werden.

104   Auf den **Mobilfunkmärkten** gelten diese Gründe nur eingeschränkt, da diese Märkte in den meisten Mitgliedstaaten im Wettbewerb zwischen mehreren Betreibern entstanden sind und zudem die Regulierung nur in geringerem Masse Anwendung fand. Dennoch erfolgte selbst in diesem Bereich nur eine einzige Untersuchung im Hinblick auf wettbewerbsbeschränkende Vereinbarungen im Sinne von Art. 81 EG. Diese betraf die Vorleistungsentgelte für die grenzüberschreitende Gesprächsweiterleitung zwischen Mobilfunknetzen in unterschiedlichen Mitgliedstaaten (internationales Roaming). Der Verdacht auf mögliche Absprachen hatte sich für die Kommission aufgrund der Anfang 2000 eingeleiteten Sektoruntersuchung zum Roaming ergeben.[329] In diesem Zusammenhang führte die Kommission im Juli 2001 eine unangemeldete Nachprüfung bei sämtlichen Mobilfunknetzbetreibern in Deutschland und im Vereinigten Königreich durch.[330] Auch die Rolle der *GSM Association*, der weltweiten Vereinigung der Mobilfunknetzbetreiber, die einen Transparenzmechanismus für die Vereinbarung von Roamingpartnerschaften eingerichtet hatte, wurde dabei eingehend untersucht. Die förmlichen Verfahren, welche die Kommission im Juli 2004 gegen zwei Betreiber im Vereinigten Königreich und im Januar 2005 gegen zwei deutsche Betreiber eingeleitet hatte, beziehen sich jedoch nicht auf derartige Preisabsprachen, sondern ausschließlich auf die Höhe der Roamingentgelte.[331]

105   Im Juli 1999 eröffnete die Kommission von Amts wegen ein Verfahren im Hinblick auf mögliche Wettbewerbsbeschränkungen in den mit den Registratoren für die **Internet-Bereichsnamen** (sog. *domain names*) geschlossenen Lizenzverträgen.[332] Der gleichberechtigte Zugang zu Bereichsnamen ist für die in diesem Bereich tätigen Unternehmen von wesentlicher Bedeutung, denn er bestimmt ihren Markennamen und ihre Reputation bei den Nutzern in erheblichem Masse. Bis Mitte 1998 wurde das gesamte System der allgemeinen Bereichsnamen oberster Ebene[333] unter einem von der amerikanischen Regierung gewährten Monopol verwaltet.[334] Am 1. 10. 1998 wurde für diese Aufgaben sodann eine privatrechtliche Einrichtung ohne Erwerbszweck, die sog. *Internet Corporation for Assigned Names and Numbers* (*ICANN*) eingesetzt und eine schrittweise Liberalisierung dieser Tätig-

---

329   Presseerklärung der Kommission IP/00/111 vom 4. 2. 2000; Arbeitspapier der GD Wettbewerb vom 13. 12. 2000, http://europa.eu.int/comm/competition/antitrust/others/sector_inquiries/ roaming.

330   Presse-Memo der Kommission 01/262 vom 11. 7. 2001.

331   Vgl. hierzu unten Art. 82, RdNr. 48 ff.

332   Presseerklärung der Kommission IP/99/596 vom 29. 7. 1999.

333   Sog. *generic Top-level Domain Names* (gTLD) wie *.com, .net und .org.*

334   Durch die *Internet Assigned Numbering Authority* (IANA) und *Network Solutions Inc.* (NSI).

keit durch ein gemeinsames Registrierungssystem für konkurrierende Registratoren eingeleitet. Demnach mussten für die Bereichsnamen *.com, .org* und *.net* zunächst fünf und sodann eine unbeschränkte Anzahl weiterer Registratoren zugelassen werden, was über einen Standardlizenzvertrag erfolgte.[335] Gegenstand dieses Verfahrens waren vor allem die mögliche Diskriminierung von Registratoren, unangemessen hohe Zulassungsvoraussetzungen sowie die restriktiven Bedingungen der Übertragung von Bereichsnamen zur Verwaltung durch andere Registratoren, die allesamt ein potenzielles Hindernis für den Eintritt konkurrierender Registratoren darstellten. Nachdem diese Bedenken durch den förmlichen Abschluss der Vereinbarungen zwischen dem amerikanischen Handelsministerium, *ICANN* und *NSI* über das zukünftige offene System der Registrierung und Verwaltung von Bereichsnamen mit den von der Kommission vorgeschlagenen Änderungen ausgeräumt worden waren, wurde dieses Verfahren im November 1999 eingestellt.[336]

b) Angemeldete Vereinbarungen. – Nach der Verordnung 17 war noch die Möglichkeit **106** der Anmeldung von Vereinbarungen bei der Kommission mit dem Ziel der Freistellung vom Kartellverbot gegeben. Dies ist nach der neuen Verfahrensverordnung seit dem 1. 5. 2004 nicht mehr der Fall.[337] Die vor dieser Reform im Bereich der Telekommunikation wesentlichen angemeldeten Vereinbarungen betrafen strategische Allianzen zwischen Festnetzbetreibern vor und unmittelbar nach der vollständigen Marktöffnung, die gemeinsame Nutzung von Infrastruktur zwischen Mobilfunknetzbetreibern sowie Internet-Unternehmensplattformen.

aa) Strategische Allianzen. – Die Liberalisierung der Telekommunikationsmärkte führte **107** bereits sehr früh zu einer Vielzahl strategischer Allianzen zwischen den etablierten **Festnetzbetreibern** aus verschiedenen Mitgliedstaaten. Eine gemeinschaftsrechtliche Definition horizontaler Allianzen besteht nicht. Allgemein werden hiermit Vereinbarungen zwischen Wettbewerbern bezeichnet, die eine breit angelegte, zukunftsorientierte Zusammenarbeit in vielen Geschäftsbereichen zum Gegenstand haben, um hiermit auf die Liberalisierung und die Globalisierung der Märkte zu reagieren.[338] Die Rechtsform dieser Allianzen kann dabei rein vertraglich, etwa als Vereinbarung über gegenseitige Zusammenarbeit, oder strukturell ausgestaltet sein, d.h. zur Gründung eines rechtlich unabhängigen Gemeinschaftsunternehmens führen. Teilweise wurde eine gegenseitige Kapitalbeteiligung oder die Gewährung eines Sitzes im Vorstand bzw. Aufsichtsrat durch den jeweils anderen Vertragspartner vereinbart. Zweck dieser Allianzen war dabei die Ermöglichung des Eintritts in andere Märkte, da der Wettbewerbsdruck auf den angestammten Märkten wuchs. Diese Märkte waren teils räumlich andere, nämlich solche in den Nachbarländern, und teils in sachlicher Hinsicht neu, wie z.B. der Markt für Mehrwertdienste und Großkundendienste an multinational operierenden Unternehmen. Hierzu schufen die Betreiber im Wege der Kooperation untereinander geeignete grenzüberschreitende Backbone-Netze.

Die wettbewerbsrechtliche Beurteilung horizontaler Allianzen kann grundsätzlich anhand **108** von zwei unterschiedlichen Maßstäben erfolgen: dies sind zum einen Art. 81 EG und zum anderen die Fusionskontrollverordnung (FKVO).[339] Der vollständige Zusammenschluss von Unternehmen unterfällt dabei stets der FKVO, wogegen rein vertragliche Vereinbarungen zwischen Unternehmen ohne Schaffung einer rechtlich unabhängigen Struktur nach

335 Vgl. *Vajda/Gahnström*, ECLR 2000, S. 101.
336 *Buigues/Urrutia*, Gazette Européenne, Nr. 24, Juni 2000, S. 6.
337 VO 1/2003, ABl. EG 2003 Nr. L 1, S. 1.
338 Vgl. *Scherer* (Hrsg.), Telecommunications Laws in Europe, S. 45.
339 S. u., Abschnitt VI.

Art. 81 EG zu beurteilen sind. Hinsichtlich der Gründung von **Gemeinschaftsunternehmen** stellt sich die Frage nach der Abgrenzung. Diese wurde ursprünglich anhand der Frage vorgenommen, ob ein Gemeinschaftsunternehmen kooperativer oder konzentrativer Natur ist, wobei nur im letzteren Fall die FKVO einschlägig war. Allerdings war diese Unterscheidung nicht immer einfach zu treffen und führte zu einer Rechtsunsicherheit für die Unternehmen. Seit der Änderung der FKVO zum 1. 3. 1998 ist jene Unterscheidung aufgehoben, so dass alle Vollfunktions- Gemeinschaftsunternehmen anhand der FKVO zu beurteilen sind.[340] Neu geregelt wurde dabei weiterhin der Fall, dass die Schaffung eines Gemeinschaftsunternehmens eine **Koordinierung des Wettbewerbsverhaltens der Muttergesellschaften** bezweckt oder bewirkt. In diesem Fall hat die Kommission in demselben Verfahren auch eine Entscheidung anhand der Kriterien des Art. 81 EG zu treffen.[341]

109   Da bei vielen strategischen Allianzen eine rechtliche Struktur in Form eines Gemeinschaftsunternehmens geschaffen wurde, welches keine wirtschaftliche Vollfunktion ausübte, fielen sie nicht unter die FKVO, sondern wurden nach Verordnung 17 bei der Kommission angemeldet. Horizontale Allianzen zwischen Wettbewerbern enthalten in der Regel wettbewerbsbeschränkende Klauseln, wie z.B. Wettbewerbsverbote zwischen den Parteien, und fallen damit grundsätzlich in den Anwendungsbereich des Kartellverbots gemäß Art. 81 Abs. 1 EG. Die Kommission hat für mehrere solcher Vereinbarungen jedoch **Negativtatteste erteilt oder diese durch Einzelfreistellung** genehmigt. In einigen Fällen verpflichteten sich die Parteien auf Druck der Kommission zu Zusagen über die Marktöffnung in ihrem angestammten Markt im Gegenzug zur Ermöglichung des Markteintritts auf anderen Märkten.[342]

110   Die ersten derartigen Gemeinschaftsunternehmen wurden bereits vor der vollständigen Liberalisierung der Telekommunikationsmärkte geschaffen. Die erste Entscheidung der Kommission über die Genehmigung eines solchen Vorhabens betraf das Gemeinschaftsunternehmen **Concert** zwischen BT und MCI im Jahr 1994.[343] Im Jahr 1996 genehmigte die Kommission sodann die Gemeinschaftsunternehmen **Atlas** zwischen Deutsche Telekom und France Telekom[344] sowie **Phoenix/Global One** zwischen Atlas und Sprint.[345] Im Jahr 1997 konnten schließlich die Gemeinschaftsunternehmen **Unisource** zwischen Telia, PTT Telecom NL, Swiss Telecom und Telefónica[346] sowie **Uniworld** zwischen Unisource und AT&T[347] genehmigt werden. Dies erfolgte jeweils durch förmliche Entscheidungen.

111   Die Kommission vertrat dabei die Auffassung, dass solche Allianzen grundsätzlich eine **wettbewerbsfördernde Wirkung** haben, da sie zu mehr Innovation bzw. zum Markteintritt neuer Wettbewerber führen können. Dies ist allerdings nur dann der Fall, wenn es aufgrund der Zusammenarbeit nicht zur Marktabschottung zum Nachteil der Wettbewerber kommt. Daher verwandte die Kommission bei der wettbewerbsrechtlichen Beurteilung horizontaler Allianzen besondere Aufmerksamkeit auf den Fortbestand möglichst offener Märkte. Ihren Entscheidungen hat die Kommission das allgemeine Prinzip zugrunde gelegt, dass eine Genehmigung grenzüberschreitender Kooperationen, sei es in Form eines

340 Art. 3 Abs. 2 FKVO 1998 bzw. Art. 3 Abs. 4 FKVO 2004.
341 Artikel 2 Absatz 4 FKVO 1998 und 2004; zu den ersten Entscheidungen im Telekommunikationssektor vgl. *Denness*, Competition Policy Newsletter, Nr. 3/1998, S. 30.
342 Hierzu *Schröter/Jakob/Mederer/Rating*, Art. 81 Fallgruppen, RdNr. 112.
343 ABl. EG 1994 Nr. L 223, S. 36.
344 ABl. EG 1996 Nr. L 239, S. 23.
345 ABl. EG 1996 Nr. L 239, S. 57.
346 ABl. EG 1997 Nr. L 318, S. 1.
347 ABl. EG 1997 Nr. L 318, S. 24.

Negativattests oder einer Freistellung, nur bei gleichzeitiger Sicherstellung eines hinreichenden Infrastrukturwettbewerbs auf den jeweiligen Heimatmärkten der beteiligten Unternehmen erteilt werden kann.

Seit Anfang 1998 hatte die Kommission sodann über eine Reihe strategischer Allianzen zu **112** entscheiden, die auch die liberalisierten Märkte betrafen. In ihrer Entscheidung vom Mai 1999 im Verfahren **Cégétel + 4** genehmigte die Kommission eine Vereinbarung zwischen der Compagnie Générale des Eaux, British Telecommunications, Mannesmann und SBC International über die Umstrukturierung des französischen Telekommunikationsdiensteanbieters Cégétel.[348] Dabei entschied die Kommission zunächst, dass die Umstrukturierung als solche nicht unter Art. 81 Abs. 1 EG fiel, da mit Cégétel ein stärkerer Wettbewerber auf dem französischen Festnetz- und Mobilfunkmarkt entstand als dies bei den Muttergesellschaften der Fall gewesen wäre. Darüber hinaus stellte sie in ihrer Entscheidung mehrere Vertragsbestimmungen, wie z.B. das Wettbewerbsverbot zwischen den Muttergesellschaften, den Alleinvertrieb von Diensten des Gemeinschaftsunternehmens Concert durch Cégétel sowie Meistbegünstigungsklauseln für Cégétel gem. Art. 81 Abs. 3 EG vom Kartellverbot frei.

Im März 1999 erteilte die Kommission ein Negativattest für das Gemeinschaftsunterneh- **113** men Metro Holdings, welches den Aufbau lokaler Telekommunikationsnetze in mehreren Städten des Vereinigten Königreichs durch Energis, Deutsche Telekom und France Télécom zum Gegenstand hatte.[349] Im Juni 1999 wurde sodann auch für das Gemeinschaftsunternehmen Farland zur Schaffung eines europaweiten Backbone-Netzes durch British Telecommunications, Sunrise, Telfort, Albacom und VIAG Interkom ein Negativattest erteilt.[350] In beiden Fällen geschah dies durch einfaches Verwaltungsschreiben der Kommission.

Weiterhin wurde im November 1998 die zwischen Deutsche Telekom und France Télécom **114** geschlossene vertragliche **Kooperationsvereinbarung** „Lorelei" bei der Kommission angemeldet.[351] Gegenstand der Vereinbarung war die strategische Zusammenarbeit und die Entwicklung gemeinsamer Marketingstrategien beider Parteien bei Forschung und Entwicklung, internationalen Geschäften, internationalem Netz, Datenübertragung, Informationssystemen, Einkauf, Multimedia und Telefonkarten. Neben dem Abschluss der Kooperationsvereinbarung hatten die Parteien zudem eine gegenseitige Vertretung im jeweiligen Aufsichtsrat durch die Vorstandsvorsitzenden sowie einen gegenseitigen Aktienerwerb in Höhe von 2% vollzogen. Allerdings hatte bereits die Ankündigung des Zusammenschlussvorhabens zwischen DTAG und Telecom Italia auf die Zusammenarbeit zwischen DTAG und FT erhebliche Auswirkungen, sodass die Kooperation nicht weitergeführt werden konnte. Daher zogen die Parteien die Anmeldung der Vereinbarung schließlich zurück.

Im **Mobilfunk** war ein gegenläufiger Trend zu beobachten, der wohl auf die unterschiedli- **115** chen Marktverhältnisse zurückzuführen ist. Hier wurden die ersten Allianzen als echte Zusammenschlüsse angemeldet.[352] Rein vertragliche Vereinbarungen waren dann erst später zu beobachten, etwa im Zuge der Suche nach bevorzugten Roamingpartnern in Reaktion

348 ABl. EG 1999 Nr. L 218, S. 14.
349 Presseerklärung der Kommission IP/99/211 vom 31. 3. 1999; Mitteilung gem. Art. 19 Abs. 3 VO Nr. 17, ABl. EG 1999 Nr. C 19, S. 18.
350 XXIX. Wettbewerbsbericht 1999, S. 198; Mitteilung gem. Art. 19 Abs. 3 VO Nr. 17, ABl. EG 1999 Nr. C 77, S. 2.
351 ABl. EG 1999 Nr. C 8, S. 8.
352 S. unten Fusionskontrolle, RdNr. 116 ff.

auf den wettbewerbspolitischen Druck der Kommission im Hinblick auf eine Absenkung der hohen Entgelte für das internationale Roaming.[353]

116 **bb) Gemeinsame Nutzung von Infrastruktur.** – Mehrere Verfahren nach Art. 81 EG betrafen die zwischen unabhängigen Betreibern geschlossenen Vereinbarungen über die gemeinsame Nutzung von Infrastruktureinrichtungen, wie z. B. Netze, Masten und Antennen, im Bereich des Mobilfunks.

117 Im Mai 1999 wurde von den Vertragspartnern T-Mobil und VIAG Interkom eine Vereinbarung über **nationales Roaming** bei der Kommission angemeldet.[354] Zweck dieser Vereinbarung war es, dem vierten deutschen Mobilfunkbetreiber VIAG Interkom durch Zugang zum Netz des größten deutschen Mobilfunkbetreibers T-Mobil den flächendeckenden Eintritt in den deutschen Mobilfunkmarkt zu ermöglichen. Die Vereinbarung sah keine Ausschließlichkeit vor, so dass beide Parteien frei blieben, ähnliche Verträge mit Dritten zu schließen. Der Austausch vertraulicher Informationen war ebenso wenig vorgesehen wie eine Beschränkung der VIAG Interkom bei der Verwendung der erworbenen Netzkapazitäten. Die Kommission sah in dieser Vereinbarung somit keine Wettbewerbsbeschränkung und erteilte den Parteien Ende August 1999 ein Negativattest durch einfaches Verwaltungsschreiben.[355]

118 Im Februar 2002 wurden zwei im September 2001 geschlossene Vereinbarungen zwischen Mobilfunkbetreibern im Vereinigten Königreich und in Deutschland bei der Kommission zwecks Erteilung eines Negativattests oder einer Freistellung nach Art. 81 Abs. 3 EG angemeldet. Die Vertragspartner waren einerseits T-Mobile UK und O2 UK und andererseits T-Mobile Deutschland und O2 Deutschland. Die Vereinbarungen sahen vor, dass die Parteien bestimmte Teile ihrer Mobilfunknetze der 2. Generation (GSM-Standard), der sog 2,5. Generation (Verwendung der technischen Fortentwicklungen WAP und GPRS) und der 3. Generation (UMTS-Standard[356]) bestimmte **Standorte und Einrichtungen gemeinsam nutzen** und darüber hinaus Gespräche innerhalb ihrer Netzwerke im Wege des **nationalen Roamings** gegenseitig weiterleiten.

119 Die Kommission stellte in ihren Entscheidungen vom 30. April 2003 und vom 16. Juli 2003 fest, dass diese beiden Vereinbarungen keine wettbewerbsrechtlichen Bedenken im Sinne von Art. 81 EG aufwarfen und erteilte den Parteien insofern jeweils ein **Negativattest**.[357] Zugleich gewährte die Kommission für das nationale Roaming zwischen den Parteien bis Ende 2007 in kleineren Städten bzw. Ende 2008 in ländlichen Gebieten eine **Freistellung** vom Kartellverbot. Im März 2003 hatten die Parteien ihren Verzicht auf das nationale Roaming in den zehn größten Städten des Vereinigten Königreichs mitgeteilt. In dem Verfahren betreffend Deutschland hatten die Parteien nach Veröffentlichung der Amtsblattnotiz gem. Art. 19 Abs. 3 VO 17[358] auf Drängen der Kommission noch eine Vertrags-

---

353 Wie z. B. die Allianzen Freemove and Starmap, vgl. XXXIV. Wettbewerbsbericht 2004, RdNr. 41 sowie Presse-Memo der Kommission 04/198 vom 26. 7. 2004.

354 ABl. EG 1999 Nr. C 144, S. 9.

355 XXIX. Wettbewerbsbericht 1999, S. 198; *Mestmäcker/Schweitzer*, Netzwettbewerb, S. 105 ff., argumentierten in einem für Mannesmann Mobilfunk erbrachten Gutachten dagegen für eine nicht freistellungsfähige Wettbewerbsbeschränkung, da der durch die Vereinbarung verursachten Beschränkung des Netzwettbewerbs keine überwiegenden Vorteile gegenüberstanden.

356 *Universal Mobile Telecommunications Service*: Mobilfunktechnologie der 3. Generation, die weltweit verbreitet und unter anderem auch den Zugang zu Internet ermöglichen soll.

357 Entscheidung betr. Vereinigtes Königreich, ABl. EG 2003 Nr. L 200, S. 59, Presseerklärung IP/03/589 vom 30. 4. 2003; Entscheidung betr. Deutschland, ABl. EG 2004 Nr. L 75, S. 32, Presseerklärung der Kommission IP/03/1026 vom 16. 7. 2003.

358 ABl. EG 2002 Nr. C 189, S. 22.

änderung vorgenommen, aufgrund der es O2 Deutschland ermöglicht wurde, im Netz der T-Mobile innerhalb des Gebietes der 50% der Bevölkerung umfassenden Abdeckungsverpflichtung, d. h. in Stadt- und Entwicklungsgebieten, zu roamen.

Diese beiden Entscheidungen stellen das Ergebnis einer Abwägung zwischen der **Förde- 120 rung des Infrastrukturwettbewerbs** auf den UMTS-Märkten einerseits und dem unmittelbaren **Verbrauchervorteil** eines schnelleren und umfassenderen Ausbaus der fortgeschrittenen UMTS-Dienste andererseits dar und ist ein wichtiger Schritt auf dem Weg zur Bereitstellung der UMTS-Dienste in Europa.[359] Sie ist dabei als Leitfaden für die anderen europäischen Mobilfunknetzbetreiber über das Ausmaß ihrer möglichen Zusammenarbeit bei dem Auf- und Ausbau der UMTS-Dienste zu verstehen.

cc) Internetgestützte Handelsplattformen. – Viele Unternehmen haben in den letzten 121 Jahren internetgestützte Handelsplattformen (sog. *Business-to-Business*-Marktplätze) errichtet, die den gemeinsamen Ein- oder Verkauf von Waren und Dienstleistungen durch die beteiligten Unternehmen vereinfachen und kostengünstiger ermöglichen sollen. Gerade für kleine und mittlere Unternehmen sind solche Plattformen interessant, da sie auf diese Weise mehr Gegengewicht zu den teilweise marktmächtigen Geschäftspartnern erhalten. Handelsplattformen im Internet werden jedoch auch von großen Unternehmen genutzt, so z.B. im Automobilsektor (COVISINT[360]), in der Luftfahrt- und Weltraumindustrie (MyAircraft.com[361]), für Büroausstattungen (emaro[362]), Konsumgüter (Net Xchange, CPG.Market), Investment-Fonds (Cofunds[363]), sowie für öffentliche Marktplätze für Unternehmen und die Verwaltung (Governet[364]).

Bei derartigen Vereinbarungen kann es zu **horizontalen Wettbewerbsbeschränkungen** 122 kommen.[365] Problematisch kann etwa sein, dass den beteiligten Unternehmen untersagt wird, ihre Produkte an Dritte zu liefern oder anderweitig zu verwerten und Dritte in ihrem Handlungsspielraum gegenüber den an der Kooperation beteiligten Unternehmen beschränkt oder vom Zugang zu wichtigen Lieferanten ausgeschlossen werden.[366] Auch kann es Bedenken aufwerfen, wenn die Kooperationspartner untereinander geheime Informationen austauschen oder ihre Nachfragemacht in unzulässiger Weise bündeln. Diese Beschränkungen werden in der Regel nicht von der fusionsrechtlichen Genehmigung erfasst.[367] Daher hatte die Kommission aufgrund der Anmeldung nach der Verordnung 17 eine gesonderte Prüfung dieser Vorhaben vorzunehmen.

---

359 Vgl. zu den Entscheidungen *Gabathuler/Sauter*, Competition Policy Newsletter, Nr. 3/2003, S. 43; *Garzaniti/Liberatore*, ECLR 2004, 234, 237; zu den zugrundeliegenden ökonomischen Fragen der Zuteilung und Nutzung knapper Ressourcen: *Kruse*, in: *Buigues/Rey*, S. 185 und *Gabathuler/Sauter*, ebenda, S. 213.

360 Vom Bundeskartellamt am 25. 9. 2000 gemäß § 40 Abs. 2 Satz 1 GWB a. F. genehmigt (B5 – 34100 – U 40/00).

361 Presseerklärung der Kommission IP/00/912 vom 7. 8. 2000.

362 Presseerklärung der Kommission IP/00/783 vom 14. 7. 2000.

363 Presseerklärung der Kommission IP/00/971 vom 5. 9. 2000.

364 Presseerklärung der Kommission IP/00/1102 vom 3. 10. 2000.

365 Hier nicht behandelt werden vertikale Wettbewerbsbeschränkungen im Zusammenhang mit dem elektronischen Geschäftsverkehr, wie z.B. die Zulässigkeit direkter oder indirekter Beschränkungen des Weiterverkaufs von Waren und Dienstleistungen über das Internet im Rahmen ausschließlicher oder selektiver Vertriebssysteme; vgl. hierzu *Schröter/Jakob/Mederer/Klotz*, Art. 81 Fallgruppen, RdNr. 94 ff.

366 *Lange*, EWS 2000, 291.

367 Alle o.g. Vereinbarungen wurden gemäß Art. 6 Abs. 1 (1) FKVO ohne Auflagen genehmigt.

123 In den **Leitlinien über horizontale Wettbewerbsbeschränkungen** hat die Kommission die wesentlichen Kriterien für die Bewertung dieser Fragen dargelegt.[368] Neben den sog. „weißen Klauseln", die von Art. 81 Abs. 1 EG nicht erfasst werden, und sog. „schwarzen Klauseln", die grundsätzlich unter diese Vorschrift fallen, sind dabei in der Mehrzahl der Fälle sog. „graue Klauseln" zu erwarten, bei denen eine Einzelfallprüfung erfolgen muss.[369]

124 Nicht unter das Kartellverbot fallen in der Regel alle Vereinbarungen zwischen Unternehmen, die auf den von der Zusammenarbeit betroffenen Märkten **nicht miteinander im Wettbewerb stehen.** Dieses dürfte auf die meisten Internet-Handelsplattformen nicht zutreffen, da deren Mitglieder in der Regel Wettbewerber sind. Ebenfalls nicht unter das Kartellverbot fällt die Zusammenarbeit, die es den beteiligten Unternehmen erst ermöglicht, eine bestimmte Tätigkeit auszuüben, wie z. B. die Entwicklung eines gemeinsamen Projekts zur Teilnahme an einer Ausschreibung oder Versteigerung, ebenso wenig wie die Zusammenarbeit bei einer von der Vermarktung weit entfernten Tätigkeit.[370]

125 Dagegen sind horizontale Vereinbarungen, die eine **Festsetzung von Preisen**, eine **Einschränkung der Produktion** oder eine **Aufteilung der Märkte, Kunden oder Lieferquellen** bezwecken, grundsätzlich verboten. Dieses ist nach Auffassung der Kommission bei Vereinbarungen über den gemeinsamen Einkauf immer dann der Fall, wenn hierdurch ein Kartell verschleiert wird.[371] Derartige Pläne würden jedoch in der Praxis kaum einmal bereits vor ihrer Durchführung im Rahmen einer Anmeldung auffällig, sondern könnten allenfalls als Ergebnis langfristiger Ermittlungen *ex post* festgestellt werden. Von größerer praktischer Relevanz scheint daher die Feststellung zu sein, dass auch Vereinbarungen über den gemeinsamen Verkauf, der bei vielen Internet-Plattformen im Vordergrund des Interesses der Parteien steht, „fast immer" unter das Kartellverbot fallen, da hierdurch in der Regel eine Abstimmung des Preisverhaltens und der zu liefernden Warenmengen bezweckt oder erreicht wird. Eine solche Abstimmung hat zur Folge, dass der Wettbewerb auf der Angebotsseite und damit auch die Wahlmöglichkeiten der Kunden beschränkt werden.[372] Derartige Klauseln sind zudem nur bei Vorliegen besonders gewichtiger Gründe des wirtschaftlichen Nutzens nach Art. 81 Abs. 3 EG freistellbar.

126 Solche Vereinbarungen, die nicht einer der beiden eindeutig definierten Kategorien zugeordnet werden können („graue Klauseln"), müssen in ihrem rechtlichen und wirtschaftlichen Umfeld untersucht werden, denn ihre Vereinbarkeit mit Art. 81 Abs. 1 EG ist **nur im Einzelfall** zu beurteilen.[373] In diesem Fall hat die Kommission somit einen größeren Ermessensspielraum als bei den weißen und schwarzen Klauseln. Vom Kartellverbot können bestimmte Einkaufsvereinbarungen erfasst werden, wenn sie z. B. als Folge der gesteigerten Nachfragemacht der Vertragspartner zu niedrigeren Einkaufskosten und zur Abschottung anderer Käufer von einer wichtigen Lieferquelle führen. Vermarktungsvereinbarungen können etwa dann vom Kartellverbot erfasst werden, wenn sie den Parteien den Austausch vertraulicher Geschäftsinformationen ermöglichen oder ihre Endkosten wesentlich beeinflussen.[374]

---

368 Leitlinien zur Anwendbarkeit von Art. 81 EG-Vertrag auf Vereinbarungen über horizontale Zusammenarbeit (ABl. EG 2001 Nr. C 3, S. 2).
369 Vgl. zu diesen Begriffen *Geiger*, EuZW 2000, 325.
370 Leitlinien über horizontale Zusammenarbeit, RdNr. 24.
371 Leitlinien über horizontale Zusammenarbeit, RdNr. 124.
372 Leitlinien über horizontale Zusammenarbeit, RdNr. 144.
373 Leitlinien über horizontale Zusammenarbeit, RdNr. 125.
374 Leitlinien über horizontale Zusammenarbeit, RdNr. 146.

Schröter/Klotz

Eine derartige Untersuchung schloss die Kommission im Juli 2000 hinsichtlich einer Inter- **127** net-Plattform zwischen Grossbanken für den Handel mit Währungsoptionen ab (Volbro-ker.com). Nachdem die Parteien die Bedenken der Kommission bezüglich der Offenheit des Systems und der Geheimhaltung von Geschäftsgeheimnissen durch vertragliche Ände-rungen ausgeräumt hatten, konnte das Vorhaben durch **Erteilung eines Negativattests** per Verwaltungsschreiben genehmigt werden.[375] Ein weiteres Verfahren, das nach denselben Kriterien anhand von Art. 81 EG zu beurteilen war, betraf die bei der Kommission ange-meldete Vereinbarung zwischen mehreren großen europäischen und amerikanischen Ban-ken zwecks gemeinsamer Erstellung eines weltweiten Netzwerks mit der Bezeichnung „Identrus" zur Zertifizierung elektronischer Transaktionen zwischen Unternehmen. Da der Zugang zu dem Netzwerk auch für andere Banken offen war und die Mitglieder mitein-ander im Wettbewerb standen, erteilte die Kommission für diese horizontale Vereinbarung im Juli 2001 ein **Negativattest**, und zwar durch förmliche Entscheidung.[376]

Im Juli 2000 wurde eine Vereinbarung zwischen der „3G Patent Platform Partnership" **128** (3G3P) und achtzehn Vertragspartnern im Hinblick auf die Erstellung und den Betrieb ei-nes weltweiten Systems zur Auswertung, Erteilung und Lizenzierung von Patenten für **Mo-bilfunkdienste der 3. Generation** bei der Kommission angemeldet. Im November 2002 erteilte die Kommission den Vertragspartnern durch Verwaltungsschreiben ebenfalls ein Negativattest.[377]

---

375 Presseerklärung der Kommission IP/00/896 vom 31. 7. 2000; XXX. Wettbewerbsbericht 2000, S. 66.

376 ABl. EG 2001 Nr. L 249, S. 12; XXXI. Wettbewerbsbericht 2001, RdNr. 132.

377 Vgl. hierzu *Choumelova*, Competition Policy Newsletter, Nr. 1/2003, S. 41.

Art. 82 EG – Missbrauchsverbot

Mit dem Gemeinsamen Markt unvereinbar und verboten ist die missbräuchliche Ausnutzung einer beherrschenden Stellung auf dem Gemeinsamen Markt oder auf einem wesentlichen Teil desselben durch ein oder mehrere Unternehmen, soweit dies dazu führen kann, den Handel zwischen Mitgliedstaaten zu beeinträchtigen.

Dieser Missbrauch kann insbesondere in Folgendem bestehen:

a) der unmittelbaren oder mittelbaren Erzwingung von unangemessenen Einkaufs- oder Verkaufspreisen oder sonstigen Geschäftsbedingungen;

b) der Einschränkung der Erzeugung, des Absatzes oder der technischen Entwicklung zum Schaden der Verbraucher;

c) der Anwendung unterschiedlicher Bedingungen bei gleichwertigen Leistungen gegenüber Handelspartnern, wodurch diese im Wettbewerb benachteiligt werden;

d) der an den Abschluss von Verträgen geknüpften Bedingung, dass die Vertragspartner zusätzliche Leistungen annehmen, die weder sachlich noch nach Handelsbrauch in Beziehung zum Vertragsgegenstand stehen.

Schrifttum: Vgl. vor Art. 81, 82 EG.

Übersicht

I. Gesetzeszweck

Neben dem Kartellverbot des Art. 81 EG und diesem rangmässig gleichgeordnet bildet das in Art. 82 EG verankerte **Verbot des Missbrauchs wirtschaftlicher Macht** den zweiten Eckpfeiler der für Unternehmen geltenden Wettbewerbsregeln.[1] Im Gegensatz zu Art. 81 **1**

---

[1] Art. 82 EG hat in der Praxis zunehmend an Bedeutung gewonnen. Siehe Kommission, Entscheidungen GEMA I, ABl. EG 1971 Nr. L 134, S. 15; GEMA II, ABl. EG 1972 Nr. L 166, S. 22; Continental Can, ABl. EG 1972 Nr. L 7, S. 25; ZOJA/CSC-ICI, ABl. EG 1972 Nr. L 299, S. 51; Europäische Zuckerindustrie, ABl. EG 1973 Nr. L 140, S. 17; General Motors Continental, ABl. EG 1975 Nr. L 29, S. 14; Chiquita, ABl. EG 1976 Nr. L 95, S. 1; Hoffmann La Roche (Vitamine), ABl. EG 1976 Nr. L 51, S. 15; ABG Mineralölgesellschaften, ABl. EG 1977 Nr. L 117, S. 1; Hugin/Liptons, ABl. EG 1978 Nr. L 22, S. 23; Michelin I, ABl. EG 1981 Nr. L 353, S. 33; GVL, ABl. EG 1981 Nr. L 370, S. 49; GEMA III, ABl. EG 1982 Nr. L 94, S. 22; British Telecommunications, ABl. EG 1982 Nr. L 362, S. 40; British Leyland, ABl. EG 1984 Nr. L 207, S. 11; ECS/AKZO, ABl. EG 1985 L 374, S. 1; BBI/Boosey und Hawkes, ABl. EG 1987 Nr. L 287, S. 36; Eurofix-Bauco/Hilti, ABl. EG 1988 Nr. L 65, S. 19; Tetra Pak I (BTG-Lizenz), ABl. EG 1988 Nr. L 272, S. 27; Napier-

EG, aber mit Rücksicht auf den Regelungsgegenstand durchaus sachgemäß, sieht Art. 82 EG keine Ausnahmen vom Verbot vor. Im Übrigen sind die Parallelen zwischen beiden Vorschriften unverkennbar. Die weitgehende inhaltliche Übereinstimmung der im Vertrag genannten Beispiele für unzulässige Absprachen einerseits und Machtmissbrauch andererseits weisen bereits auf den engen systematischen Zusammenhang der Art. 81 und 82 EG hin.

2   Das Missbrauchsverbot und das Kartellverbot dienen demselben Ziel, nämlich der **Aufrechterhaltung eines unverfälschten, wirksamen Wettbewerbs** im Gemeinsamen Markt. Sie ergänzen sich gegenseitig in ihrer Funktionsweise. Während Art. 81 EG das wettbewerbsbeschränkende Zusammenwirken von Unternehmen verbietet, erfasst Art. 82 EG vor allem einseitige Praktiken des Einzelunternehmens oder mehrerer Unternehmen. Adressaten des Missbrauchsverbots sind Unternehmen, die auf dem Gemeinsamen Markt insgesamt oder auf einem wesentlichen Teil dieses Marktes eine beherrschende Stellung innehaben, nicht aber die „normalen" Unternehmen. Nur im Falle der Marktbeherrschung – wenn der Wettbewerb seine Steuerungsfunktion nicht mehr voll erfüllen kann – ist es gerechtfertigt, die einschneidenden Bestimmungen des Art. 82 EG anzuwenden. Sie sollen den Marktbeherrscher dazu zwingen, sich so zu verhalten, wie er es unter dem Druck eines funktionsfähigen Wettbewerbs tun würde.

3   Art. 82 EG untersagt deshalb insbesondere die **Ausbeutung** von Lieferanten, Abnehmern, Märkten oder Verbrauchern, die Behinderung von Handelspartnern, den Kampf gegen Konkurrenten mit **unlauteren Methoden oder Mitteln**, die nicht den Grundsätzen eines Leistungswettbewerbs entsprechen, sowie jede dadurch bewirkte **weitere Einschränkung des Wettbewerbs**, welche die beherrschende Stellung konsolidiert oder verstärkt. Dabei handelt es sich um Geschäftspraktiken, die ein „normales" Unternehmen entweder wegen fehlender wirtschaftlicher Macht gar nicht durchführen oder die es sich wegen des Risikos wirtschaftlicher Einbussen nicht leisten kann, oder aber um Verhaltensweisen, die bei wirksamem Wettbewerb hingenommen werden können, die aber eine erhebliche Gefahr für die übrigen Marktbeteiligten und die Wettbewerbsstruktur im Gemeinsamen Markt darstellen, falls sie von einem Marktbeherrscher angewandt werden.

4   Die Verbote des Art. 81 Abs. 1 und des Art. 82 EG finden **nebeneinander** Anwendung, falls der zu beurteilende Sachverhalt die Tatbestandsmerkmale beider Bestimmungen er-

---

Brown/British Sugar, ABl. EG 1988 Nr. L 284, S. 41; London European/SABENA, ABl. EG 1988 Nr. L 317, S. 47; BPB Industries, ABl. EG 1989 Nr. L 10, S. 50; Magill, ABl. EG 1989 Nr. L 78, S. 43; Solvay, ABl. EG 1991 Nr. L 151, S. 21; ICI, ABl. EG 1991 Nr. L 152, S. 40; Tetra Pak II, ABl. EG 1992 Nr. L 72, S. 1; Aer Lingus/British Midland, ABl. EG 1992 Nr. L 96, S. 34; Reedereiausschüsse, ABl. EG 1992 Nr. L 134, S. 1; CEWAL, ABl. EG 1993 Nr. L 34, S. 20; Gillette, ABl. EG 1993 Nr. L 116, S. 21; HOV-SVZ/MCN (Überseecontainer), ABl. EG 1994 Nr. L 104, S. 32; Flughafen Brüssel, ABl. EG 1995 Nr. 216, S. 8; Lotsendienste im Hafen von Genua, ABl. EG 1997 Nr. L 301, S. 27; Irish Sugar, ABl. EG 1997 Nr. L 258, S. 1; Finnische Flughäfen ABl. EG 1998 Nr. L 69, S. 24; Flughafen Frankfurt, ABl. EG 1998 Nr. L 72, S. 30; Pariser Flughäfen, ABl. EG 1998 Nr. L 230, S. 10; Van den Bergh Foods, ABl. EG 1998 Nr. L 246, S. 1; AAMS, ABl. EG 1998 Nr. L 252, S. 47; Portugiesische Flughäfen, ABl. EG 1999 Nr. L 69, S. 31; Virgin/British Airways, ABl. EG 2000 Nr. L 30, S. 1; Spanische Flughäfen, ABl. EG 2000 Nr. L 208, S. 36; Postzustellung in Italien, ABl. EG 2001 Nr. L 63, S. 59; Deutsche Post AG I, ABl. EG 2001 Nr. L 331, S. 40; NDC Health/IMS Health, ABl. EG 2002 Nr. L 59, S. 18; Belgische Post, ABl. EG 2002 Nr. L 61, S. 32; Michelin II, ABl. EG 2002 Nr. L 143, S. 1; Deutsche Telekom, ABl. 2003 Nr. L 263, S. 9; Wanadoo, vgl. IP/03/1025 vom 16. 7. 2003; GVG/FS (Italienische Staatsbahnen), XXXIII. Wettbewerbsbericht 2003, RdNr. 137; CEWAL II, XXXIV. Wettbewerbsbericht 2004, RdNr. 26; Clearstream, vgl. IP/04/705 vom 2. 6. 2004; Microsoft, vgl. IP/04/382 vom 24. 3. 2004.

füllt.[2] Ein Zusammentreffen von Kartellerlaubnis und Missbrauchsverbot ist dagegen ausgeschlossen. Nach Art. 81 Abs. 3 lit. b) EG kommt eine Freistellung vom Kartellverbot nicht in Betracht, wenn sie den beteiligten Unternehmen die Möglichkeit verschaffen würde, mit Hilfe der Absprache eine beherrschende Stellung zu erlangen oder zu verstärken. Die meisten der von der Kommission erlassenen Gruppenfreistellungsverordnungen sehen deshalb Marktanteilsschwellen vor, bei deren Überschreitung der Rechtsvorteil der Befreiung vom Kartellverbot den Beteiligten vorenthalten bleibt oder später entfällt. Erforderlichenfalls ist die Gruppenfreistellung durch individuelle Entscheidung zu widerrufen.[3]

II. Regelungsbereich

Art. 82 EG verbietet die missbräuchliche Ausnutzung einer beherrschenden Stellung auf **5** dem Gemeinsamen Markt oder auf einem wesentlichen Teil desselben durch ein oder mehrere Unternehmen, soweit dies dazu führen kann, den Handel zwischen Mitgliedstaaten zu beeinträchtigen. Die Vorschrift enthält somit ähnlich wie Art. 81 EG eine Reihe von unbestimmten Rechtsbegriffen, die der Interpretation bedürfen. Die **Notwendigkeit einer wirtschaftlichen Gesamtwürdigung** tritt jedoch beim Missbrauchsverbot stärker hervor als beim Kartellverbot. Der Kommission und dem Europäischen Gerichtshof eröffnet sich damit ein besonders weiter Beurteilungsspielraum. Bezeichnend ist die Tendenz beider Gemeinschaftsorgane, das Verbot des Art. 82 EG weit auszulegen. Sie zeigt sich bei der Anwendung jedes einzelnen der in der Vorschrift vorkommenden Tatbestandsmerkmale.[4]

---

2 EuGH, Ahmed Saeed Flugreisen, Rs. 66/86, – Slg. 1989, 803, 849 RdNr. 37; Compagnie maritime belge, Rs. C-395 u. 396/96 P, – Slg. 2000, I-1365 RdNr. 33.

3 Kommission, Entscheidungen Tetra Pak I (BTG-Lizenz), ABl. EG 1988 Nr. L 272, S. 27, 43, bestätigt durch EuG, idem, Rs. T 51/89, – Slg. 1990, II-309 RdNr. 25; Langnese-Iglo/Mars ABl. EG 1993 Nr. L 381, S. 19, bestätigt durch EuG, idem, Rs. T-7/93, – Slg. 1995, II-1533 und EuGH, idem, Rs. C-279/95 P, – Slg. 1998, I-5609.

4 Siehe die vorstehend aufgeführten Kommissionsentscheidungen sowie folgende Urteile: Parke, Davis gg. Centrafarm, Rs. 24/67, – Slg. 1968, 55; Sirena gg. Eda, Rs. 40/70, – Slg. 1971, 69; DGG gg. Metro, Rs. 78/70, – Slg. 1971, 481; Continental Can. gg. Kommission, Rs. 6/72, – Slg. 1973, 215; Commercial Solvents gg. Kommission, Rs. 6 u. 7/73, – Slg. 1974, 223; General Motors Continental gg. Kommission, Rs. 26/75, – Slg. 1975, 1367; Suiker Unie u. a. gg. Kommission, Rs. 40-48, 50, 54-56, 111, 113 u. 114/73, – Slg. 1975, 1663; Metro gg. Kommission (Saba/Metro I), Rs. 26/76, – Slg. 1977, 1875; GB Inno gg. ATAB, Rs. 13/77, – Slg. 1977, 2115; United Brands gg. Kommission, Rs. 22/76, – Slg. 1978, 207; BP gg. Kommission, Rs. 77/77, – Slg. 1978, 1513; Hoffmann – La Roche gg. Kommission, Rs. 85/76, – Slg. 1979, 461; Hugin gg. Kommission Rs. 22/78, – Slg. 1979, 1869; L'Oreal gg. de Nieuwe Ameck, Rs. 31/80, – Slg. 1980, 3775; GVL gg. Kommission, Rs. 7/82, – Slg. 1983, 483; Michelin gg. Kommission, Rs. 322/81, – Slg. 1983, 3461; Telemarketing gg. CLT, Rs. 311/84, – Slg. 1985/3261; Metro gg. Kommission (Saba/Metro II), Rs. 75/84, – Slg. 1986, 3021, British Leyland gg. Kommission, Rs. 226/84, – Slg. 1986, 3263; BAT gg. Kommission, Rs. 142 u. 156/84-Slg. 1987, 4487; Bodson gg. Pompes funèbres, Rs. 30/87, – Slg. 1988, 2479; Volvo gg. Veng., Rs. 238/87, – Slg. 1988, 6211; Alsatel gg. Novasam, Rs. 247/86, – Slg. 1988, 5987; Ahmed Saeed Flugreisen gg. Zentrale zur Bekämpfung unlauteren Wettbewerbs, Rs. 66/81, – Slg. 1989, 803; Höfner u. Elser gg. Macroton, Rs. C-41/90, – Slg. 1991, I-1979; AKZO gg. Kommission, Rs. C-62/86, – Slg. 1991, I-3359; Hilti gg. Kommission, Rs. C-53/92P, – Slg. 1994, I-667; RTE u. /TP gg. Kommission, Rs. C-241 u. 242/91P, – Slg. 1995, I-743; Tetra Pak gg. Kommission, Rs. C-333/94 P, – Slg. 1996, I-5951; Compagnie maritime belge gg. Kommission, Rs. C-395 u. 396/96 P, – Slg. 2000, I-1365.

III. Beherrschende Stellung

6   Die Tragweite des Missbrauchsverbots hängt in erster Linie davon ab, was unter dem Begriff „beherrschende Stellung" verstanden werden muss. Die Kommission vertritt seit jeher die Auffassung, dass Marktbeherrschung in erster Linie eine **wirtschaftliche Potenz** ist, und zwar die Fähigkeit, einen wesentlichen und für das beherrschende Unternehmen im Prinzip auch voraussehbaren Einfluss auf das Marktgeschehen auszuüben. Der EuGH hat sich dieser Betrachtungsweise angeschlossen. Seine **Definition** lautet wie folgt[5]: „Mit der beherrschenden Stellung im Sinne [des Art. 82 EG] ist die wirtschaftliche Machtstellung eines Unternehmens gemeint, die dieses in die Lage versetzt, die Aufrechterhaltung eines wirksamen Wettbewerbs auf dem relevanten Markt zu verhindern, indem sie ihm die Möglichkeit verschafft, sich seinen Wettbewerbern, seinen Abnehmern und schliesslich den Verbrauchern gegenüber in einem nennenswerten Umfang unabhängig zu verhalten."

7   Nach Auffassung des EuGH schliesst eine solche Stellung im Gegensatz zu einem Monopol oder einem Quasi-Monopol einen gewissen Wettbewerb nicht aus, versetzt aber die begünstigte Firma in die Lage, die Bedingungen, unter denen sich dieser Wettbewerb entwickeln kann, zu bestimmen oder wenigstens merklich zu beeinflussen, jedenfalls aber weitgehend in ihrem Verhalten hierauf keine Rücksicht nehmen zu müssen, ohne dass ihr dies zum Schaden gereichte.[6]

8   Eine beherrschende Stellung kann sich aus dem **Zusammentreffen mehrerer Faktoren** ergeben, von denen keiner für sich genommen ausschlaggebend sein muss. In der Praxis spielen der **Marktanteil** des führenden Unternehmens und die **Struktur** des relevanten Marktes die wichtigste Rolle. Ob eine beherrschende Stellung vorliegt, lässt sich nicht abstrakt, sondern nur im Hinblick auf einen bestimmten Markt feststellen. Zu untersuchen sind der sachlich und der räumlich relevante Markt. Die Kommission hat Rechtsprechung und Verwaltungspraxis zur Marktabgrenzung in ihrer Bekanntmachung über die Definition des relevanten Marktes zusammengefasst.[7]

9   Marktanteile unterhalb von 10 % schliessen nach Ansicht des Gerichtshofes das Vorliegen einer beherrschenden Stellung regelmässig aus, weil sie nur unter ganz ungewöhnlichen Umständen Möglichkeiten zur Verhinderung wirksamen Wettbewerbs eröffnen.[8] Die Kommission zieht diese Grenze bei 20 %[9] oder 25 %[10] Besonders hohe Marktanteile – in einer Grössenordnung von 50 % und mehr – lassen dagegen regelmässig auf eine beherrschende Stellung schliessen.[11] Bei Marktanteilen zwischen den erwähnten Eckwerten sind für den Nachweis der Marktbeherrschung **zusätzliche Beweismittel** erforderlich. In diesem Fall sind vor allem die Zahl und Stärke der vorhandenen Wettbewerber mit zu berücksichtigen. Weitere Indizien, die für eine beherrschende Stellung sprechen können, sind die Finanzkraft des Unternehmens, seine vertikale Integration, sofern sie ihm einen priviligierten Zugang zu den Beschaffungs- oder Absatzmärkten gewährleistet, ein technologischer oder

---

5   EuGH, United Brands a.a.O. S. 286; Hoffmann-La Roche (Vitamine), a.a.O., S. 520; L'Oréal, a.a.O. S. 3793; Michelin, a.a.O., S. 3505; Bodson, a.a.O., S. 2514; Alsatel, a.a.O., S. 6008.

6   EuGH, Hoffmann-La Roche, a.a.O., S. 520 f.

7   ABl. EG 1997 Nr. C 372, S. 5; s. hierzu oben Einleitung, RdNr. 46 ff.

8   EuGH Metro/Saba I, Rs. 26/76, – Slg. 1977, 207, 290 RdNr. 107; Saba/Metro II, Rs. 75/84, – Slg. 1986 3021, 3094.

9   Siehe Art. 4 der Verordnung 2658/2000 betr. Spezialisierungsvereinbarungen, ABl. EG 2000 Nr. L 304, S. 3.

10   Siehe Art. 4 der Verordnung 2559/2000 betr. Vereinbarungen über Forschung und Entwicklung, ABl. EG 2000 L 304, S. 7.

11   EuGH, Hoffmann-La Roche, a.a.O., S. 521; AKZO, a.a.O., RdNr. 60.

kommerzieller Vorsprung vor den Wettbewerbern, bestehende Marktzutrittsschranken für Newcomer sowie das Fehlen potenziellen Wettbewerbs.[12]

Das Verbot des Art. 82 EG kann auch dann eingreifen, wenn der relevante Markt nicht von einem Einzelunternehmen, sondern von **mehreren Unternehmen gemeinsam** beherrscht wird. „Mehrere Unternehmen" in diesem Sinne können verschiedene **Konzerngesellschaften**[13] oder verschiedene **Mitglieder eines Kartells**[14] sein. Für beide Situationen ist typisch, dass erst das Zusammenwirken der konzernrechtlich oder vertraglich miteinander verbundenen Unternehmen die Voraussetzungen für die Verhinderung eines wirksamen Wettbewerbs auf dem jeweiligen Markt schafft. Ein Fall der kollektiven Marktbeherrschung liegt schliesslich dann vor, wenn mehrere **Mitglieder eines engen Oligopols**, das keinem wirksamen Wettbewerb von Seiten Dritter ausgesetzt ist, auf Grund der zwischen ihnen bestehenden Gruppendisziplin wie ein einziges Unternehmen im Markt auftreten können.[15] Eine solche Situation ist gegeben, wenn sich die schwächeren Unternehmen der Strategie des Oligopolführers anschliessen.[16] Sie liegt aber auch dann vor, wenn eine durch die Marktstruktur begründete gemeinsame Interessenlage der Oligopolisten ein gleichförmiges Marktverhalten nahe legt.[17] **10**

Die beherrschende Stellung muss sich zumindest auf einen **wesentlichen Teil des Gemeinsamen Marktes** erstrecken. Diese Voraussetzung erfüllen die großen Mitgliedstaaten (Bundesrepublik Deutschland, Frankreich, Italien, Vereinigtes Königreich[18]), aber auch die mittelgroßen Mitgliedstaaten wie Belgien oder die Niederlande.[19] Wesentlicher Teil des Gemeinsamen Marktes ist dann erst recht ein Gebiet, das mehrere Mitgliedstaaten umfasst.[20] Unter diesen Begriff können schließlich Teilgebiete der großen Mitgliedstaaten fallen.[21] Die Gebietsgröße ist indessen nicht der allein ausschlaggebende Faktor. Es kommt außerdem auf den Umfang von Produktion und Verbrauch eines Erzeugnisses in dem jeweiligen Gebiet und auf das Verhältnis dieser Werte zu denjenigen der gesamten EU an. Produktionsanteile um 8 % und Verbrauchsanteile um 5 % können ausreichen, um ein Gebiet als wesentlichen Teil der Gemeinschaft zu charakterisieren.[22] Diese Eigenschaft erfüllen selbst einzelne wirtschaftlich wichtige Seehäfen[23] und Flughäfen[24] sowie Verkehrsverbindungen bzw. Bündel von solchen.[25] **10a**

---

12 EuGH, United Brands, a.a.O., S. 287 f.; Michelin, a.a.O., S. 3510 f.
13 EuGH, DGG gg. Metro, a.a.O., S. 501; Alsatel, a.a.O., S. 6010.
14 EuGH, Suiker Unie, a.a.O., S. 2011 ff.
15 EuG-Urteil Flachglas- SIV u.a. gg. Kommisssion, Rs. T-68, 77 u. 78/89, – Slg. 1992, II-1403, 1548 RdNr. 358.
16 EuGH, Suiker Unie, Rs. 40-48, 50 etc./73, – Slg. 1975 1663, 1696.
17 EuG-Gencor, Rs. T-102/96 – Slg; 1999, II–879 RdNr. 206, 276; ähnlich bereits EuGH, Frankreich gg. Kommission (Sache Kali und Salz/Mitteldeutsche Kaliwerke), Rs. C-86/94 u. C-30/95, – Slg. 1998, 1375 RdNr. 221.
18 EuGH, United Brands, a.a.O., S. 280.
19 EuGH, GVL, a.a.O., British Telecommunications, a.a.O.; Alsatel, a.a.O.
20 EuGH, BRT II, Rs. 127/73, – Slg. 1974, 313, 316; Michelin, a.a.O., S. 3502.
21 EuGH, Suiker Unie, a.a.O., S. 1995; United Brands, a.a.O., S. 284 f.
22 EuGH, Suiker Unie, a.a.O., S. 2011 ff.
23 EuGH, Suiker Unie, a.a.O., S. 1995.
24 EuGH, Merci, Rs. C-179/90, – Slg. 1991, I-5889, 5923 (Hafen von Genua); Silvano Raso, Rs. C-163/96, – Slg. 1998, I-533, 579 RdNr. 26 (Hafen La Spezia).
25 Kommission, Entscheidung Aéroports de Paris, ABl. EG 1998 Nr. L 230, S. 10, bestätigt durch EuG, idem, Rs. T-128/98 – Slg. 2000, II-3929, 3979 RdNr. 152 EuGH, Ahmed Saeed Flugreisen, Rs. 66/86, – Slg. 1989, S. 803 (Flugstrecke Frankfurt – Tokyo); Kommission Entscheidungen Aer

IV. Missbrauch

11 Der **Begriff** des Missbrauchs in Art. 82 EG ist rein objektiv zu verstehen; er enthält nicht den Vorwurf sittlichen, moralischen oder gar kriminellen Verschuldens. Missbräuchlich ist jedes Verhalten, das sich im Hinblick auf die allgemeinen Vertragsziele als fehlerhaft erweist. Entgegen ihrem Wortlaut, der von missbräuchlicher „Ausnutzung" einer beherrschenden Stellung spricht, verlangt die Vorschrift nicht, dass der Marktbeherrscher seine Wirtschaftskraft als Mittel für die Verwirklichung des missbilligten Erfolges einsetzt. Der EuGH hat dies mit folgender **Definition** geklärt:[26] „[Art. 82 EG] erfasst die Verhaltensweisen eines Unternehmens in beherrschender Stellung, die die Struktur eines Marktes beeinflussen können, auf dem der Wettbewerber gerade wegen der Anwesenheit des fraglichen Unternehmens bereits geschwächt ist, und die die Aufrechterhaltung des auf dem Markt noch bestehenden Wettbewerbs oder dessen Entwicklung durch die Verwendung von Mitteln behindern, welche von den Mitteln eines normalen Produkt- oder Dienstleistungswettbewerbs auf der Grundlage der Leistungen der Marktbürger abweichen."

12 Diese Formel zeigt zugleich, dass auch der Marktbeherrscher berechtigt ist, seine geschäftlichen Interessen gegenüber Konkurrenten, Lieferanten und Abnehmern zu verfolgen, sofern er sich dabei an die Grundsätze des Leistungswettbewerbs hält. Er trägt jedoch eine **besondere Verantwortung** dafür, dass der Wettbewerb durch sein Verhalten nicht noch weiter beeinträchtigt wird. Marktbeherrschung und Missbrauch müssen zeitlich, aber nicht notwendigerweise auch örtlich und sachlich zusammenfallen. Die missbräuchliche Handlung kann entweder auf dem beherrschten oder auf einem diesem benachbarten Markt begangen werden.[27]

13 **1. Beispielskatalog.** – Die in Art. 82 EG als Beispiele für einen Machtmissbrauch aufgeführten Praktiken sind durch ihre wettbewerbsfeindliche Tendenz geprägt und aus diesem Grunde verboten. Inhaltlich entsprechen sie weitgehend den in Art. 81 Abs. 1 lit. a bis e) EG aufgeführten Tatbeständen. Insgesamt erfasst Art. 82 EG den **Ausbeutungs-**, den **Behinderungs- und** den **Marktstrukturmissbrauch.** Im Einzelfall können sich diese Gesichtspunkte gegenseitig überlagern.

14 Ein besonders klarer Fall des Ausbeutungsmissbrauchs ist die **Erzwingung von unangemessenen Preisen oder Geschäftsbedingungen** (lit. a).[28] Unangemessen hohe Verkaufspreise und unangemessen niedrige Einkaufspreise führen zu einer Ausbeutung der Handelspartner, und zwar im ersten Fall der Abnehmer, im zweiten Fall der Lieferanten. „Unangemessen" ist nach der Rechtsprechung des Europäischen Gerichtshofs ein Preis, der in keinem angemessenen Verhältnis zu dem wirtschaftlichen Wert der erbrachten Leistung steht.[29] Ob dies zutrifft, kann durch einen Vergleich des Verkaufspreises mit den Ge-

---

Lingus/British Midland, ABl. EG 1992 Nr. L 96, S. 34, 38 (Flugstrecke London Heathrow – Dublin); Reedereiausschusse, ABl. EG 1992 Nr. L 134, S. 1, 17 RdNr. 54, u. ZEWAL, ABl. EG 1993 Nr. L 34, S. 20, 30 f. RdNr. 53 ff., beide bestätigt durch EuG-Compagnie maritime belge u. a., Rs. T-24/93, – Slg. 1996, II-1201, EuGH, Rs. C-395, 396/96 P, – Slg. 2000, I-1365 (Linienschifffahrtsstrecken zwischen Nord/Westeuropa u. Westafrika).

26 EuGH, Hoffmann-La Roche (Vitamine), a. a. O., S. 541; L'Oréal, a. a. O., S. 3794; Michelin, a. a. O., S. 3514.

27 Kommission, Entscheidung Tetra Pak II, ABl. EG 1992 Nr. L 72, S. 1, bestätigt durch EuG, idem, Rs. T-83/91, – Slg. 1994, II–755, u. EuGH, idem, Rs. C-333/94 P, – Slg. 1996, I-5951.

28 EuGH, General Motors Continental, a. a. O., S. 1378 ff.; British Leyland, a. a. O., S. 3303 ff.

29 EuGH, General Motors Continental, a. a. O., S. 1379; United Brands, a. a. O., S. 305; British Leyland, a. a. O. S. 3304.

Schröter/Klotz

stehungskosten des jeweiligen Erzeugnisses festgestellt werden. Daneben sind jedoch noch andere Methoden zur Ermittlung der Unangemessenheit von Preisen denkbar. Zu diesen gehört der Vergleich des zu untersuchenden Preises mit denjenigen Preisen, die der Marktbeherrscher während eines früheren Zeitabschnitts verlangt hat, die er für dasselbe Erzeugnis auf einem anderen, durch wirksamen Wettbewerb gekennzeichneten, geographischen Markt fordert oder die für technisch verwandte Produkte gelten.[30]

Elemente des Ausbeutungs- wie des Behinderungsmissbrauchs werden bei einer **Einschränkung der Erzeugung, des Absatzes oder der technischen Entwicklung zum Schaden der Verbraucher** (lit. b) sichtbar. Unter diesen Tatbestand fallen die Verknappung des eigenen Angebots mit dem Ziel einer Verteuerung der betreffenden Ware, die Lieferverweigerung gegenüber einem bestimmten Abnehmer, wenn sie sachlich nicht gerechtfertigt ist, oder wenn mit ihr wettbewerbswidrige Zwecke wie etwa die Ausschaltung eines Konkurrenten verfolgt werden[31], sowie die Erbringung von Dienstleistungen nach einer technisch überholten, teuren Arbeitsmethode, obwohl moderne, kostengünstigere Verfahren zur Verfügung stehen.[32] Weitere Anwendungsfälle sind Exportverbote[33] sowie die Verpflichtung, bestimmte Produkte nur beim Marktbeherrscher zu beziehen, die gelieferten Waren nur für einen bestimmten Zweck zu verwenden oder nur an bestimmte Kunden weiterzuveräußern. Treuerabatte bewirken eine Einschränkung des Absatzes, weil sie andere Hersteller daran hindern, dem Marktbeherrscher Konkurrenz zu machen.[34] Insgesamt gesehen kommt es also nicht darauf an, ob die Erzeugung, der Absatz oder die technische Entwicklung bei dem Unternehmen in beherrschender Stellung oder bei dritten Unternehmen eingeschränkt wird. **15**

Der Marktbeherrscher unterliegt schliesslich einem **Diskriminierungsverbot** (lit. c)[35] sowie dem Verbot, **Kopplungsgeschäfte** zu tätigen (lit. d).[36] Beide Verbote sollen der Behin- **16**

---

30 EuGH, Parke, Davis, a.a.O., S. 113, Sirena, a.a.O., S. 84; DGG gg. Metro, a.a.O., S. 501; United Brands, a.a.O.

31 EuGH, Commercial Solvents, a.a.O, S. 251 ff.; Suiker Unie, a.a.O., S. 2004, 2021; GZS u. Citicorp., Rs. C-147 u. 148/97, – Slg. 2000, I-825 RdNr. 59 f.

32 EuGH, Merci, Rs. C 179/90, – Slg. 1991, I-5889, 5929 RdNr. 19.

33 EuGH, United Brands, a.a.O., S. 295.

34 EuGH, Hoffmann-La Roche (Vitamine), a.a.O.; S. 540 ff.

35 Siehe dazu EuGH, Suiker Unie, a.a.O., S. 2021; Hoffmann-La Roche (Vitamine); a.a.O., S. 540; GVL, a.a.O., S. 508 f.; Michelin, a.a.O., S. 3515; Corsica Ferries Italia, Rs. C-18/93, – Slg. 1994, I-1783 RdNr. 17, GT-Link, Rs. C-242/95, – Slg. 1997, I-4349, sowie Kommission, Entscheidungen BPB Industries, ABl. EG 1989 Nr. L 10, S. 50, 67 ff., bestätigt durch EuG, BPB u. British Gypsum, Rs. T-65/89, – Slg. 1993, II–389, 430 ff. u. EuGH, idem, Rs. C-130/93 P – Slg. 1995, I-865, 904 RdNr. 11; Tetra Pak II, ABl. EG 1992 Nr. L 72, S. 1, 32 ff., bestätigt durch EuG, idem, Rs. T-83/91, – Slg. 1994, II-755, 826 ff., u. EuGH, idem, Rs. C-333/94 P, – Slg. 1996, I-5951 ff.; HOV/SVZ/Deutsche Bahn, ABl. EG 1994 Nr. L 104, S. 34 RdNr. 194 ff., bestätigt durch EuG-Deutsche Bahn, Rs. T-229/94, – Slg. 1997, II-1689 RdNr. 86, u. EuGH, idem Rs. C-436/97 P – Slg. 1999, I-2387. Siehe ausserdem die von der Kommission getroffenen Entscheidungen über unterschiedliche Flughafengebühren: Flughafen Brüssel, ABl. EG 1995 Nr. L 216, S. 8, Finnische Flughäfen ABl. EG 1998 Nr. L 69, S. 24; Pariser Flughäfen, ABl. EG 1998 Nr. L 230, S. 10, bestätigt durch EuG, Aéroports de Paris, Rs. T-128/98, – Slg. 2000, II-3929; Portugiesische Flughäfen, ABl. EG 1999 Nr. L 69, S. 31, bestätigt durch EuGH, Portugal gegen Kommission, Rs. C-163/99, – Slg. 2001, I-2613; Spanische Flughäfen, ABl. EG 2000 Nr. L 208, S. 36.

36 Siehe dazu EuGH, Hoffmann-La Roche (Vitamine), a.a.O., S. 547; Telemarketing, Rs. 311/84, – Slg. 1985, 3261, 3176 ff., sowie Kommission Entscheidungen Tetra Pak II, a.a.O. 24 ff., bestätigt durch EuG-idem, Rs. T-83/91 – a.a.O., S. 821 ff., u. EuGH, idem, Rs. C-333/94 P – a.a.O., S. 6010 f.; Eurofix/Bauco/Hilti, ABl. EG 1988 Nr. L 65, S. 19, 25 f., 36, 38 ff., bestätigt durch

derung von Handelspartnern im Wettbewerb mit dritten Unternehmen entgegenwirken. Als Diskriminierung definiert Art. 82 EG die Anwendung unterschiedlicher Bedingungen bei gleichwertigen Leistungen wobei „Gleichwertigkeit" nicht Identität bedeutet. Kopplung ist die an den Abschluss von Verträgen geknüpfte Bedingung, dass die Vertragspartner zusätzliche Leistungen annehmen, die weder sachlich noch nach Handelsbrauch in Beziehung zum Vertragsgegenstand stehen.

17   Der Begriff der Diskriminierung setzt einen gewissen **Beurteilungsspielraum** voraus. Jede Differenzierung von Preisen und Geschäftsbedingungen muss sich jedoch auf einleuchtende sachliche Gründe stützen lassen, die ihrerseits mit den Grundsätzen eines einheitlichen Marktes mit unverfälschtem, wirksamem Wettbewerb vereinbar sind. Die Anwendung unterschiedlicher Verkaufspreise für dasselbe Produkt ist unzulässig, wenn sie weder durch unterschiedliche Gestehungskosten gerechtfertigt werden können noch einer unterschiedlichen Lage Rechnung tragen, in der sich die einzelnen Abnehmer dem Anbieter gegenüber befinden. Der Marktbeherrscher hat insbesondere nicht das Recht, zu nehmen, was der jeweilige nationale Markt hergibt, indem er als Hersteller seine Preispolitik an dem von Land zu Land unterschiedlichen Niveau der Endverbraucherpreise ausrichtet. Die Gewährung von **Treueprämien** stellt eine verbotene Diskriminierung dar, weil sie dazu führt, dass Unternehmen, die vom Marktbeherrscher genau die gleichen Mengen einer bestimmten Ware bezogen haben, dennoch unterschiedliche Preise zahlen müssen, wenn das eine oder andere von ihnen ausserdem bei dritten Anbietern eingekauft hat.

18   Werden Treuerabatte für den **Bezug mehrerer, nicht zum gleichen Markt zählender Erzeugnisse** in Aussicht gestellt, so liegt eine unzulässige Koppelung nicht zusammengehöriger Leistungen vor. Als weder aus sachlich/technischen Gründen noch auf Grund eines Handelsbrauchs zusammengehörend haben Kommission und Gerichte auch Bolzenschussgeräte, Kartuschenstreifen und Bolzen[37] sowie Abfüllmaschinen und Verpackungen[38] angesehen.

19   **2. Generalklausel.** – Verhaltensweisen des Marktbeherrschers, die sich nicht unter den Beispielskatalog des Art. 82 Abs. 2 EG subsumieren lassen, können gleichwohl wegen Verstosses gegen die Generalklausel des Abs. 1 unzulässig sein. Missbrauch im Sinne der letztgenannten Vorschrift bedingt die Verletzung eines der für die Wettbewerbsordnung der Gemeinschaft allgemeinen Rechtsgrundsätze, insbesondere der **Prinzipien des einheitlichen Marktes und des Leistungswettbewerbs.** Der Feststellung des Missbrauchs hat eine sorgfältige Abwägung der Interessen des Unternehmens in beherrschender Stellung gegenüber den Interessen der durch die jeweilige Handlung oder Unterlassung geschädigten anderen Marktteilnehmer vorauszugehen, wobei insbesondere die **Verhältnismässigkeit der Mittel zum verfolgten Zweck** zu prüfen ist. Nur Praktiken, für die es nach der Wettbewerbsordnung der Gemeinschaft keine Rechtfertigung geben kann, unterliegen der Generalklausel des Art. 82 EG.

20   Unter das Verbot fällt demnach die **Diskriminierung privater Endverbraucher.** Sie sind keine Handelspartner des Marktbeherrschers und können auch nicht im Wettbewerb benachteiligt werden. Somit geniessen sie nicht den Schutz des Art. 82 Abs. 2 lit. c), wohl aber den der Generalklausel. Unter diese Vorschrift fällt auch die **mittelbare Diskriminierung.** Veranlasst der marktbeherrschende Hersteller eines Vorprodukts die Weiterverarbei-

---

EuG, Hilti, Rs. T-30/89, – Slg. 1991, II – 1439, 1481, 1483 ff., u. EuGH, idem, Rs. C-53/92 P, – Slg. 1994, I-667 ff.

37 Siehe Fall Hilti, a. a. O.

38 Siehe Fall Tetra Pak II, a. a. O.

ter zu einer objektiv nicht gerechtfertigten Ungleichbehandlung der Hersteller des Endprodukts, so bewirkt er eine Wettbewerbsverfälschung auf einer seinen Handelsparntern nachgelagerten Wirtschaftsstufe und erfüllt dadurch den Tatbestand des Missbrauchs.

Missbräuchlich ist auch die mit unlauteren oder leistungsfremden Mitteln durchgeführte **21** **Behinderung von Wettbewerbern.**[39] Soweit diese nicht bereits unter einen der in Art. 82 Abs. 2 EG ausdrücklich genannten Tatbestände fällt, wird sie von der Generalklausel erfasst. Dies gilt beispielsweise für die Anschwärzung eines Konkurrenten bei dessen Kundschaft[40], für die willkürliche Erhebung gerichtlicher Klagen, mit dem Ziel, diesen in den finanziellen Ruin zu treiben[41], sowie für eine auf Verdrängung aktueller oder Abschreckung potenzieller Wettbewerber gerichtete Strategie von **Unterkostenverkäufen.**[42] Niedrige Verkaufspreise werden den Abnehmern nicht „aufgezwungen", fallen also nicht unter den Tatbestand des Art. 82 Abs. 2 lit. a) EG. Als **Kampfpreise** gegenüber der Konkurrenz verstossen sie jedoch per se gegen die Generalklausel des Art. 82 Abs. 1 EG, wenn sie die mittleren variablen Kosten, die der Marktbeherrscher für die betreffenden Produkte aufzuwenden hat, nicht mehr decken, d.h. Verluste mit sich bringen. Ein Missbrauch kann jedoch selbst dann vorliegen, wenn lediglich die Schwelle der mittleren Gesamtkosten (Fixkosten + variable Kosten) unterschritten wird, der Marktbeherrscher also Verluste vermeidet und möglicherweise sogar noch einen kleinen Gewinn erzielt. Um von Art. 82 Abs. 1 EG erfasst zu werden, muss sich diese Preispolitik allerdings in eine auf Beseitigung des Konkurrenten gerichtete Gesamtstrategie einordnen lassen. Der Unwertgehalt derartiger Praktiken liegt in der Vernichtung eines unter normalen Umständen überlebens- und wettbewerbsfähigen Unternehmens und der damit einhergehenden Verschlechterung der Wettbewerbsstruktur (**Marktstrukturmissbrauch).**

Als eine nach Art. 82 Abs. 1 EG unzulässige Behinderung von Wettbewerbern behandeln **22** Kommission[43] und Gemeinschaftsgerichte[44] die Weigerung von Monopolinhabern, anderen Unternehmen **Zugang** zu den in ihrem Eigentum stehenden Netzen oder sonstigen **Infrastruktureinrichtungen** zu gewähren, auf deren Benutzung diese Unternehmen angewiesen sind, um auf einem vor – oder nachgelagerten Markt – gegebenenfalls im Wettbewerb mit dem Monopolinhaber – wirtschaftliche Tätigkeiten auszuüben.[45]

Da Art. 82 EG nicht nur Praktiken verbietet, welche die Verbraucher unmittelbar schädigen, sondern darüber hinaus jede mit unlauteren oder nichtleistungsgerechten Mitteln angestrebte Verstärkung der beherrschenden Stellung unterbinden will, erfasst die Vorschrift auch **missbräuchliche Unternehmenskonzentrationen.** Der letztgenannte Tatbestand ist stets dann erfüllt, wenn ein Unternehmen durch den Zusammenschluss mit einem Wettbewerber seine beherrschende Stellung derart verstärkt, dass die auf dem Markt noch vorhandenen Unternehmen in ihrem Verhalten von dem beherrschenden Unternehmen abhän- **23**

---

39 Kommission, Entscheidung ECS/AKZO, ABl. EG 1985 Nr. L 374, S. 1, 19 ff., bestätigt durch EuGH, AKZO, Rs. C-62/86, – Slg. 1991, I-3359.
40 Kommission, Entscheidungen ECS/AKZO, a. a. O.; BPB Industries, ABl. EG 1989 Nr. L 10, S. 50.
41 EuG, ITT Promedia, Rs. T-111/96, – Slg. 1998, 2937, 2961 f.
42 Siehe den Fall AKZO, a. a. O., sowie Entscheidung Wanadoo, COMP/C-1/38223, vom 16. 7. 2003; wegen der Einzelheiten siehe unten RdNr. 36 ff.
43 Entscheidungen London European/SABENA, ABl. EG 1988 Nr. L 317, S. 47; Seacontainers/Sealink, ABl. EG 1994 Nr. L 15, S. 8; Hafen von Rodby, ABl. EG 1994 Nr. L 55, S. 52; Lotsendienste im Hafen von Genua, ABl. EG 1997 Nr. L 301, S. 27; Flughafen Frankfurt, ABl. EG 1998 Nr. L 72, S. 30.
44 EuGH, Bronner/Mediaprint, Rs. C-7/97, – Slg. 1998, I-7791.
45 Hierzu unten Abschnitt V.1.

gen.[46] Ein Fall des Missbrauchs dürfte ebenfalls anzunehmen sein, wenn mehrere Unternehmen, die nicht allein, wohl aber zusammen eine beherrschende Stellung innehaben, sich zusammenschliessen und damit alle Wettbewerbsmöglichkeiten zwischen ihnen endgültig ausschalten. Derartige Situationen werden heute nicht mehr nach Art. 82, sondern nach den Spezialvorschriften über die Fusionskontrolle beurteilt.

V. Verfahren im Telekommunikationssektor

24   Die Missbrauchsaufsicht nach Art. 82 EG kommt von den wettbewerbsrechtlichen Instrumenten in inhaltlicher Hinsicht der sektorspezifischen Regulierung am nächsten. Die Kernfragen der asymmetrischen Regulierung im Telekommunikationssektor sind die Zugangs- und die Entgeltregulierung in Form von Vorabverpflichtungen. Beide Bereiche finden sich auch als Missbrauchstatbestände im Rahmen des Art. 82 EG. Die Verweigerung des Zugangs zu wesentlichen Einrichtungen und Diensten vor oder nach Aufnahme einer entsprechenden Geschäftsbeziehung[47] gehört ebenso dazu wie die Erzwingung unangemessener Ver- oder Einkaufspreise. Dabei standen in der Fallpraxis der Kommission die entgeltbezogenen Missbrauchsverfahren in den vergangenen Jahren eindeutig im Vordergrund.

25   **1. Zugang zu Netzen und Diensten.** – Die Verweigerung des **Zugangs Dritter zu wesentlichen Einrichtungen** („essential facilities") kann einen Missbrauch darstellen, wenn das Unternehmen eine beherrschende Stellung auf dem Zugangsmarkt hat. Der Zugang unterliegt jedoch zwei Einschränkungen: Er muss technisch möglich und dem Inhaber der Einrichtung der Einrichtung wirtschaftlich zumutbar sein. Der Benutzer hat einen angemessenen Preis zu zahlen, kann dann aber auch eine nichtdiskriminierende Behandlung verlangen. Im Bereich der Telekommunikation ist der Netzzugang zwar durch sektorspezifische Sondervorschriften der Gemeinschaft geregelt,[48] dennoch bleibt auch hier ein Anwendungsfeld für Verfahren nach Art. 82 EG, insofern nämlich durch die Regulierung keine abschliessende Lösung getroffen wird. Durch die Verweigerung des Zugangs kann die Aufrechterhaltung des auf dem Markt noch bestehenden Wettbewerbs oder dessen Entwicklung behindert werden.[49]

26   Für die rechtliche Bewertung ist danach zu unterscheiden, ob der Zugangsanbieter selbst oder ein anderer Betreiber, dem er Zugang gewährt, auf dem betroffenen Markt tätig ist oder nicht. Eine dritte Fallgestaltung betrifft den Entzug des bereits bestehenden Zugangs.

27   Im ersten der genannten Fälle liegt es auf der Hand, dass die Verweigerung der Bedienung eines Neukunden unter Umständen, in denen ein beherrschender Zugangsanbieter bereits einen oder mehrere Kunden bedient, die auf demselben nachgeordneten Markt tätig sind, eine **diskriminierende Behandlung** wäre, die einen Missbrauch darstellt, wenn sie den Wettbewerb auf diesem nachgeordneten Markt einschränkt. Wenn Netzbetreiber dieselben oder ähnliche Endkundendienstleistungen anbieten wie die Partei, die den Zugang beantragt, haben diese unter Umständen sowohl ein Interesse als auch die Möglichkeit, den Wettbewerb einzuschränken und ihre beherrschende Stellung auf diese Weise zu missbrau-

---

46 EuGH, Continental Can., a.a.O., S. 243 ff.
47 Ausführlich dazu *Koenig/Bartosch/Braun*, Kapitel 4; *Irion*, Kapitel 2 und 4.
48 Richtlinie 2002/19/EG des Europäischen Parlaments und des Rates vom 7. 3. 2002 über den Zugang zu elektronischen Kommunikationsnetzen und zugehörigen Einrichtungen, ABl. EG 2002 Nr. L 107, S. 7.
49 EuGH, Rs. 85/76, Hoffmann-La Roche, – Slg. 1979, S. 461.

chen. Es kann Gründe für eine Weigerung geben, z.B. gegenüber Antragstellern, die ein mögliches Kreditrisiko darstellen. Ohne sachliche Begründung stellt eine Zugangsverweigerung jedoch in der Regel einen Missbrauch der beherrschenden Stellung auf dem Zugangsmarkt dar. Im Allgemeinen ist das marktbeherrschende Unternehmen verpflichtet, den Zugang auf eine solche Weise zu gewähren, dass die den Unternehmen auf dem nachgeordneten Markt angebotenen Waren und Dienstleistungen nicht zu ungünstigeren Bedingungen verfügbar sind als dies für andere Parteien, einschließlich der eigenen nachgeordneten Geschäftssparten, der Fall ist.

Was den zweiten der genannten Fälle angeht, so stellt sich die Frage, ob der Zugangsanbie- **28** ter verpflichtet ist, mit dem Diensteanbieter einen Vertrag zu schließen, um diesem die Tätigkeit auf einem **neuen Dienstleistungsmarkt** zu ermöglichen. Wo Kapazitätsgrenzen kein Problem darstellen und ein Unternehmen, welches den Zugang zu seinen Einrichtungen verweigert, weder seinen eigenen nachgeordneten Unternehmenssparten noch einem anderen in diesem Dienstleistungsmarkt tätigen Unternehmen den Zugang zu dieser Einrichtung gewährt hat, ist keine andere sachliche Begründung ersichtlich. So hat die Kommission entschieden, dass ein Unternehmen, das eine wesentliche Einrichtung kontrolliert, unter bestimmten Umständen Zugang gewähren muss.[50] Diese Grundsätze gelten auch im Telekommunikationssektor. Gäbe es keine wirtschaftlich tragbaren Alternativen zum beantragten Zugang, hätte die beantragende Partei im Fall einer Weigerung nicht die Möglichkeit, auf dem betreffenden Dienstleistungsmarkt tätig zu werden. Die Weigerung würde daher die Entwicklung neuer Märkte oder neuer Produkte auf diesen Märkten unter Verstoß gegen Art. 82 Abs. 2 Buchst. b) EG einschränken oder die Entfaltung des Wettbewerbs auf bestehenden Märkten behindern. Derartige Auswirkungen einer Weigerung dürften missbräuchliche Auswirkungen darstellen.

Der Grundsatz, nach dem beherrschende Unternehmen unter bestimmten Umständen **kon-** **29** **trahierungspflichtig sind**, ist im Telekommunikationsbereich von großer Bedeutung. Gegenwärtig bestehen bei der Bereitstellung der Netzinfrastruktur für viele Telekommunikationsdienstleistungen in der Gemeinschaft noch Quasi-Monopole. Selbst wo Beschränkungen bereits beseitigt wurden, hängt der Wettbewerb auf nachgeordneten Märkten weiterhin von den Preisen und Bedingungen des Zugangs zu vorgelagerten Netzdienstleistungen ab, bei denen sich der Marktwettbewerb nur allmählich auswirkt. In Anbetracht des raschen technischen Fortschritts im Telekommunikationsbereich sind Situationen denkbar, in denen Unternehmen neue Produkte oder Dienstleistungen anbieten wollen, die nicht mit bereits vom beherrschenden Zugangsanbieter angebotenen Produkten und Dienstleistungen konkurrieren, für die dieser aber keinen Zugang gewähren will. Die Kommission hat sicherzustellen, dass die Kontrolle über Einrichtungen durch die etablierten Betreiber nicht dazu missbraucht wird, die Entwicklung von Wettbewerb zu behindern. Von einem Unternehmen, das auf einem Markt für Dienstleistungen beherrschend ist und einen Missbrauch unter Verstoß gegen Art. 82 EG begeht, kann verlangt werden, einem oder mehreren Wettbewerbern auf diesem Markt Zugang zu seiner Einrichtung zu gewähren, um den Missbrauch zu beenden. Insbesondere kann ein Unternehmen seine marktbeherrschende Stellung missbrauchen, wenn es durch sein Verhalten die Entstehung eines neuen Produkts oder Dienstes verhindert.

Die Kommission hat in den vergangenen Jahren eine Reihe von Fällen möglicher Zugangs- **30** verweigerung untersucht. Typischerweise lagen diesen Untersuchungen formelle oder in-

---

50 Entscheidung Sea Containers/Stena Sealink, ABl. EG 1994 Nr. L 15, S. 8; Entscheidung Rødby, ABl. EG 1994 Nr. L 55, S. 52.

formelle Beschwerden von Wettbewerbern zugrunde. Sie wurden jedoch infolge einer Zurückweisung oder einer Zurücknahme der Beschwerden eingestellt, nachdem die Regulierungsbehörden den Wettbewerbern durch ihre Intervention in der Regel den benötigten Netzzugang verschafft haben. Ein **förmliches Verfahren**, welches von der Kommission in diesem Zusammenhang im März 2002 eröffnet wurde, betrifft die Weigerung des niederländischen Mobilfunkbetreiber KPN Mobile, den Wettbewerbern, darunter den Beschwerdeführer MCI Worldcom, Netzzugang in Form der direkten Zusammenschaltung zu gewähren.[51] Durch das Einschreiten des niederländischen Regulierers OPTA wurde KPN Mobile sodann jedoch zur Bereitstellung eines entsprechenden Zugangsangebots an ihre Wettbewerber verpflichtet, so dass auch dieses Verfahren nach Rücknahme der Beschwerde gegen Ende des Jahres 2004 eingestellt werden konnte.[52]

31 **2. Entgeltbezogene Missbrauchsformen.** – Eine Reihe von Verfahren der Kommission im Telekommunikationssektor betrifft Fälle des Preishöhenmissbrauchs in Form von überhöhten oder nicht kostendeckenden Preisen sowie der Preis-Kosten-Schere. Dabei ist zu unterscheiden zwischen Fällen, bei denen die zugrunde liegenden Entgelte unreguliert sind, und Fällen, bei denen sie einer sektorspezifischen ex ante-Regulierung unterliegen. Nicht spezifisch regulierte Entgelte können stets Gegenstand von Verfahren gemäß Art. 82 EG sein. Regulierte Bereiche können dagegen nur dann nach dieser Vorschrift relevant werden, wenn ein marktbeherrschendes Unternehmen trotz der staatlichen Regulierung einen unternehmerischen Freiraum hat, welchen es in missbräuchlicher Weise wahrnimmt bzw. nicht wahrnimmt. Die Kommission hat in mehreren förmlichen Entscheidungen sowie in weiteren Verfahren ohne förmliche Entscheidung hierzu wichtige Grundsätze festgelegt.

32 **a) Nicht kostendeckende Preise. – Maßstab und Rechtsprechung:** Auf eine Marktverdrängung der Wettbewerber gerichtete Preispraktiken liegen in der Regel dann vor, wenn ein beherrschendes Unternehmen eine Ware oder eine Dienstleistung über längere Zeit unter den Gestehungskosten verkauft, um Wettbewerber vom Markteintritt abzuhalten oder vom Markt zu verdrängen, so dass das beherrschende Unternehmen seine Marktmacht und in der Folge seine Gewinne insgesamt weiter steigern kann. Solche ungerechtfertigt niedrigen Preise können einen Verstoß gegen Art. 82 Abs. 2 lit. a) EG darstellen. Ein derartiges Problem kann im Wettbewerb zwischen verschiedenen Infrastrukturen auftreten, wenn ein marktbeherrschender Betreiber ungerechtfertigt niedrige Preise für den Zugang verlangt, um den Wettbewerb durch andere Infrastrukturanbieter auszuschalten.

33 Grundsätzlich liegt ein derartiger Preismissbrauch vor, wenn der Preis **unter den durchschnittlichen variablen Kosten** des beherrschenden Unternehmens liegt. Gleiches gilt auch, wenn er **unter den durchschnittlichen Gesamtkosten** liegt und eine **Verdrängungsabsicht** nachgewiesen werden kann. Der EuGH sieht als durchschnittliche variable Kosten solche Kosten an, die je nach den produzierten Mengen variieren, und dies damit begründet, dass ein beherrschendes Unternehmen nur dann ein Interesse habe, derartige Preise zu verlangen, wenn es seine Wettbewerber ausschalten will, um danach unter Aus-

---

51 Die vermutete Zugangsverweigerung bestand in einer Preis-Kosten-Schere seitens KPN Mobile zwischen den Vorleistungsentgelten für die Gesprächsbeendigung im eigenen Netz und den Endkundenentgelten für virtuelle Mobilfunknetzbetreiber; Presseerklärung der Kommission IP/02/483 vom 27. 3. 2002; vgl. *Garzaniti/Liberatore*, ECLR 2004, 169, 173.
52 XXXIV. Wettbewerbsbericht 2004, RdNr. 47.

nutzung seiner Monopolstellung seine Preise wieder anzuheben.[53] Sodann bedeutet jeder Verkauf für das Unternehmen einen Verlust in Höhe seiner gesamten Fixkosten (d. h. der Kosten, die ungeachtet der produzierten Mengen konstant bleiben) und zumindest eines Teils der variablen Kosten je produzierter Einheit.

Um mit einer Dienstleistung oder einem Bündel von Dienstleistungen einen Gewinn zu **34** erzielen, muss ein Betreiber somit eine Preisstrategie verfolgen, bei der seine gesamten zusätzlichen Kosten für die Erbringung dieser Dienstleistungen durch die zusätzlichen Erlöse gedeckt werden. Verlangt ein beherrschender Betreiber einen Preis, der unter den durchschnittlichen Gesamtkosten liegt, so hat er diesen zu rechtfertigen. Kann er nur dann einen wirtschaftlichen Vorteil erzielen, wenn seine Wettbewerber wirtschaftlich geschwächt würden, so spricht vieles für ein missbräuchliches Verhalten des Marktbeherrschers.

Bei **Telekommunikationsdienstleistungen** kann ein Preis, der den variablen Kosten eines **35** Dienstes entspricht, erheblich unter dem Preis liegen, den ein Betreiber berechnen muss, um die Gesamtkosten für die Erbringung des Dienstes über sein Netz zu decken. Bei Anwendung der o. g. Kriterien auf Preise, die von einem vertikal integrierten Anbieter erhoben werden und die Grundlage für den Markteintritt der Wettbewerber bilden, sind jedoch lediglich die für die Erbringung des Dienstes zusätzlich anfallenden Kosten zu berücksichtigen. Dieser Test ist grundsätzlich auch auf **neu entstehende Märkte** anwendbar, da jene nicht von vornherein von Art. 82 EG ausgenommen sind. Die Anwendung dieses Tests ist insbesondere dann gerechtfertigt, wenn ein Unternehmen praktisch keine fixen Kosten für seine Aktivitäten trägt, da die notwendigen Investitionen von ihrer Muttergesellschaft getätigt werden, die ihrerseits mit ihren Diensten auf der Vorleistungsebene erhebliche Gewinne erwirtschaftet.

Entscheidung gegen Wanadoo: Die Kommission stellte mit ihrer Entscheidung vom **36** 16. Juli 2003 fest, dass Wanadoo Interactive, der grösste französische Anbieter von schnellen Internet-Zugangsdiensten, durch die Erhebung nicht kostendeckender Endkundenentgelte gegen Art. 82 EG verstoßen hat.[54] Auf Grund von Informationen, die im Rahmen der Sektoruntersuchung über den Wettbewerb im Ortsnetz erhoben worden waren, hatte die Kommission dieses Verfahren im September 2001 von Amts wegen eingeleitet und im Dezember 2001 durch Mitteilung der Beschwerdepunkte förmlich eröffnet.[55] In der Entscheidung stellte die Kommission fest, dass Wanadoo die Endkundenpreise für seine ADSL-Produkte unterhalb der Kosten festgesetzt und damit seine marktbeherrschende Stellung missbraucht hat. Aufgrund dieses Verstosses verhängte die Kommission gegen Wanadoo eine Geldbuße in Höhe von 10,35 Mio. Euro.[56]

Als **relevanten Markt** sah die Kommission dabei die Bereitstellung von breitbandigen **37** Zugangsdiensten über die ADSL-Technologie in Frankreich an. Dort bezogen Privatkunden und kleinere Geschäftskunden Breitbanddienste hauptsächlich mittels ADSL.[57] Zwar

---

53 Rs. C-62/86 – Akzo Chemie BV/Kommission, – Slg. 1991, S. I-03359, RdNr. 71 f.; Rs. C-333/94 P – Tetra Pak International SA/Kommission, – Slg. 1996, S. I-05951, Punkt 41, Rs. T-65/89, BPB Industries und British Gypsum/Kommission, – Slg. 1993, S. II-389.

54 Abrufbar unter: http://europa.eu.int/comm/competition/index_en. html; Presseerklärung der Kommission IP/03/1025 vom 16. 7. 2003; anhängig beim EuG als Verfahren T-340/03; vgl hierzu *Klotz/Grewe*, K&R 2005, S. 102 und *Garzaniti/Liberatore*, ECLR 2004, S. 234.

55 Presseerklärung der Kommission IP/01/1899 vom 21. 12. 2001.

56 Presseerklärung der Kommission IP/03/1025 vom 16. 7. 2003.

57 Breitbandanschlüsse in Form sog. *Asymetrical Digital Subscriber Lines*, bei der größere Datenmengen in kürzerer Geschwindigkeit zum Nutzer hin übertragen werden können (z. B. aus dem Internet), als er selber versenden kann.

bestand eine Substitution zwischen schmalbandigem und breitbandigem Zugang, diese ist jedoch asymmetrisch, da die Schmalbandnutzer zum Breitband migrierten, nicht jedoch umgekehrt. Außerdem bestand ein erheblicher Preisunterschied zwischen Schmalband- und Breitbanddiensten, und das Breitband-Leistungsniveau ist etwa zehnmal größer als dasjenige im Schmalband. Auf diesem Markt hatte Wanadoo eine **beherrschende Stellung**. Als 72%ige Tochtergesellschaft von France Télécom verfügte Wanadoo neben hohen Marktanteilen zusätzlich über wesentliche technische, logistische und kommerzielle Vorteile im Vergleich zu den Wettbewerbern. France Télécom war lange Zeit der einzige Diensteanbieter im Vorleistungsbereich für ADSL.

38   Der **Missbrauch** bestand darin, dass Wanadoo während der entscheidenden Entwicklungsphase des Breitbandmarktes in Frankreich im Rahmen eines offensichtlich auf eine Marktabschottung abzielenden Planes die Preise für ADSL-Produkte **unterhalb der Kosten** festsetzte. Die Untersuchungen der Kommission führten zu dem Ergebnis, dass die Endkundenpreise in der Zeit von Ende 1999 bis August 2001 die durchschnittlichen variablen Kosten nicht deckten. Der Verstoss begann jedoch erst im März 2001 mit der kommerziellen Einführung von ADSL. Von August 2001 bis Oktober 2002 deckten die Preise zwar die durchschnittlichen variablen Kosten, lagen jedoch deutlich unter den durchschnittlichen Gesamtkosten. Bezüglich des letztgenannten Zeitraums stellte die Kommission aufgrund von Dokumenten, die während einer angemeldeten Nachprüfung in den Geschäftsräumen von Wanadoo sichergestellt werden konnten, zusätzlich fest, dass das Unternehmen mit dieser Preisstrategie das Ziel verfolgte, den französischen Breitbandmarkt für Wettbewerber abzuschotten. Ein solcher **Marktabschottungsplan** ist dabei einer Verdrängungsstrategie im Sinne der AKZO-Rechtsprechung gleichzusetzen.

39   Obwohl der Verstoß zum Zeitpunkt der Entscheidung bereits seit rund neun Monaten beendet war, da France Télécom seine entsprechenden Vorleistungspreise im Oktober 2002 um 30% gesenkt hatte, verhängte die Kommission eine **Geldbuße**, insbesondere, um der Wiederholungsgefahr vorzubeugen. Aus der Beendigung des Verstosses hat die Kommission allerdings keine mildernden Umstände abgeleitet, da die Entgeltsenkung nicht freiwillig, sondern vielmehr erst auf Betreiben der französischen Wettbewerbsbehörde sowie der Regulierungsbehörde erfolgt war.

40   Die Kommission hat mit dieser Entscheidung deutlich gemacht, dass sie auch auf Märkten, die noch im Entstehen begriffen sind (*emerging markets*), Preisgestaltungen am Maßstab des Art. 82 EG misst. Gerade in einem sich dynamisch entwickelnden Markt wie demjenigen für den Breitbandzugang besteht eine besondere Gefahr für den Wettbewerb, wenn sich ein Marktteilnehmer durch missbräuchliche Marktabschottung von Anfang an eine überragende Marktposition sichert. Die Kommission verwarf dabei das Argument von Wanadoo, mit ihrem Verhalten überhaupt erst den Breitbandmarkt in Frankreich erschlossen zu haben, was letztlich auch den Wettbewerbern zugute gekommen sei.[58] Nach Auffassung der Kommission hat Wanadoo keinen hinreichenden Nachweis für einen derartigen Zusammenhang erbracht. Vielmehr hatte die Muttergesellschaft France Télécom jederzeit die Möglichkeit, durch eine Senkung der Vorleistungsentgelte die Verluste ihres Tochterunternehmens und der Wettbewerber deutlich zu verringern und damit zu einem stärkeren Wachstum des Marktes beizutragen.[59]

---

58   Vgl. *Klotz/Fehrenbach*, Competition Policy Newsletter, Nr. 3/2003, S. 8.
59   Daher liegt ein Vergleich zur Fallgestaltung der Preis-Kosten-Schere nahe, vgl. hierzu *Klotz*, K&R 2003, S. 547.

Verfahren gegen Telia: Ein weiteres förmliches Verfahren dieser Art wurde Ende 2003   **41**
von der Kommission gegen den schwedischen etablierten Festnetzbetreiber TeliaSonera
AB eröffnet. Aufgrund der Beschwerde eines Wettbewerbers, B2 Bredband AB, und einer
detaillierten Untersuchung, die auch eine unangemeldete Nachprüfung bei Telia im Jahr
2000 umfasste, kam die Kommission dabei zunächst zum vorläufigen Schluss, dass dieser
Betreiber durch **nicht kostendeckende Preise für den breitbandigen Internetzugang**
den Aufbau alternativer Infrastrukturen gezielt behinderte und damit seine marktbeherrschende Stellung missbraucht hatte.[60] Demnach wurde angenommen, dass der Preismissbrauch im Rahmen einer öffentlichen Ausschreibung für den Aufbau des Breitbandnetzes
und dessen ausschließlichen Betrieb über fünf Jahre erfolgt war. Die Kommision ging zu
dem Zeitpunkt davon aus, dass Telia dabei ein Angebot abgab, bei dem der Preis die anfallenden Kosten für den Bau und den Betrieb des Breitbandnetzes nicht abdeckte und diese verlustbringende Strategie bewusst in Kauf nahm, um den Markt abzuschotten. Dieses
Verfahren wurde jedoch nach Rücknahme der Beschwerde gegen Ende des Jahres 2004
wieder eingestellt.[61]

b) Überhöhte Preise. – Massstab und Rechtsprechung: Entgeltbezogene Wettbewerbs-   **42**
probleme im Zusammenhang mit dem Zugang von Diensteanbietern zu Einrichtungen eines marktbeherrschenden Betreibers können auch überhöhte Preise betreffen.[62] Da für die
Einrichtung, zu der die Diensteanbieter Zugang benötigen, in der Regel keine oder zumindest keine gleichwertigen Alternativen vorhanden sind, kann der beherrschende Betreiber
durch überhöhte Preise den Wettbewerb gezielt verhindern. Der EuGH hat überhöhte Preise
als solche definiert, die **im Vergleich zu dem wirtschaftlichen Wert der erbrachten Leistung unangemessen hoch** sind.[63] Diese Unangemessenheit kann dabei aufgrund eines Vergleichs des Verkaufspreises mit den Gestehungskosten objektiv festgestellt werden, sofern
sich hieraus ergibt, wie groß die Gewinnspanne ist.[64] Die Kommission hat daher festzustellen, welche Kosten für das betreffende Produkt tatsächlich anfallen. Eine sachgerechte Kostenzurechnung ist dabei von grundlegender Bedeutung. Übt ein Unternehmen eine Reihe
von Tätigkeiten aus, sind die relevanten Kosten zusammen mit einem angemessenen Ge-
meinkostenanteil den verschiedenen Tätigkeiten zuzurechnen. Dabei ist auch die sachgerechte Methode der Kostenzurechnung zu bestimmen, wenn diese strittig ist.

Bei der Ermittlung, ob ein Preis überhöht ist, kann ein **Vergleich mit anderen geografi-**   **43**
schen Gebieten als Hinweis auf überhöhte Preise dienen. Auch ist auch ein Vergleich zwischen den Preisen eines beherrschenden Unternehmens und den Preisen auf Märkten, die
dem Wettbewerb unterliegen, möglich.[65] Darüber hinaus können auch die gemeinschafts-

---

60 Presseerklärung der Kommission IP/03/1797 vom 19. 12. 2003.
61 XXXIV. Wettbewerbsbericht 2004, RdNr. 48.
62 Die Mitteilung der Kommission vom 27. 11. 1996 über Bewertungskriterien für nationale Systeme
    der Kostenrechnung und Finanzierung im Universaldienst in der Telekommunikation und Leitli-
    nien für die Mitgliedstaaten für die Anwendung dieser Systeme (KOM(96) 608 endg.) wird für die
    Beantwortung der Frage von Bedeutung sein, inwieweit die Universaldienstverpflichtung zusätz-
    liche Entgelte zur Beteiligung an den Nettokosten der Universaldienstleistung rechtfertigen kann.
63 EuGH, Rs. 26/75, General Motors NV/Kommission, – Slg. 1975, S. 1367, RdNr. 12.
64 EuGH, Rs. 27/76, United Brands Company und United Brands Continental BV/Kommission, –
    Slg. 1978, S. 207.
65 EuGH, Rs. 30/87, Corinne Bodson/SA Pompes funèbres des régions libérées, – Slg. 1988,
    S. 2479; verb. Rs. 110/88, 241/88 und 242/88, François Lucazeau u. a./Société des Auteurs, Com-
    positeurs et Editeurs de Musique (SACEM) u. a., – Slg. 1989, S. 2811, RdNr. 25.

rechtlichen **Bestimmungen zur Preisfestsetzung** für den betreffenden Sektor herangezogen werden.[66]

44   **Verfahren im Festnetz**: Diese Grundsätze zur Feststellung überhöhter Entgelte hat die Kommission im Telekommunikationssektor in einer Reihe von Verfahren angewendet. Dies erfolgte bereits vor bzw. unmittelbar nach der vollständigen Liberalisierung.[67] Im Jahr 1996 untersuchte die Kommission infolge einer Beschwerde die **Geschäftskundentarife** der Deutsche Telekom AG (DTAG). Dieses Verfahren konnte im November 1996 ohne förmliche Entscheidung eingestellt werden, nachdem die DTAG Entgeltsenkungen in Höhe von 38 bis 78 % vorgenommen hatte.[68] Ebenfalls im Jahr 1996 eröffnete die Kommission auf Beschwerde durch einen Wettbewerber eine Untersuchung gegen Belgacom im Hinblick auf die Entgelte für die **Bereitstellung von Teilnehmerdaten** zur Erstellung von Telefonverzeichnissen. Diese Untersuchung konnte im April 1997 nach Zugeständnissen von Belgacom in Form einer Preissenkung von über 90 % eingestellt werden.[69]

45   Zu Beginn des Jahres 1998 eröffnete die Kommission eine Untersuchung der Entgelte der DTAG für die Dienste der **Preselection und Nummernportierung**.[70] Die DTAG hatte Ende Dezember 1997 bekanntgegeben, ab dem 1. Januar 1998 Entgelte in Höhe von 94,99 DM für Preselection und von 53 DM für Nummernportierung zu erheben. Durch derartig hohe Entgelte hätte es in Deutschland zu einer Behinderung des Markteintritts alternativer Anbieter kommen können. Zudem hätten diese Entgelte bereits etablierte Betreiber derartiger Dienste in anderen EU-Mitgliedstaaten zum Missbrauch anleiten können. Daher war es für die Kommission unabdingbar, einen internationalen Vergleich anstellen zu können, um zu prüfen, ob die Entgelte der DTAG einen Verstoß gegen das Missbrauchsverbot darstellten. Die Kommission richtete dazu Auskunftsersuchen an 35 Telekommunikationsbetreiber in ganz Europa. Die Adressaten waren aufgefordert, die Kommission über ihre Bedingungen für Preselection und Nummernportierung zu informieren und vor allem ihre Entgelte für diese Dienste anzugeben. Die Auswertung der Antworten zeigte, dass die Entgelte der etablierten Betreiber in anderen Mitgliedstaaten, ebenso wie diejenigen bestimmter alternativer Anbieter in Deutschland, erheblich unter denen der DTAG lagen. Diese Ergebnisse teilte die Kommission der RegTP mit. Dieses Verfahren konnte daraufhin im Mai 1998 eingestellt werden, nachdem die RegTP die Gebühren der DTAG für Nummernportierung als überhöht abgelehnt und die DTAG ihren Antrag auf Genehmigung der Preselection-Gebühren zurückgenommen hatte.[71]

46   Im Jahr 1998 eröffnete die Kommission von Amts wegen eine Reihe von Verfahren gegen die beherrschenden Festnetzbetreiber in allen fünfzehn Mitgliedstaaten wegen überhöhter

---

66 EuGH, Rs. 66/86, Ahmed Saeed, a. a. O., RdNr. 43; vgl. z. B. die Empfehlung der Kommission zur Zusammenschaltung in einem liberalisierten Telekommunikationsmarkt, ABl. EG 1998 Nr. L 73, S. 42 und ABl. EG 1998 Nr. C 84, S. 10.

67 Vgl. *Haag/Klotz*, Competition Policy Newsletter, Nr. 2/1998, S. 35.

68 Presseerklärung der Kommission IP/96/975 vom 4. 11. 1996.

69 Presseerklärung der Kommission IP/97/292 vom 11. 4. 1997.

70 Die Preselection ermöglicht dem Kunden, mit allen Ferngesprächen zu einem anderen Netzbetreiber zu wechseln, während er mit seinen Ortsgesprächen und seiner ursprünglichen Telefonnummer bei dem ursprünglichen Betreiber verbleibt. Die Nummernportierung erlaubt es, mit allen Telefongesprächen zu einem anderen Netzbetreiber zu wechseln und dabei seine ursprüngliche Fernsprechnummer zu behalten. Beide Dienste sind für den Anbieterwechsel und somit für den Wettbewerb wichtig.

71 Presseerklärung der Kommission IP/98/424 vom 13. 5. 1998.

Terminierungsentgelte für Gespräche vom Festnetz in die Mobilfunknetze.[72] Aufgrund dieser Verfahren kam es in zahlreichen Mitgliedstaaten zu deutlichen Preissenkungen, so dass die Verfahren im Jahr 1999 ohne förmliche Entscheidungen abgeschlossen werden konnten.[73]

Ebenfalls im Jahr 1999 startete die Kommission eine EU-weite Sektoruntersuchung über **47** die Höhe der **Mietleitungsentgelte** und sonstige Bereitstellungsbedingungen bei Mietleitungen.[74] Diese Untersuchung führte im November 2000 zur Einleitung von fünf Verfahren gegen die beherrschenden Betreiber in Belgien, Italien, Griechenland, Portugal und Spanien. Nach erheblichen Senkungen der Entgelte unter aktiver Beteiligung der nationalen Regulierungsbehörden konnten diese Verfahren Ende 2002 eingestellt werden.[75]

Verfahren im Mobilfunk: Bei den Vorleistungsentgelten zwischen Mobilfunknetzbetrei- **48** bern für die grenzüberschreitende Weiterleitung von Gesprächen aus einem Netz in ein anderes (**internationales Roaming**) ergab die Anfang 2000 eingeleitete Sektoruntersuchung Anzeichen dafür, dass in mehreren Mitgliedstaaten die Vorleistungsentgelte für internationales Roaming (Inter Operator Tariff: IOT) möglicherweise in einer Höhe festgesetzt worden waren, die in keinem angemessenen Verhältnis zu den zugrunde liegenden Kosten standen.[76] Dies galt insbesondere für Deutschland und das Vereinigte Königreich. Im Juli 2001 hat die Kommission daraufhin bei den deutschen und britischen Mobilfunknetzbetreibern eine unangemeldete Nachprüfung im Hinblick auf einen derartigen Verstoß gegen Art. 82 EG durchgeführt.[77]

Nach Auswertung der sichergestellten umfangreichen Unterlagen leitete die Kommission **49** im Juli 2004 sodann förmliche Verfahren gegen MMO2 und Vodafone, die zwei größten Mobilfunknetzbetreiber im Vereinigten Königreich, ein und stellte diesen Unternehmen Beschwerdepunkte zu.[78] Die Kommission gelangte dabei zu der vorläufigen Schlussfolgerung, dass Vodafone (seit 1997) und MMO2 (seit 1998) jeweils bis September 2003 ihre beherrschende Stellung bei der Bereitstellung von Auslandsroaming-Diensten als Vorleistung durch überhöhte Entgelte missbräuchlich ausgenutzt haben. Im Februar 2005 erfolgten weitere Verfahrenseröffnungen gleicher Art gegen die beiden größten deutschen Mobilfunknetzbetreiber T-Mobil und O2.[79] Demnach wurde für T-Mobil ein Verstoß seit 1997 auch für Vodafone seit Anfang 2000, jeweils bis Ende 2003, angenommen.

Die Kommisison sah dabei das individuelle Netz jedes der betroffenen Mobilfunkbetreiber **50** als einen **gesonderten Markt** an, da die Netze aufgrund der fehlenden Auswahlmöglichkeit der Nutzer nicht untereinander substituierbar waren. Erst aufgrund technologischer Weiterentwicklungen, etwa bei den SIM-Karten und bei den Netzfunktionen, wurde es möglich, eine solche Auswahlmöglichkeit herzustellen. Daraus resultiert die zeitliche Begrenzung des angenommenen Missbrauchs bis Oktober 2003. Ausgehend von dieser Marktdefinition nahm die Kommission an, dass die betroffenen Betreiber in ihren jeweiligen Netzen über eine beherrschende Stellung verfügten.

---

72 Presseerklärung der Kommission IP/99/746 vom 13. 10. 1999.
73 Presseerklärung der Kommission IP/99/298 vom 4. 5. 1999.
74 Vgl. hierzu *Choumelova/Delgado*, in: Buigues/Rey, S. 269 ff.
75 XXXIV. Wettbewerbsbericht 2002, Ziff. 101 ff.; Presseerklärung der Kommission IP/02/1852 vom 11. 12. 2002.
76 Working Document vom 13. 12. 2000, s. o. Art. 81, Fn. 330.
77 Presse-Memo der Kommission 01/262 vom 12. 7. 2001.
78 Presseerklärung der Kommission IP/05/161 vom 10. 2. 2005.
79 Presseerklärung der Kommission IP/04/994 vom 26. 7. 2004.

51   Zur **Höhe der Roamingentgelte** ergaben die vorläufigen Untersuchungen, dass die in Frage stehenden Dienste Gewinne abwarfen, die deutlich über denjenigen für vergleichbare Dienste anderer Mobilfunknetzbetreiber lagen. Auch überstieg der Preis für das Roaming bei weitem die Entgelte, die die Betreiber unabhängigen Diensteanbeitern ohne eigenes Netz für die Bereitstellung von Übertragungszeit als Vorleistung berechnet hatten. Die Überlassung von Übertragungszeit an Diensteanbieter weist erhebliche Ähnlichkeiten mit den Roamingdiensten für ausländische Mobilnetzbetreiber auf. Die beobachteten erheblichen Preisunterschiede zwischen den vergleichbaren Diensten stellen somit ein weiteres Indiz für einen Preismissbrauch dar. Die beanstandeten Vorleistungsentgelte werden von den Netzbetreibern zum grossen Teil an die Verbraucher weitergeleitet, so dass die Mobilfunkkunden, die ihr Gerät im Vereinigten Königreich bzw. in Deutschland nutzen wollten, erhebliche Nachteile erleiden.

52   **c) Preis-Kosten-Schere. – Massstab:** Verfügt ein vertikal integrierter Betreiber von Telekommunikationsnetzen und -diensten in einem bestimmten Markt über eine beherrschende Stellung, so kann ein möglicher Missbrauch in der Ausübung eines zweifachen Preisdrucks in Form einer Preis-Kosten-Schere bestehen. Dieser kann durch den Nachweis belegt werden, dass die nachgeordnete Sparte des beherrschenden Unternehmens selbst nicht wirtschaftlich im Endkundenmarkt arbeiten könnte, wenn der den Wettbewerbern für die Nutzung der vorgelagerten Einrichtungen berechnete Preis zugrunde gelegt würde. Verluste eines nachgeordneten Geschäftsbereichs können versteckt werden, wenn der beherrschende Betreiber dem Zugangsbereich Kosten zurechnet, die den nachgeordneten Sparten zuzurechnen wären, oder wenn er die Verrechnungspreise innerhalb des Unternehmens auf sonstige Weise nicht sachgerecht festgelegt hat.[80] Daneben kann ein zweifacher Preisdruck auch durch den Nachweis belegt werden, dass die Spanne zwischen dem Vorleistungspreis für den Zugang, der den Wettbewerbern berechnet wird, und dem Endkundenpreis, den der Netzbetreiber von seinen Endkunden verlangt, nicht ausreicht, um einem hinreichend effizienten Diensteanbieter im nachgeordneten Markt die Erzielung eines normalen Gewinns zu ermöglichen, sofern das marktbeherrschende Unternehmen nicht nachweisen kann, dass seine nachgeordneten Sparten außerordentlich effizient sind.[81]

53   **Entscheidung gegen DTAG:** Die Kommission traf in einer derartigen Fallgestaltung am 21. Mai 2003 eine Entscheidung gegen DTAG wegen Mißbrauchs einer beherrschenden Stellung in Form von unangemessenen Preisen für die Bereitstellung des Zugangs zu den Ortsnetzen.[82] Die Kommission kam in dieser Entscheidung zu dem Ergebnis, dass der Preis, den DTAG von den Wettbewerbern für den Vorleistungszugang zum Teilnehmeranschluss verlangte, höher lag als der Preis, welchen DTAG von den eigenen Endkunden für den Festnetzanschluss verlangte. Aufgrund dieses Verstosses gegen Art. 82 EG verhängte die Kommission gegen DTAG eine Geldbuße in Höhe von 12,6 Millionen Euro.

54   Bereits seit Anfang 1998 war DTAG aufgrund einer Anordnung auf nationaler Ebene verpflichtet, Wettbewerbern den vollständig entbündelten Zugang zu ihren Ortsnetzen zu gewähren. Trotzdem kam die Entbündelung der Ortsnetze nur sehr schleppend voran, so dass DTAG bis zum Zeitpunkt der Entscheidung mit Marktanteilen von rund 95 % der **beherrschende Anbieter** für den Zugang auf der **Vorleistungs- und der Endkundenebene**

---

80   *Mestmäcker/Schweitzer*, Europäisches Wettbewerbsrecht, 4. Kap., RdNr. 19, ordnen die Preis-Kosten-Schere der Fallgruppe des Machttransfers auf Verbundmärkten zu.

81   Entscheidung der Kommission vom 18. 7. 1988 in der Sache Napier Brown/British Sugar, ABl. EG 1988 Nr. L 284, S. 41; vgl. hierzu mit unterschiedlichen Ansätzen *Junghanns*, WuW 2002, 567; *Bergmann*, WuW 2001, 234; *Meibom/von dem Bussche*, WuW 1999, 1171.

82   ABl. EG 2003 Nr. L 263, S. 9; Presseerklärung der Kommission IP/03/717 vom 21. 5. 2003.

blieb. Zur Ermittlung der Preis-Kosten-Schere verglich die Kommission die monatlich und einmalig zu zahlenden Entgelte für den Vorleistungszugang mit den entsprechenden Endkundenentgelten für Analog-, ISDN- und ADSL-Anschlüsse. Um beide Ebenen miteinander vergleichbar zu machen, verwendete die Kommission dabei einen **gewichteten Ansatz**, bei dem DTAG's jeweilige Kundenzahlen für die unterschiedlichen Zugangsvarianten auf der Endkundenebene berücksichtigt wurden. Diese Berechnung ergab, dass DTAG zwischen Anfang 1998 und Ende 2001 von den Wettbewerbern höhere Entgelte für den entbündelten Zugang auf der Vorleistungsebene erhoben hatte als für den Zugang auf der Endkundenebene. Seit Anfang 2002 waren die Vorleistungsentgelte zwar niedriger als die Endkundenentgelte, jedoch war die Differenz nicht ausreichend, um DTAG's eigene produktspezifische Kosten für die Bereitstellung der Endkundendienste zu decken. Die zu dieser Berechnung notwendigen Kostenangaben hatte die DTAG der Kommission in Antwort auf förmliche Auskunftsverlangen mitgeteilt.

Eine wesentliche Klarstellung in diesem Verfahren betraf das Verhältnis zwischen der **55** sektorspezifischen Regulierung und dem allgemeinen Kartellrecht. Denn sowohl die Vorleistungs- als auch die Endkundenentgelte der DTAG unterlagen einer Ex-ante-Regulierung auf nationaler Ebene. Daher war ein besonderes Augenmerk auf den **unternehmerischen Freiraum** der DTAG zur Vermeidung des Missbrauchs zu richten. Kann ein solcher Freiraum nicht nachgewiesen werden, so liegt möglicherweise ein staatlich angeordneter Missbrauch vor, welcher in einem Verfahren nach Art. 86 EG gegen Deutschland hätte festgestellt werden müssen.[83] Der Freiraum ergab sich in diesem Verfahren jedoch bereits aus dem Price-Cap-System für Analog- und ISDN-Anschlüsse und hierüber erbrachte Telefondienste. In diesem Rahmen stand es DTAG nämlich frei, die Preis-Kosten-Schere durch Erhöhung der Anschlussentgelte zu beseitigen, wenn gleichzeitig die Gesprächsentgelte gesenkt wurden. Hier bestand aufgrund der erheblichen Senkungen der Gesprächsentgelte auch tatsächlich ein bedeutender Freiraum, der jedoch von der DTAG nicht genutzt wurde. Hinzu kommt, dass bei der Berechnung der Preis-Kosten-Schere aufgrund des gewichteten Ansatzes auch die ADSL-Tarife der DTAG mit berücksichtigt wurden. Da diese Entgelte in Deutschland keiner sektorspezifischen Ex-ante-Regulierung unterlagen, hätte DTAG jene Entgelte selbstständig erhöhen und dadurch die Preis-Kosten-Schere beseitigen oder zumindest verringern können.[84]

Damit zeigte die Kommission erstmals in einem konkreten Einzelfall auf, unter welchen **56** Bedingungen selbst **regulierte Entgelte** im Bereich der Telekommunikation gegen das EG-Wettbewerbsrecht verstossen können.[85] Diese Entscheidung hatte regulierungsähnliche Rechtsfolgen für das betroffene Unternehmen, da sie sich unmittelbar auf die Höhe der betroffenen Entgelte auswirkte. DTAG konnte der Verpflichtung zur unverzüglichen Beendigung der Preis-Kosten-Schere durch Senkung der Vorleistungsentgelte – nach einem entsprechenden Antrag und dessen Genehmigung durch die RegTP – oder durch Erhöhung der Endkundenentgelte nachkommen. Auch eine Kombination aus beiden Alternativen war denkbar. Dabei wurden der DTAG durch die Entscheidung der Kommission keine konkreten Vorgaben über diese drei Optionen und die Höhe der notwendigen Entgeltänderungen gemacht. Leztlich kam es zu einer – von der RegTP genehmigten – Senkung der Vorleistungsentgelte für den entbündelten Zugang zu den Teilnehmernanschlussleitungen

---

83 Zu vergleichbaren Fallgestaltungen in Italien und Spanien s. u. Abschnitt VI.

84 Vgl. ausführlich hierzu *Ruhle/Schuster*, MMR 2003, 648.

85 Dabei handelte die Kommission allerdings nicht als „Berufungsinstanz" gegen die RegTP-Entscheidungen über die TAL-Entgelte, wie von *Wissmann*, Kapitel 3, Fn. 73, angenommen, da sie für die Beurteilung der Entgelte der DTAG einen anderen Massstab anlegte.

sowie zu einer Erhöhung der Endkundenentgelte für die Bereitstellung von Analog- und ISDN-Anschlüssen.

57 **Verfahren gegen DTAG über Breitbandentgelte:** Die Endkundenentgelte für die Breitbandanschlüsse (ADSL) wurden jedoch infolge der o. g. Entscheidung nicht erhöht. In diesem Zusammenhang leitete die Kommission aufgrund der Beschwerde eines Wettbewerbers, des QSC AG, ein gesondertes Verfahren gegen DTAG ein. Die Ermittlungen der Kommission erbrachten konkrete Hinweise darauf, dass DTAG ihre beherrschende Stellung beim Breitbandzugang seit März 2002 durch eine **Preis-Kosten-Schere** missbraucht haben könnte. Zu jenem Zeitpunkt waren die Line-Sharing-Entgelte erstmals von der RegTP festgelegt worden. Obwohl DTAG aufgrund der EU-Entbündelungsverordnung bereits seit Anfang 2001 verpflichtet war, ihren Konkurrenten die gemeinsame Nutzung der Teilnehmeranschlüsse (Line Sharing) zu ermöglichen, war es nur für wenige Wettbewerber rentabel, diese Zugangsform zu nutzen, so dass keiner von ihnen eine signifikante Marktposition erreichen konnte. DTAG wurde daher zum Quasi-Monopolisten für die Bereitstellung von Breitbandanschlüssen an Endkunden in Deutschland. Auf der Vorleistungsebene war DTAG weiterhin der einzige Netzbetreiber mit einem bundesweiten Anschlussnetz. Um ihren Endkunden vergleichbare Dienste anbieten zu können, benötigten die Wettbewerber Zugang zu dieser Infrastruktur. Bei den Endkunden-Zugangsdiensten waren zwar einige Wettbewerber aktiv, jedoch hatte DTAG weiterhin rund 90 % Marktanteile.

58 Die Preis-Kosten-Schere folgte dabei aus einem unzureichenden Spielraum zwischen den Vorleistungsentgelten für die gemeinsame Nutzung der Teilnehmeranschlussleitungen (Line Sharing) zuzüglich der produktspezifischen Kosten der DTAG für T-DSL-Anschlüsse einerseits und den T-DSL-Endkundenpreisen der DTAG andererseits. Die Berechnungsmethode für das Ausmaß der Preis-Kosten-Schere war dieselbe wie in der Entscheidung vom 21. Mai 2003. Für den Missbrauch waren neben den hohen Line Sharing-Entgelten auch die niedrigen T-DSL-Entgelte ursächlich, welche von der RegTP in den Jahren 2001 und 2002 selbst in förmlichen Missbrauchsverfahren nicht beanstandet worden waren.

59 Mitte des Jahres 2004 **stellte die Kommission ihre Untersuchung nach weitgehenden Zugeständnissen des Unternehmens ein.**[86] Die DTAG verpflichte sich, die vermutete Preis-Kosten-Schere durch eine erhebliche Senkung der Line-Sharing-Entgelte dauerhaft und vollständig zu schliessen. Von April bis Ende 2004 verzichtete DTAG auf die Erhebung der monatlichen Line-Sharing-Entgelte von ihren Wettbewerbern, und ab dem 1. 1. 2005 wurden die Line-Sharing-Entgelte sodann in erheblichem Umfang und dauerhaft reduziert. Letzteres bedurfte allerdings noch der Genehmigung durch die RegTP. DTAG verpflichtete sich daher, einen entsprechenden Antrag zu stellen. Ende Juni 2004 genehmigte die RegTP die von der DTAG beantragten Entgelte, wodurch es zu einer Absenkung der monatlichen Line-Sharing-Entgelte um rund 50 % und der Einmalentgelte um 10–15 % kam. Dadurch wurde eine einseitige Belastung der DSL-Endkunden vermieden, und es ergaben sich für die Wettbewerber erheblich verbesserte Markteintrittsbedingungen, so dass eine Marktentwicklung im Breitbandmarkt wie in Frankreich seit 2002 nunmehr auch in Deutschland ermöglicht wurde. Die Kommission verfolgte die weiteren Tarifentwicklungen für den Breitbandzugang im Vorleistungs- und im Endkundenbereich auch in der Folgezeit. Nachdem die DTAG im Mai 2005 einen Antrag auf Erhöhung der Line-Sharing-Entgelte auf das ursprüngliche Niveau bei der RegTP eingereicht hatte, war diese Entwicklung wieder bedroht.

---

86 Presseerklärung der Kommission IP/04/281 vom 1. 3. 2004.

Jedoch erreichte die Kommission nach intensiven Verhandlungen mit der DTAG eine Rücknahme dieses Antrags.[87] Damit erwies sich die im Jahr 2004 erzielte Lösung als belastbar.

VI. Verfahren gegen Mitgliedstaaten gem. Art. 86 EG

Regulierte Bereiche, bei denen den Unternehmen aufgrund der Regulierungsentscheidungen **60** gen kein eigener Freiraum für unternehmerische Entscheidungen verbleibt, können wegen eines möglichen Missbrauchs gegenüber den verantwortlichen Mitgliedstaaten gemäß Art. 86 EG verfolgt werden.

1. Lizenzgebühren im Mobilfunk. – Mit den beiden Entscheidungen vom 4. Oktober **61** 1995[88] und 18. Dezember 1996[89] über die dem zweiten italienischen und dem zweiten spanischen Betreiber öffentlicher Mobilfunknetze nach der europaweiten digitalen GSM-Norm (*Global System for Mobile Communications*) auferlegten Bedingungen stellte die Kommission fest, dass die Verpflichtung der Wettbewerber im Bereich des Mobilfunks, an den Staat eine **Lizenzgebühr** zu entrichten, welche die zunächst allein im Markt tätigen ehemaligen Monopolbetreiber ursprünglich nicht zu entrichten hatten, jeweils einen Verstoß gegen Art. 86 EG darstellte.

Zum Zeitpunkt der ersten Entscheidung war Telecom Italia ein öffentliches Unternehmen, **62** dem ausschließliche Rechte für den Betrieb des Telekommunikationsfestnetzes sowie das Angebot von Sprachtelefondiensten[90] und analogen Funktelefondiensten übertragen worden waren. Die **italienische Regierung** hatte Telecom Italia außerdem das Recht zum Betrieb eines GSM-Mobilfunknetzes erteilt, das nach Ansicht der Kommission insoweit als besonderes Recht im Sinne von Art. 86 EG angesehen wurde, als der Betreiber Telecom Italia Mobile nicht auf Grundlage objektiver und nichtdiskriminierender Kriterien ausgewählt worden war und auch keine Lizenzgebühr zu entrichten hatte. Der zweite Mobilfunkbetreiber, Omnitel Pronto Italia, welcher durch die italienische Regierung im Jahr 1994 zur Beendigung des staatlichen Monopols im Rahmen einer Ausschreibung ausgewählt worden war, hatte dagegen einen Betrag von 750 Milliarden Lire an den Staat zu entrichten. Die Kommission wies in ihrer Entscheidung darauf hin, dass ein **System unverfälschten Wettbewerbs**, wie es der Vertrag vorsieht, nur gewährleistet werden kann, wenn die Chancengleichheit der einzelnen Wirtschaftsteilnehmer sichergestellt ist.[91] Dieser Tatbestand war hier gegeben, da die Markteinstiegskosten für den zweiten Mobilfunkbetreiber erheblich höher lagen als diejenigen des öffentlichen Betreibers. Die Kommission verpflichtete die italienische Regierung daher, bis zum 1. Januar 1996 gleiche Bedingungen unter den Betreibern herzustellen, ließ dabei im Ergebnis allerdings offen, ob eine rechtliche Gleichstellung eher durch die Auferlegung einer vergleichbaren Gebühr an den ersten oder durch Erlass bzw. Rückerstattung der Gebühr des zweiten Betreibers zu erfolgen hatte.

Die **spanische Regierung** hatte die Vergabe einer Lizenz zur Errichtung und Nutzung ei- **63** nes zweiten Netzes für die Erbringung öffentlicher GSM-Mobilfunknetze auf spanischem Hoheitsgebiet von der Zahlung eines Geldbetrages abhängig gemacht. Dies galt für den im

---

87 Presseerklärung der Kommission IP/1033 vom 3. 8. 2005. Der deutsche Regulierer senkte daraufhin die Line Sharing-Entgelte weiter ab.

88 ABl. EG 1995 Nr. L 280, S. 49.

89 ABl. EG 1997 Nr. L 76, S. 19.

90 Im Sinne der Richtlinie 86/489/EG der Kommission vom 28. 6. 1990 über den Wettbewerb auf dem Markt für Telekommunikationsdienste, ABl. EG 1990 Nr. L 192, S. 10.

91 Unter Verweis auf EuGH, Frankreich/Kommission, C-202/88, – Slg. 1991, I-1271 RdNr. 51.

Jahr 1994 von der spanischen Regierung zur Liberalisierung des Mobilfunkmarktes ausgewählten zweiten Betreiber Airtel Movil, der einen Betrag von 85 Milliarden Pesetas für die Lizenz an den spanischen Staat zu entrichten hatte, allerdings nicht für Telefónica de Espana, ein öffentliches Unternehmen im Sinne von Art. 86 Abs. 1 EG, welches eine marktbeherrschende Stellung im Sinne von Art. 82 EG innehatte. Diese spanische Regelung bewirkte durch die unterschiedliche Behandlung der Betreiber eine Ausdehnung bzw. Stärkung der beherrschenden Stellung der Telefónica de Espana und verstieß damit nach Ansicht der Kommission gegen Art. 86 EG. Die Kommission verpflichtete die spanische Regierung, bis zum 24. April 1997 gleiche Bedingungen unter den Betreibern herzustellen, ließ dabei im Ergebnis – wie im Fall Italiens – allerdings offen, ob dies durch die Auferlegung einer vergleichbaren Gebühr an den ersten oder durch Erlass bzw. Rückerstattung der Gebühr des zweiten Betreibers erfolgen musste.

64   Eine ähnliche Fragestellung lag auch zwei Beschwerden gemäß Art. 86 EG zugrunde, welche bei der Kommission in den Jahren 1997 und 1998 von den österreichischen alternativen Mobilfunkbetreibern max.mobil und Connect Austria hinsichtlich der Bedingungen der **Vergabe von Mobilfunklizenzen bzw. -frequenzen in Österreich** eingelegt wurden. In beiden Fällen wies die Kommission die Beschwerden zurück, da entweder nicht genügend Hinweise für eine Ungleichbehandlung vorlagen oder die nationalen Gerichte sich mit der Frage auseinandersetzten, ob die Lizenzvergabebedingungen rechtmäßig waren. Im Unterschied zu der von der Kommission aufgegriffenen Situation in Spanien und Italien hatte der erste österreichische Mobilfunkbetreiber, Mobilkom, selbst auch eine Lizenzgebühr zu entrichten. Diese war genauso hoch wie die des zweiten Betreibers und etwa doppelt so hoch wie die des dritten Betreibers. In beiden Verfahren kam es sodann zu einer Befassung der europäischen Gerichte.

65   Im Fall max.mobil klagte die Beschwerdeführerin gemäß Art. 230 EG vor dem EuG gegen die Zurückweisung der Beschwerde durch die Kommission. Das EuG wies die Klage ab und bestätigte damit die **Rechtmäßigkeit** der Vorgehensweise der Kommission.[92] Dieses Urteil ist darüber hinaus in verfahrensrechtlicher Hinsicht von Bedeutung. Denn das EuG hat hierin entschieden, dass auch in Verfahren nach Art. 86 EG die Beschwerdeführer jedenfalls das Recht haben müssen, gegen eine Kommissionsentscheidung mit einer Klage gemäß Art. 230 EG vorzugehen. Die Kommission hatte dagegen für die **Unzulässigkeit** dieser Klage plädiert, da das Verfahren nach Art. 86 EG nach ihrer Ansicht lediglich zwischen der Kommission und dem betroffenen Mitgliedstaat stattfinde.[93] Das Urteil des EuG in Sachen max.mobil stellte insofern eine eindeutige Abweichung von der Rechtsprechung des EuGH dar. Die Kommission legte daher gegen dieses Urteil Berufung beim EuGH ein.[94] Mit seinem Urteil vom 22. Februar 2005 hob der EuGH das Urteil des EuG auf und wies die Klage der max.mobil ab.

66   Im Fall Connect Austria richtete dagegen der mit dem Rechtsstreit befasste österreichische Verwaltungsgerichtshof im Wege des Vorabentscheidungsverfahrens zwei Auslegungsfragen an den EuGH. Diese betrafen im Wesentlichen die gemeinschaftsrechtliche Rechtmäßigkeit einer nationalen Bestimmung, die im Jahr 1998 zur kostenlosen Vergabe zusätzli-

---

92 EuG, Max.mobil Telekommunikation Service GmbH/Kommission, T-54/99 P, – Slg. 2002, I-313; vgl. *Rantala*, European Law Reporter 2002, S. 139.

93 Unter Berufung auf die Rspr. des EuGH, Bundesverband der Bilanzbuchhalter/Kommission, C-107/95 P, – Slg. 1995, I-947, RdNr. 27, 28.

94 EuGH, Rs. C-141/02 P, Kommision – T-Mobile Austria, noch nicht in der amtl. Slg.

cher Frequenzen an Mobilkom geführt hatte.[95] In seinem Urteil entschied der EuGH daraufhin, dass eine derartige Regelung grundsätzlich mit Art. 86 und 82 EG unvereinbar sein kann, wenn die Wettbewerber ein solches Entgelt zu entrichten haben. Allerdings erklärte der EuGH eine solche Regelung unter der Voraussetzung für zulässig, dass der beherrschende Betreiber ursprünglich eine Gebühr entrichtet hat und jene Gebühr **wirtschaftlich vergleichbar** mit den Gebühren ist, welche die Wettbewerber zu entrichten haben.[96]

2. Tarifumstrukturierung im Festnetz. – Vor der Liberalisierung der Telekommunikati- **67** onsmärkte hatten die Monopolbetreiber im Festnetz in der Regel eine Tarifstruktur, bei der der monatliche Grundanschluss unter Kosten bepreist wurde und die Verluste über die hohen Entgelte für Gespräche kompensiert wurden. Diese Form der staatlich angeordneten Quersubventionierung hatte soziale Gründe und führte zum so genannten **Anschlussdefizit**. Das Anschlussdefizit war bei der Liberalisierung der Märkte am 1. Januar 1998 jedoch aufgrund der EG-Richtlinien durch eine entsprechende Umstrukturierung der Tarife zu beseitigen, um den Markteintritt von Wettbewerbern zu wirtschaftlichen Bedingungen zu ermöglichen. Während einige Mitgliedstaaten bzw. Betreiber dieser Verpflichtung nachkamen, blieb in anderen Mitgliedstaaten das Anschlussdefizit bestehen, und die Kommission griff mehrere dieser Fälle auf.

Dabei ist zu unterscheiden zwischen solchen Fällen, in denen die Betreiber an der von ih- **68** nen beabsichtigten Umstrukturierung der Tarife von den für sie zuständigen nationalen Regulierungsbehörden gehindert wurden, und anderen Fällen, in denen die Festnetzbetreiber die Umstrukturierung, obwohl rechtlich und faktisch möglich, aufgrund einer unternehmerischen Entscheidung nicht durchführten. Erstere Fälle sind nach Art. 86 bzw. Art. 226 EG gegenüber den betreffenden **Mitgliedstaaten** zu verfolgen, wogegen Letztere zu Verfahren gegen den **Betreiber** wegen eines Verstoßes gegen Art. 82 EG führen können.[97]

In diesem Zusammenhang sind insbesondere die beiden Vertragsverletzungsverfahren ge- **69** gen **Italien und Spanien** wegen unzureichender Tarifumstrukturierung für den Ortsnetzzugang zu nennen.[98] In beiden Mitgliedstaaten boten die ehemaligen Monopolbetreiber, Telecom Italia und Telefónica de Espana, den Ortsnetzanschluss unter Kosten an und kompensierten diese Einnahmeverluste mit hohen Entgelten für Telefongespräche. Beide Betreiber waren zwar bestrebt, dieses aus der Monopolzeit überlieferte Anschlussdefizit auszugleichen, wurden jedoch von den jeweils zuständigen nationalen Regulierungsbehörden daran gehindert.

In beiden Fällen wurden daher im Jahr 2000 Vertragsverletzungsverfahren eröffnet. Der **70** **italienische Fall** konnte im Juli 2002 **abgeschlossen** werden, nachdem der italienische Regulierer die von Telecom Italia beantragte weitergehende Tarifumstrukturierung genehmigt hatte. Dagegen gingen die spanischen Behörden nur in unzureichender Weise auf die gemeinschaftsrechtlichen Vorgaben ein und ermöglichten Telefónica de Espana keine vollständige Tarifumstrukturierung, woraufhin die Kommission im Dezember 2001 beim EuGH **gegen Spanien Klage** erhob.[99] Dieses Verfahren erfolgte zwar gem. Art. 226

---

95 Es handelte sich hierbei um § 125 Abs. 3 des österreichischen Telekommunikationsgesetzes.

96 EuGH, Connect Austria Gesellschaft für Telekommunikation GmbH/Telekom-Control-Kommission, C-462/99, – Slg. 2003, I-5197.

97 S. o. RdNr. 53 ff.

98 Es handelt sich dabei um Verfahren gemäß Art. 226 EG wegen Verstoßes gegen Richtlinienbestimmungen, allerdings wären auch Verfahren gemäß Art. 86 Abs. 3 EG denkbar gewesen, wenn etwa die speziellen Voraussetzungen der Richtlinien nicht vorgelegen hätten.

99 XXXI. Wettbewerbsbericht 2001, RdNr. 124.

EG,[100] es hätte jedoch ebenso auf Art. 86 gestützt werden können, da die fehlende Tarif-umstrukturierung zu einer durch den Staat zumindest mitverursachten Wettbewerbsver-zerrung zum Nachteil der Wettbewerber führte. Mit seinem Urteil vom 7. Januar 2004 stellte der EuGH einen derartigen Verstoss fest, nachdem sich bereits der Generalanwalt in seinen Schlussanträgen eindeutig für die Position der Kommission ausgesprochen hatte.[101]

---

100 Wegen fehlender Umsetzung von Art. 4(a) der Richtlinie des Rates 90/388/EWG, geändert durch die Richtlinie des Rates 96/19/EG.

101 EuGH, Rs. C-500/01, Kommission/Spanien, – Slg. 2004, S. I-583.

Kartellverfahren und Fusionskontrolle

Schrifttum zum Kartellverfahren: *Busse/Leopold*, Entscheidungen über Verpflichtungszusagen nach Art. 9 VO (EG) Nr. 1/2003, WuW 2005, 146; *Dalheimer/Feddersen/Miersch*, EG-Kartellverfahrensverordnung, 2005; *de Bronett*, Kommentar zum europäischen Kartellverfahrensrecht, 2005; *Hamer*, Die Rolle des nationalen Richters im Rahmen der Kartell-Durchführungsverordnung 1/2003/EG, EWS 2003, 415; *Heutz*, Legalausnahme und Gruppenfreistellungsverordnungen im System der VO (EG) Nr. 1/2003, WuW 2004, 1255; *Hirsch*, Anwendung der Kartellverfahrensverordnung (EG) Nr. 1/ 2003 durch nationale Gerichte, ZWeR 2003, 233; *Hossenfelder/Lutz*, Die neue Durchführungsverordnung zu den Artikeln 81 und 82 EG-Vertrag, WuW 2003, 118; *Idot*, Le nouveau système communautaire de mise en oeuvre des articles 81 et 82 CE, CDE 2003, 283; *Kerse/Khan*, EC Antitrust Procedure, 5. Auflage, 2005; *Kirchhoff*, Sachverhaltsaufklärung und Beweislage bei der Anwendung des Art. 81 EG-Vertrag, WuW 2004, 745; *Meyer/Kuhn*, Befugnisse und Grenzen kartellrechtlicher Durchsuchungen nach VO Nr. 1/2003 und nationalem Recht, WuW 2004, 880; *Paulis/Gauer*, La réforme des règles d'application des articles 81 et 82 du Traité, JT.DE 2003, 65; *Paulis/Gauer*, Le règlement n° 1/2003 et le principe du *ne bis in idem*, Concurrences 2005, 32; *Riley*, EC Antitrust Modernisation, ECLR 2003, 604, 657; *Schwarze/Weitbrecht*, Grundzüge des europäischen Kartellverfahrensrechts – Die Verordnung (EG) Nr. 1/2003, 2004; *Schwintowski/Klaue*, Konsequenzen des Systems der Legalausnahme für die Kooperationspraxis der Unternehmen, WuW 2005, 370; *Venit*, Brave new world: the modernisation and decentralisation of enforcement under Articles 81 and 82 of the EC-Treaty, CMLR 2003, 545.

Schrifttum zur Fusionskontrolle: *Abbamonte/Rabassa*, Foreclosure and Vertical Mergers – The Commission's Review of Vertical Effects in the Last Wave of Media and Internet Mergers, ECLR 2001, 214; *Baxter/Dethmers*, Unilateral Effects under the European Merger Regulation, ECLR 2005, 380; *Böge*, Reform der Europäischen Fusionskontrolle, WuW 2004, 138; *Christiansen*, „Ökonomisierung" der EU-Fusionskontrolle, WuW 2005, 285; *Dittert*, Die Reform des Verfahrens in der neuen EG-Fusionskontrollverordnung, WuW 2004, 148; *Garzaniti*, Telecommunications, Broadcasting and the Internet, EU Competition Law and Regulation, 2. Auflage 2003; *Kokoris*, The Concept of Market Definition and the SSNIP-Test in the Merger Appraisal, ECLR 2005, 207; *Levy*, Dominance versus SLC: A Subtle Distinction?, in: Drauz/Reynolds, EC Merger Control: A Major Reform in Progress, 2003; *Hofer/Williams/Wu*, Empirische Methoden in der Europäischen Fusionskontrolle, WuW 2005, 155; *Luescher*, Efficiency Considerations in European Merger Control – Just Another Battle Ground for the European Commission Economists and Competition Lawyers?, ECLR 2004, 72; *Maudhuit/ Soames*, Changes in EU Merger Control, ECLR 2005, 57, 75; *Rosenthal*, Neuordnung der Zuständigkeiten und des Verfahrens in der Europäischen Fusionskontrolle, EuZW 2004, 327; *Schröder*, Schnittstellen der Kooperations- und Oligopolanalyse im Fusionskontrollrecht – Gedanken zur Anwendung von Art. 2 Abs. 4 und 5 FKVO, WuW 2004, 893; *Schulte* (Hrsg.), Handbuch Fusionskontrolle, 2005; *Staebe/Denzel*, Die neue Europäische Fusionskontrollverordnung, EWS 2004, 194; *Völcker*, Das beschleunigte Verfahren in EU-Wettbewerbssachen: Effektiver Rechtsschutz in der Fusionskontrolle?, WuW 2003, 6; *Weitbrecht*, EU Merger Control in 2004 – An Overview, ECLR 2005, 67; *Zimmer*, Significant Impediment to Effective Competition, ZWeR 2004, 250.

Übersicht

I. Kartellverfahren

1 **1. Ziele und Systematik.** – Das Kartellverfahrensrecht der Gemeinschaft ist im Wesentlichen in der Verordnung Nr. 1/2003 des Rates zur Durchführung der in den Art. 81 und 82 niedergelegten Wettbewerbsregeln[1] enthalten. Diese auf Art. 83 gestützte, am 1. 5. 2004 voll wirksam gewordene[2] Verordnung gilt, dem **Universalitätsprinzip** entsprechend, für alle Wirtschaftszweige und, von wenigen Ausnahmen abgesehen[3], für alle unter den Tatbestand der Art. 81, 82 fallenden Absprachen und missbräuchlichen Verhaltungsweisen. Sie wird ergänzt durch die Verordnung 773/2004 der Kommission über das Verfahren der Kommission nach Art. 81 und 82.[4]

2 Im Gegensatz zu ihrer Rechtsvorgängerin, der vom 12. 3. 1962 bis einschließlich 30. 4. 2004, d. h. mehr als 40 Jahre geltenden Verordnung Nr. 17 des Rates[5] regelt die Verordnung (EG) Nr 1/2003 weit mehr als nur das Kartellverfahren der Kommission. Als Kernstück des „**Modernisierungspakets**" steht sie für eine radikale Neuorientierung der Wettbewerbspolitik insbesondere im Bereich der Kartelle. Mit dieser Änderung der Durchführungsvorschriften verfolgte der Gemenschaftsgesetzgeber im Wesentlichen drei sich gegenseitig teils ergänzende, teils überlagernde Ziele.[6]

3 Zu diesen Zielen zählt erstens die Ablösung des zentralistischen, auf die Kommission zugeschnittenen Verwaltungssystems durch ein **System der dezentralen Rechtsanwendung**, innerhalb dessen die Behörden und Gerichte der Mitgliedstaaten stärker in die Verantwortung für eine wirksame Durchsetzung der gemeinschaftlichen Wettbewerbsregeln einbezogen werden. Letzteres setzte indessen voraus, dass beiden umfassende Befugnisse zur Anwendung der Art. 81 und 82 EG einschließlich des Art. 81 Abs. 3 eingeräumt wurden, und führte logischerweise zur Abschaffung des bisherigen Freistellungsmonopols der Kommission.[7]

4 Um auch dem nationalen Richter Freistellungen vom Kartellverbot zu ermöglichen, bedurfte es zudem eines weitreichenden Eingriffs in das materielle Kartellrecht der Gemeinschaft. Die Ausnahmevorschrift des Art. 81 Abs. 3 EG, bisher als Ermächtigung zur

---

1 ABl. EG 2003 Nr. L 1, S. 1; Artikel ohne weiteren Zusatz sind solche der Verordnung.
2 Siehe Art. 45.
3 Diese betreffen bestimmte Kartelle in den Bereichen der Landwirtschaft (s. Art. 2 Verordnung 26, ABl.. EG 1962 Nr. 30 S. 993/62) und des Verkehrs (s. Art. 32) sowie mit der Gemeinschaftsgründung bezweckte oder bewirkte Beschränkungen des Wettbewerbs zwischen Gründern eines Vollfunktionsgemeinschaftsunternehmens (s. Art. 2 Abs. 4 FKVO).
4 ABl. EG 2004 Nr. L 123, S. 18.
5 ABl. EG 1962 Nr. 13 S. 204/62, zuletzt geändert durch Verordnung 1216/1999, ABl. EG 1999 Nr. L 148, S. 5.
6 Siehe zum Folgenden Begründungserwägungen 1 bis 6, sowie *Schaub/Dohms*, WuW 1999, 1055.
7 Siehe VO Nr. 17, Art. 9 Abs. 1.

konstitutiv wirkenden Erklärung der Nichtanwendbarkeit von Art. 81 Abs. 1 verstanden[8], musste in eine direkt wirkende Rechtsnorm umgewandelt werden. Dieser Schritt verkörpert zugleich das zweite Ziel der Reform: den Übergang vom traditionellen System eines Kartellverbots mit Genehmigungsvorbehalt zu einem **System der Legalausnahme**. Er erlaubte es, auf das nunmehr obsolet gewordene Erfordernis der vorherigen Anmeldung wettbewerbsbeschränkender Absprachen zu verzichten und auf diese Weise sowohl die zuständigen Behörden als auch die beteiligten Unternehmen von kostenträchtigen administrativen Bürden zu entlasten.

Die mit der Aufhebung des Anmelderegimes frei werdenden Resourcen sollen verstärkt für   5
die Bekämpfung schwerer Zuwiderhandlungen gegen die Verbote des Art. 81 Abs. 1 und
des Art. 82 EG eingesetzt werden und dadurch zu einem **effizienteren Vollzug** des Gemeinschaftskartellrechts insgesamt beitragen. Diesem dritten Ziel dient außerdem die Verstärkung der Ermittlungs- und Sanktionsbefugnisse der Kommission.[9]

Die vorgenannten wettbewerbspolitischen Ziele bestimmen in weitem Maße **Aufbau und**   6
Inhalt der Verordnung (EG) Nr. 1/2003. Diese bekräftigt in ihrem Kapitel I. (Art. 1 bis
3) unter der Überschrift *„Grundsätze"* die **Direktwirkung** nicht nur der in Art. 81 Abs. 1
und Art. 82 EG umschriebenen Verbote, sondern auch der in Art. 81 Abs. 3 EG geregelten
Ausnahme vom Kartellverbot (Art. 1).[10] Sie klärt außerdem die **Beweislast** für alle einzelstaatlichen und gemeinschaftlichen Verfahren zur Anwendung der Art. 81, 82 EG
(Art. 2).[11] Schließlich definiert sie erstmals auf legislativem Wege deren **Verhältnis zum**
einzelstaatlichen Wettbewerbsrecht (Art. 3).[12] Das Kapitel II. (Art. 4 bis 6) statuiert die
parallelen Zuständigkeiten der Kommission (Art. 4), der Wettbewerbsbehörden der Mitgliedstaaten (Art. 5) und der einzelstaatlichen Gerichte (Art. 6) für die Anwendung der
Art. 81, 82 EG.[13]

Das Kapitel III. (Art. 7 bis 10) über „Entscheidungen der Kommission" regelt die Feststel-   7
lung und Abstellung von Zuwiderhandlungen und lediglich am Rande (Art. 10) die nur in
seltenen Ausnahmefällen zu treffende Feststellung der Nichtanwendbarkeit von Art. 81
oder Art. 82 EG.[14] Breiten Raum nehmen im Kapitel IV. (Art. 11 bis 16) die Vorschriften
über die **Zusammenarbeit** zwischen der Kommission und den Wettbewerbsbehörden der
Mitgliedsstaaten[15] sowie zwischen beiden und den einzelstaatlichen Gerichten[16] ein. Sie
sollen im System dezentraler Entscheidungen die einheitliche Anwendung der gemeinschaftlichen Wettbewerbsregeln sichern.

Das Kapitel V. (Art. 17 bis 22) bestätigt und präzisiert die bisherigen **Ermittlungsbefug-**   8
nisse der Kommission sowie der nationalen Wettbewerbsbehörden, wobei beider Befugnisse in wichtigen Punkten erweitert werden.[17] Der Kommission ist es nunmehr gestattet, sich
Informationen durch die Befragung von Personen zu beschaffen (Art. 19), im Rahmen von

---

8 Unstreitig; siehe statt vieler *von der Groeben/Schwarze/Schröter*, EU-/EG-Vertrag, Art. 81 Abs. 3
   RdNr. 270; *Immenga/Mestmäcker/Sauter*, EG-Wettbewerbsrecht, Art. 85 Abs. 3 RdNr. 7.
9 S. dazu unten RdNr. 8.
10 Einzelheiten in RdNr. 12 ff.
11 Einzelheiten in RdNr. 16 f.
12 Einzelheiten in RdNr. 18 ff.
13 Einzelheiten in RdNr. 27 ff.
14 Einzelheiten in RdNr. 44 f.
15 Einzelheiten in RdNr. 30 ff.
16 Einzelheiten in RdNr. 43 ff.
17 Einzelheiten in RdNr. 52 ff.

Nachprüfungen Räumlichkeiten, Bücher oder sonstige Unterlagen jeder Art zu versiegeln (Art. 20 Abs. 1 Buchst. d) und Nachprüfungen auch in Privatwohnungen vorzunehmen (Art. 21). Die nationalen Wettbewerbsbehörden können Ermittlungen zwecks Feststellung von Zuwiderhandlungen gegen die Art. 81 oder 82 EG jetzt auch im Namen und für Rechnung der Wettbewerbsbehörde eines anderen Mitgliedstaates durchführen.

9 Das Kapitel VI. (Art. 23 und 24) hat die schon in der Verordnung Nr. 17 vorgesehenen **Sanktionsbestimmungen** im Wesentlichen übernommen, berücksichtigt aber zugleich die neuen Zuwiderhandlungstatbestände, welche durch die Neufassung der Entscheidungsarten und die Erweiterung der Ermittlungsbefugnisse der Kommission entstanden sind.[18] Die Obergrenzen der Geldbußen für Verstöße gegen das Verfahrensrecht und für Zwangsgelder, nunmehr in Prozentsätzen des Jahresumsatzes ausgedrückt, wurden erhöht. Die Bemessung von Geldbußen, die gegen Unternehmensvereinigungen verhängt werden, ist Gegenstand einer ausführlichen Sonderregelung. Das neue Sanktionsrecht wird ergänzt durch die in Kapitel VII. (Art. 25 und 26) enthaltenen Vorschriften über die **Verfolgungs- und Vollstreckungsverjährung**. Sie sind der Verordnung 2988/74 des Rates[19] entnommen und den Bedürfnissen des dezentralen Vollzugs der EG-Wettbewerbsregeln angepasst worden.

10 Die restlichen Kapitel der Verordnung seien an dieser Stelle nur der Vollständigkeit halber erwähnt. Das Kapitel VIII. (Art. 27 und 28) enthält eine modernisierte, die höchstrichterliche Rechtsprechung berücksichtigende Fassung des **Anhörungsrechts** von Parteien, Beschwerdeführern und sonstigen Dritten[20], der geltenden Verwertungsverbote sowie der Verpflichtung von Beamten, sonstigen Bediensteten und anderen unter der Aufsicht der Kommission oder mitgliedstaatlicher Behörden tätigen Personen zur Wahrung des Berufsgeheimnisses. Das Kapitel IX (Art. 29) regelt den **Entzug des Rechtsvorteils von Gruppenfreistellungen**. Das Kapitel X. (Art. 30 bis 33) enthält allgemeine Bestimmungen über die Veröffentlichung von Entscheidungen, die gerichtliche Nachprüfung von Sanktionsentscheidungen der Kommission, Ausnahmen vom Anwendungsbereich der Verordnung und den Erlass von Durchführungsvorschriften der Kommission, während das Schlusskapitel XI. (Art. 34 bis 45) sich überwiegend mit der Aufhebung und Änderung anderer Verordnungen befasst.

11 **2. Grundsätze. – a) Direktwirkung. –** Die **unmittelbare Geltung der Verbote** in Art. 81 Abs. 1 und Art. 82 EG hat der Europäische Gerichtshof in ständiger Rechtssprechung bestätigt.[21] Die Vorschrift des Art. 81 Abs. 3 EG ist dagegen als solche nicht mit direkter Wirkung ausgestattet. Sie eröffnet lediglich die Möglichkeit, das Kartellverbot für nicht anwendbar zu erklären. Eine solche Erklärung kann nach dem Wortlaut der Vorschrift entweder für einzelne Absprachen oder für Gruppen von solchen abgegeben werden, welche sämtliche der dort genannten Voraussetzungen erfüllt. Unter dem Regime der Verordnung Nr. 17 war unbestritten, dass die Nichtanwendbarkeitserklärung im ersten Fall durch förmliche Entscheidung der Kommission, im zweiten Fall durch Verordnung des Rates oder der Kommission zu erfolgen hatte, wobei jedem dieser Rechtsakte konstitutive Bedeutung beigemessen wurde.[22]

---

18 Einzelheiten in RdNr. 62 ff.
19 ABl. EG 1974 Nr. L 319, S. 1.
20 Einzelheiten in RdNr. 65 ff.
21 EuGH – Marty/Estée Lauder, 37/79 – Slg. 1980, 2481 RdNr. 13; BRT/SABAM, 127/73 – Slg. 1974, 51 RdNr. 15 bis 17; Ahmed Saeed Flugreisen, 66/86 – Slg. 1988, 803 RdNr. 32.
22 Siehe dazu *von der Groeben/Schwarze/Schröter*, EU-/EG-Vertrag, EG Art. 81 Abs. 3 RdNr. 270 ff., 282 ff. m. w. N.

Die Verordnung (EG) Nr. 1/2003 bestätigt in ihrem Eingangsartikel die Direktgeltung des **12** Art. 81 Abs. 1 und des Art. 82 EG, wie dies bereits vorher Art. 1 der Verordung Nr. 17 getan hatte. Sie schränkt jedoch die Tragweite des Kartellverbots in revolutionärer Weise ein, indem sie die **unmittelbare Geltung auch der Ausnahmebestimmung des Art. 81 Abs. 3** proklamiert. Nach Art 1 Abs. 1 der Verordnung sind Vereinbarungen, Beschlüsse und aufeinander abgestimmte Verhaltensweisen im Sinne von Art. 81. Abs. 1 EG nur dann verboten, wenn sie den Voraussetzungen des Art. 81 Abs. 3 EG nicht genügen. Erfüllen sie dagegen die materiellen Tatbestandsmerkmale sowohl des Art. 81 Abs. 1 als auch des Art. 81 Abs. 3 EG, so sind sie gemäß Art. 1 Abs. 2 der Verordnung nicht verboten, sondern zulässig. Die rechtlichen Wirkungen beider Absätze des Art. 81 EG treten ohne weiteres ein. Einer vorherigen Entscheidung bedarf es weder in dem einen noch in dem anderen Fall. Diese Regelung ist im Hinblick auf das Kartellverbot als generelle Nichtanwendbarkeitserklärung zu qualifizieren. Sie zwingt zur **integralen Anwendung von Art. 81 Abs. 1 und 3 EG**.

Die Entscheidung des Gemeinschaftsgesetzgebers, das **Prinzip der Legalausnahme**[22a] im **13** materiellen Wettbewerbsrecht der Gemeinschaft zu verankern, hat erhebliche Auswirkungen auf die Kartellverfahren und die sie abschließenden Entscheidungen. Für die vorherige Notifizierung wettbewerbsbeschränkender Absprachen und deren Prüfung durch die zuständigen Behörden besteht in diesem System kein Raum mehr. Vielmehr haben die beteiligten Unternehmen und Unternehmensvereinigungen selbst zu beurteilen, ob ihre Vereinbarungen, Beschlüsse oder aufeinander abgestimmten Verhaltensweisen vom gemeinschaftsrechtlichen Kartellverbot erfasst werden und gegebenenfalls die Voraussetzungen für eine Ausnahme von diesem Verbot erfüllen. Sie tragen demgemäß auch das Risiko von Fehleinschätzungen. Dem aus der Abschaffung des früheren Anmelde – und Genehmigungssystems[23] folgenden Verlust an Rechtssicherheit versucht die Kommission mit Hilfe von Gruppenfreistellungsverordnungen[24], Leitlinien[25] und Interpretations-Bekanntmachungen[26] zu begegnen. Eine informelle Einzelfallberatung der Unternehmen zieht sie dagegen nur in Fällen ernsthafter Rechtsunsicherheit in Betracht, die durch neue oder ungelöste Fragen entsteht, und auch dies nur, soweit es der Förderung von Innovation und Investition dient.[27]

22a Siehe dazu *Schwintowski/Klaue*, WuW 2005, 370.
23 Siehe VO Nr. 17, Art. 4 bis 8 u. Art. 15 Abs. 6.
24 Siehe VO (EG) Nr. 2790/1999 betr. vertikale Vereinbarungen und aufeinander abgestimmte Verhaltensweisen, ABl. EG 1999 Nr. L 336, S. 21; VO (EG) Nr. 2658/2000 betr. Spezialisierungsvereinbarungen, ABl. EG 2000 Nr. L 304, S. 3; VO (EG) Nr. 2659/2000 betr. Vereinbarungen über Forschung und Entwicklung, ABl. EG 2000 Nr. L 304, S. 7; VO (EG) Nr. 772/2004 betr. Technologietransfer-Vereinbarungen, ABl. EG 2004 Nr. L 123, S. 11.
25 Siehe Leitlinien für vertikale Beschränkungen, ABl. EG 2000 Nr. C 291, S. 1; Leitlinien zur Anwendbarkeit von Artikel 81 EG auf Vereinbarungen über horizontale Zusammenarbeit, ABl. EG 2001 Nr. C 3, S. 2; Leitlinien zur Anwendung von Artikel 81 EG-Vertrag auf Technologietransfer-Vereinbarungen, ABl. EG 2004 Nr. C 102, S. 2; Leitlinien zur Anwendung von Artikel 81 Absatz 3 des Vertrags, ABl. EG 2004 Nr. C 101, S. 97.
26 Siehe Bekanntmachung über Vereinbarungen von geringer Bedeutung, die den Wettbewerb im Sinne von Artikel 81 Absatz 1 des EG- Vertrags nicht beschränken, ABl. EG 2001 Nr. C 368, S. 13; Bekanntmachung zur Auslegung des Begriffs der Handelsbeeinträchtigung in den Artikeln 81 und 82 des Vertrags, ABl. EG 2004 Nr. C 101, S. 81.
27 Siehe BE 38 und Bekanntmachung über. informelle Beratung bei neuartigen Fragen zu den Artikeln 81 und 82 des Vertrags, die in Einzelfällen auftreten (Beratungsschreiben), ABl. EG 2004 Nr. C 101, S. 78.

14   Die **Anwendbarkeit von Art. 81 Abs. 3 EG** bildet in aller Regel nur eine **Vorfrage**, über welche die Kommission und die Wettbewerbsbehörden der Mitgliedstaaten im Rahmen eines auf Feststellung und Abstellung von Zuwiderhandlungen gerichteten Verfahrens *incidenter* zu befinden haben. Entsprechend dem Grundsatz **der integralen Anwendung des gesamten Art. 81 EG** (Art. 1 Abs. 1 und 2 der Verordnung) ist ein Verfahrensabschluss mittels Verbotsentscheidung nur möglich, wenn die Antwort auf die Vorfrage negativ ausfällt. Ein förmliches Verbotsverfahren wird nicht eingeleitet, falls sich schon im Laufe der Ermittlungen ergibt, dass die vermutete wettbewerbsbeschränkende und handelsbeeinträchtigende Absprache im Sinne von Art. 81 Abs. 1 zugleich die Voraussetzungen für eine Befreiung vom Kartellverbot gemäß Art. 81 Abs. 3 EG erfüllt. Es wird eingestellt, falls sich diese Erkenntnis erst nach der Verfahrenseröffnung durchsetzt. Die Schließung der Akte erfordert keine nach außen wirkende förmliche Entscheidung. In der Praxis der Kommission stellt sie lediglich einen Akt der internen Organisation dar, von dem die Beteiligen jedoch unterrichtet werden. Den Wettbewerbsbehörden der Mitgliedstaaten bleibt es nach Art. 5 Abs. 2 gleichwohl unbenommen, durch Entscheidung festzustellen, dass für sie kein Anlass zum Tätigwerden besteht. Ein eigenes Verfahren zur **Feststellung der Nichtanwendbarkeit von Art. 81 oder 82 EG** sieht Art. 10 der Verordnung nur ausnahmsweise für den Fall vor, dass das öffentliche Interesse der Gemeinschaft eine förmliche Entscheidung dieser Frage durch die Kommission erfordert.[28]

15   Für die **Gerichte der Mitgliedstaaten** bildet die Anwendbarkeit von **Art. 81 Abs. 3 EG** ebenfalls nur eine **Vorfrage**, die sich sowohl in Rechtsstreitigkeiten über die Gültigkeit oder die Nichtigkeit wettbewerbsbeschränkender Vereinbarungen oder Beschlüsse gemäß **Art. 81 Abs. 2 EG** als auch im Rahmen von Abwehr- oder Schadensersatzklagen wegen Verletzung des Art. 81 Abs. 1 EG ergeben kann. Die Zulässigkeit von Klagen auf Feststellung der Anwendbarkeit oder Unanwendbarkeit von Art. 81 Abs. 1 oder 3 EG ist zweifelhaft. In aller Regel dürfte es hierfür bereits an einem Rechtsschutzinteresse fehlen.

16   Art. 2 der Verordnung enthält eine **Beweislastregelung**[28a], die für alle einzelstaatlichen behördlichen wie gerichtlichen und alle gemeinschaftlichen Verfahren zu Anwendung der Art. 81 und 82 EG gilt. Danach sind Verstöße gegem die Verbotsvorschriften von der Partei oder der Behörde zu beweisen, die den Vorwurf einer solchen Zuwiderhandlung erhebt (Art. 2 S. 1). Die Beweislast dafür, dass die Voraussetzungen des Art. 81 Abs. 3 EG vorliegen, obliegt dagegen den jeweiligen Unternehmen oder Unternehmensvereinigungen, die sich auf diese Bestimmung berufen (Art. 2 S.2). Die letzgenannte Vorschrift folgt der ständigen Rechtsprechung der Gemeinschaftsgerichte zu Freistellungsanträgen nach Art. 4 ff. der Verordnung Nr. 17.[29]

17   Die Anwendung dieser Regelung im Bußgeldverfahren verstößt nach der in Deutschland herrschenden Rechtsauffassung gegen den **Grundsatz der Unschuldsvermutung**, wonach es Sache der Verfolgunsbehörden ist, Hinweisen des Beschuldigten auf das mögliche Vorliegen von Rechtfertigungsgründen nachzugehen und diese gegebenenfalls zu widerlegen. Die Deutsche Bundesregierung hat daher anlässlich der Verabschiedung der Verordnung (EG) Nr. 1/2003 zu Protokoll des Rates erklärt, dass Art. 83 EG keine ausreichende Rechtsgrundlage für Eingriffe in nationale Strafrechtsysteme biete.[30] Große praktische

---

28   Siehe Begründungserwägung 14.
28a   Siehe dazu *Kirchhoff*, WuW 2004, 745.
29   Siehe EuGH – Frubo, 71/74 – Slg. 1975, 563, 585; Remia, 42/84 – Slg. 1985 2545 RdNr. 45; EuG – John Deere, T – 35/92 – Slg. 1994, II. – 957, 1012.
30   Siehe *Hossenfelder/Lutz*, WuW 2003, 118, 119 f.

Bedeutung dürfte diese Frage aber kaum erlangen weil den an einer wettbewerbsbeschränkenden Absprache Beteiligten zumindest die Darlegung der tatsächlichen Voraussetzungen für eine Ausnahme vom Kartellverbot obliegt, welche anschließend von der Wettbewerbsbehörde anhand eigener Kenntnisse überprüft werden können. Letzteres entspricht im Übrigen ihrer Verpflichtung, auch im Bereich des Art. 81 Abs. 3 EG zur Sachaufklärung beizutragen.[31]

b) Verhältnis zum nationalen Wettbewerbsrecht. – In Art. 3 der Verordnung hat der Ge **18** meinschaftsgesetzgeber das Verhältnis des Gemeinschaftskartellrechts zum Wettbewerbsrecht der Mitgliedstaaten erstmals umfassend geregelt. Die Vorschrift zielt auf eine konfliktfreie, harmonische Anwendung beider Rechtsordnungen. Im Vordergrund steht dabei jedoch die wirksame Durchsetzung der EG-Wettbewerbsregeln durch **Schaffung eines gemeinschaftsweit einheitlichen Rechtsrahmens** für die Beurteilung von wettbewerbsbeschränkenden Absprachen und von Verhaltensweisen marktbeherrschender Unternehmen, soweit sie geeignet sind, den Handel zwischen Mitgliedstaaten zu beeinträchtigen.[32] Deshalb verpflichten die Bestimmungen des Art. 3 Abs. 1 und Abs. 2 Satz 1 die nationalen Behörden und Gerichte, die auf derartige Sachverhalte ihr innerstaatliches Kartellrecht anwenden, zur **gleichzeitigen und gleichgerichteten Anwendung des Gemeinschaftskartellrechts**. Abweichend von diesem Prinzip können die Mitgliedstaaten aber gemäß Art. 3 Abs. 2 Satz 2 strengere innerstaatliche Vorschriften *„zur Unterbindung einseitiger Handlungen von Unternehmen beibehalten oder neu erlassen, jedenfalls aber anwenden"*. Die in Art. 3 Abs. 1 und 2 enthaltenden Regeln gelten nach Abs. 3 der Vorschrift nicht, wenn die Wettbewerbsbehörden und die Mitgliedstaaten einzelstaatliche Gesetze über die Kontrolle von Unternehmenszusammenschlüsse anwenden. Sie stehen auch nicht der Anwendung von Bestimmungen des einzelstaatlichen Rechts entgegen, die überwiegend ein von Art. 81 und 82 EG abweichendes Ziel verfolgen.

Art. 3 ergänzt das materielle Gemeinschaftsrecht in einem zentralen Punkt. Die Vorschrift **19** bekennt sich ausdrücklich zur **parallele Anwendbarkeit** der Art 81 und 82 EG sowie der nationalen Kartellgesetze. Sie bestätigt insoweit das bisher geltende Richterrecht.[33] Dem Vorschlag der Kommission, auf Sachverhalte, die unter Art. 81 oder Art. 82 EG fallen, ausschließlich diese gemeinschaftsrechtlichen Bestimmungen anzuwenden,[34] ist der Rat aus politischen wie praktischen Gründen nicht gefolgt. Eine solche Lösung hätte nicht nur den Anwendungsbereich des nationalen Kartellrechts auf die wirtschaftlich vergleichsweise unbedeutenden, rein innerstaatlichen Sachverhalte beschränkt, sondern auch die Wettbewerbsbehörden und Gerichte der Mitgliedstaaten bei der Prüfung möglicher Beeinträchtigungen des zwichenstaatlichen Handels vor schwierige Abgrenzungsprobleme gestellt. Die nunmehr geltende Regelung erlaubt es diesen Behörden und Gerichten, ihre Entscheidungen alternativ auf beide Rechtsordnungen zu stützen und dabei die Frage der Handelsbeeinträchtigung offen zu lassen.

---

31 In diesem Sinne bereits EuGH – Consten u. Grundig, 56 u. 58/64 – Slg. 1966, 321, 395 f.; Einzelheiten bei *von der Groeben/Schwarze/Schröter*, EU-/EG-Vertrag, EG Art. 81 Abs. 3 RdNr. 282.

32 Siehe Begründungserwägung 8.

33 Siehe EuGH – Walt Wilhelm, 14/68 – Slg. 1969, 13 ff.; Gerlain, 253/78 u. 1 bis 3/79 – Slg. 1980 2327, 2374 f.; Einzelheiten bei *von der Groeben/Schwarze/Schröter*, EU-/EG-Vertrag, Vorbem. zu EG Art. 81 bis 85 RdNr. 114 ff. m. w. N.

34 Siehe Art. 3 des ursprünglichen Verordnungsvorschlags, ABL. EG 2000 Nr. C 365 E, S. 248; dazu *Eilmansberger*, JZ 2001, 365, 370.

20   Es bleibt den Mitgliedstaaten freigestellt, gemeinschaftsrechtlich relevante Sachverhalte allein auf der Grundlage der EG-Wettbewerbsregeln zu beurteilen. Die Verordnung 1/2003 zwingt keineswegs zur Parallelanwendung des nationalen Kartellrechts, wohl aber zur Parallelanwendung des Gemeinschaftskartellrechts für den Fall, dass die zuständigen Behörden oder Gerichte ihre Entscheidung auf der Grundlage der einzelstaatlichen Kartellgesetze zu treffen beabsichtigen. Diese Regelung soll in erster Linie die **Durchsetzung der Verbote des Art. 81 Abs. 1 und des Art. 82 EG** gewährleisten. Durch Art. 3 Abs. 1 werden die Mitgliedstaaten daran gehindert, bei der Beurteilung wettbewerbsbeschränkender Absprachen oder von missbräuchlichen Verhaltensweisen marktbeherrschender Unternehmen, die vom Gemeinschaftsrecht erfasst werden, auf die möglicherweise milderen Bestimmungen ihres nationalen Rechts auszuweichen. Auf derartige Fälle sind ausnahmslos die Verbote des Art. 81 Abs. 1 und des Art. 82 EG anzuwenden, die sich dann kraft ihres **Vorrangs** gegenüber dem einzelstaatlichen Kartellrecht durchsetzen.

21   Nach Art. 3 Abs. 2 Satz 1 haben die Mitgliedstaaten bei der Anwendung ihrer Kartellgesetze auch die **positiven, die Unternehmenskooperation begünstigenden Regeln des Gemeinschaftskartellrechts** zu respektieren. Vereinbarungen, Beschlüsse und aufeinander abgestimmte Verhaltensweisen, welche den innergemeinschaftlichen Handel beeinträchtigen könnten, dürfen nicht einem nationalen Kartellverbot unterworfen werden, wenn sie entweder keine Wettbewerbsbeschränkung im Sinne von Art. 81 Abs. 1 EG bezwecken oder bewirken oder aber die Voraussetzungen für die Anwendung von Art. 81 Abs. 3 EG oder einer Gruppenfreistellungsverordnung erfüllen. Auch diese Regelung ist von grundsätzlicher Bedeutung. Sie geht über die bisherige Rechtsprechung des Europäischen Gerichtshofs zum **Vorrang gemeinschaftsrechtlicher Verbotsausnahmen** gegenüber nationalen Verbotsvorschriften und Entscheidungen[35] weit hinaus, weil jetzt sogar die durch das Fehlen einer Wettbewerbsbeschränkung begründete Unanwendbarkeit des gemeinschaftsrechtlichen Kartellverbots Sperrwirkungen gegenüber nationalen Verbotsvorschriften und -entscheidungen entfaltet. Für die Beantwortung der Frage, ob eine Absprache den zwischenstaatlichen Handel beeinträchtigt und eine Wettbewerbsbeschränkung bezweckt oder bewirkt, sind die maßgeblichen Kriterien allerdings der Rechtsprechung der Gemeinschaftsgerichte und nicht den einschlägigen Interpretationsbekanntmachungen der Kommission[36] zu entnehmen.

22   Die von der Verordnung Nr. 1/2003 erzwungene **Gleichschaltung des innerstaatlichen Kartellrechts** mit den Art. 81, 82 EG wird jedoch nicht bis zur letzten Konsequenz durchgeführt. Der Grundsatz, wonach unternehmerische Verhaltensweisen, die das Gemeinschaftsrecht nicht verbietet, auch vom nationalen Kartellgesetzgeber nicht untersagt werden dürfen, findet gemäß Art. 3 Abs 2 Satz 2 auf **einseitige** Handlungen der Unternehmen keine Anwendung. Den Mitgliedstaaten verbleibt insoweit ein Freiraum, den sie für strengere Regelungen nutzen dürfen. Sie können insbesondere den Missbrauch wirtschaftlicher Macht durch marktstarke, aber nicht marktbeherrschende Unternehmen verbieten[37], wie dies durch § 20 GWB geschehen ist. Von der Verordnung unberührt bleibt ferner das Recht der Mitgliedstaaten, Verstöße natürlicher Personen gegen kartellrechtliche Normen strafrechtlich zu verfolgen und zu ahnden[38], wie es seit kurzem die Wettbewerbsgesetze des Vereinigten Königreichs und der Republik Irlands vorsehen. Soweit derartige Sanktionen jedoch der Durchsetzung der für Unternehmen geltenden Wettbewerbsregeln dienen, blei-

---

35 Siehe dazu *Schröter*, a. a. O.
36 Siehe oben Fn. 26.
37 Siehe Begründungserwägung 8 Satz 5, 6.
38 Siehe Begründungserwägung 8 Satz 7.

ben sie den Vorschriften der Verordnung, insbesondere denjenigen über die Zusammenarbeit der Wettbewerbsbehörden, unterworfen.[39]

Art. 3 Abs. 3 stellt klar, dass die in Abs. 1 und 2 umschriebene Verpflichtung der Mitglied- **23** staaten zur parallelen Anwendung der Art. 81 und 82 EG für zwei dem Gemeinschaftskartellrecht benachbarte Bereiche, nämlich das Fusionskontrollrecht und das Unlauterkeitsrecht[40], nicht gilt. Die Anwendung der nationalen Gesetze über die **Kontrolle von Unternehmenszusammenschlüssen** durch Behörden und Gerichte wird durch die Verordnung (EG) Nr. 139/2004[41] in keiner Weise eingeschränkt. Die jeweiligen Geltungsbereiche der gemeinschaftsrechtlichen und der innerstaatlichen Vorschriften und die Zuständigkeiten für deren Anwendung sind vielmehr so klar voneinander getrennt, dass sie sich nicht überschneiden. Damit entfällt für diesen Bereich die Notwendigkeit einer Konfliktsregelung. Dagegen sind Überschneidungen zwischen dem innerstaatlichen Fusionskontrollrecht und den Art. 81 und 82 EG durchaus möglich. Sie ergeben sich dann, wenn die einschlägige nationale Gesetzgebung Sachverhalte, die nach Gemeinschaftsrecht als Kartell- oder Missbrauchstatbestände zu qualifizieren und somit nicht unter die Verordnung (EG) Nr. 139/ 2004 zu subsumieren wären, als Unternehmenszusammenschlüsse behandelt. Derartige Fälle dürfen die nationalen Behörden und Gerichte weiterhin anhand der innerstaatlichen Fusionskontrollvorschriften beurteilen. Soweit sie jedoch zugleich die den Art. 81, 82 EG entsprechenden Bestimmungen des nationalen Kartellgesetzes anwenden, haben sie gemäß Art. 3 Abs. 1 und 2 der Verordnung die vorgenannten Artikel des EG-Vertrags zu beachten. Letzteres gilt etwa für **kooperative Gemeinschaftsunternehmen**, welche nach deutschem Recht einer Doppelkontrolle gemäß § 1 und §§ 24 ff. GWB unterliegen.[42] Die von den Mitgliedstaaten vorgenommene Zuordnung eines bestimmten Sachverhalts zum Fusionskontrollrecht oder zum sonstigen Kartellrecht lässt die Befugnis der Kommission zur Anwendung der Art. 81 und 82 EG unberührt.

Das Problem der Überschneidung stellt sich auch im **Verhältnis des innerstaatlichen** **24** **Lauterkeitsrechts zum Gemeinschaftskartellrecht**. Unlautere Handelspraktiken können – woran die Verordnung erinnert[43] – vertraglich vereinbart oder einseitig ergriffen werden. Sie können somit unter die Verbote des Art. 81 oder des Art. 82 EG fallen. Art. 3 Abs. 3 stellt es den Mitgliedstaaten gleichwohl frei, in derartigen Fällen ausschließlich ihre Gesetzgebung zur Bekämpfung des unlauteren Wettbewerbs einschließlich solcher Vorschriften anzuwenden, mit denen Unternehmen verboten wird, bei ihren Handelspartnern ungerechtfertigte, unverhältnismäßige oder keine Gegenleistungen umfassende Bedingungen zu erzwingen oder zu erhalten oder den Versuch hierzu zu unternehmen.

Diese Regelung wird damit begründet, dass es den Mitgliedstaaten nicht verwehrt werden **25** dürfe, in ihrem Hoheitsgebiet innerstaatliche Rechtsvorschriften zu erlassen, welche andere legitime Interessen schützten, als es das Gemeinschaftskartellrecht tue, sofern diese Rechtsvorschriften im Einklang mit den allgemeinen Grundsätzen und den übrigen Bestimmungen des Gemeinschaftsrechts stünden.[44] Bei den Lauterkeitsregeln handele es sich um Normen des innerstaatlichen Rechts, die **überwiegend** ein von den Art. 81 und 82 EG

---

39 Siehe Begründungserwägung 8 Satz 7, letzter Halbsatz.
40 Siehe Begründungserwägung 9 Sätze 4 bis 6.
41 ABl. EG 2004 Nr. L 24, S. 1.
42 GWB i. d. F. vom 15. 7. 2005, BGBl. I S. 214; siehe dazu im Einzelnen *Immenga/Mestmäcker/Zimmer*, GWB, § 1 RdNr. 401 ff.
43 Siehe Begründungserwägung 9 Satz 4.
44 Siehe Begründungserwägung 9 Satz 2 sowie VO (EG) Nr. 139/2004, Art. 21 Abs. 4.

abweichendes Ziel verfolgten[45]: Während die letztgenannten Vorschriften dem Schutz des Wettbewerbs auf dem Markt dienten, verfolge das Lauterkeitsrecht ein spezifisches Ziel, das die tatsächlichen oder vermuteten Wirkungen unlauterer Handelspraktiken auf den Markt unberücksichtigt lasse.[46] Diese Begründung erscheint schon als solche zweifelhaft, weil sie den Individualschutz vernachlässigt, den das Gemeinschaftskartellrecht ebenso wie das Lauterkeitsrecht gewährleisten muss. Davon angesehen lässt sich die konkrete Zielsetzung nationaler Lauterkeitsregeln nicht pauschal durch allgemeine Erklärungen festlegen; sie muss vielmehr von Fall zu Fall ermittelt werden.[47] Die vorstehenden Erwägungen sprechen dafür, dass die einzelstaatlichen Behörden und Gerichte bei der Beurteilung **marktbezogener unlauterer Handlungen** die in den Art. 81 und 82 EG enthaltenen Wertungen zu berücksichtigen haben. Sofern sie neben den einschlägigen Vorschriften der UWG-Gesetze auch das nationale Kartellrecht anwenden, bleiben sie an die Verpflichtungen aus Art. 3 Abs. 1 und 2 der Verordnung und damit unmittelbar an das Primärrecht des EG-Vertrags gebunden.

26   Die Vorschriften des Art. 3 Abs. 1 und 2 der Verordnung gelten außerdem nicht für den **ausschließlich den Mitgliedstaaten vorbehaltenen Bereich** der Anwendung nationalen Kartellrechts auf unternehmerische Handlungen, die keine Berührung mit dem zwischenstaatlichen Handel aufweisen. Derartige Sachverhalte liegen außerhalb der Reichweite der Art. 81, 82 EG.[48] Mangels Überschneidungen zwischen beiden Rechtsordnungen bedarf es hier von vornherein keiner Konfliktsregelung. Dies bedeutet nicht, dass das innerstaatliche Kartellrecht jeglichem Einfluss seitens der Gemeinschaft entzogen wäre. Seine Anwendung muss vielmehr – ebenso wie diejenige des nationalen Fusionskontrollrechts oder Lauterkeitsrechts – den allgemeinen Grundsätzen und den sonstigen Bestimmungen des Gemeinschaftsrechts entsprechen.[49] Mit dieser Einschränkung gelten für den ausschließlichen Kompetenzbereich des nationalen Kartellgesetzgebers in Deutschland allein die Vorschriften des Gesetzes gegen Wettbewerbsbeschränkungen (GWB). Die 7. GWB-Novelle hat jedoch eine weitgehende Anpassung des Gesetzes an das modernisierte Gemeinschaftskartellrecht bewirkt, sodass sich dessen Grundsätze und Maßstäbe auch im rein innerstaatlichen deutschen Kartellrecht durchsetzen werden.

27   **3. Zuständigkeiten und Zusammenarbeit. – a) System paralleler Kompetenzen. –** In ihrem Kapitel II hat die Verordnung der Kommission (Art. 4) den Wettbewerbsbehörden der Mitgliedstaaten (Art. 5) und den einzelstaatlichen Gerichten (Art. 6) dieselben Befugnisse zur Anwendung der Art. 81 und 82 EG zuerkannt. Sie statuiert damit den Grundsatz der **Gleichberechtigung der drei Entscheidungsorgane**.[50] Unterschiedlich sind allein die jeweiligen Verfahren. Das Kommissionsverfahren ist in der Verordnung (EG) Nr. 1/2003 des Rates und der zu ihrer Durchführung ergangenen Verordnung (EG) Nr. 773/2004 der Kommission[51] geregelt. Bestimmte Anwendungsmodalitäten haben in der Gemeinsamen Erklärung des Rates und der Kommission sowie in mehreren Kommissions-

---

45 So der Wortlaut von Art. 3 Abs. 3 u. Begründungserwägung 9 Satz 3.
46 Siehe Begründungserwägung 9 Satz 5.
47 So auch *Hossenfelder/Lutz*, WuW 2003, 118, 120 Fn. 24.
48 Siehe EuGH – Consten u. Grundig, 56 und 58/64 – Slg. 1966, 321, 389; Hugin, 22/78 – Slg. 1979, 1869, 1899; Javico, C – 306/96 – Slg. 1989, I-1983, 2003 st. Rspr.
49 Siehe Begründungserwägung 9 Satz 2.
50 Siehe dazu *Zinsmeister/Lienemeyer*, WuW 2002, 331.
51 ABl. EG 2004 Nr. L 123, S. 18.

bekanntmachungen[52] eine ausführliche Erläuterung erfahren. Die Wettbewerbsbehörden der Mitgliedstaaten wenden Art. 81 und 82 EG auf der Grundlage des nationalen Kartellverfahrensrechts an, welches jedoch gemäß Art. 5 der Verordnung (EG) Nr. 1/2003 bestimmten Mindestanforderungen genügen muss. Es muss insbesondere Vorschriften enthalten, die es den nationalen Behörden erlauben, die Abstellung von Zuwiderhandlungen anzuordnen, einstweilige Maßnahmen zu erlassen, Verpflichtungszusagen anzunehmen sowie Geldbußen, Zwangsgelder oder sonstige im innerstaatlichen Recht vorgesehene Sanktionen zu verhängen. Das Verfahren vor den einzelstaatlichen Gerichten bestimmt sich dagegen nach den Vorschriften der jeweiligen nationalen Zivil-, Straf- oder Verwaltungsprozessordnungen.

Alles dies entspricht voll und ganz dem Prinzip der dezentralen Rechtsanwendung, potenziert aber das **Risiko einer uneinheitlichen Anwendung des Gemeinschaftskartellrechts**. Angesichts der großen Zahl der Entscheidungsträger – neben der Kommission sind 25 (ab 2007: 27) nationale Wettbewerbsbehörden und mehrere hundert einzelstaatliche Gerichte für die Anwendung der EG-Wettbewerbsregeln zuständig – ergeben sich im Vergleich zur früheren Rechtslage um ein Vielfaches vermehrte Möglichkeiten zu parallelen Verfahren und einander widersprechenden Entscheidungen. Um dieser Gefahr vorzubeugen, bedurfte es besonderer gesetzlicher Vorkehrungen, die insbesondere im Kapitel IV der Verordnung ihren Niederschlag gefunden haben. **28**

Zwecks **Sicherung der Rechtseinheit** setzt die Verordnung in erster Linie auf eine enge Zusammenarbeit zwischen der Kommission als gemeinschaftlicher Wettbewerbsbehörde und den Wettbewerbsbehörden der Mitgliedstaaten (Art. 11 bis 14) sowie zwischen beiden und den einzelstaatlichen Gerichten (Art. 15). Kartellverfahren der Kommission genießen wie bisher[53] Vorrang vor solchen der nationalen Behörden (Art. 11 Abs. 6), schließen aber parallele Verfahren vor dem nationalen Richter keineswegs aus. Statt dessen hat die Verordnung förmliche Kommissionsentscheidungen mit rechtlicher Bindungswirkung gegenüber den in gleicher Sache ergehenden Entscheidungen von Gerichten und Wettbewerbsbehörden der Mitgliedstaaten ausgestattet (Art. 16). **29**

b) Zusammenarbeit der Wettbewerbsbehörden. – Die Zusammenarbeit zwischen der Kommission und den Wettbewerbsbehörden der Mitgliedstaaten sowie zwischen den letztgenannten Behörden vollzieht sich im Rahmen eines eigens zu diesem Zweck geschaffenen Netzwerks (**European Competition Network – ECN**). Sie soll sicherstellen, dass alle Mitglieder des Netzwerks Kenntnis von den entscheidungserheblichen Tatsachen erhalten und dass die Entscheidung eines Falles von der hierfür am besten geeigneten Behörde getroffen wird. Dementsprechend enthält die Verordnung in ihren Art. 11 bis 14 detaillierte Regeln über den Austausch von Informationen, die gegenseitige Unterstützung bei Ermittlungen und in Verfahren sowie die Vermeidung unnötiger Doppelarbeit. Diese Vorschriften werden ergänzt durch die *Gemeinsame Erklärung von Rat und Kommission zur Funktionsweise des Netzwerks*[54] sowie die Bekanntmachung der Kommission über die Zusammenarbeit im Netzwerk der Wettbewerbsbehörden.[55] Ungeachtet ihrer Kooperationspflichten be- **30**

---

52 Siehe Bekanntmachungen über die Zusammenarbeit im Netzwerk der Wettbewerbsbehörden, ABl. EG 2004 Nr. C 101, S. 43, über die Behandlung von Beschwerden nach den Artikeln 81 und 82 EG durch die Kommission, ABl. EG 2004 Nr. C 101, S. 65, sowie über die informelle Beratung zu neuen, in Einzelfällen entstehenden Fragen betreffend die Artikel 81 und 82 EG, ABl. EG 2000 Nr. C 101, S. 78.
53 VO Nr. 17, Art. 9 Abs. 3.
54 Ratsdokument Nr. 15435/02 ADD.1 (http://register.consilium.eu.int).
55 ABl. EG 2004 Nr. C 101, S. 43.

wahren die nationalen Wettbewerbsbehörden ebenso wie die Kommission ihre institutionelle Unabhängigkeit. Alle Mitglieder des ECN genießen prinzipiell **Gleichbehandlung**, jedoch erfüllt die Kommission wegen ihrer Verantwortlichkeit für eine optimale Organisation des Netzwerks und die einheitliche Anwendung der Art. 81 und 82 EG eine gewisse Sonderfunktion.

31   Die Verordnung verwirklicht den **Grundsatz einer engen Zusammenarbeit** zwischen sämtlichen Mitglieder des Netzwerks, insbesondere aber zwischen der Kommission und den Wettbewerbsbehörden der Mitgliedstaaten (Art. 11 Abs. 1). Hiervon ausgehend sieht sie **spezifische Informations- und Konsultationsverfahren** vor. So begründet sie wechselseitige Verpflichtungen jeder nationalen Wettbewerbsbehörde wie der Kommission zur Übermittlung von Schriftstücken, die für die Beurteilung des Falles erforderlich sind. Der Austausch von Unterlagen erstreckt sich auf alle Verfahrensabschnitte.

32   Er beginnt bereits in der **Ermittlungsphase**. Die Kommission hat – wie schon nach früherem Recht – den Wettbewerbsbehörden aller Mitgliedstaaten eine Kopie der wichtigsten Schriftstücke zu übersenden, die sie zur Vorbereitung ihrer eigenen Entscheidungen zusammengetragen hat (Art. 11 Abs. 2), und stellt diesen Behörden auf deren Ersuchen weitere Unterlagen zur Verfügung. Umgekehrt hat die Wettbewerbsbehörde eines Mitgliedstaates die Kommission vor Beginn oder unverzüglich nach Einleitung der ersten förmlichen Ermittlungshandlung schriftlich darüber zu unterrichten, dass sie auf Grund der Art. 81 oder 82 EG tätig wird (Art. 11 Abs. 3 S. 1). Diese Mitteilung kann auch den Wettbewerbsbehörden der anderen Mitgliedstaaten zugänglich gemacht werden (Art. 11 Abs. 3 S. 2), was in der Praxis regelmäßig geschieht.

33   Durch die frühzeitige Unterrichtung sämtlicher Wettbewerbsbehörden in der Gemeinschaft und die sich anschließenden Konsultationen wird eine **zügige Fallzuweisung** an die zur Entscheidung am besten geeignete Behörde ermöglicht. Diese soll innerhalb einer Frist von nicht mehr als zwei Monaten nach der ersten Mitteilung an das Netzwerk bestimmt werden.[56] Im System der parallelen Zuständigkeiten können die zu entscheidenden Fälle in unterschiedlicher Weise verteilt werden. So kann es geboten sein, dass der Fall[57] von einer einzigen nationalen Wettbewerbsbehörde, die unter Umständen von den Wettbewerbsbehörden anderer Mitgliedstaaten unterstützt wird, oder von mehreren nebeneinander tätigen Wettbewerbsbehörden oder von der Kommission behandelt wird.

34   In der Regel sollte jeder Fall **von einer einzigen Behörde** bearbeitet werden, und zwar vorzugsweise von derjenigen, welche auf Grund einer Beschwerde oder von Amts wegen als erste tätig geworden ist, es sei denn, dass sich diese selbst für ungeeignet hält oder dass eine andere Behörde objektiv die bessere Eignung besitzt. Trifft Letzteres zu, so hat die Zuweisung des Falles an die andere, geeignetere Behörde so schnell wie möglich zu erfolgen, damit laufende Ermittlungen nicht verzögert werden.[58]

35   Die **Eignung einer Behörde** bestimmt sich anhand allgemeiner Kriterien, welche kumulativ zu erfüllen sind.[59] Diese orientieren sich in erster Linie am **wettbewerblichen Schwerpunkt** des Falles.[60] **Eine nationale Wettbewerbsbehörde** ist zur Fallbearbeitung jeweils dann geeignet, wenn zwischen dem Gesetzesverstoß und dem Gebiet ihres Mitgliedstaates

---

56 Siehe Bekanntmachung Netzwerk, RdNr. 16 bis 19.
57 Siehe Bekanntmachung Netzwerk RdNr. 5.
58 Siehe Bekanntmachung Netzwerk RdNr. 6, 7.
59 Siehe Bekanntmachung Netzwerk RdNr. 8 ff.
60 Siehe *Hossenfelder/Lutz*, WuW 2003, 118, 125.

ein klarer Zusammenhang besteht. Letzteres trifft zu, wenn die in Frage stehende Absprache oder Verhaltensweise unmittelbare Auswirkungen von erheblichem Ausmaß auf das nationale Territorium hatte oder voraussichtlich haben wird, wenn sie dort durchgeführt wurde oder wenn sie von dort ihren Ausgang genommen hat. Zur Eignung gehört außerdem, dass diese Behörde über ausreichende Mittel verfügt, um die Zuwiderhandlungen abzustellen und mit angemessenen Sanktionen zu ahnden. Sie muss darüber hinaus in der Lage sein, gegebenenfalls mit Unterstützung von anderen Behörden die erforderlichen Beweise für die Verletzung der Art. 81 oder 82 EG beizubringen.

Ein **paralleles Tätigwerden von zwei oder drei nationalen Wettbewerbsbehörden** erscheint dann angezeigt, wenn durch die Zuwiderhandlung der Wettbewerb im Gebiet jedes der betroffenen Mitgliedstaaten erheblich beeinträchtigt wird und keine dieser Behörden allein in der Lage ist, für die Beendigung der Rechtsverletzung zu sorgen. In einem solchen Fall sollten die beteiligten Behörden ihr Vorgehen koordinieren. Eine **Fallbearbeitung durch die Kommission** ist geboten, wenn einzelne oder mehrere Absprachen oder Verhaltensweisen unter Einschluss von Netzen gleichartiger Verträge oder Praktiken den Wettbewerb in mehr als drei Mitgliedstaaten beeinträchtigen. Dabei ist es gleichgültig, ob ein einziger, sich über mehr als drei Mitgliedstaaten erstreckender Markt oder mehr als drei getrennte nationale Märkte betroffen sind. **36**

Nähere Informationen erhalten die ECN-Mitglieder über bevorstehende **verfahrensabschließende Entscheidungen.** Der schon in der Verordnung Nr. 17 vorgesehenen Rechtspflicht der Kommission, den im Beratenden Ausschuss versammelten Vertretern der nationalen Wettbewerbsbehörden eine Zusammenfassung des Sachverhalts und einen vorläufigen Entscheidungsvorschlag zu übermitteln (Art. 14 Abs. 3 S.1), entspricht die Verpflichtung der nationalen Wettbewerbsbehörden, spätestens dreißig Tage vor Erlass einer eigenen Entscheidung die Kommission über ihre diesbezügliche Absicht zu unterrichten (Art. 11 Abs. 4 S. 1). Zu diesem Zweck übermitteln sie der Kommission eine kurze Darstellung des Falles und den Entwurf der in Aussicht genommenen Entscheidung oder, falls ein solcher noch nicht vorliegt, jede sonstige Unterlage, der die geplante Vorgehensweise zu entnehmen ist (Art. 11 Abs. 4 S. 2), und stellen ihr auf deren Ersuchen weitere Unterlagen zur Verfügung, die für die Beurteilung des Falles erforderlich sind (Art. 11 Abs. 4 S. 4). Die der Kommission übermittelten Informationen können auch hier den anderen Mitgliedstaaten zugänglich gemacht werden (Art. 11 Abs. 4 S.3, 5). Die einzelstaatlichen Wettbewerbsbehörden können für die Beurteilung eines Falles nach Art. 81 oder 82 EG erforderliche Informationen auch untereinander austauschen (Art. 11 Abs. 4 S. 6). Es steht ihnen darüber hinaus frei, die Kommission zu jedem Fall zu konsultieren, in dem es um die Anwendung des Gemeinschaftsrechts geht (Art. 11 Abs. 5). **37**

Art. 12 Abs. 1. gestattet der Kommission und den Wettbewerbsbehörden der Mitgliedstaaten den **Austausch** tatsächlicher wie rechtlicher Informationen einschließlich **vertraulicher Angaben** und deren **Verwendung als Beweismittel** im Rahmen des Untersuchungsgegenstandes, für den sie von der ermittelnden Behörde erhoben wurden.Die übermittelten Daten dürfen nur für die Anwendung von Art. 81 oder 82 EG sowie für die parallele, zum gleichen Ergebnis führende Anwendung des innerstaatlichen Wettbewerbsrechts benutzt werden. Als Beweismittel in **Sanktionsverfahren gegen natürliche Personen** kommen sie grundsätzlich nur dann in Betracht, wenn das nationale Recht der übermittelnden Behörde ähnlich geartete Sanktionen für Verstöße gegen Art. 81 und 82 EG vorsieht. Ist Letzteres nicht der Fall, so dürfen die übermittelten Informationen von der empfangenden Behörde gleichwohl verwendet werden, wenn sie unter Wahrung der im Absenderland geltenden Verteidigungsrechte erhoben wurden und diese das gleiche Schutzniveau erreichen **38** wie im Empfängerland. Zur Verhängung von Haftstrafen dürfen sie jedoch nicht benutzt werden.

39 Art. 13 ermöglicht sowohl den nationalen Wettbewerbsbehörden als auch der Kommission die **Zurückweisung von Beschwerden**, wenn bereits eine andere Behörde des Netzwerks mit dem Fall befasst ist oder diesen abschließend behandelt hat. Dadurch soll unnötige Doppelarbeit vermieden, zugleich aber auch dem Anreiz zu Mehrfachbeschwerden entgegengewirkt werden. Die Regelung dient somit einer rationellen Aufgabenverteilung innerhalb des Netzwerkes. Die Befugnis der Kommission, Beschwerden wegen fehlenden Gemeinschaftsinteresses abzuweisen, bleibt unberührt.[61]

40 Ebenso wie das frühere Recht[62] räumt die Verordnung den **Kommissionsverfahren Vorrang** vor den Verfahren der nationalen Wettbewerbsbehörden ein. Mit der Einleitung eines Verfahrens zum Erlass einer Entscheidung nach Kapitel III durch die Kommission entfällt gemäß Art. 11 Abs. 6 die Zuständigkeit der vorgenannten Behörden für die Anwendung der Art. 81 und 82 EG in gleicher Sache. Sie entfällt von vornherein, wenn die Kommission als erstes Mitglied des Netzwerks ein förmliches Verfahren eröffnet. Die nationalen Wettbewerbsbehörden dürfen in einem solchen Fall hinsichtlich derselben Absprache oder Verhaltensweise und deren Auswirkungen auf demselben Markt nicht mehr tätig werden. Laufende Verfahren eines oder mehrerer dieser Wettbewerbsbehörden werden durch die Einleitung des Kommissionsverfahren automatisch beendet. Dieselbe **Sperrwirkung** tritt nach Maßgabe des Art. 35 gegenüber einzelstaatlichen Gerichten ein, welche die Funktion von Wettbewerbsbehörden wahrnehmen, nicht aber gegenüber den als Rechtsmittelinstanz tätigen Gerichten. Ist in einem Mitgliedstaat die Wettbewerbsbehörde lediglich mit der Verfolgung von Zuwiderhandlungen betraut und wird deren förmliche Feststellung und Ahndung durch ein von der verfolgenden Behörde getrenntes, unabhängiges Gericht vorgenommen, so hat diese Behörde nach Einleitung des Kommissionsverfahren ihren bei dem Gericht gestellten Antrag auf Entscheidung zurückzuziehen, womit zugleich das nationale Verfahren vollständig beendet wird.

41 Die **Kommission** hat sich verpflichtet, ihre **Befugnisse aus Art. 11 Abs. 6 zurückhaltend** auszuüben. Ist in einem Fall die Wettbewerbsbehörde eines Mitgliedstaats bereits tätig, so darf die Kommission ihr Verfahren erst eröffnen, nachdem sie diese Behörde konsultiert hat (Art. 11 Abs. 6 S. 2). Die **Verfahrenseinleitung** hat nach Möglichkeit **innerhalb der – indikativen – Fallallokationsfrist von zwei Monaten** zu erfolgen. Nach Ablauf dieser Frist wird die Kommission die Vorschrift des Art. 11 Abs. 6 grundsätzlich nur mit Zustimmung der betroffenen nationalen Wettbewerbsbehörden anwenden, es sei denn, dass Mitglieder des Netzwerks einander widersprechende oder mit der ständigen Rechtsprechung und Praxis unvereinbare Entscheidungen zu treffen beabsichtigen oder ihr Verfahren ungebührlich verzögern, oder dass sich eine Kommissionsentscheidung für die weitere Entwicklung der gemeinschaftlichen Wettbewerbspolitik, insbesondere zur Klärung eines in mehreren Mitgliedstaaten auftretenden Wettbewerbsproblems oder zur Sicherung eines wirksamen Vollzugs der EG-Wettbewerbsregeln, als unumgänglich erweist.[63] Die Kommission wird ihre Absicht, das Verfahren einzuleiten, den Mitgliedern des Netzwerks rechtzeitig mitteilen und schriftlich erläutern und diesen **Gelegenheit zu einer Aussprache im Beratenden Ausschuss**[64] geben. Sie wird normalerweise keine Entscheidungen er-

---

61 Siehe Begründungserwägung 18.
62 Siehe VO Nr. 17, Art. 9 Abs. 3.
63 Siehe Bekanntmachung Netzwerk RdNr. 54.
64 Siehe Bekanntmachung Netzwerk RdNr. 55, 56.

lassen, welche im Widerspruch zu bereits getroffenen Entscheidungen der nationalen Wettbewerbsbehörden stehen, und Ausnahmen von dieser Regel nur zur Wahrung des Gemeinschaftsinteresses in Erwägung ziehen.[65]

Der Beratende Ausschuss für Kartell- und Monopolfragen, dessen Zusammensetzung 42 und Wirkungsweise Art. 14 beschreibt, ist durch die Verordnung zu einem Organ mit umfassenden Konsultationsfunktionen ausgestaltet worden. Er ist nicht nur vor verfahrenabschließenden Entscheidungen der Kommission anzuhören (Abs. 1 bis 6), sondern kann auch Fälle erörtern, die von den Wettbewerbsbehörden der Mitgliedstaaten nach den Art. 81 oder 82 EG behandelt werden (Abs. 7), darunter vor allem solche, in denen die Kommission die Einleitung eines Verfahrens mit den rechtlichen Wirkungen des Art. 11 Abs. 6 beabsichtigt. Sowohl die nationale Wettbewerbsbehörde als auch die Kommission haben das Recht, den Ausschuss mit derartigen Fällen zu befassen. Eine förmliche Stellungnahme gibt der Ausschuss hierzu nicht ab.

c) Zusammenarbeit mit den nationalen Gerichten. – Die Zusammenarbeit zwischen der 43 Kommission und den Wettbewerbsbehörden der Mitgliedstaaten einerseits und den einzelstaatlichen Gerichten andererseits, in Art. 15 der Verordnung geregelt und in einer Kommissionsbekanntmachung[66] näher erläutert, dient vor allem der **Vermeidung einander widersprechender Entscheidungen.** Sie hat ihre Wurzeln in der Rechtsprechung des Europäischen Gerichtshofs zu Art. 10 EG, wonach die Kommission den nationalen Richter bei der Anwendung des Gemeinschaftsrechts[67] und dieser die Kommission bei der Erfüllung ihrer Aufgaben unterstützen muss.[68] Die Vorschrift selbst ist im Kern einer entsprechenden Bestimmung des deutschen Kartellrechts nachgebildet.[69]

Art. 15 verpflichtet die Mitgliedstaaten, der Kommission eine **Kopie jedes schriftlichen** 44 **Urteils** eines einzelstaatlichen Gerichts über die Anwendung von Art. 81 oder 82 EG unverzüglich zu übermitteln, sobald das vollständige schriftliche Urteil den Parteien zugeteilt wurde (Abs. 2). Auf der Grundlage dieser Informationen entscheidet die Kommission über die Zweckmäßigkeit einer Intervention als amicus curiae in dem sich anschließenden Rechtsmittelverfahren.[70] Sowohl die nationalen Wettbewerbsbehörden als auch die Kommission sind befugt, aus eigener Initiative den einzelstaatlichen Gerichten **schriftliche Stellungnahmen** zur Anwendung der Art. 81 oder 82 zu übermitteln und mit Erlaubnis des Gerichts auch mündlich Stellung zu beziehen (Abs. 3 UAbs. 1). Während nationalen Wettbewerbsbehörden diese Befugnis nur im Verfahren vor den Gerichten ihres Mitgliedstaates zusteht, kann die Kommission bei allen Gerichten mit Sitz in der Gemeinschaft intervenieren, allerdings nur, soweit dies zur Sicherung einer kohärenten Anwendung des Gemeinschaftskartellrechts geboten erscheint.

Zwecks Ausarbeitungen ihrer Stellungnahmen können die Wettbewerbsbehörden der Mit- 45 gliedstaaten und die Kommission das betreffende Gericht ersuchen, ihnen alle zur Beurteilung des Falles notwendigen Schriftstücke zukommen zu lassen (Art. 15 Abs. 3 UAbs. 2).

---

65 Siehe Bekanntmachung Netzwerk RdNr. 57.

66 Siehe Bekanntmachung über die Zusammenarbeit zwischen der Kommission und den Gerichten der Mitgliedstaaten der Europäischen Union bei der Anwendung der Art. 81 und 82 EG, ABl. EG 2004 Nr. C 101, S. 54.

67 EuGH – Imm. Zwartfeld, C – 2/88 – Slg. 1990, I – 3365 RdNr. 16 bis 22; Delimitis C – 234/89 – Slg. 1991, I – 935 RdNr. 53.

68 EuGH, Roquette Frères, C – 94/00 – Slg. 2002, 9011 RdNr. 31.

69 Siehe § 90a GWB n. F. sowie hierzu *Immenga/Mestmäcker/K. Schmidt*, GWB, § 90 RdNr. 1 ff.

70 Bekanntmachung Gerichte, RdNr. 37.

Umgekehrt können die Gerichte der Mitgliedstaaten die Kommission um die **Übermittlung von Informationen** bitten, die sich in ihrem Besitz befinden (Art. 15 Abs. 1). Die Kommission hat einer solchen Aufforderung zügig und im vollen Umfang nachzukommen, sofern sie hieran nicht durch ihre Verpflichtung zur Wahrung des Berufsgeheimnisses gehindert ist.[71] Die einzelstaatlichen Gerichte können die Kommission mit **Fragen tatsächlicher, wirtschaftlicher oder rechtlicher Art** befassen, welche die Anwendung der Art. 81 oder 82 EG betreffen. Dies wird insbesondere dann praktisch, wenn komplexe Sachverhalte zu würdigen sind, für deren Beurteilung weder Gruppenfreistellungsverordnungen noch Leitlinien, Bekanntmachungen oder sonstige offizielle Verlautbarungen der Kommission hinreichende Anhaltspunkte liefern.[72] In ihrer Antwort hat sich die Kommission jeder Einflussnahme auf das anhängige Verfahren zu enthalten. Eine vorherige Anhörung der Parteien scheidet deshalb aus. Die **Stellungnahme der Kommission** stellt lediglich einen Umstand dar, den der nationale Richter bei seiner Entscheidung berücksichtigen kann. Sie hat keine rechtliche Bindungswirkung.[73]

46   Die vorstehend erläuterten Bestimmungen über die Zusammenarbeit beeinträchtigen in keiner Weise die Befugnis der einzelstaatlichen Gerichte, Art. 81 und 82 EG parallel oder konsekutiv zu einem Kommissionsverfahren anzuwenden. Der nationale Richter darf jedoch keine Entscheidung treffen, die einer von der Kommission bereits erlassenen oder einer von ihr beabsichtigten, unmittelbar bevorstehenden Entscheidung zuwiderlaufen würde (Art. 15 Abs. 1 S. 1). Die **Bindungswirkung der Kommissionsentscheidung** tritt jedoch erst zu dem Zeitpunkt ein, in welchem sie Bestandskraft erlangt. Zwecks Vermeidung eines Konflikts wird der nationale Richter daher gegebenenfalls zu prüfen haben, ob eine Aussetzung des bei ihm anhängigen Verfahrens erforderlich ist (Art. 16 Abs. 1 S. 2). Es bleibt ihm darüber hinaus unbenommen, zur Klärung von Rechtfragen gemäß Art. 234 EG den Europäischen Gerichtshof anzurufen (Art. 16 Abs 1 S. 2).

47   Diese Regelung entspricht der Rechtsprechung des Gerichtshofs zu Art. 10 Abs. 2 EG[74] und hat deshalb **allgemeine Bedeutung für die Tätigkeit einzelstaatlicher Behörden und Gerichte**. Daher dürfen auch die Wettbewerbsbehörden der Mitgliedstaaten, wenn sie nach Art. 81 oder 82 EG über Vereinbarungen, Beschlüsse oder Verhaltensweisen zu befinden haben, welche bereits Gegenstand einer Kommissionsentscheidung waren, keine Entscheidung treffen, die der von der Kommission erlassenen Entscheidung zuwiderlaufen würde (Art. 16 Abs. 2). Einer entsprechenden Verpflichtung im Hinblick auf zukünftige Kommissionsentscheidungen bedarf es dagegen nicht, weil die Entscheidungskompetenz der nationalen Wettbewerbsbehörden gemäß Art. 11 Abs. 6 mit der Einleitung des Kommissionsverfahrens endet.[75]

48   **4. Verfahren und Entscheidungen. – a) Entscheidungsarten. –** Die Reform des Kartellverfahrensrechts hat ihren Niederschlag nicht zuletzt in den Bestimmungen über die Verfahren und Entscheidungen der Kommission gefunden, die nunmehr fast ausschließlich auf die **Feststellung und Abstellung von Zuwiderhandlungen** gegen die Verbote der Art. 81 und 82 EG sowie die Verhängung von Sanktionen für derartige Rechtsverletzungen zugeschnitten sind. **Positive Verfahren**, die auf Antrag der an einer Absprache oder einer tatsächlichen Verhaltensweise beteiligten Unternehmen oder Unternehmensvereinigungen

---

71 Siehe Bekanntmachung Gerichte, RdNr. 21 bis 26.
72 Siehe Bekanntmachung Gerichte, RdNr. 8, 27.
73 Siehe Bekanntmachung Gerichte, RdNr. 27 bis 30.
74 Siehe EuGH – Masterfoods, C – 344/98 – Slg. 2000, I-11369 RdNr. 52 bis 59.
75 Siehe dazu oben RdNr. 40 f.

durchgeführt werden und mit einer für die Antragsteller günstigen Entscheidung enden, kennt die Verordnung (EG) Nr. 1/2003 nicht. Für sie besteht im System der Legalausnahme auch kein Bedarf. Die förmliche Feststellung der Nichtanwendbarkeit der Art. 81 oder 82 EG gemäß Art. 10 dient einem anderen Zweck.

Nach der zuletzt genannten, am Ende des Kapitels III der Verordnung aufgeführten Vorschrift kann die Kommission durch Entscheidung **feststellen, dass Art. 81 EG** auf eine Vereinbarung, den Beschluss einer Unternehmensvereinigung oder eine abgestimmte Verhaltensweise **keine Anwendung findet**, weil die Voraussetzungen des Abs. 1 nicht vorliegen oder weil diejenigen des Abs. 3 erfüllt sind, wobei die zweite Alternative auch den Fall umfasst, dass die Absprache durch eine Gruppenfreistellungsverordnung gedeckt ist. Eine entsprechende Feststellung kann auch in Bezug auf **Art. 82 EG** getroffen werden. Entscheidungen nach Art. 10 müssen erforderlich, d. h.. durch ein öffentliches Interesse der Gemeinschaft gerechtfertigt sein. Dies trifft nach der Begründung zur Verordnung Nr. 1/2003[76] nur in Ausnahmefällen zu, insbesondere dann, wenn es gilt, neue Formen von Vereinbarungen oder Verhaltensweisen zu bewerten, deren Beurteilung durch die bisherige Rechtsprechung und Verwaltungspraxis noch nicht geklärt ist. Letzten Endes sollen die erwähnten Kommissionsentscheidungen die Rechtslage verdeutlichen und dadurch eine **einheitliche Rechtsanwendung** in der Gemeinschaft sicherstellen. **49**

Über das Verfahren sagt Art. 10 nur, dass es **von Amts wegen eingeleitet** wird. Hinzu kommt die Verpflichtung der Kommission, eine kurze Zusammenfassung des Falles und den wesentlichen Inhalt der geplanten Vorgehensweise zu veröffentlichen und so **Dritten Gelegenheit zu schriftlichen Bemerkungen** zu geben (Art. 27 Abs. 4). Daraus ergibt sich, dass die Vorschrift nur dem allgemeinen Interesse dient, Ividualinteressen der beteiligten Unternehmen also nicht schützt. Diese können bei ernsthafter Rechtsunsicherheit lediglich mit der Bitte um informelle Beratung an die Kommission herantreten.[77] Im Übrigen erhalten die Unternehmen nach Auffassung des Gemeinschaftsgesetzgebers durch die geltenden Rechtsvorschriften sowie die ständige Rechtsprechung und Verwaltungspraxis, die jüngst in ausführlichen Leitlinien, Bekanntmachungen und sonstigen Verlautbarungen der Kommission zusammengefasst wurde, ausreichende Rechtssicherheit, um die kartellrechtliche Bewertung ihrer Absprachen und Verhaltensweisen selbst vorzunehmen. **50**

Alle anderen im Kapitel III der Verordnung genannten Kommissionsentscheidungen sind auf die **Durchsetzung der Verbote** gerichtet. Dies gilt vor allem für die an ersten Stelle (Art. 7) aufgeführten Entscheidungen, mit denen die Kommission auf eine Beschwerde hin oder von Amts wegen eine **Zuwiderhandlung gegen Art. 81 oder 82 EG feststellen** und die beteiligten Unternehmen und Unternehmensvereinigungen verpflichten kann, die festgestellte Zuwiderhandlung **abzustellen** (Abs. 1 Satz 1)**.** Eine auf die Feststellung beschränkte Entscheidung kann selbst nach dessen Beendigung noch erlassen werden, soweit daran ein berechtigtes Interesse besteht (Abs. 1 Satz 4), was etwa bei Wiederholungsgefahr, möglicherweise aber auch dann anzunehmen ist, wenn die Entscheidung eine wichtige Weiterentwicklung der bisherigen Verwaltungspraxis zum Ausdruck bringt. **51**

Zwecks Beendigung der Zuwiderhandlung kann die Kommission den Beteiligten **Abhilfemaßnahmen** jeglicher Art vorschreiben. Diese können verhaltensorientierter oder struktureller Art sein; sie müssen aber eine wirksame Abstellung des Verstoßes gewährleisten **52**

---

76 Siehe Begründungserwägung 14.
77 Siehe Begründungserwägung 28 u. Bekanntmachung über die informelle Beratung bei neuartigen Fragen zu den Artikeln 81 und 82 EG-Vertrag, die in Einzelfällen auftreten ("Beratungsschreiben"), ABl. EG 2004 Nr. C 101, S. 78.

und in einem angemessenen Verhältnis zu der festgestellten Rechtsverletzung stehen (Art. 7 Abs. 1 Satz 2). Im Einklang mit dem Grundsatz der Verhältnismäßigkeit können **strukturelle Maßnahmen** als besonders schwerer Eingriff in die Eigentumsrechte der Unternehmen nur dann festgelegt werden, wenn verhaltensorientierte Maßnahmen von gleicher Wirksamkeit nicht zur Verfügung stehen oder wenn sie die betroffenen Unternehmen stärker belasten würden als solche struktureller Art (Art. 7 Abs. 1 Satz 3). Änderungen an der Unternehmensstruktur gelten nur dann als verhältnismäßig, wenn ein erhebliches durch die Struktur des Unternehmens als solcher bedingtes Risiko anhaltender oder wiederholter Zuwiderhandlung besteht.[78] Im Übrigen handelt die Kommission nach pflichtgemäßem Ermessen. Sie kann die Beteiligten verpflichten, bestimmte Handlungen zu unterlassen oder vorzunehmen.

53   Die Verordnung (EG) Nr. 1/2003 sieht – im Gegensatz zur Verordnung Nr. 17 – nunmehr ausdrücklich die Befugnis der Kommission vor, durch Entscheidung **einstweilige Maßnahmen** anzuordnen (Art. 8). Die gesetzliche Regelung folgt nur zum Teil der einschlägigen Rechtsprechung.[79] Einstweilige Maßnahmen können nur in dringenden Fällen getroffen werden. Dringlichkeit ist bei Gefahr eines ernsten, nicht wieder gutzumachenden Schadens für den Wettbewerb gegeben. Die Gefahr einer schweren Schädigung dritter Unternehmen oder der Interessen bestimmter Mitgliedstaaten reicht nach dem Wortlaut der Vorschrift nicht aus. Diese sieht demgemäß auch kein Antragsrecht vor. Die Kommission handelt von Amts wegen, nachdem sie einen **Prima-facie-Verstoß** gegen Art. 81 oder 82 festgestellt hat. Die Entscheidung ist zu befristen und kann erforderlichenfalls um einen angemessenen Zeitraum verlängert werden.

54   Neu ist die Regelung über **Verpflichtungszusagen** (Art. 9)[79a], deren Konzept aus der Fusionskontrollverordnung stammt. Sie gibt den beteiligten Unternehmen die Möglichkeit, eine Entscheidung zur Abstellung von Zuwiderhandlungen gegen Art. 81 oder 82 EG zu vermeiden, indem sie der Kommission gegenüber Verpflichtungen eingehen, welche geeignet sind, deren auf einer vorläufigen Beurteilung des Falles beruhenden Bedenken auszuräumen. Hält die Kommission die Verpflichtungszusagen für ausreichend, so erklärt sie diese durch Entscheidung für bindend (Abs. 1 Satz 1). Darin stellt sie zudem fest, dass für ein Tätigwerden kein Anlass mehr besteht (Abs. 1 Satz 2). Vorher hat sie den Inhalt der Verpflichtungszusagen zu veröffentlichen und Dritten Gelegenheit zur Stellungnahme zu geben (Art. 27 Abs. 4).

55   Entscheidungen nach Art. 9, welche das Verfahren beenden, ohne die Frage zu beantworten, ob eine Zuwiderhandlung vorgelegen hat oder noch vorliegt, entfalten **Bindungswirkung nur im Verhältnis zwischen den beteiligten Unternehmen und der Kommission**, binden also weder die Behörden noch die Gerichte der Mitgliedstaaten und sind für Fälle ungeeignet, in denen Geldbußen verhängt werden sollen.[80] Die Kommission kann zudem die Entscheidung befristen (Abs. 1 Satz 2) und auf Antrag oder von Amts wegen das Verfahren wieder aufnehmen, wenn sich die tatsächlichen Verhältnisse in einem für die Entscheidung wesentlichen Punkt geändert haben, wenn die beteiligten Unternehmen ihre Verpflichtungen nicht einhalten oder wenn die Entscheidung auf unvollständigen, unrichtigen oder irreführenden Angaben der Beteiligten beruht (Abs. 2).

---

78   Siehe Begründungserwägung 12.
79   Siehe EuGH – Camera Care, 792/72 R – Slg. 1980, 119.
79a Siehe dazu *Busse/Anders*, WuW 2005, 146.
80   Siehe Begründungserwägung 13, 22.

Förmliche Entscheidungen kann die Kommission auch zur Durchsetzung ihrer Aus- 56
kunfts- und Nachprüfungsrechte (Art. 17 bis 22), zur Festsetzung von Geldbußen und
Zwangsgeldern (Art. 23 bis 26) sowie zwecks Abweisung einer Beschwerde (Art. 7 Verordnung (EG) Nr. 773/2004 der Kommission) treffen. Sie werden im Folgenden in ihrem sachlichen Zusammenhang behandelt.

b) Ermittlungsbefugnisse der Kommission. – Die für die kartellrechtliche Beurteilung 57
eines Falles notwendigen **Informationen** werden der Kommission teilweise von Beschwerdeführern, den Behörden der Mitgliedstaaten oder den einer Zuwiderhandlung verdächtig-
ten Unternehmen geliefert, teilweise stammen sie aus den Archiven der Kommission
selbst. In aller Regel muss diese jedoch eigene Initiativen entfalten, um zusätzliche Angaben zu erhalten oder um ihr bereits vorliegende, aber unbestimmte Informationen zu verifi-
zieren. Zu diesem Zweck verfügt sie über **förmliche Ermittlungsinstrumente** in Gestalt
von Auskunftsverlangen (Art. 18), eines Befragungsrechts (Art. 19) und der Befugnis,
Nachprüfungen bei Unternehmen und Unternehmensvereinigungen durchzuführen
(Art. 20) oder durch die mitgliedschaftlichen Wettbewerbsbehörden durchführen zu lassen
(Art. 22 Abs. 2) Bei schweren Verstößen gegen Art. 81 oder 82 EG kann sie sogar **Nachprüfungen in Privatwohnungen** vornehmen (Art. 21). Auskunftsverlangen bilden das
wichtigste Ermittlungsinstrument im Rahmen von Untersuchungen einzelner Wirtschaftszweige und einzelner Arten von Vereinbarungen (Art. 17). Die gemäß Art 17 bis 22 erlangten Informationen dürfen nur zu dem Zweck verwendet werden, für den sie eingeholt wurden (Art. 28 Abs. 1).

Für die **Einholung von Auskünften** (Art. 18) stehen der Kommission zwei Mittel zur Ver- 58
fügung. Sie kann den jeweiligen Adressaten entweder durch **einfaches schriftliches Auskunftsverlangen** zur freiwilligen Übermittlung bestimmter Aufgaben auffordern oder ihn
durch **Entscheidung** hierzu verpflichten (Abs. 1). Über den Einsatz des einen oder des anderen Rechtsinstruments befindet die Kommission nach pflichtgemäßem Ermessen. Das
Auskunftsverlangen muss jedoch der Erfüllung der ihr durch die Verordnung übertragenen
Aufgaben dienen. Es kann insbesondere zur Ermittlung von Zuwiderhandlungen benutzt
werden, für die bereits ein Anfangsverdacht besteht. Auskunftspflichtig sind nicht nur
Unternehmen und Unternehmensvereinigungen (Abs. 1), sondern auch die Regierungen
und Wettbewerbsbehörden der Mitgliedstaaten (Abs. 5).

Im Interesse der Rechtssicherheit muss das Auskunftsverlangen bestimmten **inhaltlichen** 59
Aufforderungen genügen, die für das einfache Schreiben und die Entscheidung weitgehend parallel ausgestaltet sind. Die Kommission hat jeweils die Rechtsgrundlage, den
Zweck des Auskunftsverlangens und die benötigten Auskünfte anzugeben, eine Frist für
deren Übermittlung festzulegen und auf die für den Fall einer Pflichtverletzung vorgesehenen **Sanktionen** hinweisen (Abs. 2,3). Diese sind in den Art. 23 und 24 unterschiedlich geregelt. Nach Art. 23 Abs. 1 Buchst. a) und b) sind unwichtige oder irreführende Angaben
in der Antwort auf ein Auskunftsverlangen ohne Rücksicht auf dessen Form mit **Geldbuße**
bedroht. Nach Buchst. b) können im Falle der Auskunftsentscheidung Geldbußen auch für
die Erteilung unvollständiger Auskünfte sowie für die Nichterteilung von Auskünften innerhalb der gesetzten Frist verhängt werden. Außerdem kann die Kommission gemäß
Art. 24 Abs. 1 Buchst. d) **Zwangsgelder** festsetzen, um Adressaten einer Auskunftsentscheidung zu zwingen, die angeforderten Informationen vollständig und genau zu erteilen.
Auskunftsentscheidungen müssen eine **Rechtsmittelbelehrung** enthalten.

Ein **Auskunftsverweigerungsrecht** steht den zur Auskunft verpflichteten Unternehmen 60
auch bei Gefahr der Selbstberichtigung nicht zu. Ein solches Recht lässt sich weder aus
ungeschriebenen Grundsätzen des EG-Vertrags noch aus der EMRK herleiten. Die Kom-

mission darf ein Unternehmen jedoch nicht zu Auskünften verpflichten, durch die es seine Beteiligung an einer Zuwiderhandlung zugeben würde. Es obliegt vielmehr der Kommission, den entsprechenden Beweis zu erbringen.[81] Dagegen ist der Schriftverkehr zwischen einem Unternehmen und einem selbstständigen, in einem Mitgliedsstaat zugelassenen Anwalt auf Grund eines gemeinschaftsrechtlichen „**legal privilege**" gegen den Zugriff der Wettbewerbsbehörden geschützt, soweit die betreffenden Schriftstücke zum Zweck der Beratung oder Verteidigung des Mandanten in einem erwarteten oder bereits anhängigen Kartellverfahren abgefasst oder versandt wurden.[82]

61   Das **Nachprüfungsrecht** (Art. 20)[82a] folgt derselben Systematik wie das Auskunftsrecht. Es dient wie dieses der Kommission zur Erfüllung der ihr durch die Verordnung übertragenen Aufgaben (Abs. 1). Die Befugnisse der mit der Nachprüfung beauftragten Kommissionsbediensteten und der anderen von ihr ermächtigten Begleitpersonen sind abschließend festgelegt (Abs. 2). Sie umfassen das Recht, Räumlichkeiten, Grundstücke und Transportmittel zu betreten (a)), Geschäftsunterlagen zu prüfen (b)), Kopien oder Abzüge anzufertigen (c)), Räumlichkeiten, Bücher oder Unterlagen jeder Art erforderlichenfalls zu versiegeln (d)) und von Unternehmensvertretern oder Mitgliedern der Belegschaft Erläuterungen zu Tatsachen oder Unterlagen zu verlangen (e)).

62   Die Vorschrift unterscheidet zwischen Nachprüfungen auf der Grundlage eines **schriftlichen Auftrags**, welche die betroffen Unternehmen freiwillig hinnehmen (Abs. 3), und Nachprüfungen, die durch **förmliche Entscheidung** angeordnet wurden und welche die betroffenen Unternehmen daher zu dulden haben (Abs. 4). In beiden Fällen hat die Kommission den Gegenstand und Zweck der Nachprüfung zu bezeichnen und auf mögliche **Sanktionen** hinzuweisen. Bei Pflichtverletzungen können **Geldbußen** verhängt werden Als solche gelten nach Art. 23 Abs. 1 Buchst. c), d) und e) die unvollständige Vorlage der angeforderten Geschäftsunterlagen, Widerstand gegen eine durch Entscheidung angeordnete Nachprüg, die fehlerhafte Beantwortung einer nach Art. 20 Abs. 2 Buchst. e) gestellten Frage sowie Siegelbruch. Die Duldung der Nachprüfung kann gemäß Art. 24 Abs. 1 e) mit Hilfe von **Zwangsgeldern** erzwungen werden. Auch die Nachprüfungsentscheidung muss mit einer **Rechtsmittelbelehrung** versehen werden.

63   **Nachprüfungen in anderen Räumlichkeiten** als denjenigen von Unternehmen und Unternehmensvereinigungen – darunter auch die Wohnungen von Unternehmensleitern, Mitgliedern der aufsichts- und geschäftsführenden Organe und sonstigen Mitarbeitern – (Art. 21) darf die Kommission nur anordnen, wenn der begründete Verdacht besteht, dass Bücher oder andere Geschäftsunterlagen, die als Beweismittel für einen schweren Verstoß gegen Art. 81 oder 82 EG von Bedeutung sein könnten, dort aufbewahrt werden (Abs. 1). In der Entscheidung sind insbesondere die Gründe anzugeben, welche die Kommission zu der Annahme eines solchen Verdachts veranlasst haben. Die Entscheidung darf nur mit vorheriger Genehmigung des zuständigen einzelstaatlichen Gerichts vollzogen werden (Abs. 2).

64   Die **Beteiligung der Wettbewerbsbehörden** des Mitgliedstaats, in welchem das betroffene Unternehmen ansässig ist, erweist sich bei Ermittlungen als unerlässlich. Sie wird im Falle des Auskunftsverlangen durch die Übersendung einer Kopie sichergestellt. Bei Nach-

---

81   Siehe EuGH-Orkem gg. Kommission, 374/87 – Slg. 1989, 3283; EuG, Société Général gg. Kommission, Rs. T-34/52, Slg. 1995, I-545; Mannesmann Röhrenwerke gg. Kommission, Rs. T-112/98, Slg. 2001, I-729.

82   Siehe EuGH – AMS gg. Kommision, 155/79 – Slg. 1982, 1575 RdNr. 22 f.; EuG, Akzo u. a. gg. Kommission, Rs. T-253/03 R, WuW 2004, 81.

82a   Siehe dazu *Meyer/Kuhn*, WuW 2004, 880.

Schröter/Klotz

prüfungen sowie bei Befragungen, die in den Räumen eines Unternehmens stattfindet (Art. 19 Abs. 2), bedarf es einer aktiven Teilnahme der zuständigen nationalen Behörden an der jeweiligen Ermittlungshandlung, und zwar nicht nur, weil diese Behörden auf Ersuchen der Kommission selbst auf der Grundlage des innerstaatlichen Wettbewerbsrechts Nachprüfungen verordnen können, welche die Kommission gemäß Art. 20 Abs. 1 für erforderlich hält oder gemäß Art. 20 Abs. 4 angeordnet hat (Art. 22 Abs. 2), sondern auch deshalb, weil die Kommission bei eigenen Nachprüfungen auf ihre Unterstützung angewiesen ist. Um diese sicherzustellen, sieht die Verordnung die vorherige Unterrichtung der Wettbewerbsbehörde des Mitgliedsstaates vor, in dessen Hoheitsgebiet die Nachprüfung vorgenommen werden soll. Sie erfolgt bei Nachprüfungen auf Grund eines Prüfungsauftrags formlos, aber rechtzeitig vor Beginn der Nachprüfungen (Art. 20 Abs. 3 Satz 2). Nachprüfungsentscheidungen darf die Kommission erst erlassen, nachdem sie die Wettbewerbsbehörde des betreffenden Mitgliedstaats angehört hat (Art 20 Abs. 4 Satz 2; Art 21 Abs. 2 Satz 2).

Erhebliche praktische Bedeutung hat darüber hinaus der **aktive Beistand**, den Bedienstete **65** der nationalen Behörde den Bediensteten der Kommission bei Befragungen (Art. 19 Abs. 2) sowie vor und bei der Durchführung von Nachprüfungen (Art. 20 Abs. 5, 6; Art. 21 Abs. 4 Satz 2) leisten Den nationalen Behörden obliegt es in diesem Rahmen, den Widerstand von Unternehmen gegen den Vollzug einer durch Kommissionsentscheidung angeordneten Nachprüfung – wenn nötig unter Einschaltung von Polizeikräften – mit Gewalt zu brechen(Art. 20 Abs. 6) und hierfür erforderlichenfalls die Genehmigung des zuständigen mitgliedstaatlichen Gerichts einzuholen (Art. 20 Abs. 7).[82b]

Die **Kompetenzen des nationalen Richters** sind in der Verordnung im Einzelnen definiert **66** (Art. 20 Abs. 8; Art. 21 Abs. 3). Dieser prüft neben der Echtheit der Entscheidung auch, ob die beabsichtigten Zwangsmaßnahmen verhältnismäßig sind und nicht gegen das Willkürverbot verstoßen. Bei Nachprüfungen in Privaträumen bezieht sich sein Kontrollrecht auch auf die Wahrscheinlichkeit, dass sich dort das gesuchte Beweismaterial befindet. Er darf jedoch weder die Notwendigkeit der Nachprüfung in Frage stellen, noch die Vorlage der Kommissionsakten oder die Übermittlung der in ihnen enthaltenen Informationen verlangen. Die Prüfung der Rechtmäßigkeit der Kommissionsentscheidung ist dem Europäischen Gerichtshof vorbehalten.

c) **Sanktionen.** – Die im Kapitel VI. der Verordnung vorgesehenen Sanktionen unterschei- **67** den sich nach ihrer Rechtsnatur und Zwecksrichtung. **Geldbußen** (Art. 23) dienen in erster Linie der Vergeltung schuldhafter Verstöße gegen die Rechtsordnung, die in der Vergangenheit liegen. Spezial- und Generalpräventionen sind erwünschte Nebeneffekte der Sanktion. Das **Zwangsgeld** (Art. 24) stellt dagegen ein reines Verwaltungsmittel dar, mit dessen Hilfe eine noch andauernde objektive Zuwiderhandlung beendet werden soll. Diese Maßnahme ist allein in die Zukunft gerichtet. Geldbußen und Zwangsgelder können daher für dieselbe Rechtsverletzung verhängt werden, ohne dass damit der Grundsatz *ne bis in idem* verletzt würde. Sie unterliegen der unbeschränkten Nachprüfung durch den Europäischen Gerichtshof (Art. 31).

Geldbußen setzen eine **vorsätzliche oder fahrlässige Zuwiderhandlung** der Unterneh- **68** men oder Unternehmensvereinigungen gegen ihre Rechtspflichten im Bereich des Auskunfts- oder Nachprüfungsrechts (Art. 23 Abs. 1) oder des materiellen Rechts der Gemeinschaft, insbesondere der Art. 81 und 82 EG (Art. 23 Abs. 2), voraus. Der unterschiedliche

---

82b Siehe dazu EuGH – Hoechst gg. Kommission, Rs. 46/87 u. 227/88, Slg. 1989, 2859; Roquette Frères gg. Directeur général de la concurrence etc., Rs. C-94/00, Slg. 2000, I-9011.

Unrechtsgehalt drückt sich in dem jeweils **höchstzulässigen Betrag der Geldbuße** aus, sie beträgt bei den erstgenannten Verstößen 1 %, bei den zuletzt genannten Verstößen hingegen 10 % des Gesamtumsatzes, der im vorausgegangenen Geschäftsjahr erzielt wurde. Bei der **Bemessung der Geldbuße** ist sowohl die Schwere der Zuwiderhandlung als auch deren Dauer zu berücksichtigen (Art. 23 Abs. 3) Für Unternehmensvereinigungen gilt eine Sonderregelung (Art. 23 Abs. 4). Festsetzung und Bemessung von Geldbußen, die keinen strafrechtlichen Charakter haben, sind Gegenstand einer umfangreichen Verwaltungspraxis und Rechtsprechung, auf die hier nicht näher eingegangen werden kann. Festzuhalten bleibt jedoch, dass die Kommission **von der Verhängung einer Geldbuße absehen** oder deren Betrag herabsetzen kann, wenn Unternehmen bei der Ermittlung und Verfolgung der Zuwiderhandlung, an der sie beteiligt waren, mit ihr zusammenzuarbeiten.[83] Das Recht der Kommission, Geldbußen festzusetzen und zu vollstrecken, unterliegt der Verjährung (Art. 25, 26).

69   **Zwangsgelder** werden gegen Unternehmen und Unternehmensvereinigungen festgesetzt, um sie zur Einhaltung ihrer Rechtspflichten aus verfahrensrechtlichen oder materiellrechtlichen Vorschriften des EG-Kartellrechts zu zwingen. Sie können für jeden Tag des Verzugs bis zu einen Höchstbetrag von 5 % des im vorausgegangenen Geschäftsjahr erzielten durchschnittlichen Tagesumsatzes festgesetzt werden (Art. 24 Abs. 1). Das Verfahren umfasst **zwei Phasen.** In einem ersten Schritt bestimmt die Kommission durch Entscheidung den für jeden Tag des Verzugs fälligen Betrag des Zwangsgeldes. Die endgültige Höhe des fälligen Zwangsgeldes wird in einen zweiten Schritt ebenfalls durch Entscheidung festgelegt, nachdem die Unternehmen oder Unternehmensvereinigungen ihrer Verpflichtung nachgekommen sind (Art. 24 Abs. 2). Das Recht der Kommission, die geschuldete Summe beizutreiben, unterliegt der Vollstreckungsverjährung (Art. 26).

70   **d) Anhörungen.** – Die Vorschriften über das **Verfahren** (Art. 27), dessen Einzelheiten in der Verordnung (EG) Nr. 773/2004 der Kommission[84] geregelt sind, sollen beteiligten Unternehmen, Beschwerdeführern und sonstigen Dritten das **rechtliche Gehör** gewähren und die **Verteidigungsrechte** der Parteien sichern.[84a] Zu diesem Zweck enthalten sie wichtige rechtsstaatliche Garantien, darunter insbesondere das Recht, über die Beschwerdepunkte der Kommission in vollem Umfang informiert und vor der abschließenden Entscheidung schriftlich wie mündlich angehört werden. In dieser darf die Kommission sich nur auf Beschwerdepunkte stützen, zu denen sich die Parteien haben äußern können.

71   Verfahren, die auf Feststellung und Abstellung von Zuwiderhandlung oder die Verhängung von Sanktionen gerichtet sind, umfassen eine obligatorische schriftliche und eine fakultative mündliche Anhörung der beteiligten Unternehmen. Die Kommission muss zunächst in einer **Mitteilung von Beschwerdepunkten** alle tatsächlichen und rechtlichen Umstände, aus denen sie die Rechtsverletzung ableitet, den Beschuldigten vorab zur Kenntnis bringen. Die Unternehmen können zu diesem Schriftstück zunächst schriftlich Stellung nehmen und zwecks Vorbereitung ihrer Verteidigung Einsicht in die Verfahrensakte der Kommission verlangen. Sie können darüber hinaus eine mündliche Anhörung beantragen, die vor dem **Anhörungsbeauftragten** der Kommission stattfindet. Dieser hat die Aufgabe, für

---

83   Wegen der Einzelheiten siehe Bekanntmachung über die Nichtfestsetzung oder Milderung von Geldbußen in Kartellfällen, ABl. EG 2002 Nr. C 45, S. 3.

84   ABl. EG 2004 Nr. L 123, S. 18.

84a   Siehe dazu *Lenaerts/Maselis*, Procedural Rights and Issues in the Enforcement of Articles 81 and 82 of the EC Treaty, in: Hawk (Hrsg.) [2001], Fordham Corporate Law Institute; *Schröter*, Wie plädiert man vor der Europäischen Kommission, in: Baudenbacher (Hrsg.), Neuntes St. Galler Int. Kartellrechtsforum 2002, S. 181.

den geregelten Ablauf des Verfahrens insgesamt zu sorgen und dessen Objektivität zu wahren. Rechtsgrundlage für seine Tätigkeit ist ein von der Kommission festgelegtes Mandat, welches u. a. die Unabhängigkeit des Anhörungsbeauftragten sicherstellen soll.[85] Nach Abschluss der Anhörung, an der Beschwerdeführer und sonstige interessierte Dritte zu beteiligen sind, erstellt die Kommission einen vorläufigen Entscheidungsentwurf, den sie den **Beratenden Ausschuss für Kartell- und Monopolfragen** zur Konsultation zuleitet (Art. 14). Nach dessen Anhörung beschließt sie den endgültigen Text der Entscheidung und stellt diesen den Parteien und sonstigen Verfahrensbeteiligten zu.

Beschwerden (Art. 7 Abs. 2) sind Gegenstand einer detaillierten Regelung in der Verordnung (EG) Nr. 773/2004 der Kommission (siehe dort Art. 5 bis 11). Danach ist die Kommission, nachdem sie das berechtigte Interesse des Beschwerdeführers anerkannt hat, zur inhaltlichen Prüfung der Beschwerde verpflichtet. Will sie dieser nicht stattgeben, so hat sie dem Beschwerdeführer die Gründe hierfür schriftlich mitzuteilen und die Gelegenheit zur schriftlichen Entgegnung zu geben. Hat die anschließende erneute Prüfung durch die Kommssion dieser keinen Anlass zur Änderung ihres Standpunkts gegeben, so weist sie die Beschwerde durch förmliche Entscheidung endgültig ab. Der Beschwerdeführer kann die Entscheidung mit Rechtsmitteln angreifen. **72**

Besonderen Schutz genießen die **Geschäftsgeheimnisse** der Unternehmen. Sie dürfen ohne Zustimmung des Berechtigten Dritten nicht zugänglich gemacht werden. Diese Garantie gilt in abgeschwächter Form auch für sonstige vertrauliche Informationen. Die Kommission und die Wettbewerbsbehörden der Mitgliedstaaten sowie die Beamten und andere unter ihrer Aufsicht tätige Personen unterliegen der **Verschwiegenheitspflicht** (Art. 28 Abs. 2). Sie dürfen Informationen, die sie in Anwendung der Verordnung erlangt oder ausgetauscht haben und die ihrem Wesen nach unter das Berufsgeheimnis fallen, grundsätzlich nicht preisgeben, es sei denn, dass gesetzliche Vorschriften deren Weitergabe oder Veröffentlichung gebieten oder erlauben. **73**

II. Fusionskontrolle

1. Allgemeines. – Der EG-Vertrag enthält im Gegensatz zu dem inzwischen außer Kraft getretenen EGKS-Vertrag (Art. 66) keine spezifischen Vorschriften über die Kontrolle von Unternehmenszusammenschlüssen. Mit Hilfe der Art. 81 und 82 EG lassen sich zwar bestimmte Konzentrationsvorgänge erfassen.[86] Für eine systematische Überwachung sämtlicher den Wettbewerb im Gemeinsamen Markt gefährdenden Zusammenschlüsse reichen die Vorschriften des Primärrechts jedoch nicht aus. Hierfür bedarf es eines **besonderen Rechtsinstruments**, welches die in den Art. 81, 82 EG enthaltenen Verbote sowohl konkretisiert als auch ergänzt. Zu diesem Zweck erließ der Rat am 21. Dezember 1989 auf der Grundlage der Art. 83 und 308 EG die Verordnung (EWG) Nr. 4064/89 über die Kontrolle von Unternehmenszusammenschlüssen.[87] Sie trat am 20. September 1990 in Kraft. **74**

Damit wurde erstmals eine einheitliche, gemeinschaftsweit geltende, präventive Fusionskontrolle für alle **Zusammenschlüsse von gemeinschaftsweiter Bedeutung** eingeführt.[88] **75**

---

85 Siehe ABl. EG 2001 Nr. L 162, S. 21.

86 Siehe EuGH, Europemballage u. Continental CAN gg. Kommission, 6/72, Slg. 1973, 215 RdNr. 26 (zu Art. 82); BAT u. Reynolds gg. Kommssion, 142 u. 156/84, Slg. 1987, 4566 (zu Art. 81).

87 ABl. EG 1989 Nr. L 395, S. 1 – berichtigte Fassung in ABl. EG 1990 Nr. L 257, S. 13.

88 Zur Entscheidungspraxis der Kommission und der Rechtsprechung der Gemeinschaftsgerichte s. die Wettbewerbsberichte der Kommission ab 1990.

Abweichend von Art. 82 EG, welcher nach der *Continental Can*-Rechtsprechung nur die Verstärkung einer bereits bestehenden beherrschenden Stellung verbietet, konnten mit Hilfe dieses Rechtsinstruments Unternehmenskonzentrationen bereits dann für unvereinbar mit dem Gemeinsamen Markt erklärt werden, wenn sie eine solche Stellung begründeten. Durch die Verordnung 1310/97[89] wurde der Anwendungsbereich der Verordnung (EG) Nr. 4064/89 anschließend auf bestimmte, unter Art. 81 EG fallende konzentrativ/kooperative Sachverhalte in Gestalt von **Vollfunktionsgemeinschaftsunternehmen** erstreckt. Diese Verordnung verstand sich schließlich als **einziges** Rechtsinstrument zur Kontrolle gemeinschaftsrechtlich relevanter Konzentrationsvorgänge. Sie erklärte alle übrigen Durchführungsverordnungen zu den Art. 81 und 82 EG auf Unternehmenszusammenschlüsse für unanwendbar und zwang die Mitgliedstaaten, auf die Durchsetzung ihres nationalen Wettbewerbsrechts gegenüber Zusammenschlüssen von gemeinschaftsweiter Bedeutung zu verzichten, es sei denn, dass derartige Fälle ihnen von der Kommission zur Behandlung zugewiesen wurden.

76 Die Verordnung (EWG) Nr. 4064/89 ist mit Wirkung vom 1. Mai 2004 durch die **Verordnung (EG) Nr. 139/2004 (EG-FKVO)**[90] abgelöst worden. Diese Verordnung des Rates wird ergänzt durch die **Kommissionsverordnung (EG) Nr. 802/2004** mit Durchführungsbestimmungen für Anmeldungen und Anträge, die Berechnung von Fristen, die Gewährleistung des rechtlichen Gehörs, das Angebot und die Umsetzung von Verpflichtungserklärungen sowie mit Formblättern für Anmeldungen und Verweisungsanträge.[91] Hinzu kommen mehrere **Bekanntmachungen** der Kommission, die das Verständnis bestimmter wichtiger in der EG-FKVO enthaltener Tatbestände oder Tatbestandsmerkmale erleichtern sollen, sowie **Leitlinien** zur Verdeutlichung der Kommissionspraxis. Die Bekanntmachungen betreffen im Einzelnen den Begriff des Vollfunktionsgemeinschaftsunternehmens[92], den Begriff des Zusammenschlusses[93], den Begriff der beteiligten Unternehmen[94], die Berechnung des Umsatzes[95], die Entgegennahme von Abhilfemaßnahmen[96], das vereinfachte Verfahren zur Behandlung bestimmter Zusammenschlüsse[97], die Verweisung von Zusammenschlussfällen[98] sowie die mit der Durchführung eines Zusammenschlusses unmittelbar verbundenen und für sie notwendigen Einschränkungen.[99] Für den Gesamtbereich der EG-Wettbewerbsregeln und somit auch für das Fusionskontrollrecht von Bedeutung sind darüber hinaus die Bekanntmachungen über den Zugang zu den Kommissionsakten[100] sowie über die Definition des relevanten Marktes.[101] Wettbewerbspolitischen Charakter haben die **Leitlinien zur Bewertung horizontaler Zusammenschlüsse**.[102] Alle vorgenannten

---

89 ABl. EG 1997 Nr. L 180, S. 1 – Berichtigung in ABl. EG 1989 Nr. L 40, S. 17.

90 Verordnung (EG) Nr. 139/2004 des Rates vom 20. 1. 2004 über die Kontrolle von Unternehmenszusammenschlüssen (EG-FKVO), ABl. EG 2004 Nr. L 24, S. 1.

91 Verordnung (EG) Nr. 802/2004 der Kommission vom 7. 4. 2004 zur Durchführung der Verordnung (EG) Nr. 139/2004 des Rates, ABl. EG 2004 Nr. L 133, S. 1.

92 ABl. EG 1989 Nr. C 66, S. 1.

93 ABl. EG 1989 Nr. C 66, S. 5.

94 ABl. EG 1989 Nr. C 66, S. 14.

95 ABl. EG 1989 Nr. C 66, S. 25.

96 ABl. EG 2001 Nr. C 68, S. 3.

97 ABl. EG 2005 Nr. C 56, S. 32.

98 ABl. EG 2005 Nr. C 56, S. 2.

99 ABl. EG 2005 Nr. C 56, S. 24.

100 ABl. EG 1997 Nr. C 23, S. 3.

101 ABl. EG 1997 Nr. C 372, S. 5.

102 ABl. EG 2004 Nr. C 31, S. 5.

Texte sind in einem von der Kommission Ende 2004 herausgegebenen Kompendium zusammengefasst, welches außerdem Erläuterungen zur Verweisung von Fällen nach dem EWR-Abkommen sowie den Text von Leitlinien („**best practices guidelines**") zur Durchführung des Fusionskontrollverfahrens, zur Gestaltung von Verpflichtungserklärungen betreffend Entflechtungen und zur Bestellung eines Treuhänders enthält.[103]

Die Verordnung (EG) Nr. 139/2004 (EG-FKVO) entspricht in ihrer Zielsetzung sowie in **77** ihrem Aufbau und Inhalt weitestgehend der Verordnung (EWG) Nr. 4064/89.[104] Eine wesentliche Änderung hat lediglich das **Eingreifkriterium** erfahren. Zu untersagen sind nunmehr alle Zusammenschlüsse, durch die wirksamer Wettbewerb im Gemeinsamen Markt oder in einem wesentlichen Teil desselben erheblich behindert würde, insbesondere durch die Begründung oder Verstärkung einer beherrschenden Stellung (Art. 2 Abs. 3).[105] Außerdem erleichtert die neue Verordnung die Verweisung von Fällen von der Kommission an die Mitgliedstaaten sowie von den Mitgliedstaaten an die Kommission. Sie sieht darüber hinaus eine Reihe von Verbesserungen verfahrenstechnischer und redaktioneller Art vor. Insgesamt lässt sich die EG-FKVO als eine modernisierte Fassung der vor ihr geltenden Verordnung charakterisieren.

Die **materiellrechtlichen Vorschriften** der EG-FKVO definieren deren Anwendungsbe- **78** reich (Art. 1, 3 und 5), legen die Maßstäbe und Kriterien für die Beurteilung der von ihr erfassten Zusammenschlüsse fest (Art. 2), regeln das Verfahren der präventiven Kontrolle einschließlich der sie abschließenden Entscheidungen (Art. 4 bis 10) und grenzen ihren Anwendungsbereich sowohl gegenüber anderen Durchführungsverordnungen zu den Art. 81 und 82 (EG) als auch gegenüber dem innerstaatlichen Recht der Mitgliedstaaten ab (Art. 21, 22). Daneben enthält die EG-FKVO nach dem **Vorbild der Verordnung (EG) Nr. 1/2003**[106] Regelungen betreffend Auskunftsverlangen (Art. 11) und Nachprüfungen (Art. 12, 13), Sanktionen (Art. 14 bis 16), das Berufsgeheimnis (Art. 17), Anhörungen (Art. 18), die Zusammenarbeit der Kommission mit den Behörden der Mitgliedstaaten (Art. 19), die Veröffentlichung von Entscheidungen (Art. 20) sowie den Erlass von Durchführungsbestimmungen (Art. 23). Eine Sondervorschrift ist den Beziehungen zu Drittstaaten gewidmet (Art. 24). Den Abschluss bilden Übergangsbestimmungen (Art. 25, 26).

2. Anwendungsbereich. – Die EG-FKVO gilt nur für **Zusammenschlüsse von gemein-** **79** **schaftsweiter Bedeutung** (Art. 1 Abs. 1). Alle anderen Unternehmenskonzentrationen fallen unter die Rechtsordnung der Mitgliedstaaten. Der Begriff „*gemeinschaftsweit*" dient zugleich als **Aufgreifkriterium.** Er wird rein quantitativ anhand von Umsatzschwellen definiert (Art. 1 Abs. 2, 3). Ob ein Zusammenschluss geeignet ist, den Handel zwischen Mitgliedstaaten zu beeinträchtigen, spielt für die Abgrenzung des gemeinschaftlichen vom innerstaatlichen Fusionskontrollrecht keine Rolle.[107] Zusätzliche, über die Art. 81 und 82 EG hinausreichende Interventionsbefugnisse sind der Gemeinschaft nur bezüglich solcher Konzentrationsvorgänge eingeräumt worden, welche zu erheblichen Änderungen der Wettbewerbsstruktur in der Gemeinschaft führen und deren Auswirkungen die Grenzen eines

---

103 ISBN 92 – 894 – 8277 – X, über das Internet erhältlich unter #http:/europa.eu.int/comm/competition/mergers/legislation.

104 Siehe dazu die Entsprechungstabelle im Anhang der VO (EG) Nr. 139/2004.

105 Artikel ohne Zusatz sind solche der EG-FKVO .

106 VO (EG) Nr. 1/2003 des Rates vom 16. 12. 2002 zur Durchführung der in den Art. 81 und 82 des Vertrages niedergelegten Wettbewerbsregeln, ABl. EG 2003 Nr. L 1, S. 1.

107 Wegen der Bedeutung dieses Kriteriums für Verweisungen an die Kommission siehe unten RdNr. 101 ff.

Mitgliedstaats überschreiten.[108] Diese Voraussetzung wurde nach der in Art. 1 Abs. 2 aufrechterhaltenen ursprünglichen Regelung des Anwendungsbereichs gemeinschaftsrechtlicher Fusionskontrollvorschriften erst bei einem addierten weltweiten Gesamtumsatz der beteiligten Unternehmen von mehr als 5 Mrd. Euro erfüllt. Dem Drängen der Kommission nach umfassenderen Gemeinschaftskompetenzen hat der Rat jedoch schrittweise durch Verabschiedung einer komplizierten Zusatzregelung in Art. 1 Abs. 3[109] sowie durch Schaffung neuer Verweisungsmöglichkeiten in Art. 4 Abs. 4 und 5[110] nachgegeben.

80   Die EG-FKVO unterschiedet zwei Gruppen von Fällen, in denen sie einem Zusammenschluss gemeinschaftsweite Bedeutung beimisst. Diese Voraussetzung ist in der **ersten Fallgruppe** (Art. 1 Abs. 2) dann gegeben, wenn alle beteiligten Unternehmen zusammen einen weltweiten Gesamtumsatz von mehr als 5 Mrd. Euro und mindestens zwei beteiligte Unternehmen einen gemeinschaftsweiten Gesamtumsatz von jeweils mehr als 250 Mio. Euro erzielen.

81   Ein Zusammenschluss, der den oben erwähnten Bedingungen entspricht, hat gleichwohl keine gemeinschaftsweite Bedeutung, wenn die beteiligten Unternehmen jeweils mehr als 2/3 ihres gemeinschaftsweiten Gesamtumsatzes in ein und demselben Mitgliedstaat erzielen. Derartige Fälle sollen nach dem Subsidiaritätsprinzip[111] von der zuständigen nationalen Wettbewerbsbehörde geprüft werden. Der oben genannte auf den Gesamtumsatz sämtlicher Beteiligten abstellende Schwellenwert verdeutlicht, dass die erste Fallgruppe nur **Großfusionen** umfasst. Durch das Kriterium des individuellen gemeinschaftsweiten Gesamtumsatzes wird die Anwendung der EG-FKVO im Einklang mit dem Territorialitätsprinzip[112] von einer **Mindestpräsenz in der Gemeinschaft** abhängig gemacht, welche mindestens zwei der beteiligten Unternehmen aufweisen müssen.

82   Die **zweite Fallgruppe** (Art. 1 Abs. 3) ist gleichfalls durch die Kombination mehrerer Umsatzschwellen mit unterschiedlicher Funktion gekennzeichnet. Ein Zusammenschluss hat danach gemeinschaftsweite Bedeutung, wenn der weltweite Gesamtumsatz aller beteiligten Unternehmen zusammen mehr als 2,5 Mrd. Euro beträgt, der Gesamtumsatz aller beteiligten Unternehmen in mindestens drei Mitgliedstaaten jeweils 100 Mio. Euro übersteigt, in jedem von mindestens drei der so erfassten Mitgliedstaaten der Gesamtumsatz von mindestens zwei beteiligten Unternehmen jeweils mehr als 25 Mio. Euro beträgt und der gemeinschaftsweite Gesamtumsatz von mindestens zwei beteiligten Unternehmen jeweils 100 Mio. Euro übersteigt. Dies gilt nicht, wenn die beteiligten Unternehmen jeweils mehr als 2/3 ihres gemeinschaftsweiten Gesamtumsatzes in ein und demselben Mitgliedstaat erzielen.

83   Mit Ausnahme der Drei-Mitgliedstaaten-Regeln entsprechen die vorstehenden Kriterien nach ihrem Inhalt oder ihrer Zielsetzung denjenigen der ersten Fallgruppe. Der Gemeinschaftsgesetzgeber hat damit anerkannt, dass auch Zusammenschlüsse unterhalb der Gesamtumsatzgrenze von 5 Mrd. Euro, aber oberhalb derjenigen 2,5 Mrd. Euro geeignet sind, **bedeutsame Strukturveränderungen** herbeizuführen[113], und dass ein individueller ge-

---

108 Siehe Begründungserwägungen 6 u. 8.
109 Mit Wirkung vom 1. 3. 1998 eingeführt durch die VO (EG) Nr. 1310/1997 ABl. EG 1997 Nr. L 180, S. 1 – Berichtigung in ABl. EG 1998 Nr. L 40, S. 17.
110 Siehe dazu unten RdNr. 101 ff.
111 Siehe Begründungserwägung 8.
112 Siehe dazu den Hinweis auf den geografischen Tätigkeitsbereich der beteiligten Unternehmen in Begründungserwägung 9 S. 1.
113 Siehe Begründungserwägung 8 S. 1.

meinschaftsweiter Umsatz mehrerer beteiligter Unternehmen von jeweils 100 Mio. Euro für eine **Mindestpräsenz** im Binnenmarkt grundsätzlich ausreicht. Die Anwendung der EG-FKVO ist hier jedoch an zwei weitere Bedingungen geknüpft. Der Zusammenschluss muss zum einen erhebliche Auswirkungen in mindestens drei Mitgliedstaaten haben, was nur gewährleistet ist, wenn der Gesamtumsatz aller beteiligten Unternehmen die dort zusätzlich eingeführte Schwelle von 100 Mio. Euro in jedem dieser Mitgliedstaaten überschreitet. Zum andern müssen mehrere beteiligte Unternehmen dort eine Mindestpräsenz aufweisen, was gemäß c) einen individuellen Gesamtumsatz von mehr als 25 Mio. Euro in mindestens drei der vorgenannten Mitgliedstaaten erfordert.

Insgesamt ist die Regelung des Art. 1 Abs. 3 darauf gerichtet, durch eine vorsichtige Er- **84** weiterung der Kontrollbefugnisse der Gemeinschaft das Problem der **Mehrfachanmeldung** wirtschaftlich bedeutsamer Unternehmenskonzentrationen zu entschärfen. Dieses Ziel wurde jedoch verfehlt. Dem Vorschlag der Kommission, zwecks Schaffung einheitlicher Rahmenbedingungen für die Unternehmen alle Zusammenschlüsse, die in mindestens drei Mitgliedstaaten der nationalen Fusionskontrolle unterliegen würden, automatisch in den Geltungsbereich der EG-FKVO einzubeziehen, ist der Rat bei Verabschiedung der neuen Verordnung nicht gefolgt. Statt dessen eröffnet Art. 4 den Unternehmen nunmehr die Möglichkeit, die Verweisung von Fällen ohne gemeinschaftsweite Bedeutung an die Kommission zu veranlassen. Eine endgültige, befriedigende Lösung der Zuständigkeitsfrage steht noch aus. Nicht zuletzt deshalb ist der Gemeinschaftsgesetzgeber ermächtigt worden, mit qualifizierter Mehrheit Änderungen der derzeitigen Regeln zu beschließen (Art. 1 Abs. 4 und 5; Art. 4 Abs. 6).

Die Vorschrift des Art. 1 wird durch Art. 5 mit Bestimmungen über die **Berechnung des** **85** **Umsatzes** ergänzt.[114] Der Gesamtumsatz umfasst danach alle Umsätze, welche die beteiligten Unternehmen im letzten Geschäftsjahr mit Waren und Dienstleistungen erzielt haben und die dem normalen geschäftlichen Tätigkeitsbereich der Unternehmen zuzuordnen sind, unter Abzug von Erlösminderungen, Mehrwertsteuer und anderen unmittelbar auf den Umsatz bezogenen Steuern (Abs. 1 Unterabs. 1 S. 1). Als Umsatz eines Konzernunternehmens gilt der Gesamtumsatz des Konzerns (Abs. 4). Dabei werden konzerninterne Umsätze nicht berücksichtigt (Abs. 1 Unterabs. 1 S. 2). Umsätze in der Gemeinschaft oder in einem Mitgliedstaat sind solche, die mit Waren oder Dienstleistungen für dortige Unternehmen oder Verbraucher erzielt werden (Abs. 1 Unterabs. 2). Im Falle des Zusammenschlusses durch Erwerb von Teilen eines oder mehrerer Unternehmen ist auf Seiten des Veräußerers nur der Umsatz zu berücksichtigen, welcher auf die veräußerten Teile entfällt (Abs. 2 Unterabs. 1). Mehrere Erwerbsvorgänge, die innerhalb von zwei Jahren zwischen denselben Personen oder Unternehmen getätigt werden, gelten als ein einziger Zusammenschluss, der zum Zeitpunkt des letzten Erwerbsvorgangs stattfindet (Abs. 2 Unterabs. 2). An die Stelle des Umsatzes tritt bei Kreditinstituten die Summe der in der Richtlinie 86/635/EWG[115] definierten Erträge (Abs. 3 a), bei Versicherungsunternehmen die Summe der Bruttoprämien (Abs. 3 b).

3. Begriff des Zusammenschlusses. – Nach Art. 3 Abs. 1 wird ein Zusammenschluss **86** durch eine dauerhafte Veränderung der Kontrolle über zumindest ein beteiligtes Unternehmen bewirkt.[116] Die Vorschrift enthält **zwei alternative Tatbestände.** Ein Zusammen-

---

114 Siehe dazu auch die einschlägige Bekanntmachung der Kommission, ABl. EG 1998 Nr. C 66, S. 25.
115 ABl. EG 1986 Nr. L 372, S. 1, zuletzt geändert durch Richtlinie 2003/51/EG, ABl. EG 2003 Nr. L 178, S. 16.
116 Siehe dazu Bekanntmachung über den Begriff des Zusammenschlusses, ABl. EG 1998 Nr. C 66, S. 12.

schluss findet gemäß a) dann statt, wenn zwei oder mehr bisher von einander unabhängige Unternehmen oder Unternehmensteile fusionieren. Eine **Fusion** im Sinne der EG-FKVO liegt vor, wenn mehrere rechtlich und wirtschaftlich selbstständige Unternehmen oder ein solches Unternehmen mit Teilen eines anderen solchen Unternehmens oder Teile eines solchen Unternehmens mit Teilen eines anderen solchen Unternehmens zu einer einzigen rechtlichen Einheit verschmolzen werden.[117] Der rechtlichen Verschmelzung steht die wirtschaftliche Fusion gleich, bei der – wie im Falle mancher Gleichordnungskonzerne – mehrere Unternehmen sich unter Beibehaltung ihrer rechtlichen Selbstständigkeit einer einheitlichen Leitung unterwerfen und darüber hinaus durch gegenseitige finanzielle und strukturelle Verflechtungen zu einer unauflöslichen wirtschaftlichen Einheit werden.[118]

87   Größere praktische Bedeutung hat der in b) umschriebene Tatbestand des Zusammenschlusses durch Kontrollerwerb.[119] Kontrollobjekt können die Gesamtheit oder Teile eines oder mehrerer Unternehmen sein. Unerheblich ist, ob die Kontrolle durch den Erwerb von Anteilsrechten oder Vermögenswerten, durch Vertrag oder in sonstiger Weise begründet wird. Unmittelbare und mittelbare Kontrolle sind einander gleichgestellt. Die Vorschrift unterscheidet zwischen der **alleinigen Kontrolle**[120] durch eine Person, die bereits mindestens ein Unternehmen kontrolliert, oder durch ein Unternehmen und die **gemeinsame Kontrolle**[121] durch mehrere – bereits mindestens ein Unternehmen kontrollierende – Personen oder durch mehrere Unternehmen. Die zuletzt erwähnte Fallkonstellation ist mit derjenigen des Gemeinschaftsunternehmens identisch. Dabei ist jedoch zu beachten, dass die EG-FKVO gemäß ihrem Art. 3 Abs. 4 und 5 nur die Gründung von **Vollfunktionsgemeinschaftsunternehmen** erfasst. Es muss sich dabei um ein Unternehmen handeln, welches auf Dauer alle Funktionen einer selbstständigen wirtschaftlichen Einheit erfüllt.[122]

88   Kontrolle bedeutet nach Art. 3 Abs. 2 die Möglichkeit**, einen bestimmenden Einfluss auf die Tätigkeit eines Unternehmens auszuüben.** Sie wird durch Rechte, Verträge oder andere Mittel begründet, die einzeln oder zusammen unter Berücksichtigung aller tatsächlichen oder rechtlichen Umstände des jeweiligen Einzelfalls den Ausschlag geben können. Der Erwerb der Mehrheit der Anteile verschafft dem Erwerber im Regelfall die **alleinige Kontrolle** über ein Unternehmen. Anders verhält es sich nur, wenn Inhaber von Minderheitsbeteiligungen mit besonderen Rechten, insbesondere Mehrfach- oder Vorzugsstimmrechten ausgestattet sind, die ihnen einen bestimmenden Einfluss auf die Zusammensetzung, die Beratungen oder die Beschlüsse der Unternehmensorgane sichern. Ein Minderheitsgesellschafter kann aber auch rein faktisch ein Unternehmen kontrollieren, wenn er über eine qualifizierte Mehrheit der Anteile an diesem Unternehmen oder der Stimmrechte in den Unternehmensorganen verfügt. Dies ist oft die Folge einer breiten Streuung der restlichen Anteile oder von regelmäßiger Abwesenheit eines erheblichen Teils der Anteilseigner bei Abstimmungen in der Hauptversammlung.[123]

89   Ebenso wie die alleinige Kontrolle kann auch die **gemeinsame Kontrolle** auf rechtlicher oder rein tatsächlicher Grundlage beruhen. Sie ist gegeben, wenn mehrere Personen oder

---

117 Siehe RdNr. 6 der zuletzt genannten Bekanntmachung.
118 Siehe RdNr. 7 der zuletzt genannten Bekanntmachung.
119 Siehe RdNr. 8 ff. der zuletzt genannten Bekanntmachung.
120 Siehe RdNr. 13 ff. der zuletzt genannten Bekanntmachung.
121 Siehe RdNr. 18 ff. der zuletzt genannten Bekanntmachung.
122 Siehe dazu die Bekanntmachung über den Begriff des Vollfunktionsgemeinschaftsunternehmens, ABl. EG 1998 Nr. C 66, S. 1.
123 Siehe zum Ganzen RdNr. 13 u. 14 der Bekanntmachung über den Begriff des Zusammenschlusses, s. o. Fn. 116.

Unternehmen nur gemeinsam in der Lage sind, die Geschäftspolitik eines anderen Unternehmens maßgeblich zu beeinflussen. Die typische Fallkonstellation ist dadurch gekennzeichnet, dass zwei Unternehmen zwar gemeinsam über die Gesamtheit oder die Mehrheit der Anteile oder Stimmrechte an einem dritten Unternehmen verfügen, jedes von ihnen aber die gleiche Anzahl von Anteilen an dem Gemeinschaftsunternehmen oder von Vertretern oder Stimmen in dessen Organen aufweist, sodass keines der Mutterunternehmen allein die Geschäftspolitik des Gemeinschaftsunternehmens bestimmen kann. Zur Überwindung der Pattsituation bedarf es des Zusammengehens der Mutterunternehmen.[124] Ein ähnliches Problem, das auf dieselbe Art und Weise zu lösen ist, stellt sich dann, wenn Minderheitsgesellschaftern **Vetorechte** bezüglich strategischer Entscheidungen des Gemeinschaftsunternehmens – wie etwa solcher über die Ernennung der Geschäftsführung, die Aufstellung des Finanzplans, die Vornahme bedeutender Investitionen oder Entwicklung oder die Verwendung einer bestimmten Technologie – eingeräumt worden sind.[125] Zur Sicherung des gemeinsamen Vorgehens bedarf es nicht notwendigerweise besonderer organisatorischer Vorkehrungen wie etwa der Bildung einer Holding zur Poolung der Stimmrechte oder eines Vertrages. Ein durch gemeinsame Interessen getragenes, aufeinander abgestimmtes Verhalten kann ausreichen, um mehreren Minderheitsgesellschaftern die gemeinsame Kontrolle über ein Unternehmen zu verschaffen.[126] Änderungen in der Struktur der Kontrolle, so der Übergang von gemeinsamer zu alleiniger Kontrolle oder die Erhöhung der Zahl der an der gemeinsamen Kontrolle beteiligten Anteilseigner, erfüllen als solche einen neuen Zusammenschlusstatbestand.[127]

Abweichend von der Regel bewirkt der Erwerb der Kontrolle über ein Unternehmen in bestimmten Fällen keinen Zusammenschluss im Sinne der EG-FKVO. Deren Art. 3 Abs. 5 enthält insoweit **Sonderregelungen** zu Gunsten von Finanzinstituten und Versicherungsgesellschaften, von Liquidatoren, die aufgrund eines öffentlichen Mandats handeln, sowie von Beteiligungsgesellschaften im Sinne der Richtlinie 78/660/EWG des Rates.[128] Diese Vorschriften sind für den Telekommunikationssektor aber nicht einschlägig und deshalb hier nicht zu kommentieren.[129] **90**

4. Beurteilung von Zusammenschlüssen. – Die EG-FKVO beruht auf der Erkenntnis, dass der erhöhte Wettbewerbsdruck, der sich aus der Vollendung des Binnenmarktes und der Wirtschafts- und Währungsunion, der Erweiterung der Europäischen Union sowie dem fortschreitenden Abbau der Handels- und Investitionshemmnisse im internationalen Handel ergibt, die Unternehmen auch weiterhin zu **erheblichen Strukturveränderungen** zwingt, die größtenteils mit Hilfe von Zusammenschlüssen vollzogen werden.[130] Der Umstrukturierungsprozess wird vom Gemeinschaftsgesetzgeber begrüßt, allerdings nur, soweit er den Erfordernissen eines dynamischen Wettbewerbs entspricht und dadurch zur Verwirklichung der allgemeinen Vertragsziele, insbesondere zur Steigerung der Wettbewerbsfähigkeit der europäischen Industrie, zu einer Verbesserung der Wachstumsbedingungen und zur Anhebung des Lebensstandards in der Gemeinschaft beiträgt.[131] Struktur- **91**

---

124 Siehe RdNr. 18 bis 20 der zuletzt genannten Bekanntmachung.
125 Siehe RdNr. 21 bis 29 der zuletzt genannten Bekanntmachung.
126 Siehe RdNr. 30 bis 37 der zuletzt genannten Bekanntmachung.
127 Siehe RdNr. 40 der zuletzt genannten Bekanntmachung.
128 ABl. EG 1978 Nr. L 222, S. 11, zuletzt geändert durch die Richtlinie 2003/51/EG, ABl. EG 2003 Nr. L 178, S. 16.
129 Wegen der Einzelheiten siehe RdNr. 41 ff. der zuletzt genannten Bekanntmachung.
130 Siehe Begründungserwägung 3.
131 Siehe Begründungserwägung 4.

veränderungen, die eine **dauerhafte Schädigung des Wettbewerbs** verursachen, werden dagegen negativ bewertet, weil sie mit dem Grundsatz einer offenen Marktwirtschaft mit freiem Wettbewerb (Art. 4 Abs. 1 EG) unvereinbar sind.[132] Die EG-FKVO sucht deshalb Zusammenschlüsse von vornherein zu unterbinden, *„durch die wirksamer Wettbewerb im gemeinsamen Markt oder in einem wesentlichen Teil desselben erheblich behindert würde"* (Art. 2 Abs. 3)[133], wobei die zuletzt genannten allgemeinen Grundsätze des EG-Vertrags den Orientierungsmaßstab liefern.

92   Die erhebliche Behinderung des wirksamen Wettbewerbs stellt gemäß Art. 2 Abs. 3 das **alleinige Eingreifkriterium** im Rahmen der gemeinschaftlichen Fusionskontrolle dar. Die Begründung oder Verstärkung einer beherrschenden Stellung bildet den Hauptanwendungsfall dieses Tatbestandsmerkmals. Dessen Auslegung und Anwendung hat zum einen bestimmten **Leitgedanken** zu folgen: die Notwendigkeit, im Gemeinsamen Markt, insbesondere im Hinblick auf die Struktur der vom Zusammenschluss betroffenen Märkte, wirksamen Wettbewerb aufrecht zu erhalten und zu entwickeln, die grundsätzliche Gleichwertigkeit von tatsächlichem und potenziellem Wettbewerb und die Gleichbehandlung der Unternehmen ohne Rücksicht auf ihren jeweiligen Sitz oder den Ort ihrer hauptsächlichen Tätigkeit innerhalb oder außerhalb der Gemeinschaft (Art. 2 Abs. 1 Buchst. a). Sie setzt zum anderen eine umfassende wirtschaftliche Analyse des Zusammenschlusses und seiner Wirkungen anhand bestimmter **Indikatoren** voraus. Zu berücksichtigen sind dabei die Marktstruktur, die Marktstellung der Beteiligten und dritter Unternehmen, deren wirtschaftliche Macht und Finanzkraft, die Wahlmöglichkeiten der Lieferanten und Abnehmer, ihr Zugang zu den Beschaffungs- und Absatzmärkten, rechtliche oder tatsächliche Marktzugangsschranken und die Entwicklung des Angebots und der Nachfrage bei den jeweiligen Erzeugnissen und Dienstleistungen, aber auch die Interessen der Zwischen- und Endverbraucher sowie die Entwicklung des technischen oder wirtschaftlichen Fortschritts, sofern diese dem Verbraucher dient und den Wettbewerb nicht behindert (Art. 2 Abs. 1 Buchst. b).

93   Die vorstehend wiedergegebenen, bei der Prüfung jedes Konzentrationsvorhabens zu berücksichtigenden Indikatoren sind ganz überwiegend dieselben, welche zur Feststellung von Verstößen gegen das Missbrauchsverbot des Art. 82 EG Verwendung finden. Mit ihrer Hilfe lässt sich im Rahmen der **Fusionskontrolle** insbesondere ermitteln, ob der geplante Zusammenschluss eine beherrschende Stellung begründen oder verstärken würde. In systematischer Hinsicht herrscht zwischen beiden Vorgehensweisen weitgehende Parallelität. Der erste Schritt besteht in der Definition der jeweils sachlich wie räumlich relevanten Märkte. Ihr folgt als zweiter Schritt die Bewertung der wirtschaftlichen Machtverhältnisse auf diesen Märkten. Im Gegensatz zur Missbrauchsaufsicht über marktbeherrschende Unternehmen darf sich die Fusionskontrolle aber nicht auf die Beurteilung der gegenwärtigen Wettbewerbsstrukturen beschränken. Sie hat darüber hinaus die wahrscheinliche Entwicklung der betroffenen Märkte unter dem Einfluss des Zusammenschlusses zu **prognostizieren** und auf Grund einer wirtschaftlichen Gesamtbetrachtung zu entscheiden, ob dieser eine beherrschende Stellung begründen oder verstärken und somit zu einer erheblichen Behinderung wirksamen Wettbewerbs führen würde.

94   Die in der Liste der Indikatoren ebenfalls aufgeführten Begriffe der „Interessen der Zwischen- und Endverbraucher" sowie der „Entwicklung des technischen und wirtschaftlichen

---

132 Siehe Begründungserwägung 2 u. 4.

133 Siehe auch Begründungserwägung 5 welche für die präventive Kontrolle von Unternehmenszusammenschlüssen deren *Eignung zu einer erheblichen Beeinträchtigung des Wettbewerbs* ausreichen lässt.

Fortschritts, soweit diese dem Verbraucher dient und den Wettbewerb nicht behindert", sind Restbestände eines ursprünglichen Vorschlags für die Verordnung (EWG) Nr. 4064/ 89 des Rates, wobei die Kommission in Anlehnung an Art. 81 EG eine niedrige Interventionsschwelle und eine Abwägung von Vorteilen und Nachteilen des Zusammenschlusses ins Auge gefasst hatte. Im Rahmen des an Art. 82 EG anknüpfenden Systems der gemeinschaftlichen Fusionskontrolle bestätigen sie lediglich die Erfahrung, dass wirksamer Wettbewerb das beste Mittel ist, um im Interesse der Verbraucher die technische und wirtschaftliche Entwicklung voranzubringen. Selbst überragende Verbrauchervorteile oder industriepolitische Interessen rechtfertigen daher nicht die Schaffung marktbeherrschender nationaler oder europäischer „Champions", weil sie den Wettbewerb nicht fördern, sondern behindern würde. Die EG-FKVO geht allerdings davon aus, dass objektiv feststellbare **Effizienzvorteile**, die sich aus einem Zusammenschluss ergeben, ausnahmsweise dessen negative Folgen für den Wettbewerb und insbesondere den Schaden für die Verbraucher ausgleichen können, sodass zumindest eine erhebliche Behinderung des Wettbewerbs nicht mehr eintritt. Diese in einer Begründungserwägung[134] niedergelegte und in einer Kommissionsbekanntmachung[135] erläuterte Aussage bleibt jedoch fragwürdig, weil sie sich mit der in Art. 2 Abs. 3 enthaltenen Anordnung, alle die Beherrschung des Marktes nach sich ziehende Unternehmenskonzentrationen für unvereinbar mit dem Gemeinsamen Markt zu erklären, schwerlich in Einklang bringen lässt.

Für Zusammenschlüsse, die eine beherrschende Stellung auf dem Gemeinsamen Markt **95** insgesamt oder in einem wesentlichen Teil desselben begründen oder verstärken, besteht nach der Systematik des Art. 2 Abs. 3 die unwiderlegbare gesetzliche Vermutung, dass sie den Wettbewerb erheblich behindern. Der Begriff der beherrschenden Stellung ist mit demjenigen in Art. 82 EG identisch. Er umfasst, obgleich die EG-FKVO dies nicht ausdrücklich festlegt, als Alternativen die **individuelle** und die **kollektive** oder oligopolistische Marktbeherrschung.[136] Für die Auslegung dieser Tatbestände kann daher auf die Rechtsprechung und Verwaltungspraxis zu Art. 82 EG verwiesen werden.[137] Dabei ist jedoch zu beachten, dass Fusionskontrollentscheidungen stets in die Zukunft gerichtet sind und deshalb die Berücksichtigung der wahrscheinlichen Entwicklung der Wettbewerbsverhältnisse im Anschluss an den Zusammenschluss erfordern. Es kommt mithin entscheidend darauf an, ob die durch einen Zusammenschluss begründete beherrschende Stellung bzw. deren Verstärkung von Dauer sein werden. Solange dies zweifelhaft ist, liegt keine erhebliche Behinderung des wirksamen Wettbewerbs vor.

Eine vorausschauende Beurteilung der Auswirkungen von Unternehmenskonzentrationen **96** erweist sich im Falle der kollektiven Marktbeherrschung insbesondere dann als schwierig, wenn die Fähigkeit der beteiligten Unternehmen zu einem einheitlichen Vorgehen auf dem Markt allein auf ihrer **Reaktionsverbundenheit innerhalb eines engen Oligopols** beruht. In einem solchen Fall hat die Kommission nicht nur den Fortbestand der wirtschaftlichen Machtstellung des Oligopols im Verhältnis zu Konkurrenten, Handelspartnern und Verbrauchern, sondern auch dessen fortdauernde innere Stabilität nachzuweisen. Hierfür ist nach der Rechtsprechung[138] erstens eine übereinstimmende Interessenlage der Oligopolmitglieder erforderlich, welche ein gemeinsames Vorgehen für jedes von ihnen als wirt-

---

134 Siehe Begründungserwägung 29.

135 Siehe RdNr. 76 bis 88 der Leitlinien zur Bewertung horizontaler Zusammenschlüsse ABl. EG 2004 Nr. C 31, S. 5.

136 Siehe EuGH, Kali + Salz, C – 68/94 u. C – 30/95, Slg. 1998, I-1375 RdNr. 164 ff.

137 S. o. Art. 82 RdNr. 6 ff.

138 Siehe EuG, Airtours gg. Kommission, T – 342/99, Slg. 2002, II-2585 – RdNr. 56 ff.

schaftlich vernünftig erscheinen lässt. Zweitens muss der relevante Markt so transparent sein, dass jedes Mitglied des Oligopols schnell und zuverlässig in Erfahrung bringen kann, ob sich die anderen Mitglieder an die gemeinsame einheitliche Strategie halten. Drittens muss es einen Anreiz geben, auch langfristig nicht von der gemeinsamen Linie abzuweichen. Eine abschreckende Wirkung entfalten insoweit vor allem die zu erwartenden Gegenmaßnahmen der übrigen Oligopolisten.

97 Die von der Rechtsprechung aufgestellten strengen Anforderungen an den Nachweis einer kollektiven beherrschenden Stellung haben Anlass zu der Befürchtung gegeben, dass sich das Problem der Unternehmenskonzentration auf oligopolistisch strukturierten Märkten allein mit Hilfe des Marktbeherrschungstests nicht mehr in befriedigender Weise lösen lasse. Der Gemeinschaftsgesetzgeber hat sich diese Sorge zu Eigen gemacht. Er hat darauf mit der **Einführung des neuen Eingreifkriteriums** der erheblichen Behinderung wirksamen Wettbewerbs bei gleichzeitiger Zurückstufung des Marktbeherrschungskonzepts in den Rang der beispielhaften Erläuterungen reagiert. Das neue Kriterium erlaubt es, vom Nachweis der faktischen Verhaltenskoordinierung zwischen Unternehmen im Oligopol abzusehen. Es erfasst auch die nichtkoordinierten wettbewerbschädlichen Auswirkungen eines Zusammenschlusses zwischen Oligopolsmitgliedern, die weder einzeln noch – mangels Koordinierung – gemeinsam eine beherrschende Stellung innehaben.[139]

98 Eine komplizierte Sonderregelung gilt nach Art. 2 Abs. 4 für **Vollfunktionsgemeinschaftsunternehmen**.[140] Sie sind jeweils nach Art. 2 Abs. 3 anhand des Kriteriums der erheblichen Behinderung des Wettbewerbs zu prüfen. Falls sie jedoch die Koordinierung des Wettbewerbsverhaltens unabhängig bleibender Unternehmen bezwecken oder bewirken, unterliegen sie einer zusätzlichen Prüfung anhand der Kriterien des Art. 81 Abs. 1 und 3 EG. Um gemäß Art. 2 Abs. 2 für vereinbar mit dem Gemeinsamen Markt erklärt zu werden, muss ein in diesem Sinne **gemischt konzentrativ/kooperatives Vollfunktionsgemeinschaftsunternehmen** beide Tests bestehen.

99 Die gleichzeitige Anwendbarkeit unterschiedlicher materiellrechtlicher Beurteilungskriterien auf den einheitlichen wirtschaftlichen Vorgang der Gemeinschaftsgründung zwingt dazu, diesen in konzentrative und kooperative Elemente aufzuspalten, um so den Anwendungsbereich des Art. 2 Abs. 2 und 3 von demjenigen des Art. 81 EG abzugrenzen. Die **Unterscheidung** wird nach der wirtschaftlichen Natur der Beziehungen zwischen den beteiligten Unternehmen getroffen. Die **vertikalen** Beziehungen zwischen jedem der Gründerunternehmen und dem Gemeinschaftsunternehmen sind anhand des spezifischen Kriteriums der Fusionskontrolle zu beurteilen. Im Vordergrund steht dabei die Frage, ob der mit der Gemeinschaftsgründung verbundene Machtzuwachs einem oder mehreren der beteiligten Unternehmen eine beherrschende Stellung verschafft oder eine solche verstärkt. Die **horizontalen** Beziehungen zwischen den Gründern sind dagegen anhand der Kriterien des Art. 81 Abs. 1 und 3 EG zu würdigen.

100 Zu diesem letzten Punkt enthält Art. 2 Abs. 5 wichtige **Klarstellungen**. Danach besteht das Risiko einer Koordinierung des Wettbewerbsverhaltens selbstständig bleibender Unternehmen insbesondere dann, wenn mehrere Gründerunternehmen eine gleichzeitige und nennenswerte Präsenz auf dem Markt des Gemeinschaftsunternehmens, auf einem diesem vor- oder nachgelagerten Markt oder auf einem benachbarten oder eng mit ihm verknüpften

---

139 Siehe Begründungserwägung 25 u. 26 sowie RdNr. 24 bis 38 der Leitlinien zur Bewertung horizontaler Zusammenschlüsse, ABl. EG 2004 Nr. C 31, S. 5.

140 Zum Begriff siehe die einschlägige Bekanntmachung der Kommission, ABl. EG 1998 Nr. C 66, S. 1.

Markt aufweisen. Zu berücksichtigen sind ausschließlich die **unmittelbar** aus der Gemeinschaftsgründung erwachsenden Koordinierungseffekte. Zusätzliche Absprachen zwischen den Gründern oder zwischen diesen und dritten Unternehmen sind dagegen nach der Verordnung (EG) Nr. 1/2003[141] auf ihre Vereinbarkeit mit Art. 81 Abs. 1 und 3 EG zu prüfen. Schließlich soll bei der Beantwortung der Frage, ob die aus der Gründung des Gemeinschaftsunternehmens folgende Koordinierung des Wettbewerbsverhaltens beteiligter Unternehmen mit dem Gemeinsamen Markt vereinbar ist, insbesondere darauf abgestellt werden, ob diesen die Möglichkeit eröffnet wird, für einen wesentlichen Teil der betreffenden Waren und Dienstleistungen den Wettbewerb auszuschalten. Damit erhält Art. 81 Abs. 3 lit. b) EG zu Unrecht Priorität gegenüber allen anderen Tatbestandsmerkmalen der Vorschrift.

5. Verhältnis zum nationalen Fusionskontrollrecht. – Die EG-FKVO hat nicht nur eine **101** strikte Trennung des gemeinschaftlichen vom innerstaatlichen Fusionskontrollrecht angeordnet, sondern auch die nationalen Wettbewerbsbehörden von der Anwendung des Gemeinschaftsrechts prinzipiell ausgeschlossen. Die Mitgliedstaaten dürfen ihr nationales Wettbewerbsrecht auf Zusammenschlüsse von **gemeinschaftsweiter** Bedeutung nicht anwenden. Von diesem Grundsatz ausgenommen sind nur Vorbereitungshandlungen für mögliche Verweisungen (Art. 21 Abs. 3). **Staatliche Maßnahmen** gegen Unternehmenskonzentrationen im Sinne von Art. 1 Abs. 2 und 3, darunter Verbote, bleiben gleichwohl zulässig, soweit sie dem Schutz anderer berechtigter Interessen als derjenigen wettbewerbspolitischer Art dienen, insbesondere der öffentlichen Sicherheit, der Medienvielfalt und der Aufsichtsregeln (Art. 2 Abs. 4). Für die in der EG-FKVO vorgesehenen Entscheidungen ist ausschließlich die Kommission zuständig (Art. 21 Abs. 2). Umgekehrt ist es der Gemeinschaft grundsätzlich verwehrt, **Zusammenschlüsse ohne gemeinschaftsweite Bedeutung** zu kontrollieren. Diese unterliegen allein dem nationalen Wettbewerbsrecht. Eine Ausnahme bilden insoweit nur Vollfunktionsgemeinschaftsunternehmen, welche die Koordinierung des Wettbewerbsverhaltens unabhängig von bleibenden Unternehmen bezwecken oder bewirken. Sie können aufgrund der Verordnung (EG) Nr. 1/2003 sowie paralleler für den Verkehrssektor geltender Verordnungen von der Kommission, aber auch im Wege der dezentralen Anwendung des Gemeinschaftsrechts von den Behörden und Gerichten der Mitgliedstaaten auf ihre Vereinbarkeit mit den Art. 81 und 82 EG geprüft werden (Art. 21 Abs. 1).

Das vorstehend beschriebene **System der doppelten Exklusivität** wird zwecks Gewähr- **102** leistung einer flexiblen und effizienten Fusionskontrolle von Regeln über die **Verweisung** von Fällen der Kommission an die Mitgliedstaaten und von diesen an die Kommission durchbrochen. Diese Bestimmungen sollen angesichts des Subsidiaritätsprinzips als Korrektiv wirken und sowohl nationalen Wettbewerbsinteressen als auch dem Bedürfnis nach Rechtssicherheit Rechnung tragen.[142]

Verweisungen zwischen der Kommission und den Wettbewerbsbehörden der Mitgliedstaa- **103** ten setzen nach einer ursprünglichen, aus der Verordnung (EWG) Nr. 4064/89 übernommenen Regelung einen begründeten Antrag der jeweiligen Behörde sowie die **Erfüllung bestimmter materiellrechtlicher Bedingungen** voraus. Die Kommission kann einen bei ihr angemeldeten Zusammenschluss von gemeinschaftsweiter Bedeutung ganz oder teilweise an die zuständige nationale Behörde verweisen, wenn und soweit er den Wettbewerb auf einem gesonderten Markt in den betreffenden Mitgliedstaat erheblich zu beeinträchtigen droht. Sie ist zur Verweisung verpflichtet, wenn dieser gesonderte Markt keinen we-

---

141 ABl. EG 2003 Nr. L 1, S. 1.
142 Siehe Begründungserwägung 11.

sentlichen Teil des Gemeinsamen Marktes darstellt. Im letztgenannten Fall muss die antragstellende nationale Behörde lediglich die Gefahr einer einfachen Beeinträchtigung des Wettbewerbs darlegen. Bei nicht fristgemäßer Bescheidung des Verweisungsantrags gilt der Fall als verwiesen. Die Einzelheiten des Verfahrens sind in Art. 9 geregelt.[143] Dies hat zur Folge, dass der Fall nach dem innerstaatlichen Fusionskontrollrecht, in Deutschland also nach den §§ 32 ff. GWB n. F. geprüft und entschieden wird. Umgekehrt kann die Kommission gemäß Art. 22 auf Antrag eines oder mehrerer Mitgliedstaaten jeden angemeldeten Zusammenschluss im Sinne von Art. 3 Abs. 1 auf der Grundlage der EG-FKVO kontrollieren, der keine gemeinschaftsweite Bedeutung hat, aber den Handel zwischen Mitgliedstaaten beeinträchtigt und den Wettbewerb im Hoheitsgebiet jedes der antragstellenden Mitgliedstaaten erheblich zu beeinträchtigen droht. Auch diese Vorschrift enthält eine detaillierte Regelung des anzuwendenden Verfahrens.[144]

104   Die Verordnung (EG) Nr. 139/2004 hat in Art. 4 Abs. 4 und 5 **neue Möglichkeiten der Verweisung** von Zusammenschlüssen zwischen der Kommission und den Wettbewerbsbehörden der Mitgliedstaaten geschaffen.[145] Im Gegensatz zu den Vorschriften der Art. 9 und 22 erfolgt die Verweisung hier auf begründeten Antrag der beteiligten Personen oder Unternehmen. Der Antrag ist bereits vor der Anmeldung des Zusammenschlusses zu stellen. Nach dem **Prinzip der einzigen Anlaufstelle**[146] sind derartige Anträge, auch wenn sie die Verweisung eines Falles von den Mitgliedstaaten an die Kommission zum Gegenstand haben, bei dieser einzureichen.

105   Die Verweisung eines Zusammenschlusses **von gemeinschaftsweiter Bedeutung** an die Mitgliedstaaten (Art. 4 Abs. 4) ist auch hier nur bei Erfüllung der in Art. 9 aufgeführten materiellrechtlichen Voraussetzungen möglich. Sie erfolgt, nachdem der betreffende Mitgliedstaat dem Verweisungsantrag zugestimmt oder ihm innerhalb von 15 Arbeitstagen nicht widersprochen hat. Zusammenschlüsse **ohne gemeinschaftsweite Bedeutung** können an die Kommission verwiesen werden, wenn sie in mindestens drei Mitgliedstaaten der nationalen Fusionskontrolle unterliegen (Art. 4 Abs. 5). Die Verweisung erfolgt nur, wenn keiner der betroffenen Mitgliedstaaten den entsprechenden Antrag innerhalb einer Frist von 15 Arbeitstagen abgelehnt hat. In diesem Fall wird die gemeinschaftsweite Bedeutung des Zusammenschlusses gesetzlich vermutet, und er ist bei der Kommission anzumelden. Die Anwendung des innerstaatlichen Wettbewerbsrechts ist dann ausgeschlossen.

106   Um sicherzustellen, dass jeder Zusammenschluss von der hierfür am besten geeigneten Behörde behandelt wird, und um Mehrfachanmeldungen nach Möglichkeit zu vermeiden, sollen die Kommission und die zuständigen Behörden der Mitgliedstaaten in einem **gemeinsamen Netz der Wettbewerbsbehörden** zusammenarbeiten.[147] Dabei wird vor allem eine Verbesserung des Informationsaustausches und der gegenseitigen Konsultationen angestrebt, die über die Verpflichtungen der Kommission nach Art. 19 weit hinausreichen. Die Zusammenarbeit im Netzwerk soll insbesondere ausschließen, dass Unternehmenskonzentrationen sowohl vor als auch nach ihrer Anmeldung von einer Stelle an die andere verwiesen werden. Angesichts der Tatsache, dass es sich hier um den Versuch handelt, die Anwen-

---

143   Siehe dazu Bekanntmachung über die Verweisung von Zusammenschlussfällen, ABl. EG 2005 Nr. C, S. 2, insbes. RdNr. 1 bis 14, 33 bis 41, 50 u. 52 bis 58.

144   Siehe dazu auch die vorgenannte Bekanntmachung insbes. RdNr. 1 bis 14, 42 bis 45, 50 u. 52 bis 58.

145   Wegen der Einzelheiten siehe die vorgenannte Bekanntmachung insbes. RdNr. 1 bis 14, 49 und 59 bis 77.

146   Siehe Begründungserwägung 11.

147   Siehe Begründungserwägung 14.

dung paralleler, aber unterschiedlicher Rechtsordnungen zu koordinieren, dürften die Verbindungen zwischen der Kommission und den nationalen Wettbewerbsbehörden jedoch nicht so eng und intensiv werden wie im Netzwerk nach der Verordnung (EG) Nr. 1/2003.

6. Verfahren und Entscheidungen. – Die EG-FKVO gewährleistet die vorherige Kontrolle aller für den Wettbewerb im Gemeinsamen Markt potenziell gefährlichen Zusammenschlüsse in einem zügigen Verfahren, welches dem Interesse der Gemeinschaft an einem effizienten Vollzug der einschlägigen Vorschriften ebenso Rechnung trägt wie dem Interesse der Unternehmen an ausreichender Rechtssicherheit. Zusammenschlüsse von gemeinschaftsweiter Bedeutung unterliegen deshalb der **Anmeldepflicht** (Art. 4 Abs. 1 und 2) sowie einem **Vollzugsverbot** für die Zeit vor und nach der Anmeldung bis zum Zeitpunkt der Entscheidung der Kommission, von dem jedoch Befreiungen erteilt werden können (Art. 7). Die Anmeldung setzt automatisch das Prüfungsverfahren in Lauf. Dieses ist vor Ablauf zwingender gesetzlichen Fristen durch eine förmliche Entscheidung der Kommission abzuschließen. Bei Fristversäumnis gilt der Zusammenschluss als mit dem gemeinsamen Markt vereinbar und damit für seine Durchführung freigegeben (Art. 10). **107**

Hinsichtlich des Prüfungsverfahrens sind zwei Phasen von unterschiedlicher Dauer zu unterscheiden. In einer Art von **Vorprüfung**, die vor Ablauf einer Frist von 25 Arbeitstagen ab Eingang der vollständigen Anmeldung abgeschlossen werden sein muss (Art. 10 Unterabs. 1), hat die Kommission sich Klarheit darüber zu verschaffen, ob der Zusammenschluss unter die EG-FKVO fällt und ob er für den Wettbewerb gefährlich ist. Gelangt sie zu dem Schluss, dass die Voraussetzungen für deren Anwendung nicht erfüllt sind, so stellt sie dies durch Entscheidung fest (Art. 6 Abs. 1 lit. a). Stellt sie dagegen fest, dass der angemeldete Zusammenschluss zwar unter die EG-FKVO fällt, jedoch keinen Anlass zu ernsthaften Bedenken gibt, so trifft sie die Entscheidung, keine Einwände zu erheben und erklärt gemäß Art. 2 Abs. 2 den Zusammenschluss für vereinbar mit dem Gemeinsamen Markt. **108**

Gelangt die Kommission dagegen auf Grund der vorläufigen Prüfung des Falles zu dem Ergebnis, dass der Zusammenschluss Anlass zu ernsthaften Bedenken hinsichtlich seiner Vereinbarkeit mit dem Gemeinsamen Markt gibt, so eröffnet sie das **Hauptprüfungsverfahren**, für das ihr eine weitere Frist von 90 Arbeitstagen zur Verfügung steht. Dieses Verfahren wird bei positivem Ausgang der Prüfung durch eine Vereinbarkeitsentscheidung gemäß Art. 2 Abs. 2, bei negativem Ergebnis durch eine Unvereinbarkeitsendscheidung gemäß Art. 2 Abs. 3 abgeschlossen (Art. 8 Abs. 1 Unterabs. 1 und Abs. 3). Die beteiligten Unternehmen können die Einleitung des Hauptprüfungsverfahrens abwenden, indem sie ihr **ursprüngliches Vorhaben soweit ändern, dass es mit dem Gemeinsamen Markt vereinbar ist**. In diesem Fall erlässt die Kommission eine positive Entscheidung. Sie kann diese mit Bedingungen und Auflagen verbinden, um sicherzustellen, dass die beteiligten Unternehmen ihre Verpflichtungen erfüllen, die sie gegenüber der Kommission eingegangen sind (Art. 6 Abs. 2). In gleicher Weise können die beteiligten Unternehmen eine negative Entscheidung nach Abschluss des Hauptprüfungsverfahrens vermeiden (Art. 8 Abs. 2). Die dann von der Kommission zu erlassende positive Entscheidung kann gleichfalls mit Bedingungen und Auflagen verbunden werden. Die gesetzlichen Entscheidungsfristen erhöhen sich in beiden Fällen, und zwar um 35 bzw. 25 Arbeitstage. Sie können außerdem auf Antrag der Anmelder von der Kommission verlängert werden. Durch eine Entscheidung, mit der ein Zusammenschluss für vereinbar mit dem Gemeinsamen Markt erklärt wird, gelten auch die mit seiner Durchführung unmittelbar verbundenen und für sie notwendigen Einschränkungen als genehmigt (Art. 6 Abs. 1 b) und Art. 8 Abs. Unterabs. 2). **109**

Entscheidungen über nicht angemeldete sowie über angemeldete und ohne Genehmigung **vor der Entscheidung vollzogene Zusammenschlüsse** unterliegen keinen gesetzlichen **110**

Fristen. Die Kommission kann in diesen Fällen den beteiligten Unternehmen aufgeben, den Zusammenschluss rückgängig zu machen sowie jede andere geeignete Maßnahme anordnen, die zur Wiederherstellung des früheren Zustandes geeignet ist. Gleiches gilt für den Fall, dass ein Zusammenschluss unter Verstoß gegen eine Bedingung vollzogen wurde. Die Kommission kann **einstweilige Maßnahmen** anordnen, um wirksamen Wettbewerb wieder herzustellen oder aufrecht zu erhalten. Sie kann außerdem positive Entscheidungen widerrufen, wenn sie auf unrichtigen Angaben der Unternehmen beruhen oder fahrlässig herbeigeführt wurden oder wenn die beteiligten Unternehmen einer Auflage zuwider handeln.

111   Die **für die Entscheidung erheblichen Tatsachen** ergeben sich im Wesentlichen aus den Angaben der beteiligten Unternehmen im Anmeldeformular sowie aus Gesprächen mit der Kommission vor und nach der Anmeldung. Hinzu kommen Hinweise Dritter im Anschluss an die Veröffentlichung des angemeldeten Konzentrationsvorhabens (Art. 4 Abs. 3). Die Kommission kann sich darüber hinaus durch Auskunftsverlangen (Art. 11) und Nachprüfungen bei den Unternehmen (Art. 12, 13) weitere für die Beurteilung des Falles wichtige Informationen beschaffen. Bei Zuwiderhandlungen der Unternehmen gegen ihre Informationspflichten sowie gegen die materiellrechtlichen Vorschriften der EG–FKVO kann sie Geldbußen und Zwangsgelder verhängen (Art. 14, 15). Das rechtliche Gehör und die Verteidigungsrechte der Unternehmen werden durch Verfahrensgarantien geschützt, welche im Wesentlichen den entsprechenden Regelungen der Verordnung (EG) Nr. 1/2003 entsprechen.

112   **7. Praxis im Telekommunikationssektor.** – Die Kommission hatte in den vergangenen Jahren über zahlreiche Zusammenschlüsse im Telekommunikationssektor zu entscheiden. Dabei ist zwischen verschiedenen Fallkategorien zu unterscheiden. Eine Reihe von Verfahren betraf dabei zunächst die Märkte für Telekommunikationsausrüstung, welche aufgrund der vollständigen und frühzeitigen Liberalisierung und der weitgehenden Standardisierung in der Regel stark wettbewerbsorientiert sind. Die meisten dieser Verfahren warfen daher keine wettbewerbsrechtlichen Bedenken auf und konnten in der ersten Phase ohne Auflagen genehmigt werden.[148] Unter den komplexeren Fällen waren dagegen Zusammenschlüsse zwischen Netzbetreibern und Diensteanbietern im Bereich der Festnetztelefonie und des Mobilfunks zu verzeichnen, wobei in einigen Fällen auch die Verbindung zum Internet deutlich wurde.

113   **a) Festnetz und Festnetzdienste.** – Im Bereich des Festnetzes und der Festnetzdienste sind insbesondere die beiden Verfahren Telia/Telenor[149] und Telia/Sonera[150] zu nennen. Beiden Verfahren lagen **Fusionen zwischen ehemaligen Monopolbetreibern** in unterschiedlichen Mitgliedstaaten zugrunde, welche die Kommission jeweils nur unter weitreichenden Auflagen und Bedingungen genehmigte. Diese Auflagen und Bedingungen betrafen u. a. die strukturelle Trennung von Festnetz- und Mobilfunknetzen, den nichtdiskriminierenden Zugang zu den Netzen, die Veräußerung der Kabelnetze sowie (im Fall Telia/Telenor) sogar die Entbündelung der Ortnetze zu nichtdiskriminierenden Bedingungen. Sie trugen damit ähnliche Charakteristika wie sonst sektorspezifische Regulierungsmaßnahmen. Art und Umfang der in diesen beiden Verfahren verwendeten Auflagen sind als Leitfaden für weitere Zusammenschlüsse zwischen beherrschenden Betreibern zu betrachten. Mehrere

---

148 Vgl. hierzu u. a. Marconi/Bosch Public Network, ABl. EG 2000 Nr. C 144, S. 8; Alcatel/Thomson Multimedia, ABl. EG 2001 Nr. C 348, S. 15; Schneider/Thomson Media, ABl. EG 2001 Nr. C 251, S. 3.

149 ABl. EG 2001 Nr. L 40, S. 1; Presseerklärung der Kommission IP/99/746 vom 13. 10. 1999.

150 ABl. EG 2002 Nr. C 201, S. 19; Presseerklärung der Kommission IP/02/1032 vom 10. 7. 2002.

hiervon sind allerdings schon nach kurzer Zeit gescheitert, wie z. B. Telia/Telenor, bzw. trotz längerer Verhandungen gar nicht erst zustande gekommen, wie z. B. Deutsche Telekom/Telecom Italia und Telefonica/KPN. Hieraus wird die Schwierigkeit solcher Zusammenschlüsse zwischen etablierten Betreibern besonders deutlich.

Weitere wichtige Verfahren betrafen Zusammenschlüsse zwischen grossen Festnetzbetreibern.[151] In diesem Zusammenhang hat die Kommission eine Reihe **strategischer Allianzen** genehmigt.[152] Sofern aufgrund des angemeldeten Vorhabens eine Koordinierung des Wettbewerbsverhaltens der Muttergesellschaften als wahrscheinlich galt, wurden diese Fälle gemäß Art. 2 Abs. 4 FKVO zugleich auch anhand von Art. 81 EG untersucht. Daher ist die Kommission in einigen Fällen gesondert auf die mögliche Verursachung von **Koordinierungseffekten zwischen den Muttergesellschaften** eingegangen.[153] Auch die Gründung eines Gemeinschaftsunternehmens zwischen British Telecommunications und AT&T zur weltweiten Bereitstellung von Netzeinrichtungen und Datenübertragungsdiensten wurde einer derartigen Doppelprüfung unterzogen.[154] Aufgrund der bedeutenden potenziellen Auswirkungen auf die betroffenen Märkte entschied die Kommission Anfang Dezember 1998, in diesem Verfahren das viermonatige Hauptprüfungsverfahren einzuleiten. Im März 1999 genehmigte die Kommission dieses Vorhaben jedoch, nachdem die Parteien hinreichende Zusagen gemacht hatten, um die ursprünglichen Bedenken der Kommission auszuräumen.[155] In sämtlichen dieser Entscheidungen stellte die Kommission fest, dass auf den jeweiligen relevanten Märkten weder eine marktbeherrschende Stellung entstand noch verstärkt wurde. In den Fällen nach Art. 2 Abs. 4 FKVO stellte die Kommission zudem fest, dass infolge der Schaffung des Gemeinschaftsunternehmens kein wettbewerbsbeschränkendes Verhalten der Muttergesellschaften zu erwarten war. **114**

Dagegen wurden die geplanten Gemeinschaftsunternehmen zwischen Bertelsmann/Kirch/ Premiere und Deutsche Telekom/BetaResearch zur gemeinsamen Einführung des digitalen Pay-TV in Deutschland von der Kommission Ende Mai 1998 untersagt.[156] Der Grund hierfür war die Feststellung, dass durch den Zusammenschluss auf dem relevanten Markt (Pay-TV-Dienste in Deutschland) kein ausreichender Wettbewerb mehr verblieben wäre und die Parteien zu hinreichenden Zugeständnissen nicht bereit oder in der Lage waren.[157] Dieser Fall verdeutlichte erstmals die zunehmende **Konvergenz von Telekommunikation** und Medien, da von den Parteien beabsichtigt war, die Pay-TV-Dienstleistungen über das Kabelnetz der Deutsche Telekom anzubieten. **115**

b) Mobilfunk. – Auch anhand einiger Verfahren im Mobilfunk zeigte sich, dass Entscheidungen im Bereich der Fusionskontrolle regulierungsähnliche Auswirkungen nach sich ziehen können. Ein gutes Beispiel dafür bieten die Zusammenschlüsse zwischen Betreibern von Mobilfunknetzen, Anbietern von Internetzugang und Internetdienstleistungen **116**

---

151 BT/MCI (II), ABl. EG 1997 Nr. L 336, S. 1; WorldCom/MCI, Abl. EG 1999 Nr. L 166, S. 1; MCI WorldCom/Sprint, ABl. EG 2000 Nr. C 14, S. 6.

152 U. a. in den Entscheidungen PTA/Telekom Italia/Telekom Austria und UTA/Swisscom.

153 U. a. in den Entscheidungen ENEL/France Télécom/Deutsche Telekom, British Telecommunications/AirTouch und VIAG/Orange.

154 ABl. EG 1998 Nr. C 342, S. 4; ABl. EG 1998 Nr. C 390, S. 21; Presseerklärung IP/98/1065 vom 4. 12. 1998.

155 Presseerklärung der Kommission IP/99/209 vom 30. 3. 1999.

156 ABl. EG 1999 Nr. L 53, S. 1 bzw. 31; Presseerklärung der Kommission IP/98/477 vom 27. 5. 1998.

157 Vgl. auch die ähnlich gelagerten Verbotsentscheidungen in den Verfahren MSG (ABl. EG 1994 Nr. L 364, S. 1) und NSD (ABl. EG 1996 Nr. L 53, S. 20).

und großen Medienkonzernen als Inhalteanbieter im Jahr 2000. Die Kommission genehmigte in diesem Zusammenhang das Gemeinschaftsunternehmen **Vizzavi** zwischen Vodafone, Vivendi und Canal+ nur unter Auflagen.[158] Diese während der feindlichen Übernahme der Mannesmann AG durch Vodafone angekündigte Allianz hatte das strategische Ziel,
den Gegnern jener Übernahme die konkrete Aussicht auf eine Ausrichtung von Vodafone
auf den Internetzugang per Mobilfunk zu bieten. Durch diese Übernahme hatte Vodafone
ein in seiner europaweiten Ausdehnung einzigartiges Mobilfunknetz aufgebaut, welches
durch das Gemeinschaftsunternehmen Vizzavi sodann um ein Internetportal mit erheblicher Reichweite und umfangreichen Inhalten erweitert wurde. Darüber hinaus beabsichtigte Vizzavi, seinen Kunden Zugang zu Inhalten und interaktiven Internetdiensten auch über
andere technische Plattformen wie z.B. das feste Telefonnetz, den Computer und den Fernseher anzubieten. Um die verschiedenen von dem Zusammenschluss betroffenen Märkte,
unter denen die Kommission dabei auch denjenigen für Internet-Portale ermittelte, für die
Wettbewerber von Vizzavi möglichst offen zu halten, genehmigte die Kommission dieses
Vorhaben nur unter der Bedingung, dass die Wettbewerber gleichberechtigten Zugang zu
den Decodern und Mobilfunkgeräten der Parteien erhielten und den Nutzern des Vizzavi-
Portals die technische Möglichkeit eingeräumt wurde, an ihren Mobiltelefonen die Voreinstellung des Zugangsanbieters auf einen Wettbewerber von Vizzavi umzustellen. Die hoch-
gesteckten Erwartungen in dieses Gemeinschaftsunternehmen haben sich jedoch nicht erfüllt.

117   Auch die Übernahme der **Mannesmann AG** durch **Vodafone Airtouch** wurde von der
Kommission im Jahr 2000 nur unter strengen Auflagen genehmigt.[159] Insbesondere mussten sich die Parteien verpflichten, anderen Mobilfunkbetreibern auf der Vorleistungsebene
nichtdiskriminierenden Zugang zu ihren Roaming- und anderen Diensten zu gewähren.
Dieses wurde durch zwei gesondert ausgearbeitete Standardvereinbarungen erreicht, die
ebenfalls Gegenstand des Genehmigungsverfahrens bei der Kommission wurden. Hierdurch wurde Vodafone Airtouch als Betreiberin des aufgrund der vielen Beteiligungen an
anderen Unternehmen grössten „nahtlosen" Mobilfunknetzes in Europa jeden erzielten Ef-
fizienzfortschritt und damit verbundene Kosteneinsparungen auf Anfrage unmittelbar in
Form von Vorleistungstarifen an Dritte weiterzugeben. Diese Verpflichtungen dürften jedoch in gewissem Maß zu der wettbewerblich bedenklichen Situation bei den Roamingtari-
fen beigetragen haben, welche die Kommission gegenwärtig noch in mehreren Mitgliedstaaten im Hinblick auf einen möglichen Verstoß gegen Art. 82 EG untersucht.

118   Diese Beispiele verdeutlichen, dass es auch im Rahmen der Fusionskontrolle zu **Überschneidungen mit der sektorspezifischen Regulierung** kommen kann, darüber hinaus
aber nur in geringem Ausmaß eine inhaltliche Nähe zwischen diesen Regelungsmaterien
besteht, da beide Bereiche erheblich unterschiedlichen Eingriffsvoraussetzungen unterliegen. Insbesondere der zuletzt genannte Fall unterstreicht dabei die besondere Notwendigkeit einer möglichst engen Abstimmung zwischen Regulierungs-, Fusions- und Kartellent-
scheidungen, da hierbei vielfältige Verbindungen und wechselseitige Auswirkungen eintreten können.

---

158   ABl. EG 2000 Nr. C 118, S. 25; Presseerklärung der Kommission IP/00/821 vom 20.7.2000.
159   ABl. EG 2000 Nr. C 141, S. 19; Presseerklärung der Kommission IP/00/373 vom 12.4.2000.

Anhang III: Gemeinsamer Standpunkt der ERG

A. Vorbemerkung

Der englische Originaltext der „ERG Common Position on the approach to appropriate remedies in the new regulatory framework" ist abrufbar unter

http://www.erg.eu.int/doc/whatsnew/erg_0330rev1_remedies_common_position.pdf (Stand: 10/2005).

In der Kommentierung des Gemeinsamen Standpunktes (Anhang III.C) werden in den Verweisen auf die deutsche Fassung die Seitenzahlen in diesem Kommentar verwendet. Für die Quellenangaben der englischen Fassung wurde die Zählung im veröffentlichten Dokument beibehalten.

B. Gemeinsamer Standpunkt der ERG im Hinblick auf die im neuen Rechtsrahmen vorgesehenen geeigneten Regulierungsinstrumente

Übersicht

Zusammenfassung

Dieses Dokument legt den gemeinsamen Standpunkt der Gruppe Europäischer Regulierungsstellen (ERG) der nationalen Regulierungsbehörden (NRA) und der Dienste der Europäischen Kommission (GD Informationsgesellschaft und GD Wettbewerb) bezüglich der
im neuen Rechtsrahmen für elektronische Kommunikation zur Verfügung stehenden Regulierungsinstrumente dar. Das Ziel ist ein einheitlicher und harmonisierter Ansatz für die
Anwendung von Regulierungsinstrumenten durch die NRA entsprechend dem Gemein-

schaftsrechtsgrundsatz der Verhältnismäßigkeit und den zentralen Zielen des neuen Rechtsrahmens, nämlich Förderung des Wettbewerbs, Beitrag zur Entwicklung des Binnenmarkts und Förderung der Interessen der Bürger der EU (Art. 8 Rahmenrichtlinie[1]). Das Dokument ist in fünf Kapitel in der logischen Reihenfolge des Auswahlprozesses für die Regulierungsinstrumente unterteilt: zunächst eine einführende Diskussion der Zielsetzung und des Kontextes, danach (i) die Feststellung und Einordnung der Standardwettbewerbsprobleme, (ii) ein Katalog der verfügbaren Standardregulierungsinstrumente, (iii) die Grundsätze, von denen sich die NRA bei der Auswahl der geeigneten Regulierungsinstrumente leiten lassen sollten, (iv) eine Abstimmung der verfügbaren Regulierungsinstrumente auf die Standardwettbewerbsprobleme.

1. Zielsetzung und Kontext (Kapitel 1)

Entsprechend der ökonomischen Standardanalyse greift die staatliche Politik zunehmend nur noch in das Marktgeschehen ein, um bei deutlich erkennbarem Marktversagen oder bei vorrangigem staatlichen Interesse zu intervenieren. Im Kontext des neuen Rechtsrahmens ist Marktversagen am augenfälligsten, wenn Marktmacht missbraucht werden kann. Der Hauptgrund für die meisten Wettbewerbsprobleme aufgrund von Marktmacht auf Kommunikationsmärkten wiederum sind die Zugangshindernisse. Wenn die Zugangshindernisse groß sind und aufgrund der Kosten- und Nachfragestruktur nur eine begrenzte Zahl von Anbietern vorhanden ist, können etablierte Betreiber über beträchtliche Marktmacht verfügen.

Das Ziel des neuen Rechtsrahmens ist die Schaffung eines harmonisierten Ansatzes für die Regulierung der elektronischen Kommunikation, um einen nachhaltigen Wettbewerb, Interoperabilität der Dienste und Vorteile für den Kunden zu sichern.

Die Einführung von Regulierungsinstrumenten ist die dritte Phase des im neuen Rechtsrahmen vorgesehenen Prozesses in Bezug auf die rechtlichen Verpflichtungen, die Unternehmen mit beträchtlicher Marktmacht auferlegt werden.[2] Die drei Phasen sind wie folgt:

1. *Marktdefinition:* Die NRA definieren die Märkte, die für eine Vorabregulierung in Betracht kommen, entsprechend den nationalen Gegebenheiten. Für die Filterung oder Auswahl aus der großen Anzahl von Märkten, die in der ersten Phase bestimmt werden könnten, hat die Kommission drei Kriterien herausgestellt:[3]

- Beträchtliche und anhaltende Zutrittshindernisse,
- die Wettbewerbstendenz hinter den Zutrittshindernissen und
- das Ausreichen des Wettbewerbsrechts (ohne Vorabregulierung).

Die drei Kriterien, die in der Empfehlung beschrieben sind, werden von der Europäischen Kommission und den NRA zur Feststellung derjenigen Märkte verwendet, deren Merkmale die Auferlegung der in den Einzelrichtlinien vorgesehenen rechtlichen Verpflichtungen rechtfertigen.[4] Es wird also von der Annahme ausgegangen, dass auf den 18 Märkten in der Empfehlung eine Vorabregulierung angebracht ist, wenn eine marktbeherrschende Stellung festgestellt wird. Daher brauchen die nationalen Behörden selbst nicht festzulegen, ob

---

1 Richtlinie 2002/21/EG.
2 Richtlinie 2002/21/EG, Art. 15 und 16.
3 Empfehlung der Kommission über relevante Märkte, ABl. L 114/45, 8. 5. 2003.
4 Richtlinie 2002/21/EG, Artikel 15.

das Wettbewerbsrecht allein ausreicht, mit den Wettbewerbsproblemen auf den in der Empfehlung angesprochenen Märkten fertig zu werden.

2. Die *Marktanalyse* ist die zweite Phase. Sobald ein Markt definiert ist (was eine spezifische Handlung einer NRA voraussetzt), ist er zu analysieren, um den Umfang des Wettbewerbs auf dem betreffenden Markt entsprechend den Leitlinien über beträchtliche Marktmacht festzustellen.[5] Die NRA werden nur eingreifen und Unternehmen Verpflichtungen auferlegen, wenn auf den Märkten nach Ansicht der NRA kein wirksamer Wettbewerb herrscht, weil diese Unternehmen eine Stellung innehaben, die im Sinne des Art. 82 des EG-Vertrags einer Marktbeherrschung gleichkommt.[6]

3. *Regulierungsinstrumente:* Ergibt die Marktanalyse, dass auf dem Markt kein wirksamer Wettbewerb herrscht und die NRA einen oder mehrere Betreiber als beherrschend auf dem betreffenden Markt einstuft, ist mindestens ein Vorabregelungsinstrument anzuwenden;[7] dies ist die dritte und letzte Phase.

Der dreistufige Prozess erlaubt es, die Regulierung auf Bereiche zu konzentrieren, in denen es tatsächlich erforderlich ist. Dieser Prozess folgt auch der Logik der Entscheidungsfindung in den NRA bei der Auswahl des richtigen Instruments zur Lösung eines festgestellten Wettbewerbsproblems. Dies hat zahlreiche Vorteile gegenüber dem vorherigen Regelungsrahmen, wo ziemlich mechanisch Märkte definiert, beträchtliche Marktmacht festgestellt und Regulierungsinstrumente eingesetzt wurden, wohingegen der neue Regelungsrahmen es erlaubt, Regulierungsinstrumente auf Bereiche zu konzentrieren, in denen es tatsächlich erforderlich ist. Im gesamten Dokument wird davon ausgegangen, dass für die betrachteten Märkte die ersten zwei Phasen des Prozesses abgeschlossen sind.

Die politischen Ziele und Regulierungsgrundsätze für die NRA sind in Art. 8 der Rahmenrichtlinie dargelegt. Diese sollen

- den Wettbewerb fördern,
- zur Entwicklung des Binnenmarktes beitragen,
- die Interessen der Bürger der Europäischen Union fördern.

Diese Ziele finden Ausdruck in den Regulierungsinstrumenten der Zugangsrichtlinie und der Universaldienstrichtlinie, die alle zusammen es den NRA ermöglichen müssten, diese Ziele in ausgewogener Weise zu verfolgen.

2. Standardwettbewerbsprobleme (Kapitel 2)

Bei der bereichsspezifischen Vorabregulierung müssen sich nationale Regulierungsbehörden mit Unternehmen auseinandersetzen, die auf einem oder mehreren Kommunikationsmärkten über eine beträchtliche Marktmacht (SMP) verfügen. Dabei können sich folgende Probleme ergeben: Das SMP-Unternehmen kann versuchen, Wettbewerber aus dem SMP-Markt oder einem angrenzenden Markt zu verdrängen, und das beherrschende Unternehmen kann Maßnahmen anwenden, die zum Nachteil der Endkunden sind, wie überhöhte Preise, Angebote geringer Qualität und ineffiziente Leistungserbringung. Die vier für diese Wettbewerbsprobleme relevanten grundlegenden Marktkonstellationen sind:

---

5 Leitlinien der Kommission zur Marktanalyse und Ermittlung beträchtlicher Marktmacht nach dem gemeinsamen Rechtsrahmen für elektronische Kommunikationsnetze und -dienste, ABl. 11. 7. 2002 C-165/6.

6 Richtlinie 2002/21/EG, Artikel 14.

7 Artikel 16 der Rahmenrichtlinie [Richtlinie 2002/21/EG].

- *Vertikale Übertragung von Marktmacht:* Dies ist der Fall, wenn ein beherrschendes Unternehmen seine Marktmacht von einem Vorleistungsmarkt auf einen vertikal verbundenen Vorleistungs- oder Endkundenmarkt ausdehnen will.
- *Horizontale Übertragung vom Marktmacht:* Dies ist der Fall, wenn ein SMP-Betreiber seine Marktmacht auf einen anderen, nicht horizontal verbundenen Markt ausdehnen will.
- *Alleinige Marktbeherrschung:* Die Probleme, die in diesem Zusammenhang auftreten können, sind Abschreckung von Marktzutritt, ausbeuterische Preissetzung und ineffiziente Leistungserbringung.
- *Terminierung (Anrufzustellung):* Dies bezieht sich auf die Verknüpfung zwischen der Preissetzung auf den Terminierungsmärkten und auf den dazugehörigen Endkundenmärkten, die wettbewerbsorientiert sein können.

Anhand dieser Typologie werden 27 potenzielle Wettbewerbsprobleme beschrieben. Jedes dieser Wettbewerbsprobleme kann bei Durchführung der Marktanalyse als Problem erkannt werden, mit dem sich die NRA beschäftigen muss. Natürlich werden in der Praxis nicht alle Probleme in jedem Fall auftreten. Diese Auflistung der Wettbewerbsprobleme ist nur eine Orientierungshilfe, und die NRA können ohne weiteres andere potenzielle Probleme ermitteln.

3. Standardregulierungsinstrumente (Kapitel 3)

Die im neuen Rechtsrahmen vorgesehenen Standardregulierungsinstrumente sind in Art. 9 bis 13 der Zugangsrichtlinie und Art. 17 bis 19 der Universaldienstrichtlinie dargelegt.

Die Zugangsrichtlinie legt die folgenden Verpflichtungen für den *Vorleistungsmarkt* fest:

- Transparenz
- Gleichbehandlung
- getrennte Buchführung
- Zugang
- Preiskontrolle und Kostenrechnung

Außerdem erlaubt die Zugangsrichtlinie den NRA für außergewöhnliche Umstände die Anwendung anderer Regulierungsinstrumente als der Standardinstrumente, die in der Richtlinie aufgezählt sind. Diese Regulierungsinstrumente für Ausnahmesituationen sind in diesem Dokument nicht enthalten.

Die Aufstellung der in der Universaldienstrichtlinie erwähnten möglichen Verpflichtungen für Endkundenmärkte ist nicht allumfassend. Ausdrücklich erwähnt wird aber das Verbot überhöhter Preise oder von Kampfpreisen, ungerechtfertigter Preisdiskriminierung oder ungerechtfertigter Bündelung von Diensten, die u. a. über Price Caps oder individuelle Preiskontrollen angegangen werden können. Regulierungsinstrumente zur Kontrolle von Endkundendiensten können nur eingeführt werden, wo relevante Maßnahmen, die auf Vorleistungen oder entsprechende Bereiche angewandt werden, das Ziel der Sicherstellung des wirksamen Wettbewerbs nicht erreichen würden.

4. Grundsätze für die Anwendung der Regulierungsinstrumente (Kapitel 4)

Art. 8 der Zugangsrichtlinie verlangt, dass die Regulierungsinstrumente auf das zugrunde liegende erkannte (Wettbewerbs-)Problem abgestimmt sein müssen und im Hinblick auf die Ziele der NRA in Art. 8 der Rahmenrichtlinie angemessen und gerechtfertigt sein müssen.[8] Der Zweck dieses Kapitels ist es, dieses Konzept mit Leben zu füllen und den NRA eine Orientierungshilfe zu geben, wie sie den Zielen des Rechtsrahmens gerecht werden und gleichzeitig diese Anforderungen erfüllen können.

Der erste Grundsatz lautet, dass die NRA begründete Entscheidungen in Übereinstimmung mit ihren Verpflichtungen aufgrund der Richtlinie treffen müssen. Das bedeutet, dass das gewählte Instrument sich nach der Art des festgestellten Problems richten muss. Das/die Problem(e) des Marktes wurden schon bei der Marktanalyse erkannt. Im Entscheidungsprozess muss auch die Verhältnismäßigkeit des Instruments berücksichtigt werden. In diesen Entscheidungen sollten in Bezug auf die einzelnen Probleme möglichst auch alternative Regulierungsinstrumente geprüft werden, damit das praktischste effektive Instrument gewählt werden kann. Bei den Entscheidungen sollte auch die potenzielle Wirkung der vorgesehenen Regulierungsinstrumente auf benachbarte Märkte berücksichtigt werden.

Ein zweiter Grundsatz betrifft den Aspekt des Wettbewerbs im Infrastrukturbereich, wenn er aufgrund der anhaltenden Engpässe und damit zusammenhängender erheblicher Größen- oder Verbundvorteile oder anderer Zutrittsbeschränkungen unwahrscheinlich ist; dort müssen die NRA sicherstellen, dass ein ausreichenden Zugang zu den Vorleistungen gewährleistet ist. So kämen die Verbraucher in den Genuss größtmöglicher Vorteile. Hier sollten die NRA auch Maßnahmen gegen potenziellen Verhaltensmissbrauch treffen.

Ein dritter Grundsatz lautet, dass in den Fällen, in denen das Ergebnis der Marktdefinition und -analyse zeigt, dass die Infrastruktur des etablierten Betreibers nachbildbar (replizierbar) sein kann, die verfügbaren Regulierungsinstrumente den Übergangsprozess zu einem nachhaltig funktionierenden Wettbewerbsmarkt unterstützen sollten.[9] Wenn es als ausreichend sicher gilt, dass diese Nachbildung möglich ist, sollten diese Märkte ebenso behandelt werden wie die Märkte, von denen die Nachbildbarkeit bekannt ist. In anderen mit größerer Unsicherheit behafteten Fällen sollten die NRA offen sein, die Entwicklung laufend beobachten und Diskussionen mit der Branche führen, um in Bezug auf deren Ansichten immer auf dem Laufenden zu sein.

Ein vierter Grundsatz lautet, dass die Regulierungsinstrumente möglichst so gestaltet sein sollten, dass sie Anreizwirkung erzielen. Die NRA sollten also, wann immer es möglich ist, die Regulierungsinstrumente so anwenden, dass für den regulierten Anbieter die Vorteile der Befolgung größer sind als die Vorteile der Nichtbefolgung. Regulierungsinstrumente mit Anreizwirkung sind wahrscheinlich wirkungsvoll und verlangen gleichzeitig ein Minimum an laufender regulierender Intervention. Dies ist in der Praxis vielleicht schwer zu erreichen, da insbesondere die rechtliche Befugnis, Anreize für die Einhaltung zu entwickeln, in den einzelnen Mitgliedstaaten wahrscheinlich sehr unterschiedlich ist.

---

8   Richtlinie 2002/19/EG. Artikel 8 der Richtlinie 2002/21/EG (die Rahmenrichtlinie) stellt die Ziele der NRA dar: Förderung des Wettbewerbs, Beitrag zur Entwicklung des Binnenmarktes und Förderung der Interessen der Bürger der EU.

9   Wenn in diesem Dokument von Nachbildung die Rede ist, bedeutet das genau genommen eine andere Infrastruktur, die in der Lage ist, dieselben Dienste bereitzustellen. Nachbildung verlangt also nicht dieselbe Technologie, und selbst wenn dem so ist, wird nicht unterstellt, dass die Konfiguration die gleiche ist.

5. Abstimmung der Regulierungsinstrumente auf die Wettbewerbsprobleme (Kapitel 5)

In diesem letzten Kapitel wird der Versuch unternommen, die verfügbaren Regulierungsinstrumente der NRA, die in Kapitel 3 beschrieben sind, auf die in Kapitel 2 festgestellten Probleme abzustimmen. Diese Abstimmung basiert auf den in Kapitel 4 behandelten allgemeinen Grundsätzen. Die Analyse in diesem Kapitel erfolgt ganz allgemein unter Zugrundelegung der Bedingungen, die die NRA gewöhnlich antreffen und bei Entscheidungen über Regulierungsinstrumente berücksichtigen müssen. Die Schlussfolgerungen sind daher nicht so auszulegen, als sei ganz mechanisch vorzugehen, und die NRA sollen auch nicht daran gehindert werden, aufgrund ihrer eigenen Marktanalyse zu anderen Schlussfolgerungen zu kommen. Diese Zusammenfassung will keinen Überblick über die Untersuchung aller 27 festgestellten Probleme geben, sondern es sollen nur die wichtigsten vorgestellt werden.

Wenn die NRA Instrumente zur Vorabregulierung anwenden, können sie häufig keinen besonderen Typus wettbewerbsfeindlichen Verhaltens feststellen, sondern sie müssen das Auftreten eines bestimmten Wettbewerbsproblems im Vorfeld erkennen; das geschieht auf der Grundlage der *Anreize* für ein marktbeherrschendes Unternehmen, sich wettbewerbsfeindlich zu verhalten, was wiederum in der Marktanalyse untersucht wird. Da aber die Anwendung von Regulierungsinstrumenten nach der Phase der Marktdefinition und Marktanalyse folgt, verfügen die Regulierer über detaillierte Marktkenntnisse, und sie kennen im Falle eines unzureichend funktionierenden Wettbewerbs die marktbeherrschenden Anbieter und die Quelle der Marktmacht sowie die tatsächlichen und potenziellen Wettbewerbsprobleme.

Wenn Märkte die Merkmale natürlicher Monopole aufweisen (erhebliche Größen- und/ oder Verbundvorteile bei der relevanten Outputmenge) und erhebliche Zutrittshindernisse bestehen (z. B. wegen hoher versunkener Kosten), entsteht wirksamer Wettbewerb wahrscheinlich nicht von selbst, und die Regulierer müssen direkt gegen die negativen Effekte der Marktmacht, wie überhöhte Preise, Preisdiskrimierung, fehlende Investitionsbereitschaft, Ineffizienz und geringe Qualität, angehen. Auf anderen Märkten, in denen es keine erheblichen Größen oder Verbundvorteile und nur geringe strukturelle (und daher exogene) Zutrittshindernisse gibt, sind die Befürchtungen bezüglich vorhandener Marktmacht geringer, aber marktbeherrschende Stellungen können auch auf endogenen Zutrittshindernissen beruhen, d. h. Zutrittshindernisse aufgrund des Verhaltens des beherrschenden Unternehmens (Abschottung). In diesen Fällen ist die NRA gefordert, ein solches Verhalten zu verhindern, um den Markteintritt und die Entwicklung des Wettbewerbs zu unterstützen.

Zur Förderung eines nachhaltigen, infrastrukturbasierten Wettbewerbs müssen die NRA Investitionsanreize schaffen, so dass die Infrastruktur des beherrschenden Unternehmens nachgebildet wird, wann immer das innerhalb einer angemessenen Zeit technisch möglich und rentabel ist. Investitionsanreize sind im Kontext der Zugangsregulierung ganz besonders relevant. Mit der Entscheidung, ob und auf welcher Infrastrukturebene der SMP-Anbieter Zugang gewähren muss, und durch Festlegung des Preises für den Zugang beeinflussen die NRA die Investitionsanreize für SMP-Anbieter wie auch für Alternativbetreiber. Da die Kostenstruktur und die Investitionsanreize alternativer Betreiber sich im Laufe der Zeit mit der Entwicklung ihrer Marke und ihres Kundenstamms wahrscheinlich ändern, besteht für die NRA die Möglichkeit, ihnen schrittweise Investitionen zu erlauben. Dieser Ansatz, bei dem zwei oder mehr Zugangsprodukte auf unterschiedlichen Ebenen der Netzhierarchie den Alternativbetreibern gleichzeitig zur Verfügung stehen, wird als „Investitionsleiter" bezeichnet.

Wenn mit ausreichender Sicherheit davon ausgegangen werden kann, dass eine effiziente Nachbildung der Infrastruktur möglich ist, können die NRA signalisieren, dass sie einige der Regulierungsinstrumente als Überbrückungsmaßnahme sehen und/oder daran denken, dynamische Zugangspreisregelungen anzuwenden, um die Investitionstätigkeit zu fördern. Durch die kontinuierliche Anpassung der Anreizeigenschaften der Regulierung können die NRA die Betreiber veranlassen, „auf der Leiter nach oben zu steigen", mit der Konsequenz, dass sie die Regulierung auf diesen Märkten, wo eine Nachbildung erfolgreich war, im Laufe der Zeit auslaufen lassen können.

Wenn Unsicherheit besteht, ob eine Nachbildung möglich ist, müssen die NRA die Vorteile eines Infrastrukturwettbewerbs gegenüber dem Risiko einer ineffizienten Verdoppelung abwägen, wie auch das Risiko, dass es am Ende weder Infrastruktur- noch Dienstleistungswettbewerb gibt, wenn keine Nachbildung erfolgte. Wenn dies das wahrscheinlichste Ergebnis ist, sollten sich die NRA für eine „neutralere" Vorgehensweise entscheiden und die Preise für die relevanten Zugangsprodukte in einem gewissen Verhältnis zu den Kosten festsetzen, den Markt beobachten und die Diskussionen mit der Branche fortsetzen. Die Investitionsanreize können sich aufgrund der Marktdynamik auch im Laufe der Zeit ändern und eine Nachbildung ohne zusätzliche Anreize der Regulierer bewirken. In Marktsegmenten, in denen sich wahrscheinlich kein Infrastrukturwettbewerb entwickeln wird, sollten die NRA den Zugangspreis so festsetzen, dass der etablierte Anbieter veranlasst wird, sein Netz instand zu halten und auszubauen, bei gleichzeitiger Sicherstellung des funktionierenden Zugangs auf Endkundenebene.

Bei neuen Märkten, bei denen sich gewöhnlich die Frage der Vorabregulierung nicht stellt, besteht gegebenenfalls die Notwendigkeit, regulierend einzugreifen, wenn Passivität zu einer vollständigen Abschottung des neu entstehenden Marktes führen würde. Das kann geschehen, wenn der neue Markt von Vorleistungen abhängt, die innerhalb einer angemessenen Zeit nicht nachgebildet oder ersetzt werden können. Unter diesen Umständen kann ein frühes regulierendes Eingreifen in dem Markt, von dem aus Marktmacht übertragen werden könnte, angebracht sein, um zu erreichen, dass der Zugang zu diesen Vorleistungen in normaler Weise gewährleistet ist, damit der Wettbewerb sich auf den neuen Märkten entwickeln kann. So wird mit der Regulierung ausschließlich auf dem betreffenden Vorleistungsmarkt der eigentliche Charakter des neu entstehenden Marktes gewahrt und gleichzeitig die Abschottung verhindert.

Ein weiterer wichtiger behandelter Aspekt ist die Frage des Regelungsansatzes bei den Terminierungsentgelten. Wenn die Gefahr besteht, dass ein SMP-Betreiber auf diesem Markt seine Marktmacht missbraucht und die Preise über den Kosten ansetzt und damit die Preisstrukturen verzerrt, wäre eine Möglichkeit für die NRA, sich zur Lösung dieses Problems auf die Verpflichtung zur Transparenz, Gleichbehandlung oder Preiskontrolle zu berufen. Auch wenn Transparenz in manchen Fällen ein stärkeres Kundenbewusstsein bewirken kann und Gleichbehandlung die Kosten der Terminierung von netzinternen Gesprächen sichtbar machen würde, gehen beide Regulierungsinstrumente das Problem nicht direkt an und sind daher in den meisten Fällen ungeeignet.

Eine Verpflichtung, die direkt auf dieses Terminierungsentgelt abzielt, ist die Festlegung eines kostenorientierten Preises auf der Grundlage einer Preiskontroll- und Kostenrechnungsverpflichtung. Dies könnte durch eine Verpflichtung zu getrennter Buchführung unterstützt werden. Mit einem kostenorientierten Zugangspreis werden überhöhte Preise unmöglich und Verzerrungen eingeschränkt. In den Fällen, in denen die unmittelbare Einführung einer Entgeltkontrolle mit Entgelten auf Wettbewerbsniveau für Mobilfunkanbieter unverhältnismäßig große Probleme verursachen würde, können die NRA ein Price-

Cap-System oder eine Preisanpassung in kleinen Schritten („Gleitpfad") vorsehen, um innerhalb einer angemessenen Zeit Wettbewerbspreise zu erreichen.

Es könnte auch ein anderer Ansatz für neue Marktteilnehmer (Festnetz und Mobilfunk) angebracht sein, weil aufgrund ihrer geringen Größe kostenorientierte Preise wahrscheinlich unangemessen sind oder nur eine Obergrenze für Terminierungsentgelte darstellen. Da aber ein neuer Anbieter trotzdem über Anreize verfügen kann, die Terminierungsentgelte über dem sozialverträglichen Optimum anzusetzen, wäre eine Möglichkeit für die NRA, bei der Regulierung die Terminierungsentgelte ungefähr in der Höhe festzusetzen, die frühere neue Anbieter auf dem nationalen Markt verlangt haben (verzögerte Reziprozität) oder entsprechend einem internationalen Vergleichsmaßstab. Die NRA finden vielleicht auch berechtigte Gründe, für neue Marktteilnehmer vorübergehende Änderungen oder Anpassungen am Preiskontrollinstrument vorzunehmen, um den Wettbewerb zu fördern. Diese Anpassungen können die Verpflichtung beinhalten, „faire/angemessene" Preise anzubieten, um damit sicherzustellen, dass Investitionsanreize für Marktneulinge bestehen bleiben.

Das Problem beider Ansätze liegt aber darin zu entscheiden, wann die „Gnadenfrist" enden soll, da die NRA nicht nur die laufenden Kosten des Marktneulings, sondern auch die Frage berücksichtigen müssen, ob der neue Anbieter auf dem Markt erfolgreich konkurrieren, Marktanteile gewinnen und seine Durchschnittskosten pro Gesprächsminute reduzieren kann. Daher müssen die NRA bestimmen, wann schätzungsweise die angemessene Zeit abgelaufen ist, bis der Preis des neuen Anbieters nach den allgemeinen Regulierungsgrundsätzen für den Sektor unter Berücksichtigung der Wettbewerbssituation auf dem Markt reguliert werden kann, um eine effiziente Leistungserbringung zu gewährleisten.

6. Fazit

Es ist Aufgabe der NRA, die Verbraucher gegen ausbeuterisches Verhalten und Ineffizienz bei Unternehmen mit beträchtlicher Marktmacht zu schützen, aber das letztendliche Ziel ist es, einen Wettbewerb zu fördern, der sich selbst trägt, und die Regulierung auf die Teile des Marktes zu konzentrieren, in denen eine Nachbildung der Infrastruktur des etablierten Anbieters unmöglich oder wirtschaftlich nicht vorteilhaft ist. Die NRA können auf dieses Ziel hinarbeiten, indem sie die SMP-Anbieter daran hindern, ihre Marktmacht auf potenzielle Wettbewerbsmärkte zu übertragen, und indem sie die Zugangsprodukte und Zugangspreise so gestalten, dass etablierte Anbieter und Alternativbetreiber – im Laufe der Zeit – die richtigen Investitionsanreize erhalten.

1. Zielsetzung und Kontext

Dieses Dokument legt den gemeinsamen Standpunkt der Gruppe Europäischer Regulierungsstellen (ERG) dar, der in enger Zusammenarbeit mit den Diensten der Europäischen Kommission in der Generaldirektion Informationsgesellschaft und der Generaldirektion Wettbewerb zum Thema der Regulierungsinstrumente erarbeitet wurde, die im neuen Rechtsrahmen für Unternehmen anzuwenden sind, die über beträchtliche Marktmacht (SMP) auf bestimmten Märkten verfügen. Das Dokument behandelt nur Verpflichtungen, wenn das Vorhandensein beträchtlicher Marktmacht festgestellt wurde, und Situationen, in denen eine Vorabregulierung erforderlich ist, weil nach den Ergebnissen der Untersuchung eine nachträgliche Intervention als ungeeignet erscheint.

In diesem Dokument sollen die Ansichten der nationalen Regulierungsbehörden (NRA) zu Regulierungsinstrumenten dargelegt werden, die so anzuwenden sind, dass sie zur Entwicklung des Binnenmarkts beitragen und eine einheitliche Anwendung des neuen Rechtsrahmens gewährleisten. Im neuen Rechtsrahmen wurde den NRA das Ziel gesetzt, ihren Beitrag zur Entwicklung des Binnenmarktes zu leisten. Dieses Dokument ist einer der konkreten Schritte auf dem Weg zur Erfüllung dieser Verpflichtung.

Dieses Dokument ist Teil des Abstimmungsprozesses über Regulierungsinstrumente und Maßnahmen, die am besten geeignet sind, um für bestimmte Situationen auf dem Markt eine Lösung zu finden. Dabei müssen die NRA miteinander und mit der Kommission in transparenter Weise zusammenarbeiten, um die einheitliche Anwendung des neuen Rechtsrahmens in allen Mitgliedstaaten zu gewährleisten.[10]

Es handelt sich um ein Dokument, das weiterentwickelt und regelmäßig im Lichte neuer Marktentwicklungen und der Erfahrungen der NRA mit der Anwendung der Regulierungsinstrumente aktualisiert wird.

1.1 Hintergrund

Bevor das Dokument die Details des neuen Rechtsrahmens und der Anwendung der Regulierungsinstrumente auf Unternehmen mit beträchtlicher Marktmacht auf bestimmten Märkten behandelt, sollen noch einmal die Gründe, warum (und wie) die politischen Entscheidungsträger in das Marktgeschehen eingreifen, erläutert werden.

Entsprechend der ökonomischen Standardanalyse greift die staatliche Politik zunehmend nur noch in das Marktgeschehen ein, um bei deutlich erkennbarem Marktversagen oder bei vorrangigem staatlichen Interesse zu intervenieren. Im Kontext des neuen Rechtsrahmens versagt der Markt am deutlichsten, wenn Marktmacht missbraucht werden kann. Politische Entscheidungsträger sehen Marktmacht mit Besorgnis, weil Unternehmen damit unabhängig von anderen Akteuren auf dem Markt, den Zulieferern und den Kunden, handeln können. Eng definiert bedeutet Marktmacht die Fähigkeit, die Preise über das Wettbewerbsniveau anzuheben.

Im Rahmen des EG-Wettbewerbsrechts wird Marktmacht auf unterschiedliche Weise angegangen. Als erstes ist da die *nachträgliche* Kontrolle bei Vorliegen des in Art. 82 des EG-Vertrags untersagten Missbrauchs einer beherrschenden Stellung. Dabei wird in einem dreistufigen Prozess der relevante Markt definiert, es wird festgestellt, dass das Unternehmen auf diesem Markt eine beherrschende Stellung innehat, und es wird schließlich geprüft, ob es tatsächlich zu einem Missbrauch gekommen ist. Art. 82 des EG-Vertrags befasst sich also mit der Kontrolle einer schon vorhandenen Marktmacht.[11] Wettbewerbsangelegenheiten, einschließlich der Frage der Marktbeherrschung, sind immer von Fall zu Fall zu betrachten. Die Wettbewerbspolitik agiert auch zukunftsorientiert durch die Fusionskontrolle, um eine beherrschende Stellung auf einem neu entstehenden Markt (oder die Ausweitung einer beherrschenden Stellung), die wahrscheinlich zum großen Nachteil für die Kunden wäre, zu verhindern.[12] Dieses Eingreifen, das ein einmaliger Vorgang ist, kann so aussehen, dass die Fusion unter Einhaltung von Bedingungen zugelassen wird oder dass sie in Ausnahmefällen

---

10 Richtlinie 2002/21/EG, Art. 7 Abs. 2 und Art. 8 Abs. 3 Buchst. d.

11 Artikel 81 des EG-Vertrags befasst sich mit Vereinbarungen und andere Absprachen (z. B. Kartelle), die den Wettbewerb verhindern, einschränken oder verzerren sollen oder können.

12 Der vorgeschlagene Standard, der ab dem 1. Mai 2004 gilt, besagt, dass eine Fusion den effektiven Wettbewerb auf dem Markt nicht wesentlich behindern darf.

schlicht verboten wird. Allgemein gelten die Bestimmungen des EG-Wettbewerbsrechts für alle Sektoren der Wirtschaft.

In Schlüsselsektoren der Wirtschaft, wie die Telekommunikation und Energieversorgung, stellt die fest verwurzelte privilegierte Stellung der vormals staatlichen vertikal integrierten Monopole eine besondere Herausforderung dar. Diese Unternehmen begannen mit einem Monopol in bestimmten Schlüsselbereichen, die die Infrastruktur für die Bereitstellung von Diensten für die Kunden bilden. Angesichts der Komplexität dieser Netze und der Notwendigkeit infolge der Liberalisierungspolitik, den Zugang anzuordnen und Tarife festzusetzen und zu regulieren, haben die politischen Entscheidungsträger schon zu Beginn der Liberalisierung der elektronischen Kommunikationsnetze und -dienste entschieden, dass bis zum Eintritt eines wirksamen Wettbewerbs die Wettbewerbsprobleme auf diesen Märkten am besten mit einer Kombination von sektorspezifischer Vorabregulierung und nachträglicher Anwendung von Wettbewerbsregeln angegangen werden.

Wirtschaftstheorie und technologische Entwicklung haben die frühere Annahme, dass diese Dienste nur von einem vertikal integrierten Monopol bereitgestellt werden können, in Frage gestellt. Inzwischen ist anerkannt, dass Wettbewerb nicht nur auf vielen Ebenen der Wertschöpfungskette möglich ist, sondern dass dieser Wettbewerb dem Kunden statische und dynamische Vorteile bringt.

Der vorherige EU-Rechtsrahmen definierte die Märkte direkt selbst, legte strenge und mechanische Regeln für die Definition eines Betreibers mit beträchtlicher Marktmacht (d. h. Marktanteil von 25 %) fest, ebenso wie die anzuwendenden Regulierungsinstrumente. Die wichtigste Neuerung des neuen Rechtsrahmens ist die grundsätzliche Verknüpfung der Regulierung mit den Konzepten und Grundsätzen des Wettbewerbsrechts in der EU. Das bedeutet, dass die Regulierungsinstrumente von den NRA unter Berücksichtigung des Grundsatzes der Verhältnismäßigkeit in Abhängigkeit von den jeweils gegebenen Umständen festgelegt werden müssen. Dies zeigt die Wichtigkeit der Rolle der ökonomischen Analyse, die die Arten der Wettbewerbsprobleme und die Mittel gegen diese Probleme effektiv und unabhängig feststellt. Im neuen Rechtsrahmen werden also relevante Märkte reguliert, die in Übereinstimmung mit der Wirtschaftstheorie und der Wettbewerbsrechtspraxis definiert wurden, wenn ein Unternehmen (oder eine Unternehmensgruppe) eine Stellung innehat, die einer Marktbeherrschung gleichkommt. Wenn also keine Marktbeherrschung mehr vorliegt, ist das der Auslöser für die Beseitigung von Verpflichtungen. Der Auslöser ist derselbe wie bei der Feststellung der Marktbeherrschung gemäß Art. 82 des EG-Vertrags, aber die Analyse ist in die Zukunft gerichtet. Anders als bei der Regulierung von Fusionen beinhaltet die Vorabregulierung laufende Überprüfungen, damit die Regulierungsinstrumente entsprechend den Erfahrungen angepasst werden können.

Der Hauptgrund für die meisten Wettbewerbsprobleme im Zusammenhang mit Marktmacht auf Kommunikationsmärkten sind die Marktzutrittshindernisse. Wo diese Hindernisse nicht bestehen oder ziemlich gering sind, führt der tatsächliche oder potenzielle Markteintritt zu allgemeiner allokativer und produktiver Effizienz und Preisen, die sich nach den Kosten auf einem gesellschaftlich erwünschten Dienstleistungsniveau richten. Diese Bedingungen sind auf Kommunikationsmärkten aber selten gegeben, weil – strukturbedingte wie auch rechtliche/regulatorische – Zutrittshindernisse in vielen Bereichen existieren. Diese Hindernisse wurden in der Empfehlung der Kommission[13] als das erste (von

---

13 Empfehlung der Kommission vom 11. Februar 2003 über relevante Produkt- und Dienstmärkte des elektronischen Kommunikationssektors, die aufgrund der Richtlinie 2002/21/EG des Europäischen Parlaments und des Rates über einen gemeinsamen Rechtsrahmen für elektronische Kom-

drei zusammen angewandten) Kriterien für die Entscheidung festgestellt, ob ein Markt für die Vorabregulierung in Betracht kommen könnte.

Strukturbedingte Hindernisse ergeben sich nach dieser Empfehlung, „wenn der Stand der Technologie und die dazugehörigen Kostenstrukturen wie auch das Nachfrageniveau zu einem Ungleichgewicht zwischen den etablierten Betreibern und Einsteigern führen, deren Markteintritt so behindert oder verhindert wird. Bedeutende strukturbedingte Hindernisse liegen beispielsweise vor, wenn erhebliche mengen-, größen- und dichtebedingte Vorteile und hohe Ist-Kosten der Vergangenheit für den Markt charakteristisch sind."[14]

Rechtlich bedingte Zugangshindernisse basieren andererseits „nicht auf den Wirtschaftsbedingungen, sondern können sich aus legislativen, administrativen oder sonstigen staatlichen Maßnahmen ergeben, die sich unmittelbar auf die Zugangsbedingungen und/oder die Stellung von Betreibern auf dem relevanten Markt auswirken. Ein Beispiel dafür ist die rechtliche Beschränkung der Zahl von Unternehmen, die Zugang zu Funkfrequenzen haben. Eine solche Beschränkung ist in der Regel mit einem entsprechenden technischen oder technologischen Zugangshindernis verknüpft, z. B. Einschränkungen bei der Zahl der zur Verfügung stehenden Frequenzen und somit ein Limit für die Zahl der Unternehmen, die auf den Markt kommen. Ein wichtiges rechtlich bedingtes Zugangshindernis kann auch bestehen, wenn der Zugang zu einem bestimmten Markt aufgrund von rechtlichen Auflagen unmöglich ist und wenn außerdem erwartet wird, dass sich diese Situation für eine absehbare Zeit nicht ändert."[15]

Die NRA können mit Hilfe der Regulierungsinstrumente des neuen Rechtsrahmens bestimmte Aspekte der Marktstruktur, wie Zutrittshindernisse, beeinflussen. Die strukturell bedingten Hindernisse, die in der Kommissionsempfehlung erwähnt werden (mengen-, größen- und dichtebedingte Vorteile, versunkene Kosten) sind aber Faktoren, die durch regulatorisches Eingreifen nicht zu beeinflussen sind, und wenn überhaupt, würde das sehr lange dauern. Der neue Rechtsrahmen und andere Verpflichtungen der Mitgliedstaaten (die schon zum früheren ONP-Rahmen gehörten) haben auch zum Ziel, die rechtlichen und/oder regulatorischen Hindernisse zu beschränken (z. B. durch Allgemeingenehmigungen, Frequenzhandel oder eine stärkere Harmonisierungsverpflichtung).

Wenn die Zutrittshindernisse groß sind und aufgrund der Kosten- und Nachfragestruktur nur eine begrenzte Zahl von Unternehmen bestehen kann,[16] können etablierte Betreiber über eine beträchtliche Marktmacht verfügen. Unter diesen Umständen ergeben sich für den Regulierer drei Situationen: Erstens kann das marktbeherrschende Unternehmen versuchen, seine Marktmacht auf einen angrenzenden vertikal oder horizontal verbundenen Markt zu übertragen, zweitens kann das Unternehmen Praktiken zur Verteidigung des von ihm beherrschten Marktes anwenden, und drittens kann es auf Methoden zurückgreifen, die man als „typisches Monopolverhalten" bezeichnen könnte: überhöhte Preise, geringe Qualität und ineffiziente Produktion.

---

munikationsnetze und -dienste, ABl. L 114/45, 8. 5. 2003, für eine Vorabregulierung in Betracht kommen. Nachstehend Empfehlung der Kommission über relevante Märkte genannt.

14 Empfehlung der Kommission über relevante Märkte, Erwägungsgrund 10.

15 Empfehlung der Kommission über relevante Märkte, Erwägungsgrund 11.

16 Im Extremfall erlaubt die Kosten- und Nachfragestruktur nur ein einziges Unternehmen, das gilt als Fall eines natürlichen Monopols.

1.2 Der neue Rechtsrahmen

Das Ziel der Richtlinie ist die Schaffung eines harmonisierten Rahmens für die Regulierung der elektronischen Kommunikation, der zu nachhaltigem Wettbewerb, Interoperabilität der Dienste und Vorteilen für den Kunden führt.

Der neue Rechtsrahmen geht von dem Grundsatz der technologischen Neutralität aus und beruft sich auf Grundsätze des Wettbewerbsrechts. Dies ist ein entscheidender Schritt auf dem Weg von den vertikal integrierten Monopolen der Vergangenheit zum normalen Wettbewerb (der, soweit möglich, ausschließlich dem Wettbewerbsrecht unterliegt). Die Mitgliedstaaten können die Geschwindigkeit in ihren Ländern an die Bedingungen auf ihren Märkten anpassen, während sie gleichzeitig in einem einheitlichen Rahmen operieren, der für das Funktionieren des Binnenmarktes unerlässlich ist.

Der neue Rechtsrahmen gilt für alle Produkte und Dienste der elektronischen Kommunikation.

1.2.1 Regulierungsinstrumente im Kontext des neuen Rechtsrahmens

Die Anwendung der Regulierungsinstrumente ist die dritte Phase des im neuen Rechtsrahmen dargestellten Prozesses (in Bezug auf die rechtlichen Verpflichtungen, die mit beträchtlicher Marktmacht verknüpft sind).[17] Die drei Schritte sind weiter unten zusammengefasst: Die Regulierungsinstrumente können gegen Unternehmen mit beträchtlicher Marktmacht sowohl aufgrund der Zugangsrichtlinie als auch (unter bestimmten Umständen) der Universaldienstrichtlinie angewandt werden.

1. Marktdefinition: Die NRA definieren die Märkte, die für eine Vorabregulierung in Betracht kommen, entsprechend den nationalen Gegebenheiten. Dabei müssen sie weitestgehend die Märkte berücksichtigen, die in der Empfehlung der Kommission über relevante Märkte hervorgehoben sind.[18]

Für die Filterung oder Auswahl aus der großen Anzahl von Märkten, die in der ersten Phase bestimmt werden könnten, hat die Kommission drei Kriterien herausgestellt. Die drei Kriterien, die in der Empfehlung für die Definition der Märkte, deren Merkmale die Auferlegung der in den Einzelrichtlinien dargelegten Verpflichtungen rechtfertigen können[19], sind:

● Beträchtliche und anhaltende Zutrittshindernisse,
● die Wettbewerbstendenz hinter den Zutrittsshindernissen und
● das Ausreichen des Wettbewerbsrechts (ohne Vorabregulierung).

Die Kommission verwendete diese drei Kriterien zur Identifizierung von Märkten in der jetzigen Empfehlung, und sie werden auch in künftigen Fassungen der Empfehlung verwendet. Es wird also von der Annahme ausgegangen, dass Vorabregulierung auf den 18 Märkten in der Empfehlung angebracht ist, wenn beträchtliche Marktmacht festgestellt wird. Daher brauchen die nationalen Behörden selbst nicht festzulegen, ob das Wettbewerbsrecht allein ausreicht, mit Wettbewerbsproblemen auf den Märkten in der Empfehlung fertig zu werden. Die NRA müssen aber alle drei Kriterien anwenden, wenn sie entscheiden, ob ein Markt, der nicht in der Empfehlung genannt oder ansonsten in Bezug auf

---

17 Richtlinie 2002/21/EG, Art. 15 und 16.
18 Empfehlung der Kommission vom 11. Februar 2003.
19 Richtlinie 2002/21/EG, Artikel 15.

die in der Empfehlung genannten Märkte definiert ist, für eine Vorabregulierung in Frage käme. Dementsprechend wendet die Kommission auch diese Kriterien an, wenn die NRA Märkte mitteilen, die von den Märkten in der Empfehlung abweichen.

Textfeld 1: Neue Märkte (Emerging Markets)

Das Konzept eines neu entstehenden Marktes wurde in der Rahmenrichtlinie eingeführt, wo es heißt, dass auch dann, wenn „der faktische Marktführer über einen beträchtlichen Marktanteil verfügen dürfte, ihm keine unangemessenen Verpflichtungen auferlegt werden sollten".[20] In den SMP-Leitlinien wird gesagt, dass bei neuen Märkten ein flexibleres Vorgehen gerechtfertigt ist, weil eine verfrühte Vorabregulierung die Wettbewerbsbedingungen, die sich auf neuen und neu entstehenden Märkte herausbilden, unzulässig beeinflussen kann.[21] Außerdem wird in den Leitlinien festgestellt, dass Art. 14 Abs. 3 der Rahmenrichtlinie (Machtübertragung eines Unternehmens mit beträchtlicher Marktmacht) nicht für Marktmacht gelten soll, die von einem „regulierten" Markt auf einen neu entstehenden „nichtregulierten" Markt übertragen wird. Jedes missbräuchliche Verhalten auf einem neuen Markt wird normalerweise nach Art. 82 des EG-Vertrags (beherrschende Stellung) behandelt.[22] Gleichzeitig ist, soweit eine echte Gefahr der Übertragung von Marktmacht besteht, die Abschottung dieser neuen Märkte durch das führende Unternehmen durch eine effektive Regulierung des Marktes/der Märkte, von dem/denen aus die Marktmacht übertragen werden kann, zu verhindern.

In der Empfehlung über relevante Märkte beschreibt die Kommission die Märkte, die für Vorabregulierung in Frage kommen.[23] Wenn ein Markt reguliert werden soll, muss es sich um einen nach den Grundsätzen des Wettbewerbsrechts genau definierten Markt handeln, wie in der Bekanntmachung der Kommission über die Definition des Marktes erläutert wird.[24] Dies gilt auch für einen neu entstehenden Markt. Ein neuer Markt muss sich auch von einem Markt unterscheiden, der sowohl in Bezug auf Nachfrage als auch Angebot für die Vorabregulierung in Betracht kommt. Das heißt, dass die Nutzer des neuen Dienstes ihre Nachfrage nicht auf aktuell verfügbare Dienste verlagern sollten, weil es eine geringe, aber gerechtfertigte bleibende Erhöhung des Preises des neuen Dienstes gegeben hat. Ebenso sollten Unternehmen, die schon Dienste anbieten, nicht in der Lage sein, nach einer solchen Preiserhöhung schnell auf diesen neuen Markt vorzudringen.[25]

Das kennzeichnende Merkmal eines neu entstehenden Marktes ist, dass der Markt nicht ausgereift ist. Das bedeutet, dass es auf einem neuen Markt nicht möglich ist, definitiv festzustellen, ob die drei Kriterien erfüllt werden oder nicht. Diese Kriterien, die alle zusammen erfüllt werden müssen, sind: Es bestehen beträchtliche, anhaltende Zutrittshindernisse, es gibt innerhalb des betreffenden Zeitraums keine Tendenz hinter den Zu-

---

20 Richtlinie 2002/21/EG, Erwägungsgrund 27.
21 Dieser Absatz beruft sich stark auf die Leitlinien der Kommission zur Marktanalyse und Ermittlung beträchtlicher Marktmacht, 2002/C 165/03, Absätze 83–85.
22 Leitlinien der Kommission zur Marktanalyse und Ermittlung beträchtlicher Marktmacht, Fn. 92.
23 2003/311/EG.
24 ABl. C 372, 9. 12. 1997.
25 In diesem Fall wäre es nicht möglich, an einer Definition festzuhalten, die anders ist als bei einem jetzt regulierten Markt.

trittshindernissen in Richtung auf wirksamen Wettbewerb, und das Wettbewerbsrecht allein reicht nicht aus, das Problem zu beseitigen. Selbst wenn ein Unternehmen nicht unerhebliche Investitionen tätigt, um einen neuen Dienst anzubieten, gibt es keine Garantie, dass in einem innovativen und sich schnell entwickelnden Sektor keine billigere Alternative für die Bereitstellung des Dienstes gefunden wird. Es ist auch schwierig, die Tendenz zu wirksamem Wettbewerb hinter jedwedem Zutrittshindernis einzuschätzen, weil viele potenzielle Neueinsteiger erst dann feste Pläne für den Eintritt in einen neuen Dienstbereich machen werden, wenn er kommerziell lohnend erscheint. Viele neue Initiativen auf dem Markt schlagen fehl, aber erfolgreiche Unternehmungen sind Anreiz für andere Unternehmen, in den Markt einzutreten. Bei der Diskussion über das zweite Kriterium wird in der Begründung zur Empfehlung gesagt: „Zugangshindernisse können bei innovativen, von stetigem technischen Fortschritt bestimmten Märkten auch an Bedeutung verlieren. Hier entsteht ein Wettbewerbsdruck häufig durch bevorstehende Innovationen möglicher Mitbewerber, die derzeit noch nicht auf dem Markt präsent sind. Auf derart innovationsbestimmten Märkten kann ein dynamischer oder längerfristiger Wettbewerb unter Unternehmen stattfinden, die nicht zwangsläufig auf einem vorhandenen ‚statischen' Markt miteinander konkurrieren." Erst wenn genügend Zeit vergangen ist, können diese Fragen beantwortet werden.

Ein Beispiel für einen neu entstehenden Markt könnte die zukünftige Bereitstellung von mobilen Breitbanddatendiensten der nächsten Generation sein. Auf diesen Märkten erhalten die Endnutzer Zugang zum Internet über eine schnelle Verbindung mit dem zusätzlichen Vorteil der Mobilität. Wie in der Begründung zur Empfehlung der Kommission über relevante Märkte gesagt wird, können viele wichtige Aspekte dieser Märkte „derzeit nur mit einem hohen Maß an Unsicherheit angegangen werden". Aufgrund dessen wurden in der Empfehlung keine Endkundenmärkte oder Vorleistungsmärkte in diesem Bereich identifiziert.

2. Die Marktanalyse *ist die zweite Phase.* Sobald ein Markt definiert ist (was eine spezifische Maßnahme einer NRA voraussetzt), ist er zu analysieren, um das Maß des Wettbewerbs auf dem betreffenden Markt entsprechend den Leitlinien über beträchtliche Marktmacht festzustellen.[26] Die NRA werden nur eingreifen und Unternehmen Verpflichtungen auferlegen, wenn auf den Märkten nach Ansicht der NRA kein wirksamer Wettbewerb herrscht, weil diese Unternehmen eine Stellung innehaben, die im Sinne des Art. 82 des EG-Vertrags einer beherrschenden Stellung gleichkommt.[27] Der Begriff der beherrschenden Stellung wurde schon in der Rechtssprechung des Europäischen Gerichtshofs definiert, wonach es sich um eine Position wirtschaftlicher Stärke handelt, die einem Unternehmen die Macht gibt, sich in deutlich erkennbarem Maße unabhängig von Wettbewerbern, Kunden und letztendlich Verbrauchern zu verhalten.

3. Regulierungsinstrumente: Ergibt die Marktanalyse, dass auf dem Markt kein wirksamer Wettbewerb herrscht und die NRA einen oder mehrere Betreiber als Betreiber mit beträchtlicher Marktmacht auf dem betreffenden Markt einstuft, ist wenigstens ein Vorabregelungsinstrument anzuwenden;[28] dies ist die dritte und letzte Phase.

---

26 Empfehlung des Rates über relevante Märkte, ABl. L 114/45, 8. 5. 2003.
27 Richtlinie 2002/21/EG, Artikel 14.
28 Artikel 16 der Rahmenrichtlinie [Richtlinie 2002/21/EG].

Im gesamten übrigen Dokument wird davon ausgegangen, dass für die betrachteten Märkte die ersten zwei Phasen des Prozesses abgeschlossen wurden. Dies gilt ungeachtet der Analysen, die einzelne NRA vornehmen werden. Das bedeutet auch nicht unbedingt, dass auf einem in der Empfehlung genannten Markt immer eine beträchtliche Marktmacht anzutreffen sein wird. Wenn aber die Bedingungen in den Phasen 1 und 2 erfüllt sind, erscheint die Annahme berechtigt, dass eine Form der Vorabregulierung angebracht ist und dass daher gegenüber dem/den Unternehmen, das/die über eine beträchtliche Marktmacht verfügt/verfügen, zumindest ein Instrument anzuwenden ist.

Die Definition der Märkte, die für die Vorabregulierung in Betracht kommen (Phase 1), unterscheidet sich von der Einschätzung des wirksamen Wettbewerbs auf einzelnen Märkten (Phase 2). Es gibt auch Unterschiede bezüglich der Anwendung von Regulierungsinstrumenten auf bestimmten Märkten (Phase 3). Dieses Dokument soll den NRA in Phase 3 helfen und ergänzt die Orientierungshilfen, die die Kommission schon zu den Phasen 1 und 2 gegeben hat.[29] Alle drei Phasen bleiben aber eng miteinander verknüpft. Die Wirkung der Regulierungsinstrumente wird in künftigen Marktuntersuchungen beobachtet und beurteilt, und bei der Prüfung, ob auf einem Markt wirksamer Wettbewerb herrscht, ist die Wirkung vorhandener Regulierungsinstrumente zu berücksichtigen.

In diesem Dokument werden Aspekte, die die Regulierungsinstrumente betreffen, ganz allgemein unter Zugrundelegung der Bedingungen analysiert, die die NRA gewöhnlich antreffen und bei Entscheidungen über Regulierungsinstrumente berücksichtigen müssen. Daher sind die Schlussfolgerungen als Orientierungshilfe zu sehen, die keinesfalls als Befürwortung eines mechanischen Vorgehens zu sehen sind oder die NRA daran hindern sollen, auf der Grundlage einer eingehenden Marktanalyse und unter Berücksichtigung der tatsächlichen Gegebenheiten zu anderen Schlüssen zu kommen.

Der dreistufige Prozess erlaubt es, die Regulierung neu auf Bereiche zu konzentrieren, in denen es tatsächlich erforderlich ist. Dieser Prozess folgt auch der Logik der Entscheidungsfindung in den NRA bei der Auswahl des richtigen Instruments zur Lösung eines festgestellten Wettbewerbsproblems. Hier gibt es zahlreiche Vorteile gegenüber dem vorherigen Rechtsrahmen, nach dem bei der Feststellung einer beträchtlichen Marktmacht und der Anwendung der Regulierungsinstrumente mechanisch vorgegangen wurde. Der alte Rechtsrahmen sollte die Kommunikationsmärkte für den Wettbewerb öffnen, dabei bestand aber angesichts der unterschiedlichen Wettbewerbsentwicklung in vielen Bereichen die Gefahr, regelnd einzugreifen, wo es gar nicht nötig war bzw. dort nichts zu tun, wo ein Eingreifen angebracht wäre. Beide Fehler sind wohlfahrtsschädigend, sowohl aus der Sicht der Anbieter als auch der Verbraucher. Im neuen Rechtsrahmen ist es das Ziel, zunächst die Regulierung umzuorientieren und dorthin zu lenken, wo es wirklich erforderlich ist, und anschließend regelnd einzugreifen, um mittelfristig einen beständigen wirksamen Wettbewerb zu erreichen, wo dies möglich ist.

Mit diesem Ansatz im neuen Rechtsrahmen wird die Übereinstimmung mit dem Wettbewerbsrecht erreicht, deren ökonomischen Grundsätze universelle Gültigkeit haben. Somit stellt der neue Rechtsrahmen bei richtiger Anwendung sicher, dass nur für die Märkte und die Situationen Regulierungsmaßnahmen getroffen werden, für die es wirklich erforderlich ist. Insbesondere wird deutlich erkennbar, wenn die Märkte, die für eine Vorabregulierung

---

29 Empfehlung des Rates über relevante Märkte, ABl. L 114/45, 8. 5. 2003 und Begründung; Leitlinien der Kommission. Leitlinien der Kommission zur Marktanalyse und Ermittlung beträchtlicher Marktmacht nach dem gemeinsamen Rechtsrahmen für elektronische Kommunikationsnetze und -dienste, ABl. C 165/6, 11. 7. 2002.

in Betracht kommen, überhand nehmen. Während im alten Rechtsrahmen ganze Wirtschaftsbereiche in gleichem Maße reguliert wurden, wird im neuen Rechtsrahmen auf jedem Markt auf spezifische, klar umrissene Probleme individuell und angemessen reagiert. Im Ergebnis wird das Gesamtniveau der Regulierung im Laufe der Zeit niedriger, zielgerichteter und angemessener für Situationen sein, in denen immer weniger Regulierung erforderlich ist.

Der neue Rechtsrahmen bringt nicht unerhebliche Kosten mit sich, aber diese Kosten werden letzten Endes größere Vorteile bringen, wenn die Regulierung mit stärkerer Feinjustierung neu ausgerichtet wird. Der neue Rechtsrahmen wird sich in der Zukunft weiter auszahlen, wenn sich wirksamer Wettbewerb etabliert und immer mehr Märkte von der Vorabregulierung befreit werden. Das erleichtert den Übergang zu nachträglichen Kontrollen auf der Grundlage des allgemeinen Wettbewerbsrechts, wenn Märkte mit beständigem wirksamen Wettbewerb in regelmäßigen Untersuchungen festgestellt und aus der Vorabregulierung herausgenommen werden.

1.2.2 Die Ziele der NRA

Wie in Art. 8 der Zugangsrichtlinie gesagt wird, müssen die Verpflichtungen auf die Art des aufgetretenen Problems abgestimmt und im Hinblick auf die Ziele der NRA entsprechend der Rahmenrichtlinie angemessen und gerechtfertigt sein. Dasselbe gilt für die besonderen Umstände nach Art. 17 Abs. 2 der Universaldienstrichtlinie, wo dem Endkundenmarkt Verpflichtungen auferlegt werden können. Die Ziele sind:

- *Förderung des Wettbewerbs* bei der Bereitstellung elektronischer Kommunikationsnetze, elektronischer Kommunikationsdienste und zugehöriger Einrichtungen und Dienste. Dies kann u. a. erreicht werden durch die Sicherstellung bester Bedingungen bei Preisen, Wahlmöglichkeiten und Qualität für die Nutzer durch wirksamen Wettbewerb, optimale Infrastrukturinvestitionen und effizientes Ressourcenmanagement;
- *Beitrag zur Entwicklung des Binnenmarktes.* Dies ist u. a. zu erreichen durch die Beseitigung von Hindernissen für gesamteuropäische Netze und Dienste und die Sicherstellung einer einheitlichen Regelungspraxis in der gesamten Gemeinschaft und
- *Förderung der Interessen der Bürger der Europäischen Union.* Dies ist u. a. durch die Sicherstellung des universellen Zugangs und den Schutz der Nutzerrechte und insbesondere der Nutzer mit besonderen Bedürfnissen zu erreichen. Die Universaldienstrichtlinie legt die Befugnisse der NRA fest, um die Erreichung dieser Ziele zu gewährleisten.

Diese Ziele drücken sich in unterschiedlichem Maße in den Regulierungsinstrumenten in der Zugangsrichtlinie und der Universaldienstrichtlinie aus. Während sich die Zugangsrichtlinie hauptsächlich auf die Förderung des Wettbewerbs (statisch wie auch dynamisch durch die Unterstützung von optimalen Investitionen und Innovationen) konzentriert, sind die Interessen der Nutzer und des Binnenmarkts das Hauptanliegen der Universaldienstrichtlinie. Die Grenzen zwischen den beiden Richtlinien sind aber fließend, denn die Förderung des Wettbewerbs wird allgemein zu niedrigeren Preisen, besserer Qualität, mehr Innovation und größerer Vielfalt führen, was im besten Interesse der Nutzer ist; die Regulierungsinstrumente der Universaldienstrichtlinie wirken andererseits auch wettbewerbsfördernd.

Mit der konsistenten Anwendung des Rechtsrahmens und der Harmonisierungsmaßnahmen als Ganzes sorgen die NRA dafür, dass sie die Zielvorgabe der Entwicklung des Binnenmarktes erfüllen. Die Sicherstellung einer einheitlichen Regulierungspraxis in der gesamten EU ist die Aufgabe jeder NRA, die dabei die besonderen Bedingungen auf den nationalen Märkten berücksichtigt. Die NRA sollten miteinander und mit der Kommission in transparenter Weise kooperieren, um die einheitliche Anwendung des Rechtsrahmens in allen Mitgliedstaaten zu gewährleisten.[30]

Insbesondere sollen sich die NRA bemühen, wie in Art. 7 Abs. 2 und Art. 8 Abs. 3 Buchst. d der Rahmenrichtlinie gesagt wird, Einvernehmen über die geeignetsten Mittel und Wege zur Bewältigung besonderer Situationen auf dem Markt zu erreichen, und sie sollen auf transparente Weise kooperieren, um die Entwicklung einer einheitlichen Regulierungspraxis und die einheitliche Anwendung der Richtlinien zu gewährleisten. Dieser gemeinsame Standpunkt ist Ausdruck des Bestrebens, diese Einheitlichkeit der Vorgehensweisen bei den Regulierungsmaßnahmen zu erreichen. Die Erarbeitung des gemeinsamen Standpunktes ist also Teil des Prozesses, mit dem die NRA zur Entwicklung des Binnenmarktes beitragen. Es können sich aber bestimmte nationale Situationen ergeben, die in einzelnen Fällen eine andere Vorgehensweise bei der Anwendung der Regulierungsinstrumente rechtfertigen könnten. In diesen Fällen begründen die NRA diese Vorgehensweise. Wie bei allen vorgesehenen Regulierungsinstrumenten unterliegt eine solche Maßnahme den Notifizierungs- und Anhörungsverfahren in Art. 7.[31]

Die ersten Phasen der Marktdefinition und Marktanalyse sind schon harmonisiert. Dies ist durch die Leitlinien der Kommission zur Marktanalyse und beträchtlichen Marktmacht und die Empfehlung der Kommission über relevante Märkte geschehen. Abweichungen von der Empfehlung unterliegen weiteren Binnenmarktkontrollen in Anwendung des Verfahrens in Art. 7.[32]

In einigen Fällen können die Auswirkungen einer bestimmten Maßnahme in anderen Mitgliedstaaten spürbar sein. In diesen Fällen sollten sich die NRA der Möglichkeit einer Verzerrung im Handelsverkehr bewusst sein, da sie ja verpflichtet sind, zur Entwicklung des Binnenmarktes beizutragen.[33] Die Gruppe Europäischer Regierungsstellen (ERG) wurde insbesondere mit dem Ziel geschaffen, sich mit diesen und anderen Problemen zu befassen.[34] Zusätzlich zu dem in Art. 7 der Rahmenrichtlinie vorgesehenen Verfahren sollten die NRA (durch die ERG) miteinander (und mit der Kommission) in engem Kontakt bleiben, wenn sie Regulierungsinstrumente in Betracht ziehen, die das Handelsgeschehen zwischen Mitgliedstaaten in einer Weise beeinflussen könnten, die Hindernisse auf dem Binnenmarkt schaffen könnten.

1.3 Der Aufbau des Dokuments

Dieses Dokument basiert nicht allein auf abstrakten ökonomischen Analysen, sondern auch auf Berichten und Untersuchungen, die von Marktdaten ausgehen, und auf der gesamten praktischen Erfahrung der NRA mit Wettbewerbsproblemen auf ihren eigenen Märkten und mit den Mitteln, die am besten zur Lösung dieser Probleme geeignet sind.

---

30 Richtlinie 2002/21/EG, Art. 7.

31 Allerdings kann die Europäische Kommission kein Veto gegen Regulierungsinstrumente einlegen.

32 Nach Artikel 7 müssen nationale Regulierungsbehörden die Kommission benachrichtigen, wenn sie einen neuen Markt definieren wollen, außerdem bei jeder Benennung eines Betreibers, der eine beherrschende Stellung einnimmt, wenn dies den Handel zwischen Mitgliedstaaten beeinflussen würde. Alle anderen NRA werden ebenfalls konsultiert.

33 Art. 8 Abs. 3 der Rahmenrichtlinie [Richtlinie 2002/21/EG].

34 Art. 3, Entscheidung der Kommission 2002/627/EG.

Dies ist lediglich die erste Fassung eines Dokuments, das sich laufend weiterentwickeln soll. Dieses Dokument wird laufend unter Berücksichtigung der neuen Erfahrungen der NRA überarbeitet, denn bei der Anwendung der Regulierungsinstrumente und mit den Entwicklungen auf den Märkten werden sie immer wieder zu neuen Erkenntnissen kommen. Im Arbeitsprogramm der ERG für 2004 ist vorgesehen, dass mit der ersten Revision dieses Dokuments schon im letzten Quartal 2004 begonnen wird.

Das übrige Dokument enthält vier Kapitel, die dem Vorgehen der NRA bei der Anwendung der Regulierungsinstrumente logisch folgen: In Kapitel 2 werden die Bereiche untersucht, in denen nach der Erfahrung und nach Erkenntnissen der Wirtschaftsliteratur Marktmachtprobleme bei Kommunikationsnetzen und Dienstmärkten entstehen. Dieses Kapitel geht von der Empfehlung über relevante Märkte aus und stellt heraus, welche Probleme wahrscheinlich auf diesen Märkten entstehen. In Kapitel 3 werden zur leichteren Bezugnahme kurz die verfügbaren Regulierungsinstrumente zusammengefasst. In Kapitel 4 wird eine Reihe von übergreifenden Grundsätzen erläutert, nach denen sich die NRA bei der Anwendung der Regulierungsinstrumente richten werden. In diesem Kapitel wird dargelegt, wie die NRA im neuen Rechtsrahmen ihre Ziele erreichen können und welche Regulierungsinstrumente zur Bekämpfung von SMP einzusetzen sind. Im letzten Kapitel wird der Inhalt der vorherigen Kapitel des Dokuments zusammengefügt, und es wird ein detaillierter Überblick über die wahrscheinlichen Überlegungen gegeben, die eine NRA unter bestimmten Umständen anstellen könnte. Diese Hinweise sind ziemlich abstrakt, denn den herangezogenen Beispielen fehlt der umfassende Kontext, den die normalen Marktanalysen in den Mitgliedstaaten mit sich bringen. Das letzte Kapitel sollte daher nur als Leitfaden für eine Analyse herangezogen und nicht als definitive Aussage gesehen werden.

2. Generalisierung von Wettbewerbsproblemen

2.1 Einführung

Das Ziel dieses Kapitels ist die Bereitstellung eines analytischen Rahmens für die Beschreibung und Klassifizierung von Wettbewerbsproblemen des Kommunikationssektors. Der Begriff „Wettbewerbsproblem" bezieht sich hier auf alle Praktiken eines SMP[35]-Unternehmens, die darauf abzielen, Wettbewerber aus dem Markt zu verdrängen (oder sie am Markteintritt zu hindern) oder Nutzer auszubeuten. Da es keine Voraussetzung für die Anwendung von Regulierungsinstrumenten ist, dass ein Missbrauch von Marktmacht tatsächlich vorliegt, sollten die festgestellten Probleme als potenzielle oder mögliche Wettbewerbsprobleme angesehen werden, die unter bestimmten Umständen erwartet werden.

Bei der Diskussion der Regulierungsinstrumente in den folgenden Kapiteln wird allerdings nicht davon ausgegangen, dass jedes der Probleme in einer bestimmten Situation automatisch auftritt. Vielmehr werden in Kapitel 5 ganz allgemein Anreize diskutiert, wobei die Anreize für einen SMP-Betreiber, eine bestimmte Art von wettbewerbsverhindernden oder

---

35 Der in diesem Dokument verwendete Begriff SMP darf nicht mit dem Begriff SMP im ONP-Rahmen verwechselt werden; dort löste eine SMP-Stellung automatisch eine Serie von Maßnahmen aus. Wie in Kapitel 3 dieses Dokuments ausgeführt wird, müssen die Regulierungsinstrumente im neuen Rechtsrahmen sich immer nach der Art des festgestellten Problems richten und verhältnismäßig und gerechtfertigt sein. SMP wird jetzt auch entsprechend der europäischen Rechtsprechung als beherrschende Stellung definiert.

ausbeuterischen Maßnahmen zu ergreifen, untersucht werden. Natürlich muss jedes regulatorische Eingreifen immer von den bestehenden besonderen (nationalen) Gegebenheiten ausgehen, die mit einer detaillierten Marktanalyse festgestellt werden, die aber über den Rahmen dieses Dokuments hinausgehen.

Im Rechtsrahmen werden 27 Standardwettbewerbsprobleme festgestellt. Bei dieser Klassifizierung müsste es möglich sein – in einem zweiten Schritt, der in Kapitel 5 behandelt wird – für diese Standardwettbewerbsprobleme die richtigen Standardregulierungsinstrumente im neuen Rechtsrahmen zu finden. Der Rechtsrahmen konzentriert sich auf die Dimension des Unternehmerverhaltens bei Wettbewerbsproblemen, denn es ist vor allen Dingen das Verhalten eines beherrschenden Unternehmens, gegen das die Regulierungsinstrumente des neuen Rechtsrahmens eingesetzt werden können. Das heißt aber nicht, dass strukturbedingte oder rechtliche/regulatorische Zugangshindernisse, die in Kapitel 1 beschrieben wurden, in der folgenden Untersuchung nicht berücksichtigt werden, und es heißt auch nicht, dass sie nicht relevant sind, wenn die NRA ihre Entscheidungen über ein regulatorisches Eingreifen treffen. Für die Anwendung des praktischsten und effektivsten Instruments, ausgehend von den Prinzipien in Kapitel 4, ist es ganz wichtig, die Quelle der Marktmacht festzustellen, die die Ursache für ein bestimmtes Wettbewerbsproblem ist. Das ist nur möglich, wenn die NRA die strukturbedingten und/oder rechtlichen Zugangshindernisse auf einem bestimmten Markt kennt.

Dieses Kapitel ist wie folgt aufgebaut: Als Erstes wird der Rahmen für die Klassifizierung von Standardwettbewerbsprobleme erläutert. Als Zweites werden die festgestellten Wettbewerbsprobleme sowie deren mögliche Auswirkungen eingehend beschrieben.

Der Rahmen ist ziemlich allgemein und vielleicht nicht nur für die „alten, wohlbekannten" Wettbewerbsprobleme mit all ihren Besonderheiten geeignet, sondern könnte auch hilfreich sein, wenn es um neue, unvorhergesehene Probleme geht. Dies ist ein analytischer Ansatz, der nicht nur ein Klassifikationsschema liefern, sondern auch Beziehungen und Kausalitäten zwischen bestimmten Verhaltensmustern und Phänomenen entwirren soll, die allgemein unter dem Oberbegriff „Wettbewerbsprobleme" betrachtet werden.

2.2 Das Klassifikationsschema

Bei der bereichsspezifischen Vorabregulierung müssen sich nationale Regulierungsbehörden mit Unternehmen auseinandersetzen, die auf einem oder mehreren Kommunikationsmärkten über beträchtliche Marktmacht (SMP) verfügen. Dabei können sich drei Arten von Situationen ergeben: Erstens kann das marktbeherrschende Unternehmen versuchen, seine Marktmacht auf einen angrenzenden vertikal oder horizontal verbundenen Markt zu übertragen, zweitens kann das Unternehmen Praktiken zur Verteidigung seiner Marktmacht anwenden, indem es Zutrittshindernisse aufbaut (z. B. Erhöhung der Wechselkosten für die Nutzer), und drittens kann es auf Methoden zurückgreifen, die man als „typisches Monopolverhalten" bezeichnen könnte: überhöhte Preise, geringe Qualität und ineffiziente Bereitstellung.

Ein Wettbewerbsproblem in diesem Zusammenhang lässt sich gewöhnlich am besten unter Verweis auf das Verhalten von Unternehmen mit Marktmacht beschreiben. Das Verhalten wiederum basiert auf einer oder mehreren strategischen Variablen, die dem Unternehmen zur Verfügung stehen.

Zur Verhinderung eines wettbewerbsfeindlichen oder ausbeuterischen Verhaltens durch Vorabregulierung wird ein Instrument gewöhnlich das Verhalten vorschreiben, das ein Unternehmen zeigen bzw. nicht zeigen soll.[36] Wenn die NRA das SMP-Unternehmen daran hindern will, seine Marktmacht auf benachbarte Märkte zu übertragen oder Zutrittshindernisse auf dem SMP-Markt aufzubauen, können sie auf diesen Märkten den Markteintritt und Wettbewerb fördern. Wenn neue Marktteilnehmer unwahrscheinlich sind oder wenn ein Anbieter den Markt beherrscht, weil er der Erste auf dem Markt war (Vorreitervorteil), müssen die NRA die Nutzer gegen Ausbeutungsverhalten und Ineffizienz schützen. Um ein geeignetes Instrument auswählen zu können und die Auslöser eines Wettbewerbsproblems zu erkennen, ist die Kenntnis der globalen Marktkonstellation und der Quelle der Marktmacht also ganz entscheidend. Diese Kenntnis wird im Prozess der Marktdefinition und -analyse gewonnen.

Vor diesem Hintergrund werden Wettbewerbsprobleme in zwei Dimensionen betrachtet: Die eine ist die Marktdimension. Hierbei werden vier Fälle unterschieden:

- *Fall 1 – Vertikale Übertragung von Marktmacht:* Ein Unternehmen ist sowohl auf dem Vorleistungsmarkt als auch dem vertikal damit verbundenen Endkundenmarkt aktiv[37] (d.h. ist vertikal integriert) und verfügt über beträchtliche Marktmacht auf dem vorgelagerten Markt (d.h. Vorleistungsmarkt). Dies ist bei weitem der häufigste Fall auf den Kommunikationsmärkten, zumindest im Festnetzbereich. Der SMP-Betreiber beherrscht einige wesentliche Vorleistungen auf dem Markt und kann versuchen, seine Marktmacht auf den potenziell wettbewerbsorientierten Endkundenmarkt zu übertragen. Ist die Übertragung erfolgreich, verfügt das Unternehmen über Marktmacht auf beiden, dem Vorleistungs- wie auch dem Endkundenmarkt.

- *Fall 2 – Horizontale Übertragung (Endkunden- oder Vorleistungsmarkt):* Ein Unternehmen ist auf zwei vertikal nicht integrierten Märkten aktiv und verfügt über Marktmacht in einem der beiden. Unter bestimmten Umständen (kein vollkommener Wettbewerb auf dem verbundenen Markt und/oder hohe Zugangshindernisse) kann es dann versuchen, seine Marktmacht von dem einen Markt, in dem es eine beherrschende Stellung hat, auf den angrenzenden Markt zu übertragen. Die horizontale Übertragung kann zwischen Endkundenmärkten ebenso wie zwischen Vorleistungsmärkten oder zwischen einem Vorleistungsmarkt und einem (nicht vertikal angrenzenden) Endkundenmarkt vorkommen.

- *Fall 3 – Einzelmarktbeherrschung (Endkunden- oder Vorleistungsmarkt):* Wettbewerbsprobleme können auch nur auf einem einzelnen Markt bestehen (auch wenn das Unternehmen vielleicht auf zwei oder mehreren Märkten aktiv ist). Hier kann das SMP-Unternehmen Zutrittsbarrieren errichten, um seine beherrschende Stellung zu schützen, oder wenn die Stellung ausreichend sicher ist, kann es „typisches Monopolverhalten" zeigen, d.h. überhöhte Preise, Preisdiskriminierung, ineffiziente Leistungsbereitstellung usw., das zu Gesamtwohlfahrtsverlusten führt. Ein solches Verhalten kann auf dem Vorleistungsmarkt wie auch auf dem Endkundenmarkt vorkommen.

- *Fall 4 – Terminierung:* Dies bezieht sich auf Unternehmen, die selbst Terminierungsleistungen anbieten (two-way access) im Gegensatz zum ausschließlichen Verbindungsnetzbetreiber (one-way access), der im Fall 1 behandelt wird), wobei zwischen

---

36 Diese Vorschrift könnte mehr oder weniger präzise sein. In manchen Fällen wird ein bestimmter Preis festgesetzt, oder es wird eine genau definierte Zugangsverpflichtung auferlegt. In anderen Fällen könnte eine Verpflichtung, nicht ungerechtfertigt zu diskriminieren, ausreichen (siehe auch die Ausführungen in Abschnitt 3.2.1).

37 Im Folgenden wird der vorgelagerte Markt als Vorleistungsmarkt bezeichnet und der nachgelagerte Markt als Endkundenmarkt. Dieselben Überlegungen gelten aber auch immer für zwei Märkte, die vertikal integriert sind, d.h. auch zwei Vorleistungsmärkte.

zwei oder mehreren Netzen in einem ersten Schritt auf Vorleistungsebene Zusammenschaltungsvereinbarungen ausgehandelt und in einem zweiten Schritt deren Preise für
den Endkundenmarkt festgesetzt werden, wo sie miteinander konkurrieren oder auch
nicht. Die in diesem Fall diskutierten Probleme können insbesondere auftreten, wenn
Unternehmen auf ihren eigenen Terminierungsmärkten über beträchtliche Marktmacht
verfügen. Die in diesem Zusammenhang beschriebenen Probleme können zwar auch
im Rahmen der anderen drei Konstellationen auftreten, aber aufgrund der Besonderheiten und der besonderen Bedeutung in der Praxis werden sie hier als eigener Fall behandelt.

Bei der anderen Dimension der Wettbewerbsprobleme geht es um „Ursache und Wirkung".
Dabei stellt sich jedes Wettbewerbsproblem wie folgt dar: Um seine Marktmacht zu übertragen oder auszunutzen, wendet ein Unternehmen ein bestimmtes Verhalten an. Das Verhalten basiert einerseits auf einer oder mehreren strategischen Variablen, die dem Unternehmen zur Verfügung stehen, und andererseits hat es bestimmte Wirkungen entweder für
die Konkurrenten (oder potenziellen Konkurrenten) des beherrschenden Unternehmens
oder direkt für die Kunden des beherrschenden Unternehmens. Die Dimension „Ursache
und Wirkung" besteht demnach aus folgenden Bestandteilen:

- Strategische Variablen: Preis, Qualität, Zeit, Informationen usw.
- Verhalten: Preisdiskriminierung, Qualitätsdiskriminierung, Verzögerungstaktik, Vor-
  enthalten von Informationen usw.
- Wirkung: Kostenerhöhung für Rivalen, Umsatzverlust der Konkurrenten, Preis-Kosten-
  Schere (Margin Squeeze), Abschottung usw.

In der Praxis gibt es neben der Marktkonstellation und dem (möglichen) Verhalten des beherrschenden Unternehmens noch eine Reihe anderer Bedingungen, wie nationale Besonderheiten, Verbindungen zu anderen Märkten oder grenzüberschreitende Effekte, die die
NRA bei der Entwicklung von Regulierungsinstrumenten auch berücksichtigen müssen,
aber da in diesem Kapitel ein allgemeiner Rahmen vorgestellt werden soll, wird in diesem
Zusammenhang nicht weiter darauf eingegangen.

Dies ist natürlich nur eine der vielen Möglichkeiten, die Wettbewerbsprobleme anzugehen.
Häufig ist es schwierig, zwischen Ursache und Wirkung zu unterscheiden, und manchmal
könnte sogar die Unterscheidung zwischen Verhalten und Wirkung nicht ganz klar sein
(z.B. bei der Preis-Kosten-Schere, die entweder als Verhalten an sich oder als ein Ergebnis
– hauptsächlich jedenfalls – unterschiedlicher Preise auf dem Vorleistungsmarkt und/oder
wettbewerbsbehindernder Preise angesehen werden kann). Das heißt allerdings nicht, dass
dieser Ansatz willkürlich ist. Vielmehr wurde versucht, Standardwettbewerbsprobleme so
darzustellen, dass sie mit den Regulierungsinstrumenten des neuen Rechtsrahmens angegangen werden können.

2.3 Standardwettbewerbsprobleme

Im oben beschriebenen Rahmen und anhand der Erfahrungen der NRA wurden 27 Standardwettbewerbsprobleme identifiziert und in Tabelle 1 dargestellt. Sie basieren auf einer
Bestandsaufnahme der IRG-Arbeitsgruppen, den Rückmeldungen, die in der Anhörung
der ERG im Juni/Juli 2003 eingingen[38], und auf mehreren Dokumenten, die sich mit Wettbewerbsproblemen und/oder Regulierungsfragen befassen.[39] Die meisten erkannten Prob-

---

38 Öffentliche Aufforderung zur Stellungnahme zu Regulierungsinstrumenten; zu finden unter
   http://www.erg.eu.int/documents/index_en.htm.

leme basieren daher auf den Erfahrungen der NRA und spiegeln die Realität der Kommunikationsmärkte wider. Außerdem werden einige Probleme betrachtet, die häufig in der Literatur zu Telekommunikationsmärkten und Wettbewerbspolitik behandelt werden. Die Liste ist nur eine Orientierungshilfe und soll die NRA nicht daran hindern, andere (potenzielle) Probleme aufzugreifen, gegen die die Regulierungsinstrumente des neuen Rechtsrahmens eingesetzt werden können. Die 27 Wettbewerbsprobleme beruhen auf der verhaltensbezogenen Dimension des Rahmens, da ein Wettbewerbsproblem sich gewöhnlich am besten in Bezug auf das Verhalten eines oder mehrerer Unternehmen mit Marktmacht beschreiben lässt. Außerdem sollen die Regulierungsinstrumente des neuen Rechtsrahmens (Art. 9–13 der Zugangsrichtlinie und Art. 17–19 der Universaldienstrichtlinie) hauptsächlich das Verhalten der SMP-Anbieter zum Ziel haben.

Die Standardwettbewerbsprobleme sehen so aus, dass jedes einzelne als potenzielles Wettbewerbsproblem erkannt werden kann, mit dem sich die NRA bei der Durchführung der Marktanalyse beschäftigen muss. Während die meisten Wettbewerbsprobleme in Zusammenhang mit endogenen Marktzutrittshindernissen stehen, d. h. zur Marktabschottung führendes Verhalten, werden andere Probleme durch ausbeuterisches Verhalten oder Ineffizienz verursacht, die nicht die Einschränkung des Wettbewerbs zum Ziel haben, aber trotzdem aufgrund der allokativen und/oder produktiven Ineffizienz der Wohlfahrt schaden.

Tabelle 1: Standardwettbewerbsprobleme

Marktkonstellation	Wettbewerbsprobleme
Fall 1: Vertikale Übertragung	1.1 Geschäftsablehnung/Zugangsverweigerung 1.2 Diskriminierung bei der Verwendung oder Vorenthalten von Informationen 1.3 Verzögerungstaktik 1.4 Bündelung/Bindung 1.5 Ungerechtfertigte Anforderungen 1.6 Qualitätsdiskriminierung 1.7 Strategische Planung von Produkten/Produktmerkmalen 1.8 Unzulässige Verwendung von Informationen über Konkurrenten 1.9 Preisdiskriminierung 1.10 Quersubventionierung 1.11 Verdrängungspreise
Fall 2: Horizontale Übertragung	2.1 Bündelung/Bindung 2.2 Quersubventionierung
Fall 3: Einzelmarktbeherrschung:	3.1 Strategische Planung der Produkte, um Wechselkosten für die Kunden zu erhöhen 3.2 Vertragsbedingungen, die die Wechselkosten für die Kunden erhöhen

---

39 Siehe z. B. Europäische Kommission (1998), *Oxera* (2002), *Cave* (2002) oder OFT (1999a).

	3.3 Exklusivvereinbarungen 3.4 Überinvestitionen 3.5 Verdrängungspreise 3.6 Überhöhte Preise 3.7 Preisdiskriminierung 3.8 Fehlende Investitionsbereitschaft 3.9 Überhöhte Kosten/Ineffizienz 3.10 Geringe Qualität
Fall 4: Terminierung	4.1 Kollusion 4.2 Überhöhte Preise 4.3 Preisdiskriminierung 4.4 Geschäftsablehnung/Verweigerung der Zusammenschaltung

2.3.1 Fall 1: Vertikale Übertragung der Marktmacht

Fall 1 befasst sich mit Wettbewerbsproblemen bei vertikaler Übertragung. Marktmachtübertragung kann allgemein als ein Verhalten beschrieben werden, bei dem ein Unternehmen mit beträchtlicher Marktmacht seine beherrschende Stellung auf einen anderen, potenziell wettbewerbsorientierten Markt überträgt. Da diese Übertragung ein Versuch ist, Rivalen aus dem potenziellen Wettbewerbsmarkt zu verdrängen, deren Umsatz oder Gewinn zu verringern oder sie am Markteintritt zu hindern, kann sie auch als eine Art von Abschottung gesehen werden.

Vertikale Übertragung lässt sich definieren als „… die Praxis eines beherrschenden Unternehmens, einigen Nutzern den angemessenen Zugang zu einer wesentlichen Vorleistung, die dieses Unternehmen erbringt, mit der Absicht zu verweigern, die Monopolstellung von einem Marktsegment (das Engpasssegment) auf das andere (potenzielles Wettbewerbssegment) zu übertragen".[40] Die Beschreibung der Marktmachtübertragung gilt nicht ausdrücklich für den oben beschriebenen Rahmen, kann aber als „Überschrift" für alle Wettbewerbsprobleme in Fall 1 und 2 gesehen werden. Da mit der Übertragung Marktmacht auf einem potenziellen Wettbewerbsmarkt geschaffen wird, bedeutet das gewöhnlich einen Schaden für das Gemeinwohl insgesamt.

In Bezug auf die Regulierungsinstrumente ist zwischen drei Arten von Strategien der vertikalen Übertragung zu unterscheiden:

- Absolute Geschäftsablehnung/Zugangsverweigerung
- Übertragung über das Instrument nichtpreisbezogener Variablen
- Übertragung über das Instrument der Preise

2.3.1.1 Geschäftsablehnung/Zugangsverweigerung

Ein Unternehmen mit beträchtlicher Marktmacht auf dem Vorleistungsmarkt kann versuchen, seine Marktmacht zu übertragen, indem es Unternehmen auf dem nachgelagerten Markt, die mit dem Vertriebsunternehmen des etablierten Anbieters konkurrieren, boykot-

---

40 *Rey/Tirole* (1997, S. 1).

tiert. „Diese Geschäftsverweigerung kann dem Wettbewerb schaden, wenn ein Unternehmen mit beträchtlicher Marktmacht eine Vorleistung oder Vorleistungen kontrolliert, die für andere Marktteilnehmer unentbehrlich sind, damit sie auf (nachgelagerten) Märkten operieren/konkurrieren können. Insbesondere ein Unternehmen, das auf zwei vertikal verbundenen Märkten aktiv ist und das über beträchtliche Marktmacht auf dem vorgelagerten Markt verfügt, kann seine Position auf dem nachgelagerten Markt (unfair) stärken, wenn es sich weigert, Wettbewerber auf dem nachgelagerten Markt zu versorgen."[41]

Nach europäischer Rechtssprechung umfasst Geschäftsverweigerung (Boykott) nicht nur Situationen, in denen ein beherrschendes Unternehmen es schlicht ablehnt, einen Kunden zu versorgen, sondern auch die Fälle, in denen der Anbieter nur zur Bereitstellung von Gütern oder Dienstleistungen zu unangemessenen Bedingungen bereit ist. In diesem Dokument werden die Fälle getrennt behandelt, der Fall einer absoluten Geschäftsverweigerung, der Fall „unangemessener Bedingungen" bei Informationsbereitstellung, Qualität, Preis usw.

Nach der ökonomischen Standardanalyse muss „eine Geschäftsverweigerung, um die Bedingung des Missbrauchs einer beherrschenden Stellung zu erfüllen, nicht nur einem Kunden oder einem Konkurrenten schaden, sondern muss auch dem Wettbewerb auf dem relevanten nachgelagerten Markt erheblich schaden".[42] Die Berücksichtigung der Auswirkungen auf die Endkundenmärkte ist nicht nur bei Fusionsanalysen üblich, sondern wird auch in Art. 12 Abs. 1 der Zugangsrichtlinie hervorgehoben.

Geschäftsablehnung/Zugangsverweigerung kann direkt zu einer Abschottung führen, wenn das betreffende Produkt eine benötigte Vorleistung ist, kann aber auch zu einer Kostenerhöhung bei den Konkurrenten führen, wenn eine Ersatzlösung (z. B. Eigenentwicklung) möglich, aber mit höheren Produktionskosten verbunden ist.

2.3.1.2 Nicht preisbezogene Aspekte

Diskriminierende Verwendung oder Vorenthalten von Informationen bezieht sich auf eine diskriminierende Praxis, bei der der SMP-Betreiber auf dem Vorleistungsmarkt sein eigenes Endkundenmarktgeschäft mit Informationen versorgt, die er anderen Unternehmen auf dem Endkundenmarkt nicht zur Verfügung stellt, oder wenn er andere Informationen verweigert, die benötigt werden, um das Vorleistungsangebot nutzen und/oder den Endkunden bedienen zu können. Ein entsprechendes Beispiel wäre ein Festnetzbetreiber, der seinen Konkurrenten auf dem Endkundenmarkt Informationen über zukünftige Änderungen der Netztopologie verweigert. Schlimmstenfalls sind die unabhängigen Endkundenanbieter nicht in der Lage, ihre Kunden zu versorgen, und das kommt einer Geschäftsverweigerung gleich. In anderen Fällen erhöht der Mangel an Informationen „nur" die Kosten der Rivalen.

Verzögerungstaktik ist typisch für ein Verhalten, bei dem sich das SMP-Unternehmen nicht weigert, seinen Konkurrenten auf dem nachgelagerten Markt eine bestimmte Vorleistung zur Verfügung zu stellen, aber die unabhängigen Unternehmen später versorgt werden als die Endkundenmarkttöchter des SMP-Unternehmens. Die Verzögerungstaktik kann verschiedene Formen annehmen, wie z.B. lange Verhandlungen oder angebliche technische Probleme. Es gibt zwei Motive für ein solches Verhalten. Erstens: Wenn ein etablierter Endkundenmarkt für den Wettbewerb geöffnet wird mit der Konsequenz, dass die Gewinn-

---

41 *Oxera* (2003, S. 7).
42 *Oxera* (2003, S. 8).

spanne des beherrschenden Unternehmens auf dem Markt abnimmt, kann das beherrschende Unternehmen versuchen, den Markteintritt möglichst lange hinauszuzögern, um seine Monopolgewinne zu schützen. Zweitens: Wenn der etablierte Anbieter ein *neues* Produkt bzw. einen *neuen* Dienst einführt, führt die Verzögerungstaktik zusätzlich zu dem oben Gesagten zu einem Vorreitervorteil, der nicht besteht, wenn das benötigte Vorleistungsprodukt allen Anbietern auf dem Endkundenmarkt zur gleichen Zeit angeboten wird. Ein Vorreitervorteil kann die Kosten der Rivalen gegenüber dem Erstanbieter erhöhen und kann auch den Umsatz der Wettbewerber verringern.

Bündelung/Bindung: Bindung bezieht sich auf die Praxis, den Verkauf eines Produkts vom Verkauf eines anderen Produkts abhängig zu machen. Als Bündelung wird gewöhnlich eine bestimmte Art der Bindung bezeichnet, wobei die Produkte in einem festen Anteilsverhältnis verkauft werden. Bei zwei vertikal verbundenen Märkten kann ein SMP-Unternehmen auf dem Vorleistungsmarkt den Verkauf einer benötigten Vorleistung vom Verkauf anderer, nicht benötigter Produkte oder Dienste abhängig machen und damit die Kosten für die Konkurrenten auf dem nachgelagerten Markt erhöhen. Wenn der Preis des Vorleistungsproduktbündels höher ist als der Preis der Endkundenmarktpreise, minus der Kosten eines leistungsstarken Endkundenanbieters, kommt die Bindung einem Margin Squeeze gleich.

Ungerechtfertigte Anforderungen sind alle Vertragsbedingungen, die ein bestimmtes Verhalten des Konkurrenten auf dem nachgelagerten Markt verlangen, das für die Bereitstellung der Vormarktprodukte unnötig ist, aber die Kosten der Rivalen erhöht oder deren Umsatz verringert. Beispiele dafür sind die Forderung einer bestimmten (teureren) Technologie, Bankgarantien, Sicherheitsleistungen oder Beibringung von Informationen, z. B. Daten über die Kunden der Wettbewerber, die über das hinausgehen, was in bestimmten Fällen wirtschaftlich oder technisch erforderlich wäre. Kundendaten können vom etablierten Anbieter benutzt werden, um Kunden der Konkurrenten gezielt maßgeschneiderte Angebote zu machen und sie zum Wechsel zu veranlassen (siehe auch „unzulässige Verwendung von Informationen über Wettbewerber").

Durch *Qualitätsdiskriminierung* kann das beherrschende Unternehmen entweder die Kosten der Rivalen erhöhen oder deren Umsatz verringern. Die Kosten steigen, wenn größere Anstrengungen oder Investitionen erforderlich sind, um den Qualitätsnachteil auszugleichen, während die Nachfrage sinkt, wenn der Qualitätsunterschied nicht ausgeglichen werden kann und von den Endkunden bemerkt wird. Ein Beispiel für diesen Fall wäre ein etabliertes Unternehmen, das bei Netzengpässen seinem eigenen Verkehr den Vorrang gibt oder bei Netzausfällen bei der Problembehebung seine eigenen Kunden bevorzugt.

Die *strategische Planung von Produktmerkmalen* ist eine weitere Möglichkeit für SMP-Unternehmen des vorgelagerten Markts, die Wettbewerber auf dem nachgelagerten Markt zu benachteiligen. Die strategische Planung kann alle Arten von Produktmerkmalen wie Design, Kompatibilität, Normen und Standards usw. betreffen und kann entweder die Kosten der Rivalen erhöhen oder deren Umsatz verringern. Das SMP-Unternehmen kann zum Beispiel Normen festlegen, die die eigenen Vertriebsbereiche auf dem Endkundenmarkt leicht erfüllen können, nicht aber die alternativen Betreiber, die mehr investieren müssen, um Kompatibilität zu erreichen oder den Zugang/die Zusammenschaltung technisch möglich zu machen.

Probleme im Zusammenhang mit *unzulässiger Verwendung von Informationen über Wettbewerber* können sich ergeben, wenn ein beherrschendes Unternehmen auf dem Vorleistungsmarkt einem Konkurrenten auf dem Endkundenmarkt Zugang gewährt und bestimmte Informationen über die Kunden dieses Unternehmens gewinnt. Aufgrund dieser Informationen kann der Vertriebsbereich des beherrschenden Unternehmens Kunden der Konkurrenten gezielt maßgeschneiderte Angebote machen und damit den Umsatz der Konkurrenten verringern und/oder deren Kosten erhöhen (weil die Wettbewerber möglicherweise ihre Marketinganstrengungen verstärken müssen). Wenn das beherrschende Unternehmen Planungsinformationen von einem potenziellen Wettbewerber auf dem nachgelagerten Markt erhält, könnte es sogar in der Lage sein, um den Kunden eine „Chinesische Mauer" zu bauen und damit den Konkurrenten am Marktzutritt hindern.

2.3.1.3 Preisstrategien

Preisdiskriminierung kann von einem vertikal integrierten Unternehmen mit beträchtlicher Marktmacht auf dem Vorleistungsmarkt eingesetzt werden, um die Kosten der Rivalen auf dem nachgelagerten Markt zu erhöhen und eine Preis-Kosten-Schere herbeizuführen. Das wird durch das Verlangen höherer Preise (die gewöhnlich über den Kosten liegen) von Konkurrenten auf dem nachgelagerten Markt erreicht, die über denen liegen, die dem eigenen Tochterunternehmen auf dem Endkundenmarkt implizit in Rechnung gestellt werden; es wird also ein Unterschied zwischen interner und externer Bereitstellung gemacht.

Quersubventionierung setzt zwei Preise auf zwei Märkten voraus. Während auf dem einen Markt (dem SMP-Markt) ein Preis über den Selbstkosten verlangt wird, wird auf dem anderen Markt (der Markt, auf den die beträchtliche Marktmacht übertragen wird), ein Preis unter den Selbstkosten (Verdrängungspreis) erhoben. Quersubventionierung an sich ist nicht wettbewerbsfeindlich. Wenn aber ein Preis überhöht und der andere ein Verdrängungspreis ist, können diese Preise eingesetzt werden, um Marktmacht auf einen benachbarten, potenziell wettbewerbsorientierten Markt zu übertragen und ihn abzuschotten. Wenn es sich bei dem Markt, auf dem der hohe Preis verlangt wird, um einen Vorleistungsmarkt handelt und bei dem Markt mit dem Kampfpreis um einen Endkundenmarkt und wenn dabei das beherrschende Unternehmen vertikal integriert ist (Fall 1), bewirkt Quersubventionierung eine Preis-Kosten-Schere.

„Auf *Verdrängung ausgerichtete Preispraktiken*" liegen unter anderem vor, wenn ein beherrschendes Unternehmen eine Ware oder eine Dienstleistung über längere Zeit unter den Gestehungskosten verkauft, um Wettbewerber vom Markteintritt abzuhalten oder vom Markt zu verdrängen, so dass das beherrschende Unternehmen seine Marktmacht und in der Folge seine Gewinne insgesamt weiter steigern kann."[43] Nach der ökonomischen Analyse hat eine Verdrängungspreisstrategie folgende Merkmale: (i) Der verlangte Preis liegt unter den Kosten, (ii) Konkurrenten werden entweder vom Markt verdrängt oder ausgeschlossen, und (iii) das Unternehmen ist in der Lage, die Verluste wettzumachen. Kampfpreise bedeuten für das anwendende Unternehmen also eine Aufrechnung zwischen kurzfristigen und langfristigen Ergebnissen. Die Kunden profitieren kurzfristig von den niedrigen Preisen, haben aber langfristig den Nachteil, dass es keine Konkurrenz mehr gibt. In der Praxis ist eine Kampfpreispolitik schwer zu beweisen, besonders auf dynamischen Märkten mit hohen Fixkosten, bei Mehrproduktanbietern und langfristig angelegten Geschäftskonzepten.

Ein vertikal integriertes Unternehmen mit beträchtlicher Marktmacht auf dem vorgelagerten Markt, das seinen Konkurrenten auf dem nachgelagerten Markt benötigte Vorleistun-

---

43 Siehe Mitteilung über die Anwendung der Wettbewerbsregeln auf Zugangsvereinbarungen im Telekommunikationsbereich (98/C265/02) S. 18.

gen liefert, könnte zum Mittel der Verdrängungspreise auf der Endkundenebene greifen, um seine Konkurrenten auf dem nachgelagerten Markt einer Preis-Kosten-Schere auszusetzen, ihre Umsätze zu beschränken und sie aus dem Markt zu drängen.

2.3.2 Fall 2: Horizontale Marktmachtübertragung

Bündelung/Bindung: Bei zwei horizontal verbundenen Märkten kann die Bündelung/Bindung eines SMP-Produkts mit einem potenziellen Konkurrenzprodukt die Nachfrage nach den Produkten der Rivalen verringern oder die Kosten des Zugangs zum potenziell wettbewerbsorientierten Markt erhöhen, und das kann zu einer Abschottung führen. Das Mittel der Bündelung/Bindung kann von einem beherrschenden Unternehmen auch eingesetzt werden, um seine beherrschende Stellung auf dem SMP-Markt zu verteidigen.[44] Insbesondere kann die Bündelung/Bindung sich wettbewerbsfeindlich auswirken, wenn der implizite Preis der verbundenen Güter unter den Kosten liegt und/oder wenn die Wettbewerber das Angebotsbündel nicht nachbilden können und die gebündelten Güter nachfrageseitig eindeutig zusammenhängen.

Ein Beispiel für eine wettbewerbsbehindernde Bündelung läge vor, wenn ein SMP-Betreiber auf dem Markt für den Zugang zum öffentlichen Telefonfestnetz das Zugangsprodukt mit einem Gesprächsminutenpaket kombiniert. Da dies eine Bündelung eines SMP-Produkts (Zugang) mit einem potenziellen Wettbewerbsprodukt (Telefondienste) ist, hängen die beiden Produkte eindeutig nachfragemäßig zusammen, und da das Bündel von den (meisten) alternativen Betreibern nicht nachgebildet werden kann, sind wohl Bedenken angebracht.

Quersubventionierung: Marktmachtübertragung durch Quersubventionierung, die oben behandelt wurde (Abschnitt 2. 3. 1. 3), kann es auch zwischen zwei vertikal nicht verbundenen Märkten geben. Hier kann das SMP-Unternehmen versuchen, seine Konkurrenten aus dem Markt zu drängen, indem es auf dem potenziellen Wettbewerbsmarkt den Preis unter den Kosten ansetzt, wobei die Verluste dann aus den Gewinnen auf dem SMP-Markt ausgeglichen werden. Quersubventionierung kann also – ebenso wie die Verdrängungspreisstrategie – eine Beschränkung der Umsätze der Konkurrenten auf dem potenziellen Wettbewerbsmarkt bewirken.

2.3.3 Fall 3: Einzelmarktbeherrschung

Neben den oben behandelten Problemen der Übertragung von Marktmacht geben drei verschiedene Verhaltensmuster den Regulierern Anlass zur Besorgnis, wenn beträchtliche Marktmacht auf einem bestimmten Markt vorliegt:

- Abschreckung neuer Marktteilnehmer: Das SMP-Unternehmen könnte sich daran machen, Marktzutrittsbarrieren aufzubauen, um seine SMP-Stellung gegen potenzielle Eindringlinge zu schützen.
- Ausbeuterisches Verhalten: Das SMP-Unternehmen kann Kunden ausnutzen, indem es einen überhöhten Preis und/oder unterschiedliche Preise setzt.
- Ineffiziente Leistungserbringung: Die Leistungserbringung des SMP-Unternehmens ist nicht effizient.

---

44 Es gibt mehrere Wirtschaftsmodelle, die untersuchen, ob und unter welchen Bedingungen die Bündelung/Bindung profitabel ist. Eine Zusammenfassung ist bei *Nalebuff* (2003) oder *Inderst* (2003) zu finden.

2.3.3.1 Abschreckung neuer Marktteilnehmer

Strategische Planung der Produkte, um die Wechselkosten für die Kunden zu erhöhen: Wenn es nur um einen Markt geht, kann das Ziel der strategischen Planung eines Produktes sein, die Wechselkosten für die Kunden zu erhöhen, zum Beispiel über die Kompatibilität mit ergänzenden Produkten des SMP-Unternehmens (Mobilitätshemmung).

Vertragsbedingungen, die die Wechselkosten für die Kunden erhöhen, können von einem beherrschenden Unternehmen eingeführt werden, um die Kosten der Wettbewerber und neuen Anbieter auf dem Markt zu erhöhen, die ihre Bemühungen verstärken müssen, um die Kunden zu einem Wechsel zu veranlassen. Beispiele für solche Verträge sind lange Vertragslaufzeiten und erhebliche Strafen bei vorzeitiger Kündigung, Treuebonusprogramme oder Sondertarife für geschlossene Nutzergruppen. Das SMP-Unternehmen kann auch versuchen, hohe Preise für die Nummernportabilität zu verlangen und verwaltungstechnische Hindernisse für Kunden aufzubauen, die wechseln wollen. Diese Praktiken beschränken auch den Umsatz der Wettbewerber.

Exklusivvereinbarungen beziehen sich auf eine exklusive vertikale Beziehung zwischen dem SMP-Unternehmen und einem anderen Unternehmen. Dabei gibt es zwei Formen: (i) Das SMP-Unternehmen auf dem Vorleistungsmarkt hat einen Exklusivvertrag mit einem Endkundenmarktanbieter, in dem vorgesehen ist, dass dieser Endkundenmarktanbieter nur vom SMP-Unternehmen kaufen darf; (ii) das SMP-Unternehmen auf dem Endkundenmarkt hat einen Exklusivvertrag mit einem Unternehmen auf dem Vorleistungsmarkt, in dem festgelegt ist, dass dieses Unternehmen seine Produkte nur dem SMP-Unternehmen verkaufen darf. Exklusive vertikale Beziehungen können zwar die Effizienz erhöhen (z.B. durch die interne Nivellierung negativer externer Effekte oder durch die Lösung von Problemen durch Synergieeffekte allgemein), aber sie können auch als Instrument zur Abschottung des SMP-Markts eingesetzt werden: Exklusivverträge der Form (i) beispielsweise „können es für bestehende Wettbewerber auf Vorleistungsebene schwieriger machen, ihren Umsatz auszuweiten, oder für potenzielle Wettbewerber auf Vorleistungsebene, Zugang zu Kunden auf der Endkundenebene zu erhalten".[45] Exklusivvereinbarungen können also zu einem Umsatzverlust von Wettbewerbern führen, oder sie können die Kosten des Rivalen erhöhen und auf diese Weise den SMP-Markt abschotten.

Überinvestitionen: Sind Größenvorteile vorhanden, kann der etablierte Anbieter unter bestimmten Umständen Marktneulinge durch exzessiven Kapazitätsausbau abschrecken. Wenn es sich um einmalige Investitionsausgaben handelt, kann es aggressiv auf potenzielle neue Anbieter reagieren, d.h. das Diensteangebot erhöhen. Mit erhöhtem Angebot fallen die Preise, und der Markteintritt wird unrentabel. Die Umstände, unter denen sich eine solche Strategie durchsetzen lässt, sind allerdings sehr spezifisch.[46]

Verdrängungspreise: Wie in Abschnitt 2.3.1.3 dargestellt, können Verdrängungspreise unter bestimmten Umständen zu einer Einschränkung der Umsätze der Wettbewerber und somit zur Abschottung führen.

2.3.3.2 Ausbeuterisches Verhalten

Überhöhte Preise: Nach der ökonomischen Analyse können Preise als überhöht angesehen werden, wenn sie dem Unternehmen erlauben, die Gewinne auf einem höheren Niveau zu

---

45 *Oxera* (2003, S. 13).
46 Siehe z.B. *Gilbert* (1989).

halten, als es auf einem Wettbewerbsmarkt zu erwarten wäre (Gewinne über Normalniveau). Unternehmen mit Marktmacht setzen ihre Preise gewöhnlich so hoch über ihren Kosten an, dass sie bei einer bestimmten Kundennachfrage möglichst hohe Gewinne erzielen. Da Menge, Abnehmerüberschuss und Gesamtüberschuss (Wohlfahrtsgewinne) in solchen Fällen hinter ihren Werten unter Wettbewerbsbedingungen zurückbleiben, kann ein regulatorisches Eingreifen angebracht sein.

Preisdiskriminierung: Nach der ökonomischen Analyse[47] liegt Preisdiskriminierung vor, wenn zwei oder mehrere gleiche Güter zu Preisen verkauft werden, deren Verhältnis zu den Produktionskosten unterschiedlich ist. Das umfasst sowohl Fälle, bei denen gleiche, zu denselben Kosten produzierte Produkte zu unterschiedlichen Preisen verkauft werden, als auch Fälle, bei denen Produkte zu demselben Preis verkauft werden, obwohl die Produktionskosten unterschiedlich sind. Für eine Preisdiskriminierungsstrategie müssen drei Bedingungen erfüllt sein: (i) Das Unternehmen muss über Marktmacht verfügen (zumindest in gewissem Umfang), (ii) es muss Kunden „sortieren" können, und (iii) es muss den Wiederverkauf verhindern können.

Wenn nur ein SMP-Markt beteiligt ist (wie in Fall 3), sind die Auswirkungen der Preisdiskriminierung nicht ganz eindeutig. In einigen Fällen kann Preisdiskriminierung die Wohlfahrt im Vergleich zu Situationen ohne Preisdiskriminierung erhöhen, besonders wenn sich der Gesamtoutput erhöht. Bei hohen Fixkosten, wenn z. B. eine Grenzkostenkalkulation nicht möglich ist, kann eine Preisdiskriminierung von Vorteil sein.[48] Trotzdem werden, solange die Marktmacht besteht, ein Preis oder alle Preise wahrscheinlich über den Kosten liegen, und die Wohlfahrt wird gewöhnlich den Maximalwert unter Wettbewerbsbedingungen nicht erreichen. Dann könnte ein regulatorisches Eingreifen gerechtfertigt sein.

2.3.3.3 Ineffiziente Leistungserbringung

Geringe Investitionstätigkeit, zu hohe Kosten/Ineffizienz und geringe Qualität: Wie J. R. Hicks schon 1935 feststellte: „Das Beste an allen Monopolgewinnen ist ein ruhiges Leben." Während Unternehmen, die dem Wettbewerbsdruck ausgesetzt sind, sich ständig um Kostenverringerung und Qualitätsverbesserung bemühen müssen (einschließlich der dafür erforderlichen Investitionen), besteht diese Herausforderung für Unternehmen ohne oder mit nur geringer tatsächlicher oder potenzieller Konkurrenz nicht unbedingt. Das kann zu Ineffizienz, geringer Qualität und fehlenden Investitionen führen – Ergebnisse, die im Vergleich zu hypothetischen Wettbewerbssituationen negative Wohlfahrtseffekte haben (ineffiziente Leistungserbringung).

Investitionen können auch zu gering sein, wenn das beherrschende Unternehmen zwei potenziell konkurrierende Angebotsplattformen unterhält, wie es z. B. beim Breitbandinternetnetzzugang über Kabel und xDSL der Fall ist. Auf dieses Problem wurde insbesondere in Art. 8 der Richtlinie 2002/77/EG eingegangen.[49]

---

47 Siehe *Varian* (1989, S. 599, 600).
48 Siehe *Laffont/Tirole* (2000, S. XV).
49 Richtlinie der Kommission 2002/77/EG vom 16. September 2002 über den Wettbewerb auf Märkten für elektronische Kommunikationsnetze und Dienste, ABl. 17. 9. 2003 L249/21.

2.3.4 Fall 4: Terminierung (Gesprächszustellung)

Bei der Terminierung sind zwei Fälle zu unterscheiden: (i) der Fall der Zusammenschaltung von Netzen, die auf dem nachgelagerten Markt um Kunden konkurrieren, wie z. B. Verkehr zwischen Festnetzteilnehmern (F2F) und Verkehr zwischen Mobilfunkteilnehmern (M2M) und (ii) der Fall von zwei Netzen, die (noch) *nicht* um Kunden auf dem Nachmarkt konkurrieren, z. B. Verkehr von Festnetz- zu Mobilfunkteilnehmern (F2M) oder von Mobilfunk- zu Festnetzteilnehmern.[50]

Kollusion: Nach der Wirtschaftstheorie kann unter bestimmten Umständen die Festsetzung von hohen oder niedrigen Terminierungsentgelten beider Seiten als Instrument der stillschweigenden Übereinkunft (Kollusion) zwischen Netzen eingesetzt werden, die miteinander auf dem Endkundenmarkt konkurrieren.[51] Dieses Problem kann also in den Fällen der Zusammenschaltung M2M oder F2F auftreten. Kollusion führt zu Preisen über den Kosten und damit zu allokativer Ineffizienz. Es sind allerdings ziemlich spezifische Bedingungen, die ein solches Ergebnis möglich machen, und daher ist diese Art der Kollusion in der Praxis wohl nicht häufig anzutreffen, insbesondere wenn die Netze eine unterschiedliche Größe und unterschiedliche Kostenstrukturen haben.

Überhöhte Preise: Die Hauptquelle dieses Wettbewerbsproblems ist, dass Netzbetreiber bei der Gesprächsterminierung in ihren Netzen über beträchtliche Marktmacht verfügen können. Dies ist wahrscheinlich der Fall, wenn der Grundsatz „Anrufer zahlt" gilt; dann sind dem Angerufenen die Kosten des Anrufenden relativ gleichgültig, und es gibt keine gegengewichtige Nachfragemacht. Dann haben die Betreiber einen Anreiz, für ihre Terminierungsdienste überhöhte Preise zu verlangen. Das führt wahrscheinlich zu allokativer Ineffizienz bei der Verteilung und zu einer verzerrten Preisstruktur. Dies gilt sogar dann, wenn die bei ankommenden Gesprächen gemachten Gewinne auf dem Endkundenmarkt unter Konkurrenzbedingungen wieder verlorengehen.

Dieses Problem kann sich besonders bei den Fällen F2M und F2F ergeben. Bei der Terminierung F2M zwischen regulierten Festnetzen und nichtregulierten Mobilfunknetzen können Mobilfunkbetreiber mit beträchtlicher Marktmacht auf dem Terminierungsmarkt ihre Marktmacht ausnutzen und von Festnetzbetreibern einen überhöhten Preis verlangen, während sie gleichzeitig womöglich ihr Endkundengeschäft quersubventionieren, z. B. in Form von kostenlosen Handys. Wenn Endkundentarife mit Gewinnen aus der Terminierung quersubventioniert werden, könnte nach der Wirtschaftstheorie die Wohlfahrt so weit erhöht werden, dass Festnetzkunden mehr Mobilfunkkunden erreichen können, als es ohne Quersubventionierung der Fall wäre, und Mobilfunkteilnehmer profitieren von niedrigeren Preisen. Ohne Regulierung können Terminierungsentgelte im Mobilfunk aber trotzdem aus der Sicht der Gesamtwohlfahrt zu hoch sein. Der Negativeffekt höherer Preise besonders für Festnetzkunden wiegt die oben beschriebenen Positiveffekte wahrscheinlich wieder auf.[52] Dieses Problem verschärft sich wahrscheinlich noch, wenn Festnetzkunden nicht zwischen verschiedenen Mobilfunknetzen unterscheiden können und daher die tatsächlichen Kosten der Verbindung nicht kennen. In solchen Situationen können Mobilfunkbetreiber den Preis für die Terminierung sogar noch über dem Monopolniveau festsetzen.[53]

---

50 Ob Fest- oder Mobilfunknetze miteinander auf dem Endkundenmarkt konkurrieren oder nicht, ist im Zuge der Marktdefinition/Marktanalyse zu klären.
51 Siehe *Laffont/Tirole* (2000), *Armstrong* (2002) oder *Gans/King* (2000).
52 Siehe *Armstrong* (2002) und *Wright* (2000).
53 Siehe *Gans/King* (1999).

Typisch für die F2F-Situation ist normalerweise, dass es einen etablierten Betreiber gibt, der über die meisten Teilnehmeranschlüsse verfügt, und eine Reihe kleinerer Unternehmen, die jeweils nur über wenige Teilnehmeranschlüsse verfügen. Der größte Grund zur Sorge in diesem Fall ist die Verweigerung der Zusammenschaltung durch den etablierten Betreiber mit der Konsequenz der Abschottung des Endkundenmarkts, die im Rahmen des Wettbewerbsproblems „Geschäftsablehnung/Verweigerung der Zusammenschaltung" behandelt wird. Wenn der beherrschende Betreiber zur Zusammenschaltung und zu einem regulierten Terminierungsentgelt verpflichtet ist, besteht aber vielleicht für alternative Betreiber ein Anreiz, ihre Marktmacht auf den Märkten für Terminierung auszunutzen und Preise über den Kosten festzusetzen.

Das Problem überhöhter Preise besteht wahrscheinlich weniger im Fall M2M. Solange der Verkehr zwischen den Netzen einigermaßen ausgeglichen ist und die Kostenstrukturen symmetrisch sind, basieren die Terminierungsentgelte wahrscheinlich auf Gegenseitigkeit, und die Zahlungsleistungen gleichen sich vielleicht aus. Selbst bei asymmetrischen Netzen wird im Vergleich zum Fall F2M bei Verhandlungen über Zusammenschaltungsvereinbarungen angesichts der Tatsache, dass sie auf dem Endkundenmarkt miteinander konkurrieren, von anderen Überlegungen ausgegangen. Diese werden in Zusammenhang mit den anderen Wettbewerbsproblemen in Abschnitt 2. 3. 4 behandelt. Der Fall M2F ist unter den häufigsten (regulatorischen) Bedingungen weniger wichtig, auch wenn sich ähnliche Verzerrungen wie im Fall F2M entwickeln können. Regulatorische Entscheidungen in einem Sektor haben natürlich immer Auswirkungen auf den anderen Sektor, die von den NRA bei der Beurteilung der Auswirkungen von Regulierungsinstrumenten berücksichtigt werden müssen.

Preisdiskriminierung: Das Problem der Preisdiskriminierung zur Abschottung des Marktes besteht hauptsächlich im Fall M2M. Der/die etablierten Betreiber kann/können den Endkundenmarkt abschotten, indem sie anderen Netzen ein hohes Terminierungsentgelt (über den Kosten) in Rechnung stellen, während sie intern implizit weniger verlangen. Dies führt für andere Betreiber auf Vorleistungsebene zu hohen Kosten für netzexterne Gespräche (off-net calls) und somit zu hohen Preisen für netzexterne Gespräche auf Endkundenebene. Für netzinterne Gespräche (on-net calls) andererseits entstehen niedrigere Kosten mit entsprechend niedrigeren Preisen für die Endkunden. Eine solche Preisstruktur bringt netzexterne Elemente ins Spiel („tarifbezogene Netzexternalitäten" – tariff-mediated network externalities)[54] und benachteiligt kleine Netze mit wenigen Teilnehmern. Der Nachteil ist umso größer, je höher das Terminierungsentgelt und somit die Differenz zwischen dem Preis für ein netzinternes und netzexternes Gespräch ist.

Geschäftsverweigerung/Ablehnung der Zusammenschaltung: Wie auch bei dem oben beschriebenen Wettbewerbsproblem hat die Geschäftsverweigerung/Ablehnung der Zusammenschaltung die Abschottung des Marktes für neue Anbieter zum Ziel. Dieses Problem kann im Fall M2M wie auch in den Fällen F2F oder F2M auftreten. Für den Marktneuling ist die Anschaltung an die etablierten Netze lebensnotwendig, wohingegen der/die etablierten Unternehmen sehr gut ohne die Verbindung mit den Neuen auskommen, solange dessen Teilnehmer zahlenmäßig gering sind. Eine Geschäftsverweigerung verringert den Umsatz von Wettbewerbern und führt somit wahrscheinlich zur Marktabschottung. Da eine Abschottung den Wettbewerb ganz erheblich einschränken kann, schadet sie wahrscheinlich der Gesamtwohlfahrt.

---

54 Siehe *Laffont/Tirole* (2000).

2.3.5 Mögliche Auswirkungen

Die in diesem Abschnitt beschriebenen „Auswirkungen" sind das Resultat eines oder mehrerer Standardwettbewerbsprobleme, die im obigen Abschnitt behandelt wurden. Der Kausalzusammenhang zwischen Auswirkungen und Wettbewerbsproblemen ist in Abbildung 1 am Ende dieses Abschnitts dargestellt.

Vorreitervorteil: Der Begriff „Vorreitervorteil" bezieht sich auf den wirtschaftlichen Vorteil für ein Unternehmen, das als erstes auf einem Markt aufgetreten ist, gegenüber anderen Unternehmen, die später auf den Markt kommen. Diese Vorteile können auf der Angebotsseite (Kostenfunktion) ebenso wie auf der Nachfrageseite bestehen. Zum Vorreitervorteil auf der Angebotsseite gehören Netzexternalitäten und Kostensenkungen aufgrund von Erfahrungswerten, während die nachfrageseitigen Vorteile sich aus der mobilitätshemmenden Wirkung für die Kunden ergeben. Ein Vorreitervorteil kann somit die Kosten der Konkurrenten gegenüber dem Erstanbieter erhöhen oder den Umsatz der Wettbewerber verringern. Ein Vorreitervorteil stellt nur dann ein Problem dar, wenn er künstlich erreicht wird, d. h. durch Verzögerungstaktik auf dem Vorleistungsmarkt. Wenn die Vorreitervorteile groß sind, können sie zur Abschottung des Endkundenmarkts führen.

Preis-Kosten-Schere (Margin Squeeze): Eine Preis-Kosten-Schere ergibt sich, wenn

- ein beherrschender Anbieter ein Vorleistungsprodukt A liefert, das selbst Bestandteil eines nachgelagerten Marktprodukts A+B oder eng damit verbunden ist (der beherrschende Anbieter liefert Produkt B nur an sich selbst; diejenigen, die gegen A+B konkurrieren, liefern ihre eigene Alternative zu B).
- der implizite Preis, den der beherrschende Anbieters sich selbst für B in Rechnung stellt (d. h. die Differenz zwischen den Preisen, zu denen er A+B und A allein liefert), ist so niedrig, dass ein einigermaßen leistungsstarker Wettbewerber nicht mit Erfolg gegen A+B konkurrieren kann.[55]

Die Preis-Kosten-Schere kann in zweierlei Weise herbeigeführt werden:[56] (i) das SMP-Unternehmen kann seinen Konkurrenten für das Vormarktprodukt einen Preis über den Kosten in Rechnung stellen, aber dem eigenen Vertriebsbereich (implizit) einen niedrigeren Preis; (ii) es kann von allen Unternehmen auf dem Endkundenmarkt einen kostenbasierten Preis verlangen, aber auf dem Endkundenmarkt einen Verdrängungspreis ansetzen; und schließlich könnte es (iii) auf dem Vorleistungsmarkt einen Preis über den Kosten verlangen und gleichzeitig einen Verdrängungspreis auf dem Endkundenmarkt. Dieses Verhalten kann auch eine Quersubventionierung bewirken.

Auch wenn das beherrschende Unternehmen eine Marge zwischen dem eigenen Preis auf dem Endkundenmarkt und dem Preis auf dem Vorleistungsmarkt festsetzen kann (der von den Wettbewerbern auf dem nachgelagerten Markt bezahlt), die für die Deckung der Kosten auf dem nachgelagerten Markt „end-to-end", d. h. zusammengefasst für alle Aktivitäten des Unternehmens auf dem vorgelagerten und dem nachgelagerten Markt, nicht ausreicht, kann das Unternehmen immer noch profitabel sein (im Gegensatz zur Berechnung von Verdrängungspreisen, bei denen das Unternehmen kurzfristige Verluste erleidet). Ein gleich starker (oder stärkerer) Wettbewerber auf dem nachgelagerten Markt könnte möglicherweise nicht konkurrieren, weil er einen höheren Preis für Vorleistungen zahlen muss als der Konkurrent, der ein vertikal integrierter Bereich des anderen ist.

---

55 Wenn der für A gezahlte Preis nicht transparent ist, könnte eine getrennte Buchführung angebracht sein, um festzustellen, welchen Preis der Vertriebsbereich des etablierten Unternehmens zahlt.

56 Siehe *Canoy*, et al. (2002, S. 26–31).

Bei Vorliegen einer Preis-Kosten-Schere ist ein Wettbewerber auf dem Endkundenmarkt nicht in der Lage, seine Kosten zu decken, und wird vom Markt verdrängt. Wenn der Wettbewerber über eine gewisse Marktmacht auf dem Endkundenmarkt verfügt (zum Beispiel aufgrund einer Produktdifferenzierung) oder wenn er eindeutig leistungsstärker ist als das beherrschende Unternehmen, könnte die Preis-Kosten-Schere lediglich zu einer teilweisen Abschottung führen (Verlust von Marktanteilen und/oder Gewinnen).

Die Preis-Kosten-Schere hat zwar auch einen verhaltensbezogenen Aspekt, aber sie wird hier unter „Auswirkungen" behandelt, weil sie das Ergebnis verschiedener Verhaltensweisen des beherrschenden Unternehmens sein kann. Bei der Planung von Regulierungsinstrumenten könnte es wichtig sein, bestimmte Verhaltensweisen zu berücksichtigen, die eine Preis-Kosten-Schere bewirken (d. h. insbesondere Preisdiskriminierung auf dem vorgelagerten Markt und/oder Verdrängungspreise auf dem nachgelagerten Markt).

Erhöhung der Kosten der Konkurrenten ist eine ziemlich allgemeine Bezeichnung für alle Praktiken, die in irgendeiner Form die Kostenfunktionen von Wettbewerbern oder potenziellen Wettbewerbern negativ beeinflussen. Wie in Abbildung 1 zu erkennen ist, erhöhen die meisten wettbewerbsfeindlichen Verhaltensweisen die Kosten der Rivalen.

Umsatzverlust der Wettbewerber wird hier als das Ergebnis eines Verhaltens des beherrschenden Unternehmens definiert, das sich nicht (oder nicht nur) negativ auf die Kostenfunktion der Rivalen, wohl aber auf deren Nachfragefunktion auswirkt. Wie in Abbildung 1 dargestellt, gibt es verschiedene Mittel für ein SMP-Unternehmen, den Umsatz seiner Konkurrenten zu verringern.

Abschottung bezeichnet jedes Verhalten eines beherrschenden Unternehmens, das darauf abzielt, Wettbewerber vom Markt auszuschließen. Die Abschottung kann „vollständig" sein, wenn nämlich Wettbewerber vom Markt vertrieben werden oder gar nicht erst auf den Markt gelangen, oder „teilweise", wobei Wettbewerber überleben, aber Marktanteile oder Gewinne verlieren. Ein Unternehmen wendet Abschottungsmaßnahmen nur an, wenn es – kurz- oder langfristig – dadurch seinen Gewinn steigern kann. Da die Abschottung den Wettbewerb einschränkt oder ausschaltet und Marktmacht auf potenziellen Wettbewerbsmärkten schafft, bedeutet das gewöhnlich auch einen Schaden für die Gesamtwohlfahrt. Ein Verhalten, das zur Marktabschottung führt, wird in diesem gesamten Dokument häufig als „wettbewerbsfeindliches Verhalten" bezeichnet.

Negative Wohlfahrtseffekte bezeichnen hier das Ergebnis eines bestimmten Verhaltens, das nicht zu einer Abschottung und/oder Marktmachtübertragung führt, d. h. sich nicht gegen Wettbewerber richtet, sich aber dennoch negativ auf die Gesamtwohlfahrt auswirkt. Hier lassen sich zwei Fälle unterscheiden: allokative Ineffizienz, die zu Netto-Wohlfahrtsverlusten führt (d. h. die Zahl der Kunden und die Gesamtwohlfahrt könnte durch die Steigerung der Gesamtleistung erhöht werden), und produktive Ineffizienz, wobei es dem beherrschenden Unternehmen nicht gelingt, eine bestimmte Leistung mit einem Minimum an Einsatzmitteln zu erbringen. Allokative Ineffizienz ist das Resultat überhöhter Preise und kann sich auch aus Preisdiskriminierung ergeben; produktive Ineffizienz kann sich in überhöhten Kosten, geringer Qualität oder fehlenden Investitionen manifestieren. Wie schon erläutert, muss Preisdiskriminierung nicht unbedingt nachteilig für die Wohlfahrt sein und sollte daher immer von Fall zu Fall analysiert werden.

Abbildung 1 zeigt schließlich jedes der festgestellten Wettbewerbsprobleme sowie die zugrunde liegenden strategischen Variablen und die möglichen Auswirkungen auf den Wettbewerb und die Wohlfahrt. Daher wurde die Darstellung der Auswirkungen zweigeteilt: Die „unmittelbaren Auswirkungen" (Vorreitervorteil, Margin Squeeze, Erhöhung der Kosten der Konkurrenten und Umsatzverlust der Wettbewerber) und die „letztendliche Auswirkung", die in vielen Fällen eine „Abschottung" ist.

Strategische Variablen des Unternehmens		Verhalten (Standardwettbewerbsproblem)		Mögliche Effekte

Fall 1: Vertikale Übertragung von Marktmacht

1.1 Geschäftsablehnung/Zugangsverweigerung

Vertragspartner	→	Geschäftsablehnung/ Zugangsverweigerung	→	Erhöhung der Kosten der Konkurrenten	Endkundenmarkt-Abschottung

1.2 Nichtpreisliche Aspekte

Informationen (Vorleistungsmarkt)	→	Diskriminierung bei Verwendung oder Vorenthalten von Informationen	→		
Zeit (Vorleistungsmarkt)	→	Verzögerungstaktik	→	Vorreitervorteil	
Komponenten werden zusammen oder einzeln angeboten	→	Bündelung/Bindung	→	Preis-Kosten-Schere	Endkundenmarkt-Abschottung
Vertragsbedingungen	→	Ungerechtfertige Anforderungen			
Qualität (Vorleistungsmarkt)	→	Qualitätsdiskriminierung	→	Erhöhung der Kosten der Konkurrenten	
Produktmerkmale (Vorleistungsmarkt)	→	Strategische Planung von Produkten/Produktmerkmalen	→	Verringerung des Umsatzes der Konkurrenten	

1.3 Preisaspekte

Vorleistungspreis	→	Preisdiskriminierung	→	Preis-Kosten-Schere	
Endkundenpreis	→	Quersubventionierung	→	Erhöhung der Kosten der Konkurrenten	Endkundenmarkt-Abschottung
	→	Verdrängungspreise	→	Verringerung des Umsatzes der Konkurrenten	

Fall 2: Horizontale Übertragung von Marktmacht

Komponenten werden zusammen oder einzeln angeboten	→	Bündelung /Bindung	→	Erhöhung der Kosten der Konkurrenten	Endkundenmarkt-Abschottung
Preis auf Markt 1	→	Quersubventionierung	→	Verringerung des Umsatzes der Konkurrenten	
Preis auf Markt 2	→				

Abbildung 1a: Überblick über Standardwettbewerbsprobleme, Fälle 1 und 2

Strategische Variablen des Unternehmens	Verhalten (Standardwettbewerbsproblem)	Mögliche Effekte

Fall 3: Einzelmarktbeherrschung

3.1 Abschreckung neuer Marktteilnehmer

Produktmerkmale (Endkunden- oder Vorleistungsmarkt)	→	Strategische Planung der Produkte, um die Wechselkosten der Kunden zu erhöhen	→	Erhöhung der Kosten der Konkurrenten	
Vertragsbedingungen	→	Vertragsbedingungen, um die Wechselkosten der Kunden zu erhöhen	→		Abschottung
Vertragspartner	→	Exklusivvereinbarungen	→		
Investitionen	→	Überinvestitionen	→	Verringerung des Umsatzes der Konkurrenten	
Preis	→	Verdrängungspreise	→		

3.2 Ausbeuterisches Verhalten

Preis	→	Überhöhte Preise	→	Negative Wohlfahrtseffekte: Allokative Ineffizienzen
	→	Preisdiskriminierung	→	

3.3 Produktive Ineffizienzen

Investitionen	→	Geringe Investitionstatigkeit		
Kosten		Überhöhte Kosten/Ineffizienz	→	Negative Wohlfahrtseffekte: Allokative Ineffizienzen
Qualität		Geringe Qualität		

Fall 4: Terminierung

Terminierungsentgelt	→	Kollusion	→	Negative Wohlfahrtseffekte: Allokative Ineffizienzen	
		Überhöhte Preise			
		Preisdiskriminierung		Erhöhung der Kosten der Konkurrenten	
Vertragspartner (Vorleistungsmarkt)	→	Geschäftsverweigerung/Ablehnung der Zusammenschaltung		Verringerung des Umsatzes der Konkurrenten	Abschottung

Abbildung 1b: Überblick über Standardwettbewerbsprobleme, Fälle 3 und 4

3. Verfügbare Regulierungsinstrumente

3.1 Einführung

Ziel der Zugangsrichtlinie ist es, in Übereinstimmung mit den Grundsätzen des Binnenmarkts einen Rechtsrahmen für die Beziehungen zwischen Netzbetreibern und Diensteanbietern zu schaffen, der einen nachhaltigen Wettbewerb und die Interoperabilität der elektronischen Kommunikationsdienste gewährleistet und die Interessen der Verbraucher fördert.

Wenn wir die Anwendung von Regulierungsinstrumenten in Betracht ziehen, wird – wie in der Einführung erläutert – davon ausgegangen, dass beträchtliche Marktmacht (SMP) auf einem Markt festzustellen ist, der für Vorabregulierung in Frage kommt. In diesem gesamten Dokument entspricht „Regulierungsinstrumente" dem Konzept der Verpflichtungen in der Richtlinie.

Die Zugangsrichtlinie und die Universaldienstrichtlinie enthalten eine Auflistung der Verpflichtungen, die einem Betreiber mit beträchtlicher Marktmacht auf dem Vorleistungsmarkt bzw. dem Endkundenmarkt auferlegt werden können, schaffen aber auch für die NRA die Grundlage für die Auferlegung von nicht ausdrücklich genannten Zugangsverpflichtungen vorbehaltlich der vorherigen Zustimmung der Kommission.[57] Aufgrund des Ausnahmecharakters dieser Regulierungsmaßnahmen, der spezifischen Bedingungen, un-

---

57 Siehe Art. 8 der Zugangsrichtlinie [Richtlinie 2002/19/EG].

ter denen sie in Betracht gezogen werden können, und des Vetorechts der Kommission ist es nicht möglich, in diesem Dokument Anleitungen zu dieser Frage zu geben.

Zu den Verpflichtungen in der Zugangsrichtlinie gehören:

- eine Verpflichtung zur *Transparenz* (Art. 9), die die Bekanntgabe spezifischer Informationen verlangt (zu Buchführung, technischen Spezifikationen, Netzmerkmalen, Preisen usw.);
- eine *Gleichbehandlungsverpflichtung* (Art. 10), das heißt, unter den gleichen Umständen sind gleichwertige Bedingungen zu gewähren, und es darf keine Bevorzugung der Tochter- oder Partnerunternehmen des regulierten Unternehmens erfolgen;
- eine *Verpflichtung zur getrennten Buchführung* (Art. 11) fordert die transparente Gestaltung der internen Transferpreise für die Aktivitäten der Vertriebsbereiche des regulierten Unternehmens auf dem nachgelagerten Markt, um die Einhaltung der Gleichbehandlungsverpflichtung sicherzustellen oder ungerechtfertigte Quersubventionierung zu verhindern;
- eine *Zugangsverpflichtung* (Art. 12), die Verpflichtungen beinhaltet, berechtigten Anträgen auf Zugang oder Zusammenschaltung oder die Nutzung von bestimmten Netzkomponenten stattzugeben. Das kann eine Reihe von Verpflichtungen umfassen, wie z. B. die Verpflichtung, nach Treu und Glauben über die Bedingungen der Zugangsgewährung zu verhandeln, und
- eine Verpflichtung zur *Preiskontrolle und Kostenrechnung* (Art. 13), die Betreibern kostenorientierte Zugangsentgelte oder eine Preiskontrolle für das regulierte Unternehmen vorschreiben kann. Dies ist auf Fälle beschränkt, in denen aufgrund der Marktanalyse damit zu rechnen ist, dass sonst die Zugangsentgelte auf einem übermäßig hohen Niveau gehalten werden oder zum Nachteil der Endnutzer eine Preis-Kosten-Schere herbeigeführt wird.[58]

Die Universaldienstrichtlinie sieht u. a. Verpflichtungen für Unternehmen mit beträchtlicher Marktmacht auf spezifischen Märkten vor. Ziel der Universaldienstrichtlinie ist es, die Verfügbarkeit von Diensten in guter Qualität für alle in der gesamten Gemeinschaft durch wirksamen Wettbewerb und Wahlmöglichkeiten sicherzustellen und Vorkehrungen für die Situationen zu treffen, wenn der Markt die Bedürfnisse der Endnutzer nicht zufriedenstellend erfüllen kann.

Zu den Verpflichtungen in der Universaldienstrichtlinie, die unter bestimmten Umständen Unternehmen mit beträchtlicher Marktmacht auf bestimmten Märkten auferlegt werden können, gehört das Verbot überhöhter Preise oder von Verdrängungspreisen, ungerechtfertigter Preisdiskriminierung und der ungerechtfertigten Bündelung von Diensten. Die NRA können auf dem Endkundenmarkt Price-Caps einführen, individuelle Preiskontrollen oder Maßnahmen zur Gewährleistung der Kostenorientierung anwenden, um die Endnutzer zu schützen und gleichzeitig einen wirksamen Wettbewerb zu fördern.

Alle diese Regulierungsinstrumente müssen der Art des festgestellten Problems und dem Gemeinschaftsrechtsgrundsatz der Verhältnismäßigkeit und den zentralen Zielen der Regulierung, nämlich Förderung des Wettbewerbs, Beitrag zur Entwicklung des Binnenmarktes und Förderung der Interessen der Bürger, entsprechen.

---

58 In Art. 13 Abs. 1 der Zugangsrichtlinie wird auch festgestellt, dass die NRA die Investitionen des Betreibers berücksichtigen und ihm eine angemessene Kapitalrendite unter Berücksichtigung des Investitionsrisikos zugestehen müssen.

In diesem Kapitel wird anschließend das festgelegte Regulierungsinstrumentarium, das den NRA zur Verfügung steht, untersucht, und es wird darauf eingegangen, wie die Regulierungsmaßnahmen zusammenwirken und voneinander abhängen können, und abschließend werden einige praktische Aspekte der Umsetzung behandelt. Es gibt keine automatische Lösung für jede Situation und ganz sicher keine automatische Verknüpfung zwischen Verpflichtungen und einem bestimmten Regulierungsinstrument. Das geeignete Regulierungsinstrument richtet sich immer nach den spezifischen Problemen, die die NRA auf einem bestimmten Markt festgestellt hat.

3.2 Verfügbare Regulierungsinstrumente

Die Zugangsrichtlinie und die Universaldienstrichtlinie geben umfassende Orientierungshilfen zur Anwendung und Verknüpfung zwischen den verschiedenen Regulierungsmaßnahmen.

3.2.1 Transparenz

Zunächst zur Transparenzverpflichtung[59], wo es heißt, dass Betreibern Verpflichtungen zur Transparenz in Bezug auf „die Zusammenschaltung und/oder den Zugang auferlegt werden können, wonach diese bestimmte Informationen, z.B. Informationen zur Buchführung, technische Spezifikationen, Netzmerkmale, Bereitstellungs- und Nutzungsbedingungen sowie Tarife, veröffentlichen müssen".

Das bedeutet, dass es eine natürliche Verknüpfung zwischen Zugangs- oder Zusammenschaltungsverpflichtungen und einer Transparenzvorschrift gibt, nach der alle wesentlichen technischen und/oder finanziellen Informationen veröffentlicht werden müssen, damit diese Zugangs- oder Zusammenschaltungsverpflichtung umgesetzt werden kann. Entsprechend gibt es eine logische Verknüpfung zwischen den Forderungen nach Transparenz und getrennter Buchführung und Gleichbehandlung.[60]

Zur Erreichung der Transparenz können die NRA verlangen, dass Betreiber ein Referenzangebot für Dienste veröffentlichen, dessen Bedingungen so detailliert darzustellen sind, wie es die NRA verlangt. Außerdem gibt es spezifische Bestimmungen für Informationen über die entbündelte Teilnehmeranschlussleitung.[61]

Es scheint nicht viele Situationen im Bereich des Zugangs und der Zusammenschaltung zu geben, in denen Transparenz allein schon ein wirksames Regulierungsinstrument ist, allerdings könnte sie zur Feststellung wettbewerbsfeindlicher Verhaltensweisen hilfreich sein, gegen die mit Hilfe des Wettbewerbsrechts vorgegangen werden oder denen mit der impliziten Drohung von Regulierungsmaßnahmen vorgebeugt werden kann. Die NRA wollen sicher einige der internen Transaktionen des SMP-Unternehmens und die für Zugang und Zusammenschaltung geltenden Bedingungen so transparent wie möglich machen.

Trotzdem ist logischerweise anzunehmen – und die Darstellung der Transparenzverpflichtung untermauert das wohl auch –, dass es sich wirklich um eine begleitende Verpflichtung zusätzlich zu anderen Verpflichtungen handelt, um das Regulierungsinstrument insgesamt effektiver zu machen. Die Forderung, sich gegenüber Wettbewerbern diskriminierungsfrei

---

59 Richtlinie 2002/19/EG, Art. 9.
60 Richtlinie 2002/19/EG, Art. 9 Abs. 1 und Abs. 2.
61 Richtlinie 2002/19/EG, Art. 9 Abs. 4.

zu verhalten, verlangt zum Beispiel, dass die Parteien die Faktoren, bei denen eine Nichtgleichbehandlung vorliegen könnte, leicht feststellen und vergleichen können. Außerdem ist die getrennte Buchführung als Verpflichtung eine natürliche Ergänzung der Forderung nach Transparenz bei Preissetzung und Kostenkalkulation. Transparenz ist eine sehr wichtige Verpflichtung, da es sich dabei um ein wesentliches Gegengewicht gegen mögliche Strategien von SMP-Unternehmen zur Umgehung von rechtlichen Verpflichtungen handelt. In der Wirtschaftsliteratur[62] wird angemerkt, dass dort, wo der Zugang auf einem bestimmten Preisniveau gewährt wird, die Zugangsverpflichtung durch die Anwendung von selektiven Standards, schlechterer Qualität, Verzögerung der Bereitstellung usw. deutlich verwässert werden kann. Die Transparenzforderung, die den NRA erlaubt festzulegen, welche genauen Informationen bereitzustellen sind, kann die erfolgreiche Anwendung solcher Strategien erschweren, indem ein entsprechendes Verhalten zumindest erkennbar wird.

3.2.2 Gleichbehandlung

Die Gleichbehandlungsverpflichtung[63] schreibt vor, dass das SMP-Unternehmen „anderen Unternehmen, die gleichartige Dienste erbringen, unter den gleichen Umständen gleichwertige Bedingungen bietet und Dienste und Informationen für Dritte zu den gleichen Bedingungen und mit der gleichen Qualität bereitstellt wie für seine eigenen Produkte oder die seiner Tochter- oder Partnerunternehmen". Dies zeigt eindeutig, dass die Gleichbehandlungsverpflichtung auch für die internen Abläufe eines Unternehmens gilt. Die allgemeine Gleichbehandlungsverpflichtung verlangt, dass Drittunternehmen beim Zugang nicht schlechter behandelt werden als die internen Bereiche der Betreiber.

Die Gleichbehandlung ist ebenfalls eine Verpflichtung, die allein als Regulierungsinstrument angewandt werden könnte; um aber die ganze Wirkung zu entfalten, müsste sie wahrscheinlich mit anderen Verpflichtungen kombiniert werden. Transparenz ist eine natürliche Ergänzung zu dieser Verpflichtung, da die Fähigkeit, ein Verhalten festzustellen, das durch die Anwendung von Diskriminierungspraktiken schädlich sein könnte, von der Fähigkeit abhängt, ein solches Verhalten aufzudecken.

Mit Hilfe des Gleichbehandlungsgrundsatzes könnten SMP-Unternehmen dazu gebracht werden, eigene, wegen Größenvorteilen deutlich billigere Vorleistungen zu rechtfertigen, wenn die signifikanten Größenvorteile schon viel früher im Leistungserbringungsprozess erreicht wurden. Selbst wenn die Transaktionen nicht unbedingt genau gleich sind, sind Unterschiede in den Bedingungen zu begründen, so dass eine wettbewerbsfeindliche Ungleichbehandlung untersagt werden kann.

Ein anderes Problem bei der Gleichbehandlung ist, dass zusammen mit der Transparenzverpflichtung damit eine stille Übereinkunft (Kollusion) zwischen Betreibern erleichtert und sogar gefördert werden kann. Auf Märkten, die viele oder alle Kriterien erfüllen[64], die auf das Vorhandensein einer gemeinsamen Marktbeherrschung hindeuten, ist zu untersuchen, wie weit die Verpflichtungen negative Konsequenzen haben könnten, möglicherweise sogar so weit, dass alternative oder geänderte Verpflichtungen in Betracht gezogen werden könnten.

---

62 Siehe z. B. *Laffont/Tirole* (2000).
63 Richtlinie 2002/19/EG, Art. 10.
64 Siehe SMP-Leitlinien, ABl. C 165, 11. 7. 2002, S. 6.

3.2.3 Getrennte Buchführung

Die Verpflichtung zur getrennten Buchführung kann Verpflichtungen in Bezug auf bestimmte Aktivitäten im Bereich der Zusammenschaltung und/oder des Zugangs beinhalten. Diese Verpflichtung wurde insbesondere zur Unterstützung der Verpflichtung zur Transparenz und Gleichbehandlung eingeführt. Sie könnte auch die NRA bei der Umsetzung der Verpflichtung zur Preiskontrolle und Kostenrechnung unterstützen. Die getrennte Buchführung soll sicherstellen, dass ein vertikal integriertes Unternehmen seine Vorleistungspreise und seine innerbetrieblichen Verrechnungspreise transparent macht, besonders dann, wenn die Verpflichtung zur Gleichbehandlung besteht. Im Bedarfsfall kann die getrennte Buchführung aufdecken, wenn ein vertikal integriertes Unternehmen eine ungerechtfertigte Quersubventionierung vornimmt. Eine solche Quersubventionierung liegt vor, wenn ein ungerechtfertigt niedriger Preis auf einem Produktmarkt durch (überhöhte) Entgelte auf einem anderen Produktmarkt ermöglicht wird.

Die NRA sind befugt, das zu verwendende Format und die zu verwendende Buchführungsmethode festzulegen. Die Bereitstellung dieser Buchführungsdaten könnte auch im Rahmen des allgemeiner gefassten Art. 5 der Rahmenrichtlinie von jedem Unternehmen gefordert werden, aber diese Daten stehen vielleicht nicht immer im normalen Geschäftsbetrieb zur Verfügung und müssten daher besonders angefordert werden. Die aufgrund dieser Verpflichtung bereitgestellten Informationen können die laufende Überwachung der Marktsituationen erleichtern und nicht nur den spezifischen Zwecken der Marktanalyse dienen.

Die in Bezug auf Transparenz und Gleichbehandlung festgestellten Probleme sind auch in diesem Bereich anzutreffen, wo es um Koordinierungseffekte und die mögliche Förderung oder Erleichterung der Kollusion geht. Die Weitergabe von Informationen über Geschäftsabläufe, Leistungsvermögen und sogar Strategien an Wettbewerber kann durch die angemessene Kontrolle der Informationen beeinflusst werden. Daher unterliegt die Veröffentlichung von Informationen durch die NRA bestimmten Bedingungen, denn sie soll einen offenen, wettbewerbsorientierten Markt bei gleichzeitiger Beachtung der nationalen und europäischen Bestimmungen zur Wahrung von Geschäftsgeheimnissen herbeiführen.[65] Die Feststellung einer Quersubventionierung mit Hilfe der getrennten Buchführung erfordert häufig fein austarierte Entscheidungen über die Verteilung gemeinsamer und der Gemeinkosten, die in elektronischen Kommunikationsmärkten sehr häufig vorkommen.

3.2.4 Zugang zu bestimmten Netzeinrichtungen und deren Nutzung

Auf einem offenen und wettbewerbsorientierten Markt sollten keine Beschränkungen bestehen, die Unternehmen davon abhalten, Zugangs- und Zusammenschaltungsvereinbarungen unter Einhaltung der Wettbewerbsregeln untereinander auszuhandeln. Unternehmen, die Anträge auf Zugang oder Zusammenschaltung erhalten, sollen solche Vereinbarungen prinzipiell auf kommerzieller Basis abschließen und nach Treu und Glauben verhandeln. Entsprechendes ist in Art. 3 der Zugangsrichtlinie vorgesehen.

Die NRA haben aber die Erfahrung gemacht, dass Verhandlungen auf kommerzieller Basis eher die Ausnahme als die Regel sind. Die Zugangsrichtlinie legt Folgendes fest: Auf Märkten, auf denen manche Unternehmen weiterhin eine deutlich stärkere Verhandlungsposition einnehmen als andere, und einige Unternehmen zur Erbringung ihrer Dienste auf die von anderen bereitgestellten Infrastrukturen angewiesen sind, empfiehlt es sich, einen

---

65 Art. 11 Abs. 2 Zugangsrichtlinie.

Rahmen von Regeln zu erstellen, um das wirksame Funktionieren des Marktes zu gewährleisten. Die nationalen Regulierungsbehörden sollten befugt sein, den Zugang, die Zusammenschaltung und die Interoperabilität von Diensten im Interesse der Nutzer zu angemessenen Bedingungen sicherzustellen, falls dies auf dem Verhandlungsweg nicht erreicht
wird.

Die Verpflichtung zur angemessenen Gewährung des Infrastrukturzugangs kann ein geeignetes Mittel zur Belebung des Wettbewerbs sein, doch müssen die NRA die Rechte eines
Infrastruktureigentümers zur kommerziellen Nutzung seines Eigentums für eigene Zwecke
und die Rechte anderer Diensteanbieter auf Zugang zu Einrichtungen, die sie zum Erbringen konkurrierender Dienste benötigen, gegeneinander abwägen. Ein wichtiger Grundsatz
ist aber, dass die den Wettbewerb kurzfristig belebende Verpflichtung zur Gewährung des
Zugangs nicht dazu führen sollte, dass sich die Anreize für Wettbewerber zur Investition in
Alternativeinrichtungen, die langfristig einen stärkeren Wettbewerb sichern, verringern.[66]

Betreiber können dazu verpflichtet werden, „berechtigten Anträgen auf Zugang zu bestimmten Netzkomponenten und zugehörigen Einrichtungen und auf deren Nutzung stattzugeben, unter anderem, wenn die nationale Regulierungsbehörde der Auffassung ist, dass
die Verweigerung des Zugangs oder unangemessene Bedingungen mit ähnlicher Wirkung
die Entwicklung eines nachhaltig wettbewerbsorientierten Marktes auf Endkundenebene
behindern oder den Interessen der Endnutzer zuwiderlaufen würden".[67]

Sehr detailliert werden mögliche nichtabschließende Anforderungen aufgeführt. Da ist die
allgemeine Anforderung, Zugang zu bestimmten Netzkomponenten oder Einrichtungen zu
gewähren einschließlich des entbündelten Zugang zur Teilnehmeranschlussleitung, Verhandlungen nach Treu und Glauben, garantierte Bereitstellung, Bereitstellung von Vorleistungen zum Weiterverkauf. Außerdem gibt es Anforderungen in Bezug auf technische
Unterstützung, Kollokation, Interoperabilität und betriebliche Unterstützung sowie Bedingungen für die Zusammenschaltung, die die Betreiber einhalten sollen.

Die NRA können diese Verpflichtungen mit Bedingungen in Bezug auf Fairness, Billigkeit
und Rechtzeitigkeit verknüpfen, die in der Zugangsanforderung dargelegt sind und die wie
immer den Regelungen in Art. 8 der Rahmenrichtlinie und Art. 8 Abs. 4 der Zugangsrichtlinie unterliegen. Diese Anforderungen können besonders nützlich als Schutz gegen Strategien sein, die darauf abzielen, Versuche der Zugangsverweigerung zu vertuschen, statt sie
aufzudecken. Zu den Bedingungen, die einer Zugangsverweigerung gleichkommen, gehören ganz allgemein solche, die auf finanzieller Ebene bewirken, dass kein leistungsfähiger
Wettbewerber einen Markteintritt in Betracht zieht, wenn alternative Taktiken wie Verzögerung oder schlechtere Qualität für den Marktneuling die effektiven Kosten des Zugangs
nur noch erhöhen. Verpflichtungen in Bezug auf die Dienstqualität können nützlich als
Schutz gegen eine ungerechtfertige Erhöhung der Kosten der Rivalen durch solche Praktiken sein.

Aufgrund des Umfangs dieser Verpflichtung gibt es eine Reihe von Überlegungen, die eine
NRA bei der Auferlegung einer Zugangsanforderung ausdrücklich berücksichtigen
muss.[68] Hier sollte ausführlicher auf die allgemeinen Überlegungen eingegangen werden.
Die auferlegte Verpflichtung muss natürlich den Regelungen in Art. 8 entsprechen und die
Durchführbarkeit der Maßnahme, die Praktikabilität der Nutzung oder des Aufbaus kon-

---

66 Richtlinie 2002/19/EG, Erwägungsgrund 19.
67 Richtlinie 2002/19/EG, Art. 12 Abs. 1.
68 Richtlinie 2002/19/EG, Art. 12 Abs. 2.

kurrierender Infrastrukturen und das Festhalten an der Anfangsinvestitionsentscheidung, damit auch langfristig der Wettbewerb möglichst weitgehend gesichert ist, berücksichtigen. Die NRA müssen außerdem Rechte an geistigem Eigentum wie auch die Entwicklung von europaweiten Diensten berücksichtigen.

Bei den Festlegungen in den Richtlinien ist dies die bei weitem am umfassendsten beschriebene Verpflichtung, und das ist Ausdruck der Bedeutung dieser Verpflichtung und ihrer zentralen Rolle für Wettbewerbsmärkte. Diese Verpflichtung kann ein eigenständiges Regulierungsinstrument mit einer allgemeinen Forderung nach Zugangsgewährung und Verhandlungen nach Treu und Glauben als einzige Bedingung sein, oder es kann gleichzeitig eine ganze Palette von in Art. 9 bis 13 der Zugangsrichtlinie festgelegten Regulierungsinstrumente geben, wenn Kostenkontroll- und Gleichbehandlungsverpflichtungen erforderlich sind. Diese Verpflichtung wird im Allgemeinen selten als eigenständiges Regulierungsinstrument eingesetzt werden, sondern es wird zusätzlich auch eine Transparenzverpflichtung geben, vielleicht in Form eines Referenzangebots oder eines anderen Mechanismus, der die Verfügbarkeit und die technischen und finanziellen Bedingungen für diesen Zugang betrifft. Die Gleichbehandlung wird wahrscheinlich auch gleichzeitig mit dieser Verpflichtung vorgesehen werden, da bei nachgefragtem Zugang vertikal integrierte Unternehmen häufig in der Lage sind, zum eigenen Vorteil Marktmacht vom Vorleistungsmarkt auf den Endkundenmarkt zu übertragen. Die Auferlegung einer Gleichbehandlungsverpflichtung würde gegen ein solches Verhalten schützen. Die NRA müssen dann überlegen, ob genügend Informationen verfügbar sind, um eine effiziente Überwachung der Gleichbehandlungsforderung sicherzustellen, oder ob zusätzliche Verpflichtungen im Bereich der getrennten Buchführung für eine wirksame Durchsetzung erforderlich sind. Und schließlich kann es häufig vorkommen, dass die tatsächliche Höhe der Entgelte von der NRA festgesetzt werden muss, also eine Kostenkontrolle vorgesehen werden kann. Möglicherweise ist bei den Regulierungsinstrumenten eine logische Reihenfolge angebracht, es kann aber überhaupt nicht vorhergesagt werden, welche Kombination oder Kombinationen geeignet sind. Diese Entscheidung hängt von den spezifischen Problemen ab, die die NRA als korrekturbedürftig auf einem bestimmten Markt ansieht.

Die Zugangsverpflichtungen sind umfassend und weitreichend; sie gehen von der Bereitstellung von Diensten auf dem Vorleistungsmarkt für den Wiederverkauf durch Dritte über die Bereitstellung des Zugangs zu bestimmten Netzkomponenten bis hin zu verschiedenen Anforderungen an die Technik und Interoperabilität. Wegen des umfassenden Charakters und der schwerwiegenden Auswirkungen dieser Verpflichtung wird ausdrücklich darauf hingewiesen, dass die NRA die Investitionsentscheidungen der Marktneulinge wie auch der etablierten Betreiber sorgfältig prüfen müssen, um nach Möglichkeit zu erreichen, dass sich ein Wettbewerb entwickelt, der sich selbst trägt.

3.2.5 Verpflichtung zur Preiskontrolle und Kostenrechnung

Preiskontrolle kann notwendig sein, wenn die Marktanalyse ergibt, dass auf bestimmten Märkten der Wettbewerb unzureichend ist. Regulatorische Eingriffe können relativ zurückhaltend sein, wie beispielsweise die Forderung, dass die Preise angemessen sein müssen; sie können aber auch sehr viel weiter gehen und etwa den Nachweis verlangen, dass die Preise kostenorientiert sind, falls der Wettbewerb nicht intensiv genug ist, um überhöhte Preise zu verhindern. Insbesondere Betreiber mit beträchtlicher Marktmacht sollen eine Preis-Kosten-Schere vermeiden, bei der die Differenz zwischen den eigenen Endkundenpreisen und den von Wettbewerbern mit ähnlichem Diensteangebot erhobenen Zugangs-/

Zusammenschaltungsentgelten nicht ausreicht, um einen nachhaltigen Wettbewerb zu gewährleisten. Wenn die NRA die Kosten berechnet, sollte das angewandte Verfahren auf die Umstände abgestimmt sein und die Notwendigkeit berücksichtigen, die wirtschaftliche Effizienz und einen nachhaltigen Wettbewerb zu fördern und für die Verbraucher möglichst vorteilhaft zu sein.[69]

Die Verpflichtung im Bereich der Preiskontrolle und der Kostenrechnung erlaubt es den NRA, Verpflichtungen bezüglich der Kostendeckung und Preiskontrollen (einschließlich kostenorientierter Preise und bestimmter Auflagen in Bezug auf Kostenrechnungsmethoden) aufzuerlegen. Diese Verpflichtung soll gelten, wenn das Fehlen wirksamen Wettbewerbs bedeutet, dass der betreffende Betreiber womöglich entweder überhöhte Preise verlangt oder mit wettbewerbsfeindlicher Absicht (d. h. zum Nachteil des Endnutzers) eine Preis-Kosten-Schere herbeiführt. Insbesondere Betreiber mit beträchtlicher Marktmacht müssen eine Preis-Kosten-Schere vermeiden, bei der die Differenz zwischen den eigenen Endkundenpreisen und den von Wettbewerbern mit ähnlichem Diensteangebot erhobenen Zusammenschaltungs-/Zugangsentgelten nicht ausreicht, um einen nachhaltigen Wettbewerb zu gewährleisten.

Die Beweislast, dass die Entgelte sich aus den Kosten ergeben, einschließlich einer angemessenen Kapitalrendite, liegt beim Betreiber. Außerdem kann die NRA eine umfassende Begründung der Preise des Betreibers und gegebenenfalls deren Korrektur verlangen. Der Spielraum der NRA bei der Anwendung einer Methode oder eines bestimmten Kostenmodells für die Berechnung eines angemessenen Entgelts ist unbegrenzt und muss nur den Bestimmungen in Art. 8, dem allgemeinen Wettbewerbsrecht und der Forderung genügen, die wirtschaftliche Effizienz und einen nachhaltigen Wettbewerb zu fördern und für die Verbraucher möglichst vorteilhaft zu sein.

Falls im Interesse der Preiskontrolle eine Kostenrechnungsmethode vorgeschrieben wird, müssen die NRA sicherstellen, dass eine Beschreibung der Kostenrechnungsmethode veröffentlicht wird, in der zumindest die wichtigsten Kostenarten und die Regeln der Kostenzurechnung aufgeführt werden.

Die Einhaltung der Kostenrechnungsmethode wird von einem qualifizierten unabhängigen Organ geprüft, das auch die NRA sein kann, sofern sie über das erforderliche qualifizierte Personal verfügt. Eine diesbezügliche Erklärung wird jährlich veröffentlicht.

Wie auch bei der Zugangsverpflichtung wird implizit auf die Verpflichtungen in Art. 8 und die Notwendigkeit der Förderung der Effizienz Bezug genommen. Bei der Festlegung der Rendite müssen alle relevanten Faktoren berücksichtigt werden, damit die Investition auf einem Niveau gehalten wird, das einen anhaltenden Wettbewerb und einen größtmöglichen Vorteil für die Kunden gewährleistet. Orientierungshilfe könnte aus der Beobachtung vergleichbarer wettbewerbsorientierter Märkte gewonnen werden. Solche länderübergreifenden Vergleiche erfordern sorgfältige Analysen, da viele Schlüsselfaktoren zwischen den Mitgliedstaaten unterschiedlich sein können (z. B. physikalische Topologie). Für Vergleiche innerhalb eines geographischen Marktes kann es auch nützlich sein, angrenzende Märkte im IKT-Bereich zu vergleichen.[70]

---

69 Richtlinie 2002/19/EG, Erwägungsgrund 20.

70 Kostenvergleiche werden häufig zur Feststellung eines Problems angestellt, bei dem Regulierungsmaßnahmen erforderlich sein könnten: Preisdifferenzen und eine gewisse Vorstellung von den zugrunde liegenden Kosten werden als Indikator für Marktmacht herangezogen. Diese Vorgehensweise geht von der Annahme aus, dass auf einem Wettbewerbsmarkt die Preise den Kosten entsprechen. Die Annahme, dass die Marktpreise den Kosten entsprechen, gilt aber nicht unbedingt, wenn

Das Schlüsselproblem bei dieser Verpflichtung ist anscheinend die Feststellung eines Preiskontrollniveaus, das den Wettbewerb zwischen Diensten fördert, ohne Marktmacht im Netzbereich und die Verzerrungen zu verstärken, die sich daraus ergeben können, wenn die Entgelte zu niedrig oder zu hoch angesetzt werden. Darauf wird in den Abschnitten 4 und 5 näher eingegangen.

3.2.6 Verpflichtungen auf dem Endkundenmarkt

Ziel der Universaldienstrichtlinie ist es, die Verfügbarkeit von Diensten in guter Qualität für alle durch wirksamen Wettbewerb und Wahlmöglichkeiten sicherzustellen und Vorkehrungen für die Situationen zu treffen, wenn der Markt die Bedürfnisse der Endnutzer nicht zufriedenstellend erfüllen kann.[71]

In der Universaldienstrichtlinie werden Interventionsmaßnahmen behandelt, die besonders die Endkundenmärkte betreffen, auf denen Unternehmen mit beträchtlicher Marktmacht anzutreffen sind. In der Regel sollten Regulierungsmaßnahmen in Bezug auf Dienste für Endnutzer nur angewandt werden, wenn die NRA der Ansicht sind, dass Maßnahmen auf dem relevanten Vorleistungsmarkt entsprechend der Zugangsrichtlinie oder Maßnahmen im Bereich der Betreiberauswahl oder vorauswahl die Ziele nicht erreichen würden, die den NRA in der Rahmenrichtlinie gesetzt wurden.[72] Dies ist ein Leitmotiv im neuen Rechtsrahmen, und in der Empfehlung über relevante Märkte heißt es, dass Intervention auf dem Vorleistungsmarkt einem Eingreifen auf dem Endkundenmarkt vorzuziehen ist.

> „Regulierungsmaßnahmen in Bezug auf Dienste für Endnutzer können nur eingeführt werden, wo relevante Maßnahmen, die Vorleistungs- oder entsprechenden Bereichen gelten, das Ziel der Sicherstellung des wirksamen Wettbewerbs nicht erreichen würden."[73]

In Art. 17 Abs. 1 Buchst. b URL heißt es, dass für den Fall, dass aufgrund der Zugangsrichtlinie getroffene Maßnahmen auf dem Vorleistungsmarkt oder die Anwendung der Betreiberauswahl- oder -vorauswahlverpflichtung auf diesen Märkten die Probleme auf dem Markt nicht lösen können, andere Verpflichtungen auf der Endkundenebene auferlegt werden können. Es ist klar, dass die in der Zugangsrichtlinie vorgesehenen Verpflichtungen auch für die Behandlung der Probleme auf der Endkundenebene eingesetzt werden können, wenn sie geeignet sind.[74] Da die Formulierung in Art. 17 Abs. 2 absichtlich Spielraum lässt, sind die spezifischen Verpflichtungen auf dem Endkundenmarkt nicht beschränkt, sondern können auch Forderungen umfassen, dass die erkannten Unternehmen keine überhöhten Preise verlangen, den Markteintritt behindern oder den Wettbewerb beschränken, indem sie Kampfpreise zur Ausschaltung des Wettbewerbs festsetzen, bestimmte Endnutzer unangemessen bevorzugen oder Dienste ungerechtfertigt bündeln.

Die NRA können in Bezug auf diese Unternehmen geeignete Price-Cap-Maßnahmen, Maßnahmen zur Kontrolle einzelner Tarife oder Maßnahmen zur Orientierung der Tarife

---

der Wettbewerb ein Dienstebündel betrifft, das unter der Voraussetzung von Größen- und Verbundvorteilen bereitgestellt wird. Bei Vorhandensein von Fix- und Gemeinkosten strukturieren Unternehmen ihre relativen Gewinnzuschläge entsprechend den Nachfragebedingungen.

71 Richtlinie 2002/22/EG, Art. 1.
72 Richtlinie 2002/22/EG Erwägungsgrund 26, Art. 17. Diese Ziele lauten: Förderung des Wettbewerbs, Beitrag zur Entwicklung des Binnenmarktes und Förderung der Interessen der Bürger der EU.
73 Seite 15 der Empfehlung.
74 Ggf. würde dies beispielsweise zulassen, dass das Wholesale-Line-Rental-Angebot (Weitervertrieb von Teilnehmerschlüssen, Art. 12 Abs. 1 Buchst. d der Zugangsrichtlinie) bei einem festgestellten Problem auf dem Endkundenzugangsmarkt ausdrücklich erlaubt wird.

an den Kosten oder Preisen auf vergleichbaren Märkten anwenden, um die Interessen der Endnutzer zu schützen und gleichzeitig einen wirksamen Wettbewerb zu fördern.

Wo auf Endkundenebene Preiskontrollen eingeführt werden, müssen die nötigen und geeigneten Kostenrechnungssysteme implementiert werden, und die NRA müssen das Format und die Rechnungslegungsmethode festlegen, um die Befolgung sicherzustellen. Ein qualifiziertes unabhängiges Organ muss die Einhaltung des Kostenrechnungssystems nachprüfen; das kann, wie schon gesagt, die NRA sein, wenn sie über das erforderliche qualifizierte Personal verfügt. Schließlich muss jedes Jahr eine diesbezügliche Erklärung veröffentlicht werden.

Das Problem mit der Auferlegung von Verpflichtungen auf Endkundenebene ist, dass angesichts der Tatsache, dass diese Verpflichtungen nur angebracht sind, wenn die Verpflichtungen auf Vorleistungsebene nicht wirken, die Gefahr besteht, dass selbst dann, wenn Kontrollen auf Vorleistungsebene am Ende Wirkung zeigen, das möglicherweise erst nach langer Zeit geschieht. Bis dahin und im Interesse der Verbraucherwohlfahrt kann es erforderlich sein, einige Kontrollen der Endkundenpreise einzuführen. Bei der Beurteilung der Notwendigkeit von Maßnahmen auf Endkundenebene müssen die NRA daher die Auswirkungen von Maßnahmen auf der Vorleistungsebene auf den Wettbewerb in angrenzenden Endkundenmärkten und umgekehrt berücksichtigen. Die NRA müssen besonders die Möglichkeit von Preis-Kosten-Scheren berücksichtigen, und es müssen ggf. geeignete Mess- und Überwachungsinstrumente eingeführt werden.

Nach der Universaldienstrichtlinie werden die Transparenzverpflichtungen, die sich auf Tarife usw. beziehen, auf Endkundenebene angewandt. Die Transparenzmaßnahmen auf Endkundenebene können allerdings dazu führen, dass es für Marktparteien leichter wird, wettbewerbsfeindliche Praktiken anzuwenden. Die NRA müssen dafür sorgen, dass die eingeführten Transparenzmaßnahmen nicht versehentlich wettbewerbsfeindliche Verhaltensweisen fördern.

3.2.7 Mietleitungen und Betreiberauswahl/-vorauswahl

Zwei Artikel in der Universaldienstrichtlinie befassen sich mit SMP-Unternehmen. Sie beziehen sich auf ein Mindestangebot von Mietleitungen und Betreiberauswahl sowie Betreiber-Vorauswahl (Preselection). Diese Verpflichtungen, deren Auslöser die SMP ist, wurden aber nicht ausdrücklich in Bezug auf Marktmacht eingeführt, sondern sie müssen von den NRA auferlegt werden, wenn es angebracht ist. Aus diesem Grund gelten die im folgenden Abschnitt ausgeführten Grundsätze nicht direkt. Die Verpflichtung in Bezug auf Mietleitungen soll sicherstellen, dass in der gesamten Gemeinschaft ein harmonisiertes Angebot zur Verfügung steht, und sie bezieht sich damit auf den Imperativ des Binnenmarkts. Die Vorschrift der Betreiberauswahl und der Betreibervorauswahl soll den Wettbewerb auf Endkundenmärkten fördern, ein weiteres Motiv ist aber gleichzeitig auch der Nutzen für die Teilnehmer.

In der Universaldienstrichtlinie gibt es besondere Bestimmungen zu Regulierungsmaßnahmen zur Kontrolle eines Mindestangebots von Mietleitungen, und darauf wird in Anhang VII der Universaldienstrichtlinie näher eingegangen. Aufgrund dieser Verpflichtungen müssen SMP-Unternehmen diskriminierungsfrei ein Mindestangebot von Mietleitungen zu kostenorientierten Preisen (mit entsprechender Kostenrechnung) unter Einhaltung der Transparenzverpflichtung und bestimmter Qualitätsparameter bereitstellen.

Außerdem müssen Unternehmen mit beträchtlicher Marktmacht im Bereich des Anschlusses an das öffentliche Festnetz und dessen Nutzung an festen Standorten die Betreiberauswahl mittels einer Betreiberkennzahl und eine Betreibervorauswahl in Kombination mit Betreiberauswahl zu kostenorientierten Preisen anbieten. Außerdem dürfen ihre direkt beim Teilnehmer erhobenen Entgelte, z.B. Grundgebühren, Nutzer nicht davon abhalten, diese Einrichtungen zu nutzen.

4. Orientierungshilfe für Regulierer bei der Auswahl geeigneter Regulierungsinstrumente

4.1 Einführung

In diesem Abschnitt werden die vorrangigen Grundsätze vorgestellt, von denen sich die NRA bei ihren Entscheidungen über Regulierungsinstrumente leiten lassen sollten. Dieser Abschnitt legt die vorgegebenen Ziele des Rechtsrahmens zugrunde. Ziel der Zugangsrichtlinie ist insbesondere, in Übereinstimmung mit den Grundsätzen des Binnenmarkts einen Rechtsrahmen für die Beziehungen zwischen Netzbetreibern und Diensteanbietern zu schaffen, der einen nachhaltigen Wettbewerb und die Interoperabilität der elektronischen Kommunikationsdienste gewährleistet und die Interessen der Verbraucher fördert.

Herzstück dieses Rahmens ist die Verbraucherwohlfahrt. Wettbewerb garantiert, dass Märkte so funktionieren, dass ein größerer Nutzen für die Verbraucher erreicht wird. Wettbewerb bringt dem Verbraucher mehr Wahlmöglichkeiten, bessere Qualität und niedrigere Preise, und das wiederum verbessert seine Lebensumstände. In der Zugangsrichtlinie wird gesagt, dass es auf einem offenen, wettbewerbsorientierten Markt außer den normalen Wettbewerbsregeln keine Beschränkungen für normale kommerzielle Verhandlungen über Zugang und Zusammenschaltung geben sollte.

Es wird aber auch klargestellt: Auf Märkten, auf denen manche Unternehmen weiterhin eine deutlich stärkere Verhandlungsposition einnehmen als andere und einige Unternehmen zur Erbringung ihrer Dienste auf die von anderen bereitgestellten Infrastrukturen angewiesen sind, empfiehlt es sich, einen Rahmen von Regeln zu erstellen, um das wirksame Funktionieren des Marktes zu gewährleisten. Die nationalen Regulierungsbehörden sollten befugt sein, dort, wo kommerzielle Verhandlungen fehlschlagen, einen angemessenen Zugang, Zusammenschaltung und Interoperabilität im Interesse der Endnutzer sicherzustellen.[75] Wenn die Umstände so sind, gehen die politischen Entscheidungsträger gegenüber den NRA von der Vermutung aus, dass regulatorisches Eingreifen zur Förderung der Verbraucherwohlfahrt gerechtfertigt ist.

Bei der Anwendung von Regulierungsinstrumenten gegen SMP müssen die NRA gewährleisten, dass die Regulierungsinstrumente für die Art des aufgetretenen Problems und im Hinblick auf die Ziele der NRA entsprechend der Rahmenrichtlinie angemessen und gerechtfertigt sind. Den NRA wurden folgende Ziele als Orientierungshilfe vorgegeben, wenn sie die für sie in der Richtlinie festgelegten Aufgaben erfüllen:

- den Wettbewerb fördern,
- zur Entwicklung des Binnenmarktes beitragen und
- die Interessen der Bürger der Europäischen Union fördern.

---

75 Richtlinie 2002/19/EG, Erwägungsgründe 5 und 6.

Wie schon in Abschnitt 1 gesagt, sind nicht alle diese Ziele relevant, wenn Regulierungsinstrumente zur Bekämpfung von SMP ausgewählt werden. Natürlich ist das Ziel der Wettbewerbsförderung in diesem Zusammenhang von zentraler Bedeutung. Die Richtlinien weisen darauf hin, dass dies eine dynamische Sicht des Wettbewerbs ist, da die NRA dafür sorgen müssen, dass der Wettbewerb durch die Unterstützung effizienter Investitionen und Innovation gefördert wird. Dies wird deutlich im Zusammenhang mit der Verpflichtung zur Zugangsgewährung, wo gesagt wird, dass die den Wettbewerb kurzfristig belebende Verpflichtung zur Gewährung des Zugangs nicht dazu führen darf, dass die Anreize für Wettbewerber zur Investition in Alternativeinrichtungen, die langfristig einen stärkeren Wettbewerb sichern, entfallen.[76] Wenn die NRA SMP-Unternehmen entsprechend der Universaldienstrichtlinie Verpflichtungen auferlegen, dürfen sie natürlich auch nicht die Wahrung der Interessen der Bürger der EU vergessen.

In Abschnitt 4.2 werden die Grundsätze behandelt, von denen sich die NRA leiten lassen sollen, wenn es um die Regulierungsinstrumente geht. Als Erstes wird untersucht, welche Elemente in die Entscheidungen der NRA eingehen sollten, damit sie ihre Ziele erreichen und ihren in den Richtlinien vorgegebenen Verpflichtungen nachkommen. Die nächsten zwei Prinzipien befassen sich mit der Vorgehensweise der NRA, wenn Infrastrukturwettbewerb wahrscheinlich bzw. nicht wahrscheinlich ist. Als Letztes wird untersucht, wie dafür gesorgt werden kann, dass SMP-Unternehmen, wo immer es möglich ist, Anreize zur Einhaltung der Verpflichtungen erhalten.

4.2 Die Grundsätze

Art. 8 der Zugangsrichtlinie verlangt, dass die Regulierungsinstrumente auf das zugrunde liegende erkannte (Wettbewerbs-)Problem abgestimmt und im Hinblick auf die Ziele der NRA in Art. 8 der Rahmenrichtlinie angemessen und gerechtfertigt sein müssen.[77] Ziel dieses Artikels ist es, diese Konzepte mit Leben zu füllen und den NRA eine Orientierungshilfe zu geben, wie sie den Zielen des Rechtsrahmens gerecht werden und gleichzeitig diese Anforderungen erfüllen können.

Der erste Grundsatz lautet, dass die NRA begründete Entscheidungen in Übereinstimmung mit ihren Verpflichtungen aufgrund der Richtlinie treffen müssen. Das bedeutet, dass das gewählte Instrument sich nach der Art des festgestellten Problems richten muss. Das/die Problem(e) des Marktes wurden schon bei der Marktanalyse erkannt. Im Entscheidungsprozess muss auch die Verhältnismäßigkeit des Regulierungsinstruments berücksichtigt werden. In diesen Entscheidungen sollten in Bezug auf die einzelnen Probleme möglichst auch alternative Regulierungsinstrumente geprüft werden, damit das am wenigsten belastende effektive Instrument gewählt werden kann. Bei den Entscheidungen sollte auch die potenzielle Wirkung der vorgesehenen Regulierungsinstrumente auf benachbarte Märkte berücksichtigt werden.

Ein zweiter Grundsatz betrifft den Aspekt des Wettbewerbs im Infrastrukturbereich. Wenn er aufgrund anhaltender Engpässe und erheblicher Größen- oder Verbundvorteile oder anderer Marktzutrittshindernisse unwahrscheinlich ist, müssen die NRA dort sicherstellen, dass ein ausreichender Zugang zu den Vorleistungen gesichert ist. So kämen die Verbrau-

---

76 Richtlinie 2002/19/EG, Erwägungsgrund 19.
77 Richtlinie 2002/19/EG. Art. 8 der Richtlinie 2002/21/EG (die Rahmenrichtlinie) stellt die Ziele der NRB dar: Förderung des Wettbewerbs, Beitrag zur Entwicklung des Binnenmarktes und Förderung der Interessen der Bürger der EU.

cher in den Genuss größtmöglicher Vorteile. Hier sollten die NRA auch Maßnahmen gegen potenziellen Verhaltensmissbrauch treffen.

Ein dritter Grundsatz lautet, dass in den Fällen, in denen das Ergebnis der Marktdefinition und -analyse zeigt, dass eine Nachbildung der Infrastruktur des etablierten Betreibers möglich sein kann, die verfügbaren Regulierungsinstrumente den Übergangsprozess zu einem nachhaltig funktionierenden Wettbewerbsmarkt unterstützen sollten.[78] Wenn es als ausreichend sicher gilt, dass diese Nachbildung möglich ist, sollten diese Märkte ebenso behandelt werden wie die Märkte, bei denen dies bekanntermaßen möglich ist. In anderen mit größerer Unsicherheit behafteten Fällen sollten die NRA offen sein, die Entwicklung laufend beobachten, um ihre Einschätzung immer wieder überprüfen zu können. Unter diesen Umständen sind alle Maßnahmen zu vermeiden, die Investitionen in konkurrierende Infrastrukturen, die Erfolg versprechend sind, verzögern oder verhindern. Bei der Entscheidung, ob Netzinfrastruktur nachbildbar ist, dürfen die NRA auch nicht die Möglichkeit unwirtschaftlicher Investitionen außer Acht lassen.

Ein vierter Grundsatz lautet, dass die Regulierungsinstrumente möglichst so gestaltet sein sollten, dass sie Anreizwirkung erzielen. Die NRA sollten also, wann immer es möglich ist, die Regulierungsinstrumente so anwenden, dass für den regulierten Anbieter die Vorteile der Befolgung größer sind als die Vorteile der Nichtbefolgung. Regulierungsinstrumente mit Anreizwirkung sind wahrscheinlich wirkungsvoll und verlangen gleichzeitig ein Minimum an laufender regulatorischer Intervention. Dies ist in der Praxis vielleicht schwer zu erreichen, da insbesondere die rechtliche Befugnis, Anreize für die Einhaltung zu entwickeln, in den einzelnen Mitgliedstaaten wahrscheinlich sehr unterschiedlich ist.

4.2.1 Die NRA sind aufgefordert, begründete Entscheidungen in Übereinstimmung mit ihren Verpflichtungen aufgrund der Richtlinien zu treffen

Wie in Art. 8 Abs. 4 der Zugangsrichtlinie gesagt wird, müssen die Verpflichtungen der Art des aufgetretenen Problems entsprechen und müssen im Hinblick auf die Ziele der NRA in Übereinstimmung mit der Rahmenrichtlinie angemessen und gerechtfertigt sein. Dieser Verpflichtung müssen die NRA nachkommen, wenn sie entsprechend der Zugangsrichtlinie Regulierungsinstrumente in Bezug auf SMP-Unternehmen anwenden.[79] Die NRA haben Erfahrungen mit transparent gestalteten öffentlichen Anhörungen und begründeten Entscheidungen. Daran müssen sich alle NRA halten.

Es ist ein wichtiger Grundsatz, dass die NRA bei ihren Entscheidungen klar unter Beweis stellen, dass sie sich an ihre Verpflichtungen halten.

Die Entscheidungen der NRA müssen außerdem transparent und wohlbegründet sein. Dies ist wichtig, um die Einheitlichkeit der Regulierung über längere Zeit und in allen Kompetenzbereichen sicherzustellen und den Akteuren auf dem Markt klare Signale zu geben. In den Entscheidungen sollten in Bezug auf die einzelnen Probleme möglichst auch alterna-

---

78 Wenn in diesem Abschnitt von Nachbildung die Rede ist, bedeutet das genau genommen eine andere Infrastruktur, die in der Lage ist, dieselben Dienste bereitzustellen. Nachbildung verlangt also nicht dieselbe Technologie, und selbst wenn dem so ist, wird nicht unterstellt, dass die Konfiguration die gleiche ist.

79 Eine entsprechende Verpflichtung gilt für Regulierungsinstrumente, die auf dem Endkundenmarkt gemäß Artikel 17 der Universaldienstrichtlinie [2002/22/EC] angewandt werden.

tive Regulierungsinstrumente geprüft werden, damit das praktischste effektive Instrument gewählt werden kann, das die Ziele am besten erreicht.[80]

Die Sicherstellung einer einheitlichen Regulierungspraxis in der gesamten EU ist die Aufgabe jeder NRA, die dabei die besonderen Bedingungen auf den nationalen Märkten berücksichtigt. Die NRA sollten miteinander und mit der Kommission in transparenter Weise kooperieren, um die einheitliche Anwendung des Rechtsrahmens in allen Mitgliedstaaten zu gewährleisten.[81] Für die Unterstützung einer einheitlichen Anwendung des Rechtsrahmens ist es auch wichtig, dass sich die NRA grundsätzlich darüber einig sind, was jedes Element dieser Verpflichtung mit sich bringt.

Harmonisierung ist im Analyseprozess in allen Mitgliedstaaten erforderlich. Das bringt allen Marktteilnehmern durch die Rechtssicherheit und Vorhersagbarkeit erhebliche Vorteile, führt aber nicht automatisch zu harmonisierten Ergebnissen in der ganzen EU, weil diese in jedem Mitgliedstaat von den nationalen Gegebenheiten abhängen (die hauptsächlich in der Marktdefinitionsphase und bei der Feststellung von SMP ermittelt werden).

Die NRA müssen sich bemühen, sich untereinander und mit der Kommission auf die Arten von Instrumenten und Regulierungsmaßnahmen zu einigen, die für bestimmte Situationen auf dem Markt am geeignetsten sind.[82] Da im neuen Rechtsrahmen ein laufendes Zusammenwirken der NRA und der nationalen Wettbewerbsbehörde vorgesehen ist, kann die NRA beschließen, die Wettbewerbsbehörde über die von ihr geplanten Regulierungsinstrumente auf dem Laufenden zu halten. Das würde der nationalen Wettbewerbsbehörde helfen, sollte sie einmal in ergänzender Funktion in derselben Angelegenheit aktiv werden.

Der erste Bereich, mit dem sich die NRA in ihrer Entscheidung beschäftigen wird, ist die Feststellung des zu behandelnden Problems. Die NRA haben die Art des Marktproblems/der Marktprobleme in der Phase der Marktdefinition und Marktanalyse geprüft und erkannt.[83] Damit haben sie eine klare Vorstellung von der Art des Marktversagens, mit dem sie konfrontiert sind. Die NRA können dann das zur Verfügung stehende Regulierungsinstrument (oder das Regulierungsinstrumentarium) anwenden, das den Kern des Problems – die Wettbewerbseffekte – am besten trifft.[84] Wie schon ausgeführt, sind die Probleme auf Faktoren zurückzuführen, denen die SMP-Unternehmen ihre Marktmacht zu verdanken haben.

Wenn die NRA die zugrunde liegende Ursache des Problems angeht, will sie zwei Dinge erreichen. Erstens: Zügeln der Marktmacht des SMP-Unternehmens und Erreichen der größten Vorteile für die Kunden. Zweitens: In den Bereichen, in denen nach Ansicht der NRA wirksamer Wettbewerb entstehen kann, wird sie versuchen, auch neue Anbieter zu ermutigen, nach und nach eine konkurrierende Infrastruktur aufzubauen. Wenn allerdings kein selbsttragender Wettbewerb möglich ist, müssen die NRA natürlich versuchen, die Auswirkungen der Marktmacht so wirksam wie möglich zu kontrollieren. Die Grundsätze dieser beiden Ansätze werden im Folgenden dargelegt.

---

80 Es ist das SMP-Unternehmen, das hauptsächlich die Regulierungsinstrumente zu spüren bekommt. Dazu gehören Dinge wie der Verwaltungsaufwand im Zusammenhang mit der Einhaltung usw. Es bedeutet aber auch einen Aufwand für die NRA, die laufende Überwachungsaufgaben haben.

81 Richtlinie 2002/21/EG, Art. 7.

82 Richtlinie 2002/21/EG, Art. 7 Abs. 2 Rahmenrichtlinie.

83 Richtlinie 2002/21/EG, Art. 14, 15 und 16.

84 Siehe Richtlinie 2002/19/EG, Art. 8 Abs. 4 für Verpflichtungen aufgrund der Zugangsrichtlinie, und Richtlinie 2002/22/EG, Art. 17 Abs. 2 für Verpflichtungen aufgrund der Universaldienstrichtlinie.

An diesem Punkt sollte diskutiert werden, was die Regulierungsinstrumente eigentlich erreichen sollen. Dies entspricht der Forderung, dass die NRA die Regulierungsinstrumente unter Berücksichtigung der Ziele rechtfertigen, die für sie festgelegt wurden.

Art. 8 der Rahmenrichtlinie sieht folgende Ziele vor:

- *Förderung des Wettbewerbs* bei der Bereitstellung elektronischer Kommunikationsnetze, elektronischer Kommunikationsdienste und zugehöriger Einrichtungen und Dienste. Dies kann u. a. erreicht werden durch die Sicherstellung bester Bedingungen bei Preisen, Wahlmöglichkeiten und Qualität für die Nutzer durch fairen Wettbewerb, effiziente Infrastrukturinvestitionen und effizientes Ressourcenmanagement;
- *Beitrag zur Entwicklung des Binnenmarktes.* Dies ist u. a. zu erreichen durch die Beseitigung von Hindernissen für gesamteuropäische Netze und Dienste und die Sicherstellung einer einheitlichen Regelungspraxis in der gesamten Gemeinschaft und
- *Förderung der Interessen der Bürger der Europäischen Union.* Dies ist u. a. durch die Sicherstellung des Zugangs zum Universaldienst und den Schutz der Nutzerrechte und insbesondere der Nutzer mit besonderen Bedürfnissen zu erreichen. Die Universaldienstrichtlinie legt die Befugnisse der NRA fest, um die Erreichung dieser Ziele zu gewährleisten.

Bei der Wahrnehmung der in den Richtlinien festgelegten regulatorischen Aufgaben treffen die NRA alle angemessenen Maßnahmen, die diesen Zielen dienen.[85] Dies sind globale Ziele, und bei der Behandlung spezifischer Probleme treten eines oder mehrere dieser Ziele in den Vordergrund.

Wenn es um die Auswahl der richtigen Regulierungsinstrumente in der Zugangsrichtlinie geht, um die Wettbewerbseffekte im Zusammenhang mit Marktmacht anzugehen (wobei es sich um das erkannte Problem handelt), ist ganz klar, dass das Hauptziel für die NRA sein muss, den Wettbewerb zu fördern. Dabei (bei der Auswahl der Regulierungsinstrumente im Bereich des Zugangs) sollten die NRA Folgendes sicherstellen:

- dass die Nutzer, einschließlich behinderter Nutzer, größtmögliche Vorteile in Bezug auf Auswahl, Preise und Qualität genießen;
- dass es keine Wettbewerbsverzerrungen oder -beschränkungen im Bereich der elektronischen Kommunikation gibt;
- effiziente Infrastrukturinvestitionen fördern und Innovationen unterstützen.[86]

Art. 8 Abs. 2 der Rahmenrichtlinie lässt auch deutlich erkennen, dass es sich hier nicht nur um eine statische Sicht des Wettbewerbs handelt, denn die NRA muss dafür sorgen, dass der Wettbewerb durch die Unterstützung effizienter Investitionen und Innovationen gefördert wird. Die unterschiedlichen Regulierungsinstrumente in Situationen, in denen eine NRA versucht, den Wettbewerb statisch und dynamisch zu fördern, werden später in diesem Dokument im Zusammenhang mit den Grundsätzen 2 und 3 diskutiert. Wenn SMP-Unternehmen Verpflichtungen aufgrund der Universaldienstrichtlinie auferlegt werden, dürfen die NRA auch nicht das Ziel, die Interessen der Bürger zu schützen, aus den Augen verlieren. Bei der Anwendung der Regulierungsinstrumente müssen die NRA berücksichtigen, wie effektiv diese Regulierungsinstrumente die Erreichung ihrer Ziele unterstützen. Dies wird wichtig im Zusammenhang mit der geforderten Verhältnismäßigkeit, wenn die negativen Konsequenzen eines Regulierungsinstruments gegen dessen positive Wirkung abgewogen werden müssen.

---

85 Richtlinie 2002/21/EG, Art. 8 Abs. 1.
86 Richtlinie 2002/21/EG, Art. 8 Abs. 2.

Mit der konsistenten Anwendung des Rechtsrahmens und der Harmonisierungsmaßnahmen als Ganzes sorgen die NRA dafür, dass sie die Zielvorgabe der Entwicklung des Binnenmarktes erfüllen. Wie in Art. 7 Abs. 2 der Rahmenrichtlinie gesagt wird, sollen sich die NRA bemühen, Einvernehmen über die geeignetsten Mittel und Wege zur Bewältigung besonderer Situationen auf dem Markt zu erreichen, und sie sollen auf transparente Weise kooperieren, um die Entwicklung einer einheitlichen Regulierungspraxis und die einheitliche Anwendung der Richtlinien zu gewährleisten. Dieses Dokument und der Einigungsprozess bezüglich der Regulierungsinstrumente sind ein konkreter Schritt auf dem Weg zur Erreichung dieses Ziels der NRA.

Die Verhältnismäßigkeit ist einer der übergreifenden allgemeinen Grundsätze des Gemeinschaftsrechts. Danach soll möglichst wenig eingegriffen werden, um das angestrebte Ziel zu erreichen. In der Rechtssprechung heißt es:[87]

> „Nach dem Grundsatz der Verhältnismäßigkeit, einem der allgemeinen Grundsätze des Gemeinschaftsrecht, ist Voraussetzung für die Rechtmäßigkeit des Verbots einer Wirtschaftstätigkeit, dass die Verbotsmaßnahmen angemessen und nötig sind, um die legitimen Ziele der betreffenden Rechtsvorschriften zu erreichen, wobei Einigkeit darüber besteht, dass im Falle einer Wahlmöglichkeit zwischen mehreren geeigneten Maßnahmen die am wenigsten belastende zu wählen ist, und dass die entstehenden Nachteile in keinem unangemessenen Verhältnis zu den verfolgten Zielen stehen dürfen."

Im Zusammenhang mit der Verhältnismäßigkeit ist ganz wichtig, dass in dem Fall, wenn SMP auf einem entsprechend definierten Markt festgestellt wird, Regulierungsmaßnahmen in irgendeiner Form erforderlich sind. Entsprechendes ist in den Richtlinien vorgesehen und entspricht der Ansicht, dass die Anwendung von Regulierungsinstrumenten unter diesen Bedingungen eine Wohlfahrtsverbesserung bewirkt. Es wird also von der Vermutung ausgegangen, dass Regulierungsinstrumente die Wohlfahrt erhöhen. Das bedeutet, dass kein Nachweis erforderlich ist, dass Regulierungsinstrumente global die Wohlfahrt erhöhen. Es geht darum, unter den Instrumenten, die der Absicht der NRA entsprechen, das Instrument auszuwählen, das die Forderung der Verhältnismäßigkeit am besten erfüllt. Die Auswirkungen für die Marktteilnehmer müssen gegebenenfalls auch berücksichtigt werden, wenn es starke Anzeichen dafür gibt, dass die sofortige Einführung eines Regulierungsinstruments sehr hohe Anpassungskosten verursachen würde. In diesen Fällen könnte eine zeitlich befristete Übergangszeit (Gleitpfad) vorgesehen werden.

In den Entscheidungen sollten in Bezug auf die einzelnen Probleme möglichst auch alternative Regulierungsinstrumente geprüft werden, damit das am wenigsten belastende effektive Instrument gewählt werden kann, das die Ziele am besten erreicht. Das jeweilige Regulierungsinstrument kann das von der NRA gesetzte Ziel auch mehr oder weniger erreichen. Das muss ebenfalls berücksichtigt werden. Bei der Beurteilung, ob ein Regulierungsinstrument im Sinne der Rahmenrichtlinie verhältnismäßig und gerechtfertigt ist, sollten die NRA zweitens auch die Belastung, die das Instrument für das SMP-Unternehmen bedeutet, und andere mögliche Folgekosten der Anwendung gegen die erwarteten Vorteile abwägen. Beides fordert in manchen Ländern schon das Verwaltungsrecht, und es gehört natürlich in den Rahmen der im Gemeinschaftsrecht vorgeschriebenen Verhältnismäßigkeit. Um die Wahlmöglichkeiten aber transparenter zu machen, können die NRA die zur Verfügung stehenden Regulierungsoptionen prüfen, einschließlich einer qualitativen Bewertung der erwarteten Vorteile und potenziellen Kosten der gewählten Option („Bewertung der Regulierungsoptionen").

---

87 Rechtssache C-331/88, 13. November 1990, FEDESA.

Bei dieser Bewertung basiert die Rechtfertigung der Regulierungsmaßnahmen im Allgemeinen auf einer qualitativen Analyse unter Berücksichtigung der Wirtschaftstheorie und Markterfahrung. Außerdem können die NRA auch quantitative Methoden zur Untermauerung der Bewertung anwenden, wenn zuverlässige Daten zur Verfügung stehen. Eine Quantifizierung zukünftiger Marktentwicklungen ist aber schwierig, weil man das Verhalten der Marktteilnehmer schlecht vorhersagen kann, wenig Daten und statistisch signifikante Schätzwerte zur Verfügung hat und die Folgewirkungen von Interventionsmaßnahmen und die Auswirkungen exogener Faktoren nicht kennt. Das bedeutet, dass jede in die Zukunft gerichtete Quantifizierung nicht alles abdecken und günstigstenfalls nur Schätzungen von begrenztem Wert liefern kann, z.B. kann sie allgemeine Trends in eine bestimmte Richtung aufzeigen und in manchen Fällen die Größenordnung erwarteter Effekte. Quantitative Analysen werden, soweit sie überhaupt möglich sind, bestenfalls nur eine begleitende Rolle spielen.

Selbst die besten Regulierungsinstrumente können einige Zeit brauchen, bis sie ihre Wirkung entfalten. Gleichzeitig ist der Anreiz für einen etablierten Anbieter stark, dafür zu sorgen, dass der neue Marktteilnehmer nicht die kritische Masse erreicht, d.h. nicht genügend Marktpräsenz, um eine konkurrierende Infrastruktur aufzubauen. In einer solchen Situation muss sichergestellt werden, dass die kurzfristige Ausübung der Marktmacht durch eine Reihe von Regulierungsinstrumenten in Schranken gehalten wird, die dafür sorgen, dass die Ziele der Regulierung nicht zunichte gemacht werden.

Bei der Wahl mehrerer Regulierungsinstrumente muss die NRA auch das mögliche Zusammenwirken mehrerer Instrumente berücksichtigen, damit es keine unbeabsichtigten Folgen gibt, die die Regulierungsziele zunichte machen oder zu einer unverhältnismäßig hohen Belastung der Marktteilnehmer führen.

Bei einer Serie einsetzbarer Regulierungsinstrumente wird es einige geben, deren Anwendung laufend überwacht werden muss (dazu vielleicht noch eine Reihe unterstützender Instrumente), und andere, die so schnell wirken können, dass die Regulierung (eines bestimmten Sachverhalts) vielleicht nicht mehr erforderlich ist. Soweit beide potenziellen Regulierungsinstrumente effektiv sind, verlangt der Grundsatz der Verhältnismäßigkeit, dass das zweite Instrument dem ersten vorzuziehen ist.

Regulierungsinstrumente müssen so angelegt sein, dass ein ausgewogenes Verhältnis zwischen Allgemeingültigkeit und Gültigkeit für den besonderen Fall besteht. Sehr spezifische Regulierungsinstrumente bieten größere Rechtssicherheit, sind aber nicht sonderlich flexibel und nicht so zukunftssicher. Eine sorgfältige Spezifizierung kann außerdem einen großen Zeit- und Regulierungsaufwand bedeuten. Wenn die Regulierungsinstrumente nicht richtig geplant sind, können sie sich als unwirksam erweisen.

Andererseits kann ein allgemein formuliertes Regulierungsinstrument Unsicherheit in Bezug auf die angestrebte Wirkung mit sich bringen. Das kann sich als Vorteil für den SMP-Anbieter erweisen, für den es einen Anreiz bedeutet, diese Unsicherheit auszunutzen. Die Beseitigung dieser Unsicherheit braucht Zeit, aber solche Verzögerungen laufen wahrscheinlich den Zielen der NRA zuwider.

4.2.2 Schutz der Kunden, wenn Nachbildung unrealisierbar erscheint

Bis die NRA an dem Punkt angelangt ist, an dem die Regulierungsinstrumente ausgewählt werden müssen, haben sie den Markt eingehend analysiert. In manchen Bereichen wird die NRA zu dem Schluss gekommen sein, dass neue Marktteilnehmer/Nachbildung von Infrastruktur sehr unwahrscheinlich sind (wobei sich mit ziemlicher Sicherheit an dieser Einschätzung auch in absehbarer Zukunft nichts ändern wird).

Mit der Anwendung der Regulierungsinstrumente in der Zugangsrichtlinie bemühen sich die NRA um die Förderung des Wettbewerbs.[88] Das heißt auch, dass sie dafür sorgen sollen, dass die Nutzer einen größtmöglichen Nutzen in Bezug auf Wahlmöglichkeiten, Preise und Qualität haben und es keine Wettbewerbsbeschränkungen und -verzerrungen gibt. In dieser Hinsicht ist die Förderung des Wettbewerbs bei den Diensten, bei denen eine Nachbildung nicht möglich ist, ein wichtiges Ziel. Wettbewerb im Diensteangebot erweitert die Wahlmöglichkeiten des Kunden, und das ist schon ein wichtiges Ziel an sich. Die NRA müssen auch daran denken, dass sie effiziente Infrastrukturinvestitionen unterstützen und Innovationen fördern. Wenn aber die Infrastruktur nicht nachbildbar ist, zielen diese Überlegungen hauptsächlich darauf sicherzustellen, dass das Netz instand gehalten wird und die erforderlichen Modernisierungen vorgenommen werden.

Dort, wo die Marktzutrittshindernisse im Allgemeinen strukturbedingt sind und sich Wettbewerb (zumindest im kurzfristigen Zeitrahmen) nicht entwickeln wird, muss die Regulierung darauf abzielen, dass die daraus resultierende Marktmacht nicht ausgenutzt wird; besonderes Augenmerk ist dabei auf ein Verhalten zu richten, das den Wettbewerb auf angrenzenden Märkten oder dem SMP-Markt verzerrt oder verhindert, oder ein Verhalten, das in anderer Weise den Endnutzern schadet.

In dieser Situation (Nachbildung nicht möglich) sieht sich die NRA zwei Problemen gegenüber. Erstens muss sie dafür sorgen, dass bei den Diensten soviel Wettbewerb wie möglich gefördert wird. Zweitens muss sie dafür sorgen, dass mit der vorhandenen Infrastruktur genügend Rendite erwirtschaftet wird, um weitere Investitionen zu veranlassen und die vorhandenen Einrichtungen instand zu halten und zu modernisieren.[89]

Die NRA müssen dafür sorgen, dass der Zugang zu Vorleistungen ausreichend gesichert ist, damit der Wettbewerb im Dienstesektor florieren kann. Der Wettbewerb auf Diensteebene darf nicht von Aktivitäten des Upstream-Infrastrukturbetreibers abhängen.[90] Dort, wo die Infrastruktur als nicht nachbildbar gilt, ist die Förderung des Wettbewerbs auf dem Dienstesektor ein wichtiges Ziel für die NRA, denn nur über robusten Wettbewerb im Dienstesektor kommen die Kunden in den Genuss größtmöglicher Vorteile.

Der etablierte Anbieter kann aber einiges versuchen, um den Wettbewerb zu behindern. Auf Endkundenebene gehören dazu ganz bekannte Praktiken eines marktbeherrschenden Unternehmens, wie Verdrängungspreise und Bündelung. Auf Vorleistungsebene kann der beherrschende Betreiber seine Marktmacht in unterschiedlichster Weise ausüben. Beispiele sind Angebotsverweigerung, diskriminierende Zugangspreise und Qualitätsverschlechterung. Diese Fälle von Marktversagen sind in der Wirtschafts- und Wettbewerbsrechtsliteratur und auch aus der Regulierungspraxis bekannt.[91]

Eine weitere Art der schädlichen Ausübung von Marktmacht (seitens eines SMP-Unternehmens) ist die Preis-Kosten-Schere. Ein vertikal integriertes Unternehmen kann Preise

---

88 Richtlinie 2002/19/EG, Art. 8 und Richtlinie 2002/21/EG, Art. 8 Abs. 2.

89 Richtlinie 2002/21 EG, Art. 8 Abs. 2 in Bezug auf die Förderung des Wettbewerbs bei elektronischen Kommunikationsdiensten.

90 Entsprechende Überlegungen gelten für Märkte, in denen sich Infrastrukturwettbewerb entwickeln kann, auch wenn der alte Anbieter weiterhin über beträchtliche Marktmacht verfügt.

91 Siehe insbesondere die Mitteilung über die Anwendung der Wettbewerbsregeln auf Zugangsvereinbarungen im Telekommunikationsbereich (98/C265/02).

des Vorleistungsmarkts und des Endkundenmarkts kombinieren, und damit den Zutritt zu einem potenziell wettbewerbsorientierten Bereich abschotten, weil er seinem Konkurrenten nicht genügend Gewinn zum Überleben lässt. Gleichzeitig kann das Unternehmen (es muss aber nicht) seinen Preis für das Produkt, dessen Angebot es dominiert, über den Kosten festsetzen.[92] Die Rahmenrichtlinie bezeichnet die übertragene Marktbeherrschung ausdrücklich als dritte Form der Marktbeherrschung (zusätzlich zur alleinigen und gemeinsamen Beherrschung).

Die Zugangsrichtlinie enthält Regulierungsinstrumente, die die Zugangsgewährung, Preiskontrolle und Maßnahmen gegen absichtlich schlechtere Qualität gewährleisten sollen. Die NRA müssen daran denken, dass eine strenge Regulierung der Zusammenschaltungs- und Zugangsentgelte usw. (z. B. Originierungs- und Terminierungsentgelte) zu Versuchen führen kann, die Zusammenschaltungskosten für neue Anbieter auf dem Markt durch die Verzögerung der Zusammenschaltung oder eine schlechtere Qualität der Interconnection-Anschlüsse oder die Einführung nicht kompatibler Standards zu erhöhen. Diese Anreize werden in Abschnitt 5 eingehender untersucht.

Wenn die Infrastruktur nicht nachbildbar ist, beeinflusst das wahrscheinlich die Anreize für Vorleistungsanbieter, wenn sie sich ebenso leistungsstarken Anbietern auf dem Endkundenmarkt gegenüber sehen. Wenn Wettbewerb nur auf der Diensteebene entstehen kann, müsste es demjenigen, der den Zugang zu dieser Ebene anbietet, gleichgültig sein, welche ebenso leistungsstarken konkurrierenden Diensteanbieter er versorgt, und eine Nichtgleichbehandlung würde theoretisch unwahrscheinlicher. Aber aus historischen Gründen und insbesondere in den Fällen, wenn ein gemeinsames Eigentum zwischen dem Infrastrukturbetreiber und Diensteanbieter besteht, können die Anreize für eine Nichtgleichbehandlung immer noch stark sein. Eine weitere Überlegung ist, dass ein auf dem Vorleistungs- und Endkundenmarkt aktives Unternehmen möglicherweise befürchtet, dass ein leistungsstarker Konkurrent auf dem Endkundenmarkt versuchen könnte, auf den Vorleistungsmarkt vorzudringen, sobald seine Position auf dem nachgelagerten Markt gefestigt ist. Das verstärkt den Anreiz zur Diskriminierung. Das regulierte Unternehmen kann auch versuchen, eine wirksame Regulierung auf Vorleistungsebene zu unterminieren, indem es seine Marktmacht auf nachgelagerte Wertschöpfungsstufen ausdehnt. Diese Probleme werden in Abschnitt 5 eingehender behandelt.

Wenn das Potenzial für Infrastrukturwettbewerb sehr gering ist, ist die Festsetzung von Zugangspreisen von kritischer Bedeutung (da keine Wettbewerbsdynamik besteht, die Modernisierung und Innovation antreibt), und die NRA muss dafür sorgen, dass das SMP-Unternehmen die Anreize (und Mittel) erhält, um seine Infrastruktur instand zu halten und zu modernisieren. Diese Frage wird normalerweise im Zusammenhang mit den Kostenansätzen behandelt, die die NRA für die Festsetzung der Zugangspreise und die Berechnung einer angemessenen Rendite verwendet.

4.2.3 Unterstützung realisierbarer Infrastrukturinvestitionen

Eine der ganz zentralen Entscheidungen für die NRA ist, wie weit die Entwicklung einer konkurrierenden Infrastruktur in ihrem Mitgliedstaat im zeitlichen Rahmen der Untersuchung und in der vorhersagbaren Zukunft realisierbar ist.[93] Die Einschätzung der Situation

---

92 Siehe Anhang.
93 Richtlinie 2002/21 EG, Art. 8 Abs. 2 in Bezug auf die Förderung des Wettbewerbs in elektronischen Kommunikationsnetzen.

hängt von den nationalen Gegebenheiten und der allgemeinen Stimmung am Markt ab. Die Faktoren, die zu hohen und unüberwindlichen Markteintrittsbarrieren führen, müssen im Rahmen der Marktdefinition geklärt werden. Eine Prüfung der Wettbewerbstendez hinter diesen Barrieren hat auch schon vorher stattgefunden. Unter Berücksichtigung der Gegebenheiten, die in diesem Kapitel eine Rolle spielen, liegen auch Schlussfolgerungen zur Dynamik, die zu wirksamen Wettbewerb innerhalb der untersuchten Periode führt, vor.

Um zu einer Einschätzung der Nachbildbarkeit der Infrastruktur zu kommen, muss die NRA auch Prognosen über den Untersuchungszeitraum hinaus entwickeln und beurteilen, wie sich die Marktdynamik über mehrere Untersuchungszeiträume hinweg auswirken wird. Es könnte sein, dass es zwar keine Aussichten auf Neuinvestitionen in unmittelbarer Zukunft gibt (solange SMP besteht), die Situation sich aber in Zukunft ändern kann.

In einem dynamischen, innovationsorientierten Markt, auf dem ständig neue revolutionierende Technologien auftauchen können, ist es häufig unmöglich, halbwegs zuverlässig die Richtung der Marktentwicklung vorherzusagen. Die Möglichkeit, dass Infrastruktur nachgebildet werden könnte, kann sich darauf auswirken, wie die NRA die Regulierungsinstrumente gestaltet und wie sich die Zugangspreise innerhalb der Untersuchungsperiode verändern.

Aber diese Unsicherheit ist ein wichtiger Indikator, der zu berücksichtigen ist. Vor dem Hintergrund dieser Unsicherheit muss die NRA die Risiken abschätzen, wenn eine Nachbildung der Infrastruktur nicht gefördert wird, wo sie eigentlich realisierbar ist, im Gegensatz zur Förderung einer Nachbildung, die eigentlich nicht realisierbar erscheint. Der Dialog der NRA untereinander und mit den Marktteilnehmern wird auch helfen, klarere Vorstellungen darüber zu gewinnen, ob eine Nachbildung wahrscheinlich ist.

In diesem Zusammenhang muss die NRA auch sorgfältig das Potenzial für unwirtschaftliche Investitionen prüfen. Diese Sorge erscheint umso bedrohlicher, wenn neue Marktteilnehmer die nächsten Stufen auf der Leiter zu infrastrukturbasiertem Wettbewerb erklimmen.

Wie schon gesagt, verfolgt die NRA das Ziel der Wettbewerbsförderung, um den Nutzern größtmögliche Vorteile zu bringen. Wenn aber eine Nachbildung möglich ist, muss die NRA auch die Auswirkungen ihrer Maßnahmen auf die Investitionsanreize für die Entwicklung einer alternativen Infrastruktur berücksichtigen. Das wird deutlich in den Erwägungsgründen der Zugangsrichtlinie, in der es heißt: „Die den Wettbewerb kurzfristig belebende Verpflichtung zur Gewährung des Zugangs sollte nicht dazu führen, dass die Anreize für Wettbewerber zur Investition in Alternativeinrichtungen, die langfristig einen stärkeren Wettbewerb sichern, entfallen."[94] In dem Maße, wie Neueinsteiger immer mehr in niedrigere Stufen der Netzhierarchie investieren, steigt sowohl die Höhe der Investitionen als auch der wahrscheinliche Anteil an versunkenen Kosten. Dagegen kann aber angeführt werden, dass die Vorteile, die der Neueinsteiger aus weiteren Investitionserhöhungen zieht, auch zunehmen, wenn die Kontrolle über sein Diensteangebot wächst. Bei der Planung ihrer Investitionsstrategien ist es für neue Betreiber natürlich von Vorteil, wenn die NRA für den Zugang eine konsequente Politik verfolgt, die dem Marktneuling das Vertrauen gibt, zusätzliche Investitionen zu wagen.

Wettbewerb über konkurrierende Infrastrukturen hat viele Vorteile. Der Druck, die Kosten möglichst gering zu halten, besteht über alle Wertschöpfungsstufen hinweg. Das schafft größeren Spielraum für Innovationen, Prozessinnovation usw. mit dem Ergebnis einer Ab-

---

94 Richtlinie 2002/19/EG, Erwägungsgrund 19.

wärtsdynamik bei den Kosten. Die Nutzer profitieren auch von vielfältigeren Angeboten, die mehr ihren individuellen Bedürfnissen entsprechen. Es besteht allgemein Einigkeit darüber, dass großer Schaden für die Wohlfahrt entstehen kann, wenn eine Nachbildung der Infrastruktur realisierbar ist, aber nicht gefördert wird. Das verzögert die Einführung neuer und innovativer Dienste, und insbesondere im Breitbandbereich kann das große negative Auswirkungen auf die Wirtschaft insgesamt haben.

Wenn also die NRA unsicher ist, ob eine Nachbildung realisierbar ist, sollte sie sich neutral verhalten und den Markt weiter beobachten (national und international), um eine solidere Basis für die eigene Einschätzung zu gewinnen. Wie groß die Unsicherheit ist, hat natürlich auch Auswirkungen darauf, wie energisch eine Politik in diesem Bereich verfolgt wird. Wenn die Unsicherheit in Bezug auf Nachbildbarkeit gering ist (d. h. es gibt schon ein positives Beispiel), kann Grund für die Annahme bestehen, dass sie in dem ganz bestimmten betrachteten Kontext realisierbar ist. Wenn aber andererseits noch nirgends sonst die Infrastruktur nachgebildet wurde, ist ein vorsichtigeres Vorgehen angebracht. Bei alledem muss die NRA vorsichtig sein und keine Prophezeiungen (second-guess) anstellen, sondern einen kohärenten Hintergrund für die Entwicklungen des Marktes schaffen.

Wenn es kein Potenzial für eine neue Infrastruktur gibt (bzw. die Vorstellungen von der Marktentwicklung wenig ausgeprägt sind), hat das auch Folgen für die gewählten Arten von Regulierungsinstrumenten und die Struktur der Zugangspreise. Regulierungsinstrumente sind also die Bindeglieder zwischen den Untersuchungen. Die Regulierungsinstrumente versuchen, die in der Marktanalyse erkannten Probleme zu überwinden, aber es sind vielleicht zahlreiche Untersuchungen erforderlich, bis der letztendlich angestrebte Effekt erreicht ist.

Die Regulierungsinstrumente sind so angelegt, dass sie die in der Marktanalyse erkannten Probleme direkt an der Wurzel angehen und die Entstehung von Wettbewerb zulassen. Wettbewerb im Dienstesektor auf der Grundlage eines regulierten Zugangs mit kostenorientierten Preisen kann das Instrument für einen langfristigen Infrastrukturwettbewerb sein (und ist es auch im Allgemeinen). Dabei können Marktneulinge Schritt für Schritt über ihre Investitionen entscheiden und einen Kundenstamm (kritische Masse) aufbauen, bevor sie zum nächsten Schritt übergehen und ihre eigene Infrastruktur aufbauen. In den Bereichen, in denen infrastrukturbasierter Wettbewerb realisierbar ist, ist das langfristige Ziel solcher Interventionen die Entstehung eines selbsttragenden Wettbewerbs und letztendlich die Abschaffung regulatorischer Verpflichtungen.

Wenn aber die Geschäfte neuer Anbieter florieren und sie dann in eine eigene Infrastruktur investieren sollen, müssen sie dabei von einer dynamischen Serie begleitender Instrumente unterstützt werden, die darauf abzielen, die laufenden Störversuche der SMP-Unternehmen zu verhindern. Ohne ständige Wachsamkeit sind Marktneulinge vielleicht nie in der Lage, ausreichende Marktpräsenz zu entwickeln, die Investitionen rechtfertigt, und die langfristige Vision eines infrastrukturbasierten Wettbewerbs wird sich nie realisieren. Natürlich muss auch der Anreiz für den etablierten Betreiber, auch während des Übergangsprozesses sein Netz zu unterhalten und zu modernisieren, berücksichtigt werden.

Es müssen auch Regulierungsinstrumente angewendet werden, die neue Marktanbieter in die Lage versetzen, die erforderlichen Folgeschritte zu tun (auf der Investitionsleiter), damit sie eine konkurrierende Infrastruktur aufbauen können. Das erfordert eine konsistente Preisstruktur für eine Reihe regulierter Zugangsprodukte. Diese Instrumente fungieren als Brücke, die es Marktneulingen ermöglichen sollte, ihre Marktstellung zu festigen, damit sie die erforderlichen Investitionen tätigen.

Beim Zugang zum Teilnehmeranschlussnetz ist das grundsätzliche Problem, dass es erhebliche Größenvorteile gibt, von denen der etablierte Anbieter profitiert. Die Bitstromregulierung beispielsweise schafft dem Marktneuling Zugang zu den Größenvorteilen des etablierten Unternehmens im Teilnehmeranschlussnetz, die Ursprung seiner Marktmacht sind. Mit den entsprechenden Regulierungsinstrumenten für den Zugang bekommt der Neuling damit die Möglichkeit, einen Kundenstamm für seine Dienste aufzubauen, der ihm wiederum die kritische Masse geben kann, um es zu wagen, in eigene Infrastruktur zu investieren, mit der Folge eines selbsttragenden Wettbewerbs. Damit wird das Problem direkt angegangen, aber es ist klar, dass Marktneulinge Hilfestellungen benötigen, um nach und nach ihre eigene Infrastruktur aufzubauen; das erfordert eine Serie von Regulierungsinstrumenten als „Brücke" für die Unternehmen zwischen den aufeinander folgenden Schritten. Das Konzept der „Brücken"-Instrumente, die es den Marktneulingen erlauben sollen, ihre eigene Infrastruktur nach und nach auszubauen, wird später behandelt.

Wegen der Zeithorizonte, die aufgrund der Marktbedingungen in den einzelnen Mitgliedstaaten unterschiedlich sind, müssen vielleicht noch andere Regulierungsinstrumente angewandt werden, die genügend Zwischenschritte für Neulinge vorsehen. Ein weiterer wichtiger Aspekt ist die Wahrung der Konsistenz zwischen den Regulierungsinstrumenten, damit die Einführung weiterer Regulierungsinstrumente nicht versehentlich die Wirkung anderer untergräbt.

Die NRA muss zum Beispiel vielleicht bedenken, wie die Verfügbarkeit eines „Wholesale line rental"-Angebots (Wiederverkauf von Teilnehmeranschlüssen) die Attraktivität entbündelter Teilnehmeranschlussleitungen beeinflussen kann. Dies kann wichtig sein, wenn das Geschäftsmodell für die Verwendung entbündelter Teilnehmeranschlussleitungen auf dem Angebot sowohl von Schmalband- als auch Breitbanddiensten beruht und die Verfügbarkeit eines WLR-Produkts die Preissetzung bei Schmalbanddiensten unter Druck setzt. Ganz allgemein sollte die NRA sicherstellen, dass dort, wo die Märkte eng miteinander verbunden sind und voneinander abhängen, konsistente Preisstrukturen für die verschiedenen Zugangsprodukte vorhanden sind, um Infrastruktur- und Dienstewettbewerb in ausgewogener Weise zu fördern.

Wenn nach Einschätzung der NRA die Infrastruktur nachbildbar ist, müssen sie sicherstellen, dass sie diese Entwicklung fördern und gleichzeitig den Dienstewettbewerb unterstützen. Das bedeutet, dass die NRA vielleicht kurzfristige Wohlfahrtsverluste in Kauf nehmen muss, um langfristig viel größere Wohlfahrtsgewinne sicherzustellen. Das ist in der allgemein vertretenen Ansicht begründet, dass durch die Förderung von Innovation, Wachstum und Effizienz über die ganze Wertschöpfungskette hinweg der infrastrukturbasierte Wettbewerb langfristig für den Verbraucher nachhaltigere Vorteile bringt. Eine NRA sieht sich immer der schwierigen Aufgabe gegenüber, dafür zu sorgen, dass die relativen Preise konsistent sind mit der Aufrechterhaltung von bestehendem Dienstewettbewerb und langfristig zur Förderung eines infrastrukturbasierten Wettbewerbs beitragen.

Außerdem müssen die NRA auch die Zwischenschritte bedenken, die den Marktneulingen bei ihren Schritten auf der Investitionsleiter helfen sollen. Es besteht zum Beispiel allgemeine Übereinstimmung darüber, dass die Existenz eines Breitband-Bitstromprodukts ein wichtiges Brückeninstrument ist, das den neuen Anbietern helfen soll, intensiv zu konkurrieren, bis sie in der Lage sind, ihre eigene Infrastruktur stärker auszubauen (das Endziel). Ein Bitstromprodukt ist natürlich etwas mehr als der einfache Wiederverkauf, weil es Investitionen erfordert. In der Gemeinschaft gibt es eine Reihe von Bitstromprodukten, und in einigen Mitgliedstaaten gibt es auch mehrere Arten. Jede Art von Bitstromprodukt erfordert vom neuen Anbieter Investitionen in unterschiedlicher Höhe.

Die NRA sollten die Wechselbewegungen hin zu konkurrierenden Infrastrukturen in ihren eigenen Mitgliedstaaten beobachten. Dies sollte EU-weit geschehen, so dass alle neu gewonnenen Erkenntnisse schnell weitergegeben werden können, damit die zusätzlichen Vorteile eines infrastrukturbasierten Wettbewerbs in der ganzen EU stärker bekannt werden.[95]

Die Festsetzung der Zugangspreise ist eine komplizierte Aufgabe. Wenn die Zugangspreise zu niedrig angesetzt werden, besteht die Gefahr, dass neue Anbieter keinen Anreiz haben, ihre eigene Infrastruktur aufzubauen (und der etablierte Betreiber hat zu wenig Anreiz, sein Netz zu modernisieren und instand zu halten). Es besteht auch die Gefahr, dass leistungsschwache Unternehmen auf den Markt kommen. Dieser Faktor ist besonders wichtig, wenn neue Technologien oder Netze aufgebaut werden, da die NRA sich zum Ziel gesetzt hat, optimale Infrastrukturinvestitionen und Innovationen zu fördern. Wenn die Zugangspreise andererseits zu hoch angesetzt werden, können ansonsten effiziente neue Marktteilnehmer vom Markteintritt abgehalten werden, und es besteht auch die Gefahr unwirtschaftlicher Investitionen. Die NRA müssen also die Konsequenzen bedenken, die ihre Entscheidungen für die Anreize haben, Netze in den Fällen nachbildbarer Infrastruktur zu bauen. Das erfordert beispielsweise eine konsistente Preisstruktur, wenn mehr als eine Zugangsart angeboten wird.

Die NRA müssen sich auch immer wieder mit der Frage befassen, wie Marktneulinge veranlasst werden können, ihre eigene Infrastruktur aufzubauen. Die NRA müssen signalisieren, dass sie einige der Regulierungsinstrumente als Überbrückungsmaßnahme sehen, damit neue Anbieter leichter in die erforderlichen Investitionen einsteigen können, dass aber die Marktteilnehmer ihre langfristigen Geschäftsmodelle nicht allein auf diesen Regulierungsinstrumenten aufbauen können. Die NRA hat also die Möglichkeit, die Anreizeigenschaften des Regulierungsrahmens im Laufe der Zeit zu ändern; das muss aber in vorhersagbarer und transparenter Weise geschehen, um Planungssicherheit für die Unternehmensentscheidungen zu geben. Der Grundsatz, dass die Regulierer ihre Entscheidungen begründen und sie in transparenter Weise treffen müssen, hat den zusätzlichen Vorteil, dass die zugrunde liegenden Überlegungen für die Anwendung eines bestimmten Regulierungsinstruments (bzw. einer Serie von Regulierungsinstrumenten) klargestellt werden. Die NRA muss auch zeigen, dass die Regulierungsinstrumente auf das erkannte Problem abgestimmt, transparent und im Hinblick auf die Ziele in Art. 8 der Rahmenrichtlinie gerechtfertigt sind.

4.2.4 Regulierungsinstrumente mit Anreizwirkung

Die Regulierungsinstrumente sind wahrscheinlich viel wirkungsvoller, wenn sie so angelegt sind, dass ein starker Anreiz für die Befolgung besteht.

Grundsätzlich gesehen geht es bei Regulierungsinstrumenten mit Anreizwirkung darum, beide Parteien zu kommerziellen Verhandlungen zu veranlassen. Es sollte keine Einschränkungen geben, die Unternehmen daran hindern, untereinander Vereinbarungen über Zugang und/oder Zusammenschaltung auszuhandeln (außer Einschränkungen, die allgemein im Wettbewerbsrecht begründet sind).[96] Regulierung ist allerdings gerechtfertigt, wenn kommerzielle Verhandlungen erfolglos sind und wenn die Verhandlungspositionen sehr

---

95 Die ERG führte im Juli 2003 eine Anhörung über Bitstromzugang durch; darauf gingen über 20 Antworten von Marktteilnehmern ein.
96 Richtlinie 2002/19/EG, Art. 3 Abs. 1.

unterschiedlich sind und der Zugangsuchende von der Infrastruktur der anderen Partei abhängt.[97]

Die Erfahrung hat aber bisher in den meisten Fällen gezeigt, dass kommerzielle Verhandlungen eher die Ausnahme sind als die Regel. Das ist bedauerlich, ist aber eine Tatsache. In diesen Fällen ist Regulierung mit Anreizwirkung auch der Versuch, die Vorteile einer Nichtbefolgung zu verhindern. Maßnahmen zur Durchsetzung der Befolgung der Verpflichtungen für SMP-Unternehmen sind in der Genehmigungsrichtlinie beschrieben.[98] Dazu gehört die Befugnis zum Einholen von Informationen, um die Befolgung zu überwachen, und die Möglichkeit, Strafen aufzuerlegen.

Wie schon gesagt, bestehen für SMP-Unternehmen wahrscheinlich Anreize (und unzählige Mittel), den Versuch zu unternehmen, neu entstehenden Wettbewerb zu ersticken. Die NRA kann dann in einen Teufelskreis von Überwachungs- und Eingreifmaßnahmen geraten. Daher wäre es besser, wenn das ursprüngliche Regulierungsinstrument so angelegt werden könnte, dass für den regulierten Anbieter die Vorteile der Befolgung größer sind als die Vorteile der Nichtbefolgung. Dafür muss die NRA in der Lage sein, die negativen Folgen der Nichtbefolgung (und die Wahrscheinlichkeit von Maßnahmen) so einzurichten, dass das regulierte Unternehmen sie freiwillig befolgt. Regulierungsinstrumente mit Anreizwirkung sind wahrscheinlich wirkungsvoll und verlangen gleichzeitig ein Minimum an laufender regulatorischer Intervention.

Um das zu erreichen, muss die NRA in der Lage sein, ihre Maßnahmen (bzw. deren finanzielle Auswirkungen) bei Nichtbefolgung zu korrigieren. Normalerweise heißt das auch, dass das SMP-Unternehmen starke finanzielle Anreize erhält, die auferlegten Maßnahmen zu befolgen. Wie weit das in der Praxis zu erreichen ist, hängt zum großen Teil von den rechtlichen Befugnissen der NRA für solche administrativen Maßnahmen ab (im Rahmen ihrer eigenen Rechtsvorschriften). Die Befugnis zur Verhängung von Geldstrafen ist ebenfalls vorgesehen (in Art. 10 der Genehmigungsrichtlinie), wenn ein SMP-Unternehmen einer Verpflichtung nicht nachkommt (nachdem es darauf hingewiesen wurde).[99] Diese Befugnisse müssen aber entsprechend dem nationalen Recht erteilt werden. Im Falle schwerer und wiederholter Nichterfüllung kann ein Unternehmen daran gehindert werden, weiterhin Kommunikationsnetze oder -dienste bereitzustellen, oder die Nutzungsrechte werden ausgesetzt oder aberkannt. Hat die NRA Beweise, dass die Nichterfüllung einer Verpflichtung so schwerwiegend ist, dass sie u. a. zu ernsten wirtschaftlichen oder betrieblichen Problemen für andere Anbieter oder Nutzer führt, kann die NRA kurzfristige Sofortmaßnahmen treffen.

Zur Illustration dieses Grundsatzes werden einige Beispiele vorgestellt:

4.2.4.1 Interne Informationen und Kosteninflation

Dort, wo eine Kostenorientierungsverpflichtung angebracht ist, entscheiden sich die NRA häufig dafür, das entsprechende Entgelt festzulegen oder es über ein Price-Cap zu steuern. Das ist aber ein sehr aufwändiges Unterfangen. Aus Zweckmäßigkeitsgründen kann die NRA daher vorschreiben, dass das Entgelt „kostenorientiert" ist oder „auf angemessenen, im effizienten Ressourceneinsatz entstandenen Kosten basiert" (oder eine ähnliche Formulierung).

---

97 Richtlinie 2002/19/EG, Erwägungsgrund 6.
98 Richtlinie 2002/20/EG, Art. 10 und 11.
99 Richtlinie 2002/20/EG.

Ein Problem dieses Ansatzes ist, dass der SMP-Anbieter sich veranlasst sehen könnte, seine Kostenschätzungen zu hoch anzusetzen. Diese Versuchung lässt sich aber erheblich einschränken – wenn auch nicht völlig verhindern –, wenn die NRA verfügt, dass das angemessene Entgelt (nachdem es festgestellt wurde) ab dem Datum zu rechnen ist, an dem die Kostenorientierungsverpflichtung gültig wurde. Der SMP-Anbieter müsste daher alle zu viel geleisteten Zahlungen aus der Zeit, als die nicht angemessenen Entgelte verlangt wurden, zurückzahlen (möglichst auch mit einer angemessenen Verzinsung und zu eigenen Lasten). Diese „rückwirkende Gültigkeit" darf natürlich keine geschädigte Partei daran hindern, die Gerichte anzurufen.

4.2.4.2 Verzögerung der Leistungsbereitstellung

Die NRA kann manchmal beschließen, die Merkmale von Produkten festzulegen, die ein SMP-Anbieter bereitstellen muss. Unter anderen Umständen ist es vielleicht nicht angebracht, Details festzulegen; die NRA könnte dann verlangen, dass der SMP-Anbieter alle berechtigterweise verlangten Produkte in einer bestimmten Kategorie (z. B. Zusammenschaltung von Bitstromzugangsdiensten) bereitstellen muss. Das Problem ist dabei: Wie kann der SMP-Anbieter veranlasst werden, angemessen alle berechtigten Forderungen zu erfüllen? Die NRA könnte das Problem begrenzen, indem sie Hinweise gibt, was sie als angemessen betrachten würde, wenn sie zur Beilegung von Streitigkeiten aufgefordert würde. Auch wenn solche Hinweise nicht verbindlich sind, halten sich die SMP-Anbieter in der Regel gern daran, weil sie die negative Publicity als gebranntmarktes Unternehmen vermeiden möchten.

Finanzielle Anreize können in diesem Bereich auch Wirkung zeigen. Wo es möglich ist, könnte die NRA vorschreiben, dass der SMP-Anbieter in dem Fall, in dem ein gerechtfertigter Antrag erst abgelehnt, dann aber von der NRA durchgesetzt wird, der geschädigten Partei für jeden Tag zwischen dem Datum, an dem das Produkt (angemessenerweise) hätte bereitgestellt werden müssen, und dem tatsächlichen Tag der Bereitstellung einen bestimmten Betrag zahlen muss.

Ein weiteres Problem könnte sich ergeben, wenn der SMP-Anbieter schon einen Endkundendienst verkauft, aber kein entsprechendes Vorleistungsprodukt. Wenn das Vorleistungsäquivalent unter die allgemeine Bereitstellungsverpflichtung fällt (oder wenn die NRA bestimmt, dass der SMP-Anbieter ein bestimmtes Vorleistungsprodukt anbieten soll), muss der SMP-Anbieter Anreize erhalten, das Vorleistungsprodukt nach der Beantragung schnell zu liefern. Unter diesen Umständen könnte sich die NRA für die Festsetzung einer Frist entscheiden. Wenn der SMP-Anbieter die Frist verpasst, müsste er nicht nur Entschädigung zahlen (wie im obigen Absatz ausgeführt), sondern es wäre ihm auch untersagt, entsprechende Vorleistungen an sich selbst zu liefern, bis das verlangte Vorleistungsprodukt für andere bereitgestellt wurde. Das würde bedeuten, dass er keinen „Vorreiter-Vorteil" erringt, wenn er sein Endkundenprodukt liefert, aber andere im Wettbewerb behindert, indem er die benötigten Netzvorleistungen zurückhält.

4.2.4.3 Qualitätsvereinbarungen und Qualitätsstufen

Selbst wenn es ein festgelegtes Referenzangebot für ein Produkt gibt, legen sich die SMP-Anbieter häufig nicht gern auf die Bereitstellung des Produkts innerhalb einer bestimmten Frist oder Qualität oder die Behebung von Mängeln innerhalb eines vereinbarten Zeitrahmens fest. Zusicherungen dieser Art sind aber normale Geschäftspraxis, und es ist völlig legitim – und vielleicht auch erforderlich für das reibungslose Funktionieren des Marktes –, dass die NRA vom SMP-Anbieter angemessene Zusagen dieser Art verlangt. Was dabei „angemessen" ist, hängt von den jeweiligen Merkmalen des Produkts ab.

Auch hier kommen finanzielle Anreize in Betracht, damit der SMP-Anbieter sich in der Praxis an diese Zusagen hält. Die NRA kann beschließen, vom SMP-Anbieter eine Entschädigung der geschädigten Partei zu verlangen, wenn er einen Auftrag nicht ausführt.

4.3 Schlussfolgerungen

Im neuen Rechtsrahmen sind Regulierungsmaßnahmen nur vorgesehen, wenn es angebracht ist, und sie werden zurückgenommen, wenn der Wettbewerb funktioniert. Wenn man so sehr ins Detail geht, verliert man oft leicht die wichtigsten Ziele aus den Augen, die die Regulierungsinstrumente erreichen sollen, nämlich Förderung des Wettbewerbs und Schutz der Interessen der Bürger der EU (wo es angebracht ist). Diese Ziele sind gleichzeitig zu erreichen, wenn die Regulierungsinstrumente (mit einem harmonisierten Analyseverfahren, das die nationalen Gegebenheiten berücksichtigt) so gestaltet werden, dass effizienter Wettbewerb und Investitionen in konkurrierenden Infrastrukturen, wo es angebracht ist, gefördert werden.

Die obigen Grundsätze sollen den NRA Orientierungshilfe bei der Auswahl von Regulierungsinstrumenten im neuen Rechtsrahmen geben. Die Aufgabe, das heißt die Wahl der richtigen und angemessenen Maßnahmen zur Erreichung der für die NRA vorgegebenen Ziele, ist sehr komplex. Einige Mitgliedstaaten haben schon damit begonnen, und wir alle werden sicher wertvolle Erkenntnisse sammeln, wenn die Entwicklung fortschreitet.

5. Anwendung der Regulierungsinstrumente auf Wettbewerbsprobleme

5.1 Einführung

In diesem letzten Abschnitt wird der Versuch unternommen, die den NRA nach Art. 9–13 der Zugangsrichtlinie und Art. 17–19 der Universaldienstrichtlinie[100] zur Verfügung stehenden Regulierungsinstrumenten (siehe Abschnitt 3 dieses Dokuments) auf die Standardwettbewerbsprobleme in Abschnitt 2 abzustimmen. Dem zugrunde liegen die „Grundsätze für Regulierer bei der Auswahl geeigneter Regulierungsinstrumente" in Abschnitt 4.

In der Praxis folgt die Anwendung der Regulierungsinstrumente der Marktdefinitions- und der Marktanalysephase. In der ersten Phase werden drei Kriterien für die Definition relevanter Märkte geprüft, wie schon beschrieben. Nach der zweiten Phase habe die Regulierer genaue Kenntnisse über den Markt gewonnen, und sie haben – wenn auf dem Markt noch kein wirksamer Wettbewerb herrscht – ein (oder mehrere) SMP-Unternehmen festgestellt, sie haben die Ursache der Marktmacht untersucht, und sie haben tatsächliche und potenzielle Wettbewerbsprobleme festgestellt. Alle diese Kenntnisse sind notwendig für die Anwendung wirksamer und geeigneter Regulierungsinstrumente. Die untersuchten Märkte erfüllen die drei Kriterien, das heißt, sie sind von hohen, anhaltenden Zugangshindernissen gekennzeichnet, es ist in absehbarer Zeit kein wirksamer Wettbewerb zu erwarten, und das

---

100 Wenn in diesem Abschnitt Artikel dieser Richtlinien angeführt werden, werden die Abkürzungen ZRL und URL verwendet. Andere Verpflichtungen, die aufgrund von Art. 8 Abs. 3 ZRL auferlegt werden können, werden in diesem Zusammenhang nicht berücksichtigt.

Wettbewerbsrecht allein ist kein adäquates Instrument. Daraus ergibt sich, dass die Märkte für die Vorabregulierung nach Maßgabe des neuen Rechtsrahmens in Betracht kommen.

Wenn Märkte die Merkmale natürlicher Monopole aufweisen (erhebliche Größen- und/ oder Verbundvorteile bei der relevanten Outputmenge) und erhebliche Martkzutrittshindernisse bestehen (z.B. wegen hoher versunkener Kosten), entsteht wirksamer Wettbewerb wahrscheinlich nicht von selbst, und die Regulierer müssen direkt gegen die negativen Effekte der Marktmacht, wie überhöhte Preise, Preisdiskrimierung, fehlende Investitionsbereitschaft, Ineffizienz und geringe Qualität, vorgehen. Auf anderen Märkten, in denen es keine erheblichen Größen- oder Verbundvorteile und nur geringe strukturelle (und daher exogene) Zutrittshindernisse gibt, sind die Befürchtungen bezüglich vorhandener Marktmacht geringer, aber SMP-Positionen können auch auf endogenen Zutrittshindernissen beruhen, d.h. Zutrittshindernisse aufgrund des Verhaltens des beherrschenden Unternehmens (Abschottung). In diesen Fällen ist die NRA gefordert, ein solches Verhalten zu verhindern, um den Markteintritt und die Entwicklung des Wettbewerbs zu unterstützen. Grundlage für die Diskussion der Regulierungsinstrumente in diesem Abschnitt sind die im vorherigen Abschnitt beschriebenen Grundsätze (die wiederum auf den Zielen in Art. 8 der Rahmenrichtlinie basieren). In diesem Abschnitt wird bezüglich der Anwendung dieser Grundsätze wie folgt vorgegangen:

Grundsatz 1 (Die NRA sind aufgefordert, begründete Entscheidungen in Übereinstimmung mit ihren Verpflichtungen aufgrund der Richtlinien zu treffen): Die Standardwettbewerbsprobleme werden als unterschiedliche Arten wettbewerbsfeindlichen oder ausbeuterischen Verhaltens eines SMP-Unternehmens beschrieben, das von den NRA im Zuge der Marktanalyse festgestellt wurde. Das Verhalten wiederum basiert auf einer bestimmten „strategischen Variablen", wie z.B. Preis, Qualität, Zeit, Information oder Bündelungsentscheidung. Um ein Wettbewerbsproblem anzugehen, muss die NRA ein Regulierungsinstrument wählen, mit dem sie – direkt oder indirekt – die „strategische Variable" des SMP-Unternehmens beeinflussen kann. Ob eine „strategische Variable" beeinflusst werden kann, ist also das erste Kriterium für die Wahl eines geeigneten Regulierungsinstruments. Damit wird nicht nur sichergestellt, dass das Regulierungsinstrument wirkt, sondern dass es auch auf die der Art des zugrunde liegenden Problems laut Grundsatz 1 abgestimmt ist. Der Grundsatz der Verhältnismäßigkeit wird durch die Bestimmung von Faktoren – soweit es möglich ist – umgesetzt, auf deren Grundlage die NRA die verschiedenen Regulierungsoptionen beurteilen.

Grundsatz 2 (Schutz der Kunden, wenn Nachbildung nicht möglich erscheint) und *Grundsatz 3 (Unterstützung realisierbarer Infrastrukturinvestitionen):* Kernstück dieser Grundsätze ist die Frage der Nachbildbarkeit, die eine technologische, wirtschaftliche und zeitliche Dimension hat, die von Fall zu Fall beurteilt werden muss. Die Frage des Zugangs zu Einrichtungen, die als nicht nachbildbar gelten, wie auch die Frage, wie die NRA Investitionsanreize der SMP-Unternehmen und alternativer Betreiber beeinflussen und alternative Infrastrukturinvestitionen unterstützen können, ist besonders relevant für das Problem der vertikalen Marktmachtübertragung und wird ausführlich in Abschnitt 5.2 behandelt.

Grundsatz 4 (Regulierungsinstrumente mit Anreizwirkung): Da die Anwendung des Grundsatzes 4 ganz entscheidend von den rechtlichen Befugnissen der NRA und den Umständen des jeweiligen Falls abhängt, ist hier eine allgemeine Diskussion nur in begrenztem Umfang möglich.

Wenn Regulierungsinstrumente für jedes Standardwettbewerbsproblem entwickelt worden sind, können sich in zweierlei Weise typische Strukturen für die Instrumente oder Wettbewerbsprobleme herausbilden: (i) Manche Wettbewerbsprobleme können dieselben Instrumente oder Instrumentserien erfordern, (ii) manche Regulierungsinstrumente müssen zusammen mit anderen (zusätzlichen/begleitenden) Instrumenten angewandt werden. Diese Verknüpfungen werden einzeln in einem zweiten Schritt nach der Ausgestaltung der Regulierungsinstrumente für jedes Wettbewerbsproblem diskutiert. Aus wirtschaftlicher wie auch aus rechtlicher Sicht ist es wichtig, zwischen Endkundenmärkten und Vorleistungsmärkten zu unterscheiden. Auf bestimmte Märkte wird verwiesen, wenn es hilfreich ist.

Die Analyse in diesem Kapitel erfolgt ganz allgemein unter Zugrundelegung der Bedingungen, die die NRA gewöhnlich antreffen und bei Entscheidungen über Regulierungsinstrumente berücksichtigen müssen. Die Schlussfolgerungen legen kein mechanisches Vorgehen nahe, und die NRA sollen auch nicht daran gehindert werden, aufgrund ihrer eigenen Marktanalyse zu anderen Ergebnissen zu kommen.

Wenn Märkte die drei Kriterien erfüllen und für eine Vorabregulierung in Frage kommen, müssen die NRA nicht nachweisen, dass Missbrauch der Marktmacht tatsächlich vorliegt, sondern sie können Regulierungsinstrumente anwenden, weil für das Unternehmen allein schon aufgrund aufgrund seiner Marktmacht Anreize bestehen, diese auszunutzen. Wie weit solche Anreize und damit die Wahrscheinlichkeit der Ausnutzung der Marktmacht bestehen, müsste sich aus der Marktanalyse der NRA ableiten lassen. Die Vorabregulierung sollte die Anreize für etablierte Betreiber, ihre Marktmacht auszuüben, beseitigen, möglichst die Voraussetzungen für einen wirksamen Wettbewerb schaffen und damit die Wahrscheinlichkeit wettbewerbsfeindlichen Verhaltens oder ausbeuterischer Praktiken verringern.

In kurzen Einführungen zu jeder Besprechung eines Regulierungsinstruments werden daher die bestehenden Anreize diskutiert, und es wird zusammenfassend auf die relevanten Erkenntnisse in der Wirtschaftsliteratur hingewiesen. Zweck dieser Einführungen sind nicht direkte Schlussfolgerungen aus bestimmten Wettbewerbsmodellen oder die Feststellung von automatisch anwendbaren oder praktischen Mechanismen. In Übereinstimmung mit dem Grundgedanken des neuen Rechtsrahmens und in Anwendung der darin vorgesehenen wirtschaftswissenschaftlichen Analyse sollen vielmehr Erkenntnisse über die Anreize zur Einschränkung des Wettbewerbs gewonnen werden, die bei bestimmten Marktstrukturen bestehen, und die NRA sollen damit Informationen gewinnen, wie sie am besten sicherstellen können, dass diese Anreize eingeschränkt oder beseitigt werden.

5.2 Fall 1: Vertikale Übertragung der Marktmacht

Fall 1 befasst sich mit Problemen der Übertragung von Marktmacht in Situationen, in denen ein vertikal integrierter Betreiber über Marktmacht auf dem Vorleistungsmarkt verfügt.

Fall 1 kann z. B. die folgenden Kommunikationsmärkte betreffen:

- Festnetztelefonie, bei der das Teilnehmeranschlussnetz (oder zumindest Teile des Anschlussnetzes) aufgrund der erheblichen Größenvorteile und hohen versunkenen Kosten in vielen Fällen besonders schwer nachzubilden ist. Alle Endkundendienste, die das Anschlussnetz nutzen, könnten dann vom SMP-Unternehmen potenziell abgeschottet werden. Dazu gehört Sprachtelefonie, das gilt aber auch für den schmalbandigen und breitbandigen (z. B. xDSL) Internetzugang.

- Mietleitungen, in denen Abschlusssegmente und in manchen Fällen sogar Fernübertragungssegmente (z. B. auf „dünnen Strecken") Wettbewerbsengpässe sein können.

- Terrestrischer Rundfunk, wenn die etablierte Rundfunkgesellschaft die Übertragungsinfrastruktur besitzt.

5.2.1 Geeignete Konzepte: Anreize für wettbewerbsfeindliches Verhalten

Nach der Wirtschaftsliteratur verfügt ein vertikal integriertes beherrschendes Unternehmen, das seinen Wettbewerbern auf dem nachgelagerten Markt benötigte Leistungen bereitstellt, über verschiedene Möglichkeiten, den potenziell wettbewerbsorientierten Endkundenmarkt abzuschotten.[101] Um das aber tatsächlich zu tun, braucht das Unternehmen dafür einen Anreiz, d.h. wenn es durch das Verdrängen seiner Konkurrenten vom Endkundenmarkt seine Gewinne erhöhen kann.

In einem nicht regulierten Umfeld mit vollkommenem Wettbewerb auf dem nachgelagerten Markt hat ein Monopolanbieter auf dem Vorleistungsmarkt im Allgemeinen keinen Anreiz, den Endkundenmarkt abzuschotten. Die Gewinne lasse sich maximieren, wenn die leistungsstärksten Unternehmen auf dem Endkundenmarkt Zugang erhalten und Preise so festgesetzt werden, dass der gesamte Profit aus dem Endkundengeschäft herausgeholt wird. Dieses Argument wurde unter der [englischen] Bezeichnung „Chicago Critique" bekannt.[102]

Dieses Argument hat aber nur Gültigkeit, wenn auf dem Endkundenmarkt vollkommener Wettbewerb herrscht und der Monopolanbieter wirklich allein durch die Festsetzung eines angemessenen Preises für den Zugang alle Gewinne aus dem Endkundenmarkt abschöpfen kann. Abgesehen von dem Problem, dass der Monopolanbieter in diesem Fall überhöhte Gewinne einstecken und unzureichende Leistungen erbringen würde, treffen diese Annahmen gewöhnlich in der Praxis aus mehreren Gründen nicht zu:

- Wenn das beherrschende Unternehmen einer Verpflichtung zur Zugangsgewährung mit einem streng regulierten (d.h. kostenorientierten) Zugangspreis unterliegt, wird es daran gehindert, über seinen Zugangspreis die Endkundenmarktgewinne abzuschöpfen. Dann besteht für das Unternehmen ein Anreiz, die Kosten der Konkurrenten durch nichtpreisliche Parameter wie Qualität oder Produktmerkmale zu erhöhen. Damit kann das beherrschende Unternehmen seine Gewinne erhöhen, indem es seinen Anteil am Endkundenmarkt wie auch den Endkundenpreis erhöht[103], und es könnte ihm sogar gelingen, auf dem Endkundenmarkt (wieder) eine Monopolstellung zu erringen. Wird der Zugangspreis über die Kosten reguliert, gleichen Zugangs- und Endkundenmarktgewinne sich aus, und der Anreiz, die Kosten der Konkurrenten durch andere Faktoren als den Preis zu erhöhen, ist vielleicht schwächer.[104]
- Anreize zur Abschottung des Endkundenmarkts können auch ohne Regulierung bestehen, wenn sich ein Monopolanbieter auf dem Vorleistungsmarkt potenziellem Wettbewerb auf diesem Markt gegenüber sieht. Das könnte der Fall sein, wenn neue Marktanbieter auf Endkundenebene sich veranlasst sehen, in die Vorleistungsebene vorzudringen. Nachdem sie sich einen Kundenstamm geschaffen haben, ist das Risiko versunkener Investitionskosten auf der Vorleistungsebene vielleicht geringer.[105]

---

101 Im Folgenden wird der vorgelagerte Markt als Vorleistungsmarkt bezeichnet und der nachgelagerte Markt als Endkundenmarkt. Dieselben Überlegungen gelten aber auch immer für zwei Märkte, die vertikal integriert sind, d.h. auch für zwei Vorleistungsmärkte.

102 Siehe z.B. *Armstrong* (2002, S. 305) oder *Rey/Tirole* (1997, S. 7).

103 Siehe *Economides* (1998) und *Beard* et al. (2001).

104 Vgl. *Sibley/Weisman* (1998) und *Beard* et al. (2001).

105 Vgl. *Beard* et al. (2003).

- Ein nicht reguliertes, vertikal integriertes SMP-Unternehmen auf dem Vorleistungsmarkt hat möglicherweise einen Anreiz, eine Preis-Kosten-Schere herbeizuführen,
wenn es einen alternativen Anbieter des Vorleistungsprodukts gibt. Unabhängige Unternehmen auf dem Endkundenmarkt können den Zugangsdienst vom alternativen Anbieter kaufen, und das reduziert die Gewinne des etablierten Unternehmens. Durch die
Festlegung eines Endkundenpreises, der den Wettbewerbern auf dem Endkundenmarkt
aufgrund des Zugangsentgelts keine Möglichkeit gibt, ihre Kosten zu decken, kann das
beherrschende Unternehmen den Endkundenmarkt wie auch den Vorleistungsmarkt abschotten, solange der alternative Anbieter des Zugangsdienstes den Zugangspreis des
etablierten Betreibers nicht unterbieten kann.[106]
- Das nicht regulierte Monopolunternehmen wird auch alternativen Betreibern, die weniger leistungsstark sind als die eigenen Ableger auf dem Endkundenmarkt, den Zugang
verweigern.[107] Dies mag aus dem Blickwinkel der statischen Effizienz nicht unbedingt
ein Problem sein, schadet aber wahrscheinlich den Kunden, weil auf längere Sicht die
(dynamischen) Gewinne aus dem Wettbewerb nicht ausgeschöpft werden.
- Das nicht regulierte, vertikal integrierte Monopolunternehmen ist wahrscheinlich auch
versucht, den Endkundenmarkt abzuschotten, wenn es auf der Endkundenebene keinen
vollkommenen Wettbewerb gibt. Wenn alternative Betreiber über (eine gewisse) Marktmacht verfügen (z.B. aufgrund von Produktdifferenzierung), sind sie in der Lage, ein
gewisses Gewinnniveau zu halten. Dies wird auch als Problem des doppelten Gewinn-
zuschlags bezeichnet, da sowohl der Monopolanbieter für Vorleistungen als auch der
alternative Betreiber auf dem Endkundenmarkt die Preise über die Kosten anheben. In
solchen Fällen kann der Monopolanbieter seine Gewinne steigern, wenn er den Endkundenmarkt abschottet, weil er sich damit die ökonomische Rente sichern kann, die
vorher vom alternativen Betreiber eingenommen wurde.

Diese Aufzählung ist nicht vollständig. Allgemein kann gesagt werden, dass die Anreize,
Marktmacht auf den Endkundenmarkt zu übertragen, immer dann bestehen, wenn des beherrschende Unternehmen nicht in der Lage ist, die gesamte ökonomische Rente aus dem
Endkundenmarkt herauszuholen und/oder wenn der Wettbewerb in nachgelagerten Märkten seine Marktmacht bei den Vorleistungen untergraben würde.

Diese Situation lässt folgende Schlüsse zu: Ein vertikal integrierter Monopolanbieter auf
dem Vorleistungsmarkt kann stark genug sein, seine Marktmacht auszuüben und für Vorleistungen überhöhte Preise zu verlangen. Wenn dies aus irgendeinem Grund nicht möglich
ist, und das ist häufig der Fall, versucht er wahrscheinlich, seine Marktmacht auszunutzen,
indem er sie auf den Endkundenmarkt überträgt. Das kann geschehen über die Zugangsverweigerung oder über die Preis-Kosten-Schere. Alternativ dazu – insbesondere bei ange-
ordnetem Zugang und Zugangspreisregulierung – ist eine Diskriminierung über andere
Parameter wie Qualität, Zeit oder Produktmerkmale denkbar. Anreize für Marktmachtübertragung bestehen auch, wenn es auf Vorleistungsebene Potenziale für Wettbewerb gibt,
insbesondere, wenn der Eintritt in den Endkundenmarkt den Eintritt in den Vorleistungsmarkt erleichtert.

Schließlich ist noch zu erwähnen, dass in der Wirtschaftsliteratur auf einige Fälle hingewiesen wird, bei denen auf Ausschluss gerichtete Praktiken wirtschaftlich gerechtfertigt
sein können. Wenn beispielsweise in einem oder in beiden vertikal verbundenen Unternehmen bestimmte Investitionen erforderlich sind, kann sich so etwas wie ein „bilaterales

---

106 Vgl. *Beard* et al. (2003).
107 Vgl. *Armstrong* (2002).

Monopol" entwickeln, das mit hohen Transaktionskosten verbunden ist. In einem solchen Fall lassen sich die Transaktionskosten durch vertikale Integration der beiden Unternehmen verringern.[108] Vertikale Abschottung kann auch wohlfahrtsfördernd wirken, wenn das beherrschende Unternehmen damit in die Lage versetzt wird, Preisdiskriminierung auf dem Endkundenmarkt durchzusetzen, ohne die die Fixkosten der Leistungserbringung nicht gedeckt werden könnten.[109] Wenn als Folge der Regulierungsintervention Preisdiskriminierung unmöglich wird, deckt das Produkt seine Kosten nicht mehr und wird eingestellt. Auch wenn die vertikale Abschottung sich allgemein negativ auswirkt, heißt das also, dass die Wohlfahrt wahrscheinlich verringert wird, wenn ein bestimmtes Gut aufgrund der Intervention der Regulierer nicht mehr bereitgestellt wird.

Im übrigen Abschnitt 5.2 werden die Wettbewerbsprobleme 1.1 bis 1.11 (aus Abschnitt 2) behandelt.

5.2.2 Geschäftsablehnung/Zugangsverweigerung

Geschäftsablehnung/Zugangsverweigerung wurde in Abschnitt 2 als Standardwettbewerbsproblem 1.1 behandelt. Die zugrunde liegende strategische Variable ist die Wahl des „Vertragspartners" durch das beherrschende Unternehmen. Wenn es nur beschränkte Möglichkeiten gibt, das Vorleistungsprodukt des etablierten Anbieters zu umgehen, bewirkt eine Geschäftsablehnung direkt die Abschottung des Endkundenmarkts.

Wie schon im Zusammenhang mit den Grundsätzen 2 und 3 in Abschnitt 4 gesagt wurde, müssen die NRA dort, wo eine Nachbildung nicht für realisierbar gehalten wird, für ausreichenden Zugang sorgen, andererseits müssen die NRA aber auch Infrastrukturinvestitionen in den Bereichen fördern, in denen eine Nachbildung als realisierbar gilt. Im Folgenden wird also dargelegt, dass im Falle der Geschäftsablehnung/Zugangsverweigerung die folgenden Maßnahmen geeignet sind: (i) Sicherstellung des Zugangs zu den benötigten Vorleistungen und (ii) Festsetzung eines angemessenen Preises für die Vorleistung. Auf diese Fragen wird nacheinander eingegangen.

5.2.2.1 Sicherstellung des Zugangs

Wie schon im obigen Abschnitt ausgeführt, wird ein vertikal integriertes SMP-Unternehmen auf dem Vorleistungsmarkt – bei fehlender Zugangspreisregulierung – den Zugang zu seinem Vorleistungsprodukt immer verweigern, wenn der Zutritt anderer Anbieter auf dem Endkundenmarkt – auf kurze oder lange Sicht – seine Marktmacht auf dem Vorleistungsmarkt untergraben würde. Durch die Verweigerung des Zugangs kann das beherrschende Unternehmen seine Marktmacht schützen und auf dem Endkundenmarkt einen überhöhten Preis verlangen. Auf diese Weise kann es seine Marktmacht vom Vorleistungsmarkt auf den potenziell wettbewerbsorientierten Endkundenmarkt übertragen. Die Wohlfahrtseffekte eines solchen Verhaltens sind eindeutig negativ.

Wettbewerb auf der Vorleistungsebene würde das Problem natürlich lösen. Im Kommunikationssektor beruht Marktmacht aber häufig auf Umständen, die von der NRA nicht beeinflussbar sind, wie erhebliche Größenvorteile und hohe versunkene Kosten, die die Infrastruktur nicht nachbildbar machen. Die einzige Möglichkeit, bei dieser Sachlage

---

108 Vgl. *Rey* et al. (2001, S. 18).
109 Vgl. *Rey* et al. (2001, S. 19–21).

Wettbewerb auf dem nachgelagerten Markt zu schaffen, besteht darin, dass das SMP-Unternehmen Zugang zu den von ihm bereitgestellten Vorleistungen gewährt. Wenn dies nicht in kommerziellen Verhandlungen zu erreichen ist, muss auf die Regelungen der Zugangsrichtlinie zurückgegriffen werden.

Die NRA muss prüfen, ob die Verpflichtung zur Gleichbehandlung in Art. 10 der Zugangsrichtlinie allem Anschein nach ausreichen wird, das SMP-Unternehmen zu zwingen, Zugang zu den Vorleistungen zu gewähren. Die NRA müsste sicherstellen, dass der Gleichbehandlungsgrundsatz für den eigenen Vertriebsbereich des SMP-Unternehmens und (potenzielle) Konkurrenten auf dem Endkundenmarkt so angewandt wird, dass beiden Unternehmen dasselbe Vorleistungsprodukt geliefert wird. Kommt die NRA zu dem Schluss, dass der Gleichbehandlungsgrundsatz allein die Wettbewerbsverzerrungen nicht beseitigt, käme die Gleichbehandlung als ergänzendes Regulierungsinstrument in Betracht.

Transparenz ist ein Regulierungsinstrument, das die Gleichbehandlung auch fördern kann. Zusammen genommen wären diese Regulierungsinstrumente neben der regulatorischen Aufsicht eine Möglichkeit. Aber auch wenn Transparenz die Durchsetzung der Gleichbehandlung erleichtern würde, wäre damit noch nicht der Kern des Problems erreicht. Unter diesen Umständen ist wahrscheinlich die Regelung in Art. 12, nämlich den Zugang vorzuschreiben, der Eckpfeiler bei einer Kombination wirksamer Regulierungsinstrumente.

Wenn die NRA vorschreibt, dass berechtigte Anträge auf Zugang erfüllt werden müssen, muss sie auch die Möglichkeit kommerzieller Verhandlungen über Zugangspreise berücksichtigen. Wenn die vorhandenen Anreize und Erfahrungen oder Anhaltspunkte aufgrund der Marktanalyse stark darauf hindeuten, dass noch ein erhebliches Risiko überhöhter Preise besteht (oder anderer Preissetzungspraktiken, die sich negativ auf den Wettbewerb auswirken können), sollte die NRA eine Preiskontrollregelung in Betracht ziehen.

Wenn es um den Zugang zu einem in absehbarer Zeit nicht nachbildbaren Netzelement geht, wird auf dauerhaften Zugang zu einer Schlüsselvorleistung vertraut. Daher gibt es starke Argumente für die Schaffung einer klaren und berechenbaren Basis für den Zugang, die beiden Parteien Planungssicherheit auf solider Grundlage gibt. Unter diesen Umständen sind die Verhandlungspositionen wahrscheinlich so unterschiedlich, dass eine laufende regulatorische Aufsicht erforderlich ist.

Ist eine Nachbildung möglich, sollte die NRA entsprechend der Zugangsrichtlinie die Zugangsregulierung als Instrument nutzen, um als langfristiges Ziel den Wettbewerb in konkurrierenden Infrastrukturen zu fördern. Dieser Punkt wird in Abschnitt 5.2.2.3 behandelt.

5.2.2.2 Festsetzung des Preises für den Zugang zu Vorleistungen

Wenn Unternehmen über beträchtliche Marktmacht verfügen, versuchen sie wahrscheinlich, ihre Ausbringungsmenge zu beschränken und die Preise zu erhöhen, um ihre Gewinne zu steigern. Das führt zu allokativen Ineffizienzen und schadet eindeutig der Gesamtwohlfahrt und ganz besonders den Verbrauchern. Die Wohlfahrt kann noch zusätzlich durch produktive Ineffizienzen verringert werden, die das Ergebnis fehlenden wirksamen Wettbewerbs sind. Um die Kunden vor der Ausnutzung der Marktmacht zu schützen, ist wahrscheinlich eine Preisregulierung auf dem Vorleistungsmarkt angebracht, auf dem nicht damit zu rechnen ist, dass sich innerhalb absehbarer Zeit die Marktmacht verringert.

Das einzige Instrument, mit dem einer Tendenz zu überhöhten Preisen auf der Vorleistungsebene direkt entgegengewirkt werden kann, ist eine in Art. 13 der Zugangsrichtlinie vorgesehene Preiskontrolle und Kostenrechnungsverpflichtung. Art. 13 bezieht sich ausdrücklich auf Zugangspreise in Situationen, in denen die Marktanalyse darauf hinweist, „dass ein Betreiber aufgrund eines Mangels an wirksamem Wettbewerb seine Preise zum Nachteil der Endnutzer auf einem übermäßig hohen Niveau halten oder Preisdiskrepanzen (price squeeze) praktizieren könnte".

Alternativ zu Art. 13 der Zugangsrichtlinie wäre eine Gleichbehandlungsverpflichtung eine Möglichkeit (Art. 10), um den Zugangspreis zu regulieren. Danach sind SMP-Unternehmen verpflichtet, von unabhängigen Unternehmen auf dem Endkundenmarkt denselben Preis zu verlangen, den sie auch den eigenen Vertriebsbereichen oder verbundenen Unternehmen in Rechnung stellen. Der interne Verrechnungspreis lässt sich feststellen, wenn die Verpflichtung zur getrennten Buchführung nach Art. 11 der Zugangsrichtlinie besteht, und dieser Preis kann dann als Zugangspreis für Drittunternehmen angesetzt werden. Hier fragt es sich, ob die NRA aufgrund von Art. 10, kombiniert mit Art. 11 der Zugangsrichtlinie, zu denselben Zugangspreisen wie aufgrund von Art. 13 kommt. Das erscheint aber unwahrscheinlich, denn in Art. 11 heißt es nur, dass die NRA das zu verwendende Format und die zu verwendende Buchführungsmethode festlegen können, während es ihnen nach Art. 13 auch gestattet ist, eine von der Kostenrechnung des Unternehmens unabhängige Kostenrechnung zu wählen. Daher sind manche Methoden für die Berechnung des Zugangspreises, die nach Art. 13 angewandt werden können, vielleicht nach Art. 10 nicht möglich. Somit mag eine Verpflichtung nach Art. 13, der nicht nur ausdrücklichere Regelungen in Bezug auf die Anwendung von Kostenrechnungssystemen, sondern auch die Beweislast, die Anforderungen an den SMP-Betreiber und die Ziele der Preissetzungsmethoden enthält, manchmal geeigneter sein. Bei der Entscheidung für eine bestimmte Option müssen die NRA bedenken, dass die potenziellen Kosten der Regulierung für die Verpflichtungen der Art. 10 und 11 niedriger sein können als bei Art. 13 (für die ggf. auch noch Art. 11 herangezogen werden muss). Andererseits können die möglichen positiven Resultate der Regulierung (mehr Effizienz, niedrigere Preise) unter bestimmten Umständen auch geringer sein. Über die beste Option kann also nur von Fall zu Fall entschieden werden.

Art. 13 fordert von den NRA, dass sie sicherstellen müssen, dass alle vorgeschriebenen Kostendeckungsmechanismen und Tarifsysteme die wirtschaftliche Effizienz und einen nachhaltigen Wettbewerb fördern und für die Verbraucher möglichst vorteilhaft sind. Die NRA sind wahrscheinlich gut beraten, sich zunächst die am weitesten entwickelten Methodologien anzusehen und zu beurteilen, in welchem Umfang sie unter Berücksichtigung der obigen Kriterien geeignet sind. Dazu gehören:

- Kostenorientierung: Verknüpfung von Preisen mit Kostendaten, die aus Kostenrechnungsmodellen/-systemen gewonnen wurden, wie z.B. LRIC (long-run incremental costs – langfristige inkrementelle Kosten) oder FDC/FAC (fully distributed/allocated costing – Vollkostenrechnung);
- Anwendung des Efficient-Component-Pricing-Konzepts (ECPR) mit dem vereinfachten Ansatz des Preisermittlungsverfahrens *Retail-Minus* (Endkundenpreis minus Retail-Kosten);
- Vergleichspreise (Benchmarking).

Kostenorientierte Preise sind die beste Lösung in Situationen, in denen das SMP-Unternehmen aufgrund seiner Marktmacht auf der Vorleistungsebene über den Kosten liegende Preise verlangen kann und es unwahrscheinlich ist, dass diese Marktmacht innerhalb einer angemessenen Zeit durch den Wettbewerb in Grenzen gehalten wird (d. h. besonders dann, wenn eine Nachbildung nicht realistisch erscheint). In der Zugangsrichtlinie wird anerkannt, dass Kostenorientierung die strengste Form der Preiskontrolle ist.[110]

Die Feststellung der Kosten bestimmter Tätigkeiten oder Dienste eines vertikal integrierten Unternehmens auf dem Kommunikationsmarkt ist eine komplexe Aufgabe, die in unterschiedlichster Weise angegangen werden kann. Ausgangspunkt könnten die entstandenen Kosten des Unternehmens sein, die unter Berücksichtigung von Faktoren wie Anlagenbewertung (Rechnungslegung zu den Wiederbeschaffungskosten) oder Effizienzannahmen (wie der Ausschluss nicht relevanter Kosten) bereinigt werden. Alternativ dazu oder auch zusätzlich könnten Unternehmens- oder Ingenieursmodelle mit verschiedenen finanziellen oder betrieblichen Annahmen entwickelt werden. Untermauert werden sollten diese Überlegungen u. a. mit zuverlässigen Kostenrechnungssystemen oder -modellen, um sicherzustellen, dass die Preissetzungsmethoden geeignet sind, die Kriterien von Art. 13 zu erfüllen.

Die von den NRA am meisten verwendeten Kostenorientierungsansätze sind LRIC und FDC. Beide Methoden können auf historischen oder Wiederbeschaffungskosten basieren, können Ineffizienzbereinigungen enthalten oder auf einem Top-down- oder Bottom-up-Modell basieren.

Die NRA kann unter geeigneten Umständen das Kostenorientierungsmodell entsprechend der Standard Best Practice korrigieren. Wird z. B. eine LRIC-basierte Preiskontrolle angewandt, kann die NRA eine Reihe von Parametern wie Kapitalkosten, Gewinnaufschläge, Zeitvariationen usw. anpassen, um Anreize für den Infrastrukturwettbewerb zu schaffen, wo sie angebracht sind und es den Vorstellungen der NRA bezüglich der zeitlichen Infrastrukturentwicklung entspricht. Eine kostenorientierte Preiskontrolle kann also danach eingesetzt werden, ob eine Nachbildung als realisierbar erachtet wird oder nicht.

Um angemessene Kosten eines Betreibers zu ermitteln, muss man prüfen und sich entscheiden, welche Anpassungen erforderlich sind. Mit der Rechnungslegung zu Wiederbeschaffungskosten werden Verzerrungen bei der Bewertung des Vermögens verringert, aber es müssen wohl Korrekturen zur Berücksichtigung von Ineffizienzen oder nicht relevanten Kosten vorgenommen werden, um die richtigen Anreize für die Investitionstätigkeit von Betreibern zu schaffen. Solche Korrekturen sind wohl angebracht, wenn erhebliche Ineffizienzen zu erwarten sind, um das Ziel in Art. 13 Abs. 2 der Zugangsrichtlinie, die Förderung der Effizienz, zu erreichen.

Diese Methoden werden zwar von den meisten NRA angewandt, aber einige Wirtschaftswissenschaftler argumentieren, dass einige Kostenrechnungsmethoden neuen Marktteilnehmern vielleicht nicht die richtigen Investitionsanreize geben und Investitionsanreize für den etablierten Betreiber unterdrücken.[111] In welchem Umfang die angeblich fehlenden Anreize tatsächlich in den Kostenkalkulationen berücksichtigt sind, ist noch eine offene Frage. Im Allgemeinen ist festzustellen, dass zwar die Gefahr zu niedriger Zugangspreise besteht, andererseits besteht aber auch die Gefahr, den Zugangspreis zu hoch anzusetzen und es damit dem etablierten Anbieter zu erlauben, seine Marktmacht auszunutzen, überhöhte Gewinne einzustecken und möglicherweise damit auch den Zutritt ineffizienter Anbieter zum Vorleistungsmarkt zu fördern.

---

110 Richtlinie 2002/19/EG, Erwägungsgrund 20.
111 Siehe z. B. *Hausman* (1997) und dotecon (2001).

Es gibt Alternativen zur Kostenorientierung. Darauf wird im Folgenden eingegangen.

Ein ECPR-Preis wird berechnet als die Kosten der Leistungserbringung plus Opportunitätskosten, die dem beherrschenden Unternehmen durch die Bereitstellung des Dienstes für einen Wettbewerber auf dem Endkundenmarkt entstehen. Unter bestimmten Bedingungen vereinfacht sich der ECPR-Preis auf

$$P_A = P_R - C_R;$$

dabei ist P_A der Zugangspreis, P_R der Endkundenmarktpreis, und C_R sind die Kosten des etablierten Anbieters auf Endkundenebene. Diese Regel wird üblicherweise als „Retail-Minus" bezeichnet, wobei „Minus" die Endkundenmarktkosten des etablierten Anbieters, C_R., sind. Damit wird sichergestellt, dass nur Unternehmen, die mindestens so effizient wie der etablierte Anbieter sind, Anreize erhalten, in den Markt einzutreten. In manchen Fällen könnte aber ein „ineffizienter" Markteintritt (z. B. mit geringem Leistungsumfang) wünschenswert sein, wenn kurzfristige (statische) Ineffizienzen durch die langfristigen (dynamischen) Vorteile des Wettbewerbs mehr als wettgemacht werden können. In solchen Fällen könnte das „Minus" in Höhe der Kosten des Marktneulings angesetzt werden (einschließlich nicht ausgeschöpfter Mengen- oder Synergieeffekte), um eine Preis-Kosten-Schere zu vermeiden. Darauf wird im Anhang (nach Abschnitt 5.5.3) ausführlich eingegangen.

Der Retail-Minus-Ansatz ist ohne Preisregulierung auf dem Endkundenmarkt nicht geeignet, überhöhte Preise auf kostenorientiertes Niveau herunterzudrücken. Da der Vorleistungspreis als Endkundenpreis minus der Kosten für ein effizientes Unternehmen kalkuliert wird, geht ein überhöhter Endkundenpreis automatisch in einen überhöhten Vorleistungspreis ein (oder umgekehrt).[112] Er könnte aber gewählt werden, wenn überhöhte Preise nicht die Hauptsorge des Regulierers sind. Wenn die Umstände so sind, dass zum Beispiel zu erwarten ist, dass die Marktmacht auf Vorleistungsebene innerhalb absehbarer Zeit wahrscheinlich abgebaut wird, könnten die Verzerrungen aufgrund von überhöhten Preisen vernachlässigt werden. Ein Retail-Minus-Zugangspreis hindert das beherrschende Unternehmen gewöhnlich auch daran, seine Wettbewerber einer Preis-Kosten-Schere auszusetzen, weil Vorleistungs- und Endkundenpreise so miteinander verknüpft sind, dass ein unabhängiges Unternehmen auf dem Endkundenmarkt, das so effizient ist wie das etablierte Unternehmen, konkurrieren kann. Bei Größen- und Verbundvorteilen auf dem Endkundenmarkt ist es aber gewöhnlich schwierig, die Gewinnspanne so festzusetzen, dass alternative Betreiber genauso wie der Vertriebsbereich des SMP-Betreibers unter gleichen Bedingungen miteinander konkurrieren können. Diese Probleme werden im Anhang (nach Abschnitt 5.5.3) eingehender behandelt.

Mit einem Reteil-Minus-Zugangspreis können die Anreize für das beherrschende Unternehmen, Wettbewerber auf dem Endkundenmarkt zu benachteiligen, geringer werden, weil sich durch das Ansetzen überhöhter Vorleistungspreise in manchen Fällen Gewinne erzielen lassen. Solange die Gefahr der Rückwärtsintegration besteht, oder wenn das SMP-Unternehmen nicht die gesamte ökonomische Rente abschöpfen kann, muss die NRA das Verhalten auf dem Markt beobachten und dafür sorgen, dass nichts unternommen wird, um den Endkundenmarkt durch nichtpreisliche Benachteiligung abzuschotten.[113]

---

112 Siehe *Economides* (1997) oder *Armstrong* (2002, S. 326).

113 Manchmal könnte aber ein „ineffizienter" (d. h. begrenzter) Markteintritt wünschenswert sein; siehe Diskussion oben und im Anhang (nach Abschnitt 5.5.3).

Das Benchmarking[114] verknüpft den Preis auf dem einen Markt mit dem Preis auf einem anderen vergleichbaren Markt (manchmal werden auch internationale Vergleiche angestellt) und kann besonders nützlich für „neue" NRA sein, bis sie geeignete Kostenmodelle entwickelt haben. Benchmarking ist auch eine Möglichkeit, wenn die sofortige Einführung der Kostenorientierung eine unverhältnismäßige Maßnahme sein könnte.

Um den Zugangspreis berechnen zu können, benötigt eine NRA Informationen über die Kosten des beherrschenden Unternehmens. Bei einem vertikal integrierten Unternehmen könnte es daher erforderlich sein, die getrennte Buchführung gemäß Art. 11 der Zugangsrichtlinie zu verlangen, um Teile des Endkundengeschäfts von Diensten im Vorleistungsgeschäft abgrenzen und durch die Festlegung des Formats und der Buchführungsmethode die Vorleistungskostenbasis ableiten zu können. Alle weiteren für die Berechnung des Zugangspreises benötigten Informationen können nach Art. 5 der Rahmenrichtlinie (Bereitstellung von Informationen) verlangt werden.[115]

Bei der Auswahl bestimmter Methoden für die Berechnung des Zugangspreises sollten sich die NRA auch bewusst sein, dass die Verpflichtung, den Zugang auf der Grundlage kostenorientierter Preisen zu gewähren, wohl den stärksten Eingriff darstellt, der der NRA im neuen Rechtsrahmen gestattet ist. Eine solche Maßnahme verlangt nicht nur viel von der NRA, die den „richtigen" Zugangspreis bestimmen (besonders in Hinblick auf Investitionsanreize) und die Einhaltung überwachen muss, sondern sie kann auch Anreize schaffen, wettbewerbsfeindliches Verhalten von preislichen zu nichtpreislichen Variablen zu verlagern, was noch schwerer zu überwachen ist und daher die Kosten der Überwachung erhöht. Aber die potenziellen Vorteile der Regulierung sind groß. Wenn damit gerechnet wird, dass Marktmacht auf der Vorleistungsebene weiter bestehen wird (d. h. wenn eine Nachbildung als nicht realisierbar gilt), erscheint die Festsetzung von kostenorientierten Preisen als die einzige Möglichkeit, den Endkundenmarkt für Wettbewerber zu öffnen und die Preise auf Wettbewerbsniveau abzusenken. Markteintritt und stärkerer Wettbewerb führen wahrscheinlich zu niedrigeren Preisen, effizienterer Produktion, mehr Innovation und mehr Auswahl für den Kunden.

Mit der Festsetzung des Zugangspreises beeinflussen die NRA die Investitionsanreize des etablierten und der alternativen Betreiber. Dies ist ein entscheidender Punkt im neuen Rechtsrahmen, denn nur die richtigen Investitionsanreize sorgen dafür, dass dort, wo es wünschenswert ist, eine alternative Infrastruktur aufgebaut wird, die zu einem Wettbewerb führt, der sich selbst trägt.

5.2.2.3 *Investitionsanreize*

Wie schon in Grundsatz 3 in Abschnitt 4 zum Ausdruck gebracht wurde, sollten die NRA sicherstellen, dass die Investitionsanreize so gestaltet sind, dass alternative Betreiber veranlasst werden, die Infrastruktur des etablierten Betreibers nachzubilden, wenn es technisch möglich und wirtschaftlich wünschenswert ist (Anreiz zum „Kaufen oder selber machen" ohne verzerrende Einflüsse), während sie gleichzeitig dafür sorgen sollten, dass der etablierte Betreiber genügend Anreize erhält, sein Netz instand zu halten und zu modernisieren. Dabei sollten die NRA sich möglichst ein Bild machen, ob eine Nachbildung von Fall zu Fall realisierbar erscheint oder nicht, wobei die relevanten technologischen, wirtschaftlichen und zeitlichen Faktoren zu berücksichtigen sind.

---

114 Siehe Zugangsrichtlinie, Art. 13 Abs. 2.
115 Dies ist keine SMP-Verpflichtung, sondern eine allgemeine Bestimmung.

Die Wahl des Zugangspunkts und des Zugangspreises sind wahrscheinlich die kritischsten Entscheidungen, mit denen eine NRA die Investitionsanreize für alternative Betreiber wie auch etablierte Betreiber beeinflussen kann. Auf diese Punkte wird jetzt kurz eingegangen.

Die Festsetzung des Zugangspreises muss aus statischer wie auch aus dynamischer Perspektive betrachtet werden. Aus statischer Sicht[116] müssen die NRA die produktive wie auch die allokative Effizienz sicherstellen. Produktive Effizienz bedeutet, dass nur die Unternehmen einen Anreiz zur Produktion haben, die das zu minimalen Kosten tun können, wohingegen sich die allokative Effizienz auf eine Situation bezieht, in der die Preise sich nach den Kosten richten und kein Unternehmen in der Lage ist, Gewinne über Normalniveau zu erzielen.

Wenn es in der Branche keine weiteren Verzerrungen gibt, wird produktive und allokative Effizienz im statischen Sinne am wahrscheinlichsten mit einem kostenorientierten Zugangspreis erreicht.[117] Während ein kostenorientierter Zugangspreis es dem etablierten Unternehmen gestattet, seine Kosten zu decken (allokative Effizienz), treten nur die alternativen Betreiber auf den Endkundenmarkt zu, die zumindest ebenso leistungsstark sind wie der etablierte Betreiber (produktive Effizienz auf Endkundenebene). Außerdem werden alternative Betreiber das Angebot des etablierten Betreibers nur nachbilden, wenn sie das Vorleistungsprodukt zu denselben oder niedrigeren Kosten als der etablierte Betreiber bereitstellen können (produktive Effizienz auf der Vorleistungsebene). Ein Zugangspreis über den Kosten führt wahrscheinlich zu einer ineffizienten Umgehung (unwirtschaftliche Duplizierung der Einrichtungen des etablierten Betreibers) und zu überhöhten Gewinnen für den etablierten Betreiber, wohingegen ein zu niedriger Zugangspreis den Endkundenmarkt für ineffiziente Anbieter öffnet und gleichzeitig die Investitionsanreize für den etablierten Anbieter auf ein unwirtschaftlich niedriges Niveau absenkt.

Daraus folgt daher, dass die Höhe des Zugangspreises in einem statischen Rahmen in positiver Wechselbeziehung mit den Investitionsanreizen für das etablierte Unternehmen wie auch für den neuen Marktteilnehmer steht (allerdings führt ein zu hoher Zugangspreis wahrscheinlich zu statisch ineffizienten Investitionsentscheidungen). Aus der Sicht der Dynamik ist dies aber nicht unbedingt der Fall.[118] Hier können zu hohe Zugangspreise alternative Investitionen eher hemmen als fördern. Aufgrund des hohen Risikos bei Investitionen mit einem hohen Anteil versunkener Kosten gehen alternative Betreiber wahrscheinlich Schritt für Schritt vor und bauen ihre Kundenbasis und die Infrastrukturinvestitionen laufend aus. Wenn zu Beginn die Infrastruktur des etablierten Betreibers zu niedrigen Preisen zur Verfügung steht, wird es für alternative Betreiber leichter, in den Markt einzutreten und eine Kundenbasis aufzubauen. Mit einem Kundenstamm im Rücken ist die Unsicherheit erheblich geringer, und der Betreiber ist dann vielleicht zu mehr Investitionen bereit (dies wird manchmal als „Investitionsleiter" bezeichnet). Zu Beginn entscheiden sich die Regulierer vielleicht sogar zugunsten einer statischen Ineffizienz, wenn sie dafür dynamische Effizienz aufgrund eines verstärkten Wettbewerbs erreichen; das gelingt, wenn der Zugangspreis in einer Höhe festgesetzt wird, bei der die mangelnden Größen- und Verbundvorteile bei dem neuen Marktteilnehmer berücksichtigt werden. Genießt das etablierte Unternehmen Vorreitervorteile und kommen hohe Wechselkosten hinzu,

---

116 Zum Thema wirtschaftliche Analyse der Zugangspreisbildung in einem statischen Umfeld siehe z. B. *Armstrong* (2002).

117 Siehe dagegen *Armstrong* (2002) in Bezug auf Situationen, in denen andere Zugangspreise als die kostenorientierten Preise angebracht sein können, z. B. in Situationen, in denen Endkundentarife unausgewogen sind oder die Gewinne auf Endkundenebene überhöht sind.

118 Siehe *Cave* et al. (2001).

kann der Markteintritt auch erheblich erleichtert werden, wenn der Zugangspreis in einer Höhe festgesetzt wird, die diese Wechselkosten berücksichtigt.

Für die Förderung von Investitionen in eine alternative Infrastruktur müssen die NRA wohl signalisieren – wie in Kapitel 4 gesagt wurde –, dass sie einige der Regulierungsinstrumente als Überbrückungsmaßnahme sehen, damit neue Anbieter leichter in die erforderlichen Investitionen einsteigen können, dass aber die Marktteilnehmer ihre langfristigen Geschäftsmodelle nicht allein auf diesen Regulierungsinstrumenten aufbauen können. Die NRA können zum Beispiel beschließen, ein dynamisches Zugangspreissystem mit einem Zugangspreis einzuführen, der zu Beginn niedrig ist, aber mit der Zeit ansteigt. Damit kann der alternative Betreiber eine Kundenbasis aufbauen, ohne gleich riskante Investitionen tätigen zu müssen, und es werden auch Anreize geschaffen, auf der „Investitionsleiter" nach oben zu klettern, um zu erreichen, dass der Zugang vom eigenen Unternehmen bereitgestellt werden kann, sobald der (externe) Zugangspreis steigt. Bei der Verfolgung dieser Strategie sollten die NRA auch Unterschiede in der Art und dem Zeitpunkt des Markteintritts der verschiedenen alternativen Betreiber berücksichtigen, wie auch die allgemeinen Investitionsbedingungen.

Bei einer solchen aktiven Strategie wird außerdem vorausgesetzt, dass die NRA ausreichend Kenntnisse darüber hat, welche Anlagegüter des etablierten Unternehmens wirtschaftlich erfolgreich nachgebildet werden können oder, genauer gesagt, in welchen Marktsegmenten eine Nachbildung innerhalb einer angemessenen Zeit technisch realisierbar und wirtschaftlich ist. In einigen Marktsegmenten ist das wahrscheinlich der Fall, aber in anderen bestehen Unsicherheiten unterschiedlichen Ausmaßes. In solchen Situationen müssen die Regulierer sorgfältig die Vorteile eines stärkeren Wettbewerbs gegen die Gefahr einer unwirtschaftlichen Duplizierung, verlorener Kosten oder Überkapazitäten und die Gefahr der Herausbildung eines neuen Monopols abwägen, wenn es keine Nachbildung gibt und der Wettbewerb auf dem Endkundenmarkt aufgrund der hohen Zugangspreise gehemmt wird. Wenn eine Analyse dieser Optionen ergibt, dass die negativen Auswirkungen wahrscheinlich überwiegen, können sich die NRA für eine „neutralere" Vorgehensweise entscheiden und die Preise für die relevanten Zugangsprodukte in einem gewissen Verhältnis zu den Kosten festsetzen (was der statischen Effizienz entspricht), das Marktergebnis beobachten, ihre Vorstellungen ständig neu überdenken und die Diskussionen mit der Branche fortsetzen. In diesen Situationen müssen die NRA das langfristige Ziel im Auge behalten, nämlich die Sicherstellung des Infrastrukturwettbewerbs, wo es erreichbar ist.

Eine solche Vorgehensweise wäre gerechtfertigt, wenn alternative Betreiber auch bereit sind, die Investitionsleiter ohne zusätzliche Anreize (wie z. B. ein dynamischer Zugangspreis) weiter nach oben zu steigen, da die Marktdynamik vielleicht schon allein Investitionsanreize bewirkt. Wenn ein alternativer Betreiber auf der Diensteebene einsteigt, sind die Risiken, die mit versunkenen Infrastrukturinvestitionen verbunden sind, relativ hoch, und das führt zu hohen Kapitalkosten. Nach und nach, wenn der Betreiber einen Kundenstamm aufbaut, verringert sich wahrscheinlich die Gefahr des Wiederausstiegs, weil er Erfahrung gewinnt und sich ein Wiedererkennungseffekt entwickelt. Das führt wahrscheinlich zu niedrigeren Kapitalkosten, weil das Risiko im Zusammenhang mit versunkenen Investitionskosten mit der Wahrscheinlichkeit eines Wiederausstiegs verknüpft ist, und die nimmt eindeutig ab, sobald ein Kundenstamm und ein „Markenname" geschaffen wurde.[119] Die Investitionsanreize können also für erfolgreiche Diensteanbieter im Laufe der Zeit ohne zusätzliche regulatorische Intervention zunehmen. Aber in dem Maße, wie immer mehr dieser Investitionen auf niedrigeren Netzhierarchieebenen erfolgen, steigt auch

---

119 Vgl. *Beard* et al. (1998 S. 319).

der Umfang der Investitionen und der Anteil der möglicherweise versunkenen Kosten. Vor diesem Hintergrund sind die Vorteile für den neuen Marktteilnehmer, wenn er immer mehr der von ihm für die Kunden bereitgestellten Dienste kontrolliert, ebenfalls wichtig, wenn es um die Anreize geht, die Abhängigkeit vom Zugangsanbieter zu verringern, wo es möglich ist. Dann ist es Aufgabe der NRA zu beobachten, ob Investitionsanreize wirklich Selbstläufer sind oder ob zusätzliche Anreize erforderlich sind.

Empirische Belege für den Gedanken der „Investitionsleiter" werden von *Cave* et al. (2001) geliefert, die nach einer Analyse der Zugangspolitik und Investitionsstrategie in den Niederlanden zu dem Schluss kamen (S. 14):

> „Unsere Analyse der Strategien von neuen Marktteilnehmern in den Niederlanden deutet darauf hin, dass sie ihre Infrastrukturinvestitionen progressiv ausführen. Typischerweise hat jeder ein strategisches Anlagegut, z. B. ein Kabelnetz, oder Einrichtungen für den Aufbau eines nationalen Netzes, oder eine Verbindung zu einem internationalen Betreiber, oder verfügt einfach nur über Marketing- und Kundenkompetenz. Unter Ausnutzung dieser Wirtschaftsgüter können neue Marktteilnehmer leicht Bereiche herausfinden, wo sie Angebote des etablierten Betreibers nachbilden (bei neuen Diensten) oder wo sie die ersten auf dem Markt sein können. In dieser Anfangszeit sind sie ganz stark von den Netzdiensten des etablierten Betreibers abhängig. Wenn aber die Ergebnisse aus den Erstinvestitionen positiv sind, erweitert der Marktneuling seine Aktivitäten, wobei es nahe liegt, dass er sich die Bereiche aussucht, wo die Leistungsangebote ziemlich leicht nachzubilden sind."

In einem Bericht für die Europäische Kommission führte *Ovum* Beispiele für eine dynamische Preisgestaltung für Vorleistungs-Breitbanddienste an, für die sich CRTC in Kanada und OPTA in den Niederlanden entschieden haben.[120] *Ovum* stellt fest, dass die NRA diese Maßnahme rechtfertigen können, weil sie aufgrund der sich ergebenden dynamischen Vorteile den Infrastrukturwettbewerb fördert.

Die Erfahrungen der NRA bestätigen allgemein den progressiven Charakter von Infrastrukturinvestitionen; in mehreren Fällen konnte beobachtet werden, dass alternative Betreiber nach und nach unter Verwendung verschiedener Zugangsprodukte ihre eigenen Netze aufbauten (z. B. vom Bitstromzugang bis zum entbündelten Teilnehmeranschluss).

Wenn das Netz des etablierten Betreibers auf mehr als einer Ebene für Wettbewerber geöffnet wird (Entbündelung des Teilnehmeranschlusses, Betreibervorauswahl und WLR-Angebote), müssen die NRA sehr vorsichtig sein und die Preise der verschiedenen Optionen im Verhältnis zueinander und im Verhältnis zu den wichtigsten Endkundenpreisen auf dem Markt richtig gestalten. Ist der Preis auf einer Ebene zu niedrig, können Investitionen auf einer anderen Ebene, auf der eine Nachbildung wünschenswert sein kann, behindert werden. Wenn der Regulierer eine neue Möglichkeit des Markteintritts öffnet, muss er daher die Optionen berücksichtigen, die schon angeboten werden und Konsistenz zwischen ihnen sicherstellen. Die NRA müssten außerdem dafür sorgen, dass nach zusätzlichen Infrastrukturinvestitionen (Migration) ein reibungsloses Überwechseln von einem Zugangsdienst zum anderen möglich ist, insbesondere aus der Sicht des Kunden. Das könnte mit Verpflichtungen erreicht werden, die einer Zugangsverpflichtung gemäß Art. 12 der Zugangsrichtlinie und/oder einem Referenzangebot gemäß Art. 9 Abs. 2 der Zugangsrichtlinie angefügt werden.

Aus der Perspektive der Dynamik ist es auch ganz besonders wichtig, für Investitionsanreize für den etablierten Betreiber zu sorgen, damit er sein Netz in den Sektoren, in denen eine Nachbildung sehr unwahrscheinlich ist, instand hält und modernisiert.

---

120 Vgl. *Ovum* (2003, S. 52, 53).

Auf einem neu entstehenden Markt können Regulierungsmaßnahmen erforderlich sein, wenn Passivität zu einer völligen Abschottung des neuen Marktes führen würde. Das kann geschehen, wenn der neue Markt von Vorleistungen abhängt, die innerhalb einer angemessenen Zeit nicht nachgebildet oder ersetzt werden können. Unter diesen Umständen kann ein frühes regulatorisches Eingreifen (in dem Markt, von dem aus Marktmacht übertragen werden könnte) angebracht sein, um zu erreichen, dass der Zugang zu diesen Vorleistungen in normaler Weise gewährleistet ist, damit der Wettbewerb sich auf dem neuen Markt entwickeln kann. So wird mit der Regulierung ausschließlich auf dem betreffenden Vorleistungsmarkt der eigentliche Charakter des neu entstehenden Marktes gewahrt und gleichzeitig die Abschottung verhindert.

Unter diesen Umständen sollte die NRA versuchen zu erreichen, dass das etablierte Unternehmen und der Marktneuling bei Investitionsanreizen in einer gleichwertigen Position sind. Damit haben beide bezüglich der benötigten Netzvorleistungen des etablierten Betreibers, die nicht nachbildbar sind, dieselbe Ausgangsbasis, um die Marktchancen zu nutzen. Wenn aber die Neuinvestition eines neuen Anbieters unbedingt Vorleistungen von einem SMP-Betreiber erfordert, ist es Aufgabe der NRA, dafür zu sorgen, dass der Zugang zu diesen Vorleistungen nicht verweigert, verzögert oder in anderer Weise behindert wird.

Ein großes Problem ergibt sich, wenn eine Neuinvestition eines SMP-Unternehmens, die für die Einführung eines wirklich neuen Dienstangebots getätigt wird, auch für die Bereitstellung von regulierten Diensten verwendet werden kann. SMP-Betreiber, die Investitionen in neu entstehenden Märkten vorhaben, dürfen ihre weiter bestehenden Verpflichtungen in Bezug auf bestehende Märkte nicht außer Acht lassen. Wo immer es möglich ist, sollten sie die neue Technologie so konfigurieren, dass sie Zugangsinteressenten für bestehende Märkte auch weiter zulassen können.

In all diesen Fällen müssen die NRA versuchen, ein Gleichgewicht zu finden zwischen der Unterstützung des Wettbewerbs bei bestehenden Diensten und der Wahrung der Investitions- und Innovationsanreize sowohl für den SMP-Betreiber als auch für die Marktneulinge, denn diese Anreize sorgen langfristig für mehr Wettbewerb.[121] Wenn die Festsetzung von Zugangspreisen erforderlich erscheint, dürfen die NRA nie die Anfangsinvestitionen und das Risiko vergessen, die mit Investitionen verknüpft sind.[122] Regulierungsmaßnahmen in Bezug auf Dienste für Endnutzer werden schon als letztes Mittel betrachtet,[123] und im Falle neuer Märkte lassen sich nur schwer Bedingungen denken, unter denen die Regulierung eines neu entstehenden Endkundenmarkt zu rechtfertigen wäre.

Textfeld 2: Zugangsregulierung

Bitstromzugang

Wenn bei einer Marktuntersuchung festgestellt wird, dass auf dem Markt Nr. 12 – Vorleistungsmarkt für Breitbandzugang – kein wirksamer Wettbewerb herrscht, weil z.B. der beherrschende Betreiber von Sprachtelefondiensten seine Marktmacht im Teilnehmeranschlussnetz auf den Vorleistungsmarkt für Breitbandzugang überträgt, muss die NRA über das angemessene Regulierungsinstrument entscheiden, nachdem sie das betreffende Unternehmen als SMP-Betreiber erkannt hat. Der Grund für mangelnden Wettbewerb kann sein, dass der SMP-Betreiber den neuen Marktteilnehmern kein ge-

---

121 Richtlinie 2002/19/EG, Erwägungsgrund 19.
122 Richtlinie 2002/19/EG, Artikel 12 Absatz 2.
123 Richtlinie 2002/21/EG, Erwägungsgrund 26.

eignetes Vorleistungsprodukt für den Zugang anbietet und sie damit daran hindert, End-kunden ein differenziertes Breitbandprodukt, einschließlich Angeboten wie Voice over IP (VoIP), anzubieten. In einer solchen Situation kann die NRA beschließen, als ange-messenes Regulierungsinstrument den Zugang gemäß Art. 12 der Zugangsrichtlinie und das Angebot eines Bitstromzugangsprodukts zu verlangen.

Bitstromzugang wird wie folgt definiert: „Bitstromzugang mit hoher Geschwindigkeit (Bereitstellung von DSL-Diensten durch den etablierten Betreiber) bedeutet, dass der etablierte Betreiber eine Hochgeschwindigkeits-Zugangsverbindung zu den Räumen des Endkunden herstellt (indem er z. B. seine bevorzugte ADSL-Konfiguration mit den ADSL-Einrichtungen in seinem Ortsanschlussnetz installiert) und diese Zugangsver-bindung dann Dritten zur Verfügung stellt, damit sie ihren Kunden Hochgeschwindig-keitsdienste anbieten können. Der etablierte Betreiber kann seinen Wettbewerbern auch Übertragungsdienste anbieten, um den Verkehr an eine „höhere" Ebene der Netzhierar-chie weiterzuleiten, wo neue Marktteilnehmer bereits (z. B. mit einem Transitknoten) einen ‚Point-of-presence'(POP) haben. Die Bitstromdienstleistung kann als Bereitstel-lung von Übertragungskapazität (Aufwärts-/Abwärtskanäle können asymmetrisch sein) zwischen einem an eine Telefonverbindung angeschlossenen Endnutzer und dem Übergabepunkt, der dem neuen Marktteilnehmer zur Verfügung steht, definiert wer-den. Resaleangebote sind keine Substitution für Bitstromzugang, da die Konkurrenten ihre Dienste nicht gegenüber den Produkten des etablierten Betreibers differenzieren können." [124]

Da der Bitstromzugang an verschiedenen Punkten der Netzhierarchie (Verkehrsüberga-bepunkte) gewährt werden kann, hängen die Punkte im Netz, an denen der Breitband-zugang zu Vorleistungen bereitgestellt werden muss, von den nationalen Gegebenhei-ten ab, wie Netztopologie und dem Stand des Breitbandwettbewerbs; dabei sind aber die folgenden Merkmale zu berücksichtigen: Bitstromzugang ist ein Zugangsprodukt, das neuen Marktteilnehmern erlaubt, ihre Dienste (direkt oder indirekt) zu differenzie-ren, indem sie (direkt oder indirekt) technische Merkmale und/oder die Nutzung ihrer eigenen Netze ändern; das ist eindeutig mehr als Resale, mit dem der etablierte Betrei-ber die technischen Parameter kontrolliert und den Dienst verwaltet und mit dem der neue Marktteilnehmer nur einen kommerziell ähnlichen Dienst auf den Markt bringen kann. Bei der Definition des geeigneten Zugangspunktes sollten die NRA aus der Pers-pektive der Marktparteien entscheiden. Die NRA muss also die Eignung der von den neuen Marktteilnehmern verlangten Übergabepunkte beurteilen und sie gegenüber den Möglichkeiten der Netzhierarchie abwägen. Außerdem müssen der Stand des Wett-bewerbs, d. h. die Zahl der Marktteilnehmer, das Vorhandensein alternativer Netze und Infrastrukturen und die langfristigen Vorteile einer größeren Auswahl für den Kunden, berücksichtigt werden.

Bitstromzugang erlaubt es dem Wettbewerber, das Endkundenprodukt zu differenzie-ren, indem er bestimmte Merkmale, wie besserer *contention rate* oder ein geringerer Überbuchungsfaktor (andere Qualitätsparameter), hinzufügt. Wie der Zugang zur ent-bündelten Teilnehmeranschlussleitung, den er ergänzt, handelt es sich dabei um ein In-strument zur Förderung des Infrastrukturwettbewerbs. Durch mehr eigene Infrastruk-turinvestitionen steigt der Wettbewerber in der Wertschöpfungskette bzw. auf der „In-

---

124 ONPCOM01-18Rev1 und ONPCOM02-03, zitiert im ERG-Anhörungsdokument zum Bitstrom-zugang vom 14. Juli 2003.

vestitionsleiter" nach oben, oder anders ausgedrückt: Da er seine eigene Infrastruktur immer mehr nutzen kann, kann er nach und nach dem Produkt, das er dem Endkunden anbietet, mehr Wert hinzufügen. Gleichzeitig verringert er seine Abhängigkeit von den Vorleistungsprodukten des beherrschenden Betreibers. Um die schrittweise Steigerung der Investitionen zu ermöglichen, müssen die NRA die Preise der verschiedenen Zugangsprodukte konsistent regulieren, wenn auch eine Preiskontrollmaßnahme nach Art. 13 der Zugangsrichtlinie angewandt wird. Wie schon gesagt – und wie in den folgenden Abschnitten ausgeführt wird –, sind ggf. noch andere Regulierungsinstrumente zur Unterstützung der Verpflichtungen in Art. 12 und 13 der Zugangsrichtlinie erforderlich.

Wiederverkauf von Teilnehmeranschlüssen (Wholesale Line Rental – WLR)

„Wholesale Line Rental" bezeichnet die Möglichkeit für neue Marktteilnehmer, Zugang zu einem Vorleistungsprodukt zu erhalten, mit dem sie nicht nur Sprachtelefondienste (durch Betreiberauswahl oder Betreibervorauswahl) anbieten, sondern (außerdem) auch Anschlüsse vom beherrschenden Betreiber auf den Zugangsmärkten als Vorleistung mieten können. WLR kann auch Zusatzdienstleistungen wie Voicemail und Anklopfen umfassen; damit können alternative Betreiber den Endkundendienst des etablierten Betreibers nachbilden und dem Kunden Komplettpakete anbieten, und wenn es die Bedingungen erlauben, erhalten sie größere Flexibilität bei der Bündelung und Preisgestaltung von Diensten. Wenn ein solches Produkt auf dem Markt erfolgreich ist, kann sich auch die Notwendigkeit der Regulierung der Endkundentarife des beherrschenden Betreibers verringern, weil Wettbewerb in einen Dienstleistungsbereich einzieht, in dem der Wettbewerb derzeit noch ziemlich begrenzt ist.

Das größte Wettbewerbshindernis in der Festnetztelefonie im Zugangsnetz ist die Tatsache, dass es aufgrund der erheblichen Größenvorteile und versunkenen Kosten, die charakteristisch für natürliche Monopole sind, besonders schwer nachzubilden ist. Das ist auch der Grund dafür, dass die etablierten Festnetzbetreiber in den meisten Mitgliedstaaten immer noch über Anteile von 90 % und mehr an den Zugangsmärkten verfügen.

Entsprechend den Grundsätzen in Kapitel 4 und unter Berücksichtigung der typischen Merkmale von Zugangsnetzen können die NRA zu dem Schluss kommen, dass das Vordringen in Zugangsnetze eher unwahrscheinlich ist, weil sie schwer nachzubilden sind. In diesem Fall müssen die NRA dafür sorgen, dass der Wettbewerb zwischen den Diensten gefördert wird, dass mit der vorhandenen Infrastruktur eine ausreichende Rendite erzielt werden kann, um weitere Investitionen zu fördern, und dass wahrscheinliche Auswirkungen auf andere Märkte aufmerksam verfolgt werden.

Auf der Grundlage des Art. 12 Abs. 1 der Zugangsrichtlinie (oder möglicherweise Art. 10) können die NRA daher eine Einführung einer WLR-Verpflichtung in Betracht ziehen, wenn damit ein nachhaltiger Wettbewerb auf dem Endkundenmarkt erreicht würde oder sie sonst im Interesse der Endnutzer wäre. Eine solche Verpflichtung fördert den Infrastrukturwettbewerb eindeutig nicht in derselben Weise, als wenn eigene Netze ausgebaut oder Teilnehmeranschlussleitungen entbündelt würden. Aber die positiven Effekte für den Wettbewerb können umfangreicher und schneller sein, weil es die Kundenverlustrate erheblich reduzieren kann und es für neue Marktteilnehmer leichter wird, eine Kundenbasis aufzubauen, was ihnen wiederum helfen kann, einen weiteren Schritt auf der „Investitionsleiter" zu wagen.

Wenn ein Vorleistungsentgelt für den Wiederverkauf des Teilnehmeranschlusses vorge-schrieben wird, muss dabei ganz besonders die Wirkung auf andere Märkte, wie z.B. der Markt für entbündelte Teilnehmeranschlüsse, berücksichtigt werden, weil falsche Preissignale entweder Investitionen der Betreiber verhindern (und damit dem langfris-tigen Ziel eines nachhaltigen Wettbewerbs schaden) oder dazu führen könnten, dass sich keine positiven Effekte für den Wettbewerb herausbilden, weil das Produkt viel-leicht nicht wettbewerbsfähig ist. Die Preissetzung ist also von zentraler Bedeutung bei dieser Entscheidung, und eine Möglichkeit für die NRA könnte sein, den Zugangspreis nach der „Kosten-Plus-Methode (z.B. LRIC) oder – wenn die Endkundentarife ausge-wogen sind und aufgrund von Regulierungsmaßnahmen den Kosten entsprechen – auf einer ECPR-Basis (z.B. Retail-Minus) festzusetzen. Viele der NRA, die schon ein Vor-leistungsentgelt für Teilnehmeranschlüsse vorgeschrieben haben, legten einen Retail-Minus-Ansatz zugrunde. Bei der Anwendung dieser Methode müssen die NRA nicht nur entscheiden, ob vermiedene oder vermeidbare Kosten die Grundlage für die Be-rechnung des Minus sein sollten, sondern auch, ob und in welchem Umfang Einrich-tungs- und andere Kosten des neuen Marktteilnehmers gemeinsam zu tragen sind und in welchem Umfang sie variabel sein sollten (Abbau der Zutrittshinderisse). Die NRA müssen auch überlegen, ob sie bei der Berechnung eines Retail-Minus-Grundpreises Gewinne aus dem Gesprächsaufkommen einbeziehen oder ausschließen sollten.

Die NRA müssen außerdem ein Gleichgewicht finden zwischen der Abschaffung der bestehenden Preisverpflichtungen für Teilnehmeranschlüsse und den Bündelungs-/ Preisgestaltungsmöglichkeiten für neue Marktteilnehmer, weil sonst der beherrschende Betreiber auf dem Anschlussmarkt im Wettbewerb benachteiligt werden könnte. In die-sem Zusammenhang müssen die NRA wohl prüfen, wie weit die Verpflichtung der Car-rier Selection und Carrier Preselection für den beherrschenden Betreiber neu definiert werden muss.

5.2.3 Nicht preisbezogene Aspekte

Ohne Regulierung (d.h. keine Zugangsverpflichtung und kein regulierter Zugangspreis usw.) ist es unwahrscheinlich, dass ein vertikal integriertes Unternehmen mit Marktmacht am Vorleistungsmarkt Wettbewerber auf dem Endkundenmarkt über nichtpreisliche Para-meter wie Qualität, Informationen oder Produktmerkmale diskriminiert. Stattdessen ist es eher wahrscheinlich, dass es ökonomische Renten auf dem nachgelagerten Markt heraus-holt, indem es auf der Vorleistungsebene einen überhöhten Preis verlangt oder, wenn dies aus irgendeinem (nicht auf Regulierung zurückzuführenden) Grund nicht möglich ist, in-dem es den Endkundenmarkt durch Zugangsverweigerung abschottet.

Aufgrund der Zugangsverpflichtung nach Art. 12 der Zugangsrichtlinie zusammen mit der Verpflichtung nach Art. 13 zu kostenorientierten Preises bestehen für das vertikal inte-grierte Unternehmen – dem der Vorleistungspreis nicht mehr als strategische Variable zur Verfügung steht – Anreize, seine eigenen Vertriebsbereiche und seine Konkurrenten auf dem Endkundenmarkt bei anderen Variablen unterschiedlich zu behandeln.[125] Daher müs-sen die NRA eine laufende regulatorische Aufsicht führen.

---

125 Siehe vorstehende Diskussion unter Hinweis auf *Economides* (1998), *Sibley/Weisman* (1998) und *Beard* et al. (2001).

In diesem Zusammenhang wurden die folgenden Standardwettbewerbsprobleme festgestellt (Nummerierung aus Kapitel 2):

1.2   diskriminierende Verwendung oder Vorenthalten von Informationen
1.3   Verzögerungstaktik
1.4   Bündelung/Bindung
1.5   ungerechtfertigte Anforderungen
1.6   Qualitätsdiskriminierung
1.7   strategische Planung von Produkten/Produktmerkmalen
1.8   unzulässige Verwendung von Informationen über Konkurrenten

Auf diese potenziellen Wettbewerbsprobleme wird jetzt nacheinander eingegangen. Da sie wahrscheinlich besonders bei bestehender Zugangsverpflichtung und einem kostenorientierten Zugangspreis vorkommen, wird in der folgenden Diskussion davon ausgegangen, dass diese Regulierungsinstrumente (Art. 12 und Art. 13 der Zugangsrichtlinie, möglicherweise auch Art. 11) schon eingeführt wurden. Die Diskussion geht von Grundsatz 2 in Kapitel 4 aus, der lautet, dass die NRA das SMP-Unternehmen auf dem Vorleistungsmarkt daran hindern sollen, den Wettbewerb auf nachgelagerten Märkten zu verzerren, wenn der Zugang zu nicht nachbildbaren Vorleistungen gewährt wird. Bei der Auswahl der Regulierungsinstrumente sollten die NRA die Schaffung dieser Anreize und die für die Überwachung erforderlichen Ressourcen berücksichtigen.

5.2.3.1 Diskriminierende Verwendung oder Vorenthalten von Informationen

Dies bezieht sich auf eine Situation, in der das SMP-Unternehmen den Zugang zu seinem Netz nicht rundweg ablehnt, sondern es verweigert, dem neuen Marktteilnehmer Informationen zu geben, die er benötigt, um den Dienst auf dem Endkundenmarkt anbieten zu können.

Die diesem Verhalten zugrunde liegende strategische Variable – Information – kann mit drei verschiedenen Arten von Verpflichtungen beeinflusst werden:

Erstens könnte das SMP-Unternehmen gezwungen werden, die Informationen entsprechend der Zugangsverpflichtung in Art. 12 der Zugangsrichtlinie bekannt zu geben; danach kann die NRA „diese Verpflichtungen mit Bedingungen in Bezug auf Fairness, Billigkeit und Rechtzeitigkeit verknüpfen". Wenn die betreffenden Informationen für den Zugangsinteressenten von wesentlicher Bedeutung sind, um seine Rechte nutzen zu können, ist es eindeutig unangemessen, wenn das SMP-Unternehmen sie nicht freigibt.

Alternativ dazu oder zusätzlich (das hängt von den Gegebenheiten ab) könnten die nationalen Regulierungsbehörden Betreibern eine Transparenzverpflichtung auferlegen (Art. 9 der Zugangsrichtlinie), die ausdrücklich Bezug nimmt auf: „… Zusammenschaltung und/oder Zugang, wonach diese bestimmte Informationen, z. B. Informationen zur Buchführung, technische Spezifikationen, Netzmerkmale, Bereitstellungs- und Nutzungsbedingungen sowie Tarife, veröffentlichen müssen". Die NRA könnten „…genau festlegen, welche Informationen mit welchen Einzelheiten in welcher Form zur Verfügung zu stellen sind", und sie können die SMP-Unternehmen verpflichten, die relevanten Informationen in Form eines Referenzangebots zu veröffentlichen.

Und schließlich könnte das SMP-Unternehmen aufgrund einer Gleichbehandlungsverpflichtung in Art. 10 der Zugangsrichtlinie gezwungen werden, alle relevanten Informationen bekannt zu geben, die es auch seinen verbundenen Unternehmen auf dem Endkundenmarkt zur Verfügung stellt. Hierbei ist das Problem, dass der Wettbewerber auf dem nachgelagerten Markt entweder zu wenig oder zu viele Informationen erhält. Informationen über Kollokation werden z. B. nicht unbedingt dem eigenen Vertriebsbereich am Endkundenmarkt mitgeteilt, wohingegen viele dem Vertriebsbereich bereitgestellte Informationen für die Wettbewerber im Zusammenhang mit deren Zugang zu Netzeinrichtungen nicht relevant sind. In diesem Abschnitt scheint die Gleichbehandlungsverpflichtung daher nur in den Fällen angebracht zu sein, wo der Vertriebsbereich des SMP-Unternehmens und die Wettbewerber am Endkundenmarkt dieselben Informationen benötigen.

5.2.3.2 Verzögerungstaktik

Verzögerungstaktik liegt in den Fällen vor, in denen für das SMP-Unternehmen Anreize bestehen können, die Bereitstellung seiner (unbedingt erforderlichen) Vorleistungen für seine Wettbewerber am nachgelagerten Markt zu verzögern.

„Zeit" als die strategische Variable, auf der in diesem Fall das wettbewerbsfeindliche Verhalten basiert, wird in Art. 12 der Zugangsrichtlinie erwähnt, in dem es den NRA ausdrücklich gestattet ist, eine Zugangsverpflichtung mit Bedingungen in Bezug auf Fairness, Billigkeit und Rechtzeitigkeit zu verknüpfen. Mit der Auferlegung einer Zugangsverpflichtung nach Art. 12 der Zugangsrichtlinie können die NRA auch den Zeitrahmen vorschreiben, in dem das Netz für unabhängige Unternehmen auf dem Endkundenmarkt geöffnet werden muss. Ein Zeitrahmen kann auch in Qualitätsvereinbarungen (Service level agreements) auf der Grundlage von Art. 9 der Zugangsrichtlinie festgelegt werden.

Bei neuen Vorleistungsprodukten, mit denen das Angebot neuer Endkundenprodukte möglich wird, besteht die Gefahr, dass das beherrschende Unternehmen einen Vorreitervorteil gewinnt, wenn es das Vorleistungsprodukt seinen Konkurrenten auf dem Endkundenmarkt später bereitstellt als seinem eigenen Vertriebsbereich. Vorreitervorteile können bessere direkte Kundenkontakte· sein, Kostensenkungen aufgrund von Erfahrungswerten oder Kundenbindungseffekte. Wo dies zur Marktabschottung führen kann, könnte eine Gleichbehandlungsverpflichtung (Art. 10 Zugangsrichtlinie) angebracht sein, damit unabhängige Unternehmen auf dem Endkundenmarkt mit dem Vertriebsbereich des SMP-Unternehmens konkurrieren können. Art. 10 der Zugangsrichtlinie kann so ausgelegt werden, dass Zeit auch ein Parameter ist, den das SMP-Unternehmen nicht einsetzen darf, um andere Unternehmen zu diskriminieren. Es dürfte dann ein neues Endkundenprodukt auf der Grundlage eines neuen Vorleistungsprodukt nur dann anbieten, wenn das neue Vorleistungsprodukt (nach Art. 12 Zugangsrichtlinie) auch unabhängigen Endkundenanbietern zur Verfügung steht. Die Frage, wie die Einhaltung dieser Verpflichtung sichergestellt werden kann, wird in Abschnitt 4.2.4.2 (Verzögerung der Leistungsbereitstellung) behandelt.

Es besteht aber die Gefahr, dass das SMP-Unternehmen ein Vorleistungsprodukt anbietet, das für seine Konkurrenten nur von begrenztem Wert ist. Auf diese Probleme wird in Abschnitt 5. 2. 3.6 eingegangen. In solchen Fällen sind zwar Regulierungsmaßnahmen möglich, sie können aber zeitaufwändig sein, und dem SMP-Unternehmen kann es trotzdem gelingen, einen Vorreitervorteil zu erzielen. Außerdem ist möglicherweise gar kein vernünftiges Vorleistungsprodukt vorhanden, oder wenn es existiert, würde es selbst bei einem kostenbasierten Preis von keinen anderen Unternehmen nachgefragt. Eine Lösung für diese Probleme könnte sein, wenn von den SMP-Unternehmen von vornherein gemäß Art. 12 der Zugangsrichtlinie gefordert würde, alle berechtigten Anträge auf Zugang innerhalb einer angemessenen Zeit zu erfüllen. Die Entscheidung, ob ein bestimmtes nachgefragtes Vorleistungsprodukt „berechtigt ist", könnte im Streitfall der NRA überlassen werden.

5.2.3.3 Bündelung/Bindung

Ein vertikal integriertes Unternehmen kann versuchen, die Kosten seiner Konkurrenten auf nachgelagerten Märkten durch die Bündelung des Vorleistungsprodukts mit anderen Komponenten, die für die Bereitstellung des Endkundenprodukts unnötig sind, zu erhöhen.

Auf die strategische Variable, d. h. die Bündelungsentscheidung („zusammen oder einzeln angebotene Komponenten") wird ausdrücklich in Art. 9 der Zugangsrichtlinie eingegangen (Transparenzverpflichtung). Dort heißt es: „Die nationalen Regulierungsbehörden können insbesondere von Betreibern mit Gleichbehandlungsverpflichtungen die Veröffentlichung eines Referenzangebots verlangen, das hinreichend entbündelt ist, um sicherzustellen, dass Unternehmen nicht für Leistungen zahlen müssen, die für den gewünschten Dienst nicht erforderlich sind." Das Wort „insbesondere" deutet darauf hin, dass eine Gleichbehandlungsverpflichtung nach Art. 10 keine notwendige Vorbedingung ist, um ein SMP-Unternehmen zu verpflichten, ein hinreichend entbündeltes Referenzangebot zu veröffentlichen. Ungerechtfertigtes Bündeln, um die Kosten der Rivalen auf nachgelagerten Märkten zu erhöhen, könnte also verhindert werden, wenn vom SMP-Unternehmen verlangt wird, ein hinreichend entbündeltes Referenzangebot auf der Grundlage von Art. 9 der Zugangsrichtlinie zu veröffentlichen.

Alternativ dazu kann die NRA dem alternativen Betreiber erlauben, das Vorleistungsprodukt zu spezifizieren. Wenn beispielsweise eine Verpflichtung aufgrund von Art. 12 besteht, nach der allen berechtigten Anträgen nachzukommen ist, kann die NRA unterstellen, dass ein bestimmtes, von einem alternativen Betreiber verlangtes Zugangsprodukt hinreichend entbündelt ist.

Ob eine Verpflichtung nach Art. 9 (Veröffentlichung eines hinreichend entbündelten Referenzangebots) oder eine Verpflichtung nach Art. 12 (Erfüllung aller berechtigten Anträge auf Zugang) besser geeignet ist (effektiv mit geringstem Eingriff), muss von der NRA aufgrund der jeweiligen Umstände entschieden werden.

5.2.3.4 Ungerechtfertigte Anforderungen

Durch die Verwendung von Vertragsbedingungen als strategische Variable kann das beherrschende Unternehmen versuchen, den Endkundenmarkt abzuschotten, indem vom Wettbewerber auf dem nachgelagerten Markt ein bestimmtes Verhalten verlangt wird, das für die Bereitstellung des Vorleistungsprodukts nicht erforderlich ist, aber die Kosten der Konkurrenten erhöht.

Art. 9 der Zugangsrichtlinie (Transparenzverpflichtung) befasst sich mit Vertragsbedingungen. In Abs. 2 heißt es, dass das Referenzangebot „entsprechende Bedingungen" enthalten muss und dass die NRA „befugt sind, Änderungen des Standardangebots (Referenzangebots) vorzuschreiben, um den nach dieser Richtlinie auferlegten Verpflichtungen zur Geltung zu verhelfen". Das heißt, dass ungerechtfertigte Anforderungen im Referenzangebot nach Art. 9 von den NRA geändert oder gestrichen werden können.

5.2.3.5 Qualitätsdiskriminierung

Es gibt verschiedene Möglichkeiten, Wettbewerber durch Qualitätsdiskriminierung zu benachteiligen. Der einzige Weg, die strategische Variable „Qualität" zu beeinflussen, ist anscheinend die Auferlegung einer Gleichbehandlungsverpflichtung nach Art. 10 der Zugangsrichtlinie. In Art. 10 heißt es: „Die Gleichbehandlungsverpflichtungen stellen insbesondere sicher, dass der betreffende Betreiber anderen Unternehmen, die gleichartige Dienste erbringen, unter den gleichen Umständen gleichwertige Bedingungen bietet und Dienste und Informationen für Dritte zu den gleichen Bedingungen und mit der gleichen Qualität bereitstellt wie für seine eigenen Produkte oder die seiner Tochter- oder Partnerunternehmen."

Da die Dienstequalität von einer NRA ganz besonders schwer zu beobachten ist, kann die Verpflichtung nach Art 10 durch die Transparenzverpflichtung nach Art. 9 unterstützt werden. Dies kann in Form einer Verpflichtung geschehen, Qualitätsvereinbarungen anzubieten (Service Level Agreements – SLA) und durch regelmäßige Meldung von Schlüsselleistungsindikatoren an die NRA und gegebenenfalls auch an andere Betreiber. Diese Schlüsselleistungsindikatoren könnten für Dienste gemeldet werden, die für andere Betreiber bereitgestellt werden, wie auch für Leistungen für das eigene Unternehmen, um die Einhaltung der Gleichbehandlungsverpflichtung zu überwachen.

5.2.3.6 Strategische Planung von Produkten/Produktmerkmalen

Im Falle einer unterschiedlichen Behandlung des eigenen Vertriebsbereichs und der Wettbewerber auf nachgelagerten Märkten kann in der Frage der strategischen Planung des Vorleistungsprodukts durch das SMP-Unternehmen, die darauf abzielt, die Kosten der Konkurrenten zu erhöhen oder deren Umsatz zu verringern, genauso wie im Bereich des Qualitätsangebots die Gleichbehandlungsverpflichtung herangezogen werden (Art. 10 Zugangsrichtlinie).

Wenn eine Gleichbehandlungsverpflichtung nicht ausreicht (das unabhängige Unternehmen könnte benachteiligt sein, selbst wenn es genau dieselbe Dienstleistung erhält wie der Vertriebsbereich des SMP-Unternehmens), könnte die NRA das beherrschende Unternehmen verpflichten, ein Referenzangebot nach Art. 9 Abs. 2 zu veröffentlichen. Sie könnte dann Änderungen des Referenzangebots verlangen, um das beherrschende Unternehmen daran zu hindern, die Konkurrenten zu benachteiligen.

Einige Aspekte der strategischen Planung von Produkten könnten auch direkt im Rahmen der Zugangsverpflichtung nach Art. 12 angegangen werden, die es der NRA erlaubt, diese Verpflichtung mit Bedingungen in Bezug auf Fairness und Billigkeit zu verknüpfen. Wenn die Produktgestaltung als unfair und/oder unbillig angesehen wird, könnte die NRA eingreifen.

5.2.3.7 Unzulässige Verwendung von Informationen über Konkurrenten

Die unzulässige Verwendung von Informationen über Konkurrenten ist unabhängig von einer SMP-Position durch Art. 4 Abs. 3 der Zugangsrichtlinie untersagt: „Die Mitgliedstaaten verlangen, dass Unternehmen, die vor, bei oder nach den Verhandlungen über Zugang oder Zusammenschaltung Informationen von einem anderen Unternehmen erhalten, diese nur für den Zweck nutzen, für den sie geliefert wurden, und stets die Vertraulichkeit der übermittelten oder gespeicherten Information zu wahren. Die erhaltenen Informationen dürfen nicht an Dritte, insbesondere andere Abteilungen, Tochterunternehmen oder Geschäftspartner, für die diese Informationen einen Wettbewerbsvorteil darstellen könnten, weitergegeben werden." Die NRA hat also die Aufgabe, die Einhaltung des Art. 4 Abs. 3 zu gewährleisten.

5.2.4 Preisstrategien

Bei vertikal integrierten Unternehmen mit beträchtlicher Marktmacht auf dem Vorleistungsmarkt (Fall 1) wurden in Kapitel 2 drei Standardwettbewerbsprobleme festgestellt, die auf dem Vorleistungs- und/oder Endkundenpreis als strategische Variablen basieren:

   1.9   Preisdiskriminierung
   1.10 Quersubventionierung
   1.11 Verdrängungspreise

Gemeinsam ist diesen Wettbewerbsproblemen, dass alle drei zu einer Preis-Kosten-Schere führen. Die Anreize für ein solches Verhalten und mögliche Mittel dagegen werden hier nacheinander für jedes Problem diskutiert. Wie auch bei nicht preisbezogenen Problemen ist Grundsatz 2 in Kapitel 4 die Grundlage der Diskussion.

5.2.4.1 Preisdiskriminierung

Ein vertikal integriertes Unternehmen mit beträchtlicher Marktmacht auf der Vorleistungsebene kann seine Konkurrenten auf den nachgelagerten Märkten einer Preis-Kosten-Schere aussetzen, wenn es einen Preis verlangt, der über dem Preis liegt, den es implizit vom eigenen Vertriebsbereich für Produkte oder Dienstleistungen auf demselben als relevant geltenden Markt in Rechnung stellt.

Anreize für ein solches Verhalten bestehen, wenn das beherrschende Unternehmen durch die Abschottung des Endkundenmarkts seine Gewinne erhöhen kann und die direkte Zugangsverweigerung aus irgendeinem Grund unmöglich ist. In solchen Fällen könnte das Unternehmen einfach seinen Preis auf dem Endkundenmarkt unverändert lassen und den von den Konkurrenten verlangten Vorleistungspreis so weit anheben, bis der Endkundenpreis zur Kostendeckung nicht ausreicht.

Wenn der Zugangspreis aber kostenorientiert reguliert wird, kann das Unternehmen nur dann einen über den Kosten liegenden Preis von den Konkurrenten verlangen, wenn der Zugangspreis von der NRA falsch berechnet wurde oder wenn es gegen die vom Regulierer aufgestellten Regeln verstößt. Wenn also schon eine Zugangsverpflichtung nach Art. 12 und eine kostenorientierte Preisregulierung nach Art. 13 eingeführt wurde (vielleicht unterstützt durch Verpflichtungen nach Art. 9 und 11), ist es Aufgabe der NRA, die Einhaltung der von ihr auferlegten Verpflichtung sicherzustellen. Diese Überwachungskosten müssen berücksichtigt werden, wenn die Kostenorientierung als Regulierungsinstrument gewählt wird. Bei der Berechnung eines kostenorientierten Zugangspreises müssen die NRA sicherstellen, dass das Zugangsprodukt ausreichend entbündelt ist (siehe Abschnitt 5. 2. 3.3), und dass das SMP-Unternehmen die Kosten, zu denen es dem alternativen Betreiber die Dienstleistung bereitstellt, nicht künstlich erhöht („vergoldet"). Mit aufgeblähten Kosten kann sich die NRA bei der Zugangspreisberechnung befassen. Ebenfalls bedacht werden müssen die Größen- und Verbundvorteile auf der Endkundenebene, damit alternative Betreiber mit dem etablierten Unternehmen unter gleichen Bedingungen miteinander konkurrieren können. Diese Fragen werden im Anhang (nach Abschnitt 5.5.3) behandelt.

Bei einem Vorleistungspreis, der nach der Retail-Minus-Methode festgesetzt wurde, ist ein beherrschendes Unternehmen dagegen in der Lage, den Preis für sein Vorleistungsprodukt anzuheben. Das führt aber zu keiner Preis-Kosten-Schere, da nach der Retail-Minus-Methode auch der Endkundenpreis angehoben werden muss, wenn der Vorleistungspreis steigt. Die NRA hat also die Aufgabe, für die Einhaltung der Retail-Minus-Regel zu sorgen.

5.2.4.2 Quersubventionierung

Dieselben Überlegungen wie bei der Preisdiskriminierung können auch für die Quersubventionierung angestellt werden. Quersubventionierung von nicht kostendeckenden Endkundenpreisen durch Gewinne aus dem Zugangsgeschäft ist nur möglich, wenn der Preis auf dem Vorleistungsmarkt über den Kosten liegt. Dies ist bei einer kostenorientierten Zugangspreisregulierung unmöglich.

Quersubventionierung ist ebenfalls nicht möglich bei Anwendung des Retail-Minus-Konzepts, weil ein Zugangspreis über den Kosten automatisch in einen über den Kosten liegenden Endkundenpreis mündet, und ein Verdrängungspreis auf dem Endkundenmarkt führt zu einem unter den Kosten liegenden Zugangspreis.

Auch hier ist es die Aufgabe der NRA, für die Einhaltung des von ihr festgesetzten Zugangspreises und der Retail-Minus-Regel zu sorgen. Um die Einhaltung sicherzustellen, kann die Verpflichtung zur getrennten Buchführung (Art. 11) erforderlich sein.

5.2.4.3 Verdrängungspreise

Wenn die Zugangspreise reguliert sind, besteht für einen Betreiber mit Marktmacht auf dem Vorleistungsmarkt die Möglichkeit, eine Preis-Kosten-Schere gegenüber seinen Konkurrenten auf nachgelagerten Märkten herbeizuführen, indem er einen niedrigen Endkundenpreis verlangt. Die Anreize für ein solches Verhalten entsprechen den Anreizen für andere Fälle des Preismissbrauchs. Wenn das beherrschende Unternehmen mit Verlust wirtschaftet, solange es Verdrängungspreise verlangt, zahlt sich das nur aus, wenn der Endkundenpreis, nachdem Konkurrenten den Markt verlassen haben, wieder angehoben werden kann, ohne sofort wieder neue Marktteilnehmer anzuziehen. Das ist der Fall, wenn Marktzutrittshindernisse bestehen oder das SMP-Unternehmen einen Ruf aufbauen kann, in dem es aggressiv gegen neue Marktteilnehmer vorgeht. Außerdem ist der Einsatz von Verdrängungspreisen wahrscheinlich eher erfolgreich, wenn ein gewisses Ungleichgewicht zwischen den Unternehmen besteht, besonders in Hinblick auf ihren Zugang zu Finanzierungsquellen.[126] Es kann auch Anreize für beherrschende Unternehmen geben, zu einem Endkundenpreis zu verkaufen, der die – möglicherweise sehr geringen – kurzfristigen Grenzkosten deckt, der aber nur einen geringen oder gar keinen Beitrag zu den Kosten der Kuppelproduktion bzw. zu den Gemeinkosten leistet, besonders im Falle von großen Mehrproduktanbietern, die auf mehreren Märkten tätig sind und wo die Konkurrenten eine sehr viel kleinere Produktpalette verkaufen. In diesem Fall müssen die Wettbewerber vielleicht einen größeren Teil ihrer Gemeinkosten aus Erträgen aus dem betreffenden Produkt decken, und sie können nicht mit den Endkundenpreisen des SMP-Unternehmens konkurrieren. Unter diesen Umständen kann ein sog. „kombinatorischer Test" (*combinatorial test*) angebracht sein.[127]

Wenn die Situation so ist, dass Verdrängungspreise wahrscheinlich für das SMP-Unternehmen von Vorteil sind und die Regulierungsinstrumente auf dem Vorleistungsmarkt wohl

---

126 Siehe z. B. *Martin* (1994, S. 452–489).
127 Siehe z. B. OFT (1999b, Abs. 7.11 und 7.16).

unzureichend wirken, wäre ein geeignetes Mittel für die NRA, gewisse Maßnahmen zur Regulierung des Endkundenpreises des Unternehmens anzuwenden. Der Endkundenpreis (der in diesem Fall eine strategische Variable ist) kann in Anwendung des Art. 17 der Universaldienstrichtlinie (Regulierungsmaßnahmen in Bezug auf Dienste für Endnutzer) angegangen werden; darin werden die NRA u. a. befugt, dem SMP-Unternehmen Verpflichtungen aufzuerlegen, um es daran zu hindern, den Markteintritt zu erschweren oder den Wettbewerb durch Verdrängungspreise einzuschränken. Eine übliche Praxis ist beispielsweise, von dem SMP-Unternehmen zu verlangen, der NRA vorab Änderungen des Endkundenpreises zu melden. Wenn die NRA den Preis als Kampfpreis einstuft, der zu einer Preis-Kosten-Schere führt und wahrscheinlich erhebliche wettbewerbsfeindliche Auswirkungen hat, könnte sie das Unternehmen daran hindern, Preise wie beabsichtigt zu ändern. Für diese Fälle kann die NRA Leitlinien als Grundlage für die Beurteilung der Auswirkungen eines bestimmten Preises veröffentlichen. Die Endkundenpreisbeeinflussung wird allerdings als eines der letzten Mittel betrachtet.[128]

Wenn der Zugangspreis mit der Retail-Minus-Methode reguliert wird, führt ein Verdrängungspreis auf Endkundenebene zu einem Preis unter den Kosten für den Zugangsdienst und hat daher keine Preis-Kosten-Schere zur Folge.

5.2.4.4 Schlussfolgerungen zum Thema Preisstrategien

Mit einem kostenorientierten Zugangspreis reduziert sich das Problem der Preis-Kosten-Schere zu einem Problem der Befolgung der Zugangsrichtlinie auf Vorleistungsebene und/oder einem potenziellen Preismissbrauchsproblem auf Endkundenebene. Wenn die Gefahr der Anwendung von Verdrängungspreisen besteht, könnte es richtig sein – nach sorgfältiger Prüfung –, den Endkundenpreis in Anwendung des Art. 17 der Universaldienstrichtlinie (Regulierungsmaßnahmen zur Kostenkontrolle bei Diensten für Endnutzer) vorab zu regulieren.

Ein Retail-Minus-Ansatz müsste allgemein die Möglichkeit einer Preis-Kosten-Schere ausschließen, weil es Vorleistungspreise und Endkundenpreise exakt so miteinander verknüpft, dass alle Betreiber, die ebenso leistungsstark sind wie das beherrschende Unternehmen, normalerweise konkurrieren können.

Eine Preis-Kosten-Schere lässt sich also auch ausschließen, wenn der Endkundenpreis mit dem (kostenorientierten) Zugangspreis nach Retail-Minus-Art verknüpft wird. Dies wird manchmal als „imputation requirement" (Imputation) bezeichnet. Angesichts der Vielzahl von Endkundenpreisen auf vielen Kommunikationsmärkten lässt sich diese Regel aber wohl nur schwer durchsetzen. Außerdem kann diese Forderung der Verknüpfung unter bestimmten Umständen wirkungslos sein, wenn z. B. Marktneulinge die Wechselkosten der Kunden tragen müssen, die dem SMP-Unternehmen nicht entstehen.[129]

Dies könnte mit einer Erhöhung des „Minus" bis zu einem Niveau, auf dem die neuen Marktteilnehmer konkurrenzfähig sind, berücksichtigt werden. Die NRA sollten die Möglichkeit prüfen, bei der Festlegung des Zugangspreises Größen- und Verbundvorteile zu berücksichtigen, damit der etablierte und der neue Anbieter auf dem Endkundenmarkt unter gleichen Bedingungen konkurrieren können (siehe Anhang).

---

128 Richtlinie 2002/22/EG, Erwägungsgrund 26.

129 Siehe *Beard* et al. (2003).

5.3 Fall 2: Horizontale Marktmachtübertragung

Wie in Kapitel 2 erläutert, geht es im Fall 2 um Marktmachtübertragung, die vorkommen kann, wenn ein Unternehmen auf zwei oder mehr Märkten tätig ist, die nicht vertikal verbunden sind, und wenn es auf dem einen eine marktbeherrschende Stellung innehat und die beiden Märkte so miteinander verbunden sind, dass die Marktmacht auf dem einen Markt auf den anderen übertragen werden kann. In diesem Zusammenhang wurden zwei Standardwettbewerbsprobleme erkannt:

2.1 Bündelung/Bindung
2.2 Quersubventionierung

Auch wenn es in den meisten Fällen nur um Endkundenmärkte geht, kann es auch vorkommen, dass Marktmacht zwischen zwei Vorleistungsmärkten oder zwischen einem Vorleistungsmarkt und einem (nicht vertikal verbundenen) Endkundenmarkt übertragen wird. Da im neuen Rechtsrahmen ein bestimmtes Regulierungsinstrument nur entweder auf dem Vorleistungs- oder dem Endkundenmarkt angewandt werden darf, müssen alle möglichen Fälle betrachtet werden.

Wenn die NRA verhindern, dass das beherrschende Unternehmen seine Marktmacht auf horizontal verbundene Märkte überträgt, fördern sie den Wettbewerb auf diesen Märkten und schützen die Verbraucher vor der Ausnutzung der Marktmacht (Grundsatz 2 in Kapitel 4).

5.3.1 Geeignete Konzepte: Anreize für horizontale Übertragung der Marktmacht

Nach der wirtschaftswissenschaftlichen Analyse besteht für Unternehmen mit Marktmacht ein Anreiz, seine Marktmacht auf einen angrenzenden potenziell wettbewerbsorientierten Markt zu übertragen, wenn es kurz- oder langfristig dadurch seinen Gewinn erhöhen kann. Wenn die Marktmachtübertragung gelingt, ist dies gewöhnlich der Fall. Die Wirtschaftsliteratur befasst sich daher mit der Frage, ob und unter welchen Bedingungen die Übertragung von Marktmacht zwischen zwei (vertikal nicht verbundenen Märkten) möglich ist. Hier liegt das Hauptaugenmerk auf der Übertragung durch Bündelung und Bindung.

Im Allgemeinen können Monopolunternehmen (oder allgemeiner: Unternehmen mit Marktmacht) dieses Mittel zur Preisdiskriminierung einsetzen, um mehr Überschüsse zu erzielen und den Gewinn zu erhöhen. Die Wohlfahrtseffekte aufgrund von Bündelung und Bindung sind nicht sicher, d.h. sie können positiv oder negativ sein und hängen von den spezifischen Bedingungen bei Angebot und Nachfrage ab. Bindung und Bündelung kann auch technologische Gründe haben, und sie können im Prinzip auch wohlfahrtsfördernd sein. Wenn aber der einzige Grund für die Bündelung/Bindung die Übertragung von Marktmacht von einem Monopolmarkt auf einen potenziell wettbewerbsorientierten Markt ist, schadet das allgemein der Gesamtwohlfahrt.[130]

Nach der Wirtschaftstheorie[131] ist es kaum möglich, die Bedingungen genau zu definieren, unter denen Bündelung oder Bindung eine Marktmachtübertragung möglich macht. In der Praxis kann es auch schwierig sein, wettbewerbsfeindliche Bündelung/Bindung von den

---

130 Wie in Kapitel 2 ausgeführt, kann das Instrument der Bündelung/Bindung nicht nur eingesetzt werden, um Marktmacht auf einen benachbarten Markt zu übertragen, sondern auch den Zugang zum SMP-Markt zu behindern. In Bezug auf Regulierungsinstrumente gelten aber dieselben Überlegungen wie im Fall der Marktmachtübertragung.

131 Siehe z.B. *Nalebuff* (2003) und *Inderst* (2003).

Fällen zu unterscheiden, wo sie als Mittel zur Preisdiskriminierung oder aus Gründen der Produktionseffizienz eingesetzt werden.

Das Problem der Bündelung oder Bindung bei zwei vertikal nicht verbundenen Märkten sollte also normalerweise von Fall zu Fall beurteilt werden. Besonders beachtet werden müssen dabei aber Situationen, in denen das beherrschende Unternehmen sein Monopolprodukt mit einem (potenziellen) Wettbewerbsprodukt bündelt und die Wettbewerber die gebündelten Angebote nicht nachbilden können.

Neben dem Bündeln von Angeboten könnte ein beherrschendes Unternehmen auch versuchen, seine Marktmacht durch Quersubventionierung zu übertragen. Im Grunde können Verdrängungspreise, die mit Gewinnen aus einem Monopolmarkt subventioniert werden, wie jede andere Form der wettbewerbsbehindernden Preisstrategien gesehen werden. Ein Unternehmen verlangt einen Preis unter den Kosten (Grenz- oder Durchschnittskosten), um die Wettbewerber aus dem Markt zu verdrängen. Nach dem Verschwinden aller (oder fast aller) Konkurrenten erhebt es einen überhöhten Preis, deckt damit seine früheren Verluste und macht zusätzliche Gewinne. Wie schon in Abschnitt 5. 2. 4.3 ausgeführt wurde, ist Preismissbrauch nur dann profitabel, wenn es auf dem zweiten Markt zumindest einige Mängel gibt (wie z.B. Zugangshindernisse) und/oder wenn es ein Ungleichgewicht zwischen dem SMP-Unternehmen und seinen Konkurrenten gibt, besonders im Hinblick auf deren Zugang zu Finanzressourcen.

Da Preise unter den Kosten (Durchschnitts- oder Grenzkosten) häufig zu einer bestimmten Geschäftsstrategie gehören (wenn zum Beispiel neue Produkte eingeführt werden) und nicht darauf abzielen, Konkurrenten aus dem Markt zu verdrängen, müssen die NRA von Fall zu Fall entscheiden, ob ein solches Verhalten den Wettbewerb behindert oder nicht.

5.3.2 Bündelung/Bindung

Gegen die Bündelung von Angeboten durch beherrschende Unternehmen, die die NRA als schädlich für die Entwicklung des Wettbewerbs betrachten, können zwei Regulierungsinstrumente des neuen Rechtsrahmens eingesetzt werden. Art. 9 Abs. 2 der Zugangsrichtlinie fordert, dass das Unternehmen ein hinreichend entbündeltes Referenzangebot veröffentlichen muss, während Art 17 Abs. 2 der Universaldienstrichtlinie die NRA befugt, dem Unternehmen ungerechtfertigt gebündelte Dienstleistungen zu untersagen.

Art. 17 Abs. 2 der Universaldienstrichtlinie betrifft den Endkundenmarkt und kann daher auf Fälle einer wettbewerbsbehindernden Bündelung zwischen zwei Endkundenprodukten, bei denen die Verpflichtungen der Vorleistungsmarktanbieter unzureichend sind, angewandt werden (Art. 17 Abs. 1 Buchst. b Universaldienstrichtlinie). Aber wie schon im vorherigen Abschnitt gesagt, sollte eine solche Verpflichtung nicht im Voraus auf alle Arten von Bündelungen angewandt werden, weil damit möglicherweise auch wohlfahrtsfördernde Bündelungen ausgeschlossen werden. Vielmehr könnte vom SMP-Unternehmen verlangt werden, neue Bündelangebote der NRA anzuzeigen, und die beurteilt dann von Fall zu Fall, ob das Bündel sich wahrscheinlich wettbewerbsfeindlich auswirkt. Diese Überwachung könnte zum Beispiel auf Bündelungen beschränkt werden, die für Wettbewerber nicht nachbildbar sind. Soweit möglich, sollte die Beurteilung klaren Leitlinien folgen, die bestimmen, wann ein Bündelangebot wahrscheinlich als wettbewerbsfeindlich eingestuft wird. Die NRA können SMP-Unternehmen auch von vorneherein bestimmte Bündelungs- oder Bindungspraktiken untersagen, die in der Marktanalyse als wettbewerbsfeindlich festgestellt wurden.

Alternativ dazu können die NRA auch beschließen – entsprechend den in der Marktanalyse festgestellten Gegebenheiten –, alternativen Betreibern (zusätzliche) Vorleistungen bereitzustellen, die es ihnen ermöglichen, ein Bündelangebot nachzubilden, das sich sonst wahrscheinlich wettbewerbsfeindlich auswirken würde. Ein Beispiel dafür wäre die Verpflichtung für das SMP-Unternehmen, Flatrate-Zusammenschaltung oder WLR anzubieten, damit alternative Betreiber das Zugangsbündel mit dem Gesprächsminutenpaket nachbilden oder zumindest damit konkurrieren können.

Die Bündelung von Vorleistungsdiensten auf dem Kommunikationsmarkt hat gewöhnlich nicht zum Ziel, Marktmacht zu übertragen, sondern wohl eher die Erhöhung der Kosten der Konkurrenten, indem diese gezwungen werden, unnötige Komponenten zu kaufen. Dieser Fall wurde schon in Abschnitt 5. 2. 3.3 behandelt.

Eine Bündelung zwischen Vorleistungs- und Endkundendiensten wird allerdings selten beobachtet, und die NRA können sich bei der Behandlung – entsprechend dem jeweiligen Fall – entweder auf Art. 17 Abs. 2 der Universaldienstrichtlinie oder auf Art. 9 Abs. 2 der Zugangsrichtlinie stützen.

Die Wohlfahrtsgewinne, die sich ergeben, wenn das beherrschende Unternehmen daran gehindert wird, den Wettbewerb auf horizontal verbundenen Märkten zu verzerren, können zwar groß sein, aber die NRA sollten bei der Beurteilung ihrer Optionen auch berücksichtigen, dass möglicherweise auch Bündelungen verboten werden, die die Wohlfahrt erhöhen können.

5.3.3 Quersubventionierung

Nach der wirtschaftswissenschaftlichen Analyse basiert Quersubventionierung auf zwei strategischen Variablen: dem Preis auf dem Markt 1 (der SMP-Markt), der über den Kosten liegt, und dem Preis auf Markt 2 (der potenzielle Wettbewerbsmarkt), der unter den Kosten liegt.

Soweit diese Strategie von den Gewinnen auf dem SMP-Markt abhängt, müssten sich die Regulierungsinstrumente zur Behebung des Problems an der Quelle zunächst den SMP-Markt zum Ziel nehmen und versuchen, die Ausnutzung von Marktmacht dort zu beseitigen. Wenn mit Wettbewerb auf dem SMP-Markt aufgrund von Umständen außerhalb der Kontrolle der NRA nicht zu rechnen ist, kann eine Vorabpreiskontrolle ein geeignetes Instrument sein, um die Ausnutzung der Marktmacht zu beseitigen. Gegen Endkundenpreise, die über den Kosten liegen, kann aufgrund von Art. 17 Abs. 2 der Universaldienstrichtlinie vorgegangen werden (vorausgesetzt, die Voraussetzungen dafür sind erfüllt), und gegen übermäßig hohe Zugangs- oder Zusammenschaltungspreise kann die NRA Art. 13 der Zugangsrichtlinie (gewöhnlich in Verbindung mit der Forderung nach getrennter Buchführung gemäß Art. 11 Zugangsrichtlinie) heranziehen.

Nur wenn die überhöhten Gewinne auf dem SMP-Markt nicht verhindert werden können, oder wenn das Problem wettbewerbsbehindernder Preis weiter besteht, nachdem überhöhte Gewinne ausgeschaltet wurden, kann der Preis auf dem zweiten Markt angegangen werden. Grundlage dafür kann die Verpflichtung nach Art. 17 der Universaldienstrichtlinie sein „… den Markteintritt nicht (zu) behindern, keine Kampfpreise zur Ausschaltung des Wettbewerbs an(zu)wenden". Da solche Fälle individuell geregelt werden sollten, erscheint eine Vorabverpflichtung, Tarifänderungen der NRA mitzuteilen, als die geeignetste Lösung. Die Anwendung von Regulierungsmaßnahmen setzt aber voraus, dass das Unternehmen auf dem relevanten Markt eine SMP-Position innehat.

5.4 Fall 3: Einzelmarktbeherrschung

Die Fälle 1 und 2 betrafen Probleme der Übertragung von Marktmacht von einem SMP-Markt auf einen potenziellen Wettbewerbsmarkt; Fall 3 andererseits konzentriert sich auf wettbewerbsfeindliches und ausbeuterisches Verhalten innerhalb der Grenzen eines einzelnen SMP-Markts. Dabei können sich drei unterschiedliche Probleme ergeben: (i) ein SMP-Unternehmen könnte versuchen, seinen SMP-Markt durch Abschreckung zu schützen; (ii) das beherrschende Unternehmen hat die Möglichkeit, seine Kunden durch überhöhte Preise oder Preisdiskriminierung auszubeuten; (iii) ohne (ausreichenden) Wettbewerbsdruck sieht das SMP-Unternehmen möglicherweise keine Veranlassung zu effizienter Leistungserbringung, angemessener Qualität oder bestimmten Investitionen.

In den folgenden Abschnitten werden die Anreize für ein solches Verhalten und die Regulierungsinstrumente behandelt, die angewandt werden können, wenn dies Verhalten zu erwarten ist. Die in diesem Abschnitt angesprochenen Fälle beziehen sich hauptsächlich auf Situationen, in denen eine Nachbildung nicht möglich ist.

5.4.1 Abschreckung neuer Marktteilnehmer

Es gibt für einen SMP-Betreiber mehrere Möglichkeiten, wie er Markteintrittsbarrieren aufbauen kann, d.h. entweder durch Erhöhung der Kosten für potenzielle neue Anbieter oder durch die Beschränkung ihrer Umsätze. Solche Zutrittshindernisse werden manchmal als „endogene" Zutrittshindernisse bezeichnet, im Gegensatz zu „exogenen" Zutrittshindernissen, die nicht auf das Verhalten des Unternehmens zurückzuführen sind, wie z.B. Größenvorteile und versunkene Kosten oder die begrenzte Verfügbarkeit von Frequenzen.

Es wurden verschiedene Abschreckungsstrategien erkannt, die die folgenden Standardwettbewerbsprobleme in Kapitel 2 bewirken:

3.1   Strategische Planung der Produkte, um die Wechselkosten für die Kunden zu erhöhen
3.2   Vertragsbedingungen, die die Wechselkosten für die Kunden erhöhen
3.3   Exklusivvereinbarungen
3.4   Überinvestitionen
3.5   Verdrängungspreise

5.4.1.1 Geeignete Konzepte: Anreize für Abschreckung

Nach der wirtschaftswissenschaftlichen Analyse[132] sind die Bedingungen für Anreize, bestimmte Verhaltensweisen zur Abschreckung des Markteintritts zu entwickeln, sehr spezifisch und für die Regulierer schwer zu verfolgen. Außerdem gibt es eine Vielzahl von Möglichkeiten für ein beherrschendes Unternehmen, Marktneulinge fernzuhalten. Es ist daher wohl nicht möglich, im Voraus abzuschätzen, ob Anreize für Abschreckung bestehen und/oder welche Verhaltensweisen am wahrscheinlichsten sind. Wenn bei der Marktanalyse Anreize für ein solches Verhalten oder schon ein bestimmtes Verhalten festgestellt wird, kann dagegen mit Maßnahmen der Vorabregulierung vorgegangen werden.

Ein zweites Problem ist, dass es in den oben beschriebenen Fällen für die NRA schwierig sein könnte, in Bezug auf Produktgestaltung, Investitionen, Vertragsbedingungen, Ver-

---

132 Siehe z.B. *Aghion/Bolton* (1987) zum Thema Exklusivverträge, oder *Dixit* (1981) und *Fudenberg/Tirole* (1984) zum Thema Überinvestitionen.

tragsbeziehungen oder Preissetzungsverhalten zwischen *wettbewerbsfeindlichem* und *effizientem Verhalten* zu unterscheiden. Daher müssen manche Fälle gegebenenfalls individuell beurteilt werden.

Die beschriebenen Probleme können auf den Endkundenmärkten ebenso wie auf den Vorleistungsmärkten auftreten. Wenn auf dem Endkundenmarkt mit einem bestimmten Wettbewerbsproblem zu rechnen ist, sollten die NRA entsprechend dem neuen Rechtsrahmen zunächst versuchen, Regulierungsinstrumente als erstes auf dem Vorleistungsmarkt einzusetzen, und erst wenn diese nicht ausreichen, Verpflichtungen auf dem Endkundenmarkt vorsehen.

5.4.1.2 Strategische Planung der Produkte, um die Wechselkosten für die Kunden zu erhöhen

Die strategische Planung der Produkte, um die Wechselkosten der Kunden zu erhöhen, ist ein Mittel, das der SMP-Betreiber entweder auf dem Vorleistungsmarkt oder auf dem Endkundenmarkt einsetzen kann.

Auf der Vorleistungsebene lässt sich die strategische Variable „Produktmerkmale" schon vorher mit der Verpflichtung in Art. 9 Abs. 2 der Zugangsrichtlinie beeinflussen, ein hinreichend entbündeltes Referenzangebot zu veröffentlichen, das die NRA ggf. ändern kann. Alternativ dazu (oder zusätzlich, je nach Sachlage) kann die Produktplanung im Rahmen des Art. 12 der Zugangsrichtlinie behandelt werden, die es der NRA gestatten, die Zugangsverpflichtung mit Bedingungen in Bezug auf Fairness und Billigkeit zu verknüpfen.

Auf Endkundenebene kann auf Art. 17 Abs. 2 der Universaldienstrichtlinie zurückgegriffen werden (wenn die im Artikel beschriebenen Bedingungen erfüllt sind), um die Produktmerkmale des SMP-Betreibers zu beeinflussen. Dieser Artikel befasst sich allerdings hauptsächlich mit Fragen der Preissetzung, und daher ist es nicht sicher, wieweit Eigenschaften wie Produktgestaltung, Kompatibilität, Normen und Standards usw. darunter fallen.

Einige Produktmerkmalaspekte könnten unabhängig vom Vorliegen einer marktbeherrschenden Stellung schon unter Art. 17 der Rahmenrichtlinie fallen. Der Artikel befasst sich mit Standardisierung und besagt insbesondere: Die Mitgliedstaaten fördern die Anwendung der Normen und/oder Spezifikationen für die Bereitstellung von Diensten, technischen Schnittstellen und/oder Netzfunktionen, die von der Europäischen Kommission veröffentlicht wurden, soweit sie notwendig sind, um die Interoperabilität von Diensten zu gewährleisten und den Nutzern eine größere Auswahl zu bieten. Einige Produktmerkmale, die wettbewerbsfeindlich sein können (besonders, was die Kompatibilität anbelangt), schon mit Hinweis auf diese Normen und Spezifikationen ausgeschlossen sein.

5.4.1.3 Vertragsbedingungen, die die Wechselkosten für die Kunden erhöhen

Die strategische Variable, auf der das wettbewerbsfeindliche Verhalten beruht, sind in diesem Fall „Vertragsbedingungen".

Die Vertragsbedingungen können auf Vorleistungsebene aufgrund der Verpflichtung in Art. 9 Abs. 2 der Zugangsrichtlinie, ein Referenzangebot zu veröffentlichen, beeinflusst werden. Die NRA könnte dann Änderungen der Vertragslaufzeit oder Strafen bei vorzeitiger Beendigung verlangen.

Auf Endkundenebene können die Wechselkosten – wenn die Verpflichtungen auf Vorleistungsebene nicht ausreichend sind – aufgrund von Art. 17 Abs. 2 der Universaldienstrichtlinie angegangen werden, sofern die Wechselkosten vom Kunden in Form von Zahlungen verlangt werden, die sie dem SMP-Betreiber bei einem Wechsel leisten müssen. Wenn beispielsweise ein SMP-Unternehmen von Kunden für Betreibervorauswahl einen bestimmten Betrag verlangt, könnte die NRA eingreifen und diesen Betrag auf die zugrunde liegenden Kosten begrenzen.

Andere Wechselkosten auf dem Endkundenmarkt, wie lange Vertragslaufzeiten und hohe Strafen bei vorzeitiger Kündigung, werden normalerweise nicht von der NRA, sondern im nationalen Verbraucherschutzrecht geregelt.

Die NRA sollten sich möglichst auch bemühen, exogene Wechselkosten zu reduzieren (Wechselkosten, die nicht auf das Verhalten eines Unternehmens, sondern auf andere Gegebenheiten zurückzuführen sind), indem sie z.B. transparentere Preise verlangen (Art. 21 Universaldienstrichtlinie) oder durch die Einführung der Nummernportabilität (Art. 30 Universaldienstrichtlinie).[133]

5.4.1.4 Exklusivvereinbarungen

Exklusivvereinbarungen sind ein Wettbewerbsproblem, das nur auf Vorleistungsebene auftreten kann. Es lassen sich zwei Fälle unterscheiden: (i) Ein Unternehmen auf dem Endkundenmarkt ist verpflichtet, Vorleistungen ausschließlich vom beherrschenden Unternehmen zu kaufen, und (ii) ein Anbieter ist verpflichtet, seine Vorleistungen ausschließlich dem beherrschenden Unternehmen (und keinen anderen Unternehmen) zu liefern.

Bei einem Zugangsdienstangebot kann der Fall (i) so geregelt werden, dass Änderungen eines Referenzangebots gemäß Art. 9 Abs. 2 der Zugangsrichtlinie vorgeschrieben werden. Die Bedingung für das Unternehmen auf dem nachgelagerten Markt, keine Vorleistungen von anderen Unternehmen auf dem Vorleistungsmarkt zu kaufen, kann dann von der NRA ausgeschlossen werden.

Im Fall (ii) scheint es für die NRA nicht möglich zu sein, gegen die strategische Variable „Vertragsbedingungen" vorzugehen, da sich Art. 9 Abs. 2 der Zugangsrichtlinie nur auf Zusammenschaltung und Zugang bezieht und Art. 17 der Universaldienstrichtlinie nur auf Endkundenmärkten angewandt werden kann. Diese Fälle wären also wohl eine Sache für die nationale Wettbewerbsbehörde.

5.4.1.5 Überinvestitionen

Bei Investitionsentscheidungen (strategische Variable „Investitionen") eines SMP-Unternehmens können die Regulierungsinstrumente des neuen Rechtsrahmens nicht angewandt werden. Diese Fälle sollten daher von der nationalen Wettbewerbsbehörde geregelt werden.

Allerdings hat die NRA bei der Berechnung eines kostenorientierten Zugangs- oder Endkundenpreises sicherzustellen, dass ein SMP-Unternehmen keine Kapitalrendite erzielt, die als Mittel zur Abschreckung neuer Marktteilnehmer eingesetzt wird.

---

133 Dies sind keine SMP-Verpflichtungen, sondern allgemeine Regelungen des neuen Rechtsrahmens.

5.2.4.3 Verdrängungspreise

Der Einsatz von Verdrängungspreisen auf einem einzelnen Markt unterscheidet sich – was die rechtlichen Konsequenzen anbelangt – nicht von den in Abschnitt 5.2.4.3 beschriebenen Verdrängungspreisen. Daher gelten hier auch dieselben Überlegungen.

5.4.2 Ausbeuterisches Verhalten

Ein Unternehmen mit Marktmacht ist in der Lage, Preise über den Kosten anzusetzen und Gewinne über Normal zu erzielen. Dazu braucht es einfach nur einen (einheitlichen) überhöhten Preis zu verlangen oder preisdiskriminierende Maßnahmen anzuwenden, d.h. es setzt unterschiedliche Preise für unterschiedliche Kunden an, die nicht den Unterschieden in den zugrunde liegenden Kosten entsprechen. Das führt zu folgenden Standardwettbewerbsproblemen:

3.6 Überhöhte Preise
3.7 Preisdiskriminierung

5.4.2.1 Geeignete Konzepte: Anreize für ausbeuterisches Verhalten

Ein beherrschendes Unternehmen kann durch die Festsetzung überhöhter Preise seine Gewinne immer steigern und hat daher immer einen Anreiz dafür. Die Auswirkungen überhöhter Preise auf die Wohlfahrt sind eindeutig negativ, da zusätzliche Angebote zu niedrigeren Preisen für das Unternehmen wie auch den Verbraucher von Vorteil wären.

Preisdiskriminierung andererseits ist nur möglich, wenn das Unternehmen mit Marktmacht (i) in der Lage ist, seine Kunden zu trennen, und (ii) den Wiederverkauf (Resale) zu verhindern. Anreize für Preisdiskriminierung bestehen, wenn das Unternehmen in der Lage ist, einen größeren Überschuss als bei einem einheitlichen Preis zu erwirtschaften. Die Wohlfahrtseffekte der Preisdiskriminierung sind nicht ganz klar. Je nach Angebots- und Nachfragebedingungen kann sich die Wohlfahrt im Vergleich zu einer Situation mit einheitlichen Preisen entweder erhöhen oder verringern. In der Regel ist damit zu rechnen, dass sich bei Preisdiskriminierung die Wohlfahrt erhöht, wenn der Gesamtoutput steigt. Solange die Marktmacht besteht, bleibt die Wohlfahrt aber gewöhnlich hinter dem bestmöglichen Ergebnis unter Wettbewerbsbedingungen zurück.

5.4.2.2 Überhöhte Preise

Überhöhte Preise auf dem Vorleistungsmarkt wurden schon in Abschnitt 5.2.2 behandelt. Hier wird daher nur auf überhöhte Preise auf dem Endkundenmarkt eingegangen.

In der Regel und im Sinne des neuen Rechtsrahmens sollten überhöhte Preise auf dem Endkundenmarkt zunächst auf Vorleistungsebene angegangen werden, z.B. durch die Sicherstellung des Zugangs auf der Grundlage kostenorientierter Preise. Erst wenn überhöhte Preise auf dem Endkundenmarkt nicht (oder nur langfristig) durch Regulierung auf dem Vorleistungsmarkt beseitigt werden können, erscheint eine Endkundenpreisregulierung nach Art. 17 Abs. 2 der Universaldienstrichtlinie angebracht („... Anforderungen, dass die Unternehmen keine überhöhten Preise berechnen"). Auf den meisten Kommunikationsmärkten für Endkunden wäre es aber nicht angebracht, einen einzigen Preis oder einen einzigen zweiteiligen Tarif vorzugeben. Ein Price-Cap-System mit mehreren Tarifen könnte daher die richtige Lösung sein. Mit einem solchen Price-Cap-System könnte das

Unternehmen seine Tarife entsprechend den Besonderheiten der Endkundennachfrage gestalten.

Wenn die Preise allem Anschein nach an den Kosten ausgerichtet sind (aufgrund vorheriger Regulierung), aber wahrscheinlich ohne Regulierung vom SMP-Unternehmen erhöht würden, wäre eine weitere Möglichkeit – wie bei dem Problem der Verdrängungspreise in Abschnitt 5.2.4.3 – die Verpflichtung nach Art. 17 Abs. 2 der Universaldienstrichtlinie, vor Änderungen der Endkundenpreise die Genehmigung des Regulierers einzuholen. Wenn eine bestimmte Tarifänderung wahrscheinlich zu überhöhten Preisen führen würde, sollte sie vom Regulierer nicht genehmigt werden. Nötigenfalls können beide Instrumente (Price Cap und Genehmigung des Tarifs) zusammen eingesetzt werden.

5.4.2.3 Preisdiskriminierung

Gegen Preisdiskriminierung auf dem Endkundenmarkt kann ebenso wie gegen überhöhte Preise aufgrund von Art. 17 Abs. 2 der Universaldienstrichtlinie (",...Anforderungen, dass die Unternehmen ... bestimmte Endnutzer nicht unangemessen bevorzugen") vorgegangen werden, wenn die Bedingungen für die Anwendung erfüllt sind. Da Preisdiskriminierung die Wohlfahrt auch erhöhen kann, wäre es ggf. angebracht, je nach den Gegebenheiten im Voraus oder im Nachhinein Maßnahmen zu treffen, z.B. in Form von Tarifgenehmigungen, wenn das SMP-Unternehmen der NRA Tarifänderungen ankündigen muss. Die NRA muss dann beurteilen, ob die unterschiedlichen Preise im Hinblick auf die Ziele in Art. 8 der Rahmenrichtlinie gerechtfertigt sind. Diese Beurteilung kann auf Leitlinien der NRA basieren.

5.4.3 Ineffiziente Leistungserbringung

Wenn Unternehmen Wettbewerbsdruck ausgesetzt sind, sind sie gezwungen, die Kosten möglichst gering zu halten, ein angemessenes Qualitätsniveau zu halten und Investitionen zu tätigen, wenn der Ertrag nach den Prognosen über den Kapitalkosten liegt. SMP-Unternehmen unterliegen diesem Druck nicht (oder nur in begrenztem Umfang) und sehen sich vielleicht nicht veranlasst, effizient zu produzieren, hochwertige Produkte anzubieten oder effizient zu investieren.

Es gibt eindeutig keine „Anreize" für Ineffizienz, was die Gewinnmaximierung anbelangt. Es „passiert" einfach, dass Effizienz eingetauscht wird gegen Freizeit, Nebenleistungen, höhere Löhne usw., wenn der Wettbewerb nicht intensiv genug ist.

In diesem Zusammenhang wurden drei Standardwettbewerbsprobleme erkannt:

3.8   Fehlende Investitionsbereitschaft
3.9   Überhöhte Kosten/Ineffizienz
3.10 Geringe Qualität

Ineffizienzen in der Leistungserbringung sind am ehesten in Sektoren zu erwarten, die schon seit langem Monopole sind und in denen die Entwicklung eines wirksamen Wettbewerbs in absehbarer Zukunft unwahrscheinlich ist, wie z.B. im Teilnehmeranschlussnetz. Wo immer es möglich ist, sollten die NRA den Markteintritt neuer Betreiber fördern, damit sich wirksamer Wettbewerb entwickeln kann, denn das löst gewöhnlich auch Probleme der ineffizienten Leistungserbringung. Nur dort, wo auch in der Zukunft neue Marktteilnehmer unwahrscheinlich sind und/oder wo der Wettbewerbsdruck wahrscheinlich begrenzt ist, sollten die NRA direkt gegen diese Probleme angehen.

5.4.3.1 Fehlende Investitionsbereitschaft

Gegen die strategische Variable „Investitionen" können die Instrumente des neuen Rechtsrahmens nicht direkt eingesetzt werden. Art. 13 Abs. 3 der Zugangsrichtlinie erlaubt es den NRA aber, Zugangspreise auf der Grundlage einer effizienten Kostenstruktur zu berechnen, und dazu gehören auch effiziente Investitionen. Genauso kann für den Endkundenmarkt unter Hinweis auf Art. 17 Abs. 4 der Universaldienstrichtlinie argumentiert werden (allerdings entspricht der Ermessensspielraum der NRA nach Art. 17 Abs. 4 der Universaldienstrichtlinie in Bezug auf die Kostenrechnungsmethode wahrscheinlich nicht dem in Art. 13 Abs. 3 der Zugangsrichtlinie).

Die Regulierer müssen einen Zugangspreis festlegen, der niedrig genug ist, um das SMP-Unternehmen zu kostensenkenden Investitionen zu veranlassen, der ihm aber gleichzeitig einen ausreichenden Ertrag aus dem investierten Kapital sichert und ihn veranlasst, die Infrastruktur instand zu halten und zu modernisieren.

5.4.3.2 Überhöhte Kosten/Ineffizienz

Die NRA können die Kosten des SMP-Unternehmens mit Preisregulierungsmaßnahmen sowohl auf dem Vorleistungs- als auch dem Endkundenmarkt angehen.

Auf dem Vorleistungsmarkt können die NRA die Preise auf der Grundlage „…einer von der Berechnung des Unternehmens unabhängigen Kostenrechnung…" berechnen (Art. 13 Abs. 3 Zugangsrichtlinie). Das bedeutet, dass die Kosten auf der Grundlage einer (hypothetischen) effizienten Kombination von Inputfaktoren (z. B. ein effizientes Netz) berechnet werden können. So wird bei Kostenkalkulationen häufig ein Bottom-up-Modell eingesetzt.

Ein entsprechendes Berechnungsverfahren könnte nötigenfalls auf dem Endkundenmarkt in Anwendung des Art. 17 Abs. 4 der Universaldienstrichtlinie angewandt werden: „Ist ein Unternehmen verpflichtet, seine Endnutzertarife … der Regulierung zu unterwerfen, gewährleisten die nationalen Regulierungsbehörden, dass die erforderlichen und geeigneten Kostenrechnungssysteme eingesetzt werden. Die nationalen Regulierungsbehörden können das Format und die anzuwendende Berechnungsmethode vorgeben". Dieser Artikel geht aber anscheinend nicht so weit wie Art. 13 Abs. 3 der Zugangsrichtlinie, der den NRA erlaubt, andere Methoden als die des Unternehmens anzuwenden, wie z. B. das Bottom-up-Modell. Wenn ein dynamisches Price-Cap-Verfahren wie RPI-X[134] vorgeschrieben wird, bestehen für das Unternehmen deutliche Anreize, effizienter zu arbeiten, weil es die Erträge aus einer Effizienzsteigerung über den Faktor X hinaus während der Price-Cap-Periode für sich behalten kann. Gleichzeitig müssen die NRA aber dafür sorgen, dass die Qualität nicht schlechter wird, weil der beherrschende Betreiber möglicherweise in der Lage ist, seine Gewinne durch Kosteneinsparungen zu Lasten der Qualität zu erhöhen.[135] Zur Messung von Ineffizienzen und der Anreizeigenschaften eines Price-Cap-Systems zur Förderung der Effizienz könnte ein Benchmarking durchgeführt werden.

---

134 Bei einem solchen System kommt die Änderung des Höchstpreises (Price Cap) pro Periode der Änderung eines Inflationsfaktors gleich (z. B. der Einzelhandelspreisindex EHPI), abzüglich eines Produktivitätsfaktors X.

135 Siehe z. B. *Intven* (2000, Teil 4 – Preisregulierung, S. 4–30).

5.4.3.3 Geringe Qualität

Wenn eine Zugangsverpflichtung besteht, kann die Variable „Qualität" aufgrund der Verpflichtung in Art. 9 Abs. 2 der Zugangsrichtlinie zur Veröffentlichung eines Referenzangebots beeinflusst werden; die NRA könnte Änderungen des Referenzangebots verlangen, die auch die Dienstqualität betreffen können. Einige Qualitätsaspekte könnten direkt aufgrund von Art. 12 der Zugangsrichtlinie behandelt werden, der es den NRA gestattet, Zugangsverpflichtungen mit Bedingungen in Bezug auf Fairness und Billigkeit zu verknüpfen

Auf Vorleistungsebene kann die Qualität in gewissem Umfang auch aufgrund der Gleichbehandlungsverpflichtung (Art. 10 Zugangsrichtlinie) behandelt werden, wie in Abschnitt 5.2.3.5 beschrieben wurde. Eine solche Verpflichtung ist allerdings nur von Nutzen, wenn der Vorleistungsdienst auch intern bereitgestellt wird, und selbst dann kann das SMP-Unternehmen nicht dazu verpflichtet werden, eine bessere Qualität zu liefern als die für ihren Vertriebsbereich. Die Gleichbehandlungsverpflichtung ist daher nicht für den Fall einer schlechteren Qualität aufgrund fehlenden Wettbewerbsdrucks geeignet.

Auf dem Endkundenmarkt können die NRA nicht direkt bei der Dienstqualität eingreifen. Indirekt behandelt Art. 22 der Universaldienstrichtlinie (Dienstqualität) aber die Qualität. Die NRA können „…Unternehmen, die öffentlich zugängliche elektronische Kommunikationsdienste bereitstellen, zur Veröffentlichung vergleichbarer, angemessener und aktueller Endnutzerinformationen über die Qualität ihrer Dienste verpflichten". Die Offenlegung von Qualitätsunterschieden kann den Druck auf das SMP-Unternehmen erhöhen und es veranlassen, auf der Endkundenebene bessere Qualität zu liefern. Die Qualität auf dem Endkundenmarkt lässt sich indirekt durch die Festlegung von Qualitätsanforderungen auf Vorleistungsebene beeinflussen, wie oben ausgeführt.

Für die Festnetztelefonie können die NRA nach Art. 11 der Universaldienstrichtlinie für den Universaldienstanbieter Leistungsziele festlegen, ebenso für den Anbieter der Mietleitungen, wenn eine Verpflichtung gemäß Art. 18 der Universaldienstrichtlinie auferlegt wurde.

5.5 Fall 4: Terminierung (Gesprächszustellung)

Der Fall 4 (Terminierung) bezieht sich auf Unternehmen, die selbst Terminierungsleistungen anbieten (two-way access) im Gegensatz zum ausschließlichen Verbindungsnetzbetreiber (one-way access), der im Fall 1 behandelt wird, wobei für zwei oder mehrere Netze in einem ersten Schritt Zusammenschaltungsvereinbarungen ausgehandelt und in einem zweiten Schritt deren Preise für den Endkundenmarkt festgesetzt werden, wo sie mit anderen Netzen konkurrieren oder auch nicht. Aufgrund der Charakteristik von Festnetzen und des heutigen Stands der Technik sowie der Vereinbarungen im Mobilfunksektor ist es für das Unternehmen, das den Zugang wünscht, nicht möglich, den Dienst des Zugangsanbieter, dem der Zugang zum Kunden „gehört", nachzubilden. Die Überlegungen, die im Zusammenhang mit der Unmöglichkeit der Nachbildung angestellt wurden, gelten also auch in Bezug auf die Terminierung.

In diesem Zusammenhang wurden vier Standardwettbewerbsprobleme festgestellt (siehe Kapitel 2):

4.1   Kollusion
4.2   Überhöhte Preise

4.3 Preisdiskriminierung
4.4 Geschäftsablehnung/Verweigerung der Zusammenschaltung

In den nachfolgenden Abschnitten werden die Anreize für ein solches Verhalten und die möglichen Gegenmaßnahmen für jedes der vier Probleme diskutiert. Wenn es angebracht ist, wird zwischen Mobil-Mobil (M2M) und Fest-Mobil (F2M) unterschieden (obwohl die Terminierung selbst in beiden Fällen dieselbe ist). Die Hauptunterschiede zwischen beiden sind, dass Mobilfunknetze um Kunden konkurrieren, während der Wettbewerb zwischen Fest- und Mobilfunknetzen um dieselbe Kundenzielgruppe beschränkt ist.[136]

5.5.1 Kollusion (stille Übereinkunft)

Die stille Übereinkunft (Kollusion) ist ein Wettbewerbsproblem, das in den Bereich der M2M- (und möglicherweise der F2F-)Zusammenschaltung gehört. Die Kollusion kann verschiedene Formen annehmen, u. a. irgendeine Form der Entgeltfestlegung auf Gegenseitigkeit. Jede Art der Kollusion in Bezug auf Terminierungsentgelte ginge aber über Marktgrenzen hinweg; dabei nutzen Betreiber ihre Marktmacht auf dem Terminierungsmarkt (den sie wahrscheinlich jeweils einzeln beherrschen) in koordinierter Weise. Wie in Kapitel 2 ausgeführt, bewirkt die Festsetzung von Terminierungsentgelten auf Gegenseitigkeitsbasis nur unter bestimmten Umständen überhöhte Endkundenpreise, und das ist in der Praxis mit Netzen unterschiedlicher Größe mit unterschiedlichen Kostenstrukturen unwahrscheinlich. Kollusion kann aber vorliegen, wenn die Marktbedingungen stabil sind, Netze dieselbe Größe und Kostenstruktur haben und der Verkehr zwischen den Netzen symmetrisch ist. Je nach Preissetzungsmechanismus auf dem Endkundenmarkt könnte es hierbei zu Terminierungsentgelten auf Gegenseitigkeit kommen, die über oder unter den Kosten liegen.

In diesen Fällen ließe sich die Wohlfahrt erhöhen, wenn die Zugangsentgelte wieder auf kostenorientiertes Niveau gebracht werden. Das Terminierungsentgelt der einzelnen Netze kann direkt in Anwendung der Preiskontroll- und Kostenrechnungsverpflichtung in Art. 13 der Zugangsrichtlinie angegangen werden. Um ein kostenorientiertes Terminierungsentgelt berechnen zu können, muss die NRA ggf. eine Verpflichtung zur getrennten Buchführung nach Art. 11 der Zugangsrichtlinie auferlegen.

Andere Maßnahmen, wie die Gleichbehandlungsverpflichtung in Art. 10 und/oder die Transparenzverpflichtung in Art. 9 der Zugangsrichtlinie, lösen das Problem wahrscheinlich nicht allein. Das kollusive Zugangsentgelt zwischen symmetrischen Netzen ist vielleicht schon diskriminierungsfrei, und Transparenz auf Vorleistungsebene fördert wahrscheinlich noch die Kollusion, statt sie zu verhindern, da die Betreiber damit die Tarife gegenseitig beobachten können und eine Kooperation einfacher wird.

5.5.2 Überhöhte Preise

Marktmacht auf einzelnen Terminierungsmärkten führt wahrscheinlich zu überhöhten Preisen bei der Gesprächszustellung, und das wiederum bewirkt allokative Ineffizienzen und verzerrte Preisstrukturen. Dies gilt sogar dann, wenn die Gewinne auf dem Endkundenmarkt wieder wegkonkurriert werden. Wie in Abschnitt 2.3.4 ausgeführt, kann sich dieses Problem besonders bei den Fällen F2M und F2F ergeben.

---

136 Die tatsächliche Intensität des Wettbewerbs zwischen Festnetz- und Mobiltelefonie wird in der Phase der Marktdefinition/Marktanalyse betrachtet.

Die in diesem Zusammenhang in Betracht kommenden Regulierungsinstrumente sind die Instrumente, die direkt oder indirekt die Terminierungsentgelte in den einzelnen Netzen beeinflussen können, d. h. Art. 9 (Transparenz), Art 10 (Gleichbehandlung) und Art. 13 (Preiskontrolle und Kostenrechnung) der Zugangsrichtlinie.

Nach der Wirtschaftstheorie[137] kann Transparenz bei Endkundenpreisen das Problem überhöhter Preise soweit abschwächen, dass Kunden, die die Preise von Gesprächen nach einzelnen Netzen kennen, mit ihrer Nachfrage besser auf Preissteigerungen, die auf eine Erhöhung der Terminierungsentgelte folgen, reagieren können. Aber angesichts der unübersichtlichen Rufnummernsysteme im Mobilfunk, der Nummerportabilität und der Unkenntnis der Kunden ist das vielleicht nicht ganz leicht zu erreichen. Aber selbst bei vollkommener Transparenz besteht das Terminierungsmonopol weiter, und die Preise können weiter auf einem (ineffizient hohen) Monopolniveau festgesetzt werden (ohne Transparenz liegen die Preise aber wahrscheinlich noch darüber). Außerdem führt eine Transparenzverpflichtung nach Art. 9 der Zugangsrichtlinie für Vorleistungen nicht an sich schon zu mehr Transparenz bei den Endkundenpreisen. Die Transparenzverpflichtung wäre daher in den meisten Fällen für die Lösung des vorliegenden Problems ungeeignet.

Eine Gleichbehandlungsverpflichtung nach Art. 10 der Zugangsrichtlinie (ggf. unterstützt durch die Verpflichtung zur getrennten Buchführung in Art. 11) reicht wahrscheinlich auch nicht aus, um das SMP-Unternehmen daran zu hindern, die Preise über die Kosten anzuheben. Auch wenn eine solche Verpflichtung die Terminierungskosten für netzinterne Gespräche sichtbar machen würde, kann das SMP-Unternehmen immer noch extern ein überhöhtes Terminierungsentgelt festsetzen und gleichzeitig niedrige (netzinterne) Endkundentarife haben, bei denen die vollen Kosten des Dienstes nicht berücksichtigt werden. Der Betreiber kann behaupten, dass er denselben (hohen) Preis, den er extern verlangt, auch seinen eigenen Vertriebsbereichen in Rechnung stellt, dass er aber zu Verlusten in seinem Endkundengeschäft bereit ist.

Eine Verpflichtung, die direkt auf dieses Terminierungsentgelt abzielt, ist die Festlegung eines kostenorientierten Preises auf der Grundlage einer Preiskontroll- und Kostenrechnungsverpflichtung nach Art. 13 der Zugangsrichtlinie. Dies müsste ggf. durch eine Verpflichtung zu getrennter Buchführung nach Art. 11 unterstützt werden. Mit einem kostenorientierten Zugangspreis werden überhöhte Preise unmöglich, und allokative Ineffizienzen werden verringert.

Bei der Festlegung der Höhe des Terminierungsentgelts für Mobilfunknetze müsste berücksichtigt werden, dass eine Quersubventionierung vom Festnetz- zum Mobilfunksektor die Marktdurchdringung auf dem mobilen Endkundenmarkt erhöhen und damit in gewissem Umfang auch die Gesamtwohlfahrt erhöhen kann (solange noch kein hohes Marktdurchdringungsniveau erreicht wurde). Beide Effekte, die Verzerrungen aufgrund der Quersubventionierung und die Wohlfahrtseffekte aufgrund der stärkeren Marktdurchdringung (die jetzt in den meisten EU-Ländern bei Diensten der 2. Generation erschöpft sein kann), müssten bei der Festlegung des Zugangspreises berücksichtigt werden.

In den Fällen, in denen die unmittelbare Einführung einer Entgeltkontrolle mit Entgelten auf Wettbewerbsniveau für Mobilfunkanbieter unverhältnismäßig große Probleme verursachen würde, können die NRA ein Price-Cap-System oder einen Gleitpfad vorsehen, um innerhalb einer angemessenen Zeit Wettbewerbspreise zu erreichen.

---

137 Siehe *Gans/King* (1999).

Die NRA müssten außerdem berücksichtigen, dass neue Marktteilnehmer im Mobilfunksektor, in dem hohe Anfangsinvestitionen erforderlich sind, im kurzfristigen Zeitrahmen nicht dieselben Größenvorteile (oder Verbundvorteile) haben wie die etablierten Unternehmen. Analog zu dem im Zusammenhang mit „Retail-Minus" Gesagten (siehe Abschnitt 5.2.4.1 und Anhang, nach Abschnitt 5.5.3) können die NRA neuen Marktteilnehmern zugestehen, ihre (statisch) ineffizient hohen Kosten zu decken, wenn damit zu rechnen ist, dass die dynamischen Vorteile des Wettbewerbs die kurzfristigen Nachteile mehr als wettmachen. Wenn auf neue Marktteilnehmer im kurzfristigen Zeitrahmen ein kostenorientierter Zugangspreis angewandt würde, ergäben sich Preise, die weit über dem Durchschnitt der Terminierungspreise auf dem Markt liegen, weil für die flächendeckende Bereitstellung von Mobilfunkdiensten bei immer noch ziemlich geringem Verkehrsaufkommen hohe Anfangsinvestitionen erforderlich sind, die zu hohen Gesprächskosten führen und damit den kommerziellen Erfolg des Marktneulings verhindern können. Kostenbasierte Preise sind daher wahrscheinlich eine Obergrenze für Terminierungsentgelte. Wo Preisregulierung die richtige Lösung ist, verwenden einige Mitgliedstaaten schon langfristige dynamische Kostenmodelle.

In ökonomischen Analysen wird allerdings darauf hingewiesen, dass dann, wenn nur der Terminierungsmarkt berücksichtigt wird, kleinere Betreiber möglicherweise sogar über mehr statt weniger Marktmacht verfügen, weil eine Erhöhung ihrer Terminierungsentgelte keine starke Wirkung darauf hat, wie die Kunden die Tarife für Gespräche zu Mobilfunktelefonen einschätzen.[138] Andererseits könnte aus allgemeiner Sicht diese potenzielle Zunahme der Marktmacht unter bestimmten Umständen wieder ausgeglichen werden, weil auf anderen Märkten keine Marktmacht vorhanden ist. Da aber ein neuer Anbieter trotzdem über Anreize verfügen kann, die Terminierungsentgelte über dem sozialverträglichen Optimum anzusetzen, wäre eine Möglichkeit für die NRA, bei der Regulierung die Terminierungsentgelte ungefähr in der Höhe festzusetzen, die neue Marktteilnehmer früher auf dem nationalen Markt verlangt haben („verzögerte Reziprozität") oder entsprechend einem internationalen Vergleichsmaßstab. Die NRA finden vielleicht auch berechtigte Gründe, für neue Marktteilnehmer vorübergehende Änderungen oder Anpassungen am Preiskontrollinstrument vorzunehmen, um den Wettbewerb zu fördern. Diese Anpassungen können die Verpflichtung beinhalten, „faire/angemessene" Preise anzubieten, um damit sicherzustellen, dass Investitionsanreize für Marktneulinge bestehen bleiben.

Das Problem beider Ansätze liegt aber darin zu entscheiden, wann die „Gnadenfrist" enden soll, da die NRA nicht nur die laufenden Kosten des neuen Marktteilnehmers, sondern auch die Frage berücksichtigen müssen, ob der neue Anbieter auf dem Markt erfolgreich konkurrieren, Marktanteile gewinnen und seine Durchschnittskosten pro Gesprächsminute reduzieren kann. Die NRA müssen bestimmen, wann denn schätzungsweise die angemessene Zeit abgelaufen ist, bis der Preis des neuen Anbieters nach den allgemeinen Regulierungsgrundsätzen für den Sektor unter Berücksichtigung der Wettbewerbssituation auf dem Markt reguliert werden kann. Sonst könnten leistungsstärkere Betreiber auf dem Markt im Wettbewerb benachteiligt werden, weil sie weniger effiziente Betreiber subventionieren müssen. Auch wenn es in Anbetracht des Ziels des nachhaltigen Wettbewerbs gerechtfertigt sein kann, dass Marktneulinge anders behandelt werden, ist das langfristige Ziel aber, dass alle Betreiber effizient arbeiten.

---

138 Dieser Effekt wird auch als horizontale Externalität (horizontal externality) oder horizontale Trennung (horizontal separation) bezeichnet. Siehe *Gans/King* (1999, S. 7).

Entsprechende Überlegungen gelten für neue Marktteilnehmer auf dem Festnetzsektor. Auch wenn der Zugang zum Festnetzmarkt gewöhnlich nicht so hohe Anfangsinvestitionen verlangt wie im Mobilfunksektor (die Investitionen können normalerweise – zumindest in gewissem Umfang – schrittweise erfolgen), kann es trotzdem erhebliche Größenvorteile geben, die in der Anfangsphase des Markteintritts nicht ausgeschöpft werden können. Dies kann zu Beginn höhere Terminierungsentgelte rechtfertigen, die dann entlang eines Gleitpfades soweit gesenkt werden können, bis Größenvorteile als ausgeschöpft angesehen werden können. Bei der Festsetzung der anfänglichen Terminierungsentgelte können die NRA auch Unterschiede in der Netztopologie und der geographischen Netzausdehnung berücksichtigen. Wie auch bei den Überlegungen zum Mobilfunksektor müssen aber alle Betreiber letztenendes gleich und in einer Weise behandelt werden, die eine effiziente Leistungserbringung gewährleistet. Ein weiterer Faktor, den die NRA im Gegensatz zum Mobilfunksektor berücksichtigen müssen, ist die größere Anzahl von Betreibern im Festnetzbereich, was zu komplexen Tarifstrukturen auf dem Endkundenmarkt führen kann, wenn die Betreiber Preise entsprechend den unterschiedlichen Terminierungsentgelten verlangen.

Textfeld 3: Internationales Roaming – Situation auf dem Vorleistungsmarkt

Internationales Roaming ist ein Dienst, bei dem ein Mobilfunknutzer im Ausland Gespräche führt und/oder annimmt. Dieser Dienst wird allgemein als Teil eines Mobilfunkbündels auf Endkundenebene angeboten und wird auf Vorleistungsebene im Rahmen von internationalen Roaming-Vereinbarungen zwischen dem Betreiber im Heimatland und Betreibern in dem besuchten Land abgewickelt. Die Nachfrage auf Vorleistungsebene nach Roaming-Diensten stammt also aus der Endkundenebene.

Wettbewerbssorgen in Bezug auf internationale Roaming-Dienste beziehen sich daher hauptsächlich auf hohe und gelegentlich national einheitliche Preise auf Vorleistungsebene, entsprechend hohe Preise (verglichen mit ähnlichen Diensten) auf Endkundenebene und eine abgekoppelte (häufig gegenläufige) Entwicklung zwischen diesen Tarifen und vergleichbaren (wettbewerbsintensiveren) Endkundendiensten.

Internationale Roaming-Vereinbarungen zwischen Vorleistungsanbietern werden einzeln zwischen Mobilfunknetzbetreibern (MNO) abgeschlossen, die Mitglied der GSMA sind. Die Verträge basieren auf dem Standard International Roaming Agreement der GSMA als Standardvertragsrahmen. Die Tarife (die IOT – Inter Operator Tariffs) werden in einem eigenen Anhang festgelegt und können je nach Ziel (Festnetz oder Mobil), Hauptzeit – Nebenzeit, Geographie usw. unterschiedlich sein, und sie gelten unterschiedslos für alle anderen MNO. Die IOT sind keine Gegenseitigkeitstarife, werden im GSMA-Infocenter bekannt gegeben und sind damit transparent für alle anderen MNO (mit Ausnahme der MNO im Heimatland des Betreibers). Außerdem bleiben sie zeitlich ziemlich stabil, weil Änderungen der IOT die Änderung aller Einzelverträge mit anderen MNO erfordern würde.

IOT-Tarife gelten zwar einheitlich für alle Betreiber, die internationales Roaming verlangen, aber in jüngster Zeit war festzustellen, dass die IOT immer mehr durch individuelle Rabattsysteme auf der Grundlage des Verkehrs, des Verkehrswachstums und anderer Faktoren ergänzt werden, die die vereinbarte Gleichbehandlung aufbrechen. Das ist möglich aufgrund technologischer Entwicklungen (Programmierung per Funk), die es den MNO zunehmend erlauben, den Verkehr einem bestimmten Netz im Ausland zuzuleiten und damit Anreize zu schaffen, Rabatte zu gewähren (Erhöhung der Nachfrageelastizität). Dies ist besonders wichtig, weil derzeit weder die Nachfrage auf der Endkundenmarktseite (mangels Informationen, komplizierte manuelle Abwicklung usw.), noch die Nachfrage auf der Vorleistungsmarktseite (obwohl die bevorzugten Betreiber auf der SIM-Karte gespeichert sind) genügend Wettbewerbsdruck erzeugen kann, um die Tarife für internationales Roaming zu senken (mit Ausnahme einiger Geschäftskundengruppen in Ländern mit scharfem Wettbewerb auf dem Mobilfunkmarkt für Endkunden). Neben diesen Trends ist festzustellen, dass internationale Bündnisse und Kooperationen zwischen MNO bei Verhandlungen zunehmend zu einer Bündelung der Nachfrage führen und den Druck zur Schaffung von Verkehrslenkungseinrichtungen erhöhen.

Bei der Entscheidung über Regulierungsmaßnahmen müssen die NRA aber auch die Entwicklungen der jüngsten Zeit hin zu mehr Transparenz auf Endkundenebene (z. B. gibt es den europäischen GSM-Verhaltenskodex für Informationen über Endkundenpreise für internationales Roaming), die Entwicklung und Implementierung der Over-the-air-Programmierungseinrichtungen, die zu mehr Rabattvereinbarungen für IOT führen können, und die Entstehung internationaler Allianzen mit Flat-Rate-Tarifen für Endkunden (mit der Folge geringerer Transparenz auf dem Vorleistungsmarkt) berücksichtigen. Alle diese Faktoren könnten die Nachfrageseite stärken und zu mehr Wettbewerb auf der Vorleistungs- wie auch der Endkundenebene führen; damit würden sich die Sorgen um den Wettbewerb verringern.

Wenn die NRA in ihrer Marktanalyse zu dem Schluss kommen, dass diese Entwicklungstrends die bestehenden Probleme in absehbarer Zukunft wahrscheinlich nicht überwinden, könnten sie zunächst Maßnahmen zur Stärkung der Nachfrage auf der Vorleistungsseite durch die Abschaffung des Gleichbehandlungsgrundsatzes für IOT in Betracht ziehen. Es wird manchmal befürchtet, dass dieser Grundsatz Anreize für MNO verhindert, sich intensiv für Tarifsenkungen einzusetzen, denn jeder Vorteil, den sie für sich selbst erringen, wird sofort an ihre Kunden weitergegeben. Die NRA müssen sich auch bewusst sein, dass implizit in jedem Fall eine im Kartellrecht verankerte Gleichbehandlungsklausel Anwendung findet, wenn eine marktbeherrschende Stellung festgestellt wird.[139] Im Allgemeinen müssen die NRA die GSMA-Aktivitäten berücksichtigen, wenn sie die geeignetsten Regulierungsmaßnahmen für einzelne Betreiber finden wollen.

Daher sind möglicherweise weder die Transparenz bei Vorleistungen noch die Gleichbehandlungsverpflichtung ausreichend, um die Wettbewerbsprobleme auf den Vorleistungsmärkten für internationales Roaming zu lösen, und die NRA könnten sich für die Auferlegung von Preiskontroll- und Kostenrechnungsverpflichtungen nach Art. 13 der Zugangsrichtlinie entscheiden, die ggf. von einer Verpflichtung zur getrennten Buchführung (Art. 11 Zugangsrichtlinie) unterstützt werden müsste. Da die NRA diese Verpflichtungen nur ihren nationalen MNO als Anbieter von internationalen Roaming-Diensten auferlegen können, profitieren die MNO in anderen Ländern von diesen Verpflichtungen (die die Vorteile an ihre Kunden weitergeben oder auch nicht), während einige der Kosten möglicherweise von den inländischen Kunden getragen werden. Da-

---

139 Der Grund: Bei Vorliegen einer beherrschenden Stellung eines Unternehmens auf einem Markt stellt diskrimierendes Verhalten nach Art. 82 EG-Vertrag prinzipiell einen Missbrauch seiner beherrschenden Stellung dar.

her sollten Preiskontrollmaßnahmen in gegenseitigem Einvernehmen der NRA der verschiedenen Länder getroffen werden.[140]

Die Auferlegung dieser Verpflichtung auf Vorleistungsebene bewirkt möglicherweise keine Preissenkung für die Endkunden beim internationalen Roaming, weil die Betreiber bei den Auswirkungen dieser Maßnahmen durch Anpassungen auf dem Endkundenmarkt gegensteuern können. Die hohen Endkundenpreise für internationales Roaming können außerdem auf die hohen Gewinnspannen der Betreiber auf Endkundenebene und nicht nur auf überhöhte Preise auf Vorleistungsebene zurückzuführen sein. Außerdem könnte die Auferlegung von Preiskontroll- und Kostenrechnungsverpflichtungen ein unverhältnismäßiges Mittel sein. In diesem Fall, und wenn die technologischen Entwicklungen einen erheblichen Wettbewerbsdruck erzeugen können, könnte es ausreichen, für mehr Transparenz bei den Tarifen auf dem Endkundenmarkt zu sorgen.

5.5.3 Preisdiskriminierung

Die etablierten Betreiber können versuchen, den Endkundenmarkt abzuschotten, indem sie anderen Betreibern ein hohes Terminierungsentgelt (über den Kosten) in Rechnung stellen, während sie intern (implizit) weniger verlangen. Das Ergebnis sind wahrscheinlich hohe netzexterne und niedrige netzinterne Tarife auf dem Endkundenmarkt, was neue Marktteilnehmer mit kleiner Kundenbasis benachteiligt. Das Problem tritt am ehesten bei M2M-Zusammenschaltungen auf, wo die Betreiber auf dem Endkundenmarkt einen Unterschied machen zwischen netzinternen und netzexternen Preisen.

Auch hier kann gegen hohe Terminierungsentgelte durch Auferlegung von Preiskontroll- und Kostenrechnungsverpflichtungen nach Art. 13 der Zugangsrichtlinie vorgegangen werden (möglicherweise zusammen mit einer Verpflichtung zu getrennter Buchführung nach Art. 11 der Zugangsrichtlinie). Preise auf Kostenorientierungsniveau lösen wahrscheinlich das Marktabschottungsproblem.

Alternativ dazu könnte eine Gleichbehandlungsverpflichtung (Art. 10 Zugangsrichtlinie), die es dem SMP-Betreiber untersagt, von anderen Betreibern höhere Terminierungsentgelte zu verlangen als seine netzinternen Entgelte, in Betracht gezogen werden. Für sich allein reicht diese Verpflichtung – selbst kombiniert mit einer Verpflichtung zur getrennten Buchführung (Art. 11) – wahrscheinlich nicht aus, das ausdrückliche Ziel der Regulierung, nämlich Terminierungsentgelte auf Wettbewerbsniveau, zu erreichen. Auch wenn eine solche Verpflichtung die Kosten der Terminierung netzinterner Gespräche sichtbar machen würde, kann der SMP-Betreiber immer noch extern ein überhöhtes Terminierungsentgelt festsetzen und gleichzeitig niedrige netzinterne Endkundentarife haben, bei denen die vollen Kosten des Dienstes nicht berücksichtigt werden. Der Betreiber kann behaupten, dass er denselben (hohen) Preis, den er extern verlangt, auch seinen eigenen Ver-

---

140 Die Wettbewerbsprobleme im internationalen Roaming sind von Natur aus internationale Probleme, und daher können gleichzeitige und koordinierte Maßnahmen einiger weniger Länder das Risiko unerwünschter verzerrender Effekte über die Landesgrenzen hinweg erheblich erhöhen. Entsprechende Verzerrungen können sich ergeben, wenn Änderungen auf regulatorischer Ebene nicht rechtzeitig zwischen den Ländern koordiniert werden.

triebsunternehmen in Rechnung stellt, dass er aber Verluste in seinem Endkundengeschäft hinnimmt.

5.5.4 Geschäftsverweigerung/Ablehnung der Zusammenschaltung

Ohne die Verpflichtung zur Zusammenschaltung könnten die etablierten Betreiber in der Lage sein, den Markt abzuschotten, indem sie die Zusammenschaltung mit neuen Marktteilnehmern verweigern. Ohne Zusammenschaltung ist das Dienstangebot des Marktneulings für die Kunden nur bedingt interessant, weil die Zahl der erreichbaren Mobilfunkteilnehmer beschränkt ist.

Die Zusammenschaltungsentscheidung eines Betreibers kann aufgrund von Art. 12 der Zugangsrichtlinie beeinflusst werden: „Den Betreibern darf Folgendes auferlegt werden: [...] die Verpflichtung zur Zusammenschaltung von Netzen oder Netzeinrichtungen". Unabhängig von einer marktbeherrschenden Stellung kann die Zusammenschaltung auch aufgrund von Art. 5 der Zugangsrichtlinie vorgeschrieben werden. Wenn die Verpflichtung nach Art. 5 schon gilt, ist daher die zusätzliche Auferlegung einer Verpflichtung nach Art. 12 nicht mehr erforderlich. Wenn Art. 5 nicht angewandt wird und es nur um die SMP-Unternehmen geht, erscheint eine Verpflichtung nach Art. 12 angebracht.

Sobald eine Zusammenschaltungsverpflichtung gilt, muss wohl ein Zusammenschaltungsentgelt festgelegt werden. In Bezug auf die oben untersuchten Wettbewerbsprobleme erscheint eine kostenorientierte Regulierung der Terminierungsentgelte nach Art. 13 der Zugangsrichtlinie angebracht.

Anhang: Preis-Kosten-Schere – Umgang mit Größen- und Verbundvorteilen

Dieser Anhang befasst sich hauptsächlich mit drei Fragen, die sich bei der Untersuchung ergeben, ob eine Preis-Kosten-Schere vorliegt oder vorgelegen hat: (i) Wie sind die Kosten eines effizienten Wettbewerbers zu bemessen, (ii) wie ist mit Größenvorteilen umzugehen und (iii) wie ist mit Verbundvorteilen umzugehen?

Eine Preis-Kosten-Schere liegt vor, wenn

- ein marktbeherrschender Anbieter ein Vormarktprodukt A liefert, das selbst Bestandteil eines Nachmarktprodukts A+B oder eng damit verbunden ist (der beherrschende Anbieter liefert Produkt B nur an sich selbst; diejenigen, die gegen A+B konkurrieren, liefern ihre eigene Alternative zu B).
- der implizite Preis, den der beherrschende Anbieter sich selbst für B in Rechnung stellt (d. h. die Differenz zwischen den Preisen, zu denen er A+B und A allein bereitstellt), ist so niedrig, dass ein einigermaßen leistungsstarker Wettbewerber nicht mit Erfolg gegen A+B konkurrieren kann.[141]

---

141 Wenn der für A gezahlte Preis nicht transparent ist, ist eine getrennte Buchführung vorzusehen, um festzustellen, welchen Preis der Vertriebsbereich des etablierten Unternehmens zahlt.

Bei der Bemessung der Kosten eines effizienten Betreibers gilt es als unrealistisch, die tatsächlichen Kosten eines effizienten Wettbewerbers zu erfahren.[142] Die Wettbewerber führen ihre Bücher wohl nicht unbedingt nach einem System oder Standard, wie es für die Berechnung einer Preis-Kosten-Schere erforderlich wäre. Außerdem ist es für die NRA schwer zu beurteilen, ob ein bestimmter Wettbewerber effizient ist, zumindest nicht ohne viel Zeitaufwand für alle Beteiligten.

Daher bietet es sich an, bei der Einschätzung der Kosten effizienter neuer Marktteilnehmer von den Kosten des etablierten Unternehmens auszugehen, wobei allerdings einige Korrekturen erforderlich sein können. Soweit das etablierte Unternehmen ineffizient ist, fällt die Berechnung der Preis-Kosten-Schere zugunsten der neuen Marktteilnehmer aus.

Verbundvorteile können entstehen, weil es Dinge gibt, die ein beherrschender Anbieter nicht zu beschaffen braucht, um für sich selbst das äquivalente Produkt A* bereitzustellen.[143] Ein möglicher Ansatz ist die Neuberechnung der Stückkosten des etablierten Unternehmens ohne Berücksichtigung der Verbundvorteile. Dabei wird also angenommen, dass der beherrschende Anbieter genau dasselbe Produkt zu genau denselben Bedingungen an sich selbst und an andere liefert. Dafür gibt es Argumente im Sinne der dynamischen Effizienz, wie sie weiter unten zum Thema Größenvorteile diskutiert werden. Aber dies bedeutet, dass die eigenen Entgelte des beherrschenden Anbieters über das erforderliche Mindestniveau angehoben werden. Die NRA muss klar machen, dass die dynamischen Effizienzgewinne aus dem Wettbewerb die kurzfristigen Nachteile für die Konsumenten wettmachen.

Größenvorteile auf dem Vorleistungsmarkt bei der Bereitstellung von A oder A* sind für die Margin-Squeeze-Untersuchung nicht relevant, weil sowohl der beherrschende Anbieter als auch der Empfänger des Produkts A gleichermaßen davon profitieren können. Eine Frage muss jedoch geklärt werden, wie nämlich die Größenvorteile bei der Eigenbereitstellung von B zu behandeln ist.

Wenn der beherrschende Anbieter mit einem erheblichen Anteil am nachgelagerten Markt rechnet, kann er mit einer relativ geringen Gewinnspanne bei B einen Gewinn erzielen. Das ist bei denen, die nicht mit einem solchen Größenvorteil rechnen, nicht der Fall. Sie würden den Markt also wieder verlassen und damit die Prophezeiung des beherrschenden Anbieters erfüllen. Wenn der beherrschende Anbieter andererseits annähme, dass er nur einen geringen Marktanteil erreicht, hätte er keine Größenvorteile und müsste für B eine höhere Marge ansetzen. Damit könnten andere erfolgreich konkurrieren, und auch das erfüllt die Prophezeiung des beherrschenden Anbieters. Wenn es keine anderen Einschränkungen gibt, ist der beherrschende Anbieter also in einer starken Position, so dass er diktieren kann, wie viel Wettbewerb sich auf dem nachgelagerten Markt entwickelt. Es gibt eineZirkularität im Margin-Squeeze-Test, die nur der Regulierer durchbrechen kann.

Es besteht folgendes Dilemma: Wenn es echte Größenvorteile bei der Bereitstellung von B gibt, erscheint es auf den ersten Blick weniger effizient, wenn B von mehreren Anbietern bereitgestellt wird. Das Produkt kann ein natürliches Monopol sein. Andererseits führt die Bereitstellung durch mehrere Anbieter häufig zu dynamischen Effizienzgewinnen, die für die Konsumenten langfristig von Vorteil sind. Und wenn jeder Wettbewerber Skalenerträge

---

142 In manchen Fällen kann der Ansatz der Kosten neuer Marktteilnehmer angebracht und praktisch sein.

143 Zum Beispiel ist der konkurrierende Betreiber auf die Zusammenschaltung mit dem Netz des etablierten Unternehmens angewiesen, während diesem Unternehmen diese Kosten nicht entstehen, weil die Netzanbindung für die Bereitstellung anderer Dienste schon besteht.

erreicht, die über dem Niveau liegen, bei dem Größenvorteile im Wesentlichen ausgeschöpft sind, müsste der Wettbewerb erhebliche Vorteile bringen. Das ideale Ergebnis wäre daher eine ausreichende Zahl von Wettbewerbern, die erhebliche dynamische Effizienzvorteile schaffen, aber nicht zu viele Wettbewerber, die dann nicht in den Genuss von Größenvorteilen kämen. Die NRA können eigentlich nicht damit rechnen, dass sie den Wettbewerb so „managen" können, dass ein theoretisches Ideal erreicht wird. Wenn sie zu dem Schluss gekommen ist, dass das Produkt nicht die Merkmale eines natürlichen Monopols hat, müsste dafür gesorgt werden, dass eine Anzahl von Wettbewerbern Zutritt zum Markt erhält, von denen jeder gute Aussichten auf wirtschaftlichen Erfolg hat. Der Markt selbst regelt, wer dann überlebt.

Daraus ist der Schluss zu ziehen, dass die NRA, wenn sie eine Vorleistungsverpflichtung auf Endkundenebene auferlegt, beim Margin-Squeeze-Test zugrunde legen sollte, dass der nachgelagerte Markt einigermaßen wettbewerbsorientiert ist. Es kann keine unumstößlichen und schnell wirkenden Regeln geben, und es wird immer erforderlich sein, die Dynamik des jeweiligen Marktes zu prüfen; dabei könnte man wohl davon ausgehen, dass das etablierte Unternehmen z. B. 20 % oder 25 % des nachgelagerten Marktes für sich gewinnen kann, und diese Annahme könnte dann die Grundlage für die Berechnung der Mindestmarge sein. Damit müssten im Grunde mehrere Wettbewerber in der Lage sein, in den Markt einzutreten und dem beherrschenden Anbieter auf dem nachgelagerten Markt kräftig Konkurrenz zu machen.

Dieselbe Vorgehensweise käme unabhängig davon in Betracht, ob der Margin-Squeeze-Test vorab definiert wird (d. h. wie kann ein Preis für A festgesetzt werden, der verhindert, dass Druck auf die Marge für B ausgeübt wird), oder eine unterstellte frühere oder jetzt vorhandene Preis-Kosten-Schere untersucht wird (d. h. reicht die Marge zwischen A und A+B aus, um Wettbewerber auf den Markt zu bringen?). Im zweiten Fall ist es vielleicht nicht richtig, den *tatsächlichen* Marktanteil des beherrschenden Anbieters für die Berechnung der Stückkosten heranzuziehen, um die oben beschriebene, sich selbst erfüllende Prophezeiung zu verhindern. Es wäre vielleicht richtiger, die Stückkosten auf der Basis des Marktanteils für den beherrschenden Anbieter entsprechend wettbewerbsorientierten Marktbedingungen neu zu berechnen.

Und schließlich ist ein potenzieller Nachteil dieses Ansatzes, dass er nicht garantiert, dass sich dabei am Ende ein Wettbewerbsmarkt herausbildet. Es kann genauso ein Monopol oder ein Oligopol sein. Aber das Ergebnis ist zumindest auf die Marktdynamik zurückzuführen und wurde nicht vom beherrschenden Anbieter oder der NRA bestimmt.

Abkürzungen

AD	Access Directive	Zugangsrichtlinie
ECPR	efficient component pricing rule	effiziente Komponentenpreisbildung
ERG	European Regulators Group	Gruppe Europäischer Regulierungsstellen
F2F	fixed to fixed	Festnetz-Festnetz-Gespräche
F2M	fixed to mobile	Draht-Funk-Gespräche
FAC	fully allocated costs	vollständig zugerechnete Kosten (Vollkostenrechnung)
FDC	fully distributed costs	siehe FAC

GSMA	GSM Association	
IOT	Inter Operator Tariffs	Tarife zwischen Betreibern
IRG	Independent Regulators Group	Gruppe unabhängiger Regulierungsbehörden
LRIC	long-run incremental costs	langfristige inkrementelle Kosten
M2F	mobile to fixed	Funk-Draht-Gespräche
M2M	mobile to mobile	Mobilfunk-Mobilfunk-Gespräche
MNO	mobile network operator	Mobilfunknetzbetreiber
NRA	National Regulatory Authority	Nationale Regulierungsbehörde
ONP	Open Network Provision	offener Netzzugang
SMP	significant market power	beträchtliche Marktmacht
USD	Universal Service Directive	Universaldienstrichtlinie

Glossar

Abschottung: Jedes Verhalten eines SMP-Unternehmens, das darauf abzielt, Wettbewerber vom Markt auszuschließen.

Allokative Effizienz: Gibt an, in welchem Umfang die endlichen Ressourcen der Volkswirtschaft so eingesetzt werden, dass der größtmögliche Nutzen erzielt wird. Eine wichtige Bedingung ist, dass die Preise die zugrunde liegenden Kosten abbilden.

Betreibervorauswahl/Betreiberauswahl (Carrier Preselection/Carrier Selection): Die Betreibervorauswahl erlaubt es den Kunden, im Voraus einen Betreiber für bestimmte festgelegte Gesprächsarten zu wählen (der einen Vertrag mit dem Kunden hat), ohne dass er für sein Gespräch eine Vorwahlnummer wählen oder verschiedene andere Prozeduren ausführen muss. Bei der Betreiberauswahl (Call-by-Call) können Kunden für jede einzelne Verbindung fallweise einen alternativen Betreiber mit einer entsprechenden Vorwahlnummer anwählen.

Bitstrom: Ein Vorleistungsprodukt eines etablierten Unternehmens, bestehend aus bidirektionaler Übertragungskapazität mit hoher Geschwindigkeit zwischen einem Endnutzer, der mit einem Telefonanschluss und dem Übergabepunkt zum neuen Marktteilnehmer verbunden ist. Es handelt sich im Wesentlichen um das entsprechende Vorleistungsprodukt zum Angebot von DSL-Diensten.

Bündelung: Dabei werden Dienste nur zusammen verkauft und stehen einzeln nicht zur Verfügung (reines Bündel), oder es handelt sich um Dienste, die als Paket mit einem Nachlass auf die Einzelpreise verkauft werden (gemischtes Bündel).

Diensteanbieter: Ein Unternehmen, das Dritten entweder über das eigene Netz oder in anderer Weise elektronische Kommunikationsdienste bereitstellt.

Endogenes Zutrittshindernis: Ein Zutrittshindernis, das auf das Verhalten des SMP-Unternehmens zurückzuführen ist.

Entgeltkontrolle: Im Zusammenhang mit Terminierungsentgelten bezeichnet dieser Begriff die Höhe der Entgelte, die Betreiber einem anderen Betreiber für die Zustellung von Gesprächen im eigenen Netz in Rechnung stellen können.

Exogenes Zutrittshindernis: Ein Zutrittshindernis, das auf Faktoren außerhalb der Kontrolle der Marktteilnehmer zurückzuführen ist.

Fully distributed costs (FDC): Siehe Vollkostenrechnung

Gemeinkosten: Kosten, die bei der Bereitstellung aller Produkte oder einer Produktgruppe durch ein Unternehmen entstehen und die sich nicht direkt aus der Produktion eines einzigen Guts bzw. einer einzigen Dienstleistung ergeben.

Gemeinsamer Standpunkt: Der Gemeinsame Standpunkt der ERG ist ein Dokument, in dem die Haltung der Gruppe zu einem bestimmten Thema im Zuständigkeitsbereich der ERG dargelegt ist. Der Gemeinsame Standpunkt wird auf Initiative der Gruppe selbst veröffentlicht.

Getrennte Buchführung: Getrennte Konten; das Ergebnis auf den Märkten wird so gezeigt, als handele es sich um getrennte Unternehmen. Insbesondere werden Marktgrenzen überschreitende Geschäfte zwischen diesen Märkten aufgezeichnet und behandelt, als seien es Geschäfte zwischen getrennten Unternehmen. Für diese werden Verrechnungsentgelte angesetzt.

Gewinne über Normalniveau: Ein Gewinnniveau, das über dem liegt, das von einem Unternehmen unter Wettbewerbsbedingungen normalerweise erzielt würde.

Grundsatz „Anrufer zahlt": Dabei zahlt der Anrufer den gesamten Endkundenpreis für die Verbindung (die übliche Regelung in Europa).

Internalisierung (negativer externer Effekte): Bezieht sich auf Maßnahmen, die mögliche negative Folgen für Maßnahmen anderer Parteien (z. B. Firmen, Konsumenten) haben (internalisieren). Zum Beispiel können exklusive vertikale Beziehungen es einem Vorleistungsanbieter ermöglichen, das Verhalten eines Unternehmens auf dem nachgelagerten Markt zu steuern und damit dieses Unternehmen zu zwingen, externe Effekte (für den Vorleistungsanbieter) bei seinen Entscheidungen zu berücksichtigen.

Kollokation: Die Möglichkeit für andere Betreiber, Einrichtungen in den Ortsvermittlungsstellen des etablierten Betreibers zu installieren, um Dienste über das Teilnehmeranschlussnetz bereitstellen zu können.

Kombinatorischer Test: Wird auf eine Kombination von Diensten angewandt, bei denen es gemeinsame Kosten zwischen den Diensten gibt. Der Ertrag jedweder Dienstekombination muss die Gemeinkosten der Dienste sowie die inkrementellen Kosten jedes einzelnen Dienstes decken.

Kosten der Kuppelproduktion: Siehe „Gemeinkosten"

Kostenrechnung: Die Aufbereitung und Darstellung von Finanzinformationen, einschließlich der Zurechnung von Kosten, Erträgen, Aktiva und Passiva zu regulierten „Objekten" wie Produkt-/Dienstleistungsmärkte, Tätigkeiten oder Kostenkomponenten. Damit lässt sich der Nachweis erbringen, dass die Preise in transparenter und angemessener Weise aus den Kosten abgeleitet wurden.

Langfristige inkrementelle Kosten (LRIC – Long Run Incremental Costs): Die Kosten, die langfristig gesehen die Bereitstellung einer definierten zusätzlichen Ausbringungsleistung verursacht unter der Annahme, dass eine bestimmte Ausbringungsmenge schon produziert wird. „Langfristig" bezieht sich auf den Zeithorizont, bei dem alle Kosten (einschließlich der Investitionsausgaben) vermeidbar sind.

Marktmachtübertragung: Übertragung von Marktmacht von einem Markt, auf dem ein Unternehmen eine beherrschende Stellung hat, auf einen angrenzenden vertikal oder horizontal verbundenen Markt.

Marktzutrittshindernis: Zusätzliche Kosten, die neuen Marktteilnehmern, aber keinen schon in der Branche tätigen Unternehmen entstehen; oder andere Faktoren, die es einem Unternehmen mit beträchtlicher Marktmacht erlauben, Preise über Wettbewerbsniveau zu halten, ohne dass es zu neuen Markteintritten kommt.

Nachfrage: Die Relation zwischen der Menge eines Guts oder einer Dienstleistung, die Verbraucher zu kaufen beabsichtigen, und deren Preis, wenn alle anderen Faktoren gleich bleiben.

Nachgelagerter Markt: Ein Markt, der sich eine Stufe weiter unten in der der Angebotskette befindet. In diesem Dokument bezeichnet „nachgelagerter Markt" häufig den Endkundenmarkt.

Netto-Wohlfahrtsverlust: Ein Faktor zur Messung der allokativen Ineffizienz. Er entspricht dem verringerten Gesamtüberschuss (Verbraucherüberschuss plus Produzentenüberschuss), wenn weniger als die effiziente Outputmenge produziert wird.

Netzexternalitäten: Bezieht sich auf die Folgen für vorhandene Teilnehmer aufgrund wachsender Teilnehmerzahlen im Netz, die nicht berücksichtigt werden, wenn eine Entscheidung getroffen wird.

NRA – Nationale Regulierungsbehörde: Die Behörde (oder die Behörden), die rechtlich getrennt und funktional unabhängig von den Telekommunikationsorganisationen ist und die von einem Mitgliedstaat mit der Ausarbeitung von Genehmigungen in der Telekommunikation und der Überwachung der Einhaltung beauftragt wurde.

Ökonomische Rente: Monopolrente ist ein anderer Ausdruck für die Gewinne, die ein Monopol erzielen kann, d. h. Verbraucherüberschuss plus Produzentenüberschuss (Überschuss bezeichnet die Differenz zwischen dem Wert eines Gutes und dessen Preis).

Preis-Kosten-Schere (Margin Squeeze): Eine Preis-Kosten-Schere liegt vor, wenn die von einem vertikal integrierten Unternehmen angesetzten Preise sich auf den nachgelagerten Markt wettbewerbsfeindlich auswirken. Ein solches Margin Squeeze verringert die Profitabilität der Konkurrenten auf dem nachgelagerten Markt oder führt zur völligen Abschottung des nachgelagerten Markts.

Price Cap: Eine Preiskontrollmaßnahme, bei der der Höchstpreis für ein Produkt/einen Dienst oder für ein Produkt-/Dienstepaket innerhalb dieses Price Cap festgelegt wird.

Produktivitätsoptimum: Liegt vor, wenn es nicht möglich ist, mehr von einem Gut oder einer Dienstleistung zu produzieren, ohne weniger von einem anderen Gut bzw. einer anderen Dienstleistung zu produzieren.

Regel der effizienten Komponentenpreisbildung (ECPR): Ein Preis für Güter oder Dienstleistungen, der aus den Kosten der Leistungserbringung plus Opportunitätskosten ermittelt wird, die dem Unternehmen durch die Bereitstellung des Dienstes für einen Wettbewerber auf dem Endkundenmarkt entstehen.

Regulierungsinstrument: Eine bestimmte, im Rahmen der Regulierung festgelegte Verpflichtung oder mehrere Verpflichtungen für ein Unternehmen, bei dem beträchtliche Marktmacht auf einem bestimmten Markt festgestellt wurde.

SMP: Beträchtliche Marktmacht (SMP) entspricht im neuen Rechtsrahmen dem Begriff der Marktbeherrschung im Wettbewerbsrecht.

Strukturbedingtes Hindernis: Strukturbedingte Zutrittshindernisse sind Merkmale, die nicht durch Unternehmensentscheidungen beeinflusst werden können (wie Technologie und Nachfrageniveau) und die neuen Marktteilnehmern einen erfolgreichen Markteintritt erschweren.

Verdrängungspreise: Eine Strategie, bei der ein Unternehmen absichtlich kurzfristige Verluste in Kauf nimmt, um einen Konkurrenten zu verdrängen und in Zukunft überhöhte Preise verlangen zu können.

Versunkene Kosten: Kosten, die nicht wieder hereingeholt werden können, wenn sie einmal entstanden sind, wenn z. B. der Markt verlassen wird. Beispiele für versunkene Kosten sind Transaktionskosten, Werbeaufwendungen oder Infrastrukturinvestitionen, die nicht oder nur in begrenztem Umfang anderweitig genutzt werden können.

Vertikal integriert: Wenn ein Unternehmen über Betriebe auf verschiedenen Ebenen der Versorgungskette verfügt, z. B. sowohl auf der Endkundenebene als auch auf der Vorleistungsebene.

Vollständig zugerechnete Kosten (fully allocated costs – FAC): Bei der Vollkostenrechnung werden alle in angemessenem Rahmen entstandenen Kosten allen Diensten des regulierten Unternehmens zugerechnet.

Vorgelagerter Markt: Ein Markt, der sich eine Stufe weiter oben in der der Angebotskette befindet. In diesem Dokument bezeichnet „vorgelagerter Markt" häufig den Vorleistungsmarkt.

Wohlfahrt: Ein Maß des Gesamtwohls, das von allen Mitwirkenden auf dem Markt erreicht wird, z. B. von Unternehmen durch Gewinnerzielung und von Verbrauchern durch den Konsum von Gütern zu einem Preis, der dem Wert entspricht, den sie dem Gut beimessen oder der darunter liegt.

xDSL: Eine Technologiefamilie, die gewöhnliche Telefonleitungen (auch als Kupferadern/Teilnehmeranschlussleitungen bezeichnet) in digitale Hochgeschwindigkeitsleitungen umwandeln kann, die einen schnellen Internetzugang möglich machen. Varianten sind ADSL, SDSL, HSDL und VDSL.

Literatur

Aghion, P./Bolton, P., 1987: Contracts as a barrier to entry, *American Economic Review*, Vol. 77 No. 3, S. 388–401.

Armstrong, M., 2002: The Theory of Access Pricing and Interconnection, in: Cave, M./Majumdar, S. K./Vogelsang, I. (eds.): *Handbook of Telecommunications Economics*, Elsevier, Amsterdam, S. 295–384.

Beard, T. R./Kaserman, D. L./Mayo, J. W., 2003: On the impotence of imputation, *Telecommunications Policy* 27, S. 585–595.

Beard, T. R./Kaserman, D. L./Mayo, J. W., 1998: The role of resale entry in promoting local exchange competition, *Telecommunications Policy* 22, No. 4/5, S. 315–326.

Beard, T. R./Kaserman, D. L./Mayo, J.W., 2001: Regulation, vertical integration and sabotage, *The Journal of Industrial Economics*, Vol. XLIX, No. 3, S. 319–333.

Canoy, M./de Bijl, P./Kemp, R., 2002: Access to telecommunications networks, Paper prepared for the European Commission, DG Competition.

Cave, M., 2003: Remedies for Broadband Services, paper prepared for the European Commission.

Cave, M., 2002; Remedies in Network Industries: Competition Lay and Sector-Specific Legislation. An Economic Analysis of remedies in network industries, Brussels, 26 September 2002.

Cave, M./Majumdar, S./Rood, H./Valetti, T./Vogelsang, I., 2001: The Relationship between Access Pricing and Infrastructure Competition, Bericht an OPTA und GD Telekommunikation und Post, Brunel University.

Dixit, A., 1981: The role of investment in entry deterrence, *Economic Journal*, 90, S. 95–106.

dotecon (.econ), 2001: Network Charge Controls and Infrastructure Investments, Dokument für BT, *www.dotecon.com*.

Economides, N., 1998: The Incentive for Non-Price Discrimination by an Input Monopolist, *International Journal of Industrial Organization* Vol. 16 (May 1998), S. 271–284.

Economides, N., 1997: The Tragic Inefficiency of the M-ECPR, Skript.

Fudenberg, D./Tirole, J., 1984: The fat-cat effect, the puppy-dog ploy, and the lean and hungry look, *American Economic Review Papers and Proceedings*, 74, S. 361–366.

Gans, J. S./King, S. P., 2000: Using „Bill and Keep" Interconnect Arrangements to Soften Network Competition, *Economics Letters*, 71, S. 413–420.

Gans, J. S./King, S. P., 1999: Termination Charges for Mobile Phone Networks. Competitive Analysis and Regulatory Options, University of Melbourne, Skript.

Gilbert, R. J., 1989: Mobility barriers and the value of incumbency, in: Schmalensee, R./ Willig, R. D. (eds.): *Handbook of Industrial Organization*, Vol. I, S. 475–535.

Hausman, J. A., 1997: Valuing the Effects of Regulation on new Services in Telecommunications, *Brookings Papers on Economic Activity: Microeconomics*, S. 1–38.

Hicks, J. R., 1935: Annual Survey of Economic Theory: The Theory of Monopoly, *Econometrica*, 3, S. 1–20.

Inderst, Roman, 2003: Bundling, Lecture material for the workshop at: Centre for Management under Regulation, Warwick Business School, *http://econ.lse.ac.uk/staff/rinderst/personal/OFTEL_lecture_notes.pdf*.

Intven, H. (ed.), 2000: *Telecommunications Regulation Handbook, http://www.infodev.org/projects/314regulationhandbook/*.

Koboldt, C., 2003: Regulatory obligations to be imposed on operators with significant market power: narrowband services, Dokument für die Europäische Kommission.

Laffont, J. J./Tirole, J., 2000: Competition in Telecommunications, MIT Press, Cambridge, MA.

Martin, S., 1994: Industrial Economics. Economic Analysis and Public Policy.[2nd] Ed., PrenticeHall.

Nalebuff, B., 2003: Bundling, Tying, and Portfolio Effects. Part 1 – Conceptual Issues, DTI Economics Paper No. 1.

OFT (Office of Fair Trading), 1999a: Assessment of Individual Agreements and Conduct, OFT 141.

OFT (Office of Fair Trading), 1999b: Competition Act 1998 – The Application in the Tele-communications Sector, OFT 417.

Ovum, 2003: Barriers to competition in the supply of electronic communications networks and services, Abschlussbericht für die Europäische Kommission.

Oxera, 2003: Analysis of Competition Problems and *ex ante* Regulatory Instruments under the EC Electronic Communications Directives, Bericht für OPTA.

Rey, P./Seabright, P./Tirole, J., 2001: The Activities of a Monopoly firm in adjacent competitive markets: Economic Consequences and Implications for competition policy, Institut d'Economie Industrielle, Université de Toulouse-1, Skript.

Rey, P./Tirole, J., 1997: A Primer on Foreclosure, IDEI, Toulouse, Skript.

Sibley, David S./Weisman, Dennis L.: Raising rivals'costs: The entry of an upstream monopolist into downstream markets, *Information Economics and Policy*, 10, S. 451–470.

Varian, H. R., 1989: Price Discrimination, in: Schmalensee, R./Willig, R.D. (eds.): *Handbook of Industrial Organization*, Vol. I, S. 597–654.

Wright, J., 2000: Competition and Termination in Cellular Networks, University of Auckland, Skript.

Valletti, T., 2003: Obligations that can be imposed on operators with significant market power under the new regulatory framework for electronic communications, Dokument für die Europäische Kommission.

C. Kommentar zum gemeinsamem Standpunkt der ERG

Schrifttum: *Cave*, The Economics of Wholesale Broadband Access, Proceedings of the RegTP Workshop on Bitstream Access – Bonn – 30 June 2003, MMR-Beilage 10/2003, 15; *Cave*, Remedies for Broadband Services, Studie im Auftrag der KOM, Sept. 2003, abzurufen im Internet unter http://europa.eu.int/information_society/policy/ecomm/info_centre/documentation/studies_ext_consult/index_en.htm#2003; *ERG*, Common Position on the approach to appropriate remedies in the new regulatory framework, ERG(03)30rev1, 2004, abzurufen im Internet unter http://www.erg.eu.int/documents/docs/index_en.htm (englisches Originaldokument), Gemeinsamer Standpunkt der ERG in Hinblick auf die im neuen Rechtsrahmen vorgesehenen geeigneten Regulierungsinstrumente, nicht-amtliche deutsche Übersetzung, abgedruckt in *Berliner Kommentar*, s.u.; *Groebel*, European Regulators Group (ERG), MMR 12/2002, XV; *Groebel*, Problemfelder des neuen europäischen Rechtsrahmens zur Regulierung elektronischer Kommunikationsnetze, Münster 2005; *Heun*, Das neue Telekommunikationsgesetz 2004, CR 2004, 893; *Koboldt*, Regulatory obligations to be imposed on operators with significant market power: narrowband services, Studie im Auftrag der KOM, Sept. 2003, abzurufen im Internet unter http://europa.eu.int/information_society/policy/ecomm/info_centre/documentation/studies_ext_consult/index_ en.htm#2003; *Ruhle*, Harmonisierung von Vorabverpflichtungen für Unternehmen mit beträchtlicher Marktmacht, CR 2004, 178; *Scherer*, Das neue Telekommunikationsgesetz, NJW 2004, 3001; *Valletti*, Obligations that can be imposed on operators with significant market power under the new regulatory framework for electronic communications – Access services to public mobile networks, Studie im Auftrag der KOM, Sept. 2003, im Internet abzurufen unter http://europa.eu.int/information_society/policy/ecomm/info_centre/documentation/studies_ext_consult/index_en.htm#2003.

Übersicht

I. Genese und Zweck des ERG-Dokuments

Ein tragendes Element des neuen europäischen Regulierungsrahmen für elektronische **1** Kommunikationsnetze und -dienste (ECNS) ist die Abstimmung des einzusetzenden **Regulierungsinstruments** („Remedies"[1]) auf die Schwere des zu behebenden Wettbewerbsproblems. Dahinter steht der Gedanke, dass Regulierung nicht mit der Streubreite einer Schrotflinte, sondern gezielt und auf das in der Marktuntersuchung festgestellte Problem zugeschnitten erfolgen soll. Durch den **gezielten** und dosierten **Einsatz** des geeigneten **Instruments** wird die **Regulierung wirksamer**, wodurch sich die Regulierungsintensität reduzieren lässt. Es treten auch weniger Nebenwirkungen auf.

---

1 Die Begriffe „Regulierungsinstrument", „*Remedy*" und „regulatorische Verpflichtung" oder „Vorabverpflichtung" sowie „Regulierungs- und Abhilfemaßnahme" werden im Folgenden wie im *Remedies*-Dokument synonym gebraucht.

2   Im Gegensatz zum vorherigen sog. ONP-Rechtsrahmen[2], der in erster Linie der Marktöffnung diente, ist im jetzigen ECNS-Rechtsrahmen also keine automatische Reaktion („bei Vorliegen der Voraussetzungen ist Zugang zum Netz zu gewähren") mehr vorgesehen, sondern die nationale Regulierungsbehörde (NRB) erhält das **Ermessen**, aus einem vorgegebenen Katalog von Instrumenten[3] das oder die zur Behebung des in der Marktanalyse festgestellten Wettbewerbsproblems geeignete **auszuwählen**[4], wobei mindestens eine Verpflichtung auferlegt werden muss.[5,6] Diese **Flexibilität** trägt der fortgeschrittenen Marktentwicklung Rechnung, deren Vielschichtigkeit und hohe Dynamik eine stärker auf das spezielle Wettbewerbsproblem abstellende Reaktion des Regulierers erfordert.

3   So sinnvoll diese **Flexibilität** aus nationaler Perspektive erscheint, da sie eine auf die nationale Marktsituation abgestimmte regulatorische Intervention ermöglicht, so fraglich erscheint sie andererseits aus der europäischen Perspektive heraus. Denn sie birgt tendenziell die Gefahr in sich, dass **unterschiedliche nationale Reaktionen** auf vergleichbare Wettbewerbsprobleme bzw. in vergleichbaren oder ähnlichen Marktsituationen das **Zusammenwachsen** der nationalen Märkte zu einem europäischen **Binnenmarkt aufhalten** oder zumindest verlangsamen. Dies gilt insbesondere deshalb, weil – anders als bei der Marktdefinition und -analyse – die Auferlegung der regulatorischen Verpflichtung(en) **nicht dem Vetorecht** der KOM nach Art. 7 Abs. 4 RRL **unterliegt**, sondern die KOM „*nur*" das Recht zur Stellungnahme hat. D. h. auch bei Bedenken der KOM hinsichtlich möglicher negativer Auswirkungen für die Entwicklung des Binnenmarktes könnte die Maßnahme nicht gestoppt werden, sondern von der NRB verabschiedet und in Kraft gesetzt werden.

4   An dieser Stelle – der Auswahl des geeigneten Instruments – zeichnet sich also eine „**Sollbruchstelle**" im Hinblick auf das Erreichen des Harmonisierungsziels ab, weil sich durch unterschiedliche nationale Regulierungspraxen bei der Auferlegung von regulatorischen Verpflichtungen die Märkte potenziell auseinander- anstatt aufeinander zu entwickeln. Um dieser Gefahr zu begegnen, haben die in der ERG[7] zusammengeschlossenen NRB gemein-

---

2   ONP steht für „*Open Network Provision*". Mit dieser Abkürzung wird in der Regel der mit der sog. ONP-Rahmenrichtlinie 90/387/EWG begonnene Rechtsrahmen, mit dem die Märkte des Telekommunikationssektors auf europäischer Ebene liberalisiert wurden, bezeichnet.

3   Sog. „*remedies toolbox*".

4   Inwieweit der deutsche Gesetzgeber der RegTP dieses von den Richtlinien intendierte *Auswahlermessen* eingeräumt hat, bleibt umstritten.

5   Dies ergibt sich unmittelbar aus Art. 16 Abs. 4 RRL, sowie expressis verbis aus Rz. 114 der Leitlinien der Kommission zur Marktanalyse und Ermittlung beträchtlicher Marktmacht nach dem gemeinsamen Rechtsrahmen für elektronische Kommunikationsnetze und -dienste (2002/C 165/03), ABl. v. 11. 7. 2002.

6   D. h. bei Nichtvorliegen wirksamen Wettbewerbs hat die Behörde kein *Entschließungsermessen*. Vgl. z. B. *Heun*, CR 2004, 893, 900.

7   Die *ERG* wurde mit Beschluss der Kommission vom 29. Juli 2002 zur Einrichtung der Gruppe Europäischer Regulierungsstellen für elektronische Kommunikationsnetze und -dienste (ERG) errichtet. ABl. L 200 v. 30. 7. 2002, 2002/627/EG, geändert mit Beschluss der Kommission vom 14. September 2004 zur Änderung des Beschlusses 2002/627/EG zur Einrichtung der Gruppe Europäischer Regulierungsstellen für elektronische Kommunikationsnetze und -dienste, ABl. L 293 v. 16. 9. 2004, 2004/641/EG. Die *ERG* ist ein Beratungsgremium, dessen Mitglieder die im Anhang des geänderten Beschlusses (2004/641/EG) aufgelisteten NRB sind. Es berät die KOM. Diese nimmt an den Sitzungen der *ERG* teil, ist aber kein stimmberechtigtes Mitglied. Vgl. zur *ERG* auch *Groebel*, MMR 12/2002, XV und § 140 RdNr. 18 f.
Die *ERG*, auf deren beabsichtigte Gründung in den Erwägungsgründen 36 und 37 RRL hingewiesen wird, ist nicht mit der von den NRB bereits 1997 in Eigeninitiative gegründeten *IRG – Indepen-*

sam und unter Mitarbeit der Kommissionsdienste[8] das sog. *Remedies*-**Dokument** erarbeitet, in dem sie allgemeine Prinzipien als „*Guidance*" (zur **Orientierung**) für die **Auswahl des geeigneten Instruments** entwickeln, die bei der Entscheidungsfindung auf nationaler Ebene als **Auslegungshilfe** herangezogen und so weit wie möglich berücksichtigt werden sollen.

Zweck des *Remedies*-Dokuments ist es demzufolge, durch Zugrundelegung derselben 5 Prinzipien bei der Auswahl des geeigneten Instruments „die Entwicklung einer einheitlichen Regulierungspraxis und die einheitliche Anwendung der Richtlinien zu gewährleisten"[9]. Der „**Gemeinsame Standpunkt** der ERG in Hinblick auf die im neuen Rechtsrahmen vorgesehenen geeigneten Regulierungsinstrumente" drückt das **gemeinsame Verständnis** der NRB hinsichtlich dieses Schritts des regulatorischen Prozesses[10] aus und dient dazu, „die Einheitlichkeit der Vorgehensweisen bei den Regulierungsmaßnahmen zu erreichen"[11]. Es ist als **Reaktion** der NRB auf die Absicht der KOM, auch zu diesem Schritt eine Empfehlung zu erlassen, entstanden, da die NRB die Wahl des geeigneten Instruments als ihre ureigenste Aufgabe ansehen, zu der sie **gemeinsame Anwendungsprinzipien** selbst erarbeiten wollten.

Mit der Erarbeitung des *Remedies*-Dokuments kommen die NRB dem Auftrag des **Art. 7** 6 **Abs. 2 RRL** nach, „Einvernehmen über die **geeignetsten Mittel** und Wege zur Bewältigung besonderer Situationen auf dem Markt zu erreichen"[12]. Indem sie miteinander und mit der Kommission in transparenter Weise kooperieren, um eine **kohärente Anwendung** der Bestimmungen der Richtlinien zu gewährleisten, tragen sie zur Entwicklung des Binnenmarktes bei. In diesem Zusammenhang ist es wichtig, darauf hinzuweisen, dass sich die Art. 7 und Art. 8 Abs. 3 und 4 RRL bemerkenswerterweise **nicht** an die Mitgliedstaaten, sondern an die **NRB** richten, wodurch deren Rolle bei der Entwicklung des Binnenmarktes hervorgehoben wird.

Der **Prozess** begann nach ersten Vorarbeiten innerhalb der NRB Mitte 2003[13] mit einem 7 sog. „*open call for input*", mit dem die Gründe für und die Zielsetzung des beabsichtigten Dokuments vorgestellt wurden, ohne dass schon weitere inhaltliche Aussagen getroffen wurden. Die hohe Anzahl der Stellungnahmen der Marktteilnehmer sowie der Fachöffentlichkeit und die in ihnen geäußerte Erwartung eines möglichst einheitlichen Vorgehens der NRB bestätigte die Notwendigkeit, einen **Gemeinsamen Standpunkt** zu veröffentlichen.

Die eingegangenen Stellungnahmen wurden ausgewertet und auf der Grundlage eigener 8 Positionspapiere zusammen mit der KOM ein erster Entwurf eines „**Gemeinsamen Stand-**

---

dent Regulators Group –, die fortbesteht, zu verwechseln. Vgl. zur *IRG* und ihrem Verständnis: IR-GIS website http://irgis.anacom.pt/site/en/.

8 DG INFSOC und DG COMP.

9 *ERG* Common Position, 25, Gemeinsamer Standpunkt, 2550 unter Bezugnahme auf Art. 8 Abs. 3 lit. d RRL.

10 Zu den 3 Schritten des regulatorischen Prozesses – Marktdefinition, Marktanalyse, Auferlegung von Verpflichtungen – s.u. unter Punkt IV. 1.

11 *ERG* Common Position, 25, Gemeinsamer Standpunkt, 2550.

12 Hervorhebung nur hier, A.G.

13 Daneben gab die Kommission für die großen Bereiche Studien bei Prof. *M. Cave* (University of Warwick, Breitbanddienste), *C. Koboldt* (DotEcon, Schmalbanddienste) und Prof. *T. Valletti* (Imperial College London, Mobilfunkdienste) in Auftrag, die im Herbst 2003 fertiggestellt und veröffentlicht wurden. Sie sind auf der Website der KOM unter http://europa.eu.int/information_society/policy/ecomm/info_centre/documentation/studies_ext_consult/index_en.htm#2003 abzurufen, überprüft 10/2005.

punkts **(Draft Joint ERG/EC approach on appropriate remedies in the new regulatory framework)**"[14] erarbeitet, der wiederum zur **Konsultation** gestellt wurde.[15] Erneut rief das konsultierte Dokument eine große Resonanz hervor, was sich an der Zahl von 46 eingegangenen Stellungnahmen ablesen ließ.[16] Diese zeigten, dass viele Passagen des vorgestellten Dokuments unklar oder missverständlich waren, so dass die **Überarbeitung** zu umfangreichen Änderungen führte, wobei die Struktur des Dokuments[17] nicht angetastet wurde. Nach intensiven Diskussionen der NRB untereinander und mit der KOM wurde der Prozess der Erstellung mit der **Verabschiedung** des vorliegenden Dokuments als „**Gemeinsamer Standpunkt/ERG Common Position**" (ERG (03) 30rev1) auf der **8. ERG-Vollversammlung** am 1./2. 4. 2004 und seiner **Veröffentlichung**[18] am **23. 4. 2004** zum Abschluss gebracht.

9   Auf Bitten der KOM wurde der Titel von „*Joint ERG/EC Approach*" in „*ERG Common Position*" geändert, da, selbst wenn nur die „Kommissionsdienste" genannt werden, das Dokument durch die sog. „*inter-services consultation*" der gesamten Kommission gehen muss, was nicht vorgesehen war. Gleichwohl stehe die KOM inhaltlich hinter dem Papier und unterstütze es öffentlich, weshalb die Mitarbeit der Kommissionsdienste (DG INFSOC und DG COMP) auch expressis verbis in dem Dokument erwähnt werden solle.[19] Die KOM werde auch – entgegen der ursprünglichen Planung – **keine Empfehlung** zur Auswahl des geeigneten Regulierungsinstruments mehr erlassen.[20]

10   Das Remedies-Dokument wird als „*living document*"[21] bezeichnet, da es wichtig war, dem Sektor so schnell wie möglich die „Denkrichtung" der ERG mitzuteilen, obwohl noch relativ wenig Erfahrung bei Einsatz und Wirkung der Abhilfemaßnahmen bestand. Deshalb ist zu einem späteren Zeitpunkt, zu dem mehr Erkenntnisse vorliegen werden, eine Aktualisierung vorgesehen.

---

14 ERG (03) 30, abzurufen im Internet unter http://www.erg.eu.int/doc/publications/erg 0330_draft_joint_approach_on_remedies.pdf.

15 Die Anhörungsfrist lief v. 5. Dez. 2003 bis 19. Jan. 2004. Am 26. Jan. 2004 fand in Anwesenheit der beiden zuständigen Kommissare (E. Liikanen, DG INFSOC und M. Monti, DG COMP) eine mündliche Anhörung statt. Die Vorträge der Kommissare sind im Internet abzurufen unter http://europa.eu.int/rapid/pressReleasesAction.do?reference=SPEECH/04/38&format=HTML&aged=1&language=EN&guiLanguage=en; http://europa.eu.int/rapid/pressReleasesAction.do?reference=SPEECH/04/37&format=HTML&aged=&language=EN&guiLanguage=en, überprüft 10/2005.

16 Stellungnahmen und Auswertung (ERG (04) 14) können im Internet auf der ERG-Website unter http://www.erg.eu.int/documents/cons/index_en.htm und http://www.erg.eu.int/documents/docs/index_en.htm abgerufen werden.

17 Aufteilung in 5 Kapitel, zum Aufbau des Dokuments s. u. Abschnitt II.

18 Zusammen mit dem die Stellungnahmen auswertenden Dokument (ERG (04) 14), das sich mit den vorgebrachten Argumenten und Kritikpunkten und ihrer Berücksichtigung in der Endfassung des *Remedies*-Dokuments auseinandersetzt. Die Dokumente können im Internet auf der ERG-Website unter http://www.erg.eu.int/documents/cons/index_en.htm abgerufen werden.

19 Was im ersten Satz des *Executive Summary* geschieht, *ERG* Common Position, 8, Gemeinsamer Standpunkt, 2534.

20 Zum Status des Dokuments s.u. unter Abschnitt III.

21 *ERG* Common Position, 16, Gemeinsamer Standpunkt, 2542.

II. Aufbau und Inhalt des ERG-Dokuments

Das **Remedies-Dokument** behandelt die Auferlegung von **regulatorischen Verpflichtun-** **11**
gen bei Unternehmen mit beträchtlicher Marktmacht, d. h. den nach Marktdefinition und
-analyse **dritten Schritt des regulatorischen Prozesses**[22]. Es gliedert sich in fünf Kapitel,
die der Logik des regulatorischen Entscheidungsprozesses der NRB folgen:

- Kap. 1: Zielsetzung und Kontext,
- Kap. 2: Generalisierung von Wettbewerbsproblemen,
- Kap. 3: Verfügbare Regulierungsinstrumente,
- Kap. 4: Prinzipien für die Auswahl geeigneter Regulierungsinstrumente,
- Kap. 5: Anwendung der Regulierungsinstrumente auf Wettbewerbsprobleme.

Den Kapiteln ist eine **Zusammenfassung** (*Executive Summary*) vorangestellt, die den Ge- **12**
dankengang („*roter Faden*") darlegt und die wichtigsten Aussagen enthält. Das abschließende 5. Kapitel führt die verschiedenen Elemente zusammen, d. h. unter Zuhilfenahme
der in Kapitel 4 entwickelten Auswahlprinzipien werden die in Kapitel 3 aufgelisteten verfügbaren Regulierungsinstrumente in Bezug auf ihre Eignung, die in Kapitel 2 identifizierten Wettbewerbsprobleme zu beheben, untersucht und Empfehlungen für die Anwendung
bestimmter Instrumente auf bestimmte Probleme entwickelt (sog. „*Mapping*").

In **Kapitel 1** wird die **Zielsetzung** und der **Kontext** beschrieben, d. h. die allgemeine Her- **13**
angehensweise, die zugrunde gelegten Annahmen und der analytische Rahmen werden
dargestellt und erläutert, um dem Leser den Einstieg in das Dokument zu erleichtern und
ihn in die Thematik einzuführen. Damit sollte der in vielen Stellungnahmen vorgetragenen
Kritik der schweren Lesbarkeit begegnet werden.

In **Kapitel 2** werden die sog. **Standardwettbewerbsprobleme** identifiziert, d. h. die Pro- **14**
bleme, die typischerweise auf den Märkten der elektronischen Kommunikation zu beobachten sind. Sie werden charakterisiert und nach ihren ökonomischen Ursachen in vier
Fallgruppen eingeordnet.

Kapitel 3 enthält einen Überblick über die nach den Art. 9–13 Zugangsrichtlinie für die **15**
Regulierung von auf den Vorleistungsmärkten auftretenden Wettbewerbsproblemen sowie
über die nach den Art. 17–19 Universaldienstrichtlinie für die Regulierung von auf den
Endnutzermärkten auftretenden Wettbewerbsproblemen zur Verfügung stehenden (regulären[23]) **Regulierungsinstrumente**.

In **Kapitel 4** werden vier als Orientierungshilfen für die **Auswahl** der geeigneten Regulie- **16**
rungsinstrumente empfohlene **Prinzipien** entwickelt und begründet. Sie sollen eine möglichst einheitliche Anwendung der zur Verfügung stehenden Regulierungsinstrumente
durch die NRB sicherstellen. Kapitel 4 bildet somit das Kernstück des *Remedies*-Doku-
ments.

---

22 Siehe zum regulatorischen Prozess ausführlich unten unter Punkt IV. 1.
23 Die nach Art. 8 Abs. 4 ZRL unter außergewöhnlichen Umständen mögliche Anwendung anderer
    als der regulären Verpflichtungen wird wegen deren Einzelfallbezogenheit im *Remedies*-Doku-
    ment nicht behandelt. Ebenso wird nicht auf die z. B. nach Art. 5 ZRL gegebene Möglichkeit, auch
    Unternehmen ohne beträchtliche Marktmacht bestimmte Verpflichtungen aufzuerlegen, eingegan-
    gen. Des Weiteren wird sich auf die 18 relevanten Märkte der Empfehlung über relevante Produkt-
    und Dienstmärkte des elektronischen Kommunikationssektors, die aufgrund der Richtlinie 2002/
    21/EG des Europäischen Parlaments und des Rates über einen gemeinsamen Rechtsrahmen für
    elektronische Kommunikationsnetze und -dienste für eine Vorabregulierung in Betracht kommen,
    ABl. L 114 v. 8. 5. 2003, 2003/311/EG, beschränkt.

17 In **Kapitel 5** erfolgt schließlich die Anwendung, indem unter Zuhilfenahme der zuvor abgeleiteten Prinzipien geeignete Regulierungsinstrumente zur Behebung der identifizierten Wettbewerbsprobleme ausgewählt werden („*Mapping*").

III. Die Rolle des ERG-Dokuments als Auslegungshilfe für die nationalen Regulierungsbehörden (NRB)

18 Um eine möglichst **kohärente Anwendung** der Bestimmungen der Richtlinien des neuen Regulierungsrahmens sicherzustellen, ist es sinnvoll, wenn sich die NRB bei der Auswahl des oder der geeigneten Regulierungsinstruments(e) von **denselben Prinzipien** leiten lassen. Das *Remedies*-Dokument baut auf diesem Grundansatz auf.

19 Im Hinblick auf den **Status** des *Remedies*-Dokuments ist festzuhalten, dass es sich bei ihm als *ERG Common Position* um ein reines ERG-Dokument (und kein Kommissionspapier[24]) handelt, das **keine Verbindlichkeit** hat. Es drückt das **gemeinsame Verständnis** der Regulierer zur **Anwendung** der *Remedies* aus und dient diesen als **Orientierungshilfe** bei nationalen Entscheidungen. Dem *Remedies*-Dokument kommt somit die Funktion einer **Auslegungshilfe** für die NRB bei der Anwendung des neuen Rechtsrahmens zu. Es schafft keine neuen Regeln, sondern mit ihm wird gemäß Art. 3 ERG-Beschluss das Ziel einer „einheitlichen Anwendung des neuen Rechtsrahmens für elektronische Kommunikationsnetze und -dienste"[25] verfolgt.

20 Im *Remedies*-Dokument selbst wird die **Spannung** zwischen **Harmonisierungsstreben** einerseits (Art. 7 Abs. 2 und Art. 8 Abs. 3 lit. d RRL) und **Erhalt des Ermessensspielraum** des einzelnen NRB, die für den eigenen nationalen Markt jeweils geeignetsten Instrumente auswählen zu können, andererseits, mit der folgenden Formulierung ausbalanciert: „*This Common Position is an effort to ensure such consistency of approaches in relation to remedies. … However, specific national circumstances may arise which could justify a different approach to the application of remedies in individual cases. In such cases NRAs shall set out the reasons for their approach.*"[26] Der nationale Entscheidungs- und Handlungsspielraum, der auch an anderen Stellen des Dokuments stärker als in der konsultierten Fassung hervorgehoben wird, bleibt gewahrt, wenn **nationale Besonderheiten** im Einzelfall eine **andere** als die im *Remedies*-Dokument vorgesehene **Instrumentenwahl** **rechtfertigen**.

IV. Einzelerläuterungen

21 **1. Der regulatorische Prozess als Ansatz (Kapitel 1).** – Der regulatorische Prozess[27] lässt sich in drei Schritte zerlegen:

- Marktdefinition/-abgrenzung,
- Marktanalyse/Feststellung eines oder mehrerer Unternehmen mit beträchtlicher Marktmacht,

---

24 Was im *Disclaimer* auch deutlich zum Ausdruck gebracht wird: „The document does not necessarily reflect the official position of the European Commission."
25 2002/627/EG, ABl. L 200 v. 30. 7. 2002.
26 *ERG* Common Position, 25, Gemeinsamer Standpunkt, 2550.
27 Vgl. zum regulatorischen Prozess *Groebel*, Problemfelder des neuen europäischen Rechtsrahmens, S. 54 ff.

– Auferlegung regulatorischer Verpflichtungen bei Vorliegen von beträchtlicher Marktmacht.

Während die Ergebnisse der **Marktuntersuchung** nach den Art. 14–16[28] RRL dem **Vetorecht** der KOM gemäß Art. 7 Abs. 4 RRL unterliegen, sind die **geplanten Abhilfemaßnahmen** zwar gem. Art. 7 Abs. 3 RRL der KOM zu notifizieren, aber sie besitzt für diesen letzten Schritt „nur" ein Stellungnahmerecht. Die „**Letztentscheidung**" bleibt den **NRB** vorbehalten. Die nachfolgende Abbildung veranschaulicht den **regulatorischen Prozess** im ECNS-Rechtsrahmen: **22**

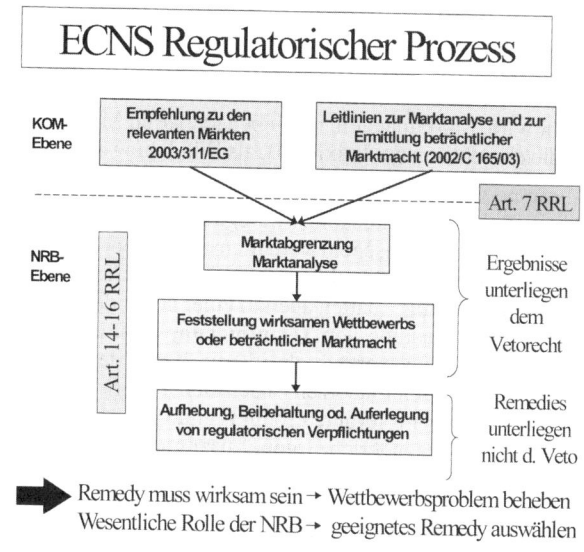

Das *Remedies-Dokument* unterstellt, dass die beiden ersten Schritte[29] abgeschlossen sind, d. h. die Marktuntersuchung wurde von der NRB durchgeführt und die Ergebnisse an die KOM notifiziert. Die Untersuchung endete mit der Feststellung, dass auf dem relevanten Markt kein wirksamer Wettbewerb herrscht, so dass dem oder den Unternehmen mit beträchtlicher Marktmacht wenigstens **eine geeignete regulatorische Verpflichtung** zur Behebung des identifizierten Wettbewerbsproblems aufzuerlegen[30] und die Notwendigkeit von Regulierungsmaßnahmen nicht weiter zu begründen ist. Dies bildet den Ausgangspunkt für die im *Remedies*-Dokument erfolgende **Analyse der Auswahl des/r geeigneten Instruments(e)**. **23**

2. Generalisierung von Wettbewerbsproblemen (Kapitel 2). – Die **Standardwettbewerbsprobleme** werden in **4 große Fallgruppen** eingeteilt: **24**

– Vertikale Marktmachtübertragung,
– horizontale Marktmachtübertragung,

---

28 Siehe hierzu im Einzelnen Kommentierung zu §§ 10–11 TKG.
29 Diese werden im Einführungskapitel lediglich rekapituliert.
30 Die in § 10 des US-amerikanischen Telecommunications Act von 1996 explizit vorgesehene Möglichkeit der „*regulatory forbearance*", d. h. des Aussetzens regulatorischer Maßnahmen („*Enthaltung*"), wenn bestimmte Bedingungen erfüllt sind, besteht demnach im europäischen Rechtsrahmen nicht.

- Einzelmarktbeherrschung,
- Terminierung (Gesprächszustellung),

innerhalb derer mehrere Einzelprobleme zusammengefasst werden. Insgesamt wurden nach einer internen Befragung der Experten der NRB in den einzelnen Arbeitsgruppen **27 Wettbewerbsprobleme** identifiziert, die in der Praxis typischerweise auftreten, d. h. es handelt sich nicht um theoretische Probleme.

25   Insbesondere das Auftreten von Problemen der ersten Fallgruppe – **vertikale Marktmachtübertragung** – ist in einem Sektor mit einem vertikal integrierten eingesessenen Betreiber zu erwarten. Dieser Betreiber (Altmonopolist) wird versuchen, Marktmacht aus vorgelagerten Märkten – z. B. Zugangsmärkten – in nachgelagerte Märkte – wie z. B. Endkundendienstmärkte – etwa durch Zugangsverweigerung zu übertragen. Neu ist bei der Definition von Marktmacht in Art. 14 Abs. 3 RRL auch die **horizontale Marktmachtübertragung**, bei der versucht wird, Marktmacht in einen benachbarten Markt zu übertragen, aufgenommen worden, die ebenfalls in der Praxis z. B. als Bündelung zu beobachten ist.

26   Bei der dritten Fallgruppe wird die Wirkungsweise von **Marktmacht in einem Einzelmarkt** betrachtet, die z. B. aus Abschreckungsstrategien wie der Erhöhung der Wechselkosten für die Kunden oder ausbeuterischem Verhalten etwa in Form überhöhter Preise besteht. Es dreht sich hier also um die Fälle der *„textbook monopoly behaviour"*[31]. Die Fälle der letzten Gruppe – **Terminierung** – hätten auch in einer der anderen Gruppen behandelt werden können. Wegen der Bedeutung von **Terminierungsleistungen** in der Praxis und der Definition eines Terminierungsmarktes als identisch mit dem Netz des Betreibers („Anrufzustellung in *einzelnen* Telefonnetzen" nach der Theorie, dass „ein Netz = ein Markt" ist) in der Empfehlung über relevante Produkt- und Dienstmärkte[32] wurden die hier auftretenden Probleme in einer gesonderten Gruppe zusammengefasst.

27   Am Kapitelende werden alle Fälle in einem systematischen Überblick[33] dargestellt, wobei jeweils die **strategische Variable** (z. B. Preis, nichtpreisliche Bedingungen wie Lieferfristen etc.), das **wettbewerbsbehindernde Verhalten** (z. B. Zugangsverweigerung, Verzögerungstaktiken, Bündelung etc.) und die dadurch hervorgerufenen **möglichen Effekte** (Preis-Kosten-Schere, Marktabschottung etc.) genannt werden.

28   **3. Verfügbare Regulierungsinstrumente (Kapitel 3).** – Die Zugangs- und Universaldienstrichtlinie geben einen **Katalog** von Standardinstrumenten vor, die die NRB nach Art. 8 ZRL in *„erforderlichem Umfang"* einem Betreiber mit beträchtlicher Marktmacht auferlegt. In der **Zugangsrichtlinie (2002/19/EG)** werden die folgenden Instrumente genannt:

- Art. 9 Transparenzverpflichtung,
- Art. 10 Gleichbehandlungsverpflichtung,
- Art. 11 Verpflichtung zur getrennten Buchführung,
- Art. 12 Zugangsverpflichtung,
- Art. 13 Verpflichtung zur Preiskontrolle und Kostenrechnung.

29   Es ist auf den ersten Blick erkennbar, dass die **Instrumente** bezüglich ihrer „Härte" oder **Eingriffstiefe** in **aufsteigender Reihenfolge** sortiert sind, wobei teilweise eine Zugangsverpflichtung als ein stärkerer Eingriff als die Auferlegung von Preiskontrollmaßnahmen

---

31 *ERG* Common Position, 29.
32 Empfehlung 2003/311/EG v. 11. 2. 2003, ABl. L 114 v. 8. 5. 2003, Markt Nr. 9 für öffentliche Telefonnetze an festen Standorten und Markt Nr. 16 für Mobiltelefonnetze.
33 *ERG* Common Position, 44f, Gemeinsamer Standpunkt, 2567 ff.

gesehen wird. Allerdings sind die beiden Maßnahmen in der Praxis in den meisten Fällen **gekoppelt**.[34] Auch bei den anderen Instrumenten gibt es „typische" Kombinationen: So bietet sich zur Überprüfung einer Gleichbehandlungsverpflichtung eine Verpflichtung zur getrennten Buchführung an. Ebenfalls in einem engen („natürlichen") Zusammenhang stehen die Maßnahmen zur Kostenrechnung (Art. 13) und zur getrennten Buchführung (Art. 11).

Wenn auf einem **Endnutzermarkt** kein wirksamer Wettbewerb herrscht und die Maßnah- **30** men der Zugangsrichtlinie nicht ausreichen, können einem Betreiber mit beträchtlicher Marktmacht auf einem Endnutzermarkt nach der **Universaldienstrichtlinie (2002/22/EG)** die folgenden „*geeigneten*" regulatorischen Verpflichtungen (Art. 17 Abs. 1 URL) auferlegt werden:

– Art. 17 Regulierungsmaßnahmen in Bezug auf Dienste für Endnutzer;
– Art. 18 Regulierungsmaßnahmen in Bezug auf das Mindestangebot an Mietleitungen;
– Art. 19 Betreiberauswahl und Betreibervorauswahl.

Als **Grundregel** gilt nach Art. 17 Abs. 1 URL, dass vor einer Auferlegung von Verpflich- **31** tungen auf den Endnutzermärkten zunächst Verpflichtungen auf den Vorleistungsmärkten nach der Zugangsrichtlinie bzw. nach Art. 19 URL aufzuerlegen sind und nur wenn diese nicht greifen, Maßnahmen auf den Endnutzermärkten erfolgen sollen. Die Regulierung von **Endnutzermärkten** soll somit nur noch **nachrangig** erfolgen, womit eine Verringerung der Regulierungsintensität intendiert ist.

Daneben sind die aus **Art. 8 RRL** und **Art. 8 ZRL** abgeleiteten allgemeinen regulatori- **32** schen Grundsätze zu beachten, die in die **Auswahlprinzipien** eingeflossen sind.[35] Bei allem „*Finetuning*" darf indessen nicht vergessen werden, dass die Maßnahme nach Art und Umfang **wirksam** sein muss, d. h. das ausgewählte *Remedy* bzw. die *Remedy*-Kombination muss so (hoch) dosiert werden, dass es/sie in der Lage ist, das identifizierte **Wettbewerbsproblem zu beheben.**

4. Prinzipien für die Auswahl geeigneter Regulierungsinstrumente (Kapitel 4). – Es **33** werden die folgenden **vier Prinzipien (Grundsätze)** als „**Orientierungshilfe**" für die NRB bei der Auswahl des geeigneten Regulierungsinstruments aus dem Rechtsrahmen entwickelt:

– **Prinzip 1**: NRB sollen begründete Entscheidungen fällen, die dem Prinzip der **Verhältnismäßigkeit** Rechnung tragen. Maßnahmen müssen grundsätzlich der Erfüllung der **Ziele** des Art. 8 RRL dienen und im Hinblick auf die Ziele **angemessen** und **gerechtfertigt** sein sowie der **Art des aufgetretenen Problems** entsprechen (Art. 8 Abs. 4 ZRL).
– **Prinzip 2**: In Fällen, in denen **Infrastrukturwettbewerb** für sehr **unwahrscheinlich** gehalten wird, sollen die aufzuerlegenden Maßnahmen den Kunden schützen und **Dienstewettbewerb** durch geeignete Maßnahmen wie z. B. Zugangs- und Preiskontrollverpflichtungen **sicherstellen**.
– **Prinzip 3**: In Fällen, in denen die **Infrastruktur** für **replizierbar** erachtet wird, soll die Regulierung **Investitionsanreize** in neue Netze für marktbeherrschende und alternative Netzbetreiber sicherstellen und **Infrastrukturwettbewerb fördern**.
– **Prinzip 4**: Die auferlegten Maßnahmen sollen so ausgestaltet sein, dass das regulierte Unternehmen einen **Anreiz** hat, sie **einzuhalten**.

---

34 In Deutschland geht eine Zugangsverpflichtung nach § 21 mit einer Ex-ante-Preisregulierung nach § 30 Abs. 1 TKG einher. Siehe hierzu ausführlich Kommentierung zu § 30.
35 Siehe nächsten Punkt.

34 Im **1. Prinzip** sind die fundamentalen Grundsätze zusammengefasst, wie sie sich sowohl aus Art. 8 Abs. 4 ZRL im Speziellen als auch aus dem Rechtsrahmen im Allgemeinen ergeben. Die Maßnahme muss **verhältnismäßig** sein, d. h. es ist diejenige Maßnahme zu wählen, die das betroffene Unternehmen am wenigsten belastet. Die Maßnahme muss „**im Hinblick auf die Ziele des Art. 8 RRL angemessen und gerechtfertigt sein**", d. h. sie muss geeignet sein, die in Art. 8 RRL genannten Ziele

– Förderung des Wettbewerbs,
– Beitrag zur Entwicklung des Binnenmarktes,
– Förderung der Interessen der Bürger der EU

zu erreichen. Schließlich muss die Maßnahme „**der Art des aufgetretenen Problems entsprechen**"[36], d. h. die Verpflichtungen müssen auf das identifizierte Wettbewerbsproblem **zugeschnitten** sein. Es soll also keine automatische Reaktion mehr erfolgen, sondern die NRB soll eine auf das individuelle Problem abgestimmte Maßnahme ergreifen und die **Regulierungsintensität** nach der Schwere des Wettbewerbsproblems **differenzieren**. Dies ist entsprechend zu **begründen**.[37]

35 Das **2. und 3. Prinzip** spiegelt die regulatorische Unterscheidung zwischen (eher) „nicht-replizierbarer" Infrastruktur und „replizierbarer/nachbildbarer" Infrastruktur wider. Diese **Unterscheidung** zieht einen **unterschiedlichen Einsatz** des regulatorischen Instrumentariums nach sich. Wenn die NRB es für sehr unwahrscheinlich hält, dass die **Infrastruktur nachbildbar ist (2. Prinzip)**, soll sie das Instrumentarium so einsetzen, dass die Konsumenten vor **Marktmachtmissbrauch geschützt werden** und durch Zugangs- und Preiskontrollverpflichtungen ein effizienter Zugang zu Vorleistungsprodukten sichergestellt ist. Dies lässt sich salopp auch so übersetzen, dass in diesem Fall die NRB wenigstens für **Dienstleistungswettbewerb** sorgen soll.

36 Im anderen Fall, dass die **Infrastruktur für replizierbar** gehalten wird (**3. Prinzip**), soll die NRB das Instrumentarium so einsetzen, dass der **Übergang zum Infrastrukturwettbewerb sichergestellt** ist, d. h. es sollen genügend **Anreize** zum Infrastrukturaufbau für alle Netzbetreiber – etablierte wie neu auf den Markt hinzugetretene – gesetzt werden. In diesem Prinzip zeigt sich der **Wechsel** von der auf die Marktöffnung fokussierten Zielsetzung des bisherigen ONP-Rechtsrahmens, die eher dem kurzfristigen Dienstleistungswettbewerb Vorrang einräumte, zur langfristigen Perspektive der „**Förderung effizienter Infrastrukturinvestitionen**"[38] im neuen ECNS-Rechtsrahmen.

37 Für die **Phase** des notwendigen Infrastrukturaufbaus der neu hinzugetretenen Netzbetreiber, in der diese zur **Überbrückung** auf Zugangsleistungen des etablierten Betreibers angewiesen sind, wird das Modell der „**Infrastruktur- oder Investitionsleiter**" von *Cave*[39] zugrunde gelegt. Nach diesem Modell sollen die Zugangsprodukte wie z. B. der Zugang

---

36 Art. 8 Abs. 4 ZRL.
37 Vgl. z. B. die Regulierungsverfügung wegen der Auferlegung von Verpflichtungen auf dem Markt Nr. 11 (entbündelter Zugang zur Teilnehmeranschlussleitung) v. 20. 4. 2005, veröffentlicht im Amtsblatt der RegTP Nr. 7/2005 v. 20. 4. 2005. Zur Begründung der auferlegten Maßnahmen vgl. insbesondere 3. Auferlegung von Verpflichtungen, Mittlg. Nr. 83/2005, 578 ff.
38 Art. 8 Abs. 2 lit. c RRL.
39 Die „*ladder of investment*" ist ein von Prof. *Martin Cave*, University of Warwick, entwickeltes Konzept, das ein stufenweises Investieren neuer Netzbetreiber vorsieht, wobei die Stufen der Leiter durch (angeordnete) Zugangsprodukte beschrieben werden und ein „Heraufklettern" der Leiterstufen bedeutet, dass durch Investitionen in eigene Infrastruktur das Netz des regulierten Betreibers immer weniger genutzt werden muss und dadurch diesem immer mehr Konkurrenz auf dem

zur entbündelten Teilnehmeranschlussleitung oder der Bitstromzugang so ausgestaltet sein, dass sie den neuen Netzbetreibern einen **allmählichen Aufbau** ihrer eigenen Infrastruktur ermöglichen. D. h. diese ersetzen kontinuierlich die Nutzung von Zugangsprodukten des etablierten Betreibers durch eigene Infrastruktur, indem sie – bei Erreichen einer entsprechenden Kundenbasis – weiter investieren, so dass sie – bildlich gesprochen – die jeweils nächste Stufe der Leiter erklimmen.

Entscheidend für das Funktionieren des Modells der stufenweisen (inkrementellen) Investition ist die richtige regulatorische **Preissetzung**, die **statische** und **dynamische** Effizienzaspekte einbeziehen soll.[40] Damit es nicht zu Verzerrungen kommt und genügend **Anreiz** besteht, nicht auf einer Leiterstufe „sitzen" zu bleiben, müssen die Preise der einzelnen Zugangsprodukte[41] zueinander **konsistent** sein, d. h. der (Preis)Abstand zwischen den Leiterstufen muss die Kostendifferenz[42] zwischen den Produkten abbilden. Das Konzept des *„dynamic access pricing"* geht einen Schritt weiter und forciert durch zeitabhängige Preiskomponenten die Bewegung zur nächsten Stufe.[43]   **38**

Das *Remedies*-Dokument behandelt diese Variante der Bepreisung ausführlich, weist aber auch auf die damit verbundenen Risiken hin. Eine solche regulatorische Preissetzung muss deshalb die (langfristigen) Vorteile gegen die Gefahren, ineffiziente Investitionen zu fördern bzw. bei einem zu schnellen Ansteigen der Preise mit einem neuen Monopol zu enden, abwägen. Grundsätzlich bleibt auch im Falle der Replizierbarkeit eine **kostenorientierte Preisregulierung** als regulatorische Option bestehen. Insbesondere im Fall der Unsicherheit bezüglich der zukünftigen Entwicklung wird als „neutrale" Grundlinie eine die statische Effizienz sicherstellende Kostenorientierung befürwortet, ohne dabei jedoch das Ziel der Förderung des langfristigen Infrastrukturwettbewerbs aus den Augen zu verlieren.   **39**

Damit ist das **Grundproblem** des Vorgehens nach Prinzip 2 oder 3 angesprochen. Grundsätzlich besteht für die notwendige **Unterscheidung** von replizierbarer und nichtreplizierbarer Infrastruktur die Schwierigkeit, dass es hierfür **keine eindeutigen Kriterien** gibt, so dass nur die Einzelfallentscheidung, die stark von nationalen Umständen beeinflusst wird, bleibt: *„In this, NRAs should form, where possible, a view on whether replication can be considered feasible or not on a* **case-by-case** *basis, taking into account all the relevant technological, economic and timing dimensions."*[44] Die NRB sollen hierzu den Sektor anhören, Vergleiche mit dem Ausland heranziehen und sich bewusst sein, dass die Entscheidung der **regelmäßigen Überprüfung** bedarf, da sie sich aufgrund des in seinen Auswirkungen für die NRB nur schwer abschätzbaren technischen Fortschritts ändern kann.[45] Ein formaler **Replizierbarkeitstest** ist indessen nicht vorgeschrieben. Abgesehen davon, dass   **40**

Endkundenmarkt gemacht werden kann. Vgl. z. B. *Cave*, MMR-Beilage 10/2003, 15 ff. Vgl. hierzu auch § 27, RdNr. 33–37.

40 Vgl. *ERG* Common Position/Gemeinsamer Standpunkt, Punkt 5.2.2.3 – Incentives to invest, 86 f., Investitionsanreize, 2604 f.

41 Vgl. *ERG* Common Position/Gemeinsamer Standpunkt, Punkt 5.2.2.2 – Setting the wholesale access price/Festsetzung des Preises für den Zugang zu Vorleistungen.

42 Einschließlich einer angemessenen Verzinsung. Im Blickfeld stehen hier die entscheidungsrelevanten (langfristigen) Kosten der effizienten Leistungserbringung. Vgl. § 27 RdNr. 33–37.

43 Vgl. *ERG* Common Position/Gemeinsamer Standpunkt, Punkt 5.2.2.3 – Incentives to invest/Investitionsanreize.

44 *ERG* Common Position/Gemeinsamer Standpunkt, Punkt 5.2.2.3 – Incentives to invest, 86, Investitionsanreize, 2604 [Hervorhebung nur hier, A.G.].

45 Vgl. *ERG* Common Position/Gemeinsamer Standpunkt, Punkt 4.2.3 – Supporting feasible infrastructure investment, 66 ff./Unterstützung realisierbarer Infrastrukturinvestitionen, 2587 ff.

ein solcher mangels belastbarer Abgrenzungskriterien schwer in einen formalen Prüfkatalog zu fassen wäre, geben die Richtlinien ein solches zusätzliches Begründungserfordernis auch nicht her.

41   Angesichts der grundsätzlichen **Schwierigkeit**, in replizierbare und nichtreplizierbare Infrastruktur zu unterscheiden, lässt sich das Modell der **Investitionsleiter** auch als **Brücke** zwischen einem Vorgehen nach Prinzip 2 oder nach Prinzip 3 betrachten, mit dem die beiden Strategien – Förderung des kurzfristigen Dienstleistungswettbewerbs und des langfristig anzustrebenden Infrastrukturwettbewerbs – miteinander verbunden werden können, was sehr wesentlich ist. Denn der langfristige **Infrastrukturwettbewerb** ist zunächst (ohnehin) auf das **Vehikel** des „kurzfristigen" **Dienstleistungswettbewerbs** angewiesen, ohne den die neuen Netzbetreiber keine Kundenbasis aufbauen können und folglich auch nicht investieren werden. Dienstleistungswettbewerb ist demnach **komplementär** zu Infrastrukturwettbewerb.[46] Die Wahl zwischen einem **Vorgehen** nach **Prinzip 2** oder nach **Prinzip 3** sollte deshalb **nicht** notwendigerweise als **Gegensatz** zwischen den beiden Fällen gesehen werden, sondern es ermöglichen, **beide Ziele** in einer entsprechend angelegten Strategie des aufeinander abgestimmten Einsatzes des regulatorischen Instrumentariums **zu erreichen**. Dies kann z. B. mit einer entsprechenden zeitlichen Staffelung erfolgen.

42   Das **4. Prinzip** befasst sich mit der Frage der Ausgestaltung der Verpflichtung. Diese soll möglichst so erfolgen, dass dem betroffenen Unternehmen ein **Anreiz** gegeben wird, sich **maßnahmen**- bzw. **wettbewerbskonform zu verhalten**, d. h. der Schaden der Nichtbefolgung wäre größer als der, sich „*compliant*" zu verhalten. In der Praxis haben viele Maßnahmen eine reduzierte Wirkung oder verpuffen gänzlich, weil das regulierte Unternehmen sie unterläuft oder passiv blockiert. Der **Kontroll-** und **Überwachungsaufwand** der NRB ist hoch, um die **Einhaltung** der auferlegten Maßnahmen zu erzwingen. Um eine effizientere Umsetzung zu erreichen, ist es deshalb sinnvoll, die Maßnahmen **anreizkompatibel** auszugestalten, so dass das betroffene Unternehmen sie aus Eigeninteresse – zur **Vermeidung von Nachteilen** – einhält und freiwillig befolgt.

43   **5. Anwendung der Regulierungsinstrumente auf Wettbewerbsprobleme (Kapitel 5).** – Im abschließenden Kapitel werden unter Anwendung der im Kapitel 4 vorgeschlagenen Prinzipien **geeignete Regulierungsinstrumente** (Kapitel 3) für die **identifizierten Wettbewerbsprobleme** (Kapitel 2) **ausgewählt** („*Mapping*"), d. h. alle Elemente des Prozesses werden zusammengefügt.[47]

44   Dabei werden Vor- und Nachteile der einzelnen Instrumente ausführlich diskutiert und daraus ihr differenzierter Einsatz für bestimmte Problemkonstellationen abgeleitet. Wie im vorherigen Abschnitt erwähnt, kommt neben der Auferlegung einer **Zugangsverpflichtung** insbesondere der **Setzung des Zugangspreises**, mit dem die Anreize zu Investitionen beeinflusst werden, große Bedeutung zu. Die richtige regulatorische Strategie bei der Preissetzung wird deshalb ausführlich in den Abschnitten „*Setting the wholesale access*

---

46 Vgl. *Ruhle*, CR 2004, 178, 183. Siehe hierzu auch die Rede von *Liikanen* in der mündlichen Anhörung am 26. 1. 2004 (s. o. Fußnote 15), in der es heißt: „Let's be clear. To have competition over infrastructure tomorrow, we need service competition today." Im Internet abzurufen unter: http://europa.eu.int/rapid/pressReleasesAction.do?reference=SPEECH/04/38&format=HTML&aged=&language=EN&guiLanguage=en, überprüft 10/2005.

47 Eine gute Übersicht über die zu den einzelnen Wettbewerbsproblemen vorgeschlagenen Regulierungsmaßnahmen bietet *Ruhle*, CR 2004, 178, Tabelle 1, 182.

price"[48] und „*Incentives to invest*"[49] erörtert. Für die **Zugangsregulierung** im Falle nicht-wirksamen Wettbewerbs auf dem Breitbandzugangsmarkt[50] wird die Verpflichtung, **Bit-stromzugang** zu gewähren, dargestellt.[51]

Im Zusammenhang mit **vertikaler Marktmachtübertragung** (Fallgruppe 1) werden auch **45** geeignete Instrumente gegen **nicht-preisliche** wettbewerbsschädliche Strategien wie Diskriminierung, Verzögerung, strategische Produktgestaltung etc. behandelt. Wie auch bei der Behandlung von Strategien zur **horizontalen Marktmachtübertragung** (Fallgruppe 2) wird stets versucht, die genaue Ursache (den Anreiz) für das wettbewerbsschädliche Verhalten eines marktmächtigen Unternehmens zu isolieren, um an diesem Punkt die Abhilfemaßnahme ansetzen zu können, weil ein gezieltes Ansetzen an der „Wurzel des Übels" den größtmöglichen Wirkungsgrad verspricht. In dieser Fallgruppe wird besonders auf die Bündelung und die Quersubventionierung eingegangen.

In der **3. Fallgruppe** (Einzelmarktbeherrschung) wird v.a. die Strategie der Verhinderung **46** des Marktzutritts und regulatorische Gegenmaßnahmen analysiert. Im Mittelpunkt der **4. Fallgruppe** (Terminierung) stehen überhöhte Terminierungspreise und die Möglichkeiten, diesen regulatorisch zu begegnen. Auch bei dieser Kategorie von Wettbewerbsproblemen zeigt sich, dass trotz aller Unterschiede im Detail die Märkte der elektronischen Kommunikation noch immer von großen (strukturellen) **Ungleichgewichten** geprägt sind. Um die Wettbewerbsprobleme **wirksam** zu beheben, ist es deshalb in den meisten Fällen nach wie vor erforderlich, **mehrere Instrumente** anzuwenden, auch wenn deren Einsatz gezielter erfolgt.

V. Fazit

Das *Remedies*-**Dokument** stellt das bisher wichtigste Ergebnis der Arbeit der ERG seit ih- **47** rem Bestehen dar. Die Veröffentlichung des **Gemeinsamen Standpunkts** hat gezeigt, dass die in dieser Gruppe zusammenarbeitenden NRB in der Lage sind, sich auf einen **einheitlichen Ansatz** für die Anwendung des regulatorischen Instrumentariums und auf **gemeinsame Prinzipien** als Orientierungshilfe für die **Auswahl des/r geeigneten Regulierungsmaßnahme/n** zu verständigen. Damit erfüllt die **ERG** ihren Gründungszweck und die **NRB** kommen dem Auftrag des Art. 7 Abs. 2 RRL nach, durch Kooperation und **kohärente Anwendung** der Bestimmungen zur **Entwicklung des Binnenmarktes beizutragen.**

---

48 Vgl. *ERG* Common Position/Gemeinsamer Standpunkt, Punkt 5.2.2.2 – Festsetzung des Preises für den Zugang zu Vorleistungen.
49 Vgl. *ERG* Common Position/Gemeinsamer Standpunkt, Punkt 5.2.2.3 – Investitionsanreize.
50 Markt Nr. 12 der Empfehlung 2003/311/EG v. 11. 2. 2003, ABl. L 114 v. 8. 5. 2003.
51 Vgl. *ERG* Common Position/Gemeinsamer Standpunkt, Textbox 2 – Access regulation/Zugangsregulierung.

Sachverzeichnis

zeitabhängig tarifierte Verbindungen, Anh. I 45g 4
Zeitnormal, Anh. I 45g 5
Zeugen, s. Beweismittel, Ermittlungen
Zeugnisverweigerungsrecht, s. Beweismittel, Ermittlungen
Ziel der Entgeltregulierung, 27 1 ff., 12, 18, 38
Ziele der Regulierung, 2 1 ff.
Zielverschiebung, 27 18
Zielvorgaben, 21 23
Zinsen, 44 27 ff.
Zinssatz, Vor 27 95 ff.; s. a. Kapitalverzinsung
Zuführung, s. Verbindungsaufbau
Zugang, 3 70 ff.; s. a. ATM-Netze, Entgelte, Mietleitungen, Roaming
Zugangsangebot, 21 2, 13
Zugangsanordnung, 25 1 ff.; **31** 5
   Durchsetzung, **25** 79 ff.
   Inhalt, **25** 38 ff.
   Nachfolgefähigkeit, **25** 90
   Rechtsnatur, **25** 67
   Rechtsschutz, **25** 86 ff.
   Subsidiarität, **25** 21 ff., 76
   Wirkung, **25** 68 ff.
Zugangsberechtigungssysteme, 3 76; **Vor 48** 6, 19; **50** 1 ff., 4, 24
Zugangsentgelte, s. Entgelte
Zugangsleistung, 27 32, 35; **28** 5, 63, 66; **30** 1, 4, 8, 17, 20, 33, 50; **31** 86; **33** 7
Zugangsregulierung, 9 36
   Amtsverfahren, **134** 5 ff.
   Beitragspflicht, **144** 14
   Rechtsweg, **137** 7
   Regulierungsverfahren, **13** 9
   Zuständigkeit, **132** 9
Zugangsvarianten, 21 85
Zugangsvereinbarung, 22 1 ff.; **133** 4 f.; **139** 3
   freiwillige, **30** 33
Zugangsverhandlungen, 25 17 ff.
Zugangsverpflichtung, Einl. II 141; **18** 12 ff.; **21** 1 ff.; s. a. Verpflichtung
   Adressat, **21** 13
   alternative Angebote, **21** 40
   Anknüpfungspunkt, **21** 81
   Anordnung von Bedingungen, **21** 84
   Antragsbefugnis, **21** 6, 10

   Auftragsverpflichtung, **21** 108
   Auswahlermessen, **18** 67 ff.
   Begünstigte, **18** 58
   Bestimmtheitsgebot, **21** 82
   Datenbanken, **21** 108
   Einzelverwaltungsakt, **21** 9
   Endnutzerinteressen, **21** 33
   Endnutzermarkt, **21** 19, 21, 29 f.
   fehlende Entbündelung, **21** 41
   förmliche Marktanalyse, **21** 31
   generelle, **21** 1, 83
   gerichtliche Kontrolle, **21** 25, 26
   konkrete Zugangsbedingungen, **21** 84
   Line-Sharing, **21** 146
   Netzbetrieb, **21** 48
   Regulierungsverfügung, **21** 1
   relevanter Markt, **21** 18
   technische Unmöglichkeit, **21** 112
   Teilnehmeranschlussleitung, **21** 146
   unzumutbare Verzögerung, **21** 44
   Verbraucherinteressen, **21** 34
   Verhältnismäßigkeitsgrundsatz, **21** 68
   wesentliche Qualitätsminderung, **21** 46
   Wesentlichkeitsprüfung, **21** 32, 39
   Zielkatalog, **21** 36
Zugangsverweigerung, Anh. II Art. 82 22, 25
zugehörige Einrichtungen, Einl. II 58
Zugriffsdaten, 113 8 ff.; s. a. manuelles Auskunftsverfahren
   Auskunft über, **113** 8 ff.
   Fernmeldegeheimnis, **88** 16
Zurechnung der Nutzung, Anh. I 45j 13
Zurechnungsnorm, Anh. I 45o 1
Zurückweisung von Beschwerden, Anh. II Kartellverfahren 39
Zusammenarbeit der Behörden, 123 5 ff.
Zusammenschaltung, Einl. II 35, 142; **3** 77 ff.
   ATM-Netze, **Einl. IVb** 98
   Begriff, **Einl. IVb** 78 ff.
   Kostenorientierung, s. Entgelte
Zusammenschlussbegriff, Anh. II Fusionskontrolle 86
Zusatzkosten, 27 26; **28** 35, 39, 41, 42, 43, 44; **31** 25 ff.; **35** 27

Erscheint Frühjahr 2006!

Betriebs Berater
Zeitschrift für Recht und Wirtschaft

Telekommunikationsrecht

Praxishandbuch zum neuen TKG und Annexvorschriften

*Hrsg. von RA **Martin Wissmann***
2., neu bearbeitete Auflage 2006, ca. 1900 Seiten , Geb.
ISBN 3-8005-1408-7
Schriftenreihe Kommunikation & Recht, Band 8

■ Das nunmehr in zweiter Auflage erscheinende Handbuch gibt einen umfassenden Überblick über das neue Telekommunikationsrecht aus Sicht von Praktikern. Dabei wurde die Struktur des Handbuches der geänderten Schwerpunktlegung und der geänderten Inhalte des TKG 2004 angepasst und erste Erfahrungen mit dem TKG in die systematische kommentierende Darstellung eingearbeitet. Bedingt auch durch die Änderungen des neuen Rechtsrahmens liegt der Schwerpunkt auf kartellrechtlichen Fragestellungen sowie auf den unterschiedlichen Behördenzuständigkeiten und der Abgrenzung von TKG zu GWB und Art. 82 EG.

Neu hinzugekommen sind folgende Themen: Marktanalyse und allg. Missbrauchsaufsicht sowie die neue Entgeltregulierung, Melde-und Berichtspflichten, Telekommunikationsbeiträge, das Frequenzregime, Universaldienst und Notruf sowie Nummerierung, Wegerechte, Besonderheiten bei der Breitbandkabelregulierung und besondere Regeln für die Rundfunkübertragung.

Das Handbuch bildet einen idealen Leitfaden, der Theorie und Praxis vereint.

Recht und Wirtschaft
Verlag des Betriebs-Berater

Ein Unternehmen der Verlagsgruppe Deutscher Fachverlag

Wissen kompakt!

Telekommunikationsrecht

Von Prof. Dr. iur. **Christian Koenig**, **Sascha Loetz** *und*
Andreas Neumann.
2004, 238 Seiten, Kt.
ISBN 3-8252-2620-4 UTB M
Verlag Recht und Wirtschaft bei UTB für Wissenschaft Stuttgart

■ Das Buch enthält eine kompakte Darstellung des deutschen Telekommunikationsrechts nach der Novellierung des Telekommunikationsgesetzes im Jahre 2004. Einführend werden die technischen und
ökonomischen Grundlagen des Telekommunikationssektors erläutert.

Zunehmend gewinnt auch die Harmonisierung auf EG-Ebene an
Bedeutung, gemeinschaftsrechtliche Aspekte werden entsprechend
mit einbezogen. Damit wird auch der formellen Verschränkung der
nationalen Regulierungsverfahren mit der europäischen Ebene Rechnung getragen, die seitens des EG-Rechtsrahmens zur elektronischen
Kommunikation gefordert wird und im neuen Telekommunikationsgesetz implementiert ist.

■ Den Hauptteil des Buches nimmt die eigentliche Darstellung des
neuen deutschen Telekommunikationsrechts ein. Dabei wird deutlich
zwischen der ökonomisch und der nicht ökonomisch motivierten
Regulierung unterschieden. Ergänzend wird die institutionelle Ausgestaltung der Regulierung einschließlich verfahrensrechtlicher Gesichtspunkte erläutert. Die Darstellung orientiert sich dabei streng an der
Systematik des Telekommunikationsgesetzes, um den Leser zugleich
mit dem Aufbau des Gesetzestextes vertraut zu machen.

Recht und Wirtschaft
Verlag des Betriebs-Berater
bei UTB für Wissenschaft

Internet-Dienste-Vertrag

*Von RAin **Birgith Roth**, RA Prof. Dr. **Rupert Vogel** und
Dipl.-Inform. **Marc Haber***
2005, 49 Seiten, Geh.
ISBN 3-8005-4173-4,
Heidelberger Musterverträge, Heft 105

Immer mehr Menschen schließen Verträge mit Internet-Service-Providern über die Nutzung von Diensten im Internet. Diese Verträge haben mittlerweile eine enorme wirtschaftliche Bedeutung gewonnen. Der Mustervertrag „Internet-Dienste-Vertrag" erläutert anschaulich und praxisnah, wie die Leistungen eines Internet-Service-Provides zu regeln sind.

Als Rahmenvertrag berücksichtigt er dabei u. a.
– Internet-Access,
– E-Mail-Dienste,
– Web-Hosting,
– Server-Housing sowie die
– Registrierung und Betreuung von Internet-Domainnamen.

Fazit: Aktuell, kompakt und praxisbezogen!

Recht und Wirtschaft
Verlag des Betriebs-Berater

Ein Unternehmen der Verlagsgruppe Deutscher Fachverlag